国家出版基金项目
NATIONAL PUBLICATION FOUNDATION

大清律例源流辑校

大清律例源流汇考

卷首

第一册

陈颐 点校

法律出版社
LAW PRESS · CHINA
北京

图书在版编目(CIP)数据

大清律例源流汇考：全十册／陈颐，解锟点校．--
北京：法律出版社，2022
(大清律例源流辑校)
ISBN 978－7－5197－7460－8

Ⅰ．①大… Ⅱ．①陈… ②解… Ⅲ．①清律－研究
Ⅳ．①D929．49

中国版本图书馆 CIP 数据核字(2022)第 250968 号

大清律例源流汇考(全十册)
DAQING LÜLI YUANLIU HUIKAO(QUAN SHI CE)
陈 颐 解 锟 点校
责任编辑 张雪纯 张 岩
装帧设计 李 瞻

出版发行 法律出版社
编辑统筹 重大项目办公室
责任校对 王晓萍 王语童
责任印制 吕亚莉
经　　销 新华书店
开本 710 毫米×1000 毫米 1/16
印张 232.75 **字数** 4520 千
版本 2022 年 12 月第 1 版
印次 2022 年 12 月第 1 次印刷
印刷 北京虎彩文化传播有限公司

地址:北京市丰台区莲花池西里 7 号(100073)
网址:www.lawpress.com.cn
投稿邮箱:info@lawpress.com.cn
举报盗版邮箱:jbwq@lawpress.com.cn
销售电话:010－83938349
客服电话:010－83938350
咨询电话:010－63939796

书号:ISBN 978－7－5197－7460－8
定价(全十册):1980.00 元
凡购买本社图书,如有印装错误,我社负责退换。电话:010－83938349

序

中华优秀传统文化是中华民族数千年历史经验和优良传统的积淀，是中华民族生生不息的思想渊源。作为人类法律文明史的重要组成部分，中华法系在其存续期间，为人类社会的治理与发展提供了极为宝贵的经验与制度参照。《大清律例》作为中华法系历史上最后一部综合法典，涵盖了历代统治者治国理政的法律经验与智慧，也是解读中华法律文明的重要镜鉴。

《大清律例》的修纂沿袭几与有清一代相始终，历经 26 次大大小小的修纂，完整刊刻的官方版本即有 10 版。在修纂过程中，由于治理理念、统治方式与社会环境之变动，《大清律例》相应的条文体例也进行了一系列的重要调整。因此，惟有借助于对于法典体系沿革、内容纂修的深入细致的爬梳整理，方能洞悉中华法系最后一部法典的功能要义。编纂全新的、完整的、便于检索的"大清律例源流汇考"，对深入理解中华优秀传统法律文化发展与传承意义重大，也将极大地促进清代律例的研究工作。

本书以时间为次序，以律例为纲目，重新全面整理、汇校清代律例沿革及其相应的立法理由，有望为深化清代法制乃至传统中国法律的理解提供基本的文献支撑，是学术界迄今稀有的体系性梳理清代律例源流的重要成果。

本书内容完整成熟，出版质量较高。它的出版对推进学术研究必将大有裨益。作为学界同仁，在此向编校团队谨致谢意，并诚挚向各位读者推荐此书。

是为序。

华东政法大学法律文明史研究院 何勤华

整理说明

清代作为传统中国最后的王朝，就其统治本身而言，称之为传统王朝登峰造极之作，或不为过。作为东北少数民族入主中原的政权，建立起长达268年的稳定统治，可谓至为成功。如果不是世界格局的变化，也许它的成功还将延续一段时间。如果不考虑世界的变换，清朝的统治，一方面是满与汉、边疆与腹里的问题，另一方面是进一步深化汉文明的统治体系的问题。法制无异是汉文明统治体系的核心之一，也是最终糅合满与汉、边疆与腹里的途径之一。①

有清一代律例修纂之频繁、深入以及成体制，为历朝罕有。从清初就《大明律集解附例》因革损益而成顺治三年(1646)《大清律集解附例》；自康熙二十八年(1689)下旨开馆修律至康熙四十六年(1707)告竣，终留览未发；再至雍正元年(1723)再度开馆修律，于雍正三年(1725)告竣，奠定有清一代律例基本规模。乾隆元年(1736)复开馆修律，五年(1740)成书，《大清律例》由此基本定型。而据乾隆元年定例，条例三年一修，乾隆十一年(1742)复奏准改为定限五年一次增辑，遂有乾隆八年(1743)、乾隆十一年(1746)、乾隆十六年(1751)、乾隆二十一年(1756)、乾隆二十六年(1761)、乾隆三十二年(1767)、乾隆三十七年(1772)、乾隆四十三年(1778)、乾隆四十七年(1782)、乾隆五十三年(1788)、乾隆六十年(1795)，嘉庆六年(1801)、嘉庆十一年(1806)、嘉庆十五年(1810)、嘉庆十九年(1814)，道光元年(1821)、道光五年(1825)、道光十年(1830)、道光十五年(1835)、道光二十年(1840)、道光二十五年(1845)，咸丰二年(1852)以及同治九年(1870)的23次纂修条例，除同治九年外，自乾隆八年至咸丰二年百一十年间，基本严格按照定限开馆修例，实为世所罕有。与此同时，在当时的技术、财政等状况下，清廷仍能不断将历次修例成果归入律例全书，更新大清律例版本，乾隆五年以后，先后有乾隆三十三年(1768)本、乾隆五十五年(1790)本、嘉庆七年(1802)本、道光五年(1825)本、道光二十七年(1847)本，亦为难得。

如果再考虑到修例、更新律例的全面停滞时间大体与中国进入近代的时间吻合，那么关注、全面梳理清代律例的源流、沿革，对于理解清代法制乃至传统中国法制的运作，便具有了特殊的重要意义。

---

① 虽然未必是满清的统治者所愿意见到的，废除满与汉、边疆与腹里畛域，总是要到来的，尽管来得太迟了。就满与汉，在法律领域的代表即光绪三十三年奏定的《满汉通行刑律》；就边疆与腹里，光绪十年(1884)设新疆省，光绪三十三年(1907)设奉天省、吉林省、黑龙江省可为证明。

是书之编，意在明晰历史时间中的律例文本及其在历史时间中的衍化。通过整理、汇校、考订，明晰清代法律变革的具体方式、理由，意图为进一步理解晚期中华帝国的法律统治提供了准确的历史文本的基础，也为进一步准确理解相关清代历史研究对象的法律制度环境提供一些基础文献的支持，从而为寻绎清代统治者以法治国的思想脉络，在总体上分析中华帝国的国家治理经验，就法律的发展变化与时代、思潮之间的互动关系进行规律性的总结分析，提供些许帮助。

一、版本及相关文献

关于清代律例及相关文献的文本，赘述如下：

（一）《大清律例》①的汉文版本

《大清律例》的官方汉文刻本，计有以下数种：

1. 顺治三年（1646）②内府刻本《大清律集解附例》；③

2. 康熙三年增补顺治三年刊《大清律集解附例》；

3. 康熙九年（1670）内府刻本《大清律集解附例》；

4. 雍正三年（1725）内府刻本《大清律集解附例》；④

5. 乾隆五年（1740）武英殿刻本《大清律例》；⑤

6. 乾隆三十三年（1768）武英殿刻本《大清律例》；

7. 乾隆五十五年（1790）武英殿刻本《大清律例》；

8. 嘉庆七年（1802）武英殿刻本《大清律例》；

9. 道光五年（1825）武英殿刻本《大清律例》；

10. 道光二十七年（1847）武英殿刻本《大清律例》；

---

① 为表达便利，如未明确说明，本文用《大清律例》总称清代自顺治三年《大清律集解附例》至同治九年《大清律例》。

② 各次版本时间的标识，有以下旨修律时间为准，有以修竣进呈的时间为准，有以内府与武英殿刊刻时间为准，各图书馆、各书目的著录也不全然一致，但并非别有版本。以下各版的时间标识，大体依据律例修竣交付内府、武英殿刊刻时间，学界、各图书馆、各书目通行的标识时间，以及内府、武英殿刊刻时间确定。

③ 顺治三年本及康熙三年、康熙九年本书名页均写作"钦定大清律"，书口标为"大清律"，律序亦称"御制大清律序"，各卷卷首则标作"大清律集解附例卷之×"。另顺治三年、康熙三年本目录标题写作"大清律例目录"，康熙九年本则写作"大清律目录"。今仍以各图书馆、各书目通行著录名称"大清律集解附例"称之。

④ 雍正三年本封面题为"大清律集解附例"，书名页仍作"钦定大清律"，书口亦标为"大清律"。目录则标为"大清律集解附例总目""大清律集解附例目录"，各卷卷首目录及该卷首条律文标题前均标作"大清律集解附例卷之×"。

⑤ 乾隆五年本封面题为"大清律例"，书名页作"钦定大清律例"，书口亦标为"大清律例"，乾隆的御制序亦作"御制大清律例序"。此后《大清律例》各版本皆同。

11. 同治九年(1870)武英殿刻本《大清律例》。①

上述各版中,康熙三年增补本应系在顺治三年底本上略作个别字的调整,并增加了第11册《钦定逃人事宜》与《大清律新例》16条。康熙九年本为独立版本,版式与前两版有所差别。雍正三年本亦为独立版本。乾隆五年本开始,则为大体为同一底版。其中又可分为两个系列:乾隆五年本系列与乾隆五十五年本系列。乾隆三十三年本系由乾隆五年本的板片抽换补刊而成。乾隆五十五年本系因旧版字迹多有模糊而重加刊刻的新刻之本,嘉庆七年、道光五年、道光二十七年各本皆系在乾隆五十五年本上抽换补刊。②

除上述各版次外的其他武英殿本,皆在上述各版本后附上相应时期的《大清律续纂条例》《大清律纂修条例》,并非别有版本。③ 从各版看,雍正三年本、乾隆五年本堪称精美。而道光、同治各本抽换板片与原板片的字迹差异、部分板片模糊之处,非常明显。

(二)《大清律例》各版的卷数与卷次

《大清律》30卷的分卷,沿自《大明律》,卷首律序、律目诸图、服制等不计卷次,仅以律文30门计30卷,顺治、康熙、雍正三朝皆是。乾隆五年《大清律例》改为47卷,以律序、表、奏疏、衔名、凡例、总目为卷首,律目、诸图、服制各为1卷,共3卷,律例共36卷(其中名例律、户律仓库、刑律斗殴、刑律断狱各分为2卷,刑律贼盗分为3卷),律例总类7卷,比引律条1卷,合计47卷。乾隆朝各版次仍之。嘉庆七年至同治九年各版《大清律例》,不再附入律例总类,所谓47卷,系误会保留的比引律条仍照例标为"大清律例总类卷四十七",但律例总类7卷是没有的,实际应为40卷。

(三)《大清律例》各版的册数与分册

顺治三年《大清律集解附例》计11册,卷首律序、律目、服图、服制、诸图为1册,律例30卷9册,大清律附1册。

康熙三年增补顺治三年刊《大清律集解附例》计12册,新增1册为兵部督捕《钦定逃人事宜》及康熙三年《大清律新例》。

康熙九年《大清律集解附例》计10册,仍为卷首1册,大清律附1册,律例30卷

---

① 严格来说,同治九年本并非完整本,而是将咸丰二年及同治九年的《大清律纂修条例》拆开附入道光二十七年本相应各条律文之后。参见《大清律例(同治九年)》,陈颐点校,法律出版社2022年版,"点校说明"。

② 另据乾隆二十六年(1761)《大清律续纂条例》"凡例"、乾隆四十四年(1779)英廉等《奏明律例清汉全书告竣折》及乾隆六十年(1795)刑部《奏明清汉律例告竣折》,应有乾隆二十一年、乾隆四十四年及乾隆六十年的三版抽换补刊本,但均未见书,亦未见著录,是否有此三版存疑。

③ 此外,四库全书本大清律例亦为独立版本。另日本内阁文库本《大清律例》(似与法律出版社1998年版《大清律例》所用底本相同),从条例内容上看,并非乾隆五年本,时间上应晚于乾隆五年本,但早于乾隆三十三年本,翁连溪先生所列清代内府刊刻律例书目中亦未见此期间别有刻本,有待进一步确定。

则并为 8 册,不载《钦定逃人事宜》及《大清律新例》。

雍正三年《大清律集解附例》计 20 册,第 1 册为卷首律序、上谕、奏疏、律目、诸图、服图、服制;第 2 - 15 册为 30 卷律例,第 16 - 20 册为律例总类 6 卷(含比引律条)。

乾隆五年《大清律例》仍为 20 册,除分卷上如上所言有大的变化外,在分册上,除将律例第 39 卷工律河防与第 40 卷律例总类(笞刑)合订,总的变化不大。乾隆三十三年与乾隆五十五年本延续这一分册。

嘉庆七年《大清律例》因奏疏及条例数量、篇幅相比乾隆五年增加不少,因此将原第 1 册分为 2 册(律序、律表、奏疏为 1 册,衔名、凡例、律目、诸图、服制为 1 册),律例 36 卷分为 15 册,另附律例总类 5 册,共 22 册。道光五年开始,《大清律例》不复载律例总类 7 卷 5 册,将第 47 卷比引律条附于第 39 卷工律・河防后,律例计 15 册,加卷首 1 册,律目、诸图、服制 3 卷 1 册,共 17 册。道光二十七年、同治九年《大清律例》则分律例 37 卷及比引律条为 16 册,共 18 册。①

(四)关于律例数目

清代的律文数量,顺治三年大清律总目、律例目录末均标明凡 459 条,康熙三年增补本仍之;康熙九年大清律总目、律例目录末均标明凡 458 条;雍正三年大清律集解附例目录末标明通计律文 446 条;乾隆五年大清律例目录末标明通计律文 436 条,此后各版律文数量未再变化。

前述律文数量,很有迷惑性。顺治三年所称 459 条中,吏律・公式・弃毁制书印信总目、律目下均标明 2 条,兵律・宫卫・冲突仪仗标明 3 条,兵律・邮驿・递送公文标明 3 条。康熙九年的 458 条,系删去户律・户役下"隐匿满洲逃亡新旧家人"1 条,余未改。②

雍正三年在律文上变动最大,实际删除名例律"军官军人犯罪免徒流""吏卒犯死罪""杀害军人""在京犯罪军民" 4 条、吏律・职制"选用军职""官吏给由"2 条、户律・婚姻"外番色目人婚姻"1 条、户律・课程"盐法"1 条(原 12 条)、兵律・宫卫"悬带关防牌面"1 条,共计删除 9 条;"弃毁制书印信""冲突仪仗""递送公文"则均并为 1 条;另名例律增"犯罪免发遣""天文生有犯"2 条;名例律原"军官有犯"改为"军籍有犯"、"徒流人在道会赦"改为"流犯在道会赦"、"边远充军"改为"充军地方",礼律・仪制"收藏禁书及私习天文"改为"收藏禁书",定为 446 条。此 446 条中,户律・课程"盐法"计 11 条。

---

① 自乾隆后期开始,嘉庆、道光、同治历次颁发《大清律例》刻本,通常附《督捕则例》2 卷 2 册、《三流道里表》不分卷 4 册以及《洗冤录》4 卷 2 册,因此有著录为 20 册、24 册、26 册的差异。兼之历次抽换补刊本之间,刑部刊发的《大清律纂修条例》,亦另册附于《大清律例》之后,故而册数著录多有出入。

② 雍正三年《大清律集解附例》"凡例"称"原律四百五十七条",系指《康熙会典》(康熙二十九年)所载"律例"将吏律・公式"弃毁制书印信"原 2 条混为 1 条,故为 457 条。

乾隆五年436条则是将雍正三年户律·课程下"盐法"11条计为1条。[①] 余未改。雍正三年的律目,除刑律·诈伪"伪造印信历日等"于乾隆五年因避讳改为"伪造印信时宪书等"、"皇家袒免以上亲被殴"于乾隆三十二年(1767)改为"宗室觉罗以上亲被殴"外,再无变更。此即乾隆五年《大清律例》"凡例"中所称律文"至雍正五年删改增并定为436门"的来历。[②]

就律文而言,乾隆五年以后,律文改动极少。除乾隆十六年(1751)修改刑律·人命"杀一家三命"律文;乾隆三十二年(1767)修改名例律"犯罪免发遣""充军地方"、刑律·斗殴"殴期亲尊长"、刑律·诈伪"伪造印信时宪书等"律文;乾隆三十七年(1772)修改名例律"充军地方"、刑律·人命"威逼人致死"律文;乾隆四十三年(1778)修改、续纂服制"小功五月""缌麻三月",修改"奴婢殴家长"律文,此外再无修改。[③]

《大清律》沿用明朝后期律例合编体例。顺治三年本、康熙三年增补本、康熙九年本均未标明附例数目。雍正三年本、乾隆五年本、乾隆三十三年本皆在目录名例、吏、户、礼、兵、刑、工7编下标明附例数目,雍正三年本并在目录各卷下标明各卷附例数目。乾隆五十五年本开始,则仅在"大清律例目录"最后标明通计附例的数目。

据律目所标,雍正三年本附例共824条(其中原例321条、增例299条、钦定例204条),乾隆五年本附例1049条,乾隆三十三年本附例1456条,乾隆五十五年本附例1573条,嘉庆七年本附例1604条,道光五年本附例1766条,道光二十七年本附例1853条。[④] 另据点算,顺治三年本、康熙三年增补本、康熙九年本附例均为448条,同治九年本附例1907条。

(五)关于条例

顺治三年《大清律集解附例》既采用了律例合编的体例,则例文的修纂必是修律的重心之一。康熙三年增补本所附康熙三年三月十二日奉旨增添入律的"大清律新例"16条应为更新条例的早期尝试。而康熙十九年(1680)颁布《刑部现行则例》283

---

① 乾隆五年《大清律例》目录"课程"标明"计八条","盐法"下未标注,而正文中律目"盐法"下仍保留"一十一条"字样。

② 之所以称为"门",亦因"盐法"之下有11条,称"条"则雍正三年《大清律集解附例》明确标明446条,则如称为"436条",显然容易混淆。但从乾隆五年开始,用"条"不用"门"应当更为合适。也许考虑到律后附例,因此此条习"门"而少用"条"。

③ 自乾隆五十五年本始,大清律例目录在"五刑"下标注"附赎刑",因此亦有关于"赎刑"为律文还是例文的长期争论。

④ 整理者逐一点算,雍正三年本附例820条、乾隆五年本附例1050条、乾隆三十三年附例1454条、嘉庆七年本附例1605条、道光五年本附例1765条、道光二十七年附例1854条,与律例目录后附载数目微有不同。这一不同可能涉及条例的认定问题,如名例律·五刑所附"赎刑"是否计为1条条例,如名例律·犯罪事发在逃所附"斩、绞监候改立决"计为1条还是2条等,也可能存在计算遗漏或错误的情形。

条,则是“有清开国以来第一次大规模的修例活动”。①

康熙二十七年(1688)年,原任广西道试监察御史盛符升条奏请将《现行则例》载入《大清律》条例内。二十八年(1689)十月开馆纂辑,四十六年(1707)六月初二日进呈,康熙留览未发。② 这一“康熙四十六年修律进呈本”成为雍正初年修律的基础。③

雍正三年(1725)《大清律集解附例》的“原例”大致即康熙四十六年进呈本的“原条例”“原改条例”“新改条例”,“增例”大致即康熙四十六年进呈本的“现行例”“新改入现行例”。雍正三年本所录“原例”321条,较顺治三年本附例448条,删改明朝旧例不少;而“增例”299条,与康熙十九年《刑部现行则例》283条相比,数量虽然变化不大,但比对《刑部现行则例》、康熙四十六年进呈本所收现行例及雍正三年本“增例”,变化还是相当大。④ “钦定例”204条则为雍正前期上谕(少量康熙年间未著为例的上谕)及奏准条例。⑤

乾隆五年《大清律例》删去“原例”“增例”“钦定例”名目,逐条考校乾隆四年(1739)十二月以前之例,纂定条例1049条。

据依乾隆元年(1736)奏准定例,嗣后有陆续增修之处,定限三年一次编辑。乾

---

① 关于《刑部现行则例》的修颁,参见苏亦工:《康熙朝〈刑部现行则例〉的修颁时间、传本及特色》,载《社会科学辑刊》2017年第3期;郑秦:《康熙现行则例考——律例之外的条例》,载《历史档案》2000年第3期;沈厚铎:《康熙十九年〈刑部现行则例〉的初步研究》,载韩延龙主编:《法律史论集》(第1卷),法律出版社1998年版,第541-548页。另据图纳等《题请重定〈大清律〉疏》(康熙二十八年)称,“二十七年(1688),又将《见行则例》会同九卿、詹事、科道详加酌定,具题刊布”;《钦定古今图书集成》“经济汇编·祥刑典”第59卷“律令部汇考四十五”所载《刑部现行则例》“目录”末尾按语称,“则例虽十九年定,而陆续增入者亦多。今将前后年份显著者,分移前后编年。特于目录内著明”,其所著明最晚的两条分别为第281条“断狱·斋戒”(“下半条移入康熙二十九年”)以及第24条“名例·查阵亡效力”(“移入康熙二十六年”),遍查康熙二十九年律令部汇考,未见“断狱·斋戒”所谓下半条。如依第24条康熙二十六年算,则与图纳奏疏相符。

② 此即姚宇先生所称“康熙四十六年修律进呈本”。参见姚宇:《康熙四十六年修律进呈本的发现及初步研究》,载《清史研究》2021年第3期。

③ 核对《大清律例按语》雍正三年部分修律按语,所称“原拟”“原改”等部分,与国家图书馆藏“康熙四十六年修律进呈本”所载仅有个别文字出处;雍正三年《大清律集解附例》各律文后所附“律后总注”与“康熙四十六年修律进呈本”每条律文后的“总注”(《大清律例按语》律文后“臣等谨按”部分)大致相同,近半数全同。

④ 不过有不少是例文表述上变化。考虑到律例文字讲究一字不易,虽是表述变化,也还是影响很大的。

⑤ 据雍正三年五月二十七上谕、雍正三年九月初九日《御制〈大清律集解〉序》及朱轼等《〈大清律〉纪》,雍正三年《大清律集解附例》已于雍正三年编纂告竣并交付刊印,而雍正三年《大清律集解附例》所收“钦定例”亦有晚至雍正六年的谕旨,或系在刊刻过程中不断增补所致(据历次“奏疏”“凡例”,雍正三年本于雍正五年刊刻完竣)。从体例上看,雍正三年《大清律集解附例》所附条例的次序通常为“钦定例”“原例”“增例”,但雍正三年以后的“钦定例”大都附于“原例”“增例”之后。又据朱轼等《〈大清律〉纪》,雍正三年修律“详校定例,纂入四百八十五条”。此485条当包括“增例”与雍正三年之前的“钦定例”,不含雍正三年后至雍正六年前补入的“钦定例”。

隆八年(1743)、乾隆十一年(1746)据此纂有《大清律续纂条例》各2卷,分别续纂条例51条、46条,[①]附律例之后颁行。

乾隆十一年(1742)奏准,改为定限五年一次增修编辑,是有乾隆十六年(1751)、乾隆二十一年(1756)、乾隆二十六年(1761)、乾隆三十二年(1767)四次纂修条例。其中乾隆十六年续纂条例65条、修并1条,[②]与前述乾隆八年、乾隆十一年续纂条例合订为六卷,由武英殿刊刻通行。乾隆二十一年续纂条例53条,删除、校勘更定16条,毋庸纂辑12条;乾隆二十六年续纂条例103条、修改4条、删除1条,分别由武英殿单独刊刻通行。[③] 乾隆三十二年续纂条例145条、修改89条、删除56条,均按照律目,归入乾隆三十三年版《大清律例》,未曾专门刊刻。

此后乾隆三十七年(1772)、四十三年(1778)、四十七年(1782)、五十三年(1788)、六十年(1795)5次纂修。其中三十七年续纂73条、修改44条、删除9条;四十三年续纂91条、修改53条、删除6条;四十七年续纂61条、修改5条、修并9条、删除2条;五十三年续纂52条、修改57条、修并101条、删除32条;[④]六十年续纂44条、修改14条、修并5条。

嘉庆、道光朝纂修条例大体仍能维持五年一修的频率。先后于嘉庆六年(1801)续纂61条,修改171条,修并149条,删除21条;十一年(1806)续纂25条、修改55条、修并4条、删除1条;十五年(1810)续纂39条、修改51条、修并7条、删除1条、移改2条;十九年(1814)续纂45条、修改105条、修并2条、删除2条、移并2条。道光元年(1821)续纂53条、修改63条、修并2条、移改1条、删除1条;道光五年(1825)续纂30条、修改56条、移改1条、删除2条;十年(1830)续纂19条、修改72条、修并3条、移并1条、删除1条;十五年(1835)续纂28条、修改45条、修并1条、移改1条、删除4条;二十年(1840)续纂30条、修改21条、删除1条;二十五年

---

① 奏疏等说法不一,此处据乾隆八年、乾隆十一年《大清律续纂条例》点算。

② 此处及下文正文内修纂条例数字,均出自《钦定大清会典事例(光绪朝)·刑部》"卷七百四十·刑部十八·断罪依新颁律"条"历年事例"(陈颐点校,法律出版社2022年版,第148-152页)。该等数字与所见历次《大清律续纂条例》《大清律纂修条例》实际所载多有不符,实际数字下文以脚注标注。据乾隆二十一年《大清律续纂条例》点算,续纂条例74条。

③ 据乾隆二十六年《大清律续纂条例》点算,续纂条例113条(含督捕则例4条),原件目录误为112条,漏算刑律续纂条例1条。

④ 据相应各版《大清律续纂条例》点算,乾隆三十七年续纂49条(含督捕则例1条)、修改48条;四十三年续纂98条(含督捕则例5条)、修改54条(含督捕则例5条)、删除6条;四十七年续纂60条、修改11条;五十三年续纂13条、修改49条、移改5条、删除14条,与著录信息差别不小。

（1845）续纂 22 条、修改 25 条、移并 1 条、移改 1 条、删除 40 条。①

此后的纂修条例工作基本上陷于停滞。咸丰二年（1852）纂修条例工作是道光朝的延续，始于道光二十九年（1849）的开馆修例；同治九年（1870）纂修条例始于同治二年（1863）开馆修例。其中咸丰二年续纂 19 条、修改 53 条、修并 2 条、移改 2 条、删除 2 条；同治九年续纂 56 条、修改 45 条、修并 1 条、移改 1 条、删除 23 条。② 无论是修例的间隔时间（五年一修的定例）以及修纂花费的时间（此前自开馆修例至修纂告成少则不足 1 年，多则不过 2 年），咸、同、光时期都是条例修纂的衰落与停滞时期。同治九年后再次修例，已是 35 年后的光绪三十一年（1905）三月，修订法律大臣奏定删除律例了。③

（六）关于大清律附、律例总类、比引律条

顺治三年《大清律集解附例》附有《大清律附》，题名下注明“顺治二年奏定”，系从律例中摘出，按照刑罚，自凌迟起至真犯斩、绞立决、监候，并杂犯斩、绞，以至军罪止，分类编纂，以便检阅。康熙三年增补本与康熙九年（1670）《大清律》相沿未改。康熙四十六年修律进呈本有增定删改，并拟将“大清律附”四字改为“大清律总类”。

雍正三年（1725）《大清律集解附例》依康熙四十六年修律进呈本所拟，改“大清律附”为“大清律例总类”，摘出全书罪名所犯情由，自笞、杖以至凌迟，重新汇集编纂。体例较“大清律附”的主要变化有二，一是罪名次序由“大清律附”的由重至轻改为由轻至重；二是“大清律附”律、例分编，“律例总类”则于每一罪名下先律后例编排，律例次序仍一依律例正文次序。

雍正三年“律例总类”附于《大清律集解附例》全书之末，编为《大清例集解附例》第 16 至 20 册，卷号则独立编为“总类”卷一至卷六，共 6 卷。乾隆五年（1740）《大清律例》，律例正文由原 30 卷改为 39 卷，“总类”接续编号，为第 40 至 46 卷。乾隆三十三年本、乾隆五十五年本据律例修纂情形，同步修辑“律例总类”。④ 然道光五年（1825）、道光二十七年（1847）、同治九年《大清律例》均未见第 40 至第 46 卷

---

① 据所见各版《大清律纂修条例》点算，嘉庆十九年续纂 16 条、修改 52 条、移并 1 条、删除 1 条；道光元年续纂 52 条、修改 65 条（含督捕则例 1 条）、修并 1 条、移改 1 条、删除 1 条；道光五年续纂 30 条、修改 56 条（含督捕则例 10 条）、移改 1 条、删除 2 条；道光九年续纂 19 条、修改 72 条、修并 4 条、删除 1 条；道光十四年续纂 28 条、修改 44 条（含督捕则例 2 条）、修并 1 条、移改 1 条、删除 4 条；道光十九年续纂 30 条、修改 20 条、删除 1 条；道光二十四年续纂 21 条、修改 25 条、移改 1 条、删除 40 条。另外需要特别说明的是，道光二十四年所谓“删除”，绝大部分应为修复。

② 据咸丰二年、同治九年《大清律纂修条例》点算，咸丰二年续纂 18 条、修改 54 条、修并 2 条、移改 2 条、删除 2 条；同治九年续纂 56 条、修改 46 条、修并 1 条、移改 1 条、删除 21 条。

③ 此次删除律例，计删除条例 333 条、比引律条 10 条、律文 1 条（“军籍有犯”），合计删除 344 条。参见《〈大清律例〉〈大清现行刑律〉合编：附〈大清现行刑律案语〉〈核订现行刑律〉》，陈颐、洪佳期编，法律出版社 2022 年版，“整理说明”。

④ 乾隆二十六年（1761）武英殿刻《大清律续纂条例》2 卷，附载《大清律续纂条例总类》2 卷，为所各版《大清律续纂条例》《大清律纂修条例》仅见。

"总类",仍保留第 47 卷"比引律条",直接续在第 39 卷"工律 · 河防"之后。

清中叶以后似乎"律例总类"并无官方版本,流行的有光绪十年(1884)刚毅重刊本及光绪十五年(1889)江苏书局本《大清律例总类》,[①]据现行律例有所增删改易。

比引律条原为顺治三年本"大清律附"所附"比附律条",其附注称"比附各条,革旧不用,今亦存留备考",康熙九年本上有批语称"或有万无可引者,然后从此"。康熙四十六年修律进呈本谓"此比附律内,有律例原有正条,不须比附者。谨于各条下注明删改。其应比附者,存留备考"。雍正三年本改"比附律条"为"比引律条",附入"律例总类"卷之六末,其所附按语称"律无正条,则比引科断今,略举数条,开列于后,余可例推"。乾隆五年本独立一卷,为《大清律例》卷四十七,列于"总类"之下。其体例、内容此后各版相沿不改。

(七)关于督捕则例、三流道里表、五军道里表

督捕则例源自"兵部督捕钦定逃人事宜",即"钦定逃人事宜",见于康熙三年增补本《大清律集解附例》(哈佛大学图书馆藏本第 11 册),康熙九年本不载。康熙十五年(1676),索额图等人在《钦定逃人事宜》基础上酌量新旧条例,纂为《督捕则例》,计条例 113 条,同年由内府刊印。乾隆八年(1743),徐本等重辑《督捕则例》,纂定则例 103 条,交由武英殿刊刻。此后《督捕则例》在乾隆朝、嘉庆屡有增删,其中以乾隆三十二年(1767)、乾隆四十三年(1778)、嘉庆六年(1801)增删改易较多。此后仅嘉庆十九年(1814)、道光元年(1821)、道光五年(1825)、道光十四年(1834)零星修改。《督捕则例》有康熙十五年内府刻本、乾隆八年武英殿刻本。乾隆四十三年是否有单独刊刻的《督捕则例》尚难确定,整理者推测,可能正是从乾隆四十三年刊刻颁发的《大清律例》开始,《督捕则例》《大清律纂修条例》与递修本《大清律例》一并颁发。[②]

《三流道里表》,于雍正十二年(1734)刑部奏请编纂,[③]乾隆八年(1743)成书,交武英殿刊刻颁行。乾隆二十年(1755)刑部续修,复经修订。[④] 四十五年(1780),因《五军道里表》已于四十四年(1779)修辑告竣,刑部请旨重修《三流道里表》,于四十九年(1784)告竣,交武英殿刊刻颁发。嘉庆八年(1803),刑部再请修辑《三流道里表》,于十六年(1811)告竣,刊刻颁行。此后至清末,《三流道里表》相沿未改,再未

---

① 光绪十五年(1889)江苏书局本各卷目录附注条款数目虽与光绪十年(1884)刚毅重刊本数目不同,但经详细核对,所载条款并无二致。

② 从各种著录信息来看,未见提及乾隆五十五年本附有《督捕则例》,但从嘉庆七年开始,各版《大清律例》皆附有《督捕则例》。

③ 另据翁连溪先生"清代内府刻书编年目录"(翁连溪:《清代内府刻书研究(下)》,故宫出版社 2013 年版,第 364 - 470 页),雍正十年(1732)内府曾刻有《三流道里表(不分卷)》,未见书,亦未见其他书目著录。

④ 此说见于乾隆四十五年(1780)刑部《请旨重修〈三流道里表〉疏》,相关书目未见著录。

修辑。据乾隆四十九年(1784)刑部《修辑〈三流道里表〉告竣折》,《三流道里表》似于此时归入律例全书,此后乾隆五十五年(1790)、嘉庆七年(1802)、道光五年(1825)、道光二十七年(1847)、同治九年(1870)各版《大清律例》皆附《三流道里表》4 册不分卷,但不列入《大清律例》卷次。

《军卫道里表》系沿明代《邦政纪略》一书编载。因清前期各省改设府份、直隶州甚多,兵部奏请修辑《军卫道里表》,于乾隆八年(1743)成书,交与武英殿刊刻颁行。二十七年(1762)年兵部奏请续修,三十二年(1767)成书,并更名为《五军道里表》,交与武英殿刊刻颁行。四十年(1775),兵部再请修辑,四十四年(1779)告竣,送武英殿刊刻颁行。嘉庆七年(1802),因各省奏准裁并、增设及改名之府、厅、州、县甚多,与旧表不符,兵部请旨修辑《五军道里表》,于十四年(1809)告竣,并将武英殿旧板抽换刊刻。此后至清末,《五军道里表》再未修辑。

(八)关于按语

《大清律例》修纂按语,最早最权威的无异是康熙四十六年修律进呈本,但国家图书馆现存仅 13 卷,具体《目录》上下卷各 1 册,卷一《名例》6 册,卷二《职制》下卷 1 册,卷三《公式》下卷 1 册,卷四《户役》1 册,卷五《田宅》1 册,卷六《婚姻》1 册,卷十三《宫卫》1 册,卷十四《军政》2 册,卷十六《厩牧》1 册,卷十七《邮驿》1 册,卷十八《贼盗》残册 1 册。[①] 此外所见官刻修纂按语,极为罕见。[②]

民间刊刻条例修纂按语,大致始于嘉庆间。最早的版本或许是嘉庆二十五年(1820)杨曰鲲校《大清律历次纂修条例》14 册,其封面题为“嘉庆二十五年浙省新镌”“律例馆进呈按语册稿”“刑部员外郎、律例馆纂修官杨曰鲲校”。[③] 道光二十七

---

① 国家图书馆善本书号:A03752,参见 http://read. nlc. cn/allSearch/searchDetail? searchType = 10024 &showType = 1&indexName = data_892&fid = 412000012863。

② 杨一凡先生编《明清条例选编》第 28 册(社科文献出版社 2022 年版)收录的胡肇楷等纂修、嘉庆二十五年武英殿刻本《大清律纂修条例》(道光元年《大清律纂修条例》的底本)载有纂修条例的刑部按语,为整理者所见唯一的官方修纂按语版本。另据整理者核对,这一嘉庆二十五年武英殿刻本,与《大清律例统纂集成》(1822)所附“大清律纂修条例”完全相同,应为同一本。

③ 第 1 册乾隆 60 年 1 卷,第 2 -7 册嘉庆 5 年 20 卷,第 8 -9 册嘉庆 9 年 7 卷,第 10 -11 册嘉庆 14 年 10 卷,第 12 -14 册嘉庆 19 年 12 卷。参见 https://opac. dl. itc. u - tokyo. ac. jp/opac/opac_details/? reqCode = fromlist&lang = 0&amode = 11&bibid = 2003519380&opkey = B166382134363980&start = 1&totalnum = 27&listnum = 13&place = &list_disp = 20&list_sort = 6#bb_info_table。据李明先生考证,嘉庆间另有潘云编辑的《大清律例知源》50 卷 6 函 46 册、普林斯顿大学东亚图书馆藏《大清律例按语》70 卷 10 函两种抄本。李明:《清代“按语”类律学文献的出现、递纂与版本诸问题》,载中国政法大学法律古籍整理研究所编:《中国古代法律文献研究》(第 13 辑),社科文献出版社 2019 年版,第 335 -354 页。另见郭成伟等:《关于〈大清律例根原〉的整理说明》,载吴坤修等编撰:《大清律例根原》,郭成伟主编,上海辞书出版社 2012 年版,第 2022 -2119 页。

年(1847)同时出现了三种《大清律例按语》刻本。[①] 流传较广的为海山仙馆版《大清律例按语》104卷120册,亦即本书所录"按语"依据底本。[②] 因海山仙馆版《大清律例按语》收录按语截止道光十九年,整理者另据《大清律例根原》补录道光二十四年修纂按语。[③]

(九)关于会典、会典事例

《大清会典》的编纂始自康熙二十三年(1684)。是年五月,康熙皇帝鉴于"条例、事宜多散见于卷牍,在百司既艰于考衷,而兆姓亦无由通晓",敕命纂修《大清会典》,仿明万历重修《明会典》体例,以官统事,以事隶官,典例合一,于康熙二十九年(1690)成书,凡162卷。雍正二年(1724)续修《大清会典》,雍正十年(1732)完成,共250卷,续入了康熙二十六年(1687)至雍正五年(1727)典章制度。乾隆十二年(1747),乾隆皇帝"以典例无辨,始命区会典、则例各为之部",采用"以典为纲,以则例为目"的编纂体例,将原附在《大清会典》之后的事例与《大清会典》分编,乾隆二十九年(1764)成书,计《会典》100卷,《会典则例》180卷,接续雍正六年(1728)至乾隆二十三年(1758)典章制度。始修于嘉庆六年(1801)的嘉庆"会典",开创了清代"会典"有典、有例、有图的编纂体例。嘉庆二十三年(1818)告成的嘉庆"会典",包括《大清会典》80卷,《大清会典事例》920卷,《大清会典图》132卷,接续乾隆二十三年(1758)至嘉庆十七年(1812)典章制度。光绪"会典"延续嘉庆"会典"体例,始修于光绪十二年(1886),二十五年(1899)成书,其中《大清会典》100卷,《大清会典事例》1220卷,《大清会典图》270卷,接续嘉庆十八年(1813)至光绪十三年(1887)典章制度。[④]

五朝《会典》中,《大清会典(康熙朝)》《大清会典(雍正朝)》在"刑部"之下全文收入了《大清律》;《大清会典(乾隆朝)》《大清会典则例(乾隆朝)》则以"已刊刻颁

---

① 参见李明:《清代"按语"类律学文献的出现、递纂与版本诸问题》,载中国政法大学法律古籍整理研究所编:《中国古代法律文献研究》(第13辑),社科文献出版社2019年版,第347－348页。李明先生称为《大清律例按语》(粤本)、《大清律例根源》(京本)、《大清律例按语》(秦本)。

② 同治十年《大清律例根原》据称以崇纶刊印的道光二十七年《大清律例按语》(秦本)为工作底本。参见李明:《清代"按语"类律学文献的出现、递纂与版本诸问题》,载中国政法大学法律古籍整理研究所编:《中国古代法律文献研究》(第13辑),社科文献出版社2019年版,第347－348页。但整理者核对按语内容,《大清律例根原》所录道光十九年为止的按语与海山仙馆版《大清律例按语》(粤本)相同,但《大清律例根原》缺漏情形不少。

③ 《大清律例根原》已于2012年由郭成伟教授整理出版。参见吴坤修等编撰:《大清律例根原》,上海辞书出版社2012年版。另《大清律例根原》所录咸丰二年、同治九年皆无按语,仅有例文,本书据《钦定大清会典事例(光绪朝)》附注按语酌量添加。

④ 2012年,杨一凡、宋北平先生组织整理五朝会典,该项目列入"2010－2020国家古籍整理出版规划项目",目前已出版《大清会典(康熙朝)》(关志国、刘宸缨校点,凤凰出版社2016年版)、《大清会典(乾隆朝)》(李春光校点,凤凰出版社2018年版)、《大清会典(嘉庆朝)》(王帅一、刘盈皎、王正华校点,凤凰出版社2021年版)。据《大清会典(康熙朝)》"前言",似乎暂无整理《大清会典事例》《大清会典则例》的计划。

行”诸书“无庸复载”，未收录《大清律例》；《大清会典事例（嘉庆朝）》《大清会典事例（光绪朝）》重新收录了《大清律例》，仍列于“刑部”之下。《大清会典》《大清会典事例》著录《大清律例》条款，则如《大清会典（康熙朝）》“凡例”所称，“其间因革损益条例、事宜，载在方册。有可考据者，俱详明纪载”。乾隆朝以后，典、例分纂，“凡庙朝典礼、官司职掌，皆据现在所行直书于典，其沿革损益，详著于例”。是以嘉庆、光绪两朝《大清会典事例》皆“导流溯源”，详明律例沿革。《大清会典》《大清会典事例》五朝接续纂修，自成统系，其律例文字延续历朝会典、会典事例而来，与武英殿刻《大清律例》各版本内容相同，但个别用字上微有出入。① 历朝纂修会典，皆令会典馆纂修各官亲赴皇史宬，详考列朝《实录》，敬谨详阅抄录，其所简要附注的历朝条例沿革，为本书校订修例时间及条例沿革的主要依据，并可稍稍填补咸丰二年、同治九年纂修条例缺失的按语部分。

二、整理方法的说明

为完整、全面呈现《大清律例》的沿革，整理者以顺治三年本、康熙九年本、雍正三年本、乾隆五年本、乾隆三十三年本、乾隆五十五年本、嘉庆七年本、道光五年本、道光二十七年本以及同治九年本为经，为以上 10 个版本的大清律例建立完整的律例编号系统。在这一编号系统之内，插入历次修纂的律文、例文，标明修纂时间，附入修纂按语，从而形成一个能够完整展示每一条律例沿革的、检索便利的文本。

（一）律例编号

大清律例编号，先由黄静嘉先生在点校整理薛允升氏《读例存疑》时采用。② 其后张荣铮、刘勇强、金懋初先生点校的《大清律例》，陈颐点校《“〈现行律〉民事有效部分”集解四种》，陈颐点校《钦定大清现行刑律》，柏桦先生编纂的《清代律例汇编通考》，孙家红先生编纂的《明清律合编》，陈颐点校《大清律例（同治九年）》，陈颐、洪佳期编《〈大清律例〉〈大清现行刑律〉合编：附〈大清现行刑律案语〉〈核订现行刑律〉》，均引入了编号系统。③ 各个编号系统各有不同。整理者仍延续从《“〈现行律〉民事有效部分”集解四种》《钦定大清现行刑律》至《大清律例（同治九年）》《〈大清律例〉〈大清现行刑律〉合编：附〈大清现行刑律案语〉〈核订现行刑律〉》一直所采用的编号系统，以便尽可能实现编号系统有限度的统一。现就该编号系统说明如下：

① 参见《钦定大清会典事例（光绪朝）·刑部》（全三册），陈颐点校，法律出版社 2022 年版，“点校说明”。

② （清）薛允升：《读例存疑》（重刊本），黄静嘉编校，台北，成文出版社有限公司 1970 年版。

③ 参见《大清律例》，张荣铮、刘勇强、金懋初点校，天津古籍出版社 1993 年版；沈尔乔、熊飞、史文、郑爰诹编辑：《“〈现行律〉民事有效部分”集解四种》，陈颐点校，法律出版社 2016 年版；《钦定大清现行刑律》，陈颐点校，北京大学出版社 2017 年版；柏桦编纂：《清代律例汇编通考》，人民出版社 2018 年版；孙家红编纂：《明清律合编》，社会科学文献出版社 2022 年版；《大清律例（同治九年）》，陈颐点校，法律出版社 2022 年版；《〈大清律例〉〈大清现行刑律〉合编：附〈大清现行刑律案语〉〈核订现行刑律〉》，陈颐、洪佳期点校，法律出版社 2022 年版。

1. 各版本大清律例全部7编、30门及律文均以阿拉伯数字连续编号，编号前冠以版本时间。如【1725】3.8.144，即表示雍正三年(1725)《大清律集解附例》第3编“户律”第8门“课程”第154条“私茶”。因“名例”编下无门，为编号统一，“名例”编编为1.1，如【1725】1.1.18，即表示雍正三年《大清律集解附例》“名例”编第18条“犯罪存留养亲”。

顺治三年本、康熙九年本及雍正三年本，涉及同一律目下含有几条律文的情形，则仍以律文编号。如顺治三年本“兵律・宫卫・冲突仪仗”下有3条律文，则依序编为【1646】5.13.213、【1646】5.13.214、【1646】5.13.215。

这一编号方式保证了各版本编号系统的独立性，但对于对照律文沿革略有不便，因此整理者制作了“《大清律例》律例数目对照表”附在本书第1册后，以便对照检视。

2. 律后所附条例，依随所附之律文序号编号，所附条例在圆括号内以阿拉伯数字连续编号，仍在编号前冠以版本时间。如【1725】3.8.154.(3)，即第3编“户律”第8门“课程”第154条“私茶”所附第3条条例。

雍正三年本条例区分为“原例”“增例”“钦定例”，则仍在编号后标明。如第3编“户律”第8门“课程”第154条“私茶”所附第3条条例为“原例”，则标为【1725】3.8.154.(3)【原例】。

顺治三年本、康熙九年本及雍正三年本，涉及同一律目下含有几条律文的情形，其所附条例的编号则依随该律目下首条律文编号。如顺治三年本“兵律・宫卫・冲突仪仗”所附第1条条例，则编为【1646】5.13.213.(1)。

3.《督捕则例》编号冠以字母D，其后以阿拉伯数字连续编号，编号前冠以版本时间。如编号【1743】D.35为乾隆八年《督捕则例》第35条“保卖旗人”。

由于不同版次的《督捕则例》的例目变化较大，整理者亦制作了“《督捕则例》例目对照表”附在本书第10册“督捕则例”之后，以便对照检视。

4. 为免烦琐，如律文、例文及律例编号没有变更，则不再标明。如律文、例文文字没有变化，但编号在后续版本中有变化，则标明新的标号，在新的编号后附“(略)”，以示该编号下的律文或例文没有变化。如大清律例“户律・课程・私茶”的律文，一直沿用顺治三年本，故除在顺治三年本编号【1646】3.8.162下附载律文外，雍正三年本、乾隆五年本仅编号有变，因此分别标注为【1725】3.8.154(略)、【1740】3.8.144(略)。而乾隆五年以后，律文及律文编号均无编号，即不再赘列此后版本的编号。

(二)著录内容及方式

1. 律文的著录

本书著录律文，首列顺治三年本律文，续以康熙九年本律文(如律文无变化，在律文编号后标明“略”字)。如康熙四十六年进呈本有修改，在标记“＊【1707】○修改”,附以修改按语及修改后律文。如《大清律例按语》所载雍正三年修改按语及修改后律文与康熙四十六年进呈本相同,则在“【1725】○修改”项下的按语部分与修改律文部分标明,如有不同,仍行完整著录。如雍正三年本完全采纳了前述“*【1707】○修改”项下的修改律文,或康熙四十六年本缺失,或《大清律例按语》雍正三年修改后律文有所不同,雍正三年本完全采纳了“【1725】○修改”项下的修改后律文,则在雍正三年律文编号后标明“略”字,如仍有不同,则完整著录雍正三年本的该条律文,并完整著录雍正三年本律后总注。乾隆五年本律文如有修改,则先标明“【1740】○修改”,完整著录《大清律例按语》乾隆五年修改按语及修改后律文,如乾隆五年本律文与“【1740】○修改”项下所修改的律文相同,则在乾隆五年律文编号后标明“略”字;如仍有不同,则完整著录乾隆五年本的该条律文。如乾隆五年本律文与雍正三年本相同,则不再著录律文,仅在乾隆五年律文编号后标明“略”字。

2. 条例(含《督捕则例》)的著录

条例及《督捕则例》的著录与律文的著录方式基本相同。因条例修并、移改、移并等项,涉及分别在不同编、门下的不同条例,为便于使用,且免繁冗,如涉及同一律目之下的修并、分辑,则直接标明涉及的原例编号以及修并、分辑后的条例标号,不录条例全文,修并、分辑按语亦不重出;如修并、移改、移并跨不同律目,则全录原例文、修并移改移并后例文及修并移改移并按语。

就条例的纂修时间,则依据历次《大清律续纂条例》《大清律纂修条例》收录情形,辅助以《钦定大清会典事例(光绪朝)·刑部》记载以及《大清律例按语》书口所载年份确定,以“【纂修年份】○纂修方式”标明。如“【1767】○修改”,即表示该条例文于乾隆三十二年修改,其后则著录修改按语及修改后例文。书中按语如以“臣等谨按”起始,则出自康熙四十六年进呈本(标明*【1707】)、《大清律例按语》(道光二十五的按语出自《大清律例根原》);以“谨按”起始的,则系依据《钦定大清会典事例(光绪朝)·刑部》所载按语补录;如无“臣等谨按”或“谨按”字样起始的按语,则出自《大清律例按语》,因原文如此,不另行添加。

3. 律例总类、大清律附、比附律条、比引律条

“律例总类”汇录了雍正三年《大清律例集解附例》,乾隆五年、乾隆三十三年、乾隆五十五年《大清律例》所载“律例总类”,另附载光绪十年(1884)刚毅重刊本《律例总类》。其编录以雍正三年《大清律集解附例》所载“律例总类”为基础版本,凡雍正三年所载各条,在该条目前标注【1725】,如该条此后未修改,则不另标注说明。如在此后各版有修改,则标明修改版次及修改后条款。如乾隆五十五年本有修改,则在原条款候接续标明“【1790】○修改”,以及“【1790】(修改后条款)”。如原条款在此后某一版中已不著录,则标注删除,如“【1768】○删除”。因光绪十年(1884)刚毅重刊本并非官刊律例,故在涉及著录该版本条款时,在年份前标识前增加“*”号,如“*【1884】(修改后条款)”。

“大清律附”的三个版本(顺治三年本、康熙三年增补本与康熙九年本)内容一致,康熙四十六年(1707)“进呈本”有部分修改,且因其体例、涵盖了刑种与“律例总类”有较大差别,因此独立编录。其方式为全文著录顺治三年本“大清律附”全文,康熙四十六年进呈本所载原条款与顺治二年及康熙九年版有出入者,以仿宋字体标识,条款之前附注“*【1707】”,相应修改按语以楷体标识,并在按语前附注“*【1707】”。

顺治三年本“大清律附”所附“比附律条”共69条,康熙九年(1670)相沿未改,因此全文著录,不标注年份。康熙四十六年进呈本所载律条文字又出入者,以仿宋字体标明,律条前标注“*【1707】”。

雍正三年(1725)改“比附律条”为“比引律条”,附入《律例总类》卷之六末,乾隆五年(1740)独立一卷,为《大清律例》卷四十七,列于“总类”之后。其中雍正三年删改后,保留“比引律条”27条,乾隆五年续纂3条,其后各版“比引律条”相沿未改,故仅在相应条例前标注“【1725】”“【1740】”,以明定例时间。

4. 三流道里表、五军道里表

《三流道里表》于乾隆八年(1743)刊刻颁行,四十九年(1784)重修刊刻,嘉庆十六年(1811)再次修辑刊刻颁行。乾隆四十九年、嘉庆十六年两版皆系在乾隆八年版本上抽换刊刻而成。此后至清末,《三流道里表》虽不断重印颁行,内容再未修辑。因未获见乾隆四十九年版《三流道里表》,仅以乾隆八年版为基础制作,乾隆八年各府所属厅州县数目及应流地方,则标明【1743】,嘉庆十六年各府所属厅州县及应流地方标明【1811】。

《军卫道里表》于乾隆八年(1743)刊刻颁行。三十二年续修成书,并更名为《五军道里表》刊刻颁行。四十四年(1779)复修刊刻。嘉庆十四年(1809)再度修辑,抽换刊刻后,亦只是重印,未再修辑。因未获乾隆三十二年本《五军道里表》,故仍以乾隆八年版为基础,并置乾隆八年、乾隆四十四年、嘉庆十四年三个版本的《军卫道里表》/《五军道里表》,并标注其沿革。

5. 钦定逃人事宜

“钦定逃人事宜”,见康熙三年(1664)增补《大清律》题为“兵部督捕钦定逃人事宜”,康熙九年(1670)《大清律》不载。所载既有见行则例,亦有上谕及臣工奏准条例。见行条例后均附言“奉旨是”,奏准条例后则附言某月日奉旨“依议”。并非完整的条例形态,故单独全文著录。

此外,顺治三年本与《大明律》的沿革,已有孙家红教授编纂的《明清律合编》①可以参阅,本书不再编入《大明律集解附例》相关律例;《大清现行刑律》的修纂与此前大清律例历次修纂变化较大,不易纳入本书的体系之中,因此整理者另行编纂

① 孙家红编纂:《明清律合编》,社会科学文献出版社2022年版。

《〈大清律例〉〈大清现行刑律〉合编:附〈大清现行刑律案语〉〈核订现行刑律〉》①一书以供参阅,特此说明。

本书的念想,大约始于2015年,之前因为刚刚结束了一项工作未久,想要熟悉近代法制转换的材料,在恩师何勤华教授以及原学习和工作单位华东政法大学法律史研究中心支持下,承法律出版社的帮助,汇集出版了"《现行律》民事有效部分"的相关史料。经由"《现行律》民事有效部分",自然的想理一理《钦定大清现行刑律》,后来在何老师,华政法史中心,华政科研处,北京大学出版社朱彦老师、王业龙老师的帮助下,整理出版了《钦定大清现行刑律》。当时还曾有一个整理现行刑律的全部材料的想法,最终未能实现,不过副产品是本系列中与洪佳期老师合编的《〈大清律例〉〈大清现行刑律〉合编:附〈大清现行刑律案语〉〈核订现行刑律〉》,此书最早的稿子就是当时整理的。由整理《〈大清律例〉〈大清现行刑律〉合编》,细读《大清现行刑律案语》,便有了索性整理一个完整的清代律例沿革的野望。2017、2018年基本上在处理一些前期工作。在法律出版社和解锟老师以及华东政法大学何勤华老师的全力支持下,这个项目于2019年获得了国家出版基金立项。随后因为工作单位变动,熟悉新的工作环境、完成各种考核,项目的进展略有停滞。好在期间得到了法律出版社张雪纯老师、张岩老师的全力支持和帮助,尤其是解锟老师的帮助和督促,使项目得以在限期内完成。

现在回头再看,完成这么庞大的一个项目,着实有些后怕。好在项目的进行中,得到了师友们全力的支持。同济大学法学院徐钢副院长、同济大学图书馆读者服务部顾瑾老师、华东政法大学法律史研究中心孙晓鸣老师、华东政法大学图书馆黄紫红老师、华东政法大学文伯书院吴允锋老师、上海师范大学法政学院汪强老师、苏州大学王健法学院卢然老师、日本东京大学法学院袁也博士、中国社科院法学研究所黄海老师、故宫博物院张剑虹老师、中国历史研究院近代史研究所李在全老师、华南理工大学法学院王凯老师、厦门大学法学院韩龙河老师等师友在文献搜集上给予了巨大的帮助,在新冠肺炎疫情的这几年中,尤其令人感佩!

遥想2011年与解锟老师、卢然老师代表法史中心一起去青岛收购民国旧籍,而后与解锟老师共同协助两位师长组织完成国家出版基金资助"清末民国法律史料丛刊"(37册)的整理出版工作,再到接纳《"〈现行律〉民事有效部分"集解四种》的出版,甚至愿意全力支持当时还很难想象的眼下这一庞大的工程申报国家出版基金,再到项目进展停滞"两肋插刀",在繁重的编校工作的同时,主动承担本书第九册、第十册的整理、点校工作,种种帮助,难以尽表。我想,此书的完成,也是解锟老师从出版者到教学研究者转型的极好纪念。

---

① 《〈大清律例〉〈大清现行刑律〉合编:附〈大清现行刑律案语〉〈核订现行刑律〉》,陈颐、洪佳期点校,法律出版社2022年版。

当然,这么庞大的工作,自然得益于学界诸多前辈许多重要的研究、整理成果的支持,小部分在前文中提及了,大部分限于体例、篇幅,无法一一标注,谨此一并致谢!

坚持完成这一庞大的工作,得益于亲友们的全力支持,否则很难确定是否能坚持完成它。感谢法律出版社杰出的编校团队,使本书能够以完整形式呈现整理者最初的构想。至于其中的错误、疏漏,以及编纂体例上的可商榷之处,皆当由我本人承担。而部分文献缺失的遗憾,只能留待将来的机缘了。

陈　颐

2022 年终末于同济大学衷和楼

总　目

第四册

第五册

第六册

第七册

第八册

第九册

第十册

本册目录

律　序

御制大清律序（顺治三年）

【1646】御制大清律序

朕惟太祖太宗创业东方，民淳法简。大辟之外，惟有鞭笞。朕仰荷天休，抚临中夏。人民既众，情伪多端。每遇奏谳，轻重出入，颇烦拟议。律例未定，有司无所禀承。爰敕法司官广集廷议，详绎明律，参以国制，增损剂量，期于平允。书成奏进。朕再三复阅，仍命内院诸臣校订妥确，乃允刊布，名曰“大清律集解附例”。尔内外有司官吏，敬此成宪，勿得任意低昂，务使百官万民畏名义而重犯法。冀几刑措之风，以昭我祖宗好生之德。子孙臣民，其世守之。

顺治三年五月　日

【1670】御制大清律序（略）

*【1707】御制大清律序（略）

【1725】世祖章皇帝御制大清律原序（略）

【1740】世祖章皇帝御制大清律原序（略）

【1768】世祖章皇帝御制大清律原序（略）

【1790】世祖章皇帝御制大清律原序（略）

【1802】世祖章皇帝御制大清律原序（略）

【1825】世祖章皇帝御制大清律原序（略）

【1847】世祖章皇帝御制大清律原序（略）

御制大清律集解序（雍正三年）

【1725】御制大清律集解序

《周礼》大小司寇之职，以三典诘四方，以五刑听狱讼。正岁，帅其属而观刑象。不用法者，国有常刑。月吉，始和布刑于邦国都鄙，乃悬刑象之法于象魏，使万民聚而观之。【查《周礼》】是知先王立法定制，将以明示朝野，俾官习之而能断，民知之而不犯，所由息争化俗，而致于刑措也。

恭惟我皇考圣祖仁皇帝,大德如天,以至仁涵育群生。法司上奏,率多全宥。停刑肆赦,屡沛恩纶。临御六十一年,厚泽周浃乎宇内,血气心知之伦熙,然安处于仁寿之域。朕绍守丕图,深怀继述。雍正元年八月,乃命诸臣将律例馆旧所纂修未毕者,遴简西曹,殚心蒐辑稿本进呈。朕以是书民命攸关,一句一字,必亲加省览。每与诸臣辨论商榷,折中裁定。或析异以归同,或删繁而就约。务期求造律之意,轻重有权,尽谳狱之情,宽严得体。三年八月,编校告竣,刊布内外,永为遵守。

《易》曰:先王以明罚敕法。汉郑昌言:律令一定,愚民知所避,奸吏无所施。是书也,岂惟百尔有位,宜精思熟习,悉其聪明,以察小大之比。凡士之注名吏部,将膺民社之责者,讲明有素,则临民治事,不假于幕客胥吏,而判决有余。若自通都大邑至僻壤穷乡,所在州县,仿《周礼》布宪读法之制,时为解说。令父老子弟递相告戒,知畏法而重自爱。如此则听断明于上,牒讼息于下,风俗可正,礼让可兴。于以体皇考好生之德,而追虞廷从欲之治,不难矣。朕实有厚望焉。

雍正三年岁次乙巳九月初九日书①

【1740】世宗宪皇帝御制大清律集解序(略)

【1768】世宗宪皇帝御制大清律集解序(略)

【1790】世宗宪皇帝御制大清律集解序(略)

【1802】世宗宪皇帝御制大清律集解序(略)

【1825】世宗宪皇帝御制大清律集解序(略)

【1847】世宗宪皇帝御制大清律集解序(略)

御制大清律例序(乾隆五年)

【1740】御制大清律例序

象刑有典,肇见《虞书》,其用之之道,则曰"钦"、曰"恤"、曰"明"、曰"允",一篇之中,三致意焉。武王诰康叔,以用其义刑义杀。而《吕刑》,则曰"士制百姓于刑之中,以教祗德"。古先哲王所为设法饬刑,布之象魏,县之门闾,自朝廷达于邦国,共知遵守者。惟是适于义、协于中,弼成教化,以洽其好生之德。非徒示之禁令,使知所畏惧而已。

我列祖受天明命,抚绥万邦,颁行《大清律例》,仁育义正,各得其宜。圣祖仁皇帝至仁如天,化成久道,德洋恩溥,涵浃群生。皇考世宗宪皇帝际重熙累洽之运,振

① 落款钤"朝乾夕惕""雍正御笔之宝"印。

起而作新之，亲定《大清律集解》，刊示中外，甄陶训迪，刑期无刑，法外之仁，垂为明训。有曰宽严之用，必因乎其时。洋洋圣谟，洵用法之权衡，制刑之准则也。

朕寅绍丕基，恭承德意，深念因时之义，期以建中于民。简命大臣，取律文及递年奏定成例，详悉参定，重加编辑。揆诸天理，准诸人情，一本于至公而归于至当。折中损益为四百三十六门，千有余条，凡四十七卷。条分缕析，伦叙秩然，颁布宇内，用昭画一之守。于戏，五刑五用，以彰天讨而严天威。予一人恭天成命，监成宪以布于下民，敢有弗钦？虽然有定者律令，无穷者情伪也。《易》曰"君子以明慎用刑而不留狱"，《书》曰"式敬尔由狱，以长我王国"。忠信之长，慈惠之师，尚其慎厥用、敬厥由，体钦恤明允之意，率乂于民棐彝，克协于中，以弼予祈天永命，允升于大猷，从事于斯者，胥懋敬哉。

是为序。

乾隆五年（1740）仲冬月既望御笔①

【1768】御制大清律例序（略）

【1790】御制大清律例序（略）

【1802】御制大清律例序（略）

【1825】御制大清律例序（略）

【1847】御制大清律例序（略）

① 落款钤"所宝惟贤""乾隆御笔"印。

上　谕

圣祖仁皇帝上谕（康熙十八年）

【1725】圣祖仁皇帝上谕

康熙十八年九月十四日奉上谕：

国家设立法制，原以禁暴止奸，安全良善。故律例繁简，因时制宜，总期合于古帝王钦恤民命之意。向因人心滋伪，轻视法网，及强暴之徒，凌虐小民，故于定律之外，复设条例。俾其畏而知警，免罹刑辟。乃近来犯法者多，而奸伪未见衰止。人命关系重大，朕心深用恻然。其定律之外，所有条例，如罪不至死，而新例议死，或情罪原轻，而新例过严者，应去应存，着九卿、詹事、科道会同详加酌定，确议具奏。

特谕。

【1725】圣祖仁皇帝上谕（略）

【1740】圣祖仁皇帝上谕（略）

【1768】圣祖仁皇帝上谕（略）

【1790】圣祖仁皇帝上谕（略）

【1802】圣祖仁皇帝上谕（略）

【1825】圣祖仁皇帝上谕（略）

世宗宪皇帝上谕（雍正三年）

【1740】世宗宪皇帝上谕

雍正三年五月二十七日奉上谕：

朕自临御以来，钦恤刑狱。每遇法司奏谳，必再三复核，惟恐稍有未协。又念律例一书，为用刑之本。其中条例繁多，若不校订画一，有司援引断狱，得以意为轻重，贻误非小。特命纂修馆刻期告竣。今据将所纂全稿进呈，朕逐一详览。其有应行驳正者，已一一批示。但明刑所以弼教，关系甚大。着九卿会同细看，务期斟酌尽善，以副朕慎重刑名之意。

特谕。

【1768】世宗宪皇帝上谕(略)
【1790】世宗宪皇帝上谕(略)
【1802】世宗宪皇帝上谕(略)
【1825】世宗宪皇帝上谕(略)
【1847】世宗宪皇帝上谕(略)

奏　疏

［朱轼等：《大清律》纪］（雍正三年）

【1740】〔朱轼等:《大清律》纪〕(雍正三年)

律例馆总裁臣朱轼等谨查:

《大清律》自世祖章皇帝定鼎之初,即命刑部尚书吴达海等详译明律,参以国制,增损期于平允。书成奏进,又命内院诸臣校订妥确,刊布中外。

圣祖仁皇帝于康熙九年(1670),命大学士、管刑部尚书事对喀纳等,将律文复行校正。十八年九月,特谕刑部,"定律之外,所有条例应去应存,着九卿、詹事、科道会同详加酌定,确议具奏。钦此"。经九卿等遵旨会同,将更改条例缮册奏准,刊刻通行,名为《见行则例》。二十八年台臣盛符升以律例须归一贯,乞重加考定,以垂法守为请,经刑部以无庸议议奏。奉特旨交九卿议复,准其所请,将《见行则例》载入《大清律》条例内,均为画一。随命图纳、张玉书等为总裁。诸臣以律文仿自《唐律》,辞简易致讹舛,于每篇正文后增用总注,疏解律义。次第酌定名例四十六条,于三十四年先行缮写进呈。三十六年发回刑部,命将奏闻后更改之处补入。至四十六年六月,辑成四十二本,恭缮进呈,留览未发。

我皇上缵承大统,御极之元年,特命臣朱轼等为总裁,于应增应减之处,再行详加分晰,作速修完。臣等奉命遴选纂修臣纳海、金瑛等,逐条考正,重加编辑。其律后总注,会萃旧文,刊订讹误,期于简切著明。又详校定例,纂入四百八十五条。恭缮进呈,皇上亲加鉴定。其中详略轻重未协之处,悉蒙朱批一一改正。又念是书关系甚大,特谕九卿会同细看,务期斟酌尽善。

大矣哉!圣谟洋洋,虞舜之钦恤,文王之慎罚,何以加兹。九卿详阅,佥云尽善。乃允刊布内外,永远遵行。

臣等幸生盛世,仰见典章之大成。谨拜手稽首,敬录世祖章皇帝御制原序一篇、圣祖仁皇帝上谕一道、皇上谕旨一道,冠诸卷首。其诸臣章奏,附录于后云。

臣朱轼等恭纪。

［三泰等：《大清律》纪］（乾隆五年）

【1740】〔三泰等:《大清律》纪〕(乾隆五年)

律例馆总裁臣三泰等谨查:

《大清律》自世祖章皇帝定鼎之初,即命刑部尚书吴达海等详绎明律,参以国制,书成奏进,刊布中外。圣祖仁皇帝康熙九年(1670),命大学士管刑部尚书事对喀纳等复行校正。十八年(1679),特谕刑部,将定律之外所有条例应去应存,详加酌定,刊刻通行,名为《见行则例》。二十八年(1689),准台臣盛符升奏请,将《见行则例》载入《大清律》条例内。命尚书图纳、张玉书等为总裁,至四十六年(1707)缮写进呈,留览未发。世宗宪皇帝雍正元年(1723),复命大学士朱轼、尚书查郎阿等为总裁,于应增应减之处,再行详加分晰,作速修完,至雍正五年(1727)奏准颁行。

我皇上御极之元年(1736),允尚书傅鼐陈奏,特命臣三泰等为总裁。臣等奉命,遴选提调臣何瞻、纂修臣岳泰等,逐条考正,重加编辑,又详校定例,纂入一千四十九条,节次恭缮进呈,蒙皇上亲加鉴定。间有未协之处,悉经谕旨改正。特命刊布内外,永远遵行。

臣等幸生盛世,仰见典章之大成,谨拜手稽首敬录世祖章皇帝御制原序一篇,圣祖仁皇帝上谕一道,世宗宪皇帝御制序文一篇、谕旨一道冠诸卷首,其诸臣章奏附录于后云。

臣三泰等恭纪。

【1768】〔三泰等:《大清律》纪〕(乾隆五年)(略)

【1790】〔三泰等:《大清律》纪〕(乾隆五年)(略)

【1802】〔三泰等:《大清律》纪〕(乾隆五年)(略)

【1825】〔三泰等:《大清律》纪〕(乾隆五年)(略)

【1847】〔三泰等:《大清律》纪〕(乾隆五年)(略)

［徐本等：进《大清律例》表］（乾隆五年）

【1740】〔徐本等:进《大清律例》表〕(乾隆五年)

经筵讲官、太子太保、东阁大学士、兼礼部尚书、兼管户部尚书事务、加六级、律例馆总裁官臣徐本等谨题:恭承敕旨,纂刻《大清律例》,今已成书,谨奉表上进者。

伏以帝德好生，玉律重慈祥之义，皇心敕法，丹书昭钦恤之仁。布解泽于离明，有伦有要，寓春温于秋肃，是训是行。曲成不遗，咸中有庆。

臣等诚惶诚恐，稽首顿首，上言：窃惟上古之世，修德而后修刑。三代以还，敬官必先敬典。自三章、九章，而后更张润色，渐涉繁芜。溯五刑五用之初，挞记侯明，宜归划一。惟我朝之宪典，经列圣之精详，纲举目张，象魏悬而民知敬听，衡平鉴朗，令甲布而吏罔深文。钦惟皇帝陛下道隆参赞，德懋中和。瑞霭春田，列井有囷仓之乐，明澄秋镜，圜扉多芝菌之祥。临以简而御以宽，痌瘝念切，罪惟轻而功惟重，轸恤时殷。乃于乾隆元年（1736）钦遵世宗宪皇帝明训，于律例全书更加厘定。化民成俗，祗期执两而用中，载德行仁，将使回心而向道。特命臣等悉心参酌，揆理准情，缘情定法。宽严胥协，统归睿鉴之精纯，疑似尽捐，全赖宸衷之昭彻。反复于三刺三宥，千百国顺帝则而不知，简孚于五罚五辞，亿万年遵王路而无斁。

臣等才惭听断，虽式敬之维殷，志切平反，幸简编之甫竟。伏愿泰符凝命，乾德体元。修五礼以牖民率教者，造之党庠术序，协三才而建极从欲者，逮于侯甸要荒。将见文成象纬，占贯索而长销，草卧桁杨，画衣冠而永治矣。

臣等无任瞻天，仰圣激切屏营之至。谨奉表随进以闻。

【1768】〔徐本等：进《大清律例》表〕（乾隆五年）（略）

【1790】〔徐本等：进《大清律例》表〕（乾隆五年）（略）

【1802】〔徐本等：进《大清律例》表〕（乾隆五年）（略）

【1825】〔徐本等：进《大清律例》表〕（乾隆五年）（略）

【1847】〔徐本等：进《大清律例》表〕（乾隆五年）（略）

［刚林等：题请颁行《大清律集解附例》疏］（顺治四年）

【1646】〔刚林等：题请颁行《大清律集解附例》疏〕（顺治四年）

内翰林国史院掌院事、大学士臣刚林等谨题：为《清律》奉旨审校，臣等考订已完，恭请圣裁颁布，以昭法守事。

前刑部尚书吴达海等屡遵谕旨，纂修《清律》，该刑部侍郎党崇雅、启心郎额尔革免，率同一其夏库耿爱，额记库课罗科、乌黑能，员外柯士芳、许弘祚、宋调元，将前书纂完，随送到院。该臣范文程、臣刚林、臣祁充格、臣冯铨、臣洪承畴、臣宁完我，暨刑部启心郎额尔革免裁议已定。

又该刑部侍郎提桥、房可壮再四详核，率同启心郎白色纯、周天成，郎中范芝、张毓中、宋炳、夏之中、萧应聘、宋从心、周璜、段腾藻、毛永龄、韩养醇,员外郎王凤林,司务周再勋、傅作衡,逐篇磨勘,尚书吴达海督令员外郎金灿缮写进呈。

皇上、皇叔父摄政王钦恤深心,惟恐一有未当,[①]不便遵行,仍命臣范文程、臣刚林、臣祁充格、臣冯铨、臣宁完我、臣宋权再加审定,斟酌满汉,务合时宜。臣等谨同学士蒋元恒,督额记库课罗科、亢得时、能兔、他其哈封、沙尔杜,及刑部郎中范芝、宋炳、张毓中逐款翻阅校正,他其哈封、嗔打红,笔帖式哈封莽计兔、笔帖式戴阳、阿年哈等缮写完毕,仍发刑部,随该侍郎房可壮、员外郎王凤林、司务傅作衡等对阅,随付郎中韩养醇、员外郎金灿订刻,今已告竣。

臣等谨将刊完《大清律集解附例》十卷,具疏奏进,伏乞圣鉴裁定,颁行中外。庶法守昭明,臣民永知遵守矣。

为此具本谨题请旨。

于顺治四年三月二十四日题。[②]

本日奉圣旨:“是《大清律》,着颁行。”

【1670】〔刚林等:题请颁行《大清律集解附例》疏〕(顺治四年)(略)

*【1707】〔刚林等:题请颁行《大清律集解附例》疏〕(顺治四年)

内翰林国史院掌院事、大学士臣刚林等谨题:为《清律》奉旨审校,臣等考订已完,恭请圣裁颁布,以昭法守事。

前刑部尚书吴达海等屡遵明旨,纂修《清律》,该刑部侍郎党崇雅、启心郎额尔革图,率同郎中耿爱,主事科尔坤、乌赫纳,员外郎柯士芳、许弘祚、宋调元,将前书纂完,随送到院。该臣范文程、臣刚林、臣祁充格、臣冯铨、臣洪承畴、臣宁完我,暨刑部启心郎额尔革兔裁议已定。

又该刑部侍郎提桥、房可壮再四详核,率同启心郎白色纯、周天成,郎中范芝、张毓中、宋炳、夏之中、萧应聘、宋从心、周璜、段腾藻、毛永龄、韩养醇,员外郎王凤林,司务周再勋、傅作衡,逐篇磨勘,尚书吴达海督令员外郎金灿缮写进呈。

皇上惟恐一有未当,不便遵行,仍命臣范文程、臣刚林、臣祁充格、臣冯铨、臣宁完我、臣宋权再加审定,斟酌满汉,务合时宜。臣等谨同学士蒋元恒,督主事科尔坤、亢得时、能图、他赤哈哈番、萨尔图,及刑部郎中范芝、宋炳、张毓中逐款翻阅校正,他赤哈哈番、齐纳红,笔帖式哈番莽伊图、笔帖式戴阳、阿年哈等缮写完毕,仍发刑部,随该侍郎房可壮、员外郎王凤林、司务傅作衡等对阅,随付郎中韩养醇、员外郎金灿订刻,今已告竣。

---

① 自康熙九年(1670)删去“皇叔父摄政王钦恤深心”数字。

② 康熙九年版无题本日期。

臣等谨将刊完《大清律集解附例》十卷,具疏奏进,伏乞圣鉴,裁定颁行中外。庶法守昭明,臣民永知遵守矣。

为此具本谨题请旨。

奉圣旨:"是《大清律》,着颁行。"

【1725】〔刚林等:题请颁行《大清律集解附例》疏〕(顺治四年)(略)①

【1740】〔刚林等:题请颁行《大清律集解附例》疏〕(顺治四年)(略)

【1768】〔刚林等:题请颁行《大清律集解附例》疏〕(顺治四年)(略)

【1790】〔刚林等:题请颁行《大清律集解附例》疏〕(顺治四年)(略)

【1802】〔刚林等:题请颁行《大清律集解附例》疏〕(顺治四年)(略)

【1825】〔刚林等:题请颁行《大清律集解附例》疏〕(顺治四年)(略)

【1847】〔刚林等:题请颁行《大清律集解附例》疏〕(顺治四年)(略)

[刑部等:为请旨校定律文事](康熙九年)

【1670】〔刑部等:为请旨校定律文事〕(康熙九年)

刑部等衙门题:为请旨事。

该刑部题前事内开律内未译小字,业经译完。但阅大字内,有满字不符汉字者,亦有汉字未译满字者。查系顺治三年(1646)内院校定译发臣部,其不符及未译之处,臣等不便即为改正。况律文,一代大典所关,应仍请敕内院将满汉文义不符及未译之处,校定画一,交发臣部之日,刊刻遵行可也等因具题。奉旨:"前因尔部无翻译人员,故令内院校定律文。系尔部职掌,既翻译有人,尔部即应校正画一,刊刻遵行。钦此。"

该臣部随将满汉字义不符及未译之处,逐一翻译校定,刊刻已完。但细查汉律内,或注解参差,字句讹误、遗落者尚多。满字系照汉字译出,今满字虽已刻完,而汉字内有参差、遗漏等处,若不诣明校正,恐定拟罪名,致有轻重不符,难以遵行。原系内院照旧律参酌校正,请敕内院将旧律颁发臣部之日,其参差、遗漏等处详酌校正可也等因具题。奉旨:"尔部会同都察院、大理寺看阅。尔部见在律文,将不符及参差、遗漏之处,详酌校正具奏。钦此。"

该臣等会同都察院、大理寺磨对旧律校正,于康熙九年(1670)十二月十二日题。

---

① 雍正三年(1725)《大清律集解附例》刚林奏疏文字与康熙四十六年(1707)《大清律集解附例(进呈本)》文字相同,惟"刑部尚书吴达海等屡遵明旨"句,"明旨"改为"谕旨"。

奉旨："依议。"

太子太保、文华殿大学士、管刑部尚书事对哈纳，尚书冯溥，左侍郎阿哈硕子、张尔素，右侍郎多诺、马绍曾，郎中郑牧民、梁遂、陆舜，员外郎洪琮、朱之翰、黄虞再、魏学渠、程汝璞、刘体仁、周襄绪，主事丹达礼、苏嘉禄、噶尔图、高成美、江有良、杜镇、刘果、阎可茂、易道沛、龚荣遇、王明德、吴定。

都察院左都御史明珠，左副都御史岳诺惠、高珩，左佥都御史陈一炳，监察御史拉自、李之芳。

大理寺卿额星格、佟弘器，少卿徐继炜、钱綎，寺丞洪士铭，寺正德古，评事姚祖项、罗光众、黄信让，笔帖式伍童保、阿色哈、申奇猷、哈尔奇。

*【1707】〔刑部等：为请旨校定律文事〕（康熙九年）（略）

〔图纳等：题请重定《大清律》疏〕（康熙二十八年）

【1725】〔图纳等：题请重定《大清律》疏〕（康熙二十八年）

刑部等衙门尚书臣图纳等谨题：为律例须归一贯，旧刻未为全书，谨陈应删应补之事宜，仰乞重加考定，以垂法守事。

该臣等会议：得据广西道试监察御史盛符升条奏，疏称"民生之大命，系于刑狱，历朝之大法，载在律书。皇上诚恐正律之外，条例过严，特谕刑部会同九卿、詹事、科道详加酌议，刊为《见行则例》。查职制等目，悉依旧律编次，则凡属新例，皆可分入各条，并载正律之内。至若《大清律》一书所载诸事，有仍袭前代之旧文，而于本朝之法制绝不相蒙者，如郡王将军中尉亲自赴京者治罪等项，其类尚多。明载律中，实非遵行正法。所当删定改正，以成善本。伏乞将律例之分别者合之，新旧之不符者通之，轻重之可议者酌之，务期尽善。然后刊刻全书，勒成定本"等语。先经刑部议复，"律文乃系递沿成书，例乃因时酌定。凡《见行则例》，或遇事而定，或遵旨而定。若将此等陆续定例事件附入律内，则律文难以告成。其律内所有郡王将军中尉亲自赴京治罪等项，虽非遵行正法，若将此等条件删去，恐以后比照定拟者无凭查考"，将御史盛符升条奏之处，俱毋庸议等因具题。奉旨："九卿、詹事、科道会议具奏。钦此。"

查康熙九年（1670），将律文满汉文义复行校正；二十七年（1688），又将《见行则例》会同九卿、詹事、科道详加酌定，具题刊布。但律文、条例乃将历代所行之条，有摭拾汇辑者；《见行则例》，系因时著定者，若使重复繁多，倘详查不周，则情罪虽一而轻重或异。又往代所拟罪名，有与今不相符合者，其不用之条，如不尽行删除，则律文、条例反致繁冗,舛错参差,均未可定。应如台臣盛符升所奏,将《见行则例》载入《大清律》条例内。其律例内有满汉文义互相参差,或律文内已有各罪本律,而定例重复浮赘,或官员衙役各色及所拟罪条,于今不便引用等项,及应删之条,均为划一,各归各款删除。所有关系纂修事宜,应听该部另行具题等因,于康熙二十八年(1689)八月二十八日题。

九月十九日奉旨:"依议。"

【1740】〔图纳等:题请重定《大清律》疏〕(康熙二十八年)(略)

【1768】〔图纳等:题请重定《大清律》疏〕(康熙二十八年)(略)

【1790】〔图纳等:题请重定《大清律》疏〕(康熙二十八年)(略)

【1802】〔图纳等:题请重定《大清律》疏〕(康熙二十八年)(略)

【1825】〔图纳等:题请重定《大清律》疏〕(康熙二十八年)(略)

【1847】〔图纳等:题请重定《大清律》疏〕(康熙二十八年)(略)

[图纳等:题请遣官监修《大清律》疏]
(康熙二十八年)

【1725】〔图纳等:题请遣官监修《大清律》疏〕(康熙二十八年)

刑部尚书臣图纳等谨题:为请旨事。

据广西道试监察御史盛符升条奏一疏,经九卿会议,应如所奏,将《见行则例》载入《大清律》条例内,均为划一等因具复。奉旨"依议",钦遵在案。今将律文、则例删定、改正,汇为一书。体皇上好生之德,垂万世不易之规,相应遣官监修。所有堂官职名开列具奏,伏候圣裁。

谨题请旨。

康熙二十八年(1689)九月三十日题。

十月初八日奉旨:"图纳、苏赫、张玉书、杜臻、西安、郭世隆、顾汧着为总裁官。"

【1740】〔图纳等:题请遣官监修《大清律》疏〕(康熙二十八年)(略)

【1768】〔图纳等:题请遣官监修《大清律》疏〕(康熙二十八年)(略)

【1790】〔图纳等:题请遣官监修《大清律》疏〕(康熙二十八年)(略)

【1802】〔图纳等:题请遣官监修《大清律》疏〕(康熙二十八年)(略)

【1825】〔图纳等:题请遣官监修《大清律》疏〕(康熙二十八年)(略)

【1847】〔图纳等:题请遣官监修《大清律》疏〕(康熙二十八年)(略)

〔张玉书等：呈进《大清律·名例》疏〕（康熙三十四年）

【1725】〔张玉书等:呈进《大清律·名例》疏〕(康熙三十四年)

律例馆总裁、户部尚书、文华殿大学士臣张玉书等谨题:为恭缮律文"名例"先呈御览,仰祈睿鉴裁定事。

窃惟帝王好生,首重民命,国家垂宪,务定刑书。臣等奉命重修律例,自顾才识谫陋,夙夜凛凛,惧不胜任。钦惟我圣上①至仁如天,群生率育。凡有刑狱奏谳,圣心辄加矜悯,时于无可宽释之中,曲求格外生全之路。每一岁之内,特旨免死宽减者甚多。湛恩汪濊,洽于海隅。历稽前史,实所罕觏。臣等敬体皇上明慎用刑至意,详阅全律,逐条辩晰,以刑部见行例分别载入律内;有满汉文义互相参差者,通加改正;或罪有本律,而例系重复者,即行删除;或名目事款旧有今无及旧无今有者,酌量增删;或一款应分两条,或数条同属一类者,悉与分并;其今虽不行而宜备参考者,仍照例附载,以备引证;别部事例间有与律义相合者,亦照刑部见行例采入;如律例内有应具题请旨者,俟另题请旨。至于律文,仿自唐律,辞简义赅,诚恐讲晰未明,易致讹舛。臣等汇集众说,于每篇正文后增用总注,疏解律义,期于明白晓畅,使人易知。今酌定"名例"四十六条,已会集九卿、詹事、科道面同勘阅,谨录满汉文各六本,遵照前题,先呈御览,伏冀皇上睿鉴裁定。俾立一代之章程,示万世以法守。候命下后,即将全律依式纂成,次第缮写恭进。臣等不胜悚栗之至,谨题请旨等因。

于康熙三十四年(1695)二月初九日题。

三十六年(1697)十一月十二日奉旨:"新纂律书'名例',朕已览阅。奏闻后又有更改处,发回刑部,将更改之处增入,着九卿看阅具奏。"

【1740】〔张玉书等:呈进《大清律·名例》疏〕(康熙三十四年)(略)

【1768】〔张玉书等:呈进《大清律·名例》疏〕(康熙三十四年)(略)

【1790】〔张玉书等:呈进《大清律·名例》疏〕(康熙三十四年)(略)

【1802】〔张玉书等:呈进《大清律·名例》疏〕(康熙三十四年)(略)

【1825】〔张玉书等:呈进《大清律·名例》疏〕(康熙三十四年)(略)

【1847】〔张玉书等:呈进《大清律·名例》疏〕(康熙三十四年)(略)

---

① 乾隆三十三年(1768)《大清律例》改"圣上"为"皇上",此后各版仍之。

［佛格等：请修定例疏］（雍正元年）

【1725】〔佛格等:请修定例疏〕(雍正元年)

刑部等衙门尚书臣宗室佛格等谨题:为请修定例,以昭法守,以光圣治事。

该臣等会议:得据巡视东城、陕西道监察御史汤之旭奏称,“律例最关紧要。今六部见行则例或有从重改轻、从轻拟重,有先行而今停、事同而法异者,未经划一昭著。伏乞特简谙练律例大臣,专掌律例馆总裁,将康熙六十一年(1722)以前之例,并《大清会典》,逐条互参考订,划一例款”等语。

查先据原任广西道试监察御史盛符升条奏,“将律例之分别者合之,新旧之不符者通之,轻重之可议者酌之,务期尽善”等语,经九卿议复,将《见行则例》载入《大清律》条例内,其律例内有满汉文义互相参差,或律文内已有各罪本条而定例重复,均为划一删除等因具题。奉旨:“依议。钦此。”于康熙二十八年(1689)十月内钦点总裁,开馆纂辑,汇成一书。经九卿将原旧律例并续增见行例逐款校阅,参酌考订,缮写清汉各四十二本,于四十六年(1707)六月初二日进呈,未蒙颁发。

自康熙四十七年(1708)起至六十一年(1722)止,见在纂辑之新增定例一百一十五条内,或有应删应改者,相应请旨,令律例馆总裁速行审定。并前纂成四十二本,一并交与九卿,互相参酌考订划一,缮写清汉,进呈御览。统候皇上钦定,交与刑部刊刻,颁发遵行。

今律例馆见有总裁、提调、纂修等官修辑,其该御史所奏特简大臣专掌律例馆总裁之处,毋庸议。

再凡奉上谕,臣等钦奉遵行。嗣后雍正元年(1723)起,每年仍令律例馆陆续咨取,逐一纂修增入,应将该御史所奏,令科臣年底造册进呈,发与律例馆纂修之处,亦毋庸议。

雍正元年(1723)八月二十三日题。

九月十七日奉旨:“朱轼、卢询、阿锡鼐、伊都立着充为总裁官。其应增应减之处,再行详加分晰,作速修完。至纂修、誊录官,着派出总裁于各部官员内酌取,指名具奏。余依议。”

【1740】〔佛格等:请修定例疏〕(雍正元年)(略)

【1768】〔佛格等:请修定例疏〕(雍正元年)(略)

【1790】〔佛格等:请修定例疏〕(雍正元年)(略)

【1802】〔佛格等:请修定例疏〕(雍正元年)(略)

【1825】〔佛格等:请修定例疏〕(雍正元年)(略)

【1847】〔佛格等:请修定例疏〕(雍正元年)(略)

〔总理事务王大臣会同九卿议复傅鼐奏请修律例疏〕(乾隆元年)

【1740】〔总理事务王大臣会同九卿议复傅鼐奏请修律例疏〕(乾隆元年)

该总理事务王大臣,会同九卿会议:得刑部尚书傅鼐奏称,“窃惟刑罚世轻世重,乃帝王宜民宜人之权。我朝律例刊布于顺治三年(1646),酌议于康熙十八年(1679),重刊于雍正三年(1725),固已法度修明,纪纲整饬矣。臣伏读我世宗宪皇帝遗诏,有曰‘国家刑罚禁令之设,所以诘奸除暴,惩贪黜邪,以端风俗,以肃官方者也。然宽严之用,又必因乎其时。从前朕见人情浅薄,官吏营私,相习成风,罔知省改,势不得不惩治整理,以诫将来。今人心共知警惕矣。凡各衙门条例,有从前本严而朕改易从宽者,此乃从前部臣定议未协,朕与廷臣悉心斟酌,而后更定,以垂永久者,应照更定之例行。若从前之例本宽而朕改易从严者,此乃整饬人心风俗之计,原欲暂行于一时。俟诸弊革除之后,仍可酌复旧章。此朕本意也。向后遇此等事件,则再加斟酌。若有应照旧例者,仍照旧例行’,钦此钦遵。臣思圣心惓惓,于此盖必有所轸念而未及更正者也。我皇上御极以来,凡事皆以世宗宪皇帝之心为心,每遇奏谳之时,斟酌详慎,好生之德,固已洽于民心矣。伏查《大清律集解附例》一书,系雍正三年(1725)刊刻之板,现今不行之例,犹载其中。如窃盗三犯,已经改议分别赃物十两上下递为重轻,而例内所载,乃系赃数不多奏请改遣;如遣犯脱逃行凶为匪,已经改议分别所犯情罪递为重轻,而例内所载,乃系即行正法,如此之类颇多。恐问刑之员援引舛错,吏胥因缘为奸。且与其临时斟酌、时时上廑圣怀,不若先事精详,事事立之准则。应请皇上特降谕旨,简命通达治体、熟谙律例之大臣为总裁,将雍正三年(1725)刊行律例,详加核议。除律文、律注仍旧外,其所载条例,有先行而今已斟酌定议者改之,或有因时制宜应行斟酌而未逮者,亦即钦遵世宗宪皇帝遗诏,酌照旧章,务期平允,逐款缮折,恭请皇上钦定,勒限纂辑缮写成书,进呈御览,请旨刊刻,颁行各省,俾知遵守,以昭划一之会则。世宗宪皇帝义尽仁至之心,我皇上善继善述之政,接钦恤之传而养万年之福”等语。

查律为一定不易之成法,例为因时制宜之良规。故凡律所不备,必借有例以权其大小轻重之衡,使之纤悉比附,归于至当。我世宗宪皇帝临御十有三年,宵旰励精,勤求至治,而于刑狱尤加详慎。凡有所降谕旨,及诸臣条奏经由廷议者,必悉心斟酌,然后颁行。犹虑愚民一时未能遍知,每行一例,必定以年限,使之家喻户晓。

再有所犯,方始照例问拟。仰惟圣心哀矜恻怛,慎重周详,洵足昭亿万年之法守矣。第刑罚世轻世重,自昔为然,而宽严之道,遂如温肃之异,用而同功。时而崇尚惇大,禁令渐驰,道在整饬,不得不济之以严;时而振兴明作,百度具张,道在休养,不得不济之以宽。宽严合乎大中,而用中本乎因时。盖所谓中无定体,随时而在。是以世宗宪皇帝遗诏,惓惓于条例之宽严有宜再加斟酌之训谕,深有望于我皇上继志述事,敷时绎思,绍执中建极之谟,永臻于荡平正直之治也。伏读《大清律集解附例》一书所刊原例、增例、钦定例三项,非尽现行之条。而自刊刻后至今,前例又多酌改。若不加以参订,归于划一,恐内外问刑之员,易于援引舛错,而吏胥因得高下其手,足滋任意轻重之弊。应如刑部尚书傅鼐所奏,恭请皇上特简大臣为总裁官,将以前刊刻律例,并自刊刻后至今通行各例,统加检查核议。有宜因时变通,如先经定例而后经改易者,或前例未协而后亦未经改易者,应作何斟酌损益,宽严得中,逐一缕析条分,务期平允。其应删除者,即行删除,应增入者,即行增入,应更正者,即行更正,应仍照旧例行者亦即酌复旧章。除律文、律注仍旧外,其刊入之例,必将某条附载某律之处确切不移,使宏纲细目,大小咸赅,仁育义正,折衷尽善。敬谨拟议,恭请皇上钦定。纂辑缮写成书,进呈御览,请旨刊刻颁行。则因时用中,先后同揆,以彰绍庭罔斁之孝思,益垂世守不愆之令典矣。至作何拣选、分修及定限一切事宜,恭候命下之日,另行奏闻,请旨遵行等因。

乾隆元年(1736)六月十九日题。

二十一日奉旨:"依议。钦此。"

随经刑部将应开列总裁官列名奏请,奉朱笔点出三泰、徐本、庆复、杨超曾为总裁官。

【1768】〔总理事务王大臣会同九卿议复傅鼐奏请修律例疏〕(乾隆元年)(略)

【1790】〔总理事务王大臣会同九卿议复傅鼐奏请修律例疏〕(乾隆元年)(略)

【1802】〔总理事务王大臣会同九卿议复傅鼐奏请修律例疏〕(乾隆元年)(略)

【1825】〔总理事务王大臣会同九卿议复傅鼐奏请修律例疏〕(乾隆元年)(略)

【1847】〔总理事务王大臣会同九卿议复傅鼐奏请修律例疏〕(乾隆元年)(略)

［刘统勋等：奏请纂修条例折］（乾隆三十一年）①

【1768】〔刘统勋等:奏请纂修条例折〕(乾隆三十一年)

经筵日讲起居注官、太子太保、东阁大学士、礼部尚书、管理刑部事务臣刘统勋等谨奏:为请旨事。

臣等伏查乾隆十一年(1746)七月内经内阁衙门于遵旨议复御史戴章甫条奏案内议定,刑部律例虽奏明三年一次纂修,而三年内或酌改无多,不必拘定三年之限,应以五年为期,纂修一次等因,奏准遵行。臣部于十六(1751)、二十一(1756)、二十六(1761)等年俱届期请旨纂修在案。今计自乾隆二十六年(1761)至三十一年(1766)已届五年之期,理合奏请将五年以来所奉上谕,以及议准内外臣工条奏应纂为定例者,并加参考,分类编辑,缮写进呈,恭候钦定。

再查律例全书自乾隆五年(1740)纂修告成以来,迄今二十余载。条例日繁,增改不一。虽每届五年修辑一次,亦止就现定新例依类编入,其从前旧例有与新例未合,以及辗转比附、文义倒置,应行增添删改之处,积久渐多,引用窒碍。臣等节年钦遵圣训改正条例,曾将缘由奏明在案。今将全书所载条例,逐一较对,悉心参酌改正,务归划一。随时缮写黄册,陆续进呈俟钦定。

奉旨之日,臣部将续纂新例,并二十六年(1761)所纂条例,各按门类归入律例全书,附刊于原本各条之后。其改正旧例,亦即于全书内逐一改刊。则翻阅既易,引用不致互歧。至纂修日期,向年编辑新例,俱系定限十个月,今全书所载旧例多有应须改正之处,应请展限四个月,以便悉心参核。俟命下之日,臣部遵照办理。

为此谨奏请旨。

乾隆三十一年(1766)正月二十七日奏。

本日奉旨:“知道了。钦此。”

【1790】〔刘统勋等:奏请纂修条例折〕(乾隆三十一年)(略)

【1802】〔刘统勋等:奏请纂修条例折〕(乾隆三十一年)(略)

---

① 历次纂修条例奏疏,初皆载于该次修例刻本卷首,复载于各版次《大清律例》“卷首·奏疏”。而乾隆八年(1743)、乾隆十一年(1746)、乾隆十六年(1751)、乾隆二十六年(1761)《大清律续纂条例》卷首皆无奏疏,惟“凡例”及衔名,其“凡例”及衔名分别附入下文“凡例”及“衔名”部分。另乾隆二十一年(1756)续纂条例,直接归入全书,并无《大清律续纂条例》印行。

【1825】〔刘统勋等:奏请纂修条例折〕(乾隆三十一年)(略)

【1847】〔刘统勋等:奏请纂修条例折〕(乾隆三十一年)(略)

〔刘统勋等:先行进呈名例等纂修条例六卷折〕(乾隆三十二年)

【1768】〔刘统勋等:先行进呈名例等纂修条例六卷折〕(乾隆三十二年)

臣刘统勋等谨奏:为奏闻事。

窃查臣部于乾隆三十一年(1766)正月内奏准开馆,纂修律例。因全书自乾隆五年(1740)至今二十余载,条例增改不一,虽经五次修辑,止就现定新例依类编入,其从前旧例与新例不合之处,俱未增删改并。请定限十四个月告竣,陆续缮写黄册进呈等因。奉旨"知道了。钦此"钦遵。

臣等随督率提调、纂修等官,上紧赶办。所有历年钦奉上谕,及议准内外臣工条奏,并吏、户、礼、兵、工等部议准,有与刑名交涉,应纂为例者,各详细复核,分类编辑。并将全部条例逐一比较,其中或新旧不符,或词意重复,或文义未甚明晰,俱详加酌核,增删改并,以归划一。今已依限办就,督令供事缮写黄册。缘此次卷帙繁多,臣等分为三次陆续进呈。今将"名例"上下两卷及"吏律""户律""礼律""兵律"四卷纂修条例先行进呈。内除照例纂辑修改,以及节删重复字句闲文,即于各条下谨按语内分晰陈明,毋庸另为声叙外,如于罪名适轻适重,臣等参酌律例,遇有增改之处,即于本条例上粘贴黄签,恭呈御览,伏候钦定。统俟命下之日,臣馆另缮清汉样册进呈,并将前次续纂条例一并归入全书,照例送交武英殿刊刻,颁发内外问刑衙门一体遵行。此后或奉有谕旨及臣工条奏准行应入例册者,于未经刊刻以前,仍行添纂。合并声明。

为此谨奏请旨。

乾隆三十二年(1767)五月初六日奏。

本日奉旨:"知道了。册留览。钦此。"

【1790】〔刘统勋等:先行进呈名例等纂修条例六卷折〕(乾隆三十二年)(略)

【1802】〔刘统勋等:先行进呈名例等纂修条例六卷折〕(乾隆三十二年)(略)

【1825】〔刘统勋等:先行进呈名例等纂修条例六卷折〕(乾隆三十二年)(略)

【1847】〔刘统勋等:先行进呈名例等纂修条例六卷折〕(乾隆三十二年)(略)

〔刘统勋等：进呈第三次纂修条例折〕（乾隆三十二年）

【1768】〔刘统勋等:进呈第三次纂修条例折〕(乾隆三十二年)

臣刘统勋等谨奏:为奏闻事。

窃臣部纂修全部律例,前经奏明分为三次进呈,所有“名例”“吏律”“户律”“礼律”“兵律”并“刑律”贼盗、人命、斗殴共十二卷,已于本年五月初六日及六月初九日具折进呈御览,均蒙钦定。今将第三次纂修“刑律”诉讼、受赃、诈伪、犯奸、杂犯、捕亡、断狱,“工律”,共八卷,《督捕则例》一卷,并毋庸纂辑条例一卷,谨缮黄册进呈御览,恭候钦定。俟命下之日,臣馆将此次及前两次纂修条例,另缮清汉样册进呈,照例送交武英殿刊刻。臣馆一面先行刊刻草本通行各省督抚、将军,一体遵行。

为此谨奏请旨。

乾隆三十二年(1767)七月初六日奏。

初七日奉旨:“知道了。钦此。”

【1790】〔刘统勋等:进呈第三次纂修条例折〕(乾隆三十二年)(略)

【1802】〔刘统勋等:进呈第三次纂修条例折〕(乾隆三十二年)(略)

【1825】〔刘统勋等:进呈第三次纂修条例折〕(乾隆三十二年)(略)

【1847】〔刘统勋等:进呈第三次纂修条例折〕(乾隆三十二年)(略)

〔刘统勋等：奏明律例清汉全书告竣折〕（乾隆三十三年）

【1768】〔刘统勋等:奏明律例清汉全书告竣折〕(乾隆三十三年)

经筵日讲起居注官、太子太保、东阁大学士、礼部尚书、管理刑部事务臣刘统勋等谨奏:为奏明律例清汉全书告竣事。

窃查臣部于乾隆三十一年(1766)奏准开馆,纂修律例。经臣等将历年钦奉上谕,及议准内外臣工条奏,应纂为例者,详细复核,敬谨编辑,恭缮汉字黄册进呈。并声明钦定后,臣部按照汉文次第,翻译汇缮清汉黄册,恭呈御览。并此后或奉有谕旨及臣工条奏准行应入例册者，于未经刊刻以前，仍行添纂等因，奏准在案。今臣等督率提调、纂修、翻译等官，谨遵钦定黄册，先行刊刷草本，颁发各省遵照办理。仍逐条重加誊写，分门别类，翻译清文，恭缮清汉黄册进呈。并将续奉谕旨，暨臣工奏准事件，应行添纂、修改、删除之处详加酌核，按类编辑，一体缮写清汉黄册，装订成帙。并于各条例后，加具谨按、粘贴黄签，恭呈御览。俟钦定后，将补纂各条，仍先刊刷草本，颁行各省督抚、将军，一体遵行。

再查律例全书自乾隆二十年（1755）以后，虽经两次修辑，均只就现纂新例另为一编，并未归入全书，不第艰于翻阅，而援引亦恐疏漏。此次增删改并，既经厘正，应请将前次续纂并此次编辑各条，以及总类，均按照律目逐一归入清汉全书，以便查阅引用。俟命下之日，臣部即将新旧条例俱按门归入，缮写清汉样本，送交武英殿刊刻，颁发遵行。

臣等更有请者，此次归入全书新例清文，俱已遵照钦定新语翻译，惟旧例各条因系已刻旧板，其清语尚属旧文，前后似未划一，应请将全部清书内旧语，俱用清书房翻译新语逐一厘正，抽换刊刻，庶免参差。合并声明。

为此谨奏请旨等因。

乾隆三十三年（1768）六月二十九日奏。

七月初一日奉旨："知道了。钦此。"

【1790】〔刘统勋等：奏明律例清汉全书告竣折〕（乾隆三十三年）（略）

【1802】〔刘统勋等：奏明律例清汉全书告竣折〕（乾隆三十三年）（略）

【1825】〔刘统勋等：奏明律例清汉全书告竣折〕（乾隆三十三年）（略）

【1847】〔刘统勋等：奏明律例清汉全书告竣折〕（乾隆三十三年）（略）

［舒赫德等：奏请纂修条例折］（乾隆四十一年）

【1790】〔舒赫德等：奏请纂修条例折〕（乾隆四十一年）

经筵日讲起居注官、太子太保、武英殿大学士、文渊阁领阁事，兼翰林院掌院教习、庶吉士管理、吏部刑部户部三库兼管、镶黄旗满洲都统、云骑尉臣舒赫德等谨奏：为请旨事。

臣等伏查乾隆十一年（1746）七月内经内阁等衙门于遵旨议复御史戴章甫条奏案内议定，刑部律例虽奏明三年一次纂修，而三年内或酌改无多，不必拘定三年之限，应以五年为期，纂修一次等因，奏准遵行。臣部届期，俱照例请旨纂修在案。今计自乾隆三十七年(1772)至四十二年(1777)已届五年之期,理合奏请将五年内所奉上谕,以及议准内外臣工条奏,应纂为定例者,详加参考,分类编辑。再查律例全书自乾隆三十三年(1768)纂修告成,至四十二年(1777)即届十载,条例加多,增改不一,虽经三十七年修辑一次,亦止就现定新例,依类编入。其从前旧例有与新例未合,以及辗转比附、文义倒悬应行增添删改之处,积久渐多,引用窒碍。臣等将全书所载条例,逐一较对,悉心参酌改正,务归划一。缮写黄册,陆续进呈,俟钦定。奉旨之日,臣部将续纂新例,并三十七年(1772)所纂条例,各按门类归入律例全书,附刊于原本各条之后。其改正旧例,亦即于全书内逐一改刊。则翻阅既易,引用不致互歧。至纂修日期,向年编辑新例,俱系定限十个月,以开印之日为始。今全书所载旧例内,有应须改正之处,请展限两个月,以便悉心参核。

为此谨奏请旨。

乾隆四十一年(1776)十二月初三日奏。

本日奉旨:"知道了。钦此。"

【1802】〔舒赫德等:奏请纂修条例折〕(乾隆四十一年)(略)

【1825】〔舒赫德等:奏请纂修条例折〕(乾隆四十一年)(略)

【1847】〔舒赫德等:奏请纂修条例折〕(乾隆四十一年)(略)

〔英廉等:奏明纂修律例告竣折〕(乾隆四十三年)

【1790】〔英廉等:奏明纂修律例告竣折〕(乾隆四十三年)

经筵日讲起居注官、议政大臣、协办大学士、户部尚书、兼管刑部事务、管理三库、兼翰林院掌院学主事、教习庶吉士、正黄旗满洲都统、总管内务府大臣臣英廉等谨奏:为奏明纂修律例告竣事。

窃查臣部于乾隆四十一年(1776)十二月内奏明开馆,纂修律例,并因三十三年(1768)所修律例至今已届十载,条例加多,增改不一,其间三十七年(1772)虽经修辑一次,亦止就现定新例依类编辑,其从前旧例与新例不合之处,俱未厘定删改,请定限十二个月赶办告竣,缮写黄册进呈等因,奉旨"知道了。钦此"。臣等遵即督率提调、纂修等官,分派供事,上紧办理。所有历年钦奉上谕,及议准内外臣工条奏,并吏、户、礼、兵、工等部议准,有与刑名交涉,应纂为例者,详细复核,分类编辑。并将全部条例逐一比较,其中或有新旧不符及词意重复并文义未甚明晰者,俱详加参考,酌量修改,以期引用无讹。其旧例内有业已奏准不行,及与新例全不符合者,俱酌拟删除,以归划一。至条奏准行事件内有与律例无涉者,酌拟毋庸编辑,以省繁琐。今已依限办竣。

所有续纂新例及修改旧例如增删字句无多者,即于本条下添具按语,分晰陈明;其有罪名轻重新旧不符者,谨先叙原例,次列修改本条,仍于各条之首粘贴黄签,分别"续纂""修改"字样,缮写黄册,装成二函。又,纂修《督捕则例》并毋庸纂辑及删除条例各一函,共计装潢五函,敬呈御览,恭候钦定。俟命下之日,臣馆谨将纂修条例翻译清文,另缮清汉黄册进呈后,再将现在纂修各例与上届续纂条例,一并归入全书刊刻颁发。臣馆仍照向来旧例,一面先行刊刷草本,通行内外,问刑衙门,一体遵照。

为此谨奏请旨。

乾隆四十三年(1778)二月十三日奏。

十四日奉旨:"知道了。钦此。"

【1802】〔英廉等:奏明纂修律例告竣折〕(乾隆四十三年)(略)

【1825】〔英廉等:奏明纂修律例告竣折〕(乾隆四十三年)(略)

【1847】〔英廉等:奏明纂修律例告竣折〕(乾隆四十三年)(略)

〔英廉等:奏明律例清汉全书告竣折〕(乾隆四十四年)

【1790】〔英廉等:奏明律例清汉全书告竣折〕(乾隆四十四年)

经筵日讲起居注官、议政大臣、协办大学士、户部尚书、兼管刑部事务、管理三库、兼翰林院掌院学主事、教习庶吉士、正黄旗满洲都统、总管内务府大臣臣英廉等谨奏:为奏明律例清汉全书告竣事。

窃查臣部于乾隆四十一年(1776)奏准开馆纂修律例,经臣等将历年钦奉上谕,及议准内外臣工条奏,应纂为例者,详细复核,敬谨编辑,恭缮汉字黄册进呈。并声明,钦定后,臣部按照汉文次第翻译,汇缮清汉黄册,恭呈御览,暨先行刊刷汉字草本,颁发各省遵办等因,奏准在案。今臣等督率提调、纂修、翻译等官,并拣派供事,谨遵钦定黄册先行刊刷汉字草本,颁发各省遵照办理。仍逐条重加誊写,分门别类,翻译清文,缮写清汉黄册,装订成帙,恭呈御览。伏候钦定后,臣等谨将乾隆三十三年(1768)起至四十三年(1778)止,两次所修续纂条例以及总类,均按照律目次序,逐一抽换，归入清汉全书，以便查阅引用。俟命下之日，臣部即将新旧律例俱按门归入，缮写清汉样本，送交武英殿刊刻，颁发遵行。

臣等更有请者，此次归入全书新例，清文俱已遵照钦定新语翻译。惟旧例各条因系已刻旧板，其清语尚属旧文，前后似未划一，应请将全部清书内旧语，俱用清书房翻译新语，逐一厘正，抽换刊刻，庶免参差。合并声明。

为此谨奏请旨。

乾隆四十四年(1779)三月初四日奏。

初五日奉旨："知道了。钦此。"

【1802】〔英廉等:奏明律例清汉全书告竣折〕(乾隆四十四年)(略)

【1825】〔英廉等:奏明律例清汉全书告竣折〕(乾隆四十四年)(略)

【1847】〔英廉等:奏明律例清汉全书告竣折〕(乾隆四十四年)(略)

［刑部：进呈纂修条例并请重加编辑刊刻律例折］(乾隆五十三年)

【1790】〔刑部:进呈纂修条例并请重加编辑刊刻律例折〕(乾隆五十三年)

刑部谨奏:为奏闻事。

窃臣部于乾隆五十二年(1787)正月奏明开馆，纂修律例，因全书自乾隆四十三年(1778)至今已届十载，条例加多，增改不一。虽经四十七年(1782)修辑一次，亦止就现定新例依类编入。其从前旧例应修应删之处积久渐多，奏请逐一厘正，俟告竣之日，缮写黄册进呈等因，奉旨"知道了。钦此"。臣等随遴选熟谙律例之提调、纂修等官，并拣派勤能供事，将历年钦奉上谕，及议准内外臣工条奏，并吏、户、礼、兵、工等部议准，有与刑名交涉，应纂为例者，各详加复核，分类增辑，并将全部条例逐一比较。其间有钦奉谕旨改定，而例内仍载原文者，亦有旧例相沿，与钦定之例稍涉参差者，更有一事数款不隶一门，而散见于各条者，又有本例已经删除，而别条仍复援引入例者。若不划一更正，内外问刑衙门恐援引舛错，而吏胥因得高下其手，易滋任意轻重之弊。今悉心参考，酌拟修改、移并、删除，俱于本条之下加具按语，分晰陈明。先叙原例于前，次列修改新例于后，仍在本条之首分别"续纂""修改""移并""删除"字样。庶厘正益清，援据悉归划一，以期引用无讹。缘此次卷帙繁多，应请分次陆续进呈。今将"名例"上下两卷及"吏律""户律""礼律""兵律"四卷分门别类，挨次办竣，缮写黄册，装潢成帙，敬呈御览，恭候钦定。

臣等更有请者,从前节次纂辑例文,均系附载原例之后,即间有修改之处,亦系补刊抽换,其逐条次序,悉依旧式。所有全部板片,自乾隆六年(1741)刊刻以后,迄今四十余年,未经翻刻,其中字迹多有模糊。此次修辑条例,原因旧例重复繁杂,奏请删并,以期词简义赅,便于引用。臣等现于律内各门,查有数条同属一类,则并作一条;一事分列两门,则移归一处;或旧例今已停止,则悉行删除;或原例本有未协,则详加更正。统计全例增删修改条款较多,若仍照前抽换补刊,不惟板片字体新旧参差,且逐条移前补后,工费亦觉繁多。臣等公同酌议,应将现在删繁就简各条,仿照旧式重加编辑刊刻,俾全书悉归一律,庶引用不致牵混。是否有当,伏候命下,臣馆敬缮清汉样册进呈,另行刊刻颁发遵行。所有旧板及印成之书,即存贮臣衙门大库内,以备稽考。至此后奉有谕旨及臣工条奏准行应入例册者,凡在未经纂定以前,仍行添纂。

再此次纂辑律例,前经臣等照依向例,奏请给限一年,今将全书详加归并,卷帙浩繁,纂辑尚需时日,应请展限半年,以资办理。

为此谨奏请旨。

乾隆五十三年(1788)五月十五日奏。

本日奉旨:“知道了。钦此。”

【1802】〔刑部:进呈纂修条例并请重加编辑刊刻律例折〕(乾隆五十三年)(略)

【1825】〔刑部:进呈纂修条例并请重加编辑刊刻律例折〕(乾隆五十三年)(略)

【1847】〔刑部:进呈纂修条例并请重加编辑刊刻律例折〕(乾隆五十三年)(略)

〔刑部:奏闻纂修律例告竣折〕(乾隆五十三年)

【1790】〔刑部:奏闻纂修律例告竣折〕(乾隆五十三年)

刑部谨奏:为奏闻纂修律例告竣事。

窃照臣部先经奏明开馆,纂修律例,当将历年钦奉上谕,及议准内外臣工条奏,并吏、户、礼、兵、工等部议准,有与刑名交涉,应纂为例者,详加复核,并将全部条例悉心参考,以期引用无讹。嗣于本年五月十五日先将“名例”上下及“吏律”“户律”“礼律”“兵律”共六卷,缮写黄册,恭呈御览。并于折内声明,全书板片自乾隆六年(1741)刊刻以后,迄今四十余年未经重刻,字迹多有模糊,板片新旧参差,应将现在删并各条同旧存全例重加编辑,另为刊刻。其旧板及印成之书,存贮臣衙门大库内,以备稽考等因具奏,奉旨“知道了。钦此”,钦遵在案。今臣等督率提调、纂修等官,将“刑律”、“工律”并“督捕”诸例及条奏准行事件，逐细参考。除奏准为例各条按类编辑外，其有前后未能赅括、罪名轻重失平者；亦有此条例文援引别条治罪，而别条业已停止、修改，以致此条无从援引者；又有数条同属一类，或一事分隶各门；及从前定例尚未允协，必须重加修辑者，详加参会，遵照原奏办理章程，分别续纂、修改、删除名目，于各条之下逐加按语，仍于酌增条例之上粘贴黄签。至条奏案内止系申明禁例，与律例无涉者，酌议毋庸纂辑，以省繁琐。今将纂辑各例缮写黄册，装潢成帙，敬呈御览。至此内酌议增改例文有二十条，臣等谨摘录清单，随折进呈，恭候御览。发下后，以便先行知照各直省督抚、将军、府尹遵照办理。一面再将此次及前次纂修各例，另缮清汉黄册进呈后，全行归并，分写清汉样册，咨呈武英殿刊刻颁发，以垂永久。臣馆仍先将现纂之例刊刷正本，通行内外问刑衙门一体遵照。

为此谨奏请旨等因。

乾隆五十三年(1788)十二月二十二日奏。

本日奉旨：“知道了。钦此。”

【1802】〔刑部：奏闻纂修律例告竣折〕(乾隆五十三年)(略)

【1825】〔刑部：奏闻纂修律例告竣折〕(乾隆五十三年)(略)

【1847】〔刑部：奏闻纂修律例告竣折〕(乾隆五十三年)(略)

[刑部：奏明清汉律例告竣折](乾隆五十五年)

【1790】〔刑部：奏明清汉律例告竣折〕(乾隆五十五年)

刑部谨奏：为奏明清汉律例告竣事。

窃照臣部于乾隆五十三年(1788)开馆，纂修律例，当将应纂各条敬谨编辑，奏蒙圣鉴，遵行在案。兹臣等督率提调、纂修、翻译等官，并拣派供事，按照汉文次第，重加誊写，分门别类，翻译清文，缮写清汉黄册，装潢成帙。并将前次告成后续奉谕旨及臣工奏准事件应行增纂入例之处，详加酌核，按类编辑，于各条之下加具按语，分晰陈明。仍于本条之首分别“续纂”“修改”字样，另缮清汉黄册，一并进呈。统俟钦定后，将增纂各条先行刊刷副本，通行各省督抚、将军、府尹一体遵行。

再查律例板片，自乾隆六年(1741)刊刷以后，迄今四十余年未经翻刻，字迹多有模糊，先经臣等奏明仿照旧式重加刊刻，应将此次厘正例文及前次纂修各条以及总类等书，均按照律目次序，全行归并，分写清汉样本，咨呈武英殿刊刻板片，发交臣馆颁发，以垂永久。

为此谨奏请旨等因。

乾隆五十五年(1790)二月初三日奏。

本日奉旨:“知道了。钦此。”

【1802】〔刑部:奏明清汉律例告竣折〕(乾隆五十五年)(略)

【1825】〔刑部:奏明清汉律例告竣折〕(乾隆五十五年)(略)

【1847】〔刑部:奏明清汉律例告竣折〕(乾隆五十五年)(略)

〔刑部:奏闻纂修律例告竣折〕(乾隆六十年)

【1802】〔刑部:奏闻纂修律例告竣折〕(乾隆六十年)

刑部谨奏:为奏闻纂修律例告竣事。

窃照臣部于乾隆五十八年(1793)十月内奏明开馆,纂修律例,请将五十三年(1788)以后所奉上谕,及议准内外臣工条奏,应纂为例者,分类编辑。其旧例内有与新例未合,应修应删及应行添改之条,逐一厘正。俟告竣之日,缮写黄册进呈。奉旨“知道了。钦此”钦遵。臣等随率同提调、纂修等官,分派供事,详加核办。自乾隆五十三年(1788)起至本年二月止,所有历年钦奉上谕,及议准内外臣工条奏,并吏、户、礼、兵、工等部议准,有与刑名交涉,应纂为例者,逐细复核,分类增辑,并将全部条例逐一比较。其中有新旧不符者,俱逐条参考,酌量修改,以期引用无讹。至条奏案内止系申明禁例,与律例无涉者,酌议毋庸编辑,以省繁琐。今已分门别类,挨次办竣,谨各加按语于后。其续纂新例及修改旧例如增删字句无多者,即于本条按语内分晰陈明。其有罪名轻重新旧不符者,谨先叙原例于前,次列修改新例于后,仍于各条之首分别“续纂”“修改”字样,缮写黄册,装潢成帙,敬呈御览,恭候钦定。俟命下之日,臣馆将新例翻译清文,另缮清汉黄册进呈后,再行分写清汉样册,咨呈武英殿刊刻颁发。仍一面先行刊刷,通行内外问刑衙门一体遵照。

为此谨奏请旨。

乾隆六十年(1795)三月十七日奏。

十八日奉旨:“知道了。钦此。”

【1825】〔刑部:奏闻纂修律例告竣折〕(乾隆六十年)(略)

【1847】〔刑部:奏闻纂修律例告竣折〕(乾隆六十年)(略)

［刑部：奏明清汉律例告竣折］（乾隆六十年）

【1802】〔刑部:奏明清汉律例告竣折〕(乾隆六十年)

刑部谨奏:为奏明清汉律例告竣事。

窃照臣部于乾隆五十八年(1793)奏明开馆,纂修律例,当将历年钦奉上谕,及议准内外臣工条奏,应纂为例者,敬谨编辑,恭缮汉字黄册进呈。并声明,钦定后,臣部按照汉文次第,翻译汇缮清汉黄册,恭呈御览等因具奏,奉旨"知道了。钦此",钦遵在案。随经臣等督率提调、纂修、翻译等官,并拣派供事,谨照黄册逐条重加眷写,分门别类,各行归入本律本例,翻译清文,缮写黄册,装潢成帙,恭呈御览,伏候钦定。俟命下之日,另行缮写清汉样本,咨呈武英殿刊刻板片,发交臣馆颁发,以垂永久。

为此谨奏请旨。

乾隆六十年(1795)十二月十一日奏。

十二日奉旨:"知道了。钦此。"

【1825】〔刑部:奏明清汉律例告竣折〕(乾隆六十年)(略)

【1847】〔刑部:奏明清汉律例告竣折〕(乾隆六十年)(略)

［刑部：进呈纂修名例条例两卷折］（嘉庆五年）

【1802】〔刑部:进呈纂修名例条例两卷折〕(嘉庆五年)

刑部谨奏:为奏闻事。

窃臣部于嘉庆四年(1799)二月奏明开馆,纂修条例。因全书自乾隆五十三年(1788)至今已阅十载,条例加多,增改不一,虽经五十八年(1793)小修一次,止就现定新例依类编入,其从前旧例应修应删之处,积久渐多。且查近年条例,间有一事一案,随时惩创,加重问拟者,即纂为新例,致与旧例多有参差,殊非圣谕不得律外加重之意,奏请逐一厘正,自四年(1799)二月初七日起至五年(1800)五月初七日止,酌限十六个月告成等因,奉旨"依议。钦此"。臣等随选委熟谙律例之提调、纂修等官,并拣派勤能供事,将历年钦奉上谕,及议准内外臣工条奏,并吏、户、礼、兵、工等部议准,有与刑名交涉,应纂为例者,各详加复核,分类增辑,并将全部条例逐一比较。其间有钦奉谕旨酌改,而例内仍行存载者,亦有旧例相沿,与钦定之例稍涉参差者,更有一事数款不隶一门,而散见各条者,又有本例已经删除,而别条仍复援引入例者。若不划一更正,内外问刑衙门恐援引舛错。今悉心参考,反复讲求,酌拟修并、修改、移改、续纂、删除,分为五项名目,开列本例之首,粘贴黄签。并于本条之下逐条加具按语,分晰陈明。有原例者,先叙原例于前,次列新例于后,以期眉目分明。惟此次卷帙繁多,应请分次进呈。今限期届满,先将"名例"上下两卷缮写黄册,装潢成帙,敬呈御览,恭候钦定。其余各例,臣等现在督同提调等官赶紧校核,再行分次进呈,以便颁发遵行。

谨奏请旨。

嘉庆五年(1800)闰四月十七日奏。

本日奉旨:"知道了。钦此。"

【1825】〔刑部:进呈纂修名例条例两卷折〕(嘉庆五年)(略)

【1847】〔刑部:进呈纂修名例条例两卷折〕(嘉庆五年)(略)

〔刑部:进呈纂修吏户礼兵等律条例折〕(嘉庆五年)

【1802】〔刑部:进呈纂修吏户礼兵等律条例折〕(嘉庆五年)

刑部谨奏:为奏闻事。

窃臣部先经奏明开馆,纂修条例,当将历年钦奉上谕,及议准内外臣工条奏,应纂为例者,分类增辑,并将全部条例详加复校,以期引用无讹。嗣于本年闰四月十七日,先将"名例"上下两卷缮写黄册,恭呈御览。因此次卷帙繁多,应请分次进呈等因具奏,奉旨"知道了。钦此",钦遵在案。今臣等督率提调、纂修等官,将吏、户、礼、兵等律应行修并、修改、移改、续纂、删除者,悉心参考,仍照前次奏定章程,分为五项名目,开列本例之首,粘贴黄签。并于本条之下,逐条加具按语,分晰陈明。有原例者,先叙原例于前,次列新例于后,以期眉目分明。缮写黄册,装潢成帙,敬呈御览,恭候钦定。其"刑律"及《督捕则例》,臣等现在督同提调、纂修等官,赶紧校核,俟完竣日,再行进呈,以便颁发遵行。

谨奏请旨等因。

嘉庆五年(1800)七月初七日奏。

本日奉旨:"知道了。钦此。"

【1825】〔刑部:进呈纂修吏户礼兵等律条例折〕(嘉庆五年)(略)
【1847】〔刑部:进呈纂修吏户礼兵等律条例折〕(嘉庆五年)(略)

〔刑部:奏闻纂修律例告竣折〕(嘉庆六年)

【1802】〔刑部:奏闻纂修律例告竣折〕(嘉庆六年)

刑部谨奏:为奏闻纂修律例告竣事。

窃臣部先经奏明开馆,纂修条例,当将历年钦奉上谕,及议准内外臣工条奏,应纂为例者,分类增辑,并将全部条例详加复校,统行厘正,以期引用无讹。嗣于上年业将"名例"及吏、户、礼、兵等律,两次缮写黄册,恭呈御览,奏蒙圣鉴,各在案。今臣等督率提调、纂修等官,将"刑律"及《督捕则例》详加确核,凡钦奉谕旨及议准内外臣工条奏,除止系申明例禁,无关罪名出入者,毋庸编辑外,其有关罪名轻重,应行添改,及旧例与新例未符,此条与彼条未协,应修应删者,悉心参考,并"名例"犯罪存留养亲门内,应行续纂二条,均仍照前次奏定章程,分为修改、修并、续纂、移改、删除五项名目,开列本例之首,粘贴黄签。并于本条之下逐条加具按语,分晰陈明。有原例者,先叙原例于前,次列新例于后,以期眉目分明。谨将修辑例文及毋庸编辑各条一并缮写黄册,装潢成帙,敬呈御览,恭候钦定。应俟命下,臣部将全部内业经修改各原例悉行抽换,另缮样册,咨呈武英殿抽换刊刻。臣馆仍一面捐资先行刊刷草本,通行内外,问刑衙门一体遵照。

为此谨奏请旨。

嘉庆六年(1801)二月十二日奏。

十三日奉旨:"知道了。钦此。"

【1825】〔刑部:奏闻纂修律例告竣折〕(嘉庆六年)(略)
【1847】〔刑部:奏闻纂修律例告竣折〕(嘉庆六年)(略)

〔刑部:奏明清汉律例告竣折〕(嘉庆七年)

【1802】〔刑部:奏明清汉律例告竣折〕(嘉庆七年)

刑部谨奏:为奏明清汉律例告竣事。

窃查臣部于嘉庆四年(1799)二月奏明开馆,纂修条例,经臣等将历年钦奉上谕,及议准内外臣工条奏,应纂为例者,详细复核,敬谨编辑,恭缮汉字黄册进呈。并声明,钦定后,臣部按照汉文次第,翻译汇缮清汉黄册进呈等因具奏,奉旨"知道了。钦此",钦遵。臣等随督率提调、纂修、翻译等官,并拣派供事,谨照进呈黄册缮写楷书刊刻,刷印汉字草本,业经颁发内外问刑各衙门一体遵照,仍逐条分门别类归入本律本例,并翻译清文,缮写清汉黄册,装潢成帙,恭呈御览,伏候钦定。应俟命下,臣部即行抽换板片,缮写清汉样本,咨呈武英殿刊刻,颁发遵行。

为此谨奏请旨。

嘉庆七年(1802)三月初二日奏。

本日奉旨:"依议。钦此。"

【1825】〔刑部:奏明清汉律例告竣折〕(嘉庆七年)(略)

【1847】〔刑部:奏明清汉律例告竣折〕(嘉庆七年)(略)

〔刑部:奏闻纂修条例告竣折〕(嘉庆十一年)

【1825】〔刑部:奏闻纂修条例告竣折〕(嘉庆十一年)

刑部谨奏:为奏闻纂修条例告竣事。

窃臣部于嘉庆九年(1804)十一月内奏明开馆,纂修条例,请将历年钦奉上谕,及议准内外臣工条奏,应纂为例者,分类编辑。其旧例内有应修应删者,逐条厘正。俟告竣之日,敬缮黄册进呈等因具奏。奉旨"依议。钦此",钦遵。臣等随率同提调、纂修等官,分派供事,详加确核。凡钦奉谕旨及议准内外臣工条奏,除止系申明例禁,无关议拟罪名者,毋庸编辑外,其有关罪名轻重,应行添改,及旧例与新例未符,应修应删者,悉心参考,均照历次奏准章程,分为修改、修并、续纂、删除各名目,开列本例之首,粘贴黄签。并于本条之下逐条加具按语,分晰陈明。有原例者,先叙原例于前,次列新例于后,以期眉目分明。谨将修辑例文及毋庸编辑各条,一并缮写黄册,装潢成帙,敬呈御览,恭候钦定。应俟命下,臣馆将新例翻译清文,另缮清汉黄册进呈后,再行分写清汉样册,咨呈武英殿刊刻颁发。臣馆仍一面捐资先行刊刷草本,通行内外,问刑衙门一体遵照。

至在馆办事人员,除臣等及提调、纂修等官不敢仰邀议叙外,所有拣派各供事内,正、副收掌徐普、马景南、潘云、郭镆、袁鸣皋、傅林、宋谦、沈云林八名,总司一切,较众倍劳,其余留馆及额缺效力供事冯昭等三十四名,均系自备资斧在馆当差,缮写黄册等项,亦系该供事等捐资办理,俱各始终黾勉,应请照臣馆上届书成之例,给予议叙,以示鼓励。至各供事内有未经考职者,无论已未役满,应听吏部掣定职衔。其未满五年者,仍令在馆当差,俟扣满年限,方准铨选。将来缮写清汉黄册等事,即令该供事等妥协办理。如蒙俞允,臣馆照例分别等第,造册移咨吏部查照办理。

为此谨奏请旨。

嘉庆十一年(1806)十一月十六日奏。

本日奉旨:“准其议叙。钦此。”

【1847】〔刑部:奏闻纂修条例告竣折〕(嘉庆十一年)(略)

〔刑部:奏闻纂修条例告竣折〕(嘉庆十五年)

【1825】〔刑部:奏闻纂修条例告竣折〕(嘉庆十五年)

刑部谨奏:为奏闻纂修条例告竣事。

窃照臣部于嘉庆十四年(1809)三月内奏明开馆,纂修条例,请将历年钦奉上谕,及议准内外臣工条奏,应纂为例者,详加参考,悉心校对,逐条厘正。俟告竣之日,敬缮黄册进呈等因具奏。奉旨“依议。钦此”,钦遵。臣等随率同提调、纂修等官,分派供事,详加确核。凡钦奉谕旨及议准内外臣工条奏,除止系申明例禁,无关议拟罪名者,毋庸编辑外,其有关罪名轻重,应行添改,及旧例与新例未符,应修应删者,悉心参考,均照历次奏定章程,分为修改、修并、移改、续纂、删除各名目,开列本例之首,粘贴黄签,并于本条之下,逐条加具按语,分晰陈明。有原例者,先叙原例于前,次列新例于后,以期眉目分明。谨将修辑例文及毋庸编辑各条,一并缮写黄册,装潢成帙,敬呈御览,恭候钦定。应俟命下,臣馆将新例翻译清文,另缮清汉黄册进呈后,再行分写清汉样册,咨呈武英殿刊刻颁发。臣馆仍一面捐资先行刊刻草本,通行内外,问刑衙门一体遵照。

至在馆办事人员,除臣等及提调、纂修等官不敢仰邀议叙外,所有拣派各供事内,正、副收掌郭锳、陈瀛、楼国柱、刘涵煇、傅林、宋谦、傅大刚、沈衣德八名,总司一切,较众倍劳,其余留馆及额缺效力供事潘云等四十五名,均系自备资斧在馆当差,缮写黄册等项,亦系该供事等捐资办理,俱各始终黾勉,应请照例给予议叙,以示鼓励。至各供事内有未经考职者,无论已未役满,应听吏部掣定职衔。其未满五年者,仍令在馆当差,俟扣满年限,方准铨选。将来缮写清汉黄册等事,即令该供事等妥协办理。如蒙俞允,臣馆照例分别等第,造册移咨吏部查照办理。

为此谨奏请旨。

嘉庆十五年(1810)五月二十四日奏。

本日奉旨:"赏给、议叙。钦此。"

【1847】〔刑部:奏闻纂修条例告竣折〕(嘉庆十五年)(略)

[刑部:奏闻纂修条例告竣折](嘉庆十九年)

【1825】〔刑部:奏闻纂修条例告竣折〕(嘉庆十九年)

刑部谨奏:为奏闻纂修条例告竣事。

窃照臣部于本年二月内奏明开馆,纂修条例,请将历年钦奉上谕,及议准内外臣工条奏,应纂为例者,详加参考,悉心校对,逐条厘正。俟告竣之日,敬缮黄册进呈等因具奏。奉旨"依议。钦此",钦遵。臣等随率同提调、纂修等官,分派供事,详加确核。凡钦奉谕旨及议准内外臣工条奏,并曾经臣部议奏奉旨准行各条例,除止系申明例禁,无关议拟罪名者,毋庸编辑外,其有关罪名轻重,应纂辑为例者,逐条编入。并旧例内有应行添改者,臣等悉心参考。均照历次奏定章程,分为修改、修并、移并、续纂、删除各名目,开列本例之首,粘贴黄签。并于本条之下,逐条加具按语,分晰陈明。有原例者,先叙原例于前,次列新例于后,以期眉目分明。谨将修辑例文及毋庸编辑各条一并缮写黄册,装潢成帙,敬呈御览,恭候钦定。应俟命下,臣馆将新例翻译清文,另缮清汉黄册进呈后,再行分写清汉样册,咨呈武英殿刊刻颁发。臣馆仍一面捐资先行刊刷草本,通行内外,问刑衙门一体遵照。

至在馆办事人员,除臣等及提调、纂修等官不敢仰邀议叙外,所有拣派各供事内,正、副收掌沈宗元、汤聘三、周铨、韩昌晋、范巽木、王尚美、陈玉田、常镕八名,总司一切,较众尤为出力,其余留馆及额缺效力供事潘云等五十二名,均系自备资斧在馆当差,缮写黄册等项,亦系该供事等捐资办理,俱各始终黾勉,应请照上次书成之例,给与议叙,以示鼓励。至各供事内有未经考职者,无论已未役满,应听吏部掣定职衔。其未满五年者,仍令在馆当差,俟扣满年限,方准铨选。将来缮写清汉黄册等事,即令该供事等妥协办理。如蒙俞允,臣馆照例分别等第,造册移咨吏部查照办理。

为此谨奏请旨。

嘉庆十九年(1814)十二月十二日奏。

本日奉旨:"依议。钦此。"

【1847】〔刑部:奏闻纂修条例告竣折〕(嘉庆十九年)(略)

［刑部：纂修条例告竣恭缮黄册进呈御览折］（道光元年）

【1825】〔刑部:纂修条例告竣恭缮黄册进呈御览折〕(道光元年)

刑部谨奏:为纂修条例告竣恭缮黄册进呈御览事。

窃臣部于嘉庆二十四年(1819)四月内奏明开馆,纂修条例,请将历年钦奉上谕,及议准内外臣工条奏,应纂为例者,详加参考,悉心校对,逐条厘正。俟告竣之日,敬缮黄册进呈等因具奏。奉旨"依议。钦此"。臣等随率同提调、纂修等官,分派供事,凡嘉庆年间钦奉谕旨及现奉谕旨,并议准内外臣工条奏,除止系申明例禁,无关议拟罪名者,毋庸编辑外,其有关罪名轻重,应行纂辑为例,及旧例与新例未符,应修应删者,臣等悉心参考。俱照历次奏定章程,分为修改、修并、移改、续纂、删除各名目,开列本例之首,粘贴黄签。并于本条之下,逐加按语,分晰陈明。有原例者,先叙原例于前,次列现修新例于后,以期眉目分明。除由吉林、黑龙江改发新疆、内地,及由新疆、回疆改发内地各项,现于应修例内逐条修改,因止系调发地方,并未更改罪名,毋庸列入黄册外,谨将修辑例文,及毋庸编辑各条,一并缮写黄册,装潢成帙,敬呈御览,恭候钦定。应俟命下,臣馆将新例翻译清文,另缮清汉黄册进呈后,再行分写清汉样册,咨呈武英殿刊刻颁发。臣馆仍一面捐资先行刊刷草本,通行内外,问刑衙门一体遵照。

至在馆办事人员,除臣等及提调、纂修等官不敢仰邀议叙外,所有拣派各供事内,正、副收掌周铨、韩昌晋、孙浩、钟殿选、范巽木、王尚美、余禄、周步春八名,总司一切,较众尤为出力,其余留馆及额缺效力供事王槐等五十二名,均系自备资斧在馆当差,缮写黄册等项,亦系该供事等捐资办理,俱各始终黾勉,应请照上次书成之例,给与议叙,以示鼓励。至各供事内有未经考职者,无论已未役满,应听吏部掣定职衔。其未满五年者,仍令在馆当差,俟扣满年限,方准铨选。将来缮写清汉黄册等事,即仍令该供事等妥协办理。如蒙俞允,臣馆照例分别等第,造册移咨吏部查照办理。

为此谨奏请旨。

道光元年(1821)十二月二十二日奏。

本日奉旨:"依议。钦此。"

【1847】〔刑部:纂修条例告竣恭缮黄册进呈御览折〕(道光元年)(略)

〔刑部:纂修条例告竣恭缮黄册进呈御览折〕(道光五年)

【1825】〔刑部:纂修条例告竣恭缮黄册进呈御览折〕(道光五年)

刑部谨奏:为纂修条例告竣恭缮黄册进呈御览事。

窃臣部于道光四年(1824)八月内奏明开馆,纂修条例,请将历年钦奉上谕,及议准内外臣工条奏,应纂为例者,详加参考,悉心校对,逐条厘正。俟告竣之日,敬缮黄册进呈等因具奏。奉旨:"依议。钦此"。钦遵。臣等随率同提调、纂修等官,分派供事,详加确核。凡钦奉谕旨及议准内外臣工条奏,除止系申明例禁,无关议拟罪名者,毋庸编辑外,其有关罪名轻重,应纂辑为例者,逐条编入,并旧例内有应行添改者,臣等悉心参考,均照历次奏定章程,分为修改、移改、续纂、删除各名目,开列本例之首,粘贴黄签。并于本条之下,逐条加具按语,分晰陈明。有原例者,先叙原例于前,次列新例于后,以期眉目分明。谨将修辑例文,一并缮写黄册,装潢成帙,敬呈御览,恭候钦定。应俟命下,臣馆将新例翻译清文,另缮清汉黄册进呈后,再行分写清汉样册,咨呈武英殿刊刻颁发。臣馆仍一面捐资先行刊刷草本,通行内外问刑衙门一体遵照。

至在馆办事人员,除臣等及提调、纂修等官不敢仰邀议叙外,所有拣派各供事内,正、副收掌孙浩、钟殿选、韩昌祺、周步春、朱本、詹思政、孙嘉会等七名,总司一切,较众尤为出力,其余留馆及额缺效力供事冯建揆等七十名,均系自备资斧在馆当差,缮写黄册等项,亦系该供事等捐资办理,均各始终黾勉,应请照上次书成之例,给与议叙,以示鼓励。至各供事内有未经考职者,无论已未役满,应听吏部掣定职衔。其未满五年者,仍令在馆当差,俟扣满年限,方准铨选。将来缮写清汉黄册等事,即令该供事等妥协办理。如蒙俞允,臣馆照例分别等第,造册移咨吏部查照办理。

为此谨奏请旨。

道光五年(1825)十二月十三日奏。

本日奉旨:"依议。钦此。"

【1847】〔刑部:纂修条例告竣恭缮黄册进呈御览折〕(道光五年)(略)

［刑部：纂修条例告竣恭缮黄册进呈御览折］（道光十年）

【1847】〔刑部：纂修条例告竣恭缮黄册进呈御览折〕（道光十年）

刑部谨奏：为纂修条例告竣恭缮黄册进呈御览事。

窃臣部于道光九年（1829）八月内奏明开馆，纂修条例，请将历年钦奉上谕，及议准内外臣工条奏，应纂为例者，详加参考，悉心校对，逐条厘正。俟告竣之日，敬缮黄册进呈等因具奏。奉旨："依议。钦此"。钦遵。臣等随率同提调、纂修等官，分派供事，详加确核。凡钦奉谕旨及议准内外臣工条奏，除止系申明例禁，无关议拟罪名者，毋庸编辑外，其有关罪名轻重，应纂辑为例者，逐条编入，并旧例内有应行添改者，臣等悉心参考，均照历次奏定章程，分为修改、修并、移并、续纂、删除各名目，开列本例之首，粘贴黄签。并于本条之下，逐条加具按语，分晰陈明。有原例者，先叙原例于前，次列新例于后，以期眉目分明。谨将修辑各条例文，一并缮写黄册，装潢成帙，敬呈御览，恭候钦定。应俟命下，臣馆将新例翻译清文，另缮清汉黄册进呈后，再行分写清汉样册，咨呈武英殿刊刻颁发。臣馆仍一面捐资先行刊刷草本，通行内外，问刑衙门一体遵照。

至在馆办事人员，除臣等及提调、纂修等官不敢仰邀议叙外，所有拣派各供事内，正、副收掌韩昌祺、万家学、鲍慎之、钱尚志、周步春、金成基、朱梿等七名，总司一切，较众尤为出力，其余留馆及额缺效力供事赵玢等五十三名，均系自备资斧在馆当差，缮写黄册等项，亦系该供事等捐资办理，均各始终黾勉，应请照上次书成之例，给与议叙，以示鼓励。将来缮写清汉黄册等事，即令该供事等妥协办理。如蒙俞允，臣馆照例分别等第，造册移咨吏部查照办理。

为此谨奏请旨。

道光十年（1830）十一月十七日奏。

二十日奉旨："依议。钦此。"

［刑部：纂修条例告竣恭缮黄册进呈御览折］（道光十五年）

【1847】〔刑部：纂修条例告竣恭缮黄册进呈御览折〕（道光十五年）

刑部谨奏：为纂修条例告竣恭缮黄册进呈御览事。

窃臣部于道光十四年（1934）十月内奏明开馆，纂修条例，请将历年钦奉上谕，及议准内外臣工条奏，应纂为例者，详加参考，悉心校对，逐条厘正。俟告竣之日，敬缮黄册进呈等因具奏。奉旨："依议。钦此"。臣等随率同提调、纂修等官，分派供事，详加确核。凡钦奉谕旨及议准内外臣工条奏，除止系申明例禁，无关议拟罪名者，毋庸编辑外，其有关罪名轻重，应纂辑为例者，逐条编入，并旧例内有应行添改者，臣等悉心参考，均照历次奏定章程，分为修改、修并、移改、续纂、删除各名目，开列本例之首，粘贴黄签。并于本条之下，逐条加具按语，分晰陈明。有原例者，先叙原例于前，次列新例于后，以期眉目分明。谨将修辑各条例文，一并缮写黄册，装潢成帙，敬呈御览，恭候钦定。应俟命下，臣馆将新例翻译清文，另缮清汉黄册进呈后，再行分写清汉样册，咨呈武英殿刊刻颁发。臣馆仍一面捐资先行刊刷草本，通行内外，问刑衙门一体遵照。

至在馆办事人员，除臣等及提调、纂修等官不敢仰邀议叙外，所有拣派各供事内，正、副收掌韩昌祺、万调阳、周佩勤、钟清达、赵玢等五名，总司一切，较众尤为出力，其余留馆及额缺效力供事劳廷锡等五十五名，均系自备资斧在馆当差，缮写黄册等项，亦系该供事等捐资办理，均各始终黾勉，应请照上次书成之例，给与议叙，以示鼓励。将来缮写清汉黄册等事，即令该供事等妥协办理。如蒙俞允，臣馆照例分别等第，造册移咨吏部查照办理。

为此谨奏请旨。

道光十五年（1835）十二月十八日奏。

十九日奉旨："依议。钦此。"

〔刑部：纂修条例告竣恭缮黄册进呈御览折〕（道光二十年）

【1847】〔刑部：纂修条例告竣恭缮黄册进呈御览折〕（道光二十年）

刑部谨奏：为纂修条例告竣恭缮黄册进呈御览事。

窃臣部于道光十九年（1839）十二月内奏明开馆，纂修条例，请将历年钦奉上谕，及议准内外臣工条奏，应纂为例者，详加参考，悉心校对，逐条厘正。俟告竣之日，敬缮黄册进呈等因具奏。奉旨：“依议。钦此”。臣等随率同提调、纂修等官，分派供事，详加确核。凡钦奉谕旨及议准内外臣工条奏，除止系申明例禁，无关议拟罪名者，毋庸编辑外，其有关罪名轻重，应纂辑为例者，逐条编入，并旧例内有应行添改者，臣等悉心参考，均照历次奏定章程，分为修改、续纂、删除各名目，开列本例之首，粘贴黄签。并于本条之下，逐条加具按语，分晰陈明。有原例者，先叙原例于前，次列新例于后，以期眉目分明。谨将修辑各条例文，一并缮写黄册，装潢成帙，敬呈御览，恭候钦定。应俟命下，臣馆将新例翻译清文，另缮清汉黄册进呈后，再行分写清汉样册，咨呈武英殿刊刻颁发。臣馆仍一面捐资先行刊刷草本，通行内外，问刑衙门一体遵照。

至在馆办事人员，除臣等及提调、纂修等官不敢仰邀议叙外，所有拣派各供事六十名，均系自备资斧在馆当差，缮写黄册等项，亦系该供事等捐资办理，均各始终黾勉，应请照上次书成之例，给与议叙，以示鼓励。将来缮写清汉黄册等事，即令该供事等妥协办理。如蒙俞允，臣馆照例分别等第，造册移咨吏部查照办理。

为此谨奏请旨。

道光二十年（1840）十二月二十四日具奏。

二十五日奉旨：“依议。钦此。”

〔刑部：纂修条例告竣恭缮黄册进呈御览折〕（道光二十五年）

【1847】〔刑部：纂修条例告竣恭缮黄册进呈御览折〕（道光二十五年）

刑部谨奏：为纂修条例告竣恭缮黄册进呈御览事。

窃臣部于道光二十四年(1844)十二月内奏明开馆,纂修条例,请将历年钦奉上谕,及议准内外臣工条奏,应纂为例者,详加参考,悉心校对,逐条厘正。俟告竣之日,敬缮黄册进呈等因具奏。奉旨:“依议。钦此”。臣等随率同提调、纂修等官,分派供事,详加确核。凡钦奉谕旨及议准内外臣工条奏,除止系申明例禁,无关议拟罪名者,毋庸编辑外,其有关罪名轻重,应纂辑为例者,逐条编入,并现行例文有奏准仍复旧例者,及旧例内有应行添改者,臣等悉心参考,均照历次奏定章程,分为修改、续纂、删除各名目,开列本例之首,粘贴黄签。并于本条之下,逐条加具按语,分晰陈明。有原例者,先叙原例于前,次列新例于后,以期眉目分明。谨将修辑各条例文,一并缮写黄册,装潢成帙,敬呈御览,恭候钦定。应俟命下,臣馆将新例翻译清文,另缮清汉黄册进呈后,再行分写清汉样册,咨呈武英殿刊刻颁发。臣馆仍一面捐资先行刊刷草本,通行内外,问刑衙门一体遵照。

至在馆办事人员,除臣等及提调、纂修等官不敢仰邀议叙外,所有拣派供事六十名,均系自备资斧在馆当差,缮写黄册等项,亦系该供事等捐资办理,均各始终黾勉,应请照上次书成之例,给与议叙,以示鼓励。将来缮写清汉黄册等事,即令该供事等妥协办理。如蒙俞允,臣馆照例分别等第,造册移咨吏部查照办理。

为此谨奏请旨。

道光二十五年(1845)十二月二十二日具奏。

本日奉旨:“依议。钦此。”

[刑部:纂修条例告竣恭缮黄册进呈御览折](咸丰二年)

刑部谨奏:为纂修条例告竣恭缮黄册进呈御览事。

窃臣部于道光二十九年(1849)十二月内奏明开馆,纂修条例,请将历年钦奉上谕,及议准内外臣工条奏,应纂为例者,详加参考,逐条厘正。俟告竣之日,敬缮黄册进呈等因具奏。奉旨:“依议。钦此”。臣等随率同提调、纂修等官,分派供事,将道光年间钦奉谕旨及现奉谕旨,并议准内外臣工条奏,除止系申明例禁,无关议拟罪名者,毋庸编辑外,其有关罪名轻重,应纂为例者,逐条编入,并旧例内有应修应删者,臣等悉心参考,均照历次奏定章程,分为修改、修并、移改、续纂、删除各名目,开列本例之首,粘贴黄签。并于本条之下,逐条加具按语,分晰陈明。有原例者,先叙原例于前,次列现修新例于后,以期眉目分明。谨将修辑各条例文,一并缮写黄册,装潢成帙,敬呈御览。应俟命下,臣馆翻译清文,另缮清汉黄册进呈后,再行分写清汉样册,咨呈武英殿刊刻颁发。臣馆仍一面捐资先行刊刷草本,通行内外,问刑衙门一体遵照。

至在馆办事人员,除臣等及提调、纂修等官不敢仰邀议叙外,所有拣派各供事内,正、副收掌金兆基、鲍桂芬、钱鸿逵、顾翰书等四名,总司一切,较众尤为出力,其余效力供事潘树桂等五十六名,均系自备资斧在馆当差,缮写黄册等项,亦系该供事等捐资办理,均各始终黾勉,应请照历次书成之例,给与议叙,以示鼓励。将来缮写清汉黄册等事,即令该供事等妥协办理。如蒙俞允,臣馆照例分别等第,造册移咨吏部查照办理。

为此谨奏请旨。

咸丰二年(1852)十二月二十五日奏。

二十九日奉朱批:"依议。钦此。"

[刑部:纂修条例告竣恭缮黄册进呈御览折]（同治九年）

刑部谨奏:为纂修条例告竣恭缮黄册进呈御览事。

窃臣部于同治二年(1863)五月内奏明开馆,纂修条例,请将历年钦奉上谕,及议准内外臣工条奏,应纂为例者,详加参考,逐条厘正。俟告竣之日,敬缮黄册进呈等因具奏。奉旨:"依议。钦此"。臣等随率同提调、纂修等官,分派供事,将咸丰年间钦奉谕旨及现奉谕旨,并议准内外臣工条奏,除止系申明例禁,无关议拟罪名者,毋庸编辑外,其有关罪名轻重,应纂为例者,逐条编入,并旧例内有应修应删者,臣等悉心参考,均照历次奏定章程,分为修改、修并、移改、续纂、删除各名目,开列本例之首,粘贴黄签。并于本条之下,逐条加具按语,分晰陈明。有原例者,先叙原例于前,次列现修新例于后,以期眉目分明。谨将修辑各条例文,一并缮写黄册,装潢成帙,敬呈御览。应俟命下,臣馆翻译清文,另缮清汉黄册进呈后,再行分写清汉样册,咨呈武英殿刊刻颁发。臣馆仍一面捐资先行刊刷草本,通行内外,问刑衙门一体遵照。

至在馆办事人员,除臣等及提调、纂修等官不敢仰邀议叙外,所有各供事向额六十名,近年因投效较少,拣派三十二名,均系自备资斧在馆当差,缮写黄册等项,除由臣部饭银项下提捐外,余系该供事等捐资办理,均各始终黾勉,应请照历次书成之例,给与议叙,以示鼓励。将来缮写清汉黄册等事,即令该供事等妥协办理。如蒙俞允,臣馆照例分别等第,造册移咨吏部查照办理。

再,嗣后纂修条例,如该供事等投效人数足额,仍照历届成案,准以六十名为额,以符定章。合并声明。

谨恭折具奏请旨。

同治九年(1870)二月初十日奏。

本日奉旨:“依议。钦此。”

衔　名

衔名（雍正三年）

总裁官

太子太傅、文华殿大学士，兼吏部尚书，加三级	臣　朱　轼
议政大臣、吏部尚书，加一级	臣　查郎阿
议政大臣、刑部尚书，加一级、纪录七次	臣　德　明

提调兼纂修官

刑部郎中	臣　觉河图
内阁侍读学士	臣　王以巽
刑部郎中革职留任	臣　马　益

纂修官

礼部员外郎	臣　常　鼐
刑部员外郎	臣　永　寿
刑部员外郎革职留任	臣　福　德

校阅官

候补主事	臣　鄂克济哈

收掌兼翻译官

吏部笔帖式	臣　雅哈理
都察院笔帖式	臣　舒　明
礼科笔帖式	臣　陆　敏
刑笔科帖式	臣　占木苏

翻译官

翰林院笔帖式	臣　常　德
兵部笔帖式	臣　何色布
刑部笔帖式	臣　舒　明
礼科笔帖式	臣　那　勤

誊录官

吏部笔帖式	臣 明 德
户部笔帖式	臣 胡世泰
兵部笔帖式	臣 常 海
刑部笔帖式	臣 赵 柱
刑部笔帖式	臣 石成额
刑部笔帖式	臣 永 福
工部笔帖式	臣 恭 安
理藩院笔帖式	臣 德 寿
光禄寺笔帖式	臣 尚 保
候补笔帖式	臣 胡图礼
候补笔帖式	臣 图尔宾
候补笔帖式	臣 苏尔德
候补笔帖式	臣 佟安布
候补笔帖式	臣 黑 色
候补笔帖式	臣 富宁德
候补笔帖式	臣 武世通
候补笔帖式	臣 诗 色
候补笔帖式	臣 德 保
候补笔帖式	臣 德克进
候补笔帖式	臣 觉罗德成
候补笔帖式	臣 保 寿
候补笔帖式	臣 明 泰
候补笔帖式	臣

监造官

刑部郎中革职留任	臣 马 益

衔　名（乾隆五年）

武英殿监理

和硕和亲王　臣弘　昼

总裁官

经筵讲官、太子太保、东阁大学士、兼礼部尚书、兼管户部尚书事务、加六级　臣徐　本

经筵讲官、议政大臣、协办内阁大学士事务、礼部尚书、仍管太常寺鸿胪寺事务、加二级　臣三　泰

经筵讲官、吏部尚书、教习庶吉士、加三级、又军功加二级、纪录十八次、军功纪录二次　臣史贻直

议政大臣、内大臣、刑部尚书、兼内务府总管、纪录四次、革职留任　臣来　保

太子少保、吏部尚书、今任两广总督、承恩公　臣庆　复

太子少保、吏部尚书、今任湖广总督　臣孙嘉淦

太子少保、刑部尚书、今任川陕总督　臣尹继善

议政大臣、刑部尚书、今任闽浙总督、世袭云骑尉　臣那苏图

原任经筵讲官、吏部尚书　臣杨超曾

原任工部尚书、降三级调用　臣赵殿最

提调官

刑部主事　臣德　昌

刑部郎中、升任陕西粮驿道　臣孙陈典

盛京户部郎中　臣何　瞻

吏部稽勋司员外郎　臣戴章甫

原任刑部员外郎　臣永　奇

原任翰林院编修　臣查　祥

纂修官

刑部贵州司郎中　臣唐绍祖

原任刑部督捕司郎中　臣周　琬

原任刑部员外郎 臣 阿林泰
原任巴沟理事通判 臣 兆珠纳
盛京礼部郎中 臣 岳 泰
盛京户部员外郎 臣 赵之垛
盛京工部员外郎 臣 纳 海
原任刑部员外郎、兼佐领 臣 殷 珠
原任兵部主事 臣 常 鼐
刑部四川司主事 臣 王 洛
刑部督捕司主事 臣 吴绍诗
原任河南郾城县知县 臣 包洪基

收掌官

刑部笔帖式 臣 岳 宁
刑部笔帖式 臣 富尼汉
刑部笔帖式、升任熊岳理事通判 臣 德 禄
刑部笔帖式、升任通州理事通判 臣 伊兰泰
九品笔帖式 臣 马宁安
吏部笔帖式 臣 雅哈理

翻译官

候补笔帖式 臣 明 德
臣 成 善
臣 法 宝
臣 德 馨
臣 丰阿泰
臣 宁古礼
臣 丰盛阿
臣 九 哥
贴写中书 臣 噶 绅
盛京助教 臣 专 图
七品笔帖式 臣 常 云

满誊录官

候补笔帖式	臣　福尔泰
	臣　马受福
	臣　德克进
	臣　克星额
	臣　明　善
	臣　坤　禄
	臣　满　普
	臣　马进泰
	臣　赫楞额
	臣　德　云
	臣　安　元
	臣　爱隆阿
	臣　扎禄顺
	臣　新　成
	臣　速　成
	臣　发福利
	臣　机兰泰
	臣　禄　昌
	臣　九　十
	臣　永　德
	臣　喀米图
户部缮本笔帖式	臣　明　德
贴写中书	臣　永　泰

汉誊录官

候选知县	臣　张　巽
候选教谕	臣　张洪浚
	臣　吴　溶
候选县丞	臣　陈　銆
候选吏目	臣　孟毓蕃

	臣　卢士琛
贡生	臣　嵇耀增
监生	臣　舒继英
生员	臣　张为柱
	臣　李承绩
	臣　张克济
监生	臣　潘　溶
	臣　沈奂文
	臣　顾宗预

武英殿监造

内务府南苑郎中、兼佐领、加五级、纪录十次	臣　雅尔岱
内务府钱粮衙门郎中、兼佐领、加五级、纪录十一次	臣　永　保
内务府慎刑司员外郎、纪录一次	臣　永　忠
同知、加一级、纪录九次	臣　英　廉
内务府广储司司库、加二级	臣　三　格
监造、加一级	臣　李　保
监造	臣　郑桑格
库掌	臣　李延伟
	臣　虎什泰

衔　名（乾隆五十五年）

刑部堂官

经筵日讲起居注官、太子太保、议政大臣、武英殿大学士、领文渊阁事、管理兵部刑部户部三库、兼掌翰林院事、御前大臣、领侍卫内大臣、兼管镶黄旗满洲都统、诚谋英勇公	臣　阿　桂
议政大臣、刑部尚书、正白旗汉军都统、世袭一等男、又一云骑尉	臣　喀宁阿
太子少保、刑部尚书	臣　胡季堂
都统职衔左侍郎	臣　穆精阿
左侍郎、升任湖南巡抚	臣　姜　晟

右侍郎　　臣　玉　德

右侍郎　　臣　王　昶

提调官

刑部四川清吏司郎中　　臣　崇　禄

刑部四川清吏司郎中、候补京堂　　臣　金光悌

刑部广东清吏司郎中、升任直隶按察使　　臣　阿精阿

刑部安徽清吏司郎中、候补京堂　　臣　祖之望

纂修官

刑部云南清吏司郎中　　臣　赫　敏

刑部广西清吏司郎中　　臣　兆　坊

刑部直隶清吏司郎中、升任甘肃甘州府　　臣　刘　烒

刑部直隶清吏司员外郎　　臣　沈廷瑛

协办纂修官

刑部广西清吏司郎中、升任广西右江道　　臣　萨腾安

刑部广东清吏司员外郎　　臣　那　缙

刑部陕西清吏司员外郎、升任山东青州府　　臣　公　峩

刑部奉天清吏司郎中、升任四川川北道　　臣　博　纯

刑部福建清吏司郎中、升任广东高廉道　　臣　韩　崶

刑部福建清吏司郎中　　臣　王朝梧

刑部湖广清吏司郎中、升任河南归德府　　臣　彭翼蒙

刑部山东清吏司郎中　　臣　潘绍观

分校官

候补主事　　臣　洪其绅

臣　潘　鹭

臣　俞廷棆

臣　汪彦博

收掌官

刑部笔帖式　　臣　惠　保

臣　固宁阿

翻译官

刑部笔帖式 臣 台 福

臣 哈 理

臣 瑭 璐

臣 臣德合

臣 德 通

誊录官

刑部笔帖式 臣 舒 进

臣 德 泰

臣 永 清

臣 福 山

臣 永 庆

臣 富勒赫

衔　名(嘉庆七年)

刑部堂官

经筵讲官、太子太傅、文华殿大学士、管理刑部事务、世袭骑都尉、稽察钦奉上谕事件处 臣 董 诰

尚书、镶蓝旗满洲都统 臣 德 瑛

原任经筵讲官、尚书、调任户部尚书 臣 成 德

尚书、调任户部尚书、兼理步军统领 臣 宗室禄康

原任尚书 臣 张若渟

左侍郎、正黄旗满洲副都统 臣 瑚素通阿

左侍郎、升任尚书 臣 熊 枚

左侍郎、前任陕西巡抚 臣 祖之望

左侍郎、今任工部侍郎 臣 初彭龄

右侍郎、升任湖南巡抚 臣 高 杞

右侍郎、今任礼部左侍郎 臣 莫瞻菉

提调官

刑部江西清吏司郎中、升任奉天锦州府　臣　佛喜保

刑部江西清吏司主事、升任安徽巡抚　臣　阿林保

前任刑部山西清吏司员外郎　臣　景　禄

刑部陕西清吏司郎中、升任山东按察使　臣　金光悌

刑部河南清吏司郎中、升任福建按察使　臣　韩　崶

刑部陕西清吏司郎中、升任山东沂州府　臣　刘　珏

刑部直隶清吏司员外郎、升任左侍郎　臣　姜　晟

刑部云南清吏司郎中、升任山西朔平府　臣　广　玉

刑部浙江清吏司郎中　臣　灵　保

刑部山东清吏司郎中　臣　沈华旭

刑部直隶清吏司郎中　臣　陈若霖

纂修官

刑部奉天清吏司郎中　臣　台　福

刑部贵州清吏司员外郎、升任右侍郎　臣　赓　音

刑部云南清吏司主事　臣　明　山

刑部广东清吏司郎中　臣　常　豫

刑部陕西清吏司郎中　臣　恒　敬

刑部广东清吏司员外郎　臣　明　达

刑部陕西清吏司员外郎　臣　福森泰

刑部奉天清吏司员外郎　臣　杨曰鲲

刑部浙江清吏司郎中升任江西抚州府　臣　邱先德

刑部山东清吏司员外郎升任山东济南府　臣　张鹏昇

刑部广东清吏司郎中升任四川保宁府　臣　言朝标

刑部陕西清吏司郎中升任安徽庐州府　臣　张祥云

刑部江西清吏司主事　臣　韩文绮

分校官

刑部福建清吏司员外郎　臣　祁　埙

刑部候补主事　臣　李　威

收掌官

刑部笔帖式升任贵州清吏司主事　　臣　西隆阿

刑部笔帖式升任黑龙江主事　　臣　塔清阿

翻译官

刑部笔帖式升任山东青州府理事同知　　臣　安兴阿

刑部笔帖式　　臣　祥　德

臣　纳清阿

臣　善　麟

誊录官

刑部笔帖式　　臣　伊绵泰

臣　诚　明

臣　文　勇

臣　嵩　宁

臣　释迦保

臣　福　祥

衔　名(道光五年)

刑部堂官

太子少保、体仁阁大学士、管理刑部事务　　臣　蒋攸铦

尚书、正黄旗汉军都统　　臣　明　山

尚书、今任湖广总督　　臣　嵩　孚

经筵讲官、太子太傅、内大臣、东阁大学士、阅兵大臣、管理理藩院事务、正白旗满洲都统、崇文门正监督、署尚书　　臣　托　津

尚书　　臣　陈若霖

左侍郎、管理圆明园八旗包衣三旗官兵事务、镶黄旗蒙古副都统　　臣　英　瑞

左侍郎　　臣　戴敦元

右侍郎、正红旗汉军副都统、国史馆清文总校　　臣　昇　寅

右侍郎、稽察左翼宗学　　臣　刘彬士

右侍郎、调任礼部右侍郎、福建学政　　臣　史致俨

二品顶带、署右侍郎　臣韩　崶

提调官

河南清吏司郎中　臣春　昭

广东清吏司郎中　臣明安福

陕西清吏司郎中　臣郑敦允

直隶清吏司郎中　臣戚宗彝

山西清吏司郎中　臣赵炳言

山西清吏司郎中、现任直隶按察使　臣戴宗沅

江苏清吏司员外郎　臣怡　良

山西清吏司员外郎　臣凤　来

直隶清吏司员外郎　臣瑞　元

奉天清吏司员外郎　臣闵受昌

纂修官

河南清吏司员外郎　臣英　昭

山西清吏司主事　臣三龙泰

陕西清吏司候补主事　臣嵩　麟

汉档房堂主事、升任盛京户部员外郎　臣吉尔杭阿

校对官

浙江清吏司主事　臣王　铸

河南清吏司主事　臣吴毓英

候补主事　臣方用仪

收掌官

笔帖式今升湖广司主事　臣琦成额

笔帖式　臣荣　兴

笔帖式　臣怡　昌

翻译官

笔帖式　臣瑞　昌

笔帖式　臣哈忠阿

笔帖式　臣蔡良保

笔帖式　臣丰　林

誊录官

笔帖式　臣　于溶保
笔帖式　臣　都尔逊
笔帖式今升延安府理事同知　臣　广　崇
笔帖式　臣　英　勋
笔帖式　臣　文　翰
笔帖式　臣　玉　崑
笔帖式　臣　福克精阿

衔　名(道光二十七年)

刑部堂官

经筵讲官、文渊阁大学士、翰林院掌院学士、上书房总师傅、管理刑部事务、正白旗汉军都统　臣　觉罗宝兴
尚书、正红旗汉军都统　臣　阿勒清阿
尚书　臣　李振祜
左侍郎、正黄旗满洲副都统　臣　赓　福
左侍郎、稽查左翼宗学　臣　周祖培
右侍郎、广东学政　臣　全　庆
右侍郎　臣　张澧中

提调官

江苏司郎中、户部坐粮厅　臣　奎　绶
奉天司郎中　臣　承　芳
浙江司郎中　臣　张春育
山东司郎中　臣　文　桂
安徽司员外郎　臣　胡光莹
员外郎上行走、前任直隶宣化府知府　臣　毓　科
直隶司郎中　臣　恩　锡
湖广司郎中　臣　陶文潞
河南司郎中　臣　袁彦龄

分校官

湖广司员外郎　臣　孟先颖
广西司员外郎　臣　王之斌
山东司主事　臣　郑敦谨
奉天司主事　臣　李维醇

收掌官

笔帖式　臣　奎　麟
笔帖式、今升伊犁粮饷章京　臣　桂　星

翻译官

笔帖式　臣　庆　玉
笔帖式、今升四川司主事　臣　恩　龄
笔帖式、今升贵州司主事　臣　崇　龄
笔帖式、今升直隶司主事　臣　明　绪

誊录官

笔帖式　臣　锡　昌
笔帖式　臣　贵　山
笔帖式、今升湖广司主事　臣　觉罗奎栋
笔帖式　臣　博　文
笔帖式　臣　奎　龄
笔帖式　臣　赵文麟
笔帖式　臣　庆　纯

凡　例

凡例（雍正三年）

一、原律四百五十七条，历代相因，内有事同而罚异，名目款项，古今异宜者，删九条，并六条，增二条，移易一条，更名四条。又改律文及小注字句一百三十条，皆因时增损。蒙皇上睿鉴折中，归于至当，允为百代章程。

一、律后附例，所以推广律意而尽其类，亦变通律文而适于宜者也。故律一定而不可易，例则有世轻世重、随时酌中之道焉。今篇中所载旧例凡三百二十一条，上注“原例”二字；又刑部原刻例二百九十九条，注“增例”二字。至皇上御极以来增定之例，或特沛恩纶，或折衷廷议，准理平情，至明至允。谨据各部院衙门咨送，共纂二百四条，分类编载，是为“钦定例”。刑官遇事引断，由钦定而增例而原例而正律，眉目了然，议拟允协矣。

一、凡钦奉谕旨，恭载诸条之首，余各依类编次。如系通论，则入“名例”。

一、“名例”为全律之纲领。用律之法，尽载其中。如折杖、累减、收赎、加减罪例等条，俱经细绎详校，颇无疑议，读者最宜留心。

一、六赃、纳赎诸例，及老疾收赎、诬告剩罪收赎诸图，俱详加考订，用者照数科断，不致疑误。

一、五刑拟议不当，或狱具违式，俱关民命。并详考分注，列图于首，使用刑者知所遵依。

一、律中亲属，俱依服制加减定罪。今将丧服各图，逐一分注，又详考服制，总列于后，使人人知有一定之制，而用律者可免轻重之失矣。

一、律后总注，增损旧文，重加考订。或大意略举，或逐段分疏，或释正文而兼及小注，或诠本条而旁通别义。务期异同条贯，不致引用伪讹。

一、自笞、杖以及重罪，俱照律例次第编纂，分载总类中。用者依次查阅，即得本条。

一、凡比附律条，酌量情法，重轻本无一定。今略举数条，以见大意。

凡例（乾隆五年）[1]

一、律文四百五十七条，历代相因。至雍正五年(1727)删、改、增、并，定为四百三十六门，今仍其旧。至条例则世轻世重，有随时酌中之义。今自雍正五年刻本所载至雍正五年以后乾隆四年(1739)十二月以前现行则例，详为订正，增、删、改、并，计共一千零四十九条，分门别类，悉附律文之后。

一、律内小注，释难明之义解，达未足之语气，句斟字酌，实足补律所未备，今皆照旧详载。间有增损，务在理明辞顺，无取更张。其律文之后大字总注，虽亦原本《笺释》《辑注》等书，但意在敷宣，易生支蔓，又或义本明显，无事笺疏，今皆不载。其中有于律义有所发明，实可补律之所不逮，则竟别立一条，著为成例，以便引用。

一、律例一书，乃圣朝成宪，间亦允准群议，无不酌自皇衷。从前刊本于条款中间载钦奉上谕，今皆编纂成例，著之于篇。其与例款无涉，或止申饬训诫之文，通送上谕馆恭修，不更登载。

一、雍正五年(1727)刻本于每条之上分别原例、增例、钦定例各名目，既以时代为先后，势必不能依类编辑。今将原例、增例等名目概不登载，如钱粮则由仓库而次及杂项、侵挪，贼盗则由正犯而次及搜赃、举首，庶几条分缕析，次序秩然。

一、律目有数，例款繁多，间有不应隶此门而误为附入者，今皆考订详明，亦如本条之下。如飞诡税粮两百石以上，与滥设官吏无涉，承审、承缉诸限期，与官文书稽程无涉，而皆入之吏律，今分载户律田宅，刑律捕亡、断狱各条之下。阅者以此类推，则按籍而稽，展卷了然矣。

一、文武官罚俸、降革，事隶处分，间亦载入律例，然多不全不备。今吏、兵两部开馆编辑，各有专书，无庸于律例内纷见杂出。其有应议罪款而兼及处分之处，并改“交部议处”，或改“交部分别议处”。事以类从，义仍贯串，参观自得。

一、凡乾隆四年(1739)十二月以前之例，已经逐条考校，奏准颁行。其乾隆五年(1740)以后之例，依乾隆元年(1736)奏准，嗣后有陆续增修之处，仍定限三年一次编辑，附律例之后颁行直省，从此永著为例。

一、纳赎各条，并冠名例之首。其应否准其纳赎，开载未能详悉，易至高下其手。今依律例中已经开明各条，因类比附，并查照《读律佩觿》所载不准纳赎罪名，详加酌定，于各条下注明，以免畸轻畸重之失。

---

① 自乾隆五年(1740)始，各版次《大清律例》除涉及修例相关年份、条例数目有变更外，其余文字皆同。为存各版次原貌，仍不避烦琐，逐一著录。

一、首卷诸图，皆仍旧刻。惟收赎，过失杀伤人律云“依律收赎”，而例内又止有收赎过失杀人银数，并无收赎过失伤人若干银两之文，内外办理，向无凭准。查收赎过失杀人绞罪银十二两四钱二分，即律图内收赎杂犯绞斩五钱二分五厘之数合成。盖缘前明钱钞并收，故图内亦照钞数折算。今将收赎伤人银数，亦照收赎杀人银数，按其致伤轻重、应得罪名，合算折银，另立一图，附诸图之后，以备稽考。

一、颁发之后，内外问刑衙门凡有问拟，悉令遵照办理。其有从前例款，此次修辑所不登入者，皆经奏准删除，毋得以曾经通行，仍复援引，违者论如律。

凡例（乾隆三十三年）

一、律文四百五十七条，历代相因。至雍正五年（1727）删、改、增、并，定为四百三十六门，今仍其旧。至条例则世轻世重，有随时酌中之义。今自雍正五年刻本所载至雍正五年以后乾隆三十三年（1768）五月以前现行则例，详为订正，增、删、改、并，计共一千四百五十六条，分门别类，悉附律文之后。

一、律内小注，释难明之义解，达未足之语气，句斟字酌，实足补律所未备，今皆照旧详载。间有增损，务在理明辞顺，无取更张。其律文之后大字总注，虽亦原本《笺释》《辑注》等书，但意在敷宣，易生支蔓，又或义本明显，无事笺疏，今皆不载。其中有于律义有所发明，实可补律之所不逮，则竟别立一条，著为成例，以便引用。

一、律例一书，乃圣朝成宪，间亦允准群议，无不酌自皇衷。从前刊本于条款中间载钦奉上谕，今皆编纂成例，著之于篇。其与例款无涉，或止申饬训诫之文，通送上谕馆恭修，不更登载。

一、雍正五年（1727）刻本于每条之上分别原例、增例、钦定例各名目，既以时代为先后，势必不能依类编辑。今将原例、增例等名目概不登载，如钱粮则由仓库而次及杂项、侵挪，贼盗则由正犯而次及搜赃、举首，庶几条分缕析，次序秩然。

一、律目有数，例款繁多，间有不应隶此门而误为附入者，今皆考订详明，亦如本条之下。如飞诡税粮两百石以上，与滥设官吏无涉，承审、承缉诸限期，与官文书稽程无涉，而皆入之吏律，今分载户律田宅，刑律捕亡、断狱各条之下。阅者以此类推，则按籍而稽，展卷了然矣。

一、文武官罚俸、降革，事隶处分，间亦载入律例，然多不全不备。今吏、兵两部开馆编辑，各有专书，无庸于律例内纷见杂出。其有应议罪款而兼及处分之处，并改“交部议处”，或改“交部分别议处”。事以类从，义仍贯串，参观自得。

一、凡乾隆三十三年（1768）五月以前之例，已经逐条考校，奏准颁行。其乾隆三十三年五月以后之例，依乾隆十一年（1742）奏准，嗣后有陆续增修之处，定限五年一次编辑,附律例之后颁行直省,从此永著为例。

一、纳赎各条,并冠名例之首。其应否准其纳赎,开载未能详悉,易至高下其手。今依律例中已经开明各条,因类比附,并查照《读律佩觿》所载不准纳赎罪名,详加酌定,于各条下注明,以免畸轻畸重之失。

一、首卷诸图,皆仍旧刻。惟收赎,过失杀伤人律云"依律收赎",而例内又止有收赎过失杀人银数,并无收赎过失伤人若干银两之文,内外办理,向无凭准。查收赎过失杀人绞罪银十二两四钱二分,即律图内收赎杂犯绞斩五钱二分五厘之数合成。盖缘前明钱钞并收,故图内亦照钞数折算。今将收赎伤人银数,亦照收赎杀人银数,按其致伤轻重、应得罪名,合算折银,另立一图,附诸图之后,以备稽考。

一、颁发之后,内外问刑衙门凡有问拟,悉令遵照办理。其有从前例款,此次修辑所不登入者,皆经奏准删除,毋得以曾经通行,仍复援引,违者论如律。

凡例（乾隆五十五年）

一、律文四百五十七条,历代相因。至雍正五年(1727)删、改、增、并,定为四百三十六门,今仍其旧。至条例则世轻世重,有随时酌中之义。今自雍正五年刻本所载至雍正五年以后乾隆五十三年(1788)十二月以前现行则例,详为订正,增、删、改、并,计共一千五百七十三条,分门别类,悉附律文之后。

一、律内小注,释难明之义解,达未足之语气,句斟字酌,实足补律所未备,今皆照旧详载。间有增损,务在理明辞顺,无取更张。其律文之后大字总注,虽亦原本《笺释》《辑注》等书,但意在敷宣,易生支蔓,又或义本明显,无事笺疏,今皆不载。其中有于律义有所发明,实可补律之所不逮,则竟别立一条,著为成例,以便引用。

一、律例一书,乃圣朝成宪,间亦允准群议,无不酌自皇衷。从前刊本于条款中间载钦奉上谕,今皆编纂成例,著之于篇。其与例款无涉,或止申饬训诫之文,通送上谕馆恭修,不更登载。

一、雍正五年(1727)刻本于每条之上分别原例、增例、钦定例各名目,既以时代为先后,势必不能依类编辑。今将原例、增例等名目概不登载,如钱粮则由仓库而次及杂项、侵挪,贼盗则由正犯而次及搜赃、举首,庶几条分缕析,次序秩然。

一、律目有数,例款繁多,间有不应隶此门而误为附入者,今皆考订详明,亦如本条之下。如飞诡税粮两百石以上,与滥设官吏无涉,承审、承缉诸限期,与官文书稽程无涉,而皆入之吏律,今分载户律田宅,刑律捕亡、断狱各条之下。阅者以此类推,则按籍而稽,展卷了然矣。

一、文武官罚俸、降革,事隶处分,间亦载入律例,然多不全不备。今吏、兵两部开馆编辑，各有专书，无庸于律例内纷见杂出。其有应议罪款而兼及处分之处，并改“交部议处”，或改“交部分别议处”。事以类从，义仍贯串，参观自得。

一、凡乾隆五十三年（1788）十二月以前之例，已经逐条考校，奏准颁行。其乾隆五十四年正月以后之例，依乾隆十一年（1742）奏准，嗣后有陆续增修之处，定限五年一次编辑，附律例之后颁行直省，从此永著为例。

一、纳赎各条，并冠名例之首。其应否准其纳赎，开载未能详悉，易至高下其手。今依律例中已经开明各条，因类比附，并查照《读律佩觿》所载不准纳赎罪名，详加酌定，于各条下注明，以免畸轻畸重之失。

一、首卷诸图，皆仍旧刻。惟收赎，过失杀伤人律云“依律收赎”，而例内又止有收赎过失杀人银数，并无收赎过失伤人若干银两之文，内外办理，向无凭准。查收赎过失杀人绞罪银十二两四钱二分，即律图内收赎杂犯绞斩五钱二分五厘之数合成。盖缘前明钱钞并收，故图内亦照钞数折算。今将收赎伤人银数，亦照收赎杀人银数，按其致伤轻重、应得罪名，合算折银，另立一图，附诸图之后，以备稽考。

一、颁发之后，内外问刑衙门凡有问拟，悉令遵照办理。其有从前例款，此次修辑所不登入者，皆经奏准删除，毋得以曾经通行，仍复援引，违者论如律。

凡例（嘉庆七年）

一、律文四百五十七条，历代相因。至雍正五年（1727）删、改、增、并，定为四百三十六门，今仍其旧。至条例则世轻世重，有随时酌中之义。今自雍正五年刻本所载至雍正五年以后嘉庆六年（1801）二月以前现行则例，详为订正，增、删、改、并，计共一千六百四条，分门别类，悉附律文之后。

一、律内小注，释难明之义解，达未足之语气，句斟字酌，实足补律所未备，今皆照旧详载。间有增损，务在理明辞顺，无取更张。其律文之后大字总注，虽亦原本《笺释》《辑注》等书，但意在敷宣，易生支蔓，又或义本明显，无事笺疏，今皆不载。其中有于律义有所发明，实可补律之所不逮，则竟别立一条，著为成例，以便引用。

一、律例一书，乃圣朝成宪，间亦允准群议，无不酌自皇衷。从前刊本于条款中间载钦奉上谕，今皆编纂成例，著之于篇。其与例款无涉，或止申饬训诫之文，通送上谕馆恭修，不更登载。

一、雍正五年（1727）刻本于每条之上分别原例、增例、钦定例各名目，既以时代为先后，势必不能依类编辑。今将原例、增例等名目概不登载，如钱粮则由仓库而次及杂项、侵挪，贼盗则由正犯而次及搜赃、举首，庶几条分缕析，次序秩然。

一、律目有数，例款繁多，间有不应隶此门而误为附入者，今皆考订详明，亦如本条之下。如飞诡税粮两百石以上，与滥设官吏无涉，承审、承缉诸限期，与官文书稽程无涉，而皆入之吏律，今分载户律田宅，刑律捕亡、断狱各条之下。阅者以此类推，则按籍而稽，展卷了然矣。

一、文武官罚俸、降革，事隶处分，间亦载入律例，然多不全不备。今吏、兵两部开馆编辑，各有专书，无庸于律例内纷见杂出。其有应议罪款而兼及处分之处，并改"交部议处"，或改"交部分别议处"。事以类从，义仍贯串，参观自得。

一、凡嘉庆六年(1801)二月以前之例，已经逐条考校，奏准颁行。其乾隆三十三年五月以后之例，依乾隆十一年(1742)奏准，嗣后有陆续增修之处，定限五年一次编辑，附律例之后颁行直省，从此永著为例。

一、纳赎各条，并冠名例之首。其应否准其纳赎，开载未能详悉，易至高下其手。今依律例中已经开明各条，因类比附，并查照《读律佩觿》所载不准纳赎罪名，详加酌定，于各条下注明，以免畸轻畸重之失。

一、首卷诸图，皆仍旧刻。惟收赎，过失杀伤人律云"依律收赎"，而例内又止有收赎过失杀人银数，并无收赎过失伤人若干银两之文，内外办理，向无凭准。查收赎过失杀人绞罪银十二两四钱二分，即律图内收赎杂犯绞斩五钱二分五厘之数合成。盖缘前明钱钞并收，故图内亦照钞数折算。今将收赎伤人银数，亦照收赎杀人银数，按其致伤轻重、应得罪名，合算折银，另立一图，附诸图之后，以备稽考。

一、颁发之后，内外问刑衙门凡有问拟，悉令遵照办理。其有从前例款，此次修辑所不登入者，皆经奏准删除，毋得以曾经通行，仍复援引，违者，论如律。

凡例（道光五年）

一、律文四百五十七条，历代相因。至雍正五年(1727)删、改、增、并，定为四百三十六门，今仍其旧。至条例则世轻世重，有随时酌中之义。今自雍正五年刻本所载至雍正五年以后道光五年(1825)十二月以前现行则例，详为订正，增、删、改、并，计共一千七百六十六条，分门别类，悉附律文之后。

一、律内小注，释难明之义解，达未足之语气，句斟字酌，实足补律所未备，今皆照旧详载。间有增损，务在理明辞顺，无取更张。其律文之后大字总注，虽亦原本《笺释》《辑注》等书，但意在敷宣，易生支蔓，又或义本明显，无事笺疏，今皆不载。其中有于律义有所发明，实可补律之所不逮，则竟别立一条，著为成例，以便引用。

一、律例一书，乃圣朝成宪，间亦允准群议，无不酌自皇衷。从前刊本于条款中间载钦奉上谕,今皆编纂成例,著之于篇。其与例款无涉,或止申饬训诫之文,通送上谕馆恭修,不更登载。

一、雍正五年(1727)刻本于每条之上分别原例、增例、钦定例各名目,既以时代为先后,势必不能依类编辑。今将原例、增例等名目概不登载,如钱粮则由仓库而次及杂项、侵挪,贼盗则由正犯而次及搜赃、举首,庶几条分缕析,次序秩然。

一、律目有数,例款繁多,间有不应隶此门而误为附入者,今皆考订详明,亦如本条之下。如飞诡税粮两百石以上,与滥设官吏无涉,承审、承缉诸限期,与官文书稽程无涉,而皆入之吏律,今分载户律田宅,刑律捕亡、断狱各条之下。阅者以此类推,则按籍而稽,展卷了然矣。

一、文武官罚俸、降革,事隶处分,间亦载入律例,然多不全不备。今吏、兵两部开馆编辑,各有专书,无庸于律例内纷见杂出。其有应议罪款而兼及处分之处,并改"交部议处",或改"交部分别议处"。事以类从,义仍贯串,参观自得。

一、凡道光五年(1825)十二月以前之例,已经逐条考校,奏准颁行。其道光六年(1826)正月以后之例,依乾隆十一年(1742)奏准,嗣后有陆续增修之处,定限五年一次编辑,附律例之后颁行直省,从此永著为例。

一、纳赎各条,并冠名例之首。其应否准其纳赎,开载未能详悉,易至高下其手。今依律例中已经开明各条,因类比附,并查照《读律佩觿》所载不准纳赎罪名,详加酌定,于各条下注明,以免畸轻畸重之失。

一、首卷诸图,皆仍旧刻。惟收赎,过失杀伤人律云"依律收赎",而例内又止有收赎过失杀人银数,并无收赎过失伤人若干银两之文,内外办理,向无凭准。查收赎过失杀人绞罪银十二两四钱二分,即律图内收赎杂犯绞斩五钱二分五厘之数合成。盖缘前明钱钞并收,故图内亦照钞数折算。今将收赎伤人银数,亦照收赎杀人银数,按其致伤轻重、应得罪名,合算折银,另立一图,附诸图之后,以备稽考。

一、颁发之后,内外问刑衙门凡有问拟,悉令遵照办理。其有从前例款,此次修辑所不登入者,皆经奏准删除,毋得以曾经通行,仍复援引,违者论如律。

凡例(道光二十七年)

一、律文四百五十七条,历代相因。至雍正五年(1727)删、改、增、并,定为四百三十六门,今仍其旧。至条例则世轻世重,有随时酌中之义。今自雍正五年刻本所载至雍正五年以后道光二十五年(1845)十二月以前现行则例,详为订正,增删改并计共一千八百五十三条,分门别类,悉附律文之后。

一、律内小注,释难明之义解,达未足之语气,句斟字酌,实足补律所未备,今皆照旧详载。间有增损，务在理明辞顺，无取更张。其律文之后大字总注，虽亦原本《笺释》《辑注》等书，但意在敷宣，易生支蔓，又或义本明显，无事笺疏，今皆不载。其中有于律义有所发明，实可补律之所不逮，则竟别立一条，著为成例，以便引用。

一、律例一书，乃圣朝成宪，间亦允准群议，无不酌自皇衷。从前刊本于条款中间载钦奉上谕，今皆编纂成例，著之于篇。其与例款无涉，或止申饬训诫之文，通送上谕馆恭修，不更登载。

一、雍正五年(1727)刻本于每条之上分别原例、增例、钦定例各名目，既以时代为先后，势必不能依类编辑。今将原例、增例等名目概不登载，如钱粮则由仓库而次及杂项、侵挪，贼盗则由正犯而次及搜赃、举首，庶几条分缕析，次序秩然。

一、律目有数，例款繁多，间有不应隶此门而误为附入者，今皆考订详明，亦如本条之下。如飞诡税粮两百石以上，与滥设官吏无涉，承审、承缉诸限期，与官文书稽程无涉，而皆入之吏律，今分载户律田宅，刑律捕亡、断狱各条之下。阅者以此类推，则按籍而稽，展卷了然矣。

一、文武官罚俸、降革，事隶处分，间亦载入律例，然多不全不备。今吏、兵两部开馆编辑，各有专书，无庸于律例内纷见杂出。其有应议罪款而兼及处分之处，并改"交部议处"，或改"交部分别议处"。事以类从，义仍贯串，参观自得。

一、凡道光二十五年(1845)十二月以前之例，已经逐条考校，奏准颁行。其道光二十六年(1846)正月以后之例，依乾隆十一年(1742)奏准，嗣后有陆续增修之处，定限五年一次编辑，附律例之后颁行直省，从此永著为例。

一、纳赎各条，并冠名例之首。其应否准其纳赎，开载未能详悉，易至高下其手。今依律例中已经开明各条，因类比附，并查照《读律佩觿》所载不准纳赎罪名，详加酌定，于各条下注明，以免畸轻畸重之失。

一、首卷诸图，皆仍旧刻。惟收赎，过失杀伤人律云"依律收赎"，而例内又止有收赎过失杀人银数，并无收赎过失伤人若干银两之文，内外办理，向无凭准。查收赎过失杀人绞罪银十二两四钱二分，即律图内收赎杂犯绞斩五钱二分五厘之数合成。盖缘前明钱钞并收，故图内亦照钞数折算。今将收赎伤人银数，亦照收赎杀人银数，按其致伤轻重、应得罪名，合算折银，另立一图，附诸图之后，以备稽考。

一、颁发之后，内外问刑衙门凡有问拟，悉令遵照办理。其有从前例款，此次修辑所不登入者，皆经奏准删除，毋得以曾经通行，仍复援引，违者论如律。

大清律续纂条例·凡例(乾隆八年)

一、现颁律例,凡例内开乾隆四年(1739)以前之例,已逐条考校颁行。其乾隆五年(1740)以后之例,定限三年一次编辑等语。今将乾隆五年、六年、七年条例,细加查核,所有应行编辑者,共五十一条,纂成二卷,以便引用。

一、律分六部,部各有总门,总门之下,各有律目,例即附于本律之后。查现颁律例,其律目纸尾各不相联,原留续增地步,以便检查。今将应纂条例某条应附某律,亦各以律目为题,各不相联。字行体式,悉仿现颁律例款样。则分之格为卷帙,合之仍可叙装律例各条之末。

一、应纂例内,有数人条奏,前后相承,应并为一条者,有一人条奏,款项各别,应分入数门者。有义未尽善,应行酌增,文近繁缛,应行节删者。俱详细核议,分、并、增、删,以归妥洽。

一、此次编纂,应自乾隆五年(1740)为始,然亦有应行补纂者。今皆不拘年限,通行补辑。期于贯串无遗。

一、编辑虽议以乾隆七年(1742)违限,然八年(1743)以来条奏内,每有将七年以前议准已行之例,变通酌改者。若仍照原议编纂,不免彼此分歧。今皆酌加添改,以便画一遵行。

一、各条原议处分官员,有止称交部议处者,有载明罚几月几年俸、降几级者,更有切指,照某例罚俸、照某例降革者,详略并不画一。此皆详《吏部处分则例》,原非律例所能赅。前次编辑律例,遇此等处,多有改定,并声明进呈在案。今将官吏议降议罚之处,除有必须指明照某例议处者,仍行纂入,其余俱改为"交部议处""交部分别议处"。

大清律续纂条例·凡例(乾隆十一年)

一、自律例全部颁发后,所有乾隆五年(1740)至乾隆七年(1742)条例已于乾隆八年(1743)续纂颁行。今将乾隆八年、乾隆九年(1744)、乾隆十年(1745)条例应行编辑者,共四十六条,纂成二卷。再上届续纂条例,列为卷一、卷二,此次应列为卷三、卷四,以便检查。

一、续纂条例,从前定限三年一次编辑,今于乾隆十一年(1746)十月内,经大学士等奏明,嗣后定以五年编辑一次。下届编辑,应遵照五年定限办理。

大清律续纂条例·凡例（乾隆十六年）

一、律例久有全书颁行天下，续纂条例向以三年为期，后改为五年一次编辑。今自乾隆十一年（1746）至十五年（1750），钦奉上谕，及议准内外臣工条奏，应纂为定例者，计七十有四条。按乾隆五年（1740）续例列为卷一、卷二，乾隆八年（1743）续例列为卷三、卷四，此次应列为卷五、卷六。庶篇帙贯串，易于展阅。

一、此次纂辑，断自乾隆十一年（1746）为始。其十年以前之例，有现在遵行，未经编载者，今一并纂入，足补全书所未备。

一、原议条奏内，有止称照例治罪，未经著明何例者，今按其轻重，酌定罪名，以便引用。

一、纂辑例内，有数人条奏，事本相同，应行合纂者，有一人陈奏数事，应分隶各门者，皆依类分并，期于明显赅洽。

一、律例全书内，有奏准不行，遵照现行条例。其旧例应删除者，如盛京民人有犯徒、流、军罪，分别折枷一条，弟杀胞兄留养承祀一条，旗人越度禁山偷采人参条下若一二人刨参，所得不至十两一节，贵州地方有外来流棍诱拐子女一条，私铸为首及匠人问拟斩决一条，私铸案内分别法所难宥，情有可原一条，毁化制钱一条，续纂例内弟杀期功服兄改拟斩候，秋审另册一条，免征米豆税银一条，旗、民越度禁山偷采人参例内，除一二人刨参拟以满杖一节，卑幼误犯功服尊长至死题请末减一条，私铸砂壳小钱一条，弟杀胞兄承祀减流不准折枷一条，侄殴期亲伯叔至死，如果情有可原声明奏请一条，弟殴胞兄邂逅至死，方准题请留养承祀一条。以上或应全汰，或应节删，并上次所颁校正条款，今皆于旧刻内换篇重锓，庶免援引歧误。

大清律续纂条例·凡例（乾隆二十六年）

一、律例全书，定以五年一次编纂。今自乾隆二十一年（1756）起至乾隆二十五年（1760）止，已届五年之期，所有钦奉上谕，及议准内外臣工条奏，应行纂辑者，共一百一十二条。俱按照律目次序，分别门类，列入卷内。庶开卷了然，易于引用。

一、上届开馆纂修，因续编卷帙繁多，已将各编条例悉行归入全书，别无续编名目，但校刻殊费时日。今次纂修，仍照旧例另为一编，分为卷一、卷二，以便检查。

一、断罪依新颁律令，其全书内间有一二旧例未经删除改正者，统俟编纂数次后，再行彻底删正。其引用，务照新纂条例遵行。

一、纂辑条例,有数人条奏,前后相承,应行合纂者,有一人条奏,款项各别,应分隶各门者。俱照节次纂修之例,依类编辑,分、并、增、删,期于简核明晰。

一、此次编辑,虽以乾隆二十五年(1760)为断,而乾隆二十六年(1761)新定条例,于编辑未竣之前,业已通行遵奉者,亦即陆续纂入,庶引用更为便易。

一、律例总类,自乾隆五年以后,逾二十年未经重修,增删改正之例,积久滋多,碍难查阅。今悉照新例一一分晰刊正,以昭画[illegible]。

总　目

大清律总目（顺治三年）　凡四百五十九条

诈伪　卷第二十四,计一十一条
犯奸　卷第二十五,计一十条
杂犯　卷第二十六,计一十一条
捕亡　卷第二十七,计八条
断狱　卷第二十八,计二十九条

工律

营造　卷第二十九,计九条
河防　卷第三十,计四条

大清律总目(康熙九年)　凡四百五十八条

名例律　卷第一,计四十八条

吏律

职制　卷第二,计一十六条
公式　卷第三,计一十五条

户律

户役　卷第四,计一十五条
田宅　卷第五,计一十一条
婚姻　卷第六,计一十八条
仓库　卷第七,计二十三条
课程　卷第八,计一十九条
钱债　卷第九,计三条
市廛　卷第十,计五条

礼律

祭祀　卷第十一,计六条
仪制　卷第十二,计二十条

兵律

宫卫　卷第十三,计十九条
军政　卷第十四,计二十一条
关津　卷第十五,计七条
厩牧　卷第十六,计一十一条
邮驿　卷第十七,计一十八条

刑律

贼盗 卷第十八,计二十八条
人命 卷第十九,计二十条
斗殴 卷第二十,计二十二条
骂詈 卷第二十一,计八条
诉讼 卷第二十二,计一十二条
受赃 卷第二十三,计一十一条
诈伪 卷第二十四,计一十一条
犯奸 卷第二十五,计一十条
杂犯 卷第二十六,计一十一条
捕亡 卷第二十七,计八条
断狱 卷第二十八,计二十九条

工律

营造 卷第二十九,计九条
河防 卷第三十,计四条

* 大清律总目(康熙四十六年进呈本)

名例律 卷第一,计四十六条

吏律

职制 卷第二,计一十四条
公式 卷第三,计一十四条

户律

户役 卷第四,计一十五条
田宅 卷第五,计一十一条
婚姻 卷第六,计一十七条
仓库 卷第七,计二十三条
课程 卷第八,计一十八条
钱债 卷第九,计三条
市廛 卷第十,计五条

礼律

祭祀 卷第十一,计六条
仪制 卷第十二,计二十条

兵律

宫卫　卷第十三,计十七条

军政　卷第十四,计二十一条

关津　卷第十五,计七条

厩牧　卷第十六,计一十一条

邮驿　卷第十七,计一十六条

刑律

贼盗　卷第十八,计二十八条

人命　卷第十九,计二十条

斗殴　卷第二十,计二十二条

骂詈　卷第二十一,计八条

诉讼　卷第二十二,计一十二条

受赃　卷第二十三,计一十一条

诈伪　卷第二十四,计一十一条

犯奸　卷第二十五,计一十条

杂犯　卷第二十六,计一十一条

捕亡　卷第二十七,计八条

断狱　卷第二十八,计二十九条

工律

营造　卷第二十九,计九条

河防　卷第三十,计四条

大清律集解附例总目(雍正三年)

律目

例分八字之义

六赃图

纳赎诸例图

徒限内老疾收赎图

诬轻为重收赎图

五刑图

狱具图

丧服诸图　计八图

服制

卷一　名例律四十六条　附例一百条

卷二　吏律职制十四条　附例五十二条

卷三　吏律公式十四条　附例十六条

卷四　户律户役十五条　附例二十三条

卷五　户律田宅十一条　附例十五条

卷六　户律婚姻十七条　附例九条

卷七　户律仓库二十三条　附例四十五条

卷八　户律课程十八条　附例二十三条

卷九　户律钱债三条　附例八条

卷十　户律市廛五条　附例十一条

卷十一　礼律祭祀六条　附例十二条

卷十二　礼律仪制二十条　附例三十三条

卷十三　兵律宫卫十六条　附例三条

卷十四　兵律军政二十一条　附例二十条

卷十五　兵律关津七条　附例二十五条

卷十六　兵律厩牧十一条　附例九条

卷十七　兵律邮驿十六条　附例十六条

卷十八　刑律贼盗二十八条　附例一百十六条

卷十九　刑律人命二十条　附例四十八条

卷二十　刑律斗殴二十二条　附例三十一条

卷二十一　刑律骂詈八条　附例三条

卷二十二　刑律诉讼十二条　附例四十四条

卷二十三　刑律受赃十一条　附例十七条

卷二十四　刑律诈伪十一条　附例二十五条

卷二十五　刑律犯奸十条　附例十条

卷二十六　刑律杂犯十一条　附例十四条

卷二十七　刑律捕亡八条　附例十三条

卷二十八　刑律断狱二十九条　附例七十一条

卷二十九　工律营造九条　附例六条

卷三十　工律河防四条　附例六条

附律例总类

附比引律条

大清律例总目(乾隆五年)

大清律例总目(乾隆三十三年)(略)
大清律例总目(乾隆五十五年)(略)

大清律例总目(道光五年)

大清律例总目

卷十　户律婚姻
卷十一　户律仓库上
卷十二　户律仓库下
卷十三　户律课程
卷十四　户律钱债
卷十五　户律市廛
卷十六　礼律祭祀
卷十七　礼律仪制
卷十八　兵律宫卫
卷十九　兵律军政
卷二十　兵律关津
卷二十一　兵律厩牧
卷二十二　兵律邮驿
卷二十三　刑律贼盗上
卷二十四　刑律贼盗中
卷二十五　刑律贼盗下
卷二十六　刑律人命
卷二十七　刑律斗殴上
卷二十八　刑律斗殴下
卷二十九　刑律骂詈
卷三十　刑律诉讼
卷三十一　刑律受赃
卷三十二　刑律诈伪
卷三十三　刑律犯奸
卷三十四　刑律杂犯
卷三十五　刑律捕亡
卷三十六　刑律断狱上
卷三十七　刑律断狱下
卷三十八　工律营造
卷三十九　工律河防

大清律例总目(道光二十七年)(略)

律　目

大清律例目录（顺治三年）

名例律目录　卷第一，共四十八条

吏律目录 共三十一条

职制 卷第二,计一十六条

官员袭荫
大臣专擅选官
文官不许封公侯
滥设官吏
选用军职
信牌
贡举非其人
举用有过官吏
擅离职役
官员赴任过限
无故不朝参公座
擅勾属官
官吏给由
奸党
交结近侍官员
上言大臣德政

公式 卷第三,计一十五条

讲读律令
制书有违
弃毁制书印信 二条
上书奏事犯讳
事应奏而不奏
出使不复命
官文书稽程
照刷文卷
磨勘卷宗
同僚代判署文案
增减官文书
封掌印信
漏使印信
擅用调兵印信

户律目录 共九十五条

户役 卷第四,计一十六条

脱漏户口
人户以籍为定
私创庵院及私度僧道
立嫡子违法
收留迷失子女
隐匿满洲逃亡新旧家人
赋役不均
丁夫差遣不平
隐蔽差役
禁革主保里长
逃避差役
点差狱卒
私役部民夫匠
别籍异财
卑幼私擅用财
收养孤老

田宅 卷第五,计一十一条

欺隐田粮
检踏灾伤田粮
功臣田土
盗卖田宅
任所置买田宅
典买田宅
盗耕种官民田
荒芜田地
弃毁器物稼穑等
擅食田园瓜果

私借官车船

婚姻 卷第六,计一十八条

男女婚姻
典雇妻女
妻妾失序
逐婿嫁女
居丧嫁娶
父母囚禁嫁娶
同姓为婚
尊卑为婚
娶亲属妻妾
娶部民妇女为妻妾
娶逃走妇女
强占良家妻女
娶乐人为妻妾
僧道娶妻
良贱为婚姻
外番色目人婚姻
出妻
嫁娶违律主婚媒人罪

仓库 卷第七,计二十三条

钱法
收粮违限
多收税粮斛面
隐匿费用税粮课物
揽纳税粮
虚出通关朱抄
附余钱粮私下补数
私借钱粮
私借官物
挪移出纳
库秤雇役侵欺
冒支官粮
钱粮互相觉察
仓库不觉被盗
守支钱粮及擅开官封
出纳官物有违
收支留难
起解金银足色
损坏仓库财物
转解官物
拟断赃罚不当
守掌在官财物
隐瞒入官家产

课程 卷第八,计一十九条

盐法 一十二条
监临势要中盐
沮坏盐法
私茶
私矾
匿税
舶商匿货
人户亏兑课程

钱债 卷第九,计三条

违禁取利
费用受寄财产
得遗失物

市廛 卷第十,计五条

私充牙行埠头
市司评物价
把持行市
私造斛斗秤尺

主将不固守
纵军掳掠
不操练军士
激变良民
私卖战马
私卖军器
毁弃军器
私藏应禁军器
纵放军人歇役
公侯私役官军
从征守御官军逃
优恤军属
夜禁

关津 卷第十五，计七条

私越冒渡关津
诈冒给路引
关津留难
递送逃军妻女出城
盘诘奸细
私出外境及违禁下海
私役弓兵

厩牧 卷第十六，计一十一条

牧养畜产不如法
孳生马匹
验畜产不以实
养疗瘦病畜产不如法
乘官畜脊破领穿
官马不调习
宰杀马牛
畜产咬踢人
隐匿孳生官畜产
私借官畜产
公使人等索借马匹

邮驿 卷第十七，计一十八条

递送公文 三条
邀取实封公文
铺舍损坏
私役铺兵
驿使稽程
多乘驿马
多支廪给
文书应给驿而不给
公事应行稽程
占宿驿舍上房
乘驿马赍私物
私役民夫抬轿
病故官家属还乡
承差转雇寄人
乘官畜产车船附私物
私借驿马

刑律目录 共计一百七十条

贼盗 卷第十八，计二十八条

谋反大逆
谋叛
造妖书妖言
盗大祀神御物
盗制书
盗印信
盗内府财物
盗城门钥

佐职统属骂长官
奴婢骂家长
骂尊长
骂祖父母父母
妻妾骂夫期亲尊长
妻妾骂故夫父母

诉讼 卷第二十二,计十二条

越诉
投匿名文书告人罪
告状不受理
听讼回避
诬告
干名犯义
子孙违犯教令
见禁囚不得告举他事
教唆词讼
军民约会词讼
官吏词讼家人诉
诬告充军及迁徙

受赃 卷第二十三,计一十一条

官吏受财
坐赃致罪
事后受财
官吏听许财物
有事以财请求
在官求索借贷人财物
家人求索
风宪官吏犯赃
因公科敛
克留盗赃
私受公侯财物

诈伪 卷第二十四,计一十一条

诈为制书
诈传诏旨
对制上书诈不以实
伪造印信历日等
私铸铜钱
诈假官
诈称内使等官
近侍诈称私行
诈为瑞应
诈病死伤避事
诈教诱人犯法

犯奸 卷第二十五,计一十条

犯奸
纵容妻妾犯奸
亲属相奸
诬执翁奸
奴及雇工人奸家长妻
奸部民妻女
居丧及僧道犯奸
良贱相奸
官吏宿娼
买良为娼

杂犯 卷第二十六,计一十一条

拆毁申明亭
夫匠军士病给医药
赌博
阉割火者
嘱托公事
私和公事
失火
放火故烧人房屋

搬做杂剧
违令
不应为

捕亡 卷第二十七,计八条

应捕人追捕罪人
罪人拒捕
狱囚脱监及反狱在逃
徒流人逃
稽留囚徒
主守不觉失囚
知情藏匿罪人
盗贼捕限

断狱 卷第二十八,计二十九条

囚应禁而不禁
故禁故勘平人
淹禁
凌虐罪囚
与囚金刃解脱
主守教囚反异
狱囚衣粮
功臣应禁亲人入视
死囚令人自杀
老幼不拷讯
鞫狱停囚待对
依告状鞫狱
原告人事毕不放回
狱囚诬指平人
官司出入人罪
辩明冤枉
有司决囚等第
检验尸伤不以实
决罚不如法
长官使人有犯
断罪引律令
狱囚取服辩
赦前断罪不当
闻有恩赦而故犯
徒囚不应役
妇人犯罪
死囚复奏待报
断罪不当
吏典代写招草

工律目录 共计一十三条

营造 卷第二十九,计九条

擅造作
虚费工力采取不堪用
造作不如法
冒破物料
带造缎匹
织造违禁龙凤文缎匹
造作过限
修理仓库
有司官吏不住公廨

河防 卷第三十,计四条

盗决河防
失时不修堤防
侵占街道
修理桥梁道路

以上通计四百五十九条。

大清律例目录（康熙九年）

文官不许封公侯
滥设官吏
选用军职
信牌
贡举非其人
举用有过官吏
擅离职役
官员赴任过限
无故不朝参公座
擅勾属官
官吏给由
奸党
交结近侍官员
上言大臣德政

公式 卷第三，计一十五条

讲读律令
制书有违
弃毁制书印信 二条
上书奏事犯讳
事应奏而不奏
出使不复命
官文书稽程
照刷文卷
磨勘卷宗
同僚代判署文案
增减官文书
封掌印信
漏使印信
擅用调兵印信

户律目录 共九十四条

户役 卷第四，计一十五条

脱漏户口
人户以籍为定
私创庵院及私度僧道
立嫡子违法
收留迷失子女
赋役不均
丁夫差遣不平
隐蔽差役
禁革主保里长
逃避差役
点差狱卒
私役部民夫匠
别籍异财
卑幼私擅用财
收养孤老

田宅 卷第五，计一十一条

欺隐田粮
检踏灾伤田粮
功臣田土
盗卖田宅
任所置买田宅
典买田宅
盗耕种官民田
荒芜田地
弃毁器物稼穑等
擅食田园瓜果
私借官车船

婚姻 卷第六，计一十八条

男女婚姻
典雇妻女

妻妾失序
逐婿嫁女
居丧嫁娶
父母囚禁嫁娶
同姓为婚
尊卑为婚
娶亲属妻妾
娶部民妇女为妻妾
娶逃走妇女
强占良家妻女
娶乐人为妻妾
僧道娶妻
良贱为婚姻
外番色目人婚姻
出妻
嫁娶违律主婚媒人罪

仓库 卷第七,计二十三条

钱法
收粮违限
多收税粮斛面
隐匿费用税粮课物
揽纳税粮
虚出通关朱抄
附余钱粮私下补数
私借钱粮
私借官物
挪移出纳
库秤雇役侵欺
冒支官粮
钱粮互相觉察
仓库不觉被盗
守支钱粮及擅开官封
出纳官物有违
收支留难
起解金银足色
损坏仓库财物
转解官物
拟断赃罚不当
守掌在官财物
隐瞒入官家产

课程 卷第八,计一十九条

盐法 一十二条
监临势要中盐
沮坏盐法
私茶
私矾
匿税
舶商匿货
人户亏兑课程

钱债 卷第九,计三条

违禁取利
费用受寄财产
得遗失物

市廛 卷第十,计五条

私充牙行埠头
市司评物价
把持行市
私造斛斗秤尺
器用布绢不如法

礼律目录　共二十六条

祭祀　卷第十一，计六条

祭享
毁大祀丘坛
致祭祀典神祇
历代帝王陵寝
亵渎神明
禁止师巫邪术

仪制　卷第十二，计二十条

合和御药
乘舆服御物
收藏禁书及私习天文
御赐衣物
失误朝贺
失仪
奏对失序
朝见留难
上书陈言
见任官辄自立碑
禁止迎送
公差人员欺凌长官
服舍违式
僧道拜父母
失占天象
术士妄言祸福
匿父母夫丧
弃亲之任
丧葬
乡饮酒礼

兵律目录　共七十六条

宫卫　卷第十三，计一十九条

太庙门擅入
宫殿门擅入
宿卫守卫人私自代替
从驾稽违
直行御道
内府工作人匠替役
宫殿造作罢不出
辄出入宫殿门
关防内使出入
向宫殿射箭
宿卫人兵仗
禁经断人充宿卫
冲突仪仗　三条
行宫营门
越城
门禁锁钥
悬带关防牌面

军政　卷第十四，计二十一条

擅调官军
申报军务
飞报军情
漏泄军情大事
边境申索军需
失误军事
从征违期
军人替役
主将不固守
纵军掳掠
不操练军士
激变良民

私卖战马
私卖军器
毁弃军器
私藏应禁军器
纵放军人歇役
公侯私役官军
从征守御官军逃
优恤军属
夜禁

关津　卷第十五，计七条

私越冒渡关津
诈冒给路引
关津留难
递送逃军妻女出城
盘诘奸细
私出外境及违禁下海
私役弓兵

厩牧　卷第十六，计一十一条

牧养畜产不如法
孳生马匹
验畜产不以实
养疗瘦病畜产不如法
乘官畜脊破领穿
官马不调习
宰杀马牛
畜产咬踢人
隐匿孳生官畜产
私借官畜产
公使人等索借马匹

邮驿　卷第十七，计一十八条

递送公文　三条
邀取实封公文
铺舍损坏
私役铺兵
驿使稽程
多乘驿马
多支廪给
文书应给驿而不给
公事应行稽程
占宿驿舍上房
乘驿马赍私物
私役民夫抬轿
病故官家属还乡
承差转雇寄人
乘官畜产车船附私物
私借驿马

刑律目录　共计一百七十条

贼盗　卷第十八，计二十八条

谋反大逆
谋叛
造妖书妖言
盗大祀神御物
盗制书
盗印信
盗内府财物
盗城门钥
盗军器
盗园陵树木
监守自盗仓库钱粮
常人盗仓库钱粮

强盗
劫囚
白昼抢夺
窃盗
盗马牛畜产
盗田野谷麦
亲属相盗
恐吓取财
诈欺官私取财
略人略卖人
发冢
夜无故入人家
盗贼窝主
共谋为盗
公取窃取皆为盗
起除刺字

人命 卷第十九,计二十条

谋杀人
谋杀制使及本管长官
谋杀祖父母父母
杀死奸夫
谋杀故夫父母
杀一家三人
采生折割人
造畜蛊毒杀人
斗殴及故杀人
屏去人服食
戏杀误杀过失杀伤人
夫殴死有罪妻妾
杀子孙及奴婢图赖人
弓箭伤人
车马杀伤人
庸医杀伤人
窝弓杀伤人
威逼人致死
尊长为人杀私和
同行知有谋害

斗殴 卷第二十,计二十二条

斗殴
保辜限期
宫内忿争
皇家袒免以上亲被殴
殴制使及本管长官
佐职统属殴长官
上司官与统属官相殴
九品以上官殴长官
拒殴追摄人
殴受业师
威力制缚人
良贱相殴
奴婢殴家长
妻妾殴夫
同姓亲属相殴
殴大功以下尊长
殴期亲尊长
殴祖父母父母
妻妾与夫亲属相殴
殴妻前夫之子
妻妾殴故夫父母
父祖被殴

骂詈 卷第二十一,计八条

骂人
骂制使及本管长官
佐职统属骂长官
奴婢骂家长
骂尊长
骂祖父母父母

妻妾骂夫期亲尊长
妻妾骂故夫父母

诉讼 卷第二十二，计十二条

越诉
投匿名文书告人罪
告状不受理
听讼回避
诬告
干名犯义
子孙违犯教令
见禁囚不得告举他事
教唆词讼
军民约会词讼
官吏词讼家人诉
诬告充军及迁徙

受赃 卷第二十三，计一十一条

官吏受财
坐赃致罪
事后受财
官吏听许财物
有事以财请求
在官求索借贷人财物
家人求索
风宪官吏犯赃
因公科敛
克留盗赃
私受公侯财物

诈伪 卷第二十四，计一十一条

诈为制书
诈传诏旨
对制上书诈不以实
伪造印信历日等
私铸铜钱
诈假官
诈称内使等官
近侍诈称私行
诈为瑞应
诈病死伤避事
诈教诱人犯法

犯奸 卷第二十五，计一十条

犯奸
纵容妻妾犯奸
亲属相奸
诬执翁奸
奴及雇工人奸家长妻
奸部民妻女
居丧及僧道犯奸
良贱相奸
官吏宿娼
买良为娼

杂犯 卷第二十六，计一十一条

拆毁申明亭
夫匠军士病给医药
赌博
阉割火者
嘱托公事
私和公事
失火
放火故烧人房屋
搬做杂剧
违令
不应为

捕亡 卷第二十七,计八条

应捕人追捕罪人
罪人拒捕
狱囚脱监及反狱在逃
徒流人逃
稽留囚徒
主守不觉失囚
知情藏匿罪人
盗贼捕限

断狱 卷第二十八,计二十九条

囚应禁而不禁
故禁故勘平人
淹禁
凌虐罪囚
与囚金刃解脱
主守教囚反异
狱囚衣粮
功臣应禁亲人入视
死囚令人自杀
老幼不拷讯
鞫狱停囚待对
依告状鞫狱
原告人事毕不放回
狱囚诬指平人
官司出入人罪
辩明冤枉
有司决囚等第
检验尸伤不以实
决罚不如法
长官使人有犯
断罪引律令
狱囚取服辩
赦前断罪不当
闻有恩赦而故犯
徒囚不应役
妇人犯罪
死囚复奏待报
断罪不当
吏典代写招草

工律目录 共计一十三条

营造 卷第二十九,计九条

擅造作
虚费工力采取不堪用
造作不如法
冒破物料
带造缎匹
织造违禁龙凤文缎匹
造作过限
修理仓库
有司官吏不住公廨

河防 卷第三十,计四条

盗决河防
失时不修堤防
侵占街道
修理桥梁道路

以上通计四百五十八条。

*大清律例目录(康熙四十六年进呈本)

名例律目录 卷第一,计四十六条

吏律目录 共二十八条

职制 卷第二,计一十四条

举用有过官吏
擅勾属官
擅离职役
奸党
官员赴任过限
交结近侍官员
无故不朝参公座
上言大臣德政

公式 卷第三,计一十四条

讲读律令
照刷文卷
制书有违
磨勘卷宗
弃毁制书印信
同僚代判署文案
上书奏事犯讳
增减官文书
事应奏而不奏
封掌印信
出使不复命
漏使印信
官文书稽程
擅用调兵印信

户律目录 共九十二条

户役 卷第四,计一十五条

脱漏户口
禁革主保里长
人户以籍为定
逃避差役
私创庵院及私度僧道
点差狱卒
立嫡子违法
私役部民夫匠
收留迷失子女
别籍异财
赋役不均
卑幼私擅用财
丁夫差遣不平
收养孤老
隐蔽差役

田宅 卷第五,计一十一条

欺隐田粮
盗耕种官民田
检踏灾伤田粮
荒芜田地
功臣田土
弃毁器物稼穑等
盗卖田宅
擅食田园瓜果
任所置买田宅
私借官车船
典买田宅

婚姻 卷第六,计一十七条

男女婚姻
居丧嫁娶
典雇妻女
父母囚禁嫁娶
妻妾失序
同姓为婚
逐婿嫁女
尊卑为婚

娶亲属妻妾
娶部民妇女为妻妾
娶逃走妇女
强占良家妻女
娶乐人为妻妾
僧道娶妻
良贱为婚姻
出妻
嫁娶违律主婚媒人罪

仓库　卷第七，计二十三条

钱法
收粮违限
多收税粮斛面
隐匿费用税粮课物
揽纳税粮
虚出通关朱抄
附余钱粮私下补数
私借钱粮
私借官物
挪移出纳
库秤雇役侵欺
冒支官粮
钱粮互相觉察
仓库不觉被盗
守支钱粮及擅开官封
出纳官物有违
收支留难
起解金银足色
损坏仓库财物
转解官物
拟断赃罚不当
守掌在官财物
隐瞒入官家产

课程　卷第八，计一十八条

盐法　一十一条
监临势要中盐
阻坏盐法
私茶
私矾
匿税
舶商匿货
人户亏兑课程

钱债　卷第九，计三条

违禁取利
费用受寄财产
得遗失物

市廛　卷第十，计五条

私充牙行埠头
市司评物价
把持行市
私造斛斗秤尺
器用布绢不如法

礼律目录　共二十六条

祭祀　卷第十一，计六条

祭享
毁大祀丘坛
致祭祀典神祇
历代帝王陵寝

兵律目录 共七十二条

夜禁

关津 卷第十五，计七条

私越冒渡关津
诈冒给路引
关津留难
递送逃军妻女出城
盘诘奸细
私出外境及违禁下海
私役弓兵

厩牧 卷第十六，计一十一条

牧养畜产不如法
孳生马匹
验畜产不以实
养疗瘦病畜产不如法
乘官畜脊破领穿
官马不调习
宰杀马牛
畜产咬踢人
隐匿孳生官畜产
私借官畜产
公使人等索借马匹

邮驿 卷第十七，计一十六条

递送公文
邀取实封公文
铺舍损坏
私役铺兵
驿使稽程
多乘驿马
多支廪给
文书应给驿而不给
公事应行稽程
占宿驿舍上房
乘驿马赍私物
私役民夫抬轿
病故官家属还乡
承差转雇寄人
乘官畜产车船附私物
私借驿马

刑律目录 共一百七十条

贼盗 卷第十八，计二十八条

谋反大逆
谋叛
造妖书妖言
盗大祀神御物
盗制书
盗印信
盗内府财物
盗城门钥
盗军器
盗园陵树木
监守自盗仓库钱粮
常人盗仓库钱粮
强盗
劫囚
白昼抢夺
窃盗
盗马牛畜产
盗田野谷麦

亲属相盗
恐吓取财
诈欺官私取财
略人略卖人
发冢
夜无故入人家
盗贼窝主
共谋为盗
公取窃取皆为盗
起除刺字

人命 卷第十九,计二十条

谋杀人
谋杀制使及本管长官
谋杀祖父母父母
杀死奸夫
谋杀故夫父母
杀一家三人
采生折割人
造畜蛊毒杀人
斗殴及故杀人
屏去人服食
戏杀误杀过失杀伤人
夫殴死有罪妻妾
杀子孙及奴婢图赖人
弓箭伤人
车马杀伤人
庸医杀伤人
窝弓杀伤人
威逼人致死
尊长为人杀私和
同行知有谋害

斗殴 卷第二十,计二十二条

斗殴
保辜限期
宫内忿争
皇家袒免亲被殴
殴制使及本管长官
佐职统属殴长官
上司官与统属官相殴
九品以上官殴长官
拒殴追摄人
殴受业师
威力制缚人
良贱相殴
奴婢殴家长
妻妾殴夫
同姓亲属相殴
殴大功以下尊长
殴期亲尊长
殴祖父母父母
妻妾与夫亲属相殴
殴妻前夫之子
妻妾殴故夫父母
父祖被殴

骂詈 卷第二十一,计八条

骂人
骂制使及本管长官
佐职统属骂长官
奴婢骂家长
骂尊长
骂祖父母父母
妻妾骂夫期亲尊长
妻妾骂故夫父母

诉讼 卷第二十二,计一十二条

越诉
投匿名文书告人罪

告状不受理
见禁囚不得告举他事
听讼回避
教唆词讼
诬告
军民约会词讼
干名犯义
官吏词讼家人诉
子孙违犯教令
诬告充军及迁徙

受赃　卷第二十三，计一十一条

官吏受财
家人求索
坐赃致罪
风宪官吏犯赃
事后受财
因公科敛
官吏听许财物
克留盗赃
有事以财请求
私受公侯财物
在官求索借贷人财物

诈伪　卷第二十四，计一十一条

诈为制书
诈称内使等官
诈传诏旨
近侍诈称私行
对制上书诈不以实
诈为瑞应
伪造印信历日等
诈病死伤避事
私铸铜钱
诈教诱人犯法
诈假官

犯奸　卷第二十五，计一十条

犯奸
奸部民妻女
纵容妻妾犯奸
居丧及僧道犯奸
亲属相奸
良贱相奸
诬执翁奸
官吏宿娼
奴及雇工人奸家长妻
买良为娼

杂犯　卷第二十六，计一十一条

拆毁申明亭
失火
夫匠军士病给医药
放火故烧人房屋
赌博
搬做杂剧
阉割火者
违令
嘱托公事
不应为
私和公事

捕亡　卷第二十七，计八条

应捕人追捕罪人
狱囚脱监及反狱在逃
罪人拒捕
徒流人逃

以上通计四百四十七条。

大清律集解附例目录（雍正三年）

名例律目录　卷第一，计四十六条，附例一百条

吏律目录　共二十八条，附例六十八条

职制　卷第二，计一十四条

举用有过官吏
擅离职役
官员赴任过限
无故不朝参公座
擅勾属官
奸党
交结近侍官员
上言大臣德政

公式 卷第三，计一十四条

讲读律令
制书有违
弃毁制书印信
上书奏事犯讳
事应奏而不奏
出使不复命
官文书稽程
照刷文卷
磨勘卷宗
同僚代判署文案
增减官文书
封掌印信
漏使印信
擅用调兵印信

户律目录 共九十二条，附例一百三十四条

户役 卷第四，计一十五条

脱漏户口
人户以籍为定
私创庵院及私度僧道
立嫡子违法
收留迷失子女
赋役不均
丁夫差遣不平
隐蔽差役
禁革主保里长
逃避差役
点差狱卒
私役部民夫匠
别籍异财
卑幼私擅用财
收养孤老

田宅 卷第五，计一十一条

欺隐田粮
检踏灾伤田粮
功臣田土
盗卖田宅
任所置买田宅
典买田宅
盗耕种官民田
荒芜田地
弃毁器物稼穑等
擅食田园瓜果
私借官车船

婚姻 卷第六，计一十七条

男女婚姻
典雇妻女
妻妾失序
逐婿嫁女
居丧嫁娶
父母囚禁嫁娶
同姓为婚
尊卑为婚

娶亲属妻妾
娶部民妇女为妻妾
娶逃走妇女
强占良家妻女
娶乐人为妻妾
僧道娶妻
良贱为婚姻
出妻
嫁娶违律主婚媒人罪

仓库　卷第七，计二十三条

钱法
收粮违限
多收税粮斛面
隐匿费用税粮课物
揽纳税粮
虚出通关朱抄
附余钱粮私下补数
私借钱粮
私借官物
挪移出纳
库秤雇役侵欺
冒支官粮
钱粮互相觉察
仓库不觉被盗
守支钱粮及擅开官封
出纳官物有违
收支留难
起解金银足色
损坏仓库财物
转解官物
拟断赃罚不当
守掌在官财物
隐瞒入官家产

课程　卷第八，计一十八条

盐法　一十一条
监临势要中盐
阻坏盐法
私茶
私矾
匿税
舶商匿货
人户亏兑课程

钱债　卷第九，计三条

违禁取利
费用受寄财产
得遗失物

市廛　卷第十，计五条

私充牙行埠头
市司评物价
把持行市
私造斛斗秤尺
器用布绢不如法

礼律目录　共二十六条，附例四十五条

祭祀　卷第十一，计六条

祭享
毁大祀丘坛
致祭祀典神祇
历代帝王陵寝

亵渎神明

禁止师巫邪术

仪制 卷第十二,计二十条

合和御药

乘舆服御物

收藏禁书

御赐衣物

失误朝贺

失仪

奏对失序

朝见留难

上书陈言

见任官辄自立碑

禁止迎送

公差人员欺凌长官

服舍违式

僧道拜父母

失占天象

术士妄言祸福

匿父母夫丧

弃亲之任

丧葬

乡饮酒礼

兵律目录 共七十一条,附例七十三条

宫卫 卷第十三,计一十六条

太庙门擅入

宫殿门擅入

宿卫守卫人私自代替

从驾稽违

直行御道

内府工作人匠替役

宫殿造作罢不出

辄出入宫殿门

关防内使出入

向宫殿射箭

宿卫人兵仗

禁经断人充宿卫

冲突仪仗

行宫营门

越城

门禁锁钥

军政 卷第十四,计二十一条

擅调官军

申报军务

飞报军情

漏泄军情大事

边境申索军需

失误军事

从征违期

军人替役

主将不固守

纵军掳掠

不操练军士

激变良民

私卖战马

私卖军器

毁弃军器

私藏应禁军器

纵放军人歇役

公侯私役官军

从征守御官军逃

优恤军属

夜禁

刑律目录 共一百七十条,附例三百九十二条

发冢
夜无故入人家
盗贼窝主
共谋为盗
公取窃取皆为盗
起除刺字

人命 卷第十九,计二十条

谋杀人
谋杀制使及本管长官
谋杀祖父母父母
杀死奸夫
谋杀故夫父母
杀一家三人
采生折割人
造畜蛊毒杀人
斗殴及故杀人
屏去人服食
戏杀误杀过失杀伤人
夫殴死有罪妻妾
杀子孙及奴婢图赖人
弓箭伤人
车马杀伤人
庸医杀伤人
窝弓杀伤人
威逼人致死
尊长为人杀私和
同行知有谋害

斗殴 卷第二十,计二十二条

斗殴
保辜限期
宫内忿争
皇家袒免以上亲被殴
殴制使及本管长官
佐职统属殴长官
上司官与统属官相殴
九品以上官殴长官
拒殴追摄人
殴受业师
威力制缚人
良贱相殴
奴婢殴家长
妻妾殴夫
同姓亲属相殴
殴大功以下尊长
殴期亲尊长
殴祖父母父母
妻妾与夫亲属相殴
殴妻前夫之子
妻妾殴故夫父母
父祖被殴

骂詈 卷第二十一,计八条

骂人
骂制使及本管长官
佐职统属骂长官
奴婢骂家长
骂尊长
骂祖父母父母
妻妾骂夫期亲尊长
妻妾骂故夫父母

诉讼 卷第二十二,计一十二条

越诉
投匿名文书告人罪
告状不受理
听讼回避
诬告
干名犯义

子孙违犯教令
见禁囚不得告举他事
教唆词讼
军民约会词讼
官吏词讼家人诉
诬告充军及迁徙

受赃　卷第二十三，计一十一条

官吏受财
坐赃致罪
事后受财
官吏听许财物
有事以财请求
在官求索借贷人财物
家人求索
风宪官吏犯赃
因公科敛
克留盗赃
私受公侯财物

诈伪　卷第二十四，计一十一条

诈为制书
诈传诏旨
对制上书诈不以实
伪造印信历日等
私铸铜钱
诈假官
诈称内使等官
近侍诈称私行
诈为瑞应
诈病死伤避事
诈教诱人犯法

犯奸　卷第二十五，计一十条

犯奸
纵容妻妾犯奸
亲属相奸
诬执翁奸
奴及雇工人奸家长妻
奸部民妻女
居丧及僧道犯奸
良贱相奸
官吏宿娼
买良为娼

杂犯　卷第二十六，计一十一条

拆毁申明亭
夫匠军士病给医药
赌博
阉割火者
嘱托公事
私和公事
失火
放火故烧人房屋
搬做杂剧
违令
不应为

捕亡　卷第二十七，计八条

应捕人追捕罪人
罪人拒捕
狱囚脱监及反狱在逃
徒流人逃
稽留囚徒
主守不觉失囚
知情藏匿罪人
盗贼捕限

断狱 卷第二十八,计二十九条

工律目录 共一十三条,附例十二条

营造 卷第二十九,计九条

河防 卷第三十,计四条

以上通计四百四十六条,附例共计八百二十四条。

大清律例律目（乾隆五年）

大清律例卷一

名例律目录 共四十六条，附例一百二十二条

五刑
十恶
八议
应议者犯罪
应议者之父祖有犯
职官有犯
文武官犯公罪
文武官犯私罪
犯罪免发遣
军籍有犯
犯罪得累减
以理去官
无官犯罪
除名当差
流囚家属
常赦所不原
徒流人在道会赦
犯罪存留养亲
天文生有犯
工乐户及妇人犯罪
徒流人又犯罪
老小废疾收赎
犯罪时未老疾
给没赃物
犯罪自首
二罪俱发以重论
犯罪共逃
同僚犯公罪
公事失错
共犯罪分首从
犯罪事发在逃
亲属相为容隐
处决叛军
化外人有犯
本条别有罪名
加减罪例
称乘舆车驾
称期亲祖父母
称与同罪
称监临主守
称日者以百刻
称道士女冠
断罪依新颁律
断罪无正条
徒流迁徙地方
充军地方

吏律目录 共二十八条，附例五十七条

职制 计一十四条

官员袭荫
大臣专擅选官
文官不许封公侯
滥设官吏

信牌
贡举非其人
举用有过官吏
擅离职役
官员赴任过限
无故不朝参公座
擅勾属官
奸党
交结近侍官员
上言大臣德政

公式 计一十四条

讲读律令
制书有违
弃毁制书印信
上书奏事犯讳
事应奏而不奏
出使不复命
官文书稽程
照刷文卷
磨勘卷宗
同僚代判署文案
增减官文书
封掌印信
漏使印信
擅用调兵印信

户律目录 共八十二条，附例二百条

户役 计一十五条

脱漏户口
人户以籍为定
私创庵院及私度僧道
立嫡子违法
收留迷失子女
赋役不均
丁夫差遣不平
隐蔽差役
禁革主保里长
逃避差役
点差狱卒
私役部民夫匠
别籍异财
卑幼私擅用财
收养孤老

田宅 计一十一条

欺隐田粮
检踏灾伤田粮
功臣田土
盗卖田宅
任所置买田宅
典买田宅
盗耕种官民田
荒芜田地
弃毁器物稼穑等
擅食田园瓜果
私借官车船

婚姻 计一十七条

男女婚姻
典雇妻女
妻妾失序
逐婿嫁女
居丧嫁娶
父母囚禁嫁娶

同姓为婚
尊卑为婚
娶亲属妻妾
娶部民妇女为妻妾
娶逃走妇女
强占良家妻女
娶乐人为妻妾
僧道娶妻
良贱为婚姻
出妻
嫁娶违律主婚媒人罪

仓库 计二十三条

钱法
收粮违限
多收税粮斛面
隐匿费用税粮课物
揽纳税粮
虚出通关朱抄
附余钱粮私下补数
私借钱粮
私借官物
挪移出纳
库秤雇役侵欺
冒支官粮
钱粮互相觉察
仓库不觉被盗
守支钱粮及擅开官封
出纳官物有违
收支留难
起解金银足色
损坏仓库财物
转解官物
拟断赃罚不当
守掌在官财物
隐瞒入官家产

课程 计八条

盐法
监临势要中盐
阻坏盐法
私茶
私矾
匿税
舶商匿货
人户亏兑课程

钱债 计三条

违禁取利
费用受寄财产
得遗失物

市廛 计五条

私充牙行埠头
市司评物价
把持行市
私造斛斗秤尺
器用布绢不如法

礼律目录 共二十六条，附例四十九条

祭祀 计六条

祭享
毁大祀丘坛

致祭祀典神祇
亵渎神明
历代帝王陵寝
禁止师巫邪术

仪制 计二十条

合和御药
禁止迎送
乘舆服御物
公差人员欺凌长官
收藏禁书
服舍违式
御赐衣物
僧道拜父母
失误朝贺
失占天象
失仪
术士妄言祸福
奏对失序
匿父母夫丧
朝见留难
弃亲之任
上书陈言
丧葬
见任官辄自立碑
乡饮酒礼

兵律目录 共七十一条,附例九十九条

宫卫 计一十六条

太庙门擅入
关防内使出入
宫殿门擅入
向宫殿射箭
宿卫守卫人私自代替
宿卫人兵仗
从驾稽违
禁经断人充宿卫
直行御道
冲突仪仗
内府工作人匠替役
行宫营门
宫殿造作罢不出
越城
辄出入宫殿门
门禁锁钥

军政 计二十一条

擅调官军
不操练军士
申报军务
激变良民
飞报军情
私卖战马
漏泄军情大事
私卖军器
边境申索军需
毁弃军器
失误军事
私藏应禁军器
从征违期
纵放军人歇役
军人替役
公侯私役官军
主将不固守
从征守御官军逃
纵军掳掠
优恤军属

夜禁

关津 计七条

私越冒渡关津
诈冒给路引
关津留难
递送逃军妻女出城
盘诘奸细
私出外境及违禁下海
私役弓兵

厩牧 计一十一条

牧养畜产不如法
孳生马匹
验畜产不以实
养疗瘦病畜产不如法
乘官畜脊破领穿
官马不调习
宰杀马牛
畜产咬踢人
隐匿孳生官畜产
私借官畜产
公使人等索借马匹

邮驿 计一十六条

递送公文
邀取实封公文
铺舍损坏
私役铺兵
驿使稽程
多乘驿马
多支廪给
文书应给驿而不给
公事应行稽程
占宿驿舍上房
乘驿马赍私物
私役民夫抬轿
病故官家属还乡
承差转雇寄人
乘官畜产车船附私物
私借驿马

刑律目录 共一百七十条，附例四百九十八条

贼盗 计二十八条

谋反大逆
谋叛
造妖书妖言
盗大祀神御物
盗制书
盗印信
盗内府财物
盗城门钥
盗军器
盗园陵树木
监守自盗仓库钱粮
常人盗仓库钱粮
强盗
劫囚
白昼抢夺
窃盗
盗马牛畜产
盗田野谷麦
亲属相盗
恐吓取财

诈欺官私取财
略人略卖人
发冢
夜无故入人家
盗贼窝主
共谋为盗
公取窃取皆为盗
起除刺字

人命 计二十条

谋杀人
谋杀制使及本管长官
谋杀祖父母父母
杀死奸夫
谋杀故夫父母
杀一家三人
采生折割人
造畜蛊毒杀人
斗殴及故杀人
屏去人服食
戏杀误杀过失杀伤人
夫殴死有罪妻妾
杀子孙及奴婢图赖人
弓箭伤人
车马杀伤人
庸医杀伤人
窝弓杀伤人
威逼人致死
尊长为人杀私和
同行知有谋害

斗殴 计二十二条

斗殴
保辜限期
宫内忿争
皇家袒免以上亲被殴
殴制使及本管长官
佐职统属殴长官
上司官与统属官相殴
九品以上官殴长官
拒殴追摄人
殴受业师
威力制缚人
良贱相殴
奴婢殴家长
妻妾殴夫
同姓亲属相殴
殴大功以下尊长
殴期亲尊长
殴祖父母父母
妻妾与夫亲属相殴
殴妻前夫之子
妻妾殴故夫父母
父祖被殴

骂詈 计八条

骂人
骂制使及本管长官
佐职统属骂长官
奴婢骂家长
骂尊长
骂祖父母父母
妻妾骂夫期亲尊长
妻妾骂故夫父母

诉讼 计一十二条

越诉
投匿名文书告人罪
告状不受理
听讼回避

诬告
干名犯义
子孙违犯教令
见禁囚不得告举他事
教唆词讼
军民约会词讼
官吏词讼家人诉
诬告充军及迁徙

受赃　计一十一条

官吏受财
坐赃致罪
事后受财
官吏听许财物
有事以财请求
在官求索借贷人财物
家人求索
风宪官吏犯赃
因公科敛
克留盗赃
私受公侯财物

诈伪　计一十一条

诈为制书
诈传诏旨
对制上书诈不以实
伪造印信历日等
私铸铜钱
诈假官
诈称内使等官
近侍诈称私行
诈为瑞应
诈病死伤避事
诈教诱人犯法

犯奸　计一十条

犯奸
纵容妻妾犯奸
亲属相奸
诬执翁奸
奴及雇工人奸家长妻
奸部民妻女
居丧及僧道犯奸
良贱相奸
官吏宿娼
买良为娼

杂犯　计一十一条

拆毁申明亭
夫匠军士病给医药
赌博
阉割火者
嘱托公事
私和公事
失火
放火故烧人房屋
搬做杂剧
违令
不应为

捕亡　计八条

应捕人追捕罪人
罪人拒捕
狱囚脱监及反狱在逃
徒流人逃
稽留囚徒
主守不觉失囚

知情藏匿罪人
盗贼捕限

断狱 计二十九条

囚应禁而不禁
故禁故勘平人
淹禁
凌虐罪囚
与囚金刃解脱
主守教囚反异
狱囚衣粮
功臣应禁亲人入视
死囚令人自杀
老幼不拷讯
鞫狱停囚待对
依告状鞫狱
原告人事毕不放回
狱囚诬指平人
官司出入人罪
辩明冤枉
有司决囚等第
检验尸伤不以实
决罚不如法
长官使人有犯
断罪引律令
狱囚取服辩
赦前断罪不当
闻有恩赦而故犯
徒囚不应役
妇人犯罪
死囚复奏待报
断罪不当
吏典代写招草

工律目录 共一十三条,附例二十四条

营造 计九条

擅造作
虚费工力采取不堪用
造作不如法
冒破物料
带造缎匹
织造违禁龙凤文缎匹
造作过限
修理仓库
有司官吏不住公廨

河防 计四条

盗决河防
失时不修堤防
侵占街道
修理桥梁道路

以上通计四百三十六条,附例共计一千零四十九年条。

大清律例律目（乾隆三十三年）[1]

名例律目录 共四十六条，附例一百八十四条

吏律目录 共二十八条，附例七十条

户律目录 共八十二条，附例二百四十六条

礼律目录 共二十六条，附例五十一条

兵律目录 共七十一条，附例一百二十二条

刑律目录 共一百七十条，附例七百五十五条

工律目录 共一十三条，附例二十八条

以上通计四百三十六条，附例共计一千四百五十六条。

大清律例律目（乾隆五十五年）[2]

名例律目录 共四十六条

吏律目录 共二十八条

户律目录 共八十二条

礼律目录 共二十六条

兵律目录 共七十一条

刑律目录 共一百七十条

工律目录 共一十三条

以上通计四百三十六条，附例共计一千五百七十三条。

---

① 乾隆三十三年(1768)《大清律例》卷一“律目”，所著录律文条数、次序与乾隆五年(1740)《大清律例》同，律目除“刑律·斗殴”章下“皇家袒免以上亲被殴”改为“宗室觉罗以上亲被殴”［乾隆五十五年(1790)、嘉庆七年(1802)、道光五年(1825)、道光二十七年(1847)各版本仍之］外，皆与乾隆五年《大清律例》同，故各编之下，不载著录，以省繁冗。

② 自乾隆五十五年(1790)《大清律例》始，卷一“律目”各编名之下，不载附例数目。

大清律例律目(嘉庆七年)

名例律目录 共四十六条
吏律目录 共二十八条
户律目录 共八十二条
礼律目录 共二十六条
兵律目录 共七十一条
刑律目录 共一百七十条
工律目录 共一十三条

以上通计四百三十六条,附例共计一千六百四条。

大清律例律目(道光五年)

名例律目录 共四十六条
吏律目录 共二十八条
户律目录 共八十二条
礼律目录 共二十六条
兵律目录 共七十一条
刑律目录 共一百七十条
工律目录 共一十三条

以上通计四百三十六条,附例共计一千七百六十六条。

大清律例律目(道光二十七年)

名例律目录 共四十六条
吏律目录 共二十八条

户律目录 共八十二条
礼律目录 共二十六条
兵律目录 共七十一条
刑律目录 共一百七十条
工律目录 共一十三条

以上通计四百三十六条,附例共计一千八百五十三条。

例分八字之义

【1646】例分八字之义

例分八字之义	以	“以”者，与真犯同。谓如监守贸易官物，无异真盗，故“以枉法论”“以盗论”，并除名、刺字，罪至斩、绞，并全科
	准	“准”者，与真犯有间矣。谓如“准枉法”“准盗论”，但准其罪，不在除名、刺字之例，罪止杖一百、流三千里
	皆	“皆”者，不分首从，一等科罪。谓如“监临、主守、职役同情盗所监守官物，并赃满数，皆斩”之类
	各	“各”者，彼此同科此罪。谓如“诸色人匠，拨赴内府工作，若不亲自应役，雇人冒名私自代替，及替之人，各杖一百”之类
	其	“其”者，变于先意。谓如“论八议罪犯，先奏请议。其犯十恶，不用此律”之类
	及	“及”者，事情连后。谓如“彼此俱罪之赃及应禁之物则没官”之类
	即	“即”者，意尽而复明。谓如“犯罪事发在逃者，众证明白，即同狱成”之类
	若	“若”者，文虽殊而会上意。谓如“犯罪未老疾，事发时老疾，以老疾论。若在徒年限内老疾者，亦如之”之类

【1670】例分八字之义（略）

*【1707】例分八字之义（略）

此服制图拟存。

【1725】例分八字之义

例分八字之义	以	“以”者，与实犯同。谓如监守贸易官物，无异真盗，故“以枉法论”“以盗论”，并除名、刺字，罪至斩、绞，并全科
	准	“准”者，与实犯有间矣。谓如“准枉法”“准盗论”，但准其罪，不在除名、刺字之例，罪止杖一百、流三千里
	皆	“皆”者，不分首从，一等科罪。谓如“监临、主守、职役同情盗所监守官物，并赃满数，皆斩”之类
	各	“各”者，彼此同科此罪。谓如“诸色人匠，拨赴内府工作，若不亲自应役，雇人冒名私自代替，及替之人，各杖一百”之类
	其	“其”者，变于先意。谓如“论八议罪犯，先奏请议。其犯十恶，不用此律”之类

续表

	及	“及”者,事情连后。谓如“彼此俱罪之赃及应禁之物则没官”之类
	即	“即”者,意尽而复明。谓如“犯罪事发在逃者,众证明白,即同狱成”之类
	若	“若”者,文虽殊而会上意。谓如“犯罪未老疾,事发时老疾,以老疾论。若在徒年限内老疾者,亦如之”之类

【1740】例分八字之义(略)

【1768】例分八字之义(略)

【1790】例分八字之义(略)

【1802】例分八字之义(略)

【1825】例分八字之义(略)

【1847】例分八字之义(略)①

① 道光二十七年(1847)"例分八字之义"附于"凡例"之后。

诸　图

六赃图

【1646】附六赃图

附六赃图	监守盗	常人盗 枉　法	窃　盗 不枉法	坐　赃
笞二十				一两以下
三十				一两至 一十两
四十				二十两
五十				三十两
杖六十			一两以下	四十两
七十		一两以下	一十两	五十两
八十	一两以下	一两至五两	二十两	六十两
九十	一两至二两五钱	一十两	三十两	七十两
一百	五两	一十五两	四十两	八十两
徒一年、杖六十	七两五钱	二十两	五十两	一百两
一年半、杖七十	一十两	二十五两	六十两	二百两
二年、杖八十	一十二两五钱	三十两	七十两	三百两
二年半、杖九十	一十五两	三十五两	八十两	四百两
三年、杖一百	一十七两五钱	四十两	九十两	五百两
流二千里、杖一百	二十两	四十五两 惟枉法有禄人四十五两至七十九两杖一百，除妻、子外，其奴婢、家产、头畜俱入官；八十两监候绞，家产免追。常人盗不在此例	一百两 惟不枉法有禄人一百两至一百二十两杖一百，除妻、子外，其奴婢、家产、头畜俱入官；一百二十两以上，监候绞，家产免追	

续表

附六赃图	监守盗	常人盗 枉　法	窃　盗 不枉法	坐　赃
二千五百里、杖一百	二十五两	五十两	一百一十两	
三千里、杖一百	三十两	五十五两	一百二十两 窃盗一百二十两并三犯者,皆真绞监候	
杂犯　死　绞		八十两		
杂犯　死　斩	四十两			

【1670】附六赃图

附六赃图	监守盗	常人盗 枉　法	窃　盗 不枉法	坐　赃
笞二十				一两以下
三十				一两至一十两
四十				二十两
五十				三十两
杖六十			一两以下	四十两
七十		一两以下	一十两	五十两
八十	一两以下	一两至五两	二十两	六十两
九十	一两至二两五钱	一十两	三十两	七十两
一百	五两	一十五两	四十两	八十两
徒一年、杖六十	七两五钱	二十两	五十两	一百两
一年半、杖七十	一十两	二十五两	六十两	二百两
二年、杖八十	一十二两五钱	三十两	七十两	三百两
二年半、杖九十	一十五两	三十五两	八十两	四百两
三年、杖一百	一十七两五钱	四十两	九十两	五百两
流二千里、杖一百	二十两	四十五两	一百两	
二千五百里、杖一百	二十五两	五十两	一百一十两	
三千里、杖一百	三十两	五十五两	一百二十两	
杂犯　死　绞		八十两	一百二十两以上 真绞	
杂犯　死　斩	四十两			

*【1707】○修改

【原图】【1670】六赃图(略)

臣等谨按:受赃律内,有禄人枉法赃八十两、无禄人枉法赃一百二十两,俱坐真绞。而此图内,有禄人枉法赃八十两未注明真绞,无禄人枉法赃一百二十两真绞之处,未经开载。以致图、律不符,相应另图载明。再将此"六赃图"内,杂犯死罪之监守盗、常人盗、坐赃三项,与真犯死罪之枉法、不枉法赃、窃盗三项,分为二图,庶引用不致混淆。谨拟分、增,并载于后。

<table>
<tr><td colspan="6">新改图</td></tr>
<tr><td colspan="3">附六赃图</td><td>监守盗</td><td>常人盗</td><td>坐　赃</td></tr>
<tr><td colspan="3">笞二十</td><td></td><td></td><td>一两以下</td></tr>
<tr><td colspan="3">三十</td><td></td><td></td><td>一两至一十两</td></tr>
<tr><td colspan="3">四十</td><td></td><td></td><td>二十两</td></tr>
<tr><td colspan="3">五十</td><td></td><td></td><td>三十两</td></tr>
<tr><td colspan="3">杖六十</td><td></td><td></td><td>四十两</td></tr>
<tr><td colspan="3">七十</td><td></td><td>一两以下</td><td>五十两</td></tr>
<tr><td colspan="3">八十</td><td>一两以下</td><td>一两至五两</td><td>六十两</td></tr>
<tr><td colspan="3">九十</td><td>一两至二两五钱</td><td>一十两</td><td>七十两</td></tr>
<tr><td colspan="3">一百</td><td>五两</td><td>一十五两</td><td>八十两</td></tr>
<tr><td colspan="3">徒一年、杖六十</td><td>七两五钱</td><td>二十两</td><td>一百两</td></tr>
<tr><td colspan="3">一年半、杖七十</td><td>一十两</td><td>二十五两</td><td>二百两</td></tr>
<tr><td colspan="3">二年、杖八十</td><td>一十二两五钱</td><td>三十两</td><td>三百两</td></tr>
<tr><td colspan="3">二年半、杖九十</td><td>一十五两</td><td>三十五两</td><td>四百两</td></tr>
<tr><td colspan="3">三年、杖一百</td><td>一十七两五钱</td><td>四十两</td><td>五百两</td></tr>
<tr><td colspan="3">流二千里、杖一百</td><td>二十两</td><td>四十五两</td><td></td></tr>
<tr><td colspan="3">二千五百里、杖一百</td><td>二十五两</td><td>五十两</td><td></td></tr>
<tr><td colspan="3">三千里、杖一百</td><td>三十两</td><td>五十五两</td><td></td></tr>
<tr><td rowspan="2">杂犯</td><td rowspan="2">死</td><td>绞</td><td></td><td>八十两</td><td></td></tr>
<tr><td>斩</td><td>四十两</td><td></td><td></td></tr>
<tr><td colspan="3"></td><td>有
无 禄人枉法</td><td>有
无 禄人不枉法</td><td>窃　盗</td></tr>
</table>

续表

新改图			
附六赃图	监守盗	常人盗	坐　赃
笞二十			
三十			
四十			
五十			
杖六十		一两以下	一两以下
七十	一两以下	一十两	一十两
八十	一两至五两	二十两	二十两
九十	一十两	三十两	三十两
一百	一十五两	四十两	四十两
徒一年、杖六十	二十两	五十两	五十两
一年半、杖七十	二十五两	六十两	六十两
二年、杖八十	三十两	七十两	七十两
二年半、杖九十	三十五两	八十两	八十两
三年、杖一百	四十两	九十两	九十两
流二千里、杖一百	四十五两	一百两	一百两
二千五百里、杖一百	五十两	一百一十两	一百一十两
三千里、杖一百	五十五两	一百二十两	一百二十两
真犯 死 绞	有禄人八十两 无禄人一百二十两	一百二十两以上	一百二十两以上

【1725】附六赃图

附六赃图			
	监守盗	常人盗	坐　赃
笞二十			一两以下
三十			一两至一十两
四十			二十两
五十			三十两

续表

附六赃图				
		监守盗	常人盗	坐　赃
杖六十				四十两
七十			一两以下	五十两
八十		一两以下	一两至五两	六十两
九十		一两至二两五钱	一十两	七十两
一百		五两	一十五两	八十两
徒一年、杖六十		七两五钱	二十两	一百两
一年半、杖七十		一十两	二十五两	二百两
二年、杖八十		一十二两五钱	三十两	三百两
二年半、杖九十		一十五两	三十五两	四百两
三年、杖一百		一十七两五钱	四十两	五百两
流二千里、杖一百		二十两	四十五两	
二千五百里、杖一百		二十五两	五十两	
三千里、杖一百		三十两	五十五两	
杂犯	绞		八十两	
	斩	四十两		
		枉　法无禄人减一等	不枉法无禄人减一等	窃　盗
笞二十				
三十				
四十				
五十				
杖六十			一两以下	一两以下
七十		一两以下	一十两	一十两
八十		一两至五两	二十两	二十两
九十		一十两	三十两	三十两
一百		一十五两	四十两	四十两
徒一年、杖六十		二十两	五十两	五十两
一年半、杖七十		二十五两	六十两	六十两
二年、杖八十		三十两	七十两	七十两

续表

附六赃图			
	监守盗	常人盗	坐　赃
二年半、杖九十	三十五两	八十两	八十两
三年、杖一百	四十两	九十两	九十两
流二千里、杖一百	四十五两	一百两	一百两
二千五百里、杖一百	五十两	一百一十两	一百一十两
三千里、杖一百	五十五两	一百二十两	一百二十两
实犯　绞	有禄人八十两 无禄人一百二十两	一百二十两以上	一百二十两以上

【1740】六赃图（略）

【1768】六赃图（略）

【1790】六赃图（略）

【1802】六赃图（略）

【1825】六赃图（略）

【1847】六赃图（略）

纳赎例图（在京）

【1646】附纳赎例图（在京）

附纳赎例图		在京			老疾收赎等罪，俱照外赎例图		
依律决配	做工	运囚粮	运灰	运砖	运水和炭	运碎砖	运石
笞一十	一个月 折银三钱	米五斗 折银二钱五分	灰一千二百斤 折银一两二钱六分	砖七十个 折银九钱一分	炭二百斤 折银四钱	二千八百斤	一千二百斤
二十	一个半月 折银四钱五分	米一石 折银五钱	灰一千八百斤 折银一两八钱九分	砖一百五十个 折银一两三钱六分五厘	炭三百斤 折银六钱	四千二百斤	一千八百斤
三十	二个月 折银六钱	米一石五斗 折银七钱五分	灰二千四百斤 折银二两五钱二分	砖一百四十个 折银一两八钱二分	炭四百斤 折银八钱	五千六百斤	二千四百斤

续表

附纳赎例图		在京			老疾收赎等罪，俱照外赎例图		
依律决配	做工	运囚粮	运灰	运砖	运水和炭	运碎砖	运石
四十	二个半月 折银七钱五分	米二石 折银一两	灰三千斤 折银三两一钱五分	砖一百七十五个 折银二两二钱七分五厘	炭五百斤 折银一两	七千斤	三千斤
五十	三个月 折银九钱	米二石五斗 折银一两二钱五分	灰三千六百斤 折银三两七钱八分	砖二百一十个 折银二两七钱三分	炭六百斤 折银一两二钱	八千四百斤	三千六百斤
杖六十	四个月 折银一两二钱	米六石 折银三两	灰四千二百斤 折银四两四钱一分	砖二百四十五个 折银三两一钱八分五厘	炭七百二十斤 折银一两四钱四分	九千八百斤	四千二百斤
七十	四个半月 折银一两三钱五分	米七石 折银三两五钱	灰四千八百斤 折银五两四分	砖二百八十个 折银三两六钱四分	炭八百二十斤 折银一两六钱四分	一万一千二百斤	四千八百斤
八十	五个月 折银一两五钱	米八石 折银四两	灰五千四百斤 折银五两六钱七分	砖三百一十五个 折银四两九分五厘	炭九百二十斤 折银一两八钱四分	一万二千六百斤	五千四百斤
九十	五个半月 折银一两六钱五分	米九石 折银四两五钱	灰六千斤 折银六两三钱	砖三百五十个 折银四两五钱五分	炭一千二十斤 折银二两零四分	一万四千斤	六千斤
一百 以上俱的决	六个月 折银一两八钱	米十石 折银五两	灰六千六百斤 折银六两九钱三分	砖三百八十五个 折银五两零五厘	炭一千一百二十斤 折银二两二钱四分	一万五千四百斤	六千六百斤
徒一年 以下民摆站、军瞭哨	折银三两六钱	米十五石 折银七两五钱	灰一万二千斤 折银十二两六钱	砖六百个 折银七两八钱	炭一千七百斤 折银三两四钱	二万四千斤	一万二千斤
一年半	折银五两四钱	米二十石 折银十两	灰一万八千斤 折银十八两九钱	砖九百个 折银十一两七钱	炭二千二百五十斤 折银五两一钱	三万六千斤	一万八千斤
二年	折银七两二钱	米二十五石 折银十二两五钱	灰二万四千斤 折银二十五两二钱	砖一千二百个 折银十五两六钱	炭三千四百斤 折银六两八钱	四万八千斤	二万四千斤

续表

附纳赎例图		在京			老疾收赎等罪，俱照外赎例图		
依律决配	做工	运囚粮	运灰	运砖	运水和炭	运碎砖	运石
二年半	折银九两	米三十石折银十五两	灰三万斤折银三十一两五钱	砖一千五百个折银十九两五钱	炭四千二百五十斤折银八两五钱	六万斤	三万斤
三年	折银十两八钱	米三十五石折银十七两五钱	灰三万六千斤折银三十七两八钱	砖一千八百个折银二十三两四钱	炭五千一百斤折银十两二钱	七万二千斤	三万六千斤
四年	折银十四两四钱	米四十石折银二十两	灰四万八千斤折银五十两四钱	砖二千四百个折银三十一两二钱	炭六千八百斤折银十三两六钱	八万四千斤	四万二千斤
五年	折银十八两	米五十石折银二十五两	灰六万斤折银六十三两	砖三千个折银三十九两	炭八千五百斤折银十七两	一十二万八千斤	六万四千一百斤
惟军职立功，每年纳米十石，定例俱纳本色，不许折银							

【1670】附纳赎例图（在京）（略）

＊【1707】○删除

臣等谨按：今罪犯应纳赎者，不分在京、在外，俱照有力、稍有力二项纳赎，无做工、运送囚粮砖石灰炭等项名色。此图拟删。

在外纳赎诸例图/纳赎诸例图

【1646】附在外纳赎诸例图

附在外纳赎诸例图						
	无　力	有　力	稍有力	收　赎	赎　罪	赎　铜
	依律决配	照例赎罪	纳工价	老幼废疾、工役乐户、妇人折杖收赎律	军职正妻、例难的决及妇人有力者	非奉旨于各布政使司等衙门铸钱者，不许擅赎取罪
例		折银上库	每做工一月折银三钱			

续表

附在外纳赎诸例图						
	无　力	有　力	稍有力	收　赎	赎　罪	赎　铜
		折谷上仓，每谷一石折米五斗，每米一石折银五钱				
笞一十	杖之小者	赎银二钱五分，如纳米五斗，如谷一石	赎银三钱	赎银七厘五毫	赎银一钱	
二十		赎银五钱，如纳米一石，如谷二石	赎银四钱五分	赎银一分五厘	赎银二钱	
三十		赎银七钱五分，如纳米一石五斗，如谷三石	赎银六钱	赎银二分二厘五毫	赎银三钱	
四十		赎银一两，如纳米二石，如谷四石	赎银七钱五分	赎银三分	赎银四钱	
五十		赎银一两二钱五分，如纳米二石五斗，如谷五石	赎银九钱	赎银三分七厘五毫	赎银五钱	每笞一十，赎铜半斤。每铜一斤，折银五分
杖六十	杖之大者	赎银三两，如纳米六石，如谷十二石	赎银一两二钱	赎银四分五厘	赎银六钱	
七十		赎银三两五钱，如纳米七石，如谷十四石	赎银一两三钱五分	赎银五分二厘五毫	赎银七钱	
八十		赎银四两，如纳米八石，如谷十六石	赎银一两五钱	赎银六分	赎银八钱	
九十		赎银四两五钱，如纳米九石，如谷十八石	赎银一两六钱五分	赎银六分七厘五毫	赎银九钱	
一百	以上俱的决	赎银五两，如纳米十石，如谷二十石	赎银一两八钱	赎银七分五厘	赎银一两	每杖一十，赎铜一斤。每铜一斤，折银五分
					妇人余罪收赎例并诬轻为重者	

续表

附在外纳赎诸例图						
	无 力	有 力	稍有力	收 赎	赎 罪	赎 铜
徒一年	以下民摆站、军瞭哨	赎银七两五钱，如纳米十五石，如谷三十石	赎银三两六钱	赎银一钱五分	杖六十连徒，共折杖一百二十，其一百正罪赎银一两，其二十余罪折银七分五厘	赎铜一百二十斤，杂犯再犯又赎银七分五厘
一年半		赎银十两，如纳米二十石，如谷四十石	赎银五两四钱	赎银一钱八分七厘五毫	杖七十连徒，折杖一百四十，其一百正罪赎银一两，其四十余罪折银一钱一分二厘五毫	赎铜一百四十斤，杂犯再犯又赎银一钱一分二厘五毫
二年		赎银十二两五钱，如纳米二十五石，如谷五十石	赎银七两二钱	赎银二钱二分五厘	杖八十连徒，共折杖一百六十，其一百正罪赎银一两，其六十余罪折银一钱五分	赎铜一百六十斤，杂犯再犯又赎银一钱五分
二年半		赎银十五两，如纳米三十石，如谷六十石	赎银九两	赎银二钱六分二厘五毫	杖九十连徒，共折杖一百八十，其一百正罪赎银一两，其八十余罪折银一钱八分七厘五毫	赎铜一百八十斤，杂犯再犯又赎银一钱八分七厘五毫
三年		赎银十七两五钱，如纳米三十五石，如谷七十石	赎银一十两零八钱	赎银三钱	杖一百连徒，共折杖二百，其一百正罪赎银一两，其一百余罪折银二钱二分五厘	赎铜二百斤，杂犯再犯又赎银二钱二分五厘
流二千里				赎银三钱七分五厘	该折杖二百二十，其一百正罪赎银一两，其一百二十余罪折银三钱	赎铜二百二十斤
二千五百里				赎银四钱一分二厘五毫	该折杖二百四十，其一百正罪赎银一两，其一百四十余罪折银三钱三分七厘五毫	赎铜二百四十斤

续表

附在外纳赎诸例图						
	无　力	有　力	稍有力	收　赎	赎　罪	赎　铜
三千里				赎银四钱五分	该折杖二百六十,其一百正罪赎银一两,其一百六十余罪折银三钱七分五厘	赎铜二百六十斤
总徒四年		赎银二十两,如纳米四十石,如谷八十石	赎银十四两四钱	迁徒准徒二年,折赎罪银四钱五分		已徒犯徒,遇例减一等
杂犯五年	军职立功年满,有力纳米,俱复职带俸差操	赎银二十五两,如纳米五十石,如谷一百石	赎银一十八两			再犯赎银四钱五分
绞、斩				赎银五钱二分五厘	除赎正罪银一两外,余罪折银四钱零五厘	
过失杀	依律收赎,折银十二两四钱二分,给被杀之家营葬,取领状					

【1670】附在外纳赎诸例图(略)

*【1707】○修改

臣等谨按:今内外俱一体纳赎,应于纳赎项内,删去“在外”字。工匠、乐户,“名例”内按年拘役,无收赎之例,应于收赎项内,删去“工役、乐户”字。天文生律内准余罪收赎,应于收赎项内,增“天文生”字。其“军职正妻”,应改为“官员正妻”。又妇人余罪收赎,照诬轻为重折杖法。此图内原无诬轻为重一项,应删去“诬轻为重”字。再民摆站、军瞭哨句,照现行例改为“发本省驿递”。其赎铜及立功年满复职带俸差操之例,今俱不行,并拟删去。谨拟删改,开载于后。

新改图					
附纳赎诸例图					
	无　力	有　力	稍有力	收　赎	赎　罪
	依律决配	照例赎罪	纳工价	老幼废疾、天文生及妇人折杖,照律收赎	官员正妻、例难的决及妇人有力者,照例赎罪
例		折银上库			
		折谷上仓,每谷一石折米五斗,每米一石折银五钱			

续表

新改图					
附纳赎诸例图					
	无 力	有 力	稍有力	收 赎	赎 罪
笞一十	杖之小者	赎银二钱五分，如纳米五斗，如谷一石	赎银三钱	赎银七厘五毫	赎银一钱
二十		赎银五钱，如纳米一石，如谷二石	赎银四钱五分	赎银一分五厘	赎银二钱
三十		赎银七钱五分，如纳米一石五斗，如谷三石	赎银六钱	赎银二分二厘五毫	赎银三钱
四十		赎银一两，如纳米二石，如谷四石	赎银七钱五分	赎银三分	赎银四钱
五十		赎银一两二钱五分，如纳米二石五斗，如谷五石	赎银九钱	赎银三分七厘五毫	赎银五钱
杖六十	杖之大者	赎银三两，如纳米六石，如谷十二石	赎银一两二钱	赎银四分五厘	赎银六钱
七十		赎银三两五钱，如纳米七石，如谷十四石	赎银一两三钱五分	赎银五分二厘五毫	赎银七钱
八十		赎银四两，如纳米八石，如谷十六石	赎银一两五钱	赎银六分	赎银八钱
九十		赎银四两五钱，如纳米九石，如谷十八石	赎银一两六钱五分	赎银六分七厘五毫	赎银九钱
一百	以上俱的决	赎银五两，如纳米十石，如谷二十石	赎银一两八钱	赎银七分五厘	赎银一两
					妇人余罪收赎例
徒一年	以下发本省驿递	赎银七两五钱，如纳米十五石，如谷三十石	赎银三两六钱	赎银一钱五分	杖六十连徒，共折杖一百二十，其一百正罪赎银一两，其二十余罪折银七分五厘
一年半		赎银十两，如纳米二十石，如谷四十石	赎银五两四钱	赎银一钱八分七厘五毫	杖七十连徒，折杖一百四十，其一百正罪赎银一两，其四十余罪折银一钱一分二厘五毫
二年		赎银十二两五钱，如纳米二十五石，如谷五十石	赎银七两二钱	赎银二钱二分五厘	杖八十连徒，共折杖一百六十，其一百正罪赎银一两，其六十余罪折银一钱五分

续表

新改图					
附纳赎诸例图					
	无力	有力	稍有力	收赎	赎罪
二年半		赎银十五两,如纳米三十石,如谷六十石	赎银九两	赎银二钱六分二厘五毫	杖九十连徒,共折杖一百八十,其一百正罪赎银一两,其八十余罪折银一钱八分七厘五毫
三年		赎银十七两五钱,如纳米三十五石,如谷七十石	赎银十两零八钱	赎银三钱	杖一百连徒,共折杖二百,其一百正罪赎银一两,其一百余罪折银二钱二分五厘
流二千里				赎银三钱七分五厘	该折杖二百二十,其一百正罪赎银一两,其一百二十余罪折银三钱
二千五百里				赎银四钱一分二厘五毫	该折杖二百四十,其一百正罪赎银一两,其一百四十余罪折银三钱三分七厘五毫
三千里				赎银四钱五分	该折杖二百六十,其一百正罪赎银一两,其一百六十余罪折银三钱七分五厘
总徒四年		赎银二十两,如纳米四十石,如谷八十石	赎银十四两四钱	迁徙准徒二年,折赎罪银四钱五分	
杂犯五年		赎银二十五两,如纳米五十石,如谷一百石	赎银一十八两		
绞、斩				赎银五钱二分五厘	除赎正罪银一两外,余罪折银四钱五分
过失杀	依律收赎,折银十二两四钱二分,给被杀之家营葬,取领状				

【1725】附纳赎诸例图(略)

与【1707】新改图同(略)①

① 雍正三年(1725)"纳赎诸例图""徒一年"后"以下发本省驿递"字改为"以上五徒,俱发本省驿递",并移至"(徒)三年"后。

【1740】纳赎诸例图①

纳赎诸例图					
	无　力	有　力	稍有力	收　赎	赎　罪
	依律决配	照例赎罪	纳工价	老幼废疾、天文生及妇人折杖，照律收赎	官员正妻、例难的决及妇人有力者，照例赎罪
例		折银上库			
		折谷上仓，每谷一石折米五斗，每米一石折银五钱			
笞一十	杖之小者	赎银二钱五分，如纳米五斗，如谷一石	赎银三钱	赎银七厘五毫	赎银一钱
二十		赎银五钱，如纳米一石，如谷二石	赎银四钱五分	赎银一分五厘	赎银二钱
三十		赎银七钱五分，如纳米一石五斗，如谷三石	赎银六钱	赎银二分二厘五毫	赎银三钱
四十		赎银一两，如纳米二石，如谷四石	赎银七钱五分	赎银三分	赎银四钱
五十		赎银一两二钱五分，如纳米二石五斗，如谷五石	赎银九钱	赎银三分七厘五毫	赎银五钱
杖六十	杖之大者	赎银三两，如纳米六石，如谷十二石	赎银一两二钱	赎银四分五厘	赎银六钱
七十		赎银三两五钱，如纳米七石，如谷十四石	赎银一两三钱五分	赎银五分二厘五毫	赎银七钱
八十		赎银四两，如纳米八石，如谷十六石	赎银一两五钱	赎银六分	赎银八钱
九十		赎银四两五钱，如纳米九石，如谷十八石	赎银一两六钱五分	赎银六分七厘五毫	赎银九钱
一百	以上俱的决	赎银五两，如纳米十石，如谷二十石	赎银一两八钱	赎银七分五厘	赎银一两
					妇人余罪收赎例

① 乾隆五年（1740）“纳赎诸例图”删去“过失杀”一项，另制“过失杀伤收赎图”。

续表

纳赎诸例图					
	无　力	有　力	稍有力	收　赎	赎　罪
徒一年	以下发本省驿递	赎银七两五钱，如纳米十五石，如谷三十石	赎银三两六钱	赎银一钱五分	杖六十连徒，共折杖一百二十，其一百正罪赎银一两，其二十余罪折银七分五厘
一年半		赎银十两，如纳米二十石，如谷四十石	赎银五两四钱	赎银一钱八分七厘五毫	杖七十连徒，折杖一百四十，其一百正罪赎银一两，其四十余罪折银一钱一分二厘五毫
二年		赎银十二两五钱，如纳米二十五石，如谷五十石	赎银七两二钱	赎银二钱二分五厘	杖八十连徒，共折杖一百六十，其一百正罪赎银一两，其六十余罪折银一钱五分
二年半		赎银十五两，如纳米三十石，如谷六十石	赎银九两	赎银二钱六分二厘五毫	杖九十连徒，共折杖一百八十，其一百正罪赎银一两，其八十余罪折银一钱八分七厘五毫
三年	以上五徒，俱发本省驿递	赎银十七两五钱，如纳米三十五石，如谷七十石	赎银十两零八钱	赎银三钱	杖一百连徒，共折杖二百，其一百正罪赎银一两，其一百余罪折银二钱二分五厘
流二千里				赎银三钱七分五厘	该折杖二百二十，其一百正罪赎银一两，其一百二十余罪折银三钱
二千五百里				赎银四钱一分二厘五毫	该折杖二百四十，其一百正罪赎银一两，其一百四十余罪折银三钱三分七厘五毫
三千里				赎银四钱五分	该折杖二百六十，其一百正罪赎银一两，其一百六十余罪折银三钱七分五厘
总徒四年		赎银二十两，如纳米四十石，如谷八十石	赎银十四两四钱	迁徙准徒二年，折赎罪银四钱五分	
杂犯五年		赎银二十五两，如纳米五十石，如谷一百石	赎银一十八两		
绞、斩				赎银五钱二分五厘	除赎正罪银一两外，余罪折银四钱五分

【1768】纳赎诸例图(略)
【1790】纳赎诸例图(略)
【1802】纳赎诸例图(略)
【1825】纳赎诸例图(略)
【1847】纳赎诸例图(略)

过失杀伤收赎图

【1740】过失杀伤收赎图

过失杀伤收赎图			
过失杀	废疾笃疾	折伤以上	折伤以下
绞。依律收赎,折银十二两四钱二分,给被杀之家营葬	杖一百、徒三年 七两九分七厘	杖一百 一两七钱七分四厘	笞二十 二钱五分四厘
	杖一百、流三千里 十两六钱四分五厘	杖六十、徒一年 三两五钱四分八厘	笞三十 五钱三分二厘
		杖八十、徒二年 五两三钱二分二厘	笞四十 七钱九厘
			笞五十 八钱八分五厘
			杖八十 一两四钱一分九厘

【1768】过失杀伤收赎图

过失杀伤收赎图			
过失杀	废疾笃疾	折伤以上	折伤以下
绞。依律收赎,折银十二两四钱二分,给被杀之家营葬	杖一百、徒三年 七两九分七厘	杖一百 一两七钱七分四厘	笞二十 三钱五分四厘
	杖一百、流三千里 十两六钱四分五厘	杖六十、徒一年 三两五钱四分八厘	笞三十 五钱三分二厘

续表

过失杀伤收赎图			
过失杀	废疾笃疾	折伤以上	折伤以下
		杖八十、徒二年 五两三钱二分二厘	笞四十 七钱九厘
			笞五十 八钱八分七厘
			杖八十 一两四钱一分九厘

【1790】过失杀伤收赎图(略)

【1802】过失杀伤收赎图(略)

【1825】过失杀伤收赎图(略)

【1847】过失杀伤收赎图(略)

限内老疾收赎/徒限内老疾收赎图

【1646】附限内老疾收赎

附限内老疾收赎	
徒一年 杖六十	凡犯杖六十、徒一年,老疾,合计全赎银一钱五分。除已受杖六十,准去四分五厘,剩徒一年,该赎银一钱零五厘。计算每徒一月,赎银八厘七毫五忽。如已役一月,准赎八厘七毫五忽外,未役十一个月,该收赎银九分六厘二毫五忽
一年半 杖七十	凡犯杖七十、徒一年半,老疾,合计全赎银一钱八分七厘五毫。除已受杖七十,准去五分二厘五毫,剩徒一年半,该赎银一钱三分五厘。计算每徒一月,赎银七厘五毫。如已役一月,准赎徒银七厘五毫外,未役一十七个月,该收赎银一钱二分七厘五毫
二　年 杖八十	凡犯杖八十、徒二年,老疾,合计全赎银二钱二分五厘。除已受杖八十,准去六分,剩徒二年,该赎银一钱六分五厘。计算每徒一月,赎银六厘七五忽。如已役一月,准赎徒银六厘七毫五忽外,未役二十三个月,该收赎银一钱四分五厘六忽
二年半 杖九十	凡犯杖九十、徒二年半,老疾,合计全赎银二钱六分二厘五毫。除已受杖九十,准去六分七厘五毫,剩徒二年半,该赎银一钱九分五厘。计算每徒一月,赎银六厘四毫六忽。如已役一月,准赎徒银六厘四毫六忽外,未役二十九个月,该收赎银一钱九分七厘一毫四忽

续表

附限内老疾收赎	
三 年 杖一百	凡犯杖一百、徒三年，老疾，合计全赎银三钱。除已受杖一百，准去七分五厘，剩徒三年，该赎银二钱二分五厘。计算每徒一月，赎银六厘三毫。如已役一月，准赎徒银六厘三毫外，未役三十五个月，该收赎银二钱二分
考此凡各受杖，赎银计算无异。惟已役徒一月，有八厘七毫五忽者、七厘五毫者、六厘七毫五忽者、六厘四毫六忽者、六厘三毫者，其不同何也？盖徒之全赎原有差等也	

【1670】附限内老疾收赎（略）

＊【1707】〇修改

臣等谨按：以上徒二年、二年半、三年，图内徒每月该赎银数，及未役应收赎银数，俱各不符，相应删改。其后节解注内，赎罪银数，亦拟删改。谨拟删改，开载于后。

新改图	
附徒限内老疾收赎	
徒一年 杖六十	凡犯杖六十、徒一年，老疾，合计全赎银一钱五分。除已受杖六十，准去四分五厘，剩徒一年，该赎银一钱零五厘。计算每徒一月，赎银八厘七毫五丝。如已役一月，准赎徒银八厘七毫五丝外，未役十一个月，该收赎银九分六厘二毫五丝
一年半 杖七十	凡犯杖七十、徒一年半，老疾，合计全赎银一钱八分七厘五毫。除已受杖七十，准去五分二厘五毫，剩徒一年半，该赎银一钱三分五厘。计算每徒一月，赎银七厘五毫。如已役一月，准赎徒银七厘五毫外，未役一十七个月，该收赎银一钱二分七厘五毫
二 年 杖八十	凡犯杖八十、徒二年，老疾，合计全赎银二钱二分五厘。除已受杖八十，准去六分，剩徒二年，该赎银一钱六分五厘。计算每徒一月，赎银六厘八毫七丝五忽。如已役一月，准赎徒银六厘八毫七丝五忽外，未役二十三个月，该收赎银一钱五分八厘一毫二丝五忽
二年半 杖九十	凡犯杖九十、徒二年半，老疾，合计全赎银二钱六分二厘五毫。除已受杖九十，准去六分七厘五毫，剩徒二年半，该赎银一钱九分五厘。计算每徒一月，赎银六厘五毫。如已役一月，准赎徒银六厘五毫外，未役二十九个月，该收赎银一钱八分八厘五毫
三 年 杖一百	凡犯杖一百、徒三年，老疾，合计全赎银三钱。除已受杖一百，准去七分五厘，剩徒三年，该赎银二钱二分五厘。计算每徒一月，赎银六厘二毫五丝。如已役一月，准赎徒银六厘二毫五丝外，未役三十五个月，该收赎银二钱一分八厘七毫五丝
按：此凡各受杖，赎银计算无异。惟已役徒一月，有八厘七毫五丝者、七厘五毫者、六厘八毫七丝五忽者、六厘五毫者、六厘二毫五丝者，其不同何也？盖徒之全赎原有差等也	

【1725】附徒限内老疾收赎

与【1707】新改图同(略)

【1740】徒限内老疾收赎图(略)

【1768】徒限内老疾收赎图(略)

【1790】徒限内老疾收赎图(略)

【1802】徒限内老疾收赎图(略)

【1825】徒限内老疾收赎图(略)

【1847】徒限内老疾收赎图(略)

诬轻为重收赎图

【1646】附诬轻为重收赎图

凡诬轻为重,如告人一百杖,内止四十杖得实,所诬六十杖,被诬之人已经受决,告诬者必全抵,杖决六十,不准赎银。如未决,方准照后收赎	
笞一十	杖之小者。每一十赎银七厘五毫。杖亦同之,徒折杖亦同之
二十	
三十	如告人笞三十,内止一十得实,所剩诬二十已经受决,将告诬者必全抵笞决二十。如未决,准赎银一分五厘
四十	如告人笞四十,内止一十得实,所剩诬三十已经受决,将告诬者必全抵笞决三十。如未决,准赎银二分二厘五毫
五十	如告人笞五十,内止二十得实,所剩诬三十已经受决,将告诬者必全抵笞决三十。如未决,准赎银二分二厘五毫
杖六十	如告人杖六十,内止二十得实,所剩诬四十已经受决,将告诬者必全抵杖决四十。如未决,准赎银三分
七十	如告人杖七十,内止三十得实,所剩诬四十已经受决,将告诬者必全抵杖决四十。如未决,准赎银三分
八十	如告人杖八十,内止三十得实,所剩诬五十已经受决,将告诬者必全抵杖决五十。如未决,准赎银三分七厘五毫
九十	如告人杖九十,内止四十得实,所剩诬五十已经受决,将告诬者必全抵杖决五十。如未决,准赎银三分七厘五毫
一百	如告人杖一百,内止四十得实,所剩诬六十已经受决,将告诬者必全抵杖决六十。如未决,准赎银四分五厘

续表

徒一年 杖六十	如告人杖六十、徒一年,内止杖五十得实,被诬之人若已论决,将告诬者必全抵剩杖一十、徒一年之罪。如未决,徒一年折杖六十,并杖共七十,准赎银五分二厘五毫
一年半 杖七十	如告人杖七十、徒一年半,内止杖七十得实,被诬之人若已论决,将告诬者必全抵剩徒一年半之罪。如未决,徒一年半折杖七十,准赎银五分二厘五毫
二　年 杖八十	如告人杖八十、徒二年,内止杖八十得实,被诬之人若已论决,将告诬者必全抵剩徒二年之罪。如未决,徒二年折杖八十,准赎银六分
二年半 杖九十	如告人杖九十、徒二年半,内止杖六十、徒一年得实,被诬之人若已论决,将告诬者必全抵剩杖三十、徒一年半之罪。如未决,徒一年半折杖七十,并杖三十,共杖一百,准赎银七分五厘
三　年 杖一百	如告人杖一百、徒三年,内止杖八十得实,被诬之人若已论决,将告诬者必全抵剩杖二十、徒三年之罪。如未决,徒三年折杖一百,并剩杖共一百二十,仍实杖一百,余杖二十方准赎银一分五厘
流二千里 杖一百	杖一百、徒三年,连徒折杖二百,又从徒上加流一等,折杖二十,共二百二十。如告人杖一百、流二千里准徒四年,内止杖六十、徒一年是实,被诬人若经已决,告诬者除告实外,剩杖四十、徒三年,务必全抵。如未决,除告实杖六十又徒一年折杖六十,共一百二十外,剩杖一百准收赎银七分五厘
二千五百里 杖一百	杖一百、徒三年,连徒折杖二百,又从徒上加流二等,折杖四十,共二百四十。如告人杖一百、流二千五百里准徒四年,内止杖六十、徒一年是实,被诬人若经已决,告诬者除告实外,剩杖四十、徒三年,务必全抵。如未决,除告实杖六十又徒一年折杖六十,共一百二十外,剩杖一百二十,止杖一百,余二十准收赎银一分五厘
三千里 杖一百	杖一百、徒三年,连徒折杖二百,又从徒上加流三等,折杖六十,共二百六十。如告人杖一百、流三千里准徒四年,内止杖一百、流二千里是实,被诬人若经已决,除告实外,务必全抵徒一年。如未决,除告实杖一百、流二千里共折杖二百二十外,剩四十,该赎银三分。 三流虽同准徒四年,必以一年为剩罪
此赎与老幼妇人收赎不同。彼徒、流皆直照徒年限收赎,此徒、流皆折杖,照杖收赎①	
诬告收赎旧图,依《唐律疏议》,前后参差,阅者多有不明,今特改正	

按:徒、流已论决者,或云亦折杖,随所剩杖数多少全决之,不坐徒、流。夫至重者为民命,死罪已决者尚抵以死,未决者亦止减一等,而谓徒、流不全抵可乎?或又云,律谓未论决,徒、流止杖一百,则其已论决者,当无止法乎?此又非律意也。盖所诬者,若系杖一百、流三千里,而告实止笞一十,其剩杖二百三十,亦将全决之乎?圣人制律,所以生民,非所以杀民,不得已而用之者也。使可全决,则律以惩奸将无制

① 康熙九年(1670)《大清律》此处有小注如下:"批:五徒原包杖一百。若以徒从徒,不必包杖一百算也。三流原包五徒,折杖二百。若以流从流,不必包五徒折杖一百算也。"

限,而杖可过一百矣。今决杖何止曰一百,而一百之外即减杖加徒也,正以笞轻于杖,故加以杖;而杖一百之外,又难复加,故立徒、流之法耳。其所谓止者,止谓其杖一百之外,不可复加之意也。不然民吾赤子,而肆然加以二百三十之杖,其不就毙者,百无一人耳,岂圣人仁民爱物之心哉。又按王肯堂《笺释》云,全抵剩罪,无力的决做工、摆站、哨瞭,有力纳米等项赎罪,亦如例不在折杖收赎之限。今合二说,参酌其宜。如有力,则剩罪俱以纳米等项赎罪行之;如无力,则剩罪至杖一百以上者,实的决一百,其余罪亦着纳赎。但不用律赎每杖一十赎银七厘五毫之数,而用例赎每杖一十赎银一钱。则杖不过百,而赎不失轻。庶两得其平矣。若无力,至一两之银,亦不能纳者,则量从律赎,与未决余罪同。临时酌之。

【1670】附诬轻为重收赎图(略)

＊【1707】○修改

【原图】附诬轻为重收赎图(略)[①]

此图拟存。但杖六十、徒一年以下,原图内字句有与正律不符者,俱照律改正。

【原图后按语】(略)

臣等谨按:此节言杖一百之外,减杖加徒,与"刑律·诬告"律后所载一节相同。至律内折杖之法,专指诬告未论决者而言。其已论决者,律云"不问笞、杖、徒、流,全抵剩罪",则徒、流俱全抵,初无折杖之法。既不折杖,则无剩罪过百之事。此节内所云"加至二百三十杖全抵"之说,律内原无此法,其所辨非也。又云余罪应纳赎,虽较未决者收赎稍重,但受诬已决,自不便将徒、流之罪,准其折杖纳赎,故律云"全抵剩罪"。此节语意未甚融贯,拟删。

【1725】附诬轻为重收赎图

<table>
<tr><td colspan="2">附诬轻为重收赎图</td></tr>
<tr><td colspan="2">凡诬轻为重,如告人一百杖,内止四十杖得实,所诬六十杖,被诬之人已经受决,告诬者必全抵,杖决六十,不准赎银。如未决,方准照后收赎</td></tr>
<tr><td>笞一十</td><td>杖之小者。每一十赎银七厘五毫。杖亦同之,徒折杖亦同之</td></tr>
<tr><td>二十</td><td></td></tr>
<tr><td>三十</td><td>如告人笞三十,内止一十得实,所剩诬二十已经受决,将告诬者必全抵笞决二十。如未决,准赎银一分五厘</td></tr>
<tr><td>四十</td><td>如告人笞四十,内止一十得实,所剩诬三十已经受决,将告诬者必全抵笞决三十。如未决,准赎银二分二厘五毫</td></tr>
</table>

① 该原图已删去"诬告收赎旧图,依《唐律疏议》,前后参差,阅者多有不明,今特改正"句。

续表

附诬轻为重收赎图	
五十	如告人笞五十,内止二十得实,所剩诬三十已经受决,将告诬者必全抵笞决三十。如未决,准赎银二分二厘五毫
杖六十	如告人杖六十,内止二十得实,所剩诬四十已经受决,将告诬者必全抵杖决四十。如未决,准赎银三分
七十	如告人杖七十,内止三十得实,所剩诬四十已经受决,将告诬者必全抵杖决四十。如未决,准赎银三分
八十	如告人杖八十,内止三十得实,所剩诬五十已经受决,将告诬者必全抵杖决五十。如未决,准赎银三分七厘五毫
九十	如告人杖九十,内止四十得实,所剩诬五十已经受决,将告诬者必全抵杖决五十。如未决,准赎银三分七厘五毫
一百	如告人杖一百,内止四十得实,所剩诬六十已经受决,将告诬者必全抵杖决六十。如未决,准赎银四分五厘
徒一年 杖六十	如告人杖六十、徒一年,内止笞五十得实,被诬之人若已论决,将告诬者必全抵剩杖一十、徒一年之罪。如未决,杖六十、徒一年,折杖一百二十,除告实笞五十外,剩杖七十,准赎银五分二厘五毫
一年半 杖七十	如告人杖七十、徒一年半,内止杖七十得实,被诬之人若已论决,将告诬者必全抵剩一年半之罪。如未决,七十、徒一年半,折杖一百四十,除告实杖七十外,剩杖七十,准赎银五分二厘五毫
二 年 杖八十	如告人杖八十、徒二年,内止杖八十得实,被诬之人若已论决,将告诬者必全抵剩徒二年之罪。如未决,杖八十、徒二年,折杖一百六十,除告实杖八十外,剩杖八十,准赎银六分
二年半 杖九十	如告人杖九十、徒二年半,内止杖六十、徒一年得实,被诬之人若已论决,将告诬者必全抵剩杖三十、徒一年半之罪。如未决,杖九十、徒二年半,折杖一百八十,除告实杖六十、徒一年折杖一百二十外,剩杖六十,准赎银四分五厘
三 年 杖一百	如告人杖一百、徒三年,内止杖八十得实,被诬之人若已论决,将告诬者必全抵剩杖二十、徒三年之罪。如未决,杖一百、徒三年,折杖二百,除告实杖八十外,剩杖一百二十,仍决杖一百,余杖二十,方准赎银一分五厘
流二千里 杖一百	如告人杖一百、流二千里,内止笞二十得实,被诬之人若已论决,三流并准徒四年,仍包原杖一百,除告实笞二十外,剩杖八十、徒四年,务必全抵。如未决,三流准徒四年,皆以一年为剩罪,折杖四十,共该折杖二百四十,除告实笞二十外,决杖一百,剩杖一百二十,准作杖六十、徒一年,方准赎银一钱五分
二千五百里 杖一百	如告人杖一百、流二千五百里,内止杖六十、徒一年得实,被诬之人若已论决,三流并准徒四年,仍包原杖一百,除告实杖六十、徒一年外,剩杖四十、徒三年,务必全抵。如未论决,三流准徒四年,皆以一年为剩罪,折杖四十,共该折杖二百四十,除告实杖六十、徒一年折杖一百二十外,剩杖一百二十,决杖一百,余杖二十,方准赎银一分五厘

续表

附诬轻为重收赎图	
三千里 杖一百	如告人杖一百、流三千里,内止杖一百、流二千里得实,被诬之人若已论决,其近流入远流,每流一等准徒半年,除告实外,务必全抵徒一年之罪。如未论决,每流一等亦折杖二十,流三千里共该折杖二百六十,除告实杖一百、流二千里折杖二百二十外,剩杖四十,准赎银三分
此赎与老幼妇人收赎不同,彼徒、流皆直照徒年限收赎,此徒、流皆折杖,照杖收赎	

注:图内已论决之笞、杖、徒、流全抵剩罪俱无异,即未论决之笞、杖准赎亦无异。惟未论决之徒、流折杖,既每一等折杖二十,则杖六十、徒一年者,当于原杖六十之上加杖二十,似不应折杖至一百二十,不知徒罪起于一年、杖数起于六十。折杖之法,即视其原杖之数。徒一年者,原杖六十,将徒一年亦折杖六十,合之原杖六十,得一百二十;徒一年半者,原杖七十,将徒一年半亦折杖七十,合之原杖七十,得一百四十;徒二年者,原杖八十,将徒二年亦折杖八十,合之原杖八十,得一百六十;徒二年半者,原杖九十,将徒二年半亦折杖九十,合之原杖九十,得一百八十;徒三年者,原杖一百,将徒三年亦折杖一百,合之原杖一百,得二百。此徒罪折杖之法也。过此以往,即入于流罪。三流原杖总皆一百,流二千里者较徒三年加一等,徒三年折杖一百,则流二千里应折杖一百二十,合之原杖一百,得二百二十;流二千五百里较流二千里又加一等,流二千里折杖一百二十,则流二千五百里应折杖一百四十,合之原杖一百,得二百四十;流三千里较流二千五百里又加一等,流二千五百里折杖一百四十,则流三千里应折杖一百六十,合之原杖一百,得二百六十。此流罪折杖之法也。凡被告之人本系近流而诬入远流,未决者,俱准此科算。若被告之人本系笞、杖及徒罪,而乃诬入流罪,未决,则不论远近,三流准徒四年,皆以一年为剩罪。盖徒五等至三年而止,今准徒四年,则比满徒多一年,即比满徒多二等,每一等折杖二十,应折杖四十,连满徒之折杖一百,原杖一百,共该折杖二百四十。内将告实或笞或杖或徒之本罪照数除去外,余下折杖不及一百,俱收赎;若过一百,则决杖一百外,所剩杖数收赎。

【1740】诬轻为重收赎图(略)①

【1768】诬轻为重收赎图(略)

【1790】诬轻为重收赎图(略)

【1802】诬轻为重收赎图(略)

【1825】诬轻为重收赎图(略)

【1847】诬轻为重收赎图(略)

---

① 乾隆五年(1740)《大清律例》"诬轻为重收赎图"将雍正三年(1725)"诬轻为重收赎图"律后总注并入图中,作为图后小注。

五刑图

【1646】五刑之图

<table>
<tr><td rowspan="20">五刑之图</td><td rowspan="5">笞刑五</td><td>一十</td><td rowspan="5">笞者，谓人有轻罪，用小荆杖决打。自一十至五十为五等，每一十下为一等加减</td></tr>
<tr><td>二十</td></tr>
<tr><td>三十</td></tr>
<tr><td>四十</td></tr>
<tr><td>五十</td></tr>
<tr><td rowspan="5">杖刑五</td><td>六十</td><td rowspan="5">杖者，谓人犯罪，用大荆杖决打。自六十至一百为五等，亦每一十下为一等加减</td></tr>
<tr><td>七十</td></tr>
<tr><td>八十</td></tr>
<tr><td>九十</td></tr>
<tr><td>一百</td></tr>
<tr><td rowspan="5">徒刑五</td><td>一年、杖六十</td><td rowspan="5">徒者，谓人犯罪稍重，拘收在官煎盐、炒铁一应用力辛苦之事。自一年至三年为五等，每杖一十及半年为一等加减</td></tr>
<tr><td>一年半、杖七十</td></tr>
<tr><td>二年杖、八十</td></tr>
<tr><td>二年半、杖九十</td></tr>
<tr><td>三年、杖二百</td></tr>
<tr><td rowspan="3">流刑三</td><td>二千里、杖一百</td><td rowspan="3">流者，谓人犯重罪，不忍刑杀，流去远方，终身不得还乡。自二千里至三千里，为三等，每五百里为一等加减</td></tr>
<tr><td>二千五百里、杖一百</td></tr>
<tr><td>三千里、杖一百</td></tr>
<tr><td rowspan="2">死刑二</td><td>绞 全其肢体</td><td rowspan="2">刑之极者</td></tr>
<tr><td>斩 身首异处</td></tr>
<tr><td colspan="2">迁徙</td><td colspan="2">谓迁离乡土一千里之外</td></tr>
</table>

【1670】五刑之图（略）

*【1707】〇修改

【原图】五刑之图（略）、狱具之图（略）

臣等谨按：今徒犯发驿递拘役，并不概令煎盐、炒铁，应删去“煎盐、炒铁”字。再流罪分为三等，加罪以五百里为一等，减罪则一体减徒，相应删改。又犯笞、杖罪者，今以竹板折责，应将现行例所定竹板长阔尺寸增入。且今无讯杖，应删去讯杖图说。再此图枷式，系旧时狱中所用长枷，今已不用，应删去。其枷号示众之枷及旗人折枷号者，俱用方枷，应照《会典》所载方枷尺寸及新定斤数增入。其铁索、铁镣，亦应照现用斤数增入。谨拟增删，开载于后。

<table>
<tr><td colspan="4">新改图</td></tr>
<tr><td rowspan="20">五刑之图</td><td rowspan="5">笞刑五</td><td>一十</td><td rowspan="5">笞者，谓人有轻罪，用小荆杖决打。自一十至五十为五等，每一十为一等加减。今以竹板折责</td></tr>
<tr><td>二十</td></tr>
<tr><td>三十</td></tr>
<tr><td>四十</td></tr>
<tr><td>五十</td></tr>
<tr><td rowspan="5">杖刑五</td><td>六十</td><td rowspan="5">杖者，谓人犯罪，用大荆杖决打。自六十至一百为五等，亦每一十为一等加减。今以竹板折责</td></tr>
<tr><td>七十</td></tr>
<tr><td>八十</td></tr>
<tr><td>九十</td></tr>
<tr><td>一百</td></tr>
<tr><td rowspan="5">徒刑五</td><td>一年、杖六十</td><td rowspan="5">徒者，谓人犯罪稍重，发本省驿递应一切用力辛苦之役。自一年起加至三年止，为五等，每杖一十及徒半年为一等加减</td></tr>
<tr><td>一年半、杖七十</td></tr>
<tr><td>二年杖、八十</td></tr>
<tr><td>二年半、杖九十</td></tr>
<tr><td>三年、杖二百</td></tr>
<tr><td rowspan="3">流刑三</td><td>二千里、杖一百</td><td rowspan="3">流者，谓人犯重罪，不忍刑杀，流去远方，终身不得还乡。自二千里加至三千里，为三等，每五百里为一等加罪，减概从徒</td></tr>
<tr><td>二千五百里、杖一百</td></tr>
<tr><td>三千里、杖一百</td></tr>
<tr><td rowspan="2">死刑二</td><td>绞 全其肢体</td><td rowspan="2">刑之极者</td></tr>
<tr><td>斩 身首异处</td></tr>
<tr><td colspan="2">迁　徙</td><td colspan="2">谓迁离乡土一千里之外</td></tr>
</table>

【1725】五刑之图（略）
【1740】五刑图（略）
【1768】五刑图（略）
【1790】五刑图（略）
【1802】五刑图（略）
【1825】五刑图（略）
【1847】五刑图（略）

狱具图

【1646】狱具之图

狱具之图		
笞 杖之小者	大头径二分七厘，小头径一分七厘，长三尺五寸	笞以小荆条为之，须削去节目，用官降校板如法校勘，毋令筋胶诸物装订。应决者，用小头，臀受
杖	大头径三分二厘，小头径二分二厘，长三尺五寸	杖以大荆条为之，亦须削去节目，用官降校板如法校勘，毋令筋胶诸物装订。应决者，用小头，臀受
讯杖	大头径四分五厘，小头径三分五厘，长三尺五寸	亦以荆杖为之。其犯重罪，赃、证明白，不服招承，明立文案，依法拷讯，臀椎受
枷	长五尺五寸，头阔一尺五寸	以干木为之。死罪重二十五斤，徒、流、遣二十斤，杖罪重一十五斤。长短、轻重刻志其上
杻	长一尺六寸，厚一寸	以干木为之。男子犯死罪者用杻，犯流罪以下及妇人犯死罪者，不用
铁索	长一丈	以铁为之。犯轻罪人用
镣	连环共重三斤	以铁为之。犯徒罪者带镣工作

【1670】狱具之图（略）

*【1707】○修改

修改按语见【1670】五刑之图【1707】修改按语。

新改图		
狱具之图		
板	大头阔二寸,小头阔一寸五分,长五尺五寸,重不过二斤	板以竹篦为之,须削去粗节毛根,照尺寸较准。应决者,执小头,臀受
枷	长三尺,阔二尺九寸	枷以干木为之,重二十五斤,斤数刻志枷上。再律例内有特用重枷者,不在此限
杻	长一尺六寸,厚一寸	手杻亦以干木为之。死罪重囚用,轻罪及妇人不用
铁索	长七尺,重五斤	索以铁为之。轻重罪俱用
镣	连环共重一斤	脚镣亦以铁为之。徒罪以上罪囚用

【1725】狱具之图(略)

【1740】狱具图(略)

【1768】狱具图(略)

【1790】狱具图(略)

【1802】狱具图(略)

【1825】狱具图(略)

【1847】狱具图(略)

丧服总图

【1646】丧服总图

<table>
<tr><th colspan="5">丧 服 总 图</th></tr>
<tr><td colspan="2"></td><td>斩
三 衰 年</td><td colspan="2"></td></tr>
<tr><td colspan="5">用至粗麻布为之，不缝下边</td></tr>
<tr><td colspan="2"></td><td>齐
衰</td><td colspan="2"></td></tr>
<tr><td>三
年</td><td>杖
期
即一年</td><td>不
杖
期
亦一年</td><td>五
月</td><td>三
月</td></tr>
<tr><td colspan="5">用稍粗麻布为之，缝下边</td></tr>
<tr><td colspan="2"></td><td>大
九 功 月</td><td colspan="2"></td></tr>
<tr><td colspan="5">用粗熟布为之</td></tr>
<tr><td colspan="2"></td><td>小
五 功 月</td><td colspan="2"></td></tr>
<tr><td colspan="5">用稍粗熟布为之</td></tr>
<tr><td colspan="2"></td><td>缌
三 麻 月</td><td colspan="2"></td></tr>
<tr><td colspan="5">用稍细熟布为之</td></tr>
</table>

【1670】丧服总图（略）

*【1707】○修改

今无齐衰三年服,应删去三年字。

<table>
<tr><th colspan="5">丧服总图</th></tr>
<tr><td colspan="2"></td><td>斩衰
三年</td><td colspan="2"></td></tr>
<tr><td colspan="5">用至粗麻布为之，不缝下边</td></tr>
<tr><td colspan="2"></td><td>齐衰</td><td colspan="2"></td></tr>
<tr><td>五月</td><td>杖期</td><td>三年①</td><td>不杖期</td><td>三月</td></tr>
<tr><td colspan="5">用稍粗麻布为之，缝下边</td></tr>
<tr><td colspan="2"></td><td>大功
九月</td><td colspan="2"></td></tr>
<tr><td colspan="5">用粗熟布为之</td></tr>
<tr><td colspan="2"></td><td>小功
五月</td><td colspan="2"></td></tr>
<tr><td colspan="5">用稍粗熟布为之</td></tr>
<tr><td colspan="2"></td><td>缌麻
三月</td><td colspan="2"></td></tr>
<tr><td colspan="5">用稍细熟布为之</td></tr>
</table>

① 图未改,仅在原图“三年”字左侧标注“今无齐衰三年服,应删去‘三年’字”。

【1725】丧服总图

<table>
<tr><td colspan="4">丧 服 总 图</td></tr>
<tr><td></td><td colspan="2">斩
三 衰 年</td><td></td></tr>
<tr><td colspan="4">用至粗麻布为之，不缝下边</td></tr>
<tr><td></td><td colspan="2">齐
衰</td><td></td></tr>
<tr><td>五
月</td><td>杖
期</td><td>不
杖
期</td><td>三
月</td></tr>
<tr><td colspan="4">用稍粗麻布为之，缝下边</td></tr>
<tr><td></td><td colspan="2">大
九 功 月</td><td></td></tr>
<tr><td colspan="4">用粗熟布为之</td></tr>
<tr><td></td><td colspan="2">小
五 功 月</td><td></td></tr>
<tr><td colspan="4">用稍粗熟布为之</td></tr>
<tr><td></td><td colspan="2">缌
三 麻 月</td><td></td></tr>
<tr><td colspan="4">用稍细熟布为之</td></tr>
</table>

【1740】丧服总图（略）

【1768】丧服总图（略）

【1790】丧服总图（略）

【1802】丧服总图（略）

【1825】丧服总图（略）

【1847】丧服总图（略）

本宗九族五服正服之图

【1646】本宗九族五服正服之图

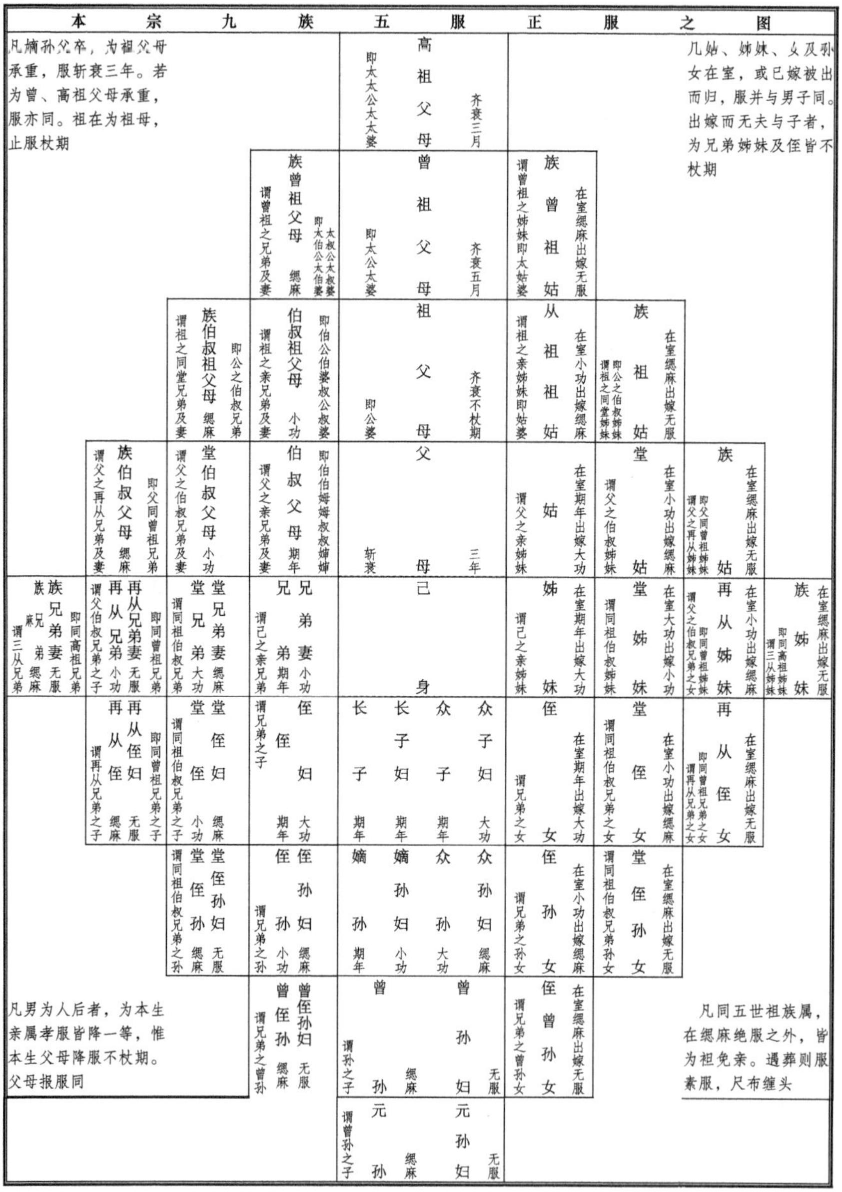

【1670】本宗九族五服正服之图（略）

*【1707】本宗九族五服正服之图

本宗九族五服正服之图								
凡嫡孙父卒，为祖父母承重，服斩衰三年。若为曾、高祖父母承重，服亦同。祖在为祖母，止服杖期				高祖父母 齐衰三月 即太太公太太婆				凡姑、姊妹、女及孙女在室，或已嫁被出而归，服并与男子同。出嫁而无夫与子者，为兄弟姊妹及侄皆不杖期
			曾伯叔祖父母 缌麻 即太伯公太伯婆 太叔公太叔婆 谓曾祖之兄弟及妻	曾祖父母 齐衰五月 即太公太婆	曾祖姑 在室缌麻出嫁无服 谓曾祖之姊妹即太姑婆			
		族伯叔祖父母 缌麻 即公之伯叔兄弟 谓祖之同堂兄弟及妻	伯叔祖父母 小功 即伯公伯婆叔公叔婆 谓祖之亲兄弟及妻	祖父母 齐衰不杖期 即公婆	祖姑 在室小功出嫁缌麻 谓祖之亲姊妹即姑婆	族祖姑 在室缌麻出嫁无服 即公之伯叔姊妹 谓祖之同堂姊妹		
	族伯叔父母 缌麻 即父同曾祖兄弟 谓父之再从兄弟及妻	堂伯叔父母 小功 谓父之伯叔兄弟及妻	伯叔父母 期年 即伯伯姆姆叔叔婶婶 谓父之亲兄弟及妻	父母 斩衰三年	姑 在室期年出嫁大功 谓父之亲姊妹	堂姑 在室小功出嫁缌麻 谓父之伯叔姊妹	族姑 在室缌麻出嫁无服 即父同曾祖姊妹 谓父之再从姊妹	
族兄弟 缌麻 即同高祖兄弟 谓三从兄弟 族兄弟妻 无服	再从兄弟 小功 即同曾祖兄弟 谓父伯叔兄弟之子 再从兄弟妻 无服	堂兄弟 大功 谓同祖伯叔兄弟 堂兄弟妻 缌麻	兄弟 期年 谓己之亲兄弟 兄弟妻 小功	己身	姊妹 在室期年出嫁大功 谓己之亲姊妹	堂姊妹 在室大功出嫁小功 谓同祖伯叔姊妹	再从姊妹 在室小功出嫁缌麻 即同曾祖姊妹 谓父之伯叔兄弟之女	族姊妹 在室缌麻出嫁无服 即同高祖姊妹 谓三从姊妹
	再从侄 缌麻 谓再从兄弟之子 再从侄妇 无服 即同曾祖兄弟之子	堂侄 小功 谓同祖伯叔兄弟之子 堂侄妇 缌麻	侄 期年 谓兄弟之子 侄妇 大功	长子 期年 长子妇 期年 众子 期年 众子妇 大功	侄女 在室期年出嫁大功 谓兄弟之女	堂侄女 在室小功出嫁缌麻 谓同祖伯叔兄弟之女	再从侄女 在室缌麻出嫁无服 即同曾祖兄弟之女 谓再从兄弟之女	
		堂侄孙 缌麻 谓同祖伯叔兄弟之孙 堂侄孙妇 无服	侄孙 小功 谓兄弟之孙 侄孙妇 缌麻	嫡孙 期年 嫡孙妇 小功 众孙 大功 众孙妇 缌麻	侄孙女 在室小功出嫁缌麻 谓兄弟之孙女	堂侄孙女 在室缌麻出嫁无服 谓同祖伯叔兄弟孙女		
凡男为人后者，为本生亲属孝服皆降一等，惟本生父母降服不杖期。父母报服同			曾侄孙 缌麻 谓兄弟之曾孙 曾侄孙妇 无服	曾孙 缌麻 谓孙之子 曾孙妇 无服	侄曾孙女 在室缌麻出嫁无服 谓兄弟之曾孙女			凡同五世祖族属，在缌麻绝服之外，皆为袒免亲。遇葬则服素服，尺布缠头
				元孙 缌麻 谓曾孙之子 元孙妇 无服				

【1725】本宗九族五服正服之图

本宗九族五服正服之图								
凡嫡孙父卒，为祖父母承重，服斩衰三年。若为曾、高祖父母承重，服亦同				高祖父母 齐衰三月	凡姑、姊妹、女及孙女在室，或已嫁被出而归，服并与男子同。出嫁而无夫与子者，为兄弟姊妹及侄皆不杖期			
			曾伯叔祖父母 缌麻	曾祖父母 齐衰五月	曾祖姑 在室缌麻 出嫁无服			
		族伯叔祖父母 缌麻	伯叔祖父母 小功	祖父母 齐衰不杖期	祖姑 在室小功 出嫁缌麻	族祖姑 在室缌麻 出嫁无服		
	族伯叔父母 缌麻	堂伯叔父母 小功	伯叔父母 期年	父母 斩衰三年	姑 在室期年 出嫁大功	堂姑 在室小功 出嫁缌麻	族姑 在室缌麻 出嫁无服	
族兄弟 缌麻 族兄弟妻 无服	再从兄弟 小功 再从兄弟妻 无服	堂兄弟 大功 堂兄弟妻 缌麻	兄弟 期年 兄弟妻 小功	己身	姊妹 在室期年 出嫁大功	堂姊妹 在室大功 出嫁小功	再从姊妹 在室小功 出嫁缌麻	族姊妹 在室缌麻 出嫁无服
	再从侄 缌麻 再从侄妇 无服	堂侄 小功 堂侄妇 缌麻	侄 期年 侄妇 大功	长子 期年 长子妇 期年 众子 期年 众子妇 大功	侄女 在室期年 出嫁大功	堂侄女 在室小功 出嫁缌麻	再从侄女 在室缌麻 出嫁无服	
		堂侄孙 缌麻 堂侄孙妇 无服	侄孙 小功 侄孙妇 缌麻	嫡孙 期年 嫡孙妇 小功 众孙 大功 众孙妇 缌麻	侄孙女 在室小功 出嫁缌麻	堂侄孙女 在室缌麻 出嫁无服		
凡男为人后者，为本生亲属孝服皆降一等，本生父母亦降服不杖期。父母报服同			曾侄孙 缌麻 曾侄孙妇 无服	曾孙 缌麻 曾孙妇 无服	侄曾孙女 在室缌麻 出嫁无服	凡同五世祖族属，在缌麻绝服之外，皆为袒免亲。遇葬则服素服，尺布缠头		
				元孙 缌麻 元孙妇 无服				

【1740】本宗九族五服正服之图（略）

【1768】本宗九族五服正服之图（略）

【1790】本宗九族五服正服之图（略）

【1802】本宗九族五服正服之图（略）

【1825】本宗九族五服正服之图（略）

【1847】本宗九族五服正服之图（略）

妻为夫族服图

【1646】妻为夫族服图

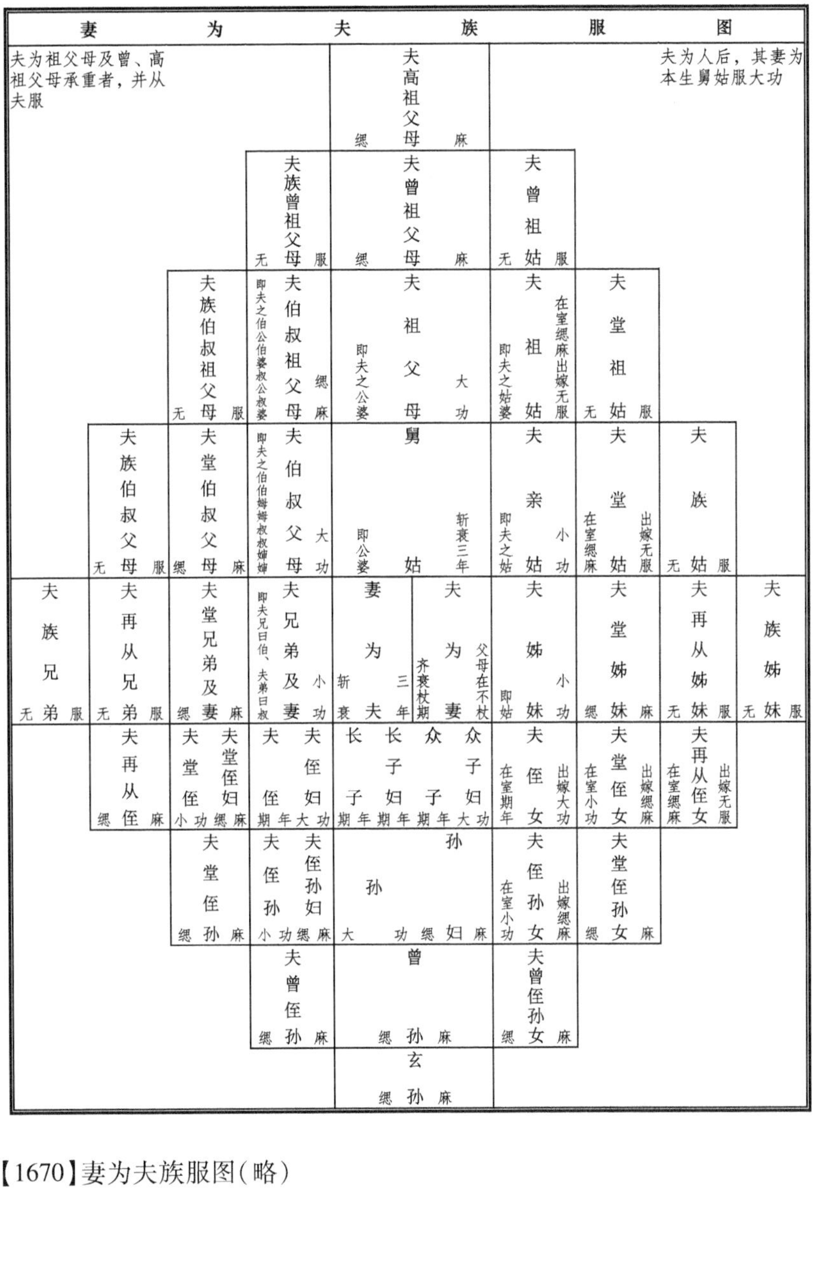

【1670】妻为夫族服图（略）

*【1707】妻为夫族服图

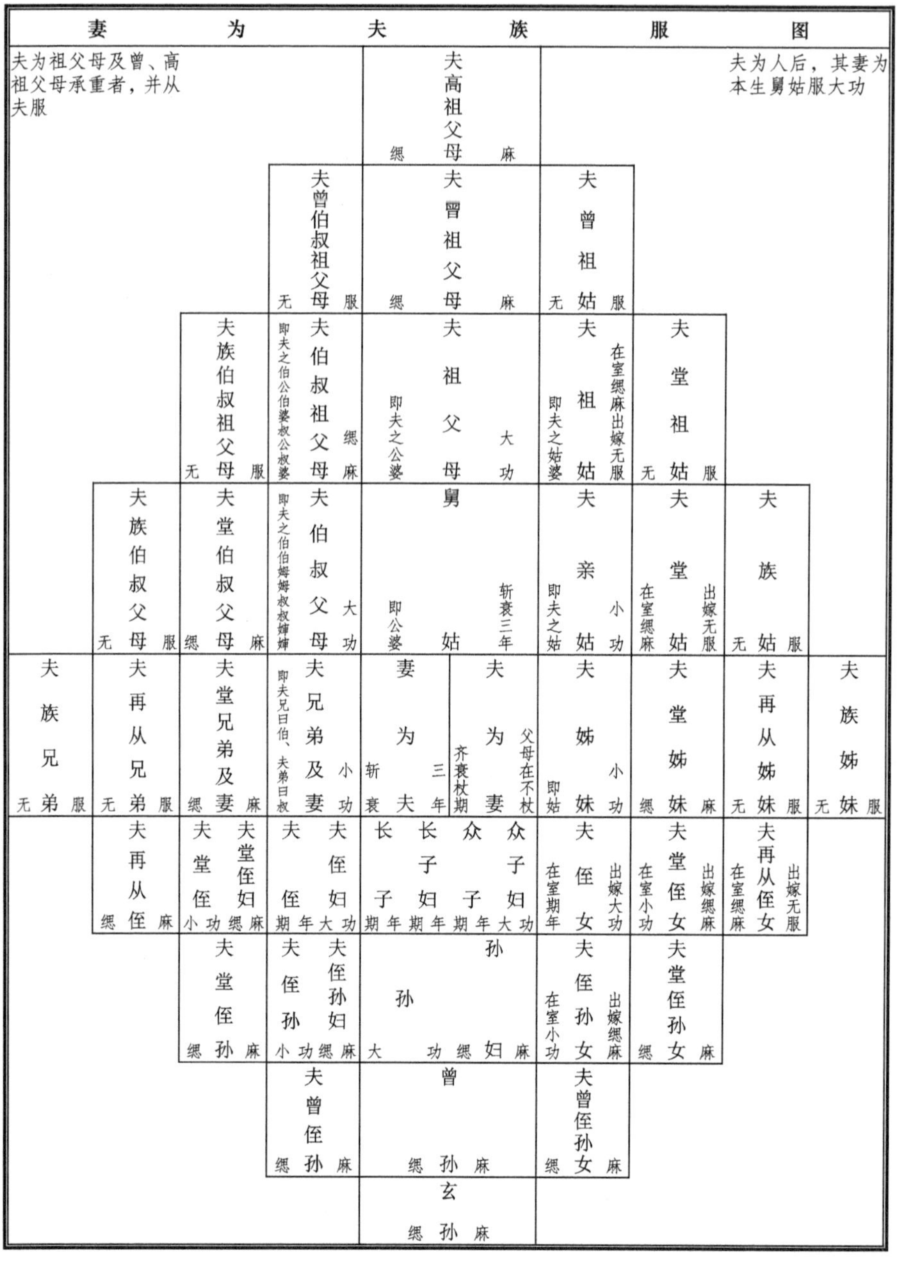
妻为夫族服图
夫为祖父母及曾、高祖父母承重者，并从夫服
夫为人后，其妻为本生舅姑服大功
夫高祖父母 缌麻
夫曾伯叔祖父母 无服
夫曾祖父母 缌麻
夫曾祖姑 无服
夫族伯叔祖父母 无服
夫伯叔祖父母 缌麻 即夫之伯公伯婆叔公叔婆
夫祖父母 大功 即夫之公婆
夫祖姑 在室缌麻出嫁无服 即夫之姑婆
夫堂祖姑 无服
夫族伯叔父母 无服
夫堂伯叔父母 缌麻
夫伯叔父母 大功 即夫之伯伯姆姆叔叔婶婶
舅姑 斩衰三年 即公婆
夫亲姑 小功 即夫之姑
夫堂姑 在室缌麻 出嫁无服
夫族姑 无服
夫族兄弟 无服
夫再从兄弟 无服
夫堂兄弟及妻 缌麻
夫兄弟及妻 小功 即夫兄曰伯、夫弟曰叔
妻为夫 斩衰三年
夫为妻 齐衰杖期 父母在不杖
夫姊妹 小功 即姑
夫堂姊妹 缌麻
夫再从姊妹 无服
夫族姊妹 无服
夫再从侄 缌麻
夫堂侄 小功
夫堂侄妇 缌麻
夫侄 期年
夫侄妇 大功
长子 期年
长子妇 期年
众子 期年
众子妇 大功
夫侄女 在室期年 出嫁大功
夫堂侄女 在室小功 出嫁缌麻
夫再从侄女 在室缌麻 出嫁无服
夫堂侄孙 缌麻
夫侄孙 小功
夫侄孙妇 缌麻
孙 大功
孙妇 缌麻
夫侄孙女 在室小功 出嫁缌麻
夫堂侄孙女 缌麻
夫曾侄孙 缌麻
曾孙 缌麻
夫曾侄孙女 缌麻
玄孙 缌麻

【1725】妻为夫族服图

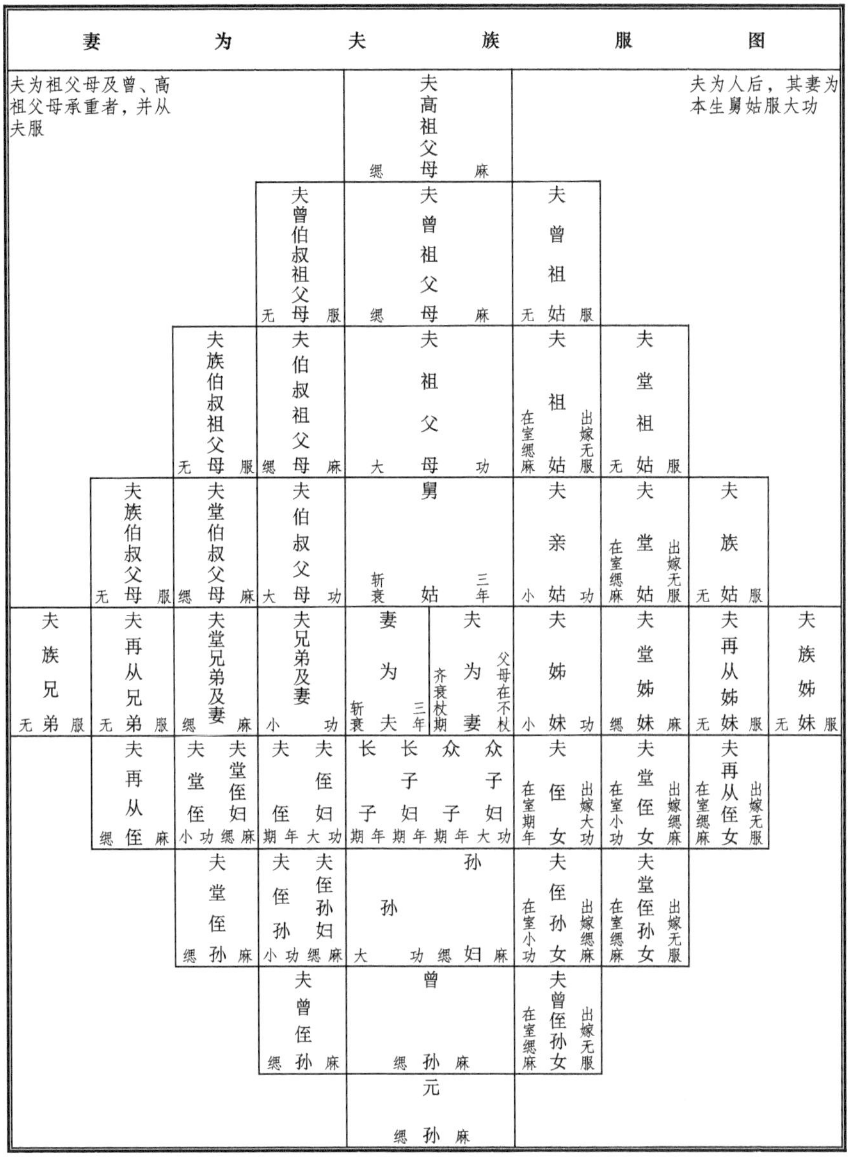

【1740】妻为夫族服图（略）

【1768】妻为夫族服图（略）

【1790】妻为夫族服图（略）

【1802】妻为夫族服图（略）

【1825】妻为夫族服图（略）

【1847】妻为夫族服图（略）

妾为家长族服之图

【1646】妾为家长族服之图

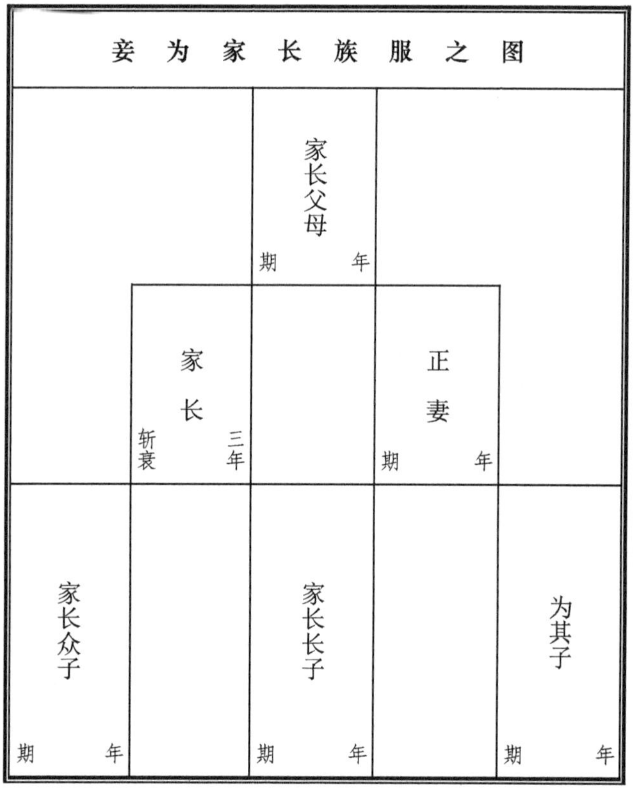

【1670】妾为家长族服之图(略)

【1707】妾为家长族服之图(略)

【1725】妾为家长族服之图(略)

【1740】妾为家长族服之图(略)

【1768】妾为家长族服之图(略)

【1790】妾为家长族服之图

妾为家长族服之图				
嫡孙、众孙为庶祖母，小功五月		家长祖父母 小功		
		家长父母 期年		
	家长 斩衰三年		正妻 期年	
家长众子 期年		家长长子 期年		为其子 期年
家长众孙 无服		家长嫡孙 无服		为其孙 大功

【1802】妾为家长族服之图（略）

【1825】妾为家长族服之图（略）

【1847】妾为家长族服之图（略）

出嫁女为本宗降服之图

【1646】出嫁女为本宗降服之图

出嫁女为本宗降服之图				
		高祖父母 齐衰三月 即太太公太太婆		
		曾祖父母 齐衰五月 即太公太婆		
	祖兄弟 缌麻 即伯公叔公	祖父母 期年 即公婆	祖姊妹 出嫁无服 在室缌麻 即姑婆	
父堂兄弟 缌麻 即父之伯叔兄弟	伯叔父母 大功 即伯伯姆姆叔叔婶婶	父母 期年	父姊妹 大功 即姑	父堂姊妹 出嫁无服 在室缌麻 即父之伯叔姊妹
堂兄弟 小功 即同祖伯叔兄弟	兄弟 大功	己身	姊妹 大功	堂姊妹 出嫁缌麻 在室小功 即同祖伯叔姊妹
堂侄 缌麻 即同祖伯叔兄弟之子	兄弟子 大功 即侄	兄弟女 大功 即侄女	堂侄女 缌麻 即同祖伯叔兄弟之子	

【1670】出嫁女为本宗降服之图(略)

＊【1707】出嫁女为本宗降服之图(略)

【1725】出嫁女为本宗降服之图

出嫁女为本宗降服之图				
		高祖父母 齐衰三月		
		曾祖父母 齐衰五月		
	祖兄弟 缌麻	祖父母 期年	祖姊妹 在室缌麻 出嫁无服	
父堂兄弟 缌麻	伯叔父母 大功	父母 期年	父姊妹 在室大功 出嫁小功	父堂姊妹 在室缌麻 出嫁无服
堂兄弟 小功	兄弟 大功	己身	姊妹 在室大功 出嫁小功	堂姊妹 在室小功 出嫁缌麻
堂侄 缌麻	兄弟子 大功	兄弟女 在室大功 出嫁小功		堂侄女 在室缌麻 出嫁无服

【1740】出嫁女为本宗降服之图（略）

【1768】出嫁女为本宗降服之图（略）

【1790】出嫁女为本宗降服之图（略）

【1802】出嫁女为本宗降服之图（略）

【1825】出嫁女为本宗降服之图（略）

【1847】出嫁女为本宗降服之图（略）

外亲服图

【1646】外亲服图

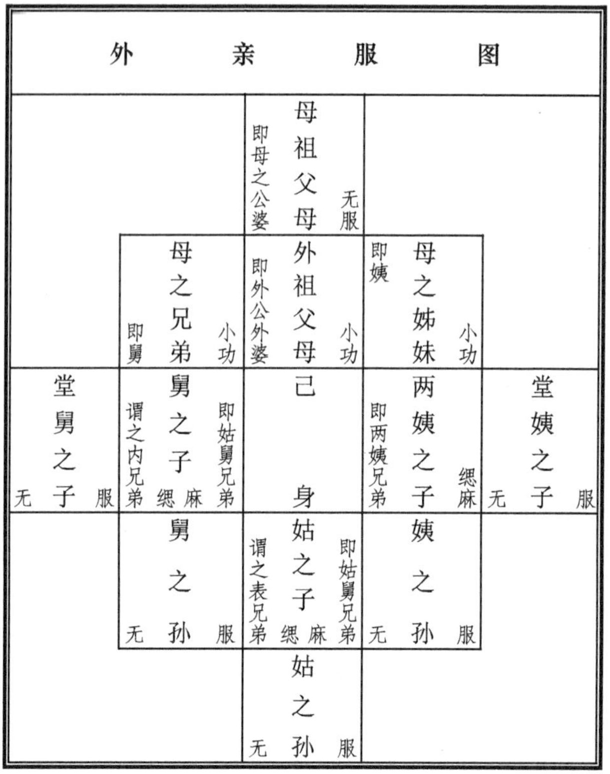

【1670】外亲服图（略）

*【1707】外亲服图

外亲服图				
妻为夫外亲服降一等		母祖父母 无服		
	母之兄弟 小功	外祖父母 小功	母之姊妹 小功	
堂舅之子 无服	舅之子 缌麻	己身	两姨之子 缌麻	堂姨之子 无服
	舅之孙 无服	姑之子 缌麻	姨之孙 无服	
		姑之孙 无服		

【1725】外亲服图

外亲服图				
妻为夫外亲服降一等		母祖父母 无服		
	母之兄弟 小功	外祖父母 小功	母之姊妹 小功	
堂舅之子 无服	母舅之子 缌麻	己身	两姨之子 缌麻	堂姨之子 无服
	舅之孙 无服	姑之子 缌麻	姨之孙 无服	
		姑之孙 无服		

【1740】外亲服图(略)

【1768】外亲服图(略)

【1790】外亲服图(略)

【1802】外亲服图(略)

【1825】外亲服图(略)

【1847】外亲服图(略)

妻亲服图

【1646】妻亲服图

妻亲服图				
		妻祖父母 即妻之公婆 无服		
	妻伯叔 无服	妻父母 即丈人丈母 缌麻	妻之姑 无服	
妻外祖父母 即妻外公外婆 无服	妻兄弟及妇 即舅舅母 无服	己身 为婿 缌麻	妻之姊妹 即姨 无服	
		女之子 缌麻	妻姊妹子 无服	
		女之孙 无服		

【1670】妻亲服图(略)

*【1707】妻亲服图

妻亲服图

		妻祖父母 即妻之公婆 无服		
	妻伯叔 无服	妻父母 即丈人丈母 缌麻	妻之姑 无服	
妻外祖父母 即妻外公外婆 无服	妻兄弟及妇 即舅舅母 无服	己身 为婿 缌麻	妻之姊妹 即姨 无服	
	妻兄弟子 无服	女之子 缌麻	妻姊妹子 无服	
		女之孙 无服		

【1725】妻亲服图

妻亲服图

		妻祖父母 无服		
	妻伯叔 无服	妻父母 缌麻	妻之姑 无服	
妻外祖父母 无服	妻兄弟及妇 无服	己身 为婿 缌麻	妻之姊妹 无服	
	妻兄弟子 无服	女之子 缌麻	妻姊妹子 无服	
		女之孙 无服		

【1740】妻亲服图（略）
【1768】妻亲服图（略）
【1790】妻亲服图（略）
【1802】妻亲服图（略）
【1825】妻亲服图（略）
【1847】妻亲服图（略）

三父八母服图

【1646】三父八母服图

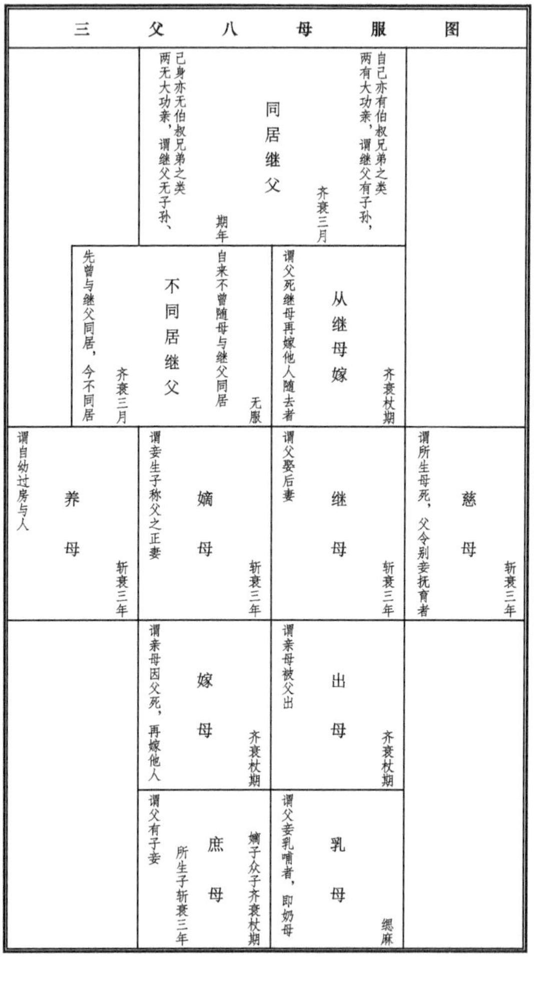

【1670】三父八母服图(略)

*【1707】○修改

臣等谨按:原图以同居不同居继父分作二条,又以从继母嫁作一条。同一继父,宜将同居、不同居并作一条。其从母改嫁与从继母改嫁之继父,服制皆同,亦不必另作一条。今考礼文,最重为人后者为所后父母服,而律图未载,应将为所后之父作一条;又律有所养父母之文,今图内止有养母无养父,应增养父一条,而以继父总作一条,为三父图。其八母图内,嫡母、继母,原与亲母服制无别,应于本宗正服"母三年"图内,增"嫡母、继母同"一句,而改增为所后母及从嫁继母二条,为八母图。谨拟改并,开载于后。

【新改图】

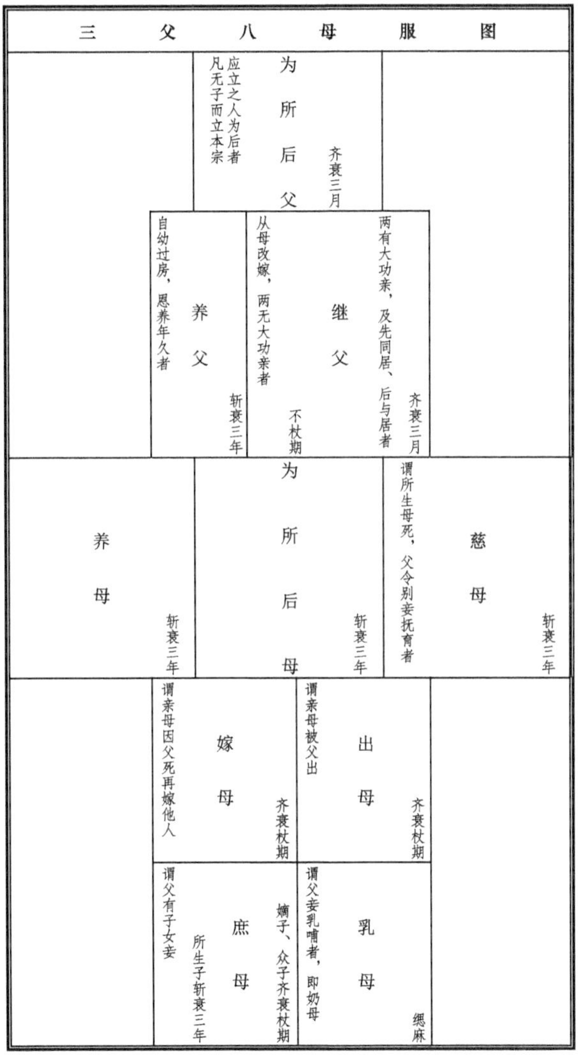

【1725】三父八母服图

<table>
<tr><th colspan="4">三父八母服图</th></tr>
<tr><td></td><td colspan="2">同居继父
自己亦有伯叔兄弟之类两有大功亲，谓继父有子孙、齐衰三月
己身亦无伯叔兄弟之类两无大功亲，谓继父无子孙、期年</td><td></td></tr>
<tr><td></td><td>不同居继父
自来不曾随母与继父同居无服
先曾与继父同居，今不同居齐衰三月</td><td>从继母嫁
齐衰杖期
谓父死继母再嫁他人随去者</td><td></td></tr>
<tr><td>养母
斩衰三年
谓自幼过房与人</td><td>嫡母
斩衰三年
谓妾生子女称父之正妻</td><td>继母
斩衰三年
谓父娶之后妻</td><td>慈母
斩衰三年
谓所生母死，父令别妾抚育者</td></tr>
<tr><td></td><td>嫁母
齐衰杖期
谓亲母因父死再嫁他人</td><td>出母
齐衰杖期
谓亲母被父出</td><td></td></tr>
<tr><td></td><td>庶母
嫡子、众子齐衰杖期
所生子斩衰三年
谓父有子女妾</td><td>乳母
缌麻
谓父妾乳哺者，即奶母</td><td></td></tr>
</table>

【1740】三父八母服图（略）

【1768】三父八母服图（略）

【1790】三父八母服图（略）

【1802】三父八母服图（略）

【1825】三父八母服图（略）

【1847】三父八母服图（略）

服　制

【1646】服制

斩衰三年

子为父母。女在室并已许嫁者，及已嫁被出而反在室者，同。子之妻同。

子为继母、为慈母、为养母。子之妻同。继母，父之后妻；慈母，谓母卒父命他妾养己者；养母，谓自幼过房与人者，即为人后者之所后母也。

庶子为所生母、为嫡母。庶子之妻同。

为人后者为所后父母。为人后者之妻同。

嫡孙为祖父母承重。高、曾祖承重同。

妻为夫。妾为家长同。

齐衰杖期

嫡子、众子为庶母。嫡子、众子之妻同。庶母，父妾之有子者。父妾无子，不得以母称矣。

子为嫁母。亲生母父亡而改嫁者。

子为出母。亲生母为父所出者。

夫为妻。父母在不杖。

嫡孙祖在为祖母承重。

齐衰不杖期

祖为嫡孙。

父母为嫡长子，及嫡长子之妻，及众子，及女在室，及子为人后者。

继母为长子、众子。

前夫之子，从继母改嫁于人，为改嫁继母。

侄为伯叔父母。父之亲兄弟及父亲兄弟之妻也。

为己之亲兄弟，及亲兄弟之子、女在室者。

孙为祖父母。孙女在室、出嫁同。

为人后者，为其本生父母。

女出嫁，为本宗父母。

女在室，及虽适人而无夫与子者，为其兄弟姊妹及侄与侄女在室者。

女适人，为兄弟之为父后者。

妇为夫亲兄弟之子及女在室者。

妾为家长之正妻。

妾为家长父母。

妾为家长之长子、众子与其所生子。

为同居继父,而两无大功以上亲者。

齐衰五月

曾孙为曾祖父母。曾孙女同。

齐衰三月

玄孙为高祖父母。玄孙女同。

为继父,先曾同居今不同居者。自来不曾同居者无服。

为同居继父,而两有大功以上亲者。

大功九月

祖为众孙。孙女在室同。

祖母为众孙、嫡孙。

父母为众子妇及女已出嫁者。

伯叔父母为侄妇及侄女已出嫁者。侄妇,兄弟子之妻也;侄女,兄弟之女也。

妻为夫之祖父母。

妻为夫之伯叔父母。

为人后者,为其兄弟及姑、姊妹在室者。既为人后,则于本生亲属服皆降一等。

夫为人后,其妻为夫本生父母。

为己之同堂兄弟、姊妹在室者。即伯叔父母之子女也。

为姑及姊妹之已出嫁者。姑,即父之姊妹;姊妹,即己之亲姊妹也。

为己兄弟之子为人后者。

出嫁女为本宗伯叔父母。

出嫁女为本宗兄弟及兄弟之子。

出嫁女为本宗姑、姊妹及兄弟之女在室者。

小功五月

为伯叔祖父母。祖之亲兄弟。

为堂伯叔父母。父之堂兄弟。

为再从兄弟及再从姊妹在室者。

为同堂姊妹出嫁者。

为同堂兄弟之子及女在室者。

为从祖姑在室者。即祖之亲姊妹。

为堂姑之在室者。即父之同堂姊妹。

为兄弟之妻。

祖为嫡孙之妇。

为兄弟之孙及兄弟之孙女在室者。

为外祖父母。即母之父母。

为母之兄弟姊妹。兄弟即舅;姊妹即姨。

为姊妹之子即外甥。

妇为夫兄弟之孙即侄孙。及夫兄弟之孙女在室者。即侄孙女。

妇为夫之姑及夫姊妹。在室、出嫁同。

妇为夫兄弟及夫兄弟之妻。

妇为夫同堂兄弟之子及女在室者。

女出嫁为本宗堂兄弟及堂姊妹之在室者。

为人后者,为其姑及姊妹出嫁者。

缌麻三月

祖为众孙妇。

曾祖父母为曾孙。玄孙同。

祖母为嫡孙、众孙妇。

为乳母。

为族曾祖父母。即曾祖之兄弟及曾祖兄弟之妻。

为族伯叔父母。即父再从兄弟及再从兄弟之妻。

为族兄弟及族姊妹在室者。即己三从兄弟姊妹所与同高祖者。

为族曾祖姑在室者。即曾祖之姊妹。

为族祖姑在室者。即祖之同堂姊妹。

为族姑在室者。即父之再从姊妹。

为族伯叔祖父母。即祖同堂兄弟及同堂兄弟妻。

为兄弟之曾孙及兄弟之曾孙女在室者。

为兄弟之孙女出嫁者。

为同堂兄弟之孙及同堂兄弟之孙女在室者。

为再从兄弟之子及女在室者。

为从祖姑及堂姑及己之再从姊妹出嫁者。从祖姑,即祖之亲姊妹;堂姑,即父之堂姊妹。

为同堂兄弟之女出嫁者。

为姑之子。即父姊妹之子。

为舅之子。即母兄弟之子。

为两姨兄弟。即母姊妹之子。

为妻之父母。
为婿。
为外孙,男女同。即女之子女。
为兄弟孙之妻。即侄孙之妻。
为同堂兄弟之子妻。即堂侄之妻。
为同堂兄弟之妻。
妇为夫高、曾祖父母。
妇为夫之伯叔祖父母及夫之从祖姑在室者。
妇为夫之堂伯叔父母及夫之堂姑在室者。夫之堂姑即夫之伯叔祖父母所生也。
妇为夫之同堂兄弟姊妹及夫同堂兄弟之妻。
妇为夫再从兄弟之子。女在室同。
妇为夫同堂兄弟之女出嫁者。
妇为夫同堂兄弟子之妻。即堂侄妇。
妇为夫同堂兄弟之孙及孙女之在室者。
妇为夫兄弟孙之妻。即侄孙之妻。
妇为夫兄弟之孙女出嫁者。
妇为夫兄弟之曾孙。即曾侄孙。女同。
女出嫁,为本宗伯叔祖父母及从祖姑在室者。
女出嫁,为本宗再从伯叔父母及堂姑出嫁者。
女出嫁,为本宗堂兄弟之子,女在室者同。

【1670】服制(略)

＊【1707】○仍旧

此服制图例拟存。

【1725】服制

斩衰三年

子为父母。女在室并已许嫁者,及已嫁被出而反在室者,同。子之妻同。
子为继母、为慈母、为养母。子之妻同。继母,父之后妻;慈母,谓母卒父命他妾养己者;养母,谓自幼过房与人者。
庶子为所生母、为嫡母。庶子之妻同。
为人后者为所后父母。为人后者之妻同。
嫡孙为祖父母及曾、高祖父母承重。嫡孙之妻同。
妻为夫。妾为家长同。

齐衰杖期

嫡子、众子为庶母。嫡子、众子之妻同。庶母,父妾之有子女者。父妾无子女,不得以母称矣。

子为嫁母。亲生母父亡而改嫁者。

子为出母。亲生母为父所出者。

夫为妻。父母在不杖。

齐衰不杖期

祖为嫡孙。

父母为嫡长子,及嫡长子之妻,及众子,及女在室,及子为人后者。

继母为长子、众子。

前夫之子,从继母改嫁于人,为改嫁继母。

侄为伯叔父母,及姑、姊妹之在室者。

为己之亲兄弟,及亲兄弟之子、女在室者。

孙为祖父母。孙女在室、出嫁同。

为人后者,为其本生父母。

女出嫁,为父母。

女在室,及虽适人而无夫与子者,为其兄弟姊妹及侄与侄女在室者。

女适人,为兄弟之为父后者。

妇为夫亲兄弟之子及女在室者。

妾为家长之正妻。

妾为家长父母。

妾为家长之长子、众子与其所生子。

为同居继父,而两无大功以上亲者。

齐衰五月

曾孙为曾祖父母。曾孙女同。

齐衰三月

元孙为高祖父母。元孙女同。

为同居继父,而两有大功以上亲者。

为继父,先曾同居今不同居者。自来不曾同居者无服。

大功九月

祖为众孙。孙女在室同。

祖母为嫡孙、众孙。

父母为众子妇及女已出嫁者。

伯叔父母为侄妇及侄女已出嫁者。侄妇,兄弟子之妻也;侄女,兄弟之女也。

妇为夫之祖父母。

妇为夫之伯叔父母。

为人后者,为其兄弟及姑、姊妹之在室者。既为人后,则于本生亲属服皆降一等。

夫为人后,其妻为夫本生父母。

为己之同堂兄弟、姊妹在室者。即伯叔父母之子女也。

为姑及姊妹之已出嫁者。姑,即父之姊妹;姊妹,即己之亲姊妹也。

为己兄弟之子为人后者。

出嫁女为本宗伯叔父母。

出嫁女为本宗兄弟及兄弟之子。

出嫁女为本宗姑、姊妹及兄弟之女在室者。

小功五月

为伯叔祖父母。祖之亲兄弟。

为堂伯叔父母。父之堂兄弟。

为再从兄弟及再从姊妹在室者。

为同堂姊妹出嫁者。

为同堂兄弟之子及女在室者。

为祖姑在室者。即祖之亲姊妹。

为堂姑之在室者。即父之同堂姊妹。

为兄弟之妻。

祖为嫡孙之妇。

为兄弟之孙及兄弟之孙女在室者。

为外祖父母。即母之父母。

为母之兄弟姊妹。兄弟即舅;姊妹即姨。

为姊妹之子即外甥。及女之在室者。

妇为夫兄弟之孙即侄孙。及夫兄弟之孙女在室者。即侄孙女。

妇为夫之姑及夫姊妹。在室、出嫁同。

妇为夫兄弟及夫兄弟之妻。

妇为夫同堂兄弟之子及女在室者。

女出嫁为本宗堂兄弟及堂姊妹之在室者。

为人后者,为其姑及姊妹出嫁者。

缌麻三月

祖为众孙妇。

曾祖父母为曾孙、元孙。曾孙女、元孙女同。

祖母为嫡孙、众孙妇。

为乳母。

为曾伯叔祖父母。即曾祖之兄弟及曾祖兄弟之妻。

为族伯叔父母。即父再从兄弟及再从兄弟之妻。

为族兄弟及族姊妹在室者。即己三从兄弟姊妹所与同高祖者。

为曾祖姑在室者。即曾祖之姊妹。

为族祖姑在室者。即祖之同堂姊妹。

为族姑在室者。即父之再从姊妹。

为族伯叔祖父母。即祖同堂兄弟及同堂兄弟妻。

为兄弟之曾孙及兄弟之曾孙女在室者。

为兄弟之孙女出嫁者。

为同堂兄弟之孙及同堂兄弟之孙女在室者。

为再从兄弟之子及女在室者。

为祖姑及堂姑及己之再从姊妹出嫁者。祖姑,即祖之亲姊妹;堂姑,即父之堂姊妹。

为同堂兄弟之女出嫁者。

为姑之子。即父姊妹之子。

为舅之子。即母兄弟之子。

为两姨兄弟。即母姊妹之子。

为妻之父母。

为婿。

为外孙,男女同。即女之子女。

为兄弟孙之妻。即侄孙之妻。

为同堂兄弟之子妻。即堂侄之妻。

为同堂兄弟之妻。

妇为夫高、曾祖父母。

妇为夫之伯叔祖父母及夫之祖姑在室者。

妇为夫之堂伯叔父母及夫之堂姑在室者。夫之堂姑即夫之伯叔祖父母所生也。

妇为夫之同堂兄弟姊妹及夫同堂兄弟之妻。

妇为夫再从兄弟之子。女在室同。

妇为夫同堂兄弟之女出嫁者。

妇为夫同堂兄弟子之妻。即堂侄妇。

妇为夫同堂兄弟之孙及孙女之在室者。

妇为夫兄弟孙之妻。即侄孙之妻。

妇为夫兄弟之孙女出嫁者。

妇为夫之曾孙、元孙及曾孙女、元孙女之在室者。

妇为夫兄弟之曾孙。即曾侄孙。曾孙女同。

女出嫁,为本宗伯叔祖父母及祖姑在室者。

女出嫁,为本宗同堂伯叔父母及堂姑在室者。

女出嫁,为本宗堂兄弟之子,女在室者同。

【1740】服制(略)

【1768】服制(略)

【1778】○修改、续纂

小功五月

【修改】

为外祖父母。即亲母之父母。○为在堂继母之父母;庶子嫡母在,为嫡母之父母;庶子为在堂继母之父母;庶子不为父后者,为己母之父母;为人后者,为所后母之父母。以上五项,均与亲母之父母服同。外祖父母报服亦同。其母之兄弟姊妹服制及报服,亦与亲母同。姑舅两姨兄弟姊妹,服亦同。为人后者,为本生母之亲属降服一等。再,庶子不为父后者,为己母之父母服一项,若己母系由奴婢家生女收买为妾及其父母系属贱族者,不在此列。

为母之兄弟姊妹。兄弟即舅;姊妹即姨。○其义服详载为外祖父母条下。

为姊妹之子即外甥。及女之在室者。○其义服详载为外祖父母条下。

【续纂】

嫡孙、众孙为庶祖母。女在室者同。

生有子女之妾,为家长之祖父母。

缌麻三月

【修改】

为外孙,男女同。即女之子女。○其义服详载为外祖父母条下。

为姑之子。即父姊妹之亲子。○其义服详载为外祖父母条下。

为舅之子。即亲母兄弟之子。○其义服详载为外祖父母条下。

为两姨兄弟。即亲母姊妹之子。○其义服详载为外祖父母条下。

【1790】服制

斩衰三年

子为父母。女在室并已许嫁者,及已嫁被出而反在室者,同。子之妻同。

子为继母、为慈母、为养母。子之妻同。继母,父之后妻;慈母,谓母卒父命他妾养己者;养母,谓自幼过房与人者。

庶子为所生母、为嫡母。庶子之妻同。

为人后者为所后父母。为人后者之妻同。

嫡孙为祖父母及曾、高祖父母承重。嫡孙之妻同。

妻为夫。妾为家长同。

齐衰杖期

嫡子、众子为庶母。嫡子、众子之妻同。庶母,父妾之有子女者。父妾无子女,不得以母称矣。

子为嫁母。亲生母父亡而改嫁者。

子为出母。亲生母为父所出者。

夫为妻。父母在不杖。

齐衰不杖期

祖为嫡孙。

父母为嫡长子,及嫡长子之妻,及众子,及女在室,及子为人后者。

继母为长子、众子。

前夫之子,从继母改嫁于人,为改嫁继母。

侄为伯叔父母,及姑、姊妹之在室者。

为己之亲兄弟,及亲兄弟之子、女在室者。

孙为祖父母。孙女在室、出嫁同。

为人后者,为其本生父母。

女出嫁,为父母。

女在室,及虽适人而无夫与子者,为其兄弟姊妹及侄与侄女在室者。

女适人,为兄弟之为父后者。

妇为夫亲兄弟之子及女在室者。

妾为家长之正妻。

妾为家长父母。

妾为家长之长子、众子与其所生子。

为同居继父,而两无大功以上亲者。

齐衰五月

曾孙为曾祖父母。曾孙女同。

齐衰三月

元孙为高祖父母。元孙女同。

为同居继父，而两有大功以上亲者。

为继父，先曾同居今不同居者。自来不曾同居者无服。

大功九月

祖为众孙。孙女在室同。

祖母为嫡孙、众孙。

父母为众子妇及女已出嫁者。

伯叔父母为侄妇及侄女已出嫁者。侄妇，兄弟子之妻也；侄女，兄弟之女也。

妇为夫之祖父母。

妇为夫之伯叔父母。

为人后者，为其兄弟及姑、姊妹之在室者。既为人后，则于本生亲属服皆降一等。

夫为人后，其妻为夫本生父母。

为己之同堂兄弟、姊妹在室者。即伯叔父母之子女也。

为姑及姊妹之已出嫁者。姑，即父之姊妹；姊妹，即己之亲姊妹也。

为己兄弟之子为人后者。

出嫁女为本宗伯叔父母。

出嫁女为本宗兄弟及兄弟之子。

出嫁女为本宗姑、姊妹及兄弟之女在室者。

小功五月

为伯叔祖父母。祖之亲兄弟。

为堂伯叔父母。父之堂兄弟。

为再从兄弟及再从姊妹在室者。

为同堂姊妹出嫁者。

为同堂兄弟之子及女在室者。

为祖姑在室者。即祖之亲姊妹。

为堂姑之在室者。即父之同堂姊妹。

为兄弟之妻。

祖为嫡孙之妇。

为兄弟之孙及兄弟之孙女在室者。

为外祖父母。即亲母之父母。〇为在堂继母之父母；庶子嫡母在，为嫡母之父母；庶子为在堂继母之父母；庶子不为父后者，为己母之父母；为人后者，为所后母之父母。以上五项，均与亲母之父母服同。外祖父母报服亦同。其母之兄弟姊妹服制及报服，亦与亲母同。姑舅两姨兄弟姊妹，服亦同。为人后者，为本生母之亲属降服一等。再，庶子不为父后者，为己母之父母服一项，若己母系由奴婢家生女收买为妾及其父母系属贱族者，不在此列。

为母之兄弟姊妹。兄弟即舅；姊妹即姨。〇其义服详载为外祖父母条下。

为姊妹之子即外甥。及女之在室者。○其义服详载为外祖父母条下。

妇为夫兄弟之孙即侄孙。及夫兄弟之孙女在室者。即侄孙女。

妇为夫之姑及夫姊妹。在室、出嫁同。

妇为夫兄弟及夫兄弟之妻。

妇为夫同堂兄弟之子及女在室者。

女出嫁为本宗堂兄弟及堂姊妹之在室者。

为人后者,为其姑及姊妹出嫁者。

嫡孙、众孙为庶祖母。女在室者同。

生有子女之妾,为家长之祖父母。

缌麻三月

祖为众孙妇。

曾祖父母为曾孙、元孙。曾孙女、元孙女同。

祖母为嫡孙、众孙妇。

为乳母。

为曾伯叔祖父母。即曾祖之兄弟及曾祖兄弟之妻。

为族伯叔父母。即父再从兄弟及再从兄弟之妻。

为族兄弟及族姊妹在室者。即己三从兄弟姊妹所与同高祖者。

为曾祖姑在室者。即曾祖之姊妹。

为族祖姑在室者。即祖之同堂姊妹。

为族姑在室者。即父之再从姊妹。

为族伯叔祖父母。即祖同堂兄弟及同堂兄弟妻。

为兄弟之曾孙及兄弟之曾孙女在室者。

为兄弟之孙女出嫁者。

为同堂兄弟之孙及同堂兄弟之孙女在室者。

为再从兄弟之子及女在室者。

为祖姑及堂姑及己之再从姊妹出嫁者。祖姑,即祖之亲姊妹;堂姑,即父之堂姊妹。

为同堂兄弟之女出嫁者。

为姑之子。即父姊妹之亲子。○其义服详载为外祖父母条下。

为舅之子。即亲母兄弟之子。○其义服详载为外祖父母条下。

为两姨兄弟。即亲母姊妹之子。○其义服详载为外祖父母条下。

为妻之父母。

为婿。

为外孙,男女同。即女之子女。〇其义服详载为外祖父母条下。

为兄弟孙之妻。即侄孙之妻。

为同堂兄弟之子妻。即堂侄之妻。

为同堂兄弟之妻。

妇为夫高、曾祖父母。

妇为夫之伯叔祖父母及夫之祖姑在室者。

妇为夫之堂伯叔父母及夫之堂姑在室者。夫之堂姑即夫之伯叔祖父母所生也。

妇为夫之同堂兄弟姊妹及夫同堂兄弟之妻。

妇为夫再从兄弟之子。女在室同。

妇为夫同堂兄弟之女出嫁者。

妇为夫同堂兄弟子之妻。即堂侄妇。

妇为夫同堂兄弟之孙及孙女之在室者。

妇为夫兄弟孙之妻。即侄孙之妻。

妇为夫兄弟之孙女出嫁者。

妇为夫之曾孙、元孙及曾孙女、元孙女之在室者。

妇为夫兄弟之曾孙。即曾侄孙。曾孙女同。

妇为夫之小功服外姻亲属。

女出嫁,为本宗伯叔祖父母及祖姑在室者。

女出嫁,为本宗同堂伯叔父母及堂姑在室者。

女出嫁,为本宗堂兄弟之子,女在室者同。

【1802】服制(略)

【1825】服制(略)

【1847】服制(略)

附：《大清律例》律例数目[①]对照表

1646		1670		1725		1740		1768	1790	1802	1825	1845	1870
卷 1	条例	卷 1	条例	卷 1	条例	卷 4 名例律上	条例	条例	条例	条例	条例	条例	条例
1.1 名例;48 条	64	1.1 名例;48 条	64	1.1 名例;46 条	100	1.1 名例;46 条	123	185	187	189	208	217	225
1.1.1 五刑	6	1.1.1 五刑	6	1.1.1 五刑	7	1.1.1 五刑	19	18	17②	17	18	18	18
1.1.2 十恶	—	1.1.2 十恶	—	1.1.2 十恶	—	1.1.2 十恶	—	—	—	—	—	—	—
1.1.3 八议	—	1.1.3 八议	—	1.1.3 八议	—	1.1.3 八议	1	1	—	—	—	—	—
1.1.4 应议者犯罪	1	1.1.4 应议者犯罪	1	1.1.4 应议者犯罪	1	1.1.4 应议者犯罪	2	2	5	4	8	11	11
				1.1.5 应议者之父祖有犯	—	1.1.5 应议者之父祖有犯	5	3	1	1	1	1	1
1.1.5 职官有犯	5	1.1.5 职官有犯	5	1.1.6 职官有犯	5	1.1.6 职官有犯	3	4	4	5	5	6	6
1.1.6 军官有犯	4	1.1.6 军官有犯	4										
1.1.7 文武官犯公罪	—	1.1.7 文武官犯公罪	—	1.1.7 文武官犯公罪	—	1.1.7 文武官犯公罪	1	1	1	1	1	1	1
1.1.8 文武官犯私罪	2	1.1.8 文武官犯私罪	2	1.1.8 文武官犯私罪	3	1.1.8 文武官犯私罪	2	2	2	1	1	1	1

① 本表案例数目据整理者点算数目填写。

② 本条律目写为:五刑附赎刑,道光五年、道光二十七年仍之。

续表

1646		1670		1725		1740		1768	1790	1802	1825	1845	1870
1.1.9 应议者之父祖有犯	1	1.1.9 应议者之父祖有犯	1										
1.1.10 军官军人犯罪免徒流	14	1.1.10 军官军人犯罪免徒流	14	1.1.9 犯罪免发遣	8	1.1.9 犯罪免发遣	2	5	5	4	5	5	5
				1.1.10 军籍有犯	1	1.1.10 军籍有犯	—	—	—	—	—	—	—
1.1.11 犯罪得累减	—	1.1.11 犯罪得累减	—	1.1.11 犯罪得累减	—	1.1.11 犯罪得累减	—	—	—	—	—	—	—
1.1.12 以理去官	—	1.1.12 以理去官	—	1.1.12 以理去官	—	1.1.12 以理去官	1	1	1	1	1	1	1
1.1.13 无官犯罪	1	1.1.13 无官犯罪	1	1.1.13 无官犯罪	—	1.1.13 无官犯罪	1	1	1	1	1	1	1
1.1.14 除名当差	—	1.1.14 除名当差	—	1.1.14 除名当差	1	1.1.14 除名当差	2	2	2	2	2	2	2
1.1.15 流囚家属	—	1.1.15 流囚家属	—	1.1.15 流囚家属	4	1.1.15 流囚家属	8	16	17	14	13	13	13
1.1.16 常赦所不原	—	1.1.16 常赦所不原	—	1.1.16 常赦所不原	6	1.1.16 常赦所不原	8	9	9	11	12	13	13
1.1.17 徒流人在道会赦	—	1.1.17 徒流人在道会赦	—	1.1.17 流犯在道会赦	—	1.1.17 流犯在道会赦	—	—	2	2	2	2	2
1.1.18 犯罪存留养亲	—	1.1.18 犯罪存留养亲	—	1.1.18 犯罪存留养亲	5	1.1.18 犯罪存留养亲	7	18	15	18	16	17	17
				1.1.19 天文生有犯	1	1.1.19 天文生有犯	2	2	2	2	2	2	2

续表

1646		1670		1725		1740		1768	1790	1802	1825	1845	1870
1.1.19 工乐户及妇人犯罪	10	1.1.19 工乐户及妇人犯罪	10	1.1.20 工乐户及妇人犯罪	2	1.1.20 工乐户及妇人犯罪	2	2	2	1	3	4	5
1.1.20 徒流人又犯罪	4	1.1.20 徒流人又犯罪	4	1.1.21 徒流人又犯罪	6	1.1.21 徒流人又犯罪	5	8	11	10	12	12	13
						卷5名例律下							
1.1.21 老小废疾收赎	3	1.1.21 老小废疾收赎	3	1.1.22 老小废疾收赎	4	1.1.22 老小废疾收赎	3	5	8	8	9	9	9
1.1.22 犯罪时未老疾	—	1.1.22 犯罪时未老疾	—	1.1.23 犯罪时未老疾	—	1.1.23 犯罪时未老疾	—	—	—	—	—	—	—
1.1.23 给没赃物	3	1.1.23 给没赃物	3	1.1.24 给没赃物	10	1.1.24 给没赃物	11	16	16	18	19	19	20
1.1.24 犯罪自首	3	1.1.24 犯罪自首	3	1.1.25 犯罪自首	10	1.1.25 犯罪自首	10	11	10	10	11	12	12
1.1.25 二罪俱发以重论	—	1.1.25 二罪俱发以重论	—	1.1.26 二罪俱发以重论	1	1.1.26 二罪俱发以重论	—	—	—	1	3	3	3
1.1.26 犯罪共逃	—	1.1.26 犯罪共逃	—	1.1.27 犯罪共逃	—	1.1.27 犯罪共逃	—	—	—	—	—	—	—
1.1.27 同僚犯公罪	—	1.1.27 同僚犯公罪	—	1.1.28 同僚犯公罪	—	1.1.28 同僚犯公罪	—	—	—	—	—	—	—
1.1.28 公事失错	—	1.1.28 公事失错	—	1.1.29 公事失错	—	1.1.29 公事失错	—	—	—	—	—	—	—
1.1.29 共犯罪分首从	—	1.1.29 共犯罪分首从	—	1.1.30 共犯罪分首从	—	1.1.30 共犯罪分首从	—	—	1	1	1	2	1

续表

1646		1670		1725		1740		1768	1790	1802	1825	1845	1870
1.1.30 犯罪事发在逃	—	1.1.30 犯罪事发在逃	—	1.1.31 犯罪事发在逃	2	1.1.31 犯罪事发在逃	3	4	3	4	6	6	7
1.1.31 亲属相为容隐	—	1.1.31 亲属相为容隐	—	1.1.32 亲属相为容隐	—	1.1.32 亲属相为容隐	—	—	—	1	1	1	1
1.1.32 吏卒犯死罪	—	1.1.32 吏卒犯死罪	—										
1.1.33 处决叛军	—	1.1.33 处决叛军	—	1.1.33 处决叛军	—	1.1.33 处决叛军	—	—	—	—	—	—	—
1.1.34 杀害军人	1	1.1.34 杀害军人	1										
1.1.35 在京犯罪军民	—	1.1.35 在京犯罪军民	—										
1.1.36 化外人有犯	—	1.1.36 化外人有犯	—	1.1.34 化外人有犯	—	1.1.34 化外人有犯	1	3	3	3	4	4	5
1.1.37 本条别有罪名	—	1.1.37 本条别有罪名	—	1.1.35 本条别有罪名	—	1.1.35 本条别有罪名	—	—	—	—	—	—	—
1.1.38 加减罪例	1	1.1.38 加减罪例	1	1.1.36 加减罪例	7	1.1.36 加减罪例	3	4	2	2	2	2	2
1.1.39 称乘舆车驾	—	1.1.39 称乘舆车驾	—	1.1.37 称乘舆车驾	—	1.1.37 称乘舆车驾	—	—	—	—	—	—	—
1.1.40 称期亲祖父母	—	1.1.40 称期亲祖父母	—	1.1.38 称期亲祖父母	—	1.1.38 称期亲祖父母	—	—	—	—	—	—	—
1.1.41 称与同罪	1	1.1.41 称与同罪	1	1.1.39 称与同罪	1	1.1.39 称与同罪	1	2	2	1	—	—	—

续表

1646		1670		1725		1740		1768	1790	1802	1825	1845	1870
1.1.42 称监临主守	—	1.1.42 称监临主守	—	1.1.40 称监临主守	—	1.1.40 称监临主守	—	—	—	—	—	—	—
1.1.43 称日者以百刻	—	1.1.43 称日者以百刻	—	1.1.41 称日者以百刻	—	1.1.41 称日者以百刻	—	—	—	—	—	—	—
1.1.44 称道士女冠	—	1.1.44 称道士女冠	—	1.1.42 称道士女冠	—	1.1.42 称道士女冠	—	—	—	—	—	—	—
1.1.45 断罪依新颁律	—	1.1.45 断罪依新颁律	—	1.1.43 断罪依新颁律	1	1.1.43 断罪依新颁律	1	1	1	1	1	1	1
1.1.46 断罪无正条	—	1.1.46 断罪无正条	—	1.1.44 断罪无正条	—	1.1.44 断罪无正条	1	1	1	1	1	1	1
1.1.47 徒流迁徙地方	—	1.1.47 徒流迁徙地方	—	1.1.45 徒流迁徙地方	11	1.1.45 徒流迁徙地方	14	40	41	41	45	45	49
1.1.48 边远充军	4	1.1.48 边远充军	4	1.1.46 充军地方	3	1.1.46 充军地方	4	3	2	2	2	2	2
2 吏律;31 条		2 吏律;31 条		2 吏律;28 条	68	2 吏律;28 条	57	70	73	73	76	76	77
卷 2	条例	卷 2	条例	卷 2	条例	卷 6 吏律职制	条例	条例	条例	条例	条例	条例	条例
2.2 职制;16 条	57	2.2 职制;16 条	57	2.2 职制;14	50	2.2 职制;14	43	46	47	47	47	46	46
2.2.49 官员袭荫	22	2.2.49 官员袭荫	22	2.2.47 官员袭荫	18	2.2.47 官员袭荫	15	15	15	15	15	15	15
2.2.50 大臣专擅选官	1	2.2.50 大臣专擅选官	1	2.2.48 大臣专擅选官	2	2.2.48 大臣专擅选官	1	1	1	1	1	1	1

续表

1646		1670		1725		1740		1768	1790	1802	1825	1845	1870
2.2.51 文官不许封公侯	—	2.2.51 文官不许封公侯	—	2.2.49 文官不许封公侯	—	2.2.49 文官不许封公侯	—	—	—	—	—	—	—
2.2.52 滥设官吏	6	2.2.52 滥设官吏	6	2.2.50 滥设官吏	5	2.2.50 滥设官吏	3	4	4	4	4	4	3
2.2.53 选用军职	6	2.2.53 选用军职	6										
2.2.54 信牌	—	2.2.54 信牌	—	2.2.51 信牌	1	2.2.51 信牌	1	2	2	2	2	2	2
2.2.55 贡举非其人	6	2.2.55 贡举非其人	6	2.2.52 贡举非其人	6	2.2.52 贡举非其人	7	7	7	7	7	7	8
2.2.56 举用有过官吏	1	2.2.56 举用有过官吏	1	2.2.53 举用有过官吏	6	2.2.53 举用有过官吏	8	9	9	9	9	8	8
2.2.57 擅离职役	2	2.2.57 擅离职役	2	2.2.54 擅离职役	2	2.2.54 擅离职役	2	2	2	2	2	2	2
2.2.58 官员赴任过限	2	2.2.58 官员赴任过限	2	2.2.55 官员赴任过限	5	2.2.55 官员赴任过限	4	4	4	4	4	4	4
2.2.59 无故不朝参公座	2	2.2.59 无故不朝参公座	2	2.2.56 无故不朝参公座	2	2.2.56 无故不朝参公座	—	—	—	—	—	—	—
2.2.60 擅勾属官	1	2.2.60 擅勾属官	1	2.2.57 擅勾属官	1	2.2.57 擅勾属官	—	—	—	—	—	—	—
2.2.61 官吏给由	7	2.2.61 官吏给由	7										
2.2.62 奸党	—	2.2.62 奸党	—	2.2.58 奸党	—	2.2.58 奸党	—	—	—	—	—	—	—
2.2.63 交结近侍官员	1	2.2.63 交结近侍官员	1	2.2.59 交结近侍官员	1	2.2.59 交结近侍官员	1	1	2	2	2	2	2

续表

1646		1670		1725		1740		1768	1790	1802	1825	1845	1870
2.2.64 上言大臣德政	—	2.2.64 上言大臣德政	—	2.2.60 上言大臣德政	1	2.2.60 上言大臣德政	1	1	1	1	1	1	1
卷3	条例	卷3	条例	卷3	条例	卷7 吏律公式	条例	条例	条例	条例	条例	条例	条例
2.3 公式;15 条	1	2.3 公式;15 条	1	2.3 公式;14	16	2.3 公式;14	14	24	26	26	29	30	31
2.3.65 讲读律令	—	2.3.65 讲读律令	—	2.3.61 讲读律令	—	2.3.61 讲读律令	—	—	—	—	—	—	—
2.3.66 制书有违	—	2.3.66 制书有违	—	2.3.62 制书有违	1	2.3.62 制书有违	—	—	—	—	—	—	—
2.3.67 弃毁制书印信;2 条	—	2.3.67 弃毁制书印信;2 条	—	2.3.63 弃毁制书印信	1	2.3.63 弃毁制书印信	2	5	5	5	5	5	5
2.3.68	—	2.3.68	—										
2.3.69 上书奏事犯讳	—	2.3.69 上书奏事犯讳	—	2.3.64 上书奏事犯讳	—	2.3.64 上书奏事犯讳	—	—	—	—	—	—	—
2.3.70 事应奏而不奏	—	2.3.70 事应奏而不奏	—	2.3.65 事应奏而不奏	1	2.3.65 事应奏而不奏	1	2	2	2	3	3	4
2.3.71 出使不复命	—	2.3.71 出使不复命	—	2.3.66 出使不复命	—	2.3.66 出使不复命	—	—	—	—	—	—	—
2.3.72 官文书稽程	1	2.3.72 官文书稽程	1	2.3.67 官文书稽程	10	2.3.67 官文书稽程	4	8	8	8	9	10	10
2.3.73 照刷文卷	—	2.3.73 照刷文卷	—	2.3.68 照刷文卷	2	2.3.68 照刷文卷	2	3	4	4	5	5	5
2.3.74 磨勘卷宗	—	2.3.74 磨勘卷宗	—	2.3.69 磨勘卷宗	—	2.3.69 磨勘卷宗	—	—	—	—	—	—	—

续表

1646		1670		1725		1740		1768	1790	1802	1825	1845	1870
2.3.75 同僚代判署文案	—	2.3.75 同僚代判署文案	—	2.3.70 同僚代判署文案	—	2.3.70 同僚代判署文案	2	3	3	3	3	3	3
2.3.76 增减官文书	—	2.3.76 增减官文书	—	2.3.71 增减官文书	—	2.3.71 增减官文书	—	—	—	—	—	—	—
2.3.77 封掌印信	—	2.3.77 封掌印信	—	2.3.72 封掌印信	—	2.3.72 封掌印信	—	—	—	—	—	—	—
2.3.78 漏使印信	—	2.3.78 漏使印信	—	2.3.73 漏使印信	—	2.3.73 漏使印信	2	2	3	3	3	3	3
2.3.79 擅用调兵印信	—	2.3.79 擅用调兵印信	—	2.3.74 擅用调兵印信	1	2.3.74 擅用调兵印信	1	1	1	1	1	1	1
3 户律;95 条		3 户律;94 条		3 户律;92 条	132	3 户律;82 条	200	246	259	258	273	279	289
卷 4	条例	卷 4	条例	卷 4	条例	卷 8 户律户役	条例	条例	条例	条例	条例	条例	条例
3.4 户役;16 条	17	3.4 户役;15 条	17	3.4 户役;15 条	23	3.4 户役;15 条	46	53	57	55	59	59	59
3.4.80 脱漏户口	—	3.4.80 脱漏户口	—	3.4.75 脱漏户口	1	3.4.75 脱漏户口	2	2	2	2	2	2	2
3.4.81 人户以籍为定	2	3.4.81 人户以籍为定	2	3.4.76 人户以籍为定	4	3.4.76 人户以籍为定	14	18	22	21	25	25	25
3.4.82 私创庵院及私度僧道	2	3.4.82 私创庵院及私度僧道	2	3.4.77 私创庵院及私度僧道	3	3.4.77 私创庵院及私度僧道	7	8	6	6	6	6	6
3.4.83 立嫡子违法	3	3.4.83 立嫡子违法	3	3.4.78 立嫡子违法	3	3.4.78 立嫡子违法	6	6	8	7	7	7	7

续表

1646		1670		1725		1740		1768	1790	1802	1825	1845	1870
3.4.84 收留迷失子女	—	3.4.84 收留迷失子女	—	3.4.79 收留迷失子女	—	3.4.79 收留迷失子女	1	1	1	1	1	1	1
3.4.85 隐匿满洲逃亡新旧家人	—												
3.4.86 赋役不均	2	3.4.85 赋役不均	2	3.4.80 赋役不均	4	3.4.80 赋役不均	5	5	5	5	5	5	5
3.4.87 丁夫差遣不平	—	3.4.86 丁夫差遣不平	—	3.4.81 丁夫差遣不平	—	3.4.81 丁夫差遣不平	—	—	—	—	—	—	—
3.4.88 隐蔽差役	—	3.4.87 隐蔽差役	—	3.4.82 隐蔽差役	—	3.4.82 隐蔽差役	—	—	—	—	—	—	—
3.4.89 禁革主保里长	1	3.4.88 禁革主保里长	1	3.4.83 禁革主保里长	1	3.4.83 禁革主保里长	1	1	1	1	1	1	1
3.4.90 逃避差役	3	3.4.89 逃避差役	3	3.4.84 逃避差役	3	3.4.84 逃避差役	3	3	3	3	3	3	3
3.4.91 点差狱卒	—	3.4.90 点差狱卒	—	3.4.85 点差狱卒	—	3.4.85 点差狱卒	—	—	—	—	—	—	—
3.4.92 私役部民夫匠	—	3.4.91 私役部民夫匠	—	3.4.86 私役部民夫匠	—	3.4.86 私役部民夫匠	—	—	—	—	—	—	—
3.4.93 别籍异财	1	3.4.92 别籍异财	1	3.4.87 别籍异财	1	3.4.87 别籍异财	1	1	1	1	1	1	1
3.4.94 卑幼私擅用财	2	3.4.93 卑幼私擅用财	2	3.4.88 卑幼私擅用财	2	3.4.88 卑幼私擅用财	2	2	2	2	2	2	2
3.4.95 收养孤老	1	3.4.94 收养孤老	1	3.4.89 收养孤老	1	3.4.89 收养孤老	4	6	6	6	6	6	6
卷5	条例	卷5	条例	卷5	条例	卷9 户律田宅	条例	条例	条例	条例	条例	条例	条例

续表

1646		1670		1725		1740		1768	1790	1802	1825	1845	1870
3.5 田宅;11 条	13	3.5 田宅;11 条	13	3.5 田宅;11 条	14	3.5 田宅;11 条	32	44	43	43	46	47	47
3.5.96 欺隐田粮	4	3.5.95 欺隐田粮	4	3.5.90 欺隐田粮	3	3.5.90 欺隐田粮	5	5	5	5	5	5	5
3.5.97 检踏灾伤田粮	1	3.5.96 检踏灾伤田粮	1	3.5.91 检踏灾伤田粮	3	3.5.91 检踏灾伤田粮	14	17	15	15	15	15	15
3.5.98 功臣田土	2	3.5.97 功臣田土	2	3.5.92 功臣田土	—	3.5.92 功臣田土	—	—	—	—	—	—	—
3.5.99 盗卖田宅	4	3.5.98 盗卖田宅	4	3.5.93 盗卖田宅	4	3.5.93 盗卖田宅	5	8	9	9	10	11	11
3.5.100 任所置买田宅	—	3.5.99 任所置买田宅	—	3.5.94 任所置买田宅	2	3.5.94 任所置买田宅	2	2	2	2	2	2	2
3.5.101 典买田宅	1	3.5.100 典买田宅	1	3.5.95 典买田宅	1	3.5.95 典买田宅	4	10	10	10	11	11	11
3.5.102 盗耕种官民田	1	3.5.101 盗耕种官民田	1	3.5.96 盗耕种官民田	1	3.5.96 盗耕种官民田	1	1	1	1	1	1	1
3.5.103 荒芜田地	—	3.5.102 荒芜田地	—	3.5.97 荒芜田地	—	3.5.97 荒芜田地	—	—	—	—	1	1	1
3.5.104 弃毁器物稼穑等	—	3.5.103 弃毁器物稼穑等	—	3.5.98 弃毁器物稼穑等	—	3.5.98 弃毁器物稼穑等	1	1	1	1	1	1	1
3.5.105 擅食田园瓜果	—	3.5.104 擅食田园瓜果	—	3.5.99 擅食田园瓜果	—	3.5.99 擅食田园瓜果	—	—	—	—	—	—	—
3.5.106 私借官车船	—	3.5.105 私借官车船	—	3.5.100 私借官车船	—	3.5.100 私借官车船	—	—	—	—	—	—	—

续表

1646		1670		1725		1740		1768	1790	1802	1825	1845	1870
卷6	条例	卷6	条例	卷6	条例	卷10 户律婚姻	条例	条例	条例	条例	条例	条例	条例
3.6 婚姻;18 条	8	3.6 婚姻;18 条	8	3.6 婚姻;17 条	9	3.6 婚姻;17 条	15	18	19	20	23	24	24
3.6.107 男女婚姻	3	3.6.106 男女婚姻	3	3.6.101 男女婚姻	3	3.6.101 男女婚姻	4	4	4	4	4	4	4
3.6.108 典雇妻女	1	3.6.107 典雇妻女	1	3.6.102 典雇妻女	1	3.6.102 典雇妻女	1	1	1	1	1	1	1
3.6.109 妻妾失序	—	3.6.108 妻妾失序	—	3.6.103 妻妾失序	—	3.6.103 妻妾失序	—	—	—	—	—	—	—
3.6.110 逐婿嫁女	—	3.6.109 逐婿嫁女	—	3.6.104 逐婿嫁女	—	3.6.104 逐婿嫁女	—	—	—	—	—	—	—
3.6.111 居丧嫁娶	—	3.6.110 居丧嫁娶	—	3.6.105 居丧嫁娶	—	3.6.105 居丧嫁娶	1	1	1	1	1	1	1
3.6.112 父母囚禁嫁娶	—	3.6.111 父母囚禁嫁娶	—	3.6.106 父母囚禁嫁娶	—	3.6.106 父母囚禁嫁娶	—	—	—	—	—	—	—
3.6.113 同姓为婚	—	3.6.112 同姓为婚	—	3.6.107 同姓为婚	—	3.6.107 同姓为婚	—	—	—	—	—	—	—
3.6.114 尊卑为婚	2	3.6.113 尊卑为婚	2	3.6.108 尊卑为婚	2	3.6.108 尊卑为婚	3	3	2	2	2	2	2
3.6.115 娶亲属妻妾	—	3.6.114 娶亲属妻妾	—	3.6.109 娶亲属妻妾	—	3.6.109 娶亲属妻妾	—	—	2	2	2	2	2
3.6.116 娶部民妇女为妻妾	—	3.6.115 娶部民妇女为妻妾	—	3.6.110 娶部民妇女为妻妾	—	3.6.110 娶部民妇女为妻妾	—	—	—	—	—	—	—
3.6.117 娶逃走妇女	—	3.6.116 娶逃走妇女	—	3.6.111 娶逃走妇女	—	3.6.111 娶逃走妇女	—	—	—	—	—	—	—
3.6.118 强占良家妻女	1	3.6.117 强占良家妻女	1	3.6.112 强占良家妻女	1	3.6.112 强占良家妻女	2	4	4	5	7	7	7

续表

1646		1670		1725		1740		1768	1790	1802	1825	1845	1870
3.6.119 娶乐人为妻妾	—	3.6.118 娶乐人为妻妾	—	3.6.113 娶乐人为妻妾	—	3.6.113 娶乐人为妻妾	—	—	—	—	—	—	—
3.6.120 僧道娶妻	—	3.6.119 僧道娶妻	—	3.6.114 僧道娶妻	—	3.6.114 僧道娶妻	—	—	—	—	—	—	—
3.6.121 良贱为婚姻	—	3.6.120 良贱为婚姻	—	3.6.115 良贱为婚姻	—	3.6.115 良贱为婚姻	—	—	—	—	—	—	—
3.6.122 外番色目人婚姻	—	3.6.121 外番色目人婚姻	—										
3.6.123 出妻	1	3.6.122 出妻	1	3.6.116 出妻	2	3.6.116 出妻	2	2	2	2	2	2	2
3.6.124 嫁娶违律主婚媒人罪	—	3.6.123 嫁娶违律主婚媒人罪	—	3.6.117 嫁娶违律主婚媒人罪	—	3.6.117 嫁娶违律主婚媒人罪	2	3	3	3	4	5	5
卷7	条例	卷7	条例	卷7	条例	卷11 户律仓库上	条例	条例	条例	条例	条例	条例	条例
3.7 仓库;23条	18	3.7 仓库;23条	18	3.7 仓库;23条	45	3.7 仓库;23条	65	77	83	84	87	88	92
3.7.125 钱法	—	3.7.124 钱法	—	3.7.118 钱法	2	3.7.118 钱法	2	2	3	3	3	3	4
3.7.126 收粮违限	2	3.7.125 收粮违限	2	3.7.119 收粮违限	6	3.7.119 收粮违限	6	6	6	6	6	6	6
3.7.127 多收税粮斛面	2	3.7.126 多收税粮斛面	2	3.7.120 多收税粮斛面	2	3.7.120 多收税粮斛面	5	5	5	5	6	6	6
3.7.128 隐匿费用税粮课物	—	3.7.127 隐匿费用税粮课物	—	3.7.121 隐匿费用税粮课物	1	3.7.121 隐匿费用税粮课物	1	1	1	1	1	1	1
3.7.129 揽纳税粮	4	3.7.128 揽纳税粮	4	3.7.122 揽纳税粮	5	3.7.122 揽纳税粮	2	2	2	2	2	2	2

续表

1646		1670		1725		1740		1768	1790	1802	1825	1845	1870
3.7.130 虚出通关朱抄	1	3.7.129 虚出通关朱抄	1	3.7.123 虚出通关朱抄	2	3.7.123 虚出通关朱抄	6	10	10	10	10	10	11
3.7.131 附余钱粮私下补数	—	3.7.130 附余钱粮私下补数	—	3.7.124 附余钱粮私下补数	—	3.7.124 附余钱粮私下补数	—	—	—	—	—	—	—
3.7.132 私借钱粮	—	3.7.131 私借钱粮	—	3.7.125 私借钱粮	2	3.7.125 私借钱粮	6	6	6	6	6	6	6
3.7.133 私借官物	—	3.7.132 私借官物	—	3.7.126 私借官物	—	3.7.126 私借官物	—	—	—	—	—	—	—
						卷 12 户律仓库下							
3.7.134 挪移出纳	—	3.7.133 挪移出纳	—	3.7.127 挪移出纳	11	3.7.127 挪移出纳	11	14	14	14	14	14	13
3.7.135 库秤雇役侵欺	—	3.7.134 库秤雇役侵欺	—	3.7.128 库秤雇役侵欺	1	3.7.128 库秤雇役侵欺	1	1	1	1	1	1	1
3.7.136 冒支官粮	—	3.7.135 冒支官粮	—	3.7.129 冒支官粮	—	3.7.129 冒支官粮	—	—	—	—	—	—	—
3.7.137 钱粮互相觉察	—	3.7.136 钱粮互相觉察	—	3.7.130 钱粮互相觉察	1	3.7.130 钱粮互相觉察	—	—	—	—	1	1	1
3.7.138 仓库不觉被盗	1	3.7.137 仓库不觉被盗	1	3.7.131 仓库不觉被盗	2	3.7.131 仓库不觉被盗	2	2	2	2	2	2	2
3.7.139 守支钱粮及擅开官封	—	3.7.138 守支钱粮及擅开官封	—	3.7.132 守支钱粮及擅开官封	—	3.7.132 守支钱粮及擅开官封	—	—	—	—	—	—	—
3.7.140 出纳官物有违	1	3.7.139 出纳官物有违	1	3.7.133 出纳官物有违	—	3.7.133 出纳官物有违	2	2	2	2	2	2	2

续表

1646		1670		1725		1740		1768	1790	1802	1825	1845	1870
3.7.141 收支留难	1	3.7.140 收支留难	1	3.7.134 收支留难	3	3.7.134 收支留难	3	3	3	3	3	3	3
3.7.142 起解金银足色	—	3.7.141 起解金银足色	—	3.7.135 起解金银足色	—	3.7.135 起解金银足色	—	—	—	—	—	—	—
3.7.143 损坏仓库财物	—	3.7.142 损坏仓库财物	—	3.7.136 损坏仓库财物	—	3.7.136 损坏仓库财物	1	1	1	1	1	1	1
3.7.144 转解官物	5	3.7.143 转解官物	5	3.7.137 转解官物	5	3.7.137 转解官物	9	13	17	18	19	20	23
3.7.145 拟断赃罚不当	—	3.7.144 拟断赃罚不当	—	3.7.138 拟断赃罚不当	—	3.7.138 拟断赃罚不当	2	2	2	2	2	2	2
3.7.146 守掌在官财物	1	3.7.145 守掌在官财物	1	3.7.139 守掌在官财物	1	3.7.139 守掌在官财物	1	1	1	1	1	1	1
3.7.147 隐瞒入官家产	—	3.7.146 隐瞒入官家产	—	3.7.140 隐瞒入官家产	1	3.7.140 隐瞒入官家产	5	6	7	7	7	7	7
卷 8	条例	卷 8	条例	卷 8	条例	卷 13 户律课程	条例	条例	条例	条例	条例	条例	条例
3.8 课程;19 条	13	3.8 课程;19 条	13	3.8 课程;18 条	22	3.8 课程;8 条	24	31	32	31	34	34	40
3.8.148 盐法(12 条)	7	3.8.147 盐法(12 条)	7	3.8.141 盐法(11 条)	11	3.8.141 盐法	14	21	22	21	24	24	25
3.8.149		3.8.148		3.8.142									
3.8.150		3.8.149		3.8.143									
3.8.151		3.8.150		3.8.144									

续表

1646		1670		1725		1740		1768	1790	1802	1825	1845	1870
3.8.152		3.8.151		3.8.145									
3.8.153		3.8.152		3.8.146									
3.8.154		3.8.153		3.8.147									
3.8.155		3.8.154		3.8.148									
3.8.156		3.8.155		3.8.149									
3.8.157		3.8.156		3.8.150									
3.8.158		3.8.157		3.8.151									
3.8.159		3.8.158											
3.8.160 监临势要中盐	—	3.8.159 监临势要中盐	—	3.8.152 监临势要中盐	—	3.8.142 监临势要中盐	—	—	—	—	—	—	—
3.8.161 沮坏盐法	—	3.8.160 沮坏盐法	—	3.8.153 阻坏盐法	—	3.8.143 阻坏盐法	—	—	—	—	—	—	—
3.8.162 私茶	5	3.8.161 私茶	5	3.8.154 私茶	7	3.8.144 私茶	6	5	5	5	5	5	5
3.8.163 私矾	—	3.8.162 私矾	—	3.8.155 私矾	—	3.8.145 私矾	—	—	—	—	—	—	—
3.8.164 匿税	1	3.8.163 匿税	1	3.8.156 匿税	3	3.8.146 匿税	2	2	2	2	2	2	7
3.8.165 舶商匿货	—	3.8.164 舶商匿货	—	3.8.157 舶商匿货	1	3.8.147 舶商匿货	—	—	—	—	—	—	—
3.8.166 人户亏兑课程	—	3.8.165 人户亏兑课程	—	3.8.158 人户亏兑课程	—	3.8.148 人户亏兑课程	2	3	3	3	3	3	3
卷9	条例	卷9	条例	卷9	条例	卷14 户律钱债	条例	条例	条例	条例	条例	条例	条例

续表

1646		1670		1725		1740		1768	1790	1802	1825	1845	1870
3.9 钱债;3 条	7	3.9 钱债;3 条	7	3.9 钱债;3 条	8	3.9 钱债;3 条	6	9	9	9	8	10	10
3.9.167 违禁取利	6	3.9.166 违禁取利	6	3.9.159 违禁取利	7	3.9.149 违禁取利	5	8	8	8	7	7	7
3.9.168 费用受寄财产	1	3.9.167 费用受寄财产	1	3.9.160 费用受寄财产	1	3.9.150 费用受寄财产	1	1	1	1	1	3	3
3.9.169 得遗失物	—	3.9.168 得遗失物	—	3.9.161 得遗失物	—	3.9.151 得遗失物	—	—	—	—	—	—	—
卷 10	条例	卷 10	条例	卷 10	条例	卷 15 户律市廛	条例	条例	条例	条例	条例	条例	条例
3.10 市廛;5 条	7	3.10 市廛;5 条	7	3.10 市廛;5 条	11	3.10 市廛;5 条	12	14	16	16	16	17	17
3.10.170 私充牙行埠头	—	3.10.169 私充牙行埠头	—	3.10.162 私充牙行埠头	3	3.10.152 私充牙行埠头	5	6	6	6	6	6	6
3.10.171 市司评物价	—	3.10.170 市司评物价	—	3.10.163 市司评物价	—	3.10.153 市司评物价	—	—	1	1	2	3	3
3.10.172 把持行市	7	3.10.171 把持行市	7	3.10.164 把持行市	8	3.10.154 把持行市	7	8	9	9	8	8	8
3.10.173 私造斛斗秤尺	—	3.10.172 私造斛斗秤尺	—	3.10.165 私造斛斗秤尺	—	3.10.155 私造斛斗秤尺	—	—	—	—	—	—	—
3.10.174 器用布绢不如法	—	3.10.173 器用布绢不如法	—	3.10.166 器用布绢不如法	—	3.10.156 器用布绢不如法	—	—	—	—	—	—	—
4 礼律;26 条		4 礼律;26 条		4 礼律;26 条	45	4 礼律;26 条	49	51	52	49	52	52	52
卷 11	条例	卷 11	条例	卷 11	条例	卷 16 礼律祭祀	条例	条例	条例	条例	条例	条例	条例

续表

1646		1670		1725		1740		1768	1790	1802	1825	1845	1870
4.11 祭祀;6 条	7	4.11 祭祀;6 条	7	4.11 祭祀;6 条	12	4.11 祭祀;6 条	11	12	13	10	13	13	13
4.11.175 祭享	3	4.11.174 祭享	3	4.11.167 祭享	4	4.11.157 祭享	2	2	2	2	2	2	2
4.11.176 毁大祀丘坛	1	4.11.175 毁大祀丘坛	1	4.11.168 毁大祀丘坛	1	4.11.158 毁大祀丘坛	2	2	2	2	2	2	2
4.11.177 致祭祀典神祇	—	4.11.176 致祭祀典神祇	—	4.11.169 致祭祀典神祇	—	4.11.159 致祭祀典神祇	—	—	—	—	—	—	—
4.11.178 历代帝王陵寝	—	4.11.177 历代帝王陵寝	—	4.11.170 历代帝王陵寝	—	4.11.160 历代帝王陵寝	—	—	—	—	—	—	—
4.11.179 亵渎神明	1	4.11.178 亵渎神明	1	4.11.171 亵渎神明	2	4.11.161 亵渎神明	1	1	1	1	1	1	1
4.11.180 禁止师巫邪术	2	4.11.179 禁止师巫邪术	2	4.11.172 禁止师巫邪术	5	4.11.162 禁止师巫邪术	6	7	8	5	8	8	8
卷 12	条例	卷 12	条例	卷 12	条例	卷 17 礼律仪制	条例	条例	条例	条例	条例	条例	条例
4.12 仪制;20	28	4.12 仪制;20	28	4.12 仪制;20	33	4.12 仪制;20	38	39	39	39	39	39	39
4.12.181 合和御药	1	4.12.180 合和御药	1	4.12.173 合和御药	1	4.12.163 合和御药	1	1	1	1	1	1	1
4.12.182 乘舆服御物	—	4.12.181 乘舆服御物	—	4.12.174 乘舆服御物	—	4.12.164 乘舆服御物	—	—	—	—	—	—	—
4.12.183 收藏禁书及私习天文	—	4.12.182 收藏禁书及私习天文	—	4.12.175 收藏禁书	—	4.12.165 收藏禁书	—	—	—	—	—	—	—

续表

1646		1670		1725		1740		1768	1790	1802	1825	1845	1870
4. 12. 184 御赐衣物	—	4. 12. 183 御赐衣物	—	4. 12. 176 御赐衣物	—	4. 12. 166 御赐衣物	—	—	—	—	—	—	—
4. 12. 185 失误朝贺	1	4. 12. 184 失误朝贺	1	4. 12. 177 失误朝贺	1	4. 12. 167 失误朝贺	—	—	—	—	—	—	—
4. 12. 186 失仪	1	4. 12. 185 失仪	1	4. 12. 178 失仪	2	4. 12. 168 失仪	2	2	2	2	2	2	2
4. 12. 187 奏对失序	—	4. 12. 186 奏对失序	—	4. 12. 179 奏对失序	—	4. 12. 169 奏对失序	—	—	—	—	—	—	—
4. 12. 188 朝见留难	—	4. 12. 187 朝见留难	—	4. 12. 180 朝见留难	—	4. 12. 170 朝见留难	—	—	—	—	—	—	—
4. 12. 189 上书陈言	2	4. 12. 188 上书陈言	2	4. 12. 181 上书陈言	2	4. 12. 171 上书陈言	2	1	1	1	1	1	1
4. 12. 190 见任官辄自立碑	—	4. 12. 189 见任官辄自立碑	—	4. 12. 182 见任官辄自立碑	—	4. 12. 172 见任官辄自立碑	—	—	—	—	—	—	—
4. 12. 191 禁止迎送	2	4. 12. 190 禁止迎送	2	4. 12. 183 禁止迎送	2	4. 12. 173 禁止迎送	5	6	6	6	6	6	6
4. 12. 192 公差人员欺凌长官	1	4. 12. 191 公差人员欺凌长官	1	4. 12. 184 公差人员欺凌长官	1	4. 12. 174 公差人员欺凌长官	1	1	1	1	1	1	1
4. 12. 193 服舍违式	13	4. 12. 192 服舍违式	13	4. 12. 185 服舍违式	17	4. 12. 175 服舍违式	16	17	17	17	17	17	17

续表

1646		1670		1725		1740		1768	1790	1802	1825	1845	1870
4.12.194 僧道拜父母	—	4.12.193 僧道拜父母	—	4.12.186 僧道拜父母	—	4.12.176 僧道拜父母	—	—	—	—	—	—	—
4.12.195 失占天象	1	4.12.194 失占天象	1	4.12.187 失占天象	1	4.12.177 失占天象	1	1	1	1	1	1	1
4.12.196 术士妄言祸福	—	4.12.195 术士妄言祸福	—	4.12.188 术士妄言祸福	—	4.12.178 术士妄言祸福	—	—	—	1	1	1	1
4.12.197 匿父母夫丧	3	4.12.196 匿父母夫丧	3	4.12.189 匿父母夫丧	2	4.12.179 匿父母夫丧	4	4	4	4	4	4	4
4.12.198 弃亲之任	1	4.12.197 弃亲之任	1	4.12.190 弃亲之任	2	4.12.180 弃亲之任	1	1	1	1	1	1	1
4.12.199 丧葬	—	4.12.198 丧葬	—	4.12.191 丧葬	—	4.12.181 丧葬	3	3	3	2	2	2	2
4.12.200 乡饮酒礼	2	4.12.199 乡饮酒礼	2	4.12.192 乡饮酒礼	2	4.12.182 乡饮酒礼	2	2	2	2	2	2	2
5 兵律;76 条		5 兵律;76 条		5 兵律;71 条	73	5 兵律;71 条	99	122	127	128	135	159	152
卷 13	条例	卷 13	条例	卷 13	条例	卷 18 兵律宫卫	条例	条例	条例	条例	条例	条例	条例
5.13 宫卫;19 条	3	5.13 宫卫;19 条	3	5.13 宫卫;16 条	3	5.13 宫卫;16 条	3	5	6	6	10	10	10
5.13.201 太庙门擅入	—	5.13.200 太庙门擅入	—	5.13.193 太庙门擅入	—	5.13.183 太庙门擅入	—	—	—	—	—	—	—
5.13.202 宫殿门擅入	—	5.13.201 宫殿门擅入	—	5.13.194 宫殿门擅入	—	5.13.184 宫殿门擅入	—	—	—	—	2	2	2

续表

1646		1670		1725		1740		1768	1790	1802	1825	1845	1870
5. 13. 203 宿卫守卫人私自代替	1	5. 13. 202 宿卫守卫人私自代替	1	5. 13. 195 宿卫守卫人私自代替	—	5. 13. 185 宿卫守卫人私自代替	—	—	—	—	—	—	—
5. 13. 204 从驾稽违	—	5. 13. 203 从驾稽违	—	5. 13. 196 从驾稽违	—	5. 13. 186 从驾稽违	—	1	1	1	1	1	1
5. 13. 205 直行御道	—	5. 13. 204 直行御道	—	5. 13. 197 直行御道	1	5. 13. 187 直行御道	1	1	2	2	2	2	2
5. 13. 206 内府工作人匠替役	—	5. 13. 205 内府工作人匠替役	—	5. 13. 198 内府工作人匠替役	—	5. 13. 188 内府工作人匠替役	—	—	—	—	—	—	—
5. 13. 207 宫殿造作罢不出	—	5. 13. 206 宫殿造作罢不出	—	5. 13. 199 宫殿造作罢不出	—	5. 13. 189 宫殿造作罢不出	—	—	—	—	—	—	—
5. 13. 208 辄出入宫殿门	—	5. 13. 207 辄出入宫殿门	—	5. 13. 200 辄出入宫殿门	—	5. 13. 190 辄出入宫殿门	—	—	—	—	—	—	—
5. 13. 209 关防内使出入	—	5. 13. 208 关防内使出入	—	5. 13. 201 关防内使出入	—	5. 13. 191 关防内使出入	—	—	—	—	—	—	—
5. 13. 210 向宫殿射箭	—	5. 13. 209 向宫殿射箭	—	5. 13. 202 向宫殿射箭	—	5. 13. 192 向宫殿射箭	—	—	—	—	—	—	—
5. 13. 211 宿卫人兵仗	—	5. 13. 210 宿卫人兵仗	—	5. 13. 203 宿卫人兵仗	—	5. 13. 193 宿卫人兵仗	—	—	—	—	—	—	—
5. 13. 212 禁经断人充宿卫	—	5. 13. 211 禁经断人充宿卫	—	5. 13. 204 禁经断人充宿卫	—	5. 13. 194 禁经断人充宿卫	—	—	—	—	—	—	—

续表

1646		1670		1725		1740		1768	1790	1802	1825	1845	1870
5.13.213 冲突仪仗(3条)	1	5.13.212 冲突仪仗(3条)	1	5.13.205 冲突仪仗	2	5.13.195 冲突仪仗	1	2	2	2	3	3	3
5.13.214		5.13.213											
5.13.215		5.13.214											
5.13.216 行宫营门	—	5.13.215 行宫营门	—	5.13.206 行宫营门	—	5.13.196 行宫营门	—	—	—	—	—	—	—
5.13.217 越城	—	5.13.216 越城	—	5.13.207 越城	—	5.13.197 越城	1	1	1	1	2	2	2
5.13.218 门禁锁钥	—	5.13.217 门禁锁钥	—	5.13.208 门禁锁钥	—	5.13.198 门禁锁钥	—	—	—	—	—	—	—
5.13.219 悬带关防牌面	1	5.13.218 悬带关防牌面	1										
卷14	条例	卷14	条例	卷14	条例	卷19 兵律军政	条例	条例	条例	条例	条例	条例	条例
5.14 军政;21条	16	5.14 军政;21条	16	5.14 军政;21条	20	5.14 军政;21条	28	35	33	33	35	36	42
5.14.220 擅调官军	—	5.14.219 擅调官军	—	5.14.209 擅调官军	—	5.14.199 擅调官军	—	—	—	—	—	—	—
5.14.221 申报军务	—	5.14.220 申报军务	—	5.14.210 申报军务	—	5.14.200 申报军务	—	—	—	—	—	—	—
5.14.222 飞报军情	—	5.14.221 飞报军情	—	5.14.211 飞报军情	—	5.14.201 飞报军情	—	—	—	—	—	—	—

续表

1646		1670		1725		1740		1768	1790	1802	1825	1845	1870
5. 14. 223 漏泄军情大事	1	5. 14. 222 漏泄军情大事	1	5. 14. 212 漏泄军情大事	3	5. 14. 202 漏泄军情大事	3	3	3	3	3	3	3
5. 14. 224 边境申索军需	—	5. 14. 223 边境申索军需	—	5. 14. 213 边境申索军需	—	5. 14. 203 边境申索军需	—	—	—	—	—	—	—
5. 14. 225 失误军事	—	5. 14. 224 失误军事	—	5. 14. 214 失误军事	—	5. 14. 204 失误军事	—	—	—	—	—	—	—
5. 14. 226 从征违期	—	5. 14. 225 从征违期	—	5. 14. 215 从征违期	1	5. 14. 205 从征违期	1	1	1	1	1	1	1
5. 14. 227 军人替役	3	5. 14. 226 军人替役	3	5. 14. 216 军人替役	1	5. 14. 206 军人替役	1	1	1	1	1	1	1
5. 14. 228 主将不固守	3	5. 14. 227 主将不固守	3	5. 14. 217 主将不固守	2	5. 14. 207 主将不固守	2	3	3	3	3	3	7
5. 14..229 纵军掳掠	2	5. 14. 228 纵军掳掠	2	5. 14. 218 纵军掳掠	2	5. 14. 208 纵军掳掠	2	2	2	2	3	3	3
5. 14. 230 不操练军士	2	5. 14. 229 不操练军士	2	5. 14. 219 不操练军士	1	5. 14. 209 不操练军士	1	1	1	1	1	1	1
5. 14. 231 激变良民	—	5. 14. 230 激变良民	—	5. 14. 220 激变良民	2	5. 14. 210 激变良民	2	4	2	2	2	2	2
5. 14. 232 私卖战马	—	5. 14. 231 私卖战马	—	5. 14. 221 私卖战马	1	5. 14. 211 私卖战马	1	1	1	1	2	2	2

续表

1646		1670		1725		1740		1768	1790	1802	1825	1845	1870
5. 14. 233 私卖军器	—	5. 14. 232 私卖军器	—	5. 14. 222 私卖军器	—	5. 14. 212 私卖军器	—	1	1	1	1	1	1
5. 14. 234 毁弃军器	—	5. 14. 233 毁弃军器	—	5. 14. 223 毁弃军器	2	5. 14. 213 毁弃军器	2	2	2	2	2	2	2
5. 14. 235 私藏应禁军器	—	5. 14. 234 私藏应禁军器	—	5. 14. 224 私藏应禁军器	3	5. 14. 214 私藏应禁军器	6	6	7	7	7	8	10
5. 14. 236 纵放军人歇役	3	5. 14. 235 纵放军人歇役	3	5. 14. 225 纵放军人歇役	1	5. 14. 215 纵放军人歇役	1	1	1	1	1	1	1
5. 14. 237 公侯私役官军	—	5. 14. 236 公侯私役官军	—	5. 14. 226 公侯私役官军	—	5. 14. 216 公侯私役官军	—	—	—	—	—	—	—
5. 14. 238 从征守御官军逃	2	5. 14. 237 从征守御官军逃	2	5. 14. 227 从征守御官军逃	—	5. 14. 217 从征守御官军逃	4	7	6	6	6	6	6
5. 14. 239 优恤军属	—	5. 14. 238 优恤军属	—	5. 14. 228 优恤军属	—	5. 14. 218 优恤军属	1	1	1	1	1	1	1
5. 14. 240 夜禁	—	5. 14. 239 夜禁	—	5. 14. 229 夜禁	1	5. 14. 219 夜禁	1	1	1	1	1	1	1
卷 15	条例	卷 15	条例	卷 15	条例	卷 20 兵律关津	条例	条例	条例	条例	条例	条例	条例
5. 15 关津;7 条	11	5. 15 关津;7 条	11	5. 15 关津;7 条	25	5. 15 关津;7 条	38	49	54	55	56	79	66
5. 15. 241 私越冒渡关津	2	5. 15. 240 私越冒渡关津	2	5. 15. 230 私越冒度关津	3	5. 15. 220 私越冒度关津	4	5	9	9	9	10	10

续表

1646		1670		1725		1740		1768	1790	1802	1825	1845	1870
5.15.242 诈冒给路引	—	5.15.241 诈冒给路引	—	5.15.231 诈冒给路引	—	5.15.221 诈冒给路引	—	—	—	—	—	—	—
5.15.243 关津留难	—	5.15.242 关津留难	—	5.15.232 关津留难	—	5.15.222 关津留难	—	—	—	—	—	—	—
5.15.244 递送逃军妻女出城	—	5.15.243 递送逃军妻女出城	—	5.15.233 递送逃军妻女出城	—	5.15.223 递送逃军妻女出城	—	—	—	—	—	—	—
5.15.245 盘诘奸细	2	5.15.244 盘诘奸细	2	5.15.234 盘诘奸细	8	5.15.224 盘诘奸细	8	8	10	11	11	11	12
5.15.246 私出外境及违禁下海	7	5.15.245 私出外境及违禁下海	7	5.15.235 私出外境及违禁下海	14	5.15.225 私出外境及违禁下海	26	36	35	35	36	58	44
5.15.247 私役弓兵	—	5.15.246 私役弓兵	—	5.15.236 私役弓兵	—	5.15.226 私役弓兵	—	—	—		—	—	—
卷16	条例	卷16	条例	卷16	条例	卷21 兵律厩牧	条例	条例	条例	条例	条例	条例	条例
5.16 厩牧;11 条	12	5.16 厩牧;11 条	12	5.16 厩牧;11 条	9	5.16 厩牧;11 条	8	10	10	10	10	10	10
5.16.248 牧养畜产不如法	1	5.16.247 牧养畜产不如法	1	5.16.237 牧养畜产不如法	1	5.16.227 牧养畜产不如法	—	—	1	1	1	1	1
5.16.249 孳生马匹	2	5.16.248 孳生马匹	2	5.16.238 孳生马匹	1	5.16.228 孳生马匹	1	1	1	1	1	1	1
5.16.250 验畜产不以实	2	5.16.249 验畜产不以实	2	5.16.239 验畜产不以实	1	5.16.229 验畜产不以实	1	1	1	1	1	1	1

续表

1646		1670		1725		1740		1768	1790	1802	1825	1845	1870
5.16.251 养疗瘦病畜产不如法	—	5.16.250 养疗瘦病畜产不如法	—	5.16.240 养疗瘦病畜产不如法	—	5.16.230 养疗瘦病畜产不如法	—	—	—	—	—	—	—
5.16.252 乘官畜脊破领穿	1	5.16.251 乘官畜脊破领穿	1	5.16.241 乘官畜脊破领穿	1	5.16.231 乘官畜脊破领穿	1	1	1	1	1	1	1
5.16.253 官马不调习	—	5.16.252 官马不调习	—	5.16.242 官马不调习	—	5.16.232 官马不调习	—	—	—	—	—	—	—
5.16.254 宰杀马牛	1	5.16.253 宰杀马牛	1	5.16.243 宰杀马牛	3	5.16.233 宰杀马牛	3	5	4	4	4	4	4
5.16.255 畜产咬踢人	—	5.16.254 畜产咬踢人	—	5.16.244 畜产咬踢人	—	5.16.234 畜产咬踢人	—	—	—	—	—	—	—
5.16.256 隐匿孳生官畜产	3	5.16.255 隐匿孳生官畜产	3	5.16.245 隐匿孳生官畜产	2	5.16.235 隐匿孳生官畜产	2	2	2	2	2	2	2
5.16.257 私借官畜产	2	5.16.256 私借官畜产	2	5.16.246 私借官畜产	—	5.16.236 私借官畜产	—	—	—	—	—	—	—
5.16.258 公使人等索借马匹	—	5.16.257 公使人等索借马匹	—	5.16.247 公使人等索借马匹	—	5.16.237 公使人等索借马匹	—	—	—	—	—	—	—
卷 17	条例	卷 17	条例	卷 17	条例	卷 22 兵律邮驿	条例	条例	条例	条例	条例	条例	条例
5.17 邮驿;18 条	15	5.17 邮驿;18 条	15	5.17 邮驿;16 条	16	5.17 邮驿;16 条	22	23	24	24	24	24	24
5.17.259 递送公文(3 条)	2	5.17.258 递送公文(3 条)	2	5.17.248 递送公文	3	5.17.238 递送公文	3	4	5	5	5	5	5

续表

1646		1670		1725		1740		1768	1790	1802	1825	1845	1870
5.17.260		5.17.259											
5.17.261		5.17.260											
5.17.262 邀取实封公文	—	5.17.261 邀取实封公文	—	5.17.249 邀取实封公文	—	5.17.239 邀取实封公文	—	—	—	—	—	—	—
5.17.263 铺舍损坏	1	5.17.262 铺舍损坏	1	5.17.250 铺舍损坏	1	5.17.240 铺舍损坏	1	1	1	1	1	1	1
5.17.264 私役铺兵	—	5.17.263 私役铺兵	—	5.17.251 私役铺兵	—	5.17.241 私役铺兵	—	—	—	—	—	—	—
5.17.265 驿使稽程	5	5.17.264 驿使稽程	5	5.17.252 驿使稽程	3	5.17.242 驿使稽程	3	3	3	3	3	3	3
5.17.266 多乘驿马	1	5.17.265 多乘驿马	1	5.17.253 多乘驿马	3	5.17.243 多乘驿马	4	4	4	4	4	4	4
5.17.267 多支廪给	1	5.17.266 多支廪给	1	5.17.254 多支廪给	1	5.17.244 多支廪给	1	1	1	1	1	1	1
5.17.268 文书应给驿而不给	—	5.17.267 文书应给驿而不给	—	5.17.255 文书应给驿而不给	—	5.17.245 文书应给驿而不给	—	—	—	—	—	—	—
5.17.269 公事应行稽程	1	5.17.268 公事应行稽程	1	5.17.256 公事应行稽程	1	5.17.246 公事应行稽程	2	2	2	2	1	1	1
5.17.270 占宿驿舍上房	—	5.17.269 占宿驿舍上房	—	5.17.257 占宿驿舍上房	—	5.17.247 占宿驿舍上房	—	—	—	—	—	—	—

续表

1646		1670		1725		1740		1768	1790	1802	1825	1845	1870
5. 17. 271 乘驿马赍私物	—	5. 17. 270 乘驿马赍私物	—	5. 17. 258 乘驿马赍私物	—	5. 17. 248 乘驿马赍私物	1	1	1	1	2	2	2
5. 17. 272 私役民夫抬轿	—	5. 17. 271 私役民夫抬轿	—	5. 17. 259 私役民夫抬轿	1	5. 17. 249 私役民夫抬轿	2	2	2	2	2	2	2
5. 17. 273 病故官家属还乡	—	5. 17. 272 病故官家属还乡	—	5. 17. 260 病故官家属还乡	—	5. 17. 250 病故官家属还乡	1	1	1	1	1	1	1
5. 17. 274 承差转雇寄人	—	5. 17. 273 承差转雇寄人	—	5. 17. 261 承差转雇寄人	—	5. 17. 251 承差转雇寄人	1	1	1	1	1	1	1
5. 17. 275 乘官畜产车船附私物	4	5. 17. 274 乘官畜产车船附私物	4	5. 17. 262 乘官畜产车船附私物	3	5. 17. 252 乘官畜产车船附私物	3	3	3	3	3	3	3
5. 17. 276 私借驿马	—	5. 17. 275 私借驿马	—	5. 17. 263 私借驿马	—	5. 17. 253 私借驿马	—	—	—	—	—	—	—
6 刑律;170 条		6 刑律;170 条		6 刑律;170 条	392	6 刑律;170 条	498	752	847	880	995	1045	1086
卷 18	条例	卷 18	条例	卷 18	条例	卷 23 刑律贼盗上	条例	条例	条例	条例	条例	条例	条例
6. 18 贼盗;28 条	34	6. 18 贼盗;28 条	34	6. 18 贼盗;28 条	116	6. 18 贼盗;28 条	142	211	229	239	277	302	322
6. 18. 277 谋反大逆	—	6. 18. 276 谋反大逆	—	6. 18. 264 谋反大逆	1	6. 18. 254 谋反大逆	1	1	3	3	3	3	3
6. 18. 278 谋叛	—	6. 18. 277 谋叛	—	6. 18. 265 谋叛	7	6. 18. 255 谋叛	8	9	7	8	7	8	9
6. 18. 279 造妖书妖言	—	6. 18. 278 造妖书妖言	—	6. 18. 266 造妖书妖言	4	6. 18. 256 造妖书妖言	4	4	4	3	3	3	3

续表

1646		1670		1725		1740		1768	1790	1802	1825	1845	1870
6.18.280 盗大祀神御物	—	6.18.279 盗大祀神御物	—	6.18.267 盗大祀神御物	—	6.18.257 盗大祀神御物	—	—	—		—	—	—
6.18.281 盗制书	—	6.18.280 盗制书	—	6.18.268 盗制书	—	6.18.258 盗制书	—	—	—		—	—	—
6.18.282 盗印信	—	6.18.281 盗印信	—	6.18.269 盗印信	—	6.18.259 盗印信	—	—	—		—	—	—
6.18.283 盗内府财物	2	6.18.282 盗内府财物	2	6.18.270 盗内府财物	2	6.18.260 盗内府财物	2	2	1	2	2	2	3
6.18.284 盗城门钥	—	6.18.283 盗城门钥	—	6.18.271 盗城门钥	—	6.18.261 盗城门钥	—	—	—	—	—	—	—
6.18.285 盗军器	—	6.18.284 盗军器	—	6.18.272 盗军器	—	6.18.262 盗军器	—	1	1	1	1	1	1
6.18.286 盗园陵树木	2	6.18.285 盗园陵树木	2	6.18.273 盗园陵树木	2	6.18.263 盗园陵树木	3	4	5	5	6	7	8
6.18.287 监守自盗仓库钱粮	2	6.18.286 监守自盗仓库钱粮	2	6.18.274 监守自盗仓库钱粮	6	6.18.264 监守自盗仓库钱粮	8	10	10	7	6	6	7
6.18.288 常人盗仓库钱粮	1	6.18.287 常人盗仓库钱粮	1	6.18.275 常人盗仓库钱粮	2	6.18.265 常人盗仓库钱粮	3	5	2	2	3	3	4
6.18.289 强盗	6	6.18.288 强盗	6	6.18.276 强盗	26	6.18.266 强盗	27	29	33	39	45	48	49
						卷24 刑律贼盗中							
6.18.290 劫囚	1	6.18.289 劫囚	1	6.18.277 劫囚	1	6.18.267 劫囚	2	3	3	3	3	5	5

续表

1646		1670		1725		1740		1768	1790	1802	1825	1845	1870
6.18.291 白昼抢夺	2	6.18.290 白昼抢夺	2	6.18.278 白昼抢夺	10	6.18.268 白昼抢夺	11	21	23	24	23	25	27
6.18.292 窃盗	1	6.18.291 窃盗	1	6.18.279 窃盗	12	6.18.269 窃盗	14	28	30	28	31	31	32
6.18.293 盗马牛畜产	2	6.18.292 盗马牛畜产	2	6.18.280 盗马牛畜产	3	6.18.270 盗马牛畜产	6	13	12	14	15	16	16
6.18.294 盗田野谷麦	1	6.18.293 盗田野谷麦	1	6.18.281 盗田野谷麦	5	6.18.271 盗田野谷麦	6	14	20	18	21	22	22
						卷25 刑律贼盗下							
6.18.295 亲属相盗	1	6.18.294 亲属相盗	1	6.18.282 亲属相盗	2	6.18.272 亲属相盗	2	4	4	6	6	6	6
6.18.296 恐吓取财	3	6.18.295 恐吓取财	3	6.18.283 恐吓取财	8	6.18.273 恐吓取财	7	9	8	8	11	21	24
6.18.297 诈欺官私取财	2	6.18.296 诈欺官私取财	2	6.18.284 诈欺官私取财	2	6.18.274 诈欺官私取财	3	6	6	6	7	9	13
6.18.298 略人略卖人	2	6.18.297 略人略卖人	2	6.18.285 略人略卖人	7	6.18.275 略人略卖人	10	14	14	15	17	17	18
6.18.299 发冢	1	6.18.298 发冢	1	6.18.286 发冢	3	6.18.276 发冢	7	10	10	10	22	22	23
6.18.300 夜无故入人家	—	6.18.299 夜无故入人家	—	6.18.287 夜无故入人家	1	6.18.277 夜无故入人家	1	1	1	3	3	3	3

续表

1646		1670		1725		1740		1768	1790	1802	1825	1845	1870
6. 18. 301 盗贼窝主	5	6. 18. 300 盗贼窝主	5	6. 18. 288 盗贼窝主	10	6. 18. 278 盗贼窝主	13	16	17	17	22	24	25
6. 18. 302 共谋为盗	—	6. 18. 301 共谋为盗	—	6. 18. 289 共谋为盗	—	6. 18. 279 共谋为盗	—	—	—	1	1	1	1
6. 18. 303 公取窃取皆为盗	—	6. 18. 302 公取窃取皆为盗	—	6. 18. 290 公取窃取皆为盗	—	6. 18. 280 公取窃取皆为盗	—	—	—	—	—	—	—
6. 18. 304 起除刺字	—	6. 18. 303 起除刺字	—	6. 18. 291 起除刺字	2	6. 18. 281 起除刺字	4	7	15	16	19	19	20
卷 19	条例	卷 19	条例	卷 19	条例	卷 26 刑律人命	条例	条例	条例	条例	条例	条例	条例
6.19 人命;20 条	20	6.19 人命;20 条	20	6.19 人命;20 条	48	6.19 人命;20 条	59	82	98	118	146	150	152
6.19.305 谋杀人	1	6.19.304 谋杀人	1	6.19.292 谋杀人	2	6.19.282 谋杀人	4	5	8	9	9	9	10
6. 19. 306 谋杀制使及本管长官	—	6. 19. 305 谋杀制使及本管长官	—	6. 19. 293 谋杀制使及本管长官	—	6. 19. 283 谋杀制使及本管长官	—	—	—	—	—	—	—
6. 19. 307 谋杀祖父母父母	1	6. 19. 306 谋杀祖父母父母	1	6. 19. 294 谋杀祖父母父母	2	6. 19. 284 谋杀祖父母父母	1	2	5	5	7	7	7
6. 19. 308 杀死奸夫	1	6. 19. 307 杀死奸夫	1	6. 19. 295 杀死奸夫	13	6. 19. 285 杀死奸夫	11	17	21	29	33	36	36
6. 19. 309 谋杀故夫父母	—	6. 19. 308 谋杀故夫父母	—	6. 19. 296 谋杀故夫父母	—	6. 19. 286 谋杀故夫父母	—	—	—	—	—	—	—

续表

1646		1670		1725		1740		1768	1790	1802	1825	1845	1870
6. 19. 310 杀一家三人	2	6. 19. 309 杀一家三人	2	6. 19. 297 杀一家三人	5	6. 19. 287 杀一家三人	7	11	10	11	16	17	17
6. 19. 311 采生折割人	—	6. 19. 310 采生折割人	—	6. 19. 298 采生折割人	—	6. 19. 288 采生折割人	1	1	1	1	1	1	1
6. 19. 312 造畜蛊毒杀人	—	6. 19. 311 造畜蛊毒杀人	—	6. 19. 299 造畜蛊毒杀人	—	6. 19. 289 造畜蛊毒杀人	—	1	1	2	2	2	2
6. 19. 313 斗殴及故杀人	3	6. 19. 312 斗殴及故杀人	3	6. 19. 300 斗殴及故杀人	6	6. 19. 290 斗殴及故杀人	7	11	13	16	20	19	20
6. 19. 314 屏去人服食	—	6. 19. 313 屏去人服食	—	6. 19. 301 屏去人服食	—	6. 19. 291 屏去人服食	—	—	—	—	—	—	—
6. 19. 315 戏杀误杀过失杀伤人	2	6. 19. 314 戏杀误杀过失杀伤人	2	6. 19. 302 戏杀误杀过失杀伤人	5	6. 19. 292 戏杀误杀过失杀伤人	7	9	12	16	21	22	22
6. 19. 316 夫殴死有罪妻妾	—	6. 19. 315 夫殴死有罪妻妾	—	6. 19. 303 夫殴死有罪妻妾	1	6. 19. 293 夫殴死有罪妻妾	2	2	2	2	2	2	2
6. 19. 317 杀子孙及奴婢图赖人	4	6. 19. 316 杀子孙及奴婢图赖人	4	6. 19. 304 杀子孙及奴婢图赖人	5	6. 19. 294 杀子孙及奴婢图赖人	4	4	5	5	6	6	6
6. 19. 318 弓箭伤人	—	6. 19. 317 弓箭伤人	—	6. 19. 305 弓箭伤人	—	6. 19. 295 弓箭伤人	—	—	—	1	1	1	1
6. 19. 319 车马杀伤人	—	6. 19. 318 车马杀伤人	—	6. 19. 306 车马杀伤人	1	6. 19. 296 车马杀伤人	1	1	1	1	1	1	1

续表

1646		1670		1725		1740		1768	1790	1802	1825	1845	1870
6.19.320 庸医杀伤人	—	6.19.319 庸医杀伤人	—	6.19.307 庸医杀伤人	—	6.19.297 庸医杀伤人	—	—	—	1	1	1	1
6.19.321 窝弓杀伤人	—	6.19.320 窝弓杀伤人	—	6.19.308 窝弓杀伤人	—	6.19.298 窝弓杀伤人	—	—	—	—	—	—	—
6.19.322 威逼人致死	6	6.19.321 威逼人致死	6	6.19.309 威逼人致死	8	6.19.299 威逼人致死	14	17	18	18	25	25	25
6.19.323 尊长为人杀私和	—	6.19.322 尊长为人杀私和	—	6.19.310 尊长为人杀私和	—	6.19.300 尊长为人杀私和	—	1	1	1	1	1	1
6.19.324 同行知有谋害	—	6.19.323 同行知有谋害	—	6.19.311 同行知有谋害	—	6.19.301 同行知有谋害	—	—	—	—	—	—	—
卷20	条例	卷20	条例	卷20	条例	卷27 刑律斗殴上	条例	条例	条例	条例	条例	条例	条例
6.20 斗殴;22 条	8	6.20 斗殴;22 条	8	6.20 斗殴;22 条	31	6.20 斗殴;22 条	32	65	76	77	88	95	102
6.20.325 斗殴	1	6.20.324 斗殴	1	6.20.312 斗殴	5	6.20.302 斗殴	3	6	7	7	9	12	14
6.20.326 保辜限期	1	6.20.325 保辜限期	1	6.20.313 保辜限期	2	6.20.303 保辜限期	4	7	7	7	7	7	7
6.20.327 宫内忿争	—	6.20.326 宫内忿争	—	6.20.314 宫内忿争	1	6.20.304 宫内忿争	1	1	1	1	3	3	3
6.20.328 皇家袒免以上亲被殴	—	6.20.327 皇家袒免以上亲被殴	—	6.20.315 皇家袒免以上亲被殴	—	6.20.305 皇家袒免以上亲被殴①	—	—	2	2	2	2	2

① 乾隆三十三年《大清律例》本条律目改为“宗室觉罗以上亲被殴”，乾隆五十五年、嘉庆七年、道光五年、道光二十七年仍之。

续表

1646		1670		1725		1740		1768	1790	1802	1825	1845	1870
6. 20. 329 殴制使及本管长官	1	6. 20. 328 殴制使及本管长官	1	6. 20. 316 殴制使及本管长官	3	6. 20. 306 殴制使及本管长官	3	5	4	4	5	5	5
6. 20. 330 佐职统属殴长官	—	6. 20. 329 佐职统属殴长官	—	6. 20. 317 佐职统属殴长官	—	6. 20. 307 佐职统属殴长官	—	—	—	—	—	—	—
6. 20. 331 上司官与统属官相殴	—	6. 20. 330 上司官与统属官相殴	—	6. 20. 318 上司官与统属官相殴	—	6. 20. 308 上司官与统属官相殴	—	—	—	—	—	—	—
6. 20. 332 九品以上官殴长官	—	6. 20. 331 九品以上官殴长官	—	6. 20. 319 九品以上官殴长官	—	6. 20. 309 九品以上官殴长官	—	—	—	—	—	—	—
6. 20. 333 拒殴追摄人	—	6. 20. 332 拒殴追摄人	—	6. 20. 320 拒殴追摄人	—	6. 20. 310 拒殴追摄人	—	—	—	—	—	—	—
6. 20. 334 殴受业师	—	6. 20. 333 殴受业师	—	6. 20. 321 殴受业师	1	6. 20. 311 殴受业师	1	2	2	1	1	1	1
6. 20. 335 威力制缚人	1	6. 20. 334 威力制缚人	1	6. 20. 322 威力制缚人	3	6. 20. 312 威力制缚人	4	4	4	4	4	4	4
6. 20. 336 良贱相殴	—	6. 20. 335 良贱相殴	—	6. 20. 323 良贱相殴	2	6. 20. 313 良贱相殴	1	1	1	1	1	1	1
						卷 28 刑律斗殴下							
6. 20. 337 奴婢殴家长	—	6. 20. 336 奴婢殴家长	—	6. 20. 324 奴婢殴家长	7	6. 20. 314 奴婢殴家长	7	15	17	14	14	16	16
6. 20. 338 妻妾殴夫	—	6. 20. 337 妻妾殴夫	—	6. 20. 325 妻妾殴夫	—	6. 20. 315 妻妾殴夫	—	3	3	3	3	3	3

续表

1646		1670		1725		1740		1768	1790	1802	1825	1845	1870
6. 20. 339 同姓亲属相殴	—	6. 20. 338 同姓亲属相殴	—	6. 20. 326 同姓亲属相殴	1	6. 20. 316 同姓亲属相殴	—	—	—	—	—	—	—
6. 20. 340 殴大功以下尊长	—	6. 20. 339 殴大功以下尊长	—	6. 20. 327 殴大功以下尊长	—	6. 20. 317 殴大功以下尊长	—	5	6	9	12	12	15
6. 20. 341 殴期亲尊长	2	6. 20. 340 殴期亲尊长	2	6. 20. 328 殴期亲尊长	2	6. 20. 318 殴期亲尊长	3	6	9	11	11	12	13
6. 20. 342 殴祖父母父母	2	6. 20. 341 殴祖父母父母	2	6. 20. 329 殴祖父母父母	2	6. 20. 319 殴祖父母父母	3	7	9	8	11	12	12
6. 20. 343 妻妾与夫亲属相殴	—	6. 20. 342 妻妾与夫亲属相殴	—	6. 20. 330 妻妾与夫亲属相殴	—	6. 20. 320 妻妾与夫亲属相殴	—	1	2	2	2	2	2
6. 20. 344 殴妻前夫之子	—	6. 20. 343 殴妻前夫之子	—	6. 20. 331 殴妻前夫之子	—	6. 20. 321 殴妻前夫之子	—	—	—	—	—	—	—
6. 20. 345 妻妾殴故夫父母	—	6. 20. 344 妻妾殴故夫父母	—	6. 20. 332 妻妾殴故夫父母	—	6. 20. 322 妻妾殴故夫父母	—	—	—	—	—	—	—
6. 20. 346 父祖被殴	—	6. 20. 345 父祖被殴	—	6. 20. 333 父祖被殴	2	6. 20. 323 父祖被殴	2	2	2	3	3	3	4
卷 21	条例	卷 21	条例	卷 21	条例	卷 29 刑律骂詈	条例	条例	条例	条例	条例	条例	条例
6.21 骂詈;8 条	3	6.21 骂詈;8 条	3	6.21 骂詈;8 条	3	6.21 骂詈;8 条	3	3	3	3	3	3	3
6.21.347 骂人	—	6.21.346 骂人	—	6.21.334 骂人	—	6.21.324 骂人	—	—	—	—	—	—	—

续表

1646		1670		1725		1740		1768	1790	1802	1825	1845	1870
6. 21. 348 骂制使及本管长官	2	6. 21. 347 骂制使及本管长官	2	6. 21. 335 骂制使及本管长官	2	6. 21. 325 骂制使及本管长官	2	2	2	2	2	2	2
6. 21. 349 佐职统属骂长官	—	6. 21. 348 佐职统属骂长官	—	6. 21. 336 佐职统属骂长官	—	6. 21. 326 佐职统属骂长官	—	—	—	—	—	—	—
6. 21. 350 奴婢骂家长	—	6. 21. 349 奴婢骂家长	—	6. 21. 337 奴婢骂家长	—	6. 21. 327 奴婢骂家长	—	—	—	—	—	—	—
6.21.351 骂尊长	—	6.21.350 骂尊长	—	6.21.338 骂尊长	—	6.21.328 骂尊长	—	—	—	—	—	—	—
6. 21. 352 骂祖父母父母	1	6. 21. 351 骂祖父母父母	1	6. 21. 339 骂祖父母父母	1	6. 21. 329 骂祖父母父母	1	1	1	1	1	1	1
6. 21. 353 妻妾骂夫期亲尊长	—	6. 21. 352 妻妾骂夫期亲尊长	—	6. 21. 340 妻妾骂夫期亲尊长	—	6. 21. 330 妻妾骂夫期亲尊长	—	—	—	—	—	—	—
6. 21. 354 妻妾骂故夫父母	—	6. 21. 353 妻妾骂故夫父母	—	6. 21. 341 妻妾骂故夫父母	—	6. 21. 331 妻妾骂故夫父母	—	—	—	—	—	—	—
卷 22	条例	卷 22	条例	卷 22	条例	卷 30 刑律诉讼	条例	条例	条例	条例	条例	条例	条例
6.22 诉讼;12 条	20	6.22 诉讼;12 条	20	6.22 诉讼;12 条	44	6.22 诉讼;12 条	52	65	74	77	91	95	95
6.22.355 越诉	10	6.22.354 越诉	10	6.22.342 越诉	15	6.22.332 越诉	15	16	18	18	27	27	27
6. 22. 356 投匿名文书告人罪	—	6. 22. 355 投匿名文书告人罪	—	6. 22. 343 投匿名文书告人罪	2	6. 22. 333 投匿名文书告人罪	2	3	3	3	5	5	5
6. 22. 357 告状不受理	—	6. 22. 356 告状不受理	—	6. 22. 344 告状不受理	2	6. 22. 334 告状不受理	4	10	9	9	9	9	9

续表

1646		1670		1725		1740		1768	1790	1802	1825	1845	1870
6.22.358 听讼回避	—	6.22.357 听讼回避	—	6.22.345 听讼回避	—	6.22.335 听讼回避	—	—	—	1	1	1	1
6.22.359 诬告	4	6.22.358 诬告	4	6.22.346 诬告	12	6.22.336 诬告	14	16	21	22	23	27	27
6.22.360 干名犯义	—	6.22.359 干名犯义	—	6.22.347 干名犯义	3	6.22.337 干名犯义	2	3	3	3	3	3	3
6.22.361 子孙违犯教令	1	6.22.360 子孙违犯教令	1	6.22.348 子孙违犯教令	1	6.22.338 子孙违犯教令	1	1	3	3	3	3	3
6.22.362 见禁囚不得告举他事	1	6.22.361 见禁囚不得告举他事	1	6.22.349 见禁囚不得告举他事	1	6.22.339 见禁囚不得告举他事	1	1	1	1	1	1	1
6.22.363 教唆词讼	2	6.22.362 教唆词讼	2	6.22.350 教唆词讼	4	6.22.340 教唆词讼	6	8	9	10	12	12	12
6.22.364 军民约会词讼	2	6.22.363 军民约会词讼	2	6.22.351 军民约会词讼	4	6.22.341 军民约会词讼	7	7	7	7	7	7	7
6.22.365 官吏词讼家人诉	—	6.22.364 官吏词讼家人诉	—	6.22.352 官吏词讼家人诉	—	6.22.342 官吏词讼家人诉	—	—	—	—	—	—	—
6.22.366 诬告充军及迁徙	—	6.22.365 诬告充军及迁徙	—	6.22.353 诬告充军及迁徙	—	6.22.343 诬告充军及迁徙	—	—	—	—	—	—	—
卷 23	条例	卷 23	条例	卷 23	条例	卷 31 刑律受赃	条例	条例	条例	条例	条例	条例	条例
6.23 受赃;11 条	7	6.23 受赃;11 条	7	6.23 受赃;11 条	17	6.23 受赃;11 条	24	27	28	29	28	29	29

续表

1646		1670		1725		1740		1768	1790	1802	1825	1845	1870
6. 23. 367 官吏受财	1	6. 23. 366 官吏受财	1	6. 23. 354 官吏受财	9	6. 23. 344 官吏受财	13	14	14	14	13	14	14
6. 23. 368 坐赃致罪	—	6. 23. 367 坐赃致罪	—	6. 23. 355 坐赃致罪	—	6. 23. 345 坐赃致罪	—	—	—	—	—	—	—
6. 23. 369 事后受财	—	6. 23. 368 事后受财	—	6. 23. 356 事后受财	—	6. 23. 346 事后受财	—	—	—	—	—	—	—
6. 23. 370 官吏听许财物	1	6. 23. 369 官吏听许财物	1	6. 23. 357 官吏听许财物	—	6. 23. 347 官吏听许财物	1	1	1	1	1	1	1
6. 23. 371 有事以财请求	—	6. 23. 370 有事以财请求	—	6. 23. 358 有事以财请求	2	6. 23. 348 有事以财请求	1	1	1	2	2	2	2
6. 23. 372 在官求索借贷人财物	3	6. 23. 371 在官求索借贷人财物	3	6. 23. 359 在官求索借贷人财物	4	6. 23. 349 在官求索借贷人财物	6	7	8	8	8	8	8
6. 23. 373 家人求索	—	6. 23. 372 家人求索	—	6. 23. 360 家人求索	—	6. 23. 350 家人求索	—	1	1	1	1	1	1
6. 23. 374 风宪官吏犯赃	—	6. 23. 373 风宪官吏犯赃	—	6. 23. 361 风宪官吏犯赃	—	6. 23. 351 风宪官吏犯赃	—	—	—	—	—	—	—
6. 23. 375 因公科敛	2	6. 23. 374 因公科敛	2	6. 23. 362 因公科敛	1	6. 23. 352 因公科敛	2	2	2	2	2	2	2
6. 23. 376 克留盗赃	—	6. 23. 375 克留盗赃	—	6. 23. 363 克留盗赃	1	6. 23. 353 克留盗赃	1	1	1	1	1	1	1

续表

1646		1670		1725		1740		1768	1790	1802	1825	1845	1870
6.23.377 私受公侯财物	—	6.23.376 私受公侯财物	—	6.23.364 私受公侯财物	—	6.23.354 私受公侯财物	—	—	—	—	—	—	—
卷24	条例	卷24	条例	卷24	条例	卷32 刑律诈伪	条例	条例	条例	条例	条例	条例	条例
6.24 诈伪;11条	14	6.24 诈伪;11条	14	6.24 诈伪;11条	25	6.24 诈伪;11条	31	37	31	32	33	33	35
6.24.378 诈为制书	3	6.24.377 诈为制书	3	6.24.365 诈为制书	3	6.24.355 诈为制书	3	3	3	3	3	3	3
6.24.379 诈传诏旨	—	6.24.378 诈传诏旨	—	6.24.366 诈传诏旨	—	6.24.356 诈传诏旨	—	—	—	—	—	—	—
6.24.380 对制上书诈不以实	—	6.24.379 对制上书诈不以实	—	6.24.367 对制上书诈不以实	—	6.24.357 对制上书诈不以实	—	—	—	—	1	1	1
6.24.381 伪造印信历日等	4	6.24.380 伪造印信历日等	4	6.24.368 伪造印信历日等	2	6.24.358 伪造印信时宪书等	4	3	3	3	4	4	4
6.24.382 私铸铜钱	2	6.24.381 私铸铜钱	2	6.24.369 私铸铜钱	10	6.24.359 私铸铜钱	14	15	10	10	10	10	12
6.24.383 诈假官	3	6.24.382 诈假官	3	6.24.370 诈假官	5	6.24.360 诈假官	5	8	8	8	7	7	7
6.24.384 诈称内使等官	2	6.24.383 诈称内使等官	2	6.24.371 诈称内使等官	2	6.24.361 诈称内使等官	2	3	2	2	2	2	2
6.24.385 近侍诈称私行	—	6.24.384 近侍诈称私行	—	6.24.372 近侍诈称私行	—	6.24.362 近侍诈称私行	—	—	—	—	—	—	—

续表

1646		1670		1725		1740		1768	1790	1802	1825	1845	1870
6. 24. 386 诈为瑞应	—	6. 24. 385 诈为瑞应	—	6. 24. 373 诈为瑞应	—	6. 24. 363 诈为瑞应	—	—	—	—	—	—	—
6. 24. 387 诈病死伤避事	—	6. 24. 386 诈病死伤避事	—	6. 24. 374 诈病死伤避事	2	6. 24. 364 诈病死伤避事	2	2	2	2	2	2	2
6. 24. 388 诈教诱人犯法	—	6. 24. 387 诈教诱人犯法	—	6. 24. 375 诈教诱人犯法	1	6. 24. 365 诈教诱人犯法	1	3	3	4	4	4	4
卷 25	条例	卷 25	条例	卷 25	条例	卷 33 刑律犯奸	条例	条例	条例	条例	条例	条例	条例
6. 25 犯奸;10 条	6	6. 25 犯奸;10 条	6	6. 25 犯奸;10 条	10	6. 25 犯奸;10 条	15	21	23	23	26	26	26
6. 25. 389 犯奸	—	6. 25. 388 犯奸	—	6. 25. 376 犯奸	2	6. 25. 366 犯奸	5	10	11	11	13	13	13
6. 25. 390 纵容妻妾犯奸	—	6. 25. 389 纵容妻妾犯奸	—	6. 25. 377 纵容妻妾犯奸	—	6. 25. 367 纵容妻妾犯奸	—	—	—	—	—	—	—
6. 25. 391 亲属相奸	2	6. 25. 390 亲属相奸	2	6. 25. 378 亲属相奸	2	6. 25. 368 亲属相奸	3	3	3	3	3	3	3
6. 25. 392 诬执翁奸	—	6. 25. 391 诬执翁奸	—	6. 25. 379 诬执翁奸	—	6. 25. 369 诬执翁奸	—	—	—	—	—	—	—
6. 25. 393 奴及雇工人奸家长妻	—	6. 25. 392 奴及雇工人奸家长妻	—	6. 25. 380 奴及雇工人奸家长妻	1	6. 25. 370 奴及雇工人奸家长妻	1	2	3	3	3	3	3
6. 25. 394 奸部民妻女	1	6. 25. 393 奸部民妻女	1	6. 25. 381 奸部民妻女	—	6. 25. 371 奸部民妻女	—	—	—	—	—	—	—

续表

1646		1670		1725		1740		1768	1790	1802	1825	1845	1870
6.25.395 居丧及僧道犯奸	2	6.25.394 居丧及僧道犯奸	2	6.25.382 居丧及僧道犯奸	2	6.25.372 居丧及僧道犯奸	2	2	2	2	2	2	2
6.25.396 良贱相奸	—	6.25.395 良贱相奸	—	6.25.383 良贱相奸	—	6.25.373 良贱相奸	—	—	—	—	—	—	—
6.25.397 官吏宿娼	—	6.25.396 官吏宿娼	—	6.25.384 官吏宿娼	1	6.25.374 官吏宿娼	1	1	1	1	1	1	1
6.25.398 买良为娼	1	6.25.397 买良为娼	1	6.25.385 买良为娼	2	6.25.375 买良为娼	3	3	3	3	4	4	4
卷 26	条例	卷 26	条例	卷 26	条例	卷 34 刑律杂犯	条例	条例	条例	条例	条例	条例	条例
6.26 杂犯;11 条	6	6.26 杂犯;11 条	6	6.26 杂犯;11 条	14	6.26 杂犯;11 条	21	27	30	30	32	31	32
6.26.399 拆毁申明亭	—	6.26.398 拆毁申明亭	—	6.26.386 拆毁申明亭	—	6.26.376 拆毁申明亭	—	1	1	1	1	1	1
6.26.400 夫匠军士病给医药	—	6.26.399 夫匠军士病给医药	—	6.26.387 夫匠军士病给医药	—	6.26.377 夫匠军士病给医药	—	—	—	—	—	—	—
6.26.401 赌博	1	6.26.400 赌博	1	6.26.388 赌博	7	6.26.378 赌博	11	16	18	18	16	16	17
6.26.402 阉割火者	3	6.26.401 阉割火者	3	6.26.389 阉割火者	4	6.26.379 阉割火者	5	5	4	4	5	5	5
6.26.403 嘱托公事	—	6.26.402 嘱托公事	—	6.26.390 嘱托公事	1	6.26.380 嘱托公事	1	1	1	1	1	1	1

续表

1646		1670		1725		1740		1768	1790	1802	1825	1845	1870
6.26.404 私和公事	—	6.26.403 私和公事	—	6.26.391 私和公事	—	6.26.381 私和公事	—	—	—	—	—	—	—
6.26.405 失火	2	6.26.404 失火	2	6.26.392 失火	1	6.26.382 失火	1	1	2	2	3	2	2
6.26.406 放火故烧人房屋	—	6.26.405 放火故烧人房屋	—	6.26.393 放火故烧人房屋	1	6.26.383 放火故烧人房屋	2	2	2	2	3	3	3
6.26.407 搬做杂剧	—	6.26.406 搬做杂剧	—	6.26.394 搬做杂剧	—	6.26.384 搬做杂剧	1	1	2	2	3	3	3
6.26.408 违令	—	6.26.407 违令	—	6.26.395 违令	—	6.26.385 违令	—	—	—	—	—	—	—
6.26.409 不应为	—	6.26.408 不应为	—	6.26.396 不应为	—	6.26.386 不应为	—	—	—	—	—	—	—
卷 27	条例	卷 27	条例	卷 27	条例	卷 35 刑律捕亡	条例	条例	条例	条例	条例	条例	条例
6.27 捕亡;8 条	8	6.27 捕亡;8 条	8	6.27 捕亡;8 条	13	6.27 捕亡;8 条	38	84	95	95	104	110	113
6.27.410 应捕人追捕罪人	—	6.27.409 应捕人追捕罪人	—	6.27.397 应捕人追捕罪人	—	6.27.387 应捕人追捕罪人	6	9	9	10	11	10	11
6.27.411 罪人拒捕	—	6.27.410 罪人拒捕	—	6.27.398 罪人拒捕	1	6.27.388 罪人拒捕	2	5	7	8	13	17	16
6.27.412 狱囚脱监及反狱在逃	1	6.27.411 狱囚脱监及反狱在逃	1	6.27.399 狱囚脱监及反狱在逃	—	6.27.389 狱囚脱监及反狱在逃	6	9	10	11	11	11	11
6.27.413 徒流人逃	3	6.27.412 徒流人逃	3	6.27.400 徒流人逃	5	6.27.390 徒流人逃	7	22	22	23	26	26	27

续表

1646		1670		1725		1740		1768	1790	1802	1825	1845	1870
6.27.414 稽留囚徒	—	6.27.413 稽留囚徒	—	6.27.401 稽留囚徒	—	6.27.391 稽留囚徒	1	2	3	3	4	5	6
6.27.415 主守不觉失囚	—	6.27.414 主守不觉失囚	—	6.27.402 主守不觉失囚	2	6.27.392 主守不觉失囚	3	9	14	11	10	10	12
6.27.416 知情藏匿罪人	—	6.27.415 知情藏匿罪人	—	6.27.403 知情藏匿罪人	—	6.27.393 知情藏匿罪人	—	1	1	1	1	2	1
6.27.417 盗贼捕限	4	6.27.416 盗贼捕限	4	6.27.404 盗贼捕限	5	6.27.394 盗贼捕限	13	27	29	28	28	29	29
卷28	条例	卷28	条例	卷28	条例	卷36 刑律断狱上	条例	条例	条例	条例	条例	条例	条例
6.28 断狱;29条	18	6.28 断狱;29条	18	6.28 断狱;29条	71	6.28 断狱;29条	81	130	160	157	167	171	177
6.28.418 囚应禁而不禁	1	6.28.417 囚应禁而不禁	1	6.28.405 囚应禁而不禁	2	6.28.395 囚应禁而不禁	2	7	7	7	7	7	7
6.28.419 故禁故勘平人	1	6.28.418 故禁故勘平人	1	6.28.406 故禁故勘平人	8	6.28.396 故禁故勘平人	6	7	6	6	6	6	7
6.28.420 淹禁	—	6.28.419 淹禁	—	6.28.407 淹禁	2	6.28.397 淹禁	3	3	3	3	2	3	3
6.28.421 凌虐罪囚	1	6.28.420 凌虐罪囚	1	6.28.408 凌虐罪囚	11	6.28.398 凌虐罪囚	10	12	12	12	13	13	14
6.28.422 与囚金刃解脱	—	6.28.421 与囚金刃解脱	—	6.28.409 与囚金刃解脱	—	6.28.399 与囚金刃解脱	—	—	—	—	—	—	—

续表

1646		1670		1725		1740		1768	1790	1802	1825	1845	1870
6.28.423 主守教囚反异	—	6.28.422 主守教囚反异	—	6.28.410 主守教囚反异	2	6.28.400 主守教囚反异	3	3	3	3	3	3	3
6.28.424 狱囚衣粮	2	6.28.423 狱囚衣粮	2	6.28.411 狱囚衣粮	7	6.28.401 狱囚衣粮	7	7	7	9	7	7	10
6.28.425 功臣应禁亲人入视	—	6.28.424 功臣应禁亲人入视	—	6.28.412 功臣应禁亲人入视	—	6.28.402 功臣应禁亲人入视	—	—	—	—	—	—	—
6.28.426 死囚令人自杀	—	6.28.425 死囚令人自杀	—	6.28.413 死囚令人自杀	—	6.28.403 死囚令人自杀	—	—	—	—	—	—	—
6.28.427 老幼不拷讯	—	6.28.426 老幼不拷讯	—	6.28.414 老幼不拷讯	—	6.28.404 老幼不拷讯	—	1	—	—	—	—	—
6.28.428 鞫狱停囚待对	2	6.28.427 鞫狱停囚待对	2	6.28.415 鞫狱停囚待对	1	6.28.405 鞫狱停囚待对	7	10	11	11	11	10	10
6.28.429 依告状鞫狱	—	6.28.428 依告状鞫狱	—	6.28.416 依告状鞫狱	1	6.28.406 依告状鞫狱	1	1	1	1	1	1	1
6.28.430 原告人事毕不放回	—	6.28.429 原告人事毕不放回	—	6.28.417 原告人事毕不放回	2	6.28.407 原告人事毕不放回	2	2	2	2	2	2	2
6.28.431 狱囚诬指平人	—	6.28.430 狱囚诬指平人	—	6.28.418 狱囚诬指平人	—	6.28.408 狱囚诬指平人	—	—	—	—	—	—	—
						卷37 刑律断狱下							

续表

1646		1670		1725		1740		1768	1790	1802	1825	1845	1870
6. 28. 432 官司出入人罪	—	6. 28. 431 官司出入人罪	—	6. 28. 419 官司出入人罪	5	6. 28. 409 官司出入人罪	4	4	6	6	7	7	6
6. 28. 433 辩明冤枉	3	6. 28. 432 辩明冤枉	3	6. 28. 420 辩明冤枉	4	6. 28. 410 辩明冤枉	4	7	9	7	8	7	7
6. 28. 434 有司决囚等第	2	6. 28. 433 有司决囚等第	2	6. 28. 421 有司决囚等第	8	6. 28. 411 有司决囚等第	8	26	51	48	56	60	61
6. 28. 435 检验尸伤不以实	2	6. 28. 434 检验尸伤不以实	2	6. 28. 422 检验尸伤不以实	5	6. 28. 412 检验尸伤不以实	7	16	18	19	20	21	21
6. 28. 436 决罚不如法	—	6. 28. 435 决罚不如法	—	6. 28. 423 决罚不如法	—	6. 28. 413 决罚不如法	1	1	1	1	—	—	—
6. 28. 437 长官使人有犯	—	6. 28. 436 长官使人有犯	—	6. 28. 424 长官使人有犯	—	6. 28. 414 长官使人有犯	—	—	—	—	—	—	—
6. 28. 438 断罪引律令	—	6. 28. 437 断罪引律令	—	6. 28. 425 断罪引律令	3	6. 28. 415 断罪引律令	4	4	4	4	4	3	3
6. 28. 439 狱囚取服辩	—	6. 28. 438 狱囚取服辩	—	6. 28. 426 狱囚取服辩	—	6. 28. 416 狱囚取服辩	—	—	—	—	—	—	—
6. 28. 440 赦前断罪不当	2	6. 28. 439 赦前断罪不当	2	6. 28. 427 赦前断罪不当	4	6. 28. 417 赦前断罪不当	5	5	5	5	5	5	5
6. 28. 441 闻有恩赦而故犯	—	6. 28. 440 闻有恩赦而故犯	—	6. 28. 428 闻有恩赦而故犯	—	6. 28. 418 闻有恩赦而故犯	—	—	—	—	—	—	—

续表

1646		1670		1725		1740		1768	1790	1802	1825	1845	1870
6. 28. 442 徒囚不应役	—	6. 28. 441 徒囚不应役	—	6. 28. 429 徒囚不应役	—	6. 28. 419 徒囚不应役	—	—	—	—	—	—	—
6. 28. 443 妇人犯罪	—	6. 28. 442 妇人犯罪	—	6. 28. 430 妇人犯罪	1	6. 28. 420 妇人犯罪	2	6	6	6	7	7	7
6. 28. 444 死囚复奏待报	2	6. 28. 443 死囚复奏待报	2	6. 28. 431 死囚复奏待报	4	6. 28. 421 死囚复奏待报	2	3	3	3	3	3	3
6. 28. 445 断罪不当	—	6. 28. 444 断罪不当	—	6. 28. 432 断罪不当	1	6. 28. 422 断罪不当	2	4	4	3	4	5	6
6. 28. 446 吏典代写招草	—	6. 28. 445 吏典代写招草	—	6. 28. 433 吏典代写招草	—	6. 28. 423 吏典代写招草	1	1	1	1	1	1	1
7 工律;13 条		7 工律;13 条		7 工律;13 条	12	7 工律;13 条	24	28	28	26	26	26	26
卷 29	条例	卷 29	条例	卷 29	条例	卷 38 工律营造	条例	条例	条例	条例	条例	条例	条例
7.29 营造;9 条	2	7.29 营造;9 条	2	7.29 营造;9 条	6	7.29 营造;9 条	15	18	18	18	18	18	18
7.29.447 擅造作	—	7.29.446 擅造作	—	7.29.434 擅造作	2	7.29.424 擅造作	5	6	6	6	6	6	6
7. 29. 448 虚费工力采取不堪用	—	7. 29. 447 虚费工力采取不堪用	—	7. 29. 435 虚费工力采取不堪用	—	7. 29. 425 虚费工力采取不堪用	—	—	—	—	—	—	—
7. 29. 449 造作不如法	1	7. 29. 448 造作不如法	1	7. 29. 436 造作不如法	1	7. 29. 426 造作不如法	1	1	1	1	1	1	1
7. 29. 450 冒破物料	1	7. 29. 449 冒破物料	1	7. 29. 437 冒破物料	2	7. 29. 427 冒破物料	7	9	9	9	9	9	9

续表

1646		1670		1725		1740		1768	1790	1802	1825	1845	1870
7.29.451 带造缎匹	—	7.29.450 带造缎匹	—	7.29.438 带造缎匹	—	7.29.428 带造缎匹	—	—	—	—	—	—	—
7.29.452 织造违禁龙凤文缎匹	—	7.29.451 织造违禁龙凤文缎匹	—	7.29.439 织造违禁龙凤文缎匹	—	7.29.429 织造违禁龙凤文缎匹	—	—	—	—	—	—	—
7.29.453 造作过限	—	7.29.452 造作过限	—	7.29.440 造作过限	—	7.29.430 造作过限	—	—	—	—	—	—	—
7.29.454 修理仓库	—	7.29.453 修理仓库	—	7.29.441 修理仓库	—	7.29.431 修理仓库	1	1	1	1	1	1	1
7.29.455 有司官吏不住公廨	—	7.29.454 有司官吏不住公廨	—	7.29.442 有司官吏不住公廨	1	7.29.432 有司官吏不住公廨	1	1	1	1	1	1	1
卷 30	条例	卷 30	条例	卷 30	条例	卷 39 工律河防	条例	条例	条例	条例	条例	条例	条例
7.30 河防;4 条	5	7.30 河防;4 条	5	7.30 河防;4 条	6	7.30 河防;4 条	9	10	10	10	8	8	8
7.30.456 盗决河防	2	7.30.455 盗决河防	2	7.30.443 盗决河防	3	7.30.433 盗决河防	3	4	4	4	2	2	2
7.30.457 失时不修堤防	1	7.30.456 失时不修堤防	1	7.30.444 失时不修堤防	2	7.30.434 失时不修堤防	5	5	5	5	5	5	5
7.30.458 侵占街道	1	7.30.457 侵占街道	1	7.30.445 侵占街道	1	7.30.435 侵占街道	1	1	1	1	1	1	1
7.30.459 修理桥梁道路	1	7.30.458 修理桥梁道路	1	7.30.446 修理桥梁道路	—	7.30.436 修理桥梁道路	—	—	—	—	—	—	—
通计 459 条	448	通计 458 条	448	通计 446 条	820	通计 436 条	1050	1454	1573	1605	1765	1854	1907

国家出版基金项目
NATIONAL PUBLICATION FOUNDATION

大清律例源流辑校

大清律例源流汇考

名例律

第二册

陈颐 点校

法律出版社
LAW PRESS·CHINA
北京

总　　目

第四册

第五册

第六册

第七册

第八册

第九册

第十册

本册目录

【名例律】

【名例律】[1]

五　刑

律　文

【1646】1.1.1　五刑凡折赎银数，前图开载甚明。

笞刑五：笞者，击也，又训为耻。每二笞折一板。一十；二十；三十；四十；五十。

杖刑五：每二杖折一板。六十；七十；八十；九十；一百。

徒刑五：徒者，奴也，盖奴辱之。一年、杖六十；一年半、杖七十；二年、杖八十；二年半、杖九十；三年、杖一百。

流刑三：不忍刑杀，流之远方。二千里、杖一百；二千五百里、杖一百；三千里、杖一百。

死刑二：绞；斩。

除罪应决不待时外，其余死罪人犯，抚、按审明成招具题，部复奉旨依允监固，务于下次巡按御史再审，分别情真、矜疑两项，奏请定夺。

【1670】1.1.1　五刑凡折赎银数，前图开载甚明。

律文（略）

＊**【1707】○修改**

臣等谨按：律文载每二笞、二杖折一板，与现行折责之数不符，应删去旧注，照现行例分注于笞、杖数下。再察内外重犯，俱俟秋审、朝审，奏请定夺。其巡按御史再审之例，今已不行，应行删改。谨拟删改，开载于后。

【新改律】**名例**名者，五刑之罪名；例者，五刑之体例也。

五刑应赎银数，开载前图。

笞刑五：一十；折五板。二十；折十板。三十；折十板。四十；折十五板。五十。折二十板。

杖刑五：六十；折二十板。七十；折二十五板。八十；折三十板。九十；折三十五板。一百。折四十板。

徒刑五：一年、杖六十；一年半、杖七十；二年、杖八十；二年半、杖九十；三年、杖一百。

流刑三：二千里、杖一百；二千五百里、杖一百；三千里、杖一百。

死刑二：绞；斩。内外死罪人犯，除应决不待时外，余俱监固。候秋审、朝审，分别情真、缓决、矜疑，奏请定夺。

---

① 各版《大清律例》“名例”编下皆有律注“名者，五刑之罪名；例者，五刑之体例也”。

臣等谨按:此专言五刑之名目,而所列条例,则言赎罪之事,应加注释,发明大义。又,全部律文,辞义简奥。其关系紧要处,每在一字一句之间。倘或问刑之官,讲解未明,则毫厘千里,贻误匪细。见在律内虽有小注,但不明注本文,止增数字,连下正文成句。又有当注而不注者。段落未能分晰,词气未能联贯,大义未能发挥。或致拟议失错,亦未可定。今拟于每条正律文后,俱增总注,汇辑众说,详加参订。其条例内有应注明者,亦间加解释。庶奉行者不致参差。谨拟总注,开载于后。

总注:此五刑之条目也。五刑见于《虞书》。自汉文帝除肉刑后,至隋唐时,以笞、杖、徒、流、死定为五刑,历代相因不改。笞者,击也,又训为耻。杖虽较笞加重,亦教戒之刑也。徒者,奴也,奴辱之,使知愧悔。然不终其身,而定有年限者,冀其自新也。流者,罪邻于死,不忍刑杀,流之远方,即《虞书》"流宥五刑"也。其中又细分节次。笞自一十递加至五十而止,过此则改笞而为杖。杖自六十递加至一百而止,过此则减杖而加徒。徒自一年递加至三年而止,过此则改徒而为流。流自二千里递加至三千里而止,至是而生全之法尽矣。若其人所犯之罪,断不可容于世,则不得不置之于死,而犹不忍一概即加诛戮,于死罪中分绞、斩,绞、斩中分立决、监候,监候中分情真、缓决、矜疑。其在京情真者,犹三复奏而后加刑焉。所以钦恤民命者至矣。至若纳赎、收赎诸条,又即《虞书》"金作赎刑"之意。文武官吏及诸有职役之人,与兵民有力人等,许其纳赎者,优恤之道也;老少、废疾、妇女,许其收赎者,哀矜之心也。恩欲其周,而法又不可纵,于是定为准纳赎、不准纳赎之例,俾断狱者斟酌而善用之。此律之所以为仁至义尽也。

【1725】〇修改

臣等谨按:全部律文,辞义简奥。其关系紧要,每在一句一字之间。见在律内虽有小注,不过承接上下文义,非解释本文。恐问刑官讲究未明,则毫厘千里,贻误匪细。今拟将律文之未甚分晰联贯者,另为解说,附录于正律文后。其节年《现行则例》,实与全律相为表里,特分纂附入原条例后,庶奉行者不致失错。

又按:原律笞、杖以五折十,现行部例以四折十,并除不及五之零数。故杖一百,止折责四十板,应行注明。再今无巡按御史,应将末节"抚、按审明"等句删改。谨将所删改,载于后。

【续改律】**名例**名者,五刑之罪名;例者,五刑之体例也。

五刑应赎银数,开载前图。

笞刑五:一十;折四板。二十;除零折五板。三十;除零折一十板。四十;除零折一十五板。五十;折二十板。

杖刑五:六十;除零折二十板。七十;除零折二十五板。八十;除零折三十板。九十;除零折三十五板。一百;折四十板。

徒刑五:一年、杖六十;一年半、杖七十;二年、杖八十;二年半、杖九十;三年、杖一百。

流刑三:二千里、杖一百;二千五百里、杖一百;三千里、杖一百。

死刑二:绞;斩。

内外死罪人犯,除应决不待时外,余俱监固。候秋审、朝审,分别情实、缓决、矜疑,奏请定夺。

臣等谨按(略,此按语文字与雍正三年律后总注同)

【1725】1.1.1　五刑应赎银数,开载前图。

笞刑五:一十;折四板。二十;除零折五板。三十;除零折一十板。四十;除零折一十五板。五十。折二十板。

杖刑五:六十;除零折二十板。七十;除零折二十五板。八十;除零折三十板。九十;除零折三十五板。一百。折四十板。

徒刑五:一年、杖六十;一年半、杖七十;二年、杖八十;二年半、杖九十;三年、杖一百。

流刑三:二千里、杖一百;二千五百里、杖一百;三千里、杖一百。

死刑二:绞;斩。内外死罪人犯,除应决不待时外,余俱监固。候秋审、朝审,分别情实、缓决、矜疑,奏请定夺。

注:此言五刑之条目也。五刑见于《虞书》。自汉文帝除肉刑后,至隋唐时,以笞、杖、徒、流、死定为五刑,历代因之。笞者,击也,又训为耻。杖虽较笞加重,亦教戒之刑也。徒者,奴也,奴辱之,使知愧悔。然不终其身,而定有年限者,冀其自新也。流者,罪邻于死,不忍刑杀,流之远方,即《虞书》"流宥五刑"也。其中又细分节次。笞自一十递加至五十而止,过此则改笞而为杖。杖自六十递加至一百而止,过此则减杖而加徒。徒自一年递加至三年而止,过此则改徒而为流。流自二千里递加至三千里而止,至是而生全之法尽矣。若其人所犯之罪,断不可容于世,则不得不置之于死,而犹不忍一概即加诛戮。于死罪中分绞、斩,绞、斩中分立决、监候。监候中分情实、缓决、矜疑。其情实者,犹三复奏而后加刑焉。所以矜恤民命者至矣。至若纳赎、收赎诸条,又即《虞书》"金作赎刑"之意。文武官吏及诸有职役之人,与兵民有力人等,许其纳赎;老少、废疾、妇女,许其收赎。恩欲其周,而法又不可纵,于是定为准纳赎、不准纳赎之例,俾断狱者斟酌而善用之。此律之所以为仁至义尽也。

【1740】1.1.1(略)

附律条例

【1646】1.1.1.(1)

一、凡军民诸色人役,及舍余、总小旗,审有力者,与文武官吏、举人、监生、生员、冠带官、知印、承差、阴阳生、医生、老人、舍人,不分笞、杖、徒、流、杂犯死罪,俱令运炭、运灰、运砖、纳米、纳料等项赎罪。若官吏人等例该革去职役,与舍余、总小旗、军民人役,审无力者,笞、杖罪的决;徒、流、杂犯死罪,各做工、摆站、哨瞭、发充仪从,情重者煎盐、炒铁,死罪五年,流罪四年,徒罪照徒年限。其在京军丁人等,无差占者,与例难的决之人,笞、杖亦令做工。

【1670】1.1.1.(1)(略)

*【1707】○修改

臣等谨按:今无舍余、总小旗名色,应删去"舍余"等字。现行例官员革职有余罪者,准令纳赎。其文武官犯罪,俱以罚俸、降级等项处分,并不纳赎,应删去"文武官"字。又运炭、运灰、做工等项,今已不行,俱照有力、稍有力纳赎,应删去“运炭”“运灰”“做工”等字。谨拟删改,开载于后。

【新改条例】一、凡军民诸色人役,审有力者,与举人、监生、生员、冠带官、知印、吏、承差、阴阳生、医生、老人、舍人,不分笞、杖、徒、流、杂犯死罪,应准纳赎者,俱照“有力、稍有力图”内数目,折银纳赎。若举、监、生员人等,例该除名革役,罪不应赎者,与军民人等,罪应赎而审无力者,笞、杖、徒、流、杂犯死罪,俱照律的决发落。

【1725】○修改

按语及拟修改例文同上。

【1725】1.1.1.(1)

【原例】一、凡军民诸色人役,审有力者,与举人、监生、生员、冠带官、知印、吏、承差、阴阳生、医生、老人、舍人,不分笞、杖、徒、流、杂犯死罪,应准纳赎者,俱照“有力稍有力图”内数目,折银纳赎。若举、监、生员人等,例该除名革役,罪不应赎者,与军民人等,罪应赎而审无力者,笞、杖、徒、流、杂犯死罪,俱照律的决发落。

【1740】○修改

臣等谨按:此条乃前代之例,今无老人、舍人名色。其知印、吏、承差、阴阳生,俱系衙役,律例内俱无纳赎之条。至于官医生,虽非衙役,而未有职衔,亦包在军民诸色人役之内,应删。谨将删辑例文,开列于后。

一、凡军民诸色人役,审有力者,与举人、监生、生员、冠带官,不分笞、杖、徒、流、杂犯死罪,应准纳赎者,俱照“有力稍有力图”内数目,折银纳赎。若举、监、生员人等,例该除名革役,罪不应赎者,与军民人等罪应赎而审无力者,笞、杖、徒、流、杂犯死罪,俱照律的决发落。

【1740】1.1.1.(11)(略)

【1801】○修改

臣等谨按:此条系前明旧例。查军民诸色人役,有犯笞、杖、徒、流、杂犯死罪,现行律例俱的决发落,并无应准纳赎之例。其年在十五以下、七十以上,及笃疾、废疾犯罪,应准收赎者,于“老幼废疾收赎”门内,立有专条,此处毋庸复载。例内军民人等,笞、杖、徒、流、杂犯死罪,应准纳赎,系属旧例,应行节删。至举人、监生、冠带官犯该杖一百以下者,照律纳赎,杖一百者斥革,徒、流以上照律发配,并无徒、流、杂犯死罪准其纳赎之案,原例应行修改。若生员犯该笞、杖者,例内另有“罪止戒饬,移会该学教官照例发落”之条,不在纳赎之列,例内“生员”二字应删,并添入进士及贡生二项,以昭赅备。再“冠带官”系前明旧文,应改为“一切有顶带官”。谨将修改例文,开列于后。

一、凡进士、举人、贡监生,及一切有顶戴官,有犯笞、杖轻罪,照例纳赎;罪止杖一百者,分别咨参、除名;徒、流以上,照例发配。

【1802】1.1.1.(14)(略)

【1825】○修改

臣等谨按:道光元年(1821)十二月内奉旨:“嗣后刑部遇有关涉生监案件,着照定例于核议罪名后,将生监应革、应复之处,会同礼部定议,再行具奏等因。钦此。”当经臣部议请,嗣后关涉生监案件,除罪止满杖,例应除名,并徒、流以上,例应决配各项生监,并速议、速题、立决各案,正犯既决不待时,其案内杖不满百应革、应复之生监,俱仍照向例于办结后,行文礼部核定,毋庸会奏外,其寻常核议各案,如有应行会奏之案,应会同礼部定拟等因具奏。奉旨:“依议。钦此。”钦遵在案。应于例内添纂明晰,以便遵行。谨将修改例文,开列于后。

一、凡进士、举人、贡监生员,及一切有顶带官,有犯笞、杖轻罪,照律纳赎;罪止杖一百者,分别咨参、除名;徒、流以上,照例发配。至生监犯罪,除应杖一百及徒、流以上,并速议、速题案内,无论笞、杖,均于办结后知照礼部外,其寻常律应纳赎之生监,应否褫革、开复,会同礼部办理。

【1825】1.1.1.(18)(略)

【1835】○修改

臣等谨按:此条例内所称“进士、举人、贡监生员,及一切有顶带官,有犯笞、杖轻罪,照例纳赎;罪止杖一百者,分别咨参除名”等语,原以罪止满杖,未便复准纳赎,故特予参革、除名,以示惩儆。而既经参革、除名之后,则所得满杖罪名,自不在重科之列。乃近来各省办理笞、杖轻罪,俱遵例纳赎。而罪应满杖之案,有声明业经咨参、除名,所得杖罪,免其发落者;亦有声明斥革之后,仍折责发落者。总因例无明文,以致办理参差。臣等公同酌议,应请于例内“分别咨参、除名”下,添入“所得杖罪,免其发落”字样。以昭明晰,而归画一。谨将修改例文,开列于后。

一、凡进士、举人、贡监生员,及一切有顶带官,有犯笞、杖轻罪,照例纳赎;罪止杖一百者,分别咨参、除名,所得杖罪,免其发落;徒、流以上,照例发配。至生监犯罪,除应杖一百,及徒、流以上,并速议、速题案内,无论笞、杖,均于办结后知照礼部外,其寻常律应纳赎之生监,应否褫革、开复,会同礼部办理。

【1847】1.1.1.(18)(略)

【1646】1.1.1.(2)

一、赎罪囚犯,除在京已有旧例外,其在外审有力、稍有力二项,俱照原行则例拟断,不许妄引别例,致有轻重。若妇人审有力,与命妇、军职正妻,及例难的决之人赎罪者,笞、杖每一十,折收银一钱。其老幼、废疾及妇人、天文生余罪收赎者,每笞、杖一十,各赎银七厘五毫。递加科算。详见律首纳赎例图。

【1670】1.1.1.(2)(略)

*****【1707】○修改**

臣等谨按:今赎罪并不分在京、在外,应删去“在京在外”等字。又文武官员妻均属一例,应改“军职正妻”字为“官员正妻”。谨拟删改,开载于后。

【新改条例】一、赎罪人犯,审有力、稍有力二项,俱照原行则例拟断,不许妄引别例,致有轻重。若妇人审有力,与命妇、官员正妻,及例难的决之人赎罪者,笞、杖每一十,折赎银一钱。其老幼、废疾及妇人、天文生余罪收赎者,每笞、杖一十,各赎银七厘五毫。递加科算。详见律首“纳赎例图”。

【1725】○修改

按语及拟修改例文同上。

【1725】1.1.1.(2)

【原例】一、赎罪人犯,审有力、稍有力二项,俱照原行则例拟断,不许妄引别例,致有轻重。若妇人审有力,与命妇、官员正妻,及例难的决之人赎罪者,笞、杖每一十,折赎银一钱。其老幼、废疾及妇人、天文生余罪收赎者,每笞、杖一十,各赎银七厘五毫。递加科算。详见律首“纳赎例图”。

【1740】○修改

臣等谨按:此条内开“审有力、稍有力二项,俱照原行之例拟断,不许妄引别例”等语。查原行之例,系前代旧文,今未经载入,亦无别例可引,应删。谨将删辑例文,开列于后。

一、妇人审有力,与命妇、官员正妻,及例难的决之人赎罪者,笞、杖每一十,折赎银一钱。其老幼、废疾,及妇人、天文生余罪收赎者,每笞、杖一十,各赎银七厘五毫。

【1740】1.1.1.(12)(略)

【1767】○删除

臣等谨按:妇人决杖收赎银数,老疾并妇人、天文生余罪收赎银数,俱已载在“纳赎图”内,此条系属赘文,应删。

【1646】1.1.1.(3)

一、凡在京在外运炭、纳米赎罪等项囚犯,监追两月之上,如果贫难,改拟做工、摆站、的决等项发落。若军职监追三个月之上,及守卫上值、旗军人等纳银赎罪,监追一月之上,各不完者,俱先发还职著役,扣俸粮、月粮,准抵完官。其一应纳纸囚犯,追至三月不能完者,放免。

【1670】1.1.1.(3)(略)

*【1707】○删除

臣等谨按:今罪犯应赎而情愿赎者,方准折赎。并无监追不完,改拟做工及扣除俸粮月粮之处。此条拟删。

【1725】○删除

按语同上。

【1646】1.1.1.(4)

一、凡囚犯遇蒙恩例通减二等者,罪虽遇例减等,若律应仍尽本法及例该充军为民、立功调卫等项者，仍依律例，一体拟断发遣。如窃盗、抢夺等项，仍须刺字；枉法、不枉法等赃，仍须入官，故云“仍尽本法”。

【1670】1.1.1.(4)(略)

*【1707】○移改

臣等谨按：今遇蒙恩例减等者，竟行减等发落，并无仍令充军为民、立功之处，应删去“例该充军为民、立功”等字。再窃盗等项遇赦免刺，已奉新例题免，应删去小注“窃盗、抢夺等项，仍须刺字”句。但此条乃专为例应减等、仍尽本法者而言，谨拟删改，移入“二罪俱发，各尽本法”律后。

【1725】○移改

按语同上。

*名例·二罪俱发以重论【1725】1.1.26.(1)

【原例】一、凡囚犯遇蒙恩例通减二等者，罪虽遇例减等，若律应仍尽本法者，仍依律一体拟断。如枉法、不枉法等赃，仍须入官，故云“仍尽本法”。

【1646】1.1.1.(5)

一、问刑衙门以赃入罪，若奏行时估则例该载未尽，及虽系开载而货物不等，难照原估者，仍各照时值估拟断。

【1670】1.1.1.(5)(略)

*【1707】○仍旧

谨案：此条拟存。

【1725】○移出

臣等谨按：此条系估计赃物之例，应移入“给没赃物”律后。

*名例·给没赃物【1725】1.1.24.(2)

【原例】一、问刑衙门以赃入罪，若奏行时估则例开载未尽，及虽系开载而货物不等，难照原估者，仍各照时值拟断。

【1646】1.1.1.(6)

一、在外军卫有司，但有差遣，及供送人来京犯罪，审无力者，笞、杖的决；徒罪以上，递回原籍，官司各照彼中事例发落。

【1670】1.1.1.(6)(略)

*【1707】○仍旧

谨案：此条拟存。

【1725】1.1.1.(4)

【原例】一、在外军卫有司，但有差遣，及供送人来京犯罪，审无力者，笞、杖的决；徒罪以上，递回原籍，官司各照彼中事例发落。照本犯原籍地方，发配事例。

【1740】○删除

臣等谨按:此系前代之例,其所称"供送来京之人",乃指舍人、舍余等例应纳赎人员而言,今并无此等名色。而衙役犯法,又无纳赎之例。此条应删。

*【1680】1.1.9 刑部现行则例・名例・贪官役不准折赎

一、文武官员有犯笞、杖、徒、流、杂犯死罪,俱照律折赎。其律内运炭、运灰、运砖、纳米、纳料赎罪等罪名,俱照律文有力图内折银收赎。如不能纳银者,照无力的决。其贪赃官役,流、徒、杖罪,概不准折赎。

***【1707】○增入、修改**

臣等谨按:现行例内三条,类于纳赎例,应增入。

臣等再按:现任官员犯笞、杖等罪,以降罚、革职分别处分,已注明"文武官犯罪"律内,此条应开明。官员革职有余罪,及革职后另案犯罪者,准其折赎。其运炭、运灰等项,律文已经拟删,亦应删去。再"收赎"应改为"纳赎"。谨拟删改,开载于后。

【新改入现行例】一、凡文武官革职有余罪,及革职后另犯笞、杖、徒、流、杂犯死罪,俱照有力图内数目纳赎。不能纳赎者,照无力的决发落。其贪赃官役,概不准纳赎。

【1725】○增入、修改

按语及修改同上。

【1725】1.1.1.(5)

【增例】一、凡文武官革职有余罪,及革职后另犯笞、杖、徒、流、杂犯死罪,俱照有力图内数目纳赎。若无力,的决发落。其贪赃官役,概不准纳赎。

【1740】1.1.1.(13)(略)

【1768】1.1.1.(12)(略)

【1790】1.1.1.(14)(略)

【1801】○修改

臣等谨按:此条系前明旧例。查律载文武官犯私罪杖一百者,革职。若本案犯该革职者,其笞、杖余罪,系轻罪,不议,毋庸纳赎。如革职后另犯笞、杖,自应照例纳赎。其罪至徒、流以上者,俱照律发配,不准纳赎。若呈请赎罪者,臣部核其情节,奏明请旨定夺。其应纳银数,亦不照有力图内数目。例内"文武官革职有余罪,及革职后另犯笞、杖、徒、流、杂犯死罪,俱照有力图内数目纳赎,无力的决发落"之处,系属旧例,业已不用,应行修改。谨将修改例文,开列于后。

一、凡文武官犯罪,本案革职,其笞、杖轻罪,毋庸纳赎。若革职后另犯笞、杖罪者,照律纳赎。徒、流、军、遣,依例发配。有呈请赎罪者,刑部核其情节,奏明请旨定夺。其贪赃官役,概不准纳赎。

【1802】1.1.1.(15)(略)

【1825】○修改

臣等谨按:道光四年(1824)闰七月初四日奉旨:"嗣后刑部办理赎罪案件,着仍照乾隆四十六年(1781)原定章程,分别准赎、不准赎二项,奏明请旨核定。不得以‘可否’字样双请入奏,以免歧误等因。钦此。”钦遵在案。应于例内修改明晰,以便永远遵行。谨将修改例文,开列于后。

一、凡文武官犯罪,本案革职,其笞、杖轻罪,毋庸纳赎。若革职后,另犯笞、杖罪者,照律纳赎。徒、流、军、遣,依例发配。有呈请赎罪者,刑部核其情节,分别准赎、不准赎二项拟定,奏明请旨,不得以“可否”字样双请入奏。其贪赃官役,概不准纳赎。

【1825】1.1.1.(14)(略)

*【1680】1.1.8 刑部现行则例·名例·官员审无婪赃豁免

一、凡官员有先参婪赃,及借名耗费等项,加派入已,革职提问者,审无婪赃之处,止拟挪用钱粮、私自加派、公用科敛、坐赃致罪者,吏部既有革职之例,除革职外,其徒、杖等罪,折赎俱免。如别案革职者,仍照律拟罪。

***【1707】○增入**

臣等谨按:现行例内三条,类于纳赎例,应增入。

【现行例】一、凡官员有先参婪赃,及借名耗费等项,加派入已,革职提问者,如审无婪赃,止拟挪用钱粮、因公科敛、坐赃致罪,除革职外,其徒、杖等罪,纳赎俱免。如别案革职者,仍照例纳赎。

【1725】○增入

按语同上。

【1725】1.1.1.(6)

【增例】一、凡官员有先参婪赃,及借名耗费等项,加派入已,革职提问者,如审无婪赃,止拟挪用钱粮、因公科敛、坐赃致罪,则除革职外,其徒、杖等罪,纳赎俱免。如别案革职者,仍照律纳赎。

【1740】○修改

臣等谨按:此条所开“借名耗费等项,加派入已”二语,已包在婪赃之内,应删。再例内语句,亦有未明之处,应改。谨将删改例文,开列于后。

一、凡官员有先参婪赃,革职提问者,如审无婪赃入已,止拟因公挪用、因公科敛致罪,则除革职外,余罪纳赎俱免。如别案革职者,仍照例纳赎。

【1740】1.1.1.(14)(略)

【1768】1.1.1.(13)(略)

【1790】1.1.1.(12)(略)

【1801】○修改

臣等谨按:此条系前明旧例。查前明官员、平民犯罪,无论笞、杖、徒、流、杂犯死罪,但有力者,俱准纳赎,无力者,的决发配。至国朝康熙年间,始分别情罪,应准纳赎者,听其纳赎,不应纳赎者,照律的决发落等因,纂为定例,遵行在案。此条"因公那用、因公科敛、坐赃致罪,除革职外,余罪纳赎俱免。如别案革职者,仍照例纳赎",系属旧例,业已不用。但历次修例时,未经删除。恐外省拘泥例有明条,将因公挪用、因公科敛之案,援照此例办理,与现行之例矛盾。自应分别修改,以免歧异。查例载挪移库银五千两以下者,照律拟杂犯死罪,总徒四年;五千两以上至一万两者,实杖一百、流三千里,不准折赎;二万两者,发近边充军;二万两以上者,斩监候。又律载"有司官吏人等,非奉上司明文,因公擅自科敛,所属财物虽不入己,杖六十;赃重者,坐赃论。入己者,并计赃以枉法论"各等语。是因公挪用、因公科敛之案,律例内俱有治罪明文,未便因照旧例纳赎,致有参差。应请嗣后官员有先参婪赃,革职提问,如审无婪赃入己,止拟因公挪用、因公科敛、坐赃致罪,犯该杖一百者,革职;徒、流、军罪以上,依例决配。如罪在杖一百以下者,照"名例·文武官犯私罪"律,交部议处,分别降、罚。其先经革职之处,准予开复。庶足以昭赅备,而免牵混。谨将修改例文,开列于后。

一、凡官员有先参婪赃,革职提问者,如审无婪赃入已,止拟因公挪用、因公科敛及坐赃致罪,犯该杖一百者,革职;徒、流、军罪,依例决配。如罪在杖一百以下者,依文武官犯私罪律,交部议处,分别降、罚。其先经革职之处,准予开复。

【1802】1.1.1.(16)(略)

***【1680】1.1.11　刑部现行则例·名例·滥准折赎**

一、凡律例本条开明某罪有准折赎、某罪不准折赎者,仍照旧遵行外,其律例内未经开载者,问刑官临时详审情罪,应准折赎而自愿折赎者,准其折赎。情罪有不可准其折赎者,仍照律的决,以惩奸民。如承问大小各官有滥准折赎,并额外追取肥己者,该督抚察出,指名纠参,交该部议处。

***【1707】○增入**

臣等谨按:现行例内三条,类于纳赎例,应增入。

【现行例】一、凡律例开明准纳赎、不准纳赎者,仍照旧遵行外,其律例内未经开载者,问刑官临时详审情罪,应准纳赎者,听其纳赎;不应准纳赎者,照律的决发落。如承问官滥准纳赎,并多取肥己者,交部议处。

【1725】○增入

按语同上。

【1725】1.1.1.(7)【增例】(略)

【1740】1.1.1.(19)(略)

【1767】○修改

臣等谨按:此条系犯罪纳赎定例,原例"承问官滥准纳赎,并多取肥己者,交部议处"等语。查问官多取肥己,自应计赃科罪,拟将"多取肥己,交部议处"之处,改为"计赃科罪"。

【1768】1.1.1.(18)(略)

一、凡律例开明准纳赎、不准纳赎者,仍照旧遵行外,其律例内未经开载者,问刑官临时详审情罪，应准纳赎者，听其纳赎；不应准纳赎者，照律的决发落。如承问官滥准纳赎者，交该部议处；多取肥己者，计赃科罪。

【1790】1.1.1.(10)(略)

【1802】1.1.1.(9)(略)

【1725】1.1.1.(3)

【原例】一、太常寺厨役，但系讦告词讼，及因人连累，问该笞、杖罪名者，纳赎，仍送本寺著役；徒罪以上，及奸、盗、诈伪，并有误供祀等项，不分轻重，俱的决，改拨光禄寺应役。

【1740】○修改

臣等谨按：过误犯罪各条，俱准纳赎。今例内止称"讦告词讼""因人连累"，语义未详，应增。谨将增辑例文，开列于后。

一、太常寺厨役，但系讦告词讼，过误犯罪，及因人连累，问该笞、杖罪名者，纳赎，仍送本寺著役；徒罪以上，及奸、盗、诈伪，并有误供祀等项，不分轻重，俱的决，改拨光禄寺应役。

【1740】1.1.1.(16)(略)

【1768】1.1.1.(15)(略)

【1802】1.1.1.(11)(略)

【1740】○续纂

一、凡笞、杖罪名折责，概用竹板，长五尺五寸。小竹板大头阔一寸五分、小头阔一寸，重不过一斤半。大竹板大头阔二寸、小头阔一寸五分，重不过二斤。其强盗、人命事件，酌用夹棍。

臣等谨按：笞、杖旧用大小荆杖为之，自概用竹板，遂无差别。今酌分大小、板式，著为定例。至刑具，及热审、秋审等例，向列《会典》及"刑律·名例""断狱"各条内，其"流犯老疾准入养济院"一条，系雍正九年(1731)议准之例，今酌为改辑，纂入"五刑"条下，以昭圣朝钦恤之仁，俾内外法司首为观览，共佐协中之至治云。

【1740】1.1.1.(1)(略)

【1740】○移改

*刑律·断狱·故禁故勘平人【1725】6.28.406.(6)

【增例】一、夹棍，中梃木长三尺四寸，两旁木各长三尺，上圆下方，圆头各阔一寸八分，方面各阔二寸，从下量至六寸处，凿成夹怀子骨圆窝四个，面方各一寸六分，深各七分。拶指，以五根圆木为之，各长七寸，径圆各四分五厘。其应夹人犯，不得实供，方夹一次。再不实供，许再夹一次，打扛四十。有司官员任意多用者，该督抚不时察参。上司徇隐事发,并交该部议处。

按语见【1740】1.1.1.(1)条。

【1740】1.1.1.(2)

一、夹棍,中梃木长三尺四寸,两旁木各长三尺,上圆下方,圆头各阔一寸八分,方头各阔二寸,从下量至六寸处,凿成圆窝四个,面方各一寸六分,深各七分。拶指,以五根圆木为之,各长七寸,径圆各四分五厘。其应夹人犯,不得实供,方夹一次。再不实供,许再夹一次。用刑官有任意多用者,该管上司不时察参。倘有徇隐,事发,并交部议处。

【1740】○移改

＊刑律·断狱·故禁故勘平人【1725】6.28.406.(1)

【增例】一、内外在监人犯,概不用枷,俱照常用细链。其在外大小衙门所用刑杖,并应枷罪犯,所用木枷,俱照部式遵行。

按语见【1740】1.1.1.(1)条。

【1740】1.1.1.(3)

一、凡监禁人犯,止用细链,不用长枷。其应枷号人犯,除律例开载应用重枷枷号者,仍照遵行外,其余枷号,俱重二十五斤。

【1814】○修改

臣等谨按:嘉庆十六年(1811)九月内,原任大学士勒保等奏"查验枷号轻重尺寸等因"一折。奉旨:"勒保等奏明'刑部枷号重轻、尺寸俱符定例。惟遵照定例尺寸,枷面较大,板片较薄,不能坚固'等语。刑部枷号,因旧例尺寸较大,以符二十五斤之数,则板片厚不及一寸,木插厚仅止三四分,难于经久,枷号封条亦易碎裂。且犯人两手不能及口,难于饮食,自应量为变通。着照勒保等所议,将枷号即定为长二尺五寸,阔二尺四寸,总以例载二十五斤为准。刑部即纂入则例,并将现有枷号,悉照新定尺寸更正,以归画一。钦此。"又十七年(1812)正月内,据原任喀什噶尔参赞大臣铁保等咨称,例内有应用重枷枷号者,其斤数、尺寸并无明文,请部示复等因。经臣部查,例内用重枷各例,向来俱由外省酌量办理,未经定有斤数,恐易启官吏高下其手之弊。议请嗣后凡例内应用重枷枷号者,应于寻常枷号斤数上,酌加十斤,计重三十五斤。其枷面止于加厚,而宽大悉照寻常枷号尺寸,长二尺五寸、阔二尺四寸为度等因,奏准通行在案。应于例内修改明晰,以便引用。谨将修改例文,开列于后。

一、凡寻常枷号重二十五斤,重枷重三十五斤。枷面各长二尺五寸,阔二尺四寸。至监禁人犯,止用细链,不用长枷。

【1825】1.1.1.(3)(略)

【1740】○续纂

按语见【1740】1.1.1.(1)条。

【1740】1.1.1.(4)

一、凡民人犯军、流、徒罪者,俱俟到配所之日决杖。

【1788】○修并

【原例】【1740】1.1.1.(4)(略)

＊名例律・徒流迁徙地方【1740】1.1.45.(4)

一、军、流、徒犯,俱至配所照应杖之数折责。惟缘坐流罪不加杖。

臣等谨按:此条例文,与首条事同一辙,不必分列两门,致滋繁冗,应拟并为一条,专载"五刑"门内,以归简易。今将并辑例文,开列于后。

一、凡民人犯军、流、徒罪者,俱至配所,照应杖之数折责。惟缘坐流罪不加杖。

【1790】1.1.1.(7)(略)

【1802】1.1.1.(6)(略)

【1740】○增入

一、每年于小满后十日起,至立秋前一日止,将枷责等轻罪人犯,照例减等发落,笞罪宽免;监禁重犯,令管狱官量加宽恤。刑部现审案件,审明减等,十日一次汇题,其人犯俱交该旗、该地方官暂行保释,俟立秋后送部发落。

臣等谨按:刑部现审案件,十日一次汇题,此康熙二十二年(1683)定例。嗣于雍正元年(1723)奉旨复准,热审减等,其减等之案,六十日一次汇题。乾隆六年(1741),经臣部将现审军、流以下案件,改为按季汇题。其遇热审减等之案,即于汇题内声明奏准,遵行在案。而原例犹存,应请改正。再按枷号在五刑之外,原系轻罪,其最重不过三月而止,是以有小满后保释,俟秋凉补枷之例。诚以炎热,易于触犯,特加轸恤也。至隆冬严寒之际,各犯荷枷示众,风雪僵冻,其苦较炎热为尤甚。查军、流、外遣重犯,隆冬尚得停遣,其枷号轻罪,尤当推广皇仁,一体矜恤。请于十一月初一日起,停枷保释,于二月初一日补枷。谨拟增入例文,以示轸恤。谨将增修例文,开列于后。①

一、每年于小满后十日起,至立秋前一日止,将枷责等轻罪人犯,照例减等发落,笞罪宽免;监禁重犯,令管狱官量加宽恤。刑部现审减等案件,先行发落,于按季汇题本内附疏声明。其枷号人犯,自小满后十日起至立秋前一日止、十一月初一日起至正月三十日止,均交该旗、该地方官暂行保释,俟秋凉春融日送部补枷。

【1740】1.1.1.(5)

一、每年于小满后十日起,至立秋前一日止,如立秋在六月内,以七月初一日为止,将枷责等轻罪人犯,照例减等发落,笞罪宽免;监禁重犯,令管狱官量加宽恤;刑部现审案件,审明减等,十日一次汇题,其人犯俱交该旗、该地方官暂行保释,俟立秋

---

① 本条按语,另见【1740】1.1.1.(1)条按语。

后送部发落。

【1768】1.1.1.(5)(略)

【1788】○修并

【原例】【1740】1.1.1.(5)(略)、【1768】1.1.1.(8)(略)、【1740】1.1.1.(6)条、【1772】修改例文(略)

臣等谨按:以上三条,俱系应拟笞、杖、枷号轻罪发落人犯时,逢热审期内分别宽减、秋后补枷之例,事同义贯,自应并列一条,以省繁冗。但查首条内,惟枷号之犯,应俟秋后补枷。其笞、杖人犯,例应当时发落。今原例内,前节云"枷责等轻罪,照例减等发落,笞罪宽免",而末节又云"人犯俱暂行保释,俟立秋后发落",前后文义矛盾,应行修改。再热审减等,臣部与外省皆系一律办理,并无区别。其原例内"刑部现审案件",应改为"内外问刑衙门",以昭画一。今将修并例文,开列于后。

一、每年于小满后十日起,至立秋前一日止,如立秋在六月内,以七月初一日为止,内外问刑衙门,将罪应杖责人犯,各减一等,递行八折发落,笞罪宽免。如犯案审题在热审之先,而发落在热审期内者,亦照前减免。倘审题虽在热审期内,而发落已逾热审者,概不准其减免。至热审期内监禁重犯,令管狱官量加宽恤。其枷号人犯,俱暂行保释,俟立秋后再行照例减等补枷,满日发落。

【1790】1.1.1.(6)(略)

【1801】○修并

【原例】【1790】1.1.1.(6)(略)、【1790】1.1.1.(8)(略)

臣等谨按:枷号人犯,俱暂行保释,俟立秋后再行照例减等补枷,系康熙年间旧例。查雍正二年(1724)钦奉上谕:"嗣后凡盗犯,热审不必减等。钦此。"又乾隆二十五年(1760)定例,凡斗殴伤人拟笞人犯,虽遇热审,不准宽免,并无枷号不准减免之文。次条例内"枷号"二字,系乾隆五年(1740)纂例时添出,应删。又查以上二条,俱系热审减等章程,应修并一条,以便引用。谨将修并例文,开列于后。

一、每年于小满后十日起,至立秋前一日止,如立秋在六月内,以七月初一日为止,内外问刑衙门,除窃盗及斗殴伤人罪应杖、笞人犯不准减免,其余罪应杖责人犯,各减一等,递行八折发落,笞罪宽免。如犯案审题在热审之先,而发落在热审期内者,亦照前减免。倘审题虽在热审期内,而发落已逾热审者,概不准其减免。至热审期内监禁重犯,令管狱官量加宽恤。其枷号人犯,俱暂行保释,俟立秋后再行照例减等补枷,满日发落。

【1802】1.1.1.(7)(略)

【1740】○移入

【原例】*名例律·加减罪例

＊【1725】1.1.36.(5)

一、直隶各省,热审之先审拟具题,到部遇热审,仍行减等发落。督抚热审时审拟减等具题,虽过热审之期到者,亦仍行减等发落。其原具题时遇热审,有情罪不符驳回后,具题逾热审者,亦减等完结。

按语见【1740】1.1.1.(1)条。

【1740】1.1.1.(6)

一、直隶各省,热审之先审拟具题,到部遇热审,仍行减等发落。督抚于热审时审拟减等具题,虽过热审之期到部,亦仍行减等发落。其原具题时遇热审,有情罪不符驳回后,具题逾热审,亦减等完结。

【1772】○修改

臣等谨按:乾隆三十六年(1771)二月内,臣部议复江西按察使欧阳永裿条奏,凡热审减等,总以发落时为准。若发落时已遇热审,概不准减免等因,奏准遵行。所有此条原例内"热审时,审拟具题,虽过热审之期,到部仍行减等发落"之处,应修改。谨将改辑例文,开列于后。

一、直隶各省,热审之先,审拟具题到部,而发落在热审期内者,俱照例减等发落。其审拟具题虽在热审期内,若发落时已逾热审者,概不准减免。

【1788】○修并

按语及修并例文,见【1768】1.1.1.(5)条【1788】修并项下。

【1740】○增入

按语见【1740】1.1.1.(1)条。

【1740】1.1.1.(7)

一、每年正月、六月俱停刑,内外立决重犯俱监固,俟二月初及七月立秋之后正法。其五月内交六月节,及立秋在六月内者,亦停正法。

【1790】1.1.1.(5)(略)

【1740】○增入

按语见【1740】1.1.1.(1)条。

【1740】1.1.1.(8)

一、外省重囚,经秋审具题,其情实应决者,照朝审之例,三次复奏。

【1756】○删除

臣等谨按:秋审情实重犯,于乾隆十四年(1749)奉旨:"各省秋审重犯,刑科复奏,皆令一次。朝审,仍令三复。钦此。"业经续纂为例,列于"死囚复奏待报"条下。此条应删。

【1740】○续纂

一、每逢热审之期,一应杖责之犯,无论题达重案,以及其余事件,统于减等之中,递行八折发落。

此条系乾隆五年(1740)刑部议准定例。

【1740】1.1.1.(9)(略)

【1768】1.1.1.(8)(略)

【1788】○修并

按语及修并例文,见【1768】1.1.1.(5)条【1788】修并项下。

【1740】1.1.1.(10)

赎刑:五刑中俱有应赎之款,附列于此,以便引用。

纳赎;无力依律决配,有力照律纳赎。

收赎;老幼、废疾、天文生及妇人折杖,照律收赎。

赎罪。官员正妻,及例难的决,并妇人有力者,照律赎罪。

【1790】1.1.1.(9)(略)

【1802】1.1.1.(8)(略)

【1740】○移改

*名例·职官有犯【1725】1.1.6.(1)

【原例】一、各坛祠祭署奉祀祀丞、神乐观提点、协律郎、赞礼郎、司乐等官,并乐舞生,及养牲官军,有犯奸、盗、诈伪、失误供祀,并一应赃私罪名,官及乐舞生各罢黜,军革役,仍照律发落。若讦告词讼,及因人连累,并一应公错,不碍行止者,照例纳赎。

臣等谨按:此条原载"职官有犯"条下,因与纳赎一类,今移此。其所称"一应公错,不碍行止"无所指实,应改。谨将改辑例文,开列于后。

一、各坛祠祭署奉祀祀丞、神乐观提点、协律郎、赞礼郎、司乐等官,并乐舞生,及养牲官军,有犯奸、盗、诈伪、失误供祀,并一应赃私罪名,官及乐舞生罢黜,军革役,仍照律发落。若讦告词讼,及因人连累,并一应公错,过误犯罪者,照律纳赎。

【1740】1.1.1.(15)(略)

【1768】1.1.1.(14)(略)

【1790】1.1.1.(13)(略)

【1802】1.1.1.(10)(略)

【1740】○移改

＊名例·职官有犯【1725】1.1.6.(3)

【原例】一、僧道官有犯,依律径自提问。受财枉法,亦计赃问罪。及僧道有犯奸、盗、诈伪,逞私争讼,怙终故犯,并一应赃私罪名,有玷清规,妨碍行止者,究出俗家姓名,责令还俗,仍依律例科断。若犯公事失错,因人连累,及过误致罪,于行止、戒规无碍者,悉令纳赎,各还职为僧为道。

臣等谨按:此条原载"职官有犯"律下,因与纳赎一类,今移此。查职官有犯,前代原另有律文,故"径自提问"上有"依律"二字。今前代律文已经从前纂辑时删改,"依律"二字应删。再"受财枉法,亦计赃问罪"及"逞私争讼"等语,已包在"一应赃私"及依律例科罪之中。其所称"有玷清规",并"戒规无碍"之处,均非律例所宜载,亦应删。谨将删辑例文,开列于后。

一、僧道官有犯,径自提问。及僧、道有犯奸、盗、诈伪,并一应赃私罪名,责令还俗,仍依律例科断。其公事失错,因人连累,及过误致罪者,悉准纳赎,各还职为僧、为道。

【1740】1.1.1.(17)(略)

【1768】1.1.1.(16)(略)

【1790】1.1.1.(16)(略)

【1802】1.1.1.(12)(略)

【1740】○续纂

一、妇女犯奸,杖罪的决,枷罪收赎。

谨案:此条乾隆五年(1740)定。

【1740】1.1.1.(18)(略)

【1768】1.1.1.(17)(略)

【1802】1.1.1.(13)(略)

＊【1740】○续纂

一、流犯年逾六旬,老病不能经营生计者,该地方官查实,照孤贫例拨入养济院,给以口粮。①

按语,见【1740】1.1.1.(1)条。

① 本条按语,见《大清律例按语》第31卷"名例·五刑(乾隆五年)"条下,乾隆五年(1740)《大清律例》不载。

【1743】○续纂

一、各省问刑衙门夹棍,州县呈明知府验烙,知府呈明按察司验烙,按察司呈明督抚验烙。其尺寸长短、宽窄,俱刻于中梃之上。如有擅用未曾验烙夹棍者,以酷刑题参。

谨案:此条系乾隆五年(1740)闰六月,臣部议复山东按察使李琦条奏定例。

【1768】1.1.1.(9)(略)

【1790】1.1.1.(4)(略)

【1788】○移并

【原例】名例律·加减罪例

【1768】1.1.36.(1)一、应拟枷号、杖、笞之盗犯,时遇热审,俱不准减免。

【1768】1.1.36.(4)一、笞罪人犯,如系斗殴伤人,虽遇热审,不准宽免。

臣等谨按:以上二条,俱系笞、杖等犯虽遇热审不准减免之例。事理相同,应并为一条。再热审减等例文,均载"五刑"门内,此不准减等一条,亦应移入"五刑"本门,以归画一。今将并辑例文,开列于后。

一、应拟枷号、杖、笞之窃盗及斗殴伤人拟笞之犯,时遇热审,俱不准减免。

【1790】1.1.1.(8)(略)

【1801】○修并

按语及修并例文,见【1790】1.1.1.(6)条【1801】修并项下。

【1801】○移改

【原例】*名例律·徒流人又犯罪【1740】1.1.21.(2)

一、妇人有犯奸、盗、不孝,并审无力者,各依律决罚。其余有犯笞、杖,并徒、流、充军、杂犯死罪,该决杖一百者,审有力,与命妇、官员正妻,俱准纳赎。

臣等谨按:此条系修改前明旧例,"有力""无力"等字应删。查与"五刑"律"赎罪"诸条,事同一例,应仍载"赎刑"门内,以归画一。谨将移改例文,开列于后。

名例律·五刑(赎刑)

一、妇人有犯奸、盗、不孝者,各依律决罚。其余有犯笞、杖,并徒、流、充军、杂犯死罪,该决杖一百者,与命妇、官员正妻,俱准纳赎。

【1802】1.1.1.(17)(略)

【1821】○续纂

一、生员不守学规,好讼多事者,俱斥革,按律发落,不准纳赎。

臣等谨按:嘉庆二十年(1815)六月二十四日,奉上谕:"陈预奏'审拟民人李其言控案'一折。此案李其言之父李应昌,原控县书李振甲等偷盗仓米等情,系因生员傅焯先声言‘李振甲等如非偷米，何必连夜搬运’，次日又向生员朱芹昌告述。李应昌、朱芹昌先后具呈赴控，而李应昌旋即在押病故，其子李其言复控诉不休。是傅焯多言肇衅，朱芹昌轻听妄控，均属不安本分，有玷学校。该抚将傅焯、朱芹昌拟以杖责，照例纳赎，未免轻纵。傅焯、朱芹昌俱着斥革，按律发落。嗣后生员不守学规，好讼多事者，均照此案办理。余依议。钦此。”应恭纂为例，以便遵行。

【1825】1.1.1.(15)(略)

十 恶

律 文

【1646】1.1.2

一曰谋反。谓谋危社稷。

二曰谋大逆。谓谋毁宗庙、山陵及宫阙。

三曰谋叛。谓谋背本国，潜从他国。

四曰恶逆。谓殴及谋杀祖父母、父母，夫之祖父母、父母；杀伯叔父母、姑、兄姊、外祖父母及夫者。祖父母、父母但谋但殴即坐，伯叔以下须据杀讫方入恶逆。若谋而未杀，自当不睦之条。盖恶逆者，常赦不原，不睦则会赦原宥。

五曰不道。谓杀一家非死罪三人，及支解人，若采生造畜、蛊毒魇魅。

六曰大不敬。谓盗大祀神御之物、乘舆服御物，盗及伪造御宝，合和御药误不依本方及封题错误，若造御膳误犯食禁，御幸舟船误不坚固。

七曰不孝。谓告言、咒骂祖父母、父母，夫之祖父母、父母；及祖父母、父母在，别籍异财，若奉养有缺。○居父母丧，身自嫁娶，若作乐，释服从吉；闻祖父母、父母丧，匿不举哀；诈称祖父母、父母死。

八曰不睦。谓谋杀及卖缌麻以上亲，殴、告夫及大功以上尊长、小功尊属。

九曰不义。谓部民杀本属知府、知州、知县，军士杀本管指挥、千户、百户，吏卒杀本部五品以上长官，若杀见受业师；及闻夫丧，匿不举哀，若作乐、释服从吉，及改嫁。

十曰内乱。谓奸小功以上亲、父祖妾，及与和者。

【1670】1.1.2(略)

＊**【1707】○修改**

臣等谨按：今卫所无指挥、千户、百户官，应删去“指挥、千户、百户”改为“本管官”。此律拟存。

总注：此十恶皆罪大恶极，王法之所不容者也。五刑之后，继以十恶，其名昉于北齐，历代因之。罪至死者，固恩赦所不原，即罪不至死者，亦俱有乖伦理。故特揭其名目于律首，使人知所警也。

【1725】○修改

臣等谨按：第九条下小注“本管指挥、千户、百户”等字，应改为“本管官”。

再按：十恶皆罪大恶极，王法所不容。其罪至死者，固恩赦所不原。即罪不至死者，亦俱有乖伦理，故特揭其名目于律首，使人知所警也。

【1725】1.1.2

一曰谋反。谓谋危社稷。

二曰谋大逆。谓谋毁宗庙、山陵及宫阙。

三曰谋叛。谓谋背本国,潜从他国。

四曰恶逆。谓殴及谋杀祖父母、父母,夫之祖父母、父母;杀伯叔父母、姑、兄姊、外祖父母及夫者。祖父母、父母但谋但殴即坐,伯叔以下须据杀讫方入恶逆。若谋而未杀,自当不睦之条。盖恶逆者,常赦不原,不睦则会赦原宥。

五曰不道。谓杀一家非死罪三人,及支解人,若采生造畜、蛊毒魇魅。

六曰大不敬。谓盗大祀神御之物、乘舆服御物,盗及伪造御宝,合和御药误不依本方及封题错误,若造御膳误犯食禁,御幸舟船误不坚固。

七曰不孝。谓告言、咒骂祖父母、父母,夫之祖父母、父母;及祖父母、父母在,别籍异财,若奉养有缺。○居父母丧,身自嫁娶,若作乐,释服从吉;闻祖父母、父母丧,匿不举哀;诈称祖父母、父母死。

八曰不睦。谓谋杀及卖缌麻以上亲,殴、告夫及大功以上尊长、小功尊属。

九曰不义。谓部民杀本属知府、知州、知县,军士杀本管官,吏卒杀本部五品以上长官,若杀见受业师;及闻夫丧,匿不举衰,若作乐、释服从吉,及改嫁。

十曰内乱。谓奸小功以上亲、父祖妾,及与和者。

注:十恶皆罪大恶极,为法所不容。其罪至死者,固恩赦所不原,即罪不至死者,亦俱有乖伦理。故特揭其名目于律首,使人知所警也。

【1740】○修改

臣等谨按:"恶逆"小注内原有"祖父母、父母,但谋、但殴即坐。伯叔以下,须据杀讫,方入恶逆。若谋而未杀,自当不睦之条。盖恶逆者,常赦不原;不睦,则会赦原宥"等语。查"祖父母"上既注明"殴及谋杀",则但谋、但殴即坐可知。"伯叔父母"上既注明"杀"字,则杀讫乃坐可知,不必重解。再"不睦"之下,原注有"谋杀缌麻以上亲"之条,今谓不睦会赦原宥,是谋杀凡人不应援赦,而谋杀服亲反准原赦矣,尤非律意,今删。

一曰谋反。谓谋危社稷。

二曰谋大逆。谓谋毁宗庙、山陵及宫阙。

三曰谋叛。谓谋背本国,潜从他国。

四曰恶逆。谓殴及谋杀祖父母、父母,夫之祖父母、父母;杀伯叔父母、姑、兄姊、外祖父母及夫者。

五曰不道。谓杀一家非死罪三人,及支解人,若采生折割、造畜蛊毒魇魅。

六曰大不敬。谓盗大祀神御之物、乘舆服御物,盗及伪造御宝,合和御药误不依本方及封题错误,若造御膳误犯食禁,御幸舟船误不坚固。

七曰不孝。谓告言、咒骂祖父母、父母,夫之祖父母、父母;及祖父母、父母在,别籍异财,若奉养有缺;居父母丧,身自嫁娶,若作乐,释服从吉;闻祖父母、父母丧,匿不举哀;诈称祖父母、父母死。

八曰不睦。谓谋杀及卖缌麻以上亲,殴、告夫及大功以上尊长、小功尊属。

九曰不义。谓部民杀本属知府、知州、知县,军士杀本管官,吏卒杀本部五品以上长官,若杀见受业师;及闻夫丧,匿不举衰,若作乐、释服从吉,及改嫁。

十曰内乱。谓奸小功以上亲、父祖妾,及与和者。

【1740】1.1.2(略)

八 议

律 文

【1646】1.1.3

一曰议亲。谓皇家袒免以上亲,及太皇太后、皇太后缌麻以上亲,皇后小功以上亲,皇太子妃大功以上亲。

二曰议故。谓皇家故旧之人,素得侍见,特蒙恩待日久者。

三曰议功。谓能斩将夺旗,摧锋万里,或率众来归,宁济一时,或开拓疆宇,有大勋劳,铭功太常者。

四曰议贤。谓有大德行之贤人君子,其言行可以为法则者。

五曰议能。谓有大才业,能整军旅,治政事,为帝王之辅佐、人伦之师范者。

六曰议勤。谓有大将吏,谨守官职,早夜奉公,或出使远方,经涉艰难,有大勤劳者。

七曰议贵。谓爵一品,及文武职事官三品以上、散官二品以上者。

八曰议宾。谓承先代之后,为国宾者。

【1670】1.1.1(略)

*【1707】○仍旧

谨案:此律拟存。

总注:八议者,乃国家优待亲贤勋旧之典也。八议之名,昉于《周礼》。亲、贤、勋、旧,每于法外优容。故凡有所犯,另加拟议,所以使应议之人,咸知自重而不轻犯法也。

【1725】1.1.3

一曰议亲。谓皇家袒免以上亲,及太皇太后、皇太后缌麻以上亲,皇后小功以上亲,皇太子妃大功以上亲。

二曰议故。谓皇家故旧之人,素得侍见,特蒙恩待日久者。

三曰议功。谓能斩将夺旗,摧锋万里,或率众来归,宁济一时,或开拓疆宇,有大勋劳,铭功太常者。

四曰议贤。谓有大德行之贤人君子,其言行可以为法则者。

五曰议能。谓有大才业,能整军旅,治政事,为帝王之良辅佐者。

六曰议勤。谓有大将吏,谨守官职,早夜奉公,或出使远方,经涉艰难,有大勤劳者。

七曰议贵。谓爵一品,及文武职事官三品以上、散官二品以上者。

八曰议宾。谓承先代之后,为国宾者。

臣等谨按:八议者,乃国家优待亲贤勋旧之典,应于法外优容。故凡有所犯,另加拟议,所以使应议之人,咸知自重而不轻于犯法也。

【1740】1.1.3(略)

附律条例

【1740】○增入

已革宗室之红带、已革觉罗之紫带犯事治罪，与旗人无异，交刑部照旗人例枷号、锁禁完结。

谨案：此条系宗人府议准定例。

【1740】1.1.3.（1）（略）

【1778】○移出

＊名例律·应议者犯罪

＊**【1790】1.1.4.（3）（略）**

应议者犯罪

律　文

【1646】1.1.4

凡八议者犯罪，不可加刑，但开具所犯事情，实封奏闻取应否勾问之旨，不许擅自勾问。有旨免究即已。若奉旨推问者，不得遽拟其罪，开具所犯罪名及应议之状，先奏请多官会议。议定，将议过缘由奏闻，取自上裁。议者，谓原其本情，议其犯罪。于奏本之内，开写或亲或故，或功或贤，或能或勤，或贵或宾，应议之人所犯之事，实封奏闻取旨。若奉旨推问者，才方推问。取责明白招状，开具应得之罪，先奏请令八固山额真与机密大臣、内院、三法司集议，议定奏闻。至死者，唯云"准犯依律合死，不敢正言绞、斩，取自上裁"。○其犯十恶者，先行拘系，实封奏闻，依律议拟，不用此律。十恶或专主谋反、叛逆言，非也。盖十恶之人，悖伦逆天，蔑礼贼义，乃王法所必诛。故特表之，以严其禁。凡应八议之人问鞫，不加拷讯，皆据各证定罪。

【1670】1.1.4（略）

＊**【1707】○修改**

臣等谨按：今应议者犯罪，或令议政王大臣，或令八旗都统，或令九卿、詹事、科道，或令该部院衙门集议，并无指定八固山额真等官会议之处。应改律文小注内"请令八固山额真、机密大臣、内院、三法司官员集议"句，为"奏请钦遣大臣官员集议"。小注内繁冗重复处，并应删改。谨拟删改，开载于后。

【新改律】凡八议者犯罪，开具所犯事情，实封奏闻取应否勾问之旨，不许擅自勾问。有旨免究即已。若奉旨推问者，不可加刑，亦不得遽拟其罪，开具所犯罪名及应议之状，先奏请多官会议。议定，将议过缘由奏闻，取自上裁。议者，谓原其本情，议其犯罪。于奏本之内，开写应议之人所犯之事，实封奏闻取旨。若奉旨推问者，才方勾问。开具所犯罪名及应议之状，先奏请钦遣大臣官员集议，议定奏闻。至死者，唯云"准犯依律合死，不敢正言绞、斩，取自上裁"。○其犯十恶者，先行拘系，实封奏闻，依律议拟，不用此律。十恶或专主谋反、叛逆言，非也。盖十恶之人，悖伦逆天，蔑礼贼义，乃王法所必诛。故特表之，以严其禁。凡应八议之人问鞫，不加拷讯，皆据各证定罪。

总注：此专指鞫问八议之人而言也。凡应在八议之人犯罪，与一切职官有犯者不同，必先开具事由，以应否勾问请旨定夺。倘有旨宽免，便置不究，故不许擅自勾问也。若奉旨准令推问，又必开所犯应坐罪名及亲、故、贤、能等应议之状，奏请多官会议，议定奏闻。其至死者，不敢正言绞、斩，但云合死，取决于上。前后凡三奏。于不废法之中，而示用意之厚如此。若应议之人有犯十恶,则径行参提,依律议奏,不用取旨请议,及取自上裁之律。

【1725】○修改

修改按语及修改同前。

律文按语同前"总注"。

【1725】1.1.4(略,同前新改律)

注:此专言鞫问八议人之罪也。首节谓应议之人犯罪,另为拟议。末节谓犯十恶者,与常同。

【1740】○修改

臣等谨按:律文"实封奏闻取"之下注内"应否勾问之"五字,"不许擅自勾问"之下注内"有旨免究即已"六字,"奉旨推问者"之下注内"不可加刑,亦不得遽议其罪"十一字,"先奏请"之下注内"多官会"三字,"取自上裁"之下注内"议者,谓原其本情,议其犯罪"等语,"其犯十恶者"之下注内"先行拘系"四字,语多重复,且有难行之处,应删。再小注内"凡应八议之人,问鞫不加拷讯,皆据各证定罪"等语,事关定例,应另立一条,注内亦应删。谨将删辑律注,开列于后。

凡八议者犯罪,开具所犯事情,实封奏闻取旨,不许擅自勾问。若奉旨推问者,开具所犯罪名及应议之状,先奏请议。议定,将议过缘由奏闻,取自上裁。○其犯十恶者,实封奏闻,依律议拟,不用此律。十恶或专主谋反、叛逆言,非也。盖十恶之人,悖伦逆天,蔑礼贼义,乃王法所必诛。故特表之,以严其禁。

【1740】1.1.1(略)

附律条例

【1646】1.1.4.(1)

一、凡在京勋戚,用强兜揽钱粮,侵欺及骗害纳户者,事发参究,将应得禄粮价银扣除,完官、给主。事毕,方许照旧关支。

【1670】1.1.4.(1)(略)

*【1707】○删除**

臣等谨按:今勋戚有犯前罪,俱按情罪轻重,照律例拟议,并无扣除禄粮价银完官、给主之处,此条拟删。

【1725】○删除

按语同前。

【1725】1.1.4.(1)

【钦定例】一、雍正六年(1728)三月内,奉上谕:"朕览律例旧文,于'名例'内载有'八议'之条。其辞曰'议亲、议故、议功、议贤、议能、议勤、议贵、议宾',此历代相沿之文,其来已久。我朝律例,于此条虽仍载其文,而实未尝照此例行者,盖有深意存焉,不可不察。载而未用之故,亦不可不明也。夫刑罚之设,所以奉天罚罪,乃天下之至公至平,无容意为轻重者也。若于亲、故、功、贤等人之有罪者,故为屈法,以示优容,则是可意为低昂,而律非一定者矣,尚可谓之公平乎。且亲、故、功、贤等之人,或以效力宣劳,为朝廷所倚眷,或以勋门戚畹,为国家所优崇。其人既异于常人,则尤当制节谨度,秉礼守义,以为士民之倡率。乃不知自爱,而致罹于法,是其违理道而蹈愆,尤非蚩蚩之氓无知误犯者可比也。倘执法者又曲为之宥,何以惩恶而劝善乎。如所犯之罪,果出于无心,而情有可原,则为之临时酌量,特与加恩,亦未为不可。若预著为律,是于亲、故、功、贤等人,未有过之先,即以不肖之人待之。名为从厚,其实乃出于至薄也。且使恃有八议之条,或任意为非,漫无顾忌,必有自干大法而不可止者。是又以宽宥之虚文,而转陷之于罪戾。姑息之爱,尤不可以为优恤矣。今修辑律例各条,俱务详加斟酌,以期至当。惟此八议之条,若概为删去,恐人不知其非理而害法,故仍令载入,特为颁示谕旨,俾天下晓然于此律之不可为训,而亲故人等亦各知儆惕而重犯法,是则朕钦恤之至意也。特谕。"①

【1740】○续纂

一、凡应八议之人,问鞫不加拷讯,皆据各证定罪。

谨案:此条系小注内补律之所不及者。今另纂为例,以备引用。

【1740】1.1.4.(1)(略)

【1810】○删除

臣等谨按:此条系旧律内小注,乾隆五年(1740)臣部奏明删除小注,纂为条例。但查"刑律·断狱·老幼不拷讯"条内,载"凡应八议之人,如有犯罪,官司不合拷讯,皆据众证定罪"等语,此条例文,系属重复,应行删除。

【1740】○增入

一、三品以上大员革职拿问,不得遽用刑夹。有不得不刑讯之事,请旨遵行。

臣等谨按:此条系雍正十三年钦奉上谕。因事类"议贵",纂为定例,恭载于此。

【1740】1.1.4.(2)(略)

【1802】1.1.4.(1)(略)

【1777】○移入

【原例】*名例·八议

*【1740】1.1.3.(1)已革宗室之红带、已革觉罗之紫带犯事治罪,与旗人无异,交刑部照旗人例枷号、锁禁完结。

---

① 此条不见于乾隆五年(1740)《大清律例》,《大清律例按语》《钦定大清会典事例(光绪朝)》皆未载明删除情形。

臣等谨按：此条原例载在“八议”之末。查十恶、八议为律例总论纲目，未便续入例条。且应议者犯罪，另有专门律目，自应移入。谨将此条原例，移载“应议者犯罪”门类，以符例制，拟合声明。

【1790】1.1.4.(3)(略)

【1802】1.1.4.(2)(略)

【1840】○修改

【原例】【1825】1.1.4.(2)(略)、【1825】1.1.4.(8)条、1830年修改例文(略)

臣等谨按：道光十九年(1839)八月初六日，奉上谕：“宗人府奏‘销除旗档之红带子、紫带子，犯系寻常罪名，请毋庸革去带子’一折，又另片奏‘道光五年(1825)，会议宗室事宜，有酿成命案，革去宗室之条，与从前例意不符，请改为革去宗室顶戴’等语。着宗人府会同刑部，悉心妥议，明定章程具奏。至此次因案销档之红带子讷尔和，着仍准其系束红带，照例办理。钦此。”经宗人府会同臣部，查宗人府奏“请销除旗档之红带子、紫带子，犯系寻常罪名，毋庸革去带子”一节，溯查《宗人府则例》内载“乾隆四年(1739)议准，革退宗室红带子、革退觉罗紫带子，议罪俱由刑部照旗人例”等语。又案查嘉庆年间，红带子图明，因习西洋教犯案，革去本身红带子，发往伊犁；并道光十八年(1838)，红带子图升阿于习教犯案，改悔免罪后，同伊子文广习教念经，由臣部会同宗人府审明具奏，钦奉谕旨将图升阿、文广均革去红带子，并于玉牒末除名，发往伊犁充当苦差，各在案。今臣等议请，嗣后除红带子、紫带子，有犯习教等重情，另行奏明办理外，其有犯寻常杖、枷、徒、流、军，及斩、绞等罪，仍应照向来刑部办理旗人之例一体科断。惟此内或有应照旗人销档之例办理者。查销档后，即交县编入民籍，嗣后有犯，照民人一体科罪。若将红带子、紫带子亦照此办理，似与体制不协。请嗣后凡红带子、紫带子有犯，照旗人销档者，免其销档，仍准其系本身带子，以昭表著。其罪名轻重，仍由刑部照旗人科断。再查宗人府“请将酿成命案革去宗室”之条改为“宗室顶带”等语。臣等查宗人府例载，康熙八年(1669)题准，革去宗室之例，永行停止。嗣于道光五年(1825)会议“惩劝宗室事宜”条内，如果有“酿成命案者，由宗人府会同刑部，先行革去宗室”之语，与从前例意不符，应由宗人府照前更正等因具奏，奉旨允准，遵行在案。臣等伏查以上二条，均经宗人府会同臣部奏定章程，应将原例修改明晰，以免歧异。谨将修改例文，开列于后。

一、已革宗室之红带、已革觉罗之紫带，除有犯习教等重情，另行奏明办理外，其有犯寻常杖、枷、徒、流、军及斩、绞等罪，交刑部照旗人例一体科断。应销档者，免其销档，仍准系本身带子。

【1847】1.1.4.(7)(略)

【1847】1.1.4.(10)(略)

【1778】○续纂

一、凡宗室、觉罗犯罪时系黄、红带者，依宗室觉罗例办理。若系蓝带及不系带者，即照常人例治罪。

臣等谨按:此条系乾隆四十一年(1776)九月内,钦奉谕旨定例,应恭纂遵行。

【1790】1.1.4.(4)(略)

【1802】1.1.4.(3)(略)

【1847】1.1.4.(2)(略)

【1788】○续纂

一、凡宗室有犯圈禁之罪者,即行革去顶戴。

臣等谨按:此条系乾隆四十八年(1783)十月内,臣部等衙门审办宗室明定听信伊伯父家奴杨天保之言,将应行入官绝产,冒充业主,希图得利,问拟满徒,于宗人府空房圈禁一年等因具奏。奉旨:"明定贪利妄控,实属不知自爱。若仅照例圈禁一年,无以示儆。明定着革去顶戴。嗣后宗室有似此犯圈禁之罪者,即着革去顶戴。著为令。"钦遵在案。应恭纂为例,以便遵行。

【1790】1.1.4.(5)(略)

【1802】1.1.4.(4)(略)

【1847】1.1.4.(3)(略)

【1810】○续纂

一、凡宗室犯案到官,该衙门先讯取大概情形,罪在军、流以上者,随时具奏。如在徒、杖以下,咨送宗人府,会同刑部审明,照例定拟。罪应拟徒者,归入刑部按季汇题;罪应笞、杖者,即照例完结,均毋庸具奏。若到官时未经具奏之案,审明后罪在军、流以上者,仍奏明请旨。

臣等谨按:嘉庆十三年(1808)八月二十八日奉上谕:"嗣后关系宗室事件,着管理宗人府王、贝勒等,会同步军统领衙门,将案犯何条应即具奏、何条系按月汇奏。其有情节较轻者,即可移咨宗人府,照例惩处,毋庸奏闻,妥议章程具奏等因。钦此。"当经宗人府会同步军统领衙门,遵旨酌议,嗣后遇有宗室犯科之案,除讯取大概情形,显系罪在军、流以上者,随时具奏。其余俱咨送宗人府,会同刑部审明,照例定拟。罪犯应徒者,仍照旧例归入刑部汇题。罪犯笞、杖者,即照例办理,毋庸奏闻。至审明后,罪犯军、流以上者,无论曾否具奏,俱照例定议,奏明请旨等因,奏准知照在案。应纂辑为例,以便遵行。再查臣部汇题事件,向系按季办理,应于例内添入"按季"二字,以归画一,合并陈明。

【1825】1.1.4.(5)(略)

【1847】1.1.4.(4)(略)

【1814】○续纂

一、宗室缘事发遣,遇赦减释,如系由盛京释回者,即令回京。若由吉林、黑龙江释回者,即令其在盛京移居宗室公所,酌给房屋居住。

臣等谨按:嘉庆十九年(1814)六月初二日,臣部具奏"查办发遣黑龙江等处宗室应否减等,开单请旨"一折。奉上谕:"宗室普庭,准其减等,令回至盛京,在该处移居宗室公所,酌给房屋居住。嗣后缘事发遣宗室,由盛京释回者,即令回京;由吉林、黑龙江释回者,即令其在盛京居住。著为令等因。钦此。"钦遵在案。应恭纂为例,以便遵行。

【1825】1.1.4.(6)(略)

【1847】1.1.4.(5)(略)

【1821】〇续纂

一、宗室犯事到官,无论承审者何官,俱先将该宗室摘去顶戴,与平民一体长跪听审。俟结案时,如实系无干,仍分别奏、咨,给还顶戴。

臣等谨按:嘉庆二十四年(1819)五月十九日,奉上谕:"近来宗室中,屡有不顾行检、干犯法纪之人。叠经训诫,总未悛改。推原其故,皆因宗室犯事到官,向不跪讯,遂有所恃,而不知畏惮。伊等既如此不知自重,朕挽除颓习,亦不能再援议亲之典。嗣后宗室犯事到案,无论承审者何官,俱先将该宗室摘去顶戴,与平民一体长跪听审。俟结案时,如实系无干,仍奏明给还顶戴。似此稍示裁抑,庶共知戒惧,可冀犯法者日少也。钦此。"应恭纂为例,以便遵行。

【1825】1.1.4.(7)(略)

【1847】1.1.4.(6)(略)

【1825】〇续纂

一、凡宗室、觉罗,除犯笞、杖、枷,及初犯军、流、徒,或再犯徒罪,或先经犯徒后犯流罪,仍由宗人府照例分别折罚、责打、圈禁外,如二次犯流,或一次犯徒、一次犯军,或三次犯徒者,均拟实发盛京。如二次犯徒、一次犯流,或一次犯流、一次犯军者,均拟实发吉林。如二次犯军,或三次犯流,或犯至遣戍之罪者,均拟实发黑龙江。若宗室酿成命案,按律应拟斩、绞监候者,宗人府会同刑部,先行革去宗室,照平人一律问拟斩、绞,分别实缓,仍由宗人府进呈黄册。至兵、民、商贾被宗室扰害讹诈,有显迹见证可凭,并不据实呈控,审系畏事隐忍,被诈之人并无应得罪名者,免其置议。如因作连犯科,致被宗室讹诈,又不据实呈控,审实,各视其应得罪名,加一等治罪。其主使宗室讹诈,仍照教诱宗室为非及计赃各本律例,从重科断。

臣等谨按:道光五年(1825)七月内,大学士、军机大臣会同各该衙门,详议宗人府条奏"宗室惩劝各事宜"折内议请嗣后宗室、觉罗犯笞、杖罪者,除无心罣误,仍照例折罚养赡外,其审系不安本分者,按其应得笞、杖罪名,在宗人府实行责打,不准折罚钱粮。其犯枷罪者,一日折圈二日,仍加责二十板,不准减圈禁日期。至初次犯徒、流、军罪者,仍按所得罪名,照旧按日折圈、按数折责,不因加责而减圈。其三次犯徒罪者,即加等照流三千里之例,加责三十板外,仍折圈二年。其有一次犯徒、一次犯流罪者,即加等照极边烟瘴充军之例,加责四十板外,仍折圈三年。其有二次犯流,及一次犯徒、一次犯军,或三次犯徒者，均拟实发盛京。其有二次犯徒、一次犯流，及一次犯流、一次犯军者，均拟实发吉林。其有二次犯军，及三次犯流者，均拟实发黑龙江。其犯至遣戍罪者，亦拟实发黑龙江。如有酿成命案者，宗人府会同刑部，先行革去宗室，照平人一律问拟斩、绞，分别实、缓，由刑部进呈黄册。并请载入则例，永远遵行。至兵、民、商贾被宗室扰害讹诈，有显迹见证可凭，并不据实呈控，如审系凭空被讹，畏事隐忍，被诈之人并无应得罪名者，应毋庸议。如系作奸犯科，致被宗室讹诈，又不据实呈控，审实，各视其应得罪名，加一等。至主使宗室讹诈者，仍照教诱宗室为非及计赃各本律例，从重科断。请一并纂入则例等因奏。奉上谕："向例宗室犯罪，止分别折罚、圈禁。惟法轻则日久生玩，必应严定律令，庶辟以止辟，多所保全。嗣后犯笞、杖、军、流、徒等罪，审系不安本分者，即照此次议定科条，分别加责、实发。如有酿成命案者，先行革去宗室，照平人一律问拟斩、绞，分别实、缓。其进呈黄册，仍着由宗人府办理，以示区别。至被诈之人，不据实呈诉者，按其有无应得罪名，分别办理。即着纂入则例，永远遵行等因。钦此。"钦遵在案。除"宗室、觉罗，犯笞、杖、军、流、徒等罪，分别折罚、枷责、圈禁，应由宗人府载入则例外，所有宗室、觉罗犯罪应行实发，及宗室酿成命案照平人一律问拟斩、绞，暨兵、民、商贾被宗室扰害讹诈，不据实呈诉，按其有无应得罪名分别问拟"之处，应于臣部例内纂定专条，以资引用。再查原奏所称"宗室酿成命案，照平人一律问拟斩、绞"，自系指实犯死罪，按律应拟斩、绞者而言。若虽经酿成命案，而系按律不应拟抵者，自应仍按各本例律问拟。应于"酿成命案"下，添叙"按律应拟斩、绞监候"字样，以免牵混，合并陈明。

【1825】1.1.4.(8)(略)

【1830】○修改

臣等谨按：此条系道光五年(1825)纂定。伏查宗室、觉罗借端讹诈告讦之案，察其不干己事，显系诈骗不遂，所控事件立案不行，仍将该原告分别治罪。其主使、教诱，及助势之犯，无论军、民、旗人，应不分首、从，先行枷号三个月，发近边充军，现已遵旨另立专条。而前条原例所载"兵、民、商贾被宗室扰害讹诈，有显迹见证可凭，并不据实呈控，审系畏事隐忍，被诈之人并无应得罪名者，免其置议。如因作奸犯科，致被宗室讹诈，又不据实呈控，审实，各视其应得罪名，加一等治罪。其主使宗室讹诈，仍照教诱宗室为非及计赃各本律例，从重科断"之处，核与新例未符，且兵、民、商贾，若有作奸犯科，大抵不肯据实自首，其被宗室、觉罗告发，审明属实，自行按照所犯本条科罪。未便因被宗室、觉罗讹诈，不行据实呈首，再于法外加重。应请一并删除，以昭平允。谨将修改例文，开列于后。

一、凡宗室、觉罗，除犯笞、杖、枷，及初犯军、流、徒，或再犯徒罪，或先经犯徒，后犯流罪，仍由宗人府照例分别折罚、责打、圈禁外，如有二次犯流，或一次犯徒、一次犯军，或三次犯徒者，均拟实发盛京；如二次犯徒、一次犯流，或一次犯流、一次犯军者，均拟实发吉林；如二次犯军，或三次犯流，或犯至遣戍之罪者，均拟实发黑龙江。若宗室酿成命案，按律应拟斩、绞监候者，宗人府会同刑部，先行革去宗室，照平人一律问拟斩、绞，分别实、缓，仍由宗人府进呈黄册。

【1840】○修改

按语,见【1825】1.1.4.(2)条下。

一、凡宗室、觉罗,除犯笞、杖、枷,及初犯军、流、徒,或再犯徒罪,或先经犯徒,后犯流罪,仍由宗人府照例分别折罚、责打、圈禁外,如有二次犯流,或一次犯徒、一次犯军,或三次犯徒者,均拟实发盛京;如二次犯徒、一次犯流,或一次犯流、一次犯军者,均拟实发吉林;如二次犯军,或三次犯流,或犯至遣戍之罪者,均拟实发黑龙江。若宗室酿成命案,按律应拟斩、绞监候者,宗人府会同刑部,先行革去宗室顶戴,照平人一律问拟斩、绞,分别实、缓,仍由宗人府进呈黄册。

【1847】1.1.4.(7)(略)

【1830】○续纂

一、凡宗室、觉罗妇女,出名具控案件,除系呈送忤逆,照例讯办外,其余概不准理。如有擅受,照例参处。倘实有冤抑,许令成丁弟兄子侄,或母家至戚抱告;无亲丁者,令其家人抱告,官为审理。如审系虚诬,罪坐抱告之人。若妇女自行出名刁控,或令人抱告后,复自行赴案逞刁,及拟结后渎控者,无论所控曲直,均照违制律治罪。有夫男者,罪坐夫男;无夫男者,罪坐本身,折罚钱粮。

臣等谨按:道光六年(1826)五月内,宗人府具奏"饬禁宗室觉罗妇女呈控并酌定惩处专条"一折内称:宗室、觉罗妇女,往往倚恃身系妇女,任意砌词渎控,或于审讯时,不待传问,直入公堂,逞刁剖辨,不服讯断,后复翻控不休,最为恶习。允宜亟加禁止,予以限制,以正风俗。议请嗣后宗室、觉罗妇女,出名具控者,除系呈送忤逆,仍照向例讯办外,其余案件,概不准理。如有收其呈词者,即照擅受例参处。若实有冤抑,应令其成丁弟兄子侄,或母家至戚报告。无亲丁者,令其家人报告,官为审理。如有虚诬,罪坐报告。倘有仍前出名刁控,或令人报告后,又复自行赴案逞刁,及拟结后渎控者,无论所控曲直,均照违制律分别办理。有夫者,罪坐其夫。无夫者,罪坐子嗣。若无夫又无子嗣者,即罚折其孀妇钱粮。俟续修则例时,纂入遵行等因,奏准在案。除由宗人府载入则例外,臣部例内应请纂辑专条,以便遵守。

【1847】1.1.4.(8)(略)

【1830】○续纂

一、凡宗室、觉罗人等告讦之案,察其事不干己,显系诈骗不遂者,所控事件,立案不行,仍将该原告咨送宗人府,照违制律杖一百,实行重责四十板。如妄捏干己情由耸准,迨提集人证质审,仍系讹诈不遂、串结捏控者,将该原告先行摘去顶带,严行审讯,并究追主使、教诱之犯。倘狡辩不承,先行板责讯问。审系控款虚诬,罪应斩、绞者,照例请旨办理。其余无论诈赃多寡、已未入手,但经商谋捏控,不分首从,俱实发吉林安置,到配重责四十板。主使、教诱及助势之犯,无论军民,不分首从,先行枷号三个月,满日俱发近边充军。旗人有犯,销除旗档,照民人一律办理。其或所控得实,但审因串诈不遂、捏情图准者,亦照此例定拟,不得以事出有因,量为援减。

臣等谨按:道光九年(1829)正月内,军机大臣会同宗人府、臣部"遵旨酌定宗室觉罗借端讹诈分别治罪条例"一折具奏。钦奉上谕:"朕因宗室近来积习,往往以不干己事具控,借端讹诈,降旨令军机大臣会同宗人府、刑部酌议条例具奏。兹据查明定例,分别从严酌议。嗣后宗室、觉罗人等告讦之案,察其事不干己,显系诈骗不遂者,该管衙门立案不行。仍将该原告咨送宗人府,照违制律杖一百,实行重责四十板。如敢妄捏干己情由耸准,及至提集人证质审,仍系讹诈不遂,串结捏控者,即将该原告先行摘去顶戴,严行审讯,并追究主使、教诱之犯。倘狡辩不承,照例先行板责讯问,审系控款虚诬,除坐诬罪应斩、绞者,仍照向例请旨办理外,其余诬控之案,无论诈赃多寡、已未入手,但经商谋捏控,不分首从,俱实发吉林安置,到配仍重责四十板,以示惩儆。其主使、教诱,以及添威助势之犯,无论军民人等,不分首从,均照例发近边充军,仍先加枷号三个月,满日再行发遣。系旗人,照例销除旗档,一律办理。即使所控得实,但因串诈不遂、捏情图准者,亦即照此例定拟。不准以事出有因,量为援减。着宗人府、刑部,即各纂入例册,永远遵行等因。钦此。"钦遵在案。应纂辑为例,以资引用。

【1847】1.1.4.(9)(略)

【1840】○续纂

一、宗室、觉罗及王公有吸食鸦片烟者,拟绞监候,由宗人府会同刑部进呈黄册。

臣等谨按:道光十九年(1839)五月内,大学士、军机大臣会同各衙门及臣部,议复升任鸿胪寺卿黄爵滋并各省将军、都统、督抚及各科道条奏"严禁鸦片烟章程"一折内称,宗室、觉罗买食鸦片烟者,若照平民加等,发近边充军,仅止折圈,不足以示惩儆。今拟宗室、觉罗买食鸦片烟者,从重发往盛京,交该将军严加管束。至宗室、觉罗职名,以及王公内有买食鸦片烟者,均从重革职、革爵,发往盛京,永不叙用。并遵照此次章程,予限一年六个月。如限满不知悛改,仍有吸食者,即照新定章程加重拟绞监候。按照旧例,宗人府会同刑部,恭造黄册等因具奏。奉上谕:"照所议办理。并着纂入则例,永远遵行等因。钦此。"臣等伏查原定鸦片烟章程,现已一年六个月限满。如仍有吸食者,应遵照原奏加重拟绞。谨纂辑专条,以资引用。

【1847】1.1.4.(11)(略)

职官有犯

律　文

【1646】1.1.5　职官有犯若京官三品以上,则为应议之人,不在此例。

凡京官不拘大小,已未入流。及在外五品以上官有犯,公私罪名,所司开具所犯,实封奏闻请旨,不许擅自勾问。六品以下,听分巡御史、按察司正官。并分司就便拘提,取问明白,议其原犯情由,拟定罪名,奏闻区处。○若府、州、县官犯罪，虽系六品以下者，所辖上司提调官、风宪者，不在此例。不得擅自勾问，止许开具所犯事由，实封奏闻。若许准推问，依律议拟回奏，仍候委官审果是实，方许判决。○若府、州、县六品以上官，其犯应该笞决、私罪。罚俸、收赎、纪录三项公罪者，其罪既轻，所辖上司亦得径自提问发落。不在奏请之限。○若所属府、州、县官被本管上司非理凌虐，亦听开具凌虐实迹，不用经由合干上司，实封径自奏陈。

【1670】1.1.5　职官有犯若京官三品以上，则为应议之人，不在此例。

凡京官不拘大小，已未入流。及在外五品以上官有犯，公私罪名，所司开具所犯，实封奏闻请旨，不许擅自勾问。六品以下，听分巡御史、按察司正官。并分司就便拘提，取问明白，议其原犯情由，拟定罪名，奏闻区处。○若府、州、县官犯罪，虽系六品以下者，所辖上司提调官、风宪者，不在此例。不得擅自勾问，止许开具所犯事由，实封奏闻。若许准推问，依律议拟回奏，仍候委官审果是实，方许判决。○若府、州、县六品以下官，其犯应该笞决、私罪。罚俸、收赎、纪录三项公罪者，其罪既轻，所辖上司亦得径自提问发落。不在奏请之限。○若所属府、州、县官被本管上司非理凌虐，亦听开具凌虐实迹，不用经由合干上司，实封径自奏陈。

＊【1707】○修改

臣等谨按：今官员为寻常小事应传问者传问外，应题参者，不拘大小，俱行题参。罚俸等罪，一概具题结案。现任官员，并无收赎及纪录罪名之处。又律文内言“属官”者，兼内外而言，应删去小注内“府、州、县”字。又定例凡官员列款纠参之后，将上司列款首告者，所告不准行，仍治罪，此律应删改。谨拟删改，开载于后。

【新改律】职官有犯应议之人，不在此例。

凡在京在外大小官员，有犯公私罪名，所司开具事由，实封奏闻请旨，不许擅自勾问。指所犯事重者言。若事轻传问，不在此限。若许准推问，依律议拟，奏闻区处。仍候复准，方许判决。○若所属官被本管上司非理凌虐，亦听开具凌虐实迹，不用经由合干上司，实封径自奏陈。其被参后将原参上司列款首告者，不准行，仍治罪。

总注：此指勾问职官而言也。有犯，兼公、私言。本管上司，凡有所统摄者皆是。官员不与民同，除应议大臣外，凡内外大小文武职官有犯，所司开具应行推问事由，参奏请旨，不得擅自勾取鞫问。俟奉旨究审，方议拟罪名，奏请区处。仍候部议复准，方许照议判决。若所属官被本管上司非理凌辱虐害，亦听各属官开具凌虐实迹，径直奏陈，但不许攀引别项事款。其被参之后，列款讦告反噬者，仍照例治罪。此使上不得以擅专、下不得以恣肆之义也。

【1725】○修改

修改按语及原修改律文同上。

臣等谨按：此指勾问职官而言也。有犯，兼公、私言。凡内外大小文武职官有犯，虽与应议大臣不同，所司亦当开具事由参奏，俟奉旨究审，方议拟罪名，奏请区处。仍候部议复准，方许照议判决。若属官被上司非理凌虐，亦听各属官径直奏陈，但不许攀引别项事款。其被参之后,列款讦告反噬者,仍照例治罪。此使上不得以擅专、下不得以恣肆之义也。

【1725】1.1.6　职官有犯

凡在京在外大小官员,有犯公私罪名,所司开具事由,实封奏闻请旨,不许擅自勾问。指所犯事重者言。若事轻传问,不在此限。若许准推问,依律议拟,奏闻区处。仍候复准,方许判决。○若所属官被本管上司非理凌虐,亦听开具凌虐实迹,不用经由合干上司,实封径自奏陈。其被参后将原参上司列款首告者,不准行,仍治罪。

注:此指勾问职官而言也。有犯兼公私言。凡大小文武职官犯罪,所司具由参奏。俟奉旨究审,方议拟罪名,奏请区处。仍候部议复准,照议判决。若属官被上司非理凌虐,亦听各属官径直奏陈,但不许扳引别项事款。其被参之后,列款讦告反噬者,仍照例治罪。此使上司不得擅专、下属不得恣肆之义也。

【1740】○修改

臣等谨按:律文内"区处"及"判决"四字之义,未经注明,应增。再查律称"径自奏陈",则不用经由合干上司可知,注内"不用合干上司"字应删。谨将增删律注,开列于后。

凡在京在外大小官员,有犯公私罪名,所司开具事由,实封奏闻请旨,不许擅自勾问。指所犯事重者言。若事轻传问,不在此限。若许准推问,依律议拟,奏闻区处。仍候复准,方许判决。○若所属官被本管上司非理凌虐,亦听开具凌虐实迹,实封径自奏陈。其被参后将原参上司列款首告者,不准行,仍治罪。

【1740】1.1.6　职官有犯(略)

附律条例

【1646】1.1.5.(1)

一、文武职官有犯,众证明白,奏请提问者,文职行令住俸,武职候参提明文到日住俸,俱不许管事。问结之日,犯该公罪准补支,私罪不准补支。其有因事罚俸,任内未满升迁者,仍于新任内住支扣补。

【1670】1.1.5.(1)(略)

***【1707】○删除**

臣等谨按:今凡官员犯该提问者,自不管事。问结之日,并无犯公罪准补支俸、私罪不准补支之处。其罚俸扣补,例载吏部。此条拟删。

【1725】○删除

按语同前。

【1646】1.1.5.(2)

一、文武职官犯该充军、为民、枷号,与军民罪同者,照例拟断。应奏请者,具奏发落。

【1670】1.1.5.(2)(略)

＊【1707】○删除

臣等谨按:今官员革职,交与刑部者,一应罪名,俱具题结案,不独应奏请者方行奏请。此条拟删。

【1725】○删除

按语同前。

【1646】1.1.5.(3)

一、凡皇陵祠祭署奉祀祀丞、太常寺典簿、神乐观提点、协律郎、赞礼郎、司乐等官,并乐舞生,及养牲官军,有犯奸、盗、诈伪、失误供祀,并一应赃私罪名,官及乐舞生各罢黜,仍照律发落,军发原伍。若讦告词讼,及因人连累,并一应公错,犯该笞、杖者,纳赎;徒罪以上不碍行止者,运炭等项,各还职著役。

【1670】1.1.5.(3)(略)

＊【1707】○修改

臣等谨按:今陵寝无祠祭署名色,惟各坛有祠祭署。其太常寺典簿,非系道官。养牲所军,并无原伍。徒罪以上,亦无运炭等项之例。应行删改。谨拟删改,开载于后。

【新改条例】一、各坛祠祭署奉祀祀丞、神乐观提点、协律郎、赞礼郎、司乐等官,并乐舞生,及养牲官军,有犯奸、盗、诈伪、失误供祀,并一应赃私罪名,官及乐舞生各罢黜,军革役,仍照律发落。若讦告词讼,及因人连累,并一应公错,不碍行止者,照例纳赎,各还职著役。

【1725】○修改

按语同前。

【1725】1.1.6.(1)

【原例】一、各坛祠祭署奉祀祀丞、神乐观提点、协律郎、赞礼郎、司乐等官,并乐舞生,及养牲官军,有犯奸、盗、诈伪、失误供祀,并一应赃私罪名,官及乐舞生各罢黜,军革役,仍照律发落。若讦告词讼,及因人连累,并一应公错,不碍行止者,照例纳赎。

【1740】○移改

臣等谨按:此条原载"职官有犯"条下,因与纳赎一类,今移此。其所称"一应公错,不碍行止"无所指实,应改。谨将改辑例文,开列于后。

名例·五刑

一、各坛祠祭署奉祀祀丞、神乐观提点、协律郎、赞礼郎、司乐等官,并乐舞生,及养牲官军,有犯奸、盗、诈伪、失误供祀,并一应赃私罪名,官及乐舞生罢黜,军革役,仍照律发落。若讦告词讼,及因人连累,并一应公错,过误犯罪者,照律纳赎。

＊名例·五刑【1725】1.1.1.(15)(略)

【1646】1.1.5.(4)

一、云、贵军职及文职五品以上官,并各处大小土官,犯该笞、杖罪名,不必奏提,有俸者照罪罚俸,无俸者罚米。其徒、流以上情重者,仍旧奏提。

【1670】1.1.5.(4)(略)

＊**【1707】○修改**

臣等谨按:今云贵文武职官有犯,与各省官员一体参处。其土官已有新例,照流官定例一体处分。应删改此条,增入新例。谨拟删增,开载于后。

【新改条例】一、各处大小土官有犯,俱照流官例一体处分。但土官例不食俸,如有应罚俸、降俸、降职等事,俱按品级照流官俸罚米,每俸银一两罚米一石。其徒、流以上情重者,仍依律拟断。

【1725】○修改

按语及修改同前。

【1725】1.1.6.(2)

【原例】(略)

【1740】○修改

臣等谨按:此条内"照流官例一体处分"数语,系《吏部处分则例》。其"徒、流以上"之下"情重"二字,并无指实,易致高下其手,应删改。谨将删改例文,开列于后。

一、各处大小土官有犯,徒、流以上,依律科断;其杖罪以下,交部议处。

【1740】1.1.6.(1)(略)

【1646】1.1.5.(5)

一、僧道官系京官,具奏提问;在外,依律径自提问。受财枉法满数,亦问充军。及僧道有犯奸、盗、诈伪,逞私争讼,怙终故犯,并一应赃私罪名,有玷清规,妨碍行止者,俱发还俗。若犯公事失错,因人连累,及过误致罪,于行止戒规无碍者,悉令运炭、纳米等项,各还职为僧、为道。

【1670】1.1.5.(5)(略)

＊**【1707】○修改**

臣等谨按:今僧道官有犯,不论在京、在外,一体提问,应删去"京官具奏"等字。又枉法赃满数充军,今无此例,应改为"计赃问罪"。"运炭、纳米"等字,应改为"纳赎"。谨拟删改,开载于后。

【新改条例】一、僧道官有犯,依律径自提问。受财枉法,亦计赃问罪。及僧道有犯奸、盗、诈伪,逞私争讼,怙终故犯,并一应赃私罪名,有玷清规,妨碍行止者,俱发还俗,依律例科断。若犯公事失错,因人连累,及过误致罪,于行止、戒规无碍者,悉令纳赎,各还职为僧、为道。

【1725】○修改

按语及拟修改例文同前。

【1725】1.1.6.(3)

【原例】一、僧道官有犯,依律径自提问。受财枉法,亦计赃问罪。及僧道有犯奸、盗、诈伪,逞私争讼,怙终故犯,并一应赃私罪名,有玷清规,妨碍行止者,究出俗家姓名,责令还俗,仍依律例科断。若犯公事失错,因人连累,及过误致罪,于行止、戒规无碍者,悉令纳赎,各还职为僧、为道。

【1740】○移改

臣等谨按:此条原载"职官有犯"律下,因与纳赎一类,今移此。查职官有犯,前代原另有律文,故"径自提问"上有"依律"二字。今前代律文已经从前纂辑时删改,"依律"二字应删。再"受财枉法,亦计赃问罪"及"逞私争讼"等语,已包在"一应赃私"及依律例科罪之中。其所称"有玷清规",并"戒规无碍"之处,均非律例所宜载,亦应删。谨将删辑例文,开列于后。

名例·五刑

一、僧道官有犯,径自提问。及僧、道有犯奸、盗、诈伪,并一应赃私罪名,责令还俗,仍依律例科断。其公事失错,因人连累,及过误致罪者,悉准纳赎,各还职为僧、为道。

*名例·五刑【1740】1.1.1.(17)(略)

***【1680】4.12.100　刑部现行则例·仪制·黜革监生**

一、恩诏所荫,及恩、拔、岁、副监生,有题参处分之处,应听各部院衙门题参外,其捐纳监生,有事故,应黜革者,照学臣黜革生员例,不必题参,咨报该监。该监查明应黜革者,径行黜革,仍咨礼部知照。

***【1707】○增入**

臣等谨按:现行例内一条,类于"职官有犯"律,应增入。

【现行例】一、荫生,及恩、拔、岁、副贡监生,有应题参处分者,听各衙门题参外,其例监生有事故,应黜革者,不必题参,咨报国子监,国子监察明黜革,知照礼部。

【1725】○增入

按语及修改同前。

【1725】1.1.6.(4)

【增例】(略)

【1740】1.1.6.(2)(略)

【1767】○修并

【原例】【1740】1.1.6.(2)(略)

【1761】续纂条例　一、文武生员犯该徒、流以上等罪,地方官一面详请斥革,一面即以到官之日扣限审讯,不必俟学政批回,始行究报。其情罪本轻,罪止戒饬者,审明移会

该学教官照例发落,详报学政查核。贡、监生有犯同。

臣等谨按:此条系贡、监生员犯罪,只须咨革,不必题参定例。所有旧例内,贡、监生有犯者,"听各衙门题参"之处,今已不用,拟合删去。惟荫生有犯,仍听题参一节,系现行定例,已并入此条之内,以省繁冗。

一、荫生有犯,应题参处分者,听各衙门题参。其文武生员,犯该徒、流以上等罪,地方官一面详请斥革,一面即以到官之日扣限审讯,不必俟学政批回,始行究拟。其情节本轻,罪止戒饬者,审明移会该学教官照例发落,详报学政查核。贡、监生有犯同。

【1768】1.1.6.(2)(略)

＊【1680】1.1.35　刑部现行则例·名例·入伍官员扰害地方

一、凡除入伍给札官员照定例处分外,给札归农之人众,若恣肆虐民,占人庐舍,夺人土田,扰害地方者,令督抚掣回官札,照民例治罪。

＊【1707】○增入

臣等谨按:现行例内一条,类于"职官有犯"律,应增入。

【现行例】一、除入伍给札官员有犯,照定例处分外,给札归农之人,若恣肆虐民,占人庐舍,夺人田土,扰害地方者,令该督抚掣回官札,照民例治罪。

【1725】○增入

按语及修改同前。

【1725】1.1.6.(5)

【增例】(略)

【1740】○修改

臣等谨按:此条内"照定例处分"等语,文类《处分则例》,应改。谨将改辑例文,开列于后。

一、给札归农之人,若恣肆虐民,占人庐舍,夺人田土,扰害地方者,该督抚掣回官札,照民例治罪。其入伍给札官员有犯,交部议处。

【1740】1.1.6.(3)(略)

【1767】○删除

臣等谨按:此条系前代旧例,今无给札归农之人,及入伍给札官员,此条应删。

【1756】○续纂

一、文职道府以上、武职副将以上,有犯公私罪名,应审讯者,仍照例题参,奉到谕旨,再行提讯。其余文武各员,于题参之日,即将应质人犯,拘齐审究。如督抚同驻省份,一面具题,一面行知应承审衙门即行提讯。

臣等谨按:此条系乾隆十八年(1753)六月内钦奉谕旨,应恭纂为例,以便遵行。

【1768】1.1.6.(3)(略)

【1761】○续纂

一、文武生员犯该徒、流以上等罪,地方官一面详请斥革,一面即以到官之日扣限审讯,不必俟学政批回,始行究报。其情罪本轻,罪止戒饬者,审明移会该学教官照例发落,详报学政查核。贡、监生有犯同。

臣等谨按:此条系乾隆二十四年(1759)十一月内,臣部议复原任广西按察使申梦玺条奏定例,应纂辑,以便遵行。

【1767】○修并

见【1740】1.1.6.(2)条下。

*【1768】1.1.6.(2)(略)**

【1761】○续纂

一、凡参革发审之案,查明被参之人,如系同知、游击以下等官,遴委知府审理;系道府、副将等官,遴委道员审理。统令就近提齐款证,秉公确讯。其案内牵连、被害之人,无关轻重者,该道、府审明录供之后,即分别保释。止将重罪要犯带至省内,由司复勘,解院审拟完结。

臣等谨按:此条系乾隆二十六年(1761)七月内,臣部议复江苏巡抚陈宏谋条奏定例,应纂辑以便遵行。

【1768】1.1.6.(4)(略)

【1801】○移入

*刑律·断狱·辨明冤枉

*【1740】6.28.410.(4)**

一、凡被参革职讯问之员,审系无辜,即以开复定拟,不得称已经革职毋庸议题复。其原参重罪审虚,尚有轻罪应以降级、罚俸归结者,开复原职,再按所犯分别降罚。

谨案:此条系雍正八年(1730)钦奉谕旨,乾隆五年(1740)恭纂为例,嘉庆六年(1801),移附此律。

【1802】1.1.6.(5)(略)

【1845】○续纂

一、盛京居住满洲、蒙古、汉军文武官员,除因公诖误获罪者,仍准本地方居住外,若犯系侵盗、亏欠钱粮,及奸贪、讹诈等事降革者,均连其家属拨发各省满洲驻防,交该管官严加管束。

臣等谨按:道光二十五年(1845)二月二十九日,钦奉上谕:"禧恩奏'参休致人员营私挟诈,请旨革职拿问'一折,所参甚是。休致副都统六品顶戴哈兴阿,实犯贪诈,与因公获罪者不同。着俟定案时,遵照雍正五年(1727)定例办理等因。钦此。"溯查雍正五年三月二十六日,吏部、兵部、刑部奉上谕:"盛京人员习气浇薄,营谋钻刺,朋比侵盗,甚是无耻。屡加教诫,终不悛改。皆缘犯法参革究治之后,仍在本地居住,往往生事滋扰,诱人为非,无所不至。此等败类,若不即令迁移,望风俗之归于淳厚,终不可得。嗣后盛京居住满洲、蒙古、汉军文武官员,除因公罣误获罪者,仍准本地方居住外,其犯侵盗、亏欠钱粮,及奸贪、讹诈之事降革者,酌其所犯事由,或令来京归旗,或着于各省满洲驻防之处安插。如此,则不肖之徒渐少,而盛京浇薄之风可息。尔三部嗣后凡遇盛京人员犯罪案件,俱照此定拟等因。钦此。"伏查此条载在《吏部则例》"归旗"门内,但既与刑名有关,臣部例内自应一并载入。惟哈兴阿一案,前经钦差臣部左侍郎赓福等审定,将该革员连家属,一并发往热河安插,经臣部照拟核复奏。奉上谕:"将哈兴阿着并其家属,一同发往河南驻防,交该管官严加管束等因。钦此。"实缘此等降革人员,往往生事滋扰。若令其来京归旗,转恐于京师风俗有碍。是以发往驻防,亦屏诸远方之义。谨遵雍正五年谕旨暨道光二十五年钦奉上谕,恭纂为例,以昭遵守。

【1847】1.1.6.(6)(略)

军官有犯

律　文

【1646】1.1.6

凡军官犯罪,从本管衙门开具所犯事由,申呈兵部奏闻,请旨取问。○若六部、察院、按察司并分司及有司见问公事,但有干连军官,合当提对,及承人陈告军官不公不法等事,须要密切实封奏闻,若得旨准令取问,方可行提,不许擅自勾问。○若以上各衙门奉旨推问,除公、私笞罪收赎,招前不叙功,议后不请旨。明白回奏,杖罪以上,须要论父、祖及本身功定议,其应得罪名,请旨区处,不得擅自发落。○其管军衙门首领官有犯,俱依职官有犯律,不在此限。

【1670】1.1.6

凡军官犯罪,从本管衙门开具所犯事由,申呈兵部奏闻,请旨取问。○若六部、察院、按察司并分司及有司见问公事,但有干连军官,合当提对,及承令陈告军官不公不法等事,须要密切实封奏闻,若得旨准令取问,方可行提,不许擅自勾问。○若以上各衙门奉旨推问,除公、私笞罪收赎,招前不叙功,议后不请旨。明白回奏,杖罪以上,须要论父、祖及本身功定议,其应得罪名,请旨区处,不得擅自发落。○其管军衙门首领官有犯,俱依职官有犯律,不在此限。

*【1707】○删除

臣等谨按:军官系明时卫所世职之官,其叙用、处分,俱与一切职官有别。今各卫所武职官员,皆由武途人员升选,犯罪问拟,文武一例,与明之军官绝不相同。此律拟删。

【1725】○删除

按语同前。

附律条例

【1646】1.1.6.(1)

一、在京在外大小军职,问革见任带俸差操者,俱不许管军管事。若在外犯该充军降调者,奏行兵部施行。其余照例发落。

【1670】1.1.6.(1)(略)

＊【1707】○删除

臣等谨按:今武职官有犯,并无带俸差操之例,且所犯之罪,不论大小,俱行题参定拟,非特充军降调者,方奏行兵部施行。此条拟删。

【1725】○删除

按语同前。

【1646】1.1.6.(2)

一、凡军职并土官有犯强盗、人命等项真犯死罪者,先行该管衙门拘系,备由奏提。若军职有犯别项罪名,散行拘审,果有干碍,然后参提。若问发守哨立功,未满再犯者,径自提问。其致仕优给、退职借职、笃疾残疾者,止参提,不论功定议。

【1670】1.1.6.(2)(略)

＊**【1707】○删除**

臣等谨按:今武职、土官,犯死罪参奏提问等项,与各官无异,亦无军官守哨立功之例。且致仕等官犯罪,亦无不论功之处。此条拟删。

【1725】○删除

按语同前。

【1646】1.1.6.(3)

一、军职被告若不奉养继祖母、继母,及殴本宗大功以上尊长、小功尊属,并殴伤外祖父母及妻之父母者,俱要行勘明白,方许论罪。

【1670】1.1.6.(3)(略)

＊**【1707】○删除**

臣等谨按:今凡大小事件,俱行勘问明白,方许论罪,不应专指一二事。此条拟删。

【1725】○删除

按语同前。

【1646】1.1.6.(4)

一、军职强盗自首免罪,及犯该充军,遇蒙恩宥者,俱不得复还原职,发本卫所,随舍余食粮差操。仍候身故之日,保送应袭之人,赴部袭替。

【1670】1.1.6.(4)

一、军职强盗自首免罪,及犯该充军,遇蒙恩宥者,俱不得复还原职,发本卫所,随舍余食粮差操。仍候身故之日,保送应袭之人,赴部袭替。强盗未发自首,及系初犯,方准免罪,引此差操之例。已发及系再犯,不准首,依律拟罪,子孙革袭。

＊【1707】○删除

臣等谨按:今世袭官有犯强盗重罪者,革职,另行袭替,并无食粮差操,候身故日,方令人袭替之例。此条拟删。

【1725】○删除

按语同前。

文武官犯公罪凡一应不系私己,而因公事得罪者,曰公罪。

律 文

【1646】1.1.7

凡内外大小军民衙门官吏犯公罪,该笞者,官纳银收赎,吏每季类决,不必附过。杖罪以上,官吏各照例随事论决,不在收赎、类决之限。明立文案,每年一考,纪录所犯罪名,九年一次通考所犯次数、重轻,申达吏部、兵部以凭黜陟。

【1670】1.1.7

凡内外大小军民衙门官吏犯公罪,该笞者,官纳银收赎,吏每季类决,不必附过。杖罪以上,官吏各照例随事论决,不在收赎、类决之限。明立文案,每年一考,纪录所犯罪名,九年一次通考所犯次数、重轻,申达吏部、兵部,以凭黜陟。

＊【1707】○修改

臣等谨案:今官员犯公罪无纳银收赎,及明立文案,每年一考、九年通考之例。其因公事而得罪者,吏、兵二部照所犯轻重,分别罚俸、降级留任、调用及革职戴罪之差等。虽不尽照律文,大抵俱为公罪处分。但律内原照笞、杖数目,分纳赎之多寡。今既定有降罚等例,则亦当照律文笞杖数目,以定处分之轻重。此律应增删。谨拟增删,开载于后。

【新改律】凡内外大小文武官犯公罪,该笞者,一十,罚俸一个月;二十、三十,各递加一月;二十,罚两月;三十,罚三月。四十、五十,各递加三月。四十,罚六月;五十,罚九月。该杖者,六十,罚俸一年;七十,降一级;八十,降二级;九十,降三级,俱留任;一百,降四级调用。如吏、兵二部《处分则例》应降级、革职戴罪留任者,仍照例留任。吏典犯者,笞、杖决讫,仍留役。

总注: 此条及下一条,乃处分文武官员之大纲也。职官有犯条论取问之事,公罪、私罪二条论拟罪发落之事,前后相承。而此条则言因公获罪之异于私罪也。徒、流以上,所犯罪重,自当依律处治。其笞、杖之罪,例不的决,即照律文笞、杖多寡之数,分别罚俸、降级留任、调用之差等。吏典虽的决,亦仍准留役。总原其罪由于公也。其吏、兵二部,别有处分定例者,仍依例行。

【1725】○修改

按语及律文修改同前。

【1725】1.1.7

律文(略)

注:此条及下条乃处分文武官员之大纲,言官员因公获罪异于私罪也。若徒、流以上,所犯罪重,自当依律处治。其笞、杖之罪,例不的决,即照律文笞、杖多寡之数,分别罚俸、降级留任、调用之差等。吏典虽的决,亦仍准留役。总原其罪由于公也。其吏、兵二部别有处分定例者,仍依例行。

【1740】1.1.7(略)

附律条例

【1740】○增入

一、休职病故旗员,未完罚俸银两,无俸可扣者,照外省官员之例,概予免追。如本身系世袭官职,及休职有俸者,仍照数扣抵。

谨案: 此条系雍正十二年(1734)定例。[1]

【1740】1.1.7.(1)(略)

文武官犯私罪 凡不因公事,己所自犯,皆为私罪。

律　文

【1646】1.1.8

凡文官犯私罪,笞四十以下,赎完,附过还职;五十,赎完,解见任送吏部于原官流品别处叙。用。杖六十,降一等;七十,降二等;八十,降三等;九十,降四等。赎罪完日,俱解见任,送吏部,流官于闲散杂职内照降等叙用,杂职于边远叙用。杖一百者,罢职不叙。○若军官有犯私罪,该

① 《大清律例按语》第31卷"名例律·文武官犯公罪"(乾隆五年)条下,本条另有修改版本如下:

一、休职病故旗员,未完罚俸银两,无俸可扣者,照外省官员之例,概予免追。如本身尚有世袭官职,及休职有俸者,仍照数扣抵。若本身病故,虽有世职,亦予免罪。

所附按语如下:

臣等谨按:此条系雍正十二年(1734)定例。但查本身休致而尚有世职之员,既经病故,自不应再向伊袭职子孙追取。今于"照数扣抵"下,添"若本身病故,虽有世职,亦予免追"。

乾隆五年(1740)及此后各版《大清律例》均未采纳此修改版本。

笞者,附过收赎;还职管事。杖罪,九十以下。解见任,送兵部依文职降等叙用;该杖一百罢职不叙者,降充总旗;该徒、流者,徒五等皆发二千里,流三等各照依地里远近,或二千里或二千五百里或三千里,发各卫充军。若徒、流之人于配所建立事功,不次擢用。○若未入流品官及吏典有犯私罪,笞四十者,决讫,附过各还职役;五十,官犹附过还职,吏罢见役别叙;杖六十以下。罪,并官吏罢职役不叙。流官谓正务亲民之官,内而部院,外而两司、府州县之类。杂职乃闲散不亲民之官,如大而太仆寺、盐运司、提举司,小而仓场、库务之类。本条该杖一百罢职充军及发边远充军者,如私卖官马、擅开调军马之类,则不得降充总旗,而直拟充军也。

【1670】1.1.8(略)

＊【1707】○修改

臣等谨按:今官员犯私罪,文武官一体议处。其该笞、杖者,无文官赎完还职、解任别叙,军官罢职不叙充总旗;至徒、流者,发各卫充军之例。但官员犯私罪,有律内拟笞、拟杖,而吏、兵二部未有处分定例。现今仿照律内笞、杖数目,酌量议处。此律应增删。谨拟增删,开载于后。

【新改律】凡内外大小文武官犯私罪,该笞者,一十,罚俸两个月;二十,罚俸三个月;三十、四十、五十,各递加三月。三十罚六月,四十罚九月,五十罚一年。该杖者,六十,降一级;七十,降二级;八十,降三级;九十,降四级,俱调用;一百,革职离任。犯赃者不在此限。吏典犯者,杖六十以上,罢役。

总注:此言官员不因公事而己身自犯罪者,其处分异于公罪也。笞五十以下,所犯尚轻,故罪止罚俸。自杖六十以上,则分别降级、调用,而满杖则革职。不得比于公罪之例。吏典则自杖罪以上,皆罢役。所以宽于公而严于私也。其吏、兵二部别有处分定例者,仍依例行。

按以上二条,盖因官员所犯不一,总不越公、私两端。而笞、杖之罪,例不的决,故就应笞、应杖罪名,定为处分之律。吏、兵二部则例内未能赅载者,皆得照此以为处分之准绳也。大抵不系己私,因公得罪,及过失错误,出于无心者,皆为公罪。其罪由己造,不因公得,及虽属公事,意出己私者,皆为私罪。视所犯之公私,定处分之轻重。谳狱者,能虚公详审,既论其事,又察其心,庶故犯者,不得幸免,而误犯者,亦不至冤抑矣。

【1725】○修改

按语及律文修改同前。

【1725】1.1.8

律文(略)

注:此言官员不因公事而己身自犯罪者,其处分异于公罪也。笞五十以下,所犯尚轻,故罪止罚俸。自杖六十以上,则分别降级、调用,而满杖则革职。不得比于公罪之例。吏典则自杖罪以上,皆罢役。所以宽于公而严于私也。其吏、兵二部别有处分定例者,仍依例行。以上二条,盖因官员所犯不一,总不越公私两端。凡不系己私,因公得罪,及过失错误,出于无心者,皆为公罪。其罪由己造,不因公得,及虽属公事,意出己私者,皆为私罪。视所犯之公私,定处分之轻重。谳狱者,能虚公详审,既论其事,又察其心,庶故犯者,不得幸免,而误犯者,亦不至冤抑矣。

【1740】1.1.8（略）

附律条例

【1646】1.1.8.（1）

一、文职官吏、举人、监生、生员、冠带官、义官、知印、承差、阴阳生、医生，但有职役者，犯赃、犯奸，并一应行止有亏，俱发为民。①

【1670】1.1.8.（1）（略）

【1725】1.1.8.（1）

【原例】一、文职官吏、举人、监生、生员、冠带官、义官、知印，及承差、阴阳生、医生，但有职役者，犯赃、犯奸，并一应行止有亏，俱发为民。行止有亏事例，散见诸条。

【1740】○修并

臣等谨按：此条系前代之例。因军官、军人另有定例，是以单言文职。今文武一体，应将武职增入。其义官、知印等项，亦系前代职役，今纳赎例内已将此项人役删除，应改。再查"俱发为民"之上止云"犯赃、犯奸，并一应行止有亏"，而"行止有亏"并无指实，亦应改。且与下条事同一例，应改并。

修并例文，见【1725】1.1.8.（2）条下。

【1646】1.1.8.（2）

一、文武官吏人等犯罪，例该革去职役。遇革者，取问明白，罪虽宥免，仍革去职役，各查发当差。②

【1670】1.1.8.（2）（略）

【1725】1.1.8.（2）

【原例】一、文武官吏人等犯罪，例该革去职役者，遇赦取问明白。罪虽宥免，仍革去职役，各察发当差。例该革去职役，指犯赃、犯奸并行，止有亏者言。

【1740】○修并

臣等谨按：此条所称"例该革去职役者"，即指前例犯赃、犯奸等项而言，今与前例改并一条。其所称"察发当差"之处系前代之例，应删。谨将改并例文，开列于后。

一、文武官员、举人、监生、生员、冠带官，及吏典、兵役，但有职役之人，犯奸、盗、诈伪，并一应赃私罪名，俱发为民。遇赦取问明白，罪虽宥免，仍革去职役。

【1740】1.1.8.（1）（略）

---

① 康熙四十五年（1706）年进呈本本条"原条例"末附有律注"行止有亏事例，散见诸条"，顺治三年（1646）《大清律》、康熙九年（1670）《大清律》皆不载。

② 康熙四十五年（1706）年进呈本本条"原条例"末附有律注"例该革去职役，指犯赃、犯奸并行止有亏者言"，顺治三年（1646）《大清律》、康熙九年（1670）《大清律》皆不载。

【1801】○移改

臣等谨按:此条系前明旧例。例内既称"文武官员",则"冠带官"三字系属赘文;"俱发为民"四字,亦系明律罪名,业已不用,均应节删。再查例意系指遇赦免罪不免罢革而言,应移载"常赦所不原"门内,以归画一。谨将移改例文,开列于后。

＊名例·常赦所不原

【1802】1.1.16.(9)一、文武官员、举人、监生、生员,及吏典、兵役,但有职役之人,犯奸、盗、诈伪,并一应赃私罪名,遇赦取问明白,罪虽宥免,仍革去职役。

【1725】1.1.8.(3)

【钦定例】一、凡外任各官,遇有钱粮、刑名事件,应行降调、革职者,该督抚题参时,即行摘印,委员署理。俟部复奉旨定案之日,再行开缺。若有旨宽免者,仍准复还原任。

【1740】○修改

臣等谨按:督抚题参各案,如系例应降调之员,俱不先摘印。其例应革职者,俱系奉旨之日,即行开缺。例内所称"降调"及"部复",并"定案"等字,应删。谨将删辑例文,开列于后。

一、凡外任各官,遇有钱粮、刑名事件,应行革职者,该督抚题参时,即行摘印,委员署理。俟奉旨之日,再行开缺。若有奉旨宽宥者,仍准复还原任。

【1740】1.1.8.(2)(略)

【1802】1.1.8.(1)(略)

应议者之父祖有犯

律　文

【1646】1.1.9

凡应八议者之祖父母、父母、妻及子孙犯罪,实封奏闻取旨,不许擅自勾问。若奉旨推问者,开具所犯及应议之状,先奏请议,议定奏闻,取自上裁。○若皇亲国戚及功臣八议之中,亲与功为重。之外祖父母、伯叔父母、姑、兄弟、姊妹、女婿、兄弟之子,若四品、五品文武官之父母、妻未受封者。及应合袭武。荫文。子孙犯罪,从有司依律追问,议拟奏闻,取自上裁。其始虽不必参提,其终亦不许擅决,犹有体恤之意也。○其犯十恶、反逆缘坐及奸、盗、杀人、受财枉法者,许径断决,不用此取旨及奏裁之律。○其余亲属、奴仆、管庄佃甲,倚势虐害良民,凌犯官府者,事发听所在官司径自提问,加常人罪一等。止坐犯人,不必追究其本主,不在上请之律。其余亲属,谓皇亲国戚及功臣之房族兄弟、伯叔母、舅母、姨夫、姑夫、妻兄弟、两姨夫、外甥、妻侄之类,及家人、伴当、官庄佃甲,倚仗威势,虐害良民,凌犯官府者,事发,不须奏闻,比常人加罪一等科断,止坐犯人本身。○若各衙门追问之际,占吝不发者,并听当该官司实封奏闻区处。谓有人于本管衙门告发,差人勾问,其皇亲国戚及功臣占吝不发出官者,并听当该官司实封奏闻区处。

【1670】1.1.9(略)

*【1707】○仍旧**

此律拟存。

总注:此就八议之人而推及其亲属也。律凡称“皇亲国戚”,见前议亲律注。末二节俱指皇亲国戚及功臣家言。占则不肯发,吝则不忍发。区处,是分别事情,决断其罪也。凡应议者之祖父母、父母、妻、子孙犯罪,取旨请议,议定奏闻,俱与应议之人同。然八议中,亲与功为尤重,故于皇亲国戚及功臣,推及其外祖父母、伯叔父母、姑、兄弟、姊妹、女婿、兄弟之子。若文武四品、五品官,又议贵中之次贵者,故推及其父母、妻并应袭荫子孙。此等人有犯,俱不得擅自断决,应依律问拟,奏请上裁,所以待之者优矣。其十恶、反逆缘坐及奸、盗、杀人、受财枉法等项,情罪深重,应议者祖父母之类,许径自勾问,不用取旨之律。其余亲属、奴仆、管庄佃甲人等,倚恃勋戚之势而凌虐官民,则较常人加一等治罪。此止坐正犯之人,故不在奏请之限。若勋戚诸人,于各衙门勾摄罪犯时,占吝不发者,则听奏闻区处,又所以杜其骄恣之渐也。倚势凌虐,明系豪强,故加罪一等。若情轻者,仍依常律。

【1725】1.1.5

律文(略)

注:此即八议之人而推及其亲属也。第一节、二节言应议者之亲属犯罪,亦另为拟议。第三节言所犯情罪深重者,与常同。第四节、五节言余亲、奴仆人等恃势凌虐官民,则较常人加一等治罪。勋戚诸人不得占吝不发,违者参处。

臣等谨按:此是就八议之人而推及其亲属也。皇亲国戚,见前议亲律注。末二节俱指皇亲国戚及功臣家言。占则不肯发,吝则不忍发。区处,是分别事情,决断其罪也。八议中,亲与功为尤重,故于皇亲国戚及功臣,推及其外祖父母、伯叔父母、姑、兄弟、姊妹、女婿、兄弟之子。若文武四品、五品官,又议贵中之次贵者,故推及其父母、妻并应袭荫子孙。所以待之者优矣。其十恶、反逆缘坐,及奸、盗、杀人、受财枉法等项,情罪深重,应议者祖父母之类,许径自勾问;勋戚外祖父母之类,径自拟断。其余亲属、奴仆、管庄佃甲人等,恃势凌虐害民,则较常人加一等治罪。若勋戚诸人,于各衙门勾摄罪犯时,占吝不发者,则听奏闻区处,又所以杜其骄恣之渐也。倚势凌虐,明系豪强,故加罪一等。情轻者,仍依常律。

【1740】○修改

臣等谨按:律文内“应合袭荫”之下,分注“武”“文”二字。查武亦有荫,文亦有袭,不应分注,应删。再律称“加常人罪一等”,原专为倚势而犯者言,应增注明晰。又律文“不在上请之律”下,注内“其余亲属,谓皇亲国戚及功臣之房族兄弟、伯叔”等语。查其余亲属,律文原指勋戚而言;其各项亲属,亦胪列不尽。至于倚仗威势,比常人加等治罪之处,律文已明,无庸另注,应删。谨将增删律注,开列于后。

凡应八议者之祖父母、父母、妻及子孙犯罪,实封奏闻取旨,不许擅自勾问。若奉旨推问者,开具所犯及应议之状,先奏请议,议定奏闻,取自上裁。○若皇亲国戚及功臣八议之中，亲与功为最重。之外祖父母、伯叔父母、姑、兄弟、姊妹、女婿、兄弟之子，若四品、五品文武官之父母、妻未受封者。及应合袭荫子孙犯罪，从有司依律追问，议拟奏闻，取自上裁。其始虽不必参提，其终亦不许擅决，犹有体恤之意焉。○其犯十恶、反逆缘坐，及奸、盗、杀人、受财枉法者，许径断决，不用此取旨及奏裁之律。○其余亲属、奴仆、管庄佃甲，倚势虐害良民、凌犯官府者，事发听所在官司径自提问，加常人罪一等。非倚势而犯，不得概行加等。止坐犯人，不必追究其本主，不在上请之律。○若各衙门追问之际，占吝不发者，并听当该官司实封奏闻区处。谓有人于本管衙门告发，差人勾问，其皇亲国戚及功臣占吝不发出官者，并听当该官司实封奏闻区处。

【1740】1.1.5(略)

附律条例

【1646】1.1.9.(1)

一、凡先系应议以后革爵者之子孙犯罪，径自提问发落。

【1670】1.1.9.(1)(略)

*【1725】○删除①

【1740】○移入

*名例·犯罪免发遣

【1725】1.1.9.(6)【增例】一、凡满洲、蒙古、汉军官员军民人等，除谋为叛逆，杀祖父母、父母、亲伯叔、兄，及杀一家非死罪三人外，凡犯死罪者，察其父、祖，并亲伯叔、兄弟，及其子孙阵亡者，准免死一次。本身出征负有重伤，军前效力有据者，亦准免死一次。

臣等谨按：此条原载"犯罪免发遣"律内。因事类议功，今移此。再查此条系顺治十二年(1655)定例。下四条乃在顺治十四年(1657)以后，实皆由此而推。原文将此条载在下四条之后，今特移置在前，以便引用。

【1740】1.1.5.(1)(略)

【1767】○删除

按语，见【1768】1.1.5.(1)条。

【1740】○移改

*名例·犯罪免发遣

【1725】1.1.9.(1)【增例】一、顺治十四年(1657)七月内，刑部等衙门为拿获响马强盗事具题，奉旨："强盗犯罪重大，虽有父、祖、伯叔、兄弟阵亡者，难以免死。嗣后强盗重

① 本条载顺治三年(1646)、康熙九年(1670)《大清律》，雍正三年(1725)《大清律集解附例》、乾隆五年(1740)及此后各版《大清律例》皆不载。《大清律例按语》第1卷"名例·应议者之父祖有犯"(雍正三年)条照录本条例文，《钦定大清会典事例(光绪朝)》则称"此条雍正三年定"，或为雍正三年删除之误。

罪,不得援此议免。”

臣等谨按:例内钦奉谕旨,俱应恭纂为例,以昭画一。又康熙十七年(1678)定例一条,亦应改辑,均移前例之后,以便引用。谨将纂辑例文,开列于后。

按语,见【1740】1.1.5.(1)条。

【1740】1.1.5.(2)

一、响马强盗,虽曾出征负有重伤,及军前效力有据,并父、祖、伯叔、兄弟、子孙阵亡,不得免议。

【1767】○删除

按语,见【1768】1.1.5.(1)条。

【1740】○移改

*名例·犯罪免发遣

【1725】1.1.9.(2)【增例】一、康熙十七年(1678)四月内,刑部等衙门题准:嗣后出征负有重伤,及军前效力有据者,若打死人命,仍照律拟罪。

按语,见【1740】1.1.5.(1)条、【1740】1.1.5.(2)条。

【1740】1.1.5.(3)

一、打死人命,虽己身出征负有重伤,及军前效力有据,仍照律拟罪。

【1767】○删除

按语,见【1768】1.1.5.(1)条。

【1740】○移改

*名例·犯罪免发遣

【1725】1.1.9.(3)【增例】一、康熙二十一年(1682)十二月内,奉上谕:“嗣后杀人重犯,如有伊祖、父、伯叔、兄弟阵亡者,止叙明阵亡情由,仍议死罪,不得论功议免。”

按语,见【1740】1.1.5.(1)条、【1740】1.1.5.(2)条。

【1740】1.1.5.(4)

一、杀人重犯,应拟死罪者,如伊祖、父、伯叔、兄弟、子孙阵亡,仍于本内叙明阵亡情由具题。

【1767】○删除

按语,见【1768】1.1.5.(1)条。

【1740】○移改

*名例·犯罪免发遣

【1725】1.1.9.(4)【增例】一、康熙二十六年(1687)三月内,奉上谕:“嗣后强盗案内,有护军、披甲、闲散人应正法者,着察其祖父、父辈阵亡,并自身效力之处,缮写奏折,附入本内具题。”

按语,见【1740】1.1.5.(1)条、【1740】1.1.5.(2)条。

【1740】1.1.5.(5)

一、强盗案内有护军、披甲、闲散人等应正法者,如伊祖、父、伯叔、兄弟、子孙阵亡,并自身负有重伤,及军前效力有据,仍于本内叙明阵亡、效力情由具题。

【1767】○删除

按语,见【1768】1.1.5.(1)条。

***【1767】○续纂**

一、凡满洲、蒙古、汉军、绿营官员军民人等有犯死罪,除十恶、侵盗钱粮、枉法不枉法赃、强盗、放火、发冢、诈伪、故出入人罪、谋故杀各项重罪外,其寻常斗殴,及非常赦所不原各项死罪,察有父、祖、子孙阵亡者,准将阵亡确实事迹,随本声叙。

臣等谨按:乾隆二十九年(1764)十一月内,臣部钦奉谕旨,议奏"阵亡之父祖子孙有犯寻常斗殴等死罪,准将阵亡实迹随本声叙"折内,奏准另立新例三条,将旧例五条俱行删去。今将新例纂辑遵行。并将删除旧例,开列于后。

【1768】1.1.5.(1)(略)

【1778】○修改

【原例】【1768】1.1.5.(1)(略)、【1768】1.1.5.(3)(略)

臣等谨按:祖、父及子孙阵亡者,臣部向来办理,准将阵亡确实事迹随本声叙,于秋审时恭候钦定。此二条原例内并无"于秋审时恭候钦定"之语,今拟添入,以便引用。

一、凡满洲、蒙古、汉军、绿营官员军民人等有犯死罪,除十恶、侵盗钱粮、枉法不枉法赃、强盗、放火、发冢、诈伪、故出入人罪、谋故杀各项重罪外,其寻常斗殴,及非常赦所不原各项死罪,察有父、祖、子孙阵亡者,准将阵亡确实事迹,随本声叙,于秋审时恭候钦定。

【1788】○修并

【原例】【1768】1.1.5.(1)条【1778】修改例文(略)、【1768】1.1.5.(2)(略)、【1768】1.1.5.(3)条【1778】修改例文(略)

臣等谨按:以上三条,均系官员、军民人等罪犯应死,察其祖、父及子孙有阵亡事迹者,准随本声叙,于秋审时恭候钦定,及优免一人一次后,不准再行声请之例。事同语贯,自应并为一条,以归简易。今将并辑例文,开列于后。

一、凡满洲、蒙古、汉军、绿营官员军民人等有犯死罪,除十恶、侵盗钱粮、枉法不枉法赃、强盗、放火、发冢、诈伪、故出入人罪、谋故杀各项重罪外,其寻常斗殴,及非常赦所不原各项死罪,察有父、祖、子孙阵亡者,在内由刑部,在外由该督抚,于取供定罪后,即移咨八旗、兵部,查取确实简明事迹,声叙入本,于秋审时恭候钦定。倘蒙圣恩优免一人一次后,俱不准再行声请。

【1790】1.1.5.(1)(略)

【1767】○续纂

一、凡犯该死罪，如有祖、父及子孙阵亡者，于声明优免一人一次后，俱不准再行声请。

按语，见【1768】1.1.5.（1）条。

【1768】1.1.5.（2）（略）

【1788】○修并

按语，见【1768】1.1.5.（1）条下。

【1767】○续纂

一、各犯祖、父人等阵亡，在内由刑部，在外由该督抚，于取供定罪后，即移咨八旗、兵部，查取确实简明事迹，声叙入本，恭候钦定。

按语，见【1768】1.1.5.（1）条。

【1768】1.1.5.（3）（略）

【1778】○修改

按语，见【1768】1.1.5.（1）条下。

一、各犯祖、父人等阵亡，在内由刑部，在外由该督抚，于取供定罪后，即移咨八旗、兵部，查取确实简明事迹，声叙入本，于秋审时恭候钦定。

【1788】○修并

按语，见【1768】1.1.5.（1）条下。

军官军人犯罪免徒流

律　文

【1646】1.1.10

凡军官军人正军。犯罪，律该徒、流者，各决杖一百，徒五等，皆发二千里内卫分充军；流三等，照依地里远近，发各卫充军；该发边远充军者，依律发遣，不在三千里之限。并免刺字。犯盗，不拘徒、流、杖。○若军丁、军吏及校尉犯罪，俱准军人拟断，亦免徒、流、刺字。军丁，谓军官军人余丁。军吏，谓入伍请粮军人，能识字选充军吏者。犯罪与军人同。若有系各处吏员，发充请俸司吏者，与府、州、县司吏一体科断。

【1670】1.1.10（略）

＊**【1707】○修改**

臣等谨按：今各卫官原非军籍，此条“军官”二字应删。其军籍人等犯罪，虽不许径脱军籍，亦应分别轻重。今将徒五等者，一概发二千里内卫分充军，似属未协，应改。云“徒五等，依律发配”，徒满之日，仍还本卫军籍。“流三等，照依地里远近”，发各省卫所，入军籍当差。其犯该充军者，仍依律发遣。至军人犯盗，今例不准免刺，应删去“免刺”一语。此条律名应改为“军籍有犯”。

【新纂律】军籍有犯

凡军籍人犯罪,该徒、流者,各依所犯杖数决讫,徒五等,依律发配,徒限满日,仍发回原卫所;流三等,照依地里远近,发直省卫所,附籍佥差;犯该充军者,依律发遣。

总注:此言军籍人犯罪,仍不得径脱军籍也。凡系军籍之人,原有应充差役,与民户之丁徭不同。故有犯罪该徒、流者,依杖数决讫外,徒五等照例律发配,徒满之日,仍押回本卫所,不许潜住他处;流三等,不得流入民籍,照依应流地里之远近,酌发直省卫所,附入军籍当差。其犯该充军者,自依律发遣。

按:军籍系世隶军籍之人。其本身充军,又犯罪者,依徒流人又犯罪条科断。

附律条例

【1646】1.1.10.(1)

一、军职有犯监守、常人盗,受财枉法满数,律该斩、绞罪者,俱发边方立功,五年满日还职,仍于原卫所带俸差操。若监守、常人盗,枉法不满数,与吓诈、求索、科敛、诓骗等项计赃满数,问该流罪,减至杖一百、徒三年者,俱运炭、纳米等项,完日还职,带俸差操。其减至杖九十、徒二年半以下,与别项罪犯,俱照常发落,原系管事者照旧管事,原系带俸者照旧带俸。若犯前项流罪,遇例通减二等,至杖九十、徒二年半者,仍带俸差操。

【1670】1.1.10.(1)(略)

*【1707】○删除

臣等谨按:今武职监守盗、常人盗、枉法受财,俱照律例议罪,与文职并无分别,亦无运炭、纳米、带俸差操之处。此条拟删。

【1725】○删除

按语同前。

【1646】1.1.10.(2)

一、军职犯该窃盗、掏摸、盗官畜产、白昼抢夺,并纵容抑勒女及妻妾、子孙之妇妾与人通奸,或典与人,及奸内外有服亲属、同僚部军妻女,一应行止有亏,败伦伤化者,俱问革,随本卫所舍余食粮差操。

【1670】1.1.10.(2)(略)

*【1707】○删除

臣等谨按:今武职犯奸、盗等罪,俱照律例治罪,并无问革随舍余食粮差操之处。此条拟删。

【1725】○删除

按语同前。

【1646】1.1.10.(3)

一、军职宿娼，及和娶乐人为妻妾，与盗娶有夫之妻者，俱问调别卫，带俸差操。

【1670】1.1.10.(3)(略)

*【1707】○删除

臣等谨按：今武职宿娼、和娶乐人为妻妾，与盗娶有夫之妻者，俱照律例治罪，并无带俸差操之处。此条拟删。

【1725】○删除

按语同前。

【1646】1.1.10.(4)

一、在京兵部选差官舍，押解充军犯人，若受财卖放，犯该枉法绞罪者，官发立功，满日还职，调外卫带俸差操；徒罪以下，照徒年限立功，满日还职，带俸差操。舍人抵充军役，候拿获替放。中间又犯奸淫囚犯妇女者，官发守哨，满日革职，随本卫所舍余食粮差操；舍人枷号三月发遣。若酷害军犯，搜检财物，纵不脱放，各问罪，官调外卫，舍人发外卫充军。其该府原选差掌印首领官吏，参究治罪。

【1670】1.1.10.(4)(略)

*【1707】○删除

臣等谨按：今押解犯人官役，若有受财卖放等情，俱照所犯之罪科断，并无犯该绞罪、徒罪，仍准立功还职等项之例。此条拟删。

【1725】○删除

按语同前。

【1646】1.1.10.(5)

一、武职有犯容止僧尼在家与人奸宿者，公、侯、伯问拟住俸闲住，都指挥、指挥、千百户、镇抚住俸闲住。若有犯挟妓饮酒者，公、侯、伯罚俸一年，不许侍卫；管军管事以下，革去见任管事，带俸差操；原系带俸者，常参带俸。

【1670】1.1.10.(5)(略)

*【1707】○删除

臣等谨按：今凡文武大小官员有犯，俱照律例定罪，无武职带俸差操等例。此条拟删。

【1725】○删除

按语同前。

【1646】1.1.10.(6)

一、上班京操及运粮官员、旗军人等，犯该人命、强盗等项重罪者，官拘系奏提、旗军人等就便提问外，其余一切小事，候下班回还，交粮毕日，官参奏，与旗军人等各提问。

【1670】1.1.10.(6)(略)

＊【1707】○移改

臣等谨按：此条类于“户律”内漕运官军条例，应删改移入。

【1725】○移改

原拟：此条类于“户律·转解官物”律内漕运官军条例。其上班京操，今无此律，应删。改移入户律。

＊户律·仓库·转解官物【1725】3.7.137.(2)

【原例】一、运粮官员、旗军人等，犯该人命、强盗等项重罪者，官拘系奏提；旗军人等即便提问。其余一切小事，候交粮毕日审结。

【1646】1.1.10.(7)

一、凡由将军历升千、百户，犯该徒罪以上，行止有亏者，革去见任，冠带闲住。

【1670】1.1.10.(7)(略)

＊【1707】○删除

臣等谨按：今无由将军历升之官，又无千户、百户等名。且官员犯徒罪以上者，并无仍以冠带闲住之处。此条拟删。

【1725】○删除

按语同前。

【1646】1.1.10.(8)

一、凡各卫所舍人、舍余、总小旗，犯该笞、杖罪名，有力运炭、纳米等项外，无力的决。其操备舍余、勇士人等犯前罪者，有力俱令纳赎，若无力，的决发落。

【1670】1.1.10.(8)(略)

＊【1707】○删除

臣等谨按：今无舍余等名，各卫所人犯罪，俱与民人一体科断。此条拟删。

【1725】○删除

按语同前。

【1646】1.1.10.(9)

一、銮仪卫总小旗并将军、校尉，犯该一应奸、盗、抢夺、诓骗、恐吓、求索、枉法、不枉法等项罪名，但系行止有亏者，俱各调卫，总小旗仍充原役，将军、校尉各充军。其户内人丁有犯，不在此例。

【1670】1.1.10.(9)(略)

＊【1707】○删除

臣等谨按：今銮仪卫无总小旗并将军名色，其校尉等役有犯，俱与凡人同拟。此条拟删。

【1725】○删除

按语同前。

【1646】1.1.10.(10)

一、凡銮仪卫旗、校、军士,在逃一年之内者,听其首告,初犯复役,再犯调卫充军。其有侵欺、拐骗,及为事避难等弊,各从重科断。若一年之内曾经造册清勾者,不准首补,另勾户丁补役。

【1670】1.1.10.(10)(略)

*【1707】○删除

臣等谨按:今銮仪卫、校尉等役逃走,俱照例治罪。其再犯者,并无调卫充军之处。此条拟删。

【1725】○删除

按语同前。

【1646】1.1.10.(11)

一、养象军奴,犯该杂犯死罪,无力做工,徒、流罪决杖一百,俱住支月粮,各照年限常川养象,满日仍旧食粮养象。笞、杖的决。

【1670】1.1.10.(11)(略)

*【1707】○修改

臣等谨按:此条拟存。但今无做工赎罪等例,应删去"无力做工"四字。

【1725】○移改

原拟:今无做工赎罪等例,应删去"无力做工"四字,而于"徒、流罪"上增一"及"字。

*名例·犯罪免发遣【1725】1.1.9.(5)

【原例】一、养象军奴,犯该杂犯死罪及徒、流罪,决杖一百,俱住支月粮,各照年限常川养象,满日仍旧食粮养象。笞、杖的决。

【1646】1.1.10.(12)

一、沿边沿海旗军、舍余,犯该监守、常人盗,窃盗,掏摸,抢夺,至徒罪以上者,俱送总兵官处,查拨缺人墩台守哨,年限满日疏放。若总兵官截杀等项不在,就行本处巡抚、巡按或分巡官一体查拨,仍行总兵官处知会。其别项徒罪以上者,有力纳米等项,无力巡哨。

【1670】1.1.10.(12)(略)

*【1707】○删除

臣等谨按:今无舍余名色,徒罪以上俱照律问发,无分别沿边、沿海人犯之例。此条拟删。

【1725】○删除

按语同前。

【1646】1.1.10.(13)

一、凡军职犯该立功,如有力者,许纳米,每年一十石,边方准折杂粮一十五石,完日免立功,发回原卫所闲住。待年限满日,方许带俸。

【1670】1.1.10.(13)(略)

*【1707】○删除

臣等谨按:今武职有犯,并无立功、纳米之例。此条拟删。

【1725】○删除

按语同前。

【1646】1.1.10.(14)

一、凡应解军丁,除真犯死罪外,若犯监守、常人盗,窃盗,掏摸,抢夺,至徒罪以上者,牢固钉解,该卫收伍,转发守哨,年限满日著役。其犯别项徒罪以上,俱止杖一百,解发著役。

【1670】1.1.10.(14)(略)

*【1707】○删除

臣等谨按:此条应解军丁,系明时勾补军丁之例,今无勾军之事。此条拟删。

【1725】○删除

按语同前。

军籍有犯

律　文

*【1707】○修改

修改按语、拟新纂律及总注见【1670】1.1.10"军官军人犯罪免徒流"条律下。

【1725】○修改

修改按语、拟新纂律及总注同前。

【1725】1.1.10

凡军籍人犯罪,该徒、流者,各依所犯杖数决讫,徒五等,依律发配,徒限满日,仍发回原卫所;流三等,照依地里远近,发直省卫所,附籍佥差;犯该充军者,依律发遣。

注:此言军籍人犯罪,仍不得径脱军籍也。军籍之人,原有应充差役,与民户之丁徭不同。故有犯徒、流者,依杖数决讫外,徒五等,悉照律发配,徒满之日,仍押回本卫所,不许潜住他处;流三等者,不得流入民籍,照应流地里之远近,酌发直省卫所,附入军籍当差。其犯充军者,自依律发遣。此系世隶军籍之人。其本身充军,又

犯罪者，自依徒流人又犯罪条科断。

【1740】○修改

臣等谨按：本朝卫所，改隶州县者甚多，应增注。又"附籍"下"佥差"二字，查系前代事例。今军籍与民籍无别，并非另有差役，应删。谨将增删律注，开列于后。

凡军籍人犯罪，该徒、流者，各依所犯杖数决讫，徒五等，依律发配，徒限满日，仍发回原卫所；并所隶州、县，流三等，照依地里远近，发直省卫所并所隶州、县附籍；犯该充军者，依律发遣。

【1740】1.1.10（略）

附律条例

【1725】1.1.10.（1）

【钦定例】一、凡卫所屯丁居住州县地方者，遇有命、盗等案，该州县一面移会卫所，一面严行查拿。限满无获，该督抚题参疏防承缉，将州县官与卫所官一并列参，照例议处。如卫所官弁，因州县既有责成，以致徇庇屯丁，故意推诿者，许承审官揭报该督抚题参，照例议处。

【1740】○删除

臣等谨按：此条系《吏部处分则例》，应删。

犯罪免发遣

律　文

＊**【1707】○新纂**

按：现行例旗下人犯徒、流等罪，准折枷号，与此条①免徒、流律意相符，应另立一"犯罪免发遣"律名，列于"军籍有犯"之前，以旗下犯罪折枷号之例载入，作为正律文。但察旗下人犯罪枷号之例，徒三年者，枷号四十日；流三千里者，枷号两个月；军罪，枷号三个月；杂犯死罪准徒五年者，枷号三个月零十五日。而总徒四年者，并未议及，应增总徒四年一项于徒三年之后。其总徒四年、准徒五年者，徒满之日，仍得还籍，较之军、流长在配所者稍轻。今军罪止枷号三个月，而杂犯死罪准徒五年者反枷号三个月零十五日，轻重不符。应将准徒五年枷号三个月零十五日者，改为枷号五十日。总徒四年者，枷号四十五日。庶轻重不致颠倒矣。又律内军罪，有附近、边卫、极边、永远等项之分，今一概枷号九十日，似无分别，应将枷号日期，自七十日起至九十日止，亦分为四等。谨拟增删改立之条，开载于后。

【新纂律】凡旗下人犯罪，笞、杖各照数鞭责，军、流、徒免发遣，分别枷号。徒一年者，枷号二十日，每等递加五日，总徒、准徒，亦递加五日。流二千里者，枷号五十日，每等亦递加五日。充军附近者，枷号七十日；近边者，七十五日；边远、极边、烟瘴、沿海、边外者，

---

① "名例·军官军人犯罪免徒流"条。

八十日;永远者,九十日。

总注:此言旗下人犯罪科断之法,不与民人一例也。凡旗下犯笞、杖等罪者,用鞭责,即古鞭作官刑之意。徒、流、军罪,则依徒役之年限、配所之远近,分别枷号,仍各照应得杖数鞭责,俱免发遣。故徒一年者,枷号二十日;一年半者,二十五日;二年者,三十日;二年半者,三十五日;三年者,四十日。流罪应总徒四年者,较重于满徒,故枷号四十五日。杂犯死罪准徒五年者,则近于真流,故与流二千里者,并枷号五十日。而二千五百里、三千里,亦递加五日,至六十日而止。至于军,则又重于流矣。故附近者,从流加十日,以七十日起。其边卫及边远、极边烟瘴、沿海边外,则又重于附近,故分为二等,递加至八十日。若永远充军,则又重于边远等罪矣,故加至九十日。此皆酌所犯之轻重,以定枷号之日期,不使过宽过严也。

【1725】○新纂

按语及拟新纂律文同前。

【1725】1.1.9

凡旗下人犯罪,笞、杖各照数鞭责,军、流、徒免发遣,分别枷号。徒一年者,枷号二十日,每等递加五日,总徒、准徒,亦递加五日。流二千里者,枷号五十日,每等亦递加五日。充军附近者,枷号七十日;近边者,七十五日;边远、极边、烟瘴、沿海、边外者,八十日;永远者,九十日。

注:此言旗下人犯罪科断之法,不与民人一例也。凡旗人有犯笞、杖等罪者,用鞭责,即古鞭作官刑之意。徒、流、军罪,则依徒役之年限、配所之远近,每等递加五日,分别枷号,仍各照应得杖数鞭责,俱免发遣。故徒一年者,枷号二十日;一年半者,二十五日;二年者,三十日;二年半者,三十五日;三年者,四十日。流罪应总徒四年者,较重于满徒,故枷号四十五日。杂犯死罪准徒五年者,则近于实流,故与流二千里者,并枷号五十日。而二千五百里、三千里,亦递加五日,至六十日而止。至于军,则又重于流矣。故附近者,从流加十日,以七十日起。其边卫及边远极边烟瘴、沿海边外,则又重于附近,故分为二等,递加至八十日。若永远充军,则又重于边远等罪矣,故加至九十日。此皆酌所犯之轻重,以定枷号之日期,使宽严允当也。

【1740】○修改

臣等谨按:永远充军已改为极边烟瘴,律文内"永远者,九十日"等字应删改。谨将删改例文,开列于后。

凡旗人犯罪,笞、杖各照数鞭责,军、流、徒免发遣,分别枷号。徒一年者,枷号二十日,每等递加五日,总徒、准徒,亦递加五日。流二千里者,枷号五十日,每等亦递加五日。充军附近者,枷号七十日;边卫者,七十五日;边远沿海边外者,八十日;极边烟瘴者,九十日。

【1740】1.1.9(略)

【1768】1.1.9

凡旗人犯罪,笞、杖各照数鞭责,军、流、徒免发遣,分别枷号。徒一年者,枷号二十日,每等递加五日,总徒、准徒,亦递加五日。流二千里者,枷号五十日,每等亦递加五日。充军附近者,枷号七十日;近边者,七十五日;边远沿海边外者,八十日;极边烟瘴者,九十日。

附律条例

＊【1707】〇增入

按:现行例内七条,类于新定"犯罪免发遣"律,应增入。

＊【1680】1.1.23　刑部现行则例·名例·论功免死

一、满洲、蒙古、汉军官员军民人等,谋为叛逆,杀亲祖父母、父母、伯叔、兄,杀一家非死罪三人外,凡犯死罪者,查伊亲父、祖、伯叔、兄弟阵亡者,免死一次,及伊身出征负有重伤,军前出征效力有据者,亦免死一次。又为拿获响马强盗事具题,奉旨:"强盗犯罪重大,虽有父、祖、伯叔、兄弟阵亡,难以免死。嗣后强盗重罪,不得援此议免。"又康熙二十一年(1682)十二月初七日奉上谕:"嗣后杀人重犯,如有伊祖、父、伯叔、兄弟阵亡者,止叙明阵亡情由,仍议死罪,不得论功议免。"

臣等谨案:顺治十四年(1657)七月内,刑部等衙门为拿获响马强盗事具题,奉旨:"强盗犯罪重大,虽有父、祖、伯叔、兄弟阵亡,难以免死。嗣后强盗重罪,不得援此议免。钦此。"

【1725】〇增入

按语同前。

【1725】1.1.9.(1)

【增例】一、顺治十四年(1657)七月内,刑部等衙门为拿获响马强盗事具题,奉旨:"强盗犯罪重大,虽有父、祖、伯叔、兄弟阵亡者,难以免死,嗣后强盗重罪,不得援此免议。"

【1740】〇移改

＊名例·应议者之父祖有犯【1740】1.1.5.(2)(略)

＊【1707】〇增入

按语见【1725】1.1.9.(1)条。

【现行例】一、康熙十七年(1678)四月内,刑部等衙门题准:嗣后出征负有重伤,及军前效力有据者,若打死人命,仍照律拟罪。

【1725】〇增入

按语同前。

【1725】1.1.9.(2)

【增例】(略)

【1740】〇移改

＊名例·应议者之父祖有犯【1740】1.1.5.(3)(略)

＊**【1707】○增入**

按语见【1725】1.1.9.(1)条。

＊**【1680】1.1.23　刑部现行则例·名例·论功免死(略)**

【现行例】一、康熙二十一年(1682)十二月内奉上谕:“嗣后杀人重犯,如有伊祖、父、伯叔、兄弟阵亡者,止叙明阵亡情由,仍议死罪,不得论功议免。”

【1725】○增入

按语同前。

【1725】1.1.9.(3)

【增例】一、康熙二十一年(1682)十二月内奉上谕:“嗣后杀人重犯,如有伊祖、父、伯叔、兄弟阵亡者,止叙明阵亡情由,仍议死罪,不得论功议免。”

【1740】○移改

＊名例·应议者之父祖有犯【1740】1.1.5.(4)(略)

＊**【1707】○增入**

按语见【1725】1.1.9.(1)条。

＊**【1680】1.1.24　刑部现行则例·名例·查阵亡效力**

一、康熙二十六年(1687)三月初二日奉上谕:“嗣后强盗案内,有护军、披甲、闲散人正法者,着查其祖父、父辈阵亡,并自身效力之处,缮写折子,夹在本内具题。”

【现行例】一、康熙二十六年(1687)三月内奉上谕:“嗣后强盗案内,有护军、披甲、闲散人应正法者,着察其祖父、父辈阵亡,并自身效力之处,缮写奏折,附入本内具题。”

【1725】○增入

按语同前。

【1725】1.1.9.(4)

【增例】(略)

【1740】○移改

＊名例·应议者之父祖有犯【1740】1.1.5.(5)(略)

【1725】○移改

＊名例·军官军人犯罪免徒流【1646】1.1.10.(11)

一、养象军奴,犯该杂犯死罪,无力做工,徒、流罪决杖一百,俱住支月粮,各照年限常川养象,满日仍旧食粮养象,笞、杖的决。

原拟:今无做工赎罪等例,应删去“无力做工”四字,而于“徒、流罪”上增一“及”字。

【1725】1.1.9.(5)

【原例】一、养象军奴,犯该杂犯死罪及徒、流罪,决杖一百,俱住支月粮,各照年限常川养象,满日仍旧食粮养象,笞、杖的决。

【1740】○移出

＊名例·天文生有犯【1740】1.1.19.(2)(略)

＊**【1707】○增入**

按语见【1725】1.1.9.(1)条。

＊**【1680】1.1.23　刑部现行则例·名例·论功免死(略)**

【现行例】一、满洲、蒙古、汉军官员军民人等,除谋为叛逆,杀祖父母、父母、亲伯叔、兄,杀一家非死罪三人外,凡犯死罪者,察其父、祖及亲伯叔、兄弟阵亡者,免死一次。本身出征负有重伤,军前效力有据者,亦免死一次。

【1725】○增入

按语同前。

【1725】1.1.9.(6)

【增例】一、凡满洲、蒙古、汉军官员军民人等,除谋为叛逆,杀祖父母、父母、亲伯叔、兄,及杀一家非死罪三人外,凡犯死罪者,察其父、祖,并亲伯叔、兄弟,及其子孙阵亡者,准免死一次。本身出征负有重伤,军前效力有据者,亦准免死一次。

【1740】○移出

＊名例·应议者之父祖有犯【1740】1.1.5.(1)(略)

＊**【1707】○增入**

按语见【1725】1.1.9.(1)条。

＊**【1680】1.1.7　刑部现行则例·名例·新满洲治罪**

一、凡移来盛京新满洲等,若犯法,因未熟识,照新满洲定例,着将军审理。如过五年,仍照旧人治罪。

谨案:此条辞语未顺,应行删改。谨拟改载于后。

【新改入现行例】一、移住盛京新满洲犯罪,该将军照新满洲例拟断。过五年者,照律治罪。

【1725】○增入

按语同前。

【1725】1.1.9.(7)

【增例】一、凡移来盛京新满洲等,若犯法,因未熟识,照新满洲定例,着将军审理。如过五年,仍照旧人治罪。

【1740】○修改

臣等谨按:新满洲定例,并未开载律中,俱系该将军自行办理,应另为改辑。谨将改辑例文,开列于后。

【1740】1.1.9.(1)

一、凡移来盛京新满洲等,若有犯法,着该将军照新满州例办理。如过五年,仍照旧人治罪。

*【1707】○增入

按语见【1725】1.1.9.(1)条。

*【1680】1.1.29　刑部现行则例·名例·招民犯流徒

一、盛京所招之民,有犯徒、流罪者,照民人例分别责治。其徒、流,照旗下人分别枷号。

臣等再按:旗下人犯军罪,与徒、流并折枷号,此条应增入"军"字。又辞语未顺,亦应删改。谨拟删改,开载于后。

【新改入现行例】一、盛京民人,有犯徒、流、军罪者,照旗下人例分别枷号,仍照民例决杖。

【1725】○增入

原拟:今旗下人犯军罪,与徒、流并折枷号,此条"徒、流"下应增"军"字。

【1725】1.1.9.(8)

【增例】一、盛京所招之民,有犯徒、流、军罪者,照旗人例分别枷号。应得笞、杖,仍照民例分别折责。

【1740】1.1.9.(2)(略)①

【1740】○删除

一、八旗若有给赏、治罪之事,各该旗送至当月旗传谕各旗;各部院衙门遇有旗人给赏、治罪事件,亦行文当月旗传谕八旗,俱交与参、佐领,将给赏、治罪、禁止之故,尽行晓谕兵丁。

臣等谨按:此条系雍正五年(1727)定例,专为传谕各旗晓谕兵丁而设,无庸纂入。

【1740】○删除

一、盛京居住满洲、蒙古、汉军文武官员,除因公罣误获罪,仍准本地居住外,其犯侵盗、亏欠钱粮及奸贪、讹诈之事革职者,酌其所犯事由,或令归旗来京,或发往各省满洲驻防之处安插。

一、盛京旗人官员犯罪,除发遣外,其革职、枷责案件,完结之后,俱勒限送部。或留京当差,或发往满洲兵丁驻防处当差,刑部具奏,请旨定夺。

臣等谨按:以上二条,俱系雍正五年(1727)定例。查已经革职及枷责之后,已属无罪

① 本条不见于乾隆三十三年(1768)及其后各版《大清律例》。

之人，若仍送部分发当差，则与罪应发遣当差者无别，无庸纂入。

【1751】○续纂

一、凡八旗满洲、蒙古、汉军奴仆，犯军、流等罪，除已经入籍为民者，照民人办理外，其盛京带来，并带地投充，远年擒获，及白契、印契所买，若经赎身归入佐领下开户者，均照旗人正身之例，一体折枷、鞭责。其设法赎身，并未报明旗、部之人，无论伊主曾否收得身价，仍作为原主户下家奴，有犯军、流等罪，仍照例问发。

臣等谨按：此条系乾隆十三年(1748)六月内，臣部议复原任直隶总督那苏图条奏定例，应纂辑以便遵行。

【1767】○修并

臣等谨按：此条原例本系两条，因均系旗下家奴犯军、流、徒治罪定例，是以并为一条。其原例内有“赎身奴仆归入佐领下开户，照旗下正身一体折枷、鞭责”等语。查八旗开户，已于乾隆二十一年(1756)钦奉上谕放出为民，拟将此节删去。再新例汉军奴仆问拟实徒，应于此例内“犯该徒罪”下，增入此句。再查全部例内，八旗开户专例尚有三条，俱应删除。其余条例内，有“开户”字句应行删去者，亦一并删去，以归画一，合并声明。谨将删除旧例，开列于后。①

一、凡八旗满洲、蒙古、汉军奴仆，犯军、流等罪，除已经入籍为民者，照民人办理外，其现在旗下家奴，犯军、流等罪，俱依例酌发驻防为奴，不准折枷。犯该徒罪者，除汉军奴仆照例问拟实徒外，其余照旗下正身例，折枷、鞭责发落。至设法赎身，并未报明旗、部之人，无论伊主曾否收得身价，仍作为原主户下家奴，有犯军、流等罪，仍照例问发。

【1768】1.1.9.(2)(略)

【1801】○修并

【原例】【1768】1.1.9.(2)(略)、【1790】1.1.9.(5)(略)

臣等谨按：八旗满洲、蒙古、汉军奴仆，犯军、流等罪，已经入籍为民者，照民人办理，系乾隆十三年(1748)定例。又现在旗下家奴，犯军、流罪，酌发驻防为奴，不准折枷；犯该徒罪者，照旗下正身例，折枷、鞭责发落，系康熙年间旧例。又汉军奴仆问拟实徒，及次条徒满后押解回旗交主管束，俱系乾隆二十八年(1763)定例。应修并一条，以便引用。谨将修并例文，开列于后。

一、凡八旗满洲、蒙古、汉军奴仆犯军、流等罪，除已经入籍为民者，照民人办理外，其现在旗下家奴，犯军、流等罪，俱依例酌发驻防为奴，不准折枷。犯该徒罪者，汉军奴仆，照民人例问拟实徒，徒满之后，仍押解回旗，交与伊主服役管束；其满洲、蒙古奴仆，照旗下正身例，折枷、鞭责发落。至设法赎身，并未报明旗、部之人，无论伊主曾否收得身价，仍作为原主户下家奴，有犯军、流等罪，仍照例问发。

【1802】1.1.9.(4)(略)

---

① 删除旧例，分别指为“户律·户役·人户以籍为定”下【1740】3.4.76.(5)条、【1740】3.4.76.(10)条，及“名例·犯罪存留养亲”乾隆十一年(1746)续纂“一、各旗开档家奴犯罪”条共三条条例。

【1751】○续纂

一、凡旗下家奴犯军、流等罪,仍依例酌发驻防为奴,不准折枷外,其犯该徒罪者,照旗下正身例,折枷、鞭责发落。

臣等谨按:旗奴犯该徒罪,照正身例折枷鞭责,现在遵行,今应补纂。

【1767】○修并

见【1768】1.1.9.(2)条。

【1756】○续纂

一、凡旗人殴死有服卑幼,罪应杖流折枷者,除依律定拟外,仍酌量情罪,请旨定夺,不得概入汇题。其有情节惨忍者,发往拉林、阿尔楚喀,不准枷责完结。旗员中如有诬告讹诈,行同无赖,不顾行止者,亦如之。

臣等谨按:此条系乾隆十九年(1754)九月内并二十一年(1756)十月内,钦奉谕旨二道,应恭纂为例,以便遵行。

【1767】○修改

臣等谨按:原例"情节惨忍者,发往拉林、阿尔楚喀"等语,查乾隆二十二年(1757),大学士、九卿议准,发往拉林、阿尔楚喀人犯,改发黑龙江、三姓等处,现在遵行。是以将原例内"发往拉林、阿尔楚喀"句,改为"发往黑龙江三姓等处"。

一、凡旗人殴死有服卑幼,罪应杖、流折枷者,除依律定拟外,仍酌量情罪,请旨定夺,不得概入汇题。其有情节惨忍者,发往黑龙江三姓等处,不准枷责完结。旗员中如有诬告讹诈,行同无赖,不顾行止者,亦如之。

【1768】1.1.9.(3)(略)

【1767】○续纂

一、汉军家奴犯该徒罪者,照民人一体实徒。徒满之后,仍押解回旗,交与伊主服役管束。

臣等谨按:此条系乾隆二十八年(1763)六月内臣部奏准定例,应纂辑遵行。

【1768】1.1.9.(4)(略)

【1790】1.1.9.(5)(略)

【1801】○修并

见【1768】1.1.9.(2)条下。

【1767】○续纂

一、问拟旗人罪名,务详核案情。如实系寡廉鲜耻,有玷旗籍者,无论满洲、蒙古、汉军,均削去本身户籍,依律发遣,仍逐案声明请旨。其余寻常犯罪,及因公事获谴者,仍照例折枷、鞭责完结。

臣等谨按:此条系乾隆二十七年(1762)六月及三十一年(1766)四月两次钦奉谕旨,恭纂为例,以便遵行。再查蒙古旗人有犯,原与满洲、汉军一例治罪,此例内“无论满洲、汉军”句,拟增“蒙古”二字,合并声明。

【1768】1.1.9.(5)(略)

【1788】○修并

【原例】【1768】1.1.9.(5)(略)、【1772】续纂条例“一、内务府所属庄头、鹰户、海户人等……”【1778】续纂条例“一、凡在京满洲、蒙古、汉军,及外省驻防食粮当差者……”

臣等谨按:乾隆五十年(1785)二月内,臣部因盛京、吉林等处旗人皆散处四乡,差使限于定额,断不能人人挑补,其屯居之无差使者,实出于势之不得不然,并非游惰偷安者可比。偶尔有犯,即与民人一例实发,将旗人之混入军、流民籍,日积日多。且或因获谴之后,竟与寡廉鲜耻、有玷旗籍者一例发遣,亦觉漫无区别。酌请嗣后旗人犯罪,除在京八旗屯居,及附近京城各处庄头之无差使者,其犯该军、遣、流、徒罪名,俱照民人一例发遣外,至东三省旗人,有犯寡廉鲜耻、有玷旗籍者,始照例实发,其屯居之无差使者,仍照旧例,分别折枷、鞭责完结具奏。奉旨:“依议。”钦遵在案。应增入原例之内,以便遵行。再东三省屯居旗人,既因其人多差少,非若游惰偷安,有犯寻常军、流、徒罪,仍准折枷、鞭责完结。则各省驻防,俱系聚居一处,并非散处四乡之人,且差使原有定额,亦不能人人挑补,核与东三省屯居之无差使旗人,事理相同。第三条原例内,因其并未食粮当差,有犯军、流、徒罪,即与民人一例实发,未免轻重偏畸,自应一例修改详明,以昭画一。又查次条内务府所属庄头、鹰户、海户,及后条住居庄屯旗人,如犯军、遣、流、徒等罪,俱照民人一例办理。应将以上三条原例,并纂一条,以省繁冗。谨将修并增辑例文,开列于后。

一、在京满洲、蒙古、汉军,及外省驻防,并盛京、吉林等处屯居之无差使旗人,如实系寡廉鲜耻、有玷旗籍者,均削去本身户籍,依律发遣,仍逐案声明请旨。如寻常犯该军、遣、流、徒、笞、杖等罪,仍照例折枷、鞭责发落。至内务府所属庄头、鹰户、海户人等,及附京住居庄屯旗人、王公各处庄头,有犯军、遣、流、徒等罪,俱照民人一例定拟。

【1790】1.1.9.(2)(略)

【1772】○续纂

一、内务府所属庄头、鹰户、海户人等,如犯军、遣、流、徒等罪,俱照民人一例定拟,不得与在城居住当差之旗人一体折枷完结。

臣等谨按:此条系乾隆三十五年(1770)十二月内,内务府审奏鹰户谢天福等与民人高士杰等折卖三教庵木植分肥一案,将高士杰等拟以杖徒,谢天福等因系旗人折加枷号具奏,钦奉谕旨定例,应恭纂遵行。

【1788】○修并

按语及修并例文,见【1768】1.1.9.(5)条下。

【1778】○续纂

一、凡在京满洲、蒙古、汉军,及外省驻防食粮当差者,如犯军、遣、流、徒等罪,仍照例折枷发落。其余居住庄屯旗人,及各处庄头并驻防之无差使者,军、遣、流、徒,俱照民人一例办理。

臣等谨按:此条系乾隆三十九年(1774)十一月内钦奉上谕著为例,应恭纂遵行。再流、徒罪名,既不准折枷,军、遣事同一例,今拟于"流、徒等罪"上增入"军、遣"二字,合并声明。

【1788】○修并

按语及修并例文见【1768】1.1.9.(5)条下。

【1825】○续纂

一、凡旗人窝窃、窝娼、窝赌,及诬告讹诈,行同无赖,不顾行止,并棍徒扰害、教诱宗室为非、造卖赌具、代贼销赃、行使假银、捏造假契、描画钱票,一切诓骗诈欺取财,以窃盗论、准窃盗论,及犯诱拐、强奸、亲属相奸者,均销除本身旗档,各照民人一例办理。犯该徒、流、军、遣者,分别发配,不准折枷。至八旗满洲、蒙古奴仆有犯,罪应军、流者,依例发驻防为奴;徒罪以下,照民人问拟。徒满释回,仍交与伊主服役管束,毋庸销除册档。

臣等谨按:道光五年(1825)四月内,管理镶黄旗满洲都统英和等条奏"惩劝旗人"折内,声请嗣后旗人窝窃、窝娼、窝赌,及诬告讹诈,行同无赖,不顾行止,并棍徒扰害、教诱宗室为非、造卖赌具,捏造假契、行使假银、描画钱票、代贼销赃,一切诓骗诈欺取财,以窃盗论、准窃盗论之类,俱销除旗档,照民人徒、流、军、遣一体问拟,不准折枷等因,奏准在案,应纂辑为例。再查旗人犯诱拐、强奸、亲属相奸,较诈欺各项,尤属有亏行止,似应一并销除旗档。至八旗满洲、蒙古奴仆犯罪,应军、流者,定例本不准折枷,俱发驻防为奴;徒罪以下,系照正身旗人例,折枷、鞭责。今正身旗人犯窝窃等案,既照民人问拟,奴仆有犯,自未便仍照原例折枷、鞭责。惟奴仆内旧有册档者,若令一并销除,是犯罪奴仆,反得脱身为良,不足以昭允协。原奏并未叙及,应请于例内一并详晰增入,以资引用而昭赅备。

【1825】1.1.9.(5)(略)

犯罪得累减

律　文

【1646】1.1.11

凡一人(之身)犯罪,(其于律得)应减者,若为从减,(谓共犯罪以造意者为首,随从者减一等。)自首减,(谓犯法知人欲告而自首者,听减二等。)故失减,(谓吏典故出人罪,放而还获,止减一等;首领官不知情,以失论,失出减五等,比吏典又减一等,通减七等。)公罪递减之类,(谓同僚犯公罪失于入者,吏典减三等,若未决放,又减一等,通减四等;首领官减五等,佐贰官减六等,长官减七等之类。)并得累(已减而复)减。(如此之类,俱得累减科罪。)

【1670】1.1.11(略)

＊【1707】○修改

此律拟存。但“故失减”小注“失出减五等，比吏典又减一等，通减七等”，语意未全，应于“比吏典又减一等”下，增“还获又减一等”句。

总注：此历言应减之罪，即一人之身而得累减也。“一人”字直贯全节。累减者，谓已减而复减。如窃盗为从，减一等，若知人欲告而自首又减二等，通减三等。又如故失减、公罪通减之类，俱得累减科断。惟强、窃盗再犯不准首，窃盗三犯者绞，已徒、已流而又犯者仍科后犯之罪，盖得累减，不得累犯也，此律所以为宽而有制也。

【1725】○修改

按语同前。

【1725】1.1.11

凡一人之身犯罪，其于律得应减者，若为从减，谓共犯罪以造意者为首，随从者减一等。自首减，谓犯法知人欲告而自首者，听减二等。故失减，谓吏典故出人罪，放而还获，止减一等；首领官不知情，以失论，失出减五等，比吏典又减一等，还获又减一等，通减七等。公罪递减之类，谓同僚犯公罪失于入者，吏典减三等，若未决放，又减一等，通减四等；首领官减五等，佐贰官减六等，长官减七等之类。并得累减而复减。如此之类，俱得累减科罪。

注：此历言应减之罪，即一人之身而得累减也。“一人”字直贯全节。累减者，谓已减而复减。如窃盗为从，减一等，若知人欲告而自首又减二等，通减三等。又如故失减、公罪递减之类，俱得累减科断。至如强、窃盗再犯不准首，窃盗三犯者绞，已徒、已流而又犯者仍科后犯之罪，盖得累减，不得累犯。宥法之中，防纵法之渐也。

【1740】1.1.11

凡一人犯罪，应减者，若为从减，谓共犯罪以造意者为首，随从者减一等。自首减，谓犯法知人欲告而自首者，听减二等。故失减，谓吏典故出人罪，放而还获，止减一等；首领官不知情，以失论，失出减五等，比吏典又减一等，还获又减一等，通减七等。公罪递减之类，谓同僚犯公罪失于入者，吏典减三等，若未决放，又减一等，通减四等；首领官减五等，佐贰官减六等，长官减七等之类。并得累减而复减。如此之类，俱得累减科罪。

以理去官以理，谓以正道理而去，非有别项事故者。

律　文

【1646】1.1.12

凡任满、得代、改除、致仕等官，其品制、服饰并与见任同；谓不因犯罪而解任者，若沙汰冗员、裁革衙门之类。虽为事解任、降等，不追诰命者，并与见任同。封赠官，与其子孙正官同。其妇人犯夫不改嫁的。及义绝者，亲子有官，一体封赠。得与其子之官品同。谓妇人虽与夫家义绝，及夫在被出，其子有官者，得与子之官品同，为母子无绝道故也。此等之人犯罪者，并依职官犯罪律拟断。应请旨者请旨，应径问者径问，一如职官之法。唯致仕、封赠官犯赃，并与无禄人同科。

【1670】1.1.12（略）

＊【1707】○仍旧

此律拟存。

总注:此言不因犯罪而去官,及官员之祖父母、父母官品同,其处分亦同也。"同"谓事皆一体,不专主服色、器用言。"任满"谓职任已满,俸已住支,不管事者。"得代"是旧官已得新官交代而去者。"改除"如沙汰裁革,起送赴部,或改官、或改衙门,别项除用者。"致仕",以老病辞职者。此等官员,虽无职掌,其官品犹故,并与见任同。即为事解任、降等,不追诰敕者亦然。恩典荣及所生,封赠官与其子孙正官同。其妇人犯夫被出,及与夫家义绝离异者,但不改嫁,亦得与其亲子之官品同。已受封者,仍依原封;未受封者,仍得受其子之封。盖以母子无绝道也。凡此之类有犯罪者,一如职官之法。

按:子孙虽经革职,父、祖诰敕不追夺者,仍与正官同。又母不改嫁,得受子封,祖母亦同。

【1725】1.1.12

凡任满、得代、改除、致仕等官,其品制、服饰并与见任同;谓不因犯罪而解任者,若沙汰冗员、裁革衙门之类。虽为事解任、降等,不追诰命者,并与见任同。封赠官,与其子孙正官同。其妇人犯夫及义绝不改嫁。者,亲子有官,一体封赠。得与其子之官品同。谓妇人虽与夫家义绝,及夫在被出,其子有官者,得与子之官品同,为母子无绝道故也。此等之人犯罪者,并依职官犯罪律拟断。应请旨者请旨,应径问者径问,一如职官之法。唯致仕、封赠官犯赃,并与无禄人同科。

注:此言不因犯罪而去官,及官员之祖父母、父母官品同,其处分亦同也。"同"谓事皆一体,不专主服色、器用言。"任满"谓职任已满,俸已住支,不管事者。"得代"是旧官已得新官交代而去者。"改除"如沙汰裁革,起送赴部,或改官、或改衙门,别项除用者。"致仕",以老病辞职者。此等官员,虽无职掌,其官品犹在,并与见任同。即为事解任、降等,不追诰敕者亦然。恩典荣及所生,封赠官与其子孙正官同。其妇人犯夫被出,及与夫家义绝离异者,但不改嫁,亦得与其亲子之官品同。已受封者,仍依原封;未受封者,仍得受其子之封。盖以母子无绝道也。凡此之类有犯罪者,一如职官之法。若子孙虽经革职,父祖诰敕不追夺者,仍与正官同。又母不改嫁得受子封,祖母亦同。

【1740】○修改

臣等谨按:律内所称"与见任同"者,盖谓"诸事相同",直贯至"犯罪并依"之句,不专指品制、服饰而言,注内"品制、服饰"等字应删。又注内"一如职官"之下,"唯致仕、封赠官犯赃,并与无禄人同科"等语,事关定例,应另立一条,注内亦应删。谨将删辑律注,开列于后。

凡任满、得代、改除、致仕等官,与见任同;谓不因犯罪而解任者,若沙汰冗员、裁革衙门之类。虽为事解任、降等,不追诰命者,并与见任同。封赠官,与其子孙正官同。其妇人犯夫及义绝不改嫁。者,亲子有官,一体封赠。得与其子之官品同。谓妇人虽与夫家义绝,及夫在被出,其子有官者,得与子之官品同,为母子无绝道故也。此等之人犯罪者,并依职官犯罪律拟断。应请旨者请旨,应径问者径问,一如职官之法。

【1740】1.1.12(略)

附律条例

【1740】○续纂

一、子孙缘事革职,其父、祖诰敕不追夺者,仍与正官同。若致仕及封赠官犯赃,与无禄人同科。

谨案：此条系小注及总注内补律之所不及者，今另纂为例，以备引用。

【1740】1.1.12.（1）（略）

无官犯罪

律　文

【1646】1.1.13

凡无官犯罪，有官事发，所犯公罪亦得笞收赎、杖以上纪录。〇卑官犯罪，迁官事发，在任犯罪，去任事发，公罪笞以下勿论，杖以上，将所犯应得罪名申吏部纪录、候九年通考。为事黜革，笞、杖以上皆勿论。若事干埋没钱粮、遗失官物，罪虽纪录勿论，事须追究明白。不得以收赎、纪录勿论而并不追究也。但犯一应私罪，并论如律。迁官者，谓改除，及差委权摄邻近官司得代；去任者，谓考满、丁忧、致仕之类。其吏典有犯公私罪名，亦依上拟断。

【1670】1.1.13（略）

***【1707】〇修改**

臣等谨按：今官员有犯，并无纪录、候九年通考之事，相应删改。谨拟删改，开载于后。

【新改律】凡无官犯罪，有官事发，所犯公罪笞、杖以上，俱依律纳赎。〇卑官犯罪，迁官事发，迁官者，谓改除，及差委权摄邻近官司得代。在任犯罪，去任事发，去任者，谓候补、丁忧、致仕之类。公罪笞以下勿论，杖以上，依公罪律科断。为事黜革，笞、杖以上皆勿论。若事干埋没钱粮、遗失官物，虽系公罪，事须追究明白。不得以收赎勿论及依公科断，而并不追究也。但犯一应私罪，并论如律。其吏典有犯公私罪名，亦依上拟断。

总注：此官员犯罪事发分别论断之通例也。凡无官时犯公罪，有官时事发，以其非有官时所犯，故笞、杖、徒、流，概准纳赎。有官时犯公罪，或迁官或去任事发，以其非见任所犯，故轻罪应笞者得勿论，杖罪以上依公罪律科断。至黜革之人，官已罢废，其在任时所犯笞、杖以上，至杂犯准徒之公罪，事发者，并皆宽免。若事干钱粮埋没不明、官物遗失无存，虽依律发落，仍须于现在地方或事发处追究明白，不得并恕之也。然此皆自公罪言之。若一应私罪，并依律拟断，不在此限。吏典与官名分虽异，情罪则同，故亦依上拟断。

按：无官犯罪，有官事发，照有官参提，赃以无禄人科。有官犯罪，黜革后事发，不必参提，赃以有禄人科。

【1725】〇修改

按语同前。

凡无官犯罪，有官事发，所犯公罪笞、杖以上，俱依律纳赎。〇卑官犯罪，迁官事发，在任犯罪，去任考满、丁忧、致仕之类。事发，公罪笞、杖以下，依律降罚；杖一百以上，依律科断。本案黜革，笞、杖以上，折赎俱免。若事干埋没钱粮、遗失官物，虽系公罪，事须追究明白。应赔偿者赔偿,应还官者还官。但犯一应私罪,并论如律。其吏典有犯公私罪名,各依本律科断。

【1725】1.1.13

凡无官犯罪,有官事发,所犯公罪笞、杖以上,俱依律纳赎。〇卑官犯罪,迁官事发,在任犯罪,去任事发,公罪笞以下勿论,杖以上,依公罪律科断。为事黜革,笞、杖以上皆勿论。若事干埋没钱粮、遗失官物,虽系公罪,事须追究明白。不得以纳赎勿论及依公科断,而并不追究也。但犯一应私罪,并论如律。其吏典有犯公私罪名,亦依上拟断。

注:此是官员犯罪事发分别论断之通例也。凡犯罪于无官时,事发于有官后,若系公罪,笞、杖、徒、流,概准纳赎。犯罪于原任时,事发于迁去后,轻罪勿论,杖以上,依公罪科断。黜革之官原任所犯,自笞、杖至杂犯准徒之公罪,并皆宽免。若事干钱粮不明、官物遗失,虽系公罪,仍须于见在地方或事发处追究明白。倘犯私罪,并拟断如律。吏典有犯,科罪如之。至无官犯罪,有官事发,照有官参提,以无禄人论赃。有官时犯罪,黜革后事发,不必参提,以有禄人论赃。

【1740】〇修改

臣等谨按:此条前代律文,原系"卑官犯罪,迁官事发,在任犯罪,去任事发,笞以下勿论,杖以上纪录、通考"等语。后因前代纪录之例不行,遂将"纪录、通考"四字,改为"依律科断",并于"律"字上注"公罪"二字,固属因时制宜。但查文武官犯公罪,律文已改为分别降罚,并定有《处分则例》。而应行降罚者,罪止杖一百而止。其杖一百之上,则应革职。如革职之外有余罪,并非公罪律文所能赅,应将"公罪"二字删去,另为改定。再"事须追究明白"下,止注有"不得以纳赎勿论"等语,并未将如何追究明白之处,分晰注明,援引为难。至于吏典犯罪,不分笞、杖,俱应的决,在文武犯公私罪名律内,开载甚明。其所云"依上拟断"之处,殊属未协,均应删改。谨将改辑律文,开列于后。

凡无官犯罪,有官事发,所犯公罪笞、杖以上,俱依律纳赎。〇卑官犯罪,迁官事发,在任犯罪,去任考满、丁忧、致仕之类。事发,公罪笞、杖以下,依律降罚;杖一百以上,依律科断。本案黜革,笞、杖以上,折赎俱免。若事干埋没钱粮、遗失官物,虽系公罪,事须追究明白。应赔偿者赔偿,应还官者还官。但犯一应私罪,并论如律。其吏典有犯公私罪名,各依本律科断。

【1740】1.1.13(略)

附律条例

【1646】1.1.13.(1)

一、舍人、舍余无官犯罪,有官事发,若犯该杂犯死罪运炭、纳米等项,完日还职,仍发原卫所带俸差操。若犯该流罪减至杖一百、徒三年者,俱令运炭、纳米等项,还职,原管事者照旧管事,原带俸者照旧带俸。其犯该窃盗、掏摸、盗官畜产、白昼抢夺,及一应奸罪,行止有亏,败伦伤化者,俱问革,随本卫所舍余食粮差操。

【1646】1.1.13.(1)(略)

＊**【1707】○删除**

臣等谨按：今无舍人、舍余等名色，又无运炭、纳米及带俸差操等项，此条拟删。

【1725】○删除

按语同前。

【1740】○续纂

一、无官犯赃，有官事发，照有官参提，以无禄人科断。有官时犯赃，黜革后事发，不必参提，以有禄人科断。

谨案：此条系总注内补律之所不及者。今另纂为例，以备引用。

【1740】1.1.13.(1)(略)

除名当差

律 文

【1646】1.1.14

凡职兼文武。官犯私罪，罢职不叙。追夺诰敕，削去仕籍除名者，官阶勋、爵皆除。僧、道犯罪，曾经决罚者，追收度牒，并令还俗。职官、僧道之原籍军、民、匠、灶，各从本色，发还原籍当差。

【1670】1.1.14(略)

＊**【1707】○仍旧**

此律拟存。

总注：此职官犯罪应当差者之例也。凡职官犯私罪，罢职不叙。至追夺诰敕、除名者，官、爵皆除。僧、道犯罪，已经决罚者，追出所领度牒，并令还俗。仍各从其本户或军或民或匠或灶之名色，归还原籍，当本等差役。如职官虽经革职，未曾追夺，与僧、道例不还俗者，不在当差之限。

【1725】1.1.14

凡职兼文武。官犯私罪，罢职不叙，应追夺、诰敕。除名削去仕籍。者，官阶勋、爵皆除。僧、道犯罪，曾经决罚者，追收度牒，并令还俗。职官、僧道之原籍军、民、匠、灶，各从本色，发还原籍当差。

注：此是还籍当差之例也。职官犯罪，追夺诰敕；僧道犯罪，追收度牒。仍令各归原隶军、民、匠、灶本籍当差。如职官虽经革职，未曾追夺，与僧、道例不还俗者，不在当差之限。

臣等谨按：此是职官犯罪追夺、除名，与僧、道犯罪已经决罚，应归本籍当差之例也。职官犯罪，追夺诰敕，僧、道犯罪，追收度牒，并令各归原隶军、民、匠、灶本籍当差。如职官虽经革职，未经追夺，与僧、道例不还俗者，不在当差之限。

【1740】○修改

臣等谨按：《笺释》内称“若职官止是罢职不叙，不该追夺、除名，则官名犹存”等语，是官、爵皆除，乃指追夺、除名而言，非连罢职不叙一体在内也，应增注明白。至于“军、民、匠、灶，各从本色”，乃前代律文。今无匠籍，应删去“匠”字，于“灶”字下添“户”字。谨将增辑律注，开列于后。

凡职兼文武官犯私罪，罢职不叙，应追夺、诰敕。除名削去仕籍者，官阶、勋、爵皆除。不该追夺诰敕者，不在此限。僧、道犯罪，曾经决罚者，追收度牒，并令还俗。职官、僧、道之原籍军、民、灶户，各从本色，发还原籍当差。

【1740】1.1.14(略)

附律条例

＊**【1707】○增入**

臣等谨按：现行恩诏一条，类于此律，应作为条例纂入。

【现行例】一、凡失陷城池，行间获罪，及贪赃革职各官，封赠俱行追夺。其因公罣误革职者，免追。

【1725】○增入

按语同前。

【1725】1.1.14.(1)

【增例】(略)

【1740】○修改

臣等谨按：失陷城池等罪始应追夺，则因公罣误之外，有因别项革职者，俱不在追夺之限，可知“因公罣误”四字不能赅括，应改。谨将改辑例文，开列于后。

【1740】1.1.14.(1)

一、凡失陷城池，行间获罪，及贪赃革职各官，封赠俱行追夺。其别项革职者，免追。

【1740】○增入

一、凡知县以上，及佐贰、杂职等官，因贪赃枉法革职者，任内有降罚案件，照例仍追编俸外，如佐、杂等官，实系因公罣误，毋论任内降罚案件多寡，所有食过编俸，一概免其追赔。

此条系户部议准定例。

【1740】1.1.14.(2)(略)

【1740】○删除

一、僧人犯该斩、绞、发遣、军、流、充徒、枷号等罪，勒令永远还俗。其释放回籍者，亦不许复为僧人。

臣等谨按：此条系雍正五年(1727)定例。查僧、道犯罪永远还俗之处，已包于律内，无庸纂入。

流囚家属

律 文

【1646】1.1.15

凡犯流者，妻妾从之，父、祖、子孙欲随者听。迁徙安置人随行家口，妻妾、父、祖、子孙。亦准此。若流徙人正犯身死，家口虽经附入配所之籍，愿还乡者放还。军犯亦准此。其谋反、叛逆，及造畜蛊毒，若采生折割人、杀一家三人，此等人恶极祸延，虽会赦犹流者，指家口即使正犯身死，不得如前无罪之家属可还原籍也。家口不在听还之律。

【1670】1.1.15（略）

*【1707】○仍旧

此律拟存。

总注：此言流犯之无罪家属，与重犯之应流家属不一例也。家口，即妻妾、父、祖、子孙。凡流犯之妻妾，原非应流之人。言“从之”者，欲其完聚也。父、祖、子孙，并非应随之人。言“愿随者听”，欲其就养也。迁徙安置人之妻妾、父、祖、子孙，其随从亦准此。若正犯身死，家口虽已附配所之籍，而愿还乡者，官司给引放回原籍。此因流徙人等之罪，止坐本身，其家属本无罪，故准放还也。至若谋反、叛逆案内干连之人，造畜蛊毒、采生折割人之妻、子及同居家口，杀一家非死罪三人之妻、子，皆律内应流、应安置，虽会赦犹流者也。此等家口，本系流犯，与前项无罪之家口不同。故正犯虽死，不在听还之律。

【1725】1.1.15

注：此言流犯之无罪家属，与重犯之应流家属不一例也。凡流徙囚犯，家属不在应流徙之限，而自欲随者听，愿还者放。至于死囚缘坐家属，本身应死，家属应流，故不在听还之律。

臣等谨按：此言流犯之无罪家属，与重犯之应流家属不一例也。前是流囚，罪止本身，其家属原不应流，故欲随者听，愿还者放。后是死囚缘坐家属，本身应死，家属应流，故不在听还之律。

【1740】○修改

臣等谨按：前代各项军犯，俱另有事例，故此条但言流罪。今军罪虽较重于流，但别其籍贯之外，并无另有差徭及勾丁补伍之例，实与流罪无别。应于“愿还乡者放还”句下，增注“军犯亦准此”。再律文“杀一家三人”下注内“此等人罪极祸延”等字、“会赦犹流者”下注内“指家口即使正犯身死，不得如前无罪之家属可还原籍”等语，其义已包举律文内，毋庸琐注，应删。谨将增删律注，开列于后。

凡犯流者，妻妾从之，父、祖、子孙欲随者听。迁徙安置人随行家口，妻妾、父、祖、子孙。亦准此。若流徙人正犯身死，家口虽经附入配所之籍，愿还乡者放还。军犯亦准此。其谋反、叛逆，及造畜蛊毒，若采生折割人、杀一家三人，会赦犹流者，家口不在听还之律。

【1740】1.1.15（略）

附律条例

＊**【1707】○增入**

臣等谨按:现行例内一条,类于此律,应增入。

＊**【1680】1.1.32　刑部现行则例·名例·不许赎身(补)**

一、康熙二十三年(1684)三月二十三日奉上谕:"凡犯重罪免死,给与盛京、宁古塔等处新满洲为奴者,止并妻发去,仍籍没家产。此等犯重罪给与为奴仆者,永不许赎出其身。将此交于兵、刑二部。"

【现行例】一、康熙二十三年(1684)三月内,奉上谕:"凡犯重罪免死,给与盛京、宁古塔等处新满洲为奴者,止并妻发去,仍籍没家产。此等犯重罪给与为奴仆者,永不许赎身。钦此。"

【1725】○增入

按语同前。

【1725】1.1.15.(1)

【增例】一、康熙二十三年(1684)三月内,奉上谕:"凡犯重罪免死,给与盛京、宁古塔等处新满洲为奴者,止并妻发去,仍籍没家产。此等犯重罪给与为奴仆者,永不许赎身。"

【1740】○修改

臣等谨按:钦奉上谕内开重罪籍没家产者,乃专指叛逆而言,非一应重罪免死人犯并妻发遣之后,仍籍没家产也。应恭纂为例,以便引用。谨将纂辑例文,开列于后。

一、叛逆案内奉特旨免死,佥妻发遣,给与盛京、宁古塔等处新满洲为奴者,永不许赎身。律应籍没家产者,仍行籍没。

【1740】1.1.15.(1)(略)

【1814】○删除

臣等谨按:此条系康熙二十三年(1684)定例。嘉庆十七年(1812)十二月内,臣部议复原任黑龙江将军宗室斌静等奏"调剂黑龙江等处遣犯"折内,请将大逆缘坐男犯十六岁以上一条,改发新疆给官兵为奴等因奏准,通行在案。此条佥妻发遣盛京、宁古塔等处给新满洲为奴之处,系属旧例,业已不用。至缘坐妇女给功臣家为奴,并遣犯不准赎身,及籍没家产律例,各有专条,毋庸复载。应请删除。

＊**【1707】○增入**

臣等谨按:现行例内一条,类于此律,应增入。

＊**【1680】1.1.31　刑部现行则例·名例·开写流犯地名年岁**

一、发遣流、徒人犯,开写省分、州县、年岁及妻、子年岁发遣。其直隶各省解部人犯册内,开明省分、州县、年岁及妻、子年岁。如有旗人,并开明旗色、佐领、年岁送部。

臣等再按:军、流人犯,一例发遣,此条内应增入"军"字。其繁冗字句,亦拟删改,谨拟增删，开载于后。

【新改入现行例】一、凡军、流、徒犯，开明籍贯、年岁，行文发遣。军、流犯之妻及有子愿随者，亦开明年岁发遣。其直隶各省解部人犯，照例造册送部。如系旗人，并开明旗色、佐领。

【1725】○增入

按语同前。

【1725】1.1.15.(2)【增例】(略)

【1740】○修改

臣等谨按：发遣者，乃专指外遣而言，与军、流、徒犯不同。再直省唯发遣人犯始应解部例文，未甚明晰，均应改辑。谨将删改例文，开列于后。

一、凡军、流、徒犯，俱开明籍贯、年岁，行文配所。其军、流犯之妻及有子愿随者，亦开明年岁。若解部发遣人犯，造册送部。如系旗人，并开明旗色、佐领。

【1740】1.1.15.(2)(略)

＊**【1707】○增入**

臣等谨按：现行例内一条，类于此律，应增入。

【现行例】一、凡永远军犯，身死无子，仅存妻室，欲回原籍者，察明报部，准其回籍。

【1725】○增入

按语同前。

【1725】1.1.15.(3)【增例】(略)

【1740】○删除

臣等谨按：永远军犯，今因并无勾丁补伍之例，已经改为分别充军，则身死有子者，亦在听还之列。律文已明，此条应删。

＊**【1707】○增入**

臣等谨按：现行例内一条，类于此律，应增入。

【现行例】一、凡流犯身故，除妻、子不愿回籍，并会赦不准放还外，其余令该地方官，咨明各本省巡抚，令本犯亲戚领回原籍。

【1725】○增入

按语同前。

【1725】1.1.15.(4)【增例】(略)

【1740】○修改

一、军、流人犯身故，除妻、子不愿回籍，并会赦不准放还外，其余令该地方官给咨回籍。若妇人无子及子幼者，咨明本省督抚，令本犯亲戚领回原籍。仍令原配地方官，将回籍妻、子，每名每日给米一升，计其程途远近，先行按数折给，年终于司库公项银两内请领。仍将给过人口、米石，造册送刑部，转咨户部核销。

臣等谨按：此条内给与口粮之处，系乾隆元年（1736）定例。今并为一条，以便引用。

【1740】1.1.15.（3）（略）

【1767】○修改

一、内地军、流人犯身故，除妻、子不愿回籍，并会赦不准放还外，其余令该地方官给咨回籍。若妇人无子及子幼者，咨明本省督抚，令本犯亲戚领回原籍，不准官为资送。

臣等谨按：原例军、流人犯在配身故，妻、子情愿回籍者，有"仍令地方官按程给与口粮"等语。查新例佥妻人犯情愿携带子女，官为资送者，惟有发往乌鲁木齐人犯一项，其余内地人犯妻、子，概不资送。是本犯在配身故，妻、子情愿回籍者，亦不准资送矣。拟将旧例内"仍令原配地方官，将回籍妻、子，按程折给口粮"之处删去。

【1768】1.1.15.（3）（略）

【1740】○续纂

一、凡发遣当差人犯之妻、子，原系随往遣所者，如本犯身故，妻、子情愿携骸回籍，该管官查明确实，令其回籍。其力不能来者，俱入本处档内，令其披甲。若系奉旨发遣，或部议佥遣，及发遣打牲乌喇人犯身故，其妻、子有愿携骸回籍者，令该将军、督抚按情罪之轻重，分别具奏，请旨遵行。

谨案：此条系雍正十三年（1735）、乾隆元年（1736）定例，今并为一条，以便引用。

【1740】1.1.15.（4）（略）

【1801】○修并

【原例】【1740】1.1.15.（4）（略）、【1768】1.1.15.（7）（略）

臣等谨按：前条例载"发遣人犯，系奉特旨发遣，及部议佥遣，本犯身故，其妻、子情愿携骸回籍者，该将军、督抚分别具奏，请旨遵行"，系乾隆元年（1736）定例。后条例载"随往家属，毋得一例羁管。有愿回旗、籍，及本犯身故后，情愿携骸回归者，即准回归，不在奏请之例"，系乾隆七年（1742）定例。二条事同一例，应修并一条。又查嘉庆二年（1797），山东巡抚伊江阿咨称：遣犯牛班在配病故，其妻鄂登苏系例应佥遣之妇，情愿携骸归葬，应否照乾隆六十年（1795）留京王大臣等议准寻常事件改奏为咨之例，毋庸具奏，咨请部示。经臣部议以例应佥遣犯妇，携骸回籍，系寻常事宜，自应遵照六十年奏准章程，一体改咨，随案报部，通行各省，遵办在案。此条例内例应佥遣及情愿随往之家属，如本犯病故，俱一体准其携骸回籍，一面咨部存案，毋庸具奏，以归简易。又原例"力不能来，令其披甲"者，系指旗人而言。若民人，应安插为民。日后力能回归，仍各听其便。应添叙明晰，以便引用。谨将修并例文，开列于后。

一、旗、民发遣人犯，系奉特旨着佥妻、子，及例应佥妻者，听遣所该管官同本犯一例管束。本犯身故后，有情愿携骸回归者，该将军等照例咨部，准其回旗、回籍。若非特旨佥遣及例应佥遣之家属，原系随往遣所，本非罪犯，各该衙门于起解文内，务将“随往”字样注明,遣所该管官记档安插,毋得概同本犯一例羁管。有愿回旗、籍,及本犯身故后,有情愿携骸回归者,即准回归,咨部存案。其力不能来者,系旗人,入于本处档内,令其披甲;系民人,安插为民。日后力能回归,仍听其便。倘该管各官故为留难刁蹬,不行咨报,及失于查察者,交部分别议处。

【1802】1.1.15.(12)(略)

【1825】1.1.15.(9)(略)

【1740】○增入

【原例】一、凡律应定拟佥遣之犯,承审官于审讯时,即讯取本犯确供,将伊妻姓氏、年貌,即于招详内声明。如无妻室,即取具邻族甘结,加具印结,随招申送。若系隔属隔省,一面于招内申报,一面移查原籍取结。俟结到之日,即行加结申送,不得俟结案后再行查佥。如有因妻患病留养,将本犯先行发遣者,俟伊妻病痊补解时,令伊亲属随同差役解赴遣所,交与本犯收领。若伊妻年过六十以上,并原系有疾不能随行,及患病留养后成笃废不能补解者,该地方官取具邻族甘结,加具印结,申详各上司,行文本犯遣所,俾令知之。其有应行报部者,报部查核。倘有捏结情弊,将具结之邻族,照军流人犯捏报留养例杖一百,犯妻立即补解。其不行详察之地方官,并转详之上司,交部分别议处。

谨案:此条系乾隆元年(1736)定例。

【1740】1.1.15.(5)(略)

【1778】○修改

臣等谨按:此条原例“律应佥遣之犯,若伊妻年老有疾,及患病留养后成笃废,不能补解者,该地方官取具邻族甘结详报。倘有捏结情弊,照军流人犯捏报留养例杖一百”等语。查佥遣犯妻捏结之邻族,较与实犯军、流捏结留养之邻族,情节本自不同,因其罪名无别,缘事比拟。今军、流人犯捏称独子,出结之邻族,业已改照证佐不言实情减罪人罪二等定拟。其罪名既已不同,比附之文,未便列入。又乾隆三十一年(1766)十二月内,吏部议复河南巡抚阿思哈条奏,一切案件,如于文外复取印结者,准其停取。所有此条原例,应行删改。谨将改辑例文,开列于后。

一、凡律应定拟佥遣之犯,承审官于审讯时,即讯取本犯确供,将伊妻姓氏、年貌,即于招详内声明。如无妻室,即取具邻族甘结,随招申送。若系隔属隔省,一面于招内申报,一面移查原籍取结。俟结到之日,即行具文申送,不得俟结案后再行查佥。如有因妻患病留养,将本犯先行发遣者,俟伊妻病痊补解时,令伊亲属随同差役解赴遣所,交与本犯收领。若伊妻年过六十以上,并原系有疾不能随行,及患病留养后成笃废,不能补解者,该地方官取具邻族甘结,申详各上司,行文本犯遣所,俾令知之。其有应行报部者,报部查核。倘有捏结情弊,将具结之邻族杖一百,犯妻立即补解。其不行详察之地方官,并转详之该上司,交部分别议处。

【1790】1.1.15.(5)(略)

【1802】1.1.15.(4)(略)

【1740】○续纂

一、犯军、流等罪之土司,例发近省安插者,本犯身故,或无子及虽有子而幼小者,其妻、子并许回籍。

谨案:此条系升任广西巡抚杨超曾条奏。纂辑成例,以便引用。

【1740】1.1.15.(6)(略)

【1801】○移并

【原例】*名例律·徒流迁徙地方【1790】1.1.45.(11)一、各省迁徙土司,若本犯身故,该管地方,即行文原籍督抚,将该犯家口应否回籍之处,酌量奏闻,请旨定夺。

【1740】1.1.15.(6)(略)

臣等谨按:后条系乾隆五年(1740)定例,载在"流囚家属"门内。嗣于乾隆十年(1745)四月内,钦奉上谕:"各省土司获罪,减等迁徙内地者,本人身故之后,有准其家口回籍之例。朕思此等桀骜性成,干犯法纪,国家念其冥顽无知,从宽迁徙内地,以保全之。本犯虽故,其家口习染旧俗,未必能尽革面革心。倘回籍之后,野性难驯,故态复发,仍复罹于法网,非始终保全之意也。嗣后各省迁徙土司身故之后,家口应否回籍之处,着行文原籍督抚,酌量夷情奏闻,请旨定夺。永著为例。钦此。"钦遵纂辑为例。恭绎例意,盖以迁徙土司家属众多者,或至桀骜难制,自应行文原籍,该督抚查明该犯家属情形,应否准其回籍,奏请定夺。若无子及虽有子而幼小者,则无虑其野性难驯,其妻、子应即准其回籍,不在奏请之例。两条应修并为一,归于此条内,以免歧异。谨将修并例文,开列于后。

*名例律·徒流迁徙地方【1802】1.1.45.(4)

一、各省迁徙土司,若本犯身故,该管地方,即行文原籍该督抚,将该犯家口应否回籍之处,酌量奏闻,请旨定夺。其本犯身故无子,及虽有子而幼小者,其妻、子并许回籍,不在此例。

【1740】○增入

一、遣犯除有妻室者,例应佥发外,至遣犯之子女愿随听。其不愿随者,不得同妻佥发。若妻已故有子女者,无论子女愿随与否,只将该犯改发内地。不得因既有子女,同有妻之犯佥发外地。

谨案:此条系刑部议准定例。

【1740】1.1.15.(7)(略)

【1767】○删除

以上五条,均系军、流、遣犯佥遣旧例,俱应删除。

另见【1768】1.1.15.(11)条按语。

【1740】○移入

一、除强盗减等及情罪重大，佥妻发遣外，其他军、流人犯，如父母年已衰迈，家无次丁，愿留其妻侍养父母者，取具地方官印结，咨部免佥。

谨案：此条系乾隆五年（1740）刑部议准定例，原拟附入"名例律·徒流迁徙地方"。

【1740】1.1.15.（8）（略）

【1767】○删除

按语，见【1740】1.1.15.（7）条。

另见【1768】1.1.15.（11）条按语。

【1743】○续纂

一、旗、民发遣人犯，如系奉特旨着佥妻、子，及例应佥妻者，听遣所该管官同本犯一例管束。本犯身故后，有情愿携骸回归者，该将军等照例查奏，准其回旗、回籍。若非特旨佥遣及例应佥遣之家属，则本非罪犯，各该衙门于起解文内，务将"随往"字样注明，遣所该管官记档安插，毋得概同本犯一例羁管。有愿回旗、回籍，及本犯身故后情愿携骸回归者，即准回归报部，不在奏请之例。倘该管各官，故为留难刁蹬，不行奏报，及失于查察者，交部分别议处。

臣等谨按：以上三条，俱系乾隆七年（1742）三月，臣部议复升任侍郎张照奏准定例。其随往之子孙，并在配所生子，亦应听其回籍自便，今添辑例内。

【1768】1.1.15.（7）（略）

【1801】○修并

见【1740】1.1.15.（4）条下。

【1743】○续纂

一、军、流、发遣人犯，到配后生长子孙，本犯在日，其子孙如欲往他处耕种、贸易，呈明该管衙门，听其自便。至配所生长之女，本犯或许嫁他处，或寄养与人，亦听其自便。

按语见【1768】1.1.15.（7）条。

【1768】1.1.15.（8）（略）

【1802】1.1.15.（5）（略）

【1743】○续纂

一、赏旗为奴人犯之在籍子孙，有前往遣所省视，及随往之子孙，原不在佥遣之内，欲行回归，即赴该管衙门报名，给与印票，准其回归。仍将随往子孙回归之处，照例报部。本犯之主，不得挟势羁留。倘有刁留计陷，不得回归者，将本主照存养良家男女为奴婢律治罪。该管官一并交部议处。

按语见【1768】1.1.15.(7)条。

【1768】1.1.15.(9)(略)

【1802】1.1.15.(6)(略)

【1746】续纂

一、军、流人犯,除律应缘坐,并免死减等盗犯,及强窃盗之罪应军、流者,仍照例佥妻外,其余军、流各犯,俱免佥妻。若本夫情愿携带,及妻愿随者听,不必差押。其讯无妻室者,即据供为定,于定案时申报该上司,察核报部。

臣等谨按:此条系乾隆八年(1743)四月内,臣部议复浙江巡抚常安及山西按察使多纶等条奏定例,今并纂一条,以便引用。

【1767】○删除

按语见【1740】1.1.15.(7)条。

另见【1768】1.1.15.(11)条按语。

【1756】○续纂

一、八旗发遣人犯内,如抢夺杀人下手为从者,窃盗临时拒捕杀人为从者,窃盗三犯计赃五十两以下至三十两者,旗人三犯窃盗折枷后又犯窃计赃五十两以下者,拦路截袋挖越仓墙偷米不至死罪者,偷采人参人至百名以上、参至五百两以上为从者,凶徒生事行凶者,诱拐妇人子女被诱之人不知情及迷拐幼小子女为从者,伙众开窑诱取妇人子女藏匿勒卖为从者,图财害命不行而分赃及伤人未死不加功而已得财者,伙众抢去良人子弟强行鸡奸之余犯问拟发遣者,凶徒图财放火因而焚压致毙人命情有可原者,强奸十二岁以下幼女未成者,指称鸡奸诬告人致死罪未决者,此等情重各犯,在遣所病故,所有妻、子,概不准携骸回旗。其余本犯身故,妻、子情愿携骸回籍者,该管将军详叙原案情罪,咨部核议办理。

臣等谨按:此条系乾隆二十年(1755)六月内,臣部会同八旗都统议准条例,应纂辑以便遵行。

【1768】1.1.15.(10)(略)

【1772】○修改

一、八旗发遣人犯内,如抢夺杀人下手为从者,窃盗临时拒捕杀人为从者,窃盗三犯计赃五十两以下至三十两者,旗人三犯窃盗折枷后又犯窃计赃五十两以下者,拦路截袋挖越仓墙偷米不至死罪者,偷采人参人至四十名以上、参至五十两以上为从者,凶徒生事行凶者,诱拐妇人子女被诱之人不知情及迷拐幼小子女为从者,伙众开窑诱取妇人子女藏匿勒卖为从者,图财害命不行而分赃及伤人未死不加功而已得财者,伙众抢去良人子弟强行鸡奸之余犯问拟发遣者,凶徒图财放火因而焚压致毙人命情有可原者,强奸十二岁以下幼女未成者,指称鸡奸诬告人致死罪未决者,此等情重各犯,在遣所病故,所有妻、子,概不准携骸回旗。其余本犯身故,妻、子情愿携骸回籍者,该管将军详叙原案情罪,咨部核议办理。

臣等谨按:乾隆三十六年(1771)四月内,臣部奏准将偷刨人参例内"人百名以上"改为"四十名以上","参五百两以上"改为"五十两以上"。所有此条内"偷采人参人至百名以上、参至五百两以上"二语,今改为"人至四十名以上、参至五十两以上",以昭画一,合并声明。

【1790】1.1.15.(10)(略)

【1801】○删除

臣等谨按:此条系乾隆二十年(1755)定例。查本犯在配身故,妻、子不准携骸回旗,固属惩创匪类起见。但本犯既经身死,国法已伸,若不准其妻、子携骸回旗,究非罪人不孥之义。且查一应斩、绞人犯正法后,俱准在本籍埋葬,而罪止发遣之骸骨,转不得一体回乡,似属轻重倒置。再查例内抢窃等项,系寡廉鲜耻例,应削除旗档,照民人一体办理,已无佥妻发遣之例。此条应行删除。

【1756】○续纂

一、凡略诱略卖、采生折割、药术迷人、放火发冢、兴贩硝磺、伪造印信、盐枭矿徒、私销私铸案犯,及凶恶棍徒扰害良民罪拟军、流各犯,悉佥妻充配。若伊妻实系老疾难行,及该犯父母老病应留妻侍养者,取结准其免佥。其余军、流各犯,仍照旧例行。

臣等谨按:此条系乾隆十八年(1753)二月内,臣部议复原任山西按察使唐绥祖条奏定例,应纂辑以便遵行。

【1767】○删除

按语见【1740】1.1.15.(7)条。

另见【1768】1.1.15.(11)条按语。

【1767】○续纂

一、凡罪应缘坐,及造畜蛊毒、采生折割人、杀一家非死罪三人等项犯属,仍照例佥发外,其余一应军、流、遣犯,及应发乌鲁木齐等处人犯家属,均毋庸佥配。如有情愿随带妻室子女者,听其自便,不得官为资送。

臣等谨按:此条系乾隆二十四年(1759)闰六月内,陕甘总督吴达善奏"请暂停改发巴里坤人犯"折内,臣部附请奏准定例,应纂辑遵行。再查原奏内犯属止有罪应缘坐一项,今照"老小废疾收赎"律注,增入造畜蛊毒、采生折割等三项。至全部例内一应军、流、遣犯佥妻旧例五条,俱应删除。其余条例内有"佥妻"字句者,亦一并删去,以归画一,合并声明。谨将删除旧例,开列于后。

【1768】1.1.15.(11)(略)

【1801】○修并

【原例】【1768】1.1.15.(11)(略)、【1768】1.1.15.(12)(略)

臣等谨按:前条系乾隆二十四年(1759)定例,后条系乾隆三十二年(1767)定例。嗣于嘉庆四年(1799),臣部议复江苏巡抚宜兴审拟贼犯王阿狗行窃拒伤事主,由新疆条款改发边远充军案内声明,应发新疆人犯,佥妻发配。原定例之始,本为充实新疆起见,并非罪及其孥,特为佥遣。迄今三十余年,新疆等处生齿日增,在边陲之土地,既不虑屯种乏人,则无罪之妻孥,自不必牵连发配。每年发遣之犯,人数众多,若必逐案佥妻,在原籍既多取结查办之繁,而沿途亦滋官为资送之扰,自应通融筹办。嗣后应发新疆人犯,不论伊妻是否笃疾、该犯有无父母,均不得佥妻发配。其有情愿随带妻室子女者,仍各听其随带,毋庸官为资送。庶足以示矜恤,而省纷扰。此案王阿狗有妻金氏,该犯愿否推带,照此办理等因在案。后条新疆佥妻之例,应行删除,修并前条,以便引用。谨将修并例文,开列于后。

一、凡罪应缘坐,及造畜蛊毒、采生折割人、杀一家非死罪三人等项犯属,仍照例佥发外,其余一应军、流、遣犯及应发乌鲁木齐等处人犯家属,均毋庸佥配。如有情愿随带妻室子女者,听其自便,不得官为资送。

【1802】1.1.15.(13)(略)

【1825】1.1.15.(10)(略)

【1767】○续纂

一、例应发往乌鲁木齐等处人犯内,除伊妻实系残废、笃疾,或年逾六十,及该犯父母老病应留侍养者,取具地方官切实印结,准其免佥外,其余一概佥妻发配。如有情愿携带子女者,一体官为资送。其军、流内改发乌鲁木齐等处人犯,有情愿携带妻、子者,亦一并官为资送。

臣等谨按:此条系乾隆三十一年(1766)五月内,乌鲁木齐办事大臣阿桂条奏,臣部奏准定例,应纂辑遵行。

【1768】1.1.15.(12)(略)

【1801】○修并

见【1768】1.1.15.(11)条下。

【1767】○续纂

一、发往乌鲁木齐等处人犯,如果悔过悛改,视其原犯情罪轻重,定限或三年或五年,编入该处民户册内,给与地亩,令其耕种纳粮。其未经到配,本犯中途病故,跟随妻、子,或因到配已近,不愿回籍,或子已年长,堪胜力作,情愿到配为民者,令地方官讯明,仍行发往,即入于各该处民籍安插耕种,不必令其为奴。如有寡妻弱子,不任力作,或自愿回籍者,该地方官照例递回原籍。至已经到配年限未满以前,本犯身故者,其妻、子即照年限已满例,准入民籍一体安插,不必复令为奴。

臣等谨按:此条系乾隆三十一年(1766)四月军机大臣议复乌鲁木齐办事大臣阿桂条奏,及三十二年(1767)三月乌鲁木齐办事大臣温福咨请部示,臣部奏准,并纂为例,以便遵行。

【1768】1.1.15.(13)(略)

【1788】○修改

臣等谨按:乌鲁木齐入厂遣犯,乾隆四十九年(1784)新例,概限五年期满,方准为民。其未经入厂人犯,限年为民之处,自应一体定限五年。至遣犯限年为民,与本门“流囚家属”例义未符,业经移入“徒流迁徙地方”门内“遣犯入厂限年为民”新例条下。此条首节“如果悔过悛改,视其原犯情罪轻重,定限或三年或五年,编入该处民户册内,给与地亩,令其耕种纳粮”一段,应行删去。今将删辑例文,开列于后。

一、发往乌鲁木齐等处人犯,未经到配,本犯中途病故,跟随妻、子,或因到配已近,不愿回籍,或子已年长,堪胜力作,情愿到配为民者,令地方官讯明,仍行发往,即入于各该处民籍安插耕种,不必令其为奴。如有寡妻弱子,不任力作,或自愿回籍者,该地方官照例递回原籍。至已经到配入厂,年限未满以前,本犯身故者,其妻、子即照年限已满例,准入民籍一体安插,不必复令为奴。

【1790】1.1.15.(16)(略)

【1802】1.1.15.(8)(略)

【1825】1.1.15.(12)(略)

【1767】○续纂

一、蒙古人犯例应佥遣之妻、子,其随从本夫者,照例交与河南、山东驿地当差。如本犯已经正法,其妻、子单行发遣者,将该犯等酌发南省驻防兵丁为奴。至佥解递送之处,悉照应缘坐犯属之例办理。

臣等谨按:此条系乾隆二十九年(1764)四月内,臣部奏准定例,应纂辑遵行。

【1768】1.1.15.(14)(略)

【1790】1.1.15.(13)(略)

【1802】1.1.15.(7)(略)

【1767】○续纂

一、旗人发遣家奴,如有同妻、子一并送部发遣者,其妻、子一体赏给兵丁为奴。

臣等谨按:此条系乾隆二十九年(1764)十一月内钦奉谕旨,恭纂为例,以便遵行。

【1768】1.1.15.(15)(略)

【1788】○修并

【原例】【1768】1.1.15.(15)(略)、【1772】续纂“凡旗下家奴酗酒行凶”条(略)

臣等谨按：以上二条，俱系旗下送部发遣家奴之家属一体发遣，不准仍留原主服役之例，似应并纂一条，以归简易。今将并辑例文，开列于后。

一、旗下家奴酗酒行凶，经本主报明该旗，送部发遣之犯，所有妻室、子女，俱一体发遣，赏给兵丁为奴，不必官为资送。其有年老、残废，及子女幼小，并力不能随带者，或令于亲属依栖，或听本妇另嫁，不准仍留原主处服役。

【1790】1.1.15.（15）（略）

【1801】○修改

臣等谨按：此条系乾隆二十九年（1763）及三十七年（1772）先后定例，五十二年（1787）修并一条。查旗下家奴妻、子，与本犯俱系为奴遣犯。本犯官为资送，妻、子若不官为资送，势必不能带往，是一体发遣之例，竟成虚设。例内"不必官为资送"句，应删。谨将修改例文，开列于后。

一、旗下家奴酗酒行凶，经本主报明该旗送部发遣之犯，所有妻室、子女，俱一体发遣，赏给兵丁为奴。其有年老、残废，及子女幼小，不能随带者，或令于亲属依栖，或听本妇另嫁，不准仍留原主处服役。

【1802】1.1.15.（11）（略）

【1825】1.1.15.（13）（略）

【1767】○续纂

一、满洲、蒙古、汉军发往新疆人犯，除罪犯寡廉鲜耻，削去旗籍者，应照民人一体办理外，其余发往种地当差之犯，系满洲、蒙古旗人，如原犯军、流者，定限三年，免死减等者，定限五年，果能改过安分，即交伊犁驻防处所，归入各旗挑补驻防兵丁当差；系汉军人犯，照民人分定年限，入于彼处绿营食粮。此等人犯，如情愿迎取妻室家口者，该管大臣移咨该旗，咨送兵部，官为资送。

臣等谨按：此条系乾隆三十二年（1767）五月内，乌鲁木齐办事大臣温福奏请定例，应纂辑遵行。

【1768】1.1.15.（16）（略）

【1772】○修改

臣等谨按：乾隆三十七年（1772）二月内，臣部奏准，凡犯该军、流等罪，发往新疆当差旗人，果能改过安分，亦照黑龙江等处之例，一体准入本地丁册挑选，食粮当差。谨将此条原例内"即交伊犁驻防处所，归入各旗挑补驻防兵丁当差"之处，改为"即交伊犁驻防处所，编入本地丁册挑补驻防兵丁，食粮当差"，以便遵行。

一、满洲、蒙古、汉军发往新疆人犯，除罪犯寡廉鲜耻，削去旗籍者，应照民人一体办理外，其余发往种地当差之犯，系满洲、蒙古旗人，如原犯军、流者，定限三年，免死减等者，定限五年，果能改过安分，即交伊犁驻防处所，编入本地丁册挑补驻防兵丁，食粮当差；系汉军人犯，照民人分定年限，入于彼处绿营食粮。此等人犯，如情愿迎取妻室家口者,该管大臣移咨该旗,咨送兵部,官为资送。

【1768】1.1.15.(14)(略)

【1801】○修改、移改

臣等谨按:此条系乾隆三十二年(1767)定例。例内"满洲、蒙古旗人,原犯军、流者,定限三年;免死减等者,定限五年,交伊犁处所,挑补兵丁食粮当差。汉军人犯,照民人定限,入于绿营食粮"等语,与"徒流迁徙地方"门内所载"新疆遣犯限年入厂",事同一例,应移入彼门,以便查阅。其末段"迎取妻室"一节,仍列本门,以便引用。惟查旗人发遣新疆,已经到配,复行迎取妻室,虽官为资送,而长途妇女弱息,诸多未便。莫若于该犯起解之始,令其自行随带,官为资送。到配后,不得同罪犯一例羁管。应于例内,修改明晰。谨将修改例文,开列于后。

一、满洲、蒙古、汉军发往新疆当差人犯,如有情愿随带妻室家口者,官为资送。到配后,不得同罪犯一例羁管。

*名例律·徒流迁徙地方【1802】1.1.45.(40)一、满洲、蒙古、汉军发往新疆人犯,除罪犯寡廉鲜耻削去旗籍者,应照民人一体办理外,其余发往种地、当差之犯,系满洲、蒙古旗人,如原犯军、流者,定限三年,免死减等者,定限五年,果能改过安分,即交伊犁驻防处所,编入本地丁册,挑补驻防兵丁,食粮当差;系汉军人犯,照民人分定年限,入于彼处绿营食粮。

【1802】1.1.15.(10)(略)

【1825】1.1.15.(8)(略)

【1772】○续纂

一、凡旗下家奴酗酒行凶,经本主报明该旗送部发遣之犯,所有妻室,俱一体发遣,不必官为资送。其有年老、残废,及力不能随带者,或令于亲属依栖,或听本妇另嫁,不准仍留原主处服役。

臣等谨按:此条系乾隆三十七年(1772)九月内钦奉上谕著为定例,应恭纂遵行。

【1788】○修并

见【1768】1.1.15.(15)条下。

【1778】○续纂

一、凡发遣哈密所属塔尔纳沁、蔡巴什湖两处种地人犯,照乌鲁木齐、伊犁之例,按其原犯轻重,分别定限三年、五年,无过者,办事大臣查明,奏请为民,就近分拨安西、宜禾二州县,令地方官管束,仍造册报部。其改拨为民之后,如有脱逃为匪情事,仍照新疆在配遣犯一例问拟。

臣等谨按:此条系乾隆三十九年(1774)八月内,哈密办事大臣明琦等具奏,哈密所属年久种地遣犯,照乌鲁木齐、伊犁之例,分别年限,查明原犯轻重,奏请为民。经军机大臣议复奏准在案。又四十年(1775)十二月内,甘肃按察使图桑阿具奏,嗣后此项遣犯入籍为民,若犯该军、流等罪,分别枷号,犯该死罪,即行正法。经臣部以新疆遣犯改拨为民,有犯脱逃为匪情事,是其怙恶不悛,于法既难宽贷,自应仍照新疆遣犯一例问拟等因奏准,亦在案。应并纂为例,以便遵行。

【1788】○删除

臣等谨按:乌鲁木齐等处遣犯旧例内,并未分别当差、为奴。统言遣犯在配,果能悔过悛改,视其原犯轻重,分别定限三年、五年,期满即奏请为民。嗣于乾隆四十九年(1784)四月内,伊犁将军伊勒图条奏,在厂效力人等,如系当差人犯,在厂五年期满,准其为民。再效力十年,准其回籍。为奴人犯,在厂五年期满,止准为民,不准回籍。又五十三年(1788)二月内,哈密办事大臣伊桑阿奏"从军畏怯逃散发遣为奴遣犯王尽忠等在配已逾十年,俟再满五年,准其为民"一折,钦奉清字谕旨:"嗣后新疆凡遇发遣为奴之犯,种地尚可,不必令其为民等因。钦此。"经臣等于"名例·徒流迁徙地方"门内,分别当差、为奴,纂定例文在案。再查安西州一属,本系安西府,乾隆三十八年(1773)三月内改为安西直隶州,归入内地甘肃省所属,是安西州并不在新疆之例。若将新疆种地年满遣犯,改入内地为民,殊非惩创。外遣人犯本意至宜禾县,虽附近哈密,但亦系乌鲁木齐所属。查乌鲁木齐等处为奴、当差遣犯,既另有分别十年、五年后种地为民之例,则此条原例哈密所属种地人犯,按其原犯轻重,分别定限三年、五年,奏请为民,分拨安西、宜禾二州县管束等例文,俱已不行。应拟删除。

【1778】○续纂

一、凡实犯大逆之子孙缘坐发遣为奴者,虽系职官及举、贡、生、监,应与强盗免死减等发遣为奴人犯,俱不准出户。倘逢恩赦,亦不得与寻常为奴遣犯一体办理。

臣等谨按:此条系乾隆四十年(1775)正月内,盛京将军宗室弘晌等奏逆犯吕留良之孙吕懿兼等违例捐监一案,钦奉上谕:"前谕令将发遣之曾为职官及举、贡、生、监出身者,免其为奴,于戍所另编入旗出户当差,系指寻常为奴遣犯而言。其真正反叛,及强盗免死减等人犯,原旨即在开除不办之例。若吕留良子孙系大逆重案缘坐,即属反叛,岂可援轻罪有职人员,概免为奴、出户,致令逆恶余孽仍得窜籍良民,实不足以示惩创而申法纪。着交刑部存记,嗣后办理此等大逆缘坐之案,不特举、贡、生、监不应减免,即官职甚大者,既为逆犯子孙,罪在不赦,亦不当复为区别。钦此。"应恭纂为例,以便遵行。

【1790】1.1.15.(17)(略)

【1802】1.1.15.(9)(略)

【1825】1.1.15.(1)(略)

【1801】○续纂

一、缘坐案内例应佥遣伊犁等处为奴人犯,在配所生之女,及妇女本身犯罪发遣为奴,单身到配者,俱准其各就该处择配。永远不准回籍之遣犯,仍令各将所配,自行报明该管官存案。其余寻常遣犯，在籍随往及在配所生之女，除力能回籍，各听其便外，或遇无力不能回籍，查明原依本主者，听本主择配，依本犯者，听本犯择配，亦令报明存案，不得官为经理。

臣等谨按：乾隆五十八年（1793），臣部核复伊犁将军保宁咨请新疆遣妇并遣犯之女官为择配案内声明，嗣后凡妇女本身犯罪发遣，及缘坐佥遣，定例不准带往别处者，准其配给。永远不准回籍之遣犯，仍令自行择定后，报明该管官存案。其余无罪妇女，或系自愿随往，或系配所生长，原依本主者，听伊主择配，原依本犯者，听本犯择配，亦令报明存案，不得官为经理等因在案。应纂辑为例，以便遵行。

【1802】1.1.15.（14）（略）

【1825】1.1.15.（11）（略）

常赦所不原

律　文

【1646】1.1.16

凡犯十恶、杀人、盗系官财物，及强盗、窃盗、放火、发冢、受枉法不枉法赃、诈伪、犯奸、略人、略卖和诱人口，若奸党，及谗言、左使杀人、故出入人罪，若知情故纵、听行藏匿引送、说事过钱之类，一应真犯，皆有心故犯。虽会赦，并不原宥。谓故意犯事得罪者，虽会赦皆不免罪。其过误犯罪，谓过失杀伤人、失火，及误毁、遗失官物之类。及因人连累致罪，谓因别人犯罪连累以得罪者，如人犯罪，失觉察关防钤束，及干连、听使之类。若官吏有犯公罪，谓官吏人等，因公事得罪，及失出入人罪，若文书迟错之罪，皆无心误犯。并从赦宥。谓会赦皆得免罪。其赦书临时钦定真犯等罪名特赐宥免，谓赦书不言常赦所不原，临时定立罪名宽宥者，特从赦原。及虽不全免，减降、从轻者，谓降死从流、流从徒、徒从杖之类。不在此限。谓皆不在常赦所不原之限。

【1670】1.1.16（略）

＊**【1707】○仍旧**

此律拟存。

总注：此分别应赦不应赦之罪名也。如十恶等犯，以至说事过钱，是皆有心故犯，故并不原宥，即所谓怙终贼刑也。如过误连累，以及官吏公罪，是皆无心误犯，故并准原宥，即所谓眚灾肆赦也。至赦书临出之时，定有罪名，虽律所不原者，或全宥，或减等，此朝廷浩荡之特恩，一时之旷典，犹非常赦所得限也。若干系埋没钱粮、婚姻田土等项，罪虽宥免，事须究明。应追取者仍行追取，应改正者，仍行改正。

按：知情故纵、听行藏匿引送、说事过钱之类，皆指庇护十恶、杀人等犯而言，故并不原宥。若正犯准赦，则因之致罪者，并得宥免。

【1725】○修改

【1725】1.1.16（略）

凡犯十恶、杀人、盗系官财物，及强盗、窃盗、放火、发冢、受枉法不枉法赃、诈伪、犯奸、略人、略卖和诱人口，若奸党，及谗言、左使杀人、故出入人罪，若知情故纵、听行藏匿引送、说事过钱之类,一应实犯,皆有心故犯。虽会赦,并不原宥。谓故意犯事得罪者,虽会赦皆不免罪。其过误犯罪,谓过失杀伤人、失火,及误毁、遗失官物之类。及因人连累致罪,谓因别人犯罪连累以得罪者,如人犯罪,失觉察关防钤束,及干连、听使之类。若官吏有犯公罪,谓官吏人等,因公事得罪,及失出入人罪,若文书迟错之罪,皆无心误犯。并从赦宥。谓会赦皆得免罪。其赦书临时钦定实犯等罪名特赐宥免谓赦书不言常赦所不原,临时定立罪名宽宥者,特从赦原。及虽不全免,减降、从轻者,谓降死从流、流从徒、徒从杖之类。不在此限。谓皆不在常赦所不原之限。

注:此是分别应赦不应赦之罪名也。如十恶等犯,及知情故纵、听行藏匿引送、说事过钱,是皆有心故犯,故并不原宥,即所谓怙终贼刑也。如过误连累及官吏公罪,是皆无心误犯,故并准原宥,即所谓眚灾肆赦也。至或全宥,或减等,乃一时之特恩,非常赦所得限也。若干系埋没钱粮、婚姻田土等项,罪虽宥免,事须究明。应追取者仍行追取,应改正者仍行改正。

臣等谨按:此是分别应赦不应赦之罪名也。如十恶等犯,以及知情故纵、听行藏匿引送、说事过钱,是皆有心故犯,故并不原宥,即所谓怙终贼刑也。如过误连累以及官吏公罪,是皆无心误犯,故并准原宥,即所谓眚灾肆赦也。至赦书所定,或全宥,或减等,此一时之特恩,非常赦所得限也。若干系埋没钱粮、婚姻田土等项,罪虽宥免,事须究明。应追取者仍行追取,应改正者仍行改正。

【1740】○修改

臣等谨按:律文"会赦并不原宥"下注内"故意犯事得罪者,虽会赦,皆不免罪"等字,语意重复,应删。谨将删辑律注,开列于后。

凡犯十恶、杀人、盗系官财物,及强盗、窃盗、放火、发冢、受枉法不枉法赃、诈伪、犯奸、略人、略卖和诱人口,若奸党,及谗言、左使杀人、故出入人罪,若知情故纵、听行藏匿引送、说事过钱之类,一应实犯,皆有心故犯。虽会赦,并不原宥。其过误犯罪,谓过失杀伤人、失火,及误毁、遗失官物之类。及因人连累致罪,谓因别人犯罪连累以得罪者,如人犯罪,失觉察关防钤束,及干连、听使之类。若官吏有犯公罪,谓官吏人等,因公事得罪,及失出入人罪,若文书迟错之罪,皆无心误犯。并从赦宥。谓会赦皆得免罪。其赦书临时钦定实犯等罪名特赐宥免谓赦书不言常赦所不原,临时定立罪名宽宥者,特从赦原。及虽不全免,减降、从轻者,谓降死从流、流从徒、徒从杖之类。不在此限。谓皆不在常赦所不原之限。

【1740】1.1.16(略)

附律条例

***【1707】○增入**

臣等谨按:现行例内五条,类于此律,应增入。

***【1680】6.20.186　刑部现行则例·斗殴·殴死本宗缌麻亲属**

一、凡有杀死本宗缌麻以上尊长及外姻小功尊属,俱不准援赦。

【现行例】(略)

【1725】○增入

按语同上。

【1725】1.1.16.(1)【增例】(略)

【1740】1.1.16.(1)(略)

【1790】1.1.16.(6)(略)

【1802】1.1.16.(5)(略)

*【1707】○增入

臣等谨按:现行例内五条,类于此律,应增入。

*【1680】6.28.254　刑部现行则例·断狱·番役私刑贼盗

一、番役人等捉获强盗,先送官审,不许私刑取供。违者,于本衙门枷号一个月责四十板,革役。如得财及诬陷无辜者,从重科罪。至于妄用脑箍、毛竹连根、大板,及竹签、烙铁等刑,至毙人命者,以故杀论,不准援赦。其初招既定,不许续扳。

【现行例】一、问刑官、番役,妄用脑箍、连根毛竹、大板,及竹签、烙铁等刑,至毙人命者,以故杀论,不准援赦。

【1725】○增入

按语同上。

【1725】1.1.16.(2)【增例】(略)

【1740】○修改

臣等谨按:此条原文,乃专指番役诬陷无辜而言,并无问刑官在内。从前纂辑时,将"问刑官"增入,并删去"诬陷无辜"数字,查与"故勘平人"律下交部议处之例互异,应照原文改辑。谨将删改例文,开列于后。

【1740】1.1.16.(2)

一、番役诬陷无辜,妄用脑箍及竹签、烙铁等刑,至毙人命者,以故杀论,不准援赦。

【1788】○移改

臣等谨按:番役诬陷无辜,事类诬告,旧因例内载有"不准援赦"字样,列入"常赦不原"门内。查近来办理蒙恩赦宥罪囚,其不准援赦者,俱系酌定条款,先行奏明。此等以故杀定拟死罪人犯,并无列入请赦之事。应将此条内"不准援赦"四字删去,移入"诬告"门内,以归切当。今将移改例文,开列于后。

一、番役诬陷无辜,妄用脑箍及竹签、烙铁等刑,致毙人命者,以故杀人论。

*刑律·诉讼·诬告【1790】6.22.336.(16)(略)

*【1707】○增入

臣等谨按:现行例内五条,类于此律,应增入。

*【1680】6.22.190　刑部现行则例·诉讼·诬告叛逆

一、诬告叛逆,被诬之人已决者,诬告之人拟斩立决。若未决者,拟斩监候,虽遇赦不与原宥。不得株连妻子家产。如告言人罪,不即赴审,辄行脱逃者,除将被诬及证佐俱行释放,本犯获日,所告事不与审理,仍以诬告拟罪。

【现行例】一、诬告叛逆,被诬之人已决者,诬告之人拟斩立决。被诬之人未决者,拟斩监候,不准援赦。俱不及妻子、家产。

【1725】○增入

按语同上。

【1725】1.1.16.(3)【增例】(略)

【1740】1.1.16.(3)(略)

【1790】1.1.16.(5)(略)

【1801】修并、移改

【原例】【1790】1.1.16.(5)(略)、【1790】1.1.16.(7)(略)

臣等谨按:前一条系康熙年间旧例,后一条系乾隆五年(1740)定例。查诬告、诬拿不准援免,事同一类,应修并一条。至诬告人叛逆,分别已决、未决治罪,应载入"诬告"门。又查后条前段言"捕役",后段言"番役",殊未画一,应将"番役"改为"捕役",合并声明。谨将修并、移改例文,开列于后。

一、诬告叛逆未决,应拟斩候者,不准援赦。又捕役诬拿良民及曾经犯窃之人,威逼承认,除被诬罪名遇赦尚准援免者,其反坐捕役,亦得援赦免罪外,若将平民及犯窃之轻罪人犯,逼认为谋杀、故杀、强盗者,将捕役照例充军,遇赦不准援免。

＊刑律·诉讼·诬告【1802】6.22.336.(22)(略)

【1802】1.1.16.(7)(略)

＊【1707】○增入

臣等谨按:现行例内五条,类于此律,应增入。

＊【1680】6.22.191　刑部现行则例·诉讼·诬告致死人

一、凡诬告平民因致死一、二人者,照律拟绞,遇赦援免。拖累致死三人以上者,以故杀论,不准赦免。

【现行例】一、诬告平民,因而拖累致死三人以上者,以故杀论,不准援赦。

【1725】○增入

按语同上。

【1725】1.1.16.(4)【增例】(略)

【1740】1.1.16.(4)(略)

【1788】○移并

【原例】＊刑律·诉讼·诬告【1768】6.22.336.(1)一、诬告人因而致死,被诬之人委系平人,及因拷禁身死者,拟绞监候。或将案外之人,拖累拷禁致死一、二人者,亦拟绞监候。若诬轻为重,及虽全诬,平人却系患病在外身死者,止拟应得罪名发落。

【1740】1.1.16.(4)(略)

臣等谨按：以上二条，俱系诬告平人因而致死之例，乃首条载在“刑律·诬告”门内，次条又载在“名例·常赦所不原”门内。一事而分列两门，倘翻阅未周，援引必致舛错。今将次条例文，并入首条“拖累一、二人者，亦拟绞监候”之下，以昭简括。至次条“致死三人，以故杀论”，应拟斩监候。查“常赦所不原”本门律文，载有十恶、杀人并不原宥明条，是此条内“不准援赦”四字，系属衍文，亦拟删去。今将移并例文，开列于后。

一、诬告人因而致死，被诬之人委系平人，及因拷禁身死者，拟绞监候。或将案外之人，拖累拷禁致死一、二人者，亦拟绞监候；致死三人以上者，依故杀律拟斩监候。若诬轻为重，及虽全诬，平人却系患病在外身死者，止拟应得罪名发落。

＊刑律·诉讼·诬告【1790】6.22.336.(17)(略)

＊【1707】○增入

臣等谨按：现行例内五条，类于此律，应增入。

＊【1680】1.1.1　刑部现行则例·名例·十恶干连不赦

一、十恶案内，除谋反、谋叛犯人，妻妾、子女、家产应入官，父母、祖孙、兄弟及牵连犯人应流徙者，不准援赦。虽遇热审，亦不减等，仍照律拟罪。其干连强盗、谋杀、故杀等罪者，军、流、徒、杖人犯，俱遵赦豁免。

臣等再按：此条谋反、谋叛干连应流、应入官之处，未经分晰明白，应照反叛本律改正。又此条内云，“虽遇热审，亦不减等”，但热审今已停止，应行删去。谨拟删改，开载于后。

【新改入现行例】一、十恶条内谋反、谋叛人犯，妻妾、子女、家产应入官，谋反干连人犯应流。谋反人犯之父母、祖孙、兄弟及干连人犯应流、徒者，不准援赦。其干连强盗、谋杀、故杀等罪者，军、流、徒、杖人犯，俱遵赦豁免。

【1725】○增入

按语及修改同上。

【1725】1.1.16.(5)【增例】(同新改入现行例，略)

【1740】○删除

臣等谨按：反叛案内人犯，从无援赦之理。其强盗等案内干连军、流、徒、杖人犯，自应援赦，无庸另著为例。此条应删。

【1725】1.1.16.(6)

【钦定例】一、凡关系军机、兵饷重大事务，俱不准援赦宽免。

【1740】○修改

臣等谨按：重大事务，莫过于军机、兵饷。例内“重大”二字，盖专指两项而言。但二项之下，复加“重大”二字，似无指实，恐致误为援引，应删。再查钱粮拨充兵饷者甚多，若亏欠在一万两以上，俱不在不赦之内，则此例所云“兵饷”，专指行间兵饷可知，应注明。

谨将删注例文,开列于后。

一、凡关系军机、兵饷事务,俱不准援赦宽免。关系行间兵饷者乃坐。

【1740】1.1.16.(5)(略)

【1790】1.1.16.(4)(略)

【1740】○移改

＊刑律·断狱·赦前断罪不当

【1725】6.28.427.(2)

【原例】一、以赦前事告言人罪者,以其罪罪之。若干系钱粮、婚姻、田土,罪虽经赦,其钱粮等项,须断处明白。

臣等谨按:此条原载"赦前断罪不当"条下,因非断罪不当治罪之例,移入于此,并于"究问明白"下,增注"应追取者仍行追取"数语,以便引用。

一、以赦前事告言人罪者,以其罪罪之。若干系钱粮、婚姻、田土等项,罪虽遇赦宽免,事须究问明白。应追取者仍行追取,应改正者仍行改正。

【1740】1.1.16.(6)(略)

【1790】1.1.16.(3)(略)

【1740】○增入

一、捕役诬拿良民及曾经犯窃之人,威逼承认,除被诬罪名遇赦尚准援免者,其反坐之番役,亦得援赦免罪外,若将平民及犯窃之轻罪人犯,逼认为谋杀、故杀、强盗者,将捕役照例充军,遇赦不准援免。

谨案:此条系乾隆五年(1740)刑部议准定例。

【1740】1.1.16.(7)(略)

【1801】○修并、移改

见【1790】1.1.16.(5)条下。

【1740】○增入

一、凡遇恩诏内开有军、流俱免之条,其和同诱拐案内,系民人改发烟瘴稍轻地方者,既准宽免,系旗下家人于诱拐案内发遣为奴人犯,亦许一体援免。

谨案:此条系乾隆五年(1740)刑部议准定例。

【1740】1.1.16.(8)(略)

【1790】1.1.16.(2)(略)

【1746】○续纂

一、直省地方,偶值雨泽愆期,应请清理刑狱者,除徒、流等罪外,其各案内牵连待质,及笞、杖内情有可原者,该督抚一面酌量分别减免省释,一面奏闻。

臣等谨按:此条系乾隆八年(1743)闰四月内,大学士等议复原任护理山东巡抚包括条奏定例,应纂辑以便遵行。

【1768】1.1.16.(9)(略)

【1790】1.1.16.(1)(略)

【1788】○续纂

一、凡察哈尔蒙古及扎萨克地方,偷窃四项牲畜,罪应发遣贼犯,遇赦俱不准减等。

臣等谨按:偷窃蒙古牲畜贼犯,向因奏准援赦条款内,并无声明不准议减明文,是以乾隆五十年(1785)三月内,核复察哈尔都统咨送偷窃蒙古四项牲畜充军贼犯齐巴克等,准其援减。嗣经查出,四十九年(1784)三月内,理藩院核复盛京刑部会稿内称,凡蒙古及扎萨克地方偷窃四项牲畜,贼犯俱不准减免,径行发遣等因,奏准在案。所有从前议减之处,系属错误,据实检举,并附请嗣后俱照此办理等因具奏。奉旨:"偷窃蒙古四项牲畜人犯,既据理藩院核议奏明不准减免,是已办有章程。此案承办司员并不查照遵办,遽行率准援减,实属疏忽。虽据自行检举,仅予察议,未免过轻,着交部严加议处。堂官着交部察议。余依议。钦此。"钦遵在案,应纂辑遵行。

【1790】1.1.16.(8)(略)

【1825】1.1.16.(6)(略)

【1801】○续纂

一、凡触犯祖父母、父母发遣人犯遇赦,查讯伊祖父母、父母,如愿令其回籍者,始准减免。

臣等谨按:乾隆六十年(1795),军机大臣会同臣部查办新疆等处遣犯减等案内触犯父母发遣之犯奏明,遵旨"传讯该犯父母,如愿伊子回家,并父母已故者,俱准释回。如该犯父母尚在,不愿伊子回家者,不准释回"在案。嗣后历次钦奉恩诏,俱照此办理。应纂辑为例,以便遵行。

【1802】1.1.16.(8)(略)

【1806】○修改

臣等谨按:嘉庆六年(1801)十一月内,钦奉上谕:"触犯父母发遣人犯,倘赦回后再有忤逆情事,一经呈告,即当加倍治罪等因。钦此。"嗣于是年十二月内,据巡视西城御史安柱等移送民人孟廷弼,前因触犯伊母赵氏,呈送发遣贵州,遇赦查询伊母释回后,仍不服伊母管教,复行呈送。经臣部审明,遵旨将孟廷弼照极边烟瘴人犯脱逃改发例,加发黑龙江给披甲人为奴。并声明触犯父母条例,如旗人有犯,即应发往黑龙江当差。嗣后,若有遇赦释回后,复经父母呈送者,应加枷号两个月,仍发黑龙江当差等因,奏准在案。应于例内增纂明晰,以资引用。谨将修改例文,开列于后。

一、凡触犯祖父母、父母发遣之犯遇赦,查询伊祖父母、父母,如愿令其回籍者,始准减免。倘释回后,再有触犯,复经祖父母、父母呈送,民人发往黑龙江给披甲人为奴,旗人枷号两个月,仍发黑龙江当差。

【1810】○修改

臣等谨按:嘉庆十三年(1808)十二月内,江西道御史刘奕煜奏触犯祖父母、父母发遣之犯遇赦,查询伊祖父母、父母,如愿伊子孙回籍,即准释回,毋庸递减等因。经臣部查办理触犯祖父母、父母查询之案,全以钦奉恩诏为准。恩诏内军、流人犯悉予宽免,则触犯发遣之犯,查询后准其释回。如所奉恩旨,系军、流人犯减等发落,此项人犯,虽查询伊祖父母、父母愿令回家,亦应一体减徒,以归画一。惟是此等人犯,其祖父母、父母既因想恋子孙,愿其归家,若必俟三年徒满之后,始准释回,不惟年老之亲不能久待,亦非仰体皇上恤老教孝、恩施法外之意。奏请嗣后触犯祖父母、父母发遣之犯遇赦,查询伊祖父母、父母愿令回家,如恩赦准其免罪者,即准释放。若止准减等者,仍行减徒。其所减徒罪,照亲老留养之例,枷号一个月,满日释放,毋庸充配等因,奏准在案。应于例内修改明晰,以便引用。谨将修改例文,开列于后。

一、凡触犯祖父母、父母发遣之犯遇赦,查询伊祖父母、父母愿令回家,如恩赦准其免罪者,即准释放。若止准减等者,仍行减徒。其所减徒罪,照亲老留养之例,枷号一个月,满日释放,毋庸充配。倘释回后,再有触犯,复经祖父母、父母呈送,民人发往黑龙江给披甲人为奴,旗人枷号两个月,仍发黑龙江当差。

【1814】○修改

臣等谨按:嘉庆十七年(1812)十月内,臣部议复升任吏科给事中西琅阿奏"调剂黑龙江等处遣犯"折内,请将民人触犯祖父母、父母呈送发遣释回后再有触犯一条,改发新疆给官兵为奴等因,奏准通行在案。例内民人发遣黑龙江为奴之处,应行修改。谨将修改例文,开列于后。

一、凡触犯祖父母、父母发遣之犯遇赦,查询伊祖父母、父母愿令回家,如恩赦准其免罪者,即准释放。若止准减等者,仍行减徒。其所减徒罪,照亲老留养之例,枷号一个月,满日释放,毋庸充配。倘释回后,再有触犯,复经祖父母、父母呈送,民人发往新疆给官兵为奴,旗人枷号两个月,仍发黑龙江当差。

【1825】1.1.16.(10)(略)

【1830】○修改

臣等谨按:道光六年(1826)十一月内,军机大臣会同臣部议复直隶总督那彦成奏"调剂新疆遣犯"折内,请将"触犯祖父母、父母发遣之犯,遇赦免罪释回后,再有触犯,复经呈送,民人发新疆给官兵为奴"一条,改为"枷号两个月,改发云贵两广极边烟瘴充军"等因,奏准通行在案。例内发新疆之处,应行修改。谨将修改例文,开列于后。

一、凡触犯祖父母、父母发遣之犯遇赦,查询伊祖父母、父母愿令回家,如恩赦准其免罪者,即准释放。若只准减等者,仍行减徒。其所减徒罪,照亲老留养之例,枷号一个月,满日释放,毋庸充配。倘释回后,再有触犯,复经祖父母、父母呈送,民人枷号两个月,仍改发云贵两广极边烟瘴充军,旗人枷号两个月,仍发黑龙江当差。

【1845】○修复

臣等谨按:查此条例文,从前旧例内载"触犯祖父母、父母发遣之犯遇赦,免罪释回后,再有触犯,复经祖父母、父母呈送,民人,发往新疆给官兵为奴"等语。嗣于道光六年(1826)十一月内,据原任陕甘总督那彦成奏请调剂新疆遣犯,经军机大臣会同臣部,议将此条改为"枷号两个月,仍改发云贵两广极边烟瘴充军"等因奏准,纂入例册在案。兹道光二十四年(1844)六月内,据升任贵州巡抚贺长龄奏"请调剂军犯章程"一折,后经军机大臣会同臣部,议请嗣后新疆遣犯,各照旧发往等因具奏。奉上谕:"据军机大臣会同刑部议奏'贵州军犯拥挤,酌减调剂'等语。新疆遣犯改发内地,恐人数众多,不特约束难周,且与民风大有关碍。非若新疆地方辽阔,外遣人犯易于安插。所有旧时改发内地各条,着仍照旧发往新疆,交该将军设法妥为安插。并严饬所属,认真查核,严加管束,毋令滋生事端,俾期积久无弊。余依议。钦此。"是新疆遣犯既应照旧发往,其释回复犯发往新疆之原例,现在犹存,足资引用。此条系属赘文,应行删除。

一、凡触犯祖父母、父母发遣之犯遇赦,查询伊祖父母、父母愿令回家,如恩赦准其免罪者,即准释放。若只准减等者,仍行减徒。其所减徒罪,照亲老留养之例,枷号一个月,满日释放,毋庸充配。倘释回后,再有触犯,复经祖父母、父母呈送,民人发往新疆给官兵为奴,旗人枷号两个月,仍发黑龙江当差。

【1847】1.1.16.(10)(略)

【1801】○移入

***名例·徒流人又犯罪【1768】1.1.21.(2)**

一、凡在京在外,已徒而又犯徒,总徒四年,及原犯总徒四年、准徒五年者,若遇赦减等,俱减一年。其诬告平人死罪未决,应杖一百、流三千里加徒役三年者,若遇赦减等,减为总徒四年。若再遇赦,仍准再减一年。

【1802】1.1.16.(10)(略)

【1810】○修改

臣等谨按:此条例内"诬告平人死罪未决,拟流加徒,遇赦减为总徒四年",系指徒役未满者而言。若已到流配,所加徒役已满者,则与寻常流犯无异,应量为区别。查嘉庆十四年(1810)正月初一日恭奉恩诏,臣部酌议章程奏明,拟流加徒之犯减为总徒四年。其已到流配、徒役已满者,减为徒三年等因,奏准在案。应添入例内,以便遵办。谨将修改例文,开列于后。

一、凡在京在外已徒而又犯徒、律应总徒四年,及原犯总徒四年、准徒五年者,若遇赦减等,俱减一年。其诬告平人死罪未决,应杖一百、流三千里加徒役三年者,如徒役未满,遇赦减等,减为总徒四年;若再遇赦,仍准再减一年。如已到流配,所加徒役已满者,即照寻常流犯减为徒三年。

【1825】1.1.16.(11)(略)

【1801】○移改

＊名例·文武官犯私罪【1740】1.1.8.(1)

一、文武官员、举人、监生、生员、冠带官,及吏典、兵役,但有职役之人,犯奸、盗、诈伪,并一应赃私罪名,俱发为民。遇赦取问明白,罪虽宥免,仍革去职役。

臣等谨按:此条系前明旧例。例内既称"文武官员",则"冠带官"三字系属赘文;"俱发为民"四字,亦系明律罪名,业已不用,均应节删。再查例意系指遇赦免罪不免罢革而言,应移载"常赦所不原"门内,以归画一。谨将移改例文,开列于后。

一、文武官员、举人、监生、生员,及吏典、兵役,但有职役之人,犯奸、盗、诈伪,并一应赃私罪名,遇赦取问明白,罪虽宥免,仍革去职役。

【1802】1.1.16.(9)(略)

【1825】1.1.16.(8)(略)

【1801】○移改

＊刑律·贼盗·监守自盗仓库钱粮【1790】6.18.264.(4)

一、凡侵盗仓库钱粮入己,数在一千两以上者,拟斩监候,遇赦准予援免。如数逾一万两以上者,不准援免。文武官员犯侵盗者,俱免刺字。

臣等谨按:此条系雍正五年(1727)定例。查侵盗钱粮一千两以上拟斩监候,例内已有专条,此例系遇赦分别准免、不准免章程,与侵盗罪名无涉,应移载"常赦所不原"律,以归画一。又,此条末句"文武官员犯侵盗者,俱免刺字",应仍载侵盗本例,合并声明。谨将移改例文,开列于后。

一、凡侵盗仓库钱粮入己,数在一千两以上,拟斩监候之犯,遇赦准予援免。如数逾一万两以上者,不准援免。

【1802】1.1.16.(11)(略)

【1825】1.1.16.(9)(略)

【1814】○续纂

一、凡宗室、觉罗及旗人、民人,触犯祖父母、父母,呈送发遣、圈禁之犯,除恭逢恩赦,仍遵定例查询办理外,若遇有犯亲病故,许令亲属呈报各该旗、籍,咨明宗人府,并行知配所督抚、将军,查核原案,只系一时偶有触犯,尚无怙终屡犯重情,并察看本犯果有闻丧哀痛迫切情状,如系宗室、觉罗,由宗人府奏请释放;如系旗人、民人,由各督抚、将军咨报刑部核明,奏请释放。若本系桀骜性成,屡次触忤干犯,致被呈送发遣,情节较重之犯,俱不准释回。

臣等谨按:嘉庆十七年(1812)四月二十四日奉旨:"富存于上年见另案被母呈送圈禁之人,有呈恳释放者,伊心怀忧闷,自称父母俱故,不能放出,劝慰宽解,因而自戕。阅其情节,亦觉可悯。子于父母如有干犯重情,早经依律治罪。其偶违教令,经父母一时之怒,送官监禁者,情节本属稍差。伊父母呈恳释放,亦尚有不忍遽绝其子之心。设伊父母猝患危疾,及衰老身故,该犯羁身圜土,闻信后漠不关心,是其天良澌灭,无可矜怜。若尚知惓念天亲,哀思悔恨,痛不欲生,竟以无人恳释,因而自戕,或瘐毙囹圄,亦无以广法外之仁。着刑部会同宗人府核议。并此外旗人、民人经父母呈送忤逆之犯,其父母因病身故,有情节类此者,应如何讯问本犯,酌理准情,分别应禁、应释,详议条款。奏定后,载入则例遵行。钦此。"当经臣部会同宗人府,遵旨议请嗣后触犯祖父母、父母呈送发遣、圈禁之犯,除恭逢恩赦,仍遵定例查询办理外,若遇有犯亲病故,许令亲属呈报各该旗、籍,咨明宗人府,并行知配所督抚、将军查核原案,只系一时偶有触犯,尚无怙终屡犯重情,并查看本犯果能闻丧哀痛迫切情状,如系宗室、觉罗,由宗人府奏请释放;如系旗人、民人,由配所督抚、将军咨部核明,奏请释放。若本系桀骜性成,屡次触忤干犯,致被呈送发遣,情节较重之犯,俱不准释回等因,奏准通行在案。应纂辑为例,以便遵行。

【1825】1.1.16.(12)(略)

【1845】○修改

臣等谨按:道光二十三年(1843)十一月内,臣部汇奏"遣犯平佑等闻丧哀痛"一折。奉旨:"刑部奏将议准释放之遣犯开单呈览,内平佑一起,系由配潜逃被获,着该部详查成案具奏,再降谕旨等因。钦此。"臣等查平佑因违犯教令,经伊父玛清阿呈请发遣,照例发往黑龙江当差。嗣该犯思父情切,在配逃回,即被盘拿关查。犯父玛清阿业经病故,将平佑提至,当堂谕知父故情由,该犯即痛哭流涕,确有迫切情状。据直隶总督咨,经臣部核明,奏请释放。荷蒙圣明指示,以该犯系由配潜逃被获,令臣部详查成案。遵即检查四川省叶占沅一案,系在逃被获后,闻知父故,有哀痛情状,照例奏请释放在案,与平佑所犯情事相同。伏思呈送发遣之犯,其亲在籍病故,该犯在配所闻丧哀痛,察看情形属实,由配所咨报、核明释放之例,系于悔过自新之人,示以格外矜全之意。若不思安静守法,辄敢由配逃回,其自行投首及亲属代首者,例得免其逃罪,如有闻丧哀痛情形,尚可照在配者酌予查办。至脱逃被获,并未投首之犯,如一律奏请释放,不独与安分在配者漫无区别,且以法外之仁,为惩不畏法者,开幸逃之渐,殊不足以昭核实。所有叶占沅旧案,似属过轻,难以依据办理。惟军、流等犯,如在配脱逃,例应酌加逃罪。今该犯逃回,据供由思亲起见,又有闻丧哀痛情状,较之无故脱逃者,稍觉有间。拟请将平佑一犯,免其逃罪,仍照原犯罪名发黑龙江,严加管束。并请嗣后呈送发遣在逃被获之犯,如讯明实因思亲起见,又有闻丧哀痛情状,与平佑情事相同者,即免其逃罪,仍发原配安置,不准释回。其逃回后自行投首及亲属代首者,如遇犯亲病故,准其察看情形。若实系闻丧哀痛,免其发回原配,仍照不应重律杖八十等因具奏。奉旨:"依议。钦此。"钦遵通行在案。应于例内添纂明晰,以资引用。谨将修改例文,开列于后。

一、凡宗室、觉罗及旗人、民人,触犯祖父母、父母,呈送发遣、圈禁之犯,除恭逢恩赦,仍遵定例查询办理外,若遇有犯亲病故,许令亲属呈报各该旗、籍,咨明宗人府,并行知配所督抚、将军,查核原案,只系一时偶有触犯,尚无怙终屡犯重情,并察看本犯果有闻丧哀痛迫切情状,如系宗室、觉罗,由宗人府奏请释放;如系旗人、民人,由各督抚、将军咨报刑部核明,奏请释放。如在逃被获,讯明实因思亲起见,又有闻丧哀痛情状者,即免其逃罪,仍发原配安置,不准释回。其逃回后自行投首,及亲属代首者,遇有犯亲病故,准其察看情形,如实系闻丧哀痛,免其发回原配,仍照不应重律杖八十。若本系桀骜性成,屡次触忤干犯,致被呈送发遣,情节较重之犯,俱不准释回。

【1847】1.1.16.(12)(略)

【1835】○续纂

一、传习白阳、白莲、八卦、红阳等项邪教,为首之犯,无论罪名轻重,恭逢恩赦,不准查办,并逐案声明"遇赦不赦"字样。其为从之犯,亦俱不准援减。

臣等谨按:道光十二年(1832)正月间,臣部会奏孟六等习教一案,奉旨:"此案孟六先经拜谷老为师,入红阳会,烧香念经,治病传徒。迨谷老病故后,复敢在家供奉飘高老祖图像,聚众拜会,实属目无法纪。着发往乌鲁木齐为奴,遇赦不赦。嗣后各项习教为首人犯,有应行遇赦不赦者,着刑部酌定章程具奏等因。钦此。"经臣部查传习邪教,引诱善良,最为风俗人心之害。若犯案到官,予以遣戍,一经遇赦,即准释回,必致故智复萌,潜行煽惑。故历届赦款,俱不准查办,以期净绝根株。惟是向来习教为首,不准援减,俱系临时奏定,例内并无明文。自应钦遵谕旨,明定章程,以昭惩儆。议请嗣后传习白阳、白莲、八卦、红阳等项邪教,为首之犯,无论罪名轻重,恭逢恩赦,不准查办,并逐案声明"遇赦不赦"字样。其为从之犯,亦俱不准援减等因具奏。奉旨允准通行,遵照在案。应纂辑专条,以昭遵守。

【1847】1.1.16.(13)(略)

徒流人在道会赦/流犯在道会赦

律　文

【1646】1.1.17　徒流人在道会赦

凡徒、流人在道会赦,必于程限内未至配所者,方准赦回。若虽未至配所,计行程过限者,不得以赦放。恐奸徒有意迁延。谓如流三千里,日行五十里,合该六十日程。未满六十日会赦,不问已行远近,并从赦放。若从起程日总计行过路程有违限者,不在赦限。若在道有故者,不用此律。有故谓如沿途患病,或阻风、被盗,有所在官司保勘文凭者,皆听除去事故日数,不入程限,故云不用此律。若于途中曾在逃,虽在程限内,遇赦亦不放免。其逃者身死,所随家口愿还者听。迁徙安置人准此。○其徒、流、迁徙安置人已至配所,及犯谋反、叛逆缘坐应流,指外人。若造畜蛊毒、采生折割人、杀一家三人会赦犹流者,指家口。虽在限内,遇赦并不在赦放之限。

【1670】1.1.17　徒流人在道会赦(略)

***【1707】○修改**

臣等谨按:此律徒犯与流犯已至配所者,俱不在放免之限。而现行例徒犯已至配所者，会赦仍得放免，应将律内“徒”字删去。再军犯与流犯，今俱系一体援赦，律文内“迁徙安置人准此”之下，应注“军罪亦同”字。改律名为“流犯在道会赦”。谨拟增删，开载于后。

【新改律】流犯在道会赦

凡流犯在道会赦，必于程限内未至配所者，方准赦回。若虽未至配所，计行程过限者，不得以赦放。恐奸徒有意迁延。谓如流三千里，日行五十里，合该六十日程。未满六十日会赦，不问已行远近，并从赦放。若从起程日总计行过路程，有违限者，不在赦限。若在道有故者，不用此律。有故谓如沿途患病，或阻风、被盗，有所在官司保勘文凭者，皆听除去事故日数，不入程限，故云不用此律。若于途中曾在逃，虽在程限内，遇赦亦不放免。其逃者身死，所随家口愿还者听。迁徙安置人准此。军罪亦同。〇其流犯及迁徙安置人已至配所，及犯谋反、叛逆缘坐应流，指外人。若造畜蛊毒、采生折割人、杀一家三人会赦犹流者，指家口。虽在限内，遇赦并不在赦放之限。〇其徒犯在道会赦，及已至配所遇赦者，俱行放免。

总注：此言在道会赦之犯，有可放免、不可放免之分也。凡犯罪应流之犯人，已经起程，而在道会赦，例得放免。但在途迁延，别无事故，及至闻赦，计其行程已逾定限，此虽在道而不得放免者也。如在限内，遇有事故，当官告勘，有文凭可据，此虽过限而仍得放免者也。如已经启程，而曾中途在逃，此虽限内遇赦，而亦不得放免者也。若在逃者已死，其所随家口，愿还原籍者，许于所在官司呈告还籍。此又不论程限内外，而皆得放还者也。迁徙安置人准此，问发充军者亦如之。至于军、流、迁徙安置之人，已至配所，及谋反、叛逆缘坐应流之人，并造畜蛊毒等犯家口，情罪最重，虽限内在道遇赦，俱不在放免之限。其徒罪人犯，较军、流之罪为轻，无论起程在道及已至配所，但与赦款相符者，俱行放免。

按：行程逾限，虽会赦不免，则未满程限，已至配所，而于限内会赦者，仍得放免。

【1725】〇修改

修改按语及修改律文同前。

【1725】1.1.17　流犯在道会赦

律文同新改律（略）

注：此言在道会赦之犯，有可放免、不可放免之分也。凡流犯已经起程，而在道会赦，例得放免。但有意迁延，闻赦逾限，虽在道，不得放免。其或遇患病等故，报明所在官司，给有印文，开明缘事日期，不用此律。若曾中途在逃，纵在限内，遇赦亦不得放免。其逃者身死，所随家口，不论程限内外，愿回籍者听。迁徙安置及充军者，亦如之。至于军、流、迁徙已至配所者，并谋反叛逆缘坐、造畜蛊毒等重犯之家口，虽限内遇赦，俱不在放免之限。其徒罪人犯，但与赦款相符者，不论起程在道及已至配所，并得放免。

臣等谨按：此言在道会赦之犯，有可放免、不可放免之分也。凡流犯已经起程，而在道会赦，例得放免。但有意迁延，闻赦过限，虽在道，不得放免。其或遇患病等故，报明所在官司，给有印文，开明缘事日期，不用此律。若曾中途在逃，纵在限内，遇赦而亦不得放免。其在逃者已死,家口应回籍者听。不论程限内外,而皆得放还也。迁徙安置及充军者,亦如之。至于军、流、迁徙已至配所者,并谋反、叛逆缘坐之人,及造畜蛊毒等重犯之家口,虽限内在道遇赦,俱不在放免之限。其徒罪人犯,不论起程在道及已至配所,但与赦款相符者,即得放免。

【1740】○修改

臣等谨按:赦以奉旨之日为限。若不行注明,则地有远近,会赦亦无定期,应增注。又小注内"若从起程日,总计行过路程"等语,尚未明晰,应删改。再查谋反案内应流人犯,虽指外人,而谋叛案内应禁人犯,则指家口。又造畜蛊毒及杀一家非死罪三人案内应流人犯虽指家口,而采生折割人案内应流人犯,则亦有外人。律内"缘坐应流"下所注"指外人"三字、"会赦犹流"下所注"指家口"三字,均属未赅,应删。又会赦犹流原不分限内限外,律文"会赦犹流"下所注"虽在限内,遇赦"等字,系属闲文,亦应删。至于徒犯已至配所者,既准放免,则流犯所加徒役,事同一体,亦应放免可知,应增注。谨将增注律注,开列于后。

凡流犯在道会赦,赦以奉旨之日为期,必于程限内未至配所会赦者,方准赦回。若虽未至配所,计行程过限者,不得以赦放。恐奸徒有意迁延。谓如流三千里,日行五十里,合该六十日程。未满六十日会赦,不问已行远近,并从赦放。若从起程日至奉旨日总计有违限者,不在赦限。若在道有故者,不用此律。有故谓如沿途患病,或阻风、被盗,有所在官司保勘文凭者,皆听除去事故日数,不入程限,故云不用此律。若于途中曾在逃,虽在程限内,遇赦亦不放免。其逃者身死,所随家口愿还者听。迁徙安置人准此。军罪亦同。○其流犯及迁徙安置人已至配所,及犯谋反、叛逆缘坐应流,若造畜蛊毒、采生折割人、杀一家三人会赦犹流者,并不在赦放之限。○其徒犯在道会赦,及已至配所遇赦者,俱行放免。流犯加徒者,亦免加徒。

【1740】1.1.17 流犯在道会赦(略)

附律条例

【1778】○续纂

一、凡官员问拟徒罪,不论已未到配,遇赦减免,令各督抚造册咨部汇题存案。其有关人命拟徒常犯,遇赦减等,另册报部核办,不得与寻常徒犯按季册报。

臣等谨按:此条系乾隆四十一年(1776)十月内,据广西巡抚吴虎炳咨报拟徒官犯李宏勋等遇赦释放一案,臣部以外省官犯徒满释放,向与常犯一例办理,不行报部,今该抚将官犯李宏勋等遇赦释放缘由咨部办理,尚属惧重。嗣后请将官犯拟徒援赦释放之案,均令造册,咨部汇题存案等因,奏准通行在案。又据署山西巡抚觉罗巴延三咨有关人命徒罪人犯遇赦减杖,可否随时在外完结,咨请部示。经臣部以人命重情,未便与寻常徒犯按季汇报,应另册报部核办等因,通行各省,亦在案。应并纂为例,以便遵行。

【1790】1.1.17.(1)(略)

【1778】○续纂

一、凡在京八旗兵丁、闲散人等,因犯逃罪及别项罪名,发遣黑龙江等处当差者,如在途遇赦回京,仍归入本旗档内严加管束,按期点验,不得听其游荡滋事。如五年后安静改悔,毫无事端,该旗酌其年力,只许以步甲、铁匠等差挑取。如该犯于此五年中怙恶不悛,又生事故,即发往伊犁充当苦差,不许挑取官差,永远不准放回。

臣等谨按:此条系乾隆四十二年(1777)八月内,臣部办理"镶黄旗蒙古原当披甲之德永等,因犯逃走等罪,发黑龙江等处当差,在途遇赦回京"一案,奏请定例,应纂辑遵行。

【1790】1.1.17.(2)(略)

【1801】○修改

臣等谨按:此条系乾隆四十二年(1777)定例。嗣于嘉庆四年(1799)二月,正蓝旗蒙古都统贝子永硕奏准,旗人犯罪发遣,遇赦释回,若俟五年方准挑补钱粮,偶因穷困行不肖之事,似不副圣主深仁至意。现今步甲之缺甚多,莫若挑补此等释回之人。若挑补钱粮后,如不改前愆,任意滋事者,即发遣烟瘴地方,永远不准释回等因。复经臣部于"改议旗逃一二次分别枷号、三次发黑龙江"折内奏明,各旗步甲定有额缺,恐释回后候缺需时,如尚未挑差,衣食究有未周,一经脱逃,即与已食钱粮者同科,未免无所区别。请嗣后因逃旗发遣,释回挑差后,滋事脱逃,应销除旗档,发遣烟瘴地方,与民人一例管束。若释回后,尚未挑补步甲复逃者,如系常赦释回,仍照三次逃走例,发黑龙江等处当差。如前犯遣罪在嘉庆元年(1796)大赦以前,例应咸予赦除,免其并计。如有脱逃被获,应仍以初次问拟鞭一百发落等因具奏。奉旨:"依议。钦此。"钦遵在案。此条原例,应行修改。又查原奏内"元年大赦释回,未经挑差逃走,被获仍以初犯鞭责"之处,系属恩赦章程,自可遵照原奏办理,毋庸纂入例册。又查原例系黑龙江当差遣犯在道会赦专条,应增入"新疆及在配"等字,以昭赅备。又臣部原奏止分别脱逃应拟各罪,其犯别项罪名,亦应增纂明晰,合并声明。谨将修改例文,开列于后。

一、凡在京八旗兵丁、闲散人等,因犯逃罪及别项罪名,发遣黑龙江、新疆等处当差者,如在途在配遇赦回京,仍归入本旗档内严加管束,即准以步甲等差挑取。倘挑差后,怙恶不悛,仍复滋事,及脱逃被获者,即销除旗档,发遣烟瘴地方,照民人一例管束,不准释回。若未经挑差以前,复犯逃罪被获者,仍发黑龙江等处当差。若自行投回,毋论已未挑差,仍俱照旗人逃走自首例办理。其有犯别项罪名,各照本例科断。

【1802】1.1.17.(2)(略)

犯罪存留养亲

律 文

【1646】1.1.18

凡犯死罪非常赦所不原者,而祖父母、父母老疾应侍,家无以次成丁者,(有司推问明白,)开具所犯罪名(并应侍缘由)奏闻,取自上裁。若犯徒、流(非常赦所不原,而祖父母老疾,无人侍养)者,止杖一百,余罪收赎,存留养亲。

【1670】1.1.18(略)

＊【1707】○修改

谨案:此律拟存。但现行例“徒、流罪犯应侍养者,即准侍养”,小注内“非常赦不原”句拟删。又“祖父母”字下,应增“父母”二字。

总注:此矜恤罪人之亲,以广孝治也。七十为老,十六为成丁。疾兼废、笃言。凡犯死罪,非常赦所不原,则其罪原非极恶。而有祖父母、父母年至七十,或成废、笃之疾,家无次丁侍养,则其情为可矜。许令有司推勘明白,拟议罪名,开明常赦应原及有亲应侍缘由,奏闻请旨。若犯徒、流,则罪又较轻,皆准决杖、收赎,存留养亲。无非教天下以孝养之道也。

【1725】○修改

修改按语同前。

【1725】1.1.18

凡犯死罪非常赦所不原者,而祖父母、父母老疾应侍,家无以次成丁者,有司推问明白,开具所犯罪名并应侍缘由奏闻,取自上裁。若犯徒、流而祖父母、父母老疾,无人侍养者,止杖一百,余罪收赎,存留养亲。

注:此是矜恤罪人之亲,以广孝治也。七十为老,十六为成丁。疾兼废、笃言。凡犯死罪,非常赦所不原,则其罪原非极恶,而祖父母、父母年已七十,或年虽未老而有废、笃之疾,家无次丁侍养,则其情为可矜。故许令有司推勘明白,拟议罪名,开明常赦应原及有亲应侍缘由,具奏请旨。若犯徒、流,则罪又较轻,皆准决杖、收赎,存留养亲。

臣等谨按:此是矜恤罪人之亲,以广孝治也。七十为老,十六为成丁。疾兼废、笃言。凡犯死罪,非常赦所不原,则其罪原非极恶,而有七十岁之祖父母、父母,或成废、笃之疾,家无次丁侍养,则其情更为可矜。故许令有司推勘明白,拟议罪名,开明常赦应原及有亲应侍缘由,奏闻请旨。若犯徒、流,则罪又较轻,皆准决杖、收赎,存留养亲。

【1740】○修改

臣等谨按:凡言祖者,高、曾同。又七十以上曰老,疾兼笃、废,有一于此,即属应侍,不必老、疾相兼。年十六岁为成丁,家无次丁,即与独子无异,应准留养。均应增注。至于军犯,例应一体留养,亦应增注。谨将辑增律注,开列于后。

凡犯死罪非常赦不原者,而祖父母高、曾同。父母老七十以上。疾笃、废。应侍,或老或疾。家无以次成丁十六以上。者,即与独子无异。有司推问明白,开具所犯罪名并应侍缘由奏闻,取自上裁。若犯徒、流而祖父母、父母老疾,无人侍养者,止杖一百,余罪收赎,存留养亲。军犯准此。

【1740】1.1.18(略)

附律条例

＊【1707】○增入

臣等谨按:现行例内四条,类于此律,应增入。

*【1680】1.1.12　刑部现行则例·名例·军罪养亲

一、凡有军罪之犯,果有祖父母、父母系老疾,家无以次成丁者,应责四十板,其军罪照依流罪收赎,存留养亲。

*【1680】1.1.14　刑部现行则例·名例·免死养亲

一、凡免死流犯祖父母父母老疾无依、家无以次成丁控告者,移文该地方官,确查取具印结,将流罪照旗下人例枷号两个月、责四十板,准其存留养亲。如已具题案内干连拟军、流、徒罪犯人,准其存留养亲者,不必具题,亦照此发落。若该管官不行详查,所报不真者,或被苦主讦告,或被旁人举首,将本地方该管官交与该部议处。再部题完结、部内审结及直隶各省督抚具题完结、照常审结所拟军、流人犯、免死减等流犯,有以祖父母父母老疾无倚、无以次成丁控告者,行查该管官员、乡约、地方、十家长、两邻,将此等罪犯如果有祖父母父母老疾无倚、无以次成丁者,地方官出具印结前来,仍行照例准其养亲外,若将无年老祖父母父母者称有、将有以次成丁者称无,隐匿徇庇出结者,或原被告之人控告,或科道官指名纠参,或被旁人出首,将出结乡约、地方,俱责四十板;十家长并两邻之人徒三年,到配所责四十板;地方各官,俱交与该部议。将有以次成丁称无,受银出结说事之总甲、衙役俱照出结两邻之例徒三年,到配所责四十板。

*【1680】1.1.15　刑部现行则例·名例·照例存留养亲

一、九卿、詹事、科道会议军流人犯存留养亲之例,其原疏内未经声明,及发遣时有控告者,该督抚严行确查,并取该管官印结,或具题或咨部,俱照例准其存留养亲。若有假捏情弊,将该督抚并地方官俱交与该部照例议处。其人犯咨解到部之后,如有控告年老残疾及无以次成丁者,仍照例不准行(等因)具题。奉旨:"依议。"

【现行例】一、九卿、詹事、科道会议,军、流人犯,有祖父母、父母告称老疾无依,家无以次成丁者,系宛、大二县所属者,停其副指挥、吏目具结送部,令宛、大二县指挥、吏目具结申送府尹、治中,治中出结,府尹详确严察转送。如五城所属者,亦停其副指挥、吏目具结送部,令掌印兵马司出结,该城御史详确严察转送。外省,令知府、知州出具印结,司、道官员详确严查,申详督抚严察转送。若有以次成丁而谎出印结,有受贿发觉者,从重议处。若有失查之处发觉者,将不行确查各官俱照例处分。出结申送之后,若复令查出,或原官查出,据实首送,将本犯治罪,仍行发遣。查出之官免议等因具题。奉旨:"依议。"

臣等再按:以上四条,系节次题定之例,字句繁冗。又州、县乃亲民正印官员,非五城吏目、副指挥微员可比。凡有存留养亲事件,宜责成具结,转送司、道、府官详报。再说事受银之总甲等,止拟徒三年,而徇庇出结之两邻、十家长,亦徒三年,似无分别。相应删改,并作一条。谨拟删并,开载于后。

【新改现行例】一、凡部内题结军、流、徒犯,及免死流犯,发遣以前,告称祖父母、父母老疾,家无以次成丁者,如属宛、大二县民人,该县出结,府尹确察报部;如属五城民人,掌印兵马司指挥出结,巡城御史确察报部;如属外省民人,州县官出结,司、道、府官转详督抚,督抚确察报部。军、流、徒犯,照数决杖,余罪收赎;免死流犯,枷号两个月,杖一百,俱准存留养亲。人犯在外省者,不必解部,该督抚照此例发落。若有捏出印结,及受贿事发者,从重论。失察者,交该部议处。其乡约、地方、总甲、十家长、两邻内,有徇庇假捏出结者,杖一百;受财出结说事者,杖一百、徒三年。若地方官出结后,上司复令察出,或原官察出,及乡约人等首送者,除本犯仍行发遣外,官员及乡约人等俱免议。其在外人犯,咨解到部之后告者,不准。

【1725】○增入

原现行例、修并按语及拟修并例文同前。

【1725】1.1.18.(4)

【增例】一、凡部内题结军、流、徒犯,及免死流犯,发遣以前,告称祖父母、父母老疾,家无以次成丁者,如属宛、大二县民人,该县出结,府尹确察报部;如属五城民人,掌印兵马司指挥出结,巡城御史确察报部;如属外省民人,州县官出结,司、道、府官转详督抚,督抚确察报部。军、流、徒犯,照数决杖,余罪收赎;免死流犯,枷号两个月,杖一百,俱准存留养亲。人犯在外省者,不必解部,该督抚照此例发落。若有捏出印结,及受贿事发者,从重论。失察者,交该部议处。其乡约、地方、总甲、十家长、两邻内,有徇庇假捏出结者,杖一百;受财出结者,杖一百、徒三年。若地方官出结后,上司复令察出,或原官察出,及乡约人等首送者,除本犯仍行发遣外,官员及乡约人等俱免议。其在外人犯,咨解到部之后告留养者,不准。

【1740】○修改

臣等谨按:例内但称"发遣以前",并未开列"未经发遣"字样,固未明晰。而军、流、徒犯,皆云"发遣",亦与外遣无别。又雍正十三年(1735)已将留养军、流等罪,分别改为枷号,不应仍云"余罪收赎"。其捏出印结及受贿从重治罪之处,未经指明何罪。又所称"乡约、地方、总甲",与各条名色不同,均应改正。谨将删改例文,开列于后。

一、凡部内题结军、流、徒犯,及免死流犯,未经发配以前,告称祖父母、父母老疾,家无以次成丁者,如属宛、大二县民人,该县出结,府尹确察报部;如属五城民人,掌印兵马司指挥出结,巡城御史确察报部;如属外省民人,州县官出结,督抚确察报部。军、流、徒犯,照数决杖,徒罪枷号一个月,军、流枷号四十日,免死流犯枷号两个月,俱准存留养亲。其各省题结人犯,不必解部,该督抚照此例发落。若知情捏出印结,以故出论;如有受贿情弊,以枉法论。失察者,交该部议处。其邻保、族长等内有假捏出结者,杖一百;受财出结者,以枉法从重论。若地方官出结后,上司复令察出,或原官察出,及乡约人等首送者,除本犯仍行发配外,官员及邻保人等俱免议。其在外人犯,咨解到部之后告留养者,不准。

【1740】1.1.18.(2)(略)

【1778】○修改

【原例】【1740】1.1.18.(2)(略)、【1768】1.1.18.(3)(略)

臣等谨按:以上二条,原例军、流、徒犯,及免死流犯,告称祖父母、父母老疾,家无以次成丁,其邻、保、族长等内,有假捏出结者,杖一百。斗殴杀人之犯,如祖父母、父母老疾应侍者,倘有邻、保、族长等知情捏结等弊,照捏报军流留养例治罪。嗣于乾隆三十八年(1773)五月内,臣部议复广东按察使觉罗阿扬阿条奏存留养亲之案,所有亲老丁单情节,虽由本犯供明,总以族、邻甘结为据。若切近之族、邻不为徇隐,则本犯无能施其伎俩。请将假捏出结之族长、邻、保,即视本犯罪名轻重,依证佐不言实情减本犯罪二等律问拟等因,奏准遵行。又三十一年(1766)十二月内,吏部议复河南巡抚阿思哈条奏,一切案件,如于文外复取印结者,准其停取。所有二条原例,均应修改。谨将改辑例文,开列于后。

一、凡部内题结军、流、徒犯,及免死流犯,未经发配以前,告称祖父母、父母老疾,家无以次成丁者,如属大、宛二县民人,该县查明,府尹确察报部;如属五城民人,兵马司掌印指挥查明,巡城御史确察报部;如属外省民人,州县官查明,督抚确察报部。军、流、徒犯,照数决杖,徒犯枷号一个月,军、流枷号四十日,免死流犯枷号两个月,俱准存留养亲。其各省题结人犯,该督抚照此确查办理。若并非独子,地方官知情捏报,以故出论;如有受贿情弊,以枉法论。失察者,交部议处。其邻、保、族长人等,有假捏出结者,照证佐不言实情减本犯罪二等律治罪。受财者,以枉法从重论。若地方官查报后,复将假捏情弊自行查明,或上司复饬察出,及邻、保人等自行首送者,除本犯仍行发配外,官员及邻、保人等俱免议。其在外人犯,咨解到部之后,始告留养者,不准。

*【1768】1.1.18.(3)条【1778】修改例文(略)

【1788】○修并、修改

【原例】【1740】1.1.18.(2)条【1778】修改例文(略)、【1768】1.1.18.(15)(略)、【1782】续纂条例"一、凡审办军、流、徒犯之案……"条(略)

臣等谨按:以上三条,俱系军、流、徒罪之犯,遇有亲老丁单应侍,分别应否留养之犯。事同义贯,似应并纂明晰,以省烦冗。再次条内"军、流、徒犯,审系犯奸、强盗、诱拐、行凶,及有关伦理、扰害地方者,不准留养"等句,查"扰害地方"即系凶徒,原例"行凶"二字,似属衍文,自应改为"凶徒扰害地方",益昭明切。又积匪猾贼一项,例不准其留养,亦应并入此例之内,以便援引。谨将原例三条,分别增改二条,开列于后。

一、凡部内题结军、流、徒犯,及免死流犯,未经发配以前,告称祖父母、父母老疾应侍,及其母系属孀妇,守节已逾二十年,家无以次成丁者,如属大、宛二县民人,该县查明,府尹确察报部;如属五城民人,兵马司掌印指挥查明,巡城御史确察报部;如属外省民人,州县官查明,督抚确察报部。军、流、徒犯,照数决杖,徒犯枷号一个月,军、流枷号四十日,免死流犯枷号两个月,俱准存留养亲。其各省人犯,该督抚照此确查办理。若军、流、徒犯内,有犯奸、强盗、积匪猾贼、诱拐,及有关伦理,并凶徒扰害地方者,不准声请留养。

【1790】1.1.18.(10)(略)

【1790】1.1.18.(9)(略)

【1801】○修改

【原例】【1790】1.1.18.(9)(略)、【1790】1.1.18.(10)(略)

臣等谨按:前条部内题结军流徒犯例应留养者,地方官分别查办,各省督抚照此办理,并后条在外人犯,咨解到部,始告留养者,不准查办,均系康熙年间旧例。应将在外人犯,咨解到部,始告留养之处,并入前条。惟查在外人犯,咨解到部,始告留养者,如果亲老丁单属实,其咎在地方官定案时未经详细讯明,愚民何知定例。因其到案时,未经供明,即拟不准,似未允协。然遽准发回查办,又易开刁民捏端规避之渐。应请嗣后在外人犯,咨解到部之后,始告留养者,取具该犯确供,一面解配,一面行查原籍督抚。又人犯甫经到配,告称留养者,该配所一面收管,一面行查。如果例应留养,将该犯解籍,照例发落,准其留养。未经审明之员,照军流等犯未经审出实情例议处。原例应行修改。谨将修改例文二条,开列于后。

一、凡部内题结军、流、徒犯,及免死流犯,未经发配以前,告称祖父母、父母老疾应侍,及其母系属孀妇,守节已逾二十年,家无以次成丁者,如属大、宛二县民人,该县查明,府尹确察报部;如属五城民人,兵马司掌印指挥查明,巡城御史确察报部;如属外省民人,州县官查明,督抚确察报部。军、流、徒犯,照数决杖,徒犯枷号一个月,军、流枷号四十日,免死流犯枷号两个月,俱准存留养亲。其各省人犯,该督抚照此确查办理。若在外人犯,咨解到部之后,始告留养者,取具该犯确供,一面解配,一面行查原籍督抚。及人犯甫经到配,告称留养者,该配所一面收管,一面行查。如果例应留养,取结报部,将该犯解籍留养,原审官照军流等犯,未经审出实情例议处。

【1802】1.1.18.19(略)

【1802】1.1.18.(8)(略)

【1825】1.1.18.(4)(略)

【1835】○修改

【原例】【1825】1.1.18.(4)(略)、【1825】1.1.18.(15)(略)

臣等谨按:道光十二年(1832)十一月内,据升任江西道监察御史金应麟奏"请修改删易刑例"一折内称,军、流、徒犯,及免死流犯,未经发配以前,告称其母系属孀妇,守节已逾二十年,家无以次成丁者,照数杖、枷,俱准存留养亲。查守节之母,甫届二十年,即准留养,"已逾"二字似应删等语。经臣部查原例内"已逾"二字,自系专指守节在二十年以外者而言。惟亲老应侍,定例以七十岁为限,与孀母应侍,定例以二十年为限,情事略同。乃亲老应侍之案,不必犯亲已逾七十岁即准声明,而独子孀妇应侍之案,必令守节已逾二十年始予查办,似不足以昭平允。况妇女苦节抚孤,既阅二十年之久,立志已属坚贞。若必待其已逾二十年始准请侍,则凡守节在二十年以内者,虽所争仅止数旬,亦不得邀恩格外,尤非矜全贞节之意。议将军、流、徒犯留养及人命案件留养例内"已逾"二字,一并删去等因具奏,奉旨允准通行,遵照在案。应将例内“已逾”二字删去。谨将修改例文,开列于后。

一、凡部内题结军、流、徒犯,及免死流犯,未经发配以前,告称祖父母、父母老疾应侍,及其母系属孀妇,守节二十年,家无以次成丁者,如属大、宛二县民人,该县查明,府尹确察报部;如属五城民人,兵马司掌印指挥查明,巡城御史确察报部;如属外省民人,州县官查明,督抚确察报部。军、流、徒犯,照数决杖,徒犯枷号一个月,军、流枷号四十日,免死流犯枷号两个月,俱准存留养亲。其各省人犯,该督抚照此确查办理。若在外人犯,咨解到部之后始告留养者,取具该犯确供,一面解配,一面行查原籍督抚;及人犯甫经到配,告称留养者,该配所一面收管,一面行查。如果例应留养,取结报部,将该犯解籍留养。原审官照军流等犯未经审出实情例议处。

【1847】1.1.18.(11)(略)

【1847】1.1.18.(4)(略)

【1790】1.1.18.(10)

一、军、流、徒犯并非独子,地方官知情捏报,以故出论;如有受贿情弊,以枉法论。失察者,交部议处。其邻、保、族长人等,有假捏出结者,照证佐不言实情减本犯罪二等律治罪;受财者,以枉法从重论。若地方官查报后,复将假捏情弊自行查明,或上司复饬察出,及邻保人等自行首送者,除本犯仍行发配外,官员及邻、保人等俱免议。其在外人犯,咨解到部之后,始告留养者,不准查办。至定案之初,不遵例取具有无祖父母、父母、兄弟、子孙及年岁若干确供者,承审之员,照军流等犯未经审出实情例议处。

【1801】○修改

按语见【1790】1.1.18.(9)条下。

一、军、流、徒犯并非独子,地方官知情捏报,以故出论;如有受贿情弊,以枉法论。失察者,交部议处。其邻、保、族长人等,有假捏出结者,照证佐不言实情减本犯罪二等律治罪;受财者,以枉法从重论。若地方官查报后,复将假捏情弊自行查明,或上司复饬察出,及邻保人等自行首送者,除本犯仍行发配外,官员及邻、保人等俱免议。至定案之初,不遵例取具有无祖父母、父母、兄弟、子孙及年岁若干确供者,承审之员,照军流等犯未经审出实情例议处。

【1802】1.1.18.(9)(略)

【1825】1.1.18.(5)(略)

【1725】○增入

臣等又按:钦奉谕旨一道,类于此律,应增入。

【续增现行例】一、康熙五十年(1711)九月内,礼部会奏朝鲜国人杀害上国人等因具题,奉旨:"这事情依议。前审事章京云奏'朝鲜国罪犯内有亲兄弟三四人'等语。本朝例内,兄弟俱拟正法,存留一人养亲。这案罪犯,若有亲兄弟三四人,亦着照此例存留一人养亲。将此该部咨行朝鲜国王。"

【1725】1.1.18.(1)【增例】(略)

【1740】○修改

臣等谨按:钦奉上谕,盖因兄弟俱拟正法,例应存留一人养亲,是以将朝鲜国人,亦着照此例行,原非立为朝鲜国人定例也。应恭纂为例,以便引用。谨将纂辑例文,开列于后。

一、凡犯罪有兄弟俱拟正法者,存留一人养亲。仍照律奏闻,请旨定夺。

【1740】1.1.18.(1)(略)

【1725】1.1.18.(2)

【钦定例】一、雍正二年(1724)十二月内,刑部议复戳死郭定国之李方义应否留养之处,奉旨:杀人之犯,因伊亲老,又家无次丁,即奏请免死留养。然亦须查被杀之人有无父母、是否独子。若是亲老,又系独子,一旦被杀身死,以致老亲无人养赡,而杀人之人反得免死留养,于情理未得其平。着行文直省各督抚,嗣后,如奏请杀人之犯存留养亲者,将被杀之人有无父母、以次成丁之处一并查明,于本内声明具奏。

【1740】○修改

臣等谨按:钦奉上谕原载弟殴兄死存留承祀例内,因专为死罪留养而设,恭纂为例,移载于此。谨将纂辑例文,开列于后。

一、杀人之犯,有奏请存留养亲者,查明被杀之人有无父母、是否独子,于本内声明。如被杀之人亦系独子,亲老无人奉侍,则杀人之犯不准留养。

【1740】1.1.18.(4)(略)

【1790】1.1.18.(5)(略)

【1801】○修并

【原例】【1790】1.1.18.(5)(略)、【1795】续纂"一、擅杀罪人之案……"条例文(略)

臣等谨按:前一条系雍正二年(1724)定例,后一条系乾隆五十四年(1789)定例,应修并一条。再查各省办理留养之案,如被杀之人系无名男子及无可关查者,仍准其声请留养。应增纂明晰,以便引用。谨将修并例文,开列于后。

一、杀人之犯,有奏请存留养亲者,查明被杀之人有无父母、是否独子,于本内声明。如被杀之人亦系独子,亲老无人奉侍,则杀人之犯不准留养。若被杀之人无姓名、籍贯可以关查者,仍准其声请留养。至擅杀罪人之案,与殴毙平人不同,如有亲老应侍,照例声请,毋庸查被杀之家有无父母、是否独子。

【1802】1.1.18.(13)(略)

【1821】○修改

臣等谨按：嘉庆二十四年(1819)三月内，据调任安徽巡抚康绍镛咨称，鲍怀友扎伤王悰成身死一案，前经审拟，并声明犯母王氏年逾七十，家无次丁，已死王悰成是否独子关查明确，另行办理等情具题在案。兹传尸父王华山到案，讯据供称年七十岁，止生王悰成一子，自幼不服管教，亦不养赡，伊将其摈逐，并无捏饰，情愿具结等供。查例载被杀之人亦系独子，亲老无人奉侍，杀人之犯不准留养等语。此案已死王悰成，因不服教管，亦不养赡，早被其父王华山摈逐，具有切结。是死者亡亲不孝之人，其生前虽有应侍之亲，而其亲实与无子无异。至凶犯鲍怀友，现经查讯，委系母老丁单，取有各结。核其情节，秋审应入缓决。死者之亲早非死者奉侍，该犯之母实靠该犯奉养。揆情核理，似可将鲍怀友声明留养。惟与定例稍有未符，应否准其留养之处，咨请部示等因。当经臣部查命案免死留养人犯，例内必查明被杀之家是否独子者，原以留养一条，仁施法外，而例本人情。人各有亲，亲皆侍养。如死者之父母，因其子被杀，以致侍养无人，则犯亲自不得独享晨昏之奉。定例所载，诚为仁至义尽。若死者平日游荡离乡，弃亲不顾，或因不肯养赡，为父母所摈逐，是死者生前已不能孝养其亲，并非被杀之后其父母始无人奉侍。揆情核理，自不必仍拘死者亦系独子，凶犯不准留养之例。此案鲍怀友扎伤王悰成身死，核其情节，秋审时应入缓决，该犯母老丁单，既据该抚饬查属实，死者虽系独子，平日不听教训，不供养赡，早为其父摈逐，亦据传到尸父王华山供明，取具切结，自应准其留养。行令该督抚，俟秋审时归入留养册内办理。并通行各省，一体遵照在案。应于例内增修明晰，以便引用。谨将修改例文，开列于后。

一、杀人之犯，有秋审应入缓决应准存留养亲者，查明被杀之人有无父母、是否独子，于本内声明。如被杀之人亦系独子，亲老无人奉侍，则杀人之犯不准留养。若被杀之人，平日游荡离乡，弃亲不顾，或因不供养赡，不听教训，为父母所摈逐，及无姓名、籍贯可以关查者，仍准其声请留养。至擅杀罪人之案，与殴毙平人不同，如有亲老应侍，照例声请，毋庸查被杀之家有无父母、是否独子。

【1825】○修改

臣等谨按：道光四年(1824)六月内，据升任直隶总督蒋攸铦以办理留养，如被杀之人亦系独子，而其亲并未老疾，是否即准凶犯留养，咨请部示。经臣部查明，乾隆二十一年(1756)，臣部议复直隶按察使条奏一折内称，被杀者果系独子，其父母虽未老疾，而现在别无次丁，即属无人奉侍，岂得以年齿尚壮，悬揣他日或可生子，遂准凶犯留养。至于孀妇独子被杀，尤为茕独无依，更毋庸计其是否老疾，辗转迁就。议令嗣后办理独子留养之案，总以被杀之人是否独子、有无父母为断。如被杀者之父母，别无子嗣，无论其老疾与否，不准将凶犯声请留养等因，当经咨复该省查照办理，并通行各省在案。惟查原例内所称“被杀之人，亦系独子，亲老无人奉侍”字样，究未明晰，应行修改。谨将修改例文，开列于后。

一、杀人之犯，有秋审应入缓决应准存留养亲者，查明被杀之人有无父母、是否独子，于本内声明。如被杀之人亦系独子，但其亲尚在，无人奉侍，不论老疾与否，杀人之犯皆不准留养。若被杀之人,平日游荡离乡,弃亲不顾,或因不供养赡,不听教训,为父母所摈逐,及无姓名、籍贯可以关查者,仍准其声请留养。至擅杀罪人之案,与殴毙平人不同,如有亲老应侍,照例声请,毋庸查被杀之家有无父母、是否独子。

【1825】1.1.18.(16)(略)

【1725】1.1.18.(3)

【钦定例】一、雍正四年(1726)五月内,刑部议复吕高戳死胞兄吕美一案,奉旨:"一家兄弟二人,弟殴兄致死,而父母尚存,则有家无次丁,存留养亲之请。倘父母已故,而弟杀其兄,已无请留养亲之人。一死一抵,必致绝其祖宗禋祀,此处甚宜留意。若因争夺财产,或另有情由,又当别论。吕高殴死其兄,其家中有无承祀之人,交与该部察明具奏。嗣后应如何定例之处,着九卿确议具奏。钦此。"九卿议复题准:除有父母之人,弟杀胞兄,家无次丁,照律存留养亲外,其无父母,或因争夺财产,或另有情由致死,并家有承祀之人者,仍照律例定拟。如非争夺财产,并无别情,或系一时争角互殴,将胞兄致死,而父母已故,别无兄弟,又家无承祀之人,应令该地方官据实查明,取具邻佑、阖族、保长并地方官印甘各结,将该犯情罪疏内声明奏请。如蒙圣恩准其承祀,将该犯免死减等,枷号三个月,责四十板,存留承祀。若死者与凶手已经分家,各有产业,令地方官查明死者应嗣亲支,令其立嗣,日后凶手生子不得与立嗣之人争产。如无应嗣之人,死者遗有妻女,即给与妻女养赡。俟死者之妻死、女嫁后,将产业给与族中公祠主祭之人,留作祭祀公用。若死者与凶手尚未分居,将产业酌量以十分之二给与凶手。如恃有存留之例,捏称家无承祀,并隐讳别情,以图开脱该犯者,或经查出,或被旁人告发,将该犯仍照律治罪。其承审各官,俱照故出人罪律,交与吏部议处。将出结之乡约人等,俱照例责四十板;十家长并邻、族之人,徒三年,到配所责四十板。

【1740】○修改

臣等谨按:钦奉上谕,已经九卿议复遵行,无庸复载。再查弟殴兄死,存留养亲,并非照律,其捏报承祀议处之罪,又与捏报军流留养之例,轻重不符。谨将纂辑例文,开列于后。

一、弟殴胞兄致死,家无次丁,而祖父母、父母老疾应侍,亦照例开具所犯罪名,并应侍缘由,请旨定夺。其无父母,或因争夺财产,或另有情由致死,并家有承祀之人者,仍照律例定拟。如非争夺财产,并无别情,或系一时争角互殴,将胞兄致死,而父母已故,别无兄弟,又家无承祀之人,应令该地方官据实查明,取具邻佑、阖族、保长,并地方官印甘各结,将该犯情罪于疏内声明奏请。如准其承祀,将该犯免死减等,枷号三个月,责四十板,存留承祀。若死者与凶手已经分家,各有产业,令地方官查明死者应嗣亲支,令其立嗣,日后凶手生子不得与立嗣之人争产。如无应嗣之人,死者遗有妻女,即给与妻女养赡。俟死者之妻死、女嫁后,将产业给与族中公祠主祭之人，留作祭祠公用。若死者与凶手尚未分居，将产业酌量以十分之二给与凶手。如恃有存留之例，捏称家无承祀，并隐讳别情，以图开脱该犯者，或经查出，或被旁人告发，将该犯仍照律治罪。其承审官及邻、保、族长人等，如有知情捏结等弊，照例分别议处、治罪。

【1740】1.1.18.(5)(略)

【1725】1.1.18.(5)

【钦定例】一、斗殴人命，以伤至数处，及金刃致死者，为重伤。若伤非金刃，而伤止一二处，并戏杀、误杀，为轻伤。内有因伊祖父母、父母老疾应侍，奏闻准其存留养亲者，令该地方官酌量该犯情由轻重。如系有力之家，情重者追银五十两，情轻者追银三十两；如果贫难无力之人，情重者追银二十两，情轻者追银十两，给与死者家属养赡。倘不给银两，将该犯仍照原拟治罪。再该犯情重情轻、有力无力，该抚于应侍疏内先行声明。

【1740】○修改

臣等谨按：例内未将该犯如何奏请留养，并应得枷责，及捏报留养议处、治罪之处开明，应增改。谨将增改例文，开列于后。

一、凡斗殴杀人之犯，以伤至数处，及金刃致死者，为重伤；以伤非金刃，又止一二处，并戏杀、误杀，为轻伤。如有祖父母、父母老疾应侍者，照例开具所犯情由请旨。如准其存留养亲，将该犯照免死流犯例，枷号两个月，责四十板。仍令该地方官酌量该犯情由轻重，如系有力之家，情重者追银五十两，情轻者追银三十两；如果贫难无力之人，情重者追银二十两，情轻者追银十两，给与死者家属养赡。该督抚先将该犯情重情轻、有力无力之处，于应侍疏内一并声明，仍照军流留养例，取具邻、保、族长等甘结，并地方官印结报部。倘有知情捏结等弊，照捏报军流留养例，分别议处、治罪。

【1740】1.1.18.(3)(略)

【1767】○修改

臣等谨按：此条系独子留养人犯，分别情重、情轻，酌追埋葬银两定例。原例内有"照例开具所犯情由"一语，系题本夹签旧例，拟合删去。

一、凡斗殴杀人之犯，如有祖父母、父母老疾应侍，奉旨准其存留养亲者，将该犯照免死流犯例，枷号两个月，责四十板。仍令该地方官酌量该犯情由轻重，以伤至数处及金刃致死者为重伤，以伤非金刃又止一二处，并戏杀、误杀，为轻伤。如系有力之家，情重者追银五十两，情轻者追银三十两；如果贫难无力之人，情重者追银二十两，情轻者追银十两，给与死者家属养赡。该督抚先将该犯情重情轻、有力无力之处，于应侍疏内一并声明，仍照军流留养例，取具邻、保、族长等甘结，并地方官印结报部。倘有知情捏结等弊，照捏报军流留养例，分别议处、治罪。

【1768】1.1.18.(3)(略)

【1778】○修改

按语见【1740】1.1.18.(2)条下。

一、凡斗殴及戏、误杀人之犯,如有祖父母、父母老疾应侍,奉旨准其存留养亲者,将该犯照免死流犯例,枷号两个月,责四十板。仍令该地方官酌量该犯情由轻重,以伤至数处,及金刃致死者为重伤,以伤非金刃又止一二处,并戏杀、误杀,为轻伤。如系有力之家,情重者追银五十两,情轻者追银三十两;如果贫难无力之人,情重者追银二十两,情轻者追银十两,给与死者家属养赡。该督抚先将该犯情重情轻、有力无力之处,于应侍疏内一并声明。倘有假捏等弊,除本犯仍照原拟外,查报之地方官,及捏结之邻、保、族长人等,俱照捏报军流留养例,分别议处、治罪。

【1788】○修并、修改

【原例】【1768】1.1.18.(17)(略)、【1768】1.1.18.(7)(略)、【1768】1.1.18.(3)条【1778】修改例文(略)

臣等谨按:以上三条,均系亲老丁单及孀妇独子应拟死罪,分别随案留养,并应入秋审办理之例。原例内语句互相重复,殊觉冗杂。再第二条内"查明被杀之人,是否孤子"二语,另有专条,毋庸赘叙。至军、流、徒犯应否准予留养之处,本条内亦有办理明文,应归入后条,另行增辑。所有原例三条,分别纂辑二条,以昭明简。今将修改例文,开列于后。

【1790】1.1.18.(7)(略)

【1790】1.1.18.(8)(略)

【1790】1.1.18.(7)

一、戏杀、误杀之案,有亲老丁单,及孀妇独子,伊母守节已逾二十年者,该督抚查明,取结申明具题,法司随案核复,声请留养。其斗杀之案,审无谋、故别情,如有祖父母、父母老疾应侍,及其母守节已逾二十年,而又年逾五十者,无论理直伤轻,或实系理曲,或金刃重伤,或虽非金刃而连殴多伤致死者,该督抚于定案时,止将应侍缘由声明,不必分别"应准""不应准"字样。统俟秋审时,查明该犯父母尚在,次丁尚未成立者,取结报部。刑部会同九卿核复,入于另册进呈,恭候钦定。朝审案件,一体遵行。

【1801】○修并

【原例】【1790】1.1.18.(7)(略)、【1790】1.1.18.(15)前半条例文(略)

臣等谨按:嘉庆四年(1799)三月,臣部议复江苏巡抚费淳题盛大推跌许载陇身死声明留养案内奏称,乾隆十六年(1751)旧例,凡斗殴理直伤轻,及戏杀、误杀等案,俱准其留养。惟情重各犯,俟秋审时,再行核办。是斗杀情轻之案,本得随案声请留养。至三十一年(1766)例,仅准将戏杀、误杀之案于本内声请。其斗杀之案,无论情节轻重,概俟秋审时核办,原为慎重刑章起见。惟以情节本轻,应入缓决、可矜之案,必俟秋审时核准,在本犯监禁逾时,罪所应得,而其老病之亲,桑榆暮景,举目无亲,情殊可悯。恐其子未出囹圄,而其亲已填沟壑。应请嗣后除有关伦理,及忘亲不孝,并被杀之家亦系独子,有应侍之亲者,仍照旧例不准留养外,其斗杀情轻之案,以及擅杀罪人,并无关人命应拟死罪人犯,按其情节,应入缓决、可矜者,如系亲老丁单、孀妇独子,仍照乾隆十六年定例,于定案时,随本声请,准其留养,毋庸候至秋审时,始行核办。其有介在实、缓之间者,本内止声明应侍缘由。俟秋审时,再行取结报部,刑部会同九卿汇核,另册进呈,恭候钦定。至夫殴妻致死应行承祀之案,亦照斗杀例,分别情罪轻重办理等因具奏,奉旨:"依议。钦此。"钦遵在案。此二条旧例,业已不用,应行修改。又查嘉庆二年(1797)十一月,河南巡抚景安审题孙殿英语言调戏孙吴氏羞忿自尽,声明毋庸留养案内,经臣部改议,准其留养。并请嗣后此等仅止语言调戏,并无手足勾引,致本妇羞忿自尽之案,如系亲老丁单、孀妇独子,例应留养者,令各督抚查明取结,随本声请留养,题准亦在案,应增辑遵行。再查孀妇独子一项,戏杀、误杀例内,伊母守节已逾二十年者,即准留养。惟斗杀之案,守节已逾二十年,而又年逾五十者,始准声请,亦未平允。应将斗杀之案"年逾五十"句节删,以归画一。谨将修改例文,开列于后。

一、戏杀、误杀、擅杀,斗杀情轻,及无关人命,应拟死罪人犯,核其情节,秋审应入缓决可矜者,及仅止语言调戏,并无手足勾引,致本妇羞忿自尽之案,如有祖父母、父母老疾应侍,及孀妇独子,伊母守节已逾二十年者,该督抚查取各结,声明具题,法司随案核复,声请留养。其斗杀案内,情节介在实、缓之间者,该督抚于定案时,将应侍缘由声明。俟秋审时,该督抚再行查明,取结报部,刑部会同九卿核定,入于另册进呈,恭候钦定。至夫殴妻致死,并无故杀别情,应行承祀之案,亦照斗杀例,分别情罪轻重办理。朝审案件,一体遵行。

【1801】○修改

【原例】【1790】1.1.18.(7)条【1801】修改例文(略)、【1801】续纂"一、凡戏杀、误杀、擅杀,斗杀情轻……"条(略)

臣等谨奏:为酌议章程,以昭慎重事。本年(1801)五月十三日钦奉上谕:"朕思律内有承祀留养两条,原系法外施仁,必须核其情罪甚轻,始可量加末减。于施恩之中,仍不失惩恶之意,方足以昭平允。若不论罪案轻重,只因家无次丁,概准承祀留养,则凶恶之徒稔知律有明条,自恃身系单丁,有犯不死,竟至逞凶肆恶。是承祀留养非以施仁,适以长奸,转以诱人犯法,岂国家矜慎用刑之道。盖法律务在持平,生者固当加之矜恤,死者尤不可令其含冤。倘情真罪当,必为宽宥,如世俗鄙论所云救生不救死之说,以为积阴功,试思死者含痛莫伸,损伤阴德,孰大乎是?嗣后问刑衙门总当详慎折衷,勿存从宽、从严之见。遇有关承嗣留养者,尤当核其所犯情罪。果有可原,再查明实在别无次丁,或有子息而尚未成丁,与定例相符,量为定拟。庶几无枉无纵,刑协于中,共襄明允之治等因。钦此。"仰见我皇上明罚敕法,于矜孤恤寡之中,仍寓禁暴戢凶之意。圣训煌煌,实为仁至义尽。臣等伏查死罪人犯存留养亲,原系圣朝法外之仁。乾隆十六年(1751)定例,斗杀案内理直伤轻,及戏杀、误杀等案,如系亲老丁单,俱准其随本声请留养。三十一年(1766),经大学士、九卿会议御史周于礼条奏,仅准将戏杀、误杀之案于本内声请留养,其斗杀之案,无论情节轻重,概俟秋审时取结报部,会核进呈,纂入例册,遵行在案。至嘉庆四年(1799),臣部议复江苏巡抚费淳题盛大推跌许载陇致伤身死案内,议请酌复旧章,将戏杀、误杀、斗杀情轻,应入缓决可矜者,以及擅杀罪人,并无关人命应拟死罪人犯,与仅止语言调戏致本妇羞忿自尽之案,如系亲老丁单、孀妇独子,一体随本声请,准其留养。奏准通行,并经纂入例册。迩年以来,俱系遵照办理。惟是条例一成不变,案情百出不穷,即斗杀之案,情节亦属轻重不一。凡有一线可原者,均可入于缓决。若定案时,俱准其随本声请留养,既恐因一事宽严之互异,致各省轻重之不齐。且此等斗殴杀人之犯,好勇斗狠,本与戏杀、误杀情近过失者不同,而无关人命之案,如抢窃、丢包、用药迷拐、略卖子女,及语言调戏致本妇羞忿自尽等类,秋审时尚有应入情实者,诚恐外省误会例意,办理参差。若逐案分别准驳,殊觉事涉纷繁。如概准其随案留养,在无知愚民,不知留养为格外仁施,或转恃身系单丁,竟至以身试法,洵如圣谕,非以施仁,适以长奸,实非明刑弼教之道。臣等悉心再加详议,凡死罪人犯,得以随本声请留养者,原以所犯情节较轻,本为在可矜悯之列。如必俟秋审时核准,在本犯监禁逾时,罪所应得,而其老病之亲,桑榆景暮,诚恐伊子未出囹圄,而其亲已不及待。是以随本声请,俾令早为侍养,实为推广皇仁起见。至于斗殴杀人之犯,既已好斗忘亲,自当令其居幽悔罪。即为拘系逾时,应侍之父母,恐不及待。查自定案以至秋谳,远者不过经年,近者止于数月,并非长羁久系。况死者之父母,既已永断奉养,而生者之父母,不过暂缺岁时。揆之情理,亦所当然。至罪犯应死,无关人命,及语言调戏致本妇羞忿自尽各案,有应实、应缓之分,易启畸重畸轻之弊,尤不应准其随本声请留养。应请嗣后亲老丁单留养之案,除实系戏杀、误杀、擅杀,以及斗杀之案,或死由自跌、自溺,毫无斗狠情形,并救亲情切,伤止一二处,均系秋审时,应入可矜者,俱准其随本声请留养外,其余概不准随案声请。俱令该督抚于定案时,止将应侍缘由,于本内声叙,不必分别"应准""不应准"字样。统俟秋审时,取结报部。臣部会同九卿核拟,另册进呈。如此明立章程,庶愚民不知有所恃以玩法,而办理可归画一,立法亦为协中矣。如蒙俞允,臣部通行直省各督抚、将军、府尹,一体遵照,仍于例册内更正通行。谨将修改例条,开单恭呈御览,谨奏请旨。嘉庆六年六月(1801)二十六日奏。本日奉旨:"依议。钦此。"

一、戏杀、误杀、擅杀,斗杀情轻,及救亲情切,伤止一二处各犯,核其情节,秋审应入可矜之案,如有祖父母、父母老疾应侍,及孀妇独子,伊母守节已逾二十年者,该督抚查取各结,声明具题,法司随案核复,声请留养。其余各案,应俟秋审时分别情实、缓决者,该督抚于定案时,止将应侍缘由声明,不必分别"应准""不应准"字样。统俟秋审时取结报部,刑部会同九卿核定,入于另册进呈,恭候钦定。至夫殴妻致死,并无故杀别情,应行留养承祀之案,亦照斗杀例,分别情罪轻重办理。朝审案件,一体遵行。

*【1802】1.1.18.(15)(略)

【1802】1.1.18.(7)(略)

【1806】○修改

【原例】【1802】1.1.18.(7)条(略)

【1802】1.1.18.(15)条(略)

臣等谨按:例载误杀应入缓决之案,秋审一次之后,奏明减为杖一百、流三千里。如所杀系其人之祖父母、父母、伯叔父母、妻、兄弟、子孙、在室女者,俱俟查办缓决时,再行照例办理等语。是误杀一项,缓决一次之后,既有准减、不准减之分,则亲老丁单,应否随案留养,亦应分别办理。如缓决一次,例准减等者,即准其随案声请;例不准一次减等者,应俟秋审时,再行核办。今例内与戏杀、擅杀,斗杀情轻等项,统指应入可矜,并未分晰登载,恐致将例不准一次即减之犯,转得随案先行声请留养,似未允协。应请于例内修改明晰,以免歧误。谨将修改例文二条,开列于后。

一、误杀秋审缓决一次例准减等之案,并戏杀、擅杀,斗杀情轻,及救亲情切,伤止一二处各犯,核其情节,秋审时应入可矜者,如有祖父母、父母老疾应侍,及孀妇独子,伊母守节已逾二十年者,该督抚查取各结,声明具题,法司随案核复,声请留养。其余各案,秋审并非应入可矜,并误杀缓决一次例不准减等者,该督抚于定案时,止将应侍缘由声明,不必分别"应准""不应准"字样,统俟秋审时取结报部,刑部会同九卿核定,入于另册进呈,恭候钦定。至夫殴妻致死,并无故杀别情,应行留养承祀之案,亦照斗杀例,分别情罪轻重办理。朝审案件,一体遵行。

【1810】○修并、修改

【原例】【1790】1.1.18.(3)(略)

【1802】1.1.18.(18)略)

【1802】1.1.18.(7)(略)

【1802】1.1.18.(15)(略)

臣等谨按:以上四条,均系人命案件分别留养定例,事理相类,语意重复,应请画一修并,以归简明。再查戏杀一项,与误杀之案,俱系缓决一次即准减等,并不入于可矜。第三条例内,戏杀应拟可矜者,随案声请留养,第四条例内,戏杀应拟可矜,亦准随时查办等语,均核与办理秋审章程不符。应请将两条例内"戏杀"二字,俱载于"误杀"之上,以昭画一。又夫故杀妻,罪止绞候,与故杀平人不同。秋审有应入情实者,有应入缓决者。其亲老丁单,应否留养承祀,向系附疏声明,俟秋审取结,分别核办。间有因情节惨忍,随案声明不准者,亦系随时惩创之意,并非概不准其留养承祀。今第三条例内声称"并无故杀别情",则凡故杀之案,不在查办之列。例内两歧,殊未画一。臣等公同酌议,应请嗣后夫致死妻应行留养承祀之案,无论殴杀、故杀,统于秋审时取结,分别情罪轻重办理。于例内修改明晰,以便遵行。谨将修并、修改例文二条,开列于后。

【修并】一、凡人命案件,于相验时,即将凶犯之亲有无老疾,该犯是否独子,讯证明确,一并详报。定案时,系戏杀,及误杀秋审缓决一次例准减等之案,并擅杀、斗杀情轻，及救亲情切、伤止一二处各犯，核其情节，秋审时应入可矜者，如有祖父母、父母老疾应侍，及孀妇独子，伊母守节已逾二十年者，或到案时非例应留养之人，迨成招时，其祖父母、父母已成老疾，兄弟子侄死亡者，该督抚查取各结，声明具题，法司随案核复，声请留养。其余各案，秋审并非应入可矜，并误杀缓决一次例不准减等者，该督抚于定案时，止将应侍缘由声明，不必分别"应准""不应准"字样，统俟秋审时取结报部，刑部会同九卿核定，入于另册进呈，恭候钦定。其谋、故杀及连毙二命，秋审应入情实无疑之案，虽亲老丁单，毋庸声请留养。至夫致死妻，应行留养承祀之案，无论殴杀、故杀，统于秋审时取结，分别情罪轻重办理。朝审案件，一体遵行。

【修改】*【1802】1.1.18.（15）条【1810】修改例文（略）

【1814】○修改

臣等谨按：例内擅杀、斗杀情轻，秋审应入可矜者，如有祖父母、父母老疾应侍，及孀妇独子，俱准随案声请留养。至夫殴、故杀妻之案，如死系詈骂翁姑，不孝有据，秋审应入可矜者，遇有应行留养承祀者，亦应准其随案声请。惟例内只载夫致死妻，无论殴杀、故杀，统于秋审时取结，分别情罪轻重办理，并未声明可矜准其随案留养承祀。系属罣漏，应添纂明晰，以昭赅备。谨将修改例文，开列于后。

一、凡人命案件，于相验时，即将凶犯之亲有无老疾，该犯是否独子，讯证明确，一并详报。定案时，系戏杀，及误杀秋审缓决一次例准减等之案，并擅杀、斗杀情轻，及救亲情切、伤止一二处各犯，核其情节，秋审时应入可矜者，如有祖父母、父母老疾应侍，及孀妇独子，伊母守节已逾二十年者，或到案时非例应留养之人，迨成招时，其祖父母、父母已成老疾，兄弟子侄死亡者，该督抚查取各结，声明具题，法司随案核复，声请留养。其余各案，秋审并非应入可矜，并误杀缓决一次例不准减等者，该督抚于定案时，止将应侍缘由声明，不必分别"应准""不应准"字样，统俟秋审时取结报部，刑部会同九卿核定，入于另册进呈，恭候钦定。其谋、故杀及连毙二命，秋审应入情实无疑之案，虽亲老丁单，毋庸声请留养。至夫致死妻，应行留养承祀之案，无论殴杀、故杀，如核其情节，秋审应入可矜者，亦准随案声请。其余统俟秋审时取结，分别情罪轻重办理。朝审案件，一体遵行。

【1825】1.1.18.（15）（略）

【1835】○修改

修改按语见【1825】1.1.18.（4）条【1835】修改项下。

一、凡人命案件，于相验时，即将凶犯之亲有无老疾，该犯是否独子，讯证明确，一并详报。定案时，系戏杀，及误杀秋审缓决一次例准减等之案，并擅杀、斗杀情轻，及救亲情切、伤止一二处各犯，核其情节，秋审时应入可矜者，如有祖父母、父母老疾应侍，及孀妇独子，伊母守节二十年者，或到案时非例应留养之人，迨成招时，其祖父母、父母已成老疾，兄弟子侄死亡者，该督抚查取各结，声明具题，法司随案核复，声请留养。其余各案，秋审并非应入可矜，并误杀缓决一次例不准减等者，该督抚于定案时,止将应侍缘由声明,不必分别"应准""不应准"字样,统俟秋审时取结报部,刑部会同九卿核定,入于另册进呈,恭候钦定。其谋、故杀及连毙二命,秋审应入情实无疑之案,虽亲老丁单,毋庸声请留养。至夫致死妻,应行留养承祀之案,无论殴杀、故杀,如核其情节,秋审应入可矜者,亦准随案声请。其余统俟秋审时取结,分别情罪轻重办理。朝审案件,一体遵行。

【1847】1.1.18.(11)(略)

【1790】1.1.18.(8)

一、凡斗殴及戏、误杀人之犯,奉旨准其存留养亲者,将该犯枷号两个月,责四十板。仍令该地方官酌量该犯情由轻重,以伤至数处及金刃致死者为重伤,以伤非金刃又止一二处,并戏杀、误杀为轻伤。如系有力之家,情重者追银五十两,情轻者追银三十两;如果贫难无力之人,情重者追银二十两,情轻者追银十两,给予死者家属养赡。该督抚先将该犯情重情轻、有力无力之处,于应侍疏内一并声明。倘有假捏等弊,除本犯仍照原拟外,查报之地方官,及捏结之邻、保、族长人等,俱照捏报军流留养例,分别议处、治罪。

【1801】○修并

【原例】【1790】1.1.18.(8)(略)、【1790】1.1.18.(15)条后半条例文(略)、【1790】1.1.18.(13)(略)

臣等谨按:首条留养人犯,分别情由轻重,量追银两给死者家属养赡,系雍正二年(1724)定例。次条承祀人犯,原题声明留养,遇有父母先存后故,与承祀之例相符者,俟秋审时确查,另行报部,刑部会同九卿,核拟具题,系乾隆三十三年(1768)定例。末一条发落之后,别生事端,即照现犯之罪问拟,不准复请留养,系乾隆二十一年(1756)定例。应修并一条,以便引用。再查例准留养之案,俱系情轻。若情节较重,秋审应入情实者,概不准其留养。又杀人之犯援赦免罪,臣部于嘉庆元年(1796)奏明,追给尸属银二十两,留养人犯应追银两自可比照,俱以二十两为断。前一条原例内,分别情重情轻、有力无力,及五十两、三十两、二十两、一十两之处,应行删改。谨将修并例文,开列于后。

一、凡斗杀等案,及殴妻致死之犯,奉旨准其留养承祀者,将该犯枷号两个月,责四十板。斗杀等案,追银二十两,给死者家属养赡。至殴妻致死,原题时亲老丁单,声请留养,遇有父母先存后故,与承祀之例相符者,各督抚于秋审时查明取结,另行报部,九卿一体核拟具题。倘有假捏等弊,除本犯仍照原拟,不准留养承祀外,查报之地方官,及捏结之邻、保、族长等,俱照捏报军流留养例,分别议处、治罪。若留养承祀之后,如有不安分守法,别生事端者,无论罪名轻重,即照现犯之罪按律定议,不准复行声请。

【1802】1.1.18.(14)(略)

【1825】1.1.18.(8)(略)

【1740】○增入

一、夫殴妻致死,并无故杀别情者,果系父母已故,家无承祀之人,承审官据实查明,取具邻、保、族长甘结,并地方官印结,将应行承祀缘由,于疏内声明请旨。如准其承祀,将该犯枷号两个月,责四十板,存留承祀。倘有捏称家无承祀之人,希图脱罪者,将本犯照律治罪;承审、出结各官,及邻、保人等,照例分别议处、治罪。

臣等谨按:此条系雍正十一年(1733)议准定例。其捏结处分及治罪之处,与前例不符,今改为"照例分别议处、治罪"。

【1740】1.1.18.(6)(略)

【1768】1.1.18.(5)(略)

【1772】○修改

臣等谨按:原例夫殴妻致死应行承祀之犯,该督抚即随本声明请旨。嗣于乾隆三十三年(1768)七月内,臣部议复河南按察使杨景素条奏,请照留养之例,统于秋审时复核办理。其原题声明,留养之犯遇有父母先存后故,与承祀之例相符者,亦俟秋审时,该督抚确查,另行报部,臣部会同九卿一体核拟具题等因,奏准遵行。又,三十一年(1766)十二月内,吏部议复河南巡抚阿思哈条奏,一切案件,如于文外复取印结者,准其停取。所有此条原例,应修改。谨将改辑例文,开列于后。

一、夫殴妻致死,并无故杀别情者,果系父母已故,家无承祀之人,承审官据实查明,取具邻、保、族长甘结,该督抚定案时,止将应行承祀之处于疏内声明,统俟秋审时取结报部,刑部会同九卿核拟,另册进呈,恭候钦定。如准其承祀,将该犯枷号两个月,责四十板,存留承祀。至原题时亲老丁单声请留养之犯,遇有父母先存后故,与承祀之例相符者,亦俟秋审时确查取结,另行报部,九卿一体核拟具题。倘有捏称家无承祀之人,希图脱罪者,将本犯照律治罪;承审、取结各官及邻、保人等,照例分别议处、治罪。

【1790】1.1.18.(15)(略)

【1801】○修并

按语并修并情形,见【1790】1.1.18.(7)条【1801】修并项下。

【1801】○修并

按语并修并情形见【1790】1.1.18.(8)条【1801】修并项下。

【1740】○增入

一、凡旗人犯斩、绞、外遣等罪,例合留养者,照民人一体留养。

此条系乾隆三年(1738)刑部议准定例。

【1740】1.1.18.(7)(略)

【1768】1.1.18.(6)(略)

【1801】○修改

臣等谨按:此条系乾隆三年(1738)定例。查留养承祀,事同一例,应增入承祀一层,以昭赅备。谨将修改例文,开列于后。

一、凡旗人犯斩、绞、外遣等罪,例合留养承祀者,照民人一体留养承祀。

【1802】1.1.18.(6)(略)

【1825】1.1.18.(3)(略)

【1740】○删除

一、军、流、徒犯例应留养者,除应得杖数外,军、流人犯,枷号四十日;徒罪人犯,枷号一个月。

臣等谨按:此条内分别枷责之处,已添改于军流留养例中,毋庸纂入。

【1743】○续纂

一、殴胞兄及大功、小功尊长致死,应拟斩决人犯,有奏请留养承祀者,改为拟斩监候。遇秋审、朝审时,该督抚并承审衙门,先期查明该犯父母是否尚存、其子已未成丁,取具印结,逐一声明,拟以缓决。九卿会审,另册进呈,恭候钦定。

臣等谨按:此条系乾隆四年(1739)五月钦奉谕旨,及乾隆五年(1740)五月九卿议准御史刘芳霭条奏,并乾隆六年(1741)臣部议复原任兰抚元展成及江西按察使凌燽条奏定例,今并为一条,以便引用。

【1746】○续纂

一、孀妇独子,有犯戏杀、误杀等案,如伊母守节已逾二十年者,该督抚查明被杀之人并非孤子,取结声明具题,法司核复,奏请留养。其斗殴杀人者,审无谋、故别情,该犯之母守节已逾二十年,而又年逾五十者,亦准其照例题请,法司核复,夹签入本,恭候钦定。如蒙恩准留养,俱照例枷责,追给埋葬银两。至犯该军、流、徒罪,除奸、盗、诱拐、行凶,及有关伦理、扰害地方者,照例科断外,其无知误犯者,该督抚查明,将果系独子及伊母守节已逾二十年之处声明,报部详核,照例分别枷责,仍令按季汇题。

臣等谨按:此条系乾隆八年(1743)七月内,臣部议复浙江按察使万国宣条奏,及乾隆八年(1743)十二月内,臣部议复原任御史范成条奏定例,今并纂一条,以便遵行。

【1767】○修改

臣等谨按:此条系孀妇独子留养定例。查原例"斗殴杀人,审无谋、故别情,该犯之母守节已逾二十年,而又年逾五十者,准其照例题请,法司核复,夹签入本,恭候钦定。如蒙恩准留养,俱照例枷责,追给埋葬银两"等语。查乾隆二十七年(1762)定例,凡亲老丁单又孀妇独子斗殴杀人之案,令该督抚于定案时,止将应侍缘由于本内声叙,统俟秋审时,取结报部,九卿核议,分别办理,已遵照改正。其枷责、追埋,已另有专条,此处毋庸复载,拟合删去。

*另见【1768】1.1.18.(15)条上按语。

一、孀妇独子,有犯戏杀、误杀等案,如伊母守节已逾二十年者,该督抚查明被杀之人并非孤子,取结声明具题,法司核复,奏请留养。其斗殴杀人者,审无谋、故别情,该犯之母守节已逾二十年,而又年逾五十者,定案时,亦准将应侍缘由于本内声叙。至犯该军、流、徒罪,除犯奸、强盗、诱拐、行凶,及有关伦理、扰害地方者,照例科断外,其无知误犯者,该督抚查明,将果系独子,及伊母守节已逾二十年之处声明,报部详核,照例分别枷责。仍令按季汇题。

【1768】1.1.18.(7)(略)

【1788】○修并、修改

见【1768】1.1.18.(3)条【1788】修并、修改按语。

【1746】○续纂

一、各旗开档家奴犯罪,如有父母老疾,例应留养者,一体准其留养。

【1767】○删除

*"名例·犯罪免发遣"【1768】1.1.9.(2)条乾隆三十二年(1767)修改按语:……查八旗开户,已于乾隆二十一年(1756)钦奉上谕放出为民,拟将此节删去。再新例汉军奴仆问拟实徒,应于此例内"犯该徒罪"下,增入此句。再查全部例内,八旗开户专例尚有三条,俱应删除……

【1746】○续纂①

一、弟殴胞兄致死,援例承祀,改拟斩监候,于秋审朝、审时另册进呈。蒙恩减等者,杖一百、流三千里,不准折枷责完结。

臣等谨按:此条系乾隆九年(1744)六月内,臣部议复侍郎钱陈群条奏定例,应纂辑以便遵行。

【1746】○续纂

一、凡斗殴命案,于相验时,即将凶犯有无祖父母、父母老疾,及该犯是否独子,讯证明确,一并详报。定案时,如应留养,再行取结。若到案时非例应留养之人,及成招时,其祖父母、父母已成老疾,或兄弟子侄死亡,仍一体援例留养。

---

① 此条乾隆十一年《大清律续纂条例》、乾隆三十三年及其后各版《大清律例》皆不载。

臣等谨按：此条系乾隆十年(1745)七月内，臣部议复浙江按察使万国宣条奏定例，应纂辑以便遵行。

【1768】1.1.18.(8)(略)

【1790】1.1.18.(3)(略)

【1810】○修并

按语及修并例文见【1802】1.1.18.(7)条【1810】修并例文项下。

【1751】○续纂

一、凡弟杀胞兄，及殴杀大功以下尊长者，皆按律定拟，概不准声请留养承祀。若按其所犯情节实可矜悯者，该督抚于疏内叙明，恭候钦定。至夫殴妻致死应留养承祀之案，仍照定例遵行。

臣等谨按：此条系乾隆十三年(1748)四月内，臣部议复调任西安巡抚陈宏谋条奏定例，应纂辑以便遵行。

【1768】1.1.18.(9)(略)

【1772】○修改

臣等谨按：此条原条内"恭候钦定"之下，有"夫殴妻致死应留养承祀之案，仍照定例遵行"数语。查此例另有专条，与本条并无关涉，系属闲文，谨拟删除，以归简要，合并声明。

一、凡弟杀胞兄，及殴杀大功以下尊长者，皆按律定拟，概不准声请留养承祀。若按其所犯情节，实可矜悯者，该督抚于疏内叙明，恭候钦定。

【1790】1.1.18.(2)(略)

【1810】○修改

臣等谨按：殴杀大功以下尊长，原包缌麻服制在内。查殴死缌麻尊长，罪止斩候。如有亲老丁单，应否留养，统于秋审时，分别实、缓办理。与殴死期、功尊长，罪干斩决，只准叙明可原情节，不准声请留养者不同。应请将殴死缌麻尊长一项，于例后另行添叙。又殴杀外姻功、缌尊长，亦罪止斩候，与本宗缌麻相同，应一并添入，以昭赅备。至弟杀胞兄，即系殴死期亲尊长，应改为卑幼殴死本宗期、功尊长。谨将修改例文，开列于后。

一、凡卑幼殴死本宗期、功尊长者，皆按律定拟，概不准声请留养承祀。若按其所犯情节，实可矜悯者，该督抚于疏内声明，恭候钦定。至殴死本宗缌麻、外姻功缌尊长，如有亲老丁单，应行留养，统俟秋审时，取结分别办理。

【1825】1.1.18.(12)(略)

【1835】○修改

臣等谨按：此条例文，系乾隆十六年(1751)纂定。惟查寻常死罪人犯，非独立决之案不准声请留养，即问拟斩、绞监候，秋审应入情实者，亦不在声请之列。至卑幼殴死期、功尊长，服制攸关，若定案时遽准其声请留养，是较之常犯办理转轻，不足以昭平允。故历来遇有卑幼殴死本宗期、功尊长，皆按律问拟斩决，虽亲老丁单，概不准声请留养。其有所犯,情节实可矜悯,奉旨改为拟斩监候者,亦必俟秋审情实两次,蒙恩免勾,奏明改入缓决之后,方准将应侍缘由声明,补请留养。所有例载"疏内声明,恭候钦定"之处,应酌加修改,以免参差。谨将修改例文,开列于后。

一、凡卑幼殴死本宗期、功尊长,定案时皆按律问拟,概不准声请留养。其有所犯情节实可矜悯,奉旨改为斩监候者,统俟秋审情实二次蒙恩免勾,奏明改入缓决之后,由该督抚查明该犯应侍缘由,于秋审时,取结报部核办。至殴死本宗缌麻、外姻功缌尊长,如有亲老丁单应行留养,均俟秋审时,取结分别办理。

【1847】1.1.18.(12)(略)

【1751】○续纂

一、凡犯抢夺、窃盗,及三犯窃盗,罪应军、流、徒者,果有父母老疾应侍,与例相符,准其留养一次,照例折枷、刺字,详记档案。若留养之后,复犯抢、窃,及先犯抢,留养后又犯窃,或先犯窃,留养后又犯抢,并审系积匪猾贼,一概不准留养。

臣等谨按:此条系乾隆十三年(1748)八月内,臣部奏准定例。应纂辑,以便遵行。

【1768】1.1.18.(10)(略)

【1788】○修并

【原例】【1768】1.1.18.(10)(略)、【1768】1.1.18.(12)(略)

臣等谨按:以上二条,系抢窃及造卖、贩卖赌具之犯应拟军、流、徒罪,止准留养一次之例,自应并纂一条,以省繁冗。至留养之后,复犯一切军、流、徒罪,均不应再准留养。例内专指复犯抢窃等罪,殊觉挂漏,应行删改。今将修改并纂辑例文,开列于后。

一、军、流、徒犯内,如抢夺、窃盗及三犯窃盗,并造卖、贩卖赌具等犯,果有祖父母、父母老疾应侍,与例相符,准其留养一次,照例折枷,分别刺字,详记档案。若留养之后,复犯军、流、徒等罪,概不准再行留养。

【1790】1.1.18.(11)(略)

【1802】○修改

【原例】【1768】1.1.18.(15)(略)、【1790】1.1.18.(11)(略)

臣等谨按:前条奸、盗,及有关伦理,并凶徒扰害不准留养,系乾隆八年(1743)定例。积匪猾贼不准留养,系乾隆十三年(1748)定例。诱拐不准留养,系乾隆二十一年(1756)定例。后条抢夺、窃盗及三犯窃盗,准其留养一次,系乾隆十三年(1748)定例。造、贩赌具等犯,准其留养一次,系乾隆十五年(1750)定例。嗣于嘉庆三年(1798)八月,河南巡抚倭什布审题黄文甫行窃逾贯案内,经臣部奏明,行窃逾贯减等发遣,系由新疆改发内地,虽亲老丁单,向例不准留养。但应发新疆,及由新疆改发内地,各犯情节轻重不一。且留养一次,原系国家矜恤孤独,特施法外之仁,似应量为推广。请将例文内强盗窝主造意不行情节较重者二十五条,概不准声请留养。其抢窃满贯拟绞缓决减等等项情节较轻者二十二条,准其留养一次。如不知悛改,复行犯罪,仍不准留养。庶于矜恤之中,仍寓惩创之意。另缮清单具题。奉旨:“依议。钦此。”钦遵在案。应于原例分别应准、不应准修改而后,以便引用。查原例诱拐之犯,因其犯奸,故不准留养。嘉庆三年原奏,既将语言调戏,及强行鸡奸余犯,俱准留养,则知情诱拐之犯,情节更轻,应改准其留养。又原奏清单准其留养条款内,有行窃军犯在配复行窃者一条。查办理留养,以未发配之前为断。行窃军犯已经在配,复行犯窃,如准其留养,而在配安静守法之军、流人犯,反不得留养,殊未平允。此条应改为不准。又准其留养条款内,抢夺金刃伤人及折伤下手为从一项,与抢夺伤非金刃者不同。又积匪猾贼及窝留者一项,历次恩赦,俱奏明不准援免。又回民犯窃结伙三人以上执持绳鞭器械一项,与寻常窃贼不同。又开棺见尸二次为从一项,怙恶不悛。又引诱包揽偷渡过台招集男妇至三十人以上一项。包揽偷渡引诱多人以上数项人犯,情节较重,俱应改为不准留养。又准其留养条款内,旗人逃走在一月以内自行投回及拿获一条,并不准留养条款内,旗人犯罪发遣赦回已挑差使又生事故一条。于嘉庆四年(1799)五月臣部具奏“酌复旗逃旧例”折内声明,旗人犯逃走,初次、二次被获分别鞭责、枷号,逃走三次被获发黑龙江当差。至犯罪发遣遇赦释回之旗人,既准其挑补步甲钱粮,若挑补钱粮之后,不改前愆,任意滋事者,销除旗档,发烟瘴地方管束。其发遣新疆之例,奏准删除。又不准留养条款内,洋盗案内被胁服役一条。臣部以被胁为盗服役,例系被难良民。现在迭奉恩旨,凡川、楚教匪内,有被胁从贼者,该领兵大臣剿抚兼施,予以自新之路。此等被盗迫胁难民,似应推广皇仁,准其投首,已于强盗门内酌改,自行投首者免罪,若被拿获者,杖一百、徒三年。又准其留养条款内,押解新疆遣犯脱逃限满无获为首情重一条。臣部以疏脱斩、绞重犯之解役,限满无获,减逃犯本罪一等拟流,而疏脱新疆遣犯,限满无获,将为首解役改发新疆为奴,是疏脱新疆遣犯拟罪,反重于疏脱斩、绞人犯,殊未平允,亦于“捕亡”门内酌减本犯一等。均纂辑为例,不在发遣新疆之列,自应一并删除,准其留养,以免歧误。谨将修改例文开列于后。

一、抢、窃满贯拟绞,秋审缓决一次者;三次犯窃,计赃五十两以下至三十两者,三十两以下至十两者;窃赃数多,罪应满流者;抢夺伤人,伤非金刃,伤轻平复者;窃盗临时拒捕,伤非金刃,伤轻平复者;发掘他人坟冢见棺椁为首,及开棺见尸为从者;内地民人在新疆犯至军、流,互相调发者;调奸未成,和息后因人耻笑,复追悔抱忿自尽,致死二命者;行营金刃伤人者;川省匪徒在野拦抢,十人以上,被胁随行者;凶徒因事忿争,执持军器殴人至笃疾者;伙众抢去良人子弟,强行鸡奸之余犯,问拟发遣者;并军、流、徒犯内,造卖、贩卖赌具,诱拐,及各项情轻人犯,果于未经发配,及甫经到配以前,告称有祖父母、父母老疾应侍,与例相符,准其留养一次,照例枷责,分别刺字,详记档案。若留养之后,复犯军、遣、流、徒等罪,概不准再行留养。

*【1802】1.1.18.(11)(略)

【1802】1.1.18.(12)(略)

【1825】1.1.18.(7)

一、抢、窃满贯拟绞,秋审缓决一次者;窃盗三犯,赃至五十两以上拟绞,秋审缓决一次者;三次犯窃,计赃五十两以下至三十两者,三十两以下至十两者;窃赃数多,罪应满流者;抢夺伤人,伤非金刃,伤轻平复者;窃盗临时拒捕,伤非金刃,伤轻平复者;发掘他人坟冢见棺椁为首,及开棺见尸为从者;内地民人在新疆犯至军、流,互相调发者;调奸未成,和息后因人耻笑,复追悔抱忿自尽,致死二命者;行营金刃伤人者;川省匪徒在野拦抢,十人以上,被胁随行者;凶徒因事忿争,执持军器殴人至笃疾者;伙众抢去良人子弟,强行鸡奸之余犯,问拟充军者;并军、流、徒犯内,造卖贩卖赌具、诱拐,及各项情轻人犯,果于未经发配,及甫经到配以前,告称有祖父母、父母老疾应侍,与例相符,准其留养一次,照例枷责,分别刺字,详记档案。若留养之后,复犯军、遣、流、徒等罪,概不准再行留养。

【1751】○续纂

一、凡因诬告拟流加徒之犯,除被诬罪名应准留养者,仍照定例遵行外,如诬告人谋、故杀及为强盗等罪,以致被诬良民久淹狱底,身受刑讯,荡产破家,迨审明反坐者,依律问发,不准留养。

臣等谨按:此条系乾隆十四年(1749)九月内,臣部议复升任甘肃按察使顾济美条奏定例,应纂辑以便遵行。

【1768】1.1.18.(11)(略)

【1790】1.1.18.(14)(略)

【1802】1.1.18.(4)(略)

【1825】1.1.18.(2)(略)

【1751】○续纂

一、凡斗杀案内,有理直伤轻,及戏杀、误杀等案,照例准其留养。如该犯实系理曲,或金刃重伤,及虽非金刃,而连殴多伤致死者,此等情重各犯,于定案日,俱议以不准留养,该督抚仍将不合例之处附疏声明。至秋审时,查明该犯父母尚在,次丁尚未成立者,于本内声请,九卿核准,另册进呈,恭候命下,将该犯仍照留养例发落。朝审案件,一体遵行。

臣等谨按:此条秋、朝审留养之处,系乾隆十五年(1750)正月内钦奉上谕,应恭纂为例,以便遵行。其分别理直理曲、伤轻伤重,以定留养与否,系乾隆十四年(1749)九月内,臣部议复升任甘肃按察使顾济美条奏附请定例,事本连属,今并为一条。

【1767】○修改[①]

一、亲老丁单及孀妇独子留养之犯,除实系戏杀、误杀者,仍照例于题本内声请留养,法司随案核复外,其斗杀之案,无论理直伤轻,或实系理曲,或金刃重伤,或虽

---

① 《大清律例按语》第32卷"犯罪存留养亲"(乾隆三十二年)条下,将本条列为"续纂"并删除上文乾隆十六年(1751)年条例,考其按语及条例文字,为便于呈现条例沿革,此处拟作"修改"。

非金刃,而连殴多伤致死者,该督抚于定案时,止将应侍缘由于题本内声叙,不必分别“应准”“不应准”字样。俟秋审时,查明该犯父母尚在,次丁尚未成立者,取结报部,刑部会同九卿核拟,入于另册进呈,恭候钦定。朝审案件,一体遵行。

臣等谨按:此条系乾隆二十七年(1762)六月内,臣部条奏,经大学士、九卿会议具奏,奉旨准行定例,应纂辑遵行。所有定案时分别应准留养、不应准留养旧例一条,应行删除。其旧例内,有“理直伤轻”“或实系理曲,或金刃重伤,及虽非金刃,而连殴多伤致死者”“秋审时,查明该犯父母尚在、次丁尚未成立者”“九卿核准,另册进呈”“朝审案件,一体遵行”等语,系现行之例,已并入此条之内。谨将删除旧例,开列于后。

【1751】○续纂　一、凡斗杀案内,有理直伤轻……

以上一条,应行删除。

【1768】1.1.18.(17)(略)

【1788】○修并、修改

见【1768】1.1.18.(3)条【1788】修并、修改按语。

【1751】○续纂

一、凡造卖、贩卖赌具之犯,查明父母老疾应侍,照抢窃等犯留养例,亦准其留养一次。

臣等谨按:此条系乾隆十五年(1750)四月内,臣部议复调任河南按察使严有禧条奏定例,应纂辑以便遵行。

【1768】1.1.18.(12)(略)

【1788】○修并

见【1768】1.1.18.(10)条下。

【1756】○续纂

一、凡留养之犯在他省获罪,审系游荡他乡,远离父母者,即属忘亲不孝之人,虽与例相符,不准留养。若系官役奉差,客商贸易,确实有据,及两省地界毗连,相距在数十里以内者,令该督抚于定案时察核明确,附疏声明,仍按情罪轻重,照旧例一体定拟。

臣等谨按:此条系乾隆十七年(1752)十二月内,臣部议复升任船厂将军傅森题杜学良案内,钦奉谕旨,应恭纂为例,以便遵行。又按他省获罪人犯内,有牵车服贾及奉差在外之类,与无故游荡他乡、忘亲不孝者有间,且有地系两省交界,跬步之间截分两省。此种难以拘泥,应于例内略为分晰,以免牵混。

【1767】○修改

臣等谨按:原例“该督抚于定案时察核明确,附疏声明,仍按其情罪轻重,照旧例一体定拟”等语,查乾隆二十七年(1762)定例,斗殴杀人之案,如亲老丁单,令该督抚于定案时,止将应侍缘由于本内声明,现在遵行,拟将原例内“附疏声明”四字删去,“照定例一体定拟”句改为“照例将应侍缘由于题本内声叙”。

一、凡留养之犯在他省获罪,审系游荡他乡,远离父母者,即属忘亲不孝之人,虽与例相符,不准留养。若系官役奉差,客商贸易,确实有据,及两省地界毗连,相距在数十里以内者,该督抚于定案时察核明确,按其情罪轻重,照例将应侍缘由于题本内声叙。

【1768】1.1.18.(13)(略)

【1788】○修并

【原例】【1768】1.1.18.(13)(略)、【1768】1.1.18.(14)(略)

臣等谨按:此条忤逆犯案,及素习匪类,为父母所摈逐者,不准留养,与首条忘亲不孝之人不准留养,事同一例,应并为一条,以归简易。今将并辑例文,开列于后。

一、凡曾经忤逆犯案,并素习匪类,为父母所摈逐,及在他省获罪,审系游荡他乡,远离父母者,俱属忘亲不孝之人,概不准留养。若系官役奉差者,客商贸易在外确有实据者,及两省地界毗连,相距在数十里以内者,该督抚于定案时察核明确,按其情罪轻重,照例将应侍缘由,于题咨内声叙。

【1790】1.1.18.(12)(略)

【1801】○修改

臣等谨按:此条忤逆犯罪及忘亲不孝不准留养,系乾隆十七年(1752)定例。又嘉庆元年(1796)十一月钦奉上谕:“刑部具题本内所开‘忤逆伊祖父母、父母拟遣’之语。忤逆之子孙,岂可留之于世。措词殊未妥协。此等人犯,止应摘叙‘违犯’‘触犯’字样,不得仍前开写。钦此。”钦遵在案。此条“忤逆”二字,应改“触犯”。谨将修改例文,开列于后。

一、凡曾经触犯父母犯案,并素习匪类,为父母所摈逐,及在他省获罪,审系游荡他乡,远离父母者,俱属忘亲不孝之人,概不准留养。若系官役奉差者,客商贸易在外,寄资养亲确有实据者,及两省地界毗连,相距在数十里以内者,该督抚于定案时察核明确,按其情罪轻重,照例将应侍缘由,于题咨内声叙。

【1802】1.1.18.(10)(略)

【1825】1.1.18.(6)(略)

【1756】○续纂

一、凡曾经忤逆犯案,及素习匪类,为父母所摈逐者,虽遇亲老丁单,概不准留养。

臣等谨按:此条系乾隆二十一年(1756)五月内,臣部议复原任湖广巡抚张若震条奏定例,应纂辑以便遵行。

【1768】1.1.18.(14)(略)

【1788】○修并

见【1768】1.1.18.(13)条【1788】修并项下。

【1756】○续纂

一、凡军、流、徒犯，审系奸、盗、诱拐、行凶，及有关伦理、扰害地方者，虽遇亲老丁单，概不准其留养。

臣等谨按：此条系乾隆二十一年（1756）五月内，臣部议复原任湖广巡抚张若震条奏定例，应纂辑以便遵行。又按原奏专指诱拐而言。第军、流情重各犯，不应准其留养者，不止诱拐一项。查孀妇独子例内所称“奸、盗、诱拐、行凶，及有关伦理、扰害地方者，照例科断”等语，则亲老丁单之案，俱应照此例定拟，不应专指诱拐。谨将不应留养之军、流一并列入，纂为成例，以便遵行。

【1767】○修改

臣等谨按：此条系乾隆二十一年（1756），原任湖广巡抚张若震条奏，凡军、流、徒犯内，如审系诱拐之犯，虽遇亲老丁单，不准留养。嗣经臣部纂修律例时，因留养例内亲老丁单与孀妇独子，事同一例，是以照孀妇独子条内，将奸、盗、行凶及有关伦理、扰害地方等项，一并纂入。查此条内“盗”字，本系兼强、窃而言，但抢窃等项已另有准其留养一次之例，则此“盗”字系专指强盗内之罪应军、流、徒者而言。其抢窃等项，已非此例所赅。臣等谨拟将“奸、盗”二字，改为“犯奸、强盗”四字，以免牵混。其孀妇独子条内，亦照此更正，合并声明。

一、凡军、流、徒犯，审系犯奸、强盗、诱拐、行凶，及有关伦理、扰害地方者，虽遇亲老丁单，概不准其留养。

【1768】1.1.18.（15）（略）

【1788】○修并、修改

见【1740】1.1.18.（2）条乾隆五十三年（1788）修并、修改按语及条例。

【1801】○修改①

按语见【1790】1.1.18.（11）条下。

一、遣犯内，强盗窝主，造意不行又不分赃者；旗下正身，犯积匪者；拿获逃人，不将实在窝留之人指出，再行妄扳者；发遣云贵两广烟瘴偷刨人参人犯，在配脱逃者；盛京旗下家奴为匪，逃走至二次者；派往各省驻防满洲兵丁，临行及中途脱逃者；用药迷人，甫经学习，即行败露者；用药迷人，已经得财为从者；用药迷人，被迷之人当时知觉，未经受累者；闽省不法棍徒，引诱偷渡之人，包揽过台，中途谋害人未死同谋者；应发极边烟瘴罪人，事发在逃，被获时有拒捕者；开窑诱取妇人子女勒卖为从者；永远枷号人犯，已逾十年，原拟死罪并应发新疆、黑龙江者；大伙枭徒拒捕伤差案内之灶丁、窝家；及军营脱逃兵丁，在军务未竣以前投首者；军营脱逃余丁被获者；聚众夺犯杀差案内，随同拒捕，未经殴人成伤者；川省匪徒在野拦抢，四人至九人，未经伤人者；台湾无藉游民，凶恶不法，犯该徒罪以上情重者；贼犯犯罪事发，抗拒杀差案内

---

① 【1768】1.1.18.（15）条已于乾隆五十三年（1788）修并，乾隆五十五年（1790）《大清律例》已不载此条。《大清律例按语》第73卷“犯罪存留养亲”（嘉庆六年）条下，复将本条列为拟修改的原例。

为从在场助势者;罪囚越狱脱逃,三人以上,原犯徒罪为从,及杖、笞为首,并一二人,原犯军、流为从,及徒罪为首者;幕友、长随、书役等倚官妄为,累及本官,罪应军、流以上,与同罪者;新疆兵丁跟役,如有酗酒滋事,互相调发者;行窃军犯,在配复行窃者;抢夺金刃伤人及折伤,下手为从者;积匪猾贼,及窝留者;回民犯窃,结伙三人以上,执持绳鞭器械者;开棺见尸二次为从者;引诱包揽偷渡过台,招集男妇至三十人以上者;军、流、徒犯内强盗,并有关伦理,及凶徒扰害地方,罪应发遣者,俱不准声请留养。

【1802】1.1.18.(11)(略)

【1810】○修改

臣等谨按:积匪猾贼不准留养例内,业已载明旗人犯窃,销除旗档,照民人一例办理,立有专条。此条例内,旗下正身犯积匪一项,系属重复,已于嘉庆六年(1801)十月内,臣部议复福建道御史郑敏行条奏案内,奏准删除在案,应行节删。再查蠹役诈赃、积惯讼棍罪应拟军两项,例无不准留养明文。查此等人犯,一系在官人役,一系播弄乡愚,遇事恐吓索诈,情节均属较重。若一概准其留养,殊非所以惩奸恶而安良懦,自应俱不准声请留养。添入例内,以示惩儆。谨将修改例文,开列于后。

一、遣犯内,强盗窝主,造意不行又不分赃者;拿获逃人,不将实在窝留之人指出,再行妄扳者;发遣云贵两广烟瘴偷刨人参人犯,在配脱逃者;盛京旗下家奴为匪,逃走至二次者;派往各省驻防满洲兵丁,临行及中途脱逃者;用药迷人,甫经学习,即行败露者;用药迷人,已经得财为从者;用药迷人,被迷之人当时知觉,未经受累者;闽省不法棍徒,引诱偷渡之人,包揽过台,中途谋害人未死同谋者;应发极边烟瘴罪人,事发在逃,被获时有拒捕者;开窑诱取妇人子女勒卖为从者;永远枷号人犯,已逾十年,原拟死罪并应发新疆、黑龙江者;大伙枭徒拒捕伤差案内之灶丁、窝家;及军营脱逃兵丁,在军务未竣以前投首者;军营脱逃余丁被获者;聚众夺犯杀差案内,随同拒捕,未经殴人成伤者;川省匪徒在野拦抢,四人至九人,未经伤人者;台湾无藉游民,凶恶不法,犯该徒罪以上情重者;贼犯犯罪事发,抗拒杀差案内为从在场助势者;罪囚越狱脱逃,三人以上,原犯徒罪为从,及杖、笞为首,并一二人,原犯军、流为从,及徒罪为首者;幕友、长随、书役等倚官妄为,累及本官,罪应军、流以上,与同罪者;新疆兵丁跟役,如有酗酒滋事,互相调发者;行窃军犯,在配复行窃者;抢夺金刃伤人及折伤,下手为从者;积匪猾贼,及窝留者;回民犯窃,结伙三人以上,执持绳鞭器械者;开棺见尸二次为从者;引诱包揽偷渡过台,招集男妇至三十人以上者;蠹役诈赃十两以上者;积惯讼棍罪应拟军者;军、流、徒犯内强盗,并有关伦理,及凶徒扰害地方,罪应发遣者,俱不准声请留养。

【1825】1.1.18.(11)(略)

【1830】○修改

臣等谨按:道光十年(1930)四月内,臣部具奏审拟邓八兴贩鸦片烟一案。奉旨:“此案邓八兴贩鸦片烟已成,刑部照收买违禁货物例拟军,并该犯以供明亲老丁单,请交该督查办，固系照例定拟。惟鸦片烟贻害民生，屡经严禁，而奸徒仍敢藐法贩卖，罪既无可复加，若再以亲老丁单，准其留养，殊不足以儆藐玩。邓八一犯，着枷号一个月，发近边充军，不准留养。嗣后遇有贩卖鸦片烟之犯，供明亲老丁单者，着将此案声叙请旨等因。钦此。"钦遵通行各省在案。臣等查情重军、流等犯，不准留养，例内载有明文。今贩卖鸦片烟拟军之犯，既经奉旨不准留养，应于例内添纂，以资引用。谨将修改例文，开列于后。

一、遣犯内，强盗窝主，造意不行又不分赃者；拿获逃人，不将实在窝留之人指出，再行妄扳者；发遣云贵两广烟瘴偷刨人参人犯，在配脱逃者；盛京旗下家奴为匪，逃走至二次者；派往各省驻防满洲兵丁，临行及中途脱逃者；用药迷人，甫经学习，即行败露者；用药迷人，已经得财为从者；用药迷人，被迷之人当时知觉，未经受累者；闽省不法棍徒，引诱偷渡之人，包揽过台，中途谋害人未死同谋者；应发极边烟瘴罪人，事发在逃，被获时有拒捕者；开窑诱取妇人子女勒卖为从者；永远枷号人犯，已逾十年，原拟死罪并应发新疆、黑龙江者；大伙枭徒拒捕伤差案内之灶丁、窝家；及军营脱逃兵丁，在军务未竣以前投首者；军营脱逃余丁被获者；聚众夺犯杀差案内，随同拒捕，未经殴人成伤者；川省匪徒在野拦抢，四人至九人，未经伤人者；台湾无藉游民，凶恶不法，犯该徒罪以上情重者；贼犯犯罪事发，抗拒杀差案内为从，在场助势者；罪囚越狱脱逃，三人以上，原犯徒罪为从，及杖、笞为首，并一二人，原犯军、流为从，及徒罪为首者；幕友、长随、书役等倚官妄为，累及本官，罪应军、流以上，与同罪者；新疆兵丁、跟役，如有酗酒滋事，互相调发者；行窃军犯，在配复行窃者；抢夺金刃伤人及折伤，下手为从者；积匪猾贼，及窝留者；回民犯窃，结伙三人以上，执持绳鞭器械者；开棺见尸二次为从者；引诱包揽偷渡过台，招集男妇至三十人以上者；蠹役诈赃十两以上者；积惯讼棍罪应拟军者；兴贩鸦片烟为首者；军、流、徒犯内强盗，并有关伦理，及凶徒扰害地方，罪应发遣者，俱不准声请留养。

【1840】○修改

臣等谨按：道光十九年(1839)五月内，大学士、军机大臣会同各衙门及臣部议复升任鸿胪寺卿黄爵滋，并各省将军、都统、督抚，及各科道条奏"严禁鸦片烟章程"一折内称，鸦片烟案犯告称留养，例内只有兴贩为首者不准留养，其余向无专条。今拟鸦片烟案内，问拟流罪以上人犯，有告称留养者，概不查办等因具奏。奉上谕："照所议办理。并着纂入则例，永远遵行等因。钦此。"臣等伏查原定鸦片烟章程，现已一年六个月限满，其兴贩为首人犯，现例应拟绞候。所有原例遣犯内兴贩鸦片烟为首不准留养一条，应改为鸦片烟案内问拟流罪以上，不准留养，以资引用。谨将修改例文，开列于后。

一、遣犯内，强盗窝主，造意不行又不分赃者；拿获逃人，不将实在窝留之人指出，再行妄扳者；发遣云贵两广烟瘴偷刨人参人犯，在配脱逃者；盛京旗下家奴为匪，逃走至二次者；派往各省驻防满洲兵丁，临行及中途脱逃者；用药迷人，甫经学习，即行败露者；用药迷人，已经得财为从者；用药迷人，被迷之人当时知觉，未经受累者；

闽省不法棍徒,引诱偷渡之人,包揽过台,中途谋害人未死同谋者;应发极边烟瘴罪人,事发在逃,被获时有拒捕者;开窑诱取妇人子女勒卖为从者;永远枷号人犯,已逾十年,原拟死罪应发遣、充军者;大伙枭徒拒捕伤差案内之灶丁、窝家;及军营脱逃兵丁,在军务未竣以前投首者;军营脱逃余丁被获者;聚众夺犯杀差案内,随同拒捕,未经殴人成伤者;川省匪徒在野拦抢,四人至九人,未经伤人者;台湾无藉游民,凶恶不法,犯该徒罪以上情重者;贼犯犯罪事发,抗拒杀差案内为从,在场助势者;罪囚越狱脱逃,三人以上,原犯徒罪为从,及杖、笞为首,并一二人,原犯军、流为从,及徒罪为首者;幕友、长随、书役等倚官妄为,累及本官,罪应军、流以上,与同罪者;新疆兵丁、跟役,如有酗酒滋事,互相调发者;行窃军犯,在配复行窃者;抢夺金刃伤人及折伤,下手为从者;积匪猾贼,及窝留者;回民犯窃,结伙三人以上,执持绳鞭器械者;开棺见尸二次,为从者;引诱包揽偷渡过台,招集男妇至三十人以上者;蠹役诈赃十两以上者;积惯讼棍罪应拟军者;鸦片烟案犯问拟流罪以上者;军、流、徒犯内强盗,并有关伦理,及凶徒扰害地方,罪应发遣者,俱不准声请留养。

【1847】1.1.18.(17)(略)

【1870】○修改

谨案:同治九年(1870),将"鸦片烟案犯,问拟流罪以上者"句节删。

一、遣犯内,强盗窝主,造意不行又不分赃者;拿获逃人,不将实在窝留之人指出,再行妄扳者;发遣云贵两广烟瘴偷刨人参人犯,在配脱逃者;盛京旗下家奴为匪,逃走至二次者;派往各省驻防满洲兵丁,临行及中途脱逃者;用药迷人,甫经学习,即行败露者;用药迷人,已经得财为从者;用药迷人,被迷之人当时知觉,未经受累者;闽省不法棍徒,引诱偷渡之人,包揽过台,中途谋害人未死同谋者;应发极边烟瘴罪人,事发在逃,被获时有拒捕者;开窑诱取妇人子女勒卖为从者;永远枷号人犯,已逾十年,原拟死罪,应发遣充军者;大伙枭徒拒捕伤差案内之灶丁、窝家;及军营脱逃兵丁,在军务未竣以前投首者;军营脱逃余丁被获者;聚众夺犯杀差案内,随同拒捕,未经殴人成伤者;川省匪徒在野拦抢,四人至九人,未经伤人者;台湾无藉游民,凶恶不法,犯该徒罪以上情重者;贼犯犯罪事发,抗拒杀差案内为从,在场助势者;罪囚越狱脱逃,三人以上,原犯徒罪为从,及杖、笞为首,并一二人,原犯军、流为从,及徒罪为首者;幕友、长随、书役等倚官妄为,累及本官,罪应军、流以上,与同罪者;新疆兵丁、跟役,如有酗酒滋事,互相调发者;行窃军犯,在配复行窃者;抢夺金刃伤人及折伤,下手为从者;积匪猾贼,及窝留者;回民犯窃,结伙三人以上,执持绳鞭器械者;开棺见尸二次为从者;引诱包揽偷渡过台,招集男妇至三十人以上者;蠹役诈赃十两以上者;积惯讼棍罪应拟军者;军、流、徒犯内强盗,并有关伦理,及凶徒扰害地方,罪应发遣者,俱不准声请留养。

【1870】1.1.18.(17)(略)

【1756】○续纂

一、凡问拟死罪人犯，因亲老丁单，照例留养发落之后，复有干犯，无论轻重罪名，即照现犯之罪，按律定拟，不准复请留养。

臣等谨按：此条系乾隆二十一年(1756)六月内，臣部议复直隶按察使永宁条奏定例，应纂辑以便遵行。

【1768】1.1.18.(16)(略)

【1788】○修改

臣等谨按：此条例内“干犯”二字，语涉含混，援引恐致误会。今查照原奏内，摘增“并不安分守法，别生事端”十字，以昭明晰。所有增辑例文，开列于后。

一、凡问拟死罪人犯，因亲老丁单，照例留养发落之后，如有并不安分守法，别生事端，无论轻重罪名，即照现犯之罪，按律定拟，不准复请留养。

【1790】1.1.18.(13)(略)

【1801】○修并

按语并修并情形见【1790】1.1.18.(8)条下嘉庆六年(1801)修并项下。

【1767】○续纂

一、凡独子留养之案，如该犯本有兄弟并侄出继，可以归宗者，及本犯身为人后，所后之家可以另继者，概不得以留养声请。

臣等谨按：此条系乾隆三十二年(1767)九月内，臣部奏请定例，应纂辑遵行。

【1768】1.1.18.(18)(略)

【1790】1.1.18.(4)(略)

【1801】○修改

臣等谨按：此系乾隆三十二年(1767)定例。查出继可以归宗者，自应不准声请留养。若该犯之兄弟及侄所后之家别无可继之人，即属不可归宗，与该犯所后之家别无可继之人，事同一例，仍应准其声请留养。于例内增纂明晰，以便引用。谨将修改例文，开列于后。

一、凡独子留养之案，如该犯本有兄弟并侄出继，可以归宗者，及本犯身为人后，所后之家可以另继者，概不得以留养声请。若该犯之兄弟与侄出继，所后之家无可另继之人，不可归宗，及本犯所后之家无可另继者，仍准其声请留养。

【1802】1.1.18.(5)(略)

【1810】○修并

【原例】【1802】1.1.18.(5)(略)、【1802】1.1.18.(16)(略)

臣等谨按：以上二条，俱系兄弟并侄出继，及本犯身为人后，分别准留养、不准留养之例。前条例内，原包死罪及军、流、遣犯而言。后条首句，只言军、流，而不言死罪、遣犯；其徒罪人犯，只言出继，而不言身为人后，均属罣漏。且两条事理相类，应请修并一条，添纂明晰,以省繁冗,而昭赅备。谨将修并例文,开列于后。

一、凡死罪及军、流、遣犯独子留养之案,如该犯本有兄弟并侄出继,可以归宗者,及本犯身为人后,所后之家可以另继者,概不得以留养声请。若该犯之兄弟与侄出继,所后之家无可另继之人,不可归宗,及本犯所后之家无可另继者,仍准其声请留养。其徒罪人犯,兄弟并侄出继,毋庸令其归宗,及本犯身为人后,毋庸另继,概准声请留养。

【1825】1.1.18.(10)(略)

【1782】○续纂

一、凡审办军、流、徒犯之案,无论应否留养,俱照命案之例,于到案日讯明本犯有无祖父母、父母、兄弟、子孙及年岁若干,于供内叙明存案。如定案之初,不遵例取具有无祖父母、父母各供者,承审之员,照将军流等犯,未经审出实情例议处。

臣等谨按:此条系乾隆四十五年(1780)四月内,臣部因军、流、徒犯留养之案,内外问刑衙门有定案时查明随招附请者,亦有定案并不取供,迨发配时,始据呈称留养行查者,办理未能画一,经臣部奏请定例,奉旨:"依议。"钦遵在案,应纂辑遵行。

【1788】○修并、修改

见【1740】1.1.18.(2)条【1788】修并、修改按语及条例。

【1795】○续纂

一、擅杀罪人之案,与斗杀致毙平人者有间,如有亲老丁单,应行留养者,该督抚照例取结送部核办,毋庸查被杀之人有无父母、是否独子。

臣等谨按:乾隆五十四年(1789)十月内,直隶总督刘峨题陈相卜中殴烧贼人韩晚成受伤身死一案,声明陈相卜中虽系亲老丁单,但被杀之韩晚成亦系独子,与声叙应侍之例未符,秋审时应否取结,听候部议。查独子留养之犯,例应查明死者之家是否独子,此句专指斗殴致毙平人者而言。若擅杀之犯,死系为匪罪人,与殴毙平人有间。当经臣部议,令该督抚将陈相卜中亲老丁单之处,照例于秋审时取结送部,题请留养。奉旨允准在案,应纂辑遵行。

【1801】○修并

见【1790】1.1.18.(5)条下。

【1801】○续纂

一、凡戏杀、误杀、擅杀,斗杀情轻,及无关人命,应拟死罪等项,应入缓决、可矜人犯,定案时犯亲年岁不符,原题内未经声明应侍,秋审后核其祖父母、父母现已老疾,孀妇守节年分均已符合,或成招时家有次丁,嗣经身故,及被杀之家先有父母,嗣已物故，与留养之例相符者，由各督抚查明，随时随案具题，刑部核明题复，准其留养。

臣等谨按：嘉庆四年（1799），臣部奏称：本年三月内，臣部酌议斗杀情轻，擅杀、戏杀，及无关人命，应拟死罪人犯，应入缓决、可矜者，随本声请留养，奏准在案。至前项人犯，有成招时亲未老疾，或孀妇守节未及二十年，各督抚因与留养定例不符，原题未经声明应侍缘由者，向来俱俟秋审缓决，奉旨减等后，再行查办。伏思此等人犯，身罹死罪，即监禁逾时，固属应得。独念其老病之亲，桑榆暮景，风烛堪虞，与其久禁囹圄，而罪犯终邀宽典，莫若早予侍养，俾老疾得被恩施。应请嗣后家无次丁、犯亲年岁不符，原题内未经声明应侍，已入秋审缓决尚未减等之犯，无论已入秋审次数，核其祖父母、父母现已老疾应侍，孀妇守节年分均已符合，或成招时家有次丁，嗣经身故，及被杀之家先有父母，嗣已物故，与留养之例相符者，由各督抚查明取结，随时随案具题。臣部照例核明题复，准其留养等因具奏。奉旨："依议。钦此。"钦遵在案，应纂辑遵行。又查误杀一项，向例俱照戏杀一例办理。原奏未经声叙，应行补入，合并声明。

【1801】○修改

按语见【1790】1.1.18.（7）条下【1801】修改项下。

一、凡戏杀、误杀、擅杀，斗杀情轻，及救亲情切，伤止一二处各犯，如定案时犯亲年岁不符，原题内未经声明应侍，秋审后，核其祖父母、父母现已老疾，孀妇守节年分均已符合，或成招时家有次丁，嗣经身故，及被杀之家先有父母，嗣已物故，与留养之例相符，由各督抚查明，已入秋审缓决、可矜者，随时随案具题，刑部核明题复，准其留养。其未入秋审各案，应拟可矜者，亦准其随时查办；应缓决者，照例俟秋审时，取结报部办理。

【1801】○修改

按语见【1790】1.1.18.（7）条【1801】修改项下。

一、凡误杀、戏杀、擅杀，斗杀情轻，及救亲情切，伤止一二处各犯，如定案时犯亲年岁不符，原题内未经声明应侍，秋审后，核其祖父母、父母现已老疾，孀妇守节年分均已符合，或成招时家有次丁，嗣经身故，及被杀之家先有父母，嗣已物故，与留养之例相符，由该督抚查明，已入秋审缓决、可矜者，随时随案具题，刑部核明题复，准其留养。其未入秋审各案，如戏杀、擅杀、斗杀应拟可矜，及误杀例准缓决一次减等者，亦准其随时查办。如误杀不准一次减等之案，及戏杀、擅杀、斗杀应拟缓决者，照例俟秋审时取结报部办理。如系擅杀，仍照例毋庸查被杀之家有无父母。

【1802】1.1.18.（15）（略）

【1810】○修改

按语及修并例文，见【1802】1.1.18.（7）条【1810】修并、修改例文项下。

一、凡戏杀、误杀、擅杀，斗杀情轻，及救亲情切，伤止一二处各犯，如定案时犯亲年岁不符，原题内未经声明应侍，秋审后核其祖父母、父母现已老疾，孀妇守节年份均已符合，或成招时家有次丁，嗣经身故，及被杀之家先有父母，嗣已物故，与留养之例相符,由各督抚查明,已入秋审缓决、可矜者,随时随案具题,刑部核明题复,准其留养。其未入秋审各案,如擅杀、斗杀应拟可矜,戏杀及误杀例准缓决一次减等者,亦准其随时查办。如误杀不准一次减等之案,及擅杀、斗杀应拟缓决者,照例俟秋审时取结报部办理。如系擅杀,仍照例毋庸查被杀之家有无父母。

【1825】1.1.18.(13)(略)

【1847】1.1.18.(14)(略)

【1801】○续纂

一、凡军、流人犯,有兄弟并侄出继可以归宗者,仍照定例不准声请留养外,其徒罪人犯,兄弟并侄出继者,毋庸令其归宗,概准声请留养。

臣等谨按:嘉庆四年(1799),福建巡抚汪志伊审拟黄超宾砍伤窃贼陈年朋身死,将黄超宾照例减斗杀罪二等拟徒,声明黄超宾胞兄陈廷妹出继,可以归宗,与独子留养之例不符,毋庸声请等因咨部。经臣部议称,例载独子留养之案,如该犯本有兄弟并侄出继可以归宗者,不得以留养声请等语,是亲老丁单之犯,有兄弟出继可以归宗者,定例原不准其声请留养。但罪应军、流各犯,终身不还,本犯出继之兄弟自应归宗,其所后之父母另继别支。至徒罪人犯,一年至三年限满,即应释回。若将本犯之出继兄弟归宗,而所后之父母复另继别支,不惟茕独之老人,因卑幼犯罪而屡易其继,且本犯释回后,而归宗之兄弟又思续继,适足以启争竞,殊非恤老杜弊之道,自应量为变通。应令嗣后军、流人犯,仍照定例办理外,其徒罪人犯,凡亲老丁单,如该犯本有兄弟并侄出继者,毋庸令其归宗,概准声请留养。本案黄超宾一犯,照例枷责,准其存留养亲,仍照例汇题。并通行直隶等省,一体遵办等因,咨行在案。应纂辑为例,以便遵行。

【1802】1.1.18.(16)(略)

【1810】○修并

按语及修并例文,见【1802】1.1.18.(5)条【1810】修并项下。

【1801】○续纂

一、凡军务未竣以前自首逃兵内,如实系因病落后,并非无故脱逃,而其父兄曾经殁于王事,又亲老、家无次丁者,准其留养。其无故脱逃,续经拿获者,虽有父兄殁于王事,仍不准其留养。

臣等谨按:嘉庆五年(1800),臣部议奏"陕甘总督觉罗长麟咨逃兵孙有因病落后逃回,畏罪自首,该犯胞兄孙斌既已阵亡,其母曹氏年老,家无次丁,可否准其留养"折内,钦奉上谕:"刑部奏'逃兵孙有可否准其留养'一折。军营逃兵,在军务未竣以前投首,拟发遣罪者,原不应准其留养。惟念孙有因染患疥疮,行走落后逃回,畏罪自首,且该犯之母曹氏现年七十一岁,伊胞兄孙斌先经阵亡,该犯兄弟二人均未娶妻生子,家无次丁,茕孀孤苦,殊堪悯恻,着加恩准其留养。嗣后军务未竣以前自首逃兵内,如有实系因病落后,并非无故脱逃,而其父兄曾经殁于王事,又亲老、家无次丁者,均着照此案孙有之例,准其留养。其无故脱逃,续经拿获者,虽有父兄殁于王事,仍不准留养。著为令。钦此。”钦遵在案。应恭纂为例,以便遵行。

【1802】1.1.18.(17)(略)

【1825】1.1.18.(9)(略)

【1801】○续纂

一、亲老丁单声请留养之案,除戏杀、误杀及斗杀情轻,或斗杀情节稍重,审无谋、故别情,应俟秋审时核办者,仍照定例分别办理外,其谋杀、故杀及连毙二命,秋审时应入情实无疑之案,定案时虽系丁单亲老,毋庸声明应侍缘由。

臣等谨按:嘉庆五年(1800),臣部核复陕西巡抚台布审题“段青亮扎伤梁才、李世干先后身死,声明段青亮亲老丁单,俟秋审时取结办理”案内议称,臣部向来办理留养之案,如有父母老疾应侍者,除谋杀等案不准声明应侍缘由外,其戏杀、误杀及斗杀情轻各案,俱准随案声请留养。至情节较重,审无谋、故别情者,该督抚于定案时,将应侍缘由声明,俟秋审时取结报部,分别办理。至连毙二命之案,因例内并无不准声明应侍缘由明文,向俱于原题内声叙,俟秋审时再行办理。此案段青亮刃毙二命,情节最重,即秋审会核时,亦系必入情实之案。若仍照向例俟秋审时取结办理,辗转行查,徒繁案牍。应请嗣后凡遇此等连毙二命,秋审应入情实无疑之案,照谋、故杀例,虽亲老丁单,定案时,均毋庸声明应侍缘由,以归简易等因具题。奉旨:“段青亮依议应绞,着监候,秋后处决。余依议。钦此。”钦遵在案。应纂为条例,以便引用。

【1802】1.1.18.(18)(略)

【1810】○修并

按语及修并例文,见【1802】1.1.18.(7)条【1810】修并、修改例文项下。

【1810】○续纂

一、尊长故杀卑幼之案,如有亲老丁单,定案时于疏内声明,俟秋审时取结报部,分别情罪轻重办理。

臣等谨按:尊长故杀卑幼,按服制科断之案,如有亲老丁单,例无留养明文。臣部每遇此等案件,均于定案时附疏声明,俟秋审时取结报部,酌核情罪轻重,分别办理,历次遵循。惟例内究无专条,恐办理未能画一。应请纂辑为例,以便遵行。

【1825】1.1.18.(14)(略)

【1847】1.1.18.(15)(略)

【1840】○续纂

一、各衙门差役犯案,除因公致罪,及因人连累,或寻常过犯,并无倚势滋扰情事,遇有亲老丁单,仍准查办留养外,其余概不准声请留养。

臣等谨按:道光十七年(1837)十月内,据升任山东道监察御史胡长庚奏"严惩奸胥蠹役,请酌改条例"一折内称,独子犯罪,例有准其留养之条。差役一项,每有众人共为其事,专以例准留养一人顶认罪名者,并有明知留养之例,敢于犯法而无所畏者,案由该管衙门办理,其虚实无从穷诘。是以各省留养之案,差役最多,殊失定律本义。应请嗣后差役犯案,无论案情准否留养,一概毋庸查办等语。经臣部查书役倚官妄为,累及本官,及蠹役诈赃十两以上者,例内俱不准声请留养。是差役犯罪情重者,原有不准留养之例。然亦有所犯情罪较轻,如因公致罪,及因人连累,或寻常过犯等类,若因其身充差役,一概不准查办,未免因噎废食。议请嗣后各衙门差役犯案,除因公致罪,及因人连累,或寻常过犯,并无倚势滋扰情事,遇有亲老丁单,仍准其查办留养外,其余虽亲老丁单,概不准其留养,以昭惩创等因具奏。奉旨允准通行,遵照在案。谨纂辑专条,以资引用。

【1847】1.1.18.(13)(略)

天文生有犯

律　文

***【1707】○修改**

【原律】【1646】1.1.19　工乐户及妇人有犯(略)

臣等谨按:此律注内,除缘坐应流,及会赦犹流,与窃盗,俱照常人科断,不在留住之限。其余流罪,并准留住。但犯罪至流,情事已重,工乐户犯三流罪者,不便概准留住拘役。又律文内不言犯徒,查《明律笺释》云"工乐户犯徒者,决讫所犯杖数,照徒年限拘役",应删去律文内"三流拘役"等字,改为"五徒拘役"。至天文生,系仕进一途,不便与乐户贱艺同条,应另作"天文生有犯"一条,列于"工乐户及妇人犯罪"之前。又犯监守、常人盗,掏摸,抢夺,及斗殴杀人者,情罪俱不应留住收赎,并应于小注内注明。谨拟增删,开载于后。

【新改律】天文生有犯

凡钦天监天文生,习业已成,明于测验推步之法,自能专其事者,犯流及徒,各决杖一百,余罪收赎。仍令在监习业。犯谋反、叛逆缘坐应流,及造畜蛊毒、采生折割人、杀一家三人,家口会赦犹流,及犯斗殴伤人、监守常人盗、窃盗、掏摸、抢夺,编配、刺字,与常人一体科断,不在留监习业之限。

总注:此天文生断罪之通例也。天文生职司推测,得人为难。若能于所习之业,专精有成效者,犯流、徒应发遣之罪,并决杖一百,余罪收赎。惟缘坐应流等项,不在此限。凡律言杖一百,余罪收赎者,五徒三流,总决杖一百。如该杖六十、徒一年,杖七十、徒年半者,亦皆决杖一百,余罪收赎。律所谓应加杖者是也。

【新改律】工乐户及妇人犯罪

律文(略)

总注(略)

【1725】○增律

【原增律】(略)

臣等谨按:此是断天文生罪之通例也。推测之法,得人为难。若天文生习业专精,果有成效者,犯流、徒应发遣之罪,并决杖一百,余罪收赎。惟缘坐应流等项,不在此限。

【1725】1.1.19　天文生有犯

凡钦天监天文生,习业已成,明于测验推步之法,自能专其事者,犯流及徒,各决杖一百,余罪收赎。仍令在监习业。犯谋反、叛逆缘坐应流,及造畜蛊毒、采生折割人、杀一家三人,家口会赦犹流,及犯斗殴伤人、监守常人盗、窃盗、掏摸、抢夺,编配、刺字,与常人一体科断,不在留监习业之限。

注:此是断天文生罪之通例也。推测之法,得人为难。若天文生习业专精,果有成效者,犯流、徒应发遣之罪,并决杖一百,余罪收赎。惟缘坐应流等项,不在此限。

【1740】○修改

臣等谨按:此条系前代律文,因军罪另有事例,故单言流、徒。今各条军、流俱事同一例,应行增入律内。谨将增辑例文,开列于后。

凡钦天监天文生,习业已成,明于测验推步之法,能专其事者,犯军、流及徒,各决杖一百,余罪收赎。仍令在监习业。犯谋反、叛逆缘坐应流,及造畜蛊毒、采生折割人、杀一家三人,家口会赦犹流,及犯斗殴伤人、监守常人盗、窃盗、掏摸、抢夺,编配、刺字,与常人一体科断,不在留监习业之限。

【1740】1.1.19　天文生有犯(略)

附律条例

*【1707】○移入**

【原条例】【1646】1.1.19.(8)(略)

此条拟存。

【1725】○删除

*【1646】1.1.19.(8)(略)

臣等谨按:律文小注已明,此条拟删。

*【1707】○移改**

【原条例】【1646】1.1.19.(9)

臣等谨按:今无运炭等项之例。又天文生犯徒、流罪,律不发遣。由天文生出身之钦天监官,犯徒、流者,亦应与军罪一体奏请定夺,应增入"徒、流"字。谨拟增删,开载于后。

【新改条例】一、凡钦天监官,为事请旨提问,与职官一例问断。该为民者,送监仍充天文生身役;该徒、流、充军者,备由奏请定夺。其有不由天文生出身者,悉照例革职发遣。

【1725】○移改

原拟(略)

【1725】○1.1.19.(1)

【原例】一、凡钦天监官,为事请旨提问,与职官一例问断。该为民者,送监仍充天文生身役;该徒、流、充军者,备由奏请定夺。其有不由天文生出身者,悉照例革职发遣。

【1740】○1.1.19.（1）（略）

【1740】○移入

＊名例律·犯罪免发遣【1725】1.1.9.（5）（略）

臣等谨按：此条原载“犯罪免发遣”条下，因养象军奴犯该徒、流等罪，与天文生俱系决杖一百，事同一例，今移此。

【1740】1.1.19.（2）

一、养象军奴，犯该杂犯死罪，及徒、流罪，决杖一百，俱住支月粮，各照年限常川养象，满日仍旧食粮养象，笞、杖的决。

工乐户及妇人犯罪

律　文

【1646】1.1.19　工乐户及妇人犯罪

凡工匠、乐户犯流罪者，三流并决杖一百，留住衙门拘役四年。住支月粮。○若钦天监天文生，习业已成，明于测验推步之法，自专其事，者，犯流及徒者，各决杖一百，余罪收赎。仍令在监习业。犯谋反、叛逆缘坐应流，及造畜蛊毒、采生折割人、杀一家三人家口会赦犹流，及犯窃盗编配、刺字，与常人一体科断，不在流住之限。余罪照例收赎。其妇人犯罪应决杖者，奸罪去衣受刑，余罪单衣决罚，皆免刺字。若犯徒、流者，决杖一百，余罪收赎。

【1670】1.1.19　工乐户及妇人犯罪（略）

＊【1707】○修改

臣等谨按：此律注内，除缘坐应流，及会赦犹流，与窃盗，俱照常人科断，不在留住之限。其余流罪，并准留住。但犯罪至流，情事已重，工乐户犯三流罪者，不便概准留住拘役。又律文内不言犯徒，查《明律笺释》云“工乐户犯徒者，决讫所犯杖数，照徒年限拘役”，应删去律文内“三流拘役”等字，改为“五徒拘役”。至天文生，系仕进一途，不便与乐户贱艺同条，应另作“天文生有犯”一条，列于“工乐户及妇人犯罪”之前。又犯监守、常人盗，掏摸，抢夺，及斗殴杀人者，情罪俱不应留住收赎，并应于小注内注明。谨拟增删，开载于后。

【新改律】天文生有犯

律文（略）

总注（略）

【新改律】工乐户及妇人犯罪

凡工匠、乐户，犯徒罪者，五徒并依杖数决讫，留住衙门照徒年限拘役。住支月粮。○惟斗殴伤人，及监守常人盗，窃盗、掏摸、抢夺，发配、刺字，与常人一体科断，不在留住拘役之限。其妇人犯罪应决杖者，奸罪去衣受刑，余罪单衣决罚，皆免刺字；若犯徒、流者，决杖一百，余罪收赎。

总注：此工、乐户及妇人断罪之通例也。工、乐户二项，皆系应役在官之人，虽犯罪应遣,不便概令脱役。除犯流罪,及斗殴伤人、窃盗等徒罪,难留充役,仍与常人一体科断,此外犯徒罪者,俱照五徒杖数决讫,依徒年限拘役,住支月粮。即流罪应总徒四年、杂犯死罪应准徒五年者,亦依限拘役,住支月粮,满日仍旧充役。其妇人犯罪应决杖者,惟犯奸罪,廉耻已丧,则去其底衣,令之受杖。其余罪名,单衣示惩而已。虽犯盗情,亦免刺字。犯徒、流者,并杖一百,余罪收赎。不言笞者,举重以见轻耳。

【1725】○修改

【原改律】工乐户及妇人犯罪(略)

臣等谨按:此是工、乐户及妇人断罪之通例也。工、乐户,皆在官应役之人,不便概令脱役,除犯流罪,及斗殴伤人、窃盗等徒罪,照常人科断,其犯别项徒罪者,俱照五徒杖数决讫,依徒年限拘役,住支月粮。其妇人,惟犯奸则廉耻已丧,去底衣加刑,余罪皆单衣示惩。虽犯盗情,亦免刺。犯徒、流者,并决满杖,余罪收赎。不言笞者,举重以见轻耳。

【1725】1.1.20　工乐户及妇人犯罪

凡工匠、乐户,犯徒罪者,五徒并依杖数决讫,留住衙门照徒年限拘役。住支月粮。○惟斗殴伤人,及监守常人盗,窃盗、掏摸、抢夺,发配、刺字,与常人一体科断,不在留住拘役之限。其妇人犯罪应决杖者,奸罪去衣受刑,余罪单衣决罚,皆免刺字;若犯徒、流者,决杖一百,余罪收赎。

注:此是工乐户及妇人断罪之通例也。工乐户皆在官应役之人,不便概令脱役。除犯流罪,及斗殴伤人、窃盗等徒罪,照常人科断,其犯别项徒罪者,俱照五徒杖数决讫,依徒年限拘役,住支月粮。其妇人,惟犯奸则廉耻已丧,去单衣留裈加刑,余罪连单衣示惩。虽犯盗情,亦免刺字。犯徒、流者,并决满杖,余罪收赎。不言笞者,举重以见轻也。

凡工匠、乐户犯徒罪者,五徒并依杖数决讫,留住衙门照徒年限拘役。住支月粮。其斗殴伤人,及监守、常人盗,窃盗、掏摸、抢夺,发配、刺字,与常人一体科断,不在留住拘役之限。其妇人犯罪应决杖者,奸罪去衣留裈受刑,余罪单衣决罚,皆免刺字;若犯徒、流者,决杖一百,余罪收赎。

【1740】1.1.20　工乐户及妇人犯罪(略)

附律条例

【1646】1.1.19.(1)

一、内府匠作,犯该监守常人盗、窃盗、掏摸、抢夺者,俱问罪,送工部做工、炒铁等项。其余有犯徒、流罪者,拘役住支月粮;笞、杖准令纳赎。

【1670】1.1.19.(1)(略)

*【1707】○删除

臣等谨按:今匠作犯监守、常人盗,窃盗等罪,俱照律科断,无送工部做工、炒铁之例。流罪情事已重,不便拘役;笞、杖,应照数的决。此条拟删。

【1725】○删除

【原拟】(略)

【1646】1.1.19.(2)

一、在京军民各色匠役,犯该杂犯死罪,无力做工,徒、流罪拘役,俱住支月粮,笞、杖纳赎,或的决。若犯窃盗、掏摸、抢夺一应情重者,亦拟炒铁等项发落,不在拘役之限。民匠仍刺字充警。

【1670】1.1.19.(2)(略)

＊**【1707】○删除**

臣等谨按:今军民匠役犯罪,无做工、炒铁等例,此条拟删。

【1725】○删除

【原拟】(略)

【1646】1.1.19.(3)

一、在京工部各色作头,犯该杂犯死罪,无力做工,与侵盗、诓骗、受财枉法徒罪以上者,依律拘役,满日俱革去作头,止当本等匠役。若累犯不悛,情犯重者,监候,奏请发落。杖罪以下,与别项罪犯,拘役满日,仍当作头。

【1670】1.1.19.(3)(略)

＊**【1707】○删除**

臣等谨按:工部作头,如犯侵盗、诓骗、受财枉法等罪,情事已重,不便拘役。此条拟删。

【1725】○删除

【原拟】(略)

【1646】1.1.19.(4)

一、太常寺、光禄寺厨役,私自逃回原籍潜住,许里甲人等首告,解部不许津贴盘缠。若在原籍、途中,及到部挟诈诓骗告害人者,问罪,立案不行。逃回至三次以上者,问发边外为民。

【1670】1.1.19.(4)(略)

＊**【1707】○删除**

臣等谨按:今太常寺、光禄寺厨役,俱系召募五城民人,有犯挟诈等罪,俱照平人一体治罪。私自逃回者,即行责革另募,并无逃走三次以上问发边外为民之例。此条拟删。

【1725】○删除

【原拟】(略)

【1646】1.1.19.(5)

一、乐户杂犯死罪,无力做工,流罪依律决杖一百,拘役四年;徒、杖、笞罪,俱不的决,止拟拘役,满日著役。若犯窃盗、掏摸、抢夺等项,亦刺字充警。

【1670】1.1.19.(5)(略)

＊【1707】○删除

臣等谨按:今乐户犯罪,无做工之例。且流罪情事已重,不便拘役;笞、杖,应照数的决。窃盗、掏摸等项,前本律小注内已经注明。此条拟删。

【1725】○删除

【原拟】(略)

【1646】1.1.19.(6)

一、教坊司官俳,精选乐工,演习听用。若乐工投托势要,挟制官俳,及抗拒不服拘唤者,听申礼部送问,就于本司门首枷号一个月发落。若官俳徇私听嘱,放富差贫,纵容四外逃躲者,参究治罪,革去职役。

【1670】1.1.19.(6)(略)

＊【1707】○仍旧

谨案:此条拟存。

【1725】1.1.20.(1)【原例】(略)

【1740】1.1.20.(1)

一、和声署官俳,精选乐工,演习听用。若乐工投托势要,挟制官俳,及抗拒不服拘唤者,听申礼部送问,就于本司门首枷号一个月发落。若官俳徇私听嘱,放富差贫,纵容四外逃躲者,参究治罪,革去职役。

【1646】1.1.19.(7)

一、各处乐工,纵容女子擅入王府,及容留贝勒、贝子、公在家行奸,并军民、旗校人等,与贝勒、贝子、公赌博,诓哄财物,及擅入府内教诱为非者,俱问发边卫充军,该管色长革役。

【1670】1.1.19.(7)(略)

＊【1707】○移改

臣等谨按:今各处俱无在官乐工,且在京教坊司亦无女子,应将纵容女子擅入王府一段删去。其赌博、诓哄财物一段,应行删改,移入"杂犯·赌博"律后。

【1725】○移改

【原拟】(略)

＊刑律·杂犯·赌博

【1725】6.26.388.(1)【原例】一、凡军民人等,擅入宗室府内,教诱为非,及赌博、诓哄财物者,俱问发边卫充军。

【1646】1.1.19.(8)

一、凡天文生有犯,查系习业已成,能专其事者,笞、杖,有力纳赎,无力的决;徒、流,依律决杖一百,余罪收赎;杂犯死罪,拘役五年,满日仍旧食粮充役。其例该充军者,将所犯徒、杖,依律决杖、收赎,量给月粮三分之一,拘役终身。如军罪遇宥,亦照旧食粮充役。其窃盗、掏摸、抢夺应刺字充警,并例该永远充军,及习业未成,未能专事者,不分轻重罪名,悉照本等律例科断。

【1670】1.1.19.(8)(略)

＊【1707】○移改

【1725】○移改

见名例·天文生有犯【1725】1.1.19.(1)条。

【1646】1.1.19.(9)

一、凡钦天监官,为事请旨提问,与文职运炭等项一例问断。该为民者,送监仍充天文生身役;该充军者,备由奏请定夺。其有不由天文生出身者,悉照例革职发遣。

【1670】1.1.19.(9)(略)

＊【1707】○删除

【1725】○删除

臣等谨按:律文小注已明,此条拟删。

【1646】1.1.19.(10)

一、妇人有犯奸、盗、不孝,并审无力,与乐妇各依律决罚。其余有犯笞、杖,并徒、流、杂犯死罪该决杖一百者,审有力,与命妇、军职正妻,俱令纳赎。

【1670】1.1.19.(10)(略)

＊【1707】○修改

谨案:此条拟存。但军、流罪一体纳赎,应增入"充军"字。又"军职正妻"字改为"官员正妻"。

【1725】○修改

【原拟】(略)

【1725】1.1.20.(2)

【原例】一、妇人有犯奸、盗、不孝,并审无力者,各依律决罚。其余有犯笞、杖,并徒、流、充军、杂犯死罪,该决杖一百者,审有力,与命妇、官员正妻,俱令纳赎。

【1740】1.1.20.(2)

一、妇人有犯奸、盗、不孝,并审无力者,各依律决罚。其余有犯笞、杖,并徒、流、充军、杂犯死罪,该决杖一百者,审有力,与命妇、官员正妻,俱准纳赎。

【1801】○移改

臣等谨按:此条系修改前明旧例,"有力""无力"等字应删。查与"五刑"律"赎罪"诸条,事同一例,应仍载“赎刑”门内,以归画一。谨将移改例文,开列于后。

名例律·五刑(赎刑)

一、妇人有犯奸、盗、不孝者,各依律决罚。其余有犯笞、杖,并徒、流、充军、杂犯死罪,该决杖一百者,与命妇、官员正妻,俱准纳赎。

＊名例律·五刑【1802】1.1.1.(17)(略)

【1821】○续纂

一、妇女有犯殴差哄堂之案,罪至军、流以上者,实发驻防为奴。犯徒罪者,若与夫男同犯,一体随同实发,亦不准收赎。若妇女专犯徒罪者,仍照律收赎。

臣等谨按:嘉庆二十三年(1818)五月二十八日,奉上谕:“温承惠奏‘审讯寿光县民蒋柱呈控伊子被媳董氏谋毒毙命一案大概情形,请将指控贿和之县令解任质审’一折。寿光县知县陶鈛着解任,交该臬司提同保正张梦陇等,一并归案研讯。至此案下毒情形,蒋柱与伊妻张氏所供不符,而蒋董氏供出同时中毒之蒋小兑妮,系属要证,自应提案质对,以成信谳。乃该臬司饬县差提蒋小兑妮,蒋家妇女竟群出殴差。迨蒋小兑妮到案,蒋柱复与伊妻张氏闯入司堂,撞头肆闹,实属刁恶,目无法纪。将来定案时,无论所控虚实,所有殴差妇女,均照殴差例治罪。蒋柱、张氏均照哄堂例治罪。虽系妇女,不准收赎,嗣后各直省如有妇女殴差哄堂之案,俱着照此办理。钦此。”嗣据该按察使审将蒋柱比照刁徒直入衙门挟制官吏军罪上量减一等,杖一百、徒三年,张氏照为从减等律杖九十、徒二年半,遵旨不准收赎。即令该氏随同伊夫蒋柱赴配,杖罪的决,以昭炯戒等因,奏准在案。查妇女犯罪,如有情节刁恶,罪在军、流以上者,向有实发驻防为奴之例。若仅止徒罪,未便令其单身赴配充徒,是以向来仍准其收赎。至蒋张氏之案,系因与伊夫同案拟徒,原奏内声明令该氏随同伊夫赴配,是张氏尚得有所倚靠。若系只身妇女,犯至徒罪,自未便独赴配所充徒,以致失所,自应仍准收赎。应纂辑为例,以资引用。

【1825】1.1.20.(2)(略)

【1821】○续纂

一、各直省审理妇女翻控之案,实系挟嫌挟忿,图诈图赖,或恃系妇女,自行翻控,审明实系虚诬,罪应军、流以上者,发驻防为奴,不准收赎。倘讯明实因伊夫及尊长被害,并痛子情切,怀疑具控,及听从主使,出名诬控,到官后供出主使之人,俱准其收赎一次。如不将主使之人供明,不准收赎。

臣等谨按:嘉庆二十三年(1818)十二月内,臣部核议升任贵州道监察御史吴杰条奏“各省妇女及年老、残废之人翻控审虚,罪至军、流,不准收赎等因”一折。查定律妇女及老小、废疾犯罪,均准收赎,所以矜无告之穷民,悯无知之氓庶,原系圣朝法外之仁。乃竟有讦讼之徒,每于控案审结之后,毫无屈抑,或主使妇女及年老、残废之人,挺身赴诉,为将来收赎地步,或妇女及年老、残废之人,恃其犯罪例得收赎,自行翻控,审明仍属虚诬,在本犯既得赎免,而良民受其拖累,以致讼案日增,刁风渐长。此等风气,实为闾阎之害。

第此等讦告之案,亦有因伊夫及尊长被害,或痛子情切,怀疑具控者,不可不示以区别。应请嗣后各直省审理民人妇女及年老、废疾翻控之案,实系挟嫌挟忿、图诈图赖,或恃系妇女、老疾,自行翻控,或妇女、老疾听从主使,出头赴控,审明实属虚诬,罪应军、流以上者,即行实发;系妇女,即发驻防为奴,一概不准收赎。倘讯明实因伊夫及尊长被害,并痛子情切,怀疑具控,出于无奈,并无别情者,仍准照例收赎一次等因具奏。奉上谕:"刑部议驳御史吴杰条奏'各省妇女及年老、废疾之人翻控审虚,问拟军、流,不准收赎'一折,所驳甚是。妇女及年老、废疾之人,罪至军、流者,准予收赎,原属法外施仁定例,遵行历年久远。前因山东寿光县蒋柱诬捏伊媳董氏一案,蒋张氏闯入司堂喧闹,特旨不准收赎,原系因事示惩,以儆刁健。乃御史吴杰因此一事,即奏请将各省翻控妇女并年老、废疾军流收赎之例,概行停止,岂不大乖祥刑之义。部议直省妇女及年老、废疾翻控之案,审属虚诬者,如因伊夫及尊长被害,并痛子情切,怀疑具控,准照律收赎,自应如此办理。即听从主使,出头诬控之案,承审官亦应当堂明白晓谕,令其供出主使之人,按律治罪。该犯听从出名,仍准其收赎。若坚不将主使之人供明,始不准其收赎。俾知据实自首,庶明刑之中仍不失钦恤之义也。钦此。"钦遵在案。除将年老废疾翻控一条,载入"老小废疾收赎"门内遵行外,谨将妇女翻控之案,纂辑为例,以便引用。

【1825】○修改

臣等谨按:道光二年(1822)闰三月内,臣部以妇女实发为奴条例内,如因奸致纵容之父母自尽,因与人父子通奸酿成逆伦重案,因奸抑媳同陷邪淫致令自尽等条,本无名节可言,为奴复何顾惜。其有衅非因奸,亦拟实发为奴者,如妇女挟嫌图诈图赖翻控,实系虚诬,罪应军、流以上,及因盗致纵容袒护之父母舅姑自尽等二条,核其情罪,较犯奸之廉耻尽丧者,迥不相侔。若竟予实发,既无以全廉耻;若遽予收赎,又无以示惩创。经臣部议请,嗣后妇女翻控、诬告,及因盗致纵容袒护之父母舅姑自尽,审非因奸起衅,原犯罪应军、流者,监禁三年。限满,由有狱、管狱官察看情形。实知改悔,据实结报,即予释放。倘有在监复行滋事,犯该笞、杖者,仍准收赎。犯该徒罪以上,酌加监禁半年。犯该军、流以上,酌加监禁一年,是否安静,再行分别办理。若官使狱卒故意凌虐者,照凌虐罪囚例加等治罪等因具奏。奉朱批:"大学士会同军机大臣议奏。"嗣经核议复奏,奉旨:"大学士、军机大臣会议刑部,奏改妇女实发为奴条例内,妇女挟嫌图诈翻控、虚诬,及因盗致纵容袒护之父母舅姑自尽二条,着照原议,概免实发,视其原犯罪名,量予监禁年限,及在禁复行滋事酌加年限等事,该部即纂入例册,通饬遵行等因。钦此。"钦遵在案。应于例内修改,添纂明晰,以便引用。

一、各直省审理妇女翻控之案,实系挟嫌挟忿,图诈图赖,或恃系妇女,自行翻控,审明实系虚诬,罪应军、流以上,及妇女犯盗,后经发觉,致纵容袒护之祖父母、父母,并夫之祖父母、父母畏罪自尽,例应问拟云贵两广极边烟瘴充军者,均免其实发驻防为奴,各监禁三年。限满,由有狱、管狱官察看情形,实知改悔,据实结报,即予释放。倘在监复行滋事,犯该笞、杖者,仍准收赎。犯该徒罪以上,加监禁半年;军、流以上,加监禁一年,再行释放。若官吏、狱卒故意凌虐者,照凌虐罪囚例加等治罪。其妇女翻控,讯明实因伊夫及尊长被害,并痛子情切,怀疑具控,及听从主使,出名诬控,到官后供出主使之人,俱准其收赎一次。如不将主使之人供明,仍照例监禁,俟三年限满,再行分别禁、释。

【1825】1.1.20.(3)(略)

【1835】○续纂

一、京城奸媒,有犯诱奸、诱拐罪坐本妇之案,如犯该军、流,俱实发各省驻防为奴;其罪止徒、杖者,准其收赎徒罪,所得杖罪,即照妇女犯奸之例,一体的决,不准收赎。

臣等谨按:道光十三年(1833)十月间,据前任巡视西城御史鲍文淳奏“请严惩拐卖以维风俗”一折内称,近来京城拐卖之案,重见叠出。此等奸媒,为贪身价,辄诱人改节,离人骨肉。且彼涉讼既惯,深明避就,或诱卖无踪,狡不承认,或串通犯妇,归罪本夫。己身所坐,至重不过杖、徒收赎。是以同谋亦有男人,主首多推妇女。前案甫结,后案复生,怙恶不悛,肆无忌惮。奏请究明情节,重则实发驻防为奴,轻则杖、徒,俱不准赎等因。经臣部查妇女犯罪,例准收赎者,原属保全名节之意。而既置名节于不顾,即无复保全之可言。故例内犯奸妇女,轻则决杖,重则实发驻防,均不在收赎之列。至妇女有犯诱奸、诱拐,虽与身犯邪淫者不同,然此等积惯奸媒,以鬼蜮之心,行蛊惑之术,或辗转媒说,致令失身,或久养在家,局奸渔利久矣,荡然无复廉耻之萌。其事虽与犯奸有殊,其情实与犯奸无异,自应另立专条,以昭惩创。议请嗣后京城奸媒有犯诱奸诱拐、罪坐本妇之案,如犯该军、流,俱实发各省驻防为奴。其罪止徒、杖者,准其收赎徒罪,所得杖罪,即照妇女犯奸之例,一体的决,不准收赚等因具奏。奉旨允准,遵行在案。应纂辑专条,以资引用。

【1847】1.1.20.(4)(略)

【1870】○续纂

一、妇女犯军、流等罪,除例载实发驻防为奴,及酌量监禁,免其实发各条外,若系积匪,并窝留盗犯多名,及屡次行凶讹诈,罪应外遣者,实发驻防给官兵为奴。罪应军、流者,准其收赎一次,仍详记档案。如不知悛改,复犯前罪,即行实发驻防,不准收赎。犯该徒罪以下者,仍准收赎,不得加重实发。

【1870】1.1.20.(5)(略)

徒流人又犯罪

律　文

【1646】1.1.20

凡犯罪已发未论决。又犯罪者,从重科断。已徒已流而又犯罪者,依律再科后犯之罪。不在从重科断之限。其重犯流者,依工乐户留住法,三流并决杖一百,于配所拘役四年。若徒而又犯徒者,依后所犯杖数、决讫,并该徒年限议拟明白,照数决讫仍令应役,通前亦总不得过四年。谓先犯徒三年,已役一年，又犯徒三年者，止加杖一百、徒一年之类，则总徒不得过四年。三流虽并杖一百，俱役四年，若先犯徒，年未满者，亦止总役四年。其又犯徒、流人杖罪以下，者。亦各依后犯笞、杖数决之。仍旧应役。其应加杖者，亦如之。谓工乐户及妇人犯者，亦依律科之。重犯徒、流，或拘役，或收赎，亦总不得过四年；重犯笞、杖，亦照数决之。

【1670】1.1.20（略）

＊**【1707】○修改**

谨案：此律拟存。但"依数决"之下，应注"充军又犯罪，及重犯军罪，俱与流罪同科"。又工乐户犯流罪留住，前条已拟删，应删去律文内亦"依留住法"句。其天文生亦应加杖，末节注内应增"天文生"字。

总注：此言犯罪已发、已决而又犯者之通例也。凡犯罪发觉到官司，问理未结，而又犯别罪，则从重科断。若先犯重而后犯轻，则科先犯之罪；后犯重而先犯轻，则科后犯之罪。若二犯相等，则从一科断。此指罪发未决而又犯者言也。至于流、徒囚已配，而于配所又犯别罪，或徒犯流，或流犯徒，则依律再科后所犯之罪。其重犯流者，如再加流，则地过远，故决杖一百，止于拘役四年。重犯徒者，若尽满徒限，则年过深，故决讫应役，亦止于总徒四年。若流、徒又犯笞、杖，则罪轻不妨全科，故各依数决之。充军人于配所又犯别罪，及重犯军罪，俱照流罪科断。应拘役者，常川拘役四年。其应加杖之人，指天文生、工乐户及妇人言。重犯笞、杖，亦照数的决，故曰"亦如之"。

【1725】○修改

原拟（略）

臣等谨按：此是犯罪已发、已决而又犯者之通例也。首言已发未决而又犯，若先犯重而后犯轻，则从先犯之罪；后犯重而先犯轻，则从后犯之罪；二犯相等，则从一科断。次言已至配所而又犯，或徒犯流，或流犯徒，则依律再科后犯之罪。三言已流又犯流，如再加流，则地过远，故止拘役四年。四言已徒又犯徒，如再加徒，则年过久，故止总徒四年。五言徒、流又犯笞、杖，则罪轻不妨全加，故依数决之。凡充军人于配所又犯别罪，及重犯军罪，俱照流罪科断。六言天文生、工乐户及妇人，已犯笞、杖而又犯，则应加杖，亦照数的决。

【1725】1.1.21

凡犯罪已发未论决，又犯罪者，从重科断。已徒已流而又犯罪者，依律再科后犯之罪。不在从重科断之限。其重犯流者，三流并决杖一百，于配所拘役四年。若徒而又犯徒者，依后所犯杖数、该徒年限议拟明白，照数决讫仍令应役，通前亦总不得过四年。谓先犯徒三年，已役一年，又犯徒三年者，止加杖一百、徒一年之类，则总徒不得过四年。三流虽并杖一百，俱役四年，若先犯徒，年未满者，亦止总役四年。其又犯徒、流人杖罪以下，者。亦各依后犯笞、杖数决之。充军又犯罪及重犯军罪，俱与流罪同科，仍旧应役。其应加杖者，亦如之。谓天文生、工乐户及妇人犯者，亦依律科之。重犯徒、流，或拘役，或收赎，亦总不得过四年；重犯笞、杖，亦照数决之。

注：此是犯罪已发、已决而又犯者之通例也。凡罪发未决而又犯者，宜从重科断。若先犯重而后犯轻，则科先犯之罪；后犯重而先犯轻，则科后犯之罪；若二犯相等，则从一科断。至于流、徒囚已至配所而又犯，或徒犯流，或流犯徒，则依律再科后犯之罪。其重犯流者，如再加流，则地过远，故决杖一百，止拘役四年；重犯徒者，如再加徒，则年过久，故照数决杖，总徒亦止四年。徒、流又犯笞、杖，则罪轻，不妨全

科，故依数决之。若充军人于配所又犯别罪，及重犯军罪，俱照流罪科断。其应加杖者，指天文生、工乐户及妇人重犯笞、杖，亦照数的决。

【1740】○修改

臣等谨按：律文“各依杖数决之”下，注内“充军又犯罪，及重犯军罪，俱与流罪同科，仍旧应役”等语。查重犯军罪，已包在又犯罪之内，应删改。又注内“天文生”下“工乐户”三字，“亦依律科之”下“重犯徒、流，或拘役，或收赎，亦总不得过四年”等语。查工乐户有犯五徒，各依杖数的决，并不与天文生俱系枷、杖。且惟犯徒罪，仍照依年限留役，流罪原不在其内。至于徒罪不得过四年，及笞、杖的决之处，已包在“依律科断”之中，均应删。谨将删改律注，开列于后。

凡犯罪已发未论决。又犯罪者，从重科断。已徒已流而又犯罪者，依律再科后犯之罪。不在从重科断之限。其重犯流者，三流并决杖一百，于配所拘役四年。若徒而又犯徒者，依后所犯杖数、该徒年限议拟明白，照数决讫仍令应役，通前亦总不得过四年。谓先犯徒三年，已役一年，又犯徒三年者，止加杖一百、徒一年之类，则总徒不得过四年。三流虽并杖一百，俱役四年，若先犯徒，年未满者，亦止总役四年。其徒、流人又犯杖罪以下，者。亦各依后犯笞、杖数决之。充军又犯罪，亦准此。其应加杖者，亦如之。谓天文生及妇人犯者，亦依律科之。

【1740】1.1.21（略）

附律条例

【1646】1.1.20.(1)

一、先犯杂犯死罪，运炭、纳米等项未完，及做工等项未满，又犯杂犯死罪者，决杖一百。除杖过数目，准银七分五厘，再收赎银四钱五分。又犯徒、流、笞、杖罪者，决其应得杖数，五徒三流，各依律收赎银数，仍照先拟发落。若三次俱犯杂犯死罪者，奏请定夺。

【1670】1.1.20.(1)（略）

＊**【1707】○修改**

谨案：此条拟存。但今无运炭、纳米、做工之例，应删去“运炭、纳米等项未完”及“做工等项未满”二语，改为“纳赎未完”及“准徒年限未满”。

【1725】○修改

原拟（略）

【1725】1.1.21.(1)

【原例】一、先犯杂犯死罪，纳赎未完，及准徒年限未满，又犯杂犯死罪者，决杖一百。除杖过数目，准银七分五厘，再收赎银四钱五分。又犯徒、流、笞、杖罪者，决其应得杖数，五徒三流，各依律收赎银数，仍照先拟发落。若三次俱犯杂犯死罪者，奏请定夺。

【1740】1.1.21.(1)（略）

【1646】1.1.20.(2)

一、先犯徒、流罪,运炭、做工等项未曾完满,又犯杂犯死罪,除去先犯罪名,止拟后犯死罪运炭、做工等项。若又犯徒、流罪者,依已徒而又犯徒,将所犯杖数,或的决,或纳银,仍总徒不得过四年。又犯笞、杖者,将后犯笞、杖,或的决,或纳银,仍照先拟发落。

【1670】1.1.20.(2)(略)

***【1707】○修改**

谨案:此条拟存。但应改"运炭、做工等项未曾完满"句,为"纳赎未完及年限未满"。其"后犯死罪"下"运炭、做工等项"字,亦应改为"纳赎充徒"。

【1725】○修改

原拟(略)

【1725】1.1.21.(2)

【原例】一、先犯徒、流罪,纳赎未完及年限未满,又犯杂犯死罪,除去先犯罪名,止拟后犯死罪纳赎充徒。若又犯徒、流罪者,依已徒而又犯徒,将所犯杖数,或的决,或纳银,仍总徒不得过四年。又犯笞、杖者,将后犯笞、杖,或的决,或纳银,仍照先拟发落。

【1740】○删除

【原例】【1725】1.1.21.(2)(略)、【1725】1.1.21.(3)(略)

臣等谨按:以上二条,俱系前代之例,已经从前改辑者。但查实流并无年限,其所称先犯徒、流,又犯杂流死罪,止拟后犯死罪,及又犯徒、流,依已徒而又犯徒总徒不得过四年之处,盖指五徒并杂犯流罪而言,已包在律文徒而又犯徒仍令应役之中。其所云先犯笞、杖,又犯杂犯死罪,止拟后犯死罪,及又犯徒、流,止拟后犯徒、流,并笞、杖轻重不等,从重发落之处,亦包在律文从重科断之内。至于先犯纳赎未完,后犯应准纳赎之罪,自应仍照例纳赎,断无反行的决之理,似不必另为定例,均应删。

【1646】1.1.20.(3)

一、先犯笞、杖罪,运炭、做工等项未曾完满,又犯杂犯死罪,除去先犯罪名,止拟后犯死罪运炭、做工等项。又犯徒、流罪,将先犯罪名,或纳银,或的决,止拟后犯徒、流。又犯笞、杖罪,若等者,从先发落;轻重不等者,从重发落。余罪俱照前纳银、的决。

【1670】1.1.20.(3)(略)

***【1707】○修改**

谨案:此条拟存。但应改"运炭、做工等项未曾完满"句,为"纳赎未完"。其"后犯死罪"下"运炭、做工等项"字,亦应改为"纳赎充徒"。

【1725】○修改

原拟(略)

【1725】1.1.21.(3)

【原例】一、先犯笞、杖罪,纳赎未完,又犯杂犯死罪,除去先犯罪名,止拟后犯死罪纳赎充徒。又犯徒、流罪,将先犯罪名,或纳银,或的决,止拟后犯徒、流。又犯笞、杖罪,若等者,从先发落;轻重不等者,从重发落。余罪俱照前纳银、的决。

【1740】○删除

按语见【1725】1.1.21.(2)条下。

【1646】1.1.20.(4)

一、在京在外问拟一应徒罪,俱免杖。其已徒而又犯徒,该决讫所犯杖数总徒四年者,在京遇热审、在外遇五年审录,俱减一年。若诬告平人死罪未决,杖一百、流三千里、加役三年,律比照已徒而又犯徒总徒四年者,虽遇例不减。

【1670】1.1.20.(4)(略)

*【1707】○修改**

臣等谨按:今徒罪俱至配所折责,并不免杖,且无五年审录一次之例。再流罪加徒人犯,曾经减等为总徒四年者,若遇恩例,并无不准再减之例,相应删改。谨拟删改,开载于后。

【新改条例】一、凡在京在外,已徒而又犯徒,总徒四年者,遇例减等,俱减一年。若诬告平人死罪未决,杖一百、流三千里、加役三年者,遇例减等,减为总徒四年。若再遇例,仍准减一年。

【1725】○修改

原拟(略)

【原改条例】(略)

【1725】1.1.21.(4)

【原例】一、凡在京在外,已徒而又犯徒,总徒四年者,遇例如恩赦、热审之类。减等,俱减一年。若诬告平人死罪未决,应杖一百、流三千里、加役三年者,遇例减等,减为总徒四年。若再遇例,仍准减一年。

【1740】○修改

臣等谨按:此条亦系前代之例。查原犯总徒四年与准徒五年,事同一例,俱不应与五徒止减半年,应将准徒增入。再时遇热审,徒、流并无减等之例,即不遇恩赦,徒、流亦有减等之条,"遇例"下小注应删。谨将增删例文,开列于后。

一、凡在京在外,已徒而又犯徒,总徒四年,及原犯总徒四年、准徒五年者,若例应减等,俱减一年。其诬告平人死罪未决,应杖一百、流三千里、加徒役三年者,若例应减等,减为总徒四年。若再遇例,仍准减一年。

【1740】1.1.21.(2)(略)

【1767】○修改

臣等谨按:此条原例内,有"例应减等"及"遇例减等"等语,原指遇赦而言。拟将原例内"例"字,改为"赦"字。

一、凡在京在外,已徒而又犯徒,总徒四年,及原犯总徒四年、准徒五年者,若遇赦减等,俱减一年。其诬告平人死罪未决,应杖一百、流三千里、加徒役三年者,若遇赦减等,减为总徒四年。若再遇赦,仍准再减一年。

【1768】1.1.21.(2)(略)

【1801】○移出

臣等谨按:此条系修改前明旧例,专论总徒、准徒人犯遇赦减等之法,与"徒流又犯罪"律意迥不相蒙,应移载"常赦所不原"门内,以昭画一。

*名例律·常赦所不原【1802】1.1.16.(10)(略)

【1725】○增入

臣等谨按:康熙四十八年(1709)二月内,刑部会复配所杀人正法,事理类于此律,谨拟节录于后。

【续增现行例】一、凡宁古塔、黑龙江充发人犯,在配所杀人,仍在部具题,行文该将军于众人前即行正法。

臣等谨按:此条类于"徒流人又犯罪"律,应增入条例后。

【1725】1.1.21.(5)

【增例】一、凡宁古塔、黑龙江充发人犯,在配所杀人者,仍由部具题,行文该将军于众人前即行正法。

【1740】○修改

臣等谨按:凡杀人之犯,皆分谋、故、斗殴,定拟斩、绞立决、监候。今此例但云"杀人即行正法"者,盖以免死减等强盗充发宁古塔、黑龙江等处,原系律应斩决之人,故不分谋、故、斗殴,即行正法也。但例内未将免死减等及照原拟斩罪即行正法之处明白指出,恐将平常发遣之犯,亦误引此例,应改。谨将改辑例文,开列于后。

一、免死减等,发遣宁古塔、黑龙江等处盗犯,在配所杀人者,该将军咨报刑部,查明原案,仍照原犯之罪,定拟斩决具题,行文该将军于众人前即行正法。若平常发遣人犯,在配所杀人者,仍分别谋、故、斗殴,按律定拟。

【1740】1.1.21.(3)(略)

【1788】○修并

【原例】【1740】1.1.21.(3)(略)、【1768】1.1.21.(6)(略)

臣等谨按:首条系免死发遣盗犯,及平常遣犯在配杀人治罪之例。次条系免死盗犯,在配犯该无关人命,罪应斩、绞监候,军、流、徒、杖者,分别定拟之例。义同语贯,应并为一条,以省繁冗。今将并辑例文,开列于后。

一、免死减等发遣宁古塔、黑龙江等处盗犯,除脱逃被获,仍照定例斩决外,如在配所杀人,及犯别项无关人命,罪应斩、绞监候者,该将军咨报刑部,查明原案,定拟斩决具题,行文该将军,于众人前即行正法。犯该徒罪以上者,拟斩监候;犯该笞、杖者，枷号三个月、鞭一百。至平常发遣人犯在配杀人，仍分别谋、故、斗殴，按律定拟。

【1790】1.1.21.(5)(略)

【1802】1.1.21.(3)(略)

【1814】○修改

臣等谨按：嘉庆十七年(1812)十二月内，臣部议复原任黑龙江将军、宗室斌静等“调剂黑龙江等处遣犯”折内，请将强盗免死减等一条，改发新疆给官兵为奴等因，奏准通行在案。此条例内，应添入“新疆”二字。再查宁古塔等处，凡遇罪应斩、绞之案，向系咨部改题，新疆俱系专折具奏，应将例内“咨报刑部”改为“奏咨到部”。谨将修改例文，开列于后。

一、免死减等发遣新疆、宁古塔、黑龙江等处盗犯，除脱逃被获，仍照定例斩决外，如在配所杀人，及犯别项无关人命罪应斩、绞监候者，该将军等奏咨到部，刑部查明原案，定拟斩决，分别题、奏，行文该将军，于众人前即行正法。犯该徒罪以上者，拟斩监候；犯该笞、杖者，枷号三个月、鞭一百。至平常发遣人犯在配杀人，仍分别谋、故、斗殴，按律定拟。

【1825】1.1.21.(9)(略)

【1835】○修改

臣等谨按：此条例文，系指免死减等遣犯，及平常发遣人犯在配复行犯罪而言。惟查免死减等遣犯，在配复犯遣、军、流、徒等罪，以及平常遣犯在配杀人，例内均有明文。其平常遣犯，在配复犯军、遣以下罪名，作何办理之处，未经议及。检查向来成案，办理亦多参差。伏思平常遣犯，较免死减等遣犯情罪为轻，故在配杀人，例止按谋、故、斗殴本律定拟，不与免死减等遣犯一例问拟斩决。则在配复犯军、遣以下罪名，自未便加入于死。而原犯罪已至遣，又无可加等调发之处。臣等公同酌议，应请按其现犯罪名，分别加以枷号、鞭责，于例内添纂明晰，以资引用。谨将修改例文，开列于后。

一、免死减等发遣新疆、宁古塔、黑龙江等处盗犯，除脱逃被获，仍照定例斩决外，如在配所杀人，及犯别项无关人命罪应斩、绞监候者，该将军等奏咨到部，刑部查明原案，定拟斩决，分别题、奏，行文该将军，于众人前即行正法。犯该徒罪以上者，拟斩监候；犯该笞、杖者，枷号三个月，鞭一百。至平常发遣人犯在配杀人，仍分别谋、故、斗殴，按律定拟。如犯该遣罪者，在配所枷号六个月；犯该军、流者，枷号三个月；犯该徒罪者，枷号两个月，俱鞭一百；犯该笞、杖者，各照应得之数，鞭责发落。

【1847】1.1.21.(9)(略)

【1725】1.1.21.(6)

【钦定例】一、凡发遣人犯，配定名数，分起解送。如案内人犯众多，至五名以上者，每五名作一起，先后解送。至起解时，务必严加锁铐。倘解役人等受贿开放者，计赃照枉法加倍治罪。若转解之该地方官，因前途未曾锁铐，不复行查，听其散行，将该地方官与前途未曾锁铐官，均按罪犯轻重，照不加肘锁脱逃例，分别议处。如解犯于经过处所,辱官诈财、生事不法者,无论满汉官员、军民人等,该地方官即行羁禁严审,通详该上司核明题参,将不法解犯,即于经过处所正法示众。倘州县官隐匿不报,或已申报而府、道、司不行揭报,督抚不行题参者,俱交部照例分别议处。

谨案:此条雍正三年(1725)定。

【1740】○修改

臣等谨按:此条内分别解送、严加锁铐之处,与雍正九年(1731)定例大同小异。今将九年定例节删增入,并为一条。再"加倍"字样,已于雍正八年(1730)奉旨不许擅用,应删。又"不加肘锁脱逃例",系《吏部处分则例》,应改。至于所称"正法示众"者,盖指原拟斩罪免死减等者而言,故不言斩、绞,但言正法也。例内止言官员、军民人等,未将何等发遣人犯明白指出,恐将平常发遣人犯,亦误引此例,应改。谨将删改例文,开列于后。

一、凡发遣人犯,酌定名数,分起解送。如案内人犯众多,至五名以上者,每五名作一起,先后解送。至起解时,务必如法锁铐,将年貌、锁铐填注批内。接递官必按批验明锁铐完全,于批内注明"完全"字样,钤盖印信,转递前途。倘解役人等有受贿开放者,计赃照枉法律治罪。若转解之该地方官,因前途未曾锁铐,不复行查,不补加锁铐,听其散行,将该地方官与前途未曾锁铐官,均按罪犯轻重,交部分别议处。如该犯于经过处所,辱官诈财、生事不法者,无论满汉军民,如系原拟斩罪免死减等人犯,该地方即行羁禁严审,通详该上司核明具题,将不法解犯,即于经过处所,照原犯斩罪正法示众。倘州县官隐匿不报,及该管上司不行转揭题参者,俱交部照例分别议处。如系平常发遣人犯,俱照徒流人又犯罪律分别治罪。

【1740】1.1.21.(4)(略)

【1790】1.1.21.(3)(略)

【1801】○修改、移改

臣等谨按:此条遣犯分别解送、如法锁铐,及解役贿放治罪,转解官失察处分,并该犯于经过处所辱官诈财即行正法示众,系雍正三年(1725)定例。又发遣人犯,务将年貌填注批内,接递官按批验明锁铐完全,于批内注明"完全"字样,钤盖印信,转递前途,系雍正九年(1731)定例。乾隆五年(1740)并辑一条。但查此例前半段,系发遣人犯起解章程,与"徒流人又犯罪"律意无涉,应移载"徒流迁徙地方"门内,以昭画一。后半段,系遣犯在途复犯治罪条款,自应于本门内另立专条,以便引用。谨将修改、移改例文二条,开列于后。

一、凡发遣人犯,于经过处所,辱官诈财、生事不法者,无论满汉军民,如系原拟斩罪免死减等人犯,该地方即行羁禁严审,通详该上司核明具题,将不法解犯,即于经过处所,照原犯斩罪正法示众。倘州县官隐匿不报,或该管上司不行转揭题参者,俱交部照例分别议处。如系平常发遣人犯,俱照徒流人又犯罪律分别治罪。

*名例律·徒流迁徙地方

【1802】1.1.45.(41)一、凡发遣人犯,酌定名数,分起解送。如案内人犯众多,至五名以上者,每五名作一起,先后解送。至起解时,务必如法锁铐,将年貌、锁铐填注批内。接递官必按批验明锁铐完全,于批内注明“完全”字样,钤盖印信,转递前途。倘解役人等,有受贿开放者,计赃照枉法律治罪。若转解之该地方官,因前途未曾锁铐,不复行查,不补加锁铐,听其散行,将该地方官与前途未曾锁铐官,均按罪犯轻重,交部分别议处。

【1802】1.1.21.(8)(略)

【1825】1.1.21.(6)(略)

【1847】1.1.21.(4)(略)

***【1725】○删除**

【现行例】一、凡免死减等发遣之人,从发遣处逃回,未犯罪者,仍照原定例完结。犯罪者,不论罪之轻重,将伊原罪查出,递发该将军,在于众人前即行处斩。

臣等谨按:此条类于“徒流人逃”律。查康熙五十二年(1713)十月内,奉有“从发遣处逃回行凶之人,停止发与该将军,在此即行正法”之上谕,载入“徒流人逃”条例内,此条应删。

【1740】○增入

一、发遣黑龙江等处为奴人犯,有被伊主图占其妻女,因而致毙者,将伊主照故杀奴婢例治罪。倘为奴人犯,有诬捏挟制伊主者,照诬告家长律治罪。

谨案:此条系乾隆元年(1736)定例。

【1740】1.1.21.(5)(略)

【1790】1.1.21.(4)(略)

【1802】1.1.21.(2)(略)

【1740】○删除

一、免死发遣为奴之犯,发遣后如仍有凶暴者,不论有应死、不应死之罪,伊主置之于死,不必治罪,但将实在情节报明该管官,咨部存案。其发遣当差之犯,如不守法度,被该管官打死者,亦免其议处,但将情由报部存案。若当差、为奴等犯,与平人斗殴被打身死者,将平人减一等治罪。

臣等谨按:此条系雍正六年(1728)定例。其所称“不论有应死、不应死之罪,伊主置之于死,不必治罪”之处,已于乾隆元年(1736)遵旨改为“图占犯人妻女,致毙人命者,照故杀奴婢例治罪”。“名例”内所称“不守法度,被该管官打死,免其议处”等语,原包在“依法拷讯者不坐”律内。至于“当差、为奴等犯,与平人斗殴被打身死者,将平人减一等治罪”，固所以严禁发遣者凶暴之习，而杀人不至于死，实足以长平人玩法之渐。毋庸纂入。

【1740】○删除

一、充发烟瘴军、流人犯，不论旗、民，倘于经过州县及安插地方，或凌虐需索，行凶生事，造作谣言，以及不服管束，肆行不法者，本管兵役即禀明该地方官，详报督抚具题，将该犯照发遣人犯沿途辱官诈财生事拟斩立决例，于本处即行正法。倘解送之时，安插之所，不服拘管，或因约束过严，以致轻生毙命者，该督抚查明果无凌虐、逼勒致死情弊，取具印甘各结送部，将地方官吏人等概行免议。如该地方文武官弁徇情故纵，隐匿不报，及疏防脱逃者，分别议处。押解兵役人等徇情故纵者，照与囚同罪律治罪。如疏防脱逃，照疏脱发遣黑龙江人犯例治罪。若受财者，计赃以枉法从重论。此等发遣人犯，果能在彼处地方安静奉法，无一毫妄行之处，过三年后，着该地方官详报督抚，具奏请旨。

臣等谨按：此条系雍正七年（1729）定例，乃专为特旨发往烟瘴地方人犯而设，故有在彼处安静无过，三年后具奏请旨之例，并非例应发遣烟瘴地方人犯。今从前奉特旨发往者，俱陆续分别情罪，奏准放回在案。其例应发遣者，到配所后，即遇赦亦不准放还，不应三年无过反准奏请。至于生事不法即行正法之处，已详载发遣人犯定例之内。毋庸纂入。

【1743】○续纂

一、免死减等发遣盗犯，除在配所杀人，及为强盗，并逃走后复犯行凶为匪者，照定例遵行外，其在配犯该斩、绞监候者，拟斩立决；犯该徒罪以上者，拟斩监候；犯该笞、杖者，枷号三个月，鞭一百。

谨案：此条系乾隆五年四月，臣部议复宁古塔将军吉党阿咨送免死减等盗犯刘五图复又行窃一案，经九卿议准定例。

【1768】1.1.21.（6）（略）

【1788】○修并

按语及修并例文见【1740】1.1.21.（3）条下【1788】修并项。

【1761】○续纂

一、军犯在配，复犯徒罪者，分别枷号、徒一年者，于配所枷号一个月，每等递加五日。复犯军、流罪者，均照逃军枷号调发之例，一体办理。

臣等谨按：此条系乾隆二十四年（1759）七月内，臣部议复山东按察使沈廷芳条奏定例，应纂辑以便遵行。

【1768】1.1.21.（7）（略）

【1802】1.1.21.（5）（略）

【1825】1.1.21.(3)(略)

【1835】○修改

臣等谨按:此条例内所称"军犯在配复犯军、流罪者,均照逃军枷号调发之例办理"等语。查军犯脱逃,例系照原犯罪名加等调发。至军犯在配复犯,常有现犯罪名重于原犯罪名者。若概依逃军之例,照原犯罪名加等调发,似不足以昭平允。自应将例文酌加修改,以资引用。再查极边烟瘴充军人犯脱逃,原例系改发新疆当差。嗣于道光六年(1826)调剂新疆遣犯案内,改为仍发云贵两广极边烟瘴充军,到配加枷号三个月。则遇有极边烟瘴军犯,在配复犯军、流罪名,或别项军犯,在配复犯极边烟瘴充军罪名者,自应即照极边烟瘴军犯脱逃之例,一体办理,亦应于例内添叙明晰。谨将修改例文,开列于后。

一、军犯在配,复犯徒罪者,分别枷号。徒一年者,于配所枷号一个月,每等递加五日。复犯流罪,及复犯军罪,轻于原犯罪名,或与原犯罪名相等者,即照原犯罪名加等调发;若复犯军罪,重于原犯罪名者,即照复犯罪名加等调发,各加枷号一个月。罪至极边烟瘴者,仍发云贵两广极边烟瘴充军,加枷号三个月。

【1845】○修改

臣等谨按:此条例文所称"军犯在配复犯罪至极边烟瘴者,仍发云贵两广极边烟瘴充军,加枷号三个月"一节,从前旧例内称,系"照逃军枷号调发之例一体办理"。道光十四年(1834)间,臣部修例,事因六年(1826)间调剂新疆遣犯,已将极边烟瘴脱逃改发新疆之例,改为仍发云贵两广极边烟瘴充军,加枷号三个月。是以将旧例内"照逃军枷号调发"一语删去,改为"罪至极边烟瘴者,仍发云贵两广极边烟瘴充军,加枷号三个月"。现在新疆遣犯,业经奉旨仍照旧发往,是极边烟瘴充军脱逃之犯,应仍遵旧例加发新疆,以符定制。惟旧例内文义甚略,不若道光十四年改订详明,自应参核二例,修改明晰,以资引用。谨将修改例文,开列于后。①

一、军犯在配,复犯徒罪者,分别枷号。徒一年者,于配所枷号一个月,每等递加五日。复犯流罪,及复犯军罪,轻于原犯罪名,或与原犯罪名相等者,即照原犯罪名加等调发;若复犯军罪,重于原犯罪名者,即照复犯罪名加等调发,各加枷号一个月。罪至极边烟瘴者,发遣新疆酌拨种地当差。

【1847】1.1.21.(10)(略)

【1767】○续纂

一、窃盗问拟军、流、徒罪,到配后,除犯一切寻常案件,及所犯罪重者,仍各照律例办理外,其有在配、在逃行窃,不论次数、赃数,徒罪复犯者,拟以满流;流罪复犯者,改发云贵两广极边烟瘴充军;军罪复犯者,亦改发云贵两广极边烟瘴充军。

---

① 另见名例·徒流人又犯罪【1825】1.1.21.(4)条、【1845】修改项下按语。

如有脱逃被获,照新疆人犯脱逃例,请旨即行正法,不得与徒、流改发人犯一体办理。

臣等谨按:此条系乾隆二十八年(1763)正月浙江按察使李治运条奏,及三十二年(1767)四月内军机大臣会同臣部奏准,并纂为例,以便遵行。再查李治运原奏系专指在配行窃而言,今按逃后行窃者,罪亦无可复加,拟于例内增"在逃"二字,合并声明。

【1768】1.1.21.(8)(略)

【1778】○修改

臣等谨按:此条原例内所称"徒罪复犯者,拟以满流;流罪复犯者,改发云贵两广极边烟瘴充军"等语,系指寻常窃盗复犯行窃者而言。"军罪复犯者,亦改发云贵两广极边烟瘴充军。如有脱逃被获""请旨即行正法"等语,系指由新疆改发内地之情重窃盗而言,故例末载有"不得与徒、流改发人犯一体办理"之文。今新疆改发内地十六项人犯,业已另立专条,此条应节删、修改。谨将删改例文,开列于后。

一、寻常窃盗问拟军、流、徒罪,到配后,除犯非偷窃,及所犯罪重者,仍各照律例办理外,其有在配、在逃行窃,不论次数、赃数,徒罪复犯者,拟以满流;军、流复犯者,俱改发云贵两广极边烟瘴充军。

【1790】1.1.21.(8)(略)

【1801】○修改

臣等谨按:此条系乾隆二十八年(1763)定例。查"刑律·窃盗"例载,因窃拟徒、拟流逃回,不知悛改,连窃至三次以上者,照积匪猾贼例拟遣。又行窃计赃满贯者,拟绞监候。此条例内徒罪复犯者,拟以满流;军、流复犯者,俱改发云贵两广极边烟瘴充军,系指行窃仅止一二次、赃数未至满贯者而言。例称不论次数、赃数,殊属含混。恐各省误会文义,将行窃三次以上及满贯之案,办理舛错,自应修改详明,以免歧异。又在配、在逃复窃三次以上,例应照积匪猾贼问拟,亦应于例内添叙,以昭赅备。谨将修改例文,开列于后。

一、寻常窃盗问拟军、流、徒罪,到配后,除犯非偷窃,及所犯罪重者,仍各照律例办理外,其有在配、在逃行窃,审系一二次,赃未至满贯者,徒罪复犯,拟以满流;军、流复犯,俱改发云贵两广极边烟瘴充军。若犯至三次者,照积匪猾贼例拟遣。计赃满贯者,仍照律拟绞监候。

【1802】1.1.21.(9)(略)

【1825】1.1.21.(7)(略)

【1845】○修改

修改按语见【1825】1.1.21.(4)条、【1845】修改项下。

一、寻常窃盗问拟军、流、徒罪到配后,除犯非偷窃,及所犯罪重者,仍各照律例办理外,其有在配、在逃行窃,审系一二次,赃未至满贯者,徒罪复犯,拟以满流;军、流复犯,俱改发云贵两广极边烟瘴充军。若犯至三次者,徒罪复犯,亦改发云贵两广极边烟瘴充军;军、流复犯,发遣新疆酌拨种地当差。计赃满贯者,仍照律拟绞监候。

【1847】1.1.21.(12)(略)

【1772】○移改

＊督捕则例【1743】D.104　另户旗人逃走

一、在京旗人逃走,于一月以内拿获,或自行投回,仍照旧例治罪,交旗管束外,其在一月以外,不论投回、被获,查系满洲、蒙古,佥妻发黑龙江等处当差,有子女愿随者听,该将军严加约束,岁底将该犯等曾否改悔之处汇奏。如知儆惧改悔者,即入本地丁册一体食饷当差。怙恶不悛者,将该犯及随带子女改发云贵川广边远地方,听其自行生理,令地方官与民人一体约束,旗册除名。系汉军,照民人犯流罪例,分别次数,按《三流道里表》安插为民。一次流二千里,二次流二千五百里,三次流三千里。同妻一并销除旗档。其在逃匪类,虽在一月内投回,而该旗奏明送部发遣者,系满洲、蒙古发往拉林,汉军仍照民人例分发各省。至汗闭迷路在逃,年在十五岁以下者,仍照旧例办理。若在十六岁以上,亦与逃人同罪。该管参、佐领等,均交兵部议处,刑部于岁终将报逃人数汇疏以闻。

臣等谨按:乾隆三十七年(1772)二月内,臣部具奏,奉天等处发往驻防当差之旗人,与发遣黑龙江当差者,事同一例。三年后果能悔罪改过,即照黑龙江等处之例,编入丁册,食粮当差。如不行改过,及复犯罪者,亦照发遣黑龙江人犯改发之例办理等因,奏准通行。今于原例内旗下另户人等因犯逃人匪类及别项罪名发遣黑龙江等处之下,添入"并奉天、宁古塔、黑龙江等处""旗人发遣各处驻防当差者"二语,以便援引。再查此条系分别三年后能否改过并复犯改发之例,从前载入《督捕例》内与律目门内,似未允当,今改移"名例"内"徒流人又犯罪"条下,庶问刑衙门,便于检查,合并声明。

一、旗下另户人等,因犯逃人、匪类及别项罪名,发遣黑龙江等处,并奉天、宁古塔、黑龙江等处旗人,发遣各处驻防当差者,三年后果能悔罪改过,即入本地丁册,择其善者挑选匠役、披甲,给予钱粮。三年内不行改过,及已过三年造入丁册后,复行犯罪者,即解送刑部,改发云南等省。仍于年终将复犯改发数目,该将军于汇题一年内收到人犯数目本内,一并汇题。至奉旨发遣旗下另户内,如有行凶为匪者,该将军另行请旨办理。

【1788】○修改

臣等谨按:此条原例内"造入丁册后,复行犯罪者"句下,有"解送刑部,改发云南等省"之语。嗣于乾隆五十年(1785)六月内,广东将军咨称,盛京正黄旗满洲甲兵永祥,因伊父呈首忤逆,发遣广东驻防当差,在配酗酒滋事,照例改发云南等省,声明俟部复到日,解送刑部转发等因。臣部以各省驻防改发云南等省,各有相通驿路,原不经过京城。今拘泥定例,解部转发,不惟往返长途,兵役徒劳解送,且恐稽延时日,凶匪多致疏虞。奏请嗣后即由该省起解、转发,毋庸仍解刑部。所有永祥一犯,即照此例办理,并载入例册等因具奏。奉旨:"依议。"钦遵在案。所有原例内"即解送刑部,改发云南等省"笼统语句,应行分晰修改。今将改辑例文,开列于后。

一、旗下另户人等,因犯逃人、匪类及别项罪名,发遣黑龙江等处,并奉天、宁古塔、黑龙江等处旗人,发遣各处驻防当差者,三年后果能悔罪改过,即入本地丁册,择其善者挑选匠役、披甲,给予钱粮。三年内不行改过,及已过三年造入丁册后,复行犯罪者,即改发云南等省。奉天、宁古塔、黑龙江等处人犯,解送刑部转发;其各省驻防人犯,就近移交该省督抚解往应发省分充配,该将军于汇题一年内收到人犯数目本内,一并汇题。至奉旨发遣旗下另户内,如有行凶为匪者,该将军另行请旨办理。

【1790】1.1.21.(6)(略)

【1802】1.1.21.(4)(略)

【1806】○修改

【原例】【1802】1.1.21.(4)条(略)

*名例律·徒流迁徙地方【1802】1.1.45.(4)(略)

臣等谨按:《督捕则例》内载,"旗人三次逃走被获者,发黑龙江等处当差。倘再怙恶不悛,及逃走者,销除旗档,改发云贵两广,令地方官与民人一体严加管束"等语,是旗人犯罪发遣在配,怙恶不悛,例应销除旗档,改发云贵两广。前二条例内,八旗逃人、匪类发遣黑龙江等处,并奉天等处旗人发遣各处驻防,在配不知改悔,改发云南等省,并无"销除旗档"字样。臣部每遇此等案件,均援照《督捕则例》,拟以销除旗档。与其逐案援引,莫若于例内添纂明晰,以昭赅备。谨将修改例文二条,开列于后。

一、旗下另户人等,因犯逃人、匪类及别项罪名,发遣黑龙江等处,并奉天、宁古塔、黑龙江等处旗人,发遣各处驻防当差者,三年后果能悔罪改过,即入本地丁册,择其善者挑选匠役、披甲,给与钱粮。三年内不行改过,及已过三年造入丁册后,复行犯罪者,即销除旗档,改发云贵两广,令地方官与民人一体严加管束。奉天、宁古塔、黑龙江等处人犯,解送刑部转发;其各省驻防人犯,就近移交该省督抚解往应发省分充配,该将军于汇题一年内收到人犯数目本内,一并汇题。至奉旨发遣旗下另户内,如有行凶为匪者,该将军另行请旨办理。

*名例·徒流迁徙地方【1825】1.1.45.(29)(略)

【1825】1.1.21.(8)(略)

【1847】1.1.21.(5)(略)

【1772】○续纂

一、凡改发极边烟瘴充军之窃盗,在配复犯行窃,如审系一时掏摸,计赃无几,及偷摘蔬果罪止杖责者,即于遣所枷号三个月。计赃复犯徒罪者,枷号一年;复犯流罪者,枷号二年;复犯军罪者,枷号三年。令地方官按月点卯验封,发市示众。若计赃满贯,复犯死罪者,拟以绞决。

臣等谨按:此条系乾隆三十六年(1771)六月内,臣部议复广东按察使富勒浑条奏定例,应纂辑遵行。

【1790】1.1.21.(9)(略)

【1802】1.1.21.(6)(略)

【1825】1.1.21.(4)(略)

【1845】○修改

【原例】【1825】1.1.21.(4)(略)、【1825】1.1.21.(7)(略)

臣等谨按:道光二十五年(1845)十一月内,臣部奏"请添纂删改条例"一折内称,例载"改发极边烟瘴充军之窃盗,在配复犯行窃,如审系一时掏摸,计赃无几,及偷摘蔬果,罪止杖责者,即于遣所枷号三个月。计赃复犯徒罪者,枷号一年;复犯流罪者,枷号二年;后犯军罪者,枷号三年。令地方官按月点卯验封,发市示众。若计赃满贯,复犯死罪者,拟以绞决"等语。臣等谨查,此例系乾隆三十四年(1769)修纂,所称"改发极边烟瘴充军之窃盗",系指积匪猾贼及窃赃满贯秋审免死减军二项人犯而言。其复犯行窃逾贯拟以绞决一节,系照脱逃参定。今军犯脱逃正法之例,早经删除,所有积匪猾贼拟军人犯复窃满贯,现行例内已有寻常窃盗问拟军、流、徒罪,在配、在逃行窃满贯,仍拟绞候之条,窃赃满贯秋审免死减军人犯在逃复窃,现行例内亦有秋审免死减军人犯逃后行凶为匪,犯至斩、绞,加拟立决之条,均足以资引用。至免死军犯在配复窃满贯,历来俱仍照寻常军、流、徒罪在配复窃满贯例,拟以绞候。其改发极边烟瘴之窃盗,在配复窃满贯绞决一条,久不引用。而例文相沿未改,殊滋牵混。应请嗣后改发极边烟瘴充军之窃盗,在配复犯行窃,计赃满贯者,仍照寻常因窃问拟军流人犯复窃满贯例,拟绞监候。若在配复窃,赃未满贯者,仍照旧例,分别枷号示众。再此等人犯脱逃复窃,赃未满贯者,例无治罪明文。道光二十一年(1841),臣部核复直隶省咨报逃军郭费物复窃案内,通行各省,即照在配复窃例计赃,分别枷号。惟查军犯逃脱,即应加等调发。彼时因新疆人犯拥挤,停其发遣,故烟瘴之外,无等可加,不得不照在配复窃例科断。兹新疆遣犯,已于二十四年(1844)奉谕旨照旧发往,所有此等改发极边烟瘴充军之窃盗,在逃复窃,若赃未满贯,应仍依烟瘴人犯脱逃本例,改发新疆酌拨种地当差。倘发遣后复犯行窃,即照军犯在配复窃例,分别办理。如此酌加修改,庶引用可无歧误,罪名亦有等差等因具奏,奉旨允准,通行各省,遵照在案。臣等再查,寻常窃盗问拟军、流、徒罪后,在配、在逃行窃,例文内称徒罪复犯一二次,赃未满贯,拟以满流。军、流复犯,俱改发云贵两广极边烟瘴充军。若犯至三次者,照积匪猾贼例拟遣等因。查积匪猾贼一项,从前例应外遣,后经改为云贵两广极边烟瘴充军。此例所称"犯至三次拟遣"一语,止系空言,仍应照现行之例改发极边烟瘴,与上文军、流行窃一二次改发极边烟瘴之例,并无轻重之分。又如徒罪复犯一二次,既与军、流复犯一二次,罪有等差。其犯至三次,则徒与军、流复犯同一拟遣,亦觉漫无区别。应请将徒罪复犯三次者,拟发云贵两广极边烟瘴充军;军、流复犯三次者,加重拟发新疆酌拨种地当差。似此量为剖析,庶轻重咸归允当。以上二条,均应于例内修改明晰,以昭遵守。谨将修改例文,开列于后。

一、改发极边烟瘴充军之窃盗,在配复犯行窃,计赃满贯者,仍照寻常窃盗问拟军流人犯复窃满贯例,拟绞监候。若在配复窃,赃未满贯,审系一时掏摸,计赃无几,及偷摘蔬果,罪止杖责者,即于配所枷号三个月。计赃复犯徒罪者,枷号一年;复犯流罪者,枷号二年;复犯军罪者,枷号三年。令地方官按月点卯验封,发市示众。若在逃复窃,赃未满贯,应仍依烟瘴人犯脱逃例,改发新疆酌拨种地当差。倘发遣后,复犯行窃,即照军犯在配复窃例,分别办理。

【1847】1.1.21.(12)(略)

【1847】1.1.21.(11)(略)

【1772】○续纂

一、闽省沿海府属,如有金刃伤人问拟杖徒之犯,或在配所,或徒满回籍,仍执持金刃伤人者,俱发近边充军。

臣等谨按:此条系乾隆三十六年(1771)二月内,福建按察使张镇奏准定例,纂辑以便遵行。

【1790】1.1.21.(10)(略)

【1802】1.1.21.(7)(略)

【1825】1.1.21.(5)(略)

【1847】1.1.21.(3)(略)

【1782】○续纂

一、发遣黑龙江等处为奴人犯,行窃犯案在三次以下者,仍照本例办理外,如有在配行窃,犯案至四次者,即拟以永远枷号,遇赦不准援免。

臣等谨按:此条系乾隆四十五年(1780)五月内,黑龙江将军永玮奏"发遣为奴之张二,在配行窃五次,拟以永远枷号"一案,奏请定例,奉旨:"依议。"钦遵在案,应纂辑遵行。

【1790】1.1.21.(11)(略)

【1801】○修改

臣等谨按:此条系乾隆四十五年(1780)定例。例内"行窃犯案在三次以下者,仍照本例办理",语意含混。检查定例原奏内称"在配复窃,虽有计赃枷号自一年至三年之例,终有限满之期"等语,系指为奴人犯,行窃三次以下,即照极边烟瘴军犯行窃分别枷号之例问拟,应增叙明晰,以便引用。谨将增改例文,开列于后。

一、发遣黑龙江等处为奴人犯,在配行窃,初犯者,在配所枷号一年;再犯者,枷号二年;三犯者,枷号三年。至四犯者,即拟以永远枷号,遇赦不准援免。

【1802】1.1.21.(10)(略)

【1814】○修改

臣等谨按:此条系发遣黑龙江等处为奴人犯,在配行窃,分别治罪之例。至新疆各处遣犯,在配行窃,向俱照黑龙江等处遣犯行窃之例,分别枷号办理。惟例内竟无明文,应请添纂明晰,以昭赅备。谨将修改例文,开列于后。

一、发遣新疆人犯,并黑龙江等处为奴人犯,在配行窃,初犯者,在配所枷号一年;再犯者,枷号二年;三犯者,枷号三年。至四犯者,即拟以永远枷号,遇赦不准援免。

【1825】1.1.21.(10)(略)

【1847】1.1.21.(6)(略)

【1814】○续纂

一、发遣吉林、黑龙江等处免死盗犯,在配偷窃官粮,计赃八十两以上者,为首拟斩立决。其不及八十两,并为从之犯,仍各照本例问拟。

臣等谨按:嘉庆十九年(1814)六月二十三日,奉上谕:"刑部议复吉林偷窃官豆遣犯萧亚升照原拟斩罪,请旨即行正法,所议未为允当。萧亚升以免死发遣盗犯,起意行窃官仓豆石,固属藐法,但所窃豆石,计赃仅止十两以上,为数无几。若拟斩即行正法,设遇赃物倍多逾贯者,又将加以何罪?萧亚升一犯,仍照免死减等发遣盗犯在配犯该徒罪以上拟斩监候本例,与刘老二、陈山等二犯,均着斩监候,秋后处决。嗣后免死发遣盗犯,在配为首窃盗官粮,计赃在八十两以上者,拟以斩决。其不及八十两者,俱不得加重问拟等因。"钦遵在案。应恭纂为例,以便遵行。

【1825】1.1.21.(11)(略)

【1847】1.1.21.(7)(略)

【1821】○续纂

一、回民因行窃、窝窃发遣,复在配行窃,初犯枷号二年,再犯枷号三年,三犯即永远枷号。若在逃行窃被获,亦递回配所,照此例办理。倘计赃逾贯,及行窃时另犯应死罪名,仍各从其重者论,秋审概入情实。拟枷人犯,有年限者,满日俱鞭一百,遇赦俱不准援减。

臣等谨按:嘉庆二十年(1815)五月二十六日,臣部议复顺天府府尹审奏窝窃回匪大李三等拟遣一折,奉旨:"此案豢贼肆窃之回民,发遣到配后,若复潜逃回籍,必故智复萌,仍为地方之害,着交配所该管官严加管束。如在配脱逃,应如何加重定罪,其失察之该管官,应如何从重议处之处,着该部酌议条例具奏。此案人犯,即照新例办理。钦此。"除《处分条例》由吏、兵二部定议外,当经臣部查回民犯窃,定例綦严。在民人行窃,不问伙众、持械与否,只计赃、按次定罪。在回民,则结伙三人以上,执持绳鞭器械,即不分首从,不计赃数、次数,概发极边烟瘴充军,其窃罪本较民人加重。如因窝窃拟遣,不思安分,复敢在配潜逃,诚如圣谕,势必故智复萌,仍为地方之害,未便仅照寻常逃遣一例问拟。其逃后犯罪,及在配复又行窃者,亦应加等定罪,以儆怙终。议请嗣后回民因行窃、窝窃发遣,脱逃被获,并无行凶为匪及拒捕情事者,初次,递回配所,用重枷枷号六个月;二次,枷号九个月;三次及三次以外,枷号一年。如逃走后,复行凶为匪,并拿获时有拒捕者,除犯该斩、绞监候改为立决,犯该军、流、发遣改为绞候,仍照原例办理外,如犯该徒罪,递回配所，枷号一年；犯该笞、杖，递回配所，枷号九个月。其在配行窃，初犯枷号二年，再犯枷号三年，三犯即永远枷号。若在逃行窃被获，亦递回配所，照此例办理。倘计赃逾贯，及行窃时另犯应死罪名，仍各从其重者论。罪应斩、绞监候者，除在逃行窃，仍照逃走后行凶为匪本例改为立决外，其在配行窃之犯，秋审概入情实。以上拟枷人犯，有年限者，满日俱鞭一百，遇赦俱不准援减。再查窝窃本例，罪止极边烟瘴。此案大李三等，因系回民，加重改发黑龙江。此等憝不畏法之徒，未便容留内地，并请嗣后回民窝窃，罪应极边烟瘴者，悉改发黑龙江为奴等因，奏准在案。除将回民窝窃，并回民因行窃、窝窃发遣，脱逃被获，有无行凶为匪及拒捕之处，分别纂入"盗贼窝主""徒流人逃"门内遵行外，应将回民在配行窃之处，纂辑遵行。

【1825】1.1.21.(12)(略)

【1847】1.1.21.(8)(略)

【1852】○续纂

一、乌鲁木齐地方遣犯，如有在配滋事犯法，及乘间脱逃，并逃后另犯不法情事，除罪应斩、绞者，仍照例办理外，其因罪无可加，例止枷责之犯，核其所犯事由，如系军、流、徒罪，系带铁杆二年；如系笞、杖等罪，系带铁杆一年。果能安分，限满开释，仍令分别当差、为奴。倘释放后仍不悛改，再系一年。如有怙恶不悛，即令永远系带。地方官每办一案，报明将军、都统按季汇册咨部，开释时亦报部查核。如有挟嫌诬陷，及徇隐不报者，照例办理。

谨案：此条咸丰元年（1851）定。

【1870】1.1.21.(13)(略)

老小废疾收赎

律　文

【1646】1.1.21

凡年七十以上，十五以下，及废疾，瞎一目、折一肢之类。犯流罪以下，收赎。其犯死罪，及犯谋反、叛逆缘坐应流，若造畜蛊毒、采生折割人、杀一家三人家口会赦犹流者，不用此律。其余侵损于人一应罪名，并听收赎。八十以上，十岁以下，及笃疾，瞎两目、折两肢。犯杀人应死者，议拟奏闻，取自上裁；盗及伤人者，亦收赎；谓既侵损于人，故不许全免，亦令其收赎？余皆勿论。谓除杀人应死者上请，盗及伤人者收赎之外，其余有犯，皆不坐罪。九十以上，七岁以下，虽有死罪不加刑。九十以上犯反逆者，不用此律。其有人教令，坐其教令者。若有赃应偿，受赃者偿之。谓九十以上、七岁以下之人，皆少智力。若有教令之者，罪坐教令之人，或盗财物，旁人受而将用，受用者偿之。若老小自用，还着老小之人追征。

【1670】1.1.21(略)

＊**【1707】○仍旧**

此律拟存。

总注:此是恤老慈幼、矜不成人之义也。杀人,谓谋、故及斗殴杀人,应抵偿之罪。应死,谓一切应斩、应绞之死罪也。年七十以上、十五以下,及废疾之人,除犯该死罪,仍依律科断,缘坐应流及会赦尤流者,仍依律问流外,其余流罪以下一切所犯罪名,皆得依律收赎。此一等也。其年八十以上、十岁以下,及笃疾之人,犯杀人应抵偿,并一应斩、绞死罪,所司拟议罪名,奏请裁夺。若强、窃盗,及伤人之罪,不至死者,俱听收赎。以其侵损于人,故不许全免。除此之外,则一切勿论。此一等也。其年九十以上、七岁以下,虽犯杀人及一应死罪,皆不加刑。仍以不加刑缘由,开具奏闻。惟犯反逆者,九十以上,仍科其罪。盖以九十以上,力虽不能任事,智犹可以与谋。至七岁以下,则智与力皆不及此,故虽反逆,亦不加刑,而止照本律缘坐之法。若九十以上、七岁以下,有人教令而犯,非出己意者,则罪坐教令之人。如有赃应偿,原系老小自用,则仍令老小偿之;系教令者得受,则教令者偿之。此又一等也。凡此三等,皆老老幼幼哀矜之意也。

按:有人教七岁小儿殴打父母者,坐教令者以殴凡人之罪。有教九十老人故杀子孙者,亦坐教令者以杀凡人之罪。

【1725】1.1.22(略)

注:此是恤老慈幼、矜不成人之义也。杀人,谓谋、故及斗殴杀人,应抵偿之罪。应死,谓一切应斩、应绞之死罪。此律分三等。年七十以上、十五以下及废疾之人,流罪以下一切所犯罪名,皆得依律收赎。此一等也。年八十以上、十岁以下及笃疾之人,除杀人应抵者上请、盗及伤人者收赎,余皆不坐罪,此一等也。年九十以上、七岁以下,虽犯杀人及一应死罪,皆不加刑,仍以不加刑缘由奏闻。惟犯反逆者,九十以上仍科其罪。盖以力虽不能任事,智犹可以与谋。至七岁以下,则智与力皆不及此,故虽反逆亦不加刑,而止照本律缘坐之法。若九十以上、七岁以下,有人教令而犯,非出己意者,则罪坐教令之人。如有赃应偿,原系老小自用,则仍令老小偿之;系教令者得受,则教令者偿之。此又一等也。再如有人教七岁小儿殴打父母者,坐教令者以殴凡人之罪;有教九十老人故杀子孙者,亦坐教令者以杀凡人之罪。

按语与雍正三年(1725)律后总注同。

【1740】○修改

臣等谨按:此律后有充军亦准收赎之例,应增入人注内。又总注内称"杀人,谓谋、故及斗殴杀人,应抵偿之罪。应死,谓一切应斩、应绞之罪"等语,是杀人、应死原属两项。再"九十以上,不加刑"下,既注明"犯反逆者,不用此律",则反逆应拟死罪,不在议拟奏闻之限可知。至于盗及伤人,《笺释》谓强盗及殴伤亲属应问死罪者,还当奏请,则死罪不应在收赎之限,均应增注。谨将增辑律注,开列于后。

凡年七十以上,十五以下,及废疾,瞎一目、折一肢之类。犯流罪以下,收赎。其犯死罪,及犯谋反、叛逆缘坐应流,若造畜蛊毒、采生折割人、杀一家三人家口会赦犹流者,不用此律。其余侵损于人一应罪名,并听收赎。犯该充军者,亦照流罪收赎。八十以上,十岁以下,及笃疾,瞎两目、折两肢之类。犯杀人、谋、故、斗殴。应死一应斩、绞。者,议拟奏闻,犯反逆者,不用此律。取自上裁;盗及伤人罪不至死者,亦收赎;谓既侵损于人,故不许全免,亦令其收赎?余皆勿论。谓除杀人应死者上请,盗及伤人者收赎之外,其余有犯,皆不坐罪。九十以上,七岁以下,虽有死罪不加刑。九十以上犯反逆者,不用此律。其有人教令,坐其教令者。若有赃应偿,受赃者偿之。谓九十以上、七岁以下之人,皆少智力。若有教令之者,罪坐教令之人,或盗财物,旁人受而将用,受用者偿之。若老小自用,还着老小之人追征。

【1740】1.1.22(略)

附律条例

【1646】1.1.21.(1)

一、凡军职犯该杂犯死罪,若年七十以上、十五以下,及废疾,并例该革职者,俱运炭、纳米等项发落,免发立功。

【1670】1.1.21.(1)(略)

***【1707】○删除**

臣等谨按:今文武官犯罪,若老幼废疾例应收赎者,与军民一体收赎,无运炭、纳米等项之例。其应革职者,即行革职,亦无收赎之例。此条拟删。

【1725】○删除

按语同上。

【1646】1.1.21.(2)

一、年七十以上、十五以下,及废疾,犯该充军者,准收赎,免其发遣。若有壮丁教令者,止依律坐罪。其真犯死罪免死,及例该永远充军者,不准收赎。

【1670】1.1.21.(2)(略)

***【1707】○修改**

此条拟存。但收赎图内,并未载有军罪收赎银数,今俱照流罪收赎,应将"准收赎"字改为"准照流罪收赎"。

【1725】○修改

修改按语同上。

【1725】1.1.22.(1)

【原例】一、年七十以上、十五以下,及废疾,犯该充军者,准照流罪收赎,免其发遣。若有壮丁教令者,止依律坐罪。其实犯死罪,例该永远充军者,不准收赎。

【1740】○删除

臣等谨按:例称"犯该充军,准照流罪收赎"之处,已增注律内。其所称"壮丁教令,依律坐罪"等语,与九十以上始坐教令之律不符。再查律文"流罪收赎"下,止注明"谋反、叛逆缘坐应流,及会赦犹流等项,不用此律",则免死减等流罪,亦准收赎。可知今军、流既同一例,乃免死军罪,不与免死流罪一体收赎,亦未平允。至于"永远充军,不准收赎"者,盖因前代以永远充军例应勾丁补伍,是以不准收赎。今无永远充军之例,则均应在收赎。此条应删。

【1646】1.1.21.(3)

一、凡老幼及废疾犯罪,律该收赎者,若例该枷号,一体放免,照常发落。

【1670】1.1.21.(3)(略)

＊**【1707】○仍旧**

此条拟存。

【1725】1.1.22.(2)【原例】(略)

【1740】○修改

臣等谨按:此条"一体放免"下"照常发落"四字,乃前代之例,盖指运炭、纳米等项而言,应删改。谨将改辑例文,开列于后。

一、凡老幼及废疾犯罪,律该收赎者,若例该枷号,一体放免,应得杖罪,仍令收赎。

【1740】1.1.22.(1)(略)

＊**【1680】1.1.13　刑部现行则例·名例·老疾收赎**

一、现审人犯内,若有年老残疾及家无以次成丁者,俱照律完结外,其直隶各省督抚审拟具题案内,果有年老残疾及家无以次成丁者,该督抚即行查明,取具该地方官印结,将人犯不必解部,具疏题明之日,照律收赎,免其发遣。如有非系年老残疾及家无以次成丁者,该督抚徇情取结题免,或经科道题参,或经旁人首告,将出结地方官并该督抚一并交与该部议处。其人犯咨解到部之后,告称年老残疾及无以次成丁者,概不准行。

＊**【1707】○增入、修改**

臣等谨按:现行例内一条,类于此律,应增入。

【现行例】【1680】1.1.13　刑部现行则例·名例·老疾收赎(略)

臣等再按:下条律文有"犯罪时未老疾,而事发时老疾者,依老疾论"等语,应将人犯到部告称老疾者,俱验明,照律准赎。再律文称"老小废疾",此条"残疾"字应改为"废疾","年老"字仍照律改为"老小",庶无遗漏。至"家无以次成丁"一语,已载"犯罪存留养亲"律下,此处应删。谨拟删改,开载于后。

【新改入现行例】一、内外现审人犯,若有老小、废疾,俱照律完结外,其直隶各省审拟具题案内人犯,果有老小、废疾者,该督抚察明,取地方官印结具题,照律收赎,人犯不必解部。如实非老小、废疾,徇情题免,事发者,将出结转详官并督抚交部议处。其到部人犯,有告称年老,及在中途成废疾者,察非故延违限,实系老疾,亦得收赎。

【1725】○增入、修改

按语及修改例文同上。

【1725】1.1.22.(3)

【增例】一、内外现审人犯,若有老小、废疾,俱照律完结外,其直隶各省审拟具题案内人犯,果有老小、废疾者,该督抚察明,取地方官印结具题,照律收赎,人犯不必解部。如实非老小、废疾,徇情题免,事发者,将出结转详官并督抚交该部议处。其到部人犯,有告称年老,及在中途成废疾者,察非故延违限,实系老疾,亦得收赎。

【1740】○修改

臣等谨按:此条所称"内外现审人犯,若老小、废疾,俱照律完结",乃指不应题达案件而言。例内但言"现审人犯",不甚明晰,应增。再各省收赎人犯,向无解部之例。其实系老疾者,即在途逾限,亦应收赎。例内"人犯不必解部"及"察非故延违限"等语,应删。谨将增删例文,开列于后。

一、内外现审人犯不应具题者,若有老小、废疾,俱照律完结。其直隶各省审拟具题案内人犯,果有老小、废疾者,该督抚察明,取具地方官印结具题,照律收赎。如实非老小废疾,徇情题免,事发者,将出结转详官并督抚交部议处。其到部人犯,有告称年老,及在中途成废疾者,察明实系老疾,亦得收赎。

【1740】1.1.22.(2)(略)

【1725】1.1.22.(4)

【钦定例】一、凡盗案知情分赃之犯,虽年过七十以外,亦不准援赦折赎。

谨案 此条系雍正三年(1725)定。

【1740】○删除

臣等谨按:赦款俱应遵照临时钦定为准。凡盗案内知情分赃之犯,究非真盗可比,既年过七十以外,亦应照律准其收赎。此条应删。

【1740】○续纂

一、教令七岁小儿殴打父母者,坐教令者以殴凡人之罪。教令九十老人故杀子孙者,亦坐教令者以杀凡人之罪。

此条系总注内补律之所不及者。今另纂为例,以备引用。

【1740】1.1.22.(3)(略)

【1743】○续纂

一、每年秋审人犯,其犯罪时年十五以下,及现在年逾七十,经九卿拟以可矜,蒙恩宥免减流者,俱准其收赎。朝审亦照此例行。

臣等谨按:此条系乾隆五年(1740)十二月,臣部议复湖南按察使彭家屏条奏定例,今于"年十五"之上加"犯罪时"三字,于"年逾七十"之上加"现在"二字。

【1768】1.1.22.(4)(略)

【1746】○续纂

一、凡瞎一目之人,有犯军、流、徒、杖等罪,俱不得以废疾论赎。若殴人瞎一目者，仍照律科罪。

臣等谨按：此条系乾隆十年（1745）六月内，臣部奏准定例，应纂辑以便遵行。

【1768】1.1.22.（5）（略）

【1778】○续纂

一、凡笃疾杀人，罪犯应死者，实系斗杀及戏杀、误杀，方准依律奏闻，取自上裁。其蓄意谋害，及有心故杀者，俱依律拟罪，不准声请。

臣等谨按：此条系乾隆三十九年（1774）七月内，臣部因核复署四川总督文绶题双瞽何腾相跪伤董联珩身死一案，奏准定例，应纂辑遵行。

【1790】1.1.22.（6）（略）

【1806】○修改

臣等谨按：此条系乾隆三十九年（1774）定例。嗣于嘉庆八年（1803）八月二十五日奉旨："刑部具题'彭启良等行窃黄文盛家银物赃逾满贯'一案，因彭启良系属瘫疾，定拟绞候，请旨减等拟流，仍行收赎，所办太觉轻纵。此案彭启良系首先造意行窃，复窝留分赃，数逾满贯。即因伊素患瘫疾，亦止可稍为轻减。若竟由死罪减流，又复准其收赎，未免失之太宽。恐嗣后身有笃疾之人，恃有宽典，均得肆意妄行，冒干法纪，并恐将来贼犯中起意行窃者，捏称系笃疾之人为首，既可照例减等收赎，而本犯转得幸逃法网，适足启推卸之渐。着大学士、九卿，将笃疾人犯如何量减罪名，予以限制，推广律文，悉心妥议具奏等因。钦此。"经大学士公保宁等酌议，请嗣后笃疾之人犯一应死罪，俱各照本律本例问拟，毋庸随案声请，俱入于秋审，分别实、缓办理。除应实者不议外，其应缓之犯，俟查办减等之年，核其情节，应减军、流者，再行依律收赎。如此予以限制，庶笃疾之犯，不敢妄干法纪，而狡诈之徒，亦无虞其推卸等因具奏。奉旨："依议。钦此。"钦遵在案。是笃疾犯一应死罪，俱入于秋审，分别实、缓办理。此条分别声请之处，应行修改。谨将修改例文，开列于后。

一、凡笃疾犯一应死罪，俱各照本律本例问拟，毋庸随案声请，俱入于秋审，分别实、缓办理。其缓决之犯，俟查办减等时，核其情节，应减军、流者，再行依律收赎。

【1825】1.1.22.（7）（略）

【1782】○续纂

一、十岁以下斗殴毙命之案，如死者长于凶犯四岁以上，准其依律声请。若所长止三岁以下，一例拟绞监候，不得概行双请。至十五岁以下，被长欺侮殴毙人命之案，确查死者年岁亦系长于凶犯四岁以上，而又理曲逞凶，或无心戏杀者，方准援照丁乞三仔之例声请，恭候钦定。

臣等谨按：此条系乾隆四十四年（1779）三月内，四川总督文绶题盐宁县民刘縻子殴伤李子相身死一案，凶手与死者同系九岁，将刘縻子拟绞监候，依十岁以下犯杀人律议拟奏闻等因，臣部照拟核复具题。奉旨："刑部进呈殴伤李子相身死之刘縻子拟绞监候，声明年仅九岁，可否减等请旨一本，固属照例办理。但所指十岁以下犯杀人应死者，或系被杀之人较伊年长,强弱不同。如丁乞三仔之案,自可量从末减。今刘縻子所殴之李子相,同系九岁,且刘縻子因索讨葫豆不给,致将李子相殴跌,其理亦曲。若第因其年幼辄行免死,岂为情法之平。况九龄幼童即能殴毙人命,其赋性凶悍可知,尤不宜遽为矜宥。向因戏杀之案,曾谕令刑部,将该犯监禁数年,再议减等,以消其桀骜不驯之气。此等幼童,自当仿照办理。且拟以应绞监候,原不入于情实,数年后仍可减等,何必亟于宽贷乎。嗣后遇有十岁以下殴毙之案,如死者长于该犯四岁以上者,仍照例声明双请。若所长止三岁以下,则年齿相若,不得为死者之恃长欺凌,或齿小者转较性暴力强,亦情事所有。纵不令其实抵,而监禁数年,亦不为过。着刑部将此例另行定拟具奏,刘縻子即照新例行。钦此。"钦遵。当经臣部遵旨酌议,嗣后十岁以下斗殴毙命之案,如死者长于该犯四岁以上,准其依律声明。若所长止三岁以下,一例拟绞监候,不得概行双请。至十五岁以下,被长欺侮殴毙人命之案,并请确查死者年岁,亦系长于凶犯四岁以上,而又理曲逞凶,或无心戏杀者,方准援照丁乞三仔之例,恭候钦定。刘縻子即改照现定之例,依斗殴杀人律拟绞监候,毋庸声明双请等因具奏。奉旨:"依议。"钦遵在案,应纂辑遵行。

【1790】1.1.22.(7)(略)

【1810】○修改

臣等谨按:嘉庆十一年(1806)十一月内,山东巡抚长龄题"德州民杜七推跌闫狗垫伤内损身死"一案,以杜七年甫七岁,因七岁之闫狗讨乞蛣虫不允,被殴回推,垫伤内损殒命,将杜七依斗杀律拟绞监候。声明该犯犯事时,年仅七岁,照律免其坐罪等因。经臣部查律载"十岁以下,犯杀人、应死者,拟议奏闻,取自上裁。七岁以下,虽有死罪,不加刑"等语,是七岁以下犯死罪,与十岁以下杀人,律内原有差等,条例统言十岁以下,而于七岁以下杀人作何办理之处,未经分别指出。遍查臣部向无办过七岁幼童杀人之案,杜七一犯应否准其依律免罪,抑或照乾隆四十四年(1779)刘縻子九岁杀人之案监禁数年之处,奏请定夺,并请增纂入例,永远遵行等因。奉旨:"此案杜七年甫七岁,因七岁之闫狗讨乞蛣虫不允,被殴回推,垫伤殒命,是杜七委系无心戏伤,与该部所引乾隆年间刘縻子九岁杀人之案,因索取葫豆不给,逞凶殴毙人命,应行监禁者,情节不同。即伊二人年已及岁,亦仅科以缓决。况杜七与闫狗俱在龆龄,自应量加矜宥。杜七一犯,着加恩准其一律免罪。余依议。钦此。"钦遵在案。应于例内增纂明晰,以便遵办。谨将修改例文,开列于后。

一、七岁以下致毙人命之案,准其依律声请免罪。至十岁以下斗殴毙命之案,如死者长于凶犯四岁以上,准其依律声请;若所长止三岁以下,一例拟绞监候,不得概行双请。至十五岁以下,被长欺侮殴毙人命之案,确查死者年岁亦系长于凶犯四岁以上,而又理曲逞凶,或无心戏杀者,方准援照丁乞三仔之例声请,恭候钦定。

【1825】1.1.22.(8)(略)

【1788】○移改

【原例】*刑律·断狱·老幼不拷讯【1768】6.28.427.(1)

一、凡年七十以上、十五以下,及废疾,犯流罪以下者,准其收赎一次,详记档案。若收赎之后，复行犯罪，除因人连累、过误入罪者，仍准其照例收赎外，如系有心再犯，即各照应得罪名，按律充配，不准再行收赎。

臣等谨按：此条系“断狱”门内“老幼不拷讯”条下例文。查“老幼不拷讯”之律目，原以年七十以上系老所当恤，十五以下系幼所当慈，若废疾系疾所当矜，如有犯罪，皆据众证定拟，定律故不用刑拷讯。此条系专指收赎一次之后，如有心再犯，即依应得罪名，按律充配，不准再行收赎之文，核与“老幼不拷讯”之律义不符。今拟移入“老小废疾收赎”门内，以昭贴切，理合声明。

【1790】1.1.22.(8)

一、凡年七十以上、十五以下，及废疾，犯流罪以下者，准其收赎一次，详记档案。若收赎之后，复行犯罪，除因人连累、过误入罪者，仍准其照例收赎外，如系有心再犯，即各照应得罪名，按律充配，不准再行收赎。

【1802】1.1.22.(8)(略)

【1825】1.1.22.(6)(略)

【1821】○续纂

一、各直省审理年老废疾翻控之案，实系挟嫌挟忿，图诈图赖，或恃系老疾，自行翻控，审明实系虚诬，罪应军、流以上者，即行实发，一概不准收赎。倘讯明实因尊长被害，并痛子情切，怀疑具控，及听从主使出名诬控，到官后供出主使之人，俱准其收赎一次。若不将主使之人供明，不准收赎。

臣等谨按：嘉庆二十三年(1818)十二月内，臣部核议升任贵州道监察御史吴杰条奏“各省妇女及年老、残废之人翻控审虚，罪至军、流，不准收赎等因”一折。查定律妇女及老小、废疾犯罪，均准收赎，所以矜无告之穷民，悯无知之氓庶，原系圣朝法外之仁。乃竟有讦讼之徒，每于控案审结之后，毫无屈抑，或主使妇女及年老、残废之人，挺身赴诉，为将来收赎地步，或妇女及年老、残废之人，恃其犯罪例得收赎，自行翻控，审明仍属虚诬，在本犯既得赎免，而良民受其拖累，以致讼案日增，刁风渐长。此等风气，实为闾阎之害。第此等讦告之案，亦有因伊夫及尊长被害，或痛子情切，怀疑具控者，不可不示以区别。应请嗣后各直省审理民人妇女及年老、废疾翻控之案，实系挟嫌挟忿、图诈图赖，或恃系妇女、老疾，自行翻控，或妇女、老疾听从主使，出头赴控，审明实属虚诬，罪应军、流以上者，即行实发。系妇女，即发驻防为奴，一概不准收赎。倘讯明实因伊夫及尊长被害，并痛子情切，怀疑具控，出于无奈，并无别情者，仍准照例收赎一次等因具奏。奉上谕：“刑部议驳御史吴杰条奏‘各省妇女及年老、废疾之人翻控审虚，问拟军、流，不准收赎’一折，所驳甚是。妇女及年老、废疾之人，罪至军、流者，准予收赎，原属法外施仁，定例遵行历年久远。前因山东寿光县蒋柱诬控伊媳董氏一案，蒋张氏闯入司堂喧闹，特旨不准收赎。原系因事示惩，以儆刁健。乃御史吴杰因此一事，即奏请将各省翻控妇女并年老、废疾军、流收赎之例，概行停止，岂不大乖祥刑之义。部议直省妇女及年老、废疾翻控之案，审属虚诬者，如因伊夫及尊长被害，并痛子情切，怀疑具控，准照律收赎，自应如此办理。即听从主使,出头诬控之案,承审官亦应当堂明白晓谕,令其供出主使之人,按律治罪。该犯听从出名,仍准其收赎。若坚不将主使之人供明,始不准其收赎。俾知据实自首,庶明刑之中,仍不失钦恤之义也。钦此。”钦遵在案。除将妇女翻控一条,载入“工乐户及妇人犯罪”门内遵行外,谨将年老、废疾翻控之处,纂辑为例,以便引用。

【1825】1.1.22.(9)(略)

犯罪时未老疾

律　文

【1646】1.1.22

凡犯罪时虽未老疾,而事发时老疾者,依老疾论。谓如六十九以下犯罪,年七十事发,或无疾时犯罪,有废疾后事发,得依老疾收赎。或七十九以下犯死罪,八十事发,或废疾时犯罪,笃疾时事发,得入上请。八十九犯死罪,九十事发,得入勿论之类。若在徒年限内老疾,亦如之。谓如六十九以下徒役三年,役限未满,年入七十,或入徒时无病,徒役年限内成废疾,并听准老疾收赎。以徒一年三百六十日为率,验该杖徒若干,应赎银若干,俱照例折役收赎。犯罪时幼小,事发时长大,依幼小论。谓如七岁犯死罪,八岁事发,勿论;十岁杀人,十一岁事发,仍得上请;十五岁时作贼,十六岁事发,仍以赎论。

【1670】1.1.22(略)

＊**【1707】○仍旧**

此律拟存。

总注:此推广恤老慈幼、矜不成人之义而言也。依老疾、幼小论者,谓或收赎,或奏请,或勿论,俱依老小三等年岁,及废疾、笃疾,而分别断之也。流罪已至配所,无复还之理。徒罪限内,年入七十,及成废疾者,俱听收赎。若幼小时犯罪,事发时年虽长大,仍以幼小论。优老,则据其现在发觉之年;矜幼,则原其从前犯罪之岁。皆广上条之义所未尽也。

【1725】1.1.23

律文(略)

注:此是承上条恤老慈幼、矜不成人之义而推广之也。依老疾、幼小论者,谓或收赎,或奏请,或勿论,俱依老小三等年岁,及废疾、笃疾,分别拟断。流罪已至配所,无复还之理。徒罪限内,年入七十,及成废疾者,俱听收赎。若幼小时犯罪,事发时年虽长大,仍以幼小论。优老,则据其现在发觉之年;矜幼,则原其从前犯罪之岁。皆补上条所未尽也。

臣等谨按(按语与雍正三年律后总注同)。

【1740】1.1.23(略)

给没赃物

律　文

【1646】1.1.23

凡彼此俱罪之赃,谓犯受财枉法、不枉法计赃为罪者。及犯禁之物,谓如应禁兵器及禁书之类。则入官。若取与不和,用强生事,逼取求索之赃,并还主。谓恐吓诈欺、强买卖有余利、科敛及求索之类。○其犯罪应合籍没财产,奸党及造畜蛊毒等罪,常赦所不原者。或有临时特免敕书到后,罪人虽在赦前决讫,而家产未曾抄札入官者,并从赦免。其已抄札入官守掌,及犯谋反、叛逆者,财产与缘坐家口,不分已未入官,并不放免。若除谋反、谋叛外,罪未处决,籍没之物虽已送官,但未经分配与人守掌者,犹为未入。其缘坐人、家口,虽已入官,若罪人遇赦得免罪者,财产、家口亦从免放。○若以赃入罪,正赃见在者,还官、主。谓官物还官,私物还主。又,若本赃是驴,转易得马,及马生驹、羊生羔,畜产蕃息,皆为见在。其赃已费用者,若犯人身死勿征。别犯身死者亦同。余皆征之。若计雇工私役弓兵、私借官车船之类。赁钱为赃者,死亦勿征。○其估赃者,皆据犯处地方。当时犯时。中等物价,估计定罪。若计雇工钱者,一人一日,为铜钱六十文。其牛、马、驼、骡、驴、车、船、碾磨、店舍之类,照依犯时雇工赁值。计算定罪、追还。赁钱虽多,各不得过其本价。谓船价值铜钱一十,却不得追赁钱一十一两之类。○其赃罚金银,并照犯人原供成色,从实追征,入官、给主。若已费用不存者,追征足色。谓人原盗或取受正赃金银使用不存者,并追足色。

【1670】1.1.23(略)

＊【1707】○修改

此律拟存。但“户律”内“私役部民”“兵律”内“私役弓兵”等条内,雇工银俱系八分五厘五毫,应将此律内“雇工钱六十文”字,亦照户、兵律文,改为“雇工银八分五厘五毫”。

总注:此于追赃之中,存矜恤之意也。凡出钱人与受钱人彼此和同,俱应坐罪之赃,及私家所蓄违禁之物,并追入官。若出钱人与受钱人彼此不相和同,应少取而多取,应多与而少与,与夫强买强卖、挟逼取索之赃,则并追还主。此赃物入官、给主之例也。其犯罪应合抄没财产者,如奸党等罪,虽常赦所不原,间有赦书特免者,颁赦到日,正犯虽已决讫,如家产未曾抄札入官,并得宥免。若已经抄札入官,分配与人守掌者,及犯谋反、逆叛之人,不论已未决讫、家产曾否入官,赦书虽到,并不放免。其余罪人若未处决,财产虽已送官,而未经定夺分配何处者,皆与未入官同。又缘坐家口虽已入官,如罪人遇特恩放免者,亦得并从放免。此入官财产赦免不赦免之例也。至如以赃入罪,正赃见在未费者,官物还官,私物还主。已费不存者,若犯人身死,则免追征。盖人赃俱亡,不欲累及无辜赔偿也。若不系因赃入罪,而别犯他罪应追比者,本犯身死,亦得免追。此指应追埋葬银两之类而言,故小注云“别犯身死亦同”。其余若本犯虽死,而正赃尚存,或正赃虽费,而本犯未死,犹征还官、主,故曰“余皆征之”。若私役弓兵、私借官车船之类,计其工役雇赁之钱为赃者,本犯身死,亦勿追征。此赃物应征勿征之例也。其估赃论罪者,估轻则失之纵,估重则失之刻。必据其人犯罪之处、犯罪之时,就本物之中等价值估计确数,以定罪名。若私役部民夫匠之类,计雇工钱者,每人一日应准银八分五厘五毫;如牛、马、车、船、碾磨、店舍之类,每用一日,照犯处、犯时中等雇赁价值,各计数追还。其私借月日虽多,累算赁钱,止据本价追收入官,不得多追于本价之外,盖子不可多于母故也。至各衙门追征入官、给主。金银正赃见在,则照各犯原供成色。若犯人已将金银费用无存,则直追足色。此估赃追赃之通例也。此条概言赃物有入官、有给主,又有赦免、有勿征,必罪恶重大而始不赦,必人赃见存而始追征,盖情与法无不曲尽已。

按:凡律称“财产断付死者之家”,与应合籍没入官者不同。盖断给财产,所以优恤生者,虽遇赦,不得在免追之限。

【1725】○修改

修改按语同【1707】拟修改按语第一段。

臣等谨按(此段按语与雍正三年律后总注同)。

【1725】1.1.24

凡彼此俱罪之赃,谓犯受财枉法、不枉法计赃,与、受同罪者。及犯禁之物,谓如应禁兵器及禁书之类。则入官。若取与不和,用强生事,逼取求索之赃,并还主。谓恐吓诈欺、强买卖有余利、科敛及求索之类。○其犯罪应合籍没财产,奸党及造畜蛊毒等罪,常赦所不原者。或有临时特免赦书到后,罪人虽在赦前决讫,而家产未曾抄札入官者,并从赦免。其已抄札入官守掌,及犯谋反、叛逆者,财产与缘坐家口,不分已未入官,并不放免。若除谋反、谋叛外。罪未处决,籍没之物虽已送官,但未经分配与人守掌者,犹为未入。其缘坐人、家口,虽已入官,若罪人遇赦得免罪者,财产、家口亦从免放。○若以赃入罪,正赃见在者,还官、主。谓官物还官,私物还主。又,若本赃是驴,转易得马,及马生驹、羊生羔,畜产蕃息,皆为见在。其赃已费用者,若犯人身死勿征。别犯身死者亦同。余皆征之。若计雇工赁钱私役弓兵、私借官车船之类。为赃者,死亦勿征。○其估赃者,皆据犯处地方。当时犯时。中等物价,估计定罪。若计雇工钱者,一人一日,为银八分五厘五毫。其牛、马、驼、骡、驴、车、船、碾磨、店舍之类,照依犯时雇工赁值。计算定罪、追还。赁钱虽多,各不得过其本价。谓船价值银钱一十两,却不得追赁值一十一两之类。○其赃罚金银,并照犯人原供成色,从实追征,入官、给主。若已费用不存者,追征足色。谓人原盗或取受正赃金银使用不存者,并追足色。

注:此律是于追赃之中存矜恤之意也。首节言赃物入官、给主之例;二节言入官财产赦免、不赦免之例;三节言赃物应征、勿征之例;四、五节言估赃、追赃之例。总之赃物有入官、有给主,又有赦免、有勿征,必罪恶重大而始不赦,必人赃见存而始追征,盖情与法无不曲尽矣。再凡律称“财产断付死者之家”,与应合籍没入官者不同。盖断给财产,所以优恤生者,虽遇赦,不得在免追之限。

【1740】○修改

臣等谨按:律称“罪应籍没家产”者,不止奸党、造畜蛊毒二项。凡遇赦,皆应分别放免,原非临时特免。其“籍没”注内“奸党及造畜蛊毒”等语应删。又律称罪人得免,亦从放免者,乃专指缘坐人及家口而言,而注内“财产、家口”等字亦应删。再查缘坐人之家口并无入官之例,律称“缘坐人、家口”者,乃指缘坐应流及本犯应入官之家口而言。若不注明,恐致误用,应增。谨将增删律注,开列于后。

凡彼此俱罪之赃,谓犯受财枉法、不枉法计赃,与、受同罪者。及犯禁之物,谓如应禁兵器及禁书之类。则入官。若取与不和,用强生事，逼取求索之赃，并还主。谓恐吓诈欺、强买卖有余利、科敛及求索之类。○其犯罪应合籍没财产，赦书到后，罪人虽在赦前决讫，而家产未曾抄札入官者，并从赦免。其已抄札入官守掌，及犯谋反、叛逆者，财产与缘坐家口，不分已未入官，并不放免。若除谋反、谋叛外。罪未处决，籍没之物虽已送官，但未经分配与人守掌者，犹为未入。其缘坐应流人及本犯家口，虽已入官，若罪人遇赦得免罪者，亦从免放。○若以赃入罪，正赃见在者，还官、主。谓官物还官，私物还主。又，若本赃是驴，转易得马，及马生驹、羊生羔，畜产蓄息，皆为见在。其赃已费用者，若犯人身死勿征。别犯身死者亦同。若不因赃罪而犯别罪，亦有应追财物，如埋葬银两之类。余皆征之。若计雇工赁钱私役弓兵、私借官车船之类。为赃者，死亦勿征。○其估赃者，皆据犯处地方。当时犯时。中等物价，估计定罪。若计雇工钱者，一人一日，为银八分五厘五毫。其牛、马、驼、骡、驴、车、船、碾磨、店舍之类，照依犯时雇工赁值。计算定罪、追还。赁钱虽多，各不得过其本价。谓船价值银钱一十两，却不得追赁值一十一两之类。○其赃罚金银，并照犯人原供成色，从实追征，入官、给主。若已费用不存者，追征足色。谓人原盗或取受正赃金银使用不存者，并追足色。

【1740】1.1.24（略）

附律条例

【1646】1.1.23.（1）

一、在京在外问过囚犯，但有还官赃物值银一十两以上，监追年久，及入官赃二十两以上、给主赃三十两以上，监追一年之上，不能完纳者，果全无家产，或变卖已尽，及产虽未尽，止系不堪，无人承买者，各勘实，具本犯情罪轻重、监追年月久近、赃数多寡，奏请定夺。若不及前数，及埋葬银监追一年之上，勘实全无家产者，俱免追，各依原拟发落。

【1670】1.1.23.（1）（略）

＊【1707】○修改

此条拟存。但今追赃数少，本罪不至死者，无因赃银未完，概行监追之例，应改“监追”字为“追征”。①

【1725】1.1.24.（1）

【原例】（略）

【1740】○修改

臣等谨按：入官、给主赃银，既以监追一年以上为限，则还官赃物，自应亦以监追一年以上为限。例内“监追年久”四字应删。再“家产全无”等语，不应载入例中，应改。再查直省赃罚，俱例于岁底具本汇题。今此等事件，亦应令各省于每年岁底汇题请旨。谨将删改例文，开列于后。

---

① 雍正三年（1725）《大清律集解附例》并未据此修改，仍依原例未改。

一、在京在外问过囚犯,但有还官赃物值银一十两以上,及入官赃二十两以上、给主赃三十两以上,监追一年之上,勘实力不能完者,开具本犯情罪轻重、监追年月久近、赃数多寡,每于岁底汇题,请旨定夺。若不及前数,及埋葬银监追一年之上,勘实力不能完者,俱免追,各照原拟发落。

【1740】1.1.24.(1)(略)

谨案 此条乾隆五年(1740)删改。其"及埋葬银"四字,系五十三年(1788)删。

【1788】○修改

臣等谨按:命案内应追埋葬银两,已于乾隆二十八年(1763)正月内,臣部议复江苏按察使胡文伯条奏定例,勒限三个月追完。若限满力不能完,督抚核实,咨请豁免等因,纂定专条在案。此条原例内"若不及前数"句下"及埋葬银"四字,应行删去。今将删改例文,开列于后。

一、在京在外问过囚犯,但有还官赃物值银一十两以上,及入官赃二十两以上、给主赃三十两以上,监追一年之上,勘实力不能完者,开具本犯情罪轻重、监追年月久近、赃数多寡,每于岁底汇题,请旨定夺。若不及前数,监追一年之上,勘实力不能完者,俱免追,各照拟发落。

【1790】1.1.24.(1)(略)

【1835】○修改

【原例】【1790】1.1.24.(1)(略)、【1790】1.1.24.(15)(略)

臣等谨按:道光十二年(1832)六月内,据前兼管顺天府府尹申启贤等奏"请减追赃期限"一折内称,刑部发交顺天府追赃之军、流、徒犯,罪案已定,而因追赃未满,无力完缴,限期所拘,当题咨豁免之后,又须取结,详请听候部复,始能定地。计自定案以至解配,辗转羁候几及二年。且旧发之犯未解,新发之犯续来。大兴、宛平二县监狱窄小,一遇暑热,狱囚拥挤,疾病易生,死亡堪虞。请将前项追赃人犯,酌减限期。并请将力不能完者,一面取结请豁,一面定地解配,毋庸守候部复等因。经臣部查系疏通滞狱、清理囹圄起见,应如所奏办理。惟应追各赃,有还官、入官、给主之不同。还官之赃,关系国帑,其应否豁免,非臣下所能专主,自应量为区分,以昭郑重。议请嗣后在京在外应行追赃人犯,除监守盗及抢夺、窃盗之赃,并过失杀人应追埋葬银两,仍照各本例分别办理外,但有还官赃物十两以上,着监追半年,勘实力不能完者,开具本犯情罪轻重、监追年月久近、赃数多寡,按季汇题,请旨定夺。其入官赃二十两以上、给主赃三十两以上,亦着监追半年。不及前数,着监追三个月。勘实力不能完,俱免着追。至命案内减等人犯应追埋葬银两,勒限一个月追完。审系十分贫难,量追一半,给付尸亲收领。如限满,勘实力不能完,咨请豁免。均各一面取结请豁,一面定地解配发落,俱毋庸听候部复。其应监追半年者,在内由刑部,在外由该督抚,各于岁底汇题一次等因具奏。奉旨允准通行,遵照在案。应将原例修改,以资引用。谨将修改例文,开列于后。

一、在京在外应行追赃人犯,除监守盗及抢夺、窃盗之赃,并过失杀人应追埋葬银两,仍照各本例分别办理外,但有还官赃物值银十两以上,着监追半年。勘实力不能完者，开具本犯情罪轻重、监追年月久近、赃数多寡，按季汇题，请旨定夺。其入官赃二十两以上、给主赃三十两以上，亦着监追半年；不及前数，着监追三个月。勘实力不能完，俱免着追，一面取结请豁，一面定地解配发落，毋庸听候部复。其应监追半年者，除人犯先行发落外，在内由刑部，在外由该督抚，仍各于岁底汇题一次。

【1847】1.1.24.(1)(略)

【1847】1.1.24.(19)(略)

【1646】1.1.23.(2)

一、凡犯侵欺、枉法充军追赃人犯，所在官司，务严限监并。若至一年以上，先将正犯发遣，仍拘的亲家属监追。如无的亲家属，仍将正犯监追。敢有纵令倩人代监，及挨至年远，辄称家产尽绝，希图赦免者，各治以罪。

【1670】1.1.23.(2)(略)

＊**【1707】○删除**

臣等谨按：今犯侵欺、枉法等赃，俱勒限变产完纳。违限者，承追官俱各治罪。应着落妻、子者，着落妻、子；应将妻、子入官者，入官。并无军罪监追一年以上，方行发遣，仍监追的亲家属之例。此条拟删。

【1725】○删除

按语同上。

【1646】1.1.23.(3)

一、军官、旗军但有监追入官、还官、给主赃物，值银十两以下，半年之上不能完纳者，将犯人先发立功、纳赎等项，各完满日，还职著役。仍将各人俸粮、月粮，照赃数扣除入官、还官、给主。

【1670】1.1.23.(3)(略)

＊**【1707】○删除**

臣等谨按：今凡追银，俱有定例，并不分别军、民。其武职官，亦无立功还职及扣除俸粮之例。此条拟删。

【1725】○删除

按语同上。

【1725】○移入

【原例】名例律·五刑【1646】1.1.1.(5)

一、问刑衙门以赃入罪，若奏行时估则例该载未尽，及虽系开载而货物不等，难照原估者，仍各照时值估拟断。

臣等谨按：此条系估计赃物之例，应移入"给没赃物"律后。

【1725】1.1.24.(2)

【原例】一、问刑衙门以赃入罪,若奏行时估则例开载未尽,及虽系开载而货物不等,难照原估者,仍各照时值拟断。

【1740】○删除

臣等谨按:《时估则例》并未载入律中,且律称"估赃者,皆据犯处当时中等物价,估计定罪"等语,原属允协,此条应删。

***【1680】1.1.28 刑部现行则例·名例·勒限追赃**

一、侵盗钱粮赃重,罪至死者,本犯照拟正法。所侵钱粮,将妻、子勒限一年追完。如限内不完者,妻及未分家之子并本犯家口、财产入官。其流罪以下,所侵钱粮,亦限一年追完。如限内不完者,本犯并妻及未分家之子,流徙尚阳堡,家口、财产变价入官。若此等重罪人犯遇赦免罪,止应追赃者,亦限一年追完。如限内不完者,将本犯并妻及未分家之子,仍分别入官,流徙尚阳堡。以上三项人犯应追赃银,在省者,该督抚令府、州、县官员,当竭力严追;在旗下者,都统、副都统令佐领、骁骑校竭力严追。其官役贪赃事发,分别赃数多寡,仍照律拟罪,所贪之赃应追入官者,亦照侵欺钱粮例遵行。其旗下人,亦照此例。承追官将犯人可变家产不行折变,或将产物价银值多变少,或有需索勒措等情,在外该督抚,旗下该都统、副都统,即行指名题参,交与该部从重处分。

***【1707】○增入**

臣等谨按:现行例内七条,类于"给没赃物"律,应增入。

【现行例】【1680】1.1.28 刑部现行则例·名例·勒限追赃(略)

臣等再按:律内惟谋反、逆叛、造畜蛊毒、采生折割人、杀一家三人、奸党、上言大臣德政等条,载罪人之妻、子分别入官、流徙。其余流犯,俱照"流囚家属"律行,父祖、子孙欲随者听,无将子一并发遣之处。又康熙二十三年(1684)三月内,上谕:"凡犯重罪免死,给新满洲为奴者,止并妻发去,仍籍没家产。钦此。"重罪为奴之人,其子亦不给发,则此例内除妻、子应入官者照例入官外,其流罪以下并子发遣,与律例参差,拟删去"子"字。又此条内追赃不完,人犯分别入官、流徙,原为惩贪立法,故特加重。至于遇赦免罪,止应追赃者,因追赃不完,反将原犯流罪及徒罪之人,一概流徙,似与恩赦免罪之意不符,拟改为"限内不完者,仍将家口、财产变价、入官"。再康熙二十一年(1682)五月内,奉上谕:"以后应发尚阳堡人犯,改发辽阳安插。钦此。"应将"尚阳堡"字改为"辽阳"。谨拟删改,开载于后。

【新改入现行例】一、侵盗钱粮赃重,罪至死者,本犯照拟正法。所侵钱粮,着落妻、子勒限一年追完。限内不完者,妻及未分家之子并本犯家口、财产入官。若遇赦免罪,止应追赃者,亦限一年追完。限内不完,仍将本犯并妻及未分家之子、家口、财产一并入官。其流罪以下,所侵钱粮,亦限一年追完。限内不完者,本犯并妻流徙辽阳,家口、财产变价入官。若遇赦免罪,止应追赃者,亦限一年追完。限内不完,仍将家口、财产变价入官。其官役贪赃应追入官者,亦照侵盗钱粮例行。承追官将犯人可变家产不行折变,或将产物价值以多变少,及需索勒措者,该上司官指名题参,交该部从重处分。

＊【1725】○增入

臣等谨按:此条系监守自盗仓库钱粮,应移入"监守自盗仓库钱粮"律后。①

＊【1680】1.1.26　刑部现行则例・名例・军机籍没

一、凡应籍没家产者,律内所载之款,遵照律行。其犯军机籍没家产之内,除妾婢外,照依兵丁,仍给人口三双、马三匹、牛三只,器械。

＊【1707】○增入

臣等谨按:现行例内七条,类于"给没赃物"律,应增入。

【现行例】一、凡应籍没家产者,照律遵行。惟军机犯罪,于所籍没家产内,除妾婢外,照依兵丁例,仍给器械及人口三对、马三匹、牛三头。

【1725】○增入

按语及例文同上。

【1725】1.1.24.(3)【增例】(略)

【1740】○删除

臣等谨按:军机犯罪,律内并无籍没家产之条,其所称"除妾、婢外,给与人口、马、牛"者,自指本犯已经免罪者而言。夫本犯既已免罪,则入官之家口,及未入官之财产,按律俱在赦免之列。但"给人口三对、马三匹、牛三头",与律不符。且所籍没家产内,如无人口、马、牛,岂又另行给与乎。此条应删。

＊【1680】2.3.60　刑部现行则例・公式・查核赎锾

一、凡州县自理赎锾,岁终造册申报,臬司查核。藩、臬司自理赎锾,岁终造册申报,督抚查核。督抚岁终汇造清册题报,到日查核。如有折多报少,并隐漏等弊,该督抚查参具题治罪。罚赎之人姓名及罚数,着承问各官明晰书写告示,于该地方晓谕。如有隐漏,即以贪赃治罪。

＊【1707】○增入

臣等谨按:现行例内七条,类于"给没赃物"律,应增入。

【现行例】一、凡州县自理赎锾,岁底造册申报按察司;布、按自理赎锾,岁底造册申报督抚;督抚岁底汇造清册,题报刑部察核。如有以多报少,并隐漏等弊,该督抚

---

① 此按语,见《大清律例按语》第1卷"名例・给没赃物"(雍正三年)条下。查雍正三年(1725)《大清律集解附例》"刑律・贼盗・监守自盗钱粮"律附例,无直接对应条例。

参奏治罪。其承问各官,应开明罚赎人姓名及所罚数目,晓示各该地方。隐漏者,以贪赃治罪。

【1725】○增入

按语同上。

【1725】1.1.24.(4)

【增例】一、凡州县自理赎锾,岁底造册申报按察司;布、按自理赎锾,岁底册报督抚;督抚岁底汇造清册,题报刑部察核。其承问各官,应开明罚赎人姓名及所罚数目,晓示各该地方。如有以多报少,及隐漏者,督抚参奏,以贪赃治罪。

【1740】1.1.24.(2)(略)

*【1680】3.4.70　刑部现行则例・户役・旗下人入官

一、凡旗下入官之人,若仍照前分拨,伊等在旗佐领下,俱各有定额,且各有该管之主,应停止入官,令入各旗辛者库。其包衣佐领人送来入官者,亦照此例入辛者库。辛者库人犯入官之罪者,刑部枷号完结。

***【1707】○增入**

臣等谨按:现行例内七条,类于"给没赃物"律,应增入。

【现行例】【1680】3.4.70　刑部现行则例・户役・旗下人入官(略)

此条字句繁冗,应行删改,谨拟改载于后。

【新改入现行例】一、凡旗下应入官之人,令入各旗辛者库。其包衣佐领人送入官者,亦照此例入辛者库。辛者库人犯入官之罪者,照流罪枷责结案。

【1725】○增入

按语及拟修改例文同上。

【1725】1.1.24.(5)

【增例】一、凡旗下应入官之人,令入各旗辛者库。其府佐领人送入官者,亦照此例入辛者库。辛者库人犯入官之罪者,照流罪枷责结案。

【1740】1.1.24.(3)

一、凡八旗应入官之人,令入各旗辛者库。其内务府佐领人送入官者,亦照此例入辛者库。辛者库人犯入官之罪者,照流罪折枷责结案。

*【1680】6.23.205　刑部现行则例・受赃・追赃给主

一、凡官役审实赃银之内,如有亏短价值之类,追给原主。其诈骗、逼勒之项,被害自行首告者,追给原主。如非自行首告,系督抚、科道参发者,仍概追入官。

***【1707】○增入**

臣等谨按:现行例内七条,类于"给没赃物"律,应增入。

【现行例】一、凡官役审实赃银内,有亏短价值等项,追给原主。其诈骗、逼勒者,被害自行首告，亦追给原主。督抚、科道参发者，概追入官。

【1725】○增入

按语同上。

【1725】1.1.24.(6)【增例】(略)

【1740】1.1.24.(4)

一、凡官役犯赃案内，有亏短价值等项，追给原主。其诈骗、逼勒者，被害人自行首告，亦追给原主。督抚、科道参发者，概追入官。

***【1707】○增入**

臣等谨按：现行例内七条，类于“给没赃物”律，应增入。

【现行例】一、九卿、詹事、科道会议，追比贪赃、侵挪银两，限一年追完。若违限不完者，将承追、督催官员，仍照定例议处，将犯人枷号两个月、鞭一百。若限内该旗保送家产尽绝者，将本犯及妻并未分家之子，人口、家产一并查明，移送该部。到日确查，应免者豁免，应入官者入官。承追、督催各官，应照例免议。至保送家产尽绝之后，该佐领、骁骑校、小拨什库内，有一人将隐匿家产查出者，本犯枷号三个月、鞭一百，监禁重犯免罪。若本犯自首，亦免罪。其督催、承追各官，一并免议。其隐匿家产，或被旁人首告，或另有发觉者，将承追佐领、骁骑校革去佐领、骁骑校，参领降三级留任，都统、副都统各降一级留任，小拨什库鞭一百。如隐匿家产，若本佐领、骁骑校、小拨什库不行查出，或被都统、副都统、参领查出者，将佐领、骁骑校亦革去佐领、骁骑校，小拨什库鞭一百。至承追、督催各官，若有扶同隐匿之处，发觉者，照九卿所议，从重议。至此等归旗人等，俱令五个月内归旗。于起解时，该督抚并地方官，即将犯人家产、人口查明，造写清册。咨部到日，转交该旗追还。其任所有无私置房产隐匿，亦未可定，再限地方官六个月查明结报。后有隐匿之处发觉者，照例治罪等因具题。奉旨依议。①

臣等再按:此条内佐领等察出犯人所隐财产者,将本犯枷责。其别有发觉,及都统等察出,本犯枷责之处,应并说明。再现任文武官员有干连刑名事件,除罪重于革职者,照律拟罪外,其一切革职、降级、罚俸等罪,吏、兵二部现有定例者,俱交吏、兵二部议。此条内承追、督催各官处分,不必载入律内,俱应改为交该部议处。谨拟删改,开载于后。

【新改入现行例】一、追比贪赃、侵挪银两,限一年追完。若违限不完者,将承追、督催官员照例议处,犯人枷号两个月、鞭一百。若限内该旗保送家产尽绝,该部确察,应豁免者豁免,应入官者,察取本犯及妻并未分家之子人口、家产入官,承追、督催各官免议。至保送之后,如有隐匿家产事发者,该都统、副都统、参领、佐领、骁骑校,俱交该部照例议处,拨什库鞭一百。本犯如系重罪现在监禁者,免枷责,余俱枷号三个月、鞭一百。如都统、副都统、参领察出者,佐领、骁骑校仍交该部议处,拨什库鞭一百;如佐领、骁骑校、拨什库察出者,承追、督催各官俱免议,本犯仍照前治罪。如本犯自首,则本犯及承追、督催各官,俱免议。以上所隐及所首财产,俱入官。若承追、督催各官,有扶同受贿隐匿者,事发照律从重治罪。至归旗人员内有应追赃者,限五个月内,该督抚察明家产、人口,造册并人解部,转交该旗追赃。其任所有无私置房产,再限地方官六个月察明结报,后有隐匿发觉者,照例议处。

【1725】〇增入

按语同上。

---

① 本条现行例,《大清律例按语》"名例·给没赃物"(雍正三年)条下,另有如下版本:

【现行例】一、凡承追侵挪、亏空赃银及分赔等项银两,于部文到日,定限一年追完。三百两以上之案者,承追每案,纪录一次。如一年不完,罚俸一年。再限一年不完,承追官降一级留任。再限一年不完,照所降之级调用。嗣后承追不及千两之案,仍照三年之例参处外,一千两至五千两者,以五年为期,每年每案追完二分,五年之内十分全完,免其处分,仍予纪录一次。递年每案完不及二分者,初参降俸二级,二参罚俸一年,三参降一级,四参又降一级,俱留任,戴罪承追。五年限满,全完开复,如不完,照所降二级调用。至五千两以上之案者,亦以十分为率,勒限五年。初限不完,降俸二级;二限不完,罚俸一年;三限不完,降一级;四限不完,又降一级留任。五年限满,完至七分者,将所降二级准其开复,另行按年起限承追。如完不及七分者,照所降之二级调用。接任官以到任之日起限,一年限内追完一千两以上之案者,准加一级;追完五千两以上之案者,准加二级;追完一万两以上之案者,准加三级。此等加级,若遇别案承追应降调者,准其抵销。如能于一年限内,追完一万五千两以上之案者,交与该部,以应升之缺即用。其督催各官,如不及千两之案,亦照三年之例参处。一千两至五千两以上,每案勒限五年,分数催追。递年完至二分,免其处分。递年完不及二分,知府、直隶州,每案,初参降俸一级,二参罚俸六个月,三参罚俸一年,四参降一级留任,俱令戴罪督催。五年限内全完开复,如不完,降二级留任,戴罪督催。督、抚、司、道,每案,初参罚俸三个月,二参罚俸六个月,三参罚俸九个月,四参罚俸一年。五年限满无完,各降一级留任,仍另行按年起限督催,全完开复。至在外催追武职官员,及在京八旗行追之案,俱照此例议处。余仍照从前定例遵行。督催亏空粮米,责成粮道;盐课,责成盐道。非管理粮、盐道员,俱免其并参。其欠帑人犯,如果任所无物可变,行查原籍又无的属产业,或本犯身故无可着追,实系人亡产绝者,该督抚取具印甘各结保题,到日该部核明,准其豁免。如本犯现在任所、原籍,又有的属产业可以着追,各该督抚徇庇属员,欲免处分,捏称任所无物可变,请发回原籍,或捏称家产尽绝,朦混题豁,该部核明复驳。

【1725】1.1.24.(7)

【增例】一、追比贪赃、侵挪银两,限一年追完。若违限不完者,将承追、督催官员照例议处,犯人枷号两个月、鞭一百。若限内该旗保送家产尽绝,该部核察,应豁免者豁免,应入官者,察取本犯及妻并未分家之子人口、家产入官,承追、督催各官免议。至保送之后,如有隐匿家产事发者,该都统、副都统、参领、佐领、骁骑校,俱交该部照例议处,领催鞭一百。本犯如系重罪现在监禁者,免枷责,余俱枷号三个月、鞭一百。如都统、副都统、参领察出者,佐领、骁骑校仍交该部议处,领催鞭一百;如佐领、骁骑校、领催察出者,承追、督催各官俱免议,本犯仍照前治罪。如本犯自首,则本犯及承追、督催各官,俱免议。以上所隐及所首财产,俱入官。若承追、督催各官,有扶同受贿隐匿者,事发照律从重治罪。至归旗人员内有应追赃者,限五个月内,该督抚察明家产、人口,造册并人解部,转交该旗追赃。其任所有无私置房产,再限地方官六个月察明结报。后有隐匿发觉者,照例议处。

【1740】○修改

臣等谨按:此条所称"本犯枷责"及"家口、财产入官"之处,已于雍正七年(1729)分别侵、挪,按其数目另行改定。其改定之例,又于乾隆二年(1737)经刑部奏准,将本犯仍归原罪完结,妻、子等免其治罪在案。至承追、督催不力,及失察、扶同隐匿各官,应行交部议处之处,俱载于"监守自盗"律后条例中,应删。惟归旗人员交旗追赃之处应存。谨将应存例文,开列于后。

一、归旗人员内有应追赃者,限五个月内,该督抚察明家产、人口,造册并人解部,转交该旗追赃。其任所有无私置房产,再限地方官六个月察明结报。后有隐匿发觉者,交部议处。

【1740】1.1.24.(5)(略)

*【1707】○增入

臣等谨按:现行例内七条,类于"给没赃物"律,应增入。

【现行例】一、凡仓库银米,督、抚、司、道、知府,年底以实在无欠申报保题,后有亏空,知府即行报参者,免其分赔。如不行报参,别经发觉者,先着落亏空官追取。若亏空官家产尽绝,着落保题之上司官均行赔补。至起解银两及漕粮等项,如有亏空者,将解官、运官审明追取。如家产尽绝,亦着落该管上司官均行赔补。若有借端需索等弊,亦许下属官通报,参究治罪。

谨案 此条雍正三年(1725)定。乾隆五年(1740),查雍正六年(1728)奏定,挪移之案,其知府通同徇隐,及明知亏空不行报参反为设方弥补之巡抚、司、道,方令分赔。如系侵欺,免其分赔。此条删。

【1725】○增入

按语同上。

【1725】1.1.24.(8)

【增例】一、凡仓库银谷,督、抚、司、道、知府,年底以实在无欠申报保题,后有亏空,知府即行报参者,免其分赔。如不行报参,别经发觉者,先着落亏空官追取。若亏空官家产尽绝者,着落保题之上司官均行赔补。至起解银两及漕粮等项,如有亏空者,将解官、运官审明追取。如家产尽绝,亦着落该管上司官均行赔补。若有借端需索等弊,亦许下属官通报,参究治罪。

【1740】○删除

臣等谨按:此例已于雍正六年(1728)改为"挪移之案,其知府通同徇隐,及明知亏空不行报参,反为设方弥补之巡抚、司、道,方令分赔。如系侵欺,免其分赔"在案,此条应删。

【1725】○增入

臣等谨按:康熙五十七年(1718)五月内,刑部会复各省解送赃罚,事理类于此律,谨拟节录于后。

【续增现行例】一、凡各省赃罚、赎锾、私盐变价等项银两起解者,免其具批刑科,仍照例具批刑部,限文到三日内即行查收。倘书役人等指称估验、挂号等项名色勒索,及棍徒包揽代交,俱从重治罪,系官交与吏部严行议处。再各省解官不亲身到部投批,寻觅包揽之人,迟延生事,刑部指名题参,交与该部严查议处。

【1725】1.1.24.(9)【增例】(略)

【1740】○删除

臣等谨按:直省赃罚等项银两,已于雍正十二年(1734),经刑部奏准,径解户部在案。此条应删。

【1725】○增入

臣等谨按:康熙六十一年(1722)三月内,雍正元年(1723)六月内,刑部题应追赃罚、侵挪银米二案,事属一体,应增删并为一条。谨拟增删,开载于后。

【续增现行例】一、凡直隶各省,八旗汉军、满洲、蒙古,行追赃罚、侵挪等项银米谷石,该督抚将追完贮库银两,于本年内解部。如不起解,刑部将承追、督催各官,并出结之布政使等官题参,从重治罪。其各省督抚、各旗都统,务于年终将已未完数目,备造清册二本具题,送部查核。如逾限不完,及不造册具题,将怠玩各官送参,交与该部查议。若督抚、都统徇庇属员,不行送参,该部即将该督抚、都统指名题参。①

---

① 本条现行例,《大清律例按语》"名例·给没赃物"(雍正三年)条下,另有文字稍有出入版本:

【现行例】一、凡直隶各省、八旗应追赃罚、亏空等项银米谷石,并该督抚将完追贮库银两,于本年内务须解部。如不起解,刑部将承追、督催各官,并称贮库出结之布政司等官,查明题参,从重治罪。其各省督抚、八旗都统行追银米谷石,一年追完若干、未完若干,备造细数清册二本,于年终具奏,与刑部档案对明。

【1725】1.1.24.(10)

【增例】一、凡直隶各省,八旗满洲、蒙古、汉军,行追赃罚、侵挪等项银米谷石,该督抚将追完贮库银两,于本年内解部。如不起解,刑部将承追、督催各官,并出结之布政司等官题参,从重治罪。其各省督抚、各旗都统,务于年底将已未完数目,备造清册二本奏闻,送部查核。如逾限不完,及不造册具题,将怠玩各官送参,交与该部查议。若督抚、都统徇庇属员,不行送参,该部即将该督抚、都统指名题参。

【1740】○删除

臣等谨按:例文内"将承追、督催各官,并出结之布政司等官题参"下,所称"从重治罪"之处,查律例并无将此等官员治罪之条,应改正,载入吏、兵二部《处分则例》。此条应删。

【1740】○续纂

一、断付死者之财产,遇赦不得免追。

此条系总注内补律之所不及者,今另纂为例,以备引用。

【1740】1.1.24.(6)(略)

【1740】○增入

【原例】一、亏空、贪赃官吏一应追赔银两,该督抚委清查官产之员,会同地方官,令本犯家属将田房什物呈明时价,当堂公同确估,详登册记,申报上司,仍令本犯家属眼同售卖完项。如有侵渔、需索等弊,许该犯家属并买主首告,将侵渔、需索之官吏,照侵盗钱粮及受枉法赃律治罪。

一、地方官吏有将入官田房私租与人者,除照数追赔外,仍照侵盗钱粮例治罪。其未经定例以前,官吏有私租之处,免其治罪,按年照数赔补。其一应变卖什物,俱勒限一年,眼同本犯家属,照数变卖。如逾限未变,器皿、衣服,仍于本地方勒变。一应金银珠玉等物,兑明分两数目,造具清册,眼同本犯家属封固,出具并无更换印甘各结,解交藩库。遇有便员,附搭解部,转交崇文门变价。若有窃换等弊,许家人及旁人首告,加倍追赔,仍照侵盗钱粮例治罪。

一、田房产业,一经入官,即令本犯家属将契券呈堂出业,该管官眼同原主秉公估定,开明价值,出示速售。有愿买者,即给与印照,不许原主勒索找价,仍令买主出具并无假冒影射甘结存卷。如该管官纵容原主据占影射,将据占之家属、影射之父兄,俱照隐瞒入官财物律,坐赃治罪;该管官并该上司,俱照例分别议处。如并无影射等弊,首告之人捏词陷害,按律反坐。至所典房地及质当物件,勒限令原主取赎,归还原本。如逾限不赎,即开明原本价值,出示招卖。

以上三条俱系雍正七年(1729)定例。

臣等谨按:此条系雍正七年(1729)定例。查亏空贪赃官吏,先应勒限严追。如逾限无完,例应查明家产,估变还项。原议并未将限满查产之处,分晰声明。恐奉行未善,遂于题参之日,即行搜查,致滋纷扰。至于地方官有侵渔、需索等弊,自有治罪本条,毋庸另立例款。再查此例原系三条,因事同一例,今删并一条,以便引用。

一、亏空、贪赃官吏应追银两,先行勒限严追。如逾限无完,应查报家产者,该管地方官,令本犯家属将田房、产业呈缴典买原契,确估俱值,申报上司,变卖完项。地方官吏如有将入官田房私租于人,将租息人己者,依守掌在官财物律治罪,照数追赔。至田房、产业入官之后,出示召变。有愿买者,即给与印照,不许原主勒索找赎。如系典当房地,按其价值数目,照变产之例,分别勒限,令原主取赎。如逾限不赎,即开明原典当价值,出示招卖。

此条系乾隆五年(1740),将前三条修并。因亏空之项,先应勒限严追,如逾限无完,始行查产还项。原例未将限满查产之后声明,此条已为分析。进呈后,遵旨照旧分列三条,将此条删除。

【1740】1.1.24.(7)(略)

【1740】1.1.24.(8)(略)

【1740】1.1.24.(9)(略)

【1740】1.1.24.(7)

一、亏空、贪赃官吏一应追赔银两,该督抚委清查官产之员,会同地方官,令本犯家属将田房、什物呈明时价,当堂公同确估,详登册记,申报上司,仍令本犯家属眼同售卖完项。如有侵渔、需索等弊,许该犯家属并买主首告,将侵渔、需索之官吏,照侵盗钱粮及受枉法赃律治罪。

【1740】1.1.24.(8)

一、地方官吏有将入官田房私租与人者,除照数追赔外,仍照侵盗钱粮例治罪。其未经定例以前,官吏有私租之处,免其治罪,按年照数赔补。其一应变卖什物,俱勒限一年,眼同本犯家属,照数变卖。如逾限未变,器皿、衣服,仍于本地方勒变。一应金银珠玉等物,兑明分两数目,造具清册,眼同本犯家属封固,出具并无更换印甘各结,解交藩库。遇有便员,附搭解部,转交崇文门变价。若有窃换等弊,许家人及旁人首告,加倍追赔,仍照侵盗钱粮例治罪。

【1778】○修改

臣等谨按:此条系雍正七年(1729)定例。其例内所称"未经定例以前,官吏有私租之处,免其治罪,按年照数赔补"等语。绎其例意,系从前定例之初,有例前犯罪,于例后事发者。今事阅年远,已无例前之事,则"例前免罪"之语,似属多文。又乾隆三十一年(1766)十二月内,吏部议复河南巡抚阿思哈条奏,一切案件如于文外复取印结者,准其停取。所有此条原例,应行删改。谨将删改例文,开列于后。

一、地方官吏有将入官田房私租于人者,除照数追赔外,仍照侵盗钱粮例治罪。

其一应变卖什物,俱勒限一年,眼同本犯家属,照数变卖。如逾限未变,器皿、衣服,仍于本地方勒变。一应金银珠玉等物,兑明分两数目,造具清册,眼同本犯家属封固,取具并无更换甘结,具文解交藩库。遇有便员,附搭解部,转交崇文门变价。若有窃换等弊,许家人及旁人首告,加倍追赔,仍照侵盗钱粮例治罪。

【1790】1.1.24.(8)(略)

【1740】1.1.24.(9)

一、田房产业,一经入官,即令本犯家属将契券呈堂出业,该管官眼同原主秉公估定,开明价值,出示速售。有愿买者,即给与印照,不许原主勒索找价,仍令买主出具并无假冒影射甘结存卷。如该管官纵容原主据占影射,将据占之家属、影射之父兄,俱照隐瞒入官财物律,坐赃治罪;该管官并该上司,俱照例分别议处。如并无影射等弊,首告之人捏词陷害,按律反坐。至所典房地及质当物件,勒限令原主取赎,归还原本。如逾限不赎,即开明原本价值,出示招卖。

【1740】○增入

【原例】一、八旗催追侵贪银两,如逾限不完,将伊家产变价交官。若承变限满,尚无售主,照亏欠之数,将家产估价入官抵项。其家产不能抵完者,该参、佐领等据实呈报,管旗大人等具奏,将本犯交部,照原拟发落。现在家产,尽行入官。

臣等谨按:此条系雍正七年(1729)定例,查估变家产,前例已经明晰,八旗事同一体,不应另立例款,无庸纂入。[1]

【1740】1.1.24.(10)

一、八旗催追侵贪银两,如逾限不完,将伊家产变价交官。若承变限满,尚无售主,照亏欠之数,将家产估价入官抵项。其家产不能抵完者,该参、佐领等据实呈报,管旗都统等具奏,将本犯交部,照原拟发落。现在家产,尽行入官。

【1740】○增入

一、凡盗犯到案审实者,即将盗犯家产封记,候题结之日,将盗犯家产变赔。如该犯之父、兄弟、伯叔知情分赃者,审明治罪,亦着落伊等名下追赔。倘有并无家产,以及外来之人,无从封记开报者,将案内各盗之家产,除应赔本身赃物外,或有余剩,概行变价代赔。其有窝家之案,仍照例将窝家之财产一并赔补,取具事主领状报部。倘有将无干之亲族及并未分赃之亲属,株连赔累者,该督抚查出,即行题参,交部议处。

臣等谨按:此条系雍正七年(1729)定例。原有将盗犯亲生子女一并变卖之文。但强

---

① 本条按语原拟删除,而乾隆五年(1740)《大清律例》仍复载入。

盗之罪固属重大,究与叛逆及奸党等罪有别。若卖其子女,则与入官无异,似属过重,今删。

【1740】1.1.24.(11)(略)

【1788】○移改

【原例】【1740】1.1.24.(11)(略)

*刑律·贼盗·强盗【1768】6.18.266.(10)

一、强、窃盗贼现获之赃,各令事主认领外,如不足原失之数,将无主赃物赔补,余剩者入官。如仍不足,将盗犯家产变价赔偿。若诸色人典当、收买盗贼赃物,不知情者勿论,止追原赃,其价于犯人名下追征给主。

臣等谨按:以上二条,均系追征盗犯家产变价赔偿事主之例,乃一则载在"给没赃物"门内,一则载在"强盗"条下。以一事分载两门,未免错见。应即移并,纂辑一条,统归入"强盗"门内,以昭画一。谨将移并改辑例文,开列于后。

一、强、窃盗贼,到案审实,先将各犯家产封记。其有现获之赃,各令事主认领。如不足原失之数,将同时所起无主赃物赔补,余剩者入官。如仍不足,再将盗犯家产变赔。如该犯之父、兄弟、伯叔知情分赃,并另有窝家者,审明治罪,亦着落伊等名下追赔。倘案内各盗,或有并无家产,以及外来之人,无从封记开报者,将案内盗犯及窝家有家产者,除应赔本身赃物外,或有余剩,概行变价代赔。若诸色人典当、收买赃物,不知情者勿论,止追原赃,其价于犯人名下追征给主。倘有将无干亲族及并未分赃之亲属,株连赔累,该督抚查参议处。

*刑律·贼盗·强盗【1790】6.18.266.(20)(略)

***【1740】○删除**

【原例】一、应变田房产业,估价一千两以上者,限一年变完。其僻小州县,有一千两以上之产,及通都大邑,价值数千两以上者,令该督抚酌量分作二年或三年完解。其分作二年者,先交价银一半;分作三年者,先交价银三分之一,即令售主管业。其余银两,于该年限内交清,给与印照。该管官先将分年完解之处,详明上司咨部。所收银两,逐年解交藩库,出具库收,送部查核。如完解不及该年分数,及二年、三年以后不完者,将地方官查参,交部按年分别议处。若于一年限内追完,及全完数千两以上者,交部分别议叙。

臣等谨按:此条系雍正七年(1729)定例,已入《吏部处分则例》,无庸纂入。

***【1740】○删除**

一、刑部凡有应交司坊官承追赃银及变产等案,俱行交都察院,札行该城御史,转交司坊官办理。如逾限追变不完,该御史即将司坊官职名,呈报都察院题参,交部议处。

臣等谨按:此条系雍正十二年(1734)定例,专为参处司坊官承追不力而言,无关刑名,无庸纂入。

【1746】○续纂

一、刑部现审案内,凡行追赃罚、赃变、赃赎银两,承追各官,俱各定限一年追完。如逾限不行追交,该部即行查参,将承追各官照例议处。

臣等谨按:此条系乾隆十年(1745)六月内,臣部奏准定例,应纂辑以便遵行。

【1768】1.1.24.(12)(略)

【1761】○续纂

一、州县有盗劫库项,除失事之员照数补还者,无庸另议外,或本人身故产绝,力难完缴者,即照州县亏空之例,令该管各上司分赔。

臣等谨按:此条系乾隆二十五年(1760)十月内,臣部议复浙江巡抚庄有恭题豁句容县已故知县周应宿未完盗劫库银案内声请定例,应纂辑以便遵行。

【1768】1.1.24.(13)(略)

【1761】○续纂

一、凡追赃人犯,除侵贪官吏,仍照例限监追外,其抢夺、窃盗之赃,着地方官于定案之日严行比追。如果力不能完,即将本犯治罪,随时取结详报,分别题咨豁免。①

臣等谨按:此条系乾隆二十年(1755)五月,奉旨酌归简易案内,据江苏巡抚庄有恭条奏,现在遵行,应纂为例。

【1768】1.1.24.(14)(略)

【1767】○续纂

一、凡命案内减等发落人犯,应追埋葬银两,勒限三个月追完。有物产可抵者,亦着于限内变交。如审系十分贫难者,量追一半,给付尸亲收领。若限满勘实力不能完,将该犯即行发配,一面取具地邻、亲族甘结,该地方官加结,详请督抚核实,咨请豁免。如有隐匿发觉者,地邻人等均照不应重律治罪,地方官照例议处。

臣等谨按:此条系乾隆二十八年(1763)正月内,江苏按察使胡文伯条奏定例,应纂辑遵行。

【1768】1.1.24.(15)(略)

---

① 《大清律例按语》第33卷"名例律·给没赃物"(乾隆二十六年)条下,本条例文末附注"系乾隆二十一年通行"。

【1778】○修改

臣等谨按:此条原例内"取具地邻甘结"之下,载有"该地方官加结"字样,嗣于乾隆三十一年(1766)十二月内,吏部议复河南巡抚阿思哈条奏,一切案件,如于文外复取印甘者,准其停取。所有此条原例内"地方官加结"字样,谨拟删除。

一、凡命案内减等发落人犯,应追埋葬银两,勒限三个月追完。有物产可抵者,亦着于限内变交。如审系十分贫难者,量追一半,给付尸亲收领。若限满勘实力不能完,将该犯即行发配,一面取具地邻、亲族甘结,该地方官详请督抚核实,咨请豁免。如有隐匿发觉者,地邻人等均照不应重律治罪,地方官照例议处。

【1790】1.1.24.(15)(略)

【1835】○修改

按语见【1790】1.1.24.(1)条【1835】修改项下。

一、命案内减等发落人犯,应追埋葬银两,勒限一个月追完。有物产可抵者,亦着于限内变交。如审系十分贫难者,量追一半,给付尸亲收领。若限满勘实力不能完,将该犯即行发配,一面取具地邻、亲族甘结,该地方官详请督抚核实,咨请豁免。如有隐匿发觉者,地邻人等均照不应重律治罪,地方官照例议处。

【1847】1.1.24.(1)(略)

【1767】○续纂

一、参革汉军官员,有应完款项,俱照定限着追。如为数多者,酌量展限完纳。如逾限不完,即将该员解旗治罪。

臣等谨按:此条系乾隆二十七年(1762)十月内,江苏巡抚陈宏谋奏"参革海州知州邬承显之子邬图灵,因伊父任内有私折漕粮及借贷所属等,限应追未完银两,逗遛外省,久未归旗"一案,钦奉谕旨,恭纂为例,以便遵行。

【1768】1.1.24.(16)(略)

【1847】1.1.24.(15)(略)

【1788】○续纂

一、缘事获罪,应行查抄资产,而兄弟未经分产者,将所有产业查明,按其兄弟人数,分股计算。如家产值银十万,兄弟五人,每股应得二万,只将本犯名下应得一股入官,其余兄弟名下应得者,概行给予。

臣等谨按:乾隆四十九年(1784)正月内,广西巡抚孙士毅奏"永安州知州叶道和与岑照科场舞弊,藐法营私,请将叶道和家产查抄入官"一案。钦奉谕旨:"嗣后如有缘事获罪,应行查抄,而兄弟未经分产者,着将所有产业,按其兄弟人数,分股计算。如家产值银十万,兄弟五人,每股应得二万,只将本犯名下应得一股入官,其余兄弟名下应得者,概行给予,以昭平允。所有叶道和一案,即照此办理,并著为令。"钦遵在案,应恭纂为例,以便遵行。

【1790】1.1.24.(11)(略)

【1795】○续纂

一、凡内外官员名下应追因公核减、借欠等项,及该员本系分赔、代赔,经地方官查明结报家产尽绝、无力完缴者,俱照例题豁,毋庸再于同案各员名下摊追。

臣等谨按:乾隆五十九年(1794)二月,奉上谕:"前因内外各官员名下,有摊赔、代赔银两,及八旗、绿营兵丁内,有祖父应赔银两,于子孙所得饷银内坐扣者。此项银两,究属因公,特令军机大臣查明未完数目,酌量加恩。兹据分别开单具奏内,已经离任各员应赔银两,据报家产尽绝及无可着追者七十一案,共未完银十七万四千九百余两;八旗、绿营兵丁应行坐扣饷银者七十八案,计应扣缴银十九万三百余两。又原任都统索诺木、策凌等大员六员,共未完赔项十九万七千七十余两,因已经治罪查抄,无力完缴,一并开单请旨。朕详加披阅,此等应赔银两,有关帑项,本应着落照数完缴。第念各该员等缘事降革,离任后业据各该旗、籍结报家产尽绝,并查明无力完缴,而兵丁等所得饷银,为数有限,若再行坐扣,未免生计拮据。其另单所开之原任大员六员,俱治罪查抄,无可着追。着将查出各该员名下未完应赔银两,及兵丁应扣饷项,共银五十五万九千八百余两,一并加恩,概行豁免,以示朕格外施仁、曲加优恤至意。嗣后因公核减、借欠等项,及该员本系分赔、代赔,经地方官查明结报家产尽绝,无力完缴者,并着照例题豁,毋庸再于同案各员名下摊追,用溥恩施而昭体恤。钦此。"钦遵在案。应恭纂为例,以便遵行。

【1802】1.1.24.(17)(略)

【1847】1.1.24.(16)(略)

【1795】○续纂

一、窃盗各案,查出盗贼名下资财、什物,俱给事主收领。其盗劫之案,有已经获犯,而原赃未能起获,数在一百两以内者,着落地方官罚赔;如数百两至千两以上者,令地方官罚赔十分之一二。

臣等谨按:乾隆五十七年(1792)十月内,臣部议复直隶总督梁肯堂奏"拿获盗犯曹先等审拟治罪"案内,奉旨:"刑部奏直隶省拿获盗犯曹先等分别斩、枭一案。杨际春、陈祥生主仆二人,均被车夫吴洛全等谋害,殊堪怜悯。所失银两,于获犯后,经官追起,亦属有名无实。所有吴洛全车辆、马匹,即应一并给与事主家属领回,该部何必按例称变价入官。该督原请将车辆、马匹入官之处,办理亦觉鄙吝。嗣后凡有窃盗各案,其查出盗贼名下资财、什物,俱给与事主收领,不必入官。著为令。钦此。"钦遵在案,应纂辑遵行。再查乾隆五十五年(1790)三月,直隶建昌县盗犯马十等行劫裕泰隆钱铺,该省办理迟延一案,钦奉谕旨:"嗣后各省盗案,如原赃未能起获,即着该管地方官罚赔等因。"嗣于五十六年(1791)四月内,大学士、公、两广总督福康安奏以广西省将未经获犯盗案,先令州县罚赔赃银,恐狡猾事主,任意浮报赃数,图得便宜,而不肖州县规避罚赔,必有抑勒事主讳盗及删减赃数情弊等因。钦奉谕旨:"只将已经获盗,而原赃未能起获者,令该管官罚赔。其正犯尚未缉获,赃数无从审明者,毋庸罚赔等因。"又五十八年(1793)二月内,山西巡抚蒋兆奎奏"盗案原赃未能起获,地方官赔给分数"一折,钦奉谕旨:"以盗赃多至盈千累万,若概令地方官赔给,不特州县力有不能,必至有名无实。且恐启刁民捏报赃数之渐。况遇盗之家,如系中人小户,惟仗经纪营生,一经被劫,虽为数无多,已足罄其家产。至赃数较多者,事主必系殷商大贾,即盗赃无获,生计尚不至拮据。嗣后除赃数一百两以内者,仍着落该管官罚赔外,数百两至千两以上者,应令该管官罚赔十分之一二等因。"钦遵在案。应并辑为例,以便遵行。

【1801】○修改

臣等谨按:此条系乾隆五十七年(1792),臣部议复直隶总督梁肯堂审奏盗犯曹先等治罪案内,钦奉谕旨,系专为盗劫重案查封家产而言。至寻常窃案,轻重不一,赃产多少不同,若不论窃贼各案,概将查出资财、什物,俱给事主收领,不惟胥吏滋扰,且启事主觊觎捏陷之弊。此条"窃盗"等字,应行修改。谨将修改例文,开列于后。

一、盗劫之案,查出盗犯名下资财、什物,俱给事主收领。其有已经获犯,而原赃未能起获,数在一百两以内者,着落地方官罚赔。如数百两至千两以上者,令地方官罚赔十分之一二。寻常窃案,不在此例。

【1802】1.1.24.(18)(略)

【1847】1.1.24.(17)(略)

【1825】○续纂

一、刑部现审案内,违例入官住房、铺面各项房屋,于定案后,径咨户部办理,刑部毋庸估变。

臣等谨按:道光三年(1823)正月内,据户部咨称,在京入官抵项,以及违例入官房间,向由户部核明,咨送工部,照例估价。如系住房,按间作价抵变,仍由户部行旗招买。其铺面房屋,毋庸招买,由户部送交内务府收租,于道光元年(1821)五月奏准章程在案。嗣后刑部凡遇违例入官住房、铺面各项房屋,于定案后,径送户部,照奏定章程办理,刑部毋庸自行估变等因在案。臣部查现审案内,违例入官房屋,抵变估价,户部既有奏定章程,自应照户部奏定章程办理。臣部例内并无明文,诚恐日久办理两歧。应请纂入例册,以便遵行。

【1825】1.1.24.(19)(略)

【1847】1.1.24.(18)(略)

【1870】○续纂

一、窃盗案内无主赃物,及一切不应给主之赃,如系金珠、人参等物,交内务府;银钱及铜铁铅锡等项,有关鼓铸者,交户部;硫磺、焰硝及砖石、木植等项,有关营造者,交工部;洋药及盐、酒等项,有关税务者,交崇文门。其余器皿、衣饰及马骡牲畜,一应杂货，均行文都察院札行该城御史，督同司坊官当堂估值变价，交户部汇题，并将变价数目，报都察院及刑部查核。倘有弊混及变价不完，由该御史查参。

谨案 此条同治九年(1870)定。

【1870】1.1.24.(20)(略)

犯罪自首

律 文

【1646】1.1.24

凡犯罪未发而自首者，免其罪，若有赃者，其罪虽免，犹征正赃。谓如枉法、不枉法赃，征入官。用强生事，逼取、诈欺、科敛、求索之类，及强、窃盗赃，征给主。其轻罪虽发，因首重罪者，免其重罪。谓如窃盗事发，自首又曾私铸铜钱，得免铸钱之罪，止科窃盗罪。若因问被告之事而别言余罪者，亦如上科之。止科见问罪名，免其余罪。谓因犯私盐事发被问，不加拷讯，又自别言曾窃盗牛，又曾诈欺人财物，止科私盐之罪，余罪俱得免之类。○其犯人虽不自首，遣人代首，若于法得相容隐者之亲属为之首，及彼此讦发，互相告言，各听如罪人身自首法。皆得免罪。其遣人代首者，谓如甲犯罪，遣乙代首，不限亲疏，亦同自首免罪。若于法得相容隐者为首，谓同居及大功以上亲，若奴婢、雇工人为家长首，及相告言者，皆与罪人自首同得免罪；其小功、缌麻亲首告，得减凡人三等；无服之亲，亦得减一等。如谋反、逆叛未行，若亲属首告或捕送到官者，其正犯人俱同自首律免罪；若已行者，正犯人不免，其余应缘坐人亦同自首律免罪。若自首不实及不尽者，重情首作轻情，多赃首作少赃。以不实不尽之罪罪之。自首赃数不尽者，止计不尽之数科之。至死者，听减一等。其知人欲告及逃如逃避山泽之类。叛是叛去本国之类。而自首者，减罪二等坐之。其逃叛者，虽不自首，能还归本所者，减罪二等。○其损伤于人，因犯杀伤于人而自首者，得免所因之罪，仍从故杀伤法。本过失者，听从本法。损伤于物不可赔偿，谓如弃毁印信、官文书、应禁兵器及禁书之类。私家既不合有，是不可偿之物，不准首。若本物见在首者，听同首法免罪。事发在逃，虽不得首所犯之罪，但念出首，得减逃走之罪二等，正罪不减。若私越度关，及奸，并私习天文者，并不在自首之律。○若强、窃盗，诈欺取人财物，而于事主处首服，及受人枉法、不枉法赃，悔过回付还主者，与经官司自首同，皆得免罪。若知人欲告，而与财主处首还者，亦得减罪二等。其强、窃盗，若能捕获同伴解官者，亦得免罪，又依常人一体给赏。强窃盗再犯者，不准首。

【1670】1.1.24(略)

***【1707】○修改**

此律拟存。但私习天文，新例停其禁止，应删去"私习天文"句。

总注：此言犯罪准自首，以开人自新之路；又分别不准首，以绝人幸免之心；末则推广自首之法，使人知免于罪也。有状辞为告，无状辞为言。私者，潜从关过而无文引；越者，因无文引而不由关过也。凡自首者，情必实，赃必尽，事必未经人告发，其罪方得全免。罪虽全免，犹征所得真正赃物入官、给主，以尽本法。其轻罪为人告发，因而自首其别犯重罪者，则科其轻罪而免其重罪。一事告发取问，因而自供其状外余事者，则科其见发而免其余罪。言余罪，则轻重与相等，皆勿论矣。其犯人具状，遣人代首，虽其人非己亲，而意自己出，即自首也。若同居及大功以上亲属，并奴婢及雇工人为之首，或因交恶而互相告言,虽其意非已出,然系法得相容隐之人,亦犹自首也,各如犯人亲自首法,皆得免罪。若讦告之人如系卑幼,仍依干名犯义律科断。若首赃虽尽,而所首之事或非原犯之情,是为不实。首事虽实,而所首之赃或亏原得之数,是为不尽。即依所隐之情、所匿之数罪之。如情重赃多,各至绞、斩罪者,得减一等,罪止杖一百、流三千里。遣人代首、亲属为首及相告言,而有不尽不实者,并同此法。其知人欲告,则事机已露,逃叛他处,则已离本所,与一切犯罪未发者不同,故虽自首,而不得全免,止减罪二等坐之。若逃叛之人虽不自首,而能有悔过之心,还归本所者,亦得减罪二等。此以上,言犯罪准自首之事也。其于人有所损伤、于物不可赔偿,及犯罪在逃,若私越度关,并和、强等奸,乃事已行而无从追改者,故并不在自首之律。此以上,言不准首之事也。若人或为强盗,或为窃盗,或行诈欺以取人财物,日后能赴事主之家首告服罪;或枉法受财,或不枉法受财,日后能悔过回还他人之物者,此等之人,罪已自露,赃经还主,虽不经由官司首告,皆得与经官自首者同免罪也。若在先虽不自首,及知人欲告,遂持财物于原主处首还,亦得减罪二等。其强、窃盗得财在逃,而同为盗之人,能获其伴以来首者,既准首以免其罪,仍依常人给赏,所以广缉捕之门也。此以上,言不经官司而自首,及盗捕同伴首官者,皆如自首法也。

按:犯罪未发,如犯盗犯赃,未经人知觉,指名告发,皆为罪未发。若知有人欲指名举发,即为知人欲告。"其损伤于人"下小注"得免所因之罪",谓如因为盗而伤人、因赌博而伤人、因略诱而伤人自首者,得免为盗、赌博、略诱之罪,仍科伤人之罪也。

【1725】○修改

原拟(同【1707】拟修改按语第一段)。

臣等谨按:此律首二节言犯罪准自首,所以开人自新之路;三节分别不准首,所以绝人幸免之心;末节则推广自首之法,使人知免于罪也。有状辞为告,无状辞为言。凡自首者,情必实,赃必尽,事必未经人告发,其罪方得全免。罪虽全免,犹征所得正赃入官、给主,以尽本法。其轻罪为人告发,因而自首其别犯重罪,一事告发取问,因而自供其状外余事者,则科其见发而免其余罪。言余罪,则轻重与相等,皆勿论矣。此指本身经官自首者言也。其犯人具状遣人代首,虽其人非已亲而意自已出,即自首也。若同居及大功以上亲属,并奴婢及雇工人为之首,或因交恶而互相告言,虽其意非已出,然系得相容隐之人,亦犹自首也。各如犯人亲自首法,皆得免罪。其讦告知人,如系卑幼,仍依干名犯义律科断。若首赃虽尽,而所首之事或非原犯之情,是为不实。首事虽实,而所首之赃或亏原得之数,是为不尽。即依所隐之情、所匿之数罪之。如情重赃多,各至绞、斩罪者,得减一等,罪止杖一百、流三千里。遣人代首、亲属为首及相告言,而有不尽不实者,并同此法。其知人欲告,则事机已露,逃叛他处,则已离本所,与一切犯罪未发者不同,故虽自首,而不得全免,止减罪二等坐之。若逃叛之人虽不自首,而能有悔过之心,还归本所者,亦得减罪二等。此以上,言犯罪准自首之事也。其于人有所损伤、于物不可赔偿,及犯罪在逃、私越度关,并和、强等奸,乃事已行而无从追改者,故并不在自首之律。此以上,言不准首之事也。若人或为强盗,或为窃盗,或行诈欺以取人财物,日后能赴事主之家首告服罪;或枉法受财,或不枉法受财,日后能悔过回还他人之物者,此等之人,罪已自露,赃经还主，虽不经由官司首告，皆得与经官自首者同免罪也。若在先虽不自首，及知人欲告，遂持财物于原主处首还，亦得减罪二等。其强、窃盗得财在逃，而同为盗之人，能获其伴以来首者，既准首以免其罪，仍依常人给赏，所以广缉捕之门也。此以上，言不经官司而自首，及盗捕同伴首官，皆如自首法也。

再按：犯罪未发，如犯盗犯赃，未经人知觉，指名告发，皆为罪未发。若知有人欲指名举发，即为知人欲告。“其损伤于人”下小注“得免所因之罪”，谓如因为盗而伤人、因赌博而伤人、因略诱而伤人自首者，得免为盗、赌博、略诱之罪，仍科伤人之罪也。

【1725】1.1.25

凡犯罪未发而自首者，免其罪，若有赃者，其罪虽免，犹征正赃。谓如枉法、不枉法赃，征入官。用强生事，逼取、诈欺、科敛、求索之类，及强、窃盗赃，征给主。其轻罪虽发，因首重罪者，免其重罪。谓如窃盗事发，自首又曾私铸铜钱，得免铸钱之罪，止科窃盗罪。若因问被告之事而别言余罪者，亦如上科之。止科见问罪名，免其余罪。谓因犯私盐事发被问，不加拷讯，又自别言曾窃盗牛，又曾诈欺人财物，止科私盐之罪，余罪俱得免之类。○其犯人虽不自首，遣人代首，若于法得相容隐者之亲属为之首，及彼此讦发，互相告言，各听如罪人身自首法。皆得免罪。其遣人代首者，谓如甲犯罪，遣乙代首，不限亲疏，亦同自首免罪。若于法得相容隐者为首，谓同居及大功以上亲，若奴婢、雇工人为家长首，及相告言者，皆与罪人自首同得免罪；其小功、缌麻亲首告，得减凡人三等；无服之亲，亦得减一等。如谋反、逆叛未行，若亲属首告或捕送到官者，其正犯人俱同自首律免罪；若已行者，正犯人不免，其余应缘坐人亦同自首律免罪。若自首不实及不尽者，重情首作轻情，多赃首作少赃。以不实不尽之罪罪之。自首赃数不尽者，止计不尽之数科之。至死者，听减一等。其知人欲告及逃如逃避山泽之类。叛是叛去本国之类。而自首者，减罪二等坐之。其逃叛者，虽不自首，能还归本所者，减罪二等。○其损伤于人，因犯杀伤于人而自首者，得免所因之罪，仍从故杀伤法。本过失者，听从本法。损伤于物不可赔偿，谓如弃毁印信、官文书、应禁兵器及禁书之类。私家既不合有，是不可偿之物，不准首。若本物见在首者，听同首法免罪。事发在逃，虽不得首所犯之罪，但既出首，得减逃走之罪二等，正罪不减。若私越度关及奸者，并不在自首之律。○若强、窃盗，诈欺取人财物，而于事主处首服，及受人枉法、不枉法赃，悔过回付还主者，与经官司自首同，皆得免罪。若知人欲告，而与财主处首还者，亦得减罪二等。其强、窃盗，若能捕获同伴解官者，亦得免罪，又依常人一体给赏。强、窃盗自首免罪后再犯者，不准首。

注：此律首二节言犯罪准自首，所以开人自新之路；三节分别不准首，所以绝人幸免之心；末节则推广自首之法，使人知免于罪也。凡自首者，情必实，赃必尽，事必未经人告发，其罪方得全免。罪虽全免，犹征所得正赃入官、给主，以尽本法。其轻罪为人告发，因而自首其别犯重罪，一事告发取问，因而自供其状外余事者，免其所首供之重罪、余罪。其犯人具状，遣人代首，即自首也。若同居及大功以上亲属，并奴婢及雇工人为之首，或因交恶而互相告言，虽其意非己出，然系得相容隐之人，亦犹自首也，皆得免罪。若首不实不尽，即依所隐之情、所匿之数罪之。情重赃多，各至斩、绞罪者，得减一等。遣人代首、亲属为首及相告言，而有不尽不实者，并同此法。其知人欲告，则事机已露，逃叛他处，则已离本所，故虽自首，止减罪二等。若逃叛之人虽不自首，而能悔过还归本所者，亦得减罪二等。其于人有所损伤、于物不可

赔偿,及事发在逃,若私越度关,及奸者,并不在自首之律。注“应禁兵器”如营伍之炮座,“禁书”如天文生之天文书是也。若强、窃盗,诈欺取人财物,能于事主处首告服罪,及受人枉法、不枉法赃,日后能悔过回付还主者,虽不经由官司首告,皆得免罪也。若知人欲告,遂持财物于原主处首还,亦得减罪二等。其强、窃盗得财在逃,而同为盗之人能获伴以来首者,既准首以免其罪,仍依常人给赏,所以广缉捕之门也。再犯罪未发,如犯盗犯赃,未经人知觉,指名告发,皆为罪未发。若知有人欲指名举发,即为知人欲告。“其损伤于人”下小注“得免所因之罪”,谓如因窃财而伤人、因赌博而伤人、因略诱而伤人自首者,得免为盗、赌博、略诱之罪,仍科伤人之罪也。

【1740】○修改

臣等谨按:得相容隐之亲属内,有长幼尊卑之不同。又事在未经到官之先脱逃者,律无加等之条,均应增注。再小注内“小功、缌麻亲首告,得减凡人三等”等语,应另立一条。又“仍从故杀伤法”,语未明晰,且不赅括,亦应改正。谨将增改律注,开列于后。

凡犯罪未发而自首者,免其罪,若有赃者,其罪虽免,犹征正赃。谓如枉法、不枉法赃,征入官。用强生事,逼取、诈欺、科敛、求索之类,及强、窃盗赃,征给主。其轻罪虽发,因首重罪者,免其重罪。谓如窃盗事发,自首又曾私铸铜钱,得免铸钱之罪,止科窃盗罪。若因问被告之事而别言余罪者,亦如上科之。止科见问罪名,免其余罪。谓因犯私盐事发被问,不加拷讯,又自别言曾窃盗牛,又曾诈欺人财物,止科私盐之罪,余罪俱得免之类。○其犯人虽不自首,遣人代首,若于法得相容隐者之亲属为之首,及彼此诘发,互相告言,各听如罪人身自首法。皆得免罪。其遣人代首者,谓如甲犯罪遣乙代首,不限亲疏,亦同自首免罪。若于法得相容隐者为首,谓同居及大功以上亲,若奴婢、雇工人为家长首,及相告言者,皆与罪人自首同得免罪。卑幼告言尊长,尊长依自首律免罪,卑幼依干犯名义律科断。若自首不实及不尽者,重情首作轻情,多赃首作少赃。以不实不尽之罪罪之。自首赃数不尽者,止计不尽之数科之。至死者,听减一等。其知人欲告及逃如逃避山泽之类。叛是叛去本国之类。而自首者,减罪二等坐之。其逃叛者,虽不自首,能还归本所者,减罪二等。○其损伤于人,因犯杀伤于人而自首者,得免所因之罪,仍从本杀伤法。本过失者,听从本法。损伤于物不可赔偿,谓如弃毁印信、官文书、应禁兵器及禁书之类。私家既不合有,是不可偿之物,不准首。若本物见在首者,听同首法免罪。事发在逃,已被囚禁越狱在逃者,虽不得首所犯之罪,但既出首,得减逃走之罪二等,正罪不减。若逃在未经到官之先者,本无加罪,仍得减本罪二等。若私越度关,及奸者,并不在自首之律。○若强、窃盗,诈欺取人财物,而于事主处首服,及受人枉法、不枉法赃,悔过回付还主者,与经官司自首同,皆得免罪。若知人欲告,而于财主处首还者,亦得减罪二等。其强、窃盗若能捕获同伴解官者,亦得免罪,又依常人一体给赏。强、窃盗自首免罪后再犯者,不准首。

【1740】1.1.25(略)

附律条例

【1646】1.1.24.(1)

一、凡遇强盗,系亲属首告到官,审其聚众不及十人,及止行劫一次者,依律免罪、减等等项拟断发落。若聚众至十人,及行劫累次者,系大功以上亲属首告,发附近;小功以下亲属首告,发边卫,各充军。其亲属本身被劫,因而告诉到官者,径依亲属相盗律科罪，不在此例。

【1670】1.1.24.(1)(略)

*【1707】○仍旧

此条拟存。

【1725】1.1.25.(3)

【原例】一、凡遇强盗，系亲属首告到官，审其聚众不及十人，及止行劫一次者，依律免罪、减等拟断发落。若聚众至十人，及行劫累次者，系大功以上亲属告，发附近；小功以下亲属告，发边卫，各充军。其亲属本身被劫，因而告诉到官者，径依亲属相盗律科罪，不在此例。

【1740】1.1.25.(4)(略)

【1767】○修改

臣等谨按：此条系强盗亲属首告定例。原例内有"聚众十人以下，及行劫一次，亲属首告免罪；十人以上，及行劫累次，大功以上亲首告，发附近；小功以下亲首告，发边卫"等语。查现行新例，强盗及伙盗自首，并无分别聚众十人上下之文，其行劫一次及二次以上者，有伤人未伤人、情重情轻之不同，各有专条。如有亲属代首，自应同本身自首法。拟将"聚众十人以下、十人以上""行劫一次、累次"及"大、小功亲属首告，分别免罪减等"之处，删去。

一、凡遇强盗，系律得容隐之亲属首告到官，同自首法照例拟断。其亲属本身被劫，因而告诉到官者，依亲属相盗律科罪，不在此例。

【1768】1.1.25.(4)(略)

【1802】1.1.25.(3)(略)

【1646】1.1.24.(2)

一、窃盗自首不实不尽，及知人欲告，而于财主处首还，律该减等拟罪者，俱免刺。

【1670】1.1.24.(2)(略)

*【1707】○仍旧

此条拟存。

【1725】1.1.25.(4)

【原例】(略)

【1740】1.1.25.(5)(略)

【1802】1.1.25.(4)(略)

【1646】1.1.24.(3)

一、凡自首强盗，除杀死人命、奸人妻女、烧人房屋，罪犯深重，不准自首外，其余虽曾伤人，随即平复不死者，亦姑准自首，照凶徒执持凶器伤人事例，问拟边卫充军。其放火烧人空房及田场积聚之物者，依律充徒。若计所烧之物重于本罪者，亦止照放火延烧事例,俱发边卫充军。

【1670】1.1.24.(3)(略)

＊【1707】○修改

此条拟存。但杀死人命三项,俱指本身自犯者而言,应增“本身”字。

【1725】1.1.25.(5)

【原例】一、凡强盗,除杀死人命、奸人妻女、烧人房屋,罪犯深重,不准自首外,其余虽曾伤人,随即平复不死者,亦姑准自首,照凶徒执持凶器伤人例,问边卫充军。其放火烧人空房及田场积聚之物者,依律问流。若计所烧之物重于本罪者,亦止照放火延烧例,俱发边卫充军。

【1740】○修改

臣等谨按:此条内所称“放火延烧”“发边卫充军”者,系前代之例,今无,应将“止照放火延烧例”等字删去。再原例又有“事主伤重,仍拟正法”一条,是伤轻者,准其自首;伤重者,仍不准自首也。应将下一条删去,增入于此,以便引用。谨将删并例文,开列于后。

一、凡强盗,除杀死人命、奸人妻女、烧人房屋,罪犯深重,不准自首外,其余虽曾伤人,随即平复者,亦姑准自首,照凶徒执持凶器伤人例,问边远充军。其放火烧人空房及田场积聚之物者,依律问流。若计所烧之物重于本罪者,发边卫充军。若事主伤重,虽幸未死,不准自首。

【1740】1.1.25.(6)(略)

【1767】○修改

臣等谨按:此条原例“强盗,除杀死人命、奸人妻女、烧人房屋,罪犯深重,不准自首外,其余虽曾伤人,随即平复,亦姑准自首”等语,是盗首亦在自首之内。查新例盗首伤人伤轻平复自首者,拟斩监候,已不准自首减等,惟伙盗仍照旧例遵行。拟将原例内“其余”二字,改为“伙盗”二字。

一、凡强盗,除杀死人命、奸人妻女、烧人房屋,罪犯深重,不准自首外,其伙盗虽曾伤人,随即平复者,亦姑准自首,照凶徒执持凶器伤人例,问边远充军。其放火烧人空房及田场积聚之物者,依律问流。若计所烧之物重于本罪者,发边卫充军。若事主伤重,虽幸未死,不准自首。

【1768】1.1.25.(6)(略)

【1788】○移并

【原例】【1768】1.1.25.(6)(略)

【1768】1.1.25.(8)(略)

【1768】1.1.25.(11)(略)

【1782】续纂“一、伤人伙盗自首……”条(略)

＊刑律·贼盗·强盗

【1768】6.18.266.(17)一、凡未伤人之盗首,能于未发时自首者,发近边充军。至闻

拿投首,与悔过自首者不同,照情有可原例发遣。窝家、盗线,如有自首,及闻拿投首者,亦照未伤人之盗首,分别充军、发遣。

【1768】6.18.266.(28)一、强盗为首伤人,伤轻平复,自行投首者,拟斩监候,不得遽请减等。其余自首条款,仍照定例遵行。

臣等谨按:以上六条,俱系强盗自首,分别首伙、事未发而自首与闻拿投首轻重治罪之专条。前四条载在"名例·犯罪自首"门内,后二条载在"刑律·强盗"门内。查同属盗犯自首之文,而分载两门,倘翻阅未周,援引易致舛误。且犯罪自首,列入"名例",系统论自首之纲领。至于强盗自首,则罪有专条,自应将各条并归入"强盗"门内,庶展卷了然,引用便捷。再未伤人之伙盗行劫仅止一次者,例止发遣,较之伤人及行劫二次伙盗,例应斩决之犯,情罪本殊。其闻拿投首,臣部历来俱随案比照一切罪犯闻拿投首之例,于本例遣罪上减一等,拟以杖一百、徒三年。今拟补入例内,以便引用。又查伙盗行劫二次以上,及伤人伙盗,俱属法无可贷之犯。原例三条、四条内载明,如事未发而自首,照未伤人之盗首,发近边充军,闻拿投首,亦照未伤人盗首闻拿投首例,发遣黑龙江等处为奴,业已条分缕晰,轻重适平。所有首条内伙盗,虽曾伤人,姑准自首,照凶徒执持凶器伤人例,问边远充军,并未分晰。悔罪及闻拿投首之文,查系前代旧例,业已不用,应拟删去,以归画一。再查首条内"事主伤重,虽幸未死,不准自首"等句,其事主被殴,以何伤为重,并未指明,不免含混,自应改为"殴事主至折伤以上"字样,庶为明晰。今将增删移并例文,开列于后。

*刑律·贼盗·强盗【1790】6.18.266.(28)

一、凡强盗,除杀死人命、奸人妻女、烧人房屋,罪犯深重,及殴事主至折伤以上,首、伙各犯,俱不准自首外,其伤人首盗,伤轻平复,无论事未发而自首,及闻拿投首者,俱拟斩监候。未伤人之首盗,能于事未发时自首者,发近边充军;如系闻拿投首,照情有可原例,发遣黑龙江等处给披甲人为奴。至未伤人之伙盗,行劫仅止一次,事未发而自首者,照律免罪;如系闻拿投首,于情有可原发遣本罪上减一等,杖一百、徒三年。若伙盗曾经伤人,及行劫二次以上,事未发而自首,发近边充军;如系闻拿投首,照情有可原例发遣。窝家、盗线,如有自首,及闻拿投首者,即照未伤人之盗首,分别充军、发遣。以上各犯,遇有脱逃被获,军罪加等调发。其减发黑龙江者,请旨即行正法。其放火烧人空房及田场积聚等物之强盗自首,依放火故烧本律拟流。若计所烧之物重于本罪者,发近边充军。

***【1680】1.1.20 刑部现行则例·名例·逸出投归**

一、刑部等衙门题"为遵旨再审具奏事"具题。奉旨:"据奏,徐元善寇乱纵出,贼去遵法投监,情有可矜。着免流徙,杖一百发落。以后重囚,有这等因变逸出投归者,俱免死,照此例发落,永著为例。其自行越狱,及看守通同贿纵者,虽投归,不在此例。"

***【1707】○增入**

臣等谨按:现行例内八条,类于犯罪自首律,应增入。

【现行例】一、顺治十七年(1660)刑部等衙门“为遵旨再审事”具题。奉旨:“据奏,徐元善寇乱纵出,贼去遵法投监,情有可矜。着免流徙,杖一百发落。以后重囚,有这等因变逸出投归者,俱免死,照此例发落,永著为例。其自行越狱,及看守通同贿纵者,虽投归,不在此例。钦此。”

【1725】○增入

原拟:现行例内六条,类于此律,应增入。

【1725】1.1.25.(1)

【增例】一、顺治十七年(1660)九月内,刑部等衙门“为遵旨再审事”具题。奉旨:“据奏,徐元善寇乱纵出,贼去遵法投监,情有可矜。着免流徙,杖一百发落。以后重囚,有这等因变逸出投归者,俱免死,照此例发落,永著为例。其自行越狱,及看守通同贿纵者,虽投归,不在此例。”

【1740】○修改

【原例】【1725】1.1.25.(1)(略)、【1725】1.1.25.(2)(略)

臣等谨按:以上上谕二道,俱系一时之特恩,既著为例,则律不准首者,不便因其逸出投归,反免其原犯死罪。敬将上条恭为增辑,与下条分纂成例,以便引用。谨将纂辑例文,开列于后。

一、在监重囚,有因变逸出,旋即投归者,除不准自首之犯,仍照原拟治罪外,余俱免死,杖一百发落。其自行越狱,及看守通同贿纵者,虽投归,不在此例。

*【1740】1.1.25.(3)(略)

【1740】1.1.25.(2)(略)

【1801】○修改

臣等谨按:此条系顺治十七年(1660)定例。查嘉庆二年(1797)五月内,刑部侍郎代办四川总督英善具奏“贼匪攻犯东乡县时,逃避监禁各犯内斩犯符曰学等三名、绞犯杨思进,自行投回,可否量予末减”折内,钦奉谕旨:“符曰学等既无从逆情事,又不借此远扬,尚属畏法,自应加恩减等发落。钦此。”又嘉庆三年(1798)五月内,代办湖北巡抚事务布政使祖之望审题“绞犯胡荣富,因教匪窜扰郧西,将各监犯逼胁裹逃,该犯乘空逃出,赴大营投首”一案,钦奉谕旨:“胡荣富尚知畏法,自应量予减等。钦此。”又嘉庆三年九月,前任河南巡抚景安具奏“剿办息县逆犯张云路”折内,钦奉谕旨:“息县逆匪劫出监犯孙仁、周秉义二名,除孙仁业经砍毙外,周秉义一犯即着一面正法,其余监犯胡仁荣等十二名不肯从贼,尚知守法,着分别减等发落。钦此。”业据各该督抚,将斩、绞人犯符曰学等分别减为军、流,原犯军、流陶利仔等减为满徒,原犯徒罪张相等减为满杖在案。查斩、绞人犯,既得减为军、流,则原例内不准自首之犯,仍照原拟治罪,及余俱免死,杖一百发落,系属旧例,业已不用,应行修改。又查监犯因变逸出,其自行投归者,减等发落。若被拿获,应照该犯等原犯罪名办理。拟添入例内,以昭赅备,合并声明。谨将修改例文,开列于后。

一、在监斩、绞重囚,及遣、军、流、徒人犯,如有因变逸出,自行投归者,除谋反、叛逆之犯,仍照原拟治罪,不准自首外,余俱照原犯罪名,各减一等发落。若被拿获者，仍照原犯罪名定拟。其自行越狱，及看守通同贿纵者，虽自行投首，仍照各本律例问拟。

【1802】1.1.25.(9)(略)

＊【1707】○增入

臣等谨按：现行例内八条，类于犯罪自首律，应增入。

【现行例】一、顺治十八年(1661)九月内上谕："谕刑部：近览尔部章奏，徐胜等一案，因其被掳下海，旋经投归，仍按律拟罪。但念此辈先虽经从贼，乃能不忘故土，乘间来归，徐胜等已有旨免罪。以后凡有这等投诚者，俱着免罪。尔部即遵谕行。特谕，钦此。"

【1725】○增入

原拟：现行例内六条，类于此律，应增入。

【1725】1.1.25.(2)

【增例】一、顺治十八年(1661)九月内上谕："谕刑部：近览尔部章奏，徐胜等一案，因其被掳下海，旋经投归，仍按律拟罪。但念此辈先虽经从贼，乃能不忘故土，乘间来归，徐胜等已有旨免罪。以后凡有这等投诚者，俱着免罪。"

【1740】○修改

修改按语见【1725】1.1.25.(1)条【1740】修改项下按语。

【1740】1.1.25.(3)

一、被虏从贼，不忘故土，乘间来归者，俱着免罪。

【1802】1.1.25.(2)(略)

＊【1680】6.18.150　刑部现行则例·贼盗·闻拿自首

一、凡偷采人参，率领头目、财主闻拿投部，不准，仍拟绞监候，秋后处决。

＊【1707】○增入

臣等谨按：现行例内八条，类于犯罪自首律，应增入。

【现行例】【1680】6.18.150　刑部现行则例·贼盗·闻拿自首(略)

臣等再按：此条内有该载未尽者，相应依自首律增改。谨拟增改，开载于后。

【新改入现行例】一、凡偷采人参，率领头目及财主，闻拿投部者，不准首，仍照例拟绞监候。若事未发觉而自首者，照犯罪自首律发落。自首不实不尽者，亦照律治罪。

【1725】○增入

原拟：现行例内六条，类于此律，应增入。

原拟：此条内有该载未尽者，相应依自首律增改，谨增改开载于后。

【原改现行例】同前新改入现行例。

【1725】1.1.25.(6)

【增例】一、偷采人参,率领头目及财主,闻拿投部者,不准首,仍拟绞候。若事未发而自首者,照犯罪自首律发落。自首不实不尽者,亦照律治罪。

【1740】○删除

臣等谨按:伤人强盗,罪应斩决,尚无事发不准自首之例。今偷采人参等犯,罪止拟绞,闻拿不准投首,似未允协。再此等人犯,既应准其自首,则事未发而自首,与自首不尽者,自当依律科断,无庸另为定例。此条应删。

***【1680】1.1.21　刑部现行则例·名例·盗贼投归**

一、如有潜匿山林有名大盗投归来者,免罪。

***【1707】○增入**

臣等谨按:现行例内八条,类于犯罪自首律,应增入。

【现行例】【1680】1.1.21　刑部现行则例·名例·盗贼投归(略)

【1725】○增入

原拟:现行例内六条,类于此律,应增入。

【1725】1.1.25.(7)

【增例】一、如有潜匿山林有名大盗投归者,免罪。

【1740】○移改

*刑律·贼盗·谋叛【1740】6.18.255.(6)

一、如有潜匿山林有名大盗投归者,准其免罪。

***【1680】6.18.160　刑部现行则例·贼盗·投首强盗伊主治罪**

一、凡强盗虽自行投首,强盗之主,仍照例治罪。

***【1707】○增入**

臣等谨按:现行例内八条,类于犯罪自首律,应增入。

【现行例】【1680】6.18.160　刑部现行则例·贼盗·投首强盗伊主治罪(略)

【1725】○增入

原拟:现行例内六条,类于此律,应增入。

【1725】1.1.25.(8)

【增例】一、凡强盗虽自行投首,伊主仍照例治罪。

【1740】○删除

臣等谨按:为盗者,尚准其自首,而伊主反不得免罪,似未允协。此条应删。

***【1707】○增入**

臣等谨按:现行例内八条,类于犯罪自首律,应增入。

【现行例】一、凡强盗行劫数家，而止首一家者，发黑龙江给与新满洲披甲之人为奴。

【1725】○增入

原拟：现行例内六条，类于此律，应增入。

【1725】1.1.25.(9)

【增例】(略)

【1740】○修改

臣等谨按：强盗行劫数家，恐有例不准首之案。若因其自首一家，即行发遣，殊未允协，应改。谨将改辑例文，开列于后。

一、凡强盗行劫数家，而止首一家者，除所劫数家内，若系盗首，及杀死人命、奸人妻女、烧人房屋等项，例不准自首者，仍分别定拟外，如俱系例准自首之罪，将本犯免死，应发黑龙江给新满洲披甲之人为奴者，照徒流迁徙地方条下，分别发遣之例问发。

【1740】1.1.25.(7)(略)

【1788】○删除

臣等谨按：盗首自首一项，"强盗"门内分别有无伤人、是否系未发自首抑系闻拿投首，另有军、遣、斩候明条。至杀死人命、奸人妻女、烧人房屋等项，本条"犯罪自首"门内亦另有纂定，不准自首。例文业经臣部酌议，移并在于"强盗"门内。又强盗行劫数家止首一家之犯，亦于"徒流迁徙地方"条下，载明发往云贵两广烟瘴少轻地方，按照道里表，改发极边足四千里充军。是以上各项，均有办理明文，毋庸再行叠载，致滋繁复。所有此条原例，应请删除。

【1725】1.1.25.(10)

【钦定例】一、强盗殴伤事主，伤非金刃，而所伤又轻，旋经平复者，系伙盗，仍准自首，发边卫充军。若事主伤重，虽幸未死，其伤人之伙盗，仍拟正法。

【1740】○删除

臣等谨按：此例内伤轻平复拟军之处，与前例无异。其伤重不准自首之处，已并载于前例之中。此条应删。

＊【1680】6.18.169　刑部现行则例・贼盗・强盗自首

一、强盗案内，若未经下手杀人自首者，监候。俟同伙之人一并审明，果无动手，与死者并无仇隙、主谋等情，照依强盗伤人不死自首条内，免死发边卫充军例科断。

＊【1707】○增入

臣等谨按：现行例内八条，类于犯罪自首律，应增入。

臣等再按：此条强盗未下手杀人自首者，免死充军。其本身未奸淫妇女、放火烧人房屋自首者,亦应质审明白,照此例充军,相应增改。谨拟增改,开载于后。

【新改入现行例】一、强盗案内,若未曾下手杀人自首者,监候。俟同伙质审,果非下手、主谋,与死者并无仇隙,照依强盗伤人不死自首例,发边卫充军。其本身未曾奸人妻女、烧人房屋而自首者,亦监候质审,照此例发边卫充军。

*【1707】〇增入

臣等谨按:现行例内八条,类于犯罪自首律,应增入。

【现行例】一、强盗凡事发后闻拿自首,如伤人不死者,照律充军;不曾伤人者,照知人欲告而自首减二等律充徒。

臣等再按:律内凡准其自首者,事未发而自首,全免其罪;知人欲告而自首,只减二等,原有差别。又律例内强盗下手伤人不死者,自首准充军,原为事未发而自首者言。今若将闻拿自首者,亦准充军,是已发自首,与未发自首,全无分别。应将下手伤人者,不准其闻拿自首。其同伙伤人不死,而本身未亲下手者,方准闻拿自首。相应增改。谨拟增改,开载于后。

【新改入现行例】一、强盗事发后闻拿自首,除本身下手伤人不准外,如本案内伤人不死者,照例充军;本案内并未伤人者,照知人欲告而自首减二等律充徒。

【1740】〇续纂

一、小功、缌麻亲首告,得减罪三等;无服之亲,减一等。其谋反、叛逆未行,如亲属首告,或捕送到官者,正犯俱同自首律免罪;若已行者,正犯不免,其余缘坐人,亦同自首律免罪。

此条系小注内补律之所不及者,今另纂为例,以便引用。

【1740】1.1.25.(1)(略)

【1740】〇增入

一、强盗为首并窝线,于未经到官之先,自行陈首,请旨,酌其情节,量从宽减。若跟随为盗,并未伤人之犯,自行出首,将伊应得之罪,悉行宽免。

臣等谨按:此条系雍正六年(1728)定例,原议并无盗线在内。因雍正七年(1729)又有盗线与盗首一体准其自首之例,今增。再原议有"自首后复为盗贼,从重治罪",并"贿买冒首之官,与代首之人,俱行正法"等语,似觉过重,无庸纂入。

【1740】1.1.25.(8)(略)

【1767】〇修改

臣等谨按:原例内有"盗首、窝线自首""量从宽减"等语。查新例盗首自首,分别伤人、未伤人定拟;窝线自首,照未伤人盗首分别军、遣,已各有专条。拟将原例内盗首、窝线自首量从宽减之处,删去。

一、跟随为盗,并未伤人之犯,自行出首,将伊应得之罪,悉行宽免。

【1768】1.1.25.(8)(略)

【1788】○移并

见【1768】1.1.25.(6)条【1788】移并项。

＊刑律·贼盗·强盗【1790】6.18.266.(28)(略)

【1740】○增入

一、不论强、窃盗犯,有捕役带同投首者,除本犯不准宽减外,仍将捕役严行审究。倘有教令及贿求故捏情弊,将捕役照受财故纵律治罪。

臣等谨按:此条系雍正七年(1729)定例,原议将捕役"照知人犯罪事发藏匿在家律治罪",殊未允协,今改为"照受财故纵律治罪"。

【1740】1.1.25.(9)(略)

【1790】1.1.25.(6)(略)

【1802】1.1.25.(5)(略)

【1740】○增入

一、强盗同居之父、兄、伯叔与弟,明知为匪,或分受赃物者,许其据实出首,均准免罪,本犯亦得照律减免发落。

臣等谨按:此条系雍正七年(1729)定例,原议内尚有"曾否知情分赃",并"窃盗之同居父兄等知情分赃,不行出首,分别治罪"之处,已于雍正十年(1732),另为改定,列于"强盗"律下,无庸纂入。

【1740】1.1.25.(10)(略)

【1740】1.1.25.(7)(略)

【1802】1.1.25.(6)(略)

＊**【1740】○删除**

一、积惯屡次行劫盗犯之妻、子,并同居父、兄、伯叔与弟,如果据实出首,准其免罪,将盗犯减等发落。如不行出首,一经发觉,俱照窝藏强盗坐家分赃律,发边卫充军。如盗犯有妻无子者,将伊妻照入监探视例枷号,不准收赎。

臣等谨按:此条系雍正七年(1729)定例。查前例内称"屡次行劫之盗犯,系大功以上亲属告发,附近充军"等语,是妻、子及父、兄、伯叔等自首,将本犯减等发落之处,前例已经开明。其自首之妻、子等,准其免罪之处,已包在自首免罪律中,毋庸另行定例。至不行自首之父、子、伯叔、兄弟,俱发边卫充军,及有妻无子,将伊妻枷责之处,是较缘坐应流更重矣,似未允平,无庸纂入。

*【1740】○删除

一、八旗、各省犯罪人内,除拟斩、绞人犯外,如果有家产,情愿往种地处所,自备资斧效力者,各该处保送刑部,刑部将犯罪缘由分析明白,具奏请旨。俟派出时,量伊等所犯之罪,如何交粮赎罪之处,另行议奏。

臣等谨按:此条系雍正十年(1732)所定,乃因出兵而设。今大兵撤回,种地之例已停,无庸纂入。

【1746】○续纂

一、伙盗除行劫一二次者,于事未发之先,尽行首出,仍照律免罪外,如行劫三次以上者,事未发而自首,照未伤人之盗首事未发自首例,佥妻发边卫充军。若闻拿投首,亦照未伤人之盗首闻拿投首例,佥妻发黑龙江等处给披甲人为奴。

臣等谨按:此条系乾隆九年(1744)十二月内,臣部议复河南巡抚硕色题于黑小儿行劫杜可发家一案,附请定例,应纂辑以便遵行。

【1767】○修改

臣等谨按:原例"伙盗行劫一二次者,事未发自首,照律免罪。行劫三次以上,事未发自首,照未伤人之盗首自首例,发边卫充军"等语。查乾隆二十六年(1761),两江总督尹继善条奏定例,行劫二次即问,法无可贷。其自首之处,亦应画一改正。拟合将"二次"改为"一次"、"三次"改为"二次"。

一、伙盗除行劫一次者,于事未发之先,自行首出,仍照律免罪外,如行劫二次以上者,事未发而自首,照未伤人之盗首事未发自首例,发近边充军。若闻拿投首,亦照未伤人之盗首闻拿投首例,发黑龙江等处给披甲人为奴。

【1768】1.1.25.(11)(略)

【1788】○移并

见【1768】1.1.25.(6)条【1788】移并项。

*刑律·贼盗·强盗【1790】6.18.266.(28)(略)

【1772】○续纂

一、发遣军犯在配及中途脱逃被获,例应即行正法者,如有畏罪投回,并该犯之父、兄赴官禀首拿获,俱准其从宽免死,仍发原配地方。若准免一次之后,复敢脱逃,虽自行投回,及父、兄再为首告,不准宽免。

臣等谨按:此条系乾隆三十七年(1772)二月内,山东巡抚徐绩审奏"积匪猾贼军犯李作良在配逃回原籍,经伊父李海赴县首禀"一案,将李作良拟斩立决,钦奉上谕:"准其免死一次,仍发原配地方。并著为例。"应纂辑遵行。再查父、兄代首,既准免死一次,则该犯畏罪自行投回,自可一例邀恩。今并添入,以便引用。

【1790】1.1.25.(9)(略)

【1801】○修改

臣等谨按：此条系乾隆三十七年(1772)定拟。查寻常军犯脱逃例内，俱系加等调发。其发往新疆遣犯，亦于嘉庆四年(1799)奏明，不在正法之例。惟盗犯由死罪减等发遣黑龙江等处，脱逃被获，例应正法。例内“军犯”二字，应改为“由死罪减为发遣盗犯”。谨将修改例文，开列于后。

一、由死罪减为发遣盗犯，在配及中途脱逃被获，例应即行正法者，如有畏罪投回，并该犯之父兄赴官禀首拿获，俱准其从宽免死，仍发原配地方。若准免一次之后，复敢脱逃，虽自行投回，及父兄再为首告，俱不准宽免。

【1802】1.1.25.(10)(略)

【1814】○修改

臣等谨按：嘉庆十六年(1811)十二月内，据调任伊犁将军宗室晋昌等咨“用药迷窃未成遣犯廖胜彩，在配初次脱逃，自行投回一案，应否比照免死发遣盗犯脱逃投回例，仍发原配”，咨请部示。经臣部查，用药迷人一项，已经得财之首犯，即照强盗一律斩决。其为从及甫经学习之犯，亦与情有可原盗犯同，拟遣戍。如脱逃被获，又与免死盗犯一例正法，情罪本属相同。惟免死减遣盗犯脱逃投首，例有仍发原配之文，而用药迷窃案内，拟遣之犯脱逃投首，应作何办理，未经议立专条。当经奏明，将廖胜彩一犯，即照发遣盗犯在配脱逃畏罪投回例，免其正法，仍发原配。并声明嗣后如有似此之案，照此一例办理等因。奏准通行在案。应添入例内，以便引用。谨将修改例文，开列于后。

一、由死罪减为发遣盗犯，并用药迷窃案内发遣人犯，在配及中途脱逃被获，例应即行正法者，如有畏罪投回，并该犯之父兄赴官禀首拿获，俱准其从宽免死，仍发原配地方。若准免一次之后，复敢脱逃，虽自行投回，及父兄再为首告，俱不准宽免。

【1825】1.1.25.(10)(略)

【1778】○续纂

一、凡盗首伤人逃逸后，若能捕获他盗，解官投首者，照伤人盗犯自首拟军例减一等，杖一百、徒三年。

臣等谨按：此条系乾隆三十八年(1773)十一月内，臣部议复山东巡抚徐绩审题乐陵县郑中兴烟铺被窃临时行强案内，伤人盗首丁直安捕获另案伙盗张公培解官投首，该抚将丁直安比照情有可原例，拟以发遣。臣部以伤人盗犯捕获另案他盗解官投首，向无治罪明文。惟强盗伤人平复，例准自首，照凶徒执持凶器伤人例，问发边远充军。今捕获他盗投首，自应再从酌减。若照情有可原之例发遣，似较伤人自首并未捕获他盗拟军者，转为加重，于例尚未允协。将丁直安改照伤人盗犯自首拟军例酌减一等，杖一百、徒三年。并请酌定条例，嗣后遇此等案件，遵照核办等因，奏准在案，应纂辑遵行。

【1788】○移改

臣等谨按：“名例·犯罪自首”律目，乃各项罪犯自首之纲领，其治罪专条，不宜附入。此条系盗首拿获他盗解官投首治罪专条，应移入“强盗”门内。至伤人盗首自首拟军之例，系指伙盗伤人自首而言，此例内“盗犯”二字，殊属含混，应酌改为“伙盗”字样，以昭详慎。今将移改例文，开列于后。

＊刑律・贼盗・强盗【1790】6.18.266.（30）

一、凡盗首伤人逃逸后，若能捕获他盗解官投首者，照伤人伙盗自首拟军例减一等，杖一百、徒三年。

【1778】○续纂

一、闻拿投首之犯，除律不准首，及强盗自首例有正条外，其余一切罪犯，俱于本罪上减一等科断。

臣等谨按：此条系乾隆三十八年（1773）十二月内，臣部议复江苏按察使胡季堂奏准定例，应纂辑遵行。

【1790】1.1.25.（8）（略）

【1802】1.1.25.（7）（略）

【1782】○续纂

一、伤人伙盗自首，即照未伤人盗首自首之例。如事未发而自首者，仍照本例拟军。遇有脱逃拿获，加等调发。如系闻拿投首者，发遣黑龙江等处给披甲人为奴。遇有脱逃，获日，请旨即行正法。

臣等谨按：此条系乾隆四十四年（1779）十月内，安徽巡抚闵鹗元咨“拿获行劫王登强家殴伤事主闻拿投首拟遣在配脱逃之伙盗孙二应否正法咨请部示”案内，经臣部奏请定例，奉旨：“依议。”钦遵在案，应纂辑遵行。

【1788】○移并

见【1768】1.1.25.（6）条、【1788】移并项。

＊刑律・贼盗・强盗【1790】6.18.266.（28）（略）

【1788】○移入

【原例】＊刑律・断狱・狱囚脱监及反狱在逃【1768】6.27.389.（5）

一、一人越狱，半年内自行投首者，仍照原拟罪名完结。如同伙越狱多人，有一人于限内投首，供出同伙，于半年内尽行拿获者，将自行投首之犯，照原罪减一等发落。倘供出之同伙内，尚有一二人未获者，亦仍照原拟罪名完结。如系有服亲属拿首者，亦照本犯自首之例分别完结。

谨案：此条雍正七年（1729）定，原载“狱囚脱监及反狱在逃”律内。乾隆五十三年（1788），移入此门。

【1790】1.1.25.（10）（略）

【1802】1.1.25.（8）（略）

【1821】○续纂

一、凡诱拐不知情妇人子女首从各犯,除自为妻妾,或典卖与人,已被奸污者,不准自首外,其甫经诱拐,尚未奸污,亦未典卖与人,即经悔过自首,被诱之人,即时给亲完聚者,将自首之犯,照例减二等发落。若将被诱之人,典卖与人,现无下落,诱拐之犯自首者,仍各按例拟罪监禁。自投首到官之日起,三年限满,被诱之人仍无下落,或限内虽经查获,已被奸污者,即将原拟绞候之犯,入于秋审办理;原拟流罪之犯,即行定地发配。倘能限内查获,未被奸污,给亲完聚者,各于原犯罪名上,减一等发落。

臣等谨按:嘉庆二十五年(1820)七月内,臣部汇奏"诱拐不知情妇人子女,悔过自首,分别办理"折内,议请嗣后凡诱拐不知情妇人子女首、从各犯,除自为妻、妾,或典卖与人,已被奸污者,不准自首外,其甫经诱拐,尚未奸污,亦未典卖与人,即经悔过自首,被诱之人即时给亲完聚者,将自首之犯照例减二等发落。若将被诱之人典卖与人,现无下落,诱拐之犯自首者,仍各按例拟罪监禁。自投首到官之日起,三年限满,被诱之人仍无下落,或限内虽经查获,已被奸污者,即将原拟绞候之犯,入于秋审办理;原拟流罪之犯,即行定地发配。倘能限内查获,未被奸污,给亲完聚者,各于原犯罪名上减一等发落等因,奏准在案。应纂辑为例,以便遵行。

【1825】1.1.25.(11)(略)

【1840】○续纂

一、鸦片烟案内人犯,如有事未发而自首,及闻拿投首者,各照律例分别免罪、减等。首后复犯,加一等治罪,不准再首。

臣等谨按:道光十九年(1839)五月内,大学士、军机大臣会同各衙门及臣部,议复升任鸿胪寺卿黄爵滋并各省将军、都统、督抚及各科道条奏"严禁鸦片烟章程"一折内称,鸦片烟案内,自首及闻拿投首人犯,向无专条。今拟鸦片烟案内人犯,如有事未发而自首者,照犯罪自首律,准其免罪;闻拿投首者,于本罪上减一等科断。首后复犯,加一等治罪,不准再首等因具奏。奉上谕:"照所议办理,并着纂入则例,永远遵行等因。钦此。"谨纂辑专条,以资引用。

【1847】1.1.25.(12)(略)

二罪俱发以重论

律 文

【1646】1.1.25

凡二罪以上俱发,以重者论。罪各等者,从一科断。若一罪先发,已经论决,余罪后发,其轻若等勿论,重者更论之,通计前所论决之罪,以充后发之数。谓如二次犯窃盗,一次先发,计赃二两五钱,已杖七十;一次后发,计赃九两,该杖一百,合贴杖三十。如有禄人节次受人枉法赃四十两,内二十两先发,已杖一百、徒三年;二十两后发,难同止累见发之赃,合并取前赃通计四十两,更科全罪断流之。其应赃入官、物赔偿、盗刺字、官罢职罪止者,罪虽勿论,或重科,或从一,仍各尽本法。谓一人犯数罪,如枉法、不枉法赃合入官,毁伤器物合赔偿,窃盗合刺字,职官私罪杖一百以上合罢职,不枉法赃一百两以上罪止杖一百、流三千里之类,各尽本法拟断。

【1670】1.1.25

凡二罪以上俱发,以重者论。罪各等者,从一科断。若一罪先发,已经论决,余罪后发,其轻若等勿论,重者更论之,通计前所论决之罪,以充后发之数。谓如二次犯窃盗,一次先发,计赃一十两,已杖七十;一次后发,计赃四十两,该杖一百,合贴杖三十。如有禄人节次受人枉法赃四十两,内二十两先发,已杖六十、徒一年;二十两后发,难同止累见发之赃,合并取前赃通计四十两,更科全罪徒三年。其应赃入官、物赔偿、盗刺字、官罢职罪止者,罪虽勿论,或重科,或从一,仍各尽本法。谓一人犯数罪,如枉法、不枉法赃合入官,毁伤器物合赔偿,窃盗合刺字,职官私罪杖一百以上合罢职,不枉法赃一百两以上罪止杖一百、流三千里之类,各尽本法拟断。

*【1707】〇仍旧

此律拟存。

总注:此二罪以上俱发拟断者之通例也。二罪,通数罪言,故律文云"二罪以上"。前条徒流人又犯罪,谓一罪已决,而日后又犯。此谓平时曾犯数罪,或一时同发,或先后并发,虽拟断不一,皆以重者论也。如节次曾犯数罪,而一时俱发,内有轻重之不同,则从重科断;轻重各相等,则从一科断。若一罪先发,已经论决,而余罪旋即后发,视前发已决之罪为轻或相等,并得勿论。惟重于前者,则更论之,通计前罪,或贴杖,或加徒,以充后发之数。其有赃该入官、物该赔偿、盗该刺字、官该罢职,与夫罪止者,虽其罪有从重、从一或轻若等勿论之不同,仍须依各律条尽其本法。假如二罪俱发,一罪诈为瑞应该徒一年,一罪枉法赃一十五两该杖一百,虽以重者论而坐以诈为瑞应之罪,其枉法赃则当追入官,此谓应入官者尽本法也。如一罪弃毁军器一件该杖八十,一罪军临敌境托故违期一日不至者杖一百,虽以重者论而坐以托故违期之罪,其所弃毁之军器则当追还官,此谓应赔偿者尽本法也。如一罪诈欺官私取财准窃盗论五十两该徒一年,一罪窃盗得财三十两该杖九十,虽以重者论而坐以诈欺之罪,仍当以窃盗刺字,此谓应刺字者尽本法也。如一罪折人一齿应杖一百,一罪受财一两以下应杖七十,虽以重者论而坐以折齿之罪,若遇恩赦,则折齿之罪免,仍当以受财罢职,此谓应罢职者尽本法也。如一罪诈称使臣乘驿者杖一百、流三千里,一罪无禄人受不枉法赃一百二十两以上罪止杖一百、流三千里,虽二罪相等,而犯赃情罪重于常流,必坐以犯赃罪止之律,此谓应罪止者尽本法也。盖罪无再科,既不失于严,仍尽本法,又不流于纵,此用法之权衡也。

按:小注内窃盗赃不前后通算,枉法赃则前后并科者,盖窃盗赃各主者,以一主为重;而枉法赃则各主者该通算全科,不得以若等勿论之律科断,故曰"难同止累见发之赃"。

【1725】1.1.26

凡二罪以上俱发,以重者论。罪各等者,从一科断。若一罪先发,已经论决,余罪后发,其轻若等勿论,重者更论之,通计前所论决之罪,以充后发之数。谓如二次犯窃盗,一次先发,计赃一十两,已杖七十;一次后发,计赃四十两,该杖一百,合贴杖三十。如有禄人节次受人枉法赃四十两,内二十两先发,已杖六十、徒一年;二十两后发,难同止累见发之赃,合并取前赃通计四十两,更科全罪徒三年。其应赃入官、物赔偿偿、盗刺字、官罢职罪止者,罪虽勿论,或重科,或从一,仍各尽本法。谓一人犯数罪,如枉法、不枉法赃合入官,毁伤器物合赔偿,窃盗合刺字,职官私罪杖一百以上合罢职,无禄人不枉法赃一百二十两以上罪止杖一百、流三千里之类,各尽本法拟断。

注:此是二罪以上俱发拟断者之通例也。二罪以上,通数罪言,此与前条徒流人又犯罪不同。前谓一罪已决,而日后又犯。此谓平时曾犯数罪,或一时同发,或先后并发,虽拟断不一,皆以重者论也。如节次曾犯数罪,而一时俱发,内有轻重之不同,则从重科断;轻重各相等,则从一科断。若一罪先发,已经论决,而余罪旋即后发,视前发已决之罪为轻或相等,并得勿论。惟重于前者,则更论之,通计前罪,或贴杖,或加徒,以充后发之数。其有赃该入官、物该赔偿、盗该刺字、官该罢职,与夫罪止者,虽其罪有从重、从一或轻若等勿论之不同,仍须依各律条尽其本法。假如二罪俱发,一罪诈为瑞应该徒一年,一罪枉法赃一十五两该杖一百,虽以重者论而坐以诈为瑞应之罪,其枉法赃则当追入官,此谓应入官者尽本法也。如一罪弃毁军器一件该杖八十,一罪军临敌境托故违期一日不至者杖一百,虽以重者论而坐以托故违期之罪,其所弃毁之军器则当追还官,此谓应赔偿者尽本法也。如一罪诈欺官私取财准窃盗论五十两该徒一年,一罪窃盗得财三十两该杖九十,虽以重者论而坐以诈欺之罪,仍当以窃盗刺字,此谓应刺字者尽本法也。如一罪折人一齿应杖一百,一罪受财一两以下应杖七十,虽以重者论而坐以折齿之罪,若遇恩赦,则折齿之罪免,仍当以受财罢职,此谓应罢职者尽本法也。如一罪诈称使臣乘驿者杖一百、流三千里,一罪无禄人受不枉法赃一百二十两以上罪止杖一百、流三千里,虽二罪相等,而犯赃情罪重于常流,必坐以犯赃罪止之律,此谓应罪止者尽本法也。盖罪无再科,既不失于严,仍尽本法,又不流于纵,此用法之权衡也。再小注内窃盗赃不前后通算,枉法赃则前后并科者,盖窃盗赃各主者,以一主为重;而枉法赃则各主者通算全科,不得以若等勿论之律科断,故曰"难同止累见发之赃"。

臣等谨按(按语同律后总注,略)

【1740】○修改

臣等谨按:小注内"难同止累见发之赃"等字,语意未明,且其义已包于"并取前赃通计"之中,应删。再不枉法及坐赃,与枉法赃不同,应增。谨将增删律注,开列于后。

凡二罪以上俱发,以重者论。罪各等者,从一科断。若一罪先发,已经论决,余罪后发,其轻若等勿论,重者更论之,通计前所论决之罪,以充后发之数。谓如二次犯窃盗,一次先发,计赃一十两,已杖七十;一次后发,计赃四十两,该杖一百,合贴杖三十。如有禄人节次受人枉法赃四十两,内二十两先发,已杖六十、徒一年;二十两后发,合并取前赃通计四十两,更科全罪徒三年。不枉法赃及坐赃,不通计全科。其应赃入官、物赔偿、盗刺字、官罢职罪止者,罪虽勿论,或重科,或从一,仍各尽本法。谓一人犯数罪,如枉法、不枉法赃合入官,毁伤器物合赔偿,窃盗合刺字,职官私罪杖一百以上合罢职,无禄人不枉法赃一百二十两以上罪止杖一百、流三千里之类,各尽本法拟断。

【1740】1.1.26(略)

附律条例

＊**【1707】○移入**

一、凡因犯遇蒙恩例通减二等者,罪虽遇例减等,若律应仍尽本法者,仍依律一体拟断。如枉法、不枉法等赃,仍须入官,故云"仍尽本法"。

此条"五刑"条例,移入此处。

【1725】○移入

原拟:"五刑"条例一条,类于此律,应移入。

【原移入条例】(略)

【1725】1.1.26.(1)

【原例】(略)

【1740】○删除

臣等谨按:此条系前代之例,今无通减二等例款。其"仍尽本法"之处,已载在"二罪俱发"律中,此条应删。

【1801】○续纂

一、凡人命案件,按律不应拟抵,罪止军、流、徒人犯,如家长、有服亲属,强奸奴仆、雇工人妻女未成,致令羞忿自尽,罪应拟军;向有人居止宅舍放弹射箭,因而致死,罪应拟流;和奸之案,奸妇因奸情败露,羞愧自尽,及窝弓不立望竿,因而致死,并擅杀奸、盗罪人,罪应拟徒之类。除致死二命,照律从一科断外,如至三命者,于应得军、流、徒本罪上各加一等;三命以上者,按照致死人数递加一等,罪止发遣黑龙江,不得加入于死。若致死三命以上,例有专条者,各照定例办理。如威逼人致死非一家至三命以上者,发近边充军之类。至过失杀人之案,仍照律收赎。杀至数命者,按死者名数,各追银十二两四钱二分,给各亲属收领,毋庸加等治罪。至此等案件,必须详细研鞫。若核其案情近于过失而情节较重,或耳目所可及、思虑所可到,并非初无害人之意者,应仍照例分别定拟,不得滥引过失杀律收赎。

臣等谨按:律载"二罪俱发,以重者论,罪各等者,从一科断"等语。内外问刑衙门,凡遇人命案内,律应拟抵,如致死多命者,治罪轻重,律例具有明条。惟人命案内,按律不应抵,罪止军、流、徒人犯,致毙二命者,向俱照律从一科罪。若至三命以上者,检查例内,惟威逼人致死非一家至三命以上者,发近边充军,载有专条外,其余致死三命及三命以上之案例内,俱无分别治罪明文。臣部向遇此等案件,俱随案酌量加等问拟。但例无专条,不惟各省鲜所依据,臣部亦多辗转比附之繁,自应纂立专条,以资引用。应请嗣后凡人命案内,按律不应拟抵,罪止军、流、徒人犯,除致死二命照律从一科断外,如至三命者,于应得军、流、徒本罪上,各加一等;三命以上者,按照致死人数,递加一等,罪止发往黑龙江,不得加入于死。至过失杀人之案,均系耳目所不及、思虑所不到,初无害人之意,审与律注相符者,仍照例收赎。即至数命,俱按死者名数,各追收赎银十二两四钱二分,给各亲属收领,以资营葬,未便与寻常命案一例加等问拟。惟查此等案件,必须详细研鞫。若核其案情近于过失,而情节较重,或为耳目所可及,而思虑所可到,并非初无害人之意者,有一于此,即应仍照例分别定拟,不得滥引过失杀律收赎。亦应添纂明晰,以昭赅备。因本条例文有赅载不尽、未能明显之处,用小注申叙。以凡续纂、修改各条,有本文未能简括者,俱照此注说,以免牵混,合并声明。

【1802】1.1.26.(1)(略)

【1814】○修改

臣等谨按:嘉庆十七年(1812)十二月内,臣部议复原任黑龙江将军宗室斌静等奏"调剂黑龙江等处遣犯"折内,请将人命案件,按律不应拟抵,罪止军、流、徒人犯,如致死三命以上者,按照致死人数,递加一等,罪止发遣黑龙江一条,改发新疆酌拨种地当差等因奏准,通行在案。例内"发遣黑龙江"之处,应行修改。谨将修改例文,开列于后。

一、凡人命案件,按律不应拟抵,罪止军、流、徒人犯,如家长、有服亲属,强奸奴仆、雇工人妻女未成,致令羞忿自尽,罪应拟军;向有人居止宅舍放弹射箭,因而致死,罪应拟流;和奸之案,奸妇因奸情败露,羞愧自尽,及窝弓不立望竿,因而致死,并擅杀奸、盗罪人,罪应拟徒之类。除致死二命,照律从一科断外,如至三命者,于应得军、流、徒本罪上各加一等;三命以上者,按照致死人数递加一等,罪止发遣新疆酌拨种地当差,不得加入于死。若致死三命以上,例有专条者,各照定例办理。如威逼人致死非一家至三命以上者,发近边充军之类。至过失杀人之案,仍照律收赎。杀至数命者,按死者名数,各追银十二两四钱二分,给各亲属收领,毋庸加等治罪。至此等案件,必须详细研鞫。若核其案情近于过失而情节较重,或耳目所可及、思虑所可到,并非初无害人之意者,应仍照例分别定拟,不得滥引过失杀律收赎。

【1825】1.1.26.(1)(略)

【1830】○修改

臣等谨按:道光六年(1826)十一月内,军机大臣会同臣部议复直隶总督那彦成奏"调剂新疆遣犯"折内,请将人命案件,按律不应拟抵,罪止军、流、徒人犯,如致死三命以上,按照致死人数,递加一等,罪止发遣新疆酌发种地当差一条,改为罪止实发烟瘴充军等因奏准,通行在案。例内加发新疆之处,应行修改。谨将修改例文,开列于后。

一、凡人命案件,按律不应拟抵,罪止军、流、徒人犯,如家长、有服亲属,强奸奴仆、雇工人妻女未成,致令羞忿自尽,罪应拟军;向有人居止宅舍放弹射箭,因而致死,罪应拟流;和奸之案,奸妇因奸情败露,羞愧自尽,及窝弓不立望竿,因而致死,并擅杀奸、盗罪人,罪应拟徒之类。除致死二命,照律从一科断外,如至三命者,于应得军、流、徒本罪上各加一等;三命以上者,按照致死人数递加一等,罪止实发云贵两广极边烟瘴充军,不得加入于死。若致死三命以上,例有专条者,各照定例办理。如威逼人致死非一家至三命以上者,发近边充军之类。至过失杀人之案,仍照律收赎。杀至数命者,按死者名数,各追银十二两四钱二分,给各亲属收领,毋庸加等治罪。至此等案件,必须详细研鞫。若核其案情近于过失而情节较重,或耳目所可及、思虑所可到,并非初无害人之意者,应仍照例分别定拟,不得滥引过失杀律收赎。

【1845】○修复①

臣等谨按:此条例文,从前旧例内载,人命案件,按律不应拟抵,罪止军、流、徒人犯,

---

① 此条原标为"删除",酌改。

如致死三命以上，按照致死人数，递加一等，罪止发新疆酌拨种地当差。嗣于道光六年（1826）十一月内，据原任陕甘总督那彦成奏请调剂新疆遣犯，经军机大臣会同臣部议，将此条改为“实发云贵两广极边烟瘴充军”等因奏准，纂入例册在案。兹道光二十四年（1844）六月内，据升任贵州巡抚贺长龄奏请“调剂军犯章程”一折，复经军机大臣会同臣部议请，嗣后新疆遣犯，各照旧发往等因具奏。奉上谕：“据军机大臣会同刑部议奏‘贵州军犯拥挤，酌减调剂’等语。新疆遣犯改发内地，恐人数众多，不特约束难周，且与民风大有关碍，非若新疆地方辽阔，外遣人犯易于安插。所有旧时改发内地各条，着仍照旧发往新疆，交该将军设法妥为安插。并严饬所属，认真查核，严加管束，毋令滋生事端，俾期积久无弊。余依议。钦此。”是新疆遣犯即应照旧发往。其递加一等，罪止发新疆之原例，现在犹存，足资引用。此条系属赘文，应行删除。

一、凡人命案件，按律不应拟抵，罪止军、流、徒人犯，如家长、有服亲属，强奸奴仆、雇工人妻女未成，致令羞忿自尽，罪应拟军；向有人居止宅舍放弹射箭，因而致死，罪应拟流；和奸之案，奸妇因奸情败露，羞愧自尽，及窝弓不立望竿，因而致死，并擅杀奸、盗罪人，罪应拟徒之类。除致死二命，照律从一科断外，如至三命者，于应得军、流、徒本罪上各加一等；三命以上者，按照致死人数递加一等，罪止发遣新疆酌拨种地当差，不得加入于死。若致死三命以上，例有专条者，各照定例办理。如威逼人致死非一家至三命以上者，发近边充军之类。至过失杀人之案，仍照律收赎。杀至数命者，按死者名数，各追银十二两四钱二分，给各亲属收领，毋庸加等治罪。至此等案件，必须详细研鞫。若核其案情近于过失而情节较重，或耳目所可及、思虑所可到，并非初无害人之意者，应仍照例分别定拟，不得滥引过失杀律收赎。

【1847】1.1.26.（1）（略）

【1806】○续纂

一、身犯二罪，俱应斩决者，加拟枭示。

臣等谨按：嘉庆元年（1796）五月内，臣部核复江西巡抚秦承恩题“龙南县民缪细妹致伤小功堂兄缪三康身死，并缪细妹之母黄氏自缢身死，将缪细妹拟斩立决”一案，奉旨：“此案缪细妹回殴小功服兄缪三康致死，律应斩决，又致母黄氏畏累自缢，例应照本犯罪名拟以立决。该犯身兼二罪，问以斩决，已无可复加。但该犯只科殴死服兄之罪，已应斩决，又因逞忿累及所生，不可不量加严办，以昭区别。缪细妹着即行处斩，仍于犯事地方枭示。俾乡愚触目，咸知儆戒。嗣后有身犯二罪俱应斩决者，均加拟枭示。着刑部纂入律例，用示明刑弼教至意。余依议。钦此。”钦遵在案。应恭纂为例，以便遵办。

【1810】○修改

臣等谨按：此条加拟枭示，系指所犯各罪同时并发，援引各律俱应斩决者而言。如一犯轮奸已成为首，一犯强盗入室搜赃，同时并发，自当依例加拟枭示。若所犯之罪同一律例，如强盗入室搜赃，又行劫已至数次，查系同时并发，自应仍按本例问拟，不加枭示。各省往往有将法无可贷盗犯，核计次数加拟枭示，与例不符。经臣部酌议，嗣后凡身犯二罪，俱应斩决，除所犯并非同一律例者，加拟枭示外，若同一律例，则仍按本律、本例问拟，毋庸枭示等因,咨行在案。应于例内修改明晰,并添叙小注,以便引用。谨将修改例文,开列于后。

一、身犯两项罪名,援引各律各例俱应斩决者,加拟枭示。如一犯轮奸已成为首,一犯强盗入室搜赃,同时并发之类。若身犯二罪应拟斩决,系同一律例,并非两项罪名者,毋庸枭示。如强盗入室搜赃,又行劫已至数次,同时并发,仍拟斩决之类。

【1825】1.1.26.(2)(略)

【1814】○续纂

一、凡两犯凌迟重罪者,于处决时加割刀数。

臣等谨按:嘉庆十六年(1811)七月内,臣部"遵旨酌议两犯凌迟重罪"一折内称,查凌迟处死,本属极刑。向来办理凌迟之法,先于不致死处所,脔割数下,使其生受痛苦,然后剖其脏腑,断其首领、肢体。而于叛逆重犯,则细加寸磔,使其身无完肤,以伸国法。至一人两犯凌迟,固与叛逆重犯稍觉有间,较寻常罪应凌迟之案为重。因其无可再加,仍从一科断,尚觉情浮于法。议请嗣后凡两犯凌迟重罪者,于处决时加割刀数等因奏准,通行在案。应纂辑为例,以便遵行。

【1825】1.1.26.(3)(略)

犯罪共逃

律　文

【1646】1.1.26

凡犯罪共逃亡,其轻罪囚,能捕获重罪囚而首告,及轻重罪相等,但获一半以上首告者,皆免其罪。以上自犯者言。谓犯罪事发,或各犯罪事发而共逃者,若流罪囚能捕死罪囚、徒罪囚能捕流罪囚首告;又如五人共犯罪在逃,内一人能捕二人而首告之类,皆得免罪。若损伤人及奸者不免,仍依常法。其因他人犯罪连累致罪而正犯罪人自死者,连累人听减本罪二等。以下指因人连累而言,谓因别人犯罪,连累以得罪者。如藏匿、引送、资给罪人,及保勘、供证不实,或失觉察、关防、钤束、听使之类。其罪人非被刑杀而自死者,又听减罪二等。若罪人自首告,得免。及遇赦原免,或蒙特恩减罪、收赎者,连累人亦准罪人原免、减等、赎罪法。谓因罪人连累以得罪,若罪人在后自首告,或遇恩赦全免,或蒙特恩减一等、二等,或罚赎之类,皆依罪人全免、减等、收赎之法。

【1670】1.1.26(略)

*【1707】○仍旧

此律拟存。

总注:此言罪人在逃,得以自相捕获免罪。而因人连累者,亦得同罪人减免、收赎之法也。前一节以自犯者言。凡犯罪事发共逃亡者,不问是否同起,但能以轻捕重,或轻重罪相等,而能以少捕多,则其捕获首告,足以赎罪。不独免其逃亡之罪,并原罪皆得全免。惟损伤于人及犯奸者,虽自首不免,止免在逃之罪。后二节,以因人连累者言。罪人指正犯。正犯既自死,则累及者宜宽减,故得减本罪二等。本罪,乃被累人本当得之罪,非谓正犯之本罪也。小注云“又听减罪二等”,盖藏匿等项,本条已各减于正犯之罪,此因正犯自死而再减之,故曰“又减”。若正犯罪人自首告得免,或遇赦免,或恩减,或收赎,则首恶已宥,余可矜怜,故皆得照正犯全免、降减、收赎。

按:捕获不及一半,及重罪捕获轻罪首告者,律无明文,应同损伤人及奸者,不免本罪,止免其在逃之罪。

又按:连累人亦准罪人赎罪法者,谓罪人因老小废疾收赎,及妇人犯徒、流,止杖一百,余罪收赎,则被累人亦得收赎。

【1725】1.1.27

凡犯罪共逃亡,其轻罪囚,能捕获重罪囚而首告,及轻重罪相等,但获一半以上首告者,皆免其罪。以上指自犯者言。谓同犯罪事发,或各犯罪事发而共逃者,若流罪囚能捕死罪囚、徒罪囚能捕流罪囚首告;又如五人共犯罪在逃,内一人能捕二人而首告之类,皆得免罪。若损伤人及奸者不免,仍依常法。其因他人犯罪连累致罪而正犯罪人自死者,连累人听减本罪二等。以下指因人连累而言,谓因别人犯罪,连累以得罪者。如藏匿、引送、资给罪人,及保勘、供证不实,或失觉察、关防、钤束、听使之类。其罪人非被刑杀而自死者,又听减罪二等。若罪人自首告,得免。及遇赦原免,或蒙特恩减罪、收赎者,连累人亦准罪人原免、减等、赎罪法。谓因罪人连累以得罪,若罪人在后自首告,或遇恩赦全免,或蒙特恩减一等、二等,或罚赎之类,皆依罪人全免、减等、收赎之法。

注:此言罪人在逃,得以自相捕获免罪。而因人连累者,亦得同罪人减免、收赎之法也。凡犯罪事发共逃,有能以轻捕重,或轻重罪相等,而能以少捕多,不独免其逃亡之罪,并原罪皆得全免。惟损伤于人及犯奸者,虽自首不免,止免在逃之罪。若因人连累,正犯既自死,则累及者宜宽,故得减本罪二等。本罪,乃被累人当得之罪,非谓正犯之本罪也。小注云“又听减罪二等”,盖藏匿等项,本条已各减于正犯之罪,此因正犯自死而再减之,故曰“又减”。若正犯罪人自首告得免,或遇赦免,或恩减,或收赎,则首恶已宥,余可矜怜,故皆得照正犯全免、降减、收赎。再捕获不及一半,及重罪捕获轻罪首告者,律无明文,应同损伤人及奸者,不免本罪,止免其在逃之罪。又连累人亦准罪人赎罪法者,谓罪人因老小废疾收赎,及妇人犯徒、流,止杖一百,余罪收赎,则被累人亦得收赎。

臣等谨按:此言罪人在逃,得以自相捕获免罪。而因人连累者,亦得同罪人减免、收赎之法也。前一段以自犯者言。凡犯罪事发共逃,有能以轻捕重,或轻重罪相等,而能以少捕多,不独免其逃亡之罪,并原罪皆得全免。惟损伤于人及犯奸者,虽自首不免,止免在逃之罪。中、后二段,以因人连累者言。罪人指正犯。正犯既自死,则累及者宜宽,故得减本罪二等。本罪,乃被累人当得之罪,非谓正犯之本罪也。小注云“又听减罪二等”,盖藏匿等项,本条已各减于正犯之罪,此因正犯自死而再减之,故曰“又减”。若正犯罪人自首告得免,或遇赦免,或恩减,或收赎,则首恶已宥,余可矜怜,故皆得照正犯全免、降减、收赎。再捕获不及一半,及重罪捕获轻罪首告者,律无明文,应同损伤人及奸者,不免本罪,止免其在逃之罪。又连累人亦准罪人赎罪法者,谓罪人因老小废疾收赎,及妇人犯徒、流，止杖一百，余罪收赎，则被累人亦得收赎。

【1740】○修改

臣等谨按：小注内"皆依罪人全免、减等、收赎之法"等字，语意未明，应改。谨将改辑律注，开列于后。

凡犯罪共逃亡，其轻罪囚，能捕获重罪囚而首告，及轻重罪相等，但获一半以上首告者，皆免其罪。以上指自犯者言。谓同犯罪事发，或各犯罪事发而共逃者，若流罪囚能捕死罪囚、徒罪囚能捕流罪囚首告；又如五人共犯罪在逃，内一人能捕二人而首告之类，皆得免罪。若损伤人及奸者不免，仍依常法。其因他人犯罪连累致罪而正犯罪人自死者，连累人听减本罪二等。以下指因人连累而言。谓因别人犯罪，连累以得罪者。如藏匿、引送、资给罪人，及保勘、供证不实，或失觉察、关防、钤束、听使之类。其罪人非被刑杀而自死者，又听减罪二等。若罪人自首告，得免。及遇赦原免，或蒙特恩减罪、收赎者，连累人亦准罪人原免、减等、赎罪法。谓因罪人连累以得罪，若罪人在后自首告，或遇恩赦全免，或蒙特恩减一等、二等，或罚赎之类，被累人本罪，亦各依法全免、减等、收赎。

【1740】1.1.27（略）

同僚犯公罪

律　文

【1646】1.1.27

凡同僚犯公罪者，谓同僚官吏连署文案，判断公事差错而无私曲者。并以吏典为首，首领官减吏典一等，佐贰官减首领官一等，长官减佐贰官一等。四等官内如有缺员，亦依四等递减科罪。本衙门所设无四等官者，止准见设员数递减。若同僚官一人有私，自依故出入人罪私罪。论，其余不知情者，止依失出入人罪公罪。论。谓如同僚连署文案官吏五人，若一人有私，自依故出入人罪论，其余四人虽连署文案，不知有私者，止依失出入人罪论，仍依四等递减科罪。○若下司申上司，事有差误，上司不觉失错准行者，各递减下司官吏罪二等；谓如县申州、州申府、府申布政司之类。若上司行事有差误，而下，所属依错施行者，各递减上司官吏罪三等，谓如布政司行府、府行下州、州行下县之类。亦各以吏典为首。首领、佐贰、长官依上减之。

【1670】1.1.27（略）

＊**【1707】○仍旧**

此律拟存。

总注：此言同官犯罪，其轻重各有差等也。公罪，即下条失出入人罪之类。凡公事，必有一吏典承行。虽首领、佐贰、长官连署文案，均不得辞咎。而失错之始，则由于承行之吏典。故以吏典为首，而首领、佐贰、长官，各得递减罪一等也。若同僚中一人有私而出入人罪，其余同僚虽连署文案，实不知其有私，则不得以一人而连累同僚。故一人以故出入人罪论，而余则以失出入人罪论，仍依上递减科断。若下司文书递申上司，事有失错，而上司不行觉察驳正者，各递减下司官吏罪二等。若上司文书行于下司，事有差误，而所属下司失于检点，依其失错而施行者，各递减上司官吏罪三等。仍各以吏典为首。上、下司错误相同，而有减二等、减三等之分者，盖责上司之怠忽而原下司之受制也。

【1725】1.1.28(略)

凡同僚犯公罪者，谓同僚官吏连署文案，判断公事差错而无私曲者。并以吏典为首，首领官减吏典一等，佐贰官减首领官一等，长官减佐贰官一等。官内如有缺员，亦依四等递减科罪。本衙门所设官吏无四等者，止准见设员数递减。若同僚官一人有私，自依故出入人罪私罪。论，其余不知情者，止依失出入人罪公罪。论。谓如同僚连署文案官吏五人，若一人有私，自依故出入人罪论，其余四人虽连署文案，不知有私者，止依失出入人罪论，仍依四等递减科罪。○若下司申上司，事有差误，上司不觉失错准行者，各递减下司官吏罪二等；谓如县申州、州申府、府申布政司之类。若上司行下，事有差误，而所属依错施行者，各递减上司官吏罪三等；谓如布政司行府、府行州、州行县之类。亦各以吏典为首。首领、佐贰、长官依上减之。

注：此言同官犯罪，其轻重各有差等也。公罪，即下条失出入人罪之类。首节言同僚犯公罪，以吏典、首领、佐贰、长官四等，科罪以次递减。若同僚中一人有私而出入人罪，其余同僚不知其有私，则一人以故出入人罪论，余则以失出入人罪论，仍依上递减科断。后节言下司申上，事有失错，上司不行觉察驳正者，各递减下司官吏罪二等。若上司行下，事有错误，下司失于检点，依错施行者，各递减上司官吏罪三等。仍以吏典为首。上、下司错误相同，而有减二等、减三等之分者，盖责上司之怠忽而原下司之受制也。

臣等谨按(按语与律后总注同，略)

【1740】1.1.28(略)

公事失错

律　文

【1646】1.1.28

凡官吏公事失错，自觉举者免罪。其同僚官吏同署文案，法应连坐者，一人自觉举，余人皆免罪。谓缘公事致罪而无私曲者，事若未发露，但同僚判署文案官吏一人能检举改正者，彼此俱无罪责。○其断罪失错于入已行论决者，仍从失入人罪论，不用此律。谓死罪及笞、杖已决讫，流罪已至配所，徒罪已役讫，此等并为已行论决，官司虽自检举，皆不免罪，各依失入人罪律减三等，及官吏等级递减科之，故云不用此律。其失出人罪，虽已决放，若未发露能自检举贴断者，皆得免其失错之罪。其官文书稽程官应连坐者，一人自觉举，余人亦免罪，承行主典之吏不免。谓文案小事五日程、中事十日程、大事二十日程，此外不了，是名稽程。官人自检举者，并得全免。惟当该吏典不免。若主典自举者，并减二等。谓当该吏典自检举者，皆得减罪二等。

【1670】1.1.28(略)

＊【1707】○仍旧

此律拟存。

总注：此承上条而言。同僚犯公罪虽共有处分，而能检举者即得免罪也。凡公事失错，情虽不涉于私，而官吏俱不能无罪。一人自犯能觉举，固得免罪。若应连坐官吏内，有一人自觉举者，余人皆得免罪。其断罪失错，已行论决，不用此律，专指失入言。盖失出者，虽已行论决，若自能觉举，尚可贴断，以蔽其辜，故仍得免失错之罪。若失入者，既经论决，则已死者不可复生，已刑者不可复免，故不得用觉举免罪之律也。其官文书稽程，一官觉举，同僚皆得免罪。而主典不免者，稽程之罪，多由于主典。若免其违限之罪，则凡事怠惰矣。故主典虽自觉举，亦不全免，但得并减本罪二等而已。

按：已行论决，如死罪及笞、杖已决讫，无从改正；其军、流、徒罪，虽至配所者，皆得改正追还。

【1725】1.1.29

凡官吏公事失错，自觉举者免罪。其同僚官吏同署文案，法应连坐者，一人自觉举，余人皆免罪。谓缘公事致罪而无私曲者，事若未发露，但同僚判署文案官吏一人能检举改正者，彼此俱无罪责。〇其断罪失错于入已行论决者，仍从失入人罪论，不用此律。谓死罪及笞、杖已决讫，流罪已至配所，徒罪已应役，此等并为已行论决，官司虽自检举，皆不免罪，各依失入人罪律减三等，及官吏等级递减科之，故云不用此律。其失出人罪，虽已决放，若未发露能自检举贴断者，皆得免其失错之罪。其官文书稽程官应连坐者，一人自觉举，余人亦免罪，承行主典之吏不免。谓文案小事五日程、中事十日程、大事二十日程，此外不了，是名稽程。官人自检举者，并得全免。惟当该吏典不免。若主典自举者，并减二等。谓当该吏典自检举者，皆得减罪二等。

注：此是承上条而言。同僚犯公罪虽共有处分，而能检举者即得免罪也。前节言公事失错，能自觉举，固得免罪。若应连坐之官吏，有一人觉举者，余人皆得免罪。次节言断罪失错，已行论决，不用此律者，专指失入言。盖失出者，虽已论决，若自能觉举，尚可贴断，以蔽其辜，故仍得免失错之罪。至失入者，既经论决，则已死者不可复生，已刑者不可复挽，故不得用觉举免罪之律也。其官文书稽程，一官觉举，同僚皆得免罪。而主典不免者，以稽程之罪，多由于主典。若免其罪，则凡事怠惰矣。故自觉举，但得减本罪二等。

臣等谨按（按语同律后总注，略）

【1740】〇修改

臣等谨按：官文书稽程律言，主典自举减二等。不言官者，盖以稽程之罪，止于笞四十。官原减主典一等，若主典既减二等，则官应免罪可知。律内并未注明，应增。谨将增辑律注，开列于后。

凡官吏公事失错，自觉举者免罪。其同僚官吏同署文案，法应连坐者，一人自觉举，余人皆免罪。谓缘公事致罪而无私曲者，事若未发露，但同僚判署文案官吏一人能检举改正者，彼此俱无罪责。〇其断罪失错于入已行论决者，仍从失入人罪论，不用此律。谓死罪及笞、杖已决讫，流罪已至配所，徒罪已应役，此等并为已行论决，官司虽自检举，皆不免罪，各依失入人罪律减三等，及官吏等级递减科之，故云不用此律。其失出人罪，虽已决放，若未发露能自检举贴断者，皆得免其失错之罪。其官文书稽程官应连坐者，一人自觉举，余人亦免罪，承行主典之吏不免。谓文案小事五日程、中事十日程、大事二十日程，此外不了，是名稽程。官人自检举者，并得全免。惟当该吏典不免。若主典自举者，并减二等。谓当该吏典自检举者，皆得减罪二等。官全免。

【1740】1.1.29（略）

共犯罪分首从

律　文

【1646】1.1.29

凡共犯罪者，以先造意一人为首，依律断拟，随从者减一等。○若一家人共犯，止坐尊长。若尊长年八十以上及笃疾，归罪于共犯罪以次尊长。如无以次尊长，方坐卑幼。谓如尊长与卑幼共犯罪，不论造意，独坐尊长，卑幼无罪，以尊长有专制之义也。如尊长年八十以上及笃疾，于例不坐罪，即以共犯罪次长者当罪。又如妇人尊长与男夫卑幼同犯，虽妇人为首，仍独坐男夫。侵损于人者，以凡人首从论。造意为首，随从为从。侵，为窃盗财物；损，谓斗殴杀伤之类。如父子合家同犯，并依凡人首从之法。为其侵损于人，是以不独坐尊长。若共犯罪而首从本罪各别者，各依本律首从论。仍以一人坐以首罪，余人坐以从罪。谓如甲引他人共殴亲兄，甲依弟殴兄杖九十、徒二年半，他人依凡人斗殴论笞二十；又如卑幼引外人盗己家财物二两五钱，卑幼以私擅用财加三等笞四十，外人依凡盗从论杖七十之类。○若本条言皆者，罪无首从。不言皆者，依首从法。○其同犯擅入皇城、宫殿等门，及同私越度关，若同避役在逃，及同犯奸者，律虽不言皆，亦无首从。谓各自身犯，是以亦无首从，皆以正犯科罪。

【1670】1.1.29

凡共犯罪者，以先造意一人为首，依律断拟，随从者减一等。○若一家人共犯，止坐尊长。若尊长年八十以上及笃疾，归罪于共犯罪以次尊长。如无以次尊长，方坐卑幼。谓如尊长与卑幼共犯罪，不论造意，独坐尊长，卑幼无罪，以尊长有专制之义也。如尊长年八十以上及笃疾，于例不坐罪，即以共犯罪次长者当罪。又如妇人尊长与男夫卑幼同犯，虽妇人为首，仍独坐男夫。侵损于人者，以凡人首从论。造意为首，随从为从。侵，为窃盗财物；损，谓斗殴杀伤之类。如父子合家同犯，并依凡人首从之法。为其侵损于人，是以不独坐尊长。若共犯罪而首从本罪各别者，各依本律首从论。仍以一人坐以首罪，余人坐以从罪。谓如甲引他人共殴亲兄，甲依弟殴兄杖九十、徒二年半，他人依凡人斗殴论笞二十；又如卑幼引外人盗己家财物一十两，卑幼以私擅用财加二等笞四十，外人依凡盗从论杖七十之类。○若本条言皆者，罪无首从。不言皆者，依首从法。○其同犯擅入皇城、宫殿等门，及同私越度关，若同避役在逃，及同犯奸者，律虽不言皆，亦无首从。谓各自身犯，是以亦无首从，皆以正犯科罪。

＊**【1707】**○仍旧

此律拟存。

总注：此言断罪论首从之法，各有不同也。共犯罪，谓数人共因一事而犯罪也。小注男夫卑幼，如弟侄子孙之类皆是。凡共犯罪者，以造意之一人为首，而以随从共谋之人为从，此法之常也。然有不可概论者。如一家人共犯，其造意或在卑幼，而专制之权则在尊长，故以尊长为首。若尊长老疾，力既不能专制，例又不得坐罪，则罪归于年未八十及无笃疾之以次尊长，不当以常法分首从也。小注所谓罪坐男夫，又推广律文所未尽。盖妇人虽系尊长，而不能在外专制，故独坐男夫之卑幼者，又不可以尊长为首论也。然此就户婚、田土等事言之耳。至若侵损于人等罪，则当依凡人分首从论。尊长造意，则尊长为首，卑幼为从；卑幼造意，则卑幼为首，尊长为从。虽妇人及老疾，亦当照律科罪，不在家人共犯免科之律。惟共殴致死，则原谋减一等，而以下手致命为首。若一家人同他人犯罪，各有本条应得罪名者，仍各依本律首从科断。或轻或重，又不拘此条首从常法论也。至于律文本条有言"皆"者，如"诈为制书"云"皆斩"，则罪无首从；有不言"皆"者，如诈为制书未施行者，但云"绞"，即仍依首从法。其犯擅入皇城、宫殿，私越度关，脱逃，犯奸等罪，虽不言皆，然亦不分首从。盖各身自犯之罪，非如窃盗、斗殴，有造意、随从之分也。

【1725】1.1.30

凡共犯罪者，以先造意一人为首，依律断拟，随从者减一等。○若一家人共犯，止坐尊长。若尊长年八十以上及笃疾，归罪于共犯罪以次尊长。如无以次尊长，方坐卑幼。谓如尊长与卑幼共犯罪，不论造意，独坐尊长，卑幼无罪，以尊长有专制之义也。如尊长年八十以上及笃疾，于例不坐罪，即以共犯罪次长者当罪。又如妇人尊长与男夫卑幼同犯，虽妇人为首，仍独坐男夫。侵损于人者，以凡人首从论。造意为首，随从为从。侵，谓窃盗财物；损，谓斗殴杀伤之类。如父子合家同犯，并依凡人首从之法。为其侵损于人，是以不独坐尊长。若共犯罪而首从本罪各别者，各依本律首从论。仍以一人坐以首罪，余人坐以从罪。谓如甲引他人共殴亲兄，甲依弟殴兄杖九十、徒二年半，他人依凡人斗殴论笞二十；又如卑幼引外人盗己家财物一十两，卑幼以私擅用财加二等笞四十，外人依凡盗从论杖七十之类。○若本条言皆者，罪无首从。不言皆者，依首从法。○其同犯擅入皇城、宫殿等门，及同私越度关，若同避役在逃，及同犯奸者，律虽不言皆，亦无首从。谓各自身犯，是以亦无首从，皆以正犯科罪。

注：此言断罪论首从之法，各有不同也。凡共犯罪者，以造意之人为首，而以随从共谋之人为从，此法之常也。然有不可概论者。如一家人共犯，其造意或在卑幼，而专制则在尊长，故以尊长为首。若尊长老疾，则罪归于年未八十及无笃疾之以次尊长，不当以常法分首从也。小注所谓罪坐男夫，又推广律文所未尽。盖妇人虽系尊长，而不能在外专制，故独坐男夫之卑幼者，则不可以尊长为首论也。然此止就户婚、田土等事而言。若侵损于人等罪，则当依凡人分首从，不论尊长、卑幼，总以造意为首。虽妇人及老疾，亦当照律科罪，不在家人共犯免科之律。惟共殴致死，则原谋减一等，而以下手致命为首。若一家人同他人犯罪，各有本条应得罪名者，仍各依本律首从科断。或轻或重，又不拘此条首从常法论也。至于律文本条有言“皆”者，如“诈为制书”云“皆斩”，则罪无首从；有不言“皆”者，如诈为制书未施行者，但云“绞”，即仍依首从法。其犯擅入皇城、宫殿，私越度关，脱逃，犯奸等罪，虽不言皆，然亦不分首从。盖各身自犯之罪，非如窃盗、斗殴，有造意、随从之分也。

臣等谨按（按语与律后总注同，略）

【1740】○修改

臣等谨按：窃盗赃一两至一十两，律应杖七十，为从减一等，应杖六十，小注内讹为“七十”，应改。再小注内“如甲引他人共殴亲兄”及“卑幼引外人盗己家财物”二段，尚与皆有服制，各依本律首从论之法，未能赅括，应增。谨将增改律注，开列于后。

凡共犯罪者，以先造意一人为首，依律断拟，随从者减一等。○若一家人共犯，止坐尊长。若尊长年八十以上及笃疾，归罪于共犯罪以次尊长。如无以次尊长，方坐卑幼。谓如尊长与卑幼共犯罪，不论造意，独坐尊长，卑幼无罪，以尊长有专制之义也。如尊长年八十以上及笃疾，于例不坐罪，即以共犯罪次长者当罪。又如妇人尊长与男夫卑幼同犯，虽妇人为首，仍独坐男夫。侵损于人者，以凡人首从论。造意为首，随从为从。侵，谓窃盗财物；损，谓斗殴杀伤之类。如父子合家同犯，并依凡人首从之法。为其侵损于人，是以不独坐尊长。若共犯罪而首从本罪各别者，各依本律首从论。仍以一人坐以首罪，余人坐以从罪。谓如甲引他人共殴亲兄，甲依弟殴兄杖九十、徒二年半，他人依凡人斗殴论笞二十；又如卑幼引外人盗己家财物一十两，卑幼以私擅用财加二等笞四十，外人依凡盗从论杖六十之类。○若本条言皆者，罪无首从。不言皆者，依首从法。○其同犯擅入皇城、宫殿等门，及同私越度关，若同避役在逃，及同犯奸者，律虽不言皆，亦无首从。谓各自身犯，是以亦无首从，皆以正犯科罪。

【1740】1.1.30（略）

附律条例

【1778】○续纂

一、凡父兄子弟共犯奸、盗、杀伤等案，如子弟起意，父兄同行助势，除律应不分首从，及其父兄犯该斩、绞死罪者，仍按其所犯本罪定拟外，余俱视其本犯科条加一等治罪，概不得引用“为从”字样。

臣等谨按：此条系乾隆四十年（1775）十二月内，江苏巡抚萨载审题“宿迁县民刘俊强抢良家之女奸占为妻”案内，将刘俊之父刘殿臣，照为从律定拟杖、流。钦奉谕旨：“以子弟犯案，坐父兄为从犯，于理不顺。”饬令臣部按本犯科条，悉心妥议。经臣部酌议条款，奏准定例，应纂辑遵行。

【1790】1.1.30.（1）（略）

【1840】○续纂

一、合伙开设窑口，并兴贩鸦片烟人犯，无论出钱多寡，以造意者为首，余俱以为从论。

臣等谨按：道光十九年（1839）五月内，大学士、军机大臣会同各衙门及臣部议复升任鸿胪寺卿黄爵滋并各省将军、都统、督抚及各科道条奏“严禁鸦片烟章程”一折内称，鸦片烟案内，合伙开设窑口，并合伙兴贩人犯，应分别首从办理，向无专条。今拟拿获鸦片烟案犯，如有合伙开设窑口，并合伙兴贩者，无论出钱多寡，以造意者为首，余俱以为从论等因具奏。奉上谕：“照所议办理，并着纂入则例，永远遵行等因。钦此。”谨纂辑专条，以资引用。

【1847】1.1.30.（2）（略）

【1870】○删除

犯罪事发在逃

律　文

【1646】1.1.30

凡二人共犯罪而有一人在逃，见获者称逃者为首，更无人证佐，则但据其所称决其从罪。后获逃者称前获之人为首，鞫问是实，还将前人依首论，通计前决之罪，以充后问之数。○若犯罪事发而在逃者，众证明白，或系为首或系为从，即同狱成，将来照提到官，止以原招决之。不须对问。仍加逃罪二等。

【1670】1.1.30（略）

***【1707】○修改**

此律拟存。

总注：此分别在逃与见获者首从之法也。证佐，谓亲见亲闻之人及见获赃物，可以为证者。凡二人共犯罪，而有一人在逃，其见获在官之人，称在逃者造意为首，更无证佐可凭，即坐见获者以为从之罪而决之。如后获在逃之犯，又称前决之人为首，鞫问得实，则将后获者坐以为从加逃走之罪，仍将先决者依为首论，贴断前罪，以充后数。贴断之法，详二罪俱发律注中。若犯罪事发在逃，而见在众犯，供证明白，则在逃者为首为从，即同狱成。将来得获，竟依原招坐罪，不须对问。盖前一节因别无证见之人，若止据见获拟首，恐后难复改，故不嫌少宽。后一节因众证业已明白，若不即成狱，恐久或规脱，故不嫌果决也。

【1725】1.1.31

律文（略）

注：此是分别在逃与见获者首从之法也。证佐，谓亲见亲闻之人及见获赃物，可以为证者。凡二人共犯罪，而有一人在逃，其见获在官之人，称逃者为首，更无证佐可凭，即坐以为从之罪。如后获在逃之犯，又称前决之人为首，鞫问得实，则将后获者坐以为从之罪，仍加逃罪二等，先决者仍依首论，贴断前罪，以充后数。若犯罪事发在逃，而见在众犯，供证明白为首为从，即同狱成。日后拿获，竟依原招加逃罪决罚，不须对问。盖前节因别无证见，若止据见获拟首，恐后难复改，故不嫌少宽。后节因众证已明，若不即同狱成，恐久或避脱，故不嫌果决。

臣等谨按：此是分别在逃与见获者首从之法也。证佐，谓亲见亲闻之人及现获赃物，可以为证者。前一节因别无证见之人，若止据见获拟首，恐后难复改，故不嫌少宽。后一节因众证业已明白，若不即成狱，恐久或避脱，故不嫌果决。

【1740】○修改

臣等谨按：事发在逃应否加罪之处，已于"犯罪自首"律下注明。则逃在未经到官之先，不应坐以逃罪之处，亦应增注此律之内。谨将增辑律注，开列于后。

【1740】1.1.31

凡二人共犯罪而有一人在逃，见获者称逃者为首，更无人证佐，则但据其所称决其从罪。后获逃者称前获之人为首，鞫问是实，还将前人依首论，通计前决之罪，以充后问之数。○若犯罪事发而在逃者，众证明白，或系为首，或系为从，即同狱成，将来照提到官，止以原招决之。不须对问。仍加逃罪二等。逃在未经到官之先者不坐。

附律条例

【1725】1.1.31.(1)

【钦定例】一、凡负罪潜逃之犯被获者，除笞、杖等罪，仍照律遵行外，犯该徒一年者,加倍徒二年;徒一年半者,徒三年;徒二年者,流二千里;徒二年半者,流二千五百里;徒三年者,流三千里;流二千里至二千五百里者,加等发边卫充军;流三千里及发边卫充军者,拟绞监候;该绞监候者立绞,该斩监候者立斩。其知情藏匿罪人者,照本犯原罪治罪,虽官员不准折赎。如窝藏之家出首,免其坐罪。本犯自行出首者,免其加罪,止照原犯之罪科断。倘窝家与本犯朋比不行出首,除本犯及窝家照定例治罪外,将该管保长、甲长、地方及知情紧邻,俱杖八十。该地方官稽查不力者,交部议处。如有属员藏匿罪人,该管上司不行纠参者,亦交部议处。

谨案:此条雍正五年(1727)定。

【1740】○修改

臣等谨按:加不至于死,乃古今之通例。今此例自徒一年以上,俱行加倍,且加至于立决者,乃一时特为加严之条。其斩、绞加为立决之处,已于雍正七年(1729)改为秋审无可宽缓者,方可改为立决。其加倍之处,已于雍正八年(1730)奉旨不许擅用在案。应删去此条,照雍正七年定例遵行。至于知情藏匿罪人,例应减罪人罪一等。例内所称照本犯原罪治罪者,系因本犯加倍,故特为加重。今本犯加重之处,既已删改,应将知情藏匿之犯,仍照律治罪。同甲邻及地方等官治罪、议处之处,并入雍正七年定例之内。谨将删并例文,开列于后。

一、凡该斩、绞之犯,事发到官,负罪潜逃被获者,如原犯情罪重大,至秋审时无可宽缓者,改为立决。若原犯情罪尚有可原,惧罪潜逃,仍照本罪拟为监候。其知情藏匿罪人者,照律治罪。知情邻、保、甲长,俱杖八十。该地方官稽查不力者,交部议处。如有属员藏匿罪人,该管上司不行纠参者,亦交部议处。

【1740】1.1.31.(1)(略)

【1788】○修并

【原例】【1740】1.1.31.(1)(略)、【1778】续纂“一、凡有关人命应拟斩、绞各犯……”条例(略)

臣等谨按:此条例内无关人命应拟死罪各犯,逃后被获,酌核情节定拟,系包首条负罪潜逃,原犯情罪重大及情尚有可原二项而言,应删并一条,以归简易。今将并辑例文,开列于后。

一、凡有关人命应拟斩、绞各犯,脱逃二三年后就获,如谋杀、故杀及拒捕杀人等类情重之犯,幸稽显戮者,各依原犯科条,应监候者俱改为立决。寻常命案,仍照本律本例拟以监候。其无关人命应拟死罪各犯,俱随案酌核情节,分别定拟。其知情藏匿罪人者,照律治罪。知情之邻、保、甲长,俱杖八十。该地方官稽查不力者,交部议处。若有属员藏匿罪人,该管上司不行纠参者,亦交部议处。

斩监候改立决条款:

谋杀人造意者;

故杀人者;

犯罪拒捕杀人者；

兴贩私盐拒捕杀人者；

军士殴本管官死者；

吏卒殴本部五六品长官及佐贰官、首领官死者；

所统属官殴长官死者；

军民人等殴死在京现任官者；

殴宗室、觉罗死者；

殴死内外缌麻尊长者；

殴外姻小功尊长死者；

听从下手殴本宗大功、小功兄姊尊长，仅令殴打，辄叠殴多伤至死者；

妻妾殴夫之期亲尊长死者；

妻妾殴夫之大功、小功尊长死者；

奴婢殴家长缌麻、小功、大功亲死者；

雇工人殴家长期亲，若外祖父母，及缌麻、小功、大功亲死者；

文武生员武断乡曲，欺压平民，其人不敢与争，旁人不敢劝阻，将人殴打死者；

与人斗殴后，迁怒于其父母，毒殴致毙者；

杀内外功服、缌麻及族中奴仆一家三人者；

尊长率领家人打夺罪人，致家人杀人者；

官司差人追征钱粮，勾摄公事，而殴死差人者；

死囚令人自杀，子孙于祖父母、父母，及奴婢、雇工人于家长，听从下手者；

图财害命，未得财杀人，为首者；

图财害命，不加功而得财者；

庸医因事故用药杀人者；

诬良为强、窃盗，拷打致死者；

诬窃为盗，拷打致毙者；

番役诬陷无辜，妄用脑箍及竹签、烙铁等刑，致毙人命者；

捕役受贿将罪人致死，为首者；

狱卒受贿谋死本犯，为首者；

私放囚人逃走，因而杀人者；

诬告平民，拖累致死三人以上者；

诬告人斩罪，所诬之人已决者；

因奸、盗而威逼人致死者；

豪强凶恶之徒，因事威逼平民自尽一家三命以上者；

用威力强行绑去及设方略诱往四川贩卖，将被拐之人伤害致死，为从者；

略卖良人，因而杀人者；

强夺良家妻女,已被奸污,妻女自尽者;

强奸既成,本妇羞忿自尽者;

强奸未遂,将本妇殴伤,越数日后因伤身死者;

强奸既成,其夫与父母、亲属羞忿自尽者;

强奸内外缌麻以上亲,及缌麻以上亲之妻、妻前夫之女、同母异父姊妹未成,本妇羞忿自尽者;

纵容妻妾与人通奸,因别情将奸夫、奸妇一齐杀死者;

坐粮厅及各仓书役人等,向关米之人勒索,因而打死人命者;

出哨兵弁,见船覆溺,阻挠不救,致淹毙人命,为首阻救之人;

出哨兵弁,遇商船遭风覆溺,人尚未死,不速救护,止顾捞抢财物,以致商民淹毙,为从之兵丁,及在船将备,虽不同谋而分赃者;

黔楚红苗仇忿抢夺杀人,聚众不及五十人为首,及聚众至百人杀人为从下手者;

贵州地方,有外来流棍,勾通本地棍徒,将荒村居住民苗人户杀害人命,掳其妇人子女,计图贩卖,不论已卖未卖、曾否出境案内,有胁迫同行在场,未经下手者;

发遣当差为奴之犯,杀死伊管主一家三人并三人以上,其不知情之子孙。

绞监候改立决条款:

诬告人绞罪,所诬之人已决者;

诬窃为盗,吓诈逼认,因而致死二命者;

捏造奸、赃款迹,写揭字帖,及编造歌谣,挟仇污蔑,致被诬之人忿激自尽者;

狱卒以金刃及他物与囚,致囚杀人者;

狱卒凌虐罪囚,克减衣粮,因而致死者;

狱卒受贿谋死本犯,为从加功者;

衙役恐吓索诈,致毙人命者;

捕役受人贿嘱,将罪人致死,从而加功者;

挟仇放火,因而杀人,及有焚压致死之为从商谋下手燃火者;

斗殴连毙二命者;

好斗凶徒,见人斗殴,辄约伙寻衅,将人父母殴毙,为从者;

因事逼迫期亲尊长致死者;

军民人等因事逼迫本管官致死,为首者;

因事威逼平民自尽一家二命及三命而非一家者;

继母因奸将前妻子女致死灭口,系奸妇起意,本夫已故,不论有无子嗣者;

喇嘛、和尚等强奸致死人命,为从者;

兵民聚众十人以下兴贩私盐,拒捕杀人,为从下手者;

黔、楚红苗仇忿抢夺,聚众至五十人,杀人为从下手者。

以上各项人犯,情罪较重,如事发在逃,二三年后被获,即改为立决。

【1790】1.1.31.(3)(略)

【1801】○修改

臣等谨按：此条系乾隆四十年(1775)，臣部议复山东巡抚杨景素审题"刨坟人犯王学孔、敖子明逃后二三年被获，将王学孔等改拟立决"一案，钦奉谕旨："嗣后问拟斩、绞监候之犯，经二三年始行就获者，何项应改立决，何项仍应监候，着刑部悉心核拟，酌定条例具奏。钦此。"经臣部酌定，斩监候改立决，如谋杀人造意等款共四十九条，绞监候改立决，如诬告人绞罪已决等款共十八条，奏准纂为条例在案。查绞监候改立决条款内，继母因奸将前妻子女致死灭口一条，于嘉庆四年(1799)，臣部奏请嗣后亲母因奸谋死子女灭口者，拟绞监候，不论其夫是否绝嗣，入于缓决，永远监禁。嫡母、嗣母、继母因奸谋杀子女灭口者，嫡母拟绞监候，嗣母、继母拟斩监候。其夫绝嗣，俱入于秋审情实；若未致绝嗣者，入于缓决，永远监禁等因具奏。奉旨："依议。钦此。"钦遵纂为专条，载入"刑律"在案。查因奸致死子女灭口，既奏明分别嫡、继、嗣母，问拟绞、斩监候，除未致绝嗣永远监禁，毋庸另议外，其致令绝嗣，应入情实之犯，如脱逃二三年被获，俱应照例改拟立决。谨于斩监候改立决条款内，添入嗣母、继母因奸将子女致死灭口，致令伊夫绝嗣一项，并将绞监候改立决条款内，"继母因奸将前妻子女致死灭口，系奸妇起意，本夫已故，不论有无子嗣者"一项，改为"嫡母因奸将子女致死灭口，致令伊夫绝嗣"等语，以便引用。谨将修改例文，开列于后。

一、凡有关人命应拟斩、绞各犯，脱逃二三年后就获，如谋杀、故杀及拒捕杀人等类情重之犯，幸稽显戮者，各依原犯科条，应监候者俱改为立决。寻常命案，仍照本律本例拟以监候。其无关人命应拟死罪各犯，俱随案酌核情节，分别定拟。其知情藏匿罪人者，照律治罪。知情之邻、保、甲长，俱杖八十。该地方官稽查不力者，交部议处。若有属员藏匿罪人，该管上司不行纠参者，亦交部议处。

斩监候改立决条款：

谋杀人造意者；

故杀人者；

犯罪拒捕杀人者；

兴贩私盐拒捕杀人者；

军士殴本管官死者；

吏卒殴本部五六品长官及佐贰官、首领官死者；

所统属官殴长官死者；

军民人等殴死在京现任官者；

殴宗室、觉罗死者；

殴死内外缌麻尊长者；

殴外姻小功尊长死者；

听从下手殴本宗大功、小功兄姊尊长，仅令殴打，辄叠殴多伤至死者；

妻妾殴夫之期亲尊长死者；

妻妾殴夫之大功、小功尊长死者；

奴婢殴家长缌麻、小功、大功亲死者；

雇工人殴家长期亲，若外祖父母，及缌麻、小功、大功亲死者；

文武生员武断乡曲，欺压平民，其人不敢与争，旁人不敢劝阻，将人殴打死者；

与人斗殴后，迁怒于其父母，毒殴致毙者；

杀内外功服、缌麻及族中奴仆一家三人者；

尊长率领家人打夺罪人，致家人杀人者；

官司差人追征钱粮，勾摄公事，而殴死差人者；

死囚令人自杀，子孙于祖父母、父母，及奴婢、雇工人于家长，听从下手者；

图财害命，未得财杀人，为首者；

图财害命，不加功而得财者；

庸医因事故用药杀人者；

诬良为强、窃盗，拷打致死者；

诬窃为盗，拷打致毙者；

番役诬陷无辜，妄用脑箍及竹签、烙铁等刑，致毙人命者；

捕役受贿将罪人致死，为首者；

狱卒受贿谋死本犯，为首者；

私放囚人逃走，因而杀人者；

诬告平民，拖累致死三人以上者；

诬告人斩罪，所诬之人已决者；

因奸、盗而威逼人致死者；

豪强凶恶之徒，因事威逼平民自尽一家三命以上者；

用威力强行绑去及设方略诱往四川贩卖，将被拐之人伤害致死，为从者；

略卖良人，因而杀人者；

强夺良家妻女，已被奸污，妻女自尽者；

强奸既成，本妇羞忿自尽者；

强奸未遂，将本妇殴伤，越数日后因伤身死者；

强奸既成，其夫与父母、亲属羞忿自尽者；

强奸内外缌麻以上亲，及缌麻以上亲之妻、妻前夫之女、同母异父姊妹未成，本妇羞忿自尽者；

纵容妻妾与人通奸，因别情将奸夫、奸妇一齐杀死者；

坐粮厅及各仓书役人等，向关米之人勒索，因而打死人命者；

出哨兵弁，见船覆溺，阻挠不救，致淹毙人命，为首阻救之人；

出哨兵弁，遇商船遭风覆溺，人尚未死，不速救护，止顾捞抢财物，以致商民淹毙，为从之兵丁，及在船将备，虽不同谋而分赃者；

黔、楚红苗仇忿抢夺杀人，聚众不及五十人为首，及聚众至百人杀人为从下手者；

贵州地方，有外来流棍，勾通本地棍徒，将荒村居住民苗人户杀害人命，掳其妇人子女，计图贩卖，不论已卖未卖、曾否出境案内，有胁迫同行在场，未经下手者；

发遣当差为奴之犯，杀死伊管主一家三人并三人以上，其不知情之子孙；

嗣母、继母因奸将子女致死灭口，致令伊夫绝嗣者。

绞监候改立决条款：

诬告人绞罪，所诬之人已决者；

诬窃为盗，吓诈逼认，因而致死二命者；

捏造奸、赃款迹，写揭字帖，及编造歌谣，挟仇污蔑，致被诬之人忿激自尽者；

狱卒以金刃及他物与囚，致囚杀人者；

狱卒凌虐罪囚，克减衣粮，因而致死者；

狱卒受贿谋死本犯，为从加功者；

衙役恐吓索诈，致毙人命者；

捕役受人贿嘱，将罪人致死，从而加功者；

挟仇放火，因而杀人，及有焚压致死之为从商谋下手燃火者；

斗殴连毙二命者；

好斗凶徒，见人斗殴，辄约伙寻衅，将人父母殴毙，为从者；

因事逼迫期亲尊长致死者；

军民人等因事逼迫本管官致死，为首者；

因事威逼平民自尽一家二命及三命而非一家者；

嫡母因奸将子女致死灭口，致令伊夫绝嗣者；

喇嘛、和尚等强奸致死人命，为从者；

兵民聚众十人以下兴贩私盐，拒捕杀人，为从下手者；

黔楚红苗仇忿抢夺，聚众至五十人，杀人为从下手者。

以上各项人犯，情罪较重，如事发在逃，二三年后被获，即改为立决。

【1802】1.1.31.(5)(略)

【1825】1.1.31.(4)(略)

【1847】1.1.31.(3)(略)

【1725】1.1.31.(2)

【钦定例】一、凡免死发遣奉天、黑龙江、宁古塔、西安、荆州、杭州、成都等处人犯在逃潜匿者，被获之日，照例于发遣处即行正法。其平常发遣人犯逃走后，有行凶为非者，亦照例于发遣处即行正法。如无行凶为非之事，于发遣处枷号两个月、鞭一百,仍交与该管处严行管束。若各该处旗下家人私自逃走者,加逃罪一等治罪。有为非之处,从重归结。各该将军仍将发遣人犯并旗下家人私自逃走者,俱照例每月造册咨部,年底汇奏。刑部会同兵部复核,将已获几名、未获几名,或并无脱逃,或脱逃后尽数全获,逐一分晰具题,恭候钦定赏罚施行。

谨案:此条系雍正五年(1727)定。

【1740】○修改

臣等谨按:此条内免死遣犯在逃潜匿即行正法之处,已于乾隆元年(1736)改为审明有无为匪,分别正法、枷号。其平常遣犯逃后为匪即行正法之处,已于乾隆元年改为按其现犯之罪,分别定拟。其在发遣处正法之处,已于雍正十二年(1734)改为被获处正法,俱经准行在案,应删。至于各该将军将脱逃遣犯年底汇奏之处,与雍正七年(1729)议准各该将军派委专员缉拿逃犯分别议处议叙年底汇奏之例,事同一例,应并为一条,以便遵行。谨将删并例文,开列于后。

一、各处将军,每年派官二员、骁骑校二员,带领领催、兵丁专缉逃人。除明知故纵、受贿卖放者,交部治罪外,其不实力缉拿者,另委能员追缉。仍将发遣人犯,并八旗家人私自逃走者,每月造册报部。每于岁底,将已获几名、未获几名,或并无脱逃,或脱逃后尽数全获,应行议处、议叙之处,逐一分析,汇行具奏。刑部会同兵部核复具题,恭候钦定。

谨案:此条乾隆五年改定。嘉庆六年于逐一分析下。改咨报军机处兵刑二部。均限于十二月初旬咨齐。以凭核覆具题。恭候钦定。

【1740】1.1.31.(2)(略)

【1790】1.1.31.(1)(略)

【1801】○修改

臣等谨按:缉拿逃犯议处、议叙,汇行具奏,系雍正七年(1729)定例。嗣于乾隆五十九年(1794)正月初七日钦奉上谕:"向来各省汇奏各项遣犯有无脱逃、已未拿获,系于年终汇查具奏,次年正月始行奏到。该部照例核议至四五月中,再由军机处与汇奏各款一并查核。但此等照例汇办事件,陆续奏到,参差不一,办理未归简易,转致案牍繁多,不能明晰。且军机处须至次年夏季交查该部汇核具奏,阅时既久,亦恐不无遗漏。嗣后各省汇查遣犯,毋庸陆续具奏,着于每年十月截数,咨报军机处、刑部。均限十二月初间咨齐,即由军机大臣会同该部汇开清单,于年底先行具奏。仍交部分别核议,照例具题。庶办理不致迟延,查核更为周密。至此外每年汇奏各款,均着照此办理。钦此。"钦遵在案。此条汇行具奏之处,应行修改。谨将修改例文,开列于后。

一、各处将军,每年派官二员、骁骑校二员,带领领催、兵丁,专缉逃人。除明知故纵、受贿卖放者,交部治罪外,其不实力缉拿者,另委能员追缉。仍将发遣人犯,并八旗家人私自逃走者,每月造册报部。每年十月截数,将已获若干名、未获若干名,或并无脱逃,或脱逃后尽数全获,及应行议处、议叙之处,逐一分晰,咨报军机处、兵刑二部。均限于十二月初旬咨齐,以凭核复具题,恭候钦定。

【1802】1.1.31.(1)(略)

【1740】○增入

一、免死减等发遣人犯,如不服伊主管束,脱逃后,复犯行凶为匪者,照原犯死罪即行正法。如非不服伊主管束,或因觅食,或因思亲等事潜逃,并无行凶为匪之处,递回发遣处枷号三个月、鞭一百。其平常发遣人犯,如逃走后,复行凶为匪,即照现在所犯定拟。如犯该斩候者改为立斩,犯该绞候者改为立绞,犯该军、流、发遣者改为绞监候,犯该徒罪者递回发遣处枷号三个月,罪止笞、杖者递回发遣处枷号两个月;并无行凶为匪者,递回发遣处枷号一个月,俱鞭一百。其例应立决者,拿获之日,令该地方官审明该犯原犯情罪、逃走年月,并分给为奴之旗色、佐领及伊主姓名,照例定拟,详报督抚具题。该部逐一查核确实,会议题复,将该犯即在拿获地方正法。仍行文发遣处,出示晓谕。

臣等谨按:此条系雍正十二年(1734)、乾隆元年(1736)定例,原系三条。因事同一律,今删并为一条。再查平常发遣人犯内,原议徒、流以上,均改绞监候,似无轻重差等,今分别递改,纂为定例,以便引用。

【1740】1.1.31.(3)(略)

【1788】○移并

【原例】【1740】1.1.31.(3)(略)

*刑律·捕亡·徒流人逃

【1740】6.27.390.(2)一、凡发遣黑龙江、宁古塔等处人犯逃走,若拿获时有拒捕者,查明该犯系免死减等发遣,或系平常发遣人犯,各照逃走后复行凶为匪例分别定拟。

臣等谨按:以上二条,俱系发遣人犯脱逃后有无行凶为匪,及拿获时拒捕分别治罪之例。首条载在"犯罪事发在逃"门内,义例未符,自应与后条并纂一例,归入"徒流人逃"门内,以昭明切而便检阅。今将移并例文,开列于后。

一、免死减等发遣人犯,如不服伊主管束,脱逃后,复犯行凶为匪,及拿获时有拒捕者,照原犯死罪即行正法。如非不服伊主管束,或因思家,或因力难受苦,乘间潜逃,并无行凶为匪、拒捕之处,递回发遣处枷号三个月、鞭一百。其非免死减等,系平常发遣人犯,如逃走后,复行凶为匪,并拿获时拒捕者,即照现在所犯定拟。如犯该斩候者,改为立斩;犯该绞候者,改为立绞;犯该军、流、发遣者,改为绞监候。犯该徒罪者,递回发遣处,枷号三个月;罪止笞、杖者,递回发遣处,枷号二个月;并无行凶为匪,亦无拒捕者,递回发遣处,枷号一个月,俱鞭一百。其例应立决者,拿获之日,令该地方官审明该犯原犯情罪、逃走年月,并分给为奴之旗分、佐领及伊主姓名,照例定拟,详报督抚具题。刑部逐一查核确实,会议题复,将该犯即在拿获地方正法。仍行文发遣处,出示晓谕。

*刑律·捕亡·徒流人逃【1790】6.27.390.(18)(略)

【1767】○续纂

一、内外文武职官负罪逃窜,一经拿获,除罪应斩决、绞决者,毋庸另议外,其犯该监候者,俱改为立决;犯该军、流以下者,无论本罪轻重,一经脱逃被获,俱改为拟绞监候,秋审时,将原犯情罪声明具奏。

臣等谨按:此条系乾隆二十八年(1763)四月,臣部核拟参革卫千总朱振清脱逃案内钦奉谕旨奏准,并乾隆三十年(1765)十月,臣部核拟台湾水师营委署把总李丹桂案内附请定例,应并纂为一条,以便遵行。

【1768】1.1.31.(4)(略)

【1790】1.1.31.(2)(略)

【1801】○修改

臣等谨按:此条系乾隆二十八年(1763),臣部核复参革千总朱振清侵用旗丁银米畏罪脱逃案内,将朱振清依平人犯罪脱逃例,于本罪加二等定案,钦奉上谕:"嗣后职官犯罪脱逃,应如何准情定律,比平人加重治罪之处,该部详晰定拟具奏。钦此。"经臣部议定此例,奏准遵行。细绎例意,原指现任职官畏罪脱逃而言。乾隆六十年(1795)署两江总督苏凌阿"审拟在籍刑部郎中李容砍死伊妻杨氏脱逃被获,将李容拟绞监候,奏请即行正法"折内,钦奉上谕:"李容负罪潜逃,究非现任,止须照例问拟绞候,已足蔽辜,何必遽请即行正法。钦此。"将李容改为拟绞监候在案。应于例内增入"现任"二字,以昭明晰。谨将修改例文,开列于后。

一、内外现任文武职官负罪逃窜,一经拿获,除罪应斩决、绞决者,毋庸另议外,其犯该监候者,俱改为立决;犯该军、流以下者,无论本罪轻重,一经脱逃被获,俱改为拟绞监候,秋审时,将原犯情罪声明具奏。

【1802】1.1.31.(2)(略)

【1810】○修改

臣等谨按:嘉庆十三年(1808)闰五月内,臣部奏请嗣后除职官负罪潜逃,并擅离职役,查明尚非实在逃走者,仍各照本律本例分别办理外,其内外文武现任职官,无故私自逃走被获者,发往黑龙江当差一年。限内自行投回,减一等,杖一百、徒三年,仍先枷号两个月。逾限投回,不准减等等因,奏准在案。应请于例内添纂,以便引用。谨将修改例文,开列于后。

一、内外现任文武职官,除擅离职役,查明尚非实在脱逃者,仍照本律办理外,如负罪潜逃,一经拿获,罪应斩决、绞决者,毋庸另议。其犯该监候者,俱改为立决;犯该军、流以下者,无论本罪轻重,一经脱逃被获,俱改为拟绞监候,秋审时,将原犯情罪声明具奏。如无故私自逃走被获者,发往黑龙江当差。一年限内自行投回,减一等,杖一百、徒三年,加枷号两个月。逾限投回,不准减等。

【1825】1.1.31.(5)(略)

【1847】1.1.31.(4)(略)

【1778】○续纂

一、凡有关人命应拟斩、绞各犯，脱逃二三年后就获，如谋杀、故杀及拒捕杀人等类情重之犯，幸稽显戮者，各依原犯科条，应监候者俱改为立决。寻常命案，仍照本律本例拟以监候。其无关人命应拟死罪各犯，俱随案酌核情节，分别定拟。

斩监候改立决条款：

谋杀人造意者；

故杀人者；

犯罪拒捕杀人者；

兴贩私盐拒捕杀人者；

军士殴本管官死者；

吏卒殴本部五六品长官及佐贰官、首领官死者；

所统属官殴长官死者；

军民人等殴死在京现任官者；

殴宗室、觉罗死者；

殴死内外缌麻尊长者；

殴外姻小功尊长死者；

听从下手殴本宗大功、小功兄姊尊长，仅令殴打，辄叠殴多伤至死者；

妻妾殴夫之期亲尊长死者；

妻妾殴夫之大功、小功尊长死者；

奴婢殴家长缌麻、小功、大功亲死者；

雇工人殴家长期亲，若外祖父母，及缌麻、小功、大功亲死者；

文武生员武断乡曲，欺压平民，其人不敢与争，旁人不敢劝阻，将人殴打死者；

与人斗殴后，迁怒于其父母，毒殴致毙者；

杀内外功服、缌麻及族中奴仆一家三人者；

尊长率领家人打夺罪人，致家人杀人者；

官司差人追征钱粮，勾摄公事，而殴死差人者；

死因令人自杀，子孙于祖父母、父母，及奴婢、雇工人于家长，听从下手者；

图财害命，未得财杀人，为首者；

图财害命，不加功而得财者；

庸医因事故用药杀人者；

诬良为强、窃盗，拷打致死者；

诬窃为盗，拷打致毙者；

番役诬陷无辜，妄用脑箍及竹签、烙铁等刑，致毙人命者；

捕役受贿将罪人致死，为首者；

狱卒受贿谋死本犯，为首者；

私放囚人逃走,因而杀人者;
诬告平民,拖累致死三人以上者;
诬告人斩罪,所诬之人已决者;
因奸、盗而威逼人致死者;
豪强凶恶之徒,因事威逼平民自尽一家三命以上者;
用威力强行绑去及设方略诱往四川贩卖,将被拐之人伤害致死,为从者;
略卖良人,因而杀人者;
强夺良家妻女,已被奸污,妻女自尽者;
强奸既成,本妇羞忿自尽者;
强奸未遂,将本妇殴伤,越数日后因伤身死者;
强奸既成,其夫与父母、亲属羞忿自尽者;
强奸内外缌麻以上亲,及缌麻以上亲之妻、妻前夫之女、同母异父姊妹未成,本妇羞忿自尽者;
纵容妻妾与人通奸,因别情将奸夫、奸妇一齐杀死者;
坐粮厅及各仓书役人等,向关米之人勒索,因而打死人命者;
出哨兵弁,见船覆溺,阻挠不救,致淹毙人命,为首阻救之人;
出哨兵弁,遇商船遭风覆溺,人尚未死,不速救护,止顾捞抢财物,以致商民淹毙,为从之兵丁,及在船将备,虽不同谋而分赃者;
黔楚红苗仇忿抢夺杀人,聚众不及五十人为首,及聚众至百人杀人为从下手者;
贵州地方,有外来流棍,勾通本地棍徒,将荒村居住民苗人户杀害人命,掳其妇人子女,计图贩卖,不论已卖未卖、曾否出境案内,有胁迫同行在场,未经下手者;
发遣当差为奴之犯,杀死伊管主一家三人并三人以上,其不知情之子孙。
绞监候改立决条款:
诬告人绞罪,所诬之人已决者;
诬窃为盗,吓诈逼认,因而致死二命者;
捏造奸、赃款迹,写揭字帖,及编造歌谣,挟仇污蔑,致被诬之人忿激自尽者;
狱卒以金刃及他物与囚,致囚杀人者;
狱卒凌虐罪囚,克减衣粮,因而致死者;
狱卒受贿谋死本犯,为从加功者;
衙役恐吓索诈,致毙人命者;
捕役受人贿嘱,将罪人致死,从而加功者;
挟仇放火,因而杀人,及有焚压致死之为从商谋下手燃火者;
斗殴连毙二命者;
好斗凶徒,见人斗殴,辄约伙寻衅,将人父母殴毙,为从者;

因事逼迫期亲尊长致死者；

军民人等因事逼迫本管官致死，为首者；

因事威逼平民自尽一家二命及三命而非一家者；

继母因奸将前妻子女致死灭口，系奸妇起意，本夫已故，不论有无子嗣者；

喇嘛、和尚等强奸致死人命，为从者；

兵民聚众十人以下兴贩私盐，拒捕杀人，为从下手者；

黔楚红苗仇忿抢夺，聚众至五十人，杀人为从下手者。

臣等谨按：此条系乾隆四十年（1775）六月内，臣部议复山东巡抚杨景素审题“刨坟人犯王学孔、敖子明逃后二三年被获，将王学孔等改拟立决”一案，钦奉谕旨：“凡有重罪应入情实人犯，二三年后就获，应改立决，原指谋、故杀等犯，情罪重大者而言。此等刨坟人犯，无人命可偿，入于本年情实足矣，有何不可待而改为立决乎？嗣后何项应改立决，着刑部悉心核拟，酌定条例具奏。”经臣部酌核科条，奏准定例，应纂辑遵行。并将应改立决条款，开列于后。

【1788】〇修并

见【1740】1.1.31.(1)条下【1788】修并项。

【1801】〇续纂

一、办理抢夺及拒捕，并共殴、窃盗等案，现获之犯称逃者为首，如现获多于逸犯，供证确凿，以及逸犯虽多，而现获二三人，系先后拿获，或虽同时并获，经隔别研讯，实系逃者为首，或事主、尸亲、旁人指证有据者，即依律先决从罪，毋庸监候待质。若案内人数众多，仅获一二名，无事主、尸亲、证佐指认者，将现获之犯，按例拟罪监禁，俟逸犯就获后，质讯明确，定地起解。

臣等谨按：嘉庆元年（1796）正月二十九日，钦奉上谕：“广东巡抚朱珪奏‘审拟李达洪等纠众抢夺，拒伤事主’一案。向来各省遇有纠众抢夺及同谋共殴等案，于获犯后，如遇首犯在逃者，俱系先将为从各犯，按例拟结发落。其为首之犯，于获日另结。但伙众之案，人数众多，各犯到案后，明知起意为首，及动手伤人，罪所不赦，恃有在逃之人，往往推诿卸罪，避重就轻。及至逸犯就获，而已结之案业经流、徒，又无从到案质讯，殊非核实定谳之道。嗣后各省办理此等案件，于获犯审讯时，如遇首犯在逃，即将从犯按例拟罪监禁。俟逸犯就获后，质讯明确，再行定地起解。如此办理，庶凶徒无从狡展，而案情不致枉纵。该部知道。钦此。”钦遵在案。臣等恭绎谕旨，因抢夺、共殴案内，先获各犯，恃有在逃之犯未获，旁无证据，借词图脱重罪，是以监候待质，以杜狡展之渐。臣部以窃盗与抢夺同类，凡办理窃案，及拒捕案内，先获从犯，亦遵照谕旨，一体办理。惟查案情轻重不一，如赃证确凿，毫无疑窦者，自可毋庸监禁，以清囹圄。臣部自奉旨以后，办理抢夺及拒捕，并共殴、窃盗，先获从犯之案，如获犯多于逃犯，供证确凿，以及逸犯虽多，而现获二三人系先后拿获，或虽同时并获，经隔别研讯，佥称实系在逃为首，或经事主、尸亲指认，或有旁人质证，无虑狡赖者，仍照例先决从罪。若案内人数众多，仅获一二名，无事主、尸亲、证佐指认者，钦遵谕旨，将现获各犯监候待质，以昭慎重等因在案。应纂辑为例，以便遵行。

【1802】1.1.31.(3)(略)

【1814】○修并

【原例】【1802】1.1.31.(3)(略)

＊刑律·断狱·淹禁【1802】6.28.397.(3)(略)

臣等谨按:嘉庆十九年(1814)十一月内,臣部汇奏"监候待质人犯死罪与遣、军、流、徒、杖罪,宜分别办理,以归核实"折内声称,查例载"人命、抢窃等案,有正犯未获,其现获从犯,例应发遣、军、流、徒、杖等罪,因赃证未明,监候待质。如遣、军、流罪已过十年,徒罪已过五年,杖罪已过三年,查明照原拟罪名发配、释放"等语,是例内既逐项指明遣、军、流、徒、杖罪监禁年限,分别发配、释放,则死罪人犯不在盗候待质之例。盖此等人犯应情实者,既不能以余犯未获,将该犯日久稽诛;应缓决者,监禁在狱,另犯到案,不难提质办理。迨缓决三次减等后,仍应照军、流人犯待质十年之例,查明核办。如以监候待质,不入秋审办理,则减发无期,必至淹毙囹圄。是以近年各省常有将死罪人犯声请监候待质之案,屡经臣部行令入于秋审办理。惟例无明文,恐各省仍行沿误。议请嗣后凡人命、抢窃等案为从应拟死罪人犯,如有正犯在逃未获,现犯系情实人犯,即按例拟罪,入于秋审办理,毋庸监候待质。其应缓决者,亦应入于秋审办理。俟查办减等时,如系应行减等人犯,即照所减之遣、军、流罪监禁待质之例,限满后,犯无弋获,按例分别发配,或限内遇赦累减,再照所递减罪名,按限查办。情实未勾者,俟改入缓决准减之后,一例办理等因奏准,通行在案,自应纂辑专条。再查原例二条,均系分别监候待质之例,一载于"名例·犯罪事发在逃"门内,一载于"断狱·淹禁"门内。一事而分载两门,诚恐翻阅难周,引断转致错误,应请移并一条,同续纂一条,均载于"犯罪事发在逃"门内,以归简易,而便引用。谨将移并、续纂例文,开列于后。

【修并】一、人命、抢窃及拒捕、共殴等案,正犯在逃未获,案内牵连余犯,审系无干,即行省释,不准滥行监候待质。若现获之犯,称逃者为首,如现获多于逸犯,供证确凿,以及逸犯虽多,而现获之犯,系先后拿获,或虽同时并获,经隔别研讯,实系逃者为首,或事主、尸亲、旁人指证有据者,即依律先决从罪,毋庸监候待质。若案内人数众多,仅获一二名,无事主、尸亲、证佐指认者,将现获之犯,按例拟罪监禁。俟逸犯就获后,质讯明确,定地起解。倘正犯日久无获,为从监候待质人犯,除强盗案件不应宽释外,其余人命等案,如原拟遣、军、流罪已过十年,徒罪已过五年,杖罪已过三年者,该督抚陆续查明,咨部核复。应遣、军、流、徒者,照原拟罪名,即行发配;应杖罪者,取具的保释放在外,俟缉获正犯之日,再行质审。倘杖罪人犯释放后,私自逃匿,保人照不应轻律笞四十;本犯获日,照原拟杖罪加枷号一个月发落。若监候年限内,恭遇恩赦,如在逃本犯拿获时,例得减免者,待质之犯,准其即行查办省释。

【续纂】【1825】1.1.31.(3)(略)

【1825】1.1.31.(6)(略)

【1835】○修改

臣等谨按:道光十三年(1833)十二月间,臣部议复调任河南道监察御史许球奏"外省州县玩视监狱，淹禁人犯”折内，以监禁待质人犯，原拟杖罪，限三年释放；原拟徒罪，及遣、军、流罪，限五年及十年发配，例内均有明文。惟并未拟定罪名监禁待质者，例无省释限期。伏思无罪人犯，原不准滥行监禁。然亦有所避之罪，关系重大，而又旁无指证，定案时，碍难据一面之词，遽予断结，势不能不酌令监禁待质者。迨监禁之后，各省往往拘泥例无省释限期，不予查办，致令拘系终身。是同一监禁待质，而无罪之人，较之有罪之人，办理转重，似于情法不得其平。议请嗣后监禁待质人犯内，如有结案时并未拟定罪名者，准其照杖罪人犯监禁已过三年取保释放之例，酌减为监禁已过二年，取具的保释放等因，奏准通行，遵照在案。再查无罪之人，监禁期满保释后，倘有私自逃匿者，本犯及保人亦应酌拟杖责，应于例内一并添纂明晰，以资引用。谨将修改例文，开列于后。

一、人命、抢窃及拒捕、共殴等案，正犯在逃未获，案内牵连余犯，审系无干，即行省释，不准滥行监候待质。若现获之犯，称逃者为首，如现获多于逸犯，供证确凿，以及逸犯虽多，而现获之犯，系先后拿获，或虽同时并获，经隔别研讯，实系逃者为首，或事主、尸亲、旁人指证有据者，即依律先决从罪，毋庸监候待质。若案内人数众多，仅获一二名，无事主、尸亲、证佐指认者，将现获之犯，按例拟罪监禁，俟逸犯就获后，质讯明确，定地起解。倘正犯日久无获，为从监候待质人犯，除强盗案件不应宽释外，其余人命等案，如原拟遣、军、流罪已过十年，徒罪已过五年，杖罪已过三年，并未拟定罪名之人已过二年者，该督抚陆续查明咨部核复。应遣、军、流、徒者，照原拟罪名，即行发配；应杖罪，及并未拟定罪名之人，取具的保释放在外，俟缉获正犯之日，再行质审。倘释放后私自逃匿，保人各照不应轻律笞四十。本犯获日，杖罪人犯，照原拟杖罪加枷号一个月；并未拟定罪名之人，照不应重律杖八十。若监候年限内，恭遇恩赦，如在逃本犯拿获时例得减免者，待质之犯，准其即行查办省释。

【1847】1.1.31.(6)(略)

【1814】○续纂

一、内外问刑衙门审办案件，除本犯事发在逃，众证明白，仍照律即同狱成外，如犯未逃走，鞫狱官详别讯问，务得输服供词，毋得节引众证明白即同狱成之律，遽请定案。其有实在刁健，坚不承招者，即具众证情状，奏请定夺，不得率行咨结。

臣等谨按：嘉庆十五年(1810)十二月内，臣部议复原任山东巡抚吉纶审奏“巨野县民人姚文珂捏控伊堂伯知府姚鸣庭等，私拆姚学瑛入官房墙，侵占地基”一案。据该抚奏称，此案屡经质讯，姚鸣庭并无拆毁姚学瑛入官房墙之处，房屋间数有原抄册底可查，地址界限现经两次委员逐细勘明，又据众供确凿，其为姚文珂挟嫌诬告无疑。该犯明知罪应坐诬，尚狡展不服，总图延案拖累，实属刁健。今案已审明，未便因犯供狡执，久悬不结，自应照勘文并众供定断，将姚文珂依诬告律拟徒等因。经臣部查，众证明白即同狱成之律，系专指本犯事发在逃，各供俱已吻合，案情毫无疑窦者而言。若本犯业已到案，即应摘奸雪枉，取具输服供词，俾成信谳，不得滥引此律。诚以狱期明决，固不可任黠辩以长刁风，而讼贵得情，尤不可借武断以成文。致近来各省问刑衙门审办案件，往往因本犯未肯输服,转删犯罪事发在逃律文,牵引众证明白即同狱成之条,声请定案者,不惟断章取义,引律已失本意。并恐弥缝组织众证,亦非真供,因此旋结旋翻,讦讼不休。既不能折服其心,又何能箝制其口,殊非慎重刑章之道。应请敕下内外问刑衙门,嗣后除本犯事发在逃,实系众证明白,毫无疑窦者,仍照狱成之律办理外,如案犯并未在逃,查系犯供未能输服,自应设法研求,秉公鞫讯,务期案无遁情,犯无逸口。毋得节删"犯罪事发在逃"律文,牵引众证明白即同狱成之条。庶律不混淆,而案归核实。设遇实在刁健之徒,如罪犯重大,坚不成招,妄冀拖延,亦应奏请定夺,不得率行咨部完结等因奏准,通行在案。应纂辑为例,以便遵行。

【1825】1.1.31.(2)(略)

【1835】○修改

臣等谨按:道光十年(1830)八月内,据升任江苏巡抚陶澍咨,顾吴氏屡次遣子顾怀瑾,京控颜鸣扬包娼、纠抢等情,审系虚诬。该氏一味狡执,坚不承招。审将顾怀瑾依不应重律,杖八十。声明寻常细故,无关罪名轻重出入,众证已明,仅一原告逞刁狡执,不肯输服。此等案情,若皆纷纷入奏,未免烦琐,似可就案咨结,以归简便等因。经臣部查实,在刁健坚不承招奏请定夺之例,原不分罪名之轻重。该今省顾吴氏一案,既因罪止杖、笞,照众供咨结,恐各省办理此等案件,或咨或奏,未能画一。酌议嗣后各省审理实在刁健坚不承招之案,如犯该徒以上者,仍照例奏请定夺。其罪应杖、笞以下,除本应具奏之案,仍照例奏请外,其余寻常咨行事件,如果讯无屈抑,经该督抚亲提审究,实系逞刁狡执,意存拖累者,即据众证情状,咨部完结等因,通行各省在案。应于例内添纂明晰,以资引用。谨将修改例文,开列于后。

一、内外问刑衙门审办案件,除本犯事发在逃,众证明白,照律即同狱成外,如犯未逃走,鞫狱官详别讯问,务得输服供词,毋得节引众证明白即同狱成之律,遽请定案。其有实在刁健,坚不承招者,如犯该徒罪以上,仍具众证情状,奏请定夺,不得率行咨结。杖、笞以下,系本应具奏之案,照例奏请。其寻常咨行事件,如果讯无屈抑,经该督抚亲提审究,实系逞刁狡执,意存拖累者,即具众证情状,咨部完结。

【1847】1.1.31.(5)(略)

【1814】○续纂

一、凡人命、抢窃等案,正犯在逃未获,为从应斩、绞监候人犯,按例拟罪,入于秋审,分别情实、缓决办理,毋庸监候待质。应缓决者,俟查办减等时,如系应行减等人犯,即照所减之遣、军、流罪,按定例限监禁待质。十年限满,正犯无获,照例分别发配。或限内遇赦累减,再照所递减罪名,按限查办。情实未勾者,亦俟改入缓决准减之后,一例办理。

按语,见【1814】修并项下按语。

【1825】1.1.31.(3)(略)

【1845】1.1.31.(2)(略)

亲属相为容隐

律 文

【1646】1.1.31

凡同居，同谓同财共居亲属，不限籍之同异，虽无服者亦是。若大功以上亲，谓另居大功以上亲属，系服重。及外祖父母、外孙、妻之父母、女婿，若孙之妇、夫之兄弟，及兄弟妻，系恩重。有罪彼此得相为容隐。奴婢、雇工人义重。为家长隐者，皆勿论。○若漏泄其事，及通报消息，致令罪人隐匿逃避者，以其于法得相容隐，亦不坐。谓有得相容隐之亲属犯罪，官司追捕，因而漏泄其事，及暗地通报消息与罪人，使令隐避逃走，故亦不坐。○其小功以下相容隐，及漏泄其事者，减凡人三等；无服之亲，减一等。谓另居小功以下亲属。○若犯谋叛以上者，不用此律。谓虽有服亲属，犯谋反、谋大逆、谋叛，但容隐不首者，依律科罪，故云不用此律。○家长不得为奴婢、雇工人隐者，义当治其罪也。

【1670】1.1.31（略）

＊**【1707】○仍旧**

此律拟存。

此寓情于法，使恩义不相妨也。“刑律·知情藏匿”条，凡容隐、漏泄，及指引、资给，致令罪人隐匿、逃避者，减罪人罪一等，盖指凡人而言。此则亲族容隐，皆得免罪，所以重人伦、厚风俗也。凡得相容隐之法，先论其情之亲疏，再论其服之轻重。同财共居之亲属，不论籍之同异、服之有无，皆情之最亲者也。若大功以上之亲属，又服之重者也。外祖父母、外孙、妻之父母、女婿，若孙之妇、夫之兄弟及兄弟妻，则服轻而情亲者也。彼此犯罪，皆得相为容隐。其奴婢、雇工人之于家长，以恩义相联属。故家长有犯，而奴婢、雇工人为之容隐，无分同居另居，皆得勿论。然奴婢、雇工人可为家长隐，而家长不可为奴婢、雇工人隐。《唐律疏议》所谓“部曲、奴婢，主不为隐，听为主隐”是也。夫事未发之先，既许其相为容隐矣，则事发之后，虽官司拘捕而漏泄、通报，致其逃避者，亦皆不坐。其他另居亲属，小功以下，恩义渐杀，有相容隐及漏泄者，比凡人减三等；无服之亲，减一等。凡此皆权恩义之中，而教人以亲睦之道也。若犯谋叛以上，则不问同居另居、有服无服，但有容隐、漏泄者，依本条科罪，不用此律。盖所犯既重，则大义灭亲，止准首告而不得相为容隐也。

按：“刑律”“劫囚”条，私窃放囚逃走，虽有服亲属，与常人同；“与囚金刃解脱”条，以解脱之物与囚，系子孙、奴婢、雇工人，亦止减狱卒一等，与此律有异。盖官司未经拘执，得以恩掩义，而拘执在官，即当以义断恩故也。

【1725】○修改

【1725】1.1.32

凡同居，同谓同财共居亲属，不限籍之同异，虽无服者亦是。若大功以上亲，谓另居大功以上亲属，系服重。及外祖父母、外孙、妻之父母、女婿，若孙之妇、夫之兄弟，及兄弟妻，系恩重。有罪彼此得相为容隐。奴婢、雇工人义重。为家长隐者，皆勿论。家长不得为奴婢、雇工人隐者，义当治其罪也。○若漏泄其事，及通报消息，致令罪人隐匿逃避者,以其于法得相容隐,亦不坐。谓有得相容隐之亲属犯罪,官司追捕,因而漏泄其事,及暗地通报消息与罪人,使令隐避逃走,故亦不坐。○其小功以下相容隐,及漏泄其事者,减凡人三等;无服之亲,减一等。谓另居小功以下亲属。○若犯谋叛以上者,不用此律。谓虽有服亲属,犯谋反、谋大逆、谋叛,但容隐不首者,依律科罪,故云不用此律。

注:此是寓情于法,使恩义不相妨也。"刑律·知情藏匿罪人"条内,凡容隐、漏泄,及指引、资给,致令罪人隐匿、逃避者,减罪人罪一等,盖指凡人而言。此则亲族容隐,皆得免罪,所以重人伦、厚风俗也。凡得相容隐之法,先论其情之亲疏,再论其服之轻重。同财共居之亲属,皆情之最亲者也。大功以上之亲属,服之重者也。外祖父母等,又服轻而情亲者也。彼此犯罪,皆得相为容隐。其奴婢、雇工人,于家长以恩义相联属,故无论同居另居,皆得为之容隐。然奴婢、雇工人可为家长隐,而家长不可为奴婢、雇工人隐。《唐律疏议》所谓"部曲、奴婢,主不为隐,听为主隐"是也。夫事未发之先,既许其相为容隐,则事发之后,虽官司拘捕,而漏泄、通报,致其逃避者,亦皆不坐。其他另居亲属,小功以下,恩义渐杀,有相容隐及漏泄者,比凡人减三等;无服之亲,减一等。凡此皆权恩义之中,而教人以亲睦之道也。若犯谋叛以上,则大义灭亲,不问同居另居、有服无服,但有容隐、漏泄者,依本条科罪,不用此律。再"刑律""劫囚"条,私窃放囚逃走,虽有服亲属,与常人同;"与囚金刃解脱"条,以解脱之物与囚,系子孙、奴婢、雇工人,亦止减狱卒一等,与此律有异。盖官司未经拘执,得以恩掩义,而拘执在官,即当以义断恩故也。

臣等谨按(按语与律后总注同,略)。

【1740】1.1.32(略)

附律条例

【1795】○续纂

一、父为母所杀,其子隐忍,于破案后始行供明者,照不应重律杖八十。如经官审讯,犹复隐忍不言者,照违制律杖一百。若母为父所杀,其子仍听依律容隐免科。

臣等谨按:乾隆五十三年(1788)十一月,臣部题复"四川省民妇冯龚氏殴伤伊夫冯青身死,依律斩决"案内,其子冯克应因赴前途点火,不知父母争殴情事,请免置议等因,奉旨:"刑部题复'四川省冯龚氏殴伤伊夫冯青身死,将冯龚氏问拟斩决'一本,冯龚氏着即处斩。至此案冯青之子冯克应,于伊母冯龚氏在途,殴伤冯青殒命时,因取火转回瞥见,当即哭喊,龚氏吓勿声张,令其一同潜逃。该部以冯克应业经该督审明,不知父母争殴,是以未及往救,请免置议。人子之于父母,原有容隐之例。但父之于母尊,亲虽属相等,然父为子纲,夫为妻纲,《礼经》有'母出与庙绝'之文,是人子之于父母恩同而分则有间。设为人子者,遇有其父殴母致死之事,自当隐忍不言,原可免其科罪。若其父被母殴死,即迫于母命,当时未敢声张,至经官审讯时,自应据实诉出,方为处人伦之变而不失其正。此等纲常大义,虽乡僻蚩氓未能通晓,但准情断狱,不可不示以等差,折衷至当。此案冯克应于伊父被伊母殴死到案时,如即行供出实情,自可免议。倘并未供明前项案情,皆系审讯冯龚氏而得，冯克应即不得为无罪，亦应酌加薄罚，以示人道大伦。该督原题及部议，皆于此处未经声叙明晰，着刑部遵旨行文驳饬，令该督将冯克应到案曾否即行供出之处讯明，复到再行核办等因。钦此。”当即行文四川总督，查明冯克应于到案后，虽将伊母殴死伊父情由供出，但差役盘获之际，实因冯龚氏告述破案，将冯克应照不应重律杖八十。并经臣部议请，嗣后如有其父为母所杀，其子到案，经官审讯，犹复隐忍不言者，照违制律杖一百。奏准在案，应纂辑遵行。

【1802】1.1.32.(1)(略)

吏卒犯死罪

律　文

【1646】1.1.32

凡在外各衙门吏典、祗候、禁子有犯死罪，从各衙门长官鞫问明白，不须申禀，依律处决，然后具由申报本管上司，转达刑部，奏闻知会。

【1670】1.1.32(略)

＊**【1707】○删除**

臣等谨按：今吏役、军民人等有犯死罪，俱一例问拟核复，候旨处决，并无在外吏典、祗候、禁子犯死罪即依律处决，然后转达刑部之例。此律拟删。

【1725】○删除

原拟(同上)。

处决叛军

律　文

【1646】1.1.33

凡边境重地城池，若有军人谋叛，守御官捕获到官，显迹、证佐明白，鞫问招承，行移都指挥使司委官审问无冤，随即依律处治，具由申达兵部衙门，奏闻知会。若有布政司、按察司去处，公同审问处治。如在军前有谋叛能，临阵擒杀者，事既显明，机系呼吸。不在此委审、公审之限。事后亦须奏闻。

【1670】1.1.33(略)

＊**【1707】○修改**

臣等谨按：今无都指挥使司官名。凡有布、按去处，俱有督抚。且应题事件，督抚、提镇径行具题，并无先申兵部奏闻之例。相应删改。谨拟删改，开载于后。

【新改律】凡边境重地城池，若有军人谋叛，守御官捕获到官，显迹、证佐明白，鞫问招承，申报督抚、提镇审问无冤，随即依律处治，具由奏闻。如在军前有谋叛能，临阵擒杀者，事既显明，机系呼吸。不在此委审、公审之限。事后亦须奏闻。

总注:此言边城重地,当用军法以申国法也。凡边境城池军人谋叛,事系安危,若必请命而诛,恐致迟留生变。故该管军人,一有谋叛事情,守御官觉察捕获,显有形迹,及证佐明白,鞫问得实者,即申报督抚、提镇,或公同会审,或委官复审。如果无冤抑,随依律处治,具由奏闻。诚以军机贵速,不便迟留也。如军前对敌有谋叛者,能临阵擒杀,正合机宜,又不在委审、公审之限。

【1725】○修改

原拟(同上臣等谨按文字,略)

【原改律】(前【新改律】,略)

【1725】1.1.33

凡边境(重地)城池,若有军人谋叛,守御官捕获到官,显迹、证佐明白,鞫问招承,申报督抚、提镇审问无冤,随即依律处治,具由奏闻。如在军前(有谋叛,能)临阵擒杀者,(事既显明,机系呼吸。)不在此(委审、公审之)限。(事后亦须奏闻。)

注:此言边城重地,当用军法以申国法也。边境城池,若军人有谋叛事情,守御官觉察捕获,显有形迹,及证佐明白,鞫问得实者,即申报督抚、提镇,或公同会审,或委官复审。如果无冤抑,随依律处治,具由奏闻。以事系安危,机贵神速,不宜迟留也。如军前对敌有谋叛者,能临阵擒杀,正合机宜,又不在委审、公审之限。

臣等谨按(按语与律后总注同,略)

【1740】1.1.33(略)

杀害军人

律　文

【1646】1.1.34

凡杀死(正伍)军人者,依律处死,仍将正犯人余丁抵数充军。(止终本身。所抵军人死后,即于原被杀死军人户内勾补。)

【1670】1.1.34(略)

***【1707】○删除**

臣等谨按:今谋、故、斗殴杀人,不论军民,止将正犯抵死。被杀人虽系军人,并无将正犯之丁抵充军数之处。此律并条例,俱拟删。

【1725】○删除

原拟(按语同上,略)

附律条例

【1646】1.1.34.(1)

一、凡谋、故杀死总小旗者,正犯抵死,旗役仍令本户余丁补当。若无本户余丁,勾取犯人户内壮丁抵充军数。

＊**【1707】○删除**

按语见本条律文【1707】删除项下。

【1725】○删除

原拟(按语同上,略)

在京犯罪军民

律　文

【1646】1.1.35

凡在京军民,若犯杖八十以上者,军发外卫充军,民发别郡为民。若徒、流以上,并论如律,其配发外卫、外郡,不言可知。

【1670】1.1.35(略)

＊**【1707】○删除**

臣等谨按:今在京军民,有犯徒、流、杖罪,俱照律科断,并无犯杖八十以上一概遣发之例,此律拟删。

【1725】○删除

原拟(按语同上)。

化外人有犯

律　文

【1646】1.1.36

凡化外来降人犯罪者,并依律拟断。

【1670】1.1.36(略)

＊**【1707】○仍旧**

此律拟存。

总注:此见国法至平,无分中外也。化外人,凡外国来降之人,散处各地方者皆是。言化外人既经归附,即宜遵法。所犯罪名,一依常律科断,不得因其从化外来归,而另有问拟也。

【1725】1.1.34

凡化外来降人犯罪者,并依律拟断。隶理藩院者,仍照原定蒙古例。

注:此见法令至平,无分中外也。化外人,凡外国来归之人,散处各地方者皆是。既经归附,即宜一体遵法,犯罪亦依常律科断,不得因其从化外来归,而另有问拟也。惟隶理藩院者,仍依蒙古例拟断。

臣等谨按(按语同【1707】总注,略)。

【1740】1.1.34(略)

附律条例

【1740】○增入

一、蒙古案件有送部审理者,即移会理藩院衙门,将通晓蒙古言语司官派出一员,带领通事,赴刑部公同审理。除内地八旗蒙古应依律定拟者,会审官不必列衔外,其隶在理藩院,应照蒙古例科断者,会审官一体列衔。如朝审案内如遇有蒙古人犯,知会理藩院堂官到班会审,遇有照蒙古例治罪者,亦一体列衔。

臣等谨按:此系雍正十一年(1733)定例。但查刑部会同理藩院审理蒙古案件,其属在理藩院者,俱照蒙古例定拟,会审官一体列衔。若属在八旗,则依律科断,会审官并不列衔。今例内并未议及,恐以例无明文,致不画一,故将应否列衔之处,增入例中,以便遵行。

【1740】1.1.34.(1)(略)

【1743】○续纂

一、青海蒙古人有犯死罪应正法者,照旧例在西宁监禁。其偷窃牲畜例应拟绞解京监候之犯,俟部复后,解赴甘肃按察使衙门监禁,于秋审时将该犯情罪入于该省招册,咨送三法司查核。

此条系乾隆五年(1740)四月,军机大臣议复总理青海夷情副都统巴陵阿条奏定例。

【1768】1.1.34.(2)(略)

【1761】○续纂

一、蒙古与民人交涉之案,凡遇斗殴、拒捕等事,该地方官与旗员会讯明确,如蒙古在内地犯事者,照刑律办理;如民人在蒙古地方犯事者,即照蒙古律办理。

臣等谨按:此条系乾隆二十六年(1761)七月内,臣部议复升任山西按察使索琳条奏定例,应纂辑以便遵行。

【1768】1.1.34.(3)(略)

【1821】○续纂

一、蒙古地方抢劫案件,如俱系蒙古人,专用蒙古例;俱系民人,专用刑律。如蒙古与民人伙同抢劫,核其罪名,蒙古例重于刑律者,蒙古与民人俱照蒙古例问拟;刑律重于蒙古例者,蒙古与民人俱照刑律问拟。

臣等谨按:嘉庆二十三年(1818)二月二十五日奉旨:"刑部奏蒙古抢劫之案,有民人在内者,请先令承审官分别是劫、是抢,照刑律强盗各条,及抢夺、拦抢各条,分别治罪。似此引例纷繁,转致淆混。正所谓科条既备,民多伪态,无所措手足矣。嗣后蒙古地方抢劫案件,如俱系蒙古人,专用蒙古例;俱系民人,专用刑律。如蒙古与民人伙同抢劫,核其罪名,蒙古例重于刑律者,蒙古与民人,俱照蒙古例问拟;刑律重于蒙古例者,蒙古与民人,俱照刑律问拟。著为令。钦此。"钦遵在案。应恭纂为例,以便遵守。

【1825】1.1.34.(4)(略)

【1852】○续纂

一、热河承德府所属地方,遇有抢夺之案,如事主系蒙古人,不论贼犯是民人是蒙古,专用蒙古例;如事主系民人,不论贼犯是蒙古是民人,专用刑律。倘有同时并发之案,如事主一系蒙古、一系民人,即计所失之赃,如蒙古所失赃重,照蒙古例问拟;民人所失赃重,照刑律科断。

谨案 此条道光二十九年(1849)定。

【1870】1.1.34.(5)(略)

本条别有罪名

律 文

【1646】1.1.37

凡本条自有罪名,与名例罪不同者,依本条科断。○若本条虽有罪名,其(心)有所规避,罪重者,(又不泥于本条。)自从(所规避之)重(罪)论。○其本应罪重而犯时不知者,依凡人论;(谓如叔、侄别处生长,素不相识,侄打叔伤,官司推问,始知是叔,止依凡人斗法。又如别处窃盗,偷得大祀神御之物,如此之类,并是犯时不知,止依凡论,同常盗之律。)本应轻者,听从本法。(谓如父不识子,殴打之后,方始得知,止依打子之法,不可以凡殴论。)

【1670】1.1.37(略)

【1670】1.1.38.(1)(略)

＊**【1707】○仍旧**

此律拟存。

总注:此为断狱者明引律之法也。盖"名例"虽为诸律纲领,而文义简要,亦有不能尽赅,而自见于各条者。故凡本条别有罪名,即当依本条科断。如"名例"逃叛自首者,减罪二等,而"兵律"官军在逃,一百日内能自出官首告者免罪,则当用"兵律"。"名例"共犯罪以造意为首,而"刑律"同谋共殴人下手伤重者绞,原谋减一等,则当用"刑律"。若本条虽定有罪名,而有规避求脱之情,重于本罪,则当从其重者科断,又不拘于本律。如越府城,本罪杖一百,但因避窃盗赃重而逃,则当坐窃盗赃重之律。漏报文卷一宗,本罪笞二十,但因避侵欺库银而漏报,则当坐监守自盗仓库钱粮之律。其本应罪重,而犯时不知者,依凡人从轻论。本应罪轻,而犯时不知者,仍听从轻罪本法。如小注所引斗殴、窃盗等类,皆权情事之轻重,而务得其中者也。

【1725】1.1.35

律文(略)

注:此为断狱者明引律之法也。盖"名例"虽为诸律纲领,而文义简要,亦有不能尽赅,而自见于各条者。故凡本条别有罪名,即当依本条科断。如"名例"逃叛自首

者，减罪二等，而"兵律"官军在逃，一百日内能自出官首告者免罪，则当用"兵律"之类是也。"名例"共犯罪以造意为首，而"刑律"同谋共殴人下手伤重者绞，原谋减一等，则当用"刑律"之类是也。若本条虽定有罪名，而有规避求脱之情，重于本罪，则当从其重者科断，又不拘于本律。如越府城，本罪杖一百，但因避窃盗赃重而逃，则当坐窃盗赃重之律。漏报文卷一宗，本罪笞二十，但因避侵欺库银而漏报，则当坐监守自盗仓库钱粮律之类是也。其本应罪重，而犯时不知者，依凡人从轻论。本应罪轻，而犯时不知者，仍听从轻罪本法。如小注所引斗殴、窃盗等类，皆权情事之轻重，而务得其中者也。

臣等谨按（按语与律后总注同，略）。

【1740】1.1.35（略）

加减罪例

律　文

【1646】1.1.38

凡称加者，就本罪上加重。谓如人犯笞四十，加一等，即坐笞五十；或犯杖一百，加一等，则加徒减杖，即坐杖六十、徒一年；或犯杖六十、徒一年，加一等，即坐杖七十、徒一年半；或犯杖一百、徒三年，加一等，即坐杖一百、流二千里；或犯杖一百、流二千里，加一等，即坐杖一百、流二千五百里之类。称减者，就本罪上减轻。谓如人犯笞五十，减一等，即坐笞四十；或犯杖六十、徒一年，减一等，即坐杖一百；或犯杖一百、徒三年，减一等，即坐杖九十、徒二年半之类。惟二死、三流，各同为一减。二死谓绞、斩，三流谓二千里、二千五百里、三千里，各同为一减。如犯死罪，减一等，即坐流三千里；减二等，即坐徒三年。犯流三千里者，减一等，亦坐徒三年。加者，数满乃坐。谓如赃加至四十两，纵至三十九两九钱九分，虽少一分，亦不得科四十两罪之类。又加罪止于杖一百、流三千里，不得加至于死。本条加入死者，依本条。加入绞者，不加至斩。

【1670】1.1.38（略）

＊**【1707】○仍旧**

此律拟存。

总注：此为用法者定加减之例也。凡律称加减者，皆于本罪上，按其等次，递加从重、递减从轻。惟二死同为一减，不分绞、斩，皆坐流三千里；三流同为一减，不分远近，皆坐徒三年。其加者，必数满乃坐。即微有不满，亦不加也。笞、杖、徒、流，可以递加。至于杖一百、流三千里，则生刑已尽，再加则入于死矣。故凡加罪，止于杖流，不得加至于死。其本条加入死者，如奴婢殴家长缌麻亲至笃疾、妾殴夫及正妻至废疾者，加入于绞，然亦不加斩。若奴婢殴家长缌麻亲死者斩，卑幼殴缌麻兄姊死者斩，乃其本罪应斩，非加罪也。

【1725】1.1.36

律文（略）

注：此是总括各律言加言减之通例也。凡律称加减者，皆于本罪上，按其等次，递加从重、递减从轻。惟二死不分绞、斩，皆减坐流三千里；三流不分远近，皆减坐徒三年，故曰"同为一减"。其加者，必数满乃坐。即微有不满，亦不加坐也。自笞、杖、徒、流罪，递加至于杖一百、流三千里，则生刑已尽，再加则入于死。故凡加罪，止于

满流,不得加至于死。其本条加入死者,如奴婢殴家长缌麻亲至笃疾、妾殴夫及正妻至废疾者,加入于绞,然亦不加斩。若奴婢殴家长缌麻亲死者斩,卑幼殴缌麻兄姊死者斩,乃其本罪应斩,非加罪也。

臣等谨按(按语与律后总注同,略)。

【1740】1.1.36(略)

附律条例

【1646】1.1.38.(1)

一、在京法司每年热审,以命下之日为始,至六月终止,其在外五年审录,以恤刑官入境日为始,出境日止,杂犯准徒五年者,减去一等,徒、杖以下俱减等枷号,并笞罪俱释放,悉遵照敕旨行。

***【1707】○修改**

臣等谨按:热审减等之例,今已停止,应将热审例删去。其恤刑官系奉旨特差,无五年差官审录一次之例。相应删改。谨拟删改,开载于后。

【新改条例】一、凡奉旨特差恤刑官,审录罪犯,以入境日为始,出境日止,杂犯准徒五年者,减去一等,徒、杖以下俱减等枷号,并笞罪俱释放,悉遵照敕旨行。

【1725】○删除

臣等谨按:今无五年差官审录之例,且雍正元年(1723)六月内奉有上谕定例,此条拟删。

【1725】○增入

臣等谨按:钦奉上谕一道及议复,事理类于此律,应增入。

【续增现行例】一、雍正元年(1723)六月内,奉上谕:"谕刑部:热审减等,国朝旧有成例。盖念时当盛暑,囹圄之地,倍觉炎蒸,笞、杖所加,更为酷烈,故特予减等,以昭法外之仁。迨后日久弊生,罪人妄希巧脱,胥吏夤缘作奸,故延日期,致逃法网。是以停止热审减等之例,以杜弊端。我圣祖皇帝,如天好生,凡阅谳章,哀矜详慎,秋赛决囚,屡行停止。至每岁夏月,必特沛恩纶,监候者,宽其刑具,枷责者,缓至秋凉。虽停热审之例,仍寓减等之心,恩至渥也。朕仰体圣慈时深钦恤,嗣后每逢热审之期,仍复减等旧例。其监禁重犯,亦量加宽恤。至情罪可疑及牵连待质人等,暂予保释,俟秋后再行拘禁。凡内外谳狱衙门,一体详慎遵行,庶几刑期无刑之意。其有故意迟延,仍蹈前弊,希图漏网者,除本犯不准减等外,官吏严加治罪。尔部即通行直隶各省遵行。特谕。钦此。"刑部议复:热审减等旧例,每年于小满后十日起,至立秋前一日止。如遇六月立秋,于六月终止。凡军、流、徒、枷、杖等罪,会同三法司减等,十日一次汇题发落。其笞罪竟行宽免。至于现在拘禁人犯,无论已未结案,牵连待质人等,俱交各该旗、该地方官暂行保释。亦俟立秋后,送部审理完结。应枷者,照减等例暂行保释,亦俟立秋日补枷。其斩、绞重犯内,或有情罪可矜、可疑者,另行请旨。倘内外谳狱衙门,有故意迟延,恣行奸弊,或人犯妄希巧脱者,除本犯不准减等外,其夤缘作弊之官吏,严加治罪等因具题,奉旨:"依议。"

【1725】1.1.36.(1)

【钦定例】一、雍正元年(1723)六月内,奉上谕:"谕刑部:热审减等,国朝旧有成例。盖念时当盛暑,囹圄之地,倍觉炎蒸,笞、杖所加,更为酷烈,故特予减等,以昭法外之仁。迨后日久弊生,罪人妄希巧脱,胥吏夤缘作奸,故延日期,致逃法网。是以停止热审减等之例,以杜弊端。我圣祖皇帝,如天好生,凡阅谳章,哀矜详慎,秋赛决囚,屡行停止。至每岁夏月,必特沛恩纶,监候者,宽其刑具,枷责者,缓至秋凉。虽停热审之例,仍寓减等之心,恩至渥也。朕仰体圣慈时深钦恤,嗣后每逢热审之期,仍复减等旧例。其监禁重犯,亦量加宽恤。至情罪可疑及牵连待质人等,暂予保释,俟秋后再行拘禁。凡内外谳狱衙门,一体详慎遵行,庶几刑期无刑之意。其有故意迟延,仍蹈前弊,希图漏网者,除本犯不准减等外,官吏严加治罪。尔部即通行直隶各省遵行。特谕。钦此。"刑部题准:热审减等旧例,每年于小满后十日起,至立秋前一日止,凡军、流、徒罪,并旗人犯军、流、徒罪折枷号者,俱不准减等。其枷、杖等轻罪人犯,会同三法司,照例减等发落,笞罪宽免。监禁重犯,令提牢官员量加宽恤。现审案件,审明减等,十日一次汇题。其人犯俱交该旗、该地方官暂行保释,亦俟立秋后,送部发落。如斩、绞重犯内,或有情罪可矜、可疑者,会同三法司,另行请旨。倘内外谳狱衙门,有故意迟延,恣行奸弊,或人犯妄希巧脱者,除本犯不准减等外,其夤缘作弊之官吏,严加治罪。①

【1725】○增入

臣等谨按:钦奉谕旨一道,类于此律,应增入。

【续增现行例】一、雍正二年(1724)五月内,奉上谕:"嗣后凡盗犯热审,不必减等。"

【1725】1.1.36.(2)

【钦定例】(略)

【1740】○修改

臣等谨按:钦奉上谕,应恭纂为例,以便引用。谨将纂辑例文,开列于后。

一、应拟枷号、杖、笞之盗犯,时遇热审,俱不准减免。

【1740】1.1.36.(1)(略)

【1788】○移并

【原例】【1740】1.1.36.(1)(略)

---

① 此条乾隆五年(1740)《大清律例》不载。

【1768】1.1.36.(4)(略)

臣等谨按:以上二条,俱系笞、杖等犯虽遇热审不准减免之例。事理相同,应并为一条。再热审减等例文,均载“五刑”门内,此不准减等一条,亦应移入“五刑”本门,以归画一。今将并辑例文,开列于后。

＊名例律·五刑【1790】1.1.1.(8)

一、应拟枷号、杖、笞之窃盗及斗殴伤人拟笞之犯,时遇热审,俱不准减免。

＊【1680】6.23.210　刑部现行则例·受赃·延挨热审

一、承问官将赃银挪移赦前赦后之处,照吏部所定赃银私自改删例革职。如承审迟延及延挨热审减等等弊,该部查出,将该管各官照违限月日处分,犯人亦不准减等。

【1725】○增入

【现行例】【1680】6.23.210　刑部现行则例·受赃·延挨热审(略)

臣等谨按:现行例内五条,类于此律,应增入。

臣等谨按:以上七条,类于“加减罪例”律,先因热审减等之例停止,故删去未入。今奉恩旨,仍行热审减等,应增入条例后。

【1725】1.1.36.(3)

【增例】一、承问官将赃银挪移赦前赦后之处,照吏部所定赃银私自改删之例革职。如承审迟延及延挨热审减等等弊,该部查出,将该管各官照违限月日,按月处分,犯人不准减等。

【1740】○删除

臣等谨按:此条系《吏部处分则例》,不应纂入律中,应删。

＊【1680】6.28.236　刑部现行则例·断狱·未经发落遇热审

一、热审之例未行之前已经具题,奉旨未经发落应减等之罪,遇热审仍照例减等发落。

【1725】○增入

【现行例】【1680】6.28.236　刑部现行则例·断狱·未经发落遇热审(略)

按语见【1725】1.1.36.(3)条【1725】增入项下。

【1725】1.1.36.(4)

【增例】一、热审未行之前已具题,奉旨未经发落应减等之罪,遇热审仍照例减等发落。

【1740】○删除

臣等谨按:各省热审之先,审拟具题到部,遇热审仍行减等发落之例,已载入“五刑”条下。此条系重复,应删。

＊【1680】6.28.237　刑部现行则例·断狱·各省具题事件遇热审

一、直隶各省,热审之先审拟具题到部之案,遇热审仍行减等发落。总督、巡抚热审时审拟减等具题之案,虽过热审之期到者,既系本处热审之事,热审期内具题者,亦仍行减等发落。其原具题时遇热审,有情罪不符驳回后,具题逾热审者,亦减等完结。

【1725】○增入

【现行例】【1680】6.28.237　刑部现行则例·断狱·各省具题事件遇热审(略)

按语见【1725】1.1.36.(3)条【1725】增入项下。

【1725】1.1.36.(5)

【增例】一、直隶各省,热审之先审拟具题,到部遇热审,仍行减等发落。督抚热审时审拟减等具题,虽过热审之期到者,亦仍行减等发落。其原具题时遇热审,有情罪不符驳回后,具题逾热审者,亦减等完结。

【1740】○移出

臣等谨按:笞、杖旧用大小荆杖为之,自概用竹板,遂无差别。今酌分大小、板式,著为定例。至刑具,及热审、秋审等例,向列《会典》及"刑律·名例""断狱"各条内,其"流犯老疾准入养济院"一条,系雍正九年(1731)议准之例,今酌为改辑,纂入"五刑"条下,以昭圣朝钦恤之仁,俾内外法司首为观览,共佐协中之至治云。

＊名例律·五刑【1740】1.1.1.(6)

一、直隶各省,热审之先审拟具题,到部遇热审,仍行减等发落。督抚于热审时审拟减等具题,虽过热审之期到部,亦仍行减等发落。其原具题时遇热审,有情罪不符驳回后,具题逾热审,亦减等完结。

＊【1680】6.28.239　刑部现行则例·断狱·侵盗人犯遇热审

一、侵盗钱粮拟徒后,因限内未完,照例拟流之犯,遇热审不准减等,仍流徙尚阳堡。

【1725】○增入

【现行例】【1680】6.28.239　刑部现行则例·断狱·侵盗人犯遇热审(略)

按语见【1725】1.1.36.(3)条【1725】增入项下。

【1725】1.1.36.(6)

【增例】一、侵盗钱粮拟徒后,因限内未完,照例拟流之犯,遇热审不准减等。

【1740】○删除

臣等谨按:现今热审定例,惟枷责等轻罪人犯减等发落,徒、流俱不在减等之列,此条应删。

***【1680】6.28.240　刑部现行则例·断狱·挨至热审**

一、凡安插奉天等处,并发遣、军、流等犯,俱以部文到日为始,定限两个月,自该省起解。路途解送,每日定限五十里。如违定限起解,虽遇热审,俱不准减等。将违限起解之该地方官,照违限例议处。如解役在途故意迟延逾限者,严加治罪。倘此等人犯在途患病,许具呈该地方官,取具实系患病印结到部,查明果非托故延挨者,仍照例减等。

【1725】○增入

【现行例】【1680】6.28.240　刑部现行则例·断狱·挨至热审(略)

按语见【1725】1.1.36.(3)条【1725】增入项下。

【1725】1.1.36.(7)

【增例】一、凡安插奉天等处,并发遣、军、流等犯,俱以部文到日为始,定限两个月,自该省起解,每日限五十里。如起解违限,虽遇热审,俱不准减等。将起解之地方官,照违限例议处。解役在途故意迟延逾限者,严加治罪。犯人在途患病,许具呈该地方官,取具印结到部,查明果非托故延挨者,仍照例减等。

【1740】○删除

臣等谨按:此条系康熙十九年(1680)题定现行则例,已于雍正元年(1723)遵旨议定,军、流、徒罪俱不准减等在案,此条应删。

***【1680】6.28.235　刑部现行则例·断狱·各省热审**

一、直隶各省,除真正死罪外,应减等各犯,遇热审俱行减等。

***【1725】○增入**①

【现行例】【1680】6.28.235　刑部现行则例·断狱·各省热审(略)

臣等谨按:以上七条,类于"加减罪例"律,先因热审减等之例停止,故删去未入。今奉恩旨,仍行热审减等,应增入条例后。

***【1680】6.28.238　刑部现行则例·断狱·运军遇热审**

一、凡运军犯徒罪,责四十板发遣者,遇热审减等,责三十五板,并妻发二千里内卫充军。

***【1725】○增入**②

【现行例】【1680】6.28.238　刑部现行则例·断狱·运军遇热审(略)

臣等谨按:以上七条,类于"加减罪例"律,先因热审减等之例停止,故删去未入。今

---

① 此条现行例增入"加减罪例",见于《大清律例按语》(第1卷)"名例·加减罪例"(雍正三年)项下,雍正三年(1725)《大清律集解附例》不载。

② 此条现行例增入"加减罪例",见于《大清律例按语》(第1卷)"名例·加减罪例"(雍正三年)项下,雍正三年(1725)《大清律集解附例》不载。

奉恩旨,仍行热审减等,应增入条例后。

【1740】○续纂

一、凡例应枷责之犯,奉旨改为发遣者,俱免其枷责之罪。

臣等谨按:此条系雍正五年(1727)钦奉上谕,谨将应为定例之处,恭纂为例,以便引用。

【1740】1.1.36.(2)(略)

【1790】1.1.36.(1)(略)

【1740】○续纂

一、议处、议罪,俱照本条律例定拟,其有情罪重大,应从重定拟者,必折衷于法之至平至允,援引比照,不得擅用"加倍"字样。

臣等谨按:此条系雍正八年(1730)钦奉上谕,恭纂为例,以便引用。

【1740】1.1.36.(3)(略)

【1790】1.1.36.(2)(略)

【1801】○修改

臣等谨按:此条系雍正八年(1730)定例。又嘉庆四年(1799)正月十六日,钦奉上谕:"本日召见刑部侍郎熊枚,谕以刑名事务,向来刑部引律断狱,于本律之外,多有'不足蔽辜,无以示惩',及'从重定拟'等字样,所办实未允协。罪名大小,律有明条,自应勘核案情,援引确当,务使法足蔽辜,不致畸重畸轻,方为用法之平。今既引本律,又称不足蔽辜,从重定拟,并有加至数等者,是仍不按律办理,又安用律例为耶?即案情内情节较重者,朕自可随案酌定。总之'不足蔽辜'之语,非执法之官所宜出。嗣后问刑衙门俱应确遵宪典,专引本律,不得于律外又称'不足蔽辜'及'从重'字样。即'虽'字、'但'字,抑扬文法,亦不准用。上谳后,经朕阅看,案情或有酌加增减者,亦不治以失出失入之咎,用副朕矜慎庶狱至意。其应如何按律科断,法归画一之处,着军机大臣会同刑部,悉心定拟具奏。胡季堂素习刑名,现在来京,亦着一并入议。钦此。"当经军机大臣等会同臣部议请:嗣后内外问刑衙门,除律例内如拒捕、脱逃等项,载明照本罪加等者,原系罪犯本条,并非律外加等,仍各遵照办理外,其余一切罪犯,俱应各照本律例问拟,毋得声明"不足蔽辜""无以示惩""从重加等",亦不得用"虽""但"字样。其案情变幻,律无正条,罪应徒、流以上者,即照"名例"援引他律,比附酌核,于疏内声明,恭候圣裁等因具奏。奉旨:"依议。钦此。"钦遵在案。此条原例应行修改。所有例内加重治罪诸条,查明一并删除。又查原例"议处"二字,事隶吏部,应行节删。谨将修改及删除例文,开列于后。

【修改】一、审拟罪名,俱各照本条律例问拟,不得擅用"不足蔽辜""无以示惩""从重加等"及"加数"等,并"虽""但"字样,抑扬文法。其案情错出,律无正条,罪应流、徒以上者,应折衷至当,援引他律他例,比附酌核,以归平允。其应具题者,于疏内声明,恭候圣裁。至律例内如拒捕、脱逃等项,载明照本罪加等者,仍各遵照办理。

【删除】＊名例律·徒流迁徙地方【1790】1.1.45.(22)(略)

【删除】＊名例律·徒流迁徙地方【1790】1.1.45.(23)(略)

【删除】＊名例律·徒流迁徙地方【1790】1.1.45.(31)(略)

【删除】＊名例律·徒流迁徙地方【1795】续纂"一、凡罪应发遣者，除本例应发新疆，及免死减等……"条(略)

【1802】1.1.36.(2)(略)

【1814】○修改

臣等谨按：嘉庆十七年(1812)十月内，臣部议复升任吏科给事中西琅阿奏"调剂黑龙江等处遣犯"一折内称，查发遣黑龙江、新疆等处人犯，由本例发往者固多，而由军、流从重改发者，亦复不少，以致人犯日积日众。嘉庆四年(1799)钦遵谕旨，纂定条例，不准例外加重，并不准以"情节较重"字样，擅拟改发新疆。十六年(1811)复奉谕旨，令问刑衙门断罪，应照本律，饬禁"从重"字样。应请嗣后除奉特旨发遣黑龙江、新疆等处外，其余罪应军、流人犯，悉照本律本例定拟，不准加重发往黑龙江、新疆等处。如有实在案情重大，罪浮于法，仍按本律例拟罪声明，请旨恭候圣裁等因奏准，通行在案。应于例内修改，以便遵行。谨将修改例文，开列于后。

一、审拟罪名，除奉特旨发遣黑龙江、新疆等处外，其余罪应军、流、徒、杖人犯，悉照本条律例问拟，不得用"不足蔽辜""无以示惩""从重加等"及"加数"等字样，擅拟改发新疆等处，并不准用"虽""但"字样抑扬文法。其案情错出，律无正条，应折衷至当，援引他律他例比附酌核；或实在案情重大，罪浮于法，仍按本律例拟罪，均于疏内声明，恭候圣裁。至律例内如拒捕、脱逃等项，载明照本罪加等者，仍各遵照办理。

【1825】1.1.36.(2)(略)

【1761】○续纂

一、笞罪人犯，如系斗殴伤人，虽遇热审，不准宽免。

臣等谨按：此条系乾隆二十五年(1760)八月内，臣部议复升任四川按察使永泰条奏定例，应纂辑以便遵行。

【1768】1.1.36.(4)(略)

【1788】○移并

移并按语见【1740】1.1.36.(1)条【1788】移并项下。

＊名例律·五刑【1790】1.1.1.(8)(略)

称乘舆车驾

律　文

【1646】1.1.39

凡(律中所)称乘舆车驾及御者，(如御物、御膳所、御在所之类，自天子言之。而)太皇太后、皇太后、皇后并同。称制者,自圣旨言之。而太皇太后、皇太后、皇太子令并同。有犯毁失、盗、诈及擅入者,皆当一体科罪。

【1670】1.1.39(略)

*【1707】○仍旧

此律拟存。

总注:此言臣下事上之义,尊同则敬同也。同,谓与天子同。凡律中所称乘舆服御之类,自天子言之,而国母并同。制书自圣旨言之,而懿旨、令旨并同。如犯弃毁、遗失、盗、诈、擅入等罪,俱一体科断。盖臣下事上无二义也。

【1725】1.1.37

凡律中所称乘舆车驾及御者,如御物、御膳所、御在所之类,自天子言之。而太皇太后、皇太后、皇后并同。称制者,自圣旨言之。而太皇太后、皇太后、皇太子令并同。有犯毁失制书、盗及诈为制书、擅入宫殿门之类,皆当一体科罪。

注:此言臣下事上之义,尊同则敬同也。同,谓与天子同。凡律中所称乘舆服御之类,自天子言之,而母后并同。制书自圣旨言之,而懿旨、令旨并同。如犯弃毁、遗失、盗、诈、擅入等罪,俱一体科断。

臣等谨按(按语与律后总注同,略)。

【1740】1.1.37(略)

称期亲祖父母

律　文

【1646】1.1.40

凡律称期亲及称祖父母者,曾、高同。称孙者,曾、玄同。嫡孙承祖,与父母同。缘坐者,各从祖孙本法。其嫡母、继母、慈母、养母,皆服三年丧,有犯与亲母律同。惟改嫁、义绝,不与亲母同。称子者,男、女同。缘坐者,女不同。

【1670】1.1.40(略)

*【1707】○仍旧

此律拟存。

总注:此言亲属之情义相等者,有犯皆同科也。一年之丧曰期。律内称期亲有二:止称期亲者,祖与曾、高皆在其中;称期亲,并称祖父母者,期亲指伯叔、兄弟及在室之姑、姊妹言,而祖父母则兼曾、高言也。曾、高之服虽轻于祖父母,然既称曰祖,自当与祖父母同矣。曾、元之服虽轻于孙,然既称曰孙,自当与孙同。嫡孙承祖,是嫡长孙之父先殁,而承祖之重者,故与父母同也。嫡母、继母、慈母、养母,虽与亲母少分,而名分、恩义无别,故皆与亲母同也。至于改嫁及与父义绝、被出者,惟亲母服期丧,其嫡、继、慈、养之母,俱不得同于亲母也。称子者,男、女同。盖男女虽别,而父母生成之恩则一也。以上或以服制相同,或以亲情相同,如有殴、骂、违犯等项,皆一体科断。惟缘坐不同者,如父犯杀一家非死罪三人,及支解人罪,子当流。无子者,不得及其承重之孙。其已嫁、未嫁之女,俱不坐。所以恤缘坐之人也。

【1725】1.1.38

律文(略)

注:此言亲属之情义相等者,有犯皆同科也。一年之丧曰期。律内称期亲有二:止称期亲者,祖与曾、高皆在其中;称期亲,并称祖父母者,期亲指伯叔、兄弟及在室之姑、姊妹言,而祖父母则兼曾、高言也。曾、高之服虽轻于祖父母,然既称曰祖,自当与祖父母同。曾、元之服虽轻于孙,然既称曰孙,自当与孙同。嫡孙承祖,是嫡长孙之父先殁,而承祖之重者,故与父母同。嫡母、继母、慈母、养母,虽与亲母少分,而名分、恩义亦重,故俱与亲母同。若义绝、被出者,惟亲母服期丧,其嫡、继、慈、养之母,俱不得同于亲母。称子者,男、女同。以上或以服制相同,或以亲情相同,如有殴、骂、违犯等项,皆一体科断。惟缘坐不同者,如父犯杀一家非死罪三人,及支解人罪,子当流。无子者,不得及其承重之孙。其已嫁、未嫁之女,俱不坐,所以恤缘坐之人也。

臣等谨按(按语与律后总注同,略)。

【1740】〇修改

臣等谨按:律载"子孙违犯教令,父母殴杀者,杖一百。故杀者,徒一年。嫡、继、慈、养母杀者,各加一等。致令绝嗣者,绞"等语,今律注但谓"改嫁、义绝,不与亲母同",其义未赅,应增。谨将增辑律注,开列于后。

凡(律)称期亲及称祖父母者,曾、高同。称孙者,曾、元同。嫡孙承祖,与父母同。(缘坐者,各从祖孙本法。)其嫡母、继母、慈母、养母,(皆服三年丧,有犯)与亲母(律)同。(改嫁、义绝,及殴杀子孙,不与亲母同。)称子者,男、女同。(缘坐者,女不同。)

【1740】1.1.38

称与同罪

律　文

【1646】1.1.41　**称与同罪**(称"准"、称"以",前"例分八字之义"断之已明。)

凡(律)称"与同罪"者,(谓被累人与正犯同罪,其情轻。)止坐其罪;(正犯)至死者,(同罪者)减一等,罪止杖一百、流三千里,(正犯应刺,同罪者免刺,故曰)不在刺字、绞、斩之律。若受财故纵与同罪者,(其情重。)全科。(至死者绞。)其故纵谋反、叛逆者,皆依本律。(斩、绞。)〇(凡称"同罪"者,至死减一等;称"罪同"者,至死不减等。)〇称"准枉法论""准盗论"之类,(事相类而情轻。)但准其罪,亦罪止杖一百、流三千里,并免刺字。〇称"以枉法论"及"以盗论"之类,(事相等而情并重。)皆与真犯同,刺字、绞、斩,皆依本律科断。(然所得同者律耳,若律外引例充军、为民、立功等项,则又不得而同焉。)

【1670】1.1.41　称与同罪称"准"、称"以",前"例分八字之义"晰之已明。(略)

＊**【1707】○修改**

此律拟存。但今无立功之例,小注内"立功"二字宜删。

总注:此称"同罪"及称"准"、称"以"之通例也。凡律文称"与同罪"者,乃系被累之人,与正犯终有差别,故止坐其罪而不尽本法。如正犯系窃盗应刺字,与同罪者止坐窃盗之罪,而不尽刺字之法。若正犯罪至绞、斩,与同罪者得减一等,罪止杖一百、流三千里。故曰"不在刺字、斩、绞之律"。此皆指不受财者言也。若受正犯之财而故纵者,则婪赃私而坏法纪,其情重矣。虽称"与同罪",亦与正犯全科。但至死者,坐绞不坐斩耳。其故纵谋反、叛逆者,与故纵寻常罪犯不同。本律原应斩、绞,不问其受财与否,皆依本律坐罪。此称"与同罪"之中,其不同者有如此。至凡称"准"者,与真犯有间者也。准枉法论、准盗论,罪俱不入于死,并免刺字。凡称"以"者,与真犯同者也。以枉法论、以盗论,刺字、绞、斩,皆依本法。至于枉法计入已之赃论罪,窃盗并赃论罪,各有不同,称"准"、称"以"者亦如之。

【1725】○修改

原拟(按语同上)。

臣等谨按(与律后总注同,略)。

【1725】1.1.39　称与同罪称"准"、称"以",前"例分八字之义"晰之已明。

凡律称"与同罪"者,谓被累人与正犯同罪,其情轻。止坐其罪;正犯至死者,同罪者减一等,罪止杖一百、流三千里,正犯应刺,同罪者免刺,故曰不在刺字、绞、斩之律。若受财故纵与同罪者,其情重。全科。至死者绞。其故纵谋反、叛逆者,皆依本律。斩、绞。○凡称"同罪"者,至死减一等;称"罪同"者,至死不减等。○称"准枉法论""准盗论"之类,事相类而情轻。但准其罪,亦罪止杖一百、流三千里,并免刺字。○称"以枉法论"及"以盗论"之类,事相等而情并重。皆与正犯同,刺字、绞、斩,皆依本律科断。然所得同者律耳,若律外引例充军、为民等项,则又不得而同焉。

注:此是称"同罪"及称"准"、称"以"之通例也。首节言称"与同罪"之中之不同,后二节言称"准"、称"以"之不同。凡律文称"与同罪"者,乃系被累之人,与正犯终有差别,故止坐其罪而不尽本法。如正犯系窃盗应刺字,与同罪者止坐窃盗之罪,而不尽刺字之法。若正犯罪至绞、斩,与同罪者得减一等,罪止杖一百、流三千里。故曰"不在刺字、斩、绞之律"。此皆指不受财者言也。若受正犯之财而故纵者,则婪赃私而坏法纪,虽称"与同罪",亦与正犯全科。但至死者,坐绞不坐斩耳。其故纵谋反、叛逆者,与故纵寻常罪犯不同,本律原应斩、绞,不问其受财与否,皆依本律坐罪。至凡称"准"者,皆与正犯有间。准枉法论、准盗论,罪俱不入于死,并免刺字。凡称"以"者,皆与正犯相同。以枉法论、以盗论,刺字、绞、斩,皆依本法。至于枉法计入已之赃论罪,窃盗并赃论罪,各有不同,称"准"、称"以"者亦如之。

【1740】1.1.39　称与同罪(略)

附律条例

【1646】1.1.41.(1)

一、凡受财故纵与囚同罪人犯,该凌迟、斩、绞,依律罪止拟绞者,俱要固监缓决,候逃囚得获审豁。其卖放充军人犯者,即抵充军役。若系永远,同罪者止终本身,仍勾原犯应替子孙补伍。

【1670】1.1.41.(1)(略)

***【1707】○修改**

此条拟存。但今无勾充军人犯子孙替补之例,应删去"若系永远"以下数句。

***【1725】○修改**[1]

原拟(同上)。

【1725】1.1.39.(1)

【原例】(略)

【1740】○修改

臣等谨按:此条系前代之例。所云"审豁"者,乃豁其与同之死罪,仍照本律科其减等受财枉法从重之罪,非全免也。应注明"至于卖放充军人犯,即抵充军役"等语,乃为勾丁补伍而设。今无勾补之例,应删。谨将删注例文,开列于后。

一、凡受财故纵与囚同罪人犯,该凌迟、斩、绞,依律罪止拟绞者,俱要固监缓决,候逃囚得获审豁。仍依本律科其减等受财枉法从重之罪。

【1740】1.1.39.(1)(略)

【1801】○删除

臣等谨按:此条系前明旧例。查"刑律·主守不觉失囚"例载,"斩、绞重犯在监脱逃,审系禁卒贿纵者,即视其所纵囚犯之罪,全律科断",又载"解审斩、绞重犯脱逃,将解役监禁。俟拿获正犯,究明贿纵属实,即将解役照所纵囚罪全科,不准照旧例减等"各等语,此条审豁旧例,业已不用,应行删除。

【1767】○续纂

一、奸徒得受正凶贿赂,挺身到官顶认,致脱本犯罪名者,不计赃数多寡,俱照本犯徒、流、斩、绞之罪,一例全科。其行贿之本犯,除罪应立决者,毋庸另议外,其原犯应入情实者,拟为立决;应入缓决者,秋审时拟入情实;如原犯军、流等罪,照军流脱逃改调例,从重治罪;徒、杖以下,按律各加一等。代为说合过钱者减一等,不计赃科

---

① 此见《大清律例按语》第1卷"名例·称与同罪"(雍正三年)项下,雍正三年《大清律集解附例》未改。

罪。如有子犯罪而父代认,其子除罪应立决者,毋庸另议外,如犯应斩候、绞候者,俱拟以立决;军、流、徒、杖,各照例递加。

臣等谨按:此条系乾隆二十七年(1762)五月福建按察使曹绳柱条奏,及二十九年(1764)三月广东按察使赫昇额条奏,并纂为例,以便遵行。

【1768】1.1.39.(2)(略)

【1801】○修改

臣等谨按:此条奸徒受贿顶凶分别治罪,系乾隆二十七年(1762)定例。子犯罪而父顶认,其子从重治罪,系乾隆二十九年(1764)定例。查律载"官吏因受人财,及法外用刑,故出入人罪,全出、全入者,以全罪论。若囚未决放,及放而还获,若囚自死,各听减一等"等语,是于惩创之中,仍寓钦恤之意。至奸徒得受正凶贿赂,挺身到官顶认,致脱本犯罪名,其情本属可恶,自应照本犯徒、流、斩、绞之罪,一例全科。惟查故出故入律内,有"放而还获,及囚自死者,各减一等发落"之文。似此受贿顶凶之案,与官吏因受人财故出、故入者,情节相等。若正犯放而还获,及逃囚自死者,应依律准减一等,明立专条,以便引用。又顶凶之案,除说事过钱者,情节本轻,应减一等定拟外,其教诱之人,应以教诱人犯法,与犯人同罪。原例未经赅备,应增入。谨将修改例文,开列于后。

一、奸徒得受正凶贿赂,挺身到官顶认,致脱本犯罪名者,不计赃数多寡,俱照本犯徒、流、斩、绞之罪,一例全科。若正凶放而还获,及逃囚自死者,顶凶之犯,照本罪减一等问拟。其行贿之本犯,除罪应立决者,毋庸另议外,其原犯应入情实者,拟为立决;应入缓决者,秋审时拟入情实;如原犯军、流等罪,照军流脱逃改调例,加等调发;徒、杖以下,按律各加一等。代为说合过钱者减一等,不计赃科罪。教诱顶凶者,照教诱人犯法律,与犯人同罪。如有子犯罪而父代认,其子除罪应立决者,毋庸另议外,如犯应斩候、绞候者,俱拟以立决;军、流、徒罪,各照例递加。

【1802】1.1.39.(1)(略)

【1814】○移并

【原例】*刑律·受赃·有事以财请求【1802】6.23.348(2)

一、凡受贿顶凶之案,除案外之人,得受正凶贿赂,挺身到官顶认,在外省业已招解臬司,在京内现审案件业经法司会审,已属成招定罪,几致正凶漏网者,仍照顶凶本例分别问拟外,如尚未成招,罪未议定,旋即破案者,行贿之凶犯,仍照原犯罪名问拟;受贿顶认者,计赃以枉法论。至顶凶已经招解之案,如系同案之犯代认重伤,致脱本犯罪名者,减正犯罪一等定拟。未招解者,仍照原犯本罪科断。受赃重者,以枉法从其重者论。

臣等谨按:以上二条,均系受贿顶凶,分别已成、未招之例。一载于"名例·称与同罪"门内,一载于"受赃·有事以财请求"门内。一事而分载两门,诚恐翻阅未周,引断转致错误。应请移并一条,载于"受赃"门内,以归简易。再查前条系计赃以枉法论,后条系不计赃数多寡,情同罪异,自应修改画一,统计赃以枉法定拟。说合过钱之犯,较教诱顶凶及行贿、受贿者为轻,其罪既减一等科断,则受财应准枉法论。至案外之人受贿顶凶,已成招者,正凶放而还获,加等定拟;顶凶之犯,例准照本罪减一等。其尚未成招,旋即破案者，行贿凶犯既照原犯罪名，受贿顶凶之犯，赃罪重者，自应照原例以枉法论，赃轻者，应减正犯罪二等，以示区别。再同案之犯代认重伤，致脱本犯罪名，已招解者，减正犯罪一等。若所减之罪，或轻于原犯本罪及相等者，自应各于原犯罪名上加一等，行贿凶犯仍应照原罪定拟。原例内均未议及，应请一并添纂入例，以昭赅备。谨将移并例文，开列于后。

一、奸徒得受正凶贿赂，挺身到官顶认，审系案外之人，在外省业已招解臬司，在京业经法司会审，已属成招定罪，几致正凶漏网者，俱照本犯徒、流、斩、绞之罪，一例全科。若正凶放而还获，及逃囚自死者，顶凶之犯，照本罪减一等。其行贿本犯，除应立决者，毋庸另议外，原犯应入情实者，拟为立决；应入缓决者，秋审时拟入情实；原犯军、流等罪，照军流脱逃改调例，加等调发；徒、杖以下，按律各加一等。如尚未成招，罪未议定，旋即破案者，行贿凶犯，仍照原犯罪名问拟；受贿顶凶者，减正犯罪二等。至同案之犯，代认重伤，致脱本犯罪名，已招解者，减正犯罪一等；若原犯本罪，重于所减之罪或相等者，各加本罪一等。未招解者，仍照本罪科断。行贿凶犯，均各照原犯罪名定拟。教诱顶凶者，与犯人同罪。计赃重者，行贿、顶凶、教诱各犯，无论案内案外、已未成招，均以枉法赃从其重者论，照例与、受同科。说合过钱者，各减顶凶之犯罪一等；受财重者，准枉法赃从重论。如有子犯罪而父代认，其子除罪应立决者，毋庸另议外，如犯应斩、绞监候者，俱拟以立决；军、流、徒罪，各以次递加。

* 刑律·受赃·有事以财请求【1825】6.23.348.(2)(略)

称监临主守

律　文

【1646】1.1.42

凡律称监临者，内外诸司统摄所属，有文案相关涉，及别处驻扎衙门带管兵粮、水利之类，虽非所管百姓，但有事在手者，即为监临。称主守者，内外各衙门该管文案吏典，专主掌其事；及守掌仓库、狱囚、杂物之类，官吏、库子、斗级、攒拦、禁子并为主守。○其职虽非统属，但临时差遣官领提调者，亦是监临主守。

【1670】1.1.42

凡律称监临者，内外诸司统摄所属，有文案相关涉，及别处驻扎衙门带管兵粮、水利之类，虽非所管百姓，但有事在手者，即为监临。称主守者，内外各衙门该管文案吏典，专主掌其事；及守掌仓库、狱囚、杂物之类，官吏、库子、斗级、攒拦、禁子并为主守。○其职虽非统属，但临时差遣管领提调者，亦是监临主守。

【1802】1.1.39.(1)(略)

*【1707】○仍旧

此律拟存。

总注:此辨监临主守,以明职掌而重责成也。监临,专指官言;主守,兼官役言。库子,掌库藏;斗级,掌仓廒;攒,谓攒典;拦,谓巡拦;禁子,守狱囚之人。凡律内称监临者,谓内外文武衙门,统辖管摄所属下司,有申呈札帖文书往来,交相关涉。及别处驻扎衙门,虽非所管百姓,但有带管兵粮、水利等项公务,事权在手,得以由己施行者,即是监临。若内外各衙门,专一主掌文书案卷之吏典,及守掌仓库钱粮、牢狱囚犯并杂项官物之官吏、库子、斗级、攒拦、禁子人等,并为主守。此常时之监临、主守也。其有职虽不属本管衙门,但临时奉委差遣,管领官物、囚徒之属,亦是主守;提调其事者,亦是监临。责有所归,即与专司无异。此暂时之监临、主守也。如犯侵盗钱粮、嘱托求索、损坏财物、失囚故纵等项,并以监临、主守分别坐罪。

【1725】1.1.40(略)

律文(略)

注(与【1670】所拟总注同,略)。

臣等谨按(按语与【1670】所拟总注同,略)。

【1740】1.1.40(略)

称日者以百刻

律　文

【1646】1.1.43　称日者以百刻今《时宪历》,每日计九十六刻。

凡律称一日者,以百刻。犯罪违律,计数满乃坐。计工者,从朝至暮。不以百刻为限。称一年者,以三百六十日。如秋粮违限,虽三百五十九日,亦不得为一年。称人年者,以籍为定。谓称人年纪,以附籍年甲为准。称众者,三人以上。称谋者,二人以上。谋状显迹明白者,虽一人,同二人之法。

【1670】1.1.43　称日者,以百刻今《时宪历》,每日计九十六刻。(略)

***【1707】○仍旧**

此律拟存。

总注:此解律中称日、称年、称人之义,使断罪者不致错误也。称日者以百刻,乃律之旧文,今《时宪历》以九十六刻为一日。计日论罪者,如人命保辜、官文书籍程之类,不满刻者,不得以限满论。至于计工,则朝作暮息,不论刻矣。三百六十日为一年。计年论罪者,如追赃、缉盗之类,不满日者,亦不得以限满论。计年齿论罪者,如老幼收赎、存留养亲之类,恐其增减捏报,故以附籍入册之年岁为准。众者,人多之词。不及三人,不可谓之众矣。谋者,其为之事。若止一人,不可谓之谋矣。惟谋杀律内,谋诸心者,虽一人亦称谋,故小注云"同二人之法"。

【1725】1.1.41　称日者以百刻今《时宪历》,每日计九十六刻。

律文(略)

注:此是解律中称日、称年、称人之义,使断罪者不致错误也。称日者以百刻,乃

律之旧文，今《时宪历》以九十六刻为一日。计日论罪者，如人命保辜、官文书籍程之类，不满刻者，不得以限满论。至于计工，则夜无役理，止令朝作暮息，不得以刻论。三百六十日为一年。计年论罪者，如追赃、缉盗之类，不满日者，亦不得以限满论。计年齿论罪者，如老幼收赎、存留养亲之类。恐其增减捏报，故以附籍入册之年岁为准。众者，人多之词。不及三人，不可谓众。谋者，其为之事。若止一人，不可谓谋。惟谋杀律内，谋诸心者，虽一人亦称谋，故小注云"同二人之法"。

臣等谨按（按语与律后总注同，略）。

【1740】1.1.41　称日者以百刻今《时宪书》，每日计九十六刻。（略）

称道士女冠

律　文

【1646】1.1.44

凡律称道士、女冠者，僧、尼同。如道士、女冠犯奸，加凡人罪二等，僧、尼亦然。若于其受业师，与伯叔父母同。如俗人骂伯叔父母，杖六十、徒一年，道、冠、僧、尼骂师罪同。受业师，谓于寺观之内亲承经教合为师主者。其于弟子，与兄弟之子同。如俗人殴杀兄弟之子，杖一百、徒三年，道、冠、僧、尼殴杀弟子同罪。

【1670】1.1.44（略）

＊**【1707】**〇仍旧

此律拟存。

总注：此专为道士、女冠、僧、尼而言也。凡道、冠、僧、尼，俱系出家人，故律称道士、女冠者，僧、尼与之同。出家之人，师弟之恩义最重。故于其受业师，义与伯叔父母同；于其弟子，义与兄弟之子同。凡相殴、骂等项，并依犯期亲尊长及卑幼律科断。其同师僧道相犯者，仍照常人论。

【1725】1.1.42

律文（略）

注：此专为道士、女冠、僧、尼而言也。凡出家之人，师弟之恩义最重。故于其受业师，义与伯叔父母同；于其弟子，义与兄弟之子同。凡相殴、骂等项，并依犯期亲尊长及卑幼律科断。其同师僧道相犯者，仍照常人论。

臣等谨按（按语与律后总注同，略）。

【1740】1.1.1（略）

断罪依新颁律

律　文

【1646】1.1.45

凡律自颁降日为始。若犯在已前者,并依新律拟断。

【1670】1.1.45(略)

*【1707】○仍旧

此律拟存。

总注:此见律为一代之章程,当恪守而遵行也。盖大经大法,历代不易,而斟酌损益,因时制宜。凡有新定律令,颁示天下。若事犯在前,未经结案者,自新律颁到之日,即当遵照科断,不得仍泥旧文,致有错误也。

【1725】1.1.43

律文(略)

注:此见律为一代之章程,当恪守而遵行也。盖大经大法,历代不易,而斟酌损益,必因时制宜。故凡事犯,未经结案者,自新律颁到之日,即当遵照科断,不得仍泥旧文,致有错误。

臣等谨按(按语与律后总注同,略)。

【1740】○修改

臣等谨按:律为百代不易之经,故犯在颁降以前者,亦应依律拟断。至于条例,有议自某年为始者,有于文到之后,限以月日,然后施行者。若犯在未经定例之先,自应仍依律及已行之例定拟,不得遽引新例。至于例应轻者,则应照新例遵行,以昭钦恤之义。但律内向无注明,恐致误用,应增。谨将增辑律注,开列于后。

凡律自颁降日为始。若犯在已前者,并依新律拟断。如事犯在未经定例之先,仍依律及已行之例定拟。其定例内有限以年月者,俱以限定年月为断。若例应轻者,照新例遵行。

【1740】1.1.43(略)

附律条例

【1725】1.1.43.(1)

【原例】一、律例申明颁布之后,凡问刑衙门,敢有恣任喜怒,引拟失当,或移情就例,故入人罪,苛刻显著者,各依故失出入律坐罪。其因而致死人命者,除律应抵死外,其余俱问革职。

【1740】○修改

臣等谨按:文武官革职,事隶吏、兵二部。此例内所称"俱问革职"之处,系《处分则例》,不应载在律中。再例内既言"因而致死人命者,除律应拟抵外"等语,是致死人命,原应依律定拟,亦毋庸另纂为例,应删。谨将删辑例文,开列于后。

一、律例颁布之后,凡问刑衙门,敢有恣任喜怒,引拟失当,或移情就例,故入人罪,苛刻显著者,各依故失出入律坐罪。

【1740】1.1.43.(1)(略)

断罪无正条

律　文

【1646】1.1.46

凡律令该载不尽事理,若断罪无正条者,援引他律比附,应加应减,定拟罪名,申该上司转达刑部,议定奏闻。若辄断决,致罪有出入,以故失论。

【1670】1.1.46(略)

＊【1707】○修改

此律拟存。但今督抚审理事件,如无正条,即行比附具题,刑部议复,无转达刑部之处,应删去“转达刑部”句。

总注:此言律所未备,宜比附定拟也。律例虽系刑书,而大指不过刑期无刑之意。但所犯之事不一,律例不能尽载。若不比照加减,则高下出入,无所准绳。故承审官临时裁酌,务期平允,比拟罪名,申该上司议定奏闻。不得以律无正条,辄自断决。若任一时之喜怒为轻重,致罪有出入,即以故失论。

【1725】○修改

原拟(与【1707】修改按语同,略)。

臣等谨按(与【1725】律后总注同,略)。

【1725】1.1.44

凡律令该载不尽事理,若断罪无正条者,援引他律比附,应加应减,定拟罪名,申该上司议定奏闻。若辄断决,致罪有出入,以故失论。

注:此言律所未备,宜比照定拟也。律例虽系刑书,而大指不过刑期无刑之意。但所犯之事,有律例不能尽载者,若不比照加减,则高下出入,无所准绳。故承审官临时裁酌,务期平允,比拟罪名,申该上司议定奏闻。若以律无正条,任一时之臆见,辄自断决,致罪有出入,即以故失论。

【1740】1.1.44(略)

附律条例

【1740】○增入

一、引用律例,如律内数事共一条,全引恐有不合者,许其止引所犯本罪。若一条止断一事,不得任意删减,以致罪有出入。其律例无可引用,援引别条比附者,刑部会同三法司,公同议定罪名,于疏内声明,律无正条,今比照某律某例科断,或比照某律某例加一等、减一等科断,详细奏明,恭候谕旨遵行。若律例本有正条,承审官任意删减,以致情罪不符,及故意出入人罪,不行引用正条,比照别条,以致可轻可重者,该堂官查出,即将承审之司员指名题参,书吏严拿究审,各按本律治罪。其应会三法司定拟者,若刑部引例不确,许院、寺自行查明律例改正。倘院、寺驳改犹未允协,三法司堂官会同妥议。如院、寺扶同朦混,或草率疏忽,别经发觉,将院、寺官员一并交部议处。

此系雍正十一年(1733)定例。

【1740】1.1.44.(1)(略)

徒流迁徙地方

律　文

【1646】1.1.47

徒役,各照所徒年限,并以到配所之日为始,发盐场者,每日煎盐三斤;铁冶者,每日炒铁三斤,另项结课。

江南布政司府分,江南发山东盐场,江北发河间盐场;

福建布政司府分发两淮盐场;

浙江布政司府分发山东盐场;

江西布政司府分发泰安、莱芜等处铁冶;

湖广布政司府分发广东海北盐场;

河南布政司府分发浙东盐场;

山东布政司府分发浙东盐场;

山西布政司府分发巩昌铁冶;

直隶府分发平阳铁冶;

陕西布政司府分发大宁、绵州盐井;

广西布政司府分发两淮盐场;

广东布政司府分发浙西盐场;

海北、海南府分发进贤、新喻铁冶;

四川布政司府分发黄梅、兴国铁冶。

流三等,照依地里远近,定发各处荒芜及濒海州县安置。

江南布政司府分流陕西;

福建布政司府分流山东、直隶;

浙江布政司府分流山东、直隶;

江西布政司府分流广西;

湖广布政司府分流山东;

河南布政司府分流福建;

山东布政司府分流福建;

山西布政司府分流福建；

直隶府分流福建；

陕西布政司府分流福建；

广西布政司府分流广东；

广东布政司府分流福建；

四川布政司府分流广西。

【1670】1.1.47(略)

＊【1707】○修改

臣等谨按：今徒罪人犯，惟云南有煎盐、熬铅二项，余俱发本省驿递，应照例删改。又“迁徙者，迁离乡土一千里之外”二句，止载律文目录内，此处未经开载，相应增入。又今在京民人犯流者，札顺天府发陕西，直隶巡抚问断拟流者，亦发陕西，无发福建之处，应将“直隶府分流福建”者改为“流陕西”。又流犯发遣，俱在各省荒芜及濒海地方。直隶系畿辅之地，与别省荒芜濒海者不同，不应安置流犯，应将律内福建、浙江流犯止发山东，删去“直隶”字。又通部律内，犯流者，按罪之轻重，分为三等，发二千里、二千五百里、三千里。而此律所载应流省份内，陕西、河南、山西、山东流福建，及福建流山东，相隔道里，俱在三四千里之外，不但二千里、二千五百里道里不符，即三千里亦不相合。应照兵部现行《邦政纪略》充军地方例，计算道里，改定应流省份。至湖广、陕西、江南三省，既因幅员辽阔，分设湖南、甘肃、安徽布政司，其应流地方，亦应分晰增定。又律内并未载云南、贵州人犯发遣之地，现行例云南流罪人犯发四川、广东，贵州人犯发四川，应增入。但云南去广东亦在三千里之外，应删去“广东”字。谨拟删改，开载于后。

【新改律】凡徒役，各照应徒年限，并以到配所之日为始，限满释放。流犯，照依本省地方，计所犯应流道里，定发各处荒芜及濒海州县安置。应迁徙者，迁离乡土一千里外。

徒五等：

发本省驿递。

流三等：

直隶府分流陕西；

江南布政司府分流陕西；

安徽布政司府分流山东；

山东布政司府分流浙江；

山西布政司府分流陕西；

河南布政司府分流浙江；

陕西布政司府分流山东；

甘肃布政司府分流四川；

浙江布政司府分流山东；

江西布政司府分流广西；

湖广布政司府分流山东；

湖南布政司府分流四川;
福建布政司府分流广东;
广东布政司府分流福建;
广西布政司府分流广东;
四川布政司府分流广西;
贵州布政司府分流四川;
云南布政司府分流四川。

总注:此言徒、流、迁徙之别,皆因罪之重轻,以定役之久暂、地之远近也。徒五等、流三等,详见前"五刑"条。徒者,拘系其身,役满释放,止配本省驿递而不离乡土,以其罪轻也。流则罪重于徒,故或二千里,或二千五百里,或三千里,照依犯人本省地方,计所犯应流道里,流之别省荒芜及濒海之地,不得复归本省。至于迁徙,则视五徒较重,视三流较轻,故于本犯乡土一千里之外,迁往安置。不得复归本籍,亦与流罪同。再各省流寓之人,犯徒者,亦应于所犯地方充徒;犯流者,仍依本省发遣。

【1725】○修改

原拟(与【1707】所拟修改按语同,略)

【原改律】(同上【新改律】,略)

臣等谨按(与【1707】所拟总注同,略)

【1725】1.1.45

凡徒役,各照应徒年限,并以到配所之日为始,限满释放。流犯,照依本省地方,计所犯应流道里,定发各处荒芜及濒海州县安置。应迁徙者,迁离乡土一千里外。

徒五等:发本省驿递。

流三等:

直隶布政司府分流陕西;
江南布政司府分流陕西;
安徽布政司府分流山东;
山东布政司府分流浙江;
山西布政司府分流陕西;
河南布政司府分流浙江;
陕西布政司府分流山东;
甘肃布政司府分流四川;
浙江布政司府分流山东;
江西布政司府分流广西;
湖北布政司府分流山东;
湖南布政司府分流四川;
福建布政司府分流广东;
广东布政司府分流福建;

广西布政司府分流广东；
四川布政司府分流广西；
贵州布政司府分流四川；
云南布政司府分流四川。

注：此言徒、流、迁徙之别，皆因罪之重轻，以定役之久暂、地之远近也。徒五等、流三等，详见前“五刑”条。徒者，拘系其身，役满释放，止配本省驿递而不离乡土，以其罪轻也。流则罪重于徒，故或二千里，或二千五百里，或三千里照，依犯人本省地方，计所犯应流道里，流之别省荒芜及濒海之地，不得复归本省。至于迁徙，则视五徒较重，视三流较轻，故于本犯乡土一千里之外，迁往安置。不得复归本籍，亦与流罪同。再各省流寓之人，犯徒者，亦应于所犯地方充徒，犯流者，仍依本省发遣。

【1740】1.1.45（略）

附律条例

＊【1680】1.1.17　刑部现行则例・名例・流犯冬夏停发

一、康熙九年（1670）十二月十四日钦奉谕旨：“流徙人犯，定例六月、十二月不行发遣。今思十月至正月终，俱属寒冷之时。流人多有贫者，衣装单薄，无以御寒。以罪不致死之人，冻毙道途，殊为可悯。以后流徙宁古塔、尚阳堡人犯，十月至正月终，及六月，俱停其发遣。钦此。”

＊【1707】○增入

臣等谨按：现行例内七条，类于“徒流迁徙地方”律，应增入。

【现行例】一、康熙九年（1670）十二月内，奉上谕：“谕刑部等衙门：向来定例，流徙尚阳堡、宁古塔等处人犯，六月、十二月不行发遣，其余月份俱发。今思十月至正月终，俱属寒冷之时，流人多有贫者，衣装单薄，无以御寒。以罪不致死之人，冻毙道途，殊为可悯。以后流徙尚阳堡、宁古塔人犯，十月至正月终，及六月，俱停其发遣，余月照常发遣。尔部即遵谕行。特谕。钦此。”

一、刑部议复科臣杨尔淑条奏，奉旨：“凡充军、流、徒犯人，于隆冬严寒时发遣，在途苦累。嗣后隆冬时，停其发遣。钦此。”

【1725】○增入

现行例内八条，①类于此律，应增入。

【现行例】一、康熙九年（1670）十二月内，奉上谕：“谕刑部等衙门：向来定例，流

---

① 《大清律例按语》第1卷“名例・徒流迁徙地方”（雍正三年）条所称“八条”，与康熙四十五年进呈本所称“七条”，所录条例相同，惟《大清律例按语》将康熙二十三年（1684）十二月刑部议复杨尔淑条奏奉旨一条单列为一条计算。

徙尚阳堡、宁古塔等处人犯,六月、十二月不行发遣,其余月份俱发。今思十月至正月终,俱属寒冷之时,流人多有贫者,衣装单薄,无以御寒。以罪不致死之人,冻毙道途,殊为可悯。以后流徙尚阳堡、宁古塔人犯,十月至正月终,及六月,俱停其发遣,余月照常发遣。尔部即遵谕行。特谕。"

【1725】1.1.45.(1)

【增例】一、康熙九年(1670)十二月内,奉上谕:"谕刑部等衙门:向来定例,流徙尚阳堡、宁古塔等处人犯,六月、十二月不行发遣,其余月份俱发。今思十月至正月终,俱属寒冷之时,流人多有贫者,衣装单薄,无以御寒。以罪不致死之人,冻毙道途,殊为可悯。以后流徙尚阳堡、宁古塔人犯,十月至正月终,及六月,俱停其发遣,余月照常发遣。"

【1740】○修改

臣等谨按:此条系钦奉上谕,应恭纂成例,以便引用。但查现在军、流、外遣人犯,俱有隆冬、盛暑停遣之条,亦应纂入。谨将纂辑例文,开列于后。

一、凡军、流及外遣人犯,十月至正月终,及六月,俱停其发遣。余月照常发遣。

【1740】1.1.45.(1)(略)

【1788】○修并

【原例】【1740】1.1.45.(1)(略)、【1768】1.1.45.(10)(略)、【1768】1.1.45.(17)(略)、【1768】1.1.45.(29)(略)、【1768】1.1.45.(30)(略)

臣等谨按:以上五条,均系专言军、流、外遣以及徒罪人犯,解配之时,偶遇隆冬、盛暑,分别应否停遣。例文乃以一事分列五条,殊觉冗杂,自应并为一条。至军、遣、流、徒等犯违例起解,《吏部处分则例》内应行议处,此条亦应增载"交部议处"。谨将移并、增辑例文,开列于后。

一、直省军、流、遣犯,未起解者,十月至正月终,及六月,俱停其发遣。若已至中途,初冬十月,经过州县,照常接递,至十一月初一日,方准停遣,俟次年春融转解。如遇六月,照前停遣。倘抵配不远,并发往东南省分各项人犯,有情愿前进赴配者,取具本犯确供,一体起解,并将不行停遣缘由,移咨前途接递,仍报刑部。惟云南省并无盛暑严寒,各省解往军、流、遣犯,不必停遣。至军、流、遣犯在配脱逃,例应解回原配,及改调他省,并应发伊犁、乌鲁木齐等处,或由新疆改发内地人犯,虽遇隆冬盛暑,均一例不准停遣。其民人在外省犯徒,例应递回原籍发配之犯,若离籍在一千里外者,时遇隆冬盛暑,亦准停解。其起解及接递州、县,如有将应行停解之犯而不停解,及将不应停解之犯擅行停解者,均交吏部照例议处。

【1790】1.1.45.(1)(略)

【1801】○修改

臣等谨按:盛暑隆冬,军、流、遣犯停其发遣,系康熙九年(1670)定例。嗣于乾隆二十七、八(1762、1763)等年,先后据云南巡抚吴达善、臣部侍郎钱汝诚奏准,发往东南省份人犯,情愿前进,及云南省并无盛暑严寒,不必停遣等因。但查云南省无盛暑严寒不必停遣,系指解往云南,已入边境者而言。外省误会例意,凡遇指发云南人犯,起解时无论盛暑严寒,即援引此例,径行起解。使解往云南,路过东南省份之犯,不得与安插东南省份之犯,一体听其愿否停遣,殊未平允,应行画一修改。又,军、流脱逃解配及改调者不准停遣,系雍正七年(1729)定例。又实发新疆及由新疆改发内地者不准停遣,系乾隆二十六年(1761)定例。查军、流人犯既能脱逃,其解配、改调,自应不准停遣。至新疆人犯,前因该处需人耕种,未便稽缓,故亦不准停遣。今新疆生齿日繁,发遣各犯,叠奉恩旨减释。自应推广皇仁,一体准其停遣。其由新疆改发内地人犯,亦应画一办理。又例内"春融"二字含混,应照例改为"二月",一并声明。谨将修改例文,开列于后。

一、直省军、流、遣犯,及实发新疆,并由新疆条款改发内地人犯,未起解者,十月至正月终,及六月,俱停其发遣。若已至中途,初冬十月,经过州县照常接递,至十一月初一日,方准停遣,俟次年二月转解。如遇六月,照前停遣。倘抵配不远,并发往东南省份各项人犯,有情愿前进赴配者,取具本犯确供,一体起解。并将不行停遣缘由,移咨前途接递,仍报刑部。惟云南省并无盛暑严寒,各省解往军、流、遣犯,已入该省边境者,不必停遣。其起解之时,有情愿前进者,亦照解往东南省份之例办理。其军、流、遣犯在配脱逃,例应解回原配,及改调他省者,虽遇隆冬盛暑,不准停遣。其民人在外省犯徒,例应递回原籍发配之犯,若离籍在一千里外者,时遇隆冬盛暑,亦准停解。其起解及接递州、县,如有将应行停解之犯而不停解,及将不应停解之犯擅行停解者,均交吏部照例议处。

【1802】1.1.45.(23)(略)

【1825】1.1.45.(21)(略)

【1847】1.1.45.(22)(略)

***【1680】1.1.30 刑部现行则例·名例·贪赃官役流徙乌喇等处(补)**

一、贪赃官役罪至死,若免死减等发落者,并妻及未分家之子,交与户部安插于乌喇地方。罪不至死拟流者,流徙于尚阳堡。康熙二十一年五月初九日,奉上谕:"谕刑部:顷者,逆寇歼灭,海宇荡平,朕躬诣盛京,展谒永陵、福陵、昭陵,以告成功。因而巡行边塞,咨询民间疾苦。东至乌喇地方,见其风气严寒,由内地发遣安插人犯,水土不习,难以资生。念此辈虽干宪典,但既经免死,原欲令其生全。若仍投畀穷荒,终归踣毙,殊非法外宽宥之初念。朕心深为不忍。以后免死减等人犯,俱着发往尚阳堡安插。其应发往尚阳堡人犯,改发辽阳安插。至于反叛案内应流人犯,仍发乌喇地方,令其当差,不必与新披甲之人为奴。以昭朕轸恤民隐、哀矜保全之意。尔部即遵谕行。特谕。"

***【1707】○增入**

臣等谨按:现行例内七条,类于"徙流迁徙地方"律,应增入。

【现行例】康熙二十一年五月初九日,奉上谕:"谕刑部:顷者,逆寇歼灭,海宇荡平,朕躬诣盛京,展谒永陵、福陵、昭陵,以告成功。因而巡行边塞,咨询民间疾苦。东至乌喇地方,见其风气严寒,由内地发遣安插人犯,水土不习,难以资生。念此辈虽干宪典,但既经免死,原欲令其生全。若仍投界穷荒,终归踣毙,殊非法外宽宥之初念。朕心深为不忍。以后免死减等人犯,俱着发往尚阳堡安插。其应发往尚阳堡人犯,改发辽阳安插。至于反叛案内应流人犯,仍发乌喇地方,令其当差,不必与新披甲之人为奴。以昭朕轸恤民隐、哀矜保全之意。尔部即遵谕行。特谕。"

【1725】○增入

现行例内八条,类于此律,应增入。

【现行例】一、康熙二十三年十二月刑部议复科臣杨尔淑条奏,奉旨:"凡充军、流、徒犯人,于隆冬严寒时发遣,在途苦累。嗣后隆冬时,停其发遣。"①

康熙二十一年五月初九日,奉上谕:"谕刑部:顷者,逆寇歼灭,海宇荡平,朕躬诣盛京,展谒永陵、福陵、昭陵,以告成功。因而巡行边塞,咨询民间疾苦。东至乌喇地方,见其风气严寒,由内地发遣安插人犯,水土不习,难以资生。念此辈虽干宪典,但既经免死,原欲令其生全。若仍投界穷荒,终归踣毙,殊非法外宽宥之初念。朕心深为不忍。以后免死减等人犯,俱着发往尚阳堡安插。其应发往尚阳堡人犯,改发辽阳安插。至于反叛案内应流人犯,仍发乌喇地方,令其当差,不必与新披甲之人为奴。以昭朕轸恤民隐、哀矜保全之意。尔部即遵谕行。特谕。"

【1725】1.1.45.(2)

【增例】一、康熙二十一年(1682)五月内,奉上谕:"谕刑部:顷者逆寇歼灭,海宇荡平,朕躬诣盛京展谒永陵、福陵、昭陵,以告成功。因而巡行边塞,咨询民间疾苦。东至乌喇地方,见其风气严寒,由内地发遣安插人犯,水土不习,雠以资生。念此辈虽干宪典,但既经免死,原欲令其生全。若仍投界穷荒,终归踣毙,殊非法外宽宥之初念。朕心深为不忍。以后免死减等人犯,俱着发往尚阳堡安插。其发往尚阳堡人犯,改发辽阳安插。至于反叛案内应流人犯,仍发乌喇地方,令其当差,不必与新披甲之人为奴。以昭朕轸恤民陲、哀矜保全之意。尔部即遵谕行。特谕。"

【1740】○删除

臣等谨按:钦奉上谕,自应恭纂为例,以便引用。但免死减等人犯发往尚阳堡安插,及发往尚阳堡人犯改为发往辽阳安插之处,后已屡经改易。其叛逆案内应流人犯,例内原无给新披甲为奴之文,但应于各条例中增入"当差"字样,毋庸另行纂辑。

① 本条现行例修并入何条条例,康熙四十五年(1706)进呈本与《大清律例按语》第1卷"名例·迁徙徒流地方"(雍正三年)条记录不同,仍照录不改。

＊【1707】○增入

臣等谨按：现行例内七条，类于“徒流迁徙地方”律，应增入。

【现行例】一、凡各省民人，在京犯该应流，并免死减等流犯，如无妻室，及无应追埋葬银两者，顺天府定地发遣；如有妻室，及应追银两，顺天府转发原籍地方，令其追银、佥妻，各照本省所定应流地方发遣，追完银两解部，分别给主。别省有犯，亦照此例科断。

【1725】○增入

现行例内八条，类于此律，应增入。

【现行例】（略）

【1725】1.1.45.（3）

【增例】（略）

【1740】○修改

臣等谨按：此条内“别省有犯”四字，语意未明，应改。再例应外遣者乃云“发遣”，例内“发遣”二字，亦应改。谨将改辑例文，开列于后。

一、凡各省民人，在京犯该应流，并免死减等流犯，如无妻室，及无应追埋葬银两者，顺天府定地发配；如有妻室，及应追银两，顺天府转发原籍地方，令其追银、佥妻，各照本省所定应流地方发配，追完银两解部，分别给主。不在本籍犯流者，亦照此例科断。

【1740】1.1.45.（2）（略）

【1788】○修并

修并按语及修并后条例见【1740】1.1.45.（8）条下【1788】修并项。

＊【1680】1.1.33　刑部现行则例·名例·滇省定地发遣

一、云南徒罪人犯，发本省多罗、松林等十二驿摆站。罪重者，迤东各府人犯，拟发诺邓等井煎盐；迤西各府人犯，拟发个旧等厂熬铅。流罪人犯，拟发四川、广东二省安置。军罪人犯，有“极边”字样者，拟充广西都司；无“极边”字样者，拟充贵州新添永宁二卫守哨。其发遣人犯，年终造册报部。

＊【1707】○增入

臣等谨按：现行例内七条，类于“徒流迁徙地方”律，应增入。

【现行例】（略）

臣等再按：云南流罪人犯应发地方，已载前正律内。又广西、贵州卫所，今已全裁，应将此条内充发军、流一段删去。谨拟删改，开载于后。

【新改入现行例】一、云南徒罪人犯，发本省多罗、松林等十二驿摆站。罪重者，迤东各府人犯，发诺邓等井煎盐；迤西各府人犯，发个旧等厂熬铅。其发遣人犯，年终造册报部。

【1725】○增入

增入按语、原现行例、修改按语及拟修改条例均同【1705】增入、修改情形,略。

【1725】1.1.45.(4)

【增例】(略)

【1740】○修改

臣等谨按:此条系康熙二十四年(1685)定例,原例下“有其发遣人犯,年底造册报部”之文,乃指军、流人犯分发四川、广东、广西、贵州者而言。今例内未经载明,不便引用。且各省发遣、军、流俱不造册报部,亦不画一,今删。

一、云南徒罪人犯,发本省多罗、松林等十二驿摆站。罪重者,迤东各府人犯,发诺邓等井煎盐;迤西各府人犯,发固旧等厂熬铅。

【1740】1.1.45.(3)(略)

【1788】○删除

臣等谨按:乾隆五十二年(1788)正月内,云南巡抚谭尚忠条奏,云南通省徒犯,总就多罗、松林等十二驿发配,日积日多,非群集为匪,即起意脱逃。请于通省州县内,不拘有无驿站,均匀酌配,将定发迤东、迤西井、厂煎盐熬铅之例停止。经臣部核复具奏,奉旨:“依议。”钦遵,另纂新例在案。[①] 此条业已不用,应行删除。

***【1707】○增入**

臣等谨按:现行例内七条,类于“徒流迁徙地方”律,应增入。

【现行例】一、闽、粤二省,冬月常暖。将广东应流福建人犯,仍照常发遣。

臣等谨按:此条未载福建应流广东人犯,相应增改。谨拟增改,开载于后。

【新改入现行例】一、闽、粤二省,冬月常暖。其应流二省人犯,仍照常发遣。

【1725】○增入

拟增入及拟修改按语同上。

【原改现行例】一、福建、广东二省,冬月常暖。其彼此应流人犯,仍照常发遣。

【1725】1.1.45.(5)

【增例】一、凡军、流人犯,隆冬停其发遣。惟广东、福建冬月常暖,其彼此应流人犯,照常发遣。

【1740】○删除

***【1680】6.28.256　刑部现行则例·断狱·流徒到所板责**

一、民人犯军、流、徒罪,俱应到配所板责。

---

① 所称“新例”,系指【1790】1.1.45.(4)条。

*【1707】○增入

臣等谨按:现行例内七条,类于"徒流迁徙地方"律,应增入。

【现行例】(略)

臣等再按:凡流罪,俱杖一百。惟吏、刑二律中,有流而不加杖者,皆系缘坐之流,以其罪非己作,故不加杖。应将缘坐流罪不加杖之处增入,其字句亦拟删改。谨拟删改,开载于后。

【新改入现行例】一、军、流、徒犯,俱至配所,照应杖之数折责。惟缘坐流罪,不加杖。

【1725】○增入

拟增入按语、原现行例、拟修改按语并原改现行例俱与【1707】增入同(略)。

【1725】1.1.45.(6)

【增例】(略)

【1740】1.1.45.(4)(略)

【1788】○移并

【原例】名例律·五刑【1740】1.1.1.(4)

一、凡民人犯军、流、徒罪者,俱俟到配所之日决杖。

【1740】1.1.45.(4)(略)

臣等谨按:此条例文,与首条事同一辙,不必分列两门,致滋繁冗,应拟并为一条,专载"五刑"门内,以归简易。今将并辑例文,开列于后。

一、凡民人犯军、流、徒罪者,俱至配所,照应杖之数折责。惟缘坐流罪不加杖。

*名例律·五刑【1790】1.1.1.(7)(略)

*【1707】○增入

臣等谨按:现行例内七条,类于"徒流迁徙地方"律,应增入。

【现行例】一、凡免死强盗、三次窃盗、诱卖人口、私铸制钱、偷挖人参,并行凶等犯,应发往黑龙江等处者,除旗下另户人外,其民人及旗下奴仆,即将所犯罪由,于左右面上分刺满、汉字样发遣,仍照例分别枷责。若先经发遣各犯逃回者,亦照此例刺发。

【1725】○增入

按语及拟增入现行例同上。

【1725】1.1.45.(7)

【增例】一、凡免死强盗、三次窃盗、诱卖人口、私铸制钱、偷挖人参,并行凶等犯,应发黑龙江等处者,除另户旗人外,其民人及旗下奴仆,即将所犯罪由,于左右面上分刺满、汉字样发遣,仍照例分别枷责。若从发遣处逃回者,亦照此例刺发。

【1740】○删除

臣等谨按:刺字之例,俱分见于各条,并“起除刺字”律后,此条应删。

【1725】○增入

臣等谨按:雍正元年(1723)九月内,刑部议复行凶发遣,事理类于此律,谨拟节录于后。

【续增现行例】一、各旗将家奴吃酒行凶送部发遣者,令该旗都统确查,用印文送部发遣。如将应行发遣之奴,该旗故为留难,不行送部者,许伊主赴部递呈,该部审明,应行发遣者发遣,将留难官员交部查议。至于行止不端之人,欲行占夺家人妻女,捏以吃酒行凶送部者,不准发遣,交与该佐领,将伊妻室、子女转卖,身价给主。倘被卖之后,捏告原主,希图报复者,仍照诬告家长律从重治罪。其各省将军处,有送家奴吃酒行凶发遣者,该将军审明,照此遵行。

【1725】1.1.45.(8)

【钦定例】(略)

【1740】○修改

臣等谨按:例内“诬告家长律”下,原有“从重”二字。查律称“从重”者,乃指身犯数罪者而言。今既云“照诬告家长律”,则诬告家长即其本罪,并无可从重之处。今删。

一、各旗将家奴吃酒行凶送部发遣者,令该旗都统确查,用印文送部发遣。如将应行发遣之奴,该旗故为留难,不行送部者,许伊主赴部递呈,该部审明,应行发遣者发遣,将留难官员交部查议。至于行止不端之人,欲行占夺家人妻女,捏以吃酒行凶送部者,不准发遣,交与该佐领,将伊妻室、子女转卖,身价给主。倘被卖之后,捏告原主,希图报复者,仍照诬告家长律治罪。其各省将军处,有送家奴吃酒行凶发遣者,该将军审明,照此遵行。

【1740】1.1.45.(5)(略)

【1790】1.1.45.(15)(略)

【1802】1.1.45.(10)(略)

【1725】1.1.45.(9)

【钦定例】一、云南、贵州、四川、广西、湖南五省土司,有犯徒罪以下者,仍照例遵行外,其改土为流之土司,本犯系斩、绞者,仍于各本省分别正法、监候,其家口应迁于远省安插者,系云南迁往江宁,系贵州迁往山东,系广西迁往山西,系湖南迁往陕西,系四川迁往浙江,令该督抚将伊等家口,在于各该省城安插。如犯军、流罪者,其土司并家口,应迁于近省安插,系云南、四川迁往江西,系贵州、广西迁往安庆,系湖南迁往河南,令该督抚将土司并伊等家口,在于省城及驻扎提督地方分发安插。该地方文武各官,不时稽查,毋许生事扰民、出境。如疏纵土司本犯及疏脱家口者,照例分别议处。其犯应迁之土司及伊家口,该督抚确查人数多寡,每亲丁十口,带奴婢四口,造具清册,连家口一并移送安插之省,仍具册,并取该地方官并无隐漏、冒滥等弊印结,咨报刑部。其所给房产,令督抚计其家口多寡,每十口拨给官房五间、官地五十亩,俾得存养获所,官地照例输课。于每年封印前,将安插人口及所给房产数目造册,送户部查核。

【1740】○修改

臣等谨按:此条语多重复,应删。谨将删改例文,开列于后。

一、凡土司有犯徒罪以下者,仍照例遵行外,其改土为流之土司,本犯系斩、绞者,仍于各本省分别正法、监候,其家口应迁于远省者,系云南迁往江宁,系贵州迁往山东,系广西迁往山西,系湖南迁往陕西,系四川迁往浙江,在于各该省城安插。如犯军、流罪者,其土司并家口,应迁于近省安插,系云南、四川迁往江西,系贵州、广西迁往安庆,系湖南迁往河南,在于省城及驻扎提督地方分发安插。该地方文武各官,不时稽查,毋许生事扰民、出境。如疏纵土司本犯及疏脱家口者,交部分别议处。其犯应迁之土司及伊家口,该督抚确查人数多寡,每亲丁十口,带奴婢四口,造具清册,一并移送安插之省,仍具册,并取该地方官并无隐漏印结,咨报刑部。其安插地方,每十口拨给官房五间、官地五十亩,俾得存养获所,官地照例输课。于每年封印前,将安插人口及所给房产数目造册,送户部查核。

【1740】1.1.45.(6)(略)

【1790】1.1.45.(8)(略)

【1802】1.1.45.(6)(略)

【1725】1.1.45.(10)

【钦定例】一、凡土、蛮、猺、獞有仇杀、劫掳,凶惨已甚,及聚众捉人靴禁者,所犯系死罪,将本犯正法,一应家口、父母、兄弟、子侄,俱令迁徙。如系军、流等罪,将本犯照例枷责,仍同家口、父母、兄弟、子侄一并迁徙。系流官所辖者,发六百里外之土司安插;系土司所辖者,发六百里外之营县安插。其凶恶未甚者,初犯照例治罪,姑免迁徙。若仍不改恶,将本人加倍治罪,亲属、家口亦迁徙别地安插。仍严饬文武官稽查约束,出具印结,并年貌清册,于年底报部。如安插十年后,果能改恶迁善,有情愿回籍者,查明咨部准予回籍。若本犯并各家口仍在安插地方行凶生事,加倍治罪。倘地方官不尽心约束,以致疏脱者,即将该管文武各官照例参处。其本犯审无别情,照例治以逃罪。如有生事不法情由,亦加倍治罪。至蛮、獞头目犯法,必根究勾引之人,审明确实,照诱人犯法律加等治罪,遇赦不宥。失察勾引之地方官,照徇庇例议处。

【1740】○修改

臣等谨按:此条内称"照例治罪"并"加倍治罪"之处,俱未指明治以何罪,殊难引用,应删改。再“凶惨已甚”无所指实，“照徇庇例”四字系《处分则例》，亦应删改。谨将删改例文，开列于后。

一、凡土、蛮、猺、獞有仇杀、劫掳，及聚众捉人靴禁者，所犯系死罪，将本犯正法，一应家口、父母、兄弟、子侄，俱令迁徙。如系军、流等罪，将本犯照例枷责，仍同家口、父母、兄弟、子侄一并迁徙。系流官所辖者，发六百里外之土司安插；系土司所辖者，发六百里外之营县安插。其凶恶未甚者，初犯照例枷责，姑免迁徙。若仍不改恶，将本人仍照原拟枷责，亲属、家口亦迁徙别地安插。仍严饬文武官稽查约束，出具印结，并年貌清册，于年底报部。如安插十年后，果能改恶迁善，有情愿回籍者，查明咨部准予回籍。若本犯并各家口仍在安插地方行凶生事，照已徒已流而又犯罪律再科后犯之罪。倘地方官不尽心约束，以致疏脱者，即将该管文武各官照例参处。其本犯审无别情，照例治以逃罪。如有生事不法情由，照平常遣犯逃后为匪例分别治罪。至蛮、獞头目犯法，必根究勾引之人，审明确实，照诱人犯法律加等治罪，遇赦不宥。失察勾引之地方官，照徇庇例议处。

【1740】1.1.45.（7）（略）

【1790】1.1.45.（9）（略）

【1802】1.1.45.（7）（略）

【1725】1.1.45.（11）

【钦定例】一、奉天、宁古塔、黑龙江等处，有犯枷责发遣者，令该将军等查明，或系实在满洲另户正身，或虽系另户而行同奴仆，卑污下贱者，或系奴仆开户而为另户者，逐一声明送部，照例枷责。满日咨送兵部，将实在满洲另户正身发西安、荆州、杭州、成都等处满洲驻防之省城当差；若另户而行同奴仆，并奴仆开户者，俱发西安等处满洲驻防之兵丁为奴。其同案之犯，不得共发一处。

【1740】○修改

臣等谨按：此条内称“虽系另户而行同奴仆，分发驻防兵丁为奴”之处，于乾隆元年（1736），经刑部议准，免其为奴在案，应删。谨将删辑例文，开列于后。

一、奉天、宁古塔、黑龙江等处，有犯枷责发遣者，令该将军等查明，或系另户满洲，或系开户奴仆，逐一声明送部，照例枷责。满日咨送兵部，将另户满洲发西安、荆州、杭州、成都等处满洲驻防之省城当差；若开户奴仆，发西安等处，给满洲驻防之兵丁为奴。其同案之犯，不得共发一处。

【1740】1.1.45.（9）（略）

【1767】○修改

臣等谨按：原例另户满洲、开户奴仆仅发西安等四省，今兵部于乾隆二十七年（1762）十月内奏准，各省驻防轮流编发，是以遵照改正。

一、奉天、宁古塔、黑龙江等处，有犯枷责发遣者，令该将军等查明，或系另户满洲,或系奴仆,逐一声明送部,照例枷责。满日咨送兵部,将另户满洲发直隶、江宁、山西、山东、河南、甘肃、西安、宁夏、凉州、荆州、杭州、成都、福建、广东等处满洲驻防之省城当差;若奴仆,亦发直隶等省给满洲驻防之兵丁为奴。其同案之犯,不得共发一处。

【1768】1.1.45.(9)(略)

【1790】1.1.45.(7)(略)

【1802】1.1.45.(5)(略)

***【1725】○增入**[①]

臣等谨按:钦奉上谕一道,类于此律,应增入。

【续增现行例】一、雍正元年(1723)十二月内,奉上谕:"凶、盗拟斩减等发遣时,停止发往黑龙江等边界处,此后将发遣之凶、盗等,俱发三姓地方。至发遣处,如有不守本分、生事逃回等事务,照定律加意严紧。若该管人等徇情不行严紧,混行生事,逃回为匪,被获时,将该管人等严加治罪。"

【1740】○续纂

一、各省流寓之人,犯徒者,即在所犯地方充徒;犯流者,仍依本省应发地方佥发。

此条系总注内补律之所不及者,今另纂为例,以备引用。

【1740】1.1.45.(8)(略)

【1788】○修并

【原例】【1740】1.1.45.(8)(略)、【1740】1.1.45.(2)(略)、【1768】1.1.45.(15)(略)、【1768】1.1.45.(16)(略)

臣等谨按:以上俱系流寓之人犯军、流、徒罪,分别定地发配之文。分为四条,实觉繁琐,应并为一条。再查流犯应追银两,既应移查原籍有无产业,其犯该徒罪有应追赃者,自当一例办理。谨拟并纂入例,以备引用。并将"应流道里远近,分别改发"之下,添入"回避原籍相近之地",以免歧误。今将修并例文,开列于后。

一、各省民人流寓在京在外,犯该军、流、徒罪,并免死减等之犯,其有应追银两,讯明本犯原籍有产可赔者,移查明确,将该犯解回原籍追银完交后,照应配地方发配,将所完银两移交犯事地方,分别给主。如无应追银两,或赃项已经追完,及移查原籍并无产业者,徒犯,即在犯事地方,定地充徒;军、流人犯,于犯事地方,按本犯原籍应配地方,起解发配。若计原籍应配之地,即系该犯流寓之所,令各该督抚按所犯

---

① 此条不见于《大清律例按语》第1卷"名例·迁徙徒流地方"(雍正三年)条下,雍正三年(1725)《大清律集解附例》不载。

应流、应充军道里远近,分别改发,仍回避原籍相近之地。

【1790】1.1.45.(3)(略)

【1802】1.1.45.(2)(略)

【1740】○增入

一、各省军、流人犯,在本地未经起解者,遇冬月仍照例停遣。若已至中途,初冬十月,经过州县,照常接递,至十一月初一日,方准停遣,俟次年春融时转解。如抵配所不远,本犯情愿前进者,将不行停遣缘由,移咨前途州县,一体接递,仍报明刑部。其从配所逃回被获者,照逃人之例,分别刺字,押解原发配所,照例治罪。虽遇隆冬,不准停遣。

此条系雍正七年(1729)定例。

【1740】1.1.45.(10)(略)

【1751】○修改

臣等谨按:例载军、流及外遣人犯,十月至正月终,及六月,俱停其发遣。是隆冬以及盛暑,如人犯未经起解者,俱有停遣之例。惟中途停遣条内,止有"隆冬"而无"盛暑"字样,恐各省拘执例文,办理参差。查前经兵部会同臣部议复升任山东按察使图尔炳阿条奏内,请嗣后军、流人犯,除未经起解者,六月照例停遣外,其已解至中途,如遇六月盛暑,沿途照例一体停遣等因奏准,通行在案。应遵照原奏,增入"如遇六月,一体停遣"字样,以便画一遵行。谨将增辑例文,开列于后。

一、各省军、流人犯,在本地未经起解者,遇冬及六月仍照例停遣。若已至中途,初冬十月,经过州县,照常接递,至十一月初一日,方准停遣,俟次年春融时转解。如遇六月,亦准停遣。倘抵配所不远,本犯情愿前进者,将不行停遣缘由,移咨前途州县,一体接递,仍报明刑部。其从配所逃回被获者,照逃人之例,分别刺字,押解原发配所,照例治罪。虽遇隆冬,不准停遣。

【1767】○修改

臣等谨按:原例内有"从配所逃回被获,押解原发配所"等语。查乾隆三十一年(1766)五月内,臣部奏准定例,军、流、遣犯脱逃,俱应加等改调,不止发往原配处所,是以将原例内"配所逃回被获,押解原发配所"句,改为"应发原配者仍发原配,应改调者改调"。

一、军、流人犯,在本地未起解者,遇隆冬及六月,仍照例停遣。若已至中途,初冬十月,经过州县,照常接递,至十一月初一日,方准停遣,俟次年春融时转解。如遇六月,亦准停遣。倘抵配不远,本犯情愿前进者,将不行停遣缘由,移咨前途州县,一体接递,仍报刑部。其从配所脱逃被获者,分别刺字、押解,应发原配者仍发原配,应改调者,改调,虽遇隆冬盛暑,不准停遣。

【1768】1.1.45.(10)(略)

【1788】○修并

修并按语及修并后条例见【1740】1.1.45.(1)条【1788】修并项下。

【1740】○增入

一、分发流罪,如计算该犯原籍府属至分流省份,有未及应流里数者,将该犯分拨远处之府属安插;如已逾应流里数者,即于本省府属内,计道里足数之地方安插。

此条系雍正十二年(1734)定例。

【1740】1.1.45.(11)(略)

【1788】○删除

臣等谨按:此条分发流犯,计算未及应流里数者,拨远处府属,如已逾应流里数者,即于本省府属内道里足数地方安插,系雍正十二年(1734)定例。嗣于乾隆四十九年(1784),臣部将《三流道里表》内各府州三等流犯,按照现在远近程途里数,编定应发省份,校订成书,奏明通行,遵照在案。是此条系属旧例,业已不行,应请删除。

【1740】○增入

一、旗人犯该发遣者,分发黑龙江、宁古塔、吉林乌喇等处当差。旗人家奴,暂发三姓地方,给与八姓一千兵丁为奴。俟数满一千之后,仍发遣黑龙江等处为奴。若民人犯该发遣案内,强盗免死减等者,行劫数家止首一家者,伙盗供出首盗即时拿获者,窃盗临时拒捕杀人为从者,偷盗坟墓二次者,民人谎称卖身在旗者,民人谎称八旗逃人者,民人假称逃人具告行诈者,民人卖逃、买逃者,如查有妻室,俱佥发宁古塔、黑龙江等处,分给披甲之人为奴。其查无妻室者,如系强盗免死及窝留强盗三人以上之犯,分发云贵川广极边烟瘴地方;其余查无妻室,并别项遣犯之有妻室者,俱分发云贵川广烟瘴少轻地方。均交与地方官严行管束,仍照例分别刺字。如有逃走为匪及生事不法者,俱照发遣黑龙江等处之例,分别治罪。

此系乾隆元年(1736)、二年(1737)定例,今并为一条,以便引用。

【1740】1.1.45.(12)(略)

【1767】○修改

臣等谨按:此条原例有"旗下家奴犯该发遣,暂发三姓,给与八姓一千兵丁为奴。俟数满之后,仍发黑龙江"等语。查此例久已停止,现俱发往黑龙江,拟将原例内"暂发三姓地方,给与八姓一千兵丁为奴"等句删去。再原例内有"伙盗供出首盗即时拿获"一项,已分别遣、流,载在"强盗自首"条内;"偷盗坟墓二次"一项,已载在"发冢"条内;"强盗免死减等"一项,已列入"民人有犯外遣"条内,此处均毋庸重复纂入,拟合删去。至民人谎称卖身在旗、民人谎称八旗逃人、民人假称逃人具告行诈、民人卖逃、买逃五项;窝留强盗三人以上,行劫数家只首一家,窃盗临时拒捕杀人为从三项,原例俱分别有无妻室办理,今照新例,将前五项俱发黑龙江为奴,后三项均发云贵两广,以归画一,合并声明。

一、旗人犯该发遣者,分发黑龙江、宁古塔、吉林乌喇等处当差。旗人家奴,发遣黑龙江等处为奴。若民人犯该发遣案内,民人谎称卖身在旗者,民人谎称八旗逃人者,民人假称逃人具告行诈者,民人卖逃、买逃者,俱发宁古塔、黑龙江等处,分给披甲之人为奴。窝留强盗三人以上者,发云贵两广极边烟瘴地方;其行劫数家只首一家者,窃盗临时拒捕杀人为从者,并别项遣犯,俱改发云贵两广烟瘴少轻地方,交与地方官严行管束,仍照例分别刺字。如有逃走为匪及生事不法者,俱照发遣黑龙江等处之例,分别治罪。

【1768】1.1.45.(12)(略)

【1790】1.1.45.(18)(略)

【1801】○修并、分辑

【原例】【1790】1.1.45.(18)(略)、【1790】1.1.45.(17)(略)、【1790】1.1.45.(21)(略)

臣等谨按:旗人正身发遣黑龙江等处当差,家奴发遣为奴,系乾隆元年(1736)定例。又八旗逃人匪类,犯该发遣者,该将军酌量安插。如不知改悔,改发云贵两广,年终汇奏。又旗人发遣乌鲁木齐等处,如曾任职官及正身、另户者,发遣当差。俱系乾隆二十三年(1758)定例,应修并一条。又年终汇奏各款,于乾隆五十九年(1794)正月钦奉谕旨改"奏"为"咨",应改为"年终咨报军机处、刑部,会核汇奏。"又查乾隆二年(1737),因黑龙江等处遣犯安插过多,奉旨查办,经九卿会同臣部,于黑龙江遣犯内,将民人谎称卖身在旗者四条,仍发黑龙江,给披甲人为奴;窝留强盗三人以上者,发云贵两广极边烟瘴充军;其行劫数家止首一家、窃盗临时拒捕杀人为从,并别项遣犯,俱发烟瘴少轻地方管束。又乾隆二十四年(1759),军机大臣会同臣部,于应发巴里坤条款内,将强盗免死减等数项,发往黑龙江,给披甲人为奴。查原例两条系随时增修,语多重复,殊未简明。应将发遣人犯分别旗、民,各立专条,以便引用。又查民人发遣条内,已于乾隆五十六年(1791),将开窑诱取妇人子女勒卖为从一项,改发回城为奴;邪教为从者,改发黑龙江,给索伦达呼尔为奴。又别项遣犯改发烟瘴地方,例内各有专条,此处毋庸复载,俱应节删,合并声明。谨将修改例文二条,开列于后。

【1802】1.1.45.(28)(略)、【1802】1.1.45.(29)(略)

【1802】1.1.45.(28)

一、八旗另户、正身,及曾为职官,发遣黑龙江、吉林及乌鲁木齐等处者,俱当差;系家奴,发遣为奴。至八旗逃人匪类,发遣黑龙江、吉林、宁古塔者,令该将军酌量各该处所属地方大小,分发安插,严行管束。如有不知改悔,即照例报部,改发云贵两广等处。仍将每年有无改发之处,于年终咨报军机处、刑部,会核汇奏。

【1806】○修改

【原例】*名例律·徒流人又犯罪【1790】1.1.21.(6)(略)

【1802】1.1.45.(28)(略)

臣等谨按:《督捕则例》内载,“旗人三次逃走被获者,发黑龙江等处当差。倘再怙恶不悛,及逃走者,销除旗档,改发云贵两广,令地方官与民人一体严加管束”等语,是旗人犯罪发遣在配,怙恶不悛,例应销除旗档,改发云贵两广。前二条例内,八旗逃人、匪类发遣黑龙江等处,并奉天等处旗人发遣各处驻防,在配不知改悔,改发云南等省,并无“销除旗档”字样。臣部每遇此等案件,均援照《督捕则例》,拟以销除旗档。与其逐案援引,莫若于例内添纂明晰,以昭赅备。谨将修改例文二条,开列于后。

*名例·徒流人又犯罪【1825】1.1.21.(8)(略)

一、八旗另户正身及曾为职官,发遣黑龙江、吉林及乌鲁木齐等处者,俱当差。系家奴,发遣为奴。至八旗逃人、匪类发遣黑龙江、吉林、宁古塔者,令该将军酌量各该处所属地方大小,分发安插,严行约束。如有不知改悔,即销除旗档,照例报部,改发云贵两广等处,令地方官与民人一体严加管束。仍将每年有无改发之处,于年终咨报军机处、刑部,会核汇奏。

【1825】1.1.45.(29)(略)

【1847】1.1.45.(30)(略)

【1802】1.1.45.(29)

一、民人犯该发遣案内,强盗免死减等者;强盗已行而不得财者;造谶纬妖书,传用惑人,不及众者;师巫假降邪神,并一应左道异端之术,煽惑人民,为从者;聚众十人以上,带有军器,兴贩私盐,拒捕伤人,为从下手者;叛案缘坐者;谎称卖身在旗者;谎称八旗逃人者;假称逃人具告行诈者;卖逃、买逃者,俱发黑龙江、吉林等处,分给披甲人为奴,照例分别刺字。

【1806】○修改

臣等谨按:此条系民人犯该发遣之通例。查“强盗”本门例载“强盗伤人而未得财为从,发黑龙江为奴。如未得财又未伤人,首犯发黑龙江为奴,从犯杖一百、流三千里”等语,是强盗发遣为奴,系指已行而不得财伤人为从,及未伤人为首者而言。各省间有将未伤人为从,罪止拟流之犯,亦声明照“名例”改发黑龙江为奴。缘“名例”内系统言强盗已行而不得财,并未将伤人为从及未伤人为首指明,以致办理参差。应请添入“伤人为从”及“未伤人为首”字样,以免歧误。又“谋叛”本门例载“叛案缘坐之犯,发遣当差,不必给披甲人为奴”等语,此条例内叛案缘坐一项,列入为奴之内,与本门条例不符,应请摘出,列于“为奴”之下,添入“当差”字样,以昭画一。谨将修改例文,开列于后。

一、民人犯该发遣案内,强盗免死减等者;强盗已行而不得财,伤人为从,及未伤人为首者;造谶纬妖书,传用惑人,不及众者;师巫假降邪神,并一应左道异端之术,煽惑人民,为从者;聚众十人以上,带有军器,兴贩私盐,拒捕伤一人,为从下手者;谎称卖身在旗者;谎称八旗逃人者;假称逃人具告行诈者;卖逃、买逃者,俱发黑龙江、吉林等处,分给披甲之人为奴。叛案缘坐者,发黑龙江、吉林等处当差。俱照例分别刺字。

【1814】○修并

修并按语及修并后例文,见【1802】1.1.45.(22)条【1814】修并、修改项下。

【1740】○续纂

一、直隶、江南、浙江、江西、湖广、福建、山东、山西、河南、陕西人犯,应发黑龙江等处者,俱发四川、广东、广西、云南、贵州烟瘴地方;其云贵川广五省人犯,应发黑龙江等处者,照《军卫道里表》内所编极边地方足四千里佥发。

臣等谨按:乾隆元年(1736)五月内定例"云、贵犯事者发往川、广烟瘴,川、广犯事者发往云、贵烟瘴"等语,今据贵州按察使陈德荣条奏内称:此五省接壤邻封,俱相距不足二千里,与本省无甚悬殊,不足示惩,且恐人犯因地近逃回滋事,请不必拘定烟瘴地方,于此五省互发,应"照《军卫道里表》内所编极边地方足四千里佥发"等语,似更周匝。应如所奏,纂为定例。

【1740】1.1.45.(13)(略)

【1767】○修改

臣等谨按:乾隆二十八年(1763)二月内,广西按察使柏琨条奏,云、贵等省应发烟瘴人犯,均于有烟瘴省份互相递发,已于此条内增入。其原例内"照《军卫道里表》足四千里佥发"之处,业已不行,拟合删去。

一、直隶、江南、浙江、江西、湖广、福建、山东、山西、河南、陕西、四川人犯,应发黑龙江等处者,俱发云贵两广烟瘴地方。其云贵两广四省人犯,应发黑龙江等处者,该督抚查明籍贯,均于隔远烟瘴省份互相递发。

【1768】1.1.45.(13)(略)

【1772】○删除

臣等谨按:此条系应发黑龙江人犯改发烟瘴地方总例。乾隆三十七年(1772)二月内,臣部议复湖北巡抚陈辉祖条奏,云贵两广四省地方,除由新疆改发者,仍行发往,其例发烟瘴并"名例"内改发四省者,俱改发极边足四千里安置在案。此条总例,现已不用,应请删除。

【1740】○增入

一、汉人犯该发遣者,如系举、贡、生、监,及曾为职官之人,俱酌发云贵川广烟瘴少轻地方,交与地方官管束。

臣等谨按:此条系乾隆元年(1736)定例,原议尚有"满洲、蒙古、汉军内,有另户而行同奴仆者,犯该发遣,令其当苦差"等语。查行同奴仆,罪无指实,易致牵混,今删。

【1740】1.1.45.(14)(略)

【1767】○修改

臣等谨按:乾隆二十四年(1759)闰六月内,军机大臣奏准,川省地虽近边,并非烟瘴,且有啯噜子一项,素不安分,未便将匪徒发往等因,现在四川一省停止发遣。拟将原例内

“川”字改为“两”字。再全部例内有“云贵川广”字样者,俱一体改为“云贵两广”,合并声明。

一、汉人犯该发遣者,如系举、贡、生、监,及曾为职官之人,俱酌发云贵两广烟瘴少轻地方,交与地方官管束。

【1768】1.1.45.(14)(略)

【1790】1.1.45.(19)(略)

【1801】○修并、删除

【原例】【1790】1.1.45.(19)(略)、【1790】1.1.45.(21)(略)、【1795】续纂“一、进士、举贡生员、监生犯事……”条(略)

*刑律·断狱·断罪不当【1740】6.28.422.(2)

一、曾为职官,举、贡、生、监人等,有犯发遣者,引例时,不得加以“为奴”字样。

臣等谨按:民人举、贡、生、监及为职官之人,犯该发遣,俱酌发烟瘴少轻地方。犯该发遣者,引例时不得加以“为奴”字样,系乾隆元年(1736)定例。嗣于二十三年(1758),臣部奏准,旗人曾任职官及另户正身,民人举、监、生员以上并职官子弟,犯该发遣者,俱发往当差,余俱为奴。又五十六年(1791)五月内,钦奉上谕:“江苏省盐犯案内,孙元梅以监生窝顿私盐,恃符庇匪,未便因其系属监生,即得免其为奴,应将该犯发黑龙江给披甲人为奴。嗣后进士、举贡生员等,如只系寻常过犯,不致行止败类者,仍照旧例办理。若系党恶窝匪、卑污下贱者,着照平人之例问拟。钦此。”钦遵纂辑为例。原例内酌发烟瘴,应修并一条。其引例时不得加以“为奴”字样旧例,应行删除。又旗下另户正身发往当差,已有专条,此处毋庸复载。其旗人曾任职官一项,应依类载入旗人发遣例内,合并声明。谨将修并及删除例文,开列于后。

一、曾为职官,及进士、举贡生员、监生,并职官子弟,犯该发遣者,俱酌发烟瘴少轻地方。其实发乌鲁木齐、黑龙江等处者,如止系寻常过犯,不致行止败类者,发往当差;若系党恶窝匪,卑污下贱,罪应发遣者,无论进士、举贡生监,并职官子弟,俱照平人一例发遣为奴。

【删除】*刑律·断狱·断罪不当【1740】6.28.422.(2)(略)

【1802】1.1.45.(38)(略)

【1814】○修改

臣等谨按:此条系乾隆元年(1736)定例。查曾为职官,及进士、举、贡、生、监,并职官子弟,犯该发遣,向俱各照本例问发,只核其情节,分别当差、为奴。此条例内“酌发烟瘴少轻地方”,系属旧例,应请节删。再查本省驻防处所,并无曾为职官及进士、举、贡、生、监并职官子弟应当差使。如此等人犯,有犯该发遣驻防者,应改发乌鲁木齐当差。于例内一并修改明晰,以便引用。谨将修改例文,开列于后。

一、曾为职官,及进士、举贡生员、监生,并职官子弟,犯该发遣乌鲁木齐、黑龙江等处,如只系寻常过犯,不致行止败类者,发往当差;其应发驻防者,亦改发乌鲁木齐当差。若系党恶窝匪,卑污下贱者,俱照平人一例发遣为奴。

【1825】1.1.45.(37)(略)

【1847】1.1.45.(36)(略)

【1740】○移出

一、除强盗减等及情罪重大,佥妻发遣外,其他军、流人犯,如父母年已衰迈,家无次丁,愿留其妻侍养父母者,取具地方官印结,咨部免佥。

此条系乾隆五年(1740)刑部议准定例,原拟附入本条,移入"名例律·流囚家属"。

*名例律·流囚家属【1740】1.1.15.(8)(略)

*【1740】○增入①

一、广东、福建军、流人犯,亦准照各省之例,隆冬停遣。

此条系隆冬停遣之例。查旧例因广东、福建冬月常暖,故各省冬月停遣,惟此二省照常发遣。乾隆三年(1738)经两省巡抚奏准,照各省一例停遣。应将旧例改正,以便引用。

【1740】○删除

一、内务府庄头犯法,应行发遣者,俱给披甲人为奴。

臣等谨按:此条系雍正六年(1728)定例。查内务府庄头亦系正身,应遵乾隆元年(1736)定例,免其为奴,毋庸纂入。

【1740】○删除

一、自京城发往将军处罪人,由刑部上锁,送至将军处,将锁令便员带回,交与刑部。

臣等谨按:此系雍正六年(1728)定例,并非治罪条款,毋庸纂入。

【1740】○删除

一、凡应行发往查克拜达里克人犯内,强盗减等发遣,及盗案内佥妻充军,并八旗拨给披甲人为奴者,俱发往齐齐哈尔等处垦种地亩。

臣等谨按:此条系雍正十一年(1733)定例,后已屡经改定,毋庸纂入。

【1740】○删除

一、发往广西当差人犯,分发平乐、梧州、南宁、柳州等府,郁林、滨州二州各协营入伍充军。

臣等谨按:此条系雍正十一年(1733)定例,乃专为偷刨人参分发云贵、广东、广西

---

① 增入本条例系《大清律例按语》第34卷"名例·迁徙徒流地方"(乾隆五年)条下所载,雍正三年(1725)《大清律集解附例》不载。

等处烟瘴地方当差者而言，俱系该督抚在本省分发各属之例，止应在本省遵行，毋庸纂入。

【1740】○删除

一、发往查克拜达里克人犯，俱发往鄂尔坤种地。

臣等谨按：此条系雍正十一年(1733)定例，今发往鄂尔坤之例已停，毋庸纂入。

【1740】○删除

一、满洲、汉军应发遣之人，俱不必发往查克拜达里克等处种地，仍照旧例发往黑龙江。

臣等谨按：此条系雍正十一年(1733)定例，查系仍照旧例发遣，无庸纂入。

【1740】○删除

一、广东、福建，浙江沿海温、台、宁波等处之人，在本籍地方曾任守备、千、把等官，有犯军、流、徒、杖，应发别省入伍者，如祖父母、父母老疾应侍，准其照例留养。如再不法生事，照原拟之罪加等惩治。其非亲老丁单者，军、流等罪，仍行发往。若因奸、盗、不孝，诬良为盗，窝赌聚赌，生事扰民，受贿纵盗，嗜酒骄悍，犯该徒、杖、笞罪者，俱于本罪完结之日，查明家口，押发原定省份入伍食粮。倘仍前生事不法，照该犯原犯之罪加等惩治。其余犯别样徒、杖、笞罪者，移行该犯之原任上司，查明驯良顽悍，将顽悍者，仍照原定省份押发入伍；驯良者，照文职废员例，交与地方官约束。再有过犯，亦以原拟之罪加等惩治。如有年逾六十，衰老病废者，免其押发，该地方官取具保结，不时约束。如再生事不法，加等治罪。其缘事革退，赃不入己，事由人致，平日谨慎小心，一时误犯，情有可原者，即于本地方安插。若此内有年力精壮，弓马可观者，准其于本省三百里外之营分，入伍食粮。倘再生事不法，加等治罪。其该营官及原任上司，如有徇情挟私，或以顽悍为驯良、以驯良为顽悍，并捏称衰老病废、弓马可观者，除该弁仍分别良、悍，照例发落外，将出结之该管官交部议处。如受财、索诈，计赃以枉法治罪。

臣等谨按：此条系雍正十二年(1734)定例，乃专为广东等处废弁而设，并非直省通行。且不分笞、杖、徒罪，俱于本罪完结之日，分发各省入伍食粮，似未允协。再赃不入己、一时过误致罪者，原非永不叙用之人，即在本地方亦可入伍当差，不必另为定例。至于军、流等罪，亲老应侍，自应照例留养，更不必别立条款。毋庸纂入。

【1740】○删除

一、发遣人犯，暂停发齐齐哈尔、黑龙江等处，俱着发三姓地方，赏给一千兵丁为奴。

臣等谨按:此条系雍正十三年(1735)定例,已于乾隆元年(1736)分别满、汉,另行改定在案,毋庸纂入。

【1743】○续纂

一、免死减等强盗,不论有无妻室,俱照例解部发遣宁古塔等处为奴。其别项发遣人犯,未经到部,及到部之时,妻室病故,将该犯递回原籍,改发烟瘴。其已由刑部咨送兵部转发者,以山海关为界,如解至关外妻室病故,地方官一面竟行发遣,一面申报刑部;如在关内妻室病故,一面申报刑部,一面递回原籍,照例改发。

臣等谨按:此条系乾隆七年(1742)八月,臣部议复直督高斌咨请定例。查定例发遣人犯,有妻室者,解部发宁古塔等处披甲人为奴;无妻室者,改发云贵川广烟瘴地方。惟解部以后,未到配所以前,如遇妻室病故,其应否改发之处,例无明文,故酌分关内、关外,以免歧误。再强盗免死减等发遣,向例俱分别有无妻室。乾隆八年(1743)七月内,九卿议复臣部侍郎盛安,奏准免死强盗,不论有无妻室,概行发遣宁古塔等处披甲人为奴在案。今于例内分晰,以便引用。

【1767】○删除

以上五条,均系军、流、遣犯佥遣旧例,俱应删除。①

臣等谨按:前条系乾隆二十四年(1759)定例,后条系乾隆三十二年(1767)定例。嗣于嘉庆四年(1799),臣部议复江苏巡抚宜兴审拟贼犯王阿狗行窃拒伤事主,由新疆条款改发边远充军案内声明,应发新疆人犯,佥妻发配。原定例之始,本为充实新疆起见,并非罪及其孥,特为佥遣。迄今三十余年,新疆等处生齿日增,在边陲之土地,既不虑屯种乏人,则无罪之妻孥,自不必牵连发配。每年发遣之犯,人数众多,若必逐案佥妻,在原籍既多取结查办之繁,而沿途亦滋官为资送之扰,自应通融筹办。嗣后应发新疆人犯,不论伊妻是否笃疾、该犯有无父母,均不得佥妻发配。其有情愿随带妻室子女者,仍各听其随带,毋庸官为资送。庶足以示矜恤,而省纷扰。此案王阿狗有妻金氏,该犯愿否推带,照此办理等因在案。后条新疆佥妻之例,应行删除,修并前条,以便引用。谨将修并例文,开列于后。②

【1743】○续纂

一、直隶各省,凡遇流寓之人,于该省犯流者,照例解回原籍。若计应流之地即系该犯流寓之所,令各该督抚按所犯应流道里远近,分别改发。

此条系乾隆七年(1742)六月内,臣部议复福建按察使王丕烈条奏定例。

【1767】○修改

臣等谨按:定例各省民人在别省犯该军、流之罪,除本犯有应追银两、原籍有产业可

---

① 此条按语,见于【1740】1.1.15.(7)条下。

② 此条按语,见于【1768】1.1.15.(11)条。

以变赔者,照例解回原籍外,其余即令在犯事地方起解。原例内有"照例解回原籍"一句,系属旧例,今已不行,拟合删去。

一、直隶各省,凡遇流寓之人,于该省犯流者,若计本犯原籍应流之地,即系该犯流寓之所,令各该督抚按所犯应流道里远近,分别改发。

【1768】1.1.45.(15)(略)

【1788】〇修并

修并按语及修并后条例见【1740】1.1.45.(8)条【1788】修并项下。

【1746】〇续纂

一、凡各省民人,在别省犯该军、流,并免死减等之犯,除供有妻室,例应佥遣,并情愿还乡转递,及本犯有应追银两者,仍照例解回原籍佥遣外,其供无妻室,或虽有妻室而不愿携往,及赃项已经追完者,承审官即按本犯原籍应流、应充军地方,起解发遣。

臣等谨按:此条系乾隆九年(1744)六月内,臣部议复调任江西按察使翁藻条奏定例,应纂辑以便遵行。

【1767】〇修改

臣等谨按:原例各省民人在别省犯罪,有应追银两者,俱解回原籍追赃发遣。今于乾隆二十七年(1762)十月内,湖南巡抚冯钤条奏,"军、流人犯,原籍实无产业可追者,不必解回原籍发遣"等语,已于此条内增入。再查新例军、流人犯,已不佥妻,原例内供有妻室、还乡转递之处,业已不行,拟将"供有妻室,情愿还乡转递"等句删去。

一、凡各省民人,在别省犯该军、流,并免死减等之犯,除本犯有应追银两,讯明本犯原籍产业可以变赔者,仍照例解回原籍发配外,其赃项已经追完,及移查原籍实无产业者,承审官即按本犯原籍应流、应充军地方,起解发配。

【1768】1.1.45.(16)(略)

【1788】〇修并

修并按语及修并后条例见【1740】1.1.45.(8)条【1788】修并项下。

【1746】〇续纂

一、各省民人,在外犯该徒罪,例应递回原籍发配者,如遇隆冬盛暑,除抵籍不远,仍递解外,其离原籍一千里外者,亦照军流例停解。

臣等谨按:此条系乾隆十年(1745)四月内,臣部议复调任江西按察使翁藻条奏定例,应纂辑以便遵行。至原议内"将违例起解、接递之地方官,罚俸六个月"语,系处分,事隶吏部,应听吏部载入《处分则例》,毋庸复载,应删。

【1768】1.1.45.(17)(略)

【1788】〇修并

修并按语及修并后条例见【1740】1.1.45.(1)条【1788】修并项下。

【1746】○续纂

一、文武员弁犯徒,及总徒四年、准徒五年者,即在犯事地方定驿发配。俟年限满日,释放回籍。其有应折枷号、鞭责者,仍照例办理。

臣等谨按:此条系乾隆十年(1745)十二月内,臣部议复甘肃按察使顾济美条奏定例,应纂辑以便遵行。

【1768】1.1.45.(18)(略)

【1790】1.1.45.(20)(略)

【1802】1.1.45.(12)(略)

【1746】○续纂

一、各省迁徙土司,若本犯身故,该管地方,即行文原籍督抚,将该犯家口应否回籍之处,酌量奏闻,请旨定夺。

臣等谨按:此条系乾隆十年(1745)四月内钦奉上谕,应恭纂为例,以便遵行。

【1768】1.1.45.(19)(略)

【1790】1.1.45.(11)(略)

【1801】○修并

【原例】【1790】1.1.45.(11)(略)

*名例律·流囚家属【1740】1.1.15.(6)一、犯军、流等罪之土司,例发近省安插者,本犯身故,或无子及虽有子而幼小者,其妻、子并许回籍。

臣等谨按:后条系乾隆五年(1740)定例,载在"流囚家属"门内。嗣于乾隆十年(1745)四月内,钦奉上谕:"各省土司获罪,减等迁徙内地者,本人身故之后,有准其家口回籍之例。朕思此等桀骜性成,干犯法纪,国家念其冥顽无知,从宽迁徙内地,以保全之。本犯虽故,其家口习染旧俗,未必能尽革面革心。倘回籍之后,野性难驯,故态复发,仍复罹于法网,非始终保全之意也。嗣后各省迁徙土司身故之后,家口应否回籍之处,着行文原籍督抚,酌量夷情奏闻,请旨定夺。永著为例。钦此。"钦遵纂辑为例。恭绎例意,盖以迁徙土司家属众多者,或至桀骜难制,自应行文原籍,该督抚查明该犯家属情形,应否准其回籍,奏请定夺。若无子及虽有子而幼小者,则无虑其野性难驯,其妻、子应即准其回籍,不在奏请之例。两条应修并为一,归于此条内,以免歧异。谨将修并例文,开列于后。

一、各省迁徙土司,若本犯身故,该管地方,即行文原籍该督抚,将该犯家口应否回籍之处,酌量奏闻,请旨定夺。其本犯身故无子,及虽有子而幼小者,其妻、子并许回籍,不在此例。

【1802】1.1.45.(4)(略)

【1751】○续纂

一、凡下五旗包衣人,经该王门上送部发遣者,由部核准,即咨送该王门上,转发打牲乌喇。其因公事犯罪应发遣者,仍配发黑龙江等处。

臣等谨按:此条系雍正二年(1724)四月内遵旨议定条例,现在遵行,今应补纂。

【1768】1.1.45.(20)(略)

【1790】1.1.45.(16)(略)

【1802】1.1.45.(11)(略)

【1810】○修改

臣等谨按:旗人送部发遣者,俱由臣部审拟,咨送兵部转发。此条下五旗包衣人送部发遣,由部核准,仍送回该王门上转发,系属旧例,业已不用。应请将例内"咨送该王门上转发"句,改为"咨送兵部转发",以归画一。谨将修改例文,关列于后。

一、凡下五旗包衣人,经该王门上送部发遣者,由部核准,即咨送兵部,转发打牲乌喇。其因公事犯罪应发遣者,仍酌发黑龙江等处。

【1825】1.1.45.(32)(略)

【1847】1.1.45.(33)(略)

【1751】○续纂

一、奉天所属民人,有犯军、流、徒罪,及边外为民者,俱照各省民人犯罪例,一体问发,均不准折枷完结。

臣等谨按:此条系乾隆十二年(1747)四月内,臣部议复调任盛京刑部侍郎介福条奏,并乾隆十三年(1748)闰七月内,议复升任奉天府尹苏昌条奏定例,应纂辑以便遵行。

【1768】1.1.45.(21)(略)

【1772】○修改

一、奉天所属民人,有犯军、流、徒罪者,俱照各省民人犯罪例,一体问发,均不准折枷完结。

臣等谨按:乾隆三十六年(1771)六月内,臣部奏准将例内"边外为民"字样,均应删改在案。所有此条原例内"及边外为民"五字,今遵照删除,合并声明。

【1790】1.1.45.(5)(略)

【1802】1.1.45.(3)(略)

【1751】○续纂

一、凡直省内有苗民杂处之地,凡发到军、流等犯,令解巡抚衙门,就地方情形,通融派拨。不得与苗民聚处,致生事端。

臣等谨按:此条系乾隆十二年(1747)二月内,臣部议复原任贵州按察使孙绍武条奏定例,应纂辑以便遵行。

【1768】1.1.45.(22)(略)

【1788】○修并

【原例】【1768】1.1.45.(24)(略)、【1768】1.1.45.(22)(略)、【1768】1.1.45.(23)(略)、【1772】续纂【1778】修改“一、各省佥发军、流人犯,俱按照军、流道里表内应发省分……”条(略)

臣等谨按:以上俱系佥发军、流人犯,令该省督抚仿照军、流道里表,酌量州县大小,并回避苗民杂处及土司所属地方,通融派拨之例。义同语类,分列四条,实属繁复,自应删并一条,以归简净。再查烟瘴少轻人犯,业于乾隆三十七年(1772)奏准,改发四千里充军在案。又新疆条款改发云贵两广烟瘴人犯,另有解发各该巡抚衙门酌拨安置之例,则首条内改发广东烟瘴少轻人犯,不必拘定东莞、香山等二十县,亦俱解赴巡抚衙门,酌量地方大小,分拨各省有烟瘴者,均照此例数语,俱应删改,以归画一。今将删改、并纂例文,开列于后。

一、各省佥发军、流人犯,除广西土司所属地方,不得拨发安置,并广东琼、连二属,及四川、湖南有苗民州县,令解巡抚衙门,就地方情形通融派拨,不得与苗民聚处外,余俱按照军、流道里表内应发省分,毋庸指定府、州,悉听该省督抚按其所犯罪名,查照军、流道里表,酌量州县大小远近,在配军、流多寡,均匀拨发。起解省分,预行咨明应发省分督抚,先期定地,饬知入境首站州县,随到随发。其解犯兵牌内,填明“解赴某省,入境首站某州县,遵照定地,转解配所投收申缴”字样。

【1790】1.1.45.(2)(略)

【1802】1.1.45.(1)(略)

【1751】○续纂

一、凡各省发遣广西军、流等犯,统于民官所属州县内,照该犯应配道里,酌量安置,不得拨发土司所属地方。至太平府属之宁明州,庆远府属之东兰州,镇安府属之天保县、归顺州、奉仪州五处,烟瘴极重,免其分拨安置。

臣等谨按:此条系乾隆十二年(1747)五月内,臣部议复调任署理广西巡抚鄂昌条奏定例,应纂辑以便遵行。

【1767】○修改

臣等谨按:原例内有“太平府属之宁明州等处,免其分拨安置”等语。查乾隆二十九年(1764)五月内,广西按察使袁守侗条奏,泗城、镇安二府,宁明、东兰等州,风土今昔异宜,经营贸易之人,常年居止相安,烟瘴比前减轻。所有解发广西军、遣人犯,请一体量为分发。其土苗地方,应仍遵照定例,不得拨发等因,奏准遵行。是以将原例“太平府属之宁明州等处,免其分拨安置”等句删去。

一、凡各省发遣广西军、流等犯,统于民官所属州县内,照该犯应配道里,酌量安置,不得拨发土司所属地方。

【1768】1.1.45.(23)(略)

【1788】○修并

修并按语及修并后条例见【1768】1.1.45.(22)条【1788】修并项下。

【1756】○续纂

一、四川省所属之宁远府、茂州、雅州、龙安府、酉阳州、叙永厅,湖南省所属之永顺县、靖州、城步县、江华县、永明县、道州、辰州府、沅州府等处,均系苗民杂处之地,各省有应发军、流等犯,令其解至督抚衙门,就地方情形通融派拨,不得与苗民聚处,致生事端。其非附近苗疆之府、州,仍照《军流道里表》指定地方,径解该府、州转发。

臣等谨按:此条系乾隆十八年(1753)十月内,臣部议复升任四川按察使周琬条奏,又十九年(1754)四月内,议复湖南按察使夔舒条奏,又十九年六月内,议复调任四川总督黄廷桂条奏,共并为一条,纂入例册,以便遵行。又按原例内载"直省内有苗民杂处之地,凡发到军、流等犯,令解巡抚衙门,就地方情形,通融派拨,不得与苗民聚处,致滋事端"等语,四川、湖南两省臬司所奏,原本此条而推广之,例册毋庸复载。迨调任四川总督黄廷桂条奏,有"川省地方辽阔,其非系苗民杂处之地,概行解至巡抚衙门转发,恐路远疏虞,且多兵役护解,人犯口粮杂费,应指出实在近苗数处,照例听巡抚酌拨。其余仍按军、流道里表指定地方,径解该府、州安插"等语。是旧例指苗疆通省言之,而川督所奏又专就一省内,分出有苗之处言之也。编纂定例,自应将某省之某府、某州一一叙出,庶俾内外问刑衙门,照例遵行。第按:近苗省份,不独四川、湖南两省,如云贵、两广皆有苗民杂处地方。但未经该督抚奏明,则某处应照旧例、某处应照新例,均非悬揣可定。若因无从指数,而止叙"直省苗民杂处之地"一语,又恐奉行者无可遵循,必多歧误。臣等细加筹酌,此条应同续纂各例,先行进呈。恭候命下之日,臣部通行苗疆各省,令该督抚查明所属地方,分别有苗、无苗,咨送到部,分晰详叙,编为定例,以便遵行。

【1767】○删除

谨按:乾隆十二年(1747)议准,各省军流人犯,俱交该督抚酌拨安置,不得与苗民杂处,致生事端,业于本门著有定例。此条系乾隆十八(1753)、十九(1754)等年,偶因该二省条奏所及,定为此例。后因刊发三流、五军道里表,于各省有苗民处所,详悉声明,遇有应发人犯,自可查照办理,毋庸设为条例。将此条删除。

【1761】○续纂

一、起解军、流人犯,除应遣府、州,仍照军、流道里表指定发解外,其府、州所属之州、县,听督抚查明各该地方在配军、流多寡,均匀发配。至广东琼、连二属,俱照四川、湖南有苗省分之例,令巡抚酌量派拨。其改发广东烟瘴少轻人犯,不必拘定东莞、香山等二十县,亦俱解赴巡抚衙门,酌量地方分拨。各省有烟瘴者,均照此例。

臣等谨按:此条系乾隆二十二年(1757)六月内,九卿议复原任山西按察使拕穆齐图条奏,并九月、十二月内,臣部议复调任广东巡抚周人骥条奏定例,应纂辑以便遵行。

【1768】1.1.45.(24)(略)

【1788】○修并

修并按语及修并后条例见【1768】1.1.45.(22)条【1788】修并项下。

【1761】○续纂

一、部发外遣人犯,该将军于黑龙江、吉林、宁古塔、三姓等处,均匀发遣,分别安插,仍于年底将三处安插人犯各数汇题。

臣等谨按:此条系乾隆二十二年(1757)九月内钦奉上谕,应恭纂为例,以便遵行。

【1768】1.1.45.(25)(略)

【1788】○修改

臣等谨按:乾隆五十四年(1789)七月内,臣部钦遵谕旨,酌议"情重军、流停发新疆,改发黑龙江等处"折内声明,黑龙江、吉林等处安插遣犯,例于年底将收到遣犯数目,及脱逃已未获、改发名数汇题。至新疆遣犯,该将军、都统等因例无明文,止于年终将脱逃已未获数目,汇奏一次。其现在遣犯若干,并不声明。应令乌鲁木齐并黑龙江、吉林等处各该将军、都统等,俱于年终将本年分发到遣犯名数,同节年问发到配遣犯现存共计若干名之处,详晰声叙,汇奏一次。俾各处多寡情形,臣部俱可按籍而稽。倘有积犯过多者,随时筹酌,另行调剂,请旨办理,庶可久远遵守等因,奏准在案。应增纂入例,以便遵行。今将修改增辑例文,开列于后。

一、发遣伊犁、乌鲁木齐,并吉林、黑龙江等处人犯,该将军、都统等,务酌量所属各地方大小,均匀派拨,分别安插。仍于年终,将该处一年内发到遣犯名数,同节年问发到配遣犯现存共计若干名,并该处安插遣犯有无脱逃,及已未拿获各数目,详细声叙,于年终汇奏一次。

【1790】1.1.45.(14)(略)

【1801】○修改

臣等谨按:此条系乾隆五十四年(1789)定例。嗣于乾隆五十九年(1794)正月,钦奉上谕:"嗣后各省汇查遣犯,毋庸陆续具奏。着于每年十月截数,咨报军机处、刑部。均限十二月初间咨齐,即由军机大臣会同该部汇开清单,于年底先行具奏。仍交部分别核议,照例具题。钦此。"钦遵在案。此条年终汇奏之处,应行修改。谨将修改例文,开列于后。

一、发遣伊犁、乌鲁木齐,并吉林、黑龙江等处人犯,该将军、都统等,务酌量所属各地方大小,均匀派拨,分别安插。于每年十月截数,将该处一年内发到遣犯名数,同节年问发到配遣犯,现存共计若干名,并该处安插遣犯有无脱逃,及已未拿获各数目,详细声叙,咨报军机处、刑部。均限十二月初旬咨齐,照例汇奏。

【1802】1.1.45.(27)(略)

【1825】1.1.45.(25)(略)

【1847】1.1.45.(26)(略)

【1761】○续纂

一、八旗逃人匪类,犯该发遣者,令黑龙江、吉林、宁古塔将军,酌量各该处所属地方大小,分发安插,严行约束。如有不知改悔,即照例报部,改发云贵两广等处。

仍将每年有无改发之处,于年终汇奏。至民人有犯外遣内,如强盗免死减等者、强盗已行而不得财者、开窑诱取妇人子女勒卖为从者、造谶纬妖书传惑人不及众者、师巫假降邪神并一应左道异端之术煽惑人民为从者、聚众十人以上带有军器兴贩私盐拒捕伤人为从者、叛案缘坐应给兵丁为奴者,照例俱发黑龙江等处外,余照名例改发云南等省烟瘴地方管束。

臣等谨按:此条系乾隆二十二年(1757)十二月内,满洲大学士、九卿遵旨议准条例,并二十四年(1759)闰六月内,军机大臣奏准分别改发定例,通行各省,及十二月内,署理黑龙江将军、副都统富森阿条奏定例,应汇纂以便遵行。

【1767】○修改

臣等谨按:此条例内发遣黑龙江等处下,原奏内有"给与披甲人为奴"字样,已照原奏增入。其原例内"照'名例'改发"句,系定例时示人引用之文。今此条现在纂入"名例",则"照'名例'"三字,系属衍文,拟合删去。再查此条内聚众十人以上带有军器兴贩私盐拒捕伤人为从一项,查"户律"本例内,聚众十人以上,带有军器,兴贩私盐,拒捕伤一人者,为首绞监候,下手者发边卫充军,为从满流。是从犯之中原有二项,一系下手伤人者,其情重,故拟军;一系未曾伤人,不过随从附和,其情轻,故拟流。自应以下手伤人为从拟军之犯,照例改发黑龙江为奴,以免牵混。拟将"伤人为从"四字,改为"伤一人为从下手者"。所有"户律"本例,亦应照此改正。至豪强盐徒,聚众十人以上,拒敌官兵,伤一人为从一项,较此条为从下手者情罪更重,不应仍照旧例发边卫充军,是以一并改为"发遣黑龙江",合并声明。

一、八旗逃人匪类,犯该发遣者,令黑龙江、吉林、宁古塔将军,酌量各该处所属地方大小,分发安插,严行约束。如有不知改悔,即照例报部,改发云贵两广等处。仍将每年有无改发之处,于年终汇奏。至民人有犯外遣内,如强盗免死减等者、强盗已行而不得财者、开窑诱取妇人子女勒卖为从者、造谶纬妖书传惑人不及众者、师巫假降邪神并一应左道异端之术煽惑人民为从者、聚众十人以上带有军器兴贩私盐拒捕伤一人为从下手者、叛案缘坐应给兵丁为奴者,俱照例解部,发黑龙江等处给与披甲人为奴,余俱改发云南等省烟瘴地方管束。

【1768】1.1.45.(26)(略)

【1790】1.1.45.(17)(略)

【1801】○修并、分辑

修并、分辑按语及修并、分辑条例见【1790】1.1.45.(18)条【1801】修并、分辑项下。

【1761】○续纂

一、军、流、遣犯,如强盗窝主,造意不行,又不分赃者;窃盗临时拒捕,伤非金刃,伤轻平复者;抢夺伤人为从者;发掘他人坟冢,见棺椁为首,及开棺见尸为从者;窃赃数多,罪应满流者;凶徒因事忿争,执持军器殴人至笃疾者;三次犯窃,罪应充军者,此等匪犯,除老疾、残废不能耕作之人,仍照原例办理外,余均改发巴里坤等处,给种地绿旗兵丁为奴。其前项人犯,从前已照原例应配地方充发者,如有在配为匪脱逃,拿获之日,亦照前例改发。如起解在途及到配之后,有脱逃及不服拘管者,获日请旨即行正法。其寻常过犯,酌量严行惩治。

臣等谨按:此条系乾隆二十六年(1761)三月内钦奉上谕,军机大臣会同臣部奏准定例,应纂辑以便遵行。

【1767】○删除

删除按语见【1768】1.1.45.(32)条原续纂按语。

【1761】○续纂

一、捕役豢贼一二名至五名者,抢窃拟绞缓决三次以上者,私铸铅钱不及十千者,积匪猾贼为害地方者,俱发云贵两广极边烟瘴充军,交地方官严行管束。

臣等谨按:此条系乾隆二十四年(1759)闰六月内军机大臣奏准定例,分别改发,应纂辑以便遵行。

【1767】○删除

臣等谨按:捕役豢贼一项,已归入"刑律·捕役豢贼"本条之内;抢窃拟绞并积匪猾贼二项,已载在前条;"私铸铅钱不及十千"一项,经江西布政使张逢尧条奏,改发黑龙江,各有专条,均毋庸复载,应删。

【1761】○续纂

一、改发巴里坤等处种地人犯,如旗人曾任职官,及另户正身,民人举、监、生、员以上,并职官子弟,俱发往当差,余俱给与种地绿旗兵丁为奴。

臣等谨按:此条系乾隆二十三年(1758)十二月内,臣部奏准条例,应辑纂以便遵行。

【1767】○修改

臣等谨按:发遣新疆为奴人犯,并非专赏种地绿旗兵丁,拟将原例内"种地绿旗"等字删去。其余各条有应删者,亦一并删去,以归画一,合并声明。

一、改发乌鲁木齐等处人犯,如旗人曾任职官,及另户正身,民人举、监、生、员以上,并职官子弟,俱发往当差,余俱给与兵丁为奴。

【1768】1.1.45.(27)(略)

【1790】1.1.45.(21)(略)

【1801】○修并、分辑

修并、分辑按语及修并、分辑例文见【1790】1.1.45.(18)条【1801】修并、分辑项下。

【1801】○修并

修并按语及修并例文见【1790】1.1.45.(19)条【1801】修并、删除项下。

【1761】○续纂

一、凡苗疆地方，如军、流、徒、遣等内民人，有捏称土苗，希图折枷免徙者，事发之日，除按本律治罪外，仍先于本地方枷号一个月，再行充发。其捏结之邻、保人等，审明有无贿纵、徇隐，分别治罪。失察官员，即视本犯之罪，分别察议。

臣等谨按：此条系乾隆二十五年（1760）十二月内，臣部议复原任广西按察使申梦玺条奏定例，应纂辑以便遵行。

【1767】○修改

臣等谨按：乾隆二十八年（1763）二月内，广西按察使柏琨条奏，土苗猺獞犯该斩、绞者，亦令承审官于定案时，照军、流人犯例，令地、邻出结存案，已于此条内增入。

一、凡苗疆地方，如军、流、徒、遣等内民人，有捏称土苗，希图折枷免徙者，事发之日，除按本律治罪外，仍先于本地方枷号一个月，再行充发。其捏结之邻、保人等，审明有无贿纵、徇隐，分别治罪。如犯该斩、绞者，亦令承审官于定案时，查取邻、保切实甘结存案。如有捏结，亦照例分别治罪。其失察官员，俱视本犯之罪，分别察议。

【1768】1.1.45.（28）（略）

【1790】1.1.45.（12）（略）

【1801】○修改

臣等谨按：此条系乾隆二十五年（1760）定例。例内民人捏称土苗，希图折枷免徒，其捏结之邻、保等作何分别治罪之处，未经明晰。查律载“证佐不言实情，减囚罪二等；受贿重者，计赃以枉法论”等语，应于例内声明，以便引用。谨将修改例文，开列于后。

一、凡苗疆地方，如军、流、徒、遣等犯内，民人有捏称土苗，希图折枷免徙者，事发之日，除按其本律治罪外，仍先于本地方枷号一个月，再行充发。其捏结之邻、保人等，照证佐不言实情律减囚罪二等科断，受贿重者，计赃以枉法论。如犯该斩、绞者，亦令承审官于定案时，查取保、邻切实甘结存案。如有捏结，亦照例分别治罪。其失察官员，俱视本犯之罪，分别察议。

【1802】1.1.45.（26）（略）

【1825】1.1.45.（24）（略）

【1847】1.1.45.（25）（略）

【1767】○续纂

一、直省军、流、遣犯，除盛暑停遣，及遇隆冬发往西北各省地方，亦照例停遣外，其发往东南省分，有情愿赴配者，取具本犯确供，一体起解，其不愿者听。惟云南省并无盛暑严寒，各省解往军、流、遣犯，虽遇隆冬、六月，不必停遣。

臣等谨按：此条系乾隆二十七年（1762）十二月，云南巡抚吴达善条奏，及二十八年（1763）十一月，臣部侍郎兼管顺天府府尹钱汝诚条奏，并纂为例，以便遵行。

【1768】1.1.45.(29)(略)

【1788】○修并

修并按语及修并后条例见【1740】1.1.45.(1)条【1788】修并项下。

【1767】○续纂

一、发遣乌鲁木齐等处人犯,解至陕省,虽遇隆冬、盛暑,不准停遣。

臣等谨按:此条系乾隆二十六年(1761)八月内,陕西巡抚钟音条奏定例,应纂辑遵行。再查原奏本系发遣巴里坤等处,因甘肃巡抚明德奏准,改发乌鲁木齐等处,是以将"巴里坤"三字,改为"乌鲁木齐"。其余各条有应改者,亦一体改正,合并声明。

【1768】1.1.45.(30)(略)

【1788】○修并

修并按语及修并后条例见【1740】1.1.45.(1)条【1788】修并项下。

【1767】○续纂

一、云南、贵州苗人,犯该徒、流、军、遣,仍照旧例枷责完结。其情节较重,或再犯不悛,将本犯照例折枷后,仍同家口各就土、流所辖,一并迁徙安插。至苗人中有剃发衣冠,与民人无别者,犯罪到官,悉照民例治罪。

臣等谨按:此条系乾隆二十七年(1762)十一月云贵总督吴达善条奏,及二十九年(1764)八月云南按察使良卿条奏,并纂为例,以便遵行。

【1768】1.1.45.(31)(略)

【1790】1.1.45.(10)(略)

【1802】1.1.45.(8)(略)

【1767】○续纂

一、凶徒因事忿争,执持军器,殴人至笃疾者;偷盗围场木植、牲畜,犯至三次者;旗下正身,犯积匪者;拿获逃人,不将实在窝留之人指出,再行妄扳者;移住拉林闲散满洲,有犯二次逃走,尚未出境者;派往各省驻防满洲兵丁,临行及中途脱逃者,除老疾、残废,及年逾五十不能耕作之人,仍照原例办理外,余均佥妻改发乌鲁木齐等处,给与兵丁为奴。如起解在途,并到配之后,有脱逃及不服拘管者,获日请旨即行正法。其寻常过犯,酌量严行惩治。

臣等谨按:此条系乾隆三十二年(1767)四月内,军机大臣会同臣部奏准定例,应纂辑遵行。其从前议定发往新疆各项人犯,业经奏准分别改发内地,另纂条例于后。所有改发新疆旧例一条,请应删除。其旧例内有"老疾、残废仍照原例办理"及"在途、在配脱逃,不服拘管者,获日请旨,即行正法。寻常过犯,酌量严行惩治"等语,应并入此条之内。谨将删除旧例,开列于后。

*删除旧例　【1761】续纂"一、军、流、遣犯，如强盗窝主，造意不行，又不分赃者……"条(略)。

【1768】1.1.45.(32)(略)

【1778】○修改

臣等谨按：此条应发新疆六项，均佥妻改发乌鲁木齐等处给与兵丁为奴内，有派往各省驻防满洲兵丁临行及中途脱逃，移往拉林闲散满洲有犯二次逃走尚未出境者二项。《督捕则例》本条内载，俱系发往充当苦差。而此条原例内，并未分晰"当差""为奴"字样，援引恐致歧误。拟将"均佥妻改发乌鲁木齐等处给与兵丁为奴"一句，改为"均佥妻改发乌鲁木齐等处，照本例分别当差、为奴"，以归画一。

一、凶徒因事忿争，执持军器，殴人至笃疾者；偷盗围场木植、牲畜，犯至三次者；旗下正身，犯积匪者；拿获逃人，不将实在窝留之人指出，再行妄扳者；移住拉林闲散满洲，有犯二次逃走，尚未出境者；派往各省驻防满洲兵丁，临行及中途脱逃者，除老疾、残废，及年逾五十不能耕作之人，仍照原例办理外，余均佥妻改发乌鲁木齐等处，照本例分别当差、为奴。如起解在途，并到配之后，有脱逃及不服拘管者，获日请旨即行正法。其寻常过犯，酌量严行惩治。

【1788】○修并、修改

【原例】【1768】1.1.45.(32)条【1778】修改例文(略)、【1768】1.1.45.(33)条【1782】修改例文(略)、【1768】1.1.45.(34)(略)、【1768】1.1.45.(35)(略)

臣等谨按：首条与次条内，发往新疆，分别种地、当差、为奴人犯，共二十三条。乾隆四十八年(1783)十二月内，伊犁将军伊勒图以发到遣犯过多，奏请酌发停止。经臣部酌议，除从前原发新疆并未改遣之六项人犯，仍行发往外，其从前改发内地之十六条，及四十七年(1782)增入之抢夺伤人伤非金刃伤轻平复一条，共十七条内，将情节尚非积匪凶徒、约束较易者五条，仍照前例发往新疆，其余如积匪猾贼等项十二条，停止发遣新疆，仍照前例改发内地。并准乌鲁木齐都统海禄，查明该处情形，与伊犁事同一体，应照伊犁奏请改发内地之例办理等因在案。所有各原例，应行修改。谨拟将发往新疆者十一条、改发内地者十二条，各列为一例，以昭明显。并将三条、四条内发遣乌鲁木齐等处人犯脱逃，俱应即行正法之处，概附入于前二条之内，以省繁冗而归简易。今将修改、并辑各例文，开列于后。

【1790】1.1.45.(40)(略)

【1790】1.1.45.(41)(略)

【1790】1.1.45.(40)

一、凶徒因事忿争，执持军器，殴人至笃疾者；偷盗围场木植牲畜，犯至三次者；旗下正身，犯积匪者；拿获逃人，不将实在窝留之人指出，再行妄扳者；发遣云贵两广烟瘴刨参人犯，在配脱逃者；奸妇抑媳同陷邪淫，致媳情急自尽者；盛京旗下家奴为匪逃走，犯至二次者，发往伊犁、乌鲁木齐等处为奴。其移住拉林闲散满洲，有犯二次逃走,尚未出境者;派往各省驻防满洲兵丁,临行及中途脱逃者;强盗窝主,造意不行,又不分赃者;杀一家非死罪三人之妻、子,并未同谋加功者,发往伊犁、乌鲁木齐等处酌拨种地、当差。以上各项人犯,除年老疾、残废及年逾五十,不能耕作之人,仍各照原例办理,毋庸拟发新疆外,余俱照例面刺“外遣”字样,佥妻遣发。如有在配在途及越狱脱逃,并不服拘管者,获日移讯明确,将该犯即于拿获处所,请旨即行正法。其寻常过犯,酌量严行惩治。

【1801】○修改

【原例】【1790】1.1.45.(40)(略)、【1790】1.1.45.(41)(略)

臣等谨按:实发新疆人犯十一条,停发新疆改发内地人犯十二条,如有脱逃,即行正法,系乾隆二十三年(1758)以后,陆续奏准定例,四十八年(1783)纂入例册。嗣于嘉庆三年(1798)八月,臣部于“发遣人犯分别应否留养”案内疏称,由新疆改发内地人犯,本罪原止军、流,如有脱逃,未便照外遣人犯一体办理。除窃盗临时拒捕,及抢夺伤人伤非金刃伤轻平后者,并回民犯窃结伙三人以上执持绳鞭器械者共三条,脱逃被获,仍行正法外,其余九条,加二等调发,面刺“改发”字样等因,题准在案。又嘉庆四年(1799)五月,伊犁将军保宁奏,伊犁各厂做工人犯甚少,请将停发新疆十二条人犯仍发伊犁。经臣部议,将旧例内积匪猾贼、窃盗临时拒捕伤非金刃伤轻平复者、抢夺伤人伤非金刃伤轻平复者、发掘他人坟冢见棺椁为首及开棺见尸为从者、回民行窃结伙三人以上执持绳鞭器械者、抢夺金刃伤人及折伤下手为从者共六条,仍发新疆等处,交该将军、都统等,酌拨当差。其余六条,仍照旧例,改发内地。并声明原发新疆之十一条,及此次续发六条,如有脱逃被获,即在配所用重枷枷号三个月,杖责管束,毋庸即行正法等因具奏。奉旨:“依议。钦此。”钦遵亦在案。此二条应行修改。又查实发新疆例内,偷盗围场木植牲畜一项,系发遣为奴。嘉庆四年九月,臣部奏准,发往新疆种地应移入种地当差条内。又杀一家非死罪三人之妻、子一项,亦于是年二月臣部奏准发往新疆安插。旧例内“酌拨种地、当差”字样,俱应修改。又新疆遣犯佥妻发遣之处,臣等于“流囚家属”例内声明毋庸佥遣,如有情愿携带,听其自便,不准官为资送等因。例内“佥遣”字样,亦应修改。又改发新疆人犯改定地方,现行例内已各照所加之等,明立专条,例内“加等”二字应删。又军犯老疾、残废,律应收赎,例内仍行发遣,系属加重,亦应删除。又越狱脱逃,较在配、在途脱逃者为重,自应仍照军、流越狱本例办理。谨将修改例文二条,开列于后。

一、凶徒因事忿争,执持军器,殴人至笃疾者;旗下正身,犯积匪者;拿获逃人,不将实在窝留之人指出,再行妄扳者;发遣云贵两广烟瘴刨参人犯,在配脱逃者;奸妇抑媳同陷邪淫,致媳情急自尽者;盛京旗下家奴为匪逃走,犯至二次者,发往伊犁、乌鲁木齐等处为奴。其移住拉林闲散满洲,有犯二次逃走,尚未出境者;派往各省驻防满洲兵丁,临行及中途脱逃者;强盗窝主,造意不行,又不分赃者;积匪猾贼;窃盗临时拒捕,伤非金刃,伤轻平复者;抢夺伤人,伤非金刃,伤轻平复者;发掘他人坟冢,见棺椁为首,及开棺见尸为从者;回民行窃,结伙三人以上,执持绳鞭器械者;抢夺金刃伤人及折伤,下手为从者;偷盗围场木植牲畜,犯至三次者,俱发往伊犁、乌鲁木齐等处酌拨种地、当差。杀一家非死罪三人之妻、子,并未同谋加功者,发往伊犁、乌鲁木齐等处安插。以上各项人犯,除年逾五十,不能耕作之人,仍各照原例办理,毋庸拟发新疆外,余俱照例面刺"外遣"字样,毋庸佥妻遣发。如有情愿携带者,不准官为资送。倘在配在途脱逃,并不服拘管者,获日在配所用重枷枷号三个月、杖一百折责发落,毋庸即行正法。若越狱脱逃,仍照军、流越狱本例办理。

【1802】1.1.45.(35)(略)

【1802】1.1.45.(34)(略)

【1806】○修改

【原例】【1802】1.1.45.(34)(略)、【1802】1.1.45.(35)(略)

臣等谨按:嘉庆九年(1804)五月内,军机大臣庆桂等奏"偷窃围场木植牲畜人犯分别定罪,请交刑部悉心酌议"一折,经臣部议请,嗣后私入围场盗砍木植、偷打牲畜,再犯发乌鲁木齐等处种地,三犯及三犯以上发乌鲁木齐等处为奴等因。又十年(1805)八月,臣部"遵旨调剂吉林等处安插人犯"折内,议将积匪猾贼、窃盗临时拒捕伤非金刃伤轻平复者、抢夺伤人伤非金刃伤轻平复者、发掘他人坟冢见棺椁为首及开棺见尸为从者、回民行窃结伙三人以上执持绳鞭器械者、抢夺金刃伤人及折伤下手为从者六条,仍照旧例改发内地等因奏准,各在案。应于各条例内,分别增纂、移改,以归画一。谨将修改例文二条,开列于后。

一、凶徒因事忿争,执持军器,殴人至笃疾者;拿获逃人,不将实在窝留之人指出,再行妄扳者;发遣云贵两广烟瘴刨参人犯,在配脱逃者;奸妇抑媳同陷邪淫,致媳情急自尽者;盛京旗下家奴为匪逃走,犯至二次者;偷窃围场木植牲畜,三犯及三犯以上者,发往伊犁、乌鲁木齐等处为奴。其移住拉林闲散满洲,有犯二次逃走,尚未出境者;派往各省驻防满洲兵丁,临行及中途脱逃者;强盗窝主,造意不行,又不分赃者;偷窃围场木植牲畜,再犯者,俱发往伊犁、乌鲁木齐等处酌拨种地、当差。杀一家非死罪三人之妻、子,并未同谋加功者,发往伊犁、乌鲁木齐等处安插。以上各项人犯,除年逾五十,不能耕作之人,仍各照原例办理,毋庸拟发新疆外,余俱照例面刺"外遣"字样,毋庸佥妻遣发。如有情愿携带者,不准官为资送。倘在配在途脱逃,并不服拘管者,获日在配所用重枷枷号三个月、杖一百折责发落,毋庸即行正法。若越狱脱逃,仍照军、流越狱本例办理。

【1802】1.1.45.(35)条

【1806】修改例文(略)

【1814】○修改

臣等谨按:嘉庆十五年(1810)十月内,军机大臣会同臣部奏"酌议偷窃围场牲畜木植分别治罪"一折内称,查偷窃围场畜、木旧例,只论偷盗次数而不按赃数以为等差,故有附近贫民,每次偷一二牲畜,至三次,遂发乌鲁木齐等处为奴者,亦有奸民,一次偷盗牲畜动逾百十,其罪转不过杖、徒者。此于惩创之道,未为得宜。议请嗣后偷窃围场牲畜二十只以上者,发乌鲁木齐等处种地;三十只以上者,发乌鲁木齐等处给兵丁为奴;偷窃围场树木八百斤以上者,发乌鲁木齐等处种地;一千斤以上者,发乌鲁木齐等处给兵丁为奴等因,奏准在案。例内偷盗围场畜、木,分别再犯、三犯,发往伊犁、乌鲁木齐等处为奴、当差之处,应行修改。再查例内"年逾五十,不能耕作之人,仍各照原例办理",系指军、流改发者而言,应请于各项人犯之下,添入"由军、流改发"字样,以昭明晰。谨将修改例文,开列于后。

一、凶徒因事忿争,执持军器,殴人至笃疾者;拿获逃人,不将实在窝留之人指出,再行妄扳者;发遣云贵两广烟瘴刨参人犯,在配脱逃者;奸妇抑媳同陷邪淫,致媳情急自尽者;盛京旗下家奴为匪逃走,犯至二次者;偷窃围场木植一千斤以上、牲畜三十只以上者,俱发往伊犁、乌鲁木齐等处为奴。其移住拉林闲散满洲,有犯二次逃走,尚未出境者;派往各省驻防满洲兵丁,临行及中途脱逃者;强盗窝主,造意不行,又不分赃者;偷窃围场木植八百斤以上、牲畜二十只以上者,俱发往伊犁、乌鲁木齐等处酌拨种地、当差。杀一家非死罪三人之妻、子,并未同谋加功者,发往伊犁、乌鲁木齐等处安插。以上各项人犯,如由军、流改发,除年逾五十,不能耕作之人,仍各照原例办理,毋庸拟发新疆外,余俱照例面刺"外遣"字样,毋庸佥妻遣发。如有情愿携带者,不准官为资送。倘在配在途脱逃,并不服拘管者,获日在配所用重枷枷号三个月、杖一百折责发落,毋庸即行正法。若越狱脱逃,仍照军、流越狱本例办理。

【1821】○修改

修改按语,见【1802】1.1.45.(22)条【1821】修改项下。

一、拿获逃人,不将实在窝留之人指出,再行妄扳者;发遣云贵两广烟瘴刨参人犯,在配脱逃者;偷盗围场牲畜三犯,并木植一千斤以上者,俱发往伊犁、乌鲁木齐等处为奴。其移住拉林闲散满洲,有犯二次逃走,尚未出境者;派往各省驻防满洲兵丁,临行及中途脱逃者;偷盗围场牲畜再犯,并木植八百斤以上者,俱发往伊犁、乌鲁木齐等处酌拨种地、当差。俱照例面刺"外遣"字样,毋庸佥妻遣发。如有情愿携带者,不准官为资送。倘在配在途脱逃,并不服拘管者,获日在配所用重枷枷号三个月、杖一百折责发落,毋庸即行正法。若越狱脱逃,仍照军、流越狱本例办理。

【1825】1.1.45.(40)(略)

【1830】○修改

臣等谨按:道光六年(1826)十一月内,军机大臣会同臣部议复直隶总督那彦成奏"调剂新疆遣犯"折内,请将发遣云贵两广烟瘴刨参人犯在配脱逃被获发伊犁等处为奴一条,改发云贵两广极边烟瘴充军。至偷盗围场牲畜木植一条,臣部于道光六年十二月内,议复前任盛京将军奕灏条奏折内,议将偷盗围场牲畜再犯、三犯,及虽系初犯,而木植至五百斤以上、牲畜至十只者,改发极边足四千里充军等因,先后奏准,通行在案。以上二条,业经并入前条,所有例内发乌鲁木齐等处之处,应行节删,以免牵混。谨将修改例文,开列于后。

一、拿获逃人,不将实在窝留之人指出,再行妄扳者,发往伊犁、乌鲁木齐等处为奴。其移住拉林闲散满洲,有犯二次逃走,尚未出境者;派往各省驻防满洲兵丁,临行及中途脱逃者,俱发往伊犁、乌鲁木齐等处酌拨种地、当差。俱照例面刺“外遣”字样,毋庸佥妻遣发。如有情愿携带者,不准官为资送。倘在配在途脱逃,并不服拘管者,获日在配所用重枷枷号三个月、杖一百折责发落,毋庸即行正法。若越狱脱逃,仍照军、流越狱本例办理。

【1835】○修改

臣等谨按:道光十二年(1832)一月内,据升任江西道监察御史金应麟奏“请修改删易刑例”一折内称,拿获逃人,不将实在窝留之人指出,再行妄扳者,发往伊犁、乌鲁木齐为奴。查《督捕则例》逃人诬扳窝家发遣,若年力强壮者,改为乌鲁木齐等处,分别种地、为奴。是此项人犯,并不专定为奴,似应查改画一。又移住拉林闲散满洲,有犯二次逃走,尚未出境者,派往各省驻防满洲兵丁,临行及中途脱逃者,俱发伊犁、乌鲁木齐,酌拨种地、当差。查《督捕则例》,派往各省驻防兵丁,临行自京脱逃及中途脱逃,自行投回免罪,被获者销除旗档,责八十板,发伊犁充当步甲苦差。是此项人犯,并非种地,亦不发乌鲁木齐。至移住拉林闲散满洲二次逃走,发往伊犁等处折磨差使,并不专指种地,似应查改画一等语。经臣部查,“名例”律载,“本条自有罪名,与‘名例’罪不同者,依本条科断”等语。今该御史所引俱系“名例”律内例文。溯查纂例之初,与《督捕则例》原属相符。嗣因《督捕则例》屡次修改,而“名例”则仍循其旧,是以微有参差。然各省遇有似此案件,尽可援照本条与“名例”不同依本条科断之律办理,尚不致滋错误。其例内参差之处,应俟修例时再行逐条改正等因具奏,奉旨:“依议。钦此。”今届修改之时,自应查照《督捕则例》,修改画一,以免歧误。谨将修改例文,开列于后。

一、逃人续供之窝家,提来审明,又属诬扳,如年力强壮者,改发乌鲁木齐等处分别种地、为奴。移住拉林闲散满洲,有犯二次逃走者,发往伊犁等处充当折磨差使。派往各省驻防满洲兵丁,临行及中途脱逃被获者,发往伊犁充当步甲苦差。俱照例面刺“外遣”字样,毋庸佥妻遣发。如有情愿携带者,不准官为资送。倘在配在途脱逃,并不服拘管者,获日,在配所用重枷枷号三个月、杖一百折责发落,毋庸即行正法。若越狱脱逃,仍照军、流越狱本例办理。

【1847】1.1.45.(45)(略)

【1870】1.1.45.(44)(略)

【1790】1.1.45.(41)

一、停发新疆改发内地人犯,如窃盗满贯拟绞,秋审缓决一次者;窃盗三次,赃至五十两以上,秋审缓决一次者;积匪猾贼;回民犯窃,结伙三人以上,及执持绳鞭器械者;行窃军犯,在配复行窃者;三次犯窃,计赃五十两以下至三十两,并三十两以下至十两者;窃赃数多,罪应满流者;抢夺金刃伤人及折伤,下手为从者;发掘他人坟冢,见棺椁为首,及开棺见尸为从一二次者;抢夺伤人,伤非金刃,伤轻平复者;窃盗临时拒捕,伤非金刃,伤轻平复者;前项人犯,从前已照原例应配地方充发,在配为匪脱逃者,以上各项人犯,除年老疾、残废及年逾五十者,仍各照原例所定地方充发,不在改遣之例外,余俱各照本例加等改定地方充发,面刺“改遣”字样。如有在配在途及越狱脱逃,仍照新疆遣犯脱逃例一体正法。

【1801】○修改

修改按语见【1790】1.1.45.(40)条【1801】修改项下。

一、停发新疆改发内地人犯,如窃盗满贯拟绞,秋审缓决一次者;窃盗三次,赃至五十两以上,秋审缓决一次者;行窃军犯,在配复行窃者;三次犯窃,计赃五十两以下至三十两,并三十两以下至十两者;窃赃数多,罪应满流者;前项人犯,从前已照原例应配地方充发,在配为匪脱逃者,以上各项人犯,俱各照本例改定地方充发,面刺“改发”字样。如有在配在途脱逃,照本例加二等调发。

【1802】1.1.45.(35)(略)

【1806】○修改

修改按语,见【1802】1.1.45.(34)条【1806】修改项下。

一、停发新疆改发内地人犯,如窃盗满贯拟绞,秋审缓决一次者;窃盗三次,赃至五十两以上,秋审缓决一次者;行窃军犯,在配复行窃者;三次犯窃,计赃五十两以下至三十两,并三十两以下至十两者;窃赃数多,罪应满流者;积匪猾贼;窃盗临时拒捕,伤非金刃,伤轻平复者;抢夺伤人,伤非金刃,伤轻平复者;发掘他人坟冢,见棺椁为首,及开棺见尸为从者;回民行窃,结伙三人以上,执持绳鞭器械者;抢夺金刃伤人及折伤,下手为从者;前项人犯,从前已照原例应配地方充发,在配为匪脱逃者,以上各项人犯,俱各照本例改定地方充发,面刺“改发”字样。如有在配在途脱逃,照本例加二等调发。

【1821】○修改

修改按语见【1802】1.1.45.(22)条【1821】修改项下。

一、停发新疆改发内地人犯,如窃盗满贯拟绞,秋审缓决一次者;窃盗三次,赃至五十两以上,秋审缓决一次者;行窃军犯,在配复行窃者;三次犯窃,计赃五十两以下至三十两,并三十两以下至十两者;窃赃数多,罪应满流者;积匪猾贼;窃盗临时拒捕,伤非金刃,伤轻平复者;抢夺伤人,伤非金刃,伤轻平复者;发掘他人坟冢,见棺椁为首,及开棺见尸为从者;回民行窃,结伙三人以上,执持绳鞭器械者;抢夺金刃伤人及折伤,下手为从者;子孙犯奸、盗,致纵容之父母自尽者;察哈尔等处牧丁,偷卖牲畜,及宰食,并作为私产者;偷参为从人犯;诬扳良民为财主及头目者;发功臣家为奴人犯,伊主不能养赡者;杀一家三四命以上案内凶犯之子,年十六岁以上,实无同谋加功者;夺犯杀差案内,随同拒捕,未经殴人成伤者;贼犯杀死捕役案内,未经帮殴成伤者;调奸未成,和息后因人耻笑,其夫与父母、亲属及本妇,复追悔自尽,致死二命者;凶徒因事忿争,执持军器,殴人成笃疾者;强盗窝主,造意不行,又不分赃者;杀一家三四命以上案内,凶犯之妻女,实无同谋加功,并其子年在十五岁以下者;奸妇抑媳同陷邪淫,致媳情急自尽者;盛京旗下家奴为匪逃走,至二次者;前项人犯,从前已照原例应配地方充发,在配为匪脱逃者,以上二十六项人犯,俱各照本例改定地方充发,面刺"改发"字样,应刺事由者,仍刺事由。如有在配、在途脱逃,照本例加二等调发。

【1825】1.1.45.(41)(略)

【1830】○修改

臣等谨按:道光八年(1828)九月内,臣部查明杀死一家三四命以上凶犯之子,先经定例阉割,嗣后改拟遣戍各缘由,缮折具奏。奉旨:"嗣后杀死一家三四命以上之案,审明被杀之家实系绝嗣,将凶犯之子年未及岁者,送交内务府阉割,奏明请旨分赏。着刑部纂入例册,循照办理。钦此。"钦遵在案。应请于例内修改明晰,以昭遵守。谨将修改例文,开列于后。

一、停发新疆改发内地人犯,如窃盗满贯拟绞,秋审缓决一次者;窃盗三犯,赃至五十两以上,秋审缓决一次者;行窃军犯,在配复行窃者;三次犯窃,计赃五十两以下至三十两,并三十两以下至十两者;窃赃数多,罪应满流者;积匪猾贼;窃盗临时拒捕,伤非金刃,伤轻平复者;抢夺伤人,伤非金刃,伤轻平复者;发掘他人坟冢,见棺椁为首,及开棺见尸为从者;回民行窃,结伙三人以上,执持绳鞭器械者;抢夺金刃伤人及折伤,下手为从者;子孙犯奸盗,致纵容之父母自尽者;察哈尔等处牧丁,偷卖牲畜,及宰食,并作为私产者;偷参为从人犯;诬扳良民为财主及头目者;发功臣家为奴人犯,伊主不能养赡者;杀一家三四命以上案内凶犯之子,年十六岁以上,实无同谋加功者;夺犯杀差案内,随同拒捕,未经殴人成伤者;贼犯杀死捕役案内,未经帮殴成伤者;调奸未成,和息后因人耻笑,其夫与父母、亲属及本妇,复追悔自尽,致死二命者;凶徒因事忿争,执持军器,殴人成笃疾者;强盗窝主,造意不行,又不分赃者;杀一家三四命以上案内,凶犯之妻女,实无同谋加功,并被杀之家未至绝嗣,凶犯之子年在十五岁以下者;奸妇抑媳同陷邪淫,致媳情急自尽者;盛京旗下家奴为匪逃走,至二次者;前项人犯,从前已照原例应配地方充发,在配为匪脱逃者,以上二十六项人犯,俱各照本例改定地方充发,面刺"改发"字样,应刺事由者,仍刺事由。如有在配在途脱逃,照本例加二等调发。

【1847】1.1.45.(42)(略)

【1870】1.1.45.(41)(略)

【1767】○续纂

一、三次犯窃,计赃五十两以下至三十两者;抢窃满贯拟绞,秋审缓决一次者;窃盗三犯,赃至五十两拟绞,秋审缓决一次者;积匪猾贼,并回民犯窃,结伙三人以上,及执持绳鞭器械者;发遣云贵两广烟瘴之刨参人犯,在配脱逃者,仍照原例所定地方发遣。强盗窝主,造意不行,又不分赃者;窃盗临时拒捕,伤非金刃,伤轻平复者;抢夺伤人为从者;发掘他人坟冢,见棺椁为首,及开棺见尸为从者;窃赃数多,罪应满流者;三次犯窃,计赃三十两以下至十两者;前项人犯,从前照原例应配地方充发,在配为匪脱逃者;杀一家非死罪三人之妻、子,并未同谋加功者,俱照原例所定地方各加一等改发。行窃军犯,在配复行窃者,改发极边烟瘴充军。奸妇抑媳同陷邪淫,致媳情急自尽者;盛京旗下家奴为匪逃走,至二次者,俱酌发驻防兵丁为奴。此等人犯,如有脱逃被获,将该犯请旨,即行正法。

臣等谨按:此条系乾隆三十二年(1767)四月内,军机大臣会同臣部奏准定例,应纂辑遵行。

【1768】1.1.45.(33)(略)

【1772】○修改

一、原例应发内地,改发新疆人犯内,如三次犯窃,计赃五十两以下至三十两者;抢窃满贯拟绞,秋审缓决一次者;窃盗三犯,赃至五十两拟绞,秋审缓决一次者;积匪猾贼,并回民犯窃,结伙三人以上,及执持绳鞭器械者;发遣云贵两广烟瘴之刨参人犯,在配脱逃者,仍照原例所定地方发遣。强盗窝主,造意不行,又不分赃者;窃盗临时拒捕,伤非金刃,伤轻平复者;抢夺伤人为从者;发掘他人坟冢,见棺椁为首,及开棺见尸为从者;窃赃数多,罪应满流者;三次犯窃,计赃三十两以下至十两者;前项人犯,从前已照原例应配地方充发,在配为匪脱逃者;杀一家非死罪三人之妻、子,并未同谋加功者,俱照各本例加等改定地方充发。行窃军犯,在配复行窃者,改发极边烟瘴充军。奸妇抑媳同陷邪淫,致媳情急自尽者;盛京旗下家奴为匪逃走,至二次者,俱酌发驻防兵丁为奴。此等人犯,如有脱逃被获,将该犯请旨,即行正法。

臣等谨按:此条内各项人犯,从前俱系发遣新疆地方。乾隆三十二年(1767)四月内,奏准仍发内地。是以脱逃为匪,均与别项军犯治罪不同。查"起除刺字"条内,由新疆改发内地人犯,面刺"改遣"二字。"徒流迁徙地方"条内,由新疆改发内地人犯,隆冬、盛暑不准停遣。又新疆改发人犯,仍发云贵两广充军律例内,类此者甚多。而此条内并未指明,系"由新疆改发"字样,恐年远日久,问刑衙门无所稽考,易致舛漏。谨拟于本条之首添"原例应发内地,改发新疆人犯内"二语,庶便查办。再此条内"强盗窝主,造意不行"至"杀一家非死罪三人之妻、子,并未同谋加功者"一段之下,有"俱照原例所定地方,各加一等改发"字样。查前项人犯应照原例加一等改发之处,前次纂修律例时,业于各本条内逐一遵照修改,较旧例罪名俱已递加一等。此条所载"加等改发"字样,系属重复,今拟改为"俱照各本例加等,改定地方充发"一语,以免援引歧误,合并声明。

【1778】○修改

臣等谨按:此条十六项新疆改发内地之例内,所有称"抢夺伤人为从者"一条,系指抢夺案内"金刃伤人及折伤下手为从"之犯而言。如白昼抢夺伤人,伤非金刃,又伤轻平复为从之犯,例有拟徒正条。若不改注明晰,恐致援引混淆。谨拟将此条例内"抢夺伤人为从者"一句，改为"抢夺金刃伤人及折伤，下手为从者"，较为明晰。又"仍照原例所定地方发遣"一句，系指前六项遣犯而言，拟于"刨参人犯在配脱逃者"之下添一"俱"字，合并声明。

一、原例应发内地，改发新疆人犯内，如三次犯窃，计赃五十两以下至三十两者；抢窃满贯拟绞，秋审缓决一次者；窃盗三犯，赃至五十两拟绞，秋审缓决一次者；积匪猾贼，并回民犯窃，结伙三人以上，及执持绳鞭器械者；发遣云贵两广烟瘴之刨参人犯，在配脱逃者，俱仍照原例所定地方发遣。强盗窝主，造意不行，又不分赃者；窃盗临时拒捕，伤非金刃，伤轻平复者；抢夺金刃伤人及折伤，下手为从者；发掘他人坟冢，见棺椁为首，及开棺见尸为从者；窃赃数多，罪应满流者；三次犯窃，计赃三十两以下至十两者；前项人犯，从前已照原例应配地方充发，在配为匪脱逃者；杀一家非死罪三人之妻、子，并未同谋加功者，俱照各本例加等改定地方充发。行窃军犯，在配复行窃者，改发极边烟瘴充军。奸妇抑媳同陷邪淫，致媳情急自尽者；盛京旗下家奴为匪逃走，犯至二次者，俱酌发驻防兵丁为奴。此等人犯，如有脱逃被获，将该犯请旨，即行正法。

【1782】○修改

臣等谨按：此条原例内十六项人犯，均系从前由新疆改为内地发遣烟瘴等处。嗣于乾隆四十四年(1779)十月内，乌鲁木齐都统索诺木策凌奏"巴里坤屯田缺额，请将发往伊犁、乌鲁木齐人犯截留补额"一折，经军机大臣议驳声请，将从前新疆改遣内地十六项人犯，仍行发往新疆，择其情节轻者，发往种地、当差；情节较重者，发给兵丁为奴，毋庸改发烟瘴等处。嗣经臣部奏明，以情节较重之抢窃满贯拟绞、秋审缓决一次者，窃盗三犯赃至五十两拟绞、秋审缓决一次者，积匪猾贼并回民结伙三人以上及执持绳鞭器械犯窃者，行窃军犯在配复行窃者，奸妇抑媳同陷邪淫致媳情急自尽者，盛京旗下家奴为匪逃走犯至二次者，刨参人犯在配脱逃者，三次犯窃计赃五十两以下至三十两者，发往为奴。情节稍轻之窃赃数多罪应满流者，三次犯窃计赃三十两以下至十两者，抢夺伤人为从者，杀一家非死罪三人之妻、子并未同谋加功者，发掘他人坟冢见棺椁为首及开棺见尸为从者，强盗窝主造意不行又不分赃者，窃盗临时拒捕伤非金刃、伤轻平复者，已经到配军、流遣犯在配为匪脱逃者，发往种地、当差。前项人犯，如有脱逃，均照例请旨，即行正法。又乾隆四十六年(1781)秋审，臣部奏准将抢夺满贯缓决一次之犯，仍入于下年缓决，与寻常缓决人犯一体办理。又乾隆四十七年(1782)十月内，臣部议复广西巡抚朱椿条奏，嗣后抢夺伤人伤非金刃又伤轻平后之首犯，亦改发乌鲁木齐等处种地、当差，均奉旨"依议"，钦遵各在案。所有此条原例，应行修改。再查发遣新疆人犯，本例应行佥妻发配。其老疾、残废及年逾五十不能耕作之人，各照原例办理，应于例内添纂详明，以便引用。今将修辑例文，开列于后。

一、窃盗满贯拟绞，秋审缓决一次者；窃盗三犯，赃至五十两拟绞，秋审缓决一次者；积匪猾贼，并回民犯窃，结伙三人以上，及执持绳鞭器械者；行窃军犯，在配复行窃者；奸妇抑媳同陷邪淫，致媳情急自尽者；盛京旗下家奴为匪逃走，犯至二次者；发遣云贵两广之刨参人犯，在配脱逃者；三次犯窃，计赃五十两以下至三十两者，俱发往伊犁、乌鲁木齐等处给与兵丁为奴。其窃赃数多,罪应满流者;三次犯窃,计赃三十两以下至十两者;抢夺金刃伤人及折伤,下手为从者;杀一家非死罪三人之妻、子,并未同谋加功者;发掘他人坟冢,见棺椁为首,及开棺见尸为从者;强盗窝主,造意不行,又不分赃者;抢夺伤人,伤非金刃,伤轻平复者;窃盗临时拒捕,伤非金刃,伤轻平复者;前项人犯,从前已照原例应配地方充发,在配为匪脱逃者,俱发往伊犁、乌鲁木齐等处酌拨种地、当差。以上各项人犯,如有老疾、残废,及年逾五十不能耕作之人,仍各照原例办理,余俱照例佥妻遣发。如起解在途,并到配之后,有脱逃及不服拘管者,获日请旨即行正法。其寻常过犯,酌量严行惩治。

【1788】○修并、修改

修并、修改按语及修并分辑例文,见【1768】1.1.45.(32)条【1788】修并、修改项下。

【1767】○续纂

一、发遣乌鲁木齐等处人犯,如有越狱脱逃,照遣所及中途脱逃例,拿获之日,请旨即行正法。

臣等谨按:此条系乾隆三十一年(1766)十月内钦奉上谕,恭纂为例,以便遵行。

【1768】1.1.45.(34)(略)

【1788】○修并、修改

修并、修改按语及修并分辑例文见【1768】1.1.45.(32)条【1788】修并、修改项下。

【1767】○续纂

一、发遣巴里坤及乌鲁木齐等处逃犯,经原籍及路过省分盘获者,移讯明确,即由各省督抚自行奏闻,于拿获处所正法示众。

臣等谨按:此条系乾隆二十六年(1761)二月内钦奉谕旨,恭纂为例,以便遵行。

【1768】1.1.45.(35)(略)

【1788】○修并、修改

修并、修改按语及修并分辑例文见【1768】1.1.45.(32)条【1788】修并、修改项下。

【1767】○续纂

一、发往伊犁、乌鲁木齐等处为奴人犯,令该管大臣均匀酌拨与察哈尔兵丁及种地兵丁为奴。如察哈尔兵丁系永远屯驻者,发给人犯即永远为奴。其种地兵丁给与为奴人犯,如在乌鲁木齐以内者,听陕甘总督酌量分发;在乌鲁木齐以外者,听伊犁、乌鲁木齐大臣酌量分发。俱于派拨之时,令该管官将某犯给与某营兵丁之处,详记档案。至换班时,交代与接班兵丁为奴。或该兵丁等撤回内地及调任他所,并无接班之人,亦令该管官将该犯等,另行拨给附近种地兵丁,随同力作。

臣等谨按:此条系乾隆二十七年(1762)四月内,钦奉上输,军机大臣会同臣部议准定例，应纂辑遵行。

【1768】1.1.45.(36)(略)

【1790】1.1.45.(29)(略)

【1802】1.1.45.(15)(略)

【1825】1.1.45.(14)(略)

【1767】○续纂

一、乌鲁木齐等处安插兵民，犯该徒罪者，照犯罪免发遣折枷例，加一等折枷，免其充徒，系民仍令种地，系兵交地方官指给地亩，耕种纳粮；犯该军、流罪者，除照例折枷外，仍留乌鲁木齐，照发来种地之人犯，分给屯乡，与种地兵丁一体种地纳粮。倘犯该军、流者，复有滋事、脱逃等情，枷号两个月，改给乌鲁木齐种地兵丁为奴。如换班绿旗兵丁犯该徒罪者，不必发往内地，仍留乌鲁木齐，不给口粮，在种地处效力，照应徒年限扣算，满日再行发回；犯该军、流罪者，仍照例按其应配军、流地方，配发内地。至贸易商民，犯该军、流罪，俱解往内地，照例办理。

臣等谨按：此条系乾隆二十八年(1763)八月内，驻扎乌鲁木齐大臣旌额理条奏定例，应纂辑遵行。

【1768】1.1.45.(37)(略)

【1788】○修并

【原例】【1768】1.1.45.(37)(略)、【1782】续纂"一、凡内地民人，于新疆地方犯至军、流之罪……"条(略)

臣等谨按：首条例内，换班绿旗兵丁犯军、流罪，及贸易商民犯该军、流、徒罪，俱解回内地充配，系乾隆二十八年(1763)原定旧例。次条例内，内地民人，于新疆地方犯至军、流之罪，即在新疆一带互相调发，系三十六年(1771)议定新例。是首条内，新疆贸易商民，犯军、流罪解往内地一节，应行删改。再内地商民在新疆犯军、流之罪，既定有新疆调发，不准解回内地之例，则绿旗换班兵丁犯至军、流，其情较商民为重，若仍照旧例配发内地，是兵丁在新疆获罪，转得复还中土，情法殊未平允，未便仍解内地充配，应与商民一例调发。所有首条旧例绿旗兵丁犯该军、流配发内地一节，亦应酌改。谨将前后二条，并辑一条，以归简易。又乾隆五十二年(1787)三月内，钦奉谕旨，发往伊犁给额鲁特为奴人犯，着分给该处察哈尔及驻防满洲官兵为奴等因，钦遵在案。次条内给额鲁特为奴之处，应改为"交与该将军等，在驻防官兵内拣选力能管束之人，赏给为奴"。今将修改、并辑例文，开列于后。

一、乌鲁木齐等处安插兵、民，犯军、流者，除照例折责外，仍留乌鲁木齐，照发往种地人犯，分给屯乡，与种地兵丁一体种地纳粮。倘复有滋事、脱逃等情，枷号两个月，改给乌鲁木齐兵丁为奴。犯该徒罪者，照犯罪免发遣折枷例，加一等折枷，免其充徒。系民，仍令种地；系兵，交地方官指给地亩，耕种纳粮。其换班绿旗兵丁，及内地贸易商民，于新疆地方犯至军、流之罪，如在乌鲁木齐一带者，即发往伊犁等处；其在伊犁一带者,即发往乌什、叶尔羌等处;而在乌什各城者,亦发往伊犁等处。并视其情罪,量为酌定,轻者发各处编管,重者交与该将军等,在驻防官兵内拣选力能管束之人,赏给为奴。若犯该徒罪者,系换班绿旗兵丁,仍留该处,不给口粮,在种地处效力,照应徒年限扣算,满日再行发回;系内地民人,仍解回内地,照例办理。

【1790】1.1.45.(35)(略)

【1802】1.1.45.(19)(略)

【1825】1.1.45.(18)(略)

【1830】○修改

臣等谨按:道光六年(1826)十一月内,军机大臣会同臣部议复直隶总督那彦成奏"调剂新疆遣犯"折内,请将换班绿旗兵丁,及内地贸易商民,于新疆地方犯至军、流之罪,如在乌鲁木齐一带者,即发往伊犁等处;其在伊犁一带者,即发往乌什、叶尔羌等处;而在乌什各城者,亦发往伊犁等处,轻者编管,重者给驻防官兵为奴一条,改为解回内地,按犯籍定地发配等因准奏,通行在案。例内发伊犁、乌什、叶尔羌等处之处,应行修改。谨将修改例文,开列于后。

一、乌鲁木齐等处安插兵民,犯军、流者,除照例折责外,仍留乌鲁木齐,照发往种地人犯,分给屯乡,与种地兵丁一体种地纳粮。倘复有滋事、脱逃等情,枷号两个月,改给乌鲁木齐兵丁为奴。犯该徒罪者,照犯罪免发遣折枷例,加一等折枷,免其充徒。系民,仍令种地;系兵,交地方官指给地亩,耕种纳粮。其换班绿、旗兵丁,及内地贸易商民,于新疆地方犯至军、流之罪者,俱解回内地,各按犯籍定地发配。若犯该徒罪者,系换班绿、旗兵丁,仍留该处,不给口粮,在种地处效力,照应徒年限扣算,满日再行发回;系内地民人,仍解回内地,照例办理。

【1847】1.1.45.(18)(略)

【1767】○续纂

一、新疆各城驻扎官员兵丁跟役内,如有酗酒滋事者,即由彼处发往伊犁等处,给与兵丁、额鲁特为奴。如在回人各城内,即彼此易地调发,与回人等为奴。若发遣之后,仍不悛改,即行正法。

臣等谨按:此条系乾隆二十八年(1763)正月内钦奉谕旨,恭纂为例,以便遵行。

【1768】1.1.45.(38)(略)

【1788】○修改

臣等谨按:伊犁、乌鲁木齐、乌什、叶尔羌等处,悉属新疆地方,如有犯事,自应即在该处互相调发。今原例内,新疆各城驻扎官员、兵丁酗酒滋事者,仅发往伊犁等处,殊属含混,自应修改详明,以资引用。又乾隆五十二年(1787)三月内,钦奉谕旨,嗣后应给额鲁特为奴人犯,着分给该处察哈尔及驻防满洲官兵为奴等因,钦遵在案。此条官员、兵丁跟役酗酒滋事,给与额鲁特为奴之处,应改为给驻防官兵为奴。谨将修辑例文,开列于后。

一、新疆各城驻扎官员兵丁跟役内，如有酗酒滋事，如在乌鲁木齐一带者，即发往伊犁等处；其在伊犁一带者，即发往乌什、叶尔羌等处；而在乌什各城者，亦发往伊犁等处，交与该将军等，在驻防官兵内拣选力能管束之人，赏给为奴。若发遣之后，仍不悛改，即行正法。

【1790】1.1.45.(39)(略)

【1801】○修改

修改按语见【1790】1.1.45.(38)条、【1801】修改项下。

一、新疆各城驻扎官员兵丁跟役内，如有酗酒滋事，如在乌鲁木齐一带者，即发往伊犁等处；其在伊犁一带者，即发往乌什、叶尔羌等处；而在乌什各城者，亦发往伊犁等处，交与该将军等，在驻防官兵内拣选力能管束之人，赏给为奴。若发遣之后，仍不悛改，复行酗酒者，在配所用重枷枷号三个月、杖一百发落。

【1802】1.1.45.(32)(略)

【1825】○修改

臣等谨按：道光三年(1823)正月内，伊犁将军庆祥审拟"退兵张恭屡次酗酒滋事，将张恭照伊犁驻扎兵丁酗酒滋事例调发为奴"一案。经臣部查，新疆各城驻扎官员、兵丁内跟役酗酒滋事调发为奴之例，系专指跟役而言，未便将例内"跟役"字样删去，作为兵丁酗酒滋事之例。将张恭改照各省驻防旗人屡次酗酒滋事发遣例，仍调发乌什、叶尔羌等处充当苦差。惟例内究无明文，恐各该处引断仍致两歧。酌议嗣后新疆等处绿营兵丁，有犯吃酒行凶之案，应比照各省驻防正身旗人吃酒行凶例办理。如系平日安分，偶尔醉闹，并无凶恶情状者，该将军、都统等按例自行责惩斥革。若屡次酗酒行凶滋事，怙恶不悛者，该将军、都统等审明滋事实迹，照乌鲁木齐等处兵丁犯罪调发例，发往该处，情轻者当差，情重者为奴。并声明于修例时，纂入例册等因，通行在案。应纂辑为例，以资引用。再查新疆各城驻扎官员兵丁跟役内，如有酗酒滋事，分别调发为奴，本系专指跟役而言。原例所称"官员兵丁跟役内"字样，系连贯而下，恐致误会，自应于"官员、兵丁"下加一"之"字，将"内"字节删，以昭明晰而免舛错。谨将修改例文，开列于后。

一、新疆各城驻扎官员、兵丁之跟役，如有酗酒滋事，在乌鲁木齐一带者，发往伊犁等处；在伊犁一带者，发乌什、叶尔羌等处；在乌什各城者，发往伊犁等处，交与该将军等，在驻防官兵内拣选力能管束之人，赏给为奴。若发遣之后，仍不悛改，复行酗酒者，在配所用重枷枷号三个月、杖一百发落。至新疆等处绿营兵丁，有犯吃酒行凶，如平日安分，偶尔醉闹，尚无凶恶情状者，该将军、都统等自行责革。若屡次酗酒行凶，怙恶不悛者，审明属实，即照跟役酗酒滋事例拟发，视其情罪轻重，量为酌定，轻者当差，重者给官兵为奴。

【1825】1.1.45.(45)(略)

【1847】1.1.45.(41)(略)

【1870】1.1.45.(40)(略)

【1767】○续纂

一、凡各省应发烟瘴地方人犯,无论在四千里内外,均编发有烟瘴省份安置。其籍隶烟瘴之云南、贵州、广东、广西四省应发烟瘴人犯,应于隔远烟瘴省份调发。广东省与云南省互调,广西省与贵州省互调。至不足四千里,邻近烟瘴之湖南、福建、四川三省应发烟瘴人犯,湖南省发往云南,福建省发往贵州,四川省发往广东。其余各省,有距烟瘴省份较远者,如奉天府属应发烟瘴人犯,编发广西、贵州二省;甘肃之甘州、凉州、西宁、安西、宁夏等府,及肃州各厅,应发烟瘴人犯,编发云南、贵州二省。均解交各该巡抚衙门,酌拨安置。

臣等谨按:此条系乾隆三十二年(1767)五月内,兵部奏准定例,应纂辑遵行。

【1768】1.1.45.(39)(略)

【1772】○修改

臣等谨按:乾隆三十七年(1772)二月内,湖北巡抚陈辉祖奏准定例,除由新疆改发内地人犯,仍发云贵两广烟瘴地方,其余本例应发烟瘴人犯,均以极边四千里为限改发。谨将此条原例内"各省应发烟瘴地方人犯"一语,拟改为"由新疆条款改发云贵两广烟瘴地方人犯",以免牵混,合并声明。

一、凡由新疆条款改发云贵两广烟瘴地方人犯,无论在四千里内外,均编发有烟瘴省份安置。其籍隶烟瘴之云南、贵州、广东、广西四省应发烟瘴人犯,应于隔远烟瘴省份调发。广东省与云南省互调,广西省与贵州省互调。至不足四千里,邻近烟瘴之湖南、福建、四川三省应发烟瘴人犯,湖南省发往云南,福建省发往贵州,四川省发往广东。其余各省,有距烟瘴省份较远者,如奉天府属应发烟瘴人犯,编发广西、贵州二省;甘肃之甘州、凉州、西宁、安西、宁夏等府,及肃州各厅,应发烟瘴人犯,编发云南、贵州二省。均解交各该巡抚衙门,酌拨安置。

【1790】1.1.45.(27)(略)

【1802】1.1.45.(14)(略)

【1825】1.1.45.(13)(略)

【1767】○续纂

一、新疆改发内地人犯,仍照发新疆人犯例,虽遇隆冬、盛暑,不准停遣。

臣等谨按:此条系乾隆三十二年(1767)六月内,陕西巡抚明山咨请臣部复准通行,应纂入例册,以便引用,合并声明。

【1768】1.1.45.(40)(略)

【1782】○删除

臣等谨按:新疆改发内地人犯,业于乾隆四十四年(1779)十月内,因巴里坤屯田缺额,经臣部奏明,仍行发往新疆在案。现在并无改发内地之人,此例业已不用,应行删除。

【1772】○续纂

一、伊犁、乌鲁木齐等处地方，除奉特旨发往，及例应发遣为奴、种地人犯，仍照旧发往外，其例应发往当差人犯，均停其发往，各按所犯情罪，如情节稍轻者，改发云贵两广极边烟瘴充军；情节较重者，发往黑龙江等处充当苦差。至问刑衙门，临时酌其情罪，有应加等问拟人犯，除职官有犯军、流、徒罪，核其情节较重，仍随时酌量请旨发往新疆效力赎罪外，其余寻常军、流等犯，如果情罪较重，本例不足蔽辜，应行加等问拟者，亦令加至黑龙江等处为止，毋庸议发新疆。

臣等谨按：此条系乾隆三十六年(1771)十月内，臣部议复山西巡抚鄂宝奏"请军、流人犯通融酌拨"折内声请定例，应纂辑遵行。

【1790】1.1.45.(22)(略)

【1801】○删除

【原例】*名例律·加减罪例、【1790】1.1.36.(2)(略)

【1790】1.1.45.(22)(略)、【1790】1.1.45.(23)(略)、【1790】1.1.45.(31)(略)、【1795】续纂"一、凡罪应发遣者，除本例应发新疆，及免死减等……"条(略)

臣等谨按：此条系雍正八年(1730)定例。又嘉庆四年(1799)正月十六日，钦奉上谕："本日召见刑部侍郎熊枚，谕以刑名事务，向来刑部引律断狱，于本律之外，多有'不足蔽辜，无以示惩'，及'从重定拟'等字样，所办实未允协。罪名大小，律有明条，自应勘核案情，援引确当，务使法足蔽辜，不致畸重畸轻，方为用法之平。今既引本律，又称不足蔽辜，从重定拟，并有加至数等者，是仍不按律办理，又安用律例为耶？即案情内情节较重者，朕自可随案酌定。总之'不足蔽辜'之语，非执法之官所宜出。嗣后问刑衙门俱应确遵宪典，专引本律，不得于律外又称'不足蔽辜'及'从重'字样。即'虽'字、'但'字，抑扬文法，亦不准用。上谳后，经朕阅看，案情或有酌加增减者，亦不治以失出失入之咎，用副朕矜慎庶狱至意。其应如何按律科断，法归画一之处，着军机大臣会同刑部，悉心定拟具奏。胡季堂素习刑名，现在来京，亦着一并入议。钦此。"当经军机大臣等会同臣部议请：嗣后内外问刑衙门，除律例内如拒捕、脱逃等项，载明照本罪加等者，原系罪犯本条，并非律外加等，仍各遵照办理外，其余一切罪犯，俱应各照本律例问拟，毋得声明"不足蔽辜""无以示惩""从重加等"，亦不得用"虽""但"字样。其案情变幻，律无正条，罪应徒、流以上者，即照"名例"援引他律，比附酌核，于疏内声明，恭候圣裁等因具奏。奉旨："依议。钦此。"钦遵在案。此条原例应行修改。所有例内加重治罪诸条，查明一并删除。又查原例"议处"二字，事隶吏部，应行节删。谨将修改及删除例文，开列于后。

【修改】*名例律·加减罪例【1802】1.1.36.(2)(略)

【删除】【1790】1.1.45.(22)(略)

【删除】【1790】1.1.45.(23)(略)

【删除】【1790】1.1.45.(31)(略)

【删除】【1795】续纂"一、凡罪应发遣者，除本例应发新疆，及免死减等……"条(略)

【1772】○续纂

一、各省佥发军、流人犯,俱按照军、流道里表内应发省分,照改发遣犯之例,毋庸指定府、州,悉解巡抚衙门,听该抚按其所犯罪名,仿照军、流道里表,酌量州县大小远近,均匀拨发。起解省分,将解发军、流人犯,于起解之先,预行咨明该抚,先期定地,饬知入境首站州县,随到随发,毋使壅积。

臣等谨按:此条系乾隆三十六年(1771)九月内,臣部议复广西按察使朱椿奏"请粤西军、流,照改发遣犯之例,均匀拨发",并十月内议复山西巡抚鄂宝奏"请山西路安等府军、流,于附近府分均匀派拨"折内,声请定例,应纂辑以便遵行。

【1778】○修改

臣等谨按:原例各省佥发军、流、遣犯,预行咨明该省督抚,酌量定地,饬知入境首站州县,随到随发。乾隆三十九年(1774)七月内,据护理湖南巡抚敦福咨称,各省佥发军、流、遣犯,俱将人犯解赴入境首站,候督抚定地,文到解赴配所。其解犯兵牌内,尚填"解赴督抚衙门投收",兵役拘泥兵牌字样,仍将人犯解赴省城告投,亦有解交在省首县,照文接递配所,殊多歧误。嗣后解犯兵牌应填明"解赴某省,某州县入境首站,遵照定例,随犯转解配所投收申缴"字样,毋庸填载"解赴督抚衙门投收"字样,咨请部示,经臣部复准通行画一在案。此条原例应增改。谨将改辑例文,开列于后。

一、各省佥发军、流人犯,俱按照军、流道里表内应发省分,照改发遣犯之例,毋庸指定府、州,悉听该省督抚按其所犯罪名悉解巡抚衙门,听该抚按其所犯罪名,仿照军、流道里表,酌量州县大小远近,均匀拨发。起解省分,将解发军、流人犯,于起解之先,预行咨明该应发省份督抚,先期定地,饬知入境首站州县,随到随发。其解犯兵牌内,填明"解赴某省,入境首站某州县,遵照定地,转解配所投收申缴"字样。

【1788】○修并

修并按语及修并后条例见【1768】1.1.45.(22)条【1788】修并项下。

【1772】○续纂

一、凡新疆条款内,改发云贵两广烟瘴地方人犯,仍照旧例发遣外,其本例应发四省烟瘴地方充军,及"名例"内由黑龙江改发四省烟瘴人犯,均以极边四千里为限,按照《五军道里表》内应发省分,解交巡抚衙门均匀酌发,充当苦差,照例分别刺字。如有脱逃,亦各照本例分别治罪。

臣等谨按:此条系乾隆三十七年(1772)二月内,湖北巡抚陈辉祖条奏定例,应纂辑以便遵行。

【1790】1.1.45.(28)(略)

【1801】○修改

臣等谨按:此条系乾隆三十七年(1772)定例。查例载"名例"内,由黑龙江改发四省烟瘴人犯,系指前条窝留强盗三人以上等项而言,已于前条按语内声明。黑龙江遣犯改发烟瘴,本例各有专条,无庸复载,议请节删。此条亦应画一修改。谨将修改例文,开列于后。

一、凡新疆条款内改发云贵两广烟瘴地方人犯,仍照旧例实发烟瘴外,其本例应发四省烟瘴地方充军人犯,均以极边四千里为限,按照《五军道里表》内应发省份,解交巡抚衙门均匀酌发,充当苦差,照例分别刺字。如有脱逃,亦各照本例分别治罪。

【1802】1.1.45.(30)(略)

【1825】1.1.45.(26)(略)

【1840】○删除[1]

臣等谨按:道光十七年(1837)二月内,臣部议复升任山西道监察御史蔡琼奏"滇省军犯拥挤,请酌减安插"一折。经臣部查,例内应发烟瘴之犯,人数众多,而烟瘴地方仅止云贵两广四省,势不能照例概行实发。故除新疆条款改发烟瘴之犯而外,其余均以极边足四千里为限,各省遵循办理,尚不致有聚集之虞。惟自道光六年(1826)调剂新疆遣犯案内,续将应发新疆人犯共三十四条,改发四省烟瘴。又历年以来续纂例内声明,实发烟瘴者,复不一而足,以致烟瘴军犯日积日多。滇省在配军犯拥挤,自系实在情形。然滇省既经拥挤,自此外贵州、广东、广西三省不问可知。若不急为调剂,诚恐十余省凶顽匪徒群聚四省,必致相率为匪,于边疆地方大有关系。惟该御史所请,按照到配年分久暂分别查办之处,未免事涉纷扰。臣等公同酌议,例内应发四省烟瘴者,不下百余条,除免死盗犯情罪重大,及有关罪名等差者,势不得不实发四省外,其余似可均以极边足四千里为限。若谓循名必须责实,不知四省所属州县,原不尽皆烟瘴。前经该督抚奏明,遇有发往人犯,于腹内无烟瘴处匀拨,则原与他省无异。核之改发烟瘴本义,究亦未能得实。既据该御史奏请调剂,自应酌量办理。谨将例内应发烟瘴各条,逐细查核酌议,仍行实发者共十八条,其余均以极边足四千里为限等因具奏,奉旨允准通行,遵照在案。应另纂专条,并将新疆条款内改发云贵两广烟瘴地方人犯仍实发烟瘴之例删除,以免混淆。

【1847】1.1.45.(27)(略)

【1778】○续纂

一、凡发遣乌鲁木齐、伊犁为奴人犯,在铅、铁两厂打矿挖采,果能实心出力,例应五年为民者,准其减去二年;三年为民者,减去一年;永远当苦差者,五年后即准为民,均免其挖采。若为奴人犯,业已为民,及当差、种地之人,有情愿在厂效力帮贴,实心出力者,定限八年,该处大臣,查其所犯原案尚属较轻,叙明情由奏闻。应否发回原籍之处,恭候钦定。

臣等谨按:此条系乾隆三十七年(1772)九月内,伊犁将军舒赫德具奏,及三十八年(1773)七月内,乌鲁木齐办事大臣索诺木策凌等具奏,俱经钦奉谕旨,允准在案。应纂为例,以便遵行。

---

[1] 道光二十年(1840)《大清律纂修条例》载明"删除"本条,但道光二十七年(1847)《大清律例》仍原文刊载本条,未删未改。

【1788】○删除

臣等谨按:乾隆四十九年(1784)四月内,伊犁将军伊勒图奏,遣犯到配后,果能悔过安分,将案由咨部核复后,方准入厂。若果始终实心悔过当差者,入厂五年期满,准其为民,效力十年,准其回籍。为奴人犯,入厂五年期满,止准为民,不准回籍等因。经军机大臣核复奏准遵行,纂定例文在案。① 此条为奴、当差人犯,于入厂为民之后,再限八年,概行奏请回籍之处,系属旧例,业已不行,应请删除。

【1778】○续纂

一、发乌鲁木齐等处效力赎罪人员,如所犯仅止革职及杖、徒等罪,到戍后已满三年,仍听该将军及各该处办事大臣照例具奏。若原犯军、流,加等改发者,定限十年具奏一次。其应否准令回籍之处,恭候钦定。

臣等谨按:此条系乾隆三十八年(1773)八月内,臣部钦遵谕旨,酌议新疆效力人员,如原犯革职、杖、徒改发者,三年奏闻;原犯军、流加等改发者,一概不准回籍等因。奉旨:"改遣新疆人犯内,情罪较重者,从前概定三年期满之例,原未允协。今刑部请照军、流永戍,于法固属得平。第念新疆究与内地不同,若永远不准放还,又觉过重。但三年为期太速,且不当与情轻人犯漫无区别。嗣后有重罪改遣新疆人犯,到戍后,如果奋勉自效已及十年者,着加恩准该将军及各办事大臣等援引此旨,奏闻一次。其应否准令回籍之处,临时候朕酌夺。著为令。钦此。"应恭纂为例,以便遵行。

【1788】○修并

【原例】【1778】续纂"一、发乌鲁木齐等处效力赎罪人员,如所犯仅止革职及杖、徒等罪……"条(略)、【1782】续纂"一、发乌鲁木齐等处效力赎罪人员,若原犯军、流……"条(略)

臣等谨按:发往乌鲁木齐等处效力赎罪人员,原犯军、流,因情重改发新疆者,十年期满一项,已于四十七年(1782)定例,令该将军等遵例奏闻,汉人解交陕甘总督,按原犯军、流定地发配,遇赦再行奏请释回;旗人解交臣部,分别折枷、鞭责办理。其前条内所载"原犯军、流,加等改发者,定限十年具奏,应否准令回籍"等语句,业已不用,应行删除。并将前后例文并为一条,以简归易。今将修改例文,开列于后。

一、发乌鲁木齐等处效力赎罪人员,如所犯仅止革职及杖、徒等罪,到戍后已满三年,仍听该将军及各处办事大臣具奏。其应否准令回籍之处,恭候钦定。若原犯军、流,因情节较重,改发新疆者,定限十年期满,该将军遵例奏闻。如蒙允准后,将该犯解交陕甘总督,查明该犯原籍,按五军三流道里,指定应配地方,即转解该省,交该督抚酌量安插。遇有恩赦,该督抚再行遵旨奏请释回。至旗人犯该军、流,从重改发新疆之犯,十年期满,该将军遵例奏闻,将该犯解交刑部,按照该犯应得军、流罪名,照例分别折枷,满日鞭责释放。

【1790】1.1.45.(24)(略)

---

① 即【1790】1.1.45.(33)条例文。

【1801】○修并

【原例】【1790】1.1.45.(24)(略)、【1795】续纂“一、发遣伊犁、乌鲁木齐等处当差效力官犯……”条(略)

臣等谨按:新疆效力官犯,到戍后已满三年,该将军等具奏,其应否准其回籍之处,恭候钦定。若原犯军、流改发者,遵例奏请后,仍照原犯军、流,指定应配地方安插,系乾隆四十七年(1782)定例。又乾隆五十八年(1793),乌鲁木齐办事大臣宜绵具奏“当差效力官犯,原任都司陈士份三年期满”折内,钦奉谕旨:“从前发遣此等人员,年满具奏,再留几年。如复留年限期满,仍具奏一次,徒滋繁琐。嗣后所留年限期满,不必复奏,照例释回。著为令。钦此。”钦遵纂入例册在案。又嘉庆四年(1799)正月,军机大臣会同臣部奏称,向来官民犯罪,例应实发新疆者,恭遇恩赦释回,均准回旗、回籍。又间有罪犯,本止军、流,因其情节稍重,加重改发新疆效力,迨十年期满,奏准释回后,各按照原定军、流之罪发配。查此等原犯军、流改发新疆之犯,比实发新疆者,情节较轻。若恩准释回之后,仍发军、流原配,转不得与实发新疆者,一体邀恩回旗、回籍,未足以昭平允。应请嗣后官民人等有犯军、流等罪,即照本律定拟请旨,不得以“情重”字样,擅议改发新疆。其从前改发各犯,十年期满,即遵例奏请释回,毋庸仍照原犯军、流,再行发配等因具奏,奉旨:“依议。钦此。”钦遵在案。此条原例应行修改。又查新疆人犯十年期满,循例奏请,系专指效力官犯而言。军、民常犯,系发往当差、为奴,无期满奏请之例,应行分晰,合并声明。谨将修并例文,开列于后。

一、发遣新疆效力官犯,如从前所犯仅止革职,及由徒、杖等罪加重发往新疆者,到戍后已满三年,听该将军及各该处办事大臣具奏。奉旨准其释回者,即令回旗、回籍。若原犯军、流,从前加重改发新疆者,定限十年期满,该将军等遵例奏闻。如蒙允准,亦各令各回旗、籍,毋庸仍照原犯军、流再行发配。若三年、十年期满具奏,奉旨再留几年者,俟所留年限满日,即行照例释回,不必复奏。至官员、军民人等有犯军、流等罪,即照本律定拟,不得以“情节较重”字样,擅议改发新疆。

【1802】1.1.45.(36)(略)

【1810】○修改

臣等谨按:嘉庆十一年(1806)二月内,臣部“遵旨酌议黑龙江、新疆等处遣犯减释章程”折内声称,伊犁等处发遣官犯,例有限年分别奏请释回之例。吉林、黑龙江等处发遣官犯,例无明文。请亦照新疆官犯之例,令该将军、都统等,将由革职、徒杖发往之犯三年奏请,由军、流发往之犯十年奏请,届期详叙案由,分别请旨定夺等因奏准,遵办在案。应添入例内,以便遵行。谨将修改例文,开列于后。

一、发遣新疆及黑龙江、吉林等处效力官犯,如从前所犯仅止革职,及由徒、杖等罪加重发遣者,到戍后已满三年,听该将军、都统及各该处办事大臣具奏。奉旨准其释回者,即令回旗、回籍。若原犯军、流,从前加重改发者,定限十年期满,该将军等遵例奏闻。如蒙允准,亦即令各回旗、籍,毋庸仍照原犯军、流再行发配。若三年、十年期满具奏,奉旨再留几年者,俟所留年限满日,即行照例释回,不必复奏。至官员、军民人等有犯军、流等罪，即照本律定拟，不得以“情节较重”字样，擅议改发。

【1814】○修改

臣等谨按：此条例内官员、军民人等，有犯军、流等罪，不得擅议改发之处，已于“加减罪例”门内遵照删改。此处应行节删，以免重复。谨将修改例文，开列于后。

一、发遣新疆及黑龙江、吉林等处效力官犯，如从前所犯仅止革职，及由徒、杖等罪加重发遣者，到戍后已满三年，听该将军、都统及各该处办事大臣具奏。奉旨准其释回者，即令回旗、回籍。若原犯军、流，从前加重改发者，定限十年期满，该将军等遵例奏闻。如蒙允准，亦即令各回旗、籍，毋庸仍照原犯军、流再行发配。若三年、十年期满具奏，奉旨再留几年者，俟所留年限满日，即行照例释回，不必复奏。

【1825】1.1.45.（38）（略）

【1847】1.1.45.（37）（略）

【1778】○续纂

一、派往乌鲁木齐、伊犁等处换班种地满汉屯兵，遇有脱逃，除依现行之例，按照初次、二次，投回、拿获，分别办理外，从新留屯五年，折磨差使。如果别无过犯，该处办事大臣查明，准其回籍。

臣等谨按：此条系乾隆四十年（1775）九月内，据乌鲁木齐办事大臣索诺木策凌以换班兵丁，例应五年一次更换，此项换班各兵脱逃被获，枷号折磨之后，在屯并无养赡，可否于同来官兵班满更换时，一并撤回之处，咨请部示。经臣部以此项犯逃之兵，既不安分当差，自宜倍加严惩，以示区别。应比照徒犯脱逃就获从新拘役之例，再留五年折磨差使。如果别无过犯，准其回籍等因，奏准定例，应纂辑遵行。

【1790】1.1.45.（30）（略）

【1802】1.1.45.（16）（略）

【1825】1.1.45.（15）（略）

【1778】○续纂

一、凡兵丁、闲散人等犯该军、流，因情重改发新疆，不准回籍者，即于拟罪折内声明。

臣等谨按：此条系乾隆四十年（1775）闰十月内，臣部审拟新军东柯吓诈扰害，拟发新疆一案，大学士、管理刑部事务臣舒赫德面奉谕旨，奏准定例，应纂辑遵行。

【1790】1.1.45.（31）（略）

【1801】○删除

删除按语见【1790】1.1.45.（22）条【1801】删除项下。

【1778】○续纂

一、凡生事之厄鲁特犯该发遣者,俱停发伊犁,解京转发烟瘴地方充军。

臣等谨按:此条系乾隆四十一年(1776)十二月内,据乌什办事大臣绰克托奏"噶岱墨特所买家奴厄鲁特托克托生事不法请发伊犁"一案,钦奉谕旨:"伊犁系厄鲁特原籍,若发遣伊犁,与发遣原籍无异,着解京发烟瘴地方。嗣后照此办理。"应恭纂为例,以便遵行。

【1788】○修并

【原例】【1778】续纂"一、凡生事之厄鲁特犯该发遣者……"条(略)、【1782】续纂"一、凡新疆及内地,遇有为奴之厄鲁特酗酒滋事……"(略)

臣等谨按:以上二条,俱系厄鲁特犯该发遣、发往烟瘴地方充军之例,自应并纂一条,以归画一。又乾隆五十三年(1788)四月内奉旨:"据尚安奏'将发遣乌鲁木齐、巴里坤古城等处给满洲兵丁为奴之遣犯,额鲁特、土尔扈特、布鲁特回子等,请改发烟瘴地方'等语,尚安所奏尚是。乌鲁木齐等处即系蒙古地方,去伊犁回子各城,及土尔扈特游牧处,亦甚不远。额鲁特、土尔扈特回子等犯罪,若发往乌鲁木齐、巴里坤古城等处,与满洲兵丁为奴,则与伊等本处相近,不止由山谷易于逃逸,亦不足以示警蒙古、回子人等。令将乌鲁木齐等处所有鄂毕特等十七人,即照尚安所奏,着解送陕甘总督拟定地方,改发烟瘴。嗣后再有此等应发乌鲁木齐等处之额鲁特、土尔扈特、回子、布鲁特等遣犯,俱着照此分发内地。钦此。"钦遵在案。应即于此条例内,增纂详备,以便遵行。今将修并、增辑例文,开列于后。

一、新疆及内地遇有为奴之额鲁特、土尔扈特、布鲁特回子等酗酒生事,犯该发遣者,俱发往烟瘴地方。如系新疆犯事,解交陕甘总督定地转发;若在内地有犯,即由该督抚定地解往。俱交与该营、镇、协,在兵丁内拣选力能管束之人,赏给为奴,严加管束。

【1790】1.1.45.(36)(略)

【1802】1.1.45.(20)(略)

【1825】1.1.45.(19)(略)

【1847】1.1.45.(20)(略)

【1778】○续纂

一、犯罪发往伊犁等处种地人犯,如年老力衰,不能耕种纳粮者,令该将军等酌量该犯年力应当差使,责令承充,官给与半分口粮,以资养赡,仍令该管处管束。

臣等谨按:此条系乾隆四十二年(1777)五月内,据伊犁将军伊勒图等,以种地人犯格图肯、江樽年老力衰,不能耕种交粮,可否仿照年满当差人等年老残废不能派往之例,官给口粮等因,咨请部示。经臣部奏准定例,应纂辑遵行。

【1790】1.1.45.(32)(略)

【1802】1.1.45.(17)(略)

【1825】1.1.45.(16)(略)

【1782】○续纂

一、凡内地民人,于新疆地方犯至军、流之罪,如在乌鲁木齐一带者,即发往伊犁等处;其在伊犁一带者,即发往乌什、叶尔羌等处;而在乌什各城者,亦发往伊犁等处。并视其情罪,量为酌定,轻者发各处编管,重者给厄鲁特及回人为奴。

臣等谨按:此条系乾隆三十六年(1771)九月内,哈尔沙尔办事大臣实麟奏"民人岳生梅在哈尔沙尔地方,因刘士彦索债争闹,扎伤刘士彦耳轮等处,伤痕平复,请将岳生梅解交山西巡抚定地流三千里"一案,钦奉上谕:"据实麟奏'民人岳生梅在哈尔沙尔地方,因刘士彦索债争闹,用所佩小刀扎伤刘士彦耳轮等三处,伤痕限内平复,请将岳生梅从重定拟枷号三个月,满日解交山西巡抚定地流三千里'等语,所办未为允协。新疆安设耕屯,一切均宜整肃民兵等。设有过犯,本不当与内地同科。岳生梅虽系自往营生,但既前至新疆,理宜守法安分。乃因口角细故,辄以金刃伤人,即属斗狠生事之辈。实麟将该犯问拟流罪,仍请交山西定地,名为加重而实予从宽,岂足以示惩儆。况内地情罪较重之犯,俱改发新疆。今以内地民人在新疆犯法,转得令其复还中土,何以准情法之平。嗣后除发遣新疆人犯,在配所滋事不法者,仍按定例从重分别定拟外,其有内地民人,于新疆地方,犯至军、流之罪,如在乌鲁木齐一带者,即发往伊犁等处;其在伊犁一带者,即发往乌什、叶尔羌等处;而在乌什各城者,亦发往伊犁等处。并视其情罪,量为酌定。轻者,发各处安插编管;重者,给厄鲁特及回人为奴。如此明示区分,庶众人共知炯戒,而立法更为详妥。将此谕令刑部,并通行新疆各处办理事务大臣等知之。钦此。"应恭纂为例,以便遵行。

【1788】○修并

修并按语及修并例文,见【1768】1.1.45.(37)条【1788】修并项下。

【1782】○续纂

一、凡新疆及内地,遇有为奴之厄鲁特酗酒滋事,俱发往烟瘴地方,交与该营、镇、协,在兵丁内拣选力能管束之人,赏给为奴,严加约束。

臣等谨按:此条系乾隆四十三年(1778)五月内,陕甘总督勒尔谨咨"赏给庆阳协副将武灵阿为奴之厄鲁特巴哈,酗酒恣横,请解部发遣"一案。经臣部奏明,将巴哈发往烟瘴地方,交与该营、镇、协,在兵丁内拣选力能管束之人,赏给为奴,严加约束。并请嗣后无论新疆、内地,遇有为奴之厄鲁特酗酒滋事,即照此办理。奉旨:"依议。钦此。"钦遵在案,应纂辑遵行。

【1788】○修并

修并按语及修并后例文见【1778】续纂"一、凡生事之厄鲁特犯该发遣者……"条【1788】修并项下。

【1782】○续纂

一、赏给为奴人犯内,除例应赏给功臣之人外,其发往驻防各省者,俱赏给彼处官兵为奴。其赏给将军、副都统之处,永行停止。

臣等谨按：此条系乾隆四十三年（1778）五月内，因"发往宁夏将军为奴人犯格图肯，该将军傅亮随带进京，以致格图肯携妻逃走，经兵部参奏"一案，钦奉谕旨："赏给为奴人等内，除例应赏给功臣之人外，其发往驻防各省者，俱赏给彼处官兵为奴。其赏给将军、副都统之处，永行停止。钦此。"钦遵在案。应恭纂为例，以便遵行。

【1790】1.1.45.（25）（略）

【1802】1.1.45.（13）（略）

【1814】○修改

修改按语见【1802】1.1.45.（22）条【1814】修并、修改项下。

一、赏给为奴人犯，除例应赏给功臣之人外，其发往黑龙江、吉林及各省驻防为奴者，先尽未有遣奴之官员分给，每员不得过二名；再尽未有遣奴之兵丁分给，每兵只给一名。其赏给将军、副都统之处，永行停止。

【1825】1.1.45.（36）（略）

【1847】1.1.45.（35）（略）

【1782】○续纂

一、各省邪教为从之犯，罪应拟军，及照"名例"发遣者，俱改发云贵两广烟瘴地方充军。其云贵两广四省邪教从犯，发往四川、福建二省安插。此等人犯内，如有情节较重者，各于到配后再加枷号六个月。所有奉天、吉林及伊犁、乌鲁木齐各处，均停止编发。

臣等谨按：此条系乾隆四十六年（1781）闰五月内，钦奉上谕："邪教案内，凡有发遣之犯，不得发往奉天、吉林及新疆等处。钦此。"钦遵。经臣部奏请，嗣后各省邪教为从之犯，俱改发云贵两广烟瘴地方充军。其云贵两广邪教之犯，发往四川、福建二省安插。此等人犯内，如有情节较重者，即各于到配后，再加枷号六个月，以示惩创等因，奉旨："依议。"钦遵在案，应纂辑遵行。

【1790】1.1.45.（26）（略）

【1801】○删除

臣等谨按：邪教为从之犯，于乾隆五十六年（1791）改发黑龙江给索伦达呼尔为奴，已于本门内纂辑专条。此条改发云贵两广烟瘴充军，系属旧例，业已不用，应请删除。

【1782】○续纂

一、发乌鲁木齐等处效力赎罪人员，若原犯军、流，因情节较重，从重改发新疆者，十年期满，该将军遵例奏闻，将该犯解交陕甘总督，查明该犯原籍，按五军三流道里，指定应配地方，即转解该省，交该督抚酌量安插。遇有恩赦，该督抚再行遵旨奏请释回。至旗人犯该军、流，从重改发新疆之犯，十年期满，该将军遵例奏闻，将该犯解交刑部，按照该犯应得军、流罪名，照例分别折枷，满日鞭责释放。

臣等谨按：此条系乾隆四十七年（1782）六月内，伊犁将军伊勒图将当差期满之原任广东始兴县典史要俊卿一犯，照例奏请回籍，钦奉谕旨："要俊卿一犯，本拟按律杖、流，因情节较重，改发新疆。今年满释回，则较原拟流罪，不准限年回籍者转轻。嗣后凡遇此等情节可恶，发往新疆之犯，年满时，仍将该犯发交应配地方安插。遇有恩赦，再令回籍。钦此。"嗣据该将军以此等改发新疆年满，奏请仍发应配地方之犯，伊犁无从知其应配地方，应咨部定地发配。至旗人军、流，例应折枷。其罪应军、流，改发新疆，年满奏请之旗人，应作何办理，各等因具奏。经臣部议奏，请将本犯军、流，因情节较重，从重改发新疆者，十年期满，该将军照例奏闻，将该犯解交陕甘总督，查明该犯原籍，按五军三流道里，指定应配地方，即转解该省，交该督抚酌量安插。遇有恩赦，该督抚再行遵旨奏请释回。至旗人犯该军、流，从重改发新疆之犯，十年期满，仍照例奏闻，将该犯解交臣部，按照该犯应得军、流罪名，照例分别折枷，满日鞭责释放等因，奉旨："依议。"钦遵在案，应纂辑遵行。

【1788】○修并

修并按语及修并例文见【1778】续纂"一、发乌鲁木齐等处效力赎罪人员，如所犯仅止革职及杖、徒等罪……"条【1788】修并项。

【1782】○续纂

一、奉天省应发黑龙江等处人犯，即由盛京刑部、奉天府，按照人数多寡，定地、刺字，径交盛京兵部发遣，毋庸解赴在京刑部转发。

臣等谨按：直省发遣黑龙江人犯，向俱解赴臣部刺字、定地，咨送兵部转发。嗣于乾隆四十七年（1782）十二月内，盛京刑部将王自菜等行劫案内，已行未得财拟发黑龙江之徐刚、张元、杨方恒三犯，派委官弁解赴前来。经臣部查，奉天至黑龙江并不由京经过，今以奉天应发黑龙江之犯，必由在京刑部定地，仍由奉天转递，往返多行数千里，实多不便。奏请嗣后奉天一省应发黑龙江等处人犯，即由盛京刑部、奉天府，按照人数多寡，定地刺字，径交盛京兵部发遣，毋庸解赴在京刑部转发等因，奉旨："依议。"钦遵在案，应纂辑遵行。

【1790】1.1.45.（6）（略）

【1801】○修改

臣等谨按：奉天省发遣黑龙江人犯，毋庸解赴在京刑部转发，系乾隆四十七年（1782）定例。又嘉庆二年（1797），军机大臣会同臣部议复"湖南省邪教缘坐人犯郭美山发黑龙江为奴"案内声明，将郭美山即由该抚遴解，径发黑龙江，不必解部，致有耽延等因，奏准在案。近年以来，即遵案办理。应修辑为例，以便引用。谨将修改例文，开列于后。

一、奉天省应发黑龙江等处人犯，即由盛京刑部、奉天府，按照人数多寡，定地、刺字，径交盛京兵部发遣。至外省应发黑龙江等处人犯，该督抚饬属径行解往，均无庸解赴在京刑部转发。

【1802】1.1.45.（25）（略）

【1825】1.1.45.（23）（略）

【1847】1.1.45.（24）（略）

【1788】○移改

【原例】*名例律·流囚家属【1768】1.1.15.(13)

一、发往乌鲁木齐等处人犯，如果悔过悛改，视其原犯情罪轻重，定限或三年或五年，编入该处民户册内，给与地亩，令其耕种纳粮。其未经到配，本犯中途病故，跟随妻、子，或因到配已近，不愿回籍，或子已年长，堪胜力作，情愿到配为民者，令地方官讯明，仍行发往，即入于各该处民籍安插耕种，不必令其为奴。如有寡妻弱子，不任力作，或自愿回籍者，该地方官照例递回原籍。至已经到配年限未满以前，本犯身故者，其妻、子即照年限已满例，准入民籍一体安插，不必复令为奴。

臣等谨按：此条发往乌鲁木齐等处人犯，如果悔过悛改，视其原犯情罪轻重，定限或三年或五年，编入该处民户册内，例文系乾隆三十一年(1766)及三十二年(1767)奏定之例。嗣于四十九年(1784)四月内，伊犁将军伊勒图奏，发遣人犯，未便概入各厂。请将在厂效力人等，核其勤惰，果能实心悔过者，系当差人犯，入厂五年期满，准其为民，再效力十年，准其回籍。如系为奴人犯，入厂五年期满，止准为民，不准回籍。经军机大臣核复，奏准遵行。又五十二年(1787)二月内，钦奉谕旨："据伊桑阿等奏'请发遣哈密屯田为奴罪犯王尽忠等，已逾十年，俟再满五年，准其为民'等语，甚属错谬。王尽忠等七犯，俱系进剿逆贼王伦，从军畏怯逃散者，情殊可恨，免其死罪，仅予发遣，已属侥幸之至。若因发遣之地伊主不能管束，令其种地尚可。如拘定数年之后，准其为民，即可与常民无异，实不足以示儆。嗣后凡遇发遣为奴之犯，种地尚可，不必令其为民。"钦遵在案。是此等发遣之犯，既有新定条例，并钦奉谕旨，则为奴人犯，未经入厂者，止准种地，不准为民。此条旧例前已载入"视其情罪轻重，定限三年、五年，编入民户册内"之语，并未分别当差、为奴，应行修改。至当差人犯入厂者，既概限五年为民，而在配悔过之犯，转视情罪轻重，分别三年、五年办理，亦未画一。自应修纂详明，以便引用。谨拟将为奴人犯，改为定限十年后，止准其永远种地，不准为民；其当差人犯，果能悔过悛改，定限五年，准其为民，以昭平允。再当差遣犯限年为民，与入厂年满为民，事系同类，应将原例前节摘改，与遣犯入厂并辑一条，专载"徒流迁徙地方"条下。其后节本犯病故，家属应否递回之处，仍载"名例"上卷"流囚家属"门内，合并声明。今将修改纂辑例文，开列于后。

一、发往伊犁、乌鲁木齐等处为奴遣犯，如在配安分，已逾十年者，止令其永远种地，不得令其为民；若发往当差遣犯，果能悔过悛改，定限五年，编入该处民户册内，给与地亩，令其耕种纳粮，俱不准回籍。其有到配后，呈请愿入铅、铁等厂效力捐资者，先将缘事案由咨部核复，方准入厂。设日后怠惰滋事，随时惩治逐出。若果能始终实心悔过，系当差人犯，入厂五年期满，准其为民，再效力十年，准其回籍；如系为奴人犯，入厂五年期满，止准为民，改入该处民户册内，不准回籍。

【1790】1.1.45.(33)(略)

【1801】○修并

【原例】【1790】1.1.45.(33)(略)、【1795】续纂"一、发往伊犁、乌鲁木齐等处为奴遣犯，呈请愿入铅、铁等厂效力者……"条(略)

臣等谨按:发往当差遣犯,悔过悛改,定限五年,入册给地,耕种纳粮,系乾隆三十一年(1766)定例。又到配后,呈请入厂,五年期满当差人犯,即准为民,再效力十年,准其回籍;为奴人犯,止准为民,不准回籍,系乾隆四十九年(1784)定例。嗣于乾隆五十七年(1792),军机大臣议复伊犁将军保宁条奏,为奴人犯,入厂效力五年期满为民后,仍愿留厂,再行细核案情,罪重者,毋庸办理;罪轻者,加至十二年,如果始终奋勉,毫无过犯,准其回籍。纂入例册,遵行在案。此条为奴人犯,不准回籍旧例,应行修改,与为奴人犯入厂之例,修并一条,以归简易。谨将修并例文,开列于后。

一、民人发往伊犁、乌鲁木齐等处为奴遣犯,如在配安分,已逾十年者,止令永远种地,不准为民。若发往当差遣犯,果能悔过悛改,定限五年,编入该处民户册内,给地耕种纳粮,俱不准回籍。其有到配后,呈请愿入铅、铁等厂效力捐资者,除奉特旨发遣为奴,及有关大逆缘坐发遣为奴人犯,不准做工帮捐外,其余无论当差、为奴,罪由轻重,咨部记档,准其入厂。设日久怠惰滋事,随时惩治逐出。若果能始终实心悔过,入厂五年期满,俱准其为民,改入该处民户册内。查系当差人犯,再效力十年,准其回籍。为奴人犯,详核原犯罪由,罪重者不准留厂;罪轻者报部核复,再加十二年,如果始终效力奋勉,准其回籍。

【1802】1.1.45.(37)(略)

【1806】○修改

臣等谨按:嘉庆六年(1801)八月内,臣部钦奉谕旨,查办新疆在配年久各犯,奏明新疆遣犯入厂五年期满,例准为民。自应核其情节,稍轻者,方准入厂。如情罪重大之叛案、干连邪教会匪及台湾聚众抢夺杀人放火为从各项人犯,不惟不便令其入厂、期满后回籍,并不便令其在该处为民,以致与寻常遣犯无所区别。应请嗣后此等情重各犯,均不准其入厂,以示限制等因,奏准在案,应于例内增纂明晰。谨将修改例文,开列于后。

一、民人发往伊犁、乌鲁木齐等处为奴遣犯,如在配安分已逾十年者,止令永远种地,不准为民。若发往当差遣犯,果能悔过悛改,定限五年,编入该处民户册内,给地耕种纳粮,俱不准回籍。其有到配后,呈请愿入铅、铁等厂效力捐资者,除奉特旨发遣为奴,及有关大逆缘坐发遣为奴,并叛案、干连邪教会匪,及台湾聚众抢夺杀人放火为从各项人犯,俱不准做工帮捐外,其余无论当差、为奴,罪由轻重,咨部记档,准其入厂。设日久怠惰滋事,随时惩治逐出。若果能始终实心悔过,入厂五年期满,俱准其为民,改入该处民户册内。查系当差人犯,再效力十年,准其回籍。为奴人犯,详核原犯罪由,罪重者不准留厂;罪轻者报部核复,再加十二年,如果始终效力奋勉,准其回籍。

【1825】1.1.45.(30)(略)

【1847】1.1.45.(31)(略)

【1788】○续纂

一、徒罪人犯,该督抚于通省州县内,不拘有无驿站,核计道里远近,酌量人数多寡,均匀酌派,交各州县严行管束。俟徒限满日,释放回籍安插。

臣等谨按:此条系乾隆五十二年(1787)正月内,云南巡抚谭尚忠条奏,云南徒罪人犯,不必拘定多罗、松林等十二驿安置,改于通省州县内,均匀酌配。经臣部核复,附请通行各省一体遵照办理等因具奏,奉旨:"依议。"钦遵在案,应纂辑遵行。

【1790】1.1.45.(4)(略)

【1801】○修改

臣等谨按:此条系乾隆五十二年(1787)定例。又乾隆五十六年(1791),臣部酌议,嗣后凡外省民人在京犯该徒罪,札发顺天府尹定地充徒者,核算道里,务于离京五百里,不拘有无驿站州县,酌量分派,交地方官管束等因在案,应增入例内。谨将修改例文,开列于后。

一、民人在京犯该徒罪者,顺天府尹务于离京五百里州县定地充配。至外省徒罪人犯,该督抚于通省州县内,核计道里远近,酌量人数多寡,均匀酌派。俱不拘有无驿站,交各州县严行管束。俟徒限满日,释放回籍安插。

【1802】1.1.45.(24)(略)

【1825】1.1.45.(22)(略)

【1847】1.1.45.(23)(略)

【1788】○续纂

一、各处永远枷号人犯,于枷示已逾十年后,即咨明刑部汇题,分别发遣。若该犯原拟本系死罪,并应发新疆者,发往伊犁;如原拟系应发黑龙江等处者,发往乌鲁木齐;其原拟军、流以下者,发往黑龙江等处,分别旗、民,当差、为奴。如系新疆地方犯事者,即照新疆等处之例办理。俱令配所各官,严加管束。倘在配在途有乘间脱逃,及犯行凶扰害情事,一经审实,俱请旨即行正法。

臣等谨按:此条系乾隆五十一年(1786)十二月内,大学士兼管步军统领和珅奏"京城各门监禁永远枷号人犯,请交部核其原犯罪名轻重,发往伊犁、乌鲁木齐、黑龙江等处"一折,又大理寺汇奏"永远枷号人犯数目"一折,奉旨交军机大臣会同臣部核办。当经臣等核拟具奏,奉旨:"依议。"钦遵在案,应纂辑遵行。

【1790】1.1.45.(38)(略)

【1801】○修改

【原例】【1790】1.1.45.(38)(略)、【1790】1.1.45.(39)(略)、【1795】续纂"一、应发黑龙江等处条例内……"条(略)

臣等谨按:永远枷号人犯年满后,发遣新疆脱逃被获,即行正法,系乾隆五十一年(1786)定例。又新疆驻扎官员兵丁跟役,酗酒滋事,即调发新疆等处为奴,发遣之后,仍不悛改,即行正法,系乾隆二十八年(1763)定例。又黑龙江遣犯内五项改发回城为奴,不服管教,打死勿论,脱逃正法,系乾隆五十六年(1791)定例。嗣于嘉庆四年(1799)五月内,臣部于议复伊犁将军保宁奏请"酌发新疆遣犯"折内奏称,发遣新疆人犯脱逃正法之例,原为边地甫经戡定,不得不从严惩治。今新疆久隶版图,沾濡圣化,已与内地无异。发遣人犯,与发往黑龙江等处,情罪相同。查发黑龙江等处各条,除强盗免死减等,系由重减轻之犯,如有脱逃,例应正法外,其余例应发往及由轻加重改发者,如有脱逃,例止枷号,俱不正法。应请嗣后发遣新疆人犯脱逃,亦照黑龙江之例,由死罪减发者,仍行正法,其余遣犯脱逃被获,即在配所用重枷枷号三个月,杖责管束,亦足以示惩儆等因具奏。奉旨:"依议。钦此。"钦遵在案。查由死罪减发,系专指强盗免死减等者而言。至永远枷号人犯发遣新疆,及跟役酗酒滋事发遣各犯,均非强盗免死减等可比。如在配仍不悛改,并脱逃被获,自应照寻常遣犯脱逃例,枷号三个月、杖一百。其由黑龙江条款改发回城人犯,除用药迷人得财为从一项,例内系照强盗免死减等发遣,如有脱逃,仍应正法外,其余各条,亦非由死罪减发,脱逃被获,亦应枷责管束。所有旧例内正法之处,俱应修改。谨将修改例文三条,开列于后。

一、各处永远枷号人犯,于枷示已逾十年后,即咨明刑部汇题,分别发遣。若该犯原拟本系死罪,并应发新疆者,发往伊犁;如原拟系应发黑龙江等处者,发往乌鲁木齐;其原拟军、流以下者,发往黑龙江等处,分别旗、民,当差、为奴。如系新疆地方犯事者,即照新疆等处之例办理。俱令配所各官,严加管束。倘在配在途乘间脱逃,俱用重枷枷号三个月、杖一百发落。若犯行凶扰害情事,仍按其所犯之罪,照例问拟。

【1802】1.1.45.(32)(略)、【1802】1.1.45.(33)(略)

【1802】1.1.45.(31)(略)

【1821】○修改

【原例】【1802】1.1.45.(31)(略)【1810】续纂"一、凡内地回民犯罪应发回疆……"条(略)

臣等谨按:嘉庆二十五年(1820)九月内,臣部遵旨酌议停发吉林、黑龙江遣犯案内,声明除旗人例应当差者,仍行发往外,将例应发往为奴之永远枷号已逾十年,原拟军、流以下,并回民犯罪应发回疆,及新疆地方回民犯罪应调发回疆二条,改为实发云贵两广极边烟瘴充军等因,奏准在案。应于例内修改明晰。谨将修改例文,开列于后。

一、各处永远枷号人犯,于枷示已逾十年后,即咨明刑部汇题,分别发遣。若该犯原拟本系死罪,并应发新疆者,发往伊犁;如原拟系应发黑龙江等处者,发往乌鲁木齐;其原拟军、流以下者,旗人发往黑龙江等处当差,民人实发云贵两广极边烟瘴充军。如系新疆地方犯事者,即照新疆等处互相调发之例办理。俱令配所各官,严加管束。倘在配在途乘间脱逃,除发烟瘴人犯,照例加等改发外,余俱用重枷枷号三个月、杖一百发落。若犯行凶扰害情事,仍按其所犯之罪,照例问拟。

【修改】【1825】1.1.45.(44)(略)

【1825】1.1.45.(43)(略)

【1830】○修改

臣等谨按：道光六年(1826)十一月内，军机大臣会同刑部议复直隶总督那彦成奏“调剂新疆遣犯”折内，请将永远枷号人犯枷示已逾十年，原拟死罪并应发新疆者，发往伊犁；原拟系应发黑龙江等处者，发往乌鲁木齐一条，改发云贵两广极边烟瘴充军；其原拟军、流以下民人，实发云贵两广极边烟瘴充军一条，改发极边足四千里充军等因奏准，通行在案。例内发往伊犁、乌鲁木齐及实发云贵两广极边烟瘴充军之处，应行修改。谨将修改例文，开列于后。

一、各处永远枷号人犯，于枷示已逾十年后，即咨明刑部汇题，分别发遣。若该犯原拟本系死罪，并应发新疆、黑龙江等处者，俱改发云贵两广极边烟瘴充军；其原拟军、流以下者，旗人发往黑龙江等处当差，民人改发极边足四千里充军。如系新疆地方犯事者，即照新疆等处互相调发之例办理。俱令配所各官严加管束。倘在配在途乘间脱逃，仍发原配，俱用重枷枷号三个月、杖一百发落。若犯行凶扰害情事，仍按其所犯之罪，照例问拟。

【1845】○修复

臣等谨查：此条例文，从前旧例内载“永远枷号人犯，于枷示已逾十年后，分别发遣。若原拟本系死罪，并应发新疆者，发往伊犁；如原拟应发黑龙江等处者，发往乌鲁木齐。其原拟军、流以下者，旗人发往黑龙江等处当差，民人实发云贵两广极边烟瘴充军。倘在配在途乘间脱逃，除发烟瘴人犯照例加等改发外，余俱用重枷枷号三个月、杖一百发落”等语，嗣于道光六年(1826)十一月内，据原任陕甘总督那彦成奏请调剂新疆遣犯，经军机大臣会同臣部议，将应发伊犁等处者，改为“改发云贵两广极边烟瘴充军”；应发云贵两广极边烟瘴充军者，改为“改发极边足四千里充军”，并将“烟瘴人犯在逃加等改发”一语删去，改为“仍发原配”等因奏准，纂入例册在案。兹道光二十四年(1844)六月内，据升任贵州巡抚贺长龄奏请“调剂军犯章程”一折，复经军机大臣会同臣部议请，嗣后新疆遣犯各照旧发往，则例发四省充军之犯，亦应实发，庶用刑差等不致轻重相悬等因具奏。奉上谕：“据军机大臣会同刑部议奏‘贵州军犯拥挤，酌减调剂’等语。新疆遣犯改发内地，恐人数众多，不特约束难周，且与民风大有关碍。非若新疆地方辽阔，外遣人犯易于安插。所有旧时改发内地各条，着仍照旧发往新疆，交该将军设法妥为安插。并严饬所属，认真查核，严加管束。毋令滋生事端，俾期积久无弊。余依议。钦此。”是新疆遣犯以及云贵两广充军之犯，既应照旧发往，且烟瘴人犯在逃，亦有外遣可加，其应发新疆等处及云贵两广，并加等改发之原例，现在犹存，足资引用。此条系属赘文，应行删除。

一、各处永远枷号人犯，于枷示已逾十年后，即咨明刑部汇题，分别发遣。若该犯原拟本系死罪，并应发新疆者，发往伊犁；如原拟系应发黑龙江等处者，发往乌鲁木齐；其原拟军、流以下者，旗人发往黑龙江等处当差，民人实发云贵两广极边烟瘴充军。如系新疆地方犯事者，即照新疆等处互相调发之例办理。俱令配所各官，严加管束。倘在配在途乘间脱逃，除发烟瘴人犯照例加等改发外，余俱应重枷枷号三个月、杖一百发落。若犯行凶扰害情事,仍按其所犯之罪,照例问拟。

【1847】1.1.45.(39)(略)

【1870】1.1.45.(38)(略)

【1788】○续纂

一、回民除犯该寻常军、流,尚无凶恶情状者,仍按表酌发外,如有结伙三人以上,执持凶器伤人,并抢夺数在三人以下,审有纠谋持械逞强情状者,俱实发云贵两广极边烟瘴充军。至籍隶烟瘴之云贵两广四省回民,如犯前项凶殴、纠抢等情,仍照定例于隔远烟瘴省份互相调发。俱不得编发甘肃等省回民聚集之地。

臣等谨按:此条系乾隆五十二年(1787)二月内,署陕甘总督永保,以甘肃地处西陲,回民较多于他省。今河南省解到充军回犯王朴玉,系纠伙执持凶器伤人拟军,按表编发甘省,似非所宜,奏请停发甘省。经臣部以回民肆行抢夺,虽结伙未及三人,而持械逞强,与纠伙凶殴之回犯情罪相等,请一体实发四省烟瘴充军等因具奏,奉旨:"依议。"钦遵在案,应纂辑遵行。

【1790】1.1.45.(37)(略)

【1802】1.1.45.(21)(略)

【1825】1.1.45.(27)(略)

【1847】1.1.45.(28)(略)

【1788】○续纂

一、发往伊犁、乌鲁木齐等处遣犯,如在配安分,复能将该处脱逃遣犯拿获者,除逃遣照例办理外,其获犯之遣犯,无论当差、为奴,不拘年限,准为彼处之民,不准回籍。若为民后,又能拿获逃人,即准其回籍。其在厂在配年满为民遣犯,有能拿获逃遣者,亦准回籍。倘逃犯力壮,一人不能缉拿者,止许添一人帮拿,概不得过二人。

臣等谨按:乾隆五十一年(1786)十二月内,伊犁将军奎林等奏"遣犯石二等拿获逃遣徐四,照例办理"一折,钦奉清字谕旨:"石二等系获罪遣犯,不但在配所知罪安居,尚欲奋勉赎罪,将在逃遣犯徐四拿获,则与衙役拿获犯人者不同。奎林等虽已赏赐,尚不足以示鼓舞。着询问石二、莫绍仁伊等,愿入彼处民籍,即着赦罪,入彼处民籍;愿回本籍,即着全回本籍。如再有似此者,即著为令。钦此。"又五十二年(1787)六月内,该将军等奏"遣犯于观彩等拿获逃遣张添喜正法,于观彩等可否令其回籍"一折,又同日具奏"遣犯石凤等听从畏罪自缢之张凤智,拿获逃遣王巴儿,并不即时送官,商串无干多人,贿嘱拿获,冀图回籍,将王巴儿正法、石凤等分别枷号责惩等因"一折,奉清字谕旨:"览奎林等奏,审出拿获逃犯一人,而匿不详报,以致卖与欲回原籍无干之人。如此舞弊,无非仰赖朕有恩旨,以图侥幸回籍,实所不免。因一无用逃人,岂可致令重犯多人得以侥幸乎。将此通行新疆将军、大臣等,嗣后如遇拿获逃人之犯,不拘年限,准为彼处之民,不准回籍。如已为民后,又拿获逃人,再遵从前所降谕旨,准回原籍。即缉拿逃人一人,拿获自属当然。倘或逃人力壮，一人不能缉拿，再添一人帮拿尚可。若因循渐久，一人拿获而妄报会同数人拿获，以图侥幸。此风断不可长，嗣后概不准过二人。著为令。钦此。”钦遵在案，应恭纂为例。再查在厂效力年满，及在配悔过期满，已经准令为民之遣犯，有能拿获逃遣，事同一例，亦应准其回籍。应于例内，添纂详备，以资引用，合并声明。

【1790】1.1.45.(34)(略)

【1802】1.1.45.(18)(略)

【1825】1.1.45.(17)(略)

【1788】○续纂

一、伊犁、乌鲁木齐等处地方，除奉特旨发往，并职官有犯军、流、徒罪，核其情节较重，随时酌量请旨发往当差效力，并各本例载明应行发遣为奴、种地人犯，仍照旧发往外，其余寻常军、流等犯，核其情节，有较浮于本罪者，各按三流、五军之例，以次加等递发。如情重，军、流照例加等不足蔽辜，实应从重发遣者，俱毋庸改发新疆，即发往吉林、黑龙江将军所属各地方，均匀派拨，分别当差、为奴。倘有脱逃及行凶为匪情事，各照本例分别惩治。

臣等谨按：乾隆五十四年(1789)七月内，钦奉谕旨：“前经刑部以新疆遣犯人数众多，奏准少发该处。现在刑部定拟发遣各犯，已俱照此办理矣。但外省审办案件，有减死一等重犯，以及问拟军、流人犯，情节较重，不足蔽辜，从重办理者，仍多奏请发往新疆、伊犁等处。此等凶恶匪徒，同在一处，聚集成群，难保无纠约滋事之患。且年复一年，人数日益增多，于该处地方及约束收管，均有未便。嗣后应将问拟发遣各要犯，分往吉林打牲乌喇及黑龙江之索伦达呼尔、浑春等处，俾凶徒不致日聚日多，方为妥协。着交刑部堂官酌定章程具奏，即行文各直省，令其一体遵照，将此传谕知之。钦此。”经臣部酌议，嗣后新疆地方除原定发遣为奴、种地十一项，及钦奉特旨发往，并职官有犯军、流、徒罪，核其情节较重，仍随时酌量请旨发往外，其余寻常问拟军、流等犯，如有情节较浮于本罪者，各照所犯军、流本罪，以次加等递发。其情重军、流人犯，核其情节，实系应行从重外遣者，俱毋庸改发新疆，即分发吉林、黑龙江，均匀派拨，分别当差、为奴。倘有脱逃，各照本例，分别惩治等因具奏。奉朱批：“依议。”钦遵在案，应纂辑遵行。

【1790】1.1.45.(23)(略)

【1801】○删除

删除按语，见【1790】1.1.45.(22)条【1801】删除项下。

【1788】○续纂

一、在京满洲另户旗人，于逃走后，甘心下贱，受雇佣工，不顾颜面者，即销除旗档，发遣黑龙江等处严加管束，毋庸派拨当差，转令得食饷养赡。其逃后讯无受雇佣工、甘心下贱情事者，仍依本例办理。

臣等谨按：乾隆五十四年(1789)闰五月内，臣部审奏“正白旗满洲养育兵昆英自京逃至山东德州营参将伊伯图他布任所被获,拟发黑龙江当差”一案,钦奉谕旨:“昆英系旗人正身,不知自爱,乃因伊叔萨克达布责打,即行逃走,在京城内外逐日短雇当闲,二年有余,又复逃至山东,实属下贱,不顾颜面。昆英着销去旗档,发往配所。该犯习于下流,到该处后,即可听其自便,亦不值复令当差,反得养赡。嗣后刑部遇有此等案件,即照此例办理。”钦遵在案。应恭纂为例,以便遵行。

【1790】1.1.45.(13)(略)

【1802】1.1.45.(9)(略)

【1795】○续纂

一、进士、举贡生员、监生犯事,如止系寻常过犯,不致行止败类者,仍照旧例办理外,若系党恶窝匪,卑污下贱,罪应发遣黑龙江等处者,俱照平人一例问拟,改遣为奴。

臣等谨按:乾隆五十六年(1791)五月内,奉上谕:“刑部‘议复江苏省拿获盐犯谢鸿仪等分别治罪’一折,案内‘孙元梅以监生窝顿私盐,至四千斤以上,恃符庇匪,未便因其系属监生,即得免其为奴。应将该犯发黑龙江,给披甲人为奴’等语,所奏是,已依议行矣。该部议重,原系遵朕谕令改者。向来监生犯事,罪应发遣者,例只发往当差,与平人为奴者不同,定例本未允协。监生捐衔者多,即实在监生,既名列成均,理宜畏法自爱。若以定例从宽,辄敢恃符玩法,较之无知愚民,尤为不肖。且既已犯罪斥革,即与平人无异,岂得因其原属监生,即免为奴,致滋轻纵。嗣后监生犯事,有似此情罪较重者,俱照平人一律办理。至在籍候选之进士、举人,及其余举、贡生员,皆属身列衣冠,名登黉序。若能安分守法,立品读书,为小民倡率,原当加以礼貌,别于齐民。倘恃符纵肆,自蹈刑宪,是即不知君子怀刑之义,为士林所不齿。免其加倍治罪,已属法外施仁。复转较平人从轻定拟,何以明刑弼教。嗣后进士、举贡生员等,如只系寻常过犯,不致行止败类者,仍照旧例办理。若系党恶窝匪,卑污下贱者,着照平人之例问拟,以示惩儆。钦此。”钦遵在案。应恭纂为例,以便遵行。

【1801】○修并

修并按语及修并例文,见【1790】1.1.45.(19)条【1801】修并、删除项下。

【1795】○续纂

一、邪教案内为从,应行发遣之犯,改发黑龙江给索伦达呼尔为奴。

臣等谨按:邪教从犯,先于乾隆五十六年(1791)三月内,经臣部奏准,改发回疆为奴。嗣于是年八月内,臣部核复山东巡抚惠龄奏“拿获邪教匪犯朱相玉案内,孙继先等拟回疆为奴”一案,奉旨“孙继先等八犯,着改发黑龙江,给索伦达呼尔为奴。嗣后凡传习邪教之案,俱着照此办理”等因,钦遵在案。应纂辑遵行。

【1802】1.1.45.(22)(略)

【1814】○修并、修改

【原例】【1802】1.1.45.(22)(略)、【1802】1.1.45.(29)条【1806】修改例文(略)、

【1802】1.1.45.(13)(略)、【1802】1.1.45.(33)(略)

臣等谨按:嘉庆十七年(1812)十月十二日及十八年(1813)七月十月,臣部遵旨酌议黑龙江、吉林等处遣犯,先后奏请将例应发遣黑龙江、吉林等处并奏明拟发黑龙江等处条款共七十三条内,除回民犯罪应发回疆,及新疆地方回民犯罪应调发回疆等项共十条,仍发黑龙江等处外,其邪教为从等项共三条,改发新疆给厄鲁特为奴;强盗免死减等等项共十五条,改发新疆给官兵为奴;因抢问拟极边烟瘴充军人犯,在配在逃复犯抢夺等项共七条,改发新疆酌拨种地、当差;杀一家三四命案内,凶犯之子年十六岁以上一条,改发新疆安插;强抢犯奸妇女已成为首等项共七条,改发回城,酌给大小伯克及力能管束之回子为奴;聚众十人以上,带有军器,兴贩私盐,拒捕伤一人,为从下手,及拒捕不曾伤人为首等项共十条,改发云贵两广极边烟瘴充军;粮船丁舵将白土搀入漕粮百石以上等项共五条,改发极边足四千里充军;民人谎称卖身在旗等项共十五条,改发各省驻防给官兵为奴。并声明发往各省驻防之犯,仍由兵部计该犯原籍及犯事地方,核算道里远近,俱在四千里以外,均匀分拨。其仍发黑龙江、吉林并各省驻防为奴人犯,先尽未有遣奴之官员分给,每员不得过二名;再尽未有遣奴之兵丁分给,每兵只给一名等因奏准。嗣据河南、江西等省,以改发各犯应何作刺字,咨请部示。复经臣部议,令嗣后由黑龙江、吉林改发新疆回城各犯,俱面刺"外遣"二字;改发极边烟瘴人犯内,有脱逃例应正法者,面刺"改遣"二字;其余改发极边烟瘴,并改发足四千里各项,均面刺"改发"二字。应刺事由者,仍刺事由等因,咨复各在案。至改发驻防人犯,与改发烟瘴者,事同一例,亦应面刺"改发"二字,以昭画一。应于各条例逐一添纂、修改。谨将修改例文三条,开列于后。

一、应发黑龙江等处条例内,如邪教为从者;听从入西洋教,不知悛改者;造妖书妖言,传用惑人,不及众者,俱改发新疆给额鲁特为奴。强盗免死减等者;强盗已行而不得财,伤人为从,及未伤人为首者;响马强盗,伤人未得财为从,及未得财又未伤人,为首者;洋盗案内,被胁接赃一次者;洋盗案内,接赃二次投首者;老瓜贼内,跟随学习技艺,未同行者;大逆缘坐男犯,十六岁以上者;叛逆案内,被胁入伙,悔罪投首者;台湾游民,犷悍凶恶,肆行不法,犯该徒、流以上情重者;豫省南阳、汝宁、陈州、光州,及安徽颍州府所属各地方,凶徒结伙十人以上,执持凶器,无论曾否伤人者;子孙犯奸、盗,致纵容之父母自尽者;触犯父母充军释回后,复行触犯者;察哈尔等处牧丁偷卖牲畜,及宰食,并作为私产者;偷参为从人犯;诬扳良民为财主及头目者;发功臣家为奴人犯,伊主不能养赡者,俱改发新疆给官兵为奴。因抢问拟极边烟瘴充军人犯,在配在逃,复犯抢夺者;因抢问拟军、流、徒罪,在配在逃,复抢至三次者;因抢问拟军、流、徒罪释回,复抢至五次者;抢夺初犯至八次者;免死减军人犯,三次逃走者;极边烟瘴充军人犯脱逃者;人命案内按律不应拟抵,罪止军、流、徒人犯,如致死三命以上,按照致死人数,由极边烟瘴递加者,俱改发新疆酌拨种地、当差。杀一家三四命案内,凶犯之子年十六岁以上者,改发新疆安插。民人谎称卖身在旗者;谎称八旗逃人者;假称逃人具告行诈者;卖逃买逃者;无主认领逃人,入官给兵丁为奴,再逃至三次者;旗下家人谎称民人,卖身逃走已至三次者;旗下家人三次逃走者;旗下家奴吃酒行凶者;旗下家奴犯凶恶棍徒者;旗下家奴偷窃进仓米石者;旗下家奴用铜铁锡铅药煮伪造假银者;随围奴仆逃走投回,伊主不愿领回者;遣犯杀死伊主案内之该犯妻妾,及子孙年未及岁者;民人杀死奴仆非死罪三人者;经纪、铺户人等搀和私钱行使,及收买剪边钱搀和货卖,数至十千以上者,俱改发各省驻防给官员、兵丁为奴,仍由兵部核计该犯原籍及犯事地方道里,俱在四千里以外驻防省分,均匀酌发。聚众十人以上,带有军器,兴贩私盐,拒捕伤一人为从下手,及拒捕不曾伤人为首者;回空粮船夹带私盐,闯闸闯关拒捕案内,为从下手伤人,及拒捕不伤人为首者;盗期亲尊长未殡未埋尸柩,开棺见尸者;发掘期亲尊长坟冢,见棺椁为首,及发掘期、功、缌麻尊长坟冢,开棺见尸为从者;未伤人之盗首,闻拿投首者;窝家、盗线,闻拿投首者;曾经伤人,及行劫二次以上之伙盗,闻拿投首者;伙盗能将盗首逃匿地方供出,一年限内拿获者;图财害命不行而分赃,及伤人未死已得财,从而加功,伤非金刃又非折伤者;附京地方有窝藏偷窃马匹,开设马窑子宰剥者,俱改为实发云贵两广极边烟瘴地方充军。粮船丁舵将白土搀入漕粮百石以上者;粮船舵工侵米五石以上,累丁代完者;在滇省沿边关隘私贩碧霞玺等物,共伙数在一二十人以上为从,及数在四人以上不及十人为首者;结伙盘踞,重利收当军器者;白役诈赃逼命案内,正役知情同行在场帮索,及虽不同行而主使诈赃者,俱改发极边足四千里充军。以上改发新疆人犯,均面刺"外遣"二字;改发驻防及内地充军者,除未伤人盗首闻拿投首、窝家盗线闻拿投首、曾经伤人及行劫二次以上之伙盗闻拿投首、伙盗供出盗首逃匿地方一年限内拿获四项,脱逃被获系例应正法者,俱面刺"改遣"二字外,余俱面刺"改发"二字。有应刺事由者,仍刺事由。

【1802】1.1.45.(33)条【1814】修改例文(略)

【1825】1.1.45.(36)(略)

【1821】○修改

【原例】【1802】1.1.45.(22)条【1814】修并例文(略)、【1802】1.1.45.(34)条【1814】修改例文(略)、【1802】1.1.45.(35)条【1806】修改例文(略)

臣等谨按:嘉庆二十年(1815)十二月内,据前任直隶总督那彦成奏,应发厄鲁特为奴之各项邪教人犯请改发回城为奴。嗣于二十二年(1817)七月内,据升任喀什噶尔参赞大臣松福等奏,该处遣犯众多,请将邪教改发回疆之犯暂行停止。并于是年四月内,据升任伊犁将军长龄以伊犁遣犯日多,奏请调剂各等因。经臣部先后议将白阳各项邪教从犯,如年未逾六十及虽逾六十而有传徒情事,并听从入西洋教,暨造妖书妖言传用惑人不及众之犯,仍改发回城给大小伯克及力能管束之回子为奴。其白阳各项邪教从犯,如尚未传徒而又年逾六十者,改发云贵两广烟瘴地方充军。并将应发黑龙江等处改发新疆条例内,摘出子孙犯奸盗致纵容之父母自尽者、察哈尔等处牧丁偷卖牲畜及宰食并作为私产者、偷参为从人犯诬扳良民为财主及头目者、发功臣家为奴人犯伊主不能养赡者、杀一家三四命以上案内凶犯之子年十六岁以上实无同谋加功者共五条;又于原发新疆各例内,摘出夺犯杀差案内随同拒捕未经殴人成伤者、贼犯杀死捕役案内未经帮殴成伤者、调奸未成和息后因人耻笑其夫与父母亲属及本妇复追悔自尽致死二命者三条；暨由内地改发新疆条款内，摘出凶徒因事忿争执持军器殴人至笃疾者、强盗窝主造意不行又不分赃者、杀一家三四命以上案内凶犯之妻女实无同谋加功并其子年在十五岁以下者、奸妇抑媳同陷邪淫致媳情急自尽者、盛京旗下家奴为匪逃走犯至二次者五条，俱改发内地，面刺"改发"二字，应刺事由者，仍刺事由等因，奏准遵行。又二十五年(1820)九月内，臣部遵旨酌议停发吉林、黑龙江遣犯案内，将极边烟瘴充军人犯，在配遣人呈递封章，条陈事务者；私铸铜、铅钱不及十千之匠人及为首者；私铸铜钱十千以上，或不及十千，而私铸不止一次，为从及知情买使者；内廷太监买食鸦片烟者；控诉事件，口称必须面见皇上始行申诉，虽未呈递封章，即照呈递封章本例加一等，罪应极边烟瘴充军者；回民窝窃，罪应极边烟瘴者；由黑龙江、吉林减回内地充军拟流之盗犯，在配脱逃，于五日内拿获者，共七条，改发新疆给官兵为奴。回民抢夺，结伙在三人以上者；回民犯罪应发回城，及新疆地方回民犯罪，应调发回疆者；军犯在配，遣人呈递封章，告言人罪者；军犯将呈词封固投递，挟制接收官员原封入奏者；新疆地方偷挖金砂为首者；决堤过水，浸损漂没人田产财物，为首者；永远枷号已逾十年，原拟军、流以下者；花户已经斥革，复在现充花户身后影射，向关米人勒索得财，计赃在十两以上者；子孙平治祖坟，并奴仆雇工人平治家长坟，一家者杖一百、徒三年，每一家加一等，应加至遣罪者，共九条，改为实发云贵两广极边烟瘴充军等因，奏准通行。又道光元年(1821)九月二十六日奉上谕："围场偷打牲畜之犯，不论赃数，再犯发新疆等处种地，三犯发新疆等处给兵丁为奴等因。钦此。"钦遵各在案。应于各条例内，分别增纂修改。谨将修改例文，开列于后。

一、应发黑龙江等处条例内，如白阳各项邪教从犯，年未逾六十，及虽逾六十而有传徒情事者；听从入西洋教，不知悛改者；造妖书妖言，传用惑人，不及众者，共三条，俱改发回城给大小伯克及力能管束之回子为奴。强盗免死减等者；强盗已行而不得财，伤人为从，及未伤人为首者；响马强盗，伤人未得财为从，及未得财又未伤人为首者；洋盗案内，被胁接赃一次者；洋盗案内，接赃二次投首者；老瓜贼内，跟随学习技艺，未同行者；大逆缘坐男犯，十六岁以上者；叛逆案内，被胁入伙，悔罪投首者；台湾游民，犷悍凶恶，肆行不法，犯该徒、流以上情重者；豫省南阳、汝宁、陈州、光州，及安徽颍州府所属各地方，凶徒结伙十人以上，执持凶器，无论曾否伤人者；触犯父母充军释回后，复行触犯者；极边烟瘴充军人犯，在配遣人呈递封章，条陈事务者；私铸铜、铅钱不及十千之匠人及为首者；私铸铜钱十千以上，或不及十千而私铸不止一次，为从及知情买使者；内廷太监买食鸦片烟者；控诉事件，口称必须面见皇上始行申诉，虽未呈递封章，即照呈递封章本例加一等，罪应极边烟瘴充军者；回民窝窃，罪应极边烟瘴者；由黑龙江、吉林减回内地充军拟流之盗犯，在配脱逃，于五日内拿获者，共十八条，俱改发新疆给官兵为奴。叛案缘坐者；因抢问拟极边烟瘴充军人犯，在配在逃复犯抢夺者；因抢问拟军、流、徒罪，在配在逃，复抢至三次者；因抢问拟军、流、徒罪释回，复抢至五次者；抢夺初犯至八次者；免死减军人犯，三次逃走者；极边烟瘴充军人犯脱逃者;人命案内,按律不应拟抵,罪止军、流、徒人犯,如致死三命以上,按照致死人数,由极边烟瘴递加者,共八条,俱改发新疆,酌拨种地、当差。民人谎称卖身在旗者;谎称八旗逃人者;假称逃人具告行诈者;卖逃买逃者;无主领认逃人,入官给兵丁为奴,再逃至三次者;旗下家人谎称民人,卖身逃走已至三次者;旗下家人三次逃走者;旗下家奴吃酒行凶者;旗下家奴犯凶恶棍徒者;旗下家奴偷窃进仓米石者;旗下家奴用铜铁锡铅药煮伪造假银者;随围奴仆逃走投回,伊主不愿领回者;遣犯杀死伊主案内之该犯妻妾,及子孙年未及岁者;民人杀死奴仆非死罪三人者;经纪、铺户人等搀和私钱行使,及收买剪边钱搀和货卖,数至十千以上者,共十五条,俱改发各省驻防给官员、兵丁为奴,仍由兵部核计该犯原籍及犯事地方道里,俱在四千里以外驻防省分,均匀酌发。聚众十人以上,带有军器,兴贩私盐,拒捕伤一人为从下手,及拒捕不曾伤人为首者;回空粮船夹带私盐,闯闸闯关拒捕案内,为从下手伤人,及拒捕不伤人为首者;盗期亲尊长未殡未埋尸柩,开棺见尸者;发掘期亲尊长坟冢,见棺椁为首,及发掘期、功、缌麻尊长坟冢,开棺见尸为从者;未伤人之盗首,闻拿投首者;窝家、盗线,闻拿投首者;曾经伤人,及行劫二次以上之伙盗,闻拿投首者;伙盗能将盗首逃匿地方供出,一年限内拿获者;图财害命不行而分赃,及伤人未死已得财,从而加功,伤非金刃又非折伤者;附京地方有窝藏偷窃马匹,开设马窑子宰剥者,白阳各项邪教从犯,尚未传徒而又年逾六十者;回民抢夺,结伙在三人以上者;回民犯罪应发回城,及新疆地方回民犯罪,应调发回疆者;军犯在配,遣人呈递封章告言人罪者;军犯将呈词封固投递,挟制接收官员原封入奏者;新疆地方偷挖金砂为首者;决堤过水,浸损漂没人田产财物为首者;永远枷号已逾十年,原拟军、流以下者;花户已经斥革,复在现充花户身后影射,向关米之人勒索得财,计赃在十两以上者;子孙平治祖坟,并奴仆、雇工人平治家长坟,一冢者杖一百、徒三年,每一冢加一等,应加至遣罪者,共二十条,俱改为实发云贵两广极边烟瘴地方充军。粮船丁舵将白土搀入漕粮百石以上者;粮船舵工侵米五石以上,累丁代完者;在滇省沿边关隘私贩碧霞玺等物,共伙数在一二十人以上为从,及数在四人以上不及十人为首者;结伙盘踞,重利收当军器者;白役诈赃逼命案内,正役知情同行在场帮索,及虽不同行而主使诈赃者,共五条,俱改发极边足四千里充军。以上改发新疆人犯,均面刺"外遣"二字;改发驻防及内地充军者,除未伤人盗首闻拿投首、窝家盗线闻拿投首、曾经伤人及行劫二次以上之伙盗闻拿投首、伙盗供出盗首逃匿地方一年限内拿获四项,脱逃被获系例应正法者,俱面刺"改遣"二字外,余俱面刺"改发"二字。有应刺事由者,仍刺事由。

【1825】1.1.45.(40)(略)

【1825】1.1.45.(41)(略)

【1825】1.1.45.(39)(略)

【1830】○修改

臣等谨按:道光六年(1826)十一月内,军机大臣会同臣部议复直隶总督那彦成奏"调剂新疆遣犯”折内，请将内廷太监买食鸦片烟发新疆为奴一条，改发各省驻防给官员兵丁为奴。其台湾游民犷悍凶恶、肆行不法，犯该徒、流以上情重者；豫省南阳、汝宁、陈州、光州及安徽颍州府所属各地方凶徒，结伙十人以上，执持凶器，无论曾否伤人者；触犯祖父母、父母充军释回后，复行触犯者；极边烟瘴充军人犯，在配遣人呈递封章，条陈事务者；控诉事件，口称必须面见皇上始行申诉，虽未呈递封章，即照呈递封章本例加一等，罪应极边烟瘴充军者；回民窝窃，罪应极边烟瘴者；由黑龙江、吉林减回内地充军拟流之盗犯，在配脱逃，于五日内拿获者；因抢问拟极边烟瘴充军人犯，在配在逃，复犯抢夺者；因抢问拟军、流、徒罪，在配在逃，复抢至三次者；因抢问拟军、流、徒罪释回，复抢至五次者；抢夺初犯至八次者；免死减军人犯，三次逃走者；极边烟瘴充军人犯脱逃者；人命案内，按律不应拟抵，罪止军、流、徒人犯，如致死三命以上，按照致死人数，由极边烟瘴递加者；发遣云贵两广烟瘴刨参人犯，在配脱逃，发新疆分别为奴、当差者，共十五条，俱改为实发云贵两广极边烟瘴充军。大逆缘坐男犯，十六岁以上者；叛逆案内被胁入伙，悔罪投首者；私铸铜、铅钱不及十千之匠人及为首者；私铸铜钱十千以上，或不及十千，而私铸不止一次，为从及知情买使者；叛案缘坐者；偷盗围场牲畜再犯、三犯，及虽系初犯，而木植至五百斤以上、牲畜至十只，发新疆分别为奴、当差者，共六条，俱改发极边足四千里充军等因，奏准通行在案。应于例内分别修改明晰，以资遵守。谨将修改例文，开列于后。

一、应发黑龙江等处，及停发新疆改发内地条例内，如白阳各项邪教从犯，年未逾六十，及虽逾六十，而有传徒情事者；听从入西洋教，不知悛改者；造妖书妖言，传用惑人，不及众者，共三条，俱改发回城，给大小伯克及力能管束之回子为奴。强盗免死减等者；强盗已行而不得财，伤人为从，及未伤人为首者；响马强盗，伤人未得财为从，及未得财未伤人为首者；洋盗案内，被胁接赃一次者；洋盗案内，接赃二次投首者；老瓜贼内，跟随学习技艺，未同行者，共六条，俱改发新疆给官兵为奴。民人谎称卖身在旗者；谎称八旗逃人者；假称逃人具告行诈者；卖逃买逃者；无主领认逃人，入官给兵丁为奴，再逃至三次者；旗下家人，谎称民人卖身逃走，已至三次者；旗下家人三次逃走者；旗下家奴吃酒行凶者；旗下家奴犯凶恶棍徒者；旗下家奴偷窃进仓米石者；旗下家奴用铜、铁、锡、铅药煮伪造假银者；随围奴仆逃走投回，伊主不愿领回者；遣犯杀死伊主案内之该犯妻妾，及子孙年未及岁者；民人杀死奴仆非死罪三人者；经纪、铺户人等，搀和私钱行使，及收买剪边钱搀和货卖，数至十千以上者；内廷太监买食鸦片烟者，共十六条，俱改发各省驻防给官员兵丁为奴，仍由兵部核计该犯原籍及犯事地方道里，俱在四千里以外驻防省份，均匀酌发。聚众十人以上，带有军器，兴贩私盐，拒捕伤一人为从下手，及拒捕不曾伤人为首者；回空粮船，夹带私盐，闯闸闯关拒捕案内，为从下手伤人，及拒捕不伤人为首者；盗期亲尊长未殡未埋尸柩，开棺见尸者；发掘期亲尊长坟冢，见棺椁为首，及发掘期、功、缌麻尊长坟冢，开棺见尸为从者；未伤人之盗首，闻拿投首者；窝家、盗线闻拿投首者；曾经伤人及行劫二次以上之伙盗，闻拿投首者；伙盗能将盗首逃匿地方供出，一年限内拿获者；图财害命，不行而分赃，及伤人未死已得财，从而加功，伤非金刃又非折伤者；附京地方，有窝藏偷窃马匹,开设马窑子宰剥者;白阳各项邪教从犯,尚未传徒,而又年逾六十者;回民抢夺,结伙在三人以上者;回民犯罪应发回城,及新疆地方回民犯罪应调发回疆者;军犯在配,遣人呈递封章,告言人罪者;军犯将呈词封固投递,挟制接收官员原封入奏者;新疆地方偷挖金砂为首者;决堤过水,浸损漂没人田产财物为首者;永远枷号已逾十年,原拟军、流以下者;花户已经斥革,复在现充花户身后影射,向关米人勒索得财,计赃在十两以上者;子孙平治祖坟,并奴仆、雇工人平治家长坟一冢者杖一百、徒三年,每一冢加一等,应加至遣罪者;台湾游民犷悍凶恶,肆行不法,犯该徒、流以上情重者;豫省南阳、汝宁、陈州、光州及安徽颍州府所属地方,凶徒结伙十人以上,执持凶器,无论曾否伤人者;触犯祖父母、父母充军释回后,复行触犯者;极边烟瘴充军人犯,在配遣人呈递封章,条陈事务者;控诉事件,口称必须面见皇上始行申诉,虽未呈递封章,即照呈递封章本例加一等,罪应极边烟瘴充军者;回民窝窃,罪应极边烟瘴者;由黑龙江、吉林减回内地充军拟流之盗犯,在配脱逃,于五日内拿获者;因抢问拟极边烟瘴充军人犯,在配在逃,复犯抢夺者;因抢问拟军、流、徒罪,在配在逃,复抢至三次者;因抢问拟军、流、徒罪释回,复抢至五次者;抢夺初犯至八次者;免死减军人犯,三次逃走者;极边烟瘴充军人犯脱逃者;人命案内,按律不应拟抵,罪止军、流、徒人犯,如致死三命以上,按照致死人数,由极边烟瘴递加者;发遣云贵两广烟瘴刨参人犯,在配脱逃者,共三十五条,俱改发云贵两广极边烟瘴地方充军。粮船丁舵,将白土搀入漕粮百石以上者;粮船舵工侵米五石以上,累丁代完者;在滇省沿边关隘私贩碧霞玺等物,共伙数在一二十人以上为从,及数在四人以上不及十人为首者;结伙盘踞,重利收当军器者;白役诈赃逼命案内,正役知情同行在场帮索,及虽不同行而主使诈赃者;大逆缘坐男犯,十六岁以上者;叛逆案内,被胁入伙,悔罪投首者;私铸铜、铅钱不及十千之匠人及为首者;私铸铜钱十千以上,或不及十千,而私铸不止一次,为从及知情买使者;叛逆缘坐者;偷盗围场牲畜再犯、三犯,及虽系初犯,而木植至五百斤以上、牲畜至十只者,共十一条,俱改发极边足四千里充军。以上改发新疆人犯,均面刺“外遣”二字;改发驻防及内地充军者,除未伤人盗首闻拿投首、窝家盗线闻拿投首、曾经伤人及行劫二次以上之伙盗闻拿投首、伙盗供出盗首逃匿地方一年限内拿获四项,脱逃被获系例应正法者,俱面刺“改遣”二字外,余俱面刺“改发”二字。有应刺事由者,仍刺事由。

【1835】○删除

臣等谨按:此条例内所载改发地方,各本例内已经分晰载明。即其所称改发新疆人犯,应面刺“外遣”二字,“起除刺字”例内亦有明文。至所称改发驻防及内地充军者,分别面刺“改遣”“改发”之处,查未伤人盗首闻拿投首等四项,脱逃被获应即行正法,本例载在“强盗”门内,其面刺“改遣”二字,自应即于本例内添入,以便查考。“名例”内似毋庸复载。若其余改发各犯,遇有脱逃,向系照寻常军、流人犯脱逃一例办理,原不必细为区别,即毋庸面刺“改发”二字。是此条例文无关引用,应请删除,以省繁冗。

【1795】○续纂

一、凡罪应发遣者,除本例应发新疆,及免死减等,仍照例问发外,如所犯情节较重,仅按本律问拟杖、徒、军、流,不足示惩者,应照本罪定律加一等问拟。不得有意从重,越等增加。

臣等谨按:乾隆五十九年(1794)二月内,钦奉上谕"前因发遣各处官犯,久留边地,特降旨令军机大臣会同该部,查明各犯原案,分别情节轻重、年份久暂,定立条例,妥议具奏。今又思不特官犯为然,即常犯内,获罪较重,按律发遣新疆及免死减等者,固属罪所应得,而其中有所犯本罪止杖、徒、军、流,经该部及各督抚于核办时,从重问拟新疆等处者,亦复不少。以致节年发遣之犯,日积日多,新疆难以安插,因而改发黑龙江及各回疆等处。似此有加无减,设黑龙江等处复有人满之患,又将安插何处耶?殊非矜恤之义。现在春膏未溥,正应省刑慎罚,以期感召和甘。嗣后该部及各督抚办理此等案件,除罪应发遣新疆及免死减等者,仍照例办理外,如所犯情节较重,仅按本律问拟杖、徒、军、流不足示惩者,亦止应照本罪定律,加一等问拟,不得有意从重,越等增加,以昭平允"等因,钦遵在案。应恭纂为例,以便遵行。

【1801】○删除

删除按语,见【1790】1.1.45.(22)条【1801】删除项下。

【1795】○续纂

一、发往伊犁、乌鲁木齐等处为奴遣犯,呈请愿入铅、铁等厂效力者,除奉特旨发遣,及有关大逆缘坐发遣人犯,不许做工帮捐外,其余不论罪由轻重,咨部记档。五年期满为民后,有仍愿留厂效力者,再行细核原犯罪由,罪重者不准留厂;罪轻者报部核复,再加至十二年,如果始终效力奋勉,准其回籍。

臣等谨按:乾隆五十五年(1790)四月内,军机大臣会同臣部议复伊犁将军保宁等奏,为奴遣犯,咸知不准释回,不惜身命,滋生事端。请将为奴之犯,于入厂效力五年期满为民后,愿留厂者,加至十二年。如果始终奋勉,毫无过犯,再行查明,释回原籍。又五十七年(1792)闰四月,军机大臣会同臣部议复伊犁将军保宁奏,为奴人犯初次告求帮捐咨部,因伊等原犯罪由稍重,即经部驳不准。现今帮捐人数甚少,请嗣后除奉特旨发遣,并有关大逆缘坐发遣人犯,不许做工帮捐外,其余暂且毋论罪由轻重,俱准入厂。俟五年期满为民后,有仍愿留厂者,再行细核犯罪事由,将罪轻者报部核办,罪稍重者毋庸办理各等因,先后具奏。奉旨:"依议。钦此。"钦遵在案,应纂辑遵行。

【1801】○修并

修并按语及修并后条文,见【1790】1.1.45.(33)条【1801】修并项下。

【1795】○续纂

一、应发黑龙江等处条例内,如用药迷人,已经得财为从者;闽省不法棍徒,引诱偷渡之人,包揽过台,中途谋害人未死,为从同谋者;应发极边烟瘴罪人,事发在逃,被获时有拒捕者;伙众抢去良人子弟强行鸡奸之余犯,问拟发遣者;开窑诱取妇人子女勒卖,为从者,俱改发回城喀什噶尔、乌什、叶尔羌、阿克苏、和阗等处,先尽大小伯克酌给为奴,再分给力能管束之回子,俱面刺"外遣"字样。如有不服管教者,打死勿论。其脱逃被获,亦即照例正法。仍将一年内发到人犯若干、现存若干名,于年终咨报军机处、刑部,汇开清单奏闻。

臣等谨按:乾隆五十六年(1791)三月内,臣部以黑龙江等处安置遣犯过多,自应预为调剂,奏请将应发黑龙江人犯内,择其情罪较重,如用药迷人已经得财为从者等五条,俱改发回城喀什噶尔等处,先尽大小伯克酌给为奴,再分给力能管束之回子,俱面刺"外遣"字样。如有不服管束者,打死勿论。其脱逃被获,亦即照例正法。仍将一年内发到人犯若干、现存若干名,于年终汇奏等因具奏。奉旨:"依议。钦此。"应纂辑遵行。再查年终汇奏各款,续于乾隆五十九年(1794)正月内,钦奉谕旨"令各省于每年十月截数,咨报军机处。各部均限十二月初间咨齐,即由军机大臣会同该部汇开清单,于年底先行具奏。仍交部分别核议,照例具题"等因,钦遵在案。今拟将年终汇奏,改为"年终咨报军机处、刑部,汇开清单奏闻",以便引用,理合陈明。

【1801】○修改

修改按语,见【1790】1.1.45.(38)条【1801】修改项下。

一、应发黑龙江等处条例内,如用药迷人,已经得财为从者;闽省不法棍徒,引诱偷渡之人,包揽过台,中途谋害人未死,为从同谋者;应发极边烟瘴罪人,事发在逃,被获时有拒捕者;伙众抢去良人子弟强行鸡奸之余犯,问拟发遣者;开窑诱取妇人子女勒卖,为从者,俱改发回城喀什噶尔、乌什、叶尔羌、阿克苏、和阗等处,先尽大小伯克酌给为奴,再分给力能管束之回子,俱面刺"外遣"字样。如有不服管教及脱逃被获者,除用药迷人得财为从一项,系照强盗免死减等,仍应正法外,其余各条人犯,俱在配用重枷枷号三个月、杖一百,给主严加管束。仍将一年内发到人犯若干、现存若干名,于年终咨报军机处、刑部,汇开清单具奏。

【1802】1.1.45.(33)(略)

【1814】○修改

修改按语,见【1802】1.1.45.(22)条【1814】修并、修改项下。

一、应发黑龙江等处条例内,用药迷人已经得财为从者;闽省不法棍徒,引诱偷渡之人,包揽过台,中途谋害人未死,为从同谋者;应发极边烟瘴罪人,事发在逃,被获时有拒捕者;伙众抢去良人子弟,强行鸡奸之余犯,问拟发遣者;开窑诱取妇人子女勒卖为从者;伙众强抢犯奸妇女已成为首者;轮奸妇女未成为首者;轮奸犯奸妇女已成为首者;轮奸案内余犯,同谋未经同奸者;强奸犯奸妇女已成,致本妇羞忿自尽者;强奸十二岁以下幼女幼童未成者;奴及雇工人调奸家长之母未成者,俱改发回城酌给大小伯克及力能管束之回子为奴,面刺"外遣"字样。如有不服管教,及脱逃被获者,除用药迷人得财为从一项,系照强盗免死减等,仍应正法外,其余各条人犯,俱在配用重枷枷号三个月、杖一百，给主严加管束。仍将一年内发到人犯若干、现存若干名，于年终咨报军机处、刑部，汇开清单具奏。

【1821】○修改

臣等谨按：嘉庆二十二年(1817)七月内，臣部议复升任喀什噶尔参赞大臣松福等奏"邪教从犯，请停发回疆，改发内地"折内，将原例应发回城人犯共十二条内，除用药迷人已经得财为从一项，系照强盗免死减等，如有脱逃，应行正法，及应发极边烟瘴罪人事发在逃被获拒捕一项，本罪系由极边烟瘴加重调遣，均难改发，毋庸议外，其闽省不法棍徒引诱偷渡之人包揽过台中途谋害人未死为从同谋等十条，俱改发云贵两广烟瘴地方充军，面刺"改发"二字等因，奏准遵行。原例俱发回城之处，应行修改。谨将修改例文，开列于后。

一、应发黑龙江等处条例内，如用药迷人，已经得财为从者；应发极边烟瘴罪人，事发在逃，被获时有拒捕者，俱改发回城，酌给大小伯克及力能管束之回子为奴，俱面刺"外遣"字样。如有不服管教，及脱逃被获者，除用药迷人得财为从一项，系照强盗免死减等，仍应正法外，应发极边烟瘴被获拒捕一项，在配用重枷枷号三个月、杖一百，给主严加管束。仍将一年内发到人犯若干名、现存若干名，于年终咨报军机处、刑部，汇开清单具奏。其闽省不法棍徒，引诱偷渡之人包揽过台，中途谋害人未死，为从同谋者；伙众抢去良人子弟强行鸡奸之余犯，问拟发遣者；开窑诱取妇人子女勒卖为从者；伙众强抢犯奸妇女已成为首者；轮奸妇女未成为首者；轮奸犯奸妇女已成为首者；轮奸案内余犯，同谋未经同奸者；强奸犯奸妇女已成，致本妇羞忿自尽者；强奸十二岁以下幼女幼童未成者；奴及雇工人调奸家长之母与妻女未成者，共十条，俱改发云贵两广烟瘴地方充军，面刺"改发"二字。

【1825】1.1.45.(42)(略)

【1830】○修改

臣等谨按：道光六年十一月内，军机大臣会同臣部议复直隶总督那彦成奏"调剂新疆遣犯"折内，请将应发极边烟瘴罪人事发在逃，被获时有拒捕者，改发回疆为奴一条，改发云贵两广极边烟瘴充军等因奏准，通行在案。例内发回城之处，应行修改。谨将修改例文，开列于后。

一、应发黑龙江等处并停发新疆改发内地条例内，如用药迷人，已经得财为从者，改发回城，酌给大小伯克及力能管束之回子为奴，俱面刺"外遣"字样。如有不服管教，及脱逃被获，照例正法。仍将一年内发到人犯若干名、现存若干名，于年终咨报军机处、刑部，汇开清单具奏。其应发极边烟瘴罪人，事发在逃，被获时有拒捕者；闽省不法棍徒，引诱偷渡之人包揽过台，中途谋害人未死，为从同谋者；伙众抢去良人子弟强行鸡奸之余犯，问拟发遣者；开窑诱取妇人子女勒卖为从者；伙众强抢犯奸妇女已成为首者；轮奸妇女未成为首者；轮奸犯奸妇女已成为首者；轮奸案内余犯，同谋未经同奸者；强奸犯奸妇女已成，致本妇羞忿自尽者；强奸十二岁以下幼女幼童未成者；奴及雇工人调奸家长之母与妻女未成者，共十一条，俱改发云贵两广烟瘴地方充军，面刺“改发”二字。

【1835】○修改

臣等谨按：此条例文，系指应发黑龙江等处人犯，分别改发回疆及内地而言。惟查轮奸妇女未成为首，及轮奸案内余犯同谋未经同奸二项，从前原系改发云贵两广极边烟瘴充军。嗣因道光六年（1826）间调剂新疆遣犯，将此二项人犯改为极边足四千里充军，业于犯奸本例内修改明晰，而“名例”则尚仍其旧，自应修改画一，以免参差。谨将修改例文，开列于后。

一、应发黑龙江等处条例内，如用药迷人，已经得财为从者，改发回城，酌给大小伯克及力能管束之回子为奴，面刺“外遣”字样。如有不服管教，及脱逃被获，照例正法。仍将一年内发到人犯若干名、现存若干名，于年终咨报军机处、刑部，汇开清单具奏。其应发极边烟瘴罪人，事发在逃，被获时有拒捕者；闽省不法棍徒，引诱偷渡之人包揽过台，中途谋害人未死，为从同谋者；伙众抢去良人子弟强行鸡奸之余犯，问拟发遣者；开窑诱取妇人子女勒卖为从者；伙众强抢犯奸妇女已成为首者；轮奸犯奸妇女已成为首者；强奸犯奸妇女已成，致本妇羞忿自尽者；强奸十二岁以下幼女幼童未成者；奴及雇工人调奸家长之母与妻女未成者，共九条，俱改发云贵两广烟瘴地方充军。至轮奸妇女未成为首者；轮奸案内余犯，同谋未经同奸者，共二条，俱改发极边足四千里充军。均面刺“改发”二字。

【1845】○修复

臣等谨查：此条旧例，系道光九年（1829）修改，内载轮奸妇女未成为首，并轮奸案内余犯同谋未经同奸二项，本系俱发云贵两广极边烟瘴充军。道光十四年（1834）间，臣部修例时，因六年（1826）间调剂新疆遣犯，已将此二项俱于“犯奸”本门内，改为“改发极边足四千里充军”，而此例仍载改发四省充军，与本门所载罪名两歧，是以一体修正。现在新疆遣犯以及云贵两广人犯，业经军机大臣会同臣部具奏，奉旨仍应照旧发往。此二项改发云贵两广之旧例犹存，足资引用。应将十四年（1834）修改之例删除，以免混淆。

一、应发黑龙江等处条例内，如用药迷人，已经得财为从者；应发极边烟瘴罪人，事发在逃，被获时有拒捕者，俱改发回城，酌给大小伯克及力能管束之回子为奴，俱面刺“外遣”字样。如有不服管教，及脱逃被获者，除用药迷人得财为从一项，系照强盗免死减等，仍应正法外，应发极边烟瘴被获拒捕一项，在配用重枷枷号三个月、杖一百，给主严加管束。仍将一年内发到人犯若干名、现存若干名，于年终咨报军机处、刑部，汇开清单具奏。其闽省不法棍徒，引诱偷渡之人包揽过台，中途谋害人未死，为从同谋者；伙众抢去良人子弟强行鸡奸之余犯，问拟发遣者；开窑诱取妇人子女勒卖为从者；伙众强抢犯奸妇女已成为首者；轮奸妇女未成为首者；轮奸犯奸妇女已成为首者；轮奸案内余犯，同谋未经同奸者；强奸犯奸妇女已成，致本妇羞忿自尽者；强奸十二岁以下幼女幼童未成者；奴及雇工人调奸家长之母与妻女未成者，共十条，俱改发云贵两广烟瘴地方充军，面刺"改发"二字。

【1847】1.1.45.(38)(略)

【1852】○修改

谨按：咸丰元年(1851)，因回城为奴人犯，易于脱逃，将用药迷人得财为从，及应发极边烟瘴罪人在逃被获拒捕二条，改发新疆给官兵为奴。其闽省不法棍徒以下十条，仍复旧例，发往黑龙江给披甲人为奴。

一、应发黑龙江等处条例内，如用药迷人，已经得财为从者；应发极边烟瘴罪人，事发在逃，被获时有拒捕者，俱改发新疆给官兵为奴，面刺"外遣"字样。如有不服管教，及脱逃被获者，除用药迷人得财为从一项，系照强盗免死减等，仍应正法外，应发极边烟瘴被获拒捕一项，在配用重枷枷号三个月、杖一百，给主严加管束。仍将一年内发到人犯若干名、现存若干名，于年终咨报军机处、刑部，汇开清单具奏。其闽省不法棍徒，引诱偷渡之人包揽过台，中途谋害人未死，为从同谋者；伙众抢去良人子弟强行鸡奸之余犯，问拟发遣者；开窑诱取妇人子女勒卖为从者；伙众强抢犯奸妇女已成为首者；轮奸良人妇女未成为首者；轮奸犯奸妇女已成为首者；轮奸良人妇女已成案内余犯，同谋未经同奸者；强奸犯奸妇女已成，致本妇羞忿自尽者；强奸十二岁以下幼女幼童未成者；奴及雇工人调奸家长之母与妻女未成者，共十条，俱仍复旧例发往黑龙江给披甲人问奴，照例刺字。

【1870】○修改[1]

谨按：同治九年(1870)，因调剂黑龙江、吉林遣犯，酌议分别改发，改定此例。

一、应行发遣黑龙江、吉林等处人犯，除宗室、觉罗、太监，并八旗另户正身，各省驻防正身旗人，及民人曾为职官，暨举贡生员、监生，或职官子弟等项，仍照原例发往，其前项内应发新疆、乌鲁木齐等处者，亦改发黑龙江、吉林等处，分别当差、为奴，交该将军均匀酌拨安插。其余应发黑龙江为奴条例内，如闽省不法棍徒，私充客头包揽过台，引诱偷渡之人，中途谋害未死，为从同谋者；伙众将良人子弟抢去强行鸡奸余犯拟遣者；开窑诱取妇人子女勒卖为从者；伙众强抢犯奸妇女已成为首者；强奸犯奸妇女已成，致本妇羞愧自尽者；轮奸良人妇女已成案内余犯，同谋未经同奸者；因而杀死本妇，同谋并未下手又未同奸者；致本妇自尽，同谋未经同奸者；轮奸良人妇女未成为首者；因而杀死本妇，为从未经下手者；致本妇自尽为从者；轮奸犯奸妇女已成为首者；因而杀死本妇，同奸并未下手者；致本妇自尽，为从同奸者；轮奸犯奸妇女未成，因而杀死本妇，系殴杀帮同下手者；致本妇自尽为首者；强奸十二岁以下幼女、幼童未成者；奴及雇工人调奸家长之母与妻女未成者，共十八条，俱改为实发云贵两广极边烟瘴充军，无庸以足四千里为限，面刺"改发"二字。如在配脱逃被获，用重枷枷号三个月。倘在配滋事，及逃后行凶为匪，并拿获时有拒捕者，俱照平常遣

---

[1] 此条同治九年(1870)《大清律纂修条例》分为"续纂"一条、"删除"(前例)一条，实为修改。

犯治罪。

【1870】1.1.45.(47)(略)

【1795】○续纂

一、发遣伊犁、乌鲁木齐等处当差效力官犯,年满具奏,奉旨再留几年者,俟所留年限满日,即行照例释回,不必复奏。

臣等谨按:乾隆五十八年(1793)十月内,奉旨:"据尚安奏称'发遣乌鲁木齐充当苦差效力候补原任都司陈士份、原任把总杨飞鹏俱三年期满'一折,业经批交,再留三年矣。其从前发遣此等人员,年满具奏,再留几年。如复留年限期满,仍具奏一次,徒滋繁琐。嗣后发遣伊犁、乌鲁木齐等处此等人犯,年限期满具奏,再留几年。所留年限期满,不必复奏,即着照例释回。著为令,钦此。"应恭纂为例,以便遵行。

【1801】○修并

修并按语及修并后例文,见【1790】1.1.45.(24)条【1801】修并项下。

【1801】○续纂

一、八旗及各省驻防正身旗人,有犯吃酒行凶者,如系平日安分,偶尔醉闹,并无凶恶情状,该将军、都统按例自行责惩。若屡次酗酒行凶滋事,怙恶不悛,该管佐领呈报该将军、都统,查明滋事实迹,送部审实,再行发遣当差。如违例任意擅送,及借端陷害者,将呈送不实之该管各官,交部议处。

臣等谨按:嘉庆四年(1799)五月,臣部奏称,正身旗人吃酒行凶一项,向例并无专条,该旗及将军、都统,俱照家奴吃酒行凶例,用印文送部发遣。臣部审讯,有实系酗酒扰害者,亦有仅止一时一事,偶尔醉闹,尚无凶恶情状,按例罪止杖、笞者,俱经分别驳改。惟是例无明文,易启该管官借端陷害之弊。应请嗣后旗人吃酒行凶,如平日果系安分,偶尔醉闹,并无凶恶情状者,令各该将军、都统,按例自行责惩。如实系屡次酗酒行凶滋事,怙恶不悛,经该管佐领呈报该将军、都统,查明滋事实迹,送部审明属实,再行发遣当差。若有违例任意擅送者,将呈送不实之该管各官,交部议处等因具奏。奉旨:"依议。钦此。"钦遵在案。应纂为例,以便引用。

【1802】1.1.45.(39)(略)

【1825】1.1.45.(28)(略)

【1847】1.1.45.(29)(略)

【1852】○修改

一、八旗及各省驻防正身旗人,有犯吃酒行凶者,如系平日安分,偶尔醉闹,并无凶恶情状,该将军、都统按例自行责惩。若屡次酗酒行凶滋事,怙恶不悛,该管佐领呈报该将军、都统查明滋事实迹,送部审实,再行发遣吉林、黑龙江等处当差。如违例任意擅送,及借端陷害者,将呈送不实之该管各官,交部议处。

谨按:咸丰二年(1852),于原例“发遣”下,增入“吉林、黑龙江等处”七字。

【1870】1.1.45.(29)(略)

【1801】○移改

*【原例】名例律·徒流人又犯罪【1790】1.1.21.(3)

一、凡发遣人犯,酌定名数,分起解送。如案内人犯众多,至五名以上者,每五名作一起,先后解送。至起解时,务必如法锁铐,将年貌、锁铐填注批内。接递官必按批验明锁铐完全,于批内注明“完全”字样,钤盖印信,转递前途。倘解役人等有受贿开放者,计赃照枉法律治罪。若转解之该地方官,因前途未曾锁铐,不复行查,不补加锁铐,听其散行,将该地方官与前途未曾锁铐官,均按罪犯轻重,交部分别议处。如该犯于经过处所,辱官诈财、生事不法者,无论满汉军民,如系原拟斩罪免死减等人犯,该地方即行羁禁严审,通详该上司核明具题,将不法解犯,即于经过处所,照原犯斩罪正法示众。倘州县官隐匿不报,及该管上司不行转揭题参者,俱交部照例分别议处。如系平常发遣人犯,俱照徒流人又犯罪律分别治罪。

臣等谨按:此条遣犯分别解送、如法锁铐,及解役贿放治罪,转解官失察处分,并该犯于经过处所辱官诈财即行正法示众,系雍正三年(1725)定例。又发遣人犯,务将年貌填注批内,接递官按批验明锁铐完全,于批内注明“完全”字样,钤盖印信,转递前途,系雍正九年(1731)定例。乾隆五年(1740)并辑一条。但查此例前半段,系发遣人犯起解章程,与“徒流人又犯罪”律意无涉,应移载“徒流迁徙地方”门内,以昭画一。后半段,系遣犯在途复犯治罪条款,自应于本门内另立专条,以便引用。谨将修改、移改例文二条,开列于后。

*名例律·徒流人又犯罪【1802】1.1.21.(8)

一、凡发遣人犯,于经过处所,辱官诈财、生事不法者,无论满汉军民,如系原拟斩罪免死减等人犯,该地方即行羁禁严审,通详该上司核明具题,将不法解犯,即于经过处所,照原犯斩罪正法示众。倘州县官隐匿不报,或该管上司不行转揭题参者,俱交部照例分别议处。如系平常发遣人犯,俱照徒流人又犯罪律分别治罪。

一、凡发遣人犯,酌定名数,分起解送。如案内人犯众多,至五名以上者,每五名作一起,先后解送。至起解时,务必如法锁铐,将年貌、锁铐填注批内。接递官必按批验明锁铐完全,于批内注明“完全”字样,钤盖印信,转递前途。倘解役人等,有受贿开放者,计赃照枉法律治罪。若转解之该地方官,因前途未曾锁铐,不复行查,不补加锁铐,听其散行,将该地方官与前途未曾锁铐官,均按罪犯轻重,交部分别议处。

【1802】1.1.45.(41)(略)

【1825】1.1.45.(20)(略)

【1847】1.1.45.(21)(略)

【1806】○续纂

一、发遣新疆废员,派令管理铅、铁等厂,该将军、都统等详核案情轻重,摘叙原犯罪由,报部核复。情罪较重者,不准管理;其情节较轻之员,准其管理。俟两年期满,如果妥协,除原犯徒杖例止三年奏请者,毋庸置议外,其原犯军、流例应十年奏请者,准其于十年之内酌减三年,奏闻请旨。如蒙允准,即令各回旗籍。

臣等谨按:嘉庆八年(1803)五月内,乌鲁木齐都统明亮咨乌鲁木齐铁厂,择派废员经管,两年期满,如果妥协,咨部酌减年限等因。经臣部查,此等官犯,情罪轻重不同,若一概令其管厂,未免无所区别。议请嗣后令该都统就案悉心详核情罪轻重,并摘叙原犯简明略节,报部核复。情罪较重之犯,不致滥邀;其情罪较轻之员,派令管理。俟两年期满,如果妥协,除原犯徒杖,例止三年奏请者,毋庸置议外,其原犯军、流,例应十年者,准其于十年之内,酌减三年,奏闻请旨等因,奏准遵办。嗣据伊犁将军以伊犁铜、铅等厂派管废员,与乌鲁木齐管理铁厂废员,事同一例,咨请一体办理。亦经臣部复准,各在案。应并纂为例,以便引用。再查例载发遣新疆官犯,在配十年期满,该将军等遵例奏闻。如蒙允准,即令各回旗、籍。今管厂废员两年期满,酌减三年,奏请如蒙允准,亦应即令各回旗、籍。应请一并添叙明晰,合并陈明。

【1825】1.1.45.(31)(略)

【1847】1.1.45.(32)(略)

【1810】○续纂

一、凡内地回民犯罪应发回疆,及回民在新疆地方犯至军、流,例应调发回疆者,俱发黑龙江等处为奴。

臣等谨按:嘉庆十一年(1806)七月内,陕甘总督倭什布咨,固原州遣犯马仲喜等因听从马得闻强行鸡奸黎有未成,审拟发遣回疆为奴。查马仲喜等系属回民,虽在内地犯事,究未便发往回疆,致滋他虞,咨请部示。经臣部查,内地回民在新疆犯至军、流,向俱改发黑龙江,原因回民不便调发回疆,是以酌量改发。今马仲喜等既据该督查明系属回民,自未便仍发回城,致与回民聚集。惟该犯等系例应发遣为奴之犯,更不得改发内地安置,转得免其为奴。行令该督将马仲喜等,俱改发黑龙江给兵丁为奴等因,咨复在案。应一并纂辑为例,以便遵行。

【1821】○修改

修改按语见【1802】1.1.45.(31)条【1821】修改项下。

一、凡内地回民犯罪应发回疆,及回民在新疆地方犯至军、流,例应调发回疆者,俱实发云贵两广极边烟瘴充军。

【1825】1.1.45.(44)(略)

【1847】1.1.45.(40)(略)

【1870】1.1.45.(39)(略)

【1810】○续纂

一、发遣回疆各犯,除仅止在配不服拘管者,即令该管大臣酌量惩治外,若实系在配酗酒滋事,怙恶不悛,难于约束者,改发巴里坤充当折磨差使。如改发之后复行滋事,初犯枷号三个月,再犯枷号一年,三犯永远枷号。

臣等谨按:嘉庆十一年(1806)十二月内,伊犁将军松筠咨"回疆遣犯德隆阿在配酗酒滋事,拟请调发巴里坤当差"案内,经臣部查,遣犯在配怙恶不悛,自应改发,以示惩儆。惟此等人犯,调发之后,在配复行滋事,若仍辗转改发,实属纷更滋扰,自应酌立章程。议请嗣后回疆各城,遇有发遣人犯,除仅止在配不服拘管者,即令该管大臣酌量惩治,毋庸改发外,若实系酗酒滋事,怙恶不悛,难于约束者,改发巴里坤充当折磨差使。如改发之后,复行滋事,初犯枷号三个月,再犯枷号一年,三犯永远枷号。德隆阿一犯即改发巴里坤充当折磨差使。倘仍怙恶不悛,即照新例办理等因,奏准在案。应纂辑为例,以便遵行。

【1825】1.1.45.(33)(略)

【1847】1.1.45.(34)(略)

【1810】○续纂

一、发往军台效力废员,三年期满,台费全数缴完者,由军台都统抄录获罪原案,具奏请旨。如不能完缴台费者,文职州县以上、武职都司以上,均由兵部行文各旗、籍、任所。查明委系赤贫,具结到部,兵部知照军台都统。该都统即抄录获罪原案,并声明无力完缴台费缘由,具奏请旨。如有隐匿、寄顿情弊,发往乌鲁木齐永远充当苦差。其文职佐杂、武职守备以下各员弁,不能完缴台费者,于期满之日,例应杖一百、徒三年。仍令该都统抄录获罪原案,声明不能完缴台费,例应改拟杖徒缘由,具奏请旨。此内有仰邀特恩释回者,兵部行文该都统,将其释回。其照例改为杖徒者,行文该都统,将旗员解交刑部,照例办理;汉员解交各该原籍督抚,定驿充徒。

臣等谨按:嘉庆十二年(1807)六月内,兵部议奏"发往军台效力废员,三年期满时,无力完缴台费,分别办理,以免歧异"一折内称,军台效力人员,三年期满,台费全数缴完者,由军台都统抄录获罪原案,具奏请旨。惟不能完缴台费者,例经屡定成案,亦未能画一。议请嗣后坐台废员,其曾任州县以上之员,不能完缴台费者,由兵部行文各旗、籍、任所,查明委系赤贫,具结到部,兵部知照军台都统。该都统于文到日,抄录获罪原案,并声明无力完缴台费缘由,具奏请旨。倘有隐匿、寄顿情弊,发往乌鲁木齐永远充当苦差。至文职佐杂、武职守备以下各员弁,三年内不能完缴台费者,向例于期满日,改为杖一百、徒三年完结,并不具奏。查该员弁等,其中亦各有获罪情节之不同,今一例改为杖徒,并不能于曾任州县以上之员,转得将获罪原案奏蒙恩鉴,予以差别,定例未为平允。酌议此项微末员弁,如三年内不能完缴台费者,于期满之日,亦由军台都统抄录获罪原案,声明该员弁不能完缴台费应改拟杖徒旧例,具奏请旨。此内有仰邀特恩释回者,兵部于奉旨之日,即行文军台都统释回外,其照例改为杖徒者,行文令该都统,将旗员解交刑部,照例办理;汉员解交该员原籍督抚,定驿发配,均杖一百、徒三年等因奏准,知照在案。应纂辑为例,以便遵行。再查原奏内仅止曾任州县以上及文职佐杂、武职守备以下，期满不能完缴台费，声明具奏。其守备以上，作何办理之处，并未议及。当即行据兵部复称，守备以上各员，期满不能完缴台费者，应照州县以上之例办理等因。查武职不能完缴台费声明具奏，既称守备以下，则守备以上照州县以上之例办理之处，应改为都司以上，一并添入例内，合并陈明。

【1825】1.1.45.（34）（略）

【1830】○修改

臣等谨按：道光八年（1828）四月内，军机大臣、大学士曹振镛等议驳兵部奏"请将县丞、守备以下等官发往军台效力，无力完缴台费，请免其余罪"一折，奉上谕："曹振镛等核议兵部奏'军台效力废员无力完缴台费，请照旧例办理'一折。嗣后坐台废员，三年期满，无力措缴台费，曾任州、县、都司以上者，着照乾隆五十四年（1789）旧例，由部行令该旗、籍详查结报，并无捏饰，将该废员再留台五年，始准释回。如能于留台五年限内，设措完缴，亦准该都统随时具奏，请旨释回。其县丞、守备以下坐台废员，无力缴费，仍着于三年期满时，照例改拟杖、徒完结。兵部所请免其余罪之处，着毋庸议。钦此。"钦遵。准兵部知照到部，除《中枢政考》应听兵部自行修改外，臣部例内亦应修改，以昭画一而资遵守。谨将修改例文，开列于后。

一、凡发往军台效力废员，三年期满，台费全数缴完者，由军台都统抄录获罪原案，具奏请旨。如不能完缴台费者，文职州县以上、武职都司以上，均由兵部行文各旗、籍、任所。查明委系赤贫，具结到部，兵部知照军台都统。该都统即抄录获罪原案，并声明无力完缴台费，将该废员再行留台五年缘由，具奏请旨。如能于留台五年限内完缴者，准该都统随时具奏，请旨释回。倘有隐匿、寄顿情弊，发往乌鲁木齐永远充当苦差。其文职佐杂、武职守备以下各员弁，不能完缴台费者，于期满之日，例应杖一百、徒三年，仍令该都统抄录获罪原案，声明不能完缴台费，例应改拟杖徒缘由，具奏请旨。此内有仰邀特恩释回者，兵部行文该都统，将其释回。其照例改为杖徒者，行文该都统，将旗员解交刑部，照例办理；汉员解交各该原籍督抚，定驿充徒。

【1847】1.1.45.（43）（略）

【1870】1.1.45.（42）（略）

【1810】○续纂

一、发往热河之员，于解到日，即由该副都统奏明，派在何处当差。至三年期满，亦分别具奏请旨。若有事故者，随时附奏。

臣等谨按：嘉庆十五年（1810）正月二十八日，奉上谕："向来发往伊犁、乌鲁木齐等处废员，到戍时，均由该处将军、都统奏闻。三年届期，并将该员当差勤慎与否，奏明请旨。遇有事故，亦随时具奏。惟发往热河之员，向俱无人管理。嗣后着交热河副都统，遇有发往之员，到日即行奏明，派在何处当差。至三年期满，亦分别具奏请旨。其有事故者，随时附奏。著为令。钦此。”应恭纂为例,以便遵行。

【1825】1.1.45.(35)(略)

【1845】○修改

臣等谨查:此条例文系远年旧例,相沿已久,故例文内尚载有“副都统”字样。现在热河事务已改设都统管理,而例内犹存“副都统”名目,名实殊不相符。应将“副”字删去,以符现制。谨将修改例文,开列于后。

一、发往热河之员,于解到日,即由该都统奏明,派在何处当差。至三年期满,亦分别具奏请旨。若有事故者,随时附奏。

【1847】1.1.45.(19)

一、凡发往热河之员,于解到日,即由该都统奏明,派在何处当差。至三年期满,亦分别具奏请旨。若有事故者,随时附奏。

【1870】1.1.45.(19)(略)

【1801】○移改、修改

【原例】*名例律·流囚家属【1768】1.1.15.(14)

一、满洲、蒙古、汉军发往新疆人犯,除罪犯寡廉鲜耻,削去旗籍者,应照民人一体办理外,其余发往种地当差之犯,系满洲、蒙古旗人,如原犯军、流者,定限三年,免死减等者,定限五年,果能改过安分,即交伊犁驻防处所,编入本地丁册挑补驻防兵丁,食粮当差;系汉军人犯,照民人分定年限,入于彼处绿营食粮。此等人犯,如情愿迎取妻室家口者,该管大臣移咨该旗,咨送兵部,官为资送。

臣等谨按:此条系乾隆三十二年(1767)定例。例内“满洲、蒙古旗人,原犯军、流者,定限三年;免死减等者,定限五年,交伊犁处所,挑补兵丁食粮当差。汉军人犯,照民人定限,入于绿营食粮”等语,与“徒流迁徙地方”门内所载“新疆遣犯限年入厂”,事同一例,应移入彼门,以便查阅。其末段“迎取妻室”一节,仍列本门,以便引用。惟查旗人发遣新疆,已经到配,复行迎取妻室,虽官为资送,而长途妇女弱息,诸多未便。莫若于该犯起解之始,令其自行随带,官为资送。到配后,不得同罪犯一例羁管。应于例内,修改明晰。谨将修改例文,开列于后。

【修改】*名例律·流囚家属【1825】1.1.15.(8)

一、满洲、蒙古、汉军发往新疆当差人犯,如有情愿随带妻室家口者,官为资送。到配后,不得同罪犯一例羁管。

【移改】一、满洲、蒙古、汉军发往新疆人犯,除罪犯寡廉鲜耻削去旗籍者,应照民人一体办理外,其余发往种地、当差之犯,系满洲、蒙古旗人,如原犯军、流者,定限三年,免死减等者,定限五年,果能改过安分,即交伊犁驻防处所,编入本地丁册,挑补驻防兵丁,食粮当差;系汉军人犯,照民人分定年限,入于彼处绿营食粮。

【1802】1.1.45.(40)(略)

【1825】1.1.45.(11)(略)

【1830】○续纂

一、发遣回城为奴人犯，先行酌给印房各章京、笔帖式等役使。该章京等于卸任时，列入交代，不准携回本旗。俟拨给章京等足敷役使，再分给大小伯克为奴，毋庸分给小回子，以免拖累。

臣等谨按：道光八年（1828）九月二十二日，奉上谕："那彦成等奏'回疆遣犯，请给章京衙门服役'一折。向来发遣回城人犯，例给伯克、回子为奴。近因渐积渐多，回子难于管束，且各城印房等处章京、笔帖式役使乏人，着照所请。嗣后发给回城为奴之犯，准其酌量拨给印房各章京、笔帖式等供役。章京等卸任之时，列入交代，不准携回本旗。俟拨给各章京衙门足敷役使，再分给大小伯克为奴，毋庸分给小回子，以免拖累。着该部载入条例，通行各直省及回疆各城大臣，一律遵照办理等因。钦此。"钦遵在案。应恭纂为例，以资引用。

【1847】1.1.45.（44）（略）

【1870】1.1.45.（43）（略）

【1840】○续纂

一、例内应发云贵两广极边烟瘴各条，如异姓结拜弟兄案内，闻拿投首，及事未发而自首各犯，减免后复犯结拜，罪应极边烟瘴充军者；未伤人之首盗及伙盗，曾经伤人，并行劫二次以上，闻拿投首者；首盗脱逃，伙盗供出逃匿所在，限内拿获，将供出之伙盗照例免死者；因抢问拟军罪，在配在逃复犯抢夺，如本系极边烟瘴人犯有犯者；回民结伙抢夺，问拟极边烟瘴充军人犯，脱逃被获者；窝留积匪，造意同行分赃代卖，问拟军罪人犯，脱逃被获者；回民窝窃，罪应极边烟瘴者；军民人等呈递封章，挟制入奏，所控虚诬，核其诬告本罪应拟烟瘴充军者；负罪人犯，呈递封章奏告人罪，原犯军罪者；问拟笞、杖、枷责递籍及无罪递籍管束之犯，复又脱逃，呈递封章，原犯烟瘴充军，及原犯遣罪改发烟瘴者；控诉事件，口称必须面见皇上始行申诉，于呈递封章本例上加等，罪应烟瘴充军者；军、流人犯在配，遣人呈递封章，条陈事务，原犯极边烟瘴，及原犯遣罪改发极边烟瘴者；罪人事发在逃，被获拒捕，本罪犯该烟瘴者；窃盗、抢夺被事主扭获图脱，用刀自割发辫襟带，以致误伤事主，例应斩候者；极边烟瘴军犯脱逃者；发遣极边烟瘴刨参人犯脱逃者；改发云贵两广充军四项盗犯，如系在附近暂避，或偶有事故，未向看役告知，实非逃走者；免死减军人犯，在配脱逃至三次者，共十八条，仍照例实发四省外，其余各项应发云贵两广极边烟瘴人犯，无论例内载明"改发""实发"，均以极边足四千里为限，面刺"烟瘴改发"四字。遇有脱逃，即照烟瘴人犯脱逃例治罪。

续纂按语，见【1802】1.1.45.（30）条【1840】删除按语。

【1845】○删除

臣等谨查：此条例文，系道光十七年（1837）据升任山东道监察御使蔡琼条奏"调剂烟瘴人犯"，经臣部议，将此等情重十八条，仍行发往四省，其余无论例内改发、实发，俱以足四千里为限等因奏准，纂入例册在案。兹道光二十四年(1844)六月内，据升任贵州巡抚贺长龄奏“请调剂军犯”一折，经军机大臣会同臣部议请，嗣后新疆遣犯各照旧发往，则例发四省充军之犯，亦应实发，庶用刑差等不致轻重相悬等因具奏。奉上谕：“据军机大臣会同刑部议奏‘贵州军犯拥挤，酌减调剂’等语。新疆遣犯改发内地，恐人数众多，不特约束难周，且与民风大有关碍。非若新疆地方辽阔，外遣人犯易于安插。所有旧时改发内地各条，着仍照旧发往新疆，交该将军设法妥为安插。并严饬所属，认真查核，严加管束。毋令滋生事端，俾期积久无弊。余依议。钦此。”是新疆遣犯既应照旧发往，其各项改发、实发四省烟瘴人犯，自应仍循原例一体实发，毋庸以足四千里为限，亦毋庸刺“烟瘴改发”字样。此条系赘文，应行删除。

【1852】○续纂

一、新疆、乌鲁木齐等处在配遣犯，令该管官将每遣犯十名，酌设散遣头一名，每散遣头十名，酌设总遣头一名，即于在配各遣犯内选择充当，责令管束，并令各总遣头出具连环保结互保。遇有遣犯脱逃，除主守之兵丁，及专管之员弁，仍照例办理外，即将应管之散遣头，亦照主守之例，一体问拟，总遣头酌减一等治罪。如散遣头有脱逃情事，即将应管之总遣头，亦照主守例治罪。倘总遣头有脱逃情事，即将互保之总遣头，亦各照主守例治罪。如其所管遣犯，三年内并无一名脱逃滋事者，散遣头准在该处为民；如散遣头三年内并无一名脱逃滋事者，总遣头准在该处为民。总遣头或有事故，即在散遣头内挑充。该遣头等如有故意凌虐情事，即严行惩治。并将总、散遣头及所管遣犯，俱造具花名清册，报明将军、都统，并送部备核。

谨案：此条系咸丰元年(1851)定例。

【1870】1.1.45.(45)(略)

【1852】○续纂

一、应发各省驻防给官员兵丁为奴之犯，仍由兵部核计该犯原籍及犯事地方道里，俱在四千里以外，均匀酌发。

谨案：此条系咸丰元年(1851)定例。

【1870】1.1.45.(46)(略)

【1870】○续纂

一、应发驻防为奴人犯，除例内载明各条外，其随征兵丁，在军营私自潜逃，分别军务已未告竣投首，及患病、受伤，迷失路径，查非有心脱逃，在军务告成后拿获者；随征跟随余丁，偷盗马匹、军器及衣服、银两潜逃投首，照兵丁投首按军务已未告竣分别问拟者；触犯祖父母、父母发遣，免罪释回后再有触犯，复经呈送者；反逆案内，其子孙无论已未成丁，实系不知谋情者；其余律应缘坐男犯，并非逆犯子孙，年在十六岁以上者；

私铸铜钱十千以上,或不及十千而私铸不止一次为从,及知情买使者;私铸铜钱不及十千匠人及为首者;熔化些须铅斤,铸钱不及十千匠人及为首者,共八条,俱改发驻防给官兵为奴,面刺"改发"二字。如有不服伊主管束,及脱逃滋事,仍按遣犯本例问拟。

谨案 同治九年(1870),因应发驻防遣犯过多,新疆道路梗阻,分别改发,定此二条。

【1870】1.1.45.(48)(略)

【1870】○续纂

一、应发新疆及回城、乌鲁木齐等处条例内,如一切左道异端、煽惑人民为从者;传习白阳、白莲、八卦等邪教案内为从,年未逾六十,及年逾六十,而有传徒情事者;造谶纬妖书妖言,传用惑人,不及众者;用药迷人,甫经学习,虽已合药,即行败露,或被迷人知觉,未受累者;各项教会名目,并无传习咒语,但供有飘高老祖及拜师授徒者;用药迷人已经得财,其余为从者;老瓜贼内传授技艺,跟随学习之人未同行者;用药及一切邪术,迷拐幼小子女为从者,共八条,均暂行监禁,俟新疆道路疏通,再行照例发往。其强盗及响马强盗伤人未得财,为从者;未得财又未伤人,为首者;强盗伤人,伤轻平复,事未发自首,及行劫数家止首一家者;洋盗案内投回自首,照强盗自首问拟发遣者;拿获盗犯之眼线,曾为伙盗悔罪,五日内指获同伴者;船户、店家,图财害命,同谋不行,事后分赃者;聚众不及十人,数在三人以上,持械抢夺为从者;纠众发冢起棺索财取赎,跟随同行在场瞭望,及未得财为从者;共谋为盗,因患病及别故不行,事后分赃者;强盗窝主,造意不行,又不分赃,及存留二人者;窝线不上盗又未得财,但为贼探听事主消息,通线引路者,共十一条,俱改发极边烟瘴充军,仍以足四千里为限,到配后锁带铁杆、石礅二年。四川等省匪徒,在场市人烟辏集之所横行抢劫,纠伙不及五人者;在野拦抢,四人以上至九人者;粮船水手抢夺案内,杀人未经帮殴成伤,及聚众互殴,藏有火枪、抬枪者;山东省匪犯聚众持械,结捻、结幅,抢夺得赃,数至四十人以上,被胁同行,及四十人以下十人以上为从,并聚众抢夺未得财者;捉人勒赎,将被捉之人拒杀、殴杀,为从帮殴,伤非金刃又非折伤者;将被捉之人帮同凌虐,及虽无凌虐而助势逼勒,致令自尽者;聚众拒杀兵役为从,伤非金刃又非折伤者;伤人未死为从,刃伤及折伤以上者;审无凌虐重情,止图利关禁勒赎为首者;洋盗案内,知情接买盗赃三次以上者;豫省并安徽等处凶徒结伙,聚众十人以上,执持器械,无论曾否伤人者;聚众十人以上抢夺,被协同行者;广东省匪徒,捏造图记、纸单名色,伙众三人以上,带有鸟枪、刀械,未得财为首,并未带鸟枪、刀械,亦未恃强掳掠,但系吓诈得财为首,及为从二次,并二次以上者;广东、广西二省奸徒,窝藏匪类,关禁勒赎者,共十四条,亦照前改发。到配后锁带铁杆、石礅一年。如有在配滋事犯法,及乘间脱逃,在逃后另犯不法情事,除强盗等项例应正法,及另犯事应斩、绞者,照例办理外,其因罪无可加、例止枷责之犯,即照乌鲁木齐地方遣犯例,核其所犯事由,如系军、流、徒罪,锁带铁杆、石礅二年;如系笞、杖等罪,锁带铁杆、石礅一年。果能安分,限满开释,交地方官严加管束。释放后仍不悛改,再锁带一年。倘仍怙恶不悛,即令永远锁带。此外例内载明应发新疆、乌鲁木齐等处者,俱改发极边足四千里充军。系酌拨种地当差人犯,到配后加枷号三个月;系为奴人犯,到配后加枷号六个月。其原例应加枷号者,仍递加枷号。如在配脱逃被获,为奴人犯,用重枷枷号三个月;当差人犯,亦加枷号三个月。倘在配滋事,及逃后行凶为匪,并拿获时有拒捕者,俱照平常遣犯治罪。以上各犯,应刺字者,如系强盗等项脱逃例应正法者,面刺"改遣"二字,余俱刺"改发"二字。俟新疆道路疏通,再行查明,分别核办。

续纂按语,见【1870】1.1.45.(48)条。

【1870】1.1.45.(49)(略)

边远充军/充军地方

律　文

【1646】1.1.48　边远充军

江南布政司府分:江南发定辽都指挥使司,直隶永平卫,山西都指挥使司,陕西都指挥使司所辖兰州卫、河州卫;江北发广东都指挥使司所辖海南卫,四川都指挥使司所辖贵州卫雅州千户所。

福建布政司府分发直隶永平卫。

浙江布政司府分发定辽都指挥使司。

江西布政司府分发山西都指挥使司。

湖广布政司府分发山西都指挥使司。

河南布政司府分发广西都指挥使司所辖南宁卫太平千户所。

山东布政司府分发广东都指挥使司所辖海南卫。

山西布政司府分发广东都指挥使司所辖海南卫。

直隶府分发广西都指挥使司所辖南宁卫太平千户所。

陕西布政司府分发广西都指挥使司所辖南宁卫太平千户所。

广西布政司府分发陕西都指挥使司所辖兰州卫、河州卫。

广东布政司府分发山西行都指挥使司。

四川布政司府分发广西都指挥使司所辖南宁卫太平千户所。

【1670】1.1.48　边远充军

江南布政司府分:江南发直隶永平卫,山西都指挥使司,陕西都指挥使司所辖兰州卫、河州卫;江北发广东都指挥使司所辖海南卫,四川都指挥使司所辖贵州卫雅州千户所。

福建布政司府分发直隶永平卫。

浙江布政司府分发直隶永平卫。

江西布政司府分发山西都指挥使司。

湖广布政司府分发山西都指挥使司。

河南布政司府分发广西都指挥使司所辖南宁卫太平千户所。

山东布政司府分发广东都指挥使司所辖海南卫。

山西布政司府分发广东都指挥使司所辖海南卫。

直隶府分发广西都指挥使司所辖南宁卫太平千户所。

陕西布政司府分发广西都指挥使司所辖南宁卫太平千户所。

广西布政司府分发陕西都指挥使司所辖兰州卫、河州卫。

广东布政司府分发山西行都指挥使司。

四川布政司府分发广西都指挥使司所辖南宁卫太平千户所。

＊【1707】○修改

【原律】边远充军(略)

【原条例】【1646】1.1.48.(1)(略)

臣等谨按:今巡按久已不设,且各省并无"无巡抚"之处,应删去"巡按定卫"等字。又充军人犯,有附近、边卫、边远、极远、烟瘴之不同,而此条止称"边远充军",未能赅载。应改为"充军地方",将兵部题定《中枢政考》及《邦政纪略》内发遣道里省分,校正增入。谨拟增删,开载于后。

【新改律】充军地方

凡问该充军者,附近发二千里,边卫发二千五百里,边远发三千里,极边、烟瘴俱发四千里。如无烟瘴地方,及烟瘴地方过于四千里者,即以极边为烟瘴,定卫发遣。充军人犯,在京兵部定卫,在外巡抚定卫,仍抄招知会兵部。其问该边外为民者,抄招解送户部编发。

直隶府分发山东、附近。山西、附近、边卫。江南、附近、边卫、边远。湖广、附近、边卫、边远。陕西、附近、边卫、边远、极边。浙江、边卫、边远、极边。江西、极边。广东烟瘴。卫所。

江南布政司府分发湖广、附近。山东、附近、边卫。浙江、附近、边卫。陕西、附近、边卫、边远、极边。直隶、附近、边卫、边远。山西、边卫、极边。广东边远、极边、烟瘴。卫所。

山东布政司府分发登州府、附近。直隶、附近、边卫。江南、附近、边卫、边远。山西、附近、边卫、边远。浙江、附近、边卫、边远、极边。陕西、边卫、边远、极边。广东烟瘴。卫所。

山西布政司府分发山东、附近、边卫。江南、附近、边卫、边远。陕西、附近、边卫、边远、极边。湖广、附近、边卫、边远、极边。浙江、边远、极边。江西、边远。广东极边、烟瘴。卫所。

河南布政司府分发山东、附近。山西、附近、边卫。湖广、附近、边卫。直隶、附近。江南、附近、边卫、边远、极边。陕西、附近、边卫、边远、极边。浙江、附近、边卫、边远、极边。广东边远、极边、烟瘴。卫所。

陕西布政司府分发宁夏卫、河州卫、附近。直隶、附近。山西、附近。本都行都司、附近、边卫、边远。山东、附近、边卫、边远、极边、湖广、附近、边卫、边远、极边。江南、边卫、边远、极边。广东边远、极边、烟瘴。卫所。

浙江布政司府分发江南、附近、边卫、边远。山东、附近、边卫、边远。湖广、附近、边卫、边远。直隶、边卫、边远、极边。山西、极边。陕西、极边。广东烟瘴。卫所。

江西布政司府分发山东、附近。浙江、附近。湖广、附近、边卫。广东、附近、边卫、边远。直隶、边卫、边远、极边。山西、极边。陕西、极边。四川极边。卫所。

湖广布政司府分发襄阳府、附近。江西、附近、边卫。浙江、附近、边卫、边远。四川、附近、边远。江南、附近、边卫、边远、极边。山西、附近、边卫、边远、极边。陕西、附近、边卫、边远、极边。直隶、边卫、边远。广东附近、边卫、边远、极边、烟瘴。卫所。

福建布政司府分发浙江、附近。江西、附近。江南、附近、边卫、边远。广东、附近、边卫、边远。湖广、附近、极边。山东、边卫、边远、极边。直隶、边远、极边。四川极边。卫所。

广东布政司府分发潮州府、附近。湖广、附近、边卫、边远、极边。山西、极边。四川、极边。山东极边。卫所。

广西布政司府分发江西、附近、边卫、边远。湖广、附近、边卫、边远。四川、边卫、边远、极边。山西、极边。陕西、极边。浙江、极边。广东附近、边卫、边远、极边、烟瘴。卫所。

四川布政司府分发越巂卫、附近。陕西、附近、边卫、边远、极边。湖广、附近、边卫、边远、极边。江南、边卫、边远、极边。山西、极边。浙江、极边。广东边卫、边远、极边、烟瘴。卫所。

贵州布政司府分发四川、附近。江西、附近、边卫。湖广、附近、边卫。陕西、附近、边卫、边远、极边。江南、边卫、边远、极边。浙江、边卫、边远、极边。山西、极边。广东附近、边卫、边远、极边、烟瘴。卫所。

云南布政司府分发广东、附近、边卫、边远、极边、烟瘴。湖广、边卫、边远。陕西、边远、极边。江西极边。卫所。

总注：此定军罪充发之地也。军罪情有轻重，故定卫之地，有附近、边卫、边远、极边、烟瘴之分。然有北人以为最远，而在南仍属二三千里内者；亦有南人以为最远，而在北仍属二三千里内者。必各计罪人原籍之府属，照所限之道里，定卫充发，庶远近适均，而无偏枯之弊。故凡犯该附近充军者，发二千里，边卫二千五百里，边远三千里，极边、烟瘴俱四千里。若无烟瘴之地，即以极边为烟瘴。如直隶顺天府人犯，发山西太原府卫所、江南凤阳府卫所，则为附近；发江南安庆府及扬州府卫所，则为边卫；发江南徽州府卫所、浙江杭州府卫所，则为边远；发陕西临洮府卫所，则为极边；发广东广州府卫所，则为烟瘴。律内各省分下注附近、边卫等项，特其应发地方之总名。其某府应发某府，则悉载兵部《邦政纪略》中。军罪人犯，原系发充军役，故事由兵部，籍隶卫所。虽在外巡抚定拨，亦知会兵部，以便稽核。若遣发边外为民，则仍充户口，非兵部之事，故解户部编发。

【1725】○修改

原拟（与【1707】所拟修改按语同，略）。

【原改律】（与【1707】所拟【新改律】同，但删去“及烟瘴地方过于四千里者”句，略）。

臣等谨按(按语与【1707】所拟总注同,略)。

【1725】1.1.46　充军地方

凡问该充军者,附近发二千里,边卫发二千五百里,边远发三千里,极边、烟瘴俱发四千里。如无烟瘴地方,即以极边为烟瘴,定卫发遣。充军人犯,在京兵部定卫,在外巡抚定卫,仍抄招知会兵部。其问该边外为民者,抄招解送户部编发。

直隶布政司府分发山东、附近。山西、附近、边卫。江南、附近、边卫、边远。湖广、附近、边卫、边远。陕西、附近、边卫、边远、极边。浙江、边卫、边远、极边。江西、极边。广东烟瘴。卫所。

江南布政司府分发湖广、附近。山东、附近、边卫。浙江、附近、边卫。陕西、附近、边卫、边远、极边。直隶、附近、边卫、边远。山西、边卫、极边。广东边远、极边、烟瘴。卫所。

山东布政司府分发登州府、附近。直隶、附近、边卫。江南、附近、边卫、边远。山西、附近、边卫、边远。浙江、附近、边卫、边远、极边。陕西、边卫、边远、极边。广东烟瘴。卫所。

山西布政司府分发山东、附近、边卫。江南、附近、边卫、边远。陕西、附近、边卫、边远、极边。湖广、附近、边卫、边远、极边。浙江、边远、极边。江西、边远。广东极边、烟瘴。卫所。

河南布政司府分发山东、附近。山西、附近、边卫。湖广、附近、边卫。直隶、附近。江南、附近、边卫、边远、极边。陕西、附近、边卫、边远、极边。浙江、附近、边卫、边远、极边。广东边远、极边、烟瘴。卫所。

陕西布政司府分发宁夏卫、河州卫、附近。直隶、附近。山西、附近。本都行都司、附近、边卫、边远。山东、附近、边卫、边远、极边。湖广、附近、边卫、边远、极边。江南、边卫、边远、极边。广东边远、极边、烟瘴。卫所。

浙江布政司府分发江南、附近、边卫、边远。山东、附近、边卫、边远。湖广、附近、边卫、边远。直隶、边卫、边远、极边。山西、极边。陕西、极边。广东烟瘴。卫所。

江西布政司府分发山东、附近。浙江、附近。湖广、附近、边卫。广东、附近、边卫、边远。直隶、边卫、边远、极边。山西、极边。陕西、极边。四川极边。卫所。

湖广布政司府分发襄阳府、附近。江西、附近、边卫。浙江、附近、边卫、边远。四川、附近、边远。江南、附近、边卫、边远、极边。山西、附近、边卫、边远、极边。陕西、附近、边卫、边远、极边。直隶、边卫、边远。广东附近、边卫、边远、极边、烟瘴。卫所。

福建布政司府分发浙江、附近。江西、附近。江南、附近、边卫、边远。广东、附近、边卫、边远。湖广、附近、极边。山东、边卫、边远、极边。直隶、边远、极边。四川极边。卫所。

广东布政司府分发潮州府、附近。湖广、附近、边卫、边远、极边。山西、极边。四川、极边。山东极边。卫所。

广西布政司府分发江西、附近、边卫、边远。湖广、附近、边卫、边远。四川、边卫、边远、极边。山西、极边。陕西、极边。浙江、极边。广东附近、边卫、边远、极边、烟瘴。卫所。

四川布政司府分发越嶲卫、附近。陕西、附近、边卫、边远、极边。湖广、附近、边卫、边远、极边。江南、边卫、边远、极边。山西、极边。浙江、极边。广东边卫、边远、极边、烟瘴。卫所。

贵州布政司府分发四川、附近。江西、附近、边卫。湖广、附近、边卫。陕西、附近、边卫、边远、极边。江南、边卫、边远、极边。浙江、边卫、边远、极边。山西、极边。广东附近、边卫、边远、极边、烟瘴。卫所。

云南布政司府分发广东、附近、边卫、边远、极边、烟瘴。湖广、边卫、边远。陕西、边远、极边。江西极边。卫所。

注：此言定军罪充发之地也。军罪情有轻重，故定卫之地，有附近、边卫、边远、极边、烟瘴之分。然有北人以为最远，而在南仍属二三千里内者；亦有南人以为最远，而在北仍属二三千里内者。必各计罪人原籍之府属，照所限之道里，定卫充发，庶远近适均，而无偏枯之弊。故凡犯该附近充军者，发二千里，边卫二千五百里，边远三千里，极边、烟瘴俱四千里。若无烟瘴之地，即以极边为烟瘴。如直隶顺天府人犯，发山西太原府卫所、江南凤阳府卫所，则为附近；发江南安庆府及扬州府卫所，则为边卫；发江南徽州府卫所、浙江杭州府卫所，则为边远；发陕西临洮府卫所，则为极边；发广东广州府卫所，则为烟瘴。律内各省分下注附近、边卫等项，特其应发地方之总名。其某府应发某府，则悉载兵部《邦政纪略》中。军罪人犯，原系发充军役，故事由兵部、各省卫所。虽在外巡抚定拨，亦知会兵部，以便稽核。若遣发边外为民，则仍充户口，非兵部之事，故解户部编发。

【1740】1.1.46　充军地方（略）

【1767】○修改

臣等谨按：乾隆三十二年（1767）十二月内，兵部奏明，各处卫所，系专司转运漕粮，并不收管军犯，应将“边卫充军”改为“近边充军”等语，应将此条遵照改正。其定卫发遣，亦俱改为定地发遣。至原例内“无烟瘴地方，即以极边为烟瘴”等语，查乾隆三十二年五月内，兵部奏称，凡应发烟瘴军犯，向例拘定里数，改发极边，似与烟瘴罪名本义未协，应将不足四千里改发极边之例，永行停止。是以将此条旧例内如“无烟瘴地方，即以极边为烟瘴”等句删除，以免牵混，合并声明。

凡问该充军者，附近发二千里，近边发二千五百里，边远发三千里，极边、烟瘴俱发四千里，定地发遣。充军人犯，在京兵部定地，在外巡抚定地，仍抄招知会兵部。其问边外为民者，抄招解送户部编发。

直隶布政司府分发山东、附近。山西、附近、近边。江南、附近、近边、边远。湖广、附近、近边、边远。陕西、附近、近边、边远、极边。浙江、近边、边远、极边。江西、极边。广东烟瘴。地方。

江南布政司府分发湖广、附近。山东、附近、近边。浙江、附近、近边。陕西、附近、近边、边远、极边。直隶、附近、近边、边远。山西、近边、极边。广东边远、极边、烟瘴。地方。

山东布政司府分发登州府、附近。直隶、附近、近边。江南、附近、近边、边远。山西、附近、近边、边远。浙江、附近、近边、边远、极边。陕西、近边、边远、极边。广东烟瘴。地方。

山西布政司府分发山东、附近、近边。江南、附近、近边、边远。陕西、附近、近边、边远、极边。湖广、附近、近边、边远、极边。浙江、边远、极边。江西、边远。广东极边、烟瘴。地方。

河南布政司府分发山东、附近。山西、附近、近边。湖广、附近、近边。直隶、附近。江南、附近、近边、边远、极边。陕西、附近、近边、边远、极边。浙江、附近、近边、边远、极边。广东边远、极边、烟瘴。地方。

陕西布政司府分发宁夏卫、河州卫、附近。直隶、附近。山西、附近。本都行都司、附近、近边、边远。山东、附近、近边、边远、极边。湖广、附近、近边、边远、极边。江南、近边、边远、极边。广东边远、极边、烟瘴。地方。

浙江布政司府分发江南、附近、近边、边远。山东、附近、近边、边远。湖广、附近、近边、边远。直隶、近边、边远、极边。山西、极边。陕西、极边。广东烟瘴。地方。

江西布政司府分发山东、附近。浙江、附近。湖广、附近、近边。广东、附近、近边、边远。直隶、近边、边远、极边。山西、极边。陕西、极边。四川极边。地方。

湖广布政司府分发襄阳府、附近。江西、附近、近边。浙江、附近、近边、边远。四川、附近、边远。江南、附近、近边、边远、极边。山西、附近、近边、边远、极边。陕西、附近、近边、边远、极边。直隶、近边、边远。广东附近、近边、边远、极边、烟瘴。地方。

福建布政司府分发浙江、附近。江西、附近。江南、附近、近边、边远。广东、附近、近边、边远。湖广、附近、极边。山东、近边、边远、极边。直隶、边远、极边。四川极边。地方。

广东布政司府分发潮州府、附近。湖广、附近、近边、边远、极边。山西、极边。四川、极边。山东极边。地方。

广西布政司府分发江西、附近、近边、边远。湖广、附近、近边、边远。四川、近边、边远、极边。山西、极边。陕西、极边。浙江、极边。广东附近、近边、边远、极边、烟瘴。地方。

四川布政司府分发越嶲卫、附近。陕西、附近、近边、边远、极边。湖广、附近、近边、边远、极边。江南、近边、边远、极边。山西、极边。浙江、极边。广东近边、边远、极边、烟瘴。地方。

贵州布政司府分发四川、附近。江西、附近、近边。湖广、附近、近边。陕西、附近、近边、边远、极边。江南、近边、边远、极边。浙江、近边、边远、极边。山西、极边。广东附近、近边、边远、极边、烟瘴。地方。

云南布政司府分发广东、附近、近边、边远、极边、烟瘴。湖广、近边、边远。陕西、边远、极边。江西极边。地方。

臣等谨按:以上十五条,各省俱系发往卫所,今各处卫分,既不收管军犯,均发交州县收管。拟将例内“卫所”二字,改为“地方”二字。所有全部例内,凡有卫所及边卫充军各条,逐一查对,于送交武英殿刊刻样本内,均遵照更正,合并声明。

【1768】1.1.46　充军地方(略)

【1772】○修改

臣等谨按:乾隆三十六年(1771)六月内,臣部奏准将例内“边外为民”字样,均行删除。谨将此条例内“抄招知会兵部”之下,其“问边外为民者,抄招解送户部编发”一语,遵照删除,合并声明。

凡问该充军者,附近发二千里,近边发二千五百里,边远发三千里,极边、烟瘴俱发四千里,定地发遣。充军人犯,在京兵部定地,在外巡抚定地,仍抄招知会兵部。

直隶布政司府分发山东、附近。山西、附近、近边。江南、附近、近边、边远。湖广、附近、近边、边远。陕西、附近、近边、边远、极边。浙江、近边、边远、极边。江西、极边。广东烟瘴。地方。

江南布政司府分发湖广、附近。山东、附近、近边。浙江、附近、近边。陕西、附近、近边、边远、极边。直隶、附近、近边、边远。山西、近边、极边。广东边远、极边、烟瘴。地方。

山东布政司府分发登州府、附近。直隶、附近、近边。江南、附近、近边、边远。山西、附近、近边、边远。浙江、附近、近边、边远、极边。陕西、近边、边远、极边。广东烟瘴。地方。

山西布政司府分发山东、附近、近边。江南、附近、近边、边远。陕西、附近、近边、边远、极边。湖广、附近、近边、边远、极边。浙江、边远、极边。江西、边远。广东极边、烟瘴。地方。

河南布政司府分发山东、附近。山西、附近、近边。湖广、附近、近边。直隶、附近。江南、附近、近边、边远、极边。陕西、附近、近边、边远、极边。浙江、附近、近边、边远、极边。广东边远、极边、烟瘴。地方。

陕西布政司府分发宁夏卫、河州卫、附近。直隶、附近。山西、附近。本都行都司、附近、近边、边远。山东、附近、近边、边远、极边。湖广、附近、近边、边远、极边。江南、近边、边远、极边。广东边远、极边、烟瘴。地方。

浙江布政司府分发江南、附近、近边、边远。山东、附近、近边、边远。湖广、附近、近边、边远。直隶、近边、边远、极边。山西、极边。陕西、极边。广东烟瘴。地方。

江西布政司府分发山东、附近。浙江、附近。湖广、附近、近边。广东、附近、近边、边远。直隶、近边、边远、极边。山西、极边。陕西、极边。四川极边。地方。

湖广布政司府分发襄阳府、附近。江西、附近、近边。浙江、附近、近边、边远。四川、附近、边远。江南、附近、近边、边远、极边。山西、附近、近边、边远、极边。陕西、附近、近边、边远、极边。直隶、近边、边远。广东附近、近边、边远、极边、烟瘴。地方。

福建布政司府分发浙江、附近。江西、附近。江南、附近、近边、边远。广东、附近、近边、边远。湖广、附近、极边。山东、近边、边远、极边。直隶、边远、极边。四川极边。地方。

广东布政司府分发潮州府、附近。湖广、附近、近边、边远、极边。山西、极边。四川、极边。山东极边。地方。

广西布政司府分发江西、附近、近边、边远。湖广、附近、近边、边远。四川、近边、边远、极边。山西、极边。陕西、极边。浙江、极边。广东附近、近边、边远、极边、烟瘴。地方。

四川布政司府分发越巂卫、附近。陕西、附近、近边、边远、极边。湖广、附近、近边、边远、极边。江南、近边、边远、极边。山西、极边。浙江、极边。广东近边、边远、极边、烟瘴。地方。

贵州布政司府分发四川、附近。江西、附近、近边。湖广、附近、近边。陕西、附近、近边、边远、极边。江南、近边、边远、极边。浙江、近边、边远、极边。山西、极边。广东附近、近边、边远、极边、烟瘴。地方。

云南布政司府分发广东、附近、近边、边远、极边、烟瘴。湖广、近边、边远。陕西、边远、极边。江西极边。地方。

【1790】1.1.46　充军地方(略)

附律条例

【1646】1.1.48.(1)

一、凡问该充军者,在京,行兵部定卫。在外,系巡抚有行者,巡抚定卫;巡按有行者,巡按定卫。其所属自问者,有巡抚处,申呈巡抚,无巡抚处,巡按定拨。仍抄招行兵部知会。其问该边外为民者,亦抄招送户部编发。

【1670】1.1.48.(1)(略)

＊【1707】○修并

【原律】【1646】1.1.48　边远充军律文(略)

【原条例】【1646】1.1.48.(1)(略)

拟修并按语并拟修并律文,见【1646】1.1.48　边远充军律文【1707】拟修改项下。

【1725】○修并

修并按语,见【1646】1.1.48、边远充军律文【1725】修改项下。

＊【1725】1.1.46　充军地方律文(略)

【1646】1.1.48.(2)

一、凡问发充军及边外为民者,免其运炭、纳米等项,并律该决杖,就拘当房家小,起发随往,其余人口,存留原籍,办纳粮差。若发边卫充军者,原系边卫,发极边;原系极边,常川守哨。其无"极边"字样者,远不过三千里,程限不过一二月。发边外为民者,原系边外并边境民人,发别处极边。前二项人犯,虽有共犯,本例不言不分首从者,仍依首从法科断,为从者照常发落。

【1670】1.1.48.(2)(略)

＊【1707】○修改

臣等谨按:今并无运炭、纳米、常川守哨之例。又军、流人犯,俱至配所折责,并不免杖。且现行例问发充军地方,照犯人原籍定远近,无边卫、极边一定之处。其律内共犯不言"皆"者,俱分首、从。应删去前后二段。谨拟删改,开载于后。

【新改条例】一、凡问发边外为民者,佥妻起发。如原系边外并边境民人,俱发别处边外。

【1725】○修改

原拟(与【1707】所拟修改按语同,略)

【原改条例】(与【1707】拟新改条例同,略)

【1725】1.1.46.(1)

【原例】一、凡问发边外为民者,佥妻起发。如原系边外、边境民人,俱发别处边外。

【1740】1.1.46.(1)(略)

【1768】1.1.46.(1)

一、凡问发边外为民者,如原系边外、边境民人,俱发别处边外。

【1772】○删除

臣等谨按:此条系问发边外为民总例。乾隆三十六年(1771)六月内,臣部遵旨将例内问发边外为民各条,均行删改。此条总例,现已不用,应请删除。

＊附应改外遣诸条

＊一、贪赃官役,应发尚阳堡、辽阳者,改发川、陕边省,令该督抚查照原罪,定地远近,安插为民。其衙门蠹役,恐吓索诈十两以上,例发奉天安插者,改为边卫充军。官船户私铸钱文,夹带移往他处,例发辽阳安插者,改为杖一百、流三千里。无票出口,例发辽阳安插者,改为杖一百、流二千里。

臣等谨按:各例内发遣尚阳堡、辽阳、奉天等条,从前呈本内,俱照定例纂入。现今大学士等议准并改内地军、流,应如原任河南驿盐道黄叔璥所奏,将外遣诸条,悉为改定。但此系各条改正之例,毋庸另立条款,合并声明。

【1646】1.1.48.(3)

一、凡永远充军,或奉有特旨处发叛逆家属子孙,止于本犯所遣亲支内勾补,尽绝即与开豁。若未经发遣,在监病故,免其勾补。其真犯死罪免死充军者,以著伍后所生子孙替役,不许行勾原籍子孙。已前勾补过者,不得混行告脱。其余杂犯死罪并徒、流等罪,照例充军及边外为民者,俱止终本身。

【1670】1.1.48.(3)(略)

＊【1707】○删除

臣等谨按:今一应充军人犯,并无勾补子孙著役之例,此条拟删。

【1725】○删除

原拟(按语同上,略)

【1646】1.1.48.(4)

一、凡充军及边外为民人犯,属军卫者,军卫佥解。

【1670】1.1.48.(4)(略)

＊【1707】○修改

此条拟存。但问发边外为民者,俱属有司,应增入"属有司者,有司佥解"二语。

【1725】○修改

原拟(按语同上,略)

【1725】1.1.46.(2)

【原例】一、凡充军及边外为民人犯,属军卫者,军卫佥解;属有司者,有司佥解。

【1740】1.1.46.(2)(略)

【1767】○删除

臣等谨按:此条系因军卫、有司二处起发军犯而设。今卫所既不管辖军犯,均归有司起发,似可毋庸分别定例。此条应删。

【1725】○增入

一、凡各省充军人犯,除发见在各卫所外,其有应发之卫所已改设州、县者,亦照旧发遣,仍注军籍当差,以该州、县为专管,该府为统辖。如有脱逃、疏纵,将该府、州、县职名查参。

谨案 此条系雍正三年(1725)定例。

【1725】1.1.46.(3)【钦定例】(略)

【1740】1.1.46.(3)(略)

【1767】○修改

臣等谨按:此条定例之时,因有发往卫所军犯,是以原例内有"除发见在卫所外,其有应发之卫所已改设州、县者,亦照旧发遣"等语。今卫所既不安置军犯,其责成均归州、县,拟将原例内"除发见在卫所"等句删除,庶免牵混,合并声明。

一、凡各省充军人犯,该州、县仍注军籍当差,以该州、县为专管,该府为统辖。如有脱逃、疏纵,将该府、州、县职名题参。

【1768】1.1.46.(2)(略)

【1790】1.1.46.(1)(略)

【1740】○增入

一、犯该边卫永远充军者,改为边远充军;犯该边远永远充军者,改为烟瘴充军。若犯该离家四千里外并无烟瘴,即发极边充军。犯该极边、烟瘴永远充军者,亦止发极边、烟瘴充军。

臣等谨按:此条系雍正十一年(1733)定例。原为欲改永远充军而设,并非加罪,原议"加"字未妥,今定为"改"字。再查军罪至极边、烟瘴而止,犹之流罪至三千里而止也。原议将犯该极边、烟瘴永远充军,加为发遣齐齐哈尔给披甲之人为奴,不但与罪止之义不符,且将充军之人,竟与免死强盗同科矣,殊未允协。今改为"止发极边、烟瘴充军"。至于永远充军老幼、废疾不准收赎者,乃前代原例。盖因永远充军,例应勾丁补伍,是以不准收赎。今既将永远充军之例删改,则老幼、废疾自应一体收赎。原议有凡系永远充军改发者,不准收赎之例,亦属未协,今删。

【1740】1.1.46.(4)(略)

【1767】○删除

臣等谨按:永远充军,系前明旧例名目,今已不行,此条应删。

【1756】○续纂

一、奉天、直隶,不便安插军、流罪犯。嗣后各省军、流,均按照《军卫道里表》及《三流道里表》,分别等次,改发别省。其应发奉天、直隶府州等处,永行停止。

臣等谨按:此条系乾隆十六年(1751)闰五月内,臣部议复升任奉天府府尹图尔泰条奏定例,并十九年(1754)五月内,臣部议复原任安徽巡抚卫哲治条奏定例,并为一条,纂入例册,以便遵行。

【1768】1.1.46.(3)

一、奉天、直隶,不便安插军、流罪犯。嗣后各省军、流,均按照《五军道里表》及《三流道里表》,分别等次,改发别省。其应发奉天、直隶府州等处,永行停止。

【1790】1.1.46.(2)(略)

国家出版基金项目
NATIONAL PUBLICATION FOUNDATION

大清律例源流辑校

大清律例源流汇考

第三册

吏律 户律

陈颐 点校

法律出版社
LAW PRESS·CHINA
北京

总　目

第四册

第五册

第六册

第七册

第八册

第九册

第十册

本册目录

【吏　律】

【吏律·职制】

【吏律·公式】

【户 律】

【户律·户役】

【户律·田宅】

【户律·婚姻】

【户律·仓库】

【户律·课程】

【户律·钱债】

【户律·市廛】

【吏　律】

【吏律·职制】

官员袭荫

律　文

【1646】2.2.49

凡文武官员应合袭武荫文职事,并令嫡长子孙袭荫。如嫡长子孙有故,或有亡殁、疾病、奸盗之类。嫡次子孙袭荫。若无嫡次子孙,方许庶长子孙袭荫。如无庶出子孙,许令弟侄应合承继者袭荫。若庶出子孙及弟侄,不依次序,搀越袭荫者,杖一百、徒三年。仍依次袭荫。〇其军官子孙年幼未能承袭者,本管衙门保勘明白,申部奏奏闻朝廷,纪录姓名,关请俸给,优赡其家。候年一十六岁,起送兵部,方令袭职,管军办事。如委绝嗣无可承袭者,亦令本人妻小,依例关请俸给,养赡终身。若将异姓外人乞养为子,瞒昧官府,诈冒承袭者,乞养子杖一百,发边远充军,本家所关俸给,事发之日截日住罢。他人教令者,并与乞养子。犯人同罪。〇若当该官司知其搀越、诈冒之罪而听行,与同罪。不知者,不坐。若受财扶同保勘,以枉法从重论。

【1670】2.2.49(略)

【1725】〇修改

原拟:今承袭世职官员,俱凭本族及该管官保送,该部奏请承袭给俸。若年幼者,候年一十八岁,方令上朝应公役。此律内子孙年幼者纪录姓名、候年一十六岁袭职等句,俱应删改,开载于后。

臣等谨按:此言爵禄不可假借也。袭,谓祖、父有功于国,锡以世职,子孙依次承袭。荫有二:特恩荫其子孙,曰恩荫;祖、父殁于王事,优恤其后,曰难荫。皆报功延赏之重典也。前言搀越荫袭之罪。不依应袭荫次序,擅行搀越,则以名器为争端,故杖一百、徒三年,仍依次改正。次言诈冒袭荫之罪。乞养异姓外人为子,于承袭世职时瞒昧官府,诈冒乱宗者,其罪较搀越为尤重,故乞养子杖一百,发边远充军;本家于事发之日,即罢给俸。教令、听行,俱兼搀越、诈冒二项。言与同罪者,若教令搀越及听行搀越,即同搀越之罪;若教令诈冒及听行诈冒,即同诈冒之罪。

【1725】2.2.47

凡文武官员应合袭武荫文职事,并令嫡长子孙袭荫。如嫡长子孙有故,或有亡殁、疾病、奸盗之类。

嫡次子孙袭荫。若无嫡次子孙,方许庶长子孙袭荫。如无庶出子孙,许令弟侄应合承继者袭荫。若庶出子孙及弟侄,不依次序,搀越袭荫者,杖一百、徒三年。仍依次袭荫。○其子孙应承袭者,本宗及本管各官保勘明白,移文该部奏请承袭、支俸。如所袭子孙年幼,候年一十八岁,方预朝参公役。如委绝嗣无可承袭者,准令本人妻小,依例关请俸给,养赡终身。若将异姓外人乞养为子,瞒昧官府,诈冒承袭者,乞养子杖一百,发边远充军,本家所关俸给,事发截日住罢。他人教令搀越、诈冒者,并与犯人同罪。○若当该官司知其搀越、诈冒而听行,与同罪。不知者不坐。若受财扶同保勘,以枉法从重论。

注:此言爵禄不可假借也。袭,谓祖、父有功于国锡,以世职子孙依次承袭。荫有二,特恩荫其子孙,曰恩荫;祖、父殁于王事,优恤其后,曰难荫。此皆报功延赏之重典,并令嫡长子孙袭荫。如嫡长子孙有故,并无嫡次子孙者,则以庶长子孙袭荫。如无庶出,始令合继之弟侄袭荫。庶子孙、弟侄,不依长幼亲疏次弟,搀越袭荫者,坐满徒,仍令改正。其子孙应承袭者,移文该部,具题请袭支俸。年未及岁者,不预朝参公役。如委无可袭者,许本人妻小,依例关请俸给,养赡终身。若乞养异姓人为子,瞒昧官府,诈冒乱宗者,其罪较搀越尤重。故乞养子满杖,发边远充军;本家于事发之日,即罢给俸。如属他人教令者,与搀越、诈冒犯人同罪。若当该官司知情听行者,亦与同罪。受财者,以枉法从重论。

【1740】○修改

臣等谨按:文亦有袭,武亦有荫。"名例"律内"应议者之祖父有犯"条下,文、武分注袭、荫之处已经删去,此条注内"文""武"二字亦应删。谨将删辑律注,开列于后。

凡文武官员应合袭荫者,并令嫡长子孙袭荫。如嫡长子孙有故,或有亡殁、疾病、奸盗之类。嫡次子孙袭荫。若无嫡次子孙,方许庶长子孙袭荫。如无庶出子孙,许令弟侄应合承继者袭荫。若庶出子孙及弟侄,不依次序,搀越袭荫者,杖一百、徒三年。仍依次袭荫。○其子孙应承袭者,本宗及本管各官保勘明白,①移文该部奏请承袭、支俸。如所袭子孙年幼,候年一十八岁,方预朝参公役。如委绝嗣无可承袭者,准令本人妻小,依例关请俸给,养赡终身。若将异姓外人乞养为子,瞒昧官府,诈冒承袭者,乞养子杖一百,发边远充军,本家所关俸给,事发截日住罢。他人教令搀越、诈冒者,并与犯人同罪。○若当该官司知其搀越、诈冒而听行,与同罪。不知者不坐。若受财扶同保勘,以枉法从重论。

【1740】2.2.47(略)

附律条例

【1646】2.2.49.(1)

一、武职守城失机,贻患边方者,及武职临阵退怯,至所部失陷二十人者,并不准

---

① 自乾隆五十五年(1790)《大清律例》开始,各版本此处律注"本宗及本管各官"作"本宗及本部各官"。

袭。有犯不孝致典刑者,取祖、父次子孙承继,本犯子孙不许。

【1670】2.2.49.(1)(略)

【1725】○修改

原拟:今武职临阵退怯,即行处分,并无定限人数多寡之处,拟将“致所部失陷二十人”句删去。

【1725】2.2.47.(2)

【原例】一、武职守城失机,贻患边方,及临阵退怯者,并不准袭。有犯不孝致典刑者,取祖、父次子孙承继袭职,本犯子孙不许。

谨案:此条系原例。雍正三年(1725),删去“至所部失陷二十人”句,改为“武职守城失机,贻患边方,及武职临阵退怯者”。乾隆五年(1740),又删去“承继”二字。

【1740】○修改

臣等谨按:例内不孝致典刑者不许本犯子孙袭职,则本犯非无子孙,特恶其不孝,故不令承袭耳。又云,“取祖、父次子孙承继袭职”,岂有因不孝致子孙不准袭职转取祖、父次子孙承继之理。查旧例止云“取祖、父次子孙袭职”,并无“承继”二字,乃系从前纂辑时误增,应删。谨将删辑例文,开列于后。

【1740】2.2.47.(2)

一、武职守城失机,贻患边方,及临阵退怯者,俱不准袭。有犯不孝致典刑者,取祖、父次子孙袭职,本犯子孙不许。

【1646】2.2.49.(2)

一、武职有因年远及典刑等项,例不应袭,而有嫡子孙弟侄者,给与冠带操备,月支米一石。有功,照舍人例升赏。

【1670】2.2.49.(2)(略)

【1725】○删除

原拟:例不应袭之人,其子孙弟侄今无给与冠带、米石、操备等例,此条拟删。

【1646】2.2.49.(3)

一、武职降调充军,本身再不准袭。

【1670】2.2.49.(3)(略)

【1725】○删除

原拟:今武职官员,并无降调充军之例,此条拟删。

【1646】2.2.49.(4)

一、降级官见在,而子孙愿就见降职事者,准令袭。逃官不知去向三年者,亦准袭。被告脱逃该徒以上,问革为民者,至六十,仍许袭。

【1670】2.2.49.(4)(略)

【1725】○删除

原拟:今世职官有犯,按应降之级罚俸,例不降级,亦无逃去三年方令人承袭,及被告脱逃者至六十仍令承袭等例,此条拟删。

【1646】2.2.49.(5)

一、旁支承袭例。如高、曾祖原系功升总小旗,以后从曾伯叔祖或从伯叔祖、堂伯叔又立功升官者,指挥革,袭试百户;千户革,袭署百户,子孙准承袭;百户革,充冠带总旗一辈,子孙止替旗役。其试职、署职,如无军功,虽遇例不许实授。若高、曾祖不系功升旗役者,旁支子孙,不准承袭。

【1670】2.2.49.(5)(略)

【1725】○删除

原拟:今世职官例准承袭者,即令承袭,原官无递降承袭之例。且无千、百户,总、小旗等名色,此条拟删。

【1646】2.2.49.(6)

一、武职为人命典刑充军者,子孙袭职调别卫。凡调者,不许还原卫。为事脱逃革职者,子孙仍照旧例袭职。

【1670】2.2.49.(6)(略)

【1725】○删除

原拟:今世职官应承袭者,方令子孙承袭。其为事脱逃,罪有轻重,不便一例准袭。此条拟删。

【1646】2.2.49.(7)

一、应袭舍人犯劫盗者,弟侄照祖职降一等承袭。该优给者,依此例。

【1670】2.2.49.(7)(略)

【1725】○删除

原拟:今应袭职之人,如犯劫盗等罪,即令其弟侄承袭祖职,无降等袭职之例,此条拟删。

【1646】2.2.49.(8)

一、军职犯知强盗后分赃满数充军者,子孙袭职或优给,俱于应袭职事上降三级。

【1670】2.2.49.(8)(略)

【1725】○删除

原拟:今世职官犯罪,子孙仍准袭职者,即令承袭原官,并无降级承袭之例,此条拟删。

【1646】2.2.49.(9)

一、故官子女幼者,给全俸,女出嫁住支;父母老者,给全俸终身。

【1670】2.2.49.(9)(略)

【1725】○修改

原拟:今世职官亡故,如无袭职之人,其母及妻支给半俸养赡之处,吏、户二部现有定例,已增入后条。女无给俸之例,应删去。其父年老,亦应照母例,改给半俸。谨拟删改,开载于后。

【原改条例】一、世职官亡故,户无承袭,而其父母年老者,给半俸终身。

【1725】2.2.47.(3)

【原例】(略)

【1740】○修改

【原例】【1725】2.2.47.(3)(略)、【1725】2.2.47.(12)(略)

臣等谨按:以上二条同为世职官亡故,户无承袭之人,优给半俸而设。但后条生母、继母并不限以年岁,则前条父母之上不应加以“年老”二字,应改为“父母在者,给半俸终身”。再,后条例内“无妻者,始给生母、继母半俸”,妻先于母,于理不顺,应于前条“父母”下增注“继母、生母”四字。后条“妻给半俸”之上增“如无父母”四字,再将“原立职之官无母”等句删去,则前条专言父母,后条及妻、无妻再及原立官职之母,前后两条自尊及卑、自近及远,推恩有序,亦简而不烦矣。谨将增删两例,并列于后。

一、世职官亡故,户无承袭,其父母继母、生母。在者,给半俸终身。

*【1740】2.2.47.(5)(略)

【1740】2.2.47.(4)(略)

【1646】2.2.49.(10)

一、武臣在任亡故,及征伤失陷者,自指挥至所镇抚,妻并给米五石终身。无子孙者,亦如之。为事亡故,无承袭者,不给。

【1670】2.2.49.(10)(略)

【1725】○修改

原拟:今武臣在任亡故者,另有恤典。其出征受伤及阵亡者,分别给与世职,赏给银两,不独给其妻米石,且无指挥所、镇抚名色。谨拟删改,开载于后。

【原改条例】一、武臣出征受伤,分别等第给赏;阵亡者,按品予恤,并给世职。

【1725】2.2.47.(1)

【原例】(略)

【1740】2.2.47.(1)(略)

臣等谨按:雍正五年(1727)所纂条款,分有原例、增例、钦定例三项,故一条之下,或本条正款,或情节相近附入之款,但止挨年不分伦次。现今所纂律例既不用“原例”“增例”等字样,则先后错杂,似非体例,如此条"官员袭荫"下,有袭荫正款,有优给世职全、半俸等款,又有土司袭替及銮仪卫校尉替补等。各附入之款,自应依类编辑,以便检查。谨将袭荫正款各条移前,次优给全、半俸,次土司袭替,次銮仪卫校尉替补,以次纂集。庶条款不紊,易于检阅。①

【1646】2.2.49.(11)

一、世职年老,户无承袭者,支全俸,优给。

【1670】2.2.49.(11)(略)

【1725】2.2.47.(4)

【原例】(略)

【1740】○修并

【原例】【1725】2.2.47.(4)(略)、【1725】2.2.47.(10)(略)

臣等谨按:以上二条,皆系优给世职官俸禄,应并为一条。谨将并辑例文,开列于后。

一、凡世职年老,户无承袭者,支全俸优给。袭职之员未及年岁者,支给半俸。

【1740】2.2.47.(7)(略)

【1646】2.2.49.(12)

一、军职袭替,有不由军功,例该减革,却行捏奏,兵部官吏阻坏选法者,问调边卫带俸差操。

【1670】2.2.49.(12)(略)

【1725】○删除

原拟:今无世职官员带俸差操之例,且捏行奏告者,另有诬告正律,此条拟删。

【1646】2.2.49.(13)

一、军官子孙告要袭替,移文保勘。如云南、贵州、四川、广东、广西、福建、江西、浙江十五年之外,直隶、江南、湖广、陕西、河南、山东、山西、辽东十二年之外,人、文不曾到部者,不准袭替,发原卫所随舍余食粮差操。中间果因追征钱粮未完、缘事提问未结,及年幼例不应袭,以完事、出幼之日为始,亦照前云南等处十五年、直隶等处十二年之内,但有抚、按官给与明文,及限内告有执照者,照旧袭替。若都司本卫所官勒措财物,故意刁难,不与保送者,问发带俸差操。

【1670】2.2.49.(13)(略)

【1725】○删除

原拟:今保送应袭之人,并无十五年、十二年久远之限,亦无随舍余食粮差操及带俸

---

① 本条按语载《大清律例按语》第35卷"吏律·职制·官员袭荫"(乾隆五年)【1740】2.2.47.(15)条后,系乾隆五年(1740)重新编排本条附例次序之按语,现移附至乾隆五年本条"官员袭荫"第一条附例之后。

差操之例,此条拟删。

【1646】2.2.49.(14)

一、保到军职应袭儿男弟侄,但有姻族,并无干人,奏告奸生、乞养、伦序不明等情,已经勘明缴报兵部,原告又行捏词奏告者,问罪,属军卫者调边卫差操,属有司者发边外为民,应袭者即以入选,原词立案不行。

【1670】2.2.49.(14)(略)

【1725】○删除

臣等谨按:保到应袭世职,若有姻族、无干人奏告奸生、乞养、伦序不明等情,勘问果虚,依诬告正律治罪。至官员袭职之事,原属吏部,并不缴报兵部,且今军籍无调卫差操之例。此条拟删。

【1646】2.2.49.(15)

一、官军军丁,有将户内弟侄子孙过房与人,或被官豪势要和买,改易姓名者,不分年岁远近,许其取赎归宗听继。若占吝不发者,所在官司追究治罪。其诱买各边军丁者,问发极边卫分充军。

【1670】2.2.49.(15)(略)

【1725】○删除

原拟:过房与人及被和卖断还之处,各有正律。再现行例诱卖者,被诱之人不知情,犯人拟绞,和同者俱拟流、徒,并不充军。此条拟删。

【1646】2.2.49.(16)

一、军职犯该人命、失机、强盗,真犯死罪及饶死充军,不分已决遣、监故,并强盗脱逃自缢,子孙俱不准承袭。

【1670】2.2.49.(16)(略)

【1725】2.2.47.(5)

【原例】(略)

【1740】○修改

臣等谨按:例内人命、失机、强盗已分三项,末二句单指强盗脱逃自缢。其人命、失机未必无脱逃之犯,例内未能包举。查《笺释》,此系前代旧例,偶因遇有强盗脱逃一事,遂著为令,附此例后。应将"强盗"二字删去,则上下文义相贯,以上三项悉皆包举在内矣。再子孙不准承袭,则弟侄尚应承袭。前一条"子孙"上有"本犯"二字,此条亦应增。谨将增删例文,开列于后。

一、世职有犯人命、失机、强盗,实犯死罪及免死充军,不分已决、已遣、监故,并脱逃、自尽,本犯子孙俱不准承袭。

【1740】2.2.47.(3)(略)

【1646】2.2.49.(17)

一、军职犯该侵盗钱粮,问拟永远军罪,例应次房子孙承袭者,除正犯见在及有子孙,务要追赃完日,方许保送得袭之人承袭。若正犯故绝,遗有该追钱粮,准令得袭之人先行承袭,扣俸还官。若赃银至数百两、米数百石以上,扣至十年犹不能完者,余赃应否开豁,抚、按官勘明,奏请定夺。

【1670】2.2.49.(17)(略)

【1725】○删除

原拟:今世职官员犯赃应追者,无追赃完日方准次房子孙承袭及承袭之人扣俸还官之例,其追赃亦无扣至十年,将余赃奏请开豁之事。此条拟删。

【1646】2.2.49.(18)

一、各处保送卫所袭替军职,务要严加查核。但系管运,曾经漕司参提,应追还官入官赃银,或挂欠京通仓库各项钱粮,或犯该充军降级,曾经完结,果无违碍,方许保送。如有朦胧保送者,掌印官及首先出结之人问罪,带俸差操。有赃,以枉法从重论。承袭之人,照旧监追。完日,降一级承袭。其有不系充军降级,勘产尽绝,不能办纳者,许其先行袭替,扣俸还官。

【1670】2.2.49.(18)(略)

【1725】○删除

原拟:今无军卫袭职管军之人,亦无监追赃银完日降级承袭及扣俸还官等事,此条拟删。

【1646】2.2.49.(19)

一、军职将乞养异姓与抱养族属疏远之人,用财买嘱冒袭,及受财将官职卖与同姓或异姓人冒袭,已经到部袭过者,其冒袭之人并保勘之官罢职,揭黄永不得袭。其保勘官,将受财首先出与保结者为坐。卫所并都司掌印、佥书官连名保结者,俱依律减等科断。有赃者,并以枉法论。若朦胧保送违碍子孙弟侄者,俱照常发落。其异姓冒袭之人,比照乞养子冒袭律,发边卫充军。

【1670】2.2.49.(19)(略)

【1725】○修改

原拟:今保袭世职者,不独卫所都司掌印、佥书,谨拟删改,开载于后。

【原改条例】一、凡世职将乞养异姓与抱养族属疏远之人,用财买嘱冒袭,及受财将官职卖与同姓或异姓人冒袭,已经到部袭过者,冒袭之人并保勘之官罢职,其世职永不得袭。保勘官,以受财首先出与保结者坐罪。连名保结者,俱依律减等科断。有赃者,并以枉法论。若朦胧保送违碍子孙弟侄者,俱照常发落。其异姓冒袭之人,比照乞养子冒袭律，发边远充军。

【1725】2.2.47.（6）

【原例】（略）

【1740】2.2.47.（8）

一、凡世职将乞养异姓与抱养族属疏远之人，用财买嘱冒袭，及受财将官职卖与同姓或异姓人冒袭，已经到部袭过者，冒袭之人并保勘之官罢职，其世职永不得袭。保勘官，以受财首先出与保结者为罪。连名保结者，俱依律减等科断。有赃者，并以枉法论。若朦胧保送违碍子孙弟侄者，俱照常发落。其异姓买袭之人，比照乞养子冒袭律，发边远充军。

【1814】○修改

臣等谨按：嘉庆十九年（1814）十一月内，臣部汇奏官员诈冒袭荫，应将诈冒承袭之人与朦混继立之世职一例同科。折内声称：查袭荫之典，所以酬庸世职。无子者，准其依次立继，不得搀越，岂容以疏族异姓贿嘱朦混。如有犯者，自应加以惩儆。原律例于异姓买袭者拟军，而于同姓冒袭及乞养卖袭世职之人，均未议及罪名，仅称罢职不袭，似未足以示儆。至同姓族属，原准依次承袭。如有抱养诈冒与用财买袭，及受财冒袭者，既系通同舞弊，即应与异姓冒袭一体问拟。议请嗣后凡世职将乞养异姓与抱养族属疏远之人诈冒承袭，或用财买嘱冒袭，及受财卖与冒袭者，将朦混继立之世职与以子与世袭为嗣之人，并其知情之义子，俱照乞养子冒袭律发边远充军等因奏准，通行在案，应于例内修改明晰。再查"官员袭荫"门内律载"文武官员，不依次序，搀越袭荫者，杖一百、徒三年"等语，此条原例内称"朦胧保送违碍子孙弟侄者，照常发落"，尚觉含混，应请将"照常"二字改为"照律"字样，以资引用，合并声明。

一、凡世职将乞养异姓与抱养族属疏远之人，诈冒承袭，或用财买嘱冒袭，及受财卖与冒袭，已经到官袭过者，将朦混继立之世职，与以子与世职为嗣之人，并其知情之义子，俱照乞养子冒袭律发边远充军，保勘之官罢职，其世职永不得袭。保勘官，以首先出与保结者为坐；连名保结者，俱依律减等科断。有赃者，并以枉法论。若朦胧保送违碍子孙弟侄者，俱照律发落。

【1825】2.2.47.（15）（略）

【1646】2.2.49.（20）

一、各处土官袭替，其通事人等，及各处逃流军囚客人等，有拨置土官亲族不该承袭之人，争袭劫夺仇杀者，俱问发极边烟瘴地面充军。

【1670】2.2.49.（20）（略）

【1725】2.2.47.（8）

【原例】（略）

【1740】○修改

臣等谨按：此系前代旧例。"逃流军囚客人"等字句繁冗，反不赅括，应改。谨将改辑例文,开列于后。

一、各处土官袭替,其通事及诸凡色目人等,有拨置土官亲族不该承袭之人,争袭劫夺仇杀者,俱发极边烟瘴地面充军。

【1740】2.2.47.(10)(略)

【1825】2.2.47.(9)(略)

【1646】2.2.49.(21)

一、应袭舍人,若父见在诈称死亡,冒袭官职者,事发问罪,调边卫充军。候父故之日,许令以次儿男承袭。如无以次儿男,令次房子孙承袭。

【1670】2.2.49.(21)(略)

【1725】○修改

原拟:今无舍人名色,且军籍照民人问发,拟改"应袭舍人"为"应袭之人","调边卫充军"为"发边卫充军"。

一、应袭之人,若父见在,诈称死亡,冒袭官职者,问罪,发边卫充军。候父故之日,许令以次儿男承袭。如无以次儿男,令次房子孙承袭。

【1725】2.2.47.(7)

【原例】(略)

【1740】2.2.47.(9)

一、应袭之人,若父见在,诈称死亡,冒袭官职者,发边卫充军。候父故之日,许令以次儿男承袭。如无以次儿男,令次房子孙承袭。

【1825】2.2.47.(8)(略)

【1646】2.2.49.(22)

一、校尉事故,必须册籍有名亲生儿男弟侄替补。若官旗将别姓朦胧诈冒替补者,问罪,官旗调外卫带俸食粮差操,冒替之人亦调卫充军。

【1670】2.2.49.(22)(略)

【1725】○修改

原拟:今无总旗、小旗名色,及军籍差操之例。又銮仪卫定例内,校尉缺出,于见在校尉亲生儿男弟侄内,挑选堪用者顶补。若校尉缺多,校尉子弟不足,移文五城保送身家殷实人等选补。又养象校尉,皆随象来之人,缺出,仍将伊儿男顶补等语。应将此例删并,开载于后。

【原改条例】一、銮仪卫校尉缺出,于见役校尉亲生儿男弟侄内,选择堪用者替补。如校尉子弟不足,移文五城,将身家殷实民人保送选补。其养象校尉缺出,即以所生儿男替补。有朦胧冒替者,俱问罪。以违制论。

【1725】2.2.47.(9)

【原例】(略)

【1740】2.2.47.(15)

一、銮仪卫校尉缺出,于见役校尉亲生儿男弟侄内,选择堪用者替补。如校尉子弟不足,移文五城,将身家殷实民人保送选补。其养象校尉缺出,即以所生儿男替补。有朦胧冒替者,俱以违制论。

【1825】2.2.47.(14)(略)

【1725】○增入

原拟:吏、户二部现行例五条,应增入。

【原增现行例】一、凡袭职之员未及年岁者,支给半俸。

【1725】2.2.47.(10)

【增例】(略)

【1740】○修并

修并按语并修并后例文,见【1725】2.2.47.(4)条【1740】修并项下。

【1725】○增入

原拟:吏、户二部现行例五条,应增入。

【原增现行例】一、凡袭职官员获罪革职者,其世职与亲兄弟承袭,如无亲兄弟,将世职注销。虽原立职之人有别派子孙,亦不准袭。

【1725】2.2.47.(11)

【增例】(略)

【1740】○删除

臣等谨按:此条例内获罪革职人员,将世职注销,虽原立职之人有别派子孙,亦不准承袭。但查雍正三年(1725)曾奉上谕:"世职官员因罪革退,竟至革除者,许将被罪缘由及原立官之子孙奏请定夺。"现今遵奉在案,则非别派子孙概不准承袭矣。此条应删。

【1725】○增入

原拟:吏、户二部现行例五条,应增入。

【原增现行例】一、凡袭次各官物故后,无承袭子嗣、兄弟注销者,以其妻有生之年,给与原官半俸。

【原增现行例】一、凡袭次各官物故后,无应袭子嗣、兄弟,将职注销。如妻殉故者,或食半俸亡故者,或改嫁人者,原立职之官亲生母身在,仍以有生之年给与半俸。若原立职之官母故,而袭职之官母在者,亦给与半俸。其继母应不准给等因具题。奉旨:"依议。在袭职者,虽系继母,原系原为官者之妻,着与生母一体给与。"

【1725】○修并

原拟:以上二条俱系无人承袭世职、官册注销、妻母食半俸之例,应删并作一条,开载于后。

【原改现行例】一、凡世袭官员物故,无应袭之人,官册注销者,其妻给半俸终身。无妻者,查原立职之官,有亲生母,亦给半俸。如原立职之官无母,而袭职之官,或生母或继母在者,亦给半俸终身。

【1725】2.2.47.(12)

【增例】(略)

【1740】○修改

修改按语,见【1725】2.2.47.(3)条【1740】修改项下。

一、凡世职官物故,无应袭之人,官册注销者,如无父母,其妻亦给半俸终身。无妻者,查原立职之官,有亲生母,亦给半俸。

【1740】2.2.47.(5)(略)

【1725】○增入

原拟:律内并无土官袭职之例。查兵部现行例内,有土官袭职二条,应作为条例增入。

【原增现行例】一、凡土官袭职,由司、府、州、邻具印甘各结,并土司亲供宗图及原领号纸,详送督抚具题袭替。若应袭人未满十五岁者,许令本族土舍护理印务,俟岁满日具题承袭。如有事故迟误,年久方告袭者,宗图、号纸有据,亦准袭替。

【1725】2.2.47.(13)

【增例】(略)

【1725】2.2.47.(11)

一、凡土官袭职,由司、府、州、邻具印甘各结,并土司亲供宗图及原领号纸,详送督抚具题袭替。若应袭之人未满十五岁者,许令本族土舍护理印务,俟岁满日具题承袭。如有事故迟误,年久方告袭者,宗图、号纸有据,亦准袭替。

【1740】2.2.47.(11)(略)

【1825】2.2.47.(10)(略)

【1725】○增入

原拟:律内并无土官袭职之例。查兵部现行例内,有土官袭职二条,应作为条例增入。

【原增现行例】一、凡土官故绝无子,许弟承袭。如无子弟,而其妻或婿为其下信服者,许令一人袭替。

【1725】2.2.47.(14)

【增例】(略)

【1740】2.2.47.(12)(略)

【1825】2.2.47.(11)(略)

*【1725】○增入①

原拟:兵部现行例内,有民人世职注卫之条,应作为条例增入。

【原增现行例】一、凡民人世职俱注卫,无卫者注所,本省无卫所者,注邻省卫所。若有情愿改注于祖、父坟墓所在卫所者,亦准改注。

【1725】○增入

臣等谨按:康熙五十四年(1715)十一月内,兵部议复土舍嫡妻护印,事理类于此律,谨拟节录于后。

【续增现行例】一、凡土舍嫡妻护印,止令地方官查明,出具合例印结,咨部准其护印。

臣等谨按:此条类于官员袭荫律,应增入条例后。

【1725】2.2.47.(15)

【增例】(略)

【1740】2.2.47.(13)(略)

【1825】2.2.47.(12)(略)

【1725】2.2.47.(16)

【钦定例】一、凡土官病故,该督抚于题报之时,即查明应袭之人,取具宗图册结、邻封甘结并原领号纸,限六个月内具题承袭。至土官病故,未经具题之先,亦即令应袭之人,照署事官例用印管事。地方官如有勒措沉搁留难者,将该管上司均照违限例议处。其支庶子弟中有驯谨能办事者,俱许本土官详报督抚具题请旨,酌量给与职衔,令其分管地方事务。其所授职衔,视本土官降二等。文职,如本土官系知府,则所分者给与通判衔;系通判,则所分者给与县丞衔。武职,如本土官系指挥使,则所分者给与指挥佥事衔;系指挥佥事,则所分者给与正千户衔。照土官承袭之例,一体颁给敕印、号纸。其所管地方,视本土官多不过三分之一,少则五分之一。此后再有子孙可分者,亦再许其详报督抚具题请旨,照例分管地方,再降一等给予职衔、印信、号纸。

【1740】○修改

臣等谨按:例内"至土官病故",字句繁冗,应删。再照违限例议处,文类《吏部处分则例》,应改。谨将删改例文,开列于后。

一、凡土官病故,该督抚于题报之时,即查明应袭之人,取具宗图册结、邻封甘结,并原领号纸,限六个月内具题承袭。其未经具题之先,亦即令应袭之人,照署事官例用印管事。地方官如有勒措、沉搁、留难者,将该管上司均交部议处。其支庶子

---

① 本条见于《大清律例按语》第2卷"吏律·职制·官员袭荫"(雍正三年)条下,雍正三年(1725)《大清律集解附例》、乾隆五年(1740)《大清律例》不载。

弟中有驯谨能办事者,俱许本土官详报督抚具题请旨,酌量给与职衔,令其分管地方事务。其所授职衔,视本土官降二等。文职,如本土官系知府,则所分者给与通判衔;系通判,则所分者给与县丞衔。武职,如本土官系指挥使,则所分者给与指挥佥事衔;系指挥佥事,则所分者给与正千户衔。照土官承袭之例,一体颁给敕印、号纸。其所管地方,视本土官多不过三分之一、少则五分之一。此后再有子孙可分者,亦再许其详报督抚具题请旨,照例分管地方,再降一等给与职衔、印信、号纸。

【1740】2.2.47.(14)(略)

【1825】2.2.47.(13)(略)

【1725】○增入

臣等谨按:雍正元年(1723)十二月内,兵部题移封,事理类于此律,谨拟节录于后。

【续增现行例】一、凡例应请封一代,有情愿将本身及妻应得封典移封与祖、父母者,准其移封。

【1725】2.2.47.(17)

【钦定例】一、文武官员,例应请封一代。有愿以本身及妻诰封,移封祖、父母者,皆准移封。

【1740】○删除

【原例】【1725】2.2.47.(17)(略)、【1725】2.2.47.(18)(略)

臣等谨按:以上二条俱系封典。查封赠条目,载在《会典》,于律例无涉,且不全备。应删。

【1725】2.2.47.(18)

【钦定例】一、八、九品官,止封本身。有愿移封父母者,准其父母并封。教授照知县例封文林郎,并封一代。学正、教谕,照县丞例封修职郎;训导照主簿例封登仕郎,俱封本身。有愿移封者,亦准其父母并封。其八、九品官之母,封为八品孺人、九品孺人。凡有三母者,继母、生母与嫡母,准一并封赠。

谨案:此条系雍正五年(1727)定例。

【1740】○删除

删除按语,见【1725】2.2.47.(17)条【1740】删除项下。

【1740】○续纂

一、凡世袭官员,如有因罪革退,例不准本犯子孙承袭者,其世职与亲兄弟承袭;若无亲兄弟,即袭与兄弟之子孙。若无亲兄弟及兄弟之子孙,竟至除革者,无论官之大小,俱将原立勋绩之处与被罪缘由,及原立官之子孙,一并查明,请旨定夺。

此系雍正二年(1724)钦奉上谕,恭纂成例,以便遵行。

【1740】2.2.47.(6)(略)

大臣专擅选官

律 文

【1646】2.2.50

凡除授官员,兼文武应选者。须从朝廷选用。若大臣专擅选用者,斩。监候。○若大臣亲戚,非科贡应选等项,系不应选者。非奉特旨,不许除授官职。违者,罪亦如之。受选除者,俱免坐。○其见任在朝官员,面谕差遣及外职改除,不问远近,托故不行者,并杖一百,罢职不叙。

【1670】2.2.50(略)

【1725】2.2.48

凡除授官员,兼文武应选者。须从朝廷选用。若大臣专擅选用者,斩。监候。○若大臣亲戚,非科贡应选等项,系不应选者。非奉特旨,不许除授官职。违者,罪亦如之。受选除者,俱免坐。○其见任在朝官员,面谕差遣及改除,外职。不问远近,托故不行者,并杖一百,罢职不叙。

注:此防擅权而重选用也。首节言大臣专擅选用之罪。二节言大臣私自铨除亲戚之罪。以其窃柄行私,故均坐重辟。末节言官员差遣、改除,托故不行之罪。以其心有规避,故满杖、罢职。

臣等谨按:此防擅权而重选用也。首节言大臣专擅选用之罪,见人臣不可侵予夺之权。二节言大臣私自铨除亲戚之罪,见人臣不可窃柄行私。末节言官员差遣、改除逗遛不行之罪,以怠缓特甚,故满杖、罢职,严其处分。

【1740】2.2.48(略)

附律条例

【1646】2.2.50.(1)

一、内外管属衙门官吏,有系父子兄弟叔侄者,皆须从卑回避。

【1670】2.2.50.(1)(略)

【1725】2.2.48.(1)

【原例】一、内外管属衙门官吏,有系父子兄弟叔侄者,皆须从官卑者回避。

谨案:此条系原例。乾隆五年(1740),以官员回避应载《铨选则例》,与律例无涉,删。

【1740】○删除

臣等谨按:官员回避,应载吏部《铨选则例》,与律例无涉,此条应删。

【1725】○移入

原拟:“选用军职”例条一条,应移入。

【原例】*吏律·职制·选用军职

【1646】2.2.53.(5)一、跟随出征将官头目,不分有无职役人等,若非奏带,不许报功。果系奏带获功,该升职役,只合注于本管衙门,不许希求注于銮仪卫。违者,该升职役俱

革罢。扶同勘报者,参究治罪。若文武职官人等,不由铨选推举,竟自朦胧奏请,希求进用,夤缘奔竞,乞恩传奉等项,阻坏选法者,俱问罪。武职降级调卫,旗军、舍余发边卫,俱带俸食粮差操;文职,黜退为民。

【原移入条例】一、文武职官人等,不由铨选推举,径自朦胧奏请,希求进用,夤缘奔竞,阻坏选法者,俱问罪,黜革为民。

【1725】2.2.48.(2)

【原例】(略)

【1740】2.2.48.(1)(略)

【1810】○修改

臣等谨按:此条系前明旧例。例内止称"俱问罪,黜革为民",其应问何罪,并无明文。查律例《笺释》注云:"朦胧奏请,希求进用,依假以上书希求进用律杖一百。夤缘奔竞,有财依行求,无财依违制"等语,应于例内添纂明晰,以资引用。再查文武官犯私罪,杖一百,革职。今例内既经添纂罪名,其"黜革为民"四字,应行节删。谨将修改例文,开列于后。

一、文武职官人等,不由铨选推举,径自朦胧奏请,希求进用者,依假以上书希求进用律,杖一百。如夤缘奔竞,阻坏选法者,有财,依以财行求,计赃治罪;无财,依违制律,杖一百。

【1825】2.2.48.(1)(略)

文官不许封公侯

律　文

【1646】2.2.51

凡文官,非有大功勋于国家,而所司朦胧奏请,辄封公、侯爵者,当该官吏及受封之人皆斩。监候。其生前出将入相,能除大患,尽忠报国者,同开国功勋一体封侯谥公,不用此律。生受爵禄曰封,死赐褒赠曰谥。

【1670】2.2.51(略)

【1725】2.2.49

律文(略)

注:此严封爵之滥也。公、侯封爵,所以酬报武功。若文官,则不得滥封。其有出将入相,能除大患者,功与开国勋臣同,故得一体封谥。

臣等谨按:此言封爵不可滥予也。公、侯为人臣极品,朦胧奏请,则为欺罔行私;受封之人,则为无功冒赏,故不分首从,皆坐斩。

【1740】2.2.49(略)

滥设官吏

律 文

【1646】2.2.52

凡内外各衙门，官有额定员数，而多添设者，当该官吏，指典选者。一人，杖一百；每三人，加一等，罪止杖一百、徒三年。已经题请，但非奉旨添注，故坐徒。若受赃，计赃以枉法从重论。○若吏典、知印、承差、祗候、禁子、弓兵人等，额外滥充者，杖一百，迁徙。比流减半，准徒二年。容留一人，正官笞二十，首领笞三十，吏笞四十；每三人，各加一等，并罪止杖一百；罪坐所由。容留之人不坐。○其罢闲官吏，在外干预官事，结揽写发文案，把持官府，蠹政害民者，并杖八十。于犯人名下追银二十两，付告人充赏。有所规避者，从重论。○若官府税粮由帖、户口籍册雇募攒写者，勿论。

【1670】2.2.52(略)

【1725】2.2.50

律文(略)

注：此禁冗滥以绝弊源，严侵揽以除民害也。设官分职，内外皆有定额。额外添设，是为冗员。若吏典、承差人等，役多则弊生，故视事之繁简，设为一定之数。额外滥充，是为冗役。添设官员，罪至满徒，滥充吏役，止准徒二年，以吏役轻于官也。罪坐所由，如容留由前官，代官不知，则坐前官；由正官，则坐正官；由首领，则坐首领；由吏典，则坐吏典。罪各有所归，余皆不坐。其官吏罢闲之后，在外干预各衙门官事，交结承揽写发文案，俱属射利营私，甚而把持官府，使不得自由，而反听其主使，是政之蠹而民之害。故无论官、吏，并杖。告发者，追银充赏。于文案中有所规避者，从规避论；轻于本罪，则仍从本罪论。至若夏税秋粮由帖，及人户丁口籍册，当该官吏暂时雇募攒写，及罢闲官吏暂时承人雇募攒写者，原无容留结揽情弊，故不坐罪。

臣等谨按：此禁冗滥以绝弊源，严侵揽以除民害也。首节言添设官员之罪，次节言滥充吏役之罪，三节言罢闲官吏干预把持之罪，末节即指罢闲官吏暂承雇募攒写者言也。国家设官，内外皆有定额。额外添设，是为冗员。若吏典、承差人等，役多则弊生，故视事之繁简，设为一定之数。额外滥充，是为冗役。添设官员，罪止满徒，滥充吏役，仅止满杖者，以吏役轻于官也。罪坐所由，如容留由前官，代官不知，则坐前官；由正官，则坐正官；由首领，则坐首领；由吏典，则坐吏典。各有所归，余皆不坐。其官吏罢闲之后，在外干预各衙门官事，交结承揽写发文案，俱属射利营私，甚而把持官府，使不得自由，而反听其主使，是政之蠹而民之害。故无论官、吏，并杖。告发者，追银充赏。于文案中有所规避者，从规避论；轻于本罪，则仍从本罪论。至若夏税秋粮由贴，及人户丁口册籍，当该官吏暂时雇募攒写，及罢闲官吏暂时承人雇募攒写者，原无容留结揽情弊，故不坐罪。

【1740】○修改

臣等谨按：律文“徒三年”下，注内有“已经题请，但非奉旨添注，故坐徒”十三字。查律义只因额外添设而坐以杖、徒,并无已经题请、未经题请之义。且指杖、徒为已经题请,而未奉旨之罪,则未经题请者,应定何罪,反似律文有遗漏矣。《笺释》内亦止有"请旨添注者,不在此限",并无已题请、未题请两层。此注与律义不符,应删。谨将删注律文,开列于后。

凡内外各衙门,官有额定员数,而多添设者,当该官吏,指典选者。一人,杖一百;每三人,加一等,罪止杖一百、徒三年。若受赃,计赃以枉法从重论。○若吏典、知印及承差、祗候、禁子、弓兵人等,额外滥充者,杖一百,迁徙。比流减半,准徒二年。容留一人,正官笞二十,首领笞三十,吏笞四十;每三人,各加一等,并罪止杖一百;罪坐所由。容留之人不坐。○其罢闲官吏,在外干预官事,结揽写发文案,把持官府,蠹政害民者,并杖八十。于犯人名下追银二十两,付告人充赏。有所规避者,从重论。○若官府税粮由帖、户口籍册雇募攒写者,勿论。

【1740】2.2.50(略)

附律条例

【1646】2.2.52.(1)

一、府、州、县额设祗候、禁子、弓兵,于该纳税粮三石之下二石之上户内差点。除税粮外,与免杂泛差役。毋得将粮多上户差占。

【1670】2.2.52.(1)(略)

【1725】2.2.50.(1)

【原例】(略)

【1740】○删除

臣等谨按:此条系前代旧例。现今府、州、县无祗候名目,其禁子、弓兵均系照例召募投充,并无按照税粮差点之例,亦无优免杂泛差役之处,此条应删。

【1646】2.2.52.(2)

一、京官假托雇役名色,受财卖放办事吏典者,官以赃论,吏发原籍为民。若吏典恃顽,私自在逃一年以上者,亦问发为民。

【1670】2.2.52.(2)(略)

【1725】○删除

原拟:官员受财事发者,枉法、不枉法赃,各有本律。且吏典逃者,即行革役,并无在逃一年之上者问发之例。此条拟删。

【1646】2.2.52.(3)

一、内外大小衙门,拨到吏典,照缺收参。若旧例索要顶头钱者,事发问罪,不分得财多寡,俱照行止有亏事例,革役为民。

【1670】2.2.52.(3)(略)

【1725】○修改

原拟：今吏典俱由各衙门考取，应将“拨到”“收参”字改为“考取”“补用”。

一、内外大小衙门，考取吏典，照缺补用。若旧吏索要顶头钱者，事发问罪，不分得财多寡，俱照行止有亏事例，革役为民。

【1725】2.2.50.(2)

【原例】(略)

【1740】○修改

臣等谨按：此条系前代旧例。事发问罪，未经指出定何罪名，查《笺释》“准不枉法计赃论”，应改增。再行止有亏，分见各例，从无指实。且既经得财问罪，自应革役，无庸援照事例，亦应改。谨将增改例文，开列于后。

一、内外大小衙门，考取吏典，照缺补用。若旧吏索顶头钱者，事发计赃准不枉法论，革役为民。

【1740】2.2.50.(1)(略)

【1646】2.2.52.(4)

一、在京大小衙门当该吏典，有患病一月者，勘实，就将该支俸粮截日住支，名缺行移吏部拨补。待病痊日，仍送原役衙门收候参补。若有奸懒托故以图改拨者，问发原籍为民。

【1670】2.2.52.(4)(略)

【1725】○删除

原拟：今吏典不支俸粮，且无因病革退、病痊仍候参补之例，此条拟删。

【1646】2.2.52.(5)

一、吏典撒泼抗拒，诬告本管官员，及犯该诓骗诈欺、恐吓取财，未得入己，并偷盗自首者，俱发原籍为民。

【1670】2.2.52.(5)(略)

【1725】2.2.50.(3)

【原例】一、吏典撒泼抗拒，诬告本管官员，及犯诓骗诈欺、恐吓取财，未得入己，并偷盗自首者，俱照律问拟，发原籍为民。

【1740】2.2.50.(2)(略)

【1852】○删除

此条咸丰二年(1852)删除。

【1646】2.2.52.(6)

一、各处司、府、州、县、卫所等衙门，主文、书算、快手、皂隶、总甲、门禁、库子人等,久恋衙门,说事过钱,把持官府,飞诡税粮,起灭词讼,陷害良善,及卖放强盗,诬执平民为从,事发,有显迹情重者,旗军问发边卫,民并军丁发附近,俱充军;情轻者,问罪枷号一月。纵容官员,作罢软黜退。失觉察者,照常发落。若各乡里书飞诡税粮二百石以上者,亦问边卫充军。

【1670】2.2.52.(6)(略)

【1725】○修改

原拟:今军民问罪,俱一体拟断,应将"旗军问罚边卫"二句,改为"军民俱问发附近充军"。

【1725】2.2.50.(4)

【原例】一、各处司、府、州、县、卫所等衙门,主文、书算、快手、皂隶、总甲、门禁、库子人等,久恋衙门,说事过钱,把持官府,飞诡税粮,起灭词讼,陷害良善,及卖放强盗,诬执平民为从,事发,有显迹情重者,军民俱问发附近充军;情轻者,问罪枷号一月。纵容官员,作罢软黜退。失觉察者,照常发落。若各乡里书飞诡税粮二百石以上者,问边卫充军。

【1740】○移改

臣等谨按:例内所指各款,分见各律。久恋衙门,见役满不退例;说事过钱,把持官府,见官吏受财律;飞诡税粮,见欺隐田粮律;起灭词讼,陷害良善,见教唆词讼律;卖放强盗,诬执平民,见诬告律。此条重复,应删。至"飞诡税粮二百石以上,问边远充军"等语,事关隐匿税粮,应移入"户律",此处亦应删。

*户律·田宅·欺隐田粮

【1740】3.5.90.(4)一、各乡里书,飞洒、诡寄税粮二百石以上者,问边卫充军。

【1725】○增入

原拟:现行例内一条,类于此律,应增入。

【现行例】一、坐粮厅所属八行运役及仓役名缺,责令通州知州佥选诚实良民应役。如保送旗人,及民一人而充两三役者,经仓场侍郎、巡仓御史查出题参,将该州知州降一级留任。其霸充及保送之人,系旗下枷号一个月、鞭一百,系民责四十板、徒二年。

臣等谨按:此条内既云旗人枷号一个月、民人徒二年,应将鞭一百、责四十板句,照律改为杖八十。其降级留任之处,改为交部议处。谨拟删改,开载于后。

【续改现行例】一、坐粮厅所属八行运役及仓役名缺,责令通州知州佥选诚实良民应役。如保送旗人,及民人以一身而充两三役者,仓场侍郎、巡仓御史察出题参,知州交部议处。其霸役及保结之人杖八十、徒二年。

【1725】2.2.50.(5)

【增例】一、坐粮厅所属八行运役及仓役名缺,责令通州知州佥选诚实良民应役。如保送旗人,及民人以一身而充两三役者,仓场侍郎、巡仓御史察出题参,知州交部议处,该役及保结之人杖八十、徒二年。

【1740】2.2.50.(3)(略)

【1870】2.2.50.(2)(略)

【1743】○续纂

此条系乾隆五年(1740)二月,吏部议准江西巡抚岳浚条奏定例。

一、各直省大小衙门经制书吏,即在现充书识内,择勤慎办事之人,核实取结承充。倘有悬挂空名,并不亲身著役,将本人照吏典人等额外滥充律治罪,该本管官照例议处。

【1768】2.2.50.(4)(略)

【1870】2.2.50.(3)(略)

选用军职

律　文

【1646】2.2.53

凡守护守地方。御防御寇盗。去处,千户、百户、镇抚有阙,本衙门一具阙本实封御前开拆,一行都指挥使司转达兵部奏闻,取自上裁然后兵部选用。若先行委人权管,希望实授者,当该官吏各杖一百,罢职役,附近充军。承委之人不坐。若选用总旗,须于戳过铁枪人内曾经战阵,有冲锋冒刃之验。委用。违者以违制论。受赃,以枉法论。其小旗从便选充,不拘此律。若承差之人希望实授者,照贪缘奔竞事例,降调带俸差操。

【1670】2.2.53(略)

【1725】○删除

原拟:此律系明时选用世职军官之法。今卫所守备、千总等官,俱由部选,与选用军职绝不相符,此律拟删。

附律条例

【1646】2.2.53.(1)

一、兵部将所属官员通行考选,每卫,不限指挥使、同知、佥事共三员,卫镇抚一员。如无镇抚,选相应千户署管。每所,不拘正、副千户一员,百户十员,专管军政。俱限年二十五岁以上、五十岁以下。有六十岁以上,精力未衰者,验实存留。见任不敷,许选别卫。先尽见任,次带俸。后遇在外五年之期,在京亦复举行。江南卫所照例。其终身带俸官,除犯贪淫,五年之后能改过自新者,巡抚、巡按官保用。

【1670】2.2.53.(1)(略)

【1725】○删除

原拟:今考选军政,俱有定例,无卫所官员管军政之事,亦无指挥使、镇抚、千户等官名色,并卫所官员五年外能改过自新者准保用之例。此条拟删。

【1646】2.2.53.(2)

一、军政急缺,在外从巡抚、巡按定委奏保,在京从各卫军政首领保举;系亲军者,在京兵部复勘定夺,不拘五年。后犯贪淫等罪,连坐举主。

【1670】2.2.53.(2)(略)

【1725】○删除

原拟:今巡按已经停差,京卫亦已革去。除边缺武职,许督、抚等官照例保举外,其余在京、在外武职,俱由兵部选授,无通行保举之例,此条拟删。

【1646】2.2.53.(3)

一、江南各卫所军政员缺,不许以千户署卫事、百户署所事。漕运有缺,亦行江南该衙门照军政事例选补,不许坐名行取掌印、佐贰官员代替。

【1670】2.2.53.(3)(略)

【1725】○删除

原拟:今卫所官员无千户、百户,其领运俱用卫所守备等官,有缺即由部选,无在外该衙门坐名选补之例。此条拟删。

【1646】2.2.53.(4)

一、文武官员、军民人等,有谙晓兵法,谋勇过人,弓马熟娴者,并许保举。试中者,无官授以冠带,有官仍旧职,拨团营操练听调。边方举者,就各边操备。具有才兼文武,堪为大将,而耻于自进者,各举所知。

【1670】2.2.53.(4)(略)

【1725】○删除

原拟:今武职选授,俱由科目及效用等项。若奉旨保举者,俱存案候用。并无将文武官员、军民人等一概保举,无官授冠带、有官拨操练之例。此条拟删。

【1646】2.2.53.(5)

一、跟随出征将官头目,不分有无职役人等,若非奏带,不许报功。果系奏带获功,该升职役,只合注于本管衙门,不许希求注于銮仪卫。违者,该升职役俱革罢。扶同勘报者,参究治罪。若文武职官人等,不由铨选推举,竟自朦胧奏请,希求进用,夤缘奔竞,乞恩传奉等项,阻坏选法者,俱问罪。武职降级调卫,旗军、舍余发边卫,俱带俸食粮差操;文职,黜退为民。

【1670】2.2.53.(5)(略)

【1725】○移改[①]

原拟：今叙功之人，并无注銮仪卫之例，亦无带俸差操之例。前节拟删。其后节“文武职官人等，不由铨选推举，径自朦胧奏请”等语，类于“大臣专擅选官”律，已经移入前条。

＊吏律·职制·大臣专擅选官

【1725】2.2.48.(2)一、文武职官人等，不由铨选推举，径自朦胧奏请，希求进用，夤缘奔竞，阻坏选法者，俱问罪，黜革为民。

【1646】2.2.53.(6)

一、军职五年一次考选。见任管军管事，若营求嘱托者，就指名黜退，永令带俸差操。其刁泼之徒，不得与选。辄生事端，教唆陷害已选官员者问罪，不分官、军，俱调边卫带俸食粮差操。

【1670】2.2.53.(6)(略)

【1725】○删除

原拟：今官员有犯营求嘱托、教唆陷害者，俱按所犯情罪轻重，依律例问拟，并无武职俱带俸食粮差操之例。此条拟删。

信　牌

律　文

【1646】2.2.54

凡府、州、县，置立信牌，（拘提人犯、催督公事，）量地远近，定立程限，随事销缴。违者，（指差人避违牌限。）一日笞一十，每一日加一等，罪止笞四十。○若府、州、县官遇有催办事务，不行依律发遣信牌，辄（亲）下所属（坐）守（催）并者，杖一百。（所属指乡村言。）其点视桥梁圩岸、驿传递铺、踏勘灾伤、检尸、捕贼、抄札之类，不在此限。

【1725】2.2.51

凡府、州、县，置立信牌，（拘提人犯、催督公事，）量地远近，定立程限，随事销缴。违者，（指差人违牌限。）一日笞一十，每一日加一等，罪止笞四十。○若府、州、县官遇有催办事务，不行依律发遣信牌，辄（亲）下所属（坐）守（催）并者，杖一百。（所属指州县、乡村言。）其点视桥梁圩岸、驿传递铺、踏勘灾伤、检尸、捕贼、抄札之类，不在此限。

注：此言置立信牌，以惩怠玩而杜扰害也。前节言差役违限销牌之罪，以玩法误公，故计日加笞。后节言府、州、县官不依律发牌，借公亲下所属之罪，以妨务扰民更甚差役，故坐满杖。其点视桥梁等项，不在此限。

---

① 见于《大清律例按语》第2卷“吏律·职制·选用军职”（雍正三年）条下，本条归入“删除”，实为移改。

臣等谨按:此言置立信牌,以惩怠玩而杜扰害也。前节言差役违限销牌之罪,以玩法误公,故置日加笞。后节言府、州、县官不依律发牌,借公亲下所属之罪,以妨务扰民更甚差役,故坐满杖。其点视桥梁等项亲往,不在此限。

【1740】2.2.51(略)

附律条例

【1725】○增入

原拟:现行例内一条,类于此律,应增入。

【现行例】一、道、府以上官员,凡关系叛逆、军需、驿递公文等紧要重大事情,照例差人外,其余细事,止许行牌催提。如违例差遣人役者,督抚指名题参。徇情不参者,事发一并议处。其督抚于平常细事,差役害民者,亦交部议处。

【1725】2.2.51.(1)

【增例】(略)

【1740】2.2.51.(1)(略)

【1767】○续纂

一、州、县大小案件,凡有差票,务须随时缴销。如遇封印而案未完结,于封印时,将票暂行缴销,俟开印差拘,另行给票。违者,将州县官分别议处。

臣等谨按:此条系乾隆二十八年(1763)十二月内,江苏按察使钱琦条奏定例,应纂辑遵行。

【1768】2.2.51.(2)(略)

贡举非其人

律　文

【1646】2.2.55

凡科贡荐举非其人,及才堪时用,应贡举而不贡举者,计其妄举与不举人数,一人杖八十,每二人加一等,罪止杖一百。所举之人知情,与同罪。不知者不坐。○若主司考试艺业技能,而故不以实者,可取者置之下等,不可取者反置之上等。减二等。○若贡举、考试失者,各减三等。受赃,俱以枉法从重论。

【1670】2.2.55(略)

【1725】2.2.52

凡贡举非其人,及才堪时用,应贡举而不贡举者,计其妄举与不举人数,一人杖八十,每二人加一等,罪止杖一百。所举之人知情,与同罪。不知者不坐。○若主司考试艺业技能,而故不以实者,可取者置之下等,不可取者反置之上等。减二等。○若贡举、考试失者,各减三等。受赃,俱以枉法从重论。

注:此严贡举不当之罚,以务得实才也。首节言贡举不当之罪,二节言考试不公之

罪,末节承上贡举、考试二项而原其过误之罪。贡,谓科贡;举,如荐举人才及山林隐逸之类。艺业技能,如生员文字、校射、印篆、律历、医卜之属,取以备用者。不以实,谓应取而不取,或不应取而滥取也。贡举为朝廷用人大典,不堪用而辄贡举,是为滥举;明知堪用而不贡举,是为蔽贤。二者之罪惟均。若考试,较贡举稍轻,故其罪减贡举非人二等。至失者,又各照贡举、考试人数得减三等。盖上二条,为有心故犯,而此一条,为无心之失,故从轻也。至若贡举、考试,有受赃实迹,又当以枉法从重论,不用此律。

臣等谨按:此严贡举不当之罚,以务得实才也。首节言贡举不当之罪,二节言考试不公之罪,末节承上贡举、考试二项而原其过误之罪。贡,谓科贡;举,如荐举人才及山林隐逸之类。艺业技能,如生员文字、校射、印篆、律历、医卜之属,取以备用者。不以实,谓应取而不取,或不应取而滥取。贡举为国家用人大典,不堪用而辄贡举,是为滥举;明知堪用而不贡举,是为蔽贤。二者之罪惟均。若考试,较贡举稍轻,故其罪减贡举非人二等。至失者,又各照贡举、考试人数得减三等。盖上二条,为有心故犯,而此一条,为无心之失,故从轻也。至若贡举、考试,有受赃实迹,又当以枉法从重论,不用此律。

【1740】2.2.52(略)

附律条例

【1646】2.2.55.(1)

一、岁贡生员起送到部,遇有事故,不许补贡。其在家或中途事故者,勘明,准令次考补贡。若丁忧及患病,勘明,仍补该年之贡。如托故延至三年之外者,亦不准收。有司朦胧送补者,各治罪。

【1670】2.2.55.(1)(略)

【1725】○修改

原拟:今各省岁贡生员,俱造册送部,本生停止起送。谨拟删改,开载于后。

【原改条例】一、岁贡生员册报到部,遇有事故,不许补贡。其未经报部,遇有事故者,勘明,准令次考补贡。若丁忧及患病,勘明,仍补该年之贡。如托故延至三年之外者,亦不准收。有司朦胧送补者,各治罪。

【1725】2.2.52.(2)

【原例】(略)

【1740】2.2.52.(2)(略)

【1801】○修改

臣等谨按:此条系顺治年间定例,例内“各治罪”三字语意含混。查“举用有过官吏”律载,“朦胧保举者,各杖一百。受赃,俱以枉法从其重者论”,应于例内增叙详明,以便引用。谨将修改例文,开列于后。

一、岁贡生员册报到部,遇有事故,不许补贡。其未经报部,遇有事故,勘明,准令次考补贡。若丁忧及患病,勘明,仍补该年之贡。如托故延至三年之外者,亦不准收。有司朦胧送补者,各杖一百;受赃者,俱以枉法从其重者论。

【1802】2.2.52.(2)(略)

【1646】2.2.55.(2)

一、广西、云贵、湖广、四川等处,但有冒籍生员食粮起贡,及买到土人倒过所司起送公文,顶名赴吏部投考者,俱发边外为民。卖与者,行移所在官司追赃问罪。若已受赃,依律问拟诈假官死罪,卖者发边卫充军。其提调经该官吏朦胧起送者,各治罪。

【1670】2.2.55.(2)(略)

【1725】○移改①

原拟:此条见"诈假官"律,拟删。

＊刑律·诈伪·诈假官

【1725】6.24.370.(2)【原例】一、凡买他人起送赴考赴选之公文,顶名赴部者,发边外为民;卖与者,行所在官司追赃治罪。若已受职,比依诈假官律,处斩;卖者,发边卫充军。若经该官吏朦胧起送,各治以罪。

【1646】2.2.55.(3)

一、生员有犯,该发充军者,廪膳免追廪米。若犯受赃、奸盗、冒籍、宿娼、居丧娶妻妾,事理重者,直隶、江南发充国子监膳夫,各布政司充邻近儒学膳夫、斋夫,满日原籍为民,廪膳仍追廪米。

【1670】2.2.55.(3)(略)

【1725】○删除

原拟:今生员犯罪,应褫革问罪者,俱照律例问拟,无发充膳夫等例,此条拟删。

【1646】2.2.55.(4)

一、生员考试不谙文理者,廪膳十年以上发附近,六年以上发本处,增广十年以上发本处,俱充吏。六年以上为民,未及六年者,量加决罚。○生员争贡及越诉者,俱充吏。

【1670】2.2.55.(4)(略)

【1725】○修改

原拟:《学政条例》内"生员考试,不谙文理者,六年以上黜革,未及六年者发社"等语,其生员有犯争贡越诉者,俱按律治罪,无概发充吏之例。谨拟删改,开载于后。

【原改条例】一、生员考试,不谙文理者,入学六年以上黜退,未及六年者发社。

【1725】2.2.52.(3)

【原例】(略)

---

① 见于《大清律例按语》第2卷"吏律·职制·贡举非其人"(雍正三年)条下,本条列作"删除"。

【1740】○删除

臣等谨按：此条无治罪之处，已入《学政全书》，应删。

【1646】2.2.55.(5)

一、应试举监生儒及官吏人等，俱有怀挟文字、银两，并越舍与人换写文字者，拿送法司问罪，仍枷号一个月，满日发为民。其旗军、夫匠人等受财代替夹带传递，及纵容不举察捉拿者，旗军调边卫食粮差操，夫匠发边外为民。纵容者，罚俸一年。受财，以枉法论。若冒顶正军入场看守，属军卫者，发边卫；属有司者，发附近，俱充军。其武场有犯怀挟等弊，俱照此例拟断。

【1670】2.2.55.(5)(略)

【1725】○修改

原拟：今科场应役之人，无旗军、正军名色，亦无食粮差操之例。谨拟删改，开载于后。

【原改条例】一、应试举监生儒及官吏人等，俱有怀挟文字、银两，并越舍与人换写文字者，拿送法司问罪，仍枷号一个月，满日发为民。其夫匠、军役人等受财代替夹带传递，及不举察捉拿者，发边外为民。官纵容者，罚俸一年。受财，以枉法论。其武场有犯怀挟等弊，俱照此例拟断。

【1725】2.2.52.(4)

【原例】(略)

【1740】○修改

臣等谨按：此条系前代旧例，内云"拿送法司问罪"，未经定有罪名。查《笺释》，依违制律杖一百，应增。再官纵容者，罚俸一年，文类《吏部处分则例》，应改。谨将增改例文，开列于后。

一、应试举监生儒及官吏人等，俱有怀挟文字、银两，并越舍与人换写文字者，枷号一个月，满日杖一百，发为民。其夫匠、军役人等受财代替夹带传递，及不举察捉拿者，发边外为民。官纵容者，交部议处。受财，以枉法论。其武场有犯怀挟等弊，俱照此例拟断。

【1740】2.2.52.(3)(略)

【1772】○修改

臣等谨按：举、监人等，怀挟文字、银两，与越舍换写文字，情罪不同。其受财代替夹带传递，与者亦应同科。原例分晰未明，断狱恐致歧误。前于乾隆三十六年(1771)六月内，经臣部奏明，将怀挟文字、银两，当场搜出者，定以枷、杖，革去职役；其越舍与人换写文字或临时换卷，并用财雇倩夹带传递，与受财代为夹带传递之人，一体改发近边充军。若计赃重于本罪者，从重科断。所有此条原例，应行修改。其"边外为民"字样，应删。谨将改辑例文，开列于后。

一、应试举监生儒及官吏人等，但有怀挟文字、银两，当场搜出者，枷号一个月，满日杖一百，革去职役。其越舍与人换写文字，或临时换卷，并用财雇倩夹带传递，与夫匠、军役人等受财代替夹带传递，及知情不举察捉拿者，俱发近边充军。若计赃重于本罪者,从重科断。官纵容者,交部议处。受财者,以枉法论。其武场有犯怀挟等弊,俱照此例拟断。

【1790】2.2.52.(3)(略)

【1646】2.2.55.(6)

一、监生、生员撒泼嗜酒,挟制师长,不守监规、学规者,问发充吏。挟妓赌博,出入官府,起灭词讼,说事过钱,包揽物料等项者,问发为民。

【1670】2.2.55.(6)(略)

【1725】○移改[1]

原拟:今监生、生员不守监规、学规者,无充吏之例,应将"问发充吏"句改为"黜革"。

＊刑律·犯奸·官吏宿娼

【1725】6.25.384.(1)【原例】一、监生、生员撒泼嗜酒,挟制师长,不守监规、学规,及挟妓赌博,出入官府,起灭词讼,说事过钱,包揽物料等项者,问发为民,各治以应得之罪。得赃者,计赃从重论。

【1725】○增入

原拟:现行例内载有上谕一道,类于此律,应增入。

【现行例】一、顺治十五年(1658)正月内奉上谕:"谕礼部。朝廷选举人才,科目最重。必主考、同考官皆正直无私,而后真才始得。昨乡试贿赂公行,情罪重大,已将李振邺、田耜等特置重辟,家产籍没。会试大典,尤当慎重。考试官、同考试官及天下举人,若不洗涤肺肠,痛绝情弊,不重名器,不惜性命,仍敢交通嘱托、贿买关节等弊,或被发觉,或被科道官参,即将作弊人等,俱照李振邺、田耜等重行治罪,决不姑贷。尔部即刊刻榜文,通行严饬,使知朕取士厘奸至意。特谕。"

【1725】2.2.52.(1)

【增例】(略)

【1740】○修改[2]

臣等谨按:此条钦奉上谕,自应恭纂成例,以便引用。谨将恭纂例文,开列于后。

一、乡、会试考试官、同考官及应试举子,有交通嘱托、贿买关节等弊,问实斩决。

【1740】2.2.52.(1)(略)

【1725】2.2.52.(5)

【钦定例】一、凡学臣考试,如提调官通同作弊,及引诱为非者,同学臣一并革职

---

① 见于《大清律例按语》第2卷"吏律·职制·贡举非其人"(雍正三年)条下,本条列为"修改"。《钦定大清会典事例(光绪朝)》标注此条"雍正三年(1725)删",误。

② 见于《大清律例按语》第35卷"吏律·职制·贡举非其人"(乾隆三年)条下,本条列入"续纂"。

提问。其学臣暗通关节,私鬻名器,提调官虽无通同引诱情弊,而防范不严者,照溺职例革职。至学臣应用员役,倘有猾吏奸胥招摇撞骗,及受贿传递等弊,提调官不行访拿究治者,照失察衙役犯赃例议处。若学臣操守清廉,杜绝情弊,而提调官不得遂其引诱,反行挟制把持者,该学臣即行指参,审实,将提调官照贪官例治罪。

谨案:此条系雍正五年(1727)定。原文防范不严者"照溺职例革职"、不行访拿究治者"照失察衙役犯赃例议处",均于乾隆五年(1740)改"交部议处"。

【1740】○修改

臣等谨按:此条内"照溺职例革职""照失察衙役犯赃例议处",文类《吏部处分则例》,应改。谨将改辑例文,开列于后。

一、凡学臣考试,如提调官通同作弊,及引诱为非者,同学臣一并革职提问。其学臣暗通关节,私鬻名器,提调官虽无通同、引诱情弊,而防范不严者,交部议处。学臣应用员役,倘有招摇撞骗及受贿传递等弊,提调官不行访拿究治者,亦交部议处。若学臣操守清廉,杜绝情弊,而提调官不得遂其引诱,反行挟制把持者,该学臣即行指参,审实,将提调官照贪官例治罪。

【1740】2.2.52.(4)(略)

【1725】2.2.52.(6)

【钦定例】一、凡考试官毫无情弊,下第诸生不安义命,逞忿混行搅闹者,照光棍例治罪。

【1740】○修改

臣等谨按:"兵律"内,山、陕两省刁恶顽梗之辈,假地方公事强行出头,抗粮聚众,敛钱构讼,抗官塞署至四五十人者,照光棍例斩决。又福建地方,如有借事聚众罢市、罢考、打官等事,亦照光棍例治罪。此条下第举子不安义命,逞忿混行搅闹,情罪较轻,应予量减。谨将改辑例文,开列于后。

一、凡考试官毫无情弊,下第诸生不安义命,逞忿混行搅闹者,照假以建言为由挟制官府及污人名节报复私仇例,发附近充军。

【1740】2.2.52.(5)

一、凡考试官毫无情弊,下第诸生不安义命,逞忿混行搅闹者,发附近充军。

＊【1725】○增入[1]

臣等谨按:康熙五十一年(1712)十一月内,兵部议复冒滥入场,事理类于此律,谨拟节录于后。

【续增现行例】一、凡本省现任官员子弟,临期顶食兵粮、冒滥入场中式者,察出

---

① 本条见于《大清律例按语》第2卷"吏律·职制·贡举非其人"(雍正三年)条下,雍正三年(1725)《大清律集解附例》、乾隆五年(1740)《大清律例》皆未载。

将保送出结文武各官照例议处。

臣等谨按:此条类于“贡举非其人”律,应增入条例后。

***【1725】○增入**[1]

臣等谨按:雍正元年(1723)七月内,兵部题复考试武生,事例类于此律,谨拟节录于后。

【续增现行例】一、凡学臣考试武生马步箭技勇,满洲、汉军京卫武学考试之时,兵部将八旗副都统职名开列具题,恭候皇上钦点一员,会同顺天学院考试。其顺天府各州县及直隶各省考试之时,该督抚、提镇将就近副将、参将、游击内选择一员,会同学臣考试。奉天府考试武生时,令奉天将军选满洲固山大一员,会同奉天府府丞考试。各将武童内弓马娴熟、技勇优长者,多行选取。学臣即将选取之人,考试策论,择其优者拔取入学,宁缺勿滥。其岁考武生,如有年老不能骑射者,即给以衣顶,不许仍留学中,归于州县管辖。

***【1725】○增入**[2]

臣等谨按:雍正元年(1723)十一月内,户部会复调补通弁,事理类于此律,谨拟节录于后。

【续增现行例】一、丁船众多大卫,漕督秉公拣选清廉才干之员调补。其才干平常者,移调减少之帮。倘有不肖运弁钻营,该督徇情滥调,或被旁人告发,或被科道纠参,将该弁照夤缘例革职提问,将该督照徇情例降二级调用。如调补不得其人,以致沿途生事,并抵通挂欠,亦将该督照滥委匪人例降一级调用。

【1740】○增入[3]

一、官生录科,该学政瞻徇情面,滥行录送,如官卷内有文理荒谬,幸邀科第者,发觉之日,将送考官一并严加议处。

此条系雍正五年(1727)定例,已于律文第二节考试艺业内包举,并载《学政全书》,毋庸纂入。

【1740】2.2.52.(6)(略)

【1740】○修改[4]

一、考职贡监生,如有包揽代作等弊,察出题究。若监试御史隐匿瞻徇,照例议

---

① 本条见于《大清律例按语》第2卷“吏律·职制·贡举非其人”(雍正三年)条下,雍正三年(1725)《大清律集解附例》、乾隆五年(1740)《大清律例》皆未载。

② 本条见于《大清律例按语》第2卷“吏律·职制·贡举非其人”(雍正三年)条下,雍正三年(1725)《大清律集解附例》、乾隆五年(1740)《大清律例》皆未载。

③ 见于《大清律例按语》第35卷“吏律·职制·贡举非其人”(乾隆三年)条下,本条列入“删除”。

④ 见于《大清律例按语》第35卷“吏律·职制·贡举非其人”(乾隆三年)条下,本条列入“删除”。

处。其假冒顶替者,本犯照诈假官律治罪;互结监生,照知情诈假官律治罪;出结之官,照例议处。若身故未经缴照者,限四个月,准家属自首。如逾限不首,查出严行治罪。该地方官于已革已故未经缴照之人,徇隐故纵,不严行追缴,事发之日,照例议处。其先经考职,未经拣选,复行顶名重考,希图引见者,许出结、互结首告,将本犯照律治罪。如知情不举,将出结、互结人员,一并严加治罪。

此条系雍正六年(1728)定例,①查包揽代作、顶名重考等弊,科场考试皆有定例,身故缴照亦有定限。此条专为其时考职贡监生,令其引见,不次擢用,故特严设例款。今考职贡监生引见之例已停,毋庸纂入。

【1740】2.2.52.(7)(略)

【1801】○修改

臣等谨按:此条系雍正八年(1730)定例。查考职贡监生本人身故未经缴照者,限四个月准家属自首。如逾限不首,果有转卖、顶替别情,自应照诈假官律治罪。计赃重者,以枉法论。若只系偶然遗忘,审无别故,当官销毁,免其治罪。应于例内添明,以便引用。再考职贡监生引见之例早已停止,例内希图引见一段,应行节删。谨将修改例文,开列于后。

一、考职贡监生,如有包揽代作等弊,察出提究。若监试御史隐匿瞻徇,照例议处。其假冒顶替者,本犯照诈假官律治罪;互结监生,照知情诈假官律治罪;出结之官,照例议处。若身故未经缴照者,限四个月准家属自首。如逾限不首,查出审有转卖、顶替别情,照诈假官律治罪。计赃重者,以枉法论。若审系偶尔遗忘,并无别故,当官销毁,免其治罪。该地方官于已革、已故未经缴照之人,徇隐故纵,不严行追缴,致滋事故者,事发之日,照例议处。

【1802】2.2.52.(7)(略)

【1870】○续纂

一、乡、会试考试官、同考官及应试举子,有交通嘱托、贿买关节等弊,问实,无论曾否取中,援引咸丰九年(1859)顺天乡试科场案内钦奉谕旨,俱照本例问拟,仍恭候钦定。

【1870】2.2.52.(8)(略)

举用有过官吏

律　文

【1646】2.2.56

凡官吏曾经断罪,罢职役不叙者,诸衙门不许朦胧保举。违者,举官及匿过之

---

① 见于《大清律例按语》第75卷"吏律·职制·贡举非其人"(嘉庆六年)条下及《钦定大清会典事例(光绪朝)》皆注明本条为雍正八年(1730)定例。

人,各杖一百,罢职役不叙。受赃,俱以枉法从重论。若将帅异才,不系贪污、规避罢闲,有司保勘明白,亦得举用。

【1670】2.2.56(略)

【1725】2.2.53

凡官吏曾经断罪,罢职役不叙者,诸衙门不许朦胧保举。违者,举官及匿过之人,各杖一百,罢职役不叙。受赃,俱以枉法从重论。若将帅异才,不系贪污、规避而罢闲者,有司保勘明白,亦得举用。

注:此慎保举以重名器也。凡官吏犯一应杖、徒以上私罪,曾经官司断决,官罢职,吏罢役,于法不得叙用者,诸衙门不许隐其犯罪缘由,朦胧保举;有过之人,亦不得妄冒承受职役。违者,举官及自匿前过受举之人,各满杖,永不叙用。

臣等谨按:此镇保举以重名器也。凡官吏犯一应杖、徒以上私罪,曾经官司断决,官罢职、吏罢役者,如朦胧保举,及自匿前过受举之人,各满杖,永不叙用。

【1740】2.2.53(略)

附律条例

【1646】2.2.56.(1)

一、文职官员、举贡官恩、援例监生,并省祭、知印、承差人等,曾经考察论劾罢黜,及为事问革、年老事故,例不入选者,若买求官吏,增减年岁,改洗文卷,隐匿公私过名,或诈作丁忧起复,以图选用,事发问罪,吏部门首枷号一个月,已除授者发边卫,未除授者发附近,各充军终身。其起送官吏,不分军卫、有司,但知情受贿者,亦发附近充军。若原不知情,止是失于觉察者,照常发落。

【1670】2.2.56.(1)(略)

【1725】○修改

原拟:今无省祭名色,应删去"省祭"字。其"知印"字,应改为"吏员"。受贿计赃拟罪满贯者,即应坐绞,不便指定充军,应于"发附近充军"句下增"赃重者,从重论"一句。

一、文职官员、举贡官恩、援例监生,并吏员、承差人等,曾经考察论劾罢黜,及为事问革、年老事故,例不入选者,若买求官吏,增减年岁,改洗文卷,隐匿公私过名,或诈作丁忧起复,以图选用,事发问罪,吏部门首枷号一个月,已除授者发边卫,未除授者发附近,各充军终身。其起送官吏,不分军卫、有司,但知情受贿者,亦发附近充军。赃重者,从重论。若原不知情,止是失于觉察者,照常发落。

【1725】2.2.53.(1)

【原例】(略)

【1740】○修改

臣等谨按:例内"举贡官恩、援例监生"字句繁冗,应改。再吏部诠选,并无年老不用之例。其"年老不用"及"增减年岁"句应删。谨将改删例文,开列于后。

一、文职官员、举贡监生,并吏员、承差人等,曾经考察论劾罢黜,及为事问革例不入选者,若买求官吏,改洗文卷,隐匿公私过名,或诈作丁忧起复,以图选用,事发问罪,吏部门首枷号一个月,已除授者发边卫,未除授者发附近,各充军。其起送官吏,不分军卫、有司,但知情受贿者,亦发附近充军。赃重者,从重论。若原不知情,止是失于觉察者,照常处分发落。

【1740】2.2.53.(1)(略)

【1821】○修改

臣等谨按:嘉庆二十二年(1817)四月二十八日奉上谕:"国家用人行政,首防朦蔽。在廷大臣,皆当侃谔直言,不避嫌怨,以助朕明目达聪之治。即如此次军政,正蓝旗汉军卓荐之参领顺祥,即系从前不准保举副都统之李履顺。该员改名,冀图朦混,而本旗之都统、副都统,遂从而登之荐牍。考验之王大臣,复不加查察。即有知者,亦或佯为不知,惟恐人怨。设非成格据实入奏,则该员竟以诈伪,复邀升用,成何政体乎!朕因思李履顺现任旗员,近在京师,尚有此改名朦混之事。其直省文武各员,似此奉旨不准保升,及曾经获咎不准捐复,并奉有特旨永不叙用者,恐改名朦捐冒考之弊,俱所不免。其如何酌定条例,将此等人员禁止改名,如有私改弊混发觉,作何治罪之处,各该部会议具奏。钦此。"旋据吏部、兵部、礼部各议定处分,会议前来。当经臣部议请,嗣后奉旨不准保升,及曾经获咎不准捐复,并奉特旨永不叙用之文武各员,倘敢改名弊混,别经发觉,审有买求官吏,改洗文卷,隐匿公私过名,希图选用情事,即照例分别已除授、未除授,问拟充军,仍各加枷号一个月。如系止图顶带荣身,无关铨选,即照违制律杖一百,系官革职等因,奏准在案。应于原例内增改明晰,以便引用。谨将修改例文,开列于后。

一、奉旨不准保升,及曾经获咎不准捐复,并奉特旨永不叙用之文武各员,暨举贡监生,并吏员、承差人等,曾经考察论劾罢黜,及为事问革,例不入选者,倘敢改名弊混,若买求官吏,改洗文卷,隐匿公私过名,或诈作丁忧起复,以图选用,事发问罪,吏部门首枷号一个月,已除授者发近边,未除授者发附近,各充军。如系止图顶带荣身,无关铨选,即照违制律杖一百,系官革职。其起送官吏,不分军卫、有司,但知情受贿者,亦发附近充军。赃重者,从重论。若原不知情,止是失于觉察者,照常处分发落。

【1825】2.2.53.(9)(略)

【1847】2.2.53.(8)(略)

【1725】○增入

原拟:现行例内二条,应增入。

【现行例】一、凡衙役犯侵盗钱粮、婪赃等罪,遇赦豁免后,复入原衙门及别衙门应役者,除死罪外,本犯并妻流徙宁古塔。该管官知情故纵,及督抚不即纠察者,俱交该部议处。

【1725】2.2.53.(2)

【增例】(略)

【1740】○修改

臣等谨按:律文匿过重役,罪止满杖,此条曾犯侵盗钱粮、婪赃等罪,遇赦后复入原衙门,较之寻常匿过之人,自属不同。但例内加之外遣,衡以本律,未免过重,酌为满徒,已足蔽辜,应改。谨将改辑例文,开列于后。

一、凡衙役犯侵盗钱粮、婪赃等罪,遇赦豁免后,复入原衙门及别衙门应役者,杖一百、徒三年。该管官知情故纵,及督抚不即纠参者,俱交该部议处。

【1740】2.2.53.(2)(略)

【1825】2.2.53.(1)(略)

【1725】○增入

原拟:现行例内二条,应增入。

【现行例】一、凡部院衙门书办,或因有疾,或因不谙文移,退役之后,倘有更名重役者,杖一百,徒三年。

【1725】2.2.53.(3)

【增例】(略)

【1740】○修改

臣等谨按:律文内曾经断罪,匿过重役,罪止满杖、不叙。此条例内有疾及不谙文移,更名重役之人,反坐满徒。查疾病有痊愈之时,文移不谙,加以学习,亦能通晓,并非有心作弊,可比照律满杖,已足蔽辜,应改。谨将改辑例文,开列于后。

一、凡部院衙门书办,或因有疾,或因不谙文移,退役之后,倘有更名重役者,杖一百,革退。

【1740】2.2.53.(3)(略)

【1825】2.2.53.(2)(略)

【1725】○增入

臣等谨按:雍正元年(1723)十二月内,吏部议复微员卓异,事理类于此律,谨拟节录于后。

【续增现行例】一、大计之年,杂职内果有才能杰出,操守卓越,能办理地方事务,盗息民安,督抚开具事实,造册送部,部院考核,准其卓异。

【1725】2.2.53.(4)

【钦定例】(略)

【1740】○删除

臣等谨按:大计卓异载在《会典》。此条杂职卓异,与律例无涉,应删。

【1725】2.2.53.(5)

【钦定例】一、凡参劾人员,引见时宽宥,仍加录用者,若不实心报效,又被参劾,加倍治罪。

此条系雍正三年(1725)定例。

【1740】○删除

臣等谨按:凡属职员,皆当实心报效,不因被参后重加录用始应儆惕。况"名例"律内,加不至死;公、私罪名,亦难以一例加倍。雍正八年(1730),又奉有"加倍"字样不得轻意引用之旨。此条应删。

【1725】2.2.53.(6)

【钦定例】一、府、州、县书役,责成道员,如无道员,责成按察司,专管稽察。凡书役投充,务查该役的名,取具并无重役、冒充亲供互结,该地方官加具印结,送该管稽察衙门,方准著役。每于年底,该役出具并无过犯连名互结,本管官加具印结,申送该管衙门稽察。专管司、道,仍不时清查。倘有役满不退者,该役杖一百、徒三年,互结人等杖八十,均革役。或招摇撞骗、包揽词讼、侵盗钱粮者,按律治罪。府、州、县及专管司、道不行查出,俱交部分别议处。其司、道、盐道关差书役,责成督抚稽察。督抚及总河、总漕、盐院书役,令其自行稽查。如失察者,均照司道例处分。若书办指官撞骗,招摇作弊,本官庇护者,许赴该管稽察衙门控告,事实,按律治罪。

谨案:此条系雍正三年(1725)定例。

【1740】○修改

臣等谨按:各衙门书役繁多,自应责成该管官严行稽查。若令臬司、道员稽察通省府、州、县书役,督、抚稽察司、道书役,一切投充、退役及年底皆令加具印结申送,徒滋文册繁琐,势必视为具文,或反致瞻徇,亦未可定。至书役招摇撞骗,及本官庇护等项,各有本律治罪,并应删。再律文曾经断罪后重役,罪止满杖,例内役满不退,反加至满徒,与律意不符,应改。再加具印结之例既停,则年终互结之例及问罪之例,亦应删。谨将删辑例文,开列于后。

一、凡在外各衙门书役投充,务查该役的名,取具并无重役、冒充亲供互结,行查本籍地方,该地方官加具印结申送,方准著役。倘有役满不退者,杖一百,革役。本管官不行查出,交部议处。

【1740】2.2.53.(4)(略)

【1825】2.2.53.(3)(略)

***【1725】○增入**[1]

臣等谨按:康熙五十二年(1713)十月内,吏部会复保题降革官员事理,谨拟节录于后。

【续增现行例】一、凡各省督抚,将降调、革职官员题请仍留原任者,将保举督、

---

① 见于《大清律例按语》第2卷"吏律·职制·举用有过官吏"(雍正三年)条下,雍正三年(1725)《大清律集解附例》、乾隆五年(1740)《大清律例》不载。

抚、司、道、府,均照徇庇例降三级调用。

臣等谨按:以上五条,类于"举用有过官吏"律,应增入条例后。

*【1725】○增入[①]

臣等谨按:康熙五十二年(1713)十一月内,吏部会复保举官员事理,谨拟节录于后。

【续增现行例】一、凡九卿保举升用之员,何年月日某官系某人保举,吏部明立印信档案,于年终时将录举之人与所保之人,无论已未升用,一并折奏,以备查核。除因公罣误外,有贪婪事发,将原举官降二级调用。如保举后访出,自行揭参者,免议。吏部不行查出,照失查档案例议处。

臣等谨按:以上五条,类于"举用有过官吏"律,应增入条例后。

*【1725】○增入[②]

臣等谨按:康熙五十二年(1713)七月内,兵部议复题补营员事理,谨拟节录于后。

【续增现行例】一、凡题补武职官员,材力壮健,曾出兵效力者,先行题补。如无其人,较俸拣选保题,游、守历俸五年,副、参历俸三年,查明保送题补。如一镇内无合例之员,于通省各营选举。如再无其人,则题请皇上记名人员内拣选补授。若沿海水师营员、游守,有熟识水性、诸练船务之人,照例选择保题,送部引见。此题补水陆营员,倘将人材不及、弓马不堪滥行举荐,及调补有人、地不相宜者,将该提督、抚镇俱照徇庇例议处。

臣等谨按:以上五条,类于"举用有过官吏"律,应增入条例后。

*【1725】○增入[③]

【现行例】一、凡直隶、江南、山西、陕西、浙江、福建、湖广、江西、广东、广西、四川、云南、贵州等省,有应题缺出,令该督抚于本省现任应升官员内,应调缺出,将品级相当官员内,历俸已满三年合例之员,拣选题补、调补。其广西省之南、太、思、庆四府,福建省之台湾所属,俱系烟瘴、海外之区,无论三年俸满与否,仍拣选合例之员,具题调补。如将不应题补、调补之缺题补、调补者,将该督、抚、司、道、府,俱照徇庇例,降三级调用。如有应调之人,以无人具题,经科、道题参者,将该督、抚、司、道、府等官,亦均照此例处分。

---

① 见于《大清律例按语》第2卷"吏律·职制·举用有过官吏"(雍正三年)条下,雍正三年(1725)《大清律集解附例》、乾隆五年(1740)《大清律例》不载。

② 见于《大清律例按语》第2卷"吏律·职制·举用有过官吏"(雍正三年)条下,雍正三年(1725)《大清律集解附例》、乾隆五年(1740)《大清律例》不载。

③ 见于《大清律例按语》第2卷"吏律·职制·举用有过官吏"(雍正三年)条下,雍正三年(1725)《大清律集解附例》、乾隆五年(1740)《大清律例》不载。

臣等谨按：以上五条，类于“举用有过官吏”律，应增入条例后。

＊**【1725】○增入**①

【现行例】一、凡未报到任官员，九卿不准保举。吏部开列升转时，亦停其开入折内。

臣等谨按：以上五条，类于“举用有过官吏”律，应增入条例后。

【1740】○增入

一、凡在京各衙门书吏缺出，应募投充者，取具同乡书吏保结，该衙门于十日内照保结所开籍贯、住址、三代姓氏咨行吏部，转行各省，取具印、甘各结。顺天限四十日，直隶、山东、河南、山西、奉天限三个月，江苏、安徽、陕甘、湖南、湖北、浙江、江西限四个月，云、贵、川、广、福建限六个月，咨送到部，准其著役。该地方官吏有勒索、迟延等弊，分别处分、治罪。本非大、宛二县籍贯，捏称土著之民，地方官朦胧出结，该吏及承行吏典严加治罪，地方官交部议处。

【1740】2.2.53.(5)(略)

【1825】2.2.53.(4)(略)

【1830】○修改

臣等谨按：在京部院各衙门书吏，业经大学士、九卿会同妥议，嗣后俱不准籍隶大、宛之人充当，违者责革，该管官交部议处等因具奏，奉旨允准在案。所有例内“本非大、宛二县籍贯，捏称土著之民，地方官朦胧出结”数语，均应删除。臣等伏查，大、宛二县民人，既不准充当部院书吏，诚恐二县之人复敢冒籍直隶外府州县及他省土著，希冀投充，朦胧出结，不可不防其渐。应于例内添纂，以资遵守。谨将修改例文，开列于后。

一、凡在京各衙门书吏缺出，应募投充者，取具同乡书吏保结，该衙门于十日内，照保结所开籍贯、住址、三代姓氏，咨行吏部，转行各省，取具印、甘各结。顺天限四十日，直隶、山东、河南、山西、奉天限三个月，江苏、安徽、陕甘、湖南、湖北、浙江、江西限四个月，云、贵、川、广、福建限六个月，咨送到部，准其著役。该地方官吏有勒索、迟延等弊，分别处分、治罪。其籍隶大、宛二县民人，俱不准投充。如本系大、宛籍贯，捏称他省土著之民，该管官滥准充当，地方官朦胧出结，该吏及滥行保结之书吏，并承行吏典，分别斥革治罪；该管及地方各官，一并交部议处。

【1847】2.2.53.(4)(略)

【1740】○修改

【原例】一、京城文武地方各官，务将所属地方实力稽查，凡系无业游棍，及役满书

---

① 见于《大清律例按语》第2卷“吏律·职制·举用有过官吏”（雍正三年）条下，雍正三年(1725)《大清律集解附例》、乾隆五年(1740)《大清律例》不载。

办,尽行驱逐回籍。并令科道留心察访,如有潜住京城者,即交该城御史押逐回籍。仍取具该地方文武各官及总甲人等印甘各结,报明都察院、顺天府、提督各该管衙门。如有查报不实,及借端生事之处,将该地方文武各官送部议处,总甲人等交该地方官治罪。其回籍之日,行文本籍地方官严行管束。如有从本籍来京者,将本籍地方官交部议处,仍于年终取具在京该地方官并无隐漏印甘各结,报明都察院、顺天府、提督各衙门存查。如出结之后,仍有潜藏逗遛之处,一经发觉,将年终出结之官交部议处。

谨案:此条系乾隆元年(1736)定例。

臣等谨按:役满书办,非皆犯法之人。回籍之后,或贸易他省,来京候缺,势所不免,地方官难于一例管束。至无业游棍,不犯事故,京城文武地方官亦难于周知。今于役满书办,止令逐回,其无业游棍及书办曾经犯有事故者,责令逐回管束,庶内外各官便于遵行。至于年终取具地方官印、甘各结,申送各衙门,亦属具文,无益于事,应删。再雍正十二年(1734)定例"书办役满,籍隶宛、大二县,有坟墓、房产可据者,许其居住。其非实在籍贯者,一概逐回。倘有潜留招摇等弊,照年满书役冒名冒籍例治罪",本属一事,应并。今将改并例文,开列于后。

一、凡各部院衙门役满书吏,籍隶大、宛二县者,令该县将年貌、住址、坟墓造册申送都察院,令该城御史按册确查。非实在大、宛籍贯者,一概逐回。倘潜留京城,照年满书役冒籍冒名例杖一百,勒令回籍。如有包揽、招摇等弊,按律治罪。其混行造册之该县知县,不行查出之该城御史,交部议处。若因犯有事故,押逐回籍,行文本籍地方官严行管束。如有仍来京者,将本籍地方官交部议处。其无业游民,曾经犯罪,亦令京城文武地方官实力稽查,押逐回籍,交与该地方官严行管束。

【1740】2.2.53.(6)(略)

【1825】2.2.53.(5)(略)

【1830】○修并

【原例】【1825】2.2.53.(5)(略)、【1825】2.2.53.(7)(略)

臣等谨按:道光十年(1830)六月内,大学士、九卿会议"稽查役满书吏回籍章程"折内奏称,现在籍隶大、宛之书吏,如有原籍者,役满后即勒令回归原籍,并行知原籍地方官,将到籍日期报明都察院。逾限不到,咨部斥革。嗣后籍隶大、宛者,俱不准充当部院书吏,违者责革,失察之该管官交部议处。书吏役满,由吏部将执照封发著役衙门,限一个月给领,即将该吏姓名、籍贯咨送都察院,转行五城司坊官,勒限一个月内回籍,报院存案。有逾限不即起程者,该司坊官呈报吏部,先将职衔斥革,立即递回原籍。如出京后半年不到籍者,该省查报到院,亦即咨部将职衔斥革。或复潜行来京,拿获后斥革职衔,枷号一个月,仍责四十板,递回原籍,交保严行管束。再犯,加一等治罪。司坊官失于觉察,或知情容留,查出分别议处。疏纵之原籍地方官,一并参处等因具奏。奉旨:"均着依议行等因。钦此。"钦遵在案。应于例内添纂明晰,以资引用。臣等再查,原例有"役满书吏,非实在大、宛籍贯者,一概逐回。倘潜留京城,照年满书役冒籍冒名例,杖一百,勒令回籍"之文,今籍隶大、宛之人,既不准充当各部院书吏,自应将此条修并,以归简易。谨将修并例文,开列于后。

一、凡各部院衙门书吏，籍隶大、宛二县，有本籍可归，及籍隶各直省者，役满后，限一个月领照，一个月回籍。仍行知原籍地方官，将该吏到籍日期申详督抚，咨报都察院查核。如有逾限不即起程，及出京后半年不呈报到籍者，该司坊官及原籍地方官，分别具详咨报吏部、都察院，将该吏职衔斥革。倘潜留京师，获日俱杖一百，递回原籍。如有包揽、招摇等弊，按律治罪。若从前未经犯案，役满回籍后，复潜行来京者，获日斥革职衔，枷号一个月，责四十板，递回原籍，交保管束。如从前犯有事故，押逐回籍后，复私自来京者，虽未犯案，照前犯加一等治罪。其有来京犯案，罪止杖、笞者，仍从重照例枷责；所犯重于枷责者，照本犯应得之罪，加一等治罪，仍递回原籍，交地方官严行管束。司坊官失于觉察，或知情容留，查出交部议处；疏纵之原籍地方官，一并参处。至无业游民，曾经犯罪，亦令京城文武地方各官实力稽查，押逐回籍，交与该地方官严行管束。

【1847】2.2.53.(5)(略)

【1740】○增入

一、各部院衙门经承书吏所雇贴写，该管司官开明伊等姓名、年貌、籍贯，取具该经承保结，移付司务厅注册。倘遇驱逐、辞去，即移付司务厅除名。如有捏报诡名，经承扶同保结，察出照重役例治罪。其有负罪潜逃者，着落保结之经承，立限捕获，亦照律治罪。

此条系雍正十二年(1734)定例。

【1740】2.2.53.(7)(略)

【1825】2.2.53.(6)(略)

【1740】○续纂

一、部院各衙门书吏，从前未经犯案，例应回籍者，潜匿京师，拿获之日，即递回原籍。其从前犯事递回原籍，今又私自来京，虽未经犯案，即应查拿，枷号一个月，责四十板。其有再来犯案，罪止杖、笞者，仍从重照例枷责；所犯重于枷责者，照本犯应得之罪加一等治罪。仍递回原籍，交地方官严行管束。其疏纵之地方官，交部议处。

谨案：此条系乾隆五年(1740)刑部议准定例。

【1740】2.2.53.(8)(略)

【1825】2.2.53.(7)(略)

【1830】○修并

修并按语并修并后例文，见【1825】2.2.53.(5)条【1830】修并项下。

【1740】○删除

一、凡文武各官，于署任内事犯贪劣怠玩者，加倍治罪。其委署之上司，除自行纠参者,免其处分外,倘上司徇庇私人,容隐劣员,或自护其短,不行参奏,于他处发觉时,将委署之上司照例议处。

此条系雍正六年(1728)定例。查文武各官贪劣怠玩,皆当治罪,不因署任,罪始应加。又雍正八年(1730)奉有不得擅用"加倍"字样。毋庸纂入。

【1740】○删除

一、保举贤良方正出身人员,如犯贪酷不法等事,除实犯死罪,仍按律定拟外,罪应笞、杖、徒、流者,于本罪上按其等次递加。如罪应满流,加等发附近充军;罪应附近充军,加等发边远充军;罪应边远充军,加等发极边烟瘴充军;罪应极边烟瘴充军,加等发黑龙江等处当差。其原保之州县等官,亦加等议处。

此条系雍正十二年(1734)定例。查职官无论出身,既受国恩,分应报效。如罹参处,俱按照律例定拟。且各条加倍治罪之处,均已停止,则此条按等次递加之例,亦毋庸纂入。

【1740】○删除

一、各衙门书役,有犯侵盗钱粮、婪赃等罪,遇赦豁免后,重行应役者,除原犯赃十两以上,仍照例定拟外,其原犯赃十两以下者,照安插奉天例,并妻安插奉天。若挂名旷役者,照吏典擅离职役因而在逃律,杖一百,罢役。该管官照例分别议处。

此条系雍正十二年(1734)定例,原就衙门犯罪遇赦豁免后复入衙门应役前例,①重加分晰定拟之条。今前例既经改定,此条无庸纂入。

【1746】○续纂

一、斥革监生,有易名复捐者,除将复捐监生革退,追缴执照外,仍照违制律治罪。伊等犯事到官,一面追照缴销,一面即行审拟。

臣等谨按:此条系乾隆八年(1743)二月内,礼部议准原任山西按察使张无咎条奏定例,应纂辑以便遵行。

【1768】2.2.53.(9)(略)

【1825】2.2.53.(8)(略)

【1847】2.2.53.(7)(略)

擅离职役

律 文

【1646】2.2.57

凡官内外文武。吏典吏。无患病、公差之故擅离职役者,笞四十。各还职役。若避难如避难解之钱粮、难捕之盗贼有干系者。因

① 见【1725】2.2.53.(2)条。

而在逃者,杖一百,罢职役不叙。所避事重者,各从重论。如文官随军供给粮饷,避难在逃,以致临敌缺乏;军官已承调遣,避难在逃,失误军机。若无所避而弃印在逃,则止罢职。○其在官如巡风官吏、火夫之类。应值不值,应宿不宿,各笞二十。若主守常川看守。仓库、务场、狱囚、杂物之类,应值不值、应宿不宿者,各笞四十。俱就无失事者言耳。若仓吏不值宿而失火,库子不值宿而失盗,禁子不值宿而失囚之类,自有本律科罪。

【1670】2.2.57(略)

【1725】2.2.54

凡官内外文武。吏典吏。无患病、公差之故擅离职役者,笞四十。各留职役。若避难如避难解之钱粮、难捕之盗贼有干系者。因而在逃者,杖一百,罢职役不叙。所避事重者,各从重论。如文官随军供给粮饷,避难在逃,以致临敌缺乏;武官已承调遣,避难在逃,以致失误军机。若无所避而弃印在逃,则止罢职。○其在官如巡风官吏、火夫之类。应值不值,应宿不宿,各笞二十。若主守常川看守。仓库、务场、狱囚、杂物之类,应值不值、应宿不宿者,各笞四十。俱就无失事者言耳。若仓吏不值宿而失火,库子不值宿而失盗,禁子不值宿而失囚之类,自有本律科罪。

注:此言职役所关,当惩旷废而严规避也。凡内外文武官吏,各有职役。若不因患病、公差事故而擅离者,虽难辞旷废之咎,然尚无逃避之情,故笞四十,各留职役。若避难而逃,是弃职守之常,较旷废尤重,故坐满杖,罢职役不叙。在官等人系更番之职役,主守有常川之责,重于在官,故分别坐笞。

臣等谨按:此言职役所关,当惩旷废而严规避也。前节言官吏擅离及规避之罪,后节言在官人及主守人,应值宿而不值宿之罪。不因患病、公差事故而辄擅离,虽难辞旷废之咎,然尚无逃避之情,故坐笞而仍留职役。避难不为,因而在逃,是弃职守之常,较旷废尤重,故坐满杖,而罢职役不叙。在官及主守人等,皆系暂时更番之职役,但其中主守之责,重于在官,故科断各有差等。

【1740】2.2.54(略)

附律条例

【1646】2.2.57.(1)

一、监生不分在监在历,私逃回籍三个月之上,发回原学肄业;半年以上,问革为民。

【1670】2.2.57.(1)(略)

【1725】2.2.54.(1)

【原例】(略)

【1740】○删除

臣等谨按:此条系前代旧例。前代监生有分拨各衙门历事之例,故有在历名目,今无此例。又监生在监有积分等例,积至十分即许铨选,故发回肄业即为惩创之条。又不许无故告假,故私回者问革为民。今无此等事例,此条应删。

【1646】2.2.57.(2)

一、监生不分在监在历,及各衙门办事官吏承差,不许倩人代替。违者俱问罪,照行止有亏事例,问革为民。其代替者别有职役,一体问革。

【1670】2.2.57.(2)(略)

【1725】2.2.54.(2)

【原例】一、监生不分在监在历,及各衙门办事官吏承差,皆不许倩人代替。违者俱问罪,照行止有亏事例,问革为民。代替者别有职役,一体问革。

【1740】○修改

臣等谨按:前一条"不分在监在历"既经删去,此条"不分在监在历"六字亦应删。但监生本无职役,以其在监,故不许代替,"监生"下应增"在监肄业"四字。再既因治罪黜革,不必援照事例,其"照行止有亏"五字应删。谨将增删例文,开列于后。

一、监生在监肄业,及各衙门办事官吏承差,皆不许倩人代替。违者俱问罪,黜革为民。代替者别有职役,一体问革。

【1740】2.2.54.(1)(略)

【1801】○修改

臣等谨按:此条系前明旧例。查肄业监生及办事吏差,暂时倩人代替,非冒名顶替者可比。有犯此者,应照违制律杖一百,黜革。例内未经明晰,应增叙以便引用。又"为民"二字系明律罪名,应行节删。谨将修改例文,开列于后。

一、监生在监肄业,及各衙门办事官吏承差,皆不许倩人代替。违者俱杖一百,黜革。代替者别有职役,一体问革。

【1802】2.2.54.(1)(略)

【1740】○增入

一、外任旗员子弟,归旗后有因事告假,与例相符者,该旗酌量给假,仍分别省份远近定限,给以执照,令其依限回旗,并咨部行文该省,按限催令归旗。如有借端逗遛,照违制律治罪。

谨案:此条系雍正十三年(1735)定例。

【1740】2.2.54.(2)(略)

官员赴任过限

律　文

【1646】2.2.58

凡已除官员,在京者,以除授日为始,在外者,以领(吏部所给)照会日为始,各依已定程限赴任。若无故过限者,一日笞一十,每十日加一等,罪止杖八十,(赎。)并附过还职。○若代官已到,旧官各照已定限期,交割户口、钱粮、刑名等项,及应有卷宗、籍册完备,无故十日之外不离任所者,依赴任过限论,减二等。亦附过还职。○其中途阻风、被盗、患病、丧事,不能前进者,听于所在官司告明给印信文凭,以备后日违限,将文凭送官照勘。若有规避,诈冒不实者,从重论。当该官司符同保勘者,罪同。

【1725】○修改

原拟:今见任官员无纳赎附过还职之例,应删去"赎"字。其"并附过还职"句,改为"并留任"。再武官亦给限票,应将此律内"吏部所给照会"句,改为"该部所给文凭限票"。其末节"文凭"字,改为"结状"。

臣等谨按:此严赴任、离任迟延之罚,以儆旷官也。首节言赴任无故过限之罪,次节言离任无故过限之罪,末节兼赴任、离任,而言规避、诈冒、扶同之罪。

【1670】2.2.58(略)

【1725】2.2.55

凡已除官员,在京者,以除授日为始,在外者,以领该部所给文凭限票日为始,各依已定程限赴任。若无故过限者,一日笞一十,每十日加一等,罪止杖八十,并留任。○若代官已到,旧官各照已定限期,交割户口、钱粮、刑名等项,及应有卷宗、籍册完备,无故十日之外不离任所者,依赴任过限论,减二等。亦留任。○其中途阻风、被盗、患病、丧事,不能前进者,听于所在官司告明给印信结状,以备后日违限,将结状送官照勘。若有规避,诈冒不实者,从重论。当该官司扶同保勘者,罪同。

注:此严赴任、离任迟延之罚,以儆旷官也。首节言赴任无故过限之罪,次节言离任无故过限之罪,末节言规避、诈冒、扶同之罪。

【1740】2.2.55(略)

附律条例

【1646】2.2.58.(1)

一、凡官员赴任,两司、方面、行太仆、苑马寺卿、少卿,及盐运司、府州县正官,除原定朱限外,有违至一月以上,问罪;三月以上,送部别用;半年以上,罢职。内外凡领札凭官员,及佐贰、首领、杂职等官,违限一月以上,问罪;半年以上,降级别用;八个月以上,罢职。虽有中途患帖,并不准理。其进表朝觐、给由公差等项复任官员违限者,各照前例拟断。

【1670】2.2.58.(1)(略)

【1725】○删除①

原拟:官员赴任违限者,俱一体处分,并不以官之大小分别轻重。凡今无行太仆、苑

① 本条《大清律例按语》第2卷"吏律·职制·官员赴任过限"(雍正三年)条归入"修改",《钦定大清会典事例(光绪朝)》本条按语注明:"雍正三年(1725),以赴任违限,俱一体处分,无论官分别轻重之事;行太仆寺卿等官,久经裁缺;朝觐之例,亦已停止,例文删。"本条"原条例""原改条例",雍正三年《大清律集解附例》、乾隆五年(1740)《大清律例》皆不载。

马寺卿等官名色,又赴京进表、朝觐官员俱已停止,相应删去此等字句,将"违至一月以上,问罪"等句照现行例删改。谨拟删改,开载于后。

【原改条例】一、官员赴任,违限一月以上,分别罚俸;三月以上,分别降级调用;半年以上,革职。

【1646】2.2.58.(2)

一、升除出外文职,已经领敕领凭,若无故迁延过半月之上,不辞朝出城者,参提问罪。若已辞出城,复入城潜住者,改降别用。

【1670】2.2.58.(2)(略)

【1725】2.2.55.(1)

【原例】一、升除出外文职,已经领敕领凭,若无故迁延至半年之上,不辞朝出城者,参提问罪。若已辞出城,复入城潜住者,改降别用。

【1740】○修改

臣等谨按:参提问罪,并无指定罪名。查《笺释》,依违制律,应增。又"改降别用",文类《吏部处分则例》,应改。谨将增改例文,开载于后。

一、升除出外文职,已经领敕领凭,若无故迁延至半年之上,不辞朝出城者,参提,依违制律问罪。若已辞出城,复入城潜住者,交部议处。

【1740】2.2.55.(1)(略)

【1725】○增入

臣等谨按:康熙六十一年(1722)七月内,吏部议复领凭,事理类于此律,谨拟节录于后。

【续增现行例】一、凡官员领凭后,都察院转行五城严查。如有藏住躲避,不依限赴任者,报部题参。

【1725】2.2.55.(2)

【增例】(略)

【1740】○删除

臣等谨按:领凭后迁延、潜住,上一条已皆包举,此条重复,应删。

【1725】○增入

臣等谨按:雍正二年(1724)正月内,兵部议复武职给假,事理类于此律,谨拟节录于后。

【续增现行例】一、参将以下各官,概不准给假治丧葬亲。或果系独子,家无以次成丁,并所驻防守营汛,非属紧要地方,许督抚、提镇取具印甘各结,酌量假限。近者不过六个月,远者不过十个月以上,该督抚、提镇临时酌定,一并声明,请旨定夺。再于所给定限之外,或有借端称病,迟延逗遛,不即回任者,照例议处。

【1725】2.2.55.(3)

【钦定例】(略)

【1740】○删除

【1725】2.2.55.(4)

【钦定例】一、外任汉军官员,有升转来京,及年老有病、降级革职应归旗者,务于定限之内起程,照依各省远近程途定限。大路有驿站者,每日令行一站,僻路无驿站者,每日行五十里。自伊本任地方,扣定起程、到京日期,咨报该部、该旗。如有无故不速起程,或已起程,中途逗遛,或在别处居住而不进京,或本身进京,而令家口在别处居住者,即令该地方官详报督抚题参革职,交刑部治罪;已革职者,交刑部从重治罪。如该地方官不行详报,该督抚不行题参,经该部该旗查出,或科道纠参,将该地方官并督抚照定例议处。至该员已经起程,该地方官不行申报,或已申报,而督抚、提镇不行咨明该部、该旗,以致逗遛生事者,一经发觉,亦照容留之例议处。

谨案:此条系雍正五年(1727)定例。

【1740】○修改

臣等谨按:汉军官员,或来京或归旗,不得令其中途逗遛及别处居住。但云、贵边远等省,远经万里,越江过海,风信不常,又或有疾病、死丧、被盗等事,皆难定限。查律文官员赴任有此等事故,许于所在官司给状,以备照勘,应增。又交部治罪及从重治罪,俱未开载罪名。及"照例议处""照容留之例议处"文,类《处分则例》,均应增改。又乾隆二年(1737),准广东按察使王恕条奏,革职免罪之员,免其请咨押解回籍,但旗员无不给咨回旗之理,应改"给咨回旗",免其押解,附入此例。谨将增改例文,开列于后。

一、外任汉军官员,有升转来京,及年老有病、降级革职归旗者,务于定限之内起程。令该督抚、提镇,照依各省远近,大路有驿站者,日行一站,僻路无驿站者,日行五十里,酌定到京期限,咨报该部、该旗。其中途阻风、被盗、患病、丧事不能前进,仍照律听其于所在官司给状,以备照勘外,如有无故不速起程,或已起程,中途逗遛,或在别处居住,或本身进京,而令家口在别处居住者,督抚、提镇题参,交部均照违制律治罪。地方官不行详报,督抚、提镇不行题参,交部议处。或已经起程,地方官不行申报,督抚、提镇不行咨明该部、该旗,以致沿途逗遛生事者,亦交部议处。其革职免罪人员,别无未清事件,亦遵照此例,给咨催令回旗,免其沿途押解。

【1740】2.2.55.(2)(略)

【1725】2.2.55.(5)

【钦定例】一、凡汉官革职离任者,交代完日,即令起程,不得过五个月之限,京官限一月内起程。该督抚、五城司坊官,将起程日期报部,并知会原籍地方官。仍照旗员归旗例,自本任地方起至伊原籍,照站数、里数计算,扣定到籍日期。到籍之日,该督抚将并无违限之处,报部查核。倘违限不即起程,及逗遛中途,并违限一月以上者,都察院并该督抚题参到日,照议处旗员例,将该员交刑部分别治罪。该管官徇情容留,及他省官员,听革职人员遨游境内,或潜住京师,五城司坊、专汛武官不行查出驱逐,俱照容留旗员例议处。其有冤抑欲赴都察院具呈申理者,应赴本地方官具呈,详请督抚给咨来京。事竣之日,都察院转行五城司坊官发回原籍,仍知会原籍地方官。如借端留滞,照例治罪。五城司坊官徇情容留者,亦照例议处。

谨案:此条系雍正五年(1727)定例。

【1740】○修改

臣等谨按:旗人无故不许出五百里之外,故前一条中途逗遛、别处居住,皆严设定款。汉人本无不许迁移往来之例,惟原任地方,不许令其久恋,止应将起程之限,定以五月、一月。其按站回籍、逗遛、居住,照旗员之例,俱应删。再革职免罪人员,已于乾隆二年(1737)广东按察使王恕条奏,免其请咨押解,经部议准在案,应附入此例,以便遵行。再查京员与外任不同,外任官罣误,恐其久住原任地方生事,故有勒令回籍之例。若辇毂之下,士农工商,远近云集,革职之人,或有犯罪名,或因公罣误,事非一例,概令逐回,似未平允。况父任朝官,稽留省侍,子居京职,迎养高堂,亦事所时有。革职人员内,未必无此等情节,殊属可悯。查康熙三十年(1691)定有内外革职提问官员,仍行照例勒限回籍外,其余解任、休致等官,听其自便之例。今应将京官革职曾经问有罪名者,仍行勒限回籍外,其因公罣误革职人员,听其自便,庶为允当。再,京官、外官并在一条,事例繁杂,应分。谨将增删改辑例文,分别京官、外官列为两条,并开于后。

【1740】2.2.55.(3)

一、汉官革职离任,交代完日,即令起程,不得过五个月之限。该督抚将起程日期报部,并知会原籍地方官。倘违限不即起程,一月以上,照旧官十日之内不离任所律治罪。该管及地方官不行查出,交部议处。革职免罪人员,亦令按限起程,免其请咨押解。其有冤抑欲赴都察院具呈申理者,地方官给咨来京。事竣之日,发回原籍。如借端留滞,照例治罪。五城司坊官徇情容留,交部议处。

【1740】2.2.55.(4)

一、京官革职,曾经问有罪名者,限一个月内起程。五城司坊官,将起程日期报部,并知会原籍地方官。倘违限不即起程,一月以上,照例治罪。五城司坊官及地方官不行查出,亦交部议处。

【1740】2.2.55.(3)(略)

【1845】○修改

臣等谨查:此条例文内称,“汉官革职离任,交代完日,即令起程”,“倘违限一月以上,照旧官十日之内不离任所律治罪”。查定律仅载有“旧官无故十日之外不离任所者,依赴任过限论”,并无“十日之内”字样。而例文既称照律治罪,自系从前修例时,误将“外”字俱作"内"字。今届修例,应请将例内"十日之内"照律改为"十日之外",免致两相混淆。谨将修改例文,开列于后。

一、汉官革职离任,交代完日,即令起程,不得过五个月之限。该督抚将起程日期报部,并知会原籍地方官。倘违限不即起程,一月以上,照旧官十日之外不离任所律治罪。该管及地方官不行查出,交部议处。革职免罪人员,亦令按限起程,免其请咨押解。其有冤抑欲赴都察院具呈申理者,地方官给咨来京。事竣之日,发回原籍。如借端留滞,照例治罪。五城司坊官徇情容留,交部议处。

【1847】2.2.55.(3)(略)

【1740】○删除

一、旗员归旗,有逾限逗遛在外,应行枷号者,按其逗遛年月之多寡,以为枷号之期。若逗遛一年,即枷号一年。倘另有生事犯法之处,从重归结。

此条系雍正七年(1729)定例。查折责枷号,俱有定限。以逗遛之久远,定枷号之日期,则逾限三月以外,似较军、流重罪加严矣。且逾限逗遛已有定例,倘另有生事犯法,自应按照律例定议,不必另设例款,无庸纂入。

无故不朝参公座

律　文

【1646】2.2.59

凡大小官员,无故在内不朝参,在内不言公座署事,重朝参也,并论。在外不公座署事,及官吏给假限满,无故不还职役者,一日笞一十,每三日加一等,各罪止杖八十,并附过还职。不言还役,亦应照官处之。

【1670】2.2.59(略)

【1725】○修改

原拟:今无附过之例,应将"附过还职"句改为"并留职役",删去小注"吏不言还役"二句。

臣等谨按:此戒失礼而警怠缓也。一切差委、丧病之类,皆为有故。"各罪",总承上朝参、公座、给假三项言,并无差委、丧病等故。而在内不朝参、在外不公座署事,及内外官吏给假限满,并无事故,而官不还职、吏不还役,均非所以奉公勤职,故计日加罪,以惩其怠缓之失。而仍留职役者,又原其无规避之私也。

【1725】2.2.56

凡大小官员,无故在内不朝参,在内不言公座署事,重朝参也,并论。在外不公座署事,及官吏给假限满,无故不还职役者,一日笞一十,每三日加一等,各罪止杖八十,并留职役。

注:此戒失礼而警怠缓也。一切差委、丧病之类,皆为有故。"各罪",总承上朝参、公座、给假三项言。凡大小官员,在内朝参,在外公座,俱当守常规。官吏有事给

假,亦当遵定限。若无差委、丧病等项事故,而在内不朝参、在外不公座署事,及内外官吏给假限满,并无事故,而官不还职、吏不还役,均非所以奉公勤职,故计日加罪,以惩其怠缓之失。而仍留职役者,又原其无规避之私也。

【1740】2.2.56(略)

附律条例

【1646】2.2.59.(1)

一、在京见任官员,并办事进士,乞恩养病者,行原衙门勘实具奏,请旨放回。病痊之日,赴部听用,仍行巡按御史并按察司查勘。其在外方面有司官员,不许养病。果系真病,巡按并按察司查勘奏请。

【1670】2.2.59.(1)(略)

【1725】○修改

原拟:今进士无在部院办事之例,且京官病痊赴补,即具有地方官并无过犯之文投部,无到部后始行按察司查勘之处。又今无巡按御史。谨拟删改,开载于后。

【原改条例】一、在京见任官员乞恩养病者,各衙门勘实,咨行该部,具奏请旨解任。病痊之日,赴部补用。其在外司、道以下官员,不许养病。果系实病,督抚察勘奏请。

【1725】2.2.56.(1)

【原例】一、京官告假养病者,各衙门勘实,咨行吏部请旨解任。病痊之日,给咨赴部补用。

【1740】○删除

臣等谨按:以上二条并无拟罪条款,应入《吏部铨选则例》,谨删。

【1646】2.2.59.(2)

一、凡京官养病,到家调理痊可,即便依期听用。若有托故延住三年之外,起送赴部者,照例革职。若到部虽在三年之外,起文尚在三年之内,照例具由奏请定夺。

【1670】2.2.59.(2)(略)

【1725】○删除

原拟:今告病官员病痊之日赴部补用,并不勒定限期,此条拟删。

【1725】2.2.56.(2)

【钦定例】一、道、府、州、县等官,除实在老病者,督抚于疏内声明,准其休致。如有一时患病,而平日居官尚好,于地方有益者,将该员才具尚堪办事之处声明,准其回籍。俟病愈,令原籍咨部引见,仍以原缺补用。

【1740】○删除

臣等谨按:以上二条并无拟罪条款,应入《吏部铨选则例》,谨删。

＊【1740】○删除①

一、外官告病，督抚查明确实具题，令其回籍。调理痊可，有情愿起用者，于本省起文，赴部引见，仍以原缺补用。

谨案：此条系雍正五年(1727)定，乾隆五年(1740)因该条并无拟罪条款，删。

擅勾属官

律　文

【1646】2.2.60

凡上司催会公事，立文案定期限，或遣牌，或差人，行移所属衙门督并。完报。如有迟错，依律论其稽迟违错之罪。若擅勾属官，拘唤吏典听事，及差占推官、司狱、各州县首领官，因而妨废公务者，上司官吏笞四十。若属官承顺逢迎，及差拨吏典赴上司听事者，罪亦如之。其有必合追对刑名、查勘钱粮、监督造作重事，方许勾问，事毕随即发落。无故稽留三日者，笞二十，每三日加一等，罪止笞五十。勾问，谓勾问其事情，非勾拘问罪也。若问罪，则"名例"明开上司不许径自勾问矣。

【1670】2.2.60(略)

【1725】○修改

原拟：今无推官，应删去此二字。

臣等谨按：此禁上司之擅扰下属，并属官之迎合上司也。"催"是催促，"会"是会计。稽迟，如造作过期、钱粮违限之类，并一切公务皆是。稽迟不报，依稽程律论。违错施行，依失错律论。差是差委，占是占留。勾，传唤之意；问，是面质明白，非勾提拿问也。前言擅扰之罪，次言迎合之罪，末言勾问事毕无故稽留之罪。

【1725】2.2.57

凡上司催会公事，立文案定期限，或遣牌，或差人，行移所属衙门督并。完报。如有迟错，依律论其稽迟违错之罪。若擅勾属官，拘唤吏典听事，及差占司狱、各州县首领官，因而妨废公务者，上司官吏笞四十。若属官承顺逢迎，及差拨吏典赴上司听事者，罪亦如之。其有必合追对刑名、查勘钱粮、监督造作重事，方许勾问，事毕随即发落。无故稽留三日者，笞二十，每三日加一等，罪止笞五十。勾问，谓勾问其事情，非勾拘问罪也。若问罪，则"名例"明开上司不许径自勾问矣。

注：此禁上司之擅扰下属，并属官之迎合上司也。"催"是催促，"会"是会计。稽迟，如造作过期、钱粮违限之类，并一切公务皆是。稽迟，依稽程律；违错，依失错律科罪。若上司擅勾、拘唤、差占，以致误公，及下司承顺者，并笞四十。其合勾问，事毕稽留者，计日论罪。

【1740】2.2.57(略)

---

① 本条条例及按语，见于《钦定大清会典事例(光绪朝)》。

附律条例

【1646】2.2.60.(1)

一、抚按按临之处,其都司、布政司、按察司,及卫所、府州县官,相见之后,各回衙门办事。每日不许伺候作揖,及早晚听事。遇有事务,许唤首领官吏抄案,或佐贰一员前来发落,不许辄唤正官。或有合令正、佐官计议事务,或正、佐官自来禀白者,不在此例。按察司官分巡同,都司、布政司,所至亦同。违者,从风宪官举劾。

【1670】2.2.60.(1)(略)

【1725】○修改

原拟:今无巡按,应改"抚按"字为"督抚"。

【1725】2.2.57.(1)

【原例】一、督抚按临之处,其司、府、州、县官,相见之后,各回衙门办事。每日不许伺候作揖,及早晚听事。遇有事务,许唤首领官吏抄案,或佐贰一员前来发落,不许辄唤正官。或有合令正、佐官计议事务,或正、佐官自来禀白者,不在此例。司、道所至亦同,违者,从风宪官举劾。

【1740】○删除

臣等谨按:此条止有举劾,并无应定罪名,系《吏部处分则例》,与律例无涉,应删。

官吏给由

律 文

【1646】2.2.61

凡各衙门官吏考满给由到吏部,考功司限五日移付各司查勘脚色、行止等项。完备,以凭类选铨注。若不即付勘完备者,迟一日,吏典笞一十,每一日加一等,罪止笞四十。首领官减一等。○若给由官吏于文内将任内公私过名隐漏不报者,以所隐之罪坐之。若罚赎、记过者,亦各以所罚、所记之罪坐之。若报重罪为轻罪者,坐以所剩罪。当该官司符同隐漏者,与同罪。若各衙门官吏已承行给由转报开写详尽。而于转申上司之时差写脱漏,及上司失于查照依错转申者,并以失错、漏报卷宗科断。○其漏附履历行止者,一人至三人,吏典笞一十,每三人加一等,罪止笞四十。○若给由人通同当该官吏,有增减月日,更易地方,改换出身,蔽匿过名者,并杖一百,罢职役不叙。○给由官吏有所规避及当该官吏受赃者,各从重论。统上文。凡给由官吏,并经该衙门官吏,及吏部官吏,若受赃,俱从重论。

【1670】2.2.61(略)

【1725】○删除

原拟:旧例凡见役应考满官员,将任内行过事迹,上司官勘实,攒造文簿,交付本官亲赍投部,是为给由。今官吏既无考满给由之例,此律拟删。

附律条例

【1646】2.2.61.(1)

一、在京官满后三月,无故不给由者,参问,公差准理。

【1670】2.2.61.(1)(略)

【1646】2.2.61.(2)

一、在外有司,府、州、县官,三年考满,将本官任内行过事迹,保勘核实明白,出给纸牌,攒造事迹功业文册、纪功文簿、称臣佥名,交付本官亲赍给由。如县官给由到州,州官当面察其言行、办事勤惰,从实考核"称职""平常""不称职"词语。州官给由到府,府官给由到布政司如之。以上俱从按察司官核考,仍将考核词语呈部。直隶府、州、县官考核,本部复考类奏,俱以九年通考黜陟。其云南有司官员,任满给由,一体考核,不称职者黜降。原系边方,具奏复任,九年通考。

【1670】2.2.61.(2)(略)

【1646】2.2.61.(3)

一、在外起送考满官,俱要合干上司查勘明白,一一具结。如无一处印信保结者,行查。

【1670】2.2.61.(3)(略)

【1646】2.2.61.(4)

一、内外杂职官,三年给由。无私过,未入流升从九品,从九品升正九品。税课司局及河泊所、仓库官,先于户部查理岁课,军器、织染、杂造等局官,送工部查理造作花销明白,送部通类具奏。其仓官收粮不及千石者,本等用。亏折赔纳足备者,照依品级降用。其有杖、笞者,本等用。但犯赃私,并私罪曾经杖断,未入流降边远,从九品降未入流。不识字者,本等用。如有学无成效及罢闲生员,除授杂职者,犯赃私杖罪,发在京衙门书写。

【1670】2.2.61.(4)(略)

【1646】2.2.61.(5)

一、官员三年任满(不论前任、后任,通作三年。)给由,以领文日为始,若到部过限四个月之上,送问;一年之上,发回致仕。其九年任满者,一年之上,送问;二年之上,发回致仕。虽有事故,并不准理。若九年已满,托故在任久住,不行赴部,及不申缺者,参提究问,就彼革职回籍,冠带闲住。

【1670】2.2.61.(5)(略)

【1646】2.2.61.(6)

一、在外吏典,除役内丁忧,及人多缺少,在官服役听参外,若一考满后,不行转参,两考满后,不行给由,辗转捏故在役管事,或歇役三年之上,就彼问发为民。中间虽有事故,亦不准理。其故违收参起送官吏,参究治罪。若两考役满,接丧丁忧服满,迁延三年之上,不行起复者,亦发为民。其未及三年者,果有事故实迹,各该衙门保结起送,吏部查照定夺。虽在三年之内起送,过限到部者,送问重历。重历即纳旷。

【1670】2.2.61.(6)(略)

【1646】2.2.61.(7)

一、考满各府管粮,及州县掌印管粮官,查勘任内经手钱粮,不分起、存,系布政司者,布政司类造,系直隶者,府、州类造。内有起解,司、府、州存库听候总运,并遇革职减免者,俱明白填写,给付赍投吏部。先行户部,将循环并岁报文册,查对完足,回报吏部,准令给由。未完,仍发回任追补,经该官吏参问。若将行复遇科派,势难猝完,及原非旧额,或有蠲免者,俱准给由。果有别项贤能,不待考满,推升行取者,照前查有拖欠,追完方许离任。革即敕。

【1670】2.2.61.(7)(略)

【1725】○删除

原拟:以上七条,俱给由之例。官吏给由今已不行,律文既经拟删,此七条亦应一并删去。

奸　党

律　文

【1646】2.2.62

凡奸邪将不该死的人进谗言左道使朝廷杀人者,斩。监候。○若犯罪律该处死,其大臣小官,巧言谏免,暗邀市恩,以结人心者,亦斩。监候。○若在朝官员,交结朋党,紊乱朝政者,凡朋党官员皆斩,监候。妻子为奴,财产入官。○若刑部及大小各衙门官吏,不执法律,听从上司主使,出入已决放者。人罪者,罪亦如之。若有不避权势,明具实迹,亲赴御前,执法陈诉者,罪坐奸臣,言告之人虽业已听从,致罪有出入,亦得与免本罪,仍将犯人财产,均给若止一人陈奏,全给。充赏,有官者升二等,无官者量与一官,或不愿官者。赏银二千两。左使杀人,谓不由正理,借引别事,以激怒人主,杀其人以快己意。刑部而上言上司,乃指宰执大臣有权势者言也。

【1670】2.2.62(略)

【1725】2.2.58

凡奸邪将不该死之人进谗言左使杀人者,斩。监候。○若犯罪律该处死,其大臣小官,巧言谏免,暗邀市恩,以结人心者,亦斩。监候。○若在朝官员,交结朋党,紊乱朝政者,凡朋党官员皆斩,监候。妻子为奴,财产入官。○若刑部及大小各衙门官吏,不执法律,听从上司主使,出入已决放人罪者,罪亦如之。若有不避权势,明具实迹,亲赴御前,执法陈诉者,罪坐奸臣,言告之人虽业已听从,致罪有出入,亦得与免本罪,仍将犯人财产,均给若止一人陈奏,全给。充赏,有官者升二等,无官者量与一官,或不愿官者。赏银二千两。左使杀人,谓不由正理,借引别事,以激怒人主,杀其人以快己意。刑部而上言上司,乃指宰执大臣有权势者言也。

注:此指人臣欺罔乱政者而言也。前三节正言奸党之罪。第四节事同奸党,因并及之。左使杀人,是怨归于君;巧言谏免,是德归于己,故并斩。然此二条,作奸者,犹止一身;紊乱者,犹止一事。若相与交结,朋比为党,互生异议,以紊乱政令,则其罪更重。况左使、谏免,虽欺罔行私,而生杀之权,犹自上出。交结紊乱,则背公植党,将威福之柄,几至下移。故罪无首从,皆斩,妻子为奴,财产入官。若问拟刑名,不执法律,听从奸邪主使出入,则蔑纲纪之是非,而奉权要之私意,是即朋党乱政,故罪亦如之。若不避权势,明具主使出入实迹陈奏者,虽业已听从,亦免本罪。既开首免之门,又重告言之赏,所以遏奸恶于初萌也。

臣等谨按:此指人臣欺罔乱政者而言也。前三节正言奸党之罪。第四节事同奸党,因并及之。左使杀人,是怨归于君;巧言谏免,是德归于己,故皆坐斩。然此二条,所作奸者,犹止一身;所紊乱者,犹止一事。若相与交结,朋比为党,互相异议,以紊乱国家政令,则其罪为更重。盖左使、谏免,虽欺罔行私,而生杀之权,犹自上出。交结紊乱,则背公植党,将威福之柄,几至下移。故罪无首从,皆斩,妻子为奴,财产入官。若问拟刑名,不执法律,听从奸邪主使出入,则蔑国家之纪纲,而奉权要之私意,是即朋党乱政,故罪亦如之。不避权势,明具主使出入实迹陈奏者,虽业已听从,亦免本罪。既开首免之门,又重告言之赏,所以遏奸恶于初萌也。

【1740】○修改

臣等谨按:此律专为奸邪而设。律内听从主使之上司,即下文坐罪之奸臣。"上司"下增注"指奸臣"三字,则文义明显。既经增注,则末后"刑部而上言上司"等注可删。再注内"不由正理,借引别事"等句,专为批注"左使杀人"句,应移在"左使杀人"下。谨将增删律注,开列于后。

凡奸邪将不该死之人进谗言左使杀人不由正理,借引别事,以激怒人主,杀其人以快己意。者,斩。监候。○若犯罪律该处死,其大臣小官,巧言谏免,暗邀市恩,以结人心者,亦斩。监候。○若在朝官员,交结朋党,紊乱朝政者,凡朋党官员皆斩,监候。妻子为奴,财产入官。○若刑部及大小各衙门官吏,不执法律,听从上司指奸臣。主使,出入已决放。人罪者,罪亦如之。若有不避权势,明具实迹,亲赴御前,执法陈诉者,罪坐奸臣,言告之人虽业已听从,致罪有出入,亦得与免本罪,仍将犯人财产,均给若止一人陈奏,全给。充赏,有官者升二等,无官者量与一官,或不愿官者。赏银二千两。

【1740】2.2.58

交结近侍官员

律　文

【1646】2.2.63　交结近侍官员近侍,包宰执、六科、尚宝、銮仪卫等衙门言。

凡诸衙门官吏,若与内官及近侍人员,互相交结,漏泄机密事情,夤缘作弊,内外交通、泄漏事情。

而符同奏启以图乘机迎合者,皆斩,监候。妻、子流二千里安置。此亦奸党一节,但漏泄较紊乱少轻,故止流而安置其妻、子,不籍没其家产。若止以亲故往来,无夤缘等弊,不用此律。

【1670】2.2.63(略)

【1725】○修改

原拟:小注内所指宰执、六科衙门,包括近侍官员不尽,且今无尚宝司,应删去此注。

臣等谨按:此严交结营私之罪以示惩也。内官及近侍人员,皆属近御之臣。若内外大小官吏,与之互相交结,将机密事情漏泄于外,以致倚托牵引,作为奸弊,扶同奏启,罪莫大焉。盖因漏泄而启夤缘之端,因夤缘而有欺罔之弊。追究根源,皆自交结始,故重禁之。

【1725】2.2.59　交结近侍官员

律文(略)

注:此严交结营私之罪以示惩也。内官及近侍人员,皆属近御之臣。若内外大小官吏,与之互相交结,将机密事情漏泄于外,以致倚托牵引,作为奸弊,扶同奏启,罪莫大焉。盖因漏泄而启夤缘之端,因夤缘而有欺罔之弊。追究根源,皆自交结始,故重禁之。

【1740】2.2.59(略)

附律条例

【1646】2.2.63.(1)

一、罢闲官吏,在京潜住,有擅出入禁门交结的,各门仔细盘诘,拿送该法司着实究问,发烟瘴地面永远充军。

【1670】2.2.63.(1)(略)

【1725】2.2.59.(1)

【原例】一、罢闲官吏,在京潜住,有擅出入禁门交结者,各门仔细盘诘,拿送该法司着实究问,发烟瘴地面永远充军。

【1740】○修改

臣等谨按:此条系前代旨意载入条例。其"仔细盘诘""着实究问"等语,于律例文义不合,应改。谨将改辑例文,开列于后。

一、罢闲官吏,在京潜住,有擅出入禁门交结者,各门盘诘,拿送法司问实,发烟瘴地面充军。

【1740】2.2.59.(1)(略)

【1772】○续纂

臣等谨按:此条系乾隆三十四年(1769)十月内钦奉上谕,应恭纂为例,以便遵行。

一、各旗王公所属人员,除服官在京者,如遇年节生辰,仍准其向各门往来外,其现居外任,因事来京者,概不许于本管王公处谒见通问,违者本人从重治罪,该管王公亦一体惩治。

【1790】2.2.59.(2)(略)

【1801】○修改

臣等谨按:此条系乾隆三十四年(1769)定例。查王公所属人员,现居外任,如因事来京,于本管王公处谒见通问,审无夤缘情弊者,应照违制律杖一百。如有前项情弊,应按其所犯照例治罪。例内"从重治罪"四字应行修改。谨将修改例文,开列于后。

一、各旗王公所属人员,除服官在京者,如遇年节生辰,仍准其向各府往来外,其现居外任,因事来京者,概不许于本管王公处谒见通问。违者,杖一百发落。如有夤缘馈送等弊,计赃从其重者论。该管王公容令谒见者,交宗人府照违制律议处。若私通书信,有所求索借贷,及先自馈遗,希图厚报者,交宗人府计赃治罪。

【1802】2.2.59.(2)(略)

上言大臣德政

律　文

【1646】2.2.64

凡诸衙门官吏及士庶人等,若有上言宰执(执政。)大臣美政才德者,(非图引用,便系报私。)即是奸党,务要鞫问穷究(所以阿附大臣)来历明白,犯人(连名上言,止坐为首者。)处斩,(监候。)妻、子为奴,财产入官。若宰执大臣知情,与同罪。不知者不坐。(大臣知情与同罪,亦依"名例"至死减一等法,杖一百、流三千里,不追及妻子、财产。及系应议大臣,请旨定夺。)

【1670】2.2.64(略)

【1725】2.2.60

凡诸衙门官吏及士庶人等,若有上言宰执(执政。)大臣美政才德者,(非图引用,便系报私。)即是奸党,务要鞫问穷究(所以阿附大臣)来历明白,犯人(连名上言,止坐为首者。)处斩,(监候。)妻、子为奴,财产入官。若宰执大臣知情,与同罪。不知者不坐。(大臣知情与同罪,亦依"名例"至死减一等法,杖一百、流三千里,不追及妻子、财产。)

注:此严禁阿附大臣以杜朋党之萌也。上言德政,或铺张美政,或表扬才德。揆其上言之意,必有交结之私。此等人即是奸邪朋党,故重禁之。前奸党律,不分首从;此律云"即是奸党",而止坐为首者。前之交结朋党,恶其同于乱政;此上言德政,止托诸空言,所以坐罪稍异也。

臣等谨按:此严禁阿附大臣以杜朋党之萌也。上言德政,或铺张美政,或表扬才德。揆其上言之意,必有交结之私。此等人即是奸邪朋党,故重禁之。前奸党律,不分首从;此律云"即是奸党",而得分首从者。前之交结朋党,恶其同于乱政;此上言德政,尚止托诸空言,所以坐罪稍异也。

【1740】2.2.60(略)

附律条例

【1725】○增入

臣等谨按：康熙三十年（1691）三月内，吏部题复百姓保留督抚等官，事理类于此律，谨拟节录于后。

【续增现行例】一、督抚等官，或升任、更调、降谪、丁忧离任，而地方百姓赴京保留控告者，不准行，将来告之人，交与该部治罪。若下属交结上官，派敛资斧，驱民献媚，或本官留恋地方，授之意指，借公行私，事发得实，亦交该部从重治罪。

【1725】2.2.60.（1）

【增例】（略）

【1740】2.2.60.（1）（略）

【吏律·公式】

讲读律令

律　文

【1646】2.3.65

凡国家律令，参酌事情轻重，定立罪名，颁行天下，永为遵守。百司官吏，务要熟读，讲明律意，剖决事务。每遇年终，在内从察院，在外从分巡御史、提刑按察司官按治去处考校。若有不能讲解、不晓律意者，初犯罚俸钱一月，再犯笞四十、附过，三犯于本衙门递降叙用。〇其百工技艺诸色人等，有能熟读讲解，通晓律意者，若犯过失，及因人连累致罪，不问轻重，并免一次。其事干谋反、叛逆者，不用此律。〇若官吏人等挟诈欺公，妄生异议，擅为更改，变乱成法即律令。者，斩。监候。

【1670】2.3.65（略）

【1725】〇修改

原拟：官吏俱应讲读律令，但今无在内从察院、在外从按察司年终考校，及不晓律意三犯递降叙用之例，应将"每遇年终"以下句改为"在内在外，各从上司官考校。若有不能讲解、不晓律意者，官罚俸一月，吏笞四十"。

臣等谨按：此欲人知律法而永遵守也。律令皆就所犯之事情，参酌轻重，以定罪名，使天下臣民永行遵守。内外百司官吏，务须熟读其文，讲明其意，然后引断不谬，而刑罚得中。故从上司官考校，而定其处分，所以惩不讲读者之失也。有错误、连累等罪，得免一次，所以为能讲读者之劝也。其事干谋反、逆叛，则情罪重大，自不得以通晓律令而免，故曰不用此律。末节是防纷更乱政之渐也。

【1725】2.3.61

凡国家律令，参酌事情轻重，定立罪名，颁行天下，永为遵守。百司官吏，务要熟读，讲明律意，剖决事务。每遇年终，在内在外，各从上司官考校。若有不能讲解、不晓律意者，官罚俸一月，吏笞四十。〇其百工技艺诸色人等，有能熟读讲解，通晓律意者，若犯过失，及因人连累致罪，不问轻重，并免一次。其事干谋反、叛逆，不用此律。〇若官吏人等挟诈欺公，妄生异议，擅为更改，变乱成法即律令。者，斩。监候。

注：此欲人知律法而永遵守也。凡制置律令，皆就所犯之事情，参酌轻重，以定立罪名，使天下臣民永行遵守。内外百司官吏，务须熟读其文，讲明其意，然后引断不谬，而刑罚得中。若经上司官考校，有不能讲明、通晓者，官罚俸一月，吏笞四十。其百工技艺、军民人等，有能熟读精晓者，如犯过误、失错及因人连累致罪，不问事情

轻重,并得免罪一次,以为能讲读者之劝。其事干谋反、叛逆,则虽连累、缘坐,并故纵、隐藏,及知而不首者,俱不得以通晓律令而免,故曰不用此律。若官吏人等挟诈欺公,倡为异议,擅将律令更改,变乱已成之法者,坐斩监候,又所以严纷更乱政者之防也。

【1740】2.3.61(略)

附律条例

＊**【1725】○增入**①

【现行例】一、颁发老人上谕,载入从前"上谕十六条"内,行令直隶各省府、州、县及有土司之处,照例于月朔并行讲解。

臣等谨按:此条类于"讲读律令"律,应增入条例后。

【1740】○删除

一、各衙门应行律例,各宜留心讲解。内官即交各部院堂官考校;外官则交于各省督抚,饬令各该府州就近考校,将曾否通晓之处,详明督抚。于属员因公进见之时,留心考试。每于岁底,将内外各官通晓律例者,咨明吏部注册。遇有升迁之时,注明"能晓律例",以示鼓励。其不能讲解者,交部议处。至于各衙门吏典,即交与该管官岁底考核。如有通晓律例者,役满咨部考职之日,即于咨内声明,卷面印"一、通晓律例"字样,酌量优取。如有不能讲解者,照律治罪。

此条系雍正十一年(1733)定例。其分别内外官讲读律令,责成各上司考校,及违者治罪之处,已包举律文之内。至于官方吏治,教养为先,才守并重,京察、大计各有考语。通晓律例止属一节,不便另列条款。其吏典考职填写卷面,亦启夤缘之渐。此条毋庸纂入。

制书有违

律　文

【1646】2.3.66　制书有违天子之言曰制书,则载其言者,如诏、赦、谕、札之类。若奏准施行者,不在此内。

凡奉制书有所施行,而故违不行者,杖一百。违皇太子令旨者,同罪。违亲王令者,杖九十。失错旨意者,或文义深远难明而错解,则误在一处,若正文明白,传写违错,则误者众,故罪有差等耳。各减三等。○其稽缓制书及皇太子令旨者,一日笞五十,每一日加一等,罪止杖一百。稽缓亲王令者,各减一等。有御宝方是制书。若誊黄翻刻,依官文书论。

---

① 增入此条现行例之说见于《大清律例按语》第3卷"吏律・公式・讲读律令"(雍正三年)条,雍正三年(1725)《大清律集解附例》、乾隆五年(1740)《大清律例》皆不载。

【1670】2.3.66(略)

【1725】○修改

原拟:“亲王令旨”应改为“亲王令”。

臣等谨按:此言人臣当遵君命而速奉行也。制书,凡诏、赦、札、谕皆是。故违,是托故有违。失错,总承上制书、太子令旨、亲王令三项言。失者,失于详看;错者,错解误行。稽缓,谓不即奉行,迟留沉搁。前节言故违、失错之罪,末节言稽缓之罪。

【1725】2.3.62　制书有违天子之言曰制书,则载其言者,如诏、赦、谕、札之类。若奏准施行者,不在此内。

凡奉制书有所施行,而故违不行者,杖一百。违皇太子令旨者,同罪。失错旨意者,各减三等。○其稽缓制书及皇太子令旨者,一日笞五十,每一日加一等,罪止杖一百。

注:此言人臣当遵君命而速奉行也。制书出自朝廷,为人臣者,自应详慎遵依。故凡奉诏、赦、札、谕,有所施行之事,而故违不行者,杖一百。违皇太子令旨者,罪亦如之。如因未谙文义,失于详看,意指将制书令旨及其内事理,错解误行者,原非有意,各减三等。其制书令旨既出,所司不即奉行,迟留沉搁者,一日笞五十,计日加等,至六日以上,罪止杖一百。

【1740】2.3.62　制书有违天子之言曰制书,则载其言者,如诏、赦、谕、敕之类。若奏准施行者,不在此内。(略)

附律条例

【1725】2.3.62.(1)

【钦定例】一、每年十月三十日,恭逢皇上万寿圣节,前后九日内不理刑名;自十月初十日至十一月初十日,此三十日,不行刑。

【1740】○删除

臣等伏思:万寿圣节通行遵奉,似非律例之所应载,不敢登录。

【1740】○删除

一、各省解送物件,及修筑工程,不许插上用黄旗。各省大小衙门所属官弁,其一应灯笼,只许写本人职衔;书役人等,写某衙门某科字样,并不许冒借本管职衔。如违,以违制论。

此条系雍正十一年(1733)定例。查解送物件、修筑工程等项,插上用黄旗,不过为所过城市车马拥挤,免其撞击损伤。倘有作弊之处,自有各律正条,无庸纂入。

弃毁制书印信

律　文

【1646】2.3.67　弃毁制书印信二条。①

凡故意弃毁制书,及起马御宝圣旨、谓兵部起铺马脚力,必关领内府御宝圣旨是也。起船符验,系织成符篆以为证验。二项皆使臣行于四方者。若各衙门印信,及夜巡铜牌者,斩。监候。若弃毁官文书者,杖一百。有所规避者,从重论。事干军机、钱粮者,绞。监候。事干军机,恐致失误,故虽无钱粮亦绞。若侵欺钱粮,弃毁欲图规避,以致临敌告乏,故罪亦同科。当该官吏知而不举,与犯人同罪。至死减一等。不知者不坐。误毁者,各减三等。其因水火、盗贼毁失有显迹者,不坐。

【1670】2.3.67　弃毁制书印信二条。(略)

【1646】2.3.68

若遗失制书、圣旨、符验、印信、巡牌者,杖九十、徒二年半。若官文书,杖七十;事干军机、钱粮者,杖九十、徒二年半。俱停俸责寻,三十日得见者免罪。限外不获,依上科罪。〇若主守官物,遗失簿书,以致钱粮数目错乱者,杖八十。亦住俸责寻。限内得见者,亦免罪。〇其各衙门吏典考满替代者,明立案验,将原管文卷,交付接管之人。违而不立案交付者,杖旧吏八十。首领官吏,不候吏典交割,符同给由起送离役者,罪亦如之。

【1670】2.3.68(略)

【1725】〇修改

原拟:今起马、起船,并无关领御宝、圣旨及织成符验之例,且无夜巡铜牌,拟将正律内"起马""起船"二句,及"符验""巡牌"等字并注俱删去。又,吏典"给由"应改"给照"。

臣等谨按:此重王言而昭信守、谨文案而杜欺弊也。前言故意弃毁之罪。故意弃毁,则全无法纪,故各分别从重。继言无心误失之罪。无心误失,则情可矜原,故各分别得减。末节专言吏典替代朦混扶同之罪。旧不交明,则新者何从接管?不待交明,而辄给照起送,则遗失卷宗,何人取问?未完事件,何人承受?故旧吏及给照之首领官、承行吏俱坐重杖。

【1725】2.3.63　弃毁制书印信

凡故意弃毁制书,及各衙门印信者,斩。监候。若弃毁官文书者,杖一百。有所规避者,从重论。事干军机、钱粮者,绞。监候。〇事干军机,恐致失误,故虽无钱粮亦绞。若侵欺钱粮,弃毁欲图规避,以致临敌告乏,故罪亦同科。当该官吏知而不举,与犯人同罪。至死减一等。不知者不坐。误毁者,各减三等。其因水火、盗贼毁失有显迹者,不坐。〇若遗失制书、圣旨、印信者,杖九十、徒二年半。若官文书,杖

---

① 顺治三年(1646)《大清律》卷首律目及本条律目下均注明"二条",但实未区分,第二条前以分节符号"〇"分割,易混淆,今据《大明律》分条,以相符合。另,《大明律》(万历四十年序刊本)第二条前无分节符号"〇",而以"凡"字起首,顺治三年《大清律》改"凡"字为"若"字,则条与条之间无以区分,顺治三年《大清律》另加分节符号"〇",反而易混淆。

七十；事干军机、钱粮者，杖九十、徒二年半。俱停俸责寻，三十日得见者免罪。限外不获，依上科罪。○若主守官物，遗失簿书，以致钱粮数目错乱者，杖八十。亦住俸责寻。限内得见者，亦免罪。○其各衙门吏典役满替代者，明立案验，将原管文卷，交付接管之人。违而不立案交付者，杖旧吏八十。首领官吏，不候吏典交割，扶同给照起送离役者，罪亦如之。

注：此重王言而昭信守、谨文案以绝欺弊也。凡诏、敕等项制书，及各衙门印信、关防，皆颁自朝廷，关系甚重。倘故意蔑弃、毁坏，是全无法纪矣，故拟斩监候。若弃毁官文书，而情无规避者，止杖一百。有所规求隐避，故意弃毁，其罪重于杖一百者，则从所规避之重罪科断。事干军情机务，及供应军前粮饷文书，而弃毁者，拟绞监候。盖军事至重，文书弃毁，必致有所贻误，不可以寻常官文书一例议罪也。若当该官吏知弃毁之情而不举者，与犯人同罪，至死减一等，不知者不坐。其出于无心而错误毁坏者，制书、印信，及干系军机、钱粮之官文书，并杖九十、徒二年半；不干军机、钱粮者，杖七十，故曰各减三等。其因水火、盗贼毁失，经所在官司验勘，果有显迹者，事出不虞，俱不坐罪。至若无心遗失，亦与误毁者同得各减三等，但俱住俸责令追寻。三十日内得见者免罪；限外不获，依上科断。若主守官物之人，遗失所掌簿书，以致钱粮出入数目错乱不明，无所稽考者，比事干军机有间，故止杖八十，亦住俸责寻。如于限内得见者，亦各免罪。此皆矜其误失，而原情以减等也。其各衙门吏典役满，新吏替代之时，即当明立文案，将原管一应已结未结案件，交付接管新吏收掌，庶不致彼此朦混，遗失卷宗。若不立案交付者，旧吏杖八十。首领官及承行吏，不待新旧吏交明卷宗，辄将旧吏扶同给与执照，起送离役者，亦杖八十，故曰罪亦如之。此又所以防朦混、杜弊端也。

【1740】2.3.63　弃毁制书印信（略）

附律条例

【1725】2.3.63.(1)

【钦定例】一、部院各衙门案卷，专责满汉司员，躬亲检点，记明号件，小心收贮。若遇迁转，将一切经管卷案，逐件交代，出具并无遗失甘结存案。倘有不肖官吏，通同作弊，盗取改易者，俱照弃毁文书律问罪。有所规避，从重论。

【1740】○删除

臣等谨按：各衙门文卷，律内责成吏典交割。若首领官吏不候交割，扶同给照，罪亦如之。则官吏均有定罪矣。官遇迁转，再令出结存案，事属重叠。且如官吏通同作弊，盗取改易，自应按其所作之弊，分别轻重，各照本条治罪。若俱照弃毁文书律定拟，亦属未协。此条应删。

【1740】○增入

【原例】一、缘事降调及病故之员，凡有从前未缴朱批奏折，令本身及家属呈明本省督抚、本旗都统代缴。倘有隐匿收存者,一经发觉,从重治罪。赏给西洋锁匙折匣,亦令缴进。至于恩赐御书诗字,除因公诖误及休致降调人员外,若干犯法纪,例应追夺诰命之员,将御书一并追缴。

此条系雍正十一年(1733)定例。赏给西洋折匣,系一时特恩,不必纂入条例。至追缴御书,应移入"名例·以理去官"条下,此处应删。谨将删辑例文,开列于后。

一、缘事降调及病故之员,凡有从前未缴朱批奏折,令本身及家属呈明本省督抚、本旗都统代缴。倘有隐匿收存者,一经发觉,交部议处。

【1740】2.3.63.(2)(略)

【1801】○修改

臣等谨按:此条系雍正十二年(1734)定例。查缘事降调及病故之员,凡有从前未缴朱批奏折,令本身及家属呈缴,倘有隐匿收存者,降调之本身应交部议处,故员之家属应照违制律杖一百,系官亦交部议处,仍令呈缴。例内"议处"二字殊未明晰,应行分别修改。谨将修改例文,开列于后。

一、缘事降调及病故之员,凡有从前未缴朱批奏折,令本身及家属呈明本省督抚、本旗都统代缴。倘有隐匿收存者,一经发觉,降调之本身,交部议处;故员之家属,照违制律杖一百,系官亦交部议处,仍令呈缴。

【1802】2.3.63.(2)(略)

【1740】○删除

一、刑部安徽、江西、福建、广东、山西、河南、贵州、云南等八司,每司分管一旗。凡八旗送部事件,及左右司所办奏过各案,俟各司办理完结之后,即将清汉稿抄录核对清楚,钤盖印信,移付该管旗分之司,具稿呈堂,加谨收贮。其八旗一应条奏定例,并刑部通行八旗各案,以及八旗咨报咨查案件,俱令专管之司,照旗分办稿存案。如该司官吏,将收贮档案册籍,不加谨封固,致有遗失者,即将该司官题参,书吏严加治罪。

此条系雍正十二年(1734)定例。查各司职掌,载在《会典》,统不入律。至于官吏遗失档案治罪之处,律内开载甚明,不必另立条款,毋庸纂入。

【1740】2.3.63.(1)

一、凡直省、州、县交代时,将任内自行审理户婚、田土、钱债等项案件,粘连卷宗,钤盖印信,造入交盘册内。仍汇录印簿,摘取事由,照依年月,编号登记,注明经承姓名,随同卷宗交代。并将历任递交之案,一并检齐,加具并无藏匿抽改甘结,交代接任之员,报明上司查核。倘有不肖胥吏,不行查明交代,照不将文卷交代接管之人律杖八十。其有乘机隐匿、添改、作弊等情,照盗取卷案改易例治罪。受财者,以枉法从重论。将失察之该管官,照例议处。

此条系户部议准定例。

【1767】○修改

一、凡直省州县，无论正、署，俱于离任时，将任内自行审理户婚、田土、钱债等项，一切已结卷宗，及犯证、呈状、供词，均于接缝处钤印，照依年月，编号登记，注明经承姓名，造册交代。并将历任递交之案，一并检齐，加具并无藏匿抽改甘结，交代接任之员，报明上司查核。其未结各案，分别内结、外结，及上司批审、邻省咨查，并自理各项，俱开注事由、月日，造册交代。接任官限一个月按册查核。如并无隐匿、遗漏，即出具印结，照造款册，由府核明加结，详赍巡道、臬司存核查催。臬司查明，仍将印结移送藩司，入于交代案内汇详。府、州交代，一例办理。倘有不肖胥吏，不行查明交代者，杖八十。其有乘机隐匿、添改、作弊等情，各按其所作之弊，悉照本条治罪。受财者，以枉法从重论。其州县官失察，及造册迟延、遗漏、隐匿，并希图省事，或卷不黏连，或黏连不用印，以致胥吏乘机舞弊者，该管上司查参，照例分别议处。

臣等谨按：此条系州县交代已结未结案件定例。查乾隆二十九年(1764)三月内，左副都御史罗源汉条奏，将粘连卷宗之处加入通案犯证、供词，于接缝处钤印，并将希图省事，不行粘连卷宗之州县加以议处。又乾隆三十年(1765)二月内，湖北按察使雷畅条奏，州县毋论正、署，俱于离任时，将一切已结未结各案造册交代，接任官查核，照造款册，由府核明，申送道、司存查。府、州、县交代，一例办理各等语，俱已增入此条之内。再原例内有乘机隐匿、添改、作弊等情，照盗取卷案改易例治罪等语。查乾隆五年(1740)纂修律例时，业经奏准，改为"各按其所作之弊，悉照本条治罪"。

【1768】2.3.63.(1)(略)

【1852】○修改

于"照造款册"句下，增入"由知府、直隶州知州"数字，改"府、州交代"句为"知府、直隶州交代，亦照此办理"。

一、凡直省州县，无论正、署，俱于离任时，将任内自行审理户婚、田土、钱债等项，一切已结卷宗，及犯证、呈状、供词，均于接缝处钤印，照依年月，编号登记，注明经承姓名，造册交代。并将历任递交之案，一并检齐，加具并无藏匿抽改甘结，交代接任之员，报明上司查核。其未结各案，分别内结、外结，及上司批审、邻省咨查，并自理各项，俱开注事由、月日，造册交代。接任官限一个月按册查核。如并无隐匿、遗漏，即出具印结，照造款册，由知府、直隶州知州核明加结，详赍巡道、臬司存核查催。臬司查明，仍将印结移送藩司，入于交代案内汇详。知府、直隶州知州交代，亦照此办理。倘有不肖胥吏，不行查明交代者，杖八十。其有乘机隐匿、添改、作弊等情，各按其所作之弊，悉照本条治罪，受财者以枉法从重论。其州县官失察，及造册迟延、遗漏、隐匿，并希图省事，或卷不黏连，或黏连不用印，以致胥吏乘机舞弊者，该管上司查参，照例分别议处。

【1870】2.3.63.(1)(略)

【1746】○续纂

一、大小衙门,将奉行条例,汇齐造册,于新旧交盘之时,一体交盘。如有遗漏,将典吏照遗失官文书律治罪,该管官交部议处。

臣等谨按:此条系乾隆五年(1740)四月内,臣部议复原任湖北按察使石去浮条奏定例,应纂辑以便遵行。

【1768】2.3.63.(3)(略)

【1746】○续纂

一、凡将诰命旧轴售卖及转卖者,照违制律治罪。

臣等谨按:此条系乾隆十年(1745)五月内,臣部奏准定例,应纂辑以便遵行。

【1768】2.3.63.(4)(略)

【1767】○续纂

一、各省臬司交代,无论正、署,离任时,将一应卷宗,及自理词讼,毋论已结未结,俱造册、钤印、封固,一体移交。其接任臬司,将交代清楚情由,自行陈奏,一面具结详明督抚报部。并将在班书吏,加紧防闲,不许借端出署。如有迟延朦混,即行严究。如因离任事故不及亲办者,责成首领官关防造册封卷呈办。其道、府、厅员一切卷宗,各照州县钤印造册交代例,报明上司存案。

臣等谨按:此条系乾隆二十九年(1764)四月内,广西布政使淑宝条奏定例,应纂辑遵行。

【1768】2.3.63.(5)(略)

上书奏事犯讳

律　文

【1646】2.3.69

凡上书若奏事,误犯御名及庙讳者,杖八十。余文书误犯者,笞四十。若为名字触犯者,(误非一时,且为人唤。)杖一百。其所犯御名及庙讳声音相似,字样各别,及有二字止犯一字者,皆不坐罪。○若上书及奏事错误,当言原免而言不免、(相反之甚。)当言千石而言十石(相悬之甚。)之类,有害于事者,杖六十。申六部(兼都察院等衙门。)错误有害于事者,笞四十。其余衙门文书错误者,笞二十。若所申虽有错误,而文案可行,不害于事者,勿论。

【1670】2.3.69(略)

【1725】2.3.64(略)

注:此惩不敬而儆错误也。前节言犯御名之罪。凡臣下俱宜敬避御名,矧上书奏事,直达御前,若有误犯,则不敬甚矣,故杖八十。公务往来之文书,失检误犯者,

笞四十。其命名取字,则常为人所称,不比书奏、文移一时之失,则杖一百。如音同字异,及二字止犯一字者,皆免罪。后节言上书奏事及文书错误之罪。凡奏事言词错误,如情罪相反、数目不符,凡有害于事者,杖六十;申部院衙门文书有害于事者,笞四十;其余衙门文书错误害事者,笞二十。后节因前节而类及也。

臣等谨按:此惩不敬而儆错误也。前节言犯御名、庙讳之罪。凡上书奏事,直达御前者,若误犯则不敬甚矣,故杖八十。至公务往来之文书,失检误犯,笞四十。其命名取字,终身为人所称,不比书奏、文移一时之失,则杖一百。如音同字异,及二字止犯一字者,皆免罪。后节言上书奏事及文书错误之罪。凡奏事言词错误,如情罪相反、数目不符,凡有害于事理者,杖六十。申部院衙门文书有害于事理者,笞四十。其余衙门文书错误害事者,笞二十。总见上书奏事,固臣下所当敬避,而各衙门文书俱有关系,虽大小轻重不同,皆应致谨者也。

【1740】○修改

臣等谨按:律文止言六部,盖以六部所掌内外各衙门之事,无不统辖,所系尤重,故错误之罪亦重。六部而外,则即所为其余衙门矣。查旧律原无"兼都察院衙门"等注,系后人所增,应删。谨将删注律文,开列于后。

【1740】2.3.64

凡上书若奏事,误犯御名及庙讳者,杖八十。余文书误犯者,笞四十。若为名字触犯者,误非一时,且为人唤。杖一百。其所犯御名及庙讳声音相似,字样各别,及有二字止犯一字者,皆不坐罪。○若上书及奏事错误,当言原免而言不免、相反之甚。当言千石而言十石相悬之甚。之类,有害于事者,杖六十。申六部错误有害于事者,笞四十。其余衙门文书错误者,笞二十。若所申虽有错误,而文案可行,不害于事者,勿论。

事应奏不奏

律　文

【1646】2.3.70

凡军官犯罪应请旨而不请旨,及应论功上议而不上议,即便拿问发落者,当该官吏照杂犯律处绞。谓事干军务重大也。○若文职有犯,应奏请而不奏请者,杖一百。有所规避,如怀挟故勘、出入人罪之类。从重论。○若军务、钱粮、选法、制度、刑名、死罪、灾异,及事应奏而不奏者,杖八十;应申上而不申上者,笞四十。○若文武官犯罪及军务等事,已奏已申,不待回报而辄施行者,并同不奏不申之罪。至死减一等。○其各衙门合奏公事,须要依律定拟,罪名。具写奏本。其奏事及当该官吏佥书姓名,明白奏闻。若官吏有规避,将所奏内增减紧关情节,朦胧奏准未行者,以奏事不实论。施行已后,因事发露,虽经年远,鞫问明白,斩。监候。非军务、钱粮,酌情减等。○若于亲临上司官处禀议公事,必先随事详陈可否,定拟禀说。若准拟者,方行上司置立印署文簿,附写所议之事略节缘由,令首领官吏书名画字，以凭稽考。若将不合行事务，不曾禀上司，妄作禀准，及窥伺上司公务冗并，乘时朦胧禀说致官不及详察，误准施行者，依诈传各衙门官员言语律科罪。有所规避者，从重论。诈传官员言语本罪，详见诈伪律。

【1670】2.3.70（略）

【1725】○修改

原拟：第一节军官有犯，系指明时世职军官。今大小文武官有犯，俱行奏请拿问，应论功者俱行论功，文武官议罪之例，不便分别。又查"名例"内，八议之人犯罪者，请旨上议，与此例相符，而无不请旨、不上议作何处分之处。应将此律"军官犯罪"句改为"应议之人有犯"，"文职有犯"句改为"文武职官有犯"。小注内"文武官犯罪"句上，增"应议之人"句。

臣等谨按：此禁专擅而防欺罔也。上议，谓奏本内开具所犯之事，并应议之状，取自上裁。应议之人犯罪，不得擅自勾问发落，已详载"名例"律内。此则定应议之该管官，及文武职官不依法奏请、奏议等罪也。首节言应议人犯罪，不奏请上议之罪。次节言文武职官有犯，应奏请而不奏请之罪。三节言军务等事应奏申而不奏申之罪。四节言已奏申而不待回报，辄施行之罪。五节言各衙门合奏公事，有规避而朦胧奏准，事后发露之罪。六节言下属官将不合行事务妄禀、混禀，以致误准施行之罪。

【1725】2.3.65

凡应议之人有犯，应请旨而不请旨，及应论功上议而不上议，即便拿问发落者，当该官吏照杂犯律处绞。○若文武职官有犯，应奏请而不奏请者，杖一百。有所规避，如怀挟故勘、出入人罪之类。从重论。○若军务、钱粮、选法、制度、刑名、死罪、灾异，及事应奏而不奏者，杖八十；应申上而不申上者，笞四十。○若应议之人，及文武官犯罪，并军务等事，已奏已申，不待回报而辄施行者，并同不奏不申之罪。至死减一等。○其各衙门合奏公事，须要依律定拟，罪名。具写奏本。其奏事及当该官吏佥书姓名，明白奏闻。若官吏有规避，将所奏内增减紧关情节，朦胧奏准未行者，以奏事不实论。施行以后，因事发露，虽经年远，鞫问明白，斩。监候。非军务、钱粮，酌情减等。○若于亲临上司官处禀议公事，必先随事详陈可否，定拟禀说。若准拟者，方行上司置立印署文簿，附写所议之事略节缘由，令首领官吏书名画字，以凭稽考。若将不合行事务，不曾禀上司，妄作禀准，及窥伺上司公务冗并，乘时朦胧禀说致官不及详察，误准施行者，依诈传各衙门官员言语律科罪。有所规避者，从重论。诈传官员言语本罪，详见诈伪律。

注：此禁专擅而防欺罔也。凡言杂犯者，死罪皆准徒五年。有所规避从重论，谓规避罪重，则从规避，规避罪轻，仍从本律。应奏之事甚多，关系军务、钱粮、选法、制度、刑名、死罪、灾异，其最大者。首节言应议人有犯不奏请上议之罪，次节言文武职官有犯应奏请而不奏请之罪，三节言军务等事应奏申而不奏申之罪，四节言已奏申

而不待回报辄施行之罪，五节言各衙门合奏公事有规避而朦胧奏准事后发露之罪，六节言下属官将不合行事务妄禀混禀以致误准施行之罪。

【1740】○修改

臣等谨按：律文“当该官吏佥书姓名”，现今内外章奏，无吏典签名之例，应于“佥书姓名”下注明。谨将增注律文，开列于后。

凡应议之人有犯，应请旨而不请旨，及应论功上议而不上议，即便拿问发落者，当该官吏照杂犯律处绞。○若文武职官有犯，应奏请而不奏请者，杖一百。有所规避，如怀挟故勘、出入人罪之类。从重论。○若军务、钱粮、选法、制度、刑名、死罪、灾异，及事应奏而不奏者，杖八十；应申上而不申上者，笞四十。○若应议之人，及文武官犯罪，并军务等事，已奏已申，不待回报而辄施行者，并同不奏不申之罪。至死减一等。○其各衙门合奏公事，须要依律定拟，罪名。具写奏本。其奏事及当该官吏佥书姓名，现今奏本，吏不佥名。明白奏闻。若官吏有规避，将所奏内增减紧关情节，朦胧奏准未行者，以奏事不实论。施行以后，因事发露，虽经年远，鞫问明白，斩。监候。非军务、钱粮，酌情减等。○若于亲临上司官处禀议公事，必先随事详陈可否，定拟禀说。若准拟者，方行上司置立印署文簿，附写所议之事略节缘由，令首领官吏书名画字，以凭稽考。若将不合行事务，不曾禀上司，妄作禀准，及窥伺上司公务冗并，乘时朦胧禀说致官不及详察，误准施行者，依诈传各衙门官员言语律科罪。有所规避者，从重论。诈传官员言语本罪，详见诈伪律。

【1740】2.3.65（略）

附律条例

【1725】○增入

原拟：现行例内一条，类于此律，应增入。

【现行例】一、州、县官将民之苦情，不行详报上司，使民无处可诉，其事发觉，将州县官革职，永不叙用。若州县官已经详报，而上司并不接准题达者，将上司亦行革职。至于赈济被灾之民，以及蠲免钱粮，州、县官有侵蚀肥己，使民不沾实惠等弊，或被旁人出首，或受累之人具告，或科道查出纠参，将州县官照贪官例革职拿问。其督、抚、布政司、道、府等官不行稽察，令州县官任意侵蚀者，俱行革职。

原拟：此条字句太繁，谨拟删改，开载于后。

【原改现行例】一、州县官将小民疾苦之情，不行详报上司，使民无可控诉者，革职，永不叙用。若已经详报，而上司不接准题达者，将上司革职。至于赈济被灾之民，以及蠲免钱粮，州、县官有侵蚀肥已等弊，致民不沾实惠者，照贪官例革职拿问。督、抚、布政司、道、府等官不行稽察者，俱革职。

【1725】2.3.65.（1）

【增例】（略）

【1740】○修改

臣等谨按：例内赈济灾民一段，与事应奏不奏之意无涉，应移入"户律·检踏灾伤田粮"条例之下。谨将删辑例文，开列于后。

一、凡州、县官将小民疾苦之情，不行详报上司，使民无可控诉者，革职，永不叙用。若已经详报，而上司不接准题达者，革职。

【1740】2.3.65.（1）（略）

＊**【1725】○增入**①

臣等谨按：雍正元年正月内，兵部题自陈各官遗漏事理，类于此律，谨拟节录于后。

【续增现行例】一、自陈各官有遗漏已经议处降罚案件，关系考成者，照庆贺表文舛错遗漏例议处。遗漏荫子、加级、在任、守制等项者，照缮写潦草不列职名例议处。

【1740】○删除

一、刑部凡有科抄到部，除题参官员，非关审拟案件，听吏部、兵部主稿定议，并奉旨该部知道事件，及命盗等案件，正犯已死，余犯罪止杖笞者，毋庸题复外，其有题参官员发审，经该督抚审拟具题，奉旨该部议奏之案，无论事之大小轻重，俱行核拟具题。

此条系雍正十二年（1734）定例。查交部议奏之案，俱系核拟具题，遵行已久，不必另立条款，无庸纂入。

【1761】○续纂

一、各省学臣发审事件，一面发提调官讯问，一面咨明督抚稽查，提调等官仍具文通报。除例应枷责完结者，听提调官随时发落，报明学臣、督抚、藩臬销案外，其枷责以上罪名，俱照例拟议，报明学臣，详解藩臬核转，由督抚分别批结咨题。如提调等官奉到学臣批檄，不行通报，即罪无出入，亦交部议处。

臣等谨按：此条系乾隆二十四年（1759）十二月内，臣部议复升任云南按察使吴绍诗条奏定例，应纂辑以便遵行。

【1768】2.3.65.（2）（略）

【1810】○续纂

一、都察院、步兵统领衙门，遇有各省呈控之案，俱不准驳斥。先向原告详讯，其实系冤抑难伸，情词真切，及地方官审断不公，草率办结，并官吏营私骫法，确凿有

---

① 此条见于《大清律例按语》第3卷"吏律·公式·事应奏不奏"（雍正三年）条下，雍正三年（1725）《大清律集解附例》、乾隆五年（1740）《大清律例》皆未载。

据,又案情较重者,即行具奏。如讯供与原呈迥异,或系包揽代诉,被人挑唆,情节显有不实,及原告未经在本省赴案成招,挟嫌倾陷,借端拖累,应咨回本省审办之案,亦于一月或两月,视控案之多寡,汇奏一次,并将各案情节,于折内分晰注明。如距京较近省份,将原告暂交刑部散禁,提取本省全案卷宗,细加查核,再行分别酌办。倘有案情较重,不即具奏,仅咨回本省办理者,各堂官交部严加议处。

臣等谨按:嘉庆四年(1799)八月二十八日奉上谕:"向来各省民人赴都察院、步军统领衙门呈控案件,该衙门有具折奏闻者,有咨回各该省督抚审办者,亦有径行驳斥者,办理之法有三。似此则伊等准驳,竟可意为高下。现当广开言路,明目达聪,原俾下情无不上达。若将具控之案擅自驳斥,设遇控言该省督抚贪黩不职,及关涉权要等事,或瞻顾情面,压搁不办,恐启贿嘱消弭之渐,所关非小。嗣后,都察院、步军统领衙门,遇有各省呈控之案,俱不准驳斥。其案情较重者,自应即行具奏。即有应咨回本省审办之案,亦应于一月或两月,视控案之多寡,汇奏一次。并将各案情节,于折内分晰注明,候朕披阅。倘有案情较重,不即具奏,仅咨回本省办理者,经朕看出,必将各堂官交部严加议处。著为令。钦此。"又,十二年(1807)十一月内,左都御史周廷栋条奏"请杜讼风"一折,奉上谕:"近来讼狱烦多,固缘地方官办理不能持平,又复听断不勤,以致日久玩延,激成上控。而讼师、土棍,所在皆有,往往将毫不干己之事,从中唆使,代作呈词,甚或从中渔利,包揽具控。又或于地方官审案未定之先,情虚畏逃,来京呈控。且有结案时,本无枉纵,亦俱妄思翻控,希冀幸免者。其间情伪甚多,岂能以一面之词,遽行凭信。自应查明虚实,分别核办。嗣后,都察院、步军统领衙门,于接受呈词时,着先向原告逐款详讯,除实系冤抑难伸,情词真切,及地方官审断不公,草率办结,并官吏营私,骫法确凿有据者,仍当立时奏闻,另候办理,毋稍压搁外,如所讯之供,竟与原呈迥异,或系包揽代诉、被人挑唆,其情节显有不实,及原告未经在本省赴案质讯,录供成招,不免有挟嫌倾陷、借端拖累情事,着照周廷栋所请,咨回本省核办。仍照该衙门按期严催,开单汇奏。其距京较近省份,并着照周廷栋所请,先将原告暂交刑部散禁,提取本省全案卷宗,细加核阅,再行分别核办等因。钦此。"钦遵各在案。应恭纂为例,以便遵行。

【1825】2.3.65.(3)(略)

【1852】○续纂

一、文自知县以上、武自守备以上,如有自尽之案,该督抚专折奏闻。

【1870】2.3.65.(4)(略)

出使不复命

律 文

【1646】2.3.71

凡奉制敕出使,使事已完,不复命,干预他事者,与使事绝无关涉。杖一百。各衙门出使,题奏精微批文及札付者。使事已完,不复命,干预他事者,所干预系常事,杖七十;军情重事,杖一百。若使事未完,越理理不当为。犯分,分不得为。侵人职掌行事者,笞五十。〇若回还后三日,不缴纳圣旨制敕、者,杖六十,每二日加一等,至十一日,罪止杖一百;不缴纳符验者,笞四十,每三日加一等,至十五日,罪止杖八十。〇若或使事有乖,或圣旨、符验有损失之类,有所规避不复命、不缴纳者,各从重论。依官文书稽迟科之。

【1670】2.3.71(略)

【1725】2.3.66

凡奉制敕出使,使事已完,不复命,干预他事者,与使事绝无关涉。杖一百。各衙门出使,题奉精微批文及札付者。使事已完,不复命,干预他事者,所干预系常事,杖七十;军情重事,杖一百。若使事未完,越理理不当为。犯分,分不得为。侵人职掌行事者,笞五十。〇若回还后三日,不缴纳圣旨制敕、者,杖六十,每二日加一等,罪止杖一百;不缴纳符验者,笞四十,每三日加一等,罪止杖八十。〇若或使事有乖,或圣旨、符验有损失之类,有所规避不复命、不缴纳者,各从重论。

注:此言奉使之当慎也。首节言使事已完而不复命,干预他事之罪。事完不复命,合干预而并科之,故其罪重。未该复命,但不当侵人职掌,故其罪轻。二节言出使事毕而还,不缴纳制敕、精微批文、札付、勘合、火牌之罪。承奉制敕出使、各衙门出使两项而言。末节言规避不复命、不缴纳之罪。规避罪重,从规避律;规避事轻,还从本律。总见人臣既奉命而出使,须敬事而告成也。

臣等谨按:此言奉使之当慎也。符验,凡精微批文、札付及勘合、火牌皆是。首节言使事已完而不复命,使事未完而侵人职掌之罪。二节言出使事毕而还,不缴纳制敕、精微批文、札付、勘合、火牌之罪。末节则言规避不复命、不缴纳之罪。总见人臣既奉命而出使,须终事而告成也。

【1740】2.3.66(略)

官文书稽程

律 文

【1646】2.3.72

凡官文书稽程者,一日,吏典笞一十,三日加一等,罪止笞四十;首领官首领官,吏典之头目。凡言首领,正官、佐贰不坐。、各减一等。〇若各衙门遇有所属申禀公事,随即详议可否,明白定夺批示回报。若上司当该官吏不与果决,含糊行移,上下互相推调,以致耽误公事者,上司官吏杖八十。其所属将可行事件,不行区处,无疑而作疑申禀者,下司官吏罪亦如之。

【1670】2.3.72(略)

【1725】2.3.67

凡官文书稽程者,一日,吏典笞一十,三日加一等,罪止笞四十;首领官各减一等。首领官，吏典之头目。凡言首领，正官、佐贰不坐。○若各衙门上司遇有所属申禀公事，随即详议可否，明白定夺批示回报。若当该上司官吏不与果决，含糊行移，上下互相推调，以致耽误公事者，上司官吏杖八十。其所属下司将可行事件，不行区处，无疑而作疑申禀者，下司官吏罪亦如之。

注：此指违限而误公者言也。稽程，谓稽迟程限。首领，指经管文书之官。凡诸衙门文书，各有行移定限。过限不完，系承行者之专责，故以承行吏典为首，计日笞决，而经管首领官各减一等。各衙门所属有申禀公事，应详议可否，明白定夺回报。若不与剖决，含糊移复，推调耽延，以致有误公事，是为应断而不断，责在上官，故罪坐上司官吏。如所属下司，于可行之事，不即明白区处，设作疑难申报，以至误事，是为应行而不行，责在下属，故罪坐下司官吏。总以严定限而完公事也。

臣等谨按：此指违限而误公者言也。稽程，谓稽迟程限。首领，指经管文书之官。前言吏典、首领文书稽程之罪。凡诸衙门文书，各有行移定限。过限不完，系承行者之专责，故以承行吏典为首，计日笞决，而经管首领官各减一等。次言上司耽误之罪。各衙门所属有申禀公事，应详议可否，明白定夺回报。若不与剖决，含糊移复，推调耽延，以致有误公事，是为应断而不断，其罪在上，故罪坐上司官吏。末言下属耽误之罪。如所属下司，于可行之事，不即明白区处，设作疑难申报，以至误事，是为应行而不行，其罪在下，故罪坐下司官吏。总以严定限而完公事也。

【1740】2.3.67(略)

附律条例

【1646】2.3.72.(1)

一、内外衙门公事，小事五日程，中事七日程，大事十日程，并要限内结绝。若事干外郡官司追、会，或踏勘田土者，不拘常限。

【1670】2.3.72.(1)(略)

【1725】○修改

原拟：查"名例·公事失错"条内，小事五日程，中事十日程，大事二十日程，应照"名例"改七日程为十日，改十日程为二十日。

【1725】2.3.67.(1)

【原例】一、内外衙门公事，小事五日程，中事十日程，大事二十日程，并要限内结绝。若事干外郡官司关追、会审，或踏勘田土者，不拘常限。

【1740】2.3.67.(1)

一、内外衙门公事，小事五日程，中事十日程，大事二十日程，并要限内完结。若事干外郡官司关追、会审，或踏勘田土者，不拘常限。

【1725】○增入

原拟：现行例内八条，类于此律，应增入。但现行例未定隔省总督及远省府分限期，查吏部例内一条有分别定限之处,亦应作为条例,一并增入。

【现行例】一、凡京畿内地事件,限一个月审结。在外者,以被、证到齐日为始,限一个月审结。如有内外咨查者,以回文到日为始。凡内外有催文三次,全无回文者,题参。

原拟:此条字句太繁,谨拟删改,开载于后。

【原改现行例】一、凡在京衙门承审事件,限一个月审结。被、证在外者,以到齐日为始;内外移咨行察者,以文到日为始。催文至三次无回文者题参。

【1725】2.3.67.(2)

【增例】(略)

【1740】○移出

臣等谨按:此条旧载"吏律·官文书稽程"条下,因与官文书稽程无涉,以类相从,移入于此。

*刑律·断狱·鞫狱停囚待对

【1740】6.28.405.(2)(略)

【1725】○增入

原拟:现行例内八条,类于此律,应增入。但现行例未定隔省总督及远省府分限期,查吏部例内一条有分别定限之处,亦应作为条例,一并增入。

【现行例】一、直隶各省人命事件,限六个月完结,如有逾限不结者议处。

【现行例】一、直隶各省民间首告事件,凡关强盗情者,以首告到官之日为始,定限一年,务要具题结案。若罪犯已获,证佐已齐,情事已实,至一年已满,承问官再为迟延,不行详结,应听该督抚查明题参,交该部议处。如该督抚徇情不参,被科道查出,题参之日,应将该督抚一并交与该部议处。如案内或因正犯及要证未获,情事未得确实者,该督抚题明展限等因具题,奉旨:"凡应速结之事,仍着速结。若并无可候之处,复因有一年之限,迁延日期,以致迟延者,从重治罪。余依议。"又各省府、州、县自理应结首告事件,俱限二十日内审明结案。若案内隔地提人、行查,俟人、文到日为始,再限二十日内审明结案。至于该督抚批审事件,限一个月审明详报。若案内提人、行查,以人、文到日为始,再限一个月审明详报,该督抚审明速结。俟年终,该督抚将该府、州、县审结事件查明,若有迟延、隐瞒情弊,借端逾限者,即将该官职名开明题参,交与该部议处。督抚不行查参,别有发觉者,将该督抚亦行议处。其按察司亲理事件,限一个月内完结。如有迟延,限内不行审结,以致拖累人犯者,该督抚即行题参,交与该部议处。如该督抚徇情不行题参,或被科道纠参,或被犯人首告,将督抚亦交与该部议处。

原拟:此条字句太繁,谨拟删改,开载于后。

【原改现行例】一、直隶各省民间首告事件,凡关系盗案者,以到官之日为始,定限一年题结。迟延违限者,该督抚查明题参。徇情不参者,并将该督抚议处。如案内正犯及要证未获,情事未得确实者,题明展限。其事应速结无可守候,因有一年限期而迁延时日,以致稽迟者,从重治罪。再外省府、州、县自理事件,俱限二十日审结。上司批审事件,限一个月审报。若隔属提人及行查者,以人、交到日起限。如有迟延情弊,该督抚察参。若按察司亲理事件,限一个月完结。如有迟延,拖累人犯者,该督抚即行察参。若该督抚将违限各官,徇情不行题参者,亦交部议处。

【1725】2.3.67.(3)

【增例】一、直隶各省审理人命事件,定限六个月;盗案,定限一年。如案内正犯及要证未获,情事未得确实者,题明展限。按察司自理事件,限一个月完结。府、州、县自理事件,俱限二十日审结。上司批审事件,限一个月审报。若隔属提人及行查者,以人、交到日起限。如有迟延情弊,该督抚察参。若该督抚将违限各官,徇情不行题参,察出一并议处。

【1740】○移并

臣等谨按:此条旧载"吏律·官文书稽程"条下,因与官文书稽程无涉,以类相从,移入于此。雍正六年(1728),又有承审抢夺、发掘坟墓定例,均系承审限期,应并。谨将并辑例文,开列于后。

*刑律·捕亡·盗贼捕限

【1740】6.27.394.(1)一、直隶各省,审理人命及抢夺、发掘坟墓事件,定限六个月;盗案,定限一年。如案内正犯及要证未获,情事未得确实者,题明展限。按察司自理事件,限一个月完结。府、州、县自理事件,俱限二十日审结。上司批审事件,限一个月审报。若隔属提人及行查者,以人、文到日起限。如有迟延情弊,该督抚察参。若该督抚将迟延各官,徇情不行题参,察出一并交部议处。

【1725】○增入

原拟:现行例内八条,类于此律,应增入。但现行例未定隔省总督及远省府分限期,查吏部例内一条有分别定限之处,亦应作为条例,一并增入。

【原增现行例】一、凡钦部等事件,直省督抚,俱以文到日为始,限四个月具题。总督辖两省者,隔省事件,限六个月具题。陕西总督所属甘肃,两广总督所属琼州,亦照隔省例限六个月。福建台湾府限十个月。

臣等谨按:康熙四十七年(1708)七月内,刑部议复命盗等案展限,事理类于此律,谨拟节录于后。

【续增现行例】一、凡衡州等府所属有苗民二十六州县,及乾州、平溪等卫,距省穹远,其命、盗等案,俱于定限外,各展限两个月。

【1725】2.3.67.(4)

【增例】一、凡钦部等事件,直省督抚,俱以文到日为始,限四个月具题。总督辖两省者,隔省事件,限六个月具题。陕西总督所属甘肃,两广督抚所属琼州,亦照隔省例限六个月。福建台湾府限十个月。其湖广衡州等府所属有苗民二十六州县,及乾州、平溪等卫,距省窎远,凡命、盗等案,俱于定限外,各展限两个月。

【1740】○移出

臣等谨按:此条旧载"吏律·官文书稽程"条下,因与官文书稽程无涉,以类相从,移入于此。

*刑律·断狱·鞫狱停囚待对

【1740】6.28.405.(3)(略)

【1725】○增入

原拟:现行例内八条,类于此律,应增入。但现行例未定隔省总督及远省府分限期,查吏部例内一条有分别定限之处,亦应作为条例,一并增入。

【现行例】一、督抚到新任、接署者,俱以到任、接署日期扣算,系四个月限期者,准展限两个月完结;系六个月限期者,准展限三个月完结。余仍照旧例遵行。

【现行例】一、凡钦部紧要事务,仍速行完结。如有难于完结者,应准以到任之日为始,照例展限两个月完结。督抚有新到任者,均应停其具疏题请,照此例遵行。

原拟:以上二条,系节次题定之例,谨拟删并,开载于后。

【原改现行例】一、督抚新任及署理印务者,如钦部事务原限内难于完结,准分别展限。原限四个月者,展两个月;原限六个月者,展三个月。

【现行例】一、督抚有公事在本省内行走者,不准展限。如监临科场,准其按日扣限。及隔省提人,准其以人到之日扣限。若隔省出境行走者,准令题请展限。

原拟:此条字句太繁,谨拟删改,开载于后。

【原改现行例】一、督抚遇公事出境者,一切事件,准题请展限。若监临科场,准按日扣限。隔省提人,准到日扣限。

【1725】2.3.67.(5)

【增例】一、督抚新任及署理印务,如钦部等事件,原限内难于完结,准分别展限。原限四个月展两月,原限六个月展三月。遇公事出境,一切事件,准题请展限。若监临科场,准按日扣限。隔省提人,准到日扣限。

【1740】○移出

臣等谨按:此条旧载"吏律·官文书稽程"条下,因与官文书稽程无涉,以类相从,移入于此。

*刑律·断狱·鞫狱停囚待对

【1740】6.28.405.(4)(略)

【1725】○增入

原拟:现行例内八条,类于此律,应增入。但现行例未定隔省总督及远省府分限期,查吏部例内一条有分别定限之处，亦应作为条例，一并增入。

【现行例】一、各省审结叛案，凡有应解部流徙入官人口、家产，俱立限两个月，自该省起解。解送人役，仍定行程限期。违者题参。

【1725】2.3.67.(6)

【增例】(略)

【1740】○移出

臣等谨按：此条旧载"吏律·官文书稽程"条下，因系审结解部限期，非文书稽程，移入于此。

＊刑律·断狱·淹禁

【1740】6.28.397.(2)(略)

【1725】○增入

原拟：现行例内八条，类于此律，应增入。但现行例未定隔省总督及远省府分限期，查吏部例内一条有分别定限之处，亦应作为条例，一并增入。

臣等谨按：雍正元年(1723)七月内，九卿议复接审官扣限，事理类于此律，谨拟节录于后。

【续增现行例】一、凡承审命盗及钦部事件，至限满不结，该督抚照例题参。即于限满之日接算，再限四个月。如逾限不结，该督抚将易结不结情由，详查注明题参，照例议处。至承审官内有升任、革职、降级及因公他往，委员接审者，准其展限一个月完结，不许又另起限。如有不肖文武官员，承审案件，借端巧为掩饰，不行速结者，令该督抚题参，交与该部严加议处。上司徇庇不行题参，及下属已经解审，混行驳查，以致承审官违限，并知属官例限将满，借端故为派委，希图展限者，一并从重议处。督抚参迟延时，将何月日解审、驳查次数声明，听部查核。

【1725】2.3.67.(7)

【钦定例】一、凡承审命盗及钦部事件，至限满不结，该督抚照例咨参。即于限满之日接算，再限四个月。如逾限不结，该督抚将易结不结情由，详查注明题参，照例议处。至承审官内有升任、革职、降级及因公他往，委员接审者，准其展限一个月完结，不许又另起限。如有不肖文武官员，承审案件，借端巧为掩饰，不行速结者，令该督抚题参，交与该部严加议处。上司徇庇不行题参，及下属已经解审，混行驳查，以致承审官违限，并知属官例限将满，借端故为派委，希图展限者，一并从重议处。督抚参迟延时，将何月日解审、驳查次数声明，听部查核。

【1740】○移改

臣等谨按：此条旧载"吏律·官文书稽程"条下，因与官文书稽程无涉，以类相从，移入于此。

＊刑律·捕亡·盗贼捕限

【1740】6.27.394.(3)一、凡承审命盗及钦部事件,至限满不结,该督抚照例咨部,即于限满之日接算,再限四个月。如逾限不结,该督抚将易结不结情由,详查注明题参,照例议处。至承审官内有升任、革职、降级及因公他往,委员接审者,准其展限一个月完结,不许又另起限。如有不肖文武官员,承审案件,借端巧为掩饰,不行速结者,令该督抚题参,交与该部严加议处。上司徇庇不行题参,及下属已经解审,混行驳查,以致承审官违限,并知属官例限将满,借端故为派委,希图展限者,一并交部从重议处。督抚参迟延时,将何月日解审、驳查次数声明,听部查核。

【1725】2.3.67.(8)

【钦定例】一、凡承审土苗案件,俱以获犯到官日为始,盗案限一年,命案、窃案限六个月,杂件限四个月。限满不结,照例咨参,接扣限期完结。如仍不审结,该督抚照例题参。若该犯居土官所辖地方,该土官准州县移会,徇庇不行拿解,经督抚核实题参,将土官革职,择伊子弟之贤者承袭。若该犯居隔省隔邑者,以文到日为始,限四个月拿解。如庇匿不解,照徇庇例议处。如果凶犯实系在逃,俱限六个月承缉。限满无获,照例分别议处。

【1740】○移改

臣等谨按:此条雍正五年(1727)定,旧载"吏律·官文书稽程"条下,因与官文书稽程无涉,以类相从,移入于此。

臣等谨按:"断狱"条下,衡州有苗民二十六州县,命、盗案件,有展限两月之例。是所展地方,因离城窎远,故止展限两月。此系隔属缉拿,故有四月、六月之限。例内有"隔邑"字样,反似同省之中又有宽限不等之例,应改为"隔属""隔省",则援引庶无错误。再例内"照徇庇例"及"照例议处",文类处分则例,亦应改。谨将改辑例文,开列于后。

＊刑律·捕亡·盗贼捕限

【1740】6.27.394.(3)一、凡承审土苗案件,俱以获犯到官日为始,盗案限一年,命案、窃案限六个月,杂件限四个月。限满不结,照例咨参,接扣限期完结。如仍不审结,该督抚照例题参。若该犯居土官所辖地方,该土官准州县移会,徇庇不行拿解,经督抚核实题参,将土官革职,择伊子弟之贤者承袭。若该犯居隔属隔省者,以文到日为始,限四个月拿解。如庇匿不解,交部议处。如果凶犯实系在逃,俱限六个月承缉。限满无获,交部分别议处。

【1725】2.3.67.(9)

【钦定例】一、凡命、盗案件,如四个月限者,州县限两月解府州,府州限一个月解司,司限二十日解督抚;如六个月限者,州县限三个月解府州,府州限个半月解司,司限一个月解督抚;如一年限者,州县限七个月解府州,府州限两个月解司,司限个半月解督抚。督抚将州县、府、司起解年月日期,于疏内声明。如州县承审迟延,及督抚逾限不参者,仍照定例议处。倘州县已解府州,及府州已经解司,而府州、臬司迟延者,将迟延之员,计逾限月日,照例分别议处。如上司恃势,将属员解到日期,故为改迟,或肆意苛驳,以致迟延者,许属员详报督抚,据实题参,将改期及苛驳之上司,照例议处。至藩司,粮、盐、驿、河各道衙门,一应钦部案件,亦注明年月日期,如有迟延,亦照此例议处。再盗案如有各省关查口供,必需时日者,许该地方官申详督抚,咨部展限两个月。其通省行查之事,令督抚查明,将最后送到逾限之府、州、县职名附参,照钦部事件例议处。

【1740】○移改

臣等谨按:此条雍正五年(1727)定,旧载"吏律·官文书稽程"条下,因与官文书稽程无涉,以类相从,移入于此。

臣等谨按:承审命、盗案件,督、抚、司、府、州、县分别扣限,原以杜迟延之弊。但逾限未及一月,例得免议。既经分限,则州、县逾限二十八九日;司、府各逾限二十八九日,皆在免议之列,反得通融延缓,似属严紧转开腾挪之渐。现今升任山东按察使黄叔琳条奏,仍照旧例遵行。则此条分别扣限之处,应删。既不分限,则上司均在处分之列,自无肆意苛驳之弊。其属员详报督抚及苛驳之上司议处等弊,亦应删。谨将删存例文,开列于后。

＊刑律·捕亡·盗贼捕限

【1740】6.27.394.(4)一、盗案如有隔省关查口供,必需时日者,许申详督抚,咨部展限两个月。其通省行查之事,令督抚查明,将最后送到逾限之府、州、县职名附参,照钦部事件例交部议处。

【1725】2.3.67.(10)

【钦定例】一、盗案果有虚实情形未分、盗赃未确,限内不能完结者,许承审有司据实详报,该管上司核实,即行报部,准其展限四个月。倘承审官有将易结之盗案,滥请展限,该督抚漫为咨部者,有司官照易结不结例革职,转详之司、道、府、州,及咨部之督抚,一并交部分别议处。

【1740】○移出

臣等谨按:此条雍正五年(1727)定,旧载"吏律·官文书稽程"条下,因与官文书稽程无涉,以类相从,移入于此。

＊刑律·捕亡·盗贼捕限

【1740】6.27.394.(5)(略)

【1740】○增入

一、部院衙门一切应行事件,俱于到司五日之内行文。其有讹误舛错之处,将专管值日之满汉司官,交部议处。如遗漏未行,或迟延日久,将满汉司官,交部分别议处。

谨按:此条系雍正八年(1730)定例。

【1740】2.3.67.(2)(略)

【1740】○删除

一、各衙门胥吏,有将新到文书迟误一二日,旧存案卷遗漏一二件者,酌其情罪,量加责惩。若迟误五日以上、遗漏五件以上者,查无舞文作弊等情,分别轻重杖责、革役。如有私行删改涂注,及将紧要事件违误限期,索诈撞骗婪赃等弊,拿送刑部严审,照招摇撞骗例从重治罪。

此条系雍正十年(1732)定例。查迟误文书,律文具载;遗失卷宗,见弃毁制书印信律内;删改涂注,见增减官文书律内;至索诈撞骗,备载"刑律·受赃"款下,俱有正条,不必另立条款,毋庸纂入。

【1740】○删除

一、部院各衙门接到清字文移,笔帖式详细译汉,不过三日。其译汉呈堂日期,并译汉之笔帖式,及查核之满司官,俱于堂行簿内注明。如有逾限者,将该管司官、笔帖式记过。若事关紧要,任意耽延者,分别参处。

此条系雍正十二年(1734)定例。查迟延违误定有处分,译汉逾限亦已包举在内,不必另立条款,此条毋庸纂入。

【1740】○增入

一、刑部应会三法司画题事件,将稿面钤盖司印,注明缘由,付督催所汇齐,转交大值日司分用印文,移送法司衙门画题,限十日内亦用印文送回。如稿内有酌议改易之处,限五日内即将应酌议改易之处,用印文声明缘由,送回刑部查核定议。刑部仍用印文,将应否改易之处声明,再行会送法司衙门。

此条系雍正十二年(1734)定例。

【1740】2.3.67.(3)(略)

【1767】○修改

一、刑部应会三法司书题事件,将稿面钤盖司印,注明缘由,付督催所汇齐,转交大值日司分用印文,移送法司衙门书题,限五日内亦用印文送回。如稿内有酌议改易之处,即将应酌议改易之处,用印文声明缘由,亦于五日内送回刑部查核定议。刑部仍用印文,将应否改易之处声明,再行会送法司衙门。

臣等谨按:此条系三法司会稿限期定例。查旧例法司衙门画题,限十日内送回,嗣于乾隆十四年(1749)九月内,已据左都御史刘统勋条奏,各衙门会稿,定限五日,现在遵行,拟合将此条内十日之"十"字改为"五"字。

【1768】2.3.67.(3)(略)

【1821】○修改

臣等谨按：嘉庆二十四年(1819)五月二十一日，前任广西道监察御史黄中模奏“刑部会议都察院、大理寺稿件，例限五日即行画全送回，未免为时太促，请以十日为限，俾得悉心核议等因”一折，奉旨：“御史黄中模奏请展法司会议期限，是否可行，着交刑部酌议具奏。钦此。”臣等查臣部案牍殷繁，动关生死，出入其中，不得稍有畸重畸轻，所有会议各衙门，自应公同详核，集思广益，以重人命。该御史奏请各以十日为限，系慎重刑章起见，自应酌议加增，以昭详慎。应请嗣后刑部会议法司稿件，都察院、大理寺于定限五日之外，各增三日，俱以八日为限，俾会议衙门得以从容核议。倘有签商之处，亦不致草率，于公事实有裨益等因奏准，遵行在案。应将各增三日之处，于例内修改。谨将修改例文，开列于后。

一、刑部应会三法司书题事件，将稿面钤盖司印，注明缘由，付督催所汇齐，转交大值日司分用印文，移送法司衙门书题，限八日内亦用印文送回。如稿内有酌议改易之处，即将应酌议改易之处，用印文声明缘由，亦于八日内送回刑部查核定议。刑部仍用印文，将应否改易之处声明，再行会送法司衙门。

【1825】2.3.67.(3)(略)

【1740】○增入

一、凡州、县官承审案件，或正犯，或紧要证佐，染患沉疴，即将患病日期详报，俟该犯病愈之日起解。其患病日期，准于原限内扣除。府、州、司、道审转之时，或遇犯证患病，亦准报明扣除。若带病起解，以致中途病毙，照解犯中途患病不行留养例交部议处。若无故迟延，捏报患病，希图扣限，及上司徇隐，并交部议处。

此条系乾隆元年(1736)定例。

【1740】2.3.67.(4)(略)

【1788】○修并

【原例】【1740】2.3.67.(4)(略)、【1768】2.3.67.(8)(略)

臣等谨按：首条系乾隆元年(1736)定例，而例文内正犯及紧要证佐染患沉疴，州县官即将患病日期详报，准于原限内扣除，并未立定期限。嗣于乾隆二十一年(1756)山西按察使拕穆齐图条奏，案犯患病沉重，务于一月内医痊。如仍不能报痊，方准展限。统计前后，总不得过三月。旋于二十八年(1763)江西按察使颜希深以监犯之病即或沉重，匝月已可痊愈。若谓三月之内昏沉不省，无供可取，必待三月届期，一旦霍然，此情理所必无。是案多犯病，病必三月，皆系因循积习，奏请嗣后犯病止许展限一月。纂辑次条例文，将统限三月旧例，删除在案。臣部历来办理监犯患病之案，毋论其司、府、州、县各监犯，止准其扣展一月。如有逾违，即照例议处。拟合修改详明，将原例二条归并一条，以昭简易。今将修并例文，开列于后。

一、州、县官承审案件，或正犯或紧要证佐患病，除轻病旬日即痊者，毋庸扣展外，如遇病果沉重，州县将起病、病痊月日，及医生、医方，先后具文通报，成招时出具甘结附送，令该管府州于审转时查察，加结转送。如府、州、司、道审转之时，或遇犯证患病,亦准报明扣除。但病限毋论司、府、州、县,止准其扣展一月。若带病起解,以致中途病毙,照解犯中途患病不行留养例议处。倘系州县捏报,假病借延,立即揭参。府州扶同加结,院、司察出,将府州一并开参。如审转之府、州、司、道,无故迟延,捏报患病,希图扣限,及上司徇隐,并交部议处。

【1790】2.3.67.(4)(略)

【1751】○续纂

一、凡刑部衙门寻常移咨外省案件,如行查家产、关提人犯,俱以文到之日为始,依限查复。于复文内将何日接到部咨、有无逾限之处,随案声明。倘一时未得清晰,必须辗转咨查,不能依限查复者,亦即声请展限。如逾限不完,又不声明缘由,经部行催之后,即行查参,将承办之州县,及各该上司,俱交部议处。

臣等谨按:此条系乾隆十一年(1746)四月内,臣部议复江西道御史范弘宾条奏定例,应纂辑以便遵行。

【1768】2.3.67.(5)(略)

【1751】○续纂

一、凡州、县承审命案,详请检验,上司并未批驳者,仍按限审解外,其有屡次驳查,后经批准,迟延有因之案,该督抚据实声明报部,准其另行扣限。如有捏饰,照例严参。

臣等谨按:此条系乾隆十一年(1746)九月内,臣部议复升任湖南按察使周人骥条奏定例,应纂辑以便遵行。

【1768】2.3.67.(6)(略)

【1751】○续纂

一、凡各部事件,在本部题结者,吏、礼、兵、工等部及各衙门,俱定限二十日;户、刑二部,定限三十日。行查会稿,系吏、礼、兵、工及各衙门主稿者,定限四十日;户、刑二部,定限五十日。内所会各衙门,各定限五日;户、刑二部,各定限十日。逾限即行参处。

臣等谨按:此条系乾隆十四年(1749)九月内,大学士公傅恒等议复升任左都御史刘统勋条奏,奉旨钦定限期,应恭纂为例,以便遵行。

【1768】2.3.67.(7)(略)

【1756】○续纂

一、凡各州、县承审案件,案犯偶患轻病,委员验实,责令上紧医痊,随愈随解,不准扣限。其病势果重,验报确实,即将起病日期,连结详报,务于一月内医痊审解。

如仍不能报痊,方准验实展限。统计前后,总不得过三月限期。倘承审官有捏报借延者,该督抚即行严参。同委验官及扶同徇隐之上司,一并照例分别议处。

臣等谨按:此条系乾隆二十一年(1756)五月内,臣部议复山西按察使托穆齐图条奏定例,应纂辑以便遵行。

【1767】○删除

删除按语见【1768】2.3.67.(8)条【1767】续纂项下。

***【1767】○续纂**

一、监犯患病,除轻病旬日即痊者,毋庸展限外,如遇病果沉重,州县将起病、病痊月日,及医生、医方,先后具文通报,成招时,出具甘结附送,令该管府州于审转时查察,加结转送,准其扣展一月。倘系假病借延,立即揭参。知府、州扶同加结,院、司察出,将府、州一并开参。

臣等谨按:此条系乾隆二十八年(1763)七月内,江西按察使颜希深条奏定例,应纂辑遵行。所有案犯患病展限三月旧例二条,拟合删除。

【1768】2.3.67.(8)(略)

【1788】○修并

修并按语并修并后例文,见【1740】2.3.67.(4)条【1788】修并项下。

【1767】○删除

【刑律·诉讼·告状不受理】一、案内要犯要证,如果患病沉重,势难鞫讯起解者,该管上司委正印官确验,将所患何病,具结申报,方准展限。每案统计病限,总不得过三月。如有犯多之案,不能依限痊愈者,该督抚委官确验情形,酌量限期,奏闻请旨定夺。如有捏报及扶同出结者,严参议处。①

删除按语见【1768】2.3.67.(8)条【1767】续纂项下。

【1778】○续纂

一、凡各省报部难结事件,如通缉已届四十年者,即行查销,毋庸列入汇奏。倘后经缉获,仍行质明办理。

臣等谨按:此条系乾隆三十七年(1772)十二月内,臣部议复江南道监察御史胡翘元条奏定例,应纂辑遵行。

【1790】2.3.67.(8)(略)

---

① 本条系乾隆二十三年(1758)定例,原载"刑律·诉讼·告状不受理"条,乾隆三十二年(1767)在本条内删除。

【1821】○续纂

一、刑部议复斩绞监候本章,于科抄到部之日为始,仍照定例限八十日内具题。其立决本,限七十日内具题。有行查会议事故,亦仍照例扣限。每日进呈决本,不得过八件,务须按日均匀搭配。如遇实在科抄到部拥挤之时,临时奏明,酌量加增。其科抄到部月日,并是否依限具题,统于本尾逐一声明。倘有逾限,随本附参。

臣等谨按:嘉庆二十年(1815)十二月初十日奉上谕:"刑部进呈立决本,每日不得过八件等因。钦此。"又二十一日奉上谕:"向例祈雨、祈雪期内,俱不进立决本章。但祈雨、祈雪,原为京畿附近而设,非概为直省致祈也。嗣后祈雨、祈雪期内,若立决人犯应在京处决者,着毋庸具奏。如系应在外省处决者,则奉旨之后,行交该省,计奉到时已相距日久,俱照常进本。著为令。再刑部议复立决本章,期限亦觉太宽,着刑部酌议量减具奏,候旨遵行。钦此。"除将祈雨、祈雪期内立决案赎,分别在京、在外暂停及照常题奏之处,于"有司决囚等第"门内修改明晰外,当经臣部议请,嗣后臣部议复立决本章,原限八十日者,量减为限七十日。如有行查会议稿件,仍照旧例扣限。其科抄到部年月日,并是否依限具题之处,于本内逐一声明。倘有逾限,随本附参。至每日呈进立决本章件数,恭奉谕旨,不得过八件,自应钦遵,按日均匀搭配呈递。倘遇实在科抄到部拥挤之时,容臣等随时通盘筹算,酌量情形,另行请旨遵办等因奏准,遵行在案。应纂辑为例,以便遵行。

【1825】2.3.67.(9)(略)

【1835】○续纂

一、各处专咨报部,由刑部改题之案,如系汉字咨文到部者,以文到之日为始,斩绞监候案件,限九十日具题;立决案件,限八十日具题。系清文咨部者,监候案件,加译汉限期二十日;立决案件,加译汉限期十日。有行查会议事故,亦照科抄本章之例扣限。仍将咨文到部月日,及是否依限具题,统于本尾逐一声明。倘有逾限,随本附参。

臣等谨按:道光十四年(1834)十二月内,臣部具奏"酌定由咨改题限期"一折内称,各省督抚题本,俱以科抄到部之日为始,分别立决、监候,依限具题,例内已有明文。至各处将军、都统、办事大臣审拟斩、绞人犯,向无具题之例,多系专咨报部,由臣部据咨改题。其题复限期,臣部虽立有章程,究未纂入条例。故向来各司员办理此等案件,或有迟之又久,始行题复者。伏思由咨改题,死罪各犯内,有立决、监候之分。其立决人犯,部复一到,即日行刑。倘题复稍迟,未免久稽显戮。即监候应入秋审人犯,亦有截止日期。倘题复先后参差,办理亦未为平允。自应酌量予以限期,以免积压而昭详慎。惟查各省具题事件,一面恭疏题报,一面将揭帖咨部。臣部司员于科抄未经到部时,先将该省揭帖内罪名详加查核。一俟科抄到部,即可具稿呈堂,是以尚能依限具题。至各处由咨改题事件,必俟咨文到部,始能核办,与各省题本先有揭帖到部可以核办者不同。若竟照议复各省题本之例限,以七十日、八十日完结,未免稍形竭蹙。再查吉林、黑龙江以及定边左副将军暨科布多参赞大臣、库伦办事大臣等处,俱系清文咨部。臣部由清译汉,辗转需时,尤不能依限题结,亦应加展限期,以示区别。议请嗣后臣部由咨改题各案,如系汉字咨文到部者，即照议复各省题本例限，酌展十日。斩、绞监候人犯，以文到之日为始，限九十日具题；立决本章，限八十日具题。系清文咨部者，监候本章，加译汉限期二十日；立决本章，加译汉限期十日。有行查会议事故，亦照科抄本章之例，照例扣限。仍将咨文到部月日，是否依限具题，统于本尾逐一声明。倘有逾限，随本附参等因具奏，奉旨允准在案。谨纂辑专条，以昭遵行。

【1847】2.3.67.(10)(略)

照刷文卷

律　文

【1646】2.3.73

凡照刷有司有印信衙门文卷，(可完不完，)迟一宗二宗，吏典笞一十；三宗至五宗，笞二十；每五宗加一等，罪止笞四十。府州县首领官，及仓库、务场、局所、河泊等官，各减一等。○失错(漏使印信、不佥姓名之类。)及漏报，(卷宗本多而不送照刷。)一宗，吏典笞二十；二宗三宗，笞三十；每三宗加一等，罪止笞五十。府、州县首领官，及仓库、务场、局所、河泊等官，(非吏典之比。)各减一等。其府州县正官、巡检，(非首领官之比。)一宗至五宗，罚俸钱一十日；每五宗加一等，罚止一月。○若(文卷刷出，)钱粮(不见下落。)埋没、刑名(不依正律曰)违枉等事，有所规避者，各从重论。

【1670】2.3.73(略)

【1725】○修改

原拟：今无罚俸一十日之例，应将"罚俸钱一十日"句改为"罚俸一月"，其"罚止一月"句改为"罚止三月"。

臣等谨按：此是厘剔在外有司卷宗之法也。照刷，清理整饬之意。罚俸，通承迟错、漏报言。各从重论，指上各项官吏而言。首节言迟延之罪，次节言错漏之罪，末节言规避之罪。迟延、错漏，皆原其无所规避，故各按衙门官吏，计其宗数多少，分别笞罚。若刷出钱钱粮，埋没而无下落，刑名诬枉而违正律，有所规避者，各从侵欺、出入之重罪科断。

【1725】2.3.68

凡照刷有司有印信衙门文卷，(可完不完，)迟一宗二宗，吏典笞一十；三宗至五宗，笞二十；每五宗加一等，罪止笞四十。府州县首领官，及仓库、务场、局所、河泊等官，(非吏典之比。)各减一等。○失错(漏使印信、不佥姓名之类。)及漏报，(卷宗本多而不送照刷。)一宗，吏典笞二十；二宗三宗，笞三十；每三宗加一等，罪止笞五十。府州县首领官，及仓库、务场、局所、河泊等官，各减一等。其府州县正官、巡检，(非首领官之比。)一宗至五宗，罚俸一月；每五宗加一等，罚止三月。○若(文卷刷出，)钱粮(不见下落。)埋没、刑名(不依正律。)违枉等事，有所规避者，各从重论。

注：此厘剔在外有司卷宗之法也。照刷，清理整饬之意。罚俸，通承迟错、漏报言。各从重论，指上各项官吏而言。凡有司有印信衙门文卷，皆钱粮、刑名一应公事

所关,最为紧要。如遇照刷之时,该管上司令府、州、县官抄案呈送,以凭逐宗照刷。若有迟延不完者,吏典计宗论罪,一宗二宗,笞一十;至十五宗以上,罪止笞四十。府、州、县经管之首领官,及仓库等杂职官,非吏典之比,故各减一等。至行移失错,及遗漏不报者,其情罪较重,吏典亦计宗论罪,一宗笞二十,至九宗以上,罪止笞五十。府、州、县经管之首领,及仓库等官,亦各减一等。其府、州、县正官,及专捕私盐、贼盗等项之巡检,迟延、失错、漏报者,一宗至五宗,罚俸一月,十五宗以上,罪止罚俸三月。此指无所规避者言也。若刷出钱粮,埋没而无下落,刑名诬枉而不依正律等事,有所规避者,各从侵欺、出入之重罪科断。

【1740】○修改

臣等谨按:律文钱粮埋没、刑名违枉,情节繁多,难以罗指,注内"不见下落""不依正律",所赅不广,应删。谨将删注律文,开列于后。

凡照刷有司有印信衙门文卷,可完不完,迟一宗二宗,吏典笞一十;三宗至五宗,笞二十;每五宗加一等,罪止笞四十。府州县首领官,及仓库、务场、局所、河泊等官,非吏典之比。各减一等。○失错漏使印信、不佥姓名之类。及漏报,卷宗本多而不送照刷。一宗,吏典笞二十;二宗三宗,笞三十;每三宗加一等,罪止笞五十。府州县首领官,及仓库、务场、局所、河泊等官,各减一等。其府州县正官、巡检,非首领官之比。一宗至五宗,罚俸一月;每五宗加一等,罚止三月。○若文卷刷出,钱粮埋没、刑名违枉等事,有所规避者,各从重论。

【1740】2.3.68(略)

附律条例

【1725】○增入

原拟:再律内无在京稽察刷卷之文,查现行事例,部院衙门事件,每月造册,分送科道官稽察,违限者参奏。其关钱粮、刑名案件,每年八月内造册,送京畿道刷卷,有违错者参奏。应纂为二条,作为条例增入。

【原增现行例】一、部院各衙门,每月将已未结科抄事件,造册分送六科;科抄并见理事件,造册分送各道,勘对限期。有迟延、违误者,察参。

【1725】2.3.68.(1)

【增例】(略)

【1740】○修并

臣等谨按:雍正十一年(1733)有各部注销会稿事件,令于注销册内,将定议日期详开,移送科道查核,应并。谨将并辑例文,开列于后。

一、各部院衙门,每月将已结未结科抄事件,造册分送六科;科抄并见理事件,造册分送各道,勘对限期。其各部注销会稿事件,即于注销册内,将会稿衙门定议日期,逐一详开,移会科道查核。倘有迟延、违误者,察参。

【1740】2.3.68.(1)(略)

【1725】○增入

按语见【1725】2.3.68.(1)条。

【原增现行例】一、在京各衙门,凡关钱粮、刑名案件,每年八月内汇造印册,送京畿道刷卷。有迟错者,察参。

【1725】2.3.68.(2)

【增例】(略)

【1740】2.3.68.(2)(略)

【1761】○续纂

一、各省汇题事件,统限开印后两月具题。如有迟延,刑部随本查参,交部议处。

臣等谨按:此条系乾隆二十三年(1758)十二月内,臣部奏准条例,应纂辑以便遵行。

【1768】2.3.68.(3)(略)

【1778】○续纂

一、各省汇奏事件,该督抚于发折后,将具奏日期报部存案备查。其应于年内具奏者,近省定于十二月初十日以内奏到,远省定于二十日以内奏到,总不得过封印日期。其应于开印后具奏者,不得迟至二月。如有逾限,将该督抚交部察议。

臣等谨按:此条系乾隆三十八年(1773)四月内,大学士刘统勋等钦奉谕旨查办各省汇奏事件折内声请,及四十二年(1777)三月内,大学士舒赫德等酌定限期,奏准在案。应并纂为例,以便遵行。

【1790】2.3.68.(4)(略)

【1801】○修改

臣等谨按:此条系各省循例汇奏之例。乾隆五十九年(1794)正月初七日,奉上谕:"向来各省汇奏各项遣犯有无脱逃、已未拿获,系于年终汇查具奏,次年正月始行奏到。该部照例核议至四月中,再由军机处与汇奏各款一并查核。但此等照例汇办事件,陆续奏到,参差不一,办理未归简易,转致案牍繁多,不能明晰。且军机处须至次年夏季交查,该部汇核具奏。阅时既久,亦恐不无遗漏。嗣后各省汇查遣犯,毋庸陆续具奏。着于每年十月截数,咨报军机处、刑部,均限十二月初间咨齐,即由军机大臣会同该部汇开清单,于年底先行具奏。仍交部分别核议,照例具题。庶办理不致迟延,查核更为周密。至此外每年汇奏各款,均着照此办理。钦此。"钦遵在案,此条原例应行修改。谨将修改例文,开列于后。

一、各省汇奏事件,该督抚于每年十月截数,咨报各部及军机处,均限十二月初间咨齐,即由军机大臣会同该部汇开清单,于年底先行具奏。仍交部分别核议,照例具题。如该督抚等逾限不报,交部察议。

【1802】2.3.68.(4)(略)

【1821】○续纂

一、各省军、流人犯,定地发配,及到配安置,俱专咨报部。仍于年终逐案摘叙简明事由,并声明何司案呈,分别汇册报部。

臣等谨按:嘉庆二十四年(1819)正月二十一日,奉上谕:"御史蒋云宽奏'申明减等章程'一折,各省军、流人犯,遇有减等恩旨,该督抚等自应迅速办理。乃近日外省办理迟延,且有遗漏,殊乖矜恤之意。此次恩诏内查办减等,着各督抚、将军、都统、府尹等,饬属查明,按限造册报部,并声明接奉部文日期。倘逾定限,该部照例查参。仍令各督抚等取具各属并无遗漏印结,报部备查。再各省军、流人犯,定地发配,及到配安置,向来均不报部。遇有别案牵涉,辗转行查,徒延时日。嗣后俱着专咨报部,年终仍造册汇报,以凭稽核。钦此。"钦遵在案。除减等按限造册暨取结报部,分别遵照办理外,应将军、流人犯定地发配及到配安置,专咨报部,并年终汇报之处,恭纂为例,以便遵守。

【1825】○修改

臣等谨按:道光二年(1822)三月十九日,钦奉上谕:"御史朱为弼奏'请敕删各部册籍'一折。各直省汇送六部册籍,日积日多,往往名实不符,俱成具文,无关政要。而书吏等乘机舞弊,转致难于稽查。自应酌加删减,以归简易。着六部堂官,各将外省造送该衙门册籍,逐一查明,分别应存、应删,悉心妥议,开单奏明请旨等因。钦此。"经臣部查,各省军、流到配,俱经专咨报部,其年终似可毋庸汇报。请将前项册籍删除,奏准通行在案。原例内仍于年终汇报之处,应行节删。谨将修改例文,开列于后。

一、各省军、流人犯,定地发配,及到配安置,俱声明何司案呈,专咨报部。

【1825】2.3.68.(5)(略)

磨勘卷宗

律　文

【1646】2.3.74

凡照磨所官磨勘出各衙门未完文卷,曾经监察御史、提刑按察司照刷驳问迟错,经隔一季之后,钱粮不行追征足备者,提调掌印官吏,以未足之数十分为率,一分笞五十,每一分加一等,罪止杖一百;刑名、造作等事,可完而不完,应改正而不改正者,过一季,笞四十,一季后,每一月加一等,罪止杖八十。受财者,计赃以枉法从重论。○若有隐漏已照刷过卷宗。不报磨勘者,一宗笞四十,每一宗加一等,罪止杖八十。事干钱粮者,一宗杖八十,每一宗加一等,罪止杖一百。有所规避者,从重论。○若官吏文书内或有稽迟未行,或有差错未改。闻知事发,将吊查,旋补未完捏作已完,未改正捏作已改正。文案,以避迟错者,钱粮计所增数,以虚出通关论;刑名等事,以增减官文书论。同僚若本管上司,知而不举,及扶同旋补作弊者,同罪。不知情,及不同署文案者，不坐。

【1670】2.3.74（略）

【1725】○修改

原拟：今无巡按御史，应删去“监察御史”字。且律内有钱粮卷宗，应增入“布政司”字。

臣等谨按：此言承上照刷之后、磨勘未完之卷宗也。首节言迟错、逾限之罪，次节言隐漏不报之罪，末节言旋补文案以避漏错之罪。

【1725】2.3.69

凡照磨所官磨勘出各衙门未完文卷，曾经布政司、按察司照刷驳问迟错，经隔一季之后，钱粮不行追征足备者，提调掌印官吏，以未足之数十分为率，一分笞五十，每一分加一等，罪止杖一百；刑名、造作等事，可完而不完，应改正而不改正者，过一季，笞四十，一季后，每一月加一等，罪止杖八十。受财者，计赃以枉法从重论。○若有隐漏已照刷过卷宗。不报磨勘者，一宗笞四十，每一宗加一等，罪止杖八十。事干钱粮者，一宗杖八十，每一宗加一等，罪止杖一百。有所规避者，从重论。○若官吏文书内或有稽迟未行，或有差错未改。闻知事发，将吊查，旋补文案，未完捏作已完，未改正捏作已改正。以避迟错者，钱粮计所增数，以虚出通关论；刑名等事，以增减官文书论。同僚若本管上司，知而不举，及扶同旋补作弊者，同罪。不知情，及不同署文案者，不坐。

注：此言承上照刷之后、磨勘未完之卷宗也。首节言迟错、逾限之罪，次节言隐漏不报之罪，末节言旋补文案以避漏错之罪。

【1740】2.3.69（略）

附律条例

＊**【1725】○增入**[1]

【现行例】一、凡交代、承审迟延，与承缉、承追不力事件，各该督抚不必具题，照例限咨部处分，入汇题完结。

【现行例】一、凡五城并兵马司事件，照旧例五日一次报都察院，依限完结。若不于限内完结，或有纵容衙役混行讹诈等事，即行题参，交部严加议处。再各部院交发兵马司羁禁、缉拿要犯，令兵马司一面羁禁、缉拿，一面申报都察院。其兵马司正副指挥、吏目缉拿逃人，并能拿获要犯者，准照例加级。只将逃人拿获而不能拿获要犯，不准加级。并知系要犯与逃人，不行查拿，纵容在地方者，事发交部严行议处。

---

① 此两条现行例增入《大清律》之说，见于《大清律例按语》第3卷“吏律·公式·磨勘卷宗”（雍正三年）条下，但雍正三年（1725）《大清律集解附例》、乾隆五年（1740）《大清律例》皆未载。

臣等谨按：以上二条，类于磨勘卷宗律，应入条例内。

同僚代判署文案

律　文

【1646】2.3.75

凡应行上下官文书，而同僚官代判判日。署书名画押。者，杖八十。若因遗失同僚经手文案，而代为判署，以补卷宗者，加一等。若于内事情有增减出入罪重者，从重论。

【1670】2.3.75（略）

【1725】2.3.70

律文（略）

注：此严诈冒而防奸弊也。同僚代判署者，杖八十；因遗失而代判署者，加一等；于内事情有增减出入罪重者，从重论。应判署之人，律不言及，盖因其人不在而代之，故不坐也。

臣等谨按：此严诈冒而防奸弊也。首言同僚代判署之罪，次言因遗失而代判署以补卷宗之罪，末言代判署、代补卷而有增减出入之罪。至于应判署之人，律不言及，盖因其人不在而代之，故不坐也。

【1740】2.3.70（略）

附律条例

【1740】○增入

一、各部司员，有偷安偏执，故意推诿不行画押者，该堂官即指名题参。其实有患病、事故告假者，免其议处。若堂官徇情枉法，逼勒画押，该司员密揭都察院，将该堂官指名题参。如有挟嫌诬告情弊、将该司员照例治罪。

此条系雍正十一年（1733）定例。

【1740】2.3.70.（1）（略）

【1740】○增入

一、刑部遇有三法司会勘案件，即知会都察院、大理寺堂官，带同属员，至刑部衙门秉公会审，定案画题。倘饰词推故，竟无堂官到部者，即将该院、寺堂官交部议处。

此条系雍正十一年（1733）定例。

【1740】2.3.70.（2）（略）

【1767】○续纂

一、各省承审参案，无论侵贪挪移，以及滥刑枉法等项，俱由臬司主稿，会同藩司审勘，招解督抚衙门复审。倘藩司以事非己责，并不实心会鞫，或臬司因主稿在己，偏执自是，以致罪有出入者，该督抚即行查参，交部分别议处。

臣等谨按：此条系乾隆二十九年(1764)五月内，安徽按察使闵鹗元条奏定例，应纂辑遵行。

【1768】2.3.70.(3)(略)

增减官文书

律　文

【1646】2.3.76

凡增减官文书内情节字样者，杖六十。若有所规避，而增减者，杖罪以上，至徒、流，各加规避本罪二等，罪止杖一百、流三千里。未施行者，于加本罪各减一等。规避死罪者，依常律。其当该官吏，自有所避之罪增减原定文案者，罪规避同。若增减以避迟错者，笞四十。○若行移文书，误将军马、钱粮、刑名重事紧关字样，传写失错，而洗补改正者，吏典笞三十。首领官失于对同，减一等。若洗改而有干碍调拨军马，及供给边方军需钱粮数目者，首领官、吏典皆杖八十。若有规避故改补者，以增减官文书论。各加本罪二等。未施行者，各于规避加罪上，若因改补而官司涉疑，有碍应付，或至调发军马不敷、供给钱粮不足减一等。因而失误军机者，无问故、失，并斩。监候。以该吏为首。若首领及承发吏，杖一百、流三千里。若非军马、钱粮、刑名等事文书，而无规避，及常行字样偶然误写者，皆勿论。

【1670】2.3.76(略)

【1725】2.3.71

凡增减官文书内情节字样者，杖六十。若有所规避，而增减者，杖罪以上，至流、徒，各加规避本罪二等，罪止杖一百、流三千里。未施行者，于加罪上各减一等。规避死罪者，依常律。其当该官吏，自有所避之罪增减原定文案者，罪与规避同。若增减以避迟错者，笞四十。○若行移文书，误将军马、钱粮、刑名重事紧关字样，传写失错，而洗补改正者，吏典笞三十。首领官失于对同，减一等。若洗改而有干碍调拨军马，及供给边方军需钱粮数目者，首领官、吏典皆杖八十。若有规避故改补者，以增减官文书论。各加本罪二等。未施行者，各于规避加罪上减一等。若因改补而官司涉疑，有碍应付，或至调拨军马不敷、供给钱粮不足，因而失误军机者，无问故、失，并斩。监候。以该吏为首。若首领及承发吏，杖一百、流三千里。若非军马、钱粮、刑名等事文书，而无规避，及常行字样偶然误写者，皆勿论。

注：此严文移增减之罪，以防私弊也。前一节以增减言，而特严规避。后一节以洗改言，而分别故、误。加二等，谓于本罪上加之；减一等，谓于加罪上减之。如官吏给假限满，无故不还职役，该杖八十，若将原限增改，以规避违限之罪，则于杖八十本罪上加二等，杖一百。如已增减而未送官，是为未施行，则于本罪加二等上减一等，杖九十。余可类推。规避死罪，依常律。以上指凡人言。以下及下节皆指官吏言。

有规避而故改补者,谓之故;传写失错而改正者,谓之失。失误军机者,无问故、失,并斩。末言非军马等事,无规避而误写者,勿论。

臣等谨按:此严文移增减之罪,以防私弊也。前一节以增减言,而特严规避。后一节以洗改言,而分别故、误。加二等,谓于本罪上加之;减一等,谓于加罪上减之。如官吏给假限满,无故不还职役,该杖八十,若将原限增改以规避违限之罪,则于杖八十本罪上加二等,杖一百。如已增减而未送官,是为未施行,则于本罪加二等上减一等,杖九十。余可类推。规避死罪,依常律。以上皆指凡人言。以下及下节,皆指当该官吏言。

【1740】2.3.71(略)

封掌印信

律　文

【1646】2.3.77

凡内外各衙门印信,长官收掌,同僚佐贰官,用纸于印面上封记,俱各画字。若同僚佐贰官公差事故,许首领官封印。违者,杖一百。

【1670】2.3.77(略)

【1725】2.3.72

律文(略)

注:此言印信关系甚重,宜互相觉察也。印信为一衙门之公器,故长官收掌。同僚佐贰,于判署毕,公同封记画字。盖封者不掌,掌者不封,彼此互相关防,以杜私弊也。其同僚佐贰,遇有差遣事故,许令首领官封记。若长官不令封记,同僚佐贰及首领不行封记者,均属违法,并坐满杖。

臣等谨按:此言印信关系甚重,宜互相觉察也。印信为一衙门之公器,故长官收掌。同僚佐贰,于判署毕,公同封记画字。盖封者不掌,掌者不封,彼此互相关防,以杜私弊也。惟同僚佐贰,遇有差遣事故,许令首领官封记。若长官不令封记,同僚佐贰及首领不行封记者,均属违法,并坐满杖。

【1740】2.3.72(略)

漏使印信

律　文

【1646】2.3.78

凡各衙门行移出外文书,漏使印信者,当该吏典、对同首领官并承发,各杖六十。○全不用印者,各杖八十。○若漏印及全不用印之公文干碍调拨军马、供给边方军需钱粮者,各杖一百。因其漏使、不用,所司疑虑,不即调拨供给而失误军机者,斩。监候。亦以当该吏为首。首领官并承发,止坐杖一百、流三千里。○若倒用印信者,照漏用律杖六十。

【1670】2.3.78(略)

【1725】2.3.73

凡各衙门行移出外文书,漏使印信者,当该吏典、对同首领官并承发,各杖六十。○全不用印者,各杖八十。○若漏印及全不用印之公文干碍调拨军马、供给边方军需钱粮者,各杖一百。因其漏使、不用,所司疑虑,不即调拨供给而失误军机者,斩。监候。亦以当该吏为首。经管首领官并承发,止坐杖一百、流三千里。○若倒用印信者,照漏用律杖六十。

注:此言出外文书用印,宜加详慎也。要看"出外"二字。凡各衙门出外文书,全以印信为凭。如钱粮数目,与圈涂旁注、接缝粘连,俱当用印钤盖。或漏印、不印,则无以示信。此当该吏典,必宜检点于用印之时;经管首领与承吏,亦宜对同于发行之际者也。首节言漏印之罪,次节言不印之罪,末节言漏印、不印干碍军务、失误军机之罪。

臣等谨按:此言用印宜详慎也。凡内外各衙门文书,皆以印信为凭。故年月有坐印,他如钱粮数目,与圈涂旁注、接缝粘连,俱用钤盖,方可取信通行,而诸事无误。此当该吏典,必宜检点于用印之时;而经管首领官与承发吏,亦宜对同于发行之际者也。首节言漏印之罪,次节言不印之罪,末节言漏印、不印干碍军务、失误军机之罪。

【1740】2.3.73(略)

附律条例

【1740】○增入

一、各部院稿案,有应行添改之处,俱用印钤盖。如有疏忽,照例参处。

此条系雍正十一年(1733)定例。

【1740】2.3.73.(1)(略)

【1740】○增入

一、奏销册内钱粮总数,遗漏印信,及有洗补、添注字样,造册之员交部议处,缮书册吏按律治罪。

此条系雍正十一年(1733)定例。

【1740】2.3.73.(2)(略)

【1782】○续纂

一、陵寝重地,采办祭品,及一切有关钱粮行文出境等事,俱具稿呈堂,钤盖堂印咨行。

臣等谨按:此条系乾隆四十五年(1780)七月内,承办泰陵事务衙门散秩大臣宗室公永□参奏,奉祀礼部郎中阿郭私用司印,行查大成县许祥包办祭鱼舞弊案内,经臣部奏请,嗣后俱照在京各部院之例,凡一切有关钱粮及行文出境等事,俱具稿呈堂,钤盖堂印咨行,以杜弊端等因,奉旨"依议",钦遵在案,应纂辑遵行。

【1790】2.3.73.(2)(略)

擅用调兵印信

律　文

【1646】2.3.79

凡总兵将军及各处都指挥使用印信,除调度军马,办集军务,行移公文用使外,若擅出批帖,假公营私,及为凭照防送物货图免税者,首领总兵、参谋、赞画、都司之经历官吏各杖一百,罢职役不叙,罢其赞佐,无补正官即将军、都司掌印奏闻区处。

【1670】2.3.79(略)

【1725】○修改

原拟:总兵将军,应改为统兵将军。又今虽有各省都司,与明之都指挥使司职掌不同,应改为各处提督总兵官。

臣等谨按:此专指掌兵权而用印营私者言也。假公营私,所包者广。照送货物,则指一事言耳。统兵将军及各省提镇官之印信,原用之以调度征讨军马、干办军旅机务者。若用以出给批帖,假托公务,营办私事,及为凭照,以防送物货,是以调兵之公器为自便之私图。承行首领官吏,并坐满杖,罢职役不叙。正官乃应议之人,奏闻区处。

【1725】2.3.74

凡统兵将军及各处提督、总兵官印信,除调度军马,办集军务,行移公文用使外,若擅出批帖,假公营私,及为凭照防送物货图免税者,首领官吏各杖一百,罢职役不叙,罢其不能禀阻。正官奏闻区处。

注:此专指掌兵权而用印营私者言也。假公营私,所包者广。照送货物,则指一事言耳。统兵将军及各省提镇官之印信,原用之以调度征讨军马、干办军旅机务者。若用以出给批帖,假托公务,营办私事,及为凭照,以防送物货,是以调兵之公器为自便之私图。承行首领官吏,并坐满杖,罢职役不叙,正官奏闻区处。

【1740】2.3.74(略)

附律条例

【1725】2.3.74.(1)

【钦定例】一、各省文武大小官员,有以官印用于私书手本者,从重治罪。

谨案:此条雍正五年(1727)定。

【1740】○修改

臣等谨按:例内从重治罪,未经指名何罪,难以引用。应改辑例文,开列于后。

一、凡各省文武大小官员,有以官印用于私书者,照违制律治罪。有所求为,从重论。

【1740】2.3.74.(1)(略)

【户　律】

【户律·户役】

脱漏户口

律　文

【1646】3.4.80

凡一家曰户，全不附籍，若有田应出赋役者，家长杖一百；若系无田不应出赋役者，杖八十，准附籍有赋照赋，无赋照丁。当差。○若将他家人隐蔽在户不另报，立籍。及相冒合户附籍，他户。有赋役者，本户家长亦杖一百；无赋役者，亦杖八十。若将内外另居亲属隐蔽在户不报，及相冒合户附籍者，各减二等。所隐之人，并与同罪，改正立户，别籍当差。其同宗伯叔、弟侄及婿，自来不曾分居者，不在此断罪、改正之限。○其见在官役使办事者，虽脱户，然有役在身、有名在官，止依漏口法。○若曾立有户，隐漏自己成丁十六岁以上。人口不附籍，及增减年状、妄作老幼废疾，以免差役者，一口至三口，家长杖六十，每三口加一等，罪止杖一百；不成丁，三口至五口，笞四十，每五口加一等，罪止杖七十。所隐人口入籍、成丁者当差。○若隐蔽他人丁口不附籍者，罪亦如之。所隐之人与同罪，发还本户，附籍、当差。○若里长失于取勘，致有脱户者，一户至五户，笞五十，每五户加一等，罪止杖一百；漏口者，一口至十口，笞三十，每十口加一等，罪止笞五十。本县提调正官、首领官吏失于取勘，致有脱户者，十户笞四十，每十户加一等，罪止杖八十；漏口者，十口笞二十，每三十口加一等，罪止笞四十。知情者，并与犯人同罪。受财者，计赃以枉法从重论。若官吏曾经三次立案取勘，已责里长文状，叮咛省谕者，事发罪坐里长。如里长、官吏，知其脱漏之情，而故纵不问者，则里长、官吏与脱漏户口之人同罪。若有受财者，并计赃以枉法从重论。

【1670】3.4.80（略）

【1725】3.4.75

律文（略）

注：此言户口为税粮、差徭所自出，必当严核版籍也。一家曰户，人丁曰口。附籍，谓挨次编立户名于册籍也。有赋役，谓有田产税粮而当差，此役之出于赋者也。无赋役，谓无田产税粮，止当本身杂泛差徭，此役之出于丁者也。首二节言脱户之罪，三、四、五节言漏口之罪，六节总承上五节，兼脱户、漏口而言里长、官吏之罪。分

失勘、知情、受财,而定罪之轻重。若官吏曾经三次立案,取有里长不致脱漏文状,又经叮咛省谕,而里长不用心检勘,或知情故纵,或受财故纵,则罪坐里长。

臣等谨按:此言户口为税粮、差徭所自出,必当严核版籍也。一家曰户,人丁曰口。附籍,谓挨次编立名户于册籍也。有赋役,谓有田产、税粮而当差,此役之出于赋者也。无赋役,谓无田产税粮,止当本身杂泛差徭,此役之出于丁者也。首、二节言脱户之罪,三、四、五节言漏口之罪,六节总承上五节,兼脱户、漏口而言里长、官吏之罪,分失勘、知情、受财三者而轻重罪之。若官吏取勘明白,曾经三次立案行下里长,取有不致脱漏文状,又经叮咛省谕,而里长不用心检勘,或知情故纵,或受财故纵,则所犯独坐里长。

【1740】3.4.75(略)

附律条例

【1725】○增入

臣等谨按:康熙五十二年(1713)三月内,户部议复缮造户册,事理类于此律,谨拟节录于后。

【续增现行例】一、直隶各省编审,察出增益人丁实数,缮册奏闻,名为《盛世滋生户口册》。其征收钱粮,但据康熙五十年(1711)丁册,定为常额。续生人丁,遵康熙五十二年(1713)三月十八日恩诏,永不加赋。如额征丁粮数内有开除者,即将各该省新增人丁补足额数。至新增人丁,倘不据实开报,或有私派钱粮,及造册之时,借端需索,该督抚严查题参。

臣等谨按:此条类于“脱漏户口”律,应增入条例后。

【1725】3.4.75.(1)

【增例】(略)

【1740】3.4.75.(1)

一、直隶各省编审,察出增益人丁实数,缮册奏闻,名为《盛世滋生户口册》。其征收钱粮,但据康熙五十年(1711)丁册,定为常额。续生人丁,永不加赋。如额征丁粮数内有开除者,即将各该省新增人丁补足额数。至新增人丁,倘不据实开报,或有私派钱粮,及造册之时,借端需索,该督抚严查题参。

谨案:此条雍正三年(1725)定。现行例内“续生人丁”下,删去“遵康熙五十二年三月十八日恩诏”十四字。

【1740】○增入

一、八旗凡遇比丁之年,各该旗务将所有丁册,逐一严查。如有漏隐,即据实报出,补行造册送部。如该旗不行详查,经部察出,即交部查议。

谨案:此条系雍正十二年(1734)定例。

【1740】3.4.75.(2)(略)

人户以籍为定

律　文

【1646】3.4.81

凡军、民、驿、灶、医、卜、工、乐诸色人户，并以原报册籍为定。若诈诈军作民。冒民。脱匠。免，避己重就人轻者，杖八十。其官司妄准脱免，及变乱改军为民、改民为匠。版籍者，罪同。军民人等，各改正、当差。○若诈称各卫军人，不当军民差役者，杖一百，发边远充军。

【1670】3.4.81（略）

【1725】3.4.76

凡军、民、驿、灶、医、卜、工、乐诸色人户，并以原报册籍为定。若诈军作民。冒民。脱匠。免，避己重就人轻者，杖八十。其官司妄准脱免，及变乱改军为民、改民为匠。版籍者，罪同。军民人等，各改正、当差。○若诈称各卫军人，不当军民差役者，杖一百，发边远充军。

注：此言版籍既定，永不得诈冒变乱也。驿是驿站马夫，灶是盐场灶丁。凡军、民、驿、灶与医、卜、工、乐诸色人户，并以原报册籍为定，以应差役。若用奸计诈军作民、冒民脱匠，避己之重差而就人之轻差者，则隐藏户口，变乱成法，欺罔实甚，故杖八十。此等诈冒之人，为官司者，若不行取勘，而妄准脱免，及改军为民、改民为匠，纷更版籍者，罪同犯人，亦杖八十。军民人等，各改正原籍当差。若前项诸色人等，原非军人，诈称各卫军籍，既避民差，又不当军役，则军、民两无所著矣，故杖一百，发边远充军。

臣等谨按：此言版籍既定，永不得诈冒变乱也。驿是驿站马夫，灶是盐场灶丁。凡军、民、驿、灶与医、卜、工、乐诸色人户，并以原报版籍为定，以应差役。首节前言诸色人户脱免之罪，次言官司妄准脱免及更改之罪。末节言诈称军人不当差役之罪。

【1740】3.4.76（略）

附律条例

【1646】3.4.81.（1）

一、军户子孙，畏惧军役，另开户籍，或于别府、州、县入赘、寄籍等项，及至原卫发册清勾，买嘱原籍官吏、里书人等，捏作丁尽户绝回申者，俱问罪。正犯发烟瘴地面，里书人等发附近卫所，俱充军；官吏参究治罪。

【1670】3.4.81.（1）（略）

【1725】○修改

臣等谨按：今虽无勾补子孙之例，但逃避军役，买作丁尽户绝者，亦或有之，应照“名例”内删改，开载于后。

【续改条例】一、军户子孙，另开户籍，或于别府、州、县入赘、寄籍，买嘱原籍官吏、里书人等，捏作丁尽户绝回申者，正犯发烟瘴地面，里书人等发附近卫所，俱充军；官吏参究治罪。

【1725】3.4.76.(1)

【原例】(略)

【1740】○删除

臣等谨按:此系前明旧例。本朝无军户子孙,并无勾补之例,此条应删。

【1646】3.4.81.(2)

一、各处卫所,并护卫、仪卫司官军、舍余人等,及灶户置买民田,一体坐派粮差。若不纳粮当差,致累里长包赔者,俱问罪,其田入官。

【1670】3.4.81.(2)(略)

【1725】○修改

原拟:今无护卫、仪卫司及舍余名色,谨拟删改,开载于后。

【原改条例】一、各处卫所官军人等及灶户置买民田,一体坐派粮差。若不纳粮当差,致累里长包赔者,俱问罪,其田入官。

【1725】3.4.76.(2)

【原例】(略)

【1740】3.4.76.(1)(略)

【1801】○修改

臣等谨按:此条系前明旧例。查律载"欺隐田亩、脱漏版籍者,并典买田宅不过割者,一亩至五亩,笞四十,每五亩加一等,罪止杖一百,其田入官",又"收粮违限,以十分为率,一分不足,杖六十,每一分加一等,罪止杖一百"各等语。此条卫所官军及灶户,置买民田不纳粮、当差,例内仅称"俱问罪",未免含混。查律注云"欺隐,问欺隐罪;不过割,问不过割罪;不欺隐,止不纳粮当差,问收粮违限罪"等语,应添改明晰,以便引用。谨将修改例文,开列于后。

一、各处卫所官军人等及灶户置买民田,一体坐派粮差。若不纳粮当差,致累里长包赔者,查系欺隐田亩,及典买不过割者,各按本律定拟,其田入官。若无欺隐等情,止系不纳粮当差,照收粮违限律治罪。

【1802】3.4.76.(20)(略)

【1725】○增入

臣等谨按:雍正元年(1723)十一月内,户部议复白契买人,事理类于此律,谨拟节录于后。

【续增现行例】一、康熙六十一年(1722)以前,各旗白契所买之人,俱不准赎身。若有逃走者,准递逃牌。雍正元年(1723)以后,白契所买单身及带有妻室子女之人,俱准赎身。若买主配给妻室者,不准赎身。未经卖身之先,或已定亲未娶,问女家情愿,方许配合,不情愿者听。

【1725】3.4.76.(3)

【钦定例】(略)

【1740】○修改

臣等谨按：雍正十三年(1735)十二月内，又有定例：凡雍正十三年以前，各旗白契所买之人，不准赎身。其私逃者，准递逃牌。则凡属康熙六十一年(1722)以前，各旗白契所买之人，已俱赅括雍正十三年(1735)以前之内矣。至"雍正元年以后，白契所买单身"等语，虽雍正十三年定例未经开载，自应一体遵行。应将"康熙六十一年以前"改为"雍正十三年以前"，其"雍正元年以后"亦应改为"乾隆元年以后"，庶便画一引用，以免歧误。谨将改辑例文，开列于后。

一、雍正十三年(1735)以前，各旗白契所买之人，俱不准赎身。若有逃走者，准递逃牌。乾隆元年(1736)以后，白契所买单身及带有妻室子女之人，俱准赎身。若买主配给妻室者，不准赎身。未经卖身之先，或已定亲未娶，问女家情愿，方许配合，不情愿者听。

【1740】3.4.76.(2)(略)

【1725】3.4.76.(4)

【钦定例】一、各省乐籍，并浙省堕民、丐户，皆令确查削籍，改业为良。若土豪地棍，仍前逼勒凌辱，及自甘污贱者，依律治罪。其地方官奉行不力者，该督抚查参议处。

谨案：此条雍正三年(1725)定例。

【1740】3.4.76.(7)

一、各省乐籍，并浙省堕民、丐户，皆令确查削籍，改业为良。若土豪地棍，仍前逼勒凌辱，及自甘污贱者，依律治罪。其地方官奉行不力者，该督抚查参，照例议处。

【1768】3.4.76.(6)(略)

【1802】3.4.76.(8)(略)

【1825】3.4.76.(9)(略)

【1740】○增入

一、旗下奴仆，或借别旗名色买赎，或自行赎身，旗、民两处，俱无姓氏者，察出即令归旗。其有跟随家主出差外任，私有蓄积，钻营势力，欺压本主赎身者，自康熙五十二年(1713)恩诏以后，虽在民籍，查明强压情实，亦令归旗。若果系数辈出力之人，伊主念其勤劳，情愿听其赎身为民，本旗、户部有档案可稽，州、县地方有册籍可据，为民者仍归民籍，旧主子孙不得借端控告。其有投充之人，私自为民，后经发觉，将同族之人诬扳为同祖，或本主因家奴之同族少有产业，诬告投充之子孙者，审明，将诬扳诬告之人，从重治罪。

谨案:此条系雍正十二年(1734)定例。①

【1740】3.4.76.(3)(略)

【1767】○修改

臣等谨按:此条系八旗家奴赎身为民定例。原例内有八旗家奴"或借别旗名色买赎,或自行赎身","或钻营势力,欺压本主"等情,"俱令归旗"等语。查乾隆二十四年(1759)户部议准定例,八旗家奴由本主得银放出,潜入民籍者,治以不行呈明之罪。指借他人名色,代为认买,私自出旗者,照例治罪,仍断还原主。钻营势力、欺压孤幼赎身者,倍追身价给主,人口赏给外省驻防为奴。已各有治罪专条,载在例册遵行。拟将原例内八旗家奴"或借别旗名色买赎,或自行赎身","或钻营势力,欺压本主",俱仅令归旗之处删去。再原例内有"诬扳诬告之人,从重治罪"一语,尚未明晰,应指出罪名,今拟改为"诬良为贱律治罪"。

一、旗下奴仆,若果系数辈出力之人,伊主念其勤劳,情愿听其赎身为民,本旗、户部有档案可稽,州县地方有册籍可据,为民者仍归民籍,旧主子孙,不得借端控告。其有投充之本身,私自为民,后经发觉,将同族之人诬扳为同祖,或本主因家奴之同族少有产业,诬告投充之子孙者,审明,将诬扳诬告之人,照诬良为贱律治罪。

【1768】3.4.76.(3)(略)

【1788】○修改

臣等谨按:此条原例内"诬扳诬告之人"下,"照诬良为贱律治罪"一语。查诬良为贱,律无明文,向遇此等案件,俱引用冒认良人为奴婢杖一百、徒三年律办理。今拟将"诬良为贱"四字,改为"冒认良人为奴婢"字样。再查《学政全书》内开"娼优隶卒之家,变易姓名,侥幸出身,访出严行究问斥革",又"皂隶子孙,朦混捐纳者,照例斥革",又例载"斥革监生,冒名复捐者,除将复捐监生斥革外,仍照违制律杖一百"等语,是娼、优、隶、卒之家,因系下贱,例不准其入考。臣部遇有彼此偶挟微嫌,将良民诬指为娼、优、隶、卒子孙之案,因"刑律"内虽有"诬良为贱"之语,并无"诬良为贱"作何治罪明文,援引《学政全书》,参会比拟,于杖一百、加所诬罪三等,拟以杖八十、徒二年在案。然与其辗转比附,莫若明增入例,以资引用,而昭赅备。所有修改、增辑例文,开列于后。

一、旗下奴仆,若果系数辈出力之人,伊主念其勤劳,情愿听其赎身为民,本旗、户部有档案可稽,州县地方有册籍可据,为民者仍归民籍,旧主子孙,不得借端控告。其有投充之本身,私自为民,别经发觉,将伊家同族之良民诬指为同祖,希图陷害者,或本主因家奴之同族少有产业,诬告投充之子孙者,审明,将诬扳诬告之人,照冒认良人为奴婢律治罪。

【1790】3.4.76.(6)(略)

【1825】3.4.76.(7)(略)

---

① 《大清律例按语》第37卷"户律·户役·人户以籍为定"(乾隆五年)条下按语指此条系雍正三年(1725)定例。

【1740】○增入

一、乾隆元年(1736)以后放出,捏称元年以前,私自营求,入于民籍者,察出,将该户交刑部照例治罪,仍令归旗,作为本主户下家人。其不行详查之参、佐领,及朦混收入民籍之地方官,一并交部议处。

谨案:此条系乾隆二年(1737)定例。

【1740】3.4.76.(4)(略)

【1790】3.4.76.(3)(略)

【1740】○增入

一、八旗远年丁册有名者,即系盛京带来奴仆,直省本无籍贯。其带地投充者,亦历年久远,虽有籍贯,难以稽查。两项应仍遵照定例,只准开入旗档,不得放出为民。

谨案:此条系乾隆五年(1740)定例。[1]

【1740】3.4.76.(5)(略)

【1767】○删除

臣等谨按:此条原例本系两条,因均系旗下家奴犯军、流、徒治罪定例,是以并为一条。其原例内有"赎身奴仆归入佐领下开户,照旗下正身一体折枷、鞭责"等语。查八旗开户,已于乾隆二十一年(1756)钦奉上谕放出为民,拟将此节删去。再新例汉军奴仆问拟实徒,应于此例内"犯该徒罪"下,增入此句。再查全部例内,八旗开户专例尚有三条,俱应删除。其余条例内,有"开户"字句应行删去者,亦一并删去,以归画一,合并声明。谨将删除旧例,开列于后。[2]

【1740】○增入

一、乾隆元年(1736)以后,白契所买之人,未入丁册者,准照例赎身为民。其乾隆元年(1736)以前,白契所买之人,既准作为印契,仍照例在本主户下,挑取步甲等缺。俟三辈后著有劳绩,本主情愿放出为民者,呈明本旗,咨报户部,册档有伊祖父姓名者,亦准放出为民。仍行文该地方官查明注册,只许耕作营生,不准考试。

谨案:此条系乾隆三年(1738)定例。

【1740】3.4.76.(6)(略)

【1768】3.4.76.(5)(略)

---

① 《大清律例按语》第37卷"户律·户役·人户以籍为定"(乾隆五年)条下按语指此条系乾隆三年(1738)定例。

② 本条按语见于"名例·犯罪免发遣"【1768】1.1.9.(2)条乾隆三十二年(1767)修改按语。按语所称"原例"即【1768】1.1.9.(2)条乾隆十六年(1751)原例。

【1788】○修改

臣等谨按:此条系专指旗人契买家奴,俟三辈后,伊主情愿放出为民,只许耕种营生,不准考试之文。嗣于乾隆四十八年(1783)三月内,钦奉上谕:"向来满、汉官员人等家奴,在本主家服役三代,实在出力者,原有准其放出之例。此项人等,既经伊主放出,作为正身,亦未便绝其上进之阶,但须明立章程,于录用之中,仍令有所限制。嗣后此等旗、民家奴,合例后经该家主放出者,满洲令该家主于本旗报明,咨部存案;汉人则令家主于本籍地方官报明,咨部存案。经部复准后,准其与平民一例应考、出仕。但京官不得至京堂,外官不得至三品,以示限制。著为令。"钦遵在案。所有原例内"不准考试"等句,自应修改。再查家奴本系世仆,伊主因其服役三辈,著有劳绩,是以将全家放出为民。若一经报明咨部复准后,即同平民一例应考、出仕。俾现身服役之家奴及其子孙,竟得与素日豢养之家主同时共登仕版,殊不足以符体制,自应定限。自放出为民后,所生之子孙方准应考、出仕,以昭平允。今将修改、增辑例文,开列于后。

一、乾隆元年(1736)以后,白契所买之人,未入丁册者,准照例赎身为民。其乾隆元年(1736)以前,白契所买之人,既准作为印契,仍照例在本主户下,挑取步甲等缺。俟三辈后著有劳绩,本主情愿放出为民者,呈明本旗,咨部存案;若汉人,则令本主报明本籍地方官,咨部存案。俟部核复,准入民籍。此等旗、民放出家奴,系曾经服役之本身,及在主家所养之子孙,只许耕作营生,不许考试、出仕。其入籍后所生之子孙,准其与平民一例应考、出仕,京官不得至京堂,外官不得至三品。

【1790】3.4.76.(4)(略)

【1806】○修改

臣等谨按:嘉庆十一年(1806)七月,礼部议奏"八旗放出家奴考试限期等因"一折。原奏内称"家奴放出一代后,即与平民一体应试、出仕,则其祖、父身为家奴,亦复填人身家清白甘结。既经应试、出仕,即可上膺封典。而家奴之名滥邀诰赠,于体制未协。请嗣后凡八旗及汉人家奴,实有劳绩,服役已经三辈,伊主情愿放出者,准其放出。旗人则取具本主甘结,加具参、佐领圆结,报部存案;民人则取具本主甘结,报明地方官存案。俟既经放出三代后,所生子孙方准应试、出仕。仍照旧例,京官不得至京堂,外官不得至三品,以示限制。其虽经放出,未经呈报者,应俟报官存案之日起限"等因,奏准通行在案,应于例内修改明晰,以资引用。谨将修改例文,开列于后。

一、乾隆元年(1736)以后,白契所买之人,未入丁册者,准照例赎身为民。其乾隆元年(1736)以前,白契所买之人,既准作为印契,仍照例在本主户下,挑取步甲等缺,俟三辈后著有劳绩,本主情愿放出为民者,旗人则取具本主甘结,加具参、佐领图结,由旗咨部存案;汉人则取具本主甘结,报明本籍地方官,咨部存案。俟部核复,准入民籍。此等旗、民放出家奴,只许耕作营生,不许考试、出仕。其放出入籍三代后所生之子孙,准其与平民一例应试、出仕,京官不得至京堂,外官不得至三品。其虽经放出,未经呈报者,应自报官存案之日起限。

【1825】3.4.76.(21)(略)

【1740】○增入

一、远年印契所买奴仆之中,如内有实系民人印契卖与旗人,契内尚有籍贯可查,照乾隆元年(1736)以前白契所买家人之例,三辈后准其为民。仍将伊等祖父姓名、籍贯,一体造册,咨送户部查核。

谨案:此条系乾隆五年(1740)户部议准定例。

【1740】3.4.76.(8)(略)

【1768】3.4.76.(7)(略)

【1790】3.4.76.(9)(略)

【1825】3.4.76.(10)(略)

【1740】○增入

一、驻防旗人,置买本地家奴,本主因其不堪驱使,情愿准其赎身者,亦准放出为民。

谨案:此条系乾隆五年(1740)户部议准定例。

【1740】3.4.76.(9)(略)

【1768】3.4.76.(8)(略)

【1790】3.4.76.(10)(略)

【1825】3.4.76.(11)(略)

【1740】○增入

一、凡八旗奴仆,放出为民,未经入籍,及入籍在乾隆元年(1736)以后之户,应令归旗,作为原主名下开户壮丁。至于设法赎身之户,例应作为开户壮丁者,其已经议结之案,毋庸置议外,其未结之案,或其自备身价赎身,或亲戚代为赎身者,均应归原主佐领下作为开户。若有实在用价契买,随又交价赎出者,均应在买主佐领下作为开户。如经开户壮丁,给价买出者,伊等原非另户正身,其名下不便复有开户之人,仍应归原主佐领下作为开户。

谨案:此条系乾隆五年(1740)户部议准定例。

【1740】3.4.76.(10)(略)

【1767】○删除

臣等谨按:此条原例本系两条,因均系旗下家奴犯军、流、徒治罪定例,是以并为一条。其原例内有"赎身奴仆归入佐领下开户,照旗下正身一体折枷、鞭责"等语。查八旗开户,已于乾隆二十一年(1756)钦奉上谕放出为民,拟将此节删去。再新例汉军奴仆问拟实徒,应于此例内“犯该徒罪”下,增入此句。再查全部例内,八旗开户专例尚有三条,俱应删除。其余条例内,有“开户”字句应行删去者,亦一并删去,以归画一,合并声明。谨将删除旧例,开列于后。①

【1740】○增入

一、凡八旗绝户家奴,如无族人可归者,无论家下陈人、契买奴仆,俱准在于本佐领下开户,责令看守伊主坟墓。其中如果有年力精壮,尚可当差者,在于本佐领下披步甲当差。如内有乾隆元年(1736)以后白契所买奴仆,情愿赎身为民者,照例赎身。其身价银两,照绝户财产入官例办理。

谨案:此条系乾隆五年(1740)户部议准定例。

【1740】3.4.76.(11)(略)

【1767】○修改

臣等谨按:此条系八旗绝户家奴责令看守伊主坟墓定例。查原例无族人可归者,准在本佐领下开户。今八旗已无开户,此等家奴无所归著,是以拟改为“造入原主户下”,责令看守坟墓。

一、凡八旗绝户家奴,如无族人可归者,无论家下陈人、契买奴仆,俱令本佐领造入原主户下,责令看守伊主坟墓。其中如果有年力精壮,尚可当差者,在于本佐领下披步甲当差。如内有乾隆元年(1736)以后白契所买奴仆,情愿赎身为民者,照例赎身。其身价银两,照绝户财产入官例办理。

【1768】3.4.76.(9)(略)

【1790】3.4.76.(11)(略)

【1825】3.4.76.(12)(略)

【1740】○增入

一、发遣赏给各省驻防兵丁为奴人犯,除照例不准赎身,及不准典卖与别境旗人外,其实有应卖事故,欲行典卖者,报明该管官,酌量准其典卖与本处旗人为奴。如遇有逃走为匪等事,即将典买之人照例治罪,原主不坐。如卖与民人,并别境旗人为奴者,杖一百,追价入官。

谨案:此条系乾隆五年(1740)刑部议准定例。

【1740】3.4.76.(12)(略)

【1768】3.4.76.(10)(略)

【1790】3.4.76.(12)(略)

---

① 本条按语见于“名例·犯罪免发遣”【1768】1.1.9.(2)条乾隆三十二年(1767)修改按语。按语所称“原例”即【1768】1.1.9.(2)条乾隆十六年(1751)原例。

【1801】○修改

臣等谨按：此条系乾隆五年(1740)定例。查发遣赏给各省驻防兵丁为奴人犯，如伊主将其卖与民人并别境旗人为奴者，杖一百，追价入官。其为奴之犯，未便仍给本主领回，应令该将军、都统另行赏给兵丁为奴。例内未经申叙，应添纂明晰，以昭赅备。谨将修改例文，开列于后。

一、发遣赏给各省驻防兵丁为奴人犯，除照例不准赎身，及不准典卖与别境旗人外，其实有应卖事故，欲行典卖者，报明该管官，酌量准其典卖与本处旗人为奴。如遇有逃走为匪等事，即将典买之人照例治罪，原主不坐。如卖与民人，并别境旗人为奴者，原主杖一百，追价入官。其为奴人犯，令该将军、都统另行赏给本处兵丁为奴，不准给原主领回。

【1802】3.4.76.(21)(略)

【1810】○修改

臣等谨按：《中枢政考》内载"发遣口外黑龙江、吉林、伊犁、巴里坤等处为奴人犯，及拨给山海关以外为奴之叛逆人犯妻、子、家仆，有私行偷卖及得财放赎者，系官革职，无职人枷号两个月、鞭一百，专管各官降二级调用。其发往各省驻防处为奴人犯，如有私卖、私赎者，家主及专管各官处分，亦照此例行"等语，是此条私卖为奴人犯，系官革职，无职人枷号两个月、鞭一百，系指犯人并无应卖事故，辄私行偷卖者而言。与臣部例内，实有应卖事故而卖与民人及别境旗人者不同，故罪分等差。惟臣部例内究无私行偷卖治罪之条，应行载入，以资引用。再查《中枢政考》内统言"黑龙江、新疆等处，并各省驻防"，而臣部例内止称"各省驻防"，并未议及黑龙江、新疆等处，亦属罣漏，应画一添纂，以昭赅备。谨将修改例文，开列于后。

一、发遣赏给黑龙江、新疆等处及各省驻防官兵为奴人犯，并无应卖事故，辄私行典卖，及得财放赎者，系官革职，兵丁枷号两月、鞭一百，追价入官。专管各官，交部议处。其实有应卖事故，欲行典卖者，报明该管官，酌量准其典卖与本处旗人为奴。如遇有逃走为匪等事，即将典买之人照例治罪，原主不坐。如卖与民人，并别境旗人为奴者，原主杖一百，亦追价入官。其人犯令该将军、都统另行赏给本处兵丁为奴，不准给原主领回。

【1814】○修改

臣等谨按：嘉庆十八年(1813)七月初二日奉旨："据富俊等奏'拿获给黑龙江披甲法依巴尔为奴之逃犯史国润，审系伊家主法依巴尔得财令其赎身。请将法依巴尔枷号两个月、鞭一百'等语。披甲人法依巴尔，着照所请办理。该管官员，着交部议处。但此项发遣为奴之人，原系免死减等重犯。所以发给兵丁为奴者，特令充当折磨差使，向例不准赎身。如任令赎身，听其到处游荡，反得侥幸，竟成无罪之人，尚复成何事体。且该家主业经究办，而此等玩法行贿赎身之犯，亦当治以应得之罪。史国润着加枷号一年、杖一百，仍交法依巴尔领回，折磨使用等因。钦此。"再查发遣黑龙江及驻防人犯，业经奏明，分给官员、兵丁为奴，均应于例内添纂，以便遵行。谨将修改例文，开列于后。

一、发遣赏给黑龙江、新疆等处及各省驻防官员、兵丁为奴人犯,并无应卖事故,辄私行典卖,及得财放赎者,系官革职,兵丁枷号两个月、鞭一百,追价入官,专管各官交部议处。其用财赎身之遣犯,枷号一年、鞭一百,仍交原主管束。若实有应卖事故,欲行典卖者,报明该管官,酌量准其典卖与本处旗人为奴。如遇有逃走、为匪等事,即将典买之人照例治罪,原主不坐。如卖与民人,并别境旗人为奴者,原主杖一百,亦追价入官,其人犯令该将军、都统另行赏给本处官兵为奴,不准给原主领回。

【1825】3.4.76.(22)(略)

【1740】○增入

一、凡另户人之妻,因夫亡改嫁与另户,并嫁与户下家人,其前夫所生之子,原系另户,应准其随母改适。俟抚养成丁,仍归本宗。如子母不忍分离,两家情愿倚依者,准其倚依,仍将本人造入生父本宗丁册。如有民间子弟,自幼随母改嫁与另户旗人,应照户口不清例,另行记档。其有家人之子,随母嫁与另户,以及民间之子,随母改适于户下家人者,统于户下造报声明。嗣后遇有随母改嫁人等,该参、佐领即时确查,报明都统存案,仍于编审之年丁册内注明,咨报户部查核。至从前另户旗人之子,自幼给与旗下正身及户下家人抚养,呈请归宗者,该旗查明情实,取具两姓族长、族人保结,并各该参、佐领印结,咨送户部存案,准其归宗。

谨案:此条系乾隆五年(1740)户部议准定例。

【1740】3.4.76.(13)(略)

【1767】○修改

臣等谨按:此条系另户旗人归宗定例。查乾隆二十四年(1759),户部议准八旗开户,悉放为民,此条原例内"民间子弟,随母改嫁与另户旗人,另行记档"及"家人之子,随母改适与另户,于编审丁册注明报部"之处,系属旧例,业已不行,拟合删去。

一、凡另户人之妻,因夫亡改嫁与另户,并嫁与户下家人,其前夫所生之子,原系另户,应准其随母改适。俟抚养成丁,仍归本宗。如子母不忍分离,两家情愿倚依者,准其倚依,仍将本人造入生父本宗丁册。至从前另户旗人之子,自幼给予旗下正身,及户下家人抚养,呈请归宗者,该旗查明情实,取具两姓族长族人保结,并各该参、佐领印结,咨送户部存案,准其归宗。

【1768】3.4.76.(11)(略)

【1790】3.4.76.(13)(略)

【1801】○删除

臣等谨按:此条系乾隆五年(1740)定例。查另户正身,非另记档案旗人可比。另户人之妻因夫亡改嫁,应嫁与另户正身。例内所称"嫁与户下家人"一节,系良贱为婚,律应离异。且另户正身之子,给与户下家人抚养,亦未妥协。臣部因此条系远年旧例,现在是否遵行,随咨行户部并各旗去后。嗣据各旗佥称,历年并无办过此等案件。而户部复称,定例内“另户旗人之子,自幼给与户下家奴抚养,概不准归宗”等语,是户部既有定例,又与臣部办理罪名无涉,此条应行删除。

【1740】○增入

一、凡民人之子,既经给与旗下家人为嗣,即与家人无异,应造入伊主户下,以备稽查。

谨案:此条系乾隆五年(1740)户部议准定例。

【1740】3.4.76.(14)(略)

【1768】3.4.76.(12)(略)

【1790】3.4.76.(14)(略)

【1802】3.4.76.(12)(略)

【1825】3.4.76.(13)(略)

【1740】○删除

一、归流苗蛮族类,逐一编造户口册籍,分清住址,管辖者不许移居混迹。倘有事犯,即在该地方衙门跟究。如该管官不加详察,仍听苗蛮居住混杂者,照例议处。

此条系雍正六年(1728)定例。查苗蛮处置得宜,全在随时斟酌变通。若定为成例,恐反有窒碍难行之处。无庸纂入。

【1743】○续纂

一、八旗从前投充,及乾隆元年(1736)以前契买家奴,果原系灶户,祖父姓名、籍贯,确有证据,令该大使查明,出具印、甘各结,详报该管上司核明,行文该处查提,准其放出归灶。仍将卖身之人枷号三个月,引进保人枷号两个月,各责四十板,追取原价给主。其并非灶丁,指称灶丁,抗违家主者,杖一百,仍行给主。

谨案:此条系乾隆六年(1741)八月,户部议复盛京刑部侍郎觉罗吴拜条奏定例。

【1768】3.4.76.(13)(略)

【1790】3.4.76.(15)(略)

【1802】3.4.76.(13)(略)

【1802】3.4.76.(14)(略)

【1746】○续纂

一、应试童生,如诡捏数名,或顶名入场,希图幸进者,照诈冒律杖八十。保结之廪生知情者,同罪。

臣等谨按:此条系乾隆八年(1743)十二月内,臣部议复原任广东学政梁文山条奏定例,应纂辑以便遵行。

【1768】3.4.76.(14)(略)

【1790】3.4.76.(16)(略)

【1802】3.4.76.(1)(略)

【1746】○续纂

一、顺天府考试审音之时,究出冒籍情弊,将本生及廪保,俱照变乱版籍律杖八十,廪保仍革去衣顶。知县、教官,如审音不实,滥行申送,俱照徇庇例,交部议处;受财者,计赃从重论。

臣等谨按:此条系乾隆十年(1745)十二月内,礼部议复升任顺天府府丞郑其储条奏定例,应纂辑以便遵行。

【1768】3.4.76.(15)(略)

【1790】3.4.76.(17)(略)

【1802】3.4.76.(14)(略)

【1825】3.4.76.(15)(略)

【1751】○续纂

一、凡八旗汉军人等,愿在外省居住者,在京报明该旗,在外呈明督抚,不拘远近,任其随便散处。所在督抚,咨明该旗,每年汇奏一次,以便稽查。务令安静营生,不得强横生事。

臣等谨按:此条系乾隆十二年(1747)七月内钦奉上谕,应恭纂为例,以便遵行。

【1768】3.4.76.(16)(略)

【1790】3.4.76.(18)(略)

【1802】3.4.76.(15)(略)

【1814】○修改

臣等谨按:嘉庆十八年(1813)十月二十七日奉旨:"八旗汉军都统绵亿等奏请'酌定稽查屯居汉军旗人'一折。八旗汉军在屯居住者,散处于直隶各州县,距京较远。该管佐领等,例不准离城远出,势难查察。而该州县官,又以汉军等身系旗人,向不归其管辖,遂致此项旗人,任其作奸犯科,毫无约束。不可不更定章程,以专责成。着直隶总督,通饬该州县,嗣后屯居汉军旗人,一切户婚、田土事体,俱归所隶州县一体管理。若仍前委卸,遇有失察之案,将该州县官一例参处,并着八旗汉军都统,传知所属屯居旗人,嗣后均各安静守法,听所管州县官约束。设有抗违,从重治罪。现在直隶省编查保甲,即令将屯居汉军与民人一体编查。钦此。"嗣经臣部以附京屯居汉军旗人等,一切户婚、田土事件,既隶所隶州县管理,遇有失察,一体参处,则作奸犯科及命、盗等案,未便转令卸责。其应否令理事同知、通判会审,亦应视其是否与州县驻扎同城,明定限制。议请嗣后附京屯居汉军旗人,有作奸犯科及命、盗等案,俱归所隶州县审办。各州县与理事同知、通判同驻一城者,令其会同审办。如驻非同城,即责令该州县自行审办。罪止枷、杖、笞责者,详报该管上司,批结发落;犯该徒罪以上者,详报该管上司,分别题咨报部,均移咨该旗都统查照。犯杖、笞等罪,照民人一体杖责,毋庸仍解理事同知、通判鞭责。其附居附京之满洲、蒙古旗人有犯,俱照旗人犯罪各本律例办理等因,奏准在案。应于例内添纂,以便遵行。谨将修改例文,开列于后。

一、凡八旗汉军人等,愿在外省居住者,报明该旗,并呈明督抚,不拘远近,任其随便散处。即令所隶州县,与民人一体编查保甲,所在督抚,咨明该旗,每年汇奏一次,以便稽查。务令安静营生,不得强横生事。其有作奸犯科,及一切户婚、田土、命盗案件,俱归所隶州县审办。遇有失察之案,将该州县一例参处。各州县与理事同知、通判,同驻一城者,令其会同审理。如驻非同城,即责令该州县自行审办。罪止杖、枷、笞责者,详报该管上司批结,照民人一体杖责发落,毋庸仍解理事同知、通判鞭责;犯该徒罪以上者,详解该管上司,分别题咨报部,均移咨该旗都统查照。其住居附京之满洲、蒙古旗人有犯,仍照旗人犯罪各本律例办理。

【1825】3.4.76.(23)(略)

【1761】○续纂

一、八旗开户人等,如系累代出力家奴,经本主呈明,令其开户,及根底不清,旗、民两无可考,应另记档案者,此项人丁,本无过犯,应准放入民籍。其由本主得银放出,潜入民籍,或抱养子弟,指称归宗,私入民籍者,仍治以不行呈明之罪,令其各归民籍。至指借他人名色,代为认买,私自出旗,或带地投充之人,将子孙改姓潜入民籍者,照例治罪,仍断还原主。若有钻营势力,欺压孤幼,赎身为民者,倍追身价,给还原主,将人口赏给外省驻防将军、都统等为奴。

臣等谨按:此条系乾隆二十四年(1759)十二月内户部议准条例,应纂辑以便遵行。

【1768】3.4.76.(17)(略)

【1788】○修改

臣等谨按:乾隆二十一年(1756)三月内,户部会同八旗都统奏准京外各旗另记档案及养子开户人等,钦奉恩旨:"俱准为民。愿入何籍,各听其便。现在当差人等,俟出缺时裁汰"等因,遵行在案。又查"名例"内开赏给各省驻防为奴人犯,俱赏给彼处官兵为奴。其赏给将军、副都统之处,永行停止,业已另有纂定例文。所有此条原例内,"八旗开户人等",及"另记档案",并"赏给外省驻防将军、副都统为奴"字样语句,俱应删改。今将改辑例文,开列于后。

一、八旗家奴,如系累代出力,经本主呈明令其出户,应准放入民籍。其由本主得银放出,潜入民籍,或抱养子弟,指称归宗,私入民籍者,仍治以不行呈明之罪,令其各归民籍。至指借他人名色,代为认买,私自出旗;或带地投充之人,将子孙改姓,潜入民籍者,照例治罪,仍断还原主。若有钻营势力,欺压孤幼,赎身为民者,倍追身价,给还原主,将人口赏给外省驻防兵丁为奴。

【1790】3.4.76.(7)(略)

【1825】3.4.76.(8)(略)

【1761】○续纂

一、凡八旗白契所买家奴,如本主不能养赡,或念有微劳,情愿令其赎身者,仍准赎身外,如本主不愿,概不准赎。其有酗酒、干犯、拐带、逃走等情,俱照红契家人,一例治罪。如有钻营势力、倚强赎身者,仍照定例办理。

臣等谨按:此条系乾隆二十五年(1760)六月内,署理步军统领、大学士、忠勇公傅恒奏准条例,应纂辑以便遵行。

【1768】3.4.76.(18)(略)

【1790】3.4.76.(5)(略)

【1825】3.4.76.(6)(略)

【1778】○续纂

一、凡籍隶顺天府宛、大两县人员,出仕时,取具同乡京官印结者,各宜细心察核。如有混冒出结,除照例议罪外,遇有承追无着之项,即于定例后出结官名下追赔。

臣等谨按:此条系乾隆三十八年(1773)四月内,户部侍郎兼管顺天府府尹蒋檠等具奏《清理承追无着之项》一折。奉旨:"据顺天府奏'各省咨追核减应赔未完银两,请分别查办'一折,内称'无从着追各案,多系寄籍人员。因无踪迹可寻,以致久悬案牍。若令承追各员赔补,不免偏枯。似应着落从前冒昧出结之官,较为平允'等语。但事隔多年,且系向来陋习,此奏追赔之处,着宽免。至冒昧出结之员,虽不能追究于已往,而无不可防杜于将来。从前顺天府籍贯官员,视出结为无关重轻,往往不加确核,以致寄籍纷纷,习焉不察。即如吏部带领引见中,多有籍隶顺天,而声口显系南音者。是虽有印结,大率具文了事。似此积弊相沿,非特承追时之浮踪无定,悬案难稽,而籍贯混淆,亦乖戒欺核实之道。嗣后,凡顺天籍贯人员出仕时,取有同乡京官印结者,各宜细心察核。苟非真知灼见,不得滥行出结。此次降旨后,若有仍前混冒者,除照例议罪外,遇有承追无着之项,即照此奏于出结官名下追赔。着顺天府通行严饬遵照。余依议。钦此。"应恭纂为例,以便遵行。

【1790】3.4.76.(19)(略)

【1802】3.4.76.(16)(略)

【1825】3.4.76.(17)(略)

【1782】○续纂

一、凡织造、税务监督等衙门收用长随,倘有心存怨望,有意陷主于过者,该监督即就近交地方官衙门,严加惩治。其才具庸劣,不堪驱使者,止准该管官驱逐。如长随等任意去留，无故潜投他处者，即照旗下逃奴之例办理。

臣等谨按：此条系乾隆四十七年(1782)五月内，淮安关监督徵瑞条奏定例，经内务府核复具奏，奉旨"依议"，钦遵在案，应纂辑遵行。

【1790】3.4.76.(21)(略)

【1802】3.4.76.(18)(略)

【1825】3.4.76.(19)(略)

【1788】〇续纂

一、军、流人犯之子孙，系本籍所生，随往配所者，该地方官查明年岁，填注文批，递交配所验明立案。倘在籍并无亲子，或有继嗣，准将继子随配。若到配后复生有亲子，即将其所继之子，查明原籍，确有亲属可倚，勒令归宗。如并无亲属，始准与到配后所生之子，一体入于军籍。至本犯原籍子嗣数人，不愿俱赴配所，分别去留。已留本籍者，不得复于配所入籍应试；已随配所入籍者，不准复回原籍考试。其军、流随配入籍之子孙，统俟十年限满后，由配所督抚将入籍原由，报部查核。如有捏混及跨考两籍者，本犯及子孙按律治罪，府、州、县交部议处。

臣等谨按：此条系乾隆五十二年(1787)十二月内，大学士、九卿议复顺天府府尹吴省钦条奏，折内声明"军、流随配子孙，向例不拘年限，即准入籍考试。自应严立定限，统限十年，方准入籍考试。其不及十年，及原籍、配所捏混、跨考，按律治罪"等因具奏，奉旨："依议。"钦遵在案，应纂辑遵行。

【1790】3.4.76.(20)(略)

【1802】3.4.76.(17)(略)

【1825】3.4.76.(18)(略)

【1788】〇续纂

一、娼、优、隶、卒，及其子孙，概不准入考、捐监。如有变易姓名，朦混应试、报捐者，除斥革外，照违制律杖一百。若将良民诬指为娼、优、隶、卒，希图倾陷拖累者，各按诬告律治罪。

谨案：此条系乾隆五十三年(1788)定例。

另参见【1768】3.4.76.(3)条下按语。

【1790】3.4.76.(22)(略)

【1802】3.4.76.(19)(略)

【1825】3.4.76.(16)(略)

【1806】〇续纂

一、内务府承领官地庄头，及王公户下由内府拨出之庄头，旗档有名者，归入汉军考试；旗档无名者，归入民籍考试。其八旗户下带地投充庄头，毋论旗档有名无名，均不准应试出仕。

臣等谨按：嘉庆十一年（1806）七月，礼部议奏“八旗官员户下庄头，照家奴例不准应试、出仕等因”一折。原奏内称“庄头一项，惟内务府承领官地庄头，及王公户下由内府拨出之庄头，向例准其应试、出仕。至八旗户下带地投充之庄头，有无考试、出仕之处，并无明文。查乾隆五十六年（1791）户部奏准，‘八旗带地投充各户，服役有年，与户下家奴无异。其人丁、地亩应照旗下圈地家奴，典卖悉由本主自便’等语，是八旗户下投充庄头，既与家奴无异，自非内务府庄头及王公户下庄头可比。请嗣后凡八旗户下带地投充庄头，无论旗档有名、无名，均不准其应试、出仕，以重名器”等因，奏准通行在案，应纂辑为例，以资引用。

【1825】3.4.76.（4）（略）

【1810】○续纂

一、安徽省徽州、宁国、池州三府，民间世仆，如现在主家服役者，应俟放出三代后，所生子孙，方准报捐、考试。若早经放出，并非现在服役豢养，及现不与奴仆为婚者，虽曾葬田主之山、佃田主之田，均一体开豁为良。已历三代者，即准其报捐、考试。

臣等谨按：嘉庆十四年（1809）十二月二十七日奉旨：“礼部议复董教增奏‘远年世仆请分别开豁’一折，所议尚未允协。安徽省徽州、宁国、池州三府，向有世仆名目。查其典身、卖身文契，率称遗失无存；考其服役、出户年份，亦俱无从指实。特遇其有捐监、应考等事，则以分别良贱为辞，叠行讦告。而被控之家，户族蕃衍，又不肯悉甘污贱。案牍繁滋，互相仇恨。允宜核实持平，以端风化。前据董教增奏，‘世仆惟以现在是否服役为断。现在服役者，如主家放出三代后所生子孙，方准捐考。若事在前代，即曾经葬田主之山、佃田主之田，而出户已百余年及数百年者，一体开豁为良’，立论甚为允当。今礼部议，令自国初以后，虽现在不与奴仆为婚，并未报官存案者，令地方官随案查明，以立案之日起限，俟三代后所生子孙，方准捐考。恐纷纷查办，胥吏从中措勒，转滋流弊。着仍照董教增所奏，该处世仆名分，统以现在是否服役为断，以示限制。若年远，文契无可考据，并非现在服役豢养者，虽曾葬田主之山、佃田之主田，着一体开豁为良，以清流品。钦此。”应恭纂为例，以便遵行。

【1825】3.4.76.（5）（略）

【1821】○续纂

一、先经习教人犯，除自行呈首免罪，及坐功运气、茹素讽经，尚非实犯邪教外，其实因习教犯案，罪在徒、流以上者，查明其子孙，实未入教，即以本犯之子为始，三辈后，所生之子孙，始准考试、报捐。其应行入考、报捐之人，先行呈明地方官，取具邻族甘结，详报督抚，咨部查核。倘有朦混应考、报捐者，以违制论。至习教复又从逆各犯子孙，永远不准考试、报捐。

臣等谨按：嘉庆二十二年（1817）二月，臣部议复调任湖广总督孙玉庭奏“湖北长阳县民赵元蛟赴京呈控邓楚岫等诬赖伊家系属教匪不准伊子侄考试”一案。臣等查原奏内称

“赵元蛟之父赵万正，仅止习教，并未从逆。其赴考之赵治贵、赵治凤，系赵万正之孙，已相隔两代，可否予以向上，准其考试，出自天恩”等语。臣等伏思：黜邪所以崇正。习教各犯，甘心流入异端，自绝于良善之途。其子若孙，耳濡目染，不知其非。自应明立科条，俾知警觉。且应试之人，既入名场，即可渐登仕版，其先世亦得仰沐荣封。故向例娼、优、隶、卒子孙，概不准入考、捐监，即旗下放出家奴，亦须俟三代后子孙，始准应考、出仕。所以区良贱而清户籍，定例綦严。若令邪教子孙与平民一例应考，是习教本犯，身前为名教罪人，身后得冒滥名器，不惟流品无别，亦与政体有关。议请嗣后除先经习教，自行呈首免罪，及坐功运气、茹素讽经，尚非实犯邪教外，其实因习教犯案，罪在徒、流以上者，查明其子孙实未入教，即以本犯之子为始，三辈后所生之子孙，始准考试、报捐。其应行入考、报捐之人，先行呈明地方官，取具邻族甘结，详报督抚，咨部查核。倘有朦混应考、报捐者，以违制论。至习教复又从逆各犯，其子孙应永远不准考试。此案赵治贵等，均系教犯赵万正之孙。赵万正习教而未从逆，其子孙应照新例，三辈后所生之子孙方准考试。赵治贵等未及三辈，该督声请准其考试之处，应毋庸议等因，奏准遵行在案。应纂辑为例，以便遵行。

【1825】3.4.76.(24)(略)

【1825】○续纂

一、凡八旗满州、蒙古闲散旗人告假，无论前往何处，俱令报明佐领，告知参领注册，由该佐领给与图记，即准出外营生。或因年久愿入民籍者，呈明该地方官，准其改入民籍。若有作奸犯科，悉照民人例问拟。

臣等谨按：道光五年(1825)四月内，管理镶黄旗满洲都统英和等条奏“筹计旗人疏通章程”折内声请“嗣后闲散旗人告假，无论前往何处，俱令报明佐领，告知参领注册，由该佐领给与圆记，即准出外营生。或在外滋事，即照民人例问拟。若因年久，愿改民籍者，照汉军例，呈明该处地方官，准其改入民籍”等因，奏准在案。应纂入例册，以便遵行。

【1825】3.4.76.(25)(略)

私创庵院及私度僧道

律　文

【1646】3.4.82

凡寺、观、庵、院，除见在处所（先年额设。）外，不许私自创建、增置，违者杖一百，还俗，僧、道发边远充军，尼僧、女冠入官为奴。（地基、材料入官。）○若僧、道不给度牒，私自簪剃者，杖八十。若由家长，家长当罪。寺、观住持及受业师私度者，与同罪，并还俗。（入籍、当差。）

【1670】3.4.82(略)

【1725】3.4.77

凡寺、观、庵、院，除现在处所（先年额设。）外，不许私自创建、增置，违者杖一百；僧、道还俗,发边远充军;尼僧、女冠,入官为奴。地基、材料入官。○若僧、道不给度牒,私自簪剃者,杖八十。若由家长,家长当罪。寺、观住持及受业师私度者,与同罪,并还俗。入籍、当差。

注:此承上条脱漏户口之后,亦为人丁而发也。盖僧、道在军、民、匠、灶等籍之外。僧、道多,则丁口少,故立法以示禁。前节言私创寺院之罪。凡寺、观、庵、院,除从前建置,见今有留外,若又于民地私自创建、增置,则违法制矣,故罪以杖一百,僧、道勒令还俗,仍发边远充军,尼僧、女冠入官为奴,地基、材料一并入官。后节言私度之罪。凡愿为僧、道之人,亦必于礼部请给度牒,方许簪冠、剃发,不给度牒而簪、剃者,是为私度,应杖八十。若事由家长,则家长当罪。其寺、观住持及受业师专擅私度者,与所度之人同罪,亦坐杖八十,并令还俗,入籍、当差。但言僧、道杖八十,其尼僧、女冠应收赎、还俗。

臣等谨按:僧、道原载"礼律",今乃继于"脱漏户口"之后,以为人丁而发也。盖僧、道在军、民、匠、灶等籍之外,僧、道多,则丁口少,故立法以示禁。首节言私创之罪。除从前建置,见今存留外,若又于民地创建、增置,是为违制,坐杖一百,其僧、道责令还俗,发边远充军,尼僧、女冠入官为奴。后节言私度之罪。无度牒而簪剃者为私度,坐杖八十。若事由家长,则家长当罪。其寺、观住持及受业师专擅私度者,与私自簪剃同罪,并令还俗,入籍、当差。但言僧、道杖八十,尼僧、女冠应收赎、还俗。

【1740】3.4.77(略)

附律条例

【1646】3.4.82.(1)

一、僧、道擅收徒弟,不给度牒,及民间子弟,户内不及三丁,或在十六以上而出家者,俱枷号一个月,并罪坐所由。僧道官及住持知而不举者,各罢职、还俗。

【1670】3.4.82.(1)(略)

【1725】3.4.77.(1)

【原例】(略)

【1740】○修改

臣等谨按:例内僧、道擅收徒弟不给度牒,与律文不给度牒私自簪剃意同,应删。谨将删辑例文,开列于后。

一、民间子弟,户内不及三丁,或在十六以上而出家者,俱枷号一个月,并罪坐所由。僧道官及住持知而不举者,各罢职、还俗。

【1740】3.4.77.(1)(略)

【1790】3.4.77.(2)(略)

【1646】3.4.82.(2)

一、僧、道犯罪,虽未给度牒,悉照僧、道科断。该还俗者,查发各原籍当差。若仍于原寺、观、庵、院,或他寺、观、庵、院潜住者,并枷号一个月,照旧还俗。其僧道官及住持知而不举者，各治以罪。

【1670】3.4.82.(2)(略)

【1725】3.4.77.(2)

【原例】(略)

【1740】○修改

臣等谨按：僧、道律例俱应给予度牒，方准簪剃。今云“未给”者，乃系漏给度牒之人，应改。再例称“各治以罪”，而未有一定罪名，恐滋高下其手之弊，应增。谨将增改例文，开列于后。

一、僧、道犯罪，虽漏给度牒，悉照僧、道科断。该还俗者，查发各原籍当差。若仍于原寺、观、庵、院，或他寺、观、庵、院潜住者，并枷号一个月，照旧还俗。其僧道官及住持知而不举者，照违令律治罪。

【1740】3.4.77.(2)(略)

【1778】○修改

【原例】【1740】3.4.77.(2)(略)、【1740】3.4.77.(6)(略)

臣等谨按：以上二条，原例内均有“漏给度牒”及“优给本身牒照”，并“招受生徒，即于伊师原发牒照上注明年貌、籍贯”等语。嗣于乾隆三十九年(1774)六月内，山西道监察御史戈源奏“请停给僧道度牒”一折，钦奉谕旨：“准行。”在案。是僧、道给与度牒之例，业已停止。所有此二条原例，均应删改。谨将删改例文，开列于后。

一、僧、道犯罪，该还俗者，查发各原籍安插。若仍于原寺、观、庵、院，或他寺、观、庵、院潜住者，并枷号一个月，照旧还俗。其僧道官及住持知而不举者，照违令律治罪。

【1790】3.4.77.(3)(略)

【1725】3.4.77.(3)

【钦定例】一、凡僧、道犯法，问拟斩绞免死减等发遣，及军、流充徒，枷号等罪者，俱勒令永远还俗。至遣戍之所，令该管官严行稽查；其释回者，亦令地方官严行稽查，不许复为僧、道。

【1740】○删除

臣等谨按：“名例·除名当差”律内，载有“僧、道犯罪，曾经决罚者，并令还俗”。是凡有犯罪僧、道，俱应照“名例”勒令还俗，已属包举无遗，毋庸再为分晰，此条应删。

【1740】3.4.77.(3)

一、民间有愿创造寺观、神祠者，呈明该督抚具题奉旨，方许营建。若不俟题请，擅行兴造者，依违制律论。

谨案：此条系雍正十三年(1735)遵旨定例。

【1790】3.4.77.(1)(略)

【1740】3.4.77.(4)

一、由礼部颁发度牒,给在京及各省僧纲司等。如情愿出家之人,必须给予度牒,方准披剃。仍饬地方官严查。僧官、胥吏,毋得借端需索,扰累僧徒,违者从重治罪。

此条系雍正十三年(1735)九月内钦奉上谕,谨恭纂成例,以便引用。

【1778】○删除

【原例】【1740】3.4.77.(4)(略)、【1740】3.4.77.(5)(略)

臣等谨按:以上二条系颁给僧、道度牒,及有事故应行呈缴,毋许改替、隐匿之旧例。嗣于乾隆三十九年(1774)六月内,山西道监察御史戈源奏"请停给僧道度牒"一折,钦奉谕旨:"准行。"遵照,业已纂辑定例。是僧、道牒照既已停止颁发,则更替、隐匿之弊,不禁自除,此例二条现已不用,应请删除。

【1740】3.4.77.(5)

一、僧、道凡有事故,将原领牒照追出汇缴,毋许改名更替。如有暗行隐匿,及私相授受者,僧、道照违制律治罪,僧道官斥革、还俗,地方官照失察例处分。

谨案:此条系乾隆三年(1738)定例。

【1778】○删除

删除按语见【1740】3.4.77.(4)条【1778】删除项下。

【1740】3.4.77.(6)

一、现在应付、火居等项,僧、道,止于优给本身牒照,不准招受生徒。其合例应招生徒之僧、道,所有许其招受之人,即于伊师原发牒照上,注明年貌、籍贯、簪剃年月。伊师身故之日,即为本人之牒照,不必另行给发。该州县岁底汇报该抚,该抚随五年审丁之期,另具清册报部。如所招之人身犯奸、盗重罪,除将伊师牒照内名字除去外,伊师亦不准再行续招。如所招之人无罪犯而病故者,准另招一人为徒,亦于牒照内注明身故续招缘由。其牒照有水火、盗贼、遗失等情,准其呈明地方官,咨部另给。

谨案:此条系乾隆三年(1738)定例。

【1778】○修改

修改按语见【1740】3.4.77.(2)条【1778】修改项下。

一、现在应付、火居等项僧、道,不准滥招生徒。其年逾四十,例应招徒之僧、道,所有招受之人,身犯奸、盗重罪,伊师亦不准再行续招。如所招之人无罪犯而病故者,准其另招一人为徒。

【1788】○修并

【原例】【1740】3.4.77.(6)条【1778】修改例文(略)、【1740】3.4.77.(7)(略)

臣等谨按:以上二条皆系不准僧、道滥收生徒之例,自应并为一条。查前条例内止载"招受之人,身犯奸、盗重罪,伊师不准再行续招"等语,并未将违例续招之人,纂有治罪明文,未免遗漏。应即与后条所载年未四十招受生徒之例,一并照违令律治罪,所招生徒勒令还俗。庶罪名完备,而例条亦归简易。谨将改辑例文,开列于后。

一、现在应付、火居等项僧、道,不准滥受生徒。其年逾四十者,方准招徒一人。若所招之人,无罪犯而病故者,准其另招一人为徒。如有年未四十,即行招受,及招受不止一人者,照违令律笞五十。若招受之人,身犯奸、盗重罪,伊师亦不准再行续招。其有复行续招者,亦照违令律治罪。僧道官容隐者,罪同。地方官不行查明,交部照例议处。所招生徒,俱勒令还俗。

【1790】3.4.77.(4)(略)

【1740】3.4.77.(7)

一、僧、道年逾四十,方准招受生徒一人。如有年未四十,即行招受,及招受不止一人者,照违令律笞五十。僧道官容隐者,罪同。地方官不行查明,交部照例议处。所招生徒,勒令还俗。

谨案:此条系乾隆三年(1738)定例。

【1788】〇修并

修并按语并修并后例文见【1740】3.4.77.(6)条【1788】修并项下。

【1756】〇续纂

一、僧、道如有为匪不法等事,责令僧纲、道纪等司,随时举报。倘瞻徇故纵,别经发觉,犯系逆案者,将该管僧纲、道纪,照知情故纵逆犯本律,分别已行、未行定罪。若止失于觉察者,照不应重律杖八十。

臣等谨按:此条系乾隆十八年(1753)四月内,大学士、忠勇公傅恒等议复原任广西巡抚李锡秦条奏定例,应纂辑以便遵行。

【1768】3.4.77.(8)(略)

【1790】3.4.77.(5)(略)

【1778】〇续纂

一、凡僧、道停止给发度牒。其从前领过牒、照各僧、道,遇有事故,仍将原领牒、照追出,于岁底汇缴。至选充僧纲、道纪,令地方官查明僧、道中之实在焚修戒法严明者,具结呈报上司,咨部给照充补。如僧道官犯事,将结送官交部察议。

臣等谨按:此条系乾隆三十九年(1774)六月内,山西道监察御史戈源奏"请停给僧道度牒"一折,钦奉谕旨:"准行。"及乾隆四十一年(1776)二月内,据广东巡抚德保咨请部示,经礼部奏准在案。应并纂为例,以便遵行。

【1790】3.4.77.(6)(略)

立嫡子违法

律　文

【1646】3.4.83

凡立嫡子违法者,杖八十。其嫡妻年五十以上无子者,得立庶长子。不立长子者,罪亦同。俱改正。〇若养同宗之人为子,所养父母无子所生父母有子。而舍去者,杖一百,发付所养父母收管。若所养父母有亲生子,及本生父母无子,欲还者听。〇其乞养异姓义子,以乱宗族者,杖六十。若以子与异姓人为嗣者,罪同,其子归宗,〇其遗弃小儿,年三岁以下,虽异姓仍听收养,即从其姓。但不得以无子遂立为嗣。〇若立嗣虽系同宗,而尊卑失序者,罪亦如之,其子亦归宗,改立应继之人。〇若庶民之家,存养良家男女为奴婢者,杖一百,即放从良。

【1670】3.4.83(略)

【1725】3.4.78

律文(略)

注:此是明伦叙、重宗祧也。"吏律·官员袭荫"条为有官者言,此通官员、士庶人言。首节言立嗣之法。凡立后者,论嫡不论长。同为嫡子,则当立嫡长子。惟嫡妻年五十以上无子,方许立庶长子。二节言无子继嗣之法。若无子者,以同宗应继之人为子。倘所养父母并未生子而辄舍去,是谓背恩,故杖一百,仍发付承收为嗣。若所养父母已生亲子,及本生父母先有子而后无子,欲还者听,所生父母为重。若别无他子,虽所养之父母无亲生子,亦得归宗。三节言不得以异姓为嗣。立嗣承宗,必须同姓。乞养异姓为嗣,则乱己之宗族。以己子与异姓人为嗣,则乱人之宗族。故并杖六十,子各归宗。四节言不得以收养小儿为嗣。其遗弃小儿,年三岁以下,既经收养,即许从己姓,但不得因无子遂立为嗣,以致乱宗。若小儿成人后,亲生父母告认者不准。五节言立嗣不得乱昭穆之序。若尊卑失序,昭穆不相当,罪与乱宗等,故亦杖六十,其子归宗,仍改立应继之人。六节言不得养良为贱。若庶民之家,存养良家男女为奴婢,压良为贱,杖一百,即放从良。若非压良为贱,不在禁限。

臣等谨按:此是明伦叙、重宗祧也。"吏律·官员袭荫"条为有官者言,此通官员、士庶人言。首节言立嗣之法。凡立后者,论嫡不论长。同为嫡子,则当立嫡长子。惟嫡妻年五十以上无子,方许立庶长子。二节言无子继嗣之法。若无子者,以同宗应继之人为子。倘所养父母并未生子而辄舍去,是谓背恩,故杖一百,仍发付承收为嗣。若所养父母先无子而后生亲子,及本生父母先有子而后无子,欲还者听。三节言不得以异姓为嗣。立嗣承宗,必须同姓。乞养异姓为嗣,则乱己之宗族。以己子与异姓人为嗣,则乱人之宗族。故并杖六十,子各归宗。四节言不得以收养小儿为嗣。其遗弃小儿,年三岁以下,既经收养,许改从己姓,但不得因无子遂立为嗣,以致乱宗。若小儿成人后,亲生父母告认者不准。五节言立嗣不得乱昭穆之序。立嗣若尊卑失序,昭穆不相当,罪与乱宗等,故亦杖六十，其子归宗，仍改立应继之人。六节言不得养良为贱。若庶民之家，存养良家男女为奴婢，压良为贱，杖一百，即放从良。若非压良为贱，不在禁限。

【1740】3.4.78（略）

附律条例

【1646】3.4.83.（1）

一、无子者，许令同宗昭穆相当之侄承继。先尽同父周亲，次及大功、小功、缌麻。如俱无，方许择立远房及同姓为嗣。若立嗣之后却生子，其家产与原立子均分。并不许乞养异姓为嗣，以乱宗族。立同姓者，亦不得尊卑失序，以乱昭穆。

【1670】3.4.83.（1）（略）

【1725】3.4.78.（1）

【原例】（略）

【1740】○修改

臣等谨按：例内“并不许乞养异姓为嗣”等语，已见本律，应删。谨将删辑例文，开列于后。

一、无子者，许令同宗昭穆相当之侄承继。先尽同父周亲，次及大功、小功、缌麻。如俱无，方许择立远房及同姓为嗣。若立嗣之后却生子，其家产与原立子均分。

【1740】3.4.78.（1）（略）

【1646】3.4.83.（2）

一、妇人夫亡无子守志者，合承夫分，须凭族长择昭穆相当之人继嗣。其改嫁者，夫家财产，及原有妆奁，并听前夫之家为主。

【1670】3.4.83.（2）（略）

【1725】3.4.78.（2）

【原例】（略）

【1740】3.4.78.（2）（略）

【1646】3.4.83.（3）

一、无子立嗣，除依律外，若继子不得于所后之亲，听其告官别立。其或择立贤能，及所亲爱者，若于昭穆伦序不失，不许宗族指以次序告争，并官司受理。若义男、女婿，为所后之亲喜悦者，听其相为依倚，不许继子并本生父母用计逼逐，仍酌分给财产。若无子之人家贫，听其卖产自赡。

【1670】3.4.83.（3）（略）

【1725】3.4.78.（3）

【原例】（略）

【1740】3.4.78.（3）（略）

【1740】○增入

一、凡乞养异姓义子,有情愿归宗者,不许将分得财产,携回本宗。其收养三岁以下遗弃之小儿,仍依律即从其姓,但不得以无子遂立为嗣。仍酌分给财产,俱不必勒令归宗。如有希图资财,冒认归宗者,照律治罪。

谨案:此条系乾隆二年(1737)定例。

【1740】3.4.78.(4)(略)

【1740】○增入

一、旗人义子,必该佐领具保,实系自襁褓抚养成丁,以继其后者,准其另记档案。不许将民间成丁子弟,改随本姓。

谨案:此条系乾隆三年(1738)定例。

【1740】3.4.78.(5)(略)

【1801】○删除

臣等谨按:此条系乾隆三年(1738)定例。嗣于乾隆五十三年(1788),臣部奏称乞养异姓为嗣,律有明禁,不应旗人复存准继异姓之条。请嗣后旗人抱养民间子弟、户下家奴,查系有世职之家诈冒承袭者,照例拟军。若无世职之家立令为嗣者,量减一等,拟徒等因,奏准纂为条例,遵行在案。此条旧例业已不用,应行删除。

【1740】○续纂

一、凡八旗无嗣之人,如无同宗及远近族人,昭穆相当,可继为嗣者,除户下家奴、民间子弟,虽与另户族人,分属至亲,不准承继外,其有另户亲属,情愿过继者,取具两姓族长人等并参、佐领印甘各结咨部,准其继立。倘实有同宗可继为嗣,捏称并无族人,朦混继立异姓者,仍按律治罪。

谨案:此条系乾隆五年(1740)户部议准定例。

【1740】3.4.78.(6)(略)

【1788】○修改

臣等谨按:本门例载"无子者,许令同宗昭穆相当之侄承继。先尽同父周亲,次及大功、小功、缌麻。如俱无,方许择立远房及同姓为嗣",例内并无准令"继立异姓"字样。又律载"乞养异姓义子以乱宗族者,杖六十"。是凡无子之人乞养异姓为嗣,立有明禁,不应旗人复存准继异姓之条。所有此条原例内"八旗无嗣之人,准其继立异姓亲属为嗣,并实有同宗可继,朦混继立异姓,按律治罪"等语句,自应悉予删除。再查旗人继立异姓,旗人固应按律拟以杖责。惟抱养民间子弟、户下家奴为嗣,紊乱旗籍,例内亦未载有作何治罪明文。臣部遇有此等案件,虽皆从严办理,但与其辗转比附,莫若明立专条,以资引用。查律载"世职将异姓人乞养为子,诈冒承袭者,杖一百,发边远充军"等语,是旗人抱养民间子弟、户下家奴,查系有世职之家,诈冒承袭世职者,自应照例拟军。若无世职之家立令为嗣者,应酌议于军罪上量减一等,杖一百、徒三年,分别旗、民发落。若有冒食钱粮情弊,毋论所继者系异姓旗人、民间子弟、户下家奴,亦应比照管军官吏冒支军粮,计所冒支之赃,准窃盗律从重科罪。其名下先后所得银米,照数着追。倘本犯力不能完,于历任参、佐领名下赔补,以昭平允。今将纂辑例文,开列于后。

一、旗人除乞养异姓为子,诈冒荫袭,承受世职者,仍照本例拟发边远充军外,其虽无世职,而诈冒抱养民间子弟、户下家奴子孙为嗣,紊乱旗籍者,将朦混抱养继立之旗人,及以子与旗人为嗣之人,并知情之义子,俱比照乞养义子诈冒袭荫充军例减一等,杖一百、徒三年。若有冒食钱粮情事,无论所继者系属异姓旗人、民间子弟、户下家奴,悉照冒支军粮入己,计所冒支之赃,准窃盗律从重科罪,分别旗、民办理。其先后领过银米,照数着追。倘本犯力不能完,该旗查明历任参、佐领,各按在任月日分赔,批解户部归款。失察各官,交部议处。

【1790】3.4.78.(6)(略)

【1740】○删除

一、八旗有无嗣之人,请继立异姓亲属为嗣者,务令该旗取具两姓情愿甘结,并各该管官、参佐领等及族长保结,送部存案,以杜占夺财产之端。如无两姓情愿甘结,不准继立。

此条系雍正十二年(1734)定例。查旗人义子见有乾隆三年(1738)定例,①已载于后,此条无庸纂入。

【1778】○续纂

一、无子立嗣,若应继之人,平日先有嫌隙,则于昭穆相当亲族内择贤择爱,听从其便。如族中希图财产,勒令承继,或怂恿择继,以致涉讼者,地方官立即惩治,仍将所择贤爱之人,断令立继。其有子婚而故,妇能孀守;已聘未娶,媳能以女身守志;及已婚而故,妇虽未能孀守,但所故之人,业已成立;或子虽未娶,而因出兵阵亡者,俱应为其子立后。若支属内实无昭穆相当可为其子立后之人,而其父又无别子者,应为其父立继,待生孙以嗣应为立后之子。其寻常夭亡未婚之人,不得概为立后。若独子夭亡,而族中实无昭穆相当可为其父立继者,亦准为未婚之子立继。如可继之人,亦系独子,而情属同父周亲,两相情愿者,取具阖族甘结,亦准其承继两房宗祧。

臣等谨按:此条系乾隆三十八年(1773)十二月内户部议复江苏按察使胡季堂条奏,及四十年(1775)闰十月内钦奉谕旨,应纂为例,以便遵行。

【1790】3.4.78.(7)(略)

① 系指【1740】3.4.78.(5)条。

【1782】○续纂

一、因争继酿成人命者,凡争产谋继,及扶同争继之房分,均不准其继嗣,应听户族另行公议承立。

臣等谨按:此条系乾隆四十四年(1779)十月内,臣部议复湖北巡抚郑大进题曾志广谋夺继产殴死期亲胞叔曾生迴一案。奉旨:"此案曾志广因谋夺继产,将期亲胞叔曾生迴用石殴毙,情罪极为可恶。该抚照律拟以凌迟处死,并声明曾文玉无嗣,应听户族另行议立。其二房、三房现因争继酿命,均不准其继立,所议甚是。曾志广着即凌迟处死,余依议。嗣后各省如有似此争继酿命者,并应照此办理。著为令。钦此。"应恭纂为例,以便遵行。

【1790】3.4.78.(8)(略)

【1802】3.4.78.(5)(略)

收留迷失子女

律　文

【1646】3.4.84

凡收留良人家迷失道路乡贯子女,不送官司,而卖为奴婢者,杖一百、徒三年;为妻妾、子孙者,杖九十、徒二年半。若得迷失奴婢而卖者,各减良人罪一等。被卖之人不坐,给亲完聚。○若收留在逃子女,不送官司,而卖为奴婢者,杖九十、徒二年半;为妻妾、子孙者,杖八十、徒二年。若得在逃奴婢而卖者,各减良人罪一等。其被卖在逃之人,又各减一等。若在逃之罪重者,自从重论。○其自收留为奴婢、妻妾、子孙者,罪亦如之。暂时隐藏在家者,不送官司,并杖八十。○若买者及牙保知情,减犯人罪一等,追价入官。不知者俱不坐,追价还主。○若冒认良人为奴婢者,杖一百、徒三年;为妻妾、子孙者,杖九十、徒二年半。冒认他人奴婢者,杖一百。

【1670】3.4.84(略)

【1725】3.4.79

律文(略)

注:此分别收留子女及隐藏、冒认之罪也。凡收留良家迷失子女,不送官司,而辄卖为奴婢者,杖一百、徒三年;卖为妻妾、子孙者,杖九十、徒二年半。若迷失原系奴婢而卖者,各减卖良人罪一等。其被卖之人因一时迷失,原无弃亲背主之心,故不坐罪,仍给亲完聚。若收留在逃子女,而卖为奴婢者,杖九十、徒二年半;卖为妻妾、子孙者,杖八十、徒二年。若得在逃之奴婢而卖者,各减卖良人罪一等。其被卖在逃之子女、奴婢,又各减卖者罪一等。若在逃之罪重于被卖之罪者,自从重论。其收留为奴婢、妻妾、子孙者,亦如卖与人之罪。若暂时隐藏在家,不报官司者,不分迷失、在逃,并杖八十。其子女、奴婢逃者,仍科逃罪。至买卖,必由牙保说合。若买者及牙保知迷失在逃之情,减卖者之罪一等。其价为彼此俱罪之赃,应追入官。如买者及牙保不知情,

俱不坐,其价应追给主。若迷失、在逃良人之子女,或收留人处,或已送在官,而冒认为奴婢、妻妾、子孙,其罪与收留者无异,故科罪相等。惟冒认他人奴婢者,止杖一百。

臣等谨按:此是分别收留子女及隐藏、冒认之罪也。首节言卖、收留迷失子女与奴婢之罪。二节言卖、收留在逃子女与奴婢之罪。三节言自收留与隐匿不报之罪。四节言买者及牙保知情之罪。五节言冒认迷失、在逃子女之罪。若不系迷失、在逃,而讵引诱出外者,即属略卖、和诱,不得概引此律。至律内在逃子女,不言给亲,盖中间或有该犯死罪与离异、归宗、从良之类,须各尽其本法也。

【1740】3.4.79(略)

附律条例

【1740】○增入

一、八旗凡有呈报迷失幼童幼女者,该管官取具本人、族长等并无捏饰甘结,照例移咨兵部存案。如有隐匿、寄养情弊,将寄养、受寄之人,照隐漏丁口律治罪、改正;族长人等,照里长失于取勘律治罪。

谨案:此条系雍正十三年(1735)定例。

【1740】3.4.79.(1)(略)

隐匿满洲逃亡新旧家人

律　文

【1646】3.4.85

一、凡隐匿满洲逃亡家人者,须逃案先在兵部准理,或被旁人首告,或失主察获,或地方官察出,将隐匿之主及邻佑九家、百家长尽行捉拿,并隐主家资,起解兵部审明记簿,转送刑部勘问的确,将逃人鞭一百,归还原主;隐匿犯人处斩。其家资无多者,给失主;家资丰厚者,或全给,或半给,请旨定夺处分,将本犯家资三分之内,以一分赏给首告人,大约不出百两之外。其邻佑九家、百家长各鞭一百,流徙边远。如不系该地方官察出者,其本犯居住某府、州、县,即坐本官以怠忽稽察之罪,府降州,州降县,县降县丞。若本犯出于某县,其该管上司若知州、知府、道官,计隐一人,罚俸一个月;至十二人,应罚俸一年,则降一级。该管巡抚失于稽察,亦计逃人多寡,递为罚俸。巡按失于稽察,回道严加考核。各地方逃人,若经一月不行察送者,本府、本州、本县官如律问罪。知府、司、道若系所属地方,其逃人经四十五日以内不行察送者,如律问罪。抚、按六十日以内不行察送者,如律问罪。如隐匿之人自行出首,罪止逃人;或一邻举首,亦罪止逃人并隐匿之人,余俱无罪。如邻佑、百家长举首,亦将隐匿家资赏给三分之一。自回投主者,隐匿之家并左右二邻俱流徙边远,余邻七家、十长各责五十鞭,该管官员及百家长俱免罪。抚、按及各该地方官,以察解之多寡,为功殿罪。有犯此律者,遇赦不赦。

【1670】○删除

赋役不均 赋出于田产，役出于人丁。

律 文

【1646】3.4.86

凡有司科征税粮，及杂泛差役，各验籍内户口、田粮，定立上、中、下等第科差。若放富差贫，挪移作弊等则者，许被害贫民赴拘该上司，自下而上陈告。当该官吏，各杖一百。改正。若上司不为受理者，杖八十。受财者，兼官吏上司言，计赃以枉法，从重论。

【1670】3.4.85（略）

【1725】3.4.80

凡有司科征税粮，及杂泛差役，各验籍内户口、田粮，定立上、中、下等第科差。若放富差贫，挪移等则作弊者，许被害贫民赴控该上司，自下而上陈告。当该官吏，各杖一百。改正。若上司不为受理者，杖八十。受财者，兼官吏上司言，计赃以枉法，从重论。

注：此言因丁粮而定赋役，宜各得其平也。科征，谓科派征收；税粮，谓夏税秋粮。差役，承税粮、杂泛二项言。税粮差役，乃照税粮当差者，即前条所谓有赋役者也。杂泛差役，乃照丁当差者，即前条所谓无赋役者也。差有轻重，户有贫富，为官司者须验籍内户口、田粮之多寡，立定上、中、下等则，然后役得其平。其有挪移不均者，许被害赴控，该上司即为改正。陈告必令自下而上者，以杜越诉，且可递坐上司以不受理之罪也。受财者，分别科断。

臣等谨按：此言因丁粮而定赋役，宜各得其平也。科征，谓科派征收；税粮，谓夏税秋粮。差役，承税粮、杂泛二项言。税粮差役，乃照税粮当差者，即首条所谓有赋役者也。杂泛差役，乃照丁当差者，即首条所谓无赋役者也。差有轻重，户有贫富，为官司者须验籍内户口、田粮之多寡，立定上、中、下等则，然后役得其平。首言官吏不均之罪，次言上司不受理之罪，末兼言官吏、上司受财之罪。盖役出于丁，则验户口；役出于赋，则验田粮。而出于赋者为多，故总谓之赋役。欲为官司者，验赋以均役也。

【1740】3.4.80（略）

附律条例

【1646】3.4.86.（1）

一、布、按二司分巡分守官，直隶巡按御史，严督府、州、县掌印正官，审编均徭，从公查照岁额差役，于该年均徭人户丁粮有力之家，止编本等差役，不许分外加增。余剩银两，贫难下户，并逃亡之数，听其空闲，不许征银，及额外滥设听差等项差科。违者，听抚、按等官纠察问罪，奏请改调。若各官容情不举，各治以罪。

【1670】3.4.85.（12）（略）

【1725】○修改

原拟：“布、按”字上应增“督、抚”二字，“直隶巡按御史”句应删，“抚、按”字应改为“督、抚”。又加征、滥设，罪有轻重，不独改调，应删去“奏请改调”句。

一、督、抚、司、道，严督府、州、县掌印正官，审编均徭，从公查照岁额差役，于该年均徭人户丁粮有力之家，止编本等差役，不许分外加增。余剩银两，贫难下户，并逃亡之数，听其空闲，不许征银，及额外滥设听差等项差科。违者，听督、抚纠察问罪。若各官容情不举，各治以罪。

【1725】3.4.80.（1）

【原例】（略）

【1740】○修改

臣等谨按：例内“该年均徭人户”及“听差等项差科”，语意未明，应酌改。再“各治以罪”下旧注有“有司官违者，依违制律治罪。上司官容情不举，罪同”等语，便于引用，应增。谨将改增例文，开列于后。

一、督、抚、司、道，严督府州县掌印正官，审编均徭，从公查照岁额差役。其丁粮有力之家，止编本等差役，不许分外加增。余剩银两，贫难下户，并逃亡之数，听其空闲，不许征银，及额外滥设听差等项名色扰累。违者，该督抚纠察，将有司官依违制律治罪。上司官容情不举，罪同。

【1740】3.4.80.（1）（略）

【1646】3.4.86.（2）

一、各布政司并直隶府、州、县掌印官，如遇各部派到物料，从公斟酌所属大小丰歉坐派。若豪猾规利之徒，买嘱吏书妄禀，编派下属承揽害民者，俱问发附近卫所充军。各该掌印官听从者，参究治罪。

【1670】3.4.85.（2）（略）

【1725】○修改

原拟：“坐派”字下应增“采买”二字。

一、各省藩司并府、州、县，如遇各部派到物料，从公斟酌所属大小丰歉，坐派采买。若豪猾规利之徒，买嘱吏书妄禀，编派下属承揽害民者，发附近卫所充军。印官听从者，参究治罪。

【1725】3.4.80.（2）

【原例】（略）

【1740】3.4.80.（2）

一、各省藩司并府、州、县，如遇各部派到物料，从公斟酌所属大小丰歉，坐派采买。若豪滑规利之徒，买嘱吏书妄禀，编派下属承揽害民者，发附近卫所充军。印官听从者，参究治罪。若本无部派物料，而捏称坐派，及明知官收官解，借端生事，扰累地方者，亦照此例治罪。

【1768】3.4.80.(2)

一、各省藩司并府、州、县，如遇各部派到物料，从公斟酌所属大小丰歉，坐派采买。若豪滑规利之徒，买嘱吏书妄禀，编派下属承揽害民者，发附近地方充军。印官听从者，参究治罪。若本无部派物料，而捏称坐派，及明知官收官解，借端生事，扰累地方者，亦照此例治罪。

【1725】3.4.80.(3)

【钦定例】一、绅衿除优免本身丁银外，倘借名滥以子孙族户冒入者，该地方官查出，生监申革，职官题参，各杖一百，受财者从重论。如有私立宦儒图户名色包揽诡寄者，照脱漏版籍律治罪，诡寄与受寄者，同论。

【1740】3.4.80.(3)(略)

【1725】3.4.80.(4)

【钦定例】一、凡绅衿之家，与齐民一体编次，听保、甲长稽查。违者，照脱户律治罪。地方官徇情不详报者，照徇庇例议处。至充保长、甲长，并轮值支更、看栅等役，绅衿免派。齐民内老疾寡妇之家，子孙尚未成丁者，亦俱免役。

【1740】○修改

臣等谨按：例内“地方官徇情不详报者，照徇庇例议处”，事类《吏部处分则例》，应改。谨将改辑例文，开列于后。

一、凡绅衿之家，与齐民一体编次，听保、甲长稽查。违者，照脱户律治罪。地方官徇情不详报者，交部照例议处。至充保长、甲长，并轮值支更、看栅等役，绅衿免派。齐民内老疾寡妇之家，子孙尚未成丁者，亦俱免役。

【1740】3.4.80.(4)(略)

【1740】○续纂

一、军民年七十以上者，许一丁侍养，免其杂派差役。

此系雍正十三年(1735)钦奉恩诏，谨恭纂成例，以昭盛朝优老之仁。

【1740】3.4.80.(5)(略)

丁夫差遣不平

律　文

【1646】3.4.87

凡应差丁夫、杂色在官工匠，而差遣劳佚不均平者，一人笞二十，每五人加一等，罪止杖六十。○若丁夫、杂匠承差,而稽留不著役,及在役日满,而所司不放回者,一日笞一十,每三日加一等,罪止笞五十。

【1670】3.4.86(略)

【1725】3.4.81

律文(略)

注:此律与上条"赋役不均"相为表里者也。上条指役之派于民者,此条指民之见役于官者。丁夫,谓计丁田起拨之夫役,在官差使者;杂匠,谓百工技艺之人,在官工作者。凡丁夫、杂匠,虽应该差遣,然使劳者常劳、佚者常佚,则不均甚矣。故计人加笞,每五人加一等,罪止杖六十。至丁匠承领差遣,而稽留不即著役,则为抗违;役限已满,而所司不即放回,则为留难。丁匠与所司,各计日加笞,每三日加一等,罪止笞五十。

臣等谨按:此律与上条"赋役不均"相为表里者也。上条指役之派于民者,此条指民之见役于官者。首节言差遣不平之罪。丁夫,谓计丁田起拨之夫役,在官差使者;杂匠,谓百工技艺之人,在官工作者。凡丁夫、杂匠,虽是应该差遣之人,然使劳者常劳、逸者常逸,则不均甚矣。故计人加等,一人笞二十,每五人加一等。至二十一人以上,罪止杖六十。次节言不著役、不放回之罪。不著役,则抗违其上;不放回,则留难其下。计日加等,一日笞一十,每三日加一等。至十三日以上,各罪止笞五十。

【1740】3.4.81(略)

隐蔽差役

律　文

【1646】3.4.88

凡豪民(有力之家,不资工食,)令子孙弟侄跟随官员,隐蔽差役者,家长杖一百。官员容隐者,与同罪;受财者,计赃以枉法从重论。跟随之人,免(杖)罪(附近)充军。○其功臣容隐者,初犯免罪附过,(家长仍杖一百,跟随之人充军。)再犯住支俸给一半,三犯全不支给,四犯依(前)律论罪。

【1670】3.4.87(略)

【1725】○修改

臣等谨按:功臣容隐者,不应分别次数,拟改为"其功臣容隐者,照八议律,奏请定夺。"

臣等谨按:此言豪强隐蔽,为差役不均之大弊,立法不可不严也。官员不专指本管,凡见任有势力者皆是。家长,即豪民。首节前言家长借官员势力隐蔽户内差役之罪,次言官员容隐及受财之罪。二节专定功臣容隐之罪。

【1725】3.4.82

凡豪民(有力之家,不资工食,)令子孙弟侄跟随官员,隐蔽差役者,家长杖一百。官员容隐者,与同罪;受财者,计赃以枉法从重论。跟随之人,免(杖)罪(附近)充军。○其功臣容隐者,照律拟罪,奏请定夺。

注:此严豪强隐蔽之法,杜差役不均之弊也。官员不专指本管,凡见任有势力者皆是。豪民隐蔽及官员容隐,或因而受财,分别定罪。功臣容隐者,应奏请定夺。

【1740】3.4.82(略)

禁革主保里长

律　文

【1646】3.4.89

凡各处人民,每一百户内,议设里长一名、甲首一十名,轮年应役,催办钱粮,勾摄公事。若有以妄称以故不著官司之罪。主保、小里长、保长、主首主管甲首。等项名色,生事扰民者,杖一百,迁徙。比流减半准徒二年。若无生事扰民实迹,难议迁徙。○其合设耆老,须于本乡年高有德、众所推服人内选充,不许罢闲吏卒及有过之人充应,违者杖六十,革退。当该官吏笞四十。若受财,枉法从重论。

【1670】3.4.88(略)

【1725】○修改

原拟:小注内"以故不著官司之罪"一句,上下文气不顺,应删去。

臣等谨按:此言里甲应役之人不宜滥设也。首节言妄称主保各项名色之罪。然必查其实有生事扰民之迹,方坐杖、迁徙。二节言罢闲吏卒与有过人充应耆老及官吏滥收之罪。耆老即古乡三老遗意,若用罢闲吏卒及有过人,则民不心服,而无以相劝,故充应者杖,而滥收者笞。

【1725】3.4.83

凡各处人民,每一百户内,议设里长一名、甲首一十名,轮年应役,催办钱粮,勾摄公事。若有妄称主保、小里长、保长、主首主管甲首。等项名色,生事扰民者,杖一百,迁徙。比流减半准徒二年。若无生事扰民实迹,难议迁徙。○其合设耆老,须于本乡年高有德、众所推服人内选充,不许罢闲吏卒及有过之人充应,违者杖六十,革退。当该官吏笞四十。若受财,枉法从重论。

注:此言里甲应役之人不宜滥设也。妄称主保各项名色,必查其实有生事扰民之迹,方坐杖、迁徙。耆老即古乡三老遗意,若用罢闲吏卒及有过人,则民不心服,而无以相劝,故充应者杖,而滥收者笞。

【1740】3.4.83(略)

附律条例

【1646】3.4.89.(1)

一、天下各府、州、县编《赋役黄册》,以一百一十户为里,推丁多者十人为长,余百户为十甲,甲凡十人。岁役里长一人,管摄一里之事。城中曰"坊",近城曰"厢",乡里曰"里"。凡十年一周,先后则各以丁数之多寡为次。每里编为一册,册首总为一图。其鳏寡孤独不任役者,则带管于百一十户之外,而列于图后,名曰“畸”。零。册成,一本进户部,布政司及府、州、县各存一本。

【1670】3.4.88.(1)(略)

【1725】○修改

原拟:旧例编审之年,备造《黄册》。后因地方官借名科派,于康熙七年(1668)题明停造《黄册》,止有报部册籍,应将“黄”字删去。

一、天下各府、州、县编《赋役册》,以一百一十户为里,推丁多者十人为长,余百户为十甲,甲凡十人。岁役里长一人,管摄一里之事。城中曰“坊”,近城曰“厢”,乡里曰“里”。凡十年一周,先后则各以丁数之多寡为次。每里编为一册,册首总为一图。其鳏寡孤独不任役者,则带管于百一十户之外,而列于图后,名曰“畸零”。册成,一本进户部,布政司及府、州、县各存一本。

【1725】3.4.83.(1)

【原例】(略)

【1740】3.4.83.(1)

一、直省各府、州、县编《赋役册》,以一百一十户为里,推丁多者十人为长,余百户为十甲。甲凡十人,岁役里长一人,管摄一里之事。城中曰“坊”,近城曰“厢”,乡里曰“里”。凡十年一周,先后则各以丁数之多寡为次,每里编为一册,册首总为一图。其鳏寡孤独不任役者,则带管于百一十户之外,而列于图后,名曰“畸零”。册成,一本送户部,布政司及府、州、县各存一本。

*** 【1725】○增入①**

【现行例】一、凡州、县城乡,十户立一牌头,十牌立一甲头,十甲立一保长。户给印牌一张,书写姓名、丁数,出则注明所往,入则稽其所来。其客店亦令各立一簿,每夜宿客姓名几人、行李牲口几何、作何生理、往来何处,逐一登记明白。至于寺、观,亦分给印牌,上写僧、道口数、姓名,稽察出入。如有虚文应事,徒委捕官、吏胥需索扰害者,该上司查参治罪。

臣等谨按:此条专为稽查保甲而言,应增入“禁革主保里长”条例后。

逃避差役

律 文

【1646】3.4.90

凡民户逃住邻境州县,躲避差役者,杖一百,发还原籍当差。其亲管里长、提调

---

① 此条见于《大清律例按语》第4卷“户律·户役·禁革主保里长”(雍正三年)条下,雍正三年(1725)《大清律集解附例》载“兵律·关津·盘诘奸细”律下,【1725】5.15.234.(3)条。

官吏故纵,及邻境人户隐蔽在己者,各与同罪。若邻境里长知而不逐遣,及原管官司不移文起取,若移文起取,而所在官司占吝不发者,各杖六十。○若丁夫、杂匠在役,及工、乐、杂户谓驿、灶、医、卜等户。逃者,一日笞一十,每五日加一等,罪止笞五十。提调官吏故纵者,各与同罪;受财者,计赃以枉法,从重论。不觉逃者,五人笞二十,每五人加一等,罪止笞四十,不及五名者免罪。上言躲避邻境,是全不当差役者,故其罪重。此言在役而逃,是犹当差役者,故其罪轻。

【1670】3.4.89(略)

【1725】3.4.84

律文(略)

注:此言民有定籍,不得私逃以避公役也。首节言私逃避役,与里长、官吏,并邻境里长、官司隐蔽、纵占之罪。二节言在役而逃,与官吏故纵、受财之罪。丁夫、杂匠,不过轮班值日,故曰在役;工、乐及驿、灶、医、卜等杂户,系常川应役之人,故不言在役。凡弓兵、役夫、编门皂快、防守诸役在逃,俱应照丁夫律。

臣等谨按:此言民有定籍,不得私逃以避公役也。首节言私逃避役,与里长、官吏,并邻境里长、官司隐蔽、纵奸之罪。二节言在役而逃,与官吏故纵、受财之罪。杂户,是犯罪散配诸司役使为奴之类。丁夫、杂匠,不过轮班值日,故曰在役;工、乐及驿、灶、医、卜等杂户,系常川应役之人,故不言在役。凡弓兵、役夫、编门皂快、防守诸役在逃,应俱照丁夫律。

【1740】3.4.84(略)

附律条例

【1646】3.4.90.(1)

一、因兵荒逃避之民,有司多方招抚,仍令附籍复业当差。或年久逃远,府、州、县造《逃户周知文册》,备开逃民乡里、姓名,男妇口数,军、民、匠、灶等籍,及遗下田地、税粮若干,原籍有无人丁应承粮差,送各处抚、按督令复业。其已成家业愿入籍者,给与户由执照,附籍当差。如仍不首,虽首而所报人口不尽,或辗转逃移,及窝家不举首者,俱发附近卫所充军。

【1670】3.4.89.(1)(略)

【1725】○修改

原拟:"抚、按"字应改为"督抚"。

臣等谨按:兵荒而逃,原非得已,不能复归故土,自应招抚新籍。若不自首与首而不尽,则流离之余,在所矜原,坐以遣戍,似属过重。拟将"俱发附近卫所充军"句,改为"各杖一百"。

【1725】3.4.84.(1)

【原例】(略)

一、因兵荒逃避之民,有司多方招抚,仍令附籍复业当差。或年久逃远,府、州、县造《逃户周知文册》,备开逃民乡里、姓名,男妇口数,军、民、匠、灶等籍,及遗下田地、税粮若干,原籍有无人丁应承粮差,送各处督抚督令复业。其已成家业愿入籍者,给与户由执照,附籍当差。如不自首,虽首而所报人口不尽,或辗转逃移,及窝家不举首者,各杖一百。

【1740】3.4.84.(1)(略)

【1646】3.4.90.(2)

一、有司委官挨勘流民名籍、男妇大小丁口,排门粉壁,十家编为一甲,互相保识,分属当地里长带管。如或游荡作非,公举治罪。若团住山林湖泺,或投托官豪势要之家藏躲,抗拒官司,不服招抚者,正犯并里老、窝家知而不首及占吝不发者,各依律科。

【1670】3.4.89.(2)(略)

【1725】3.4.84.(2)

【原例】(略)

【1740】3.4.84.(2)(略)

【1646】3.4.90.(3)

一、沿边、沿海地方军民人等,躲避差役,逃入土夷峒寨、海岛潜住,究问情实,俱发边远卫分永远充军。本管里长、总小旗及两邻知而不首者,各治以罪。有能擒拿送官者,不问汉土、军民,量加给赏。

【1670】3.4.89.(3)(略)

【1725】○修改

臣等谨按:今无总小旗名色,应改为“管军人”。

【1725】3.4.84.(3)

【原例】一、沿边沿海地方军民人等,躲避差役,逃入土夷峒寨、海岛潜住,究问情实,俱发边远卫分永远充军。本管里长、管军人及两邻知而不首者,各治以罪。有能擒拿送官者,不问汉土、军民,量加给赏。

【1740】3.4.84.(3)

一、沿边沿海地方军民人等,躲避差役,逃入土夷峒寨、海岛潜住,究问情实,俱发边远卫分充军。本管里长、管军人知而不首者,各治以罪。有能擒拿送官者,不问汉土、军民,量加给赏。

【1768】3.4.84.(3)

一、沿边沿海地方军民人等,躲避差役,逃入土夷峒寨、海岛潜住,究问情实,俱发边远地方充军。本管里长、管军人知而不首者,各治以罪。有能擒拿送官者,不问汉土、军民,量加给赏。

点差狱卒

律　文

【1646】3.4.91

凡各处狱卒,于相应惯熟人内,点差应役,令人代替者,笞四十。

【1670】3.4.90(略)

【1725】3.4.85

律文(略)

注:此言防范狱囚之役,当慎于点差也。狱卒系防守囚犯之要役,必须勤谨诚实,熟识狱情之人,方不误事。若已奉差点,而不亲自看守,令人代替者,即笞四十。若有疏虞,自依不觉失囚律拟断。

臣等谨按:此言防范狱卒之役,当慎于点差也。狱卒系防守囚犯之要役,必有身家而惯熟者,方不误事。若已奉差点而不亲自看守,令人代替者,即笞四十。此是止言代替之罪。若有疏虞,自依不觉失囚律拟断。

【1740】3.4.85(略)

附律条例

【1740】○删除

一、刑部南监,招募禁卒六十名,与北监禁卒一体给予工食。倘有勒索、吓诈等弊,照枉法赃从重治罪。

此条系雍正十一年(1733)定例。查各该禁卒,俱有工食,勒索、吓诈者,俱当从重治罪。此特因刑部南监禁卒新给工食就事而言,今已裁革,无庸纂入。

私役部民夫匠

律　文

【1646】3.4.92

凡有司官私役使部民,及监工官私役使夫匠,出百里之外,及久占在家使唤者,有司官使一名笞四十,每五名加一等,罪止杖八十。监工官照名各加二等。私役罪小,误工罪大。每名计一日,追给雇工银八分五厘五毫。若有吉凶,及在家借使杂役者勿论。监工官仍论。其所使人数,不得过五十名,每名不得使过三日,违者,以私役论。

【1670】3.4.91(略)

【1725】3.4.86

律文(略)

注:此言民、匠不可以私事役使也。有司、监工官私役民、匠,地远日久,民则失业,匠则旷工,故计人科罪,计日追银。有司许借使者,以部民有效力之义也。仍定

人数、限日期者，不听其多役久役也。监工官所管夫匠，原系在官执作之人，故不准私借，亦恐误工也。

臣等谨按：此言民、匠不可以私事役使也。前言有司官私役部民之罪，递加至杖八十。继言监工官役使夫匠之罪，加二等，递加至杖一百。末又专言有司官因事借使而过多、过久，亦同私役之罪。总之，多役人则计人加罪，多役日则计日追银。

【1740】3.4.86（略）

别籍异财

律　文

【1646】3.4.93

凡祖父母、父母在，子孙别立户籍、分异财产者，杖一百。须祖父母、父母亲告乃坐。若居父母丧，而兄弟别立户籍、分异财产者，杖八十。须期亲以上尊长亲告乃坐。或奉遗命，不在此律。

【1670】3.4.92（略）

【1725】3.4.87

律文（略）

注：此是惩薄俗以敦孝悌也。祖父母、父母在，而子孙别立、分异，是有离亲之心。然必祖父母、父母亲告乃坐，恐其原许分析也。居父母丧，而兄弟即别籍、分产，是有忘亲之念。然必期亲以上尊长亲告乃坐，恐其奉有遗命也。

臣等谨按：此是惩薄俗以敦孝悌也。祖父母、父母在，而子孙别立、分异，是有离亲之心。然必祖父母、父母亲告乃坐，恐其原许分析也。居父母丧，而兄弟别立、分异，是有忘亲之念。然必期亲以上尊长亲告乃坐，恐其奉有遗命也。

【1740】3.4.87（略）

附律条例

【1646】3.4.93.（1）

一、祖父母、父母在者，子孙不许分财异居。其父母许令分析者听。

【1670】3.4.92.（1）（略）

【1725】3.4.87.（1）

【原例】一、祖父母、父母在者，子孙不许分财异居。其父母许令分析者听。此谓分财异居，尚未别立户籍者，有犯亦坐满杖。

【1740】3.4.87.（1）

一、祖父母、父母在者，子孙不许分财异居。此谓分财异居，尚未别立户籍者，有犯亦坐满杖。其父母许令分析者听。

卑幼私擅用财

律　文

【1646】3.4.94

凡同居卑幼,不由尊长,私擅用本家财物者,十两笞二十,每十两加一等,罪止杖一百。若同居尊长,应分家财不均平者,罪亦如之。

【1670】3.4.93(略)

【1725】3.4.88

律文(略)

注:此为居家用财者立法,亦所以教民孝悌慈爱也。卑幼私擅用财,尊长分财不均,其罪相等。尊长,谓期亲尊长同居者。

臣等谨按:此谓居家用财者立法,亦所以教民孝悌慈爱也。前言卑幼私擅用财之罪,后言尊长分财不均之罪。

【1740】3.4.88(略)

附律条例

【1646】3.4.94.(1)

一、嫡庶子男,除有官荫袭,先尽嫡长子孙,其分析家财田产,不问妻、妾、婢生,止以子数均分。奸生之子,依子量与半分。如别无子,立应继之人为嗣,与奸生子均分;无应继之人,方许承继全分。

【1670】3.4.93.(1)(略)

【1725】3.4.88.(1)

【原例】(略)

【1740】3.4.88.(1)(略)

【1646】3.4.94.(2)

一、户绝财产,果无同宗应继者,所有亲女承分,无女者入官。

【1670】3.4.93.(2)(略)

【1725】3.4.88.(2)

【原例】(略)

【1740】○修改

臣等谨按:律内财产入官,皆指有罪之人而言。今人亡户绝,非有罪可比,应改为"充公",似较妥协。谨将改辑例文,开列于后。

一、户绝财产,果无同宗应继之人,所有亲女承受。无女者,听地方官详明上司,酌拨充公。

【1740】3.4.88.(2)(略)

收养孤老

律 文

【1646】3.4.95

凡鳏寡孤独,及笃废之人,贫穷无亲属依倚,不能自存,所在官司应收养而不收养者,杖六十。若应给衣粮,而官吏克减者,以监守自盗论。凡系监守者,不分首从,并赃论。

【1670】3.4.94(略)

【1725】3.4.89

律文(略)

注:此王政子惠困穷之意也。鳏寡孤独,系应收养之人而不收养,是失爱民之道,故杖六十。若已经收养,而官吏克减其额给衣粮,则违朝廷存恤之典,故并赃以监守自盗论,所以惩贪残也。

臣等谨按:此是王政子惠困穷之意也。鳏寡孤独,必应收养之人而不收养,是失爱民之道,故杖六十。若已经收养,而官吏克减其额给衣粮,则违朝廷存恤之典,故并赃以监守自盗论。再狱卒克减衣粮致死者,绞。此律无致死之文,有犯者当比附上请。

【1740】3.4.89(略)

附律条例

【1646】3.4.95.(1)

一、鳏寡孤独,每月官给粮米三斗,每岁给绵布一匹,务在存恤。

【1670】3.4.94.(1)(略)

【1725】3.4.89.(1)

【原例】(略)

【1740】○删除

臣等谨按:孤贫现有口粮,按季支给。此系前明令甲,非今所行,应删。

【1740】○增入

一、直省州县所属养济院,或应添造,或应修盖者,令地方官酌量修造,据实估计,报明督抚,在于司库公用银内拨给。仍不时查勘,遇有渗漏之处,即行粘补完固。倘有升迁事故,造入交代册内,取具印结送部。其正实孤贫,俱令居住院内,每名各给印烙年貌腰牌一面。该州县按季到院,亲身验明腰牌,逐名散给口粮。如至期印官公务无暇,遴委诚实佐贰官代散,加结申报上司,毋许有冒滥扣克情弊。若州县官不实力奉行者,该督抚即行查参,照例议处。

此条系雍正十二年(1734)定例。

【1740】3.4.89.(1)(略)

【1740】○续纂

一、老人九十以上者,地方官不时存问。其或孤寡,及子孙贫不能养赡者,州县查明赈恤,详报督抚奏闻,动用钱粮,务令得沾实惠。

此条系雍正元年(1723)钦奉上谕,恭纂为例,以便引用。

【1740】3.4.89.(2)(略)

【1740】○增入

一、军、流等犯,除年逾六十,不能食力者,照例拨入养济院,按名给与孤贫口粮外,或年未六十而已成笃疾,不能谋生者,亦应一体拨给。其少壮军、流各犯,实系贫穷,又无手艺者,初到配所,按该犯本身及妻室子女,每名每日照孤贫给与口粮。自到配日起,以一年为止,于各州县存贮仓谷项下动用报销。各州县有驿递之处,一切应用人夫,酌派军、流少壮中,无资财、手艺之犯充当,给与应得工食。无驿递之州县,公用夫役,均令一体充当,逐日给与工价。仍令该督抚照各处现行章程,妥协办理。

此条系雍正十三年(1735)定例。

【1740】3.4.89.(3)(略)

【1740】○增入

一、京师五城各设栖流所一处,安顿贫病流民。其修理房屋工料,及衣食药饵之资,每年每城动支户部库银二百两备用。如有不敷,许其赴部具领。如或有余,留于下年备用。该城御史,督率司坊等官实心办理。如有虚冒、侵蚀等弊,照例交部治罪。

此条系雍正十三年(1735)定例。

【1740】3.4.89.(4)(略)

【1746】○续纂

一、各省流寓孤贫,如籍隶邻邑,仍照例移送收养外,其在原籍千里以外者,准其动支公项银两,一体收养,年底造册报销。

臣等谨按:此条系乾隆九年(1744)五月内,户部议复吏科给事中钟衡条奏定例,应纂辑以便遵行。

【1768】3.4.89.(5)(略)

【1751】○续纂

一、凡被灾最重地方,饥民外出求食,各督抚善为安辑。俟本地灾祲平复,然后送回。

臣等谨按:此条系乾隆十三年(1748)三月内钦奉特旨。应恭纂为例,以便遵行。

【1768】3.4.89.(6)(略)

【户律·田宅】

欺隐田粮

律　文

【1646】3.5.96

凡欺隐田粮，全不报户入册。脱漏版籍者，一应钱粮俱被埋没矣。计所隐之田，一亩至五亩，笞四十；每五亩加一等，罪止杖一百。其脱漏之田入官，所隐税粮，依亩数、额数、年数，总约其数征纳。○若将版籍上自己田土，移丘方圆成丘。换段，丘中所分区段。挪移起科等则，以高作下，减瞒粮额，及诡寄田粮，诡寄，谓诡寄于役过年份，并应免人户册籍。影射脱免自己之差役，并受寄者，罪亦如之。如欺隐田粮之类。其减额、诡寄之田改正，丘、段收归本户，起科当差。○里长知而不举，与犯人同罪。○其还乡复业人民，丁力少而旧田多者，听从尽力耕种，报官入籍，计田纳粮当差。若多余占田而荒芜者，三亩至十亩，笞三十；每十亩加一等，罪止杖八十。其田入官。若丁力多而旧田少者，告官于附近荒田内，验力拨付耕种。

【1670】3.5.95(略)

【1725】3.5.90

凡欺隐田粮，全不报户入册。脱漏版籍者，一应钱粮俱被埋没，故计所隐之田。一亩至五亩，笞四十；每五亩加一等，罪止杖一百。其脱漏之田入官，所隐税粮，依亩数、额数、年数，总约其数征纳。○若将版籍上自己田土，移丘方圆成丘。换段，丘中所分区段。挪移起科等则，以高作下，减瞒粮额，及诡寄田粮，诡寄，谓诡寄于役过年份，并应免人户册籍。影射脱免自己之差役，并受寄者，罪亦如之。如欺隐田粮之类。其减额、诡寄之田改正，丘、段收归本户，起科当差。○里长知而不举，与犯人同罪。○其还乡复业人民，丁力少而旧田多者，听从尽力耕种，报官入籍，计田纳粮当差。若多余占田而荒芜者，三亩至十亩，笞三十；每十亩加一等，罪止杖八十。其田入官。若丁力多而旧田少者，告官于附近荒田内，验力拨付耕种。

注：此为隐田、漏籍以致赋役不清而言也。欺隐田粮、脱漏版籍二句一串说。从来因田定赋，因赋定役，以版籍为凭。首节计亩以定隐粮之罪，其田入官，仍追隐粮。次节言挪移诡寄之罪。挪移，则粮额为所减瞒；诡寄，则力役为之不均，故并受寄者，罪同欺隐，改正归户当差。以非脱漏，故免入官。三节言里长知而不举之罪。四节言复业多占荒芜之罪。若果丁多田少，听其告官于附近荒田之内度量丁力拨附耕种，俟成熟一体办粮。盖地不可使有遗利，民不可使有遗力。总欲令人乐于复业，而

各遂其生养也。前“户役·脱漏户口”罪坐家长者,以一户人口,家长为主,故独坐其罪。此欺隐田粮,则出一人之私,而家长容有不知者,故罪坐所由。此律两言“入官”,前指所隐之田,后指荒芜之田,此外仍给主。

臣等谨按:此为隐田、漏籍以致赋役不清而言也。欺隐田粮、脱漏版籍二句一串说。国家因田定赋,因赋定役,惟以版籍为凭。首节言隐粮、漏籍之罪。计亩定罪,按年追征。次节言挪移、诡寄之罪。挪移则粮额为所减漏,诡寄则力役为之不均,故并受寄者,罪同欺隐,改正归户当差。以非脱漏,故免入官。三节言里长知而不举之罪。四节言复业多占荒芜之罪。末节言丁多田少,许拨附近荒田耕种,成熟办粮。盖地不可使有遗利,民不可使有遗力。总欲令人乐于复业,而各遂其生养也。前“户役·脱漏户口”罪坐家长者,以一户人口,家长为主,故独坐其罪。此欺隐田粮,则出一人之私,而家长容有不知者,故罪坐所由。

【1740】3.5.90(略)

附律条例

【1646】3.5.96.(1)

一、凡宗室置买田产,恃强不纳差粮者,有司查实,将管庄人等问罪,仍计算应纳差粮多寡,抵扣禄米。若有司阿纵不举者,听抚、按官参奏重治。

【1670】3.5.95.(1)(略)

【1725】○修改

原拟:宗室置买田产,如管庄人恃强不纳粮,宗室知而纵容,亦应交该衙门察议。其“抚、按”字,应改为“督抚”。谨拟删改,开载于后。

【原改条例】一、凡宗室置买田产,管庄人恃强不纳差粮者,该管官察实,将管庄人等问罪。宗室知而纵容者,交该衙门察议,仍追征应纳差粮。若该管官阿纵不举者,听督抚参奏重治。

【1725】3.5.90.(1)

【原例】(略)

【1740】3.5.90.(1)(略)

【1801】○修改

臣等谨按:此条系前明旧例。查宗室田产,管庄人恃强不纳差粮,应比照功臣欺隐田土律办理。例内“问罪”二字含混,应添叙明晰,以便引用。又“重治”二字,亦未明晰,应改为“交部议处”。谨将修改例文,开列于后。

一、凡宗室置买田产,管庄人恃强不纳差粮者,该管官察实,将管庄人等比依功臣欺隐田土律问罪;宗室知而纵容者,交该衙门察议;仍追征应纳差粮。若该管官阿纵不举者,听督抚参奏,交部议处。

【1802】3.5.90.(1)(略)

【1646】3.5.96.(2)

一、将自己田地,移丘换段,诡寄他人,及洒派等项,事发到官,全家抄没。若不如此,靠损小民。

【1670】3.5.95.(2)(略)

【1725】○修改

臣等谨按:移丘、换段,诡寄他人,正律罪止满杖。此条前段应删去。至洒派一项,正律未经载明,但全家抄没,似属过重。"靠损"二字,亦不明白。准法平情,相应计赃,以枉法论。谨拟删改,开载于后。

【续改条例】一、将自己田地应纳钱粮,洒派别户者,按数计赃,以枉法论,田地入官。其洒派钱粮,照年份、亩数追征。

【1670】3.5.95.(3)(略)

【1725】3.5.90.(2)

【原例】(略)

【1740】3.5.90.(2)(略)

【1646】3.5.96.(3)

一、官田起科,每亩五升三合五勺,民田每亩三升三合五勺,重租田每亩八升五合五勺,芦地每亩五合三勺四抄,草塌地每亩三合一勺,没官田每亩一斗二升。

【1670】3.5.95.(4)(略)

【1725】○删除

原拟:此条出《明会典》。今直隶各省,田地高下各有不同,故田粮轻重不等。其田地起科,俱载在《赋役全书》,此条拟删。

【1646】3.5.96.(4)

一、各处奸顽之徒,将田地诡寄他人名下者,许受寄之家首告,就赏为业。

【1725】○修改

臣等谨按:受寄,则彼此俱罪,纵首告只应免罪,未便就赏为业。拟将"许受寄之家首告,就赏为业"句,改为"如受寄之家首告,准免罪"。

【1725】3.5.90.(3)

【原例】一、各处奸顽之徒,将田地诡寄他人名下者,如受寄之家首告,准免罪。

【1740】3.5.90.(3)(略)

【1740】○移改

一、各乡里书,飞洒、诡寄税粮二百石以上者,问近边充军。

臣等谨按:此例旧在"吏律·滥设官吏"条下,已于编纂"吏律"内声明移入"户律"。

今特纂入,以备引用。

【1740】3.5.90.(4)(略)

【1740】○续纂

一、州、县征收粮米之时,预将各里、各甲花户、额数的名,填定联三版串:一给纳户执照,一发经承销册,一存州县查对。按户征收,对册完纳,即行截给归农。其未经截给者,即系欠户,该印官查摘追比。若遇有粮无票、有票无粮等情,即系胥吏侵蚀,严比治罪。

谨案:此条系乾隆五年(1740)户部议准定例。

【1740】3.5.90.(5)(略)

检踏灾伤田粮

律 文

【1646】3.5.97

凡部内有水旱霜雹,及飞者曰蝗走者曰蝻为害,一应灾伤应减免之田粮,有司官吏,应准告而不即受理,申报上司亲行检踏,及本管上司,不与委官复踏者,各杖八十。若初、复检踏,有司承委官吏不行亲诣田所,及虽诣田所,不为用心从实检踏,止凭里长、甲首朦胧供报,中间以熟作荒、以荒作熟,增减分数,通同作弊,瞒官害民者,各杖一百,罢职役不叙。若致有灾伤当免而征曰枉征,无灾伤当征而免曰枉免。枉有所征免粮数,计赃重者坐赃论。枉有所征免粮数,自奏准后发觉谓之赃,故罪重于杖一百,并坐赃论。里长、甲首,各与同罪。受财官吏、里长受财检踏,开报不实,以致枉有征免者,并计赃以枉法从重论。○其检踏官吏,及里长、甲首原未受财,止失于关防,致使荒熟分数有不实者,计不实之田十亩以下免罪;十亩以上至二十亩,笞二十;每二十亩加一等,罪止杖八十。官吏系公罪,俱纳赎、还职役。○若人户将成熟田地,移丘换段,冒告灾伤者,计所冒之田一亩至五亩,笞四十;每五亩加一等,罪止杖一百。其冒免之田合纳税粮,依额数追征入官。

【1670】3.5.96(略)

【1725】○修改

原拟:小注内"纳赎、还职役",应照"名例"改为"留职役"。

臣等谨按:此严有司不恤民之罪。首节分四段,一段言有司告灾不理,该管不委复勘之罪;二段言初、复检踏,不行亲诣之罪;三段言枉有所征免之罪;四段言受财之罪。二节言检踏失察分数不实之罪。官吏俱系公罪,故不言枉有所征免,以无心之失,当轻贷也。三节言移换、冒灾之罪,计亩加等,依数追征。

【1725】3.5.91

凡部内有水旱霜雹,及蝗蝻为害,一应灾伤应减免之田粮,有司官吏,应准告而不即受理，申报上司亲行检踏，及本管上司，不与委官复踏者，各杖八十。若初、复检踏，有司、承委官吏不行亲诣田所，及虽诣田所，不为用心从实检踏，止凭里长、甲首朦胧供报，中间以熟作荒、以荒作熟，增减分数，通同作弊，瞒官害民者，各杖一百，罢职役不叙。若致枉有所征免有灾伤当免而征曰枉征；无灾伤当征而免曰枉免。粮数，计赃重者坐赃论。枉有所征免粮数，自奏准后发觉谓之赃，故罪重于杖一百，并坐赃论。里长、甲首，各与同罪。受财官吏、里甲受财检踏，开报不实，以致枉有征免。者，并计赃以枉法从重论。○其检踏官吏，及里长、甲首原未受财，止失于关防，致使荒熟分数有不实者，计不实之田十亩以下免罪；十亩以上至二十亩，笞二十；每二十亩加一等，罪止杖八十。官吏系公罪，俱留职役。○若人户将成熟田地，移丘换段，冒告灾伤者，计所冒之田一亩至五亩，笞四十；每五亩加一等，罪止杖一百。其冒免之田合纳税粮，依额数追征入官。

注：此严有司不恤民灾之罪也。一应灾伤，谓除水旱等六害之外，如大风、非时雨雪之类。首节言有司告灾不理，该管不委复勘，初、复检踏不行亲诣，以致枉有所征免，或因而受财，分别拟罪。二节言检踏失察分数不实之罪。三节言移换、冒灾之罪，计亩加等，依数追征入官。

【1740】3.5.91（略）

附律条例

【1646】3.5.97.（1）

一、天下有司，凡遇岁饥，先发仓廪赈贷，然后具奏，请旨宽恤。

【1670】3.5.96.（1）（略）

【1725】3.5.91.（1）

【原例】（略）

【1740】3.5.91.（1）（略）

【1725】○增入

原拟：此正律文内止言"申报上司"及"委官复踏"，并未言及题报灾伤限期，与察明分数续报限期。查吏部例内一条有题报灾伤及续报分数限期之处，应纂入。

【现行例】一、凡夏灾不出六月底，秋灾不出九月底，先以被灾情形题报。其被灾分数，限一月内察明续报。逾限者，交该部议处。

【1725】3.5.91.（2）

【增例】（略）

【1740】○修改

臣等谨按：勘灾限期，已经续奏定例，以四十日为限，此例"一月内"三字应删。谨将删辑例文，开列于后。

一、凡夏灾不出六月底,秋灾不出九月底,先以被灾情形题报。其被灾分数,按限勘明续报。逾限者,交该部议处。

【1740】3.5.91.(2)(略)

【1725】○增入

臣等谨按:康熙四十八年(1709)七月内,兵部议复捕蝗不力,事理类于此律,谨拟节录于后。

【续增现行例】一、凡地方有蝗蝻生发,捕官不实力协捕,致害禾稼,协捕各官罚俸一年。该地方官不实力扑灭,借口邻境飞来,希图卸罪者,该抚查明题参,从重治罪。

【1725】3.5.91.(3)

【钦定例】一、各省地方,如有蝗蝻为害,必根究起于何地,其不将蝻子即时扑灭之地方官,着革职拿问。若蝗虫所到之地,地方官玩忽从事,不尽力扑灭,亦革职拿问,并将该督抚严加议处。

【1740】○修改

臣等谨按:捕蝗条款,尚有雍正二年(1724)定例,应并增入,更为详备。至"革职拿问"之处,另载《吏部处分则例》,应改。谨将并改例文,开列于后。

一、凡有蝗蝻之处,文武大小官员,率领多人,公同及时捕捉,务期全净。其雇募人夫,每名计日酌给银数分,以为饭食之资,许其报明督抚,据实销算。果能立时扑灭,督抚具题,照例议叙。如延蔓为害,必根究蝗蝻起于何地,及所到之处,该管地方官玩忽从事者,交部照例治罪,并将该督抚一并议处。

【1740】3.5.91.(5)(略)

【1740】○增入

一、州县详报被灾情形,查勘分数,遵照题定四十日限期办理。其距省遥远地方,准照交代之例,扣算程途日期。如逾限,照例题参,交部议处。

谨案:此条系乾隆二年(1737)定例。

【1740】3.5.91.(3)(略)

【1740】○续纂

一、赈济被灾饥民,以及蠲免钱粮,州县官有侵蚀肥己等弊,致民不沾实惠者,照贪官例革职拿问。督、抚、布政司、道、府等官不行稽察者,俱革职。

谨案:此条乾隆五年(1740)定。

【1740】3.5.91.(4)(略)

【1810】○修改

臣等谨按:此条例内州县官侵蚀灾赈蠲免钱粮,仅称"革职拿问",其应拟何罪,并未指明。臣部向遇此等案件,俱照侵盗钱粮计赃科断。自应于例内添纂明晰,以便引用。谨将修改例文,开列于后。

一、赈济被灾饥民,以及蠲免钱粮,州县官有侵蚀肥己等弊,致民不沾实惠者,革职拿问,照侵盗钱粮例治罪。督、抚、布政使、道、府等官不行稽察者,俱革职。

【1825】3.5.91.(4)(略)

【1740】○删除

一、凡遇蠲免钱粮之年,蠲免十分者,江南、浙江二省,赋重粮多之地,佃户以应纳田主租粮一石,酌减一斗五升;蠲免五分者,每一石减免七升五合。其余赋轻粮少各省,蠲免十分者,每石减免五升。照蠲免分数多寡,均照此计算,遍加晓谕。若田主阳奉阴违,照违制律定拟追还。地方官失于觉察者,同罪。

此条系雍正八年(1730)定例。因原任广西布政使元展成条奏,部复准行。现据湖南巡抚高其作奏称"民间地土,每亩税银多者,不过一钱有零。今免一钱有零之银,即免租至一斗以上,似佃户所得过多。请仍照康熙四十二年(1703)旧例,将所免钱粮分作十分,以七分免业户,以三分免佃户"等语。查"七分免业户,三分免佃户"之处,虽属旧例,但于雍正十三年(1735)十二月内钦奉上谕:"蠲免之典,业户邀恩者居多。彼无业穷民,终岁勤动,按产输粮,未被国家之恩泽。欲照所蠲之数,履亩除租,绳以官法,则势有不能。其令所在有司,善为劝谕。各业户酌量宽减佃户之租,不必限定分数,使耕作贫民有余粮以赡妻子。若有素封业户,能善体此意,加惠佃户者,则酌量奖赏之。其不愿者听之,亦不得勉强从事"等因,钦遵在案。是凡遇蠲免钱粮之年,地方官应遵旨善为劝谕业户,听其酌量减租,以广皇仁。不必著为成例,无庸纂入。

【1740】○修复[①]

"户律·检踏灾伤田粮"条例内,凡遇蠲免钱粮之年,佃户应纳田主租粮,按照分数减免一条,奉旨:"此条若全行删去,则外省不复知有此例矣。应将从前定例七分免业户、三分免佃户之处,仍行载入,并备录朕旨,以便遵行。钦此。"谨将康熙四十二年(1703)旧例纂入,并恭录雍正十三年(1735)十二月内钦奉谕旨。

【1740】3.5.91.(6)

一、凡遇蠲免钱粮之年,将所免钱粮分作十分,以七分免业户,三分免佃户。雍正十三年(1735)十二月内钦奉上谕:"蠲免之典,业户邀恩者居多。彼无业贫民,终岁勤动,按产输粮,未被国家之恩泽。欲照所蠲之数,履亩除租,绳以官法,则势有不能。其令所在有司,善为劝谕。各业户酌量宽减佃户之租,不必限定分数,使耕作贫民,有余粮以赡妻子。若有素封业户,能善体此意,加惠佃户者,则酌量奖赏之。其不愿者听之,亦不得勉强从事。特谕。"

---

① 《大清律例按语》"户律·田宅·检踏灾伤田粮"(乾隆五年)条下,将此条修复按语列为条例,未录修复后条例【1740】3.5.91.(6)。

【1740】○续纂

一、凡遇歉收之岁,贫士与贫民,一体赈恤。

此系乾隆三年(1738),因御史倪国琏条奏"贫士宜加分赈",部议以先据直隶总督李卫于遵旨查奏事案内咨称,"贫士等户,见在查明散赈",是士原与贫民一体邀恩,此奏无庸再议。但各省未及周知,请纂为定例,以便遵行。

【1740】3.5.91.(7)(略)

【1740】○增入

一、遇有恩诏豁免钱粮,其漕项、芦课、学租、杂税各项,俱入豁免之内。地方官违者,以违制论。入已者,以侵盗论。

此条系雍正十三年(1735)钦奉上谕,谨恭纂为例,并增定罪名,以便引用。

【1740】3.5.91.(8)(略)

【1740】○增入

一、凡有蠲免,俱以奉旨之日为始。其奉旨之后,部文未到之前,有已输在官者,准作次年正赋,永著为令。如官吏朦混隐匿,即照侵盗钱粮律治罪。

此条系乾隆二年(1737)钦奉上谕,谨恭纂为例,以便引用。

【1740】3.5.91.(9)(略)

【1740】○增入

一、凡开垦水田六年,旱田十年,将届升科之期,该督抚委员复加履亩丈勘。果有坍塌冲涨,或成硗确者,概免升科。违者,以官吏不用心从实检踏律治罪。

此条系雍正十二年(1734)定例。

【1740】3.5.91.(10)(略)

【1740】○续纂

一、直省地方,被灾十分者,蠲免钱粮七分,被灾九分者免六分,八分者免四分,七分者免二分,六分者免一分。

此条系雍正六年(1728)钦奉上谕,谨恭纂为例。

【1740】3.5.91.(11)(略)

【1788】○删除

【原例】【1740】3.5.91.(11)(略)、【1740】3.5.91.(12)(略)

臣等谨按:直省地方,被灾蠲免钱粮,俱系户部办理章程。即或各省遇有捏报被灾分数、冒销钱粮情事,臣部俱系会同户部核复。且户部另有则例遵行,毋庸重复迭载。应将以上二条,俱请删除。

【1740】○续纂

一、直省地方,有被灾五分者,亦准蠲免钱粮十分之一,永著为例。

此条系乾隆三年(1738)钦奉上谕,谨恭纂为例。

【1740】3.5.91.(12)(略)

【1788】○删除

删除按语,见【1740】3.5.91.(11)条【1788】删除项下。

【1740】○续纂

一、凡各省地方,被灾不及五分,有奉旨及督抚题请缓征者,于次年麦熟后,只令催征旧欠。其本年钱粮,准于九月后催征。若深冬方得雨雪,及积水退者,缓至次年秋收催征。如被灾八分、九分、十分者,将该年缓征钱粮,俱分作三年带征;被灾五分、六分、七分者,分作二年带征,以纾民力。

此条系乾隆二年(1737)、三年(1738)定例,并为纂辑,以便引用。

【1740】3.5.91.(13)(略)

【1790】3.5.91.(11)(略)

【1740】○续纂

一、凡被灾地方,米船过关,果系前往售卖,免其纳税,给予印票。责令到境之日,呈送该地方官钤盖印信,回空查销。如有免税米船,偷运别省,并未到被灾地方先行粜卖者,将宽免之税,加倍追出,仍照违制律治罪。

谨案:此条系乾隆元年(1736)定例。

【1740】3.5.91.(14)(略)

【1790】3.5.91.(12)(略)

【1743】○续纂

一、各直省遇有灾眚之年,该督抚将清理刑狱之处,奏闻请旨。

此条系乾隆七年(1742)三月钦奉谕旨,应恭纂为例。

【1768】3.5.91.(15)(略)

【1790】3.5.91.(13)(略)

【1743】○续纂

一、江海河湖居民,猝被水灾,该地方官一面通报各该管上司,一面赴被灾处所,验看明确,照例酌量赈济,不得濡迟时日。

此条系乾隆五年(1740)六月,户部议复左都御史杭奕禄条奏定例。

【1768】3.5.91.(16)(略)

【1790】3.5.91.(14)(略)

【1751】○续纂

一、凡沿河沙洲地亩,被冲坍塌,即令业户报官,勘明注册。遇有淤涨,亦即报官查丈,照原报之数拨补。此外多余涨地,不许霸占。如从前未经报坍,不准拨给。至隔江远户,果系报坍有案,即将多余涨地,秉公拨补。若坍户数多,按照报坍先后,以次照拨。倘补足之外,尚有余地,许召无业穷民认垦,官给印照。仍令各属按数造报。统俟五年大丈,再行履勘,造册送部,以定升除。其报坍报涨,在两县接壤之处者,委员会同两邑地方官据实勘验,秉公拨补。如有私行霸占,将淤洲入官,该户照盗耕官田律治罪。地方官不查丈明确,以致拨补舛错,查出,照官吏不用心从实检踏律分别议处。

臣等谨按:此条系乾隆十三年(1748)九月内,户部议复原任湖广总督塞楞额条奏定例,应纂辑以便遵行。

【1768】3.5.91.(17)(略)

【1790】3.5.91.(15)(略)

功臣田土

律　文

【1646】3.5.98

凡功臣之家,除朝廷拨赐公田免纳粮当差。外,但有自置田土,从管庄人尽数报官入籍,照额一体纳粮当差。违者,计所隐之田,一亩至三亩,杖六十;每三亩加一等,罪止杖一百、徒三年;罪坐管庄之人。其田入官,仍计递年所隐粮税,依数亩数、年数、额数征纳。若里长及有司官吏阿附,踏勘不实,及知而不举者,与管庄人同罪。不知者不坐。

【1670】3.5.97(略)

【1725】3.5.92

凡功臣之家,除朝廷拨赐公田免纳粮当差。外,但有自置田土,从管庄人尽数报官入籍,照额一体纳粮当差。违者,计所隐之田,一亩至三亩,杖六十;每三亩加一等,罪止杖一百、徒三年;罪坐管庄之人。其田入官,仍计递年所隐粮税,依亩数、年数、额数征纳。若里长及有司官吏阿附,踏勘不实,及知而不举者,与管庄人同罪。不知者不坐。

注:此禁功臣隐私产而亏正课也。公田赐出朝廷,优免粮差,乃报功之巨典。若自置田土,则买自民间,即系私产,应令管庄人尽数报官,一例入籍、办赋、当差,岂容隐匿,致亏正课。故违者,将管庄人计亩科断,加至满徒,仍将田土入官,按其粮数递年追纳。若里长、官吏知而不举,明系阿附功臣,故亦与同罪,不知者不坐。管庄人坐隐税粮之罪,而不言功臣有无纵容者,以田已入官,故不加罚。管庄人罪重于常人

者，恐其倚势隐瞒，难于觉察也。

臣等谨按：此禁功臣隐私产而亏国课也。公田赐出朝廷，优免粮差，乃报功之恩典。若自置田土，则买自民间，系属私产，自应尽数报官，与民田一例入籍、办赋、当差，岂容隐匿，致亏国课。故违者，将管庄人计亩科断，加至满徒，仍将田土入官，按其粮数追纳。若里长、官吏知而不举，明系阿附功臣，故亦与同罪，不知者不坐。至管庄人坐隐税粮之罪，而不言功臣有无纵容，以田已入官，故不加罚。

【1740】3.5.92(略)

附律条例

【1646】3.5.98.(1)

一、公侯禄米，各有等第，皆于官田内拨赐，其佃户仍于有司当差。

【1670】3.5.97.(1)(略)

【1725】○删除

原拟：今定制禄米，俱给自仓廒，无官田内拨给之例，此条拟删。

【1646】3.5.98.(2)

一、该纳本折佃户，赴本管州县上纳。令各该公侯遣人员赴官关领，不许自行收受。

【1670】3.5.97.(2)(略)

【1725】○删除

原拟：今无公侯之家佃户纳粮于官，公侯遣人赴官关领之事，此条拟删。

盗卖田宅

律　文

【1646】3.5.99

凡盗他人田宅卖、将已不堪田宅换易及冒认，他人田宅作自己者。若虚写价钱实立文契典买，及侵占他人田宅者，田一亩、屋一间以下，笞五十；每田五亩、屋三间加一等，罪止杖八十、徒二年。系官田宅者，各加二等。○若强占官民山场湖泊、茶园芦荡，及金、银、铜、锡、铁冶者，不计亩数。杖一百、流三千里。○若将互争不明及他人田产，妄作己业，朦胧投献官豪势要之人，与者、受者，盗卖与投献等项。各杖一百、徒三年。○田产及盗卖过田价，并各项田产中递年所得花利，各应还官者还官、应给主者给主。○若功臣初犯，免罪、附过；再犯，住支俸给一半；三犯，全不支给；四犯，与庶人同罪。

【1670】3.5.98(略)

【1725】○修改

臣等谨按：功臣犯者，不应分别次数，拟改为“若功臣有犯者，照八议律奏请定夺”。

臣等谨按:此是禁诈伪、抑豪强,使民各守己业也。盗卖者,盗他人田宅卖与人。换易者,以己之瘠田敝宅,换易他人之沃田美宅,皆欺业主之不知而卖换之也。冒认者,妄认他人田宅为己业,亦欺业主之不在而冒认之也。虚钱实契,谓实立典卖文契,而价钱则虚,或出于逼勒,或被其诓诈。侵占,谓产业地界相连,而侵越占为己业也。首节言盗卖等项之罪。如系官田、官屋,加二等科断。二节言强占官民山场等项之罪。产业不论官、民,亩数不计多寡,皆问满流,盖恶其强而重惩之也。三节言投献之罪。借势害人,甚于盗卖、侵占,故满杖加徒。四节总承盗卖、换易、冒认、虚钱实契、侵占、强占、投献各项,田产及盗卖所得田价,并递年所得花利,俱应照追还官、给主。末节言功臣犯盗卖等项之罪。

【1725】3.5.93

凡盗他人田宅卖、将己不堪田宅换易及冒认,他人田宅作自己者。若虚写价钱实立文契典买,及侵占他人田宅者,田一亩、屋一间以下,笞五十;每田五亩、屋三间加一等,罪止杖八十、徒二年。系官田宅者,各加二等。○若强占官民山场湖泊、茶园芦荡,及金、银、铜、锡、铁冶者,不计亩数。杖一百、流三千里。○若将互争不明及他人田产,妄作己业,朦胧投献官豪势要之人,与者、受者,各杖一百、徒三年。○盗卖与投献等项田产及盗卖过田价,并各项田产中递年所得花利,各应还官者还官、应给主者给主。○若功臣有犯者,照律拟罪,奏请定夺。

注:此是禁诈伪、抑豪强,使民各守己业也。盗卖者,盗他人田宅卖与人。换易者,以己之瘠田敝宅,换易他人之沃田美宅。冒认者,妄认他人田宅为己业。虚钱实契,谓逼勒、诓骗,使业主写立典卖文契,而价银不照契给予。侵占,谓产业地界相连,而侵越占为己业也。首节言盗卖等项之罪。如系官田、官屋,加二等科断。二节言强占官民山场等项之罪。产业不论官、民,亩数不计多寡,皆问满流,盖恶其强而重惩之也。三节言投献之罪。借势害人,甚于盗占,故与、受俱坐满徒。四节总承盗卖、换易、冒认、虚钱实契、侵占、强占、投献各项,田产及盗卖所得田价,并递年所得花利,俱应照追还官、给主。末节言功臣犯盗卖等项之罪。官民田宅,不言强占者,以已有侵占之罪。强与侵稍异,而占同也。山场等项,不言盗卖、换易者,以其业广利多,非可盗换之产,必官豪势要,方能强占,故重其罪。如有盗卖等情,各照上文科罪。

【1740】3.5.93(略)

附律条例

【1646】3.5.99.(1)

一、军民人等,将争竞不明,并卖过及民间起科,僧道将寺观各田地,若子孙将公共祖坟山地,朦胧投献王府,及内外官豪势要之家,私捏文契典卖者,投献之人,问发边卫永远充军,田地给还应得之人及各寺观,坟山地归同宗亲属,各管业。其受投献家长,并管庄人,参究治罪。山东、河南、直隶各处空闲地土,俱听民尽力开种,永不起科。若有占夺投献者,悉照前例问发。

【1670】3.5.98.(1)(略)

【1725】○修改

原拟:空闲地土之处,不止山东、河南、直隶,将此条内“山东、河南、直隶”句删去,改为“直隶各省”。再垦荒起科,定有年限,应将“永不起科”句,改为“照年限起科”。

【1725】3.5.93.(1)

【原例】一、军民人等,将争竞不明,并卖过及民间起科,僧道将寺观各田地,若子孙将公共祖坟山地,朦胧投献王府,及内外官豪势要之家,私捏文契典卖者,投献之人,问发边卫永远充军,田地给还应得之人及各寺观,坟山地归同宗亲属,各管业。其受投献家长,并管庄人,参究治罪。直隶各省空闲地土,俱听民尽力开种,照年限起科。若有占夺投献者,悉照前例问发。

【1740】○修改

臣等谨按:永远充军今已改为边远充军,“永远”二字应删。再例内“田地给还应得之人”已属包括,无庸再赘“及各寺观,坟山地归同宗亲属,各管业”等语,应删。谨将改删例文,开列于后。

一、军民人等,将争竞不明,并卖过及民间起科,僧道将寺观各田地,若子孙将公共祖坟山地,朦胧投献王府,及内外官豪势要之家,私捏文契典卖者,投献之人,问发边远充军,田地给还应得之人。其受投献家长,并管庄人,参究治罪。直隶各省空闲地土,俱听民尽力开种,照年限起科。若有占夺投献者,悉照前例问发。

【1740】3.5.93.(1)(略)

【1646】3.5.99.(2)

一、用强占种屯田五十亩以上,不纳子粒者,问罪,照数追纳完日,官调边卫带俸差操,旗军、军丁人等发边卫充军,民发边外为民。其屯田人等,将屯田典卖与人,至五十亩以上,与典主、买主各不纳子粒者,俱照前问发。若不满数,及上纳子粒不缺,或因无人承种而侵占者,照常发落。管屯等官不行用心清查者,纠参治罪。

【1670】3.5.98.(2)(略)

【1725】○修改

原拟:今武职无带俸差操之例,应删去“官调边卫带俸差操”句,其“旗军、军丁人等”字改为“军发边卫充军”。

【1725】3.5.93.(2)

【原例】一、用强占种屯田五十亩以上,不纳子粒者,问罪,照数追纳完日,军发边卫充军,民发边外为民。其屯田人等,将屯田典卖与人,至五十亩以上,与典主、买主各不纳子粒者,俱照前问发。若不满数,及上纳子粒不缺,或因无人承种而侵占者,照常发落。管屯等官不行用心清查者,参奏治罪。

【1740】3.5.93.(2)(略)

【1768】3.5.93.(2)

一、用强占种屯田五十亩以上,不纳子粒者,问罪,照数追纳完日,军发近边充军,民发边外为民。其屯田人等,将屯田典卖与人,至五十亩以上,与典主、买主各不纳子粒者,俱照前问发。若不满数,及上纳子粒不缺,或因无人承种而侵占者,照常发落。管屯等官不行用心清查者,参奏治罪。

【1772】○修改

臣等谨按:乾隆三十六年(1771)六月内,臣部奏明,此条止系一罪,而分别军、民,拟请一体改发近边充军,此条原例内"军发近边充军,民发边外为民"之处应删改。谨将改辑例文,开列于后。

一、用强占种屯田五十亩以上,不纳子粒者,照数追纳完日,发近边充军。其屯田人等,将屯田典卖与人,至五十亩以上,与典主、买主各不纳子粒者,俱照前问发。若不满数,及上纳子粒不缺,或因无人承种而侵占者,照常发落。管屯等官不行用心清查者,参奏治罪。

【1790】3.5.93.(2)(略)

【1801】○修改

臣等谨按:此条系前明旧例。例内"若不满数",系指数不满五十亩而言。又屯田因无人承种而侵占者,"照常发落"四字,亦属含混。律注云"占者,问侵占官田律;典卖与人,问盗卖官田律;管屯官不清查,问违制"等语,应增入例内,以便引用。谨将修改例文,开列于后。

一、用强占种屯田五十亩以上,不纳子粒者,照数追纳完日,发近边充军。其屯田人等,将屯田典卖与人,至五十亩以上,典主、买主,各不纳子粒者,俱照前问发。若数不满五十亩,及上纳子粒不缺,或因无人承种而侵占者,照侵占官田律治罪;典卖与人者,照盗卖官田律治罪。管屯等官不行用心清查者,参奏,依违制律杖一百。

【1802】3.5.93.(8)(略)

【1646】3.5.99.(3)

一、西山一带,密迩京师地方,如有官豪势要之家,私自开窑卖煤、凿山卖石、立厂烧灰者,枷号一个月,发边卫充军。干碍内外官员,参奏提问。

【1670】3.5.98.(3)(略)

【1725】3.5.93.(3)

【原例】(略)

【1740】3.5.93.(3)(略)

【1768】3.5.93.(3)

一、西山一带,密迩京师地方,如有官豪势要之家,私自开窑卖煤、凿山卖石、立厂烧灰者,枷号一个月,发近边充军。干碍内外官员,参奏提问。

【1802】3.5.93.(2)(略)

【1646】3.5.99.(4)

一、近边分守守备、备御,并府、州、县官员,禁约该管官、旗、军、民人等,不许擅自入山,将应禁林木砍伐贩卖,违者问发南方烟瘴卫所充军。若前项官员有犯,文官革职为民,武官革职差操,镇守并副、参等官有犯,指实参奏。其经过关隘、河道,守把官军容情纵放者,究问治罪。

【1670】3.5.98.(4)(略)

【1725】○修改

原拟:近边分守不独守备,今亦无备御官名,应将“守备、备御”改为“武职”。其“官、旗”二字应删去。又武官无革职差操之例,应改为“俱革职为民”。

【1725】3.5.93.(4)

【原例】一、近边分守武职并府州县官员,禁约该管军民人等,不许擅自入山,将应禁林木砍伐贩卖,违者问发南方烟瘴卫所充军。若前项官员有犯,俱革职为民,镇守并副、参等官员有犯,指实参奏。其经过关隘、河道,守把官军容情纵放者,究问治罪。

【1740】○修改

臣等谨按:乾隆元年(1736)、二年(1737)定例,民人犯该发遣,其查无妻室者,如系强盗免死,及窝留强盗三人以上之犯,分发云贵川广极边烟瘴地方,其余查无妻室,并别项遣犯之有妻室者,俱分发云贵川广烟瘴稍轻地方,已纂入“名例·徒流迁徙地方”条内。此条“南方烟瘴卫所”应照例改为“云贵川广烟瘴稍轻地方”。谨将改辑例文,开列于后。

一、近边分守武职并府州县官员,禁约该管军民人等,不许擅自入山,将应禁林木砍伐贩卖,违者问发云贵川广烟瘴稍轻地方充军。若前项官员有犯,俱革职为民,镇守并副、参等官员有犯,指实参奏。其经过关隘、河道,守把官军容情纵放者,究问治罪。

【1740】3.5.93.(4)(略)

【1768】3.5.93.(4)

一、近边分守武职并府州县官员,禁约该管军民人等,不许擅自入山,将应禁林木砍伐贩卖,违者问发云贵两广烟瘴稍轻地方充军。若前项官员有犯,俱革职为民,镇守并副、参等官员有犯,指实参奏。其经过关隘、河道,守把官军容情纵放者,究问治罪。

【1801】○修改

臣等谨按:此条系前明旧例。查砍伐林木拟军,系指已得而言,未得者应减一等拟徒。又民人砍贩近边禁木且发烟瘴充军,官员有犯,例内止于革职,未免轻重悬殊。律注云“官员伐卖,问监守盗。若容情纵放,依知罪人不捕律科断”等语,应增纂为例,以便引用。再官员有犯,系统指文武官员而言,例内“镇守并副、参等官员有犯,指实参奏”句应删,并于例内添叙“分守武职及州县官失察处分”,以昭赅备。谨将修改例文,开列于后。

一、近边分守武职，并府州县官员，禁约该管军民人等，不许擅自入山，将应禁林木砍伐贩卖。若砍伐已得者，问发云贵两广烟瘴稍轻地方充军；未得者，杖一百、徒三年。若前项官员有犯，俱革职。计赃重者，俱照监守盗律治罪。其经过关隘、河道，守把官军知情纵放者，依知罪人不捕律治罪。分守武职，并府州县官，交部分别议处。

【1802】3.5.93.（9）（略）

【1740】○增入

一、各省丈量田亩，及抑勒首报垦田之事，永行停止。违者，以违制律论。

此条系雍正十三年（1735）定例。

【1740】3.5.93.（5）（略）

【1802】3.5.93.（3）（略）

【1740】○删除

一、直隶等省久荒之地，民有愿垦者，除古冢外，开明界址、土名呈报，地方官亲赴查勘，于所属境内先行出示，遍加晓谕。六个月后，果无原业户者，取具该里长、地邻并无通同侵占情弊甘结，详报给照，着令管业，照例起科。倘再有奸豪冒认祖业，或借端告争者，照强占官民山场不计亩数律，杖一百、流三千里。

此条系雍正十二年（1734）定例。查前例开载"直隶各省空闲地土，听民开垦"及律内"强占官民山场等项拟流"已足包举，不必再立条款，此条毋庸纂入。

【1756】○续纂

一、凡子孙盗卖祖遗祀产至五十亩者，照投献捏卖祖坟山地例发边远充军。不及前数，及盗卖义田，应照盗卖官田律治罪。其盗卖历久宗祠，一间以下杖七十，每三间加一等，罪止杖一百、徒三年。以上知情谋买之人，各与犯人同罪。房产收回，给族长收管，卖价入官。不知者不坐。其祀产、义田，令勒石报官，或族党自立议单公据，方准按例治罪。如无公私确据，借端生事者，照诬告律治罪。

臣等谨按：此条系乾隆二十一年（1756）六月内，臣部议复苏州巡抚庄有恭条奏定例，应纂辑以便遵行。

【1768】3.5.93.（6）（略）

【1802】3.5.93.（4）（略）

【1767】○续纂

一、盛京家奴、庄头人等，如有因伊主远在京师，私自盗卖所遗田产至五十亩者，均依子孙盗卖祖遗祀产例，发边远充军。不及前数者，照盗卖官田律治罪。盗卖房屋，亦照盗卖官宅律科断。谋买之人，与串通说合之中保，均与盗卖之人同罪。房产给还原主,卖价入官。其不知者不坐。倘不肖之徒,借端讹诈,照诬告律治罪。

臣等谨按:此条系乾隆三十年(1765)十一月内,盛京副都统倭升额条奏定例,应纂辑遵行。

【1768】3.5.93.(7)(略)

【1802】3.5.93.(5)(略)

【1767】○续纂

一、凡民人告争坟山,近年者以印契为凭。如系远年之业,须将山地字号、亩数,及库存鳞册,并完粮印串,逐一丈勘查对。果相符合,即断令管业。若查勘不符,又无完粮印串,其所执远年旧契及碑谱等项,均不得执为凭据。即将滥控侵占之人,按例治罪。

臣等谨按:此条系乾隆三十二年(1767)闰七月内,安徽按察使陈辉祖条奏定例,应纂辑遵行。

【1768】3.5.93.(8)(略)

【1802】3.5.93.(6)(略)

【1782】○续纂

一、土目土民,不许私相典买土司田亩。如有违禁不遵者,立即追价入官,田还原主。并将承买之人,比照盗卖他人田亩律,田一亩笞五十,每五亩加一等,罪止杖八十、徒二年。其违例典卖,并倚势抑勒之土司,失察之该管知府,均交部议处。

臣等谨按:此条系乾隆四十二年(1777)十二月内,广西布政使朱椿以该省土司有将田产典给管下土目、土民之事,彼此交易,势必土官日惫,土目、土民之势日涨,条奏定例。经户部会同臣部议复具奏,奉旨:"依议。"钦遵在案。应纂辑遵行。

【1790】3.5.93.(9)(略)

【1802】3.5.93.(7)(略)

【1810】○续纂

一、凡租种山地棚民,除同在本山有业之家,公同画押出租者,山主、棚民均免治罪外,若有将公共山场,一家私召异籍之人,搭棚开垦者,即照子孙盗卖祖遗祀产至五十亩例,发边远充军;不及五十亩者,减一等;租价入官。承租之人,不论山数多寡,照强占官民山场律杖一百、流三千里,为从并减一等。父兄子弟同犯,仍照律罪坐尊长。族长、祠长失于查察,照不应重律科罪。至因召租、承租,酿成事端,致有抢夺、杀伤者,仍各从其重者论。

臣等谨按:嘉庆十二年(1807)七月内,户部会同臣部议复安徽巡抚初彭龄奏《徽属山主,混召异籍之人,搭棚开垦,请照子孙盗卖祖遗祀产例分别治罪》一折内称"安徽各属山主，有将山场混召异籍之人，搭棚开垦，以致外来游匪，聚集日多，扰害居民，是山主与棚民实属表里为奸。自应严立科条，从重治罪，以示惩儆。请嗣后安徽各属租种山地，除同在本山有业之家，公同画押出租者，山主、棚民均免治罪外，若有将公共山场，一家私召异籍之人搭棚开垦者，即照子孙盗卖祖遗祀产至五十亩例，发边远充军；不及五十亩者，减一等。租价入官。承租之人，不论山数多寡，照强占官民山场律，杖一百、流三千里，为从并减一等。父兄子弟同犯，仍照律罪坐尊长。族长、祠长失于查察，照不应重律治罪。至因召租、承租酿成事端，致有抢夺、杀伤者，仍各从其重者论"等因，奏准在案。应纂辑为例，以便遵行。再查南省棚民，所在多有，有犯即应照此治罪。此系安省之案，毋庸纂为安省专条，合并声明。

【1835】○续纂

一、黔省汉民，如有强占苗人田产，致令失业酿命之案，俱照棍徒扰害例问拟。其未经酿命者，仍照常例科断。

臣等谨按：道光十三年（1833）正月间，臣部议复前护贵州巡抚印务升任布政使麟庆奏"汉奸强占官田，驱逐苗佃致酿人命，请比例严惩"折内声明"嗣后黔省汉民，如有强占苗人田产，致令失业酿命之案，俱照棍徒扰害例定拟。其未经酿命者，仍照常例科断"等因奏准，遵照在案。谨纂辑专条，以资引用。

【1847】3.5.93.（11）（略）

任所置买田宅

律　文

【1646】3.5.100

凡有司官吏，不得于见任处所，置买田宅。违者笞五十，解任，田宅入官。

【1670】3.5.99（略）

【1725】3.5.94

律文（略）

注：此励官方以存政体也。有司官吏，若于见任处所置买田宅，非特与民争利，亦于官箴有亏。然既谓置买，则非侵占，故止笞五十，解任别叙，田宅入官。若义田、学租之类，不在此限。

臣等谨按：此励官方以存政体也。谓之置买，则非侵占，故止笞五十，解任别叙，田宅入官。若义田、学田之类，不在此限。

【1740】3.5.94（略）

附律条例

【1725】○增入

臣等谨按：康熙五十二年（1713）二月内，户部议复出差官员置产，事理类于此律，谨拟节录于后。

【续增现行例】一、各关出差官员，奴仆止许跟随几人，不许携带家眷，及任所置优买妾。任满回部，未经考核，不许擅买田庄市宅，生息放债。如违，交与该部治罪。衙役人等，除解饷、公事外，私自赴京长接，及以缺额借口题请展限者，亦交与该部治罪。

【1725】3.5.94.(1)

【增例】(略)

【1740】3.5.94.(1)

一、各关出差官员，不许携带家眷，多随奴仆，及任所置优买妾。任满回部，未经考核，不许擅买田庄市宅，生息放债。如违，交与该部治罪。衙役人等，除解饷、公事外，私自赴京长接，及以缺额借口题请展限者，亦交与该部治罪。

【1725】○增入

臣等谨按：雍正元年(1723)八月内，兵部议复武官任所置立产业事理，谨拟节录于后。

【续增现行例】一、提督、总兵、副将等官，不许在见任地方，置立产业。即丁忧、事故、休致、解退，亦不许入籍居住。或任内置有产业，已经身故，及不能回籍者，该督抚具奏请旨定夺。至参将以下等官，任所置有产业，或本身休致、事故、解退，或已经身故，子孙留住任所，欲入籍者，该地方官报明督抚，准其入籍。

【1725】3.5.94.(2)

【钦定例】(略)

【1740】3.5.94.(2)

一、提督、总兵、副将等官，不许在见任地方，置立产业。即丁忧、休致、解退，亦不许入籍居住。或任内置有产业，已经身故，及不能回籍者，该督抚具奏请旨定夺。至参将以下等官，任所置有产业，或本身休致、解退，或已经身故，子孙留住任所，欲入籍者，该地方官报明督抚，准其入籍。

【1740】○移出①

一、八旗官兵人等，有将现银承买入官人口、房产者，即将银两先行交部。俟收明银两知照到旗之日，两翼给与印信、执照，报部入册。如有将俸禄、钱粮坐抵扣买者，一面咨部，坐扣俸饷，一面将人口、房产给认买人领去。俟俸饷坐扣完日，再行知会两翼，给与执照，报部入册。

此条系雍正十二年(1734)所定。乃八旗坐扣俸禄、钱粮之事，与律例无关，无庸纂入。

＊户律·田宅、典买田宅【1740】3.5.95.(4)(略)

---

① 本条《大清律例按语》第38卷“户律·田宅·任所置买田宅”(乾隆五年)条下列为删除，实为移改。

典买田宅

律　文

【1646】3.5.101

凡典买田宅，不税契者，笞五十；仍追契内田宅价钱一半入官。不过割者，一亩至五亩，笞四十；每五亩加一等，罪止杖一百；其不过割之田入官。○若将已典卖与人田宅，朦胧重复典卖者，以所得重典卖之价钱计赃，准窃盗论，免刺，追价还后典买之主，田宅从原典买主为业。若重复典买之人及牙保知其重典卖之情者，与犯人同罪，追价入官。不知者不坐。○其所典田宅、园林、碾磨等物，年限已满，业主备价取赎，若典主托故不肯放赎者，笞四十。限外递年所得多余花利，追征给主，仍听依原价取赎。其年限虽满，业主无力取赎者，不拘此律。

【1670】3.5.100（略）

【1725】3.5.95

凡典买田宅，不税契者，笞五十；仍追契内田宅价钱一半入官。不过割者，一亩至五亩，笞四十；每五亩加一等，罪止杖一百；其不过割之田入官。○若将已典卖与人田宅，朦胧重复典卖者，以所得重典卖之价钱计赃，准窃盗论，免刺，追价还后典买之主，田宅从原典买主为业。若重复典买之人及牙保知其重典卖之情者，与犯人同罪，追价入官。不知者不坐。○其所典田宅、园林、碾磨等物，年限已满，业主备价取赎，若典主托故不肯放赎者，笞四十。限外递年所得多余花利，追征给主，仍听依原价取赎。其年限虽满，业主无力取赎者，不拘此律。

注：此为交易不明而立法也。凡典买田宅，纳税于官，官为印其契券，谓之税契；由彼户推出，收入此户，谓之过割。前节言不税契、不过割之罪。如系卖主留难不肯过割，则罪坐卖主。二节言重复典卖与后典买之人及牙保知情之罪。三节言不肯放赎之罪。若年限虽满，而业主无力取赎，则非典主之咎，不拘此律。

臣等谨按：此为交易不明而立法也。凡典买田宅，纳税于官，官为印其契券，谓之税契；由彼户推出，收入此户，谓之过割。前节言不税契、不过割之罪。如系卖主留难，不肯过割，则罪坐典主。二节言重复典卖与后典买之人及牙保知情之罪。三节言不肯放赎之罪。若年限虽满，而业主无力取赎，则非典主之咎，不拘此律。

【1740】3.5.95（略）

附律条例

【1646】3.5.101.（1）

一、告争家财、田产，但系五年之上，并虽未及五年，验有亲族写立分书已定、出卖文约是实者，断令照旧管业，不许重分、再赎，告词立案不行。

【1670】3.5.100.(1)(略)

【1725】3.5.95.(1)

【原例】(略)

【1740】3.5.95.(1)(略)

＊**【1725】○增入**①

【现行例】一、奉天旗、民,杂处年久,暂停搬移。有旗界内之民房,令其卖与旗人;在民界内之旗房,令其卖与民人。若仍越界居者,照侵夺例治罪。再奉、锦二府民人子女,典买与别省民人,并卖与旗下者,俱禁止。如有违禁,照满洲都统一应人等卖与汉军民人之例治罪,价银入官。至旗、民地土,从前俱立有圈界,如有侵占已成熟田,互相争竞者,即照侵夺例治罪。

臣等谨按:此条类于"典买田宅"律,应增入条例后。

【1740】○增入

一、凡八旗人员,置买产业于各省者,令该员据实首报,交与该督抚,按其产业之多寡,勒限变价归旗。如有隐匿不首,及首报不实者,该督抚访查题参,将所置产业入官。其隐匿不首者,照侵占田宅律治罪;首报不实者,按不实之数,亦照侵占律治罪。如地方官扶同徇隐,别经发觉者,照例议处。其未经查出之知府并督、抚、司、道,均照例分别议处。至于查禁以后,仍有违禁置产,私相授受者,照将他人田产朦胧投献官豪势要律,与者、受者,各杖一百、徒三年,产业入官。其托民人出名,诡名寄户者,受托之民人,照里长知情隐瞒入官家产计所隐赃重者坐赃治罪;受财者,以枉法从重论。地方官失于查察者,照例议处。

谨案:此条系雍正十二年(1734)定例。

【1740】3.5.95.(2)(略)

【1740】○增入

一、卖产立有绝卖文契,并未注有"找贴"字样者,概不准贴赎。如契未载"绝卖"字样,或注定年限回赎者,并听回赎。若卖主无力回赎,许凭中公估找贴一次,另立绝卖契纸。若买主不愿找贴,听其别卖,归还原价。倘已经卖绝,契载确凿,复行告找、告赎,及执产动归原先尽亲邻之说,借端掯勒,希图短价者,俱照不应重律治罪。

此条系雍正八年(1730)定例。

【1740】3.5.95.(3)(略)

---

① 本条见于《大清律例按语》"户律·田宅·典买田宅"(雍正三年)条下,雍正三年(1725)《大清律集解附例》、乾隆五年(1740)《大清律例》不载。

【1801】○修改

臣等谨按:此条系雍正八年(1730)定例。例内有"听赎"之文,而年限未满,强行赎回者,作何治罪,例无明文。查《会典》云"限未满而业主强赎者,问不应重杖"等语,应添纂,以昭赅备。谨将修改例文,开列于后。

一、卖产立有绝卖文契,并未注有"找贴"字样者,概不准贴赎。如契未载"绝卖"字样,或注定年限回赎者,并听回赎。若卖主无力回赎,许凭中公估找贴一次,另立绝卖契纸。若买主不愿找贴,听其别卖,归还原价。倘已经卖绝,契载确凿,复行告找、告赎,及执产动归原先尽亲邻之说,借端掯勒,希图短价,并典限未满,而业主强赎者,俱照不应重律治罪。

【1802】3.5.95.(3)(略)

【1740】○移入

一、八旗官兵人等,有将现银承买入官人口、房屋者,即将银两先行交部。俟收明银两,知照到旗之日,两翼给与印信、执照,报部入册。如有将俸禄钱粮坐扣抵买者,一面咨部坐扣俸饷,一面将人口、房屋给认买人领去。俟俸饷坐扣完日,再行知会两翼,给与执照,报部入册。

此条系雍正十二年(1734)定例。

"户律·任所置买田宅"条例内"八旗官兵人等,有将现银承买入官人口、房产"一条,奉旨:"此条在'任所置买田宅'内,固属无涉。若移入'典买田宅'条例内,甚属符合,钦此。"谨遵旨,将此条移入"典买田宅"条内。

【1740】3.5.95.(4)(略)

【1743】○续纂

一、旗丁有将运田私典于人,及承典者,均照典买官田律计亩治罪,该丁革退,其田追出,交与接运新丁,典价入官。其旗丁出运之年,将运田租与民人,止许得当年租银。如有指称加租,立券预支者,将该丁与出银租田之人,均照典买官田律减二等治罪,租价入官。

臣等谨按:此条系乾隆五年(1740)五月,户部议复升任总漕托时条奏定例。查立券预支租银,终与私典有间。原议照私典军田例治罪,未免无所区别,今改为"照典买官田律减二等治罪"。

【1768】3.5.95.(5)(略)

【1751】○续纂

一、凡各省卫所赡运屯田,有典卖与民,许照清厘条议,备价回赎。如衙役书识人等,借称旗丁管船,侵占屯田,不归船济运者,照侵盗官粮例治罪。若原系民田,与军无涉,该丁捏控者,将该丁责革另佥。该管官弁,不实力稽察,或承查迟延,或互相徇纵,查出,俱交部分别议处。

臣等谨按:此条系乾隆十二年(1747)九月内,兵部等衙门议复调任总漕顾琮条奏定例,应纂辑以便遵行。

【1768】3.5.95.(6)(略)

【1756】○续纂

一、嗣后民间置买产业,如系典契,务于契内注明“回赎”字样;如系卖契,亦于契内注明“绝卖、永不回赎”字样。其自乾隆十八年(1753)定例以前,典、卖契载不明之产,如在三十年以内,契无“绝卖”字样者,听其照例分别找赎;若远在三十年以外,契内虽无“绝卖”字样,但未注明回赎者,即以绝产论,概不许找赎。如有混行争告者,均照不应重律治罪。

臣等谨按:此条系乾隆十八年(1753)四月内,臣部议复原任浙江按察使同德条奏定例,应纂辑以便遵行。按原奏内“混行告找、告赎者,照讹诈律治罪”等语,按:讹诈无治罪正条,律中所载恐吓取财、诈欺官私取财,皆计赃治罪。此云“混告”,则无赃可计,应照原例,科以不应重律。

【1768】3.5.95.(7)(略)

【1756】○续纂

一、凡州县官征收田房税契,照征收钱粮例,别设一柜,令业户亲自赍契投税,该州县即粘司印契尾,给发收执。若业户混交匪人代投,致被假印诓骗者,照不应重律杖八十,责令换契重税。倘州县官不粘司印契尾,侵税入已,照例参追。该管之道、府、直隶州知州,分别失察、徇隐,照例议处。

臣等谨按:此条系乾隆十六年(1751)闰五月内,臣部议复升任湖南巡抚杨锡绂条奏定例,应纂辑以便遵行。

【1768】3.5.95.(8)(略)

【1761】○续纂

一、凡民间活契典当田房,一概免其纳税。其一切卖契,无论是否杜绝,俱令纳税。其有先典后卖者,典契既不纳税,按照卖契银两实数纳税。如有隐漏者,照律治罪。

臣等谨按:此条系乾隆二十四年(1759)二月内,户部议复原任江苏布政使常亮条奏定例,应纂辑以便遵行。

【1768】3.5.95.(9)(略)

【1761】○续纂

一、民间私顶军田，匿不首报，一亩至五亩，笞四十，每五亩加一等，罪止杖一百。

臣等谨按：此条系乾隆二十四年（1759）三月内，户部议复调任湖北巡抚庄有恭条奏定例，应纂辑以便遵行。

【1768】3.5.95.（10）（略）

【1810】○续纂

一、旗地、旗房，概不准民人典买。如有设法借名私行典买者，业主、售主，俱照违制律治罪，地亩、房间、价银，一并撤追入官。失察该管官，俱交部严加议处。至旗人典买有州县印契跟随之民地、民房，或辗转典卖与民人，仍从其便。

臣等谨按：嘉庆十三年（1808）十一月一月内，户部具奏“旗人置买民地民房分别税契”一折内称“查旗地、旗房，不准民人典买，仍照定例办理。至本系民地、民房，曾经旗人置买，或又辗转典卖与民人。例无禁止明文，向来办理此等案件，亦不援照民置旗产例科断。应请嗣后旗人典买有州县印契跟随之民地、民房，或辗转典卖与民人，仍从其便”等因，奏准咨照在案。又《户部则例》内载“民人典买旗地，业主、售主俱照违制律治罪，地亩、价银一并撤出入官。失察该管官，俱严加议处”，又“在京、在屯旗房，概不准民人典买。如有设法借名私行典买者，照民人私典旗地例，房间撤出，追价入官，仍按律治罪”各等语，是民人典买旗地、旗房，应行治罪，及旗人置买民地、民房，辗转典卖与民人，仍从其便之处，臣部例内均无明文，应添纂入例，以资引用。

【1825】3.5.95.（11）（略）

盗耕种官民田

律　文

【1646】3.5.102

凡盗耕种他人田（园地土）者，（不告田主。）一亩以下笞三十，每五亩加一等，罪止杖八十。荒田，减一等。强者，（不由田主。）各（指熟田、荒田言。）加一等。系官者，各（通盗耕、强耕，荒、熟言。）又加二等。（仍追所得）花利（官田）归官、（民田给）主。

【1670】3.5.101（略）

【1725】3.5.96

律文（略）

注：此言田地各有业主，必承佃而后可耕也。不告田主而私自耕种曰盗，不由田主而擅自耕种曰强。系民田，分别荒、熟治罪。官田各加民田二等。仍各追所得花利，官田归官，民田给主。

臣等谨按：此言田地各有其主，必承佃而后可耕也。不告田主而私自耕种曰盗，不由业主而擅自耕种曰强。官田，系不入民户版籍，而官召民耕种者。前言盗种之罪，次言强种之罪。如系在官,各加二等。以上仍各追得花利,还官、给主。

【1740】3.5.96(略)

附律条例

【1646】3.5.102.(1)

一、近边地土、各营堡草场,界限明白。敢有挪移条款,盗耕草场,及越出边墙界石种田者,依律问拟,追征花利。完日,军职降调差操,军、民调发卫所充军。有毁坏边墙,私出境外者,枷号三个月发落。

【1670】3.5.101.(1)(略)

【1725】○修改

原拟:"军职降调差操"句应删去,"军、民调发卫所"句改为"军、民发附近卫所充军"。

【1725】3.5.96.(1)

【原例】一、近边地土、各营堡草场,界限明白。敢有挪移条款,盗耕草场,及越出边墙界石种田者,依律问拟,追征花利。至报完之日,不分军、民,俱发附近卫所充军。若有毁坏边墙,私出境外者,枷号三个月发落。

【1740】3.5.96.(1)(略)

【1768】3.5.96.(1)

一、近边地土、各营堡草场,界限明白。敢有挪移条款,盗耕草场,及越出边墙界石种田者,依律问拟,追征花利。至报完之日,不分军、民,俱发附近地方充军。若有毁坏边墙,私出境外者,枷号三个月发落。

荒芜田地

律　文

【1646】3.5.103

凡里长部内已入籍纳粮当差田地,无(水旱灾伤之)故荒芜,及应课种桑麻之类而不种者,(计荒芜不种之田地,)俱以十分为率,一分笞二十,每一分加一等,罪止杖八十。县官各减(里长罪)二等。长官为首,(一分减尽无科,二分方笞一十,加至杖六十罪止。)佐职为从。(又减长官一等。二分者减尽无科,三分者方笞一十,加至笞五十罪止。)人户亦计荒芜田地及不种桑麻之类,(就本户田地,)以五分为率,一分笞二十,每一分加一等;追征合纳税粮还官。(应课种桑枣、黄麻、苎麻、棉花、蓝靛、红花之类,各随乡土所宜种植。)

【1670】3.5.102(略)

【1725】3.5.97

律文(略)

注:此言有司及里长当劝课农桑也。无故,谓无水旱灾伤等故。应课种,谓地土所宜。一里之田多,总计里中荒芜不种者,科里长、各官之罪,故以十分为率。人户

之田少,止计本户之荒芜不种者,以科本人之罪,故以五分为率。

臣等谨按:此言有司及里长当亲课农桑也。分三段:前言里长之罪,次言长官、佐杂之罪,末言本户之罪。仍追征税粮完官。一里之田多,总计里中之荒芜不种者,以科里长之罪,故以十分为率。人户之田少,止计本户之荒芜不种者,以科本人之罪,故以五分为率。

【1740】3.5.97(略)

附律条例

***【1725】○增入**①

【现行例】一、新满洲先要之地,不准更换。再有初次要地者,将八旗余地量给。若伊旗余地已完,在于本翼内挨旗量给。俟八旗余地已完之日,再行题请。

【现行例】一、湖广无产穷民,有愿往四川开垦者,该地方官给与印照,仍查明年貌、姓名、居址,造册送与四川巡抚查验,准其开垦。此开垦田地之民有回楚者,川抚亦照此查明给照,造册送与湖广巡抚稽查。此回楚之人所遗垦过田地,仍自所垦之年起,扣算五年,着承种之人照例输赋。如无承种之人,将原垦之人不准回楚。其从前开垦田地之人,有欲回楚者,输赋之处,亦照此例。至楚民有田庐者,不准卖弃入川。地方官不严行查明,听其任意往来,该督抚指明题参,严加议处。再,有从楚往川省亲者,亦照此给照,令其往回。如无印照,查出递解回籍。

臣等谨按:以上二条,类于"荒芜田地"律,应增入条例后。

【1806】○续纂

一、盛京等处庄头,有将额拨官地率请更换,并民人呈请马厂垦种纳租等事者,照违制律治罪。

臣等谨按:嘉庆八年(1803)六月初十日,奉上谕:"晋昌等奏'查勘新圈庄头呈请更换马厂地亩情形'一折,庄头黎泳贵等因原领新立屯地,生长芦苇,荒域不能开垦,呈请古同山等马厂闲荒兑换,本与例不符。且乾隆三十五年(1770)曾经奉旨:'庄头等所种地亩,概不准其另行拨补。'自应永远遵行。该庄头承种地亩,既查明并非荒域不毛之地,辄欲换马厂边沿,恐启觊觎肥沃之端。除此次违例垦请之庄头黎泳贵等不准更换外,嗣后如有将额拨官地率请更换,并民人呈请马厂垦种纳租等事,即着照违制律治罪。钦此。"钦遵在案。应恭纂为例,以便遵行。

【1825】3.5.97.(1)(略)

---

① 《大清律例按语》第5卷"户律·田宅·荒芜田地"(雍正三年)条增入此二条例文,雍正三年(1725)《大清律集解附例》、乾隆五年(1740)《大清律例》皆不载。

弃毁器物稼穑等

律　文

【1646】3.5.104

凡故意弃毁人器物，及毁伐树木稼穑者，计所弃毁之物，即为赃准窃盗论，照窃盗定罪。免刺。罪止杖一百、流三千里。官物加准窃盗赃上二等。若遗失及误毁官物者，各于官物加二等上减三等。凡弃毁、遗失、误毁，并验数追偿。还官、给主。若遗失、误毁私物者，偿而不坐罪。○若毁人坟茔内碑碣、石兽者，杖八十；毁人神主者，杖九十。若毁损人房屋、墙垣之类者，计合用修造雇工钱坐赃论。一两以下笞二十，二十五两以上罪止杖一百、徒三年。各令修立。官屋加二等。误毁者，但令修立，不坐罪。

【1670】3.5.103（略）

【1725】3.5.98

律文（略）

注：此言毁失官私器物，罪有轻重也。弃毁出于有意，遗失、误毁出于无心。弃毁官私器物，及遗失、误毁官物，并验数追价还官、给主。若遗失、误毁私物者，但追偿而不坐罪。官物虽遗失、误毁，而必坐罪者，盖以过误可原，官物总不应毁失也。毁损人坟内碑碣、石兽、神主，及官民房屋、墙垣，各坐罪，仍令修补、起立。惟误毁官屋者，但令修立，而不坐罪。夫误毁官物有罪，而误毁官屋不坐罪者，盖原其毁出于误，而官屋又所费不赀，但令修立，其罚已重，故不再科罪也。

臣等谨按：此言毁失官私器物，罪有轻重也。弃毁出于有意，遗失、误毁出于无心。首节前言弃毁之罪，次言遗失、误毁之罪。弃毁官私器物及遗失、误毁官物，并验数追价还官、给主。若遗失、误毁私物者，但追偿而不坐罪。官物虽遗失、误毁而必坐罪者，盖以过误可原，而官物总不应毁失也。二节言毁坟茔内碑碣、石兽并神主，及房屋、墙垣之罪。毁损官民房屋、墙垣及碑碣、石兽、神主等项，各坐罪，仍令修补、起立。惟误毁官屋者，但令修立而不坐罪。失误毁官物有罪，而误毁官屋不坐罪者，盖原其毁出于误，而官屋又所费不赀，但令修立，其罚已重，故不再科罪也。

【1740】3.5.98

凡故意弃毁人器物，及毁伐树木稼穑者，计所弃毁之物，即为赃准窃盗论，照窃盗定罪。免刺。罪止杖一百、流三千里。官物加准窃盗赃上二等。若遗失及误毁官物者，各于官物加二等上减三等。凡弃毁、遗失、误毁，并验数追偿。还官、给主。若遗失、误毁私物者，偿而不坐罪。○3.5.98.2 若毁人坟茔内碑碣、石兽者，杖八十；毁人神主者，杖九十。若毁损人房屋、墙垣之类者，计合用修造雇工钱坐赃论。一两以下笞二十，罪止杖一百、徒三年。各令修立。官屋加二等。误毁者，但令修立，不坐罪。

附律条例

【1740】○增入

一、凡广收麦石，肆行踩曲，大开烧锅者，杖一百，枷号两个月。地方官员失察，交部分别处分。如官吏贿纵等弊，照枉法计赃论罪。

谨案：此条系乾隆二年（1737）户部议准定例。

【1740】3.5.98.（1）（略）

擅食田园瓜果

律　文

【1646】3.5.105

凡于他人田园擅食瓜果之类，坐赃论。计所食之物，价一两以下笞一十，二两笞二十，计两加等，罪止杖六十、徒一年。弃毁者，罪亦如之。其擅将挟去及食，之者，系官田园瓜果，如林衡署果、嘉蔬署瓜之类。若官造酒食者，加二等。照擅食他人罪加二等。主守之人给与，及知而不举者，与同罪。若主守私自将去者，并以监守自盗论。至四十两，问杂犯准徒五年。

【1670】3.5.104（略）

【1725】○修改

原拟：小注内林衡等署，已经节次归并州县，应删去。

臣等谨按：此言擅取官私食物，罪有轻重也。分四段：一段言擅食与弃毁之罪，二段言将去与擅食官园瓜果、官造酒食之罪，三段言主守给与及知而不举之罪，四段言主守私自将去之罪。再小注内"计两加等，罪止杖六十、徒一年"，与凡律坐赃论罪之法不符者，以瓜果为物虽细，若不另立一法，则犯之者多，遂至无罪可加，注律者固有深意也。

【1725】3.5.99

凡于他人田园擅食瓜果之类，坐赃论。计所食之物，价一两以下笞一十，二两笞二十，计两加等，罪止杖六十、徒一年。弃毁者，罪亦如之。其擅将挟去及食之者，系官田园瓜果，若官造酒食者，加二等。照擅食他人罪加二等。主守之人给与，及知而不举者，与同罪。若主守私自将去者，并以监守自盗论。至四十两，问杂犯准徒五年。

注：此言擅取官私食物，罪有轻重也。小注内计两加等，罪止杖六十、徒一年，与凡律坐赃论罪之法不符者，以瓜果为物虽细，若不另立一法，则犯之者多，遂至无罪可加，注律者固有深意也。

【1740】3.5.99（略）

私借官车船

律　文

【1646】3.5.106

凡监临主守,将系官车船、店舍、碾磨之类,私自借用,或转借与人,及借之者,各笞五十,验日追雇赁钱入官。不得过本价。若计雇赁钱重于笞五十者,各坐赃论,加一等。加一等,谓加杖至六十,则重于笞五十矣。

【1670】3.5.105(略)

【1725】○修改

原拟:律文内言"加一等"者,应在坐赃罪上加一等。律末小注内"加一等",谓"加杖至六十"等字,不甚明晰,应删去。

臣等谨按:此言官物不可私自借用也。前言监临主守私用、私借及借之者之罪。但借用又有久暂不同,故后言验日追雇赁钱,计钱重于本罪者,各坐赃论,加一等科罪。如雇赁钱至四十两,当依坐赃律杖六十,重于笞五十矣。加一等是杖七十,罪止杖一百。

【1725】3.5.100

凡监临主守,将系官车船、店舍、碾磨之类,私自借用,或转借与人,及借之者,各笞五十,验日追雇赁钱入官。不得过本价。若计雇赁钱重于笞五十者,各坐赃论,加一等。

注:此言官物不可私自借用也。借用有久暂不同,雇赁钱有多寡不一,故验日追征。如计钱重于本罪者,各坐赃论,加一等科罪。如雇赁钱至四十两,当依坐赃律杖六十,重于笞五十矣。加一等,是杖七十。

【1740】3.5.100(略)

【户律·婚姻】

男女婚姻

律　文

【1646】3.6.107

凡男女定婚之初，若或有残废或疾、病、老幼、庶出、过房、同宗。乞养、异姓。者，务要两家明白通知，各从所愿，不愿即止，愿者同媒妁写立婚书，依礼聘嫁。若许嫁女已报婚书，及有私约，谓先已知夫身残疾、老幼、庶养之类。而辄悔者，女家主婚人笞五十。其女归本夫。虽无婚书，但曾受聘财者亦是。○若再许他人，未成婚者，女家主婚人杖七十；已成婚者，杖八十。后定娶者男家知情，主婚人与女家同罪，财礼入官；不知者不坐，追还给定娶之人财礼。女归前夫。前夫不愿者，赔追财礼给还，其女仍从后夫。男家悔而再聘者，罪亦如之，仍令娶前女，后聘听其别嫁。不追财礼。○其未成婚男女有犯奸盗者，男子有犯，听女别嫁；女子有犯，听男别娶。不用此律。○若为婚而女家妄冒者，主婚人杖八十，谓如女有残疾，却令姊妹妄冒相见，后却以残疾女成婚之类。追还财礼。男家妄冒者，加一等，谓如与亲男定婚，却与义男成婚；又如男有残疾，却令弟兄妄冒相见，后却以残疾男成婚之类。不追财礼。未成婚者，仍依原定；所冒相见之无疾兄弟、姊妹及亲生之子为婚。如妄冒相见男女先已聘许他人、或已经配有室家者，不在仍依原定之限。已成婚者，离异。○其应为婚者，虽已纳聘财，期约未至，而男家强娶，及期约已至，而女家故违期者，男、女主婚人，并笞五十。○若卑幼或仕宦或买卖在外，其祖父母、父母及叔伯父母、姑、兄姊，自卑幼出外之后为定婚，而卑幼不知。自娶妻，已成婚者，仍旧为婚；尊长所定之女听别嫁。未成婚者，从尊长所定，自定者，从其别嫁。违者杖八十。仍改正。

【1670】3.6.106（略）

【1725】3.6.101

凡男女定婚之初，若或有残废或疾、病、老幼、庶出、过房、同宗。乞养、异姓者，务要两家明白通知，各从所愿，不愿即止，愿者同媒妁写立婚书，依礼聘嫁。若许嫁女已报婚书，及有私约，谓先已知夫身残疾、老幼、庶养之类。而辄悔者，女家主婚人笞五十。其女归本夫。虽无婚书，但曾受聘财者亦是。○若再许他人，未成婚者，女家主婚人杖七十；已成婚者，杖八十。后定娶者男家知情，主婚人与女家同罪，财礼入官；不知者不坐，追还财礼。给后定娶之人。女归前夫。前夫不愿者，倍追财礼给还，其女仍从后夫。男家悔而再聘者，罪亦如之，仍令娶前女，后聘听其别嫁。不追财礼。○其未成婚男女有犯奸盗者，男子有犯，听女别嫁；女子有犯，听男别娶。不用此律。〇若为婚而女家妄冒者，主婚人杖八十，谓如女有残疾，却令姊妹妄冒相见，后却以残疾女成婚之类。追还财礼。男家妄冒者，加一等，谓如与亲男定婚，却与义男成婚；又如男有残疾，却令弟兄妄冒相见，后却以残疾男成婚之类。不追财礼。未成婚者，仍依原定；所妄冒相见之无疾兄弟、姊妹及亲生之子为婚。如妄冒相见男女先已聘许他人、或已经配有室家者，不在仍依原定之限。已成婚者，离异。〇其应为婚者，虽已纳聘财，期约未至，而男家强娶，及期约已至，而女家故违期者，男、女主婚人，并笞五十。〇若卑幼或仕宦或买卖在外，其祖父母、父母及伯叔父母、姑、兄姊，自卑幼出外之后为定婚，而卑幼不知。自娶妻，已成婚者，仍旧为婚；尊长所定之女，听其别嫁。未成婚者，从尊长所定，自定者，从其别嫁。违者杖八十。仍改正。

注：此言婚姻之道宜谨始也。残疾等项，兼男女言。过房，系本宗之过继者；乞养，系异姓之子女也。有媒妁通知而写立者，谓之婚书；无媒妁而两家议定者，谓之私约。聘财，自布帛以上，但名为聘礼者即是。首节言明知男家残疾、老幼、庶出、过房、乞养等情，自愿将女许嫁，写有婚书及期约或受聘，而复反悔之罪。此指犹未许人者言也。次节言再许他人，已未成婚之女家主婚，并后定娶知情之男家主婚之罪。男家悔者，罪亦如之。原聘之女，仍令礼娶。后聘之女，听其别嫁，不追财礼。如后聘之女已经成婚，前聘之女家不愿以女归之，则亦当听其别嫁，不追前聘之财礼也。三节言未成婚男女，有犯奸盗者，男子有犯，听女别嫁，不追财礼；女子有犯，听男别娶，追还财礼，不用悔亲之律坐罪。四节言女家、男家妄冒之罪。女虽妄冒，其男犹可再娶。男若妄冒，其女遂致失身，故加等也。未成婚者，减已成婚罪五等，仍以初相见之男女成婚。已成婚者离异，女别嫁，男别娶。若女子不愿别嫁，亦应免其离异。五节言不依期嫁娶之罪。六节言卑幼在外，不知尊长在家定婚，自聘妻室，未成婚而违尊长所定之罪。再此律不言媒合人之罪，盖总见于嫁娶违律条内，媒人知情者，各减犯人罪一等，下数条仿此。

臣等谨按：此言婚姻之道宜谨始也。残疾等项，兼男女言。过房，系本宗之过继者；乞养，系异姓之子女也。有媒妁通知而写立者，谓之婚书；无媒妁而两家议定者，谓之私约。聘财，自布帛以上，但名为聘礼者即是。首节言明知男家残疾、老幼、庶出、过房、乞养等情，自愿将女许嫁，写有婚书及期约或受聘，而后反悔之罪。此就未再许人者言也。次节言再许他人，已未成婚之女家主婚，并后定娶知情之男家主婚，及男家悔而再聘者之罪。原聘之女，仍令礼娶；后聘之女，听其别嫁，不追财礼。如后聘之女已经成婚，前聘之女家不愿以女归之，则亦当听其别嫁，不追前聘之财礼也。三节言未成婚男女，有犯奸盗者，男子有犯，听女别嫁，不追财礼；女子有犯，听男别娶，追还财礼，不用悔亲之律坐罪。四节言女家、男家妄冒之罪。女虽妄冒，其男犹可再娶。男若妄冒，其女遂致失身，故加等也。未成婚者，减已成婚罪五等，仍以初相见之男女成婚。已成婚者，非初相见之男女，令离异，女则别嫁，男则别娶。五节言不依期嫁娶之罪。六节言卑幼在外，不知尊长在家定婚，自聘妻室，未成婚而违尊长所定，务欲从己所定之罪。再律内男女妄冒，已成婚者离异，若女子不愿改嫁，男子不愿别娶，亦应不在离异之限。又此律不言媒合人之罪,盖总见于嫁娶违律条内,媒人知情者,各减犯人罪一等,下数条仿此。

【1740】3.6.101(略)

附律条例

【1646】3.6.107.(1)

一、嫁娶皆由祖父母、父母主婚。祖父母、父母俱无者,从余亲主婚。其夫亡携女适人者,其女从母主婚。若已定婚,未及成亲,而男女或有身故者,不追财礼。

【1670】3.6.106.(1)(略)

【1725】3.6.101.(1)

【原例】(略)

【1740】3.6.101.(1)(略)

【1646】3.6.107.(2)

一、男女婚姻,各有其时。或有指腹、割衫襟为亲者,并行禁止。

【1670】3.6.106.(2)(略)

【1725】3.6.101.(2)

【原例】(略)

【1740】3.6.101.(2)(略)

【1646】3.6.107.(3)

一、招婿须凭媒妁明立婚书,开写养老或出舍年限。止有一子者,不许出赘。如招婿养老者,仍立同宗应继者一人,承奉祭祀,家产均分。如未立继身死,从族长依例议立。

【1670】3.6.106.(3)(略)

【1725】3.6.101.(3)

【原例】一、招婿须凭媒妁明立婚书,开写养老或出舍年限。止有一子者,不许出赘。其招婿养老者,仍立同宗应继者一人,承奉祭祀,家产均分。如未立继身死,从族长依例议立。

【1740】3.6.101.(3)(略)

【1740】○**续纂**

一、凡女家悔盟另许,男家不告官司强抢者,照强娶律减二等。其告官断归前夫,而女家与后夫夺回者,照抢夺律杖一百、徒三年。

此条系升任湖广按察使阎尧熙条奏。原奏“女家悔盟另许,原夫抢亲,杖八十”,查女家悔盟另许，势必隐瞒，迨及临娶而本人始知，必俟告官理论，或势有不及，亦不可定。况因女家悔盟而抢，则悔盟之情重，抢亲之罪自应较减。律文男家无故强娶，止笞五十。今以悔盟而抢，反杖八十，太觉失平，应照无故强娶减二等足矣。今为酌改纂入，以便引用。

【1740】3.6.101.(4)(略)

典雇妻女

律　文

【1646】3.6.108

凡将妻妾受财立约出典、验日暂雇与人为妻妾者，本夫杖八十。典、雇女者，父杖六十。妇、女不坐。○若将妻妾妄作姊妹嫁人者，杖一百，妻妾杖八十。○知而典、娶者，各与同罪，并离异，女给亲，妻妾归宗。财礼入官。不知者不坐，追还财礼，仍离异。

【1670】3.6.107(略)

【1725】3.6.102

律文(略)

注：此重廉耻以正风化也。约期取赎曰典，验日受值曰雇。首节言典、雇妻妾及女之罪。次节言将妻妾作姊妹嫁人，及妻妾同情欺诳之罪。三节言典娶者之罪。典、雇人妻妾及女为妻妾者，与典、雇之本夫、本父同罪。知其妄作姊妹，娶为妻妾，亦与本夫同罪，并离异，女给亲、妻妾归宗。如女已许聘，应归原夫，原夫不愿娶者，听别嫁。若妻妾，则本夫义绝，故不得复令完聚。不知情而娶者不坐，仍追还财礼。

臣等谨按：此重廉耻以正风化也。约期取赎曰典，验日受值曰雇。首节言典、雇妻妾及女之罪。其典、雇之妇、女，专制在夫与父，故不坐。次节言将妻妾作姊妹嫁人，及妻妾同情欺诳之罪。三节言明知为本人妻妾与女而典、雇，或和娶为妻妾之罪，并离异。非但典、娶之人当令离异，其原夫已经义绝，亦不许其复完聚也。至典娶之财礼，为彼此俱罪之赃，故入官。不知而娶妄嫁之妻妾者不坐，追还财礼，仍俱离异。其典、雇为妻妾者，有伤风化，不得以不知不坐科断。

【1740】3.6.102(略)

附律条例

【1646】3.6.108.(1)

一、将妻妾作姊妹，及将拐带不明妇女，或将亲女并居丧姊妹，嫁卖与人作妻妾、使女名色，骗财之后，设词托故，公然领去，或瞰起程，中途聚众行凶，邀抢人财者，除真犯死罪外，其余属军卫者发边卫充军，属有司者发边外为民。媒人知情罪同。若妇人有犯，罪坐夫男。若不知情，及无夫男者，止坐本妇，照常发落。

【1670】3.6.107.(1)(略)

【1725】○修改①

臣等谨按:今军、民有犯,一体拟断,应删去"属军卫者发边卫充军"等句,改为"俱发附近充军"。

一、将妻妾作姊妹,及将拐带不明妇女,或将亲女并居丧姊妹,嫁卖与人作妻妾、使女名色,骗财之后,设词托故,公然领去,或瞰起程,中途聚众行凶,邀抢人财者,除实犯死罪外,其余属军卫者发边卫充军,属有司者发边外为民。媒人知情罪同。若妇人有犯,罪坐夫男。若不知情,及无夫男者,止坐本妇,照常发落。

【1725】3.6.102.(1)

【原例】(略)

【1740】○修改

臣等谨按:此条内"居丧姊妹"四字,文义未明,"居丧"二字应删。至拐带妇女,已有和诱律,妇人有犯,已详见"名例",俱系重复,亦应删。谨将删辑例文,开列于后。

一、将妻妾作姊妹,及将亲女并姊妹嫁卖与人作妻妾、使女名色,骗财之后,设词托故,公然领去,或瞰起程,中途聚众行凶,邀抢人财者,除实犯死罪外,其余属军卫者发边卫充军,属有司者发边外为民。媒人知情罪同。

【1740】3.6.102.(1)(略)

【1772】○修改

臣等谨按:凡将妻妾作姊妹嫁卖与人,律内仅止杖责。此条系专重骗财之后,公然领去,与聚众抢夺之罪,原例内俱分属军、民。但查公然领去,与聚众行凶、邀抢所犯情罪,轻重不同。乾隆三十六年(1771)六月内,臣部奏明,将骗财之后公然领去者,改照诓骗例治罪;聚众邀抢者,发近边充军。奏准遵行。所有此条原例,应修改其"属军卫""有司",及"边外为民"字样应删。谨将删改例文,开列于后。

一、将妻妾作姊妹,及将亲女并姊妹嫁卖与人作妻妾、使女名色,骗财之后,设词托故,公然领去者,照诓骗例治罪。若瞰起程,中途聚众行凶,邀抢人财者,除实犯死罪外,其余俱发近边充军。媒人知情罪同。

【1790】3.6.102.(1)(略)

【1801】○修改

臣等谨按:此条系乾隆三十六年(1771)定例。查律载"将妻妾作姊妹嫁人者,杖一百",又"嫁娶违律,媒人知情减一等,不知者不坐"。此条托名嫁骗,及聚众中途邀抢,如媒人同谋诓骗。又随从邀抢,自应与犯人同科军、徒之罪。若仅止将妻妾作姊妹嫁卖之情,而无同谋邀抢之事,应照律减一等,杖九十。例内"罪同"二字,未经分晰,应行修改。谨将修改例文,开列于后。

一、将妻妾作姊妹,及将亲女并姊妹嫁卖与人作妻妾、使女名色,骗财之后,设词托故,公然领去者,照诓骗例治罪。若瞰起程,中途聚众行凶,邀抢人财者,除实犯死

---

① 此条《大清律例按语》第6卷"户律·婚姻·典雇妻女"(雍正三年)条下列入修改,并附按语。但雍正三年(1725)《大清律集解附例》未修改。

罪外,余俱发近边充军。媒人同谋邀抢者,罪同。若仅止知情媒合,并未同谋邀抢,照将妻妾作姊妹嫁人律减一等,杖九十。不知者不坐。

【1802】3.6.102.(1)(略)

妻妾失序

律　文

【1646】3.6.109

凡以妻为妾者,杖一百。妻在,以妾为妻者,杖九十。并改正。○若有妻更娶妻者,亦杖九十,后娶之妻离异。归宗。其民年四十以上无子者,方听娶妾。违者,笞四十。不言离异,仍听为妾也。

【1670】3.6.108(略)

【1725】3.6.103

律文(略)

注:此正名分以齐家也。首节言以妻为妾及以妾为妻之罪。以妻为妾者,抑贵为贱。若妻在而以妾为妻者,正妻之名分犹存,比以妻为妾之罪稍轻,故坐杖稍异,并令改正。次节言有妻更娶妻,及年未四十娶妾之罪。娶妾不言离异,应仍听完聚。止言庶民,则官员不在此限。

臣等谨按:此正名分以齐家也。首节言以妻为妾及以妾为妻之罪。以妻为妾者,则抑贵为贱。妻在而以妾为妻者,正妻之名分犹存,比以妻为妾之罪稍轻,故坐杖稍异,并令改正。次节言有妻更娶妻,及年未四十娶妾之罪。娶妾不言离异,应仍听完聚。

【1740】○修改

此条律文"其民年四十以上"等语,遵旨删去。

凡以妻为妾者,杖一百。妻在,以妾为妻者,杖九十。并改正。○若有妻更娶妻者,亦杖九十,后娶之妻离异。归宗。

【1740】3.6.103(略)

逐婿嫁女

律　文

【1646】3.6.110

凡逐已入赘之婿嫁女,或再招婿者,杖一百,其女不坐。后婚男家知而娶或后赘者同罪。未成婚者,各减五等,财礼入官。不知者,亦不坐。其女断付前夫,出居完娶。如招赘之女通同父母逐婿改嫁者,亦坐杖一百。

【1670】3.6.109(略)

【1725】3.6.104

凡逐已入赘之婿嫁女,或再招婿者,杖一百,其女不坐。后婚男家知而娶或后赘者同罪。未成婚者,各减五等,财礼入官。不知者亦不坐。其女断付前夫,出居完聚。如招赘之女通同父母逐婿改嫁者,亦坐杖一百。

注:此专为入赘之婿言也。赘婿虽不合婚娶正礼,然既招婿在家,则夫妇之伦定矣。逐婿嫁女,其女不坐,以事有专制,非女所得主也。男家知其逐婿情由,而或娶或赘,与之同罪。未成婚者,减五等科断,财礼入官。不知者不坐,仍追还财礼。其女断归被逐之婿,出外另居,使其夫妻完聚。盖翁婿之情已绝,必另居始得相安也。再此条与前"典雇妻女"及"妻妾失序"二条,虽女婿及妻之父母互相告言,各依常人论,不在得相容隐之限。

臣等谨按:此专为入赘之婿言也。赘婿因人情之便,虽不合婚娶正礼,然既招婿在家,则夫妇之伦定矣。前言逐婿嫁女之罪,其女不坐,以事有专制,非女所得主也。后言男家知其逐婿情由,而或娶或赘之罪。未成婚者,减五等科断,财礼入官。不知者不坐,仍追还财礼。其女断归被逐之婿,使出外另居完聚。盖翁婿之情已绝,必另居始得相安也。再此条与前"典雇妻女"及"妻妾失序"二条,虽女婿及妻之父母互相告言,各依常人论,不在得相容隐之限。

【1740】○修改

臣等谨按:小注"如招赘之女通同父母逐婿改嫁者,亦坐杖一百"等语,应移入前段"其女不坐"下,方为明晰。谨将移入律注,开列于后。

凡逐已入赘之婿嫁女,或再招婿者,杖一百,其女不坐。如招赘之女通同父母逐婿改嫁者,亦坐杖一百。后婚男家知而娶或后赘者同罪。未成婚者,各减五等,财礼入官。不知者亦不坐。其女断付前夫,出居完聚。

【1740】3.6.104(略)

居丧嫁娶

律　文

【1646】3.6.111

凡男女居父母及妻妾居夫丧,而身自主婚嫁娶者,杖一百。若男子居父母丧而娶妾,妻、居夫丧。女居父母丧,而嫁人为妾者,各减二等。若命妇夫亡虽服满。再嫁者,罪亦如之,亦如凡妇居丧嫁人者拟断。追夺,敕诰。并离异。知系居丧及命妇而共为婚姻者,主婚人各减五等。财礼入官。不知者不坐。仍离异,追财礼。若居祖父母、伯叔父母、姑、兄姊丧除承重孙外。而嫁娶者,杖八十。不离异。妾不坐。○若居父母、舅姑及夫丧服满妻妾愿守志,非女之祖父母、父母而强嫁之者,杖八十。女之期亲强嫁者,减二等。其夫家之祖父母及期亲强嫁之者,罪亦如之。妇人不坐,追归前夫之家,听从守志。娶者,亦不坐,追还财礼。

【1670】3.6.110(略)

【1725】○修改

臣等谨按:末节夫丧服满,妻妾愿守志,而女之祖父母、父母及夫家之祖父母、父母强嫁之,俱属不应。至被强嫁而已成婚,与后夫相安者,是业已失身,似不必追归守志。谨拟删改，开载于后。

【续改律】凡男女居父母及妻妾居夫丧，而身自主婚嫁娶者，杖一百。若男子居父母丧而娶妾，妻、居夫丧。女居父母丧，而嫁人为妾者，各减二等。若命妇夫亡虽服满。再嫁者，罪亦如之，亦如凡妇居丧嫁人者拟断。追夺，敕诰。并离异。知系居丧及命妇而共为婚姻者，主婚人各减五等。财礼入官。不知者不坐。仍离异，追财礼。若居祖父母、伯叔父母、姑、兄姊丧除承重孙外。而嫁娶者，杖八十。不离异。妾不坐。〇若居父母、舅姑及夫丧，而与应嫁娶人主婚者，杖八十。〇其夫丧服满，妻妾果愿守志，而女之祖父母、父母，及夫家之祖父母、父母强嫁之者，杖八十。期亲加一等，大功以下又加一等。妇人及娶者俱不坐。未成婚者，追归前夫之家，听从守志，追还财礼。已成婚者，给与完聚，财礼入官。

臣等谨按：此言居丧正尽孝之时，守节本为妇之义，欲人全孝而完节也。首节言不应嫁娶之罪，次节言不应主婚之罪，末节言强嫁之罪。凡男女居父母丧，及妻妾居夫丧，而身自嫁娶者，俱坐杖一百之罪。盖身自嫁娶，则别无主婚之人，故男女为首也。若男子居父母丧而娶妾，及妻居夫丧、女居父母丧而嫁人为妾，皆与妻有间，故各减二等，问杖八十。若命妇曾受恩命，非凡妇可比，即夫亡服满，亦当守节终身。再嫁者，亦杖一百，追其原领诰、敕，并离异。通承居丧嫁娶及命妇再嫁者言。其知系居丧及命妇而共为婚姻者，各照正犯所应得之罪，减五等，财礼入官。不知者，虽不坐罪，仍离异，追还财礼。其次，若居祖父母、伯叔父母、姑、兄姊之期丧而嫁娶者，较三年之服稍轻，故杖八十，男女不离异，为妾者不坐。此言不应嫁娶者之罪也。若男女居父母丧，妻居舅姑及夫丧，而与应嫁娶人主婚者，释哀从吉，于理有悖，亦坐杖八十。其妻妾居夫丧，三年服满，愿于夫家守志，若女之祖父母、父母及夫家之祖父母、父母，辄强嫁之者，杖八十；期亲加一等，大功以下又加一等。因系强嫁，故妇人及娶者俱不坐。若未成婚，追归前夫之家，听从守志，追还财礼；如已成婚，则业已失身，给与完聚，追财礼入官。凡此皆所以重节孝而明礼制也。

【1725】3.6.105

律文（略）

注：此言居丧正尽孝之时，守节本为妇之义，欲人全孝而完节也。首节言不应嫁娶之罪，次节言不应主婚之罪，末节言强嫁之罪。凡男女居父母丧，及妻妾居夫丧，而身自嫁娶者，俱坐杖一百之罪。盖身自嫁娶，则别无主婚之人，故男女为首也。不言妇居舅姑丧，恐有夫先亡，舅姑并没，无所依归者，听其改嫁，故律无禁文。至夫为妻纲，虽穷饿而死，犹当终丧也。若男子居父母丧而娶妾，及妻居夫丧、女居父母丧而嫁人为妾，妾之体卑，与妻有间，故各减二等，问杖八十。言妻女嫁人，则妾不在此限。若命妇曾受恩命，非凡妇可比，夫亡当守节终身，再嫁者，亦杖一百，追其原领诰、敕，并离异。通承居丧嫁娶及命妇再嫁者言。其知系居丧及命妇，而共为婚姻者，各照正犯所应得之罪减五等，娶为妻者笞五十，为妾者笞三十，财礼入官。不知者，虽不坐罪，仍离异，追还财礼。若居祖父母、伯叔父母、姑、兄姊之期丧而嫁娶者，较三年之服稍轻，故杖八十，男女不离异，为妾者不坐。此言不应嫁娶者之罪也。若

男女居父母丧,妻居舅姑及夫丧,而与应嫁娶人主婚者,释哀从吉,于理有悖,亦坐杖八十。其妻妾居夫丧,三年服满,愿于夫家守志,若女之祖父母、父母,及夫家之祖父母、父母,辄强嫁之者,杖八十;期亲加一等,大功以下又加一等。因系强嫁,故妇人及娶者俱不坐。若未成婚,追归前夫之家,听从守志,追还财礼。如已成婚,则业已失身,给与完聚,追财礼入官。凡此皆所以重节孝而明礼制也。

【1740】3.6.105(略)

附律条例

【1740】○续纂

一、孀妇自愿改嫁,翁姑人等主婚受财,而母家统众强抢者,杖八十。其孀妇自愿守志,而母家、夫家抢夺强嫁者,各按服制,照律加三等治罪。其娶主不知情者不坐。知情同抢,照强娶律加三等。未成婚妇女,听回守志。已成婚,而妇不愿合者听。如孀妇不甘失节,因而自尽者,照威逼例充发。其有因抢夺而取去财物及杀伤人者,各照本律从重论。

此条系升任湖广按察使阎尧熙条奏。查强抢孀妇之罪,律无明文,引断向未画一,应增入条例。但原奏"不知情同抢不坐",查抢即有罪,即经同抢,亦无不知情之理。再原奏"已成婚者同罪",查母家、夫家,照服制罪分差等,娶主并无服制,"同罪"二字,亦属滑突。均为改正,以便引用。

【1740】3.6.105.(1)(略)

【1801】○修并

【原例】【1740】3.6.105.(1)(略)

＊刑律·人命·威逼人致死

【1790】6.19.299(7)一、妇人夫亡,情愿守志,别无主婚之人,若有用强求娶,逼受聘财,因而致死者,追给埋葬银两,发近边充军。

臣等谨按:前条系乾隆五年(1740)定例,专指亲属强嫁孀妇,并非图财起见,分别治罪而言。查孀妇自愿改嫁,翁姑人等主婚,母家统众强抢,例应杖八十。至夫家并无应行主婚之人,而母家主婚改嫁,夫家疏远亲属强抢,例无治罪专条,自应照母家强抢例添纂明晰。又查孀妇自愿守志,母家、夫家强行抢嫁,以致妇女被污失节者,原例内称"各按服制,照强嫁律加三等"。查律载"强嫁妇女,翁姑、父母杖八十,期服亲属杖九十,大功以下杖一百。未成婚者,听回守志,追还财礼。已成婚者,即与完聚,财礼入官"等语,是翁姑、父母强嫁媳、女,律应杖八十。今加三等,罪止杖六十、徒一年,转非所以全孀妇之孝,自应仍照律拟以杖八十。至期亲以下尊属、尊长,分谊渐疏,非父母、翁姑可比,自应各按服制,照强嫁娶,加三等,期亲杖七十、徒一年半,功服以下杖八十、徒二年。至卑幼强嫁尊长,服重者,其罪较重,期亲卑幼应杖一百、徒三年,大功以下卑幼杖九十、徒二年半。若妇女未致失节者,尊长、卑幼各应减一等。其强嫁之妇女,虽已被污,不愿完聚者,若照律断令完聚,未免有滋事端,自应与尚未被污者一例听回守志。如妇女强嫁后,情愿与后夫完聚者,照律听其完聚,财礼入官。但究因尊长强嫁,以致失节,其强嫁之尊长,亦仍照律各按服制分别拟杖。至孀妇不甘失节,因而自尽,原例内称"照威逼例充发",其服制亲疏、尊卑,并未分别。查翁姑、父母为天伦所首重,至期、功、缌麻,服制既有尊卑,治罪应分轻重。且期亲卑幼,寻常逼迫尊长致死,律应绞候。若强嫁尊长,致令自尽,概拟充军,殊觉矛盾。自应仍论服制轻重,以别罪名差等。谨酌拟:孀妇不甘失节,因而自尽者,祖父母、父母,夫之祖父母、父母,于原例军罪上酌减一等,杖一百、徒三年。期、功以下尊属、尊长,服渐杀则罪渐加,期亲拟以杖一百、流二千里,功服杖一百、流二千五百里,缌麻杖一百、流三千里。卑幼服愈亲,则罪愈重,缌麻卑幼,应于原例近边充军上加一等,发边远充军;功服卑幼,发极边充军;期亲卑幼,照律拟绞监候。若妇女强嫁后,自愿与后夫完聚,复因他故自尽者,与不甘失节因而自尽者不同,其亲属照律科以强嫁之罪,不在此例。应添注明晰,以免牵混。再娶主知情同抢,致孀妇自尽,例无专条,应以为从论,各减亲属罪一等。又查"威逼人致死"门内,妇人夫亡守志,别无主婚之人,如用强求娶,逼受聘财,因而致令自尽拟军之例,系前明旧例,与此孀妇不甘失节自尽者,情事相同,应移并此条,以便引用。谨将修并例文,开列于后。

一、孀妇自愿改嫁,翁姑人等主婚受财,而母家统众抢夺,杖八十。夫家并无例应主婚之人,母家主婚改嫁,而夫家疏远亲属强抢者,罪亦如之。其孀妇自愿守志,母家、夫家抢夺强嫁,以致被污者,祖父母、父母,及夫之祖父母、父母,杖八十;期亲尊属尊长,杖七十、徒一年半;大功以下尊属尊长,杖八十、徒二年;期亲卑幼,杖一百、徒三年;大功以下卑幼,杖九十、徒二年半。娶主不知情不坐。知情同抢,照强娶笞五十律加三等,杖八十。未致被污者,父母、翁姑、亲属、娶主,各减一等。妇女均听回守志。如妇女自愿完聚者,照律听其完聚,财礼入官,亲属照律分别拟杖。若孀妇不甘失节,因而自尽者,不论已、未被污,祖父母、父母,夫之祖父母、父母,杖一百、徒三年;期亲尊属尊长,杖一百、流二千里;功服,杖一百、流二千五百里;缌麻,杖一百、流三千里;缌麻卑幼,发边远充军;功服,发极边充军;期亲,拟绞监候。娶主知情同抢,致令自尽者,以为从论,各减亲属罪一等。若妇女自愿完聚,复因他故自尽者,仍按服制照律科以强嫁之罪,不在此例。若妇人情愿守志,别无主婚之人,如有用强求娶,逼受聘财,因而致令自尽者,发近边充军,仍追埋葬银两。其有因抢夺而取去财物,及杀伤人者,各照本律,从其重者论。

【1802】3.6.105.(1)(略)

父母囚禁嫁娶

律 文

【1646】3.6.112

凡祖父母、父母犯死罪被囚禁,而子孙自嫁娶者,杖八十。若男娶妾、女嫁人为妾者,减二等。其奉囚禁祖父母、父母命而嫁女、娶妻者,不坐,亦不得筵宴。忘其至亲而任情纵欲,不孝之大者也,当依弃亲之任条下科断杖八十。父母囚禁筵宴,自有本律。

【1670】3.6.111（略）

【1725】3.6.106

律文（略）

注：此严忘亲之罪以教孝也。子孙兼男女言。凡祖父母、父母犯法而罹于死刑，见被囚禁，正子孙忧惧不安之时，乃忘亲而身自嫁娶，此不孝之大者。若男娶妾、女嫁人为妾者，不成为婚礼，故稍轻其罪。不言离异者，仍听其完聚也。

臣等谨按：此严忘亲之罪以教孝也。子孙兼男女言。凡祖父母、父母犯法而罹于死刑，现被囚禁，正子孙忧惧靡宁之时，乃忘亲而身自嫁娶，此不孝之大者。若男娶妾，及女嫁人为妾者，不成为婚礼，故稍轻其罪。不言离异者，仍听其完聚也。

【1740】○修改

臣等谨按：小注内"忘其至亲"至"自有本律"数句，语意重复，应删改，今注明"违者，依父母囚禁筵宴律杖八十。"谨将删改律注，开列于后。

凡祖父母、父母犯死罪被囚禁，而子孙自嫁娶者，杖八十。若男娶妾、女嫁人为妾者，减二等。其奉囚禁祖父母、父母命而嫁女、娶妻者，不坐，亦不得筵宴。违者，依父母囚禁筵宴律杖八十。

【1740】3.6.106（略）

同姓为婚

律　文

【1646】3.6.113　同姓为婚 为婚兼妻妾言。礼不娶同姓，所以厚别也。若买妾，不知其姓，则卜之。

凡同姓为婚者，主婚与男女各杖六十，离异。妇女归宗，财礼入官。

【1670】3.6.112（略）

【1725】3.6.107　同姓为婚， 为婚兼妻妾言。礼不娶同姓，所以厚别也。若买妾，不知其姓，则卜之。

律文（略）

注：此言男女辨姓之义也。《礼·大传》云"同姓百世婚姻不通"，若同姓为婚，是背礼也。事由主婚，则坐主婚；事由男女，则坐男女。妇女离异归宗，财礼入官。未成婚者，照嫁娶违律减五等科罪。

臣等谨按：此言夫妇有别之义也。男女辨姓，婚姻不易之理。故《礼·大传》云"同姓百世而婚姻不通"，若同姓为婚，是背义矣。事由主婚，则坐主婚；事由男女，则坐男女。妇女离异归宗，财礼入官。未成婚者，照嫁娶违律减五等科断。

【1740】○修改

臣等谨按：律目小注，援据《曲礼》，以明同姓不当为婚之义。但卜法今已不传，似当阙疑，"买妾不知其姓"二语应删。谨将删辑律注，开列于后。

【1740】3.6.107　同姓为婚 为婚兼妻妾言。礼不娶同姓，所以厚别也。

凡同姓为婚者，主婚与男女各杖六十，离异。妇女归宗，财礼入官。

尊卑为婚

律　文

【1646】3.6.114

凡外姻有服或尊属或卑幼，共为婚姻，及娶同母异父姊妹，若妻前夫之女者，各以亲属相奸论。○其父母之姑舅两姨姊妹及姨，若堂姨、母之姑、堂姑、己之堂姨，及再从姨、己之堂外甥女，若女婿之姊妹及子孙妇之姊妹，虽无服，并不得为婚姻。违者，男女各杖一百。有主婚者，独坐主婚人。○若娶己之姑舅、两姨姊妹者，虽无尊卑之分，尚有缌麻之服，杖八十。○并离异。妇女归宗，财礼入官。

【1670】3.6.113（略）

【1725】3.6.108

律文（略）

注：此专就外姓姻亲而言也。上既言同姓不得为婚，此则于异姓之中，又分晰外亲之尊卑，所以明有别也。首节言外亲有服尊属卑幼共为婚姻之罪，二节言外亲无服尊属卑幼共为婚姻之罪，三节言外亲同辈缌麻服属共为婚姻之罪。并离异，通承以上违律为婚之妇女而言。若未成婚者，亦照律各减五等。

臣等谨按：此专就外姓姻亲而言也。上既言同姓不得为婚，此则于异姓之中，又分晰外亲之尊卑，所以明有别也。首节言外亲有服尊属卑幼共为婚姻之罪，二节言外亲无服尊属卑幼共为婚姻之罪，三节言外亲同辈缌麻服属共为婚姻之罪。并离异，通承以上违律为婚之妇女而言。若未成婚者，亦照律各减五等。

【1740】○修改

臣等谨按：嫁娶违律一条，实为主婚与男女定罪之通例。而此条第二节注云"有主婚者，独坐主婚人"，殊与律意未协。查旧律原无此注，不知何时增入，应删。谨将删辑律注，开列于后。

凡外姻有服或尊属或卑幼，共为婚姻，及娶同母异父姊妹，若妻前夫之女者，各以亲属相奸论。○其父母之姑舅、两姨姊妹及姨，若堂姨、母之姑、堂姑、己之堂姨，及再从姨、己之堂外甥女，若女婿之姊妹及子孙妇之姊妹，虽无服，并不得为婚姻。违者，男女各杖一百。○若娶己之姑舅、两姨姊妹者，虽无尊卑之分，尚有缌麻之服，杖八十。○并离异。妇女归宗，财礼入官。

【1740】3.6.108（略）

附律条例

【1646】3.6.114.（1）

一、男女亲属尊卑相犯重情，或干有律应离异之人，悉遵成宪，俱照亲属已定名分，各从本律科断，不得妄生异议，致罪有出入。其间情犯，稍有可疑，揆于法制，似为太重，或于大分不甚有碍者，听各该原问衙门临时斟酌议奏。

【1670】3.6.113.（1）（略）

【1725】3.6.108.(1)

【原例】一、男女亲属尊卑相犯重情,或干有律应离异之人,俱照亲属已定名分,各从本律科断,不得妄生异议,致罪有出入。其间情犯,稍有可疑,揆于法制,似为太重,或于大分不甚有碍者,听各该原问衙门临时斟酌议奏。

【1740】3.6.108.(1)(略)

【1788】○修并

【原例】【1740】3.6.108.(1)(略)、【1740】3.6.108.(3)(略)

臣等谨按:后条例文,因姑舅两姨姊妹共为婚姻,在律虽应拟杖八十,于分实无所碍,故特设听从民便专条,以示区别。但与前例系属一事,应并附前条末句"临时斟酌"之下,以归简易。谨将改并例文,开列于后。

一、男女亲属尊卑相犯重情,或干有律应离异之人,俱照亲属已定名分,各从本律科断,不得妄生异议,致罪有出入。其间情犯,稍有可疑,揆于法制,似为太重,或于名分不甚有碍者,听各该原问衙门临时斟酌拟奏。其姑舅两姨姊妹为婚者,听从民便。

【1790】3.6.108.(2)(略)

【1646】3.6.114.(2)

一、前夫子女,与后夫子女苟合成婚者,以娶同母异父姊妹律条科断。

【1725】3.6.108.(2)

【原例】(略)

【1740】3.6.108.(2)(略)

【1790】3.6.108.(1)(略)

【1740】○增入

一、外姻亲属为婚,除尊卑相犯者,仍照例临时斟酌拟奏外,其姑舅两姨姊妹,听从民便。

此条系雍正八年(1730)定例。

【1740】3.6.108.(3)(略)

【1788】○修并

修并按语并修并后例文,见【1740】3.6.108.(1)条【1788】修并项下。

娶亲属妻妾

律　文

【1646】3.6.115

凡娶同宗无服姑、侄、姊妹。之亲,及无服亲之妻者,男、女各杖一百。若娶同宗缌麻亲之妻,及舅甥妻,各杖六十、徒一年;小功之妻以上,各以奸论。自徒三年至绞、斩。其亲之妻曾被出,及已改嫁,而娶为妻、妾者，无服之亲不与。各杖八十。○若收父、祖妾，及伯叔母者，不问被出、改嫁。各斩。若兄亡收嫂、弟亡收弟妇者，不问被出、改嫁，俱坐。各绞。○妾，父、祖妾不与。各减妻二等。被出、改嫁，递减之。○若娶同宗缌麻以上姑、侄、姊妹者，亦各以奸论。○除应死外，并离异。

【1670】3.6.114(略)

【1725】3.6.109

律文(略)

注：此专指同宗之妻妾而言。舅甥在外姻中为最亲，故兼及之也。首节言娶同宗无服之亲及无服亲之妻，既属同宗，虽五服之外，亦为悖伦。若娶同宗缌麻亲之妻，及舅娶甥妻、甥娶舅妻。以缌麻，视同宗无服者，情又较重。而甥、舅妻系外姻小功之亲，亦与同宗缌麻妻等。至娶同宗小功以上亲之妻，如伯叔祖妻、堂伯叔妻、再从兄弟妻、堂侄妻、侄孙妻，则为小功亲之妻；堂兄弟妻，则为大功亲之妻，罪更加重，故各以奸论。缌麻以上亲之妻，并舅甥妻，曾为夫所出及改嫁，虽与前夫义绝，以其原系亲属，故各予重杖。二节言子孙收父祖妾及侄收伯叔母为妻妾，兄亡收嫂、弟亡收弟妇者之罪，此皆乱伦之大者。不问在家及被出、改嫁，一例坐罪。三节言妾各减二等，承上两节言。如娶同宗无服亲之妾，减妻二等，杖八十；被出、改嫁者，又减二等，杖六十。收伯叔及兄弟之妾，减二等，各杖一百、徒三年；被出、改嫁者，又减二等，杖八十、徒二年是也。若原系妻而娶为妾，仍以妻论；原系妾而娶为妻，仍以妾论。四节言娶同宗缌麻以上之姑并侄女，及缌麻以上之姊妹者之罪，亦各以和奸缌麻以上亲论。末节"并离异"，通承上言。财礼俱入官。

臣等谨按：此专指同宗之妻妾而言。舅甥在外姻中为最亲，故兼及之也。首节分四段。首言娶同宗无服之亲，及无服亲之妻之罪。以虽在五服之外，皆为悖伦也。次言娶同宗缌麻亲之妻，及舅娶甥妻、甥娶舅妻之罪。以缌麻亲，视同宗无服者，情又较重。而甥舅妻，系外姻小功之亲，亦与同宗缌麻妻等也。再次言娶同宗小功以上亲之妻之罪。如伯叔祖妻、堂伯叔妻、再从兄弟妻、堂侄妻、侄孙妻，则为小功亲之妻；堂兄弟妻，则为大功亲之妻，罪更加重，故各以奸论。末则承上文娶缌麻以上亲之妻，并舅甥妻，曾为夫所出及改嫁者之罪。此虽与前夫义绝，以其原系亲属也。二节言子孙收父、祖妾，及侄收伯叔母为妻妾，兄亡收嫂、弟亡收弟妇者之罪。此皆乱伦之大者，不问在家及被出、改嫁，一例坐罪。三节言妾各减二等，承上两节言。如娶同宗无服亲之妾，减妻二等，杖八十；被出、改嫁者，又减二等，杖六十。收伯叔及兄弟之妾，减二等，各杖一百、徒三年；被出、改嫁者，又减二等，杖八十、徒二年是也。四节言娶同宗缌麻以上之姑并侄女，及缌麻以上之姊妹者之罪，亦各以和奸缌麻以上亲论。末节"并离异"，通承上言。财礼俱入官。

【1740】○修改

臣等谨按：《笺释》云："若原系妻而娶为妾者，从妻论；原系妾而娶为妻者，仍从妾减科。"此数语可以补律所未备，应增入小注。谨将增辑律注，开列于后。

凡娶同宗无服姑、侄、姊妹。之亲，及无服亲之妻者，男、女各杖一百。若娶同宗缌麻亲之妻，及舅甥妻,各杖六十、徒一年;小功以上,之妻。各以奸论。自徒三年至绞、斩。其亲之妻曾被出,及已改嫁,而娶为妻、妾者,无服之亲不与。各杖八十。○若收父、祖妾,及伯叔母者,不问被出、改嫁。各斩。若兄亡收嫂、弟亡收弟妇者,不问被出、改嫁,俱坐。各绞。○妾,父、祖妾不与。各减妻二等。被出、改嫁者,递减之。若原系妻而娶为妾,当从妻论;原系妾而娶为妻,仍从妾减科。○若娶同宗缌麻以上姑、侄、姊妹者,亦各以奸论。○除应死外,并离异。

【1740】3.6.109(略)

附律条例

【1772】○续纂

一、凡收伯叔、兄弟妾者,即照奸伯叔、兄弟妾律减妻一等,杖一百、流三千里。

臣等谨按:此条系乾隆三十四年(1769)八月内,臣部议复云南道监察御史成德条奏案内,酌请定例,应纂辑以便遵行。

【1790】3.6.109.(1)(略)

【1788】○续纂

一、凡嫁娶违律,罪不至死者,仍依旧律定拟。至兄亡收嫂、弟亡收弟妇,罪犯应死之案,除男女私自配合,及先有奸情,后复婚配者,仍照律各拟绞决外,其由父母主婚,男女听从婚配者,即将甘心听从之男女各拟绞监候,秋审时,核其情罪,另行定拟。

臣等谨按:乾隆四十九年(1784)十一月内,臣部议复奉天府尹鄂宝题"高九听从伊父高志礼主婚,与弟妇杨氏婚配,将高九、杨氏绞决"一案,经臣部以该犯等既由父母主婚,律得减等科断。若将高九、杨氏照弟亡收弟妇律各绞,使卑幼自行犯法与听从尊长者无所区别,驳令另行审题。钦奉谕旨:"嗣后有似此事由父母主婚,虽系罪坐主婚,而男女应行减等者,似应改拟绞候。着刑部堂官详晰定拟。钦此。"复经臣部以"人生首重伦理,父母即有乱命,其子甘心曲从,实与寻常迫于尊长之命者不同。且恐子孙身蹈乱伦之事,借称父母之命,巧为脱卸。而父母溺爱之心,见子孙犯法,出而承认主婚,遂得轻减男女乱伦之罪。揆之情理,实有未尽。请嗣后兄亡收嫂、弟亡收弟妇,虽事由父母主婚,其听从之男女各拟绞监候,秋审时,核其情罪,另行定拟"等因具奏,奉旨:"依议。"钦遵在案,应纂辑遵行。

【1802】3.6.109.(2)(略)

【1814】○修改

臣等谨按:嘉庆十七年(1812)十一月内,臣部审奏"宛平县民人史灵科收弟妇李氏为妻"一案,将"史灵科依律拟绞立决,知情不阻之地保杜兴等,照不应重律杖八十"等因具奏,奉旨:"史灵科一犯,收弟妇为妻,按律本应绞决。但律又载,兄奸弟妻,和者绞决。原以重伦纪而杜邪淫。今该犯收弟妇李氏为妻时,曾与李泳年商明,并告知地保。核其情节,实系乡愚不知例禁,并无先奸后娶情事。若与兄奸弟妻者,一律绞决,未免无所区别。史灵科着改为绞监候,入于明年朝审情实。嗣后有似此兄收弟妻,审明实系乡愚无知,误蹈渎伦之罪者,俱着照此案办理等因。钦此。"应于例内修改明晰,以便遵行。谨将修改例文,开列于后。

一、凡嫁娶违律，罪不至死者，仍依旧律定拟。至兄亡收嫂、弟亡收弟妇，罪犯应死之案，除男女私自配合，及先有奸情，后复婚配者，仍照律各拟绞决外，其实系乡愚不知例禁，曾向亲族、地保告知成婚者，男、女各拟绞监候，秋审入于情实。知情不阻之亲族、地保，照不应重律杖八十。如由父母主令婚配，男、女仍拟绞监候，秋审时，核其情罪，另行定拟。

【1825】3.6.109.(2)(略)

娶部民妇女为妻妾

律 文

【1646】3.6.116

凡府、州、县亲民官任内娶部民妇、女为妻、妾者，杖八十。若监临内外上司官娶见问为事人妻、妾及女为妻、妾者，杖一百。女家主婚人并同罪。妻、妾仍两离之，两离者，不许给与后娶者，亦不给还前夫，令归宗。其女以父母为亲，当归宗。或已有夫，又以夫为亲，当给夫完聚。女给亲，财礼入官。恃势强娶者，各加二等；女家不坐，妇还前夫，女给亲。不追财礼。若为子孙、弟侄、家人娶者，或和或强，罪亦如之，男、女不坐。若娶为事人妇、女，而于事有所枉者，仍以枉法，从重论。

【1670】3.6.115(略)

【1725】3.6.110

凡府、州、县亲民官任内娶部民妇、女为妻、妾者，杖八十。若监临内外上司官娶见问为事人妻、妾及女为妻、妾者，杖一百。女家主婚人并同罪。妻、妾仍两离之，女给亲，两离者，不许给与后娶者，亦不给还前夫，令归宗。其女以父母为亲，当归宗。或已有夫，又以夫为亲，当给夫完聚。财礼入官。恃势强娶者，各加二等；女家不坐，妇还前夫，女给亲。不追财礼。若为子孙、弟侄、家人娶者，或和或强，罪亦如之，男、女不坐。若娶为事人妇、女，而于事有所枉者，仍以枉法，从重论。

注：此言部民妇女，见任官不得擅娶也。部民，谓所属部内之民。为事人，谓有事在官之人。部民之妇，兼妻妾言。府、州、县官娶部民妇女为妻妾，监临官娶见在为事人妻妾及女为妻妾，皆有玷官箴。女家主婚人亦有投献营求之意，故并罪之。所娶妻妾，仍两离之，妇则归宗，女责给亲，原聘财礼入官。然此犹为和娶者言耳。若府、州、县及监临官恃势强娶，则于本罪上各加二等，女家不坐，不追财礼，原其迫于官势，非得已也，仍离异。若为子孙、弟侄、家人娶者，罪亦如之。其子孙、弟侄、家人及所娶妇女，俱不坐罪。愿为夫妇者听，不愿者离异。

臣等谨按：此言部民妇女，见任官不得擅娶也。部民，谓所属部内之民。为事人，有事在官之人。部民之妇，兼妻妾言。首言府、州、县官，娶部民之妇及女为妻妾之罪，以其名义有乖也。次言监临官娶见在为事人妻妾及女为妻妾之罪，以其迹涉行私也。再次言女家主婚之罪，以其有投献营求之意也。所娶妻妾，仍两离之，妇则归宗，女则给亲，原聘财礼入官。然此犹为和娶者言耳。若府、州、县及监临官恃势强娶，则于本罪上各加二等。女家不坐,不追财礼。原其迫于官势,非得已也。若为子孙、弟侄、家人娶者,罪亦如之。其子孙、弟侄、家人及所娶妇女,俱不坐罪,仍离异。

【1740】3.6.110(略)

娶逃走妇女

律　文

【1646】3.6.117

凡娶自己犯罪已发在官,而逃走在外之妇女为妻、妾,知逃走之情者,与同其所犯之本罪,而妇人加逃罪二等,其娶者不坐。至死者减一等,离异。不知者不坐。若无夫,又会赦免罪者,不离。一有不合仍离。

【1670】3.6.116(略)

【1725】3.6.111

凡娶自己犯罪已发在官,而逃走在外之妇女为妻、妾,知逃走之情者,与同其所犯之本罪,而妇人加逃罪二等,其娶者不加罪。至死者减一等,离异。不知者,不坐。若无夫,又会赦免罪者,不离。一有不合仍离。

注:此为犯罪在逃之妇女言也。凡犯罪事发逃走之妇女,如知其逃走之情,而娶为妻、妾者,即与妇女所犯之本罪同科。惟妇女本罪至死者,减一等,罪止杖百、满流,其所娶妇女离异。如不知情而娶者,不坐,仍离异,追还财礼。若妇已无前夫,女原未有夫,而又会赦免罪者,免其离异。

臣等谨按:此为犯罪在逃之妇女言也。凡犯罪事发逃走之妇女,如知其逃走之情,而娶为妻、妾者,即与妇女所犯之本罪,一同科断。惟妇女本罪至死者,减一等,罪止满杖、满流。其所娶妇女离异,财礼入官。如不知逃走之情而误娶者,不坐罪,仍离异,追还财礼。若逃走之妇已无前夫,逃走之女原未有夫,而所犯之罪又适逢赦免者,免其离异。

【1740】3.6.111

凡娶自己犯罪已发在官,而逃走在外之妇女为妻、妾,知逃走之情者,与同其所犯之本罪,妇人加逃罪二等,其娶者不加罪。至死者减一等,离异。不知者不坐。若无夫,又会赦免罪者,不离。一有不合仍离。

强占良家妻女

律　文

【1646】3.6.118

凡豪强势力之人,强夺良家妻女,奸占为妻妾者,绞;监候。妇、女给亲;妇归夫,女归父。配与子孙、弟侄、家人者,罪罪归所主。亦如之;所配男、女不坐。仍离异、给亲。

【1670】3.6.117(略)

【1725】3.6.112

凡豪强势力之人,强夺良家妻女,奸占为妻妾者,绞;监候。妇、女给亲;妇归夫,女归亲。配与子孙、弟侄、家人者，罪归所主。亦如之；所配男、女不坐。仍离异、给亲。

注：此言豪势强占之罪也。良家妻女，而用强夺之占为妻妾者，绞候，妇、女给亲。配与子孙、弟侄、家人者，亦绞，所配男女不坐，仍离异、给亲。

臣等谨按：此重惩势豪奸占，以全良善也。前言强占良家妻女为妻妾之罪，后言强占配与子孙、弟侄、家人之罪。妇女俱不坐罪，仍给其亲。

【1740】3.6.112（略）

附律条例

【1646】3.6.118.（1）

一、强夺良人妻女，卖与他人为妻妾，及投献王府，并勋戚势豪之家者，俱比照强夺良家妻女奸占为妻妾绞罪，奏请定夺。

【1670】3.6.117.（1）（略）

【1725】3.6.112.（1）

【原例】（略）

【1740】○修改

臣等谨按：强夺良人妻女转卖、投献，其情罪与强夺奸占者等，拟绞监候，洵属允当。“比照”“奏请”等语，应删。谨将删改例文，开列于后。

一、强夺良人妻女，卖与他人为妻妾，及投献王府，并勋戚势豪之家者，俱拟绞监候。

【1740】3.6.112.（1）（略）

【1740】○续纂

一、强夺良家妻女，中途夺回，及尚未奸污者，照已被奸占律减一等定拟。

此条系贵州巡抚张广泗条奏。查律内止有已被奸占，并无未经奸占及中途夺回之例，应为纂入，以便引用。

【1740】3.6.112.（2）（略）

【1743】○修改

臣等谨按：此条系强夺良家妻女治罪定例。查原例止有强夺未被奸污治罪之例，其已被奸污而致妇女自尽，或未被奸污而妇女自尽，俱无明文。拟将已被奸污而致妇女自尽，及未被奸污而妇女自尽，分别斩、绞定拟之处，增入此条之内。

一、强夺良家妻女，中途夺回，及尚未奸污者，照已被奸占律减一等定拟。若已被奸污而妇女自尽者，照强奸已成本妇羞忿自尽例，拟斩监候。未被奸污而自尽者，照强奸未成本妇羞忿自尽例，拟绞监候。

【1768】3.6.112.（2）（略）

【1810】○修改

臣等谨按：此条系强夺良家妻女致妇女自尽，分别已、未奸污治罪之例。至强夺人妻女,致其夫与父母、亲属羞忿自尽,例无专条。查强奸已成,其夫与父母、亲属及本妇羞忿自尽者,俱一律拟斩监候;如强奸未成,其夫与父母、亲属及本妇羞忿自尽者,俱一例拟绞监候。比类参观,则强夺人妻女,致其夫与父母、亲属羞忿自尽之案,自应同本妇羞忿自尽之例,分别已、未奸污,一例科断。检查臣部历来办理此等案件,俱照此定拟,并无歧误。惟不明立科条,办理究无依据。应于例内添纂明晰,以昭赅备。谨将修改例文,开列于后。

一、强夺良家妻女,中途夺回,及尚未奸污者,照已被奸占律减一等定拟。若已被奸污,而妇女自尽者,照强奸已成本妇羞忿自尽例拟斩监候。未被奸污而自尽者,照强奸未成本妇羞忿自尽例拟绞监候。若强夺良家妻女,其夫或父母、亲属羞忿自尽者,亦分别已成、未成,照本妇自尽之例问拟。

【1825】3.6.112.(4)(略)

【1743】○续纂

一、强夺良家妻女,奸占为从之犯,应照为首绞罪减一等,杖一百、流三千里。如被逼诱随行,止于帮同扛抬,照未成婚减绞罪五等,杖七十、徒一年半。其中途夺回,及尚未奸污为从者,审系助势济恶,减为首流罪一等,杖一百、徒三年。如被逼诱随行,止于帮同扛抬,各照不应重律杖八十。

此条系乾隆六年(1741)四月,臣部议复四川按察使李如兰条奏定例。

【1768】3.6.112.(3)(略)

【1825】3.6.112.(2)(略)

【1743】○续纂

一、凡聚众伙谋抢卖路行妇女,仍照定例分别首从问拟外,其有并非伙众,及抢夺非路行妇女,若疏远亲属图财强卖者,均照例拟绞奏请。倘期、功卑幼谋占资财,贪图聘礼,将伯叔母、姑等尊属用强抢卖者,拟斩监候。

此条系乾隆六年(1741)六月内,臣部会同九卿议复安抚陈大受具题"强卖伯母之董宫"一案,附请定例。

【1768】3.6.112.(4)(略)

【1801】○修改

臣等谨按:此条系乾隆六年(1741)定例,专指亲属图财强卖者而言。原例内仅声明期、功卑幼图占资财,贪图聘礼,强卖伯叔母、姑尊属,问拟斩候。至期、功卑幼,图财强卖兄妻、胞姊,并期、功尊属尊长图财强卖卑幼,例内未经申明。又"疏远亲属",是否系缌麻,抑系无服之亲,例内亦未分别。又妇女不甘失节,因而自尽,例内俱无治罪专条。均应按其服制轻重,分别增入。查期、功卑幼图财强卖兄妻、胞姊,及缌麻卑幼图财强卖尊属尊长,较之图财强卖伯叔母、姑之服亲分尊应拟斩候者有间,自应与无服亲属同科绞候。若期、功尊属尊长,图财强卖卑幼,臣部于嘉庆元年(1796)议复直隶总督梁肯堂审拟

"王聚茂图产强嫁胞弟妇戴氏"案内，将王聚茂改拟满流在案。至缌麻尊属尊长图财强卖卑幼，较图财强卖期、功卑幼，服渐轻则罪渐重，自应于图财强卖期、功卑幼满流上加等拟军。以上各项，均指已成婚而言。若中途夺回，及娶主自行送回，未被奸污，事犹未成者，例得减一等科断。若妇女不甘失节，因而自尽者，期、功以下卑幼及疏远亲属，仍照例分别斩、绞监候。缌麻尊属、尊长，服疏谊远，既至酿成人命，臣部历来俱照疏远亲属同科绞候。期、功尊属尊长，拟发近边充军。若已成婚妇女，因他故自尽者，仍依图财强嫁问拟。均应分晰添纂注明，以昭赅备，而便引用。又问拟绞罪，既纂为例，"奏请"二字，系属赘文，应行节删。"拟绞"之下，自应添入"监候"二字。又查强卖案情不一，乡曲愚民，或因家贫不能养赡，或虑妇女年少无依，不能终守，劝令改嫁，并非图财图产起见者，若照图谋财产例问拟，未免太重，自应仍照强嫁本例定拟。亦应于例内添注明晰，以示区别，合并声明。谨将修改例文，开列于后。

一、凡谋占资财，贪图聘礼，期、功卑幼用强抢卖伯叔母、姑等尊属者，拟斩监候。期、功卑幼抢卖兄妻、胞姊，及缌麻卑幼抢卖尊属尊长，并疏远无服亲族抢卖尊长、卑幼者，均拟绞监候。如尊属尊长图财强卖卑幼，系期、功，杖一百、流三千里；系缌麻，发附近充军。未成婚者，各减已成婚一等。若中途夺回，及娶主自行送回，未被奸污者，均以未成婚论。如妇女不甘失节，因而自尽者，期、功以下卑幼，及疏远亲族，仍照本例分别斩、绞监候；缌麻尊属尊长亦拟绞监候；期、功尊属尊长，发近边充军。若已成婚，而妇女因他故自尽者，仍依图财强嫁问拟，不在此例。娶主知情同抢，及用财谋买者，各减正犯罪一等。不知者不坐。如因家贫不能养赡，或虑不能终守，劝令改嫁，并非为图财图产起见，均仍照强嫁例定拟，不得滥引此例。

【1802】3.6.112.(4)(略)

【1825】3.6.112.(3)(略)

【1801】○修并

【原例】【1768】3.6.112.(4)(略)

＊刑律·贼盗·白昼抢夺

【1740】6.18.268.(3)一、凡聚众伙谋抢夺路行妇女，或卖，或自为奴婢者，审实，不分得财与未得财，为首者，斩立决，为从者皆绞监候。知情故买者，减正犯罪一等。不知者不坐。其抢夺人犯之主，知情不首者，照知情故买治罪。该管官员不行严禁察拿者，交该部议处；领催、总甲杖八十。

臣等谨按：前条系乾隆六年(1741)定例，后条系康熙年间定例，向载"白昼抢夺门"内。查抢夺妇女，究与抢夺财物不同，应移载"户律·婚姻"本门，修并一条，以归画一。又查前条原奏内"并非伙众及抢夺非路行妇女"之下，尚有"但卖与人为妻妾"句，应载入例内，以昭明晰，合并声明。谨将修并例文，开列于后。

一、凡聚众伙谋抢夺路行妇女，或卖，或自为妻妾、奴婢，及被奸污者，审实，不分得财与未得财，为首者斩立决，为从者皆绞监候。知情故买者，减正犯罪一等。不知者不坐。其抢夺人犯，如系家奴，伊主知情不首者，照知情故买治罪。该管官员不行严禁查拿者，交部议处；领催、总甲杖八十。其有并非伙众，及抢夺非路行妇女，但强卖与人为妻妾者，均拟绞监候。

【1802】3.6.112.(5)(略)

【1806】○修改

臣等又按：嘉庆六年(1801)七月内，安徽按察使恩长条奏“匪徒黉夜强劫妇女分别治罪”一折，经臣部议称“匪徒聚众抢夺路行妇女，分别首、从，问拟斩决、绞候。若于素无瓜葛之家，黉夜纠伙入室，强抢妇女，即与白昼抢夺路行者无异，应分别首、从，问拟斩、绞”等因。嗣于七年(1802)五月，臣部核复河南巡抚杨检题“张克定等，听从在逃之郑春田，黉夜入室，强抢王氏未成，拒杀氏父王帼玉”案内，议请“嗣后除用强求娶，及并非伙众，但强卖与人为妻妾者，仍照本例办理外，其有聚众伙谋，入人家内抢夺妇女，一经抢获出门，即属已成，应与抢夺路行妇女转卖，或自为妻妾，及被奸污者，均与光棍无异，为首拟斩立决，为从帮抢者，拟绞监候。如图抢入室，未将妇女抢获者，首犯照已成从犯之例拟绞监候，为从实发极边烟瘴充军。至因抢夺妇女，拒捕杀人者，无论已成、未成，将下手杀人之犯斩决、枭示；帮殴成伤从犯，不论手足、他物、金刃，拟绞监候；其并未帮殴首、从各犯，仍分别已、未抢获妇女本例问拟”等因，奏准各在案。应于例内添纂明晰，以资引用。再查于素有瓜葛之家，先经媒说未允，因而纠众抢夺者，究与凭空强抢不同。臣部向遇此等案件，俱按强夺奸占已、未成本律例科断。如有拒捕杀伤人者，照抢夺杀伤人例办理。应请一并添入。并将原例末节“非路行”等字节删，免致牵混。谨将修改例文，开列于后。

一、凡聚众伙谋抢夺路行妇女，或卖，或自为妻妾、奴婢，及被奸污者，并聚众伙谋于素无瓜葛之家，入室抢夺妇女，一经抢获出门，即属已成，审实，不分得财与未得财，为首者斩立决，为从者皆绞监候。知情故买者，减正犯罪一等，不知者不坐。如图抢入室，未将妇女抢获者，首犯拟绞监候，为从实发极边烟瘴充军。至因伙众抢夺妇女，拒捕杀人者，无论已成、未成，下手杀人之犯，斩决、枭示；帮殴成伤从犯，不论手足、他物、金刃，均拟绞盗候；其并未帮殴首、从各犯，仍分别已、未抢获妇女本例问拟。其抢夺人犯，如系家奴，伊主知情不首者，照知情故买治罪。该管官员不行严禁查拿者，交部议处；领催、总甲，杖八十。其有并非伙众，但强卖与人为妻妾者，拟绞监候。及于素有瓜葛之家，先经媒说未允，因而纠众强抢者，仍按强抢奸占已、未成本律例科断。如有拒捕杀伤人者，照抢夺杀伤人例办理。

【1814】○修改

臣等谨按：此条例内“先经媒说未允，因而纠众强抢，按强夺奸占本律科断”，系指于素有瓜葛之家而言。若素无瓜葛之家，虽曾经媒说在先，仍应以伙众强抢本例，分别首、从，拟以斩决、绞候。盖狡诈之徒稔知其家有女未字，意欲强抢，犹恐罪干骈首，故令人先往说媒，明知其必不允从，然后纠伙抢夺，得以借词先经媒说，冀图避重就轻。而各省因例内先经媒说之条，遂节删“素有瓜葛”一句，曲为援引，以致抢夺频闻，殊非戢暴安良之意。臣等公同酌议,应请于例内"素无瓜葛之家,入室抢夺妇女"之下注明"无论曾否媒说"字样,并于"素有瓜葛之家"句下亦添注"必实有戚谊者,方以瓜葛论"。庶足以昭赅备,而资引用。谨将修改例文,开列于后。

一、凡聚众伙谋抢夺路行妇女,或卖,或自为妻妾、奴婢,及被奸污者,并聚众伙谋,于素无瓜葛之家,入室抢夺妇女,无论曾否媒说。一经抢获出门,即属已成,审实,不分得财与未得财,为首者,斩立决,为从者,皆绞监候。知情故买者,减正犯罪一等。不知者不坐。如图抢入室,未将妇女抢获者,首犯拟绞监候,为从实发极边烟瘴充军。至因伙众抢夺妇女,拒捕杀人者,无论已成、未成,下手杀人之犯,斩决、枭示;帮殴成伤从犯,不论手足、他物、金刃,均拟绞监候;其并未帮殴首、从各犯,仍分别已、未抢获妇女本例问拟。家奴抢夺,伊主知情不首者,照知情故买治罪。该管官员不行严禁查拿者,交部议处;领催、总甲杖八十。其有并非伙众,但强卖与人为妻妾者,拟绞监候。若于素有瓜葛之家,必实有戚谊者,方以瓜葛论。先经媒说未允,因而纠众强抢者,仍按强夺奸占已未成本律例科断。如有拒捕杀伤人者,照抢夺杀伤人例办理。

【1825】3.6.112.(5)(略)

【1806】○续纂

臣等谨按:嘉庆十年(1805)五月内,山东巡抚铁保咨"伙众抢夺已经犯奸妇女,请照轮奸犯奸妇女例,分别定拟。咨请部示"等因。经臣部查伙抢良人妇女与轮奸良人妇女,首犯均拟斩立决,从犯均拟绞监候。本属事同一例。惟是伙抢良家妇女,例内既分别已成、未成,则伙抢犯奸妇女,亦应分别科断。议请"嗣后伙众抢夺已经犯奸妇女已成,无论在途、在室,首犯发黑龙江给披甲人为奴,为从帮抢者杖一百、流三千里,同谋未经同抢之犯杖一百、徒三年。如图抢未成,首犯杖一百、流三千里,为从帮抢者杖一百、徒三年,同谋未经同抢之犯杖九十、徒二年半。如妇女犯奸后,已经悔过自新,确有证据者,仍以良人妇女论"等因,奏准通行在案。应纂辑为例,以便遵行。

一、凡聚众伙谋抢夺曾经犯奸妇女已成,无论在途、在室,首犯发黑龙江给披甲人为奴,为从帮抢者杖一百、流三千里,同谋未经同抢之犯杖一百、徒三年。如图抢未成,首犯杖一百、流三千里,为从帮抢者杖一百、徒三年,同谋未经同抢之犯杖九十、徒二年半。如妇女犯奸后,已经悔过自新,确有证据者,仍以良人妇女论。

【1814】○修改

臣等谨按:嘉庆十七年(1812)十月内,臣部议复升任吏科给事中西琅阿奏"调剂黑龙江等处遣犯"折内,请"将伙众强抢犯奸妇女已成为首一条,改发回城,给大小伯克及力能管束之回子为奴"等因,奏准通行在案。例内发黑龙江之处,应行修改。谨将修改例文,开列于后。

一、凡聚众伙谋抢夺曾经犯奸妇女已成,无论在途、在室,首犯发回城给大小伯克及力能管束之回子为奴,为从帮抢者,杖一百、流三千里,同谋未经同抢之犯杖一百、徒三年。如图抢未成,首犯杖一百、流三千里,为从帮抢者,杖一百、徒三年,同谋未经同抢之犯杖九十、徒二年半。如妇女犯奸后,已经悔过自新,确有证据者,仍以良人妇女论。

【1821】○修改

臣等谨按:嘉庆二十二年(1812)七月内,臣部议复升任喀什噶尔参赞大臣松福等奏"调剂回疆遣犯"折内,将发遣回疆为奴之伙众强抢犯奸妇女已成为首一条,改发云贵两广烟瘴地方充军等因,奏准在案。原例发回城为奴之处,应行修改。谨将修改例文,开列于后。

一、凡聚众伙谋抢夺曾经犯奸妇女已成,无论在途、在室,首犯改发云贵两广烟瘴地方充军,为从帮抢者,杖一百、流三千里,同谋未经同抢之犯杖一百、徒三年。如图抢未成,首犯杖一百、流三千里,为从帮抢者,杖一百、徒三年,同谋未经同抢之犯杖九十、徒二年半。如妇女犯奸后,已经悔过自新,确有证据者,仍以良人妇女论。

【1825】3.6.112.(6)(略)

【1852】○修改

咸丰元年(1851),仍复旧例,将此项人犯发往黑龙江为奴。

一、凡聚众伙谋抢夺曾经犯奸妇女已成,无论在途、在室,首犯发黑龙江给披甲人为奴,为从帮抢者杖一百、流三千里,同谋未经同抢之犯杖一百、徒三年。如图抢未成,首犯杖一百、流三千里,为从帮抢者杖一百、徒三年,同谋未经同抢之犯,杖九十、徒二年半。如妇女犯奸后,已经悔过自新,确有证据者,仍以良人妇女论。

【1870】3.6.112.(6)(略)

【1825】○续纂

一、凡聚众伙谋抢夺兴贩妇女,已成者,为首拟绞监候,为从实发云贵两广极边烟瘴充军,同谋未经同抢之犯杖一百、流二千里。如图抢未成,为首实发云贵两广极边烟瘴充军,为从杖一百、流三千里,同谋未经同抢之犯杖一百、徒三年。其有并非聚众,但将兴贩妇女抢夺,已成者,为首发极边足四千里充军,为从杖一百、徒三年,同谋未经同抢之犯杖九十、徒二年半。若图抢未成,为首杖一百、徒三年,为从杖九十、徒二年半,同谋未经同抢之犯杖八十、徒二年。如拒捕杀伤兴贩之犯,以凡论。若系本妇及本妇之有服亲属,均依罪人拒捕律科断。

臣等谨按:道光四年(1824)闰七月内,据升任山东巡抚琦善以"伙众抢夺兴贩妇女,例无专条,可否于聚众伙谋抢夺良家妇女已成为首者斩立决例上量减为绞监候,为从减等拟军"等因咨部。经臣部查核,所议尚属允当,自宜另立专条。惟所议首犯拟绞、从犯拟军,系指聚众伙谋抢夺兴贩妇女已成而言,其并非聚众及伙抢未成,首从各犯作何问罪,均未议及,自应一并拟定,庶引断得有依据。议请"嗣后聚众伙谋抢夺兴贩妇女已成者,为首拟绞监候,为从实发云贵两广极边烟瘴充军,同谋未经同抢之犯杖一百、流二千里。如图抢未成,为首实发云贵两广极边烟瘴充军,为从杖一百、流三千里,同谋未经同抢之犯杖一百、徒三年。其有并非聚众,但将兴贩妇女抢夺,已成者,为首发极边足四千里充军,为从杖一百、徒三年,同谋未经同抢之犯杖九十、徒二年半。若图抢未成,为首杖一百、徒三年,为从杖九十、徒二年半,同谋未经同抢之犯杖八十、徒二年。如有拒捕,其所杀伤系兴贩之犯,仍同凡论。若系本妇及本妇有服亲属,均依罪人拒捕律科断。并于修例时,载入例册"等因具奏,奉旨允准通行,各省遵照在案。应纂辑为例,以资引用。

【1825】3.6.112.(7)(略)

娶乐人为妻妾

律　文

【1646】3.6.119

凡文武官并吏娶乐人妓者。为妻妾者,杖六十,并离异。不给于官吏,亦不还乐工,断离归宗,财礼入官。若官员子孙乃应袭荫者。娶者,罪亦如之,附过。候荫文袭武之日,照应袭本职上降一等于边远叙用。其在顺治元年(1644)赦前娶者,勿论。

【1670】3.6.118(略)

【1725】○修改

原拟:"附过"字应改为"注册"。今无边远叙用之例,应删去"边远"字。"顺治元年"以下句并删。

臣等谨按:此言官吏不可滥娶以自玷也。前言官吏娶乐人为妻妾之罪。不论品秩崇卑,以其滥娶玷污也。后言官员应袭荫子孙娶为妻妾之罪。现在虽未授职,将来亦入仕途,故罪亦如见在官吏,注明册籍,俟除授之日,降一级叙用。

【1725】3.6.113

凡文武官并吏娶乐人妓者。为妻妾者,杖六十,并离异。不给于官吏,亦不还乐工,断离归宗,财礼入官。若官员子孙乃应袭荫者。娶者,罪亦如之,注册。候荫文袭武之日,照应袭本职上降一等叙用。

注:此言官吏不可滥娶以自玷也。官吏娶乐人为妻妾,不论品秩崇卑,坐杖,离异,以其滥娶玷污也。官员应袭荫子孙娶为妻妾,现在虽未授职,将来亦入仕途,故罪亦如见在官吏,注明册籍,俟除授之日,降一等叙用。

【1740】○修改

臣等谨按:律云"离异",则是不给于官吏矣。注语重复,应改删。"官员子孙"下注内,字"乃"似赘。再查文亦有袭,武亦有荫,不必分注,亦俱应删。谨将改删律注,开列于后。

凡文武官并吏娶乐人妓者。为妻妾者,杖六十,并离异。归宗,不还乐工,财礼入官。若官员子孙应袭荫者。娶者,罪亦如之,注册。候荫袭之日,照应袭本职上降一等叙用。

【1740】3.6.113(略)

僧道娶妻

律　文

【1646】3.6.120

凡僧道娶妻妾者,杖八十,还俗。女家(主婚人)同罪,离异。(财礼入官。)寺观住持知情,与同罪。(以因人连累,不在还俗之限。)不知者不坐。○若僧道假托亲属或僮仆为名求娶,而僧道自占者,以奸论。(以僧道犯奸加凡人和奸罪二等论,杖一百、流三千里。妇女还亲,财礼入官。系强者,以强奸论。)

【1670】3.6.119(略)

【1725】3.6.114

凡僧道娶妻妾者,杖八十,还俗。女家(主婚人)同罪,离异。(财礼入官。)寺观住持知情,与同罪。(以因人连累,不在还俗之限。)不知者不坐。○若僧道假托亲属或僮仆为名求娶,而僧道自占者,以奸论。(以僧道犯奸加凡人和奸罪二等论。妇女还亲,财礼入官。系强者,以强奸论。)

注:此严僧道擅娶之罪也。娶妻本为嗣续,欲娶即应还俗。不还俗而娶,与奸淫无异。首节言僧道娶妻妾,并女家主婚人,及住持僧道知情之罪。后节言僧道假托亲属、僮仆求娶,而自占之罪。强者,照强奸律。

臣等谨按:此严僧道擅娶之罪也。娶妻本为嗣续,欲娶自应还俗。不还俗而娶,与奸淫无异。首节言僧道娶妻妾,并女家主婚人,及住持僧道知情之罪。后节言僧道假托亲属、僮仆求娶,而自占之罪。强者,照强奸律。

【1740】3.6.114(略)

良贱为婚姻

律　文

【1646】3.6.121

凡家长与奴娶良人女为妻者,杖八十。女家(主婚人)减一等,不知者不坐。其奴自娶者,罪亦如之。家长知情者,减二等。因而入籍(指家长言。)为婢者,杖一百。若妄以奴婢为良人,而与良人为夫妻者,杖九十。(妄冒由家长,坐家长;由奴婢,坐奴婢。)各离异、改正。(谓入籍为婢之女,改正复良。)

【1670】3.6.120(略)

【1725】3.6.115

律文(略)

注:此言良贱不得相配偶也。家长与奴娶良人女为妻者,杖八十。女家主婚人知情者,杖七十。奴不由家长命,而自娶良人女者,亦杖八十。家长知情不禁止者,杖六十。家长与奴娶,及知奴自娶,而附入婢籍者,杖一百。若妄以奴婢为良人,而与良人为夫妇者,杖九十,各离异、入籍。为婢之女,改正复良。

臣等谨按:此言良贱不得相配偶也。前言家长娶良人女与奴为妻,及女家主婚人知其为奴,而以女嫁之者之罪。次言奴不由家长命而自娶良人女为妻,及家长知情而不禁止之罪。末言家长以所娶良人女入籍为婢,及妄以奴婢冒为良人而与良人为夫妻之罪。各离异、改正。良人仍改正良人,奴婢仍改正奴婢。

【1740】3.6.115(略)

外番色目人婚姻

律 文

【1646】3.6.122

凡外番色目人,是回回种类。听与中国人为婚姻,务要两相情愿。不许本类自相嫁娶,违者杖八十。不愿为婚姻者,听从本类自相嫁娶,不在禁限。饮食居处,各有本俗,不能相同,故婚姻止听其自便。

【1670】3.6.121(略)

【1725】○删除

原拟:此律前言"不许本类自相嫁娶",后又云"不愿者,听从本类自相嫁娶,不在禁限",原文殊不画一。今又无此禁例,此律拟删。

附律条例

＊**【1725】○增入**①

【现行例】一、湖广沿边兵民,与苗人往来勾通,结亲作奸者,应照违制律杖一百,仍离异给亲。媒人减一等,杖九十。该管各官失察,应照该管地方外国之人私自进口不行查报例,俱降一级调用,该管上司罚俸一年。

臣等谨按:此条类于"外番色目人婚姻"律,应入例条内。

出 妻

律 文

【1646】3.6.123

凡妻于七出无应出之条及于夫无义绝之状,而擅出之者,杖八十。虽犯七出,有三不去而出之者,减二等,追还完聚。○若犯义绝,应离而不离者,亦杖八十。若夫妻不相和谐,而两愿离者,情既已离,难强其合。不坐。○若夫无愿离之情,妻辄背夫在逃者,杖一百,从夫嫁卖。其妻因逃而辄自改嫁者,绞。监候。其因夫弃妻逃亡,三年之内,不告官司而逃去者,杖八十;擅自改嫁者,杖一百。罪责主婚之人,财礼乃坐。妾各减二等。无主婚人,以和奸、刁奸论,其妻妾仍从夫嫁卖。○若婢背家长在逃者,杖八十;奴逃者,罪亦同。因而改

---

① 此条见于《大清律例按语》第6卷"户律·婚姻·外番色目人婚姻"(雍正三年)条下,雍正三年(1725)《大清律集解附例》它处亦未寻见。

嫁者，杖一百；减妾二等问。给还家长。○窝主及知情娶者，各与妻妾、奴婢同罪，至死者减一等。财礼入官。不知者，主娶者言。俱不坐。财礼给还。○若由妇女之期亲以上尊长主婚改嫁者，罪坐主婚，妻妾止得在逃之罪。余亲主婚者，余亲谓期亲卑幼，及大功以下尊长、卑幼，主婚改嫁者。事由主婚，主婚为首，男女为从；事由男女，男女为首，主婚为从。至死者，主婚人并减一等。不论期亲以上，系主婚人，皆杖一百、流三千里。

【1670】3.6.122（略）

【1725】○修改

原拟：今例奴逃者，杖一百。又此律与奴逃无涉，小注内“奴逃者，罪亦同”句，应删去。再此律内“妻背夫在逃改嫁者，绞”等语，妾减二等，则当杖一百、徒三年。四节内婢在逃改嫁者，杖一百，小注内又云“减妾二等问”。如减妾二等，则当杖八十、徒二年，与律文杖一百不符，应将“减妾二等问”小注删去。

臣等谨按：此言夫妇以义合而背义者之罪，各有轻重也。首节、次节指罪之在夫者言。三节、四节指罪之在妻及妾、婢者言。五节指窝主及知情而娶者言。末节指主婚者言。

【1725】3.6.116

凡妻于七出无应出之条及于夫无义绝之状，而擅出之者，杖八十。虽犯七出，无子、淫泆、不事舅姑、多言、盗窃、妒忌、恶疾。有三不去，与更三年丧、前贫贱后富贵、有所娶无所归。而出之者，减二等，追还完聚。○若犯义绝，应离而不离者，亦杖八十。若夫妻不相和谐，而两愿离者，不坐。情既已离，难强其合。○若夫无愿离之情，妻辄背夫在逃者，杖一百，从夫嫁卖。其妻因逃而辄自改嫁者，绞。监候。其因夫弃妻逃亡，三年之内，不告官司而逃去者，杖八十；擅自改嫁者，杖一百。妾各减二等。有主婚、媒人，有财礼，乃坐。无主婚人，不成婚礼者，以和奸、刁奸论，其妻妾仍从夫嫁卖。○若婢背家长在逃者，杖八十；因而改嫁者，杖一百，给还家长。○窝主及知情娶者，各与妻妾、奴婢同罪，至死者减一等。财礼入官。不知者，主娶者言。俱不坐。财礼给还。○若由妇女之期亲以上尊长主婚改嫁者，罪坐主婚，妻妾止得在逃之罪。余亲主婚者，余亲谓期亲卑幼，及大功以下尊长、卑幼，主婚改嫁者。事由主婚，主婚为首，男女为从；事由男女，男女为首，主婚为从。至死者，主婚人并减一等。不论期亲以上及余亲，系主婚人，皆杖一百、流三千里。

注：此言背义者之罪有轻重也。夫妇，人之大伦。夫则齐体不易，妇则从一而终。下逮妾、婢，名义攸关。擅出、背逃，罪有轻重。皆所以惩不义也。后二节定窝主及娶者与主婚人之罪。

【1740】3.6.116（略）

附律条例

【1646】3.6.123.（1）

凡妻犯七出之状，有三不去之理，不得辄绝。犯奸者，不在此限。七出：无子，淫泆，不事舅姑，多言，盗窃，妒忌，恶疾。三不去：与更三年丧，前贫贱后富贵，有所娶无所归。五年无过不娶,及夫逃亡三年不还者,并听经官告给执照,别行改嫁。亦不追财礼。

【1670】3.6.122.(1)(略)

【1725】○修改

臣等谨按:此七出、三不去,本于《家礼》。既犯七出,有三不去之理以推之。七出者,义之不得不去;三不去者,情之不得不留。总以全夫妇之伦也。

【1725】3.6.116.(1)

【原例】一、妻犯七出之状,有三不去之理,不得辄绝。犯奸者不在此限。

【1740】3.6.116.(1)(略)

【1725】○修改

一、五年无过不娶,及夫逃亡三年不还者,并听经官告给执照,别行改嫁,亦不追财礼。

原拟:"五年"字上,应照婚姻正律,增"期约已至"一句。

【1725】3.6.116.(2)

【原例】一、期约已至五年,无过不娶,及夫逃亡三年不还者,并听经官告给执照,别行改嫁,亦不追财礼。

【1740】3.6.116.(2)(略)

嫁娶违律主婚媒人罪

律　文

【1646】3.6.124

凡嫁娶违律,若由男女之祖父母、父母、伯叔父母、姑、兄姊及外祖父母主婚者,违律之罪独坐主婚。男女不坐。余亲主婚者,余亲谓期亲卑幼及大功以下尊长、卑幼主婚者。事由主婚,主婚为首,男女为从;得减一等。事由男女,男女为首,主婚为从。得减一等。至死者,除事由男女,自当依律。其由主婚人并减一等。○其男女被主婚人威逼,事不由己,若男年二十岁以下,及在室之女,虽非威逼,亦独坐主婚,男女俱不坐。不得以首、从科之。○未成婚者,各减已成婚罪五等。如绞罪减五等,杖七十、徒一年半。余类推减。○若媒人知情者,各减男女、主婚犯人罪一等。不知者不坐。○其违律为婚各条,称"离异、改正"者,虽会赦,但得免罪,犹离异、改正。离异者,妇女并归宗。○财礼,若娶者知情,则不论已、未成婚,俱追入官;不知者,则追还主。

【1670】3.6.123(略)

【1725】3.6.117

律文(略)

注:此是以上婚姻诸条之通例也。凡嫁娶违律,如前各条同姓、尊卑、亲属、良贱为婚之类。首节言期亲以上尊长违律主婚,并余亲违律主婚之罪。盖期亲以上尊

长,其分尊而且亲,男女不能违命,故独坐主婚之罪,而不坐男女。余亲主婚,其分非前项尊亲之比,故究其事所由起,分首、从科罪,为从减为首一等。其嫁娶违律,罪至死者,男女为首,自依律论死。若主婚人,虽系为首,罪不入于死,并减一等科断。"并"字通指祖父母以下及余亲言,各止杖一百、流三千里。二节言男女被威逼,及男二十以下、女在室有违律为婚者,仍独坐主婚之罪。盖男女被主婚人威逼,则事不由已。若男年二十以下,及在室之女,则嫁娶之事不能自主,故独坐主婚,男女不坐。三节言未成婚者,男女及主婚人之罪。盖未成婚,尚可改正,故得各减五等也。如男女罪应至死者,则于已成婚死罪上,减五等,杖七十、徒一年半。如事由主婚,则主婚人于流罪上减五等,杖六十、徒一年。余可类推。四节言明知违律为婚而媒合者之罪。不论已、未成婚,各减犯人罪一等。五、六两节,则言自男女婚姻以下违律为婚各条,凡有称"离异""改正"者,虽会赦免罪,仍尽本法离异、改正。凡称"离异"者,妇人并归宗,听其改嫁。其原聘财礼,若娶者知其违律之情,则为彼此俱罪之赃,追入官;不知者,追还原主。俱不论已、未成婚。再男女违律至死者,主婚人为首,并减一等,其男女仍科为从杖流之罪,不得因主婚人得减一等,而为从之男女,复于流上再减也。

臣等谨按:此是以上婚姻诸条之通例也。凡嫁娶违律,如前各条同姓、尊卑、亲属、良贱为婚之类。首节言期亲以上尊长违律主婚,并余亲违律主婚之罪。盖期亲以上尊长,其分尊而且亲,男女不能违命,故独坐主婚之罪,而不坐男女。余亲主婚,其分非前项尊亲之比,故究其事所由起,男女及主婚人,各分首、从论罪。其嫁娶违律,罪至死者,男女为首,自依律论死。若主婚人,虽系为首,罪不入于死,并减一等科断。"并"字通指祖父母以下及余亲言,各止杖一百、流三千里。二节言男女被威逼,及男二十以下、女在室,有违律为婚者,仍独坐主婚之罪。盖男女被主婚人威逼,则事不由已。若男年二十以下及在室之女,则嫁娶之事,不能自主,故不论期亲以上及余亲,并有无威逼之迹,亦独坐主婚,男女不坐。三节言未成婚者,男女及主婚人各减之罪。盖未成婚尚可改正,故得各减也。如男女罪应至死者,则于已成婚死罪上减五等,杖七十、徒一年半。如事由主婚,则主婚人于流罪上减五等,杖六十、徒一年。余可类推。四节言明知违律为婚而媒合者之罪。不论已、未成婚,各减犯人罪一等。五、六两节,则言自男女婚姻以下违律为婚各条,凡有称"离异""改正"者,虽会赦免罪,仍尽本法离异、改正。凡称离异者,妇人并归宗,听其改嫁。其原聘财礼,若娶者知其违律之情,则为彼此俱罪之赃,追入官;不知者,追还原主。俱不论已、未成婚。再男女违律至死者,主婚人为首,并减一等,其男女仍科为从杖流之罪,不得因主婚人得减一等,而为从之男女复于流上再减也。

【1740】○修改

臣等谨按:此条首节,据《广汇全书》云"至死者,事由男女,自当依律论死。若主婚人,虽系为首,罪不入于死,故并减一等。男女已科从罪,至死亦是满流,不得于主婚人流罪上再减",此数语更觉明显,应增入注内。谨将增辑律注,开列于后。

凡嫁娶违律,若由男女之祖父母、父母、伯叔父母、姑、兄姊及外祖父母主婚者,违律之罪独坐主婚。男女不坐。余亲主婚者，余亲谓期亲卑幼及大功以下尊长、卑幼主婚者。事由主婚，主婚为首，男女为从；得减一等。事由男女，男女为首，主婚为从。得减一等。至死者，除事由男女，自当依律论死。其由主婚人并减一等。主婚人虽系为首，罪不入于死，故并减一等。男女已科从罪，至死亦是满流，不得于主婚人流罪上再减。○其男女被主婚人威逼，事不由己，若男年二十岁以下，及在室之女，虽非威逼，亦独坐主婚，男女俱不坐。不得以首、从科之。○未成婚者，各减已成婚罪五等。如绞罪减五等，杖七十、徒一年半。余类推减。○若媒人知情者，各减男女、主婚犯人罪一等。不知者不坐。○其违律为婚各条，称"离异、改正"者，虽会赦，但得免罪，犹离异、改正。离异者，妇女并归宗。○财礼，若娶者知情，则不论已、未成婚，俱追入官；不知者，则追还主。

【1740】3.6.117（略）

附律条例

【1740】○增入

一、凡绅衿庶民之家，如有将婢女不行婚配，致令孤寡者，照不应重律杖八十。系民的决，绅衿依律纳赎，令其择配。

谨案：此条系雍正十三年（1735）定例。

【1740】3.6.117.（1）（略）

【1740】○增入

一、福建、台湾地方民人，不得与番人结亲。违者离异，民人照违制律杖一百，土官、通事减一等，各杖九十。该地方官如有知情故纵，题参交部议处。其从前已娶、生有子嗣者，即安置本地为民，不许往来番社。违者，照不应重律杖八十。

谨案：此条系乾隆二年（1737）定例。

【1740】3.6.117.（2）（略）

【1767】○续纂

一、湖南省所属未剃发之苗人，与民人结亲，俱照民俗，以礼婚配。须凭媒妁，写立婚书，仍报明地方官立案稽查。如有奸拐贩卖、嫁妻逐婿等事，悉照民例治罪。其商贾客民，未经入籍苗疆，踪迹无定者，概不许与苗民结亲。如有私相连结滋事者，按例治罪。失察之地方官，照例议处。至溪峒深居苗猺，有愿与民人结亲者，亦听其自便，悉照前例办理。

臣等谨按：此条系乾隆二十九年（1764）六月内，吏部尚书陈宏谋条奏定例，应纂辑遵行。

【1768】3.6.117.（3）（略）

【1810】○续纂

一、凡嫁娶违律，应行离异者，与其夫及夫之亲属有犯，如系先奸后娶，或私自苟合,或知情买休,虽有媒妁、婚书,均依凡人科断。若止系同姓及尊卑良贱为婚,或居丧嫁娶,或有妻更娶,或将妻嫁卖,娶者果不知情,实系明媒正娶者,虽律应离异,有犯仍按服制定拟。

臣等谨按:嘉庆十三年(1808)四月内,四川总督勒保题"彭韦氏殴伤彭世德身死"一案,以该氏虽系彭世德之子彭代胜买休之妻,第成婚多年,名分久定,将彭韦氏照妻殴死夫之父母律定拟。经臣部查,妇女成婚,律应离异,与其夫及夫之尊属有犯,应否依服制科断,或同凡人论罪,律无专条。查嫁娶违律,均应离异,而情节各有不同。如系先奸后娶,或私自苟合,或知情买休,律应离异。既非依礼聘娶,即有媒妁、婚书,亦不得谓之夫妇。遇有与其夫及亲属杀伤,应依凡人科断。若止系同姓、尊卑、良贱为婚,或居丧嫁娶,或有妻更娶,或将妻嫁卖,娶者果不知情,虽亦例应离异,然乡曲愚民,不谙例禁,似此婚娶之事,所在多有。既系明媒正娶,婚姻之礼已成,夫妇名分已定,自未便因违例婚娶之轻罪,而置夫妇名分于不论。倘有与亲属相犯,即应照已定名分,各按服制定拟"等因奏准,通行在案。应纂辑为例,以便遵行。

【1825】3.6.117.(4)(略)

【1840】○续纂

一、八旗、内务府三旗人,如将未经挑选之女,许字民人者,将主婚之人,照违制律杖一百。若将已挑选及例不入选之女,许字民人者,照违令律笞五十。其聘娶之民人,亦一体治罪。

臣等谨按:道光十六年(1836)三月内,臣部审奏"镶白旗汉军马甲德恒之母陈陈氏将次女许配与民人高纬保为妻"一案,查刑部现行律例,并无旗、民结婚作何办理专条,惟《户部则例》载有"民人之女,准与旗人联姻,一体给与恩赏银两。旗人之女,不准与民人为妻",亦并无违者作何治罪明文。是以臣部向遇此等案件,其已嫁者,未便断令失节,止于户册除名,免其离异。将主婚之人,照违制律杖一百,或照违令律笞五十,办理未能画一。且近时旗女配与民人之案,具控送部者不一,例无明条,颇难引断。应请旨饬下户部,妥定条例,以便遵守等因具奏。奉旨:"刑部现行律例并无旗、民结姻作何办理专条,《户部则例》载有'民人之女,准与旗人联姻,一体给与恩赏银两。旗人之女,不准与民人为妻',亦并无违者作何治罪明文。此案陈陈氏将次女许给高纬保为妻,业经聘定,着准其完配。嗣后应如何明定条例,着户部妥议具奏。钦此。"经户部议请"嗣后八旗、内务府三旗人内,如将未经挑选之女,许字民人者,将主婚之人照违制律治罪。若将已挑选及例不入选之女,许配民人者,将主婚之人照违令律治罪。其民人聘娶旗人之女者,亦一例科断。至已嫁暨已受聘之女,俱遵此次谕旨,准其配合。仍将旗女开除户册,以示区别"等因具奏,奉旨允准,遵行在案。臣等伏查:凡关系刑名事件,均应纂入臣部例册。此件虽由户部议定,惟有应拟罪名之处,臣部自应一体纂入条例,以期赅备。谨纂辑专条,以资引用。

【1847】3.6.117.(5)(略)

【户律·仓库】

仓　库　收米谷曰仓，收财帛曰库。[①]

钱　法

律　文

【1646】3.7.125

凡钱法，设立宝源、宝泉等局，鼓铸顺治通宝铜钱，内外俱要遵照户部议定数目，一体通行。其民间金银、米麦、布帛诸物价钱，并依时值，听从民便。使用。若阻滞不即行使者，杖六十。○其军民之家，私蓄铜器，除镜子、军器，及寺观庵院钟、磬、铙、钹外，其余应有废铜，并听赴官卖。每斤官给银七分，增减随时。若私相买卖，及收匿在家不赴官者，笞四十。

【1670】3.7.124（略）

【1725】3.7.118

凡钱法，设立宝源、宝泉等局，鼓铸制钱，内外俱要遵照户部议定数目，一体通行。其民间金银、米麦、布帛诸物价钱，并依时值，听从民便。使用。若阻滞不即行使者，杖六十。○其军民之家，私蓄铜器，除镜子、军器，及寺观庵院钟、磬、铙、钹外，其余应有废铜，并听赴官卖。每斤官给银七分，增减随时。若私相买卖，及收匿在家不赴官者，笞四十。

注：此专为通行制钱而言也。议定数目，如每一文作银一厘之类。民间买卖货物，以钱交易者，悉与用银相准。首节言阻滞钱法之罪。二节言废铜私相买卖及收匿不赴官之罪。

臣等谨按：此专为通行制钱而言也。议定数目，如每一文作银一厘、一千作银一两也。凡民间买卖货物，以钱交易者，悉与用银相准。首节言不遵部定数目，或高抬物价，或低估钱值之罪。二节言私买、私卖废铜，及匿不赴官之罪。

【1740】3.7.118（略）

---

① “仓库”章名后小注“收米谷曰仓，收财帛曰库”，系雍正三年（1725）《大清律附例集解》所加，以后各版《大清律例》相沿不改。

附律条例

【1725】○增入

原拟:现行例内一条,类于此律,应增入。

【现行例】一、凡咨行各省督抚,将产铜、铅之处,令道官总理,府佐官分管,州、县官专责。任民采取,所得铜、铅,税其二分,造册季报;所剩八分,任民照时价发卖。有坟墓之处,不许采取。如有不得铜、铅,有不便采取之处,该督抚题明,停其采取。道、府佐贰官员所得税铜、铅,十万斤准纪录一次,二十万斤准纪录二次,三十万斤准纪录三次,四十万斤准加一级;州、县官,五万斤准纪录一次,十万斤准纪录二次,十五万斤准纪录三次,二十万斤准加一级。所得多者,照数议叙。若上司诛求逼勒者,或被科道指参,或被旁人出首,或本身至部院衙门控告,审实者,交与该部,从重议处。其各州、县人地主报名,在本州县之山采取。倘地主无力采取,州县无匠役,许雇募邻近州县匠役,该州县自行稽查。如有别州县之人,越境采取,并衙役任意搅扰,令人裹足者,为首者立斩;为从者,俱拟绞监候,秋后处决。其开炉之处,俟各处采铜所得若干报到之日,应听户部议复。

原拟:此条内"纪录""加级"之处,应改为"交该部,照例分别议叙"。谨拟删改,开载于后。

【原改现行例】一、各省开采铜、铅,令道员总理,府佐官分理,州县官专管其事。凡产铜、铅之处,听民采取,税其二分,造册季报;所剩八分,任民照时价发卖。有坟墓处所,不许采取。如有不得铜、铅,及不便采取之处,该督抚题明,停其采取。道、府佐贰官得所税铜、铅十万斤以上,州县官得五万斤以上,俱交该部照例分别议叙。若上司诛求逼勒者,事发从重议处。其各州县产铜、铅之山,令地主报名采取。地主无力开采,听本州县报名采取。州县无匠役,许于邻近州县雇募,该州县自行稽查。如有别州县民人越境采取,并衙役恣意搅扰,致人裹足者,为首者,斩立决,为从者,绞监候。

【1725】3.7.118.(1)

【增例】(略)

【1740】○修改

臣等谨按:例内道、府佐贰,得铜、铅十万斤,州县官得铜、铅五万斤,分别议叙。取自然之利,充公家之用,皆地方官职任所当然,无可议叙之处。况产旺则税增,产薄即停采。若以加税议叙,适启刻收累民之弊,应删。再例内别州县民人越境采取,虑其嗜利争趋,聚众生事,故为首定以斩决,为从定以绞候。但查"刑律"盗掘金、银、铜、锡、水银等矿砂条例内,聚众至三十人者,为首发边卫充军,为从枷号三个月;不及三十名者,首、从并止枷责发落。同一开矿,彼属私盗,此属越采,而轻重悬殊,例不画一。照"刑律"分别三十人上下定拟,已足蔽事,应改。再例内"衙役恣意搅扰,致人裹足者",情虽可恶,然止恶其强横霸占,并不至如越境采取者,有聚众生事之患,为首斩决、为从绞候,亦属过当。查

"匿税"条下"纳税去处,权豪之徒,搅扰商税,枷号两个月,发附近充军,为从减一等",依此拟议,亦足蔽辜,应改。谨将删改例文,开列于后。

一、各省开采铜、铅,令道员总理,府佐官分理,州县官专管其事。凡产铜、铅之处,听民采取,税其二分,造册季报;所剩八分,任民照时价发卖。有坟墓处所,不许采取。如有不得铜、铅,及不便采取之处,该督抚题明,停其采取。其各州县产铜、铅之山,令地主报名采取。地主无力开采,听本州县报名采取。州县无匠役,许于邻近州县雇募,该州县自行稽察。如有别州县民人伙众越境采取,聚至三十人以上,为首者发边卫充军,为从枷号三个月、杖一百;不及三十名者,为首枷号三个月、杖一百,为从满杖。衙役恣意搅扰,致人裹足者,为首枷号两个月,发附近充军,为从减一等。

【1740】3.7.118.(1)(略)

【1768】3.7.118.(1)

一、各省开采铜、铅,令道员总理,府佐官分理,州县官专管其事。凡产铜、铅之处,听民采取,税其二分,造册季报;所剩八分,任民照时价发卖。有坟墓处所,不许采取。如有不得铜、铅,及不便采取之处,该督抚题明,停其采取。其各州县产铜、铅之山,令地主报名采取。地主无力开采,听本州县报名采取。州县无匠役,许于邻近州县雇募,该州县自行稽察。如有别州县民人伙众越境采取,聚至三十人以上,为首者发近边充军,为从枷号三个月、杖一百;不及三十名者,为首枷号三个月、杖一百,为从满杖。衙役恣意搅扰,致人裹足者,为首,枷号两个月,发附近充军,为从减一等。

【1725】3.7.118.(2)

【钦定例】一、销毁制钱,地方官密行严查,毋致潜藏。如怠忽疏纵,不行查出,或被旁人首告,将该地方官革职。至黄铜器皿,除乐器、圆镜、戥子外,其余不准使用。见在所有铜器,悉令交官给价。违者,以私藏禁物律治罪。若铺户人等,制造黄铜新器出卖者,照销毁制钱为从例治罪。

【1740】○删除

臣等谨按:销毁制钱,备载"刑律 · 私铸铜钱"律内,此条前一段重复。至禁用黄铜,已于乾隆二年(1737)奏准停止。此条应删。

***【1725】○增入**①

原拟:现行例内一条,类于此律,应增入。

【现行例】一、内外监铸各官,务相照式鼓铸,磨炉精工。若不合式轻小者,指参,

---

① 此条见于《大清律例按语》第7卷"户律 · 仓库 · 钱法"(雍正三年)条下,雍正三年(1725)《大清律集解附例》不载。

交该部议处。

【1740】○增入

一、承办铜商,逾限并无货物出口,或非采易铜斤之货,严拿究处,着落追赔。其进口之时,或非原出口地方,该汛地方官立速查报,并知照原出口之该汛官弁,勒催起解。倘有侵挪、隐匿之弊,将该商从重治罪。倘办员侵欺扣克,串通朦混,以致奸商挪新掩旧,督抚据实题参治罪。上司徇隐,一并交部议处。

此条系雍正十一年(1733)定例。

【1740】3.7.118.(2)(略)

【1740】○删除

一、一品官员之家,器皿许用黄铜,其余概行禁止。如有藏匿私用,不肯交官者,以违禁论。

此条系雍正五年(1727)定例。禁用黄铜已经停止,无庸纂入。

【1740】○删除

一、民间交纳铜器,俱按其斤两,给以颁定价值,不得丝毫扣克,亦不得以重秤令其亏折。所买铜器斤两,每年岁底奏闻。其所发价值,报部奏销。如有侵蚀、扣克等弊,该督抚即行题参,从重治罪。

此条系雍正五年(1727)定例。铜禁已经停止,民间无交纳之例,侵蚀、扣克不必更立条款,无庸纂入。

【1740】○删除

一、各省民欠,自康熙五十一年(1712)至雍正二年(1724),有至二十万两者,准令欠户交纳黄铜扣抵。其所交熟铜,每斤以一钱一分九厘九毫三丝计算,生铜每斤以九分五厘九毫四丝四忽计算。如有销毁制钱,充作废铜者,照律治罪。若地方官有将己资收买黄铜器皿,着解交收铜公所,按生、熟铜斤给与价值。倘有借捐买名色,以贱价收买民间铜器者,该督抚即行题参,交部严加议处。

此条系雍正五年(1727)定例。铜禁已经停止,雍正二年(1724)以前民欠,亦奉恩诏豁免,其交铜抵扣之例,业已不行。此条无庸纂入。

【1740】○删除

一、各省承办铜斤迟延,照侵欺钱粮律治罪。

此条系雍正十年(1732)定例。查铜斤迟延,载在《吏部处分则例》。此条之所以特为加重,照侵欺治罪者,盖因其时统计康熙五十五年(1716)起至雍正十年(1732)止,通共欠交铜斤六百四十余万斤之多，因设此例。随奉谕旨："历年所欠铜斤，务于三年内追完。倘再迟延，即照此例治罪。其十年(1732)下运起。嗣后应办铜斤，如有迟误，仍照旧例题参。钦此。"则原属因时定制，并非永著为例。此条无庸纂入。

【1772】○续纂

一、云南等省铜厂，经放预给工本银两，如课长、炉户有克扣分肥、侵吞入己情弊，审究确实，即照常人盗仓库钱粮例计赃科罪，将家产查封，变估抵补。仍责成该管之员，实力稽查。倘该管各员徇隐不究，察出即行指名题参。

臣等谨按：此条系乾隆三十七年(1772)五月内，户部议复云南巡抚李湖条奏定例，应纂辑遵行。

【1790】3.7.118.(3)(略)

【1870】○续纂

一、京城铜铺，私造五斤以上铜器售卖者，照收匿废铜不赴官律笞四十。官民人等，除鼎彝、乐器等件外，如私藏五斤以上铜器者，系民，与私造同罪；系官，交部照例议处，铜器俱入官。其官员铜器在三斤以上，民人铜器在一斤以上，查出一并入官，免其治罪、议处。倘胥役借端讹诈，照蠹役诈赃例治罪。

谨案：此条系同治三年(1864)定例。

【1870】3.7.118.(4)(略)

收粮违限

律　文

【1646】3.7.126

凡收夏税，所收小麦于五月十五日开仓，七月终齐足。秋粮，所收粮米十月初一日开仓，十二月终齐足。如早收去处预先收受者，不拘此律。若夏税违限至八月终、秋粮违限至次年正月终不足者，其提调部粮官、吏典，分催里长、欠粮人户，各以税粮十分为率，一分不足者，杖六十，每一分加一等，罪止杖一百。官吏、里长受财而容拖欠者，计所受赃以枉法从重论。分别受赃、违限轻重。若违限一年之上不足者，人户、里长，杖一百，提调部粮官、吏典，照例拟断。

【1670】3.7.125(略)

【1725】3.7.119

律文(略)

注：此定官民违误粮限之罪也。凡输纳税粮，皆有定限。违者，计分数杖惩，罪止杖一百。此统言征催、交纳违限之罪。若官吏、里长受财容欠，则计赃以枉法从重科罪。至人户、里长，违限一年以上者，满杖，官吏照例拟断。

臣等谨按:此定官民违误粮限之罪也。凡输纳税粮,皆有定限,罪止杖一百。以上统言官吏、里长、人户,征催、交纳违限之罪。次专言官吏、里长受财容欠之罪。末又统言人户、里长、官吏违限一年以上之罪。

【1740】3.7.119(略)

附律条例

【1646】3.7.126.(1)

一、势豪大户,无故恃顽不纳本户秋粮,五十石以上,问罪,监追完日,发附近;二百石以上发边卫,俱充军。如三月之内能完纳者,照常发落。

【1670】3.7.125.(1)(略)

【1725】3.7.119.(1)

【原例】一、势豪大户,无故恃顽不纳本户秋粮,五十石以上,监追完日,发附近;二百石以上发边卫,俱充军。如三月之内能完纳者,照常发落。

【1740】○删除

臣等谨按:应纳钱粮以分数定限,律文具载。又例内举、贡、生、监问革、枷责,文武绅衿已任者革职、未任者枷责,皆以十分期限定欠户处分。应纳一石者,欠一斗,即为一分;应纳十石者,欠一石,始为一分。此条泛称不纳秋粮五十石、二百石以上,设或其人应纳五百石者,未完五十石,尚在一分之限。即未完二百石以上,亦尚在欠至七分以下。即行问拟充发,与本律及各款义例未符。且势豪大户,无故恃顽,皆无所指实,易启上下其手之弊。查《笺释》,此例前段系明初定例,其后段“三月之内完纳,照常发落”,又系后来所增。则知在前明已因其过重,而附以宽典矣。本朝既定十分科罪之例,则不论应纳多寡,皆有一定罪名。此条应删。

【1646】3.7.126.(2)

一、各处势豪大户,敢有不行运赴官仓,逼军私兑者,比照不纳秋粮事例问拟充军。如掌印管粮官不即申达区处,纵容迟误,一百石以上者,提问,住俸一年;二百石以上者,提问,降二级;三百石以上者,比照罢软事例罢黜。

【1670】3.7.125.(2)(略)

【1725】○删除

原拟:今运军兑粮,俱官收官兑,无逼军私兑之事。且管粮官迟误漕粮者,俱以十分为率,按分数议处,无照石数处分之例。此条拟删。

【1725】○增入

原拟:现行例内一条,应增入。

【现行例】一、钱粮分为十分,有欠至八分、九分、十分者,举人革去为民,责四十板;贡、监、廪、增、附生员等,俱革黜为民,责四十板,枷号两个月,仍严催未完钱粮。欠至五分、六分、七分者,举人革去为民,责三十板;贡、监、廪、增、附生员等,俱革黜,责四十板,枷号一个月,仍严催未完钱粮。欠至四分以下者,举人革去为民,责二十板;贡、监、廪、增、附生员等,俱革黜,责二十板,仍严催未完钱粮。

原拟:此条字句太繁,谨拟删改,开载于后。

【原改现行例】一、应纳钱粮,以十分为率,欠至四分以下者,举人问革为民;贡生、监生、生员俱黜革,并杖六十。欠至七分以下者,举人问革为民,杖八十;贡生、监生、生员黜革,枷号一个月,杖一百。欠至十分以下者,举人问革为民,杖一百;贡生、监生、生员俱黜革为民,枷号两个月,杖一百。以上仍严催未完钱粮。

【1725】3.7.119.(2)

【增例】一、应纳钱粮,以十分为率,欠至四分以下者,举人问革为民;贡、监生员并黜革,杖六十。欠至七分以下者,举人问革为民,杖八十;贡、监生员黜革,枷号一个月,杖一百。欠至十分以下者,举人问革为民,杖一百;贡、监生员俱黜革,枷号两个月,杖一百。以上仍严催未完钱粮。

【1740】○修改

臣等谨按:此条举、监、生员欠粮治罪,以所欠分数多寡为差。查律文违限一年以上,方始定罪。本朝定例,以奏销为限。其四月奏销之限,未经列入,应增。再雍正六年(1728),尚有绅衿欠粮治罪条例,因举、监、生员与此条重复,业已议删。而文武进士及有顶带人员同一处分,应于此条并入。谨将删并例文,开列于后。

一、应纳钱粮,以十分为率,欠至四分以下者,举人问革为民;贡、监生员并黜革,杖六十。欠至七分以下者,举人问革为民,杖八十;贡、监生员黜革,枷号一个月,杖一百。欠至十分以下者,举人问革为民,杖一百;贡、监生员俱黜革,枷号两个月,杖一百。以上俱以次年四月奏销以前为限,不足分数者,照例治罪,仍严催未完钱粮。其文武进士及在籍有顶带人员,并与举人同。

【1740】3.7.119.(1)(略)

【1725】3.7.119.(3)

【增例】一、运弁以通帮粮米计算,但有挂欠,即革职责惩,发南追比。不完者,分别治罪。如欠不及一分,责二十,追完还职,不完满杖;欠至一分,责三十,追完免罪,不完徒一年;欠至二分,责四十,追完免罪,不完徒三年;欠至三分,责六十,追完免罪,不完发附近充军;欠至四分,责八十,追完仍满杖,不完发边远充军;欠至五分,责一百,追完徒一年,不完者绞;欠至六分以上者斩,俱监候,照例以其家产、妻子抵偿。如仍不足,令原佥衙门各官代赔。旗丁以一船粮米计算,但有挂欠,即革运责惩,拿交运官发南追完,不完治罪,俱与运弁同。承追官严加议处。如家产、妻子抵偿不足,令佥丁卫所、粮道及监兑州县各官代赔。至粮船起交足额外,原有余米,听回空时沿途粜卖。

谨案:此条系雍正五年(1727)定例。

【1740】○修改

臣等谨按:此条例内,欠至不及一分不完,满杖;欠至一分不完,徒一年,皆以次加罪。独欠至二分不完者,越过徒二年,定以徒三年,与逐层递加之例不符。今将欠二分不完者,定以徒二年;三分不完者,定以徒三年;四分不完者,发附近;五分不完者,发边远;六分不完者,绞;六分以上不完者,斩监候。依次加重,方合义例。其加杖之数,亦照依五刑加杖之例。再弁丁挂欠不完,自应以家产抵偿。今例内将妻、子亦入抵偿之内。查旗人侵盗钱粮不完,妻、子免入辛者库,则民人妻、子,亦不应入于抵欠之例,应删。再佥丁不慎,以致挂欠,理应代赔。至监兑、官兑有不足,则旗丁岂肯受兑抵通挂欠?自属旗丁作弊,与监兑州县无涉,其代赔之处,亦应删。谨将删改例文,开列于后。

一、运弁以通帮粮米计算,但有挂欠,即革职责惩,发南追比。不完者,分别治罪。如欠不及一分,笞五十,追完还职,不完满杖;欠至一分,杖六十,追完免罪,不完徒一年;欠至二分,杖七十,追完免罪,不完徒二年;欠至三分,杖八十,追完免罪,不完徒三年;欠至四分,杖九十,追完仍满杖,不完发附近充军;欠至五分,杖一百,追完徒一年,不完者发边远充军;欠至六分者绞,六分以上者斩,俱监候,照例以其家产抵偿。如仍不足,令原佥衙门各官代赔。旗丁以一船粮米计算,但有挂欠,即革运责惩,拿交运官发南追完,不完治罪。其按照分数定罪之处,并与运弁同,承追官严加议处。如家产抵偿不足,令佥丁卫所、粮道各官代赔。至粮船起交足额外,原有余米,听回空时沿途粜卖。

【1740】3.7.119.(2)(略)

【1725】3.7.119.(4)

【增例】一、挂欠漕粮弁丁,照例分别治罪外,所欠粮数,作十分分赔。总漕半分,粮道一分,监兑官半分,押运官半分,运官一分半,佥丁卫所官半分,旗丁五分半。总漕等如限内不完,交部议处。弁丁于限内全完,分别应治罪者治罪,应免议者免议。如不完,照例治罪,将不能赔偿米石,仍着总漕等官赔偿。如山东、河南、湖广漕粮十分全完者,粮道加升一级;江南、江北、浙江、江西漕粮十分全完者,粮道加升二级。各省漕粮十分全完者,总漕加升二级。

【1740】○修改

臣等谨按:例内漕粮十分全完,各省粮道等官分别议叙之处,已于《吏部处分则例》备载,应删。谨将删辑例文,开列于后。

一、挂欠漕粮弁丁,照例分别治罪外,所欠粮数,作十分分赔。总漕半分,粮道一分,监兑官半分,押运官半分,运官一分半,佥丁卫所官半分,旗丁五分半。总漕等官如限内不完,交部议处。弁丁于限内全完,分别应治罪者治罪、应免议者免议。如不完,照例治罪。将不能赔偿米石,仍着总漕等官赔偿。十分全完,照例议叙。

【1740】3.7.119.(3)(略)

【1725】3.7.119.(5)

【增例】一、同帮运丁,将赤贫无赖之丁混行互结,以致挂欠者,将本丁应赔五分半之内,互结各丁摊赔一分,其余令本丁赔补。

【1740】3.7.119.(4)(略)

【1725】3.7.119.(6)

【钦定例】一、凡纳粮之户,果能以五月以前依限完半者,则将此户照停忙之例,于开忙后再令完纳。如有顽户抗欠不完,及完不如半限之数,仍照常追征。其州县官亦不得借停忙之名,苟且偷安,或借以沽邀名誉。倘有此等不肖州县,该督抚即指名题参,照惰征例议罪。

【1740】○删除

臣等谨按:此条所称纳粮之户,言地丁税粮也。地丁定有十月全完之例,虽按照月份定限,然产麦地方至麦熟而完纳始多,养蚕地方至丝成而完纳始众,虽有按照月份之例,仍须因地制宜。总在无误十月全完定限,则民力宽而催征亦易。律文及前例虽皆以十分为率,乃是满限之限,总计所欠而科罪,非每月必征及分数也。今定以五月完半,则各处风土迟早不同,恐难一例催征。而五月完不及半,不许停忙,则既拖欠粮额于前,复又荒废田亩于后,纵使严催足额,而田既失时,粮从何出?雍正十三年(1735)十一月,内阁学士方苞条奏"五月完半之处,酌量地方情形,不必拘定数目",又副都御史陈世倌条奏"农忙仍照旧例改停征比",俱经议准在案,此条应删。

***【1725】○增入①**

原拟:正律内有"违限一年之上不足者,提调部粮官、吏典,照例拟断"等语,但原条例内,未载有处分之例。查吏部例一条,巡抚以下,州县官以上,粮征不完,各按分数议处,应作为条例增入。

【原增现行例】一、凡督催经征地丁钱粮,巡抚、司、道、府、州、县官,欠不及一分及一分以上者,俱交该部,分别议处,限内催征;欠至五分以上者,州、县官革职;六分以上者,司、道、府官革职;七分以上者,巡抚革职。如署印官督催经征,欠不及一分及一分以上者,该部亦分别议处;欠至八分以上者,革职。其限年催征仍不完者,该部再照例分别议处。

---

① 此条见于《大清律例按语》第7卷"户律·仓库·收粮违限"(雍正三年)条下,雍正三年(1725)《大清律集解附例》不载。

【1740】○增入

一、凡兵役有应输之粮,抗玩不纳者,该州、县即将未完钱粮数目开明,移令所辖衙门,着本管官弁照数追完,移交州、县。如不实力催追完解,即照州、县催征钱粮未完分数律议处。其上司书役有抗粮不纳者,该州、县一面详报上司,一面严行拘拿,革役追比。如上司有阿庇袒护,州、县有瞻徇等弊,均照例议处。

谨案:此条系雍正六年(1728)定例。

【1740】3.7.119.(5)(略)

【1740】○增入①

一、凡绅衿所欠分数,各州县逐户开出,另册详报,指名题参。无论文武、乡绅、进士、举人、生员,并贡、监,及有顶带人员,已任、未任,俱按未完分数,已任者革职,未任者革去顶带衣衿,按例枷责治罪。如州县不行另册详报,别经发觉,交部议处。

此条系雍正六年(1728)定例。查举、贡、生、监抗欠钱粮,照分数问革、枷责,俱于本律第二条例内备载,此条重复。至"已任者革职,未任者治罪",前条之所以未及者,盖身任远方,本籍之粮,必有子弟、家人经管,设有亏欠,其子弟、家人即可提处。若必将出仕之人参革,不无鞭长莫及、罪非其人之虑。再举、贡、生、监既定罪名,则外任及有顶带之员,自可援照定罪,不必另立条款。至例内文武、乡绅、举、贡、生、监欠粮分数,另册详报,盖因雍正七年(1729)以前,未经清查,恃符抗欠者多,故特严为定例。清查以后,相近十年,各省通报全完,人皆奉法,抗欠之弊渐除。自应遵照旧例,欠至四分以上者,问革、枷责,免其另册详报。既省州县文册之繁,亦免怀挟私怨之徒,借一二分暂违限期,遂罹参处,致终身无上进之阶。此条无庸纂入。

【1740】3.7.119.(6)(略)

*【1740】○续纂②

一、凡有蠲免,俱以奉旨之日为始。其奉旨之后、部文未到之前,有已输在官者,准作次年正赋。如官吏朦混隐匿,照侵盗钱粮律治罪。

此条系乾隆二年(1737)七月钦奉上谕,恭纂为例,以便引用。

多收税粮斛面

律　文

【1646】3.7.127

凡各仓主守官役收受税粮,听令纳户亲自行概者,平斛之具交收,作正数即以平收者作正数。支销,

---

① 《大清律例按语》第40卷"户律·仓库·收粮违限"(乾隆五年)条下,将本条列入"删除",所录按语亦明确删除,而此条具载乾隆五年(1740)《大清律例》及此后各版《大清律例》,实未曾删除。

② 本条《大清律例按语》第40卷列入"户律·仓库·收粮违限"(乾隆五年)条下,标明"续纂",应为于乾隆五年(1740)移附"户律·田宅·检踏灾伤田粮"条下,见【1740】3.5.91.(9)条。

依例准除折耗。若仓官、斗级不令纳户行概,踢斛淋尖,多收斛面在仓者,杖六十。若以所多收之附余粮数总计赃重于杖六十者,坐赃论,罪止杖一百。此皆就在仓者言。如入己,以监守自盗论。提调官吏知而不举,与同罪。多粮给主。不知者不坐。

【1670】3.7.126(略)

【1725】3.7.120

凡各仓主守官役收受税粮,听令纳户亲自行概,平斛交收,作正数即以平收者作正数。支销,依例准除折耗。若仓官、斗级不令纳户行概,踢斛淋尖,多收斛面在仓者,杖六十。若以所多收之附余粮数总计赃重于杖六十者,坐赃论,罪止杖一百。此皆就在仓者言。如入己,以监守自盗论。提调官吏知而不举,与同罪。多粮给主。不知者,不坐。

注:此申严各仓主守不得于正数之外多收税粮也。概者,平斛之具。凡收受税粮,应听纳户亲自行概,但与斛面平准,即交仓收纳。所收之数,即作正数支销,则不亏纳户矣。其支销之时,例应除耗者,仍准除折耗,则不累监守矣。如仓官、斗级不令纳户行概,而踢斛以过求其实,淋尖以过求其满,以及斛而浮多者,俱杖六十。若以多收之粮积出附余之数,计赃重于杖六十者,坐赃论罪,止满杖。其不加重者,以虽多收而未曾入已也。提调官吏知情而不觉举,与仓官、斗级同罪,不知者不坐。

臣等谨按:此申严各仓主守不得于正数之外多收税粮也。概者,平斛之具。凡收受税粮,应听纳户亲自行概,但与斛面平准,即交仓收纳。所收之数,即坐正数支销,则不亏纳户矣。其支销之时,例应除耗者,仍照例准除折耗,则不累监守矣。如仓官、斗级,不令纳户行概,而踢斛以过求其实,淋尖以过求其满,则必致多收斛面,故杖六十。斛面既多,则有附余粮数,即计其附余之数为赃,计赃重于本罪者,坐赃论,罪止杖一百。其不加重者,以虽多收而未曾入已也。提调官吏,知其多收而不觉举,与仓官、斗级同罪,不知者不坐。

【1740】3.7.120(略)

附律条例

【1646】3.7.127.(1)

一、在京在外并各边一应收放粮草去处,若职官子弟、积年光棍、跟子、买头小脚、歇家、跟官伴当人等,三五成群,抢夺筹斛,占堆行概等项,打搅仓场,及欺凌官攒,或挟诈运纳军民财物者,杖罪以下,于本处仓场门首枷号一月发落;徒罪以上,与再犯杖罪以下,免其枷号,属军卫者发边卫,属有司者发附近,俱充军。干系内外官员,奏请定夺。

【1670】3.7.126.(1)(略)

【1725】○修改

原拟:今军、民有犯,一体拟断,应删去"属军卫者发边卫"等句,改为"附近充军"。

【1725】3.7.120.(1)

【原例】一、在京在外并各边一应收放粮草去处,若职官子弟、积年光棍、跟子、买头小脚、歇家、跟官伴当人等,三五成群,抢夺筹斛,占堆行概等项,打搅仓场,及欺凌官攒,或挟诈运纳军民财物者,杖罪以下,于本处仓场门首枷号一月发落;徒罪以上,与再犯杖罪以下,免其枷号,发附近充军。干系内外官员,奏请定夺。

【1740】○修改

臣等谨按:占堆、打搅等项,理应题参问罪。此系前代旧例,故有"奏请定夺"字样,应改。谨将改辑例文,开列于后。

一、在京在外并各边一应收放粮草去处,若职官子弟、积年光棍、跟子、买头小脚、歇家、跟官伴当人等,三五成群,抢夺筹斛,占堆行概等项,打搅仓场,及欺凌官攒,或挟诈运纳军民财物者,杖罪以下,于本处仓场门首枷号一月发落;徒罪以上,与再犯杖罪以下,免其枷号,发附近充军。干系内外官员,题参交部议处。

【1740】3.7.120.(1)(略)

【1814】○修改

一、在京在外并各边一应收放粮草去处,若职官子弟、积年光棍、跟子、买头小脚、歇家、跟官伴当人等,三五成群,抢夺筹斛,占堆行概等项,打搅仓场,及欺凌官攒,或挟诈运纳军民财物者,杖罪以下,于本处仓场门首、枷号一月发落;徒罪以上,与再犯杖罪以下,免其枷号,发附近充军。干系内外官员,题参交部议处。如本犯罪止枷、杖者,不行禀举之花户杖八十;犯该军罪者,花户亦杖八十,在该仓门首,加枷号一个月,均革役。

【1825】3.7.120.(5)(略)

【1852】○修改

一、在京在外并各边一应收放粮草去处,若职官子弟、积年匪徒、跟子、买头小脚、歇家、跟官伴当人等,三五成群,抢夺筹斛,占堆行概等项,打搅仓场,及欺凌官攒,或挟诈运纳军民财物者,杖罪以下,于本处仓场门首、枷号一个月发落;徒罪以上,与再犯杖罪以下,免其枷号,发附近充军。干系内外官员,题参交部议处。如本犯罪止枷杖者,不行禀举之花户,杖八十;犯该军罪者,花户亦杖八十,在该仓门首加枷号一个月,均革役。

谨案:咸丰二年(1852),因光棍例应斩决,恐致误会,将此例"光棍"字改为"匪徒"。

【1870】3.7.120.(5)(略)

【1646】3.7.127.(2)

一、各处仓粮,每石收耗米三升。查盘之时,计守支年分,每年每石准开耗一升。

若三年之外,原收耗粮已减尽,照例于正粮内递开一升,准作耗粮。此外若有侵盗者,方照律例问罪。近例每年一石,准开耗一升。如不照例,并耗甚,有坐以侵盗,殊为非法。

【1670】3.7.126.(2)(略)

【1725】3.7.120.(2)

一、各处仓粮,每石收耗米三升。查盘之时,计守支年分,每年每石准开耗一升。若三年之外,原收耗粮已减尽,照例于正粮内递开一升,准作耗粮。此外若有侵盗者,方照律例问罪。

【1740】3.7.120.(2)(略)

【1825】3.7.120.(1)(略)

【1740】○增入

一、社仓捐谷,听民自便,不得绳以官法。违者,以违制论。

此条系雍正六年(1728)钦奉上谕,恭纂成例,以便引用。

【1740】3.7.120.(3)(略)

【1825】3.7.120.(2)(略)

【1740】○增入

一、凡社仓谷石,不遇荒歉,借领者,每石收息谷一斗还仓。小歉借动者,免取其息。

此条系雍正七年(1729)定例。

【1740】3.7.120.(4)(略)

【1825】3.7.120.(3)(略)

【1740】○修改①

一、凡贡、监生员中,富生上户,定限五月完半,十月全完。如不能按限清完,务限岁底完足。再分三限严比,以十五日为限。初限比家仆,次限将本生押追,三限不完详革。革后全完,准予开复。中下户贫寒士子,以秋收八月完半,岁底全完。如不能按限清完,再分三限严比,每限十五日。中户务限,开岁全完;下户务限,开岁四月全完。初限、二限不完,提比家仆;三限未清,生监移学押追,贡生州县押追。再限半月,不能全完,即行详革。后能完足,仍准开复。委系赤贫,而尾欠仅属分厘者,详查明确,暂免详革,准于秋收并入次年限完半数内,带征完足。

此条系雍正九年(1731)定例。乾隆元年(1736)祭酒崔纪条奏,经部议准"富生上户,

---

① 《大清律例按语》第40卷"户律·仓库·多收税粮斛面"(乾隆五年)条下,本条列为"删除",按语亦明确删除,实为修改。

五月完半,十月全完。届期不清,再展两月,以岁底全完为率。中下贫生,八月完半,岁底全完。届期不清,分别再展数月,以开岁二月、四月全完为率。俱不必严立三限”在案。查抗欠之多,大概在赋役繁重地方。州县一例征比,尚需时日,再于其中分出贡、监生员,又于贡、监生员中分出上、中、下户,又于十月全完之外,各分初、二、三限,头绪繁冗,势难遵行。抗欠之户,恃有另限,益加推迟,于钱粮亦属无益。虽经部议酌改,然尚有上、中、下户之各异,尚有完半、全完之不同,尚有岁底、开岁二月、四月之展限,力难遵奉,势必视为具文。此条无庸纂入。

此条系雍正九年(1731)、乾隆元年(1736)并入定例。

一、凡贡、监生员中,富生上户,定限五月完半,十月全完。如届期不清,再展二月,以岁底全完为率。中下贫生,定限八月完半,岁底全完。如届期不清,中等以开岁二月为率,下等以开岁四月为率,务须全完。如逾限不完,即行详革。革后全完,仍准开复。若委系赤贫无力,而尾欠仅属分厘者,详查明确,暂免详革,准于秋收并入限年完半数内,带征完足。

【1740】3.7.120.(5)(略)

【1825】3.7.120.(4)(略)

【1814】○续纂

一、各仓花户,已经斥革,复在现充花户身后影射把持,向关米之人,勒索得财,计赃一两以下,杖一百、枷号两个月;一两至五两,杖一百、徒三年;六两至十两,发边远充军;十两以上,发黑龙江为奴;赃至一百二十两以上,照指称掣批名色勒索例拟绞监候。为从各减一等。如计赃重于从罪者,仍各从其重者论。亲老丁单,不准留养。若甫经影射办事,尚未得赃,即在该仓门首枷号一个月、杖一百。现充花户,有心容隐,朋比为奸者,均革役,与首犯同罪。其筲头、夫役及不应入仓人等,称为花户身后办事,勒索得财者,均照前例问拟。如随同花户及身后办事之人,知情分赃者,亦以为从论。至积年光棍,在仓滋事,仍照打搅仓场本例惩办。

臣等谨按:嘉庆十九年(1814)八月内,臣部审奏“兴平仓花户王朝瑞等呈控已革花户秦杰把持仓务”一案,将“秦杰依积年光棍打搅仓场、挟诈运纳军民财物,徒罪以上,发附近充军。因该犯系已革花户,复在现充花户身后影射盘踞,种种垄断把持情节较重,应加一等,发近边充军。该犯供称亲老丁单,不准留养。花户王义等,照不应重律,杖八十”等因具奏,奉旨:“依议。嗣后如有已革花户,仍在现充花户身后影射办事者,应再加等治罪。其现充花户,容留盘踞者,亦应加等治罪。着刑部酌拟专条,奏定遵行。钦此。”当经臣部查,各仓花户,本系在官人役,理宜守法奉公。既经斥革,即应安分营生,乃复敢于现充花户身后盘踞垄断,殊属藐法。至现充花户人等,公事是其专责,必应亲身办理。遇有匪棍在仓生事,正当秉公驱逐,断不能诿为不知,何得朋比为奸,任意容隐,致令已革花户有身后办事名目。即另有不法之徒,倚恃强横,打搅欺凌,倘该花户立即回禀本管官员,查拿办理,何至日久滋蔓。是已革花户及打搅仓场之人,若非该花户纵容,亦不能从中滋事。均应加等治罪。请议"嗣后各仓花户,已经斥革,复在现充花户身后影射把持,向关米之人勒索得财,应照指称掣批等项名色之例酌拟。计赃一两以下,杖一百,枷号两个月;一两至五两,杖一百,徒三年;六两至十两,发边远充军;赃至十两以上,发黑龙江为奴。仍照秦杰之例,虽亲老丁单,不准留养。仓内笞头、夫役,及不应入仓人等,如称为花户身后办事,勒索得财者,均照此例问拟。已革花户,甫经影射办事,尚未得赃者,一经察出,即杖一百,在该仓门首枷号一个月。现充之花户,有心容隐,朋比分肥者,均革役,与之同罪。赃至一百二十两者,照指称掣批名色旧例,分别首、从办理。如为从,计其所得之赃,罪至军遣者,仍从其重者论。其积年光棍,在仓滋事,仍照打搅仓场之例惩办。花户畏其强横,不行禀举,并非有心容隐者,照不应重律杖八十,革役,于该仓门首枷号一个月"等因,奏准通行在案。再查此案原为惩办身后办事之人及各仓花户而设,其随同花户及身后办事之人知情分赃,亦应以为从论。应请添纂入例,合并声明。至原奏内称"花户畏其强横,不行禀举,拟以枷、杖"一节,系专指不禀首积年光棍之花户而言,应请分纂于积年光棍本条之下,以免牵混而便引用。再积年光棍滋事,如本犯在徒罪以上,例应军戍者,将花户拟以枷、杖,甚属平允。若本犯罪止枷、杖,不行禀举之花户亦拟以枷号一个月、杖八十,未免无所区别。臣等公同酌议,如积年光棍,在仓滋事,犯该军罪者,将不行禀举之花户拟以枷号一个月、杖八十;如本犯罪止枷、杖,将花户拟以杖八十,免其枷号,一并添纂入例。谨将原例及修改例文,开列于后。

【1821】修改

臣等谨按:嘉庆二十五年(1820)九月内,臣部遵旨酌议停发吉林、黑龙江遣犯案内,将花户已经斥革,复在现充花户身后影射,向关米人勒索得财,计赃在十两以上一条,改为"实发云贵两广极边烟瘴充军"等因,奏准在案,应于例内修改明晰。谨将修改例文,开列于后。

一、各仓花户,已经斥革,复在现充花户身后影射把持,向关米之人,勒索得财,计赃一两以下,杖一百、枷号两个月;一两至五两,杖一百、徒三年;六两至十两,发边远充军;十两以上,实发云贵两广极边烟瘴充军;赃至一百二十两以上,照指称掣批名色勒索例拟绞监候。为从各减一等。如计赃重于从罪者,仍各从其重者论。亲老丁单,不准留养。若甫经影射办事,尚未得赃,即在该仓门首枷号一个月、杖一百。现充花户,有心容隐,朋比为奸者,均革役,与首犯同罪。其笞头、夫役及不应入仓人等,称为花户身后办事,勒索得财者,均照前例问拟。如随同花户及身后办事之人,知情分赃者,亦以为从论。至积年光棍,在仓滋事,仍照打搅仓场本例惩办。

【1825】3.7.120.(6)(略)

【1852】修改

一、各仓花户,已经斥革,复在现充花户身后影射把持,向关米之人,勒索得财,计赃一两以下,杖一百,枷号两个月;一两至五两,杖一百、徒三年;六两至十两,发边远充军;十两以上,实发云贵两广极边烟瘴充军;赃至一百二十两以上,照指称掣批名色勒索例,拟绞监候。为从各减一等。如计赃重于从罪者,仍各从其重者论。亲老丁单，不准留养。若甫经影射办事，尚未得赃，即在该仓门首枷号一个月，杖一百。现充花户，有心容隐，朋比为奸者，均革役，与首犯同罪，其笸头、夫役及不应入仓人等，称为花户身后办事，勒索得财者，均照前例问拟。如随同花户及身后办事之人，知情分赃者，亦以为从论。至积年匪徒，在仓滋事，仍照打搅仓场本例惩办。

谨案：咸丰二年（1852），因光棍例应斩决，恐致误会，将此例“光棍”字改为“匪徒”。

【1870】3.7.120.（6）（略）

隐匿费用税粮课物

律　文

【1646】3.7.128

凡本户自运送本户应纳税粮课物，如蚕丝、铜铁之类。及应追入官之物，已给文送运。而隐匿肥己、私自费用不纳，或诈作水火、盗贼损失，欺罔经收官司者，并计所亏欠物数，为赃，准窃盗论，罪止杖一百、流三千里。免刺。其部运官吏知隐匿、诈妄之情与同罪，不知者不坐。此系公罪，各还职役。若受财故纵，以枉法从重论。小户附搭侵匿者，仍依此律准窃盗。

【1670】3.7.127（略）

【1725】○修改

原拟：小注内“各还职役”句，应改为“各留职役”。

臣等谨按：此言人户自纳税物而有欺诈也。前言隐匿、费用及诈欺之罪。不以监守盗论者，以其出于本户，未经送官，非从仓库起解之物也。次言官吏知情不举之罪。

【1725】3.7.121

凡本户自运送本户应纳税粮课物，如蚕丝、铜铁之类。及应追入官之物，已给文送运。而隐匿肥己、私自费用不纳，或诈作水火、盗贼损失，欺罔经收官司者，并计所亏欠物数，为赃，准窃盗论，罪止杖一百、流三千里。免刺。其部运官吏知隐匿、诈妄之情与同罪，不知者不坐。此系公罪，各留职役。若受财故纵，以枉法从重论。小户附搭侵匿者，仍依此律准窃盗。

注：此言人户自纳税物而有欺诈也。注云“已给文送运”，谓如纳粮经官盘验、课物经官估称，令其运赴仓库，而于途次隐匿、费用，或诈作损失者，计所亏欠数为赃，准窃盗论，罪止满流。不以监守盗论者，以其出于本户，非从仓库起解之物也。官吏知情不举，与同罪，不知者不坐。若受财故纵，以枉法从重论，不止于同罪而已也。

【1740】3.7.121（略）

附律条例

【1725】3.7.121.（1）

【钦定例】一、石坝、大通桥，设立经纪剥船，转运京仓粮米，仓场及坐粮厅各差妥役沿闸稽查。如剥船回空，搜查无米藏匿者，其掣欠仍责经纪赔补。若船底搜出有米藏匿，即将掣欠之米，令船户代役照数摊赔，枷责、革役。其失察之经纪，一并责惩。

谨案:此条系雍正五年(1727)定例。

【1740】3.7.121.(1)(略)

揽纳税粮

律　文

【1646】3.7.129

凡揽纳他人税粮者,杖六十,着落本犯赴仓照所揽数纳足,再于犯人名下照所纳数追罚一半入官。○若监临主守官役挟势揽纳者,加罪二等。仍追罚一半入官。○其小户畸残田。零零丁不足以成一户。米麦,因便凑数于本里纳粮人户处附纳者,勿论。包揽侵费正数及多科费用,以诓骗论;若侵克,以监守自盗论。包与者,不应杖罪。

【1670】3.7.128(略)

【1725】3.7.122

凡揽纳他人税粮者,杖六十,着落本犯赴仓照所揽数纳足,再于犯人名下照所纳数追罚一半入官。○若监临主守官役挟势揽纳者,加罪二等。仍追罚一半入官。○其小户畸残田。零零丁不足以成一户。米麦,因便凑数于本里纳粮人户处附纳者,勿论。包揽侵费正数及多科费用,以诓骗论;若侵欺,以监守自盗论。包与者,不应杖罪。

注:此言包揽别户税粮代纳以取利也。凡民户税粮,应本户自行交纳。若包揽为人代纳者,杖六十,令照原揽粮数赴仓交足,仍于本犯名下追罚一半入官。至监临主守有犯,除纳足、追罚入官之外,又加罪二等,杖八十。其小户畸零米麦,于本里粮户附纳者勿论。若揽纳之人,或将所包税粮侵蚀、费用,纳不足数,或指称杂费名色,额外多科,或全侵欺入已,并计赃分别科罪。包与者,坐不应重杖。

臣等谨按:此言包揽别户税粮代纳以取利也。首节言揽纳他人税粮之罪,次节言监临主守揽纳之罪,末节言小户畸零米麦于本里粮户附纳者勿论。

【1740】3.7.122

凡揽纳他人税粮者,杖六十,着落本犯赴仓照所揽数纳足,再于犯人名下照所纳数追罚一半入官。○若监临主守官役挟势揽纳者,加罪二等。仍追罚一半入官。○其小户畸残田。零零丁不足以成一户。米麦,因便凑数于本里纳粮人户处附纳者,勿论。包揽侵费正数及多科费用,以诓骗论;若侵欺,以监守自盗论。包与者,不应杖罪。

附律条例

【1646】3.7.129.(1)

一、各处司、府、州、县,每岁将应解钱粮起数先后,编次在册,务要差委的当人员,依次起解。其兑头、水脚等项,照数交领,不许有分毫侵克。仍将起解日期,预先报部,以凭查催。如有阿徇人情,滥差积年无藉之徒,及捏称把总、杂职、阴阳、省祭等项名色领解,致侵银一千两以上者,降一级。若应解钱粮,不即起解,因而别项挪用一千两以上者,亦降一级;五千两以上者,照不谨事例罢黜。其册报钱粮,已经解出,违限一年以上,不行追取批回者,官住俸,承行该吏革役。若听内外势要官豪揽纳者,问发为民;干碍势豪,参究治罪。

【1670】3.7.128.(1)(略)

【1725】○修改

原拟:今各省应解正项钱粮,俱系巡抚起文委员解部,无司、府、州、县径解之例。且侵盗及挪用钱粮,俱革职问拟,无挪用五千两以下止于降级之例。其解送钱粮违限者,即行处分,亦无住俸之例。谨拟删改,开载于后。

【原改条例】一、直省巡抚,每岁将应解钱粮起数先后,编次在册,务要差委的当人员,依次起解。其水脚等项,照数交领,不许分毫侵克。仍将起解日期,预先报部,以凭察催。若听内外势要官豪揽交者,问发为民;干碍势豪,参究治罪。

【1725】3.7.122.(1)

【原例】(略)

【1740】○删除

臣等谨按:此条系前明旧例。本朝应解钱粮,皆佥丞倅等官,领批起解,并无揽交等事。其"听内外势要官豪揽交"等语,与本朝事例不合,此条应删。

【1646】3.7.129.(2)

一、内府钱粮,及内外仓场粮草、各处军需等项,不拘起运、存留,但有包揽诓骗,银一百两、粮二百石以上,不行完纳,事发问罪。责限三个月以里完纳者,照常发落。过期不完者,尽其财产赔纳,发边卫充军。经年不完者,仍枷号一个月,照前发遣。各边武职,主使家人、伴当、跟随交结人员,挟势揽纳作弊者,参问降二级;听使之人,仍照前例问发。

【1670】3.7.128.(2)(略)

【1725】○修改

原拟:官员有主使家人、交结人员,挟势揽纳作弊等项,应参问者,俱按所犯情罪轻重,照律例问拟,无止降二级之例,应将"降二级"句改为"究拟"。

【1725】3.7.122.(2)

【原例】一、凡内府钱粮,及内外仓场粮草、各处军需等项,不拘起运、存留,但有包揽诓骗,银一百两、粮二百石以上,不行完纳,事发问罪。责限三个月以里完纳者,照常发落。过期不完者,尽其财产赔纳,发边卫充军。经年不完者,仍枷号一个月,照前发遣。各边武职,主使家人、伴当、跟随交结人员,挟势揽纳作弊者,参问究拟;听使之人,仍照前例问发。

【1740】○修改

臣等谨按:此条亦仍前明旧例。过期不完,尽其财产赔纳,问拟充发,又添经年不完,枷号、充发,似属蛇足,应删。谨将删辑例文,开列于后。

一、凡内府钱粮,及内外仓场粮草、各处军需等项,不拘起运、存留,但有包揽诓骗,银一百两、粮二百石以上,不行完纳,事发,责限三个月以内完纳者,照常发落。过期不完者,尽其财产赔纳,发边卫充军。各边武职,主使家人、伴当、跟随交结人员,挟势揽纳作弊者,参问究拟;听使之人,仍照前例问拟。

【1740】3.7.122.(1)(略)

【1767】○修改

谨案:乾隆三十二年(1767),因卫所专司挽运,不收军犯,将"边卫充军"改为"近边充军"。

一、凡内府钱粮,及内外仓场粮草、各处军需等项,不拘起运、存留,但有包揽诓骗,银一百两、粮二百石以上,不行完纳,事发,责限三个月以内完纳者,照常发落。过期不完者,尽其财产赔纳,发近边充军。各边武职,主使家人、伴当、跟随交结人员,挟势揽纳作弊者,参问究拟;听使之人,仍照前例问拟。

【1768】3.7.122.(1)(略)

【1646】3.7.129.(3)

一、京、通并马房、仓场等处收受草束,若兜揽之徒,恃强将不堪水湿小草充数,嘱托监收官员收受者,拿送问罪,枷在本处仓场门首,三个月发落。

【1670】3.7.128.(3)(略)

【1725】○修改

谨案:此条系原例。起处"京、通并马房、仓场等处",雍正三年(1725)奉御批改定。

【1725】3.7.122.(3)

【原例】一、内外各处收受草束,若兜揽之徒,恃强将不堪水湿小草充数,嘱托监收官员收受者,拿送问罪,枷在本处仓场门首三个月发落。

【1740】3.7.122.(2)(略)

【1646】3.7.129.(4)

一、在京刁徒光棍,访知铺行但与解户交关价银,辄便邀集党类数十为群,入门嗓闹,指为揽纳,捉要送官,其家畏惧罪名,厚赂买灭。所费钱物,出在解户,以致钱粮累年不完。如有犯者,听经该及缉事衙门拿送,法司查照打揽仓场事例发遣。

【1670】3.7.128.(4)(略)

【1725】○修改

原拟:今步军统领及五城司坊官员,俱有缉捕之责,并无专设"缉事衙门",应删去"缉事"字,改为"经该各衙门"。

【1725】3.7.122.(4)

【原例】一、在京刁徒光棍,访知铺行但与解户交关价银,辄便邀集党类数十为群,入门嗓闹,指为揽纳,捉要送官,其家畏惧罪名,厚赂买灭。所费钱物,出在解户,以致钱粮累年不完。如有犯者,听经该各衙门拿送,法司查照打揽仓场事例发遣。

【1740】〇删除

臣等谨按:此条亦仍前明旧例。本朝一应钱粮及应解物件,皆佥员解送,并无解户名目,亦无铺行交关等事。此条应删。

【1725】3.7.122.(5)

【钦定例】一、凡贡、监生员,包揽钱粮,催收入己,拖欠国课者,不论分数、多寡,俱黜革,发黑龙江当差。若包揽入己,拖欠至八十两者,拟绞监候。虽未入己,并无拖欠,亦黜革为民,枷号三个月、杖一百。仍照所纳之数,追罚一半入官。至无知愚民,听人揽纳者,杖八十,追包纳之数入官。其不行查出之该管官,交部议处。

【1740】〇删除

臣等谨按:此例内不问分数,概予外遣。查监守盗仓库钱粮一千两以下者,准徒五年。今生、监包揽,不问多寡,即发黑龙江当差,是侵盗未经入库之钱粮,转重于已经入库之监守。乾隆元年(1736),原任河南巡抚富德条奏照常人盗仓库钱粮律并赃论罪,经部议准。但律注内以监守自盗论,今改照常人盗,则又过轻,无以惩贪,应仍照律注定罪。再包滥及包与之人问罪、入官之处,皆有定律,不必另立条款。此条应删。

【1740】〇删除

一、州、县官于每年十月终,令各乡里书,将所管纳粮名户各名下已完若干、未完若干开送,查对无差,即将完欠细数,分贴各乡里,使小民家喻户晓。倘有与串不符,许即执串具控,免其听人包纳之罪。或有包揽入己,或将应比之户匿名免追,及胥吏洗补串票,以多报少等弊,查出按律治罪。州县官不将完欠细数显示于民者,该督抚题参,交部议处。

臣等谨按:此条系雍正八年(1730)定例。州县征收钱粮,自有实征流水等簿,开载详明。小民完粮,自有串票可凭、字号细数可对。倘有重征等弊,原可执控,无借完欠数目分贴各乡,始能家喻户晓。再大县一里之中,花户不下数千,逐日征收,完欠不定,势难开造。至包揽、洗补等弊,皆有定例,现在遵行。此条无庸纂入。

虚出通关朱抄

律　文

【1646】3.7.130　虚出通关朱抄 凡钱粮通完,则出给印信长单,为通关。仓库截收,则暂给红批照票,为朱抄。

凡仓库收受一应系官钱粮等物原数本不足,而监临主守,通同有司提调官吏,虚出通关给发者,计所虚出之数,并赃,不分摊各犯。皆以监守自盗论。〇若委官盘点钱粮,数本不足,符同监临、提调官申报足备者,罪亦如之。受财者,亦计不足数,以监守自盗论,并赃。计入己赃以枉法从重论。

○其监守不收本色,许言奉文折收财物,虚出朱抄者,亦以监守自盗论。纳户知情,减二等,免刺,原与之赃入官;不知者不坐,其赃还主。○通上。同僚知而不举者,与犯人同罪。至死减等。不知及不同署文案者不坐。以失觉察论。

【1670】3.7.129(略)

【1725】3.7.123 虚出通关朱抄 凡钱粮通完,出给印信长单,为通关。仓库截收,则暂给红批照票,为朱抄。

凡仓库收受一应系官钱粮等物原数本不足,而监临主守,通同有司提调官吏,虚出通关给发者,计所虚出之数,并赃,不分摊各犯。皆以监守自盗论。○若委官盘点钱粮,数本不足,扶同监临、提调官申报足备者,罪亦如之。亦计不足数,以监守自盗论,并赃。受财者,计入己赃以枉法从重论。○其监守不收本色,许言奉文折收财物,虚出朱抄者,亦以监守自盗论。纳户知情,减二等,免刺,原与之赃入官;不知者不坐,其赃还主。○通上。同僚知而不举者,与犯人同罪。至死减等。不知及不同署文案者不坐。以失觉察论。

注:此言仓库钱粮宜核实数也。凡一切解运钱粮等物,本、折各有定数。若监临、主守通同有司提调官吏,虚出纳足通关,及委官盘点,扶同捏完申报,计所虚出之数并赃,皆以监守自盗论。若受财者,计赃以枉法从重论。其应收本色钱粮,若监守折收财物,而虚出本色朱抄者,亦以监守自盗论。纳户知情者,减罪二等,免刺,原与财物入官。不知者不坐,财物还主,仍追纳本色。同僚知其虚出通关、朱抄及扶同申报、折收财物而不举者,各与同罪。若不知情,及不同署文案者,止依失觉察科断。通关,兼有司人等;朱抄,止罪监守。盖通关系有司所出,必通同而后得;朱抄,则仓库官自给,故止罪监守也。

臣等谨按:此言仓库钱粮宜核实数也。等物,通指一切解运之项言,如金帛、颜料之类。首节言监临、主守通同有司提调官吏虚出通关之罪。二节言委官盘点,扶同监守人等,捏完申报之罪。三节言监守折收财物,虚出本色朱抄,及纳户知情听折之罪。其财物还主,仍追纳本色。四节总承上文言,同僚知其虚出通关,及扶同申报、折收财物等情不举之罪。若虽同署文案而不知情,及不同署文案者,不坐,仍依失觉察科断。同属虚出,而通关兼及有司人等,朱抄止罪监守者。盖通关系有司所出,必彼此通同而后得;朱抄则仓库所自给,故止罪监守也。

【1740】3.7.123 虚出通关朱抄 凡钱粮通完,出给印信长单,为通关。仓库截收,则暂给红批照票,为朱抄。(略)

附律条例

【1646】3.7.130.(1)

一、各处巡按御史,每年一次委官查盘所属地方钱粮,及点闸驿递夫马等项,事完之日,各委官将查点过缘由,并问过罪名,通申巡抚知会。内有与各差御史事体相关者，摘申各差御史知会，从一归结，不必另委官查点，致滋烦扰；亦不许委州、县正官，致妨职业。若各委官不悉心查点，审究赃数的确，但凭吏书故入人罪者，听抚、按官应提问者提问，应参奏者奏请提问，降一级调用；情重者，革职闲住。查盘，奉旨新裁。

【1670】3.7.129.（1）（略）

【1725】○删除

原拟：此条专言巡按御史委官盘察各处钱粮，及点阅驿递夫马等项之事。今巡按御史既已停差，此条拟删。

【1725】3.7.123.（1）

【钦定例】一、凡州县亏空，审明确系知府徇隐独赔之项，将知府照例革职离任，本犯拟罪监追。勒限一年，令其赔补。无论本犯完补，或知府协同完补，但能于限内全完，系侵欺之项，本犯拟死罪者，照例减二等发落；拟军、流、徒、杖者，照例释免。若系挪移之项，至二万两以上者，本犯照例释免；未至二万两者，本犯照例准其开复。其徇隐之知府，亦照雍正二年（1724）八月内上司与本官一体开复之例，俱准其开复。如一年限内，无论侵欺、挪移，本犯家产不能完补，即将本犯照见在未完之数，治罪发落。其未完银两，尽数着落徇隐之知府，勒限一年完补。若能于限内全完者，准其开复；如限满不完，再限一年完补。若能于二限内赔补全完者，照伊原职降一级调用；如二限内完不足数，再限一年完补。若能于三限内全完者，照伊原职降二级调用。如三限既满之后，徇隐该管之知府，虽照数赔补全完，亦不准其开复。

谨案：此条系雍正三年（1725）定例。

【1740】○修改

臣等谨按：此条即第一条奏销例内独赔之知府勒限严追之例。其照“刑律”，监守自盗本犯勒限三年之处，已于前条改定。此条自应详为分析，以便引用。谨将修辑例文，开列于后。

一、凡州县侵挪亏空，审明确系知府徇隐，应着落独赔之项，将徇隐之知府革职离任。其州县亏空银米，仍依侵挪等赃年限，先于本犯名下尽数着落严追。一年限内全完，系侵欺之项，本犯拟死罪者，照例减二等发落；拟军、流、徒、杖者，照例释免。若系挪移之项，至二万两以上者，本犯照例释免；未至二万两者，本犯照例准其开复。其徇隐之知府，亦一体准其开复。如二限、三限补完者，本犯照例分别发落。若三年限满不能完足，本犯仍照原拟治罪。查实果系家产全无，无力完帑，将未完银米等项，着落徇隐之知府独赔，勒限一年完补。若能于限内全完，准其开复；限满不完，再限一年完补。若能于二限内赔补全完，照伊原职降一级调用；如二限内完不足数，再限一年完补。若能于三限内全完，照伊原职降二级调用。三限既满之后，虽照数赔补全完，亦不准开复。

【1740】3.7.123.(3)(略)

【1801】○修改

臣等谨按:此条系雍正三年(1725)定例。乾隆二十六年(1761)续定有“侵欺入己,虽限内完赃,亦不准减等”之例。嗣于嘉庆四年(1799)正月,军机王大臣等面奉谕旨,饬将侵盗钱粮一项,会同详议具奏。经臣部会议:侵盗钱粮,本系因赃入罪。如限内完交,仍与不交者同科,或被追之员,因完赃不能减罪,故为隐匿拖欠。甚至该管上司,因立法稍严,瞻徇顾忌,未肯据实查办,究与公项无补。自应仍复旧章,以归核实。请“嗣后侵盗钱粮,一年限内全完,死罪照免死减等人犯再减一等发落,流、徒以下免罪。若不完,再限一年。全完者,死罪及流、徒以下,各减一等发落。如不完,流、徒以下,即行发配;死罪人犯监禁,再限一年着落犯人妻子着追。三年限外不完,死罪人犯永远监禁;全完,奏明请旨,亦照二年全完减死罪一等”等因具奏。奉旨:“依议。钦此。”钦遵,载入“刑律·监守自盗”在案。此条“侵欺入己,本犯不准减等”句,系属旧例,应行修改。又例内“三年限满,不能完足,本犯仍照原拟发落”一节,与“挪移出纳”门内例载“除完过若干之外,照现在未完数目治罪”之例歧异,亦应画一修改。谨将修改例文,开列于后。

一、凡州县侵挪亏空,审明确系知府徇隐,应着落独赔之项,将徇隐之知府,革职离任。其州县亏空银米,仍依侵挪等赃年限,先于本犯名下,尽数着落严追。一年限内全完,除侵盗之案,照监守自盗本例,分别年限完缴数目办理外,若系挪移之项,至二万两以上者,本犯照例释免;未至二万两者,本犯照例准其开复。其徇隐之知府,亦一体准其开复。如二限、三限补完者,本犯照例分别减等发落。若三年限满不能完足,本犯照现在未完之数治罪。查实果系家产全无,无力完帑,将未完银米等项,着落徇隐之知府独赔,勒限一年完补。若能于限内全完,准其开复;限满不完,再限一年完补。若能于二限内赔补全完,照伊原职降一级调用;如二限内完不足数,再限一年完补。若能于三限内全完,照伊原职降二级调用。三限既满之后,虽照数赔补全完,亦不准其开复。

【1802】3.7.123.(3)(略)

【1845】○修改

【原例】【1740】3.7.123.(1)(略)、【1802】3.7.123.(3)(略)

臣等谨按:以上二例,凡州县亏挪仓库钱粮,特因该管知府有稽查所属州县之责,故定例不得不严。惟查直隶州知州,亦有所属州县,其体统原应与知府一例定断。是以道光九年(1829),臣部纂修条例时,曾将本门内“州县挪移亏空,审明系知府不行揭报”一条,已添入“直隶州知州”在内。而此二条,事同一律,修例时并未载及“直练州知州”字样,系属疏漏,应添纂明晰,以资引用。谨将修改例文,开列于后。

一、凡州县侵挪亏空,审明确系知府、直隶州知州徇隐,应着落独赔之项,将徇隐之知府、直隶州知州,革职离任。其州县亏空银米,仍依侵、挪等赃年限,先于本犯名下尽数着落严追。一年限内全完,除侵盗之案,照监守自盗本例,分别年限、完缴数目办理外,若系挪移之项,至二万两以上者,本犯照例释免;未至二万两者,本犯照例准其开复。其徇隐之知府、直隶州知州,亦一体准其开复。如二限、三限补完者,本犯照例分别减等发落。若三年限满不能完足,本犯照现在未完之数治罪。查实果系家产全无,无力完帑,将未完银米等项,着落徇隐之知府、直隶州知州独赔,勒限一年完补。若能于限内全完,准其开复;限满不完,再限一年完补。若能于二限内赔补全完,照伊原职降一级调用;如二限内完不足数,再限一年完补。若能于三限内全完,照伊原职降二级调用。三限既满之后,虽照数赔补全完,亦不准其开复。

【1847】3.7.123.(10)(略)

【1725】3.7.123.(2)

【钦定例】一、凡州县亏空钱粮,该管知府革职分赔者,亦先在本犯名下,勒限一年追补。限内全完,将本犯分别侵、挪,照例发落开复。如限内本犯止完足一半,或完过一半,例得开复者,仍照例俟知府赔完之日,俱准其开复。如本犯限内全无完补,及完不足一半者,仍照例将本犯监追,照伊原亏空之数,令知府分赔一半。其知府分赔一半银两,勒限一年完补。限内全完,准其开复;如限满不完,再限一年完补。若能于二限内全完者,准其开复,于补官日罚俸一年;如二限内完不足数,再限一年完补。若能于三限内全完者,照伊原职降一级调用。如三次限满不完,及本犯名下应追银两未完者,俱不准开复。未完银两,仍着落伊等名下追赔。

谨案:此条系雍正三年(1725)定例。

【1740】○修改

臣等谨按:此条即第一条奏销例内"分赔之知府勒限严追"之例。查雍正六年(1728)新例,又有"州县亏空,知府未经揭报,系侵欺,止照失察侵盗本律定罪,免其分赔;系挪移,责令分赔",已于第一条奏销例内分析,则此例内"侵欺"字样应删。再例内"本犯一年全完,照例开复"。本犯既予开复,则未经查揭之知府亦应开复,未经列入,应增。再例内本犯勒追一年,即向知府名下追赔,已于第一条奏销例内,改照"刑律·监守自盗"条下分限三年,此条自应详为分析,以便引用。再例内"本犯全无完补,及完不足一半,照伊原亏之数,令知府分赔一半"。查分赔之异于独赔者,以其情罪稍轻也。今独赔之例,除本犯已完银两,方始着落知府独赔。而分赔之例,则不论本犯已、未完若干,统照原亏之数,责令知府分赔。是知府失察之分赔,反重于徇隐之独赔矣。似觉轻重未平,应改。再既定本犯勒追三年,尚有未完,着落知府追赔,则例内"俟知府赔完之日,俱准开后"及"本犯名下应追银两未完,仍不准开复"等语,并与新定之例不符,应删。谨将删改例文,开列于后。

一、凡州、县挪移亏空,审明系知府不行揭报,应着落分赔之项,将知府革职。其亏空银米,仍依挪移亏空年限,先于本犯名下,尽数着落严追。一年限内全完,将本犯及不行揭报之知府,俱照例准其开复。二限、三限补完,本犯照例分别发落。若三年限满不能完足,本犯仍照原拟治罪。查实果系家产全无,无力完帑,将未完银米等项,着落不行揭报之知府分赔一半;其余一半,入于无着项下完结。其知府分赔一半银两,勒限一年完补。限内全完,准其开复;不完,再限一年完补。若能于二限内全完者,准其开复,于补官日罚俸一年;如二限内完不足数,再限一年完补。若能于三限内全完者,照伊原职降一级调用。如三次限满不完,不准开复,未完银两,仍着落追赔。

【1740】3.7.123.(4)(略)

【1830】○修改

臣等谨按:道光七年(1827)闰五月初七日,奉上谕:"户部奏'州县亏空钱粮限满无完请核实着赔'一折。直隶各州县经管仓库,责成该管上司层层稽核,讵容稍有侵挪。如果实心查察,遇案即参,属官各知畏惧,何致任意亏空,动辄盈千累万。乃平日徇瞻因循,冀其自行弥补。及至万难掩饰,始以一参塞责。参革后,审讯亏缺之由,往往以因公挪移为词,避重就轻,开脱迁就,以致帑项多归无着。积弊已极,只因向例州县亏空,限满无完,只令该管知府、直隶州知州分赔一半,而道员、藩司、督抚,例内并无着赔专条,均得置身事外,不足以示惩儆。兹据户部奏请,援照江南、安徽办过分赔成案,责令该管上司一律摊赔。着通谕各直省:嗣后各州县亏空银米,被参后,先在本犯及家属名下,照例按限催追。如限满完不足数,查明家产尽绝,實在不能追交者,即将未完数目作为十成,无论原案是侵是挪,俱着不行揭报之知府、直隶州知州分赔五成,勒限追缴;其余五成,着失察之道员分赔二成,藩司分赔二成,巡抚分赔一成。均照代赔例限,按银钱多寡,分年完缴。倘有两案,准将前案银两,依限清完后,再行接扣追缴。至从前已参未结各案,亦照此分别核赔。并着各督抚严饬藩司、道府,凡州县交代征收存库钱粮,悉令遵照户部前奏,限两个月,扫数提调司库,仍于年终开单具奏。俾帑项不致虚悬,追赔均归有着,以昭核实。钦此。"钦遵在案。除由户部纂入则例内,臣部例内亦应修改明晰,以昭画一。谨将修改例文,开列于后。

一、凡州县挪移亏空,审明系知府、直隶州知州不行揭报,应着落分赔之项,将知府、直隶州知州革职。其亏空银米,仍依挪移亏空年限,先于本犯名下尽数着落严追。一年限内全完,将本犯及不行揭报之知府、直隶州知州,俱照例准其开复。二限、三限补完,本犯照例分别发落。若三年限满不能完足,本犯仍照原拟治罪。查实果系家产全无,无力完帑,将未完银米等项,无论侵、挪,着落不行揭报之知府、直隶州知州分赔五成;其余五成,着落失察道员分赔二成、藩司分赔二成、巡抚分赔一成。其知府、直隶州知州分赔银两,勒限一年完补。限内全完,准其开复。不完,再限一年补完。若能于二限内全完者,准其开复,于补官日罚俸一年;如二限内完不足数,再限一年完补。若能于三限内全完者,照伊原职降一级调用。如三次限满不完,不准开复,未完银两,仍着落追赔。至巡抚、司、道分赔银两,均照代赔例限,按银数多寡,分年完缴。倘有两案着赔,准将前案银两依限缴完,再行续接追缴。

【1847】3.7.123.(8)(略)

【1740】○移改

＊【原例】名例律·给没赃物

【1725】1.1.24.(7)一、凡仓库银谷,督、抚、司、道、知府,年底以实在无欠申报,保题后有亏空,知府即行报参者,免其分赔。如不行报参,别经发觉,先着落亏空官追取。若亏空官家产尽绝,着落保题之上司官均行赔补。至起解银两及漕粮等项,如有亏空者,将解官、运官审明追取。如家产尽绝,亦着落该管上司均行赔补。若有借端需索等弊,亦许下属官通报,参究治罪。

臣等谨按:此条雍正五年(1727)刻本载在"名例·给没赃物"条下。查此条系盘查仓库分别着赔之例,与给没赃物无涉,应移入于此。但例内称"仓库钱谷,督、抚、司、道、知府,申报保题后有亏空,知府即行报参,免其分赔",语未明显。查康熙四十四年(1705),户部议准,"盘查出结之后,州县一有亏空,其知府无论几时查出,立即报参,免其治罪分赔",语较明晰。而现今各省,年底保题,俱统归于次年奏销盘查之内,应改。至此例止言知府失于揭报,其中或系徇隐,或止失于揭报,情罪各有不同。下条原有知府独赔、分赔两例,①应于此条内详为指出,则前后贯串,便于遵循。再查雍正六年(1728),又有新例失察侵欺之知府,止照失察侵盗本律治罪,免其分赔。失察挪移之知府,责令分赔。盖因挪移有案可稽,知府不难预为查揭。且所挪之银,还充官用,尚非入己可比,故责令知府分赔一半。若侵欺,则擅自侵用,一时无凭觉察。且虑不肖州县,恃有分赔之例,设遇事故离任,将库银藏匿,事发止赔一半,则本犯反得余利,而知府横遭赔累,故特免其分赔。非宽知府,乃所以惩贪墨也。亦应于此例分晰,以便引用。再"刑律·监守自盗"条下,凡侵挪,本犯例分三限追比,每限一年。及雍正四年(1726),定有知府独赔、分赔两例,则将本犯止限一年,限满不完,无论本犯有无家产未尽,即向知府名下勒限追比。同一侵挪,在本犯名下追补者,定以三年,有独赔、分赔之知府者,定以一年,殊不画一。况奸猾州县,恃有代赔之知府,本身止有一年限期,易于延挨隐匿。是知府动辄代赔,而本犯反得漏网,情罪亦未允协。应于此条例内,改照"刑律"定例,仍限三年。果至本犯家产全无,无力完帑,然后责令知府赔补。再于独赔、分赔例内,详细分析,则贪吏益知惩儆,而于定例彼此相符,不致援引格碍矣,应增。再例内着落保题之上司官均行赔补。查州县钱粮,知府有盘查出结之责,故一有亏空,着落赔补。至若督、抚、司、道,管理通省,耳目难周。设或知府不行揭报,责令督、抚、司、道一例分赔,则与盘查出结之知府,情有不同,罪无差等。且以总理之官,而赔通省州县之亏空,势必无力赔偿,于钱粮亦无着落。查康熙五十九年(1720)九卿议准:州县亏空钱粮,知府揭报,而布政使不即转揭,或已转揭,而督抚不即题参者,将督抚、布政使议处,仍令分赔。又明知州县亏空,不即报参,反为设法弥补之督、抚、司、道,照例分赔。则曾经知府揭报,而督、抚、司、道不即转揭、题参,原有分赔之责,自应详为分别。庶知府有知府之分赔,督、抚、司、道有督、抚、司、道之分赔,则情罪均平,钱粮亦有着落,奉行者有所适从矣。再运官亏空,着落分赔,备载"收粮违限"条下,重

---

① 系指【1740】3.7.123.(3)、【1740】3.7.123.(4)两条。

复应删。解官亏空，应移入“转解官物”条下。谨将增删移改例文，开列于后。

一、凡州县仓库钱粮，责成知府严行盘查，于每年奏销时，出具所管州县仓库实贮无亏印结，造册申详保题，仍令不时盘查。一有亏空，无论几时察出，立即列揭请参，免其治罪、分赔。如知府通同徇隐，别经发觉，将知府革职离任，先于本犯名下着追。勒限三年，如果家产全无，无力完帑，将未完银米等项，无论侵、挪，俱着落知府独赔。如止盘查不实，不行揭报，审系州县侵欺，将知府照失察侵盗本例议处，免其分赔。审系州县挪移，亦先于本犯名下着追。勒限三年，如果家产全无，无力完帑，将未完银米等项，责令知府分赔一半。如知府查出亏空，揭报司、道，司、道不即转揭，及司、道已经转揭，督、抚不即题参，许知府竟揭部、院，将不转不参之督、抚、司、道议处，着令分赔。如督、抚、司、道明知州县亏空，不即报参，反为设法弥补，于本犯勒追限满之日，着落督、抚、司、道分赔，仍交部照例议处。

【1740】3.7.123.(1)(略)

【1845】○修改

修改按语，见【1802】3.7.123.(3)条【1845】修改项下。

一、凡州、县仓库钱粮，责成知府、直隶州知州严行盘查，于每年奏销时，出具所管州县仓库实贮无亏印结，造册申详保题。仍令不时盘查，一有亏空，无论几时察出，立即列揭请参，免其治罪、分赔。如知府、直隶州知州通同徇隐，别经发觉，将知府、直隶州知州革职离任，先于本犯名下着追。勒限三年，如果家产全无，无力完帑，将未完银米等项，无论侵、挪，俱着落知府、直隶州知州独赔。如止盘查不实，不行揭报，审系州县侵欺，将知府、直隶州知州照失察侵盗本例议处，免其分赔。审系州县挪移，亦先于本犯名下着追。勒限三年，如果家产全无，无力完帑，将未完银米等项，责令知府、直隶州知州分赔一半。如知府、直隶州知州查出亏空，揭报司、道，司、道不即转揭，及司、道已经转揭，督、抚不即题参，许知府、直隶州知州竟揭部、院，将不转不参之督、抚、司、道议处，着令分赔。如督、抚、司、道明知州县亏空，不即报参，反为设法弥补，于本犯勒追限满之日，着落督、抚、司、道分赔，仍交部照例议处。

【1847】3.7.123.(9)(略)

【1740】○续纂

一、各府仓库钱粮，于每年奏销时，责成各该道盘查；直隶州钱粮，责成分巡道盘查；粮驿道钱粮，责成布政使盘查；藩库钱粮，该省有总督者，督、抚会同盘查，无总督者，巡抚盘查。其总督有管辖两三省者，或隔二三年，或隔三四年，于题明巡查地方事情之便，会同盘查，出具印结，于奏销本内一并保题。倘有扶同徇隐，及盘查不实，不行揭报，俱照州县仓库例行。如有抑勒、挪借、滥动，以致亏空者，许据实通详，揭送各部院奏闻，严加议处，责令赔补。

臣等谨按：前条已将盘查州县仓库之例详载，则司、道、府、州盘查之例，亦应备列于后。雍正五年（1727）刻本，皆未经载入。谨将现在遵行各例，汇纂一条，以便引用。

【1740】3.7.123.（2）（略）

【1847】3.7.123.（1）（略）

【1740】○增入①

一、各省属官亏空，上司明知故纵者，令徇隐之上司，各赔一分。

此条系雍正五年（1727）定例。州县亏空钱粮，上司有分赔之例，盖因或系徇隐于平日，或由疏忽于盘查，故责令赔补。且虑本犯业已花销，无力全完，若非上司分赔，则钱粮终无着落。然不过追足原亏之数而止。今照此例，州县亏空一千，上司各赔一千；州县亏空一万，上司各赔一万。知府所属或数县或十余县不止，至督、抚、司、道则统辖全省，若遇有亏空，令其逐案照数全赔，力有不能，于钱粮终属无益。现经河南巡抚尹会一奏请停止此条，毋庸纂入。

【1740】3.7.123.（5）（略）

【1847】3.7.123.（2）（略）

【1740】○增入

一、凡新旧交代，如果米谷收存不慎、官物遗失不全，立即揭报题参，于旧官名下着追。如已经后官接受出结，米谷霉变，官物短少，着落接任出结之官，按数赔补。

谨案：此条系乾隆二年（1737）定例。

【1740】3.7.123.（6）（略）

【1847】3.7.123.（3）（略）

【1740】○删除

一、州、县亏空钱粮，除因公挪移，知府通同徇隐，及明知州县亏空，不即参揭，反为设法弥补之巡抚、司、道，仍照定例赔补外，其审明实系侵盗，将未行查揭之知府，照失察侵盗本例议处，免其分赔。

此条系雍正六年（1728）定例，已于本律第一条奏销盘查例内并入，毋庸另纂。

【1756】○续纂

一、凡顺天府所属二十五州、县、卫钱粮事件，俱令该府尹稽察。仍于报销时，直督会同府尹，互相查核，列衔具题。其督征完欠分数考成，与直督一例办理。

---

① 《大清律例按语》第40卷“户律·仓库·虚出通关朱抄”（乾隆五年）条下列入“删除”，所附按语明文删除，而乾隆五年（1740）《大清律例》及此后各版《大清律例》皆载此条。

臣等谨按:此条系乾隆十三年(1748)五月内户部钦奉上谕议定条例,应纂辑以便遵行。

【1768】3.7.123.(7)(略)

【1847】3.7.123.(4)(略)

【1751】○续纂

一、凡该年奏销钱粮,各上司照例盘查出结外,再将各属现年已征一切正耗、杂项钱粮、谷价等银,一体清查。如无缺少,一并出具结状,申送督抚查核。如有挪移抵饰,据实揭参。该管上司扶同徇隐,照例参处。其知府有经征之项,盘查道员,亦照守牧盘察州县之例,一体查办。各省督抚于奏销钱粮清查司库时,将本年新收各项钱粮,一并盘查,声明并无挪新补旧情弊,出结保题。

臣等谨按:此条系乾隆十三年(1748)七月内,户部议准升任湖北巡抚彭澍葵条奏定例,应纂辑以便遵行。

【1768】3.7.123.(8)(略)

【1847】3.7.123.(5)(略)

【1751】○续纂

一、凡各省亏空案件,审系侵贪入己者,本犯无力完交,令该上司等分赔。其挪移及仓谷浥变等项,只将该员拟罪着追,不必概令上司摊赔。

臣等谨按:此条系乾隆十六年(1751)闰五月内,钦奉论旨。应恭纂为例,以便遵行。

【1768】3.7.123.(9)(略)

【1847】3.7.123.(6)(略)

【1767】○续纂

一、各省督抚,每于年终,将所辖属员内通行查察有无亏空之处,据实汇奏。

臣等谨按:此条系乾隆三十二年(1767)正月钦奉上谕,恭纂为例,以便遵行。

【1768】3.7.123.(10)(略)

【1847】3.7.123.(7)(略)

【1852】○移改

【原例】*户律·仓库·挪移出纳【1802】3.7.127.(11)(略)

此条原载"挪移出纳"门内,咸丰二年(1852)移附此门,并于例内各"知府"下均添入"直隶州知州"字样。

一、凡知府、直隶州知州失察属员亏空,及本犯实系因公挪移者,仍照原例办理外,其知府、直隶州知州通同徇隐,州县侵欺仓库钱粮,着落代赔之项,若三限已满,尚未赔完,该督抚取具家产全无印、甘各结保题,即将革职代赔之知府、直隶州知州,按其已未完交分数治罪。以十分为率,如未完之数在五分以内者,杖一百;至六分者,杖六十、徒一年;每一分加一等;十分无完者,杖一百、徒三年,均不准纳赎。如能依限赔完,仍照例准其分别开复、降调。

【1870】3.7.123.(11)(略)

附余钱粮私下补数

律　文

【1646】3.7.131

凡各衙门及仓库,但有附余钱粮,须要尽实报官,明白立案,于正收簿内,另作数。支销。若监临主守,将增出钱粮,私下销补别项事故亏折之数,瞒官作弊者,不分首从,并计赃以监守自盗论。其亏折追赔还官。○若内库承运库收受金帛,当日交割未完者,不许带出,许令附簿寄库。若有余剩之物,本库明白立案正收,开申户部作数。若解户朦胧擅将金帛等物出外者,不分多少,斩。杂犯,准徒五年。守门官失于盘获搜检者,杖一百。还职,金帛入官。

【1670】3.7.130(略)

【1725】○修改

原拟:“内府承运库”应改为“内库”。又罪止杖一百者,无还职之例,小注内“还职”字应删。

臣等谨按:此言附余钱粮亦不当私补亏折也。附余,为放支已尽而余存者,如秤头、斛面多余之数是也。正收作数,谓明白登记其数,而于公项开销也。凡内外各衙门及各仓库,钱粮支放之外,若有附余,虽非正数,均系官物,须明白立案,正收在官,作数支销。首节言监守将附余钱粮私下销补之罪。二节言纳户运送金帛于内库,将余剩擅带出外,并守门官失获之罪。盖运送金帛等物,当日交割未完者,许附簿寄库,候来日交收,不许将出。如封解之数,或有余剩,本库当明立文案,正收入库,开申户部,作数备察。以内库重地,不同于寻常仓库,故不计赃之多寡也。守门官失于盘获搜检者,杖一百。

【1725】3.7.124

凡各衙门及仓库,但有附余钱粮,须要尽实报官,明白立案,于正收簿内,另作数。支销。若监临主守,将增出钱粮,私下销补别项事故亏折之数,瞒官作弊者,不分首从,并计赃以监守自盗论。其亏折追赔还官。○若内库收受金帛,当日交割未完者,不许带出,许令附簿寄库。若有余剩之物,本库明白立案正收,开申户部作数。若解户朦胧擅将金帛等物出外者,不分多少,斩。杂犯,准徒五年。守门官失于盘获搜检者,杖一百。金帛入官。

注:此言附余钱粮亦不当私补亏折也。附余,谓放支已尽而余存者,如秤头、斛面多余之数是也。正收作数,谓与正数一同支销,非以附余充正收之数也。凡内外

各衙门及各仓库,钱粮支放之外,若有附余,虽非正数,均系官物,须明白立案,正收在官,作数支销,不得私补亏折之数。首节言监守将附余钱粮私下销补之罪。二节言纳户运送金帛于内库,将余剩擅带出外,并守门官失查之罪。盖运送金帛等物,当日交割未完者,许附簿寄库,候来日交收,不许将出。如封解之数或有余剩,本库当明立文案,正收入库,开申户部,作数备察。以内库重地,不同于寻常仓库,故朦胧带出金帛等物,不计赃之多寡,即拟斩准徒。

【1740】○修改

臣等谨按:金帛等物,应追还官,非入官也。注内"入官"字系误刊,应改。谨将改辑律注,开列于后。

凡各衙门及仓库,但有附余钱粮,须要尽实报官,明白立案,于正收簿内,另作数。支销。若监临主守,将增出钱粮,私下销补别项事故亏折之数,瞒官作弊者,不分首从,并计赃以监守自盗论。其亏折追赔还官。○若内库收受金帛,当日交割未完者,不许带出,许令附簿寄库。若有余剩之物,本库明白立案正收,开申户部作数。若解户朦胧擅将金帛等物出外者,不分多少,斩。杂犯,准徒五年。守门官失于盘获搜检者,杖一百。金帛等物追还官。

【1740】3.7.124(略)

私借钱粮

律　文

【1646】3.7.132

凡监临主守,将系官钱粮等物,乃金帛之类,非下条衣服之属。私自借用,或转借与人者,虽有文字,文字兼文约、票批、簿籍。并计所借之赃以监守自盗论。其非监守之人借者,以常人盗仓库钱粮论。监守坐以自盗,非监守止以常人盗,追出原物还官。○若将自己物件抵换官物者,罪亦如之。自己物件亦入官。

【1670】3.7.131(略)

【1725】3.7.125

律文(略)

注:此言在官钱粮,不得私相借用也。凡监临主守,将官钱粮、金帛等物,或私自借用,或私借与人,虽有文约、票批、簿籍,总为欺罔营私。故计所借之物为赃,以监守自盗论。非监守之人借者,以常人盗仓库钱粮论。其不知为官钱粮而借者,不坐。若以自己物件抵换官物,与私借无异,亦分别监守、常人科罪,己物入官,所借、所换之物还官。

臣等谨按:此言在官钱粮,不得私相借用也。首节言监守私借官钱粮等物,或私借与人,及非监守借用之罪。其非监守,不知为官钱粮而借者,不坐。次节言以己物件抵换官物之罪。犯在监守,亦以监守自盗论;犯在常人,亦以常人盗官钱粮论。己物入官,所借、所换之物还官。

【1740】3.7.125

凡监临主守,将系官钱粮等物,乃金帛之类,非下条衣服之属。私自借用,或转借与人者,虽有文字,文字兼文约、票批、簿籍。并计所借之赃以监守自盗论。其非监守之人借者,以常人盗仓库钱粮论。监守坐以自盗,非监守止以常人盗,追出原物还官。若将自己物件抵换官物者,罪亦如之。自己物件入官。

附律条例

【1725】○增入

臣等谨按:康熙四十六年(1707)十二月内,刑部会复借用官银事理,谨拟节录于后。

【续增现行例】一、凡管民地方官员,借用官银,初次逾限不能完者,即令离任,限一年还完开复。若限内不完,革职,着落家产还完。旗员交与该旗催追,汉官交与该督抚催追。

臣等谨按:此条类于"私借钱粮"律,应增入条例后。

【1725】3.7.125.(1)

【增例】(略)

【1740】3.7.125.(1)(略)

【1725】○增入

臣等谨按:康熙五十六年(1717)七月内,户部议复借欠钱粮事理,谨拟节录于后。

【现行例】一、凡州县、卫所经征钱粮奏销之日,当据实具报。已经征收钱粮,加谨收贮。正收正支,不得擅自私动、挪移、侵蚀。嗣后所审亏空案内,如果民欠捏报全完,或借给百姓仓粮,不行报明上司者,除私借钱粮之员仍照原律治罪,其捏报官员,照虚出通关朱抄律,计所虚出之数并赃,皆准监守自盗论。其实在民欠民借,仍着落原借欠之人完纳。其挪移钱粮有项可抵者,即令接任官催征补项。若捏报私借、挪移之项,该员情愿一年内全行代民完纳者,准其复还原职。

臣等谨按:此条类于"私借钱粮"律,应增入条例后。

【续增现行例】一、凡州县、卫所亏空钱粮,如果民欠未完捏报全完,或私自借给百姓仓粮,其私借钱粮之员及捏报官员,应照虚出通关朱抄律,计所虚出之数并赃,皆以监守自盗论。其实在民欠民借,仍着落原借欠之人完纳。其挪移钱粮有项可抵者,即令接任官催征补项。若捏报私借挪移之项,该员情愿一年内代民全完者,准其复还原职。

【1725】3.7.125.(2)

【增例】(略)

【1740】3.7.125.(2)(略)

【1740】○增入

一、府、州、县春间借出仓谷，秋收后勒限征比，务于十月中全完，造具册收，送户部查核。每于年底令知府、直隶州盘查所属州县，令该管道员盘查所属州、府，出具印结申报。如逾限不完，或捏造册收，即行揭报议处，在该员名下照数追赔，仍令欠户照数完纳。如顽绅劣衿、奸牙积蠹，将家人佃户姓名影射，借谷入己，积至二三十石者，绅衿即行黜革，一并加倍追还，枷责治罪。其代为造册之乡保、地方，有无受赃，分别治罪。如该管上司不行揭参，照例议处。

此条系雍正五年(1727)定例。查例内"知府盘查所属州县，道员盘查所属州、府"，已于"虚出通关朱抄"条下备载，"捏造册收"已于前一条例内备载，并系重复，应删。再逾限不完，终属详准借出之项，贫民逋欠，一时未还，止应坐以惰征处分。今既令欠户照数完纳，又向该员名下追赔，则人怀赔累之心，虽欠收之年，亦畏缩因循，升斗不敢借给，似非设仓便民之意。因仍照前一条"民欠、民借，着落原借欠之人完纳"，例内"向该员名下照数追赔"之处，亦应删。再各项钱粮，凡有侵蚀、冒支，皆责令追赔足额而止，例内"加倍"二字，亦应删。又绅衿既经斥革，其治罪之处，应与奸牙积蠹，分别等差，应改。谨将删改例文，开列于后。

一、府、州、县春间借出仓谷，秋收后勒限征比，务于十月中全完，造具册收，送户部查核。如有绅衿及牙行、蠹役，将家人、佃户姓名影射，零星领出入己，积至二三十石者，绅衿斥革，牙行、蠹役枷号一个月、责四十板，俱照追入仓。其代为造册之乡保、地方，有无受赃，分别治罪。该管上司不行揭参，交部议处。

【1740】3.7.125.(3)(略)

【1740】○增入

一、亏空人员，家产全无，除实系近年债负，有原借欠约、中保可凭，方准追抵。其有将远年无凭书札、记簿指为欠项，混请开抵者，概不准行。至于亲友馈送、抽丰之类，既无契券，又无中保，概停开报。地方有司如有嘱托、徇情，听从开欠，妄拿无辜追比者，照故勘平人律治罪。受贿得赃者，计赃以枉法论。其因规避处分，指引开欠者，承追官照借端将亲族滥行着落追赔例问拟。该管上司，分别交部议处。

此条系乾隆元年(1736)定例。查是年十二月，又经户部会同刑部议准，"平日债负，或帮助亲友以及同官私借，虽有文约，并无印领者，无论远年近年、有无确据，一概不准抵追"，应并。再雍正七年(1729)户部议准"混行开欠之本人，照图赖诬扳治罪"，亦应于此例并入。谨将并辑例文，开列于后。

一、亏空人员，除查明家产，尽数追赔外，如有属员借支、借领，及同官挪借，出有印领者，将所有借欠之项，责令追还，以抵该员亏空，仍分别议处。至平日债负，或帮助亲友，及同官私借，虽有文约、书札、记簿，并无印领，止许自行取讨。若混请开抵亏空者，无论远近年分，概不准行，仍将本人照图赖、诬扳治罪。地方有司听从开抵，妄拿无辜追比者，照故勘平人律治罪。受贿得赃者，计赃以枉法从重论。其因规避处分，指引开欠者,承追官照借端将亲族滥行着落追赔例问拟。该管上司官,交部分别议处。

【1740】3.7.125.(4)(略)

【1740】○增入

一、凡遇地方荒歉,借给贫民米石谷麦,或开垦田土,借给牛具籽种,以及一切吏役、兵丁人等办公银两,原系题明咨部行令出借,倘遇人亡产绝,确查出结,题请豁免。如有捏饰侵渔,以及未经报明,私行借动者,即行题参,按律治罪。

此条系乾隆元年(1736)定例。

【1740】3.7.125.(5)(略)

【1740】○增入

一、凡支销钱粮,均有一定款项、额数。如有违例开销,着落擅动滥给之员赔补。倘上司官因为数繁多,一人不能归结,派令属员公捐还项,或逼令接任官按股分赔,将抑勒之上司官照例治罪。

此条系乾隆元年(1736)定例。

【1740】3.7.125.(6)(略)

私借官物

律　文

【1646】3.7.133

凡监临主守,将系官什物、衣服、毡褥、器玩之类,私自借用,或转借与人,及借之者,各笞五十;过十日,各计借物坐赃论,减二等。罪止杖八十、徒二年。各追所借还官。若有损失者,依毁失官物律坐罪、追赔。损,以弃毁官物论,加窃盗二等,罪止杖一百、流三千里;失,以遗失官物论,减弃毁三等,罪杖八十、徒二年,俱追赔。

【1670】3.7.132(略)

【1725】3.7.126

凡监临主守,将系官什物、衣服、毡褥、器玩之类,私自借用,或转借与人,及借之者,各笞五十;过十日,各计借物坐赃论,减二等。罪止杖八十、徒二年。各追所借还官。若有损失者,依毁失官物律坐罪、追赔。损,以弃毁官物论,加窃盗二等,罪止杖一百、流三千里;失,以遗失官物论,减弃毁三等,罪止杖八十、徒二年,俱追赔。

注:此言官物不得私自借用也。凡将官物私借、转借者,监临主守及借之者,各笞五十。过十日者,各计借物坐赃论,减二等,并追原物还官。若有损失者,各依毁失官物律,分别治罪、追赔。

臣等谨按:此言在官之物不可私相借用也。前言监守私借系官什物、衣服、毡褥、器玩之类,或转借人,及知为官物而借之者之罪。后言借物损失之罪。此与私借官车、船等相类,而罪不同者,以船、车之类,可责雇赁钱,而衣服等物,但可计值追赔也。

【1740】○修改

臣等谨按：损罪较失罪自应稍轻，而律注内损罪加窃盗二等，失罪减弃毁三等，似未允协。查《笺释》“误毁及遗失者，减弃毁之罪三等”，则所为“损，以弃毁论，加窃盗二等”者，乃有心之弃毁。其无心之误毁，仍与失罪同。注中不为分晰，以致轻重失衡，应改。谨将改辑律注，开列于后。

凡监临主守，将系官什物、衣服、毡褥、器玩之类，私自借用，或转借与人，及借之者，各笞五十；过十日，各计借物坐赃论，减二等。罪止杖八十、徒二年。各追所借还官。若有损失者，依毁失官物律坐罪、追赔。有心致损，依弃毁官物，计赃准窃盗论加二等，罪止杖一百、流三千里；误毁及遗失者，减弃毁之罪三等，杖八十、徒二年，并追赔。

【1740】3.7.126（略）

挪移出纳

律　文

【1646】3.7.134

凡各衙门收支钱粮等物，已有文案、以备照。勘合，以行移。典守者，自合依奉出纳，若监临主守不正收正支，如不依文案、勘合，挪移出纳，还充官用者，并计所挪移之赃，准监守自盗论，罪止杖一百、流三千里。系公罪，免刺。○若各衙门不给半印勘合，擅出权移票帖，关支，或给勘合，不立文案放支，及仓库但据权帖不候勘合，或已奉勘合，不附簿放支者，罪亦如之。各衙门及典守者，并计支放之赃，准监守自盗论。○其出征镇守军马经过去处，合付行粮草料，明立文案，即时应付，具数开申合干上司准除，不在擅支之限。违而不即应付者，杖六十。

【1670】3.7.133（略）

【1725】3.7.127

凡各衙门收支钱粮等物，已有文案、以备照。勘合，以行移。典守者，自合依奉出纳，若监临主守不正收正支，如不依文案、勘合，挪移出纳，还充官用者，并计所挪移之赃，准监守自盗论，罪止杖一百、流三千里。系公罪，免刺。○若各衙门不给半印勘合，擅出权宜票帖，关支，或给勘合，不立文案放支，及仓库但据权帖不候勘合，或已奉勘合，不附簿放支者，罪亦如之。各衙门及典守者，并计支放之赃，准监守自盗论。○其出征镇守军马经过去处，合付行粮草料，明立文案，即时应付，具数开申合干上司准除，不在擅支之限。违而不即应付者，杖六十。

注：此严收放钱粮，以杜诈冒也。半印，谓勘合与文案合用一印者。权帖，谓权宜给发之票帖而无印信者。凡各衙门应收、应支钱粮等物，先立文案，又填半印勘合，给与监临主守之人，使照项收放，是为正收、正支。若监守不依勘合所开，而挪移收放，虽物未入已，而出纳不明，并计所挪移之数为赃，准监守自盗论，罪止满流，免

刺。若各衙门官吏,不给半印勘合,但出权宜票帖,或虽给勘合,不明立文案,及仓库典守不候勘合,或虽奉勘合,不附写簿籍放支者,均滋弊端,故亦如挪移之罪。其遇出征及镇守军马经过去处,需用行粮、草料,应明立文案,即时应付,将所支之数,开申合干上司,准数开除,不在擅支之限,违者杖六十。以事属紧急,虽未奉有正支勘合,应通一时之权宜,非常律所得拘也。

臣等谨按:此严收放以防诈冒也。半印,谓勘合与文案合用一印,分之则为半印也。权帖,谓权宜给发之票帖而无印信者。凡各衙门应收应支钱粮等物,先立文案备照,又填半印勘合,给与监临主守之人,使照项收放,是为正收、正支。首节言监守不依勘合,挪移收放之罪。次节言官吏不给勘合,但给权帖,或给勘合,不明立文案放支,及仓库不候勘合,或奉勘合,不附簿放支之罪。此皆指常时放支而言也。三节言出征军马,事属紧急,不明立文案,即时应付粮草之罪。盖虽未奉有正支勘合,但既明立文案,便当即时应付,将支过之数,开申合干上司,准数开除,不在不候勘合之限。此又指一时权宜支应而言也。

【1740】3.7.127(略)

附律条例

【1725】○增入

原拟:吏部例内有"上司逼勒所属挪移库银"一条,应作为条例增入。

【原增现行例】一、上司逼勒所属,挪移库银,本官自行首告者,审实,上司照贪官例治罪,下属免议。逼勒至死者,家属赴控上司,如不行准理,许赴通政司鼓厅衙门具告。审实,以逼勒至死之上司抵罪,不行准理之上司革职。

【1725】3.7.127.(1)

【增例】(略)

【1740】3.7.127.(1)(略)

【1725】3.7.127.(2)

【钦定例】一、凡挪移库银数止千百两者,拟杂犯流总徒四年;挪移五千两以上至一万两者,拟实犯杖一百、流三千里,不准折赎;若挪移一万两以上至二万两者,发边卫充军。二万两以上者,虽属挪移,亦照侵盗钱粮例拟斩监候。统限一年,果能尽数全完,俱免罪。若不完,再限一年,追完,减二等发落。二年限满不完,再限一年,追完,减一等发落。若三年限满,不能全完者,除完过若干之外,照现在未完之数治罪。

谨案:此条雍正五年(1727)定。

【1740】○修改

臣等谨按:例内"数止千百两"句,辞义未明,应改。再挪移之项未至二万两,一年限内全完,准其开复。虽"虚出通关朱抄"条下载有本例,此条内亦应列入,以便遵行。谨将增删例文,开列于后。

一、凡挪移库银五千两以下者，仍照律拟杂犯流总徒四年；其挪移五千两以上至一万两者，拟实犯杖一百、流三千里，不准折赎；若挪移一万两以上至二万两者，发边卫充军。二万两以上者，虽属挪移，亦照侵盗钱粮例拟斩监候。统限一年，果能尽数全完，俱免罪；其未至二万两者，仍照例准其开复。若不完，再限一年，追完，减二等发落。二年限满不完，再限一年，追完，减一等发落。若三年限满，不能全完者，除完过若干之外，照见在未完之数治罪。

【1740】3.7.127.(2)(略)

【1768】3.7.127.(2)

一、凡挪移库银五千两以下者，仍照律拟杂犯流总徒四年；其挪移五千两以上至一万两者，拟实犯杖一百、流三千里，不准折赎；若挪移一万两以上至二万两者，发近边充军。二万两以上者，虽属挪移，亦照侵盗钱粮例拟斩监候。统限一年，果能尽数全完，俱免罪；其未至二万两者，仍照例准其开复。若不完，再限一年，追完，减二等发落。二年限满不完，再限一年，追完，减一等发落。若三年限满，不能全完者，除完过若干之外，照见在未完之数治罪。

【1725】○增入

臣等谨按：雍正元年（1723）六月内，户部议复挪移捐纳，事理类于此律，谨拟节录于后。

【续增现行例】一、凡有司私挪钱粮捐升，并为子弟纳职者，将该员照侵欺例治罪，子弟所捐职衔革去。该管上司通同徇隐，勒逼接任收受者，或被纠参，或被首告，将上司交与该部严加议处。缺欠银两，勒限分赔。

谨案：此条雍正元年（1723）定，乾隆五年（1740）删。

【1725】3.7.127.(3)

【钦定例】（略）

【1740】○删除

臣等谨按：律文所称“挪移”，乃指“挪移出纳，还充官用”而言。今此条自己捐升、子弟纳职，则实系侵欺，不得谓之挪移矣。侵欺之罪，四十两即坐杂犯满流，一千两即斩监候。既置重典，原不必复究其将银作何挪用之处。况例内将所捐子弟职衔革去，恶其为子弟荣身而擅动国帑也。今捐纳之例已停，则更无纳职捐升之事，此条应删。

【1725】○增入

臣等谨按：雍正元年（1723）九月内，户部议复亏空，事理类于此律，谨拟节录于后。

【续增现行例】一、州县征收钱粮，该知府遴选贤员，同封银柜，每十日、二十日，另委贤员，当众拆封起解，仓谷按季盘查。如有徇隐，将该知府并委员照徇庇例议处。其亏空官题参时，一面于任所严追，一面行文原籍，将伊人产严查存案。如任所无完,即变价补完。若承追地方官不行查出,照徇庇例议处。再查其子有出仕者,解任发追。至从前行追之案,其子为官,亦题请离任,不准以过继掩饰。俱俟其父亏空全完之日,准其开复。若接任官于一年内捐补全完,或任内所有出息填作全完者,交部分别议叙。至知府盘查仓库,州县礼物,永行禁止。如仍馈送而知府收受者,交部严加治罪。

【1725】3.7.127.(4)

【钦定例】(略)

【1740】○修改

臣等谨按:委员封柜,委员拆封,所以杜侵隐之弊。但一府之内,有多至十数州县者,通府丞倅,不过数员,岂敷差委?至于微员杂职,又难信任。且各有职掌,终年奔走,本任之事必致旷废。今令其每十日、二十日前赴各县封柜、拆封,徒滋烦琐,势有难行。乾隆二年(1737),见经河南巡抚尹会一、御史周人骥先后条奏,未能剔厘奸弊,徒启旷职委卸之端,奏请停止。例内"同封""同拆"等语,应删。再其子为官,亦令解任。见经四川布政使窦启瑛条奏:父子贤愚不等,间有父挂弹章,其子实属循吏,且身有职任,将来亦可以俸薪陆续代父弥补。一概令其解任,则人才既为可惜,于国帑亦属无益,亦应删。再例内"接任官于一年内捐补全完,交部议叙"等语。查接任之官,本无干涉,纵有情愿捐赔之人,亦属其人义举,不必入之例款。因前任之亏空,而议及后任之捐补,易启上司勒押代赔之渐。再"任内若有出息,填作全完"等语,俸薪而外,何由而有出息?设或有之,亦须报明充公,岂应留为贪吏填补亏空之用?应删。又属员不许馈送,律有正条。盘查仓库,禁止馈送,亦系重复,应删。谨将删改例文,开列于后。

一、州、县亏空题参时,一面于任所严追,一面行文原籍,将伊家产严查存案。如任所无完,即变价补完。若承追地方官不行查出,交部照例议处。

【1740】3.7.127.(3)(略)

【1725】3.7.127.(5)

【钦定例】一、除侵盗亏空仍照定例外,其分年追赔拖欠各项银两,以一年为一限,计应追之数,按年均分,务令按限交完。见任职员,初限不完者解任,令同二限银两带罪完纳;如照数全完,准以原官补用。若二限内仅完初限银两者,仍带罪追比;或初限、二限均不能完,革去职衔,同三限银两一并严追。此三限内止完一限之数者,仍革职严追;或完两限之数者,复其职衔,带罪完纳;能照数全完者,准其开复补用。倘三限均不能完,交刑部治罪,所欠银两,于家属名下严追。至无禄人等,初限不完,监禁,令同二限银两一并追比;如照数全完,暂予释放。若仅完初限银两,二限未能全完者,仍监禁追比;或初限、二限均不能完,令该旗、该地方官,将财产查封,同三限银两一并严追。此三限内止完一限之数者,暂免其变产;或完两限之数者,将本身释放,财产仍行封守;或照数全完者,本身释放免罪,财产给还。倘三限俱不能完,即将财产入官变卖,本身交刑部治罪。至追比之项,有分二年者,一年不完,照初限例处分;二年俱不完,即照三限例治罪。倘二年内完一年之数者,再限一年,仍不能完,或完不足数者,即行治罪。

谨案:此条系雍正五年(1727)定例。

【1740】3.7.127.(4)(略)

【1806】○修改

一、除侵盗亏空仍照定例办理,并户属工程项下应追各款,户部、工部定有专条者,应听各照本例办理外,其追赔拖欠各项银两,如数在三百两以下者,限半年完缴;三百两以上者,限一年完缴;如数在一千两至五千两者,定限四年;五千两以上者,定限五年。均按所定年限,陆续完缴,毋庸拘定每年应完若干。如统限已满,无力完缴,请豁银数在一千两以上者,核计已未完数目,即照工程核减银两未完例,交刑部分别治罪;如数不及一千两者,照例请豁,免其治罪。若本身已故,而子孙无力完缴者,亦照例请豁,毋庸治罪。

臣等谨按:嘉庆七年(1802)六月内,户部奏"修辑完缴官项条例"一折。钦奉谕旨,令臣部将议赔各例,分别妥修具奏。经臣部详悉酌改,议请于例内分别银数、按银完缴之处,照"户律"修改,统于限内完缴,并添纂追赔、拖欠各项。限满未完,按照工程核减银数,分别已未完分数治罪、请豁,并酌拟修改例文,缮单进呈。奉旨:"依议。"钦遵在案,应载入遵行。再查侵盗亏空,事隶臣部,例内已有明文,应仍照定例办理。至户属工程项下应追各款,均事隶户、工二部,户部、工部均各定有专条,应仍听各照本例办理。请于内添纂明晰,以便遵行,合并陈明。

【1825】3.7.127.(14)(略)

【1870】3.7.127.(13)(略)

【1725】3.7.127.(6)

【钦定例】一、凡州县亏空仓谷,以谷一石,照银一两定罪。系侵蚀入已者,照侵欺钱粮例拟断;系挪移者,照挪移库银例拟断。其仓谷,令接任官于秋成谷贱时,申详督抚、藩司,酌动何项钱粮,照时价先行买补,该州县出具仓收,道、府加结报部。于亏空人员妻子名下,勒限一年,将动用银两,照数追补还项。如逾限不完,亦照勒追库银例分别治罪。其有仓廒州县,倘因循怠玩,于渗漏处既不黏补,应盖造处又不详请,以致米谷霉烂者,革职,动帑买补,勒限一年,照数追赔。如限内不完,照侵蚀钱粮例按数治罪,遇赦不宥。若仓廒既经修理,犹有托名霉烂亏空者,亦照侵蚀例治罪。

谨案:此条系雍正五年(1727)定例。

【1740】○修改

臣等谨按:仓谷一石,准银一两,于乾隆元年(1736)议准湖广总督史贻直条奏"每谷一石,定价五钱"在案,应改。再原奏豆、麦、膏粮、青粿等杂粮,俱五钱一石算,应补注。再有仓廒州县,因循怠玩,既不盖造,又不粘补,以致米谷霉烂者,按数追赔,照侵蚀钱粮例治罪。在因循怠玩之人,罪实难辞。然终与侵渔入己有间,应仍改照从前定例,依仓库主守之人安置不如法致有损坏本律治罪。再雍正十三年(1735)定例,侵盗钱粮一万两以下者,仍准援赦,此条"遇赦不宥"四字应删。再例内"既经修理,犹有托名霉烂"等语,甚未明晰,应改。谨将删改例文,开列于后。

一、凡州县亏空仓谷,以谷一石,照银五钱定罪。麦、豆、青粮、青稞等杂粮并同。系侵蚀入己者,照侵欺钱粮例拟断;系挪移者,照挪移库银例拟断。其仓谷,令接任官于秋成谷贱时,申详督抚、藩司,酌动何项钱粮,照时价先行买补,该州县出具仓收,道、府加结报部。于亏空人员及妻子名下,勒限一年,将动用银两,照数追补还项。如逾限不完,亦照勒追库银例分别治罪。其有仓廒州县,倘因循怠玩,于渗漏处既不粘补,应盖造处又不详请,以致米谷霉烂者,革职,动帑买补,勒限一年,照数追赔。如限内不完,照损坏仓库财物律治罪。若有将仓谷侵盗入己,捏称霉烂亏空者,仍照侵蚀例治罪。

【1740】3.7.127.(5)(略)

【1802】3.7.127.(13)(略)

【1830】○修改

臣等谨按:道光六年(1826)三月内,臣部议复陕甘总督杨遇春奏前任敦煌县知县魏邦彦霉变仓谷勒限严追案内,因查州县霉变仓谷勒限追赔,分别开复及革职治罪,刑部与吏部则例互有参差。经臣部会同吏部酌议修改,议请"嗣后有仓廒州县,倘因循怠玩,于渗漏既不粘补,应盖造处又不详请,以致米谷霉烂者,革职,动项买补,勒限一年,照数追赔。一年限内全完,免罪,开复原官。如一年以外赔完,免其治罪,不准开复。二年之内如不赔完,即照仓谷损坏财物律治罪,着落家属赔缴。若有将仓谷侵盗入己,捏称霉烂亏空者,仍照侵蚀例治罪。俟吏部、刑部下届修例时,纂入例册遵行"等因,奏准在案。除应载入吏部则例者,应由吏部纂辑外,谨将臣部修改例文,开列于后。

一、凡州、县亏空仓谷,以谷一石,照银五钱定罪。麦、豆、青粮、青稞等杂粮并同。系侵蚀入己者,照侵欺钱粮例拟断;系挪移者,照挪移库银例拟断。其仓谷,令接任官于秋成谷贱时,申详督抚、藩司,酌动何项钱粮,照时价先行买补,该州县出具仓收,道、府加结报部。于亏空人员及妻子名下,勒限一年,将动用银两,照数追补还项。如逾限不完,亦照勒追库银例分别治罪。其有仓廒州县,倘因循怠玩,于渗漏处既不粘补,应盖造处又不详请,以致米谷霉烂者,革职,动帑买补,勒限一年,照数追赔。一年限内全完,免罪,开复原官。一年以外赔完,免其治罪,不准开复。二年之内不完,即照损坏仓库财物律治罪,仍着落家属赔缴。若有将仓谷侵盗入己,捏称霉烂亏空者,仍照侵蚀例治罪。

【1847】3.7.127.(13)(略)

【1852】○修改

一、凡州、县亏空仓谷,以谷一石,照银五钱定罪。麦、豆、青粱、青稞等杂粮并同。系侵蚀入己者,照侵欺钱粮例拟断;系挪移者,照挪移库银例拟断。其仓谷,令接任官于秋成谷贱时,申详督抚、藩司,酌动何项钱粮,照时价先行买补,该州县出具仓收,道、府、直隶州知州加结报部。于亏空人员及妻子名下勒限一年,将动用银两,照数追补还项。如逾限不完,亦照勒追库银例分别治罪。其有仓廒州县,倘因循怠玩,于渗漏处既不黏补,应盖造处又不详请,以致米谷霉烂者,革职。动帑买补,勒限一年,照数追赔。一年限内全完,免罪开复原官;一年以外赔完,免其治罪,不准开复;二年之内不完,即照损坏仓库财物律治罪,仍着落家属赔缴。若有将仓谷侵盗入己,捏称霉烂亏空者,仍照侵蚀例治罪。

【1870】3.7.127.(12)(略)

【1725】3.7.127.(7)

【钦定例】一、凡地方有军需公务,督抚不及咨题者,行令该州县垫办,或挪库项,或垫己资,先行详明督抚。办完十日内,即照实价申详。该督抚照时价核减,于文到半月内题报。户部亦于科抄到日,半月内核定议复,行文该布政使,不论库项、己资,即令给发。倘州县申报过限,或督抚题报后期,俱交吏部议处。若该州县报价不实,及督抚不据实核减题报,希图冒销者,户部即行题参,州县照侵欺例治罪,督、抚、司、道等官俱照徇庇例议处。

【1740】○修改

臣等谨按:因浮开然后有核减,非凡属报价,定当核减。例内"核减题报"应改为"核实题报"。谨将改辑例文,开列于后。

一、凡地方有军需公务,督抚不及咨题者,行令该州县垫办,或挪库项,或垫己资,先行详明督抚。办完十日内,即照实价申详。该督抚照时价核实,于文到半月内题报。户部亦于科抄到日,半月内核定议复,行文该布政司,不论库项、己资,即令给发。倘州县申报过限,或督抚题报后期,俱交吏部议处。若该州县报价不实,及督抚不核实题报,希图冒销者,户部即行题参,州县照侵欺例治罪,督、抚、司、道等官照徇庇例议处。

【1740】3.7.127.(6)(略)

【1802】3.7.127.(4)(略)

【1725】3.7.127.(8)

【钦定例】一、州、县交代,除实在民欠外,将已征钱粮侵蚀亏空,捏称民欠,令后官接受者,后官即揭报督、抚、司、道。如督、抚、司、道护庇离任之员,及该管府、州畏虑分赔,因而抑勒交盘者,被勒之员,直揭部科,代为陈奏。其所揭抑勒之司、道、府、州等官,该督抚据实确审定拟。如有干连督抚,将具揭及亏空之员,押赴来京,交都察院确审,将抑勒之督抚一并从重议处。或系诬捏枉揭,交与刑部加倍治罪。倘前官亏空,后官容隐不报,出结接受,至本身离任,始称前任亏空者,将欠项追赔外,仍治以瞻徇私受之罪。其揭报之员,调任他省。或该管上司因前揭报之故,多方搜求,

借端诬陷者,许该员于都察院呈辩。果系冤抑,将该管上司交部议处。如该员借名诬辩者,于本罪外加倍治罪

谨案:此条系雍正五年(1727)定例。

【1740】○修改

臣等谨按:臣等伏读雍正八年(1730)上谕:"嗣后凡有议处、议罪之条,俱应照本律定拟。其有负恩犯法,情罪重大,应从重定拟者,必须折衷于法之至平至允,不得擅用'加倍'字样。钦此。"例内诬辩枉揭,律有正条,其加倍治罪之处,均应删。再查康熙五十九年(1720),九卿议准"上司逼勒接受交盘,揭报部科。新任官赴部,另于别省调补",今例内止云"调任他省",未能明晰,应增。谨将增删例文,开列于后。

一、州、县交代,除实在民欠外,将已征钱粮侵蚀亏空,捏称民欠,令后官接受者,后官即揭报该管上司。如该管上司护庇离任之员,及该管府州畏虑分赔,因而抑勒交盘者,被勒之员,直揭部科,代为陈奏。其所揭抑勒之司、道、府、州等官,该督抚据实确审定拟。如有干连督抚,将具揭及亏空之员,押赴来京,交都察院确审,将抑勒之督抚一并从重议处。或系诬捏枉揭,交与刑部治罪。倘前官亏空,后官容隐不报,出结接受,至本身离任,始称前任亏空者,将欠项追赔外,仍治以瞻徇私受之罪。其揭报之员,照例赴部于别省调补。倘调补省份,该管上司因前揭报之故,多方搜求,借端诬陷者,许该员于都察院呈辩。果系冤抑,将该管上司交部议处。如该员借名诬辩者,从重治罪。

【1740】3.7.127.(7)(略)

【1802】3.7.127.(5)(略)

【1725】3.7.127.(9)

【钦定例】一、凡直省各官,应征钱粮,民欠未清,经督抚题请革职留任,以清欠项之员,勒限一年催收。能于限内收补足数者,准其开复。如于留任后一年限满,不能照数催收全完,即行革任,以未完分数,照收粮违限律议罪。督催各官,交部议处。本员留于该处,与新任接催之员,再限一年严催。限满又不能完,即将该员照所议治罪,接征官照例议处。倘实系侵挪,而捏称民欠,该督抚不能觉察,题请革职留任者,一经发觉,审实,将该员即行正法,其题留督抚,亦从重治罪。

谨案:此条系雍正五年(1727)定例。

【1740】○删除

臣等谨按:民欠未清,州县官革职留任,以清欠项,乃雍正四、五年间未经清查之前,特设此例,以清民欠。今积欠已清,现在并无题请留任清欠之员,此条应删。

【1725】3.7.127.(10)

【钦定例】一、各省仓谷,若前官折价存库,新官不得接受交代,仍令前官买谷还

仓,督抚上司亦不得徇情宽纵。违者,将该员及该管各官分别治罪。

谨案:此条系雍正五年(1727)定例。

【1740】○修改

臣等谨按:各省仓谷,所以备平粜赈济之需。折价存库,例应严禁。但春夏平粜,秋冬买补,适当平粜之后,未及买补之期,或遇歉岁不敷买补之价,留俟下年买足。而前官离任,概欲责其买谷还仓,势有难行。查乾隆元年(1736),原任兵部侍郎王士俊条奏"粜谷银两,解交司库,或就近之道、府库。新任交代,查果无亏,即令领买。其买补价值倘有不敷,各照地方时价,督抚通融拨补,不得掯勒推诿",议准在案,应改。谨将改辑例文,开列于后。

一、各省仓谷,减价平粜,其价值解存司库,或就近之道、府库,至秋收务依原粜之数,领价买补。其买补仓谷,时价不敷,于本邑粜卖盈余银两内动支。倘谷价昂贵,不能于次年买补,声明报部展限。若故意迟延不行买补,以玩视仓储题参。倘遇州县交代,未及秋收买补之期,所存价值无亏,即令新任领买,不得掯勒推诿。违者,将该员及该管各官分别议处。

【1740】3.7.127.(8)(略)

【1802】3.7.127.(6)(略)

【1725】3.7.127.(11)

【钦定例】一、凡追赔还官各项银两,有较原参之数浮多者,仍给还本人。

谨案:此条系雍正五年(1727)定例。

【1740】3.7.127.(9)(略)

【1802】3.7.127.(7)(略)

*【1725】○增入[1]

原拟:现行例一条,类于此律,应增入。

【原增现行例】一、凡挪移库银至五千两以上,或仓粮及谷折米至六千石以上者,杖一百,流三千里,不准折赎。虽遇恩赦,亦不准减免。不及数者,照常发落。

【1740】○修改

一、凡亏空之案,审出民欠挪垫是实,除将本犯照例议罪外,另限四个月,委员彻底清查,出具并无假捏影射印结,再令接任官认征。如限满不完,将接征官照例参处。其未完民欠银两,仍着落原挪之本犯名下追赔。倘承查之员,仍有通同捏饰、影射情弊,将亏空本犯照侵盗例拟罪,承查出结之员交部议处。未完钱粮,仍令分赔。

---

① 此条见于《大清律例按语》第7卷"户律 · 仓库 · 挪移出纳"(雍正三年)条下,雍正三年(1725)《大清律集解附例》不载。

此条系雍正七年(1729)定例。审出民欠挪垫是实,责以挪垫之罪,本犯自无所辞。至所欠在民,自应向欠户征追。今既令接任官认征,又将未完银两着落本犯追赔,则前任应否赔累,全凭后在接征之勤惰。既有本犯追赔之例,负欠之户未必即肯依限全完,亦势所必至。且与"私借钱粮"条下第二款例内"其实在民欠民借,仍着落原借欠之人完纳",例不画一,应删。至于代民赔纳之项,又令承查出结之员分赔一项,民欠牵累无穷,应将前官问以挪垫之罪名,后官责以接征之处分。问拟既皆允协,钱粮亦有着落。再后任或因接征之处分有限,瞻顾情面,通同捏结,亦未可定,应将捏结认征之处分及分赔增入。谨将增删例文,开列于后。

一、凡亏空之案,审出民欠挪垫是实,除将本犯照例议罪外,另限四个月,委员彻底清查,出具并无假捏影射印结,再令接任官出具认征印结,仍向欠户催征。如限满不完,将接征官照例参处。倘本无实欠,接任官通同捏结,察出,照捏欠之数,与本犯同罪,仍令分赔。

【1740】3.7.127.(10)(略)

【1802】3.7.127.(8)(略)

【1740】○增入

一、接任官承查交代,如有亏空,即于具题之日扣限。倘有续揭,亦以出咨之日扣限。倘有甘受违限处分,摘款先揭,预为三参、五参地步,辗转延挨者,即将该员着落赔补。

谨案:此条系雍正七年(1729)定例。

【1740】3.7.127.(11)(略)

【1802】3.7.127.(9)(略)

【1740】○删除

一、州、县交代,凡有未经买补仓谷,除降革、休致之员,仍留地方协同买补外,其升任、调任、丁忧之员,将原粜谷价交与新任收贮,留的属一人,协同新官买补。倘银两亏缺,不敷采买之数,仍着落旧官名下追赔。

此条系雍正九年(1731)定例。旧官协同买补之例,已于本律第十条例①内改令新官接买。此条留的属一人协同买补之处,尤属无益,无庸纂入。

【1740】○删除②

一、买补仓谷,时价不敷,止许于本邑盈余银两内动支买补,不得令各州县通融

---

① 系指雍正三年(1725)《大清律集解附例》【1725】3.7.127.(10)条、乾隆五年(1740)、《大清律例》【1725】3.7.127.(8)条。

② 《大清律例按语》"户律·仓库·挪移出纳"(乾隆五年)条下,此条列为"修改",据此条按语,此条内容已见于【1740】3.7.127.(8),此条应系删除。

拨补,亦不得于司库存公项下给拨。倘停止拨补之后,谷价昂贵,不能于次年买补,声明缘由,报部展限。若故意迟延,不行买补还仓,以玩视仓储题参。

此条系户部议准定例。查从前定例,仓谷不敷,许各州县通融拨补。再有不敷,于存公项下支给买补,已于进呈"户律"纂入。乾隆四年(1739),准苏抚张渠条奏,将前例停止。则从前定例,应另为改正,合并声明。

【1751】○续纂

一、凡审拟挪移之案,于定案日查明参后完过若干,准予开除,以现在未完之数定拟。

臣等谨按:此条系乾隆十一年(1746)五月内,臣部议复升任兰州巡抚黄廷桂题报州牧亏空一案,附请定例,应纂辑以便遵行。

【1768】3.7.127.(12)(略)

【1802】3.7.127.(10)(略)

【1751】○续纂

一、凡知府失察属员亏空,及本犯实系因公挪移者,仍照原例办理外,其知府通同徇隐州县侵欺仓库钱粮着落代赔之项,若三限已满,尚未赔完,该督抚取具家产全无印甘各结保题,即将革职代赔之知府,按其已未完交分数治罪。以十分为率,如未完之数在五分以内者,杖一百;至六分者,杖六十、徒一年;每一分加一等。十分无完者,杖一百、徒三年。均不准纳赎。如能依限赔完,仍照例准其分别开复、降调。

臣等谨按:此条系乾隆十五年(1750)八月内钦奉上谕议定条例,应纂辑以便遵行。

【1768】3.7.127.(13)(略)

【1802】3.7.127.(11)(略)

【1852】○移改

移入"户律·仓库·虚出通关朱抄"律下,见【1870】3.7.123.(11)条。

【1751】○续纂

一、凡州、县官交代,其存仓米谷,除实应出粜存价未买之银,照例准其接收外,如有私行出粜,及仓粮亏缺折银交代者,照例题参,仍留任所按数买补。并令接任之员查明,出具并无粜多报少、籴少报多、折银抵交确实印结申报。违者,一并题参究追。该管上司不能查出,照徇庇例议处。

臣等谨按:此条系乾隆十二年(1747)十二月内,户部议复调任江西布政使彭家屏条奏定例,应纂辑以便遵行。

【1768】3.7.127.(14)(略)

【1802】3.7.127.(12)(略)

【1870】3.7.127.（11）（略）

库秤雇役侵欺

律　文

【1646】3.7.135

凡仓库、务场、局院库秤、斗级，若雇役之人受雇之人即是主守。或侵欺、或借贷、或移易，二字即抵换也。系官钱粮，并以监守自盗论。若雇主同情分受赃物者，罪亦如之。其知情不曾分赃，而符同雇役者，以所盗物，捏作见在，申报瞒官，及不首告者，减自盗一等，罪止杖一百。不知者不坐。

【1670】3.7.134（略）

【1725】3.7.128

凡仓库、务场、局院库秤、斗级，若雇役之人受雇之人即是主守。或侵欺、或借贷、或移易，二字即抵换也。系官钱粮，并以监守自盗论。若雇主同情分受赃物者，罪亦如之。其知情不曾分赃，而扶同雇役者，以所盗物，捏作见在，申报瞒官，及不首告者，减自盗一等，罪止杖一百。不知者不坐。

注：此严剔雇役侵盗之弊也。前数条已详正役之罪，缘仓库中库秤、斗级，各有经制定额，收放时，不敷使用，故有雇役。受雇人既已任事，即与正役无异。故侵挪等罪，与主守同。雇主同情分受赃物者，罪亦如之。若知侵欺等情，虽不曾分赃，而扶同欺瞒，不据实首告者，减自盗者一等，罪止满杖。不知者不坐。

臣等谨按：此指受雇代役之人有侵盗之弊者言也。以上数条，已详正役侵欺、借贷、移易之罪，而未及雇代之人，故另立此条，不得以非主守而得末减也。税物曰务，积物曰场。分三段，前段言雇役侵欺、借贷、挪移之罪，次段言雇主同情分赃之罪，三段言不分赃而扶同申报及不首告之罪。

【1740】3.7.128（略）

附律条例

【1725】3.7.128.（1）

【钦定例】一、苏、松州县粮重仓多，印官不能兼顾，遴点老成殷实书吏收粮。如有佥派匪人，侵蚀漕粮者，书吏照监守自盗律治罪，州县官照溺职例议处，侵蚀米石，即着官役名下严行追补。如粮户私相折银，访获，除银入官充饷，追交应完米石外，量其多寡，分别枷责。至州县收粮，倘有赢余米石，饬令粮道不时盘验，每斛应有余米若干，共余若干，计算明白，存为修仓赈济之用，年底将存贮动用数目，造册报部。仍令该抚不时查察，如有扶同徇隐，及各州县借名私加斛面，苦累小民者，即行参究。

谨案：此条系雍正五年（1727）定例。

【1740】○修改

臣等谨按：粮重仓多，苏、松为最。然如浙江之嘉、湖，江南之常州，各属县漕粮，亦有多至十余万石者,势难不点选书吏分仓收兑。例内专指苏、松,所赅未广,应删。再书役侵蚀,终与本员自己侵蚀有间。今佥派之员,业因书吏侵蚀,坐以革职,所亏米石,又责与同赔,则所以处佥派者过严,而侵蚀之吏分赔有人,其责反轻。例内"官役"字样,应改为"该役"。再粮户私相折银,虽无知愚民贪图便易,固应罚惩,然非胥吏希图入己,授之意指,亦谁敢贸贸然持银交纳,例内听其折银之胥吏未经拟罪,应增。再粮户私相折银,已经追银入官,又治以枷责之罪,则反重于私收折银之书吏矣。量为责惩,已足蔽辜,应改。再收粮不过一两月限期,有粮州县甚多,赢余米石责令粮道不时盘验,势必不能,且启不肖州县私加斛面之弊,应删。谨将增删例文,开列于后。

一、凡粮重仓多州、县,印官不能兼顾,遴点老成书吏收粮。如有佥派匪人,侵蚀漕粮者,书吏照监守自盗律治罪,州县官交部议处,侵蚀米石,即着该役名下严行追补。如粮户私相折银,访获,除银入官充饷,追交应完米石外,量其多寡,分别责惩。收银书吏,计赃治罪。

【1740】3.7.128.(1)(略)

冒支官粮

律 文

【1646】3.7.136

凡管军官吏,总旗、小旗冒支军粮入己者,计所冒支之赃准窃盗论,取之于军,非取之于官也,故止准窃盗论。若军已逃、故,不行扣除而入己者,以常人盗官粮论。若承委放支冒支,即以监守自盗论。免刺。

【1670】3.7.135(略)

【1725】○修改

原拟:应删去"总旗、小旗"四字。

臣等谨按:此言顶冒见军之名而支领军粮也。凡管军官吏,于所本管之军应得粮饷,或本人见在不与通知,或其人从军差遣,及有丧疾不在营伍,而顶名冒支入已,所支虽系官物,而实取之于军,故计赃准窃盗论,免刺。假如军已逃、故缺伍,更应开除应得之粮。若不行扣除而冒支入己,是阴取在官之粮也,则以常人盗官粮论。又,若承委放支而擅自冒领,是侵蚀在官之粮也,则以监守自盗论。

【1725】3.7.129

凡管军官吏,冒支军粮入己者,计所冒支之赃准窃盗论,取之于军,非取之于官也,故止准窃盗论。若军已逃、故,不行扣除而入己者,以常人盗官粮论。若承委放支而冒支者,以监守自盗论。免刺。

注:此禁顶冒军名而支领粮饷也。凡官吏冒支本管之军粮入已,是所支虽系官物,而犹取之于军也,故准窃盗论,免刺。若军已逃、故缺伍,犹不扣除,而顶名冒支,是阴取在官之粮也,则以常人盗官粮论。至承委放支,而擅自冒领,是侵蚀在官之粮也,则以监守自盗论。

【1740】3.7.129(略)

附律条例

＊**【1725】○增入**[1]

臣等谨按:康熙五十一年(1712)十一月内,兵部议复营兵顶名食粮,事理类于此律,谨拟节录于后。

【续增现行例】一、凡事故兵丁,即行开除,召补新兵,按季造册,加具并无顶名食粮印结送部。其应扣截日粮饷,造入截旷项名下。倘不加详查,混行造报者,察出,将该管官照虚冒兵粮,从重议处。

【现行例】一、凡营兵顶名食粮者,速行报明改正。事故兵丁,即行开除、造册,遵照旧例将召募新兵年貌、籍贯按季造册,并加具并无顶替冒名食粮兵丁印结送部。其应扣截日粮饷,照例造入截旷项下。不加详查,混行造报者,察出,将该管官照虚冒兵粮,从重议处。

臣等谨按:此条类于"冒支官粮"律,应入条例内。

【1740】○删除

一、冒销老民老妇银两自首人员,人亡产绝,着落失察之上司分赔。

此条系雍正七年(1729)定例。查支放钱粮冒销入己,均有定律,不独老民老妇一项。此条因雍正元年(1723)各省冒销老民老妇银两,积弊相沿,特许自首,兼因上司徇隐成习,责以分赔。此特因时定制,非凡属冒销皆照此例遵行,无庸纂纂入。

钱粮互相觉察

律　文

【1646】3.7.137

凡仓库、务场官吏、攒拦、库子、斗级,皆得互相觉察。若知侵欺、盗用、借贷系官钱粮,已出仓库,匿而不举,及故纵者,并与犯人同罪。至死减一等。失觉察者,减三等,罪止杖一百。○若官吏虚立文案,挪移出纳,及虚出通关,另有本律。其斗级、库子、拦头不知者不坐。

【1670】3.7.136(略)

【1725】3.7.130

律文(略)

注:此总承以上诸条,言监守之责相同,当互相稽核也。凡仓库、务场官吏,有监

---

① 此条见于《大清律例按语》第7卷"户律·仓库·冒支官粮"(雍正三年)条下,雍正三年(1725)《大清律集解附例》不载。

临之责;攒典、拦头、库子、斗级,系主守之人,皆得互相觉察。若知官钱粮有侵欺、盗用、借贷,已出仓库,而隐匿不举,及知情故纵者,虽非入己,实属同奸,并与犯人同罪,至死减一等。无通同之弊,而疏虞失察者,减犯人罪三等,罪止杖一百。若将钱粮虚立文案,而挪移出纳,及数本不足,而虚出通关,皆由官吏于文案中作弊,非库、斗、攒、拦等所得觉察,故不知情者不坐。

臣等谨按:此总承以上诸条,言监守之责相同,当彼此互相稽核也。凡仓库、务场官吏,有监临之责;攒典、拦头、库子、斗级,系主守之人,一应钱粮,皆得互相觉察。首节言知官钱粮侵欺、盗用、借贷,隐匿不举,及知情故纵之罪。次节言官吏虚立文案,挪移出纳,及虚出通关之罪。此非库、斗、攒、拦等所得觉察,故不知情者不坐。

【1740】3.7.130(略)

附律条例

【1725】3.7.130.(1)

【钦定例】一、凡州县到任,拣选殷实老成书吏二人,充钱粮总吏,该管知府查实准充,通详报部。凡征收银两米石,务要随征随解,加谨收贮,不得任本官存留内署。若本官有动用并挪新掩旧等弊,总吏力行禀阻。果能五年内新旧俱无拖欠,咨部以九品杂职即用。倘承顺本官,或巧计欺瞒,致成亏空者,将该吏严加治罪。如审系侵欺,数止一千两以下,本官照监守自盗律拟斩准徒五年者,总吏照杂犯流罪例,杖一百、徒四年;一千两以上,本官照例拟斩监候者,总吏杖一百、流三千里。如系挪移,数止千百两,本官照律总徒四年者,总吏杖一百、徒三年;五千两以上至一万两,本官照例流三千里者,总吏杖一百、流二千五百里;一万两以上至二万两,本官例发边卫充军者,总吏杖一百、流三千里;二万两以上,本官照侵盗钱粮例拟斩者,总吏杖一百,发边卫充军者。将总吏监禁,俟本官亏空完日,分别发落。倘本官少有亏空,总吏禀阻不从,许即赴上司衙门据实首明,本官参处,总吏免罪。

谨案:此条系雍正五年(1727)定例。

【1740】○删除

臣等谨按:仓库钱粮责重,州县设立总吏,则权反下移,于体制未便。且总吏终属吏胥,州县设有侵挪,吏胥岂能力制?徒受不能禀阻之严谴,于钱粮亏空仍属无益。乾隆元年(1736),已经云南巡抚张允随条奏议准,革除在案,此条应删。

仓库不觉被盗

律　文

【1646】3.7.138

凡有人非监守。从仓库中出,守把之人不搜检者,笞二十。因不搜检,以致盗物出仓库而不觉者,减盗罪二等。若夜值更之人不觉盗者,减三等。仓库值宿官、攒、斗级、库子非正值本更。不觉盗者,减五等,并罪止杖一百。故纵者,各与盗同罪。至死减一等。若被强盗者勿论。互相觉察,与此不觉被盗,官吏皆系公罪,完日还职役;隐匿不举,与此故纵,皆系私罪,各罢职。

【1670】3.7.137(略)

【1725】○修改

原拟:小注内"完日还职役"句,应改为"仍留职役"。

臣等谨按:此言仓库防范之宜严也。故纵及被强盗,通指守把、值更、值宿人而言。首言守把之人见仓库中人出,不行搜检,及因不搜检致盗物出而不觉之罪。次言夜间值更之人及值宿官、攒、斗级、库子不觉盗之罪。末言守把、值更及值宿官、攒、斗级、库子,知其为盗而故纵不举之罪。若被强盗行劫,则非力所能御,故得勿论。

【1725】3.7.131

凡有人非监守。从仓库中出,守把之人不搜检者,笞二十。因不搜检,以致盗物出仓库而不觉者,减盗罪二等。若夜值更之人不觉盗者,减三等。仓库值宿官、攒、斗级、库子非正值本更。不觉盗者,减五等,并罪止杖一百。故纵者,各与盗同罪,至死减一等。若被强盗者,勿论。互相觉察,与此不觉被盗,官吏皆系公罪,仍留职役;隐匿不举,与此故纵,皆系私罪,各罢职役。

注:此言仓库防范之宜严也。凡人从仓库中出,守把之人不行搜检者,笞二十。因不搜检致盗物出而不觉,及夜间值更之人与值宿之官、攒、斗、库等不觉盗者,俱照盗罪分别递减,并罪止杖一百。其守把、值更、值宿诸人,知其为盗而故纵者,与盗同罪,至死减等。若被强盗行劫,则非力所能御,故得勿论。

【1740】3.7.131(略)

附律条例

【1646】3.7.138.(1)

一、内外官库,被窃盗银一千两以上,一个月不获,经该并巡捕官,俱各住俸;半年不获,提问。被盗二、三次者,奏请降调。其该道分巡、分守官,参奏罚治。不及前数者,俱照常发落。库子尽其财产,均追赔偿。候真赃得获,照数给还。若各官妄拿平人逼认盗贼追赔者,亦问罪、降调。此指被窃盗言,故追赔之。若强盗,自有勿论律。

【1670】3.7.137.(1)(略)

【1725】○修改

原拟:"提问"字应改为"议处"。再诬良为盗,不止降调,应将"问罪、降调"句,改为"依例问罪"。

一、内外官库,被窃盗银一千两以上,一个月不获,经管该弁并巡捕官,俱各住俸,半年不获,题参议处。被盗二、三次者,奏请降调。其该道分巡、分守官,参奏议处。不及前数者,俱照常发落。库子尽其财产,均追赔偿。候正赃获日,照数给还。若各官妄拿平人逼认盗贼追赔者,亦依例问罪。此指被窃盗言,故照数追赔。若强盗,自有勿论律。

【1725】3.7.131.(1)

【原例】(略)

【1740】3.7.131.(1)(略)

【1725】○增入

原拟:现行例一条,应增入。

【原增现行例】一、将进仓漕粮拦路戳袋、挖仓墙、越墙进仓偷米之盗,照例应听刑部查审,照律治罪。不至死罪者,若系另户之人,发黑龙江、宁古塔等处披甲当差;若系奴仆及民人,发黑龙江、宁古塔等处给与披甲之人为奴。至裤袄细袋装米偷盗等小贼,拿获,该监督呈报仓场侍郎,即于仓门首枷号四十日,系旗人鞭一百,系民杖一百。

【1725】3.7.131.(2)

【增例】(略)

【1740】○修改

臣等谨按:犯该外遣人犯,于乾隆元年(1736)经部议准"强盗免死减等,及窝留强盗三人以上之犯,应发黑龙江等处者,系民人分发云贵川广极边烟瘴地方。其各项平常发遣人犯,应发黑龙江等处者,系民人酌发云贵川广烟瘴少轻地方"在案。例内偷米之贼,不至死罪者,较免死减等人犯,情罪稍轻,应改发云贵川广烟瘴少轻地方。谨将改辑例文,开列于后。

一、将进仓漕粮拦路戳袋、挖越仓墙进仓偷米之盗,听刑部查审,照律治罪。不至死罪者,若系另户旗人,发黑龙江、宁古塔等处披甲当差;若系奴仆,发黑龙江、宁古塔等处给与披甲之人为奴;系民人,发往云南、贵州、四川、两广烟瘴少轻地方,严行管束。至裤袄细袋装米偷盗等小贼,拿获,该监督呈报仓场侍郎,即于仓门首枷号四十日,系旗人鞭一百,系民杖一百。

【1740】3.7.131.(2)(略)

【1768】3.7.131.(2)

一、将进仓漕粮拦路戳袋、挖越仓墙进仓偷米之盗,听刑部查审,照律治罪。不至死罪者,若系另户旗人,发黑龙江、宁古塔等处披甲当差;若系奴仆,发黑龙江、宁古塔等处给与披甲之人为奴;系民人,发往云南、贵州、广东、广西烟瘴少轻地方,严行管束。至裤袄细袋装米偷盗等小贼,拿获,该监督呈报仓场侍郎,即于仓门首枷号四十日,系旗人鞭一百,系民杖一百。

【1801】○修改

臣等谨按:此条系乾隆五年(1740)定例。嗣于乾隆四十七年(1782)钦奉上谕:"嗣后旗人如有犯该刺字者,销除旗档,照民人一例办理。钦此。"业经纂入例册,遵行在案。此条偷窃粮米,分别旗、民治罪之处,系属旧例,业已不用,应行修改。谨将修改例文,开列于后。

一、将进仓漕粮拦路戳袋、挖越仓墙进仓偷米之盗,听刑部查审,照律治罪。不至死罪者,系旗下奴仆,发黑龙江、宁古塔等处给与披甲之人为奴;系民人,发往云贵两广烟瘴少轻地方,严行管束。至裤袄细袋装米偷盗等小贼,拿获,该监督呈报仓场侍郎,即于仓门首枷号四十日,杖一百。旗人有犯,销除旗档,与民人一体问拟。

【1802】3.7.131.(2)(略)

【1814】○修改

臣等谨按:嘉庆十八年(1813)七月内,臣部遵旨议奏"应发黑龙江等处遣犯分别改发"折内,"请将旗下家奴偷窃进仓米石一条,改发各省驻防给官员兵丁为奴"等因,奏准通行在案。例内"发黑龙江、宁古塔"之处,应行修改。谨将修改例文,开列于后。

一、将进仓漕粮拦路戳袋、挖越仓墙进仓偷米之盗,听刑部查审照律治罪。不至死罪者,系旗下奴仆,发驻防给官员兵丁为奴;系民人,发往云贵两广烟瘴少轻地方,严行管束。至裤袄细袋装米偷盗等小贼,拿获,该监督呈报仓场侍郎,即于仓门首,枷号四十日,杖一百。旗人有犯,销除旗档,与民人一体问拟。

【1825】3.7.131.(2)(略)

守支钱粮及擅开官封

律　文

【1646】3.7.139

凡仓库官、攒、斗级、库子役满不得离去。得代,所收钱粮、官物,并令守支尽绝。若无短少,方许官攒给由。斗、库宁家。其有应合相沿交割之物,听提调官吏监临盘点见数,不得指廒指库交割,违者各杖一百。○若仓库所收官物有印封记,其主典不请原封官司阅视而擅开者,杖六十。其守支、盘点及擅开,各有侵盗等弊者,俱从重论,追赔入官。

【1670】3.7.138(略)

【1725】○修改

原拟:现在无给由之例,应改"给由"为"各离职役"。

臣等谨按:此言钱粮收支交割宜明,而封贮亦宜详慎也。相沿交割之物,如附余及犯禁不应变卖赃罚之类。相传守掌,非系经收应支之物也。主典,兼官吏言。原封官司,原用印封之衙门,不拘封记之原官也。首节言仓库官、攒、斗、库交割不明之罪,恐其中有侵盗、挪借、抵换不清等弊也。次节言主典官吏擅开原封之罪,亦所以防侵盗、抵换之意也。

【1725】3.7.132

凡仓库官、攒、斗级、库子役满得代,不得离去所收钱粮、官物,并令守候支放尽绝。若无短少,方许官攒各离职役。斗、库宁家。其有应合相沿交割之物,听提调官吏监临盘点现数,不得指廒指库交割,违者各杖一百。○若仓库所收官物有印封记,其主典不请原封官司阅视而擅开者,杖六十。其守支、盘点及擅开,各有侵盗等弊者,俱从重论,追赔入官。

注:此言钱粮收支交割宜明,而封贮亦宜详慎也。相沿交割之物,如附余及犯禁不应变卖赃罚之类。相传守掌,非系经收应支之物也。主典,兼官吏言。原封官司,原用印封之衙门,不拘封记之原官也。首节言仓库官、攒、斗、库交割不明之罪,恐其中有侵盗、挪借、抵换不清等弊也。次节言主典官吏擅开原封之罪,亦所以防侵盗、抵换之意也。

【1740】3.7.132(略)

出纳官物有违

律　文

【1646】3.7.140

凡仓库出纳官物,当出陈物而出新物、则价有多余。应受上物而受下物则价有亏欠。之类,及有司以公用和雇和买,不即给价,若给价有增减不如价值之实者,计通上言。所亏欠当受上物而受下物,及雇、买不即给价,即给价减不以实,各有亏欠之利。及多余当出陈物而出新物,及雇、买给价增不以实,各有多余之利。之价,如雇、买新物而用陈物之价。坐赃论。以钱粮不系入己,雇、买非充私用,故罪止杖一百、徒三年。○若应给俸禄,未及期而预给者,计所预给之银为多余之价。罪亦如之。赃分应还官、给主。○其监临官吏统上论。知而不举,与同罪。不知者不坐。

【1670】3.7.139(略)

【1725】3.7.133

律文(略)

注:此言出纳仓库官物各有额例也。当出陈物而出新物,如仓粮不挨陈先放,而出新粮之类。应受上物而受下物,如缎匹不收坚实,而收纰薄之类。和雇,以工役言;和买,以物货言。不实,谓不如所值之实。价浮于实价,为多余;不及实价,为亏欠。亏欠、多余,通一节而言。以亏欠、多余之数为赃坐罪,罪止满徒。末言监临知而不举之罪,不知者不坐。

臣等谨按:此言出纳仓库官物各有额例也。当出陈物而出新物,如仓粮不挨陈先放,而出新粮之类。应受上物而受下物,如缎匹不收坚实,而收纰薄之物。和雇、和买,谓和同用价雇、买。雇,以器具、工役言;买,以物货言,皆充官用者也。不实,谓不如所值之实价。亏欠、多余,通一节而言。首节言出纳官物有违定例定额,及有司和同雇买,不即给价,或给价增减不实之罪。次节言预给俸禄之罪。末节总承言监临官吏知情故纵不举之罪。出纳之钱粮改正,多余、预支者还官,亏欠之价分别还官、给主。

【1740】○修改

臣等谨按:律文"亏欠"之下,注云"雇、买不即给价,即给价减不以实,各有亏欠之利";又"多余"之下,亦注云"雇、买不即给价,即给价增不以实,各有多余之利"。夫不即给价,乃亏欠非多余也。两注并列,甚属错误。查《笺释》,雇、买给价,增不以实者,有多余之利。雇、买不即给价,及给价减不以实者,各有亏欠之利。原未尝以"雇、买不即给价"并入"多余"之下,显系刻本误入,应删。再律文"之价"二字之下、"坐赃论"三字之上,注云“如雇、买新物而用陈物之价”,此注尤属错误。查“之价”二字,乃双承上“亏欠”及“多余”两项来,若专指雇、买新物而用陈物,则亏欠者定以坐赃之罪,多余者竟不在坐赃论罪之列矣,尤为碍理。查《笺释》云“并计所亏欠、所多余之价,坐赃论”,语甚明晰,应改。再律文“预给俸禄”,本无费解之处,注云“计所预给之银为多余之价”,反致牵混不明,应删。再预给俸禄止该还官,无可给主,其“赃分还官、给主”小注应移入第一节“杖一百、徒三年”之下。谨将删改移辑律注,开列于后。

凡仓库出纳官物,当出陈物而出新物、(则价有多余。)应受上物而受下物(则价有亏欠。)之类,及有司(以公用)和雇和买,不即给价,若给价有增减不(如价值之)实者,计(通上言。)所亏欠(当受上物而受下物,及雇、买不即给价,即给价减不以实,各有亏欠之利。)及多余(当出陈物而出新物,及雇、买给价增不以实,各有多余之利。)之价,(并计所亏欠、所多余)坐赃论。(以钱粮不系入己,雇、买非充私用,故罪止杖一百、徒三年,赃分还官、给主。)○若应给俸禄,未及期而预给者,罪亦如之。○其监临官吏(统上论。)知而不举,与同罪。不知者不坐。

【1740】3.7.133(略)

附律条例

【1646】3.7.140.(1)

一、官员、监生、吏典、旗军人等关过俸粮,及预支应得粮米,遇有事故、调用等项,五斗以上,失于还官者,事发止问不应,追粮还官;五斗以下,俱免追问。

【1670】3.7.139.(1)(略)

【1725】○删除

谨案:此条系原例。今监生、吏典,并不给粮;官员关过俸粮,后遇事故、调用者,亦不追还俸粮,此条删。

【1740】○增入

一、各省采买一应仓粮谷石,务令州县等官平价采买运仓,不许转发里递派买。至驿递所需草豆,令有驿各官平价采买,亦不得派发里递,苦累小民。应需运价,准令开销。敢有私派勒买,及短给价值,强派强拿民力运送者,坐赃治罪。

谨案:此条系雍正七年(1729)定例。

【1740】3.7.133.(1)(略)

【1740】○增入

一、凡兵丁生息营运银两,或占百姓行业,或重利放债以为生息者,出纳官吏,照骚扰地方索借部民财物计赃科罪。上司失察,交部议处。

谨案:此条系雍正九年(1731)定例。

【1740】3.7.133.(2)(略)

收支留难

律　文

【1646】3.7.141

凡收受、支给官物，其当该官吏，无故二字重看。留难刁蹬，不即收支者，一日笞五十，每三日加一等，罪止杖六十、徒一年。○守门人留难者，不放入，计日论。罪亦如之。○若领物、纳物之人到有先后，主司不依原到次序收支者，笞四十。

【1670】3.7.140（略）

【1725】3.7.134

律文（略）

注：此禁收支迟延，以杜需索，免守候也。凡收受、支给官物，或因物不合式，或收领数目不符，必待估计核算，自不得不稍为迟留。若无故挨延，是有意刁蹬，故计日定罪。守门人无故留难，与官吏刁蹬之情同，故罪亦如之。收支不按次序，即开留难之端，故笞以示惩。

臣等谨按：此惩勒掯、迟延，以免守候也。首节言官吏无故将领物、纳物者留难、刁蹬之罪。次节言守门人故意留难不放出入之罪。末节言不依次序收支之罪。

【1740】3.7.134（略）

附律条例

【1646】3.7.141.（1）

一、各处司、府、州、县并各钞关，解到布绢、钱粮等项，赴部验文，送甲字等库验收。若有指称权贵名色，掯勒解户，诓诈财物者，听巡视库藏科道官及该部委官拿送法司究问，不分军、民、匠、役，俱发边卫充军。干碍内外官员，一体参奏处治。

【1670】3.7.140.（1）（略）

【1725】○删除

原拟：掯勒解户，诓诈财物，各有本条，分别轻重问罪，不概发充军。又今无科道官巡视库藏之例，此条拟删。

【1725】○增入

原拟：现行例内一条，类于此律，应增入。

【现行例】一、大通桥监督将运进仓内米数，预期行文八仓监督早开仓门，务要本日照数收完。如有至晚收纳不及者，该仓监督亲身查照登簿贮仓，次日抽掣收受，违者交该部议处。如运役擅于中途寄放者，以不应重治罪。

【1725】3.7.134.（1）

【增例】（略）

【1740】3.7.134.（1）（略）

【1725】○增入

原拟:现行例内一条,类于此律,应增入。

【现行例】一、凡有解送一应钱粮、物料等项到部,限文到三日内即行查收,掣给批回。如三日内有不能收完等项,禀明各该堂官,仍令速收。如无故不给收明掣批,照律计日治罪。至于书役人等,向解员指称估验、掣批、挂号等项费用名色,借端包揽,索诈银钱者,许被诈之人即刻呈首,该管各官将包揽索诈之人交与刑部,发边卫充军;赃重,计赃以枉法从重论。系官,交与吏部革职,仍交与刑部治罪。如该管各官失察不举,以致书役、乌林人等有犯者,交与吏部议处。如解官恐为留难刁蹬,预为嘱托,夤缘和同行贿,听其包揽者,或被旁人出首,或被科道纠参,将该员照受财人一体治罪。至关系钱粮等项各部院衙门堂官,应将前项情弊,不时严行察访。

原拟:此条字句太繁,谨拟删改,开载于后。

【原改现行例】一、凡钱粮、物料等项解送到部,限文到三日内即行查收,掣给批回。如无故不收完给批者,照律计日治罪。至书役人等,指称估验、掣批、挂号等项费用名色,借端包揽索诈者,许解官、解役即于该衙门首告,交送刑部问实,发边卫充军;重者,以枉法从重论。系官,革职论罪。该管各官失察不举者,交吏部议处。如解官预先嘱托,和同行贿,听其包揽者,与受财人一体治罪。事关钱粮,该衙门堂官,应将前项情弊,不时严行察访。

【1725】3.7.134.(2)

【增例】(略)

【1740】○修改

臣等谨按:"刑律·官吏受赃"条下,衙门蠹役恐吓索诈十两以上,并妻安插奉天地方居住。盖恶其倚势作威,勒索财务,故于计赃论罪之外,特设安插之例,已改杖七十之罪为迁徙矣。今此条"包揽索诈",与"刑律""恐吓索诈"情罪相同,而"刑律"则拟迁徙,此条加至充发。且不问得财多寡,则凡在十两以下,或止一二两之数,亦俱在充发之列。例不画一,应改。再"户律"各条,皆关钱粮,吏役作弊,俱当察访,独于此条下有"事关钱粮"等语,字句冗泛,应删。谨将删改例文,开列于后。

一、凡钱粮、物料等项解送到部,限文到三日内即行查收,掣给批回。如无故不收完给批者,照律计日治罪。至书役人等,指称估验、掣批、挂号等项费用名色,借端包揽索诈者,许解官、解役即于该衙门首告,送交刑部问实,发边卫充军。赃重者,以枉法从重论。系官,革职、问罪。该管官失察者,交部议处。如解官预先嘱托,和同行贿,听其包揽者,与、受财人一体治罪。[1]

---

[1] 《大清律例按语》第41卷"户律·仓库·收支留难"(乾隆五年)条下,此条修改例文如下:"一、凡钱粮、物料等项解送到部,限文到三日内即行查收,掣给批回。如无故不收完给批者,照律计日治罪。至书役人等,指称估验、掣批、挂号等项费用名色,借端包揽索诈者,许解官、解役即于该衙门首告,交送刑部问实,照衙门蠹役恐吓索诈例,十两以上,并妻安插奉天。赃重者,以枉法从重论。系官,革职、问罪。该管官失察者,交部议处。如解官预先嘱托,和同行贿,听其包揽者,与、受财人一体治罪。"

【1740】3.7.134.(2)(略)

【1768】3.7.134.(2)

一、凡钱粮、物料等项解送到部,限文到三日内即行查收,掣给批回。如无故不收完给批者,照律计日治罪。至书役人等,指称估验、掣批、挂号等项费用名色,借端包揽索诈者,许解官、解役即于该衙门首告,送交刑部问实,发近边充军。赃重者,以枉法从重论。系官,革职、问罪。该管官失察者,交部议处。如解官预先嘱托,和同行贿,听其包揽者,与、受财人一体治罪。

【1801】○修改

【原例】【1768】3.7.134.(2)(略)、【1768】3.7.134.(3)(略)

臣等谨按:此二条俱系康熙年间定例。查"官吏受财"例载"内外大小衙门蠹役恐吓索诈贫民者,计赃一两以下,杖一百;一两至五两,杖一百,加枷号一个月;六两至十两,杖一百、徒三年。为从分赃,并减一等。计赃在十两以上者,发近边充军;一百二十两,照枉法拟绞"等语,定例已属从严。上条书役人等,下条坐粮厅及各仓书役等,指称掣批等项名色勒索,与蠹役恐吓索诈无异。上条例内不计赃即发近边充军,下条一两以下即徒一年,未免太重。且与彼例轻重互异,应行画一办理。又粮船起米违限,以致回空守冻,若受财,应以枉法论。又米到不即令过坝过闸,勒掯不令入仓,若无故留难,应照律治罪。若有赃,应计赃以枉法从重论。又吏役支放米石,搀和沙土,应照监守自盗律计赃治罪。例内"交刑部治罪"等语,俱未明晰,应行修改。谨将修改例文二条,开列于后。

【1802】3.7.134.(2)(略)

【1802】3.7.134.(3)(略)

【1725】○增入

原拟:现行例内一条,类于此律,应增入。

【现行例】一、凡各省粮船,俱于各限内运到石坝、土坝。以所到之日,限十日内起完,将空船作速发回。若十日内不起完米石,延挨以致回空船只及冻者,将坐粮厅监督等革职。若受财,将监督革职,并衙役人等,交与刑部从重治罪。仓场侍郎等,交与吏部议处。从船上起米,船坝过闸,运入京、通各仓晒扬,俱照定例三个月内全完。若石坝、土坝、五闸、大通桥,京、通各仓,米到不即令过闸,掯勒迟延,或于晒扬时掯勒不令入廒者,许运丁等首告,将监督官交与吏部从重议处,衙役交与刑部从重治罪。如仓场侍郎不行查参,或被运丁等首告,或被科道官纠参,将仓场侍郎一并议处。坐粮厅及各省仓内书役人等,如有向运官、运丁等指称掣批等顶费用名色,掯勒需索银钱者,一两以下,杖六十、徒一年;一两以上,杖一百、徒三年;十两以上者,俱佥妻发边卫充军,至配所责四十板。赃重者,计赃从重治罪。失察之监督,交与吏部严加议处。如监督通同衙役,需索银钱者,革职,交与刑部,计所得之赃从重治罪。再通州在京各仓支放八旗官兵米时,仓役人等,如有因不给钱,将米搀和沙土支放,若有关米之人首告者,将仓役人等交与刑部从重治罪,将该监督交与吏部严加议处。各仓放米时,如有仓役人等掯勒留难,向关米之人需索银钱者,俱佥妻发边卫充军,至配所责四十板。赃重者,计赃以枉法从重治罪。如因要银钱将人打死者,拟斩监候,秋后处决。关米人等,米色不堪,不行首告,私给钱者,给、受同科治罪。监督不行查出,被旁人首告者,将监督一并严加议处。若监督知情,令要银钱者,革职,交与刑部从重治罪。不行查出之仓场侍郎,亦交与吏部议处。

原拟:此条字句太繁,谨拟删改,开载于后。

【原改现行例】一、凡粮船运抵石坝、土坝,限十日内将米起完。如起米违限,以致回空船只守冻者,坐粮厅监督革职。若受财,监督革职,并衙役人等,交刑部从重治罪。仓场侍郎失察者,交该部议处。其漕粮盘坝过闸,运至京、通各仓,晒扬入廒,亦照例限三个月内全完。若石坝、土坝、五闸、大通桥,京、通各仓米到,不即令过坝过闸,及于晒扬时掯勒不令入廒者,许运丁首告,将监督等交部严加议处,衙役人等俱交刑部从重治罪。仓场侍郎不行查参,别经发觉者,亦交部议处。如坐粮厅及各仓书役人等,向运官、运丁指称掣批等项名色勒索者,一两以下,杖六十、徒一年;一两以上,杖一百、徒三年;十两以上,俱佥妻发边卫充军。赃重者,仍从重论。若支放米石搀和沙土者,亦交刑部从重治罪。有向关米之人勒索得财者,俱佥妻发边卫充军。赃重者,各计赃以枉法从重论。因而打死人命者,拟斩监候。关米人等,米色不堪,不行首告,或私给钱者,与、受同科。以上各项,监督失察者,交该部严加议处;知情故纵者,革职,从重治罪。失察之仓场侍郎,亦交部议处。

【1725】3.7.134.(3)

【增例】(略)

【1740】○修改

臣等谨按:此条指称掣批等项名色"勒索银两",与上一条"包揽索诈"情罪相同。上条既改外徙,此条亦应改。再例内"指称掣批等项名色勒索,至十两以上,佥妻发边卫充军",后又云"向关米之人勒索得财者,俱佥妻发边卫充军"。同一勒索,一则十两以上,一则不计多寡,均拟充发,例不画一,亦应改。再漕米到仓晒扬之例,已于雍正四年(1726)户部议准,每廒贮米万余石,如欲晒扬,雇夫须千余名,工价须数百两,地方各须宽敞能容,天时必须晴明无雨,虽有其例,断然难行,已经停止。前次编纂,未经删去,应删。再例内监督及仓场侍郎,逐款定有处分,后又云"以上各项",失察、知情如何分别处分之处,前后重复,应将逐款下处分删去,统载书役定罪之后。谨将删改例文,开列于后。

一、凡粮船运抵石坝、土坝,限十日内将米起完。如起米违限,以致回空船只守冻者,坐粮厅监督革职。若受财,并衙役人等,交刑部治罪。其漕粮运至京、通各仓,若米到不即令过坝过闸,掯勒不令入仓者,许运丁首告,交刑部将衙役人等从重治罪。如坐粮厅及各仓书役人等,向运官、运丁指称掣批等项名色勒索者,一两以下,杖六十、徒一年;一两以上,杖一百、徒三年;十两以上,发边卫充军。赃重者,仍从重论。若支放米石搀和沙土者,亦交刑部从重治罪。有向关米之人勒索得财者,照指称掣批等项名色计赃论罪。因而打死人命者,拟斩监候。关米人等,米色不堪,不行首告,或私给钱者,与、受同科。以上各项,监督失察者,交部严加议处;知情故纵者,革职,从重治罪。失察之仓场侍郎,亦交部分别议处。①

【1740】3.7.134.(3)(略)

【1768】3.7.134.(3)

一、凡粮船运抵石坝、土坝,限十日内将米起完。如起米违限,以致回空船只守冻者,坐粮厅监督革职。若受财,并衙役人等,交刑部治罪。其漕粮运至京、通各仓,若米到不即令过坝过闸,措勒不令入仓者,许运丁首告,交刑部将衙役人等从重治罪。如坐粮厅及各仓书役人等,向运官、运丁指称掣批等项名色勒索者,一两以下,杖六十、徒一年;一两以上,杖一百、徒三年;十两以上,发近边充军。赃重者,仍从重论。若支放米石搀和沙土者,亦交刑部从重治罪。有向关米之人勒索得财者,照指称掣批等项名色计赃论罪。因而打死人命者,拟斩监候。关米人等,米色不堪,不行首告,或私给钱者,与、受同科。以上各项,监督失察者,交部严加议处;知情故纵者,革职,从重治罪。失察之仓场侍郎,亦交部分别议处。

【1801】○修改

按语,见【1768】3.7.134.(2)条下。

【1802】3.7.134.(3)(略)

【1740】○删除

一、京、通各仓,收米时少进,放米时多出,以致亏空,其亏空米石,着落监督赔六分,书、攒赔二分,头役、花户合赔二分,勒限一年全完。

此条系雍正五年(1727)定例。查钱粮亏空,责成该管官赔补,此定例也。纵属书役作弊,该管官亦难辞失察之咎。倘或通同徇隐,则罪亦难宽。例内书、攒赔二分,头役、花户合赔二分,盖为书役舞弊而设。然严于书役,而反宽监督之罚,似非责成该管之道。况不问弊由谁作,官、吏同赔,亦非体例。今头役一项,已于雍正七年(1729)经原任仓场侍郎岳尔岱奏请裁革,无从着赔。此条毋庸纂入。

---

① 《大清律例按语》第41卷“户律·仓库·收支留难”(乾隆五年)条下,此条修改例文如下:“一、凡粮船运抵石坝、土坝,限十日内将米起完。如起米违限,以致回空船只守冻者,坐粮厅监督革职。若受财,并衙役人等,交刑部治罪。其漕粮运至京、通各仓,若米到不即令过坝过闸,措勒不令入仓者,许运丁首告,交刑部将衙役人等从重治罪。如坐粮厅及各仓书役人等,向运官、运丁指称掣批等项名色勒索者,一两以下,杖六十、徒一年;一两以上,杖一百、徒三年;十两以上,照恐吓索诈例,发奉天地方安插。赃重者,仍从重论。若支放米石搀和沙土者,亦交刑部从重治罪。有向关米之人勒索得财者,照指称掣批等项名色计赃论罪。因而打死人命者,拟斩监候。关米人等,米色不堪,不行首告,或私给钱者,与、受同科。以上各项,监督失察者,交部严加议处;知情故纵者,革职,从重治罪。失察之仓场侍郎,亦交部分别议处。”

起解金银足色

律 文

【1646】3.7.142

凡收受纳官诸色课程,变卖货物,起解金银,须要足色。如成色不及分数,提调官吏、及估计、煎销人匠,各笞四十,着落均赔还官。如通同作弊,以致亏损、侵盗,计赃以侵盗律论。

【1670】3.7.141(略)

【1725】3.7.135

律文(略)

注:此杜侵损而禁滥收也。诸色课程,如岁办商税、各场课银之类。变卖货物,如一应入官诸物变易银两之类。凡收受各项岁办税课及变卖在官货物,应行起解,务须十分足色。如成色不及十分之数,提调官吏及人匠各坐笞,仍令均赔补足。如有侵欺,以监守盗论。

臣等谨按:此杜侵损而禁滥收也。诸色课程,如岁办商税、各场课银之类。变卖货物,如抄没入官诸物变易银两之类。凡收受各项岁办税课及变卖在官货物之金银起解,务须十分足色。如成色不及十分之数,提调官吏及人匠各坐笞,仍令均赔补。如有侵欺,以监守盗论。

【1740】○修改

臣等谨按:律注"通同作弊",即系侵盗,又云"以致亏损、侵盗",文义不顺。查《笺释》"官有侵欺,问监守盗。知情通同,故不收足色,坐赃论",语更明晰,应改。谨将改辑律注,开列于后。

凡收受纳官诸色课程变卖货物,起解金银,须要足色。如成色不及分数,提调官吏、及估计、煎销人匠,各笞四十,着落均赔还官。官有侵欺,问监守盗。知情通同,故收不足色,坐赃论。

【1740】3.7.135(略)

损坏仓库财物

律 文

【1646】3.7.143

凡仓库及积聚财物,主守之人,安置不如法,晒晾不以时,致有损坏者,计所损坏之物价坐赃论,罪止杖一百、徒三年。着落均赔还官。○若猝遇雨水冲激,失火延烧,若仓库内失火,自依本律杖八十、徒二年。盗贼分强、窃。劫夺,事出不测而有损失者,委官保勘复实,显迹明白,免罪不赔。其监临主守官吏若将欺侵、借贷、挪移之数,乘其水火、盗贼,虚捏文案,及扣换交单籍册,申报瞒官希图幸免本罪者,并计赃以监守自盗论。同僚知而不举者,与同罪;不知者不坐。

【1670】3.7.142(略)

【1725】3.7.136

律文(略)

注:此责重主守之人谨收贮而严欺诈也。前节言主守仓库损坏积聚财物之罪。若猝遇水冲失火及盗贼,委官勘实,有显迹可据者,免坐不赔。次节言监临主守官吏侵欺、挪借,乘机虚捏文案,扣换交单籍册,申报瞒官之罪。因其既作弊于前,复图幸免于后,故以监守自盗论。同僚知情不举者,与同罪。籍册掌于官吏,故捏换之罪不及攒、拦等主守之人。

臣等谨按:此责重主守之人谨收贮而严欺诈也。前节言主守仓库损坏积聚财物之罪。若猝遇水火、盗贼,委官勘实,有显迹可据者,免坐不赔。次节言监临主守官吏侵欺、挪借,乘机虚捏文案,扣换交单册籍,申报瞒官之罪。因其既作弊于前,复图幸免于后,故以监守自盗论。末言同僚知情不举之罪,至死减等。册籍掌于官吏,故捏换之罪不及攒、拦等主守之人。

【1740】3.7.136(略)

附律条例

*【1725】○增入[①]

原拟:现行例一条,类于此律,应增入。

【原增现行例】一、凡因霉烂、漂失亏空米粟者,革职,限一年赔补,完日还职。一年外完者,不复职。逾限二年不完者,仍依律治罪。

【1740】3.7.136.(1)

一、凡各、府、州县仓廒,俱造入交盘项内。新旧交代,若有木植毁烂,倾圮渗漏,即行揭报,将原任官交部议处。徇情滥受,接任官亦交部议处。其霉烂、亏空谷石,着接任官勒限赔补,不完治罪。

谨案:此条系雍正六年(1728)定例。

转解官物

律　文

【1646】3.7.144

凡各处征收钱帛、买办军需、成造军器等物,所在州县交收,差有职役人员,陆续类解本府。若本府不即交收,差人转解,勒令州县人户就解布政司者,当该提调正官、首领官、吏典,各杖八十。公罪。若布政司不即交收,勒令各府就解部者,首领官、令典,

---

① 此条见于《大清律例按语》第7卷"户律·仓库·损坏仓库财物"(雍正三年)条下,雍正三年(1725)《大清律集解附例》不载。

罪亦如之。若原行佥定长解，不用此律。○其起运前项官物，长押官及解物人，安置不如法，致有损失者，计所损失之物坐赃论，着落均赔还官。若船行猝遇风浪，及外人失火延烧，或盗贼劫夺，事出不测而有损失者，申告所在官司，委官保勘复实，显迹明白，免罪不赔。若有侵欺者，不论有无损失事故，计赃以监守自盗论。○若起运官物，不运原领本色，而辄赍财货于所纳去处收买纳官者，亦计所买余利为赃，以监守自盗论。

【1670】3.7.143(略)

【1725】○修改

原拟："令典"字应改为"吏典"。再此律内布政司勒令各府就解部者，不便止问首领官、吏典之罪，应于"首领官"字上增"提调正官"字。

臣等谨按：此言解运各有专司，禁推诿而谨交纳也。首节言州县起解钱帛、军需、军器等物，到府不收，勒令解司，与布政司不收，勒令解部之罪。府勒解司、司勒解部，均为诿劳下属，故当该提调正官、首领官、吏典各坐重杖。然此皆就暂时差遣者言。若原佥定长解人户，不用此律。次节言起运官物之长押官及解物人损坏、遗失之罪，坐赃论，令均赔还官。若猝遇水火、盗劫，则事出不测，故听赴所在官司申告，委勘复实，免罪不赔。若有侵欺，计入己之赃，以监守自盗论。末节言解物不运本色，于所纳之处收买纳官，规取余利之罪。即计所余利为赃，亦以监守自盗论。

【1725】3.7.137

凡各处征收钱帛、买办军需、成造军器等物，所在州县交收，差有职役人员，陆续类解本府。若本府不即交收，差人转解，勒令州县人户就解布政司者，当该提调正官、首领官、吏典，各杖八十。公罪。若布政司不即交收，勒令各府就解部者，提调正官、首领官、吏典，罪亦如之。若原行佥定长解，不用此律。其起运前项官物，长押官及解物人，安置不如法，致有损失者，计所损失之物坐赃论，着落均赔还官。若船行猝遇风浪，及外人失火延烧，或盗贼劫夺，事出不测而有损失者，申告所在官司，委官保勘复实，显迹明白，免罪不赔。若有侵欺者，不论有无损失事故，计赃以监守自盗论。○若起运官物，不运原本色，而辄赍财货于所纳去处收买纳官者，亦计所买余利为赃以监守自盗论。

注：此言解运各有专司，禁推诿而谨交纳也。首节言州县起解钱帛、军需、军器等物，到府不收，勒令解司，与布政司不收，勒令解部之罪。府勒解司、司勒解部，均为诿劳下属，故当该提调正官、首领官、吏典各坐重杖。然此皆就暂时差遣者言。若原佥定长解人户，不用此律。次节言起运官物之长押官及解物人损坏、遗失之罪，坐赃论，令均赔还官。若猝遇水火、盗劫，则事出不测，故听赴所在官司申告，委勘复实，免罪不赔。若有侵欺，计入已之赃，以监守自盗论。末节言解物不运本色，于所纳之处收买纳官，规取余利之罪。即计所余利为赃，亦以监守自盗论。

【1740】3.7.137(略)

附律条例

【1646】3.7.144.(1)

一、自天津该运京、通二仓粮储,脚价不敷,许令太仓银库借用。如把总官纵容旗军花费及私下还债,以监守自盗论罪,立功满日,带俸差操。债主以盗官物论罪。势豪官员,奏请发落;家人伴当,发广西烟瘴卫分充军。

【1670】3.7.143.(1)(略)

【1725】○删除

原拟:重运自有随漕钱粮,现行无太仓借银及带俸差操等例。且"违禁取利"条内,已有举放官军私债之例。此条拟删。

【1646】3.7.144.(2)

一、运粮都司卫所把总官,所管船俱以十分为率,若有一半以上违限寄放德州等处,不行到仓者,令漕运都司、都御史提问,降一级,纳米完日,照旧管运。一半以下者,参奏提问。

【1670】3.7.143.(2)(略)

【1725】○删除

原拟:漕运违限,定有按月处分,无一半不到仓降级之例。此条拟删。

【1646】3.7.144.(3)

一、漕运把总、指挥、千百户等官,索要运军常例,及指以供办等费为由科索,并扣除行月粮与船料等项,值银三十两以上者,问罪,立功五年,满日,降一级,带俸差操;如未及三十两者,止照常科断。其跟官书、算人等,指称使用,科索军人财物入已,赃至二十两以上,发边卫充军。

【1670】3.7.143.(3)(略)

【1725】○删除

原拟:今无指挥、千百户等官名色,且押运官有犯指费科索、扣除月粮等项,及跟役求索者,自应照在官求索科敛、家人求索律,按入己赃数,分枉法、不枉法科断,无官员科索三十两以上带俸差操,及跟役求索二十两以上概问充军之例。此条拟删。

【1646】3.7.144.(4)

一、漕运把总、指挥、千百户等官,如有漂流数多,把总三千石,指挥及千户等官全帮领运者一千石,千户五百石,百户、镇抚二百五十石,俱问罪,于见在职级上降一级。有能自备银两,不费别军羡余,当年处补完足者,免其问降。若愿随下年粮运补完,亦准复职。止完一年,准复一级。三年内尽数补完,亦准复原职。

【1670】3.7.143.(4)(略)

【1725】○删除

原拟:漂没船粮,地方官具结题豁,见有定例,附入在后。① 此条拟删。

【1646】3.7.144.(5)

一、漕运官军,如有水次折乾,沿途盗卖,自度粮米短少,故将船放失漂流,及虽系漂流,损失不多,乘机侵匿,捏作全数,贿嘱有司官吏,扶同奏勘者,前后帮船及地方居民有能觉察告首,督运官查实,给赏轻赍银十两。官军不分赃数多少,俱照例发边卫充军;有司官吏从重问拟。仍行原卫所,将失事之人家产变卖抵偿,不许轻扣别军月粮,以长奸恶。前后帮船知而不举,一体连坐。仍于正犯所欠钱粮内,责令帮赔十分之三。

【1670】3.7.143.(5)(略)

【1725】3.7.137.(1)

【原例】(略)

【1740】○修并

【原例】【1725】3.7.137.(1)(略)、【1725】3.7.137.(3)(略)

臣等谨按:以上二条,事例相同,应并。再雍正十一年(1733)定例,犯该边卫永远充军者,改为边远充军,例内"永远"字样应删。谨将并删例文,开列于后。

一、漂没船粮,着落沿途催趱各官,及汛地文武官员,亲临勘实,各出保结,取具运官结状,该督抚确察,具题豁免。若漕运官军水次折乾,沿途盗卖,自度粮米短少,故将船放失漂流,及虽系漂流,损失不多,乘机侵匿,捏作全数,贿嘱有司官吏扶同奏勘者,前后帮船及地方居民,有能觉察告首,督运官司察实,给赏轻赍银十两。官军侵盗至六百石者,拟斩;不及六百石者,发边远充军。沿途催趱,及汛地文武各官,不亲临确勘的实,遽出保结者,革职;督抚不严察确实,遽行题豁,事发交部议处。所亏米数,仍行原卫所将故失、侵捏之人家产变卖抵偿,不许轻扣别军月粮。前后帮船知而不举,一体连坐。仍于正犯所欠钱粮内,责令帮赔十分之三。

【1740】3.7.137.(1)(略)

【1725】○移改②

*【原例】名例律·军官军人犯罪免徒流

【1646】1.1.10.(6)一、上班京操及运粮官员、旗军人等,犯该人命、强盗等项重罪者,官拘系奏提、旗军人等就便提问外,其余一切小事,候下班回还,交粮毕日,官参奏,与旗军人等各提问。

---

① 见【1725】3.7.137.(3)条。

② 查顺治三年(1646)《大清律集解附例》"名例·军官军人犯罪免徒流"条下附例,并无此条。

原拟:"军官军人犯罪免徒流"条例一条,类于此律,应移入。

原拟:此条类于"户律·转解官物"律内漕运官军条例。其上班京操,今无此律,应删。改移入户律。

【1725】3.7.137.(2)

【原例】一、运粮官员、旗军人等,犯该人命、强盗等项重罪者,官拘系奏提;旗军人等即便提问。其余一切小事,候交粮毕日审结。

【1740】3.7.137.(2)(略)

【1725】○增入

原拟:吏部例内一条,载有"谎报损失及不行确察保题者治罪"之例,应作为条例增入。

【原增现行例】一、漂没船粮,着落沿途催趱各官及汛地文武官员亲临勘实,各出保结,取具运官结状,该督抚确查,具题豁免。如运粮官丁谎报漂没,并故将船放失漂流,及虽系漂流,损失不多,乘机侵盗,至六百石,照例拟斩;不及六百石,照例发边卫永远充军,米石照数赔补。其沿途催趱各官,及汛地文武各官,不亲临确勘的实,遽出保结者,俱革职。该督抚不严察确实,遽行题豁后,诈冒事露者,亦交该部议处。

【1725】3.7.137.(3)

【增例】(略)

【1740】○修并

修并按语并修并后例文,见【1725】3.7.137.(1)条【1740】修并项下。

【1725】○增入

臣等谨按:康熙十七年(1678)户部题漕船违限,事理类于此律,谨拟节录于后。

【续增现行例】一、空重漕船,沿途州县、卫所,照定限时日,驱令出境。如有违限,将专催、督催、押运、领运官,俱交该部照例分别议处。随帮百总、旗头,违限一次笞五十,二次杖六十,三次杖七十,每一次加一等,罪止杖一百、徒三年。督抚不行查参,照隐匿不参催粮官例议处。设有非常风阻、冰冻、浅滞,俱令报明,免其议处。

【1725】3.7.137.(4)

【增例】(略)

【1740】3.7.137.(3)(略)

【1725】3.7.137.(5)

【钦定例】一、凡运解饷鞘到汛,不照拨定兵丁名数护送,或兵丁有于中途私回者,解官即报明该督抚题参,将该汛专兼将弁照少拨解役例议处,中途私回之兵丁责革名粮。

谨案:此条系雍正五年(1727)定例。

【1740】3.7.137.(4)(略)

*【1725】○增入①

臣等谨按:康熙四十九年(1710)八月内,九卿议复分赔漕粮事例,类于此律,谨拟节录于后。

【续增现行例】一、挂欠漕粮弁丁,照例按分数分别治罪外,所欠漕粮,计算分数,分作十分分赔。总漕半分,粮道一分,监兑官半分,押运官半分,运官一分半,佥丁、卫所官半分,旗丁五分半。总漕等官,令其于限内赔完;如不完,交与该部议处。弁丁于限内全完,分别应治罪者治罪,应免议者免议;如不完,仍照例治罪,将不能赔偿米石,仍着落总漕、粮道等官赔偿。如山东、河南、湖广漕粮十分全完者,粮道加升一级;江南、江北、浙江、江西漕粮十分全完者,粮道加升二级。各省漕粮十分全完者,总漕加升二级。

*【1725】○增入②

臣等谨按:康熙五十一年(1712)十二月内,户部议复运丁互结分赔,事理类于此律,谨拟节录于后。

【续增现行例】一、同帮运丁将赤贫无赖之丁混行互结,以致挂欠者,将本丁应赔五分半之内,互结各丁摊赔一分,其余令本丁赔补。

*【1725】○增入③

臣等谨按:康熙五十四年(1715)十一月内,九卿议复对验漕粮,事理类于此律,谨拟节录于后。

【续增现行例】一、粮船抵通起卸,如有搀和糠秕等弊,将弁丁照例题参,交部严加议处。

*【1725】○增入④

臣等谨按:康熙六十一年(1722)十二月内,户部会复丁舵水手生事议处,事理类于此律,谨拟节录于后。

---

① 《大清律例按语》第7卷将本条列入"户律·仓库·转解官物"(雍正三年)条下,雍正三年(1725)《大清律集解附例》本条附入"户律·仓库·收粮违限"条下,即【1725】3.7.119.(4)条。

② 《大清律例按语》第7卷将本条列入"户律·仓库·转解官物"(雍正三年)条下,雍正三年(1725)《大清律集解附例》本条附入"户律·仓库·收粮违限"条下,即【1725】3.7.119.(5)条。

③ 本条见于《大清律例按语》第7卷"户律·仓库·转解官物"(雍正三年)条下,雍正三年(1725)《大清律集解附例》不载。

④ 本条见于《大清律例按语》第7卷"户律·仓库·转解官物"(雍正三年)条下,雍正三年(1725)《大清律集解附例》不载。

【续增现行例】一、凡空重帮船，如有丁舵、水手登岸生事，押运、领运、随帮官弁，会同该地方催漕文武各官，协拿究治。倘平时不行约束，临时又复容隐者，押运官照溺职例议处，领运官照纵丁殴毙民命例革职。其该管地方文武各官，不实力催趱，防护协拿，以致旗丁、水手生事扰害者，专管官照溺职例议处，兼辖官照失察例议处。该督抚等徇情容隐，不行查参，照徇庇例议处。如通判、随帮、副丁，托故逗遛，不亲管押回空，以致水手沿途生事，该副丁不行禁止，又不指名首报者，将通判并随帮人等，照规避例议处。如坐粮厅勒揞批回，不行印发投验，将坐粮厅照勒揞迟延例议处。

*【1729】○增入[1]

【现行例】一、漕粮运通挂欠，除将欠一分至六分，并不及一分至六分弁丁，照例分别治罪，总漕、粮道等官，亦照例按所欠米石分数议处外，其挂欠米石，俱令分赔。所欠漕粮，于各欠粮内，计等分数，作为十分分赔。总漕半分，粮道一分，监兑官半分，总押运官半分，运官一分半，佥丁、卫所官半分，旗丁五分半分赔，照例限内赔完。如不完，交与该部议处。其欠六分弁丁，分赔米石，限内赔完，减等发落；不完，照例秋后处决。其欠不及一分至五分弁丁，分赔米石，限内赔完，俱照例分别应治罪者治罪、应免议者免议；如限内不完，仍照例治罪，着落总漕、粮道等官赔偿。总漕、粮道分赔全完者，应行议叙。查定例山东、河南、湖广三省漕粮数少，经管粮道十分全完者，纪录一次；江南江北、浙江、江西三省漕粮数多，经管粮道十分全完者，加升一级。今既令其分赔，议叙应行倍加。各省粮道应纪录一次者，改为加升一级；应加升一级者，改为加升二级。各省漕粮十分全完者，将总漕加升二级。[2]

【现行例】一、重运赴北，自淮安至天津二千三百五十余里，其沿途州县、卫所，务在原限内，驱令出境。原限半日而违限一时，原限一日而违限两时，原限一日半而违限三时，原限两日以上而违限半日，原限四日以上而违限一日，原限六日以上而违限一日半，原限十二日而违限两日者，专催官罚俸一年，督催上司罚俸半年。原限半日而违限三时，原限一日以上而违限半日，原限两日以上而违限一日，原限四日以上而违限两日，原限六日以上而违限三日，原限十二日而违限四日者，专催官降一级调用，督催上司罚俸一年。违限之期与原限之期相等者，专催官降二级调用，督催上司降一级调用。违限之期逾于原限之期，专催官革职，督催上司降二级调用。押运官自受兑以至交仓，一二处逾限者，罚俸半年；三四处逾限者，罚俸一年；五六处逾限者，降一级调用；七八处逾限者，降二级调用；十处以上逾限者，革职。其回空漕船，或遇逆流，设有闸坝蓄水之处，俱照重运定限；其无闸坝之处，原限十二日应改为九

---

① 以下17条，见于《大清律例按语》第7卷“户律·仓库·转解官物”（雍正七年）条下，雍正三年(1725)《大清律集解附例》、乾隆五年(1740)《大清律例》皆不载。

② 本条即为【1725】3.7.119.(4)条。

日,原限四日者改为三日,原限一日半者改为一日,原限三日改为二日。顺流设有闸坝蓄水之处,亦应照重运定期;并无闸坝之处,原限半日者改为三时,原限一日者改为半日,原限四日者改为二日,原限五日者改为二日半。不行力催,以致违限,沿途文武并随帮官,俱照催趱重运例议处。随帮百总、旗头非现任官职,沿途逾限一次者,笞五十;二次,杖六十;三次,杖七十。逾限多者,每一次递加一等,罪止杖一百、徒三年。督抚不行查参,照隐匿不参催粮官例议处。天津以北至通州重运,逆流每二十里限一日,回空顺流每五十里限一日。如有违限,催趱、押运官按违限日期,照新例议处。山阳以南至浙江重运,顺流每四十里限一日,逆流每二十里限一日;回空顺流每五十里限一日,逆流三十里限一日。如有违限,亦照新例议处。湖广、江西、江南等处,皆由大江以至仪征,难以逐程定限。该督抚严饬地方官,作速催趱出境。其自仪征至天津,如有违限,亦俱照新例议处。或有非常风阻、冰冻、浅滞之事,俱令报明,免其议处。

【现行例】一、江南漕船,仍照原限,勒令正月以内过淮。回空漕、白二船,场督所给回空限单内,将州县经过界址,照原定限日刊入,令沿河州、县注明出境、入境时日,到淮申缴总漕察验。此催趱责在天津以至淮安北河文武官弁。空船到淮后,总漕另给抵次限单,亦令沿河州县注明入境、出境时日。各船抵次之限,总不得出十一月,将限单申缴巡抚查察。此催趱责在淮、扬以至苏、松南河文武官弁。其回空到次之船,粮道督令星夜修验完竣,岁内兑开,依限五月随淮。倘空船尽数如期到次,而不督趱兑开,致误淮限,巡抚将迟误之州县、运弁职名汇入题报开帮疏内参处。巡抚督催不力,至粮船过淮违限,总漕于过淮案内列参。丁船受兑开帮,巡抚亦给限单,填明该船开行日期,饬令沿河州县挨注出境、入境时日。抵淮盘验,即将限单呈缴总漕察核。总漕盘粮后,开行北上,亦以限单饬令沿河州县注明出境、入境日期。俟粮船抵通,即将限单申缴场督察验。以上空、重漕船,如有在淮、扬以至苏、松南河迟延者,巡抚查取催趱不力同押运、领运官弁职名题参。在淮安以至天津北河迟延者,场督行文该督抚,查取专催、督催各官弁,领运、押运官弁题参,听照例按违限时日分别议处。随帮百总、旗头,亦按次数拟罪。

【现行例】一、私自改折漕粮者,除州县运官照例革职外,监兑官降二级调用,粮道降二级留任,米石照分数追赔。

【现行例】一、押运同知、通判,江南省派七员,浙江省派三员。每员令其押船四五百只抵通。如一次无欠者,加一级;二次无欠者,加二级;三次无欠者,不论俸满即升。一次挂欠者,降一级留任;二次挂欠者,降二级留任;三次挂欠者,降三级调用。仍照新例,将挂欠之米分赔。

【现行例】一、漕粮例系监兑官同粮道亲身督押到淮,一有短少,即行审明题参。其米石,留旗丁兄弟、子侄一人,交与监兑官购买,赶帮交与,押运官、千总出具甘结呈报。如押运等官,捏具甘结者,将押运等官,以通同情弊治罪。

【现行例】一、将候选卫所千总，兵部带赴引见，伏候皇上拣选人材可用者三四十员，发与总漕标下效力。如有缺出，听总漕委署押运。果能抵通全完，仓场总督咨送兵部，准其即用。如有亏欠，仍照例治罪、赔补。

【现行例】一、江、浙每年积欠之帮，押运千总如二运全完，准其即升。其次挂欠之帮，三运全完，准其即升。别帮五运全完，亦准其即升。

【现行例】一、每帮十船，各丁连环保结，互相稽查，如有折乾、盗卖等弊，有能出首者，酌量给赏。如隐匿不首，事发，本丁照律治罪；其余九丁，一体责惩。所欠米石，即令买补运通。

【现行例】一、旗丁务须佥选家道殷实之人，千总保结，呈报卫、备、府、厅等官再行验看，加具印结。如有挂欠，除千总、守备仍照例处分外，一帮挂欠，将府、厅等官罚俸一年，粮道罚俸半年。几帮挂欠，照此递加罚俸。

【现行例】一、过淮迟延，违限一二月者，仍照旧例处分外，其违限二月以上或七十日者，应照违限三月以上之例，督、抚俱降一级，戴罪督催，俟粮船抵通，交明开复；粮道、监兑等官，各降二级调用。违限八九十日者，督、抚俱降一级留任，粮道、监兑管官俱降三级调用。

【现行例】一、漕船过闸，务要漕规启闭，齐帮打放。至于水涨闸溜，撞况抢修意外间有之事，均准于单内注明。务遵康熙五十二年(1713)谕旨，于八月内尽数抵通，卸完回空。逾限，令仓场照例题参。

【现行例】一、漕船至临清、德州等处，山东巡抚拣派所属贤能官员，自济宁随押督催。过浅照例刨挖，催出山东地界，将屡次出界日期奏报。如催趱不力，以致迟误，照例题参，交部严加议处。

【现行例】一、水次兑粮，其样米照常呈送外，该粮道亲验，将每船各兑米一石，装布袋，钤印加封。仍于原舱到淮之日，总漕拆封，对验加封。抵通时，仓场带领坐粮厅对验起卸。如有搀和糠秕等弊，将弁丁照例题参，交部严加议处。

【现行例】一、弁丁免其一年留通追比。自五十四年(1715)起，交粮挂欠旗丁，令仓场拿交运官，即行发南。按新例计算分数，作为十分分赔。如限内不完，弁丁照例治罪；总漕、粮道并承追官，交与该部严加议处。仍着落总漕、粮道赔补。限次年即行附搭运通。如次年不行搭运，照例题参。

【现行例】一、混行佥运，以致挂欠，将出结官治罪、分赔。其同帮运丁，赤贫无赖，混行互结者，将本丁应赔五分半之内，互结各丁摊赔一分，其余令本丁赔补。如限内不完，照例治罪。①

【现行例】一、凡各省应追亏空、赃赎等项银两，除云南、贵州、广东、广西、四川、陕西、福建七省照例留充兵饷，其直隶、江南、浙江、湖广、江西、河南、山东、山西各

---

① 本条似为【1725】3.7.119.(5)原例。

省,于年终汇齐解部。倘一年内不照数解部,借端推诿者,查明题参治罪。

臣等谨按:以上十七条,类于"转解官物"律,应增入条例后。

【1740】○增入

一、粮船到淮,米色霉变,运弁出有米色结状者,亏折之米,着落该帮旗丁赔补。运弁未经出有结状者,着落县、帮各半均赔。

谨案:此条系雍正六年(1728)定例。

【1740】3.7.137.(5)(略)

【1740】○增入

一、卫所运弁正丁,雇觅头船、水手,俱开明姓名、籍贯,各给腰牌。令前后十船,互相稽查,取具正丁甘结,十船连环保结。如一船生事,十船连坐。押运、粮道等官在途稽查。倘有生事者,会同地方官审讯惩治,仍将生事情由报明总漕。其未经开兑之先,责成本省巡抚及粮道等官;开运出境之后,责成漕运总督及沿途该管文武等官;到津以后,责成仓场侍郎、坐粮厅,并天津总兵、通州副将,天津、通州府县,各按该管地方,严行稽查。一经事犯,协同押运官立即擒拿,按律惩治。倘押运官弁或有徇纵,地方官不行查拿,该督抚即行题参。除徇纵之押运官照例革职外,其该管道员,及沿途之该管文武官弁,并各处之该管上司,俱分别议处。若申报而各处该管上司不行题参者,照例议处。

谨案:此条系雍正七年(1729)定例。

【1740】3.7.137.(6)(略)

【1740】○增入

【原例】一、委解铜斤,照解饷之例,按运更换,如有递年长令管解者,将解员革职,原委之上司交部议处。倘局内书役、炉头人等,于收铜之时任意轻重及勒索情弊,查明按律治罪。失察之该管官,严加议处。其各省委解颜料等项,亦照此例,按批更换。

此条系雍正十二年(1734)定例。押解官皆由上司佥委,例内"如有递年长令管解者",原委之上司自应交部议处,其解员治罪之处,似属无辜,应删。谨将删辑例文,开列于后。

一、委解铜斤,照解饷之例,按运更换。如有递年长令管解者,将原委之上司交部议处。倘局内书役、炉头人等,于收铜之时任意轻重及勒索情弊,查明按律治罪。失察之该管官,交部严加议处。其各省委解颜料等项,亦照此例按批更换。

【1740】3.7.137.(7)(略)

【1740】○增入

一、盐课银两，起解京协各饷，所需水脚，向系商人自备应用，并不按站给与夫马供应。每逢起解之期，巡盐御史预先移会前途督抚拨兵护送，务由大路按站而行。夜宿州县，照例拨给人夫巡守。如有疏虞，经过之地方文武各官，照例分赔。如巡盐御史不移会督抚，解官不知会地方官，潜行小路，致有疏失，着落解官名下追赔。解官不能完项，即着差委之上司赔补。

此条系雍正六年(1728)定例。

【1740】3.7.137.(8)(略)

【1835】○修改

【原例】【1740】3.7.137.(8)(略)、【1790】3.7.137.(16)(略)

臣等谨按：道光十二年(1832)十一月内，据升任江西道监察御史金应麟奏"请修改删易刑例"一折内称："起解盐课，巡盐御史移会前途督抚拨兵护送。漕船失风，巡漕御史移会前途督抚拨兵护送。漕船失风，巡漕御史查奏。查巡盐、巡漕御史，今无此差，似应改正"等语。经臣部查以上两条，一系雍正六年(1728)纂定，一系雍正七年(1729)纂定，是以所载官名与现在不符，惟无关罪名出入，且非常用之例，应俟修例时再行改正等因具奏，奉旨允准在案。今届修例之时，应将例内巡盐、巡漕御史名目删除，以符现制。谨将修改例文，开列于后。

一、盐课银两，起解京协各饷，所需水脚，向系商人自备应用，并不按站给与夫马供应。每逢起解之期，该管官预先移会前途督抚拨兵护送，务由大路按站而行。夜宿州县，照例拨给人夫巡守。如有疏虞，经过之地方文武各官，照例分赔。如该管官不移会督抚，解官不知会地方官，潜行小路，致有疏失，着落解官名下追赔。解官不能完项，即着差委之上司赔补。

【1847】3.7.137.(16)(略)

【1847】3.7.137.(8)(略)

【1740】○增入

一、解饷失鞘，地方文员分赔一半，差委不慎之大员分赔三分，解员赔二分。如解员不能赔补，亦着差委之大员赔补。武员照例处分，免其分赔。

谨案：此条系雍正七年(1729)定例。

【1740】3.7.137.(9)(略)

＊**【1740】○增入**[①]

一、直省查变家产案内，金银珠玉等物解交崇文门变价。若有窃换等弊，照数追

① 此条见于《大清律例按语》第41卷"户律·仓库·转解官物"(乾隆五年)条下，乾隆五年(1740)、乾隆三十三年(1768)《大清律例》皆不载。

赂,仍照侵盗钱粮例治罪。

此条系雍正七年(1729)定例。

＊【1740】〇修改①

【原例】一、凡起解银两,如有亏空,将解官审明追取。如家产尽绝,着落该管上司均行赔补。

臣等谨按:此条系雍正五年(1727)刻本,载在"名例·给没赃物"款下,今移入于此。但该管上司官甚多,非其差委,难以责赔,应改。再"家产尽绝"字样,应改为"无力完帑"。谨将改辑例文,开列于后。

一、凡起解银两,如有亏空,将解官审明追取。如家产全无,无力完帑,着落差委之上司官赔补。

【1743】〇续纂

臣等谨按:此条系乾隆七年(1742)十一月,臣部议复刑科掌印给事中长柱条奏定例。查发遣人犯,例应查明有无妻室,分别发遣。今将原议内"发遣黑龙江与披甲人为奴"等语改为"分别发遣"。又原议内"知情收买、收卖之铺户,照违制律杖一百,仍枷号一个月"等语。查白土现在禁卖,似不必论其知情,而杖一百加枷号,已非照违制论罪,今改为"如无搀和情弊,将铺户、丁舵均杖一百、枷号一个月"。再原议内文武员弁照例议革、议罚之处,事隶吏、兵二部,今改为"交该部分别议处"。

一、蓟运回空,有在该地方刨取白土装带,及沿河市镇铺户,有将白土卖与粮船者,如尚无搀和情弊,将铺户、丁舵均枷号一个月,杖一百。其已经搀和者,将丁舵杖一百、徒三年。若搀入漕粮至一百石以上者,丁舵发遣。其运弁与押空千总,及不行查禁之蓟州文武官弁,交该部分别议处。

【1768】3.7.137.(10)(略)

【1814】〇修改

【原例】【1768】3.7.137.(10)(略)、【1768】3.7.137.(12)(略)

臣等谨按:嘉庆十七年(1812)十月内,臣部议复升任吏科给事中西琅阿奏"调剂黑龙江等处遣犯"折内,"请将粮船丁舵将白土搀入漕粮至百石以上一条,及粮船舵工侵米至五石以上累丁代完一条,俱改发极边足四千里充军"等因,奏准通行在案。以上二条例内发遣之处,应行修改。谨将修改例文二条,开列于后。

一、蓟运回空,有在该地方刨取白土装带,及沿河市镇铺户,有将白土卖与粮船者,如尚无搀和情弊,将铺户、丁舵均枷号一个月,杖一百。其已经搀和者,将丁舵杖一百、徒三年。若搀入漕粮至一百石以上者,丁舵发极边足四千里充军。其运弁与

---

① 此条见于《大清律例按语》第41卷"户律·仓库·转解官物"(乾隆五年)条下,乾隆五年(1740)、乾隆三十三年(1768)《大清律例》皆不载。

押空千总,及不行查禁之蓟州文武官弁,交该部分别议处。

【1825】3.7.137.(12)(略)

【1825】3.7.137.(10)(略)

【1761】○续纂

一、粮船被窃,该旗丁呈报本帮运弁,移知该地方官缉贼追赃。被窃之船,即随帮前行,不必守候。至强劫重案,必须等候待验。该领运官具报,立即会勘,州县立给印票,催趱前行,并将被盗守候缘由,报明漕督及巡漕御史查核。倘有不肖兵役,勒措需索,照在官人役取受有事人财,计赃以枉法科罪。其经过地方,如有强劫之案,该地方文武官弁,俱照城内失事例议处。水手行窃,及帮船被盗,将领运员弁,分别强、窃及抑勒、隐讳,计案分别议处。

臣等谨按:此条系乾隆二十三年(1758)四月内,臣部议复漕运总督杨锡绂条奏定例,应纂辑以便遵行。

【1768】3.7.137.(11)(略)

【1845】○修改

臣等谨按:此条系远年旧例,相沿已久,故例文内尚载有"巡漕御史"字样。现在并无巡漕御史名目,是以道光十四年(1834)间,臣部据前任御史金应麟条奏,已将本门内"粮船在内河失风"一条,因内有"巡漕御史"字样,业经奏明删改。而此条内并未一并删去,系属遗漏,应即删改,以符现制。谨将修改例文,开列于后。

一、粮船被窃,该旗丁呈报本帮运弁,移知该地方官缉贼追赃。被窃之船,即随帮前行,不必守候。至强劫重案,必须等候待验。该领运官具报,立即会勘,州县立给印票,催趱前行,并将被盗守候缘由,报明漕督及该管官查核。倘有不肖兵役,勒措需索,照在官人役取受有事人财,计赃以枉法科罪。其经过地方,如有强劫之案,该地方文武官弁,俱照城内失事例议处。水手行窃,及帮船被盗,将领运员弁,分别强、窃及抑勒、隐讳,计案分别议处。

【1847】3.7.137.(11)(略)

【1761】○续纂

一、粮船舵工,有侵米至五石以上,累丁代完者,审实,即咨部发遣。

臣等谨按:此条系乾隆二十四年(1759)十一月内,漕运总督杨锡绂奏准条例,应纂辑以便遵行。

【1768】3.7.137.(12)(略)

【1814】○修改

修改按语,见【1768】3.7.137.(10)条【1814】修改项下。

一、粮船舵工,有侵米至五石以上,累丁代完者,审实,发极边足四千里充军。

【1825】3.7.137.(12)(略)

【1761】○续纂

一、州县起解银两,解役潜行小路,不请拨护者,即未被失,亦照不应重律杖八十。

臣等谨按:此条系乾隆二十五年(1760)八月内,户部等议复山东布政使崔应阶条奏定例,应纂辑以便遵行。

【1768】3.7.137.(13)(略)

【1772】○续纂

一、管押饷鞘失事之兵役,如有知情同盗,仍照旧例分别首从定拟外,其违例雇替,托故潜回,无故先后散行者,减首犯罪一等。其依法管解,偶致疏失,审有确据者,减二等治罪。

臣等谨按:此条系乾隆三十四年(1769)六月内,两江总督高晋奏准定例,应纂辑遵行。

【1790】3.7.137.(14)(略)

【1778】○续纂

一、朝鲜国进贡使臣,一抵凤凰城,责令城守尉查明人数,并将携带货物、银两数目,注载册档,听其自择素日信识之商人雇车载运,取具交领呈状备查。仍分晰造具细册,呈报将军及该管衙门。沿途派官一员、兵二十名,所至州县,酌派妥役二三十名,护送照料,遇晚巡逻。驿丞按站预报地方旗、民各官,至连界交接,将交接月日,呈报将军等衙门备查。如不行预报,及交接贻误者,均查参分别议处。若朝鲜人众,有不安本分滋生事端者,着落迎送官、通官严加约束,有犯申报查办。如迎送官、通官约束不严,许地方旗、民各官呈报该将军严参议处。朝鲜来使携带银物,交商转运。偶有损伤者,着落原商赔还,仍照弃毁官物律治罪。

臣等谨按:此条系乾隆四十二年(1777)三月内,礼部会同吏部、兵部、臣部议复署理盛京将军印务、副都统莽古赉等查奏定议朝鲜使臣来京沿途防范章程,应纂为例,以便遵行。

【1790】3.7.137.(15)(略)

【1778】○续纂

一、凡粮船在内河失风至三只以上者,运弁、厅员交部分别议处,旗丁各杖一百,枷号一个月。如有捏报失风,审实从重定拟。至盛夏之时,倘遇雨水骤发,冲坏数只者,该督及巡漕御史查明实在情形,奏明分别办理。

臣等谨按:此条系乾隆四十二年(1777)十一月内,兵部会同臣部议复署漕运总督德保条奏定例，应纂辑遵行。

【1790】3.7.137.(16)(略)

【1835】○修改

修改按语，见【1740】3.7.137.(8)条【1835】修改项下。

一、凡粮船在内河失风至三只以上者，运弁、厅员交部分别议处，旗丁各杖一百，枷号一个月。如有捏报失风，审实从重定拟。至盛夏之时，倘遇雨水骤发，冲坏数只者，该督查明实在情形，奏明分别办理。

【1845】3.7.137.(16)(略)

【1782】○续纂

一、承办铜斤之厂员、运员，不以公事为心，因循怠惰，以致厂铜缺额、运泸逾限者，均革职，发往新疆效力。数年后厂铜日旺，渐有积余，泸店底铜，亦日增充裕，遇有天时之不齐、物力之偶绌，间有缺额迟运，为数无几者，户部再行核酌情形，请旨办理。

臣等谨按：此条系乾隆四十四年(1779)七月内，户部议复云贵总督李侍尧奏"滇省厂员、试用知州景椿办铜缺额，两次共缺铜十九万余斤，陆运委员、署镇雄州知州雷鼎浩运泸迟误限期参奏"一案。钦奉谕旨："发往新疆效力。"后经户部奏请定例，并声明"如行之数年，司事之员，咸知警诫，奋勉急公，厂铜日旺，渐有积余，泸店底铜，亦日增充裕，实属有备无患之后，或遇有天时之不齐、物力之偶绌，间有缺额迟运，为数无几，仍不至如景椿、雷鼎浩之甚者，彼时再行核酌情形，请旨办理"等因。奉旨："依议。"钦遵在案，应纂辑遵行。

【1790】3.7.137.(17)(略)

【1795】○续纂

一、各省应解各部院饭银等项，一面委妥员搭解，亲赴各衙门交纳，一面将银数及解员姓名、起解日期，先行咨部。如限满不接批回，即咨请行查。仍于年终汇咨各部院查核。

臣等谨按：乾隆五十四年(1789)二月内，臣部审奏兵部书吏夏尚目与提塘官杨占鳌交结，侵用云、贵两省解部饭银案内，议以"嗣后各省每岁应解各部院饭银等项，一面委妥员搭解，亲赴各衙门交纳；一面将银两数目、解员姓名、起解日期，先行具文咨部。如限满不接批回，即咨请行查。仍于年终汇咨各部院。庶内外俱有文案可稽，不致从中滋弊"等因具奏，奉旨："依议。"钦遵在案，应纂辑遵行。

【1802】3.7.137.(18)(略)

【1810】○续纂

一、运粮旗丁，除所运正项粮米，或因遭风沉失，报案有据，或因折耗过多，亏短有因，例准挂欠搭解，仍照例办理，及正项漕米交足之后，买米食用，并非回漕者，毋庸治罪外,其实因正项亏短,但经买米回漕,计其所买米数,不及六十石者,杖一百、徒三年;六十石以上者,发边远充军;数满六百石者,拟斩监候。卖米之人,计其所卖之米与同罪,至死者减发极边烟瘴充军。除旗丁所买回漕米石,及卖米之人所得米价,照追入官外,仍计买米卖米石数,照监守盗本例勒限严追,分别办理。

臣等谨按:嘉庆十三年(1808)三月内,臣等酌议"回漕定例"一折内称"查漕运粮米,上充天庾正供,下裕京师民食。近来各帮运丁,往往水次折收,或沿途盗卖,遂致正项有亏,势不得不设法购买,弥缝交纳。而囤贩奸徒,包收甲倖等米,贵价卖给粮船,以符运额。是旗丁折收盗卖,与铺户卖米回漕,其弊相为表里,自应酌议定例,明立科条,以清积弊。并旗丁买米回漕,即属侵盗入己,应计其所买之米,科以监守自盗之罪。该囤户等,明知买米回漕,辄敢图利卖给,亦应计其所卖之米,与受买旗丁一律同科。请嗣后运粮旗丁,除所运正额粮米,或因遭风沉失,报案有据,或因折耗过多,亏短有因,例准挂欠搭解,仍照例办理,及正项漕米交足之后,买米食用,并非回漕者,毋庸治罪外,其实因正额亏短,但经买米回漕,即照漕运粮米监守自盗之例,计其所买米数,至六十石者,发边远充军;数满六百石,拟斩监候;不及六十石者,量减满徒。卖米之人,计其所卖之米与同罪,至死者减发极边烟瘴充军。除旗丁所买回漕米石,及卖米之人所得米价,照追入官外,仍计买米卖米石数,照监守盗本例勒限严追,分别办理"等因,奏准在案。应纂辑为例,以便遵行。

【1825】3.7.137.(19)(略)

【1840】○续纂

一、粮船水手,隐匿腰牌,游荡为匪,及随帮匪徒,伪造腰牌,冒充水手,沿途滋事者,各于应得本罪上加一等定拟。其未经滋事为匪,仅止隐匿及伪造腰牌者,均照违制律杖一百,加枷号一个月。

臣等谨按:道光十六年(1836)三月内,大学士、军机大臣会同臣部议复升任鸿胪寺卿黄爵滋条奏"漕河积弊"一折,内称"粮船水手,类皆无业游民,定例发给腰牌,原所以备稽查而杜混冒。应请嗣后粮船水手有隐匿腰牌,游荡为匪,及随帮匪徒有伪造腰牌,冒充粮船水手,沿途滋事者,即于应得各本罪上加一等定拟。其未经滋事为匪,仅止隐匿及伪造腰牌者,均照违制律杖一百,加枷号一个月"等因具奏,奉旨允准通行,遵照在案。谨纂辑专条,以资引用。

【1845】3.7.137.(20)(略)

【1852】○续纂

一、凡丁舵暨经纪人等,将漕米用药灌涨,冀图偷窃,计其所灌之米,不及六十石,杖一百、流三千里;六十石以上至一百石,发极边足四千里充军;一百石以上,发新疆给官兵为奴。如仅止用水灌米,不及一百石,杖一百、徒三年;一百石以上,发极边足四千里充军。为从各犯,均减为首一等。其仅止用水灌涨之犯,除尚堪食用之米不计外,所短之米,均各着追。一年限内全数完缴,各于本罪上酌量减等发落。

谨案:此条系道光三十年(1850)定例。

【1870】○修改

一、经纪、丁舵人等,将漕米用药灌涨,冀图偷窃,计灌涨之米,不及六十石,杖一百,发附近充军;六十石以上至一百石,实发云贵两广极边烟瘴充军;一百石以上,发新疆给官兵为奴。如将漕米用水灌涨,不及一百石,杖一百、流三千里;一百石以上,实发云贵两广极边烟瘴充军。为从,均减一等。其用水灌涨之米,除尚堪食用外,所短之米,勒限四个月追赔。限内全完,减等发落;不完,加等治罪。

谨案:此条系同治七年(1868)改定。

【1870】3.7.137.(21)(略)

【1870】○续纂

一、转运漕粮经纪、车户、剥船、驾掌及各项代役,每米百石,掣欠逾额不及五斗,免其责惩外,如逾额至五斗,杖一百,枷号一个月;一石至二石,杖六十、徒一年;三石至四石,杖七十、徒一年半;五石至六石,杖八十、徒二年;七石至八石,杖九十、徒二年半;九石至十石以上,杖一百、徒三年。如经纪等运米千石内,逾额至十石以上,亦杖一百、徒三年;三十石以上,杖一百、流二千里;五十石以上,杖一百、流二千五百里;七十石以上,杖一百、流三千里;九十石至一百石以上,发附近充军。一万石内,逾额至百石以上,亦发附近充军;三百石以上,发近边;五百石以上,发边远;七百石以上,发极边足四千里;九百石以上,发云贵两广极边烟瘴地方,各充军;一千石以上,发往新疆酌拨种地当差。仍先行照数追赔。全完免罪。不完,枷、杖人犯,照拟发落;徒罪以上,照挪移库银例办理。每米一石,作银一两计算。倘有偷窃、盗卖情事,仍从其重者论。

谨案:此条系同治九年(1870)定例。

【1870】3.7.137.(22)(略)

【1870】○续纂

一、漕粮起剥转运,如有匪徒沿途滋扰,借端讹索,并在京、通各仓,结党盘踞把持,积年吃仓分肥者,照打扰仓场例加一等定拟;得赃者,照蠹役诈赃例分别治罪。为从各减一等。计赃重者,仍各从其重者论。

谨案:此条系同治九年(1870)定例。

【1870】3.7.137.(23)(略)

拟断赃罚不当

【1646】3.7.145

凡拟断赃罚财物,应入官而给主,及应给主而入官者,坐赃论,罪止杖一百。

【1670】3.7.144(略)

【1725】3.7.138

律文(略)

注:此言拟断赃罚,贵乎各当也。应入官而给主,则亏官;应给主而入官,则亏民。故各计所给、所入之物价,坐赃论,罪止杖一百。以事由失错,财非入已,故轻之也。

臣等谨按:此言拟断赃罚,贵乎各当也。入官、给主,详见"名例"内"给没赃物"条。应入官而给主,则亏官;应给主而入官,则亏民。故各计所给、所入之物价,坐赃论,罪止杖一百。以事由失错,财非入己,故轻之也。

【1740】3.7.138(略)

附律条例

【1740】○增入

一、凡查估追变之员,勘报不实,瞻徇延缓,以致帑项悬缺者,着令代赔。若查勘本无不实,催追本无徇纵,只因变抵不敷,以致公帑悬缺,仍在本人名下归结,不得向查估追变之人勒令代赔。违者,以违制论。

谨案:此条系乾隆元年(1736)定例。①

【1740】3.7.138.(1)(略)

【1740】○增入

一、凡承追各款赃罚银两,着落本犯勒追完结。其有律应身死勿征者,仍照定例免征。至年远赃私,必确查实据,方可着追。不得于本犯之外,混追赔补。违者,以违制论。

谨案:此条系乾隆元年(1736)定例。②

【1740】3.7.138.(2)(略)

守掌在官财物

【1646】3.7.146

凡官物当应给付与人,已出仓库而未给付,若私物当供官用,已送在官均为官物。而未入仓库,但有人守掌在官,官司委佥守掌之人,若有侵欺、借贷者,并计入己赃以监守自盗论。若非守掌之人侵欺者,依常人盗仓库律论。其有未纳而侵用者,经催里、纳、保、歇,各照隐匿包揽欺官取财科断,不得概用此律。

【1670】3.7.145(略)

---

① 《大清律例按语》第41卷"户律·仓库·拟断赃罚不当"(乾隆五年)条下,称此条为雍正元年(1723)定例。

② 《大清律例按语》第41卷"户律·仓库·拟断赃罚不当"(乾隆五年)条下,称此条为雍正元年(1723)定例。

【1725】3.7.139

凡官物当应给付与人，已出仓库而未给付，若私物当供官用，已送在官而未入仓库，均为官物。但有人守掌在官，官司委佥守掌之人，若有侵欺、借贷者，并计入己赃以监守自盗论。若非守掌之人侵欺者，依常人盗仓库律论。其有未纳而侵用者，经催里、纳、保、歇，各照隐匿包揽欺官取财科断，不得概用此律。

注：此定暂时守掌之责成也。守掌在官，非常用主守之人，暂时佥委者也。凡官物应给与人，已出仓库而尚未给付；私物应充官用，已经输送而但未收入，守掌人俱不得私擅动用。若有侵欺、借贷者，并计赃以监守自盗论。其非守掌之人盗者，以常人盗仓库钱粮论。其物各追还官、给主。此借贷财物，指仓库钱粮、金帛等物而言。若系官什物，则有私借官物正律，不以监守自盗论。

臣等谨按：此定暂时守掌之责成也。守掌在官，非常用主守之人，暂时佥委者也。凡官物应给与人，已出仓库而尚未给付；私物应充官用，已经输送而但未收入，守掌人俱不得私擅动用。若有侵欺、借贷者，并计赃以监守自盗论。其非守掌之人盗者，以常人盗仓库钱粮论。其物各追还官、给主。此借贷财物，指仓库钱粮、金帛等物而言。若系官什物，则有私借官物正律，不以监守自盗论。

【1740】3.7.139（略）

附律条例

【1646】3.7.146.（1）

一、各处卫所管军头目人等，关出粮料、布花等物，若指以公用为由，因而扣减入己，粮料至一百石，大布、棉花、钱帛等物值银三十两以上者，问罪。追赃完日，军职发立功，五年满日，降一级带俸差操；旗军人等，枷号一个月，发极边墩台守哨，五年满日疏放。

【1670】3.7.145.（1）（略）

【1725】○删除

原拟：今管军官因公科敛钱粮入己者，以枉法论，无立功五年、带俸差操等事。此条拟删。

【1725】3.7.139.（1）

【钦定例】一、八旗参领、佐领、骁骑校、领催等，将一切收贮公所干系钱粮并交库银两入己，三百两以上者，斩决；百两以上者，绞决；四十两以上者，枷号三个月，鞭一百，发黑龙江；十两以上者，枷号三个月，鞭一百；十两以下者，枷号两个月，鞭八十。入己银两，着将本犯名下家产，严察变价赔还，勒限半年全完。如过限不完者，将家产照例入官。若无产业，不能赔补者，将本犯妻、子入辛者库。至于此等侵盗之员，该管各上司不行查出者，都统、副都统各降二级、罚俸二年，该上司均革职。其罪犯不能赔完银两，着落该旗都统等赔补。

谨案:此条雍正五年(1727)定。

【1740】○修改

臣等谨按:此条于乾隆元年(1736)经九卿议准,八旗一切收贮公所钱粮并交库银两,仍照监守自盗例画一遵行,议准在案,应改。谨将改辑例文,开列于后。

一、凡八旗参领、佐领、骁骑校、领催等,将一切收贮公所干系钱粮并交库银两侵蚀者,照监守自盗律,一千两以上斩监候,一千两以下杂犯准徒。一万两以内,遇赦准其援免。有逾此数,不准宽免。

【1740】3.7.139.(1)(略)

【1768】3.7.139.(1)

一、凡八旗参领、佐领、骁骑校、领催等,将一切收贮公所干系钱粮并交库银两侵蚀者,照监守自盗律例分别问拟。一万两以内,遇赦准其援免。有逾此数,不准宽免。

***【1725】○增入①**

臣等谨按:康熙五十年(1711)二月内,户部会复仓差盈余议叙,事理类于此律,谨拟节录于后。

【续增现行例】一、京、通各仓并大通桥,将各部院衙门满、汉官拣选保举,每仓派出满、汉各一员,监督一年,任满更替。此一年内,除外升汉官,仍停其升转外,其在京升转人员,准其照常升转,仍令一年差满更替。至旧监督交代缺少者,留仓将伊任内米石,挨陈支放。果系缺少,交送刑部从重治罪,着落家产赔还。有于正额之外盈余米石,交与该部按数分别议叙。其大通桥监督,如一年之内照数运完,准加一级;如不完交,交该部议处。

臣等谨按:此条类于"守掌在官财物"律,应增入条例后。

【现行例】一、京、通各仓并大通桥,将各部院衙门满、汉官拣选保举,每仓派出满、汉各一员,监督一年,任满更替。此一年内,除外升汉官,仍停其升转外,其在京升转人员,应照满洲出差官员例,准其照常升转,仍令一年差满更替。至旧监督交代缺少者,留仓将伊任内米石,挨陈支放。果系缺少,交送刑部从重治罪,着落家产赔还。有于正额之外盈余五百石,准其纪录一次;一千石,准其纪录二次;一千五百石,准其纪录三次;二千石,准其加一级;二千五百石,准其加一级、纪录一次,不准随带;三千石,准其加一级随带。再有盈余,照数递算加级、纪录,俱准随带。再大通桥监督,系专管转运京八仓米之员,如一年之内照数运完仓内,准其加一级;如有不完,交该部议处。

---

① 此条见于《大清律例按语》第7卷"户律·仓库·守掌在官财物"(雍正三年)条下,雍正三年(1725)《大清律集解附例》、乾隆五年(1740)《大清律例》皆不载。

【1740】○删除

一、亏空官员查参之后，将房产令该管官照额征租，收贮公处。若本人完不足数，将房产及历年所收之租，一并抵补。如欠项已完，将房产租银，一并照数给还。再初查家产之时，已将物产照数抵项，若有多余，仍交本人，听其变卖。除赔完亏项外，将所余房产，并所得租银，一并给还。

此条系雍正七年(1729)定例。查各省承追亏空，报估房产，入官之后，即系官产，与本犯无涉。地方官例应征租收息，充公报部，不便又将历年所收之租，抵补本犯亏空之数。至家产抵项之外，若有多余，原应给还本人收领，业于"名例·给没赃物"条下登载，不必重复定例。此条毋庸纂入。

【1740】○删除

一、凡办理军需及急切公务，酌留帑项，交与司、道、府库分贮，以备应用。其存贮府库银两，该管道员不时盘查，如有亏空，立即详参。倘徇隐不报，将该道参处，勒令分赔。司、道库收贮银两，督抚盘查。如有徇隐，将督抚议处、分赔。

此条系雍正十年(1732)定例。查一切钱粮，属库收贮，上司盘查。倘有亏缺，皆当报参。徇隐者，例应着赔，已于"虚出通关朱抄"律后备载，不必因军需公务另立条款。此条毋庸纂入。

隐瞒入官家产

律　文

【1646】3.7.147

凡抄没人口、财产，除谋反、谋叛及奸党系在十恶，依律抄没，其余有犯律不该载者，妻子、财产，不在抄没入官之限。违者，依故入人流罪论。抄没尚未入官，作未入官，各减一等。○若抄札入官家产，而隐瞒人口不报者，计口以隐瞒丁口论；若隐瞒田土者，计田以欺隐田粮论；若隐瞒财物、房屋、孳畜者，坐赃论，各罪止杖一百，所隐人口、财产并入官。罪坐供报之人。所隐之人口不坐。不加重者，以自己之丁口、财产也。○若里长同情隐瞒，及当该官吏知情者，并与同罪。计所隐赃重于杖一百者，坐赃论，全科。照赃全科，不折半罪，以枉法之重罪论。分有禄、无禄。若赃重者，仍杖一百。○受财者，计赃以枉法各从重论。失觉举者，减供报人三等，罪止笞五十。

【1670】3.7.146(略)

【1725】3.7.140

凡抄没人口、财产，除谋反、谋叛及奸党系在十恶，依律抄没，其余有犯律不该载者，妻子、财产，不在抄没入官之限。违者，依故入人流罪论。抄没尚未入官，作未入官，各减一等。○若抄札入官家产，而隐瞒人口不报者，计口以隐瞒丁口论；若隐瞒田土者，计田以欺隐田粮论；若隐瞒财物、房屋、孳畜者，坐赃论，各罪止杖一百，所隐人口、财产并入官。罪坐供报之人。所隐之人口不坐。不加重者,以自己之丁口、财产也。○若里长同情隐瞒,及当该官吏知情者,并与同罪。计所隐赃重于杖一百者,坐赃论,全科。○受财者,计赃以枉法各从重论。以枉法之重罪论,分有禄、无禄。失觉举者,减供报人三等,罪止笞五十。

注:此言抄没不得枉滥,而又分别隐瞒之罪也。首节言不在应没入官之限而抄没者之罪。次节言该抄没入官家产而供报之人隐瞒之罪。三节言里长同情隐瞒及当该官吏知情之罪。末节言里长、官吏受财隐瞒及失觉察之罪。计所得赃,重于坐赃者,以枉法论;轻于坐赃者,仍从坐赃全科,故曰"各从重论"。失觉察者,既非同情,亦无受赃之弊,故得减等。

臣等谨按:此言抄没不得枉滥,而又分别隐瞒之罪也。供报之人,即当抄没之人。受财,承里长、官吏言。首节言不在应没入官之限而抄没者之罪。次节言该抄没官家产而供报之人隐瞒之罪。三节言里长同情隐瞒及当该官吏知情之罪。末节言里长、官吏受财隐瞒及失觉察之罪。计所得赃,重于坐赃者,以枉法论;轻于坐赃者,仍从坐赃全科,故曰"各从重论"。失觉察者,既非同情,亦无受赃之弊,故得减等。

【1740】3.7.140(略)

附律条例

【1725】○增入

臣等谨按:康熙五十七年(1718)十月内,刑部议复入官财产事理,谨拟节录于后。

【续增现行例】一、凡罪犯入官财产,止应着落正犯追取。倘正犯将无干之人肆行诬赖者,从重治罪,仍着落伊身追取。承审、察追各官,如徇庇正犯,拖累无干之人,亦交与该部严加议处。

臣等谨按:此条类于"隐瞒入官财产"律,应增入条例后。

【1725】3.7.140.(1)

【增例】(略)

【1740】3.7.140.(1)(略)

【1740】○增入

一、凡欠帑人员,将地亩入官之后,其本人及本人之子孙,概不准其认买。倘有混行承买,将官兵人等分别议处、治罪。准其承买之该管各官,交部照例议处。

谨案:此条系雍正十二年(1734)定例。

【1740】3.7.140.(2)(略)

【1740】○增入

一、凡欠帑人员,或因独力难赔,或因产尽无着,遂将分居别业之弟兄亲族,并不知情之亲友旁人,巧借认帮名目,转辗株连,勒令赔补者,将承审、承追各官,均照违制治罪。

谨案:此条系乾隆元年(1736)定例。

【1740】3.7.140.(3)(略)

【1740】○增入

一、凡亏空入官房地内,如有坟地及坟园内房屋、看坟人口、祭祀田产,俱给还本人,免其入官变价。

谨案:此条系乾隆元年(1736)定例。

【1740】3.7.140.(4)(略)

【1740】○增入

一、除隐匿挪移案内之家产,仍照隐匿本律治罪外,如隐匿侵盗案内之家产,不论原案未完之数,计所隐家产价值之多寡,照坐赃律分别定拟。十两以下笞二十,每十两加一等;一百两杖六十、徒一年,每一百两加一等;五百两至一千两,满徒;一千两以上,罪止杖一百、流三千里。系旗人,折枷号、鞭责。俱罪坐隐瞒之人。所隐财产,俱行入官。保题各官,照例治罪、追赔。

谨案:此条系乾隆三年(1738)定例。

【1740】3.7.140.(5)(略)

【1740】○删除

一、旗员任所亏空不能完结,回旗时交与地方官查报。如有隐匿,将隐匿财物添补亏空外,照查出数目,着落地方官分赔。

此条系雍正七年(1729)定例。查地方代为隐匿,律有明文。至一切着落分赔之例,原为亏额无着而设,今既将隐匿财物添补亏空,又照查出数目着落分赔,则非一切分赔设例之意矣。此条毋庸纂入。

【1756】○续纂

一、凡应追官员赃赔各项银两,若原籍、任所查明财产尽绝,实在无可着追者,取具原籍地方官印结咨部,各归任所加结,题请豁免。回旗人员,由本旗确查取结,咨行任所,一体办理。如原籍、任所或有隐匿、寄顿,一经发觉,除财产入官外,出结各员照例议处、分赔,隐寄家属照律治罪。

臣等谨按:此条系乾隆十九年(1754)六月内,臣部议复江苏巡抚庄有恭条奏定例,应纂辑以便遵行。

【1768】3.7.140.(6)(略)

【1801】○修改

臣等谨按:嘉庆七年(1802)六月内,户部奏"修辑完缴官项条例"一折,钦奉谕旨,令臣部将议赔各例,分别妥修具奏。经臣部详悉酌改,议请于例内任所题豁之处,照户例修改,由原籍题豁。并酌拟修改例文,缮单进呈,奉旨:"依议。"钦遵在案,应载入遵行。

一、凡应追官员赃赔各项银两,若原籍、任所查明财产尽绝,实在无可着追者,任所官出具切实印结,由原籍加结,题请豁免。旗员亦照此由本旗具结,咨部办理。如旗、籍、任所或有隐匿、寄顿,一经发觉,除财产入官外,出结各员照例议处、分赔,隐寄家属照律治罪。

【1802】3.7.140.(6)(略)

【1778】○续纂

一、凡一切承追案件,该督抚一面督属严追,一面行查该员历过任所有无隐寄,毋庸俟本籍无追,始行咨查。其任所地方官,自文到日起,勒限三个月,据实查明,申详督抚,咨明原籍办理,并令该督抚严加督催。如有逾违,照钦部事件迟延例议处。其欠帑官员离任者,或有托故逗留,即押令回籍着追。

臣等谨按:此条系乾隆三十七年(1772)十二月内,户部议复安徽巡抚裴宗锡条奏定例,应纂辑遵行。

【1790】3.7.140.(7)(略)

【1802】3.7.140.(6)(略)

【户律·课程】

盐 法

律 文

【1646】盐　法一十二条。

【1670】盐　法一十二条。

【1725】盐　法一十一条。

【1740】盐　法一十一条。①

【1646】3.8.148

凡犯无引私盐凡有确货即是，不必赃之多少。者，杖一百、徒三年。若带有军器者，加一等。流二千里。盐徒诬指平人者，加三等。流三千里。拒捕者，斩。监候。盐货、车船、头匹并入官。道途引领、秤手、牙人及窝藏、盐犯、寄顿盐货者，杖九十、徒二年半。受雇挑担驮载者，与例所谓肩挑背负者不同。杖八十、徒二年。非应捕人告获者，就将所获私盐给付告人充赏。同贩中有一人能自首者，免罪，一体给赏。若一人自犯而自首，止免罪，不赏，仍追原赃。○若私盐事发，止理见获人、盐。如获盐不获人者不追，获人不获盐者不坐。当该官司不许听其辗转攀指，违者，官吏以故入人罪论。谓如人盐同获，止理见发。有确货无犯人者，其盐没官，不须追究。

【1670】3.8.147（略）

【1725】3.8.141

律文（略）

---

① 顺治三年（1646）《大清律》"大清律例目录"载全部律文"通计四百五十九条"，第8卷"课程"下标明"计一十九条"，"盐法"下标明"一十二条"，是该"一十九条"包括盐法"一十二条"，故每条单独编号。雍正三年（1725）《大清律集解附例》"目录"载全部律文"通计四百四十六条"，第8卷"课程"下标明"计一十八条"，"盐法"下标明"一十一条"，是该"一十八条"包括盐法"一十一条"，故每条单独编号。乾隆五年（1740）《大清律例》及此后各版次《大清律例》，载全部律文"通计四百三十六条"，其"课程"下标明"计八条"，"盐法"下未标注，而正文中律目"盐法"下仍保留"一十一条"字样，是乾隆五年《大清律例》，"盐法"只可计为一条，本书编号为【1740】3.8.141条（此后各版次《大清律例》"盐法"一条情形与乾隆五年本相同）。为便于对照，乾隆五年《大清律例》"盐法"下"一十一条"律文，则按序编为【1740】3.8.141.1、【1740】3.8.141.2，至【1740】3.8.141.11。顺治三年《大清律》、雍正三年《大清律集解附例》"盐法"一条所附条例的编号，则依"盐法"第一条的序号编写，如顺治三年《大清律》"盐法"所附条例第一条编为【1646】3.8.148.（1）、雍正三年《大清律集解附例》"盐法"所附条例第一条编为【1725】3.8.141.（1）。

注:此禁贩私盐以裕正课也。凡属财赋,除正税外,莫大于盐课。领引行盐,曰"官盐";无引贩卖,曰"私盐"。私盐行,则官盐阻。故欲清盐法,必严私贩。首节言军民贩卖私盐,不计多寡,即杖一百、徒三年。带有军器,虽不拒捕,亦加一等。盐徒被获,而诬指平人为同犯,不论有无军器,亦加三等。不服追捕而抗拒者,虽不伤人,亦坐斩监候。以上犯人所贩盐货,及驮载之车船、头匹,并没入官。其引领道路之人,与牙侩,并窝藏盐犯、寄顿盐货者,皆是同谋,故杖九十、徒二年半。若受雇而为挑担驮载者,亦系从恶,故杖八十、徒二年。非应捕人役,而能告发及捕获送官者,即将所获私盐,给与告获人充赏。若同贩人及引领人等,有能自首者,免其本罪,仍如告获人一体给赏。末节言私盐事发,止许官司据见获之盐问理见获人之罪,不许听私贩罪人辗转攀指,滥害平人。违者,官吏以故入人罪论。

臣等谨按:此禁贩私盐以裕国课也。国家财赋,除正税外,莫大于盐课。领引行盐,曰"官盐";无引贩卖,曰"私盐"。私盐行,则官盐阻。故欲清盐法,必严私盐。首节言军民贩卖私盐,不论多寡,即杖一百、徒三年。带有军器,虽不拒捕,亦加一等。盐徒被获,而诬指平人为同犯,不论有无军器,亦加三等。不服追捕而抗拒者,虽不伤人,亦坐斩候。以上犯人所贩盐货,及驮载之车船、头匹,并没入官。其引领道路之人,与牙侩,并窝藏盐犯、寄顿盐货者,皆是同谋,故杖九十、徒二年半。若受雇而为挑担驮载者,亦系从恶,故杖八十、徒二年。非应捕人役而能告发,及捕获送官者,即将所获私盐,给与告获人充赏。若同贩人及引领人等,有能自首者,免本罪,仍如告获人一体给赏。后节言私盐事发,止许官司据见获之盐问理见获人之罪,不许听私贩罪人辗转扳指,滥害平人。违者,官吏以故入人罪论。

【1740】3.8.141.1(略)

【1646】3.8.149

凡盐场灶丁人等,除(岁办)正额盐外,夹带余盐出场,及私煎货卖者,同私盐法。(该管)百夫长,(即总催。)知情故纵,及通同货卖者,与犯人同罪。

【1670】3.8.148(略)

【1725】○修改

原拟:今盐场无百夫长名色,应改"百夫长"为"总催",删去小注。

臣等谨按:此一条严灶丁夹带、私煎之罪,以靖私贩之源也。凡各处盐场灶户人丁,每岁有应办额盐,每日有额煎正数。除正额课盐之外,即为余盐。首言夹带余盐出场,及私煎货卖之罪。后言总催人知情故纵,及通同货卖之罪。盖盐徒私贩,必由夹带、私煎,故首及之。

【1725】3.8.142

凡盐场灶丁人等,除(岁办)正额盐外,夹带余盐出场,及私煎盐货卖者,同私盐法。(该管)总催知情故纵,及通同货卖者,与犯人同罪。

注:此一条严灶丁夹带、私煎之罪,以靖私贩之源也。凡各处盐场灶户人丁,每岁有应办额引,每日有额煎正数。除正额课盐之外,即为余盐。夹带余盐出场,及私煎货

卖,总催人知情故纵,及通同货卖,各坐以罪。盖盐徒私贩,必由夹带、私煎,故首及之。

【1740】3.8.141.2(略)

【1646】3.8.150

凡妇人有犯私盐,若夫在家,或子知情,罪坐夫、男。其虽有夫而远出,或有子幼弱,罪坐本妇。决杖一百,余罪收赎。

【1670】3.8.149(略)

【1725】3.8.143

律文(略)

注:此二条[①]皆禁民间之私贩也。凡妇人犯罪,例坐夫、男。若有犯货卖私盐之罪者,其夫在家,则不论知情与否,一概以夫当之,罪其治家不严也。子则知情者坐罪,以其不能喻亲于道也。若有夫而远出在外,则未及顾家;或子虽知情,而年在十五以下,则不能劝谏,故仍罪坐本妇,依妇人犯罪本条科断。至于私盐断买,然后私贩可止。故知为私盐而利其价贱买食者,坐满杖;因而转卖者,坐满徒。

臣等谨按:此二条[②]皆禁民间之私贩也。凡妇人犯罪,例坐夫、男。若有犯货卖私盐之罪者,其夫在家,则不论知情与否,一概以夫当之,罪其治家不严也。子则知情者坐罪,以其不能喻亲于道也。若有夫而远出在外,则未及顾家,或子虽知情,而年在十五以下,则不能劝谏,故仍罪坐本妇,依妇人犯罪本条科断。至于私盐断买,然后私贩可止。故知为私盐而利其价贱买食者,坐满杖;因而货卖者,坐满徒。

【1740】3.8.141.3(略)

【1646】3.8.151

凡买食私盐者,杖一百。因而货卖者,杖一百、徒三年。决杖一百,余罪收赎。

【1670】3.8.150(略)

【1725】3.8.144

凡买食私盐者,杖一百。因而货卖者,杖一百、徒三年。

律后总注及按语,见【1725】3.8.143条。

【1740】3.8.141.4(略)

【1646】3.8.152

凡守御官司及盐运司、巡检司,巡获私盐,即发有司归勘,原获各衙门不许擅问。若

---

① 系指【1725】3.8.143、【1725】3.8.144两条。

② 系指【1725】3.8.143、【1725】3.8.144两条。

有司官吏通同原获各衙门脱放者，与犯人同罪。受财者，计赃以枉法从其罪之重论。

【1670】3.8.151（略）

【1725】3.8.145

律文（略）

注：此二条[①]严官司巡缉之责，以绝私贩也。凡各行盐地方，设有守御官司及盐运司、巡检司，巡缉私盐，一有所获，即应发与有司衙门归结勘问，不许原获衙门擅自审理，所以杜妄拿、贿脱之弊也。若已发有司，而官吏通同原获衙门脱放者，与盐犯同罪。受财者，各计入己之赃，坐以枉法从重论。至守御各官，既有巡缉之责，自应于各该管地面，并附场紧关去处，设法差人常川巡禁，不许私贩透漏。若致透漏出外者，把截官及所委巡察人员，均难辞咎，故各按次分别笞、杖，并留职役。若官、役明知私贩而故纵、透漏，及容令军兵随同私贩货卖者，各与犯人同罪。受其财物而故纵容者，并计入己之赃，以枉法从重论。其巡缉所获之私盐，自应照数尽解送官。如有隐匿入己不解官者，事属违法，故坐满徒。至若装诬平人为兴贩而送官者，是借缉捕之法，行诬陷之私，故又加三等。夫见获者，既严其脱放、隐匿之罪，而非见获者，又禁其捏造、攀指之奸。此于制法之中，防乱法之渐也。

臣等谨按：此二条严官司巡缉之责，以绝私贩也。凡各行盐地方，设有守御官司及盐运司、巡检司，巡缉私盐。一有所获，即应发与有司衙门，归结勘问，不许原获衙门擅自审理，所以杜妄拿、贿脱之弊也。若已发有司，而官吏通同原获衙门脱放者，与盐犯同罪。受财者，各计入己之赃，坐以枉法从重论。凡守御各官，既有巡缉之责，自应于各该管地面，并附场紧关去处，设法差人常川巡禁，不许私贩透漏。若致透漏出外者，把截官及所委巡察人员，均难辞咎。故各按初犯、再犯、三犯，分别坐杖，并留职役。若官役明知私贩而故纵透漏，及容令军兵随同私贩货卖者，各与犯人同罪。受其财物而故纵容者，并计入己之赃，以枉法从重论。其巡缉所获之私盐，自应照数尽解送官。如有隐匿入己不解官者，事属违法，故坐满徒。至若装诬平人为兴贩而送官者，是借缉捕之法，行诬陷之私，故又加三等。此于制法之中，防乱法之渐者也。

【1740】○修改

【原律】【1725】3.8.145（略）、【1725】3.8.146（略）

臣等谨按：以上二条所称"守御官司"，皆承前明旧文，今无此官名。至管理盐务，上自盐院，下至场大使，及武职衙门，皆有巡缉之责，专指"盐运巡检"等司，反不赅括，应改。谨将改辑律文，开列于后。

【1740】3.8.141.5（略）、【1740】3.8.141.6（略）

【1740】3.8.141.5

凡管理盐务，及有巡辑私盐之责文武各衙门，巡获私盐，即发有司归勘，原获各衙门

---

① 系指【1725】3.8.145、【1725】3.8.146 两条。

不许擅问。若有司官吏通同原获各衙门脱放者,与犯人同罪。受财者,计赃以枉法从其罪之重论。

【1646】3.8.153

凡守御官及有司、巡检司,设法差人于该管地面,并附场紧关去处,常川巡禁私盐。若有透漏者,关津把截官及所委巡盐人员,初犯笞四十,再犯笞五十,三犯杖六十,公罪。并附过还职。若知情故纵,及容令军兵随同贩卖者,与犯人同罪。私罪。受财者,计赃以枉法从重论。〇其巡获私盐入己不解官者,杖一百、徒三年。若装诬平人者,加三等。杖一百、流三千里。

【1670】3.8.152(略)

【1725】〇修改

原拟:“附过还职”句,应改为“并留职役”。

【1725】3.8.146

凡守御官及有司、巡检司,设法差人于该管地面,并附场紧关去处,常川巡禁私盐。若有透漏者,关津把截官及所委巡盐人员,初犯笞四十,再犯笞五十,三犯杖六十,公罪。并留职役。若知情故纵,及容令军兵随同贩卖者,与犯人同罪。私罪。受财者,计赃以枉法从重论。〇其巡获私盐入己不解官者,杖一百、徒三年。若装诬平人者,加三等。杖一百、流三千里。

律后总注及按语,见【1725】3.8.145条。

【1740】〇修改

见【1725】3.8.145条下。

【1740】3.8.141.6

凡管理盐务,及有巡缉私盐之责文武各衙门,设法差人于该管地面,并附场紧关去处,常川巡禁私盐。若有透漏者,关津把截官及所委巡盐人员,初犯笞四十,再犯笞五十,三犯杖六十,公罪。并留职役。若知情故纵,及容令军兵随同贩卖者,与犯人同罪。私罪。受财者,计赃以枉法从重论。〇其巡获私盐入己不解官者,杖一百、徒三年。若装诬平人者,加三等。杖一百、流三千里。

【1646】3.8.154

凡军人是所部军,非专指巡盐军。有犯私盐,本管千、百户有失钤束者,百户,初犯笞五十,再犯杖六十,三犯杖七十、统部军算。但三犯即坐,非一人三犯也。减半给俸;千户,初犯笞四十,再犯笞五十,三犯杖六十、减半给俸,并附过还职。若知情容纵,及通同贩卖者,与犯人同罪。

【1670】3.8.153(略)

【1725】○删除

原拟:今武职失察本管军兵贩卖私盐者,与文职一体处分,已载后条例内。且无千、百户名色,亦无减半给俸及附过还职等事。此律拟删。

【1646】3.8.155

凡起运官盐,每引二百斤为一袋,带耗盐五斤。经过批验所,依(引目)数掣挚(随手取袋,挚其轻重,尽盘盐而验之。)秤盘。但有夹带余盐者,同私盐法。○若客盐越过批验所,不经掣挚、(及引上不使)关防者,杖九十,押回(逐一)盘验。(有余盐,以夹带论罪。)

【1670】3.8.154(略)

【1725】○修改

原拟:见在各省盐包,轻重不同,每引不尽额定二百斤,耗盐亦不止五斤。应改"每引二百斤为一袋,带耗盐五斤"句为"每引照额定斤数为一袋,并带额定耗盐"。

【1725】3.8.147

凡起运官盐,每引照额定斤数为一袋,并带额定耗盐。经过批验所,依(引目)数掣挚秤盘。(随手取袋挚其轻重。)但有夹带余盐者,同私盐法。○若客盐越过批验所,不经掣挚、(及引上不使)关防者,杖九十,押回(逐一)盘验。(尽盘盐而验之,有余盐,以夹带论罪。)

注:此五条[1]皆指盐商假公行私诸弊,以清盐政也。第一条言各商起运有引官盐,每引俱有额定盐斤,并耗盐数目,须照数装包成袋。经过批验所,照引数目,随掣一二袋,挚其轻重。但有额数之外,夹带余盐者,同私盐论。若将引盐不由正路越过批验所,而不经官掣挚,及引上未曾印盖关防者,杖九十,仍押回批验所盘验。如盘有余盐,亦从私盐法论。第二条言额盐贩卖,全凭盐引,以辨官、私。故盐与引不许相离,违者,虽官盐亦坐以私盐之律。其盐既经卖毕,则将引截角,是为退引,应于十日之内,即赴所卖地方官司缴纳,以防影射。如有过限不缴者,虽无影射,亦笞四十若。将不缴之旧引,影射盐货,私行贩卖者,即以私盐之法坐之。第三条言商灶起运官盐,设有官船,以辨私载,原不须军器随行。若有将带军器,及不用官船起运者,必是私贩,故罪亦同私盐论。不用官船,满徒;将带军器,加等。第四条言客商将官盐货卖之时,插和沙土者,是为罔利病民,故罪坐不应重杖。第五条言一应行盐地方,各有疆界,以杜越贩。凡客商将有引官盐,不照原定地面发卖,违例于别境犯界之处货卖者,杖一百。知系越境之盐而买食者,杖六十,不知者不坐,其盐入官。此又于官贩之中剔私贩之弊也。

---

① 系指【1725】3.8.147、【1725】3.8.148、【1725】3.8.149、【1725】3.8.150、【1725】3.8.151 五条。

臣等谨按:此五条①赅指盐商假公行私诸弊,以清盐政也。第一条言各商起运有引官盐,每引俱有额定盐斤,并耗盐数目,须照数装包成袋。经过批验所,照引数掣摯秤盘。但有额数之外,夹带余盐者,同私盐论。若将引盐不由正路越过批验所,而不经官掣摯,及引上未曾印盖关防者,杖九十,仍押回批验所盘验。如盘有余盐,亦从私盐法论。第二条言额盐贩卖,全凭盐引,以辨官、私。故盐与引不许相离,离则官、私无辨,虽官盐,亦坐以私盐之律。其盐既经卖毕,则将引截角,是为退引。应于十日之内,即赴所卖地方官司缴纳,以防影射。如有过限不缴者,虽无影射,亦笞四十。若将不缴之旧引,影射盐货私行贩卖者,即以私盐之法坐之。第三条言商灶起运官盐,设有官船,以辨私载,原不须军器随行。若有将带军器,及不用官船起运者,必是私贩,故罪亦同私盐论。不用官船,满徒;将带军器,加等。第四条言客商将官盐货卖之时,插和沙土者,是为罔利病民,故罪坐不应重杖。第五条言一应行盐地方,各有疆界,以杜越贩。凡客商将有引官盐,不照原定地面发卖,违例于别境犯界之处货卖者,杖一百。知系越境之盐而买食者,杖六十,不知者不坐,其盐入官。此又于官贩之中,剔私贩之弊者也。

【1740】3.8.141.7(略)

【1646】3.8.156

凡客商贩卖有引官盐,当照引发盐,不许盐与引相离,违者同私盐法。○其卖盐了毕,十日之内不缴退引者,笞四十。○若将旧引不缴影射盐货者,同私盐法。

【1670】3.8.155(略)

【1725】3.8.148(略)

律后总注及按语,见【1725】3.8.147条。

【1740】3.8.141.8(略)

【1646】3.8.157

凡起运官盐,并灶户运盐上仓,将带军器,及不用官船起运者,同私盐法。两淮盐场运纳大军食盐之类。

【1670】3.8.156(略)

【1725】○修改

原拟:两淮盐场,今无运纳大军食盐之事,小注应删。

【1725】3.8.149

凡起运官盐,并灶户运盐上仓,将带军器,及不用官船起运者,同私盐法。

律后总注及按语,见【1725】3.8.147条。

---

① 系指【1725】3.8.147、【1725】3.8.148、【1725】3.8.149、【1725】3.8.150、【1725】3.8.151五条。

【1740】3.8.141.9（略）

【1646】3.8.158

凡客商将验过有引官盐，插和沙土货卖者，杖八十。

【1670】3.8.157（略）

【1725】3.8.150（略）

律后总注及按语，见【1725】3.8.147条。

【1740】3.8.141.10（略）

【1646】3.8.159

凡将有引官盐，不于拘定应该行盐地面发卖，转于别境犯界货卖者，杖一百。知而买食者，杖六十，不知者不坐，其盐入官。

【1670】3.8.158（略）

【1725】3.8.151（略）

律后总注及按语，见【1725】3.8.147条。

【1740】3.8.141.11（略）

附律条例

【1646】3.8.148.（1）

一、各边召商上纳粮草，若内外势要官豪家人，开立诡名，占窝转卖取利者，俱问发边卫充军。干碍势豪，参究治罪。

【1670】3.8.147.（1）（略）

【1725】○删除

原拟：今无各边召商上纳粮草之例，此条拟删。

【1646】3.8.148.（2）

一、凡豪强盐徒，聚众至十人以上，撑驾大船，张挂旗号，擅用兵仗、响器，拒敌官兵，若杀人及伤三人以上者，比照强盗已行得财律皆斩，为首者仍枭首示众。其虽拒敌，不曾杀伤人，为首者依律处斩，为从者俱发边卫充军。若止十人以下，原无兵仗，遇有追捕拒敌，因而伤至二人以上者，为首依律处斩，下手之人比照聚众中途打夺罪人因而伤人律绞，其不曾下手者，仍为从论罪。若贫难军民，将私盐肩挑背负，易米度日者，不必禁捕。

谨案：此条系原例。

【1670】3.8.147.（2）（略）

【1725】3.8.141.（5）

【原例】一、凡豪强盐徒，聚众至十人以上，撑驾大船，张挂旗号，擅用兵仗、响器，拒敌官兵,若杀人及伤三人以上者,比照强盗已行得财律皆斩,为首者仍枭首示众。其虽拒敌,不曾杀伤人,为首者依律处斩,为从者俱发边卫充军。若止十人以下,原无兵仗,遇有追捕拒敌,因而伤至二人以上者,为首者依律处斩,下手之人比照聚众中途打夺罪人因而伤人律绞,其不曾下手者,仍为从论。若贫难军民,将私盐肩挑背负,易米度日者,不必禁捕。

【1740】○修改

臣等谨按:例内十人以上,拒敌杀伤三人者,皆斩,为首枭示,其伤二人及一人者,未经定有罪名。查十人以下拒捕伤二人者,为首已定斩监候,则十人以上伤二人者,为首应拟斩决,为从应拟绞监候。其伤一人者,亦以次递减,为首斩监候,为从充发。情有轻重,罪亦平允矣。但例内不曾杀伤人者,为首已定斩监候、为从充军,今伤一人者,亦定斩候、充发,则伤人与不伤人之犯,似无差别。查不曾伤人之犯,即拟斩罪,原属稍重。应将不曾杀伤人者,为首改为绞监候,为从改为满流,则轻重皆得其平矣。再例内十人以下,原无兵仗,拒敌杀伤人之犯,定有斩、绞等罪。查撑驾大船,拒敌官军,断无十人以下之理,应并入下一条"十人以下不论有无军器拒捕杀伤人"例①内。则此条专为撑驾大船拒敌官军而设,下条则凡属私盐十人上下,带军器、不带军器,拒捕、不拒捕,详悉备载,庶引用者不致错误矣。谨将增删改辑例文,开列于后。

一、凡豪强盐徒,聚众至十人以上,撑驾大船,张挂旗号,擅用兵仗、响器,拒敌官兵,若杀人及伤三人以上者,比照强盗已行得财律皆斩,为首者仍枭首示众;伤二人者,为首斩决,为从绞监候;伤一人者,为首斩监候,为从发边卫充军。其虽拒敌,不曾杀伤人,为首绞监候,为从佥妻流三千里。若贫难军民,将私盐肩挑背负,易米度日者,不必禁捕。

【1740】3.8.141.(5)(略)

【1767】○修改

臣等谨按:此条豪强盐徒,聚众擅用兵仗响器,拒敌官兵,伤一人为从一项,原例仅发边卫充军。但上条兴贩私盐,拒捕伤一人,下手为从之犯既发黑龙江,此条伤一人为从人犯,情罪较重,亦应改发黑龙江。臣等已于"名例"内声明,此处亦照"名例"改正。

一、凡豪强盐徒,聚众至十人以上,撑驾大船,张挂旗号,擅用兵仗、响器,拒敌官兵,若杀人及伤三人以上者,比照强盗已行得财律皆斩,为首者仍枭首示众;伤二人者,为首斩决,为从绞监候;伤一人者,为首斩监候,为从发黑龙江等处给与披甲人为奴。其虽拒敌,不曾杀伤人,为首绞监候,为从流三千里。若贫难军民,将私盐肩挑背负,易米度日者,不必禁捕。

【1768】3.8.141.(5)(略)

【1801】○修并

【原例】【1768】3.8.141.(5)(略)、【1790】3.8.141.(22)(略)

---

① 系指【1725】3.8.141.(6)条。

臣等谨按:前条系乾隆五年(1740)定例,后条系乾隆四十三年(1778)定例。查盐枭聚众拒捕,及兵役得赃包庇,事同一例,应修并一条,以昭简易。谨将修并例文,开列于后。

一、凡豪强盐徒,聚众至十人以上,撑驾大船,张挂旗号,擅用兵仗、响器,拒敌官兵,若杀人及伤三人以上者,比照强盗已行得财律皆斩,为首者仍枭首示众;伤二人者,为首斩决,为从绞监候;伤一人者,为首斩监候,为从发黑龙江等处给与披甲人为奴。凡得赃包庇之兵役,俱拟斩监候。私售之灶丁,及窝顿之匪犯,俱发伊犁、乌鲁木齐等处为奴。其虽拒敌,不曾杀伤人,为首绞监候,为从流三千里。若贫难军民,将私盐肩挑背负,易米度日者,不必禁捕。

【1802】3.8.141.(4)(略)

【1814】○修改

【原例】【1802】3.8.141.(4)(略)、【1802】3.8.141.(2)(略)

臣等谨按:嘉庆十七年(1812)十月内,臣部议复升任吏科给事中西琅阿奏"调剂黑龙江等处遣犯"折内,"请将聚众十人以上,带有军器,兴犯私盐,拒捕伤一人为从下手,及不曾伤人为首者,俱改为实发云贵两广极边烟瘴充军"等因,奏准通行在案,以上二条例内发黑龙江之处应行修改。谨将修改例文二条,开列于后。

一、凡豪强盐徒,聚众至十人以上,撑驾大船,张挂旗号,擅用兵仗、响器,拒敌官兵,若杀人及伤三人以上者,比照强盗已行得财律皆斩,为首者仍枭首示众;伤二人者,为首斩决,为从绞监候;伤一人者,为首斩监候,为从实发云贵两广极边烟瘴充军。凡得赃包庇之兵役,俱拟斩监候。私售之灶丁,及窝顿之匪犯,俱发伊犁、乌鲁木齐等处为奴。其虽拒敌,不曾杀伤人,为首绞监候,为从流三千里。若贫难军民,将私盐肩挑背负,易米度日者,不必禁捕。

【1825】3.8.141.(2)(略)

【1825】3.8.141.(4)(略)

【1830】○修改

臣等谨按:道光六年(1826)十一月内,军机大臣会同臣部议复直隶总督那彦成奏"调剂新疆遣犯"折内,请将豪强盐徒,聚众至十人以上,撑驾大船,张挂旗号,擅用兵仗、响器,拒敌官兵伤人案内,私售之灶丁及窝顿之匪犯发伊犁、乌鲁木齐等处为奴一条,改发云贵两广极边烟瘴充军等因,奏准通行在案。例内"发伊犁、乌鲁木齐等处为奴"之处,应行修改。谨将修改例文,开列于后。

一、凡豪强盐徒,聚众至十人以上,撑驾大船,张挂旗号,擅用兵仗、响器,拒敌官兵,若杀人及伤三人以上者,比照强盗已行得财律皆斩,为首者仍枭首示众;伤二人者,为首斩决,为从绞监候;伤一人者,为首斩监候,为从实发云贵两广极边烟瘴充军。凡得赃包庇之兵役,俱拟斩监候。私售之灶丁,及窝顿之匪犯,俱改发云贵两广极边烟瘴充军。其虽拒敌,不曾杀伤人,为首绞监候,为从流三千里。若贫难军民,将私盐肩挑背负,易米度日者,不必禁捕。

【1845】○修复

臣等谨查：此条例文，从前旧例内载豪强盐徒，聚众十人以上，拒敌官兵案内，私售之灶丁及窝顿之匪犯，俱发伊犁、乌鲁木齐等处为奴等语。嗣于道光六年(1826)十一月内，据原任陕甘总督那彦成奏请调剂新疆遣犯，经军机大臣会同臣部议，将此项改为"改发云贵两广极边烟瘴充军"等语，奏准纂入例册在案。兹道光二十四年(1844)六月内，据升任贵州巡抚贺长龄奏请"调剂军犯章程"一折，复经军机大臣会同臣部议请嗣后新疆遣犯各照旧发往等因具奏。奉上谕："据军机大臣会同刑部议奏'贵州军犯拥挤，酌减调剂'等语。新疆遣犯改发内地，恐人数众多，不特约束难周，且与民风大有关碍。非若新疆地方辽阔，外遣人犯易于安插。所有旧时改发内地各条，着仍照旧发往新疆，交该将军设法妥为安插。并严饬所属认真查核，严加管束，毋令滋生事端，俾期积久无弊。余依议。钦此。"是新疆遣犯，既应照旧发往，其私售灶丁、窝顿匪犯发往伊犁等处之原例，现在犹存，足资引用。此条系属赘文，应行删除。

一、凡豪强盐徒，聚众至十人以上，撑驾大船，张挂旗号，擅用兵仗、响器，拒敌官兵，若杀人及伤三人以上者，比照强盗已行得财律皆斩，为首者仍枭首示众；伤二人者，为首斩决，为从绞监候；伤一人者，为首斩监候，为从实发云贵两广极边烟瘴充军。凡得赃包庇之兵役，俱拟斩监候。私售之灶丁，及窝顿之匪犯，俱发伊犁、乌鲁木齐等处为奴。其虽拒敌，不曾杀伤人，为首绞监候，为从流三千里。若贫难军民，将私盐肩挑背负，易米度日者，不必禁捕。

【1845】3.8.141.(4)(略)

【1646】3.8.148.(3)

一、越境如淮盐越过浙盐地方之类。兴贩官司，引盐至三千斤以上者，问发附近卫所充军。原系腹里卫所者，发边卫充军。其客商收买余盐，买求掣挚，至三千斤以上者，亦照前例发遣。经过官司纵放，及地方、甲邻、里老知而不举，各治以罪。巡捕官员乘机兴贩，至三千斤以上，亦照前例问发。须至三千斤。不及三千斤，在本行盐地方，虽越府省，仍依本律。

【1670】3.8.147.(3)(略)

【1725】○修改

原拟：今军民犯军罪者，一体发遣，应将"原系腹里卫所者，发边卫充军"句删去。

一、越境如淮盐越过浙盐地方之类。兴贩官司，引盐至三千斤以上者，问发附近卫所充军。其客商收买余盐，买求掣挚，至三千斤以上者，亦照前例发遣。经过官司纵放，及地方、甲邻、里老知而不举，各治以罪。巡捕官员乘机兴贩，至三千斤以上，亦照前例问发。须至三千斤。不及三千斤，在本行盐地方，虽越府省，仍依本律。

【1725】3.8.141.(1)

【原例】(略)

【1740】3.8.141.(1)(略)

【1768】3.8.141.(1)

一、越境如淮盐越过浙盐地方之类。兴贩官司,引盐至三千斤以上者,问发附近地方充军。其客商收买余盐,买求掣挚,至三千斤以上者,亦照前例发遣。经过官司纵放,及地方、甲邻、里老知而不举,各治以罪。巡捕官员乘机兴贩,至三千斤以上,亦照前例问发。须至三千斤。不及三千斤,在本行盐地方,虽越府省,仍依本律。

【1801】○修改

臣等谨按:此条系前明旧例。查律注内开"客商收买余盐,买求批掣挚验,官吏受财依枉法;官司、里老、地方、火甲,依知罪人不捕;邻佑,依违制"等语。例内"经过官司纵放,及地方、甲邻、里老知而不举",仅称"各治以罪",语意含混。且掣验官吏受财例内,并无治罪明文。应照旧例添入,并用小注注明,以便引用。谨将修改例文,开列于后。

一、越境如淮盐越过浙盐地方之类。兴贩官司,引盐至三千斤以上者,问发附近地方充军。其客商收买余盐,买求掣挚,至三千斤以上者,亦照前例发遣。掣验官吏受财,及经过官司纵放,并地方、甲邻、里老知而不举,各治以罪。掣验官吏受财,依枉法;经过官司、里老、地方、火甲,依知罪人不捕;邻佑,依违制。巡捕官员乘机兴贩,至三千斤以上,亦照前例问发。须至三千斤。不及三千斤,在本行盐地方,虽越府省,依仍本律。

【1802】3.8.141.(1)(略)

【1646】3.8.148.(4)

一、凡两淮等处运司中盐商人,必须纳过银两纸价,方给引目守支。若先年不曾上纳,故捏守支年久等项虚词奏扰者,依律问罪,仍照各处盐场无藉之徒把持诈害事例发遣。

谨案:此条系原例。

【1670】3.8.147.(4)(略)

【1725】○删除

原拟:今商人俱赴运司纳课给引,即行支盐,并无守支年久之事。此条拟删。

【1646】3.8.148.(5)

一、凡伪造盐引、印信,贿嘱运司、吏书人等,将已故并远年商人名籍、中盐来历填写在引,转卖诓骗财物,为首者依律处斩外,其为从,并经纪、牙行、店户,运司、书吏,一应知情人等,但计赃满数者,不拘曾否支盐出场,俱发边卫充军。

【1670】3.8.147.(5)(略)

【1725】○修改

原拟:查诓骗财物律,准窃盗论,罪止满流,应于"计赃满数"字下增"应流"二字。

一、凡伪造盐引、印信,贿嘱运司、吏书人等,将已故并远年商人名籍、中盐来历填写在引,转卖诓骗财物,为首者依律处斩外,其为从,并经纪、牙行、店户,运司、书吏，一应知情人等，但计赃满数应流者，不拘曾否支盐出场，俱发边卫充军。

【1725】3.8.141.(2)

【原例】(略)

【1740】3.8.141.(2)(略)

【1802】3.8.141.(5)(略)

【1646】3.8.148.(6)

一、各盐运司总催名下该管盐课，纳完者方许照名填给通关。若不曾纳课，总催买嘱官吏，并复盘委官，假指课已上仓指上囤，扶同作弊者，俱问发边卫充军。

谨案：此条系原例。

【1670】3.8.147.(6)(略)

【1725】3.8.141.(3)

【原例】(略)

【1740】3.8.141.(3)(略)

【1802】3.8.141.(6)(略)

【1646】3.8.148.(7)

一、各处盐场无藉之徒，号称长布衫、赶船虎、光棍、好汉等项名色，把持官府，诈害客商，犯该徒罪以上，及再犯杖罪以下者，俱发边卫充军。

【1670】3.8.147.(7)(略)

【1725】3.8.141.(4)

【原例】(略)

【1740】3.8.141.(4)(略)

【1802】3.8.141.(21)(略)

【1825】3.8.141.(9)(略)

【1852】○修改

一、各处盐场无藉之徒，号称长布衫、赶船虎、好汉等项名色，把持官府，诈害客商，犯该徒罪以上，及再犯杖罪以下者，俱发近边充军。

谨案：咸丰二年(1852)，因光棍例应斩决，删此二字。

【1870】3.8.141.(9)(略)

【1725】○增入

原拟：现行例一条，类于此律，应增入。

【原增现行例】一、凡兴贩私盐民人、兵丁，俱照律治罪。其该管地方文武各官，失察一次者,降二级;失察二次者,降四级留任;失察三次者,革职。道、府、直隶州知州、副、参、游击等官,失察一次者,降职一级;失察二次者,降职二级;失察三次者,降三级留任;失察四次者,降三级调用。凡旗下人并放马人等,私盐事犯,本犯之主,系官罚俸两个月,不系官鞭七十;佐领、骁骑校、包衣人,各罚俸一个月。小拨什库、催庄拨什库,各鞭五十。放马人等兴贩私盐者,总管去的旗下章京、每甲剌去的章京等,俱罚俸两个月;拨什库等,各鞭八十。不及十人,一二人私贩,或十人以上不带军器,仍照律治罪,官员照前例议处。兴贩私盐旗下人之主、佐领、骁骑校、小拨什库等,及放马人等所管章京、拨什库等,仍照前定例议处外,凡旗人、兵、民聚众十人以上,带有军器兴贩私盐者,无论拒捕伤人,俱照强盗已行得财律立斩。至于兴贩私盐,一体交与文武各官严行缉拿。其不及十人,及十人以上不带军器者,汛地武官失于觉察,亦应照前定文官处分之例处分。若十人以上带有军器,兴贩私盐,失于觉察者,将失事地方专管文武官员革职,兼辖官降二级,俱留任一年缉拿。缉获一半以上者,还其官级。若不获者,题参之日,照此定例革职、降级。仍应请敕下各该督抚、巡盐御史、提督、总兵官,严加督缉。如有失察官员,即行题参。倘徇庇不参,或被旁人出首,或科道官纠参,照徇庇例议处。专管官一年内拿获十人以上带有军器大伙私贩一次者,纪录一次;二次者,纪录二次;三次者,加一级;四次者,加二级;五次者,不论俸满即升。兼辖官一年内拿获三次者,纪录一次;六次者,纪录二次;九次者,加一级。若拿获次数多者,俱照此次数纪录、加级。

【原增现行例】一、十人以下,执有军器,拒捕杀人者,俱比照十人以下原无兵仗拒捕伤人律,为首者斩监候,下手者绞监候,未下手者充军。

原拟:此兴贩私盐二条,字句太繁,应删改并作一条。又查十人以下,有无军器、曾否拒捕之处,原条例及现行例内并未分晰明白,应照正律纂入。其失察官员降调、罚俸,拿获私贩官员加级、纪录之处,详载该部现行例内,无庸入例。谨拟删改,开载于后。

【原改现行例】一、凡兵民聚众十人以上,带有军器,兴贩私盐者,不问曾否拒捕伤人,照强盗已行得财律,皆斩立决。若十人以下拒捕杀人,不论有无军器,为首者斩,下手者绞,俱监候;不曾下手者,发边卫充军。其不带军器,不曾拒捕,不分十人上下,仍照私盐律杖一百、徒三年。若十人以下,虽有军器,不曾拒捕者,亦照私盐带有军器加一等律杖一百、流二千里。其失察文武各官,该督抚题参,俱交该部照例议处。有拿获大伙私贩者,亦着该督抚题明,交与各该部照例议叙。

【1725】3.8.141.(6)

【增例】(略)

【1740】○修改

臣等谨按:前一条[1]十人以上,带有军器,拒敌官军,杀伤人者,照强盗已行得财律皆

---

① 系指【1725】3.8.141.(5)条。

斩,为首者枭首示众。此条十人以上,带有军器,不分曾否拒捕、伤人,即照强盗已行得财律,皆斩立决。虽有枭示与不枭示之别,然一则拒捕杀伤人,一则并不拒捕亦并不杀伤人,情罪业已迥别。只因其带有军器,即立时骈斩,略无差等,未免失平。现经原任直隶总督李卫条奏:"杀伤事主盗案内,未经下手之犯,尚得量邀宽减,而此不曾拒捕伤人之盐徒,悉拟骈斩,似觉援照之条反重于本律。请将此条删去,仍照撑驾大船一条,分别定拟。"但前条十人以上,撑驾大船,张挂旗号,擅用兵仗响器,拒敌官军,横肆已极,拟以枭示、斩决等罪,断难少贷。此条单指十人以上带有军器而设,其曾拒捕杀伤人之犯,诚属罪重恶极,然较张挂旗号,擅用兵仗响器,显与官军拒敌者,情形终有不同,又未便一概照拟。查后条粮船夹带私盐,拒捕杀人,及伤三人以上,为首斩决;未曾下手杀伤人者,发边卫充军,此条应比照定拟。其伤二人、一人,应亦递为分别。至不曾拒捕伤人之犯,前条未经议及,亦难一概删除。查本条十人以下,带军器不曾拒捕,止拟流罪,则十人以上加至边卫充军,已足蔽辜,应改。再撑驾大船一条内,十人以下,原无兵仗,拒敌伤至二人以上一段,已经删去,应并入此条。十人以下,拒捕杀人,不论有无军器,例款内分别载入。但前条止有伤二人以上之罪,其伤一人者,未经议及。查乾隆二年(1737)刑部议准:十人以下兴贩私盐,原无兵仗,拒捕伤一人,为首照罪人拒捕殴所捕之人至折伤以上律拟绞监候,下手之犯佥妻流三千里,应并。至其余不下手之犯,新例亦未分别,应仍照私盐本律治罪。谨将改并例文,开列于后。

一、凡兵民聚众十人以上,带有军器,兴贩私盐,拒捕杀人,及伤三人以上,为首并杀人之犯斩决,伤人之犯斩监候,未曾下手杀伤人者发边卫充军;伤二人者,为首斩,下手者绞,俱监候;伤一人者,为首绞监候,下手者发边卫充军;为从满流。其虽带有军器,不曾拒捕者,为首发边卫充军,为从流二千里。若十人以下,拒捕杀人,不论有无军器,为首者斩,下手者绞,俱监候,不曾下手者发边卫充军;伤至二人以上者,为首者斩监候,下手之人绞监候;止伤一人者,为首绞监候,下手之犯杖一百、流三千里,其不曾下手者仍照私盐本律治罪。其不带军器,不曾拒捕,不分十人上下,仍照私盐律杖一百、徒三年。若十人以下,虽有军器,不曾拒捕者,为首亦照私盐带有军器加一等律杖一百、流二千里,为从杖一百、徒三年。其失察文武各官,交部议处。有拿获大伙私贩者,交部议叙。

【1740】3.8.141.(6)(略)

【1767】○修改

臣等谨按:此条内聚众十人以上兴贩私盐拒捕伤一人,为从下手之犯,原例发边卫充军。今于乾隆二十四年(1759),军机大臣奏准,改发黑龙江,已遵照改正。

一、凡兵民聚众十人以上,带有军器,兴贩私盐,拒捕杀人,及伤三人以上,为首并杀人之犯斩决,伤人之犯斩监候,未曾下手杀伤人者发近边充军;伤二人者,为首斩,下手者绞,俱监候;伤一人者,为首绞监候,下手者发黑龙江等处给与披甲人为奴;为从满流。其虽带有军器,不曾拒捕者,为首发近边充军,为从流二千里。若十人以下,拒捕杀人,不论有无军器,为首者斩,下手者绞,俱监候,不曾下手者发近边充军;伤至二人以上者,为首者斩监候,下手之人绞监候;止伤一人者,为首绞监候,下手之犯杖一百、流三千里,其不曾下手者仍照私盐本律治罪。其不带军器,不曾拒捕,不分十人上下,仍照私盐律杖一百、徒三年。若十人以下,虽有军器,不曾拒捕者,为首亦照私盐带有军器加一等律杖一百、流二千里,为从杖一百、徒三年。其失察文武各官,交部议处。有拿获大伙私贩者,交部议叙。

【1768】3.8.141.(6)(略)

【1801】○修改

【原例】【1768】3.8.141.(6)(略)、【1740】3.8.141.(8)(略)

臣等谨按:兵民兴贩私盐,聚众拒捕,杀伤人及不曾杀伤人,分别治罪,系康熙年间定例。又回空粮船兴贩私盐,聚众拒捕,杀伤人及不曾杀伤人,分别治罪,系雍正三年(1725)定例。查兵民兴贩私盐,非豪强盐徒,撑驾大船,张挂旗号,擅用兵仗响器者可比。其聚众十人以上,拒捕杀人及伤三人以上,或伤一二人,分别首从,拟以斩、绞、遣、军,较之豪强盐徒聚众拒捕者,拟罪量为轻减,定例已极平允。惟拒捕不伤人一项,例内未经议及。查豪强盐徒例内,其拒敌不曾杀伤人,为首绞监候,为从满流。此条系兵民聚众拒捕,其杀伤人者,拟罪既较豪强盐徒有别,则拒捕不伤人者,未便照豪强盐徒之例,问拟绞候,自应一例量减科罪。臣等伏查兵民聚众十人以上拒捕,止伤一人,为从下手者,例发黑龙江为奴,则拒捕未伤人为首,应照伤一人为从下手例拟遣。又聚众十人以下,拒捕未伤人,为首亦应照拒捕止伤一人为从拟流。则问拟既昭平允,而罪名亦归画一。又查回空粮船夹带私盐,聚众拒捕,未伤人为首,例内照豪强盐徒之例拟绞。查回空粮船拒捕一应罪名,俱照兵民聚众拒捕之例办理,独将拒捕未伤人一项,援照豪强盐徒之例拟罪,殊属两歧。又伤二人及伤一人,首、从治罪之处,例内未经详明,俱应照兵民聚众拒捕之例,画一修改,以便引用。又查兵民聚众例内,聚众十人以上,为从满流,及十人以下不曾下手者,仍照私盐本律治罪等句,俱总承上文伤二人以上及伤一人者而言,应各增一"俱"字,以昭明晰,合并声明。谨将修改例文二条,开列于后。

一、凡兵民聚众十人以上,带有军器,兴贩私盐,拒捕杀人,及伤三人以上之案,为首并杀人之犯斩决,伤人之犯斩监候,未曾下手杀伤人者发近边充军;伤二人者,为首斩,下手者绞,俱监候;伤一人者,为首绞监候,下手者发黑龙江等处给与披甲人为奴;为从俱满流。若拒捕不曾伤人者,为首发黑龙江等处给披甲人为奴,为从满流。其虽带有军器,不曾拒捕者,为首发近边充军,为从流二千里。若十人以下拒捕杀人,不论有无军器,为首者斩,下手者绞,俱监候,不曾下手者发近边充军;伤至二人以上者,为首斩监候,下手之人绞监候;伤止一人者,为首绞监候,下手之犯杖一百、流三千里;其不曾下手者,俱仍照私盐律杖一百、徒三年。若拒捕不曾伤人者,为首杖一百、流三千里,为从照私盐本律拟徒。其不带军器,不曾拒捕,不分十人上下,仍照私盐律杖一百、徒三年。若十人以下,带有军器,不曾拒捕者,为首照私盐拟徒本罪加一等律杖一百、流二千里,为从杖一百、徒三年。其失察文武各官,交部议处。有拿获大伙私贩者,交部议叙。

【1802】3.8.141.(3)(略)

【1802】3.8.141.(2)(略)

【1814】○修改

修改按语,见【1802】3.8.141.(4)条【1814】修改项下。

一、凡兵民聚众十人以上,带有军器,兴贩私盐,拒捕杀人,及伤三人以上之案,为首并杀人之犯斩决,伤人之犯斩监候,未曾下手杀伤人者发近边充军;伤二人者,为首斩,下手者绞,俱监候;伤一人者,为首绞监候,下手者实发云贵两广极边烟瘴充军;为从俱满流。若拒捕不曾伤人者,为首实发云贵两广极边烟瘴充军,为从满流。其虽带有军器,不曾拒捕者,为首发近边充军,为从流二千里。若十人以下拒捕杀人,不论有无军器,为首者斩,下手者绞,俱监候,不曾下手者发近边充军;伤至二人以上者,为首斩监候,下手之人绞监候;伤止一人者,为首绞监候,下手之犯杖一百、流三千里;其不曾下手者,俱仍照私盐律杖一百、徒三年。若拒捕不曾伤人者,为首杖一百、流三千里,为从照私盐本律拟徒。其不带军器,不曾拒捕,不分十人上下,仍照私盐律杖一百、徒三年。若十人以下,带有军器,不曾拒捕者,为首照私盐拟徒本罪加一等律杖一百、流二千里,为从杖一百、徒三年。其失察文武各官,交部议处。有拿获大伙私贩者,交部议叙。

【1825】3.8.141.(2)(略)

【1725】○增入

原拟:现行例一条,类于此律,应增入。

【原增现行例】一、凡灶丁贩卖私盐,大使失察者革职,知情者枷号一月发落,不准折赎。该管上司官,俱交该部议处。

【1725】3.8.141.(7)

【增例】(略)

【1740】3.8.141.(7)(略)

***【1725】○增入**①

原拟:现行例一条,类于此律,应增入。

【原增现行例】一、凡粮船、官坐船只夹带私盐者,管船文武官知情者,革职;失察者,交该部议处。

---

① 此条见于《大清律例按语》第8卷"户律·课程·盐法"(雍正三年)条下,雍正三年(1725)《大清律集解附例》不载。

【1725】○增入

臣等谨按:雍正二年(1724)闰四月,刑部会复夹带私盐,事理类于此律,谨拟节录于后。

【续增现行例】一、凡回空粮船,夹带私盐,闯闸闯关,不服盘查,十人以上,持械拒捕,杀人及伤三人以上者,为首并杀伤人之人应斩立决,未曾下手杀伤人者发边卫永远充军。其虽拒捕,不曾伤人,及十人以下,拒捕伤人致死者,为首拟斩监候,为从者发边卫充军。头船、旗丁、头舵人等,虽无夹带私盐,但闯闸闯关者,枷号两个月,发边卫充军。随同之旗丁、头舵,照为从例枷号一个月,杖一百、徒三年,不知情不坐。卖私之人,及私卖与粮船者,杖一百、流二千里。窝藏、寄顿者,杖一百、徒三年。如回空粮船夹带私盐,亦照贩私加一等杖一百、流二千里。兵役受贿纵放者,计赃以枉法从重论。未受贿者,杖一百,革退。贩私地方之专管官,降三级调用;兼辖官,降一级,罚俸一年;押运官,照徇庇例议处;随帮革退。如有闯闸闯关,押运等官照溺职例革职,随帮责三十板、革退。倚势粮船,不服盘查,闯闸闯关,持械伤人,押运等官革职,随帮责四十板、革退。倘关、闸各官勒索留难,运官呈明督抚参究。

【1725】3.8.141.(8)

【钦定例】一、凡回空粮船,如有夹带私盐,闯闸闯关,不服盘查,聚至十人以上,持械拒捕,杀人及伤三人以上者,为首并杀伤人之人拟斩立决,未曾下手杀伤人者发边卫永远充军。其虽拒捕,不曾伤人,及十人以下,拒捕伤人致死者,为首拟斩监候,为从者发边卫充军。头船、旗丁、头舵人等,虽无夹带私盐,但闯闸闯关者,枷号两个月,发边卫充军。随同之旗丁、头舵,照为从例枷号一个月,杖一百、徒三年,不知情不坐。卖私之人,及灶丁将盐私卖与粮船者,俱各杖一百、流二千里。窝藏、寄顿者,杖一百、徒三年。其虽不闯闸闯关,但夹带私盐,亦照贩私加一等流二千里。兵役受贿纵放者,计赃以枉法从重论。未受贿者,杖一百,革退。贩私地方之专管官,降三级调用;兼辖官,降一级,罚俸一年;押运官,照徇庇例议处;随帮革退。其倚恃粮船,闯闸闯关者,押运等官照溺职例革职,随帮责三十板、革退。不服盘查,持械伤人者,押运等官革职,随帮责四十板、革退。倘关、闸各官勒索留难,运官呈明督抚参处。

【1740】○修改

臣等谨按:第六条例内,十人以上,带军器拒捕杀伤人,为首及杀人之犯,定为斩决,伤人之犯定为斩监候,则此条杀伤人之犯,亦应分别照改。再撑驾大船,张挂旗号,用响器兵仗拒敌官军一条内,带军器拒捕,不杀伤人,为首绞,为从流三千里。此条事同一例,亦应改。又例内十人以下杀伤人之犯,俱未分晰,应照兵民聚众十人以下分别治罪,方为画一。至"永远充军",其"永远"二字应删。又"降级""罚俸"字样,文类《吏部处分则例》,应改。谨将删改例文,开列于后。

一、凡回空粮船,如有夹带私盐,闯闸闯关,不服盘查,聚至十人以上,持械拒捕,杀人及伤三人以上者,为首并杀人之人拟斩立决,伤人之犯斩监候,未曾下手伤人者发边卫充军;其虽拒捕不曾杀伤人,为首绞监候,为从流三千里。十人以下拒捕杀伤人者,俱照兵民聚众十人以下例分别治罪。头船、旗丁、头舵人等,虽无夹带私盐,但闯闸闯关者,枷号两个月,发边卫充军;随同之旗丁、头舵,照为从例枷号一月,杖一百、徒三年,不知情不坐。卖私之人及灶丁将盐私卖与粮船者,各杖一百、流二千里。窝藏、寄顿者,杖一百、徒三年。其虽不闯闸闯关,但夹带私盐,亦照贩私加一等流二千里。兵役受贿纵放者,计赃以枉法从重论。未受贿者,杖一百,革退。贩私地方之专管官、兼辖官及押运官,并交部议处;随帮革退。其虽无夹带私盐,倚恃粮船,闯闸闯关者,押运等官革职,随帮责三十板、革退。不服盘查,持械伤人者,押运等官革职,随帮责四十板、革退。倘关、闸各官勒索留难,运官呈明督抚参处。

【1740】3.8.141.(8)(略)

【1801】○修改

修改按语,见【1768】3.8.141.(6)条【1801】修改项下。

一、凡回空粮船,如有夹带私盐,闯闸闯关,不服盘查,聚至十人以上,持械拒捕杀伤人,及拒捕不曾杀伤人,并聚众十人以下,拒捕杀伤人,及不曾杀伤人者,俱照兵民聚众十人上、下例分别治罪。头船、旗丁、头舵人等,虽无夹带私盐,但闯闸闯关者,枷号两个月,发近边充军;随同之旗丁、头舵,照为从例枷号一个月,杖一百、徒三年,不知情不坐。卖私之人及灶丁将盐私卖与粮船者,各杖一百、流二千里。窝藏、寄顿者,杖一百、徒三年。其虽不闯闸闯关,但夹带私盐,亦照贩私加一等,流二千里。兵役受贿纵放者,计赃以枉法从重论。未受贿者,杖一百,革退。贩私地方之专管官、兼辖官及押运官,并交部议处;随帮革退。其虽无夹带私盐,倚恃粮船闯闸闯关者,押运等官革职,随帮责三十板、革退。不服盘查,持械伤人者,押运等官革职;随帮责四十板、革退。倘关、闸各官勒索留难,运官呈明督抚参处。

【1825】3.8.141.(3)(略)

【1725】3.8.141.(9)

【钦定例】一、凡贩卖私盐案内拟徒之犯,已经发往配所逃走者,缉获到案,除去役过月日,面上刺"逃徒"二字,原犯徒一年者,枷号一个月,杖八十、徒二年;徒一年半者,枷号三十五日,杖一百、徒三年;徒二年者,枷号四十日,杖一百、流二千里;徒二年半者,枷号四十五日,杖一百、流二千五百里;徒三年者,枷号五十日,杖一百、流三千里。其发往流所又逃走者,面上刺"逃流"二字,枷号两个月,照依地里远近,改发充军。

【1740】○删除

臣等谨按:私盐人犯,多系穷民,贪图微利,致罹法网。究非命、盗案件,情罪重大可比。况止于拟徒,所犯尤轻。查"刑律·捕亡"条下,徒、流人逃者,止于计日笞、杖,徒囚从新拘役。雍正九年(1731)例内,流罪三次脱逃,方改发充军,亦并无刺字之例。现经升任浙江按察司胡瀛条奏,请将盐犯在徒、流地方逃走加倍刺字遣戍之例停止,此条应删。

【1725】3.8.141.(10)

【钦定例】一、凡贩卖私盐至三千斤以上者,照越境贩盐律发边卫充军。

【1740】○删除

臣等谨按:本律第一条例,越境贩私三千斤者,发附近充军。此条系本地方贩卖,反发边卫充军,未为平允。况既有大船及十人以上诸条贩私罪例,业已周详,不必再计盐斤多少,另立罪名。此条应删。

【1725】3.8.141.(11)

【钦定例】一、盐课钱粮不完者,将经督各官,照分数议处外,其各商名下应完盐课,作为十分,欠不及一分者,责二十板;欠一分者,枷号一个月,责二十板;欠二分者,枷号一个月半,责二十五板;欠三分者,枷号两个月,责三十板;欠四分者,枷号两个月半,责三十五板;欠五分者,枷号三个月,责四十板。以上欠课各商,题参之日,扣限一个月,全完者免处。如逾限不完,照此例枷责。如于枷限内照数全完,释放免责。如枷限满日,仍全不完纳,除杖责外,将该商咨参革退,并带征等项,俱以引窝变抵。欠六分者,将该商杖六十、徒一年,所欠课项,限四个月全完;欠七分者,杖七十、徒一年半,限六个月全完;欠八分者,杖八十、徒二年,限八个月全完;欠九分者,杖九十、徒二年半,限十个月全完;欠十分者,杖一百、徒三年,限一年全完。以上自六分至十分,将该商锁禁,严查家产。如限内全完,革退商人,免其杖、徒。倘逾限不完,即将该商发配。所欠新课、带征等项,着落引窝、家产变抵。其额征钱粮,果能于岁内如数全完,该御史按其课项多寡,量给花红扁额,以别优劣。

【1740】○移出

*户律·课程·人户亏兑课程【1740】3.8.148.(1)(略)

【1740】○增入

一、凡拿获私贩,务须逐加究讯买自何地、卖自何人,严缉窝顿之家。将该犯及窝顿之人,一并照兴贩私盐例治罪。若私盐买自场灶,即将该管场使,并沿途失察各官,题参议处。其不行首报之灶丁,均照贩私例治罪。

谨案:此条雍正六年(1728)定。

【1740】3.8.141.(9)(略)

【1767】○修改

一、拿获贩私盐犯,承审官务须先将买自何人何地以及买盐月日、数目究明,提集犯证,并密提灶户、煎盐、火仗、簿扇,查审确实,将卖盐及窝顿之人,均与本犯按照律例一体治罪。若查审无据,即属虚诬,将本犯依律加三等治罪。如承审官不能审出诬扳者,交部分别议处。若审出买自场灶,即将该管盐场大使,并沿途失察各官,题参议处。其不行首报之灶丁,均照贩私例治罪。

臣等谨按：此条系拿获私盐严缉窝顿治罪定例。查乾隆二十八年(1763)十月内，据两淮盐政高恒条奏“拿获私贩，承审官务将买盐月日、数目究明，提集犯证，密提灶户、煎盐、火伏、簿扇，查审确实，将卖盐之人与本犯一例治罪。审系虚诬，将本犯加三等治罪”等语，已增入此条之内。

【1768】3.8.141.(9)(略)

【1802】3.8.141.(8)(略)

【1740】○修改

一、拿获私贩本犯脱逃者，即将脚夫、水手拘拿到案，详究本犯踪迹，勒缉务获，于私贩罪上加倍治罪。并究出售与之人，亦照私贩例治罪。其脚夫、水手，分别治罪。若大伙兴贩，聚众拒捕，及执持器械，杀伤巡役人等脱逃之枭徒，照强盗例勒缉务获，照例定拟。倘有不行擒拿枭犯，故为疏纵情弊，将地方文武各官俱指名题参，从重议处，各役加倍治罪。各上司容隐不参，将专辖之上司照例议处。

此条系雍正六年(1728)定例。查拿获私贩，本犯脱逃，而水手、脚夫被获，则问理各官，自皆向现获人犯追缉，不必另立条款。再“加倍”字样，已于雍正八年(1730)遵奉上谕，不得轻意引用，应删。至地方各官处分，文类《吏部处分则例》，应改。谨将删改例文，开列于后。

一、凡大伙兴贩，聚众拒捕，及执持器械，杀伤巡役人等脱逃之枭徒，照强盗例勒缉。地方文武各员疏纵，及上司容隐不参，交部议处。

【1740】3.8.141.(10)(略)

【1802】3.8.141.(9)(略)

【1825】3.8.141.(21)(略)

【1740】○增入

一、拿获私盐，限四个月完结。其案内私盐，交与本处盐商，较时价减十分之一二，立即变价。所获骡、马、牛、驴，如延挨不变，以致倒毙，着落该州县官照中等价值赔补。车、船等物，亦照依时价，据实变价，报部查核。倘有侵渔捏报情弊，并逾限不行完结，及不即变价报解者，将该州县分别议处、治罪。

此条系雍正七年(1729)定例。

【1740】3.8.141.(11)(略)

【1772】○修改

臣等谨按：原例私盐交商，系减时价十分之一二变价。乾隆三十四年(1769)七月内，户部议复长芦盐政高诚条奏“请照本地官盐价值，交商一律变价”，奏准在案。今将此条原例内“交与本处盐商，较时价减十分之一二，立即变价”数语，改为“交与本处盐商，照官盐价值，立即变价”，以便遵行。

一、拿获私盐，限四个月完结。其案内私盐，交与本处盐商，照官盐价值，立即变价。所获骡、马、牛、驴,如延挨不变,以致倒毙,着落该州县官照中等价值赔补。车、船等物,亦照依时价,据实变价,报部查核。倘有侵渔捏报情弊,并逾限不行完结,及不即变价报解者,将该州县分别议处、治罪。

【1790】3.8.141.(11)(略)

【1802】3.8.141.(10)(略)

【1806】○修改

臣等谨按:此条例内拿获私盐、骡马等物,均系变价入官。嗣于嘉庆九年(1804)四月内,准户部咨议复闽浙总督玉德等奏称"闽省拿获私盐,向系一半充公,一半给赏,亦有全行充公之案,办理纷歧。且与淮、浙行盐地方,多有接壤,自应仿照两淮之例,如人、盐并获者,即将所获盐货、车船、头匹等项,全行给赏。如有获盐而不获人之案,即确切查明。如果盐犯实系脱逃无获,即以一半给赏,一半充公。倘有卖放情事,无论巡役、兵丁,不特不应给赏,仍当治以应得之罪,将所获盐货等项一概充公"等因,奏准通行,知照到部。是现在办理所获盐斤、头匹等物,经户部奏准,分别给赏、充公,应于例内修改明晰,以便遵行。惟原奏内称"巡役、兵丁纵放,治以应得之罪",语尚含混。且卖放系指受贿者而言,其仅止徇情纵放,并未受贿者,亦应比例科断。臣等查回空粮船夹带私盐例内,兵役受贿纵放者,计赃以枉法从重论,未受贿者,杖一百、革退等语,请于例内一并添入,并将"卖放"二字改为"故纵"字样,以昭核实,而资引用。谨将修改例文,开列于后。

一、拿获私盐,限四个月完结。如人、盐并获者,将所获盐货、车船、头匹等项,全行赏给。如获盐而不获人,确查盐犯实系脱逃者,以一半赏给,一半充公。倘有故纵情事,无论巡役、兵丁,受贿者,计赃以枉法从重论;未受贿者,杖一百、革退。所获盐货等项,一概充公,不准给赏。私盐交与本处盐商,照官盐价值,立即变价;骡、马、牛、驴,如延挨不变,以致倒毙,着落该州县官照中等价值赔补;车、船等物,亦照依时价,据实变价,报部查核。倘有侵渔、捏报情弊,并逾限不行完结,及不即变价报解者,将该州县分别议处、治罪。

【1825】3.8.141.(22)(略)

【1740】○增入

一、盐船在大江失风失水者,查明准其装盐复运。倘有假捏情弊,以贩私律治罪。

谨案:此条系雍正十年(1732)定例。

【1740】3.8.141.(12)(略)

【1802】3.8.141.(11)(略)

【1740】○续纂

一、除行盐地方大伙私贩,严加缉究外,其贫难小民,年六十岁以上,十五岁以下,及年虽少壮,身有残疾,并妇女年老孤独无依者,于本州县报明,验实注册,每日赴场买盐四十斤挑卖。止许陆路，不许船装，并越境至别处地方，及一日数次出入。如有违犯，仍分别治罪。

此条系乾隆元年(1736)钦奉谕旨，及本年(1740)三月户部议准条款，并辑成例，以便引用。

【1740】3.8.141.(13)(略)

【1802】3.8.141.(12)(略)

【1740】○续纂

一、巡盐兵捕自行夹带私贩，及通同他人运贩者，照私盐加一等治罪。

谨案：此条系乾隆五年(1740)户部议准定例。

【1740】3.8.141.(14)(略)

【1802】3.8.141.(13)(略)

【1740】○删除

一、盐徒聚众，除十人以上，拒捕若杀人及伤三人者，仍照例不分首从皆斩，为首者枭示外，其余十人以上，曾否拒捕、有无杀伤之案，亦照强盗例，严行究审。将法所难宥、情有可原者，一一于疏内开明，仍照例定拟斩决具题，大学士会同三法司分别详议，将应正法者正法，应发遣者发遣。

此条系雍正六年(1728)定例。原因第六条例内，带有军器，不分曾否拒捕、有无杀伤人，皆斩立决，未免过重，故特设此例。将法所难宥、情有可原者，临时分别详议。今前条已经分别改定，此条无庸纂入。

【1740】○删除

一、拿获私盐各官，将所获盐斤尽入己橐，或与各役分肥，并以多报少者，即将该管官弁指名题参革职，计赃以枉法律治罪。其未曾侵匿，不行详究者，照例处分。上司各官知情故纵，及不知情而未经揭参者，照例分别议处。

此条系雍正六年(1728)定例。查"人户亏兑课程"条下，诸凡隐瞒、侵欺、借用等弊，并计赃以监守自盗论。例内官吏分肥入己，自应照例治罪，不必另立条款。再例内未曾侵匿，不行详究者，照例处分，查本律现有知情故纵，与犯人同罪之条，可以援引定拟。此条无庸纂入。

【1740】○删除

一、州县、场司，设立十家保甲，互相稽察。凡首报私枭者，官为立案。倘日后有挟仇纠党诬扳报怨之事，加倍治罪。

此条系雍正六年(1728)定例。首报私枭，挟怨报复，事亦间有。但一切奸盗诈伪，地方保甲皆有举首之责，挟怨报复，不独私枭一款。且既经首报，即有成案在官，被诬之人到案自能指出，官亦不难照案稽查，不必另为立款。再"加倍"字样，已经停止。此条无庸纂入。

【1743】○续纂

一、凡收买肩贩官盐,越境货卖,审明实非私枭者,除无拒捕情形,仍照律例问拟外,其拒捕者,照罪人拒捕律加罪二等。如兴贩本罪应问充军者,仍从重论。倘拒捕殴人至折伤以上者绞,杀人者斩,俱监候;为从各减一等。

此条系乾隆七年(1742)十二月,臣部议复浙抚常安题"越境贩卖官盐拒捕殴死巡役为从之田大士"一案,附请定例。

【1768】3.8.141.(15)(略)

【1802】3.8.141.(14)(略)

【1746】○续纂

一、盐商雇募巡役,如遇私枭大贩,即飞报营汛协同擒拿。其雇募巡役,不许私带鸟枪,违者照私藏军器律治罪。失察之地方官,交部照例议处。

臣部谨按:此条系乾隆八年(1743)八月内,兵部议复升任山东按察使图尔炳阿条奏定例,应纂辑以便遵行。

【1768】3.8.141.(16)(略)

【1802】3.8.141.(15)(略)

【1756】○续纂

一、凡运盐船户,偷窃商盐,整包售卖者,照船户行窃商民例,分别首从,计赃科罪,各加枷号两个月,仍尽本法刺字。所卖之赃,照追给主。如追不足数,将船变抵。其押运商厮,起意通同盗卖者,依奴仆勾引外人同盗家长财物,计赃递加窃盗一等例治罪。如非起意,止通同偷卖分赃者,依奴仆盗家长财物,照窃盗例计赃科断。若商厮稽察不到,被船户乘机盗卖者,照不应重律杖八十。如押运之人,或系该商亲族,仍分别有服、无服,照亲属相盗律例科断。

臣等谨按:此条系乾隆十六年(1751)七月内,臣部议复升任两淮盐政吉庆条奏定例,应纂辑以便遵行。

【1768】3.8.141.(17)(略)

【1802】3.8.141.(16)(略)

【1756】○续纂

一、埠头明知船户不良,朦混揽装,及任意扣克水脚,致船户途间乏用,盗卖商盐者,照写船保载等行恃强代揽勒索使用扰害客商例治罪外,加枷号一个月。船户变赔不足之赃,并令代补。如无前项情弊,止于保雇不实者,照不应重律杖八十。

臣等谨按:此条系乾隆十六年(1751)七月内,臣部议复升任两淮盐政吉庆条奏定例,应纂辑以便遵行。

【1768】3.8.141.(18)(略)

【1802】3.8.141.(17)(略)

【1767】○续纂

一、贩卖私盐数至三百斤以上,及盘获粮船夹带,讯系大伙兴贩,均即究明买自何处,按律治罪。如不将卖盐人姓名据实供出者,即将该犯于应得本罪上加一等定拟。若向老幼孤独零星收买,数在三百斤以下,实不能供出卖盐人姓名者,仍以本罪科断。如承审各员有心庇纵,含混完结,该管上司不行详揭,一并题参议处。

臣等谨按:此条系乾隆二十八年(1763)十月及二十九年(1764)十月,两淮盐政高恒两次条奏,并纂为例,以便遵行。

【1768】3.8.141.(19)(略)

【1802】3.8.141.(18)(略)

【1767】○续纂

一、拿获船载、车装、马驮私盐,该地方官如不按律治罪,曲为开脱者,该管上司察出,即照故出人罪律,从重参处。

臣等谨按:此条系乾隆二十八年(1763)十月内,河东盐政李质颖条奏定例,应纂辑遵行。

【1768】3.8.141.(20)(略)

【1802】3.8.141.(19)(略)

【1767】○续纂

一、引盐淹消,具报到官,该地方州县官即会同营员查勘确实,限一月内通详盐道。该道于详到之日起,限半月内核转,以凭饬商补运,限三月内过所运口岸。该盐政仍将淹消补运盐斤数目报部,其沿途督抚及该管盐道、知府随时查察。如有州县、营员扶同商人捏报,及勒索捺搁情弊,即行指名题参,商人照例治罪。

臣等谨按:此条系乾隆三十二年(1767)十月内,两淮盐政普福条奏定例,应纂辑遵行。

【1768】3.8.141.(21)(略)

【1802】3.8.141.(20)(略)

【1782】○续纂

一、大伙枭徒拒捕伤差案内,凡得赃包庇之兵役,俱拟斩监候。私售之灶丁,及窝顿之匪犯,俱发伊犁、乌鲁木齐等处为奴。

臣等谨按:此条系乾隆四十三年(1778)八月内,吏部会同兵部、臣部议复大学士仍管两江总督高晋等会奏"筹办盐务事宜"案内条奏定例,奉旨:"依议。"钦遵在案,应纂辑遵行。

【1790】3.8.141.(22)(略)

【1801】○修并

修并按语并修并后例文,见【1768】3.8.141.(5)条【1801】修并项下。

【1821】○续纂

一、江西省行销淮盐各州县,除商雇巡役,仍照例不得擅带鸟枪外,其各派出缉私员弁兵役,准其携带鸟枪,编列字号,官为给发。遇有大伙私枭,持械拒捕者,许令施放鸟枪抵御。设有格杀,照罪人持仗拒捕登时格杀律勿论。若遇有零星小贩,及虽属大伙,而未持械拒捕,辄混行放枪,致有杀伤,或所带鸟枪,并无官编字号,虽实系抵御聚众私枭,均仍照凡人鸟枪杀伤例治罪。至准带鸟枪之处,一俟枭贩稍戢,即行停止。倘准带鸟枪缉私大员,仍有以力不能擒借口者,即以故纵私盐律从重惩究。至各州县每月应销引盐若干,均分作十分,责令该管道、府,将盐快、兵丁,按月提比。如月内缉私快兵,能拿获大伙私枭两起,及引盐畅销十分以上者,酌量优赏;销至八九分者,免其责罚。如止七分者,笞四十;六分者,笞五十;五分者,杖六十,枷号一个月;四分者,杖七十,枷号四十五日;三分者,杖八十,枷号两个月;二分者,杖九十,枷号七十五日;满日折责,仍留役。如止销一分者,杖一百,枷号三个月,满日折责,革役。各该员弁,随时稽查约束。如有任听兵役得贿包庇者,即照故纵衙役犯赃例参处。

臣等谨按:嘉庆二十一年(1816),户部会同臣部议复原任两江总督百龄等奏“江西省行销淮引堵缉邻私并严定考核”折内,经臣部声明,聚众贩私,系属罪人。设遇大伙私枭,持械逞凶拒捕,巡缉弁兵人数无多,强弱莫敌,岂宜袖手,任其远扬。若因抵御施放鸟枪,致毙罪人,仍照凡人定拟,恐该弁兵等畏葸不前,于捕务实有关碍。应如所奏,依罪人拒捕被捕者登时格杀律勿论。至弁兵准带鸟枪之处,一俟枭贩稍戢,即行停止。若遇零星小贩,及大伙而未持械拒捕,该弁兵等如混行放枪致毙,一概照律勿论,转恐草菅人命而启擅杀之渐。亦应如所奏,仍照凡人杀伤例问拟。其商雇缉私巡役,仍照定例不得擅带鸟枪。倘准带鸟枪,缉私大员仍有以力不能擒借口者,即以故纵私盐律,从重惩究。至引盐不能畅销,盖因私盐壅塞。而私盐之壅塞,实因巡缉私贩之不力。今该督等议请“添设盐快,勒限缉私,并责令府、道等官,按月、按季提比,酌定赏罚,以缺销分数之多寡定比责之轻重”等语,固为核实缉私起见,惟于科条尚未明晰。自应明定条款,以便引用。议请嗣后各州县每月应销引盐若干,均作十分,按月提比。如月内缉私快兵,能拿获大伙私枭两起,及引盐畅销十分以上者,均各酌量优加赏给。如销至八九分者,缉私快兵,免其责罚。如止销至七分者,快兵笞四十;六分者,笞五十;五分者,杖六十,枷号一个月;四分者,杖七十,枷号四十五日;三分者,杖八十,枷号两个月;二分者,杖九十,枷号七十五日;满日折责,仍留役。如止销至一分者,杖一百,枷号三个月,满日折责,革役。仍严饬各员弁,随时稽查约束,如有任听兵役得规包庇,一经察出,该管员弁,即照故纵衙役犯赃例参处等因具奏。奉旨:“此项缉私巡役,准其携带鸟枪,但必编列字号,官为给发。如所带鸟枪并无官编字号,即属私带。虽实系抵御聚众私枭,仍照凡人鸟枪杀伤例治罪。余依议。钦此。”钦遵在案。应恭纂为例,以便遵行。

【1825】○修改

臣等谨按:道光五年(1825)六月二十六日,内阁奉上谕:"福绵奏'河东盐池,时有抢窃拒捕,请照江西省行销淮盐之例,派出缉私员弁、兵役,携带鸟枪'一折。山西省河东盐池,地方辽阔,近来时有贼匪多人,黄夜入池,抢窃盐料,拒捕伤人。巡役人等,力难抵御。恐私盐充斥,实于盐务有碍,自应严密防范。着照所请,即饬解州、安邑县各拨壮役二十名,前往巡缉;运城营内,就近派兵二十名,派外委二员,督率巡查。所有派出员弁、兵役,每名准其携带鸟枪一杆,编列字号,官为给发。遇有大伙抢窃贼匪,持械拒捕者,许令施放鸟枪抵御。若遇零星小窃,及虽属大伙,而非持械拒捕,不得擅行放枪,致有杀伤之事。俟贼匪稍知敛迹,即将鸟枪收缴,不得违例私藏。该部知道。钦此。"钦遵在案。应添入例内,以资引用。再查原例内仅称员弁、兵役,遇有大伙私枭,持械拒捕,许令施放鸟枪抵御。设有格杀,照罪人持仗拒捕登时格杀律勿论。其非格杀,如何问拟,并未载及。查"应捕人杀伤罪人"律内,除格杀勿论外,如有已就拘执及不拒捕而擅杀伤者,仍以斗杀伤论。应于例内添纂,以补未备。至零星小贩,及虽属大伙,而未持械拒捕,该缉私兵役,辄行施放鸟枪,致有杀伤,固与杀伤大伙私枭持仗拒捕者不同。惟该兵役既有应捕之责,而所杀伤者又系贩私罪人,若仍照凡斗定拟,未免无所区别。自应照擅杀伤科断,以昭平允。原例"照凡人鸟枪杀伤例治罪"之处,应行修改。谨将修改例文,开列于后。

一、江西省行销淮盐各州县,并山西省河东盐池地方,除商雇巡役,仍各照例办理,不得擅带鸟枪外,其各派出缉私员弁、兵役,准其携带鸟枪,编列字号,官为给发。遇有大伙私枭、抢窃贼匪,持械拒捕者,许令施放鸟枪抵御。登时格杀者,照罪人持仗拒捕登时格杀律勿论。若非格杀,或遇零星小贩,及虽属大伙,而非持械拒捕,或缉私兵役所带鸟枪,并无官编字号,实系抵御聚众私枭,辄行放枪,致有杀伤者,各依罪人不拒捕而擅杀伤律分别科断。至准带鸟枪之处,一俟枭贩稍戢,即行停止。倘准带鸟枪缉私大员,仍有以力不能擒借口者,即以故纵私盐律从重惩究。其江西省各州县,每月应销引盐若干,均分作十分,责令该管道、府,将盐快、兵丁,按月提比。如月内缉私快兵,能拿获大伙私枭两起,及引盐畅销十分以上者,酌量优赏;销至八九分者,免其责罚。如止七分者,笞四十;六分者,笞五十;五分者,杖六十,枷号一个月;四分者,杖七十,枷号四十五日;三分者,杖八十,枷号两个月;二分者,杖九十,枷号七十五日;满日折责,仍留役。如止销至一分者,杖一百,枷号三个月,满日折责,革役。各该员弁,随时稽查约束。如有任听兵役得贿包庇者,即照故纵衙役犯赃例参处。

【1825】3.8.141.(23)(略)

【1825】○续纂

一、凡贩私盐徒,如有略置货物,装点客商,被官兵格伤后,挟制控告者,除聚众贩私杀人,罪犯应死,无可复加外,余于巡获私盐装诬平人满流律上加一等,发附近充军。若兴贩本罪已至充军,复行挟制控告者,于犯事地方加枷号一个月,满日发配。

臣等谨按：道光二年（1822）十二月内，臣部会同户部议复前任两江总督孙玉庭等奏"请变通堵缉邻私章程"一折内，称"近日私贩枭徒，每有装点客商，略置货物，一经官兵格伤，即称为客商，控告挟制，应请加等治罪"。经臣部以律载巡获私盐不解官者，杖一百、徒三年，若装诬平人者，加三等，杖一百、流三千里。又诬告人流、徒、杖罪，加所诬罪三等，各罪止杖一百、流三千里。是贩私人犯挟制控告之案，即律以诬告加等之条，亦仅罪止满流，诚不足以儆刁顽而示惩创。议请嗣后私贩枭徒，如有略置货物，装点客商，经官兵格伤，转行挟制控告者，除聚众贩私杀人罪犯应死，无可复加外，余应于满流上加一等，发附近充军。其兴贩本罪已至充军，复行挟制控告者，即于犯事地方加枷号一个月，满日再行发配。并声明于修例时载入例册等因奏准，遵行在案。应纂辑为例，以资引用。

【1825】3.8.141.（10）（略）

【1825】○续纂

一、凡盐商雇募巡役，令将姓名报明运司，造册送部。如因缉私被盐匪杀伤，或杀伤盐匪者，依贩私拒捕杀伤及擅杀伤罪人各本律例，分别科断。若仅止报县有名，并未详司造册报部者，各以凡斗杀伤及兴贩私盐本律例，从其重者论。

臣等谨按：道光四年（1824）十月内，户部核复升任山东巡抚琦善咨"酌定盐商雇募巡役章程"一案，内称"缉私巡役，应由运司详明报部。遇有缉私致被拒捕者，照贩私拒捕科断。倘系商人私设，并未报明咨部者，仍照凡斗定拟"。又五年（1825）四月，臣部议复该抚，将贩私拒捕，未经报部有名盐店巡役之张玉堂、郭建美二犯，因事犯在未定章程以前，酌入秋审缓决案内。声明嗣后各省盐店内报部有名之巡役，如因巡缉被盐匪杀伤，或杀伤盐匪，俱分别照拒捕杀伤及擅杀伤罪人各本律例科断。若仅止报县有名，即照凡斗定拟。由臣部另咨，通行各省一体遵照办理等因具奏。奉旨允准，通行各省在案。应纂辑为例，以便遵行。

【1825】3.8.141.（24）（略）

【1870】○续纂

一、直隶、山东两省盐商雇募巡役，由州县详明运司，转报盐院有名者，如因缉拿盐匪致被杀伤，或杀伤盐匪者，各照贩私拒捕杀伤并擅杀伤罪人本律例科断。若仅报州县有名，并未详司报院者，仍各以凡斗杀伤及兴贩私盐本律例，从其重者论。俟数年后枭匪稍戢，仍复旧例办理。

谨案：此条系同治六年（1867）定例。

【1870】3.8.141.（25）（略）

监临势要中盐

律　文

【1646】3.8.160

凡监临盐法官吏诡立伪名，及内外权势之人中纳钱粮，于各仓库请买盐引、勘合，支领官盐货卖，侵夺民利者,杖一百、徒三年,盐货入官。盐引、勘合追缴。

【1670】3.8.159(略)

【1725】3.8.152

律文(略)

注:此禁倚恃权势以夺民利也。中盐之法,始于宋初。令商人输刍粟塞下,继听商人输来京师,优其值而给以盐,故曰"中盐"。商资国用,民食官盐,商民两利,明初犹仍其制。至弘治间,始停输粟法,而改令输银于运司,给以盐引,其"中盐"之名如旧,至今因之。监临官吏,谓监临盐法之官吏。诡名,谓捏造伪名也。凡监临官吏,假托诡名,及权要势力之人,中纳课银,请引行盐,以致滋弊百出,占夺盐利,重为民困者,各杖一百,徒三年。其所行之引盐,并追入官。

臣等谨按:此禁倚恃权势以夺民利也。中盐之法,始于宋,令商人输粟京师及缘边地方,优其值而给以盐,故曰"中盐",明初犹仍其制。至弘治间,始停输粟法,而改令输银于运司,给以盐引,其"中盐"之名如旧,至今因之。监临官吏,谓监临盐法之官吏。诡名,谓捏造伪名也。凡监临官吏,假托诡名,及权要势力之人,中纳课银,请引行盐,以致占夺盐利,重为商困者,各坐满徒。其所行引盐,并追入官。

【1740】3.8.142(略)

阻坏盐法

律　文

【1646】3.8.161

凡客商赴官中买盐引、勘合,不亲赴场支盐,中途增价转卖,以致转卖日多,中买日少,且诡冒易滋,因而阻坏盐法者,买主、卖主各杖八十,牙保减一等,买主转支之盐货、卖主转卖之价钱并入官。其各行盐地方铺户转买本主之盐而折卖者,不用此律。

【1670】3.8.160(略)

【1725】3.8.153

凡客商赴官中买盐引、勘合,不亲赴场支盐,中途增价转卖,以致转卖日多,中买日少,且诡冒易滋,因而阻坏盐法者,买主、卖主各杖八十,牙保减一等,买主转支之盐货、卖主转卖之价钱并入官。其各行盐地方铺户转买本主之盐而折卖者,不用此律。

注:此禁客商卖引之弊也。凡客商纳课领引,必须亲自赴场支盐。若不照引亲支,而于中途将所领之引,增添原买之价,卖与他人支盐,以致盐法阻抑废坏,买者、卖者各杖八十,牙保减一等杖七十,卖主之盐、买主之价并追入官。其铺户转买商人之盐,零拆货卖者,不用此律。

臣等谨按:此禁客商卖引之弊也。凡客商纳课领引,必须亲自赴场支盐。若不照引亲支,而于中途将所领之引,增添原买之价,卖与他人支盐,以致盐法阻抑废坏,买者、卖者各同罪,牙保减一等,卖主之盐、买主之价并追入官。其铺户转买商人之盐,零折货卖者,不用此律。

【1740】3.8.143(略)

私　茶

律　文

【1646】3.8.162

凡犯私茶者,同私盐法论罪。如将已批验截角退引,入山影射照出支茶者,以私茶论。截角,凡经过官司一处验过,将引纸截去一角,革重冒之弊也。

【1670】3.8.161(略)

【1725】3.8.154

律文(略)

注:此榷茶之法也。凡客商纳银领引贩茶,与盐法同。故无引私茶,同私盐法论罪,杖一百、徒三年。如已经察验截角,即为退引,例当缴官,不许入山重冒支茶。有将退引影射支茶者,以私茶论,亦杖一百、徒三年,茶货、车船、头匹俱入官。

臣等谨按:此是榷茶之法也。凡客商纳银领引贩茶,与盐法同。故无引私茶,同私盐法论罪。如已经察验截角,即为退引,例当缴官,不许入山重冒支茶。有将退引影射支茶者,以私茶论,茶货、车船、头匹俱入官。

【1740】3.8.144(略)

附律条例

【1646】3.8.162.(1)

一、官给茶引,付产茶府、州、县。凡商人买茶,具数赴官纳银给引,方许出境货卖。每引照茶一百斤。茶不及引者,谓之畸零,别置由帖付之。量地远近,定以程限,于经过地方执照。若茶无由、引,及茶、引相离者,听人告捕。其有茶、引不相当,或有余茶者,并听拿问。卖茶毕,即以原给由、引,赴住卖官司告缴。该府、州、县,俱各委官一员专理。

【1670】3.8.161.(1)(略)

【1725】3.8.154.(1)

【原例】(略)

【1740】3.8.144.(1)(略)

【1646】3.8.162.(2)

一、私茶有兴贩夹带五百斤者,照见行私盐例,押发充军。

【1670】3.8.161.(2)(略)

【1725】3.8.154.(2)

【原例】(略)

【1740】3.8.144.(2)(略)

【1646】3.8.162.(3)

一、凡兴贩私茶,潜住边境,与外国交易,及在腹里,贩卖与进贡回还外国人者,不拘斤数,连知情歇家、牙保,发烟瘴地面充军。其在西宁,甘肃河州、洮州,四川雅州贩卖者,虽不入番,一百斤以上发附近,三百斤以上发边卫,各充军。不及前数者,依律拟断,仍枷号两个月。军官、将官纵容弟男子侄、家人军伴人等兴贩,及守备、把关、巡捕等官知情故纵者,各降一级,原卫所带俸差操;失觉察者,照常发落。若守备、把关、巡捕等官,自行兴贩私茶通番者,发边卫;在西宁,甘肃洮、河,雅州,贩卖至三百斤以上者,发附近,各充军。

【1670】3.8.161.(3)(略)

【1725】○修改

原拟:兴贩私茶,不应专禁军官、将官,应改"军官、将官"为"文武官员"。其"各降一级,原卫所带俸差操"句,应改为"各降一级调用"。

一、凡兴贩私茶,潜住边境,与外国交易,及在腹里,贩卖与来京回还外国人者,不拘斤数,连知情歇家、牙保,发烟瘴地面充军。其在西宁,甘肃河州、洮州,四川雅州贩卖者,虽不入番,一百斤以上发附近,三百斤以上发边卫,各充军。不及前数者,依律拟断,仍枷号两个月。文武官员纵容弟男子侄、家人军伴人等兴贩,及守备、把关、巡捕等官知情故纵者,各降一级调用;失觉察者,照常发落。若守备、把关、巡捕等官,自行兴贩私茶通番者,发边卫;在西宁,甘肃河、洮,雅州,贩卖至三百斤以上者,发附近,各充军。

【1725】3.8.154.(3)

【原例】(略)

【1740】3.8.144.(3)(略)

【1768】3.8.144.(3)

一、凡兴贩私茶,潜住边境,与外国交易,及在腹里,贩卖与来京回还外国人者,不拘斤数,连知情歇家、牙保,发烟瘴地面充军。其在西宁,甘肃河州、洮州,四川雅州贩卖者,虽不入番,一百斤以上发附近,三百斤以上发近边,各充军;不及前数者,依律拟断,仍枷号两个月。文武官员纵容弟男子侄、家人军伴人等兴贩,及守备、把关、巡捕等官知情故纵者,各降一级调用;失觉察者,照常发落。若守备、把关、巡捕等官,自行兴贩私茶通番者,发近边;在西宁,甘肃河、洮,雅州,贩卖至三百斤以上者,发附近,各充军。

【1646】3.8.162.(4)

一、陕西洮州、河州、西宁等处行茶地方,但有冒顶番名,将老弱不堪马二匹以上,中纳支茶者,官军调别处极边卫分带俸食粮差操,民并舍余人等发附近卫分充军,冒支茶斤俱入官。

【1670】3.8.161.(4)(略)

【1725】○修改

原拟:今无官军带俸食粮差操等例,应将"官军调别处"二句,改为"官员问罪"。亦无舍余名色,应将"民并舍余"句,改为"军民人等"。

【1725】3.8.154.(5)

【原例】一、陕西洮州、河州、西宁等处行茶地方,但有冒顶番名,将老弱不堪马二匹以上,中纳支茶者,官员问罪,军民人等发附近卫分充军,冒支茶斤俱入官。

【1740】3.8.144.(5)(略)

【1767】○删除

臣等谨按:易马事例,查据户部咨明,已于康熙四十四年(1705)停止,此条应删。

【1646】3.8.162.(5)

一、做造假茶五百斤以上者,本商并转卖之人,俱问发附近;原系腹里卫所者,发边卫各充军。店户窝顿一千斤以上,亦照例发遣。不及前数者,问罪,照常发落。

【1670】3.8.161.(5)(略)

【1725】○修改

原拟:今军民一体拟断,应将"原系腹里卫所者,发边卫"句删去。

【1725】3.8.154.(4)

【原例】一、做造假茶五百斤以上者,本商并转卖之人,俱问发附近卫卫充军。若店户窝顿一千斤以上,亦照例发遣。不及前数者,问罪,照常发落。

【1740】3.8.144.(4)(略)

【1768】3.8.144.(4)

一、做造假茶五百斤以上者,本商并转卖之人,俱问发附近地方充军。若店户窝顿一千斤以上者,亦照例发遣。不及前数者,问罪,照常发落。

【1725】○增入

原拟:现行例一条,类于此律,应增入。

【原增现行例】一、甘肃巡抚,兼理茶、马。每年旧额茶引二万七百九十六道,给发商人收茶一万三千九百八十篦。每好马一匹,给茶十二篦,次马十篦,再次马八篦。所中马匹数目,该抚题报,交与兵部拨解。

【1725】3.8.154.(6)

【增例】一、甘肃巡抚,见今额颁茶引二万八千七百六十六道给发商人,每引征茶五篦入官,每年共征茶十四万三千八百三十篦,每篦折银四钱,该抚造册奏销,户部核明具题。若中马,每好马一匹,给茶十二篦,次马十篦,再次马八篦。所中马匹数目,该抚题报,交与兵部拨解。

【1740】○删除

臣等谨按:例内并无拟罪之处,系奏销数目,宜入《户部则例》,此条应删。

【1725】3.8.154.(7)

【钦定例】一、凡茶商赴楚买茶,应照《会典》每茶一千斤,准带附茶一百四十斤,令产茶地方官给发船票,开明该商引目茶数,不得另给印票收茶。其应行盘查之地方官,悉照引目及正、附茶斤验放,不许掯勒留难。如于部引之外,有搭行印票,及附茶不依所定斤数,多带私茶者,即行查拿,照私盐律治罪。查验地方官故纵、失察者,照失察私盐例处分。至五司变卖茶斤,如有地僻引多,壅滞不能行销者,各商具呈该司,详报甘抚,行令往卖司分,照数盘查,听其发卖办课。

【1740】3.8.144.(6)(略)

【1768】3.8.144.(5)(略)

【1802】3.8.144.(5)

一、凡茶商赴楚买茶,应照《会典》每茶一千斤,准带附茶一百四十斤,令产茶地方官给发船票,开明该商引目茶数,不得另给印票收茶。其应行盘查之地方官,悉照引目及正、附茶斤验放,不许掯勒留难。如于部引之外,有搭行印票,及附茶不依所定斤数,多带私茶者,即行查拿,照私盐律治罪。查验地方官故纵、失察者,照失察私盐例处分。至五司变卖茶斤,如有地僻引多,壅滞不能行销者,各商具呈该司,详报甘督,行令往卖司分,照数盘查,听其发卖办课。

私　矾

律　文

【1646】3.8.163

凡私煎矾货卖者,同私盐法论罪。凡产矾之所,额设矾课,系官主典,给有文凭、执照,然后许卖。

【1670】3.8.162(略)

【1725】3.8.155

律文(略)

注:此榷矾之法也。矾利虽微,亦关朝廷经制正课。是以煎矾之所,皆额设矾课,系官主典,必给文凭、执照,然后许商人贩卖。若私煎货卖,必至有妨国课,非立法不足以惩戒也,故同私盐法论罪,杖一百、徒三年。私煎,谓不系奉官烧矾窑厂,及新开山而不报官办课者皆是。货卖皆由私煎,故严其禁。

臣等谨按:此是榷矾之法也。矾利虽微,亦关国课。故凡各处煎矾窑厂,及新开山烧矾,必官给文凭、执照,然后许卖。若有私煎货卖者,亦同私盐法论罪。

【1740】3.8.145(略)

匿　税

律　文

【1646】3.8.164

凡客商匿税,及卖酒醋之家不纳课程者,笞五十,物货、酒醋一半入官。于入官物内,以十分为率,三分付告人充赏。务官、攒拦自获者不赏。入门不吊引,同匿税法。其造酒醋自用者,不在此限。〇若买头匹不税契者,罪亦如之。仍于买主名下,追征价钱一半入官。商匠入关门,必先取官置号单,备开货,凭其吊引,照货起税。

【1670】3.8.163(略)

【1725】3.8.156

凡客商匿税,及卖酒醋之家不纳课程者,笞五十,物货、酒醋一半入官。于入官物内,以十分为率,三分付告人充赏。务官、攒拦自获者不赏。入门不吊引,同匿税法。其造酒醋自用者,不在此限。〇若买头匹不税契者,罪亦如之。仍于买主名下,追征价钱一半入官。商匠入关门,必先取官置号单,备开货物,凭其吊引,照货起税。

注:此严税课隐匿之禁也。引,乃照物投税之引帖。不吊引,谓引不吊至,而无可察验也。凡客商隐匿货物,及卖酒醋而不纳税银者,笞五十,货物、酒醋一半入官。若系他人告获者,则于入官货物内,以三分给与充赏。务官、攒拦自获者,职守当然,故不给赏。如货物已经入门,而引不相随,无从察验,同匿税法。若买头匹而不税契者,亦如匿税法,以头匹非税物之比,故但征半价入官。

臣等谨按:此严税课隐匿之禁也。引,乃照物投税之引帖。不吊引,谓引不吊至,而无可察验也。前言隐匿货物及卖酒醋而不纳税之罪,货物、酒醋一半入官。次言凡人告获之赏,于入官货物内量给三分。务官、攒拦自获者,系职守当然,故不给赏。后言入门不吊引之罪。盖货物已经入门,而引不相随,则无从察验,故同匿税法。末言买头匹而不税契之罪,亦如匿税法,以头匹非税物之比,故但征半价入官。

【1740】〇修改

臣等谨按:"物货"二字,所赅甚广,酒醋等项,皆包括在内,似不必于"物货"外又特为举出。且现今酒醋有税无课,其"酒醋之家"及"货物"下"酒醋"二字,又"造酒醋自用,不在此限"句,应删。再,律注"商匠入关门"一段,原为"入门不吊引"句字义难解,故特为详释。今载入第二节之后,未为确当,应移在"入门不吊引"句下。谨将删辑、移注律文,开列于后。

凡客商匿税,不纳课程者,笞五十,物货一半入官。于入官物内,以十分为率,三分付告人充赏。务官、攒拦自获者,不赏。入门不吊引,同匿税法。商匠入关门,必先取官置号单,备开货物,凭其吊引,照货起税。〇若买头匹不税契者,罪亦如之,仍于买主名下,追征价钱一半入官。

【1740】3.8.146(略)

附律条例

【1646】3.8.164.(1)

一、在京、在外税课司局、批验茶引所,但系纳税去处,省令客商人等自纳。若权豪无藉之徒,结党把持,拦截生事,搅扰商税者,徒罪以上,枷号两个月,发附近充军;杖罪以下,照前枷号发落。

【1670】3.8.163.(1)(略)

【1725】3.8.156.(1)

【原例】一、京师及在外税课司局、批验茶引所,但系纳税去处,皆令客商自纳。若权豪无藉之徒,结党把持,拦截生事,搅扰商税者,徒罪以上,枷号两个月,发附近卫分充军;杖罪以下,照前枷号发落。

【1740】3.8.146.(1)(略)

【1768】3.8.146.(1)

一、京师及在外税课司局、批验茶引所,但系纳税去处,皆令客商自纳。若权豪无藉之徒,结党把持,拦截生事,搅扰商税者,徒罪以上,枷号两个月,发附近地方充军;杖罪以下,照前枷号发落。

【1725】○增入

臣等谨按:康熙三十一年(1692)十二月内,兵部会复买马上税,事理类于此律,谨拟节录于后。

【续增现行例】一、屯庄居住旗人卖马者,俱令在京上税。准卖民人之马,或人与驿站买者,或兵民互相买卖者,报明地方官存案。如不上税、不存案,私自卖者,杖一百,价银入官。

【1725】3.8.156.(2)

【增例】一、屯庄居住旗人卖马者,俱令在京上税,方准发卖,其民间马匹,或卖与旗人,或卖与驿站,或兵民互相买卖,俱报明地方官存案。如不上税,及不存案,而私自买卖者,杖一百,价银入官。

【1740】○修改

臣等谨按:京城买马,即在两翼上税。今在屯庄居住旗人,必令在京纳税,所纳之税,止于每两三分,而往来盘费反致多累。应改就本地方上税,则简便易行。再律文买头口不税契,罪止笞五十,例内买马不上税、不存案,罪止杖一百,是加五等问拟矣,律与例轻重太觉悬殊。至律文追价一半入官者,因其匿税而罚之。卖马之人,大概无力畜养,始行出售,若将全价并追入官,不无可悯。依律追价一半入官,已足蔽辜,亦应改。谨将改辑例文,开列于后。

一、屯庄居住旗人卖马者,俱令在屯庄所隶之州县上税,方准发卖。其民间马匹,或卖与旗人,或卖与驿站,或兵民互相买卖,俱报明地方官上税、存案。如不上税、不存案,而私自买卖者,依律治罪,追价一半入官。

【1740】3.8.146.(2)(略)

【1670】3.8.164(略)

【1725】3.8.156.(3)

【钦定例】一、凡民间置买田房产业,概不许用白纸写契。令布政司刊刻契纸并契根,用印给发州县,该州县将契根裁存,契纸发各纸铺,听民间买用。俟立契过户纳税时,即令买主照契填入契根,各盖州县印信,将契纸给纳户收执。契根于解税时,一并解司核对。倘不肖州县,于契根上少填价值、税银者,照侵欺钱粮例治罪。若将司颁契纸藏匿不发,或卖完不预行申司颁给,及纵容书役、纸铺昂价累民,并勒索加倍纳税,家人、里书勒取小包,或布政司不即印给,以致州县缺少契纸,并纵容司胥苛索者,该督抚查参,分别议处。若民间故违,仍用白纸写契,将产业价值入官,照匿税律治罪。州县官有将白纸私契用印者,亦照侵欺钱粮例究追。如官民通同作弊,将奉旨后所买田产,倒填以前年月,仍用白纸写契用印者,一体治罪。至活契典业,亦照例俱用契纸。

【1740】〇删除

臣等谨按:布政使刊刻契纸给发州县,听民间买用之例,于乾隆元年(1736)已经停止,此条应删。

＊**【1725】〇增入**①

臣等谨按:此条类于"匿税"律,应增入条例后。

【现行例】一、凤凰城边口,及春秋二季中江地方,应照例令兵丁、买卖人等,与胡嘉佩等,一体与高丽会合贸易。除不收高丽人税外,内地人每银一两收税三分。应令盛京将军,每年选择贤能协令一员,会同凤凰城城守尉监收税钱。除每年额税三千五百余两外,将所收多征税银,俱交盛京户部,年终奏闻。如征多报少,将监看贸易之城守尉等官,一并治罪。各商人内有专行独霸,掯勒高丽,夹带违禁之物,查出,将买卖人从重治罪。如失察,将城守尉等官,一并治罪。

【1870】〇续纂

一、奉天省军民人等,潜赴边外蒙古地方,兴贩私酒进边,不及百斤,杖九十;一百斤以上,杖一百,枷号一个月;二百斤以上,杖六十、徒一年;每百斤加一等,罪止杖一百、流三千里。至沿边三十里以内贫民,肩挑背负,进边售卖,或易钱换物,及自用者,不在禁限,每人仍不得过五十斤。如至五十斤以上,照兴贩例治罪,酒俱变价入官。

谨案:此条系咸丰五年(1855)定例。

【1870】3.8.146.(3)(略)

---

① 本条见于《大清律例按语》"户律·课程·匿税"(雍正三年)条下,雍正三年(1725)《大清律集解附例》不载。

【1870】○续纂

一、奉天省沿边以内店铺，收买零酒，不得过五百斤。倘寄顿至五百斤以上，开给发票，出境渔利者，将店铺照兴贩私酒按斤治罪。

谨案：此条系咸丰五年(1855)定例。

【1870】3.8.146.(4)(略)

【1870】○续纂

一、奉天省各处烧锅，轮流值年，准其协同该地方差役，在边内盘查兴贩私酒之人，送官究治。失察旗、民地方官，照失察私入围场例议处。仍究明兴贩之犯，由何边门经过，由何边栅偷越，将该边章京，照军需铁货私出外境货卖。守把之人知而故纵者，与犯同罪。失于觉察者，官减三等，罪止杖一百；军兵又减一等，罪坐值日者。如该烧锅人并兵役等受贿故纵，及妄拿借端讹诈，计赃以枉法从重论。

谨案：此条系咸丰五年(1855)定例。

【1870】3.8.146.(5)(略)

【1870】○续纂

一、奉天省边内烧锅，开写发票卖酒，随粮价高低定值，不准任意增至倍蓰。违者，照违制律治罪。如偷运边酒，影射渔利，照兴贩私酒例，加一等治罪。

谨案：此条系咸丰五年(1855)定例。

【1870】3.8.146.(6)(略)

【1870】○续纂

一、商贩置办洋药，有心偷漏，影射走私，照违制律杖一百。巡役及各门书役，通同营私卖放者，与同罪；赃重者，计赃以枉法从重论。失察之海巡，照不应重律，杖八十。该书役并海巡、巡役，起意诈财纵放，计赃以蠹役恐吓索诈论。如有土棍包揽护送，照搅扰商税例分别治罪。其洋药商人到务报税，如该巡皂有刁难需索情事，照支收官物留难刁蹬律治罪。得赃者，照指称掣批索诈例，计赃科罪。

谨案：此条系同治九年(1870)定例。

【1870】3.8.146.(7)(略)

舶商匿货

律　文

【1646】3.8.165

凡泛海客商舶（大船。）船到岸，即将货物尽实报官抽分。若停塌沿港土商、牙侩之家不报者，杖一百；虽供报而不尽者，罪亦如之。（不报与报不尽之）物货并入官。停藏之人同罪。告获者,官给赏银二十两。

【1670】3.8.164(略)

【1725】3.8.157

凡泛海客商舶大船。船到岸,即将货物尽实报官抽分。若停塌沿港土商、牙侩之家不报者,杖一百;虽供报而不尽实,罪亦如之。不报与报不尽之物货并入官。停藏之人同罪。告获者,官给赏银二十两。

注:此严洋货隐匿之禁也。牙侩,即牙保,会合市人者。停藏之人,承土商、牙侩言。凡泛海客商舶船到岸,即应将外来货物,从实尽数报官抽分,以杜隐匿。若有私以货物停塌于沿港土商、牙侩之家,而不报官,及虽供报官而隐漏不尽者,并坐满杖,不报、不尽之货并入官,停藏之土商、牙侩与犯人同罪。告获者,官给赏银二十两。

臣等谨按:此严洋货隐匿之禁也。牙侩,即牙保,会合市人者。停藏之人,承土商、牙侩言。凡泛海客商舶船到岸,即应将外来货物,从实尽数报官抽分,以杜隐匿。若有私以货物停塌于沿港土商、牙侩之家,而不报官,及虽供报官而隐漏不尽者,并坐满杖,不报、不尽之货并入官,停藏之土商、牙侩与犯人同罪。告获者,官给赏银二十两。

【1740】3.8.147(略)

附律条例

【1725】3.8.157.(1)

【钦定例】一、川省米船到夔关之时,即令该府查察,除夹带私盐及违禁等物,按律究拟外,其船只大小,悉照淮关尺寸则例抽报料税。如有别项货物,仍照淮关旧例收纳,统归正项。令该管上司不时稽查。倘有纵容胥役额外需索留难等弊,及米船出川,川省地方有不肖官吏,借给票、稽查名色勒索稽留者,俱着该督抚指名题参,从重治罪。

【1740】○删除

臣等谨按:各关收税量头,皆有榷税则例,统不入律。至纵役勒索等弊,皆有定例,不止米船一项,亦不止夔关一处。此条专属夔关米船,无庸特立条款,应删。

人户亏兑课程

律　文

【1646】3.8.166

凡民间周岁额办茶盐商税诸色课程,年终不纳齐足者,计不足之数,以十分为率,一分笞四十,每一分加一等,罪止杖八十,追课纳官。○若茶盐运司、盐场茶局,及税务、河泊所等官,不行用心催办课,程,年终比附上年课额亏欠兑缺者,亦以十分论,一分笞五十,每一分加一等,罪止杖一百。所亏课程,着落追补还官。○若人户已纳,而官吏、人役有隐瞒,不附簿,因而侵欺借用者,并计赃以监守自盗论。

【1670】3.8.165(略)

【1725】3.8.158

律文(略)

注:此惩纳课、催课之不力也。首节言人户应办茶盐商税等项额征课程,如已至年底,而交纳不齐足者,各按分数定罪,罪止杖八十,仍照所欠之课,追纳完官。次节言茶盐运司、盐场茶局,及税务、河泊所等官,不用心催办,以致年底比附上年课额亏兑者,各按分数加等,罪止杖一百。所亏课程,即着落本官追补还官。以其专司催办之责,不用心追征,故其罪较人户稍重也。末节言征收各官,将人户已纳课程,隐瞒作欠,因而侵欺入己,及私自借用者,并计赃以监守自盗论。

臣等谨按:此惩纳课、催课之不力也、亏欠也、兑缺也。首节言人户应办茶盐商税等项额征课程,如一年已终,而交纳不齐足者,各按分数定罪,罪止杖八十,仍照所欠之课,追纳完官。此指人户之纳课者言也。次节言茶盐运司、盐场茶局,及税务、河泊所等官,不用心催办,以致年终比附上年课额亏兑者,各按分数加等,罪止杖一百。所亏课程,即着落本官追补还官。以茶盐等官,专司催办之责,较人户稍重也。末节言征收各官,将人户已纳课程,隐瞒作欠,因而侵欺入己,及私自借用者,并计赃以监守自盗论。

【1740】3.8.148(略)

附律条例

【1740】○移入

*【原例】户律·课程·盐法【1725】3.8.141.(11)

一、盐课钱粮不完者,将经督各官,照分数议处外,其各商名下应完盐课,作为十分,欠不及一分者,责二十板;欠一分者,枷号一个月,责二十板;欠二分者,枷号一个月半,责二十五板;欠三分者,枷号两个月,责三十板;欠四分者,枷号两个月半,责三十五板;欠五分者,枷号三个月,责四十板。以上欠课各商,题参之日,扣限一个月,全完者免处。如逾限不完,照此例枷责。如于枷限内照数全完者,释放免责。如枷限满日,仍全不完纳,除杖责外,将该商咨参革退,并带征等项,俱以引窝变抵。欠六分者,将该商杖六十、徒一年,所欠课项,限四个月全完;欠七分者,杖七十、徒一年半,限六个月全完;欠八分者,杖八十、徒二年,限八个月全完;欠九分者,杖九十、徒二年半,限十个月全完;欠十分者,杖一百、徒三年,限一年全完。以上自六分至十分,将该商锁禁,严查家产。如限内全完,革退商人,免其杖、徒。倘逾限不完,即将该商发配。所欠新课、带征等项,着落引窝、家产变抵。其额征钱粮,果能于岁内如数全完,该御史按其课项多寡,量给花红扁额,以别优劣。

臣等谨按:此条旧载"盐法"下,因系亏欠课程,移入于此。例内有"岁内全完,量给花红匾额"等语,查岁内如数完纳,如纳户应办课程,不必另加奖赏,应删。谨将删辑例文,开列于后。

一、盐课钱粮不完者,将经督各官,照分数议处外,其各商名下应完盐课,作为十分,欠不及一分者,责二十板;欠一分者,枷号一个月,责二十板;欠二分者,枷号一个月半,责二十五板;欠三分者,枷号两个月,责三十板;欠四分者,枷号两个月半,责三十五板;欠五分者,枷号三个月,责四十板。以上欠课各商,题参之日,扣限一个月,全完者免处。如逾限不完,照此例枷责。如于枷限内照数全完者,释放免责。如枷限满日,仍全不完纳,除杖责外,将该商咨参革退,并带征等项,俱以引窝变抵。欠六分者,将该商杖六十、徒一年,所欠课项,限四个月全完;欠七分者,杖七十、徒一年半,限六个月全完;欠八分者,杖八十、徒二年,限八个月全完;欠九分者,杖九十、徒二年半,限十个月全完;欠十分者,杖一百、徒三年,限一年全完。以上自六分至十分,将该商锁禁,严查家产。如限内全完,革退商人,免其杖、徒。倘逾限不完,即将该商发配。所欠新课、带征等项,着落引窝、家产变抵。

【1740】3.8.148.(1)(略)

【1740】○增入①

一、管收税课钱粮,倘有隐匿,加倍着追。如接收官不行清查,上司不行转报题参,俱着落分赔。

谨案:此条系雍正六年(1728)定例。查隐匿税课,即系侵欺。若正课之外,别有盈余而私下隐匿,即"仓库"条下,附余钱粮不据实报官,以监守自盗论。各有正律,不必另立条款。再"加倍追赔",原为雍正初年(1723),各处关税侵隐甚多,立法不严则积弊难除而设,并非永著为令。此条无庸纂入。

【1740】3.8.148.(2)(略)

【1743】○续纂

一、在京在外官员眷口船只过关,除无货物照常验放,胥吏人等,毋得任意需索外,如有奸牙地棍,假称京员科道名帖,或京员子弟,执持父兄名帖讨关,夹带货物,希图免税者,该管关员即行查拿究治。如该管关员不行详查,及明知瞻徇,照例议处。

此条系乾隆五年(1740)七月,户部议复御史陆尹耀条奏定例。

【1768】3.8.148.(3)(略)

【1743】○续纂②

一、各关经过米豆,应输额税,永行宽免。至各关征收则例,向征船料者,照旧征收;向不征船料者,不得因免米豆税转征船料,并不得借免米豆税之名,将应征货税侵蚀肥己。违者,该管关员参处治罪。

此条系乾隆七年(1742)四月及八月两次钦奉谕旨,谨合编为例,永远遵行。

---

① 《大清律例按语》第42卷"户律·课程·人户亏兑课程"(乾隆五年)条下,将本条例文归为"删除",按语亦明示删除,然乾隆五年(1740)《大清律例》及此后各版次《大清律例》具载本条例文。

② 本条条例见于乾隆八年(1743)《大清律续纂条例》"户律·课程·人户亏兑课程"条下,乾隆八年、十一年《大清律续纂条例》,乾隆三十三年(1768)《大清律例》及此后各版次《大清律例》皆未载。

【户律·钱债】[1]

违禁取利

律　文

【1646】3.9.167

凡私放钱债,及典当财物,每月取利,并不得过三分,年月虽多,不过一本一利,违者笞四十。以余利计赃重于笞四十者,坐赃论,罪止杖一百。○若监临官吏于所部内举放钱债、典当财物者,不必多取余利,有犯即杖八十。违禁取利,以余利计赃重于杖八十者,依不枉法论。各主者,通算折半科罪。有禄人十五两,无禄人三十两,并杖九十;每十两加一等,罪止杖一百、流三千里。罢职、追夺、除名。并追余利给主。兼庶民、官吏言。其负欠私债,违约不还者,五两以上,违三月笞一十,每一月加一等,罪止笞四十;五十两以上,违三月笞二十,每一月加一等,罪止笞五十;百两以上,违三月笞三十,每一月加一等,罪止杖六十。并追本、利给主。○若豪势之人,于违约负债者,不告官司,以私债强夺去人孳畜、产业者,杖八十。无多取余利,听赎不追。若估所夺畜产之价过本、利者,计多余之物罪有重于杖八十者,坐赃论,罪止杖一百、徒三年。依多余之数追还。主。○若准折人妻妾、子女者,奸占即从和奸论。杖一百;强夺者,加二等;杖七十、徒一年半。因强夺而奸占妇女者,绞。监候。所准折、强夺之人口给亲,私债免追。

【1670】3.9.166(略)

【1725】○修改

原拟:律内不枉法赃,有禄、无禄赃至三十两,并杖九十。惟有禄人一百二十两以上实绞,无禄人一百二十两罪止满流。此小注内"有禄人三十两,无禄人四十两,并杖九十",[2]及"罪止杖一百、流三千里",皆与正律不符。应将此注删去。

臣等谨按:此言私债不得多取余利也。首节言民间放债、典当,利过三分及利过原本之罪。次节言监临官吏放债、典当,违禁取利,及凡民、官吏负欠私债,违约不还之罪。三节言豪势以私债强夺孳畜、产业,及估价过本利之罪。四节言准折妻妾、子女及奸夺、奸占之罪。以上庶民、官吏违禁所取余利,并追给主。

---

① 雍正三年(1725)《大清律集解附例》章目"钱债"下附有律注"钱兼财货而言。贷钱与人曰债"。乾隆五年(1740)因"律目'钱债'二字,明白易晓,注语实赘。查旧章原无此注",删去章目"钱债"所附律注。

② 此与顺治三年(1646)《大清律》本条律注不同。"有禄人三十两,无禄人四十两"之说出于乾隆五年(1740)《大清律例》本条律注。

【1725】3.9.159

凡私放钱债,及典当财物,每月取利,并不得过三分,年月虽多,不过一本一利,违者笞四十。以余利计赃重于笞四十者,坐赃论,罪止杖一百。○若监临官吏于所部内举放钱债、典当财物者,不必多取余利,有犯即杖八十。违禁取利,以余利计赃重于杖八十者,依不枉法论。各主者,通算折半科罪。并追余利给主。兼庶民、官吏言。其负欠私债,违约不还者,五两以上,违三月笞一十,每一月加一等,罪止笞四十;五十两以上,违三月笞二十,每一月加一等,罪止笞五十;百两以上,违三月笞三十,每一月加一等,罪止杖六十。并追本、利给主。○若豪势之人,于违约负债者,不告官司,以私债强夺去人孳畜、产业者,杖八十。无多取余利,听赎不追。若估所夺畜产之价过本、利者,计多余之物罪有重于杖八十者,坐赃论,罪止杖一百、徒三年。依多余之数追还。主。○若准折人妻妾、子女者,杖一百;奸占加一等论。强夺者,加二等;杖七十、徒一年半。因而奸占妇女者,绞。监候。所准折、强夺之人口给亲,私债免追。

注:此言私债不得多取余利也。凡民间私放钱债及典当货物,有无相济,于义无伤,但利息不应太重。故每月取利,每两不得过三分。其积累年月虽多,亦不得将利息累算,多于原本。如借本百两,取利亦不得过百两也。违此而多取余利,至三分之外,及累算过于原本者,笞四十。计多取之余利为赃,如重于笞四十者,坐赃论罪,止杖一百。若监临官吏于所部内举放钱债、典当财物,而收取民间之利者,是为悖义营私,不论利之多寡,杖八十。如违禁出三分之外,及过于原本,以余利计赃,重于杖八十者,依不枉法赃论。以上庶民、官吏违禁所取余利,并追给主。其负欠私债,故违原约之期不还,未及三月者不论,过此则照所欠多寡科罪。五两以上,违三月者,笞一十,按月加一等,罪止笞四十;五十两以上,违三月者,笞二十,按月加一等,罪止笞五十;百两以上,违三月者,笞三十,按月加一等,罪止杖六十。应得本、利,并追给主。若豪强势要之人,因违约不还,不告官司,强夺其孳畜、产业者,即无多取余利,亦杖八十,仍听负债者偿赎。若所夺之物估价过于本、利,计所余之物坐赃论,罪止杖一百、徒三年。仍依多余之数,追给还主。孳畜、产业,止言强夺之罪,则情愿准折者,应听从其便矣。若将欠债人妻妾、子女准折者,杖一百;因而奸占其妇、女者,杖六十、徒一年。强夺者,加准折罪二等;强夺因而奸占妇女者,绞。其准折强夺之人口,并给亲完聚,私债免追。此抑豪强、矜贫乏之意也。

【1740】○修改

臣等谨按:次节内违禁取利,以余利计赃重者,依不枉法论。小注云"各主者通算,折半科罪"。但不枉法赃,无禄人罪止杖一百、流三千里,有禄人一百二十两以上为实犯绞。违禁取利,非比受财,不应科至于死。查旧注"各主者,通算折半科罪"之下原有"有禄人三十两,无禄人四十两,[1]并杖九十;每十两加一等,罪止杖一百、流三千里"等语,应增入。

① 此与顺治三年(1646)《大清律》本条律注作"有禄人十五两,无禄人三十两"。

再后节准折人妻妾、子女者，杖一百，奸占加一等，强夺加二等，因而奸占妇女者绞。上文小注内“奸占加一等”，是因准折而奸占者。此句所云“因而奸占”，即因强夺而奸占者，亦应分别注明。谨将增辑律注，开列于后。

凡私放钱债，及典当财物，每月取利，并不得过三分，年月虽多，不过一本一利，违者，笞四十。以余利计赃重于笞四十者，坐赃论，罪止杖一百。○若监临官吏于所部内举放钱债、典当财物者，不必多取余利，有犯即杖八十。违禁取利，以余利计赃重于杖八十者，依不枉法论。各主者，通算折半科罪。有禄人三十两，无禄人四十两，并杖九十；每十两加一等，罪止杖一百、流三千里。并追余利给主。兼庶民、官吏言。其负欠私债，违约不还者，五两以上，违三月笞一十，每一月加一等，罪止笞四十；五十两以上，违三月笞二十，每一月加一等，罪止笞五十；百两以上，违三月笞三十，每一月加一等，罪止杖六十。并追本、利给主。○若豪势之人，于违约负债者，不告官司，以私债强夺去人孳畜、产业者，杖八十。无多取余利，听赎不追。若估所夺畜产之价过本、利者，计多余之物罪有重于杖八十者，坐赃论，罪止杖一百、徒三年。依多余之数追还。主。○若准折人妻妾、子女者，杖一百；奸占加一等论。强夺者，加二等；杖七十、徒一年半。因强夺而奸占妇女者，绞。监候。所准折、强夺之人口给亲，私债免追。

【1740】3.9.149（略）

附律条例

【1646】3.9.167.（1）

一、凡势豪举放私债，交通运粮官，挟势擅拿官军绑打凌辱，将官粮准还私债者，问罪，属军卫者发边卫充军，属有司者发边外为民，该管运粮官参究治罪。官粮与军粮不同。官粮者，漕运赴京上纳正粮也。军粮，行、月二粮也。

【1670】3.9.166.（1）（略）

【1725】3.9.159.（1）

【原例】（略）

【1740】○修改

臣等谨按：交通运官，绑打官军，准折官粮，问罪发遣。若但交通放债，与但绑打而未准粮，但准粮而未绑打三项，有一未合，仍各照律发落，应增注明晰。其后段小注应移入例文“官粮”二字之下。谨将移增例注，开列于后。

一、凡势豪举放私债，交通运粮官，挟势擅拿官军绑打凌辱，强将官粮官粮与军粮不同。官粮者，漕运赴京上纳正粮也。军粮，行、月二粮也。准还私债者，问罪，属军卫者发边卫充军，属有司者发边外为民，交通、绑打、准粮三项，有一未合，仍各照律发落。该管运粮官参究治罪。

【1740】3.9.149.（1）（略）

【1772】○删除

臣等谨按：乾隆三十六年（1771）六月内，臣部奏明，此条所开情罪，有职者则系强梁势官，无职者则系土豪光棍，均属不法已极，有犯自当查照律例，从重定拟，未便仅拟近边充军及边外为民。此条旧例，应请删除。

【1646】3.9.167.（2）

一、听选官吏、监生人等借债，与债主及保人同赴任所取偿，至五十两以上，借者革职，债主及保人各枷号一个月发落，债追入官。

【1670】3.9.166.（2）（略）

【1725】3.9.159.（2）

【原例】（略）

【1740】3.9.149.（2）（略）

【1790】3.9.149.（1）（略）

【1646】3.9.167.（3）

一、凡举放钱债，买嘱各卫委员擅将欠债军官军人俸粮银物领去者，问拟诈欺。委官问拟受财听嘱罪名。

【1670】3.9.166.（3）（略）

【1725】3.9.159.（3）

【原例】（略）

【1740】○删除

臣等谨按：此条系前明旧例，专指在京军卫而言，今无各卫委官名色。再查"刑律"有"嘱托公事"之例，凡有犯者，自当依律科断。此条实赘，应删。

【1646】3.9.167.（4）

一、在京兵部并在外巡抚、巡按、按察司官，点视各卫所印信。如有军职将印当钱使用者，参问，带俸差操。执当之人问罪，枷号一个月，债追入官。

【1670】3.9.166.（4）（略）

【1725】○删除

原拟：今卫所各官管理钱粮刑名，日有钤用印信事件，无将印质当之事，是以各上司亦无点视印信之例。此条拟删。

【1646】3.9.167.（5）

一、内外放债之家，不分文约久近，系在京住坐军匠人等揭借者，止许于原借之人名下索取，不许赴原籍逼扰。如有执当印信、关单、勘合等项公文者，提问，债追入官。

【1670】3.9.166.(5)(略)

【1725】3.9.159.(4)

【原例】(略)

【1740】○删除

臣等谨按:此条亦系前明旧例,现今并无另设坐京军匠人户。凡遇钱债等案,俱照民例一体拟断。此例应删。

【1646】3.9.167.(6)

一、凡负欠私债,在京不赴法司而赴别衙门,在外不赴军卫、有司而越赴巡抚、巡按、三司官处告理,及辄具本状奏诉者,俱问罪,立案不行。若本京别衙门听从施行者,一体参究。私债不追。

【1670】3.9.166.(6)(略)

【1725】○修改

原拟:此条应删去"巡按"二字。

一、凡负欠私债,在京不赴法司而赴别衙门,在外不赴军卫、有司而越赴巡抚、司、道官处告理,及辄具本状奏诉者,俱问罪,立案不行。若本京别衙门听从施行者,一体参究。私债不追。

【1725】3.9.159.(5)

【原例】(略)

【1740】○修改

臣等谨按:此条据《笺释》云"依越诉",今于"问罪"下注明"依越诉论"。谨将增辑例注,开列于后。

一、凡负欠私债,在京不赴法司而赴别衙门,在外不赴军卫、有司而越赴巡抚、司、道官处告理,及辄具本状奏诉者,俱问罪,依越诉论。立案不行。若本京别衙门听从施行者,一体参究。私债不追。

【1740】3.9.149.(3)

【1790】3.9.149.(2)(略)

【1801】○修改

臣等谨按:此条系前明旧例。嗣于雍正五年(1727)定例"凡杖、笞等轻罪,五城及步军统领衙门,俱照例自行完结。若罪重于杖、笞者,送刑部定拟",纂入"刑律·断狱"例内,遵行在案。查负欠私债,罪止杖、笞,在京应赴五城及步军统领衙门控理,例内"不赴法司而赴别衙门告理者,依越诉论"等语,与"断狱"门内现行之例不符,应行修改。又例内"听从施行,一体参究",旧例系指在京别衙门而言,既照定例修改,此条参究之处,应行节删。谨将修改例文,开列于后。

一、凡负欠私债,在京不赴五城及步军统领衙门而赴部院,在外不赴军卫有司而越赴巡抚、司、道官处告理,及辄具本状奏诉者,俱问罪,依越诉论。立案不行,私债不追。

【1802】3.9.149.(2)(略)

【1725】○增入

原拟:现行例内一条,类于此例,应增入。

一、外省驻防旗人、土棍串党朋奸,放债盘勒重利,开赌囮骗愚民,准折子女,强买市肆,擅砍树木,哄然罢市辱官,种种行恶者,将所行之人,酌所犯情罪轻重,照律例定罪。有此等不肖行走之事,犯至枷号三个月、鞭一百之罪者,该管官员不行察出,将该管之骁骑校、防御佐领各降二级调用,驻防协领、管旗参领各降一级留任,将军、副都统各罚俸一年。驻防协领、管旗参领以下,骁骑校以上官员,伊等本身不肖行走者,俱革职,该管之将军、副都统各降一级留任。若旗下人民等,将此等不肖之处行走者,令该督抚查参。该督抚不行题参者,将该督抚等各降一级留任。

原拟:此条字句太繁,谨拟删改,开载于后。

【原改现行例】一、外省驻防旗人,与土棍串党朋奸,举放私债,盘勒重利,开赌囮骗,准折子女,强买市肆,擅砍树木,哄然罢市,辱官害民,种种行恶者,酌所犯情罪轻重,照律例定罪。本犯罪至军罪者,将不行查出之该管骁骑校以上各官,交该部照例分别议处。其驻防协领以下、骁骑校以上官员,本身有犯者,革职;该管之将军、副都统,俱交该部照例议处。督抚不行查参者,亦交部议处。

【1725】3.9.159.(6)

【增例】(略)

【1740】○删除

臣等谨按:放债盘利,开赌囮骗等项,已备载各条律例。旗、民有犯,自应画一科罪,毋庸专为外省驻防旗人另列例款。此条应删。

【1725】3.9.159.(7)

【钦定例】一、佐领、骁骑校、领催等,有在本佐领或弟兄佐领下,指扣兵丁钱粮放印子银者,旗人照边卫充军例,枷号三个月,鞭一百。伙同放印子银者,照为从杖一百徒三年例,枷号四十日,鞭一百。所得利银,勒追入官。若违限不完者,枷号两个月,鞭一百,入辛者库。该参领失于觉察者,交部议处。佐领、骁骑校虽未出本放银,不能禁止他人,反与属下兵丁保借者,革职,该参领交部议处。至佐领、骁骑校、参领等,平时失于觉察,以致该管兵丁,将官钱粮扣还印子银者,俱交部分别议处。

谨案:此条系雍正五年(1727)定例。

【1740】○修改

臣等谨按:例首已指明佐领等官,下文“旗人”二字属衍,应删。再查“名例”律,旗人犯罪,军、流、徒免发遣,俱折枷号。如充军附近者,折枷号七十日;边卫者,七十五日;边远、极边、烟瘴、沿海、边外者,俱八十日;永远者,九十日。今此条所引"照边卫充军例枷号三个月",与"名例"不符,应改。又佐领、骁骑校与领催,品级不同,枷号亦宜分别。至定例之意,为其指扣钱粮,盘剥兵丁,故较寻常放债者特加重惩。但查乾隆二年(1737)四月内,刑部奏准,八旗亏空钱粮,如果无力完帑,照例豁免,其妻、子人等,免其治罪,入辛者库,现在遵行。此将钱粮放债盘扣,尤与侵盗钱粮不同。既经治罪、勒追,如违限不完,复又枷责,入辛者库之处,应删。再保借革职,但言佐领、骁骑校,而遗漏领催,应增。又"该参领失察议处"等语亦赘,俱应删。谨将删改例文,开列于后。

一、佐领、骁骑校、领催等,有在本佐领或弟兄佐领下,指扣兵丁钱粮放印子银者,系佐领、骁骑校,照流三千里之例,枷号六十日;系领催,照边卫充军例,枷号七十五日,俱鞭一百。伙同放印子银者,照为从杖一百徒三年例,枷号四十日,鞭一百。所得利银,勒追入官。佐领、骁骑校、领催等,与属下兵丁保借者,革去职役,该参领交部议处。至佐领、骁骑校、参领等,平时失于觉察,以致该管兵丁,将官钱粮扣还印子银者,俱交部分别议处。

【1740】3.9.149.(4)(略)

【1790】3.9.149.(3)(略)

【1810】○修并

【原例】【1790】3.9.149.(3)(略)、【1790】3.9.149.(4)(略)、【1790】3.9.149.(5)(略)

臣等谨按:以上三条,均系指扣钱粮放债及保借分别治罪之例,事类相同,而例文分载三条,殊觉繁冗。自应修并一条,以归简明。至第二条例内"放债之人,照讹诈例从重治罪",查讹诈例无专条,臣部每遇此等案件,以讹诈即属诈欺取财,向俱引诈欺官私取财律,计所得余利,准窃盗论。惟例内止称讹诈,并未指明,究属含混。再"或经告发,或被兵丁首出,所欠债目不准给还,欠债之人毋庸治罪"等语,查兵丁自首,固应免其治罪,所欠债目并免着追。若系被人告发,则欠债之人应鞭一百,自未便一体免罪。应一并修改,以昭明晰。又第三条例内"保借之领催枷号四十日、鞭一百,指米借债之人鞭一百"等语,是保借之罪重于借债之人,似未平允。且与第一条例内,领催保借仅止革去差使者,轻重悬殊。臣等查官员应杖一百者,革职;保借之佐领、骁骑校既予革职,即系杖一百之罪。则领催自应与借债之人一例鞭一百,以归画一。谨将修并例文,开列于后。

一、佐领、骁骑校、领催等,有在本佐领或弟兄佐领下,指扣兵丁钱粮放印子银者,系佐领、骁骑校,照流三千里之例,枷号六十日;系领催,照近边充军例,枷号七十五日;俱鞭一百。伙同放印子银者,照为从杖一百徒三年例,枷号四十日,鞭一百。如非在本佐领下举放重债勒取兵丁钱粮,及民人违禁向八旗兵丁放转子、印子、长短钱扣取钱粮者,照诈欺官私取财律,计所得余利准窃盗论,利银均勒追入官。佐领、骁骑校、领催等代属下兵丁指扣钱粮保借者,佐领、骁骑校革职,领催鞭一百,其指米借债之人照违制律鞭一百。自行首出者,免其治罪,所欠债目,并免着追。失察之该管文武各官,俱交部分别议处。八旗佐领,每月仍将有无放债之人,出具印结,呈报该参领,按季加结,呈报都统查核。

【1825】3.9.149.(6)(略)

【1740】○增入①

一、凡有民人交通领催,违禁向八旗兵丁放转子、印子、长短钱,扣取钱粮者,拿送该地方官,照领催枷号七十五日之例,减一等枷号四十日。如旗人内有举放重债,勒取兵丁钱粮,并非在本佐领下放债者,照民人减等枷责例发落。其失察之该管文武官,俱交部议处。八旗佐领,每月将有无重利放债、借债之人,出具印结,呈报该参领,参领按季加结,呈报都统查核。

此条系雍正十三年(1735)定例。原议内开:"凡放转子、印子、长短钱,违禁取利者,系旗人仍照例治罪外,系民人,拿送该地方官,亦照旗人之例治罪。"查旗人治罪,已载前条,不必复赘。又原议有"旁人及该管领催、族长首报,追银赏给。知情不首,治罪",并"该管文武官查拿"及"有官职之族长首报""准予纪录"各条,易滋烦扰。今俱删除。

【1740】3.9.149.(5)(略)

【1767】○修改

臣等谨按:此条系旗民违例放债治罪定例。查乾隆二十七年(1762)六月内,军机大臣奏准:"如有违例放债之人,或经告发,或有首出者,除所欠之债不准给还外,将放债之人照讹诈例从重治罪,欠债之人毋庸治罪"等语,已增入此条之内。其原例内民人仅"照领催枷号七十五日例,减等枷号四十日",并"旗人照民人减等枷责例发落"等句,系属旧例,业已不行,拟合删去。

一、民人违禁向八旗兵丁放转子、印子、长短钱,扣取钱粮,及旗人举放重债,勒取兵丁钱粮,并非在本佐领下放债者,或经告发,或被兵丁首出,除所欠债目不准给还外,将放债之人照讹诈例从重治罪,欠债之人毋庸治罪。失察之该管文武官,俱交部议处。八旗佐领,每月仍将有无重利放债之人,出具印结,呈报该参领,按季加结,呈报都统查核。

【1768】3.9.149.(5)(略)

【1790】3.9.149.(4)(略)

【1810】○修并

修并按语并修并后例文,见【1790】3.9.149.(3)条【1810】修并项下。

【1756】○续纂

一、八旗领催,代属下兵丁指扣钱粮保借者,照伙同放债人枷号四十日鞭一百例

① 《大清律例按语》第43卷"户律·钱债·违禁取利"(乾隆五年)条下,本条作"删除",误。

发落。其指米借债之人，照违制律鞭一百。仍将失察之该管各官，交部分别议处。

臣等谨按：此条系乾隆十七年（1752）四月内，镶蓝旗满洲都统参奏朱龙阿佐领下参将石得家人拉哈指典老格等甲米钱粮送部治罪一案，臣部附请定例，应纂辑以便遵行。

【1768】3.9.149.（6）（略）

【1790】3.9.149.（5）（略）

【1810】○修并

修并按语并修并后例文，见【1790】3.9.149.（3）条【1810】修并项下。

【1761】○续纂

一、放债之徒，用短票扣折，违例巧取重利者，严拿治罪，其银照例入官。受害之人，许其自首免罪，并免追息。

臣等谨按：此条系乾隆二十三年（1758）四月内，户部等部议复升任京畿道监察御史史茂条奏定例，应纂辑以便遵行。

【1768】3.9.149.（7）（略）

【1790】3.9.149.（6）（略）

【1825】3.9.149.（3）（略）

【1767】○续纂

一、监临官吏，于所部内举放钱债、典当财物者，即非禁外多取余利，亦按其所得月息，照将自己货物散与部民多取价利计赃准不枉法论、强者准枉法论、不枉法各主者折半科罪律减一等问罪，所得利银，照追入官。至违禁取利，以所得月息全数科算，准不枉法论，强者准枉法论。并将所得利银追出，余利给主，其余入官。

臣等谨按：此条系乾隆三十一年（1766）六月内，两江总督高晋条奏定例，应纂辑遵行。

【1768】3.9.149.（8）（略）

【1790】3.9.149.（7）（略）

【1825】3.9.149.（4）（略）

【1782】○续纂

一、内地民人，概不许与土司等交往借债。如有违犯，将放债之民人，照偷越番境例加等问拟。其借债之土苗，即与同罪。

臣等谨按：此条系乾隆四十六年（1781）十二月内，贵州巡抚李本咨"土目安起鳌向已革武举戴麟瑞之父借银五百两，利过于本，戴麟瑞复借债图产，不服该州审断"一案，经臣部奏请定例。奉旨："依议。"钦遵在案，应纂辑遵行。

【1790】3.9.149.（8）（略）

【1825】3.9.149.(5)(略)

【1806】○续纂

一、凡内地汉奸,潜入粤东黎境放债盘剥者,无论多寡,即照私通土苗例,除实犯死罪外,俱问发边远充军。所放之债,不必追偿。

臣等谨按:嘉庆九年(1804)十一月内,户部会同臣部议复两广总督倭什布等奏“广东崖州黎匪诸那梗等纠众滋扰筹议善后章程各条款”,内称“客民入黎放债,宜再行申明严禁”等语,经臣部查例载“私通土苗,互相买卖借贷,诓骗财物,引惹边衅者,除实犯死罪外,俱问发边远充军”等语。至粤东黎地,即有内地汉奸潜入放债,肆意盘剥,即与私通土苗、借贷、诓骗无异。若不严行惩治,诚恐黎人不堪朘削,致生事端。议请“嗣后内地汉奸,潜入黎境放债盘剥者,无论多寡,即照私通土苗例,除实犯死罪外,俱问发边远充军。所放之债,不必追偿”等因,奏准在案。应纂辑为例,以便遵行。

【1825】3.9.149.(7)(略)

费用受寄财产

律　文

【1646】3.9.167

凡受寄他人财物、畜产而辄费用者,坐赃论,以坐赃致罪律减一等;罪止杖九十、徒二年半。诈言死、失者,准窃盗论,减一等,罪止杖一百、徒三年,免刺。并追物还主。其被水火、盗贼费失,及畜产病死有显迹者,勿论。若受寄财畜而隐匿不认,依诓骗律。如以产业转寄他人户下,而为所卖失,自有诡寄盗卖本条。

【1670】3.9.166(略)

【1725】3.9.159

律文(略)

注:此言寄托财产,不可私费欺隐也。费用受寄财产者,罪止杖九十、徒二年半;诈称死失,准窃盗减等。盖费用犹欲补偿,若诈言失死,则欺罔更甚,故罪有轻重。其被水火、盗贼费失,及畜产病死,各有显迹者,不坐罪,亦不追偿。

臣等谨按:此言寄托财产,不可私费欺隐也。前言费用受寄财产之罪,次言诈称死失准窃盗之罪。其被水火、盗贼费失,及畜产病死,各有显迹者,不论罪,亦不追偿。

【1740】3.9.149(略)

附律条例

【1646】3.9.167.(1)

一、亲属费用受寄财物,并与凡人一体科罪,追物还主,不必论服制递减。

【1670】3.9.166.(1)(略)

【1725】○修改

臣等谨按:"亲属相盗"律载,凡各居本宗、外姻亲属相盗财物者,俱得按服制减等。今费用受寄财产条例,称与凡人一体科罪,不必论服制递减,是费用受寄之律反甚于亲属相盗之律,似未允协。谨拟删改,开载于后。

【续改条例】一、亲属费用受寄财物,大功以上及外祖父母,得相容隐之亲属,追物给主,不坐罪;小功减三等,缌麻减二等,无服之亲减一等,俱追物还主。

【1725】3.9.159.(1)

【原例】(略)

【1740】3.9.149.(1)(略)

【1845】○移并

【原例】＊刑律·杂犯·失火【1825】6.26.382.(2)

一、凡典商收当货物,自行失火烧毁者,以值十当五,照原典价值计算作为准数;邻火延烧者,酌减十分之二。按月扣除利息,照数赔偿。其米麦、豆石、棉花等粗重之物,典当一年为满者,统以贯三计算,照原典价值给还十分之三;邻火延烧者,减去原典价值二分,以减剩八分之数,给还十分之三,均不扣除利息。倘奸商、店伙人等,于失火时,将当不及五贵重器物,食利隐匿,及乘机盗卖情弊,照所隐之物,按所值银数,计赃准窃盗论治罪,追出原物给主。其未被焚烧及搬出各物,仍听当主照号取赎。

臣等谨按:道光二十三年(1843)九月内,臣部核复升任浙江巡抚刘韵珂咨"安吉县民孙大顺呈报染店被抢"一案内称,染店与典铺,皆系受寄他人之物。一有变故,害及他人。若不责令赔偿,无以息纷争而昭平允。故定例典货被焚有分别着赔之法。至染货被焚,与染铺、典铺被窃、被劫,应如何着令赔还,并无成例。自应逐一核议,明定章程,俾资遵守。查浙江省向办章程,典铺被窃,无论衣服、米豆、丝棉、木器、书画,以及金银珠玉、铜铁铅锡各货,概照当本银一两,再赔银一两。如系被劫,亦无论何项货物,照当本银一两,再赔银五钱。均扣除失事日以前应得利息。如赔还之后,起获原赃,即给典主领回变卖,不准原主再行取赎。查例内着赔被焚当货,自行失火,以值十当五计赔,邻火延烧酌减十分之二,原指物之精细者而言。若粗重之物,又有贯三,及减去原典价值二分,照剩数给还三分之别。盖以失火之际,精细之物,易于搬运。典商于易运者而不运,故议赔从重。粗重之物,难于挪移。典商于难移者而之移,故议赔从轻。若盗贼抢窃,遇物即肆攫取,粗重者固无从移藏,精细者,亦不容搬动,与失火之尚可赶紧抢获者,情节不同。只分强、窃,不辨货物,似属允当。至染铺收人染货,与典铺收人典货,情固相同,但开张染铺之人,往往家不中资,借代染货物,得工本以糊口,与典商之殷富赡足者,迥乎不同。若有失事,亦照典铺饬赔,未免苦累。且恐该铺力有未逮,徒有虚名,转致被有货物之人,不得收取赔偿之项。应请嗣后染铺被窃,即照估报赃数,酌赔十分之五;如系被劫,酌赔十分之三,令于一月内给主收领。如赔赃之后,起获原赃,给与该铺具领。由地方官出示晓谕,令原主归还所得赔赃之资,将原物领回。仍查明已染、未染,分别付给染价,以免轇轕。至例内饬赔被焚当货,既审其因何焚烧,又别其是何货物,处置最属周详。但染铺所收各货,不过绸绫、布匹、丝线之类,精粗不甚相悬,与当货之贵贱杂出者不同。若过为区别,转滋畸重畸轻之弊。似应只究其致焚之由,不必再计其被焚之货。查火起于己,则事由失防,火发于邻,则灾生不测。其事与被窃、被劫无殊。应请嗣后染货被焚,即着开单呈报地方官,逐一估计。如系自行失火者,饬令照估赔还十分之五;邻火延烧者,饬赔十分之三,亦均于一月内给主具领,以期画一。再典铺、染铺,如有欺隐、捏报情事,应照例分别惩办。查典铺、染铺,将各家货物收贮铺内,原主并未在铺监察,不但失火时取携甚便,必须防其侵盗。即失事之为强、为窃,装点非难;失火之延烧、自烧,推卸亦易。应请嗣后典铺、染铺失火,以及被窃、被劫,如奸商、典伙有贪利隐匿、乘机盗卖等弊,均依例照所隐之物,按所值银数,计赃准窃盗论。若只以窃报强,以自己失火为邻火延烧,希图短赔价值者,即计其短赔之值为赃,准窃盗为从论,分别治罪。至失火之案,如系典商、铺主及典伙人等,图盗货物,或先有亏短,因而放火故烧者,即照放火故烧自己房屋盗取财物,并凶徒图财放火故烧人房屋各本律例,从重问拟等因咨部。臣部查罚赔赃物,事隶户部,其所请分别赔偿之处,是否可行,应由户部核办。咨送户部查议去后,嗣准户部咨称,所议赔偿各条,尚属周密、妥协。其酌定欺隐、捏报各罪名,臣部查核,亦属妥协。至原咨内所请通行各省,并纂入例册之处,应俟臣部修例时,缮具黄册进呈后,再行颁发各省,一体遵照等因咨复去后。兹届纂辑条例之时,臣等查典铺失火罚赔旧例,载在"失火"门内,今既添纂被窃、被劫各条,自应共列一门,俾资查考。且染店与典铺皆系受寄他人之物,而"费用受寄财产"本律原载有"诈言死失"及"被水火、盗贼费失"等语,似应俱移载入"户律·费用受寄财产"门内,以昭画一。谨将典铺失火一条,移改修并,并将贪利欺隐各情从重问拟之处,一一添纂明晰,以资引用。应将移并、续纂各条,开列于后。

一、凡典商收当货物,自行失火烧毁者,以值十当五,照原典价值计算作为准数;邻火延烧者,酌减十分之二。按月扣除利息,照数赔偿。其米麦、豆石、棉花等粗重之物,典当一年为满者,统以贯三计算,照原典价值,给还十分之三。邻火延烧者,减去原典价值二分,以减剩八分之数,给还十分之三。均不扣除利息。至染铺被焚,即着开单呈报地方官,逐一估计。如系自行失火者,饬令照估赔还十分之五;邻火延烧者,饬赔十分之三。均于一月内给主具领。其未被焚烧及搬出各物,仍听当主、染主照号取赎。倘奸商、店伙人等,于失火时有贪利隐匿、乘机盗卖等弊,即照所隐之物,按所值银数,计赃准窃盗论,追出原物给主。若只以自己失火为邻火延烧,希图短赔价值者,即计其短赔之值为赃,准窃盗为从论,分别治罪。如典商、染铺及店伙人等,图盗货物,或先有亏短因而放火故烧者,即照放火故烧自己房屋盗取财物及凶徒图财放火故烧人房屋各本律例,从重问拟。

【1847】3.9.150.(2)(略)

【1845】○续纂

一、典铺被窃,无论衣服、米豆、丝棉、木器、书画,以及金银珠玉、铜铁铅锡各货,概照当本银一两,再赔一两;如系被劫,照当本银一两,再赔五钱,均扣除失事日以前应得利息。如赔还之后,起获原赃,即给与典主领回变卖,不准原主再行取赎。染铺被窃,照地方官估报赃数,酌赔十分之五;如系被劫,酌赔十分之三,均令于一月内给主收领。如赔赃之后,起获原赃,给与该铺具领,由地方官出示晓谕,令原主归还所得赔赃之资,将原物领回。仍查明已染、未染,分别付给染价。倘奸商、店伙人等,于失事后有贪利隐匿、乘机盗卖等弊,即照所隐之物,按所值银数,计赃准窃盗论。若只以窃报强,希图短赔价值者,即计其短赔之值为赃,准窃盗为从论,分别治罪。

续纂按语见【1847】3.9.150.(2)条【1845】移并项下。

【1847】3.9.150.(3)(略)

得遗失物

律　文

【1646】3.9.167

凡得遗失之物,限五日内送官。官物尽数还官,私物召人识认。于内一半给与得物人充赏,一半给还失物人。如三十日内无人识认者,全给。限五日外不送官者,官物,坐赃论;罪止杖一百、徒三年,追物还官。私物坐赃减二等,其物一半入官,一半给主。若无主,全入官。○若于官、私①地内掘得埋藏无主之物者,并听收用。若有古器、钟鼎、符印、异常之物,非民间所宜有者。限三十日内送官。违者,杖八十,其物入官。

【1670】3.9.166(略)

【1725】3.9.159

凡得遗失之物,限五日内送官。官物尽数还官,私物召人识认。于内一半给与得物人充赏,一半给还失物人。如三十日内无人识认者,全给。限五日外不送官者,官物,坐赃论;罪止杖一百、徒三年,追物还官。私物减坐赃二等,其物一半入官,一半给主。若无主,全入官。○若于官、私地内掘得埋藏无主之物者,并听收用。若有古器、钟鼎、符印、异常之物,非民间所宜有者。限三十日内送官。违者,杖八十,其物入官。

注:此言官、私失物不可苟取也。前节言得遗失物五日内不送官之罪,后节言得埋藏异常之物一月内不送官之罪。

臣等谨按:此言官、私失物不可苟取也。首节言得遗失物五日内不送官之罪,后节言得埋藏异常之物一月内不送官之罪。

【1740】3.9.149(略)

---

① 顺治三年(1646)《大清律》"私"误作"司",据《大明律附例》(万历四十年序刊本)改。

附律条例

【1740】○删除

一、凡官民人等,不许将金银埋藏地内。如被他人掘获,将金银追出,充地方赈恤穷民之用,不准给主。其以金银殉葬者,一并禁止。

一、官民人等,若将数千金及一二万金,埋藏于室庐之内或墙壁之间,不致将来迷失者,准其收藏。若将数万金置之隐僻深潜,不应埋藏之处,准人首告,差官查验。如果地方、银数相符,将一半赏给首告之人,一半为赈济穷民之用。如首告不符,或挟仇报复,或图利诈骗,以致生事拖累,扰害善良者,从重治罪。

以上二条系雍正五年(1727)八月定例,乃通行禁止之文,无关律例,无庸纂入。

【户律·市廛】[①]

私充牙行埠头

律　文

【1646】3.10.170

凡城市乡村诸色牙行，及船之埠头，并选有抵业人户充应，官给印信文簿，附写逐月所至客商、船户住贯姓名、路引字号、物货数目，每月赴官查照。其来历、引货。若不由官选私充者，杖六十，所得牙钱入官。官牙、埠头容隐者，笞五十，各革去。

【1670】3.10.169（略）

【1725】3.10.162

律文（略）

注：此择牙埠以安商民也。贸易处有牙行，泊船处有埠头，皆用以平评价值，便益商贾者。抵业，谓有家业可抵当客货也。私充，则罔利病民；容隐私充，亦有徇庇情弊，故分别杖、笞。

臣等谨按：此择牙埠以安商民也。贸易处有牙行，泊船处有埠头，皆用以平评价值，便益商贾者。抵业，谓有家业可抵当客货也。私充，则罔利病民；容隐私充，亦有徇庇情弊，故分别杖、笞。

【1740】3.10.152（略）

附律条例

【1646】3.10.170.（1）

一、凡客店，每月置店历一扇，在内赴兵马司、在外赴有司署押讫，逐日附写到店客商姓名、人数、起程月日，各赴所司查照。如有客商病死，所遗财物，别无家人亲属者，官为见数，移招召其父兄子弟或已故之人嫡妻识认给还。一年后无识认入官。

【1725】3.10.162.（1）

【原例】一、凡客店，每月置店历一扇，在内赴兵马司、在外赴有司署押讫，逐日附写到店客商姓名、人数、起程月日，各赴所司查照。如有客商病死，所遗财物，别无家

---

① 雍正三年（1725）《大清律集解附例》，章名“市廛”下附有律注“贸易之处曰市，市中空地曰廛”，乾隆五年（1740）删除。其修律按语谓：“臣等谨按：律目下注语似赘。查旧律原无此注，应删。”

人亲属者,官为见数,移招召其父兄子弟或已故之人嫡妻识认给还。一年后无识认者入官。

【1740】3. 10. 152. (1)

一、凡客店,每月置店簿一本,在内赴兵马司、在外赴有司署押讫,逐日附写到店客商姓名、人数、起程月日,各赴所司查照。如有客商病死,所遗财物,别无家人亲属者,官为见数,移招召其父兄子弟或已故之人嫡妻识认给还。一年后无识认者入官。

【1725】○增入

原拟:现行例内一条,类于此律,应增入。

【现行例】一、旗民遇有丧葬,听凭本家之便,雇人抬送。若仵作之私分地界,霸占扛抬,分外多取雇值者,照律治罪。

【1725】3. 10. 162. (2)

【增例】一、旗民遇有丧葬,听凭本家之便,雇人抬送。不许仵作私分地界,霸占扛抬,分外多取雇值,地方官严行查禁。如有恃强搀夺,不容本家雇人者,立拿,枷号两个月,杖一百。

【1740】○修改

臣等谨按:"地方官严行查禁",此句与上文语意重复,应删。谨将删辑例文,开列于后。

一、旗民遇有丧葬,听凭本家之便,雇人抬送。不许仵作私分地界,霸占扛抬,分外多取雇值。如有恃强搀夺,不容本家雇人者,立拿,枷号两个月,杖一百。

【1740】3. 10. 152. (2)(略)

【1725】○增入

原拟:现行例内一条,类于此律,应增入。

【原增现行例】一、凡在京各牙行,领帖开张,照五年编审例,清查换帖。若有光棍顶冒朋充,巧立名色,霸开总行,逼勒商人不许别投,拖欠客本,久占累商者,问罪,枷号一个月,发附近充军。地方官通同徇纵者,一并参处。

【1670】3. 10. 169. (1)(略)

【1725】3. 10. 162. (3)

【增例】(略)

【1740】3. 10. 152. (3)(略)

【1852】○修改

谨案:因光棍例应斩决,恐致误会,"光棍"二字改为"棍徒"。

一、凡在京各牙行,领帖开张,照五年编审例,清查换帖。若有棍徒顶冒朋充,巧立名色,霸开总行,逼勒商人不许别投,拖欠客本,久占累商者,问罪,枷号一个月,发附近充军。地方官通同徇纵者,一并参处。

【1870】3.10.152.(3)(略)

【1740】○增入

一、京城一切无贴铺户,如有私分地界,不令旁人附近开张,及将地界议价若干,方许承顶,至发卖酒斤等项货物,车户设立名牌,独自霸揽,不令他人揽运,违禁把持者,枷号两个月,杖一百。

此条系雍正十三年(1735)定例。

【1740】3.10.152.(4)(略)

【1740】○续纂

一、各处关口地方,有土棍人等开立写船保载等行,合伙朋充,盘踞上下,遇有重载雇觅小船起剥,辄敢恃强代揽,勒索使用,以致扰累客商者,该管地方官查拿,按律治罪。

此条系雍正十三年(1735)钦奉谕旨,今恭纂为例。

【1740】3.10.152.(5)(略)

【1756】○修改

臣等谨按:私充埠头,律止杖六十;把持行市,律止杖八十。今但云"按律治罪",未曾指出何律,每有仅照私充、把持律治以杖罪者。查埠头盘踞,恃强勒索,情殊可恶,应照牙行及无藉之徒用强邀截客货例,枷号一个月,杖八十,庶为平允。谨将增修例文,开列于后。

一、各处关口地方,有土棍人等开立写船保载等行,合伙朋充,盘踞上下,遇有重载雇觅小船起剥,辄敢恃强代揽,勒索使用,以致扰累客商者,该管地方官查拿,照牙行及无藉之徒用强邀截客货例,枷号一个月,杖八十。

【1768】3.10.152.(5)(略)

【1740】○删除

一、私立水窝之人,照把持行市律治罪。该地甲役通同容隐不报者,笞五十。地方官不行严禁,交部议处。

一、五城地方开设猪圈之家,借养猪名色,勒掯猪客,需索银钱者,计赃论罪。若用强霸占,不容他人生理,照把持行市律,杖八十。

以上二条系雍正八年(1730)、雍正十二年(1734)饬令五城该地方官遵行申禁在案,俱属把持行市之一端,无庸纂入。

【1743】○续纂

一、各衙门胥役,有更名捏姓兼充牙行者,照更名重役例杖一百,革退。如有诓骗客货,累商久候,照光棍顶冒朋充霸开总行例,枷号一个月,发附近充军。若该地方官失于觉察,及有意徇纵,交部分别议处;受财故纵,以枉法从重论。

此条系乾隆五年(1740)九月户部奏准定例。

【1768】3.10.152.(6)(略)

【1852】○修改

谨案:因光棍例应斩决,恐致误会,"光棍"二字改为"棍徒"。

一、各衙门胥役,有更名捏姓兼充牙行者,照更名重役例杖一百,革退。如有诓骗客货,累商久候,照棍徒顶冒朋充霸开总行例,枷号一个月,发附近充军。若该地方官失于觉察,及有意徇纵,交部分别议处;受财故纵,以枉法从重论。

【1870】3.10.152.(6)(略)

市司评物价

律　文

【1646】3.10.171

凡诸物,牙行人评估物价,或以贵为贱,或以贱为贵,令价不平者,计所增减之价坐赃论。一两以下笞二十,罪止杖一百、徒三年。入己者,准窃盗论,查律坐罪。免刺。○其为以赃入罪之罪人估赃增减不实,致罪有轻重者,以故出入人罪论。若未决放,减一等。受财受赃犯之财,估价轻;受事主之财,估价重。者,计赃以枉法从重论。无禄人查律坐罪。

【1670】3.10.170(略)

【1725】3.10.163

律文(略)

注:此言估值宜公平也。首节言牙行估计物价不平及入己之罪,次节言估计赃物不实及受财之罪。

臣等谨按:此言估值宜公平也。首节言牙行估计物价不平及入己之罪。次节言估计赃物不实及受财之罪。

【1740】3.10.153(略)

附律条例

【1778】○续纂

一、五城平粜米石时,如有贩寅、收买官米十石以下者,将贩寅之人,在于该厂地方,枷号一个月,杖一百。收买铺户,照不应重律,杖八十,米石仍交该廒另行粜资。至十石以上者,俱从重治罪。

臣等谨按:按此条系乾隆四十年(1775)五月内,步军统领衙门奏准定例,应纂辑遵行。

【1790】3.10.153.（1）（略）

【1801】○修改

臣等谨按：此条系乾隆四十年（1775）定例。查收买平粜官米十石以下，杖一百，枷号一个月。其十石以上，例无治罪明文，应枷号两个月发落，以示惩儆。如所得余利，计赃重于本罪者，仍计赃治罪，亦应添入。又嘉庆五年（1800）五月，臣部会同户部议复"顺天府尹拿获囤积米麦杂粮铺户李万纲等"一案，将李万纲照违制律杖一百，并声请"嗣后令各铺户所存米麦杂粮等项，每种不得过八十石。倘有逾数囤积者，查拿严究"等因具奏，奉旨："依议。钦此。"钦遵在案，应行添纂。惟查原奏内"逾数囤积"等语，系指囤积居奇者而言，若流通粜卖，即不在禁例，应听其自便，以杜胥役讹诈扰累之渐。应于例内添注，以昭明晰。再查收买官米，例有明文，而领买土米、黑豆，与官米不同，向无限制，自应于例内声明收买各仓土米、黑豆不在此例，以免淆混。谨将修改例文，开列于后。

一、五城平粜米石时，如有贩卖收买官米十石以下者，将贩卖之人，在于该厂地方枷号一个月，杖一百，收买铺户，照不应重律杖八十，米石仍交该厂另行粜卖。至十石以上者，贩卖之人枷号两个月，杖一百，铺户杖九十。如所得余利，计赃重于本罪者，计赃治罪。各铺户所存米麦杂粮等项，每种不过八十石。逾数囤积居奇者，照违制律治罪。若非囤积居奇，系流通粜卖者，无论米石多寡，俱听其自便，不在定限八十石之例。其收买各仓土米、黑豆，不在此例。

【1802】3.10.153.（1）（略）

【1806】○修改

臣等谨按：嘉庆六年（1801）十一月二十九日，奉旨："京师五城米铺所存米石杂粮等项定例，每种不得过八十石。倘逾数囤积居奇，即照违制律治罪。现据明安等密派番役潜访，得京城内外各处米局所存米石，自数百石至千余石不等，恐不无囤积居奇情事。此等囤积铺户，本当照例惩治。但念小民无知趣利，若照定额只准存贮八十石，违制罹法者必多。嗣后各米铺各种米麦杂粮，俱准存贮一百六十石，以便流通粜卖等因。钦此。"钦遵在案。应将原例内八十石之处，遵旨改为一百六十石。谨将修改例文，开列于后。

一、五城平粜米石时，如有贩卖收买官米十石以下者，将贩卖之人，在于该厂地方枷号一个月，杖一百，收买铺户，照不应重律杖八十，米石仍交该厂另行粜卖。至十石以上者，贩卖之人枷号两个月，杖一百，铺户杖九十。如所得余利，计赃重于本罪者，计赃治罪。各铺户所存米麦杂粮等项，每种不过一百六十石。逾数囤积居奇者，照违制律治罪。若非囤积居奇，系流通粜卖者，无论米石多寡，俱听其自便，不在定限一百六十石之例。其收买各仓土米、黑豆，不在此例。

【1825】3.10.153.（1）（略）

【1814】○续纂

一、京城粗米，概不准贩运出城。如乡民有进城买细米食用者，一石以内，准其出城；一石以上，即行严禁。如有逾额贩运，照违制律杖一百。若一年之内偷运细米出城至一百石以上者,加枷号两个月;五百石以上者,枷号两个月,发近边充军;一千石以上者,枷号三个月,发边远充军,各杖一百,米石变价入官。

臣等谨按:嘉庆十九年(1814)五月内,臣部具奏“王三等贩运米石出城”一案,原奏内声明“嘉庆十一年(1806),臣部查办商民囤积逾额案内奏,奉谕旨:‘城内之米,勿许出城。城外之米,勿许出境。’经步军统领衙门,因附近乡民有进城买米食用者,立以限制一石以内始准出城,一石以上即行严禁。如有逾额贩运出城者,照违制律,杖一百”等因在案。查王三等贩运米石,讯明俱系细米,将王三、李五、高大均照违制律杖一百。王三一年之内偷运一千一百余石,应加枷号三个月;李五一年之内偷运九百余石,高大数月之内偷运三百石,应各加枷号两个月,米石变价入官等因具奏,奉旨:“王三一年之内偷运米一千一百余石,着杖一百,枷号三个月,发边远充军;李五一年之内偷运米九百余石,着杖一百,枷号两个月,发近边充军。嗣后,一年之内偷运米至一千石以上、五百石以上者,即照此例,分别办理。余依议。钦此。”钦遵在案。应恭纂为例,以便遵行。

【1825】3.10.153.(2)(略)

【1835】○修改

臣等谨按:道光十四年(1834)三月内,据前任巡视东城御史蔡赓飏奏“京城粗米贩运出城,应酌议罪名,以杜弊端”一折,内称“例载粗米但云概不准贩运出城,并未载运米出城应得何罪。恐乡愚无知,易干例禁,奸猾之徒,又明知例无治罪专条,肆行偷贩。且米数多寡不同,定案时无例可援,不免畸重畸轻之弊。请明定罪名”等因。经臣部查粗米出城,向俱核其情节重轻,分别比照定断。然与其随时比附办理,恐致参差,诚不如另立专条援引,较为画一。议请“嗣后京城粗米,概不准贩运出城。如有违例私运出城者,除讯有回漕情事,即照回漕定例办理外,若讯无回漕情事,实系仅图买回食用,或转卖渔利者,一石以内,即照违制律杖一百;一石以上,杖一百,枷号一个月;十石以上,杖一百,枷号两个月;二十石以上,杖六十、徒一年;三十石以上,杖七十、徒一年半;四十石以上,杖八十、徒二年;五十石以上,杖九十、徒二年半;六十石以上,杖一百、徒三年。一百石以上,发附近充军;五百石以上,枷号两个月,发边远充军,各杖一百。米石变价入官。各门官员、兵丁失于觉察者,官弁交部议处,兵丁杖一百。知情故纵者,与同罪;受财者,计赃以枉法从重论”等语具奏,奉旨允准,遵行在案。惟查偷运细米出城一千石以上,例应枷号三个月,发边远充军。今私运粗米出城,原奏内仅言“五百石以上,枷号两个月,发边远充军”,其一千石以上作何治罪之处,未经议及,自应酌定罪名,以资引用。再查私运粗米出城,一石以内,本犯罪止拟杖,而失察之兵丁,不问米数多寡,概拟杖一百,亦不足以昭平允,应于例内一并修改明晰。谨将修改例文,开列于后。

一、京城粗米,概不准贩运出城。如有违例私运出城者,除讯有回漕情事,即照回漕定例办理外,若讯无回漕情事,实系仅图买回食用,或转卖渔利者,一石以内,即照违制律杖一百;一石以上,杖一百,枷号一个月;十石以上,杖一百,枷号两个月;二十石以上,杖六十、徒一年;三十石以上,杖七十、徒一年半;四十石以上,杖八十、徒二年;五十石以上,杖九十、徒二年半;六十石以上,杖一百、徒三年;一百石以上,发附近充军；五百石以上，枷号两个月，发边远充军；一千石以上，枷号三个月，发极边足四千里充军。至乡民有进城买细米食用者，一石以内，准其出城；一石以上，即行严禁。如有逾额贩运，照违制律杖一百。若一年之内，偷运细米出城，至一百石以上者，加枷号两个月；五百石以上者，枷号两个月，发近边充军；一千石以上者，枷号三个月，发边远充军。米石变价入官。各门兵丁失于觉察者，如运米本犯罪止徒、杖，兵丁笞五十；运米本犯罪应拟军，兵丁杖一百。失察之官弁，交部分别议处。知情故纵者，与同罪；受财者，计赃以枉法从重论。

【1847】3.10.153.（2）（略）

【1845】○续纂

一、滨临水次各铺户，向粮船承买余米时，由该管官出示晓谕，无论米数多寡，均饬令于次年南粮未经北上三个月以前，一律碾细，不准借词延宕。届期仍由该管上司，密派员役，分赴各处确查。倘仍有收存粗米，讯明业经旗丁买米回漕者，即照回漕例分别定拟。如尚未售卖，存米不及六十石者，照回漕例减一等，杖九十、徒二年半；六十石以上者，杖一百、徒三年；至六百石者，发边远充军。仍均起米入官。

臣等谨按：道光二十一年（1841）七月内，臣部审办"顺天府奏送铺户刘盛泰违例存贮粗米"一案。奉旨："嗣后滨临水次铺户，如准买余米之后，查出存贮粗米过十石者，作何办理，该部妥议章程具奏等因。钦此。"臣等查每年粮船余米，准其售卖，一以体恤各旗丁，一以裕近京民食，本属法良意美。该铺户承买，均在坐粮厅投税，与私自囤积者不同。惟恐其次年卖与旗丁回漕，是以不准存留粗米。但次年漕船于何时北来，程期有定，则该处铺户于何时贮米，界限宜分。应请嗣后滨临水次各铺户，向粮船承买余米者，由该管官出示晓谕，无论米数多寡，均饬令于次年南粮未经北上三月以前，一律碾细，不准借词延宕。届期仍由该管上司，密派贤员干役，分赴各处确查。倘有收存粗米，未经研细，如讯明业经旗丁买米回漕者，即照回漕例分别问拟。如尚未售卖，数在六十石以下者，照回漕例减一等，杖九十、徒二年半；六十石以上，杖一百、徒三年；数满六百石者，发边远充军。仍均起米入官等因具奏。奉旨："依议。钦此。"钦遵在案。应纂辑为例，以资引用。

【1847】3.10.153.（3）（略）

把持行市

律　文

【1646】3.10.172

凡买卖诸物，两不和同，而把持行市，专取其利，及贩鬻之徒，通同牙行，共为奸计，卖（己之）物以贱为贵、买（人之）物以贵为贱者，杖八十。○若见人有所买卖，在旁（混以己物）高下比价，以相惑乱而取利者，（虽情非把持，）笞四十。○若已得利物，计赃重（于杖八十、笞四十）者，准窃盗论，免刺。（赃轻者，仍以本罪科之。）

【1670】3.10.171(略)

【1725】3.10.164

律文(略)

注:此禁豪强把持,以罔市利也。把持,谓把执持定,强令买卖。首节言把持行市及贩鬻人通同作奸之罪。次节言见人买卖,以己物比价惑乱,于中取利之罪。末节总承上两项而言,所得利物赃重者之罪。

臣等谨按:此禁豪强把持,以罔市利也。把持,谓把执持定,强令买卖。首节言把持行市及贩鬻人通同作奸之罪。次节言见人买卖,以己物比价惑乱,于中取利之罪。末节总承上两项而言,已得利物计赃重者之罪。

【1740】3.10.154(略)

附律条例

【1646】3.10.172.(1)

一、会同馆内外四邻军民人等,代替外国人收买违禁货物者,问罪,枷号一个月,发边卫充军。

【1670】3.10.171.(1)(略)

【1725】3.10.164.(1)

【原例】(略)

【1740】3.10.154.(1)(略)

【1810】○移并、修改

【原例】【1740】3.10.154(1)(略)

＊兵律·关津·私出外境及违禁下海【1768】5.15.225.(15)(略)、【1740】5.15.225.(16)(略)

＊兵律·邮驿·多支廪给【1768】5.17.244.(1)(略)

臣等谨按:以上"户律"一条、"兵律"三条,俱系与外国人等私相交易,并代买违禁货物治罪之例。查第一条代替外国人收买违禁货物,枷号,拟军;第二条为外国人收买违禁货物,仅拟军罪,并无枷号,情同罪殊,似未允协。又第二条贡船到岸,未曾报官盘验,先行接买番货,并不论是否违禁,概拟军罪,与第四条街市铺行人等,私与外国人交通买卖,分别违禁拟军,不违禁拟杖、枷号之处,亦属两歧。又第三条不许买黄、紫、黑、皂大花西番莲缎匹,并史书,及一应违禁军器、硝磺、牛角、铜铁等物,如有图利卖与进贡外国者,为首斩监候。查缎匹、史书固属违禁,究与军器、硝磺等物不同,若一律论罪,未免无所区别,且与各条代为收买违禁货物之罪轻重悬殊。再查各例事类罪异,分别"户律""兵律",查阅难周,易启高下其手之弊,应请将先行接买番货,与外国人私相交易,分别是否违禁,拟以枷、杖、充军。其代为收买违禁货物,及卖给缎匹、史书者,亦一例拨军、加枷。如卖给军器、硝磺、牛角、铜铁等物者,仍拟斩监候。如此画一修改,庶情罪咸归平允,而条例益昭核实矣。至第四条经过驿递,察照勘合应付一节,仍列于"多支廪给"门内,以符例义。谨将修并、修改例文二条,开列于后。

*兵律·关津·私出外境及违禁下海【1825】5.15.225.(34)(略)

*兵律·邮驿·多支廪给【1825】5.17.244.(1)(略)

【1646】3.10.172.(2)

一、凡外国人朝贡到京,会同馆开市五日,各铺行人等,将不系应禁之物入馆,两平交易。染作、布绢等项,立限交还。如赊买及故意拖延,骗勒远人久候,不得起程者,问罪,仍于馆门首枷号一个月。若不依期日,及诱引远人,潜入人家,私相交易者,私货各入官,铺行人等照前枷号。

【1670】3.10.171.(2)(略)

【1725】3.10.164.(2)

【原例】(略)

【1740】3.10.154.(2)(略)

【1801】○修改

臣等谨按:此条系前明旧例。查赊买外国远人货物,及故意拖延,骗勒久候,不得起程者,应照诓骗律问罪。若不依期日,及诱引远人,潜入人家,私相交易者,应依违制论。例内未经分晰,碍难引用,应行修改。谨将修改例文,开列于后。

一、凡外国人朝贡到京,会同馆开市五日,各铺行人等,将不系应禁之物入馆,两平交易。染作、布绢等项,立限交还。如赊买及故意拖延骗勒远人,至起程日不能清还者,照诓骗律治罪,仍于馆门首枷号一个月。若不依期日,及诱引远人潜入人家,私相交易者,私货各入官,铺行人等以违制论,照前枷号。

【1802】3.10.154.(2)(略)

【1825】3.10.154.(6)(略)

【1646】3.10.172.(3)

一、凡外国差使臣人等赴京,朝贡官员与军民人等交易,止许光素纻丝、绢布衣服等件,不许将一应兵器并违禁铜铁等物私易,违者,处以极刑。

【1670】3.10.171.(3)(略)

【1725】○修改

原拟:今外国交易,礼部见有定例,应摘入。谨拟增删,开载于后。

【原改条例】一、凡外国差使臣人等赴京,朝贡官员与军民人等交易,止许光素纻丝、绢布衣服等件,不许买黄、紫、黑、皂大花西番莲缎匹,并不得收买史书及一应违禁兵器、焰硝、牛角、铜铁等物。如有将违禁兵器等物图利卖与外国人者,比照私将军器出境因而走泄事情律,为首者枭首示众。

【1725】3.10.164.(3)

【原例】(略)

【1740】○移并

【原例】＊兵律·关津·私出外境及违禁下海、【1725】5.15.235.(7)

一、凡官员、军民人等,私将应禁军器,卖与进贡外国图利者,比依将军器出境因而走泄事情律斩,为从者问发边卫充军。

【1725】3.10.164.(3)(略)

臣等谨按:此条旧载"户律·把持行市"条下,因系货卖出境之例,应移于此。再查此条与"私将应禁军器卖与进贡外国"条事同一类,应并。但磺与硝均系应禁火药,不便独举焰硝,应增。再律文私将应禁军器下海因而走泄事情,罪止斩候,今例内既云"比照议拟",又云"为首枭示",与律不符,并与"为首处斩、为从充军"一条,例不画一。查卖与贡使,终与私贩出境潜通贼匪有间,应改。谨将改并例文,开列于后。

＊兵律·关津·私出外境及违禁下海【1740】5.15.225.(16)(略)

【1646】3.10.172.(4)

一、甘肃、西宁等处,遇有番夷到来,本都司委官关防提督,听与军民人等两平交易。若势豪之家,主使弟男子侄、家人头目人等,将远人好马奇货包收,逼令减价,以贱易贵,及将粗重货物并瘦损头畜拘收,取觅用钱,方许买卖者,听主使之人问发附近卫分充军,干碍势豪,及委官知而不举,通同分利者,参问治罪。

【1670】3.10.171.(4)(略)

【1725】○修改

原拟:今委官关防提督外番交易,非止系都司职掌,应改"本都司"字为"所在该管官司"。

一、甘肃、西宁等处,遇有番夷到来,所在该管官司委官关防督查,听与军民人等两平交易。若势豪之家,主使弟男子侄家人等,将远人好马奇货包收,逼令减价,以贱易贵,及将一切货物、头畜拘收,取觅用钱,方许买卖者,主使之人问发附近地方充军,听使之人减主使一等。委官知而不举,通同分利者,参问治罪。

【1725】3.10.164.(4)

【原例】(略)

【1740】○修改

臣等谨按:"关防提督"应改为"关防督查"。"头目"二字似赘,应删。至"取觅用钱,方许买卖"当通指一切货物、牲畜,不宜专指粗重、瘦损者言,应改。听使之人充军,而主使未定何罪,应增改。再主使即系势豪,"干碍势豪"句应删。谨将改删增辑例文,开列于后。

一、甘肃、西宁等处,遇有番夷到来,所在该管官司委官关防督查,听与军民人等两平交易。若势豪之家,主使弟男子侄家人等,将远人好马奇货包收,逼令减价,以贱易贵,及将一切货物、头畜拘收,取觅用钱,方许买卖者,主使之人问发附近卫分充军,听使之人减主使一等。委官知而不举,通同分利者,参问治罪。

【1740】3.10.154.(3)(略)

【1768】3.10.154.(3)

一、甘肃、西宁等处,遇有番夷到来,所在该管官司委官关防督查,听与军民人等两平交易。若势豪之家,主使弟男子侄家人等,将远人好马奇货包收,逼令减价,以贱易贵,及将一切货物、头畜拘收,取觅用钱,方许买卖者,主使之人问发附近地方充军,听使之人减主使一等。委官知而不举,通同分利者,参问治罪。

【1825】3.10.154.(2)(略)

【1646】3.10.172.(5)

一、各处客商辐辏去处,若牙行及无藉之徒用强邀截客货者,不论有无诓赊货物,问罪,俱枷号一个月。如有诓赊货物,仍监追完足发落。若监追年久,无从赔还,累死客商,属军卫者发边卫,属有司者发附近,俱充军。

【1670】3.10.171.(5)(略)

【1725】○修改

原拟:私债无盗追之例,应将"监"字删去,改为"追比"。又今军民一体拟断,应改"属军卫者"以下二句为"发附近充军"。

一、各处客商辐辏去处,若牙行及无藉之徒用强邀截客货者,不论有无诓赊货物,问罪,俱枷号一个月。如有诓赊货物,仍追比完足发落。若追比年久,无从赔还,累死客商者,发附近充军。

【1725】3.10.164.(5)

【原例】(略)

【1740】3.10.164.(4)(略)

【1825】3.10.154.(3)(略)

【1646】3.10.172.(6)

一、杨村、蔡村、河西务等处,如有用强拦截民运粮船,在家包雇车辆,逼勒多出脚钱者,问追给主,仍发边卫充军。

【1670】3.10.171.(6)(略)

【1725】3.10.164.(6)

【原例】(略)

【1740】○删除

臣等谨按:各项把持包揽,罪止枷责。此条独问充军,乃系前明时,因民运漕粮易受沿途掯勒,故设此例。现今并无民运之例,应删。

【1646】3.10.172.（7）

一、凡捏称皇店，在于京城内外等处，邀截客商，掯勒财物者，俱拿送法司问罪，就于害人处所，枷号三个月，发极边卫分永远充军。

【1670】3.10.171.（7）（略）

【1725】○删除

原拟：明季因有皇店名色，恐人捏称，故立此条。今无皇店，此条拟删。

【1725】○增入

原拟：现行例内一条，类于此律，应增入。

【原增现行例】一、凡各旗下人在外省贩卖马匹者，贩子处绞，说合马牙子，系旗下人，枷号两个月，鞭一百；系民，责四十板，流三千里。该佐领、骁骑校、小拨什库、五城司坊等官，将各管另户人不行严查禁止，仍行贩马，被旁人拿获，将该管官交与该部小拨什库鞭八十。系家仆，将所管之人免其治罪，伊主拟鞭一百。被旁人拿首者，在贩子名下追银十两，给与拿首之人。

原拟：此条字句太繁，谨拟删改，开载于后。

【原改现行例】一、凡旗下人将在京马匹贩至外省发卖者，贩子处绞，说合牙人，不分旗、民，减一等科罪。该管佐领、骁骑校、领催，及该管五城司坊等官，不行严查禁止，被旁人拿获者，将该管官交部议处，领催鞭八十。系旗下家仆，罪坐伊主，鞭一百。被旁人拿首者，于贩子名下追银十两充赏。

【1725】3.10.164.（7）

【增例】（略）

【1740】○删除

臣等谨按：各省提镇等衙门采买马匹，例由兵部给票，马贩承买，关口盘验明白，方始放行。"兵律·关津"条内，有将无引马骡冒渡关津，及将马牛等物私出外境货卖者，俱有治罪各条。其在京马匹贩至外省发卖，毋庸另立例款。此条应删。

【1725】○增入

原拟：现行例内一条，类于此律，应增入。

【原增现行例】一、凡内包衣下内外王、贝勒、贝子、公、大臣官员家人，领本霸占要地关津，任意生理，不令商民贸易，倚势欺凌者，或旁人首告，或受累之人具告，或科道官查出纠参，将倚势欺占之人，在原犯事处即行立斩示众。其人若系内包衣下人，将该管官革职。若系宗室王以下、公以上家人，将亲王罚银一万两，郡王罚银五千两，贝勒罚银二千五百两，贝子罚银一千三百两，公罚银七百两，将伊等仍交与宗人府从重议处。其管理家务官，俱革职。若系在外亲王家人，罚银一万两，将亲王降为郡王等王。若系郡王等王，罚银五千两，降为公。其管理家务官，俱革职。若系公、侯、伯、大臣官员家人,俱行革职。其霸占欺民之人,汛地文武各官不行查拿者,俱行革职。至于王以下大臣各官,将银借贷民人,指名贸易,霸占要地关津,倚强贻累地方民人者,亦照此例治罪。内包衣下人及诸王、贝勒、大臣家人,所在指称名色,以网市利,干预词讼等事,肆行非法,有司不敢犯其锋,反行财贿,此等事犯,将行财贿之官革职。使去之人,伊主若知而使去,系官革职;内包衣、王、贝勒等家下,该管官若知而使去,亦革职;王以下、宗室以上,若知而使去,交与该衙门从重议处。其去人,若伊主知而使去,枷号三个月,鞭一百;伊主不知,使自去者,照光棍例处决。

原拟:此条内亲王以下罚银及外藩王降罚之处,载该部现行例,律内无庸尽载。谨拟删改开载于后。

【原改现行例】一、凡内府人员家人,及内外王、贝勒、贝子、公、大臣官员家人,领本生理,霸占要地关津,倚势欺凌,不令商民贸易者,事发,将倚势欺凌之人,在犯事处所即行处斩示众。如民人借贷王以下大臣官员银两,指名贸易,霸占要地关津,恃强贻累地方者,亦照此例治罪。又内府人员家人,及王以下大臣官员家人,指名倚势,网收市利,挟制有司,干预词讼,肆行非法,该主遣去者,本犯枷号三个月,鞭一百;本犯私去者,照光棍例治罪。内外王、贝勒、贝子、公失察者,俱交各该衙门照例议处,管理家务官革职;大臣、官员失察者,亦俱革职。不行查拿之该地方文武官,交该部议处。

【1725】3.10.164.(8)

【增例】(略)

【1740】○修改

臣等谨按:此条次句及后段王、贝勒、贝子上"内外"二字应删。至"倚势欺凌之人,在犯事处所即行处斩示众",似觉过严,应改为"拟斩监候"。谨将删改例文,开列于后。

一、凡内府人员家人,及王、贝勒、贝子、公、大臣、官员家人,领本生理,霸占要地关津,倚势欺凌,不令商民贸易者,事发,将倚势欺凌之人拟斩监候。如民人借贷王以下大臣官员银两,指名贸易,霸占要地关津,恃强贻累地方者,亦照此例治罪。又内府人员家人,及王以下大臣官员家人,指名倚势,网收市利,挟制有司,干预词讼,肆行非法,该主遣去者,本犯枷号三个月,鞭一百;本犯私去者,照光棍例治罪。王、贝勒、贝子、公失察者,俱交与该衙门照例议处,管理家务官革职;大臣、官员失察者,亦俱革职。不行察拿之该地方文武官,交该部议处。

【1740】3.10.154.(5)(略)

【1825】3.10.154.(4)(略)

【1740】○增入

一、汉番交界之处,每月定场期三次,并令公平交易,该管衙门选差兵役稽查。如有强买强卖及短少价值者,照把持行市律治罪,仍追原价。兵役借端勒措者,照衙门人役恐吓索诈例计赃治罪。如有私入夷穴交易者,照私与外国人交通买卖例,分别治罪。不严行约束之地方官及该管上司,并交部议处。

谨案:此条系雍正六年(1728)定例。

【1740】3.10.154.(6)(略)

【1767】○删除

【原例】【1740】3.10.154.(6)(略)

*兵律·关津·私越冒度关津【1740】5.15.220.(3)(略)

臣等谨按:乾隆二十九年(1764)六月内,吏部尚书陈宏谋条奏,经署湖广总督常钧、湖南巡抚乔光烈会议具奏,"民、苗现准结亲,其男、妇与民人日有交易,从前设立场市、限定日期交易之处,一并停止"等因,经户部议准遵行。以上二条,均系禁止苗民往来交易旧例,拟合删除。

【1740】○增入

一、大小衙门公私所需货物,务照市价公平交易,不得充用牙行,纵役私取。即有差办,必须秉公提取,毋许借端需索。如有纵役、失察,交部分别议处。其衙役照牙行及无藉之徒用强邀截客货者不论有无诓赊货物例,枷号一个月,杖八十。如赃至三十五两者,照枉法赃问拟。所得赃私货物,分别给主、入官。

谨案:此条系乾隆元年(1736)定例。

【1740】3.10.154.(7)(略)

【1768】3.10.154.(6)(略)

【1825】3.10.154.(5)(略)

【1761】○续纂

一、牙行侵欠控追之案,审系设计诓骗,侵吞入己者,照诓骗本律计赃治罪,一百二十两以上,问拟满流,追赃给主。若系分散客店,牙行并无中饱者,一千两以下,照例勒追,一年不完,依负欠私债律治罪;一千两以上,监禁严追,一年不完,于负欠私债律上加三等,杖九十。所欠之银,仍追给主。承追之员,按月册报巡道稽查。逾限不给者,巡道按册提比。如怠忽从事,拖延累商者,该巡道据实揭参,照事件迟延例议处;有意徇纵者,照徇情例降二级调用;如有受财故纵者,计赃从重以枉法论。

臣等谨按:此条系乾隆二十三年(1758)十二月内,臣部议复原任云南布政使傅靖条奏定例,应纂辑以便遵行。

【1768】3.10.154.(7)(略)

【1825】3.10.154.(1)(略)

【1767】○续纂

一、粮船雇觅短纤,如有棍徒勒价、聚众攒殴等事,押运员弁,拿交地方官审实,将为首及下手伤人之犯俱问发近边充军,余俱杖一百、枷号两个月,于河岸示众。

臣等谨按:此条系乾隆二十九年(1764)十二月内,漕运总督杨锡绂条奏定例,应纂辑遵行。

【1768】3.10.154.(8)(略)

【1825】3.10.154.(7)(略)

【1772】○续纂

一、京城官地井水,不许挑水之人把持多家,任意争长价值,及作为世业,私相售卖。违者,许该户呈首,将把持挑水之人,照把持行市律治罪。

臣等谨按:此条系乾隆三十五年(1770)十一月内,步军统领福隆安审奏"山东招远县民妇康蓝氏呈控康世勋等霸占伊故夫所遗挑水买卖"一案奏请定例,应纂辑以便遵行。

【1790】3.10.154.(9)(略)

【1825】3.10.154.(8)(略)

私造斛斗秤尺

律　文

【1646】3.10.173

凡私造斛、斗、秤、尺不平,在市行使,及将官降斛、斗、秤、尺作弊增减者,杖六十,工匠同罪。○若官降不如法者,(官吏、工匠)杖七十。提调官失于较勘者,(原置官吏、工匠)减一等。知情与同罪。○其在市行使斛、斗、秤、尺虽平,而不经官司较勘印烙者,(即系私造。)笞四十。○若仓库官吏,私自增减官降斛、斗、秤、尺,收支官物而不平(纳以所增,出以所减。)者,杖一百。以所增减物计赃重(于杖一百)者,坐赃论。因而得(所增减之)物入已者,以监守自盗论。(并赃,不分首从,查律科断。)工匠杖八十。监临官知而不举者,与犯人同罪;失觉察,减三等,罪止杖一百。

【1670】3.10.172(略)

【1725】3.10.165

凡私造斛、斗、秤、尺不平,在市行使,及将官降斛、斗、秤、尺作弊增减者,杖六十,工匠同罪。○若官降不如法者,(官吏、工匠)杖七十。提调官失于较勘者,减(原置官吏、工匠罪)一等。知情与同罪。○其在市行使斛、斗、秤、尺虽平,而不经官司较勘、印烙者,(即系私造。)笞四十。○若仓库官吏,私自增减官降斛、斗、秤、尺,收支官物而不平(纳以所增,出以所减。)者,杖一百。以所增减物计赃重(于杖一百)者,坐赃论。因而得(所增减之)物入已者,以监守自盗论。(并赃,不分首从,查律科断。)工匠杖八十。监临官知而不举者,与犯人同罪;失觉察,减三等,罪止杖一百。

注:此谨度量权衡之制也。私造不平,谓大小、轻重、长短不遵定式也。私自增减,如斫削、贴补之类。收支不平,谓多收少支之不平也。首节言私造斛、斗、秤、尺及增减官降斛、斗、秤、尺之罪。二节言颁降不合式,官吏、工匠及提调失察之罪。三节言市使斛、斗、秤、尺即如法,而不经官较勘、印烙之罪。以上皆就民间行使而言。四节则言仓库官吏私自增减,收支不平,或因而得财,及工匠为之增减,并监临知而不举及失觉察之罪。

臣等谨按:此谨度量权衡之制也。私造不平,谓大小、轻重、长短不遵定式也。私自增减,如斫削、贴补之类。收支不平,谓多收少支之不平也。首节言私造斛、斗、秤、尺及增减官降斛、斗、秤、尺之罪。次节言降不合式,官吏、工匠及提调失察之罪。三节言市使斛、斗、秤、尺即如法,而不经官较勘、印烙之罪。以上皆就民间行使而言。四节则言仓库官吏私自增减,收支不平,或因而得财,及工匠为之增减,并监临知而不举及失觉察之罪。

【1740】3.10.155(略)

器用布绢不如法

律　文

【1646】3.10.174

凡民间造器用之物,不牢固真实,及绢布之属,纰薄短狭而卖者,各笞五十,其物入官。

【1670】3.10.173(略)

【1725】3.10.166

凡民间造器用之物,不牢固正实,及绢布之属,纰薄短狭而卖者,各笞五十,其物入官。

注:此言制造器物当中度也。凡造作器具日用之物,若不牢固正实,则易损坏;绢布之属,纰薄短狭,则不适用,故坐笞,而物入官。但此为市廛立法。若官物,则别有造作不如法之条。

臣等谨按:此言制造器物当中度也。凡造作器具日用之物,若不牢固、正实,则易损坏;绢布之属,纰薄短狭,则不适用,故坐笞,而物入官。但此为市廛立法。若官府,则别有造作不如法之条。

【1740】○修改

臣等谨按:民间市卖之物,造不如法,笞以惩之足矣。其物入官,滋弊无穷。且向来并未照此例行,应删。谨将删辑律文,开列于后。

凡民间造器用之物,不牢固正实,及绢布之属,纰薄短狭而卖者,各笞五十。

【1740】3.10.156(略)

国家出版基金项目
NATIONAL PUBLICATION FOUNDATION

大清律例源流辑校

大清律例源流汇考

第七册

刑律（续）·诉讼 受赃 诈伪 犯奸 杂犯

陈颐 点校

法律出版社
LAW PRESS·CHINA
北京

总　　目

第四册

第五册

第六册

第七册

第八册

第九册

第十册

本册目录

【刑律（续）】

【刑律·诉讼】

【刑律·受赃】

【刑律·诈伪】

【刑律·犯奸】

【刑律·杂犯】

【刑律（续）】

【刑律·诉讼】

越　诉

律　文

【1646】6.22.355

凡军民词讼，皆须自下而上陈告。若越本管官司，辄赴上司称诉者，即实亦笞五十。须本管官司不受理，或受理而亏枉者，方赴上司陈告。○若迎车驾及击登闻鼓申诉而不实者，杖一百；所诬不实之事重于杖一百者，从诬告重罪论。得实者免罪。若冲突仪仗，自有本律。

【1670】6.22.354（略）

【1725】6.22.342

律文（略）

注：此禁刁讼以息嚣风也。越赴上司衙门称诉不实者，依诬告律论。即得实，亦笞五十。至迎候车驾出入及击登闻鼓申诉而不实者，满杖。其不实之事重于满杖者，则从诬告之重罪论。得实者，免其申诉之罪。此又所以达民隐也。再查冲突仪仗，而诉事不实者，绞；上书诈不以实者，杖一百、徒三年。此条罪止杖一百者，仗外俯伏与冲突者不同，而申诉冤抑，期脱己罪，又与诈妄言事者有别也。

臣等谨按：此儆刁讼以息嚣风也。首节言不赴本管官司呈控，而辄赴上司衙门称诉之罪。不实者，依诬告律论；即得实，亦满笞。所以明上下之体统也。末节言迎候车驾出入及击登闻鼓申诉，而情有不实者之罪。其不实之事重于满杖者，则从诬告之重罪论。得实者，免其申诉之罪。此又所以达民隐也。再查冲突仪仗而诉事不实者，绞；上书诈不以实者，杖一百、徒三年。此条罪止杖一百者，仗外俯伏与冲突者不同，而申诉冤抑、期脱己罪，又与诈妄言事者有别也。

【1740】6.22.332（略）

附律条例

【1646】6.22.355.（1）

一、擅入午门、长安等门叫诉冤枉，奉旨勘问得实者，问罪枷号一个月。若涉虚者，仍杖一百，发边远卫分充军。其临时奉旨止将犯人拿问者，所诉情词，不分虚实，立案不行,仍将本犯枷号一个月发落。

【1670】6.22.354.(1)(略)

【1725】6.22.342.(1)【原例】(略)

【1740】○修改

臣等谨按:例内"问罪"二字,未经指何罪名。查《笺释》,依违制律杖一百,应增。再上一段是勘问虚实,分别治罪者;下一段是不问虚实,直拿治罪者。例内"将犯人拿问"一句,与下文"不分虚实"之意不合,应改。谨将增改例文,开列于后。

一、擅入午门、长安等门内叫诉冤枉,奉旨勘问得实者,枷号一个月,满日杖一百。若涉虚者,杖一百,发边远卫分充军。其临时奉旨止拿犯人治罪者,所诉情词,不分虚实,立案不行,仍将本犯枷号一个月发落。

【1740】6.22.332.(2)(略)

【1768】6.22.332.(2)(略)

【1646】6.22.355.(2)

一、凡假以建言为由,挟制官府,及将暧昧不明奸赃事情,污人名节,报复私仇者,俱问罪,文官革职为民,武官革职差操;旗军人等发边卫,民发附近,俱充军。其有曾经法司并抚、按等衙门问断明白,意图翻异,辄于登闻鼓下及长安左右门等处自刎自缢、撒泼喧呼者,拿送法司,追究教唆主使之人,从重问拟。

【1670】6.22.354.(2)(略)

【1725】○修改

原拟:今武官无革职差操之例,又巡按已经停差,应改"抚按"字为"督抚"。其军民有犯,俱应一体拟断,应将"军人发边卫"等句改为"军民人等发附近充军"。至长安门等处自刎自缢、撒泼喧呼者,现行例杖一百、徒三年。此条应照例删改,开载于后。

【原改条例】一、凡假以建言为由,挟制官府,及将暧昧不明奸赃事情,污人名节,报复私仇者,文武官俱问罪,军民人等皆发附近充军。其有曾经法司、督抚等衙门问断明白,意图翻异,辄于登闻鼓下及长安左右门等处自刎自缢、撒泼喧呼者,拿送法司,追究教唆主使之人,俱杖一百、徒三年。

【1725】6.22.342.(2)【原例】(略)

【1740】○修改

臣等谨按:雍正八年(1730),又有奏准鼓厅定例,与此例相类,应并酌增,以便引用。谨将增并例文,开列于后。

一、凡假以建言为由,挟制官府,及将暧昧不明奸赃事情,污人名节,报复私仇者,文武官俱革职,军民人等皆发附近充军。其有曾经法司、督抚等衙门问断明白,意图翻异,辄于登闻鼓下及长安左右门等处,自刎自缢、撒泼喧呼者,拿送法司,追究教唆主使之人,俱杖一百、徒三年。其因小事纠集多人,越墙进院,突入鼓厅,妄行击鼓谎告者,将首犯亦照此例治罪,余人各减一等发落。如有捏开大款,欲思报复,并将已经法司、督抚衙门断明事件,意图翻异,聚众击鼓者,将首犯照擅入午门长安等门叫诉冤枉例,发边远卫所充军,余人亦各减一等发落。如究出教令主使之人,身虽不行,亦照首犯治罪。

【1740】6.22.332.(5)(略)

【1768】6.22.332.(5)

一、凡假以建言为由,挟制官府,及将暧昧不明奸赃事情,污人名节,报复私仇者,文武官俱革职,军民人等皆发附近充军。其有曾经法司、督抚等衙门问断明白,意图翻异,辄于登闻鼓下及长安左右门等处,自刎自缢、撒泼喧呼者,拿送法司,追究教唆主使之人,俱杖一百、徒三年。其因小事纠集多人,越墙进院,突入鼓厅,妄行击鼓谎告者,将首犯亦照此例治罪,余人各减一等发落。如有捏开大款,欲思报复,并将已经法司、督抚衙门断明事件,意图翻异,聚众击鼓者,将首犯照擅入午门长安等门叫诉冤枉例,发边远地方充军,余人亦各减一等发落。如究出教令主使之人,身虽不行,亦照首犯治罪。

【1810】○修改

臣等谨按:此条系擅入登闻鼓厅妄诉,分别治罪之例。例内曾经法司等衙门断明,意图翻异,于登闻鼓下自刎自缢者,既追究主使、教唆之人,与首犯问拟满徒,则因小事纠人入厅击鼓谎告者,亦应追究主使、教唆之人,与首犯一律问拟,庶与前后不致参差。再捏开大款,欲思报复,聚众击鼓者,首犯发边远充军。倘所开大款诬告之罪,有重于军罪者,自应从其重者论。应请于例内修改添辑,以归画一而昭赅备。谨将修改例文,开列于后。

一、凡假以建言为由,挟制官府,及将暧昧不明奸赃事情,污人名节,报复私仇者,文武官俱革职,军民人等皆发附近充军。其有曾经法司、督抚等衙门问断明白,意图翻异,辄于登闻鼓下及长安左右门等处自刎自缢、撒泼喧呼者,或因小事纠集多人,越墙进院,突入鼓厅,妄行击鼓谎告者,拿送法司,追究主使教唆之人,与首犯俱杖一百、徒三年,余人各减一等。如有捏开大款,欲思报复,并将已经法司、督抚衙门断明事件,意图翻异,聚众击鼓者,将首犯照擅入午门长安等门叫诉冤枉例,发边远地方充军,余人亦各减一等发落。如究出教令主使之人,身虽不行,亦照首犯治罪。倘诬告之罪,有重于本罪者,从其重者论。

【1825】○修改

臣等谨按:道光二年(1822)四月内,臣部议复前任两江缌总孙玉庭审奏"泾县民徐华遣抱告徐行赴京刎颈,呈控吴鹤庆谋买坟山"案内,因查安徽省于嘉庆二十五年(1820)九月,有徐玉麟因伊族兄徐飞陇被张立托杀死,委员诬审反坐,徐玉麟来京呈控,身怀冤状,在臣部署前自戕毙命。今复有徐行来京申诉,在都察院署前自刎身死。显因例无严追主使之人治罪专条,以致愚民罔知儆畏,纷纷效尤。既非保全民命之道,亦恐启贿买亡命轻生变诈之风。议请嗣后凡来京控诉案件,如有在刑部、都察院、步军统领各衙门前故自伤残者,即行拿获,严追主使、教唆之人,与自伤未死之本犯,均照于登闻鼓下及长安左右门自刎自缢例酌减一等,拟以杖九十、徒二年半,余人减一等。即自戕之犯身死,亦必究明主使、教唆及预谋各犯,分别治罪。倘诬告重于本罪者,仍从其重者论等因具奏,奉旨允准通行,遵照在案。应添入例册,以资引用。谨将修改例文,开列于后。

一、凡假以建言为由,挟制官府,及将暧昧不明奸赃事情,污人名节,报复私仇者,文武官俱革职,军民人等皆发附近充军。其有曾经法司、督抚等衙门问断明白,意图翻异,辄于登闻鼓下及长安左右门等处自刎自缢、撒泼喧呼者,或因小事纠集多人,越墙进院,突入鼓厅,妄行击鼓谎告者,拿送法司,追究主使教唆之人,与首犯俱杖一百、徒三年,余人各减一等。如有捏开大款,欲思报复,并将已经法司、督抚衙门断明事件,意图翻异,聚众击鼓者,将首犯照擅入午门长安等门叫诉冤枉例,发边远地方充军,余人亦各减一等发落。如究出教令主使之人,身虽不行,亦照首犯治罪。至各省军民人等赴京控诉事件,如有在刑部、都察院、步军统领各衙门前,故自伤残者,拿获严追主使教唆之人,与自伤未死之本犯,均照于登闻鼓下及长安左右门自刎自缢例,减一等,杖九十、徒二年半,余人再减一等。如自戕之犯身死,亦究明主使教唆及预谋各犯,分别治罪。倘诬告之罪有重于本罪者,仍各从其重者论。

【1825】6.22.332.(5)(略)

【1646】6.22.355.(3)

一、朝觐、听选、给由等项人员,及解送军匠物料、听奏仪宾、会试举人、岁贡生员人等到京,若在京及原籍来京一应亲识闲杂人等,设谋奏告,欺诈吓取财物者,问罪枷号一个月发落,原词立案不行。

【1670】6.22.354.(3)(略)

【1725】○修改

原拟:应删去"朝觐""给由"及"解送军匠""听奏仪宾"等字,改为"听选人员及会试举人、贡监生,并解送物料人等到京"。

【1725】6.22.342.(3)

【原例】一、听选、赴试人员及解送匠役、物料人等到京,一应亲识闲杂人,设谋奏告,欺诈吓取财物者,问罪枷号一个月发落,原词立案不行。

【1740】○删除

臣等谨按:欺诈取财情事不同,概行枷号一月,似无轻重之分。且恐吓、诈欺分别治罪之处,各有本律,被害之人,亦不止听选、解送二项人等,此条应删。

【1646】6.22.355.(4)

一、江西等处客人,在于各处买卖生理,若有负欠钱债等项事情,止许于所在官司陈告,提问发落。若有蓦越赴京奏告者,问罪递回。奏告情词,不问虚实,立案不行。

【1670】6.22.354.(4)(略)

【1725】○修改

原拟:应改"江西等处客人"句为"直省客商"。

【1725】6.22.342.(4)

【原例】一、直省客商,在于各处买卖生理,若有负欠钱债等项事情,止许于所在官司陈告,提问发落。若有蓦越赴京奏告者,问罪递回。奏告情词,不问虚实,立案不行。

【1740】6.22.332.(7)(略)

【1825】6.22.332.(18)(略)

【1646】6.22.355.(5)

一、凡土官衙门人等,除叛逆机密并地方重事,许差本等头目赴京奏告外,其余户婚、田土等项,俱先申合干上司听与分理。若不与分理,及阿徇不公,方许差人奏告,给引照回,该管上司从公问断。若有蓦越奏告,及已奏告,文书到后,三月不出官听理,与已问理,不待归结,复行奏告者,原词俱立案不行。其妄捏叛逆重情,全诬十人以上,并教唆、受雇替人妄告,与盗空纸用印奏诉者,递发该管衙门,照依土俗事例发落。若汉人投入土官地方,冒顶土人亲属、头目名色,代为奏告报仇,占骗财产者,问发边卫充军。

【1670】6.22.354.(5)(略)

【1725】6.22.342.(5)

【原例】一、凡土官衙门人等,除叛逆机密并地方重事,许差本等头目赴京奏告外,其余户婚、田土等项,俱先申合干上司听与分理。若不与分理,及阿徇不公,方许差人奏告,给引照回,该管上司从公问断。若有蓦越奏告,及已奏告,文书到后,三月不出官听理,与已问理,不待归结,复行奏告者,原词俱立案不行。其妄捏叛逆重情,全诬十人以上,并教唆、受雇替人妄告,与盗空印纸填砌奏诉者,递发该管衙门,照依土俗事例发落。若汉人投入土官地方,冒顶土人亲属、头目名色,代为奏告报仇,占骗财产者,问发边卫充军。

【1740】○删除

臣等谨按:土官有机密重事,自有督抚管理,何得擅自赴京奏告。至户婚、田土细事,更无差人奏告之理。此条应删。

【1646】6.22.355.(6)

一、为事官吏、军民人等,赴京奏诉一应事情,审系被人奏告,曾经巡抚、巡按或在京法司见问未结者,仍行原问各该衙门并问归结。若曾被人在巡抚、巡按官或在京法司具告事发,却又朦胧赴隔别衙门告理,或隐下被人奏告缘由,牵扯别事,赴京奏行别衙门勘问者,查审明白,俱将奏告情词立案不行,仍将犯人转发原问衙门收问归结。若已经巡抚、巡按官或在京法司问结发落人犯,赴京奏诉冤枉者,方许改调无碍衙门勘问辩理。

【1670】6.22.354.(6)(略)

【1725】○修改

原拟:今无“巡按”,应改“巡抚、巡按”字为“督抚”。

【1725】6.22.342.(6)

【原例】一、为事官吏、军民人等,赴京奏诉一应事情,审系被人奏告,曾经督抚或在京法司见问未结者,仍行原问各该衙门并问归结。若曾被人在督抚或在京法司具告事发,却又朦胧赴隔别衙门告理,或隐下被人奏告缘由,牵扯别事,赴京奏行别衙门勘问者,查审明白,俱将奏告情词立案不行,仍将犯人转发原问衙门收问归结。若已经督抚或在京法司问结发落人犯,赴京奏诉冤枉者,方许改调无碍衙门勘问辩理。

【1740】6.22.332.(8)(略)

【1801】○修改

臣等谨按:此条系前明旧例。查奸徒被人具告未结,却又朦胧赴别衙门告理,希图延宕,或隐下被人奏告缘由,牵扯别事,赴京奏告,希图拖累,既经勘问,将朦胧告理、隐匿、牵扯情节查审明白,应将奏告情词及审出诬控缘由,连犯人转发原问衙门收问归结,仍治以诬告之罪。例内奏告情词,立案不行,系属旧例,应行修改。又未经督抚审结,赴京奏诉者,亦应转发原问衙门收审归结。应添入例内,以昭赅备。谨将修改例文,开列于后。

一、为事官吏、生监、军民人等,赴京奏诉一应事情,审系被人奏告,曾经督抚或在京法司见问未结者,仍行原问各该衙门并问归结。若曾被人在督抚或在京法司具告事发,却又朦胧赴别衙门告理,或未经督抚审结,赴京奏诉,希图延宕,或隐下被人奏告缘由,牵扯别事,希图拖累,赴京奏诉请行别衙门勘问者,查审明白,将奏告情词,及审出诬控缘由,连犯人转发原问衙门收问归结,仍治以诬告之罪。若已经督抚或在京法司问结发落人犯,赴京奏诉冤枉者,方许改调无碍衙门勘问办理。

【1802】6.22.332.(17)(略)

【1825】6.22.332.(15)(略)

【1646】6.22.355.(7)

一、军民人等干己词讼,若无故不行亲赍,并隐下壮丁,故令老幼残疾、妇女家人抱赍奏诉者,俱各立案不行,仍提本身或壮丁问罪。

【1670】6.22.354.(7)(略)

【1725】6.22.342.(7)【原例】(略)

【1740】6.22.332.(9)(略)

【1802】6.22.332.(8)(略)

【1825】6.22.332.(6)(略)

【1646】6.22.355.(8)

一、曾经考察、考核、被劾人员,若怀挟私忿,妄捏摭拾经该官员别项赃私,不干己事,奏告以图报复者,不分见任、致仕、闲住,文官问发为民,武官问革差操。奏告情词,不问虚实,立案不行。

【1670】6.22.354.(8)(略)

【1725】○修改

原拟:今武官无差操之例,致仕、闲住,该载未尽,且文武官俱系一体处分,相应删改,开载于后。

【原改条例】一、曾经考察、考核、被劾人员,若怀挟私忿,妄捏摭拾经该官员别项赃私,不干己事,奏告以图报复者,不分见任、去任,文武官员俱革职为民,已革者问罪。奏告情词,不问虚实,立案不行。

【1725】6.22.342.(8)【原例】(略)

【1740】○修改

臣等谨按:例内"妄捏"二字,事涉诬告,应分别反坐,未便概拟革职,应删。谨将删辑例文,开列于后。

一、曾经考察、考核、被劾人员,若怀挟私忿,摭拾察核官员别项赃私,不干己事,奏告以图报复者,不分见任、去任,文武官俱革职为民,已革者问罪。奏告情词,不问虚实,立案不行。

【1740】6.22.332.(6)(略)

【1825】6.22.332.(17)(略)

【1646】6.22.355.(9)

一、凡蓦越赴京及赴巡抚、巡按、按察司官处,各奏告叛逆等项机密重事不实,并全诬十人以上,属军卫者,发边卫充军;属有司者,发边远为民。

【1670】6.22.354.(9)(略)

【1725】○修改

原拟:"巡抚、巡按"字应改为"督、抚"。其诬告叛逆,现行例已定为斩罪,应删去"叛逆等项"字。

【1725】6.22.342.(9)

【原例】一、凡蓦越赴京及赴督、抚、按察司官处,各奏告机密重事不实,并全诬十人以上,属军卫者,发边卫充军;属有司者,发边远为民。

【1740】6.22.332.(10)(略)

【1768】6.22.332.(10)

一、凡蓦越赴京及赴督、抚、按察司官处,各奏告机密重事不实,并全诬十人以上,属军卫者,发近边充军;属有司者,发边外为民。

【1772】○修改

臣等谨按:乾隆三十六年(1771)六月内,臣部奏明,此条内奏告机密重事不实,并全诬十人以上,仅拟近边充军,无以示儆,拟发边远充军。如有干系重大事情,临时酌量办理等因在案,所有此条原例应修。其例内“属军卫”“有司”及“发边外为民”字样,应删。谨将删改例文,开列于后。

一、凡蓦越赴京及赴督抚、按察司官处,各奏告机密重事不实,并全诬十人以上者,发边远充军。如有干系重大事情,临时酌量办理。

【1790】6.22.332.(10)(略)

【1802】6.22.332.(9)(略)

【1825】6.22.332.(7)(略)

【1646】6.22.355.(10)

一、在外刁徒,身背黄袱,头插黄旗,口称奏诉,直入衙门挟制官吏者,所在官司就拿送问。若系干己事情,及有冤枉者,照常发落。不系干己事情,别无冤枉,并追究主使之人,一体问罪。属军卫者,俱发边卫充军;属有司者,俱发边远为民。

谨案:此条系原例。

【1670】6.22.354.(10)(略)

【1725】6.22.342.(10)

【原例】一、在外刁徒,身背黄袱,头插黄旗,口称奏诉,直入衙门挟制官吏者,所在官司就拿送问。若系干己事情,及有冤枉者,照常发落。不系干己事情,别无冤枉,并追究主使之人,一体问罪。属军卫者,俱发边卫充军;属有司者,俱发边外为民。

【1740】6.22.332.(11)(略)

【1768】6.22.332.(11)

一、在外刁徒,身背黄袱,头插黄旗,口称奏诉,直入衙门挟制官吏者,所在官司就拿送问。若系干己事情,及有冤枉者,照常发落。不系干己事情,别无冤枉,并追究主使之人,一体问罪。属军卫者,俱发近边充军;属有司者,俱发边外为民。

【1772】○修改

臣等谨按:乾隆三十六年(1771)六月内,臣部奏明,此条例内“照常发落”四字不甚明晰,碍难援引,拟改为“照例审断,仍治以不应重罪。其不系干己事情,别无冤枉,并究追主使之人,一体发近边充军”等因在案,所有此条原例应修改。其“属军卫”“有司”及“发边外为民”字样,均应删。谨将删改例文,开列于后。

一、在外刁徒,身背黄袱,头插黄旗,口称奏诉,直入衙门挟制官吏者,所在官司就拿送问。若系干己事情,及有冤枉者,照例审断,仍治以不应重罪。其不系干己事情,别无冤枉,并究追主使之人,一体问罪,俱发近边充军。

【1790】6.22.332.(11)(略)

【1802】6.22.232.(10)(略)

【1825】6.22.332.(8)(略)

***【1680】5.13.102　刑部现行则例·宫卫·午门等门诉告**

一、凡人跪午门、长安等门者,照擅入午门、长安等门叫诉冤枉律遵行。车驾行幸瀛台、景山之处,有跪诉者,照迎车驾申诉律遵行。车驾出郊行幸,有跪诉者,照冲突仪仗律遵行。

***【1680】5.13.103　刑部现行则例·宫卫·打石狮子诉告**

一、擅入长安等门打石狮子鸣冤者,照擅入午门、长安等门叫诉冤枉律问罪。若打正阳门外石狮子者,照损坏正阳门外御桥律问罪。

【1725】○增入

原拟:现行例六条,类于此律,应增入。

【现行例】一、凡跪午门、长安等门,照擅入午门、长安等门叫诉冤枉律遵行。

【现行例】一、擅入长安等门打石狮子鸣冤者,照擅入午门、长安等门叫诉冤枉律问罪。若打正阳门外石狮子者,照损坏御桥律问罪。

原拟:以上二条,俱系擅入禁门越诉之例,应删去太繁字句,并作一条。谨拟删并,开载于后。

【原改现行例】一、凡跪午门、长安等门及打长安门内石狮鸣冤者,俱照上条擅入诉冤例治罪。若打正阳门外石狮者,照损坏御桥例治罪。

【1725】6.22.342.(11)

【增例】一、凡跪午门、长安等门,及打长安门内石狮鸣冤者,俱照擅入禁门诉冤例治罪。若打正阳门外石狮者,照损坏御桥例治罪。

【1740】6.22.332.(3)(略)

***【1680】5.13.104　刑部现行则例·宫卫·藏金刃入午门等门**

一、午门、长安等门,如有奸徒身藏金刃,欲行叩阍擅入者,不问事之虚实,将所告情由不准。系民,责四十板,发边卫充军;系旗下人,枷号三个月,鞭一百。

【1725】○增入

原拟:现行例六条,类于此律,应增入。

【现行例】*【1680】5.13.104　刑部现行则例·宫卫·藏金刃入午门等门(略)

【原续现行例】一、凡入堂子跪告者,永行禁止。违禁者,旗人鞭一百,民责四十板。

原拟:以上二条,俱系越诉之例,应删去太繁字句,并作一条。谨拟删并,开载于后。

【原改现行例】一、凡奸徒身藏金刃,欲行叩阍,擅入午门、长安等门者,不问所告虚实,立案不行,仍杖一百,发边卫充军。若违禁入堂子跪告者,杖一百。

【1725】6.22.342.(12)【增例】(略)

【1740】6.22.332.(4)(略)①

【1768】6.22.332.(4)

一、凡奸徒身藏金刃,欲行叩阍,擅入午门、长安等门者,不问所告虚实,立案不行,仍杖一百,发近边充军。若违禁入堂子跪告者,杖一百。

***【1680】4.12.99 刑部现行则例·仪制·生员捏告**

一、凡生员越关赴京,在各衙门谎捏控告或跪牌并渎奏者,将所奏告事件不准,仍即革去生员,照违制律杖一百。

【1725】○增入

原拟:现行例六条,类于此律,应增入。

【1725】6.22.342.(13)

【增例】一、凡生员越关赴京,在各衙门谎捏控告或跪牌并奏渎者,将所奏告事件不准,仍革去生员,照违制律杖一百。

【1740】6.22.332.(12)(略)

【1801】○删除

臣等谨按:此条系康熙年间旧例。查生员犯事,应与民人一体办理。例内赴京奏告事件不实,俱有分别治罪专条。此条革去生员,罪止满杖,与各例不符,应行删除。并于前条官吏、军民人等例内增入"生监"二字,以昭赅备,合并声明。

***【1680】6.22.195 刑部现行则例·诉讼·越诉**

一、如事款有碍本官,不便控告,或有冤抑,审断不公,须于状内将控过衙门、审过情节开载明白,方许准理。若未告州、县,或已告州、县,不候审断越诉者,将越诉之人治罪。若上司官准其越诉者,将违例准状之官议处。州、县一应大小事件,如有审断不公、颠倒是非者,或经别衙门审出,将原问官题参,严加议处。

【1725】○增入

原拟:现行例六条,类于此律,应增入。

【现行例】

一、凡在外州县,有事款干碍本官,不便控告,或有冤抑,审断不公,须于状内将控过衙门、审过情节开载明白,上司官方许受理。若未告州、县,及已告州、县,不候

---

① 《大清律例按语》第61卷"刑律·诉讼·越诉"(乾隆五年)条下,本条后附注按语如下:"臣等谨按:以上二条系第十一条及十二条例文,因与擅入午门一例,移置于此。"

审断越诉者,治罪。上司官违例受理者,亦议处。

【1725】6.22.342.(14)【增例】(略)

【1740】6.22.332.(13)(略)

【1802】6.22.332.(11)(略)

【1825】6.22.332.(9)(略)

【1725】6.22.342.(15)

【钦定例】一、文武生员,除事关切己及未分家之父兄,许其出名告理外,如代人具控作证者,令地方官申详学臣褫革之后,始行审理曲直。至告给衣顶,必限十科之外,及实系年老病废,及进学时年已衰迈者,该教官出具印结,具详学臣核验准给。如给衣顶后,有抱揽词讼者,加倍治罪,将出结之教官及学臣交部查议。至捐纳贡监,妄为生事,应行褫革者,地方官申报督抚、学臣。其事属督抚者,移咨学臣;事属学臣者,移咨督抚。一面褫革,一面报部。年底仍将审明缘由,造册送部查核。其考职吏员,倚恃护符,作奸犯科者,该地方官申报上司,转详督抚咨部,革去职衔,照所犯罪名,加凡人一等治罪。

【1740】○删除

臣等谨按:生员代控,先革后审一款,已于乾隆元年(1736)停止。告给衣顶一项,载入《学政全书》,无关律例。至包揽词讼、妄为生事、作奸犯科,无论官吏、军民,皆当一体治罪。"加倍"字样,已于雍正八年(1730)奉旨停止。且贡监生员、吏典人等,犯赃犯奸,行止有亏,俱发为民之处,详见"名例",无庸复出此条。应删。

*【1725】○增入①

【现行例】一、凡近京旗、民互相讦告案内,有干连命、盗重罪,及有职之员、紧要当差之人,不便发审者,将民提部审结外,退差在屯旗人。并庄头与民人斗殴、赌博、互争田产、婚姻等细事,俱在理事同知处控告审明,详报巡抚完结。其在外民人与在京旗人为地土、房产、主仆相争等事,档案俱在户部,应听户部审理。其中有斗殴、抢夺等情,户部会同刑部审结。违者即照滋事扰民治罪。民人串通旗人代讼投词,违例控告旗、民,俱从重治罪。旗人控告民人,提审时,旗人故意勒掯推诿不到官者,所告之事立案不行,仍将原告照诬告律治罪。

臣等谨按:此条类于越诉律,应增入条例后。

---

① 本条见于《大清律例按语》第22卷"刑律·诉讼·越诉"(雍正三年)条下,雍正三年(1725)《大清律集解附例》不载。

【1740】○移入

【原例】*兵律·宫卫·冲突仪仗【1725】5.13.205.(2)

一、凡车驾行幸瀛台等处,有申诉者,照迎车驾申诉律拟断。车驾出郊行幸,有申诉者,照冲突仪仗律拟断。

臣等谨按:此条原载"兵律·冲突仪仗"条下,因与越诉相类,移入于此。

【1740】6.22.332.(1)(略)

【1740】○增入

一、户婚、田土、钱债、斗殴、赌博等细事,即于事犯地方告理,不得于原告所住之州县呈告。原籍之官,亦不得滥准行关;彼处之官,亦不得据关拘发,违者分别议处。其于事犯地方官处告准,关提质审,而彼处地方官匿犯不解者,照例参处。

此条系雍正六年(1728)定例。

【1740】6.22.332.(14)(略)

【1802】6.22.332.(12)(略)

【1825】6.22.332.(10)(略)

【1740】○移入

【原例】*刑律·诉讼·诬告

【1725】6.22.346.(2)一、旗军有欲陈告运官不法事情者,许候粮运过淮,并完粮回南之日,赴漕司告理。如赴别衙门挟告诈财者,听该管官即拿送问。犯该徒罪以上,调发边卫充军。

臣等谨按:此条系原载"诬告"条例之下。查旗军陈告运官,不赴漕司告理,而赴别衙门挟告,事类越诉,谨移于此。

【1740】6.22.332.(15)(略)

【1768】6.22.332.(15)

一、旗军有欲陈告运官不法事情者,许候粮运过淮,并完粮回南之日,赴漕司告理。如赴别衙门挟告诈财者,听该管官即拿送问。犯该徒罪以上,调发近边充军。

【1802】6.22.332.(13)(略)

【1825】6.22.332.(11)(略)

【1743】○续纂

一、词讼未经该管衙门控告,辄赴控院、司、道、府,如院、司、道、府滥行准理,照例议处。其业经在该管衙门控理,复行上控,先将原告穷诘,果情理近实,始行准理。如审理属虚,除照诬告加等律治罪外,先将该犯枷号一个月示众。

此条系乾隆六年(1741)五月钦奉谕旨,敕令臣部议准条例。

【1768】6.22.332.(16)(略)
【1802】6.22.332.(14)(略)
【1825】6.22.332.(12)(略)

【1772】○续纂

一、外省民人,凡有赴京控诉案件,如州县判断不公,曾赴该管上司暨督抚衙门控诉,仍不准理,或批断失当,又虽未经在督抚处控告有案,而所控案情重大,事属有据者,刑部、都察院等衙门核其情节,奏闻请旨查办。其命、盗等案,事关罪名出入者,即将呈内事理,行知各该督抚秉公查审,分别题、咨报部。如地方官审断有案,即提案核夺,或奏或咨,分别办理。若审系刁民希图陷害,捏词妄控,报复私仇,即按律治罪。其仅止户婚、田土细事,则将原呈发还,听其在地方官衙门告理,仍治以越诉之罪。

臣等谨按:此条系乾隆三十四年(1769)三月内,都察院左都御史素尔讷条奏定例,应纂辑以便遵行。再查外省州县小民,敢以户婚、田土细事来京控诉,必非安分之人,仅将原呈发还,无以示儆。今拟于"听其在地方官衙门告理"下添入"仍治以越诉之罪"一句,合并声明。

【1790】6.22.332.(17)(略)

【1795】○修改

臣等谨按:乾隆五十六年(1791)二月内,大学士、九卿议复江南道监察御史徐烺及左副都御史刘权之条奏,外省来京呈控案件,先令具呈之人出具曾否在本省呈告甘结。如未经在本省呈告,将该犯解回原籍,令督抚审拟题报。其已经历控,本省题、咨有案,刑部将现控呈词核对原案。如情节相同,毋庸再为审理,即将翻控之犯,从重治以脱逃、越诉之罪。若现控情节,与达部案情迥不相同,而又事关重大,或曾在本省历控,尚未审结报部,虚实难以悬定者,将该犯交刑部监禁,提取卷宗来京,核对质讯,临时酌量,请旨查办。如本省未经呈告而捏称已告者,照诬告律加倍治罪等因,奏准在案,此条应行修改。再查例载议罪不得用"加倍"字样。又查五十九年(1794)二月内,钦奉谕旨"问拟杖、徒、军、流等案,有情节较重者,止应于本罪定律上加一等,不得越等增加"等因,钦遵于"名例·徒流迁徙地方"条下纂定。例文所有原奏内"加倍治罪"之处,自应酌改为"再加一等治罪"。今将修改例文,开列于后。

一、外省民人赴京控诉,究问曾否在本省各衙门呈告有案,令其出结。如未经控理,将该犯解回本省,令督抚等秉公审拟题报。其先经历控本省各衙门,已据审结题咨到部,复又来京翻控者,即交刑部将现控呈词核对原案。如所控情事与原案只小有不符,无关罪名轻重者,毋庸再为审理,即将翻控之犯照律治罪。若核与达部案情迥不相符,而又事关重大者,或曾在本省历控,尚未审结报部,虚实难以悬定者,将该犯交刑部暂行监禁,提取该省案卷来京核对质讯,或交该省督抚审办,或请钦派大臣前往,临时酌量请旨查办。如本省未经呈告,捏称已告者,照诬告加等律再加一等治罪。

【1802】6.22.332.(16)(略)

【1825】6.22.332.(14)(略)

【1788】○续纂

一、八旗人等,如有应告地亩,在该旗佐领处呈递。如该佐领不为查办,许其赴部及步军统领衙门呈递。其有关涉民人事件,即行文严查办理。若违例在地方官滥行呈递者,照违制律从重治罪。该管官员,俱各严行议处。

臣等谨按:乾隆四十八年(1783)二月内,钦奉上谕:"嗣后旗人若有应告地亩之事,各在该旗佐领处呈递查办。如该佐领不办,在部及提督衙门呈递可也。此内若有关民人事件,部内行文严查办理。有何不能明白之处?自此晓谕之后,若仍在地方官滥行呈递者,将违制之人从重治罪外,该管官员俱各严行议处,断不姑容。将此通谕八旗各营知道。钦此。"钦遵在案。应恭纂为例,以便遵行。

【1790】6.22.332.(18)(略)

【1802】6.22.332.(15)(略)

【1825】6.22.332.(13)(略)

【1801】○续纂

一、军民人等,遇有冤抑之事,应先赴州县衙门具控。如审断不公,再赴该管上司呈明。若再有屈抑,方准来京呈诉。如未经在本籍地方及该上司先行具控,或现在审办未经结案,遽行来京控告者,交刑部讯明,先治以越诉之罪。

臣等谨按:嘉庆五年(1800),步军统领衙门奏"直隶静海县民辛田元呈控伊子辛小牛被人殴死,控县不为缉凶等情"一案。钦奉上谕:"朕勤求治理,明目达聪,令都察院、步军统领等衙门接到呈词,即行奏明申理,以期民隐上达,不使案情稍有屈抑。但国家设官分职,自有等差。各省民人遇有冤抑之事,本应先赴州县衙门具控。如审断不公,再赴该管上司呈明。若再有屈抑,方准来京呈诉。但外省由府、县而上至督、抚,岂无一二公正之员,何至无从昭雪。乃近日来京呈诉之案,殆无虚日。其中多有以闾阎细故琐屑上控,甚或挟嫌图诈,任意株连。并有不肖之徒,以不干己事,挺身包揽,纠敛钱文,作为资斧,既遂贪心,复称仗义。此等莠民,平日赋税则任催不纳,词讼则抗断不遵。地方官决狱催科,小施刑罚,辄即捏词上控,希图报复。似此逞刁滋讼,若不稍示限制,于人心风俗殊有关系。即如闽省械斗,屡禁不悛,粤省抗粮,致将官员乘轿挤碎,皆由民人等不知畏官所致。即教匪肆逆,固由贪官污吏激成事端,亦因不逞之辈藐视官长而起。岂可不预防其渐。向来民人越诉,定例綦严。而借端倾陷,赴京告诉,律有明禁。嗣后各省军民人等,凡有赴京呈控之案,如果系实在冤枉,曾赴该管上司控诉,仍不准理,或批断失当,及关系官吏骫法营私者,审明得实,自当将原审各员及所控官吏按律办理。若未经在本籍地方及该上司先行具控,或现在审办,未经结案,遽来京控告者,即所告属实,仍当治以越诉之罪。着传知都察院、步军统领等衙门,遇有外省民人来京呈控之案,具奏后交刑部讯明。

如系越诉者,即按例先行惩治,再将本案审办。并令各省督抚将赴京控诉之律例,通行刊刷出示,俾刁健之民知所儆畏。各督抚等于属员中,其声名平常,不孚舆论者,自当严行纠劾,而官声素好,被人诬捏者,亦当善为保全。至小民冤枉,自不可不急为申理。其砌词诬控,挟制官长,拖累善良者,尤不可不大加惩创。庶健讼之风,可知悛改,民俗可日臻淳厚。将此通谕知之。所有本日步军统领衙门奏直隶民人辛田元呈控一案,即着照此办理。钦此。"钦遵在案。当经臣部讯明辛田元并未在籍具控,遵旨照越诉例笞五十,先行折责,奏交直隶总督审拟具奏外,应恭纂为例,以便遵行。

【1802】6.22.332.(18)(略)

【1825】6.22.332.(16)(略)

【1806】○续纂

一、刑部除呈请赎罪留养、外省题咨到部,及现审在部有案者,俱据呈办理外,其余一切并无原案词讼,均应由都察院、五城、步军统领衙门、顺天府及各旗营接收,分别奏、咨,送部审办,概不准由刑部接收呈词。至钱债细事、争控地亩,并无罪名可拟各案,仍照例听城坊及地方有司自行审断,毋得概行送部。

臣等谨按:嘉庆十年(1805)四月内,臣部议奏"请定接收呈词限制"一折内称,刑部旧日章程,除呈请赎罪留养,及外省题咨到部有案,现审在部有案者,刑部俱得据呈办理外,其余凡一切并无原案、现审词讼,俱由都察院、五城提督衙门、顺天府及各旗营接收呈词,分别奏、咨,解送刑部收审。是各衙门接收呈词而不审讯结案,刑部审讯结案而不接收呈词,界限分明,慎防流弊。近年来,呈词多赴刑部呈诉,若不奏明立定章程,窃恐日久渐弛,一紊旧章。请将刑部除赎罪留养及在部有案事件,其余概不接收呈词之处,载入例册。再如钱债细事,控争地亩,并无罪名可拟各案,向系城坊、地方有司自行审断。近亦间有送部办理者,未免渐就诿卸,应仍复旧例等因具奏。奉旨:"依议。钦此。"钦遵在案。应纂辑为例,以便遵行。

【1825】6.22.332.(19)(略)

【1814】○续纂

一、军民人等控诉事件,俱令向该管官露呈投递。倘敢呈递封章,挟制入奏,无论本人及受雇代递者,接收官员,一面将原封进呈,一面将该犯锁交刑部收禁。如所告得实,本犯系平民,照冲突仪仗妄行奏诉例加一等,发边远充军。如所控虚诬,核其诬告本罪仅止笞、杖、徒者,仍发边远充军,笞、杖罪名到配枷号一个月,徒罪枷号两个月;如诬告罪应拟流者,发极边足四千里充军;应拟附近、近边、边远、极边充军者,实发云贵两广极边烟瘴地方充军;应拟极边烟瘴充军者,改发新疆充当苦差。如因呈递封章,另犯应死罪名,仍各从其重者论。其受雇代递者,俱照受财雇寄例,发近边充军;赃重者,以枉法从重论。

臣等谨按:嘉庆十五年(1810)七月二十七日,奉上谕:"嗣后有民人等转交王公、大臣、官员代递密折,若系控告案件,即使所告得实,亦着将原告之人照冲突仪仗罪名加重惩治等因。钦此。"十七年(1812)六月初四日,奉上谕:"近年军、流人犯,往往有于配所遣人来京呈递封章之事,实为刁诈之尤。无论所言是非虚实,均应一体治罪。着刑部酌议罪名,立定专条,载入则例遵行等因。钦此。"当经臣部查,越分上书条陈事务,在平民罪应杖、徒;呈递密折控告案件,在平民罪应充军。至获罪远戍之犯,辄敢缮写封章,其愍不畏法,尤非平民可比,自应严立科条,用示惩创。议请嗣后发遣军、流人犯,如有在配所遣人呈递封章,条陈事务,无论所言有无可采,原犯军、流,照例加一等调发;原犯遣罪,无可再加,即在配所用重枷枷号六个月。呈递密折奏告人罪,无论所控是否得实,原犯流罪改发云贵两广极边烟瘴充军;原犯军罪,改发黑龙江,仍照例分别当差、为奴;原犯遣罪无可再加,即在配所用重枷枷号一年。倘本案实在屈抑,不赴内外风宪衙门申诉,辄违例递折,除本案准予审明更正外,仍将该犯照冲突仪仗妄行奏诉例,发近边充军。如因呈递封章,另犯应死罪名,仍各从其重者论等因,奏准通行。是年十一月初三日,复奉上谕:"近日人情,险诈万端,于琐屑之案,不向该管官吏控诉,辄匿名告讦,以期封奏上闻。甚至将呈词封固投递,挟制接收官员不敢拆阅,原封入奏。此内罪囚、蠹役、厮隶、驿夫,比比皆是。蔑等冒尊,较之道旁叩阍,冲突仪仗者,其情节尤为可恶。着交刑部核议,嗣后如有捏称重情,封递呈词者,其所控得实,仍应作何治罪,若所控虚诬,应如何加重治罪,其罪犯封固呈词者,再如何加等治罪,分别拟定条例,以惩刁健而肃纪纲等因。钦此。"又经臣部查,小民果有冤屈,自当露呈控诉,听候审办。乃近日刁徒,往往将呈词封固投递,挟制接收官员不敢拆阅,原封入奏,已属刁健。而负罪之犯,封递呈词,比诸平民,更属藐法。议请嗣后军民人等控诉事件,俱令向该管官露呈投递。倘敢呈递封章,挟制入奏,如所告得实,系平民,亦照冲突仪仗妄行奏诉例加一等,发边远充军。若所控虚诬,核其诬告本罪仅止笞、杖、徒者,仍发边远充军,笞、杖罪名,到配加枷号一个月;徒罪,加枷号两个月。如诬告罪应拟流者,发极边足四千里充军;应拟附近、近边、边远、极边充军者,实发云贵两广极边烟瘴地方充军;应拟极边烟瘴充军者,改发新疆充当苦差。其负罪之犯,或自行封递呈词,或遣人投递封词,告言人罪者,系死罪人犯,除罪应斩、绞立决者,无可复加外,原犯斩、绞监候,秋审时应入缓决者,改为情实;应入情实者,改为立决。原犯军、流、遣罪,无论已、未到配,即于在配遣军流犯遣人递折奏告人罪之例,分别治罪。如系应拟笞、杖、枷号、徒罪,尚未发落,及徒罪业已发配、役限未满者,即发极边足四千里充军。至封递呈词内,或语涉悖逆,或匿名告讦,或诬告叛逆,及诬告人因而至死等项,应拟死罪者,仍各从其重者论等因奏准。是年十二月二十日,奉上谕:"御史常文等奏'请申禁庶民呈递封章,以归画一'一折。嗣后如有民人呈递封章者,接收之员一面将所递封章具奏,一面即将该犯锁拿,先行送交刑部押禁,附于折内陈明等因。钦此。"复经臣部奏明,有受雇代替者,亦一体锁交。臣部审明后,照受雇诬告及受财雇寄各律例分别治罪等因,奏准通行,各在案。应将军民人等呈递封章控诉事件挟制入奏为一条,负罪人犯呈递封章奏告人罪为一条,遣、军、流犯呈递封章条陈事务为一条,分载于"诉讼""诈伪"各门。再查原奏内"本案实有屈抑,不赴内外风宪衙门申诉,辄违例递折,除本案准予审明更正外,仍将该犯照冲突仪仗妄行奏诉例，发近边充军”等语。查本案所犯之罪，如果止于流、徒、杖责，自应依例发近边充军，倘更正本罪有重于近边充军者，作何定拟，并未议及。设遇此等案件，自应于本罪上加一等调发，以示区别。至遣、军、流犯条陈事务，与告言人罪者不同，如系用财雇寄，于法亦无所枉，其受雇代递之人，应照“名例”以为从论，于本犯罪上减一等。计赃重者，按诈欺官私取财律，准窃盗赃科断。其受雇代递封章告言人罪之犯，计赃重者，仍照受财雇寄本例，以枉法从重论。应请一并添入例内，以便引用。合并陈明。

【1825】6.22.332.(20)(略)

【1829】○修改

臣等谨按：道光六年(1826)十一月内，军机大臣会同臣部议复直隶总督那彦成奏“调剂新疆遣犯”折内，请将军民人等呈递封章，挟制入奏，所控虚诬，核其诬告罪应拟极边烟瘴充军者，发新疆当差一条，仍改发云贵两广极边烟瘴充军，到配加枷号三个月等因奏准，通行在案。例内发新疆之处应行修改，谨将修改例文，开列于后。

一、军民人等控诉事件，俱令向该管官露呈投递。倘敢呈递封章，挟制入奏，无论本人及受雇代递者，接收官员，一面将原封进呈，一面将该犯锁交刑部收禁。如所告得实，本犯系平民，照冲突仪仗妄行奏诉例加一等，发边远充军。如所控虚诬，核其诬告本罪仅止笞、杖、徒者，仍发边远充军，笞、杖罪名到配枷号一个月，徒罪枷号两个月；如诬告罪应拟流者，发极边足四千里充军；应拟附近、近边、边远、极边充军者，实发云贵两广极边烟瘴地方充军；应拟极边烟瘴充军者，仍改发云贵两广极边烟瘴充军，到配加枷号三个月。如因呈递封章，另犯应死罪名，仍各从其重者论。其受雇代递者，俱照受财雇寄例，发近边充军；赃重者，以枉法从重论。

谨案：此条嘉庆十九年(1814)定。道光六年(1826)调剂新疆遣犯，将原拟发新疆当差，改发云贵两广极边烟瘴充军，到配加枷号三月。二十四年(1844)，新疆遣犯，照旧发往，仍复原例。

【1845】○修复①

臣等谨查此条例文，从前旧例内载“军民人等，呈递封章，挟制入奏，如所控虚诬，罪应极边烟瘴充军者，改发新疆充当苦差”等语。嗣于道光六年(1826)十一月内，据原任陕甘总督那彦成奏请调剂新疆遣犯，经军机大臣会同臣部，议将此项改为改发云贵两广极边烟瘴充军，到配加枷号三个月，奏准纂入例册在案。兹道光二十四年(1844)六月内，据升任贵州巡抚贺长龄奏请“调剂军犯章程”一折，复经军机大臣会同臣部，议请嗣后新疆遣犯，各照旧发往等因具奏。奉上谕：“据军机大臣会同刑部议奏‘贵州军犯拥挤，酌减调剂’等语。新疆遣犯改发内地，恐人数众多，不特约束难周，且与民风大有关碍。非若新疆地方辽阔，外遣人犯易于安插。所有旧时改发内地各条，着仍照旧发往新疆，交该将军设法妥为安插。并严饬所属认真查核，严加管束，毋令滋生事端，俾期积久无弊。余依议。钦此。”是新疆遣犯，既应照旧发往，其呈递封章，罪应烟瘴充军，改发新疆之原例，现

① 本条原作“删除”，实为修复。

在犹存,足资引用。此条系属赘文,应行删除。

一、军民人等控诉事件,俱令向该管官露呈投递。倘敢呈递封章,挟制入奏,无论本人及受雇代递者,接收官员,一面将原封进呈,一面将该犯锁交刑部收禁。如所告得实,本犯系平民,照冲突仪仗妄行奏诉例加一等,发边远充军。如所控虚诬,核其诬告本罪仅止笞、杖、徒者,仍发边远充军,笞、杖罪名到配枷号一个月,徒罪枷号两个月;如诬告罪应拟流者,发极边足四千里充军;应拟附近、近边、边远、极边充军者,实发云贵两广极边烟瘴地方充军;应拟极边烟瘴充军者,改发新疆充当苦差。如因呈递封章,另犯应死罪名,仍各从其重者论。其受雇代递者,俱照受财雇寄例,发近边充军;赃重者,以枉法从重论。

【1847】6.22.332.(20)(略)

【1814】○续纂

一、负罪人犯,呈递封章奏告人罪,无论自行投递、遣人投递,及所控是否得实,原犯系应拟笞、杖、枷号、徒罪尚未发落,或徒罪业已发配、役限未满者,俱改发极边足四千里充军;原犯军、遣、流罪,无论已未到配,三流俱改发云贵两广极边烟瘴充军,军罪改发黑龙江,仍照例分别当差、为奴,遣罪在配用重枷枷号一年;原犯斩、绞监候,秋审应入缓决者,改为情实,应入情实者,改为立决;如原犯已至立决,无可复加,仍从原犯罪名科断。倘本案实有屈抑,不赴内外风宪衙门申诉,辄违例递折,除本案准予审理更正外,仍将该犯照冲突仪仗妄行奏诉例,发近边充军。如本案更正之罪,重于近边充军者,加本罪一等调发。如因呈递封章,另犯应死罪名,仍各从其重者论。其受雇代递者,俱照受财雇寄例,发近边充军;赃重者,以枉法从重论。

续纂按语,见【1825】6.22.232.(20)条原【1814】续纂按语。

【1821】○修改

臣等谨按:嘉庆十七年(1812)十一月内,臣部奏准,负罪人犯,将呈词封固投递,挟制接收官员原封入奏者,即照呈递封章奏告人罪之例治罪。又二十五年(1820)九月内,臣部遵旨酌议停发吉林、黑龙江遣犯案内,将军犯呈递封章奏告人罪,并军犯将呈词封固投递挟制入奏二条,俱改为实发云贵两广极边烟瘴充军等因,奏准在案,应于例内一并增改明晰。谨将修改例文,开列于后。

一、负罪人犯,呈递封章奏告人罪,无论自行投递、遣人投递,及所控是否得实,并将呈词封固投递,挟制入奏者,原犯系应拟笞、杖、枷号、徒罪尚未发落,或徒罪业已发配、役限未满者,俱发极边足四千里充军;原犯军、遣、流罪,无论已未到配,三流俱改发云贵两广极边烟瘴充军,仍照名例以极边四千里为限,军罪实发云贵两广极边烟瘴充军,遣罪在配用重枷枷号一年;原犯斩、绞监候,秋审应入缓决者,改为情实,应入情实者,改为立决;如原犯已至立决,无可复加,仍从原犯罪名科断。倘本案实有屈抑,不赴内外风宪衙门申诉,辄违例递折,除本案准予审理更正外,仍将该犯照冲突仪仗妄行奏诉例，发近边充军。若本案更正之罪，重于近边充军者，加本罪一等调发。如因呈递封章，另犯应死罪名，仍各从其重者论。其受雇代递者，俱照受财雇寄例，发近边充军；赃重者，以枉法从重论。

【1825】6.22.232.（22）（略）

【1814】○续纂

一、已革兵丁，挟嫌蓦越赴京控告本管官，审系全虚者，枷号三个月，杖一百，发烟瘴充军，仍依名例以足四千里为限。

臣等谨按：嘉庆十九年（1814）六月十八日，奉旨："此案已革兵丁刘觐朝挟该管都司沈文同革除名粮之嫌，捏造克扣兵粮、偷卖仓粮各重款，来京呈控，现今审系全虚。此等刁风断不可长。常明仅将刘觐朝照蓦越赴京告重事不实例，发边远充军，至配所折责安置，尚属轻纵。刘觐朝着加枷号三个月，满日重责四十板，发烟瘴充军。嗣后如有革兵控告本官，审系全虚者，即照此办理。钦此。"钦遵在案。应恭纂为例，以便遵行。再查此等应发烟瘴人犯，系由边远充军上加等，并非由新疆改发，向俱按"名例"以足四千里为限。应请添纂入例，合并陈明。

【1825】6.22.232.（21）（略）

【1821】○续纂

一、外省民人赴京控诉之案，已据本省审结题咨到部，复又来京翻控，除所控情事，核对原案相符，或字句小有增减，无关罪名轻重，照例毋庸再为审理，将翻控之犯，仍照原拟治罪外，如案外添捏情节，核与原案不符，仍分别奏咨，发交外省审办。讯明并无屈抑，翻控之犯，如后犯所诬之罪重于原犯者，无论已未决配，悉照后犯罪名，军、流递加一等调发；若后犯轻于原犯之罪，即于原犯罪上加一等；如后犯并原犯罪名，已至遣罪，无可复加，在配所用重枷枷号三个月。倘另犯应死罪名，仍各从其重者论。知情受雇来京呈递，审系无干扛帮者，减囚罪一等。

臣等谨按：嘉庆二十年（1815）四月二十九日，原任两江总督百龄审奏张超控案，附片奏请嗣后京控之案，复添捏情节赴京翻控，复审并无屈抑，照原拟酌量加等惩治等因。奉朱批："刑部酌议奏具，钦此。"当经臣部议，请嗣后外省民人赴京控诉之案，已据本省审结题咨到部，复又来京翻控，除所控情事核对原案相符，或字句小有增减，无关罪名轻重，照例毋庸再为审理，将翻控之犯，仍照原拟治罪外，如案外添捏情节，核与原案不符，仍分别奏、咨，发交外省审办。讯明并无屈抑，翻控之犯，如后犯所诬之罪重于原犯者，无论已、未决配，悉照后犯罪名，军、流递加一等调发；遣罪无可复加，在配所用重枷枷号三个月。若后犯轻于原犯之罪，即于原犯罪上加一等。倘另犯应死罪名，仍各从其重者论。知情受雇来京呈递，审系无干扛帮者，减囚罪一等等因，奏准在案。查原奏内"遣罪无可复加，在配枷号"之处，系仅指后犯之罪而言。若后犯轻于原犯之罪，而原犯已至遣罪，无可复加者，亦应在配枷号。应于例内增纂明晰，以昭赅备。合并声明。

【1825】6.22.232.(23)(略)

【1821】○续纂

一、凡遣、军、流犯,及徒罪未满年限,并递籍人犯,私自逃回,如有妄行控诉者,视其应得诬告、翻控各本律例,与脱逃应行加等之罪相比,从其重者论,仍各照原例再加一等。加至遣罪,无可复加,原例重枷枷号三个月者,再加枷号三个月,共用重枷枷号六个月。如另犯应死罪名者,仍各照本律本例科断。

臣等谨按:嘉庆二十年(1815)十月十四日,奉上谕:"近日,发遣及籍递人犯,往往潜逃滋事,或控诉原案屈抑,或越分呈递封章。即如已革吏目魏秀,以职官褫革递籍,乃敢私行来京,在步军统领衙门呈递封口奏章,冀图翻控原案。兹审明该革员所控各情,原属虚诬,并无丝毫屈抑。似此逞刁妄为,非从重问拟,不足以示惩儆。除魏秀照拟枷责,发边远充军外,嗣后军、流以下及递籍各犯,如有年限未满,未经释放,私自逃回者,应如何加等治罪,其妄行控诉者,再加一等,呈通封章者,再从重加等,着刑部分别详议具奏。其该管地方官及乡保等漫无约束,任令私自逃回或知情纵容,亦应加重惩处,着该部分别议奏。钦此。"当经臣部查,遣、军、流、徒各犯脱逃,加等改发、调发,原例已极详备,毋庸再议。其枷责、笞、杖、递籍,复逃来京,及犯罪人犯诬告翻控或呈递封章,虽均有分别加等治罪专条,惟递籍人犯,例止分别原犯枷责、笞、杖,以定脱逃罪名。而原犯无罪可科,仅止递回管束者,并未议及。至寻常诬告翻控,例内并无遣、军以下人犯,脱逃妄控,加等治罪明文。而呈递封章一项,上年奏定新例,系指平民及遣、军以下负罪人犯,在配呈递封章者而言,其递籍管束人犯,脱逃来京,呈递封章,及遣、军、流、徒,由配潜逃来京,呈递封章者,俱未议及。此等人犯,诚如圣谕,应再加一等,并从重加等,用昭惩创。议请于原例定拟较轻者,量为加重。其原例未经周备者,另拟专条。至失察、容留之乡保人等,亦应分别本犯是否滋事,加等惩处。将现拟新例缮列清单,恭呈御览。至失察之该管各官,移咨吏、兵二部,分别议奏等因,于十一月十一日具奏。本日奉旨:"依议。其邪教案内问拟遣、军、流、徒等罪人犯,有在配脱逃者,应较寻常案犯再加重治罪。其失察、容留之人,亦应加重治罪。着刑部另议专条奏明,载入则例遵行。钦此。"钦遵在案。除将递籍人犯脱逃来京加重治罪,并遣、军、流、徒及递籍人犯脱逃,失察、容留之乡保人等,分别本犯是否滋事,加等惩处新例,暨邪教案内遣、军、流、徒人犯在配逃回,并失察、容留之人,均各加重治罪之处,另立专条,俱载入"徒流人逃"门内。失察各官处分,应由吏、兵二部载入则例遵行外,应将奏定军、流、徒及递籍人犯逃回妄控,并脱逃来京呈递封章加等治罪新例三条,载入例册遵行。

【1825】6.22.232.(24)(略)

【1821】○续纂

一、凡呈递封章,系平民仍照原例办理外,如问拟笞、杖、枷责,业已发落递籍,及原犯并无罪名递籍管束之犯,复又脱逃呈递封章者,视其所控虚实,照平民呈递封章例递加一等。原例边远充军者,改发极边足四千里充军;原例极边足四千里充军者,改发极边烟瘴充军;原例极边烟瘴充军者,改发新疆分别当差、为奴;原例遣罪者,在配用重枷枷号三个月;本例有枷号一个月、两个月者,各再递加一个月。倘另犯应死罪名者,仍各从其重者论。

续纂按语,见【1825】6.22.232.(24)条原【1821】续纂按语。

【1825】6.22.232.(25)(略)

【1829】○修改

臣等谨按:道光六年(1826)十一月内,军机大臣会同臣部议复直隶总督那彦成奏"调剂新疆遣犯"折内,请将问拟笞、杖、枷责,业已发落递籍,及无罪递籍之犯,复又脱逃呈递封章,视其所控虚实,照呈递封章递加一等,原例发极边烟瘴充军者,发新疆分别当差为奴一条,仍改发云贵两广极边烟瘴充军,到配加枷号三个月等因奏准,通行在案。例内发新疆及原例遣罪之处,应行修改。谨将修改例文,开列于后。

一、凡呈递封章,系平民仍照原例办理外,如问拟笞、杖、枷责,业已发落递籍,及原犯并无罪名递籍管束之犯,复又脱逃呈递封章者,视其所控虚实,照平民呈递封章例递加一等。原例边远充军者,改发极边足四千里充军;原例极边足四千里充军者,改发极边烟瘴充军;原例极边烟瘴充军者,仍改发云贵两广极边烟瘴充军,到配加枷号三个月;原例遣罪改发云贵两广极边烟瘴充军、在配枷号三个月者,仍改发云贵两广极边烟瘴充军,在配用重枷再行枷号三个月。本例有枷号一个月、两个月者,各再递加一个月。倘另犯应死罪名者,仍各从其重者论。

【1845】○修复[①]

臣等谨查此条例文,从前旧例内载"呈递封章,问拟笞、杖、枷责,业已发落递籍,及原犯并无罪名递籍之犯,复又脱逃呈递封章,视其所控虚实,照平人呈递封章递加一等。原例极边烟瘴充军者,改发新疆分别当差、为奴;原例遣罪者,在配用重枷枷号三个月"等语。嗣于道光六年(1826)十一月内,据原任陕甘总督那彦成奏请调剂新疆遣犯,经军机大臣会同臣部,议将新疆一项改为"改发云贵两广极边烟瘴充军,到配加枷号三个月"奏准,纂入例册在案。兹道光二十四年(1844)六月内,据升任贵州巡抚贺长龄奏请"调剂军犯章程"一折,复经军机大臣会同臣部,议请嗣后新疆遣犯,各照旧发往等因具奏。奉上谕:"据军机大臣会同刑部议奏'贵州军犯拥挤,酌减调剂'等语。新疆遣犯改发内地,恐人数众多,不特约束难周,且与民风大有关碍。非若新疆地方辽阔,外遣人犯易于安插。所有旧时改发内地各条,着仍照旧发往新疆,交该将军设法妥为安插。并严饬所属认真查核,严加管束,毋令滋生事端,俾期积久无弊。余依议。钦此。"是新疆遣犯,既应照旧发往,其递籍之犯呈递封章,例应烟瘴充军,改发新疆之原例,现在犹存,足资引用。此条系属赘文,应行删除。

一、凡呈递封章,系平民仍照原例办理外,如问拟笞、杖、枷责,业已发落递籍,及

① 原文作"删除",实为修复。

原犯并无罪名递籍管束之犯,复又脱逃呈递封章者,视其所控虚实,照平民呈递封章例递加一等。原例边远充军者,改发极边足四千里充军;原例极边足四千里充军者,改发极边烟瘴充军;原例极边烟瘴充军者,改发新疆分别当差、为奴;原例遣罪者,在配用重枷枷号三个月;本例有枷号一个月、两个月者,各再递加一个月。倘另犯应死罪名者,仍各从其重者论。

【1847】6.22.232.(25)(略)

【1821】○续纂

一、凡遣、军以下人犯,除在配人犯呈递封章,仍照原例办理外,如由配所潜逃,呈递封章控诉事件,并无屈抑者,照在配呈递封章例,递加一等治罪。原例应发极边足四千里者,改发极边烟瘴充军。遣罪人犯,无可复加,原例在配用重枷枷号一年者,加为枷号一年六个月。如本案实有屈抑,原例应发近边充军者,改发边远充军;原例应加本罪一等者,再递加一等;如已至斩、绞罪名,秋审应缓决者,入于情实;应情实者,改为立决;犯至立决,无可复加,仍照原例科断。倘另犯应死罪名,仍各从其重者论。

续纂按语,见【1825】6.22.232.(24)条原【1821】续纂按语。

【1825】6.22.232.(26)(略)

【1821】○续纂

一、凡控诉事件,口称必须面见皇上始行申诉,虽未递有封章,即照呈递封章挟制入奏之例,分别平民,及递籍人犯脱逃,暨负罪遣、军以下人犯在配在逃,于呈递封章本例上,各加一等科断。罪应边远充军者,改发极边足四千里充军;罪应极边足四千里充军者,改发极边烟瘴充军;罪应极边烟瘴充军者,旗人改发黑龙江当差,民人改发新疆给官兵为奴。其本罪已至发遣,无可复加,应在遣配用重枷枷号三个月者,再加枷号三个月;应枷号一年,暨一年六个月者,各再加枷号六个月;如本例有枷号一个月、两个月、三个月者,亦各递加一个月。原犯斩、绞监候,改为立决。本罪已至立决,无可复加,仍照本例科断。若呈递封章,口称必须面见皇上始行申诉者,又各递加一等。如诬告叛逆,及干名犯义,罪应死者,仍从重论。

臣等谨按:嘉庆二十四年(1819)闰四月二十五日,奉上谕:"御史黄中模奏'请严诬告之禁'一折。近年,讦告之风甚炽,架词拖累陷害无辜,必应立法严惩。着交刑部将诬告人罪者,分别所诬轻重,再行加重,定拟条例,以遏刁风。再小民来京控告者,动称必须面见朕躬始行申诉,堂廉之分甚远。似此罔识尊卑,其情尤为可恶。并着刑部严定科条,即所控得实,亦治以妄越之罪。倘审系虚诬,再加重治罪。奏准后颁发遵行。钦此。"当经臣部检查各律例,除诬告叛逆及干名犯义等项应拟死罪,其余应加等者,照律不加入于死。故诬告之条,旧例照所诬罪加等至流三千里而止,即诬告人军罪,亦止抵充军役。例内冲突仪仗妄行奏诉者,止发近边充军;蓦越赴京告机密重事不实者,止发边远充军。嗣经节次纂定新例，或于诬告各条本律例罪名上递加一等，或再加一等，业已加至发遣，并将无可复加之遣罪在配用重枷加拟枷号。较之旧例，加重不啻数倍，实已无可复加。惟近年刁风日炽，往往擅递奏章，架词怂听，甚至呈控时口称必须面见皇上始行申诉。查堂廉之分甚严，似此诡谲刁妄、干冒无等，较之呈递封章挟制入奏者，其情尤为可恶。此等人犯，向无治罪专例，应遵旨加重严立科条，用昭惩创。议请嗣后军民人等及犯罪递籍人犯，并遣、军、流、徒人犯，或在配所控告，或脱逃来京控告，口称必须面见皇上始行申诉者，虽未递有封章，亦即照呈递封章之例，分别平民、罪犯，于呈递封章本例上各加一等治罪。罪应极边烟瘴充军者，改发黑龙江，仍照例分别当差、为奴。若呈递封章，复口称必须面见皇上始行申诉者，又各递加一等。如诬告叛逆及干名犯义，罪应死者，仍从重论。将呈递封章原例，并现拟新例，开缮清单，奏准在案。又二十五年(1820)九月内，臣部遵旨酌议停发吉林、黑龙江遣犯案内，将控诉事件，口称必须面见皇上始行申诉，虽未呈递封章，即照呈递封章本例加一等，罪应极边烟瘴充军一条，改发新疆给官兵为奴等因奏准，亦在案。应将奏定新例"并改发新疆"之处修改明晰，载入例册遵行。

【1825】6.22.232.(27)(略)

【1830】○修改

臣等谨按：道光六年(1826)十一月内，军机大臣会同臣部议复直隶总督那彦成奏"调剂新疆遣犯"折内，请将控诉事件，口称必须面见皇上始行申诉，虽未呈递封章，即照呈递封章例上加等，罪应极边烟瘴充军者，民人发新疆为奴一条，仍改发云贵两广极边烟瘴充军，到配加枷号三个月等因奏准，通行在案。例内发新疆及本罪已至发遣之处，应行修改。谨将修改例文，开列于后。

一、凡控诉事件，口称必须面见皇上始行申诉，虽未递有封章，即照呈递封章挟制入奏之例，分别平民，及递籍人犯脱逃，暨负罪遣、军以下人犯在配在逃，于呈递封章本例上，各加一等科断。罪应边远充军者，改发极边足四千里充军；罪应极边足四千里充军者，改发极边烟瘴充军；罪应极边烟瘴充军者，旗人改发黑龙江当差，民人仍改发云贵两广极边烟瘴充军，到配加枷号三个月。其本罪已至遣、军，无可复加，应在配用重枷枷号三个月者，再加枷号三个月；应加枷号一年暨一年六个月者，各再加枷号六个月。如本例有枷号一个月、两个月、三个月者，亦各递加一个月。原犯斩、绞监候，改为立决。本罪已至立决，无可复加，仍照本例科断。若呈递封章，口称必须面见皇上始行申诉者，又各递加一等。如诬告叛逆，及干名犯义，罪应死者，仍从重论。

【1845】○修复[①]

臣等谨查此条例文，从前旧例内载"控诉事件，口称必须面见皇上始行申诉，虽未呈递封章，即照呈递封章例加一等治罪。罪应极边烟瘴充军者，民人改发新疆给官兵为奴"等语。嗣于道光六年(1826)十一月内，据原任陕甘总督那彦成奏请调剂新疆遣犯，经军机大臣会同臣部，议将此项改为"改发极边烟瘴充军，到配加枷号三个月"奏准，纂入例册

---

① 原文作"删除"，实为修复。

在案。兹道光二十四年（1844）六月内，据升任贵州巡抚贺长龄奏请“调剂军犯章程”一折，复经军机大臣会同臣部，议请嗣后新疆遣犯，各照旧发往等因具奏。奉上谕：“据军机大臣会同刑部议奏‘贵州军犯拥挤，酌减调剂’等语。新疆遣犯改发内地，恐人数众多，不特约束难周，且与民风大有关碍。非若新疆地方辽阔，外遣人犯易于安插。所有旧时改发内地各条，着仍照旧发往新疆，交该将军设法妥为安插。并严饬所属认真查核，严加管束，毋令滋生事端，俾期积久无弊。余依议。钦此。”是新疆遣犯，既应照旧发往，其控诉事件罪应烟瘴充军，改发新疆之原例，现在犹存，足资引用。此条系属赘文，应行删除。

一、凡控诉事件，口称必须面见皇上始行申诉，虽未递有封章，即照呈递封章挟制入奏之例，分别平民，及递籍人犯脱逃，暨负罪遣、军以下人犯在配在逃，于呈递封章本例上，各加一等科断。罪应边远充军者，改发极边足四千里充军；罪应极边足四千里充军者，改发极边烟瘴充军；罪应极边烟瘴充军者，旗人改发黑龙江当差，民人改发新疆给官兵为奴。其本罪已至发遣，无可复加，应在遣配用重枷枷号三个月者，再加枷号三个月；应枷号一年，暨一年六个月者，各再加枷号六个月；如本例有枷号一个月、两个月、三个月者，亦各递加一个月。原犯斩、绞监候，改为立决。本罪已至立决，无可复加，仍照本例科断。若呈递封章，口称必须面见皇上始行申诉者，又各递加一等。如诬告叛逆，及干名犯义，罪应死者，仍从重论。

【1847】6.22.232.（27）（略）

投匿名文书告人罪

律 文

【1646】6.22.356

凡投贴隐匿自己姓名文书告言人罪者，监候绞。虽实亦坐。见者即便烧毁。若不烧毁，将送入官司者，杖八十。官司受而为理者，杖一百。被告言者，虽有指实，不坐。若于方投时能连人与文书捉获解官者，官给银一十两充赏。指告者勿论。若诡写他人姓名词帖，讦人阴私，递与缉事校尉陷人，或空纸用印，虚捏他人文书，买嘱铺兵递送；诈以他人姓名，注附木牌，进入内府，不销名字，陷人得罪者，皆依此律绞。

【1670】6.22.355

凡投贴隐匿自己姓名文书告言人罪者，绞。监候。虽实亦坐。见者即便烧毁。若不烧毁，将送入官司者，杖八十。官司受而为理者，杖一百。被告言者，虽有指实，不坐。若于方投时能连人与文书捉获解官者，官给银一十两充赏。指告者勿论。若诡写他人姓名词帖，讦人阴私，递与缉事校尉陷人，或空纸用印，虚捏他人文书，买嘱铺兵递送；诈以他人姓名，注附木牌，进入内府，不销名字，陷人得罪者，皆依此律绞。

【1725】○修改

原拟：今无缉事校尉，应删去小注内“递与缉事校尉”句。

臣等谨按：此杜阴谋而防倾陷也。凡告言人罪，隐匿自己姓名，及诡写他人姓名，讦人阴私过端,投递官府;或用匿名词帖粘贴通衢,令人被其倾陷而莫知所由,则刁恶甚矣,故坐绞监候。旁人见者不烧毁,而送入官司,明系有意兴讼,故坐重杖。官司受而为之听理者,是为纵奸,故坐满杖。其告言之事,虽有指实,被告言者亦不坐罪。若能于方投、方贴之时,捉获原人连所带文书或词帖解官者,官给赏银一十两。必言连人与文书者,所以防生事也。

【1725】6.22.343

凡投(贴)隐匿(自己)姓名文书告言人罪者,绞。(监候。虽实亦坐。)见者即便烧毁。若(不烧毁,)将送入官司者,杖八十。官司受而为理者,杖一百。被告言者,(虽有指实,)不坐。若(于方投时)能连(人与)文书捉获解官者,官给银一十两充赏。(指告者勿论。若诡写他人姓名词帖,讦人阴私陷人,或空纸用印,虚捏他人文书,买嘱铺兵递送;诈以他人姓名,注附木牌,进入内府,不销名字,陷人得罪者,皆依此律绞。)

注:此杜阴谋而防倾陷也。凡告言人罪,必须出名指实告官。若于文书内隐匿自己姓名,及诡写他人姓名,讦人阴私过端,投递官府,或用匿名词帖,粘贴通衢,令人被其倾陷,而莫知所由,则奸恶已甚,故坐绞监候。旁人见者,应即行烧毁。若不烧毁而送入官司者,明系有意兴讼,杖八十。官司受而为之听理者,是为纵奸,杖一百。其所告言之事,虽有指实,被告言者亦不坐罪。若能于方投、方贴之时,捉获原人连所携带文书或词帖解官者,官给赏银一十两。必言连人与文书者,亦以防诬指也。如匿名文书,或在家中,或在别处,虽有确据,尚无投贴之实,不坐此律。

【1740】○修改

臣等谨按:匿名告人之罪,易于诬指。《笺释》谓:泛是骂詈之语,不得妄引。《辑注》谓:虽有文书,尚未投官者,不在此限,应增。谨将增注律文,开列于后。

凡投(贴)隐匿(自己)姓名文书告言人罪者,绞。(监候。虽实亦坐。)见者即便烧毁。若(不烧毁,)将送入官司者,杖八十。官司受而为理者,杖一百。被告言者,(虽有指实,)不坐。若(于方投时)能连(人与)文书捉获解官者,官给银一十两充赏。(指告者勿论。若诡写他人姓名词帖,讦人阴私陷人,或空纸用印,虚捏他人文书,买嘱铺兵递送;诈以他人姓名,注附木牌,进入内府,不销名字,陷人得罪者,皆依此律绞。其或系泛常骂詈之语,及虽有匿名文书,尚无投官确据者,皆不坐此律。)

【1740】6.22.333(略)

附律条例

***【1680】6.22.201　刑部现行则例·诉讼·投帖匿名揭帖**

一、康熙十四年(1675)十月十月初九日,奉上谕:"投贴匿名揭帖,前经严禁甚明。近见凶恶之徒,投贴匿名揭帖者,愈加猖炽。如果系有裨国家之事,不妨明白启奏。况且设有通政司衙门,令其上达。此等凶恶之徒,并不知国家事务,捏造悖谬言词,妄行投贴,大干法纪,理应从重治罪,以惩凶恶之辈。嗣后如有投贴匿名揭帖事犯者,将投贴之人及知而不首者,俱着即行处死。若旁人出首者,授以官职;奴婢出首者,令其开户,俾得其所。着即通行,晓谕在京官员并八旗包衣、佐领、辛者库、军、民人等知悉。"

【1725】○增入

原拟:现行例内上谕一道,及现行例一条,类于此律,应增入。

【现行例】*【1680】6.22.201 刑部现行则例·诉讼·投帖匿名揭帖(略)

【1725】6.22.343.(1)

【增例】一、康熙十四年(1675)十月内,奉上谕:"投贴匿名揭帖,前经严禁甚明。近见凶恶之徒,投贴匿名揭帖者,愈加猖炽。如果有裨国家之事,不妨明白具奏。况且设有通政使司衙门,令其上达。此等凶恶之徒,并不知国家事务,捏造悖谬言词,妄行投贴,大干法纪,理应从重治罪,以惩凶恶之辈。嗣后如有投贴匿名揭帖事犯者,将投贴之人及知而不首者,俱着即行处死。若旁人出首者,授以官职;奴仆出首者,令开户,俾得其所。着即通行,晓谕在京官员并八旗包衣、佐领、辛者库、军、民人等知悉。"

【1740】○修改

臣等谨按:此条钦奉上谕,应恭纂为例,以便引用。谨将恭纂例文,开列于后。

一、凡凶恶之徒,不知国家事务,捏造悖谬言词,投贴匿名揭帖者,将投贴之人及知而不首者,俱拟绞立决。旁人出首者授以官职,奴仆出首者开户。

【1740】6.22.333.(1)(略)

【1801】○修改

臣等谨按:此条系康熙十四年(1675)定例。查律载,谋反大逆知而不首者,杖一百、流三千里。此条凶徒捏造悖谬言词,投贴匿名揭帖,其案内知而不首者,与正犯俱拟绞决。不惟知而不首之犯,与捏造投递者,一律同科,且较大逆案内知而不首之犯为重,应请改照大逆知情不首律,杖一百、流三千里,以示平允。又查不知国家事务,捏造悖谬言词,投贴匿名揭帖,例内问拟绞决,而捏造寻常谬妄言词,无关国家事务者,自应仍照投贴匿名揭帖本律拟绞监候。应添入例内,以昭赅备。谨将修改例文,开列于后。

一、凡凶恶之徒,不知国家事务,捏造悖谬言词,投贴匿名揭帖者,将投帖之人拟绞立决。知而不首者,杖一百、流三千里。旁人出首者授以官职,奴仆出首者开户。捏造寻常谬妄言词,无关国家事务者,依律绞候。

【1802】6.22.333.(1)(略)

*【1680】6.22.202 刑部现行则例·诉讼·散帖控告匿名揭帖

一、匿名揭帖,不系两造对理,布散揭帖首告部院衙门投送者,俱不准行。出首送揭之人,缉拿移送刑部,照例治罪。不行拿送者,降四级调用。若接受具题审理者,将接受具题审理官革职。若不肖之官,唆使恶棍粘贴揭帖,或令布散首告不系两造对理揭帖,亦照粘贴揭帖布散首告不系两造对理之人之例治罪。其匿名揭帖,不系两造对理，揭帖布散粘贴之人，地方该管官不行严加查拿，从旁发觉，将司坊官、专汛把总等俱各罚俸一年，监察御史、兼辖营官罚俸半年，步军校等各罚俸一年，步军副尉罚俸半年，步军统领、步军总尉各罚俸三个月，该看守地方步军枷号三个月、鞭一百，营兵人、司坊衙役枷号三个月、责四十板。

【1725】○增入

原拟：现行例内上谕一道，及现行例一条，类于此律，应增入。

【现行例】*【1680】6.22.202　刑部现行则例·诉讼·散帖控告匿名揭帖（略）

原拟：此条内官员降级、罚俸之处，俱应改为"交该部议处"。其太繁字句，亦拟删改。开列于后。

【原改现行例】一、凡布散匿名揭帖，及投递部院衙门者，俱不准行。仍将投递之人，拿送刑部，照例治罪。不行拿送者，交该部议处。接受揭帖具题及审理者，革职。若不肖官员，唆使恶棍粘贴揭帖，或令布散投递者，与犯人罪同。如该管官不严加察拿，别有发觉者，将司坊官、专汛把总、步军校及巡城御史、兼辖营官、步军副尉、总尉、统领俱交该部分别议处；步军营兵及司坊衙役，并加枷号三个月、杖一百。

【1725】6.22.343.（2）【增例】（略）

【1740】6.22.333.（2）（略）

【1761】○续纂

一、驻防旗人，与民人奸匪交结，捏写匿名揭帖，倾陷平人者，查获之日，本犯即行正法，父母妻子，俱发黑龙江给披甲人为奴。

臣等谨按：此条系乾隆二十三年（1758）十月内钦奉上谕，应恭纂为例，以便遵行。

【1768】6.22.333.（3）（略）

【1801】○修改

臣等谨按：此条系乾隆二十三年（1758）定例。查投递匿名揭帖，按律罪止绞候。此条因驻防旗人交结民匪，捏写倾陷，拟以立决，系属从严办理。惟查律诛造意，若驻防旗人不安本分，交结民匪，起意捏写匿名揭帖，倾陷平人，较之民人所犯情罪较重，自应照例拟以立决，以示惩戒。如系民人起意，旗人为从，应将民人照律绞候，旗人改发黑龙江当差，庶足以昭平允。又例内只称即行正法，其或绞或斩，并未明晰声叙，碍难引用。应照匿名揭帖本罪，添入拟绞，仍照例即行正法，以免牵混。又嘉庆四年（1799），臣部奏准，凡比照大逆定案者，其亲属俱不缘坐。此条捏写匿名揭帖，其罪较大逆为轻，例内父母妻子俱发黑龙江为奴之处，应行节删。合并声明。谨将修改例文，开列于后。

一、驻防旗人，与民人奸匪交结，起意捏写匿名揭帖，倾陷平人者，拟绞立决；为从民人，杖一百、流三千里。如民人起意为首，仍照律拟绞监候；为从旗人，发遣黑龙江等处当差。

【1802】6.22.333.（3）（略）

【1810】○续纂

一、匿名揭告之案,须就所递书词字迹辨认,严密缉拿,本犯务获,按律惩办。如本犯未获,毋庸先将被告之人传集羁禁。即有应须待质之人,亦先行取保。俟拿获本犯到案后,再行传提质对。

臣等谨按:嘉庆十三年(1808)七月初四日,奉上谕:"御史李本榆奏'请申明匿名揭帖定例'一折。隐匿姓名文书告言人罪者,律应绞候,立法綦严,原以惩奸宄而杜倾陷。但若将所递书词,不辨情节轻重,一律烧毁,不为管理,是使逞刁挟诈之徒,隐匿姓名,肆意诬告仇扳,转得置身事外,殊不足以示儆。即如谢升诬告本官、黄瑞诬告地方文武各款,经查究缉获后,审系子虚,即将该二犯按律正法。即使匿名书词所控得实,亦仍将该犯拟以绞候。届时或酌量免勾,亦不能竟行免罪。是查办讦告之事,实欲究治匿名之人,正须就所递书词字迹辨认访缉,岂可概行焚毁,致启朦蔽。殊有关系,所奏断不可行。惟应饬役严密缉拿,勒限催比,务令罪人就获,按律惩办,勿任漏网。至所奏刑部现在审办匿名揭帖告宋调梅规避仓差一案,原可取保省释。此后匿名揭告之案,本犯未获,毋庸先将被告之人传集羁禁。即有应须待质之处,亦不妨先行取保,俟获犯到案后,再行传提质对,以免拖累。钦此。"钦遵在案。应恭纂为例,以便遵行。

【1821】○删除

删除按语,见【1825】6.22.333.(5)条原【1821】续纂按语。

【1814】○续纂

一、胥役匿名揭告本管官,如所告得实,仍照律拟绞监候;若系诬告,拟绞立决。

*刑律·诉讼·诬告

【1825】6.22.336.(22)一、胥役控告本管官,除实有切己冤抑,及本官有不法等情,既经承行,惧被干连者,仍照例办理外,若一经审系诬告,应于常人诬告加等律上再加一等治罪。

臣等谨按:嘉庆十九年(1814)六月内,臣部议复浙江道御史欧阳厚均奏"请严定胥役讦告本官条例"一折,内称胥役人等,果有切己冤抑,或本官有不公不法等情,既经承行,惧有干连,自应准其告发。至狡诈之徒,或怨信用之不专,或苦约束之太严,图陷害以快私忿,不可不严加惩创。议请嗣后胥役控告本官,除实有冤抑,及惧被干连者,仍照例办理外,若一经审系诬告,应于常人诬告加等律上再加一等。至胥役人等匿名揭告本官,固与奴仆、雇工干名犯义不同,惟究有上下名分。若肆其奸诡之计,匿名诬控,亦应严惩。议请嗣后胥役匿名揭告本官,如所告得实,仍照律拟以绞候。若系诬告,亦即拟绞立决等因奏准,通行在案。应分纂为例,以便遵行。

【1825】6.22.333.(4)(略)

【1821】○续纂

一、凡有拾获匿名揭帖者,即将原帖销毁,不准具奏。惟关系国家重大事务者,密行奏闻，候旨密办。

臣等谨按：嘉庆二十三年（1818）四月十二日，奉上谕："匿名揭告，最为人心风俗之害。其意本因挟有私嫌，借图倾害。一经查办，不特所告之人枉受污蔑，并波及案外之人酷遭拖累。以无名之罪语，令官司荼毒平人，而阴谋者乃袖手旁观，以快其私忿，其险恶之情甚于鬼蜮。律载'投隐匿姓名文书告言人罪者，绞。见者，即为烧毁。若将送入官者，杖八十。官司受而为理者，杖一百。被告者虽实不坐'，立法至为明白。嗣后凡有拾获匿名揭帖者，着即将原帖销毁，不准具奏。惟关系国家重大事务者，密行奏闻，候旨密办。钦此。"钦遵在案。应恭纂为例，以便遵行。再匿名揭帖一经拾获，即应销毁。所有辨认字迹原例，应行删除。谨将续纂例文，开列于后。

【1825】6.22.333.（5）（略）

告状不受理

律　文

【1646】6.22.357

凡告谋反、叛逆，官司不即受理、差人掩捕者，虽不失事，杖一百、徒三年。因不受理、掩捕，以致聚众作乱，或攻陷城池，及劫掠人民者，官坐监候斩。若告恶逆，如子孙谋杀祖父母、父母之类。不受理者，杖一百。告杀人及强盗，不受理者，杖八十。斗殴、婚姻、田宅等事不受理者，各减犯人罪二等，并罪止杖八十。受被告之财者，计赃以枉法罪与不受理罪从重论。○若词讼原告、被论即被告。在两处州县者，听原告就被论本管官司告理归结。其各该官司，自分彼此，或受人财推故不受理者，罪亦如之。如上所告事情轻重及受财枉法从重论。○若各部、院、监察御史、按察司及分司巡历去处，应有词讼，未经本管官司陈告，及虽陈告而本宗公事未结绝者，并听部、院等官置簿立限，发当该官司追问，取具归结缘由勾销。若有迟错，而部、院等官不即举行改正者，与当该官吏同罪。轻者，依官文书稽程十日以上吏典笞四十；重者，依不与果决以致耽误公事者杖八十。○其已经本管官司陈告，不为受理，及本宗公事已绝，理断不当，称诉冤枉者，各部、院等衙门即便勾问。若推故不受理，及转委有司，或仍发原问官司收问者，依告状不受理律论罪。○若本管衙门追问词讼，及大小公事，自行受理，并上司批发。须要就本衙门归结，不得转行批委。致有冤枉、扰害。违者，随所告事理轻重以坐其罪。如所告公事合得杖罪，坐以杖罪；合得笞罪，坐以笞罪；死罪已决放者同罪，未决放减等；徒、流罪，抵徒、流。

【1670】6.22.356

凡告谋反、叛逆，官司不即受理、差人掩捕者，虽不失事，杖一百、徒三年。因不受理、掩捕，以致聚众作乱，或攻陷城池，及劫掠人民者，官坐斩。监候。若告恶逆，如子孙谋杀祖父母、父母之类。不受理者，杖一百。告杀人及强盗，不受理者，杖八十。斗殴、婚姻、田宅等事不受理者，各减犯人罪二等，并罪止杖八十。受被告之财者，计赃以枉法罪与不受理罪从重论。○若词讼原告、被论即被告。在两处州、县者，听原告就被论本管官司告理归结。其各该官司，自分彼此，或受人财推故不受理者，罪亦如之。如上所告事情轻重及受财枉法从重论。○若各部、院、监察御史、按察司及分司巡历去处，应有词讼，未经本管官司陈告，及虽陈告而本宗公事未结绝者，并听部、院等官置簿立限，发当该官司追问，取具归结缘由勾销。若有迟错，而部、院等官不即举行改正者，与当该官吏同罪。轻者，依官文书稽程十日以上吏典笞四十；重者，依不与果决以致耽误公事者杖八十。○其已经本管官司陈告，不为受理，及本宗公事已绝，理断不当，称诉冤枉者，各部、院等衙门即便勾问。若推故不受理，及转委有司，或仍发原问官司收问者，依告状不受理律论罪。○若本管衙门追问词讼，及大小公事，自行受理，并上司批发。须要就本衙门归结，不得转行批委。致有冤枉、扰害。违者，随所告事理轻重以坐其罪。如所告公事合得杖罪，坐以杖罪；合得笞罪，坐以笞罪；死罪已决放者同罪，未决放减等；徒、流罪，抵徒、流。

【1725】○修改

原拟：“各部、院”下应增“督、抚”字。

臣等谨按：此儆官司旷职，以达民情也。首节言告谋反、叛逆，及恶逆，与强盗、斗殴、婚姻、田宅等事，不受理者，各随所告事情大小，分别论罪。因受被告人财物而不受理，并计入己之赃与不受理之罪，从其重者论。二节言应理词讼，原告、被告在两处州县，听原告就被告之本管官司告理归结。若两处该管官司推故不与受理者，亦各随所告事情大小，按不受理及受财之律论罪。三节言各部、院、督、抚、监察御史、按察使及分司官巡历去处，有军民词讼，倘未经本管官司陈告，或陈告而本管官司见在审问、未经结绝者，并听置簿立限，发本管当该官司追问，取具作何归结缘由，回报勾销。若当该官司有稽迟失错，而不举行改正，各与原问迟错官吏同罪。四节言部、院等官，于已经本管官司陈告而不受理，及本宗公事已问结，而内有理断不当，因而称诉冤枉者，该衙门即便勾问。若推故不与受理，及不亲自鞫审，而转委有司，则同官有碍情面，或仍发原问官司收问，则原问官执有成心，必致冤抑终不得申，故各随事情轻重，亦依告状不受理律论罪。末节言有司衙门自理词讼，及上司批发一应大小公事，须要就本衙门归结，不得转行批委隔别官司，致有冤抑。违者，各随所告事情轻重，即坐被犯合得之罪。

【1725】6.22.344

凡告谋反、叛逆，官司不即受理、差人掩捕者，虽不失事，杖一百、徒三年。因不受理、掩捕以致聚众作乱，或攻陷城池，及劫掠人民者，官坐斩。监候。若告恶逆，如子孙谋杀祖父母、父母之类。不受理者，杖一百。告杀人及强盗，不受理者，杖八十。斗殴、婚姻、田宅等事不受理者，各减犯人罪二等，并罪止杖八十。受被告之财者，计赃以枉法罪与不受理罪从重论。○若词讼原告、被论即被告。在两处州县者，听原告就被论本管官司告理归结。其各该官司，自分彼此，或受人财推故不受理者，罪亦如之。如上所告事情轻重及受财枉法从重论。○若各部、院、督抚、监察御史、按察使及分司巡历去处，应有词讼，未经本管官司陈告，及虽陈告而本宗公事未结绝者，并听部、院等官置簿立限，发当该官司追问，取具归结缘由勾销。若有迟错，而部、院等官不即举行改正者，与当该官吏同罪。轻者，依官文书稽程十日以上吏典笞四十；重者，依不与果决以致耽误公事者杖八十。○其已经本管官司陈告，不为受理，及本宗公事已绝，理断不当，称诉冤枉者，各部、院等衙门即便勾问。若推故不受理，及转委有司，或仍发原问官司收问者，依告状不受理律论罪。○若本管衙门追问词讼，及大小公事，自行受理，并上司批发。须要就本衙门归结，不得转行批委。致有冤枉、扰害。违者，随所告事理轻重以坐其罪。如所告公事合得杖罪，坐以杖罪；合得笞罪，坐以笞罪；死罪已决放者同罪，未决放减等；徒、流罪，抵徒、流。

注：此儆官司旷职，以达民情也。告谋反、叛逆及恶逆、强盗、斗殴、婚姻、田宅等事，不受理者，各随所告事情大小，分别论罪。因受被告之财而不受理者，并计赃以枉法罪从重论。若词讼原、被告，在两处州县者，听原告就被告本管官告理归结。若被告本管官推故不受理者，亦各随所告事情大小，按不受理及受财之律论罪。各部、院、督、抚、监察御史、按察使及分司巡历处，有军民词讼，倘未经本管官司陈告，或陈告而本宗公事未经结绝者，并听部、院等官置簿立限，发本管官司追问，取具归结缘由勾销。若有迟错，而部、院等官不即举行改正者，与当该官吏同罪。其已经本管官司陈告而不受理，及本宗公事已结而理断不当，因而称诉冤枉者，部、院等衙门即便勾问。若推故不与受理，或转委有司，则同官瞻徇情面，或仍发原问衙门，则问官胶执成见，必致冤抑终不得伸，故各依告状不受理律论罪。若有司自理词讼，及上司批发大小公事，须就本衙门归结，不得转行批委，致有冤抑。违者，各随所告事理轻重，以坐其罪。

【1740】6.22.334（略）

附律条例

＊【1680】6.22.188　刑部现行则例·诉讼·农忙停讼

一、民词，每年自四月初一日至七月三十日，时正农忙，除谋反、叛逆、盗贼、人命及贪赃坏法等重情照旧审理，其一应户婚、田土以及斗殴等细事，一概不准受理，自八月初一日以后方许听断。其有司自四月以后受理细事，通贿起灭，追比钱粮，违例用大枷、夹棍惨毙者，不时严查，指名题参。若督抚容情不行题参，或受害之民首告，或科道纠参，将督抚一并交与该部议处。

【1725】○增入

原拟：现行例内一条，类于此律，应增入。

【现行例】一、每年自四月初一日至七月三十日，时正农忙，一切民词，除谋反、逆叛、盗贼、人命及贪赃坏法等重情，照旧受理外，其一应户婚、田土以及斗殴等细事，一概不准受理。自八月初一日以后，方许听断。若农忙期内受理细事者，该督抚指名题参。

【1725】6.22.344.(1)【增例】(略)

【1740】○修改

臣等谨按：例开斗殴一项，农忙不准受理，原指不成伤及伤轻者而言。但“斗殴”条内除致死人命而外，一切折伤、废疾、笃疾等项，俱在其中。若不随时受理，立定辜限，将来倘因本伤身死，必至彼此争执，案件难清。今查外省州县，一经斗殴告发，惧成人命，无不立时讯验，并无农忙不准之事，例文所载几为虚设。且斗殴即系人命，前条已可包括。应将例内“斗殴”二字删除。再查乾隆四年(1739)定例，“凡奸牙、铺户，骗劫客货资本，地方官受词确查有据者，虽值农忙，仍许控追批结”，遵行在案，亦应并入此条，以便引用。谨将增删并辑例文，开列于后。

一、每年自四月初一日至七月三十日，时正农忙，一切民词，除谋反、叛逆、盗贼、人命，及贪赃坏法等重情，并奸牙、铺户骗劫客货，查有确据者，俱照常受理外，其一应户婚、田土等细事，一概不准受理，自八月初一日以后，方许听断。若农忙期内受理细事者，该督抚指名题参。

【1740】6.22.334.(1)(略)

【1725】○增入

臣等谨按：雍正元年(1723)十一月内，刑部议复州县等官事件拖延，事理类于此律，谨拟节录于后。

【续增现行例】一、各省州县及有刑名之厅、卫等官，将每月自理事件，作何审断，与准理、拘提、完结之月日，逐件登记，按月造册，申送该府、道、司、抚、督查考。其有隐漏、装饰，按其干犯，别其轻重，轻则记过，重则题参。如该地方官自理词讼，有任意拖延，使民朝夕听候，以致废时失业，牵连无辜，小事累及妇女抛头露面，甚至卖妻鬻子者，该管上司各官徇庇不参处，或被人首告，或被科道纠参，将该管各上司，一并交与该部从重议处。

【1725】6.22.344.(1)

【钦定例】一、各省州县及有刑名之厅、卫等官，将每月自理事件，作何审断，与准理、拘提、完结之月日，逐件登记，按月造册，申送该府、道、司、抚、督查考。其有隐漏、装饰，按其干犯，别其轻重，轻则记过，重则题参。如该地方官自理词讼，有任意拖延，使民朝夕听候，以致废时失业，牵连无辜，小事累及妇女，甚至卖妻鬻子者，该管上司即行题参。若上司徇庇不参，或被人首告，或被科道纠参，将该管各上司，一并交与该部从重议处。

【1740】6.22.334.(2)(略)

【1740】○增入

一、各府州县，审理徒、流、笞、杖人犯，除应行关提质讯者，务申详该上司批准照例展限外，如无关提应质人犯，该州县俱遵照定限完结。倘敢阳奉阴违，或经发觉，或经该上司指参，将承问官交部照例分别议处。

此条系乾隆元年(1736)定例。

【1740】6.22.334.(3)(略)

【1740】○增入

一、州县自行审理一切户婚、田土等项，照在京衙门按月注销之例，设立循环簿，将一月内事件填注簿内，开明已、未结缘由，其有应行展限及复审者，亦即于册内注明，于每月底送该管知府、直隶州知州查核，循环轮流注销。其有迟延不结，朦混遗漏者，详报督抚咨参，各照例分别议处。

此条系雍正十二年(1734)定例。

【1740】6.22.334.(4)(略)

【1746】○续纂

一、凡地方官于农忙停讼期内，遇有坟山、地土等项，及自理案件，事关紧要，或证佐人等现非务农，俱仍勘断。

臣等谨按：此条系乾隆十年(1745)四月内，臣部议复升任湖南巡抚蒋溥条奏定例，应纂辑以便遵行。

【1761】○删除

臣等谨按：坟山、地土及自理案件，农忙不准停讼，已于乾隆二十六年(1761)经臣部侍郎钱汝诚条奏，分别双方是否俱属农民，有妨耕作，准停展限。其余一切无妨农业之事，俱不准停止，纂有定例。此条系属赘文，应删。

【1756】○续纂

一、州县自行审理及一切户婚、田土事件，责成该管巡道巡历所至，即提该州县词讼号簿，逐一稽核。如有未完，勒限催审，一面开单移司报院，仍令该州县将某人告某人某事、于某日审结，造册报销。如有迟延，即行揭参。其有关系积贼、刁棍、衙蠹及胥役弊匿等情，即令巡道亲提究治。知府、直隶州自理词讼，亦如之。如巡道奉行不力，或任意操纵，颠倒是非者，该督抚亦即据实察参，分别议处。

臣等谨按：此条系乾隆十九年(1754)十月内，吏部议复陕西巡抚陈宏谋条奏，应纂为例，以便遵行。

【1768】6.22.334.(5)(略)

【1761】○续纂

一、卑幼擅杀期、功尊长，及属下人杀伤本管官，并妻妾谋死亲夫，奴婢殴、故杀家长等案，俱情罪重大，应令承审官于人犯到案之日，上紧鞫讯明确，具详上司审题。不得恃有例限，致稽时日。其孕妇有犯，仍照新定例行。

臣等谨按：此条系乾隆二十二年（1757）十二月内，臣部钦奉谕旨议准条例，应纂辑以便遵行。

【1768】6.22.334.（6）（略）

【1788】○删除

臣等谨按：卑幼擅杀期、功尊长，属下杀伤本管官，妻妾谋死亲夫，奴婢殴、故杀家长等案，"捕亡"门内"盗贼捕限"条下载明"承审官限一个月审解，府、司、督、抚各限十日审转具题。如有迟延，分别议处"等语，业已分晰周详。此条承审官于人犯到案之日，上紧鞫讯具详，不得恃有例限，致稽时日之处，系属衍文，应请毋庸载入。

【1761】○续纂

一、案内要犯、要证，如果患病沉重，势难鞫讯起解者，该管上司委正印官确验，将所患何病具结申报，方准展限。每案统计病限，总不得逾三个月。如有犯多之案，不能依限痊愈者，该督抚委官确验情形，酌量限期奏闻，请旨定夺。如有捏报及扶同出结者，严参议处。

臣等谨按：此条系乾隆二十三年（1758）十月内，臣部议复原任河南按察使图桑阿条奏定例，应纂辑以便遵行。

【1767】○删除

臣等谨按：此条系乾隆二十八年（1763）七月内，江西按察使颜希深条奏定例，应纂辑遵行。所有案犯患病展限三月旧例二条，拟合删除。①

【1761】○续纂

一、州县词讼，凡遇隆冬岁暮，俱随时审理，不得照农忙之例，停讼展限。该管巡道严加察核，违者照例揭参。

臣等谨按：此条系乾隆二十二年（1757）十二月内钦奉上谕，应恭纂为例，以便遵行。

【1768】6.22.334.（7）（略）

【1790】6.22.334.（6）（略）

【1761】○续纂

一、州县审理词讼，遇有两造俱属农民，关系丈量踏勘有妨耕作者，如在农忙期内，准其详明上司照例展限，至八月再行审断。若查勘水利、界址等事，现涉争讼，清

---

① 此条按语见于"吏律·公式·官文书稽程"【1768】2.3.67.（8）条原【1767】续纂按语。另一删除的条例为"吏律·公式·官文书稽程"【1756】续纂"一、凡各州县承审案件，案犯偶患轻病……"条。

理稍迟，必致有妨农务者，即令该州县亲赴该处审断速结，总不得票拘至城，或致守候病农。其余一切呈诉无妨农业之事，照常办理，不得停止。仍令该管巡道严加督察，查核申报。如州县将应行审结之事，借称停讼稽延者，照例据实参处。经管道府如不实力查报，该督抚一并严参议处。

臣等谨按：此条系乾隆二十六年（1761）七月内，大学士、九卿会议复准调任刑部左侍郎钱汝诚条奏，及十月内臣部议复调任江西巡抚胡宝瑔条奏定例，应汇纂以便遵行。

【1768】6.22.334.（8）（略）

【1790】6.22.334.（7）（略）

【1767】○续纂

一、民间词讼细事，如田亩之界址沟洫、亲属之远近亲疏，许令乡保查明呈报，该州县官务即亲加剖断，不得批令乡地处理完结。如有不经亲审，批发结案者，该管上司即行查参，照例议处。

臣等谨按：此条系乾隆三十年（1765）二月内，河南布政使佛德条奏定例，应纂辑遵行。

【1768】6.22.334.（9）（略）

【1790】6.22.334.（8）（略）

【1767】○续纂

一、巡道查核州县词讼号簿，如有告到未完之案，号簿未经造入，即系州县匿不造入，任意迁延不结，先提书吏责处，并将州县揭报，督抚分别严参。其有事虽审结，所告断理不公，该道核其情节可疑者，立提案卷查核改正。如审断已属公平，刁民诬捏反告者，亦即量予究惩。

臣等谨按：此条系乾隆二十九年（1764）九月内，湖广总督李侍尧条奏定例，应纂辑遵行。

【1768】6.22.334.（10）（略）

【1790】6.22.334.（9）（略）

听讼回避

律　文

【1646】6.22.358

凡官吏于诉讼人内，关有服亲及婚姻之家，若受业师，或旧为上司与公祖父母，及素有仇隙之人，并听移文回避，违者虽罪无增减笞四十。若罪有增减者，以故出入人罪论。

【1670】6.22.357（略）

【1725】6.22.345

凡官吏于诉讼人内,关有服亲及婚姻之家,若受业师,或旧为上司与本籍官长有司,及素有仇隙之人,并听移文回避,违者虽罪无增减笞四十。若罪有增减者,以故出入人罪论。

注: 此远嫌疑而杜私弊也。凡承审官吏,于诉讼原、被人内,有关涉内外有服亲属,若姻家、业师等项,及旧有仇怨嫌隙之人,并听移文陈说回避。一则恐徇私情而悖公理,一则恐借公事以报私仇也。违者,虽听断得实,亦笞四十。若因仇隙而罪有所增,以故入人罪论;因亲故而罪有所减,以故出人罪论。

臣等谨按(按语同律后总注,略)。

【1740】6.22.335(略)

附律条例

【1801】○续纂

一、在京巡城满、汉御史承审案件,遇有同旗、同籍之人,满御史应行回避者,会同他城满御史办理;汉御史应行回避者,会同他城汉御史办理。如满、汉御史均应回避,将原案移交他城办理。

臣等谨按: 乾隆五十九年(1794),吏部议复巡视西城御史陈昌齐条奏"巡城科道回避旗籍"折内奏准定例,应纂辑遵行。

【1802】6.22.335.(1)(略)

诬 告

律 文

【1646】6.22.359

凡诬告人笞罪者,加所诬罪二等;流、徒、杖罪,不论已决配、未决配,加所诬罪三等,各罪止杖一百、流三千里。不加入于绞。若所诬徒罪人已役、流罪人已配,虽经改正放回,须验其被逮发回之日,于犯人名下追征用过路费给还。被诬之人。若曾经典卖田宅者,着落犯人备价取赎。因而致死随行有服亲属一人者,绞,监候。除偿费、赎产外,仍将犯人财产一半断付被诬之人。至死罪所诬之人,已决者,依本绞、斩反坐诬告人以死。虽坐死罪,仍令备偿、取赎,断付养赡。未决者,杖一百、流三千里,就于配所加徒役三年。○其犯人如果贫乏,无可备偿路费、取赎田宅,亦无财产断付者,止科其罪。○其被诬之人诈冒不实,反诬犯人者,亦抵所诬之罪,犯人止反坐本罪。谓被诬之人本不曾致死亲属,诈作致死,或将他人死尸冒作亲属,诬赖犯人者,亦抵绞罪,犯人止反坐诬告本罪,不在加等、备偿路费、取赎田宅、断付财产一半之限。○若告二事以上,重事告实,轻事招虚,及数事不一,所犯,凡罪同等,但一事告实者,皆免罪。名例律罪各等者从一科断,非逐事坐罪也。故告者一事实,即免罪。○若告二事以上,轻事告实,重事招虚,或告一事诬轻为重者,除被诬之人应得罪名外,皆为剩罪。皆反坐以所剩。不实之罪。若已论决，不问笞、杖、徒、流，全抵剩罪；未论决，所诬笞、杖收赎，徒、流止杖一百，余罪亦听收赎。谓诬轻为重至徒、流罪者，每徒一等，折杖二十。若从徒入流者，三流并准徒四年，皆以一年为所剩罪，折杖四十。若从近流入至远流者，每流一等，准徒半年为所剩罪，亦各折杖二十。收赎者，谓如告一人二事，一事该笞五十是虚，一事该笞三十是实，即于笞五十上，准告实笞三十外，该剩下告虚笞二十，赎银一分四厘八毫；或告一人一事该杖一百是虚，一事该杖六十是实，即于杖一百准告实杖六十外，该剩下告虚杖四十，赎银二分九厘六毫；及告一人一事该杖一百、徒三年是虚，一事该杖八十是实，即于杖一百、徒三年上，准告实杖八十外，该剩下告虚杖二十、徒三年之罪，徒五等该折杖一百，通计杖一百二十，反坐原告人杖一百，余剩杖二十，赎银一分四厘八毫；又如告一人一事该杖一百、流三千里，于内问得止招该杖一百，三流并准徒四年，通计折杖二百四十，反坐原告人杖一百，余剩杖四十，赎银二分九厘六毫之类。若已论决，并以剩罪全科，不在收赎之限。按律首收赎图与此注算法不同，指归则一。至死罪而所诬之人已决者，反坐以死；未决者，止杖一百、流三千里。不加役。〇若律该罪止笞，[①]诬告虽多不反坐。谓如告人不枉法赃二百两，一百二十两是实，八十两是虚，依律不枉法赃一百二十两之上罪应监候绞，即免其罪。〇其告二人以上，但有一人不实者，罪虽轻，犹以诬告论。谓如有人告三人，二人徒罪是实，一人笞罪是虚，仍以一人笞罪上加二等反坐原告之类。〇若各衙门官进呈实封诬告人，及风宪官挟私弹事有不实者，罪亦如告人笞、杖、徒、流、死全诬者坐之。若诬重反坐及全诬加罪轻不及杖一百、徒三年。者，从上书诈不实论。以杖一百、徒三年科之。〇若狱囚已招伏罪，本无冤枉，而因之亲属妄诉者，减囚罪三等，罪止杖一百。若囚已招伏，笞、杖已决、徒、流已配，而自妄诉冤枉，摭拾原问官吏过失而告之者，加所诬罪三等，罪止杖一百、流三千里。若在役限内妄诉，当从已徒而又犯徒律。

诬告

全诬。凡全诬者，不用折杖，不论已决、未决。

笞：议得赵甲所犯，若告钱乙将伊骂辱得实，钱乙合坐以骂人律笞一十。今虚，依诬告人笞罪者加所诬罪二等律笞三十，的决宁家。

杖：议得赵甲所犯，若告钱乙饮酒撒泼得实，钱乙合坐以不应事重律杖八十。今虚，依诬告人杖罪加所诬罪三等律杖六十、徒一年，的决宁家。

徒、流亦如此议。

死罪未决：议得赵甲所犯，若告钱乙偷盗粮价银满数得实，合坐以常人盗官物八十两律绞。今虚，依诬告人死罪未决律杖一百、徒三年，做工满日随住。虽准徒已发做工，亦坐未决，议加役三年。近有例准徒四年。

死罪已决：议得赵甲所犯，合依诬告人死罪已决者反坐以死律，绞监候，处决。

反诬犯人：议得赵甲等所犯，赵甲若告钱乙因伊诬告杖一百、徒三年将侄赵丁累死得实，钱乙合坐以诬告人因而致死随行有服亲属一人律绞。今虚，依被诬之人诈冒不实反诬犯人者亦抵所诬之罪至死未决律，杖一百、流三千里。钱乙依犯人止反坐本罪律，杖一百、徒三年。俱送做工，满日随住。

诬轻为重，及轻事告实、重事招虚，反坐所剩。未论决，至徒、流有折杖。凡杖一百以下，俱收赎；杖一百以上，止杖一百，余罪收赎。已论决，至徒、流亦有折杖，但随

---

① 康熙九年(1670)《大清律集解附例》改为“若律该罪止者”。

杖数多寡决之,不用收赎,故曰全抵剩罪也。故杖一百,以杖准徒。如杖一百二十,准杖六十、徒一年;杖一百四十,准杖七十、徒一年半之类。从徒入流者,注云“三流并准四年,皆以一年为所剩罪,折杖四十”,则杖一百,流二千里、流二千五百里、三千里,皆折杖二百四十无疑。惟近流入远流,注云“每一等准徒半年,为所剩罪,亦各折”,杖一百、流二千里,折杖二百二十;杖一百、流二千五百里,折杖二百四十;杖一百、流三千里,折杖二百六十,又无疑也。毫厘之差,千里之谬,不可不辨。又诬轻为重,本是一事,如诬小不应为大不应、诬窃盗得财一百两为一百二十两之类。轻事告实,重事招虚,则非一事矣。如诬不应为奏事不实、诬骂人为殴人之类。

【1670】6.22.358(略)

【1725】○修改

原拟:以上六节,①俱系申明引用之条前小注,已经注明,此六节拟删。

臣等谨按:此条②解诬轻为重,未甚明晰,且已见总解内,此条拟删。

臣等谨按:此严讦告不实之罪以惩刁诈也。凡人诉己之冤,或言人之罪,皆当据实呈告,一有不实即谓之诬。前三节言诬告人笞罪,所诬尚轻,则加诬罪二等;诬告人流、徒、杖罪,所诬已重,则加诬罪三等。加罪重者,各止杖一百、流三千里。若所被诬徒罪之人已经著役,流罪之人已经到配,其后虽因诉辩改正放回,必须计验其从被逮以至放回日期之多寡,于诬告人名下追征用过路费给还被诬之人。如有典卖田宅作路费者,即着落诬告人备偿取赎。若因被诬发遣而致死随行有服亲属一人者,诬告人坐绞监候。除偿费、赎产外,仍将犯人财产一半断付被诬之人养赡。言有服亲属,则无服之人勿得概论。若诬告人至死罪,而所诬之人已决者,绞、斩、凌迟并反坐;所诬之人未决者,诬告人杖一百、流三千里,于流所加徒役三年。其诬告人如果贫乏,无可备偿路费、取赎田宅,亦无财产可以断付者,止科诬告加等、加役之罪。其被诬已役、已配之人,如诈称致死亲属,或冒他人尸为亲属而反诬犯人者,亦抵诬人至死之罪。已决者,绞;未决者,杖一百、流三千里,不加役。而原先诬告犯人仍止反坐以诬告流、徒之本罪,不在加等、偿费之限。因彼此相诬,故不加役、加等,盖从轻也。以上系全诬者之坐罪。不论已决、未决,俱不折杖。第四节言若不系全诬,但告二事以上,重事告实,轻事告虚,及告数事,其罪相等,而有一事告实者,被诬之人止于从一科断,则诬告人者皆得免罪。后三节则言二事以上,轻事告实,重事招虚,或告一事本轻,而诬作重事,则除去被告应得本罪外,反坐诬告人以所剩不实之罪。如被诬之人笞、杖、徒、流已经论决,则原告人全抵剩罪,不在收赎之限。若未论决,系笞、杖者,照所剩笞、杖之数收赎。系徒与流者,照所剩徒、流折算之杖数,不及一百者,收赎;折杖过一百者,止杖一百,余罪亦听收赎。其折杖之法,详见律首诬轻为重图及小注。若诬重至死,而所诬之人已决者,照凌迟、斩、绞反坐;未决者,止坐以杖一百、流三

---

① 此六节系指律后注解自“诬告”至“反诬犯人”段,即“笞”“杖”“徒流”“死罪未决”“死罪已决”“反诬犯人”六节。

② 此条系指律后注解末段“诬轻为重”条。

千里，不加役，亦不偿费、断产。未决之人，仍科告实之罪。若律该罪止者，诬告之数虽多，而科罪之赃已满贯，于被告罪无所增，故不反坐。此告一人则然。至告二人以上，其中但有一人不实者，罪虽至轻，犹以诬告人论，仍依律加等科之。以上皆指常人诬重反坐者言也。末二节则言各衙门官员假捏事情、进呈实封诬告人，及风宪官挟诈怀私、弹劾事情有不实者，亦各论如诬告人笞杖徒流死全诬之律科之。如诬重反坐，及全诬加罪，即轻于上书诈不以实应杖一百、徒三年者，仍依上书诈不以实科断。以其诬人于君上之前，故罪重于凡人也。若在狱之囚已招服己罪，本自无冤，而囚之亲属妄为出名辩诉者，减本囚罪三等，罪止杖一百。至囚罪笞、杖已决，徒、流已配，而自行妄诉冤枉，摭拾原问官吏过失而告者，是为挟仇逞怨，故加所诬原问官吏之罪三等，罪止杖一百、流三千里。若徒在役限内，流已至配所，有犯加至徒、流者，当从徒流人又犯罪律科断。再凡诬轻为重已论决者，全抵剩罪；未论决，笞、杖收赎，徒、流止杖一百，余罪亦听收赎。盖流准徒，徒又准杖，五徒各准杖二十。若杖六十、徒一年，则徒一年亦折杖六十；杖七十、徒一年半，则徒一年半亦折杖七十；杖一百、徒二年，则徒三年亦折杖一百。如除所告实罪外，剩告虚杖八十、徒二年之罪，则徒二年应折杖八十，并原杖八十，共坐杖一百六十，决杖一百讫，其六十照律首图内银数收赎。三流并准徒四年，徒以三年为满，以一年为剩，罪满徒折杖一百，一年剩罪折杖四十。如除告实外，余告虚杖一百、流三千里之罪，应反坐折满徒杖一百、折剩罪杖四十并原杖一百，共二百四十杖，亦决杖一百，余听收赎。其诬近流为远流者，注云“每流一等，准徒半年，为所剩罪”。谓准流作徒，徒止三年，不足蔽辜。故从徒入流者，准徒四年。此从近入远者，罪情稍轻，准徒三年半。满徒外又加一年、半年，以尽其罪。此一年、半年皆为剩罪。剩者，余也，余于徒三年之外之罪也。如告人杖一百、流三千里之罪，审实止应杖一百、流二千五百里，所诬流一等，反坐之罪准徒三年半，徒三年折杖一百，其半年为剩罪，折杖二十，包原杖一百，应杖坐二百二十，决杖一百，余听收赎。

【1725】6.22.346

凡诬告人笞罪者，加所诬罪二等；流、徒、杖罪，不论已决配、未决配，加所诬罪三等，各罪止杖一百、流三千里。不加入于绞。若所诬徒罪人已役、流罪人已配，虽经改正放回，须验其被逮发回之日，于犯人名下追征用过路费给还。被诬之人。若曾经典卖田宅者，着落犯人备价取赎。因而致死随行有服亲属一人者，绞，监候。除偿费、赎产外，仍将犯人财产一半断付被诬之人。至死罪所诬之人，已决者，依本绞、斩反坐诬告人以死。虽坐死罪，仍令备偿、取赎，断付养赡。未决者，杖一百、流三千里，就于配所加徒役三年。〇其犯人如果贫乏，无可备偿路费、取赎田宅，亦无财产断付者，止科其罪。〇其被诬之人诈冒不实，反诬犯人者，亦抵所诬之罪，犯人止反坐本罪。谓被诬之人本不曾致死亲属，诈作致死，或将他人死尸冒作亲属，诬赖犯人者，亦抵绞罪，犯人止反坐诬告本罪，不在加等、备偿路费、取赎田宅、断付财产一半之限。〇若告二事以上，重事告实，轻事招虚，及数事不一所犯，凡罪同等，但一事告实者，皆免罪。名例律罪各等者从一科断，非逐事坐罪也。故告者一事实，即免罪。〇若告二事以上，轻事告实，重事招虚，或告一事诬轻为重者，除被诬之人应得罪名外，皆为剩罪。皆反坐以所剩。不实之罪。若已论决，不问笞、杖、徒、流，全抵剩罪；未论决，所诬笞、杖收赎，徒、流止杖一百，余罪亦听收赎。谓诬轻为重至徒、流罪者，每徒一等，折杖二十。若从徒入流者，三流并准徒四年，皆以一年为所剩罪，折杖四十。若从近流入至远流者，每流一等，准徒半年为所剩罪，亦各折杖二十。收赎者，谓如告一人二事，一事该笞五十是虚，一事该笞三十是实，即于笞五十上，准告实笞三十外，该剩下告虚笞二十，赎银一分五厘；或告一人一事该杖一百是虚，一事该杖六十是实，即于杖一百上，准告实杖六十外，该剩下告虚杖四十，赎银三分；及告一人一事该杖一百、徒三年是虚，一事该杖八十是实，即于杖一百、徒三年上，准告实杖八十外，该剩下告虚杖二十、徒三年之罪，徒五等该折杖一百，通计杖一百二十，反坐原告人杖一百，余剩杖二十，赎银一分五厘；又如告一人一事该杖一百、流三千里，于内问得止招该杖一百，三流并准徒四年，通计折杖二百四十，准告实杖一百外，反坐原告人杖一百，余剩杖四十，赎银三分之类。若已论决，并以剩罪全科，不在收赎之限。至死罪而所诬之人已决者，反坐以死；未决者，止杖一百、流三千里。不加役。○若律该罪止者，诬告虽多不反坐。谓如告人不枉法赃二百两，一百三十两是实，七十两是虚，依律不枉法赃一百二十两之上罪应监候绞，即免其罪。○其告二人以上，但有一人不实者，罪虽轻，犹以诬告论。谓如有人告三人，二人徒罪是实，一人笞罪是虚，仍以一人笞罪上加二等反坐原告之类。○若各衙门官进呈实封诬告人，及风宪官挟私弹事有不实者，罪亦如告人笞、杖、徒、流、死全诬者坐之。若诬重反坐及全诬加罪轻不及杖一百、徒三年。者，从上书诈不实论。以杖一百、徒三年科之。○若狱囚已招伏罪，本无冤枉，而囚之亲属妄诉者，减囚罪三等，罪止杖一百。若囚已招伏，笞、杖已决、徒、流已配，而自妄诉冤枉，摭拾原问官吏过失而告之者，加所诬罪三等，罪止杖一百、流三千里。若在役限内妄诉，当从已徒而又犯徒律。

注：此严讦告不实之罪，以惩刁诈也。凡人诉己之冤，或言人之罪，皆当据实呈告。一有不实，即谓之诬。如诬告人笞罪，所诬尚轻，则加诬罪二等；诬告人流、徒、杖罪，所诬已重，则加诬罪三等。加罪重者，各止满流。若所被诬徒罪之人已经著役，流罪之人已经到配，其后虽诉辩改正放回，必须计验，其从被逮以至放回日期之多寡，于诬告人名下追征用过路费，给还被诬之人。如有典卖田宅作路费者，即着落诬告人备价取赎。若因被诬发遣而致死随行有服亲属一人者，诬告人坐绞监候，除偿费、赎产外，仍将犯人财产一半断付被诬之人养赡。言有服亲属，则无服之人勿得概论矣。若诬告人至死罪，而所诬之人已决者，绞、斩死罪并反坐；未决者满流，于流所加徒役三年。其诬告犯人，如果贫乏无可备偿路费、取赎田宅，亦无财产可以断付者，止科诬告加等、加役之罪。其被诬已役、已配之人，如诈称致死亲属，或冒他人尸为亲属，而反诬犯人者，亦抵诬人至死之罪，已决者绞，未决者满流不加役。而原先诬告犯人，仍止反坐以诬告流、徒之本罪，不在加等、偿费之限。因彼此相诬，故不加役、加等，盖从轻也。以上系全诬者之坐罪，不论已决、未决，俱不折杖。若不系全诬，但告二事以上，重事告实，轻事招虚，及告数事，其罪相等，而有一事告实者，被诬之人止于从一科断，则诬告人者皆得免罪。若告二事以上，轻事告实，重事招虚，或告一事本轻，而诬作重事，除去被告应得本罪外，反坐诬告人以所剩不实之罪。如被诬之人笞、杖、徒、流已经论决，则原告人全抵剩罪，不在收赎之限。若未论决，系笞、杖者，照所剩笞、杖之数收赎；系徒与流者，照所剩徒、流折算之杖数，不及一百者收赎，过一百者止杖一百，余罪亦听收赎。若诬重至死，而所诬之人已决者，照所诬之罪反坐；未决者，止坐满流，不加役，亦不偿费、断产。未决之人，仍科告实之罪。若

律该罪止者,诬告之数虽多,而科罪之赃已满贯,于被告罪无所增,故不反坐。此告一人。则然至告二人以上,但有一人不实者,即以诬告人论,依律加等科之。以上皆指常人诬重反坐者言也。若各衙门官员假捏事情,进呈实封诬告人,及风宪官挟诈怀私,弹劾事情,有不实者,亦各论如诬告人笞、杖、徒、流、死全诬之律科罪。如反坐及加罪有不及满徒者,是轻于上书诈不以实之罪矣,仍依上书诈不以实科断。以其诬人于君上之前,故罪重于凡人也。若在狱之囚已招服己罪,本自无冤,而囚之亲属妄为出名辩诉者,减本囚罪三等,罪止满杖。至囚罪笞、杖已决,徒、流已配,而自行妄诉冤枉,摭拾原问官吏过失而告者,是为挟仇逞怨,故加所诬官吏之罪三等,罪止满流。若徒已在役、流已发配,有犯加至徒、流者,当从徒流人又犯罪科断。再凡诬轻为重,已论决者全抵剩罪;未论决,笞、杖收赎,徒、流止杖一百,余罪亦收赎。盖流准徒、徒又准杖,五徒各准杖二十。若杖六十、徒一年,则徒一年亦折杖六十;杖七十、徒年半,则徒年半亦折杖七十;杖一百、徒三年,则徒三年亦折杖一百。如除所告实罪外,剩告虚杖八十徒二年之罪,则徒二年应折杖八十,并原杖八十,共坐杖一百六十,决杖一百讫,其六十照律首图内银数收赎。三流并准徒四年,三年应折杖一百,余一年折杖四十,包原杖一百,共杖二百四十。此较满徒加二等,通远近而酌其中也。诬笞、杖、徒为流者,将告实之罪,照折杖除之。如告实杖六十、徒一年,则应除一百二十杖,反坐剩杖一百二十,决杖一百,余听收赎。其诬近流入远流者,每流一等准徒半年,三流原包五徒,流二千里应折杖二百二十,每五百里为一等,各折杖二十。以流从流,故不包徒,但以所剩之罪罪之。未决者,亦听收赎。至已论决,应全抵剩罪,如在杖一百之外,亦得折算,减杖从徒。生刑十八等,起于笞、杖。五笞、五杖为十等,每一等加一十。过此以往,则罪稍浮,故递加二十。满杖加一等,应杖一百二十;加五等,应杖二百。一百之外,不能加杖,故改杖为徒。徒五等,实杖二百也。至满徒不足以蔽,则其罪又加重矣,故改徒为流。流三等,以杖言,亦递加二十,满流为二百六十杖;以徒言,亦递加半年,满流为四年半也。知此而折徒、折杖之义明矣。

【1740】6.22.336(略)

附律条例

【1646】6.22.359.(1)

一、诬告人因而致死,被诬之人委系平人,及因拷禁身死者,比依诬告人因而致死随行有服亲属一人绞罪,奏请定夺。若诬轻为重,及虽全诬平人,却系患病在外身死者,止拟应得罪名发落。

【1670】6.22.358.(1)(略)

【1725】6.22.346.(1)【原例】(略)

【1740】○修并

【原例】【1725】6.22.346.(1)(略)、【1725】6.22.346.(6)(略)

臣等谨按:以上二条,一指案内被诬之人,一指案外拖累之人,俱为诬告致死而设,应并。谨将并辑例文,开列于后。

一、诬告人因而致死,被诬之人委系平人,及因拷禁身死,或将案外之人拖累拷禁致死一二人者,比依诬告人因而致死随行有服亲属一人绞罪,奏请定夺。若诬轻为重,及虽全诬平人,却系患病在外身死者,止拟应得罪名发落。

【1740】6.22.336.(1)(略)

【1767】○修改

臣等谨按:原例"因拷禁身死"下,有"比依诬告人因而致死随行有服亲属一人绞罪,奏请定夺"等语。嗣于乾隆二十九年(1764)二月内,臣部议复江西巡抚辅德审拟潘纪洙一案,钦奉谕旨,奏准将此条例文改为"诬告人因而致死被诬之人,委系平人,及因拷禁身死者,拟绞监候。或将案外之人拖累拷禁,致死一二人者,亦拟绞监候"。其例内比依"致死随行有服亲属一人绞罪,奏请定夺"数语删去在案,拟合遵照改正。

一、诬告人因而致死,被诬之人委系平人,及因拷禁身死者,拟绞监候。或将案外之人拖累拷禁致死一二人者,亦拟绞监候。若诬轻为重,及虽全诬平人,却系患病在外身死者,止拟应得罪名发落。

【1768】6.22.336.(1)(略)

【1790】6.22.336.(17)

一、诬告人因而致死,被诬之人委系平人,及因拷禁身死者,拟绞监候。或将案外之人拖累拷禁致死一二人者,亦拟绞监候。致死三人以上者,依故杀律拟斩监候。若诬轻为重,及虽全诬平人,却系患病在外身死者,止拟应得罪名发落。

【1802】6.22.336.(16)(略)

【1825】6.22.336.(13)(略)

【1646】6.22.359.(2)

一、军、旗有欲陈告运官不法事情者,许候粮运过淮,并完粮回南之日,赴漕司告理。如赴别衙门挟告诈财者,听把总官就拿送问。犯该徒罪以上,调发边卫充军,另拘户丁补伍。

【1670】6.22.359.(2)(略)

【1725】○修改

原拟:"把总官"应改为"该管官"。今无拘丁补伍之例,应删去末句。

一、旗军有欲陈告运官不法事情者,许候粮运过淮,并完粮回南之日,赴漕司告理。如赴别衙门挟告诈财者,听该管官即拿送问。犯该徒罪以上,调发边卫充军。

【1725】6.22.346.(2)【原例】(略)

【1740】○移出

臣等谨按:此条系原载"诬告"条例之下。查旗军陈告运官,不赴漕司告理,而赴别衙门挟告,事类越诉,谨移于此。

＊刑律·诉讼·越诉

【1740】6.22.332.(15)(略)

【1646】6.22.359.(3)

一、各处奸徒串结衙门人役,假以上司察访为由,纂集事件,挟制官府,陷害良善,或诈骗财物,或报复私仇,名为窝访者,事发勘问得实,依律问罪,用一百二十斤枷枷号两个月发落。该徒、流者,发边卫充军。

【1670】6.22.359.(3)(略)

【1725】6.22.346.(3)

【原例】一、奸徒串结衙门人役,假以上司察访为由,纂集事件,挟制官府,陷害良善,或诈骗财物,或报复私仇,名为窝访者,审实依律问罪,用重枷枷号两个月发落。该徒、流者,发边卫充军。

【1740】6.22.336.(2)(略)

【1790】6.22.336.(8)(略)

【1801】○修改

臣等谨按:此条系前明旧例,例内止称该徒、流者,发近边充军。其计赃逾贯,及被诈之人因而自尽,或因拷打身死者,作何治罪,例内未经议及。查嘉庆五年(1800),臣部于议复云南巡抚初彭龄条奏折内议称,蠹役诈赃,及假差吓诈,被诈之人因而自尽者,与计赃逾贯之犯,均拟绞监候。若系拷打致死者,照故杀律拟斩监候等因奏准,添纂入例在案。此条事同一例,亦应援照添叙。并添入"为从各减一等"句,以昭赅备而便引用。谨将修改例文,开列于后。

一、奸徒串结衙门人役,假以上司察访为由,纂集事件,挟制官府,陷害良善,或诈骗财物,或报复私仇,名为窝访者,审实依律问罪,用重枷枷号两个月发落;该徒、流者,发近边充军。若计赃逾贯,及虽未逾贯,而被诈之人因而自尽者,均拟绞监候。如系拷打致死者,拟斩监候。为从均各减一等。

【1802】6.22.336.(10)(略)

【1825】6.22.336.(7)(略)

【1646】6.22.359.(4)

一、凡无藉棍徒,私自串结,将不干已事情,捏写本词,声言奏告,恐吓得财,计赃满数者,不分首从,俱发边卫充军。若妄指宫禁亲藩为词,诬害平人者,不分首从,枷号三个月,照前发遣。

【1670】6.22.359.(4)(略)

【1725】6.22.346.(4)

【原例】一、无藉棍徒,私自串结,将不干已事捏写本词,声言奏告,诈赃满数者,准窃盗论。赃至一百二十两以上者为满数，不分首从，俱发边卫充军。若妄指宫禁亲藩，诬害平人者，俱枷号三个月，照前发遣。

【1740】6.22.336.（3）（略）

【1768】6.22.336.（3）

一、无藉棍徒，私自串结，将不干己事捏写本词，声言奏告，诈赃满数者，准窃盗论。赃至一百二十两以上者为满数。不分首从，俱发近边充军。若妄指宫禁亲藩，诬害平人者，俱枷号三个月，照前发遣。

【1790】6.22.336.（9）（略）

【1802】6.22.336.（8）（略）

【1825】6.22.336.（5）（略）

***【1680】6.22.196　刑部现行则例·诉讼·词讼不许牵连**

一、词状止许一告一诉，告状之人止许告真犯真证，不许波及无辜，亦不许陆续再行投词，牵连原状无名之人。如有牵连妇女、另具投词波及无辜之人者，一概不准，仍从重治罪。承审官于听断之时，如供证已确，纵有一、二人不到，非系紧要犯证，即据见在人犯成招，不得借端稽延，违者议处。

【1725】○增入

原拟：现行例内六条，类于此律，应增入。

【现行例】*【1680】6.22.196　刑部现行则例·诉讼·词讼不许牵连（略）

【1725】6.22.346.（5）

【增例】一、凡词状，止许一告一诉，告实犯实证，不许波及无辜，及陆续投词，牵连原状内无名之人。如有牵连妇女，另具投词。倘波及无辜者，一概不准，仍从重治罪。承审官于听断时，如供证已确，纵有一二人不到，非系紧要犯证，即据现在人犯成招，不得借端稽延，违者议处。

【1740】6.22.336.（4）（略）

【1790】6.22.336.（1）（略）

***【1680】6.22.192　刑部现行则例·诉讼·诬告致途中病死**

一、凡诬告平民，拖累监禁及刑拷致死一二人者，将原告仍照例拟绞。在外旅店及途中病死者，照律内条例，止坐应得罪名发落。

【1725】○增入

原拟：现行例内六条，类于此律，应增入。

【现行例】一、凡诬告平民，拖累监禁及刑拷致死一二人者，将原告仍照例拟绞。三人以上，以故杀论。其在外旅店及途中病死者，止拟应得罪名发落。

【1725】6.22.346.(6)

【增例】一、凡诬告平民,拖累监禁及刑拷致死一二人者,将原告照例拟绞监候。

【1740】○修并

修并按语并修并后例文见【1725】6.22.346.(1)条【1740】修并项下。

***【1680】6.22.190　刑部现行则例·诉讼·诬告叛逆**

一、诬告叛逆,被诬之人已决者,诬告之人拟斩立决。若未决者,拟斩监候,虽遇赦,不与原宥。不得株连妻子、家产。如告言人罪,不即赴审,辄行脱逃者,除将被诬及证佐俱行释放,本犯获日,所告事不与审理,仍以诬告拟罪。

【1725】○增入

原拟:现行例内六条,类于此律,应增入。

【现行例】一、凡告言人罪,不即赴审,辄行脱逃者,除将被诬及证佐俱行释放外,脱逃犯人被获,所告之事不与审理,仍治以诬告罪。

【1725】6.22.346.(7)

【增例】一、凡告言人罪,不即赴审,辄行脱逃者,除将被诬及证佐俱行释放外,脱逃犯人获日,所告之事不与审理,仍以诬告拟罪。

【1740】6.22.336.(5)(略)

【1788】○修改

臣等谨按:此条原例,系原告临审脱逃、销案不行之文。乾隆五十四年(1789)五月内,臣阿桂陈奏,小民冤抑,赴各衙门控告,如果理直,自必早求申理。乃屡次传审不到,则其情虚畏罪,已属显然。若仍为悬案不结,转得遂其拖累无辜之计。但不定以期限,内外问刑衙门未能画一遵守。请嗣后赴控各衙门之人,一经批准,即令原告到案投审。非有疾病、事故,原告两月不到案听审者,即照临审脱逃例销案不行。拿获原告,专治以诬告之罪。俾棍恶之徒尽知告则必审,审实则治被告之罪,审虚则治原告之罪,庶可以杜其借端讹诈之奸私,绝其侥幸自全之狡计。奏请增入则例,永远遵行等因具奏。奉朱批:"所奏是。该部议行。"钦遵在案,应于例内增辑详明,以便画一遵守。今将增修例文,开列于后。

一、赴各衙门告言人罪,一经批准,即令原告到案投审。若不即赴审,辄行脱逃,及并无疾病、事故,两月不到案听审者,即将被诬及证佐俱行释放,其所告之事,不与审理。拿获原告,专治以诬告之罪。

【1790】6.22.336.(7)(略)

【1821】○修改

臣等谨按:嘉庆二十年(1815)七月内,臣部议复浙江道监察御史史谱奏"酌定越诉章程"折内,议请申明例禁,并声明若赴控在官,不候审断而逃者,所控事情立案,俟缉获日,照应得罪名再加逃罪二等等因,奏准在案。应将加逃罪二等之处,于原例内增改明晰。谨将修改例文,开列于后。

一、赴各衙门告言人罪,一经批准,即令原告到案投审。若不即赴审,辄行脱逃,及并无疾病、事故，两月不到案听审者，即将被诬及证佐俱行释放，其所告之事，不与审理。拿获原告，专治以诬告之罪。其情虚逃匿，经差缉始行获案者，再加逃罪二等。

【1825】6.22.336.（4）（略）

***【1680】6.22.194　刑部现行则例·诉讼·公同陈告**

一、凡实系切己之事，许其陈告。若将弁克饷，务要营伍管队等头目率领兵丁公同陈告，州县征派，务要州县里长率领众民公同陈告者，方行准审外，如有违禁将非系公同陈告之事，怀挟私仇，改捏姓名，砌款粘单，牵连罗织，希图准行，妄行陈告者，除所告不准，照律治以诬告之罪。

【1725】○增入

原拟：现行例内六条，类于此律，应增入。

【现行例】*【1680】6.22.194　刑部现行则例·诉讼·公同陈告（略）

【1725】6.22.346.（8）

【增例】一、凡实系切己之事，方许陈告。若将弁克饷，务须营伍管队等头目率领兵丁公同陈告，州县征派，务须里长率领众民公同陈告，方准受理。如违禁将非系公同陈告之事，怀挟私仇，改捏姓名，砌款粘单，牵连罗织，希图准行妄控者，除所告不准外，照律治以诬告之罪。

【1740】6.22.336.（6）（略）

【1790】6.22.336.（2）（略）

【1725】○增入

原拟：现行例内六条，类于此律，应增入。

【现行例】一、凡偷参为从人犯，诬扳良民为财主及率领头目者，不论旗、民，枷号两个月折责，仍照例发遣。

【1725】6.22.346.（9）

【增例】一、偷参为从人犯，诬扳良民为财主及率领头目者，不论旗、民，枷号两个月折责，照例发遣。

【1740】6.22.336.（7）（略）

【1790】6.22.336.（5）（略）

【1814】○修改

臣等谨按：嘉庆十七年（1812）十月内，臣部议复升任吏科给事中西琅阿奏“调剂黑龙江等处遣犯”折内，请将偷参为从人犯诬扳良民为财主及头目一条，改发新疆给官兵为奴等因奏准，通行在案。例内发遣之处应改为“发新疆给官兵为奴”。再查例载“发遣新疆、黑龙江当差、为奴者，到配时照例安插，俱不决杖”等语，例内“折责”二字应行节删。至旗人偷刨人参,例应销除旗档,应一并添入。谨将修改例文,开列于后。

一、偷参为从人犯,诬扳良民为财主及率领头目者,不论旗、民,枷号两个月,发新疆给官兵为奴,旗人仍销除旗档。

【1821】○修改

臣等谨按:嘉庆二十二年(1817)四月内,臣部议复升任伊犁将军长龄奏"伊犁遣犯日多,请为调剂"案内,将偷参为从诬扳良民一条,改发云贵两广极边烟瘴充军等因,奏准在案,原例内发新疆为奴之处应行修改。谨将修改例文,开列于后。

一、偷参为从人犯,诬扳良民为财主及率领头目者,不论旗、民,枷号两个月,改发云贵两广极边烟瘴充军,旗人仍销除旗档。

【1825】6.22.336.(3)(略)

【1725】○增入

臣等谨按:康熙五十二年(1713)十月内,刑部议复将养子分户年久之人,子孙复行控告,事理类于此律,谨拟节录于后。

【续增现行例】一、八旗有将伊祖父时,或系养子,或系分户年久之人,子孙复行混告者,该部题参,系官革职,系平人枷号两个月、鞭一百。如有讹诈、逼勒等情,被害人告发审实者,照吓诈律治罪。

【1725】6.22.346.(10)【增例】(略)

【1740】6.22.336.(8)(略)

【1790】6.22.336.(6)(略)

【1825】6.22.336.(20)(略)

【1725】6.22.346.(11)

【钦定例】一、挟仇诬告人谋死人命,致尸遭蒸检,为首者绞候,为从杖一百、流三千里。受嘱妄供之证佐及捏报之仵作,均杖一百、徒三年。如证佐先行诬诈,后供实情者,杖八十。其官司刑逼招认妄供者,革职;审出实情者,交部议叙。

【1740】○修改

臣等谨按:挟仇诬告,致遭蒸检,律应绞候。但亦有本无仇隙,止以时久尸变,误执伤痕,因致蒸检者。有诬告之迹,实无挟仇之心,尚可量加末减。经安徽巡抚赵国麟奏请更定,应增。至证佐不言实情,自有本例,仵作捏报分别治罪,已详检验不实律,例内毋庸另立条款,应删。谨将增删例文,开列于后。

一、挟仇诬告人谋死人命,致尸遭蒸检,为首者绞候,为从杖一百、流三千里。其有审无挟仇,止以误执伤痕诬告蒸检者,为首发边卫充军,为从满徒。其官司刑逼招认妄供者,革职;审出实情者,交部议叙。

【1740】6.22.336.(9)(略)

【1768】6.22.336.(9)

一、挟仇诬告人谋死人命,致尸遭蒸检,为首者绞候,为从杖一百、流三千里。其有审无挟仇,止以误执伤痕诬告蒸检者,为首发近边充军,为从满徒。其官司刑逼招认妄供者,革职;审出实情者,交部议叙。

【1790】6.22.336.(12)(略)

【1802】6.22.336.(11)(略)

【1825】6.22.336.(8)(略)

【1725】6.22.346.(11)

【钦定例】一、词内干证,令与两造同具甘结。审系虚诬,将不言实情之证佐,按律治罪。若非实系证佐之人,挺身硬证者,与诬告人一体治罪。受赃者,计赃以枉法从重论。地方官故行开脱者,该督抚题参,交部严加议处。

【1740】6.22.336.(12)(略)

【1790】6.22.336.(4)(略)

【1825】6.22.336.(19)(略)

*【1680】6.22.190　刑部现行则例·诉讼·诬告叛逆

一、诬告叛逆,被诬之人已决者,诬告之人拟斩立决。若未决者,拟斩监候,虽遇赦,不与原宥。不得株连妻子、家产。如告言人罪,不即赴审,辄行脱逃者,除将被诬及证佐俱行释放,本犯获日,所告事不与审理,仍以诬告拟罪。

*【1725】○增入①

原拟:现行例内六条,类于此律,应增入。

【现行例】一、诬告叛逆,被诬之人已决者,诬告之人拟斩立决;若被诬告之人未决者,拟斩监候。

*名例律·常赦所不原【1725】1.1.16.(3)【增例】一、诬告叛逆,被诬之人已决者,诬告之人拟斩立决;若被诬告之人未决者,拟斩监候。

*【1725】○增入②

臣等谨按:康熙五十二年(1713)十月内,刑部议复州县官私派滥刑,事理类于此律,谨拟节录于后。

---

① 《大清律例按语》第22卷"刑律·诉讼·诬告"(雍正三年)条下,将该条现行例附入本条律文。查雍正三年(1725)《大清律集解附例》,该条现行例附入"名例律·常赦所不原",后于嘉庆六年(1801)移改至本条律文之后。

② 本条续增现行例,见《大清律例按语》第22卷"刑律·诉讼·诬告"(雍正三年)条下,雍正三年(1725)《大清律集解附例》不载。

【续增现行例】一、凡州县官私征私派,滥行虐民,罪恶显著,一被告发,即行题参。若一二人,或四五人,捏写姓名,造款控告,及里长率领众民公同陈告,虚实未定者,该督抚先交布、按秉公审明,再行题参。若上司因民控告,吓诈属员财物,或阴嘱刁民控告者,该督抚即行题参。

【1740】○增入

一、期亲以上尊长,按律不应抵命者,若诬告人谋死人命,致蒸检卑幼身尸,仍照诬告人死罪未决律治罪。其余亲属尊长,律有应抵之条者,如诬告谋死人命,致蒸检卑幼之尸,及卑幼诬告,致蒸检尊长之尸,俱照例拟绞监候。

此条系雍正九年(1731)定例。

【1740】6.22.336.(10)(略)

【1782】○修并

修并按语及修并后例文见【1768】6.22.336.(16)条【1782】修并项下。

【1740】○增入

一、控告人命,如有诬告情弊,即照诬告人死罪未决律治罪,不得听其自行拦息。其间或有误听人言,情急妄告,于未经验尸之先,尽吐实情,自愿认罪,递词求息者,讯明该犯果无贿和等情,照不应重律治罪完结。如有教唆情弊,将教唆之人仍照律治罪。该地方官如有徇私贿纵者,指名题参,照例分别议处。

此条系雍正七年(1729)定例。

【1740】6.22.336.(11)(略)

【1790】6.22.336.(13)(略)

【1802】6.22.336.(12)(略)

【1825】6.22.336.(9)(略)

【1740】○增入

一、直省各上司,有恃势抑勒者,许属员详报督抚,即行题参。若该督抚徇庇不参,或自行抑勒者,仍准其直揭部、科。该部、科查明具奏,将原揭一并行令该督抚据实确查。审实,将该上司交部议处。若属员已知上司访揭题参,即摭砌款迹,捏词诬揭部、科者,该部、科查明参奏,将该员解任,并将原揭行令该督抚据实确审。如审系诬揭,题参到日,将该员革职。一事审虚,即行反坐。其被参之本罪,轻于所诬之罪者,照诬告律治罪。倘本罪有重于诬告者,仍于本罪从重归结。武职悉照文职例行。

此条系雍正十三年(1735)定例。

【1740】6.22.336.(13)(略)

【1767】○修改

臣等谨按:此条原例“上司恃势抑勒属员,许属员详报督抚。若督抚徇庇,或自行抑勒,许其直揭部、科”等语,所以宣达卑官之屈抑,使恃势之上司有所顾忌也。但部、科据揭具奏,自应恭候上裁定夺。而原例云“部、科查具明奏,将原揭行令督抚据实确查”,则上文所云“督抚徇庇,或自行抑勒”者,仍由督抚自审复奏,殊未允协。拟将“原揭一并行令督抚确查”句删去,于“该部、科查明具奏”下增入“请旨定夺”四字。

一、直省各上司,有恃势抑勒者,许属员详报督抚,即行题参。若该督抚徇庇不参,或自行抑勒者,仍准其直揭部、科。该部、科查明具奏,请旨定夺。如审实,将该上司交部议处。若属员已知上司访揭题参,即摭砌款迹,捏词诬揭部、科者,该部、科查明参奏,将该员解任,并将原揭行令该督抚据实确审。如审系诬揭,题参到日,将该员革职。一事审虚,即行反坐。其被参之本罪,轻于所诬之罪者,照诬告律治罪。倘本罪有重于诬告者,仍于本罪从重归结。武职悉照文职例行。

【1768】6.22.336.(13)(略)

【1790】6.22.336.(3)(略)

【1821】○修改

臣等谨按:嘉庆二十二年(1817)五月初九日,臣等遵旨议奏“越诉诬告条例”折内,议将属员被参后,诬揭上司,无论被参之罪轻于所诬之罪,及所诬之罪轻于被参之罪,均各于应得罪名上加一等定拟等因,奏准在案。此条原例,应行修改。谨将修改例文,开列于后。

一、直省各上司,有恃势抑勒者,许属员详报督抚题参。若督抚徇庇不参,或自行抑勒者,准其直揭部、科,奏请定夺。审实,将该上司分别议处。若属员已知上司访揭题参,即摭砌款迹,捏词诬揭部、科者,该部、科查参,将该员解任,令该督抚确审,系诬揭者,革职。一事审虚,即行反坐,于诬告加等例上,再加一等治罪。如被参本罪重于诬告罪者,亦于被参本罪上加一等治罪。武职悉照文职例行。

【1825】6.22.336.(23)(略)

【1847】6.22.336.(22)(略)

【1740】○增入

一、有举首诗文书札悖逆讥刺者,除显有逆迹,仍照律拟罪外,若只是字句失检,涉于疑似,并无确实形迹者,将举首之人,即以所诬之罪依律反坐。承审官不行详察,辄波累株连者,该督抚、科道察出题参,将承审官照故入人罪律,交部议处。

此条系乾隆元年(1736)定例。

【1740】6.22.336.(14)(略)

【1790】6.22.336.(10)(略)

【1801】○修改

臣等谨按：此条系乾隆元年(1736)定例。查"名例"载"诬告叛逆，被诬之人已决者，拟斩立决；被诬之人未决者，拟斩监候"，是诬告人反逆，应分别已决、未决办理，例内已有专条。此条举首诗文，并无确据，举首之人即以所诬之罪依律反坐，应添入"若至死罪者，分别已决、未决，照例办理"一层，以昭赅备。又查例内既称"悖逆"，则"讥刺"二字应行节删。谨将修改例文，开列于后。

一、有举首诗文书札悖逆者，除显有逆迹，仍照律拟罪外，若只是字句失检，涉于疑似，并无确实悖逆形迹者，将举首之人，即以所诬之罪依律反坐。至死罪者，分别已决、未决，照例办理。承审官不行详察，辄波累株连者，该督抚、科道察出题参，将承审官照故入人罪律，交部议处。

【1802】6.22.336.(9)(略)

【1825】6.22.336.(6)(略)

【1740】○删除

一、承审官如有将牵连无辜之词状混行批准，差役从中勒索，辗转株连者，即将承审官题参，交部议处。其勒索之差役，照违禁律治罪。赃重者，仍照例计赃，从重科罪。

此条系乾隆元年(1740)定例。查牵连无辜之词状，不得混行批准一项，已见前条止许一告一诉例文之内。至差役勒索计赃科罪之处，已见官吏受财条例之下，毋庸纂入。

【1761】○续纂

一、凡捏造奸赃款迹，写揭字帖，及编造歌谣，挟仇污蔑，以致被诬之人忿激自尽者，照诬告人因而致死，随行有服亲属一人例，拟绞监候。其乡曲愚民，因事争角，随口斥辱，并无字迹者，仍各依应得罪名科断。

臣等谨按：此条系乾隆二十四年(1759)闰六月内，臣部议复升任江苏按察使崔应阶条奏定例，应纂辑以便遵行。

【1767】○修改

臣等谨按：原例"诬告人致死"下，有"随行有服亲属一人"一语。查诬告人致死本例，臣部已于乾隆二十九年(1764)奏准，将"比依致死随行有服亲属一人"句删去。此条原例内"随行有服亲属一人"句，亦遵照删去。

一、凡捏造奸赃款迹，写揭字帖，及编造歌谣，挟仇污蔑，以致被诬之人忿激自尽者，照诬告致死例拟绞监候。其乡曲愚民，因事争角，随口斥辱，并无字迹者，仍各依应得罪名科断。

【1768】6.22.336.(15)(略)

【1790】6.22.336.(11)(略)

【1801】○修改

臣等谨按:此条系乾隆二十四年(1759)定例。查捏造奸赃款迹,致被诬之人忿激自尽,应拟绞候例内,系指写揭字帖、编造歌谣两项而言。后段例文,只言并无字迹,其并未编造歌谣一项,未经申叙,应行增入。谨将修改例文,开列于后。

一、凡捏造奸赃款迹,写揭字帖,及编造歌谣,挟仇污蔑,以致被诬之人忿激自尽者,照诬告致死例拟绞监候。其乡曲愚民,因事争角,随口斥辱,并无字迹,及并未编造歌谣者,各依应得罪名科断。

【1802】6.22.336.(21)(略)

【1825】6.22.336.(17)(略)

【1761】○续纂

一、凡子孙将祖父母、父母死尸,挟仇诬告他人谋害,致尸遭蒸检者,比照毁弃祖父母父母尸律拟斩监候。其有并非挟仇,止以误执伤痕告官蒸检者,照诬告人死罪未决杖一百流三千里加徒役三年律治罪。

此条系乾隆二十六年(1761)十二月刑部声请定例。

【1768】6.22.336.(16)(略)

【1782】○修并

【原例】【1768】6.22.336.(16)(略)、【1740】6.22.336.(10)(略)

臣等谨按:此二条原例,前条子孙将祖父母、父母死尸,诬告他人谋害,以致尸遭蒸检者,分别挟仇与误执伤痕两项,一拟斩候,一拟满流加徒。推原例意,盖挟仇诬告者,系有心将亲尸蒸检,诬告他人谋死,希泄私嫌,其情重,故略其诬告人死罪未决之情,而特治其蒸检亲尸之罪,拟以斩候。误执伤痕诬告者,虽亦累及亲尸蒸检,然其意总在申雪亲冤,并无别故,其情轻,故宥其蒸检亲尸之罪,而绳以诬告人死罪未决之法,拟流加徒。此条拟罪重轻,实为平允。惟查后条例内,"其余亲属尊长,律有应抵之条者,如诬告人谋死人命,致蒸检卑幼之尸,及卑幼诬告,致蒸检尊长之尸,俱拟绞监候"等语,并未分载"挟仇"以及"误执伤痕"字样,系属罣漏。臣部向来遇有此等案件,挟仇诬告者,照例拟绞监候外,其误执伤痕诬告者,俱随案酌比子孙将父母死尸诬告他人致遭蒸检,照诬告人死罪未决拟流加徒之例定拟。但不明载例文,必到引用牵混。今将后一条原例添纂详明,并入前条原例之内,以昭平允,以归画一,理合声明。

一、凡子孙将祖父母、父母死尸,挟仇诬告他人谋害,致尸遭蒸检者,比照毁弃祖父母父母尸律拟斩监候。其有并非挟仇,止以误执伤痕告官蒸检者,照诬告人死罪未决律,杖一百、流三千里,加徒役三年。若期亲以上尊长,按律不应抵命者,诬告人谋死人命,致蒸检卑幼身尸,仍照诬告人死罪未决律治罪。其余亲属、尊长,律有应抵之条者,如挟仇诬告人谋死人命,致蒸检卑幼之尸,及卑幼诬告,致蒸检尊长之尸,俱拟绞监候。若并非挟仇,止以误执伤痕告官蒸检者,亦照诬告人死罪未决律定拟。

【1790】6.22.336.(15)(略)

【1802】6.22.336.(14)(略)

【1825】6.22.336.(11)(略)

【1772】○续纂

一、诬告良民为强盗者,发边远充军。

臣等谨按:乾隆三十五年(1770)二月内,江苏按察使吴坛条奏"恐吓取财"条内"诬指良民为盗,捉拿拷诈"一条,请于例末添入"若诬指良民为强盗,虽无拷打、吓诈情事,亦发边远充军"等语。查"诬指良民为盗"例内"诬指"二字,系指未经到官者而言,罪在吓诈财物,是以列入"恐吓取财"例内。若既无拷诈别情,仅止诬指为盗,则诬盗尚在未成,自应以诬告到官为断。谨将此条归入"诬告"门类,以便引用。

【1788】○修并

【原例】*刑律·贼盗·恐吓取财

【1740】6.18.273.(2)条【1772】修改例文　一、凡将良民诬指为窃,及寄买贼赃,捉拿拷打,吓诈财物,或以起赃为由,沿房搜检,抢夺财物,淫辱妇女,除实犯死罪外,其余不分首从,俱发边远充军。若诬指为强盗,而有前项拷诈等情节者,俱发极边烟瘴充军。诬指送官,依诬告论;淫辱妇女,以强奸论。

【1772】续纂"一、诬告良民为强盗者……"条

臣等谨按:首条系指诬良为窃、为盗,拷打、吓诈者而言,后条系指诬良为盗,并无拷诈者而言。事同语类,自应并纂一条。且同一诬良之例,而首条载入"恐吓取财"门内,核与义类未符,应移并于"诬告"条下,以昭关切。今将移并例文,开列于后。

一、凡将良民诬指为窃,称系寄卖贼赃,将良民捉拿拷打,吓诈财物,或以起赃为由,沿房搜检,抢夺财物,淫辱妇女,除实犯死罪外,其余不分首从,俱发边远充军。若诬指良民为强盗者,亦发边远充军。其有前项拷、诈等情,俱发极边烟瘴充军。诬指送官,依诬告论;淫辱妇女,以强奸论。

【1790】6.22.336.(20)(略)

【1802】6.22.336.(19)(略)

【1825】6.22.336.(16)(略)

【1772】○续纂

一、生员代人扛帮作证,审属虚诬,该地方官立行详请褫革衣顶,照教唆词讼本罪上各加一等治罪。如计赃重于本罪者,以枉法从重论。其讯明事属有因,并非捏词妄证者,亦将该生严加戒饬。倘罔知悛改,复蹈前辙,该教官查明再犯案据,开报劣行,申详学政,黜革。

臣等谨按:此条系乾隆三十六年(1771)七月内,山东学政韦谦恒奏请定例,应纂辑以便遵行。

【1790】6.22.336.(14)(略)

【1802】6.22.336.(13)(略)

【1825】6.22.336.(10)(略)

【1782】○续纂

一、凡诬良为窃,吓诈逼认,因而致死,照诬告致死律拟绞监候。如系因拷打伤重致死者,照故杀律拟斩监候。

臣等谨按:此条系乾隆四十六年(1781)十月内,湖北巡抚郑大进题"曾荣怀诬窃拷打良民徐起才身死,将曾荣怀比照捕役诬窃为盗拷打致死例拟斩监候"一案,经臣部议复,以诬良为窃,系吓诈逼认,因而致死,应照诬告致死律拟绞监候。如系拷打致死,即应照故杀律拟斩监候,不必牵引诬窃为盗之例问拟。将曾荣怀改依诬良为窃拷打致死,实犯死罪,照故杀律拟斩监候。并请嗣后遇有诬良为窃拷打致死之案,俱照此引用等因。奉旨:"依议。"钦遵在案,应纂辑遵行。

【1790】6.22.336.(21)(略)

【1802】6.22.336.(20)(略)

【1825】○修改

臣等谨按:道光二年(1822)六月内,臣部具奏"酌修诬窃毙命条例"一折内称,查诬窃毙命定例,原有专条。惟其中有有心诬窃,死系良民者;有有心诬窃,而死系旧匪;及死虽良民,而无心诬窃者;又有无心诬窃,死系旧匪者。就各项而论,则又有拷打伤重致死者;有诬告到官,与捆缚、吓诈、逼认因而致死者;有仅止空言查问,致令抱忿短见轻生者。情节轻重,参差不一。检核历年办过此等案件,凡有心诬窃,死系良民之案,各该省均分别照诬窃致令自尽及拷打致死例,拟以斩、绞,尚无歧误。至死者系属旧匪,或虽系良民,而迹涉可疑,因诬指情重,致令自尽之案,各该省有照诬良为窃吓诈逼认因而致死例拟以绞候者,亦有因其情节稍轻,于绞罪上声请量减拟流者。因例无分晰明文,致办理未能画一。且秋审时应实、应缓,外省亦每多混淆。与其随案核改,不若明定科条,俾知遵守。议请嗣后诬窃出于有心,死者系属良民之案,拷打伤重致死者,拟以斩候;诬告到官,及捆缚、吓诈、逼认,致令自尽者,拟以绞候,秋审俱入情实;仅止空言查问,尚无捆缚、拷打、吓逼别情死者,抱忿短见轻生者,拟以绞候,秋审入缓。诬窃出于有心,而死系旧匪,及虽良民,而诬窃出于无心之案,拷打伤重致死者,拟以斩候,秋审时,情节较轻者,酌核入缓;诬告到官,及捆缚、吓诈、逼认,致令自尽者,拟以绞候,秋审入缓;仅止空言查问,并无捆缚、拷打、吓逼别情,死者抱忿短见轻生者,于死罪上减等,拟以满流。诬窃出于无心,死者又系旧匪之案,拷打致死者,拟以绞候,秋审时,情节较轻者,酌核入缓;诬告到官,及捆缚、吓诈、逼认,致令自尽者,于死罪上减等,拟以满流;仅止空言查问,并无捆缚、拷打、吓逼别情,死者抱忿短见轻生者,于流罪上再减一等,拟以满徒等因具奏。奉旨允准,通行各省在案。除秋审情实、缓决,应照奏定章程,临时酌核办理外,其余应于原例内修改明晰,以便引用。谨将修改例文,开列于后。

一、凡诬窃致毙人命之案,如死者实系良民,不问是否有心诬窃,及死虽旧匪,而诬窃出于有心,拷打伤重致死者,俱拟斩监候。如诬窃出于无心,将良民诬告到官,及捆缚、吓诈、逼认,致令自尽者,或有心诬指良民为窃,仅止空言查问,及诬告到官,并捆缚、吓诈、逼认,致令自尽者,或有心将旧匪诬告到官,及捆缚、吓诈、逼认,致令自尽者,或无心诬指旧匪为窃,拷打致死者,俱拟绞监候。若无心诬指良民,或有心诬指旧匪为窃,仅止空言查问,致令自尽者,或无心诬告旧匪到官,及捆缚、吓诈、逼认,致令自尽者,俱杖一百、流三千里。若无心诬指旧匪为窃,仅止空言查问,致令自尽者,杖一百、徒三年。

【1825】6.22.336.(21)(略)

【1830】○修并

【原例】【1825】6.22.336.(21)(略)

*刑律·人命·斗殴及故杀人

【1825】6.19.290.(15)一、凡疑贼致毙人命之案,悉照谋、故、斗杀、共殴及威力制缚主使各本律例定拟。

臣等谨按:道光六年(1826)八月内,臣部奏请"酌改诬窃、疑窃条例"一折内称,查诬窃与疑窃致毙人命之案,定例各有专条。诬窃例内,于死者则分别良民、旧匪,于诬告又分别有心、无心,原期缕晰条分,便于引用。兹查无心诬窃与疑窃肇衅各条,情节大抵相同,两例参观,界限究未明晰。各省往往同一案情,或照疑窃定案,或照无心诬窃定案办理,殊未画一。伏思案情百出,定例固贵周详,以资援引,尤务事归简易,以免混淆。此等疑窃案件,除因疑而诬者,仍应照诬窃定拟外,其始终疑窃者,既可谓之疑,即不得谓之为诬,是无心诬窃一层,似应节删。至所诬之人果系良民,自较诬指旧匪为重。捕役人等妄拿诬陷,自较平人诬窃为重。此等情节,秋审案内皆可临时酌核,分别办理,毋庸另立章程。定案时,亦毋庸预分差等。再查诬窃例内,既有拷打伤重字样,则伤轻者又无凭核办。疑窃例内,亦未将威逼自尽者载明。均应酌量修改,并将疑窃毙命例文并为一条,以便遵守。议请嗣后凡诬良为窃之案,如拷打致死者,俱拟斩监候;如诬告到官,及捆缚、吓诈、逼认,致令自尽者,俱拟绞监候;若止空言捏指,并未诬告到官,亦无捆缚、吓诈、逼认情事,死由自尽者,杖一百、流三千里。其疑贼致毙人命之案,悉照谋、故、斗杀、共殴及威力制缚主使并威逼人致死各本律例定拟。如此酌修例文,庶办理不致畸轻畸重。俟修例时,纂入例册等因具奏。奉旨:"依议。钦此。"钦遵在案。应于例内修改明晰,以资引用。谨将修并例文,开列于后。

一、凡诬良为窃之案,如拷打致死者,俱拟斩监候。如诬告到官,或捆缚、吓诈、逼认致令自尽者,俱拟绞监候。若止空言捏指,并未诬告到官,亦无捆缚、吓诈、逼认情事,死由自尽者,杖一百、流三千里。其疑贼致毙人命之案,悉照谋、故、斗杀、共殴及威力制缚主使,并威逼人致死各本律例定拟。

【1834】〇修改

臣等谨按:道光十二年(1832)九月内,据调任盛京刑部侍郎兼管奉天府府尹裕泰等咨呈"朱起富等听从诬指良民张发为窃,用铁链拉勒张发身死"一案内称,诬良为窃,拷打致死,俱拟斩盗候之条,"俱"字之义,是否指首、从而言,例文究未指明,咨请部示等因。经臣部查,律言"皆"者,罪无首从。诬窃致死例内,既无"皆斩"明文,自应分别首从科断。至原例内,"俱"字系总承上文"死者实系良民,不问是否有心诬窃,及死者虽系旧匪,而诬窃出于有心"数语而言。嗣于道光九年(1829)修改例文时节去"死者实系良民"数语,"俱"字漏未删去,以致该省拘泥例文,咨请部示。应俟修例时,将"俱"字删去,以免歧误等因,咨复该府尹,并通行各省在案,应将例内"俱"字删去。再查疑贼毙命之案,原例系照谋、故、斗杀、共殴及威力制缚主使并威逼人致死各本律例定拟,则遇有死由自尽者,按例止应依威逼人致死律拟杖一百,即有捆缚、拷打情事,亦止应依用强殴打威逼人致死非致命又非重伤例拟杖六十、徒一年。虽疑贼出于无心,与诬窃出于有心者,情节不同。然既经捆缚、拷打逼毙人命,似未便仅依威逼本律例问拟徒、杖,致滋轻纵。自应将疑贼致令自尽罪名,酌量加重。仍分别有无捆缚、拷打情事,于例内添纂明晰,以资引用。谨将修改例文,开列于后。

一、凡诬良为窃之案,如拷打致死者,拟斩监候。若诬告到官,或捆缚、吓诈、逼认,致令自尽者,俱拟绞监候。其止空言捏指,并未诬告到官,亦无捆缚、吓诈、逼认情事,死由自尽者,杖一百、流三千里。至疑贼致毙人命之案,讯系因伤身死,仍悉照谋、故、斗杀,共殴及威力制缚主使各本律例定拟。其捆缚拷打致令自尽者,杖一百、流三千里。如殴有致命重伤,及成残废、笃疾,虽有自尽实迹,应于因事用强殴打威逼人致死果有致命重伤及成残废笃疾发近边充军例上,加一等发边远充军。若止空言查问,死由自尽者,杖一百、徒三年。

【1847】6.22.336.(24)(略)

【1788】〇移改

【原例】*名例律·常赦所不原

【1740】1.1.16.(2)一、番役诬陷无辜,妄用脑箍及竹签、烙铁等刑,至毙人命者,以故杀论,不准援赦。

臣等谨按:番役诬陷无辜,事类诬告,旧因例内载有"不准援赦"字样,列入"常赦不原"门内。查近来办理蒙恩赦宥罪囚,其不准援赦者,俱系酌定条款,先行奏明。此等以故杀定拟死罪人犯,并无列入请赦之事。应将此条内"不准援赦"四字删去,移入"诬告"门内,以归切当。今将移改例文,开列于后。

一、番役诬陷无辜,妄用脑箍及竹签、烙铁等刑,致毙人命者,以故杀人论。

【1790】6.22.336.(16)(略)

【1802】6.22.336.(15)(略)

【1825】6.22.336.(12)(略)

【1788】○移入

＊刑律·贼盗·强盗

【1768】6.18.266.(5)一、凡捕役诬窃为盗,拿到案日,该地方官验明并无拷逼情事,或该犯自行诬服,并有别故,例应收禁,因而监毙者,将诬拿之捕役杖一百、流三千里。其吓诈逼认,因而致死,及致死二命者,俱照诬告致死律拟绞监候。拷打致死者,照故杀律拟斩监候。

臣等谨按:以上二条原载于“强盗”条例之下。查诬良为盗之例,详载“诬告”门内,所有此二条原例均系捕役诬盗、诬窃之条,未便牵混于“强盗”条下,致滋错杂。今拟移入“诉讼·诬告”门内,以昭贴切,理合声明。

【1790】6.22.336.(18)(略)

【1802】6.22.336.(17)(略)

【1825】6.22.336.(14)(略)

【1788】○移入

＊刑律·贼盗·强盗

【1740】6.18.266.(4)一、凡捕役人等奉差缉贼,审非本案正盗,若其人素行不端,或曾经犯窃有案者,将捕役照诬良为盗例减一等,杖一百、徒三年。至其人本系良民,捏称踪迹可疑、素行不轨,妄行拿获,及虽犯窃有案,已改恶为善,确有实据,仍复妄拿,并所获之人,不论平人、窃盗,私行拷打,吓诈财物,逼勒认盗,及所缉盗案已获有正贼,因伙盗未获,将犯有窃案之人,教供诬扳、滥拿充数等弊,俱照诬良为盗例,分别强、窃治罪。

移入按语,见【1790】6.22.336.(18)条【1788】移入按语。

【1790】6.22.336.(19)(略)

【1802】6.22.336.(18)(略)

【1825】6.22.336.(15)(略)

【1801】○移改

【原例】＊名例律·常赦所不原

【1790】1.1.16.(5)一、诬告叛逆,被诬之人已决者,诬告之人拟斩立决。被诬之人未决者,拟斩监候,不准援赦。俱不及妻子、家产。

【1740】1.1.16.(7)一、捕役诬拿良民及曾经犯窃之人,威逼承认,除被诬罪名遇赦尚准援免者,其反坐之番役,亦得援赦免罪外,若将平民及犯窃之轻罪人犯,逼认为谋杀、故杀、强盗者,将捕役照例充军,遇赦不准援免。

臣等谨按:前一条系康熙年间旧例,后一条系乾隆五年(1740)定例。查诬告、诬拿不准援免,事同一类,应修并一条。至诬告人叛逆,分别已决、未决治罪,应载入“诬告”门。

又查后条前段言“捕役”,后段言“番役”,殊未画一,应将“番役”改为“捕役”,合并声明。谨将修并、移改例文,开列于后。

＊名例律・常赦所不原

【1825】1.1.16.(7)一、诬告叛逆未决,应拟斩候者,不准援赦。又捕役诬拿良民及曾经犯窃之人,威逼承认,除被诬罪名遇赦尚准援免者,其反坐捕役,亦得援赦免罪外,若将平民及犯窃之轻罪人犯,逼认为谋杀、故杀、强盗者,将捕役照例充军,遇赦不准援免。

一、诬告叛逆,被诬之人已决者,诬告之人拟斩立决;未决者,拟斩监候,俱不及妻、子、家产。

【1802】6.22.336.(22)(略)

【1825】6.22.336.(18)(略)

【1814】○续纂

一、胥役控告本管官,除实有切己冤抑,及本官有不法等情,既经承行,惧被干连者,仍照例办理外,若一经审系诬告,应于常人诬告加等律上再加一等治罪。

＊刑律・诉讼・投匿名文书告人罪

【1825】6.22.333.(4)　一、胥役匿名揭告本管官,如所告得实,仍照律拟绞监候;若系诬告,拟绞立决。

臣等谨按:嘉庆十九年(1814)六月内,臣部议复浙江道御史欧阳厚均奏“请严定胥役讦告本官条例”一折,内称胥役人等,果有切己冤抑,或本官有不公不法等情,既经承行,惧有干连,自应准其告发。至狡诈之徒,或怨信用之不专,或苦约束之太严,图陷害以快私忿,不可不严加惩创。议请嗣后胥役控告本官,除实有冤抑,及惧被干连者,仍照例办理外,若一经审系诬告,应于常人诬告加等律上再加一等。至胥役人等匿名揭告本官,固与奴仆、雇工干名犯义不同,惟究有上下名分。若肆其奸诡之计,匿名诬控,亦应严惩。议请嗣后胥役匿名揭告本官,如所告得实,仍照律拟以绞候。若系诬告,亦即拟绞立决等因奏准,通行在案。应分纂为例,以便遵行。

【1825】6.22.336.(22)(略)

【1847】6.22.336.(21)(略)

【1830】○续纂

一、凡官、民人等告讦之案,察其事不干己,显系诈骗不遂,或因怀挟私仇,以图报复者,内外问刑衙门,不问虚实,俱立案不行。若呈内胪列多款,或涉讼后复告举他事,但择其切己者,准为审理;其不系干己事情,亦俱立案不行。仍各将该原告照违制律杖一百,再加枷号一个月,系官革职,已革者,与民人一例办理。如敢妄捏干己情事耸准,及至提集人证审办,仍系不干己事者,除诬告反坐,罪重者仍从重定拟外,其余无论所告虚实、诈赃多寡、已未入手,俱不分首从,先在犯事地方枷号三个月,满日发近边充军。旗人有犯,销除旗档,一例问发。

臣等谨按：道光十年(1830)三月内，臣部议复山西道监察御史宋劭谷奏"官民以下不干己事借端讹索严定章程"一折，奉上谕："刑部议奏御史宋劭谷奏'请严定官民借端讹索章程'一折，嗣后官民人等告奸之案，察其事不干己，显系诈骗不遂，或因怀挟私仇，以图报复者，内外问刑衙门，不问虚实，立案不行。及呈内胪列多款，或涉讼后复告举他事，但择其切己者，准为审理。其系不干己情事，亦俱立案不行。仍各将该原告照违制律杖一百，再加枷号一个月，系官革职，已革者与民人一例办理。如敢妄捏干己情事耸准，及至提集人证审办，仍系不干己事者，除诬告反坐罪重者，仍从重定拟外，其余无论所告虚实，诈赃多寡，已未入手，俱不分首从，问发近边充军。仍先在犯事地方枷号三个月示众，满日再行发配。系旗人，照例销除旗档，一例问发。该部即纂入例册，永远遵行。余依议。钦此。"钦遵在案。应纂辑为例，以资引用。

【1847】6.22.336.(23)(略)

【1835】○续纂

一、诬告之案，如有所诬之罪，按例应加枷号者，即将诬告之人，照律按其所诬之笞、杖、徒、流、充军各本罪，分别加等定拟，俱毋庸加以枷号。

臣等谨按：道光十二年(1832)十一月内，据升任江西道监察御史金应麟奏"请修改删易刑例"一折内称，诬告人笞罪者，加二等；流、徒、杖，加三等。又诬告充军，抵充军役。查诬告人各罪，有本例应加枷号者，外省照例拟枷或不加枷号，多不画一，似应酌定等语。经臣部查诉讼律内止有诬告人军罪及笞、杖、流、徒等罪分别科断明文，并无诬告人罪应加枷亦将诬告者加以枷号之律。况诬告人罪应刺字，不闻一体刺字。则诬告人罪应加枷，不必一体加枷，即可隅反。惟是从前成案，间有办理两歧者，自应申明律意，另立专条。议请嗣后诬告之案，如有所诬之罪按例应加枷号者，即将诬告之人，照律按其所诬之笞、杖、徒、流、充军各本罪，分别加等定拟，俱毋庸加以枷号，以昭画一等因具奏，奉旨允准通行，遵照在案。谨纂辑专条，以昭遵守。

【1847】6.22.336.(25)(略)

【1840】○续纂

一、凡鸦片烟案件，拿获见发有据者方坐，不许妄扳拖累。如兵役人等，并地方棍徒冒充兵役，假以查拿鸦片烟为由，肆行抢夺，并怀挟仇恨，或希图讹诈，栽赃诬赖，审实，不分首从，俱发边远充军。赃至一百二十两以上者，为首拟绞监候。失察各官，交部议处。

臣等谨按：道光十九年(1839)五月内，大学士、军机大臣会同各衙门及臣部，议复升任鸿胪寺卿黄爵滋并各省将军、都统、督、抚及各科、道条奏"严禁鸦片烟章程"一折内称，栽烟诬赖之犯，向无治罪专条，今拟拿获鸦片烟见发有据者方坐，不许妄扳拖累。如兵役人等，并地方匪棍冒充兵役，假以查拿鸦片烟为由，肆行抢夺，并怀挟仇恨，或希图讹诈，栽赃诬赖，审实，不分首从，俱照诬良为盗例发边远充军。赃至一百二十两以上者，为首拟绞监候。失察文武各官,交部议处。又吸食鸦片烟之案,止准地方官弁访拿究办,不许旁人讦告。如有讦告者,均不准审理。倘系干犯名义,仍照本律治罪等因具奏。奉上谕:“照所议办理,并着纂入则例,永远遵行等因。钦此。”谨纂辑专条,以资引用。

【1847】6.22.336.(26)(略)

【1840】〇续纂

一、吸食鸦片烟之案,止准地方官弁访拿究办,不许旁人讦告。有讦告者,均不准审理。倘系干犯名义,仍照本律治罪。

续纂按语,见【1847】6.22.336.(26)条原【1840】续纂按语。

【1847】6.22.336.(27)(略)

干名犯义

律 文

【1646】6.22.360

凡子孙告祖父母、父母,妻妾告夫,及告夫之祖父母、父母者,虽得实,亦杖一百、徒三年;祖父母等,同自首者免罪。但诬告者,不必全诬,但一事诬,即绞。若告期亲尊长、外祖父母,及妾告妻者,虽得实,杖一百;告大功,得实,亦杖九十;告小功,得实,亦杖八十;告缌麻,得实,亦杖七十。其被告期亲、大功尊长,及外祖父母,若妻之父母,及夫之正妻,并同自首免罪;小功、缌麻尊长,得减本罪三等。若诬告罪重于干犯本罪者,各加所诬罪三等。谓止依凡人诬告律加三等,便不失于轻矣。〇加罪不入于绞。若徒、流已未决,偿费、赎产、断付,加役,并依诬告本律。若被告无服尊长,减一等,依名例律。〇其告尊长谋反、大逆、谋叛、窝藏奸细,及嫡母、继母、慈母、所生母杀其父,若所养父母杀其所生父母,及被期亲以下尊长侵夺财产,或殴伤其身,据实应自理诉者,并听卑幼陈告,不在干名犯义之限。其被告之事,各依本律科断,不在干名犯义之限,并同自首免罪之律。被告卑幼同此。又犯奸,及越关、私习天文,损伤于人于物不可赔偿者,亦同。〇若告卑幼得实,期亲、大功及女婿,亦同自首免罪;小功、缌麻,亦得减本罪三等。诬告者,期亲减所诬罪三等,大功减二等,小功、缌麻减一等。皆指卑幼言。若夫诬告妻,及妻诬告妾,亦减所诬罪三等。被告子孙、妻妾、外孙及无服之亲,依名例律。〇若诬卑幼死未决,仍依律减等,不作诬轻为重。〇若奴婢告家长,及家长缌麻以上亲者,与子孙、卑幼罪同;若雇工人告家长,及家长之亲者,各减奴婢罪一等。诬告者不减。又奴婢、雇工人被告得实,不得免罪,以名例不得为容隐故也。〇其祖父母、父母、外祖父母,诬告子孙、外孙、子孙之妇妾,及己之妾,若奴婢及雇工人者,各勿论。不言妻之父母诬女婿者,在缌麻亲中矣。〇若女婿与妻父母果有义绝之状,许相告言,各依常人论。义绝之状,谓如身在远方,妻父母将妻改嫁,或赶逐出外,重别招婿,及容止外人通奸;又如,女婿殴妻至折伤,抑妻通奸,有妻诈称无妻,欺妄更娶妻,以妻为妾,受财将妻妾典雇,妄作姊妹嫁人之类。

【1670】6.22.359(略)

【1725】○修改

原拟:私习天文今已不禁,应删去小注内“私习天文”字。

臣等谨按(按语与雍正三年律后总注同,略)。

【1725】6.22.347

凡子孙告祖父母、父母,妻妾告夫,及告夫之祖父母、父母者,虽得实,亦杖一百、徒三年;祖父母等,同自首者免罪。但诬告者,不必全诬,但一事诬,即绞。若告期亲尊长、外祖父母,及妾告妻者,虽得实,杖一百;告大功,得实,亦杖九十;告小功,得实,亦杖八十;告缌麻,得实,亦杖七十。其被告期亲、大功尊长,及外祖父母,若妻之父母,及夫之正妻,并同自首免罪;小功、缌麻尊长,得减本罪三等。若诬告罪重于干犯本罪者,各加所诬罪三等。谓止依凡人诬告律加三等,便不失于轻矣。○加罪不入于绞。若徒、流已未决,偿费、赎产、断付,加役,并依诬告本律。若被告无服尊长,减一等,依名例律。○其告尊长谋反、大逆、谋叛、窝藏奸细,及嫡母、继母、慈母、所生母杀其父,若所养父母杀其所生父母,及被期亲以下尊长侵夺财产,或殴伤其身,据实应自理诉者,并听卑幼陈告,不在干名犯义之限。其被告之事,各依本律科断,不在干名犯义之限,并同自首免罪之律。被告卑幼同此。又犯奸,及越关,损伤于人于物不可赔偿者,亦同。○若告卑幼得实,期亲、大功及女婿,亦同自首免罪;小功、缌麻,亦得减本罪三等。诬告者,期亲减所诬罪三等,大功减二等,小功、缌麻减一等。若夫诬告妻,及妻诬告妾,亦减所诬罪三等。被告子孙、妻妾、外孙及无服之亲,依名例律。若诬卑幼死未决,仍依律减等,不作诬轻为重。○若奴婢告家长,及家长缌麻以上亲者,与子孙、卑幼罪同;若雇工人告家长,及家长之亲者,各减奴婢罪一等。诬告者不减。又奴婢、雇工人被告得实,不得免罪,以名例不得为容隐故也。○其祖父母、父母、外祖父母,诬告子孙、外孙、子孙之妇妾,及己之妾,若奴婢及雇工人者,各勿论。不言妻之父母诬女婿者,在缌麻亲中矣。○若女婿与妻父母果有义绝之状,许相告言,各依常人论。义绝之状,谓如身在远方,妻父母将妻改嫁,或赶逐出外,重别招婿,及容止外人通奸;又如,女婿殴妻至折伤,抑妻通奸,有妻诈称无妻,欺妄更娶妻,以妻为妾,受财将妻妾典雇,妄作姊妹嫁人之类。

注:此定亲属讦告之通例,以正名分也。首节言子孙告祖父母、父母,妻妾告夫及夫之祖父母、父母,皆大乖伦理,虽得实,亦满徒。但涉诬,即坐绞决。若卑幼告期亲及外祖父母,大功、小功、缌麻各尊长,虽得实者,亦各按服制,分别坐杖。其被告之期亲、大功尊长,及外祖父母,妻父母,并同自首免罪。不言祖父母、父母,夫之祖父母、父母者,举轻以见重也。被告之小功、缌麻尊长,得减所告实之本罪三等。若诬告之罪,重于告期、功、缌麻本罪者,亦如凡人各加三等。所诬之罪与本罪或轻若等者,仍从本罪科断。次节言子孙及妻妾、卑幼,告祖父母以下尊长谋反、谋叛、窝奸,则事关大义,及嫡母、继母、慈母、所生母杀其父,若恩养父母杀其本生父母,则父母之仇,义所当伸,及被期亲以下尊长侵夺财产,或殴伤其身,则身家之祸,情所难忍,皆应得理诉者,并听告官,不在干名犯义之限。三节言期亲以下尊长告卑幼得实,期亲、大功之卑幼及女婿亦同自首免罪;小功、缌麻卑幼亦得减本罪三等。若尊长

诬告卑幼应反坐者,期亲尊长减所诬罪三等,大功减二等,小功、缌麻减一等。若夫诬告妻,及妻诬告妾,亦减所诬罪三等。四节言奴婢告家长及家长缌麻以上尊卑亲属者,并与子孙、卑幼告者罪同。若雇工人告家长及家长之缌麻以上亲,得实者,各减奴婢罪一等;诬告者,亦照奴婢论,不减。五节言祖父母、父母、外祖父母诬告子孙、外孙、子孙之妇妾,及夫诬告己之妾,并家长诬告奴婢及雇工人者,名义尤尊,各得勿论。末节言女婿与妻之父母果有义绝之状,许其互相告言所犯,各依常人论,亦不在干名犯义及得同自首之限。此律当与“名例”内“亲属相为容隐”及“犯罪自首”二条参看。

【1740】6.22.337(略)

附律条例

***【1680】6.22.193 刑部现行则例·诉讼·家仆告主**

一、凡家仆告主将谋反大逆、谋叛、隐匿奸细者,许其首告。其余一切事情,家仆首告者,除所告事不准行,控告之人,系旗下鞭一百,系民责四十板。

【1725】○增入

原拟:现行例内一条,类于此律,应增入。

【现行例】一、凡家仆告主,除谋反大逆、谋叛、隐匿奸细,许其首告外,其余一切事情,家仆首告者,除所告之事不准行,仍杖一百。

【1725】6.22.347.(1)【增例】(略)

【1740】○删除

臣等谨按:律文奴婢告家长,与子孙同,是虽所告得实,亦应杖一百、徒三年。若一事告虚,即应拟绞监候。所以特严主仆之名分,而绝其干犯之端者,律意固已深切者矣。例内除谋反、叛逆等项许其首告外,其余一切事情,概不准行,仍杖一百。则凡奴婢告家长一切事情,无论虚实,皆止满杖。与虽得实,仍予杖徒之律相较,殊觉轻纵。且所告若涉虚诬,竟得幸免缳首之罪,适足以开干犯之渐,而不足惩奸奴诬告之大恶,似非明刑止辟之义。况查律内,其谋反、大逆等项,并听陈告,不在干名犯义之限。是反逆等项,子孙、奴婢原俱听其首告,更毋庸另立例款。此条应删。

【1725】○增入

臣等谨按:康熙五十二年(1713)十月内,刑部议复分户、开户人家欺压伊原主子孙,事理类于此律,谨拟节录于后。

【续增现行例】一、八旗有将家人为养子分户、开户之人,年久值伊原主之子孙庸懦或至绝嗣,伊等自称原为养子,或谎称近族兄,反行欺压,希图占产争告者,审明,系官革职,枷号一个月、鞭八十,平人枷号三个月、鞭一百,将养子分户、开户之档销毁,仍给与原主子孙为奴。

【1725】6.22.347.(2)【增例】(略)

【1740】6.22.337.(1)(略)

【1725】○增入

臣等谨按：雍正二年(1724)六月内,刑部会议包衣、佐领下人等被害呈告,事理类于此律,谨拟节录于后。

【续增现行例】一、下五旗诸王、贝勒、贝子、公等所属包衣、佐领下人等,系累世与伊老主效力年久之人,有伊小主无故寻衅拘羁或发遣,捏造死罪送部者,许被害人妻、子赴宗人府或都察院具呈。该衙门奏闻。审明如果冤抑,将被害人咨送内务府,入上三旗包衣辛者库,将诬陷之主,酌量事之轻重治罪。如所告尽诬,照诬告家长加倍治罪。

【1725】6.22.347.(3)

【钦定例】一、下五旗府佐领下人等,系累世效力之人,有伊小主无故寻衅拘羁或发遣,捏造死罪送部者,许被害人妻、子赴宗人府或都察院具呈,该衙门奏闻。审明如果冤抑,将被害人咨送内务府,入上三旗内府辛者库,将诬陷之主,酌量事之轻重治罪。如所告尽诬,照诬告家长律加倍治罪。

【1740】○删除

臣等谨按：累世效力之人,年代虽久,主仆名义甚重。如果受冤送部,即应在部申诉。若许被害人妻、子赴宗人府、都察院具呈,恐启诬告家主之渐。且凡加倍治罪之处,业经停止。此条应删。

【1740】○续纂

一、凡奴仆首告家主者,虽所告皆实,亦必将首告之奴仆,仍照律从重治罪。

此条系雍正十三年(1735)钦奉上谕,恭纂为例,以便引用。

【1740】6.22.337.(2)(略)

【1756】○续纂

一、凡旗奴告主,犯该徒罪者,即于所犯附近地方充配,不准枷责完结。俟徒限满日,照例官卖,将身价给还原主。

臣等谨按：此条系乾隆二十年(1755)十二月内,臣部"秋季现审军、流人犯汇题"本内,钦奉谕旨,应恭纂为例,以便遵行。至徒限年满,照例官卖,身价给主之处,系乾隆二十年十二月内,大学士、忠勇公傅恒条奏定例,事本连属,今并为一条。

【1767】○修改

臣等谨按：此条原例"旗奴"二字,已遵照乾隆二十八年(1763)十月内钦奉谕旨,改为"旗下家奴"。

一、凡旗下家奴告主,犯该徒罪者,即于所犯附近地方充配,不准枷责完结。俟徒限满日,照例官卖,将身价给还原主。

【1768】6.22.337.(3)(略)

子孙违犯教令

律　文

【1646】6.22.361

凡子孙违犯祖父母、父母教令,及奉养有缺者,杖一百。谓教令可从而故违,家道堪奉而故缺者。须祖父母、父母亲告乃坐。

【1670】6.22.360(略)。

【1725】6.22.348

律文(略)

注:此是立法以教孝也。亲训不可轻违,亲养不可或缺。犯者,皆于孝道有亏,故并坐满杖。然须祖父母、父母亲告乃坐。

臣等谨按:此是立法以教孝也。亲训不可轻违,亲养不可或缺。犯者,皆于孝道有亏,故并坐满杖。然须祖父母、父母亲告乃坐。小注言"教令可从""家道可奉",则非义之命不便顺从,贫穷之家不能为计者,即亲告,亦不坐罪。

【1740】6.22.338(略)

附律条例

【1646】6.22.361.(1)

一、子贫不能营生养赡其父,因致自缢死,子依过失杀父律杖一百、流三千里。

【1670】6.22.360.(1)(略)

【1725】6.22.348.(1)

【原例】一、子贫不能营生养赡其父,因致其父自缢死,子依过失杀父律杖一百、流三千里。

【1740】6.22.338.(1)(略)

【1767】○修改

臣等谨按:此条原例有"子依过失杀父律"一语,已于乾隆三十一年(1766)十二月内,经江苏按察使李永书条奏删除,应遵照删去。再例内"养赡"二字,原兼父母而言,拟将例内"其父"二字改为"父母"二字。

一、子贫不能营生养赡父母,因致父母自缢死者,杖一百、流三千里。

【1768】6.22.338.(1)(略)

【1772】○续纂

一、凡子孙因奸因盗,以致祖父母、父母忧忿戕生,或畏累自尽者,均照过失杀例治罪。若罪犯应死,及谋、故杀人事情败露,致其祖父母、父母自尽者,即照各本犯罪名,拟以立决。

臣等谨按:此条系乾隆三十四年(1769)五月内,臣部核拟"广东省何长子诱奸幼女何大妹,致己母廖氏服毒身死"一案,将何长子拟以斩决具题。奉旨改为绞决,令臣部酌议定例。应纂辑遵行。

【1790】6.22.338.(2)(略)

【1801】○修改

臣等谨按:此条系乾隆三十四年(1769)定例。嘉庆五年(1800),据升任广东巡抚陆有仁审题"陈亚闰与陈连欢之妻石氏通奸被获,陈亚闰之母李氏知情纵逃,因闻控究,服毒身死,将陈亚闰依过失杀父母律拟流"案内,经臣部议奏,以陈李氏原知伊子与石氏通奸,溺爱纵容,复因伊子被本夫捉获,该氏庇护,赶往缠拉,以致伊子脱逃。迨闻告究,畏罪自戕。是该氏之自尽由于纵子犯奸,复赶往庇护,闻控畏罪所致,与并未纵容之父母畏累自尽者,情节不同,自未便照因奸致父母自尽例,拟以绞决。但竟依一时无心过失杀律拟流,究属情浮于法。例无专条,自应酌量问拟。应请旨将陈亚闰改发黑龙江为奴。再查因奸、因盗事同一例,纵奸之父母畏累自尽,既得援情定拟,而纵容子孙为盗之祖父母、父母自尽,亦应画一办理。应请嗣后子孙有犯奸、盗,致祖父母、父母自尽之案,除祖父母、父母并未纵容,因伊子身犯邪淫,忧忿戕生者,仍照例拟绞立决外,其祖父母、父母纵容袒护,后经发觉,畏罪自尽者,将犯奸、盗之子孙均发黑龙江给披甲人为奴等因具奏。奉旨:"依议。钦此。"钦遵在案,此条原例应行修改。谨将修改例文,开列于后。

一、凡子孙有犯奸、盗,祖父母、父母并未纵容,因伊子孙身犯邪淫,忧忿戕生者,拟绞立决。如祖父母、父母纵容袒护,后经发觉,畏罪自尽者,将犯奸、盗之子孙发黑龙江给披甲人为奴。若子孙犯罪应死,及谋、故杀人事情败露,致祖父母、父母自尽者,即照各本犯罪名,拟以立决。

【1802】6.22.338.(2)(略)

【1806】○修改

臣等谨按:嘉庆九年(1804)十二月内,湖广总督吴熊光等奏"民人田文潮纵容伊妻邹氏与僧文瑞通奸,复听从文瑞行窃,敗露被获,致文瑞商同伊妻,将伊母余氏搭毙,以图搪抵,将田文潮比例发遣"一案。钦奉上谕:"田文潮一犯,始而纵令伊妻与文瑞通奸,已属无耻,继复听从文瑞行窃,伊母之死实由该犯窃案败露,以致文瑞起意谋命搪抵。该督等拟以发往黑龙江给披甲人为奴,尚觉未协。着刑部详查例案,酌量加罪,另行妥议具奏等因。钦此。"经臣部酌议,将田文潮改拟绞决,并声请嗣后子孙有犯奸、盗,致祖父母、父母被人殴死,或被谋、故杀害之案,不问是否纵容袒护,均照此办理等因。奉谕旨:"此案僧文瑞图奸邹氏不从,经田文潮之母余氏与田文潮商量,劝令邹氏与文瑞通奸。是余氏纵奸图利,实属无耻。迨文瑞商允田文潮,窃得邻村禾稻、衣物,将余赃交余氏收藏。是余氏又系纵窃,本有应得之罪。与并未纵容,忧忿戕生者迥别。若照部议,予以绞决,在田文潮一犯,寡廉鲜耻,死何足惜。设遇子孙有犯奸、盗,祖父母、父母实不知情者,其罪何以复加,未免漫无区别。田文潮着改为绞监候,秋后处决,并着刑部纂入条例。嗣后除子孙因犯奸、盗，祖父母、父母并未纵容，忧忿戕生者，仍照例拟绞立决。其祖父母、父母纵容袒护，后经发觉，畏罪自尽者，将犯奸、盗之子孙发黑龙江给披甲人为奴外，其有祖父母、父母纵令子孙犯奸、犯盗，以致被人殴死，或被谋、故杀害者，均照此例问拟绞候等因。钦此。”钦遵在案。应恭纂为例，以资引用。谨将修改例文，开列于后。

一、凡子孙有犯奸、盗，祖父母、父母并未纵容，因伊子孙身犯邪淫，忧忿戕生者，拟绞立决。如祖父母、父母纵容袒护，后经发觉，畏罪自尽者，将犯奸、盗之子孙，发黑龙江给披甲人为奴。其祖父母、父母纵令子孙犯奸犯盗，以致被人殴死，或被谋、故杀害者，将犯奸、盗之子孙拟绞监候。若子孙罪犯应死，及谋、故杀人事情败露，致祖父母、父母自尽者，即照本犯罪名，拟以立决。

【1810】○修改

臣等谨按：嘉庆十一年（1806）九月内，四川总督勒保题“云阳县民人曹文榜听从母命行窃，事主事后搜赃，将伊母曹曾氏殴伤身死”一案，将曹文榜依父母纵令子孙犯盗，以致被人殴死例拟绞监候等因具题。经臣部查，子孙自行犯奸、犯盗，而祖父母、父母并无起意，仅止知情纵容，旋因败露，若系畏罪自尽，则子孙罪应拟遣；如被殴死，则子孙应拟绞候。至父母起意行窃，主令其子往偷，后经事主搜赃，致被殴死，是死者系教子行窃之罪人，并非事后知情纵容者可比。此案曹文榜系伊母曹曾氏教令行窃，因事主搜获原赃，与曹文榜扭殴，曹曾氏携棍拢护，致被事主殴死。是曹曾氏实系起意行窃之首犯，与仅止知情纵容者不同。若将曹文榜问拟绞候，与子自行犯盗，致父母被人殴死者，无所区别。将曹文榜改照父母纵容子孙犯盗，致被人殴死绞候例上量减一等，杖一百、流三千里。并声请嗣后如父母起意，主令其子行窃后，被殴死者，即照此拟流等因，题准通行。又十二年（1807）十月内，浙江巡抚清安泰咨“奉化县民妇赵邵氏主令伊子赵文裕行窃被获，邵氏闻控自缢身死”一案，该抚以赵邵氏系教子行窃之罪人，非事后知情纵容可比，且死由畏罪自尽，并非被人殴毙，将赵文裕量减一等，杖一百、徒三年。又十四年（1809）六月内，陕甘总督和宁题“潘氏与李秀通奸，伊翁李应捉奸，被李秀拒扎身死”一案，该督以潘氏因奸致伊翁被杀，例无治罪专条，将该氏比照奸夫拒捕致死本夫奸妇绞监候例，拟以绞候。经臣部以子孙有犯奸、盗，致纵容之祖父母、父母被人殴死杀害，已罪应绞候。其并未纵容者，自应即照并未纵容之祖父母父母因子孙身犯邪淫忧忿戕生例，拟绞立决。至妇人于夫之祖父母、父母，有犯殴、詈等事，悉与子孙同科。则因奸、盗致翁姑自尽，或被人殴死杀害，亦应与子孙一例问拟。将潘氏改依子孙有犯奸盗祖父母父母并未纵容因伊子孙身犯邪淫忧忿戕生例，拟绞立决等因，各在案。应将子孙犯奸、盗，致并未纵容之祖父母、父母，被人殴死杀害，拟绞立决；及祖父母、父母教令子孙犯奸、盗，分别殴死、自尽，拟流、拟徒；及子孙之妇有犯，悉与子孙同科之处，一并添纂入例，以便引用。谨将修改例文，开列于后。

一、凡子孙有犯奸、盗，祖父母、父母并未纵容，因伊子孙身犯邪淫，忧忿戕生，或被人殴死，及谋、故杀害者，均拟绞立决。如祖父母、父母纵容袒护，后经发觉，畏罪自尽者，将犯奸、盗之子孙，发黑龙江给披甲人为奴；被人殴死，或谋、故杀害者，将犯奸、盗之子孙，拟绞监候。如祖父母、父母教令子孙犯奸犯盗，后因发觉，畏罪自尽者，将犯奸、盗之子孙杖一百、徒三年；被人殴死，或谋、故杀害者，将犯奸盗之子孙杖一百、流三千里。若子孙罪犯应死，及谋、故杀人事情败露，致祖父母、父母自尽者，即照各本犯罪名，拟以立决。子孙之妇有犯，悉与子孙同科。

【1814】○修改

臣等谨按：嘉庆十七年(1812)十月内，臣部议复升任吏科给事中西琅阿奏“调剂黑龙江等处遣犯”折内，请将子孙犯奸、盗，致纵容之祖父母、父母自尽一条，改发新疆给官兵为奴等因奏准，通行在案，例内发黑龙江之处应行修改。谨将修改例文，开列于后。

一、凡子孙有犯奸、盗，祖父母、父母并未纵容，因伊子孙身犯邪淫，忧忿戕生，或被人殴死，及谋、故杀害者，均拟绞立决。如祖父母、父母纵容袒护，后经发觉，畏罪自尽者，将犯奸、盗之子孙，发新疆给官兵为奴；被人殴死，或谋、故杀害者，将犯奸、盗之子孙，拟绞监候。如祖父母、父母教令子孙犯奸犯盗，后因发觉，畏罪自尽者，将犯奸、盗之子孙杖一百、徒三年；被人殴死，或谋、故杀害者，将犯奸、盗之子孙杖一百、流三千里。若子孙罪犯应死，及谋、故杀人事情败露，致祖父母、父母自尽者，即照各本犯罪名，拟以立决。子孙之妇有犯，悉与子孙同科。

【1821】○修改

臣等谨按：嘉庆二十二年(1817)四月内，臣部议复升任伊犁将军长龄奏“伊犁遣犯日多，请为调剂”案内，将子孙犯奸、盗，致纵容之祖父母、父母畏罪自尽一条，改发云贵两广极边烟瘴充军等因，奏准在案。原例内发新疆为奴之处，应行修改。谨将修改例文，开列于后。

一、凡子孙有犯奸、盗，祖父母、父母并未纵容，因伊子孙身犯邪淫，忧忿戕生，或被人殴死，及谋、故杀害者，均拟绞立决。如祖父母、父母纵容袒护，后经发觉，畏罪自尽者，将犯奸、盗之子孙，改发云贵两广极边烟瘴充军；被人殴死，或谋、故杀害者，将犯奸、盗之子孙，拟绞监候。如祖父母、父母教令子孙犯奸犯盗，后因发觉，畏罪自尽者，将犯奸、盗之子孙杖一百、徒三年；被人殴死，或谋、故杀害者，将犯奸、盗之子孙杖一百、流三千里。若子孙罪犯应死，及谋、故杀人事情败露，致祖父母、父母自尽者，即照各本犯罪名，拟以立决。子孙之妇有犯，悉与子孙同科。

【1825】6.22.338.(3)(略)

【1778】○续纂

一、凡呈告忤逆之案，除子孙实犯殴詈，罪干重辟，及仅止违犯教令者，仍各依律例分别办理外，其有祖父母、父母呈首子孙，恳求发遣，及屡次违犯，忤逆显然者，即将被呈之子孙实发烟瘴地方充军，旗人发黑龙江当差。

臣等谨按：此条系乾隆四十一年(1776)十月内，镶白旗满洲都统福康安等奏“西蒙额呈送伊子阿尔台忤逆”案内钦奉谕旨，及四十二年(1777)二月内，江苏巡抚杨魁题“桃源县民孙谋忤逆”案内钦奉谕旨，臣部酌议奏准，并纂为例，以便遵行。

【1790】6.22.338.（3）（略）

【1801】○修改

臣等谨按：此条系乾隆四十二年（1777）定例。嗣于嘉庆元年（1796），臣部具题“山西省军、流减等”案内，钦奉上谕：“刑部具题单内所开各犯案由，有‘忤逆伊祖父母、父母拟遣’之语。忤逆之子孙，岂可留之于世。此奏措词，殊未妥协。嗣后此等人犯，止应摘叙‘违犯’‘触犯’字样，不得仍前概以‘忤逆’开写。钦此。”钦遵在案。例内“忤逆”二字应改为“触犯”。谨将修改例文，开列于后。

一、凡呈告触犯之案，除子孙实犯殴詈，罪干重辟，及仅止违犯教令者，仍各依律例分别办理外，其有祖父母、父母呈首子孙，恳求发遣，及屡次违犯、触犯者，即将被呈之子孙实发烟瘴地方充军，旗人发黑龙江当差。

【1802】6.22.338.（3）（略）

【1810】○修改

臣等谨按：嘉庆十三年（1808）五月内，江西巡抚金光悌咨“德兴县监生程廷标呈送伊子程邦桂、媳妇王氏触犯，并求发遣”一案，将程邦桂依例发遣，声明王氏应离异，饬回母家管束等因。臣部查，夫因妻不能奉事翁姑，呈告到官，只应断令离异。若翁姑呈送子、媳，恳求一并发遣，是夫妇皆属不孝之人，自应一律治罪，以示惩儆。未便因律无一并发遣明文，仅令离异归宗，致滋宽纵。向来办理此等案件，凡系父母送呈子与媳，一并恳求发遣者，俱将其夫依例问拟，其妻即令随同伊夫一并发配。当将王氏改拟交与伊夫程邦桂，一并带赴配所安置等因咨复在案。惟是例内既未载明，恐各省办理未能画一，应添纂入例，以便遵守。谨将修改例文，开列于后。

一、凡呈告触犯之案，除子孙实犯殴、詈，罪干重辟，及仅止违犯教令者，仍各依律例分别办理外，其有祖父母、父母呈首子孙，恳求发遣，及屡次违犯、触犯者，即将被呈之子孙实发烟瘴地方充军，旗人发黑龙江当差。如有祖父母、父母将子孙及子孙之妇一并呈送者，将被呈之妇与其夫一并佥发安置。

【1825】6.22.338.（2）（略）

见禁囚不得告举他事

律　文

【1646】6.22.362

凡被囚禁，不得告举他人之事。其为狱官、狱卒非理凌虐者，听告。若应囚禁被问，更首己之别事，有干连之人，亦合准首，依法推问科断。○其年八十以上、十岁以下，及笃疾者，若妇人，除谋反、叛逆、子孙不孝，或己身及同居之内为人盗、诈、侵夺财产，及杀伤之类听告，余并不得告。以其罪得收赎，恐故意诬告害人。官司受而为理者，笞五十。原词立案不行。

【1670】6.22.361（略）

【1725】6.22.349

律文(略)

注:此言首告之词,有应听理、不应听理之别也。见禁囚告举他事,恐其负罪在身,借端诬陷,故不得告举。其被狱官、狱卒凌虐,如殴伤其身及克减衣粮之类,是已身受害,故听陈告。若更首别事,其词内有干连之人,亦准首,依法推问。又所以矜恤罪犯而曲尽狱情之意也。八十以上、十岁以下,及患笃疾,若妇人,此四者犯罪,于律俱得收赎或勿论,若听其首告,则自恃罪轻,易于诬陷,故除事情重大,祸患切身,如反逆等项,方听告理,其余并不准告。若官司将不应首告之事,受而问理者,笞五十。

臣等谨按:此言首告之词,有应听理、不应听理之别也。前节言见禁囚而告举他事,恐其负罪在身,借端诬陷,故不得告举。其被狱官、狱卒凌虐,如殴伤其身及克减衣粮之类,是已身受害,故听陈告。若更首别事,其词内有干连之人,亦准首,依法推问。又所以矜恤罪犯而伸理冤抑之意也。后节言八十以上、十岁以下,及患笃疾,若妇人,此四者犯罪,于律俱得收赎或勿论,若听其首告,则自恃罪轻,易于诬陷,故除事情重大,祸患切身,如反逆等项,方听告理,其余并不准告。若官司将不应首告之事,受而问理者,笞五十。

【1740】6.22.339(略)

附律条例

【1646】6.22.362.(1)

一、年老及笃疾之人,除告谋反、叛逆及子孙不孝,听自赴官陈告外,其余公事,许令同居亲属通知所告事理的实之人代告。诬告者,罪坐代告之人。

【1670】6.22.361.(1)(略)

【1725】6.22.349.(1)【原例】(略)

【1740】6.22.339.(1)(略)

教唆词讼

律　文

【1646】6.22.363

凡教唆词讼,及为人作词状,增减情罪诬告人者,与犯人同罪。至死者减一等。若受雇诬告人者,与自诬告同。至死者不减等。受财者,计赃以枉法从重论。其见人愚而不能伸冤,教令得实,及为人书写词状而罪无增减者,勿论。奸夫教令奸妇诬告其子不孝,依谋杀人造意律。○按律不言雇人诬告者之罪,盖诬告之罪既坐受雇之人,则雇人无重罪之理,依有事以财行求科断。

【1670】6.22.362(略)

【1725】6.22.350

律文(略)

注:此禁揽讼刁徒,以安良善也。教唆词讼,及代作词状,增减实情,诬告人者,与出名诬告人同罪,至死乃减等。受人雇佣而冒本人姓名为之诬告人者,与已身诬告人同罪,至死亦不减等。受财者,计赃从重论,总承上教唆等项言。其见人愚昧而教令之,及为人书写词状,而于情罪俱无增减者,各勿论。

臣等谨按:此禁揽讼刁徒,以安良善也。首言教唆词讼,及代作词状,增减实情,诬告人者,与出名诬告人同罪,至死乃得减等。次言受人雇佣而冒本人姓名为之诬告人者,与已身诬告人同罪,至死亦不减等。受财者,计赃从重论,总承上教唆等项言。其见人愚昧,不能伸诉冤枉,而教令之,于事情皆得其实,及为人书写词状,而于情罪无所增减者,则非教唆诬告者比,故得勿论。

【1740】○修改

臣等谨按:雇人诬告者,现奉乾隆元年(1736)定例,与受雇人同罪。律注称"雇人无重罪"之处应删。谨将删辑律注,开列于后。

凡教唆词讼,及为人作词状,增减情罪诬告人者,与犯人同罪。至死者减一等。若受雇诬告人者,与自诬告同。至死者不减等。受财者,计赃以枉法从重论。其见人愚而不能伸冤,教令得实,及为人书写词状而罪无增减者,勿论。奸夫教令奸妇诬告其子不孝,依谋杀人造意律。

【1740】6.22.340(略)

附律条例

【1646】6.22.363.(1)

一、代人捏写本状,教唆或扛帮赴京,及赴巡抚、巡按并按察司官处,各奏告叛逆等项机密、强盗人命重罪不实,并全诬十人以上者,俱问发边卫充军。

【1670】6.22.362.(1)(略)

【1725】○修改

原拟:应改"巡抚、巡按"字为"督抚"。又诬告叛逆者,现行例拟斩,应删去"叛逆等项机密"句。

【1725】6.22.350.(1)

【原例】一、代人捏写本状,教唆或扛帮赴京,及赴督抚并按察司官处,各奏告强盗、人命重罪不实,并全诬十人以上者,俱问发边卫充军。

【1740】6.22.340.(1)(略)

【1768】6.22.340.(1)

一、代人捏写本状,教唆或扛帮赴京,及赴督抚并按察司官处,各奏告强盗、人命重罪不实,并全诬十人以上者,俱问发近边充军。

【1646】6.22.363.(2)

一、凡将本状用财雇寄与人赴京奏诉者,并受雇、受寄之人,属军卫者,发边卫充军;属有司者,发边外为民。其在京校尉、军匠、舍余人等,并各处因事至京人员,将原籍词讼因便奏告者,各问罪,原词俱立案不行。

【1670】6.22.362.(2)(略)

【1725】○修改

原拟:用财雇寄人奏诉者,受财之人赃满数,即应坐绞,不便指定充军为民,应于"边外为民"句下,增"赃重者,从重论"一语。其"军匠、舍余"字应改为"匠役"。

【1725】6.22.350.(2)

【原例】一、凡将本状用财雇寄与人赴京奏诉者,并受雇、受寄之人,属军卫者,发边卫充军;属有司者,发边外为民。赃重者,从重论。其在京匠役人等,并各处因事至京人员,将原籍词讼因便奏告者,各问罪,原词立案不行。

【1740】6.22.340.(2)(略)

【1772】○修改

臣等谨按:乾隆三十六年(1771)六月内,臣部奏明将本状雇寄与人,并受雇、受寄之人,情罪相等,均请改发近边充军。至在京匠役人等,并因事至京人员,将原籍词讼因便奏告,情节轻重不同,则问拟罪名亦异,自有妄奏、诬告本条。所有此条原例内"属军卫""有司"及"边外为民"字样,并"在京匠役人等"数语,均请删除在案,此条原例应删改。谨将删改例文,开列于后。

一、凡将本状用财雇寄与人赴京奏诉者,并受雇、受寄之人,俱发近边充军,赃重者从重论。

【1790】6.22.340.(2)(略)

*【1680】6.22.199 刑部现行则例·诉讼·代写词讼

一、凡写状之人,令其写录告状人真情控告。若教唆词讼,及为人作词状,增减情罪诬告人,并驾词越告,以致人伤财害俗者,令地方官严拿,照律例从重治罪。若地方官徇畏不报,该督抚访闻题参,将不报之地方官交与该部议处。其在京问刑部、院衙门控告者,亦令写录真情控告。若讼师教唆词讼,增减情罪诬人者,亦严拿,照律例从重治罪。

【1725】○增入

原拟:现行例内二条,类于此律,应增入。

【现行例】【1680】6.22.199 刑部现行则例·诉讼·代写词讼(略)

原拟:此条字句太繁,应行删改,开载于后。

【原改现行例】一、凡赴内外问刑衙门控告事情,应写录实情呈诉。若有讼师教唆词讼,及代写词状,增减情罪诬告人,并驾词越诉者,令该地方官严拿,照律从重治罪。如徇畏不报,经该上司官访参者,将该地方官交该部议处。

【1725】6.22.350.(3)【增例】(略)

【1740】○删除

臣等谨按:讼师教令词讼,地方官徇畏不报,已奉乾隆元年(1736)定例另立处分。此条应删。

***【1680】6.22.200 刑部现行则例·诉讼·投充代告**

一、如有投充及卖身之人代伊亲属控告者,概不准理。其卖身与旗下之后,将为民之旧事告理者,亦不准理。

【1725】○增入

原拟:现行例内二条,类于此律,应增入。

【现行例】一、凡民人投充,及卖身后,或代伊亲属具控,或将民籍旧事具控者,概不准理。

【1725】6.22.350.(4)

【增例】一、凡民人投充旗下,及卖身后,或代伊亲属具控,或将民籍旧事具控者,概不准理。

【1740】6.22.340.(3)(略)

【1740】○增入

一、内外刑名衙门,务择里民中之诚实识字者,考取代书。凡有呈状,皆令其照本人情词据实誊写,呈后登记代书姓名,该衙门验明,方许收受。如无代书姓名,即严行查究。其有教唆、增减者,照律治罪。

此条系雍正七年(1729)定例。查原例专指直省府、州、县而言。至雍正十三年(1735),又有在京刑名衙门设立代书之例。今并为上条,以便内外画一遵行。

【1740】6.22.340.(4)(略)

【1740】○增入

一、讼师教唆词讼,为害扰民,该地方官不能查拿禁缉者,如止系失于觉察,照例严处;若明知不报,经上司访拿,将该地方官照奸棍不行查拿例,交部议处。

此条系乾隆元年(1736)定例。

【1740】6.22.340.(5)(略)

【1740】○增入

一、凡雇人诬告者,除受雇之人仍照律治罪外,其雇人诬告之人,照设计教诱人犯法律,与犯法人同罪。

此条系乾隆元年(1736)定例。

【1740】6.22.340.(6)(略)

【1743】○续纂

一、坊肆所刊讼师秘本,如《惊天雷》《相角》《法家新书》《刑台秦镜》等,一切构讼之书,尽行查禁销毁,不许售卖。有仍行撰造刻印者,照淫词小说例,杖一百、流三千里。将旧书复行印刻及贩卖者,杖一百、徒三年。买者,杖一百。藏匿旧板不行销毁,减印刻一等治罪。藏匿其书,照违制律治罪。其该管失察各官,分别次数,交部议处。

臣等谨按:此条系乾隆七年(1742)三月,臣部议复四川按察使李如兰条奏定例。原议内有"该管官不行查出,一次罚俸六个月,二次罚俸一年,三次降一级调用"等语,事隶吏部,今改为"分别次数,交部议处"。

【1768】6.22.340.(7)(略)

【1767】○续纂

一、审理词讼,究出主唆之人,除情重赃多,实犯死罪,及偶为代作词状,情节不实者,俱各照本律查办外,若系积惯讼棍,串通胥吏,播弄乡愚,恐吓诈财,一经审实,即依棍徒生事扰害例,问发云贵两广极边烟瘴充军。

臣等谨按:此条系乾隆二十九年(1764)九月内,臣部议复江苏按察使钱琦条奏,附请定例,应纂辑遵行。

【1768】6.22.340.(8)(略)

【1778】○续纂

一、凡钦差驰审重案,如果审出虚诬,除赴京捏控之人,照诬告例治罪外,其有无讼师唆使扛帮情节,原审大臣即就案严行跟究,按例分别问拟。失察之地方官,从重议处。如无此种情弊,亦即随案声明。

臣等谨按:此条系乾隆三十九年(1774)九月内,臣部会同吏部议复浙江道监察御史王宽条奏定例,应纂辑遵行。

【1790】6.22.340.(9)(略)

【1795】○续纂

一、教唆词讼诬告人之案,如原告之人所欲告者本系轻事,而教唆之人起意借端吓诈,平空捏造重情,主令诬告,致毙人命者,及虽未致死人命,而教唆诬告之罪,应反坐流徒、抵充军役者,并以主唆之人为首,听从控告之人为从论。其寻常教唆,不过稍有增减,无关罪名轻重者,仍依教唆各本律例,与犯人同罪。

臣等谨按：律载教唆词讼，及为人作词状，增减情罪诬告人者，与犯人同罪，至死者减一等。此指欲告之犯，本有起意捏控之情而教唆者，止于就事怂恿，增减情节。是以虽与本犯同科，至死犹得减等。至原告之人所欲告者，本系轻事，而教唆之人起意借端吓诈，辄敢平空捏造重情，主令诬告，因而致毙人命，则死者因惧罹重罪而自戕，皆由该犯主使诬陷所致，自应以为首拟抵。向因例无明文，外省拘泥至死减等之律，每致首、从倒置。乾隆五十七年(1792)闰四月内，臣部议复安徽巡抚朱珪题"陈义山欲控陈魁等典伊田亩，霸不放赎，希图加价，与金绪相商，金绪起意吓诈分肥，主令诬告抢夺重情，致陈魁畏累自缢身死"一案，先据该抚将听从控告之陈义山为首拟绞，金绪依至死减等律拟流改遣。经臣部以陈义山所欲告者，止系霸不放赎田亩细事，而金绪主令诬告者，则系抢夺重情。陈魁既因被诬告抢夺重情自尽，自应以造意诬告抢夺之金绪为首，驳令另行妥拟。嗣据该抚改将金绪依为首例问拟绞候，陈义山为从拟流。并声称嗣后凡有此等情节者，请永远遵照办理。复经臣部核议，如果原告之人所欲告者，情罪本轻，而教唆之人所诬控者，情罪较重，死者实因畏累而戕生，并非以轻事而自尽，与本案情节相同者，自应照此分别首、从，以昭平允。如寻常教唆之案，仍依至死减等本律科断等因题复。奉旨："依议。"钦遵在案。谨拟增纂入例，以便画一遵守，理合陈明。

【1801】○修改

臣等谨按：此条系乾隆六十年(1795)定例。查律载教唆词讼，及为人作词状，增减情罪诬告人者，与犯人同罪，至死者减一等。此指本人起意诬告，该犯因而教唆者而言。至例内以主唆之人为首，听从诬告之人为从，系指本人并未起意，该犯主令诬告者而言，罪坐所由，故坐教唆者为首，使从而诬告者得以减等问拟，殊足补律之所未备。是教唆词讼之案，自应视教唆者之是否起意，以定罪名首、从。惟查例内所称"原告之人所欲告者，本系轻事，而教唆之人捏造重情"等语，仍与律内为人作词状，增减情罪，应与犯人同罪之意牵混。且诬告审虚，加等反坐。其问拟徒、流、充军之罪，十有八九。若因诬告之罪反坐流、徒、充军，遽以教唆者为首，转使起意诬告者，概以为从减等，亦非情理之平。自应分别修改，以归允协。臣等悉心酌议，请嗣后教唆词讼诬告人之案，如本人并未起意欲告，而教唆之人主使者，以主使之人为首，听从诬告之人为从；若本人起意欲告，而教唆之人从旁怂恿者，依律与犯人同罪，至死者减一等。有赃者，计赃以枉法从其重者论。如此分别办理，庶足以昭简易而示平允。所有例内捏造重情及诬告者反坐流、徒、充军，以教唆之人为首之处，应行节删。谨将修改例文，开列于后。

一、教唆词讼诬告人之案，如原告之人并未起意诬告，系教唆之人起意主令者，以主唆之人为首，听从控告之人为从。如本人起意欲告，而教唆之人从旁怂恿者，依律与犯人同罪。有赃者，计赃以枉法从其重者论。若仅止从旁谈论是非，并非唆令控告者，科以不应重杖，不得以教唆论。

【1802】6.22.340.(10)(略)

【1814】○续纂

一、凡审理诬控案件，不得率听本犯捏称倩过路不识姓名人书写呈词，务须严究代作词状唆讼之人，指名查拿，依例治罪。

臣等谨按：嘉庆十七年(1812)十二月内，臣部议复山西道监察御史嵩安奏“严究诬告案内讼师”一折内称，查教唆词讼定例，本严谳狱者。遇有诬告之犯，自应严究讼师，按例惩办。乃近日赴京具控发回审虚之案，往往称系过路不识姓名算命人书写，承审官员不加研鞫，率就本犯狡饰之词了结，以致讼棍肆行无忌，刁徒讦告不休。议请嗣后审理控案，不得率听本犯捏称过路不识姓名人书写，务须严行究出代作词状唆讼之人，指名查拿，依例治罪等因奏准，通行在案。应纂辑为例，以便引用。

【1825】6.22.340.(11)(略)

【1821】○续纂

一、凡有控告事件者，其呈词俱责令自作。不能自作者，准其口诉，令书吏及官代书，据其口诉之词，从质书写。如有增减情节者，将代书之人照例治罪。其唆讼棍徒，该管地方官实力查拿，从重究办。

臣等谨按：嘉庆二十二年(1817)五月初九日，臣部遵旨议奏“越诉诬告条例等因”一折，奉上谕：“国家勤恤民隐，凡直省讼狱，有冤抑莫伸者，准其来京呈控，代为申理。原恐覆盆之下，日月照临所不及，特以通达下情，开除壅蔽，意至善也。乃人情诪张为幻，或案本细微，而架词耸听；或事皆虚诞，而捏砌重情。以致案牍繁滋，弊端百出。历经刑部奏定，将越诉诬控人犯于本例加等治罪，又各递加一等，现已无可复加。本日该部议请嗣后在问刑衙门呈控事件者，令于呈尾将代作之人注明姓名、籍贯、住址，一并传案详讯。一经审属虚诬，将具呈人照例反坐，代作者与犯人同罪。其主唆之人起意者，仍以为首论。或审明另有唆讼别案，即照积惯讼棍例治罪。若呈内不将代作姓名、住址开载，不准收理。集讯时，代作之人提传未到，又别无证佐，即将所控立案不行，分别注销。所奏殊未允协，断不可行。具呈之人，知有不写代作人姓名不准收理之例，何难诡托写人，以求准理，又或将素有仇隙者预为冒写，以图拖累，皆情事所必有。其代作呈词者，案情审实，与伊毫无所益，一经审虚，罪与原告同科，其人岂肯自将姓名载入呈内？势必假捏诡名，脱身事外。及审虚坐诬之时，人本乌有，何从提讯？是科条愈繁，巧诈愈滋。于防伪除奸之道相去益远，而抱屈含冤之真情无处申诉。上干天和，下害民命，朕不忍为也。莫若明白晓谕，俾小民简而易遵。嗣后凡有控告事件者，其呈词俱责令自作。不能自作者，准其口诉，令书吏及官代书据其口诉之词，从实书写。如有增减情节者，将代书之人照例治罪。其唆讼棍徒，该管地方官实力查拿，从重究办，毋稍轻纵。庶讼源既清，而讦告之风自可渐息矣。其属员被参后，诬揭上司者，均各于应得罪名上加一等治罪一条，着照该部所议行。钦此。”除将“属员被参诬揭”一条载人“诬告”门内引用外，应将此条恭纂为例，以便遵行。

【1825】6.22.340.(12)(略)

军民约会词讼

律 文

【1646】6.22.364

凡军官、军人有犯人命,管军衙门约会有司检验归问。若奸、盗、诈伪、户婚、田土、斗殴与民相干事务,必须一体约问。与民不相干者,从本管军职衙门自行追问。其有占吝不发,首领、官吏(以违制论,)各笞五十。○若管军官越分辄受民讼者,罪亦如之。

【1670】6.22.363(略)

【1725】○修改

原拟:今军籍无世职官,应删去"军官"字。又律内"违令者,笞五十"。注内"违制"字应改为"违令"。

臣等谨按:此禁文武官之偏护,以安军、民也。凡军丁有犯人命事情,管军衙门必须约会有司检验明白,仍于有司衙门归结。若犯该奸情、盗案及诈伪、户役、婚姻、田宅、斗殴等项,但与民干涉事务,并须一体与有司约问。若与民不相干涉,听从本管军衙门问理。其有司及管军衙门受理军、民词讼,一切应勾人犯,如自分彼此,占留吝惜,不发问理者,管军、民之首领、官吏,各笞五十。管军官有不遵定例,逾越本等职分,辄受民人词讼者,其罪亦如占吝之律。

【1725】6.22.351

凡军人有犯人命,管军衙门约会有司检验归问。若奸盗、诈伪、户婚、田土、斗殴与民相干事务,必须一体约问。与民不相干者,从本管军职衙门自行追问。其有占吝不发,首领、官吏(以违令论,)各笞五十。○若管军官越分辄受民讼者,罪亦如之。

注:此禁文武官之偏护,以安军、民也。军人犯人命,约会有司检验,听其问结。若奸、盗等项,但与民干涉,并须一体与有司约问。若无相涉者,听从本管军衙门问理。其有司及管军衙门应勾人犯,如有偏护,占吝不发问理者,管军、民之首领、官吏,各笞五十。若管军官不遵定制,逾越本等职分,辄受民人词讼者,罪亦如之。

【1740】6.22.341(略)

附律条例

【1646】6.22.364.(1)

一、在外军民词讼,除叛逆机密重事,许镇守总兵、参将、守备等官受理外,其余不准滥受,辄行军卫有司问理。其户婚田土、斗殴人命一应词讼,悉赴通政使司,告送法司问理。其在外军卫有司,不系掌印官,不许接受词讼。

【1670】6.22.363.(2)(略)

【1725】○修改

原拟:此条内止言"镇守总兵、参将、守备",应将"提督、副将、游击"字增入。且叛逆等事,武职虽可接受,未便自理,应将"受理"字改为"接受",会同有司问理。再军民词讼,并无概赴通政司使告送法司之例。谨拟删改,开载于后。

【原改条例】一、在外军民词讼,除叛逆机密重事,许提、镇、副、参、游、守等官接受,会同有司追问外,其余不许滥受。凡户婚、田土、斗殴、人命一应词讼,悉赴该管衙门告理。军卫有司,不系掌印官,不许接受词讼。

【1725】6.22.351.(1)【原例】(略)

【1740】6.22.341.(1)(略)

【1646】6.22.364.(2)

一、缉捕官役,只于京城内外,察访不轨、妖言、人命、强盗重事,其余军民词讼,及在外事情,俱不干预。

【1670】6.22.363.(2)(略)

【1725】6.22.351.(2)

【原例】一、缉捕官役,惟于京城内外,察访不轨、妖言、人命、强盗重事,其余军民词讼,及在外事情,俱不干预。

【1740】6.22.341.(2)

一、缉捕官役,惟于京城内外,察访不轨、妖言、人命、强盗重事,其余军民词讼,及在外事情,俱不许干预。

【1725】○增入

臣等谨按:康熙五十三年(1714)十二月内,刑部议复旗民互告,事理类于此律,谨拟节录于后。

【续增现行例】一、凡民人串通旗人代讼、投词,违例控告旗、民,俱从重治罪。旗人控告民人,提审时,旗人故意勒措推诿,不到官者,所告之事,立案不行,仍将原告照诬告律治罪。

【1725】6.22.351.(3)【增例】(略)

【1740】○删除

臣等谨按:代讼、投词,已见"教唆词讼"律;违例控告,已见"越诉"律。且犯罪一体,不因旗、民串通,罪始从重,应删。至原告不到,所告之事不与审理,仍行治罪之处,备载"诬告"条例之下,毋庸另立条款,此条应删。

【1725】○增入

臣等谨按:雍正元年(1723)八月内,刑部议复地方官与理事同知会审,事理类于此律,谨拟节录于后。

【续增现行例】一、凡旗人谋、故、斗杀等案,仍照例令地方官会同理事同知审拟外,其自尽人命等案,即令地方官审理。如果情罪已明,供证已确,免其解犯,仍由同知衙门核转。倘恃旗狡赖,不吐实供,将案内无辜牵连人等,先行摘释,止将要犯解赴同知衙门审明。如该同知事外苛驳,借应质名色,滥差提扰,该上司立即题参。

【1725】6.22.351.(4)【钦定例】(略)

【1740】6.22.341.(3)(略)

【1740】○增入

一、凡各省理事厅员,除旗人犯命、盗重案,仍照例会同州县审理外,其一切田土、户婚、债负细事,赴本州县呈控审理。曲在民人,照常发落;曲在旗人,录供加看,将案内要犯审解该厅发落。至控告在官人犯,不论原、被,经州、县两次拘传,别无他故,抗不到案者,将情虚逃避之犯,严拿治罪。

此条系雍正六年(1728)定例。

【1740】6.22.341.(4)(略)

【1740】○增入

一、各处理事同知,遇有逃人案件,并旗人与民人争角等事,俱行审理,不必与旗员会审。

此条系雍正七年(1729)定例。

【1740】6.22.341.(5)(略)

【1740】○增入

一、川省泸州土流接壤地方,倘有词讼,照军民约会之例,令该州同与该土司公同核报。

此条系雍正八年(1730)定例。

【1740】6.22.341.(6)(略)

【1740】○增入

一、八旗案件,俱交刑部办理。该旗有应参奏者,仍行参奏。

此条系雍正十三年(1735)定例。

【1740】6.22.341.(7)(略)

【1740】○删除

一、八旗兵丁、闲散、家人等,有应拟笞、杖罪名者,该管章京即照例回堂完结。其主仆相争、控争家产、隐匿入官物件、长幼尊卑彼此相争,及赌博、讹诈、擅用禁物、容留贩卖来历不明之人等事,俱由该旗审明,照例完结。此内若有刑讯事件,会同刑部司官,动刑审讯,俟完结之日,行文都察院查核。若有不符之处,即行参奏。如有情重不能即刻完结者,会同该部审拟完结。若关系人命、盗案,及持金刃伤人、干连民人等事,交该部完结。关系别旗之事,会同该旗完结。

此条系雍正十一年(1733)定例。查八旗兵丁、家人等所犯笞、杖轻罪,向由该旗完结。至八旗会同刑部审拟一款,业经停止。其命、盗等事,已于雍正十三年(1735)定例,专交刑部完结。毋庸纂入。

官吏词讼家人诉

律　文

【1646】6.22.365

凡官吏有争论婚姻、钱债、田土等事,听令家人告官对理,不许公文行移,违者笞四十。

【1670】6.22.364(略)

【1725】6.22.352

律文(略)

注:此言私事不得用公移也。官兼内外文武言,吏系见役之吏典。与人争论婚姻、钱债、田土等项事情,而用印信公文行移追问,未免恃势凌人,故禁之。此止言婚姻等细事,举轻以见重也。

臣等谨按(按语与律后总注同,略)。

【1740】6.22.342(略)

诬告充军及迁徙

律　文

【1646】6.22.366

凡诬告充军者,民告抵充军役,军告发边远充军。此系诬告人律内充军。若诬告人例内充军者,只依诬告律科断,不用此律。○若官吏故将平人顶替他人军役者,以故出入人流罪论,杖一百、流三千里。○若诬告人说事过钱者,于迁徙比流减半准徒二年上,加所诬罪三等,并入所得笞、杖通论。

【1670】6.22.365(略)

【1725】○修改

原拟:诬告人充军者,即应照所诬地里远近,抵充军役,不便分别军民,亦不便注定边远。再顶替军役,乃明时军人故绝,行文勾摄原籍子孙充补之例。今既无勾补充军之例,则无顶替军役之事。查官司出入人罪,正律内未有出入人军罪官司处分之文,应将顶替军役者,以出入人流罪律删改。至故入人流罪,应杖一百、流三千里;故出人流罪应减三等,不至满流。既兼出入人流罪论,则不应注定满流,相应将“杖一百、流三千里”句删去。再说事过钱条下,《明律》内有“迁徙”字样,今律文将“迁徙”字删去。例诬告人应迁徙者,不便指出“说事过钱”,应行删改。小注内“诬告人例内充军者,不用此律”,被诬之人既照例充军,则诬告者自应照例抵罪,原无律例分别,小注亦应删。谨将删改,开载于后。

臣等谨按(按语与雍正三年律后总注同,略)。

【1725】6.22.353

凡诬告充军者,照所诬地里远近,抵充军役。○若官吏故、失出入人军罪者,以故、失出入人流罪论。○若诬告人罪应迁徙者,于比流减半准徒二年上,加所诬罪三等,并入所得杖罪通论。

注:此言诬告充军、迁徙之罪,以补前律所未备也。充军之罪,下死罪一等,与流罪比。首节言全诬人充军罪者,法难加等,即照所诬附近、边卫、边远、极边、烟瘴等项罪名抵充军役,一如诬告流罪反坐之法。次节言官吏将无干平人,故失全入军罪,或将应拟军罪之人,故失全出者,以官司故、失出入人流罪论。末节言诬告人迁徙罪名者,律该比流减半准徒二年,即于徒二年上加诬告罪三等,流二千里,将原应得杖一百之罪并论决之。凡徒二年者,应杖八十,流罪总徒四年者,俱杖一百,此系比流减半准徒二年之罪,故并入所得原杖一百也。再诬告流以下罪为军罪者,与诬轻为重至流罪者同,不在全诬抵充之限。又官司故、失增减军罪者,亦如流罪折杖法。

【1740】○修改

臣等谨按:律内并入通论之义,未经分析。查总注原文称“凡徒二年者,应杖八十,今因诬告人加罪三等,流二千里,应杖一百之罪,并论决之”,应增。谨将增辑律注,开列于后。

凡诬告充军者,照所诬地里远近,抵充军役。○若官吏故、失出入人军罪者,以故、失出入人流罪论。○若诬告人罪应迁徙者,于比流减半准徒二年上,加所诬罪三等,并入所得杖罪通论。凡徒二年者,应杖八十,今加诬告罪三等,流二千里,应得杖一百之罪,并论决之。

【1740】6.22.343(略)

【刑律·受赃】

官吏受财

律　文

【1646】6.23.367

凡官吏因事受财者，计赃科断。无禄人各减一等。官追夺、除名，吏罢役，赃止一两，俱不叙用。〇说事过钱者，有禄人减受钱人一等，无禄人减二等。如求索、科敛、吓诈等赃，及事后受财过付者，不用此律。罪止杖一百、徒二年。有赃者，过钱而又受钱。计赃从重论。若赃重从本律。

有禄人：凡月俸一石以上者。

枉法赃各主者，通算全科。谓受有事人财，而曲法处断者。受一人财固全科，如受十人财，一时事发，通算作一处，亦全科其罪。若犯二事以上，一主先发已经论决，其他后发，虽轻若等，亦并论之。

一两以下，杖七十。

一两至五两，杖八十。

一十两，杖九十。

一十五两，杖一百。

二十两，杖六十、徒一年。

二十五两，杖七十、徒一年半。

三十两，杖八十、徒二年。

三十五两，杖九十、徒二年半。

四十两，杖一百、徒三年。

四十五两至七十九两，杖一百，除妻、子外，其奴婢、家产、头畜俱入官。

八十两，真绞，监候。家产免追。

不枉法赃各主者，通算折半科罪。虽受有事人财，判断不为曲法者。受一人之财，不半科。如非一人财，一时事发，通算作一处，折半科罪。准半折者皆依此。

一两以下，杖六十。

一两之上至一十两，杖七十。

二十两，杖八十。

三十两，杖九十。

四十两，杖一百。

五十两，杖六十、徒一年。

六十两,杖七十、徒一年半。

七十两,杖八十、徒二年。

八十两,杖九十、徒二年半。

九十两,杖一百、徒三年。

一百两至一百二十两,杖一百,除妻、子外,其奴婢、家产、头畜俱入官。

一百二十两以上,真绞,监候。家产免追。

无禄人:凡月俸不及一石者。

枉法,扶同听行及故纵之类。一百二十两,监候绞。

不枉法,一百二十两之上,罪止杖一百、徒三年。

【1670】6.23.366

凡官吏因事受财者,计赃科断。无禄人各减一等。官追夺、除名,吏罢役,赃止一两,俱不叙用。○说事过钱者,有禄人减受钱人一等,无禄人减二等。如求索、科敛、吓诈等赃,及事后受财过付者,不用此律。罪止杖一百、徒二年。有赃者,过钱而又受钱。计赃从重论。若赃重从本律。

有禄人:凡月俸一石以上者。

枉法赃各主者,通算全科。谓受有事人财,而曲法处断者。受一人财固全科,如受十人财,一时事发,通算作一处,亦全科其罪。若犯二事以上,一主先发已经论决,其他后发,虽轻若等,亦并论之。

一两以下,杖七十。

一两至五两,杖八十。

一十两,杖九十。

一十五两,杖一百。

二十两,杖六十、徒一年。

二十五两,杖七十、徒一年半。

三十两,杖八十、徒二年。

三十五两,杖九十、徒二年半。

四十两,杖一百、徒三年。

四十五两,杖一百、流二千里。

五十两,杖一百、流二千五百里。

五十五两,杖一百、流三千里。

至七十九两,杖一百,除妻、子外,其奴婢、家产、头畜俱入官。

八十两,真绞。监候。

不枉法赃各主者,通算折半科罪。虽受有事人财,判断不为曲法者。受一人之财,不半科。如非一人财,一时事发,通算作一处,折半科罪。准半折者皆依此。

一两以下,杖六十。

一两之上至一十两，杖七十。

二十两，杖八十。

三十两，杖九十。

四十两，杖一百。

五十两，杖六十、徒一年。

六十两，杖七十、徒一年半。

七十两，杖八十、徒二年。

八十两，杖九十、徒二年半。

九十两，杖一百、徒三年。

一百两，杖一百、流二千里。

一百一十两，杖一百、流二千五百里。

一百二十两，杖一百、流三千里。

一百二十两以上，真绞。监候。

无禄人：凡月俸不及一石者。

枉法，扶同听行及故纵之类。一百二十两，绞。监候。

不枉法，一百二十两之上，罪止杖一百、流三千里。

【1725】6.23.354

凡官吏因枉法、不枉法事受财者，计赃科断。无禄人各减一等。官追夺、除名，吏罢役，赃止一两，俱不叙用。○说事过钱者，有禄人减受钱人一等，无禄人减二等。如求索、科敛、吓诈等赃，及事后受财过付者，不用此律。罪止杖一百、徒二年。照迁徙比流减半科罪。有赃者，过钱而又受钱。计赃从重论。若赃重从本律。

有禄人：凡月俸一石以上者。

枉法赃各主者，通算全科。谓受有事人财，而曲法处断者。受一人财固全科，如受十人财，一时事发，通算作一处，亦全科其罪。若犯二事以上，一主先发已经论决，其他后发，虽轻若等，亦并论之。

一两以下，杖七十。

一两至五两，杖八十。

一十两，杖九十。

一十五两，杖一百。

二十两，杖六十、徒一年。

二十五两，杖七十、徒一年半。

三十两，杖八十、徒二年。

三十五两，杖九十、徒二年半。

四十两，杖一百、徒三年。

四十五两，杖一百、流二千里。

五十两,杖一百、流二千五百里。

五十五两,杖一百、流三千里。

八十两,实绞。监候。

不枉法赃各主者,通算折半科罪。虽受有事人财,判断不为曲法者。受一人之财,不半科。如非一人财,一时事发,通算作一处,折半科罪。准半折者皆依此。

一两以下,杖六十。

一两之上至一十两,杖七十。

二十两,杖八十。

三十两,杖九十。

四十两,杖一百。

五十两,杖六十、徒一年。

六十两,杖七十、徒一年半。

七十两,杖八十、徒二年。

八十两,杖九十、徒二年半。

九十两,杖一百、徒三年。

一百两,杖一百、流二千里。

一百一十两,杖一百、流二千五百里。

一百二十两,杖一百、流三千里。

一百二十两以上,实绞。监候。

无禄人:凡月俸不及一石者。

枉法,扶同听行及故纵之类。一百二十两,绞。监候。

不枉法,一百二十两以上,罪止杖一百、流三千里。

注:此立法惩贪,以肃官方也。凡内外文武衙门见任见役之官吏,处断公事,而取受有事人财物者,各计其入已之赃,分枉法、不枉法科断。无禄人犯者,各减有禄人一等。官追夺原领诰敕,除去仕籍之名,吏则革退见充之役。其赃虽止一两,亦俱不得叙用。与"名例"犯私罪至杖一百方罢职者不同,以婪赃之罚,不可不加严也。至于为人说合事情,而过送钱财与官吏者,系有禄人,减受财人一等;无禄人,减受财人二等。罪止杖一百、徒二年,原其无分受之财也。若说事人因与人过钱,而亦受有事人财物,则计入已赃数。如系枉法,依枉法赃;如系不枉法,依不枉法赃。仍较说事过钱本律,从其重者科罪。盖律有明条,是谓之法,法有出入,是谓之枉。执法之人,受有事人财,而逆理曲法,枉断是非,为枉法赃。虽受有事人财,而于事之是非,并无曲法判断,为不枉法赃。总皆指判断事情而言,故有枉法、不枉法之分。其他一切受不应得之财者,止谓之犯法,而不谓之枉法。以其人非执法之人,法之操纵不由于彼,则不得坐以枉法之名也。故律内惟以枉法论者,照此律科断。此外如准枉法论,及嘱托、求索、诓骗、恐吓诸条,非曲法枉断事情者,俱应各从本条科断。至无禄

人枉法,虽不关判断,而有情类于判断者。如里长、捕役,虽非官吏,而“户律”检踏灾伤里长受财朦胧供报,“刑律”应捕人受财故纵罪人,俱以枉法论。盖应役在官,所主之事操纵由己,应守法而卖法,故亦谓之枉法。若余人及在官之人,不得判断专主事情者,有犯受财,皆各依本律。

臣等谨按:此立法惩贪,以肃官方也。前节言内外见任见役之官吏,处断公事,而取受有事人财物之罪,分枉法、不枉法科断。无禄人犯者,各减官吏罪一等。官追夺原领诰敕,除去仕籍之名,吏则革退见充之役。其赃虽止一两,亦俱不得叙用。与“名例”犯私罪至杖一百方罢职者不同,以婪赃之罚,不可不加严也。后节言凡人说合事情而过送钱财与官吏之罪,分有禄人、无禄人减等,原其无分受之财也。若说事而又受财,则分枉法、不枉法,仍照说事过钱本律,从其重者科罪。按律有明条,是谓之法,法有出入,是谓之枉。执法之人,受有事人财,而逆理曲法,枉断是非,为枉法赃;虽受有事人财,而于事之是非,并无曲法判断,为不枉法赃。总皆指判断事情而言,故有枉法、不枉法之分。其他一切受不应得之财者,止谓之犯法,而不谓之枉法。以其人非执法之人,法之操纵不由于彼,则不得坐以枉法之名也。故律内惟以枉法论者,照此律科断。此外如准枉法论,及嘱托、求索、诓骗、恐吓诸条,非曲法枉断事情者,俱应各从本条科断。至于无禄人枉法,虽不关判断,而有情类于判断者。如里长、捕役,虽非官吏,而“户律”检踏灾伤,里长受财朦胧供报,“刑律”应捕人受财故纵罪人,俱以枉法论。盖应役在官,所至之事操纵由己,应守法而卖法,故亦谓之枉法。若余人及在官之人,不得判断专主事情者,有犯受财,皆各依本律。

【1740】○修改

臣等谨按:不枉法赃律下原注并无“受一人财,不半科”之文。因律文内但言各主者通算折半科罪,而未及一主者亦准折半之文,故《笺释》另添此注。但律贵持平,若赃多者因各主而折半,赃少者因一主而全科,于情罪似不相符。先经原任直督李卫奏请更正,应改。谨将改辑律注,开列于后。

凡官吏因枉法、不枉法事受财者,计赃科断。无禄人各减一等。官追夺、除名,吏罢役,赃止一两,俱不叙用。○说事过钱者,有禄人减受钱人一等,无禄人减二等。如求索、科敛、吓诈等赃,及事后受财过付者,不用此律。罪止杖一百、徒二年。照迁徙比流减半科罪。有赃者,过钱而又受钱。计赃从重论。若赃重从本律。

有禄人:凡月俸一石以上者。

枉法赃各主者,通算全科。谓受有事人财,而曲法处断者。受一人财固全科,如受十人财,一时事发,通算作一处,亦全科其罪。若犯二事以上,一主先发已经论决,其他后发,虽轻若等,亦并论之。

一两以下,杖七十。

一两至五两,杖八十。

一十两,杖九十。

一十五两,杖一百。

二十两，杖六十、徒一年。

二十五两，杖七十、徒一年半。

三十两，杖八十、徒二年。

三十五两，杖九十、徒二年半。

四十两，杖一百、徒三年。

四十五两，杖一百、流二千里。

五十两，杖一百、流二千五百里。

五十五两，杖一百、流三千里。

八十两，实绞。监候。

不枉法赃各主者，通算折半科罪。虽受有事人财，判断不为曲法者。如受十人财，一时事发，通算作一处，折半科罪；一主者，亦折半科罪。准半折者皆依此。

一两以下，杖六十。

一两之上至一十两，杖七十。

二十两，杖八十。

三十两，杖九十。

四十两，杖一百。

五十两，杖六十、徒一年。

六十两，杖七十、徒一年半。

七十两，杖八十、徒二年。

八十两，杖九十、徒二年半。

九十两，杖一百、徒三年。

一百两，杖一百、流二千里。

一百一十两，杖一百、流二千五百里。

一百二十两，杖一百、流三千里。

一百二十两以上，实绞。监候。

无禄人：凡月俸不及一石者。

枉法，扶同听行及故纵之类。一百二十两，绞。监候。

不枉法，一百二十两以上，罪止杖一百、流三千里。

【1740】6.23.344（略）

附律条例

【1646】6.23.367.（1）

一、凡在官人役，取受有事人财，律无正条者，果于法有枉纵，俱以枉法计赃科罪。若尸亲、邻证等项，不系在官人役，取受有事人财，各依本等律条科断，不在枉法之律。

【1670】6.23.366.（1）（略）

【1725】6.23.354.（2）【原例】（略）

【1740】6.23.344.（2）（略）

【1725】6.23.354.（1）

【钦定例】一、雍正五年（1727）十二月内，刑部为参奏事具题，奉旨："朕励精图治，整饬弊端，而胥吏之作奸犯科，尤为严禁。数年以来，颁发谕旨，再三晓谕诫饬，不止三令五申矣。各部院堂官皆能凛遵朕训，恪勤奉职。而司官等亦知慎守法度，不敢为非。乃书办章孔昭，愍不畏死，辄敢指称部费，招摇撞骗，违背朕旨，干犯国宪，非寻常犯赃可比，应置重典以儆奸蠹。着将章孔昭即行处斩。陶东山、金秉衡、汤福、张盛既属知情，又朋分银两，俱着发往黑龙江，给披甲之人为奴。余依议。着各部院衙门堂、司官，晓谕各该管书办等，嗣后倘不遵朕谕旨，痛改旧习，仍有舞文弄法者，一经发觉，定照章孔昭之例即行正法，不稍宽贷。"

【1740】○修改

臣等谨按：此条钦奉上谕，应恭纂为例，以便引用。再查乾隆元年（1736）定例，民人有犯发遣黑龙江、宁古塔、乌喇等处者，改发云贵川广烟瘴少轻地方，严行管束，应并照例编纂。谨将恭纂例文，开列于后。

一、各部院衙门书办，有辄敢指称部费，招摇撞骗，干犯国宪，非寻常犯赃可比者，发觉审实，即行处斩。为从知情朋分银两之人，照例发往云贵川广烟瘴少轻地方，严行管束。

【1740】6.23.344.（1）（略）

【1768】6.23.344.（1）

一、各部院衙门书办，有辄敢指称部费，招摇撞骗，干犯国宪，非寻常犯赃可比者，发觉审实，即行处斩。为从知情朋分银两之人，照例发往云贵两广烟瘴少轻地方，严行管束。

***【1680】1.1.30　刑部现行则例·名例·贪赃官役流徙乌喇等处**

一、贪赃官役罪至死，若免死减等发落者，并妻及未分家之子，交与户部安插于乌喇地方。罪不至死拟流者，流徙于尚阳堡。

【1725】○增入

原拟：现行例内五条，类于此律，应增入。

【现行例】【1680】1.1.30　刑部现行则例·名例·贪赃官役流徙乌喇等处（略）

原拟：康熙二十一年（1682）五月初九日，奉有"以后免死减等应发乌喇人犯，改发尚阳堡；应发尚阳堡人犯，改发辽阳安插"之上谕，钦此。应将"乌喇"字改为"尚阳堡"、"尚阳堡"字改为"辽阳"字。谨拟删改，开载于后。

【原改现行例】一、贪赃官役,罪至死而免死减等发落者,并妻及未分家之子,俱发往尚阳堡安插;其罪不至死拟流者,发辽阳安插。

【1725】6.23.354.(3)【增例】(略)

【1740】6.23.344.(3)

一、贪赃官役,罪至死而免死减等发落,及罪不至死拟流者,并发川陕边省,令该督抚按其原罪,定地远近,安插为民。

【1772】○删除

臣等谨按:乾隆三十六年(1771)六月内,臣部奏明,贪赃官役免死减等,及实犯流罪,自应按照军、流道里,一体佥发,未便独存"为民"字样。此条旧例,应请删除。

*【1680】6.28.272 刑部现行则例·断狱·问官迟延监禁

一、凡大小衙门问刑官员,将刑狱供招不行速结,无故迟延者,将承审官革职。无故将平人久羁囹圄者,将承审各官革职。因而致死,故勘致死者,俱照律遵行。其改造口供,故行出入者,将承审官革职。拟以死罪已决者,抵以死罪。其草率定案,证据无凭,枉坐人罪者,将承审官革职。其衙门蠹役,恐吓索诈十两以上者,并妻、子安插于奉天地方居住;至一百二十两,照枉法拟绞。

【1725】○增入

原拟:现行例内五条,类于此律,应增入。

【现行例】【1680】6.28.272 刑部现行则例·断狱·问官迟延监禁(略)

原拟:此条前一段,应摘入"故禁故勘平人"条下。其"改造口供"以下一段,应摘入"官司出入人罪"条下。其"衙门蠹役"一段,载"妻、子安插奉天地方"等语,应照"流囚家属"律删去"子"字。谨拟删改,开载于后。

【原改现行例】一、凡衙门蠹役,恐吓索诈十两以上者,并妻安插于奉天地方居住;至一百二十两者,照枉法拟绞。

【1725】6.23.354.(4)【增例】(略)

【1740】○修改

臣等谨按:雍正十三年(1735)衙役犯赃一条定例,与此条义例相同。惟十两以下亦行安插及为从治罪之处,系此条之所未备,应并。谨将并辑例文,开列于后。

一、凡衙门蠹役,恐吓索诈十两以上者,并妻安插奉天地方居住;至一百二十两者,照枉法拟绞。其或索诈贫民,致令卖男鬻女者,十两以下,亦照例安插。为从分赃者,不计赃,并杖一百、徒三年。

【1740】6.23.344.(4)

一、凡衙门蠹役,恐吓索诈十两以上者,发边卫充军;至一百二十两者,照枉法拟绞。其或索诈贫民,致令卖男鬻女者,十两以下,亦照例充发。为从分赃者,不计赃,并杖一百、徒三年。

【1767】○修改

臣等谨按：衙门蠹役，吓诈逼死人命之案，臣部于乾隆二十四年(1759)，议驳江苏按察使崔应阶条奏拟军案内，奏明衙役诈赃逼命之案，现均照捕役吓诈逼认致死例拟绞监候等因，拟于此条例内添入"如有吓诈致毙人命，不论赃数多寡拟绞监候"二语，以便引用。

一、凡衙门蠹役，恐吓索诈十两以上者，发边卫充军；至一百二十两者，照枉法拟绞。其或索诈贫民，致令卖男鬻女者，十两以下，亦照例充发。为从分赃者，不计赃，并杖一百、徒三年。如有吓诈致毙人命，不论赃数多寡，拟绞监候。

【1768】6.23.344.(4)

一、凡衙门蠹役，恐吓索诈十两以上者，发近边充军；至一百二十两者，照枉法拟绞。其或索诈贫民，致令卖男鬻女者，十两以下，亦照例充发。为从分赃者，不计赃，并杖一百、徒三年。如有吓诈致毙人命，不论赃数多寡，拟绞监候。

【1782】○修并

【原例】*刑律·贼盗·恐吓取财

【1768】6.18.273.(9)一、内外大小衙门蠹役，恐吓索诈贫民者，计赃一两以下，杖一百；一两至五两，杖一百，加枷号一个月；六两至十两，杖一百、徒三年。为从分赃，并减一等。其十两以上，及索诈贫民，致令卖男鬻女，赃在十两以下者，仍照定例遵行。

【1768】6.23.344.(4)(略)

臣等谨按：此二条原例，一系衙门蠹役恐吓索诈贫民，计赃在十两以下，载在"贼盗·恐吓取财"门内；一系计赃在十两以上，以及致令卖男鬻女，载在"受赃·官吏受财"门内。查此二条原例，虽有计赃轻重之别，但同一衙门蠹役恐吓索诈，其例自应并为一条，入于"官吏受财"门内，以省繁冗。今将修并例文，开列于后。

一、内外大小衙门蠹役，恐吓索诈贫民者，计赃一两以下，杖一百；一两至五两，杖一百，加枷号一个月；六两至十两，杖一百、徒三年；为从分赃，并减一等。计赃在十两以上者，发近边充军；至一百二十两者，照枉法拟绞；其或索诈贫民，致令卖男鬻女者，十两以下，亦照例充发。为从分赃者，不计赃，并杖一百、徒三年。如有吓诈致毙人命，不论赃数多寡，拟绞监候。

【1790】6.23.344.(13)(略)

【1801】○修改

臣等谨按：此条系乾隆二十四年(1759)定例。嗣于嘉庆五年(1800)，据云南巡抚初彭龄条奏"衙役索诈不遂，捆缚吊拷，因伤身死，请照故杀律拟斩监候"折内，经臣部议请，衙役吓诈毙命之例，不论赃数多寡，概拟缳首。而于死者是否被逼自尽，及被拷打身死，例内并未明晰。臣部遇有被逼自尽之案，俱拟绞罪。其因殴打致死者，如情节不甚凶恶，亦照例拟绞。若捆缚吊拷，有心致死者，随案改拟斩候。秋审时，均入情实。查衙役因诈赃殴毙人命，其藐法逞凶，与诬窃拷打毙命，情节正自相等。例内既无明文，各省办理恐鲜依据。应如该抚所奏，于衙役诈赃致毙人命条下，添纂若系拷打因伤身死者，即照故杀律拟斩监候等因具奏。奉旨："依议，钦此。"钦遵在案。应遵照添叙，以便引用。又查犯罪应分首、从，例内"为从分赃，并减一等"句载在徒罪之下，而军罪、绞罪条下并无"为从减等"明文。在例文原系举轻赅重，恐拘泥例文者，办理或多牵混，应将"为从分赃"句移入枉法拟绞之下，并于吓诈及拷打条下，添叙"为从并减一等"，以昭赅备。合并声明。谨将修改例文，开列于后。

一、内外大小衙门蠹役，恐吓索诈贫民者，计赃一两以下，杖一百；一两至五两，杖一百，加枷号一个月；六两至十两，杖一百、徒三年；计赃在十两以上者，发近边充军；至一百二十两者，照枉法拟绞。为从分赃，并减一等。其或索诈贫民，致令卖男鬻女者，十两以下，亦照例充发；为从分赃者，不计赃，并杖一百、徒三年。如有吓诈致毙人命，不论赃数多寡，拟绞监候；若系拷打身死者，照故杀律拟斩监候，为从并减一等。

【1802】6.23.344.（14）（略）

【1825】6.23.344.（11）（略）

【1847】6.23.344.（10）（略）

【1870】○修改[①]

一、内外大小衙门蠹役，恐吓索诈贫民者，计赃一两以下，杖一百；一两至五两，杖一百，加枷号一个月；六两至十两，杖一百、徒三年；十两以上，发近边充军；至一百二十两者，照枉法拟绞。为从分赃，并减一等。其因索诈，致令卖男鬻女者，十两以下，亦照例充发。计赃重于从罪，仍从重论。如吓诈致毙人命，不论赃数多寡、已未入手，拟绞立决；拷打致死，拟斩立决。若死系作奸犯科有干例议之人，系吓逼致自尽者，拟绞监候；拷打致死者，拟斩监候。为从并减一等。

【1870】6.23.344.（10）（略）

*【1680】6.23.204　刑部现行则例·受赃·县总里书犯赃

一、县总、里书如犯赃入已者，照衙役犯赃拟罪，不准折赎。保人、歇家串通衙门，行贿害众者，照不系在官人役取受有事人财律条科断。

【1725】○增入

原拟：现行例内五条，类于此律，应增入。

【现行例】一、县总、里书如犯赃入已者，照衙役犯赃拟罪，不准折赎。保人、歇家串通衙门行贿者，照不系在官人役取受有事人财科断。

【1725】6.23.354.（5）【增例】（略）

【1740】6.23.344.（5）（略）

---

① 本条《钦定大清会典事例（光绪朝）》称系咸丰二年（1852）修改，现据同治九年（1870）《大清律纂修条例》改。

【1790】6.23.344.(3)(略)

【1810】○修改

臣等谨按:此条系前明旧例。查现行例内,在官人役犯一切罪名,俱依律的决发落,并无折赎之条。今例内县总、里书犯赃,声称不准折赎,则凡犯别项罪名,似系应准折赎,殊有未协。应请将例内"不准折赎"四字节删,以归画一。谨将修改例文,开列于后。

一、县总、里书,如犯赃入己者,照衙役犯赃拟罪。保人、歇家,串通衙门行贿者,照不系在官人役取受有事人财科断。

【1825】6.23.344.(3)(略)

***【1680】6.23.206 刑部现行则例·受赃·白役犯赃**

一、凡正身衙役,不许私用白役。如私用白役得赃,将白役照衙役犯赃治罪。其白役犯赃,正身衙役知情同行者,照衙役犯赃治罪,不知情不同行者不坐。若违禁用白役者,正身衙役与白役俱杖一百,革役。

【1725】○增入

原拟:现行例内五条,类于此律,应增入。

【现行例】【1680】6.23.206 刑部现行则例·受赃·白役犯赃(略)

原拟:此条字句太繁,应行删改,开载于后。

【原改现行例】一、凡正身衙役违禁私带白役者,并杖一百,革役。如白役犯赃,照衙役犯赃例治罪。正身衙役知情同行者,与同罪,不知情不同行者不坐。

【1725】6.23.354.(6)【增例】(略)

【1740】6.23.344.(6)(略)

【1790】6.23.344.(4)(略)

***【1680】6.23.203 刑部现行则例·受赃·访拿蠹役**

一、凡督、抚将衙蠹访拿,许司、道、府、州、县等官举报。若司、道、府、州、县等官将衙蠹不报上司,或上司访出,或科道纠参,或被受害之民具告者,将司、道、府、州、县等官照徇庇例降二级调用。不行题参之督抚,罚俸一年。其访拿衙蠹并赃私数目,仍应年终造册题报。

【1725】○增入

原拟:现行例内五条,类于此律,应增入。

【现行例】【1680】6.23.203 刑部现行则例·受赃·访拿蠹役(略)

原拟:此条内降级、罚俸之处,应改为"交该部议处"。其字句太繁,亦应删改。开载于后。

【原改现行例】一、司、道、府、州、县等官,不时察访衙蠹,申报该督、抚究拟。若该管官员不行察报,经督、抚上司访拿,或别经发觉者,照徇庇例,交该部议处。如督、抚不行访参者,亦交该部议处。其访拿衙蠹并赃私数目,仍应年底造册题报。

【1725】6.23.354.(7)【增例】(略)

【1740】6.23.344.(7)(略)

【1790】6.23.344.(5)(略)

【1725】6.23.354.(8)

【钦定例】一、直省书役年满缺出,遵例召募。务查该役本籍本姓,取具邻佑、亲族连名保结,及地方官印结,方准著役。有暗行顶买,索取租银者,缺主照枉法受财律计赃定拟,至八十两者绞;顶缺之人,照以财行求律,至五百两者杖一百、徒三年;出结人等,依不应重律杖八十;该管官员,依衙役犯赃失于觉察例十两以上者革职。倘该督抚阳奉阴违,照徇庇例议处。其年满考职时,于移咨内填写"并无假姓冒籍"字样,吏部方准收考。若有冒籍冒名等弊事发者,革去职衔,杖一百。不能稽查之该管等官,俱照失察例,交部议处。至各衙门一切案件,若假手书吏,以致定稿时高下其手,驳诘不已,有赃者,照枉法受财律科罪;无赃者,依不应重律杖八十,革役;该管官员照溺职例议处。如该督抚不行题参,照不参劣员例议处。

谨案:此条雍正五年(1727)定。

【1740】○修改

臣等谨按:书役取结,已载"吏律·举用有过官吏"条例之内,应删。至依失于觉察例革职等语,文类《吏部处分则例》。又现在直省年满书吏,俱令本省巡抚衙门就近考职,例内所称吏部收考之处,俱应改。谨将删改例文,开列于后。

一、直省书役年满缺出,遵例召募。有暗行顶买,索取租银者,缺主照枉法受财律计赃定拟,至八十两者绞;顶缺之人,照以财行求律,至五百两者杖一百、徒三年;出结人等,依不应重律杖八十;该管官员,交部议处。倘该督抚阳奉阴违,亦照例议处。其年满考职时,务令填写"并无假姓冒籍"字样,方准收考。若有冒籍、冒名等弊事发者,革去职衔,杖一百。不能稽查之该管等官,俱交部议处。至各衙门一切案件,若假手书吏,以致定稿时高下其手,驳诘不已,有赃者,照枉法受财律科罪;无赃者,依不应重律杖八十,革役;该管官员,照例议处。如该督抚不行题参,亦交部议处。

【1740】6.23.344.(8)(略)

【1790】6.23.344.(6)(略)

【1725】6.23.354.(9)

【钦定例】一、凡各衙门书吏,如有舞文作弊者,系知法犯法,应照平人加一等治罪。

【1740】6.23.344.(9)(略)

【1790】6.23.344.(7)(略)

【1840】○修改

臣等谨按：道光十七年(1837)十月内，据升任山东道监察御史胡长庚奏“严惩奸胥蠹役，请酌改条例”一折，内称“各衙门书吏，骫法营私，有隙必乘，无弊不作。内而勾串丁幕，外而播弄乡愚，未破案则曲为弭缝，既破案又巧于趋避。是今之坏法者，莫甚于吏。至差役一项，悉属无赖游民，更为凶狡。凡地方命、盗重案，类皆畏葸不前，首犯正凶，任听日久无获，并有拿解中途复行逃脱者。近来似此之案，层见迭出。及遇民间词讼，暨踏勘、相验之事，则蜂屯蚁聚，多方扰累。甚至押毙人命，贿纵正凶。民人京控之案，大半由此。是今之殃民者，莫甚于役也。此等坏法殃民之辈，漏网既多，即令破案，而所犯罪名又皆情浮于法。虽稍从重典，亦不为苛。查例内加等治罪，专指书吏舞文作弊。至书差借案生事扰民，情尤可恶，应一并照平人加一等治罪。计赃重于本罪者，则从其重论”等语。经臣部因系严惩衙蠹、安靖良善起见，议请如所奏办理。奉旨允准通行，遵照在案。应就原例酌加修改，以资引用。谨将修改例文，开列于后。

一、凡各衙门书吏、差役，如有舞文作弊，借案生事扰民者，系知法犯法，俱照平人加一等治罪。受财者，计赃从重论。

【1847】6.23.344.(14)(略)

【1740】○增入

一、凡上司经过，属员呈送下程，及供应夫马车辆一切陋规，俱行革除。如属员仍有供应，上司仍有勒索者，俱革职提问。若督抚不行题参，照例议处。其上司随役、家人私自索取，本官不知情者，照例议处。如知情故纵，罪坐本官，照求索所部财物律治罪；其随役、家人，照在官求索无禄人减一等律治罪，并许被索之属员据实详揭。若属员因需索滥行供应，及上司因不迎送供应，别寻他事中伤属员者，将属员及各上司，照例分别议处。

此条系雍正七年(1729)定例。

【1740】6.23.344.(10)(略)

【1790】6.23.344.(8)(略)

【1847】6.23.344.(7)(略)

【1740】○续纂

一、书吏舞文作弊，其知情不首之经承、贴写，俱照本犯罪减一等发落。如有将书吏情弊查出，举首三次者，系书吏，不论已未期满，准其考职即用；如系贴写，准其与期满之书吏一体考职。倘有不肖之徒，希图考职，及怀挟私仇，妄行出首者，照诬告律从重治罪。

此条乾隆五年(1740)定。

【1740】6.23.344.(11)(略)

【1790】6.23.344.(9)(略)

【1847】6.23.344.(8)(略)

【1740】○增入

一、督、抚、司、道各上司差役扰害乡民,许州县查拿,并许被害人呈告,将该役照例治罪。

此条系乾隆二年(1737)定例。

【1740】6.23.344.(12)(略)

【1790】6.23.344.(10)(略)

【1847】6.23.344.(9)(略)

【1740】○增入

一、除审无入己,坐赃致罪者,果能于限内全完,仍照侵盗挪移亏空钱粮之犯,准其减免外,若官吏因事受财,贪婪入己,审明枉法、不枉法,及律载准枉法、不枉法论等赃,果于一年限内全完,死罪照原拟减一等改流,军、流以下各减一等发落。倘限内不完,死罪仍照原拟监追,流罪以下即行发落。其应追赃物,照例勒追完结。

此条系乾隆四年(1739)定例。

【1740】6.23.344.(13)(略)

【1767】○修改

臣等谨按:此条原例"挪移亏空"上有"侵盗"二字,"不枉法"上有"枉法"二字。查新例,侵盗及枉法二项,虽限内全完,亦不准减等。是以将原例内"侵盗""枉法"四字删去。

一、除审无入己,坐赃致罪者,果能于限内全完,仍照挪移亏空钱粮之犯,准其减免外,若官吏因事受财,贪婪入己,审明不枉法,及律载准枉法、不枉法论等赃,果于一年限内全完,死罪照原拟减一等改流,军、流以下各减一等发落。倘限内不完,死罪仍照原拟监追,流罪以下即行发落。其应追赃物,照例勒追完结。

【1768】6.23.344.(13)(略)

【1790】6.23.344.(11)(略)

【1806】○修并

【原例】【1790】6.23.344.(11)(略)、【1790】6.23.344.(12)(略)

臣等谨按:前条系乾隆四年(1739)定例,后条系二十五年(1760)定例。嗣于嘉庆七年(1802)十二月内,臣部具奏"原任黑龙江将军宗室景熠,应追入官银两,将地亩呈请抵项,照数全完"案内议称,侵盗钱粮,一年限内全完,死罪减二等发落,流、徒以下免罪。若不完,再限一年勒追。全完者,死罪及流、徒以下,各减一等发落。如不完,流、徒以下即行发配,死罪人犯监禁,均再限一年着追。三年限外不完,死罪人犯永远监禁。全完者,奏明请旨,均照二年全完减罪一等之例办理。今景熠所得不枉法之赃,核与侵盗钱粮同一入己。现在完赃虽逾一年之限,若仍照例监禁,不足以昭平允。请将景熠照侵盗钱粮二年全完死罪减一等例,减为流三千里。并请嗣后,除定例官员婪赃入己审系枉法者,虽于限内全完,不准减等,及审无入己各赃,限内全完,仍照挪移定例,准其减免外,其官吏因事受财入己,审明不枉法,及律载准枉法、不枉法论等赃,均照侵盗钱粮之例,分别年限勒追办理等因,奏准在案。应于例内修改,并将原例二条修并一条,以归简易。谨将修改例文,开列于后。

一、官吏婪赃,审系枉法入己者,虽于限内全完,不准减等。如审无入己各赃,并坐赃致罪者,果能于限内全完,仍照挪移亏空钱粮之犯,准其减免外,其因事受财入己,审明不枉法,及律载准枉法、不枉法论等赃,果于一年限内全完,死罪减二等发落,流、徒以下免罪。若不完,再限一年勒追。全完者,死罪及流、徒以下,各减一等发落;如不完,流、徒以下即行发配,死罪人犯监禁,均再限一年着追。三年限外不完,死罪人犯永远监禁;全完者,奏明请旨,均照二年全完减罪一等之例办理。

【1825】6.23.344.(12)(略)

【1847】6.23.344.(11)(略)

【1740】○删除

一、吏卒人等,有索诈铺监使费,吓骗财物者,计赃以枉法从重治罪。失察之该管官,照失察衙役犯赃例分别议处。知情故纵者,革职。

此条系乾隆元年(1736)定例。查官吏受财,于法有枉纵,俱以枉法计赃科罪,定例已明。如蠹役恐吓索诈十两以上,又有安插奉天之例。此条仅指索诈铺监使费一项而言,已包举各条之内。且失察衙役犯赃,及知情故纵,定例俱载有处分,毋庸纂入。

【1761】○续纂

一、官员婪赃,审系枉法入己者,虽于限内全完,不准减等。其不枉法赃,及准枉法论,并坐赃致罪等项,仍照定例办理。

臣等谨按:此条系乾隆二十五年(1760)三月内,臣部议复升任西安按察使觉罗阿永阿条奏定例,应纂辑以便遵行。

【1768】6.23.344.(14)(略)

【1790】6.23.344.(12)(略)

【1806】○修并

修并按语并修并后例文见【1790】6.23.344.(11)条【1806】修并项下。

【1782】○续纂

一、白役诈赃逼命之案,除将白役照例拟抵外,如正役知情同行,在场帮索,及正役虽未同行，而主使诈赃者，俱发往黑龙江给披甲人为奴；若正役仅止知情同行，并无吓逼情事者，仍照例杖一百、流三千里。其并未主使诈赃，亦未知情同行，但于事后分赃，即于白役死罪上减二等，杖一百、徒三年；赃多者，计赃从重论。若并未分赃，及白役诈赃并未致毙人命者，仍照私带白役例责革，加枷号两个月。

臣等谨按：此条系乾隆四十三年（1778）十一月内，臣部议复署湖北按察使吴之黼条奏定例，奉旨："依议。钦此。"在案，应纂辑遵行。

【1790】6.23.344.（14）（略）

【1802】6.23.344.（13）（略）

【1814】○修改

臣等谨按：嘉庆十七年（1812）十月内，臣部议复升任吏科给事中西琅阿奏"调剂黑龙江等处遣犯"折内，请将白役诈赃逼命案内，正役知情同行，在场帮索，及虽不同行，而主使诈赃一条，改发极边足四千里充军等因奏准，通行在案。例内发黑龙江之处，应行修改。谨将修改例文，开列于后。

一、白役诈赃逼命之案，除将白役照例拟抵外，如正役知情同行，在场帮索，及正役虽未同行，而主使诈赃者，俱发极边足四千里充军；若正役仅止知情同行，并无吓逼情事者，仍照例杖一百、流三千里。其并未主使诈赃，亦未知情同行，但于事后分赃，即于白役死罪上减二等，杖一百、徒三年；赃多者，计赃从重论。若并未分赃，及白役诈赃并未致毙人命者，仍照私带白役例责革，加枷号两个月。

【1825】6.23.344.（13）（略）

【1847】6.23.344.（12）（略）

【1834】○续纂

一、各衙门差役逼毙人命之案，讯无诈赃情事，但经借差倚势，凌虐吓逼，致令忿迫轻生者，为首杖一百、流三千里。其差役子侄亲属，私代办公，逼毙人命，除讯系诈赃起衅，仍照蠹役诈赃毙命例一体问拟外，若非衅起诈赃，为首实发云贵两广极边烟瘴充军。至差役有因索诈不遂，将奉官传唤人犯，私行羁押，拷打凌虐者，为首枷号两个月，实发云贵两广极边烟瘴充军；其仅止私行羁押，并无拷打凌虐情事，为首杖一百、徒三年。为从，各减一等。

臣等谨按：道光十三年（1833）十一月十五日，臣部议复升任安徽巡抚邓廷桢审奏"差役陈堂之子陈培私代办公，逼毙何铎"一案，将陈培酌拟实发云贵两广极边烟瘴充军等因具奏。本日奉旨："依议。钦此。"同日奉上谕："向例蠹役吓诈致毙人命，不论赃数多寡，问以绞监候。其差役因公逼毙人命，及差役子侄、亲属私代办公，逼毙人命之案，作何治罪，律例并无明文。因思人命至重，必期按律定断，用昭详慎。若以罪无正条，援引比附，恐致畸轻畸重，易启高下其手之弊。内外大小衙门书吏、差役，借称因公，辄自拘押罪人，多方吓遇。倘其人罪不至死，因而毙命，即使讯无得受贿赃，其情甚属可恶。至吏役子侄亲属,本身并未充当,乃私代办公,逼毙人命,更出情理之外,尤属可恶。着刑部详查例案,酌定条款。将来引用时,庶免枉纵。奏准后,纂入则例,永远遵行。钦此。”经臣部议请,嗣后各衙门差役逼毙人命之案,即讯无诈赃情事,但经借差倚势,凌虐吓逼,致令忿迫轻生者,俱照蠹役诈赃毙命例减一等,杖一百、流三千里。至差役子侄亲属私代办公,逼毙人命,除讯系诈赃起衅,仍照蠹役诈赃毙命例一体问拟外,其非衅起诈赃者,均实发云贵两广极边烟瘴充军等因具奏。奉旨允准通行,遵照在案。臣等再查,差役借差索诈,私拷无辜,并未毙命之案,律例内并无治罪明文。检查向来成案,多系比依押解人役擅加杻镣非法乱打逼致死伤例,枷号两个月,发烟瘴充军,情罪尚属允协。然与其比照定拟办理,恐致参差,不如明定例文,援引可期画一。至私押较私拷稍轻,罪名自应量从末减。谨将差役私押、私拷二项,分别议定罪名,与差役因公逼毙人命之案,一并纂辑专条,以资引用。

【1847】6.23.344.(13)(略)

坐赃致罪

律　文

【1646】6.23.368

凡官吏人等,非因枉法、不枉法之事而受人之财,坐赃致罪。各主者,通算折半科罪,与者减五等。谓如被人盗财或殴伤,若赔偿及医药之外因而受财之类。各主者,并通算折半科罪,为两相和同取与,故出钱人减受钱人罪五等。又如擅科敛财物,或多收少征,如收钱粮税粮斛面,及检踏灾伤田粮,与私造斛斗秤尺各律所载,虽不入己,或作虚费人工物料之类,凡罪由此赃者,皆名为坐赃致罪。○官吏坐赃,若不入己者,拟还职役。出钱人有规避事重者,从重论。

一两以下,笞二十。

一两至十两,笞三十。

二十两,笞四十。

三十两,笞五十。

四十两,杖六十。

五十两,杖七十。

六十两,杖八十。

七十两,杖九十。

八十两,杖一百。

一百两,杖六十、徒一年。

二百两,杖七十、徒一年半。

三百两,杖八十、徒二年。

四百两,杖九十、徒二年半。

五百两,罪止杖一百、徒三年。以坐赃非实赃,故至五百两,罪止徒三年。

【1670】6.23.367

凡官吏人等,非因枉法、不枉法之事而受人之财,坐赃致罪。各主者,通算折半科罪,与者减五等。谓如被人盗财或殴伤,若赔偿及医药之外因而受财之类。各主者,并通算折半科罪,为两相和同取与,故出钱人减受钱人罪五等。又如擅科敛财物,或多收少征,如收钱粮税粮斛面,及检踏灾伤田粮,与私造斛斗秤尺各律所载,虽不入己,或造作虚费人工物料之类,凡罪由此赃者,皆名为坐赃致罪。○官吏坐赃,若不入己者,拟还职役。出钱人有规避事重者,从重论。

一两以下,笞二十。

一两至十两,笞三十。

二十两,笞四十。

三十两,笞五十。

四十两,杖六十。

五十两,杖七十。

六十两,杖八十。

七十两,杖九十。

八十两,杖一百。

一百两,杖六十、徒一年。

二百两,杖七十、徒一年半。

三百两,杖八十、徒二年。

四百两,杖九十、徒二年半。

五百两,罪止杖一百、徒三年。以坐赃非实赃,故至五百两,罪止徒三年。

【1725】6.23.355

凡官吏人等,非因枉法、不枉法之事而受人之财,坐赃致罪。各主者,通算折半科罪,与者减五等。谓如被人盗财或殴伤,若赔偿及医药之外因而受财之类。各主者,并通算折半科罪,为两相和同取与,故出钱人减受钱人罪五等。又如擅科敛财物,或多收少征,如收钱粮税粮斛面,及检踏灾伤田粮,与私造斛斗秤尺各律所载,虽不入己,或造作虚费人工物料之类,凡罪由此赃者,皆名为坐赃致罪。○官吏坐赃,若不入己者,拟还职役。出钱人有规避事重者,从重论。

一两以下,笞二十。

一两之上至十两,笞三十。

二十两,笞四十。

三十两,笞五十。

四十两,杖六十。

五十两,杖七十。

六十两,杖八十。

七十两,杖九十。

八十两,杖一百。

一百两,杖六十、徒一年。

二百两,杖七十、徒一年半。

三百两,杖八十、徒二年。

四百两,杖九十、徒二年半。

五百两,罪止杖一百、徒三年。以坐赃非实赃,故至五百两,罪止徒三年。

注:此言实非受赃而以赃科罪者,其名为坐赃。凡官吏人等,除因事受财,枉法、不枉法各有正律外,其非因事受人之财,而但坐得赃之名致罪者。如系一主,则不折半;系各主,则通算作一处,折半科罪。即至五百两之上,亦罪止满徒。与钱人减受钱人五等,罪止满杖。

臣等谨按:此言实非受赃而以赃科罪者,其名为坐赃也。凡官吏人等,除因事受财,枉法、不枉法各按正律外,其非因事受人之财,而但坐得赃之名致罪者。如系一主,则不折半;系各主,则通算作一处,折半科罪。即止五百两之上,以罪止杖徒。与钱人减受钱人五等,罪止满杖。

【1740】6.23.345(略)

事后受财

律　文

【1646】6.23.369　事后受财原在事后,故别于受财律。

凡官吏有承行之事先不许财,事过之后而受财,事若枉断者,准枉法论;事不枉断者,准不枉法论。无禄人各减有禄人一等,风宪官吏仍加二等。若所枉重者,仍从重论。官吏俱照例为民,但不追夺诰敕。律不言出钱、过钱人之罪,问不应从重可也。

【1670】6.23.368　事后受财原在事后,故别于受财律。(略)

【1725】6.23.356　事后受财原在事后,故别于受财律。

律文(略)

注:此言私与之财,虽事后,亦不得受也。"先不许财"四字要紧,不然是听许财矣。凡诸有事人,于官吏断事之时,先不曾许送财物,及事归结后,乃以财物馈赠,而官吏人等,因而受之。虽与因事受财有间,然一经受财,则意涉于私。故察其所断之事,有所枉与无所枉,计赃,分准枉法、准不枉法科罪。赃多罪至死者,仍照例减一等,罪止满流。

臣等谨按:此言私与之财,虽事后,亦不得受也。凡诸有事人,于官吏断事之时,先不曾许送财物,及事归结后,乃以财物馈赠,而官吏人等,因而受之。虽与因事受财有间,然一经受财,则意涉于私。故察其所断之事,有所枉与无所枉,计赃,分准枉法、准不枉法科罪。赃多罪至死者,仍照例减一等,罪止杖流。

【1740】6.23.346　事后受财原在事后,故别于受财律。(略)

官吏听许财物

律　文

【1646】6.23.370　官吏听许财物原未接受,故别于事后受财律。

凡官吏听许财物,虽未接受,事若枉者,准枉法论;事不枉者,准不枉法论,各减受财一等。所枉重者,各从重论。必自其有显迹、有数目者方坐。○凡律称"准"者,至死减一等,虽满数,亦罪止杖一百、流三千里。此条既称准枉法论,又称减一等,假如听许准枉法赃满数至死减一等,杖一百、流三千里,又减一等,杖一百、徒三年,方合律。此正所谓犯罪得累减也。○此明言官吏,则其余虽在官之人,不用此律。

【1670】6.23.369 官吏听许财物原未接受,故别于事后受财律。(略)

【1725】6.23.357 官吏听许财物原未接受,故别于事后受财律。

律文(略)

注:此杜官吏受贿之端也。凡各衙门官吏,有因事而听人许送财物,虽未接受入已,而受贿之端已开矣。故计其所许之赃数,分准枉法、准不枉法科罪二项,各减已接受者之罪一等。赃重至死者,依准字法减一等满流,仍依本律再减一等满徒。若所枉故出故入之罪,重于听许之罪,则各从其重者科断。

臣等谨按:此杜官吏受贿之端也。凡各衙门官吏,有因事而听人许送财物,虽未接受入已,而受贿之端已开矣。故计其所许之赃数,分准枉法、准不枉法科罪二项,各减已接受者之罪一等。赃重至死者,依枉法减一等杖流,仍依本律再减二等杖徒。若所枉故出故入之罪,重于听许之罪,则各从其重者科断。

【1740】6.23.347 官吏听许财物原未接受,故别于事后受财律。(略)

附律条例

【1646】6.23.370.(1)

一、官吏听许财物,依律拟罪,不问为民。以其未接受也。

【1670】6.23.369.(1)(略)

【1725】○删除

此条系原例。雍正三年(1725)删。

【1740】○增入

一、听许财物,若甫经口许,赃无确据,不得概行议追。如所许财物封贮他处,或写立议单、文券,或交与说事之人,应向许财之人追取入官。若本犯有应得之罪,仍照律科断;如所犯本轻,或本无罪,但许财营求者,止问不应重律。其许过若干、实交若干者,应分别已受、未受数目计赃,并所犯情罪,从重科断。已交之赃,在受财人名下着追;未交之财,仍向许财人名下着追。

此条系雍正十二年(1734)定例。

【1740】6.23.347.(1)(略)

有事以财请求

律　文

【1646】6.23.371

凡诸人有事，以财行求官吏欲，得枉法者，计所与财，坐赃论。若有避难就易，所枉枉法罪重于与财者，从重论。其赃入官。其官吏刁蹬，用强生事，逼抑取受者，出钱人不坐。避难就易，谓避难当之重罪就易受之轻罪也。若他律避难，则指难解钱粮、难捕盗贼皆是。

【1670】6.23.370（略）

【1725】6.23.358

凡诸人有事，以财行求官吏欲，得枉法者，计所与财，坐赃论。若有避难就易，所枉法之罪重于与财者，从重论。其赃入官。其官吏刁蹬，用强生事，逼抑取受者，出钱人不坐。避难就易，谓避难当之重罪就易受之轻罪也。若他律避难，则指难解钱粮、难捕盗贼皆是。

注：此言出钱行贿之罪也。凡军民诸色人等，有事在官，而用财行求，欲官吏变乱是非轻重，枉法审断者，计其所与之财，依坐赃律科罪。若避难当之罪名，就易受之罪名，而所枉法之罪，重于与财之罪者，则从所避之重罪论，其赃入官。若本人初未行求，而承行官吏刁蹬留难，不与归结，强生枝节，逼取人财，是罪在官吏，出钱人不得已而与之，官吏自依枉法本律，出钱之人不坐，赃追给主。

臣等谨按（按语与律后总注同，略）。

【1740】6.23.348（略）

附律条例

＊【1680】6.23.207　刑部现行则例·受赃·以财行求

一、凡有以财行求及说事过钱者，审实，皆计所与之赃，与受财人同科。如抑勒诈索取财者，与财人及说事过钱人俱不坐。至于别项馈送者，照律文议。

【1725】○增入

原拟：现行例内一条，类于此律，应增入。

【现行例】【1680】6.23.207　刑部现行则例·受赃·以财行求（略）

原拟：此条内未经分晰有禄、无禄，应于“与受财人同科”句下，增“仍分有禄、无禄”字。

【1725】6.23.358.（1）

【增例】一、凡有以财行求及说事过钱者，审实，皆计所与之赃，与、受财人同科，仍分有禄、无禄。如抑勒诈索取财者，与财人及说事过钱人俱不坐。至于别项馈送，不系行求，仍照律拟罪。

【1740】○修改

臣等谨按：以财行求及说事过钱，皆与、受财人同科。凡计赃致罪，俱应一体科断矣。

但枉法、不枉法赃,俱分别有禄、无禄断决。故例内又云"仍分有禄、无禄"者,以有禄人不应减等,无禄人得听减一等也。向来办理此等案件,有将有禄人亦减一等,无禄人减至二等者,殊不画一。是以雍正十二年(1734),又经条奏议准,有禄人不准减等,无禄人准减一等,复照"名例"分别首从汇减之法,应并入此条,以便引用。谨将并辑例文,开列于后。

一、凡有以财行求及说事过钱者,审实,皆计所与之赃,与、受财人同科。仍分有禄、无禄,有禄人概不减等,无禄人各减一等。其行求说事过钱之人,如有首从者,为首照例科断;为从,有禄人听减一等,无禄人听减二等。如抑勒诈索取财者,与财人及说事过钱人俱不坐。至于别项馈送,不系行求,仍照律拟罪。

【1740】6.23.348.(1)(略)

【1725】6.23.358.(2)

【钦定例】一、凡属员以财行求上司保送题升,并大计军政卓异荐举者,如受财之上司,果于事后据实尽首者,免其治罪,并免追赃,止治以财行求并说事过钱人之罪。如以财行求之属员,有于事后据实出首者,免其治罪,将受财之上司,照原赃数加倍追给,止治受财及说事过钱人之罪。若说事过钱之人据实首明者,免其追赃治罪,仍将与、受之赃追出,赏给一半,止治与、受人之罪。至有赃多首少者,照不实不尽律科罪;其赃少首多者,以讹诈律治罪。倘复隐匿不首,一经发觉,计赃照律加倍治罪。

【1740】○删除

臣等谨按:此条据实首明者,除免罪之外,或免追赃,或邀给赏,适足以开诈欺侥幸之弊。且以入己之赃而免其追取,以行求之财而加倍追给,以同科之罪而反获半赏,俱与本律不符,应删。

【1801】○续纂

一、凡受贿顶凶之案,除案外之人,得受正凶贿赂,挺身到官顶认,在外省业已招解臬司,在京内现审案件业经法司会审,已属成招定罪,几致正凶漏网者,仍照顶凶本例分别问拟外,如尚未成招,罪未议定,旋即破案者,行贿之凶犯,仍照原犯罪名问拟;受贿顶认者,计赃以枉法论。至顶凶已经招解之案,如系同案之犯代认重伤,致脱本犯罪名者,减正犯罪一等定拟。未招解者,仍照原犯本罪科断。受赃重者,以枉法从其重者论。

臣等谨按:嘉庆五年(1800),升任湖北巡抚高杞审题"李连三等共殴涂存玉身死"案内,因李连三贿嘱同案从犯李高惠顶凶,经该知府审明,将李连三依共殴例拟绞监候,声明秋审入于情实。李高惠照受贿顶凶例,与本犯绞罪一律全科。据伊母自首,照律减等拟徒等因。经臣部议称,例载奸徒得受正凶贿赂,挺身到官顶认,致脱本犯罪名者,不计赃数多寡,俱照本犯徒、流、斩、绞,一律全科。其行贿之本犯原犯,应入情实者,拟为立决;应入缓决者,秋审时拟入情实。又罪囚监禁在狱,乘间脱逃,原犯斩、绞监候,应入情实者,改为立决;应入缓决者,入于秋审情实各等语。推原例意,诚以行贿买凶之犯,希图漏网,与越狱脱逃无异,故定例比照越狱条例办理,以示惩创。惟是越狱之例,以已经出狱为断,则顶凶之案,亦应以已经招解为断。若尚未招解到司,事尚未成,不在例应加重之列。至受贿顶凶之犯,原指案外之人,贪图贿利,甘心顶认,已经招解定案,致脱本犯罪名者,自应照本犯罪名一律全科。若系案内之人,得受贿赂,将轻伤供认重伤,虽案已招解,在本犯仅止避重就轻,尚非脱然事外,在顶凶之犯,仅止移轻作重,较案外人凭空代认者有间,自应减正凶罪一等问拟。未招解者,照原犯本罪科断。得赃重者,计赃,以枉法从其重者论。原例未经分晰,各省办理未免参差。即如此案,李高惠系案内共殴余人,因得受李连三水田、钱文,代认致命重伤,经县据供详府。旋经李高惠之母赴府首告,审出实情,尚未解司定案。该抚将李高惠依顶凶例全科,因自首照律减二等拟徒。李连三依律拟绞,声明入于秋审情实。是将未经定案之犯,科以已经定案之罪,且以同案代认重伤之人,科以事外顶凶之例,未为允协。自应申明例意,以昭界限。应请嗣后凡受贿顶凶之案,除案外之人得受正凶贿赂,挺身到官顶认,在外业已招解臬司,在内业经法司会审,已属成招定罪,几致正凶漏网者,仍照旧例问拟外,如尚未成招,罪未议定,旋即破案者,行贿之凶犯,仍照原犯罪名问拟,受贿顶认者,计赃以枉法论。至顶凶已经招解之案,如系同案之犯代认重伤,致脱本犯罪名者,减正犯罪一等定拟。未招解者,仍照原犯本罪科断。受赃重者,计赃以枉法从其重者论。如此明立科条,庶办理有所依据,而罪名益昭允协。此案李连三合依共殴至死下手致命伤重者绞律拟绞监候,其秋审时入于情实之处毋庸议。李高惠应照余人本律问拟满杖,惟得受李连三水田、钱文,应令该抚照犯时价值确估计算,按照枉法计赃,从其重者科罪等因具奏。奉旨:"依议。钦此。"钦遵在案。应纂辑为例,以便遵行。

【1802】6.23.348.(2)(略)

【1814】○修并

【原例】【1802】6.23.348.(2)(略)

*名例律·称与同罪

【1802】1.1.39.(1)一、奸徒得受正凶贿赂,挺身到官顶认,致脱本犯罪名者,不计赃数多寡,俱照本犯徒、流、斩、绞之罪,一例全科。若正凶放而还获,及逃囚自死者,顶凶之犯,照本罪减一等问拟。其行贿之本犯,除罪应立决者,毋庸另议外,其原犯应入情实者,拟为立决;应入缓决者,秋审时拟入情实;如原犯军、流等罪,照军流脱逃改调例,加等调发;徒、杖以下,按律各加一等。代为说合过钱者减一等,不计赃科罪。教诱顶凶者,照教诱人犯法律,与犯人同罪。如有子犯罪而父代认,其子除罪应立决者,毋庸另议外,如犯应斩候、绞候者,俱拟以立决;军、流、徒罪,各照例递加。

臣等谨按:以上二条,均系受贿顶凶,分别已成、未招之例。一载于"名例·称与同罪"门内,一载于"受赃·有事以财请求"门内。一事而分载两门,诚恐翻阅未周,引断转致错误。应请移并一条,载于"受赃"门内,以归简易。再查前条系计赃以枉法论,后条系不计赃数多寡,情同罪异,自应修改画一,统计赃以枉法定拟。说合过钱之犯,较教诱顶凶及行贿、受贿者为轻，其罪既减一等科断，则受财应准枉法论。至案外之人受贿顶凶，已成招者，正凶放而还获，加等定拟；顶凶之犯，例准照本罪减一等。其尚未成招，旋即破案者，行贿凶犯既照原犯罪名，受贿顶凶之犯，赃罪重者，自应照原例以枉法论，赃轻者，应减正犯罪二等，以示区别。再同案之犯代认重伤，致脱本犯罪名，已招解者，减正犯罪一等。若所减之罪，或轻于原犯本罪及相等者，自应各于原犯罪名上加一等，行贿凶犯仍应照原罪定拟。原例内均未议及，应请一并添纂入例，以昭赅备。谨将移并例文，开列于后。

一、奸徒得受正凶贿赂，挺身到官顶认，审系案外之人，在外省业已招解臬司，在京业经法司会审，已属成招定罪，几致正凶漏网者，俱照本犯徒、流、斩、绞之罪，一例全科。若正凶放而还获，及逃囚自死者，顶凶之犯，照本罪减一等。其行贿本犯，除应立决者，毋庸另议外，原犯应入情实者，拟为立决；应入缓决者，秋审时拟入情实；原犯军、流等罪，照军流脱逃改调例，加等调发；徒、杖以下，按律各加一等。如尚未成招，罪未议定，旋即破案者，行贿凶犯，仍照原犯罪名问拟；受贿顶凶者，减正犯罪二等。至同案之犯，代认重伤，致脱本犯罪名，已招解者，减正犯罪一等；若原犯本罪，重于所减之罪或相等者，各加本罪一等。未招解者，仍照本罪科断。行贿凶犯，均各照原犯罪名定拟。教诱顶凶者，与犯人同罪。计赃重者，行贿、顶凶、教诱各犯，无论案内案外、已未成招，均以枉法赃从其重者论，照例与、受同科。说合过钱者，各减顶凶之犯罪一等；受财重者，准枉法赃从重论。如有子犯罪而父代认，其子除罪应立决者，毋庸另议外，如犯应斩、绞监候者，俱拟以立决；军、流、徒罪，各以次递加。

【1825】6.23.348.（2）（略）

在官求索借贷人财物

律　文

【1646】6.23.372

凡监临官吏挟势，及豪强之人，求索借贷所部内财物，并计索借之赃准不枉法论，折半科罪。强者准枉法论，全科。财物给主。无禄人各减有禄人一等。○若将自己物货散与部民，及低价买物，多取价利者，并计余利，准不枉法论，强者准枉法论，物货、价钱并入官、给主。卖物则物入官，而原得价钱给主；买物则物给主，而所用之价入官。仍附过还职。○此下四条，盖指监临官吏，而豪强亦包其中。○若于所部内买物，不即支价，及借衣服、器玩之属，各经一月不还者，并坐赃论。仍追物还主。○若私借用所部内马、牛、驼、骡、驴及车船、碾磨、店舍之类，各验日计雇赁钱，亦坐赃论，追钱给主。计其犯时雇工赁值，虽多不得过其本价。○若接受所部内馈送土宜礼物，受者笞四十，附过还职。与者减一等。若因事在官而受者，计赃以不枉法论。与者依不应事重科罪。其经过去处供馈饮食，及亲故馈送者，不在此限。○其出使人于所差去处，求索借贷，卖买多取价利，及受馈送者，并与监临官吏罪同。○若去官而受旧部内财物，及求索借贷之属，各减在官时三等。

【1670】6.23.371（略）

【1725】○修改

原拟：今亏短价值及接受馈送，俱照定例处分，无附过还职之例，应删去小注内“附过还职”字。

臣等谨按：此言倚势取财者之罪也。豪强之人，如在官之里老、应捕总甲等项，及武断乡曲之豪民皆是。首节言监临官吏挟持威势，及豪强之人，求索借贷部内财物，并用强求借之罪。二节言监临官吏及豪强之人，将自己货物散与部民而厚取其值，及买物低还其价，并强散、强买之罪。三节言于部内和买物货不即给价，及借衣服、器玩经月不还之罪。四节言借用部内马、牛、驼、骡、驴及车船、碾磨、店舍之类，非充官用，又不给与赁雇钱之罪。五节言于部内受人馈送土宜礼物，及送与者之罪。若因有事在官馈送而受之者，计赃以不枉法科罪。六节言出使人员，于所差去处有所求索，或借贷，或买物卖物多取价利，及接受人馈送之罪。末节言任满及改除，接受旧部内官属士民馈送财物，及和强求索、借贷、买卖之罪，各减在官时罪三等，以其无可挟之势也。再查“户律”，有司和买，给价不实，坐赃论。而此律第二节多取价利在枉法、不枉法论者，以彼充官用，而此为己利也。又此律第三节，买物不支价，借物不还，与第二节相类，而止依坐赃论者，以多取价利入己，无复补偿之时，而一月不支、不还者，犹有支还之日也。

【1725】6.23.359

凡监临官吏挟势，及豪强之人，求索借贷所部内财物，并计索借之赃，准不枉法论，强者，准枉法论，财物给主。无禄人各减有禄人一等。○若将自己物货散与部民，及低价买物，多取价利者，并计余利，准不枉法论，强者准枉法论，物货、价钱并入官、给主。卖物则物入官，而原得价钱给主；买物则物给主，而所用之价入官。○此下四条，盖指监临官吏，而豪强亦包其中。○若于所部内买物，不即支价，及借衣服、器玩之属，各经一月不还者，并坐赃论。仍追物还主。○若私借用所部内马、牛、驼、骡、驴及车船、碾磨、店舍之类，各验日计雇赁钱，亦坐赃论，追钱给主。计其犯时雇工赁值，虽多不得过其本价。○若接受所部内馈送土宜礼物，受者笞四十，与者减一等。若因事在官而受者，计赃以不枉法论。与者依不应事重科罪。其经过去处供馈饮食，及亲故馈送者，不在此限。○其出使人于所差去处，求索借贷，卖买多取价利，及受馈送者，并与监临官吏罪同。○若去官而受旧部内财物，及求索借贷之属，各减在官时三等。

注：此言倚势取财者之罪也。凡监临官吏挟持威势，及豪强之人，或求索或借贷所部内之财物者，并计所求、所借入己之赃，准不枉法科罪。若用强求借者，准枉法论。赃重至死者，减一等，罪止杖一百、流三千里。所求借之财物，并给还主。若监临官吏及豪强之人，将自己物货，以贱作贵，散与部民，而厚取其值，及买部民之物，以贵作贱，而低还其价，并将所散、所买之物，除原价外，以多取少还之价利作为余利，计所余之数，准不枉法科罪。其强散强买者，计余利之数，准枉法论。物货、价

钱,分别入官、给主。若于所部内和买物货,不即给价,及借衣服器玩之属,各经一月不还其买物之价钱与所借之原物者,并计所买、所借之物价,坐赃科罪。若私借用所部内马、牛、驼、骡、驴及车船、碾磨、店舍之类,非充官用,而又不给与赁雇钱者,各验日计其犯时雇工赁值之数,亦坐赃科罪,仍追雇赁钱给主。若监临官吏,于所部内接受人馈送土宜礼物者,非银钱之比,不问多寡,笞四十。送与者减一等,笞三十。若因其有事在官馈送而受之者,计赃以不枉法科罪。以上坐赃及不枉法赃,各主者,折半科罪;一主者,俱不折半。其余经过去处供馈饮食,及亲戚故旧馈送土宜礼物者,不在笞四十之限。其奉命出使人员,于所差往去处,有所求索或借贷,或买物卖物多取价利,及接受人馈送者,并与监临官吏罪同。若因任满及改除去官,有接受旧部内官属士民馈送财物,及和强求索借贷、买卖剩利等项,各减在官时罪三等。

【1740】○修改

臣等谨按:有事以财行求,条例内称“以财行求者,计所与之赃,与、受财人同科”。本律第五节既称因事而受,自应照此例科罪,不必另添注解。注内“与者依不应事重科”一句应删。谨将删辑律注,开列于后。

凡监临官吏挟势,及豪强之人,求索借贷所部内财物,并计索借之赃准不枉法论,强者准枉法论,财物给主。无禄人各减有禄人一等。○若将自己物货散与部民,及低价买物,多取价利者,并计余利,准不枉法论,强者准枉法论,物货、价钱并入官、给主。卖物则物入官,而原得价钱给主;买物则物给主,而所用之价入官。○此下四条,盖指监临官吏,而豪强亦包其中。○若于所部内买物,不即支价,及借衣服、器玩之属,各经一月不还者,并坐赃论。仍追物还主。○若私借用所部内马、牛、驼、骡、驴及车船、碾磨、店舍之类,各验日计雇赁钱,亦坐赃论,追钱给主。计其犯时雇工赁值,虽多不得过其本价。○若接受所部内馈送土宜礼物,受者笞四十,与者减一等。若因事在官而受者,计赃以不枉法论。其经过去处供馈饮食,及亲故馈送者,不在此限。○其出使人于所差去处,求索借贷,卖买多取价利,及受馈送者,并与监临官吏罪同。○若去官而受旧部内财物,及求索借贷之属,各减在官时三等。

【1740】6.23.349(略)

附律条例

【1646】6.23.372.(1)

一、文武职官,索取土官、外国、猺獞财物,犯该徒三年以上者,俱发边卫充军。

【1670】6.23.371.(1)(略)

【1725】6.23.359.(2)【原例】(略)

【1740】6.23.349.(2)(略)

【1768】6.23.349.(2)

一、文武职官,索取土官、外国、猺獞财物,犯该徒三年以上者,俱发近边充军。

【1646】6.23.372.(2)

一、凡各沿边地方,各该镇守总兵、副、参、游击、守备、都司、卫所等官,但有科敛军人财物,及扣减月粮,计入己赃至三十两以上,降一级,带俸差操;百两以上,降一级,改调烟瘴地面带俸差操;二百两以上,照前调发充军;三百两以上,亦照前调发永远充军。其沿海地方有犯,亦照前例科断。应改调及充军者,俱发边远卫分。

【1670】6.23.371.(2)(略)

【1725】○删除

原拟:今提镇、营各官,如有科敛兵丁财物,扣克兵饷者,俱革职问罪,并无降级调卫之例。人己赃至满数者,即拟绞罪,亦无止问充军之处。此条拟删。

【1646】6.23.372.(3)

一、云贵、两广、四川、湖广等处流官,擅自科敛土官财物,佥取兵夫,征价入己,强将货物发卖,多取价利,各赃至满数,犯该徒三年以上者,问发附近卫所充军。若买卖不曾用强,及赃数未满者,照行止有亏事例问革。其科敛财物,明白公用,佥取兵夫,不曾征价者,照常发落。

【1670】6.23.371.(3)(略)

【1725】○修改

原拟:今律内非因公科敛人财物者,有禄人一百二十两以上即拟绞罪。应将此条内"各赃至满数,犯该徒三年以上"句改为"赃至该徒三年以上",其"赃数未满"句应改为"赃数未至满徒"。

【1725】6.23.359.(3)

【原例】一、云贵、两广、四川、湖广等处流官,擅自科敛土官财物,佥取兵夫,征价入己,强将货物发卖,多取价利,赃至该徒三年以上者,问发附近卫所充军,若卖买不曾用强,及赃数未至满徒者,照行止有亏事例问革,其科敛财物,明白公用,佥取兵夫,不曾征价者,照常发落。

【1740】○修改

臣等谨按:此条科敛、征价入己,及强卖取利,按律俱准枉法论。上条索取财物,发边卫充军,此条问发附近充军之处,亦应改为边卫,以昭画一。至赃未满徒以下,罪名甚多,不应止于问革,亦应改。谨将改辑例文,开列于后。

一、云贵、两广、四川、湖广等处流官,擅自科敛土官财物,佥取兵夫,征价入己,强将货物发卖,多取价利,赃至该徒三年以上,俱发近边充军。若买卖不曾用强,及赃数未至满徒者,按律计赃治罪。其科敛财物,明白公用,佥取兵夫,不曾征价者,照常发落。

【1740】6.23.349.(3)(略)

【1725】6.23.359.(1)

【钦定例】一、雍正元年(1723)六月内,奉上谕:“旗员为外吏者,每受该旗都统、参领等官所制,自司、道以至州、县,于将选之时,必勒索重贿,方肯出结咨部。及得缺后,即遣人往其任所,或称平日受恩责其酬报,或称家有婚丧等事缓急求助,或以旧日私事要挟,或五旗本王府不体下情,分外勒取,或纵本府大人肆意贪求,种种应酬,不可枚举。以致该员竭蹶馈送,不能洁己自好。凡亏空公帑、败坏身名者,多由于此。嗣后如有仍蹈前辙,恣意需索等弊,许本官据实封章,密详督抚转奏,督抚即据详密奏。倘督抚瞻顾容隐,即许本官封章,揭都察院转为密奏。倘不为奏闻,即各御史亦得据揭密奏。务期通达下情,以除积弊。外任旗员,勿得隐忍畏惧,朕不治以犯上举首之罪。特谕。”

【1740】○修改

臣等谨按:此条系钦奉上谕,恭纂为例,以便遵行。谨将恭纂例文,开列于后。

一、凡外任旗员,该旗都统、参领等官,有于出结时勒索重贿,及得缺后要挟求助,或该旗本管王、贝勒及门上人等,有勒取求索等弊,许本官据实密详督抚转奏。倘督抚瞻顾容隐,许本官直揭都察院转为密奏。倘不为奏闻,许各御史据揭密奏。

【1740】6.23.349.(1)(略)

【1725】6.23.359.(4)

【钦定例】一、苗、蛮、黎、獞等僻处外地之人,并改土归流地方,如该管官员,有差遣兵役骚扰逼勒、科派供应等弊,较内地之例,应加倍治罪。若赃不多,犯该杖一百以下者,俱加倍徒一年;犯该徒一年者,加倍徒二年;徒一年半者,加倍徒三年;徒二年者,加倍流二千里;徒二年半者,加倍流二千五百里;徒三年者,加倍流三千里;犯该流二千里及流二千五百里者,俱发边卫充军。若赃数满贯罪止满流者,绞候。其赃银照追入官、给主。虽限内全完,亦不免罪。因而激动番蛮者,照引惹边衅例从重治罪。

【1740】○修改

臣等谨按:外地勒派供应,例应加严,已见前条索取土官财物之内。且各条加倍治罪之处,均经停止。则此条按等次递加之例,亦无庸纂入,应删。至入官、给主,律有明条。限内全完,例应减等。此条照追赃银及不准免罪之处,俱应删。惟激动番蛮一款,非寻常犯赃可比,自宜另列罪名,应存。谨将删辑例文,开列于后。

一、苗、蛮、黎、獞等僻处外地之人,并改土归流地方,如该管官员有差遣兵役骚扰逼勒、科派供应等弊,因而激动番蛮者,照引惹边衅例从重治罪。

【1740】6.23.349.(4)(略)

【1740】○增入

一、凡出差巡察之员,所到州县地方,如有收受门包,与者照钻营请托例治罪,受者照婪赃纳贿例治罪。该督抚不行查察,交部议处。

此条系雍正八年(1730)钦奉上谕,恭纂为例,以便引用。

【1740】6.23.349.(5)(略)

【1740】○增入

一、各上司如有勒荐幕宾、长随者,许属员揭报,将勒荐之上司照例革职。其幕宾、长随钻营上司引荐,在各衙门舞弊诈财者,计赃以枉法论,幕宾照衙门书吏加等治罪例治罪,长随照衙门蠹役恐吓索诈十两以上例治罪。如钻营引荐,别无情弊,但盘踞属员衙门者,幕宾照书吏年满不退例杖一百、徒三年,长随枷号一个月、杖一百,各递回原籍,分别发落。其属员徇隐不行揭报者,照例革职。若属员营求上司,因所荐幕宾、长随,有勾通行贿等弊,照例分别议处治罪。

此条系雍正十二年(1734)定例。

【1740】6.23.349.(6)(略)

【1801】○修改

臣等谨按:此条系长随、幕宾钻营上司引荐,舞弊诈财,分别治罪之例。此例重在钻营引荐,倚仗声势,舞弊诈财,故拟罪较诸例为独重。查幕宾舞弊诈财,其情罪与长随无异。此例内长随诈财,照蠹役例十两以上问拟充军,而于舞弊诈赃之幕宾,仅止计赃以枉法论,照书吏加凡人一等例治罪。是诈赃十两以上,枉法例杖九十,加等仅杖一百,未免罪名,轻重悬殊。惟查幕宾钻营引荐,其情不一。如仅止事后收受为事人礼物,尚非舞弊诈财者,计赃以不枉法论,仍照原例,照书吏加等例治罪。若倚仗声势,欺压本官,舞弊诈财,是作奸犯科,蔑法干纪,自应与长随人等俱照蠹役诈赃例画一问拟。应于例内申叙,以昭赅备。又查"书役年满不退,杖一百、徒三年",系康熙五十二年(1713)定例。嗣于雍正十二年(1734),将幕宾钻营引荐,盘踞属员衙门,照书役年满不退例问拟杖、徒,纂为此例。至乾隆五年(1740),臣部以书役曾经断罪复从役,律至满杖,例内役满不退反加至满徒,与律意不符,奏准将"吏律·举用有过官吏"门内书役年满不退一条,改为杖一百。此条幕宾例内,未曾节删。查幕宾钻营引荐,既别无舞弊诈财情弊,其盘踞属员衙门,不过希图衣食,照书役年满不退新例杖一百,递回原籍,已足蔽辜,似可毋庸加徒。例内"徒三年"句,应援例节删。谨将修改例文,开列于后。

一、各上司如有勒荐长随及幕宾者,许属员揭报,将勒荐之上司照例革职。如长随钻营上司引荐,在各衙门招摇撞骗财物者,照衙门蠹役恐吓索诈十两以上例,计赃治罪。幕宾钻营引荐,事后收受为事人礼物,尚非舞弊诈财者,计赃以不枉法论,照衙门书吏加等例治罪。如倚仗声势,欺压本官,舞弊诈财者,亦照蠹役诈赃例,计赃治罪。如钻营引荐,别无情弊,但盘踞属员衙门者,幕宾照书役年满不退例杖一百,长随枷号一个月、杖一百,各递回原籍,分别发落。其属员徇隐不行揭报者,照例革职。若属员营求上司,因所荐幕宾、长随,有勾通行贿等弊,照例分别议处治罪。

【1802】6.23.349.(8)(略)

【1740】○删除

一、改土归流地方,文武各官,如有剥削番苗者,照贪赃例革职,计其赃私,照监临官吏挟势求索借贷所部财物律,分别加倍治罪。该管上司,照不揭劣员例,分别议处。倘因勒索科派,激动番苗者,照引惹边衅例,分别从重治罪。

此条系雍正六年(1728)定例。查"加倍治罪"字样,已于雍正八年(1730)停止。至勒索科派,激动番苗,比照引惹边衅之处,与前改土归流地方该管官骚扰科派一条无异。此条毋庸纂入。

【1761】○续纂

一、长随求索吓诈得财舞弊者,照蠹役诈赃例治罪,并照窃盗例,初犯以"赃犯"二字刺臂,再犯刺面。其有索诈婪赃,托故先期预遁,及本官被参后闻风远扬者,拿获之日,照到官后脱逃例,各加二等治罪,仍追原赃。其各衙门现任大小官员,如有收用犯案刺字长随者,交部议处。

臣等谨按:此条系乾隆二十四年(1759)十月内,臣等议复原任河南布政使苏崇阿条奏定例,应纂辑以便遵行。

【1768】6.23.349.(7)(略)

【1802】6.23.349.(6)(略)

【1788】○续纂

一、各省府州县等衙门,除日用零星需用食物,准其于本地方照市价平买外,其余需用布匹、绸缎一切货物等项,或由本籍携带,或在邻境买用,毋得于管辖地方滥行赊买。该管上司仍随时稽察。如有仍在本境赊欠等弊,即严参究治。

臣等谨按:乾隆五十四年(1789)五月内,臣部侍郎姜晟审奏"山西监生常怀恒控告直隶宣化县知县王秉正赊欠布银一百七十两不还,将王秉正革职,坐赃科罪"一案。钦奉上谕:"外省大小衙门,所有需用零星食物,不能不就近取买。至布匹一项,尚非日用饮食之物可比。若在本境店铺任意赊取,必致绸缎货物,亦一概取之。胥役等乘机滋扰,甚至短发价值,势所必有,殊非整饬官方之道。嗣后各省、府、州、县衙门,除菜蔬、油酱、食物准其于本地方照市价平买外,其余需用布匹、绸缎、一切货物等项,或由本籍携带,或在邻境买用,毋得于管辖地方滥行赊买,致启勒索措价之端。该管上司仍应随时稽察,如有仍在本境赊欠等弊,即行严参究治。著为令。"钦遵在案。应恭纂为例,以便遵行。

【1790】6.23.349.(8)(略)

【1802】6.23.349.(7)(略)

家人求索

律　文

【1646】6.23.373

凡监临官吏家人，于所部内取受、求索、借贷财物，依不枉法。及役使部民，若卖买多取价利之类，各减本官吏罪二等。分有禄、无禄。若本官吏知情，与同罪，不知者不坐。罪止附过。风宪官吏家人有犯，亦减本官所加之罪二等。

【1670】6.23.372(略)

【1725】○修改

原拟：今无附过之例，且风宪官吏家人有犯，本律已经注明，此律末小注应删。

臣等谨按（按语与雍正三年律后总注同，略）。

【1725】6.23.360

凡监临官吏家人，于所部内取受、求索、借贷财物，依不枉法。及役使部民，若买卖多取价利之类，各减本官吏罪二等。分有禄、无禄。若本官吏知情，与同罪，不知者不坐。

注：此诫官吏约束家人也。家人，指官吏家兄弟、子侄、奴仆皆是。凡各衙门监临官吏之家人，于所部内，或因事受财，或挟势求索，或借贷财物，或私役部民，及买卖多取价利之类，各照监临官吏受财本律，分有禄、无禄人本罪上减二等科之。若监临官吏知家人取受、求索等情，而不能禁止者，与家人同坐减二等之罪，不知者不坐。

【1740】○修改

臣等谨按：律内家人未经注明，查《笺释》，谓如兄弟、子孙、奴仆。之内应再减罪二等之处，业于乾隆三年(1738)，刑部议复安徽布政使晏斯盛条奏，应将家人受财一项，查明因事、不因事分别定拟，请增入律注，奏准在案。至律内取受、求索、借贷，原指取受所求索、借贷财物而言，总注误分取受、求索、借贷为三项，甚属错谬，已经部议指明，俱应增。谨将增辑律注，开列于后。

凡监临官吏家人，兄弟、子侄、奴仆皆是。于所部内取受所求索、借贷财物，依不枉法。及役使部民，若买卖多取价利之类，各减本官吏罪二等。分有禄、无禄。须确系求索、借贷之项，方可依律减等。若因事受财，仍照官吏受财律定罪，不准减等。若本官吏知情，与同罪，不知者不坐。

【1740】6.23.350(略)

附律条例

＊【1725】○增入[①]

臣等谨按:钦奉上谕一道,类于此律,应增入。

【续增现行例】一、雍正元年(1723)六月内,奉上谕:"旗员为外吏者,每受该旗都统、参领等官所制,自司、道以至州、县,于将选之时,必勒索重贿,方肯出结咨部。及得缺后,即遣人往其任所,或称平日受恩责其酬报,或称家有婚丧等事缓急求助,或以旧日私事要挟,或五旗本王府不体下情,分外勒取,或纵本府大人肆意贪求,种种应酬,不可枚举。以致该员竭蹶馈送,不能洁己自好。凡亏空公帑、败坏身名者,多由于此。嗣后如有仍蹈前辙,恣意需索等弊,许本官据实封章,密详督抚转奏,督抚即据详密奏。倘督抚瞻顾容隐,即许本官封章,揭都察院转为密奏。倘不为奏闻,即各御史亦得据揭密奏。务期通达下情,以除积弊。外任旗员,勿得隐忍畏惧,朕不治以犯上举首之罪。特谕。"

【1761】○续纂

一、执事大臣,不行约束家人,致令私向所管人等往来交结借贷者,一经发觉,将伊主一并治罪。

臣等谨按:此条系乾隆二十二年(1757)五月内钦奉上谕,应恭纂为例,以便遵行。

【1768】6.23.350.(1)(略)

风宪官吏犯赃

律　文

【1646】6.23.374

凡风宪官吏受财,及于所按治去处求索、借贷人财物,若卖买多取价利,及受馈送之类,各加其余官吏受财以下各款罪二等。如枉法赃,加罪不得加至于死,须至一百两方坐绞;不枉法加罪止杖一百、流三千里之类。○风宪吏无禄者,亦就无禄枉法、不枉法本律断。○其家人犯赃,亦减本官所加之罪二等。本官知情与同罪,不知者不坐,附过。

【1670】6.23.373

凡风宪官吏受财,及于所按治去处求索、借贷人财物,若卖买多取价利,及受馈送之类,各加其余官吏受财以下各款罪二等。加罪不得加至于死。如枉法赃,须至八十两方坐绞;不枉法赃,须至一百二十两之上方坐绞。○风宪吏无禄者,亦就无禄枉法、不枉法本律断。○其家人犯赃,亦减本官所加之罪二等。本官知情与同罪,不知者不坐,附过。

【1725】○修改

原拟:应删去小注内"附过"字。

---

① 此条《大清律例按语》第23卷列入"刑律·受赃·家人求索"(雍正三年)条下,雍正三年(1725)《大清律集解附例》附入"刑律·受赃·在官求索借贷人财物"条下,即【1725】6.23.359.(1)条。

臣等谨按（按语于雍正三年律后总注同，略）。

【1725】6.23.361

凡风宪官吏受财，及于所按治去处求索、借贷人财物，若卖买多取价利，及受馈送之类，各加其余官吏受财以下各款罪二等。加罪不得加至于死。如枉法赃，须至八十两方坐绞；不枉法赃，须至一百二十两之上方坐绞。〇风宪吏无禄者，亦就无禄枉法、不枉法本律断。〇其家人犯赃，亦减本官所加之罪二等。本官知情与同罪，不知者不坐。

注：此重风宪官吏败检之罪也。凡风宪衙门官吏，职司纠察，操守尤宜谨严。但有因事受财，及于按治出巡去处，求索、借贷，买卖多取价利，及接受土宜礼物之类，各照其余监临官吏受财等项本律，加二等科罪。

【1740】〇修改

臣等谨按：注内"家人犯赃，亦减本官所加之罪二等"，此承上条家人求索之律而言。今上条已注明"因事受财，不准减等"，则此条亦应照前增注。其"犯赃"二字易混，应删。谨将增删律注，开列于后。

凡风宪官吏受财，及于所按治去处求索、借贷人财物，若卖买多取价利，及受馈送之类，各加其余官吏受财以下各款罪二等。加罪不得加至于死。如枉法赃，须至八十两方坐绞；不枉法赃，须至一百二十两之上方坐绞。〇风宪吏无禄者，亦就无禄枉法、不枉法本律断。〇其家人如确系求索、借贷，得减本官所加之罪二等。若因事受财，不准减等。本官知情与同罪，不知者不坐。

【1740】6.23.351（略）

因公科敛

律　文

【1646】6.23.375

凡有司官吏人等，非奉上司明文，因公擅自科敛所属财物，及管军官吏、总旗、小旗，科敛军人钱粮、赏赐者，虽不入己，杖六十；赃重者，坐赃论；入己者，并计赃以枉法论。无禄人减有禄人之罪一等。至一百二十两，绞监候。系有司官吏犯者，虽满数，止引行止例，不可引枉法例。〇其非因公务，科敛人财物入己者，计赃以不枉法论。罪止杖一百、流三千里。若馈送人者，虽不入己，罪亦如之。

【1670】6.23.374

凡有司官吏人等，非奉上司明文，因公擅自科敛所属财物，及管军官吏、总旗、小旗，科敛军人钱粮、赏赐者，虽不入己，杖六十；赃重者，坐赃论；入己者，并计赃以枉法论。无禄人减有禄人之罪一等。至一百二十两，绞监候。〇其非因公务，科敛人财物入己者，计赃以不枉法论。罪止杖一百、流三千里。若馈送人者，虽不入己，罪亦如之。

【1725】〇修改

原拟：今无总旗、小旗名色，应删去"总旗、小旗"字。再受赃律内"有禄人不枉法赃一百二十两以上绞，无禄人罪止满流"等语，应于小注内"罪止杖一百、流三千里"句上增"无禄人"字。

臣等谨按:此指科敛取财之罪,而分别因公、不因公也。因公如供应、修理城池、军马等项,并一切杂办之事皆是。首节言有司衙门官吏及里长、粮头人等,因公科敛民财,及营卫、管军衙门官吏人等,科敛军人散给钱粮、赏赐之罪。后节言非因公务而私自科敛军民财物入己之罪。若将所科敛之物馈送他人者,是得人之财以作己惠,与入己赃无异,故亦如入己之罪。

【1725】6.23.362

凡有司官吏人等,非奉上司明文,因公擅自科敛所属财物,及管军官吏,科敛军人钱粮、赏赐者,虽不入己,杖六十;赃重者,坐赃论;入己者,并计赃以枉法论。无禄人减有禄人之罪一等。至一百二十两,绞监候。○其非因公务,科敛人财物入己者,计赃以不枉法论。无禄人罪止杖一百、流三千里。若馈送人者,虽不入己,罪亦如之。

注:此指科敛取财之罪,而分别因公、不因公也。因公如供应、修理城池、军马等项,并一切杂办之事皆是。凡有司官吏人等,非奉该管上司明文,遇有公务,不行申请,而擅自科敛所属民人财物,及营卫管军衙门官吏人等,因公科敛军人名下之钱粮、赏赐者,虽不入己,杖六十。如计科敛之赃重于杖六十者,照坐赃律治罪。若所科敛军民财物,侵蚀肥己者,则计赃以枉法论。其非因公务,而私自科敛军民财物入己者,较之假公营私有间,虽有贪婪之罪,尚无要挟之情,故计赃以不枉法论。若将所科敛之财物馈送他人者,是取人之财,以市己惠,与入己无异,故亦如入己之罪。

【1740】6.23.352(略)

附律条例

【1646】6.23.375.(1)

一、在京、在外衙门,不许分外罚取纸札笔墨、银朱器皿、钱谷银两等项,违者,计赃论罪。若有指称修理,不分有无罪犯,用强科罚米、谷至五十石、银至二十两以上、绢帛贵细之物值银二十两以上者,事发问罪,起送吏部降一级用。

【1670】6.23.374.(1)(略)

【1725】○修改

原拟:此条内既云问罪,又云降一级用,似属重复。且营卫武职亦有违犯者,应将"问罪,起送吏部降一级用"句改为"交该部降一级用"。

【1725】6.23.362.(1)

【原例】一、凡京城及外省衙门,不许罚取纸札笔墨、银朱器皿、钱谷银两等项,违者计赃论罪。若有指称修理,不分有无罪犯,用强科罚米、谷至五十石、银至二十两以上、绢帛贵细之物值银二十两以上者,事发交该部降一级用。

【1740】○修改

臣等谨按:例内"交部降一级用",文类《吏部处分则例》,应改。谨将改辑例文,开列于后。

一、凡京城及外省衙门，不许罚取纸札笔墨、银朱器皿、钱谷银两等项，违者计赃论罪。若有指称修理，不分有无罪犯，用强科罚米、谷至五十石、银至二十两以上、绢帛贵细之物值银二十两以上者，事发交部照例议处。

【1740】6.23.352.(1)(略)

【1646】6.23.375.(2)

一、科罚修理，果曾经手，不准花销，照例起送。若自不经手，支销明白，只依科敛律发落。

【1670】6.23.374.(2)(略)

【1725】○删除

原拟：正律内"因公科敛，虽不入己，杖六十"等语，其科罚修理，不便分别有、无经手，且上条已有议处之例，此条拟删。

【1740】○增入

一、江南、江西、湖广地方，及黄、运两河，遇有公事，该督抚查实，题请定夺，不许辄派商捐。倘地方官有私行勒派者，即行题参治罪。该督抚失于觉察，一并交部议处。

此条系雍正十一年(1733)定例。

【1740】6.23.352.(2)(略)

克留盗赃

律　文

【1646】6.23.376

凡巡捕官已获盗贼，克留赃物不解官者，笞四十；入已者，计赃以不枉法论，仍将其所克之赃并解过赃通论盗罪。若军人弓兵有犯者，计赃虽多，罪止杖八十。仍并赃以论盗罪。

【1670】6.23.375(略)

【1725】6.23.363

律文(略)

注：此言官役不可因捕盗而为利也。凡各处巡捕盗贼官员，已获强、窃盗贼，即当人、赃一并解送问刑衙门，审明科罪。如有克留一应盗贼赃物，不尽解官者，虽不入已，亦为非法，故笞四十。若入已，计赃以不枉法科罪。仍将所克留之赃及已解官之赃，通计其数，并论盗贼之罪。此段总承上入已、不入已二条。若巡捕兵丁及府州县巡司弓兵、捕役，有克留盗赃者，不入已，亦笞四十；入已者，依无禄人不枉法科罪。赃多至三十两以上者，罪止杖八十。盖恕其为下役，而又原其有捕盗之力也。仍将克留之赃，并合解过之数，通论盗罪。如窃盗赃一百两，该杖一百、流二千里，先止报

解五十两,依此赃数坐为盗者杖六十、徒一年已论决矣,及克留事发,仍将未解官之五十两并入前赃通论,贴杖四十,改流二千里。余仿此。

臣等谨按:此言官役不可因捕盗而为利也。凡各处巡捕盗贼官员,已获强、窃盗贼,即当人、赃一并解送问刑衙门,审明科罪。如有克留一应盗贼赃物,不尽解官者,虽不入己,亦为非法,故笞四十。若入己,计赃以不枉法科罪。仍将所克留之赃及已解官之赃,通计其数,并论盗贼之罪。若巡捕兵丁及府州县巡司弓兵、捕役,有克留盗赃者,不入己,亦笞四十;入己者,依无禄人不枉法科罪。赃多至三十两以上者,罪止杖八十。盖恕其为下役,而又原其有捕盗之力也。仍将克留之赃,并合解过之数,通论盗罪。如窃盗赃一百两,该杖一百、流二千里,先止报解五十两,依此赃数坐为盗者杖六十、徒一年已论决矣,及克留事发,仍将未解官之五十两并入前赃通论,贴杖四十,改流二千里。余仿此。

【1740】6.23.353(略)

附律条例

【1725】6.23.363.(1)

【钦定例】一、胥捕侵剥盗赃者,计赃照不枉法,律从重科断。

此条雍正五年(1727)定。

【1740】6.23.353.(1)(略)

私受公侯财物

律　文

【1646】6.23.377

凡内外各卫指挥、千百户、镇抚,并总旗、小旗等,不得于私下或明白接受公、侯、伯所与金银、缎匹、衣服、粮米、钱物。若受者,军官杖一百,罢职,发边远充军;总旗、小旗罪同。再犯处死。公侯与者,初犯、再犯免罪,附过;三犯,准免死一次。若奉命征讨,与者、受者,不在此限。或绞或斩,律无明文。但初犯充军,即流罪也,再犯加至监候绞,以其干系公、侯、伯,应请自上裁。

【1670】6.23.376(略)

【1725】○修改

原拟:今无指挥、千百户等官名色,且公、侯、伯犯罪,无三犯免死一次之例,相应删改,开载于后。

臣等谨按:此禁勋臣不得私财邀结军心也。凡内外大小武官,俱不得于私下或明白接受公侯伯、勋旧臣所与金银、缎匹、衣服、粮米、钱物。若受者,罢其现任之职,坐以满杖,发边远充军。再犯则处死。其公、侯、伯以财物送给大小武官者,初犯、再犯,犹准免罪,至三犯,则罪不容宽。应开具所犯次数,奏请裁夺区处。若公、侯、伯奉命征讨,以家财散犒军士,与无事而市私恩者不同,与者、受者,俱不在禁限。

【1725】6.23.364

凡内外武官,不得于私下或明白接受公、侯、伯所与金银、缎匹、衣服、粮米、钱物。若受者,杖一百,罢职,发边远充军。再犯处死。公侯与者,初犯、再犯免罪,三犯奏请区处。若奉命征讨,与者、受者,不在此限。或绞或斩,律无明文。但初犯充军,即流罪也,再犯加至监候绞,以其干系公、侯、伯,应请自上裁。

注:此言勋臣财物,不得私相取予也。凡内外大小武官,俱不得于私下或明白接受公侯伯、勋旧重臣所与金银、缎匹、衣服、粮米、钱物。若受者,罢其见任之职,坐以满杖,发边远充军。再犯则处死。其公、侯、伯以财物送给大小武官者,初犯、再犯,犹准免罪,至三犯,则罪不容宽。应开具所犯次数,奏请裁夺区处。所以防奸贪邀结之渐也。若公、侯、伯奉命征讨,以家财散飨军士,与无事而市私恩者不同,与者、受者,俱不在禁限。

【1740】6.23.354(略)

【刑律·诈伪】

诈为制书

律　文

【1646】6.24.378　诈为制书诈为，以造作之人为首从坐罪，转相誊写之人非是。

凡诈为原无制书，及增减原有者，已施行，不分首从，皆斩；监候。未施行者，为首绞。监候。为从者减一等。传写失错者，为首杖一百。为从者减一等。○诈为将军、总兵官、六部、都察院、都指挥使司、内外各卫指挥使司、守御紧要隘口千户所文书，套画押字，盗用印信，及将空纸用印者，必盗用印方坐。皆绞。监候。不分首从。未施行者，为首减一等，为从又减一等。○诈为察院、布政司、按察司、府、州、县衙门印信文书者，为首杖一百、流三千里；诈为其余衙门印信文书者，为首杖一百、徒三年。为从者减一等。未施行者，各分首从。减一等。若有规避事重于前事者，从重论。如诈为出脱人命，以规避抵偿，当从本律科断之类。○其诈为制书及文书所施行之处，当该官司知而听行，各与同罪，至死减等。不知者不坐。○一将印信空纸，捏写他人文书，投递官司害人者，依投匿名文书告言人罪者律。○盗用钦给关防，与印信同，有例。

【1670】6.24.377　诈为制书诈为，以造作之人为首从坐罪，转相誊写之人非是。（略）

【1725】○修改

原拟：今无都指挥使司等官名色，应将“将军、总兵官、六部、都察院、都指挥使司、内外各卫指挥使司”字改为“六部、都察院、将军、督抚、提镇”，其“千户所”字改为“衙门”。

臣等谨按：此严假造制书之诛，而并及诈官文书之罪也。首节言诈为制书之罪。本无制书而凭空撰出者，谓之诈为；本有制书而更改字句者，谓之增减。已施行者，皆斩监候；未施行者，为首绞监候，为从减一等。其传写失错，行各衙门者，分首从坐杖。二节言诈为内外要紧衙门文书之罪，凡部、院、将军、督抚、提镇，并守御紧要隘口各衙门，文书关系最重，若有套画押字，盗用印信，钤盖施行，及将空纸盗用印信，填写施行者，不分首从，坐绞。此重盗用印信。若无印信，止诈为文书，依盗各衙门官文书论。三节言诈为在外各衙门印信文书之罪。察院、布、按、府、州、县衙门印信文书，事故稍轻，诈为之者，罪坐杖流。其余衙门印信文书，事故更轻，诈为之者，罪坐杖徒。从减一等。以上各衙门印信文书，未施行者，各减已施行罪一等。若有所规避事重者，从规避之重事论。四节总承上三条而言。当该官吏知有情弊而听行者，与犯人同罪，至死减等，不知者不坐。

【1725】6.24.365　诈为制书诈为，以造作之人为首从坐罪，转相誊写之人非是。

凡诈为原无制书，及增减原有者，已施行，不分首从，皆斩；监候。未施行者，为首绞。监候。为从者减一等。传写失错者,为首杖一百。为从者减一等。○诈为六部、都察院、将军、督抚、提镇、守御紧要隘口衙门文书,套画押字,盗用印信,及将空纸用印者,必盗用印方坐。皆绞。监候。不分首从。未施行者,为首减一等,为从又减一等。○诈为察院、布政司、按察司、府、州、县衙门印信、文书者,为首杖一百、流三千里;诈为其余衙门印信、文书者,为首杖一百、徒三年。为从者减一等。未施行者,各分首从。减一等。若有规避事重于前事者,从重论。如诈为出脱人命,以规避抵偿,当从本律科断之类。○其诈为制书、文书已施行,及制书、文书所至之处,当该官司知而听行,各与同罪,至死减等。不知者不坐。○一将印信空纸,捏写他人文书,投递官司害人者,依投匿名文书告言人罪者律。○盗用钦给关防,与印信同,有例。

注:此严假造制书之诛,而并及诈官文书之罪也。首节言诈为制书之罪。本无制书而凭空撰出者,谓之诈为;本有制书而更改字句者,谓之增减。已施行者,皆斩监候;未施行者,为首绞监候,为从减一等。其传写失错,行各衙门者,分首从坐杖。二节言诈为内外要紧衙门文书之罪。凡部、院、将军、督抚、提镇并守御紧要隘口各衙门文书,关系最重,若有套画押字,盗用印信,钤盖施行,及将空纸盗用印信,填写施行者,不分首从,坐绞。重在盗用印信。若无印信,止诈为文书,依盗各衙门官文书论。三节言诈为在外各衙门印信文书之罪。察院,布、按、府、州、县衙门印信文书,事故稍轻,诈为之者,罪坐满流。其余衙门印信文书,事故更轻,诈为之者,罪坐满徒。从减一等。以上各衙门印信文书,未施行者,各减已施行罪一等。若有所规避事重者,从规避之重事论。四节总承上三条而言。当该官司知有情弊而听行者,各与犯人同罪,至死减一等,不知者不坐。各衙门文书无增减、失错之律者,已在"增减官文书"条。

【1740】6.24.355　诈为制书诈为,以造作之人为首从坐罪,转相誊写之人非是。(略)

附律条例

【1646】6.24.378.(1)

一、诈为将军、总兵官、六部等衙门文书,依律问断外,若诈为察院、布政司、按察司、府、州、县及其余衙门文书,诓骗科敛财物者,问发边卫充军。

【1670】6.24.377.(1)(略)

【1725】○修改

原拟:应将"将军、总兵官、六部"句改为"六部等衙门"。

【1725】6.24.365.(1)

【原例】一、诈为六部等衙门文书,依律问断外,若诈为察院、布政司、按察司、府、州、县及其余衙门文书,诓骗科敛财物者,问发边卫充军。

【1740】6.24.355.(1)(略)

【1768】6.24.355.(1)

一、诈为六部等衙门文书,依律问断外,若诈为察院、布政司、按察司、府、州、县及其余衙门文书,诓骗科敛财物者,问发近边充军。

【1646】6.24.378.(2)

一、凡诈为各衙门文书盗用印信者，不分有无押字，依律坐罪。若止套画押字，各就所犯事情轻重，查照本等律条科断。其诈为六部各司、军卫各所文书者，俱与其余衙门同科。

【1670】6.24.377.(2)(略)

【1725】6.24.365.(2)(略)

【1740】6.24.355.(2)(略)

【1646】6.24.378.(3)

一、通政使司、大理寺、盐运司部属各管军所，仍照其余衙门拟断。若情犯深重者，听临时查照比依何衙门，具由奏请定夺。

【1670】6.24.377.(3)(略)

【1725】6.24.365.(3)(略)

【1740】6.24.355.(3)(略)

诈传诏旨

律　文

【1646】6.24.379　诈传诏旨诈传，以传出之人为首从坐罪，转相传说之人非是。

凡诈传诏旨自内而出者，为首监候斩。为从者杖一百、流三千里。诈传皇后懿旨、皇太子令旨、亲王令旨者，为首监候绞。为从者杖一百、流三千里。○若诈传一品、二品衙门官言语，于各属衙门分付公事，自有所规避者，为首杖一百、徒三年；三品、四品衙门官言语有所规避者，为首杖一百；五品以下衙门官言语者，杖八十，为从者各减一等。若得财而诈传无碍于法者，计赃以不枉法；因得财诈传而变动事情，枉曲法度者，以枉法，各以枉法、不枉法赃罪与诈传、规避本罪权之。从重论。○其诈传诏旨、品官言语，所至之处，当该官司知而听行，各与同罪，至死减一等。不知者不坐。○若内外各衙门追究钱粮，鞫问刑名公事，当该官吏将奏准合行免追免问事理，妄称奉旨追问者，是亦诈传之罪。斩。监候。

【1670】6.24.378　诈传诏旨诈传，以传出之人为首从坐罪，转相传说之人非是。

凡诈传诏旨自内而出者，为首斩。监候。为从者杖一百、流三千里。诈传皇后懿旨、皇太子令旨、亲王令旨者，为首绞。监候。为从者杖一百、流三千里。○若诈传一品、二品衙门官言语，于各属衙门分付公事，自有所规避者，为首杖一百、徒三年；三品、四品衙门官言语有所规避者，为首杖一百；五品以下衙门官言语者，杖八十，为从者各减一等。若得财而诈传无碍于法者，计赃以不枉法；因得财诈传而变动事情，枉曲法度者，以枉法，各以枉法、不枉法赃罪与诈传、规避本罪权之。从重论。○其诈传诏旨、品官言语，所至之处，当该官司知而听行，各与同罪，至死减一等。不知者不坐。〇若内外各衙门追究钱粮，鞫问刑名公事，当该官吏将奏准合行免追免问事理，妄称奉旨追问者，是亦诈传之罪。斩。监候。

【1725】〇修改

原拟：“亲王令旨”，应改为“亲王令”。

臣等谨按：此重诏旨而并及品官言语，以分别诈传者之罪也。首节重朝廷也。凡朝廷诏旨、皇后懿旨、皇太子令旨及亲王令，皆臣民所当钦遵。乃敢诈传以乱政，故坐以斩、绞。二节重官府也。诈传衙门官言语，分付公事，有所规避者，按品级之次第而轻重罪之。若得财而诈传衙门官言语，为人规避，事无曲法者，计赃以不枉法；因诈传而变动事情，曲枉法度者，以枉法。各于诈传、规避、受财等罪内，从其重者论。三节严听行也。当该官司明知诈传而听行之，各与诈传者同罪，不知者不坐。四节严妄称也。内外各衙门有已经奏准免追之钱粮、免问之刑名，妄称奉旨追问，是亦诈传也，故坐斩，俱监候。

【1725】6.24.366　诈传诏旨诈传，以传出之人为首从坐罪，转相传说之人非是。

凡诈传诏旨自内而出者，为首斩。监候。为从者杖一百、流三千里。诈传皇后懿旨、皇太子令旨者，为首绞。监候。为从者杖一百、流三千里。〇若诈传一品、二品衙门官言语，于各属衙门分付公事，自有所规避者，为首杖一百、徒三年；三品、四品衙门官言语有所规避者，为首杖一百；五品以下衙门官言语者，杖八十，为从者各减一等。若得财而诈传无碍于法者，计赃以不枉法；因得财诈传而变动事情，枉曲法度者，以枉法，各以枉法、不枉法赃罪与诈传、规避本罪权之。从重论。〇其诈传诏旨、品官言语，所至之处，当该官司知而听行，各与同罪，至死减一等。不知者不坐。〇若内外各衙门追究钱粮，鞫问刑名公事，当该官吏将奏准合行免追免问事理，妄称奉旨追问者，是亦诈传之罪。斩。监候。

注：此重诏旨而并及品官言语，以分别诈传者之罪也。自文书而言，谓之诈为；自言语而言，谓之诈传。凡诈传朝廷诏旨、皇后懿旨、皇太子令旨，为首者，分别斩、绞，为从者满流。诈传衙门官言语，分付公事，有所规避者，按品级之次第轻重罪之。若得财而诈传衙门官言语，为人规避，事无曲法者，计赃以不枉法论。因诈传而变动事情，曲枉法度者，以枉法论。仍各于诈传、规避、受财等罪内，从其重者坐之。其当该官司，明知诈传而听行，各与诈传者同罪，不知者不坐。若内外各衙门，已经奏准免追之钱粮，免问之刑名，妄称奉旨追问，是亦诈传也，故坐斩，俱监候。

【1740】6.24.356　诈传诏旨诈传，以传出之人为首从坐罪，转相传说之人非是。（略）

对制上书诈不以实

律　文

【1646】6.24.380

凡对制敷陈及奏事、有职业该行而启奏者。与上书，不系本职，而条陈时务者。诈妄不以实者，杖一百、徒三年。其对、奏、上书，非密谓非谋反、大逆等项。而妄言有密者,加一等。○若奉制推按问事,转报上不以实者,杖八十、徒二年;若徇私曲法,而所报不实之事重于杖八十、徒二年者,以出入人罪论。

【1670】6.24.379(略)

【1725】6.24.367

律文(略)

注:此言陈奏不实之罪有轻重也。承清问而敷陈者,为对制;有公事而启奏者,为奏事;建言献策者,为上书。凡此三者,但有虚诞,而诈不以实者,皆满徒。非有机密事情,而妄言机密,又诈不以实之最甚者,故加一等。若奉制命推按鞫问事情,而转报于上不以实情者,罪减满徒二等。如所报不实之事,有徇私曲法等情,其罪重于本罪者,以故出入人罪论。

臣等谨按(按语与律后总注同,略)。

【1740】6.24.357(略)

附律条例

【1814】○续纂

一、发遣、军、流人犯,在配所遣人呈递封章,条陈事务者,无论所言有无可采,原犯军、流,照例加一等调发;原犯遣罪,在配用重枷枷号六个月。如因呈递封章,另犯应死罪名,仍各从其重者论。其受雇代递之人,照为从律减本犯罪一等,拟杖一百、徒三年。计赃重者,准窃盗赃科断。

臣等谨按:嘉庆十五年(1810)七月二十七日,奉上谕:"嗣后有民人等转交王公、大臣、官员代递密折,若系控告案件,即使所告得实,亦着将原告之人照冲突仪仗罪名加重惩治等因。钦此。"十七年(1812)六月初四日,奉上谕:"近年军、流人犯,往往有于配所遣人来京呈递封章之事,实为刁诈之尤。无论所言是非虚实,均应一体治罪。着刑部酌议罪名,立定专条,载入则例遵行等因。钦此。"当经臣部查,越分上书条陈事务,在平民罪应杖、徒;呈递密折控告案件,在平民罪应充军。至获罪远戍之犯,辄敢缮写封章,其愍不畏法,尤非平民可比,自应严立科条,用示惩创。议请嗣后发遣军、流人犯,如有在配所遣人呈递封章,条陈事务,无论所言有无可采,原犯军、流,照例加一等调发;原犯遣罪,无可再加,即在配所用重枷枷号六个月。呈递密折奏告人罪,无论所控是否得实,原犯流罪改发云贵两广极边烟瘴充军;原犯军罪,改发黑龙江,仍照例分别当差、为奴;原犯遣罪无可再加,即在配所用重枷枷号一年。倘本案实在屈抑,不赴内外风宪衙门申诉,辄违例递折,除本案准予审明更正外,仍将该犯照冲突仪仗妄行奏诉例,发近边充军。如因呈递封章,另犯应死罪名,仍各从其重者论等因,奏准通行。是年十一月初三日,复奉上谕:"近日人情,险诈万端,于琐屑之案,不向该管官吏控诉,辄匿名告讦,以期封奏上闻。甚至将呈词封固投递,挟制接收官员不敢拆阅,原封入奏。此内罪囚、蠹役、厮隶、驿夫,比比皆是。蔑等冒尊,较之道旁叩阍,冲突仪仗者,其情节尤为可恶。着交刑部核议,嗣后如有捏称重情,封递呈词者,其所控得实,仍应作何治罪,若所控虚诬,应如何加重治罪,其罪犯封固呈词者,再如何加等治罪,分别拟定条例,以惩刁健而肃纪纲等因。钦此。”又经臣部查,小民果有冤屈,自当露呈控诉,听候审办。乃近日刁徒,往往将呈词封固投递,挟制接收官员不敢拆阅,原封入奏,已属刁健。而负罪之犯,封递呈词,比诸平民,更属藐法。议请嗣后军民人等控诉事件,俱令向该管官露呈投递。倘敢呈递封章,挟制入奏,如所告得实,系平民,亦照冲突仪仗妄行奏诉例加一等,发边远充军。若所控虚诬,核其诬告本罪仅止笞、杖、徒者,仍发边远充军,笞、杖罪名,到配加枷号一个月;徒罪,加枷号两个月。如诬告罪应拟流者,发极边足四千里充军;应拟附近、近边、边远、极边充军者,实发云贵两广极边烟瘴地方充军;应拟极边烟瘴充军者,改发新疆充当苦差。其负罪之犯,或自行封递呈词,或遣人投递封词,告言人罪者,系死罪人犯,除罪应斩、绞立决者,无可复加外,原犯斩、绞监候,秋审时应入缓决者,改为情实;应入情实者,改为立决。原犯军、流、遣罪,无论已、未到配,即于在配遣军流犯遣人,递折奏告人罪之例,分别治罪。如系应拟笞、杖、枷号、徒罪,尚未发落,及徒罪业已发配、役限未满者,即发极边足四千里充军。至封递呈词内,或语涉悖逆,或匿名告讦,或诬告叛逆,及诬告人因而至死等项,应拟死罪者,仍各从其重者论等因奏准。是年十二月二十日,奉上谕:“御史常文等奏‘请申禁庶民呈递封章,以归画一’一折。嗣后如有民人呈递封章者,接收之员一面将所递封章具奏,一面即将该犯锁拿,先行送交刑部押禁,附于折内陈明等因。钦此。”复经臣部奏明,有受雇代替者,亦一体锁交。臣部审明后,照受雇诬告及受财雇寄各律例分别治罪等因,奏准通行,各在案。应将军民人等呈递封章控诉事件挟制入奏为一条,负罪人犯呈递封章奏告人罪为一条,遣、军、流犯呈递封章条陈事务为一条,分载于“诉讼”“诈伪”各门。再查原奏内“本案实有屈抑,不赴内外风宪衙门申诉,辄违例递折,除本案准予审明更正外,仍将该犯照冲突仪仗妄行奏诉例,发近边充军”等语。查本案所犯之罪,如果止于流、徒、杖责,自应依例发近边充军,倘更正本罪有重于近边充军者,作何定拟,并未议及。设遇此等案件,自应于本罪上加一等调发,以示区别。至遣、军、流犯条陈事务,与告言人罪者不同,如系用财雇寄,于法亦无所枉,其受雇代递之人,应照“名例”以为从论,于本犯罪上减一等。计赃重者,按诈欺官私取财律,准窃盗赃科断。其受雇代递封章告言人罪之犯,计赃重者,仍照受财雇寄本例,以枉法从重论。应请一并添入例内,以便引用。合并陈明。

【1821】○修改

臣等谨按:嘉庆二十五年(1820)九月内,臣部遵旨酌议停发吉林、黑龙江遣犯案内,将极边烟瘴充军人犯在配遣人呈递封章、条陈事务一条,改发新疆给官兵为奴等因。奏准在案。应于例内修改明晰。谨将修改例文,开列于后。

一、发遣、军、流人犯,在配所遣人呈递封章,条陈事务者,无论所言有无可采,原犯军、流,加一等调发;原犯极边烟瘴充军者,发新疆给官兵为奴;原犯遣罪,在配用重枷枷号六个月。如因呈递封章,另犯应死罪名,仍各从其重者论。其受雇代递之人,照为从律减本犯罪一等,拟杖一百、徒三年。计赃重者,准窃盗赃科断。

【1825】6.24.357.(1)(略)

【1830】○修改

臣等谨按：道光六年(1826)十一月内，军机大臣会同臣部，议复直隶总督那彦成奏“调剂新疆遣犯”折内，请将军犯在配遣人呈递封章，条陈事务，无论所言有无可采，原犯极边烟瘴充军者，发新疆为奴一条，仍改发云贵两广极边烟瘴充军，到配加枷号三个月等因奏准，通行在案。例内发新疆及原犯遣罪之处应行修改。谨将修改例文，开列于后。

一、发遣、军、流人犯，在配所遣人呈递封章，条陈事务者，无论所言有无可采，原犯军、流，加一等调发；原犯极边烟瘴充军者，仍改发云贵两广极边烟瘴充军，在配加枷号三个月；原犯遣罪，改发云贵两广极边烟瘴充军，在配枷号三个月者，仍改发云贵两广极边烟瘴充军，在配用重枷再行枷号六个月。如因呈递封章，另犯应死罪名，仍各从其重者论。其受雇代递之人，照为从律减本犯罪一等，拟杖一百、徒三年。计赃重者，准窃盗赃科断。

【1845】○修复①

臣等谨查：此条例文，从前旧例内载：军犯在配遣人呈递封章，条陈事务，原犯极边烟瘴充军者，发新疆给官兵为奴等语。嗣于道光六年(1826)十一月内，据原任陕甘总督那彦成奏请调剂新疆遣犯，经军机大臣会同臣部，议将此项改为改发云贵两广极边烟瘴充军，奏准纂入例册在案。兹道光二十四年(1844)六月内，据升任贵州巡抚贺长龄奏请“调剂军犯章程”一折，复经军机大臣会同臣部，议请嗣后新疆遣犯各照旧发往等因具奏。奉上谕：“据军机大臣会同刑部议奏‘贵州军犯拥挤，酌减调剂’等语。新疆遣犯改发内地，恐人数众多，不特约束难周，且与民风大有关碍。非若新疆地方辽阔，外遣人犯易于安插。所有旧时改发内地各条，着仍照旧发往新疆，交该将军设法妥为安插。并严饬所属，认真查核，严加管束，毋令滋生事端，俾期积久无弊。余依议。钦此。”是新疆遣犯既应照旧发往，其军犯呈递封章，原犯烟瘴充军问发新疆之原例，现在犹存，足资引用。此条系属赘文，应行删除。

一、发遣、军、流人犯，在配所遣人呈递封章，条陈事务者，无论所言有无可采，原犯军、流，加一等调发；原犯极边烟瘴充军者，发新疆给官兵为奴；原犯遣罪，在配用重枷枷号六个月。如因呈递封章，另犯应死罪名，仍各从其重者论。其受雇代递之人，照为从律减本犯罪一等，拟杖一百、徒三年。计赃重者，准窃盗赃科断。

【1847】6.24.357.(1)(略)

伪造印信历日等/伪造印信时宪书等

律　文

【1646】6.24.381　伪造印信历日等 此伪造以雕刻之人为首，须令当官雕验。

---

① 《大清律例按语》作“删除”，系指删去本条道光五年(1825)修改条文，实为修复该条道光元年(1821)原文。

凡伪造诸衙门印信及历日、起船符验、夜巡铜牌、茶盐引者，为首雕刻，监候斩。为从者减一等，杖一百、流三千里。有能告捕者，官给赏银五十两。伪造关防印记者，为首杖一百、徒三年。告捕者，官给赏银三十两。为从及知情行用者，各减一等。各字承上二项而言。若造而未成者，首、从各又减一等。其当该官司知而听行，与同罪，不知者不坐。○印所重者文，若有篆而虽非铜铸，亦可以假诈行事。故形质相肖，而篆文俱全者，谓之伪造。惟有其质而文不全者，方谓之造而未成。至于全无形质，而惟描之于纸者，乃谓之描摸也。

【1670】6.24.380 伪造印信历日等此伪造以雕刻之人为首，须令当官雕验。

凡伪造诸衙门印信及历日、起船符验、夜巡铜牌、茶盐引者，为首雕刻，斩。监候。为从者减一等，杖一百、流三千里。有能告捕者，官给赏银五十两。伪造关防印记者，为首杖一百、徒三年。告捕者，官给赏银三十两。为从及知情行用者，各减一等。各字承上二项而言。若造而未成者，首、从各又减一等。其当该官司知而听行，与同罪，不知者不坐。○印所重者文，若有篆而虽非铜铸，亦可以假诈行事。故形质相肖，而篆文俱全者，谓之伪造。惟有其质而文不全者，方谓之造而未成。至于全无形质，而惟描之于纸者，乃谓之描摸也。

【1725】○修改

原拟：今无铜牌，应删去“夜巡铜牌”字。“符验”上，应增“起马”字。

臣等谨按（按语与雍正三年律后总注同，略）。

【1725】6.24.368 伪造印信历日等此伪造以雕刻之人为首，须令当官雕验。

凡伪造诸衙门印信及历日、起船、起马、符验、茶盐引者，为首雕刻斩。监候。为从者减一等，杖一百、流三千里。有能告捕者，官给赏银五十两。伪造关防印记者，为首杖一百、徒三年。告捕者，官给赏银三十两。为从及知情行用者，各减一等。各字承上二项而言。若造而未成者，首、从各又减一等。其当该官司知而听行，与同罪，不知者不坐。○印所重者文，若有篆文，虽非铜铸，亦可以假诈行事。故形质相肖，而篆文俱全者，谓之伪造。惟有其质而文不全者，方谓之造而未成。至于全无形质，而惟描之于纸者，乃谓之描摸也。

注：此严假造印信、关防以行私之罪也。符验，即兵部火牌、勘合。凡内外诸衙门印信，及钦天监印信、历日，兵部印信、勘合、火牌，户部印信、茶盐引，皆政令、财用所关。伪造者，为首雕刻之人，坐斩监候。有能告捕者，官给赏银五十两。伪造关防印记者，较印信稍轻，为首坐满徒。告捕者，官给赏银三十两。伪造印信等项，为从及知情行用之人，各减为首斩罪一等；伪造关防印记，为从及知情行用之人，各减为首满徒一等。若伪造印信等项未成者，为首减一等，杖一百、流三千里；为从又减一等，杖一百、徒三年。伪造关防印记未成者，为首减一等，杖九十、徒二年半；为从又减一等，杖八十、徒二年。故曰“各又减一等”。其当该官司知伪造之情，而听从施行者，与为首之犯人同罪，至死减一等，不知者不坐。再伪造以雕刻之人为首，虽尊长使令卑幼，亦以卑幼为首，尊长以知情行用论。

【1740】6.24.358　伪造印信时宪书等此伪造以雕刻之人为首，须令当官雕验。

凡伪造诸衙门印信及时宪书、起船、起马符验、茶盐引者，为首雕刻斩。监候。为从者减一等，杖一百、流三千里。有能告捕者，官给赏银五十两。伪造关防印记者，为首杖一百、徒三年。告捕者，官给赏银三十两。为从及知情行用者，各减一等。各字承上二项而言。若造而未成者，首、从各又减一等。其当该官司知而听行，与同罪，不知者不坐。〇印所重者文，若有篆文，虽非铜铸，亦可以假诈行事。故形质相肖，而篆文俱全者，谓之伪造。惟有其质而文不全者，方谓之造而未成。至于全无形质，而惟描之于纸者，乃谓之描摸也。

【1767】〇修改

臣等谨按：此条律目，原注有"此伪造以雕刻之人为首，须令当官雕验"二语。查乾隆二十五年(1760)定例，他人代为雕刻，审系同谋分赃者，将起意之人与雕刻之人并拟斩监候。若仅受些微价值，代为私雕，并无同谋分赃情事者，以起意之人为首，雕刻之人为从。现在遵行。拟合将律目原注"此伪造以雕刻之人为首，须令当官雕验"两句删去。

【1768】6.24.358　伪造印信时宪书等（略）

附律条例

【1646】6.24.381.（1）

一、凡盗用总督、巡抚、审录、勘事、提学、兵备、屯田、水利等官钦给关防，俱照各官本衙门印信拟罪。若盗及弃毁、伪造，悉与印信同科。

【1670】6.24.380.（1）（略）

【1725】6.24.368.（2）【原例】（略）

【1740】〇修改

臣等谨按：此条系前代原例，审录、勘事俱旧时名目，今无此项官衔，应删。谨将删辑例文，开列于后。

一、凡盗用总督、巡抚、提学、兵备、屯田、水利等官钦给关防，俱照各官本衙门印信拟罪。若盗及弃毁、伪造，悉与印信同科。

【1740】6.24.358.（2）（略）

【1646】6.24.381.（2）

一、凡描模印信行使，诓骗财物，犯该徒罪以上者，问发边卫，永远充军。

【1670】6.24.380.（2）（略）①

【1646】6.24.381.（3）

一、伪造并盗用通政使司关防印记，及伪印工部批回卖放人匠者，俱问罪，于本

① 此条不见于雍正三年(1725)《大清律集解附例》。

衙门首枷号三个月发落。

谨案:此条系原例。雍正三年(1725)奏准,今伪造通政司印信,与各衙门同;工部匠役皆雇募,无卖放之事,此条删。

【1670】6.24.380.(3)(略)

【1725】○删除

原拟:今通政使司印信与诸衙门同,伪造诸衙门印信者,拟斩。其盗用拟徒之处,正律亦已载明。又今工部应用各项匠役,俱系给价雇募,既无各处解送之例,则无伪印工部批回卖放人匠之事。此条拟删。

【1646】6.24.381.(4)

一、起解军士,捏买伪印批回者,除真犯死罪外,解人发附近,军士调边卫,原系边卫者,调极边卫,各充军。

谨案:此条系原例。雍正三年(1725)奏准,今无起解军士之事,此条删。

【1670】6.24.380.(4)(略)

【1725】○删除

原拟:起解军士,系明时勾军补伍之例,今已不行。其起解军、流等犯,如有故纵、失脱及捏买伪印批回,自应照律拟罪。此条拟删。

【1725】6.24.368.(1)

【钦定例】一、刑部议复广东化州民林邦瑜等伪造茂名县印信一案,奉旨:"刑部议将伪造印信之林邦瑜拟斩立决。查此案内,苏文韬用假印偷卖米票,同伙三人共得钱三千一百文,为数无多,非假印得官及大干法纪者可比。从前只议定假印立斩之条,至于作弊之事有大小、所犯之罪有轻重,未曾详细分别,尚未允协。着另行定议具奏。钦此。"钦遵。又经刑部议复,查雍正元年(1723)七月内定例"凡伪造各部院衙门印信,为首雕刻者,拟斩立决;为从者,拟绞监候。伪造关防、印记,为首者,发宁古塔给披甲之人为奴;为从及知情行用者,各减一等。造而未成者,各又减一等。凡描摸印信行使,诓骗财物,犯该徒罪以上者,发极边卫永远充军,遇赦不准援宥"等语,请嗣后凡有伪造诸衙门印信及钦给关防,事关军机、冒支钱粮、假冒官职、大干法纪者,俱仍照定例拟斩立决;为从者,拟绞监候。若非关军机、钱粮、假官等弊,止图诓骗财物,为数多者,俱照律拟斩监候;为从者,杖一百、流三千里。若诓骗财物为数无多,银不及十两,钱不及十千者,为首雕刻者,杖一百、流三千里;为从及知情行用者,各减一等。其伪造关防、印记诓骗财物,为数多者,将为首雕刻之人,照例发宁古塔给披甲人为奴。若为数无多,为首者仍照律徒三年;为从及知情行用者,各减一等。其造而未行者,又各减一等。若描摸印信行使,诓骗财物,犯该徒罪以上者,问发边卫永远充军。其为数无多,犯该徒罪以下者,各计赃以次递减等因。奉旨:

“依议。”

【1740】○修改

臣等谨按:此系刑部遵旨议复之条款,另应删节,纂为定例。查发宁古塔给披甲人为奴,今已分别改遣,应照现行例酌发云贵川广烟瘴少轻地方。至永远充军之例,业经停止,应照现行例改为边远充军。再刑部原议内系称造而未成,前次编纂误刊为“未行”字样,仍宜照旧改正。又先据江西按察使凌燽条奏,描摸印信诓骗财物,计赃准窃盗论,五十两以上应问徒者,即坐以军罪。其赃在五十两以下,例所谓以次递减者,应照流减徒之例,四十两,杖一百、徒三年;三十两,杖九十、徒二年半,以次递减。至一两以下,杖六十、徒一年。不得财者,坐以杖一百。请增注明晰,以免歧误等语。应如所奏增入。谨将改辑、增注例文,开列于后。

一、凡有伪造诸衙门印信及钦给关防,事关军机,冒支钱粮,假冒官职,大干法纪者,俱拟斩立决,为从者拟绞监候。若非关军机、钱粮、假官等弊,止图诓骗财物,为数多者,俱照律拟斩监候,为从者杖一百、流三千里。若诓骗财物,为数无多,银不及十两,钱不及十千者,为首雕刻者,杖一百、流三千里;为从及知情行用者,各减一等。其伪造关防印记,诓骗财物,为数多者,将为首雕刻之人,发云贵川广烟瘴少轻地方;若为数无多,为首者,仍照律徒三年;为从及知情行用者,各减一等。其造而未成者,又各减一等。若描摹印信行使,诓骗财物,犯该徒罪以上者,问发边远充军。其为数无多,犯该徒罪以下者,各计赃,以次递减。四十两,杖一百、徒三年;三十两,杖九十、徒二年半;二十两,杖八十、徒二年;一十两,杖七十、徒一年半;一两以下,杖六十、徒一年。不得财者,罪止杖一百。

【1740】6.24.358.(1)(略)

【1768】6.24.358.(1)

一、凡有伪造诸衙门印信及钦给关防,事关军机,冒支钱粮,假冒官职,大干法纪者,俱拟斩立决,为从者拟绞监候。若非关军机、钱粮、假官等弊,止图诓骗财物,为数多者,俱照律拟斩监候,为从者杖一百、流三千里。若诓骗财物,为数无多,银不及十两,钱不及十千者,为首雕刻者,杖一百、流三千里;为从及知情行用者,各减一等。其伪造关防印记,诓骗财物,为数多者,将为首雕刻之人,发云贵两广烟瘴少轻地方;若为数无多,为首者,仍照律徒三年;为从及知情行用者,各减一等。其造而未成者,又各减一等。若描摹印信行使,诓骗财物,犯该徒罪以上者,问发边远充军。其为数无多,犯该徒罪以下者,各计赃,以次递减。四十两,杖一百、徒三年;三十两,杖九十、徒二年半;二十两,杖八十、徒二年;一十两,杖七十、徒一年半;一两以下,杖六十、徒一年。不得财者,罪止杖一百。

*【1725】○增入①

臣等谨按：雍正元年(1723)七月内，九卿会复伪造假印事理，谨拟节录于后。

【续增现行例】一、凡伪造各部院衙门印信，为首雕刻者，拟斩立决；为从者，拟绞监候。伪造关防、印记，为首者，发宁古塔给披甲人为奴；为从及知情行用者，各减一等。造而未成者，各又减一等。凡描摸印信行使，诓骗财物，犯该徒罪以上者，发极边卫分永远充军。虽遇赦，均不准援宥。

【1725】6.24.368.(1)(略)

【1740】○删除

一、伪造假印，私收钱粮，积年行使，数满一百两以上者，为首之人，拟斩立决、枭示，其余仍照例治罪。如有代为藏匿印票，不行销毁者，照伪造假银为从例治罪。

此条系雍正七年(1729)定例。查侵盗钱粮，已统括于监守自盗、常人盗律内，此专为清查江南积欠钱粮，一时严惩积蠹而设，原非永为成例，毋庸纂入。

【1740】○增入

一、凡各衙门吏役，伪造本官印信，诓骗财物，除自己雕刻者，仍照律定拟外，其倩人雕刻，银不及十两、钱不及十千者，俱杖一百、流三千里；若银钱在十两、十千以外，俱问发云贵川广烟瘴少轻地方；其银数至五十两以上，拟绞监候。余人仍照旧例科断。

此系雍正十一年(1733)定例。原议内银数"至五十两以上，照枉法赃应流二千里者，俱拟绞监候"等语。查枉法赃四十五两，流二千里；五十两，流二千五百里；五十五两，流三千里。有禄人八十两、无禄人一百二十两，绞。并无"五十两以上流二千里者，俱拟绞"之例、"照枉法赃"等字样，今删。

【1740】6.24.358.(3)(略)

【1767】○删除

臣等谨按，此条例系雍正十一年(1733)定例。查新例平人私雕印信，诓骗银钱在十两、十千以外，统照律问拟斩候。雕刻之人，但同谋分赃，亦与起意之人一同问拟。并无分别十两、十千以外，至五十两以上，止拟充军、绞候之例。吏役有犯，不能反从轻典。此条业已不行，应删。

【1740】○增入

一、图利小贩，照官板式样翻刻时宪书发卖，用黄丹涂饰印信之状，并无雕刻、描

---

① 此条见于《大清律例按语》第24卷"刑律·诈伪·伪造印信历日等"(雍正三年)条下，为雍正五年(1727)刑部遵旨议准条例【1725】6.24.368.(1)条取代，雍正三年《大清律集解附例》不载。

摸篆文者，依伪造诸衙门印信止图诓骗财物为数无多者为首杖流、为从减等例，分别治罪。

此条先据升任太常寺少卿唐绥祖条奏，“乡僻愚民，每因官刻时宪书不能遍及，遂有图利小贩，照官板翻刻发卖，每本不过小钱十数文。恐无印信，难以哄骗，遂杂用黄丹涂饰印信于上，并无篆文。既非雕刻，亦非描摸，正与伪造诸衙门印信，止图诓骗财物，为数无多，银不及十两、钱不及十千者相等。今概以私造拟绞，似觉过当，宜酌议”等语。应如所奏，照为首杖流、为从减等例分别治罪，增入条例。

【1740】6.24.358.（4）（略）

【1751】○删除

臣等谨按：此条因律载伪造时宪书者斩监候，故为翻刻另立拟流之例。但查乾隆九年（1744）二月内臣部折奏，宪书为天王正朔，若有伪造，不但干支错误，不便于民，且不敬莫大于是，是以法令至重。若将照官板翻刻，用黄丹涂饰印信者，一概拟流，是不论其是否伪造，止论其曾否雕刻钦天监印信拟罪矣。查定例内开“钦天监及各省布政司照例刊刻，听匠役刷印价卖，以便民用”等语，则宪书例得翻刻，不须本监原印明甚。请嗣后如有伪造时宪书，与本文绝不相同者，仍依例科断。其照依官板翻刻拟流之例，删除不用等因奏准，钦遵在案。此条既经奏明不用，应遵照删除。

【1761】○续纂

一、起意伪造假印，除自行雕刻者，仍照律拟斩监候外，其有他人代为雕刻，审系同谋分赃者，将起意之人与雕刻之人，并拟斩监候，为从者减等拟流。若仅受些微价值，代为私雕，并无同谋分赃情事者，以起意之人为首，雕刻之人为从。其诓骗财物，银不及十两、钱不及十千，罪应拟流者，亦将雕刻之人审明是否同谋分赃，分别首从办理。

此条系乾隆二十五年（1760）三月西安按察使、觉罗阿永阿条奏定例。

【1768】6.24.358.（3）（略）

【1801】○修改

臣等谨按：此条系乾隆二十六年（1761）定例。查律载伪造诸衙门印信者，为首雕刻者斩监候；为从者减一等；未成者又各减一等。律意只分已成、未成，不论赃数。惟查雍正六年（1728）定例，凡有伪造诸衙门印信，诓骗财物数多，为首者照律拟斩监候，为从者杖流。若为数无多，银不及十两、钱不及十千，为首雕刻者杖一百、流三千里，为从减一等。是雕刻已成，分别赃数治罪，未便概依律拟斩候，例内已有专条。此条例内，首段并未分别赃数，概将为首雕刻者问拟斩候，与现行之例不符，应行修改。再查伪造印信，分别轻重罪名，例内各有明文。此条系将起意、伪造、自行雕刻，或代人雕刻而同谋分赃，及代人雕刻并未同谋分赃，分别首、从定拟，毋庸将斩、流罪名叙入，致滋牵混。谨将修改例文，开列于后。

一、伪造假印之案，如起意者自行雕刻，或他人同谋分赃，代为雕刻者，将起意之人与雕刻之人并以为首论。案内为从者,减一等。若仅受些微价值,代为私雕,并无同谋、分赃情事者,以起意之人为首,雕刻之人为从,与案内为从者并减首犯罪一等。

【1802】6.24.358.(3)(略)

【1821】○续纂

一、伪造印信之案,如假印形质已具、篆文字体已成,仅止笔画少缺,但经行用得财,为数多者,分别首从,拟以斩候、满流。即为数无多,亦分别首、从,照例拟以流、徒。甫经雕刻,尚未行用者,各减得财一等。若篆文笔画,实未齐全,又未诓骗得财,方以造而未成科断。其伪造关防印记者,亦照此分别首从,各按本例办理。

臣等谨按:嘉庆二十二年(1817)七月内,臣部议复前任河南巡抚巴哈布奏"请严私雕假印之罪,以惩奸蠹等因"折内,议请嗣后伪造印信之案,如假印形质已具,篆文字体已成,仅止笔画少缺,但经行用得财,为数多者,分别首、从,拟以斩候、满流。即为数无多,亦分别首、从,照例拟以流、徒。甫经雕刻,尚未行用者,各减得财一等。若篆文笔画实未齐全,又未诓骗得财,方以造而未成科断。其伪造关防、印记者,亦照此分别首、从,各按本例办理等因,奏准在案。应纂辑为例,以便引用。

【1825】6.24.358.(4)(略)

私铸铜钱

律　文

【1646】6.24.382

凡私铸铜钱者,监候绞;匠人罪同。为从及知情买使者,各减一等。告捕者,官给赏银五十两。里长知而不首者,杖一百,不知者不坐。○若将时用铜钱剪错薄小,取铜以求利者,杖一百。○若以铜、铁、水银伪造金银者,杖一百、徒三年。为从及知情买使者,各减一等。金银成色不足,非系假造,不用此律。

【1670】6.24.381

凡私铸铜钱者,绞;监候。匠人罪同。为从及知情买使者,各减一等。告捕者,官给赏银五十两。里长知而不首者,杖一百,不知者不坐。○若将时用铜钱剪错薄小,取铜以求利者,杖一百。○若以铜、铁、水银伪造金银者,杖一百、徒三年。为从及知情买使者,各减一等。金银成色不足,非系假造,不用此律。

【1725】6.24.369

律文(略)

注:此禁私铸罔利,以重国宝也。鼓铸之事,权出于上,非民间所得私擅。凡私铸铜钱,为首者坐绞监候,铸钱之匠人罪同,为从及知情买使者各减罪一等。有能告

捕者,官给赏银五十两。里长知而不首者,杖一百,不知者不坐。若将时用制钱剪错薄小,取铜以求利者,亦杖一百。若以铜、铁、水银伪造金银者,杖一百、徒三年。为从及知情买使者,各减一等。盖伪造恶其罔民,私铸恶其乱法,故科罪各有差等也。

臣等谨按:此禁私铸罔利,以重国实也。鼓铸之事,权出于上,非民间所得私擅。首节言为首私铸及匠人与为从知情买使者之罪。告捕者,官给赏银五十两。里长知而不举首,坐满杖。二节言将官钱错薄取铜求利之罪。末节言以铜、钱、水银之类伪造金银,为首、为从及知情买使者之罪。

【1740】6.24.359(略)

附律条例

【1646】6.24.382.(1)

一、私铸铜钱为从者,问罪,用一百斤枷枷号一月,民、匠、舍余发附近充军,旗军调发边卫食粮差操。若贩卖行使者,亦枷号一月,照常发落。

【1670】6.24.381.(1)(略)

【1725】○删除

原拟:此条与正律及私铸为从之例,俱不相符,此条拟删。

【1646】6.24.382.(2)

一、伪造假银,及知情买使之人,俱问罪,于本地方枷号一个月发落。

【1670】6.24.381.(2)(略)

【1725】○删除

原拟:此条与正律及现行例俱不相符,此条拟删。

***【1680】6.24.211　刑部现行则例·诈伪·私铸钱**

一、私铸为首及匠人处斩,家产入官。为从及知悄买使者,立决处绞。卖钱经纪、铺户与贩搀和私钱者,责匾十板枷号一个月流徙尚阳堡。在凉总甲,在外各乡村、十家长、邻佑知私铸而不拿获举首者,俱照为首者处斩,家产入官。若不知者,责四十板枷号一个月徒一年。傍人告捕私铸者,审实,内则该部、外则地方官赏给银五十两。明季废钱不许搀入旧钱之内,旧钱不许搀入新钱之内,如有故违搀和行使者,系民责四十板枷号一个月,系旗下人鞭一百枷号一个月。有能举首者,审实,将贸易之钱内有禁止不使旧废钱入部,其好钱全给举首之人,此外,部中再赏银十两。该管地方官知情任其私铸者,亦照为首者处斩,家产入官。若不知者,交与该部。在内五城坊官,在外州、县卫所各官,如该地方经纪、铺户贩卖搀和者,该州、县不能觉察,或系上司查出、或被别地方人告发一起以上者,交与该部掌印兵马司并各省知府、直隶知州。若不能觉察一起以上者,交与该部。司、道各官不能觉察二起以上者,交与该部。知府以下或捕盗同知通判,州、县下吏目、典史有捕盗责任者,其罪各照掌印官例。盐运司、盐运使照司、道例。分司照知府例。盐场大使照典史例。若营伍内有私铸贩卖等弊,千总、守备、都司各官俱照州、县例,游击、参将、副将照司、道例。在内责成国御史、在外责成该抚严加察访,如有私铸及经纪、铺户贩卖私钱者,系何官失于觉察,即指名题参,照例议处。若五城御史、各该抚不实力奉行,怠玩不行查出者,科、道指参,交与该部。其内外各铸钱官员务期照式鼓铸、磨鑢精工,若不合式,轻小者,指参交与该部。

【1725】○增入

原拟:现行例内有私铸铜钱例五条,伪造假银例一条,俱应纂入。

【现行例】一、凡私铸铜钱,为首者及匠人,皆斩立决,家产入官;为从及知情买使者,皆绞立决。在京总甲、在外乡村十家长,知情不首者,俱照为首例立斩,家产入官;不知者,枷号一个月,徒二年。该管地方文武各官知情故纵者,皆斩立决,家产入官;不知者,交该部议处。旁人告捕者,官给赏银五十两。其该管各上司官,俱按起数,交该部分别议处。其从别省车船装载私贩者,盘获之人,官给赏银十两。

【1725】6.24.369.(1)

【原例】一、私铸为首及匠人,斩决,家产入官;为从及知情买使者,绞决。房主及邻佑、总甲、十家长,知私铸而不拿获举首者,俱照为从例绞决;不知情者,系旗人鞭一百,系民杖一百,系官降一级留任。该地方官知情任其私铸者,亦照为首例斩决,家产入官;不知情者,与该管各上司,俱交部分别议处。旁人告捕私铸审实者,官给赏银五十两。官船户夹带私钱者,枷号两个月、杖一百,流徙尚阳堡。照例改发辽阳安插。同船之人,知情不举首者,枷号一个月,杖一百、徒二年。押船官知情任其夹带者,革职;不知情者,降三级调用。

【1740】○修改

臣等谨按:地方官知情任其私铸,究与为首本犯有间,拟以斩决,家产入官,似觉过重,应改。后段官船户夹带私钱,流徙尚阳堡。查小注内"照例改发辽阳安插",既有改发之例,其"流徙尚阳堡"之处应删。谨将改删例文,开列于后。

一、私铸为首及匠人,斩决,家产入官;为从及知情买使者,绞决。房主及邻佑、总甲、十家长,知私铸而不拿获举首者,俱照为从例绞决;不知情者,系旗人鞭一百,系民杖一百,系官降一级留任。该地方官知情任其私铸者,拟斩监候;不知情者,与该管各上司俱交部分别议处。旁人告捕私铸审实者,官给赏银五十两。官船户夹带私钱者,枷号两个月,杖一百,发辽阳安插。同船之人知情不举首告,枷号一个月,杖一百、徒二年。押船官知情任其夹带者,革职;不知情者,降三级调用。

【1740】6.24.359.(1)[1]

一、私铸为首及匠人,斩决,家产入官;为从及知情买使者,绞决。房主及邻佑、总甲、十家长,知私铸而不拿获举首者,俱照为从例绞决;不知情者,系旗人鞭一百,系民杖一百,系官降一级留任。该地方官知情任其私铸者,拟斩监候;不知情者,与该管各上司俱交部分别议处。旁人告捕私铸审实者,官给赏银五十两。官船户夹带私钱者,枷号两个月,杖一百,流三千里。同船之人知情不举首者,枷号一个月,杖一百、徒二年。押船官知情任其夹带者,革职;不知情者,降三级调用。

【1725】○增入

原拟:现行例内有私铸铜钱例五条,伪造假银例一条,俱应纂入。

【现行例】一、凡卖钱经纪、铺户,兴贩搀和私钱者,枷号两个月,流徙尚阳堡。在内五城坊官,在外州县、卫所各官,不能觉察者,交该部议处。其该管各上司官,亦交该部分别议处。

【1725】6.24.369.(7)

【增例】一、凡经纪、铺户人等,搀和私钱行使者,或被该管官员查拿,或被旁人首告,不论钱数多寡,俱发黑龙江披甲人为奴。

【1740】○修改

臣等谨按:此条内发黑龙江给披甲人为奴之处,应照现行例删改。谨将改辑例文,开列于后。

一、凡经纪、铺户人等,搀和私钱行使者,或被该管官员查拿,或被旁人首告,不论钱数多寡,俱问发云贵川广烟瘴少轻地方。

【1740】6.24.359.(8)

一、凡经纪、铺户人等,搀和私钱行使者,或被该管官员查拿,或被旁人首告,不论钱数多寡,应发黑龙江给穷披甲之人为奴,照“名例”改发云贵川广烟瘴少轻地方。

【1768】6.24.359.(4)(略)

【1790】6.24.359.(5)(略)

【1801】○修改

臣等谨按:此条系雍正五年(1727)定例,嗣于乾隆六十年(1795),湖北省“拿获贩卖小钱之王和茂等,照例拟发云贵两广充军”案内,钦奉上谕:“云、贵为小钱渊薮,若复发往,使其在小钱最多之地,更便于作奸。王和茂等均着发往回城为奴。钦此。”又嘉庆二年(1797),湖南省“拿获刘耀祖兑换小钱,拟发回城”案内,经臣部以现经办事大臣、觉罗长麟奏,应发回疆遣犯,改发伊犁等处为奴。是回疆遣犯业已过多,未便再行发往。查搀

---

[1] 未见删除此条条例的相关按语。或因乾隆十六年(1751)续纂新例【1768】6.24.359.(11)条,删去此条。

和小钱行使应发云贵之例,原从黑龙江改发,将刘耀祖仍实发黑龙江为奴等因在案。此条改发云贵两广之处,应行节删。谨将修改例文,开列于后。

一、凡经纪、铺户人等,搀和私钱行使者,或被该管官员查拿,或被旁人首告,不论钱数多寡,发往黑龙江给披甲人为奴。

【1802】6.24.359.(5)(略)

【1814】○修改

【原例】【1802】6.24.359.(5)(略)【1790】6.24.359.(8)(略)

臣等谨按:嘉庆十八年(1813)七月内,臣部遵旨"调剂黑龙江等处遣犯"折内,请将经纪、铺户人等搀和行使,并旗下家奴用铜、铁、锡、铅药煮伪造假银二条,俱改发各省驻防给官员、兵丁为奴等因奏准,通行在案。例内发黑龙江为奴之处,应行修改。谨将修改例文,开列于后。

一、凡经纪、铺户人等,搀和私钱行使者,或被该管官员查拿,或被旁人首告,不论钱数多寡,发各省驻防给官员、兵丁为奴。

【1790】6.24.359.(8)条【1814】修改例文(略)

【1825】6.24.359.(5)(略)

【1852】○修并

【原例】【1825】6.24.359.(5)(略)、【1790】6.24.359.(6)(略)

谨案:咸丰元年(1851),因诸色人有犯私钱俱应治罪,未便专指经纪、铺户人等;且私钱、剪边钱,情无二致,未便强为区分,致罪名两歧,是以删改,并为一条。

一、拿获收买私钱及剪边钱,搀和行使并货卖之案,如收买、搀和、货卖,均在十千以上者,发各省驻防给官员兵丁为奴;收买在十千以上,搀和、货卖不及十千者,于遣罪上减一等,杖一百、徒三年;收买在十千以上,尚未搀和、货卖者,再减一等,杖九十、徒二年半;收买及搀和、货卖均不及十千者,枷号一个月,杖一百;收买不及十千,尚未搀和、货卖者,照不应重律杖八十。

【1870】6.24.359.(5)(略)

【1725】○增入

原拟:现行例内有私铸铜钱例五条,伪造假银例一条,俱应纂入。

【现行例】一、凡将前代废钱搀和行使者,不论钱数多寡,杖八十。

【1725】6.24.369.(2)

【增例】一、凡将前代废钱搀和行使者,不论钱数多寡,枷号一个月,杖一百。

【1740】6.24.359.(5)(略)

【1768】6.24.359.(3)(略)

【1772】○删除

臣等谨按:此条系禁止行用古钱治罪之例,乾隆三十七年(1772)五月内,据大学士、仍管两江总督高晋等奏请,凡奸徒假借前代古钱名色私铸、私贩者,按律治罪。其实系前代旧钱行之已久,应仍遵二十二年(1757)钦奉谕旨听从民便等因,奏准遵行。除私铸古钱治罪之处,现已纂入条例外,所有此条旧例,应请删除。

【1725】○增入

原拟:现行例内有私铸铜钱例五条,伪造假银例一条,俱应纂入。

【现行例】一、凡毁化制钱,铸造私钱者,犯人及失察各官,俱依私铸例治罪。

【1725】6.24.369.(3)

【增例】一、凡毁化制钱犯人及失察各官,俱依私铸例治罪。

【1740】6.24.359.(6)(略)[①]

【1725】○增入

臣等谨按:雍正元年(1723)七月内,九卿议复伪造假银,事理类于此律,谨拟节录于后。

【续增现行例】一、凡用铜、铁、锡、铅药煮伪造假银,不分旗、民,为首者,拟绞监候。为从及知情买使者,即在本地方枷号两个月,杖一百,系旗下另户,发黑龙江当差;系民及旗下家人,照例俱发黑龙江,给披甲人为奴。虽遇恩赦,不准援免。

【1725】6.24.369.(4)

【钦定例】(略)

【1740】○修改

臣等谨按:此条较伪造印信止图诓骗财物之犯,治罪稍重。先据升任甘肃巡抚德沛条奏,"请照从前所定原例内,若用铜、铁、锡、铅药煮伪造假银,或骗人行使发觉,为首者,系旗人另户,本地方枷号两个月,鞭一百,发黑龙江当差;系家人,枷号两个月,鞭一百,发黑龙江给披甲之人为奴;系民,枷号两个月,责四十板,发黑龙江与披甲人为奴,今照例民人酌发云贵川广烟瘴少轻地方。为从及知情买使者,系旗人,枷号一个月,流三千里,折枷号两个月、鞭一百;系民,枷号两个月,流三千里,至配所杖一百,折责四十板。如此量为末减,更为允协"等语,应如所奏,酌核改拟。再查恩赦诏书,俱系临时钦定,此条"虽遇恩赦,不准援免"二语,亦应删。谨将改删例文,开列于后。

一、凡用铜、铁、锡、铅药煮伪造假银,或骗人行使发觉,为首者,系旗人另户,枷号两个月,鞭一百,发黑龙江当差;系家人,枷号两个月,鞭一百,发黑龙江给披甲之人为奴;系民,枷号两个月,杖一百,发云贵川广烟瘴少轻地方。为从及知情买使者,系旗人,枷号一个月,流三千里,折枷号两个月。鞭一百;系民,枷号两个月,流三千里,至配所

① 未见删除此条条例的相关按语。或因乾隆十六年(1751)续纂新例【1768】6.24.359.(11)条,删去此条。

杖一百。

【1740】6.24.359.(12)(略)

【1768】6.24.359.(7)

一、凡用铜、铁、锡、铅药煮伪造假银,或骗人行使发觉,为首者,系旗人另户,枷号两个月,鞭一百,发黑龙江当差;系家人,枷号两个月,鞭一百,发黑龙江给披甲之人为奴;系民,枷号两个月,杖一百,发云贵两广烟瘴少轻地方。为从及知情买使者,系旗人,枷号一个月,流三千里,折枷号两个月。鞭一百;系民,枷号两个月,流三千里,至配所杖一百。

【1790】6.24.359.(8)(略)

【1814】○修改

修改按语见【1802】6.24.359.(5)条【1814】修改项下。

一、凡用铜、铁、锡、铅药煮伪造假银,或骗人行使发觉,为首者,系旗人另户,枷号两个月,鞭一百,发黑龙江当差;系家人,枷号两个月,鞭一百,发各省驻防给官员、兵丁为奴;系民,枷号两个月,杖一百,发云贵两广烟瘴少轻地方。为从及知情买使者,系旗人,枷号一个月,流三千里,折枷号两个月,鞭一百;系民,枷号两个月,流三千里,至配所杖一百。

【1825】○修改

臣等谨按:道光五年(1825)四月内,管理镶黄旗满洲都统英和等条奏"惩劝旗人"折内,声请嗣后旗人行使假银,销除旗档,照民人例,军、流一体问拟,不准折枷等因,奏准在案,现于"名例"内另纂专条。至旗下家奴犯军、流等罪发驻防为奴,"名例"亦载有明文。所有此条原例内旗人发黑龙江当差,为从拟流折枷,及旗下家人发驻防为奴之处,均应节删。谨将修改例文,开列于后。

一、凡用铜、铁、锡、铅药煮伪造假银,或骗人行使发觉,为首者,枷号两个月,杖一百,发云贵两广烟瘴少轻地方;为从及知情买使者,枷号两个月,流三千里,至配所杖一百。

【1825】6.24.359.(8)(略)

【1870】6.24.359.(7)(略)

【1725】○增入

臣等谨按:雍正元年(1723)十二月内,刑部会复销毁制钱,事例类于此律,谨拟节录于后。

【续增现行例】一、凡毁化小制钱,为首者,即在本处枷号两个月,杖一百,发三姓给披甲人为奴;为从,在本处枷号一个月,杖一百、流三千里。其该管地方官知情者,与同罪;不知者,交该部照私铸例议处。房主、邻佑,不分知情与否,亦照私铸例,枷号一个月,杖一百、徒三年。

【1725】6.24.369.(5)

【增例】一、凡毁化小制钱,为首者,即在本处枷号两个月,杖一百,发三姓地方给披甲之人为奴;为从,在本处枷号一个月,杖一百、流三千里。其该管地方官知情故纵者,与同罪;不知情者,交该部照例降三级调用。房主及邻佑知情不拿获举首者,照为从例治罪;不知情者,杖九十。

【1740】○修改

臣等谨按:此条原在伪造假银一条之后。查毁化制钱,应依类分叙,今特移入于此。再例内"为首者,发三姓地方给披甲人为奴"等语,查定例旗下家奴犯该发遣者,照例发往为奴。至民人平常发遣,现今酌发云贵川广烟瘴少轻地方,应照改。谨将改辑例文,开列于后。

一、凡毁化小制钱,为首者,即在本处枷号两个月,杖一百,发云贵川广烟瘴少轻地方;为从,在本处枷号一个月,杖一百,流三千里。该管地方官知情故纵者,与同罪;不知情者,交该部照例降三级调用。房主及邻佑知情不拿获举首者,照为从例治罪;不知情者,杖九十。

【1740】6.24.359.(7)

一、凡毁化小制钱,为首者,即在本处枷号两个月,杖一百,应发三姓地方给穷披甲之人为奴者,照"名例"改发云贵川广烟瘴少轻地方;为从,在本处枷号一个月,杖一百、流三千里。该管地方官知情故纵者,与同罪;不知情者,交该部照例降三级调用。房主及邻佑知情不拿获举首者,照为从例治罪;不知情者,杖九十。

【1756】○删除

臣等谨按:此条于乾隆二十一年(1756)闰九月内,臣部议复广西按察使梁翥鸿条奏,毁化制钱,无论大小,均照奏定毁化制钱例一体问拟,其旧例应请删除。

【1725】○增入

臣等谨按:雍正二年(1724)闰四月内,刑部议复倾造锡锞,事理类于此律,谨拟节录于后。

【续增现行例】一、凡倾造锡锞货卖者,在本地方枷号一个月,杖一百、流三千里。

【1725】6.24.369.(6)

【增例】一、凡倾造锡锞充假银货卖者,在本地方枷号一个月,杖一百、流三千里。

【1740】6.24.359.(13)(略)

【1756】○删除

臣等谨按:例文既曰锡锞,又曰假银,此不过市肆戏玩之物耳,何至坐以流罪。若有用药制造,充银货卖别情,则有伪造假银之例在,何必别立一例,此条似可删。

【1725】6.24.369.(8)

【增例】一、凡地方文武各官,务宜上下一心,严拿私铸。于山陬水滨人迹罕到,及居民繁庶人烟稠密处所,尤当差委妥练员役,不时察访查拿。

此条系雍正三年(1725)定例。

【1740】○修并

【原例】【1725】6.24.369.(8)(略)、【1725】6.24.369.(9)(略)

臣等谨按:以上二条,语意联络,应并为一条。"从重治罪"应改为"照例治罪","仍照旧例处分"应改为"照例处分"。并烦冗字句,亦应酌删。谨将删并例文,开列于后。

一、凡地方文武各官,严拿私铸,务于山陬水滨人迹罕到,及居民繁庶人烟稠密处所,并宜差委妥练员役,不时察访查拿。如遇有私铸之事,知情故纵者,应照例治罪外,其不知情者,从前虽漫无觉察,今但能拿获,不论年月远近,俱免其处分。文官拿获者,并免同城武职之处分;武弁拿获者,亦免同城文官之处分。交界之所,此县拿获,彼县亦免处分。至果能实心查拿者,不论本管地方及别州、县,准以拿获之多寡,交部量予议叙。若该地方官不加意缉拿,或系上司查出,或被旁人告发,俱仍照例处分。

【1740】6.24.359.(11)(略)

【1768】6.24.359.(6)(略)

【1790】6.24.359.(7)(略)

【1870】6.24.359.(6)(略)

【1725】6.24.369.(9)

【增例】一、地方官遇有私铸之事,知情故纵者,应从重治罪外,其不知情者,从前虽漫无觉察,今但能拿获,不论年月远近,俱免其处分。文官拿获者,并免同城武职之处分;武弁拿获者,亦免同城文官之处分。交界之所,此县拿获,彼县亦免处分。至果能实心查拿者,不论本管地方及别州、县,准以拿获之多寡,交部量予议叙。若该地方官仍前怠玩,不加意缉拿,或系上司查出,或被旁人告发,俱仍照旧例处分。

此条系雍正五年(1727)定例。

【1740】○修并

修并按语及修并后条例,见【1725】6.24.369.(8)条【1740】修并项下。

【1725】6.24.369.(10)

一、凡将银挖孔,倾入铜、铅等物,及用铜、铅等物,倾成锭锞,外用银皮包好,并铜、铅等物,每两内搀实银二三四五钱不等,伪造银使用者,均照以铜铁水银伪造金银律,分别首从拟徒。

此条系雍正五年(1727)定例。

【1740】6.24.359.(14)(略)

【1768】6.24.359.(8)(略)

【1790】6.24.359.(9)(略)

【1870】6.24.359.(8)(略)

【1725】○删除

原拟:现行例内有私铸铜钱例五条,伪造假银例一条,俱应纂入。

【原增现行例】一、凡伪造假银者,于本地方枷号两个月,杖一百,系旗下另户人,发黑龙江当差;系民及旗下家人,照例俱发黑龙江,给与穷披甲人为奴。其为从及知情买使者,枷号一个月,杖一百、流三千里。

臣等谨按:伪造假银另有定例,此条拟删。

*【1725】○增入①

原拟:现行例内有私铸铜钱例五条,伪造假银例一条,俱应纂入。

【原增现行例】一、凡官船户有夹带私钱者,照兴贩例治罪。同船之人不行拿首者,照总甲不知情例治罪。押船官员,分别知情、不知情,俱交该部议处。

【1740】○增入

一、拿获私铸之案,将各犯情由审明,照强盗例,分别法所难宥、情有可原,于疏内声明,三法司详加核复,将法所难宥者照例立决,情有可原者请旨发遣。如受些微雇值挑水、打炭、烧火,及停工散局之后,贪其价贱,偶为买使者,俱杖一百、流三千里。其有将空房别舍误借匪人,及有见闻,随即驱逐,未经首捕者,果系并未在场,亦非受贿容隐,杖六十、徒一年。如承审各官并不严究实情,或移轻就重,草率定案,或移重就轻,故为开脱,该督抚题参,照故出入律治罪。其上司各官,通同徇隐者,照例议处。

此条系雍正十一年(1733)定例,原议内有"将空房别舍误借匪人,及有见闻,随即驱逐,未经首捕者,果系并未在场,亦非受贿容隐,徒一年,枷号两个月,责四十板"等语。查徒一年,止应杖六十,谨将枷号二句删去,改为杖六十。

【1740】6.24.359.(2)(略)

【1751】○删除

谨案:此条雍正十一年(1733)定。嗣于乾隆十四年(1749),定有分别斩候、发遣新例,此条删。

---

① 此条见于《大清律例按语》第24卷"刑律·诈伪·私铸铜钱"(雍正三年)条下,雍正三年《大清律集解附例》不载。

【1740】○增入

一、方造私铸器具，尚未铸钱，被获审实者，将起意为首并同伙商谋之人，均照伪造印信未成为首律，杖一百、流三千里。其凑钱入伙，并房主、邻甲、十家长知情不拿首者，均照为从减一等律，杖一百、徒三年；房主、邻甲不知情者，不坐。如该地方官不实力访拿，别经发觉，交部议处。

此系雍正十三年(1735)定例。

【1740】6.24.359.(3)(略)

【1767】○修改

臣等谨按：此条原例内有私铸未成之"房主、邻佑人等，照为从减一等，杖一百、徒三年"等语。查乾隆二十四年(1759)湖北按察使沈作朋条奏，私铸未成之首犯，既得减已成一等，免死发遣，其私铸未成之邻、甲人等，应照私铸已成之房主、邻甲人知而不拿获举首满徒例减二等，杖八十、徒二年。另有定例开载于后。合将原例"房主、邻佑人等，杖一百、徒三年"之处删去。再原例内有"房主、邻甲不知情，不坐"一语，应归入下条房主、邻佑治罪例内，此处应删。

一、方造私铸器具，尚未铸钱，被获审实者，将起意为首并同伙商谋之人，均照伪造印信未成为首律，杖一百、流三千里。凑钱入伙者，照为从减一等律，杖一百、徒三年。该地方官不实力访拿，别经发觉，交部议处。

【1768】6.24.359.(1)(略)

【1788】○修并

修并按语及修并后条例，见【1768】6.24.359.(11)条【1788】修并项下。

【1740】○增入

一、拿获私铸，如本犯问拟斩、绞，其知情分利之同居父兄、叔伯与弟，减本犯罪一等，杖一百、流三千里。如本犯问拟发遣，亦减一等，杖一百、徒三年。虽经分利而实系并不知情者，照本犯之罪减二等发落。其父兄不能禁约者，杖一百。有能据实出首，准予免罪。本犯仍照律内得相容隐之亲属互相告言，各听如罪人本身自首法科断。

此条系雍正十三年(1735)定例。原拟内"同居之父兄、伯叔与弟实系知情而不分利者，照强盗同居之父兄伯叔等知情而不分赃例杖一百"等语，似与各例内亲属得相容隐之义不符。但纵容子弟为盗贻害地方，与听凭子弟私铸不能禁止，较之别项罪犯之父兄，情尤难恕，均为法所当惩。此条内亦照强盗条下，并改为"其父兄不能禁约者，杖一百"。

【1740】6.24.359.(4)(略)

【1768】6.24.359.(2)(略)

【1790】6.24.359.(4)(略)

【1740】〇增入

一、凡经纪、铺户人等,有收买剪边钱搀和货卖,数至十千以上者,照搀和私钱行使例治罪。其不及十千者,俱枷号一个月,杖一百。

此条系雍正十三年(1735)定例,原议内"数至十千以上者,照搀和私钱行使例治罪;不及十千者,杖一百、流三千里;一千文以上者,枷号一个月,杖一百"等语。查律内有将时用铜钱剪错薄小取铜以求利者,杖一百。此例但系收买,数不及十千者即拟满流,较剪错钱文之犯,科罪独重,今酌改。再原议内"其并无收买、货卖等情,或数止十文以上者,岁底交官"等语,事属琐屑,今俱删。

【1740】6.24.359.(9)(略)

【1768】6.24.359.(5)(略)

【1790】6.24.359.(6)(略)

【1852】〇修并

修并按语及修并后例文见【1825】6.24.359.(5)条【1852】修并项下。

【1740】〇增入

一、凡将大制钱剪边,打造烟袋等物货卖者,拿获之日,审明剪边器具、合伙之人、打造器皿确实有据者,剪边至十千文以上,为首之人照私铸律拟绞监候,为从杖一百、流三千里。如不及十千文,为首者照毁化小制钱例治罪,为从减一等。其房主、邻甲人等,知情不拿获举首者,俱照为从例拟断。一千文以下者,本犯枷号三个月,杖一百。该地方官并各上司不行查拿,俱交部分别议处。

此条系雍正十三年(1735)定例。

【1740】6.24.359.(10)(略)

【1767】〇删除

臣等谨按:奸民将制钱剪边图利,新例照私销例,分别首、从,拟以斩决、绞决。此例分别钱数定拟绞候、满流之处,系属旧例,业已不行。应删。

【1743】〇续纂

一、私铸案内,如系无字砂壳小钱,为首及匠人均拟斩监候。其例应绞决者,改为分别发遣;应发遣者,改为满流;流罪以下,依次递减一等。①

此条系乾隆六年(1741)五月,臣部议复御史杨朝鼎条奏定例。

---

① 此条乾隆八年(1743)《大清律续纂条例》不载,亦未见删除此条条例的相关按语。或因乾隆十六年(1751)续纂新例【1768】6.24.359.(11)条,删去此条。

【1746】○续纂

一、私铸铅钱，为首及匠人，俱拟绞监候；为从及知情买使者，各减一等。里长知而不首者，杖一百，不知者不坐。

臣等谨按：此条系乾隆八年（1743）四月内，臣部议复调任闽浙总督那苏图条奏定例，应纂辑以便遵行。

【1767】○修改

臣等谨按：此条原例有"里长知而不首，杖一百，不知者不坐"等语。查乾隆二十五年（1760）广东按察使来朝条奏，私铸铅钱十千以上之房主、邻佑、总甲、十家长等，知而不首，杖八十、徒二年；失察者，杖八十。另有定例，载入例册遵行。拟合将原例内"里长知而不首，杖一百，不知者不坐"二语删去。

一、私造铅钱，为首及匠人，俱拟绞监候；为从及知情买使者，各减一等。

【1768】6.24.359.（9）（略）

【1788】○修并

【原例】【1768】6.24.359.（9）（略）、【1768】6.24.359.（10）（略）、【1768】6.24.359.（15）（略）

臣等谨按：以上三条，皆系私造铅钱案内，首、从各犯，并知情买使，及房主人等知而不首，分别治罪之例，似应并为一条，以归简易。又"照免死减等例"一句，私铸铜钱例内业已声明删去，此处亦拟删除。再查私铸铜钱未成之案，向照伪造印信未成为首律，杖一百、流三千里。然转辗比附，莫若明增入例，以昭核实。今将修并增辑例文，开列于后。

一、凡私铸铅钱，如有伙党鸠工，大炉广铸，至十千文以上者，为首及匠人，俱拟绞监候；为从及知情买使者，各减一等，杖一百、流三千里；房主、邻佑、总甲、十家长等知而不首者，俱杖八十、徒二年。其熔化些须铅斤，铸钱不及十千者，为首及匠人，俱发黑龙江等处给披甲人为奴；为从及知情买使，并房主人等知而不首，各依次递减。若房主人等仅止失于查察者，俱杖八十。至私铸铅钱未成，将起意为首之犯，杖一百、流三千里；为从及房主人等，仍各依次递减科断。

【1790】6.24.359.（3）（略）

【1821】○修改

修改按语，见【1790】6.24.359.（1）条【1821】修改项下。

一、凡私铸铅钱，如有伙党鸠工，大炉广铸，至十千文以上者，为首及匠人，俱拟绞监候；为从及知情买使者，各减一等，杖一百、流三千里；房主、邻佑、总甲、十家长等知而不首者，俱杖八十、徒二年。其熔化些须铅斤，铸钱不及十千者，为首及匠人，俱发新疆给官兵为奴；为从及知情买使，并房主人等知而不首，各依次递减。若房主人等仅止失于查察者，俱杖八十。至私铸铅钱未成，将起意为首之犯，杖一百、流三千里；为从及房主人等，仍各依次递减科断。

【1825】6.24.359.（3）

【1830】○修改

臣等谨按:道光六年(1826)十一月内,军机大臣会同臣部,议复直隶总督那彦成奏"调剂新疆遣犯"折内,请将私铸铅钱不及十千,为首及匠人发新疆为奴一条,改发极边足四千里充军等因奏准,通行在案。例内发新疆之处,应行修改。谨将修改例文,开列于后。

一、凡私铸铅钱,如有伙党鸠工,大炉广铸,至十千文以上者,为首及匠人,俱拟绞监候;为从及知情买使者,各减一等,杖一百、流三千里;房主、邻佑、总甲、十家长等知而不首者,俱杖八十、徒二年。其熔化些须铅斤,铸钱不及十千者,为首及匠人,俱改发极边足四千里充军;为从及知情买使,并房主人等知而不首,各依次递减。若房主人等仅止失于查察者,俱杖八十。至私铸铅钱未成,将起意为首之犯,杖一百、流三千里;为从及房主人等,仍各依次递减科断。

【1835】○修改

臣等谨按:道光十二年(1832)十一月内,据升任江西道监察御史金应麟奏"请修改删易刑例"一折内,称"私铸铅钱不及十千,房主人等知而不首,各依次递减;若房主人等失于觉察者,俱杖八十。未成,为从及房主人等,仍各依次递减科断。查未成之案,房主人等,仅止失于查察,应否减为杖七十,或照私铸铜钱未成之例,不知情不坐,似应补出"等语。经臣部查私铸铅钱之例,系仿照私铸铜钱之例纂定。而罪名则微有等差者,盖因私铸铅钱,其情较私铸铜钱稍轻,故其罪亦难与私铸铜钱并论。惟查私铸铜钱例内,未成之房主人等,不知情者不坐;而私铸铅钱例内,只言未成为从及房主人等,仍各依次递减科断,并无不知情者不坐之文。若因例内未经载明,遽将私铸未成,失于查察之房主,于杖八十上递减科断,是较之私铸铜钱之案办理转重,不足以示持平,自应将例文酌加修改。议请于例内"未成,为从及房主人等"之下,添入"知而不首"四字;于"递减科断"之下,添入"不知情者不坐"六字等因具奏,奉旨允准通行,遵照在案。应于私铸铅钱例内,修改明晰。谨将修改例文,开列于后。

一、凡私铸铅钱,如有伙党鸠工,大炉广铸,至十千文以上者,为首及匠人,俱拟绞监候;为从及知情买使者,各减一等,杖一百、流三千里;房主、邻佑、总甲、十家长等知而不首者,俱杖八十、徒二年。其熔化些须铅斤,铸钱不及十千者,为首及匠人,俱改发极边足四千里充军;为从及知情买使,并房主人等知而不首,各依次递减。若房主人等仅止失于查察者,俱杖八十。至私铸铅钱未成,将起意为首之犯,杖一百、流三千里;为从及房主人等知而不首,仍各依次递减科断,不知情者不坐。

【1845】○修改

臣等谨按:此条例文,从前旧例内载,"私铸铅钱不及十千,为首及匠人,俱发新疆给官兵为奴"等语。嗣于道光六年(1826),据原任陕甘总督那彦成奏请调剂新疆遣犯,经军机大臣会同臣部,议将此项改发极边足四千里充军奏准,纂入例册在案。兹道光二十四年(1844)六月内,据升任贵州巡抚贺长龄奏请"调剂军犯章程"一折,复经军机大臣会同臣部,议请嗣后新疆遣犯,各照旧发往等因具奏。奉上谕:"据军机大臣会同刑部议奏'贵州军犯拥挤,酌减调剂'等语。新疆遣犯改发内地,恐人数众多,不特约束难周,且与民风大有关碍。非若新疆地方辽阔,外遣人犯易于安插。所有旧时改发内地各条,着仍照旧发往新疆,交该将军设法妥为安插。并严饬所属,认真查核,严加管束,毋令滋生事端,俾期积久无弊。余依议。钦此。"是新疆人犯,既应照旧发往,自应仍循旧例。惟旧例末节,仅称"房主人等,仍各依次递减科断",并无知情、不知情之分。前据前任御史金应麟以私铸铜钱例内"房主人等,不知情不坐"之语。此私铸铅钱例内,并无不知情不坐之文,不足以示持平,奏请修改。经臣部于道光十四年(1834)间修例时,始于"房主人等"下添入"知而不首"四字,"递减科断"下添入"不知情者不坐"六字,义始完备。自应参核二例,修改明晰,以资引用。谨将修改例文,开列于后。

一、凡私铸铅钱,如有伙党鸠工,大炉广铸,至十千文以上者,为首及匠人,俱拟绞监候;为从及知情买使者,各减一等,杖一百、流三千里;房主、邻佑、总甲、十家长等知而不首者,俱杖八十、徒二年。其熔化些须铅斤,铸钱不及十千者,为首及匠人,俱发新疆给官兵为奴;为从及知情买使,并房主人等知而不首,各依次递减。若房主人等,仅止失于查察者,俱杖八十。至私铸铅钱未成,将起意为首之犯杖一百、流三千里;为从及房主人等知而不首,仍各依次递减科断,不知情者不坐。

【1847】6.24.359.(3)(略)

【1746】○续纂

一、私铸案内,情有可原免死减等之犯,俱佥妻发黑龙江等处给披甲人为奴。

臣等谨按:此条系乾隆八年(1743)闰四月内,臣部议复升任安徽巡抚喀尔吉善题"刘三玺等存留宋押等私铸钱文"一案附请定例,应纂辑以便遵行。

【1767】○删除

谨案:此条乾隆八年(1743)定。乾隆三十二年(1767),查私铸新例并无情有可原免死减等之犯,此条删。

【1746】○续纂

一、凡私造铅钱,除伙党鸠工,大炉广铸,至十千文以上者,照例定拟外,其熔化些须铅斤,铸钱不及十千者,为首及匠人,俱照私铸铜钱情有可原例,于疏内声明,请旨发遣;为从及知情行使者,依次递减。

臣等谨按:此条系乾隆九年(1744)十二月内,臣部议复原任福建按察使王廷诤条奏定例,应纂辑以便遵行。

【1767】○修改

臣等谨按:原例内有"铸钱不及十千,为首及匠人,俱照私铸铜钱情有可原,于疏内声明,请旨发遣"等语。查私铸不及十千之犯,已于乾隆三十年(1765)二月内江西布政使张逢尧条奏,发往黑龙江等处给披甲人为奴,合将例文改正。

一、凡私造铅钱,除伙党鸠工,大炉广铸,至十千文以上者,照例定拟外,其熔化些须铅斤,铸钱不及十千者,为首及匠人,俱照免死减等例,发往黑龙江等处给披甲人为奴;为从及知情行使者,依次递减。

【1768】6.24.359.(10)(略)

【1788】○修并

修并按语及修并后条例,见【1768】6.24.359.(9)条【1788】修并项下。

【1751】○续纂

一、凡各省拿获私铸之案,不论砂壳铜钱,为首及匠人,俱拟以斩候;为从及知情买使者,俱发遣为奴。如受些微雇值,挑水、打炭、烧火,及停工散局之后,贪其价贱,偶为买使,以及房主、邻佑、总甲、十家长,知而不拿获举首者,俱照为从遣罪减一等,杖一百、徒三年。其房主人等并不知情,但失于查察者,杖一百。或有空房别舍,误借匪人,一有见闻,立即驱逐,未经首捕者,果系并未在场,亦非受贿容隐,俱以不知情科断。失察各官,交部分别议处。官船户夹带私钱,应照偶为买使例定拟。同船之人,知情不举首者,照不应律治罪。押船官,交部分别议处。若拿获销毁制钱之犯,审实,将为首者斩决,家产入官,为从者绞决,仍令该地方官设法密拿。有能拿获私铸者,地方官交部议叙;失察者,地方官及该管上司,交部分别议处。其房主、邻佑、总甲人等,知情受贿,代为隐匿者,依为从例治罪;但知情不首告,并未分赃者,照为从例减一等,杖一百、流三千里;并未知情,止于失察者,俱杖一百。旁人首捕审实者,官给赏银五十两。至私铸之犯,容有即系私销之人,承审官拿获私铸案犯,必先严究有无销毁情事。倘有私销确据,即照私销例从重治罪。

臣等谨按:此条系乾隆十四年(1749)四月内,臣部议复福建巡抚潘思榘审拟"赖脍私铸钱文"一案,遵旨议定条例,应纂辑以便遵行。再查私铸铜钱旧例内载,"官船户夹带私钱者,杖一百、流三千里。同船之人知情不举首者,枷号一个月,杖一百、徒三年。押船官知情任其夹带者,革职;不知情者,降三级调用"等语,盖夹带私钱,问拟满流,知情买使,绞决。而言今知情买使者,既改拟发遣,偶为买使者,改拟满徒,似船户夹带私钱,亦应改照偶为买使例定拟,押船官交部分别议处。今拟改补纂于上。

【1768】6.24.359.(11)(略)

【1788】○修并、分辑

【原例】【1768】6.24.359.(11)(略)、【1768】6.24.359.(13)(略)、【1768】6.24.359.(12)(略)、【1768】6.24.359.(1)(略)、【1768】6.24.359.(14)(略)

臣等谨按:以上五条,皆系私铸铜钱与销毁制钱及将制钱剪边图利案内,首、从各犯,分别已成、未成治罪之例。事类各有联络,而散列多条,非特文义重复,且例内彼此比照,互见叠出,徒觉眩目。今拟将繁复之文悉行删去,以私铸一项并为一条,销毁制钱及将制钱剪边图利两项并为一条,以归简易。再查私铸钱文不及十千者,首犯、匠人,系照依私铸十千以上之犯减等发遣,则为从之犯,自当以次递减,而例未指明,亦应酌增。又例内应行发遣者,既明载"发黑龙江等处为奴"字样,其"照免死减等"之语亦拟删去。又查乾隆三十年(1765)闰二月内,臣部以云贵两广俱系产铜之区,私铸人犯若仍安置其地,不免故智复萌,奏请停止在案,谨将私铸未成案内应发云贵两广充军人犯,改为"改发足四千里充军",并于例文下增注,"仍回避云、贵等省出产铜、铅地方"字样,以昭详备。今将修并分辑各例文,开列于后。

【1790】6.24.359.(1)(略)

【1790】6.24.359.(2)(略)

【1790】6.24.359.(1)

一、凡各省拿获私铸之案,不论砂壳铜钱,核其所铸钱数至十千以上,或虽不及十千,而私铸不止一次,后经发觉者,为首及匠人,俱拟以斩候;为从及知情买使者,俱发黑龙江等处给披甲人为奴。如受些微雇值,挑水打炭,及停工散局之后,贪其价贱,偶为买使者,照为从遣罪减一等,杖一百、徒三年。其铸钱不及十千者,首犯、匠人,俱发黑龙江等处给披甲人为奴;为从及知情买使并受雇之犯,各照铸钱十千以上从犯之罪,递减一等。其房主、邻佑、总甲、十家长,知而不拿获举首者,杖一百、徒三年;若并不知情,但失于查察者,杖一百。或有空房别舍,误借匪人,一有见闻,立即驱逐,未经首捕者,果未在场,亦未受贿纵容,俱以不知情科断。官船户夹带私钱者,杖一百、徒三年。同船之人,知情不禀首,杖八十。若私铸未成,畏罪中止者,首犯与匠人,俱改发足四千里充军。仍回避云、贵等省出产铜、铅地方。其雇令挑水、打炭、烧火之人,及房主、邻佑、十家长,知而不拿获举首者,俱杖八十、徒二年,不知情者不坐。方造器具,尚未私铸,被获审实者,将起意为首并同伙商谋之人,均杖一百、流三千里;凑钱入伙者,照为从减一等律,杖一百、徒三年。凡失察之该地方官,及押船官,不实力访拿,别经发觉者,交部照例分别议处。

【1821】○修改

【原例】【1790】6.24.359.(1)、【1790】6.24.359.(3)(略)

臣等谨按:嘉庆二十五年(1820)九月内,臣部遵旨酌议"停发吉林、黑龙江遣犯"案内,将私铸铜钱十千以上,或不及十千,而私铸不止一次,为从及知情买使,并私铸铜、铅钱不及十千之匠人及为首二条,俱改发新疆给官兵为奴等因,奏准在案,应于例内修改明晰。谨将修改例文,开列于后。

一、凡各省拿获私铸之案,不论砂壳铜钱,核其所铸钱数至十千以上,或虽不及十千,而私铸不止一次,后经发觉者,为首及匠人,俱拟以斩候;为从及知情买使者,俱发新疆给官兵为奴。如受些微雇值,挑水打炭,及停工散局之后,贪其价贱,偶为买使者,照为从遣罪减一等,杖一百、徒三年。其铸钱不及十千者,首犯、匠人,俱发新疆给官兵为奴;为从及知情买使并受雇之犯,各照铸钱十千以上从犯之罪,递减一等。其房主、邻佑、总甲、十家长,知而不拿获举首者,杖一百、徒三年;若并不知情,但失于查察者,杖一百。或有空房别舍,误借匪人,一有见闻,立即驱逐,未经首捕者，果未在场，亦未受贿纵容，俱以不知情科断。官船户夹带私钱者，杖一百、徒三年。同船之人，知情不禀首，杖八十。若私铸未成，畏罪中止者，首犯与匠人，俱改发足四千里充军。仍回避云、贵等省出产铜、铅地方。其雇令挑水、打炭、烧火之人，及房主、邻佑、十家长，知而不拿获举首者，俱杖八十、徒二年，不知情者不坐。方造器具，尚未私铸，被获审实者，将起意为首并同伙商谋之人，均杖一百、流三千里；凑钱入伙者，照为从减一等律，杖一百、徒三年。凡失察之该地方官，及押船官，不实力访拿，别经发觉者，交部照例分别议处。

【1825】6.24.359.（3）（略）

【1825】6.24.359.（1）（略）

【1830】○修改

臣等谨按：道光六年（1826）十一月内，军机大臣会同臣部，议复直隶总督那彦成奏"调剂新疆遣犯"折内，请将私铸铜钱十千以上，或虽不及十千，而私铸不止一次，为从及知情买使者，私铸铜钱不及十千，为首及匠人，俱发新疆为奴各条，均改发极边足四千里充军等因奏准，通行在案。例内发新疆之处，应行修改。再查铸钱不及十千，应发新疆之首犯、匠人，业已奏明改为极边足四千里充军；其私铸未成，畏罪中止之首犯、匠人，仍照原例，亦系改发足四千里充军。是私铸未成之案，竟与私铸已成之犯一律同科，殊未平允。自应遵照原奏按等递减，请将私铸未成，畏罪中止者，首犯、匠人，俱改发边远充军，仍回避出产铜、铅地方，以示区别，而昭平允。谨将修改例文，开列于后。

一、凡各省拿获私铸之案，不论砂壳铜钱，核其所铸钱数至十千以上，或虽不及十千，而私铸不止一次，后经发觉者，为首及匠人，俱拟以斩候；为从及知情买使者，俱改发极边足四千里充军。如受些微雇值，挑水打炭，及停工散局之后，贪其价贱，偶为买使者，照为从军罪减一等，杖一百、徒三年。其铸钱不及十千者，首犯、匠人，俱改发极边足四千里充军；为从及知情买使并受雇之犯，各照铸钱十千以上从犯之罪，递减一等。其房主、邻佑、总甲、十家长，知而不拿获举首者，杖一百、徒三年；若并不知情，但失于查察者，杖一百。或有空房别舍，误借匪人，一有见闻，立即驱逐，未经首捕者，果未在场，亦未受贿纵容，俱以不知情科断。官船户夹带私钱者，杖一百、徒三年。同船之人，知情不禀首，杖八十。若私铸未成，畏罪中止者，首犯与匠人，俱改发边远充军。仍回避云、贵等省出产铜、铅地方。其雇令挑水、打炭、烧火之人，及房主、邻佑、十家长，知而不拿获举首者，俱杖八十、徒二年，不知情者不坐。方造器具，尚未私铸，被获审实者，将起意为首并同伙商谋之人，均杖一百、流三千里；凑钱入伙者，照为从减一等律，杖一百、徒三年。凡失察之该地方官，及押船官，不实力访拿，别经发觉者，交部照例分别议处。

【1845】○修复

臣等谨按：此条例文从前旧例内载，"拿获私铸铜钱，数至十千以上，或虽不及十千，私铸不止一次，为从及知情买使者，俱发新疆给官兵为奴。其铸钱不及十千者，首犯及匠人,俱发新疆给官兵为奴。若私铸未成,畏罪中止者,首犯与匠人,俱改发足四千里充军"等语。嗣于道光六年(1826)十一月内,据原任陕甘总督那彦成奏请调剂新疆遣犯,经军机大臣会同臣部议,将应发新疆为奴二项,俱改为改发极边足四千里充军,其应发足四千里充军一项改发边远充军奏准,纂入例册在案。兹道光二十四年(1844)六月内,据升任贵州巡抚贺长龄奏请"调剂军犯章程"一折,复经军机大臣会同臣部,议请嗣后新疆遣犯,各照旧发往。其例发四省充军之犯亦应实发等因具奏。奉上谕:"据军机大臣会同刑部议奏'贵州军犯拥挤,酌减调剂'等语。新疆遣犯改发内地,恐人数众多,不特约束难周,且与民风大有关碍。非若新疆地方辽阔,外遣人犯易于安插。所有旧时改发内地各条,着仍照旧发往新疆,交该将军设法妥为安插。并严饬所属,认真查核,严加管束。毋令滋生事端,俾期积久无弊。余依议。钦此。"是新疆遣犯,既应照旧发往,则原例内应发足四千里充军之犯,亦当一体照旧改发,以符定制。现在问发新疆及改发足四千里之原例犹存,足资引用。此条系属赘文,应行删除。

一、凡各省拿获私铸之案,不论砂壳、铜钱,核其所铸钱数至十千以上,或虽不及十千,而私铸不止一次,后经发觉者,为首及匠人,俱拟以斩候;为从及知情买使者,俱发新疆给官兵为奴。如受些微雇值,挑水打炭,及停工散局之后,贪其价贱,偶为买使者,照为从遣罪上减一等,杖一百、徒三年。其铸钱不及十千者,首犯、匠人,俱发新疆给官兵为奴;为从及知情买使,并受雇之犯,各照铸钱十千以上从犯之罪,递减一等。其房主、邻佑、总甲、十家长,知而不拿获举首者,杖一百、徒三年;若并不知情,但失于查察者,杖一百。或有空房别舍,误借匪人,一有见闻,立即驱逐,未经首捕者,果未在场,亦未受贿纵容,俱以不知情科断。官船户夹带私钱者,杖一百、徒三年。同船之人知情不禀首,杖八十。若私铸未成,畏罪中止者,首犯与匠人俱改发足四千里充军。仍回避云、贵等省出产铜、铅地方。其雇令挑水、打炭、烧火之人,及房主、邻佑、十家长,知而不拿获举首者,俱杖八十、徒二年,不知情者不坐。方造器具,尚未铸钱,被获审实,将起意为首,并同伙商谋之人,均杖一百、流三千里;凑钱入伙者,照为从减一等律,杖一百、徒三年。凡失察之该地方官,及押船官,不实力访拿,别经发觉,交部照例分别议处。

【1847】6.24.359.(1)(略)

【1790】6.24.359.(2)

一、凡各省拿获销毁制钱及将制钱剪边图利之犯,审实,将为首者拟以斩决,家产入官,为从者绞决,仍令地方官设法密拿。有能拿获者,地方官交部议叙;失察者,地方官及该管上司,交部分别议处。其房主、邻佑、总甲、十家长等,知情受贿,代为隐匿者,依为从例治罪;但知情不首告,并未分赃者,照为从例减一等,杖一百、流三千里;并未知情,止于失察者,俱杖一百。旁人首捕审实者,官给赏银五十两。至私铸之犯,容有即系私销、私剪之人,承审官拿获案犯,必先严究有无销毁、剪边情事。倘有确据,即以私销私剪例从重治罪。

【1756】○续纂

一、凡奸民将制钱剪边图利者,审实,即照私销制钱例,分别首从治罪。

臣等谨按:此条系乾隆十八年(1753)十二月内,臣部议复护理江西巡抚王兴吾题"邓集风等私铸"一案,臣部会同九卿议准定例,应纂辑以便遵行。

【1768】6.24.359.(12)(略)

【1788】○修并

修并按语及修并后条例见【1768】6.24.359.(11)条【1788】修并项下。

【1761】○续纂

一、私铸铜钱案犯,核其钱数至十千以上,或虽不及十千,而私铸不止一次,后经发觉者,秋审时,俱入情实。其钱数不及十千,及铸造未成,畏罪中止者,均照情有可原免死减等例,改发云贵两广烟瘴地方,严加管束。

臣等谨按:此条系乾隆二十三年(1758)三月内,大学士、九卿会议奏准条例,应纂辑以便遵行。

【1767】○修改

臣等谨按:原例首句云"私铸铜钱案犯"。查案犯有二,一系首犯,一系匠人。但云"案犯",尚未明晰,拟将"案犯"二字改为"首犯、匠人"四字。再私铸铜钱不及十千之犯,原例改发云贵两广,今于乾隆三十年(1765)二月内江西布政司张逢尧条奏,发往黑龙江等处给披甲人为奴,拟合将例文遵照改正。

臣等谨按:此条臣部于乾隆三十二年(1767)十月内奏准,将"后经发觉者"之下"秋审时,俱入情实"一句,改为"照例拟斩监候"。今例本内自应遵照更正,以便引用,合并声明。

一、私铸铜钱首犯、匠人,核其钱数至十千以上,或虽不及十千,而私铸不止一次,后经发觉者,照例拟斩监候。其钱数不及十千者,仍照免死减等例改发黑龙江等处给披甲人为奴。若铸造未成,畏罪中止者,发云贵两广烟瘴地方,严加管束。

【1768】6.24.359.(13)(略)

【1788】○修并

修并按语及修并后条例见【1768】6.24.359.(11)条【1788】修并项下。

【1761】○续纂

一、凡私铸铜钱未成之房主、邻佑、十家长,知而不拿获举首者,照私铸已成之房主、邻佑、十家长,减二等治罪,杖八十、徒二年。其私铸未成案内,有雇令挑水、打炭、烧火之人,亦照已成之受雇人等,减二等治罪。

臣等谨按:此条系乾隆二十四年(1759)四月内,臣部议复湖北按察使沈作朋条奏定例,应纂辑以便遵行。

【1767】○修改

臣等谨按：此条系乾隆二十四年(1759)四月，湖北按察使沈作朋条奏，所有上条例①内"不知情不坐"一语，已增此条之内。

一、凡私铸铜钱未成之房主、邻佑、十家长，知而不拿获举首者，照私铸已成之房主、邻佑、十家长，减二等治罪，杖八十、徒二年，不知情者不坐。其私铸未成案内，有雇令挑水、打炭、烧火之人，亦照已成之受雇人等，减二等治罪。

【1768】6.24.359.(14)(略)

【1788】○修并

修并按语及修并后条例见【1768】6.24.359.(11)条【1788】修并项下。

【1761】○续纂

一、私铸铅钱之案，如有伙众开炉铸至十千以上者，房主、邻佑、总甲、十家长等知而不首，俱杖八十、徒二年；失于查察者，杖八十。

臣等谨按：此条系乾隆二十五年(1760)六月内，臣部议复广东按察使来朝条奏定例，应纂辑以便遵行。

【1768】6.24.359.(15)(略)

【1788】○修并

修并按语及修并后条例见【1768】6.24.359.(9)条【1788】修并项下。

【1772】○续纂

一、奸徒假借前代古钱名色，私铸私贩者，照私钱律一体分别治罪。

臣等谨按：此条系乾隆三十七年(1772)五月内，大学士、臣管两江总督高晋等奏请定例，应纂辑遵行。

【1790】6.24.359.(10)(略)

【1870】6.24.359.(9)(略)

【1870】○续纂

一、私铸当十铜大钱，照私铸铜钱例分别定拟。如经纪、牙行人等，于交易时，不照钱面数目字样，任意折减，及与铺户人等通同舞弊，减成定价，甚至造言煽诱，抗不收使，将为首阻挠者，杖八十、徒二年，加枷号两个月；随同附和者，杖六十、徒一年，加枷号一个月。均先于犯事地方，枷号示众，满日起解。

谨案：此条同治九年(1870)定。

【1870】6.24.359.(10)(略)

---

① "上条例"系指【1740】6.24.359.(3)条例文。

【1870】○续纂

一、凡销毁钱文之案,除当十铜钱,仍照销毁制钱例定拟外,如有存留各项停用当百、当五十、当五铜钱,当十铁钱,铅铁制钱,并不赴官售卖,辄自销毁者,于私销制钱为首斩决为从绞决例上酌减一等,为首发边远充军,为从杖一百、流三千里。

谨案:此条咸丰八年(1858)定。同治三年(1864),增私销铁制钱一层。

【1870】6.24.359.(11)(略)

【1870】○续纂

一、私铸案内,知情租给房屋之房主,照例治罪,房屋入官。

谨案:此条咸丰六年(1856)定。

【1870】6.24.359.(12)(略)

诈假官

律　文

【1646】6.24.383

凡伪造凭札诈为假官,及为伪札,或将有故官员文凭而假与人官者,绞。监候。其知情受假官者,杖一百、流三千里,须有札付、文凭方坐。但凭、札皆系与者所造,故减等。不知者不坐。○若无官而不曾假造凭札,但诈称有官,有所求为,或诈称官司差遣而捕人,及诈冒见任官员姓名有所求为者,杖一百、徒三年。以上三项,总重有所求为。若诈称见任官子孙、弟侄、家人、总领,于按临部内有所求为者,杖一百。为从者,各减一等。若得财者,并计赃各主者,以一主为重。准窃盗免刺。从重论。赃轻,以诈科罪。○其当该官司知而听行,与同罪,不知者不坐。

【1670】6.24.382

凡伪造凭札诈为假官,及为伪札,或将有故官员文凭而假与人官者,斩。监候。其知情受假官者,杖一百、流三千里,须有札付、文凭方坐。但凭、札皆系与者所造,故减等。不知者不坐。○若无官而不曾假造凭札,但诈称有官,有所求为,或诈称官司差遣而捕人,及诈冒见任官员姓名有所求为者,杖一百、徒三年。以上三项,总重有所求为。若诈称见任官子孙、弟侄、家人、总领,于按临部内有所求为者,杖一百。为从者,各减一等。若得财者,并计赃各主者,以一主为重。准窃盗免刺,从重论。赃轻,以诈科罪。○其当该官司知而听行,与同罪,不知者不坐。

【1725】6.24.370

律文(略)

注:此重惩假冒官职之罪,以杜奸伪也。首节定假官之罪。自己本无官职,或伪造凭札,或冒领他人凭札,而顶名赴任,谓之诈假官。他人本无官职,而伪造凭札,或将有故官员凭札与之,使彼承领赴任,谓之假与人官,并坐斩。知情而受假官者,满

流,不知者不坐。二节定诈称之罪。本无官而诈称有官,或诈称官司差遣而追捕,或诈冒见任官员姓名,三项总重有所求为,并坐满徒。若诈称见任官员子孙、弟侄、家人、总领人等,于按临部内有所求为者,满杖。为从各减一等。以上凡有所求为而得财者,计赃准窃盗从重论。三节通承上言。当该官司知其假诈而听从,有所施行者,同罪,不知者不坐。至无官诈称有官,如无所求为,而止擅用冠带者,以违制论。

臣等谨按:此重惩假冒官职之罪,以杜奸伪也。首节定假官之罪。自己本无官职,或伪造凭札,或冒领他人凭札,而顶名赴任,谓之诈假官。他人本无官职,而伪造凭札,或将有故官员凭札与之,使彼承领赴任,谓之假与人官,并坐斩。知情而受假官者,杖流。二节定诈称之罪。本无官而诈称有官,或诈称官员差遣而追捕,或诈冒见任官员姓名,三项总重有所求为,并坐杖徒。若诈称见任官员子孙、弟侄、家人、总领人等,于按临部内有所求为者,满杖。为从各减一等。以上凡有所求为而得财者,计赃准窃盗从重论。三节通承上言。当该官司知其假诈而听从,有所施行者,同罪,不知者不坐。至无官诈称有官,如无所求为,而止擅用冠带者,问拟违制。

【1740】6.24.360(略)

附律条例

【1646】6.24.383.(1)

一、广西、云贵、湖广、四川等处,但有冒籍生员,食粮起贡到部者,问革,发原籍为民。若买到土人倒过所司起送公文,顶名赴部投考者,发边外为民;卖与者,行所在官司追赃治罪。若已受职,比依诈假官律处斩,卖者发边卫充军。经该官吏朦胧起送,各治以罪。

【1670】6.24.382.(1)(略)

【1725】○修改

原拟:冒籍起贡,已载“贡举非人”条下。且今直隶各省,有冒籍取中生贡者,俱行问革,不分别省分远近。又贡生俱已停止到部,应将前一段删去。其买到土人一段,亦应删改。谨拟删改,开载于后。

【原改条例】一、凡买到土人倒过所司起送公文,顶名赴部者,发边外为民;卖与者,行所在官司追赃治罪。若已受职,比依诈假官律处斩,卖者,发边卫充军。经该官吏朦胧起送,各治以罪。

【1725】6.24.370.(2)

【原例】一、凡买他人起送赴考、赴选之公文,顶名赴部者,发边外为民;卖与者,行所在官司追赃治罪。若已受职,比依诈假官律处斩,卖者发边卫充军。若经该官吏朦胧起送,各治以罪。

【1740】6.24.360.(2)(略)

【1767】○删除

臣等谨按:比引条例内开,考职贡、监生假冒顶替者,此照诈假官律治罪。又例载,将有故官员凭札卖与他人,及买受冒名赴任者,俱拟斩监候。此条买人赴考公文,即系考职一项。赴选虽未到任,但既已买受到部,即系假冒顶替,俱应照律拟斩。卖与之人,新例与买受者一体问拟,并不减等拟军。此条系旧例,业已不行,应删。

【1646】6.24.383.(2)

一、凡诈冒皇亲族属、姻党、家人,在京在外,巧立名色,挟骗财物,侵占地土,并有禁山场,拦当船只,措要银两,出入大小衙门,嘱托公事,贩卖制钱、私盐,包揽钱粮,假称织造,私开牙行,擅搭桥梁,侵渔民利者,除真犯死罪外,徒罪以上,俱于所犯地方枷号一个月,发边卫充军;杖罪以下,亦枷号一个月发落。若被害之人,赴所在官司告诉,不即受理,及虽受理,观望逢迎,不即问断举奏者,各治以罪。此真犯死罪,系诈冒假势凌虐,故杀、斗杀,私盐拒捕之类。

【1670】6.24.382.(2)(略)

【1725】6.24.370.(3)

【原例】一、凡诈冒皇亲族属、姻党、家人,在京在外,巧立名色,挟骗财物,侵占地土,并有禁山场,拦当船只,措要银两,出入大小衙门,嘱托公事,贩卖制钱、私盐,包揽钱粮,假称织造,私开牙行,擅搭桥梁,侵渔民利者,除实犯死罪外,徒罪以上,俱于所犯地方枷号一个月,发边卫充军;杖罪以下,亦枷号一个月发落。若被害之人,赴所在官司告诉,不即受理,及虽受理,观望逢迎,不即问断举奏者,各治以罪。此实犯死罪,系诈冒假势凌虐,故杀、斗杀,私盐拒捕之类。

【1740】○修改

臣等谨按:小注内"诈冒假势凌虐,故杀、斗杀,私盐、拒捕之类"等语,应移入"除实犯死罪"下。谨将移改例注,开列于后。

一、凡诈冒皇亲族属、姻党、家人,在京在外,巧立名色,挟骗财物,侵占地土,并有禁山场,拦当船只,措要银两,出入大小衙门,嘱托公事,贩卖制钱、私盐,包揽钱粮,假称织造,私开牙行,擅搭桥梁,侵渔民利者,除实犯死罪如诈冒假势凌虐,故杀、斗杀,私盐拒捕之类。外,徒罪以上,俱于所犯地方枷号一个月,发边卫充军;杖罪以下,亦枷号一个月发落。若被害之人,赴所在官司告诉,不即受理,及虽受理,观望逢迎,不即问断举奏者,各治以罪。

【1740】6.24.360.(3)(略)

【1768】6.24.360.(2)

一、凡诈冒皇亲族属、姻党、家人,在京在外,巧立名色,挟骗财物,侵占地土,并有禁山场,拦当船只,措要银两,出入大小衙门,嘱托公事,贩卖制钱、私盐,包揽钱粮,假称织造,私开牙行,擅搭桥梁,侵渔民利者,除实犯死罪如诈冒假势凌虐,故杀、斗杀,私盐拒捕之类。外,徒罪以上,俱于所犯地方枷号一个月,发近边充军;杖罪以下,亦枷号一个月发落。若被害之人,赴所在官司告诉,不即受理,及虽受理,观望逢迎,不即问断举奏者,各治以罪。

【1646】6.24.383.(3)

一、假充大臣及近侍官员家人名目,豪横乡村,生事害民,强占田土房屋,招集流移住种者,许所在官司拿问。犯该徒罪以上者,发边卫充军;杖罪以下,枷号一个月发落。

【1670】6.24.382.(3)(略)

【1725】6.24.370.(4)【原例】(略)

【1740】6.24.360.(4)(略)

【1768】6.24.360.(3)

一、假充大臣及近侍官员家人名目,豪横乡村,生事害民,强占田土房屋,招集流移住种者,许所在官司拿问。犯该徒罪以上者,发近边充军;杖罪以下,枷号一个月发落。

【1725】6.24.370.(1)

【钦定例】一、吏部议复河道总督齐苏勒具题"监生火政升等假冒州同"一案,奉旨:"监生火政升、陈琦假冒州同职衔,效力河工,希图补用,今经败露。该部引无官而诈称有官,有所求为之例,将火政升、陈琦拟以杖徒,援赦宽免具题。夫大小官职,皆国家名器。所关假冒之人,欺君罔上,盗窃名器,其罪较十恶不赦者,亦不为轻,理应不准援赦。况此等之人,若侥幸得官,是其出身先已不正,何以为地方百姓之表率。且狡诈性成,罔知信义,必至于贪赃坏法,无所不为,其弊不可枚举。若但拟以杖徒,不足示惩。火政升、陈琦着发边卫充军,不准援赦。向后除伪造凭札诈为假官等情,仍照定例应斩外,其有假冒官职者,俱照火政升、陈琦之例充发,不准援赦,永远遵行。目今见在各省官员杂职内,若有假冒顶替之人,着本人自行出首,朕开恩免其治罪,但令革退回籍。倘仍复恋职潜藏,不遵旨出首,将来或被纠参,或被告发,则于边卫充军之外,加等治罪。着通行直省督、抚遍谕所属官员人等知之。余依议。"

【1740】○修改

臣等谨按:此条系钦奉上谕,今恭纂为例,以便引用。谨将改辑例文,开列于后。

一、凡假冒官职者,发边卫充军,不准援赦。如杂职内有假冒顶替之人,自行出首者,革退回籍,免其治罪。

【1740】6.24.360.(1)(略)

【1767】○修改

臣等谨按:原例内有“假冒官职,发边卫充军,不准援赦”等语。查新例伪造凭札,自为假官者,拟斩监候;其无官而诈称有官,并未造有凭札者,犯该徒、流、军、遣,分别充军、绞候;若假冒顶带,无所求为者,杖六十、徒一年,已各有专条,拟合将原例内“假冒官职,发边卫充军,不准援赦”等句删去。

一、凡杂职内有假冒顶替之人,自行出首者,革退回籍,免其治罪。

【1768】6.24.360.(1)(略)

【1725】○增入

臣等谨按:此条类于诈假官律,应增入条例后。

【现行例】一、凡各省督抚、提镇,各营有不食钱粮假冒营兵,生事扰民,及合伙挟制官司,扰害地方者,该地方官审明,即分别首、从,照光棍例治罪。若系现在食粮兵丁,亦照此例治罪。如该管武职不严行稽查,将该管专汛官革职,兼辖、统辖官降四级调用;提镇不行题参,降二级调用。地方文职知情不报,降二级留任;该管道、府不查明专报者,降一级留任;督、抚不行题参,罚俸一年。各省督抚、提镇,每年仍具有无此等之人印结,于年终保奏。

臣等谨按:康熙五十七年(1718)八月内,兵部会复假冒营兵扰民,事理类于此律,谨拟节录于后。

【续增现行例】一、凡各省、各营有不食钱粮假冒营兵,生事扰民,及合伙挟制官司,扰害地方者,该地方官审明,分别首、从,照光棍例治罪。若系食粮兵丁,亦照此例治罪。如该管专汛官不严行稽查,兼辖、统辖官不转报,提镇不题参,俱交该部照例分别议处。地方文职知情不报,该管道、府不转报,督、抚不题参,俱交该部分别议处。该督、抚、提镇,每年仍具有无此等之人印结,于年底保奏。

【1725】6.24.370.(5)【增例】(略)

【1740】○修改

臣等谨按:兵丁生事扰民,为害地方,应按其犯事之轻重,各照律例问拟。若概照光棍例治罪,必至失宜,应改。至该管文武各官、地方大吏,不行查报、题参,均有处分。其督、抚、提镇每年出具印结,于年底保奏等语,事属烦琐,应删。谨将删改例文,开列于后。

一、凡各省各营食粮兵丁,并有不食钱粮,假冒营兵,生事扰民,及合伙挟制官司,扰害地方者,该地方官审明,分别首从,各照律例定拟。如该管文武各官不行稽查转报,督抚、提镇不题参,俱交该部照例分别议处。

【1740】6.24.360.(5)(略)

【1768】6.24.360.(4)(略)

【1761】○续纂

一、伪造凭札自为假官者,伪造凭札,并将有故官员凭札卖与他人者,及买受凭札冒名赴任者,俱拟斩监候;知情说合者,杖一百、流三千里。

臣等谨按:此三条系乾隆二十四年(1759)九月内,臣部遵旨议奏条例,应纂辑以便遵行。

【1768】6.24.360.(5)(略)

【1761】○续纂

一、凡无官而诈称有官,并冒称现任官员姓名,并未造有凭札,止于图骗一人、图行一事,犯该徒罪以下者,发边卫充军;犯该军、流、遣罪者,拟绞监候。

臣等谨按:此三条系乾隆二十四年(1759)九月内,臣部遵旨议奏条例,应纂辑以便遵行。

【1768】6.24.360.(6)

一、凡无官而诈称有官,并冒称现任官员姓名,并未造有凭札,止于图骗一人、图行一事,犯该徒罪以下者,发近边充军;犯该军、流、遣罪者,拟绞,监候。

【1810】○修并

【原例】【1768】6.24.360.(6)(略)、【1768】6.24.360.(7)(略)

臣等谨按:以上二条,系诈称职官,假冒顶带,分别治罪之例。前条例内,既称犯该徒罪以下,拟军;犯该军、流、遣罪,拟绞。则无论其所骗几人、所行几事,只视其所犯罪名,分别定拟。例内明言,止于一人、一事,设遇被骗者或系二人以上,所行者或不止一事,拘泥例文,殊难引用。查律内凡称"但"字者,如"但得财"之类,"但"系举轻以赅重,应将"止于"二字,改为"但系"二字,以昭赅备。至后条假冒顶带,止图光荣,与前条诈称职官,事理相类,应修并一条,以省繁冗。谨将修并例文,开列于后。

一、凡无官而诈称有官,并冒称见任官员姓名,并未造有凭札,但系图骗一人、图行一事,犯该徒罪以下者,发近边充军;犯该军、流、遣罪者,拟绞监候。若假冒顶带,自称职官,止图乡里光荣,无所求为,亦无凭札者,杖六十、徒一年。假冒生监顶带者,杖一百。

【1825】6.24.360.(7)(略)

【1761】○续纂

一、假冒顶带,自称职官,止图乡里光荣,无所求为,亦无凭札者,杖六十、徒一年。假冒生监顶带者,杖一百。

臣等谨按:此三条系乾隆二十四年(1759)九月内,臣部遵旨议奏条例,应纂辑以便遵行。

【1768】6.24.360.(7)(略)

【1810】○修并

修并按语及修并后例文见【1768】6.24.360.(6)条【1810】修并项下。

【1767】○续纂

一、凡未经考职书吏,冒戴顶帽者,照假冒职官例,杖六十、徒一年。其有把持公事别情,仍照本条按例从重究拟。本管官及地方官失于查察,或有意故纵,分别议处。

臣等谨按:此条系乾隆二十八年(1763)八月内,山东按察使闵鹗元条奏定例,应纂辑遵行。

【1768】6.24.360.(8)(略)

【1825】6.24.360.(6)(略)

诈称内使等官（官与事俱诈。）

律　文

【1646】6.24.384　诈称内使等官（官与事俱诈。）

凡（凭空）诈称内使、（近臣。）内院、（即古师保凝承之职。）六科、（朝廷耳目。）六部、（军国重务。）都察院、监察御史、按察司官,（掌风宪要官。）在外体察事务,欺诳官府,煽惑人民者,（虽无伪造札付,监候）斩。知情随行者,减一等。（杖一百、流三千里。）其当该官司知而听行,与罪同,（罪止杖一百、流三千里。）不知者不坐。○若（本无符验）诈称使臣乘驿者,杖一百、流三千里,为从者减一等。驿官知而应付者,与同罪;不知情失盘诘者,笞五十。其有符验而应付者不坐。（符验系伪造,有伪造符验律;系盗者,依盗起船符验律。）

【1670】6.24.383　诈称内使等官（官与事俱诈。）

凡（凭空）诈称内使、（近臣。）内院、（即古师保凝承之职。）六科、（朝廷耳目。）六部、（军国重务。）都察院、监察御史、按察司官,（掌风宪要官。）在外体察事务,欺诳官府,煽惑人民者,（虽无伪造札付,）斩。（监候。）知情随行者,减一等。（杖一百、流三千里。）其当该官司知而听行,与罪同,（罪止杖一百、流三千里。）不知者不坐。○若（本无符验）诈称使臣乘驿者,杖一百、流三千里,为从者减一等。驿官知而应付者,与同罪;不知情失盘诘者,笞五十。其有符验而应付者不坐。（符验系伪造,有伪造符验律;系盗者,依盗起船符验律。）

【1725】6.24.371　诈称内使等官（官与事俱诈。）

凡（凭空）诈称内使、（近臣。）内阁、六科、六部、都察院、监察御史、按察司官,在外体察事务,欺诈官府,煽惑人民者,（虽无伪造札付,）斩。（监候。）知情随行者,减一等。（杖一百、流三千里。）其当该官司知而听行,与同罪,（罪止杖一百、流三千里。）不知者不坐。○若（本无符验）诈称使臣乘驿者,杖一百、流三千里,为从者减一等。驿官知而应付者,与同罪;不知情失盘诘者,笞五十。其有符验而应付者不坐。符验系伪造,有伪造符验律;系盗者,依盗符验律。

注:此重惩假势要以欺官民之罪也。前节定诈称体访之罪。凡诈称内使、近臣、风宪等官,在外体察事务,欺诳官府,煽惑人民,重干法纪,故坐斩监候。知情而随从同行者,减一等。其当该官司知而听行者,与犯人同罪,不知者不坐。后节定诈称乘驿之罪。诈称使臣乘驿,为首者坐满流,同行乘驿之为从者减一等。驿官知情而应付者,与同罪;失于盘诘而应付者,笞五十。如诈称之人赍有伪冒符验,驿官不敢盘诘,因而应付者,不坐。

臣等谨按(按语与律后总注同,略)。

【1740】6.24.361　诈称内使等官官与事俱诈。(略)

附律条例

【1646】6.24.384.(1)

一、凡诈冒内官亲属、家人等项名色,恐吓官司,诓骗财物者,除真犯死罪外,其余枷号一个月,发边卫充军。所在官司畏徇故纵,不行擒拿者,各治以罪。此真犯死罪,如诈为应付,或盗或伪造符验,或因吓骗殴、故杀死之类。

【1670】6.24.383.(1)(略)

【1725】○修改

原拟:律内诈称使臣乘驿,驿官知而应付者,罪不至死,应删去小注"诈为应付"句。

【1725】6.24.371.(1)

【原例】一、凡诈冒内官亲属、家人等项名色,恐吓官司,诓骗财物者,除实犯死罪外,其余枷号一个月,发边卫充军。所在官司畏徇故纵,不行擒拿者,各治以罪。此实犯死罪,如盗或伪造符验,或因吓骗殴、故杀死之类。

【1740】○修改

此条小注内,"如盗或伪造符验,或因吓骗殴、故杀死之类"等语,应移入"除实犯死罪"下,谨将移改例注,开列于后。

一、凡诈冒内官亲属、家人等项名色,恐吓官司,诓骗财物者,除实犯死罪如盗或伪造符验,或因吓骗殴、故杀死之类。外,其余枷号一个月,发边卫充军。所在官司畏徇故纵,不行擒拿者,各治以罪。

【1740】6.24.361.(1)(略)

【1768】6.24.361.(1)

一、凡诈冒内官亲属、家人等项名色,恐吓官司,诓骗财物者,除实犯死罪如盗或伪造符验,或因吓骗殴、故杀死之类。外,其余枷号一个月,发近边充军。所在官司畏徇故纵,不行擒拿者,各治以罪。

【1646】6.24.384.（2）

一、凡诈充銮仪卫旗校，假以差遣体访事情、缉捕盗贼为由，占宿公馆，妄拿平人，吓取财物，扰害军民者，除真犯死罪外，徒罪以上，枷号一个月，发边卫充军；杖罪以下，亦枷号一个月发落。所在官司阿从故纵者，各治以罪。此真犯死罪，或假差遣有伪造印信批文，或以捕盗抢检伤人，或吓骗忿争殴故杀人之类。

【1670】6.24.383.（2）（略）

谨案：此条系原例。首句系“诈充銮仪卫旗校”，雍正三年（1725）改。乾隆五年（1740），将例后小注，移在“除实犯死罪”句下。

【1725】○修改

原拟：今无差遣銮仪卫校尉体访、缉捕之处，应将“銮仪卫旗校”字，改为“各衙门人役”。

【1725】6.24.371.（2）

【原例】一、凡诈充各衙门人役，假以差遣体访事情、缉捕盗贼为由，占宿公馆，妄拿平人，吓取财物，扰害军民者，除实犯死罪外，徒罪以上，枷号一个月，发边卫充军；杖罪以下，亦枷号一个月发落。所在官司阿从故纵者，各治以罪。此实犯死罪，或假差遣有伪造印信批文，或以捕盗抢检伤人，或吓骗忿争殴故杀人之类。

【1740】○修改

此条小注，亦应照前移改。谨将移改例注，开列于后。

一、凡诈充各衙门人役，假以差遣体访事情、缉捕盗贼为由，占宿公馆，妄拿平人，吓取财物，扰害军民者，除实犯死罪或假差遣有伪造印信批文，或以捕盗抢检伤人，或吓骗忿争殴故杀人之类。外，徒罪以上，枷号一个月，发边卫充军；杖罪以下，亦枷号一个月发落。所在官司阿从故纵者，各治以罪。

【1740】6.24.361.（2）（略）

【1768】6.24.361.（2）

一、凡诈充各衙门人役，假以差遣体访事情、缉捕盗贼为由，占宿公馆，妄拿平人，吓取财物，扰害军民者，除实犯死罪或假差遣有伪造印信批文，或以捕盗抢检伤人，或吓骗忿争殴故杀人之类。外，徒罪以上，枷号一个月，发近边充军；杖罪以下，亦枷号一个月发落。所在官司阿从故纵者，各治以罪。

【1788】○修并

【原例】【1768】6.24.361.（2）（略）、【1768】6.24.361.（3）（略）

臣等谨按：此二条皆系假冒差役扰害军民，分别治罪之例。查后条虽系专指冒差搜查客船而设，但仍照前条治罪，止应将“搜查客船”四字，增入前条“妄拿平人”之下，即可引用，毋庸分别。至其例末所云“其有强劫、拒捕，并赃至满贯，各照本律从重论”等语，查强劫一层，前例已有“除实犯死罪外”之文，可以赅括；拒捕一层，自有罪人拒捕本律可以援引。又恐吓取财律，系计赃准窃盗论，即至满贯，准罪止于满流，别无从重治罪之条，反与本例徒罪以上即应拟军之文自相矛盾。应悉行删去，以省繁复。今将删并例文，开列于后。

一、凡诈充各衙门差役，假以差遣体访事情、缉捕盗贼为由，占宿公馆，妄拿平人，及搜查客船，吓取财物，扰害军民者，除实犯死罪或假差遣有伪造印信批文，或以捕盗抢检伤人，或吓骗忿争殴故杀之类外，徒罪以上，枷号一个月，发近边充军；杖罪以下，亦枷号一个月发落。所在官司阿从故纵者，各治以罪。

【1790】6.24.361.(2)(略)

【1801】○修改

臣等谨按：此条系乾隆二十四年(1759)定例，嗣于嘉庆五年(1800)据云南巡抚初彭龄条奏"假差吓诈，致毙人命，未经明立科条，易滋出入。并请嗣后假差吓取财物，无论赃数多寡，曾否致毙人命，悉照差役一律问拟。其未经致毙人命，分别徒罪上下原例，应请删除"折内，经臣部议称，无业游民冒差吓诈，虽与在官人役知法故犯者有间，然既经逞凶逼毙人命，情、法均难宽纵。是以向来遇有假差索诈致毙人命案件，俱比照蠹役诈赃毙命，一例拟绞。但例无明文，与其辗转比附，不如明立科条，得有遵守。应如该抚所奏，于例内添纂假差吓诈致毙人命，如被诈之人因而自尽者，照衙役例拟绞监候；若拷打致死者，拟斩监候。至未经致毙人命之案，情节轻重不一，若如该抚所奏，悉照差役一例问拟，将原例删除，未免漫无区别。应请嗣后假差未经毙命之案，如有捏造签票，执持锁链，恐吓诈财者，即照蠹役诈赃一例问拟。其未捏有签票，止系口称奉差吓唬者，仍照原例办理等因具奏。奉旨："依议。钦此。"钦遵在案。此条原例，应行修改。又查原例小注内称"或假差遣有伪造印信批文，或以捕盗抢检伤人，或吓骗忿争殴故杀人"三项，俱系实犯死罪，应将小注删除，将此三项添叙例内，以便引用，合并声明。谨将修改例文，开列于后。

一、凡诈充各衙门差役，假以差遣体访事情、缉捕盗贼为由，占宿公馆，妄拿平人，及搜查客船，吓取财物，扰害军民，审系捏造签票，执持锁链，恐吓诈财者，即照蠹役诈赃一例问拟。其未捏有签票，止系口称奉差吓唬者，徒罪以上，枷号一个月，发近边充军；杖罪以下，亦枷号一个月发落。若计赃逾贯，及虽未逾贯，而被诈之人因而自尽者，均拟绞监候；拷打致死者，拟斩监候。为从各减一等。如假差遣有伪造印信批文，或以捕盗抢检伤人，或吓骗忿争殴故杀人，按律应拟死罪者，仍各从其重者论。所在官司阿从故纵者，各治以罪。

【1802】6.24.361.(2)(略)

【1806】○修改

臣等谨按：此条系嘉庆五年(1800)臣部核复云南巡抚初彭龄条奏"假差吓诈分别治罪"折内奏准，修辑原例，内载"诈充各衙门差役，诈以差遣体访事情、缉捕盗贼为由，占宿公馆，妄拿平人，及搜查客船，吓取财物，扰害军民者，徒罪以上，枷号一个月，发近边充军；杖罪以下，亦枷号一个月发落"，是旧例无论有无签票，一经犯至徒罪，即应拟军。新例内捏造签票,照蠹役诈赃问拟,系属从严之意。盖蠹役诈赃一两至五两满杖加枷,六两至十两满徒,十两以上即应充军,非若仅止口称奉差计赃准窃盗论者可比。是情有轻重,故罪分差等。此系指计赃科断者而言。若捏造签票内有描模印信,得赃在一两上下者,计其描模所得之赃,已罪应拟徒,自应仍照徒罪以上拟军之例问拟。惟例内徒罪以上拟军之文,载在未捏签票节内,各省每多误会。将捏造签票犯该徒罪以上之案,仅止计赃科断,以致与未捏签票者,轻重转致倒置,屡经臣部随案更正。与其逐案改驳,莫若将例文修改明晰。臣等公同酌议,应请嗣后假充各衙门差役,假以差遣体访事情、缉捕盗贼为由,占宿公馆,妄拿平人,及搜查客船,吓取财物,扰害良民,犯该徒罪以上者,无论有无签票,枷号一个月,发近边充军。若审系捏造签票,执持锁链,所犯本罪不致于拟徒,但经恐吓诈财者,即照蠹役诈赃一例问拟,仍各加枷号一个月。未捏有签票,止系口称奉差吓唬者,杖罪以下,亦枷号一个月发落。谨将修改例文,开列于后。

一、凡诈充各衙门差役,假以差遣体访事情、缉捕盗贼为由,占宿公馆,妄拿平人,及搜查客船,吓取财物,扰害军民,犯该徒罪以上者,无论有无签票,枷号一个月,发近边充军。若审系捏造签票,执持锁链,所犯本罪未至拟徒,但经恐吓诈财者,即照蠹役诈赃一例问拟,仍各加枷号一个月。未经捏有签票,止系口称奉差吓唬者,杖罪以下,亦枷号一个月发落。若计赃逾贯,及虽未逾贯,而被诈之人因而自尽者,均拟绞监候;拷打致死者,拟斩监候。为从各减一等。如假差遣有伪造印信批文,或以捕盗抢检伤人,或吓骗忿争殴故杀人,按律应拟死罪者,仍各从其重者论。所在官司阿从故纵者,各治以罪。

【1814】○修改

臣等谨按:嘉庆十七年(1812)八月内,臣部议复调任陕西巡抚董教增题"王真得等假差吓诈殴伤刘义和身死"一案内称,查假差吓诈,扰害闾阎,情殊可恶。历来遇有被诈之人自尽及拷打致死之案,均分别斩、绞办理。如被诈之人殴死假差吓诈之犯,即以擅杀罪人科断,洵属平允。惟因吓诈,互相争斗,殴死被诈之人,向因例内有"吓骗忿争殴故杀人,律应死罪,各从其重"之文,仍照凡斗问拟。查忿争与拷打殊科,殴死较自尽为重,若仍以凡斗论绞,既与死由自尽者无所区别;且核与被诈之人殴死假差律以擅杀者,一事两歧,殊非戢暴持平之道。议请嗣后假差吓诈忿争,殴、故杀被诈之人,照罪人杀所捕人律,拟斩监候;被诈之人殴死假差者,照擅杀罪人律,拟绞监候等因奏准。嗣据云南巡抚孙玉庭咨称,假差致毙人命案内,邻佑、旁人,或系被诈之人纠往,或系旁观不平,殴、故杀假差,或假差殴、故杀邻佑、旁人,应作何治罪之处,咨部示。复经臣部查,假差吓诈罪人,非奸、盗两项可比,邻佑有守望相助之责,故专隶"盗贼"一门,而捉奸与捕盗相等,故凡听纠同往者,亦得与事主并论,此外不得滥引。是以殴死凶恶棍徒一项,不得将听纠同往之人,与身受扰害者视同一例。此项假差吓诈案内之邻佑、旁人,并非身受其害,自未便以听纠同往,即与被诈之人一例同科。至旁观不平者,无论何项罪人,总不在应捕之列。若彼此有犯,应仍各按谋、故、斗杀本律科断等因咨复通行,各在案。应于例内,修纂明晰,以便引用。谨将修改例文,开列于后。

一、凡诈充各衙门差役,假以差遣体访事情、缉捕盗贼为由,占宿公馆,妄拿平人,及搜查客船,吓取财物,扰害军民,犯该徒罪以上者,无论有无签票,枷号一个月,发近边充军。若审系捏造签票,执持锁链,所犯本罪未至拟徒,但经恐吓诈财者,即照蠹役诈赃一例问拟,仍各加枷号一个月。未捏有签票,止系口称奉差吓唬者,杖罪以下,亦枷号一个月发落。若计赃逾贯,及虽未逾贯,而被诈之人因而自尽者,均拟绞监候;拷打致死,及吓诈忿争殴、故杀被诈之人者,均照罪人杀所捕人律拟斩监候。为从各减一等。如假差遣有伪造印信批文,或以捕盗抢检伤人,按律应拟死罪者,仍各从其重者论。所在官司阿从故纵者,各治以罪。若被诈之人殴死假差者,照擅杀罪人律拟绞监候。至非被诈之人,有与假差谋、故、斗杀者,仍各按本律科断。

【1825】6.24.361.(2)(略)

＊【1725】○增入①

【现行例】一、凡王爷、阿哥等差人赏赐督、抚等官衣服等物,该督、抚奏闻。如恶棍在外省,指称王爷、阿哥,向官员取用夫、船,诓骗财物,地方官即行拿获,报明督、抚,照光棍律即行正法。若地方官不详报上司,私自应付夫、马,革职,交与刑部严审问罪。该督、抚等官,隐匿不奏,照徇庇例降二级调用。

臣等谨按:此条类于诈称内使等官律,应增入条例后。

【1761】○续纂

一、棍徒假冒差役名色,搜查客船,俱照诈充各衙门人役假以差遣体访事情妄拿平人吓取财物扰害军民例治罪,犯该徒罪以上者,枷号一个月,发边卫充军;杖罪以下,枷号一个月发落。其有强劫、拒捕者,并赃至满贯,各照本律从重论。

臣等谨按:此条系乾隆二十四年(1759)四月内,臣部议复湖北按察使沈作朋条奏定例,应纂辑以便遵行。

【1768】6.24.361.(3)

一、棍徒假冒差使名色,搜查客船,俱照诈充各衙门人役假以差遣体访事情妄拿平人吓取财物扰害军民例治罪,犯该徒罪以上者,枷号一个月,发近边充军;杖罪以下,枷号一个月发落。其有强劫、拒捕者,并赃至满贯,各照本律从重论。

【1788】○修并

修并按语及修并后例文,见【1768】6.24.361.(2)条【1788】修并项下。

---

① 此条例文见于《大清律例按语》"刑律·诈伪·诈称内使等官"(雍正三年)条下,雍正三年《大清律集解附例》不载。

近侍诈称私行

律　文

【1646】6.24.385　近侍诈称私行官真而事诈。

凡近侍之人,在外诈称私行,体察事务,煽惑人民者,斩。监候。谓如给事中、尚宝等官,奉御内使、銮仪司官校之类。此诈称,系本官自诈称,非他人。

【1670】6.24.384　近侍诈称私行官真而事诈。(略)

【1725】○修改

原拟:近侍之人,难以指定名色,应将小注内给事中等官删去。

臣等谨按(按语与雍正三年律后总注同,略)。

【1725】6.24.372　近侍诈称私行官实而事诈。

凡近侍之人,在外诈称私行,体察事务,煽惑人民者,斩。监候。此诈称,系本官自诈称,非他人。

注:此指以实官而行诈事者之罪也。近侍之人,日近君侧,诈称私行体察事情,则易于乱民惑众,故坐斩以重惩之。

【1740】6.24.362　近侍诈称私行官实而事诈。(略)

诈为瑞应

律　文

【1646】6.24.386

凡诈为瑞应者,杖六十、徒一年。○若有灾祥之类,而钦天监官不以实对者,加二等。

【1670】6.24.385(略)

【1725】6.24.373

律文(略)

注:此惩欺隐之罪,以重休咎之征也。瑞如景星、庆云之类,与事相应曰"瑞"。应本无瑞,应而诈为,是欺罔也,故杖六十、徒一年。若钦天监官遇有灾祥,不以实对,是负职守也,故罪加二等。

臣等谨按:此惩诈欺之罪,以重休咎之征也。瑞为景星、庆云之类,与事相应,曰"瑞应"。前节言官吏、军民诈为瑞应,是欺罔也,故杖六十、徒一年。后节言钦天监官,遇有灾祥之事宜,吉凶无隐。若不以实对,有负职守,故罪加二等。

【1740】6.24.363(略)

诈病死伤避事

律 文

【1646】6.24.387

凡官吏人等,诈称疾病,临事避难如难解之钱粮、难捕之盗贼之类。者,笞四十;如所避之事重者,杖八十。○若犯罪待对,故自伤残者,杖一百;诈死者,杖一百、徒三年。伤残以求免拷讯,诈死以求免出官。所避事重于杖一百、徒三年、者,各从重论。如侵盗钱粮,仍从侵盗重者论。若无避罪之情,但以恐吓诈赖人,故自伤残者,杖八十。其受雇佣为人伤残者,与犯人同罪;因而致死者,减斗杀罪一等。○若当该官司知而听行,谓知其诈病而准改差,知其自残避罪而准作残疾,知其诈死而准住提。与同罪,不知者不坐。

【1670】6.24.386(略)

【1725】6.24.374

凡官吏人等,诈称疾病,临事避难如难解之钱粮、难捕之盗贼之类。者,笞四十;如所避之事重者,杖八十。○若犯罪待对,故自伤残者,杖一百;诈死者,杖一百、徒三年。伤残以求免拷讯,诈死以求免出官。所避事重于杖一百及徒三年者,各从重论。如侵盗钱粮,仍从侵盗重者论。若无避罪之情,但以恐吓诈赖人,故自伤残者,杖八十。其受雇佣为人伤残者,与犯人同罪;因而致死者,减斗杀罪一等。○若当该官司知而听行,谓知其诈病而准改差,知其自残避罪而准作残疾,知其诈死而准住提。与同罪,不知者不坐。

注:此惩托故避事之罪也。凡官吏人等诈称疾病,以避难处之事者,笞四十;事情重者,杖八十。若犯罪待对,故自伤残,祈免讯鞫者,杖一百;诈言死亡者,杖一百、徒三年。所避事重,各从重论。因吓诈、图赖等项故自伤残者,杖八十。其受雇佣为人伤残者,与犯人同罪;因伤残而致人死者,减斗杀罪一等。若当该官司知情而听行者,亦与同罪,不知者不坐。

臣等谨按:此惩托故避事之罪也。首节言官吏人等诈称疾病,以避难处之事者,笞四十;事情重者,杖八十。二节言犯罪待对,故自伤残肤体,祈免讯鞫者,杖一百;诈言死亡不出官者,杖一百、徒三年。所避事重,从重论。若无避罪之情,别因吓诈、图赖等项,故自伤残者,杖八十。其受人雇佣而代为之伤残者,与犯人同罪。因伤残而其人致死者,在其人自有取死之道,而此受雇佣之人,不得免致死人之罪,故减斗杀一等。末节总承上两项言,当该官司知而听行者,各与本犯同罪,至死减一等。

【1740】6.24.364(略)

附律条例

【1725】6.24.374.(1)

【钦定例】一、各省获罪之犯,报称病故者,着该管官员出具印结,并行文原籍地方官稽查。倘有诈称病故者,分别从重治罪。

【1740】6.24.364.(1)(略)

【1725】6.24.374.（2）

【钦定例】一、凡未经到案之犯，报称病故，该抚严饬地方官悉心确查，取具印甘各结报部。倘有捏报等情，日后发觉，定将该地方官与该抚一并严加议处。

【1740】6.24.364.（2）（略）

【1778】○修改

臣等谨按：此条原例内，"该抚严饬地方官悉心确查，取具"之下，载有"印甘各结"字样。嗣于乾隆三十一年（1766）十二月内，吏部议复河南巡抚阿思哈条奏，一切案件如于文外复取印结者，准其停取。谨将"印甘各结"一句改为"甘结"二字，拟合声明。

一、凡未经到案之犯，报称病故，该抚严饬地方官悉心确查，取具甘结报部。倘有捏报等情，日后发觉，将该地方官与该抚一并严加议处。

【1790】6.24.364.（2）（略）

诈教诱人犯法

律　文

【1646】6.24.388

凡诸人设计用言，教诱人犯法，及和同共事故诱，令人犯法，却自行捕告，或令人捕告，欲求赏给，或欲陷害人得罪者，皆与犯法之人同罪。罪止杖流。"和同令人犯法"，看"令"字，还是教诱人，而又和同犯法也。若止和同犯法，则宜用自首律。

【1670】6.24.387（略）

【1725】6.24.375

律文（略）

注：此专言诈诱人之罪，以惩奸险也。设计用言诱人犯法，或和同共事，故诱人犯法后，却暗自捕告或令人捕告求赏，或欲陷害其人，故使之得罪，以快私忿。是人之犯法，皆由教诱之人所致，故与犯法人同罪，但至死减一等，不得引自首及代首免罪之律。

臣等谨按：此专言诈诱人之罪，以惩奸险也。前言设计用言诱人犯法，次言和同共事，故诱人犯法，又暗自捕告或令人捕告求赏。末言欲陷人得罪，以快私忿。是人之犯法，皆由教诱之人所致，故与犯法人同罪，但至死减一等，不得引自首及代首免罪之律。

【1740】6.24.365（略）

附律条例

【1725】6.24.375.（1）

【钦定例】一、雍正五年（1727）十一月内，奉上谕："向来外间常有演习拳棒武艺之人，自号教师，召诱徒众，甚有害于民生风俗。此等多系游手好闲、不务本业之流，诱惑愚民。而强悍少年投之学习，废弛营生之道。群居终日，尚气角胜。以致赌博酗酒、斗狠打降之类，往往由此而起。甚且有以行教为名，窥探村庄人家之虚实，因而勾引劫盗窃贼扰累地方者。况拳棒之技艺，国家无用。若言愚民学习，可以防身御侮，不知学习拳棒者能几人，天下人民未有尽习拳棒之理。果使人人谨遵国法，为善良，尚廉耻，则盗贼之风尽息，而斗讼之累自消，又何须拳棒以为防乎？若使实有膂力勇健过人者，何不习学弓马，或就武科考试，或投营伍食粮，为国家效力，以图荣身上进，讵美不乎？岂可私行教习，作为无用，诱惑小民，以为人心风俗之害，甚属无益。着各省督抚，转饬地方官，将拳棒一事严行禁止。如有仍前敢于自号教师，以演弄拳棒教人及投师学习者，即行拿究。庶游手浮荡之徒，知有儆惧，好勇斗狠之习，不致渐染，而民俗可归于谨厚矣。特谕。”

【1740】○修改

臣等谨按：此条系钦奉上谕，今恭纂为例，以便引用。查雍正十二年（1734），刑部复准御史吴元安条奏，演弄拳棒本犯及地保人等，均有治罪之条；地方文武各官，亦定有失察处分，俱应增入。谨将增并例文，开列于后。

一、游手好闲不务本业之流，自号教师，演弄拳棒教人，及投师学习，并轮叉舞棍，遍游街市，射利惑民者，严行禁止。如有不遵，一经拿获，将本犯照违制律治罪，仍枷号一个月。拿获之衙门，即行发落，递回原籍。如坊店、寺院容留不报，地保人等不行查拿，均照不应重律杖八十。地方文武各官失于觉察，照例议处。

【1740】6.24.365.（1）

一、游手好闲不务本业之流，自号教师，演弄拳棒教人，及投师学习，并轮叉舞棍，遍游街市，射利惑民者，严行禁止。如有不遵，一经拿获，将本犯杖一百、流三千里；随同学习者，杖一百、徒三年，限满递籍，严加管束。如坊店、寺院容留不报，地保人等不行查拿，均照不应重律，杖八十。地方文武各官失于觉察，照例议处。若讯明旧日曾学拳棒，迨奉禁以后，并未辗转教人，亦不游街射利者，免议。

【1814】○修改

臣等谨按：嘉庆十八年（1813）十二月内，臣部议奏“传习白阳等教分别治罪条例”一折内称，查定例自号教师，演弄拳棒教人，及投师学习，并轮叉舞棍，遍游街市，射利惑民者，照违制律杖一百，枷号一个月。伏思此等不务本业之流，均为风俗民生之害，自当严加惩创，俾知敛戢。议请嗣后此等人犯，俱改拟杖一百、流三千里。若讯明旧日曾学拳棒，迨奉禁以后，并未辗转教人，亦不游街射利者，方予免议等因奏准，通行在案。再查自号教师，自应拟以杖流，若仅止随同学习，应量减一等，杖一百、徒三年，以昭平允。应于例内一并修辑，以便引用。谨将修改例文，开列于后。

一、游手好闲不务本业之流，自号教师，演弄拳棒教人，及投师学习，并轮叉舞棍，遍游街市，射利惑民者，严行禁止。如有不遵，一经拿获，将本犯杖一百、流三千里；随同学习者，杖一百、徒三年，限满递籍，严加管束。如坊店、寺院容留不报，地保人等不行查拿,均照不应重律,杖八十。地方文武各官失于觉察,照例议处。若讯明旧日曾学拳棒,迨奉禁以后,并未辗转教人,亦不游街射利者,免议。

【1825】6.24.365.(4)(略)

【1761】○续纂

一、苗、猺、狑、獞所住地方,如有外来匪徒教诱犯法,即视所犯之人,如罪应拟杖者,将教诱之人加一等治罪;徒罪以上,教诱之人比照住居苗寨教诱为乱例,问发边远充军;犯该死罪者,教诱之人,与本犯一例拟以斩、绞,遇赦不宥。失察之地方官,照徇庇例议处;隐讳故纵者,照溺职例革职。

臣等谨按:此条系乾隆二十五年(1760)九月内,臣部议复原任广西按察使申梦玺条奏定例,应纂辑以便遵行。

【1768】6.24.365.(2)(略)

【1825】6.24.365.(1)(略)

【1767】○续纂

一、凡土官延幕,必将所延之姓名、年籍,通知专辖州县确加查验。人果端谨,实非流棍,加结通报,方准延入。若知系犯罪之人,私聘入幕,并延请后纵令犯法者,照职官窝匿罪人例革职。如有私聘私就者,即令专辖州县,严加驱逐。若土幕教诱犯法,即视其所犯之轻重,俱照匪徒教诱犯法加等例治罪。败露潜逃,即行指拿重惩。私聘之文武土官,及失察之该管州县,交部分别议处。

臣等谨按:此条系乾隆三十年(1765)十二月,广西布政使淑宝条奏定例,应纂辑遵行。

【1768】6.24.365.(3)(略)

【1825】6.24.365.(2)(略)

【1795】○续纂

一、凡地方官有被参降革治罪之案,严究幕友、长随、书役等。除犯诈赃、诬拿等项罪有正条者,仍照例办理外,其但系倚官滋事,怂令妄为,累及本官者,各按本官降革处分上加一等。如本官应降一级者,将该犯杖七十;降二级、三级者,以次递加;至革职者,杖六十、徒一年。本官罪应拟徒者,亦各以次递加一等,加至徒三年而止。至总徒、准徒、军、流以上者,均与同罪。徒罪以下,将该犯递回各原籍,分别充徒管束,永远不准复充。如有犯罪之后,仍潜身该地,欺瞒后任,改易姓名复充者,察实严加治罪。

臣等谨按:乾隆五十五年(1790)三月内,闽省嘉义县知县唐时勋,听从幕友潘鸿绪,将械斗顶凶重案,改作斗殴具报。钦奉谕旨:"嗣后各省劣幕,有似此主使作弊,致本官犯罪者,俱着与本官同罪,不得稍从宽减。著为令,钦此。”又五十七年(1792)七月内,山东巡抚、觉罗吉庆奏“参博山县知县武亿任听衙役妄拿平民,滥行重责,拖累无辜”一折,钦奉谕旨,令臣等将书吏等借势妄为,累及平民,致本官降革者,酌议治罪。经臣部议请,嗣后凡地方官有应参降革治罪之案,该督抚先饬该管各上司,严究幕友、长随、书役等,如有怂恿、愚弄情事,先行拘拿看守,毋使逃匿,除舞弊诈赃,及捕役借端诬拿平民,并奉差缉贼,滥拿充数等项,罪有正条者,俱照例办理外,其审无前项情弊,但有倚官滋事,怂令妄为,累及本官者,各按本官降革处分上加一等。本官降一级,将该犯杖七十;降二级者,杖八十;降三级者,杖九十;降四级者,杖一百;至革职者,即拟杖六十、徒一年。如本官罪止拟徒,亦各于本官罪上加一等治罪。籍隶本地者,即交本地方官;系外籍者,递回原籍,均严加管束,永远不许复充。其本官罪至军、流、外遣者,仍遵照前奉谕旨,与本官同罪,不得稍从宽减。如罪犯杖、徒之后,仍潜身该地,欺瞒后任,改易姓名复充者,令该督抚详加查察。一经得实,即严参治罪等因。奉旨:“依议。”钦遵各在案,应纂辑遵行。

【1802】6.24.365.(4)(略)

【1825】6.24.365.(3)(略)

【刑律·犯奸】

犯　奸

律　文

【1646】6.25.389

凡和奸，杖八十；有夫者，各杖九十。刁奸者，无夫、有夫，杖一百。○强奸者，绞。监候。未成者，杖一百、流三千里。凡问强奸，须有强暴之状、妇人不能挣脱之情，亦须有人知闻，及损伤肤体、毁裂衣服之属，方坐绞罪。若以强合，以和成，犹非强也。如一人强捉，一人奸之，行奸人问绞，强捉问未成流罪。又如见妇人与人通奸，见者因而用强奸之，已系犯奸之妇，难以强论，依刁奸律。○奸幼女十二岁以下者，虽和同强论。○其和奸、刁奸者，男女同罪。奸生男女，责付奸夫收养。奸妇从夫嫁卖，其夫愿留者听。若嫁卖与奸夫者，奸夫、本夫各杖八十，妇人离异归宗，财物入官。○强奸者，妇女不坐。○若媒合容止人在家通奸者，各减犯人和、刁罪一等。○如人犯奸已露，而代私和奸事者，各减和、刁、强二等。○其非奸所捕获，及指奸者，勿论。若奸妇有孕，奸妇虽有据，而奸夫则无凭，罪坐本妇。

【1670】6.25.388（略）

【1725】6.25.376

凡和奸，杖八十；有夫者，杖九十。刁奸者，无夫、有夫，杖一百。○强奸者，绞。监候。未成者，杖一百、流三千里。凡问强奸，须有强暴之状、妇人不能挣脱之情，亦须有人知闻，及损伤肤体、毁裂衣服之属，方坐绞罪。若以强合，以和成，犹非强也。如一人强捉，一人奸之，行奸人问绞，强捉问未成流罪。又如见妇人与人通奸，见者因而用强奸之，已系犯奸之妇，难以强论，依刁奸律。○奸幼女十二岁以下者，虽和同强论。○其和奸、刁奸者，男女同罪。奸生男女，责付奸夫收养。奸妇从夫嫁卖，其夫愿留者听。若嫁卖与奸夫者，奸夫、本夫各杖八十，妇人离异归宗，财物入官。○强奸者，妇女不坐。○若媒合容止人在家通奸者，各减犯人和、刁罪一等。○如人犯奸已露，而代私和奸事者，各减和、刁、强二等。○其非奸所捕获，及指奸者，勿论。若奸妇有孕，奸妇虽有据，而奸夫则无凭，罪坐本妇。

注：此禁奸淫以端风化也。首节定和奸、刁奸之罪。凡和同奸淫者，奸夫坐重杖；奸有夫之妇者，加一等。刁巧诱骗通奸者，坐满杖。二节定强奸之罪。和是两相情愿，刁亦甘心被诱，惟强则妇人本守贞操，而用强奸之，故奸夫绞候，未成者满流。三节定奸幼女之罪。十二岁以下幼女，情窦未开，易欺易制，纵有和情，亦是被其诱惑，故虽和亦同强论。四节定和奸、刁奸之处分。和奸、刁奸，男女同罪矣。或因奸而生有男女，亦不忍伤其生，故责付奸夫收养。奸妇或嫁或卖或留，悉听其夫自愿。若嫁卖与奸夫，则违断纵淫，本夫亦有罪，故与奸夫各坐重杖，妇人离异归宗，财物入

官。五节宽被强妇女之处分。强奸者,妇人为强暴所制,力不能敌,致玷名节,其情亦可矜悯,故不坐罪。六节定媒合奸情之罪。凡和奸、刁奸,有人为之媒合,及容其居止通奸者,是导人为淫恶之事,故各减和、刁罪一等。七节定私和奸事之罪。奸事私和,则长奸恶之风,故减和、刁、强罪二等。八节慎执奸、诬奸之罪。奸情易于诬执,若非奸所捕获者,皆勿论。至因奸有孕,在奸妇有凭,而奸夫无据,止坐妇女奸罪,候产限满日杖决。奸生男女,令本妇收养。

臣等谨按:此禁奸淫以端风化也。首节定和奸、刁奸之罪。凡和同奸淫者,奸夫坐重杖;奸有夫之妇者,加一等。刁巧诱骗,引妇人出外通奸者,坐满杖。二节定强奸之罪。和是男女相愿,刁必从和来,惟强则妇人本守贞操,而用强奸之,故奸夫绞监候,未成满流。三节定奸幼女之罪。十二岁以下幼女,情窦未开,易欺易制,纵有和情,亦是被其诱惑,故虽和以同强论。四节定和奸、刁奸之处分。和奸、刁奸,男女同罪矣。或因奸而生有男女,亦不忍伤其生,故责付奸夫收养。奸妇或嫁或卖或留,悉听其夫自愿。若嫁卖与奸夫,则违断纵淫,本夫亦有罪,故奸夫与本夫各坐重杖,妇人离异归宗,财物入官。五节定强奸妇女之处分。强奸者,非妇人之得已矣。因力不能敌,为强暴所污,情当矜悯,故不坐罪。六节定媒合奸情之罪。凡和奸、刁奸,有人为之媒合,及容其居止通奸者,是导人为淫恶之事,故各减和、刁罪一等。七节定私和奸事之罪。奸事合行法处,私和则长奸恶之风,故减和、刁、强罪二等。八节定执奸、指奸之罪。奸情无迹,易于诬执。若非奸所捕获,但指称某与某通奸,无所勘据者,皆勿论。若妇女因奸有孕,在奸妇有凭,而奸夫无据,止坐妇女和奸之罪,保管候产,限满之日杖决。奸生男女,即责令收养。

【1740】6.25.366(略)

附律条例

＊【1680】6.25.217 刑部现行则例·犯奸·奸情

一、凡职官与相等职妇通奸者,男、妇俱拟绞,秋后处决。凡职官与在家军民人妻通奸者官,革职,不准折赎,鞭一百;妇女枷号一个月,鞭一百,给与本夫。凡军民人等与职官妻通奸者,男、妇俱拟绞,秋后处决。如出征者,俟伊夫回日处决。凡在家军民与出征人妻通奸,男、妇俱拟绞,俟伊夫回日处决。伊夫欲杀者,秋后处决。如伊夫有恳免者,奸夫、奸妇俱枷号两个月,鞭一百,其妇仍给本夫。如奸夫系官,奸妇之夫又恳处死伊妻者,奸妇处死,奸夫革职,枷号三个月,不准折赎,鞭一百。凡军民人等与相等人妻通奸者,男、妇各枷号一个月,鞭一百,其妇仍给本夫。凡家长奸家下有夫之妇,被旁人出首审实者,其主照不应轻律笞四十;如系职官,交与该部。妇人免罪。凡奴仆及无甲胄贱人通奸者,不分出兵、在家,俱各鞭一百。凡官员、军民人等之侍妾与军民人等及与别家奴仆通奸者,男、妇俱鞭一百。若本主侍妾与家下奴仆通奸者,男、妇各拟绞,秋后处决。此内职官有犯,罪至于死者,具题完结;如鞭责、枷号之罪,部内照常发落。及民人犯奸,亦照此例治罪。

【1725】○增入

原拟:现行例内一条,类于此律,应增入。

【现行例】【1680】6.25.217 刑部现行则例·犯奸·奸情(略)

原拟:此条内奴仆、家长之妾一段,及家长奸家人之妇一段,与奴仆奸家长妻正律相符,应附入彼处。其奸出征人妻一段,仍存部遵行,拟不入律。再字句太繁,亦拟删改,开载于后。

【原改现行例】一、凡职官及军民奸职官妻者,奸夫、奸妇并绞监候。若职官奸军民妻者,革职,杖一百的决;奸妇枷号一个月,杖一百。其军民相奸者,奸夫、奸妇各枷号一个月,杖一百。其奴婢相奸,不分一主各主,及军民与官员军民之妾婢相奸者,奸夫、奸妇各杖一百。

【1725】6.25.376.(1)【增例】(略)

【1740】6.25.366.(1)(略)

【1725】6.25.376.(2)

【钦定例】一、凡有轮奸之案,审实,俱照光棍例分别首从定拟。

【1740】6.25.366.(2)(略)

【1801】○修改

臣等谨按:此条系雍正五年(1727)定例。查轮奸之案,照光棍例,分别首、从定拟,系指同奸者而言。至同谋并未同奸之犯,例无治罪专条。向来外省办理此等案件,有比照恶徒伙众抢掠良人子弟强行鸡奸案内并未同奸之余犯,同拟发遣者;有于光棍为从绞候上减等拟流者,办理未能画一。臣部以既系轮奸,其强暴之状,即与抢掠良人子弟强行鸡奸无异,随案驳改发遣。但例无明文,各省鲜所依据。应于例内添叙详晰,以便引用。又查轮奸已经犯奸妇女,作何治罪,例内亦无明文。外省遇有此等案件,随案量减拟流,俱经臣部照复有案。但强奸未成,律应拟流。轮奸已经犯奸之妇,虽与良人妇女有间,然伙众轮奸,情节凶暴,若与强奸未成者一律拟流,未免无所区别。应将首犯改发黑龙江为奴,从犯杖一百、流三千里;同谋未经同奸余犯杖一百、徒三年。如犯奸妇女既经悔过自新,讯有确证者,仍以轮奸良人妇女论。应添入,以昭赅备。谨将修改例文,开列于后。

一、轮奸良人妇女之案,审实,照光棍例,为首,拟斩立决;为从同奸者,拟绞监候;同谋未经同奸余犯,发遣黑龙江给披甲人为奴。若轮奸已经犯奸妇女者,为首,发遣黑龙江给披甲人为奴;为从同奸者,杖一百、流三千里;同谋未经犯奸余犯,杖一百、徒三年。如妇女犯奸后,已经悔过自新,讯有确证者,仍以良人妇女论。

【1802】6.25.366.(11)(略)

【1810】○修改

臣等谨按:嘉庆十三年(1808)二月内,陕西巡抚方维甸咨"咸宁县审详赵元盛等商谋轮奸蔡夏氏未成"一案,因律例内并无商谋轮奸未成作何治罪专条。惟查轮奸例内,有同谋未经同奸余犯发遣一条,将赵元盛比照同谋轮奸良人妇女未经同奸余犯发遣例,发黑龙江给披甲人为奴；为从之叶士彪、赵得禄，俱比照轮奸为从绞罪上减一等，杖一百、流三千里等因，经臣部照拟核复在案。是例内既无明文，自应即照此案添纂入例，以便引用。再查轮奸犯奸妇女，亦无未成治罪之条。查聚众伙抢犯奸妇女例内，“未成，首犯杖一百、流三千里，从犯杖一百、徒三年”等语。是伙抢犯奸妇女与轮奸犯奸妇女，事同一例，亦请于例内一并添辑，以昭赅备。谨将修改例文，开列于后。

一、轮奸良人妇女已成之案，审实，照光棍例，为首，拟斩立决；为从同奸者，拟绞监候；同谋未经同奸余犯，发遣黑龙江给披甲人为奴。若轮奸未成，为首，发遣黑龙江给披甲人为奴；为从，杖一百、流三千里。轮奸已经犯奸妇女，已成者，为首，发遣黑龙江给披甲人为奴；为从同奸者，杖一百、流三千里；同谋未经同奸余犯，杖一百、徒三年。若轮奸未成，为首，杖一百、流三千里；为从，杖一百、徒三年。如妇女犯奸后，已经悔过自新，讯有确证者，仍依良人妇女论。

【1814】○修并、分辑

【原例】【1802】6.25.366.(11)条【1810】修改例文(略)、【1806】续纂“一、凡轮奸已成，本妇因而自尽者……”条(略)

臣等谨按：嘉庆十九年(1814)三月内，臣部“酌修轮奸致死妇女分别治罪条例”一折内称，查轮奸已成，致本妇自尽，分别定拟斩、绞立决，例有明文。其轮奸已成，杀死本妇，及轮奸未成，杀死本妇，或致本妇自尽，均未载及。且本妇自尽一条，系专指良妇而言。至犯奸妇女，或致令自尽，将轮奸杀死良妇，与轮奸杀死犯奸妇女，或致令自尽，于原例内逐条添纂明晰，以昭赅备。并声明嘉庆十七年(1812)十月，臣部奏定轮奸案内应发黑龙江为奴之犯，俱改发回城给伯克及回子为奴等因，奏蒙允准，通行在案。谨将修改例文二条，开列于后。

一、轮奸良人妇女已成之案，审实，照光棍例，为首拟斩立决；为从同奸者，拟绞监候；同谋未经同奸余犯，发回城给伯克、回子为奴。因而杀死本妇者，首犯拟斩立决、枭示；为从同奸又帮同下手者，拟斩立决；同奸而未下手，及下手而未同奸者，均拟绞立决；其同谋而并未下手又未同奸者，发回城给伯克、回子为奴。如致本妇自尽者，首犯拟斩立决；为从同奸之犯，均拟绞立决；同谋未经同奸余犯，发回城给伯克、回子为奴。若伙谋轮奸未成，审有实据者，为首发回城给伯克、回子为奴，为从杖一百、流三千里。因而杀死本妇者，首犯拟斩立决；为从帮同下手者，拟绞立决；未经下手者，发回城给伯克、回子为奴。如致本妇自尽者，首犯拟斩监候，为从发回城给伯克、回子为奴。

一、轮奸已经犯奸妇女已成者，为首发回城给伯克、回子为奴；为从同奸者，杖一百、流三千里；同谋未经同奸余犯，杖一百、徒三年。因而杀死本妇者，首犯拟斩立决；下手为从同奸者拟绞立决，未同奸者绞监候；同奸而未下手者，发回城给伯克、回子为奴；并未同奸又未下手者，杖一百、流三千里。如致本妇自尽者，首犯拟绞监候；为从同奸者，发回城给伯克、回子为奴；同谋未经同奸余犯，杖一百、流三千里。若轮奸未成,首犯杖一百、流三千里,为从杖一百、徒三年。因而杀死本妇者,首犯拟斩监候;为从除案系谋杀,仍照谋杀本律,分别曾否加功问拟外,如系殴杀,帮同下手者,发回城给伯克、回子为奴;未经下手者,杖一百、徒三年。如致本妇自尽者,首犯发回城给伯克、回子为奴,为从杖一百、徒三年。如妇女犯奸后,已经悔过自新,审有确证者,仍以良人妇女论。

【1821】○修改

修改按语见【1740】6.25.366.(3)条【1821】修改项下。

【1825】6.25.366.(12)(略)

【1825】6.25.366.(13)(略)

【1825】6.25.366.(12)

一、轮奸良人妇女已成之案,审实,照光棍例,为首拟斩立决;为从同奸者,拟绞监候;同谋未经同奸余犯,改发云贵两广烟瘴地方充军。因而杀死本妇者,首犯拟斩立决、枭示;为从同奸又帮同下手者,拟斩立决;同奸而未下手,及下手而未同奸者,均拟绞立决;其同谋而并未下手又未同奸者,发回城给伯克、回子为奴。如致本妇自尽者,首犯拟斩立决;为从同奸之犯,均拟绞立决;同谋未经同奸余犯,发回城给伯克、回子为奴。若伙谋轮奸未成,审有实据者,为首改发云贵两广烟瘴地方充军,为从杖一百、流三千里。因而杀死本妇者,首犯拟斩立决;为从帮同下手者,拟绞立决;未经下手者,发回城给伯克、回子为奴。如致本妇自尽者,首犯拟斩监候,为从发回城给伯克、回子为奴。

【1830】○修改

臣等谨按:道光六年(1826)十一月内,军机大臣会同臣部,议复直隶总督那彦成奏"调剂新疆遣犯"折内,请将轮奸良人妇女已成杀死本妇案内同谋而未下手又未同奸者,轮奸致本妇自尽同谋未经同奸者,伙谋轮奸未成杀死本妇为从未经下手者,如致本妇自尽为从者,俱发回城为奴各条,均改发极边足四千里充军等因奏准,通行在案。例内发回城之处,应行修改。惟查轮奸良人妇女已成杀死本妇案内同谋而未下手又未同奸者,轮奸致本妇自尽同谋未经同奸者,伙谋轮奸未成杀死本妇为从未经下手者,如致本妇自尽为从者,以上应发回城为奴四项人犯,业已奏明改发极边足四千里充军。其轮奸已成同谋未经同奸余犯,及伙谋轮奸未成首犯,以上二项,并未酿命,若仍照原例发云贵两广极边烟瘴充军,未免倒置。自应遵照原奏,按等递减。请将发遣回城为奴改为极边足四千里充军四项,发云贵两广极边烟瘴充军;其应发云贵两广极边烟瘴充军二项,改为发极边足四千里充军,以示区别而昭平允。谨将修改例文,开列于后。

一、轮奸良人妇女已成之案,审实,照光棍例,为首拟斩立决;为从同奸者,拟绞监候;同谋未经同奸余犯,改发极边足四千里充军。因而杀死本妇者,首犯拟斩立决、枭示;为从同奸又帮同下手者,拟斩立决;同奸而未下手,及下手而未同奸者,均拟绞立决;其同谋而并未下手又未同奸者,改发云贵两广极边烟瘴充军。如致本妇自尽者,首犯拟斩立决;为从同奸之犯,均拟绞立决;同谋未经同奸余犯,改发云贵两广极边烟瘴充军。若伙谋轮奸未成,审有实据者,为首改发极边足四千里充军,为从杖一百、流三千里。因而杀死本妇者,首犯拟斩立决;为从帮同下手者,拟绞立决;未经下手者,改发云贵两广极边烟瘴充军。如致本妇自尽者,首犯拟斩监候,为从改发云贵两广极边烟瘴充军。

【1845】○修复

臣等谨查:此条例文从前旧例内载"轮奸良人妇女已成,同谋未经同奸余犯,改发云贵两广烟瘴地方充军。因而杀死本妇,其同谋并未下手又未同奸者,发回城给伯克、回子为奴。如致本妇自尽者,同谋未经同奸余犯,发回城给伯克、回子为奴。若伙谋轮奸未成,审有实据者,为首改发云贵两广烟瘴地方充军。因而杀死本妇,为从未经下手者,发回城给伯克、回子为奴。如致本妇自尽者,为从发回城给伯克、回子为奴"等语。嗣于道光六年(1826)十一月内,据原任陕甘总督那彦成奏请调剂新疆遣犯,经军机大臣会同臣部议,将各项内应发回城为奴者,均改发云贵两广极边烟瘴充军。其本例内应发云贵两广极边烟瘴充军者,改为改发极边足四千里充军奏准,纂入例册在案。兹道光二十四年(1844)六月内,据升任贵州巡抚贺长龄奏请"调剂军犯章程"一折,复经军机大臣会同臣部,议请嗣后新疆遣犯各照旧发往,其例发四省充军之犯,亦应实发等因具奏。奉上谕:"据军机大臣会同刑部议奏'贵州军犯拥挤,酌减调剂'等语。新疆遣犯改发内地,恐人数众多,不特约束难周,且与民风大有关碍。非若新疆地方辽阔,外遣人犯易于安插。所有旧时改发内地各条,着仍照旧发往新疆,交该将军设法妥为安插。并严饬所属,认真查核,严加管束,毋令滋生事端,俾期积久无弊。余依议。钦此。"是新疆等处以及云贵两广人犯,既各应照旧发往,其轮奸已成、未成,分别首从问发回城,及改发云贵两广之原例,现在犹存,足资引用。此条系属赘文,应行删除。

一、轮奸良人妇女已成之案,审实,照光棍例,为首拟斩立决;为从同奸者,拟绞监候;同谋未经同奸余犯,改发云贵两广烟瘴地方充军。因而杀死本妇者,首犯拟斩立决、枭示;为从同奸又帮同下手者,拟斩立决;同奸而未下手,及下手而未同奸者,均拟绞立决;其同谋而并未下手又未同奸者,发回城给伯克、回子为奴。如致本妇自尽者,首犯拟斩立决;为从同奸之犯,均拟绞立决;同谋未经同奸余犯,发回城给伯克、回子为奴。若伙谋轮奸未成,审有实据者,为首改发云贵两广烟瘴地方充军,为从杖一百、流三千里。因而杀死本妇者,首犯拟斩立决;为从帮同下手者,拟绞立决;未经下手者,发回城给伯克、回子为奴。如致本妇自尽者,首犯拟斩监候,为从发回城给伯克、回子为奴。

【1847】6.25.366.(12)(略)

【1852】○修改

一、轮奸良人妇女已成之案,审实,照光棍例,为首拟斩立决;为从同奸者,拟绞监候;同谋未经同奸余犯,发黑龙江给披甲人为奴。因而杀死本妇者,首犯拟斩立决、枭示;为从同奸又帮同下手者,拟斩立决;同奸而未下手,及下手而未同奸者,均拟绞立决;其同谋而并未下手又未同奸者,发黑龙江给披甲人为奴。如致本妇自尽者,首犯拟斩立决;为从同奸之犯,均拟绞立决;同谋未经同奸余犯,发黑龙江给披甲人为奴。若伙谋轮奸未成,审有实据者,为首发黑龙江给披甲人为奴,为从杖一百、流三千里。因而杀死本妇者,首犯拟斩立决;为从帮同下手者,拟绞立决;未经下手者,发黑龙江给披甲人为奴。如致本妇自尽者,首犯拟斩监候,为从发黑龙江给披甲人为奴。

谨案:咸丰元年(1851),将轮奸案内同谋未经下手余犯、轮奸妇女未成及轮奸犯奸妇女已成各首犯发回城为奴者,俱改发黑龙江给披甲人为奴。

【1870】6.25.366.(12)(略)

【1825】6.25.366.(13)

一、轮奸已经犯奸妇女已成者,为首改发云贵两广烟瘴地方充军;为从同奸者,杖一百、流三千里;同谋未经同奸余犯,杖一百、徒三年。因而杀死本妇者,首犯拟斩立决;下手为从同奸者拟绞立决,未同奸者绞监候;同奸而未下手者,发回城给伯克、回子为奴;并未同奸又未下手者,杖一百、流三千里。如致本妇自尽者,首犯拟绞监候;为从同奸者,发回城给伯克、回子为奴;同谋未经同奸余犯,杖一百、流三千里。若轮奸未成,首犯杖一百、流三千里,为从杖一百、徒三年。因而杀死本妇者,首犯拟斩监候;为从除案系谋杀,仍照谋杀本律,分别曾否加功问拟外,如系殴杀,帮同下手者,发回城给伯克、回子为奴;未经下手者,杖一百、徒三年。如致本妇自尽者,首犯发回城给伯克、回子为奴,为从杖一百、徒三年。如妇女犯奸后,已经悔过自新,审有确证者,仍以良人妇女论。

【1830】○修改

臣等谨按:道光六年(1826)十一月内,军机大臣会同臣部,议复直隶总督那彦成奏"调剂新疆遣犯"折内,请将轮奸犯奸妇女已成杀死本妇同奸而未下手者,如致本妇自尽为从同奸者,轮奸未成殴杀本妇帮同下手者,如致本妇自尽为首者,俱发回城为奴各条,均改发极边足四千里充军等因奏准,通行在案。例内发回城之处,应行修改。谨将修改例文,开列于后。

一、轮奸已经犯奸妇女已成者,为首改发云贵两广烟瘴地方充军;为从同奸者,杖一百、流三千里;同谋未经同奸余犯,杖一百、徒三年。因而杀死本妇者,首犯拟斩立决;下手为从同奸者拟绞立决,未同奸者绞监候;同奸而未下手者,改发极边足四千里充军;并未同奸又未下手者,杖一百、流三千里。如致本妇自尽者,首犯拟绞监候;为从同奸者,改发极边足四千里充军;同谋未经同奸余犯,杖一百、流三千里。若轮奸未成,首犯杖一百、流三千里,为从杖一百、徒三年。因而杀死本妇者,首犯拟斩监候;为从除案系谋杀,仍照谋杀本律,分别曾否加功问拟外,如系殴杀,帮同下手者,改发极边足四千里充军;未经下手者,杖一百、徒三年。如致本妇自尽者,首犯改发极边足四千里充军,为从杖一百、徒三年。如妇女犯奸后,已经悔过自新,审有确证者,仍以良人妇女论。

【1845】○修复

臣等谨查:此条例文从前旧例内载"轮奸犯奸妇女已成,杀死本妇,同奸而未下手者,发回城给伯克、回子为奴。如致本妇自尽,为从同奸者,发回城给伯克、回子为奴。若轮奸未成,因而杀死本妇,系殴杀帮同下手者,发回城给伯克、回子为奴。如致本妇自尽者,首犯发回城给伯克、回子为奴"等语。嗣于道光六年(1826)十一月内,据原任陕甘总督那彦成奏请调剂新疆遣犯,经军机大臣会同臣部,议将各项内应发回城为奴者,均改为改发极边足四千里充军奏准,纂入例册在案。兹道光二十四年(1844)六月内,据升任贵州巡抚贺长龄奏请"调剂军犯章程"一折,复经军机大臣会同臣部,议请嗣后新疆遣犯各照旧发往等因具奏。奉上谕:"据军机大臣会同刑部议奏'贵州军犯拥挤,酌减调剂'等语。新疆遣犯改发内地,恐人数众多,不特约束难周,且与民风大有关碍。非若新疆地方辽阔,外遣人犯易于安插。所有旧时改发内地各条,着仍照旧发往新疆,交该将军设法妥为安插。并严饬所属,认真查核,严加管束,毋令滋生事端,俾期积久无弊。余依议。钦此。"是新疆遣犯,既应照旧发往,其轮奸犯奸妇女已成、未成分别首从问发回城之原例,现在犹存,足资引用。此条系属赘文,应行删除。

一、轮奸已经犯奸妇女已成者,为首改发云贵两广烟瘴地方充军;为从同奸者,杖一百、流三千里;同谋未经同奸余犯,杖一百、徒三年。因而杀死本妇者,首犯拟斩立决;下手为从同奸者拟绞立决,未同奸者绞监候;同奸而未下手者,发回城给伯克、回子为奴;并未同奸又未下手者,杖一百、流三千里。如致本妇自尽者,首犯拟绞监候;为从同奸者,发回城给伯克、回子为奴;同谋未经同奸余犯,杖一百、流三千里。若轮奸未成,首犯杖一百、流三千里,为从杖一百、徒三年。因而杀死本妇者,首犯拟斩监候;为从除案系谋杀,仍照谋杀本律,分别曾否加功问拟外,如系殴杀,帮同下手者,发回城给伯克、回子为奴;未经下手者,杖一百、徒三年。如致本妇自尽者,首犯发回城给伯克、回子为奴,为从杖一百、徒三年。如妇女犯奸后,已经悔过自新,审有确证者,仍以良人妇女论。

【1847】6.25.366.(13)(略)

【1852】○修改

一、轮奸已经犯奸妇女已成者,为首发黑龙江给披甲人为奴;为从同奸者,杖一百、流三千里;同谋未经同奸余犯,杖一百、徒三年。因而杀死本妇者,首犯拟斩立决;下手为从同奸者,拟绞立决;未同奸者,绞监候;同奸而未下手者,发黑龙江给披甲人为奴;并未同奸又未下手者,杖一百、流三千里。如致本妇自尽者,首犯拟绞监候;为从同奸者,发黑龙江给披甲人为奴;同谋未经同奸余犯,杖一百、流三千里。若轮奸未成,首犯杖一百、流三千里,为从杖一百、徒三年。因而杀死本妇者,首犯拟斩监候;为从除案系谋杀,仍照谋杀本律,分别曾否加功问拟外,如系殴杀,帮同下手者,发黑龙江给披甲人为奴;未经下手者,杖一百、徒三年。如致本妇自尽者,首犯发黑龙江给披甲人为奴,为从杖一百、徒三年。如妇女犯奸后,已经悔过自新,审有确证者,仍以良人妇女论。

谨案:咸丰元年(1851),将轮奸案内同谋未经下手余犯、轮奸妇女未成及轮奸犯奸妇女已成各首犯发回城为奴者,俱改发黑龙江给披甲人为奴。

【1870】6.25.366.(13)(略)

【1740】○增入

一、恶徒伙众,将良人子弟抢去强行鸡奸者,无论曾否杀人,仍照光棍例,为首者拟斩立决;为从若同奸者,俱拟绞监候;余犯问拟发遣。其虽未伙众,因奸将良人子弟杀死,及将未至十岁之幼童诱去,强行鸡奸者,亦照光棍为首例斩决。如强奸十二岁以下十岁以上幼童者,拟斩监候;和奸者,照奸幼女虽和同强论律,拟绞监候。若止一人强行鸡奸,并未伤人,拟绞监候。如伤人未死,拟斩监候。其强奸未成者,杖一百、流三千里。如和同鸡奸者,照军民相奸例,枷号一个月,杖一百。倘有指称鸡奸诬害等弊,审实,依所诬之罪反坐,至死减一等;罪至斩决者,照恶徒生事行凶例发遣。

以上二条俱系雍正十二年(1734)定例,原议内"年止十六七岁,尚属童顽无知,有将幼童、幼女强奸者,照已成、未成律减等发落"等语。先据原任江苏巡抚邵基条奏,年至十六七岁,已属成丁,嗜欲日强。至强奸幼童、幼女,法律尤严。若从而减等,无以示儆。又据江西按察使凌焘条奏,"'名例'七十为老,十五为幼,十五以下、十岁以上,犯死罪不准收赎。而十六七岁强奸幼女,犹为减等,似非所以戢淫暴"等语,应如所奏。原议十六七岁减等之处,今删。

【1740】6.25.366.(3)(略)

【1821】○修改

臣等谨按:伙众抢去良人子弟强行鸡奸之余犯,问拟发遣一条,"名例"内系改发回城为奴。嗣于嘉庆二十二年(1817)七月内,臣部议复升任喀什噶尔参赞大臣松福等奏"调剂回疆遣犯"折内,将伙众抢去良人子弟强行鸡奸之余犯,强奸十二岁以下幼女幼童未成,轮奸案内同谋未经同奸余犯,轮奸妇女未成为首,轮奸犯奸妇女已成为首各条,俱改发云贵两广烟瘴地方充军等因,奏准在案。各条原例发回城为奴之处,应行修改。谨将修改例文,开列于后。

一、恶徒伙众,将良人子弟抢去强行鸡奸者,无论曾否杀人,仍照光棍例,为首者拟斩立决;为从若同奸者,俱拟绞监候;余犯改发云贵两广烟瘴地方充军。其虽未伙众,因奸将良人子弟杀死,及将未至十岁之幼童诱去,强行鸡奸者,亦照光棍为首例斩决。如强奸十二岁以下十岁以上幼童者,拟斩监候;和奸者,照奸幼女虽和同强论律,拟绞监候。若止一人强行鸡奸,并未伤人,拟绞监候。如伤人未死,拟斩监候。其强奸未成者,杖一百、流三千里。如和同鸡奸者,照军民相奸例,枷号一个月,杖一百。倘有指称鸡奸诬害等弊,审实,依所诬之罪反坐,至死减一等;罪至斩决者,照恶徒生事行凶例发遣。

【1825】6.25.366.(10)(略)

【1852】○修改

一、恶徒伙众,将良人子弟抢去强行鸡奸者,无论曾否杀人,仍照光棍例,为首者拟斩立决;为从若同奸者,俱拟绞监候;余犯发遣黑龙江给披甲人为奴。其虽未伙众,因奸将良人子弟杀死,及将未至十岁之幼童诱去,强行鸡奸者,亦照光棍为首例斩决。如强奸十二岁以下十岁以上幼童者,拟斩监候;和奸者,照奸幼女,虽和同强论律,拟绞监候。若止一人强行鸡奸,并未伤人,拟绞监候;如伤人未死,拟斩监候。其强奸未成,并未伤人者,拟杖一百、流三千里。如刃伤未死,拟绞监候。如和同鸡奸者,照军民相奸例,枷号一个月,杖一百。倘有指称鸡奸诬害等弊,审实,依所诬之罪反坐,至死减一等;罪至斩决者,照恶徒生事行凶例发极边足四千里充军。

谨按:咸丰元年(1851),将案内强行鸡奸之余犯,改发黑龙江给披甲人为奴。

【1870】6.25.366.(10)(略)

【1740】○增入

一、强奸十二岁以下幼女,因而致死,及将未至十岁之幼女诱去,强行奸污者,照光棍例斩决。其强奸十二岁以下十岁以上幼女者,拟斩监候;和奸者,仍照虽和同强论律,拟绞监候。

按语见【1740】6.25.366.(3)条【1740】增入项下。

【1740】6.25.366.(4)(略)

【1825】6.25.366.(2)(略)

【1740】○增入

一、强奸妇女,除以手足行强,并未执持凶器伤人者,已成、未成,仍照本律定拟外,其因强奸执持金刃凶器戳伤本妇,及拒捕致伤旁人,已成奸者,拟斩监候;未成奸者,拟绞监候。

此条系雍正十二年(1734)定例。

【1740】6.25.366.(5)(略)

【1806】○修改

臣等谨按:嘉庆八年(1803)十二月内,山西巡抚伯麟咨"介休县民曹道泽强奸曹赵氏未成,用铁锹砍伤该氏头上多伤,并用铁火炷扎透手心"一案。该抚以铁锹、火炷均系民间常用之物,并非例载凶器,又非金刃,例无他物致伤强奸未成本妇作何治罪明文。并以威逼人致死条内若强奸人妻女,其夫与父母、亲属闻声赴救,奸夫逞凶拒捕,立时杀死者,拟斩立决;逾数日后,因伤身死者,拟斩监候。今强奸未成例内,但称拒捕致伤旁人,并无夫与父母、亲属字样,是否不论有服、无服,及邻佑外人,皆在其内,未奉分晰,一并咨请部示等因。当经臣部以铁锹、火炷,固系民间常用之物,而伤多且重,虽未便比照凶器拟绞,亦未便仅照本律拟流,自应按照"名例"比附核办。曹道泽因强奸殴伤本妇,与窃盗临时拒伤事主,情本相同,其伤非金刃案,亦符合奸、盗事同一例,自应比照定拟,将曹道泽照窃盗临时拒捕伤非金刃首犯,改发伊犁等处酌拨当差;如年在五十以上,发近边充军。至强奸杀人,较伤人为重。杀人之例既称夫与父母、亲属,则拒伤例内之旁人,亦指有服亲属而言。若如该抚所咨,无服之亲及邻佑外人,皆在其内,是伤人转重于杀人,殊非举重赅轻之义等因咨复。又十年(1805)八月,臣部"遵旨调剂吉林等处安插人犯"折内,议将窃盗临时拒捕,伤非金刃、伤轻平复,将伊犁等处当差一条,仍照旧例改发内地等因奏准,各在案。查窃盗临时拒捕,伤非金刃首犯,系发边远充军;年在五十以上,发近边充军。是窃盗拒捕本例,既经修改,强奸以手足、他物伤人未成,奸者亦应画一改发内地。若已成奸,自应仍照本律,拟绞监候。应于例内添纂明晰,以资引用。谨将修改例文,开列于后。

一、强奸妇女,除并未伤人者,已成、未成,仍照本律定拟外,其因强奸执持金刃凶器戳伤本妇,及拒捕致伤其夫与父母并有服亲属,已成奸者,拟斩监候;未成奸者,拟绞监候。如伤非金刃凶器,已成奸者,拟绞监候;未成奸者,发边远充军,年在五十岁以上,发近边充军。

【1825】○修改

臣等谨按:道光三年(1823)五月内,据河南巡抚程祖洛,以扶沟县民金印图奸桑张氏未成,刃伤本妇,例无治罪明文,咨请部示。经臣部酌议具奏。奉谕旨:"向来图奸未成,刃伤本妇及有服亲属,律例内并无治罪专条。兹据刑部酌议条例请旨,嗣后图奸、调奸妇女未成,罪人如拒伤本妇并其夫与父母及有服亲属,除至残废、笃疾,罪在满徒以上者,无论金刃、他物,俱照殴所捕人至折伤以上律拟绞监候外,其但系刃伤,即照强奸刃伤绞罪上减一等,仍依棍徒生事行凶扰害良人例,发极边足四千里安置。若伤非金刃,仍依罪人拒捕律,加本罪二等问拟,以示区别。该部即通行内外问刑衙门,一体遵照办理,并着纂入则例。钦此。"钦遵在案。臣等再查手足拒殴,亦有致成残废、笃疾者,应请一并增入例内,以资引用。谨将修改例文,开列于后。

一、强奸妇女,除并未伤人者,已成、未成,仍照本律定拟外,其因强奸执持金刃凶器戳伤本妇,及拒捕致伤其夫与父母并有服亲属,已成奸者,拟斩监候;未成奸者,拟绞监候。如伤非金刃凶器,已成奸者,拟绞监候;未成奸者,发边远充军,年在五十以上,发近边充军。其图奸、调奸妇女未成罪人拒伤本妇,并其夫与父母及有服亲属,如至残废、笃疾罪在满徒以上者,无论金刃、手足、他物,俱照殴所捕人至折伤以上律拟绞监候;但系刃伤者,发极边足四千里安置;若伤非金刃,仍依罪人拒捕律,于本罪上加二等问拟。

【1825】6.25.366.(8)(略)

【1746】○续纂

一、凡调奸、图奸未成者，经本妇告知亲族，乡保即时禀明该地方官，审讯如果有据，即酌其情罪之重轻，分别枷号、杖责，报明上司存案。如本家已经投明乡保，该乡保不即禀官，及禀官不即审理，致本妇怀忿自尽者，将乡保照甲长不行，转报窃盗例，杖八十，地方官照例议处。

臣等谨按：此条系乾隆十年（1745）十二月内，臣部议复原任通政使张若霭条奏定例，应纂辑以便遵行。至原议内又称"端方妇女，多畏到官抛头露面，如调奸、图奸未成，当经声喊有据，一讯即可发落，不必妇女到官"等语。此亦养廉耻、维风化之意也。但果证据确凿，该犯供认不讳者，原不必令妇女到官。若事属暧昧，供证疑似，则不加质对，难成信谳。是惟在承审各官，酌量办理。若明著定例，一概不准妇女到官，转恐启狡饰之端。应毋庸纂辑。

【1768】6.25.366.（6）（略）

【1825】6.25.366.（3）（略）

【1751】○续纂

一、凡奸夫拒捕，刃伤应捉奸之人，照窃盗拒捕殴所捕人至折伤以上者，拟绞监候。纵容、抑勒，不用此例。

臣等谨按：此条系乾隆十二年（1747）六月内，大学士会同臣部，议复江南道御史杨朝鼎条奏定例，应纂辑以便遵行。

【1768】6.25.366.（7）（略）

【1825】6.25.366.（4）（略）

【1751】○续纂

一、凡强奸幼女，除十二岁以下十岁以上，仍照例分别斩候、绞候定拟，其奸未至十岁之幼女，应照定例斩决，不得牵引虽和同强律拟绞监候。

臣等谨按：此条系乾隆十三年（1748）五月内，大学士傅恒等条奏定例，应纂辑以便遵行。

【1768】6.25.366.（8）（略）

【1788】○删除

臣等谨按：本门律载"奸十二岁以下幼女者，虽和同强论"，又例载"将未至十岁之幼女诱去强行奸污者，照光棍例斩决；其强奸十二岁以下十岁以上幼女者，拟斩监候；和奸者，仍照虽和同强律拟绞监候"各等语。所有此条内首节，强奸十二岁以下十岁以上幼女，仍照例拟以斩候、绞候定拟；其奸未至十岁之幼女，应照定例斩决者，详查例内已有分晰治罪专条，此条自毋庸重复叠载，致滋繁杂，应请毋庸载入。

【1751】○续纂

一、凡强奸十二岁以下幼女未成,审有确据者,将该犯发遣黑龙江。

臣等谨按:此条系乾隆十四年(1749)十一月内,臣部审拟“廖以仪强奸十一岁幼女未成”一案,附请定例,应纂辑以便遵行。

【1767】○修改

臣等谨按:强奸幼童已成,定例与强奸幼女一同治罪。则强奸未成者,自当照例一体发遣。拟于此条“幼女”下,添入“幼童”二字,以便引用。

一、凡强奸十二岁以下幼女、幼童未成,审有确据者,将该犯发遣黑龙江。

【1768】6.25.366.(9)(略)

【1790】6.25.366.(8)(略)

【1802】6.25.366.(2)(略)

【1810】○修改

臣等谨按:嘉庆十三年(1808)三月内,黑龙江将军观明咨,强奸幼女、幼童未成,发遣人犯有声明“安插”字样者,有声明“为奴”字样者。今四川省咨解遣犯许学荣,并无声明“为奴”“安插”字样,确难遵办。咨请部示等因。经臣部查强奸幼女、幼童未成发遣黑龙江例内,虽无“为奴”字样,而“名例”内有民人犯该发遣者,发黑龙江等处给披甲人为奴之文,自应查照办理,通行各省。嗣后遇有应发黑龙江人犯,于定案时,俱查照“名例”,声明“为奴”字样,以昭画一。并令该将军将许学荣给披甲人为奴等因在案。再查旗人犯该发遣者,系发往当差,应请于例内一并添纂明晰,以便遵行。谨将修改例文,开列于后。

一、凡强奸十二岁以下幼女、幼童未成,审有确据者,民人发遣黑龙江给披甲人为奴,旗人发往当差。

【1814】○修改

臣等谨按:嘉庆十七年(1812)十月内,臣部议复升任吏科给事中西琅阿奏“调剂黑龙江等处遣犯”折内,请将强奸十二岁以下幼女、幼童未成一条,改发回城,酌给大小伯克及力能管束之回子为奴等因奏准,通行在案。例内民人发黑龙江之处,应行修改。谨将修改例文,开列于后。

一、凡强奸十二岁以下幼女、幼童未成,审有确据者,民人发回城给大小伯克及力能管束之回子为奴,旗人发黑龙江当差。

【1821】○修改

修改按语见【1740】6.25.366.(3)条【1821】修改项下。

一、凡强奸十二岁以下幼女、幼童未成,审有确据者,民人改发云贵两广烟瘴地方充军,旗人发黑龙江当差。

【1825】○修改

一、凡强奸十二岁以下幼女、幼童未成,审有确据者,改发云贵两广烟瘴地方充军。

【1825】6.25.366.(11)(略)

【1852】○修改

一、凡强奸十二岁以下幼女、幼童未成，审有确据者，发黑龙江给披甲人为奴。

谨案：咸丰元年(1851)，仍改发黑龙江给披甲人为奴。

【1870】6.25.366.(11)(略)

【1761】○续纂

一、川省啯匪有犯轮奸之案，审实，照强盗律，不分首从皆斩；其同行未成奸者，仍依轮奸本例拟绞监候。如因轮奸而杀死人命者，无论成奸与否，俱照强盗杀人例，奏请斩决、枭示。

臣等谨按：此条系乾隆二十三年(1758)十一月内，臣部议复升任四川按察使吴士端条奏定例，应纂辑以便遵行。

【1768】6.25.366.(10)(略)

【1790】6.25.366.(9)(略)

【1802】6.25.366.(8)(略)

【1825】6.25.366.(5)(略)

【1778】○移改

*【原例】刑律·人命·威逼人致死

【1768】6.19.299.(2)一、凡有因强奸将本妇立时杀死者，拟斩立决。若强奸既成，本妇羞忿自尽，仍照因奸威逼致死律，拟斩监候。至于强奸未成，或但经调戏，本妇羞忿自尽者，俱拟绞监候。

臣等谨按：此条原例与强奸既成未成本妇羞忿自尽并为一条，载在"威逼人致死"门内。查强奸杀命，非威逼可比，并叙一门，殊未明切。拟将强奸杀死本妇一项，分立专条，移载"犯奸"门内。庶与例意相合，亦便检阅，拟合声明。

一、凡有因强奸将本妇立时杀死者，拟斩立决。

【1788】○移并

*刑律·人命·威逼人致死【1790】6.19.299.(2)(略)

【1778】○移入

*【原例】刑律·人命·威逼人致死

【1768】6.19.299.(14)一、凡喇嘛、和尚等，有强奸致死人命者，照光棍例，分别首从，定拟治罪。

臣等谨按：此条系强奸致死人命，并非威逼人致死，载在"威逼人致死"门内，殊与例意未符，谨移入"犯奸"门内。拟合声明。

【1790】6.25.366.(10)

一、凡喇嘛、和尚等,有强奸致死人命者,照光棍例,分别首从定拟。

【1802】6.25.366.(9)(略)

【1825】6.25.366.(6)(略)

【1778】○续纂

一、凡强奸杀死妇女及良家子弟,仍按例问拟斩决外,其有先经和奸,后因别故拒绝,致将被奸之人杀死者,俱仍照谋故、斗殴本律定拟。

臣等谨按:此条系乾隆四十年(1775)十月内,臣部因各省和奸杀命之案,有拟斩决者,有拟监候者,办理多未画一,是以奏准定例,应纂辑遵行。

【1790】6.25.366.(11)(略)

【1802】6.25.366.(10)(略)

【1825】6.25.366.(7)(略)

【1806】○续纂

一、凡轮奸已成,本妇因而自尽者,除首犯仍照例斩决外,其为从同奸之犯,均拟绞立决。

臣等谨按:嘉庆六年(1801)九月内,钦奉谕旨:"轮奸为从之犯,定例绞候,轮奸之本妇羞忿自尽者,亦拟绞候,似无区别。着刑部堂官查议具奏。钦此。"钦遵。当经臣部查匪徒伙众轮奸,致本妇羞忿自尽,若将轮奸酿命各犯,与仅止轮奸未经酿命者一例定拟,似无区别。惟本妇究系自尽,非由被杀,首犯罪止斩决,已无可加。应请仍照原例拟以斩决,其为从同奸各犯改拟绞立决等因,奏准在案。应纂辑为例,以便引用。

【1814】修并、分辑

修并、分辑按语及修并、分辑例文见【1802】6.25.366.(11)条【1814】修并、分辑项下。

【1810】○续纂

一、凡妇女与人父子通奸,致其子因奸谋杀其父,酿成逆伦重案者,将犯奸之妇女,实发驻防给兵丁为奴。

臣等谨按:嘉庆十二年(1807)十一月初二日,奉上谕:"马慧裕奏'审明蔑伦助逆首从各犯,按例正法'一折。此案吕辉同伊父吕怀南,均与傅张氏通奸。因吕怀南妒奸寻杀,吕辉遂起意纠人将吕怀南谋砍致毙。是吕辉之聚麀蔑伦,皆由于傅张氏起衅。且案内张大金、李恒二犯,因系助逆加功,俱已照例绞决,则傅张氏犯奸之罪,自难援照寻常因奸争妒谋命者比例科断。该抚仅拟依纵容妻妾与人通奸奸妇杖九十律的决、离异,未免无所区别。其应如何酌定罪名,重加惩办之处,着该部详悉核拟具奏,并着纂入则例等因,钦此。"当经臣部酌议,妇女犯奸,罪止加杖。此等无耻之妇,既陷人父子于聚麀，复酿成逆伦重案，即加等问拟流、徒，仍准收赎，实不足以示惩戒，请将傅张氏实发驻防给兵丁为奴。并请嗣后凡妇女与人父子通奸，致其子因奸谋杀其父，酿成逆伦重案者，即将犯奸之妇女，实发驻防给兵丁为奴等因，奏准在案。应纂辑为例，以便遵行。

【1825】6.25.366.(9)(略)

纵容妻妾犯奸

律　文

【1646】6.25.390

凡纵容妻妾与人通奸，本夫、奸夫、奸妇各杖九十。抑勒妻妾及乞养女与人通奸者，本夫、义父各杖一百，奸夫杖八十，妇女不坐，并离异归宗。〇若纵容抑勒亲女及子孙之妇妾与人通奸者，罪亦如之。〇若用财买休卖休，因而和同娶人妻者，本夫、本妇及买休人各杖一百，妇人离异归宗，财礼入官。若买休人与妇人用计逼勒本夫休弃，其夫别无卖休之情者，不坐；买休人及本妇各杖六十、徒一年。其因奸不陈告而嫁卖与奸夫者，本夫杖一百，奸夫、奸妇各尽本法。妇人余罪收赎，给付本夫，从其嫁卖。妾减一等。媒合人各减犯人买休及逼勒卖休罪一等。

【1670】6.25.389(略)

【1725】6.25.377

凡纵容妻妾与人通奸，本夫、奸夫、奸妇各杖九十。抑勒妻妾及乞养女与人通奸者，本夫、义父各杖一百，奸夫杖八十，妇女不坐，并离异归宗。〇若纵容抑勒亲女及子孙之妇妾与人通奸者，罪亦如之。〇若用财买休卖休，因而和同娶人妻者，本夫、本妇及买休人各杖一百，妇人离异归宗，财礼入官。若买休人与妇人用计逼勒本夫休弃，其夫别无卖休之情者，不坐；买休人及本妇各杖六十、徒一年。妇人余罪收赎，给付本夫，从其嫁卖。妾减一等。媒合人各减犯人买休及逼勒卖休罪一等。其因奸不陈告而嫁卖与奸夫者，本夫杖一百，奸夫、奸妇各尽本法。

注：此惩自败闺闱之罪，以戒淫风也。首节定纵容妻妾与人通奸，及抑勒妻妾、养女与人通奸之罪。纵容者，本夫与奸夫、奸妇同罪；抑勒妻妾、养女，本夫、义父满杖，奸夫杖八十，妇女不坐罪，并离异归宗。次节定纵容、抑勒亲女及子孙妇妾通奸之罪。伤风败俗之事同，故罪亦如之。不言离异者，纵容、抑勒罪在父母，本夫之义未绝，听其去留可也。三节定买休、卖休及逼勒本夫休弃之罪。用财买人休其妻以为妻妾，及本夫受人财而卖休其妻与人为妻妾者，本夫、本妇及买休之人各杖一百，妇人离异归宗，财礼入官。若买休人与妇人用计逼勒本夫休弃，而其夫别无卖休之情者，夫不坐罪，买休人与本妇各杖六十、徒一年。妇人止决杖一百，余罪收赎，给付本夫，听其嫁卖。若将妾买休、卖休及用计逼人休弃者，各减妻罪一等。媒合人，或妻或妾，各减本犯之罪一等。

臣等谨按（按语与律后总注同，略）。

【1740】6.25.367（略）

亲属相奸

律　文

【1646】6.25.391

凡奸同宗无服之亲，及无服亲之妻者，各杖一百。强者，奸夫斩监候。○奸内外缌麻以上亲，及缌麻以上亲之妻，若妻前夫之女，同母异父姊妹者，各杖一百、徒三年；强者，奸夫监候斩。若奸从祖祖母、从祖祖姑、从祖伯叔母、从祖伯叔姑、从父姊妹、母之姊妹，及兄弟妻、兄弟子妻者，奸夫、奸妇各决绞；惟从祖祖姑、出嫁从祖姑者，监候绞。强者，奸夫决斩。惟强奸小功再从姊妹、堂侄女、侄孙女出嫁降服者，监候斩。○若奸妻之亲生母者，以缌麻亲论之太轻，还比依伯叔父母、母之姊妹论。○若奸父祖妾、伯叔母、姑、姊妹、子孙之妇、兄弟之女者，奸夫、奸妇各决斩。强者，奸夫决斩。○凡奸前项亲属妾各减妻一等；强者，监候绞。其妇女同坐、不同坐，及未成奸、媒合、纵容等件，各详载犯奸律。惟同宗奸生男女，不得混入宗谱，听随便安插。

【1670】6.25.390

凡奸同宗无服之亲，及无服亲之妻者，各杖一百。强者，奸夫斩监候。○奸内外缌麻以上亲，及缌麻以上亲之妻，若妻前夫之女，同母异父姊妹者，各杖一百、徒三年；强者，奸夫斩。监候。若奸从祖祖母、从祖祖姑、从祖伯叔母、从祖伯叔姑、从父姊妹、母之姊妹，及兄弟妻、兄弟子妻者，奸夫、奸妇各决绞；惟从祖祖姑、出嫁从祖姑者，监候绞。强者，奸夫决斩。惟强奸小功再从姊妹、堂侄女、侄孙女出嫁降服者，监候斩。○若奸妻之亲生母者，以缌麻亲论之太轻，还比依伯叔父母、母之姊妹论。○若奸父祖妾、伯叔母、姑、姊妹、子孙之妇、兄弟之女者，奸夫、奸妇各决斩。强者，奸夫决斩。○凡奸前项亲属妾各减妻一等；强者，绞。监候。其妇女同坐、不同坐，及未成奸、媒合、纵容等件，各详载犯奸律。惟同宗奸生男女，不得混入宗谱，听随便安插。

【1725】○修改

原拟：此律小注内“奸妻之亲生母者，以缌麻亲论之太轻，还比依伯叔母、母之姊妹论”等语。查奸伯叔母者，斩立决，奸母之姊妹者，绞立决。罪名不同，应更定画一。再查律首“比附例”内“女婿奸妻母，系败坏人伦，有伤风化，比依本条事例，各斩”等语，应将小注内“母之姊妹”字删去。

臣等谨按：此严败伦内乱之罪，以正风化也。首节定奸同宗无服亲属之罪。凡同宗无服之亲，与同宗无服亲之妻，族虽疏远，名分犹存。不问和奸、刁奸，有夫、无夫，男女各杖一百。强者，奸夫斩监候。言同宗，则外姻无服者应以凡论。二节定奸有服亲属之罪。服至缌麻以上，则其义重，不分同、异姓，其义一也。内外缌麻以上亲，若妻前夫之女，及同母异父姊妹者，俱于义为重，亦不问和、刁，有夫、无夫，各杖一百、徒三年。强者，奸夫坐斩监候。若从祖祖母，即祖亲兄弟之妻；祖姑，即祖亲姊妹；从祖伯叔母，即父同祖堂兄弟之妻；从祖伯叔姑，即父同祖堂姊妹；从父姊妹，即己之同祖堂姊妹；母之姊妹，即己之母姨，以及己兄弟之妻、兄弟子之妻，服虽同为缌麻以上，而于分为至亲。有犯奸者，皆为内乱，奸夫、奸妇各绞；强者，奸夫斩，俱立决。三节定犯奸乱伦之罪。父祖之妾、伯叔母与姑，及己之亲姊妹、子孙之妻、兄弟之女，以上亲属，若有犯奸者，皆为逆伦大变，奸夫、奸妇各斩立决。四节统言奸妾之罪。自同宗无服以下各条，若与妾犯奸者，各减奸妻之罪一等。强者，奸夫坐绞监候。以上奸妇罪不至死者，仍尽犯奸本法，从夫嫁卖，愿留者听。

【1725】6.25.378

凡奸同宗无服之亲，及无服亲之妻者，各杖一百。强者，奸夫斩监候。〇奸内外缌麻以上亲，及缌麻以上亲之妻，若妻前夫之女，同母异父姊妹者，各杖一百、徒三年；强者，奸夫斩。监候。若奸从祖祖母、祖姑、从祖伯叔母、从祖伯叔姑、从父姊妹、母之姊妹，及兄弟妻、兄弟子妻者，奸夫、奸妇各决绞；惟出嫁祖姑、从祖伯叔姑，监候绞。强者，奸夫决斩。惟强奸小功再从姊妹、堂侄女、侄孙女出嫁降服者，监候斩。〇若奸妻之亲生母者，以缌麻亲论之太轻，还比依伯叔母论。〇若奸父祖妾、伯叔母、姑、姊妹、子孙之妇、兄弟之女者，奸夫、奸妇各决斩。强者，奸夫决斩。〇凡奸前项亲属妾各减妻一等；强者，绞。监候。其妇女同坐、不同坐，及未成奸、媒合、纵容等件，各详载犯奸律。惟同宗奸生男女，不得混入宗谱，听随便安插。

注：此严败伦内乱之罪，以正风化也。首节定奸同宗无服亲属之罪。凡同宗无服之亲，与同宗无服亲之妻，族虽疏远，名分犹存。不问和奸、刁奸，有夫、无夫，男、女各杖一百。强者，奸夫斩监候。言同宗，则外姻无服者应以凡论。二节定奸有服亲属之罪。若奸同宗及外姻缌麻以上亲，并缌麻以上亲之妻，若妻前夫之女，及同母异父姊妹者，亦不问和、刁，有夫、无夫，各杖一百、徒三年。强者，奸夫坐斩监候。若从祖祖母，即祖亲兄弟之妻；祖姑，即祖亲姊妹；从祖伯叔母，即父同祖堂兄弟之妻；从祖伯叔姑，即父同祖堂姊妹；从父姊妹，即己之同祖堂姊妹；母之姊妹，即己之母姨；以及己兄弟之妻、兄弟子之妻，服虽同为缌麻以上，而于分为至亲，有犯奸者，皆为内乱，奸夫、奸妇绞决。强者，奸夫拟斩立决。内有监候绞、斩者，照律注定拟。三节定犯奸乱伦之罪。父祖之妾，伯叔母与姑，及己之亲姊妹，子孙之妻，兄弟之女，以上亲属，若有犯奸者，皆为逆伦大变，奸夫、奸妇各斩立决。强者，奸夫决斩。四节统言奸妾之罪。自同宗无服以下各条，若与妾犯奸者，各减奸妻之罪一等。强者，奸夫坐绞监候。以上奸妇罪不至死者，仍尽犯奸本法，从夫嫁卖，愿留者听。

【1740】〇修改

臣等谨按：婿奸妻母，律无明文。注云：依伯叔母，男、妇皆决斩。查婿于妻母，服止缌麻。以缌麻定罪固属太轻，若依伯叔母，情亦相当，而于服制又太悬绝。前经原任江苏巡抚邵基条奏，请将此条量减，以示区别。查从前旧注，原有"依伯叔母及母之姊妹"两义，揆情度义，比依母之姊妹，男、妇并立绞，较为平允。谨将改辑律注，开列于后。

凡奸同宗无服之亲，及无服亲之妻者，各杖一百。强者，奸夫斩监候。〇奸内外缌麻以上亲，及缌麻以上亲之妻，若妻前夫之女，同母异父姊妹者，各杖一百、徒三年；强者，奸夫斩。监候。若奸从祖祖母、祖姑、从祖伯叔母、从祖伯叔姑、从父姊妹、母之姊妹，及兄弟妻、兄弟子妻者，奸夫、奸妇各决绞；惟出嫁祖姑、从祖伯叔姑，监候绞。强者，奸夫决斩。惟强奸小功再从姊妹、堂侄女、侄孙女出嫁降服者，监候斩。○若奸妻之亲生母者，以缌麻亲论之太轻，还比依母之姊妹论。○若奸父祖妾、伯叔母、姑、姊妹、子孙之妇、兄弟之女者，奸夫、奸妇各决斩。强者，奸夫决斩。○凡奸前项亲属妻妾各减一等；强者，绞。监候。其妇女同坐、不同坐，及未成奸、媒合、纵容等件，各详载犯奸律。惟同宗奸生男女，不得混入宗谱，听随便安插。

【1740】6.25.368（略）

附律条例

【1646】6.25.391.（1）

一、凡亲属犯奸至死罪者，若强奸未成，依律问罪，发边卫充军。

【1670】6.25.390.（1）（略）

【1725】6.25.378.（1）【原例】（略）

【1740】6.25.368.（1）（略）

【1768】6.25.368.（1）

一、凡亲属犯奸至死罪者，若强奸未成，依律问罪，发近边充军。

【1778】○修改

臣等谨按：此条原例"亲属犯奸至死罪者，若强奸未成，依律问罪，发近边充军"等语。查"依律问罪"下，既有"发近边充军"之文，其"依律问罪"四字系属闲文，谨拟删去，理合声明。

一、凡亲属犯奸至死罪者，若强奸未成，发近边充军。

【1790】6.25.368.（1）（略）

【1795】○修改

臣等谨按：有服亲属犯奸，律例有军、徒、斩、绞之不同。至强奸未成，只言犯奸至死罪者，发近边充军，而犯奸罪不至死之亲属，遇有强奸未成，例无作何办理明文。查凡人和奸，罪止枷、杖者，有犯强奸未成，即应满流。亲属和奸，虽缌麻服属，奸夫已应附近充军。设有强奸未成，依例拟发近边充军，已较和奸者罪加一等，自属允协。惟和奸罪犯应死之期亲，服属分愈亲，则罪更重。若强奸未成，亦照此一例定拟，殊与缌功服属漫无区别。臣部遇有此等案件，虽经随案酌改，但未明立科条，究恐未能画一遵守。谨拟将和奸应死之亲属强奸未成者，改为边远充军。其和奸罪不至死者，仍拟发近边充军。庶罪分等差，情法益为平允。今将修改例文，开列于后。

一、凡亲属和奸律应死罪者，若强奸未成，发边远充军。其和奸罪不至死者，若强奸未成，发近边充军。

【1802】6.25.368.（1）（略）

【1810】○修改

臣等谨按：此条系亲属强奸未成，分别治罪之例。至亲属调奸未成，作何治罪，例无明文。查"比引律"载"兄调戏弟妇，比依强奸未成律，杖一百、流三千里"语，是兄奸弟妻，律死罪，调奸未成，既比律拟流，则凡亲属和奸，律应死罪者，若调奸未成，亦应杖一百、流三千里。其和奸,罪不至死者,若调奸未成,应杖一百、徒三年。检查臣部历年办过亲属调奸未成之案,俱照此分别核办。惟例无专条,应添纂明晰,以便引用。谨将修改例文,开列于后。

一、凡亲属和奸律应死罪者,若强奸未成,发边远充军;调奸未成,杖一百、流三千里。其和奸罪不至死者,若强奸未成,发近边充军;调奸未成,杖一百、徒三年。

【1825】6.25.368.(3)(略)

【1646】6.25.391.(2)

一、凡犯奸内外缌麻以上亲,及缌麻以上亲之妻,若妻前夫之女、同母异父姊妹者,依律拟罪,奸夫发附近卫充军。

【1670】6.25.390.(2)(略)

【1725】6.25.378.(2)

【原例】一、凡奸内外缌麻以上亲,及缌麻以上亲之妻,若妻前夫之女、同母异父姊妹者,依律拟罪,奸夫发附近卫所充军。

【1740】6.25.368.(2)(略)

【1768】6.25.368.(2)

一、凡奸内外缌麻以上亲,及缌麻以上亲之妻,若妻前夫之女、同母异父姊妹者,依律拟罪,奸夫发附近地方充军。

【1740】○增入

一、凡奸同宗无服之亲,及无服亲之妻者,各枷号四十日,杖一百。

此条系乾隆元年(1736)定例。

【1740】6.25.368.(3)(略)

诬执翁奸

律　文

【1646】6.25.392

凡男妇诬执亲翁,及弟妇诬执夫兄欺奸者,斩。监候。○强奸子妇未成而妇自尽,依未成奸论,加凡人一等。○义子诬执义父欺奸,依雇工人诬家长。○嫂诬执夫弟,及缌麻以上亲诬执者,俱依诬告。

【1670】6.25.391(略)

【1725】○修改

原拟:亲属相奸条例内"亲属犯奸罪至死者,若强奸未成,问罪,发边卫充军"等语,应将小注内"依未成奸论,加凡人一等"句,改为"照亲属相奸未成例"科断。

臣等谨按(按语与雍正三年律后总注同,略)。

【1725】6.25.379

凡男妇诬执亲翁，及弟妇诬执夫兄欺奸者，斩。监候。○强奸子妇未成而妇自尽，照亲属强奸未成例科断。○义子诬执义父欺奸，依雇工人诬家长。○嫂诬执夫弟，及缌麻以上亲诬执者，俱依诬告。

注：此重惩污蔑尊长之罪也。欺其卑幼，而凌制以成奸，谓之欺奸，翁与夫兄犯之当斩。故男妇、弟妇诬执者，即反坐以斩。

【1740】6.25.369(略)

奴及雇工人奸家长妻

律　文

【1646】6.25.393

凡奴及雇工人奸家长妻女者，各斩。决。○若奸家长之期亲，若期亲之妻者，绞。监候。妇女减一等。若奸家长之缌麻以上亲，及缌麻以上亲之妻者，各杖一百、流二千里。强者，斩。监候。○妾各减一等，强者亦斩。监候。军伴、弓兵、门皂、在官役使之人，俱作雇工人。

【1670】6.25.392(略)

【1725】6.25.380

律文(略)

注：此正奴仆犯奸之罪，以肃名分也。首节言奴及雇工人之于家长，名分攸关。若与家长之妻女通奸，此犯义之重者，奸夫、奸妇各斩立决。二节言家长之期亲及期亲之妻，如家长之伯叔母、在室姑、姊妹、侄女，并兄弟之妻、兄弟子之妻、子之妻、嫡孙之妻皆是。若奴及雇工人通奸者，坐绞监候，妇女满流。若奸家长之缌麻以上至大功亲，及亲之妻者，奸夫、奸妇各杖流。强者，奸夫斩监候。如所奸系妾，各减一等。奸家长之妾者，奸夫、奸妇各坐满流；奸家长期亲之妾者，奸夫满流，奸妇满徒；奸家长缌麻以上至大功亲之妾者，奸夫、奸妇各坐满徒。强者，奸夫斩监候。

臣等谨按(按语与律后总注同，略)。

【1740】6.25.370(略)

附律条例

【1725】○增入

原拟：现行例内一条，类于此律，应增入。

【现行例】一、凡奴奸家长之妾者，各绞监候。若家长奸家下人有夫之妇者，笞四十，系官交部议处。

【1725】6.25.380.(1)【增例】(略)

【1740】6.25.370.(1)(略)

【1756】○续纂

一、家长之有服亲属，强奸奴仆、雇工人妻女未成，致令羞忿自尽者，杖一百，发边卫充军。

臣等谨按：此条系乾隆二十年（1755）三月内，臣部议复原任河南巡抚蒋炳题"杨有图奸期亲服属雇工人曹三之妻赤氏未成，致氏自缢"一案，比照强奸子妇未成，而妇自尽发边卫充军律定拟。应纂为例，以便遵行。

【1768】6.25.370.（2）

一、家长之有服亲属，强奸奴仆、雇工人妻女未成，致令羞忿自尽者，杖一百，发近边充军。

【1788】○续纂

一、凡奴及雇工人强奸家长之母与妻女，审有损伤肤体、毁裂衣服，及邻证见闻确据者，无论已未成奸，将奴及雇工人拟斩立决。

臣等谨按：此条系乾隆五十三年（1788）三月内，山西巡抚明兴咨"祁闰月子持刀强奸雇主贾伯衡之母梁氏未成，比照亲属强奸未成例拟遣"一案。经臣部以奴及雇工强奸家长妻女未成之案，律内既无作何治罪明文，而总例内亦仅称"强者，奸夫斩决"，又未明载"已成""未成"字样。臣部详查成案内，有雍正九年（1731）浙江总督李卫题"陈加正强奸雇主赵位中之女赵氏不从，用刀戳伤右臂成废"一案，将陈加正改为拟斩立决题结在案。今此案祁闰月子受雇与贾伯衡家佣工，乘伊家长外出，怀藏菜刀走至上房，拉住梁氏胳膊求奸。梁氏喊詈，该犯即用刀恐吓，声言再喊便杀。梁氏益加喊救，经邻人在外接应，始弃刀而逸。核其持刀恐吓之时，若非邻人救阻，则梁氏非被杀伤，即被奸污。是该犯逞淫犯分，实属不法。且梁氏系该犯雇主之母，更与陈加正强奸雇主之女者，情节尤为可恶。祁闰月子改依雇工奸家长妻女，强者，奸夫斩立决例，拟斩立决。声明臣部现在修纂律例，即将奴及雇工强奸家长之母并妻女案件到官，审有损伤肤体、毁裂衣服，及邻证见闻确有实据者，无论已未成奸，概拟斩决之处，增纂入例。并通行直省，一体遵照办理等因具奏。奉旨："祁闰月子着即处斩。余依议。"钦遵在案，应纂辑遵行。

【1790】6.25.370.（3）（略）

【1810】○修改

臣等谨按：此条系奴及雇工人强奸家长之母与妻女治罪之例。至奴及雇工人调奸家长之母与妻女未成，例无治罪明文。查嘉庆元年（1796），山东省咨姜小年图奸雇主之母未成，将姜小年照强奸未成斩决例上减等，拟发黑龙江给披甲人为奴，经臣部照拟核复在案。应请添纂入例，以资引用。谨将修改例文，开列于后。

一、凡奴及雇工人强奸家长之母与妻女，审有损伤肤体，毁裂衣服，及邻证见闻确据者，无论已未成奸，将奴及雇工人拟斩立决。若调奸未成，发黑龙江给披甲人为奴。

【1814】○修改

臣等谨按:嘉庆十七年(1812)十月内,臣部议复升任吏科给事中西琅阿奏"调剂黑龙江等处遣犯"折内,请将奴及雇工人调奸家长之母与妻女未成一条,改发回城酌给大小伯克及力能管束之回子为奴等因奏准,通行在案。例内发黑龙江之处,应行修改。谨将修改例文,开列于后。

一、凡奴及雇工人强奸家长之母与妻女,审有损伤肤体,毁裂衣服,及邻证见闻确据者,无论已未成奸,将奴及雇工人拟斩立决。若调奸未成,发回城给大小伯克及力能管束之回子为奴。

【1821】○修改

臣等谨按:嘉庆二十二年(1817)七月内,臣部议复升任喀什噶尔参赞大臣松福等奏"调剂回疆遣犯"折内,将奴及雇工人调奸家长之母与妻女未成一条,改发云贵两广烟瘴地方充军等因,奏准在案。原例发回城为奴之处,应行修改。谨将修改例文,开列于后。

一、凡奴及雇工人强奸家长之母与妻女,审有损伤肤体,毁裂衣服,及邻证见闻确据者,无论已未成奸,将奴及雇工人拟斩立决。若调奸未成,改发云贵两广烟瘴地方充军。

【1825】6.25.370.(3)(略)

【1852】○修改

一、凡奴及雇工人强奸家长之母与妻女,审有损伤肤体,毁裂衣服,及邻证见闻确据者,无论已未成奸,将奴及雇工人拟斩立决。若调奸未成,发黑龙江给披甲人为奴。

谨案:咸丰元年(1851),将此项调奸之犯,仍改发黑龙江。

【1870】6.25.370.(3)(略)

奸部民妻女

律 文

【1646】6.25.394

凡军民本管官吏奸所部妻女者,加凡奸罪二等,各罢职役不叙,妇女以凡奸论。○若奸囚妇者,杖一百、徒三年,囚妇止坐原犯罪名。若保管在外,仍以奸所部坐之。强者,俱斩。

【1670】6.25.393(略)

【1725】○修改

原拟:各种旧律内俱云"强者,依律坐绞",小注内"俱斩"字,应照犯奸律改为"俱绞"。

臣等谨按:此重倚势行奸之罪也。前节言奸所部妻女之罪。本管奸所部妻女,是倚势为奸,且失官体。故不论和奸、刁奸,有夫、无夫,各加凡奸罪二等,罢职役不叙,妇女仍以凡奸论。后节言奸见禁囚妇之罪。官吏而奸囚妇，是倚法为奸，情尤可恶，故杖一百、徒三年。至囚妇自有原犯罪名，且恕其专制在人，故不坐奸罪。

【1725】6.25.381

凡军民本管官吏奸所部妻女者，加凡奸罪二等，各罢职役不叙，妇女以凡奸论。○若奸囚妇者，杖一百、徒三年，囚妇止坐原犯罪名。若保管在外，仍以奸所部坐之。强者俱绞。

注：此重倚势行奸之罪也。前节言奸所部妻女之罪。本管奸所部妻女，是倚势为奸，且大玷官箴。故不论和奸、刁奸，有夫、无夫，各加凡奸罪二等，罢职役不叙，妇女仍以凡奸论。后节言奸见禁囚妇之罪。官吏而奸囚妇，是倚法为奸，情尤可恶，故杖一百、徒三年。至囚妇自有原犯罪名，且恕其专制在人，故不坐奸罪。

【1740】6.25.371（略）

附律条例

【1646】6.25.394.（1）

一、凡军职及应袭舍人犯奸，除奸所捕获，及刁奸坐拟奸罪者，官革职，与舍人俱发本卫，随舍余食粮差操。其指奸及非奸所捕获者，俱照常发落。

【1670】6.25.393.（1）（略）

【1725】○删除

原拟：今职官犯奸，见有定例，且无军职与舍人俱发本卫食粮差操之例，此条拟删。

居丧及僧道犯奸

律　文

【1646】6.25.395

凡居父母及夫丧，若僧、尼、道士、女冠，犯奸者，各加凡奸罪二等。强者，奸夫绞监候，妇女不坐。相奸之人，以凡奸论。

【1670】6.25.394（略）

【1725】6.25.382

凡居父母及夫丧，若僧、尼、道士、女冠，犯奸者，各加凡奸罪二等。相奸之人，以凡奸论。强者，奸夫绞监候，妇女不坐。

注：此惩蔑礼违教之罪也。凡居父母、舅姑及夫丧，乃忧戚之时，而有犯奸之事，则蔑礼极矣。若僧、尼、道士、女冠，既废夫妇之伦，复肆男女之欲，是违教之甚者，故各加凡人奸罪二等。相与通奸之人，无论男、女，俱以凡奸论。

臣等谨按：此惩蔑礼违教之罪也。凡居父母、舅姑及夫丧，乃忧戚之时，而有犯奸之事，则蔑礼极矣。若僧、尼、道士、女冠，既遵释、道之教，而不守淫戒，是违教之甚者，故各加凡人奸罪二等。相与通奸之人，无论男、女，俱以凡奸论。

【1740】6.25.372(略)

附律条例

【1646】6.25.395.(1)

一、僧道不分有无度牒,及尼僧、女冠犯奸者,依律问罪,各于本寺观庵院门首,枷号一个月发落。

【1670】6.25.394.(1)(略)

【1725】6.25.382.(1)【原例】(略)

【1740】6.25.372.(1)(略)

【1761】○删除

臣等谨按:僧、道、尼僧、女冠犯奸,已于乾隆二十五年(1760)定例,于本寺观庵院门首,枷号两个月,杖一百。现在遵行此条仅止枷号一个月发落之处,系属旧例,业已不行,应删。

【1646】6.25.395.(2)

一、僧道官、僧人、道士,有犯挟妓饮酒者,俱问发原籍为民。

【1670】6.25.394.(2)(略)

【1725】6.25.382.(2)

【原例】一、僧道官、僧人、道士,有犯挟妓饮酒者,俱问违制发原籍为民。

【1740】6.25.372.(2)

一、僧道官、僧人、道士,有犯挟妓饮酒者,俱杖一百,发原籍为民。

【1768】6.25.372.(1)(略)

【1761】○续纂

一、僧、道、尼僧、女冠有犯和奸者,于本寺观庵院门首枷号两个月,杖一百。其僧、道奸有夫之妇,及刁奸者,照律加二等,分别杖、徒治罪,仍于本寺、观、庵、院门首,各加枷号两个月。

臣等谨按:此条系乾隆二十五年(1760)十一月内,臣部议复山东按察使沈廷芳条奏定例,应纂辑以便遵行。

【1768】6.25.372.(2)(略)

良贱相奸

律 文

【1646】6.25.396

凡奴奸良人妇女者,加凡奸罪一等。和、刁,同。有夫,强者,俱斩。良人奸他人婢者,男、妇各减凡奸一等。奴婢相奸者,以凡奸论。

【1670】6.25.395(略)

【1725】6.25.383

凡奴奸良人妇女者,加凡奸罪一等。和、刁,有夫、无夫,俱同。如强者,斩。良人奸他人婢者,男、妇各减凡奸一等。奴婢相奸者,以凡奸论。

注:此于奸罪之中明良贱之分也。凡和奸、刁奸,男、女同罪。而良贱不同,则罪亦因之以别。故以奴而奸良人妇女者,男、妇各加凡奸罪一等,强者斩监候。以良人而奸他人婢者,男、妇各减凡奸罪一等。若奴婢,同为贱类,自相奸者,以凡奸论。

臣等谨按:此于奸罪之中明良贱之分也。凡和奸、刁奸,男、女同罪。而良贱不同,则罪亦因之别。故以奴而奸良人妇女者,男、妇各加凡奸罪一等。以良人而奸他人婢者,男、妇各减凡奸罪一等。若奴婢,同为贱类,自相奸者,以凡奸论。

【1740】○修改

臣等谨按:"良贱相殴"律内,奴婢殴良人,加凡人一等,至死者斩。良人殴奴婢,减凡人一等,至死者绞。以此类推,奴奸良人妇女,加凡人罪一等;如强者,斩。良人奸他人婢,减凡奸一等;如强者,应仍照凡人拟绞。其强奸未成,杖一百、流三千里。奴奸良固不得加,良人奸他人婢亦不得减,应注明晰,庶无出入。谨将增辑律注,开列于后。

凡奴奸良人妇女者,加凡奸罪一等。和、刁,有夫、无夫,俱同。如强者,斩。良人奸他人婢者,男、妇各减凡奸一等。如强者,仍照凡论,拟绞监候。其强奸未成者,俱杖一百、流三千里。奴婢相奸者,以凡奸论。

【1740】6.25.373(略)

官吏宿娼

律　文

【1646】6.25.397

凡文武官吏宿娼者,杖六十。挟妓饮酒,亦坐此律。媒合人减一等。○若官员子孙文承荫,武袭职。宿娼者,罪亦如之。附过,候荫袭之日将应受本职一等,于边远叙用。

【1670】6.25.396(略)

【1725】○修改

原拟:今无附过,降一等于边远叙用之例,应将"附过"以下数句删去。

臣等谨按(按语与雍正三年律后总注同,略)。

【1725】6.25.384

凡文武官吏宿娼者,杖六十。挟妓饮酒,亦坐此律。媒合人减一等。○若官员子孙文承荫,武袭职。宿娼者,罪亦如之。

注:此慎官方而戒淫佚也。凡官吏,皆有治人之职。而奸宿娼妇,则荡闲越矩,有玷官方,故杖六十。媒合人减一等。若官员子孙应荫袭之人宿娼者,罪亦如之。

【1740】○修改

臣等谨按：文亦有袭，武亦有荫。前于"吏律·官员袭荫"条下已经声明，此条小注内"文承荫，武袭职"二语应改。谨将改辑律注，开列于后。

凡文武官吏宿娼者，杖六十。挟妓饮酒，亦坐此律。媒合人减一等。○若官员子孙应袭荫宿娼者，罪亦如之。

【1740】6.25.374(略)

附律条例

【1725】6.25.384.(1)

【原例】一、监生、生员撒泼嗜酒，挟制师长，不守监规、学规，及挟妓、赌博，出入官府，起灭词讼，说事过钱，包揽物料等项者，问发为民，各治以应得之罪。得赃者，计赃从重论。

此条雍正三年(1725)定。

【1740】6.25.374.(1)(略)

买良为娼

律　文

【1646】6.25.398

凡娼优、乐人，买良人子女为娼优，及娶为妻妾，或乞养为子女者，杖一百。知情嫁卖者，同罪。媒合人减一等。财礼入官，子女归宗。

【1670】6.25.397(略)

【1725】6.25.385

律文(略)

注：此惩陷良为贱之罪也。凡娼优、乐人，最为下贱。若买良人之子女为娼优，及娶良人之女为妻妾，或乞养为子女者，是使良人子女陷身于下贱，故坐满杖。若良人之家知系娼优、乐人，而将子女嫁卖者，是徒知贪利，而陷其子女辱其家门，故与买者同罪。媒合人减一等。财礼入官，子女归宗。

臣等谨按(按语与律后总注同，略)。

【1740】6.25.375(略)

附律条例

【1646】6.25.398.(1)

一、凡买良家子女作妾，并义女等项名目，纵容抑勒与人通奸者，本夫、义父问罪，于本家门首枷号一个月发落。若乐工私买良家子女为娼者，不分买卖、媒合人等，亦问罪，俱于院门首枷号一个月。妇女并发归宗。

【1670】6.25.397.(1)(略)

【1725】6.25.385.(1)

【原例】一、凡买良家子女作妾,并义女等项名目,纵容抑勒与人通奸者,本夫、义父问罪,于本家门首枷号一个月发落。若乐工私买良家之女为娼者,不分买卖、媒合人等,亦问罪,俱于门首枷号一个月。妇女并发归宗。

【1740】○修改

臣等谨按:律文买良为娼者,杖一百,例内加以枷号一个月。盖在未经禁止娼妓以前,故罪止枷责。今娼妓业已严禁,又复买良为娼,岂得仍以杖责完结。前经原任奉天府府尹宋筠条奏,请照人牙卖奸图利充发之例科断。但人牙卖奸,系将他人之妇女逼奸图利,此系自己价买,情罪不同,未便一概问拟。改为枷号三个月,杖一百、徒三年,已足蔽辜。谨将改辑例文,开列于后。

一、凡买良家之女作妾,并义女等项名目,纵容抑勒与人通奸者,本夫、义父问罪,于本家门首枷号一个月发落。若有私买良家之女为娼者,枷号三个月,杖一百、徒三年。知情卖者,与同罪。媒合人减一等。妇女并发归宗。

【1740】6.25.375.(1)(略)

【1810】○修改

臣等谨按:此条例内私买良家之女为娼,枷号三个月,杖一百、徒三年。诚以买良为娼,风化所关,故例从其重。至买良家之子为优,律止杖一百。若设计诱买,置清白良民于下贱,其情与买良为娼无异,自应照买良为娼之例同科,庶足以昭平允而示惩儆。应请于例内添纂,以便遵行。谨将修改例文,开列于后。

一、凡买良家之女作妾,并义女等项名目,纵容抑勒与人通奸者,问罪,于本家门首枷号一个月发落。若有私买良家之女为娼者,枷号三个月,杖一百、徒三年。知情卖者,与同罪。媒合人减一等。其设计诱买良家之子为优者,亦枷号三个月,杖一百、徒三年。子、女并发归宗。

【1825】6.25.375.(3)(略)

【1852】○修改

一、凡纵容抑勒妻妾及亲女、义女、子孙之妇妾等项与人通奸者,除照纵容抑勒犯奸本律治罪外,仍将纵容抑勒之人,在本家门首枷号一个月发落,奸夫及妇女俱照律问拟,毋庸枷号。若有私买良家之女为娼,及设计诱买良家之子为优者,俱枷号三个月,杖一百、徒三年。知情卖者,与同罪。媒合人及串通说合之中保减一等。奸宿者,照抑勒妻女与人通奸奸夫杖八十律拟杖八十。子、女不坐,并发归宗。若妇女、男子,自行起意为娼、为优卖奸者,照军民相奸例,枷号一个月,杖一百。宿娼狎优之人,亦照此例,同拟枷、杖。

此条系咸丰二年(1852)增定。

【1870】6.25.375.(3)(略)

【1725】○增入

臣等谨按:雍正二年(1724)五月内,刑部题人牙逼勒卖奸,事理类于此律,谨拟节录于后。

【续增现行例】一、凡借充人牙,将领卖妇人逼勒卖奸图利者,枷号三个月,杖一百,发三姓地方给披甲人为奴。

【1725】6.25.385.(2)【钦定例】(略)

【1740】○修改

臣等谨按:乾隆二年(1737)定例,民人犯该外遣之犯,除强盗免死减等,及行劫数家止首一家等项之外,分别有无妻室酌遣。其余别项遣犯,俱分发云贵川广烟瘴少轻地方,严行管束。此条"发遣为奴"之处应改。查雍正十二年(1734),刑部复准御史邹一桂条奏,"官媒人等虽无局奸图骗情事,但非系当官交领,私具领状,将妇女久养在家,逾限不卖,希图重利者,照违制律杖一百。地方官不实力查拿,照例议处"等语,应并入。谨将改并例文,开列于后。

一、凡借充人牙,将领卖妇女逼勒卖奸图利者,枷号三个月,杖一百,发云贵川广烟瘴少轻地方。如虽无局奸图骗情事,但非系当官交领,私具领状,将妇女久养在家,逾限不卖,希图重利者,杖一百。地方官不实力查拿,照例议处。

【1740】6.25.375.(2)(略)

【1768】6.25.375.(2)

一、凡借充人牙,将领卖妇人逼勒卖奸图利者,枷号三个月,杖一百,发云贵两广烟瘴少轻地方。如虽无局奸图骗情事,但非系当官交领,私具领状,将妇人久养在家,逾限不卖,希图重利者,杖一百。地方官不实力查拿,照例议处。

【1825】6.25.375.(1)(略)

【1740】6.25.375.(3)

一、凡无藉之徒,及生监、衙役、兵丁,窝顿流娼土妓,引诱局骗,及得受窝顿娼妓之家财物,挺身架护者,均照违制律杖一百,生监革去衣顶,衙役、兵丁不准食粮充役。邻保知情容隐者,杖八十。受财者,准枉法论,计赃从重科断。其失察之该地方官,交部照例议处。

此条系乾隆元年(1736)定例。

【1767】○修并

【原例】【1740】6.25.375.(3)(略)、【1761】续纂"一、生监、兵役人等,窝顿土娼,诓诱平人……"条(略)

臣等谨按:此条系生监、衙役、兵丁人等窝顿土娼分别治罪定例。原例本系两条,但一事两例,似属重复,拟合删并为一条,以归简易。

一、凡无藉之徒,及生监、衙役、兵丁,窝顿流娼土妓,引诱局骗,及得受窝顿娼妓之家财物,挺身架护者,照窝赌例治罪。如系偶然存留,为日无几,枷号三个月,杖一百。其窝顿月日经久者,杖一百、徒三年。再犯,杖一百、流三千里。得受娼妓家财物者,仍准枉法计赃从重论。邻保知情容隐者,杖八十;受财者,亦准枉法论,计赃从重科断。其失察之该地方官,交部照例议处。

【1768】6.25.375.(3)(略)

【1825】6.25.375.(2)(略)

【1761】○续纂

一、生监、兵役人等,窝顿土娼,诓诱平人,出身架护者,照窝赌例治罪。如系偶然存留,为日无几,枷号三个月,杖一百。其窝顿月日经久者,杖一百、徒三年。再犯,杖一百、流三千里。得受娼家财物者,仍准枉法计赃,从重论。

臣等谨按:此条系乾隆二十五年(1760)十一月内,臣部议复山东按察使沈廷芳条奏定例,应纂辑以便遵行。

【1767】○修并

修并按语及修并后例文见【1740】6.25.375.(3)条【1767】修并项下。

【1814】○续纂

一、京城内外,拿获窝娼并开设软棚月日经久之犯,除本犯照例治罪外,其租给房屋之房主,初犯杖八十、徒二年,再犯杖一百、徒三年。知情容留之邻保,杖八十。房屋入官。若甫经窝娼及开设软棚,即被拿获,知情租给之房主杖八十,知情容留之邻保笞四十。若房主、邻佑实不知情,不坐,房屋免其入官。如业主所置房屋,交家人经手,有赁给窝娼开设软棚,伊主实不知情者,罪坐经手之人。倘系官房,即将知情租给经手官房之人,亦照前例治罪。

此条系嘉庆十六年(1811)遵旨定例。

【1825】6.25.375.(4)(略)

【刑律·杂犯】

拆毁申明亭

律　文

【1646】6.26.399

凡拆毁申明亭房屋，及毁亭中板榜者，杖一百、流三千里。仍各令修立。

【1670】6.26.398（略）

【1725】6.26.386

律文（略）

注：此言义关劝惩，不容擅废也。申明亭，乃申明教化之所；板榜，即教民榜文。凡府、州、县各里，俱设立申明亭，而置板刻榜文于内。一切婚户田土细事，许耆老、里长在亭剖决，并书不孝不悌与一应为恶之人姓名于亭。能改过自新者，则去之。若有拆毁申明亭房屋，及毁弃板榜者，是目无国家惩劝之法，故坐满流。其所拆毁亭、榜，并令修造、竖立还官。

臣等谨按（按语与律后总注同，略）。

【1740】6.26.376（略）

附律条例

【1746】○续纂

一、凡钦奉教民敕谕，该督抚督率属员缮写刊刻，敬谨悬挂于申明亭。并将旧有一切条约，悉行刊刻木榜晓谕。

臣等谨按：此条系乾隆九年（1744）五月内，臣部议复浙江按察使万国宣条奏定例，应纂辑以便遵行。

【1768】6.26.376.（1）（略）

夫匠军士病给医药

律　文

【1646】6.26.400

凡军士在镇守之处、丁夫杂匠在工役之所而有疾病，当该镇守、监督官司不为行移所司请给医药救疗者，笞四十；因而致死者，杖八十。若已行移所司，而不差拨良医，及不给对症药饵医治者，罪同。

【1670】6.26.399(略)

【1725】6.26.387

律文(略)

注:此立法以恤服劳之人也。凡军士在镇守之处、丁夫杂匠在工役之所，皆服劳于公事者。遇有疾病，则当该官司，自应移文所司，请给医药，亟为救疗。倘不请给医药，是无恤下之道也。故不请给者笞，因而致死者杖。若已行移所司请给医药，而所司不拨良医，及不给对症药饵医治者，则咎在所司，故其罪同。如医人药不对症致死，自依庸医律。

臣等谨按(按语与律后总注同，略)。

【1740】6.26.377(略)

赌　博

律　文

【1646】6.26.401

凡赌博财物者，皆杖八十，所摊在场之财物入官。其开张赌坊之人，虽不与赌列，亦同罪。坊亦入官。止据见发为坐。职官加一等。〇若赌饮食者，勿论。

【1670】6.26.400(略)

【1725】6.26.388

律文(略)

注:此禁游荡费财，兼靖盗源也。赌博为耗财之源，盗贼之薮。有犯者，不分首从，皆坐重杖。在场财物入官。若将自己房屋开张赌坊，虽不赌博，亦同罪，坊亦入官。止据在场见发为坐，不得诬扳滥及。如职官有犯，则加一等。若朋友聚会赌饮食者，非财物可比，得勿论。

臣等谨按(按语与律后总注同，略)。

【1740】6.26.378(略)

附律条例

【1646】6.26.401.(1)

一、凡赌博人犯，若自来不务生理，专一沿街酗酒撒泼，或曾犯诓骗、窃盗、不孝不悌等项罪名，及开张赌坊者，定为第一等，问罪枷号两个月；若平昔不系前项人犯，止是赌博，但有银两、衣服、财物者，定为第二等，问罪枷号一个月，各发落。若年幼无知，偶被人诱引在内者，定为第三等，照常发落。其职官有犯一等、二等者，奏请问罪，文官革职为民，武官革职，随舍余食粮差操。

【1646】6.26.400.(1)(略)

【1725】○删除

原拟:现行例内,凡赌博者,俱枷号两个月、杖一百,无分别等第枷责之处。且无武官革职,随舍余食粮差操之例。此条拟删。

＊**【1707】○移改**

【原例】＊名例律·工乐户及妇人犯罪

【1646】1.1.19.(7)一、各处乐工,纵容女子擅入王府,及容留贝勒、贝子、公在家行奸,并军民、旗校人等,与贝勒、贝子、公赌博,诓哄财物,及擅入府内教诱为非者,俱问发边卫充军,该管色长革役。

臣等谨按:今各处俱无在官乐工,且在京教坊司亦无女子,应将纵容女子擅入王府一段删去。其赌博、诓哄财物一段,应行删改,移入"杂犯·赌博"律后。

【1725】○移改

【原拟】(略)

【1725】6.26.388.(1)

【原例】一、凡军民人等,擅入宗室府内,教诱为非,及赌博、诓哄财物者,俱问发边卫充军。

【1740】6.26.378.(1)(略)

【1768】6.26.378.(1)

一、凡军民人等,擅入宗室府内,教诱为非,及赌博、诓哄财物者,俱问发近边充军。

＊**【1680】6.26.225　刑部现行则例·杂犯·赌博**

一、凡赌博,不分旗下、民人,俱枷号两个月,系旗下鞭一百,系民人责四十板。开场之人,在家容留赌博之人,将自己银钱放头、抽头之人,各枷号三个月,系旗下人鞭一百,系民人责四十板。官员有犯赌博者,革职,枷责,不准折赎。如该管各官不行严查缉拿,或被旁人拿首,或被赌博中之人出首,审实者,若系官员兵役、闲散另户之人,将佐领、骁骑校俱交与该部;小拨什库不准折赎,鞭五十。其参领所属参领下有犯二次赌博者,都统、副都统所管旗下有犯三次者,俱交与该部。若系民,司坊官交与该部;总甲不准折赎,责二十板。至于地方内有犯赌博二次者,将该管城上官员交与该部。巡捕、营兵有犯赌博者,将所管把总交与该部;有犯二次者,将游击、参将交与该部。府佐领下人有犯赌博者,佐领并包衣大亦照在外佐领、骁骑校交与该部;小拨什库亦不准折赎,鞭五十。在屯居住之人有犯赌博者,将屯拨什库亦不准折赎,鞭五十;其该管官并小拨什库及本主,免议罪。府佐领下人有犯赌博者,都统、副都统、参领免交该部。凡家仆赌博,各有其主,其该管人员亦免交该部,其赌博人之主,系官交与该部,系旗下平人鞭二十五,系民责十板。旁人出首赌博,或赌博中人出首者,出首之人免罪,将赌博银钱一半与出首之人,一半入官。凡系查管之人拿送者,其该管之人俱豁免。凡以财物打马吊、斗混江,仍照赌博例治罪。其虽不赌钱,赌饮食者,照不应重律治罪,系官交与该部。此俱应照见发有据乃坐。

【1725】○增入

原拟:现行例三条,类于此律,应增入。

【现行例】(略)

原拟:以上三条,俱系禁止赌博之例。但查旗人与民人治罪,先后定例不一,应分作二条。其造、卖牌、骰为一条。将该管各官议罚之处,改为交该部议处。谨拟删改,开载于后。

【原改现行例】一、凡赌博,不分兵民,俱枷号两个月。开场窝赌,及抽头之人,各枷号三个月,并杖一百。官员有犯,革职,枷责,不准折赎,在场财物入官。奴仆犯者,家主系官,交与该部;系平人,责十板。该管各官不行严查缉拿,别经发觉者,交该部议处;总甲笞五十。若旁人出首,或赌博中人出首者,自首人免罪。仍将在场财物一半给首人充赏,一半入官。凡以马吊、混江赌博财物者,俱照此例治罪。赌饮食者,坐不应重律,系官交该部议处。以上俱拿获牌骰、见发有据者方坐,不许妄扳拖累。

【1725】6.26.388.(2)【增例】(略)

【1740】○修改

臣等谨按:此条系赌博问罪旧例。嗣因赌风日炽,非严定罪款,不知惩戒,于雍正四年(1726)定有分别旗、民重例。至雍正十三年(1735),又经刑部议称,开场抽头,律有两例。前例止拟枷责,后例加重。盖以开场窝赌经旬累月,聚集无赖,荡财薮盗,实为厉阶,是以后例定以绞、流。至于偶然会聚之家,及抽取场上数文之人,自应仍照前例问拟。历来未经声明通行,是以问刑衙门,轻重不能画一。今请分别轻重,通行直省,以便遵照办理。奉旨允行在案。则此条例内,应增入“偶然聚会”及“抽头无多”字样。后条旗、民加重之例,应增入“经旬累月”字样,引用者庶不致牵混矣。再例内在场财物入官,已载律文,此系重复,应删。再例内以马吊、混江赌饮食者,系官议处。查民人犯赌例,官员无论赌钱、赌饮食等物,有打马吊、斗混江者,革职、枷责,则罪已加重,此条议处之处应删。谨将增删例文,开列于后。

一、凡赌博,不分兵民,俱枷号两个月,杖一百。偶然会聚,开场窝赌,及存留之人抽头无多者,各枷号三个月,杖一百。官员有犯,革职、枷责,不准折赎。奴仆犯者,家主系官,交与该部;系平人,责十板。该管各官不行严查缉拿,别经发觉者,交部议处;总甲笞五十。若旁人出首,或赌博中人出首者,自首人免罪。仍将在场财物一半给首人充赏,一半入官。凡以马吊、混江赌财物者,俱照此例治罪。赌饮食者,坐不应重律。以上俱拿获牌骰、见发有据者方坐,不许妄扳拖累。

【1740】6.26.378.(2)(略)

【1725】○增入

原拟：现行例三条，类于此律，应增入。

【原增现行例】一、凡造卖纸牌、骰子，严行禁止。京城内现在所有之纸牌、骰子，俱限一个月销毁。其直隶各省，俟文到之日，亦限一月内销毁。若有违禁，仍然造卖者，地方官查拏，将制造并开铺贩卖之人，俱应照存留赌博之例，枷号三个月，系旗人鞭一百，系民责四十板。该管官不行查拿，亦照不拿赌博定例治罪。查拿之时，必有造牌骰子之器、开铺贩卖确据，方许查拿，不得借端讹诈。

原拟：以上三条，俱系禁止赌博之例。但查旗人与民人治罪，先后定例不一，应分作二条。其造、卖牌、骰为一条。将该管各官议罚之处，改为交该部议处。谨拟删改，开载于后。

【原改现行例】一、凡违禁造卖纸牌、骰子者，照开场抽头存留赌博例，拟绞监候。失察该管地方各官，亦照失察赌博例治罪。必有制造牌骰器具，及开铺贩卖确据，方许拿送，不得借端讹诈。

【1725】6.26.388.(4)

【增例】一、凡旗人造卖纸牌、骰子者，照开场抽头存留赌博例，拟绞监候。失察该管各官，亦照失察赌博例治罪。但必有制造牌骰器具，及开铺贩卖确据，方许拿送，不得借端讹诈。

【1740】○修改

修改按语见【1725】6.26.388.(3)条【1740】修改、分纂项下。

一、凡旗人造卖纸牌、骰子，为首者，发极边烟瘴充军；为从及贩卖为首者，发边远充军；为从贩卖者，发边卫充军，俱照"名例"折枷月日发落。失察该管各官，亦照失察赌博例治罪。但必有制造牌骰器具，及开铺贩卖确据，方许拿送，不得借端讹诈。

【1740】6.26.378.(5)(略)

【1788】○修并

【原例】【1740】6.26.378.(5)(略)、【1768】6.26.378.(15)(略)

臣等谨按：首条系旗人造卖赌具治罪，照例折枷之文；后条系旗人造卖赌具三次有犯，不准折枷之例。同系一事，自应并纂一条，以归简易。今将并辑例文，开列于后。

一、旗人造卖纸牌、骰子，为首者，发极边烟瘴充军；为从及贩卖为首者，发边远充军；为从贩卖者，发近边充军，俱照"名例"折枷月日发落。其造卖赌具为首之旗人，若系再犯，除照例发落外，再加枷号一个月；三犯者，即拟以实遣，不准折枷。系在京八旗、各省驻防旗人，俱照例发遣黑龙江等处当差；系盛京等处旗人，俱照例发遣西安等处驻防当差。失察之该管各官，照失察赌博例议处。如有隐匿不报者，交部严加议处。但必有制造牌骰器具,及开铺贩卖确据,方许拿送,不得借端讹诈。

【1790】6.26.378.(5)(略)

【1825】○删除

删除按语见【1740】6.26.378.(3)条【1825】删除项下。

【1725】○增入

原拟:现行例三条,类于此律,应增入。

【原增现行例】一、凡旗人赌钱事发,将开局之人、抽头之人、其容留赌博房主,俱照光棍为从例,拟绞监候,秋后处决。若系世职,不准与伊子承袭,给与应袭之人承袭;若系世管佐领,不准与伊子承管,与弟兄内才能之人承管。文武大臣官员赌博被获,俱行革职,枷号三个月,不准折赎,鞭一百,永不叙用,着令披甲折磨当差。若本身系世袭职衔,不准与伊子承袭,与应袭之人承袭;若系世管佐领,不准与伊子承管,与弟兄内才能之人承管。若赌博人互相会合赌博,并容留赌博房主,该佐领、骁骑校、族长、领催等不行首送,或于他处发觉,或被查拿之人拿获,将佐领罚俸一年;骁骑校革职;该班领催枷号两个月、鞭一百,革退;领催、族长,系官照佐领罚俸一年,系平人鞭八十。除该管人首送并查拿人拿送外,或于他处发觉,将该管参领,每次罚俸两个月;都统、副都统,每次罚俸一个月;派出查拿官员,罚俸一年。嗣后派出查拿赌博官兵,若拿获赌博一次,将拿获官员存案一次;拿获二次,存案二次;拿获三次,加一级。赌博人若系三品以上官员,向赌博人各要银二百两;系四品以下,并有顶带官员以上,向赌博人各要银一百两;系护军、披甲、闲散人,各要银四十两,给与拿获人。此外仍照刑部定例遵行。其造卖纸牌、骰子者,照现定开场之人、抽头之人、存留赌博家主例,拟绞监候,秋后处决。至伊赌博人内,拿获纸牌、骰子凭据,到部出首,审理治罪,不许妄扳拖累。

原拟:以上三条,俱系禁止赌博之例。但查旗人与民人治罪,先后定例不一,应分作二条。其造、卖牌、骰为一条。将该管各官议罚之处,改为交该部议处。谨拟删改,开载于后。

【原改现行例】一、凡旗人赌钱事发,开场抽头及容留房主,俱照光棍为从例,拟绞监候;赌博之人,枷号两个月、鞭一百。如系官员,革职,枷号三个月,鞭一百,不准折赎,永不叙用,发令披甲当下贱差役。有世职者,给应袭之人承袭;有世管佐领者,给与兄弟内才能之人承管,俱不得令伊子袭替。如系三品以上官,仍追银二百两;有顶带官以上,追银一百两;护军、披甲、闲散人,追银四十两,给拿获之人充赏。其失察该管各官,俱交部议处;该值领催枷号两个月、鞭一百,革退;族长鞭八十,系官亦交该部议处。余俱照前例科断。

【1725】6.26.388.(3)

【增例】一、凡旗人赌钱事发,开场抽头及容留房主,俱照光棍为从例,拟绞监候;

赌博之人,枷号两个月、鞭一百。如系官员,革职,枷号三个月,鞭一百,不准折赎,永不叙用,发令披甲当下贱差役。有世职者,给应袭之人承袭;有世管佐领者,给与兄弟内才能之人承管,俱不得令伊子袭替。如系三品以上官,仍追银二百两;有顶带官以上,追银一百两;护军、披甲、闲散人,追银四十两,给拿获之人充赏。其失察该管各官,俱交部议处;领催鞭五十;族长鞭二十五,系官亦交部议处。余俱照前例科断。

【1740】○修改、分纂

【原例】【1725】6.26.388.(3)(略)、【1725】6.26.388.(4)(略)、【1725】6.26.388.(6)(略)

臣等谨按:以上三条,前二条系旗人赌博及造、卖牌骰加重之例,后一条系民人赌博及造、卖牌骰加重之例。查旗人既分两例,则民人,亦应分列,庶头绪不棼,便于检阅。再雍正六年(1728)钦奉上谕:"赌博新定流、徒之例,未免太重。"刑部遵旨议准,将民人例内改为初犯满徒、再犯拟流,而旗人例内未经分别。再民人例内,造、卖牌骰,分别首、从;而旗人例内,亦未经剖晰。均应改正,以昭画一。再旗人例内,容留房主与开场诱引之人,并问绞罪。查开场诱引,实属设局陷人之犯,容留房主,不过贪图多得房金,较其情罪尚属有间。所以民人例内,开场诱赌者再犯,罪至流三千里;而存留者再犯,不过徒三年。则旗人存留赌博,亦应量为末减。但旗人除斩、绞外,均应折责枷号,势难与民人同拟画一。现经原任直隶总督李卫、太常寺少卿唐绥祖等先后条奏,请照民人定拟。查旗人流三千里者,枷号两个月;徒三年者,枷号四十日。是初次开场诱赌之人,止与寻常赌博之人,同一两个月枷号,而再犯容留房主,较寻常赌博之犯,其枷号反减二十日,甚非惩奸之道。应将初次开场诱赌之人,定为极边烟瘴充军;初次容留房主,定为边远充军,均照"名例"折责枷号。则罪有差等,而与民人之例,亦彼此合符矣。再官员犯赌,旗、民互异,亦应改。又有世职及世管佐领之人犯赌,不得令伊子袭替。查犯赌终属一身之罪。民人犯赌,止就本犯定罪,独旗人犯赌,罚及后嗣。旗、民轻重不符,应删。又藏匿赌具不行销毁,照造卖为首例治罪。查造、卖赌具之人,显干法纪,贻害多人,情罪较为可恶。若藏匿赌具,不行销毁,尚未显然行使,与公然造、卖之人,轻重悬殊,照贩卖为从例,已足蔽辜。再拿获赌博赏给之例,已于雍正十三年(1735)停止,应删。谨将改并、删辑例文,开列于后。

【修改】一、凡旗人将自己银钱,开场诱引赌博,经旬累月,聚集无赖,放头抽头者,初犯发极边烟瘴充军,再犯拟绞监候;容留房主,初犯发边远充军,再犯发极边烟瘴充军,俱照"名例"折枷月日发落。赌博之人,枷号两个月,鞭一百;如系官员,革职,枷号两个月,鞭一百,不准折赎,永不叙用。其失察该管各官,俱交部议处;领催鞭五十;族长鞭二十五,系官,亦交部议处。余俱照前例科断。

【分纂】【1740】6.26.378.(4)(略)

【修改】【1740】6.26.378.(5)(略)

【分纂】【1740】6.26.378.(6)(略)

【1740】6.26.378.(3)(略)

【1825】○删除

【原例】【1740】6.26.378.(3)(略)、【1790】6.26.378.(5)(略)

臣等谨按:道光五年(1825)四月内,管理镶黄旗满洲都统英和等条奏"惩劝旗人"折内,声请嗣后旗人窝赌及造卖赌具者,俱销除旗档,照民人例,徒、流、军、遣一体问拟,不准折枷等因,奏准在案。臣等查民人窝赌及造卖赌具,例内均有治罪专条,现将旗人窝赌及造卖赌具,悉照民人问拟之处,已纂入"名例·犯罪免发遣"门内。所有旗人开场聚赌及造卖赌具原例二条,无须引用,应请删除。

【1725】○增入

臣等谨按:雍正元年(1723)十月内,兵部议复赌斗鹌鹑,事理类于此律,谨拟节录于后。

【续增现行例】一、凡开鹌鹑圈、斗鸡坑、蟋蟀盆并赌斗者,立即严拿,交与刑部照开局赌博例治罪。其该管官,亦照开局赌博之该管官员例议处。

【1725】6.26.388.(5)

【钦定例】一、凡开鹌鹑圈、斗鸡坑、蟋蟀盆并赌斗者,照开局赌博例治罪。其该管官,亦照开局赌博之该管官员例议处。

【1740】○修改

臣等谨按:例内照开场赌博治罪。查赌博本例,枷号两个月、杖一百,开局者枷号三个月、杖一百。照例者,照此例也。但赌博之例,又有经旬累月,将自己银钱放头、抽头加至军、流、绞罪。今只云照例,恐援引者无所适从。应为指明,以便引用。谨将增辑例文,开列于后。

一、凡开鹌鹑圈、斗鸡坑、蟋蟀盆并赌斗者,照开场赌博枷责例治罪。其该管官,亦照开场赌博之该管官员例议处。

臣等谨按:赌博条例,款项繁多,先后错杂,不便检查。谨将开场诱赌、造卖赌具及根究赌具各条款,依类编辑,以便查阅,合并声明。

【1740】6.26.378.(11)(略)

【1788】○修并

修并按语及修并后例文,见【1768】6.26.378.(14)条【1788】修并项下。

【1725】6.26.388.(6)

【钦定例】一、凡民人造卖纸牌、骰子,为首者,发边卫永远充军;为从及贩卖为首者,杖一百、流二千里;为从贩卖者,杖一百、徒三年。如藏匿赌具器物不行销毁者,照造卖为首例治罪。地方、保甲,知造卖之人不首报者,杖一百。将自己银钱,开场引诱赌博,放头抽头,及开场存留赌博之人,该地方官分别等次,详记档案。初犯开场诱赌、放头抽头者,杖一百、徒三年;开场存留赌博者,杖八十、徒二年。再犯者,诱赌之人,杖一百、流三千里;存留赌博之人,杖一百、徒三年。输钱者,据实出首免罪,仍追所输之银钱给还。若官员,无论赌钱、赌饮食等物,有打马吊、斗混江者,俱革职,满杖,枷号两个月;上司与属员斗牌掷骰者,亦均革职,满杖,枷号三个月,俱永不叙用。如该管上司并督抚容隐属员赌博,及地方官弁疏纵赌博者,俱交部严加议处。稽察兵役,亦照例治罪。

此条系雍正三年(1725)定例。

【1740】○分纂

分纂按语见【1725】6.26.388.(3)条【1740】修改、分纂项下。

【1740】6.26.378.(4)(略)

【1740】6.26.378.(6)(略)

【1740】6.26.378.(4)

一、凡民人将自己银钱,开场诱引赌博,经旬累月,聚集无赖,放头抽头者,初犯杖一百、徒三年,再犯杖一百、流三千里。存留赌博之人,初犯杖八十、徒二年,再犯杖一百、徒三年。输钱者,据实出首免罪,仍追所输之钱给还。若官员,无论赌钱、赌饮食等物,有打马吊、斗混江者,俱革职,满杖,枷号两个月。上司与属员斗牌、掷骰者,亦均革职,满杖,枷号三个月。俱永不叙用。如该管上司并督抚容隐属员赌博,及地方官弁疏纵赌博者,俱交部严加议处。稽查兵役,亦照例治罪。

【1825】6.26.378.(3)(略)

【1740】6.26.378.(6)

一、凡民人造卖纸牌、骰子,为首者,发边远充军;为从及贩卖为首者,杖一百、流二千里;为从贩卖者,杖一百、徒三年。如藏匿造赌器具,不行销毁者,照贩卖为从例治罪。地方、保甲知造卖之人不首报者,杖一百。

【1810】○修改、修并

【原例】【1740】6.26.378.(6)(略)、【1740】6.26.378.(8)(略)、【1768】6.26.378.(13)(略)

臣等谨按:前一条,系造卖赌具治罪之例;次条,系私造赌具之邻佑徇隐不首,及造卖赌具本犯自首并再犯治罪之例;后条,系开场窝赌,邻佑徇隐不首治罪之例。查次条例内,若于未获之先,本犯自首,准其免罪一节,系指私造赌具之本犯自首者而言,自应移并前条造卖赌具本例之内,以归一类。又后条窝赌之两邻,与次条私造赌具之紧邻,情事相同。私造出首照例给赏,窝赌并无出首给赏之文,系属罣漏。至徇隐不首,则有杖一百、杖八十之分。得财,又有准枉法、准窃盗之别。且次条罪止满徒,而后条并无罪止之文。若得赃稍多,即应拟流。不惟情同罪异,更属轻重悬殊。查窝赌得财徇隐,即属枉法,自应与私造赌具邻佑并为一条,画一修改。并于窝赌例内,添入出首给赏一层,以归平允而示惩劝。再前条,地方、保甲知造卖之人不首报,杖一百,并无受财治罪之例,亦应添受财计赃准枉法从重论。系在官人役,与邻佑不同,无论赃数多寡,即应按律问拟,毋庸罪止满徒。查系准枉法论,应照律添入"罪止杖一百、流三千里"字样。谨将修改例文,开列于后。

【修改】一、凡民人造卖纸牌、骰子,为首者,发边远充军;为从及贩卖为首者,杖一百、流二千里;贩卖为从者,杖一百、徒三年。如藏匿造赌器具不行销毁者,照贩卖为从例治罪。若于未获之先,本犯自首,准其免罪,仍详记档案。倘免罪之后,又复造卖,发边远充军。如同居之父兄伯叔等据实出首,本犯亦准免罪。地方、保甲知造卖之人不首报者,杖一百;受财者,计赃准枉法从重论,罪止杖一百、流三千里。

【修并】【1825】6.26.378.(15)(略)

【1825】6.26.378.(14)(略)

【1725】6.26.388.(7)

一、京城有犯赌博者,务将何处造卖赌具之人,严究治罪,将该管地方官及督抚一并处分。

此条系雍正三年(1725)定例。

【1740】○修改

臣等谨按:此条专为究明何处造卖赌具之人而设。查雍正七年(1729),又有八旗赌博不能究出造卖牌骰之例,又有地方官拿获赌博,不能究明制造赌具在某县地方,分别议处,及未经发觉缉拿惩治议叙之例。是凡属赌博,皆须究明赌具之所由来,不止京城有犯也。应将"京城有犯"字样,改为"八旗、直省"。再将雍正七年各例并入,以便引用。但七年例内,有将无辜混行入罪,照不能究出造卖例加倍治罪。查雍正八年(1730),"加倍"字样,有不得任意引用之谕旨,应将"加倍"字样,改为"加一等治罪"。再例内有应行追银给赏之犯,如数追出,再行枷责发配。查追银给赏之例,已于雍正十三年(1735)停止。此外,惟自首者追给所输之银,事属琐细,不必入于例款,应删。谨将改并例文,开列于后。

一、八旗、直省拿获赌博,务必穷究牌骰之所由来。如不能究出,或被他处查出,将承审官交部议处。倘将无辜之人,混行入罪,照不能查出造卖牌骰例加一等治罪。其究出造卖之地方官,交部议叙。或所属地方有造卖之家,未经发觉,能缉拿惩治,亦交部议叙。

【1740】6.26.378.(7)(略)

【1825】6.26.378.(4)(略)

*【1725】○增入[1]

【现行例】一、凡旗人赌博,议处平素不行管束之大臣官员,不准因公他往,开脱

---

[1] 此条见于《大清律例按语》第27卷"杂犯·赌博"条雍正三年项下,雍正三年(1725)《大清律集解附例》不载。

免议。

臣等谨按:此条类于"赌博"律,应增入条例后。

【1740】○增入

一、奸民私造赌具,其左右紧邻,有能据实出首,照例给赏。如有通同徇隐,不即举首者,杖一百。若得财,准枉法从重论,罪止杖一百、徒三年;所得之赃,照追入官。若于未获之先,本犯自首,准其免罪,仍详记档案。倘免罪之后,又复造卖,发边远充军。如同居之父兄伯叔等据实出首,本犯亦准免罪。

此条系雍正九年(1731)定例。本年又有得财不首例、父兄伯叔出首及不首例。乾隆元年(1736),经原任大学士、浙江总督稽曾筠条奏,律载亲属得相容隐,所以敦伦常,教亲睦,故于叛逆案件不首坐罪外,余无父兄、伯叔、弟侄不首连坐之文。其赌具私铸,曾经议准坐罪,此不过一时禁暴除奸,未可久著为令。今止将父兄出首免罪并入此例,以开自新之路。其连坐之例,不复登载。

【1740】6.26.378.(8)(略)

【1810】○修并

修并按语见【1740】6.26.378.(6)条【1810】修改、修并项下。

一、奸民私造赌具,或经旬累月,开场窝赌,其左右紧邻,有能据实出首,照例给赏。如有通同徇隐,不即举首者,杖一百。若得财,准枉法从重论,罪止杖一百、徒三年。所得之赃,照追入官。

【1825】6.26.378.(15)(略)

【1740】○增入

一、拿获赌博人犯到案,不肯将造卖之人据实供出,即将案内出具牌骰之人,依不应重律杖八十。如系在场赌博人犯,仍照赌博本例,从重治罪。若已将造卖之人供出,该地方官规避失察,朦胧结案,或该犯狡词支饰,承审官不根究实情,后经查出,交部分别议处。

此条系雍正十三年(1735)定例。原例照贩卖为从定罪,现经升任广东按察使王恕条奏,请将买有赌具之人,依不应重律问拟。查从前设例之意,原为赌案务须究出造卖之人,以杜赌博之源。故特严定例款,使造卖之人不得漏网也。但其中亦不无远年遗存,或买自过路,或辗转传递,无凭查究之处。应如王恕所奏改定,若系在场赌博人犯,仍照赌博本例,从重治罪。则情罪得平,办理者亦便于引用矣。

【1740】6.26.378.(9)(略)

【1767】○修并

【原例】【1740】6.26.378.(9)(略)、【1761】续纂"一、地方官拿获赌博,务向各犯严追赌具来历……"条(略)。

臣等谨按：此条系拿获赌博追究赌具来历定例。原例本系两条，但一事两例，实属重复。拟合并为一条，以归简易。

一、拿获赌博人犯到案，务向各犯严追赌具来历。如不将造卖之人据实供出，即将出有赌具之人，照贩卖为从例杖一百、徒三年。若已将造卖之人供出，该地方官规避失察，朦胧结案，或该犯狡词支饰，承审官不根究实情，后经查出，交部分别议处。

【1768】6.26.378.(9)(略)

【1825】6.26.378.(5)(略)

【1740】○增入

一、凡描画纸牌，照印板造卖之犯减一等治罪。造卖牌骰未成，照造卖已成者减一等治罪。

此条描画纸牌定罪之处，系乾隆三年(1738)刑部议准之例。造卖牌骰未成，系四川按察使李如兰条奏。查印板造卖，肆行广布，为害实多。描画纸牌，经旬累月，始成一副，其流祸尚不能广远，应较印板者稍为末减。再诈为制书及私雕假印未成者，俱照已成减等。造卖牌骰未成者，亦应照减。今并纂一条，以便引用。

【1740】6.26.378.(10)(略)

【1825】6.26.378.(6)(略)

*【1740】○删除

一、凡文武生员，如有聚赌、诱赌等事，将生员革退，照常人加一等治罪。有造卖赌具者，将生员革退，分别首从，亦照常人加一等治罪。该教官失于觉察，及知而不行举报，分别议处。

此条系雍正十三年(1735)定例。生员聚赌、诱赌及造卖赌具，较之常人犯法，尤属可恶。但赌博及开张赌坊之罪，律止杖八十。现今新例，初次犯赌及开场诱赌，已加至军、流重罪。查"名例"，加不至死，流三千里者，加等即入绞罪。今既定军、流重罪，无可再加。至文武生员等寻常犯罪，已于乾隆三年(1738)，经原任直隶总督李卫奏请，免其加等治罪，刑部议准，通行在案。此条毋庸纂入。

*【1740】○删除

一、内外大小衙门书役人等，犯聚赌、诱赌等罪，例应枷号两个月者，加为枷号三个月；例应徒二年者，加为二年半。以次递加，罪止发边卫充军。其失察并知情隐匿之地方官，及别衙门书役犯赌已经察出，瞻徇隐匿者，交部分别议处。

此条系雍正九年(1731)定例。查书役惟恐吓索诈、招摇撞骗等项例，照民人加重，以其倚恃衙门情熟，易于作奸也。至命、盗等案，均照民人定拟。此条赌博加等之处，无庸纂入。

【1743】○续纂

一、民人开宝诱赌者，其拿盒之人，初犯枷号一个月，再犯枷号两个月，均责四十板，交乡保收管；压宝之人，各杖一百。在场财物入官。乡保、总甲容隐不报，照不应轻律笞四十；兵役贿纵，计赃治罪。

此条系乾隆五年（1740）五月署江督郝玉麟议复江南提督南天祥条奏定例。

【1767】○删除

臣等谨按：压宝诱赌，已于乾隆二十五年（1760）山东按察使沈廷芳条奏，悉照开场赌博例治罪，载入例册遵行。此条分别初犯、再犯枷杖发落之处，系属旧例，已不行，应删。

【1761】○续纂

一、在京轿夫，有借名依附，潜匿别处开场诱赌，经旬累月者，将为首开场及放赌抽头之犯，均发边远充军；同赌之人，俱枷号三个月，杖一百，递回原籍拘束。其现用轿夫之王大臣，有轿夫在家赌博，不加约束，及任其居住遥远，开场放赌，将坐轿之本主照例议处。

臣等谨按：此条系乾隆二十二年（1757）六月内，臣部奏准条例，应纂辑以便遵行。

【1768】6.26.378.（12）（略）

【1825】6.26.378.（8）（略）

【1761】○续纂

一、地方官拿获赌博，务向各犯严追赌具来历。如不将造卖之人据实供出，即将出有赌具之人，照贩卖为从例杖一百、徒三年。

臣等谨按：此二条系乾隆二十五年（1760）二月内，臣部议复浙江布政使明山条奏定例，应纂辑以便遵行。

【1767】○修并

修并按语及修并例文见【1740】6.26.378.（9）条【1767】修并项下。

【1761】○续纂

一、经旬累月开场窝赌之左右两邻，如有通同徇隐，不即举首者，照不应重律杖八十。得财者，计赃准窃盗从重论。

臣等谨按：此二条系乾隆二十五年（1760）二月内，臣部议复浙江布政使明山条奏定例，应纂辑以便遵行。

【1768】6.26.378.（13）（略）

【1810】○修并

修并按语见【1740】6.26.378.（6）条【1810】修改、修并项下，修并后例文见【1825】6.26.378.（15）条。

【1761】○续纂

一、凡压宝诱赌者，将拿盒及同赌之人，悉照开场赌博例治罪。

臣等谨按：此条系乾隆二十五年(1760)十一月内，臣部议复山东按察使沈廷芳条奏定例，应纂辑以便遵行。

【1768】6.26.378.(14)(略)

【1788】○修并

【原例】【1768】6.26.378.(14)(略)、【1740】6.26.378.(11)(略)

臣等谨按：以上原例二条内，压宝诱赌，以及开鹌鹑圈等项赌斗，名色虽有不同，治罪则一，自应并纂一条，以省烦冗。谨将并辑例文，开列于后。

一、凡压宝诱赌，以及开鹌鹑圈、斗鸡坑、蟋蟀盆赌斗者，将开场及同赌之人，俱照赌博例治罪。其失察之该管官，亦照赌博之该管官员例议处。

【1790】6.26.378.(11)(略)

【1825】6.26.378.(7)(略)

【1767】○续纂

一、旗人造卖赌具为从，及贩卖为首、为从者，仍照例办理外，其造卖赌具为首之旗人，系初犯，亦照定例发落，若系再犯，除照例发落外，再加枷号一个月，俱交该管官严加管束；三犯者，即拟以实遣，不准折枷。系在京八旗、各省驻防旗人，俱照例发遣黑龙江等处当差；系盛京等处旗人，俱照例发遣西安等处驻防当差。该管各官，如有隐匿不报者，交部严加议处。

臣等谨按：此条系乾隆二十七年(1762)三月内，盛京刑部侍郎朝铨条奏定例，应纂辑遵行。

【1768】6.26.378.(15)(略)

【1788】○修并

修并按语及修并后例文见【1740】6.26.378.(5)条【1788】修并项下。

【1767】○续纂

一、无赖匪徒串党驾船，设局揽载客商，勾诱赌博，折没货物，掯留行李者，初犯到案，审系仅止一二次者，照开场诱赌例，杖一百、徒三年；三次以上，及再犯者，发云贵两广极边烟瘴充军，并将首犯先于拿获之沿河码头地方，加枷号一个月。其船户知情分赃者，初犯仍照为从论，再犯亦与犯人同罪，船价入官。

臣等谨按：此条系乾隆二十九年(1764)七月内，江西按察使廖瑛条奏定例，应纂辑遵行。

【1768】6.26.378.(16)(略)

【1790】6.26.378.(14)(略)

【1825】6.26.378.(9)(略)

【1772】○续纂

一、凡容留制造赌具之房主,如讯不知情,仍照不应重律治罪外,如审系贪得重租,知情包庇,但在一年以外者,将房主与造卖赌具为首之犯一例问拟,发边远充军。即在一年以内,亦将房主照制造为从及贩卖为首例,杖一百、流二千里。若在半年以内,将房主照贩卖为从例杖一百、徒三年。倘地方官拿获造卖赌具之犯,不将窝留造卖月日研究明确,从重定拟者,将承审之员严行参处。

臣等谨按:此条系乾隆三十四年(1769)三月内,臣部议复广西按察使吴虎炳条奏定例,应纂辑以便遵行。

【1790】6.26.378.(15)(略)

【1825】6.26.378.(10)(略)

【1778】○续纂

一、凡现任职官,有犯屡次聚赌,加重发往乌鲁木齐等处效力赎罪者,仍先照赌博本例枷号,俟枷满时再行发往。

臣等谨按:此条系乾隆四十年(1775)二月内,臣部审拟中书六十七等两次聚赌一案,将六十七、图拉照例枷责,不足示惩,改发乌鲁木齐效力赎罪。钦奉谕旨:"六十七、图拉着仍照例枷责,俟枷满时再行发往乌鲁木齐效力赎罪。嗣后照此办理。"钦遵在案,应纂为例,以便遵行。

【1790】6.26.378.(16)(略)

【1801】○修改

臣等谨按:此条系乾隆四十年(1775)定例。查例载官员犯赌革职、枷责,不准折赎,系指偶然聚赌、抽头无多者而言。若现任职官,屡次聚赌,自应照例发往新疆效力。惟查例载"例应枷责之犯,奉旨改为发遣者,俱免其枷责之罪"等语。又现在钦奉谕旨:"凡问拟罪名,不得加重等因。钦此。"例内先行枷号及"加重"二字,应行节删。又此条系指屡次聚赌及经旬累月开场者而言,若偶然犯赌及聚赌一二次者,仍革职,照例枷责,不准折赎,不在发新疆之例,应注明以免牵混。谨将修改例文,开列于后。

一、凡现任职官,有犯屡次聚赌,及经旬累月开场者,发往乌鲁木齐等处效力赎罪。若偶然犯罪,及聚赌一二次者,仍革职,照例枷责,不准折赎。

【1802】6.26.378.(16)(略)

【1825】6.26.378.(11)(略)

【1778】○续纂

一、凡旗人有邀集抓金钱会者,将起意邀约之人,照违制律杖一百;随同入会者,照为从律减一等,杖九十。失察之该管官,交部查议。

臣等谨按:此条系乾隆四十年(1775)十一月内,经步军统领衙门奏送骁骑校海文因争讨会钱斗殴案内奏准,通行八旗一体遵照。应纂为例,以便遵行。

【1790】6.26.378.(17)(略)

【1825】6.26.378.(12)(略)

【1782】○续纂

一、闽省拿获花会案犯,讯明起意为首者,照造卖赌具例发边远充军。其伙同开设、辗转纠人之犯,照贩卖赌具为首例,杖一百、流二千里。其在场帮收钱文等犯,均照为从例杖一百、徒三年。仍各尽赌博本法,于开设花会处先行枷号两个月,满日定地发配。其被诱入会之人,俱枷号三个月,杖一百。地保、汛兵若有贿庇情事,即照为首本犯一体问拟。如赃重于本罪者,仍计赃从重论。其知情容隐者,虽无受贿情事,亦科以为从之罪,杖一百、徒三年。若甫经开设,实系失于查察者,比照造卖牌骰之保甲知而不首例,杖一百,革役。失察之文武各官,俱照失察赌具例交部议处。如匪徒另立名色,诱赌聚众,数在三十人以上,与花会名异而实同者,均照此例办理。

臣等谨按:此条系乾隆四十四年(1779)四月内,福建巡抚黄检条奏定例,经臣部会同吏部、兵部议复具奏。奉旨:"依议。"钦遵在案,应纂辑遵行。

【1790】6.26.378.(18)(略)

【1825】6.26.378.(13)(略)

【1814】○续纂

一、京城内外拿获赌博,除讯系偶然聚赌窝赌,存留之人照例治罪,房屋免其入官外,如开场聚赌,经旬累月,其租给房屋、棚座之房主、铺户,均照容留旗民开场聚赌定例分别治罪,邻佑亦按例定拟,房屋、棚座概行入官。如业主所置房屋,交家人经手,有赁给聚赌,伊主实不知情者,罪坐经手之人。倘系官房,即将知情租给经手官房之人,亦照前例治罪。

＊刑律·犯奸·买良为娼

【1825】6.25.375.(4)一、京城内外,拿获窝娼并开设软棚月日经久之犯,除本犯照例治罪外,其租给房屋之房主,初犯杖八十、徒二年,再犯杖一百、徒三年。知情容留之邻保,杖八十。房屋入官。若甫经窝娼及开设软棚,即被拿获,知情租给之房主杖八十,知情容留之邻保笞四十。若房主、邻佑实不知情,不坐,房屋免其入官。如业主所置房屋,交家人经手,有赁给窝娼、开设软棚,伊主实不知情者,罪坐经手之人。倘系官房,即将知情租给经手官房之人,亦照前例治罪。

臣等谨按:嘉庆十六年(1811)六月十四日,奉旨:"步军统领衙门奏'请将出租开设赌局之房间、棚座入官惩创,并请嗣后明定规条'等语。此等游手匪徒,经年累月,聚赌不散,其房主及搭棚铺户断无不知,明系将房间、棚座重利出租,知情容隐,不可不一并惩创。但从前既未饬禁,此时亦未便坐罪,姑先酌量薄惩。所有此次聚赌之各案,房间、棚座着概免入官。至此后若再有似此干禁图利者,则不特将房间、棚座入官,并当将房主、铺户治以应得之罪。其应如何分别治罪之处,着交刑部酌拟奏闻,归入条例。如系租住官房,并着内务府将经管官房之人查明惩治。此外,窝娼及软棚等案,其房间、棚座,均即照窝赌之例究办。钦此。"当经臣部查,容留旗、民开场聚赌之房主,及徇隐不举之邻佑,例有治罪明文。至窝娼及开设软棚,事同一例。其知情之房主、邻佑,应即照此分别酌立科条,以示惩创。议请嗣后京城内外拿获赌博,除讯系偶然聚赌、窝赌,存留之人照例治罪,房屋免其入官外,如开场聚赌,经旬累月,其租给房屋、棚座之房主、铺户,均照容留旗民开场聚赌定例,分别治罪。邻佑亦按例定拟。房屋、棚座概行入官。其窝娼并开设软棚月日经久之房主,亦照窝赌例,初犯杖八十、徒二年,再犯杖一百、徒三年。知情容留之邻佑,亦杖八十。房屋入官。若甫经窝娼及开设软棚,即被拿获,房主、邻佑实不知情,不坐。如业主所置房屋,交家人经手出赁,有赁给聚赌、窝娼、开设软棚,伊主实不知情者,罪坐经手之人。倘系官房,即将知情租给经手官房之人究明,分别窝赌、窝娼、软棚,亦照前例治罪等因,奏准在案。应于"赌博""犯奸"各门内,分纂为例。再甫经窝娼及开设软棚之房主、知情邻佑,作何治罪,原奏并未议及。应请知情租给甫经窝娼及开设软棚之房主,照不应重律杖八十;知情容留之邻保,照不应轻律笞四十,以昭赅备而便引用。合并陈明。

【1825】6.26.378.(16)(略)

【1870】○续纂

一、奉天、吉林二省,如有设局放头、开场聚赌,经年累月,以致奸宄托迹,酿成重案,除实犯抢夺、杀人及窝藏强盗,各照本例治罪外,将设局开赌之犯,照棍徒扰害例科断。其寻常赌博,仍照旧例办理。

谨案:此条同治四年(1865)定,原系专指吉林而言。同治六年(1867),增入奉天省。

【1870】6.26.378.(17)(略)

阉割火者

律　文

【1646】6.26.402

凡官民之家,不得乞养他人之子阉割火者,惟王家用之。违者杖一百、流三千里,其子给亲。罪其僭分私割也。

【1670】6.26.401(略)

【1725】6.26.389

律文(略)

注:此禁私割以杜僭越也。净身而未入官,名为火者。凡官民之家,不得乞养他人之子,阉割为火者,以供门庭之役。违者是为僭越,故坐满流。所阉割之子,给付本生父母完聚。

臣等谨按:此禁私割以杜僭越也。净身而未入官,名为火者。凡官民之家,不得乞养他人之子,阉割为火者,以供门庭之役。违者,僭越王家之用,故坐杖流。所阉之子,给付本生父母完聚。

【1740】6.26.379(略)

附律条例

【1646】6.26.402.(1)

一、净身人曾经发回,若不候朝廷收用,官司明文起送,私自来京,图谋进用者,问发边卫充军。

【1670】6.26.401.(1)

一、净身人曾经发回,若不候朝廷收取,官司明文起送,私自来京,图谋进用者,问发边卫充军。

【1725】6.26.389.(1)【原例】(略)

【1740】6.26.379.(1)(略)

【1788】○删除

删除按语,见【1740】6.26.379.(2)条【1788】删除项下。

【1646】6.26.402.(2)

一、敢有私自净身者,本身并下手之人处斩,全家发边远充军。两邻及歇家不举首者,问罪。有司、里老人等,仍要时常访察。但有此等之徒,即行捉拿送官。如或容隐,一体治罪。

【1670】6.26.401.(2)(略)

【1725】6.26.389.(2)【原例】(略)

【1740】6.26.379.(2)(略)

【1788】○删除

【原例】【1740】6.26.379.(2)(略)、【1740】6.26.379.(1)(略)、【1740】6.26.379.(3)(略)、【1782】续纂"一、凡私自净身人犯……"条(略)

臣等谨按:私自净身人犯,定例本应拟斩监候。乾隆四十四年(1779)二月内,臣部遵旨将秋、朝审人犯内私自净身案件,摘叙案情开单具奏。奉旨:"嗣后刑部着于年终汇奏一次。钦此。"嗣于乾隆五十年(1785)六月内,奉旨:"私自净身人犯,律拟斩候者,虽为慎重伤生起见,然一经阉割,便成废人,苟非实在穷苦,孰肯甘心出此。况此辈供奔走、扫除之役,自古已然。是宫闱在所必需,而反治之以罪,从前定例本未允协。所有私自净身问拟斩候一条,竟应删除等因。"钦遵在案。私自净身问拟斩候之例,应恭遵谕旨删除。查定例投充太监,听其报明有司阉割,令其自投,内务府验明,送内当差,不必由该管州县造册送部。则次条内,私自来京,图谋进用,及第三条内,民间愿报官阉割,听有司造册送部之文,系属旧例,业已不用。又查私自净身治罪之例既已删除,即无拟斩监候之犯。若审系畏罪阉割,希图漏免,例应按原犯科条,各加一等定拟,随案发落。所有第四条年终汇奏之例,亦已不用。均请毋庸载入。

【1646】6.26.402.(3)

一、民间有四五子以上,愿以一子报官阉割者听。有司造册送部,候收补之日选用。如有私割者,照例重治。邻佑不举,一并治罪。

【1670】6.26.401.(3)(略)

【1725】6.26.389.(3)

【原例】一、民间有四五子以上,愿以一子报官阉割者听。有司造册送部,候收补之日选用。

【1740】6.26.379.(3)(略)

【1788】○删除

删除按语见【1740】6.26.379.(2)条【1788】删除项下。

***【1680】1.1.42 刑部现行则例·名例·本身阉割**

一、有将人诓骗阉割、强勒阉割者,仍照律治罪外,父母情愿将伊子阉割,及本身情愿阉割者,免其治罪。

【1725】○增入

原拟:现行例内一条,类于此律,应增入。

【现行例】*【1680】1.1.42 刑部现行则例·名例·本身阉割(略)

原拟:前二条内,私阉者,治以重罪。惟报官阉割者听,有司送部。应将此条内"情愿阉割"字下,增"报官"二字。

【1725】6.26.389.(4)

【增例】一、凡诓骗阉割、强勒阉割者,仍照例治罪外,其父母及本身情愿报官阉割者,免其治罪。

【1740】○修改

臣等谨按:例内诓骗、强勒阉割者,照例治罪。查例无诓骗、强勒之条,《笺释》云,照私割例治罪,应增。谨将增辑例文,开列于后。

一、凡诓骗阉割、强勒阉割者,仍照私割例治罪外,其父母及本身情愿报官阉割者,免其治罪。

【1740】6.26.379.(4)(略)

【1788】○修改

臣等谨按:原例内诓骗、强勒阉割,照私割例治罪者,系指照私自净身下手拟以斩候之例而言。今乾隆五十年(1785)六月内,钦奉谕旨,将私自净身拟斩之例删除。是私割治罪已无专条,设遇有诓骗、强勒阉割案件,碍难援引。臣等谨查例载,毁败人阴阳,以致不能生育者,杖一百、流三千里,将犯人财产一半断给被伤笃疾之人养赡。又查私割下手之犯,旧例内罪应斩候。是例称下手之犯拟斩者,毋论被割之人曾否致死,悉行按例坐罪。今此条原例内,诓骗、强勒阉割,均属毁败人阴阳,致成笃疾,如有割伤至死,自应仍照旧例拟斩监候。拟于例文内修改详明,以资引用。再查定例内,投充太监,听其报明有司阉割后,即令自行投报,内务府验送当差,并无治罪之语。所有此条原例内,"父母及本身情愿报官阉割者,免其治罪"等句,亦应删去,以昭核实。谨将修辑例文,开列于后。

一、凡诓骗、强勒阉割者,俱照毁败人阴阳以致不能生育律,杖一百、流三千里,将犯人财产一半,断给被伤之人养赡。至死者,拟斩监候。

【1790】6.26.379.(3)(略)

【1825】6.26.379.(2)(略)

【1852】○修改

一、凡诓骗阉割之案,讯系和诱知情者,为首发近边充军。若系设计略诱,讯明被诱之人并不知情,致被强勒阉割者,即照诱拐子女被诱之人不知情例,将为首之犯拟绞监候,均将犯人财产一半断给被伤之人养赡。为从者,各减一等。如略诱阉割,因伤致死者,为首拟斩监候。其有用药饼,及一切邪术,迷拐阉割者,各依迷拐本例,从重论。

谨案:此条咸丰二年(1852)增改。

【1870】6.26.379.(2)(略)

*【1725】○增入[1]

【现行例】一、凡太监逃走自回者,照常完结。被获者,内务府会同刑部审明,割断一边懒筋,递发原籍。

臣等谨按:此条类于阉割火者律,应增入条例后。

【1740】6.26.379.(5)

一、内务府并诸王、贝勒等门上放出为民之太监,除效力年久,本管、本主保留外,不许仍留京师居住。违者,将容留之人从重治罪,将内务府总管、步军统领、巡城御史一并交部议处。如保留为民之太监,有生事犯法者,将保留之人交部议处。

---

① 此条见于《大清律例按语》第26卷"杂犯·阉割火者"(雍正三年)条下,雍正三年(1725)《大清律集解附例》不载。

谨案:此条系雍正五年(1727)定例。

【1790】6.26.379.(4)(略)

【1825】6.26.379.(3)(略)

【1782】○续纂

一、投充太监,听其报明有司阉割后,即令其自行投报,总管内务府验明,送内当差。仍行文该地方官取结存案,不必由该管州县造册送部。

臣等谨按:此条系乾隆四十一年(1776)十二月内,奉旨:"向例太监先由礼部报明记档,再交内务府大臣验看后,分派各处充役。近来报名者甚少,或因部中胥役需索,致伊等观望不前,亦未可定。此例盖沿明季旧习。本朝内廷诸务,既由内务府大臣管辖,其收录太监一节,自应总归内务府大臣画一办理,以专责成。嗣后太监报名,不必仍由礼部。钦此。"当经内务府因太监缺额甚多,酌定章程。以新充太监,听其先报本管官阉割后,即令其自行投报,内务府验明,送内当差。仍行文该地方官,取结存案备查,不必由该管州县具文申送等因。咨行直隶总督、顺天府,遵照在案,应纂辑遵行。

【1790】6.26.379.(1)(略)

【1821】○修改

【原例】【1790】6.26.379.(1)(略)、【1814】续纂"一、新进太监,由内务府验明……"条(略)

臣等谨按:嘉庆二十二年(1817)三月初四日,据内务府咨称,二十一年(1816)十二月十八日,总管内务府大臣英和面奉谕旨:"向例招募太监,取具该地方官印结,殊为具文。嗣后凡招募太监,由内务府验看后,即行交进,不必取具该太监原籍地方官印结。钦此。"钦遵,咨行到部。所有原例内,行文该地方官取结,并滥行出结之处,均应节删。谨将修改例文,开列于后。

一、投充太监,听其报明有司,阉割后,即令其自行投报总管内务府验明,送内当差,不必由该管州县造册送部。

【1825】6.26.379.(5)(略)

【1825】6.26.379.(4)(略)

【1782】○续纂

一、凡私自净身人犯,刑部于年终将各案开列事由,汇奏一次,请旨分别核办。

臣等谨按:此条系乾隆四十四年(1779)二月内,臣部遵旨查奏私自净身案犯王六等一案。奉旨:"刑部查开私自净身共七案。朕详核案情,其实系贫难度日,私自净身者三案,别无他故,着该部移交内务府,充当太监,令其在外围当差。其余四案,均系犯有盗窃等事,畏罪情急,起意阉割者,仍着该部照原拟办理。嗣后并着于年终汇奏一次,请旨分别核办。钦此。"应恭纂为例,以便遵行。

【1788】○删除

删除按语见【1740】6.26.379.(2)条【1788】删除项下。

【1788】○续纂

一、凡私自净身人犯,审明委系贫难度日,别无他故者,照例令其自投内务府验看,派拨当差。如有因伤致死者,将代倩下手之犯,照过失杀人律科断。若系畏罪情急,起意阉割,希图漏免者,除实犯死罪,及例应外遣,无可再加外,余俱按其原犯科条,各加一等定拟。其受雇代倩下手阉割之人,与犯人同罪。因而致死者,减斗杀罪一等。

臣等谨按:旧例私自净身及下手之犯,俱拟斩监候。嗣于乾隆五十年(1785)六月内,臣部钦遵谕旨删除,酌请嗣后如有委系贫难度日,私自净身,别无他故者,应即照例令其自投,内务府验看,派拨当差外,如系畏罪情急,起意阉割,希图漏免,此等人犯,除实犯死罪及罪应外遣,无可再加外,其余俱按其原犯科条上,各加本罪一等定拟等因具奏。奉旨:"依议。"钦遵在案,应纂辑遵行。再查畏罪故自伤残阉割之案,旧例既删,遇有听从下手之犯,即无治罪明条。详查过失杀人律载"过失杀者,准斗杀罪,依律收赎",又诈病死伤避事律载"犯罪故自伤残者,杖一百;所避事重者,从重论。其受雇倩为人伤残者,与犯人同罪。因而致死者,减斗杀罪一等"等语。是净身人犯,审明委系贫难,起意阉割致死之案,代倩下手之犯,即照过失杀律科断。若审系畏罪故自伤残阉割,则听从下手之犯,自应照受雇倩为人伤残本律分别定拟。应于例内添纂详明,以昭明备,而资援引,理合声明。

【1790】6.26.379.(2)(略)

【1825】6.26.379.(1)(略)

【1814】○续纂

一、新进太监,由内务府验明,年在十六岁以下,并未娶有妻室者,行文该地方官取结到日,交地方、熟火两处首领太监,各派年陈管教。其应学艺者,交各该处首领太监,各派年陈老成之人作为本管太监,照管衣食,查其行止。如堪供策使,告知总管太监等,分拨各处当差。有不安本分者,该本管太监告知总管太监等交出,与年十六岁以上净身投充之太监,均分给亲王、郡王府内,更换年十六岁以下者送进。该本管及首领太监,若不经心查看,率行分拨,经各处查出该太监劣迹,将该本管及首领太监等交内务府治罪。各该王交进太监时,详加审察,并着落同居之太监出具切实甘结,一并交送,由内务府行文原籍地方官取结备查。倘换进太监,有疏忽弊混,将王府出结之太监治罪。至各该州县,务须据实查报。其有身家不清及平日为匪不法者,开具实迹,毋得含混申复。若不详察明确,滥行出结,除该太监进宫后饮酒、赌钱以及逃走等事,免其参处外,设犯至军、流以上,将滥行出结之该地方官参处。

臣等谨按:嘉庆十九年(1814)十月内,臣部会同内务府大臣,遵旨酌议"私自净身投充太监"一折内称,查例载"凡私自净身人犯,审明委系贫难度日,别无他故者,照例令其自投,内务府验看,派拨当差。如有因伤致死,将代倩下手之人,照过失杀人律科断。若系畏罪情急,起意阉割,希图漏免者,除实犯死罪,及例应外遣,无可再加外,余俱按其原犯科条,各加一等定拟。其受雇代倩下手阉割之人,与犯人同罪。因而致死者,减斗杀罪一等",又"投充太监,听其报明有司阉割后,即令其自行投报,总管内务府验明,送内当差。仍行文该地方官取结存案,不必由该管州县造册送部"等语。是太监一项,有报明地方官申送内务府者,有由内务府召募投充者。其私自净身者,除畏罪图免,仍按例办理外,如委系贫难,别无他故,即与声明阉割者一体验明,送内当差,业经定例遵行。伏思太监人等,原以供役内廷。若需用乏人,不能不收送以充数。然宫围邃密之地,必宜详加审察,择其身家清白、心性善良者,方许送备派用。惟是投充太监之人,籍贯不一,其身家清白与否,平日有无为匪别情,碍虽悬断,自应于该民人赴内务府投充时,责成各该原籍地方官详查结报,以凭收送。至此等净身之人,性情原难一致。然年岁过大,则习染渐深,情伪即难遽知。若甫在童年,心性未漓,其诚实与否,较为易辨。且自幼束身禁地,防闲既早,则气质易驯。慎终于始,应即净身之初,按其年岁,定以限制。至太监由王府交进,其同处当差之太监,饮食与同,起居与共,情性不难周知。如由内务府投充,业经取结交进者,向无试看年限。以草野无知之人,一经净身投充,即行入侍禁廷,为时无几,审察殊难。再行查原籍取结之时,诚恐各该地方官借词推诿,率以身家不清及平时游荡等情,虚词申复,将来收送乏人,诸多窒碍。议请嗣后凡净身投充之人,务须年在十六岁以下,并未娶妻生子者,方准收用。十六岁以上净身投充者,不准收送,应给与亲王家内使用,更换十六岁以下者,送进当差。其由王府交进者,即令各该王着落同居之太监出具切实甘结。并令该王详加审察,于送进太监时,连结交送。仍由内务府行文原籍地方官出具印结,一并备查。至由内务府交进太监,先令在外围当差,交在内年久之太监留心管教,随时察看。如果资性驯良,再行送内当差。设有疏忽弊混,将王府出结之太监及内廷管教察看之太监,一并查明治罪。再行查该太监原籍时,应令各该州县据实查报。其有身家不清及为匪者,务须开具实迹。若有身家不清,该州县含混申复,一经查询明确,即将该州县随时参处。添纂例册遵行等因具奏。奉旨:"刑部、内务府会奏'太监私自净身'折内,所议新进太监,先令在外围当差一节,尚未妥协。太监等供役内廷,进身时固不可不加以慎重,必须专人管教。俟其稍谙规矩,再行分拨各等处当差。嗣后新进太监,着先交地方、熟火两处首领太监。其应学艺者,交各该处首领太监,各派年陈老成之人作为本管太监,照管衣食,查其行止。如堪供策使,告知总管太监等分拨各处。如有不安分者,即告知总管太监等交出,照例分给亲、郡王,将各该王府太监换进。各该管首领太监若不经心查看,率行分拨各该处,经各该处查知该太监劣迹,将原管之首领太监等治罪。至太监原籍出结之地方官处分,亦应定以限制。进宫太监,除饮酒、赌钱以及逃走等事,免其参处外,设犯罪至军、流以上者,再将滥行出结之各该地方官参处。余依议。钦此。"在案。应纂辑为例,以便遵行。

【1821】○修改

修改按语见【1790】6.26.379.(1)条【1821】修改项下。

一、新进太监，由内务府验明，年在十六岁以下，并未娶有妻室者，交地方、熟火两处首领太监管教。其应学艺者，交各该处首领太监，各派年陈老成之人，作为本管太监，照管衣食，查其行止。如堪供策使，告知总管太监等，分拨各处当差。有不安本分者，该本管太监告知总管太监等交出，与年十六岁以上净身投充之太监，均分给亲王、郡王府内，更换年十六岁以下者送进。该本管及首领太监，若不经心查看，率行分拨，经各该处查出该太监劣迹，将本管及首领太监等交内务府治罪。各该王交进太监时，详加审察，并着落同居之太监出具切实甘结，一并交送。倘换进太监，有疏忽弊混，将王府出结之太监治罪。

【1825】6.26.379.(5)(略)

嘱托公事

律　文

【1646】6.26.403

凡官吏诸色人等，或为人或为己。曲法嘱托公事者，笞五十，但嘱即坐，不分从不从。当该官吏听从而曲法者，与同罪，不从者，不坐。若曲法事已施行者杖一百；其出入所枉之罪重于杖一百者，官吏以故出入人罪论。若为他人及亲属嘱托以致所枉之罪重于笞五十者，减官吏罪三等；自嘱托己事者，加所应坐本罪一等。○若监临势要曲法为人嘱托者，杖一百；所枉重于杖一百者，与官吏同故出入人罪；至死者，减一等。○若曲法受赃者，并计赃通算全科。以枉法论。通上官吏人等嘱托者，及当该官吏并监临势要言之。若不曲法而受赃者，只依不枉法赃论。不曲法又不受赃，则俱不坐，乃以嘱托笞五十。○若官吏不避监临势要，将嘱托公事实迹上司首告者，升一等。吏候受官之日，亦升一等。

【1670】6.26.402

凡官吏诸色人等，或为人或为己。曲法嘱托公事者，笞五十，但嘱即坐。不分从不从。当该官吏听从而曲法者，与同罪，不从者不坐。若曲法事已施行者杖一百；其出入所枉之罪重于杖一百者，官吏以故出入人罪论。若为他人及亲属嘱托以致所枉之罪重于笞五十者，减官吏罪三等；自嘱托己事者，加所应坐本罪一等。○若监临势要曲法为人嘱托者，杖一百；所枉重于杖一百者，与官吏同故出入人罪；至死者，减一等。○若曲法受赃者，并计赃通算全科。以枉法论。通上官吏人等嘱托者，及当该官吏并监临势要言之。若不曲法而受赃者，只依不枉法赃论。不曲法又不受赃，则俱不坐，乃以嘱托笞五十。○若官吏不避监临势要，将嘱托公事实迹，赴上司首告者，升一等。吏候受官之日，亦升一等。

【1725】6.26.390

凡官吏诸色人等,(或为人或为己。)曲法嘱托公事者,笞五十,但嘱即坐。(不分从不从。)当该官吏听从(而曲法)者,与同罪,不从者不坐。若(曲法)事已施行(者)杖一百;(其出入)所枉(之)罪重(于杖一百)者,官吏以故出入人罪论。若为他人及亲属嘱托(以致所枉之罪重于笞五十)者,减官吏罪三等;自嘱托己事者,加(所应坐)本罪一等。○若监临势要(曲法)为人嘱托者,杖一百;所枉重(于杖一百)者,与官吏同(故出入人)罪;至死者,减一等。○若(曲法)受赃者,并计赃(通算全科。)以枉法论。(通上官吏人等嘱托者,及当该官吏并监临势要言之。若不曲法而受赃者,只以不枉法赃论。不曲法又不受赃,则俱不坐。)○若官吏不避监临势要,将嘱托公事实迹,赴上司首告者,升一等。(吏候受官之日,亦升一等。)

注:此言挟私背公,嘱托与听从俱有罪也。首节言官吏诸色人等曲法嘱托公事,及官吏听从曲法之罪。次节言监临势要为人嘱托,及官吏听从嘱托之罪。三节言受人财而为人嘱托,及听行曲法枉断之罪。末节则言官吏能不避监临势要之威权,将所嘱托实迹赴上司告首者,官升一等用,吏候受官之日亦升一等。

臣等谨按:此言挟私背公,嘱托与听从俱有罪也。首节言官吏诸色人等曲法嘱托公事,及官吏听从曲法之罪。次节言监临势要为人嘱托,及官吏听从嘱托之罪。末节言受人财而为人嘱托,及听行曲法枉断之罪。若官吏不避监临势要之威权,将所嘱托实迹赴上司首告者,升一等用。

【1740】6.26.380(略)

附律条例

【1725】○增入

臣等谨按:康熙五十二年(1713)十月内,吏部会复降革官员贿嘱保留,事理类于此律,谨拟节录于后。

【续增现行例】一、凡民附合结党,妄与官府之事者,杖一百。如有降调、黜革之员,贿嘱百姓保留者,审实,将与、受官民,俱照枉法赃治罪。

【1725】6.26.390.(1)

【增例】一、民人附合结党,妄预官府之事者,杖一百。如有降调、黜革之员,贿嘱百姓保留者,审实,将与受官民,俱照枉法赃治罪。

【1740】6.26.380.(1)(略)

私和公事

律　文

【1646】6.26.404　私和公事(发觉在官。)

凡私和公事,(各随所犯事情轻重,)减犯人罪二等,罪止笞五十。(若私和人命、奸情,各依本律减二等,不在此,止笞五十例。)

【1670】6.26.403　私和公事发觉在官。（略）

【1725】6.26.391　私和公事发觉在官。

凡私和公事，各随所犯事情轻重，减犯人罪二等，罪止笞五十。若私和人命、奸情，各依本律，不在此止笞五十例。

注：此禁武断之渐，以明官法之不可废也。凡民间有不公平事，应听当该官司判断曲直，以示惩劝。若有擅为人私和者，减犯人罪二等，罪止笞五十。即犯人该杖八十以上至徒、流、死罪私和者，亦止笞五十。惟私和人命，杖六十，不减等；私和奸情，则从本律，照犯人轻重，各减二等。所谓本条各有罪名也。

臣等谨按：此禁武断之渐，以明官法之不可废也。凡民间有不平公事，应听当该官司判断曲直，以示惩劝。若有擅为人私和者，减犯人罪二等，罪止笞五十。即犯人该杖八十以上至徒、流、死罪，私和者，亦止笞五十。惟私和人命，杖六十，不减等；私和奸情，则从本律，照犯人轻重，各减二等，不在罪止笞五十之限。所谓本条各有罪名也。

【1740】6.26.381　私和公事发觉在官。（略）

失　火

律　文

【1646】6.26.405

凡失火烧自己房屋者，笞四十；延烧官民房屋者，笞五十；因而致伤人命者，不分亲属、凡人。杖一百，罪坐所由失火之人。但伤人者，不坐致伤罪。若延烧宗庙及宫阙者，绞。监候。○社，减一等。皆以在外延烧言。○若于山陵兆域内失火者，虽不延烧，杖八十、徒二年；仍延烧山陵兆域内林木者，杖一百、流二千里。若于官府公廨及仓库内失火者，亦杖八十、徒二年。主守仓库之人因而侵欺财物者，计赃以监守自盗论。不分首从。其在外失火而延烧者，各减三等。若主守人侵欺财物，不在减等之限。若常人因火而盗取，以常人盗论。如仓库内失火者，杖八十、徒二年，比仓库被窃盗库子尽其财产均追赔偿之例。○若于库藏及仓廒内燃火者，虽不失火，杖八十。○其守卫宫殿及仓库，若掌囚者，但见内外火起，皆不得离所守，违者杖一百。若点放火花爆仗，问违制。

【1670】6.26.404

凡失火烧自己房屋者，笞四十；延烧官民房屋者，笞五十；因而致伤人命者，不分亲属、凡人。杖一百，罪坐所由失火之人。但伤人者，不坐致伤罪。若延烧宗庙及宫阙者，绞。监候。○社，减一等。皆以在外延烧言。○若于山陵兆域内失火者，虽不延烧，杖八十、徒二年；仍延烧山陵兆域内林木者，杖一百、流二千里。若于官府公廨及仓库内失火者，亦杖八十、徒二年。主守仓库之人因而侵欺财物者，计赃以监守自盗论。不分首从。其在外失火而延烧者，各减三等。若主守人侵欺财物，不在减等之限。若常人因火而盗取，以常人盗论。如仓库内失火者，杖八十、徒二年，比仓库被窃盗库子尽其财产均追赔偿之例。○若于库藏及仓廒内燃火者，虽不失火，杖八十。○其守卫宫殿及仓库，若掌囚者，但见内外火起，皆不得离所守，违者杖一百。若点放火花爆仗,问违制。

【1725】6.26.392

凡失火烧自己房屋者,笞四十;延烧官民房屋者,笞五十;因而致伤人命者,不分亲属、凡人。杖一百,但伤人者,不坐致伤罪。其罪止坐所由失火之人。若延烧宗庙及宫阙者,绞。监候。〇社,减一等。皆以在外延烧言。〇若于山陵兆域内失火者,虽不延烧,杖八十、徒二年;仍延烧山陵兆域内林木者,杖一百、流二千里。若于官府公廨及仓库内失火者,亦杖八十、徒二年。主守仓库之人因而侵欺财物者,计赃以监守自盗论。不分首从。其在外失火而延烧者,各减三等。若主守人因而侵欺财物,不在减等之限。若常人因火而盗取,以常人盗论。如仓库内失火者,杖八十、徒二年,比仓库被窃盗库子尽其财产均追赔偿之例。〇若于库藏及仓廒内燃火者,虽不失火,杖八十。〇其守卫宫殿及仓库,若掌囚者,但见内外火起,皆不得离所守,违者杖一百。若点放火花爆仗,问违制。

注:此惩失火之愆也。前三节言失火及因而侵欺财物之罪。后二节言仓库内燃火及守卫、掌囚等离所守之罪。

臣等谨按:此严失火之罪,使人知所慎也。首节言失火烧自己房屋,与延烧官、民房屋,或致伤人命,及延烧宗庙、宫阙之罪。次节言延烧太社之罪。三节言山陵兆域内失火,与延烧陵兆内林木,或于官府、公廨、食库内失火,及因失火而侵欺财物之罪。其在外失火而延烧陵兆内林木者,减在内失火罪三等;在外失火延烧公廨、仓库者,减在内失火罪三等,故曰"各减三等"。四节言库藏及仓廒内燃火之罪。五节言守卫宫殿官军及守仓库、狱囚官、攒、斗、库、禁子人等,见宫殿、仓库、牢狱内外或有火起,辄离所守之罪。

【1740】6.26.382(略)

附律条例

***【1680】6.26.223 刑部现行则例·杂犯·失火**

一、凡出征打猎之处失火者,鞭一百。

【1725】〇增入

原拟:现行例内一条,类于此律,应增入。

【现行例】一、凡出征、行猎处失火者,杖一百。

【1725】6.26.392.(1)【增例】(略)

【1740】6.26.382.(1)(略)

【1772】〇续纂

一、凡京城当行失火,除所当货物未被焚烧者,仍按件准令取赎外,其已被烧毁者,俱按票价量减,以七成赔还。倘奸商、店伙人等,有乘机偷盗情弊,审实,照窃盗律治罪。

臣等谨按:此条系乾隆三十四年(1769)十月内,步军统领衙门审奏"兴隆当失火,店伙胡永祚等乘机偷盗未烧衣物”一案奏请定例，应纂辑以便遵行。

【1778】○修改

臣等谨按：此条原例，系专指京城当行失火而言。乾隆四十一年（1776）六月内，大学士、仍管两江总督高晋条奏，江苏、安徽、江西三省，典铺失火延烧着赔，按照所当货物分别减数赔偿，经户部议复，通行各省。较之原例，统以七成赔还者，似属周详。应将此例遵照户部原议修改，以便遵行。谨将改辑例文，开列于后。

一、凡典商收当货物，自行失火烧毁者，以值十当五，照原典价值计算，作为准数；邻火延烧者，酌减十分之二，按月扣除利息，照数赔偿。其米麦豆石、棉花等粗重之物，典当一年为满者，统以贯三计算，照原典价值，给还十分之三；邻火延烧者，减去原典价值二分，以减剩八分之数，给还十分之三，均不扣除利息。倘奸商、店伙人等，于失火时，将当不及五贵重器物，贪利隐匿，及乘机盗卖情弊，照所隐之物，按所值银数，计赃准窃盗论治罪，追出原物给主。其未被焚烧及搬出各物，仍听当主照号取赎。

【1790】6.26.382.（2）（略）

【1845】○移并

臣等谨按：道光二十三年（1843）九月内，臣部核复升任浙江巡抚刘韵珂咨“安吉县民孙大顺呈报染店被抢”一案内称，染店与典铺，皆系受寄他人之物。一有变故，害及他人。若不责令赔偿，无以息纷争而昭平允。故定例典货被焚有分别着赔之法。至染货被焚，与染铺、典铺被窃、被劫，应如何着令赔还，并无成例。自应逐一核议，明定章程，俾资遵守。查浙江省向办章程，典铺被窃，无论衣服、米豆、丝棉、木器、书画，以及金银珠玉、铜铁铅锡各货，概照当本银一两，再赔银一两。如系被劫，亦无论何项货物，照当本银一两，再赔银五钱。均扣除失事日以前应得利息。如赔还之后，起获原赃，即给典主领回变卖，不准原主再行取赎。查例内着赔被焚当货，自行失火，以值十当五计赔，邻火延烧酌减十分之二，原指物之精细者而言。若粗重之物，又有贯三，及减去原典价值二分，照剩数给还三分之别。盖以失火之际，精细之物，易于搬运。典商于易运者而不运，故议赔从重。粗重之物，难于挪移。典商于难移者而之移，故议赔从轻。若盗贼抢窃，遇物即肆攫取，粗重者固无从移藏，精细者亦不容搬动，与失火之尚可赶紧抢获者，情节不同。只分强、窃，不辨货物，似属允当。至染铺收人染货，与典铺收人典货，情固相同，但开张染铺之人，往往家不中资，借代染货物，得工本以糊口，与典商之般富赡足者，迥乎不同。若有失事，亦照典铺饬赔，未免苦累。且恐该铺力有未逮，徒有虚名，转致被有货物之人，不得收取赔偿之项。应请嗣后染铺被窃，即照估报赃数，酌赔十分之五；如系被劫，酌赔十分之三，令于一月内给主收领。如赔赃之后，起获原赃，给与该铺具领。由地方官出示晓谕，令原主归还所得赔赃之资，将原物领回。仍查明已染、未染，分别付给染价，以免轇轕。至例内饬赔被焚当货，既审其因何焚烧，又别其是何货物，处置最属周详。但染铺所收各货，不过绸绫、布匹、丝线之类，精粗不甚相悬，与当货之贵贱杂出者不同。若过为区别，转滋畸重畸轻之弊。似应只究其致焚之由，不必再计其被焚之货。查火起于己，则事由失防,火发于邻,则灾生不测。其事与被窃、被劫无殊。应请嗣后染货被焚,即着开单呈报地方官,逐一估计。如系自行失火者,饬令照估赔还十分之五;邻火延烧者,饬赔十分之三,亦均于一月内给主具领,以期画一。再典铺、染铺,如有欺隐、捏报情事,应照例分别惩办。查典铺、染铺,将各家货物收贮铺内,原主并未在铺监察,不但失火时取携甚便,必须防其侵盗。即失事之为强、为窃,装点非难;失火之延烧、自烧,推卸亦易。应请嗣后典铺、染铺失火,以及被窃、被劫,如奸商、典伙有贪利隐匿、乘机盗卖等弊,均依例照所隐之物,按所值银数,计赃准窃盗论。若只以窃报强,以自己失火为邻火延烧,希图短赔价值者,即计其短赔之值为赃,准窃盗为从论,分别治罪。至失火之案,如系典商、铺主及典伙人等,图盗货物,或先有亏短,因而放火故烧者,即照放火故烧自己房屋盗取财物,并凶徒图财放火故烧人房屋各本律例,从重问拟等因咨部。臣部查罚赔赃物,事隶户部,其所请分别赔偿之处,是否可行,应由户部核办。咨送户部查议去后,嗣准户部咨称,所议赔偿各条,尚属周密、妥协。其酌定欺隐、捏报各罪名,臣部查核,亦属妥协。至原咨内所请通行各省,并纂入例册之处,应俟臣部修例时,缮具黄册进呈后,再行颁发各省,一体遵照等因咨复去后。兹届纂辑条例之时,臣等查典铺失火罚赔旧例,载在"失火"门内,今既添纂被窃、被劫各条,自应共列一门,俾资查考。且染店与典铺皆系受寄他人之物,而"费用受寄财产"本律原载有"诈言死失"及"被水火、盗贼费失"等语,似应俱移载入"户律·费用受寄财产"门内,以昭画一。谨将典铺失火一条,移改修并,并将贪利欺隐各情从重问拟之处,一一添纂明晰,以资引用。应将移并、续纂各条,开列于后。

*户律·钱债·费用受寄财产

【1847】3.9.150.(2)

一、凡典商收当货物,自行失火烧毁者,以值十当五,照原典价值计算作为准数;邻火延烧者,酌减十分之二。按月扣除利息,照数赔偿。其米麦、豆石、棉花等粗重之物,典当一年为满者,统以贯三计算,照原典价值,给还十分之三。邻火延烧者,减去原典价值二分,以减剩八分之数,给还十分之三。均不扣除利息。至染铺被焚,即着开单呈报地方官,逐一估计。如系自行失火者,饬令照估赔还十分之五;邻火延烧者,饬赔十分之三。均于一月内给主具领。其未被焚烧及搬出各物,仍听当主、染主照号取赎。倘奸商、店伙人等,于失火时有贪利隐匿、乘机盗卖等弊,即照所隐之物,按所值银数,计赃准窃盗论,追出原物给主。若只以自己失火为邻火延烧,希图短赔价值者,即计其短赔之值为赃,准窃盗为从论,分别治罪。如典商、染铺及店伙人等,图盗货物,或先有亏短因而放火故烧者,即照放火故烧自己房屋盗取财物及凶徒图财放火故烧人房屋各本律例,从重问拟。

【1806】○续纂

一、失火延烧官民房屋,及官府公廨、仓库失火等案,各照本律笞、杖、充徒定拟,应否赔修,亦照律办理外,失火延烧官民房屋,如数至一百间者,加枷号一个月;至二百间者,加枷号两个月。若延烧官府公廨、仓库官物,及官民房屋至三百间以上者,加枷号三个月。均于失火处所枷示。

臣等谨按:嘉庆十一年(1806)二月,臣部遵旨酌议“失火延烧,分别房屋多寡定例”折内,奏请嗣后失火延烧官民房屋,及官府公廨、仓库失火等案,各照本律笞、杖、充徒定拟,应否赔修,亦照律办理外,失火延烧官、民房屋,如数至一百间者,枷号一个月;至二百间者,枷号两个月;若延烧官府公廨、仓库官物,及官民房屋至三百间以上者,枷号三个月,均于失火处所枷示。奏准通行在案。应纂辑为例,以便引用。

【1825】6.26.382.(3)(略)

【1847】6.26.382.(2)(略)

放火故烧人房屋

律 文

【1646】6.26.406

凡放火故烧自己房屋者,杖一百;若延烧官民房屋及积聚之物者,杖一百、徒三年;因而盗取财物者,监候斩;杀伤人者,以故杀伤论。○若放火故烧官民房屋,及公廨、仓库,系官积聚之物者,不分首从,皆斩。监候。须于放火处捕获,有显迹证验明白者乃坐。其故烧人空闲房屋,及田场积聚之物者,各减一等。○并计所烧之物减价,尽犯人财产折锉赔偿,还官、给主。除烧残见在外,其已烧物,令犯人家产折为银数,系一主者,全偿;系众主者,其所故烧几处,将家产锉为几分而赔偿之,即官、民,亦品搭均偿。若家产罄尽者免追,赤贫者止科其罪。○若奴婢、雇工人犯者,以凡人论。

【1670】6.26.405

凡放火故烧自己房屋者,杖一百;若延烧官民房屋及积聚之物者,杖一百、徒三年;因而盗取财物者,斩;监候。杀伤人者,以故杀伤论。○若放火故烧官民房屋,及公廨、仓库,系官积聚之物者,不分首从,皆斩。监候。须于放火处捕获,有显迹证验明白者,乃坐。其故烧人空闲房屋,及田场积聚之物者,各减一等。○并计所烧之物减价,尽犯人财产折锉赔偿,还官、给主。除烧残见在外,其已烧物,令犯人家产折为银数,系一主者,全偿;系众主者,计所故烧几处,将家产锉为几分而赔偿之。即官、民,亦品搭均偿。若家产罄尽者免追,赤贫者止科其罪。○若奴婢、雇工人犯者,以凡人论。

【1725】6.26.393

律文(略)

注:此言放火之罪也。放火故烧房屋,凶恶特甚,故分别科罪外,仍计所烧之物,酌减价值,尽犯人所有财物,折变分别还官、给主。

臣等谨按:此重放火害人之罪也。首节言放火故烧自己房屋,与延烧官、民房屋及积聚之物,至因延烧而盗取财物,与火势猛烈而杀伤人者之罪。次节言放火故烧官、民房屋及公廨、仓库、在官积聚之物,与故烧他人空闲房屋及田场积聚诸物之罪。末节承故烧、延烧二项,并计所烧之物,酌减价值,尽犯人所有财产,折变分赔,还官、给主。

【1740】6.26.383(略)

附律条例

【1646】6.26.406.（1）

一、各边仓场，若有故烧系官钱粮草束者，拿问明白，将正犯枭首示众。烧毁之物，先尽犯人财产折锉赔偿。不敷之数，着落经收、看守之人照数均赔。

【1670】6.26.405.（1）（略）

【1725】6.26.393.（1）

【原例】一、凡各边仓场，若有故烧系官钱粮草束者，拿问明白，将正犯枭首示众。烧毁之物，先尽犯人家产折锉赔偿。不敷之数，着落经收、看守之人照数均赔。

【1740】6.26.383.（1）（略）

【1646】6.26.406.（2）

一、凡放火故烧自己房屋，因而延烧官民房屋及积聚之物，与故烧人空闲房屋及田场积聚之物者，俱发边卫充军。

【1670】6.26.405.（2）（略）

【1725】○删除

臣等谨按：此条与律不符，有犯应依律科断，此条拟删。

【1740】○增入

一、凶恶棍徒，纠众商谋，计图得财，放火故烧官民房屋，及公廨、仓库、系官积聚之物，并街市镇店人居稠密之地，已经延烧，抢夺财物者，均照强盗律，不分首从，拟斩立决；杀伤人者，枭示；有因焚压致死者，将为首之人枭示。仍照强盗例，将法所难宥、情有可原者，于疏内声明。其本非同伙，借名救火，乘机抢掠财物者，照抢夺例分别治罪。若故烧孤村旷野并不毗连民居之空闲房屋，及田场积聚之物，均照律科断，为首者仍枷号两个月。其恶徒谋财放火，有已经延烧，尚未抢掠财物，又未伤人者，将为首之人拟斩监候；为从商谋下手燃火者，枷号两个月，发边卫充军；诱胁同行者，杖一百、徒三年。如谋财放火，随即救熄，尚未延烧，将为首之犯拟绞监候；为从商谋下手燃火者，杖一百、流三千里；诱胁同行者，枷号两个月，责四十板。若非图劫财，止因挟仇放火延烧，因而杀人及有焚压致死者，即将为首之犯拟斩立决，为从商谋下手燃火者拟绞监候；其未伤人及伤而不死者，将为首之犯拟斩监候，为从者发边卫充军，诱胁同行者并杖一百、徒三年。如挟仇放火，当被救熄，尚未延烧，为首之犯枷号两个月、发边卫充军，为从者，枷号三个月、杖一百。若地方文武官弁，遇有此等恶徒放火，不即赴援扑灭，协力擒拿，照例议处；地方、保甲人等，一并治罪。

此条系雍正七年(1729)定例。原议故烧孤村旷野并不毗连民居之空闲房屋及田场积聚之物，均照律发边卫充军。查律文故烧人空闲房屋及田场积聚之物者，减斩罪一等。二死三流，同为一减，则减一等者，流三千里也，今改为“照律科断”。为首者，仍于未发配之先，照例枷号两个月。

【1740】6.26.383.（2）（略）

【1768】6.26.383.（2）

一、凶恶棍徒，纠众商谋，计图得财，放火故烧官民房屋，及公廨、仓库、系官积聚之物，并街市镇店人居稠密之地，已经延烧，抢夺财物者，均照强盗律，不分首从，拟斩立决；杀伤人者，枭示；有因焚压致死者，将为首之人枭示。仍照强盗例，将法所难宥、情有可原者，于疏内声明。其本非同伙，借名救火，乘机抢掠财物者，照抢夺例分别治罪。若故烧孤村旷野并不毗连民居之空闲房屋，及田场积聚之物，均照律科断，为首者仍枷号两个月。其恶徒谋财放火，有已经延烧，尚未抢掠财物，又未伤人者，将为首之人拟斩监候；为从商谋下手燃火者，枷号两个月，发近边充军；诱胁同行者，杖一百、徒三年。如谋财放火，随即救熄，尚未延烧，将为首之犯拟绞监候；为从商谋下手燃火者，杖一百、流三千里；诱胁同行者，枷号两个月，责四十板。若非图劫财，止因挟仇放火延烧，因而杀人及有焚压致死者，即将为首之犯拟斩立决，为从商谋下手燃火者拟绞监候；其未伤人及伤而不死者，将为首之犯拟斩监候，为从者发近边充军，诱胁同行者并杖一百、徒三年。如挟仇放火，当被救熄，尚未延烧，为首之犯枷号两个月、发近边充军，为从者，枷号三个月、杖一百。若地方文武官弁，遇有此等恶徒放火，不即赴援扑灭，协力擒拿，照例议处；地方、保甲人等，一并治罪。

【1801】○修改

臣等谨按：此条系雍正六年（1728）定例。查"白昼抢夺"例载，"失火乘机抢夺得财者，照本例加一等治罪"等语。此条借名救火，乘机抢掠财物，照抢夺律分别治罪，系属旧例，未将加一等之处载入，殊觉歧异，应行添叙。又查例内故烧孤村旷野并不毗连民居之空闲房屋及田场积聚之物，与故烧官民房屋者有间。例内首犯，照律问拟满流，仍加枷号两个月，定例已极平允。但"照律科断"句，语意含混，应查照律文，详晰申叙。且此项人犯，系总承上文图财、挟仇两项而言，随移载挟仇放火之后，并添入"图财、挟仇"四字。又查故烧邻近民居之闲房及场围堆积柴草，自应照律拟流。若系孤村旷野内并不毗连民居闲房及田场畜聚之物，应杖一百、徒三年，为从者，应各减一等；尚未延烧，又减一等。应添叙明晰，以昭赅备。谨将修改例文，开列于后。

一、凶恶棍徒，纠众商谋，计图得财，放火故烧官民房屋，及公廨、仓库，或官积聚之物，并街市镇店人居稠密之地，已经延烧，抢夺财物者，均照强盗律，不分首从，拟斩立决；杀伤人者，枭示；有因焚压致死者，将为首之人枭示。仍照强盗例，将法所难宥、情有可原者，于疏内声明。若本非同伙，借名救火，乘机抢掠财物者，照抢夺律加一等，分别首从治罪。其恶徒谋财放火，有已经延烧，尚未抢掠财物，又未伤人者，为首拟斩监候；为从商谋下手燃火者，枷号两个月，发近边充军；诱胁同行者，杖一百，徒三年。如谋财放火，随即救熄，尚未延烧，为首拟绞监候；为从商谋下手燃火者，杖一百、流三千里；诱胁同行者，枷号两个月，责四十板。若并非图财，而怀挟私仇放火延烧,因而杀人及焚压人死者,为首拟斩立决,为从商谋下手燃火者拟绞监候;其未伤人及伤而不死者,为首拟斩监候,为从者发近边充军,诱胁同行者并杖一百、徒三年。如挟仇放火,当被救熄,尚未延烧,为首枷号两个月,发近边充军;为从者,枷号三个月,杖一百。若图财挟仇,故烧空地闲房,及场园堆积柴草等物者,首犯枷号两个月,杖一百、流三千里;如系孤村旷野内并不毗连民居闲房,及田场积聚之物者,杖一百、徒三年,为从各减一等。当被救熄,尚未延烧者,又各减一等。地方文武官弁,遇有此等恶徒放火,不即赴援扑灭,协力擒拿,照例议处;地方、保甲人等,照不应重律治罪。

【1802】6.26.383.(2)(略)

【1830】○修改

臣等谨按:道光七年(1827)四月内,据前署山东巡抚程含章以德州民王二挟嫌纠同沈四故烧李林空院闲房,及纠同刘三等故烧李林相连住室、车房均未延烧一案,除首犯王二依例拟以枷号、充军外,其听从故烧相连住室、车屋之刘三等,应照故烧居民住房尚未延烧为从例,枷号三个月,杖一百;听从故烧空院闲房之沈四,按例应杖九十、徒二年半。论案情,则听从故烧相连住室、车屋之刘三等为重,故烧空院闲房之沈四为轻,及按例定拟,刘三等罪止枷、杖,沈四罪应拟徒,是情轻者罪重、情重者罪轻,情罪未得其平,咨请部示。经臣部查,此等帮同放火之犯,均系不安本分之徒,枷号满日,仍得安然在家,殊不足以示惩儆。自亦应于首犯军罪减等定拟,并量减枷号一个月,以昭平允。酌议嗣后此等挟仇放火当被救熄案内,从犯应枷号两个月,杖一百、徒三年等因咨复,并通行各省在案。又道光十年(1830)四月内,臣部核复四川总督琦善题"傅潮沅等因伙窃尚未得赃,被事主戳伤伙贼,该犯挟嫌放火,烧毁事主草房、什物"案内声明,例内杀伤人,分别定罪,皆视已、未延烧为断。而详核"延"字之义,系专指已烧、未烧而言,并非延及邻家之谓。惟近来各省有将烧及仇家邻居房屋者,方照延烧例拟斩,仅止烧毁仇家房屋即被救熄者,即照尚未延烧例拟军,皆缘误会"延"字之义,以致引断两歧。请将例文"延烧"改为"烧毁",仍先通行各省遵办等因具题。奉旨:"依议。钦此。"钦遵亦在案。应请于例内一并修改明晰,以资引用。谨将修改例文,开列于后。

一、凶恶棍徒,纠众商谋,计图得财,放火故烧官民房屋,及公廨、仓库,或官积聚之物,并街市镇店人居稠密之地,已经烧毁,抢夺财物者,均照强盗律,不分首从,拟斩立决,杀伤人者枭示;有因焚压致死者,将为首之人枭示。仍照强盗例,将法所难宥、情有可原者,于疏内声明。若本非同伙,借名救火,乘机抢掠财物者,照抢夺律加一等,分别首从治罪。其恶徒谋财放火,有已经烧毁房屋,尚未抢掠财物,又未伤人者,为首拟斩监候;为从商谋下手燃火者,枷号两个月,发近边充军;诱胁同行者,杖一百、徒三年。如谋财放火,随即救熄,尚未烧毁,为首拟绞监候;为从商谋下手燃火者,杖一百、流三千里;诱胁同行者,枷号两个月,责四十板。若并非图财,而怀挟私仇,放火烧毁房屋,因而杀人及焚压人死者,为首拟斩立决,为从商谋下手燃火者拟绞监候。其未伤人及伤而不死者,为首拟斩监候,为从者发近边充军,诱胁同行者并杖一百、徒三年。如挟仇放火，当被救熄，尚未烧毁，为首枷号两个月，发近边充军；为从者枷号两个月，杖一百、徒三年。若图财挟仇，故烧空地闲房，及场园堆积柴草等物者，首犯枷号两个月，杖一百、流三千里。如系孤村旷野内并不毗民居闲房，及田场积聚之物者，杖一百、徒三年。为从各减一等。当被救熄，尚未烧毁者，又各减一等。地方文武官弁，遇有此等恶徒放火，不即赴援扑灭，协力擒拿，照例议处；地方、保甲人等，照不应重律治罪。

【1847】6.26.383.(3)(略)

【1810】○续纂

一、挟仇放火，除有心烧死一家三命，或一家二命者，仍各按律例拟以斩决、凌迟外，其止欲烧毁房屋柴草泄忿，并非有心杀人者，如致死一二命，应照挟仇放火因而杀人及焚压人死例，首犯拟斩立决，为从商谋下手燃火者拟绞监候；若致死一家三命以上，首犯斩决、枭示，从犯拟绞立决。

臣等谨按：嘉庆十三年(1808)三月内，直隶总督温承惠奏"民人刘五挟嫌放火烧毙史大一家四命，将刘五照杀一家非死罪四命，依律凌迟处死，恭请王命正法等因"一折。钦奉谕旨："此案刘五仅欲烧毁史大柴草，与有心烧死人命者不同，着详查律例具奏。钦此。"当经臣部查律载"放火因而杀人者，以故杀论"，又"杀一家非死罪三人者，凌迟处死"注云"为谋杀、故杀，放火行盗而杀"，又例载"挟仇放火，因而杀人及焚压人死者，为首斩立决，为从商谋下手燃火者绞监候"各等语。是因放火而致死人命，律应以故杀论罪，例又分别首、从，拟以斩决、绞候，较寻常故杀为重。至放火致死一家四命，例无明文。详绎律注，似应依故杀一家非死罪三人以上律，拟以凌迟处死。此案刘五放火烧毙史大夫妻、子女四命，该督将该犯拟以凌迟，恭请王命正法，尚属按律办理。惟究系只图烧毁房屋柴草泄忿，本无借以杀人之心，与有心烧死人命者不同。自应于例内分晰声明，以示区别。议请嗣后挟仇放火，除有心烧死人命者，仍各按律例，分别人数，拟以斩决、凌迟外，其止欲烧毁房屋柴草泄忿，并非有心杀人者，如致死一二命，应照挟仇放火因而杀人及焚压人死之例，首犯拟斩立决，为从商谋下手燃火者拟绞监候；若致死一家三命以上，首犯斩决、枭示，从犯拟绞立决等因，奏准在案。应纂辑为例，以便遵行。再查原奏内称"有心烧死人命者，各按律例，分别人数，拟以斩决、凌迟"等语，系指"杀一家三人"门内之律例而言，但语意含混，应分别申说，以便引用。合并陈明。

【1825】6.26.383.(3)(略)

【1847】6.26.383.(2)(略)

搬做杂剧

律　文

【1646】6.26.407

凡乐人搬做杂剧戏文,不许妆扮历代帝王后妃、忠臣烈士、先圣先贤神像,违者杖一百。官民之家,容令妆扮者,与同罪。其神仙道扮及义夫节妇、孝子顺孙劝人,为善者,不在禁限。

【1670】6.26.406(略)

【1725】○修改

原拟"先圣先贤"字,应移写于"忠臣烈士"上。

臣等谨按(按语于雍正三年律后总注同,略)。

【1725】6.26.394

凡乐人搬做杂剧戏文,不许妆扮历代帝王后妃及先圣先贤、忠臣烈士神像,违者杖一百。官民之家,容令妆扮者,与同罪。其神仙道扮及义夫节妇、孝子顺孙劝人为善者,不在禁限。

注:此言亵慢神像之罪也。历代帝王后妃及先圣先贤、忠臣烈士之神像,皆官民所当敬奉瞻仰者。若搬做杂剧,用以为戏,则不敬甚矣。故违者,乐人满杖。官民容令妆扮者,同罪。其神仙道扮及义夫节妇、孝子顺孙,事关风化,可以兴起激劝人为善之念者,听其妆扮,不在应禁之限。

【1740】6.26.384(略)

附律条例

＊【1680】6.26.228　刑部现行则例·杂犯·禁造俚歌

一、凡有狂妄之徒,因事造言,捏成歌曲,鄙俚喋亵,刊刻传诵,沿衔唱和者,内外各地方官即时查拿,照不应重律治罪。若有妖言惑众等词,仍照律治罪。

＊【1725】○增入[①]

原拟:现行例内一条,类于此律,应增入。

【现行例】一、凡有狂妄之徒,因事造言,捏成歌曲,沿街唱和,及以鄙俚亵慢之词,刊刻传播者,内外各地方官即时察拿,坐以不应重罪。若系妖言惑众,仍照律科断。

【1740】○增入

一、城市乡村,如有当街搭台悬灯唱演夜戏者,将为首之人,照违制律杖一百,枷

① 本条见于《大清律例按语》第26卷"刑律·杂犯·搬做杂剧"(雍正三年)条下,雍正三年(1725)《大清律集解附例》不载。

号一个月。不行查拿之地方、保甲,照不应重律杖八十;不实力奉行之文武各官,交部议处。若乡保人等有借端勒索者,照索诈例治罪。

此条系雍正十三年(1735)定例。

【1740】6.26.384.(1)(略)

【1778】○续纂

一、凡旗员赴戏园看戏者,照违制律杖一百。失察之该管上司,交部议处。如系闲散世职,将该管都统等交部议处。

臣等谨按:此条系乾隆四十一年(1776)十一月内,因员外郎德泰等赴戏园看剧,参革送部,臣部将德泰等拟照违制律杖一百,奏准在案。所有该管上司,应行议处。钦奉谕旨,交军机大臣会同都察院议奏定例,应纂辑遵行。

【1790】6.26.384.(2)(略)

【1825】○续纂

一、凡旗人因贫糊口,登台卖艺,有玷旗籍者,连子孙一并销除旗档,毋庸治罪。该管参、佐领,限三个月内据实报出免议;逾限不报,照例分别议处。

臣等谨按:道光五年(1825)四月内,管理镶黄旗满洲都统英和等条奏"惩劝旗人"折内,声请嗣后旗人登台卖艺,寡廉鲜耻,有玷旗籍者,姑念因贫糊口,免其发遣治罪,连子孙一并销除旗档。该管参、佐领限三月内据实报出,所有以前失察处分概予宽免;逾限不报,仍照例分别议处等因,奏准在案。应纂辑为例,以便遵行。

【1825】6.26.384.(3)(略)

违 令

律 文

【1646】6.26.408

凡违令者,笞五十。谓令有禁制而律无罪名者。如故违诏旨及奏准事例,并坐违制。

【1670】6.26.407(略)

【1725】○修改

原拟:吏例内"违制书者,杖一百;奏准施行者,不在此内"等语,应将此注内"故违诏旨及奏准事例,并坐违制"句,改为"故违诏旨,坐违制;故违奏准事例,坐违令"。

臣等谨按:此言政令之当遵也。凡国家奏准事例有所禁制者,皆谓之令。虽律无罪名,官民当一体遵守。若有明知而故犯者,笞五十。又违令,笞五十;违制,杖一百。此二罪之分轻重,犹下条不应为之分笞、杖也。在用律者,临事酌之。

【1725】6.26.395

凡违令者,笞五十。谓令有禁制而律无罪名者。如故违诏旨,坐违制;故违奏准事例,坐违令。

注:此言政令之当遵也。凡奏准事例有所禁制者,皆谓之令。虽律无罪名,官民当一体遵守。若有明知而故犯者,笞五十。特奉诏旨之事而故违,谓之违制,应杖一百。

【1740】6.26.385(略)

附律条例

＊**【1725】○增入**①

臣等谨按:此条类于违令律,应入例内。

【现行例】一、凡京城内外及直隶各省私放鸟枪者,严行禁止。其兵丁演习鸟枪,只令白昼演放。若遇盗贼,放鸟枪者,免其治罪。违禁私放者,官则参处,平人严行治罪。

不应为

律　文

【1646】6.26.409

凡不应得为而为之者,笞四十;事理重者,杖八十。律无罪名,所犯事有轻重,各量情而坐之。

【1670】6.26.408(略)

【1725】6.26.396

律文(略)

注:此指犯法而律无罪名者言也。凡理之所不可为者,谓之不应为。律例虽无正条,事理各有轻重。轻者笞四十,重者杖八十,酌量事情而坐之。所以补诸律之未备也。

臣等谨按:此指犯法而律无罪名者言也。凡理之所不可为者,谓之不应为。不应为而为,罪所不容恕也。律、例虽无正条,事理各有轻重。轻者笞四十,重者杖八十。或四十以上、八十以下,轻重不一,酌量情事而坐之。所以补诸律之未备也。

【1740】6.26.386(略)

附律条例

＊**【1725】○增入**②

臣等谨按:此条类于不应为律,应入条例内。

一、凡坊肆市卖一应小说淫词,在内交与八旗都统、都察院、顺天府,在外交督、抚等转行所属官,并严禁,板、书销毁。有仍行造作、刻印者,系官革职,军民杖一百、流三千

① 本条见于《大清律例按语》第26卷“刑律·杂犯·违令”(雍正三年)条下,雍正三年(1725)《大清律集解附例》不载。

② 本条见于《大清律例按语》第26卷“刑律·杂犯·不应为”(雍正三年)条下,雍正三年(1725)《大清律集解附例》移改入“刑律·贼盗·造妖书妖言”条下,为【1725】6.18.266.(3)条。

里；市卖者，杖一百、徒三年；买看者，杖一百。该管官不行查出，一次者，罚俸六个月；二次者，罚俸一年；三次，降一级调用。仍不准借端出首讹诈。

＊**【1767】○续纂**①

一、诸色铺户人等，货卖砒霜、信石，审系知情故卖者，仍照律与犯同罪外，若不究明来历，但贪利混卖，致成人命者，虽不知情，亦将货卖之人照不应重律杖八十。

臣等谨按：此条系乾隆三十年（1765）八月内，河南巡抚阿思哈条奏定例，应纂辑遵行。

---

① 本条见于《大清律例按语》第65卷"刑律·杂犯·不应为"（乾隆三十二年）条下，乾隆三十三年（1768）《大清律例》附入"刑律·人命·造畜蛊毒杀人"条下，为【1768】6.19.289.（1）条。

国家出版基金项目
NATIONAL PUBLICATION FOUNDATION

大清律例源流辑校

大清律例源流汇考

第六册

刑律（续）·人命 斗殴 骂詈

陈颐 点校

法律出版社
LAW PRESS·CHINA
北京

总　　目

第一册

第二册

第三册

第四册

第五册

第六册

第七册

第八册

第九册

第十册

本册目录

【刑律(续)】

【刑律·人命】

【刑律·斗殴】

【刑律·骂詈】

【刑律（续）】

【刑律·人命】

谋杀人

律 文

【1646】6.19.305

凡谋或谋诸心，或谋诸人。杀人，造意者，斩；监候。从而加功者，绞；监候。不加功者，杖一百、流三千里。杀讫乃坐。若未曾杀讫，而邂逅身死，止依同谋共殴人科断。○若伤而不死，造意者，绞；监候。从而加功者，杖一百、流三千里；不加功者，杖一百、徒三年。○若谋而已行，未曾伤人者，造意为首者，杖一百、徒三年；为从者，同谋同行，各杖一百，但同谋者，虽不同行，皆坐。○其造意者，通承已杀、已伤、已行三项。身虽不行，仍为首论；从者不行，减行而不加功者一等。○若因而得财者，无问杀人与否，同强盗不分首从论，皆斩。行而不分赃，分赃而不行，及不行又不分赃，皆仍依谋杀论。

【1670】6.19.304（略）

【1725】○修改

臣等谨按：末节谋杀人因而得财者，是必杀讫而又得财，方坐强盗同辟。若先本谋命，因得财而或不杀人，或只伤人，或并未曾伤人，亦同强盗不分首从一例科断，未免过重。应将小注"无问杀人与否"句删去。再律末小注内有"分赃而不行"句，查各律解原无此句，亦应拟删。

臣等谨按：此指杀人以谋为重也。首节言已经谋杀之罪，二节言伤而不死之罪，三节言谋而已行之罪，四节承上三节而言首从、行与不行之罪，五节专言谋杀人而又得财之罪。杀而用谋，情最深毒，故为人命诸条之首。谋杀者，谓与人有深仇夙怨，发狠恨之情，施诡谲之计，以杀之也。心怀必杀，独断猬行，是为或谋诸心；己无成见，就商于人，是为或谋诸人。造意是首先倡谋之人，加功是随从其谋而下手助力者。造意者，己身虽不亲行，而为从者皆听其指使。故凡已杀、已伤、已行者，俱仍以造意之人为首论罪。若既谋杀人，因而又得被杀人之财物，则与劫杀无异。故得财之人，并同强盗不分首从论，皆斩。此不分首从者，盖指谋杀人分赃者言。若行而不分赃，与不行又不分赃者，其所谋原为杀人，则仍以谋杀律分首从科断。小注"未曾杀讫，邂逅身死"者，谓谋而已行，其人知觉奔脱，或跌失或堕水等项，邂逅致死。若依杀讫论，则未曾受伤；若依行而未伤论，则其人本因谋杀之故致死。故酌依同谋共殴人律，造意者，依原谋拟流；为从者，不分行与未行，依余人满杖。

【1725】6.19.292

凡谋或谋诸心,或谋诸人。杀人,造意者,斩;监候。从而加功者,绞;监候。不加功者,杖一百、流三千里。杀讫乃坐。若未曾杀讫,而邂逅身死,止依同谋共殴人科断。○若伤而不死,造意者,绞;监候。从而加功者,杖一百、流三千里;不加功者,杖一百、徒三年。○若谋而已行,未曾伤人者,造意为首者,杖一百、徒三年;为从者,同谋同行,各杖一百。但同谋者,虽不同行,皆坐。○其造意者,通承已杀、已伤、已行三项。身虽不行,仍为首论;从者不行,减行而不加功者一等。○若因而得财者,同强盗不分首从论,皆斩。行而不分赃,及不行又不分赃,皆仍依谋杀论。

注:此言杀人以谋为重也。杀而用谋,情最深毒,故为人命诸条之首。凡与人有仇怨,或谋诸心,或谋诸人,设为阴谋诡计以杀之者,首先造意之人斩,随从共谋而下手、助力加功者绞,俱监候;同谋同行而不加功者满流。然必杀讫乃坐。若同谋杀人,其人伤重而不死,造意者,绞,从而加功者,满流,不加功者,满徒。若谋已行而未伤人,造意者,满徒,为从者,满杖。但同谋者,皆坐。其造意者,但已杀、已伤、已行,身虽不行,仍为首论。从者不行,减行而不加功者一等。若因而得财分赃者,则与强盗无异,故不分首从,皆斩。若行而不分赃,及不行又不分赃,仍依谋杀论。小注邂逅身死,谓谋而已行,其人知觉奔逃,或跌失或堕水等项,虽未受伤,而其人因谋杀而死,故酌依同谋共殴律,造意者,满流,为从者,满杖。此指已经奔脱,死于他所者言。若其人迫于凶悍,当时失跌身死者,原谋绞抵,监候;为从而行者,满流。

【1740】6.19.282(略)

附律条例

【1646】6.19.305.(1)

一、凡勘问谋杀人犯,果有诡计阴谋者,方以造意论斩;助殴伤重者,方以加功论绞;谋而已行,人赃见获者,方与强盗同辟。毋得据一言为造谋,指助势为加功,坐虚赃为得财,一概拟死,致伤多命。

【1670】6.19.304.(1)(略)

【1725】6.19.292.(1)【原例】(略)

【1740】6.19.282.(1)(略)

【1825】○修改

臣等谨按:道光五年(1825)九月内,臣部"酌议修改例条"一折内称,例载助势、助殴,系以是否下手为断。未下手者,为助势,不得遽以加功论。既下手者为助殴,虽止架拉推拥,或揿按手脚,或被逼勉从,或殴而未伤,或伤而不重,不得仍以不加功论。惟近年办过谋杀为从成案,间有因被造意之人吓逼勉从帮勒,旋即畏惧松手,及经听从捆缚后,未帮同致死,一时原情酌减,于加功绞罪上量减拟流者,总因原例内既以是否助殴为断,复叙入"果有伤重"等字,则助殴伤轻者,既不得谓之助势,又不得谓之助殴,援引易涉牵混,致办理难期画一。议请嗣后勘问谋杀人案内，为从同谋下手助殴加功者，俱依从而加功律拟绞监候，不得以被逼勉从尚未成伤，于定案时量予减等，致滋流弊。所有例内"伤重"字样，亦即酌加修改，以符律义等因，奏准在案。应于例内修改明晰，以免致误。谨将修改例文，开列于后。

一、凡勘问谋杀人犯，果有诡计阴谋者，方以造意论斩；下手助殴者，方以加功论绞；谋而已行，人赃见获者，方与强盗同辟。毋得据一言为造谋、指助势为加功、坐虚赃为得财，一概拟死，致伤多命；亦不得以被逼勉从及尚未成伤，将加功之犯率行量减。

【1825】6.19.282.(1)(略)

【1725】○增入

臣等谨按：雍正二年(1724)三月内，臣等议复条奏情罪不符一款，谨拟节录于后。

【续增现行例】一、凡谋财害命，照律拟斩立决外，其有因他事杀人后，偶见财物，因而取去者，必审其行凶挟何仇隙，有何证据，果系初无图财之心，杀人后见有随身衣物、银钱，为数无多，乘便取去者，将所得之财，倍追给主，仍各依本律科断。若杀人后掠取家财，并知有藏蓄而取去者，审得实情，仍同强盗论罪。

【1725】6.19.292.(2)【钦定例】(略)

【1740】○修改

臣等谨按：此例系雍正二年(1724)，原任大理寺少卿唐执玉条奏，刑部议复准行。其原奏内尚有"所值无多"及"银一两、钱一千以下"之语。雍正五年(1727)，经律例馆核订删去。盖定例之意，全在随身衣物与掠取家财，分别情罪之差等。则衣物、银钱随身携带，自必为数无多，与平时储积之家财迥别。而乘便攫取，亦与恣意劫掠不同。固不便以银一两、钱一千，划定其多寡之数，遂使稍逾于此者，即与掠取家财概同强盗论拟也。但例内尚有"为数无多"四字，以致承问官或犹拘泥数目，强分多寡，每附疏声明，听候部示。出入所关，不便稍有含混，应将"为数无多"四字一并删除。遇有此等之案，总以审明确系随身衣物，与掠取家财分别定拟，庶无枉纵。谨将删辑例文，开列于后。

一、凡谋财害命，照律拟斩立决外，其有因他事杀人后，偶见财物，因而取去者，必审其行凶挟何仇隙、有何证据，果系初无图财之心，杀人后见有随身衣物、银钱，乘便取去者，将所得之财，倍追给主，仍各依本律科断。若杀人后掠取家财，并知有藏蓄而取去者，审得实情，仍同强盗论罪。

【1740】6.19.282.(2)(略)

【1740】○增入

一、凡图财害命，应分别曾否得财定拟。其得财而杀死人命者，首犯与从而加功者，俱拟斩立决；不加功者，拟斩监候；不行而分赃者，照强盗免死减等例问发。伤人未死而已得财者，首犯拟斩立决；从而加功者，拟斩监候；不加功者，亦照例问发；不行而分赃者,杖一百、流三千里。如未得财杀人为首者,拟斩监候;伤人为首者,拟绞监候;其为从加功、不加功者,俱分别递减。

此条系乾隆三年(1738)定例。

【1740】6.19.282.(3)(略)

【1788】○修改

臣等谨按:强盗免死减发黑龙江等处之犯,系由死罪减等拟遣。如在配脱逃,例应即行正法。至图财害命,不行而分赃,所犯本罪止应拟遣,与免死减等者不同。是以乾隆五十一年(1786)三月内,吉林将军咨"拿获逃遣李三请示"一案,经臣部核复,以该犯并非实犯死罪原减之犯,脱逃被获,自应照寻常遣犯逃脱例,解回原配枷责完结在案。所有此条原例内不行而分赃,"照强盗免死减等例问发"十字,系定例时比例定罪。如遇脱逃,恐致误会错拟,应即改为"改发黑龙江等处给披甲人为奴",以免牵混。今将修改例文,开列于后。

一、凡图财害命,应分别曾否得财定拟。其得财而杀死人命者,首犯与从而加功者,俱拟斩立决;不加功者,拟斩监候;不行而分赃者,改发黑龙江等处给披甲人为奴。伤人未死而已得财者,首犯拟斩立决;从而加功者,拟斩监候;不加功者,亦改发黑龙江等处为奴;不行而分赃者,杖一百、流三千里。如未得财杀人为首者,拟斩监候;伤人为首者,拟绞监候;其为从加功、不加功者,俱分别递减。

【1790】6.19.282.(3)(略)

【1801】○修改

臣等谨按:此条系乾隆三年(1738)定例。查图财害命,分别曾否得财定拟例内,已极平允。惟未得财杀伤人一项,自应仍照谋杀本律科断。律载"谋杀人,造意者,斩监候;从而加功者,绞监候;不加功者,杖一百、流三千里。若伤而不死,造意者,绞监候;从而加功者,杖一百、流三千里;不加功者,杖一百、徒三年"等语。此条图财害命未得财,杀人为首斩候,伤人为首绞候,与谋杀本律罪名相符。其为从加功、不加功者,例内只称俱分别递减,语意含混。恐误会例意者,于为从加功、不加功之犯,俱于首犯斩、绞罪上递减流、徒。是图财害命为从之案,反轻于不图财而谋杀为从之案,殊失平允。应将例内"分别递减"四字,改照谋杀本律分别科断,以昭明晰。谨将修改例文,开列于后。

一、凡图财害命,应分别曾否得财定拟。其得财而杀死人命者,首犯与从而加功者,俱拟斩立决;不加功者,拟斩监候;不行而分赃者,改发黑龙江等处给披甲人为奴。伤人未死而已得财者,首犯拟斩立决;从而加功者,拟斩监候;不加功者,亦改发黑龙江等处为奴;不行而分赃者,杖一百、流三千里。如未得财,杀人为首者,拟斩监候;从而加功者,拟绞监候;不加功者,杖一百、流三千里。未得财,伤人为首者,拟绞监候;从而加功者,杖一百、流三千里;不加功者,杖一百、徒三年。

【1802】6.19.282.(3)(略)

【1806】○修改

臣等谨按:嘉庆十年(1805)五月内,四川总督勒保题"陈贵图财戳伤唐明未死,将陈贵依图财伤人未死而已得财例,拟斩立决”一案,钦奉谕旨:“陈贵虽已得财,究系伤人未死,若一律科以斩决,揆之情法,尚未平允。着详查律例,参酌折衷,分别定罪,悉心妥议具奏等因。钦此。”当经臣部悉心酌核,此等伤人未死而已得财之首犯,改为拟斩监候,较之得财之强盗决不待时者,稍觉有间,而视寻常谋杀已伤未死之首犯,已有骈首、缳首之分。其加功从犯,亦以刃伤及折伤以上者,拟绞监候;如伤非金刃又非折伤者,改发黑龙江为奴。将酌改例文缮单进呈。奉旨:“依议。”钦遵在案。应载入遵行。

一、凡图财害命,得财而杀死人命者,首犯与从而加功者,俱拟斩立决;不加功者,拟斩监候;不行而分赃者,改发黑龙江等处给披甲人为奴。未得财杀人,为首者,拟斩监候;从而加功者,拟绞监候;不加功者,杖一百、流三千里。伤人未死而已得财者,首犯拟斩监候;从而加功,如刃伤,及折伤以上者,拟绞监候;伤非金刃,又非折伤者,发黑龙江等处给披甲人为奴;不加功者,杖一百、流三千里;不行而分赃者,杖一百、徒三年。未得财伤人,为首者,拟绞监候;从而加功者,杖一百、流三千里;不加功者,杖一百、徒三年。

【1814】○修改

臣等谨按:嘉庆十七年(1812)十二月内,臣部议复原任黑龙江将军、宗室斌静等奏“调剂黑龙江等处遣犯”折内,请将图财害命不行而分赃,及伤人未死已得财,从而加功,伤非金刃又非折伤一条,改发云贵两广极边烟瘴充军等因奏准,通行在案。例内发黑龙江之处,应行修改。谨将修改例文,开列于后。

一、凡图财害命,得财而杀死人命者,首犯与从而加功者,俱拟斩立决;不加功者,拟斩监候;不行而分赃者,实发云贵两广极边烟瘴充军。未得财杀人,为首者,拟斩监候;从而加功者,拟绞监候;不加功者,杖一百、流三千里。伤人未死而已得财者,首犯拟斩监候;从而加功,如刃伤,及折伤以上者,拟绞监候;伤非金刃,又非折伤者,实发云贵两广极边烟瘴充军;不加功者,杖一百、流三千里;不行而分赃者,杖一百、徒三年。未得财伤人,为首者,拟绞监候;从而加功者,杖一百、流三千里;不加功者,杖一百、徒三年。

【1825】6.19.282.(8)(略)

【1740】○续纂

一、凡谋杀人已行,其人知觉奔逃,或失跌或堕水等项,虽未受伤,因谋杀奔脱,死于他所者,造意者满流,为从满杖。若其人迫于凶悍,当时失跌身死,原谋拟绞监候,为从者杖一百、流三千里。

此条系总注,足补律所未备。今另纂为例,以便引用。

【1740】6.19.282.(4)(略)

【1825】6.19.282.(3)(略)

【1767】○续纂

一、苗人有图财害命之案,均照强盗杀人斩决枭示例办理。

臣等谨按:此条系乾隆二十九年(1764)十一月内,贵州巡抚图尔炳阿审题"苗民雄讲等图财殴死民人刘锡昇"一案附请定例,应纂辑遵行。

【1768】6.19.282.(5)(略)

【1825】6.19.282.(4)(略)

【1778】○续纂

一、凡僧人逞凶,谋、故惨杀十二岁以下幼孩者,拟斩立决。其余寻常谋、故杀之案,仍照本律办理。

臣等谨按:此条系乾隆四十二年(1777)十一月内,臣等议复山西巡抚觉罗巴延三审题"僧人界安将十一岁幼徒韩二娃用绳拴吊叠殴立毙"一案,钦奉谕旨,令臣部改议定拟,应纂辑遵行。

【1790】6.19.282.(6)(略)

【1825】6.19.282.(5)(略)

【1788】○续纂

一、台湾等处商船图财害命之案,均照苗人图财害命例拟斩立决、枭示,与命、盗案内例应斩枭之犯,均传首厦门示众。仍将犯罪事由,榜贴原犯地方。

臣等谨按:乾隆五十一年(1786)十二月内,福建巡抚徐嗣曾"拿获船户吕高佐等在台湾北招口图财谋害客民萧玉炳"案内条奏定例,经臣部核复具奏,奉旨:"依议。"钦遵在案,应纂辑遵行。

【1790】6.19.282.(7)(略)

【1825】6.19.282.(6)(略)

【1788】○续纂

一、凡谋杀幼孩之案,除年在十岁以上者,仍照例办理外,如有将未至十岁之幼孩,逞忿谋杀者,首犯拟斩立决;从而加功之犯,拟绞立决。其从而不加功者,仍照本律杖一百、流三千里。

臣等谨按:此条系乾隆五十一年(1786)七月内,臣部议复四川总督李世杰题"民妇杨张氏因与周万全通奸,被年甫八岁之李幺儿窥破,致死灭口,将该氏拟斩监候,入于本年秋审情实"等因,奉旨"杨张氏着即处斩。嗣后有谋死幼孩年在十岁以上者,仍照向例办理。其在十岁以下者,即照此案问拟立决"等因。嗣于乾隆五十三年(1788)十一月内,臣部核复河南巡抚梁肯堂题"陈文彩等谋杀八岁幼孩单香,移尸图诈钱文"一案,将起意为首之陈文彩,依例拟以斩决;从而加功之陈安,拟绞监候;从而不加功之马利,拟以满流等因，具题。奉旨："单香年仅八岁，该犯等辄忍于同谋勒毙，情殊凶狠。嗣后谋杀十岁以下幼孩案件，除为首之犯定拟斩决外，其从而加功者问拟绞决。如其未加功，仍按旧例。此案陈安着即行处绞。余依议。"钦遵各在案。应恭纂为例，以便遵行。

【1790】6.19.282.(8)(略)

【1810】○修改

臣等谨按：嘉庆十四年(1809)十二月内，署四川总督特清额题"南溪县民人谢文彪图财揿溺年甫七岁之张狗儿身死"一案，将谢文彪依例拟斩立决，臣部照拟核复具奏。奉旨："此案谢文彪窃取年甫七岁之幼孩张狗儿项带银圈，恐其回家告知败露，即将张狗儿拉至河边，揿按水中溺毙，残忍已极。该部拟以斩决，法无可加。但此等凶恶之徒，应予以枭示，俾众共知儆惕。谢文彪着即处斩、枭示。嗣后如有谋毙十岁以下幼孩之案，或系图财，或有因奸情事，俱着于斩决加以枭示，并着刑部纂入则例。余依议。钦此。"应于例内添注明晰，以便遵行。谨将修改例文，开列于后。

一、凡谋杀幼孩之案，除年在十岁以上者，仍照例办理外，如有将未至十岁之幼孩，逞忿谋杀者，首犯拟斩立决；若系图财，或有因奸情事，加以枭示。从而加功之犯，俱拟绞立决。其从而不加功者，俱仍照本律杖一百、流三千里。

谨案：此条系嘉庆十四年(1809)遵旨增定。十七年(1812)，将原例"年在十岁以上"句，改为"年在十一岁以上者"；"未至十岁之幼孩"句，改为"十岁以下幼孩"。

【1814】○修改

臣等谨按：嘉庆十七年(1812)四月二十九日，钦奉上谕："本日刑部具题'河南省民人李成谋杀十岁幼孩秦黑翠'一本，已降旨将李成改为斩决矣。因思定例将未至十岁幼童、幼女诱去强行奸污者，照光棍例斩决。自因幼稚无知，横被奸污，特设重典，以防淫恶。但被奸之幼童、幼女，并未致死，即将强奸之犯问拟斩决，至谋毙幼孩之犯，仍照谋杀人本律问拟斩监候，其间轻重未免殊科。此两条文孰先孰后？当日定例时是否别有意义？着刑部详悉查核，将谋杀幼孩之案应如何分别年岁定拟斩决、斩候之处，参酌妥议奏准后，载入则例遵行。钦此。"当经臣部查：强奸未至十岁幼童、幼女，拟斩立决，系雍正十二年(1734)定例。谋杀未至十岁幼孩，首犯拟斩立决，系乾隆五十一年(1786)定例；从而加功之犯拟绞立决，系五十三年(1788)定例。查幼孩童稚无知，凶徒强行奸污，与肆行惨杀，其淫恶凶残均属可恶。例载强奸已成之案，在凡人罪止绞候，如强奸十岁以上与未至十岁幼孩，分别斩候、斩决，罪名各有区别。至谋毙之案，在凡人已罪应斩候，如死系未至十岁幼孩，即问拟斩决，本属罪无可加。惟谋杀甫至十岁幼孩，仍照寻常谋杀本律定拟，轻重未免殊科。议请嗣后谋杀幼孩之案，除年在十一岁以上者，仍照例办理外，如有将十岁以下幼孩逞忿谋杀者，首犯拟斩立决。若系图财，或有因奸情事，加以枭示。加功之犯，俱拟绞立决。不加功者，仍照本律杖一百、流三千里等因奏准，通行在案。应于例内修改明晰，以便引用。谨将修改例文，开列于后。

一、凡谋杀幼孩之案，除年在十一岁以上者，仍照例办理外，如有将十岁以下幼孩，逞忿谋杀者，首犯拟斩立决；若系图财，或有因奸情事，加以枭示。从而加功之犯，俱拟绞立决；其从而不加功者，俱仍照本律杖一百、流三千里。

【1825】6.19.282.（9）（略）

【1801】○续纂

一、有服卑幼，图财谋杀尊长尊属，各按服制，依律分别凌迟、斩决，均枭首示众。

臣等谨按：例载图财谋命者，斩立决，系指平人而言。至卑幼图财谋杀有服尊长尊属，向来俱各按服制，依卑幼谋杀尊长本律，分别凌迟、斩决问拟。嗣于嘉庆五年（1800），钦奉上谕："刑部具题'山东民人王狗谋杀林氏'一本。王狗系林氏缌麻服侄，因借钱不与，将林氏用铁镢砍伤，攫取柜内京钱十千。刑部依谋杀缌麻以上尊长拟斩立决，固属照例办理。但此案王狗因借钱不与，辄敢起意致死攫钱，即系图财害命。向来图财害命之犯，俱按律拟以斩决。该犯系属服侄，伦纪攸关，与寻常因财起意谋杀者不同。王狗着即处决、枭示。嗣后遇有此等谋财害命，有关服制者，即着照此办理。该部知道。钦此。"钦遵在案。谨恭辑为例，以便遵行。又查谋杀缌麻以上尊长，律应斩决。若谋杀期亲尊长，律应凌迟处死。应添入凌迟一层，以昭赅备。合并声明。

【1802】6.19.282.（9）（略）

【1825】6.19.282.（7）（略）

【1870】○续纂

一、船户、店家图财害命，为害行旅，照强盗得财不分首从律皆斩；为首之犯，仍加枭示；同谋不行，事后分赃者，发遣新疆给官兵为奴。至杀人未得财，及伤人未死，并常人图财害命，仍照本例办理。

谨案：此条同治五年（1866）定。

【1870】6.19.282.（10）（略）

谋杀制使及本管长官

律　文

【1646】6.19.306

凡奉制命出使而所在官吏谋杀，及部民谋杀本属知府、知州、知县，军士谋杀本管指挥、千户、百户，若吏卒谋杀本部五品以上长官，已行未伤者，首杖一百、流二千里；已伤者，首绞；流、绞，俱不言皆，则为从各减等。已杀者，皆斩。官吏谋杀监候，余皆决不待时。下斩同。○其从而不加功，与不行者，及谋杀六品以下长官，并府州县佐贰、首领官，本条俱不载，各依凡人谋杀论。

【1670】6.19.305（略）

【1725】○修改

原拟：今无指挥、千户、百户官，应将“指挥、千户、百户”字，亦照“名例”改为“本管官”。

臣等谨按：此重诛谋杀官长，以惩不义也。首言官谋杀制使，下文言部民、军士、吏卒谋杀本属、本管、本部官长，已行而或未伤、或已伤，则分首从。盖谋杀必自一人主之，非若强盗之共为起意也，故不曰“皆”。若已杀，则不分首从，皆斩。官吏谋杀独监候者，以俱为朝廷之官，虽有统摄，而致祸招杀，必有隐情故也。

【1725】6.19.293

凡奉制命出使而所在官吏谋杀，及部民谋杀本属知府、知州、知县，军士谋杀本管官，若吏卒谋杀本部五品以上长官，已行未伤者，首杖一百、流二千里；已伤者，首绞；流、绞，俱不言皆，则为从各减等。官吏谋杀监候，余皆决不待时。下斩同。已杀者，皆斩。其从而不加功，与不行者，及谋杀六品以下长官，并府州县佐贰、首领官，本条俱不载，各依凡人谋杀论。

注：此重诛谋杀长官，以惩不义也。凡奉制命出使，而所在官吏谋杀，及部民、军士、吏卒谋杀本属、本管、本部长官，均为不义。但谋已行而未伤者，造意之人杖流，为从同行者满徒；已伤而不死者，造意之人绞，为从加功者满流；若已杀者，造意及从而加功之人皆斩。其为从不同行、同行不加功者，俱依凡人谋杀律科断。第云本属、本管、本部，其非本属、本管、本部者，亦依凡人谋杀论。

【1740】○修改

臣等谨按：总注内“其非本属、本管、本部者，亦依凡人谋杀论”，应于小注下增入。谨将增辑律注，开列于后。

凡奉制命出使而所在官吏谋杀，及部民谋杀本属知府、知州、知县，军士谋杀本管官，若吏卒谋杀本部五品以上长官，已行未伤者，首杖一百、流二千里；已伤者，首绞；流、绞，俱不言皆，则为从各减等。官吏谋杀监候，余皆决不待时。下斩同。已杀者，皆斩。其从而不加功，与不行者，及谋杀六品以下长官，并府、州、县佐贰、首领官，其非本属、本管、本部者，各依凡人谋杀论。

【1740】6.19.283（略）

谋杀祖父母父母

律　文

【1646】6.19.307

凡谋杀祖父母、父母及期亲尊长，外祖父母，夫，夫之祖父母、父母，已行不问已伤、未伤。者预谋之子孙，不分首从，皆斩；已杀者，皆凌迟处死。其为从有服属不同，自依缌麻以上律论；有凡人，自依凡论。凡谋杀服属皆仿此。谋杀缌麻以上尊长，已行者，首杖一百、流二千里；为从杖一百、徒三年。已伤者，首绞；为从加功、不加功，并同凡论。已杀者，皆斩。不问首从。○其尊长谋杀本宗及外姻卑幼，已行者，各依故杀罪减二等；已伤者，减一等；已杀者，依故杀法。依故杀法者，谓各依斗殴条内尊长故杀卑幼律论罪。○若奴婢及雇工人谋杀家长，及家长之期亲、外祖父母,若缌麻以上亲者,兼尊卑言。罪与子孙同。若已赎身,当同凡论。

【1670】6.19.306(略)

【1725】○修改

原拟:律末小注云"若已赎身,当同凡论"。按奴婢准令赎身,系家长之恩义,与转卖不同,名分不可尽灭。后谋杀旧家长律注云"奴婢转卖他人者,同凡人论"。此注内"赎身"字,亦应改为"转卖"。

臣等谨按:此以极刑重诛逆伦者也。首节定人伦大逆之罪。孙谋杀祖父母,子谋杀父母,此亘古希有之事,而律则不容不设。言祖父母,则高、曾同。侄谋杀伯叔,弟谋杀兄,外孙谋杀外祖父母,妻妾谋杀夫及夫之祖父母、父母,皆异逆也。谋计已行,不分首从,皆斩;已杀,皆凌迟处死。"预谋之子孙","孙"字从期亲及外祖父母贯下,故注又云"为从,有服属不同"。其谋杀本宗、外姻缌麻以上尊长,则已行、已伤,分首从;已杀,皆斩。二节定尊长谋杀卑幼之罪。不问本宗、外姻,凡已行而未曾伤人者,各依本条故杀之罪,减二等。如祖父母、父母故杀子孙该杖六十、徒一年,谋杀已行,减二等,杖九十;已伤,减一等,杖一百。已杀,则依故杀律。再如本宗及外姻尊长,殴缌麻、小功、大功卑幼致死者,绞;故杀者,亦绞。若谋杀,已行未伤,减二等,杖一百、徒三年;已伤,减一等,杖一百、流三千里。已杀者,依故杀法,亦绞监候。余可类推。三节定以下犯上之罪。奴婢、雇工人谋杀家长及家长之尊卑期亲并缌麻以上之尊卑亲,或流或绞或斩,与子孙同,则余罪无不同矣。盖奴婢、雇工人虽不同服属,而名分之重,与子孙不异故也。

【1725】6.19.294

凡谋杀祖父母、父母及期亲尊长,外祖父母,夫,夫之祖父母、父母,已行不问已伤、未伤者,预谋之子孙,不分首从,皆斩;已杀者,皆凌迟处死。其为从有服属不同,自依缌麻以上律论;有凡人,自依凡论。凡谋杀服属皆仿此。谋杀缌麻以上尊长,已行者,首杖一百、流二千里;为从杖一百、徒三年。已伤者,首绞;为从加功、不加功,并同凡论。已杀者,皆斩。不问首从。○其尊长谋杀本宗及外姻卑幼,已行者,各依故杀罪减二等;已伤者,减一等;已杀者,依故杀法。依故杀法者,谓各依斗殴条内尊长故杀卑幼律问罪。○若奴婢及雇工人谋杀家长,及家长之期亲、外祖父母,若缌麻以上亲者,兼尊卑言。罪与子孙同。若已转卖,当同凡论。

注:此以极刑重诛逆伦者也。首节定人伦大逆之罪。子孙谋杀祖父母、父母,此亘古希有之事,而律则不容不设。言祖父母,则曾、高同。期亲尊长,谓伯叔、亲兄。侄谋杀伯叔,弟谋杀兄,外孙谋杀外祖父母,妻妾谋杀夫及夫之祖父母、父母,皆异变也。谋计已行,不分首从皆斩;已杀者,皆凌迟处死。其谋杀本宗、外姻缌麻以上尊长,则已行、已伤,分首从;已杀皆斩。二节定尊长谋杀卑幼之罪。不问本宗、外姻,凡已行而未伤者,各依本条故杀之罪减二等。如祖父母、父母故杀子孙该杖六十、徒一年,谋杀已行,减二等杖九十;已伤,减一等杖一百。已杀,则依故杀律。再如本宗及外姻尊长殴缌麻、小功、大功卑幼至死者,绞;故杀者,亦绞。若谋杀,已行未伤,减二等杖一百、徒三年;已伤,减一等杖一百、流三千里。已杀者,亦绞监候。奴婢、雇工人谋杀家长及家长之尊卑期亲并缌麻

以上之尊卑亲，或流或绞或斩，与子孙同，则余罪皆同矣。盖奴婢、雇工人虽不同服属，而名分之重，与子孙不异故也。

【1740】○修改

臣等谨按：条例内第一条"子孙谋杀祖父母、父母，法司核复具题，请旨即行立决。如有监故在狱者，仍戮其尸"等语，原专为戮尸而设。应将"监故在狱者，仍戮其尸"九字，移入"凌迟处死"小注下，无庸另立例款。再谋杀尊长律注有为从罪名，谋杀卑幼未经定有作何科断之处，亦应于注内增入。又查奴婢谋杀家长律注"若已转卖，当同凡论"，《笺释》云"依良贱相殴论"更为明晰，应改。又原任礼部尚书陈诜《读律管见》云："按：注奴婢谋杀缌麻以上亲，曰兼尊卑言，是言主人服属尊卑之亲，非言奴婢谋杀家长及家长之亲视子孙谋杀尊长卑幼之法也。奴、雇于家长之亲，皆卑幼也。主人缌麻之卑幼，皆奴、雇缌麻之尊长也"。《笺释》云"奴、雇谋杀家长若缌麻以上亲者，其罪并与子孙谋杀律同，甚是"等语，极为明确。应增入律文第三节注下，以备引用。谨将增改律注，开列于后。

凡谋杀祖父母、父母及期亲尊长，外祖父母，夫，夫之祖父母、父母，已行不问已伤、未伤。者预谋之子孙，不分首从，皆斩；已杀者，皆凌迟处死。监故在狱者，仍戮其尸。其为从有服属不同，自依缌麻以上律论；有凡人，自依凡论。凡谋杀服属皆仿此。谋杀缌麻以上尊长，已行者，首杖一百、流二千里；为从杖一百、徒三年。已伤者，首绞；为从加功、不加功，并同凡论。已杀者，皆斩。不问首从。○其尊长谋杀本宗及外姻卑幼，已行者，各依故杀罪减二等；已伤者，减一等；已杀者，依故杀法。依故杀法者，谓各依斗殴条内尊长故杀卑幼律问罪。为从者，各依服属科断。○若奴婢及雇工人谋杀家长，及家长之期亲、外祖父母，若缌麻以上亲者，兼尊卑言。统主人服属尊卑之亲。罪与子孙同。谓与子孙谋杀祖父母、父母，及期亲尊长、外祖父母，缌麻以上尊长同。若已转卖，依良贱相殴论。

【1740】6.19.284（略）

附律条例

【1646】6.19.307.（1）

一、凡子孙谋杀祖父母、父母者，巡按御史会审情真，即单详到院，院、寺即行单奏。决单到日，御史即便处决。如有监故在狱者，仍戮其尸。

【1670】6.19.306.（1）（略）

【1725】○修改

原拟：今凡系问拟立决事情，刑部会同法司复核具题，奉旨即行处决。无巡按御史单详到院，院、寺单奏之事。相应删改，开载于后。

【原改条例】一、凡子孙谋杀祖父母、父母者，法司核复具题，奉旨即行处决。如有监故在狱者，仍戮其尸。

【1725】6.19.294.（1）【原例】（略）

【1740】〇删除

本条例文删改后并入律注。按语,见本条律文【1740】修改按语。

【1725】〇移入

原拟:正律目录内,开载条例一条,类于此律,应移入。

【原移入条例】一、官民之家,凡佣工作之人,立有文券,议有年限者,以雇工人论。止是短雇月日,受值不多,依凡论。其财买义男,如恩养年久,配有室家者,照例同子孙论。如恩养未久,不曾配合者,士庶之家,依雇工人论;缙绅之家,比照奴婢律论。从谋故杀、殴、骂凌迟斩绞各条科断。

【1725】6.19.294.(2)【原例】(略)

【1740】〇修改

臣等谨按:"斗殴"律内义子恩养年久,若于义父母等有犯殴骂、侵盗、恐吓、诈欺、诬告等情,俱同子孙律问拟。若恩养未久,并以雇工人论。是以"斗殴"律内奴婢与子孙同,雇工则与奴婢有别,故义子亦照分别拟议。至于谋杀,则罪大恶极,本律奴婢与雇工人俱与子孙同,则义子亦应并同子孙论,不容再有区别。谨将删改例文,开列于后。

一、官民之家,凡佣工作之人,立有文券,议有年限者,依雇工人论。止是短雇月日,受值不多者,依凡论。其财买养男,并同子孙论。

【1740】6.19.294.(1)(略)

谨案:此条乾隆五年(1740)改定。五十三年(1788)删除。

【1788】〇删除

臣等谨按:雇佣工作,分别年限及受值多寡之例,业于乾隆五十年(1785)四月内,军机大臣会同臣部遵旨酌定,以平日曾否并坐共食、有无主仆名分,明立科条,纂辑新例在案。再查义子过房在十五以下,恩养年久,或十六岁以上,分配财产、妻室,即同子孙论。若恩养未久,及不曾分有财产、妻室,以雇工人论,业于"殴祖父母父母"门内分纂详明。此条系属旧例,俱已不行,应请毋庸载入。

【1743】〇续纂

一、尊长谋杀卑幼,除为首之尊长,仍依故杀法,分别已行、已伤、已杀定拟外,其为从加功之尊长,各按服制,亦分别已行、已伤、已杀三项,各依为首之罪减一等;若同行不加功,及同谋不同行,又各减一等。为从系凡人,仍照凡人谋杀为从科断。

此条系乾隆六年(1741)十二月,臣部议复贵督张广泗题"刘四贵谋杀小功服侄刘先佑"一案,附请定例。

【1768】6.19.294.(2)(略)

【1790】6.19.294.(1)(略)

【1772】○续纂

一、凡尊长故杀卑幼案内,如有与人通奸,因媳碍眼,抑令同陷邪淫不从,商谋致死灭口者,俱照平人谋杀之律,分别首从,拟以斩、绞监候。

臣等谨按:此条系乾隆三十六年(1771)十二月内,臣部议复河南巡抚何煟审题"林朱氏与林朝富通奸,因伊媳黄氏碍眼,商谋毒死黄氏"一案,将林朝富依律拟斩,林朱氏改发伊犁等处给厄鲁特兵丁为奴等因具题,钦奉上谕将林朱氏照平人谋杀律改拟具题。应恭纂遵行。

【1790】6.19.294.(2)(略)

【1778】○续纂

一、凡子孙谋杀祖父母、父母案内,如有旁人同谋助逆加功者,拟绞立决。

臣等谨按:此条系乾隆三十九年(1774)四月内,广西巡抚熊学鹏审奏"贵县民李老闷因行窃败露,与苏观谋死伊母梁氏,移尸图赖"一案,将为从加功之苏观改拟绞决。钦奉上谕,以"所办甚是",并令臣部纂入例款,应恭纂遵行。再查子孙谋杀祖父母、父母,皆凌迟处死。今帮助逆子谋杀父母之犯既定专条,祖父母自同一例。是以添入祖父母一层,以便引用。合并声明。

【1790】6.19.294.(3)(略)

【1782】○续纂

一、凡夫谋杀妻之案,系本夫起意者,仍照律办理外,如系他人起意,本夫仅止听从加功者,于绞罪上减一等,杖一百、流三千里。

臣等谨按:乾隆四十七年(1782)四月内,山西巡抚雅德题"灵石县民张翔鹄听从妻母起意,勒死伊妻赵氏",该抚以例内并无听从他人谋故杀妻得以轻减明文,将张翔鹄仍依律拟绞监候。经臣部议复,张翔鹄听从妻母谋勒妻命,核与乾隆三十七年(1772)四川省李如榜听从义父傅天成主令,将伊妻悬吊致死,该抚将李如榜照尊长谋杀卑幼于绞罪上减等拟流,事同一辙,将张翔鹄改照李如榜之案,于绞罪上减一等,杖一百、流三千里。并声请嗣后如有此等案件,通行遵照一体办理等因具题。奉旨:"依议。"钦遵在案,应纂辑遵行。

【1790】6.19.294.(4)(略)

【1788】○续纂

一、凡姑谋杀子妇之案,除伊媳实犯殴、詈等罪,仍照本律定拟外,如仅止出言顶撞,辄蓄意谋杀,情节凶残显著者,即发往伊犁给兵丁为奴。

臣等谨按:乾隆四十八年(1783)四月内,臣部议复署直隶总督英廉题"滦州民妇老王邢氏商同姚氏、贾年姐等,谋死伊媳小王邢氏"一案,奉旨:"此案姚氏、贾年姐,俱依拟应绞,着监候,秋后处决。至老王邢氏与小王邢氏分属姑媳,该部核复照尊长谋杀卑幼律问拟杖流,并不准折赎,固属照例办理。但核情节,尚未允协。姑之与媳,究与亲生子女之于父母不同。若平日不遵教训,或有忤逆情形,自应管教责处。然亦不得任意凌虐,恣行残忍。今小王邢氏因体弱不能工作,尚无大过,乃老王邢氏因其出言顶撞,蓄意谋害,辄用盐卤向灌,并用刀撬落门牙,凶残已极。若不严加惩儆,则凡为姑者,不论其媳有无忤逆,竟恃尊长名分,肆意谋杀,到官问拟,又得幸邀宽减,此风亦不可长。老王邢氏罪虽不致论抵,然仅问拟杖流,不足蔽辜。老王邢氏着改发伊犁,给与额鲁特为奴,以示惩儆。如此准情定罪,则凡为尊长者,皆知慈爱,而为卑幼者,更得尽其孝敬。庶不致恩意尽泯,亦明刑弼教之一端也。嗣后,如有此等案件,即着照此办理。余依议。钦此。”又乾隆五十二年(1787)三月内,钦奉谕旨“嗣后应发额鲁特为奴人犯,着改发伊犁为奴”,钦遵在案。应恭纂为例,以便遵行。

【1790】6.19.294.(5)(略)

【1830】○修改

臣等谨按:道光六年(1826)十一月内,军机大臣会同臣部,议复直隶总督那彦成奏“调剂新疆遣犯”折内,请将姑因子妇出言顶撞,蓄意谋杀,凶残显著者,发伊犁为奴一条,改发各省驻防给官兵为奴等因奏准,通行在案。例内发伊犁之处,应行修改。谨将修改例文,开列于后。

一、凡姑谋杀子妇之案,除伊媳实犯殴、詈等罪,仍照本律定拟外,如仅止出言顶撞,辄蓄意谋杀,情节凶残显著者,改发各省驻防给官兵为奴。

【1847】6.19.294.(5)(略)

【1810】○续纂

一、谋杀期亲尊长,正犯罪应凌迟处死者,为从加功之犯,拟以绞候,请旨即行正法;不加功者,仍按律科断。如为从系有服亲属,各按尊卑服制本律定拟。

臣等谨按:嘉庆十年(1809)五月二十日,奉上谕:“嗣后内外问刑衙门,遇谋杀凡人,罪应拟斩命案,其听从加功之犯,自应仍按律拟以绞候。若所谋杀之人系属期亲尊长,本犯罪应立磔,则加功从犯如仅拟绞候,未足以儆凶暴,着定拟绞候,请旨即行正法等因。钦此。”应恭纂为例,以便遵办。至为从不加功之犯,应仍按律科断。并为从之犯,系有服亲属,应各按尊卑服制本律定拟之处,一并添入,以昭赅备。合并声明。

【1825】6.19.294.(6)(略)

【1821】○续纂

一、本宗尊长,起意谋杀卑幼,罪应绞候之犯,如与死者之子,商同谋杀,致其子罪干凌迟者,将起意之犯,拟绞立决。

臣等谨按:嘉庆二十五年(1820)二月十六日,奉上谕:“成格奏‘审办逆伦重犯’一折。此案王步云因胞弟王步义酗酒滋事,不服劝诫,肆言詈骂,起意勒毙。向王步义之子王承彩相商,王承彩听从,帮同揿按。该抚于审明后,业经恭请王命,将王承彩凌迟处死,将王步云依律拟绞监候。核其情节,王步云起意致死伊弟,若与他人同谋,则故杀期亲弟妹,罪止绞候。今该犯与子谋父，勒毙其弟，复陷其侄以凌迟重罪，情殊凶恶，王步云着即行绞决。嗣后遇有案情似此者，俱照此例办理。钦此。”钦遵在案。应恭纂为例，以便引用。

【1825】6.19.294.(7)(略)

杀死奸夫

律　文

【1646】6.19.308

凡妻妾与人奸通，而本夫于奸所亲获奸夫、奸妇登时杀死者勿论。若止杀死奸夫者，奸妇依和奸律断罪，入官为奴。或调戏未成奸，或虽成奸已就拘执，或非奸所捕获，皆不得拘此律。○其妻妾因奸同谋杀死亲夫者，凌迟处死；奸夫处斩。监候。若奸夫自杀其夫者，奸妇虽不知情，绞。监候。○登时奸所获奸，止杀奸妇，或非奸所，奸夫已去，将奸妇逼供而杀，俱依殴妻至死。○已离奸所，本夫登时逐至门外杀之，止依不应杖；非登时，依不拒捕而杀。○奸夫奔走良久，或赶至中途，或闻奸次日追而杀之，并依故杀。○奸夫已就拘执而殴杀，或虽在奸所捉获，非登时而杀，并须引夜无故入人家已就拘执而擅杀至死例。○本夫之兄弟，及有服亲属，或同居人，或应捕人，皆许捉奸。其归人之父母、伯叔、姑、兄姊、外祖父母，捕奸杀伤奸夫者，与本夫同。但卑幼不得杀尊长，犯则依故杀伯叔母、姑、兄姊律科。尊长杀卑幼，照服轻重科罪。○弟见兄妻与人行奸，赶上杀死奸夫，依罪人不拒捕而杀。○外人或非应捕人，有杀伤者，并依斗杀伤论。○奸妇自杀其夫，奸夫果不知情，止科奸罪。○因奸谋杀本夫，伤而不死，奸妇依谋杀夫已行，斩；奸夫依谋杀人伤而不死，从而加功，满流。若是造意，依造意杀。○奸夫自杀夫之父母，以便往来，奸妇虽不知情，亦绞。○嫂、叔通奸有指实，本夫得知，不于奸所而杀二命，依本犯应死而擅杀。○以上先须奸情确审得实乃坐。①

【1670】6.19.307(略)

【1725】○修改

原拟：查强盗律内，窃盗因盗而奸者，不分首从皆斩监候。再威逼致死律内，因奸而威逼人致死者，斩监候。以上俱不问成奸与否，皆坐。若奸夫既已成奸，而又同谋杀死亲夫，并陷其人妻、妾至凌迟极刑，则情罪更重，不应监候。查旧律内亦有注立决者，此律小注“奸夫处斩”下“监候”字拟删。再末节注内“登时奸所获奸，止杀奸妇”以下数项，俱属通行引用之条，不便作小注，应改为条例，分载于后。

臣等谨按：此是定杀奸之律，以正风化也。奸通，兼刁、和言。前节言奸所获奸者。获奸必在奸所，杀死必在登时，方得勿论。若“止杀死奸夫”句，亦在奸所登时，故不著本夫之罪，第将奸妇科罪，入官为奴。后节言因奸杀夫者。妻妾与人通奸，而与奸夫同谋杀死亲夫，妻妾凌迟处死，奸夫坐斩立决。如已行未伤，及伤而不死，妻妾依谋杀夫律，奸夫依凡人谋杀律，分首、从科断。若奸夫不与奸妇通谋，而自杀其夫者，杀人之罪虽坐奸夫，而起祸之原实由奸妇，故奸妇虽不知情，亦坐绞。再本夫纵容及抑勒其妻妾与人奸通，后奸夫自杀其夫，妇果不知情者，仍依纵容抑勒本律科断，不在拟绞之限。

【1725】6.19.295

凡妻妾与人奸通，而本夫于奸所亲获奸夫、奸妇登时杀死者勿论。若止杀死奸夫

---

① 律注“若是造意，依造意杀”，康熙九年(1670)《大清律集解附例》校订为“若是造意，依造意绞”。

者，奸妇依和奸律断罪，入官为奴。或调戏未成奸，或虽成奸已就拘执，或非奸所捕获，皆不得拘此律。○其妻妾因奸同谋杀死亲夫者，凌迟处死；奸夫处斩。监候。若奸夫自杀其夫者，奸妇虽不知情，绞。

注：此定杀奸之律，以正风化也。奸通，兼刁、和言。前节言奸所获奸者。获奸必在奸所，杀死必在登时，方得勿论。其止杀死奸夫者，亦在奸所、登时。故止将奸妇科罪入官，本夫无罪。后节言因奸杀夫者。妻妾与人奸通，而与奸夫同谋杀死亲夫，妻妾凌迟处死，奸夫坐斩监候。如已行未伤，及伤而不死，妻妾依谋杀夫律，奸夫依凡人谋杀律分首从科断。若奸夫不与奸妇通谋，而自杀其夫者，杀人之罪虽坐奸夫，而起祸之原，实由奸妇，故奸妇虽不知情，亦坐绞。再本夫纵容及抑勒妻妾与人奸通后，奸夫自杀其夫，奸妇果不知情者，仍依纵容抑勒本条科断，不在拟绞之限。

【1740】○修改

臣等谨按：旧律止杀奸夫者，本夫无罪，奸妇照和奸律科断，随夫嫁卖。后纂辑律例时，改为入官为奴。但凡属犯奸之例，俱交本夫听其去留，独此条入官为奴，与诸例不符。惟是本律固重奸所登时，尤重并杀，故得勿论。若止杀奸夫，本夫亦得无罪，而奸妇又随其嫁卖，恐开捏奸诬陷之端。拟另改为当官嫁卖，身价入官，庶为允协。谨将改辑律文，开列于后。

凡妻妾与人奸通，而本夫于奸所亲获奸夫、奸妇登时杀死者勿论。若止杀死奸夫者，奸妇依和奸律断罪，当官嫁卖，身价入官。或调戏未成奸，或虽成奸已就拘执，或非奸所捕获，皆不得拘此律。○其妻妾因奸同谋杀死亲夫者，凌迟处死；奸夫处斩。监候。若奸夫自杀其夫者，奸妇虽不知情，绞。监候。

【1740】6.19.285（略）

附律条例

【1646】6.19.308.（1）

一、本夫拘执奸夫、奸妇而殴杀者，比照夜无故入人家已就拘执而擅杀至死律条科断。

【1670】6.19.307.（1）（略）

【1725】○删除

臣等谨按：此条与前第四条①所载略同，应删。

【1725】○增入

【原改入条例】一、登时奸所获奸，止杀奸妇，或非奸所，奸夫已去，将奸妇逼供而杀，俱依殴妻至死。

---

① 系指【1725】6.19.295.（4）条。

本条例文原系律注，雍正三年(1740)改为条例。增入按语，见本条律文【1725】修改按语。

【1725】6.19.295.(1)【原例】(略)

【1740】○修并

【原例】【1725】6.19.295.(1)【原例】(略)、【1725】6.19.295.(12)(略)

臣等谨按：旧例名义原以奸情暧昧，夫妇居室之间，最为近密，恐启奸徒轻杀其妻之渐。是以即登时奸所获奸，苟非当时并杀，即以殴妻至死拟绞，慎刑之意也。今新例改为奸夫拟抵，盖主惩创邪淫，尤出扶持世教之心。两例正不相悖。伏查杀奸原重奸所登时，此四字实为纲领。若非奸所，奸夫已去，将奸妇逼供而杀，事近指奸，恐有别情，本夫依殴妻至死科断，实属允当。若于奸所获奸，一时气忿，将奸妇杀死，奸夫当时脱逃，审明奸情属实，将奸夫拟抵，本于奸所并获，事起登时，律许并杀，惟因奸夫乘间逃脱，未及杀死，迨一经被获，审实奸情，以之抵罪，而宽本夫，于情理亦为允协。应将两例删并，合为一条。再查乾隆四年(1739)，刑部议复原任浙江按察使郑禅宝条奏，非奸所获奸登时杀死奸妇，或闻奸数日杀死奸妇，奸夫到官供认不讳，确有实据者，将本夫照奸夫已就拘执而擅杀律拟徒，奸夫仍科奸罪等因，通行在案，亦应增入，以便引用。谨将删并增辑例文，开列于后。

一、非奸所获奸，将奸妇逼供而杀，审无奸情确据者，依殴妻至死论。如本夫登时奸所获奸，将奸妇杀死，奸夫当时脱逃，后被拿获到官，审明奸情是实，奸夫供认不讳者，将奸夫拟绞监候，本夫杖八十。其非奸所获奸，或闻奸数日，杀死奸妇，奸夫到官供认不讳，确有实据者，将本夫照已就拘执而擅杀律拟徒，奸夫仍科奸罪。

【1740】6.19.285.(1)(略)

【1767】○修改

臣等谨按：此条原例本夫"闻奸数日，杀死奸妇，奸夫到官供认不讳，确有实据者，将本夫照已就拘执而擅杀律拟徒，奸夫仍科奸罪"等语。查奸妇因与人通奸，被本夫杀死，虽由自取，但其致死之由，实在奸夫。例内将奸夫自科奸罪，枷责完结，尚未允协。查乾隆二十八年(1763)，臣部议复贵州按察使赵孙英条奏，奸妇与人通奸，因奸情败露，羞愧自尽者，将奸夫杖一百、徒三年，奏准遵行。其奸妇为本夫所杀，奸夫之情罪亦属相同，是以将原例"奸夫仍科奸罪"句，拟改为"杖一百、徒三年"。

一、非奸所获奸，将奸妇逼供而杀，审无奸情确据者，依殴妻至死论。如本夫登时奸所获奸，将奸妇杀死，奸夫当时脱逃，后被拿获到官，审明奸情是实，奸夫供认不讳者，将奸夫拟绞监候，本夫杖八十。其非奸所获奸，或闻奸数日，杀死奸妇，奸夫到官供认不讳，确有实据者，将本夫照已就拘执而擅杀律拟徒，奸夫杖一百、徒三年。

【1768】6.19.285.(1)(略)

【1825】○修改

臣等谨按：道光四年(1824)十一月，据护理贵州巡抚、布政使吴荣光咨"郎岱厅民刘玉茂因徐阿二与伊妻刘杨氏通奸，本夫奸所撞获，非登时殴伤刘杨氏身死"一案，该护抚因律例内并无奸所获奸，非登时杀死奸妇作何治罪专条，将刘玉茂比照本夫闻奸数日杀死奸妇例杖一百、徒三年,奸夫徐阿二亦比照此例问拟杖一百、徒三年。经臣部查,本夫杀死奸妇,例义宽本夫忿激之情,严奸夫淫邪之罪。则奸所获奸,非登时杀死奸妇者,虽与登时、奸所不同,而其义忿之情亦不容已,自应较非奸所获奸,又非登时杀死者,科罪稍轻;奸夫之罪,亦应于满徒上酌量从严,以示区别。将本夫刘玉茂改拟杖一百,奸夫阿二改拟杖一百、流三千里,并通行各省画一办理在案。应请增入册内,以资引用。谨将修改例文,开列于后。

一、非奸所获奸,将奸妇逼供而杀,审无奸情确据者,依殴妻至死论。如本夫奸所获奸,登时将奸妇杀死,奸夫当时脱逃,后被拿获到官,审明奸情是实,奸夫供认不讳者,将奸夫拟绞监候,本夫杖八十。若奸所获奸,非登时将奸妇杀死,奸夫到官供认不讳,确有实据者,将奸夫拟杖一百、流三千里,本夫杖一百。其非奸所获奸,或闻奸数日,将奸妇杀死,奸夫到官供认不讳,确有实据者,将本夫照已就拘执而擅杀律拟徒,奸夫杖一百、徒三年。

【1825】6.19.285.(1)(略)

【1725】○增入

【原改入条例】一、奸夫已离奸所,本夫登时逐至门外杀之,止依不应杖;非登时,依不拒捕而杀。

本条例文原系律注,雍正三年(1740)改为条例。增入按语,见本条律文【1725】修改按语。

【1725】6.19.295.(2)【原例】(略)

【1740】6.19.285.(2)(略)

【1788】○修改分纂

【原例】【1740】6.19.285.(2)(略)、【1740】6.19.285.(3)(略)、【1768】6.19.285.(14)(略)、【1768】6.19.285.(16)(略)

臣等谨按:首二条系本夫捉奸杀死奸夫之例;三条系亲属捉奸,杀死奸夫、奸妇,分别治罪之例;四条系统论本夫及有服亲属捉奸,已离奸所,非登时杀死治罪之例。缕晰条分,固属轻重允协。惟查本夫于奸所登时杀死奸夫者,律得勿论;若在奸所捉获,非登时而杀,例止拟徒。至亲属捉奸,如奸所登时杀死奸夫者,即例应拟徒;其非登时而杀,应照擅杀拟绞。是本夫与亲属分际既殊,拟罪亦因之而异。今第四条原例内开"本夫及应许捉奸之亲属,除奸所捉获,非登时而杀,仍照夜无故入人家例拟以杖徒"等语,未免混淆。应将此条例内除笔数句删去,以归画一。再查首条非登时依不拒捕而杀者,即系第四条内捉奸已离奸所,非登时杀死不拒捕奸夫之例。至第二条奸夫已就拘执而殴杀,或虽在奸所捉获,非登时而杀,拟以杖徒者,亦即系第四条内除笔之文。前后叠见,殊觉繁复。拟将本夫捉奸及亲属捉奸,分别是否奸所登时杀死奸夫之处,各立专条。庶展卷瞭如,援引便顺。今将修改分纂例文,开列于后。

【1790】6.19.285.(13)(略)

【1790】6.19.285.(14)(略)

【1790】6.19.285.(13)

一、本夫于奸所登时杀死奸夫者,照律勿论。其有奸夫已离奸所,本夫登时逐至门外杀之者,照不应重律杖八十。若于奸所获奸,非登时而杀,并依夜无故入人家已就拘执而擅杀律,杖一百、徒三年;如捉奸已离奸所,非登时杀死不拒捕奸夫者,照罪人不拒捕及已就拘执而擅杀律拟绞监候。若虽系捕获奸夫,或因他故致毙者,仍以谋、故论。至于已经犯奸有据,又复逞凶拒捕,虽非登时,俱依罪人拒捕科断。

【1825】6.19.285.(12)(略)

【1790】6.19.285.(14)

一、本夫本妇之伯叔、兄弟及有服亲属,皆许捉奸。如有登时杀死奸夫及奸妇者,并依夜无故入人家已就拘执而擅杀律杖一百、徒三年,伤者勿论;非登时而杀,依擅杀罪人律拟绞监候。若捕获奸夫,或因他故致毙者,仍以谋、故论。如犯奸有据,奸夫逞凶拒捕,虽非登时,俱依罪人拒捕科断。至卑幼不得杀尊长,杀则依殴故杀尊长本律定拟,法司核拟时,按其情节,夹签请旨。尊长杀卑幼,无论谋、故,悉按服制轻重,以斗杀科罪。

【1801】修改分纂

【原例】【1790】6.19.285.(14)(略)、【1795】续纂"一、本夫本妇有服亲属捉奸,杀死奸夫奸妇者,除所杀系平人……"条(略)

臣等谨按:以上二条,系有服亲属捉奸,杀死常人,及杀死有服尊长、卑幼,分别治罪之例。查亲属捉奸,与本夫不同,不在奸所,不得以捉奸论。故例内止分别登时与非登时问拟徒、绞,例意已极允协。至例称卑幼不得杀尊长,杀则依殴、故杀尊长本律定拟,夹签请旨,并未将服制详悉声叙。以统本宗期、功、缌麻,外姻功、缌卑幼,凡因捉奸杀死尊长者,俱得夹签请旨,所以惩淫凶而伸义忿也。惟查本宗期、功,罪干斩决,因情节甚轻,夹签声请,例意改为斩候。至本宗缌麻,外姻功、缌,杀死有服尊长,本律即应斩候,如一概照例夹签请旨,量减拟流,是服轻卑幼因奸杀死尊长,无论情节,概免抵偿,殊觉无所区别。查亲属捉奸杀死常人,有登时、非登时之不同,拟罪有满徒、绞候之各异。若杀死本宗缌麻,外姻功、缌尊长,亦当援此,以示等差。应请嗣后本夫本妇有服亲属捉奸,杀死奸夫奸妇者,如所杀系尊长,除犯时不知,及止殴伤者,均照律勿论外,如杀系本宗期、功尊长,无论是否登时,皆照卑幼殴、故杀期功尊长本律拟罪,法司夹签声明。奉旨敕下九卿核拟量从末减者,期亲及本宗功服,均减为应斩监候。若杀系本宗缌麻及外姻功、缌尊长,亦仍照殴、故杀本律拟罪。法司于核拟时,如系登时杀死者,亦夹签声明,奉旨敕下九卿核拟者,减为杖一百、流三千里;若杀非登时,各依本律核拟,毋庸夹签声明。如此分别办理,庶足以昭平允而便引用。至有服亲属捉奸杀死卑幼,后条例内已分别是、否登时减等治罪。前条悉按服制以斗杀科罪之处,系属旧例,应行节删。又查亲属捉奸,皆在奸所,例内止言是否登时,不言奸所,后条例内“奸所”二字,亦应节删。今将亲属捉奸杀死奸夫分别治罪,常人为一条,有服尊长为一条,有服卑幼为一条,以昭明晰。谨将修改例文三条,开列于后。

【1802】6.19.285.(21)(略)

【1802】6.19.285.(22)(略)

【1802】6.19.285.(23)(略)

【1802】6.19.285.(21)

一、本夫本妇之伯叔、兄弟及有服亲属,皆许捉奸。如有登时杀死奸夫及奸妇者,并依夜无故入人家已就拘执而擅杀律,杖一百、徒三年,伤者勿论。非登时而杀,依擅杀罪人律拟绞监候。若捕获奸夫,或因他故致毙者,仍以谋、故论。如犯奸有据,奸夫逞凶拒捕,虽非登时,俱依罪人拒捕科断。

【1825】6.19.285.(20)(略)

【1802】6.19.285.(22)

一、本夫本妇有服亲属捉奸,杀死犯奸尊长之案,除犯时不知,及止殴伤者,均照律勿论外,如杀死本宗期、功尊长,无论是否登时,皆照卑幼殴故杀期功尊长本律拟罪,法司夹签声明,奉旨敕下九卿核拟量从末减者,期亲及本宗大功、小功,均减为拟斩监候。若杀系本宗缌麻,及外姻功、缌尊长,亦仍照殴故杀本律拟罪,法司于核拟时,如系登时杀死者,亦夹签声明,奉旨敕下九卿核拟,减为杖一百、流三千里;若杀非登时,各依本律核拟,毋庸夹签声明。

【1825】6.19.285.(21)(略)

【1835】○修改

【原例】【1825】6.19.285.(21)(略)、【1802】6.19.285.(20)条(略)【1810】修改例文(略)

臣等谨按:道光十四年(1834)七月内,据四川总督鄂山咨称,“杀死奸夫”门内例载,本夫本妇有服亲属捉奸,杀死犯奸尊长之案,犯时不知者,照律勿论。诚以尊长虽名分攸关,未可轻相干犯,而既不知自爱,辄与服属通奸,在捉奸之卑幼,实出意料之外。故因此而杀死尊长,如系犯时不知,即与凡人同论。第查凡人亲属捉奸,登时杀死奸夫,例应杖一百、徒三年,别无“勿论”之条。前例所称“照律勿论”,有无歧异等语。经臣部查,有服亲属捉奸杀死犯奸尊长之例,系嘉庆六年(1801)修改,其例内所称“犯时不知,照律勿论”之语,似系仿照本夫捉奸杀死犯奸尊长之例添入。惟查凡人杀奸之案,只有本夫奸所登时将奸夫杀死,律得勿论。其亲属登时杀死奸夫,例应拟徒;如非登时,即应拟绞,并无“勿论”之例。况死系尊长,究与凡人不同,纵因其犯时不知,尚非有心干犯,亦只可照凡人一例问拟。若遽予以勿论,是捉奸杀死尊长,较之捉奸杀死凡人罪名反轻,诚不足以昭平允。自应俟修例时，将原例酌加修改等因，咨复该督在案。再查本夫捉奸杀死奸夫例内，惟奸所登时勿论，其非奸所登时，则有拟杖、拟徒、拟绞之分。至本夫捉奸杀死犯奸尊长之案，惟系犯时不知，其罪名究未便较凡人反轻。若依原例一概予以勿论，亦不足以昭平允。自应将有服亲属捉奸杀死犯奸尊长，及本夫捉奸杀死犯奸尊长二例内，"犯时不知，及止殴伤者，均照律勿论"数语，俱改为"犯时不知，依凡人一例定拟"及"止殴伤者，勿论"，以免参差。谨将修改例，文开列于后。

一、本夫本妇有服亲属捉奸，杀死犯奸尊长之案，除犯时不知，依凡人一例定拟，及止殴伤者，仍予勿论外，如杀死本宗期、功尊长，无论是否登时，皆照卑幼殴故杀期功尊长本律拟罪，法司夹签声明，奉旨敕下九卿核拟量从末减者，期亲及本宗大功、小功，均减为拟斩监候。若杀系本宗缌麻及外姻功、缌尊长，亦仍照殴故杀本律拟罪，法司于核拟时，如系登时杀死者，亦夹签声明，奉旨敕下九卿核拟，减为杖一百、流三千里；若杀非登时，各依本律核拟，毋庸夹签声明。

【1847】6.19.285.(17)(略)

【1847】6.19.285.(21)(略)

【1852】○修改

一、本夫本妇之有服亲属捉奸，杀死犯奸尊长之案，除犯时不知，依凡人一例定拟，及止殴伤者，仍予勿论外，如杀死本宗期、功尊长，无论是否登时，皆照卑幼殴故杀期功尊长本律拟罪，法司夹签声明，奉旨敕下九卿核拟量从末减者，期亲及本宗大功、小功，均减为拟斩监候。若杀系本宗缌麻及外姻功、缌尊长，亦仍照殴故杀本律拟罪，法司于核拟时，如系登时杀死者，亦夹签声明，奉旨敕下九卿核拟，减为杖一百、流三千里；若杀非登时，各依本律核拟，毋庸夹签声明。

谨按："本夫本妇有服亲属"句添一字，改为"本夫本妇之有服亲属"。

【1870】6.19.285.(21)(略)

【1802】6.19.285.(23)

一、本夫本妇有服亲属捉奸，杀死犯奸卑幼之案，如非登时而杀，无论谋、故，各按服制于殴杀卑幼本律例上减一等。如杀系登时，按其殴杀本罪在满徒以上者，即于捉奸杀死凡人满徒上减一等；如殴杀本罪亦止满徒，应递减二等定拟。

【1825】6.19.285.(22)(略)

【1852】○修改

一、本夫本妇之有服亲属捉奸，杀死犯奸卑幼之案，如非登时而杀，无论谋、故，各按服制于殴杀卑幼本律例上减一等。如杀系登时，按其殴杀本罪在满徒以上者，即于捉奸杀死凡人满徒上减一等；如殴杀本罪亦止满徒，应递减二等定拟。

谨按："本夫本妇有服亲属"句添一字，改为"本夫本妇之有服亲属"。

【1870】6.19.285.(22)(略)

【1725】○增入

【原改入条例】一、奸夫奔走良久，或赶至中途，或闻奸次日，追而杀之，并依故杀。

本条例文原系律注，雍正三年（1740）改为条例。增入按语，见本条律文【1725】修改按语。

【1725】6.19.295.（3）【原例】（略）

【1740】○删除

臣等谨按：上条"非登时"三字包举甚广，如下条"奔走良久""赶至中途"或"闻奸次日"皆在其内，自应俱照不拒捕而杀科断，无庸另立例款。此条应删。

【1725】○增入

【原改入条例】一、奸夫已就拘执而殴杀，或虽在奸所捉获，非登时而杀，并须引夜无故入人家已就拘执而擅杀至死律。

本条例文原系律注，雍正三年（1740）改为条例。增入按语，见本条律文【1725】修改按语。

【1725】6.19.295.（4）【原例】（略）

【1740】6.19.285.（3）（略）

【1788】○修改分纂

修改分纂按语及修改分纂后例文，见【1740】6.19.285.（2）条【1788】修改分纂项下。

【1725】○增入

【原改入条例】一、本夫之兄弟及有服亲属，或同居人，或应捕人，皆许捉奸。其妇人之父母、伯叔、姑、兄姊、外祖父母捕奸杀伤奸夫者，与本夫同。但卑幼不得杀尊长，犯则依故杀伯叔母姑兄姊律科罪。尊长杀卑幼，照服制轻重科罪。

本条例文原系律注，雍正三年（1740）改为条例。增入按语，见本条律文【1725】修改按语。

【1725】6.19.295.（5）【原例】（略）

【1740】○修改

臣等谨按：本夫之兄弟及有服亲属，固应皆许捉奸。至同居之人，既非尽属同姓，本无服制，若因其同居竟许捉奸，恐启挟嫌污蔑之弊。再如"应捕人"并无确指，查"捕亡"条内所称"应捕人"，乃系在官捕役。奸情暧昧，闺阈攸分。如竟许在官人役直人房闼之中，窥伺捕捉，长刁挟诈，更虑何所不为，殊于情理未协。例内"同居人"或"应捕人"应删。再查本夫兄弟及有服亲属，如有杀伤者，作何治罪之处，例未言及。故《笺释》云"除本夫捉奸外，其余亲属等捉而杀之，当依夜无故入人家擅杀例"，甚属允当。但此系捉奸登时杀伤，其亲属非登时杀伤者，亦例无明文，俱应酌增，以便引用。谨将增删例文，开列于后。

一、本夫之兄弟及有服亲属，皆许捉奸。如有登时杀伤者，并依已就拘执而擅杀伤律；若非登时杀伤，依斗杀伤论。其妇人之父母、伯叔、姑、兄弟、姊妹、外祖父母捕奸杀伤奸夫者，与本夫同。但卑幼不得杀尊长，犯则依故杀伯叔母姑兄姊律科罪。尊长杀卑幼，照服制轻重科罪。

【1740】6.19.285.(4)(略)

【1756】○修改分纂

臣等谨按：此条例文系顺治三年(1646)初纂律书时，采读法中语，附于律文之后以为注。嗣于雍正元年(1723)重修律例，将注语摘出以为例。其原文则曰："一、本夫之兄弟，及有服亲属，或同居人、应捕人，皆许捉奸。其妇人之父母、伯叔、姑、兄姊、外祖父母，捕奸杀伤奸夫者，与本夫同。但卑幼不得杀尊长，犯则依故杀伯叔母、姑、兄姊律科罪。尊长杀卑幼，照服制轻重科罪。"乾隆五年(1740)重修，删去"同居人、应捕人"句，而于"皆许捉奸"下增入"如有登时杀伤者，并依已就拘执而擅杀伤律；若非登时杀伤，依斗杀伤论"数语，即今遵行条例也。第按例文有未明晰者数处，即如"卑幼不得杀尊长，犯则依故杀伯叔母、姑、兄姊律科罪"二语。查捕奸而杀，有激于义忿有心杀之者，亦有奸夫拒捕格斗邂逅致死者。夫卑幼因别事干犯尊长，尚有斗杀、故杀之分，而独于捉奸致死，概依故杀，不复分别，似杀奸之得罪反重于别事也。且所谓伯叔母、姑、兄姊者，指奸妇则不宜有"兄"字，指奸夫不宜有"伯叔母、姑、姊"字，兼奸夫、奸妇言，则尊长岂伯叔母、姑、兄姊而已也？又云"妇人之父母、伯叔、姑、兄姊、外祖父母，捕奸杀伤奸夫者，与本夫同"，专言奸夫，不及奸妇。设有并杀奸妇者，亦得与本夫同论否耶？抑将依尊长杀卑幼律科罪耶？与本夫同，则律文"本夫于奸所获奸，登时杀死勿论"与下文"依尊长杀卑幼律科罪"句不符；若依尊长杀卑幼条，又与本夫杀奸勿论之律不侔矣。此皆原文之不可解者也。又按，原文本夫之亲属及妇人之亲属一串说下，今定例将本夫亲属捉奸拟定罪名，分别拘执、斗杀科断，而于妇人之亲属捉奸，则云与本夫同。是等亲属也，而妇与夫相去悬殊矣。又上文云"杀伤奸夫者，与本夫同"，是伤、杀并科；下云"犯则依故杀伯叔母、姑、兄姊律科罪"，则又言杀而不及伤，殊未画一。查尊长内乱，律干斩候重辟。既予卑幼以捉奸之权，自难禁其必不致伤。乾隆二十年(1755)，臣部议复原任苏州巡抚庄有恭题"蔡通捉奸刃伤胞叔蔡奕凡"一案，声明照律勿论题准，通行在案。应请注明"伤则勿论"，以免牵混。又按律文"本夫于奸所亲获奸夫、奸妇，登时杀死勿论"。曰"亲获"，则奸有凭据；曰"登时"，则事出仓猝。律不分凡人、亲属，凡人固勿论，即亲属亦当勿论也。唯是尊长与卑幼通奸，渎伦伤化，固为王法所必诛，本夫登时捕而杀之，直杀一乱伦应死之犯。而服制攸关，究未便竟与凡人一律科断。是以乾隆六年(1741)，臣部议复原任河南按察使沈起元条奏，凡本夫捉奸杀死尊长之案，临时酌量，奏请钦定等因在案。臣等详绎律文，参阅成案，并稽考前人条奏，拟例二条，开列于后。

【1768】6.19.285.(13)(略)

【1768】6.19.285.(14)(略)

【1768】6.19.285.（13）

一、有服尊长奸卑幼之妇，本夫捉奸杀死奸夫，除犯时不知，照律勿论外，其于奸所亲获奸夫奸妇，登时杀死者，及非登时又非奸所，或已就拘执而杀者，皆照卑幼殴故杀尊长本律治罪，该督抚于疏内声明，法司核拟时夹签请旨。伤者，均勿论。

【1788】○修改分纂

【原例】【1768】6.19.285.（13）（略）、【1778】续纂"一、凡有服尊长奸卑幼之妇，本夫捉奸杀死奸夫者……"条（略）

臣等谨按：以上二条俱系尊长奸卑幼之妇，被本夫捉奸杀死，仍照律拟罪之例。事相同而义贯，自应并作一条。再查本夫杀奸，自勿论及杖徒，递加至绞候，已有分晰治罪明文。至本夫、本妇之父母捉奸杀死奸夫，例内并无议及。详查本门律载"奸夫自杀其夫，奸妇虽不知情，绞监候"，又例载"奸夫杀死夫之父母，以便往来者，奸妇虽不知情，亦绞监候"等语，是本夫、本妇之父母，如有捉奸杀死奸夫、奸妇，例得与本夫同论，律义昭然。详查乾隆二十二年（1757）十月内，浙江巡抚杨廷璋以本夫、本妇之父母，奸所登时杀死，是否与本夫一例拟罪之处，咨请部示。经臣部以例内所称"有服亲属"，系专指伯叔、兄弟等期、功以下服属而言。盖犯奸虽关风化，而捉奸不容擅杀。期、功以下之亲属，与本夫不同，是以登时杀死，罪应拟徒；若非登时，即当拟抵。至本夫、本妇之父母，恩重分尊，若亲见其女、其媳与人奸淫，登时杀死，自应与本夫同置勿论等因，咨复在案。虽历来办理尚无歧误，但遇案辗转比附，徒滋案牍，自不若明增入例，以昭法守。拟将本夫捉奸杀死奸夫、奸妇者，列为一条；本夫之父母杀奸，例得与本夫同论者，列为一条。庶例文益昭明显，而援引更有依据。今将修并增辑各例文，开列于后。

【1790】6.19.285.（16）（略）

【1790】6.19.285.（18）（略）

【1790】6.19.285.（16）

一、有服尊长奸卑幼之妇，本夫捉奸杀死奸夫，除犯时不知，及止殴伤者，均照律勿论外，其于奸所亲获奸夫、奸妇，登时杀死者，及非登时又非奸所，或已就拘执而杀者，皆照卑幼殴、故杀尊长本律拟罪，法司夹签声明，奉旨敕下九卿定拟。刑部会同九卿核议量从末减者，如系期亲，减为拟斩监候；功服，减为杖一百、流三千里；若杀系缌麻尊长，亦仍照殴、故本律拟罪，法司于核拟时，夹签声明，量减为杖一百、流二千里，恭候钦定。

【1801】修改

【原例】【1790】6.19.285.（16）（略）、【1795】续纂"一、本夫本妇有服亲属捉奸杀死卑幼之案，如杀奸之尊长即系本夫……"条（略）

臣等谨按：前条系本夫捉奸，杀死有服尊长，夹签之例。后条系本夫捉奸，杀死有服卑幼，减等之例。查捉奸杀死尊长，以服制远近为断。前条例内期亲、功服俱准夹签声明，期亲减为斩监候，功服减为流三千里。若缌麻，则随本声明，减为流二千里。例意已极平允。惟缌麻减等，系属随本声明，例内“夹签”二字，尚属牵混，应行修改。至本夫捉奸杀死卑幼之案，后条例称“并依本夫杀死奸夫例，分别减等、勿论”，尚未允协。查常人奸所获奸，杀系登时者，照律勿论。奸所获奸，杀非登时者，满徒。捉奸已离奸所，非登时而杀者，绞候。至卑幼奸尊长之妻，及尊长殴杀卑幼，其拟罪各有差等。如奸小功服之从祖祖母、祖姑、从祖伯叔母、从祖伯叔姑、从父姊妹、母之姊妹及兄弟妻，并服属缌麻之妻生母者，绞决；如奸期服之伯叔母、姑、妹并父祖妾者，斩决；其余大功、小功、缌麻相奸，则罪应充军。是犯奸之罪已不相同。而尊长因他事殴杀期亲卑幼者，律应杖一百、徒三年；殴杀同堂大功弟妹、小功堂侄、缌麻侄孙者，杖一百、流三千里；殴杀其余大功、小功、缌麻卑幼者，绞监候。是殴杀之罪亦复各异。今以本夫捉奸，杀死犯奸之卑幼，并依常人杀死奸夫例绞罪。设奸所而非登时，杀死奸伯叔母之期亲服侄，在常人杀奸例应满徒，尊长杀奸亦拟满徒，与因他事殴杀期亲服侄之罪相同，而置杀死犯奸应死之卑幼于不论，殊失情理之平。自应斟酌修改，以免牵混。查本夫奸所登时杀奸，律应勿论。而本夫捉奸，杀死犯奸应死之卑幼，死者渎伦伤化，罪不容诛，自应与奸所登时杀奸者，同予勿论。其余犯奸罪不至死，尊长因他事殴杀，按律均应绞候者，如本夫杀奸，获非奸所，杀非登时，在常人应拟绞候，杀奸之尊长应减二等，杖一百、徒三年。如奸所获奸，杀非登时，在常人应拟满徒，杀奸之尊长亦减二等，杖八十、徒二年。如此分别定拟，庶足以昭平允。拟将本夫捉奸杀死有服尊长为一条，杀死有服卑幼为一条，分条修改，以便引用。谨将修改例文二条，开列于后。

一、本夫捉奸，杀死犯奸有服尊长之案，除犯时不知，依凡人一例定拟，及止殴伤者，均照律勿论外，其于奸所亲获奸夫奸妇，登时杀死者，或奸所而非登时，及非登时又非奸所，或已就拘执而杀，如系期、功尊长，皆照卑幼殴故杀尊长本律拟罪，法司夹签声明。奉旨敕下九卿核拟量从末减者，期亲减为拟斩监候，功服减为杖一百、流三千里。若杀系缌麻尊长，亦仍照殴故本律拟罪，法司于核拟时随本声明，量减为杖一百、流二千里，恭候钦定。

【1802】6.19.285.(20)(略)

【1802】6.19.285.(19)(略)

【1810】○修改

臣等谨按：此条系本夫捉奸，杀死犯奸有服尊长，分别声请减等之例。例内系指本宗期、功、缌麻尊长，而于外姻功、缌尊长并未叙入。查殴死外姻功、缌尊长，与殴死本宗缌麻尊长罪同，则杀死犯奸外姻功、缌尊长，亦应照杀死本宗缌麻尊长，同减为流二千里。应请于例内添纂，以昭赅备。谨将修改例文，开列于后。

一、本夫捉奸，杀死犯奸有服尊长之案，除犯时不知，及止殴伤者，均照律勿论外，其于奸所亲获奸夫奸妇，登时杀死者，或奸所而非登时，及非登时又非奸所，或已就拘执而杀，如系期、功尊长，皆照卑幼殴故杀尊长本律拟罪，法司夹签声明。奉旨敕下九卿核拟量从末减者，期亲减为拟斩监候，功服减为杖一百、流三千里。若杀系本宗缌麻及外姻功、缌尊长，亦仍照殴故本律拟罪，法司于核拟时随本声明，量减为杖一百、流二千里，恭候钦定。

【1825】6.19.285.（18）（略）

【1835】○修改

修改按语，见【1825】6.19.285.（21）【1835】修改项下。

一、本夫捉奸，杀死犯奸有服尊长之案，除犯时不知，依凡人一例定拟，及止殴伤者，仍予勿论外，若于奸所亲获奸夫奸妇，登时杀死者，或奸所而非登时，及非登时又非奸所，或已就拘执而杀，如系本宗期、功尊长，均照卑幼殴故杀尊长本律拟罪，法司夹签声明。奉旨敕下九卿核拟量从末减者，期亲减为拟斩监候，功服减为杖一百、流三千里。若杀系本宗缌麻及外姻功、缌尊长，亦仍照殴、故本律拟罪，法司于核拟时，随本声明，量减为杖一百、流二千里，恭候钦定。

【1847】6.19.285.（18）（略）

【1790】6.19.285.（18）

一、凡本夫本妇之父母，如有捉奸杀死奸夫奸妇者，其应拟罪名，悉与本夫同科。倘死系有服尊长，仍按本律拟罪，亦照本夫之例，一体夹签声明，分别递减。

【1801】○修改

臣等谨按：此条系乾隆五十三年（1788）定例。嗣于嘉庆二年（1797），臣部核复代办四川总督、刑部侍郎英善审题"周俸滗奸拐李世楷之女同逃，被李世楷拿获，登时殴伤李二姐身死"案内，将周俸滗比照本夫登时奸所获奸将奸妇杀死审明奸情属实将奸夫拟绞例，拟绞监候；李世楷比照本夫杖八十例，杖八十等因具题。钦奉谕旨："父母殴毙无辜子女，予以杖罪，尚为慎重人命起见。今李二姐既系犯奸，即属有罪之人，李世楷将伊女殴毙，系出于义忿，尚有何罪？虽所拟杖罪，声明遇赦援免，但究不应以杖罪科断。嗣后遇有似此情节者，其父母竟不必科以罪名。并着刑部将此例删除，以昭平允。余依议。钦此。"钦遵在案。谨于例内将"奸妇"二字删除，并声叙若止杀奸妇者，不必科以罪名，以免歧异。又查本夫之父母捉奸杀死奸妇，与本妇之父母捉奸杀死奸妇者同，系激于义忿，亦应毋庸科以罪名。又律称父母者，祖父母同，应添入"祖父母"字样，以昭赅备。谨将修改例文，开列于后。

一、凡本夫本妇之祖父母、父母，如有捉奸杀死奸夫者，其应拟罪名，悉与本夫同科；若止杀奸妇者，不必科以罪名。倘被杀奸夫，系有服尊长，仍按本律拟罪，亦照本夫之例，一体夹签声明，分别递减。

【1802】6.19.285.（24）（略）

【1825】6.19.285.（23）（略）

【1768】6.19.285.（14）

一、本夫本妇之伯叔、兄弟及有服亲属，皆许捉奸。如有登时杀死奸夫奸妇者，并依夜无故入人家已就拘执而擅杀律科罪,伤者勿论;若非登时,以斗杀论。但卑幼不得杀尊长,杀则依殴故杀尊长本律定拟,法司核拟时,按其情节,夹签请旨。尊长杀卑幼,照服制轻重科罪。

【1788】○修改分纂

修改分纂按语及修改分纂后例文,见【1740】6.19.285.(2)条【1788】修改分纂项下。

【1725】○增入

【原改入条例】一、弟见兄妻与人行奸,赶上杀死奸夫,依罪人不拒捕而杀。

本条例文原系律注,雍正三年(1740)改为条例。增入按语,见本条律文【1725】修改按语。

【1725】6.19.295.(6)【原例】(略)

【1740】○删除

臣等谨按:例内"赶上"二字,其非奸所杀死甚明。但上云"弟见兄妻与人通奸",似又系当场目击,例文终易牵混。况有服亲属捉奸杀伤,尚无定例,无凭援引,殊未妥协。今拟于上条"有服亲属,皆许捉奸"之下,酌增"登时捉奸杀伤,依已就拘执而擅杀伤律;非登时,依斗杀伤论",则本夫兄弟及有服亲属遇有捉奸杀伤者,皆可分别引用。此例应删。

【1725】○增入

【原改入条例】一、外人或非应捕人有杀伤者,并依斗杀伤论。

本条例文原系律注,雍正三年(1740)改为条例。增入按语,见本条律文【1725】修改按语。

【1725】6.19.295.(7)【原例】(略)

【1740】○修改

臣等谨按:第五条例内"或同居人、或应捕人"已拟删除,其本夫之兄弟及有服亲属捉奸杀伤奸夫者,已于上条酌增例款,此条应改。谨将改辑例文,开列于后。

一、凡非应许捉奸之人,有杀伤者,并依斗杀伤论。

【1740】6.19.285.(5)(略)

【1768】6.19.285.(4)(略)

【1790】6.19.285.(2)(略)

【1810】○修改

臣等谨按:嘉庆八年(1803),云南巡抚孙曰秉咨"普其兴听从普尚文捉奸,共殴奸夫李小道身死"一案,将普其兴依斗杀律拟绞监候。经臣部将普其兴改照擅杀律定拟,并以非应许捉奸之人,既经有服亲属纠往,则事起亲属,杀由义忿,应照擅杀科断等因通行。嗣于十三年(1808),经江西巡抚金光悌咨,亲属杀奸,例分登时拟徒、非登时拟绞。其不应捉奸之人,为有服亲属纠往,应照擅杀定拟,是否即照有服亲属,分别登时、非登时科断,咨请部示。复经臣部议称,亲属杀奸,激于义忿,故分别是否登时,拟徒、拟绞。若例不许捉奸之人,竟自人人闺阃捉奸,事多暧昧,故例内仍以斗杀伤科断。如系为亲属纠往帮捉,则与擅自捉奸者不同。然究非亲属捉奸可比,故不论是否登时,概照擅杀罪人例拟绞监候,以示区别等因咨复,各在案,应请于例内添纂明晰。再查听纠杀死奸夫,既以擅杀定拟,若止殴伤,亦应以擅杀伤科断。应一并添入例内,以昭赅备。谨将修改例文,开列于后。

一、凡非应许捉奸之人,有杀伤者,并依斗杀伤论。如为本夫及有服亲属纠往捉奸,杀死奸夫,无论是否登时,俱照擅杀罪人律科断。

【1814】○修改

臣等谨按:嘉庆十五年(1810)七月内,臣部酌议"不应捉奸之人杀死奸夫,应分别谋、故、斗杀定拟"一折,内称有服亲属及亲属纠往捉奸之人,无论谋、故、斗杀,方以擅杀科断。则凡不应捉奸之人,不得概以擅杀定拟。斗杀者,既依斗杀论;谋、故杀者,自应各依谋、故杀论。惟本条例文并未将"谋、故杀"字样分晰载明,恐将来相沿误会,以谋、故杀之案援引斗杀之条,致不应捉奸之人,与亲属人等无所区别。且恐因刁奸起衅,借词捉奸,图泄他忿,肆意杀伤,殊非慎重人命之道。议请将例文内,凡非应许捉奸之人有杀伤之人者,改为各依谋、故、斗杀伤论等因奏准,通行在案。应于例内添纂,以便遵行。谨将修改例文,开列于后。

一、凡非应许捉奸之人,有杀伤者,各依谋、故、斗杀伤论。如为本夫及有服亲属纠往捉奸,杀死奸夫,无论是否登时,俱照擅杀罪人律科断。

【1825】○修改、移改

【原例】【1790】6.19.285.(2)条【1814】修改例文(略)、【1790】6.19.285.(11)(略)

臣等谨按:道光四年(1824)八月内,据升任湖南巡抚嵩孚咨"范德礼纠邀萧钲念共殴图奸伊妻未成罪人范德陇身死"一案,声明范德礼下手伤重,律应拟绞,业已监毙,应毋庸议。萧钲念殴伤范德陇手腕骨断,依折跌人肢体律,拟杖一百、徒三年。经臣部查,擅伤罪人,折伤以上,仍以斗伤论罪,系指殴伤罪人并未至死而言。若罪人已被共殴身死,既有下手伤重者予以绞抵,其听从帮殴之犯,即不得仍以斗伤论罪。盖擅杀兼包谋、故,即如谋杀罪人案内帮同下手之犯,尚不与凡人谋杀加功同科绞罪,仍止依余人律满杖。若将殴杀罪人案内,伤至折肢之余人,拟以满徒,则拟罪转较谋杀罪人案内余人为重,揆诸情法,殊未平允。酌议嗣后本夫及有服亲属杀死图奸未成罪人,无论登时、事后,俱照擅杀律拟绞监候。其听从纠往共殴之犯,无论是否折伤以上,及至残废、笃疾,悉照余人律杖一百。下手伤重至死者,亦照擅杀罪人律,拟绞监候。如有挟嫌乘机杀害者,仍照谋、故本律问拟等因,通行各省在案。臣等复查,听从本夫及有服亲属纠邀,共殴图奸未成罪人,既照擅杀伤定拟,则听从本夫本妇及有服亲属纠邀,共殴强奸未成罪人,亦应照擅杀伤定拟。至罪人仅被殴伤,而此等听纠之人,至折伤以上,究不便与本夫、本妇及有服亲属一概勿论,自应仍以斗伤科断。再查擅杀奸匪案内,余人不论伤之轻重,悉照余人律满杖。其余擅杀窃盗及别项罪人,亦应概拟满杖,以归画一。惟擅杀既非因奸一项,即不便仍载杀奸门内，自应移改在“罪人拒捕”门内，以资引用。谨将修改、移改例文各一条，开列于后。

一、凡非应许捉奸之人有杀伤者，各依谋、故、斗杀伤论。如为本夫本妇及有服亲属纠往捉奸，杀死奸夫暨图奸、强奸未成罪人者，无论是否登时，俱照擅杀罪人律，拟绞监候。若止殴伤者，非折伤勿论；折伤以上，仍以斗伤定拟。

【移改】* 刑律·捕亡·罪人拒捕【1825】6.27.388.(12)(略)

【1825】6.19.285.(10)(略)

【1725】○增入

【原改入条例】一、奸妇自杀其夫，奸夫果不知情，止科奸罪。

本条例文原系律注，雍正三年(1740)改为条例。增入按语，见本条律文【1725】修改按语。

【1725】6.19.295.(8)【原例】(略)

【1740】6.19.285.(6)(略)

【1768】6.19.285.(5)(略)

【1790】6.19.285.(4)(略)

【1825】6.19.285.(3)(略)

【1725】○增入

【原改入条例】一、因奸谋杀本夫，伤而不死，奸妇依谋杀夫已行斩；奸夫依谋杀人伤而不死从而加功满流，若系造意，依造意绞。

本条例文原系律注，雍正三年(1740)改为条例。增入按语，见本条律文【1725】修改按语。

【1725】6.19.295.(9)【原例】(略)

【1740】6.19.285.(7)(略)

【1768】6.19.285.(6)(略)

【1788】○删除

臣等谨按：“谋杀祖父母父母”律内“妻谋杀夫已行，不问已伤、未伤，斩决”，又“谋杀人”律内“伤而不死，造意者绞监候，从而加功者杖一百、流三千里，不加功者杖一百、徒三年”等语。此条奸妇将并未纵容通奸之本夫谋杀，伤而不死，拟以斩决；奸夫从而加功，拟以满流。至奸妇谋杀本夫，已行未伤，并奸夫从而不加功，例内均未议及。设遇此等案件，自应仍须援引谋杀祖父母父母及谋杀人各本律办理。是此条既有正律可援，并非另有加重之文，且原例挂一漏万，应请毋庸载入。

【1725】○增入

【原改入条例】一、奸夫自杀夫之父母,以便往来,奸妇虽不知情亦绞。

本条例文原系律注,雍正三年(1740)改为条例。增入按语,见本条律文【1725】修改按语。

【1725】6.19.295.(10)【原例】(略)

【1740】○修改

修改按语,见【1725】6.19.295.(11)条【1740】删除按语。

一、奸夫自杀夫之父母,以便往来,奸妇虽不知情亦绞。以上诸条,先须奸情确审得实乃坐。①

【1740】6.19.285.(8)(略)

【1768】6.19.285.(7)(略)

【1790】6.19.285.(3)(略)

【1814】○删除

臣等谨按:此条系雍正年间律注改为定例。查"诉讼·子孙违犯教令"门,例载"子孙犯奸,祖父母、父母并未纵容,因伊子孙身犯邪淫,忧忿戕生,或被人殴死,及谋、故杀害者,均拟绞立决。子孙之妇有犯,悉与子孙同科"等语。是子孙之妇犯奸,致夫之父母被杀,罪应绞决,例有明文。臣部每于此等案件,俱照例问拟。此条奸夫自杀夫之父母,奸妇拟绞监候,系属旧例,业已不用,应请删除。再例内小注系从前改例时统承此门各条而言,今各条例文业经历次修改,且例内均当审确乃坐,毋庸另注,应请一并删除。

【1725】○增入

【原改入条例】一、嫂叔通奸有指实,本夫得知,不于奸所而杀二命,依本犯应死而擅杀。以上诸条,先须奸情确审得实乃坐。②

本条例文原系律注,雍正三年(1740)改为条例。增入按语,见本条律文【1725】修改按语。

【1725】6.19.295.(11)【原例】(略)

【1740】○删除

臣等谨按:嫂、叔通奸,事属内乱,例内所称"有指实"者,必其时有确实指证,故虽非奸所,亦许并杀。但兄弟之间,易生嫌隙,夫妇之际,每有乖睽。倘或平时本怀构难,因而蓄谋将二人杀死,妄捏证据,同声附和,既难起死者而问之,则含冤莫白,竟令操戈室内之人得以漏网,殊于伦理有舛。如偶遇有此等案件,自应详参杀奸诸条斟酌定拟,不必特设例款。此条应删。其注内尚有"先须奸情确审得实乃坐"十四字,已移入上条之下,此处并从删。

---

① "以上诸条",系指【1740】6.19.285.(1)—(8)条。

② "以上诸条",系指【1725】6.19.295.(1)—(11)条。

【1725】6.19.295.(12)

【钦定例】一、凡指称奸所获奸,奸夫逃脱,止将奸妇杀死者,若审无确据,仍照律议拟外,如本夫于奸所获奸,一时气忿,将奸妇殴死,奸夫当时脱逃,后被拿获到官,审明奸情是实,奸夫供认不讳者,将奸夫拟绞监候,本夫杖八十。

谨案:此条雍正五年(1727)定。

【1740】○修并

修并按语及修并后例文,见【1725】6.19.295.(1)条【1740】修并项下。

【1725】6.19.295.(13)

【钦定例】一、凡奸夫同谋杀死亲夫,复行设计谋娶奸妇为妻妾者,拟斩立决。

谨案:此条雍正五年(1727)定。

【1740】○删除

臣等谨按:雍正七年(1729)又有新例,较此条加详。其"共谋为妻妾"等语已包举在内。应将七年之例载入,此条应删。

【1740】○增入

一、凡奸夫同谋杀死亲夫,系奸夫起意者,将奸夫拟斩立决。如谋杀亲夫之后,复将奸妇拐逃,或为妻妾,或得银嫁卖,并拐逃幼小子女卖与他人为奴婢者,亦均拟斩立决。

此条系雍正七年(1729)定例。又查,雍正十二年(1734)刑部议复原任浙江按察使刘章条奏,奸夫起意杀死亲夫,将奸夫拟斩立决。今增入此条之内,并为一条,以便引用。

【1740】6.19.285.(9)(略)

【1751】○修改

臣等谨按:从前原奏此条专指本夫不知奸情者言。若纵容犯奸者,不在此例。惟是例内未经分晰注明,现在各省办理殊不画一。应于例文下增注"本夫纵奸者,不用此例"字样,以便引用。谨将增辑例文,开列于后。

一、凡奸夫同谋杀死亲夫,系奸夫起意者,将奸夫拟斩决。如谋杀亲夫之后,复将奸妇拐逃,或为妻妾,或得银嫁卖,并拐逃幼小子女卖与他人为奴婢者,亦均拟斩决。本夫纵奸者,不用此例。

【1768】6.19.285.(8)(略)

【1790】6.19.285.(5)(略)

【1795】○修改

臣等谨按:乾隆五十七年(1792)三月内,钦奉上谕:"本日刑部具题因奸谋死本夫两案,一系山西省赵希元子因与张崔氏奸通情热,起意商同奸妇张崔氏谋勒本夫张扬宝子身死。张崔氏听从下手,该部照原拟将张崔氏依律凌迟处死,赵希元子拟斩立决。一系河南省熊在法与胡氏通奸,熊在法起意图娶,用言试探,经胡氏斥骂,熊在法将余天毒害。胡氏闻知,即将奸情实告伊姑,指拿到官。该部照原拟将熊在法拟斩监候,声明胡氏尚有不忍致死其夫之心,按律拟绞监候,例应减等发落。此两案同系奸夫起意谋死本夫。其赵希元子一案,因奸妇张崔氏知情同谋毙命,将张崔氏问拟凌迟,赵希元子亦问拟斩立决。盖因赵希元子既杀本夫于非命,又陷奸妇于极刑,自应如此定拟。至熊在法图娶胡氏,毒死本夫余天,其因奸谋杀本夫,与赵希元子一案情罪相同。特因胡氏一闻熊在法图娶之语,即行斥骂,及余天被毒身死,又复即告知伊姑,指拿到案,尚有不忍致死其夫之心,是以援例减等。而奸夫熊在法则淫凶已极,于法实无可宽。且揆之情理,奸夫与奸妇商同谋死本夫者,因彼此恋奸情热,本夫之死尚出同谋。若奸夫一人起意,奸妇既未知情,及用言试探,又复詈骂不从,其本夫之死,实系奸夫一人主谋。较之商同谋杀者,其情更为淫恶,原不应照寻常谋、故之案定拟斩候。乃该部于赵希元子因本妇知情,奸夫问拟斩决;于熊在法一犯,因本妇不忍致死其夫,即将奸夫问拟斩候。同系因奸起意谋杀之案,轻重两歧,殊未平允。嗣后该部遇有此等因奸谋死本夫,系奸夫起意者,除将奸妇分别知情与不知情,仍照旧例办理外,其奸夫当照起意之例,问拟斩立决,以儆淫凶。此案熊在法即照此办理。除将原拟改签批发外,将此通谕知之。钦此。"钦遵在案。是奸夫起意杀死亲夫,不论奸妇有无同谋,俱应问拟斩决,此条"同谋杀死"字样应行修改。今将修辑例文,开列于后。

一、凡奸夫起意杀死亲夫之案,除奸妇分别有无知情、同谋,照例办理外,奸夫俱拟斩立决。如奸夫虽未起意,而同谋杀死亲夫之后,复将奸妇拐逃,或为妻妾,或得银嫁卖,并拐逃幼小子女卖与他人为奴婢者,亦均斩决。本夫纵奸者,不用此例。

【1802】6.19.285.(18)(略)

【1825】6.19.285.(17)(略)

【1740】○增入

一、凡因奸同谋杀死亲夫,除本夫不知奸情,及虽知奸情,而迫于奸夫之强悍,不能报复,并非有心纵容者,奸妇仍照律凌迟处死外,若本夫纵容抑勒妻妾与人通奸,审有确据,人所共知者,或被妻妾起意谋杀,或奸夫起意,系知情同谋,奸妇皆拟斩立决,奸夫仍照律拟斩监候。其纵容抑勒妻妾与人奸通,审有确据,人所共知者,如因别情,将奸夫、奸妇一齐杀死,虽于奸所登时,仍依故杀论。若本夫先经纵容抑勒妻妾与人奸通,后因索诈不遂,杀死奸妇者,将本夫依殴妻致死律拟绞监候。

此条系雍正十二年(1734)定例。

【1740】6.19.285.(10)(略)

【1768】6.19.285.(9)(略)

【1788】○修并

【原例】【1768】6. 19. 285. (9)(略)、【1768】6. 19. 285. (11)(略)、【1768】6. 19. 285. (17)条【1778】修改例文(略)

*刑律·斗殴·妻妾殴夫

【1778】一、凡以妻卖奸之夫故杀妻者,以凡论。其寻常知情纵容,非本夫起意卖奸者,仍悉依律例办理。

臣等谨按:首条系指本夫纵容妻妾与人通奸,被奸夫奸妇商同谋杀,及纵奸之本夫杀死奸夫奸妇之例;第二条系指奸夫自杀纵奸本夫,奸妇并不知情之例;第三条系指奸夫奸妇商同谋杀本夫,伤而不死之例,俱载于"杀死奸夫"门内。而第四条系本夫抑勒妻妾卖奸,故杀奸妇以凡论之例,载于"妻妾殴夫"门内。以一事而分载两门,语句重复,自应专载于"杀死奸夫"门内,将以上四条并纂一条,以省繁冗而归简要。再查首条内本夫先经抑勒妻妾与人通奸,后因索诈不遂,杀死奸妇者,依殴妻致死律拟绞监候,核与第四条内"以妻卖奸之夫故杀妻者,以凡论"之文,尚未吻合,亦应修改,以昭画一。今将删改并辑例文,开列于后。

一、凡因奸同谋杀死亲夫,除本夫不知奸情,及虽知奸情,而迫于奸夫之强悍,不能报复,并非有心纵容者,奸妇仍照律凌迟处死外,若本夫纵容、抑勒妻妾与人通奸,审有确据,人所共知者,或被妻妾起意谋杀,或奸夫起意,系知情同谋,奸妇皆拟斩立决,奸夫拟斩监候;伤而未死,奸妇拟斩监候,奸夫仍照谋杀人伤而不死律,分别造意、加功与不加功定拟。若奸夫自杀其夫,奸妇果不知情,仍依纵容抑勒本条科断。其纵奸之本夫,因别情将奸夫奸妇一齐杀死,虽于奸所登时,仍依故杀论。若本夫抑勒卖奸,故杀妻者,以凡论。其寻常知情纵容,非本夫起意卖奸,后因索诈不遂,杀死奸妇者,仍依殴妻至死律拟绞监候。

【1790】6. 19. 285. (17)(略)

【1802】6. 19. 285. (14)(略)

【1825】6. 19. 285. (13)(略)

【1740】○增入

一、亲属相奸,罪止杖徒及律应监候者,如奸夫将本夫杀死,或与奸妇商通谋死者,奸妇依律问拟,奸夫拟斩立决。

此条系雍正十二年(1734)定例。

【1740】6. 19. 285. (11)(略)

【1768】6. 19. 285. (10)(略)

【1790】6. 19. 285. (6)(略)

【1825】6. 19. 285. (5)(略)

【1743】○续纂

一、本夫纵容及抑勒妻妾与人通奸,后奸夫自杀其夫,奸妇果不知情,仍依纵容抑勒本条科断,不在拟绞之限。

臣等谨按:此条系旧律总注,现刊律例已将总注概行删除。乾隆六年(1741)十二月,御史王纲振奏请将此条旧律总注仍纂为例,经臣部议复,准行在案。今纂入,以便引用。

【1768】6.19.285.(11)(略)

【1788】○修并

修并按语及修并后例文,见【1768】6.19.285.(9)条【1788】修并项下。

【1751】○续纂

一、凡奸夫并无谋杀本夫之心,其因本夫捉奸,奸夫情急拒捕,奸妇已经逃避,或本夫追逐,奸夫已离奸所,拒捕杀死本夫,奸妇并未在场,及虽在场而当时喊救,与事后即行首告,并因别事起衅,与奸无涉者,奸妇仍止科奸罪外,其奸夫临时拒捕,奸妇在场并不喊阻救护,而事后又不首告者,应照奸夫自杀其夫奸妇虽不知情律拟绞监候。

臣等谨按:此条系乾隆十四年(1749)十二月内,臣部议复升任湖南按察使周人骥条奏定例,应纂辑以便遵行。

【1768】6.19.285.(12)(略)

【1790】6.19.285.(7)(略)

【1825】6.19.285.(6)(略)

【1761】○续纂

一、本夫登时捉奸,误杀旁人,奸夫当时脱逃者,除本夫照例定拟外,将奸夫杖一百、流三千里,奸妇当官嫁卖。其亲属捉奸误杀旁人,仍照定例科断。

臣等谨按:此条系乾隆二十五年(1760)七月内,臣部议复调任河南按察使蒋嘉年条奏定例,应纂辑以便遵行。

【1768】6.19.285.(15)(略)

【1801】○修改

臣等谨按:此条系乾隆二十五年(1760)定例。查律载"斗殴误杀旁人者,以斗杀论""斗杀者,绞监候"等语,如本夫捉奸,误杀旁人,除奸夫拟流外,其误杀旁人之本夫,臣部向来俱照误杀旁人律问拟绞候。此条"照例定拟"句,语意含混,应添叙,以便引用。又查亲属例许捉奸,不许杀奸。若误杀旁人者,除照误杀律问拟外,其案内之奸夫,向例止科奸罪。例内未经声叙,亦应增入。又查律载"本夫登时奸所止杀奸夫,不杀奸妇者,奸妇当官嫁卖,身价入官"。诚以奸所、登时杀奸,本夫律得勿论,若将奸妇给与领回完聚,恐开捏奸诬陷之弊,故将奸妇当官嫁卖,以杜其渐。此条本夫捉奸,误杀旁人,罪应绞候,非律得勿论者可比，且例内本夫杀奸，凡罪应徒、绞者，其案内之奸妇，俱给与亲属领回，立有专条，遵行在案。此条奸妇当官嫁卖之处，应行节删，以昭画一。谨将修改例文，开列于后。

一、本夫登时捉奸，误杀旁人，奸夫当时脱逃者，除本夫照误杀旁人律拟绞候外，将奸夫杖一百、流三千里。其亲属捉奸误杀旁人，照误杀律科断，奸夫止科奸罪。

【1802】6.19.285.(25)(略)

【1825】6.19.285.(24)(略)

【1767】○续纂

一、本夫及应许捉奸之亲属，除奸所捉获，非登时而杀，仍照夜无故入人家例拟以杖徒外，其有捉奸已离奸所，非登时杀死不拒捕奸夫者，照罪人不拒捕及已就拘执而擅杀律，拟绞监候。若虽系捕获奸夫，又因他故致毙者，仍以谋、故论。至于已经犯奸有据，又复逞凶拒捕，虽非登时，俱依罪人拒捕科断。

臣等谨按：此条系乾隆二十七年（1762）十二月，臣部侍郎钱维城条奏定例，应纂辑遵行。

【1768】6.19.285.(16)(略)

【1788】○修改分纂

修改分纂按语及修改分纂后例文，见【1740】6.19.285.(2)条【1788】修改分纂项下。

【1767】○续纂

一、纵容妻妾与人通奸，被奸夫、奸妇商同谋杀，伤而未死者，将奸妇拟斩监候，奸夫仍照谋杀人伤而不死律拟绞监候。

臣等谨按：因奸谋杀亲夫，奸妇知情同谋者，律应凌迟。如系本夫纵容通奸，奸妇罪止斩决。倘又伤而未死，则较已杀为轻，而例内并无本夫纵容妻妾通奸，被奸夫奸妇谋杀，伤而未死之条。查乾隆三十二年（1767）五月内，臣部议复河南巡抚阿思哈审题“王天章纵妻樊氏与马继业通奸，被奸夫奸妇商同谋害未死”一案，将樊氏依谋杀夫已行拟斩，量减监候。奉旨：“依议。”遵行在案。应纂为定例，以便引用。合并声明。

【1768】6.19.285.(17)(略)

【1778】○修改

臣等谨按：原例内止载“奸夫仍照谋杀人伤而不死律拟绞监候”，并无“造意”二字。盖以此条原指奸夫造意而言。如系奸妇造意，奸夫另有伤而不死加功治罪专条。例内未曾详注“造意”字样，似觉含混，恐致引用失当。应于奸夫上添入“造意”字样，较为明晰。理合声明。

一、纵容妻妾与人通奸，被奸夫奸妇商同谋杀，伤而未死者，将奸妇拟斩监候，造意之奸夫照谋杀人伤而不死律拟绞监候。

【1788】○修并

修并按语及修并后例文,见【1768】6.19.285.(9)条、【1788】修并项下。

【1772】○续纂

一、凡聘定未婚之妻与人通奸,本夫闻知往捉,将奸夫杀死,审明奸情属实,除已离奸所,非登时杀死不拒捕奸夫者,仍照例拟绞外,其登时杀死,及登时逐至门外杀之者,俱照本夫杀死已就拘执之奸夫引夜无故入人家已就拘执而擅杀律拟徒例拟徒;其虽在奸所捉获,非登时而杀者,即照本夫杀死已就拘执之奸夫满徒例加一等,杖一百、流二千里。如奸夫逞凶拒捕,为本夫格杀,照应捕之人擒拿罪人格斗致死律勿论。

臣等谨按:此条系乾隆三十四年(1769)十二月内,臣核复广西巡抚宫兆麟审题"梁亚受与卢将未婚之妻黄宁嫜通奸,被卢将捉奸,登时殴逐致死"一案奏请定例,应纂辑通行。

【1790】6.19.285.(8)(略)

【1825】6.19.285.(7)(略)

【1778】○续纂

一、凡奸夫自杀其夫,奸妇虽不知情,而当时喊救,与事后即行首告,将奸夫指拿到官,尚有不忍致死其夫之心者,仍照本律定拟,该督抚于疏内声明,法司核拟时夹签请旨。

臣等谨按:办理奸夫自杀其夫,奸妇虽不知情,而当时喊救,与事后即行首告,将奸夫指拿到官,不忍致死其夫之案,臣部历经遵照雍正三年(1725)原奉谕旨,声明夹签,邀恩减等办理在案。应恭纂入例,以便遵行。

【1790】6.19.285.(9)(略)

【1825】6.19.285.(8)(略)

【1778】○续纂

一、凡男子拒奸杀人之案,除事后指奸,并无实据者,仍照谋、故、斗杀本律定拟外,如当场见证确凿,及死者生供有据,或尸亲供认可凭者,照斗杀律减一等,拟杖一百、流三千里,奏请定夺。

臣等谨按:男子拒奸杀人,向无治罪专条。乾隆二年(1737)二月内,据山西按察使元展成条奏,请照夜无故入人家已就拘执而擅杀律,杖一百、徒三年。经臣部核拟,以奸情暧昧,最易捏饰,若辄拟以杖徒,则怀挟夙嫌而蓄意阴谋者,皆得捏奸以戕命。如果情可矜疑者,自可随时酌量,援例减等,奏请定夺等因,奏准在案。近年,臣部核复男子拒奸杀命之案,如遇图奸有据,证佐确凿者,即随时斟酌,援引从前原奏,请旨减等拟以满流办理。虽无歧误,然此等案件,事所常有,如每遇一事即援引多文,于案牍未免繁琐。似应酌纂入例,以归简易,以便遵行。

【1788】○修改

臣等谨按:乾隆四十八年(1783)十月内,钦奉谕旨:"嗣后拒奸杀命之案,该地方官必须将凶手与死者年齿详晰核对。如死者年长凶手十岁以外,则欺其稚弱图奸,自属情理。若死者与凶手年岁相当,或仅大三五岁,又安知非凶手图奸不遂,因而致死灭口,恃无见证,图赖死者,希冀卸罪等因。"钦遵在案。所有原例应行修改,今将改辑例文,开列于后。

一、凡男子拒奸杀人之案,除死者与凶犯年岁相当,或仅大三五岁,事后指奸,并无实据者,仍照谋、故、斗杀本律定拟外,如死者年长凶手十岁以外,而又当场见证确凿,及死者生供有据,或尸亲供认可凭者,无论谋、故、斗殴,俱照斗杀律减一等,拟杖一百、流三千里,奏请定夺。

【1790】6.19.285.(21)(略)

【1801】○修并

【原例】【1790】6.19.285.(21)(略)、【1795】续纂"一、男子拒奸杀人,除死者年长凶手十岁以外……"条(略)

臣等谨按:前条系乾隆五十三年(1788)定例,后条系乾隆六十年(1795)定例。查男子拒奸杀人之案,前例必查死者年长凶手十岁以外,而又当场见证确凿,及死者生供足据,或尸亲供认可凭,数项兼全,方准拟流奏请。若死者年长凶手十岁以上,而并无图奸生供,或死者有图奸生供,而年长凶手不及十岁者,向例仍照谋、故、斗殴各本律办理,殊未平允。是以臣部于乾隆六十年(1795)奏准,照擅杀罪人科罪,纂入例册,遵行在案。但一例分列两条,殊觉繁冗,应修并一条,以便引用。谨将修并例文,开列于后。

一、男子拒奸杀人,除死者与凶犯年岁相当,或仅大三五岁,事后指奸无据者,仍照谋、故、斗杀本律定拟外,如死者年长凶手十岁以外,而又当场供证确凿,及死者生供足据,或尸亲供认可凭者,无论谋、故、斗殴,俱照斗杀律减一等,杖一百、流三千里,奏请定夺。如死者虽无生供,而年长凶手十岁以外,确系拒奸起衅,别无他故者,或年长凶手,虽不及十岁,而拒奸供证可凭,及图奸生供可据者,无论谋、故、斗杀,均照擅杀罪人律,拟绞监候。

【1802】6.19.285.(26)(略)

【1825】○修改

臣等谨按:道光三年(1823)三月内,臣部奏请"酌改男子拒奸杀人条例"一折内称,查妇女拒奸,登时杀人,审有确据者,例得勿论。非登时而杀,分别强奸、调奸,拟以徒、流,照律收赎。至男子拒奸,虽与妇人不同,而守身殊无二致。当其猝遇强暴,终身名节判于俄顷,确有不得不拒之势,或年尚幼稚,不得已而拒奸毙命,其情尤觉可原。今例内男子拒奸,如死者年长凶手十岁以外,而又当场供证确凿,及死者生供足据,或尸亲供认可凭,既已三项兼备,拒奸确乎无疑,仍不分是否登时,一概拟流,揆之情法,似未允协。至事后指奸无据,审无起衅别情,仍照谋、故、斗杀定拟。秋审时,以谋、故杀定拟者,即应入于情实。在逞凶毙命,事后捏奸狡饰之徒,固无足惜,如实系衅起拒奸,审明别无他故,以死者如凶犯年岁相当，又即时殒命，不能取有生供，当时又别无证佐可凭，因格于定例，即俱以事后指奸论罪，照谋、故杀问拟斩候，径入情实，是欲守身而拒奸，因拒奸而转致被戮，殊为可悯。经臣部议请，嗣后男子拒奸杀人之案，凡死者年长凶手十岁以外，而又当场供证确凿，及死者生供足据，或尸亲供认可凭，以上三项兼备，无论谋、故、斗杀，如凶手年在十五岁以下，杀系登时者，勿论；非登时而杀，杖一百，照律收赎。年在十六岁以上，登时杀死者，杖一百、徒三年；非登时而杀，杖一百、流三千里。至死者虽无生供，而年长凶手十岁以外，确系拒奸起衅，别无他故，或年长凶手虽不及十岁，而拒奸供证可凭，及死者生供足据，三项中有一于此，如凶手年在十五岁以下，登时杀死者，杖一百、徒三年；非登时而杀，杖一百、流三千里，依律收赎。若年在十六岁以上，无论登时与否，均照擅杀罪人律拟绞监候。至死者与凶犯年岁相当，或仅大三五岁，应令承审官悉心研究。其实因他故谋、故杀人，捏供拒奸，以图狡饰，即照谋、故本律定拟，秋审入于情实。若供系拒奸，并无证佐及死者生供，而审明实无起衅别情者，仍按谋、故本律定拟，秋审入于缓决，以符罪疑惟轻之义等因，奏准通行。又道光四年(1824)十一月内，臣部议复调任山西巡抚张师诚题“贾根应儿悔过拒奸，故杀韩幅有身死，将贾根应儿依擅杀罪人律拟绞监候”案内，以男子悔过拒奸杀人，例无专条，议请嗣后男子先被鸡奸，后经悔过拒绝，确有证据，复被逼奸，将奸匪致毙者，无论谋、故、斗杀，不问凶犯与死者年岁若干，悉照擅杀罪人律拟绞监候。若因他故致毙者，仍以谋、故、斗杀各本律问拟等因题准通行，各在案。应一并添纂、修改明晰，以资引用。谨将修改例文，开列于后。

一、男子拒奸杀人，如死者年长凶犯十岁以外，而又当场供证确凿，及死者生供足据，或尸亲供认可凭，三项兼备，无论谋、故、斗杀，凶犯年在十五岁以下，杀系登时者勿论；非登时而杀，杖一百，照律收赎。年在十六岁以上，登时杀死者，杖一百、徒三年；非登时而杀，杖一百、流三千里。至死者，虽无生供，而年长凶犯十岁以外，确系拒奸起衅，别无他故，或年长凶犯虽不及十岁，而拒奸供证确凿，及死者生供足据，或尸亲供认可凭，三项中有一于此，凶犯年在十五岁以下，登时杀死者，杖一百、徒三年；非登时而杀，杖一百、流三千里，俱依律收赎。年在十六岁以上，无论登时与否，均照擅杀罪人律拟绞监候。如死者与凶犯年岁相当，或仅大三五岁，审系因他故致毙人命，捏供拒奸狡饰者，仍分别谋、故、斗杀，各照本律定拟，秋审实、缓，亦照常办理。若供系拒奸，并无证佐及死者生供，审无起衅别情，仍按谋、故、斗杀各本律定拟，秋审俱入于缓决。至先被鸡奸，后经悔过拒绝，确有证据，复被逼奸，将奸匪杀死者，无论谋、故、斗杀，不问凶犯与死者年岁若干，悉照擅杀罪人律拟绞监候。其因他故致毙者，仍依谋、故、斗杀各本律问拟。

【1825】6.19.285.(28)(略)

【1778】○续纂

一、凡有服尊长奸卑幼之妇，本夫捉奸杀死奸夫者，仍照律拟罪，法司夹签声明，奉旨敕下九卿定拟。刑部会同九卿核议量从末减者，如系期亲，减为拟斩监候；功服,减为杖一百、流三千里;若杀系缌麻尊长,亦仍照殴故本律拟罪,法司于核拟时,夹签声明,量减为杖一百、流二千里,恭候钦定。

臣等谨按:此条系乾隆三十二年(1767)九月内,臣部奏明,凡有卑幼捕奸,杀死乱伦尊长,奉旨九卿定拟之案,分别期、功服制。如期亲者,酌减为拟斩监候;功服者,减等拟流。又三十四年(1769)八月内,臣部具奏,先经议复署广东巡抚李侍尧审题"刘五满与缌麻服侄刘见有之妻邹氏通奸,被刘见有杀死奸夫、奸妇,将刘见有依律拟斩监候",臣部核复时,未将该犯捉奸杀死缌麻尊长,应行夹签声明减等之处据实检举,并将刘见有减为杖一百、流二千里奏准,各在案。应并纂为例,以便遵行。

【1788】○修改分纂

修改分纂按语并修改分纂后例文,见【1768】6.19.285.(13)条【1788】修并项下。

【1782】○续纂

一、凡母犯奸淫,其子实系激于义忿,非奸所登时将奸夫杀死,父母因奸情败露,忿愧自尽者,即照罪人不拒捕而擅杀绞监候本例问拟,不得概拟立决。

臣等谨按:此条系乾隆四十三年(1778)十二月内,臣部议复云南巡抚裴宗锡题"文山县民申张保因高应美与其母胡氏有奸,用言阻止,辄被嗔骂,并拾石向掷,申张保回殴高应美致死,致其父申茂盛、母胡氏忿愧,先后服毒身死,将申张保依子犯应死情事败露,致其父母自尽例,拟以绞决"一案,钦奉上谕:"申张保之殴死高应美,实出于义忿,殊堪矜悯。而申茂盛、胡氏之死,由于奸情败露,忿愧轻生,并非申张保贻累。若亦予以立决,未得事理之平。但非于奸所杀死奸夫,自不能免罪,拟以绞候亦足矣。交九卿会同该部,另行妥酌定例具奏。嗣后如遇有此等案情,即照此例办理。钦此。"当经九卿会同臣部酌拟,请嗣后凡母犯奸淫,其子实系激于义忿,非奸所登时将奸夫杀死,父母因奸情败露忿愧自尽者,即照罪人不拒捕而擅杀绞监候本例问拟,不得概拟立决。申张保一犯,即照新例改拟绞候具奏。奉旨:"申张保依拟应绞,着监候,秋后处决。余依议。"钦遵在案,应纂辑遵行。

【1790】6.19.285.(10)(略)

【1825】6.19.285.(9)(略)

【1782】○续纂

一、凡奸情确凿,本夫及应许捉奸亲属起意杀死奸夫案内,其听从加功者,无论应许捉奸之亲属及不应捉奸之外人,审明实系激于义忿,悉照共殴余人律杖一百。如有挟嫌妒奸,谋、故别情,乘机杀害,图泄私忿者,仍照谋、故本律问拟。

臣等谨按:此条系乾隆四十五年(1780)十月内,臣部因本夫及例许捉奸之亲属,起意杀奸,纠约他人帮同下手致死。此种帮同下手者,非例许捉奸之人,作何治罪,向未明立专条。外省问刑衙门,遇有此等听从帮同捉奸下手殴死之犯,有照共殴余人律拟杖者,有照寻常谋杀加功拟绞者。或重或轻,往往参差,不能画一。经臣部奏请,嗣后凡奸情确凿,本夫及应许捉奸之亲属,并不应捉奸之外人,实系激于义忿,听从加功者,悉照共殴余人律杖一百。如有挟嫌妒奸,谋、故别情,乘机杀害,图泄私忿者,仍照谋、故本律问拟等因。奉旨:"依议。"钦遵在案,应纂辑遵行。

【1790】6.19.285.(11)(略)

【1825】○移改

移改按语,见【1790】6.19.285.(2)条【1825】修改项下。

＊ 刑律·捕亡·罪人拒捕

【1825】6.27.388.(12)一、凡擅杀奸、盗及别项罪人案内余人,无论谋杀加功,及刃伤、折伤以上,并凶器伤人,悉照共殴余人律杖一百。正犯罪止拟徒者,余人杖八十。如有挟嫌、妒奸、谋故别情,乘机杀伤,图泄私忿者,仍照谋、故杀,及刃伤、折伤、凶器伤人各本律本例问拟。

【1782】○续纂

一、凡妇女拒奸杀死奸夫之案,如和奸之后,本妇悔过拒绝,确有证据,后被逼奸,将奸夫杀死者,照擅杀罪人律减一等,杖一百、流三千里。其因贪利与之通奸,后以无力资助,拒殴致死者,或先经和奸,后复与他人通奸情密,因而拒绝殴毙者,仍各依谋、故、斗殴等本律定拟。

臣等谨按:此条系乾隆四十八年(1783)二月内,前任直隶总督郑大进题"张魏氏拒奸殴伤魏贤生身死,将张魏氏依擅杀罪人律拟绞监候"。经臣部核复,将张魏氏改照擅杀罪人律量减一等,杖一百、流三千里。并请嗣后妇女拒奸杀死奸夫之案,除因他故拒杀者,仍依谋、故、斗殴等律例定拟外,其有和奸之后,悔过拒绝有据,被奸夫逼奸,因而杀死者,均照此办理等因具题。奉旨:"依议。"钦遵在案,应纂辑遵行。

【1790】6.19.285.(12)(略)

【1825】6.19.285.(11)(略)

【1788】○续纂

一、凡卑幼因图奸有服亲属,被尊长忿激致死,审有确据,无论谋、故,悉照罪人已就拘执及不拒捕而擅杀律以斗杀论,各按服制定拟。至在场帮殴有伤之犯,除系死者有服卑幼,仍依谋、故、斗杀服制本律科断外,其余无论凡人尊长,概照殴杀余人律定拟。

臣等谨按:此条系乾隆五十年(1785)三月内,据四川总督保宁咨,曹履洁因大功服弟曹富洁图奸伊媳杜氏未成,经该犯闻喊捕获送官。讵曹富洁声言送官并无死罪,将来定要杀害。该犯怒其凶恶,用绳缠绕项颈力拉立毙。将曹履洁审依罪人已就拘执而擅杀,以斗杀论。斗杀同堂大功弟,律拟流,咨部。又据安徽巡抚书麟题,杨心悦因胞弟杨永振图奸大功孀嫂祝氏未成,经该犯查知,理斥不服,声言鸣族送官。讵杨永振反持刀拚命,该犯一时忿激,将其殴砍毙命。将杨心悦审依故杀,拟绞监候,具题。以上二案,经臣部以皆系尊长因卑幼图奸起衅,有心致死,而一则以擅杀定拟,一则照服制科罪,办理殊未画一。查卑幼图奸有服亲属,已属渎伦伤化。尊长一时激忿,因而杀毙,若仍照寻常谋、故一律全科,殊觉有乖弼教之义。请嗣后凡卑幼图奸有服亲属,被尊长忿激致死,审有确据,无论谋、故,悉照擅杀以斗杀律各按服制定拟等因具奏。奉旨:"依议。"钦遵在案,应纂辑遵行。

【1790】6.19.285.(20)(略)

【1795】○修改

臣等谨按:乾隆五十六年(1791)十一月内,臣部奏复"四川省邵在志殴死为匪小功服侄邵朴"案内,议请尊长因玷辱祖宗起见,杀死罪不致死之卑幼,无论谋、故,俱于殴杀卑幼本律上减一等定拟等因奏准,纂定例文在案。此条卑幼图奸亲属,被尊长忿激致死,无论谋、故,以斗杀论,各按服制定拟之处,应行修改详明,以便引用。今将修改例文,开列于后。

一、凡卑幼因图奸有服亲属,被尊长忿激致死,审有确据,无论谋、故,悉照擅杀罪人,各按服制,于殴杀卑幼本律例上减一等定拟。至为从在场帮殴有伤之犯,除系死者有服卑幼,仍照卑幼不得杀尊长之例,依殴故杀尊长本律定拟,法司核拟时,夹签请旨办理外,其余无论凡人、尊长,概照斗杀余人律定拟。

【1802】6.19.285.(17)(略)

【1825】6.19.285.(16)(略)

【1788】○续纂

一、凡妾因奸商同奸夫谋杀正妻,比照奴仆谋杀家长律凌迟处死;若谋杀伤而不死,或已行而未伤,俱比照奴仆谋杀家长已行不论已伤未伤律拟斩立决。奸夫仍分别曾否起意同谋,各照本例办理。至妾若非因奸起衅,殴、故杀正妻,仍照律科断。

臣等谨按:律载妾故杀正妻,与妻故杀夫罪同。至妾因奸谋死正妻,律例并无专条。嗣于乾隆五十二年(1787)十一月内,臣部核复山东巡抚长麟题"孔衍江之妾孔胡氏,因与孔二牛通奸,谋死正妻孔孙氏,比照妻因奸谋死本夫律,问拟凌迟"一案,钦奉谕旨:"此案孔胡氏因奸谋死正妻孔孙氏,按律问拟凌迟处死,孔二牛照奸夫同谋起意拟斩立决,固属情真罪当。但孔胡氏并非谋死伊夫孔衍江,而本内所引律例,系照妻妾因奸同谋杀死亲夫律援照,未为允协,自应即将奴仆谋杀家长律比照引用。据部称此等妾谋正妻致死之案,律内向无专条。现在刑部修纂例条,着即将此一条拟议增入。"钦遵在案,应恭纂为例,以便遵行。再查律载奴仆谋杀家长,罪与子孙同。子孙谋杀祖父母、父母已行,不问有伤、无伤,皆拟斩立决。是妾因奸谋死正妻,已杀者既比律拟以凌迟处死,则因奸谋杀正妻伤而不死,或谋杀已行而未伤,亦应比律拟以斩决。拟合增纂详明,以昭赅备,理合声明。

【1790】6.19.285.(19)(略)

【1802】6.19.285.(15)(略)

【1825】6.19.285.(14)(略)

【1795】○续纂

一、本夫本妇有服亲属捉奸，杀死奸夫奸妇者，除所杀系平人，及有服尊长，俱仍照例办理外，如所杀系卑幼，非登时而杀，无论谋、故，各按服制于殴杀卑幼本律例上减一等。系奸所登时，按其殴杀本罪在满徒以上者，即于捉奸杀死凡人满徒上减一等；如殴杀本罪亦止满徒，应递减二等定拟。倘杀奸之尊长即系本夫，并依本夫杀死奸夫例分别减等勿论。

臣等谨按：有服亲属捉奸杀死奸夫奸妇例内“尊长杀卑幼，无论谋、故，悉按服制轻重，以斗杀科罪”等语，盖系专指非登时杀死而言。若登时奸所杀死奸夫，在凡人尚罪止满徒，则尊长登时杀死犯奸卑幼，自不便仍以寻常斗杀科罪。查乾隆五十六年(1791)十一月，臣部奏复“四川省邵在志殴死为匪小功服侄邵朴”案内，议请尊长因玷辱祖宗起见，杀死罪不至死之卑幼，无论谋、故，俱于殴杀卑幼本律上减一等定拟等因奏准，业于“殴期亲尊长”条内纂定例文，遵行在案。若卑幼敢于犯奸，有干名义，与卑幼为匪之玷辱祖宗者，情理相通，则因奸义忿杀死犯奸之卑幼，亦应一体议减。今拟将尊长捉奸杀死卑幼，应行分别减等之处，另纂一条，以便遵行。理合陈明。

【1801】修改分纂

修改分纂按语并修改分纂例文，见【1790】6.19.285.(14)条【1801】修改分纂项下。

【1795】○续纂

一、本夫捉奸，止杀奸夫，案内之奸妇，除本律载明当官嫁卖、身价入官者，仍依律办理外，其余条例内不言当官嫁卖者，均给与本夫及亲属领回，听其去留。

臣等谨按：律载“本夫于奸所亲获奸夫、奸妇，登时杀死者，勿论。若止杀死奸夫者，奸妇依律断罪，当官嫁卖，身价入官”等语，诚以奸情本属暧昧，既于奸所获奸，登时杀死奸夫、奸妇，则事出仓猝，情由义忿，故律予勿论。若奸所登时止杀奸夫，不杀奸妇者，如将奸妇给与领回，恐启捏奸诬陷之端。故律将奸妇当官嫁卖，不许其室家完聚，即所以正其罪也。至奸夫已离奸所，本夫登时追逐杀死，或虽在奸所捉获，非登时而杀，或既非奸所又非登时，将奸夫杀死等案，其情事既于奸所登时杀死奸夫者不同，本夫亦有应拟杖徒、绞抵之罪，各律例俱无“奸妇当官嫁卖”之文，自应止科其罪。惟是外省办理此等案件，有科本夫之罪，照例不将奸妇当官嫁卖；亦有将本夫已拟杖徒、绞抵，案内之奸妇拟以当官嫁卖者。屡经臣部随案驳改，各省办理终未能画一。今拟于例内增入此条，俾得遵循无误。理合陈明。

【1802】6.19.285.(5)(略)

【1825】6.19.285.(4)(略)

【1795】〇续纂

一、男子拒奸杀人,除死者年长凶手十岁以外,而又当场供证确凿,及生供足据者,依例拟流。其年岁相当,又系事后指奸无据者,仍照谋、故、斗杀本律定拟外,如死者虽无生供,而年长凶手十岁以外,确系拒奸起衅,别无他故者,或年长凶手虽不及十岁,而拒奸供证可凭,及图奸生供可据者,无论谋、故、斗杀,均照擅杀罪人律拟绞监候。

臣等谨按:男子拒奸杀人,定例必系死者年长凶手十岁以外,而又供证确凿,生供有据,始准减斗杀一等拟流。其死者与凶手年岁相当,事后指奸无据者,仍应照谋、故、斗杀本律问拟。所以原义忿而防狡诈者,固已情法全备。惟其中有死者年岁长于凶手不及十岁,而实系拒奸当场杀死,确有供证可凭,或虽非当场拒杀,而实因被死者图奸未成,曾经邻证劝处有据者,杀由忿激,死系罪人,即年岁相当,不得竟予减等拟流,亦未便仍照谋、故、斗杀本律科断,与致死平人者漫无区别。查乾隆五十八年(1793)十二月内,臣部议复河南巡抚穆和蔺题"孔狗因被年长该犯四岁之郜起聪乘睡图奸未成,当即不依喊骂,经邻劝散。次早郜起聪瞥见孔狗,复以混充正经恶言羞辱。孔狗虑其日后张扬,无颜做人,忿恨交加,刀扎郜起聪身死"一案,该抚声明,郜起聪鸡奸孔狗未成,众证确凿,死者在生,亦自认不讳。但孔狗当时并未拒扎,后因被辱,虑及日后张扬,忿激杀死,未便以拒奸论断。将孔狗照罪人不拒捕而擅杀律,拟绞监候。经臣部照拟题复,奉旨"依议"在案。是此案以擅杀罪人定拟,办理最为允协。应分晰增纂入例,以便引用。理合陈明。

【1801】〇修并

修并按语及修并后例文,见【1790】6.19.285.(21)条【1801】修并项下。

【1795】〇续纂

一、本夫本妇有服亲属捉奸,登时杀死奸妇者,奸夫拟杖一百、流三千里;如非登时而杀,将奸夫杖一百、徒三年。其杀奸之亲属,止杀奸夫,不杀奸妇者,仍依登时、非登时各本例分别定拟,奸妇仍止科奸罪。

臣等谨按:乾隆五十九年(1794)十二月内,臣部议复浙江巡抚、觉罗吉庆题"刘罗氏与刘文保通奸,被夫兄刘尊复捉奸,登时杀死奸妇"一案,该抚将奸夫刘文保比照本夫登时杀死奸妇将奸夫拟绞例,拟绞监候具题。经臣部以本夫捉奸登时并杀奸夫、奸妇,律得勿论,因奸夫幸逃于捉奸之时,故仍拟绞,于拿获之后,罪有应得,非专为奸妇抵命也。有服亲属登时杀死奸夫、奸妇,例应拟徒。如非登时,即应依擅杀拟绞。是杀奸之罪名,既不得与本夫同论,其止杀奸妇案内之奸夫,亦不便即拟应绞之罪。但因身犯奸淫,致奸妇登时被亲属杀死,仅照本夫非登时杀死奸妇例拟徒,未免轻纵。请将刘文保改于绞罪上减一等,拟杖一百、流三千里。并因此等案件例无专条,各省办理未能画一,议请嗣后凡遇有服亲属捉奸杀死奸妇之案,果系登时杀死者,奸夫俱拟杖一百、流三千里;如非登时而杀,将奸夫杖一百、徒三年。其止杀奸夫不杀奸妇者,本犯仍依擅杀罪人拟绞,奸妇止科奸罪等因题复。奉旨:"依议。钦此。"应纂辑遵行。

【1802】6.19.285.(16)(略)

【1825】6.19.285.(15)(略)

【1852】○修改

一、本夫本妇之有服亲属捉奸,登时杀死奸妇者,奸夫拟杖一百、流三千里;如非登时而杀,将奸夫杖一百、徒三年。其杀奸之亲属,止杀奸夫,不杀奸妇者,仍依登时、非登时各本例分别定拟,奸妇仍止科奸罪。

谨案:“本夫本妇有服亲属”句添一字,改为“本夫本妇之有服亲属”。

【1870】6.19.285.(15)(略)

【1795】○续纂

一、本夫本妇有服亲属捉奸杀死卑幼之案,如杀奸之尊长即系本夫,并依本夫杀死奸夫例分别减等、勿论。

臣等谨按:有服亲属捉奸杀死奸夫奸妇例内“尊长杀卑幼,无论谋、故,悉按服制轻重,以斗杀科罪”等语,盖系专指非登时杀死而言。若登时奸所杀死奸夫,在凡人尚罪止满徒,则尊长登时杀死犯奸卑幼,自不便仍以寻常斗杀科罪。查乾隆五十六年(1791)十一月,臣部奏复“四川省邵在志殴死为匪小功服侄邵朴”案内,议请尊长因玷辱祖宗起见,杀死罪不至死之卑幼,无论谋、故,俱于殴杀卑幼本律上减一等定拟等因奏准,业于“殴期亲尊长”条内纂定例文,遵行在案。若卑幼敢于犯奸,有干名义,与卑幼为匪之玷辱祖宗者,情理相通,则因奸义忿杀死犯奸之卑幼,亦应一体议减。今拟将尊长捉奸杀死卑幼,应行分别减等之处,另纂一条,以便遵行。理合陈明。

【1801】○修改

修改按语,见【1790】6.19.285.(16)条【1801】修改项下。

一、本夫捉奸,杀死犯奸有服卑幼之案,除犯奸卑幼罪犯应死,或卑幼犯奸罪不应死,而杀系奸所登时者,均予勿论外,如卑幼犯奸罪不致死,本夫于奸所获奸,非登时而杀者,于常人满徒上减二等,杖八十、徒二年。如捉奸已离奸所,非登时而杀者,于常人绞候上减二等,杖一百、徒三年。

【1802】6.19.285.(20)(略)

【1810】○修改

臣等谨按:此条系本夫捉奸,杀死犯奸有服卑幼,分别减等之例。查例内已离奸所,非登时而杀,于常人绞候上减二等拟徒。设遇所杀之卑幼,如殴杀本例罪止拟流,若亦于常人应得绞罪上减二等办理,实止减殴杀罪一等,未为平允。应于例内添辑,若按其殴杀本罪止应拟流者,应再减一等,以示区别。谨将修改例文,开列于后。

一、本夫捉奸,杀死犯奸有服卑幼之案,除犯奸卑幼罪犯应死,或卑幼犯奸罪不应死,而杀系奸所登时者,均予勿论外,如卑幼犯奸罪不至死,本夫于奸所获奸,非登时而杀者,于常人满徒上减二等,杖八十、徒二年。如捉奸已离奸所,非登时而杀者,于常人绞候上减二等，杖一百、徒三年；若按其殴杀卑幼本罪止应拟流者，应再减一等。

【1825】6.19.285.(30)(略)

【1801】○续纂

一、因奸谋杀本夫之案，除奸妇及起意之奸夫，照例办理外，其为从加功之人，如亦系奸夫，仍拟斩监候；若系平人，照凡人谋杀加功律拟绞监候。

臣等谨按：嘉庆二年(1797)，原任代办湖南巡抚事务、布政使郑源璹审题"陈七、曾二与陈柳氏通奸，商同谋死纵奸本夫陈上与"一案，将柳氏依本夫纵容通奸，奸夫起意谋杀，其知情同谋之奸妇斩立决例，拟斩立决；陈七依奸夫斩监候例，拟斩监候；曾二依谋杀人从而加功律，拟绞监候。经臣部议称，例内谋杀纵奸本夫之案，奸妇斩立决，奸夫斩监候。诚以因奸谋杀，与寻常谋杀之案不同。凡系知情加功之奸夫，既同系因奸谋命之犯，自应一体拟斩监候。该布政使将陈七问拟斩候，与例相符。乃将曾二仅拟绞候，是将因奸谋命之奸夫与平人加功之犯一例同科，不惟情理未协，亦与定例不符。曾二应改依奸夫斩监候例，拟斩监候，秋后处决。至此等案件罪关斩、绞出入，与其临时逐案驳改，不若申明例义，通行各省，以归画一等因具题。奉旨："依议。钦此。"钦遵在案。应纂辑为例，以便遵行。再查此案系本夫纵奸之案。若本夫并未纵奸，被奸夫、奸妇谋死者，其为从加功之奸夫，亦当照此办理。例内无庸标出"纵奸"二字，以归画一。又查奸杀案内为从加功之犯，系奸夫，自应照例斩候；若系平人，仍照凡人谋杀加功律，拟绞监候。应增入，以昭赅备。合并声明。

【1802】6.19.285.(27)(略)

【1825】6.19.285.(25)(略)

【1801】○续纂

一、有服尊长强奸卑幼之妇未成，被本夫本妇忿激至毙，系本宗期、功卑幼，罪应斩决者，无论登时、事后，均照殴死尊长情轻之例，夹签声明；如系本宗缌麻、外姻功缌卑幼，除事后殴毙，仍照殴故杀尊长本律问拟斩候外，若登时忿激至毙，定案时依律问拟，法司核拟，随案减为杖一百、流三千里。

臣等谨按：嘉庆五年(1800)，四川总督勒保审题"周新兆强奸缌麻侄妇刘氏未成，被本夫周开儒捉拿殴伤身死，将周开儒依卑幼殴死本宗缌麻尊属律，拟斩监候"，并疏称："本年三月，接准部议，强奸未成罪人，本妇有服亲属如当时追捕，忿激致死者，均杖一百、徒三年，固属专指平人而言。惟查杀奸条内'有服尊长奸卑幼之妇，本夫捉奸，已就拘执而擅杀者，皆照卑幼殴、故杀尊长本律定拟，法司夹签声明'等语。查尊长与缌麻以上亲之妻通奸，例应充军。今周新兆强奸周开儒之妻刘氏未成，服属缌麻，按例亦应充军，罪各相等。而周开儒杀由义忿，亦与杀奸事同一致。平人杀死强奸未成之罪人，拟罪既经从宽，则杀死强奸未成之尊长，衡情而论，似亦得在声明之列。惟事属创始，随案声明，听候部议"等因具题。经臣部议称,查殴死有服尊长情轻之案,核其所犯情节,实可矜悯者,例得夹签声明,改拟斩候,此专指服属期、功,罪干斩决者而言。至缌麻卑幼殴死尊长情轻之案,因罪止斩候,即不在夹签之列。惟杀奸条内,本夫因捉奸杀死奸夫,如杀系缌麻尊长,例得随案声请,减为流二千里。其缌麻尊长强奸卑幼之妇未成,致被卑幼杀死,例内亦向无声明减等之条。查已成奸者为奸夫,未成奸者为罪人。今周新兆强奸缌麻侄妇,固属渎伦伤化。惟事属未成,本妇尚未被污失节,自未便与和奸已成,本夫杀死缌麻尊长之案同科流二千里。但周开儒登时瞥见,义忿致毙,在平人登时殴死强奸未成罪人例,应杖一百、徒三年。且如期、功尊长强奸卑幼之妇未成,如被期、功卑幼忿激致毙,罪应斩决者,即得按殴死尊长情轻之例,夹签声明,改拟斩候。而本宗缌麻及外姻功、缌卑幼,如有登时忿激,致毙强奸未成之尊长,因本律止系斩候,转不得声请量减,殊未平允。臣等公同酌议,应请嗣后凡尊长奸卑幼之妇未成,除事后被卑幼殴死者,仍照律例分别定拟外,其本夫及本妇登时忿激致毙,凡本宗缌麻,外姻功、缌卑幼,按律罪应斩候者,法司于核拟时,随案声请,量减为杖一百、流三千里。并纂入例册,遵照办理。本案周开儒一犯,遵照新例,定地发配具奏等因。奉旨:"依议。钦此。"钦遵在案。应纂辑为例,以便遵行。又查原奏殴死尊长,分别事后、登时,斟酌问拟,系专指本宗缌麻,外姻功、缌卑幼,律应斩候者而言。若本宗期、功卑幼殴死尊长,罪干斩决者,查系情轻之案,向来办理,俱不论事后、登时,并准夹签声明,改为斩候。应于例内详悉添叙,以免牵混。合并声明。

【1802】6.19.285.(28)(略)

【1825】6.19.285.(26)(略)

【1801】○续纂

一、凡本夫及有服亲属杀奸之案,如奸所获奸,忿激即时殴毙者,以登时论;若非奸所而捕殴致毙,及虽在奸所而非即时殴毙,或捆殴致毙者,俱以非登时论。

臣等谨按:杀奸之案,登时、奸所杀死者,在本夫律得勿论,亲属亦例拟满徒。若奸所而非登时,本夫应拟满徒,亲属应拟绞候。非奸所、非登时者,本夫与亲属,俱拟绞候。是罪名轻重悬殊,全以登时与非登时为断。若不明立界限,恐办理易滋出入。查登时杀奸,系指奸所获奸,激于义忿,即时殴毙而言。盖本羞恶之良,又触当时难遏之怒,顷刻殴杀,方准引登时勿论之律。若非奸所而捕殴致死,及虽在奸所而非即时殴毙,或捆殴致毙者,仍照非登时律,分别问拟徒、绞。如此明立界限,庶引律办案,得所依拟。谨纂为专条,以便引用。

【1802】6.19.285.(29)(略)

【1825】6.19.285.(27)(略)

【1806】○续纂

一、凡童养未婚之妻,与人通奸,本夫及夫之祖父母、父母并有服亲属捉奸,杀死奸夫奸妇者,均照已婚妻例问拟。

臣等谨按：嘉庆六年（1801）七月内，安徽按察使恩长条奏“未婚妻本夫之父母、伯叔、兄弟、有服亲属捉奸，杀死奸夫，请定条例”一折。经臣部查，民间贫乏之家，每有许字后送至夫家童养，虽未结缡，而女子已在夫家养赡，训诲之责亦在夫家，实与已成婚者无异。遇有杀奸情事，在本夫及夫之祖父母、父母，向俱照已婚妻本例问拟。至有服亲属，自应亦照亲属杀奸本例科断。议请嗣后童养媳与人通奸，本夫有服亲属杀死奸夫、奸妇，均照已成婚例问拟等因奏准，通行在案。应纂辑为例，以便遵行。

【1825】6.19.285.（29）（略）

【1810】○续纂

一、有服尊长强奸卑幼之妇未成，被本夫本妇有服亲属，登时忿激致毙，系缌麻卑幼，定案时依律问拟，法司核拟夹签声明，奉旨敕下九卿核拟，减为杖一百、发近边充军；若杀非登时，仍照殴故杀本律问拟，毋庸夹签声请。如系期、功卑幼，无论是否登时，各按服制拟罪，夹签声明，奉旨敕下九卿核拟，减为拟斩监候。

臣等谨按：嘉庆十三年（1808）九月内，署广东巡抚吴熊光题“惠来县民吴阿堂，因侄女吴阿娥被缌麻服兄吴耀川强奸未成，致伤吴耀川身死”一案，将吴阿堂依殴本宗缌麻尊长至死律拟斩监候，援引杀死和奸已成缌麻尊长声请减流之例，听候部议等因。经臣部酌议，有服亲属杀死和奸已成之缌麻尊长，系照本夫加二等问拟，则杀死强奸未成之缌麻尊长，亦应照本夫杀死之罪加二等。应请嗣后有服尊长强奸卑幼之妇未成，被本夫本妇有服亲属忿激致毙，如系缌麻卑幼，登时杀死，定案时依律问拟，法司核拟，夹签声明，奉旨敕下九卿核拟，减为杖一百，发近边充军。若杀非登时，仍照殴、故杀本律问拟，毋庸夹签声请等因具题。奉旨：“九卿定拟具奏。钦此。”当经臣部会同九卿议，将吴阿堂减为杖一百，发近边充军，余俱仍照所请办理等因，题准在案。应纂辑为例，以便引用。再查期、功卑幼杀死强奸未成之尊长，亦例无明文，并酌请如系期、功卑幼，无论是否登时，各按服制拟罪，夹签声明，奉旨敕下九卿核拟，均减为拟斩监候。一并添纂明晰，以便遵办。

【1825】6.19.285.（32）（略）

【1810】○续纂

一、凡本夫及有服亲属，杀死图奸未成罪人，无论登时、事后，俱照擅杀律拟绞监候。

臣等谨按：本夫及有服亲属杀死奸夫，分别是否登时，拟以徒、绞、勿论，例内各有专条。惟杀死图奸未成之犯，并无治罪明文。盖已成奸者为奸夫，未成奸者为罪人。和奸已成，本妇名节已失，本夫及亲属迫于义忿，故罪分等差。至图奸未成，本妇尚未被污，尽可拘执送官，乃遽行杀害，情类擅杀，自未便与杀死已成奸夫一例同科，致启捏奸推卸之弊。臣部向来办理此等杀死图奸未成罪人之案，无论登时、事后，俱照擅杀罪人律问拟绞候。自应明立科条，庶办理有所遵循。谨纂辑为例，以便引用。

【1825】6.19.285.（2）（略）

【1810】○移改

【原例】＊ 刑律·人命·斗殴及故杀人【1802】6.19.290.(15)(略)

臣等谨按:本夫及有服亲属擅杀调戏罪人,致妇女畏累自尽,例应减等。至妇女与人通奸,本夫及有服亲属杀死奸夫,妇女亦因而自尽,自应与擅杀调戏罪人一例减等科断。臣部向遇此等案件,均比照此例定拟。惟例内究无明文,应请添纂明晰,以昭赅备。再查擅杀奸夫各例,均载在"杀死奸夫"门内,应将此条移载,以归画一。谨将修改例文,开列于后。

一、妇女被人调戏,或与人通奸,其本夫及有服亲属,擅杀调戏罪人及奸夫,应拟绞抵者,如本妇、奸妇畏累自尽,将擅杀之犯减一等,杖一百、流三千里。

【1825】6.19.285.(31)(略)

【1814】○续纂

一、奸夫起意商同奸妇谋杀本夫,复杀死奸妇期亲以上尊长者,奸妇仍照律凌迟处死外,奸夫拟斩立决、枭示。如奸夫听从奸妇,并纠其子谋杀本夫,陷人母子均罹寸磔者,奸夫拟斩立决;若系奸夫起意,加拟枭示。

臣等谨按:嘉庆十六年(1811)六月初八日,奉上谕:"嗣后奸夫如有商同谋死本夫,复杀死奸妇期亲以上尊长者,着立斩、枭示等因。钦此。"又十八年(1813)八月初七日,奉上谕:"同兴奏'审明蔑伦重案,分别办理'一折。向来奸夫同谋致死本夫者,均问拟斩监候,秋审亦必予勾。此案丁光位因奸,辄从奸妇文李氏,并纠其子,将本夫文四箴谋毒勒死,陷人母子均罹寸磔,实属凶恶已极。该抚仅照奸夫同谋杀死本夫律问拟斩候,请旨正法,殊属拘泥。丁光位着即处斩。嗣后如有似此情罪之犯,即着斩决办理。钦此。"钦遵各在案。应恭纂为例,以便遵行。再查奸夫起意谋死本夫,已罪应斩决,若商同奸妇,并纠约其子,将本夫谋毙,自应加拟枭示,以昭炯戒。谨一并添纂入例,合并陈明。

【1825】6.19.285.(33)(略)

【1821】○续纂

一、妇女拒奸杀人之案,审有确据,登时杀死者,无论所杀系强奸、调奸罪人,本妇均勿论。若捆缚复殴,或按倒叠殴,杀非登时者,所杀系调奸罪人,即照擅杀罪人律减一等,杖一百、流三千里;所杀系强奸罪人,再减一等,杖一百、徒三年,均照律收赎。

臣等谨按:嘉庆二十四年(1819)四月内,四川总督蒋攸铦题"周得佶图奸李何氏未成,被李何氏等捆缚,非登时而杀,将李何氏依擅杀罪人律拟绞监候"一案,经臣部会同法司,查妇女先经和奸,悔过拒绝,复被逼奸,将其杀死。向来无论是否登时,均照擅杀律减一等。而未经和奸,因拒奸擅杀罪人之妇女,转以杀非登时,仍科绞候,似未平允。议请嗣后妇女拒奸杀人之案,登时杀死者,无论所杀系强奸、调奸罪人,本妇均勿论。如捆缚复殴,或按倒叠殴,杀非登时者,所杀系调奸罪人,即照擅杀罪人律减一等,杖一百、流三千里;杀系强奸罪人,再减一等,杖一百、徒三年。均照例收赎等因奏准,通行在案。应纂辑为例,以便遵行。

【1825】6.19.285.(19)(略)

【1845】○续纂

一、与人聘定未婚之妻通奸,起意杀死其夫者,照奸夫起意杀死亲夫例拟斩立决;如系为从同谋,仍照同谋杀死亲夫律拟斩监候。若奸夫虽未起意,而同谋杀死未婚夫之后,复将奸妇娶为妻妾,或拐逃嫁卖者,亦照例斩决。

臣等谨按:道光二十三年(1843)十月内,据原任安徽巡抚程楙采奏"民人宋志忠因奸谋杀未婚夫查六寿身死,请定科条"一折。经臣部议,请将宋志忠一犯请旨即行斩决,并酌拟奸夫罪名及未婚妻有无知情同谋各条例,开单具奏。奉旨:"刑部奏'遵旨复议安徽民人宋志忠因奸谋杀未婚本夫罪名,并将酌议条例开单请旨',着刑部再行核议具奏。钦此。"臣等遵查,宋志忠与查六寿聘定未婚妻朋氏通奸,图娶为妻,独自起意,谋杀查六寿身死。此等奸夫,律例并无治罪明文。遍查历年成案,如颜太等四案,俱照起意谋杀亲夫例拟斩立决;钱亥潍等六案,俱照同谋杀死亲夫律拟斩监候。援引既涉两歧,折衷应归一是。臣等伏思未婚妻之与本夫,有名分而无服制。名分已定,则恶极必加重诛,所以植夫妇之大纲;服制无关,则情轻必为末减,所以明未婚之有别。若奸夫,则凡人也,彼夫妇之已婚、未婚,悉与奸夫无涉。其不用凡人谋杀之法者,盖因奸而杀,固宜加严,因奸起意而杀,尤宜加严。且推其恋奸情热,起意杀死未婚夫,与恋奸情热,起意杀死已婚夫者,其处心积虑之淫凶,毫无二致。应请嗣后如有奸夫因奸起意杀死未婚夫之案,即照奸夫起意杀死亲夫例,拟斩立决。如蒙俞允,所有宋志忠一犯,应请仍照前议即行正法。再此外如有奸夫听从谋杀未婚夫,较造意者情节稍轻,向系照律斩候,自应遵照办理。若同谋杀死未婚夫之后,另有拐娶、嫁卖各情,其情既重,其法亦不容轻,仍应照同谋杀死亲夫之后,复将奸妇拐逃,或为妻妾,或得银嫁卖之例,问拟斩决。至未婚妻因奸杀死本夫,如因其名分已定,虽为从,亦予以重典,未免与有服制者,漫无区分。若因其并无服制,虽首恶亦概为减轻,又觉置聘定夫妇名分于不问。检查成案,如吴大女等二案,俱系因奸起意杀死未婚夫,问拟凌迟处死;望兰大一案,则系外省问拟斩决,经臣部改拟凌迟。盖推求未婚妻谋杀之心,彼亦知夫妇之义,无所逃于天地之间,不杀其夫,终难遂其恋奸之意,故忍而出此也。此等妇女,实为淫恶之尤,不得以并无服制,稍从宽典。即如妻妾改嫁,于故夫之父母并无服制可言,而有谋杀及殴杀者,皆以名分尚在,概予极刑。比类参观,则未婚妻起意杀死本夫,拟以凌迟,似为情真罪当。惟仅止知情同谋,其情较起意稍轻,自应量予末减,拟以斩决。庶于维持名分之中,仍示量为区别之义。且未婚妻谋杀各条,既与已婚者有别,则奸夫自杀其夫,奸妇果不知情,自应于绞候律上量减拟流。如事后首告,尚有不忍致死其夫之心,又应于流罪上递减为徒。庶比成案之止科奸罪者,较为允当。至童养妻,虽未成婚,而礼重见舅姑,故可与已婚妻并论。检查从前成案,童养妻杀死本夫,及奸夫自杀其夫,奸妇虽不知情,均照已婚妻例办理,以后仍应照办等因具奏。奉旨:"宋志忠着即处斩。余依议。钦此。"钦遵在案。应纂辑专条,以资引用。

【1847】6.19.285.(34)(略)

【1845】○续纂

一、聘定未婚妻,因奸起意杀死本夫,应照妻妾因奸同谋杀死亲夫律凌迟处死;如并未起意,但知情同谋者,即于凌迟处死律上量减为斩立决。若奸夫自杀其夫,未婚妻果不知情,即于奸妇不知情绞监候律上减为杖一百、流三千里。倘实有不忍致死其夫之心,事由奸妇破案者,再于流罪上减为杖一百、徒三年。至童养未婚妻,因奸谋杀本夫,应悉照谋杀亲夫各本律定拟。

续纂按语,见【1847】6.19.285.(34)条【1845】续纂按语。

【1847】6.19.285.(35)(略)

【1845】○续纂

一、本夫杀死强奸未成罪人,如系登时忿激致毙者,即照本夫奸所登时杀死奸夫例勿论;若追逐殴打致毙,及虽在登时,系捆殴致毙者,即照奸所获奸非登时而杀例杖一百、徒三年;系事后寻殴致毙者,仍照擅杀罪人律,拟绞监候。

臣等谨按:道光二十五年(1845)十一月内,臣部奏"请添设删除条例"一折内称,例载强奸未成罪人,本妇有服亲属登时忿激致死者,杖一百、徒三年。如杀非登时,仍照擅杀罪人律拟绞监候。至本夫杀死强奸未成罪人,例无治罪专条。历来办理似此案件,多有比照有服亲属分别登时、非登时例,拟以绞候、满徒。盖以杀死图奸未成罪人,无论登时、事后,本夫与有服亲属,俱照擅杀律拟绞监候,初无轻重之分。遂将杀死强奸未成罪人之本夫,亦照有服亲属一例定拟,原非无所依据。惟臣等参核各条,稽其义类,觉尚有未尽允协者。查强奸与图奸情事各殊,即本夫于奸所登时,亦有亲疏之判。如本夫于奸所登时杀死奸夫,例得勿论,而有服亲属则罪应满徒;本夫奸所获奸,非登时而杀,例止满徒,而有服亲属则应照擅杀律拟绞,罪名本不相同。惟杀死图奸未成罪人一条,则本夫与有服亲属同一拟绞。诚以图奸未成,迹涉暧昧,易于装点。故虽系本夫,不能宽其擅杀之罪。定例之初,具有深意,不得因有此条,即可谓本夫与有服亲属概宜并论也。臣等伏思强奸罪人,虽未成奸,然或执持刀械,或裂衣毁肤,迹既显而易明,势复凶而难御。本夫突然撞遇,或闻喊救援,将其杀死,而登时而杀者,固计不旋踵,其情实大可原。即杀非登时者,亦恨切剥肤,其情尚觉可恕。若与有服亲属一律问拟,未免无所区别。应请嗣后遇有本夫杀死强奸未成罪人之案,如系登时忿激致毙,即照本夫奸所登时杀死奸夫例勿论。若追逐殴致毙,及虽在登时,系捆殴致毙者,即照奸所获奸夫非登时而杀例,拟杖一百、徒三年。系事后将其致毙者,仍照擅杀罪人律,绞监候。如此明定专条,庶情法较得其平,援引亦无窒碍等因具奏。奉旨允准,通行各省,遵照在案。谨纂辑为例,以资引用。

【1847】6.19.285.(36)(略)

谋杀故夫父母

律 文

【1646】6.19.309

凡改嫁妻妾谋杀故夫之祖父母、父母者，并与谋杀见奉舅姑罪同。若妻妾被出，不用此律。若舅姑谋杀已故子孙改嫁妻妾，依故杀律，已行、已伤，亦各减一等。若奴婢不言雇工人，举重以见义。谋杀旧家长者，以凡人论。谓将自己奴婢转卖他人者，皆同凡人。余条准此。

【1670】6.19.308(略)

【1725】6.19.296

凡改嫁妻妾谋杀故夫之祖父母、父母者，并与谋杀见奉舅姑罪同。若妻妾被出，不用此律。若舅姑谋杀已故子孙改嫁妻妾，依故杀律，已行，减二等；已伤，减一等。若奴婢不言雇工人，举重以见义。谋杀旧家长者，以凡人论。谓将自己奴婢转卖他人者，皆同凡人论。余条准此。

注：此言改嫁妻妾谋杀旧舅姑之罪也。妻妾于夫亡改嫁，非被出者可比，与夫家义犹未绝。故谋杀旧舅姑，仍与见奉舅姑同。至奴婢转卖他人，则主仆之义已绝，故谋杀旧家长者，以凡人论。若赎身奴婢，主仆恩义犹存，如有谋杀旧家长者，仍依谋杀家长律科断。

臣等谨按：此言改嫁妻妾谋杀旧舅姑之罪也。凡妻妾于夫亡之后，改嫁他人，虽与见奉舅姑不同，然舅姑之义犹未绝也。故有谋杀故夫之祖父母、父母者，与谋杀见奉舅姑同。盖改嫁与被出不同，被出者与夫绝义，于其舅姑可同凡论；夫亡改嫁，与夫家义犹未绝，故仍与见奉舅姑同。若奴婢已转卖与他人，则主仆之义已绝，谋杀旧家长者，以凡人谋杀律论。至赎身奴婢，系旧家长恩义，与转卖者不同，如有谋杀旧家长者，仍依谋杀家长本律科断。

【1740】○修改

臣等谨按：总注内"赎身奴婢，主仆恩义犹存，如有谋杀旧家长者，仍依谋杀家长律科断"等语，应于小注增入。谨将增辑律，开列于后。

凡改嫁妻妾谋杀故夫之祖父母、父母者，并与谋杀见奉舅姑罪同。若妻妾被出，不用此律。若舅姑谋杀已故子孙改嫁妻妾，依故杀律，已行，减二等；已伤，减一等。若奴婢不言雇工人，举重以见义。谋杀旧家长者，以凡人论。谓将自己奴婢转卖他人者，皆同凡人论。余条准此。赎身奴婢，主仆恩义犹存，如有谋杀旧家长者，仍依谋杀家长律科断。

【1740】6.19.286(略)

杀一家三命

律 文

【1646】6.19.310

凡杀一家谓同居，虽奴婢、雇工人皆是；或不同居，果系父子兄弟至亲亦是。非真犯死罪三人，及支解活人，但一人即坐，虽有罪亦坐，不必非死罪三人也。者，首凌迟处死，财产断付死者之家，妻、子不言女，不在缘坐之限。流二千里；为从加功者，斩。财产、妻、子，不在断付、应流之限。不加功者，依谋杀人律减等。○若将一家三人，先后杀死，则通论。若本谋杀一人，而行者杀三人，不行之人，造意者斩；非造意者，以从者不行，减行者一等论。仍以临时主意杀三人者为首。

【1670】6.19.309(略)

【1725】○修改

【1725】6.19.297

凡杀一家谓同居,虽奴婢、雇工人皆是;或不同居,果系父子兄弟至亲亦是。非实犯死罪三人,及支解活人者,但一人即坐,虽有罪亦坐,不必非死罪三人也。为首之人凌迟处死,财产断付死者之家,妻、子不言女,不在缘坐之限。流二千里;为从加功者,斩。财产、妻、子,不在断付、应流之限。不加功者,依谋杀人律减等。○若将一家三人,先后杀死,则通论。若本谋杀一人,而行者杀三人,不行之人,造意者斩;非造意者,以从者不行,减行者一等论。仍以临时主意杀三人者为首。

注:此指杀人之最惨毒者言也。一家三人皆无应死之罪而杀之,及将活人肢体解折以致死者,为首凌迟处死,财产断付被杀之家,妻、子流二千里;为从加功者俱斩,不加功者减一等。三人内有一人实犯死罪,或不系一家者,不用此律。再聚众共殴,原无必杀之心,而乱殴一家三命至死者,若照同谋共殴律,以下手者绞抵则太轻;照杀一家三人律,为从皆斩决则太重。应将率先聚众之人,不问共殴与否,斩决;为从下手伤重至死者,绞候。若杀一家非死罪二人,及非一家而杀三人者,与谋杀一人之情罪较重,应拟斩决,奏请定夺。

臣等谨按:此指杀人之最惨毒者言也。一家非死罪三人者,谓三人皆一家,别无应死之罪而杀之。不但谋杀、故杀,即放火行盗而杀皆是。支解人者,谓将活人肢体解折以致死。此皆残恶已甚,宜加极刑。故为首者,并凌迟处死,财产断付被杀之家,妻与子虽会赦犹流二千里。其为从而加功者,俱斩,但妻、子不在应流,财产不在断付之限。不加功者,减一等。如三人之内,有一人实犯死罪,或不系一家者,皆不用此律。再律注云"父子兄弟至亲",如祖父母、外祖父母、姊妹、妻女、孙子、孙之妇、亲兄弟之子女皆是。再按因事聚众,同谋共殴,原无必杀之心,而乱殴重伤致死一家三命,若照同谋共殴律,止以下手者绞抵,失于太轻;若照杀一家三人律,为从多人皆坐斩决,又失于太重。应将率先聚众之人,不问共殴与否,坐以斩决;其为从下手伤重致死者,皆坐绞监候;余人依同谋共殴律科断。又杀非死罪一家二人,或非一家而杀三人者,与谋杀一人者情罪较重,应拟斩决,奏请定夺。

【1740】6.19.287(略)

【1751】○修改

臣等谨按:前明《笺释》内有"谋杀、故杀、放火行盗而杀皆是"之语,是斗殴杀原不在此限。但律内未经注明,援引恐致错惧。现经臣部奏准,于杀字下增注"谓谋杀、故杀、放火行盗而杀"字样。再查《律例笺释》内称"或不同居,果系五服至亲亦是"。迨本朝纂入律文,将"五服至亲"四字,改为"父子兄弟至亲"六字。推原从前改纂之意,或因五服恐与外姻牵混,故指明父子兄弟一切本宗耳。盖言父子,则祖孙在内;言兄弟,则伯叔在内也。但恐拘字牵义,谓父子兄弟而外,不得更加旁推,则不同居之祖孙、伯叔,其分谊服制,转不若同居之雇工得为一家矣,殊未允协。现经臣部奏明,将"父子兄弟"字样,改为"本宗五服至亲"六字,应遵照改正。谨将增改律文,开列于后。

凡杀谓谋杀、故杀、放火行盗而杀。一家谓同居,虽奴婢、雇工人皆是;或不同居,果系本宗五服至亲亦是。非实犯死罪三人,及支解活人者,但一人即坐,虽有罪亦坐,不必非死罪三人也。为首之人,凌迟处死,财产断付死者之家,妻、子不言女,不在缘坐之限。流二千里;为从加功者,斩。财产、妻、子,不在断付、应流之限。不加功者,依谋杀人律减等。○若将一家三人,先后杀死,则通论。若本谋杀一人,而行者杀三人,不行之人,造意者斩;非造意者,以从者不行,减行者一等论。仍以临时主意杀三人者为首。

【1768】6.19.287(略)

附律条例

【1646】6.19.310.(1)

一、凡杀一家非死罪三人,及支解人,为首监故者,将财产断付被杀之家,妻、子流二千里,仍剉碎死尸,枭首示众。

【1670】6.19.309.(1)(略)

【1725】6.19.297.(1)【原例】(略)

【1740】6.19.287.(1)(略)

【1767】○修改

臣等谨按:此条原例有"杀一家三人之妻、子,流二千里"等语。查乾隆三十二年(1767)四月内,军机大臣会同臣部,奏准改发附近充军,已有专条,是以将原例内"妻、子流二千里"句删去。

一、凡杀一家非死罪三人,及支解人,为首监故者,将财产断付被杀之家,仍锉碎死尸,枭首示众。

【1768】6.19.287.(1)(略)

【1646】6.19.310.(2)

一、支解人,如殴杀、故杀人后,欲求避罪,割碎死尸,弃置埋没,原无支解之心,各以殴、故杀论。若本欲支解其人,行凶时势力不遂,乃先杀讫,随又支解,恶状昭著者,以支解论。俱奏请定夺。

【1670】6.19.309.(2)(略)

【1725】6.19.297.(2)【原例】(略)

【1740】6.19.287.(2)(略)

【1725】6.19.297.(3)

【钦定例】一、本宗及外姻尊长,杀缌麻、小功、大功卑幼一家非死罪主、仆、雇工三人者,俱斩决。杀期服卑幼一家主、仆、雇工三人者,绞决。若三人内有功服、缌麻卑幼者,仍从杀功服、缌麻卑幼三人斩决。如谋占家产,图袭官职,杀期服卑幼一家三人者,斩决;杀大功、小功、缌麻卑幼一家三人者,凌迟处死。

谨案:此条雍正五年(1727)定。

【1740】6.19.287.(3)(略)

【1767】○修改

【原例】【1740】6.19.287.(3)(略)、【1740】6.19.287.(7)(略)

臣等谨按:以上二条,系尊长杀死内外卑幼一家三人及一家二命治罪之例。查常人杀死一家三人及一家二命定例,均断付财产给与死者家属养赡。尊长杀死卑幼多命,情节惨忍,罪名虽较凡人稍减,财产自宜一体断付。今拟于例内各增入"断付财产"一语。

一、本宗及外姻尊长,杀缌麻、小功、大功卑幼一家非死罪主、仆、雇工三人者,俱斩决。杀期服卑幼一家主、仆、雇工三人者,绞决。若三人内有功服、缌麻卑幼者,仍从杀功服、缌麻卑幼三人斩决。如谋占家产,图袭官职,杀期服卑幼一家三人者,斩决;杀大功、小功、缌麻卑幼一家三人者,凌迟处死。仍各将犯人财产,断付被杀之家。

【1768】6.19.287.(8)(略)

【1768】6.19.287.(3)(略)

【1806】○修改

臣等谨按:嘉庆十一年(1806)八月,河南巡抚马慧裕奏"正阳县民牛新挟嫌谋杀胞弟牛华、弟妻荣氏、侄牛三儿等一家三命,并杀死邻佑杨妮子"一案,声明牛新所杀四人内,杨妮子并非一家,牛华、牛三儿均系该犯期亲卑幼,牛荣氏系该犯弟妻,至死律同凡论。惟查杀死期亲卑幼一家三人,内有功服、缌麻卑幼,仍从功、缌卑幼三人法,则三人内有一人,应同凡论者,自应比例仍以凡论。将牛新比照杀一家非死罪三人律凌迟处死,牛新之妻李氏请免缘坐等因具奏。奉上谕:"此案牛新胞弟牛华,因听信其妻荣氏挑唆,吵逼分家,并欲牛新连夜出屋,因此肇衅。是牛华本属不悌之人,牛新怀恨挟嫌,计图泄忿,先将其胞弟牛华砍毙,又砍其胞弟之妻荣氏毙命,继又砍其胞侄牛三儿毙命。复因邻人杨妮子闻喊趋至,恐难脱身,起意一并砍毙。牛新砍毙多命,凶横已极,问以凌迟,尚何足惜。惟所杀一家三人,分均卑幼。若即照杀一家非死罪三人律凌迟处死,设所杀三命中,有该犯尊长在内,其罪亦难以复加,且与实在杀死凡人一家三命者无别。牛新着改为斩决、枭示。至牛新既不应问以凌迟,则伊妻亦不应缘坐。嗣后有杀死一家三命之案,其被杀之人分均卑幼者,应即照此办理。着刑部纂入则例等因。钦此。"应遵旨修改。再查此案牛新杀死一家三命,内有弟妻一人至死,律同凡论,应请将尊长杀死一家三命,分均卑幼,内有一人按服制律应同凡论者,拟斩决、枭示。庶于本条杀期、功、缌一家主、仆、雇工之例,方无窒碍。合并声明。谨将修改例文,开列于后。

一、本宗及外姻尊长,杀缌麻、小功、大功卑幼一家非死罪主、仆、雇工三人者,俱斩决。杀期服卑幼一家主、仆、雇工三人者,绞决;若三人内有功服、缌麻卑幼者,仍从杀死功服缌麻卑幼三人斩决。至杀死一家三命,分均卑幼,内有一人按服制律应同凡论者,斩决、枭示。如谋占财产,图袭官职,杀期服卑幼一家三人者,斩决;杀大功、小功、缌麻卑幼一家三人者,凌迟处死。仍各将犯人财产,断付被杀之家。

【1825】6.19.287.(8)(略)

【1725】6.19.297.(4)

【钦定例】一、家长杀奴仆非死罪三人者,不分官民,俱发黑龙江;被杀人父母妻子,悉放为民。若杀期亲奴仆一家三人者,绞候;杀内外大功、小功、缌麻及族中奴仆一家三人者,俱斩候。

【1740】6.19.287.(4)

一、家长杀奴仆非死罪三人者,官员、旗人,发黑龙江当差;民人,发驻防给官员兵丁为奴。被杀人父母妻子,悉放为民。若杀期亲奴仆一家三人者,绞候;杀内外大功、小功、缌麻及族中奴仆一家三人者,俱斩候。

【1814】○修改

【原例】【1740】6.19.287.(4)(略)、【1740】6.19.287.(5)(略)、【1802】6.19.287.(9)(略)

臣等谨按:嘉庆十七年(1812)十二月内,臣部议复原任黑龙江将军、宗室斌静等奏"调剂黑龙江等处遣犯",及十八年(1813)七月内,臣部遵旨议奏"应发黑龙江等处遣犯,分别改发"各折内,请将民人杀死奴仆非死罪三人,暨遣犯杀死伊主三人案内,子孙年未及岁,并该犯妻妾二条,俱改发驻防给官员兵丁为奴;杀一家三四命案内,凶犯之子年十六岁以上一条,改发新疆安插等因,奏准通行,各在案。以上三条例内发黑龙江、宁古塔之处,均应修改。例内"已发宁古塔""转发西安、成都等处"二语,亦应节删。谨将修改例文三条,开列于后。

一、家长杀奴仆非死罪三人者,官员、旗人发黑龙江当差;民人,发驻防给官员兵丁为奴,被杀人父母妻子,悉放为民。若杀期亲奴仆一家三人者,绞候;杀内外大功、小功、缌麻及族中奴仆一家三人者,俱斩候。

【1825】6.19.287.(10)(略)

【1725】6.19.297.(5)

【钦定例】一、凡发遣当差、为奴之犯人,若杀死伊管主一家三人,并三人以上者,除正犯凌迟处死外,其知情之子孙拟斩立决,不知情者拟斩监候。其子孙年未及岁,并该犯之妻妾,俱发宁古塔等处给披甲之人为奴。如已发宁古塔等处者,转发西安、成都等处给驻防兵丁为奴。

【1740】6.19.287.(5)(略)

【1814】○修改

修改按语,见【1740】6.19.287.(4)条【1814】修改项下。

一、凡发遣当差为奴之犯,杀死伊管主一家三人,并三人以上者,除正犯凌迟处死外,其知情之子孙,拟斩立决;不知情者,拟斩监候。若子孙年未及岁,并凶犯之妻妾,俱发驻防给官员兵丁为奴。

【1825】6.19.287.(11)(略)

【1740】○续纂

一、聚众共殴,原无必杀之心,而乱殴一家三命至死者,将率先聚众之人,不问共殴与否,斩决;为从下手伤重至死者,绞候。若杀一家非死罪二人,及杀三人而非一家者,应拟斩决,奏请定夺。

此条系总注,足补律所未备。今另纂为例,以便引用。

【1740】6.19.287.(6)(略)

【1751】○修改分纂

臣等谨按:此条系旧律总注,查原文尚有"与谋杀一人之情罪较重"一语。后经编纂,将此条并纂于共殴条内,复将"与谋杀一人情罪较重"一语删去,辞义殊晦,易致与殴杀牵混。现今臣部奏准,将"杀一家非死罪二人"及"杀三人而非一家者"一节,另立一条,应将"与谋杀一人之情罪较重"十字补行载入,应遵照改正。谨将增辑分纂例文,开列于后。

【1768】6.19.287.(7)(略)

【1768】6.19.287.(6)

一、聚众共殴,原无必杀之心,而乱殴一家三命至死者,将率先聚众之人,不问共殴与否,斩决;为从下手伤重至死者,绞候。

【1801】○修并

【原例】【1768】6.19.287.(6)(略)、【1790】6.19.287.(8)(略)

臣等谨按:前一条系旧律小注,乾隆五年(1740)奏纂为例。后一条系乾隆二十年(1755),臣部议复山西巡抚恒文题"石继昌殿死石如玉父子"案内奏准定例。查杀死一家非死罪三人,问拟凌迟,律止谋杀、故杀、放火行盗杀者而言。至倚众共殴及因事斗殴,原无必杀之心,与谋、故不同。而共殴致死一家三命者,首犯拟斩立决;为从下手伤重者,拟绞监候。斗殴致死一家二命,或三命而非一家者,拟绞立决。定例已极平允。惟查前条共殴例内,止言殴死一家三命,而无殴死一家三命以上,或殴死一家二命,作何治罪之条。后条斗杀例内,止言殴死一家二命,或三命而非一家,其殴死一家三命及三命以上,应拟斩决之处,亦未申叙,又未将"共殴"二字声明。臣部办理此等案件,俱系互文见义。然与其援引比附,莫若添叙明晰,以昭赅备而免牵混。应将二例修并一条,以便引用。又查共殴一家三命至死之案,其首先率众之人,不问共殴与否,斩决;为从下手伤重者,绞候。若共殴一家二命至死者,首先率罪之犯,不问共殴与否,既问拟绞决;其为从下手伤重者,自应问拟满流。例内未经议及,亦属罣漏,应行添入。合并声明。谨将修并例文,开列于后。

一、聚众共殴,原无必杀之心,而殴死一家三命,及三命以上者,将率先聚众之人,不问共殴与否,拟斩立决;为从下手伤重至死者,拟绞监候。其共殴至死一家二命者,将率先聚众之人,不问共殴与否,拟绞立决;为从下手伤重至死者,杖一百、流三千里。若斗杀之案,殴死一家三命,及三命以上者,拟斩立决;殴死一家二命,或三命而非一家者,拟绞立决。

【1802】6.19.287.(6)(略)

【1806】○修改

臣等谨按：嘉庆九年(1804)十一月内，臣部酌议聚众共殴，致死一家三命、二命，将率先聚众之人，拟以斩决、绞决，原系为惩创首恶起见。至为从下手伤重至死之犯，三命者既拟绞候，若二命者仅止拟流，较之致死一命应拟绞抵者，转致轻纵。且被殴身死，系一家二命，而凶犯实抵者，仅原谋一人，殊不足以昭平允。请嗣后聚众共殴致死一家二命，其为从下手伤重至死者，仍各拟绞监候等因题准，通行在案。应于例内修改明晰，以资引用。谨将修改例文，开列于后。

一、聚众共殴，原无必杀之心，而殴死一家三命，及三命以上者，将率先聚众之人，不问共殴与否，拟斩立决；为从下手伤重至死者，拟绞监候。其共殴致死一家二命者，将率先聚众之人，不问共殴与否，拟绞立决；为从下手伤重至死者，拟绞监候。若斗杀之案，殴死一家三命，及三命以上者，拟斩立决；殴死一家二命，或三命而非一家者，拟绞立决。

【1825】6.19.287.(6)(略)

【1768】6.19.287.(7)

一、凡杀一家非死罪二人，及杀三人而非一家者，与谋杀一人之情罪较重，应拟斩决，奏请定夺。

【1788】○修并

【原例】【1768】6.19.287.(7)(略)、【1768】6.19.287.(11)(略)

臣等谨按：首条系杀一家二人及杀三人而非一家治罪专条，后条系酌断财产给付被杀二命家属，以补前条不足之例。事同义贯，自应归并一条，以昭明简而省繁复。今将修改并辑例文，开列于后。

一、凡杀一家非死罪二人，及杀三人而非一家者，与谋杀一人之情罪较重，应俱拟斩立决，奏请定夺。将杀一家二命之犯财产查明，酌断一半给付死者之家；其杀三人而非一家，内有二人仍系一家者，亦酌断一半给付被杀二命之家。倘为首之犯监故，财产仍行断给。若系殴死一家二命，原无必杀之心者，不得滥引此例。

【1790】6.19.287.(9)(略)

【1801】○修改

臣等谨按：杀一家非死罪二人，及杀三人而非一家，与谋杀一人之情罪较重，俱拟斩立决，系乾隆五年(1740)定例。查律载“谋杀人造意者，斩监候”，又载“本谋杀一人，而行者杀三人，不行之人造意者，斩”。此条谋杀一人拟斩立决，系指本欲谋杀一人，而行者杀三人案内之造意者而言。外省拘泥例文，将寻常谋杀之案，核其情节较重者，即断章取义，援引此例，以立决定拟，殊非例意，经臣部随案驳改。而原例语意究属含混，应申叙明晰，以免歧误。谨将修改例文，开列于后。

一、凡杀一家非死罪二人，及杀三人而非一家，与本欲谋杀一人而行者杀三人案内造意不行之犯，俱拟斩立决，奏请定夺。将杀一家二命之犯财产查明，酌断一半给付死者之家；其杀三人而非一家，内有二人仍系一家者，亦酌断一半给付被杀二命之家。倘为首之犯监故，财产仍行断给。若系殴死一家二命，原无必杀之心者，不得滥引此例。

【1802】6.19.287.(8)(略)

【1806】○修改

臣等谨按：嘉庆十一年（1806）五月二十一日，奉上谕："向来办理命案，如杀死一家二命，均系斗杀者，拟绞立决；其一故一斗者，照例问拟斩候。原以斗杀在轻罪不议之条，故仍照故杀律从一科断。嗣经将一故一斗之案，议改绞决，奏准通行。盖以绞罪虽轻于斩罪，立决实重于监候。但思故杀一命者，罪应斩候，而一故一斗，多毙一命之案，虽即予缳首，而转得全尸。且与斗杀一家二命问拟绞决者，无所区别，不足以昭平允。若竟问拟斩决，又与故杀一家二命者同一科断，亦非情法之平。着刑部堂官悉心参酌，将故杀一家一命，斗杀一家二命，及一故一斗杀死一家二命之案，权衡轻重，如何分别定拟，折衷尽善之处，详细妥议具奏。钦此。"钦遵。当经臣部公同详议，查连毙二命，情节已属凶残。若死者并非一家，尚可依律从一科断，分别谋、故、斗殴拟以斩、绞监候。至戕害一家二命，实为惨毒。如杀出无心，立予缳首，法足蔽辜。其一故一斗，究属有心欲杀，情罪较斗杀为重。而一律问拟绞决，不足以昭平允。惟谋、故杀一家二命，已罪拟斩决，一故一斗者，亦一律拟斩，又觉无所区别，自应酌量定拟。应请嗣后除殴死一家二命者，仍照例拟绞立决外，其谋、故杀一家二命拟斩立决、枭示，仍酌断财产一半给付死者之家。若一故一斗致死一家二命者，即拟斩立决，毋庸断给财产，仍奏请定夺等因奏准，通行在案。是谋、故杀一家二命之犯，业已奏明枭示。原例内杀三人而非一家，内有二人仍系一家者，与杀一家二人同罪，亦应枭首示众，应于例内增纂。再原例末节，"殴死一家二命，原无必杀之心者，不得滥引此例"，系指殴死一家二人毋庸断给财产者而言，此条似属赘文，应行删除。谨将修改例文，开列于后。

一、凡杀一家非死罪二人，及杀三人而非一家，内二人仍系一家者，拟斩立决、枭示，酌断财产一半给被杀二命之家养赡。倘本犯监故，财产仍行断给。如致死一家二命，系一故一斗者，及杀三命而非一家者，与本欲谋杀一人而行者杀三人案内造意不行之犯，俱拟斩立决，奏请定夺，毋庸断给财产。

【1825】6.19.287.(7)(略)

【1740】○增入

一、杀死功服、缌麻卑幼一家非死罪二命者，俱问拟绞决，奏请定夺。

此条系乾隆四年（1739）定例。

【1740】6.19.287.(7)(略)

【1767】○修改

修改按语，见【1740】6.19.287.(3)条【1767】修改项下。

一、杀死功服、缌麻卑幼一家非死罪二命者，俱问拟绞决，奏请定夺。仍查明该犯财产,酌断一半给付死者之家。

【1768】6.19.287.(8)(略)

【1790】6.19.287.(7)(略)

【1825】6.19.287.(3)(略)

【1756】○续纂

一、殴死一家二命,及殴死三命而非一家者,俱拟绞立决。

臣等谨按:此条系乾隆二十年(1755)五月内,臣部议复升任山西巡抚恒文题"石继昌扎死石如玉一家二命"一案附请定例,应纂辑以便遵行。

【1768】6.19.287.(9)(略)

【1790】6.19.287.(8)(略)

【1801】○修并

修并按语及修并后例文,见【1768】6.19.287.(6)条【1801】修并项下。

【1767】○续纂

一、凡杀一家非死罪三人之妻、子,除同谋加功,及有别项情罪者,仍照本律定拟外,其实未同谋加功者,俱改发附近充军。

臣等谨按:此条系乾隆三十二年(1767)四月内,军机大臣会同臣部奏准定例,应纂辑遵行。

【1768】6.19.287.(10)(略)

【1790】○修并

【原例】【1768】6.19.287.(10)(略)、【1778】续纂"一、谋、故杀一家非死罪四命以上,致令绝嗣者……"条【1788】修改例文(略)

臣等谨按:杀一家三命案内正犯之妻、子,本律止拟满流。乾隆二十九年(1764)奏明改发新疆。嗣于三十二年(1767)四月内,军机大臣会同臣部,以新疆遣犯过多,酌议停止。将此项人犯仍发内地,较原例加一等,改发附近充军。四十四年(1779),乌鲁木齐都统因该处种地缺额,奏明仍发新疆,纂入"名例·徒流迁徙地方"条下,通行遵照在案。至次条例文,系指杀死一家四命以上,查明被杀之家曾否绝嗣,将正犯之子分别拟以斩决、外遣之文。嗣于五十三年(1788)七月内,行在军机大臣会同臣部,核复江西巡抚何裕城奏"邝细祥杀死亲伯一家三命,致令绝嗣"一案,声明邝细祥既绝人之嗣,不可复令其有后。将其三岁之子邝善书拟以宫刑,俟年至十岁时送交内务府阉割。又五十四年(1789)五月内,臣部核复河南巡抚梁肯堂题"张文义杀死范守用之子范狗等一家三命,并砍伤范守用长子范造伤未痊愈"一案,钦奉谕旨:"向来杀死一家三命以上之案,将其子嗣俱照例分别办理。今彼既杀其三子,俱绝嗣,其一仅存者,生死且未可定,而亦无嗣。此等凶残之犯既绝人之嗣,不可复令其有嗣,自当不留遗孽,方足蔽辜。嗣后凡杀死一家三四命以上者,不拘死者之家是否绝嗣,其凶犯之子无论年岁大小,俱着送交内务府一体阉割,以示惩创。钦此。"旋于是年十二月内,臣部以杀死一家三四命以上之案,业经钦奉谕旨,不拘死者之家曾否绝嗣,凶犯之子无论年岁大小,概行阉割。是旧例内杀一家四命以上,应查明被杀之家曾否绝嗣,将凶犯之子照数抵罪,分别拟以斩、遣及永远监禁之处,俱属不用,衍文应请删除等因具奏。奉旨:"依议。"钦遵在案。再查杀一家三命既与杀一家四命以上之案一例同科,其妻、女自应同给死者之家为奴。如本家不愿收领,概行改发伊犁为奴,并于"名例"发遣新疆款项内,将杀一家二人之妻、子条,改为"杀一家三命以上之妻、女"字样,以昭法守。今将删并修辑例文,开列于后。

一、杀一家非死罪三、四命以上之案,不拘死者之家是否绝嗣,凶犯依律拟以凌迟处死。凶犯之子,除同谋加功,及有别项情罪者,仍照本律定拟外,其实无同谋加功者,无论年岁大小,俱送交内务府一体阉割。如年在十岁以下,俱牢固监禁,俟年至十一岁时,再行解京办理。凶犯之妻、女,给死者之家为奴。如本家不能管养,不愿领回者,改发伊犁给官兵为奴。

【1790】6.19.287.(10)(略)

【1795】○修改

臣等谨按:乾隆五十八年(1793)十一月内,内务府奏,杀死一家三四命以上案内凶犯之子,无论年岁大小,送交内务府阉割,派在外围当差。该犯等俱属凶犯之子,幼稚无知者,尚可渐加化导。若年已长成,究恐戾气所钟,习与性成,难于管束。请将此等凶犯子嗣阉割后,年在十五岁以下者,始准派在外围当差,不准日久渐移内围。如年在十六岁以上者,拟发黑龙江,赏给索伦达乎尔为奴。奉旨:"依议。钦此。"钦遵知照在案,应增入此条例内,以便遵行。今将修辑例文,开列于后。

一、杀一家非死罪三、四命以上者,凶犯依律凌迟处死。不拘死者之家是否绝嗣,凶犯之子,除同谋加功,及有别项情罪者,仍照本律定拟外,其实无同谋加功者,无论年岁大小,俱送交内务府一体阉割。年在十五岁以下者,派在外围当差,不许日久渐移内围。若年在十六岁以上,俟阉割后,发遣黑龙江给索伦达呼尔为奴。至年在十岁以下者,牢固监禁,俟年至十一岁时,再行解京,交内务府办理。凶犯之妻、女,给死者之家为奴。如本家不能管养,不愿领回者,改发伊犁给官兵为奴。

【1801】○修改

臣等谨按:杀一家三人案内凶犯之幼子,交内务府阉割,系乾隆五十四年(1789)定例。嗣于嘉庆四年(1799)二月,臣部奏"请调剂缘坐犯属,分别酌办"折内夹片声明,大逆缘坐子孙阉割之例,既经臣等奏请更改,所有杀一家三四命以上凶犯之子,未便仍照旧例阉割。应请嗣后此等凶犯之子,年十六以上,即发黑龙江给索伦达呼尔为奴;年十五以下者,同凶犯妻、女发往新疆安插,均毋庸阉割。仍于例册一体更正等因具奏。奉旨:"依议。钦此。"钦遵在案。此条阉割旧例,应行修改。又原例凶犯之妻、女给死者之家为奴,如本家不能管养,不愿领回者,改发伊犁给官兵为奴。查杀一家三人妻、女缘坐,原因本犯罪大恶极,凌迟不足蔽辜,故缘坐其妻、女,以示惩创。其妻、女本系无罪之人,若给死者之家为奴,势必挟仇报复,非理凌虐,复至别生事端,殊非辟以止辟之意。此等家属照现在奏定之例，改发伊犁等处安插，最为平允。旧例内给死者之家为奴之处，俱应修改。如凶犯之妻已故，其年在十五以下之子，应暂行监禁，俟成丁时，再行发往新疆安插；女许嫁与人者，照律归其夫家，免其缘坐。若凶犯之妻已故，其女年在十五以下者，如照例监禁，俟十六岁时再行发往，茕茕弱质，在监在途诸多未便。请援照免其缘坐之律，给与亲属领回，不必发遣。合并声明。谨将修改例文，开列于后。

一、杀一家非死罪三、四命以上者，凶犯依律凌迟处死。不拘死者之家是否绝嗣，凶犯之子，除同谋加功，及有别项情罪者，仍照本律定拟外，其实无同谋加功者，如年在十六岁以上，发遣黑龙江给索伦达呼尔为奴；年在十五岁以下者，与凶犯之妻女，改发伊犁等处安插。如凶犯之妻已故，其年在十五岁以下之子，暂行监禁，俟成丁时，再行发往新疆安插。女已许嫁者，照律归其夫家，不必缘坐。若凶犯之妻已故，其女年在十五岁以下者，给其亲属领回，不必发遣。

【1802】6.19.287.(9)(略)

【1814】○修改

修改按语，见【1740】6.19.287.(4)条【1814】修改项下。

一、杀一家非死罪三、四命以上者，凶犯依律凌迟处死。不拘死者之家是否绝嗣，凶犯之子，除同谋加功，及有别项情罪者，仍照本律定拟外，其实无同谋加功者，与凶犯之妻女，俱发伊犁等处安插。如凶犯之妻已故，其年在十五岁以下之子，暂行监禁，俟成丁时，再行发遣。女已许嫁者，照律归其夫家，不必缘坐。若凶犯之妻已故，其女年在十五岁以下者，给其亲属领回，不必发遣。

【1821】○修改

臣等谨按：嘉庆二十二年(1817)四月内，臣部议复升任伊犁将军长龄奏"伊犁遣犯日多，请为调剂"案内，将杀一家三四命以上凶犯之子，年在十六岁以上者，改发极边足四千里安置；年在十五岁以下者，并凶犯妻、女，改发附近充军地方安置等因奏准，遵行在案。原例内"俱发伊犁"等处字样，应行修改。谨将修改例文，开列于后。

一、杀一家非死罪三、四命以上者，凶犯依律凌迟处死。不拘死者之家是否绝嗣，凶犯之子，除同谋加功，及有别项情罪者，仍照本律定拟外，其实无同谋加功者，凶犯之子年在十六岁以上，改发激变足四千里安置；年在十五岁以下，与凶犯之妻、女，俱改发附近充军地方安置。如凶犯之妻已故，其年在十五岁以下之子，暂行监禁，俟成丁时，再行发配。女已许嫁者，照律归其夫家，不必缘坐。若凶犯之妻已故，其女年在十五岁以下者，给其亲属领回，不必发配。

【1825】6.19.287.(13)(略)

【1830】○修改

臣等谨按：道光八年(1828)九月内，臣部将杀死一家三四命以上凶犯之子，于乾隆五十四年(1789)定例阉割，并嘉庆四年(1799)因未便留派外围当差，改拟遣戍各缘由，查明具奏。奉旨："嗣后杀死一家三四命以上之案，审明被杀之家实系绝嗣，将凶犯之子年未及岁者，送交内务府阉割，奏明请旨分赏。着刑部纂入例册，循照办理。钦此。"钦遵在案。应于例内修改明晰，以资引用。谨将修改例文，开列于后。

一、杀一家非死罪三四命以上者，凶犯依律凌迟处死。凶犯之子，除同谋加功，及有别项情罪者，仍照本律定拟外，其实无同谋加功，查明被杀之家未至绝嗣者，凶犯之子，年在十六岁以上，改发极边足四千里安置；年在十五岁以下，与凶犯之妻、女，俱改发附近充军地方安置。若被杀之家实系绝嗣，将凶犯之子年未及岁者，送交内务府阉割，奏明请旨分赏；十六岁以上者，仍照前例发极边足四千里安置。如未至绝嗣，案内凶犯之妻已故，其年在十五岁以下之子，暂行监禁，俟成丁时再行发配。女已许嫁者，照律归其夫家，不必缘坐。若凶犯之妻已故，其女年在十五以下者，给其亲属领回，不必发配。

【1847】6.19.287.（13）（略）

【1767】○续纂

一、凡杀一家非死罪二人，及杀三人而非一家者，为首之人，除照例拟以斩决，奏请定夺外，将杀一家二命之犯财产查明，酌断一半给付死者之家；其杀三人而非一家，内有二人仍系一家者，亦酌断一半给付被杀二命之家。倘为首之犯监故，财产仍行断给。若系殴死一家二命，原无必杀之心者，不得援引此例。

臣等谨按：此条系乾隆二十八年（1763）五月内，西安按察使秦勇均条奏定例，应纂辑遵行。

【1768】6.19.287.（11）（略）

【1788】○修并

修并按语及修并后例文，见【1768】6.19.287.（7）条【1788】修并项下。

【1778】○续纂

一、谋、故杀一家非死罪四命以上，致令绝嗣者，凶犯拟以凌迟处死，凶犯之子无论年岁大小，概拟斩立决，妻女改发伊犁给厄鲁特为奴。若死者尚有子嗣，即将凶犯之子俱拟斩监候，妻女给死者之家为奴。如本家不能管养，不愿收领者，亦改发伊犁给厄鲁特为奴。

臣等谨按：此条系乾隆四十一年（1776）九月内，山东巡抚杨景素审奏“高唐州民王之彬挟嫌杀死董长海及王三麻子等一家六命致令绝嗣”一案，钦奉谕旨，令臣部酌定条例，应纂辑遵行。

【1782】○修改

臣等谨按：此条原例内杀一家四命以上致令绝嗣之案，凡凶犯之子，无论年岁大小，概拟斩决。如死者尚有子嗣，则俱拟以斩候。嗣于乾隆四十四年（1779）六月内，臣部议复四川总督文绶题“合江县民余膺杀死熊王氏一家四命，凶犯拟以凌迟处死，其子余世聪、余世华、余世闫、余世荣俱照例拟以斩决”一案，钦奉上谕：“此案余膺杀害熊士顺一家四命，而余膺及其子余世聪等分别凌迟、斩决者，共有五犯，拟抵之人浮于所杀之数，亦觉稍过。所有余膺之子余世聪、余世华、余世闫，仍着照原拟斩决，其幼子余世荣，着从宽免死，同凶犯之妻丁氏，发往伊犁给厄鲁特为奴。并着刑部嗣后如有杀一家四命以上之案，悉按其所杀人数，将凶犯父子照数定罪，俾多寡相当。其有浮于所杀之数或一人或两人者，均以其幼者照此办理。著为例。钦此。”又是年湖广省秋审人犯内，有王成砍杀江文珍等一家六命，其子王喜娃应行缘坐，年仅十岁。山东省秋审人犯，内有冯吉杀死冯文炜一家六命，其子冯大甫年仅六岁，冯二甫年仅二岁。臣部俱拟入情实。钦奉上谕：“嗣后遇有此等凶犯缘坐之子，年在十一岁以上者，仍照现行之例办理。如在十岁以下者，俱着问拟斩候，永远监禁，虽遇赦不准减释，令其老死囹圄。此次未勾之王喜娃、冯大甫、冯二甫，即照此例行。著为令。钦此。”钦遵在案。所有此条原例，应行改辑。再查杀一家四命以上致令绝嗣之凶犯子嗣，除按数拟抵外，其有浮于所杀之数者，既蒙恩以其幼者发遣为奴，则未致绝嗣之凶犯子嗣，有浮于所杀之数者，似不得概拟斩候，自当亦同其妻、女一并发遣，以昭画一，以符平允。今将改辑添纂例文，开列于后。

一、谋、故杀一家非死罪四命以上，致令绝嗣之案，凶犯依律拟以凌迟处死外，仍按其所杀人数，将凶犯父子照数抵罪。其子无论年岁大小，概拟斩立决。其有浮于所杀之数或一人或两人者，均以其幼者，同妻、女改发伊犁给厄鲁特为奴。若死者尚有子嗣，将凶犯之子，亦按其所杀之数，俱拟斩监候。如年在十一岁以上者，入于秋审办理；十岁以下者，俱永远监禁，虽遇赦不准减释。其有浮于所杀之数者，亦以其幼者，同妻、女给死者之家为奴。如本家不能管养，不愿收领者，亦改发伊犁给厄鲁特为奴。

【1788】○修改

臣等谨按：原例内改发伊犁之妻、女、犯属，俱系给厄鲁特为奴。嗣于乾隆五十二年(1787)三月内，奉旨：“嗣后发遣给厄鲁特为奴人犯，着刑部发往伊犁，分给该处察哈尔及驻防满洲官兵为奴。所有从前给厄鲁特为奴之例，着停止。钦此。”应于例内修改详明，以资引用。今将改辑例文，开列于后。

一、谋、故杀一家非死罪四命以上，致令绝嗣之案，凶犯依律拟以凌迟处死外，仍按其所杀人数，将凶犯父子照数抵罪。其子无论年岁大小，概拟斩立决。其有浮于所杀之数或一人或两人者，均以其幼者，同妻、女改发伊犁给官兵为奴。若死者尚有子嗣，将凶犯之子，亦按其所杀之数，俱拟斩监候。如年在十一岁以上者，入于秋审办理；十岁以下者，俱永远监禁，虽遇赦不准减释。其有浮于所杀之数者，亦以其幼者，同妻、女给死者之家为奴。如本家不能管养，不愿收领者，亦改发伊犁给官兵为奴。

【1790】○修并

修并按语及修并后例文，见【1768】6.19.287.(10)条【1790】修并项下。

【1795】○续纂

一、凡杀一家三命以上凶犯，审明后依律定罪，一面奏闻，一面恭请王命，先行正法。

臣等谨按：乾隆五十五年（1790）十一月内，山东省民人隋必隆杀死隋有喜等一家六命一案，奉上谕："惠龄奏'审拟昌邑县民人隋必隆杀死无服族叔隋有喜等一家六命'一案，已批交三法司核议速奏矣。此等凶犯，不法已极，照例问拟凌迟。即应一面奏闻，一面恭请王命，先行正法。若照寻常案件之例，等候部复，设或疏于防范，越狱脱逃，或竟染患病症，瘐死狱中，使凶犯幸逃显戮，且百姓日久，或不知为何事。惠龄审拟隋必隆一案，不即正法，殊属拘泥，着传旨申斥。此等凶徒害命，众证可据，岂尚虑及地方官冤彼乎？嗣后各直省凡杀死一家三命以上凶犯，审明后，均着即行正法，以儆凶残"等因，钦遵在案。应恭纂为例，以便遵行。

【1802】6.19.287.（11）（略）

【1825】6.19.287.（5）（略）

【1801】○续纂

一、为父报仇，除因忿逞凶，临时连杀一家三命者，仍照律例定拟外，如起意将杀父之人杀死后，被死者家属经见，虑其报官，复行杀害，致杀一家三命以上者，必究明报仇情节，杀非同时，与临时逞凶连毙数命者有间，将该犯拟斩立决，妻、子免其缘坐。

臣等谨按：嘉庆四年（1799），臣部题复陕西巡抚马慧裕审题"曹得华先后纠约曹子金等谋杀陈东海一家三命"一案，奉旨："刑部具题议复'陕西省民人曹得华谋杀陈东海一家三命，将曹得华定拟凌迟处死'一案。详核案情，曹得华因伊父曹金陵系被陈东海斗殴杀死，陈东海拟抵减等，遇赦释回。后曹得华蓄意报仇，商同苏良陇等，将陈东海连戳毙命。陈东海之母吴氏携孙陈黑子探听陈东海下落，从曹得华门首经过。曹得华瞥见，虑其查出报官，复商同苏良陇，将陈吴氏、陈黑子砍殴滚沟，同时殒命。此案曹得华为父报仇，若仅将陈东海杀死而止，则照律定拟，尚可入于缓决，永远监禁。今因杀死仇人之母子，总计一家三命，问拟凌迟，固属按例办理。惟是曹得华究有为父报仇情节，且杀毙陈东海后，若因忿逞凶，复找寻至陈东海家内，将伊母、伊子一同杀害，自应照杀一家非死罪三人律定拟。今因陈吴氏、陈黑子在伊门首经过，致被瞥见，恐查询陈东海下落，以致报官，遂行杀害，则与临时逞忿连杀数命者，究属有间。以为父报仇之犯杀毙三命，固未便稍为宽纵，但有此情节，杀非同时，遂致处以极刑，亦觉过当。曹得华着从宽，改依斩立决例，即行处斩，其家属并免发遣。苏良陇业经病故外，曹子金依拟应绞，着监候，秋后处决。余依议。并着刑部将此纂入例内，嗣后内外问刑衙门遇有似此案件，即遵照新例办理。钦此。"钦遵在案，应恭纂为例，以便遵行。

【1802】6.19.287.（10）（略）

【1825】6.19.287.（4）（略）

【1810】○续纂

一、凡谋、故杀缌麻尊长一家二命者，斩决、枭示。殴死缌麻尊长一家二命者，拟斩立决。

臣等谨按:律载谋杀缌麻尊长者,斩决;殴死缌麻尊长者,斩监候。至于谋、故、殴杀缌麻尊长一家二命,例无专条。臣部向来办理杀缌麻尊长一家二命,罪已斩决,无可再加,即照例加拟枭示;殴死缌麻尊长一家二命,即比照凡人殴死一家二命拟绞立决例,拟以斩决,尚无歧误。惟是逐案比附,莫若明立科条,庶有所依据。谨请纂辑为例,以便遵行。

【1825】6.19.287.(9)(略)

【1814】○续纂

一、凡谋、故杀人,而误杀旁人二、三命,除非一家者,仍从一科断,照故杀本律拟斩监候外,如系一家二命,拟以斩决,免其枭示;三命以上,拟以斩枭,俱毋庸酌断财产。

臣等谨按:嘉庆十七年(1812)九月内,臣部议复升任河南巡抚长龄题"刘敬谋毒刘运成,误毒兰罗儿、兰关儿身死"案内,声明杀一家二命、三命及三命而非一家,拟以斩决、枭示、凌迟之例,系指有心惨杀者而言。罪至极刑,必须实犯乃坐。至谋杀人而误杀旁人,因其已有杀人之意,故以故杀论。惟其心止在谋杀本人,其误及旁人,实非意计所及。若因其误杀一家二命,即科以谋杀实犯之条,设将来误杀一家三四命,及三命而非一家,亦拟凌迟、斩决,揆诸情法,殊非平允。议请嗣后凡谋、故杀人,而误杀旁人二三命,除非一家者,仍从一科断,照故杀本律拟斩监候外,如系一家二命,拟以斩决,免其枭示;三命以上,拟以斩、枭,毋庸酌断财产等因奏准,通行在案。应纂辑为例,以便遵行。

【1825】6.19.287.(12)(略)

【1821】○续纂

一、谋杀人,而误杀其人之祖父母、父母、妻女、子孙一家二命及三命以上,除首犯仍照误杀旁人一家二命及三命以上本律,分别问拟斩决、斩枭外,其为从下手伤重致死,及知情买药者,如误杀一家二命,及三命而非一家者,发往新疆当差;三命以上者,发往新疆给官兵为奴。

臣等谨按:嘉庆二十年(1815)七月内,升任河南巡抚方受畴咨"王庭臣谋毒王不济,以致误毙王不济之妻李氏及子、女一家三命,咨请部示"一案。经臣部议,嗣后谋杀人而误杀其人之祖父母、父母、妻女、子孙一命,首犯依谋杀本律拟斩监候,从犯仍拟满流。若误杀一家二命及三命以上,除首犯仍照误杀旁人一家二命及三命以上本例,分别问拟斩决、斩枭外,其为从下手伤重致死,及知情买药者,如误杀一家二命,及三命而非一家者,发往新疆当差;三命以上,发往新疆给官兵为奴等因奏准,遵行在案。除谋杀人而误杀其人之祖父母等一命首从各犯,于"戏杀误杀过失杀"门内修并外,应将误杀一家二、三命以上各犯,分别治罪之处,纂辑为例,以便遵行。

【1825】6.19.287.(14)(略)

【1830】○修改

臣等谨按:道光六年(1826)十一月内,军机大臣会同臣部议复直隶总督那彦成奏"调剂新疆遣犯"折内,请将谋杀人而误杀其人之祖父母、父母、妻女、子孙二三命以上,为从下手伤重致死,及知情买药者,发新疆分别当差、为奴一条,改发极边足四千里充军等因奏准,通行在案。例内发新疆之处,应行修改。谨将修改例文,开列于后。

一、谋杀人,而误杀其人之祖父母、父母、妻女、子孙一家二命及三命以上,除首犯仍照误杀旁人一家二命及三命以上本律,分别问拟斩决、斩枭外,其为从下手伤重致死,及知情买药者,俱改发极边足四千里充军。

【1845】○修复

臣等谨按:查此条例文,从前旧例内载"谋杀人,误杀其人之祖父母、父母、妻女、子孙一家二命及三命而非一家,为从下手,及知情买药者,发新疆当差;三命以上,发往新疆给官兵为奴"等语。嗣道光六年(1826)十一月内,据原任陕甘总督那彦成奏请调剂新疆遣犯,经军机大臣会同臣部议,将此二项俱改为改发极边足四千里充军奏准,纂入例册在案。兹道光二十四年(1844)六月内,据升任贵州巡抚贺长龄奏请"调剂军犯章程"一折,复经军机大臣会同臣部议,请嗣后新疆遣犯各照旧发往等因具奏。奉上谕:"据军机大臣会同刑部议奏'贵州军犯拥挤,酌减调剂'等语。新疆遣犯改发内地,恐人数众多,不特约束难周,且与民风大有关碍。非若新疆地方辽阔,外遣人犯易于安插。所有旧时改发内地各条,着仍照旧发往新疆,交该将军设法妥为安插。并严饬所属,认真查核,严加管束,毋令滋生事端,俾期积久无弊。余依议。钦此。"是新疆遣犯既应照旧发往,其误杀一家二命及三命以上从犯,分别发往新疆当差、为奴之原例,现在犹存,足资引用。此条系属赘文,应行删除。

一、谋杀人,而误杀其人之祖父母、父母、妻女、子孙,一家二命及三命以上,除首犯仍照误杀旁人一家二命及三命以上本律,分别问拟斩决、斩枭外,其为从下手,伤重致死,及知情买药者,如误杀一家二命,及三命而非一家者,发往新疆当差;三命以上,发往新疆给官兵为奴。

【1847】6.19.287.(15)(略)

【1821】○续纂

一、杀死人命罪干斩决之犯,如有将尸身支解,情节凶残者,加拟枭示。

臣等谨按:嘉庆二十二年(1817)六月内,臣部议复调任安徽巡抚康绍镛题"张成标图奸张盘沅,不从,起意杀死灭口,复残毁死尸"一案,奉旨:"此案张成标因图奸张盘沅,不从,起意杀死,复将张盘沅尸身用水浇烫,刮去皮肉,剖开胸腹,挖出脏腑饲犬,残忍已极。仅照因奸杀死良人子弟例问拟斩决,尚觉情浮于法。张成标着即处斩,再加枭示。将该犯凶残情节,于榜示内载明,俾众共知警惕。嗣后斩决之犯,有情节凶残似此者,俱照此例办理。余依议。钦此。"应恭纂为例,以昭法守。

【1825】6.19.287.(15)(略)

【1847】6.19.287.(16)(略)

【1825】○续纂

一、凡杀死同主雇工,复杀死雇主,至三命者,如内有雇主二命,仍分别有无主仆名份,各照凡人谋、故、斗杀一家二命及杀死家长本律本例问拟。若杀死同主雇工及雇主各一命者,不得以一家二命论,仍从一科断。

臣等谨按:道光二年(1822)十二月内,据湖北巡抚杨懋恬题"刘允高戳伤同主雇工刘顺悰,并故杀律应凡论之雇主邓添元,各身死,将刘允高依平人致死一家二命一故一斗例,拟斩立决"一案。经臣部以例内致死一家二命,系一故一斗者,拟斩立决。又杀一家三人律注内,一家谓同居,虽雇工人皆是。详绎律注所称,同居雇工人为一家,系指平人杀死他人一家二三命,内有同居雇工人被杀者而言。若凶手与被杀之人同系雇工,则凶手亦属一家。死者既非有服至亲,即不得以杀他人一家二命论,将刘允高改照故杀律拟斩候。并因例无专条,恐各省有似此案件,难免办理歧误,议请嗣后杀死同主雇工,复杀死雇主至二三命者,不得以致死一家二三命论。如与雇主并无主仆名分,即照凡人谋、故、斗杀各本律例从一科断。其有主仆名分者,仍依杀死家长,各按本律本例从其重者论。并俟修例时,纂入例册等因具题。奉旨允准,通行遵照在案。应纂为例,以便遵行。

【1825】6.19.287.(16)(略)

【1847】6.19.287.(17)(略)

【1830】○续纂

一、凡谋、故、斗殴杀人,罪止斩、绞监候之犯,若于杀人后挟忿逞凶,将尸头、四肢全行割落,及剖腹取脏掷弃者,俱各照本律例拟罪,请旨即行正法。

臣等谨按:道光八年(1828)九月内,臣部核题"安徽省回民马六枪伤刘大和身死,复割碎死尸"一案,钦奉上谕:"昨刑部题复安徽省回民李大本等,因与郭六争卖私盐,互相纠斗,伤毙六命一案,内马六一犯枪伤刘大和身死,与郭六商谋将致毙各尸身弃入水中。马六起意将刘大和头颅、四肢割落,剖取肠脏,并弃入水中,情节极为残忍。该省以该犯于殴杀后欲求避罪,割尸弃置,原无支解之心,仍照殴杀本例定拟绞候。刑部并未详核,亦即照拟具题。朕详阅案情,引例殊未允协,当命军机大臣会同该部详查成案。据复并无成案可稽。试思马六等一造杀死尸躯共有五具,同时弃置水中,何以止将刘大和一尸支解?若以刘大和周身俱有疤点,恐尸浮起,被尸属认明控究,则支解之残尸头颅,岂无疤点可认?而其余四尸,又何以不虑其浮起,被人认明?此而谓其原无支解之心,仍依本例治罪,岂得情法之平。即使有成案可循,尚须衡情酌改,况据该部检查,从无似此成案,何得率行题复。着将原题发交刑部,悉心酌复,另行妥议条例,奏明更正,再降谕旨。钦此。"当经臣部查,殴、故杀人后,复挟忿逞凶,将尸身割落头颅、四肢,并剖腹取脏掷弃,条例未经议及。此案马六听从郭六纠殴,用枪戳伤刘大和身死。该犯于弃尸水中时,辄起意将刘大和尸头割落,剖开肚腹,取出肠脏,一并抛入水中,实属挟忿逞凶,非仅止畏罪残毁可比。诚如圣谕，情节极为残忍。若仍依本律拟以绞候，殊觉情浮于法。马六一犯应于绞候罪上，从重请旨即行正法，以昭炯戒。并请嗣后谋、故及斗殴杀人之犯，罪止斩、绞监候者，若于杀人后挟忿逞凶，割落尸头、四肢并剖腹取脏掷弃者，俱各照本律例拟罪，请旨即行正法。俟修例时，纂入例册等因具奏。奉上谕："刑部复奏，安徽省回民李大本等与郭六争卖私盐，互斗伤毙六命，内马六一犯于各尸身弃入水中时，起意将刘大和头颅、四肢割落，剖取肠脏并弃水中，情节极为残忍。若仍照原题拟以绞候，实属情浮于法。检查条例内殴、故杀人后，复挟忿逞凶，似此情节者，未经议及。兹另行酌议条例，奏明更正。马六一犯，着即改为绞立决。嗣后谋、故及斗殴杀人之犯，罪止斩、绞监候者，若于杀人后挟忿逞凶，割落尸头、四肢并剖腹取脏掷弃者，俱各照本律例拟罪，请旨即行正法等因。钦此。"钦遵在案。应请纂辑专条，以资引用。

【1847】6.19.287.（14）（略）

采生折割人

律 文

【1646】6.19.311

凡采生折割兼已杀及已伤言。人为妖术以惑人者，首凌迟处死，财产断付死者之家，妻、子及同居家口，虽不知情，并流二千里安置；为从加功者，斩。财产、家口不在断付、应流之限。不加功者，依谋杀人律减等。若已行而未曾伤人者，首亦斩，妻、子流二千里；财产及同居家口，不在断付、应流之限。为从加功者，杖一百、流三千里。不加功者，亦减一等。里长知而不举者，杖一百，不知者不坐。告获者，官给赏银二十两。

【1670】6.19.310

凡采生折割兼已杀及已伤言。人者，首凌迟处死，财产断付死者之家，妻、子及同居家口，虽不知情，并流二千里安置；采生折割人是一事，谓取生人耳目、脏腑之类，而折割其肢体也。此与支解事同，但支解者止欲杀其人而已，此则杀人而为妖术以惑人，故又特重之。为从加功者，斩。财产、家口不在断付、应流之限。不加功者，依谋杀人律减等。若已行而未曾伤人者，首亦斩，妻、子流二千里；财产及同居家口，不在断付、应流之限。为从加功者，杖一百、流三千里。不加功者，亦减一等。里长知而不举者，杖一百，不知者不坐。告获者，官给赏银二十两。

【1725】6.19.298

凡采生折割人者，兼已杀及已伤言。首凌迟处死，财产断付死者之家，妻、子及同居家口，虽不知情，并流二千里安置；采生折割人是一事，谓取生人耳目、脏腑之类，而折割其肢体也。此与支解事同，但支解者止欲杀其人而已，此则杀人而为妖术以惑人，故又特重之。为从加功者，斩。财产、家口不在断付、应流之限。不加功者，依谋杀人律减等。若已行而未曾伤人者，首亦斩，妻、子流二千里；财产及同居家口，不在断付、应流之限。为从加功者，杖一百、流三千里。不加功者，亦减一等。里长知而不举者，杖一百，不知者，不坐。告获者，官给赏银二十两。

注：此特重杀人以行妖术者之罪也。采生折割，详律注。已杀、已伤、已行未伤之罪，

皆分首从科断。已杀、已伤,则为首者,财产断付死者之家,同居家口并流。若只已行而未伤人,则财产、家口俱不在断付、应流之限。此条及下条蛊毒杀人,因其用术惨杀,流毒无穷,故皆罪及里长,并悬告获之赏。法重则人不敢犯,赏厚则奸无所容,所以深杜其害,而绝其根也。采生折割,如有亲属首告,或捕送到官,亦如反逆律已行者,正犯不免,其应缘坐之妻、子及同居家口,得同自首免罪。再采生折割已杀已伤者,妻、子及同居家口并流,则未许嫁在室之女,应在流限。许嫁之女及过房与人之子,俱不坐。

臣等谨按:此特重杀人以行妖术者之罪也。采生折割,详律注。首言已杀、已伤之罪,次言已行未伤之罪,二项皆分首从科断。已杀、已伤,则为首者财产、家口俱断付、应流。若只已行而未伤人,则财产、家口俱不在断付、应流之限。此条及下条蛊毒杀人,因其用术惨杀,流毒无穷,故皆罪及里长,并悬告获之赏。法重则人不敢犯,赏厚则奸无所容,所以深杜其害,而绝其根也。采生折割,如有亲属首告,或捕送到官,亦如反逆律已行者,正犯不免,其应缘坐之妻、子及同居家口,得同自首免罪。再采生折割已杀已伤者,妻、子及同居家口并流,则未许嫁在室之女,应在流限。许嫁之女及过房与人之子,俱不坐。

【1740】6.19.288(略)

附律条例

【1740】6.19.288.(1)

一、凡采生折割等人,如有亲属首告,或捕送到官,应如反逆律,已行者,正犯不免,其缘坐之妻、子及同居家口,得同自首律免罪。

此条系总注,足补律所未备。今另纂为例,以便引用。

【1767】○修改

臣等谨按:采生折割等项人犯,情罪重大,定例亲属首告,免其缘坐。原例内"捕送到官"下,有"应如反逆律"五字,系定例时援引比附,原属衍文,拟合删去。

一、凡采生折割等人,如有亲属首告,或捕送到官,已行者,正犯不免,其缘坐之妻、子及同居家口,得同自首律免罪。

【1768】6.19.288.(1)(略)

造畜蛊毒杀人

律　文

【1646】6.19.312

凡(置)造(藏)畜蛊毒,堪以杀人,及教令(人造畜)者,(并坐)斩。(不必用以杀人。)○造畜者,(不问已未杀人,)财产入官,妻、子及同居家口,虽不知情,并流二千里安置。(所教令之财产、妻、子等,不在此限。)若以蛊毒毒同居人,其被毒之人父母、妻妾、子孙,不知造蛊情者,不在流远之限。(若系知情,虽被毒仍缘坐。)若里长知而不举者,各杖一百,不知者不坐。告获者,官给赏银二十两。○若造魇魅、符书咒诅，欲以杀人者，凡人子孙、奴婢、雇工人，尊长、卑幼，各以谋杀已行未伤论；因而致死者，各依本谋杀法。欲止令人疾苦无杀人之心。者，减谋杀已行未伤二等。其子孙于祖父母、父母，不言妻妾于夫之祖父母、父母，举子孙以见义。奴婢、雇工人于家长者，各不减。仍以谋杀已行论斩。○若用毒药杀人者，斩。监候。或药而不死，依谋杀已伤律绞。买而未用者，杖一百、徒三年。知情卖药者，与犯人同罪，至死减等。不知者不坐。

【1670】6.19.311（略）

【1725】6.19.299

凡置造藏畜蛊毒，堪以杀人，及教令人造畜者，并坐斩。不必用以杀人。○造畜者，不问已未杀人，财产入官，妻、子及同居家口，虽不知情，并流二千里安置。教令者之财产、妻、子等，不在此限。若以蛊毒毒同居人，其被毒之人父母、妻妾、子孙，不知造蛊情者，不在流远之限。若系知情，虽被毒仍缘坐。若里长知而不举者，各杖一百，不知者不坐。告获者，官给赏银二十两。○若造魇魅、符书咒诅，欲以杀人者，凡人子孙、奴婢、雇工人，尊长、卑幼，各以谋杀已行未伤论；因而致死者，各依本谋杀法。欲止令人疾苦无杀人之心。者，减谋杀已行未伤二等。其子孙于祖父母、父母，不言妻妾于夫之祖父母、父母，举子孙以见义。奴婢、雇工人于家长者，各不减。仍以谋杀已行论斩。○若用毒药杀人者，斩。监候。或药而不死，依谋杀已伤律绞。买而未用者，杖一百、徒三年。知情卖药者，与犯人同罪，至死减等。不知者不坐。

注：此惩用术杀人之罪也。首节言自造畜及教令人造畜之罪。造畜者将以害人，以其术教令人，是使人害人，不问用与未用，并坐以斩。次节言造畜者之财产、家口在入官、应流之限。盖教令止有其方，而造畜实有其物，故惟造畜者财产入官、妻子及同居家口并流二千里安置。若以蛊毒毒同居人，而被毒者之父母、妻妾、子孙不知情者，不在缘坐之限。若知情不发觉，以致亲属被毒，仍从缘坐拟流者，恶其容隐于前，又恐其传术于后也。若本管里长知造畜、教令之情而不举首者，杖一百，不知者不坐。有能出首获送到官，或出首而官差拿获者，给赏银二十两。若亲属首告，缘坐人免罪，正犯不免。三节定用术杀人之罪。用术多端，但以其有欲杀人之心，故各依谋杀本律已行未伤论；因而致死者，各依本条谋杀法坐罪。若但欲人疾苦，原无杀人之心，各减谋杀已行未伤之罪二等。卑幼之于尊长，与凡同。惟子孙于祖父母、父母，奴婢、雇工人于家长，但行魇咒，虽止欲令其疾苦，即坐谋杀已行斩罪，不减等。四节定毒药杀人之罪。毒药如砒霜、银黝等项一切有毒之药，堪以杀人者皆是。因与蛊毒稍殊，故斩，分立决、监候。买而未用，则满徒。知情卖药者，与同罪，至死减一等，不知者不坐。盖药虽有毒，攻治疾病亦有时而用，故不知而卖者，免科。

臣等谨按：此指凡用术以杀害人者言也。造制、造畜、藏畜蛊毒，谓造合毒物，置饮食中，令成蛊疾。魇魅，谓魇胜鬼魅之事，如图画雕刻人形，钻心钉眼、系手缚足之类。符书咒诅，谓书画符篆，写所欲害之人生年月日，暗行咒诅。皆欲以杀人或令人疾苦者也。首节言自造畜及教令人造畜之罪。造畜者将以害人，以其术教令人，是使人害人，不问用与未用，并坐以斩。次节言造畜者之财产、家口，在入官、应流之限。盖教令止有其方，而造畜实有其物,故惟造畜者财产入官,妻、子及同居家口并流二千里安置。若以蛊毒同居人,而被毒者之父母、妻妾、子孙不知情者,不在缘坐之限。若知情不发觉,以致亲属被毒,仍从缘坐拟流者,恶其容隐于前,又恐其传术于后也。至本管里长,知造畜、教令之情而不首告则杖,能告而捕获到官则赏。以亲属既相容隐,外人又不能知,惟里长为亲管,近而易知,故悬赏罚,使之首告也。三节定用术杀人之罪。用术多端,但欲杀人者,各依谋杀本律已行未伤论;因而致死者,各依本条谋杀法坐罪。若但欲人疾苦,原无杀人之心,各减谋杀已行未伤人之罪二等。惟子孙于祖父母、父母,奴婢、雇工人于家长,但行魇咒,虽止欲令其疾苦,即坐谋杀已行斩罪,不减等。四节定毒药杀人之罪。毒药如砒霜、银黝等项一切有毒之药,堪以杀人者皆是。因与蛊毒稍殊,故分立决、监候。买而未用,则杖徒。知情卖药者,与同罪,至死减等,不知者不坐。盖药虽有毒,攻治疾病亦有时而用,故不知而卖者,免科。

【1740】6.19.289(略)

附律条例

【1767】○续纂

一、诸色铺户人等,货卖砒霜、信石,审系知情故卖者,仍照律与犯同罪外,若不究明来历,但贪利混卖,致成人命者,虽不知情,亦将货卖之人,照不应重律杖八十。

谨案:此条乾隆三十年(1765)定。

【1768】6.19.289.(1)(略)

【1801】○续纂

一、凡以毒药毒鼠毒兽误毙人命之案,如置药饵之处,人所罕到,或置放喂食牲畜处所,不期杀人,实系耳目、思虑所不及者,依过失杀人律收赎;若在人常经过处所置放,因而杀人者,依无故向有人居止宅舍放弹射箭律杖一百、流三千里,仍追给埋葬银一十两。

臣等谨按:嘉庆四年(1799),臣部核复署陕西巡抚永保审拟"刘述盛毒猪,误毒邓添宜身死"案内,声明以毒药毒鼠,误毙人命,向来俱照过失杀律收赎。惟是过失杀人律注,以耳目所不及、思虑所不到,初无害人之意,而偶致杀人者,方准依律收赎。如置毒药于饼饵食物内,放在人易经见取食之处,以致其人误食身死,即与无故向有人居止宅舍放弹射箭因而致死问拟满流之律,情罪相仿。若照过失杀律收赎,未免无所区别。应以置放药饵之处,如系人所罕到,及置放喂养牲畜处所,不期杀人者,方准依律收赎。若置放人常经过之处,因而杀人者,应依无故向有人居止宅舍放弹射箭律科断,仍追埋葬银一十两,以昭平允等因,咨行在案。应纂辑为例,以便引用。

【1802】6.19.289.(2)(略)

斗殴及故杀人

律　文

【1646】6.19.313

斗殴及故杀人独殴曰殴，有从为同谋共殴。临时有意欲杀，非人所知曰故。共殴者惟不及知，仍止为同谋共殴，此故杀所以与殴同条，而与谋攸分。

顺治五年（1648）七月二十四日刑部面奉旨："殴杀人命，据律应抵。或偶相互殴误伤致死者，姑责四十板，赔一人。如素有仇怨，因而殴杀者，仍依本律。俱确招，奏请定夺。着著为例。钦此。"①

凡斗殴杀人者，不问手足、他物、金刃，并绞。监候。○故杀者，斩。监候。○若同谋共殴人，因而致死者，以致命伤为重，下手致命伤重者，绞；监候。原谋者，不问共殴与否，杖一百、流三千里；余人，不曾下手致命，又非原谋，各杖一百。各兼人数多寡及伤之轻重言。

【1670】6.19.312

斗殴及故杀人独殴曰殴，有从为同谋共殴。临时有意欲杀，非人所知曰故。共殴者惟不及知，仍止为同谋共殴，此故杀所以与殴同条，而与谋攸分。（略）

【1725】6.19.300

斗殴及故杀人独殴曰殴，有从为同谋共殴。临时有意欲杀，非人所知曰故。共殴者惟不及知，仍止为同谋共殴，此故杀所以与殴同条，而与谋攸分。

律文（略）

注：此分别斗殴杀人者之有心、无心，以定罪也。偶然因事忿争，两相斗殴，原无欲杀之心，故坐绞监候。若于斗殴时忽起杀心，欲致人于死，是谓故杀，应坐斩监候。若同谋共殴人，因而致死者，其类有三：或同谋而不共殴，或共殴而不同谋，或同谋而又共殴。要皆以致命伤为重，须究其下手殴伤致命之人坐以绞罪。其原谋者，不论共殴与否，并坐满流。盖所谋在殴，无意杀之。是殴为重，而谋为轻，故殴者绞，而谋者流。至不系下手致命，又非原谋，皆为余人。虽殴有别处重伤，至折伤以上，亦止杖一百。再共殴人伤皆致命，以最后下手重者当其重罪。如当时身死，则坐后下手者无疑。若当时未死，而过后死者，当究明何伤致死，以伤重者坐罪。若原谋共殴，亦有致命伤，又以原谋为首。至乱殴不知先后轻重者，有原谋则坐原谋为首，无原谋则坐初斗者为首。

臣等谨按：此分别斗殴杀人者之有心、无心，以定罪也。首节定因斗殴而致杀人之罪。偶然因事忿争，两相斗殴，俱无欲死其人之心，其一人偶因伤重致死，故坐绞监候。二节定故杀之罪。若于斗殴时忽起杀心，故意重殴，本欲致人于死，而其人果死，应坐斩监候。三节言同谋共殴之罪。同谋共殴，有分、有合。分言之，有同谋而不共殴者，有共殴而不同谋者。合言之，有始既同谋，终复共殴者。要皆以致命伤为重，须究其下手殴伤致命之人，坐以绞罪。其原谋者，不问共殴与否，并坐满流。然所谋在殴，无意杀之，是殴为重，而谋为轻，故殴者绞，而谋者流。至不系下手致命，又非原谋，皆为余人。虽殴有别

① 此条圣旨，或系临时刻入，原件以双行小字排印，律文正文因此压缩为双行小字排印。康熙三年（1664）刻本及康熙九年（1670）《大清律集解附例》皆不载。

处重伤,至折伤以上,亦止杖一百。再共殴人伤皆致命,以最后下手重者当其重罪。如当时身死,则坐后下手者无疑。若当时未死,而过后死者,当究明何伤致死,以伤重者坐罪,不得概坐最后下手之人。若原谋共殴,亦有致命重伤,则又以原谋为首。至乱殴不知先后轻重者,有原谋则以原谋为首,无原谋则以先下手人为首。

【1740】6.19.290

斗殴及故杀人独殴曰殴,有从为同谋共殴。临时有意欲杀,非人所知曰故。共殴者,惟不及知,仍止为同谋共殴,此故杀所以与殴同条,而与谋有分。(略)

附律条例

【1646】6.19.313.(1)

一、凡同谋共殴人,除下手致命伤重者,依律处绞外,其共殴之人,审系或执持枪刀等项凶器,或亦有致命伤痕者,发边卫充军。

【1670】6.19.312.(1)(略)

【1725】○修改

原拟:下条必凶器、重伤兼者,方拟充军。应将此条内二"或"字删去。

【1725】6.19.300.(1)

【原例】一、凡同谋共殴人,除下手致命伤重者,依律处绞外,其共殴之人,审系执持枪刀等项凶器,亦有致命伤痕者,发边卫充军。

【1740】6.19.290.(1)(略)

【1768】6.19.290.(1)

一、凡同谋共殴人,除下手致命伤重者,依律处绞外,其共殴之人,审系执持枪刀等项凶器,亦有致命伤痕者,发近边充军。

【1810】○修改

【原例】【1768】6.19.290.(1)(略)、【1740】6.19.290.(2)(略)

臣等谨按:"斗殴"门内例载"凶徒执持凶器,但伤人者,发近边充军",是无论伤之重轻,即拟军罪。此二条例内,"共殴之人执持凶器,亦有致命伤痕者,拟军;有重伤而无凶器,有凶器而无重伤,毋得拟戍",核与斗殴之例不符。查凶徒辄敢执持凶器,共殴伤人,酿成人命,自应与斗殴伤人者一例问拟,庶足以示惩创。谨将例内"亦有致命伤痕"及"有重伤而无凶器,有凶器而无重伤"等句,概行节删,以归画一。谨将修改例文二条,开列于后。

一、凡同谋共殴人,除下手致命伤重者,依律处绞外,其共殴之人,审系执持枪刀等项凶器伤人者,发近边充军。

【1825】6.19.290.(11)(略)

【1825】6.19.290.(10)(略)

【1646】6.19.313.（2）

一、凡同谋共殴人犯，除下手者拟绞外，必真系造意首祸之人，方以元谋拟流；殴有重伤，而又持有凶器者，方以合例发遣。其但曾与谋而未造意，并有重伤而无凶器、有凶器而无重伤者，毋得概拟流戍。

【1670】6.19.312.（2）（略）

【1725】6.19.300.（2）

【原例】一、凡同谋共殴人犯，除下手者拟绞外，必实系造意首祸之人，方以原谋拟流；殴有重伤，而又持有凶器者，方以合例发遣。其但曾与谋而未造意，并有重伤而无凶器、有凶器而无重伤者，毋得概拟流戍。

【1740】6.19.290.（2）（略）

【1810】〇修改

修改按语，见【1768】6.19.290.（1）条【1810】修改项下。

一、凡同谋共殴人犯，除下手者拟绞外，必实系造意首祸之人，方以原谋拟流。其但曾与谋而未造意者，毋得概拟流罪。

【1825】6.19.290.（11）（略）

【1646】6.19.313.（3）

一、凡审共殴下手拟绞人犯，果于未结之前，遇有原谋助殴重伤之人，监毙在狱，与解审中途因而病故者，准其抵命。若系配发事结之后，若在家病亡者，不得滥改抵偿，仍将下手之人依律处决。

【1670】6.19.312.（3）（略）

【1725】6.19.300.（3）

【原例】一、凡审共殴下手拟绞人犯，果于未决之前，遇有原谋助殴重伤之人，监毙在狱，与解审中途因而病故者，准其抵命。若系配发事结之后，在家病亡者，不得滥改抵偿，仍将下手之人，依律处决。

【1740】〇修改

臣等谨按：原谋助殴之人监毙及解审中途病故，准其抵命者，原为已有抵命之人，则下手拟绞之犯可以量减。但例内止有准其抵命，而拟绞人犯如何治罪之处，并未定有罪名，应增。谨将增辑例文，开列于后。

一、凡审共殴下手拟绞人犯，果于未决之前，遇有原谋助殴重伤之人，监毙在狱，与解审中途因而病故者，准其抵命；下手之人，减等拟流。若系配发事结之后，在家病亡者，不得滥改抵偿，仍将下手之人依律处决。

【1740】6.19.290.（3）（略）

【1767】〇修改

臣等谨按：原例“原谋助殴重伤之人，监毙在狱，与解审中途病故者，准其抵命”等语，查共殴人致死,原止一命一抵,或原谋,或助殴重伤之人,若于未决之前,或有监毙在狱,及解审中途病故者,即准其抵命。原例"原谋助殴重伤之人"一句,似合两项人为一项,恐致引用歧误,拟于"原谋"下添一"及"字。

一、凡审共殴下手拟绞人犯,果于未决之前,遇有原谋及助殴重伤之人,监毙在狱,与解审中途因而病故者,准其抵命;下手之人,减等拟流。若系配发事结之后,在家病亡者,不得滥改抵偿,仍将下手之人依律处决。

【1768】6.19.290.(3)(略)

【1778】○修改

臣等谨按:此条原例内"拟绞人犯,果于未决之前"及"下手之人,减等拟流",并"不得滥改抵偿"暨末后"依律处决"等句,均未详晰。所有此条原例,应行修改。谨将改辑例文,开列于后。

一、凡审共殴下手应拟绞抵人犯,果于未结之前,遇有原谋及助殴伤重之人,监毙在狱,与解审中途因而病故者,准其抵命;下手应绞之人,减等拟流。若系配发事结之后,在家病亡者,不得滥改抵偿,仍将下手之人依律拟抵。

【1790】6.19.290.(3)(略)

【1795】○修改

臣等谨按:乾隆五十六年(1791)八月内,因湖北省审拟"陈谷松、王廷英共殴吕九如身死",该省先将病故余犯所殴指为轻伤,拟杖完结,嗣于正犯就获时,复称病故余犯所殴系属重伤,请将正犯减等,经臣部照例议驳一案,钦奉谕旨,令将"助殴伤重之人在监及解审病故,下手应绞之人,减等拟流"一条,详悉酌改。经臣部议请,于例内"助殴伤重之人"句内,添明"亦足致死重伤"字样,并酌拟添注例文,缮单进呈。奉旨:"依议。"钦遵在案,应载入遵行。

一、凡审共殴下手,应拟绞抵人犯,果于未结之前,遇有原谋及助殴亦足致死重伤之人,监毙在狱,与解审中途因而病故者,准其抵命;下手应绞之人,减等拟流。若系配发事结之后身故,及事前在家病亡者,不得滥引此例,仍将下手之人依律拟抵。

【1801】○修改

臣等谨按:此条"共殴下手应绞人犯,于未结之前,遇有原谋及助殴之人监毙及解审中途病故者,准其抵命,下手应绞之人减等拟流"系乾隆五年(1740)定例。又嘉庆三年(1798),臣部议复署安徽巡抚朱珪审题"张琅孜扎死王克从,原谋张晋士闻拿畏罪缢死"一案,声请嗣后此等案件,如事前在家病亡,与本案并无干涉者,仍照旧例不准拟抵外,如实因本案畏罪自尽,虽在未经到官之前,亦一概准其抵命,下手应绞之人,减等拟流等因具题。奉旨:"依议,钦此。"钦遵在案。应于例内增叙明晰,以便引用。谨将修改例文,开列于后。

一、凡审共殴案内,下手应拟绞抵人犯,果于未经到官之前,遇有原谋及共殴余人内,殴有致死重伤之人,实因本案畏罪自尽,及到官以后、未结之前,监毙在狱,与解审中途因而病故者,准其抵命,将下手应绞之人,减等拟流。若系配发事结之后身故,及事前在家病亡,或因他故自尽,与本案全无干涉者,不得滥引此例,仍将下手之人依律拟抵。

【1802】6.19.290.(3)(略)

【1825】6.19.290.(2)(略)

【1725】○增入

臣等谨按:康熙五十一年(1712)十二月内,九卿议复独殴、共殴论抵,事理类于此律,谨拟节录于后。

【续增现行例】一、凡审理命案,一人独殴人致死,无论致命不致命,皆拟抵偿。若两人共殴人致死,则以顶心、囟门、太阳穴、耳窍、咽喉、胸膛、两乳、心坎、肚腹、脐肚、两胁、肾囊、脑后、耳根、脊背、脊膂、两后胁、腰眼,并顶心之偏左偏右、额颅、额角为致命论抵。

【1725】6.19.300.(4)【增例】(略)

【1740】6.19.290.(4)(略)

【1825】6.19.290.(3)(略)

【1725】6.19.300.(5)

【钦定例】一、文武生员,除谋、故杀人,及戏杀、误杀、过失杀、斗殴杀伤人者,仍照律治罪外,如有武断乡曲,倚仗衣顶横行欺压平民,其人不敢与争,旁人不敢劝阻,将人殴打至死者,审实,从重拟斩监候。

谨案:此条雍正三年(1725)定。

【1740】6.19.290.(6)(略)

【1801】○修改

臣等谨按:此条系雍正年间定例。查武断乡曲,欺压平民,其人不敢与争,旁人不敢劝阻,虽与实在光棍有间,然比之棍徒扰害,情尤凶恶,故殴人致死,即拟斩候,例意极为平允。但此等人犯,所在多有,例内专指文武生员,其一切土豪势恶及无赖棍徒有犯,反不援引此例,未为赅备。且无赖棍徒,每多凭空诈赖,逞凶欺骗,将人殴打,最为民蠹。俱应于例内详晰增入,以便引用而昭惩创。又查此等恶徒殴死平民,问拟斩候,既较寻常增重,则受害人杀伤此等人犯,亦当减轻,自应以擅杀罪人论。应于例内增入,合并声明。谨将修改例文,开列于后。

一、文武生员、乡绅,及一切土豪势恶、无赖棍徒,除谋、故杀人,及戏杀、误杀、过失杀、斗殴杀伤人者,仍照律治罪外,如有倚仗衣顶及势力,武断乡曲,或凭空诈赖,逞凶横行,欺压平民,其人不敢与争,旁人不敢劝阻,将人殴打至死者,拟斩监候。若受害人有杀伤者,以擅杀伤罪人律科断。

【1802】6.19.290.(6)(略)

【1825】6.19.290.(5)(略)

【1725】6.19.300.(6)

【钦定例】一、刑部审拟陈中甲等一案具题,奉旨:"刘福荣殴打闫喜儿,与陈中甲毫无干涉,且被殴之闰喜儿并无怨怒报复之意。乃陈中甲好斗生事,邀约李锁住同往寻殴,因未遇刘福荣辄迁怒于伊父刘万良,毒殴致死。似此强横凶恶,明系光棍,该部援引最后下手律拟绞监候,甚属不合。着另议具奏。凡人谁无父母,乃因与其子弟斗殴,遂迁怒所生,至于殒命,恶俗残忍至此,若不严加惩治,以儆凶顽,无以敦厚风化。其应如何定议之处,着九卿详悉会议具奏。钦此。"刑部会同九卿议准:嗣后凶徒好斗生事,有如陈中甲之类,见他人斗殴与已毫无干涉,辄敢约伙寻衅,甚而迁怒于其父母,毒殴致毙者,照光棍例分别首从治罪。其本身与人斗殴之后,仍寻殴报复而迁怒于其父母,毒殴致毙者,拟斩监候,遇赦不宥。

【1740】○修改

臣等谨按:此条系钦奉上谕,九卿议准遵行。应恭纂为例,以便引用。至赦款俱由临时钦定,是以凡有遇赦不宥之条,俱不开载,亦应毋庸议载人。谨将纂辑例文,开列于后。

一、凡凶徒好斗生事,见他人斗殴,与已毫无干涉,辄敢约伙寻衅,迁怒于其父母,毒殴致毙者,照光棍例分别首从治罪。其本身与人斗殴之后,仍寻殴报复,而迁怒于其父母,毒殴致毙者,拟斩监候。

【1740】6.19.290.(7)(略)

【1825】6.19.290.(6)(略)

【1740】6.19.290.(5)

一、凡同谋共殴人,伤皆致命,如当时身死,则以后下手重者,当其重罪;若当时未死,而过后身死者,当究明何伤致死,以伤重者坐罪。若原谋共殴,亦有致命伤,又以原谋为首。至乱殴不知先后、轻重者,有原谋,则坐原谋为首;无原谋,则坐初斗者为首。

谨案:此条乾隆五年(1740)定。

【1778】○修改

臣等谨按:乾隆四十二年(1777)六月内,署理湖南按察使事、衡永郴桂道汪新条奏"请将同谋共殴人致死,原谋亦殴有致命伤,将原谋拟抵案内,助殴伤重致死之余人,拟以杖一百、流三千里"等因,经臣部以同谋共殴律例,原以致死之伤论抵。若助殴之人,所殴致命伤重,其人实死于助殴之伤者,自仍以助殴下手伤重者论抵。惟例内所载"原谋共殴,亦有致命伤,又以原谋为首"一句,于重轻未经明言,外省问刑衙门,恐不免有拘泥字面,议拟失当之处。请将"同谋共殴人,伤皆致命,原谋亦殴有致命伤,又以原谋为首"一句,添改为"原谋亦有致命伤,以原谋为首;如致命伤轻,则以殴有致命重伤之人拟抵,原谋仍照例拟流"等因奏准,通行在案。所有此条原例,应修改。谨将改辑例文,开列于后。

一、凡同谋共殴人伤皆致命,如当时身死,则以后下手重者当其重罪;若当时未死,而过后身死者,当究明何伤致死,以伤重者坐罪。若原谋共殴,亦有致命重伤,以原谋为首;如致命伤轻,则以殴有致命重伤之人拟抵,原谋仍照律拟流。至乱殴不知先后、轻重者,有原谋,则坐原谋为首;无原谋,则坐初斗者为首。

【1790】6.19.290.(5)(略)

【1825】6.19.290.(4)(略)

【1743】○续纂

一、凡两家互殴致毙人命,除尊卑服制,及死者多寡不同,或故杀、斗杀情罪不等,仍照本律定拟外,其两家各毙一命,将应拟抵人犯免死减等,发边卫充军。

此条乾隆五年(1740)七月,臣部议复安抚陈大受题"蒋凡、卢秀两家互殴,各毙一命"案内,附请定例。

【1751】○修改

臣等谨按:定例之意,原谓两家之父兄子侄帮护互殴,至各有殴毙之人,则一命可抵一命。若再各行拟抵,彼被殴者既死于斗,而殴人者又死于法,是两家同死四人,情堪怜悯,是以量为减等。盖以一家之亲属抵一家之亲属,而各免其亲属一人之死。是不惟原生者之情,亦所以慰死者之心,非谓犯属相随助殴致死人命者,概行减免也。但不分晰载明,引用恐致牵混,应于"两家各毙人命"句下,添载"果各系凶手本宗亲属"一语,以为援引。谨将增辑例文,开列于后。

一、凡两家互殴致毙人命,除尊卑服制,及死者多寡不同,或故杀、斗杀情罪不等,仍照本律定拟外,其两家各毙一命,果各系凶手本宗亲属,将应拟抵人犯免死减等,发边卫充军。

【1768】6.19.290.(8)

一、凡两家互殴致毙人命,除尊卑服制,及死者多寡不同,或故杀、斗杀情罪不等,仍照本律定拟外,其两家各毙一命,果各系凶手本宗亲属,将应拟抵人犯免死减等,发近边充军。

【1801】○修改

臣等谨按:此条系乾隆五年(1740)定例。查定例之意,原为两家之父兄子侄帮护互殴,致各有殴毙之人,则一命可抵一命。若再各行拟抵,是被杀者既死于斗,而斗者又死于法,两家共死四人,情堪怜悯,是以量为减等。盖以一家之亲属抵一家之亲属,而各免其亲属一人之死,不惟原生者之情,亦所以慰死者之心,立法最为尽善。惟查斗杀之案,凡原谋伤轻不至于死,越十日后因风身死,及保辜正限外余限内身死者,定例俱应减等拟流。则两家互殴各毙一命,果各系凶手本宗有服亲属之案,如因风身死,或正限外余限内身死者,应于拟军本罪上再减一等拟徒。查嘉庆元年(1796),臣部核复山东巡抚玉德审题"任士进殴死徐勇远,任士进之缌麻服叔任小吉被徐勇远之缌麻服侄徐泮珠殴伤,因风身死"案内,该抚声明任小吉实由抽风所致,徐泮珠例应拟流。虽两家互殴,各毙一命,例内并无拟流凶犯亦准减等明文。但任士进既按例免死减等,徐泮珠亦应酌减科罪。将任士进依例拟军,徐泮珠于军罪上再减一等拟徒等因具题,奉旨:"依议。钦此。"钦遵在案,应增纂为例,以便引用。其正限外余限内身死之案,亦应一例纂添,合并声明。谨将修改例文,开列于后。

一、凡两家互殴致毙人命,除尊卑服制,及死者多寡不同,或故杀、斗杀情罪不等,仍照本律定拟外,其两家各毙一命,果系凶手本宗有服亲属,将应拟抵人犯免死减等,发近边充军。若原殴伤轻不至于死,越十日后因风身死,及保辜正限外余限内身死者,于本罪上再减一等,杖一百、徒三年。

【1802】6.19.290.(8)(略)

【1814】○修改

【原例】【1802】6.19.290.(8)(略)【1768】6.19.290.(10)(略)

臣等谨按:后条例内各毙一命减军之案,分别是否同居追埋一节,系指前条减军人犯应追埋葬银两而言,一事分载两条,殊未允协。应请移并前条,以归核实。再查前条例内,原殴伤轻,因风身死,及死在辜限外减等拟徒,人犯亦应追埋,例内并未载及,系属罣漏,应一并添辑,以资引用。谨将修改例文二条,开列于后。

一、凡两家互殴致毙人命,除尊卑服制,及死者多寡不同,或故杀、斗杀,情罪不等,仍照本律定拟外,其两家各毙一命,果各系凶手本宗有服亲属,将应拟抵人犯均免死,减等发近边充军。若原殴伤轻不至于死,越十日后因风身死,及保辜正限外余限内身死者,于军罪上再减一等,杖一百、徒三年。如有服亲属内,有一不同居共财者,各于犯人名下,追银二十两,给付死者之家。若两家凶手,与死者均系同居亲属,毋庸追埋。

【1825】6.19.290.(13)(略)

【1756】○修改

一、凡犯死罪监候人犯,在监复行凶致死人命者,照前后所犯斩、绞罪名,从重拟以立决。

臣等谨按:此条系乾隆十八年(1753)二月内,臣部议复调任福建巡抚陈宏谋题"许皆图奸族婶洪氏,殴伤许巧身死,在监复殴死廖瑍"一案,钦奉谕旨,应恭纂为例,以便遵行。

【1768】6.19.290.(9)(略)

【1825】6.19.290.(7)(略)

【1761】○续纂

一、两家互殴致死一命,其律应拟抵之正凶,当时被死者无服亲属殴死,将殴死凶手之人杖一百、流三千里;如被死者有服亲属殴死,照此例再减一等,将殴死凶手之人杖一百、徒三年。仍各追埋葬银二十两,给付尸亲收领。其各毙一命,将应抵人犯免死减军之案,除均系同居亲属,毋庸追埋外,或一家被杀之人,与减军之犯,有不同居共财者,各于犯人名下追银二十两,给付死者家属。

臣等谨按:此条系乾隆二十五年(1760)十一月内,臣部议准原任江西巡抚阿思哈审拟郭定宙案内,附疏声请条例,并二十六年(1761)六月内,议复湖北布政使亢保条奏,及八月内湖南巡抚冯钤审拟杨启容一案,酌定条例,应汇纂以便遵行。

【1768】6.19.290.(10)(略)

【1814】○修改

修改按语,见【1768】(8)条【1814】修改项下。

一、凡两家互殴致死一命,其律应拟抵之正凶,当时被死者无服亲属殴死,将殴死凶手之人杖一百、流三千里;如被死者有服亲属殴死,再减一等,杖一百、徒三年。仍各追埋葬银二十两,给付被杀凶手之家。

【1825】6.19.290.(14)(略)

【1761】○续纂

一、凡与人斗殴,而误杀其人之祖孙父子,均依斗杀律科罪。

臣等谨按:此条系乾隆二十七年(1762)四月内,贵州巡抚周人骥审题"苏光子与吴绍先扭结,误伤其子吴长生身死",该抚引误杀旁人律问拟,经臣部改正具题,并通行直省督抚在案。应附纂为例,以便遵行。

【1768】6.19.290.(11)(略)

【1782】○修改

臣等谨按:此条例内"与人斗殴,而误杀其人之祖孙父子,均依斗杀律科罪",盖祖孙父子,本出一体,情关休戚。凡因斗殴而误杀者,自不得泛等旁人,以误杀定拟,故例内即依斗杀律科罪。至于其人之祖母与母及妻、女同属一体,而例内未经该载,虽臣部向来办理,仍依斗杀本律科罪,而例未明备,引用未免参差。自应添纂详明,以便援引。今将修辑例文,开列于后。

一、凡与人斗殴,而误杀其人之祖父母、父母、妻、女、子孙,均依斗杀律科罪。

【1790】6.19.290.(11)(略)

【1814】○修改

臣等谨按:此条与人斗殴而误杀其人之祖父母、父母、妻、女、子孙,均依斗杀律科罪,盖祖父母、父母、妻、女、子孙,本出一体,情关休戚,凡因斗殴而误杀者,自不得泛等旁人,以误杀定拟,故例内即依斗杀律科罪。至谋、故杀人而误杀其人之祖父母、父母、妻、女、子孙,向亦俱照谋、故杀本律科断。惟例无明文,各省往往仍有律以误杀旁人者,均经臣部随时改正。第与其逐案改拟,莫若于例内添纂明晰,以资引用。谨将修改例文,开列于后。

一、凡谋、故、斗殴,而误杀其人之祖父母、父母、妻、女、子孙,均依谋、故、斗杀各本律科罪。

【1821】○移改

臣等谨按:嘉庆二十年(1815)七月内,升任河南巡抚方受畴咨"王庭臣谋毒王不济,以致误毙王不济之妻李氏及子女一家三命,咨请部示"一案。经臣部议,请嗣后谋杀人而误杀其人之祖父母、父母、妻、女、子孙一命,首犯依谋杀本律拟斩监候,从犯仍拟满流。若误杀一家二命及三命以上,除首犯仍照误杀旁人一家二命及三命以上本例,分别问拟斩决、斩枭外,其为从下手伤重致死及知情买药者,如误杀一家二命及三命而非一家者,发往新疆当差;三命以上,发往新疆给官兵为奴等因奏准,遵行在案。除谋杀而误杀其人之祖父母等一家二命及三命以上,首、从各犯分别治罪之处,纂入"杀一家三人"门内遵行外,查"斗殴及故杀人"门内载有"谋、故、斗殴而误杀其人之祖父母等,均依谋、故、斗杀本律科罪"。是谋杀人而误杀其人之祖父母等一命,首犯已有治罪明文。惟因谋、故、斗殴而误杀,自应移归"误杀"门内,以便查阅。并将"误杀一命从犯"并为一条,增改明晰。谨将移改例文,开列于后。

* 刑律·人命·戏杀误杀过失杀伤人

【1825】6.19.292.(20)一、凡谋、故、斗殴,而误杀其人之祖父母、父母、妻、女、子孙一命,均依谋、故、斗杀各本律科罪。其因谋杀人而误杀一命案内,从犯杖一百、流三千里。

【1778】○续纂

一、凡纠众互殴,数在五人以上,致毙二命三命案内,例止拟杖之余人,如有辗转纠人助势,及执持金刃器械伤人者,比照原谋满流律减一等,杖一百、徒三年。若猝遇在场帮护,审非预纠械斗,及互斗止毙一命之余人,有执持凶器及金刃伤人者,各照凶器金刃伤人本律本例定拟,其余仍照余人科断。

臣等谨按:此条系乾隆四十一年(1776)九月,臣部议付云南按察使汪圻条奏定例,应纂辑遵行。

【1790】6.19.290.(12)(略)

【1795】○修改

臣等谨按:乾隆五十八年(1793)二月内,臣部议复江西巡抚陈淮奏"晏容人等纠众互殴,致毙二命"一案,酌请嗣后纠众互殴,致毙二三命以上案内,其执持金刃凶器伤人之余人,除实系被纠之人,及纠众不及五人者,仍各照本律问拟外,如转纠人数至五人以上,无论其曾否伤人,皆属济恶,即照原谋满流律杖一百、流三千里,不准减等拟徒等因奏准,通行在案。此条内"辗转纠人助势,及执持金刃器械伤人,比照原谋满流律减等拟徒"之处,应行修改。今将修辑例文,开列于后。

一、凡纠众互殴,致毙二三命以上案内执持金刃器械伤人之余人,除实系被纠之人,及纠众不及五人者,仍各依本例问拟外,如有辗转纠人,数至五人以上者,无论其曾伤人与否，即照原谋律杖一百、流三千里。若猝遇在场帮护，审非预纠械斗，及互斗止毙一命之余人，有执持凶器及金刃伤人者，各照凶器及金刃伤人本律本例定拟，其余仍照余人科断。

【1802】6.19.290.（13）（略）

【1810】○修改

臣等谨按：此条例内“辗转纠人，数至五人以上，无论其曾否伤人，即照原谋律拟流”。设遇其伤人系属凶器，则例应拟军，若亦拟流罪，未免轻纵。应请于例内添注明晰，以免歧误。谨将修改例文，开列于后。

一、凡纠众互殴，致毙二三命以上案内执持金刃器械伤人之余人，除实系被纠之人，及纠众不及五人者，仍依各本例问拟外，如有辗转纠人，数至五人以上者，无论其曾否伤人，即照原谋律杖一百、流三千里。如系凶器伤人，仍照本例拟军。若猝遇在场帮护，审非预纠械斗，及互斗止毙一命之余人，有执持凶器及金刃伤人者，各照凶器金刃伤人本律本例定拟，其余仍照余人科断。

【1825】6.19.290.（12）（略）

【1788】○移改

【原例】＊兵律·军政·私藏应禁军器

【1768】5.14.214.（2）一、各处乡村及商民防御盗贼猛兽应用鸟枪，俱照营兵鸟枪尺寸制造，上刻姓名，具呈该地方官编号登册，以备稽查。如有不报官私造者，杖一百。该管官不行查出，交部议处。如兵丁有借查鸟枪名色扰民者，该管官一并议罪。倘有因争斗擅将鸟枪私放伤人者，旗人发往宁古塔，民人酌发云贵两广烟瘴少轻地方，交该地方官严加管束；杀人者，以故杀论。如有私造竹铳，及用竹铳杀伤人者，俱照鸟枪例治罪。私藏者，亦照私藏军器律治罪。地方官失于觉察，亦照鸟枪例议处。

臣等谨按：乾隆四十七年（1782）正月内，吏部议复山西巡抚雅德、陕甘总督李侍尧具奏民间应禁鸟枪，节次钦奉谕旨“行令各督抚饬属严密稽查，并须不动声色，设法缴销，毋使存留滋事”。因各省情形不同，有势难概行禁饬者，如晋省深山邃谷虎狼出没地方，及甘肃兰州等府属各处，与番、回错处毗连，不得不借鸟枪为守御身家之计，应均请留，为捍御民生之用。其余各属，一概禁止。并声明各省所属州县，倘亦有似此情形，不得不需用鸟枪者，仍行令各督抚查明具奏存案等因，奉旨“依议”，钦遵在案。应于原例内修改详明，以资引用。再查此条原例，因系私造、私藏鸟枪、竹铳分别治罪，及失察各官议处之例，是以载在“私藏应禁军器”门内，但例内有“因争斗擅将鸟枪私放杀人者，以故杀论；伤人者，分别旗、民发遣。竹铳杀人者，照鸟枪例治罪”等语句，核与本门律义不符，且翻阅未周，易致牵混，自应将“鸟枪竹铳杀伤人”一节移入“斗殴及故杀人”门内，庶例类得归贴切，援引益为便捷。谨将分载移纂例文，开列于后。

＊ 兵律·军政·私藏应禁军器

【1790】5.14.214.(2)一、各省深山邃谷及附近山居驱逐猛兽,并甘肃兰州等府属与番回错处毗连各居民,应需鸟枪守御者,务须报明该地方官详查明确。实在必需,准其仍照营兵鸟枪尺寸制造,上刻姓名,编号立册,按季查点。如有不报官私造者,杖一百。该管官不行查出,交部议处。如兵丁有借查鸟枪名色扰民者,该管官一并议罪。至私造竹铳,即照鸟枪例治罪。私藏者,亦照私藏军器律,一件杖八十,每一件加一等治罪。地方官失于觉察,亦照鸟枪例议处。

刑律·人命·斗殴及故杀人

一、因争斗擅将鸟铳、竹铳施放杀人者,以故杀论。伤人者,旗人发宁古塔等处,民人发云贵两广烟瘴少轻地方充军。

【1790】6.19.290.(13)(略)

【1802】6.19.290.(12)(略)

【1825】6.19.290.(8)(略)

【1801】○续纂

一、同谋共殴人致死,如死者非其所欲谋殴之人,除本犯依斗杀律绞候外,其起意纠殴之犯,仍照原谋本律杖一百、流三千里。

臣等谨按:嘉庆五年(1800),陕甘总督松筠审题"李二娃挟李梨儿詈骂微嫌,纠约李匣儿谋殴泄忿,致李匣儿与李梨儿之父李万忠争殴,扎伤李万忠身死"案内,将李匣儿依律拟绞监候,并声明李二娃同谋共殴,所殴非所谋之人,未便以原谋科断,将李二娃照肇衅酿命问拟不应重杖,再加枷号两个月等因具题。经臣部议称,律载"同谋共殴人因而致死,原谋不问共殴与否,杖一百、流三千里"等语,至谋殴甲而同往之人将乙殴伤致死,原谋作何治罪,例无明文。查律例内载"因斗殴而误杀旁人,及其人之祖父母、父母、妻女、子孙,俱以斗杀论",又"谋杀人而误杀旁人,以故杀论",均不以所杀非所谋之人,量从宽减。则同谋共殴人,致将非所谋殴之人殴伤致死案内,起意纠殴之人,亦应照原谋定拟。将李二娃改依原谋杖一百、流三千里律拟流。并纂入例册,一体遵照等因具题。奉旨:"依议,钦此。"钦遵在案。谨纂辑为例,以便遵行。

【1802】6.19.290.(14)(略)

【1806】○修改

臣等谨按:同谋共殴致死所欲谋杀之人,将原谋拟流,所以严首祸也。至死者既非所谋之人,若将纠殴之犯一律科以原谋之罪,殊觉无所区别。惟案情不一,有死非所欲谋殴之人,而系所欲谋殴之父母、兄弟、妻女、子孙及有服亲属者,即与致死所谋之人无异。起意纠殴之犯,仍应照原谋拟流。至死者既非所谋之人,又非其人之亲属,自未便遽拟原谋满流之罪。而致死究因谋殴所致,亦未便照寻常肇衅酿命之案,仅拟杖责。衡情定谳,应将纠殴之犯,不问共殴与否,于原谋满流上减一等拟徒。应于例内修改明晰,以昭平允。再原例内"本犯依斗杀律绞候"之处,查谋杀之案,有共殴致死者,亦有临时欲杀者,均应按共殴、故杀各本例问拟。例内仅称"依斗杀律绞候",未免罣漏,请改为"下手致死之犯,各按本律例拟抵"。谨将修改例文,开列于后。

一、凡同谋共殴人致死,如被纠之人,殴死其所欲谋殴之父母、兄弟、妻女、子孙及有服亲属者,除下手致死之犯,各按本律例拟抵外,其起意纠殴之犯,不问共殴与否,仍照原谋律杖一百、流三千里。如殴死非其所欲谋殴之人,亦非所欲谋殴之父母、兄弟、妻女、子孙及有服亲属,将起意纠殴之犯,不问共殴与否,照原谋律减一等,杖一百、徒三年。

【1825】6.19.290.(1)(略)

【1801】○续纂

一、妇女被人调戏,其本夫及有服亲属擅杀调戏罪人,应拟绞抵者,如本妇畏累自尽,将擅杀之犯减一等,杖一百、流三千里。

臣等谨按:嘉庆五年(1800),原任山东巡抚陈大文审题"石英因王还朴调戏伊妾魏氏,该犯殴伤王还朴身死,魏氏恐到官问罪以其主抵命,投缳自尽,将石英照擅杀罪人拟绞监候"一案,经臣部奏称,嘉庆三年(1798)五月,臣部核题安徽省"张琅孜扎伤王克从身死,并原谋张晋士闻拿畏罪缢死"案内,声请嗣后共殴案内,除事前在家病故,与本案并无干涉者,仍照例不准拟抵外,如实因本案畏罪自尽,虽在未经到官之前,亦一概准其抵命,下手应绞之人,减等拟流等因,题准在案。至妇人被人调戏,本妇亲属将调奸罪人殴毙,本妇畏累自尽,其擅杀罪人之亲属,律例无减等明文。惟以守正不从之妇,因本案畏累自尽,将擅杀罪人之家长,复为罪人,拟以绞抵,转不得与共殴案内下手伤重之犯,因原谋畏罪自尽,准其减等之例,一律办理,殊未平允。"名例"内载"律无正条者,比例定拟",石英一犯,应请比较共殴案内原谋畏罪自尽,下手伤重应绞人犯减等例,杖一百、流三千里。臣部现届纂修条例,即纂入例册,以资引用等因具奏,奉旨:"依议。钦此。"钦遵在案。应纂辑为例,以便遵行。

【1802】6.19.290.(15)(略)

【1810】○移改

臣等谨按:本夫及有服亲属擅杀调戏罪人,致妇女畏累自尽,例应减等。至妇女与人通奸,本夫及有服亲属杀死奸夫,妇女亦因而自尽,自应与擅杀调戏罪人一例减等科断。臣部向遇此等案件,均比照此例定拟。惟例内究无明文,应请添纂明晰,以昭赅备。再查擅杀奸夫各例,均载在"杀死奸夫"门内,应将此条移载,以归画一。谨将修改例文,开列于后。

＊刑律·人命·杀死奸夫

【1825】6.19.285.(31)一、妇女被人调戏,或与人通奸,其本夫及有服亲属,擅杀调戏罪人及奸夫,应拟绞抵者,如本妇、奸妇畏累自尽,将擅杀之犯减一等,杖一百、流三千里。

【1801】○续纂

一、同谋共殴,致毙二命非一家者,原谋从一科断,拟以满流。如原谋在监在途病故,及因本案畏罪自尽,准其抵命,将下手应绞之犯,一体减等拟流。若致毙非一家三四命以上者,原谋照例按致死人数以次加等问拟,下手致死之犯,均各照例拟抵;如原谋在监在途病故,及畏罪自尽者,下手之犯均各照例拟抵,不准减等。

臣等谨按:共殴致死一家二三命之案,分别首从问拟斩、绞、满流,已于"杀一家三人"门内立有专条。至共殴致死非一家二三命之案,经臣部于嘉庆五年(1800)十二月议复浙江巡抚阮元奏"林日青因争树纠殴,致伊弟林道恺扎伤张锡宽,并族人林谷印扎伤张太松,各身死,并原谋林日青在监病故"案内,议以"名例"称"二罪俱发,轻重若等,从一科断"。又"人命案件,按律不应拟抵,罪止军、流人犯,除致死二命,从一科断外,若至三命者,于应得军、流上各加一等"等语。查斗杀例内,以一人殴毙二命,审无谋、故别情者,从一拟以绞候,并无加重问拟之文。则原谋纠殴致毙二命,原谋亦应罪止拟流。如原谋监毙,亦应一概准其抵命,将下手之人俱准减等。若一人殴毙三命,即例应绞决,则原谋纠殴致毙三命,如原谋并未监毙,应即按例加等拟军;如原谋监毙,则下手应绞之人,亦应概拟绞候。盖案至三命,即情近械斗,不能复援从一科断之例。四命以上者,原谋照例按致死人数以次递加,至黑龙江而止,凶犯亦各抵各命。如原谋监毙,亦概不准其议减。应请嗣后同谋共殴致毙二命之案,原谋仍从一科断,拟以满流。如原谋监毙,准其抵命,将下手之人一体减等。若致毙三、四命以上之案,除原谋照例以次加等问拟,下手致死之犯,均各照例拟抵外,其有原谋在监在途病故者,下手之犯均照例拟抵,不准减等等因具奏。奉旨:"依议。钦此。"钦遵在案,应纂辑为例。再此条系指共殴致毙二、三命并非一家者而言。又共殴案内,原谋畏罪自尽,其下手伤重之犯,例得与原谋在监在途病故者一律减等。应于例内添叙明晰,以免牵混而防歧误,合并声明。

【1802】6.19.290.(16)(略)

【1825】6.19.290.(9)(略)

【1814】○续纂

一、凡疑贼致毙人命之案,悉照谋、故、斗杀、共殴及威力制缚主使各本律例定拟。

臣等谨按:嘉庆十六年(1811)正月内,据前任乌鲁木齐都统兴奎奏"展其花疑贼扎伤朱义身死"一案,将展其花照斗杀之案拟流等因。经臣部查,疑贼误杀之案,死者究属平人,设使死系窃贼,则凶犯亦应照罪人不拒捕而擅杀科断。今以其疑贼有因,遽予末减,是以无辜之人,平空被杀,反不如不拒捕之罪人尚得以斗杀论抵。揆之情法,实未平允。将展其花改照斗殴杀人律拟绞监候。并声明嗣后遇有似此疑贼误杀之案,均照此办理等因奏准,通行在案,应纂辑为例。再查斗杀之案,既以斗杀定拟,则谋、故、共殴及捆缚拷打致死之案,亦应各照本律例科断。应请一并添纂入例,以昭赅备而便引用。合并陈明。

【1825】6.19.290.(15)(略)

【1830】○移并

【原例】* 刑律·诉讼·诬告

【1825】6.22.336.(21)一、凡诬窃致毙人命之案,如死者实系良民,不问是否有心诬窃,及死虽旧匪,而诬窃出于有心,拷打伤重致死者,俱拟斩监候。如诬窃出于无心,将良民诬告到官,及捆缚、吓诈、逼认,致令自尽者,或有心诬指良民为窃,仅止空言查问,及诬告到官,并捆缚、吓诈、逼认,致令自尽者,或有心将旧匪诬告到官,及捆缚、吓诈、逼认,致令自尽者,或无心诬指旧匪为窃,拷打致死者,俱拟绞监候。若无心诬指良民,或有心诬指旧匪为窃,仅止空言查问,致令自尽者,或无心诬告旧匪到官,及捆缚、吓诈、逼认,致令自尽者,俱杖一百、流三千里。若无心诬指旧匪为窃,仅止空言查问,致令自尽者,杖一百、徒三年。

【1825】6.19.290.(15)(略)

臣等谨按:道光六年(1826)八月内,臣部奏请"酌改诬窃、疑窃条例"一折内称,查诬窃与疑窃致毙人命之案,定例各有专条。诬窃例内,于死者,则分别良民、旧匪,于诬告又分别有心、无心,原期缕晰条分,便于引用。兹查无心诬窃与疑窃肇衅各条,情节大抵相同,两例参观,界限究未明晰。各省往往同一案情,或照疑窃定案,或照无心诬窃定案办理,殊未画一。伏思案情百出,定例固贵周详,以资援引,尤务事归简易,以免混淆。此等疑窃案件,除因疑而诬者,仍应照诬窃定拟外,其始终疑窃者,既可谓之疑,即不得谓之为诬,是无心诬窃一层,似应节删。至所诬之人果系良民,自较诬指旧匪为重。捕役人等妄拿诬陷,自较平人诬窃为重。此等情节,秋审案内皆可临时酌核,分别办理,毋庸另立章程。定案时,亦毋庸预分差等。再查诬窃例内,既有拷打伤重字样,则伤轻者又无凭核办。疑窃例内,亦未将威逼自尽者载明。均应酌量修改,并将疑窃毙命例文并为一条,以便遵守。议请嗣后凡诬良为窃之案,如拷打致死者,俱拟斩监候;如诬告到官,及捆缚、吓诈、逼认,致令自尽者,俱拟绞监候;若止空言捏指,并未诬告到官,亦无捆缚、吓诈、逼认情事,死由自尽者,杖一百、流三千里。其疑贼致毙人命之案,悉照谋、故、斗杀、共殴及威力制缚主使并威逼人致死各本律例定拟。如此酌修例文,庶办理不致畸轻畸重。俟修例时,纂入例册等因具奏。奉旨:"依议。钦此。"钦遵在案。应于例内修改明晰,以资引用。谨将修并例文,开列于后。

* 刑律·诉讼·诬告

一、凡诬良为窃之案,如拷打致死者,俱拟斩监候。如诬告到官,或捆缚、吓诈、逼认致令自尽者,俱拟绞监候。若止空言捏指,并未诬告到官,亦无捆缚、吓诈、逼认情事,死由自尽者,杖一百、流三千里。其疑贼致毙人命之案,悉照谋、故、斗杀、共殴及威力制缚主使并威逼人致死各本律例定拟。

【1821】○续纂

一、十岁以下幼孩,因救护父母,被凶犯立时毙命者,照谋杀十岁以下幼孩例拟斩立决。

臣等谨按：嘉庆二十一年(1816)八月二十九日，钦奉上谕："本日朕阅《河南秋审情实人犯册》内，有卢得才一起。该犯在李全铺内学习染匠，因遗失账本，被李全撵逐，该犯往向李全之母李朱氏诉说。适李朱氏之女韩李氏，携带四岁幼子韩令子归宁。该犯向李朱氏诉说，李朱氏反斥其非。维时韩李氏赴邻舍闲谈，韩令子在旁。该犯拾取菜刀，砍伤李朱氏倒地，正欲逃逸，被韩令子拉住衣服，喊叫杀人。该犯即将韩令子推跌，连砍毙命。韩令子年甫四岁，见李朱氏被砍倒地，即能拉衣喊叫，护其所亲，其情甚为可悯。该犯辄将幼孩立时砍毙，实属凶恶异常。本日刑部具题江苏省'程添谋财搭死幼孩陶招观'一案，依谋杀十岁以下幼孩例拟斩立决。此案卢得才因韩令子救护李朱氏，立毙四岁幼孩，其情节不轻于程恭一案，卢得才着改为斩立决。嗣后如有十岁以下幼孩因救护父母，被凶犯立时毙命者，俱照此例办理。钦此。"应恭纂为例，以便引用。

【1825】6.19.290.(16)(略)

【1847】6.19.290.(15)(略)

【1821】○续纂

一、共殴之案，除致毙一二命，遇有原谋及助殴伤重之余人监毙在狱，与解审中途病故，或因本案畏罪自尽，仍照例准其抵命，将下手应绞之犯减等拟流外，其余谋、故杀人，火器杀人，威力主使制缚，并有关尊长尊属服制之案，悉照本律本例拟抵，不得率请减等。

臣等谨按：嘉庆二十二年(1817)九月内，前任河南巡抚文宁题"刘大兴等被鸟枪打伤身死，原谋杜士杰等在监病故，续获正犯杜殿选"一案，将杜殿选依同谋共殴致毙二命，原谋在监病故，准其抵命，下手应绞之犯依减等拟流例，从重发遣新疆为奴等因具题。经臣部查，共殴案内，下手应绞人犯，或因听纠助殴，尚非造意首祸，或因余人所殴，亦有重伤，罪疑惟轻，秋审时可酌议缓决。是以未经定案之先，遇有原谋及殴有重伤之余人病故，准其抵命，下手之犯即可随案减流。如系威力主使制缚人致死，及谋、故杀人，并有关服制等案，既非例所赅载，不得牵引定谳。若火器，为害最烈，伤人已应拟军，一经杀人，即与故杀同科，秋审应入情实，与共殴案内下手应拟绞抵者不同，自不应一概议减。惟例内究无明文，办理恐滋歧误。议请嗣后除共殴致毙一二命案内，遇有原谋及助殴伤重之余人，监毙在狱，与解审中途病故，或因本案畏罪自尽，仍照例准其抵命，将下手应绞之犯减等拟流外，其余谋、故杀人，火器杀人，威力主使制缚，并有关尊长尊属服制之案，悉照本律本例拟抵，不得率请减等。所有杜殿选一犯，仍改照鸟枪杀人以故杀律论拟斩监候。该犯脱逃已逾三年，照例改为立决等因，题准在案。应纂辑为例，以便遵行。

【1825】6.19.290.(17)(略)

【1847】6.19.290.(16)(略)

【1825】○续纂

一、广东、福建、广西、江西、湖南、浙江等六省纠众互殴之案，除寻常共殴、谋殴，虽人数众多，并非械斗，及台湾械斗之案，仍各照旧例办理外，如审系预先敛费，约期械斗仇杀，纠众至一二十人以上，致毙彼造四命以上者，主谋纠斗之首犯拟绞立决；三十人以上，致毙彼造四命以上，或不及三十人，而致毙彼造十命以上，首犯拟斩立决；四十人以上，致毙彼造十命以上，或不及四十人，而致毙彼造二十命以上，首犯拟斩立决、枭示。如所纠人数虽多，致毙彼造一命者，首犯发极边足四千里充军；二命者，实发云贵两广极边烟瘴充军；三命者，发遣新疆给官兵为奴。若致毙彼造一家二三命，主谋纠斗之首犯，例应分别问拟斩、绞立决者，各从其重者论。其随从下手伤重致死，应行拟抵者，均各依本律例拟抵；伤人及未伤人者，亦各按本律例分别治罪。至彼造仓猝邀人抵御，并非有心械斗者，仍照共殴本例科罪。地方官不将主谋首犯，审出究办，及有心回护，将械斗之案，分案办理，该督抚严参，照官司出入人罪例议处治罪。

臣等谨按：道光二年（1822）九月内，臣部因广东省咨部命案，审明系属顶凶者，共三十七件。查核各案犯事月日，大半相近，双方姓氏及县份，又大半相同，显系将械斗之案分案办理。而数日之间，以顶凶咨报者至如此之多，若非有人主谋敛钱买凶，何肯纷纷顶认。是主谋首祸之罪，实浮于下手毙命之人。当经奏明请旨，饬下广东、福建、广西、江西、湖南、浙江各督抚，将应如何严办主谋，稍宽从犯，妥议章程具奏。嗣据各该省先后具奏，奉旨交臣部核办。经臣部议请，嗣后广东、福建、广西、江西、湖南、浙江等六省，除寻常共殴、谋殴之案，虽人数众多，并非械斗，及台湾械斗之案，仍照旧例办理外，如审明实系预先敛费约期，有心仇杀械斗之案，若纠众一二十人以上，致毙彼造四命以上者，将主谋纠斗之首犯，拟以绞决；纠至三十人以上，致毙彼造四命以上，或不及三十人而致毙十命以上，将首犯拟以斩决；纠至四十人以上，至毙彼造十命以上，或不及四十人而致毙二十命以上，即将首犯拟以斩枭。其所纠人虽多，而致毙彼造一命者，发极边足四千里充军；二命者，实发烟瘴充军；三命者，发新疆给官兵为奴。纠斗未毙人命者，仍照旧例办理。如此造纠人前往械斗，而彼造仓猝邀人抵御，则彼造并非有心聚众械斗，自应仍照共殴本例办理。至致毙彼造一家二三命，将聚众之人分别问拟斩、绞立决，自有聚众共殴之旧例可循，毋庸另立科条。又械斗案内，下手之犯，多系听纠附和，既非该犯等自行肇衅，即难论其情理之曲直。自应只就其伤痕之轻重多寡，分别实、缓。并请嗣后械斗之案，除造谋首犯分别办理外，其下手毙命之犯，仍各照例拟抵办理。秋审时，除火器杀人及临时故杀，并一人连毙二命，仍照例入实，其金刃、手足、他物致毙三命以下，一概入缓。至四命以上，如金刃砍扎致命，或损折已至四伤，不致命、不损折已至六伤；手足、他物致命，或损折已至六伤，不致命、不损折已至十伤，俱人情实。其刃、物伤不及前数者，均拟缓决。如刃伤仅止一二伤，而系要害奇重，临时再行酌核。其为从伤人，除火器及凶器伤人，仍照例定拟外，其余金刃、手足、他物伤人及未伤人者，均各按本律例减一等办理。该地方官有不将主谋首犯审出究办，及有心回护，将械斗之案分案办理，该督抚严参，照官司出入人罪例议处治罪。又道光五年（1825）九月内，臣部以械斗案内下手毙命之犯，率皆好勇斗狠之徒，苟稍知畏法，焉肯听纠附和。且械斗重案，固始于起衅之原谋，实成于随从附和之从犯。若仅止首犯一人,则势孤力微,亦无所施其伎俩。倘明知下手毙命者,秋审多得入缓,仍恐凶徒益无忌惮,似不足以靖械斗而重人命。议请嗣后听从纠斗下手毙命之犯,仍各依本律例拟抵,秋审时即照寻常共殴、谋殴之案,将致毙四命以上者,拟入情实。若情节实可矜悯,及四命以下,各按情节轻重,临时分别实、缓。至随从伤人及未伤人之犯,亦各按律例问拟,不得减等科断等因,先后奏准在案。又道光二年(1822)九月,臣部"酌定械斗章程"折内,声称广东地方富庶,愚民重利轻生,福建省以地处海疆,民情犷悍,较湖南、浙江、江西、广西为尤甚。查乾隆三十一年(1766),广东巡抚具奏"查办械斗人犯祠产"案内,奉上谕:"嗣后该督抚严饬查察,如有自恃祠产丰厚,以致纠合族众械斗毙命,及给产顶凶之事,除将本犯按律严惩外,照该抚所请,将祠内所有田产查明,分给一族之人。俾凶徒知所警惧,而守分之善良仍得保有世业,以赡族人,于风俗人心,较有裨益等因。钦此。"又查嘉庆十年(1805),臣部议奏,嗣后闽、粤两省督抚饬令地方官出示晓谕族长、乡约,若械斗已成,族长、乡约均不能指出敛钱买凶之人,即将该族长照共殴原谋例拟以杖流,案内每杀一人,该族长之罪加一等,加至发遣为奴;乡约亦于杖六十、徒一年上,每一名加一等,加至杖一百、徒三年。行知该督抚遵办在案。当经臣部以广东、福建等省居民,于宗祠置田敛谷,其初原为祭祀起见,迨后醵金日渐增多,因而构衅械斗,以公项贿买顶凶,相习成风。是欲清械斗之源,自宜先令敛财者知所顾忌,乃能不戢自销。除湖南、浙江、江西、广西四省械斗之案甚少,毋庸另立科条外,应请嗣后广东、福建二省械斗之案,于破案审明后,将该族祠产查明,约留数十亩以资祭费,其余田亩及所存银钱,即按合族支派、丁口均匀分散。其族长、乡约即照嘉庆十年议定章程,分别究办。并请于修例时,纂入例册等因,奏准通行,各在案。应纂辑为例,以资引用。

【1825】6.19.290.(18)(略)

【1830】○修改

臣等谨按:道光六年(1826)十二月内,臣部查广东等六省械斗案内,纠众致毙三命发遣新疆给官兵为奴一项,于"调剂新疆遣犯"折内既经奏明改发极边足四千里充军,而致毙二命之犯,例内系实发云贵两广极边烟瘴充军,是较致毙三命转重。如将致毙一命实发四省之犯,改发极边足四千里充军,又与致毙一命,应发极边足四千里者无分重轻。议将械斗案内,纠众致毙彼造一命之首犯,改发近边充军;二命者,改发边远充军;三命者,仍照原奏改发极边足四千里充军。至"将宗祠田谷贿买顶凶,不能指出敛钱买凶之族长,按致死人数,每一人加一等,罪止发新疆为奴"一条,现在新疆既经停发,自应改发极边烟瘴而止。当经通行广东等省,画一办理在案。应于各条例内,分别修改明晰,以免歧误。谨将修改例文二条,开列于后。

一、广东、福建、广西、江西、湖南、浙江等六省纠众互殴之案,除寻常共殴、谋殴,虽人数众多,并非械斗,及台湾械斗之案,仍各照旧例办理外,如审系预先敛费,约期械斗仇杀,纠众至一二十人以上,致毙彼造四命以上者,主谋纠斗之首犯拟绞立决;三十人以上,致毙彼造四命以上,或不及三十人,而致毙彼造十命以上,首犯拟斩立决;四十人以上,致毙彼造十命以上,或不及四十人,而致毙彼造二十命以上,首犯拟斩立决、枭示。如所纠人数虽多,致毙彼造一命者,首犯发近边充军;二命者,发边远充军;三命者,改发极边足四千里充军。若致毙彼造一家二三命,主谋纠斗之首犯,例应分别问拟斩、绞立决者,各从其重者论。其随从下手伤重致死,应行拟抵者,均各依本律例拟抵;伤人及未伤人者,亦各按本律例分别治罪。至彼造仓猝邀人抵御,并非有心械斗者,仍照共殴本例科罪。地方官不将主谋首犯,审出究办,及有心回护,将械斗之案,分案办理,该督抚严参,照官司出入人罪例议处治罪。

【1845】○修复

臣等谨按:此条例文,从前旧例内载"浙、闽、两广、江西、湖南六省纠众互殴,审系预先敛费约期,械斗仇杀,如所纠人数虽多,致毙彼造一命者,首犯发极边足四千里充军;二命者,实发云贵两广极边烟瘴充军;三命者,发遣新疆给官兵为奴"等语。嗣于道光六年(1826)十一月内,据原任陕甘总督那彦成奏请调剂新疆遣犯,经军机大臣会同臣部,议将应发新疆为奴者,改发极边足四千里充军;应发云贵两广极边烟瘴充军者,改发边远充军;应发极边足四千里充军者,改发近边充军等因奏准,纂入例册在案。兹道光二十四年(1844)六月内,据升任贵州巡抚贺长龄奏请"调剂军犯章程"一折,复经军机大臣会同臣部,议请嗣后新疆遣犯,各照旧发往,其例发四省充军之犯,亦应实发等因具奏。奉上谕:"据军机大臣会同刑部议奏'贵州军犯拥挤,酌减调剂'等语。新疆遣犯改发内地,恐人数众多,不特约束难周,且与民风大有关碍。非若新疆地方辽阔,外遣人犯易于安插。所有旧时改发内地各条,着仍照旧发往新疆,交该将军设法妥为安插。并严饬所属认真查核,严加管束,毋令滋生事端,俾期积久无弊。余依议。钦此。"是新疆遣犯以及云贵两广充军之犯,既各应照旧发往,其纠众互殴,分别致毙人数,问发极边烟瘴及新疆为奴之原例,现在犹存,足资引用。此条系属赘文,应行删除。

一、广东、福建、广西、江西、湖南、浙江等六省纠众互殴之案,除寻常共殴、谋殴,虽人数众多,并非械斗,及台湾械斗之案,仍各照旧例办理外,如审系预先敛费,约期械斗仇杀,纠众至一二十人以上,致毙彼造四命以上者,主谋纠斗之首犯拟绞立决;三十人以上,致毙彼造四命以上,或不及三十人,而致毙彼造十命以上,首犯拟斩立决;四十人以上,致毙彼造十命以上,或不及四十人,而致毙彼造二十命以上,首犯拟斩立决、枭示。如所纠人数虽多,致毙彼造一命者,首犯发极边足四千里充军;二命者,实发云贵两广极边烟瘴充军;三命者,发遣新疆给官兵为奴。若致毙彼造一家二三命,主谋纠斗之首犯,例应分别问拟斩、绞立决者,各从其重者论。其随从下手伤重致死,应行拟抵者,均各依本律例拟抵;伤人及未伤人者,亦各按本律例分别治罪。至彼造仓猝邀人抵御,并非有心械斗者,仍照共殴本例科罪。地方官不将主谋首犯,审出究办,及有心回护,将械斗之案,分案办理,该督抚严参,照官司出入人罪例议处治罪。

【1847】6.19.290.(17)(略)

【1825】○续纂

一、广东、福建二省械斗案内，如有将宗祠田谷贿买顶凶，构衅械斗者，于审明后，除主谋买凶之犯严究定拟外，查明该族祠产，酌留祀田数十亩，以资祭费，其余田亩及所存银钱，按族支分散。若族长、乡约不能指出敛财买凶之人者，族长照共殴原谋例拟以杖流，按致死人数，每一人加一等，罪止发遣新疆为奴；乡约于杖六十、徒一年上，每一人加一等，罪止杖一百、徒三年。

续纂按语，见【1825】6.19.290.(19)条【1825】续纂按语。

【1825】6.19.290.(19)(略)

【1830】○修改

修改按语，见【1825】6.19.290.(19)条【1830】修改项下。

一、广东、福建二省械斗案内，如有将宗祠田谷贿买顶凶，构衅械斗者，于审明后，除主谋买凶之犯严究定拟外，查明该族祠产，酌留祀田数十亩，以资祭费，其余田亩及所存银钱，按族支分散。若族长、乡约不能指出敛财买凶之人者，族长照共殴原谋例拟以杖流，按致死人数，每一人加一等，罪止改发极边烟瘴充军；乡约于杖六十、徒一年上，每一人加一等，罪止杖一百、徒三年。

【1845】○修复

臣等谨按：查此条例文，从前旧例内载"族长不能指出敛财买凶之人，照共殴原谋例，拟以杖流，按致死人数，每一人加一等，罪止发遣新疆为奴"等语。嗣道光九年(1829)臣部修例时，因新疆遣犯已于六年(1826)间，据原任陕甘总督那彦成奏请调剂，停止发往，是以将此条"罪止发遣新疆为奴"一节，改为"罪止改发极边烟瘴充军"。兹二十四年(1844)六月内，据升任贵州巡抚贺长龄奏请"调剂军犯章程"一折，复经军机大臣会同臣部，议请嗣后新疆遣犯，各照旧发往等因具奏。奉上谕："据军机大臣会同刑部议奏'贵州军犯拥挤，酌减调剂'等语。新疆遣犯改发内地，恐人数众多，不特约束难周，且与民风大有关碍。非若新疆地方辽阔，外遣人犯易于安插。所有旧时改发内地各条，着仍照旧发往新疆，交该将军设法妥为安插。并严饬所属认真查核，严加管束，毋令滋生事端，俾期积久无弊。余依议。钦此。"是新疆遣犯，既应照旧发往，其族长按致死人数加等，罪止发遣新疆之原例，现在犹存，足资引用。此条系属赘文，应行删除。

一、广东、福建二省械斗案内，如有将宗祠田谷贿买顶凶，构衅械斗者，于审明后，除主谋买凶之犯严究定拟外，查明该族祠产，酌留祀田数十亩，以资祭费，其余田亩及所存银钱，按族支分散。若族长、乡约不能指出敛财买凶之人者，族长照共殴原谋例拟以杖流，按致死人数，每一人加一等，罪止发遣新疆为奴；乡约于杖六十、徒一年上，每一人加一等，罪止杖一百、徒三年。

【1847】6.19.290.(18)(略)

【1825】○续纂

一、广东省纠众谋殴，致毙人命之案，原谋应按致毙彼造人数，分别照例治罪。倘纠往之人，但被彼造致毙者，无论死者人数多寡，及彼造有无原谋，将此造起意纠往之人，照沿江滨海持枪执棍混行斗殴首犯杖流例，拟杖一百、流三千里。

臣等谨按：道光三年（1823）八月内，据升任广东巡抚陈中孚以粤省向办谋殴之案，将双方互毙人数并计科断，且有此造之人并未殴毙彼造，而其纠往之人转被彼造殴毙者，亦将此造纠殴之人与彼造原谋，一律同科，引拟究属未协。可否将原谋按其致毙彼造人数，分别照例治罪，毋庸复行并计。如或纠往之人，但被彼造致毙者，将此造首犯，照沿江滨海混斗为首之例，拟以满流等因咨部。经臣部查，例载"同谋共殴致毙二命非一家者，原谋从一科断，拟以满流。若致死非一家及四命以上者，原谋照例按致死人数，以次加等问拟"等语。例称"原谋按致死人数加等"，原指此造致毙彼造，将此造原谋按彼造死者人数以次加等而言，本非以双方互毙人数统行并计，将原谋加等也。该省办理谋殴致毙数命之案，向系将双方致死人数并计，且有此造并未殴毙彼造，亦将此造纠殴之人，仍依原谋问拟，本与例义未符，自应各按本例问拟。至纠众谋殴，设此造纠往之人，仅被彼造殴毙，则此造起意纠斗之人，自未便以原谋论罪。惟纠殴之人被人殴毙，则由该犯纠邀所致，若不严加惩创，则好勇斗狠之徒，殊觉无所儆惧。议令嗣后纠众谋殴致毙人命之案，原谋按其致毙彼造人数照例治罪，不得将双方互毙人数并计加等。倘纠往之人但被彼造致毙者，无论死者人数多寡，及彼造有无原谋，将此造起意纠往之人，照沿江滨海持枪持棍混行斗殴首犯杖流例，拟杖一百、流三千里等因，咨复该抚在案。应纂入例册，以便遵行。

谨案：此条道光三年（1823）定。

【1825】6.19.290.（20）（略）

【1847】6.19.290.（19）（略）

【1870】○续纂

一、凡斗殴之案，除追殴致被追之人失跌身死，并先殴伤人，致被殴之人回扑失跌身死，及虽未殴伤人，因被揪扭挣脱，致令跌毙者，均仍照律拟绞外，如殴伤人后跑走，被殴之人追赶，自行失跌身死，及彼此揪扭，于松放之后，复自行向人扑殴，因凶犯闪避失跌身死者，均于斗杀绞监候律上减一等，杖一百、流三千里。若仅止口角骂詈，并无揪扭情事，因向人赶殴，自行失跌身死，及被死者扑殴闪避，致令自行失跌身死者，均照不应重律拟杖八十。

谨案：此条咸丰五年（1855）定。十年（1860），于例首"失跌身死"下，增"并先殴伤人"至"致令跌毙者"三十三字；中间"失跌身死"下，增"及彼此揪扭"至"失跌身死者"二十七字；例末"失跌身死"下，增"及被死者扑殴"至"失跌身死者"十七字。

【1870】6.19.290.（20）（略）

屏去人服食

律 文

【1646】6.19.314

凡以他物一应能伤人之物。置人耳、鼻及孔窍中，若故屏去人服用饮食之物，而伤人者，不问伤之轻重，杖八十；谓寒月脱去人衣服，饥渴之人绝其饮食，登高、乘马私去梯、辔之类。致成残、废疾者，杖一百、徒三年；令至笃疾者，杖一百、流三千里，将犯人财产一半，给付笃疾之人养赡；至死者，绞。监候。○若故用蛇蝎毒蛊咬伤人者，以斗殴伤论；验伤之轻重。如轻则笞四十，至笃疾亦给财产。因而致死者，斩。监候。

【1670】6.19.313（略）

【1725】6.19.301

律文（略）

注：此指伤人之事，类于斗殴及故杀者言也。首节言以他物置人孔窍，屏去人服食，以致伤、死之罪。末节言用蛇蝎毒虫咬伤人致死之罪。二项若伤重致成笃疾，俱断财产养赡。惟至死绞、斩各异者，盖以他物置人孔窍中，屏去人服食，未必遽致人于死，故坐绞；用蛇、蝎等毒虫咬人，则显有致人于死之情，是故杀矣，故坐斩也。

臣等谨按：此指伤人之事，类于斗殴及故杀者言也。首节言以他物置人孔窍，屏去人服食，以致伤、死之罪。末节言用蛇蝎毒虫咬伤人致死之罪。二项若致成残废、笃疾，俱断财产养赡。惟至死绞、斩各异者，盖以他物置人孔窍中，屏去人服食，未必遽致人于死，故坐绞；用蛇、蝎等毒虫咬人，则显有致人于死之理，故坐斩也。

【1740】6.19.291（略）

戏杀误杀过失杀伤人

律 文

【1646】6.19.315

凡因戏以堪杀人之事为戏，如比较拳棒之类。而杀伤人，及因斗殴而误杀伤旁人者，各以斗杀伤论。死者并绞，伤者验轻重坐罪。其谋杀、故杀人而误杀旁人者，以故杀论。死者处斩。不言伤，仍以斗殴论。○若知津河水深泥淖而诈称平浅，及桥梁、渡船朽漏不堪渡人而诈称牢固，诓令人过渡，以致陷溺死伤者，与戏杀相等。亦以斗杀伤论。○若过失杀伤人者，较戏杀愈轻。各准斗杀伤罪，依律收赎，给付其被杀伤之家。过失，谓耳目所不及、思虑所不到。如弹射禽兽，因事投掷砖瓦，不期而杀人者；或因升高险足有蹉跌，累及同伴；或驾船使风、乘马惊走、驰车下坡，势不能止；或共举重物，力不能制，损及同举物者。凡初无害人之意，而偶致杀伤人者，皆准斗殴杀伤人罪，依律收赎，给付被杀、被伤之家，以为营葬及医药之资。

【1670】6.19.314（略）

【1725】6.19.302

律文（略）

注：此言杀伤有戏、误、过失之别，而定罪宜分差等也。首节言戏杀、误杀之罪。与人

相戏而杀伤人，及与人斗殴而误杀伤旁人者，虽初无杀伤人之心，而好勇斗狠之状，足以致人于死，故各以斗殴杀伤论。其本欲谋杀、故杀人，而误杀旁人者，所杀虽非欲杀之人，而已先有杀人之心，故以故杀论。二节言欺诳致死之罪。明知津河水深泥泞，而诈称平浅，及桥梁、渡船朽漏，而诈称牢固，诳人过渡，以致陷溺死伤，虽无杀伤之心，而以人命为戏，与戏杀相等，故亦以斗杀伤论。其戏伤、误伤，皆依保辜律，责令医治。三节言过失杀伤人之罪。凡耳目所不及，思虑所不到，而过失杀伤人者，较戏杀为愈轻，各准斗杀伤法科罪。俱依律收赎。若一人过失杀伤二人者，收赎均给二家；二人过失杀伤一人者，二人俱收赎，将一人赎银入官。

臣等谨按：此言杀伤有戏、误、过失之别，而定罪宜分差等也。首节言戏杀、误杀之罪。与人相戏而杀伤人，及与人斗殴而误杀伤旁人者，虽初无杀伤其人之心，而其人之由己杀伤则一，故各依斗殴杀伤论。其本欲谋杀、故杀人，而误杀旁人者，所杀虽非欲杀之人，而已先有杀人之心，故以故杀论。二节言欺诳致死之罪。明知津河水深不可渡、泥泞不可行，乃诈称平浅；及明知桥梁已朽、渡船已漏，乃诈称牢固，诳哄令人过渡，以致陷溺死伤，其事与戏相等，故亦以斗杀伤论。以上戏伤、误伤，皆依保辜律，责令犯人医治。三节言过失杀伤人之罪。凡耳目所不及，思虑所不到，而过失杀伤人者，较之戏杀为愈轻，各准斗杀伤法。伤者，准其斗殴条内笞、杖、徒、流定罪；死者，准斗殴杀人绞罪。各依律收赎。若一人过失杀伤二人者，收赎均给二家；二人过失杀伤一人者，二人俱收赎，将一人之赎给主，一人之赎入官。

【1740】6.19.292（略）

附律条例

【1646】6.19.315.（1）

一、应该偿命罪囚，遇蒙赦宥，俱追银二十两，给付被杀家属。如果十分贫难者，量追一半。

【1670】6.19.314.（1）（略）

【1725】6.19.302.（1）【原例】（略）

【1740】6.19.292.（1）（略）

【1646】6.19.315.（2）

一、收赎过失杀人绞罪，与被杀之家营葬，折银十二两四钱二分。

【1670】6.19.314.（2）（略）

【1725】6.19.302.（2）【原例】（略）

【1740】○修改

臣等谨按：定律"过失杀伤人者，各准斗杀伤罪依律收赎，给付其家"等语，例内止有收赎过失杀人之法，并无收赎过失伤人该银若干明文，殊难办理。至《笺释》"收赎过失杀人绞罪，赎银十二两四钱二分"，即律图内收赎杂犯绞、斩五钱二分五厘之数合成。盖缘前明钱钞并收,故收赎图内折银数目,俱照前代钞数折算。今过失伤人,亦应照过失杀人收赎,银数按其伤人轻重、应得罪名,分别折银收赎,给付被伤之家,以为医药之资。先据原任直隶总督李卫条奏,应如所议,详晰分别,列为一图,附载卷首收赎诸图之末。仍于此例内注明,以便查考引用。谨将增注例文,开列于后。

一、收赎过失杀人绞罪,与被杀之家营葬,折银十二两四钱二分。其过失伤人收赎银两数目,另载图内。

【1740】6.19.292.(2)(略)

*【1680】6.19.178 刑部现行则例·人命·捕役误杀人

一、凡捕役拿贼,误杀无干之人,仍照过失杀人律,追银十二两四钱二分,给付死者之家。

【1725】○增入

原拟:现行例内二条类于此律,应增人现行例。

【现行例】一、凡捕役拿贼,与贼格斗,而误杀无干之人者,仍照过失杀人律,于犯人名下追银十二两四钱二分。

【1725】6.19.302.(3)

【增例】一、凡捕役拿贼,与贼格斗,而误杀无干之人者,仍照过失杀人律,于犯人名下,追银十二两四钱二分,给付死者之家。

【1740】6.19.292.(3)(略)

*【1680】6.19.179 刑部现行则例·人命·疯病杀伤人

一、疯病杀人者,从犯人名下追取埋葬银十二两四钱二分,给与死者之家。

【1725】○增入

原拟:现行例内二条类于此律,应增人现行例。

【现行例】*【1680】6.19.179 刑部现行则例·人命·疯病杀伤人(略)

【1725】6.19.302.(4)

【增例】一、疯病杀人者,从犯人名下追取埋葬银十二两四钱二分,给付死者之家。

【1740】6.19.292.(5)(略)

【1852】○删除

谨案:咸丰二年(1852),因疯犯如不痊愈,即应永远锁锢,自不必追取收赎银两,业于"疯病杀人"条内修改明晰,将此例删除。

【1725】6.19.302.(5)

【钦定例】一、凡各项埋葬银两,地方官照数追给,取具嫡属收领,然后将该犯释放,报部存案。若不给付,该犯系管押者仍管押,系监禁者仍监禁,勒限追给。如捏称给付,将本犯释放者,告发之日,本犯不准援免,地方官一并从重议处。

【1740】6.19.292.(7)(略)

【1870】6.19.292.(6)(略)

【1740】○增入

一、凡因戏而误杀旁人者,照因斗殴而误杀旁人律减一等,杖一百、流三千里,仍追埋葬银二十两。

谨案:此条系雍正十三年(1735)定例。

【1740】6.19.292.(4)(略)

【1772】○修改

臣等谨按:乾隆三十五年(1770)三月内,乌鲁木齐办事大臣巴彦弼等审奏"杨奉隆与杨元戏耍,误伤李刚身死"一案,钦奉上谕:"戏杀与斗杀,所因纵有不同,至于误杀旁人,则情罪本无区别。今斗殴误杀之例,即问拟绞候,而因戏误杀者,何以独得减等拟流?从前定例,原未允协,着刑部另行改拟具奏。"经臣部议,将因戏而误杀旁人者,照因斗殴而误杀旁人律拟绞监候,奏准在案。惟查误杀之例,所因各有不同,而被杀之旁人,同属无辜,则杀人之凶犯,即当予以应得之本罪。是以律内如因谋、故杀而误杀旁人者,以故杀论斩,因斗殴而误杀旁人者,以斗杀论绞,要皆各以本犯所因之罪罪之也。是因戏而误杀旁人者,亦应即治以戏杀之本罪,拟绞监候,于律意方为允协。旧例定以减等拟流,诚未平允。但臣部原奏,请照因斗殴而误杀旁人之例办理,亦与所因尚有未符。谨酌议将因戏而误杀旁人者,改为以戏杀论,拟绞监候,与原奏罪名仍属相同,而于律义似觉更为允协。谨将改辑例文,开列于后。

一、凡因戏而误杀旁人者,以戏杀论,拟绞监候。

【1790】6.19.292.(4)(略)

【1870】6.19.292.(4)(略)

【1740】6.19.292.(6)

一、各省及八旗,凡有疯病之人,其亲属、邻佑人等,即报明地方官、该佐领处,令伊亲属锁锢看守。如无亲属,即令邻佑、乡约、地方、族长人等严行看守。倘容隐不报,不行看守,以致疯病之人自杀者,照不应重律杖八十;致杀他人者,照知人谋害他人不即阻当首报律杖一百。如亲属、邻佑人等已经报明,而该地方、佐领各官,不严饬看守,以致自杀及致杀他人者,俱交部议处。

谨案:此条系乾隆五年(1740)刑部议准定例。

【1767】○修改

一、疯病之人,其亲属、邻佑人等容隐不报,不行看守,以致疯病之人自杀者,照不应重律杖八十;致杀他人者,照知人谋害他人不即阻当首报律杖一百。如亲属、邻佑人等已经报明,而该管官不严饬看守,以致自杀及致杀他人者,俱交部议处。

臣等谨按:原例首句有"各省及八旗"五字,查条例颁行不分内外,一体遵守,拟将原例内"各省及八旗"五字删去。再原例"疯病之人亲属、邻佑报官,令伊亲属锁锢看守。如无亲属,即令邻佑人等严行看守"等语。查新例疯病之人,如家有严密房屋,可以锁锢的当,亲属可以管束者,俱报官,交与亲属看守。令地方官亲发锁铐,严行封锢。若并无亲属又无房屋者,即于报官之日,令该管官验讯明确,将疯病之人严加监禁,已有定例。此条原例内亲属、邻佑报官,令伊亲属锁锢,及邻佑人等看守之处,系属旧例,业已不行,拟合删去。

谨案:此条乾隆三十二年(1767)删改。

【1768】6.19.292.(6)(略)

【1870】6.19.292.(5)(略)

＊**【1743】○续纂**①

一、卑幼误杀尊长,如已经干犯尊长,又与他人斗殴,因而误中者,仍照卑幼殴尊长本律定拟。其实无干犯尊长情节,尊长倏至其前,因而误中至死者,小功以下尊长,仍引误杀律论以绞候;大功以上尊长,即引殴杀律论以斩决。仍将致误情由、可否末减之处声明,请旨定夺。

此条系乾隆六年(1741)十月,臣部折奏定例。嗣经奏准,误杀尊长之案,止于本内详叙情由,不准两请,将此条删除。

【1746】○修改

一、命案内死罪人犯,有奏准赎罪者,追埋葬银四十两,给尸亲收领。

臣等谨按:此条系乾隆九年(1744)三月内,户部议复原任安徽巡抚范璨条奏定例,应纂辑以便遵行。

【1768】6.19.292.(8)(略)

【1870】6.19.292.(7)(略)

【1756】○续纂

一、疯病杀人之犯,照例收赎,仍行监禁。俟痊愈之后,以期年为断,如果并不举发,饬交亲属领回防范。

臣等谨按:系乾隆十八年(1753)七月内,臣部议复调任广西巡抚定长题"徐国折因疯杀死黄氏四命",并乾隆十九年(1754)十一月内,臣部议复升任山西按察使蒋洲条奏定例,并为一条,载入例册,以便遵行。

---

① 此条乾隆八年(1743)、十一年(1746)《大清律续纂条例》皆未载。

【1767】○删除

按语，见【1768】6.19.292.（9）条【1767】续纂按语。

【1767】○续纂

一、疯病之人，如家有严密房屋可以锁锢当亲属可以管束，及妇女患疯者，俱报官交与亲属看守，令地方官亲发锁铐，严行封锢。如亲属锁禁不严，致有杀人者，将亲属照例严加治罪。如果痊愈不发，报官验明，取具族长、地邻甘结，始准开放。如不行报官，及私启锁封者，照例治罪。若并无亲属，又无房屋者，即于报明之日，令该管官验讯明确，将疯病之人，严加锁锢监禁，具详立案。如果监禁之后，疯病并不举发，俟数年后，诊验情形，再行酌量详请开释，领回防范。若曾经杀人者，除照例收赎外，即令永远锁锢。虽或痊愈，不准释放。如锁禁不严，以致疯犯在监扰累狱囚者，将管狱、有狱官严加参处，狱卒照例严加治罪。地方官遇有疯病杀人之案，呈报到官，务取被杀之事主切实供词，并取邻佑、地方确实供结，该管官详加验讯。如有假疯妄报，除凶犯即行按律治罪外，将知情捏报之地方、邻佑、亲属人等，照隐匿罪人知情者，减罪人一等律问拟。

臣等谨按：此条系乾隆二十七年（1762）八月臣部奏准，并三十一年（1766）五月臣部议复四川按察使石嘉礼条奏定例，应并纂为一条，以便遵行。所有旧例一条，应行删除。谨将删除例文，开列于后。

【删除】【1756】续纂“一、疯病杀人之犯，照例收赎……”条（略）

【1768】6.19.292.（9）（略）

【1852】○修改

咸丰二年（1852）于“领回防范”句下，增入“若曾经杀人之犯，到案始终疯迷，不能取供者，即行严加锁锢监禁，不必追取收赎银两。如二三年内偶有病愈者，令该地方官讯取供招，出结转详，照复审供吐明晰之犯，依斗杀律拟绞监候，入于秋审缓决。遇有查办死罪减等恩旨，与复审供吐明晰之犯，一体查办。如不痊愈，即永远锁锢，虽遇恩旨，不准查办”一百二十字，删“若曾经杀人者”五句。

一、疯病之人，如家有严密房屋可以锁锢的当亲属可以管束，及妇女患疯者，俱报官交与亲属看守，令地方官亲发锁拷，严行封锢。如亲属锁禁不严，致有杀人者，将亲属照例严加治罪。如果痊愈不发，报官验明，取具族长、地邻甘结，始准开放。如不行报官，及私启锁封者，照例治罪。若并无亲属，又无房屋者，即于报官之日，令该管官验讯明确，将疯病之人，严加锁锢监禁，具详立案。如果监禁之后，疯病并不举发，俟数年后诊验情形，再行酌量详请开释，领回防范。若曾经杀人之犯，到案始终疯迷，不能取供者，即行严加锁锢监禁，不必追取收赎银两。如二三年内偶有病愈者，令该地方官讯取供招，出结转详，照复审供吐明晰之犯，依斗杀律拟绞监候，入于秋审缓决。遇有查办死罪减等恩旨，与复审供吐明晰之犯，一体查办。如不痊愈，即永远锁锢,虽遇恩旨,不准查办。若锁禁不严,以致扰累狱囚者,将管狱、有狱官严加参处,狱卒照例严加治罪。地方官遇有疯病杀人之案,呈报到官,务取被杀之事主切实供词,并取邻佑、地方确实供结,该管官详加验讯。如有假疯妄报,除凶犯即行按律治罪外,将知情捏报之地方、邻佑、亲属人等,照隐匿罪人知情者减罪人一等律问拟。

【1870】6.19.292.(8)(略)

【1778】○续纂

一、围场内射兽兵丁,因射兽而伤平人致死者,照比较拳棒戏杀律拟绞监候,仍追银给付死者之家。如系前锋、护军、亲军、领催及甲兵等,追给银一百两;系跟役,追给银五十两。若伤而未死,前锋等项及甲兵,头等伤者将本犯鞭一百、罚银四十两,二等伤者鞭八十、罚银三十两,三等伤者鞭七十、罚银二十两;如系跟役,所罚银数各减十两,给与被伤之人。

臣等谨按:此条系乾隆三十九年(1774)八月内,军机大臣钦遵谕旨,因围场内,虎枪护军射兽误伤蒙古兵丁一案,议定条例,应纂辑遵行。

【1790】6.19.292.(10)(略)

【1870】6.19.292.(9)(略)

【1778】○续纂

一、凡民人捕猎,遇有施放枪箭,打射禽兽,不期杀人者,比照捕户于深山旷野安置窝弓不立望竿因而伤人致死律,杖一百、徒三年,仍追埋葬银一十两,给与死者之家。

臣等谨按:此条系乾隆三十九年(1774)十月内,江西巡抚海成咨兴国县民黄昌怀放枪打鹿误伤姚文贵身死一案,将黄昌懷依过失杀人律收赎。经臣部将黄昌怀比照拟以满徒,奏准定例,应纂辑遵行。

【1790】6.19.292.(11)(略)

【1801】○修改

臣等谨按:律载"捕户于深山旷野安置窝弓,不立望竿,伤人致死者,杖一百、徒三年。若非深山旷野,致杀伤人者,从弓箭杀伤论",又"无故向城市及有人居止宅舍放弹射箭伤人者,减凡斗伤一等。因而致死者,杖一百、流三千里"各等语。此条民人捕猎,施放枪、箭,打射禽兽,不期杀人。查乾隆二十九年(1764),臣部议复江西巡抚海成原奏内声明"民间捕猎,施放枪、箭,打射禽兽,多在深山之中,往往有不期杀人之案"等语,是此例系指深山旷野而言,但例内未经分别明晰。设遇在城市及有人居止宅舍地方,施放枪、箭,打射禽兽杀人之案,亦引此例,转与向城市及有人居止宅舍放弹射箭杀人拟流之律不符。应于例内,添叙明晰,以昭赅备。谨将修改例文,开列于后。

一、凡民人于深山旷野捕猎,施放枪箭,打射禽兽,不期杀人者,比照捕户于深山旷野安置窝弓不立望竿因而伤人致死律,杖一百、徒三年。若向城市及有人居止宅舍,施放枪箭,打射禽兽,不期杀伤人者,仍依弓箭杀伤人本律科断。各追埋葬银一十两,给与死者之家。

【1802】6.19.292.(11)(略)

【1870】6.19.292.(10)(略)

【1778】○续纂

一、疯病连杀平人二命以上者,拟绞监候。

臣等谨按:此条系乾隆四十一年(1776)十二月内,吏部会同臣部议复都察院左都御史崔应阶条奏定例,应纂辑遵行。

【1790】6.19.292.(12)(略)

【1825】○修改

臣等谨按:道光四年(1824)二月内,据升任直隶总督蒋攸铦咨"威县民人崔五因疯砍死董王氏等一家四命,例无明文",咨请部示。经臣部查,历来核议因疯杀死一家二命之案,因其疯发无知,杀非有意,仍照疯病连杀平人二命以上例拟以绞候,不照平人殴死一家二命律同拟绞决。至因疯杀死一家三命,因例无明文,有比照殴死一家三命例拟以斩决者。伏思被杀者一家惨毙多命,固属无辜,惟疯发之人,冥然罔觉,不特无谋、故别情,亦非好勇斗狠者比,倘竟照殴死一家三命以上例问拟斩决,未免情轻法重。查因疯杀死平人一家二命,既以无知犯法,免其立决,则因疯杀死平人一家三四命,虽罪名不能无斩、绞之殊,亦未便立置重典。议请嗣后疯病杀死平人一命,或连杀平人非一家二命以上,仍各照定例分别办理。其实系因疯杀死平人一家二命者,于平人殴死一家二命绞决例上,量减为拟绞监候;杀死一家三命以上者,于平人殴死一家三命以上斩决例上,量减为拟斩监候。俱秋后处决。除致毙一命之案,秋审时照例入于缓决外,其连毙二命及一家二三命以上者,俱照向例入于情实。倘审系装捏疯迷,严切讯明,按谋、故、斗杀一家二三命各本律例问拟,并于修例时载入例册等因具奏,奉旨允准通行,遵照在案。应将原例修改,以资引用。谨将修改例文,开列于后。

一、疯病杀人之案,除杀死平人一命者,仍照例分别办理外,其连杀平人非一家二命以上,及杀死一家二命者,拟拟绞监候;杀死一家三命以上者,拟斩监候,秋审俱入于情实。倘审系装捏疯迷,仍按谋、故、斗杀一家二三命各本律例问拟。

【1825】6.19.292.(14)(略)

【1870】○修改

一、疯病杀人,除平人一命,仍照例分别办理外,若致毙平人非一家二命者,拟绞监候,秋审酌入缓决。其连杀平人非一家三命以上,及杀死一家二命者,均拟绞监候;杀死一家三命以上者,拟斩监候,秋审俱入于情实。倘审系装捏疯迷,仍按谋、故、斗杀一家二三命各本律例问拟。

谨案：咸丰八年(1858)，查因瘋连毙二命，秋审入实勾决，而连毙三命内有尊长尊属一命者，反得比例夹签，秋审免勾，轻重未协，是以改定。

【1870】6.19.292.(13)(略)

【1795】○续纂

一、凡过失杀人，应追埋葬银两之犯，如有力不能交，咨请豁免者，免其着追，将该犯照不应重律杖责发落。

臣等谨按：律载过失杀人，准斗杀罪收赎，给付被杀之家营葬。诚以过失出于不意，罪虽可原，而死者毙于非命，情亦可悯。故即以准罪收赎之银，作为死者营葬之资。与别项应追埋葬银两不同，其中有实系力不能完者，例内准予取结，咨请豁免，并无作何治罪之文。竟使该犯脱然事外，揆之情法，殊未平允。乾隆五十三年(1788)六月内，四川总督李世杰咨"张国荣放木下山，过失致伤雷名扬身死，应追收赎银两，无力完交，咨请豁免，置该犯于不议"一案，经臣部酌议，将该犯拟照不应重律杖八十，折责发落，咨结在案。但未明立科条，各省办理，未免参差。今拟增纂入例，以便画一遵守，理合陈明。

【1802】6.19.292.(13)(略)

【1825】6.19.292.(12)(略)

【1870】6.19.292.(11)(略)

【1801】○续纂

一、谋杀人而误杀旁人之案，如系造意之犯下手致死者，照故杀律拟斩监候；为从不加功者，照余人律杖一百；加功者，杖一百、流三千里，伤罪重于满流者，仍依本殴伤律定拟。若为从之犯下手致死者，系手足、他物、金刃，照同谋共殴下手伤重致死律拟绞监候；系火器及毒药者，仍照本例拟斩监候；其造意之犯，照原谋拟流律加一等，发附近充军。

臣等谨按：嘉庆五年(1800)陕西巡抚台布审题"陈居英纠同何成谋杀徐有才，误杀赵学仓"一案，经臣部议称，查律载"谋杀人，造意者斩监候，从而加功者绞监候"，又"谋杀人而误杀旁人者，以故杀论"，注云"不言伤，仍以斗殴论"各等语。推原律意，谋杀人而误杀旁人，以故杀论者，诚以所杀非所谋之人，在首犯杀出有心，故不得宽其斩候之罪。而为从之犯，其所谋之人并未被杀，自不得照谋杀加功律定拟。此案何成听从陈居英，谋杀徐有才泄忿，误认赵学仓为徐有才，先后用鸟枪误伤致毙。查赵学仓死于陈居英所中之伤，应如所题，将陈居英照故杀律拟斩监候，为从之何成自应仍科伤罪。该抚将何成照鸟枪伤人例拟军，核与律注内"不言伤，仍以斗殴论"之义相符，应如所题办理。惟律内谋杀人而误杀旁人，以故杀论，系指造意下手致死之首犯而言。若造意而非下手致死，与下手致死而非造意者，律内既无治罪专条，即首犯下手误杀旁人，案内之从犯亦无分别加功、不加功治罪明文。恐各省办理鲜所依据，未免参差。查谋杀之案，以造意者为首；故杀之案，以下手者为首。今因谋杀人而误杀旁人，既照故杀定拟，自应以下手致死者当其重罪。其造意而非下手致死者，若仍照故杀拟斩，一命两抵，未免过重。如照共殴案内之原谋，仅拟满流，亦未免过轻，自应酌量加等问拟。至首犯下手误杀旁人，依故杀律斩候，其案内之从犯，自应照故杀案内之余人，概拟满杖。如伤罪重于杖一百者，仍从本殴伤法。如此明立科条，庶足以昭平允而资引用。请嗣后谋杀人而误杀旁人之案，首犯下手致死者，仍照故杀律拟绞监候。其为从不加功者，杖一百；加功伤罪轻者，仍杖一百；伤罪重者，科以伤罪。若为从下手致死者，拟绞监候。其火器杀人者，仍拟斩监候。至同案内造意而非下手致死之犯，照原谋拟流律加一等，杖一百，发附近充军等因具题。奉旨："陈居英依拟应斩，着监候，秋后处决。余依议。钦此。"钦遵在案，应纂为例。惟原题内称"为从加功伤罪轻者，仍杖一百"等语，查从而不加功者，例内拟以杖一百，若加功之犯亦杖一百，既无区别，且究系谋命误杀旁人之案，如因所杀非所谋之人，遽将为从加功之犯问拟杖责，亦觉轻纵。是以臣部于嘉庆六年（1801）正月，核复山西巡抚伯麟具题"民妇李郑氏谋毒李王氏，误将卫十一等毒死二命"案内，知情买信之牛豪杰拟以杖一百、流三千里，亦在案，应于例内纂明。又查原题内"为从下手误杀旁人者，拟绞监候"，诚以该犯并非造意，止系听纠助殴，正与同谋共殴下手伤重致死之律情罪相符，问拟绞候，殊属平允。惟原题内未将比例问拟缘由声叙，尚少依据。再鸟枪系易于杀人之物，非手足、他物、金刃可比，是以一经杀人，定例即拟斩候。至毒药亦系必死之物，是以毒药杀人，律内亦系斩候。原题内未经声叙，应将为从加功之犯，如用毒药杀人，亦问拟斩候之处，一并增入，以资引用。合并声明。

一、谋杀人以致下手之犯误杀旁人，将造意之犯拟斩监候；下手伤重致死者，杖一百、流三千里；余人杖一百。若执持凶器，伤罪重于满流者，从其重者论。如下手之犯，另挟他嫌，乘机杀害，并非失误者，审实，将下手之犯，照谋杀人本律拟斩监候；其造意之犯，照谋杀人未伤律拟徒。

谨案：前条黄册进呈后，经御史签出，奉旨交部妥议，改定此条。

【1802】6.19.292.（14）（略）

【1810】○修改

臣等谨按：嘉庆五年（1800）十二月内，山西巡抚伯麟题"李郑氏等谋毒小李王氏，误将卫十一、老李王氏毒死"一案，该抚以知情买信之牛豪杰，例无治罪明文，照为从加功律减一等拟流，经臣部改照谋杀人从而不加功律，杖一百、流三千里。并请嗣后有似此案件，即照此例办理等因，题准在案。应于例内添纂明晰，以便引用。谨将修改例文，开列于后。嗣于嘉庆六年（1801），查照嘉庆五年（1800）议准，凡用毒药谋杀人而误杀旁人案内知情买药者，照谋杀人从而不加功律拟以满流，于此条"下手伤重致死"下，增"及知情买药"五字。

一、谋杀人以致下手之犯误杀旁人，将造意之犯拟斩监候；下手伤重致死，及知情买药者，杖一百、流三千里；余人杖一百。若执持凶器，伤罪重于满流者，从其重者论。如下手之犯另挟他嫌，乘机杀害，并非失误者，审实，将下手之犯，照谋杀人本律拟斩监候；其造意之犯，照谋杀人未伤律拟徒。

【1825】6.19.292.(17)(略)

【1870】6.19.292.(16)(略)

【1801】○续纂

一、疯犯杀人,永远锁锢。若亲老丁单,例应留养承祀者,如病果痊愈,令地方官诊验明确,加结具题核释。仍责成地方官,饬交犯属领回,严加防范。倘复病发滋事,亲属照例治罪,本犯永远监禁,不准释放;出结之地方官,照例议处。

臣等谨按:乾隆二十七年(1762)定例,凡疯病杀人者,永远锁锢。虽或痊愈,不准释放。诚以杀人应抵,念其疯发无知,故得免死监禁。但经戕害人命,遽因病愈释放,难保旧病不再举发,复有杀人情事,故例内不准释放,原以重人命而杜后患。惟查此等人犯,有亲老丁单,例应留养承祀者,如该犯监禁在狱,病已痊愈,特以格于成例,永远锁锢,使茕独之亲老死沟壑,垂绝之祀无可继承,揆之人情,殊觉可悯。卷查乾隆五十七年(1792),山东巡抚、觉罗吉庆题"监犯宋珍因疯杀妻,永远监禁。嗣该犯病已痊愈,亲老丁单,可否准其照例承祀",题请核议,经臣部照拟具题。奉旨:"宋珍从宽释放,照例发落,准其承祀。钦此。"钦遵在案。又嘉庆二年(1797),直隶总督梁肯堂咨称"杀人疯犯曹凤鸣监禁已十余年,病已痊愈。现在亲老丁单,可否准其留养之处",咨请部示。经臣部援照宋珍之案,准其留养等因咨复,亦在案。应于例内增入,以便引用。并请此等准其留养承祀之案,令地方官诊验明确。如果病愈属实,加结具题核释,仍责成地方官饬交犯属领回防范。倘病复发滋事,亲属照例治罪,本犯永远监禁,不准释放。出结之地方官,照例议处。合并声明。

【1802】6.19.292.(15)(略)

【1825】6.19.292.(13)(略)

【1870】6.19.292.(12)(略)

【1806】○续纂

一、凡疯病杀人之案,总以先经报官有案为据。如诊验该犯始终疯病,语无伦次者,仍照定例永远锁锢。若因一时陡患疯病,猝不及报,以致杀人,旋经痊愈,或到案时虽验系疯迷,迨复审时供吐明晰者,该州县官审明,即讯取尸亲切实甘结,叙详咨部,方准拟以斗杀。如无报案,又无尸亲切结,即确究实情,仍按谋、故各本律定拟。至所杀系有服卑幼罪不至死者,不得以病已痊愈,即行发配,仍依疯病杀人例永远锁锢。

臣等谨按:嘉庆七年(1802)十二月内,臣部奏准,嗣后疯病杀人之犯,除诊验该犯始终疯病,语无伦次者,仍照定例永远锁锢外,若因一时疯发杀人,到案供吐明晰,或初到案时虽验系疯迷,迨复审时供吐明晰者,即仍按各本律例拟抵等因。又八年(1803)三月内,臣部核复直隶总督颜检题"丰润县民刘玉因疯殴伤刘成幅身死"案内,议请嗣后因疯杀人,旋即痊愈之案,总以先经报官有案为据。如实系陡患疯病,猝不及报,以致杀人,旋经痊愈者,该州县官审明,即应讯取尸亲切实甘结为据,叙详咨部,方准拟以斗杀。如无报案,又无尸亲切结,即确究实情,仍按谋、各故本律定拟等因。又是年十二月内,据四川总督勒保咨"安岳县民唐尚薙因疯戳伤胞弟唐尚举身死,唐尚薙复审时供吐明晰,照例拟流发配",经臣部以疯病杀人到案,供吐明晰,各按本律例拟抵,系指罪犯应死者而言。若罪不至死,即供吐明晰,仍应照例锁锢。将唐尚薙改依疯病杀人例,永远锁锢等因咨结,各在案。应一并纂辑为例,以便引用。

【1825】6.19.292.(16)(略)

【1870】6.19.292.(15)(略)

【1810】○续纂

一、疯病杀人,问拟死罪,免勾永远监禁之犯,病愈后遇有恩旨,例得查办释放者,除所杀系平人,仍照旧办理外,若卑幼致死尊长及妻致死夫,关系服制者,仍永远监禁,不准释放。

臣等谨按:嘉庆十三年(1808)九月十二日,奉上谕:"向来疯病杀人问拟情实之案,念其病发无知,均予免勾,照例永远监禁。将来病愈之后,遇有恩旨,例得查办释放。其中亦应有区别。嗣后除因疯致死常人,仍照旧办理外,其有卑幼因疯致死尊长及妻致死夫,关系服制,列入情实者,即从宽免勾,将来病愈后,遇有恩旨,亦仍着永远监禁,不准释放。著为令等因。钦此。"应恭纂为例,以便遵行。

【1825】6.19.292.(18)(略)

【1870】6.19.292.(17)(略)

【1814】○续纂

一、凡疯病杀人,问拟斩、绞监候之犯,除死系期、功尊长尊属,及连杀平人二命,应入情实各犯,毋庸查办外,其余应入缓决人犯,如果到案后病已痊愈,监禁至五年不复举发,遇有亲老丁单,或父母已故,家无次丁,该管官饬取印甘各结,题请留养承祀。倘释放后复行滋事,将出结之地方官,并邻、族人等,分别议处惩治,本犯仍永远监禁,虽或痊愈,不准再予释放。

臣等谨按:嘉庆十六年(1811)七月内,臣部议奏,疯病杀人,到案供吐明晰,拟斩、绞监候之犯,向来遇有亲老丁单,因系疯病杀人,恐枷责后疯病复发,再滋事端,故不准留养承祀。惟是此等人犯,如果疯病时发时愈,虽家有老亲,亦虽望其奉侍,自应仍行监禁。倘数年后病已痊愈,不复举发,在该犯无知蹈法,其情本属可原,而桑榆暮景之亲无人侍养,尤为可悯。且监禁已越多年,已足蔽其殴杀无辜之罪,自应量予年限,准其取结办理,以示体恤。应请嗣后凡疯病杀人定拟斩候、绞候之犯,除死系期、功尊长尊属,及连杀平人二命,应入情实各犯,毋庸查办外,其余应入缓决人犯,如果到案后病已痊愈,监禁至五年以后不复举发,家有亲老丁单,或父母已故,家无次丁,该管官饬取印甘各结,题请留养承祀。倘释放后复行滋事,将出结之地方官并邻族人等,分别议处、惩治。本犯仍永远监禁，虽或痊愈，不准再予释放等因奏准，通行在案。应纂辑为例，以便遵行。

【1825】6.19.292.(19)(略)

【1870】○修改

一、凡疯病杀人，问拟斩、绞监候之犯，除死系期、功尊长尊属，并连毙平人一家二命，及三命而非一家，应入情实各犯，毋庸查办外，其余应入缓决人犯，如果到案后病愈，监禁至五年后不复举发，遇有亲老丁单，或父母已故，家无次丁，该管官饬取印甘各结，题请留养承祀。倘释放后复行滋事，将出结之地方官，并邻、族人等，分别议处、惩治，本犯仍永远监禁，虽病愈不准再予释放。

谨案：同治九年(1870)，将本条原例内"连杀平人二命，应入情实"句，查照咸丰八年(1858)改定二条现行例[1]修改。

【1870】6.19.292.(18)(略)

【1821】○移改

【原例】＊ 刑律·人命·斗殴及故杀人

【1790】6.19.290.(11)条【1814】修改例文一、凡谋、故、斗殴，而误杀其人之祖父母、父母、妻、女、子孙，均依谋、故、斗杀各本律科罪。

臣等谨按：嘉庆二十年(1815)七月内，升任河南巡抚方受畴咨"王庭臣谋毒王不济，以致误毙王不济之妻李氏及子女一家三命，咨请部示"一案。经臣部议，请嗣后谋杀人而误杀其人之祖父母、父母、妻、女、子孙一命，首犯依谋杀本律拟斩监候，从犯仍拟满流。若误杀一家二命及三命以上，除首犯仍照误杀旁人一家二命及三命以上本例，分别问拟斩决、斩枭外，其为从下手伤重致死及知情买药者，如误杀一家二命及三命而非一家者，发往新疆当差；三命以上，发往新疆给官兵为奴等因奏准，遵行在案。除谋杀而误杀其人之祖父母等一家二命及三命以上，首、从各犯分别治罪之处，纂入"杀一家三人"门内遵行外，查"斗殴及故杀人"门内载有"谋、故、斗殴而误杀其人之祖父母等，均依谋、故、斗杀本律科罪"。是谋杀人而误杀其人之祖父母等一命，首犯已有治罪明文。惟因谋、故、斗殴而误杀，自应移归"误杀"门内，以便查阅。并将"误杀一命从犯"并为一条，增改明晰。谨将移改例文，开列于后。

一、凡谋、故、斗殴，而误杀其人之祖父母、父母、妻、女、子孙一命，均依谋、故、斗杀各本律科罪。其因谋杀人而误杀一命案内，从犯杖一百、流三千里。

【1825】6.19.292.(20)(略)

【1870】6.19.292.(19)(略)

---

① 即【1870】6.19.292.(13)条及【1870】6.19.292.(21)条。

【1825】○续纂

一、凡因殴子而误伤旁人致死者,杖一百、流三千里。因谋杀子而误杀旁人,发近边充军。其因殴子及谋杀子而误杀有服卑幼者,各于殴、故杀卑幼本律上减一等。若误杀有服尊长者,仍依殴、故杀尊长及误杀尊长各本律本例问拟。

臣等谨按:道光四年(1824)四月内,据前任陕西巡抚卢坤题"钟世祥因掷打伊子,误伤孙泳幅子身死,将钟世祥依斗殴而误杀旁人以拟绞监候"一案。经臣部查,斗殴而误杀旁人,以斗杀论,拟绞,系指凡人互相斗殴,误伤旁人致死者而言。盖以凡人斗殴杀人,罪应拟绞,因斗殴而误杀旁人,故亦应拟绞。至父母殴杀其子,按例罪止拟杖,与凡人之应拟绞抵者不同。若因殴子而误杀旁人,竟与凡人同科绞罪,于言既属不顺,揆情亦未得其平。将钟世祥改于绞监候律上,量减拟流。并以此等误杀之案,情事不一,有因殴子误伤旁人致毙者,有因谋杀子以致误杀旁人者,有因谋杀子以致误杀旁人一家二三命并三命以上而非一家者,及因殴子或谋杀子而误杀有服尊长、卑幼者,皆例无明文。若不分晰指明,办理难免两歧。议请嗣后如父母因殴子而误伤旁人致毙者,比照斗殴而误杀旁人以斗杀论,于绞监候律上量减为杖一百、流三千里。因谋杀子以致误杀旁人一命者,比照谋杀人以故杀论,于斩监候律上量减为发近边充军。因谋杀子以致误杀旁人一家二命,及三命而非一家者,比照谋杀人以故杀论,于杀一家二命斩罪上量减为发新疆酌拨种地当差。误杀旁人一家二命以上,及三命以上而非一家者,于斩罪上量减为拟绞监候,秋审入于缓决。其因殴子及谋杀子而误杀有服卑幼者,各于殴、故杀卑幼本例上减一等。若误杀有服尊长者,仍以殴、故杀尊长及误杀尊长各本律、本例问拟。并于修例时载入例册等因具题,奉旨允准通行,遵照在案。应纂辑为例,以资引用。惟查谋杀子以致误杀旁人一家二命,及三命而非一家,并误杀旁人一家二命以上,及三命以上而非一家,问发新疆、绞候之处,臣等复加详核,未免轻纵。此等案件本少,且临时斟酌办理,应请毋庸纂入例内,合并声明。

【1825】6.19.292.(21)(略)

【1847】6.19.292.(15)(略)

【1870】6.19.292.(14)(略)

【1825】○续纂[1]

【原例】* 刑律·斗殴·殴祖父母父母

【1802】6.19.292.(16)条【1806】修改例文

一、子孙过失杀祖父母、父母之案,定案时,仍照本例问拟绞决。法司核其情节,实系耳目所不及、思虑所不到,与律注相符者,准将可原情节,照服制情轻之例,夹签声明,恭候钦定,改为拟绞监候。至妻妾过失杀夫、奴婢过失杀家长,亦照此例办理。

---

① 《钦定大清会典事例(光绪朝)·刑部》,主张本条原附"殴祖父母父母"律后,道光六年(1826)移附本律文后。

【1825】6.19.292.(15)(略)

【1845】○修改

臣等谨按：道光二十三年(1843)六月内，臣部核复广西巡抚周之琦咨"隆安县民妇乃陈氏用砒拌饭毒鼠，致其姑乃潘氏误食身死"一案内称，子孙过失杀祖父母、父母，及妻过失杀夫之祖父母、父母，律均满流。而子孙过失杀祖父母、父母，定例已改拟绞决，其妻过失杀夫，及妾与奴婢过失杀家长，亦均照子孙例一体改为绞决。惟妻过失杀夫之祖父母、父母，乃止定律满流，例内并未一并议及。在子孙之妇，于夫之祖父母、父母，名分与子孙并重，况妻之于夫、妾与奴婢之于家长均照子孙一例改议，则妻过失杀夫之祖父母、父母，似应即与子孙同科，咨部核示。臣部查子孙之妇，于夫之祖父母、父母，名分与子孙并重，有犯应悉照子孙办理。至子孙之妇过失杀夫之祖父母、父母，虽定律罪止拟流，例内并无绞决明文。惟误杀、误伤祖父母、父母，并有犯奸、盗，致祖父母、父母戕生被害，以及罪犯应死，谋杀人事情敢露，暨违犯教令，致令自尽各条，子孙之妇，悉与子孙同科，则过失杀一条，亦当画一办理。应即照子孙过失杀例，问拟绞决，夹签声请等因，咨复去后，嗣据该抚将乃陈氏照子孙过失杀祖父母、父母例问拟绞决，援例夹签声请等因具题。奉旨："三法司核议具奏。钦此。"臣部正在会核题复，间续据该抚题报，该氏在监病故。奉旨："三法司知道。钦此。"当经臣部改咨完结在案。臣等伏思，广西省既因此等案件例无明文，咨部请示，将来恐滋疑义，自应将子孙之妇过失杀夫之祖父母、父母，于例内添纂明晰，以资引用。谨将修改例文，开列于后。

一、子孙过失杀祖父母、父母，及子孙之妇过失杀夫之祖父母、父母，定案时仍照本例问拟绞决。法司核其情节，实系耳目所不及、思虑所不到，与律注相符者，准将可原情节，照服制情轻之例，夹签声明，恭候钦定，改为拟绞监候。至妻妾过失杀夫、奴婢过失杀家长，亦照此例办理。

【1847】6.19.292.(21)(略)

【1870】6.19.292.(20)(略)

【1845】○续纂

一、因疯致毙期、功尊长尊属一命，或尊长尊属一家二命，内一命系凶犯有服卑幼，律不应抵，或于致毙尊长尊属之外，复另毙平人一命，俱仍按致死期功尊长尊属本律问拟，准其比引情轻之例，夹签声请，候旨定夺。若致毙期、功尊长尊属一家二命，或二命非一家，但均属期、功尊长尊属，或一家二命，内一命分属卑幼，而罪应绞抵，或于致毙尊长尊属之外，复另毙平人二命，及三命而非一家者，俱按律拟斩立决，不准夹签声请。

臣等谨按：道光二十五年(1845)四月内，臣部议复原任陕甘总督富呢扬阿题报"秦安县民李进朱因疯致死胞兄李朱粪儿、亲嫂秦氏、伊妻刘氏，并殴伤胞侄李习儿平复"一案。查此案三死一伤，且内有尊长一命，情节较重。详查历年成案，因疯致毙尊长尊属者，皆原其疯发无知，与有心干犯不同，俱比照情轻之例，夹签声请。即使其致毙尊长之外，另有杀死旁人者，亦因致毙旁人系属轻罪，仍从重依殴死尊长本律拟斩夹签，并无另有加重明文。惟查定例，因疯杀死平人一命，始终疯迷者，只照过失杀人律收赎，永远锁锢。其到案验系疯迷，复审供吐明晰者，即应照斗杀拟抵。至连毙二命以上，及杀死一家二命并一家三命以上，则又拟以斩、绞监候，秋审俱入情实。是杀死平人之案，尚以致毙人数较多，递加治罪，而致毙有服尊长之案，因例无明文，转致无所限制，殊不足以昭平允。今该犯李进朱因疯连毙三命，若因其兄妻秦氏及伊妻刘氏二命，均罪止拟绞，从重依殴死胞兄律问拟斩决，仍准其比例声请，邀恩量减，似觉无所区别。该督请将该犯按律斩决，毋庸夹签声请，衡情论罪，尚属允当，应如所题。李进朱一犯，应依弟殴胞兄死者斩律，拟斩立决，毋庸夹签声请。伏查此等因疯致毙尊长尊属之案，若不明定章程，办理难期画一。应请嗣后凡因疯致毙期、功尊长尊属一命，或尊长尊属一家二命，内有一命系凶犯有服卑幼，律不应抵，或于尊长之外，又另毙平人一命及二命非一家者，均仍准其按致死尊长本律问拟，随案夹签声请。若致毙期、功尊长一家二命，或二命非一家，但均属期、功尊长，或一家二命内，有一命分属卑幼，而罪应绞抵，或于致毙尊长之外，又另毙旁人一家二命及三命而非一家者，俱即按律拟斩立决，不准夹签声请等因，中题改奏。奉旨允准通行，各省一体遵照在案。谨纂辑为例，以资引用。

【1847】6.19.292.（22）（略）

【1870】○修改

一、因疯致毙期、功尊长尊属一命，或尊长尊属一家二命，内一命系凶犯有服卑幼，律不应抵，或于致毙尊长尊属之外，复另毙平人一命，俱仍按致死期功尊长尊属本律问拟，准其比引情轻之例，夹签声请，候旨定夺。若致毙期、功尊长尊属一家二命，或二命非一家，但均属期、功尊长尊属，或一家二命，内一命分属卑幼，而罪应绞抵，或于致毙尊长、尊属之外，复另毙平人二命，无论是否一家，俱按律拟斩立决，不准夹签声请。

谨案：咸丰八年（1858），查因疯连毙二命，秋审入实勾决，而连毙三命内有尊长尊属一命者，反得比例夹签，秋审免勾，轻重未协，是以改定。

【1870】6.19.292.（21）（略）

【1852】○续纂

一、凡妇人殴伤本夫致死，罪干斩决之案，审系疯发无知，或系误伤，及情有可悯者，该督抚按律例定拟，于案内将并非有心干犯各情节，分晰叙明。法司会同核复，援引嘉庆十一年（1806）段李氏案内所奉谕旨具题，仍照本条拟罪，毋用夹签。内阁核明，于本内夹叙说帖，票拟九卿议奏，及依议斩决双签进呈，恭候钦定。

谨案：此条咸丰二年（1852）定。

【1870】6.19.292.（22）（略）

夫殴死有罪妻妾

律 文

【1646】6.19.316

凡妻妾因殴骂夫之祖父母、父母，而夫不告官擅杀死者，杖一百。○若夫殴骂妻妾，因而自尽身死者，勿论。祖父母、父母亲告乃坐。若已亡，止科骂夫。或妻有他罪不至死，而夫擅杀，仍绞。

【1670】6.19.315(略)

【1725】6.19.303

凡妻妾因殴骂夫之祖父母、父母，而夫不告官擅杀死者，杖一百。○若夫殴骂妻妾，因而自尽身死者，勿论。祖父母、父母亲告乃坐。若祖父母、父母已亡，或妻有他罪不至死而夫擅杀，仍绞。

注：此指妻妾有应死之罪者言也。前节言妻妾殴骂夫之祖父母、父母，而夫不告官司，擅自杀死之罪。后节言妇道以顺为正。若因夫殴骂自尽，是即不顺也。又非擅杀，故得勿论。至妻妾无罪，而殴至折伤以上者，虽有自尽实迹，仍依夫殴妻妾至折伤本律科罪。

臣等谨按：此指妻妾有应死之罪者言也。前节言妻妾殴骂夫之祖父母、父母，而夫不告官司，擅自杀死之罪。后节言妻妾有罪，因夫殴骂而自尽身死者。既为有罪，又非擅杀，故得勿论。至妻、妾无罪，而殴至折伤以上者，虽有自尽实迹，仍依夫殴妻妾至折伤本律科罪。

【1740】○修改

臣等谨按：小注系总承上文，应将"祖父母、父母亲告乃坐"九字移于"杖一百"下，较为明顺。谨将改辑律注，开列于后。

凡妻妾因殴骂夫之祖父母、父母，而夫不告官擅杀死者，杖一百。祖父母、父母亲告乃坐。○若夫殴骂妻妾，因而自尽身死者，勿论。若祖父母、父母已亡，或妻有他罪不至死而夫擅杀，仍绞。

【1740】6.19.293(略)

附律条例

【1725】6.19.303.(1)(略)

【钦定例】一、妻与夫角口，以致妻自缢，无伤痕者无庸议，若殴有重伤缢死者，其夫杖八十。

谨案：此条雍正三年(1725)定。

【1740】6.19.293.(1)(略)

【1740】○续纂

一、凡妻妾无罪，被殴致折伤以上者，虽有自尽实迹，仍依夫殴妻妾致折伤本律科断。

此条系总注，足补律所未备，今另纂为例，以备引用。

【1740】6.19.293.（2）（略）

杀子孙及奴婢图赖人

律　文

【1646】6.19.317

凡祖父母、父母故杀子孙，及家长故杀奴婢，图赖人者，杖七十、徒一年半。○若子孙将已死祖父母、父母，奴婢、雇工人将家长身尸未葬。图赖人者，杖一百、徒三年；将期亲尊长，杖八十、徒二年；将大功、小功、缌麻，各递减一等。○若期亲尊长将已死卑幼及他人身尸图赖人者，杖八十。以上俱指未告官言。○其告官者，随所告轻重，并以诬告平人律反坐论罪。○若因图赖而诈取财物者，计赃准窃盗论；抢去财物者，准白昼抢夺论，免刺。各从重科断。图赖罪重，依图赖论；诈取、抢夺罪重，依诈取、抢夺论。

【1670】6.19.316（略）

【1725】6.19.304

凡祖父母、父母故杀子孙，及家长故杀奴婢，图赖人者，杖七十、徒一年半。○若子孙将已死祖父母、父母，奴婢、雇工人将家长身尸未葬。图赖人者，杖一百、徒三年；将期亲尊长，杖八十、徒二年；将大功、小功、缌麻，各递减一等。○若尊长将已死卑幼及他人身尸图赖人者，杖八十。以上俱指未告官言。○其告官者，随所告轻重，并以诬告平人律反坐论罪。○若因图赖而诈取财物者，计赃准窃盗论；抢去财物者，准白昼抢夺论，免刺。各从重科断。图赖罪重，依图赖论；诈取、抢夺罪重，依诈取、抢夺论。

注：此分别指尸诬人之罪，以为不孝、不慈者警也。首节言故杀子孙、奴婢图赖人之罪。故杀子孙、奴婢，原罪杖六十、徒一年，今以其图赖人，加故杀本条一等。二节言子孙将已死祖父母、父母，奴婢、雇工人将已死家长，卑幼将已死期亲以下尊长身尸，图赖人之罪。祖父母、父母及家长，本无故而死，子孙及奴婢、雇工将身尸图赖人，忘哀逞忿，且致暴露，故坐满徒。将期亲尊长以下身尸图赖人者，各依服制递减之。三节言尊长将已死卑幼及他人身尸图赖人之罪。虽亲疏有别，而借尸图赖之罪一也，故同重杖。以上图赖，皆未经告官者。四节定告官图赖之条。前项图赖，若已告官，则即所告之轻重，或称逼勒，或称殴杀，并依诬告律反坐。末节言因图赖而诈取、抢夺人财物者之罪。图赖罪重，仍从图赖；诈取、抢夺罪重，则从诈取、抢夺。故曰“各从重科断”。

臣等谨按：此分别指尸诬人之罪，以为不孝、不慈者警也。首节言故杀子孙、奴婢图赖人之罪。故杀子孙、奴婢，原罪杖六十、徒一年，今以其图赖人，加故杀本条一等。二节言子孙将已死祖父母、父母，奴婢、雇工人将已死家长，卑幼将已死期亲以下尊长身尸图赖人之罪。祖父母、父母及家长，本无故而死，子孙及奴婢、雇工将身尸图赖人，忘哀逞忿，未免暴露，故杖一百、徒三年。将期亲尊长以下身尸图赖人者，各依服制递减之。三节言尊长将已死卑幼及他人身尸图赖人之罪。同一暴露,而其分已杀,其情已疏,故止杖八十。以上图赖,皆系指尸恐吓,未经告官者。四节定告官图赖之条。前项图赖若已告官,则随其所告之轻重,或赖其逼死、杀死,并依诬告律反坐。末节言因图赖而诈取、抢夺人财物者之罪。图赖罪重,仍从图赖;诈取、抢夺罪重,则从诈取、抢夺。故曰"各从重科断"。

【1740】6.19.294(略)

附律条例

【1646】6.19.317.(1)

一、凡故杀子孙,若遇谋、故杀人不赦者,依律断放。其诬赖于人遇革者,所诬之人罪若该原,犯人止从故杀子孙科断;如所诬之人罪不该原,亦从重论。

【1670】6.19.316.(1)(略)

【1725】○删除

臣等谨按:故杀子孙与谋、故杀人,各有正律,此条首二句似属牵混。至所诬之人本罪遇有赦时,自应分别该原与不该原。但该原者,犯人固从故杀子孙科断,即不该原者,犯人亦不便从重。此条拟删。

【1646】6.19.317.(2)

一、有服亲属,互相以尸图赖者,依干名犯义律。

【1670】6.19.316.(2)(略)

【1725】6.19.304.(1)【原例】(略)

【1740】6.19.294.(1)(略)

【1646】6.19.317.(3)

一、妻将夫尸图赖人,比依卑幼将期亲尊长图赖人律。若夫将妻尸图赖人者,依不应重律。其告官司、诈财、抢夺者,依本律科断。

【1670】6.19.316.(3)(略)

【1725】6.19.304.(2)【原例】(略)

【1740】6.19.294.(2)(略)

【1646】6.19.317.(4)

一、故杀妾,及弟、妹、子孙、侄、侄孙,与子孙之妇,图赖人者,俱问罪,属军卫者发边卫,属有司者发附近,各充军。

【1670】6.19.316.(4)(略)

【1725】○修改

原拟:今军民一体拟断,应改"属军卫"以下句为"发附近充军"。

【1725】6.19.304.(3)

【原例】一、故杀妾,及弟、妹、子孙、侄、侄孙,与子孙之妇,图赖人者,俱问发附近充军。

【1740】○修改

臣等谨按:原律兄故杀胞弟者,杖一百、流三千里。今已于乾隆元年(1736)奉旨定例,故杀弟、妹者,俱拟绞监候。是此例内,故杀弟妹图赖人止问拟充军之处,与故杀本律不符。应将"弟、妹"二字删去。谨将删辑例文,开列于后。

一、故杀妾,及子孙、侄、侄孙,与子孙之妇,图赖人者,俱发附近充军。

【1740】6.19.294.(3)(略)

【1801】○修改

臣等谨按:故杀子孙等图赖人,发附近充军,系前明旧例。推原例意,原以故杀卑幼图赖他人,殊属残忍,故不论所图赖者是否亲属、凡人,皆拟附近充军。查嘉庆元年(1796),广东巡抚朱珪审拟"叶尔昌故杀孙女图赖胞侄"案内,声明例内故杀子孙图赖拟军,系指图赖平人而言,将叶尔昌依尊长诬告卑幼期亲减所诬罪三等律拟徒,经臣部改依定例充军在案。与其随案驳改,不若申明例意,便于引用。应于图赖人句下,增入"无论凡人及尊卑亲属"字样,以免歧误。谨将修改例文,开列于后。

一、故杀妾,及子孙、侄、侄孙,与子孙之妇,图赖人者,无论图赖系凡人及尊卑亲属,俱发附近充军。

【1802】6.19.294.(3)(略)

【1725】○增入

臣等谨按:康熙五十二年(1713)二月内,刑部题恶徒拦尸勒诈,事理类于此律,谨拟节录于后。

【续增现行例】一、凡旗人自缢、抹脖、投井身死等事,部内官员已检验尸伤,令其抬送者,恶棍或将棺材拦阻,乱行吵闹,或打坏棺材,将尸抬去,勒措行诈,该堆子、该门之人,拿解刑部,或受害之人首告者,从重惩治。若该堆子、该门该班官兵,知而不拿,将兵治罪外,官交与该部议处。

【1725】6.19.304.(4)【增例】(略)

【1740】○修改

臣等谨按:旗、民原属一体,此等抹颈、投河、拦棺吵闹之事,各直省甚多,不独旗人为然。今例内止及京城恶徒,恐外省办理未能画一。再查乾隆二年(1737)又有新定之例,应并为一条,以便引用。谨将增并例文,开列于后。

一、无赖凶棍,遇有自尽之案,冒认尸亲,混行吵闹殴打,或将棺材拦阻打坏,抬去尸首,勒措行诈者,均杖一百,枷号两个月。若该管地方兵役,知而不拿者,各照不应重律治罪。

【1740】6.19.294.(4)(略)

【1725】6.19.304.(5)

【钦定例】一、尊长致死卑幼,其因家务及卑幼有过者,仍照律科断外,或因己身犯罪,或与他人有嫌,将期亲卑幼殴死,以脱卸己罪,及诬赖他人者,拟绞监候。若已死卑幼之父母妻子,无人养赡,将该犯财产断给一半,以为养赡之资。

谨案:此条雍正六年(1728)定。

【1740】○删除

臣等谨按:上条故杀卑幼图赖他人问拟充军之例,已将一切挟嫌诬赖情事,包举在内矣。此条增出"己身犯罪,或与他人有嫌"等语,但查己身犯罪,自有应得罪名,应照律从重科断。若与他人有嫌,与图赖本无区别,且均系故杀卑幼,罪不至死,统照上条问拟充发,已足蔽辜,无庸另立例款。此条应删。

【1788】○续纂

一、凡兄及伯叔谋夺族人财产,故杀弟侄图赖,致被诈之家,复有殴、故杀尊长,酿成立决重案者,除罪犯应死,悉照各本例定拟外,其罪应军、流者,即照兄及伯叔因争夺弟侄财产故行杀害例拟绞监候。至被诈之家财产,或无人承管,不得以争夺者之后继嗣承受。

臣等谨按:乾隆五十五年(1790)五月内,臣部核复湖南巡抚陆耀题"乾州厅苗民张应林商同张田氏谋死侄女张躲女图赖张学能,致张学能谋死堂伯母张章氏互相图赖"一案,钦奉谕旨:"嗣后除寻常谋死卑幼,希图诈赖,不致被诈之家又酿人命者,自应照旧例办理外,其有被诈之家因其谋死卑幼,复酿成人命,致一死一抵如此案者,则图诈之犯,即使所杀系属卑幼,亦未便仅照向例拟遣。其应如何改拟绞候之处,着刑部另行定拟,载入则例遵行等因。钦此。"当经详晰酌议具奏,奉旨:"依议。"钦遵在案。应纂辑遵行。

【1790】6.19.304.(5)(略)

【1821】○续纂

一、将父母尸身装点伤痕图赖他人,无论金刃、手足、他物成伤者,俱拟斩立决。

臣等谨按:嘉庆二十一年(1816)八月初三日,奉上谕:"先福奏'审拟残伤父尸图赖人之民人潘春芳'一案,因例无专条,比照诬告他人谋害致父母尸身经官蒸检者斩监候例,拟斩监候,请旨即行正法。残伤父母尸身图陷害人,比之诬告人致父母尸身经官蒸检者,情罪较重。嗣后着刑部定为专条,凡将父母尸身装点伤痕图赖他人,无论金刃、手足、他物成伤者,俱斩立决。此案潘春芳一犯,即照此例即行正法等因。钦此。"应恭纂为例,以便引用。

【1825】6.19.294.(6)(略)

弓箭伤人

律 文

【1646】6.19.318

凡故非因事而故意之谓。向城市及有人居止宅舍,放弹射箭、投掷砖石者,虽不伤人,笞四十;伤人者,减凡斗伤一等;虽至笃疾,不在断付家产之限。因而致死者,杖一百、流三千里。若所伤系亲属,依名例律。本应重罪,而犯时不知者,依凡人论;本应轻者,听从本法。

【1670】6.19.317(略)

【1725】○修改

臣等谨按:"故向城市"之"故"字,不甚明显。倘遇仇怨之人,故向弹射,而曰犯时不知,奈何?拟照下条用"无故"字,并删去小注"非因事而故意之谓"句。

臣等谨按:此指故意游戏,以致杀伤人言也。城市及人居止处,非放弹、射箭、投掷砖石之所。犯此者,虽不伤人,亦笞四十。若伤人者,验伤之轻重,减凡斗伤罪一等。虽至笃疾,不断财产者,以其原非殴伤故也。因伤而致死者,止坐满流,亦不追埋葬银两。

【1725】6.19.305

凡无故向城市及有人居止宅舍,放弹射箭、投掷砖石者,虽不伤人,笞四十;伤人者,减凡斗伤一等;虽至笃疾,不在断付家产之限。因而致死者,杖一百、流三千里。若所伤系亲属,依名例律。本应重罪,而犯时不知者,依凡人论;本应轻者,听从本法。

注:此指故意游戏,以致杀伤人者言也。凡人明知城市为人民凑集之地,及宅舍系有人居止之所,并无所为之事故,而辄向放弹、射箭、投掷砖石,肆意游戏者,虽不伤人,亦笞四十。若因而伤人者,验伤之轻重,减凡斗伤罪一等。减罪轻于笞四十者,仍坐本罪。其伤人,虽至笃疾,不在断付家产之限者,以其原非殴伤故也。因伤而致死者,杖一百、流三千里,仍追给埋葬银一十两。

【1740】○修改

臣等谨按:总注内载"仍追给埋葬银一十两",应增入律注,以便引用。谨将增辑律注,开列于后。

凡无故向城市及有人居止宅舍,放弹射箭、投掷砖石者,虽不伤人,笞四十;伤人者,减凡斗伤一等;虽至笃疾,不在断付家产之限。因而致死者,杖一百、流三千里。若所伤系亲属,依名例律。本应重罪,而犯时不知者,依凡人论;本应轻者,听从本法。仍追给埋葬银一十两。

【1740】6.19.295(略)

附律条例

【1801】○续纂

一、凡鸟枪、竹铳,向城市及有人居止宅舍施放者,虽不伤人,笞四十;误伤人者,减汤火伤人律一等；因而致死者，杖一百、流三千里。若在深山旷野施放，误伤人者，减汤火伤人律二等；因而致死者，杖一百、徒三年。皆追征埋葬银一十两。

臣等谨按：律载"凡无故向城市及有人居止宅舍放弹、射箭者，虽不伤人，笞四十；伤人，减凡斗伤一等；因而致死者，杖一百、流三千里"，又"深山旷野，安置窝弓，不立望竿，伤人者，减斗殴伤二等；因而致死者，杖一百、徒三年"，又"用汤火伤人者，杖一百"各等语。至施放鸟枪、竹铳误杀伤人，律例并无治罪专条。查嘉庆三年(1798)，臣部核复吉林将军秀林咨"披甲聂森保在围场放枪打獐，误伤披甲武林太"案内，将聂森保照汤火伤人杖一百律，减二等，杖八十。又嘉庆四年(1799)，臣部核复广西巡抚台布咨"潘老三于有人居止宅舍放铳打雀，误伤王何氏身死"案内，将潘老三照向有人居止宅舍放弹射箭因而伤人致死律，杖一百、流三千里等因咨行，各在案。与其辗转比附，应另立专条，以便引用。

【1802】6.19.295.(1)(略)

车马杀伤人

律　文

【1646】6.19.319

凡无故于街市镇店驰骤车马，因而伤人者，减凡斗伤一等；致死者，杖一百、流三千里。若无故于乡村无人旷野地内驰骤，因而伤人不致死者不论。致死者，杖一百。以上所犯，并追埋葬银一十两。○若因公务急速而驰骤杀伤人者，以过失论。依律收赎，给付其家。

【1670】6.19.318(略)

【1725】6.19.306

律文(略)

注：此指驰骤车马杀伤人者言也。街市镇店，系人居稠密之地。无故驰骤车马，以致伤人，验其伤之轻重，减凡斗伤人罪一等；致死者，满流。若乡村无人旷野之地，虽不禁车马驰骤，但因驰骤之故，而伤人致死，亦满杖。并追埋葬银一十两，给付死者之家。若因官司差遣，公务急速，而驰骤车马，与无故者不同，则无论其在街市镇店及乡村旷野，或伤人或致死，俱依过失杀伤人律收赎，给付被杀伤者之家，以为埋葬、医药之费。

臣等谨按(按语与律后总注同，略)

【1740】6.19.296(略)

附律条例

【1725】○增入

臣等谨按：康熙五十五年(1716)闰三月内，刑部议奏骑马碰伤人，事理类于此律，谨拟节录于后。

【续增现行例】一、凡骑马碰伤人，除依律拟断外，仍将所骑之马，给与被碰之人。若被碰之人身死，其马入官。

【1725】6.19.306.(1)【增例】(略)

【1740】6.19.296.(1)(略)

庸医杀伤人

律　文

【1646】6.19.320

凡庸医为人用药、针刺,误不如本方,因而致死者,责令别医辨验药饵、穴道,如无故害之情者,以过失杀人论,依律收赎,给付其家。不许行医。○若故违本方,乃以诈心疗人疾病,而增轻作重,乘危以取财物者,计赃准窃盗论;因而致死,及因事私有所谋害,故用反症之药杀人者,斩。监候。

【1670】6.19.319(略)

【1725】6.19.307

律文(略)

注:此言医药杀伤人,而分别其故、误之罪也。首节言庸医误杀之罪。庸医用药、针刺,误不依本方,是原有活人之心,而不知已蹈害人之罪,故以过失杀伤论,不许复行医道。后节言能医故杀之罪。明知有针、药本方,而故违不用,乃以诈心疗人疾病,而增轻作重,乘病势危急,勒取财物者,计所得之财物为赃,准窃盗论。因违方诈疗,而致人于死,及因有挟私仇害之事,而故用反症之药以杀人者,与谋杀、故杀无异,故坐斩监候。

臣等谨按(按语与律后总注同,略)

【1740】6.19.297(略)

附律条例

【1801】○移改

【原例】* 礼律·祭祀·禁止师巫邪术

【1740】4.11.162.(4)一、凡端公、道士,作为异端法术,医人致死者,照斗杀律拟罪。

臣等谨按:此条系康熙年间定例,嗣于嘉庆五年(1800)九月,陕西巡抚台布审拟"杨生春等画符圆光治病,比照左道惑众为从例,发边远充军"案内,经臣部议称,例载"端公、道士,作为异端法术,医人致死者,照斗杀律拟罪"等语,系止医人致死者而言。至并未医人致死之犯,律例内向无作何治罪专条。此项人犯,托异术以治人疾病,意止图谢,与律载左道惑众迥别。此案杨生春从已故之刘灿学习圆光治病,画符得钱,李宗绪代为传播,分得钱文。既据该抚讯明,并无另有邪术经卷及聚众烧香情事,自不得以左道惑众定拟。设为首之刘灿,未经病故,亦仅止圆光画符治病,并未医人致死。自应于异端法术医人致死绞罪上酌减一等拟流,为从再减一等拟徒,方足以示区别而昭平允。杨生春、李宗绪均应改照端公道士作为异端法术医人致死照斗杀绞罪上,量减一等,拟流;为从,再减一等,杖一百、徒三年等因,通行在案。应将医人不致死减等拟流之处,添叙例内,以昭赅备。又查原例系医人治病之条,向来载在"禁止师巫邪术"律内,以致外省于此等案件,易滋牵混。应移在"庸医杀伤人"律后，似更明晰。合并声明。谨将移改例文，开列于后。

一、凡端公、道士，及一切人等，作为异端法术，如圆光、画符等类。医人致死者，照斗杀律拟绞监候；未致死者，杖一百、流三千里。为从，各减一等。

【1802】6.19.297.（1）（略）

窝弓杀伤人

律　文

【1646】6.19.321

凡打捕户，于深山旷野猛兽往来去处，穿作坑阱，及安置窝弓，不立望竿，及抹眉小索者，虽未伤人，亦笞四十；以致伤人者，减斗杀伤二等；因而致死者，杖一百、徒三年，追征埋葬银一十两。若非深山旷野，致杀伤人者，从杀伤论。

【1670】6.19.320（略）

【1725】○修改

原拟：小注"杀伤论"字上应增"弓箭"字。

臣等谨按（按语与雍正三年律后总注同，略）

【1725】6.19.308

凡打捕户，于深山旷野猛兽往来去处，穿作坑阱，及安置窝弓，不立望竿，及抹眉小索者，虽未伤人，亦笞四十；以致伤人者，减斗杀伤二等；因而致死者，杖一百、徒三年，追征埋葬银一十两。若非深山旷野，致杀伤人者，从弓箭杀伤论。

注：此言捕兽者误杀伤人之罪也。坑阱穿地作穴，待兽自陷而取之；窝弓安于路旁，待兽自触而取之。二者皆恐人误蹈致伤，故于近坑阱、窝弓之处立竿可望，曰望竿。又横设小索，与眉齐，曰抹眉小索。所以使人见竿遇索而知避也。若作坑阱、置窝弓，而不立竿、索，是但知得兽，而不知误人。故虽未伤人，亦笞四十。以致伤人者，则验其轻重，减斗殴伤罪二等。若减罪轻于笞四十者，仍依本罪。因而致死者，坐满徒，追给埋葬银两。

【1740】6.19.298（略）

威逼人致死

律　文

【1646】6.19.322

凡因事户婚、田土、钱债之类。威逼人致自尽死者，审犯人必有可畏之威。杖一百。若官吏、公使人等，非因公务而威逼平民致死者，罪同。以上二项并追埋葬银一十两。给付死者家。○若卑幼威逼期亲尊长致死者，绞；监候。大功以下，递减一等。○若因行奸、为盗而威逼人致死者，斩。监候。○奸不论已成与未成，盗不论得财与不得财。

【1670】6.19.321（略）

【1725】6.19.309

凡因事户婚、田土、钱债之类。威逼人致自尽死者，审犯人必有可畏之威。杖一百。若官吏、公使人等，非因公务而威逼平民致死者，罪同。以上二项并追埋葬银一十两。给付死者之家。○若卑幼威逼期亲尊长致死者，绞；监候。大功以下，递减一等。○若因行奸、为盗而威逼人致死者，斩。监候。○奸不论已成与未成，盗不论得财与不得财。

注：此指逞威以致人自杀者言也。首节言凡人威逼人致死，及官吏、公使人等，非因公务而威逼人致死之罪。二节言卑幼因事威逼期亲以下尊长致死之罪。不言无服之亲，当从凡论。三节言行奸、为盗，而威逼人致死之罪。因事威逼，必有逼迫不堪之情，方坐此律。若愚民口语相争，及公使人等，因公勾摄，初无威逼之状，而其人轻生自尽，止当坐不应重律。至其人本不肯死，而逼勒自尽，则当坐故杀。若勒索财物，致人自尽，则又当以恐吓取财，计赃从重论。再律内不言逼死卑幼者，期亲以下尊长，名分相临，不得以威逼论，止科不应重罪。至于家人威逼人致死，家长不在旁，止坐家人，此律无主使之文也。

臣等谨按（按语同律后总注，略）

【1740】6.19.299（略）

【1772】○修改

臣等谨按：乾隆三十七年（1772）四月内，臣部奏明，律内"卑幼威逼期亲尊长致死"，"威逼"二字立言不顺，请改为"因事逼迫"字样在案，今遵照改正，以便引用。

凡因事户婚、田土、钱债之类。威逼人致自尽死者，审犯人必有可畏之威。杖一百。若官吏、公使人等，非因公务而威逼平民致死者，罪同。以上二项并追埋葬银一十两。给付死者之家。○若卑幼因事逼迫期亲尊长致死者，绞；监候。大功以下，递减一等。○若因行奸、为盗而威逼人致死者，斩。监候。○奸不论已成与未成，盗不论得财与不得财。

【1790】6.19.299（略）

附律条例

【1646】6.19.322.（1）

一、凡因奸威逼人致死人犯，务要审有挟制、窘辱情状，其死者无论本妇、本夫、父母、亲属，奸夫亦以威逼拟斩。若和奸、纵容，而本妇、本夫愧迫自尽，或妻妾自逼死其夫，或父母、夫自逼死其妻、女，或奸妇以别事致死其夫，与奸夫无干者，毋得概坐因奸威逼之条。

【1670】6.19.321.（1）（略）

【1725】6.19.309.（1）【原例】（略）

【1740】6.19.299.（1）（略）

【1646】6.19.322.(2)

一、凡因事用强殴打威逼人致死,果有致命重伤,及成残废、笃疾者,虽有自尽实迹,依律追给埋葬银两,发边卫充军。

【1670】6.19.321.(2)(略)

【1725】6.19.309.(2)【原例】(略)

【1740】6.19.299.(8)(略)

【1768】6.19.299.(8)(略)

一、凡因事用强殴打威逼人致死,果有致命重伤,及成残废、笃疾者,虽有自尽实迹,依律追给埋葬银两,发近边充军。

【1790】6.19.299.(5)(略)

【1801】○修改

臣等谨按:此条系前明旧例。查因事用强,殴打威逼人致死,果有致命重伤,及成残废、笃疾者,发近边充军,定例已极平允。惟殴系致命而非重伤,及重伤而非致命之处者,例内未经分晰。外省问拟此等案件,俱量减一等拟徒。经臣部照复有案,应添入例内,以昭赅备。又律载"卑幼逼迫尊长,致死期亲,绞监候;大功以下,递减一等",系指威逼致死而未殴伤者而言。若殴伤尊长,又因而致死,除期亲卑幼威逼本律应拟绞候,毋庸另议外,大功以下卑幼,若依律递减一等,问拟流、徒,是殴伤有服尊长因而致死,照殴伤凡人因而致死,拟罪反轻,殊未平允。且查期亲卑幼刃伤尊长尊属,及折肢,若瞎其一目,殴本宗小功、大功兄姊及尊属至笃疾者,律内俱系绞决。是期亲、功服卑幼逼迫尊长致死,若刃伤、折伤及殴成笃疾者,自有绞决本律,不在逼迫本律绞候及递减之列,自应增入例内,以免牵混。请嗣后因事用强,逼迫有服尊长,殴有致命重伤,因而致令自尽之案,除期亲卑幼刃伤尊长尊属,及折肢,若瞎其一目者,或大功、小功卑幼殴伤尊长尊属至笃疾者,仍照律绞决外,若殴有致命重伤,未成残废者,缌麻,照凡人加一等,发边远充军;功服,发极边充军;期服,照逼迫本律绞监候。若致命而非重伤,及重伤而非致命之处者,各照前例酌减一等,缌麻,发近边充军;功服,发边远充军;期服,仍照逼迫本律绞监候。庶亲属与凡人有所区别。又,律内无尊长威逼卑幼致死治罪之文。若威逼卑幼致死之案,如殴有致命重伤,及伤重而非致命者,向来俱照尊长殴伤卑幼本律,分别服制,科其伤罪。俱应添叙例内,以昭赅备。谨将修改例文,开列于后。

一、凡因事用强殴打威逼人致死,果有致命重伤,及成残废、笃疾者,虽有自尽实迹,依律追给埋葬银两,发近边充军。其致命而非重伤,及重伤而非致命之处者,追给埋葬银两,杖一百、徒三年。若逼迫尊长致令自尽之案,除期亲卑幼,刃伤尊长尊属,及折肢,若瞎其一目,并功服卑幼,殴伤尊长尊属至笃疾者,仍依律绞决外,若殴有致命重伤,未成残废者,缌麻卑幼,照凡人加一等,发边远充军;功服卑幼,发极边充军,期亲卑幼,仍照逼迫本律绞监候。其致命而非重伤,或伤重而非致命之处者,期服卑幼,仍照逼迫本律绞监候;功服,照前例减一等,发边远充军;缌麻,发近边充军。尊长犯卑幼,各按服制,照例科其伤罪。

【1802】6.19.299.(5)(略)

【1830】○修改

臣等谨按:道光六年(1826)八月内,据升任广东巡抚成格咨"信宜县民张孔竣向黄亚七索欠,殴逼致黄亚七服毒自尽"一案,将张孔竣依因事用强殴打威逼人致死致命而非重伤及重伤而非致命例,拟杖一百、徒三年。经臣部以张孔竣拳殴黄亚七左后肋,既非致命,又非重伤,拟徒未为平允。而检查历年办过成案,有于威逼人致死满杖律上,加等问拟杖六十、徒一年者;亦有于满杖例上,量减问拟者。总缘例无明文,以致办理未能画一。当经臣部酌议,嗣后因事用强殴打,威逼人致死,如原殴既非致命又非重伤者,凡人于威逼人致死杖一百律上加一等,杖六十、徒一年;卑幼犯尊长尊属,亦令于威逼致死本律上加一等。张孔竣一犯,即照现定新例,改拟杖六十、徒一年,仍酌追埋葬银两给领。并声明于修例时,一并纂入例册等因,通行各省在案。应于例内添纂,以资引用。谨将修改例文,开列于后。

一、凡因事用强殴打威逼人致死,果有致命重伤,及成残废、笃疾者,虽有自尽实迹,依律追给埋葬银两,发近边充军。其致命而非重伤,及重伤而非致命之处者,追给埋葬银两,杖一百、徒三年。如非致命又非重伤者,杖六十、徒一年。若逼迫尊长致令自尽之案,除期亲卑幼,刃伤尊长尊属,及折肢,若瞎其一目,并功服卑幼,殴伤尊长尊属至笃疾者,仍依律绞决外,若殴有致命重伤,未成残废者,缌麻卑幼,照凡人加一等,发边远充军;功服卑幼,发极边充军;期亲卑幼,仍照逼迫本律绞监候。其致命而非重伤,或伤重而非致命之处者,期亲卑幼,仍照逼迫本律绞监候,功服发边远充军,缌麻发近边充军。如非致命,又非重伤,期亲卑幼仍照逼迫本律绞监候;功服以下卑幼,各于逼迫尊长尊属致死本律上加一等治罪。尊长犯卑幼,各按服制,照例科其伤罪。

【1847】6.19.299.(25)(略)

【1646】6.19.322.(3)

一、凡因事威逼人致死一家二命,及非一家但至三命以上者,发边卫充军;若一家三命以上,发边卫永远充军。仍依律各追给埋葬银两。

【1670】6.19.321.(3)(略)

【1725】6.19.309.(3)【原例】(略)

【1740】6.19.299.(9)(略)

【1768】6.19.299.(9)

一、凡因事威逼人致死一家二命,及非一家但至三命以上者,发近边充军;若一家三命以上,发边远充军。仍依律各追给埋葬银两。

【1790】6.19.299.(6)(略)

【1847】6.19.299.(9)(略)

【1646】6.19.322.(4)

一、凡子孙威逼祖父母父母、妻妾威逼夫之祖父母父母致死者，俱比依殴者律斩。其妻妾威逼夫致死者，比依妻殴夫至笃疾者律绞。俱奏请定夺。

【1670】6.19.321.(4)(略)

【1725】6.19.309.(4)【原例】(略)

【1740】6.19.299.(10)(略)

【1772】○修改

臣等谨按：乾隆三十七年(1772)四月内，臣部钦奉谕旨，将此条内"子孙威逼祖父母、父母致死"，改为"子孙不孝，致祖父母、父母自尽"，并酌其所犯情节轻重，分别斩、绞定例，所有此条原例应修改。其妻妾威逼夫之祖父母、父母致死之处，一并改正。今将改辑例文，开列于后。

一、凡子孙不孝，致祖父母、父母自尽之案，如审有触忤、干犯情节，以致忿激轻生，窘迫自尽者，即拟以斩决。其本无触忤情节，但其行为违犯教令，以致抱忿轻生自尽者，拟以绞候。妻妾于夫之祖父母、父母有犯，罪同。若妻妾逼迫夫致死者，比依妻殴夫致笃疾者律拟绞，奏请定夺。

【1782】○修改、分辑

臣等谨按：此条原例内"妻妾逼迫夫致死者，比依妻殴夫至笃疾者律拟绞"。查殴夫至笃疾本律系绞立决，此条例内并无明言"绞决"字样。嗣于乾隆四十五年(1780)十一月内，江苏巡抚吴坛题"倪顾氏逼迫伊夫倪玉自缢身死"，将倪顾氏拟以绞候。经臣部查例内比依妻殴夫至笃疾律本律，应拟绞决，将倪顾氏改拟绞决具题。钦奉上谕："律既载妻殴夫至笃疾者绞决，本属允当。乃例又载'妻妾逼迫夫致死者，比依妻殴夫至笃疾律拟绞'之条，以致引用牵混，殊未妥协。交刑部将此条另行妥议改正。钦此。"当经臣部奏请，将原例内"逼迫夫致死，比依殴夫至笃疾律"等句及"奏请"字样，俱行删去，另立"妻妾逼迫夫致死者，拟绞立决"专条，庶援引得免错误等因。奉旨："依议。"钦遵在案。今将删改纂辑例文，分作两条，开列于后。

【1790】6.19.299.(14)(略)

【1790】6.19.299.(15)(略)

【1790】6.19.299.(14)

一、凡子孙不孝，致祖父母、父母自尽之案，如审有触忤、干犯情节，以致忿激轻生，窘迫自尽者，即拟斩决。其本无触忤情节，但其行为违犯教令，以致抱忿轻生自尽者，拟以绞候。妻妾于夫之祖父母、父母有犯，罪同。

【1802】6.19.299.(13)(略)

【1847】6.19.299.(15)(略)

【1790】6.19.299.(15)

一、妻妾逼迫夫致死者,拟绞立决。

【1801】○修改

臣等谨按:妻妾逼迫夫致死者,拟绞立决,系乾隆四十五年(1780)定例。查例载"子孙不孝,致祖父母、父母自尽之案,如审有触忤、干犯情节,以致忿激窘迫自尽者,即拟斩决。其本无触犯情节,但其行为违犯教令,以致抱忿轻生自尽者,拟以绞候。妻妾于夫之祖父母、父母有犯,罪同"等语。至妻妾因事致其夫自尽,其中情节,亦有轻重,若一概问拟绞决,殊未平允。应请嗣后妻妾果系悍泼,逼迫其夫致死者,仍拟绞决。若衅起口角,事涉微细,并无逼迫情状,伊夫轻生自尽者,即照子孙违犯教令致祖父母父母自尽例,拟绞监候。谨将修改例文,开列于后。

一、妻妾悍泼,逼迫其夫致死者,拟绞立决。若衅起口角,事涉微细,并无逼迫情状,其夫轻生自尽者,照子孙违犯教令致父母轻生自尽例,拟绞监候。

【1802】6.19.299.(15)(略)

【1825】6.19.299.(14)(略)

【1847】6.19.299.(16)(略)

【1646】6.19.322.(5)

一、妇人夫亡愿守志,别无主婚之人,若有用强求娶,逼受聘财,因而致死者,依律问罪,追给埋葬银两,发边卫充军。

【1670】6.19.321.(5)(略)

【1725】6.19.309.(5)【原例】(略)

【1740】6.19.299.(11)(略)

【1768】6.19.299.(11)

一、妇人夫亡愿守志,别无主婚之人,若有用强求娶,逼受聘财,因而致死者,依律问罪,追给埋葬银两,发近边充军。

【1778】○修改

臣等谨按:此条原例"妇人夫亡守志,若有用强求娶,逼受聘财,因而致死者,依律问罪,追给埋葬银两,发近边充军"等语,查"因而致死"之下,既有"追埋""发近边充军"之文,其"依律问罪"四字,系属闲文,谨拟删去。理合声明。

一、妇人夫亡,情愿守志,别无主婚之人,若有用强求娶,逼受聘财,因而致死者,追给埋葬银两,发近边充军。

【1790】6.19.299(7)(略)

【1801】○移并

【原例】【1790】6.19.299(7)(略)

*户律·婚姻·居丧嫁娶

【1740】3.6.105.(1)一、孀妇自愿改嫁，翁姑人等主婚受财，而母家统众强抢者，杖八十。其孀妇自愿守志，而母家、夫家抢夺强嫁者，各按服制，照律加三等治罪。其娶主不知情者不坐。知情同抢，照强娶律加三等。未成婚妇女，听回守志。已成婚，而妇不愿合者听。如孀妇不甘失节，因而自尽者，照威逼例充发。其有因抢夺而取去财物及杀伤人者，各照本律从重论。

臣等谨按：前条系乾隆五年(1740)定例，专指亲属强嫁孀妇，并非图财起见，分别治罪而言。查孀妇自愿改嫁，翁姑人等主婚，母家统众强抢，例应杖八十。至夫家并无应行主婚之人，而母家主婚改嫁，夫家疏远亲属强抢，例无治罪专条，自应照母家强抢例添纂明晰。又查孀妇自愿守志，母家、夫家强行抢嫁，以致妇女被污失节者，原例内称“各按服制，照强嫁律加三等”。查律载“强嫁妇女，翁姑、父母杖八十，期服亲属杖九十，大功以下杖一百。未成婚者，听回守志，追还财礼。已成婚者，即与完聚，财礼入官”等语，是翁姑、父母强嫁媳、女，律应杖八十。今加三等，罪止杖六十、徒一年，转非所以全孀妇之孝，自应仍照律拟以杖八十。至期亲以下尊属、尊长，分谊渐疏，非父母、翁姑可比，自应各按服制，照强嫁娶，加三等，期亲杖七十、徒一年半，功服以下杖八十、徒二年。至卑幼强嫁尊长，服重者，其罪较重，期亲卑幼应杖一百、徒三年，大功以下卑幼杖九十、徒二年半。若妇女未致失节者，尊长、卑幼各应减一等。其强嫁之妇女，虽已被污，不愿完聚者，若照律断令完聚，未免有滋事端，自应与尚未被污者一例听回守志。如妇女强嫁后，情愿与后夫完聚者，照律听其完聚，财礼入官。但究因尊长强嫁，以致失节，其强嫁之尊长，亦仍照律各按服制分别拟杖。至孀妇不甘失节，因而自尽，原例内称“照威逼例充发”，其服制亲疏、尊卑，并未分别。查翁姑、父母为天伦所首重，至期、功、缌麻，服制既有尊卑，治罪应分轻重。且期亲卑幼，寻常逼迫尊长致死，律应绞候。若强嫁尊长，致令自尽，概拟充军，殊觉矛盾。自应仍论服制轻重，以别罪名差等。谨酌拟：孀妇不甘失节，因而自尽者，祖父母、父母，夫之祖父母、父母，于原例军罪上酌减一等，杖一百、徒三年。期、功以下尊属、尊长，服渐杀则罪渐加，期亲拟以杖一百、流二千里，功服杖一百、流二千五百里，缌麻杖一百、流三千里。卑幼服愈亲，则罪愈重，缌麻卑幼，应于原例近边充军上加一等，发边远充军；功服卑幼，发极边充军；期亲卑幼，照律拟绞监候。若妇女强嫁后，自愿与后夫完聚，复因他故自尽者，与不甘失节因而自尽者不同，其亲属照律科以强嫁之罪，不在此例。应添注明晰，以免牵混。再娶主知情同抢，致孀妇自尽，例无专条，应以为从论，各减亲属罪一等。又查“威逼人致死”门内，妇人夫亡守志，别无主婚之人，如用强求娶，逼受聘财，因而致令自尽拟军之例，系前明旧例，与此孀妇不甘失节自尽者，情事相同，应移并此条，以便引用。谨将修并例文，开列于后。

*户律·婚姻·居丧嫁娶

【1802】3.6.105.(1)一、孀妇自愿改嫁，翁姑人等主婚受财，而母家统众抢夺，杖八十。夫家并无例应主婚之人，母家主婚改嫁，而夫家疏远亲属强抢者，罪亦如之。其孀妇自愿守志，母家、夫家抢夺强嫁，以致被污者，祖父母、父母，及夫之祖父母、父母，杖八十；期亲尊属尊长，杖七十、徒一年半；大功以下尊属尊长，杖八十、徒二年；

期亲卑幼,杖一百、徒三年;大功以下卑幼,杖九十、徒二年半。娶主不知情不坐。知情同抢,照强娶笞五十律加三等,杖八十。未致被污者,父母、翁姑、亲属、娶主,各减一等。妇女均听回守志。如妇女自愿完聚者,照律听其完聚,财礼入官,亲属照律分别拟杖。若孀妇不甘失节,因而自尽者,不论已、未被污,祖父母、父母,夫之祖父母、父母,杖一百、徒三年;期亲尊属尊长,杖一百、流二千里;功服,杖一百、流二千五百里;缌麻,杖一百、流三千里;缌麻卑幼,发边远充军;功服,发极边充军;期亲,拟绞监候。娶主知情同抢,致令自尽者,以为从论,各减亲属罪一等。若妇女自愿完聚,复因他故自尽者,仍按服制照律科以强嫁之罪,不在此例。若妇人情愿守志,别无主婚之人,如有用强求娶,逼受聘财,因而致令自尽者,发近边充军,仍追埋葬银两。其有因抢夺而取去财物,及杀伤人者,各照本律,从其重者论。

【1646】6.19.322.(6)

一、凡军民人等,因事威逼本管官致死,为首者,比依威逼期亲尊长致死律绞;为从者,枷号半年,发边卫充军。

【1670】6.19.321.(6)(略)

【1725】6.19.309.(6)【原例】(略)

【1740】○修改

臣等谨按:本朝枷号之例,至三月而止。惟旗人无故将奴仆刃杀,及将族中奴仆无故责打死者,枷号一百五日,鞭一百,已于斗殴例内议改为枷号三个月,此外并无枷号至三个月以上者。今威逼本管官致死,为从之犯虽情罪可恶,但尚属为从,且枷满仍问拟遣戍,而枷号之期独至半年,未免过重,应改为三月。不惟本犯足以蔽辜,且与枷号各例亦相符合矣。谨将改辑例文,开列于后。

一、凡军民人等,因事威逼本管官致死,为首者,比依威逼期亲尊长致死律绞;为从者,枷号三个月,发边卫充军。

【1740】6.19.299.(12)(略)

【1768】6.19.299.(12)

一、凡军民人等,因事威逼本管官致死,为首者,比依威逼期亲尊长致死律绞;为从者,枷号三个月,发近边充军。

【1772】○修改

臣等谨按:乾隆三十七年(1772)四月内,臣部奏明此条内"威逼"二字立言不顺,请改为"因事逼迫"字样,奏准在案。谨遵照改正,以便引用。

一、凡军民人等,因事逼迫本管官致死,为首者,比依逼迫期亲尊长致死律绞;为从者,枷号三个月,发近边充军。

【1790】6.19.299.(8)(略)

【1802】6.19.299.(7)(略)

【1847】6.19.299.(10)(略)

【1725】○增入

原拟:现行例一条,类于此律,应增入。

【原增现行例】一、凡奉差员役,执持勘合、火牌,照数支取,而该地方官不能措办,因而自尽者,勿论。若奉差员役,额外需索,逼死印官者,审实,依威逼致死律杖一百,加徒三年。若有受贿实迹,仍依枉法从重论。

【1725】6.19.309.(7)【增例】(略)

【1740】6.19.299.(13)(略)

【1790】6.19.299.(9)(略)

【1802】6.19.299.(8)(略)

【1847】6.19.299.(11)(略)

【1725】○增入

臣等谨按:雍正二年(1724)二月内,刑部会复强奸致死人命,事理类于此律,谨拟节录于后。

【续增现行例】一、凡喇嘛、和尚等,有强奸致死人命者,照光棍例,分别首从定拟治罪。

【1725】6.19.309.(8)【钦定例】(略)

【1740】6.19.299.(14)(略)

【1778】○移改

臣等谨按:此条系强奸致死人命,并非威逼人致死,载在"威逼人致死"门内,殊与例意未符,谨移入"犯奸"门内。拟合声明。

* 刑律·犯奸·犯奸

【1790】6.25.366.(10)一、凡喇嘛、和尚等,有强奸致死人命者,照光棍例,分别首从定拟。

【1740】○增入、修改

一、凡有因强奸将本妇立时杀死者,拟斩立决。若强奸既成,本妇羞忿自尽,仍照因奸威逼致死律,拟斩监候;至强奸未成,或但经调戏,本妇羞忿自尽者,俱拟绞监候。秋审时,俱拟情实。

此条系雍正十一年(1733)定例。查原例强奸未成,及但经调戏,本妇羞忿自尽之案,秋审时俱拟情实。乾隆三年(1738),经刑部奏明,九卿议复,分别情实、缓决,奏请定夺。今并为一条,以便引用。

一、凡有因强奸将本妇立时杀死者,拟斩立决。若强奸既成,本妇羞忿自尽,仍照因奸威逼致死律,拟斩监候;至强奸未成,或但经调戏,本妇羞忿自尽者,俱拟绞监候。秋审时,分别情实、缓决,奏请定夺。

【1740】6.19.299.(2)(略)

【1767】○修改

臣等谨按:此条系雍正十年(1732)及乾隆三年(1738)条例。原例有"强奸未成,或但经调戏,本妇羞忿自尽者,俱拟绞监候。秋审时,分别情实、缓决,奏请定夺"等语。恭查乾隆七年(1742)九月内,钦奉上谕:"烈妇之死,由于该犯之调戏,若将该犯轻入缓决,非所以重名教而端民俗。九卿执法,不得轻纵。但强奸未成,本妇因调戏而羞忿自尽者,其中情形不一。朕办理勾到之时,自有权衡。如果一线可原,仍当免勾。既经一次免勾之后,下年即可改为缓决。如系停止勾到之年,入情实者,不得即改缓决。钦此。"臣部历年秋审,均钦遵办理。拟于此条内,增入其原例。分别情实、缓决奏请之处,系属旧例,业已不行,拟合删去。

一、凡有因强奸将本妇立时杀死者,拟斩立决。若强奸既成,本妇羞忿自尽,仍照因奸威逼致死律,拟斩监候;至强奸未成,或但经调戏,本妇羞忿自尽者,俱拟绞监候。秋审时问拟情实,免勾一次之后,下年改为缓决。如遇停勾之年入情实者,下年不得即改缓决。

【1767】○修改[1]

臣等谨按:此条原例,"拟绞监候"下有"秋审时问拟情实,免勾一次之后,下年改为缓决。如遇停决之年,入情实者,下年不得即改缓决"等句。臣部于乾隆三十二年(1767)十月内,奏准删去,应遵照更正。合并声明。

一、凡有因强奸将本妇立时杀死者,拟斩立决。若强奸既成,本妇羞忿自尽,仍照因奸威逼致死律,拟斩监候;至强奸未成,或但经调戏,本妇羞忿自尽者,俱拟绞监候。

【1768】6.19.299.(2)(略)

【1778】○分辑、移改

臣等谨按:此条原例强奸立时杀死本妇,与强奸既成、未成以致本妇羞忿自尽,并为一条,载在"威逼人致死"门内,未能明切。且自尽与被杀迥不相同,自应分为二条。其"威逼致死"门内,专立本妇羞忿自尽一条,将强奸杀死本妇一条,另入"犯奸"门内。谨将删修例文,开列于后。

一、强奸已成,本妇羞忿自尽者,照因奸威逼致死律,拟斩监候。其强奸未成,或

---

① 《钦定大清会典事例(光绪朝)》称,此条系乾隆三十二年(1767),遵照乾隆七年(1742)谕旨改定。乾隆三十七年(1772),因三十二年(1767)年奏准例内"情实"字样概行删去,遵将此条"秋审时"以下数句节删。是删去例内"情实"字样,应在1772年,但乾隆三十三年(1768)《大清律例》所载本条例文,已删去例内"情实"等字样,故将删去例内"情实"的时间定在1772年修例时,然而又与所称"此条系乾隆三十二年(1767),遵照乾隆七年(1742)谕旨改定"有所不合,特此说明。

但经调戏,本妇羞忿自尽者,俱拟绞监候。

＊ 刑律·犯奸·犯奸

一、凡有因强奸将本妇立时杀死者,拟斩立决。

【1788】修并

修并按语及修并后例文,见【1740】6.19.299.(6)条【1788】修并项下。

【1740】○增入

一、凡强奸人妻女,其夫与父母、亲属闻声赴救,奸夫逞凶拒捕,立时杀死其夫与父母、亲属者,照定例拟斩立决。若强奸既成,其夫与父母、亲属羞忿自尽,仍照威逼致死本律,拟斩监候。至强奸未成,或但经调戏,其夫与父母、亲属羞忿自尽者,俱拟绞监候。

此条系雍正十一年(1733)定例。

【1740】6.19.299.(3)(略)

【1788】○修并

修并按语及修并后例文,见【1740】6.19.299.(6)条【1788】修并项下。

【1740】○续纂

一、凡村野愚民,本无图奸之心,又无手足勾引、挟制窘辱情状,不过出语亵狎,本妇一闻秽语,即便轻生,照强奸未成本妇羞忿自尽例减一等,杖一百、流三千里。

此条系升任太常寺少卿唐绥祖条奏,应并入因奸威逼人致死例内,以便引用。

【1740】6.19.299.(4)(略)

【1790】6.19.299.(17)(略)

【1825】6.19.299.(16)(略)

【1847】6.19.299.(18)(略)

【1740】○增入

一、强奸内外缌麻以上亲,及缌麻以上亲之妻,若妻前夫之女,同母异父姊妹,未成,本妇羞忿自尽者,俱拟斩监候;其强奸已成,本妇羞忿自尽者,俱拟斩立决。

此条系雍正十二年(1734)定例。

【1740】6.19.299.(5)(略)

【1790】6.19.299.(3)(略)

【1810】○修改

臣等谨按:此条系亲属强奸,致本妇羞忿自尽,分别已成、未成治罪之例。至强奸致其夫与父母、亲属羞忿自尽,及但经调戏,致本妇与其夫及父母、亲属自尽,例无专条。查凡人强奸已成,其夫与父母、亲属及本妇羞忿自尽者,俱一例拟斩监候。如强奸未成,或但经调戏,其夫与父母、亲属及本妇羞忿自尽者,俱一例拟绞监候。是亲属强奸,致其夫与父母、亲属羞忿自尽，比类参观，自应同本妇羞忿自尽之例，已成奸者斩决，未成奸者斩候。至但经调戏，致其夫与父母、亲属及本妇羞忿自尽，与强奸未成，羞忿自尽事同，一律亦应问拟斩候。检查臣部历来办理此等案件，俱照此定拟，并无歧误。惟不明立科条，办理究无依据。应于例内添纂明晰，以昭赅备。谨将修改例文，开列于后。

一、强奸内外缌麻以上亲，及缌麻以上亲之妻，若妻前夫之女、同母异父姐妹，未成，或但经调戏，其夫与父母、亲属及本妇羞忿自尽者，俱拟斩监候；如强奸已成，其夫与父母、亲属及本妇羞忿自尽者，俱拟斩立决。

【1825】6.19.299.（15）（略）

【1847】6.19.299.（17）（略）

【1740】〇增入

一、凡强奸未遂，将本妇殴伤，越数日后因本伤身死者，照因奸威逼人致死律，拟斩监候。

此条系乾隆三年（1738）定例。

【1740】6.19.299.（6）（略）

【1788】〇修并

【原例】【1740】6.19.299.（6）（略）、【1740】6.19.299.（3）（略）、【1768】6.19.299.（2）条【1778】修改例文（略）

＊刑律·犯奸·犯奸

【1768】6.19.299.（2）条【1778】移改例文一、凡有因强奸将本妇立时杀死者，拟斩立决。

臣等谨按：以上四条均系强奸杀死本妇及赴救之本夫与父母、亲属，分别斩决、斩候之文。乃前三条载于“威逼人致死”门内，后一条又载于“犯奸”门内。一事分载两门，倘翻阅未周，援引易致牵混，应即并作一条，专载“威逼人致死”门内，以归简易。再查强奸杀死本妇，既已分别立时及越数日后身死，定有斩决、监候之条，而奸夫杀死赴救之本夫、父母、亲属，例内止载立时杀死，问拟斩决，并无殴伤后越数日身死之文，殊未赅备。自应比照殴伤本妇之例，定拟斩候，方昭平允。谨将归并增辑例文，开列于后。

一、因强奸将本妇立时杀死者，拟斩立决；强奸未遂，将本妇殴伤，越数日后因本伤身死者，照因奸威逼致死律，拟斩监候。若强奸人妻女，其夫与父母、亲属闻声赴救，奸夫逞凶拒捕，立时杀死者，俱拟斩立决；若殴伤，越数日后因本伤身死者，亦照因奸威逼致死律，拟斩监候。至强奸已成，其夫与父母、亲属及本妇羞忿自尽者，拟斩监候。如强奸未成，或但经调戏，其夫与父母、亲属及本妇羞忿自尽者，俱拟绞监候。

【1790】6.19.299.（2）（略）

【1806】〇修改

臣等谨按：嘉庆八年（1803）三月内，臣部核复山东巡抚倭什布题“临邑县民许挨子强奸于孟氏已成，勒死于孟氏灭口，将许挨子依例拟斩立决”一案。奉旨：“此案许挨子强奸于孟氏已成，因该氏哭骂，恐其回家诉说败露，将该氏登时勒死。经刑部等衙门核复，拟以斩决，固属照例办理。但该犯强奸于孟氏已成，复行致死灭口，淫凶已极。若与强奸未成，将本妇杀死者，一律问拟斩决，未免无所区别。许挨子着即斩决、枭示。嗣后办理强奸杀死本妇之案，除强奸未成，杀死本妇者，仍照旧例斩决外，如强奸已成，将本妇杀死者，即问拟斩、枭。著为令。钦此。”钦遵在案。应于例内添纂，以便遵办。谨将修改例文，开列于后。

一、强奸已成，将本妇杀死者，斩决、枭示；强奸未成，将本妇立时杀死者，拟斩立决；将本妇殴伤，越数日后因本伤身死者，照因奸威逼致死律，拟斩监候。若强奸人妻女，其夫与父母、亲属闻声赴救，奸夫逞凶拒捕，立时杀死者，俱拟斩立决；若殴伤，越数日后因本伤身死者，亦照因奸威逼致死律，拟斩监候。至强奸已成，其夫与父母、亲属及本妇羞忿自尽者，拟斩监候；如强奸未成，或但经调戏，其夫与父母、亲属及本妇羞忿自尽者，俱拟绞监候。

【1825】6.19.299.（18）（略）

【1847】6.19.299.（20）（略）

【1740】○续纂

一、妇人因奸有孕，畏人知觉，与奸夫商谋用药打胎，以致堕胎身死者，奸夫比照以毒药杀人知情卖药者至死减一等律，杖一百、流三千里。若有服制名分，本罪重于流者，仍照本律从重科断。如奸妇自倩他人买药，奸夫果不知情，止科奸罪。

臣等谨按：因奸致死各条，已极明晰，惟服药打胎因而致死者，律例均未之及。若照因奸威逼致死律将奸夫拟断，则事起和奸，本非威逼；如仅止科奸罪，则死实因奸而致。坠胎之药，性皆酷烈，受之攻逼，十无一生。在奸妇虽孽由自作，而奸夫既坠其节，又戕其命，未便竟从宽典。惟因例无明文，是以各省办理颇不画一。今特酌纂例款，以便引用。

【1740】6.19.299.（7）（略）

【1790】6.19.299.（4）（略）

【1767】○续纂

一、凡和奸之案，奸妇因奸情败露，羞愧自尽者，奸夫杖一百、徒三年。

臣等谨按：此条系乾隆二十八年（1763）七月内，贵州按察使赵孙英条奏定例，应纂辑遵行。

【1768】6.19.299（15）（略）

【1790】6.19.299.（10）（略）

【1802】6.19.299.（9）（略）

【1830】○修改

臣等谨按：道光九年（1829）七月内，臣部议复贵州巡抚嵩溥咨"杨衡园与小功服兄之妻刘氏通奸败露，致氏羞愧自尽"一案。该抚将杨衡园依奸缌麻以上亲之妻，发附近充军例上加一等，发近边充军等因咨部，臣等查军民相奸，例止枷、杖。若因奸酿命，即应加拟满徒。至奸缌麻以上亲之妻，本例应发附近充军。其因奸酿命，例无加等明文。若止科奸罪，仅按本例拟发附近充军，未免置人命于不问。该抚将杨衡园于本例上加等科罪，情法俱得其平。第各省有照本例问拟者，亦有于本例上加一等者，引断未能画一，当经通行各省在案。应于例内添纂明晰，以资引用。谨将修改例文，开列于后。

一、凡和奸之案，奸妇因奸情败露，羞愧自尽者，奸夫杖一百、徒三年。亲属相奸，奸夫按奸罪应发附近充军者，如奸妇因奸情败露，羞愧自尽，奸夫于奸罪上加一等，发近边充军。

【1847】6.19.299.（6）（略）

【1767】○续纂

一、妇女与人通奸，本夫与父母并未纵容，一经见闻，杀奸不遂，因而羞忿自尽者，将奸妇拟绞监候，奸夫杖一百、徒三年。若本夫与父母纵容通奸，后因奸情败露，愧迫自尽者，奸夫奸妇，止科奸罪。

臣等谨按：此条系乾隆三十年（1765）十一月内，臣部奏准定例，应纂辑遵行。

【1768】6.19.299.（16）（略）

【1790】6.19.299.（11）（略）

【1795】○修改

臣等谨按：乾隆五十六年（1791）三月内，臣部核复河南巡抚穆和蔺题"陈张氏与王杰通奸被拐，致伊父张起羞忿自尽，将陈张氏依妇女与人通奸父母并未纵容因而羞忿自尽例，拟绞监候"一案。奉旨："陈张氏与王杰通奸，致伊父张起羞忿自尽。该抚因系已嫁之女，问拟绞候。刑部亦照议核复，固属照例办理。但张起之死，由于伊女陈张氏与人通奸所致，与子孙因奸、因盗致祖父母、父母忧忿自尽者，情罪相同，自应一律问拟绞决。夫服制，已嫁、未嫁，分轻重尚可，若一关父母之生死，则不可如寻常罪犯，照出嫁降服之例，稍从轻减也。且明刑所以弼教，父母天伦不得因已未出嫁，遂有区别。设使已嫁之女，致死父母，岂可免其凌迟，概从宽典耶？嗣后妇女与人通奸，致父母羞忿自尽者，无论已嫁、在室之女，俱着问拟绞立决，交刑部纂入例册。所有陈张氏一犯，即照此办理。余依议。钦此。"钦遵在案。是妇女犯奸，但致父母自尽，即应拟绞立决。此条原例拟绞监候之处，应行修改，今将修辑例文，开列于后。

一、妇女与人通奸，致并未纵容之父母，一经见闻，杀奸不遂，羞忿自尽者，无论出嫁、在室，俱拟绞立决。其本夫并未纵容，一经见闻，杀奸不遂，因而羞忿自尽者，奸妇拟绞监候。奸夫俱拟杖一百、徒三年。若本夫与父母纵容通奸，后因奸情败露，愧迫自尽者，奸夫、奸妇，止科奸罪。

【1802】6.19.299.(10)(略)

【1806】○修改

臣等谨按:“子孙违犯教令”门内,“子孙有犯奸、盗,致祖父母、父母忧忿戕生者,拟绞立决。如祖父母、父母纵容袒护,后经发觉,畏罪自尽者,将犯奸、盗之子孙,发黑龙江给披甲人为奴”等语。查子女之于父母,同一属毛离里。子孙犯奸,致并未纵容之祖父母、父母自尽,既于此条例内之妇女均拟较立决,则因奸致纵容之父母自尽,自应一律同科。今例内妇女则止科奸罪,子孙则发遣为奴,罪名轻重悬殊,未为平允。应请将妇女犯奸,致纵容之父母自尽,与子孙一例发遣。系妇女实发驻防,给官丁为奴,以归画一。再查父母、本夫纵容通奸,情节不一。如贪利纵容,后因奸情败露,愧迫自尽,奸夫、奸妇自应照纵奸之例问拟。若父母、本夫虽知奸情,而迫于奸夫之强悍,不能报复,并非有心纵容者,此等奸夫、奸妇,仍应照并未纵容之例科断。应于例内添叙明晰,以昭赅备。谨将修改例文,开列于后。

一、妇女与人通奸,致并未纵容之父母,一经见闻,杀奸不遂,羞忿自尽者,无论出嫁、在室,俱拟绞立决。其本夫并未纵容,一经见闻,杀奸不遂,因而羞忿自尽者,奸妇拟绞监候。奸夫俱拟杖一百、徒三年。若父母纵容通奸,后因奸情败露,愧迫自尽者,妇女实发驻防给兵丁为奴,奸夫止科奸罪。本夫纵容通奸,后因奸情败露,愧迫自尽者,奸夫、奸妇止科奸罪。如父母、本夫虽知奸情,而迫于奸夫之强悍,不能报复,并非有心纵容者,奸夫、奸妇仍照并未纵容之例科断。

【1825】6.19.299.(3)(略)

【1767】○续纂

一、奸夫奸妇,商谋同死,若已将奸妇致死,奸夫并无自戕伤痕、同死确据者,审明或系谋、故,或系斗杀,核其实在情节,各按本律拟以斩、绞。不得因有同死之供,稍为宽贷。若奸夫与奸妇因奸情败露,商谋同死,奸妇当即殒命,奸夫业经自戕,因人救阻,医治伤痊,实有确据者,将奸夫减斗杀罪一等律,杖一百、流三千里。如另有拐逃及别项情节,临时酌量,从重定拟。

臣等谨按:此条系乾隆二十九年(1764)三月内,臣部奏准定例,应纂辑遵行。

【1768】6.19.299.(17)(略)

【1790】6.19.299.(12)(略)

【1802】6.19.299.(11)(略)

【1847】6.19.299.(13)(略)

【1772】○续纂

一、豪强凶恶之徒,恃财倚势,因事威逼、挟制窘辱,令平民冤苦无申,情极自尽,致死一家三命以上者,拟斩监候;致死一家二命,及非一家但至三命以上者,拟绞监候。如无前项情节,仍照例分别拟军。

臣等谨按:此条系乾隆三十六年(1771)八月内,臣部奏请定例,应纂辑以便遵行。

【1790】6.19.299.(13)(略)

【1802】6.19.299.(12)(略)

【1847】6.19.299.(14)(略)

【1782】○续纂

一、凡调奸妇女未成,业经和息之后,如有因人耻笑,其夫与父母、亲属及本妇,复追悔抱忿自尽,致死二命者,将调奸之犯,发往乌鲁木齐等处充当苦差。

臣等谨按:此条系乾隆四十六年(1781)闰五月内,广西巡抚姚成烈题"北流县民陈正仁调戏唐惠志之妻陈氏,贿和后,因被村童耻笑,追悔抱忿,夫妇先后服毒身死",将陈正仁依威逼致死例拟军。经臣部题驳,改拟绞监候。钦奉上谕:"此案虽致死二命,但究系和息一月之后。若定拟绞候,情殊可悯,如改拟充军,则又系致死二命,未免稍失之宽。陈正仁着改发乌鲁木齐充当苦差。嗣后遇有此等案件,着即照此问拟。著为令。钦此。"钦遵。应恭纂为例,以便遵行。

【1790】6.19.299(16)(略)

【1801】○修改

臣等谨按:此条系乾隆四十六年(1781)定例。本例专指调奸妇女未成,业经和息后,因人耻笑,其夫与父母、亲属及本妇抱忿自尽,致死二命者而言。若致死一命之案,例无治罪专条。各省向来遇有致死一命之案,或照强奸未成致本妇羞忿自尽例减等拟流,或照但经调戏本妇羞忿自尽例减等拟流。罪名虽无出入,引断究属两歧。应于例内添纂"致死一命者,杖一百、流三千里",以昭赅备而便引用。谨将修改例文,开列于后。

一、凡调奸妇女未成,业经和息之后,如有因人耻笑,其夫与父母、亲属及本妇,复追悔抱忿自尽,致死二命者,将调奸之犯,发往乌鲁木齐等处充当苦差;致死一命者,杖一百、流三千里。

【1802】6.19.299.(15)(略)

【1821】○修改

【原例】【1802】6.19.299.(5)(略)、【1802】6.19.299.(18)(略)

臣等谨按:嘉庆二十二年(1817)四月内,臣部议复升任伊犁将军长龄奏"伊犁遣犯日多,请为调剂"案内,将调奸未成,和息后,因人耻笑,其夫与父母自尽致死二命一条,改发边远充军;奸妇抑媳同陷邪淫,致媳情急自尽一条,改发各省驻防为奴等因奏准,通行在案。原例内发伊犁、乌鲁木齐之处,应行修改。谨将修改例文,开列于后。

一、凡调奸妇女未成,业经和息之后,如有因人耻笑,其夫与父母、亲属及本妇复追悔抱忿自尽,致死二命者,将调奸之犯改发边远充军;若致死一命者,杖一百、流三千里。

【1825】6.19.299.(2)(略)

【1825】6.19.299.(21)(略)

【1847】6.19.299.(23)(略)

【1788】○续纂

一、凡妇女因人亵语戏谑,羞忿自尽之案,如系并无他故,辄以戏言觌面相狎者,即照但经调戏本妇羞忿自尽例,拟绞监候。其因他事与妇女角口,彼此詈骂,妇女一闻秽语,气忿轻生,以及并未与妇女觌面相谑,止与其夫及亲属互相戏谑,妇女听闻秽语,羞忿自尽者,仍照例杖一百、流三千里。

臣等谨按:乾隆五十年(1785)十二月内,山东巡抚明兴题"刘烺因张梁氏令其捆缚高梁,秽言嘲谑,梁氏疑为有心调戏,投缳殒命。审依本无图奸之心,不过出语亵狎,例拟以杖流",钦奉谕旨,令臣等酌核定例,另行妥议具奏。当经臣部奏请,嗣后凡妇女因人亵语戏谑,羞忿自尽之案,如系并无他故,辄以觌面相狎者,不论有无图奸之心,即照但经调戏本妇羞忿自尽例,拟绞监候。其因他事与妇女口角,彼此詈骂,妇女一闻秽语,气忿轻生者,以及并未与妇女觌面相谑,止与其夫及亲属互相戏狎,妇女听闻秽语,羞忿自尽者,此等均无图奸之心,仍依本例问拟满流等因具奏。奉旨:"依议。"钦遵在案,应纂辑遵行。

【1790】6.19.299.(18)(略)

【1802】6.19.299.(17)(略)

【1847】6.19.299.(19)(略)

【1801】○续纂

一、妇女令媳卖奸不从,折磨殴逼,致媳情急自尽者,拟绞监候。若奸妇抑媳同陷邪淫,致媳情急自尽者,实发伊犁、乌鲁木齐等处为奴。

臣等谨按:"名例"载"奸妇抑媳同陷邪淫,致媳情急自尽者,发往伊犁、乌鲁木齐等处为奴",系乾隆二十四年(1759)定例。至妇女逼媳卖奸,致媳情急自尽,向来外省俱照奸妇抑媳同陷邪淫例,问拟发遣。嗣于乾隆五十七年(1792),湖北巡抚福宁审题"张周氏逼媳冯氏卖奸不从,致冯氏自缢身死,将张周氏发伊犁为奴"案内,钦奉上谕:"据福宁题报'应城县张周氏逼媳冯氏卖奸不从,自缢身死,将张周氏照奸妇抑媳同陷邪淫致媳情急自尽例,发伊犁、乌鲁木齐等处给兵丁为奴'一本。朕办理庶狱,于翁姑致死子媳之案,无论其本有违犯教令,训戒不悛,以致毙命,及伊媳并无过犯,而翁姑性暴,致毙其命者,其翁姑俱不加以重罪。原以谊属尊长,无抵偿卑幼之理。况系自缢身死,本不应将其姑抵罪。但此案张周氏逼令伊媳冯氏卖奸图利,因冯氏坚执不从,时加磨折,并殴伤左右胳肘,致冯氏被逼情急,投缳自尽,情节实属可恶。为翁姑者,当教训其媳,勉以贞洁自矢,方不愧为尊长之道。今张周氏欲令伊媳卖奸,已属无耻。乃因其守节不从,辄关禁楼房,不给饮食,挫磨殴逼,以致毙命,殊出情理之外。是其恩义已绝,即当以凡论,与寻常尊长致死者卑幼不同。此而不严加惩治,何以风节烈而儆淫凶?除冯氏照例交部旌表外,张周氏着改为绞监候,入于本年秋审情实办理。嗣后各省如有似此情节者,俱照此办理。庶使淫恶无耻之徒，知所儆畏，以示明刑弼教之意。钦此。”当经臣部钦遵谕旨，将张周氏改为绞监候。并请嗣后凡有亲姑抑媳卖奸，折磨殴逼，以致其媳不甘失节，忿激自尽者，俱拟绞监候，通行遵照办理等因具奏。奉旨：“依议。钦此。”钦遵在案。应纂辑为例，以便引用。又查奸妇抑媳同陷邪淫，致媳情急自尽者，实发伊犁等处为奴。向例载入“名例”内“发遣新疆”条下，“刑律”内并未立有专条，应于此条内添入，以昭赅备。合并声明。

【1802】6.19.299.（18）（略）

【1821】○修改

修改按语，见【1802】6.19.299.（15）条【1821】修改项下。

一、妇女令媳卖奸不从，折磨殴逼，致媳情急自尽者，拟绞监候。若奸妇抑媳同陷邪淫，致媳情急自尽者，改发各省驻防为奴。

【1825】6.19.299.（2）（略）

【1806】○续纂

一、强奸本宗缌麻以上亲，及强奸缌麻以上亲之妻，将本妇杀死者，分别服制，拟以凌迟、斩决，仍枭示。系外姻亲属，免其枭示。

臣等谨按：嘉庆六年（1801）七月内，臣部核复四川总督勒保题“长寿县民杨文仲强奸缌麻弟妻杨黄氏不从，戳伤黄氏身死，将杨文仲照凡人强奸将本妇立时杀死例，拟斩立决”一案，奉旨：“此案杨文仲强奸缌麻服弟杨文榜之妻杨黄氏不从，将黄氏戳伤身死。刑部因例无明文，即照凡人强奸将本妇立时杀死例，定拟斩决。但思该犯与杨文榜系缌麻兄弟，若同凡人一律定拟，未免无所区别。杨文仲着即处斩、枭示，以昭炯戒。并载入刑部则例。余依议。钦此”。又七年（1802）六月内，山东巡抚和宁题“黄县民刘发图奸甥媳陈刘氏不从，将陈刘氏搭死，刘发依例拟斩立决”，声明该犯系属外姻，与本宗稍异，应否照杨文仲之例枭示。经臣部以十恶“内乱”系指本宗而言，外姻不在其内，该犯因奸杀死甥妻，被杀之刘氏系属外姻，究与本宗不同。业经照例拟以斩决，应否“免其枭示”之处，恭候钦定。奉旨：“刘发着即处斩，免其枭示。余依议。钦此。”钦遵各在案。应纂辑为例，以便引用。再查缌麻以上亲，兼期服在内。谋、故杀期亲尊长，罪应凌迟，应于例内添入“分别服制，拟以凌迟、斩决”字样，以昭赅备。合并声明。

【1825】6.19.299.（19）（略）

【1847】6.19.299.（21）（略）

【1852】○修改

谨案：咸丰二年（1852），因系专指强奸未成而言，恐有将强奸外姻服亲已成杀死本妇之犯，亦免其枭示，致较凡人强奸已成杀死本妇例应斩枭，科罪转轻者，因于“缌麻以上亲之妻”句下，增入“未成”二字。

一、强奸本宗缌麻以上亲，及缌麻以上亲之妻，未成，将本妇杀死者，分别服制，拟以凌迟、斩决，仍枭示。系外姻亲属，免其枭示。

【1870】6.19.299.（21）（略）

【1810】○续纂

一、强奸犯奸妇女已成，将本妇立时杀死者，拟斩立决；致本妇羞愧自尽者，发黑龙江给兵丁为奴。如强奸犯奸妇女未成，将本妇立时杀死者，拟斩监候，秋审入于情实；致本妇羞愧自尽者，杖一百、流三千里。若妇女犯奸后，已经悔过自新，确有证据者，仍以良人妇女论。

臣等谨按：嘉庆十二年(1807)十二月内，直隶总督温承惠题“曲周县民人李嘉贵强奸族姊杨李氏不从，立时杀死杨李氏”一案，审将李嘉贵依强奸未成将本妇立时杀死例，拟斩立决。经臣部查律例内并无强奸犯奸妇女不从，立时杀死，作何治罪明文。惟查伙谋抢夺及轮奸妇女两项，例有良妇、奸妇之分，罪有斩决、遣戍之例。律注强奸犯奸妇女，难以强论，依刁姦律问拟。是强奸犯奸妇女，既不与强奸良家妇女同罪，则强奸、杀死犯奸妇女，亦不应与强奸、杀死良家妇女同科。议请嗣后如有强奸犯奸妇女不从，立时杀死之案，拟以斩候，秋审时入于情实。李嘉贵即照新例办理等因，题准在案。应纂辑为例，以资引用。再查强奸良家妇女已成，将本妇立时杀死，例应斩决、枭示。今强奸犯奸妇女未成，立时杀死，既拟以斩候，则强奸犯奸妇女已成，立时杀死，自应量为区别，拟斩立决，免其枭示。又，强奸犯奸妇女已成、未成，致本妇羞愧自尽，例内亦无专条。臣部向遇强奸犯奸妇女未成，致令自尽之案，俱照强奸良妇未成致令自尽绞候例上，量减一等拟流。至强奸犯奸妇女已成，致令自尽，亦应照强奸良妇已成致令自尽斩候例上，量减发黑龙江给兵丁为奴。若妇女犯奸后，已经悔过自新，确有证据者，仍以良人妇女论。应一并添纂入例，庶足以示平允，而昭赅备。合并陈明。

【1814】○修改

臣等谨按：嘉庆十七年(1812)十月内，臣部议复升任吏科给事中西琅阿奏“调剂黑龙江等处遣犯”折内，请将强奸犯奸妇女已成致本妇羞愧自尽一条，改发回城，酌给大小伯克及力能管束之回子为奴等因奏准，通行在案，例内发黑龙江之处应行修改。谨将修改例文，开列于后。

一、强奸犯奸妇女已成，将本妇立时杀死者，拟斩立决；致本妇羞愧自尽者，改发回城，酌给大小伯克及力能管束之回子为奴。如强奸犯奸妇女未成，将本妇立时杀死者，拟斩监候，秋审入于情实；致本妇羞愧自尽者，杖一百、流三千里。若妇女犯奸后，已经悔过自新，确有证据者，仍以良人妇女论。

【1821】○修改

臣等谨按：嘉庆二十二年(1817)七月内，臣部议复升任喀什噶尔参赞大臣松福等奏“调剂回疆遣犯”折内，议将发遣回疆为奴之强奸犯奸妇女已成致本妇羞愧自尽一条，改发云贵两广烟瘴地方充军等因奏准，遵行在案。原例内发回城为奴之处，应行修改。谨将修改例文，开列于后。

一、强奸犯奸妇女已成，将本妇立时杀死者，拟斩立决；致本妇羞愧自尽者，改发云贵两广烟瘴地方充军。如强奸犯奸妇女未成，将本妇立时杀死者，拟斩监候，秋审入于情实；致本妇羞愧自尽者，杖一百、流三千里。若妇女犯奸后，已经悔过自新，确有证据者,仍以良人妇女论。

【1825】6.19.299.(10)(略)

【1847】6.19.299.(12)(略)

【1852】○修复

一、强奸犯奸妇女已成,将本妇立时杀死者,拟斩立决;致本妇羞愧自尽者,发黑龙江给披甲人为奴。如强奸犯奸妇女未成,将本妇立时杀死者,拟斩监候,秋审时入于情实;致本妇羞愧自尽者,杖一百、流三千里。若妇女犯奸后,已经悔过自新,确有证据者,仍以良人妇女论。

谨案:咸丰元年(1851),原例改发云贵两广烟瘴地方充军之处,仍复原例发黑龙江。

【1870】6.19.299(12)(略)

【1810】○续纂

一、强奸不从,主使本夫将本妇殴死,主使之人拟斩立决,本夫拟绞监候。

臣等谨按:嘉庆十年(1805)闰六月十七日,奉上谕:"本日朕阅刑部呈进嘉庆九年分《河南省秋审情实册》内,有'赵芳因强奸胡向氏不从,主使本夫胡约将向氏殴伤身死'一案。此案赵芳与胡约之母赵氏通奸,又因见胡约之妻向氏少艾,起意强奸不从。该犯因胡约向伊取钱,即主使将向氏殴逼,向氏仍不依允。该犯喝令胡约殴伤致毙,实属乱人伦纪,淫凶不法。问拟斩候,入于情实,尚觉罪浮于法。至胡约一犯,先经赵芳与伊母赵氏通奸,因利其资助,并未阻止,已属丧心蔑理。迨赵芳见伊妻向氏少艾,欲图奸宿,嘱令劝诱。向氏坚执不从,正为胡约谨守闺门。乃该犯辄令赵芳至房,乘向氏睡卧在床,自行按住,令赵芳强奸,无耻已极。嗣该犯又因向赵芳取钱应用,遂听从主使殴逼向氏与赵芳奸宿。向氏仍不依允,该犯顺拾木桌腿殴伤其左右肐肘。复经赵芳喝令,殴伤其左耳根,以致殒命。逼奸故杀,实非人类。赵芳着即行处斩。胡约现在流徒何处?着行知该省地方,即将该犯于配所绞决。嗣后问刑衙门遇有似此案件,即将本夫问拟绞候,不得仍照凡人同谋共殴律分别首从定拟,以昭平允而维风教等因。钦此。"应恭纂为例,以便遵行。

【1825】6.19.299.(20)(略)

【1847】6.19.299.(22)(略)

【1821】○续纂

一、因事与妇人角口,秽语村辱,以致本妇气忿轻生,又致其夫痛妻自尽者,拟绞监候,入于秋审缓决。

臣等谨按:嘉庆二十年(1815)三月内,臣部议复原任四川总督常明审题"李潮敦因与章王氏口角,秽语村辱致王氏与夫章有富先后自缢身死"一案,奉旨:"刑部具题'四川民人李潮敦比照因事威逼人致死一家二命例,拟发近边充军'一本。朕详加酌核,章有富之妻章王氏向李潮敦地内寻割猪草,彼此争闹。李潮敦以秽言向辱,章王氏哭泣回家,气忿自缢。伊夫章有富痛妻忧忿,旋亦投缳。此案李潮敦秽语斥辱,致章王氏气忿轻生,按例罪止满流。惟章有富自尽，亦由痛妻所致，是因该犯一言，使伊夫妇二人先后殒命，其情罪较重。该部比照威逼人致死一家二命例，问拟充军，所拟尚轻。李潮敦着照手足勾引例，改为绞监候，归入秋审缓决。嗣后遇有情节相同之案，俱照此办理，着刑部载入则例遵行。钦此。"应恭纂为例，以便引用。

【1825】6.19.299.(22)(略)

【1847】6.19.299.(24)(略)

【1821】○续纂

一、因奸威逼人，致死一家三命者，拟斩立决。

臣等谨按：嘉庆二十年(1815)十一月内，前任山东巡抚陈预题"郑源调奸高殿元之妻耿氏未成，用言挟制，致高殿元夫妇均各忿迫，先将幼女住妮掐死，复一同自缢身死"，将郑源依因奸威逼人致死律，拟斩监候。经臣部查，郑源因调奸不从，恃强挟制，逼毙一家三命。若如该抚所拟，将该犯仅以因奸威逼人致死本律，仍拟斩候，而置一家三命于不议，殊不足以惩淫恶。郑源合依因奸威逼人致死律拟斩监候，请旨即行正法等因具奏。奉旨："此案郑源挟制逼奸高殿元之妻耿氏，致高殿元夫妇被逼难堪，不敢控告，先将幼女住妮掐毙，写立冤状，分揣怀内，一同自缢殒命，情殊凶惨。郑源着即处斩。余依议。嗣后如有似此因奸威逼人致死一家三命者，无庸定拟斩监候，即照此案定拟斩决，着刑部载入例册遵行。钦此。"应恭纂为例，以便引用。

【1825】6.19.299.(23)(略)

【1847】6.19.299.(5)(略)

【1821】○续纂

一、奸淫之徒，先与其姑通奸，因被其媳窥破碍眼，即听从奸妇，图奸其媳，不从，致被其姑毒殴自尽者，除奸妇仍发各省驻防为奴外，将图奸酿命之犯拟绞监候，秋审入于情实。

臣等谨按：嘉庆二十一年(1816)四月内，臣部审奏"通州民妇李氏因奸殴逼伊媳香儿身死"一案，奉旨："明刑所以弼教。此案郎复兴与王李氏通奸，经王李氏之媳香儿窥破。李氏欲抑令香儿同陷邪淫，与郎复兴相商。郎复兴以香儿性傲，只好先向探试之言回复。嗣李氏令香儿与郎复兴斟酒，香儿不从，李氏将香儿毒殴，致香儿服卤自尽。详核案情，郎复兴既有先向探试之言，是已有图奸香儿之心，以致酿成命案，即同羞忿自尽。李氏例不拟抵，实发新疆为奴。若照部议，将郎复兴减为杖流，出于何典？实属疏纵。香儿贞烈捐躯，竟无抵命之人，殊不足以惩奸邪而维风化。郎复兴着改为绞监候，入于朝审情实办理。嗣后有案情似此者，均照此例问拟。余依议。钦此。"除奸妇抑媳同陷邪淫，致媳情急自尽一条，臣部于二十二年(1817)四月，遵旨调剂新疆遣犯案内，议请改发各省驻防为奴外，应将听从奸妇图奸其媳，以致酿命之犯拟绞，入于情实之处，恭纂为例，以便引用。

【1825】6.19.299.(24)(略)

【1847】6.19.299.（7）（略）

【1825】○续纂

一、贼犯除有心放火，图窃财物，延烧事主毙命者，仍照例依强盗分别问拟斩决、斩枭外，如因遗落火煤，或因拨门不开，燃烧门闩板壁，或用火煤照亮，窃取财物，致火起延烧，不期烧毙事主一二命，及三命而非一家者，俱照因盗威逼人致死律拟斩监候；若烧毙一家三命者，拟斩立决；三命以上，加以枭示。

臣等谨按：道光三年（1823）七月内，臣部以“窃贼遗火烧毙事主，拟罪参差，奏请酌定条例”一折内称，窃贼遗火延烧，致事主被烧身死，向俱比照因盗威逼人致死律，拟斩监候。诚以事主惨遭焚毙，虽由失火延烧，而失火则因贼犯行窃所遗。罪坐所由，不能略其致死之因，宽其拟抵之罪。故历来比律，问拟斩候，诚无枉抑。惟是例无明文，各省遇有此等案件，办理参差。议请嗣后贼犯行窃，除有心放火图窃财物，以致延烧毙命者，仍照例依强盗分别问拟斩决、斩枭外，如因遗落火煤，或拨门不开，用火燃烧门闩、板壁，或用火煤照亮，窃取财物，以致火起延烧，不期将事主烧毙一命及一家二命，并二三命而非一家者，俱照因盗威逼人致死律，拟斩监候；其烧死一家三命者，拟斩立决。若烧死人数过多，加以枭示。再查窃贼遗火，事出无心。其烧毙人命，并非意料所及。与实系因盗威逼致死者，究属有间。若将行窃遗火烧毙事主一命之犯，秋审时概拟情实，似觉漫无区别。请将遗火烧毙事主一命，及二命而非一家者，酌入缓决。遇查办缓决减等时，将烧死二命而非一家之犯，不准减等。至烧毙事主一家二命，及三命而非一家者，入于情实。以示区别，而昭平允等因具奏。奉旨允准通行，遵照在案。应纂辑为例，以资引用。惟查“烧毙一命，及二命而非一家，秋审酌入缓决”，并“烧毙一家二命，及三命而非一家，入于情实”等语，臣等查秋审案件，情节轻重不同，难以悬定，应俟临时酌核办理，毋庸将秋审入于实、缓之处，纂入例内。合并声明。

【1825】6.19.299.（25）（略）

【1847】6.19.299.（8）（略）

尊长为人杀私和

律　文

【1646】6.19.323

凡祖父母、父母，及夫，若家长，为人所杀，而子孙、妻妾、奴婢、雇工人私和者，杖一百、徒三年。期亲尊长被杀，而卑幼私和者，杖八十、徒二年；大功以下，各递减一等。其卑幼被杀，而尊长私和者，各（依服制）减卑幼一等。若妻妾、子孙，及子孙之妇，奴婢、雇工人，被杀，而祖父母、父母、夫、家长私和者，杖八十；受财者，计赃准窃盗论，从重科断。（私和就各该抵命者言。赃追入官。）○常人（为他人）私和人命者，杖六十。（受财，以枉法论。）

【1670】6.19.322（略）

原拟:律内子孙私和受财者,既准窃盗论,则常人私和受财者,应改为"准枉法论"。

臣等谨按:此分别私和人命之罪也。首节定亲属私和人命之罪。祖父母、父母,及夫,若家长,情至亲,分至尊,被人所杀,而子孙、妻妾、奴婢、雇工人忘仇私和,杖一百、徒三年。期亲以下尊长被杀,而卑幼私和,杖八十、徒二年;大功以下,递减一等。亲渐远,仇渐轻也。期亲以下卑幼被杀,而尊长私和,各照服制,减卑幼一等,以其所仇同也。妻妾、子孙、子孙妇及奴婢、雇工人被杀,而祖父母、父母、夫、家长私和,杖八十,以其所仇重于常人也。以上皆因其未受财者言之。以伦之亲疏为仇之轻重,以仇之轻重分罪之大小。若受财私和,是乘亲属之死,而因以用利,其忍莫甚,故不问卑幼、尊长,并计赃准窃盗论,从其重者科断,赃追入官。二节定常人为他人私和人命之罪。常人则情愈疏,故罪更减。但人命关系较重,不同于私和公事之止笞五十也。若受财者,准枉法从重论。

【1725】6.19.310

凡祖父母、父母,及夫,若家长,为人所杀,而子孙、妻妾、奴婢、雇工人私和者,杖一百、徒三年。期亲尊长被杀,而卑幼私和者,杖八十、徒二年;大功以下,各递减一等。其卑幼被杀,而尊长私和者,各依服制减卑幼一等。若妻妾、子孙,及子孙之妇,奴婢、雇工人,被杀,而祖父母、父母、夫、家长私和者,杖八十;受财者,计赃准窃盗论,从重科断。私和就各该抵命者言。赃追入官。○常人为他人私和人命者,杖六十。受财,准枉法论。

注:此分别私和人命之罪也。首节定亲属私和人命之罪。祖父母、父母,及夫,若家长,情至亲,分至尊,被人所杀,而子孙、妻妾、奴婢、雇工人忘仇私和,杖一百、徒三年。期亲以下尊长被杀,而卑幼私和,杖八十、徒二年。大功以下,递减一等。亲渐远,仇渐轻也。期亲以下卑幼被杀,而尊长私和,各减卑幼一等。以分虽卑,而情则亲也。妻妾、子孙、子孙妇及奴婢、雇工人被杀,而祖父母、父母、夫、家长私和,杖八十,皆所以惩不慈不义也。以上皆指未受财者言之。以伦之亲疏为仇之轻重,以仇之轻重分罪之大小。若受财私和,是乘亲属之死,而因以为利,其忍莫甚。故不问卑幼、尊长,并计赃准窃盗论,从其重者科断,赃追入官。二节定常人为人私和人命之罪。常人则情愈疏,故罪更减。但人命关系较重,不同于私和公事之止笞五十也。若受财者,准枉法从重论。

【1740】6.19.300(略)

附律条例

【1767】○续纂

一、凡尸亲人等私和人命,除未经得财者,仍照律议拟外,如有受财者,俱计赃准枉法论,从重定罪。

臣等谨按:此条系乾隆二十八年(1763)五月内,臣部议驳湖南按察使五诺玺条奏案内附请定例,应纂辑遵行。

【1768】6.19.300.(1)(略)

【1772】○修改

臣等谨按:原例"私和人命,计赃准枉法论,从重治罪"之文,系统指被杀之人亲属而言。今祖父母、父母被杀,子孙受贿私和,已于乾隆三十四年(1769)八月内,臣部议复云南道监察御史成德条奏案内,酌议无论赃数多寡,俱拟杖一百、流三千里。应并辑此条之内,以便援引。今将增并例文,开列于后。

一、凡尸亲人等私和人命,除未经得财者,仍照律议拟外,如有受财者,俱计赃准枉法论,从重定罪。若祖父母、父母被杀,子孙受贿私和者,无论赃数多寡,俱拟杖一百、流三千里。

【1790】6.19.300.(1)(略)

【1801】○修改

臣等谨按:嘉庆四年(1799),臣部核复山西巡抚伯麟审题"李大涌掷伤张三红抽风身死,尸父张幅祚贿和匿报"案内题称,律载"祖父母、父母被杀,子孙私和者,杖一百、徒三年。子孙被杀,祖父母、父母私和者,杖八十。受财者,计赃准窃盗论"等语。查乾隆二十八年(1763),臣部议复湖南按察使五诺玺条奏,将亲属人等受贿私和命案,俱计赃准枉法论。又乾隆三十四年(1769),臣成德在御史任内条奏,嗣后祖父母、父母被杀,子孙私和之案,其并未受财者,仍依律拟以满徒。若一经得财,无论赃数多寡,即拟杖一百、流三千里等因,经部议纂入例册,各在案。臣等伏思,祖父母、父母被杀,而子孙忍于受贿私和,实属贪利忘仇。业经奏准,毋论赃数多寡,从重拟以满流。惟子孙被杀,而祖父母、父母受贿私和,仍依例照平人准枉法计赃科罪。赃至四十五两,即与子孙同科流戍,尚失情法之平。应请嗣后除期亲以下尊长受贿私和案内,与财、受财及说事过钱者,仍照例办理外,其子孙被杀,祖父母、父母受贿私和者,无论赃数多寡,均杖一百。其以财行求者,如亦系凶犯之祖父母、父母,究系律得容隐,应无论受财者系被杀之尊长、卑幼,亦不得计赃,拟杖一百,庶足以别尊卑而昭平允等因具题。奉旨:"依议。钦此"。钦遵在案。又"凶犯之祖父母、父母以财行求私和人命,不计赃数,拟杖一百",原议系指凶犯罪应拟抵者而言。若凶犯罪止军、流,以财行求之祖父母、父母,应于杖一百上减一等,杖九十;罪止拟徒者,以财行求之祖父母、父母,亦应减二等,杖八十。查嘉庆四年(1799),湖南巡抚吴熊光审拟"王全与王黄氏通奸败露,致氏自尽,王全之父王成安私和匿报"案内,臣部因王全罪止拟徒,与应抵命之案较轻,将王成安于满杖上减二等,杖八十等因咨行,亦在案。应于例内添纂明晰,以便引用。再查案内之"说事过钱者,应减受财人所犯罪一等",原题未经议及,应行添纂。合并声明。谨将修改例文,开列于后。

一、凡尸亲人等私和人命,除未经得财者,仍照律议拟外,如尸亲期服以下亲属,受财私和,及凶犯期服以下亲属,用财行求者,俱计赃准枉法论,分别定罪。其祖父母、父母被杀,子孙受贿私和者,无论赃数多寡,俱拟杖一百、流三千里。若子孙被杀,祖父母、父母受贿私和,无论赃数多寡,俱杖一百。其以财行求者,如亦系凶犯之祖父母、父母,无论受财者系被杀之尊长、卑幼,亦不计赃,拟杖一百。若凶犯罪止军、流者,以财行求之祖父母、父母,减一等,杖九十;罪止拟徒者,减二等,杖八十。

说事过钱者，各减受财人罪一等。

【1802】6.19.300.(1)(略)

【1806】○修改

臣等谨按：律载"祖父母、父母，及夫，若家长，为人所杀，而子孙、妻妾、奴婢、雇工人私和者，杖一百、徒三年。若妻妾、子孙及奴婢、雇工人被杀，而祖父母、父母、夫、家长私和者，杖八十"等语，是夫及家长被杀，妻妾、奴婢、雇工人私和，律内既与祖父母、父母被杀，子孙私和者同科，而例内仅止祖父母、父母被杀，子孙受贿私和，及子孙被杀，祖父母、父母受贿私和治罪之文。至夫及家长被杀，妻妾、奴婢、雇工人受贿私和，作何治罪，并无专条。各省每遇此等案件，俱比照祖父母、父母被杀，子孙受贿私和例问拟。与其逐案比引，莫若照律于例内添纂明晰，以资引用。谨将修改例文，开列于后。

一、凡尸亲人等私和人命，除未经得财者，仍照律议拟外，如尸亲期服以下亲属，受财私和，及凶犯期服以下亲属，用财行求者，俱计赃准枉法论，分别定罪。其祖父母、父母，及夫，若家长，被杀，子孙及妻妾、奴婢、雇工人受贿私和者，无论赃数多寡，俱拟杖一百、流三千里。若子孙及妻妾、奴婢、雇工人被杀，祖父母父母、夫、家长受贿私和，无论赃数多寡，俱杖一百。其以贿行求者，如亦系凶犯之祖父母父母、夫、家长，无论受财者系被杀之尊长、卑幼，亦不计赃，拟杖一百。若凶犯罪止军、流者，以财行求之祖父母父母、夫、家长，减一等，杖九十；罪止拟徒者，减二等，杖八十。说事过钱者，各减受财人罪一等。

【1825】○修改

臣等谨按：原例内称尸亲期服以下亲属受财私和，计赃准枉法论者，系指赃罪重于私和本罪而言。如赃罪轻，自应从重，仍依私和本律科罪；若赃罪重，则应从重依例，计赃科断。今例内只称"计赃准枉法论，分别定罪"，恐计赃仅止拟杖之案，竟亦误会计赃定拟。再查原例内，凶犯期服以下，用财行求，系计赃准枉法论；祖父母、父母、夫、家长，为子孙、妻妾、奴婢、雇工行贿私和，系无论赃数多寡，罪拟满杖。而为祖父母、父母、夫、家长行贿私和之子孙等项，则并未载及。查各项亲属服制，虽有亲疏，其为律得容隐则一。今同一用财行求，而例内重则计赃，轻则拟杖。比类参观，诸多窒碍。即如为期亲伯叔、兄弟等项行求，例应准枉法论，而为妻妾、奴、雇行求者，转得仅科杖责，实不足以示持平。且将亲属中代图免罪之人，与亲属中忘仇受贿之人一例并论，亦未免漫无区别。臣等详加参酌，服制等差不一，若强为分晰，则罪名必有参差罣漏之处。此等人犯，因分属一家，惧罹重罪，希图代为解免，其情亦尚有可原。自应将此条例文，改为以财行求之凶犯，缌麻以上有服亲属，及家长、奴婢、雇工人，均不计赃数多寡，各止科以满杖，以昭平允。谨将修改例文，开例于后。

一、凡尸亲人等私和人命，除未经得财，或赃罪较轻，仍照律议拟外，如尸亲期服以下亲属，受财私和者，俱计赃准枉法从重论。其祖父母、父母，及夫，若家长，被杀，子孙及妻妾、奴婢、雇工人受贿私和者，无论赃数多寡，俱杖一百、流三千里。若子孙及妻妾、奴婢、雇工人被杀，祖父母、父母、夫、家长受贿私和，无论赃数多寡，俱杖一百。其以财行求者,如系凶犯之缌麻以上有服亲属,及家长、奴婢、雇工人,均不计赃数,拟杖一百。若凶犯罪止军、流者,以财行求之亲属等,各杖九十;罪止拟徒者,各杖八十。说事过钱者,各减受财人罪一等。

【1825】6.19.300.(1)(略)

同行知有谋害

律 文

【1646】6.19.324

凡知同伴人欲行谋害他人,不即阻当救护,及被害之后,不首告者,杖一百。

【1670】6.19.323(略)

【1725】6.19.311

律文(略)

注:此惩人见害不救之罪,以教义也。同伴即同行谋害不止谋财害命,或有怨恨,或因奸情,或杀人而夺其名、占其利之类,皆是凡人于同伴内知有造意及其谋欲行杀害他人者,于未行之先能阻当,则其谋中止于方行之时能救护,则其害可免于既行之后能首告,则其櫛得白乃未行时,不即阻当,已行时不即救护,及被害后不赴官司首告追捕,皆为见害不救,故坐满杖。

【1740】6.19.301(略)

【刑律·斗殴】

斗　殴

律　文

【1646】6.20.325　斗殴相争为斗，相打为殴。

凡斗殴，与人相争。以手足殴人不成伤者，笞二十；但殴即坐。成伤，及以他物殴人不成伤者，笞三十；他物殴人成伤者，笞四十。所殴之皮肤青赤而肿者为伤。非手足者，其余所执皆为他物，即持兵不用刃持其柄以殴人。亦是。他物拔发方寸以上，笞五十。若殴人血从耳目中出，及内损其脏腑而吐血者，杖八十。若止皮破血流及鼻孔出血者，仍以成伤论。以秽物污人头面者，情固有重于伤，所以罪亦如之。杖八十。○折人一齿，及手足一指，眇人一目，尚能小视，犹未至瞎。抉毁人耳、鼻，若破伤人骨，及用汤火、铜铁汁伤人者，杖一百。以秽物灌入人口鼻内者，罪亦如之。杖一百。折二齿、二指以上，及尽髡去发者，杖六十、徒一年。髡发不尽，仍堪为髻者，止依拔发方寸以上论。○折人肋，眇人两目，堕人胎，及刃伤人者，杖八十、徒二年。堕胎者，谓辜内子死，及胎九十日之外成形者即坐。若子死辜外，及堕胎九十日之内者，仍从本殴伤法论，不坐堕胎之罪。○折跌人肢手足。体，腰项。及瞎人一目者，皆成废疾。杖一百、徒三年。○瞎人两目，折人两肢，损人二事以上，二事如瞎一目又折一肢之类。及因旧患令至笃疾，若断人舌，令人全不能说话。及毁败人阴阳者，以至不能生育。并杖一百、流三千里。仍将犯人财产一半，断付被伤笃疾之人养赡。若将妇人非理毁坏者，止科其罪，以不妨生育，不在断付财产一半之限。○同谋共殴伤人者，各以下手伤重者为重罪。原谋或不曾下手，或虽殴而伤轻。减伤重者一等。凡斗殴不下手伤人者勿论。惟殴杀人，以不劝阻为罪，若同谋殴人至死，虽不下手，及同行知谋，不行救阻者，各依本律，并杖一百。如共殴人，伤皆致命，以最后下手重者当其重罪。如乱殴不知先后轻重者，或二人共打一人，其伤同处，或二人同时各瞎人一目，并须以原谋为首，余人为从。若无原谋，以先斗人为首。○若因斗互相殴伤者，各验其伤之轻重定罪。后下手理直者，减本等罪二等；至死，及殴兄姊、伯叔依本律定拟。虽后下手理直者，不减。○如甲、乙互相斗殴，甲被瞎一目，乙被折一齿，则甲伤为重，当坐乙以杖一百、徒三年；乙被伤轻，当坐甲以杖一百。若甲系后下手而又理直，则于杖一百上减二等，止杖八十；乙后下手理直，则于杖一百、徒三年上减二等，止杖八十、徒二年。或至笃疾，仍断财养赡。若殴人至死，自当抵命。

【1670】6.20.324　斗殴相争为斗，相打为殴。（略）

【1725】6.20.312　斗殴相争为斗，相打为殴。

律文（略）

注：此立法惩凶，以教人重身命也。殴人皮肤青赤肿起，谓之成伤。他物，除手足外，其余所执皆是。首节言殴不成伤及伤轻者之罪。二、三、四、五节言折伤及折伤成废疾与

笃疾者之罪。后二节乃因伤定罪之通例。共殴人者,不分首从,以所伤轻重论罪。如一人先殴,瞎一目,则依废疾律拟徒;一人后殴,又瞎其一目,则依笃疾律拟流。若人止有一目能见,又殴瞎者,亦依笃疾科断。互相殴伤者,以伤之重轻、殴之先后、理之曲直分别论罪,小注已详。

臣等谨按:此是立法惩凶,以教人重身命也。所殴之处,皮肤青赤肿起者,方谓之成伤。除手足外,其余所执皆为他物。即用兵器之柄而不以刃,亦属他物,难同刃论。第一节就伤之轻者言。二、三、四、五节就伤之重者言。后二节乃因伤定罪之通例。总各随下手所伤,以为罪之轻重,不依首从法论。如同时一人先殴,瞎一目,则依废疾律拟徒;一人后殴,又瞎其一目,则依笃疾律拟流,断付财产。若人本瞎一目,止有一目能见,如被殴瞎,亦当依笃疾科断。

【1740】○修改

臣等谨按:律文"兵不用刃,亦是他物。是凡属金器不用刃者,皆不作金刃伤"一语,已足该括无遗矣。小注意欲分晰,特注持其柄以殴人,是除柄以外,如刃背、斧背之类,反致科断引用不能画一。查《笺释》云"背、柄殴人,亦是他物",此语更觉明显。应将"持其柄以殴人"句内,添一"背"字。谨将添辑律注,开列于后。

凡斗殴,与人相争。以手足殴人不成伤者,笞二十;但殴即坐。成伤,及以他物殴人不成伤者,笞三十;他物殴人成伤者,笞四十。所殴之皮肤青赤而肿者为伤。非手足者,其余所执皆为他物,即持兵不用刃持其背、柄以殴人。亦是。他物拔发方寸以上,笞五十。若殴人血从耳目中出,及内损其脏腑而吐血者,杖八十。若止皮破血流及鼻孔出血者,仍以成伤论。以秽物污人头面者,情固有重于伤,所以罪亦如之。杖八十。○折人一齿,及手足一指,眇人一目,尚能小视,犹未至瞎。抉毁人耳、鼻,若破伤人骨,及用汤火、铜铁汁伤人者,杖一百。以秽物灌入人口鼻内者,罪亦如之。杖一百。折二齿、二指以上,及尽髡去发者,杖六十、徒一年。髡发不尽,仍堪为髻者,止依拔发方寸以上论。○折人肋,眇人两目,堕人胎,及刃伤人者,杖八十、徒二年。堕胎者,谓辜内子死,及胎九十日之外成形者即坐。若子死辜外,及堕胎九十日之内者,仍从本殴伤法论,不坐堕胎之罪。○折跌人肢手足。体,腰项。及瞎人一目者,皆成废疾。杖一百、徒三年。○瞎人两目,折人两肢,损人二事以上,二事如瞎一目又折一肢之类。及因旧患令至笃疾,若断人舌,令人全不能说话。及毁败人阴阳者,以至不能生育。并杖一百、流三千里。仍将犯人财产一半,断付被伤笃疾之人养赡。若将妇人非理毁坏者,止科其罪,以不妨生育,不在断付财产一半之限。○同谋共殴伤人者,各以下手伤重者为重罪。原谋或不曾下手,或虽殴而伤轻。减伤重者一等。凡斗殴不下手伤人者勿论。惟殴杀人,以不劝阻为罪,若同谋殴人至死,虽不下手,及同行知谋,不行救阻者,各依本律,并杖一百。如共殴人,伤皆致命,以最后下手重者当其重罪。如乱殴不知先后轻重者,或二人共打一人,其伤同处,或二人同时各瞎人一目,并须以原谋为首,余人为从。若无原谋,以先斗人为首。○若因斗互相殴伤者,各验其伤之轻重定罪。后下手理直者,减本等罪二等;至死,及殴兄姊、伯叔依本律定拟。虽后下手理直者,不减。○如甲、乙互相斗殴,甲被瞎一目,乙被折一齿,则甲伤为重,当坐乙以杖一百、徒三年;乙被伤轻,当坐甲以杖一百。若甲系后下手而又理直,则于杖一百上减二等,止杖八十;乙后下手理直,则于杖一百、徒三年上减二等,止杖八十、徒二年。或至笃疾,仍断财养赡。若殴人至死,自当抵命。

【1740】6.20.302　斗殴相争为斗，相打为殴

附律条例

【1646】6.20.325.(1)

一、凶徒因事忿争，执持刀、枪、弓箭、铜铁锏、剑、鞭、斧、扒头、流星、骨朵、麦穗、秤锤凶器，但伤人及误伤旁人，与凡剜瞎人眼睛、折跌人肢体、全抉人耳鼻口唇、断人舌、毁败人阴阳者，俱发边卫充军。若聚众执持凶器伤人，及围绕人房屋，抢检家财，弃毁物件，奸淫妇女，除实犯死罪外，徒罪以上，不分首从，发边卫永远充军。

【1670】6.20.312.(1)(略)

【1725】6.20.312.(1)【原例】(略)

【1740】○修并

【原例】【1725】6.20.312.(1)(略)、【1725】6.20.312.(2)(略)

臣等谨按：上条凶徒因事执持刀枪器械伤人罪名，与下条凶徒执持刀枪等器伤人罪名，虽中分"已伤"、"未伤"字样，但似属重复，应归并一条，以便引用。谨将改并例文，开列于后。

一、凶徒因事忿争，执持刀、枪、弓箭、铜铁锏、剑、鞭、斧、扒头、流星、骨朵、麦穗、秤锤凶器，但伤人及误伤旁人，与凡剜人眼睛、折跌人肢体、全抉人耳鼻口唇、断人舌、毁败人阴阳者，俱发边卫充军。若聚众执持凶器伤人，及围绕房屋，抢检家财，弃毁器物，奸淫妇女，除实犯死罪外，徒罪以上，不分首从，发边远充军；执持凶器而未伤人者，杖一百；执凶器自伤者，亦杖一百。其伤人之犯，有能首先拿获者，官给赏银十五两；其次协拿者，给赏银十两；再次协拿者，给赏银五两。未伤人者，不在给赏之限。其捕拿受伤之人，除官给赏银外，仍验伤痕等第，于犯人名下追给伤银。倘有疯疾，依过失伤人律收赎，将赎银给付被伤之人。

【1740】6.20.302.(1)(略)

【1768】6.20.302.(1)

一、凶徒因事忿争，执持刀、枪、弓箭、铜铁锏、剑、鞭、斧、扒头、流星、骨朵、麦穗、秤锤凶器，但伤人及误伤旁人，与凡剜人眼睛、折跌人肢体、全抉人耳鼻口唇、断人舌、毁败人阴阳者，俱发近边充军。若聚众执持凶器伤人，及围绕房屋，抢检家财，弃毁器物，奸淫妇女，除实犯死罪外，徒罪以上，不分首从，发边远充军；执持凶器而未伤人者，杖一百；执凶器自伤者，亦杖一百。其伤人之犯，有能首先拿获者，官给赏银十五两；其次协拿者，给赏银十两；再次协拿者，给赏银五两。未伤人者，不在给赏之限。其捕拿受伤之人，除官给赏银外，仍验伤痕等第，于犯人名下追给伤银。倘有疯疾，依过失伤人律收赎，将赎银给付被伤之人。

【1801】修并、分辑

【原例】【1740】6.20.302.(1)(略)、【1768】6.20.302.(5)(略)、【1790】6.20.302.

(6)(略)

臣等谨按：前一条系前明旧例，后二条系乾隆二十三年(1758)及五十三年(1788)定例。查律载“折跌人肢体者，杖一百、徒三年”等语，律意盖指两相争殴，不期折跌，故罪止拟徒。至例内“折跌人肢体”，系有心折跌与刺瞎人眼睛等项，俱属故行残害，故罪应拟军。但旧例未经分别注明，恐误会例意者于此等案件，或徒或军，引用未能画一。且恐任意比例，易滋高下其手之弊。应将例内“折跌人肢体”改为“故折人肢体”，以昭明晰。又，剜瞎人眼睛、全抉人耳鼻口唇，旧律注云若非剜瞎及耳鼻口唇非全抉者，仍照常发落，不得引例等语，亦应遵注。又，“剜瞎人眼睛”等项，旧例与凶器伤人为一条，恐拘泥例文者，必执持凶器剜瞎之案，方引此例拟军。与上文“执持凶器，但伤人即应拟军”之例，又相矛盾。应将“剜瞎人眼睛，故折人肢体”等句，另立专条，以免牵混而便引用。又查凶徒因事忿争，执持刀枪等凶器，但伤人及误伤旁人者，发近边充军。若殴人至笃疾者，情节更重，改发新疆为奴。定例已极平允，惟以一例而分载数条，殊觉繁复，应修并为一，以昭简易。又查，第一条例内“斧”系“钺斧”，非民间常用之柴斧可比，应行注明。并将“刀枪”二字，添系“腰刀铁枪”，以免牵混。至秤、锤，实系民间常用之物，亦非扒头、流星之类，如用以伤人，应照他物殴人成伤拟笞，例内问拟充军，殊觉过重。“秤、锤”二字，应行节删。又查发遣新疆人犯，向例俱佥妻发配。臣等已于“名例”内声明，如有情愿随带妻子者，听其自便，毋庸佥遣，亦不必官为资送。此条“佥妻”二字，应尽一删除。再查，“名例”内载，应发新疆人犯，如年逾五十，不能耕作之人，仍照原例办理，毋庸拟发新疆等语。是年逾五十不能耕作，照原例办理者，应仍发近边充军。例内应行添叙，以便引用，合并声明。谨将修改例文二条，开列于后。

【1802】6.20.302.(1)(略)

【1802】6.20.302.(2)(略)

【1821】○修改

臣等谨按：嘉庆二十二年(1817)四月内，臣部议复升任伊犁将军长龄奏“伊犁遣犯日多，请为调剂”案内，将执持凶器殴人至笃疾一条，改发边远充军。如年在五十以上，仍发近边充军等因奏准，遵行在案。原例内发伊犁、乌鲁木齐等处为奴之处，应行修改。谨将修改例文，开列于后。

一、凶徒因事忿争，执持腰刀、铁枪、弓箭，并铜铁简、剑、鞭、钺、斧、扒头、流星、骨朵、麦穗等项凶器，及裤刀、梭镖，骟鸡尾、黄鳝尾、鲫鱼背、海蚌等刀，朴刀、顺刀，并凡非民间常用之刀，但伤人及误伤旁人者，俱发近边充军。如系民间常用之镰刀、菜刀、小刀、柴斧等器，不在此限。若殴人至笃疾者，改发边远充军；如年在五十以上，仍发近边充军。若聚众执持凶器伤人，及围绕房屋，抢检家财，弃毁器物，奸淫妇女，除实犯死罪外，徒罪以上，不分首从，发边远充军。虽执持凶器而未伤人者，杖一百；执凶器自伤者，亦杖一百。其伤人之犯，有能首先拿获者，官给赏银十五两；其次协拿者，给赏银十两；再次协拿者，给赏银五两。未伤人者，不在给赏之限。若因捕拿而受伤者，除官给赏银外，仍验伤痕等第,于犯人名下追给伤银。若果有疯疾,依过失伤人律收赎,将赎银给付被伤之人。

【1825】6.20.302.(6)(略)

【1725】○增入

原拟:现行例内四条,类于此律,应增入。

【现行例】一、凡人突持刀枪行凶杀人,有能夺获者,拿获之人照兵部例给赏外,受伤之人及拿获之人若受伤,俱验伤痕等第,于犯人家追给伤银。若伤人者,杖一百,发边卫永远充军。虽执持凶器而未伤人者,杖一百。果系疯疾,不知是实,免坐,仍验伤痕等第,于犯人名下追银,给与被伤之人。其凡执持凶器自伤者,比照虽执持死器而未伤人例,拟杖一百。

【现行例】一、拿获持刃杀伤人之人,首拿之人,赏银十五两;次拿之人,赏银十两,三拿之人,赏银五两。拿获未伤人之人,停止给赏。

原拟:第一条内载"受伤之人,验伤痕等第,于犯人之家追给伤银"等语,查律内伤人至笃疾者,方断付财产养赡。刃伤人者,止杖八十、徒二年。今例持刃伤人者,定为永远充军,其罚已重,似不必更追伤银。且例内并未载追给伤银数目,应将"受伤之人,于犯人家追给伤银"之处,拟删。其疯病伤人者,若照伤痕等第追银,反重于疯病杀人,照过失杀人追银十二两之例,应将疯病伤人者,亦照过失伤人例收赎,将收赎银两,给付被伤者之家。相应删改,并作一条,开载于后。

【原改现行例】一、凡凶徒执持刀枪凶器杀人者,依律问拟外,伤人者,杖一百,发边卫永远充军;虽执持凶器,尚未伤人者,杖一百;执凶器自伤者,杖一百。其伤人之犯,有能首先拿获者,官给赏银十五两;其次协拿者,给赏银十两;再次协拿者,给赏银五两。未伤人者,不在给赏之限。其捕拿受伤之人,除官给赏银外,仍验伤痕等第,于犯人名下追给伤银。若果有疯疾,依过失伤人律收赎,将赎银给被伤之人。

【1725】6.20.312.(2)【增例】(略)

【1740】○修并

修并按语并修并后例文,见【1725】6.20.312.(1)条【1740】修并项下。

【1725】○增入

原拟:现行例内四条,类于此律,应增入。

【现行例】一、无赖凶徒虽无勒约、张帖诈取之处,聚众行凶,无故将人抬去混打者,为首系民,责四十板,徒三年;系旗下人,枷号四十日,鞭一百。余人系民,责四十板;系旗下人,鞭一百。罪重于此例者,仍照律遵行。

原拟:此条,字句太繁,应行删改,开载于后。

【原改现行例】一、无赖凶徒,聚众行恶,无故将人抬去混行殴打,为首者杖一百、徒三年,为从者皆杖一百。若有勒写借约,张贴揭帖诈财,及事理重者,仍照律例从重科罪。

【1725】6.20.312.(3)【增例】(略)

【1740】○删除

臣等谨按:将人抬去殴打,已载"威力制缚人"律内,勒写借约、张帖揭帖等事,已见"光棍"条内,此条重复,应删除。

【1725】○增入

原拟:现行例内四条,类于此律,应增入。

【原增现行例】一、护军兵丁,及食粮当差人役,若执持金刃伤人或自伤者,除革役照律例问拟外,永不准食粮。闲散人有犯,立案永不准食粮充役。

【1725】6.20.312.(4)【增例】(略)

【1740】6.20.302.(2)(略)

【1790】6.20.302.(3)(略)

【1825】6.20.302.(2)(略)

【1725】6.20.312.(5)

【钦定例】一、凡执持金刃,将人连戳伤重者,不论旗、民,俱发宁古塔。

谨案:此条雍正三年(1725)定。

【1740】○删除

臣等谨按:律载"刃伤人者,杖八十、徒二年。"乃指斗殴内以金刃成伤者而言,故重于手足、他物成伤之罪也。增例执持刀枪伤人,系凶徒逞恶执持凶器伤人,是以定发边卫永远充军。至执持金刃将人连戳伤重,例意又重在连戳伤重,但增例执持刀枪、凶器伤人一条已包举后例在内,况如瞎人两目、折人两肢令至笃疾及毁败人阴阳等类,凶恶殊甚,本律罪止满流,则连戳金刃充军,亦足蔽辜,无庸另立例款。先据太常寺少卿唐绥祖奏请,酌改画一,此条应删。

【1740】6.20.302.(3)(略)

一、沿江滨海,有持枪执棍,混行斗殴,将两造为首及鸣锣聚众之犯,杖一百、流三千里;伤人之犯,杖一百、徒三年;其附和未伤人者,各枷号一个月,责四十板。

谨案:此条系乾隆五年(1740)刑部议准定例。

【1790】6.20.302.(4)(略)

【1825】6.20.302.(3)(略)

【1740】○删除

一、广东省斗殴案内,有刃伤人杖八十、徒二年者,又凶徒执持凶器未伤人杖一百者,人命案内有共殴人执凶器而无致命重伤照余人律杖一百者,俱应于本罪上加一等定拟。

此条系雍正九年(1731)定例,经刑部议复原任广东巡抚傅泰陈奏准通行在案。但其时因粤东风俗,遇有斗殴细故,辄用御盗刀枪、马鎈等项致成重案,故请加等治罪。原以惩创强干之习,并非永著为例,应无庸纂入。

【1761】○续纂

一、匪徒因事忿争,执持裤刀伤人者,照凶器伤人例,发边卫充军。

臣等谨按:此条系乾隆二十五年(1760)三月内,臣部议复升任贵州按察使彰宝条奏定例,应纂辑以便遵行。

【1768】6.20.302.(4)(略)

【1788】○修并

【原例】【1768】6.20.302.(4)(略)、【1768】6.20.302.(6)(略)、【1782】续纂"一、川省匪徒因事忿争……"条(略)

臣等谨按:以上三条俱系匪徒因事忿争,执持裤刀、梭标、骟鸡尾等刀伤人发近边充军之例,事类语同,自应归并一条,以省繁冗。再查,金刃伤人,律止杖八十、徒二年,若执持裤刀、梭标及骟鸡尾、黄鳝尾、鲫鱼背、海蚌等刀伤人,例应拟发近边充军者,诚以裤刀等项非民间常有之物,如有执持忿争,即属好勇斗狠,故特重治其罪,以儆凶顽。惟是金刃器具,各省名色不一,除裤刀、梭标、骟鸡尾等刀以外,尚难枚举,未便逐一胪列,拟于例文内增注"如非民间常用之器,执持逞凶伤人者,俱照凶器伤人例定拟",庶例义既昭赅备,而援引亦归画一。今将修并例增注文,开列于后。

一、不法匪徒,因事忿争,执持裤刀、梭标,及骟鸡尾、黄鳝尾、鲫鱼背、海蚌等刀,扑刀、顺刀,但凡非民间常用之刀,伤人者,俱照凶器伤人例,发近边充军。如系民间常用之镰刀、菜刀、小刀等器,不在此限。

【1790】6.20.302.(6)

【1801】○修并、分辑

修并、分辑按语并修并、分辑后例文,见【1740】6.20.302.(1)条【1801】修并、分辑项下。

【1767】○续纂

一、凶徒因事忿争,执持凶器殴人至笃疾,应发边卫充军者,如年力犹壮,佥妻改发乌鲁木齐等处为奴。

臣等谨按:此条系乾隆三十一年(1766)五月内,臣部奏准定例,应纂辑遵行。

【1768】6.20.302.(5)

一、凶徒因事忿争,执持凶器殴人至笃疾,应发近边充军者,如年力犹壮,佥妻改发乌鲁木齐等处为奴。

【1790】6.20.302.(2)(略)

【1801】○修并、分辑

修并、分辑按语并修并、分辑后例文,见【1740】6.20.302.(1)条、【1801】修并、分辑项下。

【1767】○续纂

一、不法匪徒因事忿争,执持梭标伤人者,照凶器伤人例,发边卫充军。

臣等谨按:此条系乾隆三十二年(1767)二月内,广西按察使袁守侗条奏,经广西巡抚宋邦绥议准定例,应纂辑遵行。

【1768】6.20.302.(6)

一、不法匪徒因事忿争,执持梭标伤人者,照凶器伤人例,发近边充军。

【1788】○修并

修并按语并修并后例文,见【1768】6.20.302.(4)条【1788】修并项下。

【1778】○续纂

一、凡回民结伙三人以上,执持凶器殴人之案,除致毙人命罪应拟抵之犯,仍照民人定拟外,其余纠伙共殴之犯,发云贵两广极边烟瘴充军。如结伙虽在三人以上,而俱徒手争殴,并无执持凶器者,于军罪上减一等,杖一百、徒三年。结伙在十人以上,虽无执持凶器而但殴伤人者,仍照三人以上执持凶器之例定拟。

臣等谨按:此条系乾隆四十二年(1777)五月内,臣部议复护理山东巡抚国泰题"回民张四等听从沙振方谋殴赵君用,至途中扎死葛有先"一案附请定例,应纂辑遵行。

【1790】6.20.302.(5)(略)

【1821】○修改

臣等谨按:道光元年(1821)九月内,陕西巡抚朱勋题"回民于木撒等共殴马青身死"一案,将案内共殴之于省儿、萧羊儿,均依回民结伙三人以上,执持凶器殴人例,发云贵两广极边烟瘴充军等因具题。经臣部查:于省儿、萧羊儿系与于木撒同往观剧,并非预谋纠殴。迨于木撒撞遇马青索欠,于省儿等理斥被骂,拾砖殴打,实系衅起一时,猝然争斗,与预纠伙共殴者,情节迥不相同。将于省儿、萧羊儿改依余人律,杖一百。议请嗣后凡回民并豫省南阳等处民人斗殴,数至三人、十人以上之案,必须预谋结伙共殴者,始按例分别有无凶器问拟遣军、徒罪。若衅起一时,猝然争殴,并非预谋结伙逞凶者,仍各按其所犯本罪定拟,不得率行牵引结伙殴人之例,以符例义。并请于各本例内添注明晰,以免引用歧误等因,题准通行,遵照在案。原例二条均应修改,谨将修改例文,开列于后。

一、凡回民预谋结伙三人以上,执持凶器殴人之案,除致毙人命罪应拟抵之犯,仍照民人定拟外，其余纠伙共殴之犯，发云贵两广极边烟瘴充军。如结伙虽在三人以上，而俱徒手争殴，并无执持凶器者，于军罪上减一等，杖一百，徒三年。结伙在十人以上，虽无执持凶器而但殴伤人者，仍照三人以上执持凶器之例定拟。若衅起一时，猝然争斗，并非预谋结伙逞凶者，仍各按其所犯本罪定拟，不得牵引此例。

【1825】○修改

臣等谨按：道光五年（1825）三月内，臣部条奏"回民结伙三人以上，执持器械行窃，请酌修例文"案内，因各省有将回民结伙三人以上，执持小刀、棍棒行窃之案，于军罪上量减拟徒者，核与例言未符。议请嗣后，回民结伙三人以上，但有一人执持器械，无论绳、鞭、小刀、棍棒，俱不分首、从，不计赃数、次数，改发云贵两广极边烟瘴充军。并声明回民预谋结伙三人以上执持凶器殴人拟军一条，又豫省南阳等府、州及安徽颍州府属凶徒预谋结伙三人以上执持凶器伤人拟军一条，从前均系仿照回民行窃之例纂定，各省往往拘泥"凶器"二字，亦有将小刀、棍棒等物殴人之案，量减拟徒者办理，亦未画一，应于各条例内一并修改等因。又五年（1825）七月内，臣部核议河南巡抚程祖洛奏称，豫省南阳等处棍徒，往往招集无赖多人，结为匪党，名曰"结捻"。此等匪徒出必三五成群，所持皆例禁凶器。遇有诈抢奸杀之事，一人动手，众匪不呼而集。其预谋逞凶，早在结捻之时，不必待临事商约，与寻常纠抢、纠劫、谋殴、谋杀之案，迥不相同。道光元年（1821）修改例内，以是否预谋，分别罪名轻重办理，诸多格碍，请仍照嘉庆十七年（1812）原定条例办理。经臣部详核该抚所奏，系属实在情形。当经奏请，将豫省南阳等府、州凶徒结伙执持器械伤人例内"预谋"二字删除，并将"若衅起一时，猝然争斗，并非预谋结伙逞凶者，仍各按其所犯本罪定拟，不得牵引此例"等五句，一并删除，仍照旧例改为"其寻常因事争殴，不在此例"之语。至回民犷悍性成，其齐心党恶，不谋而合。既经倚众逞凶，即未便稍从宽纵。亦应一体改循旧例，以昭画一"等因先后具奏，奉旨允准各在案。所有前二条例内"凶器"二字，及"预谋"等字句，均应分别修改节删，以免歧异。再查，回民结伙三人以上，执持器械殴人者，应不分首、从拟军。而俱徒手争殴者，亦应不分首、从，各于军罪上减一等，拟徒。应于原例内添叙"不分首、从"字样，以昭明晰。谨将修改例文二条，开列于后。

一、凡回民结伙三人以上，执持器械殴人之案，除致毙人命罪应拟抵之犯，仍照民人定拟外，其余纠伙共殴之犯，但有一人执持器械者，不分首从，发云贵两广极边烟瘴充军。如结伙虽在三人以上，而俱徒手争殴，并无执持器械者，均各于军罪上减一等，杖一百、徒三年。结伙在十人以上，虽无执持器械而但殴伤人者，仍照三人以上执持器械之例定拟。

【1825】6.20.302.（7）（略）

【1782】○续纂

一、行营地方，如有金刃伤人者，先行插箭，随营示众。如被伤之人限内因伤身死，即于该处斩决。如伤轻平复，发往伊犁给厄鲁特为奴。

臣等谨按：此条系乾隆四十六年（1781）二月内，行在臣部审奏马甲王裕明用斧砍伤善德一案,钦奉上谕:"王裕明在行营处所辄敢用斧砍伤善德,甚属不法。王裕明不必俟善德保辜限满,即先行插箭随行示众。如善德限内因伤身死,王裕明即于该处斩决。即使善德伤轻平复,亦应发往伊犁,给厄鲁特为奴。嗣后,遇有此等金刃伤人案件,俱着照此办理。钦此"。钦遵。应恭纂为例,以便遵行。

【1788】○修改

臣等谨按:乾隆五十二年(1787)三月内,奉旨:"向来情节较重,罪不致死人犯,有发遣伊犁给厄鲁特为奴者,第念此言语不通,虽于役使,未免不能约束,易致脱逃。嗣后,如有发遣伊犁给厄鲁特为奴人犯,着发往伊犁给驻防官兵为奴,所有从前给厄鲁特之例者,着停止。"钦遵在案。是原例内给厄鲁特为奴,业已不用,应行修改。今将修辑例文,开列于后。

一、行营地方如有金刃伤人,先行插箭随营示众,如被伤之人限内因伤身死,即于该处斩决。如伤轻平复,即发往伊犁,给驻防官兵为奴。

【1790】6.20.302.(7)(略)

【1802】6.20.302.(6)(略)

【1810】○删除

臣等谨按:行营地方杀伤人,分别谋、故、斗殴,地方远近,奏定新例,载入"宫内忿争"门内。此条旧例,业已不用,应请删除。

【1782】○续纂

一、川省匪徒因事忿争,执持骟鸡尾、黄鳝尾、鲫鱼背、海蚌等刀伤人者,照裤刀伤人例发近边充军。

臣等谨按:此条系乾隆四十七年(1782)五月内,四川总督福康安条奏定例,应纂辑遵行。

【1788】○修并

修并按语并修并后例文,见【1768】6.20.302.(4)条【1788】修并项下。

【1795】○续纂

一、殴伤奸、盗罪人至笃疾者,照例分别定拟,毋庸断付财产养赡。

臣等谨按:乾隆四十九年(1784)十一月内,广西巡抚吴垣咨"梁桂馨擦瞎窃贼黄子佑两目"一案,将该犯照律拟罪,并断追财产一半,给被伤之人养赡。经臣部以贼犯意图得财,若将事主财产断给养赡,适足遂其私智,揆之情法,殊非平允,行令该抚毋庸断给财产。又五十七年(1792)十月内,陕西巡抚秦承恩咨"杨万才等追获因奸诱拐李氏同逃之邓绍文,将其两目剜瞎致成笃疾,拟断财产"一案,复经臣部以"殴人致笃疾律,将犯人财产一半断付被伤之人养赡",系专指殴平人至笃疾而言,至殴罪人,非折伤勿论,至折伤以上止以斗伤论罪。且律注内有"笃疾之人,与有罪焉,不断财产"之文,将该抚声明断付财产之处毋庸议,只缘例内只有"殴伤人至笃疾者,断给财产一半",并无分别伤者是否罪人之文。是以各省办理,每每于奸、盗罪人被伤至笃疾者,亦为断给财产一半,是使奸盗匪徒转得坐享其资产。不特情法未平,且与平人漫无区别,殊不足以示惩儆。今增纂入例,以便引用,理合陈明。

【1802】6.20.302.(7)(略)

【1825】○修改

臣等谨按:道光四年(1824)十月内,臣部核复升任山东巡抚琦善并河南巡抚程祖洛以"殴伤奸夫及图奸罪人至折伤以上,可否勿论",咨请部示。经臣等议称,嗣后除殴伤盗田野谷麦罪人,应与擅伤别项罪人照例分别问拟外,其本夫及本夫、本妇有服亲属,捉奸殴伤奸夫,或本妇拒奸,及本夫、本妇有服亲属殴伤图奸、强奸未成罪人,或事主殴伤贼犯,至折伤以上者,不论尊卑、长幼、凡人,是否登时,事后概予勿论等因,通行各省,并于此次纂入例册在案。是殴伤奸盗罪人,既经予以勿论,前例内"殴伤奸盗罪人致笃疾者,照例分别定拟"之处,系属两歧。惟查殴伤别项罪人至笃疾,应分别拟罪者,因所伤究系罪人,向亦不断付财产养赡。前例内"毋庸断付财产",专指殴伤奸盗罪人,亦未赅括。应请于例内修改明晰,以便遵行。谨将修改例文,开列于后。

一、凡殴伤罪人至笃疾者,各照本例分别勿论及以斗伤并减等问拟,俱毋庸断付财产养赡。

【1825】6.20.302.(4)(略)

【1810】○续纂

一、凶徒因事忿争,执持凶器伤人,除例载凶器外,其余例未赅载,凡非民间常用之物,均以凶器伤人论。

臣等谨按:斗殴执持器械伤人,有刃者为金刃,无刃者为他物。惟执持凶器伤人及误伤旁人者,俱发近边充军,原以惩创凶徒,使知所畏而不敢犯。例内开载"腰刀、铁枪",以至"骨朵、麦穗"等器及"梭标、骟鸡尾、黄鳝尾"等刀,亦属概举,以例其余。如例未开载,但非民间常用之物,自应仍以凶器伤人论。自定例以来,其间有实系凶器而例内并未开载,如拳心、铁尺以及铁叉之类。外省问刑衙门,有因例未赅载,即照他物、金刃问拟者,亦有竟照凶器问拟。臣部随案驳改者,办理未能画一。窃思凶器伤人,即拟军罪,原欲使凶徒知畏,以杜杀命之源,而凶器为类甚繁,岂能逐项指出。若例所未载,即实系凶器,亦照寻常金刃、他物问拟,殊非例意。臣等公同酌议,嗣后凶徒因事忿争,执持凶器伤人,除例载凶器外,其余例未赅载,凡非民间常用之物,均以凶器伤人论。纂辑专条,以便引用。

【1825】6.20.312.(5)(略)

【1814】○续纂

一、豫省南阳、汝宁、陈州、光州所属州县,及安徽颍州府属,遇有凶徒结伙三人以上,执持凶器伤人之案,除实犯死罪外,其余不分首从,实发云贵两广极边烟瘴充军,佥妻发配。如聚众至十人以上,执持凶器,无论曾否伤人,不分首从,发新疆给官兵为奴。其寻常因事争殴,不在此例。俟数年后此风稍息。仍循旧例办理。

臣等谨按:嘉庆十七年(1812)三月内,臣部议复升任河南巡抚长龄奏"王安平等纠众拒捕伤差"一折内称,豫省南阳、汝宁、光州并陈州四府州县无赖棍徒,往往三五成群,逞凶扰害。被害之家,虑其挟嫌报复,畏惧隐忍,不敢报官。即经访闻查拿,按其所犯不过流、徒、枷、杖罪名。该犯等或在中途,或在配所乘间脱逃,无所忌惮。且有起衅细微,酿成巨案,甚至拒捕伤差,种种不法,实为地方之害。议请嗣后豫省南阳、汝宁、陈州、光州所属州县,遇有凶徒结伙三人以上,执持凶器伤人之案,除实犯死罪外,其余不分首、从,实发云贵两广极边烟瘴充军,佥妻发配。如聚众至十人以上,执持凶器,无论曾否伤人,不分首、从,改发黑龙江给披甲人为奴。其因事寻常争殴,不在此例。俟数年之后此风稍息,仍循旧例办理等因奏准。嗣据原任安徽巡抚钱楷奏,安徽颍州府接壤河南,风气相类。嗣后安徽省颍州府属民人有犯前项罪名,亦一体照办等因奏准,各在案。应并纂为例,以便引用。再查是年十二月内,臣部议复原任黑龙江将军、宗室斌静等奏"调剂黑龙江等处遣犯"折内,请将豫省南阳、汝宁、陈州、光州所属地方,凶徒结伙十人以上,执持凶器,无论曾否伤人一条,改发新疆给官兵为奴等因奏准,亦在案。原奏发黑龙江之处,应于例内改为发遣新疆,合并陈明。

【1821】○修改

修改按语,见【1790】6.20.302.(5)条【1821】修改项下。

一、豫省南阳、汝宁、陈州、光州四府州所属州县,及安徽颍州府属,遇有凶徒预谋结伙三人以上,执持凶器伤人之案,除实犯死罪外,其余不分首、从,实发云贵两广极边烟瘴充军,佥妻发配。如聚众至十人以上,执持凶器,无论曾否伤人,不分首、从,发新疆给官兵为奴。若衅起一时,猝然争斗,并非预谋结伙逞凶者,仍各按其所犯本罪定拟,不得牵引此例。俟数年后此风稍息,仍循旧例办理。

【1825】○修改

修改按语,见【1790】6.20.302.(5)条【1825】修改项下。

一、豫省南阳、汝宁、陈州、光州四府州所属州县,及安徽颍州府属,遇有凶徒结伙三人以上,但有一人执持器械伤人之案,除实犯死罪外,其余不分首、从,实发云贵两广极边烟瘴充军,佥妻发配。如聚众至十人以上,执持器械,无论曾否伤人,不分首、从,发新疆给官兵为奴。其寻常因事争殴,不在此例。俟数年后此风稍息,仍循旧例办理。

【1825】6.20.302.(8)(略)

【1830】○修改

臣等又按:道光六年(1826)十一月内,军机大臣会同臣部议复直隶总督那彦成奏"调剂新疆遣犯"折内,请将豫省南阳、汝宁、陈州、光州四府、州所属,及安徽颍州府属各地方,凶徒结伙众聚至十人以上,执持器械,无论曾否伤人,不分首、从,发新疆为奴一条,改发云贵两广边烟瘴充军。其结伙三人以上,除实犯死罪外,其余不分首、从,实发云贵两广极边烟瘴充军一条,改发极边足四千里充军等因奏准,通行在案。例内发新疆及实发云贵两广极边烟瘴充军之处,应行修改。谨将修改例文,开列于后。

一、豫省南阳、汝宁、陈州、光州四府州所属州县,及安徽颍州府属,遇有凶徒结伙三人以上,但有一人执持器械伤人之案,除实犯死罪外,其余不分首、从,改发极边足四千里充军。如聚众至十人以上,执持器械,无论曾否伤人,不分首、从,改发云贵、两赓极边烟瘴充军,俱签妻发配。其寻常因事争殴,不在此例。俟数年后此风稍息,仍循旧例办理。

【1835】○修改

臣等谨按:道光十二年(1832)十一月内,据升任安徽巡抚邓廷桢奏"颍州府属凶徒例内佥妻发配一节,应请酌删"一折内称颍州府属凶徒,例应佥妻发配。伏思此等妇女,本系无罪之人,一经随夫佥发,不但长途跋涉,摧挫难堪,且恐兵役同行玷污可虑。甚或本犯病故,则异乡嫠妇,飘泊无依。又或本妇身亡,则失恃孤婴,死生莫保。种种情形,实堪矜悯。请将例内"佥妻发配"四字酌量删去,其有本犯自愿携带者,仍听其便等因。经臣部查,一切军、流、遣犯,家属除罪应缘坐等项而外,其余情重各犯,如强盗免死及棍徒扰害等项,均不在佥配之列。至颍属凶徒结伙共殴,其情究较免死强盗等项为轻,自未便独令佥妻,致乖罪人不孥之义。惟查豫省南阳等处凶徒与颍属凶徒,事同一例,未便办理两歧,自应一并毋庸佥发,以昭画一等因具奏。奉旨允准,遵行在案。应将原例内"俱佥妻发配"五字删去,谨将修改例文,开列于后。

一、豫省南阳、汝宁、陈州、光州四府州所属州县,及安徽颍州府属,遇有凶徒结伙三人以上,但有一人执持器械伤人之案,除实犯死罪外,其余不分首、从,改发极边足四千里充军。如聚众至十人以上,执持器械,无论曾否伤人,不分首、从,改发云贵两广极边烟瘴充军。其寻常因事争殴,不在此例。俟数年后此风稍息,仍循旧例办理。

【1840】○修改

臣等谨按:道光十六年(1836)五月内,据升任河南巡抚桂良奏"归德府捻匪陈方结伙讹抢,谋杀差役,审明定拟,并请将归德府属凶徒结伙持械之案,照南阳等府州定例惩办"一折内称,豫省南阳、汝宁、陈州、光州四州所属州县,有凶徒结伙持械之案,曾于嘉庆十九年(1814)纂定条例,从严问拟。今归德府属民情日形犷悍,无赖游民三五成群,或以细故纠殴,酿成命案,或竟寻衅抢夺,拒捕伤人,逞凶扰害,实与南阳等府情形无异。即如此案,陈方等结伙讹抢,谋杀差役,种种不法,为害地方。若不一例严惩,实不足以儆凶顽。请即照南阳等府州县,严定科条等语。经臣部以系因地制宜,惩创凶徒起见,议请嗣后豫省归德等府所属州县凶徒结伙之案,均照南阳等府州所属定例,遇有结伙三人以上,但有一人执持器械伤人者,除实犯死罪外,其余不分首、从,改发极边足四千里充军。如聚众至十人以上,执持器械,无论曾否伤人,不分首、从,改发云贵两广极边烟瘴充军。并请俟臣部下届修例时,纂入例册等因具奏。奉旨允准,遵行在案。臣等伏查豫省归德府所属凶徒结伙之案,既照南阳等府州所属凶徒结伙例办理。其结伙共殴,内有关系尊长、卑幼服制,及自称枪手受雇帮殴之犯,亦应照南阳等府州各例一体纂入,以免办理两歧。谨将修改例文，开列于后。

一、豫省南阳、汝宁、陈州、归德、光州五府州所属州县，及安徽颍州府属，遇有凶徒结伙三人以上，但有一人执持器械伤人之案，除实犯死罪外，其余不分首、从，改发极边足四千里充军。如聚众至十人以上，执持器械，无论曾否伤人，不分首、从，改发云贵两广极边烟瘴充军。其寻常因事争殴，不在此例。俟数年后此风稍息，仍循旧例办理。

【1845】○修改

臣等谨按：查此条旧例“凶徒结伙三人以上，持械伤人者，俱实发云贵两广充军。十人以上，无论曾否伤人，俱发新疆为奴”等语，嗣道光六年（1826），经军机大臣会同臣部议复原任陕甘总督那彦成奏“调剂新疆遣犯”折内，请将云贵两广一项改为极边足四千里充军，新疆一项改为云贵两广充军奏准，纂入例册。兹道光二十四年（1844）六月内，据升任贵州巡抚贺长龄奏“请调剂军犯章程”一折，复经军机大臣会同臣部，议请将原例发遣新疆改发内地，及原发云贵两广各条照旧发往等因具奏，奉谕旨通行在案。又道光二十五年（1845）二月内，臣部议复安徽巡抚王植条奏内称，庐、凤二府凶徒，宜照颍属专条一体严办一节。查颍州府属凶徒结伙伤人之案，例有从重专条。兹据该抚以凤阳府所属各州县与庐州府所属之合肥县地界毗连，近来纠伙逞凶之案，视颍属为尤多，请照颍属一律办理。系为禁戢凶暴起见，应如所奏。嗣后凤阳府所属各州县及庐州府所属之合肥县，遇有凶徒结伙持械共殴之案，即照颍州府属一体办理等因具奏。奉旨：“依议。钦此。”钦遵亦在案。应将例内添纂明晰，并将仍发新疆及实发云贵两广之处，一并修改明晰，以资引用。谨将修改例文，开列于后。

一、豫省南阳、汝宁、陈州、归德、光州五府州所属州县，并安徽颍州、凤阳二府所属州县，及庐州府所属之合肥县，遇有凶徒结伙三人以上，但有一人执持器械伤人之案，除实犯死罪外，其余不分首从，实发云贵两广极边烟瘴充军。如聚众至十人以上，执持器械，无论曾否伤人，不分首从，发新疆给官兵为奴。其寻常因事争殴，不在此例。俟数年后，此风稍息，仍循旧例办理。

【1847】6.20.302.（10）（略）

【1821】○续纂

一、夺获凶器伤人之犯，照执持凶器伤人军罪上量减一等，杖一百、徒三年。

臣等谨按：嘉庆二十二年（1817）五月内，臣部议复原任山西巡抚衡龄题“张学三等共殴李梦麟身死”一案，因案内之张四娃系夺获李梦麟铁简，将李梦麟帮殴有伤。若如该抚所拟，竟照凶器伤人本例拟军，则凶器系夺自死者之手，与出有凶器持以伤人者无别。将张四娃于执持凶器伤人军罪上量减一等，拟杖一百、徒三年。并请嗣后夺获凶器伤人之案，即照凶器伤人军罪上量减一等，拟杖一百、徒三年等因题准，通行在案。应纂辑为例，以便引用。

【1825】6.20.302.（9）（略）

【1847】6.20.302.（8）（略）

【1835】○续纂

一、回民,并豫省南阳、汝宁、陈州、光州四府州所属州县,及安徽颍州府属凶徒,遇有结伙共殴之案,除所殴系属尊长,仍就服制中杀伤尊长,及回民并豫省等处凶徒结伙共殴各本律例相比,从其重者论外,若所殴系属卑幼,即各按服制,于回民并豫省等处凶徒结伙共殴各本例上,依次递减一等科断。其有因卑幼触犯,以理训责者,仍分别服制,各按本律例定拟,不得概援结伙共殴之例。

臣等谨按:道光十二年(1832)十一月内,据升任江西道监察御史金应麟奏“请修改删易刑例”一折内称,回民结伙三人以上,有一人执持器械,不分首、从,发云贵两广极边烟瘴充军。三人以上徒手争殴者,杖一百、徒三年。十人以上虽无执持器械者,仍照三人以上持械之例定拟。查回民结伙与回民争殴,及回民结伙致伤尊长、卑幼,例无明文。如照平人殴伤之条科断,未免失之过轻,似应酌定等语。经臣部查,回民犷野成习,惩创不得不严。故定例于回民斗殴之案,一经结伙持械,即应分别问拟军、徒,并不论所殴之为民人、为回民也。则遇有回民结伙与回民争殴者,自可照例科断,毋庸另设科条。惟回民结伙致伤尊长、卑幼,例内并无明文。伏思以卑犯尊,其情较寻常纠殴为重,其罪自不能较寻常纠殴反轻。以尊犯卑,其殴伤本罪既不得与凡人同科,则纠殴之罪自不得与凡人并论。且常有尊长因卑幼触犯,邀同亲族以理训责者,势难概坐以纠伙共殴之例。自应另立专条,以昭平允。再查豫省及安徽颍属凶徒结伙共殴之案,与回民事同一例,未便办理两歧。议请嗣后回民并豫省南阳、汝宁、陈州、光州四府州所属州县及安徽颍州府属凶徒,遇有结伙共殴之案,除所殴系属尊长,仍就服制中杀伤尊长,及回民并颍州府属等处凶徒结伙共殴之例相比,从其重者论外,若所殴系属卑幼,即各按服制,于回民并颍州府属等处凶徒结伙共殴各本例上,依次通减一等科断。其有卑幼触犯,以理训责者,仍分别服制,各按本律例定拟,不得概援结伙共殴之例等因具奏,奉旨允准通行,遵照在案。谨纂辑专条,以资引用。

【1840】○修改

修改按语,见【1825】6. 20. 302. (8)条【1840】修改项下。

一、回民并豫省南阳、汝宁、陈州、归德、光州五府州所属州县,及安徽颍州府属凶徒,遇有结伙共殴之案,除所殴系属尊长,仍就服制中杀伤尊长,及回民并豫省等处凶徒结伙共殴各本律例相比,从其重者论外,若所殴系属卑幼,即各按服制,于回民并豫省等处凶徒结伙共殴各本例上,依次递减一等科断。其有因卑幼触犯,以理训责者,仍各分服制,各按本律例科断,不得概援结伙共殴之例。

【1845】○修改

臣等谨按:道光二十五年(1845)二月内,据安徽巡抚王植条奏内称,庐、凤二府凶徒,宜照颍属专条一体严办一节,经臣部议,将凤阳府所属各州县及庐州府所属之合肥县,嗣后遇有凶徒结伙持械共殴之案,即照颍州府所属一体办理等因具奏。奉旨:“依议。钦此。”钦遵在案。查安徽庐、凤二府所属凶徒结伙斗殴,既照颍州府属凶徒办理。其结伙共殴内有关系卑幼尊长服制,及自称枪手受雇帮殴之犯,亦应照颍属各例,一体纂入“庐、凤二府所属”字样，以免办理两歧。谨将修改例文，开列于后。

一、回民，并豫省南阳、汝宁、陈州、归德、光州五府州所属州县，及安徽颍州、凤阳二府所属州县，庐州府所属之合肥县凶徒，遇有结伙共殴之案，除所殴系属尊长，仍就服制中杀伤尊长，及回民并豫省等处凶徒结伙共殴，各本律例相比，从其重者论外，若所殴系属卑幼，即各按服制，于回民并豫省等处凶徒结伙共殴各本例上，依次递减一等科断。其有因卑幼触犯，以理训责者，仍分别服制，各按本律例定拟，不得概援结伙共殴之例。

【1847】6.20.302.（11）（略）

【1835】○续纂

一、各省械斗及共殴之案，如有自称枪手受雇在场帮殴者，杖一百、流三千里。其有杀伤人者，仍按各本律例从其重者论。若并未受雇帮殴，但学习枪手已成，确有证据者，杖一百、徒三年。

臣等谨按：道光十二年（1832）十月内，臣部议复升任安徽巡抚邓廷桢奏“酌定枪手治罪专条”折内，议请嗣后安徽省杀伤人之案，如有自称枪手受雇在场帮殴者，虽未伤人，即照自号教师例杖一百、流三千里。并未受雇帮殴，但学习枪手已成，确有证据者，杖一百、徒三年。其有杀伤人者，仍按各本律例从其重者论。并议请嗣后安徽省回民及颍州府属凶徒结伙斗殴之案，有自称枪手者，除结伙罪在满徒以下，仍按自称枪手本例从重定拟外，如结伙罪应拟军，即将该枪手于应得军罪上各加一等，加至遣罪，仍照调剂新疆遣犯章程，改为实发云贵两广极边烟瘴充军，到配加枷号三个月等因，奏准遵行。又道光十五年（1835）六月内，据原任两广总督卢坤奏称，广东省械斗案内，受雇之鸟枪手，即俗称“烂崽”，平日演习枪铳，专以助斗为业。纠斗之案，多由该匪徒怂恿而成，实为风俗之害，应严立科条等因。经臣部查，自称枪手受雇帮殴，及学习已成尚未帮殴，分别从严治罪之处，安徽省业经酌议章程，奏准遵行。广东与安徽事同一例，自应仿照定拟。惟是近来共殴案内，火器杀伤人之犯，广东、安徽而外，如广西、福建、江西等省亦所时有，其中即难保无演习枪手受雇帮殴之人。与其随时惩办，引断恐至参差，不如明定专条办理，较为画一。议请嗣后各省械斗及共殴案内之鸟枪手，除已伤人及致毙人命，仍照本律本例分别定拟外，其有虽未伤人，但经在场帮殴者，即照自号教师演弄拳棒射利惑民例杖一百、流三千里。虽未受雇帮殴而学习枪手已成，确有证据者，杖一百、徒三年等因具奏。奉旨允准通行，遵照各在案。臣等复查安徽省回民及颍州府属凶徒，有自号枪手之案，既经奏明，加重办理。其各省回民及豫省南阳、汝宁、陈州、光州四府州所属凶徒，事同一例，遇有枪手帮殴之案，自应一体仿照定拟，以归画一而昭平允。应一并添纂明晰，以资引用。

【1847】6.20.302.（9）（略）

【1835】○续纂

一、各省回民及豫省南阳、汝宁、陈州、光州四府州所属，并安徽颍州府所属，凶徒结伙斗殴之案，有自称枪手受雇帮殴者，除结伙罪在满徒以下，仍按自称枪手本例从重定拟外，如结伙罪应拟军，即将该枪手于应得军罪上，各加一等。

续纂按语，见【1847】6.20.302.(9)条【1835】续纂按语。

【1840】○修改

修改按语，见【1825】6.20.302.(8)条【1840】修改项下。

一、各省回民及豫省南阳、汝宁、陈州、归德、光州五府州所属，并安徽颍州府所属，凶徒结伙，罪在杖徒以下，仍按自称枪手本例从重定拟外，如结伙罪应拟军，即将该枪手于应得军罪上，各加一等。

【1845】○修改

修改按语，见【1847】6.20.302.(11)条【1845】修改项下。

一、各省回民，及豫省南阳、汝宁、陈州、归德、光州五府州所属，并安徽颍州、凤阳二府所属州县，庐州府所属之合肥县凶徒，结伙斗殴之案，有自称枪手受雇帮殴者，除结伙罪在满徒以下，仍按自称枪手本例从重定拟外，如结伙罪应拟军，即将该枪手于应得军罪上各加一等。

【1847】6.20.302.(12)(略)

【1852】○续纂

一、凡在逃太监，在外滋事，除犯谋、故、斗杀等案，仍照各本律例分别问拟外，但有执持金刃伤人，确有实据者，发黑龙江给官兵为奴，遇赦不赦。

谨案：此条道光二十八年(1848)定。

【1870】6.20.302.(13)(略)

【1870】○续纂

一、天津锅伙匪徒，聚众数十人，及百人以上，执持火器、军械杀伤人命，或聚众抢掠，扰害商民，审明后就地正法。如被获时持仗拒捕者，照格杀律勿论。其结伙三人以上，但有一人执持器械伤人，除致毙人命罪应拟抵之犯照旧办理外，余俱不分首从，实发云贵两广极边烟瘴充军。若结伙虽在三人以上，而俱徒手并无器械，于军罪上减一等，杖一百、徒三年。结伙在十人以上，虽无器械，但殴伤人者，仍照三人以上执持器械例定拟。其非锅伙斗殴之案，不得援引此例。俟数年后此风稍息，仍照旧例办理。此等案犯，应照罪应军流窃案，解府审明，详司核请咨部，毋庸解省审勘，以免疏失。其斩、绞重犯，仍照例解勘。

谨案：此条咸丰九年(1859)定。

【1870】6.20.302.(14)(略)

保辜限期

律　文

【1646】6.20.326　保辜限期保,养也;辜,罪也;保辜,为殴伤人未至死,当官立限以保之。保人之伤,正所以保己之罪也。

凡保辜者,先验伤之重轻,或手足,或他物,或金刃,各明白立限。责令犯人保辜医治。辜限内,皆须因原殴之伤死者,如打人头伤,风从头疮而入,因风致死之类。以斗殴杀人论。绞。○其在辜限外,及虽在辜限,原殴之伤已平复,官司文案明白,被殴之人别因他故死者,谓打人头伤,不因头疮得风,别因他病而死者,是为他故。各从本殴伤法。不在抵命之律。若折伤以上,辜内医治平复者,各减二等。下手理直,减殴伤二等,如辜限内平复,又得减二等,此所谓犯罪得累减也。辜内虽平复,而成残废、笃疾,及辜限满日不平复而死者,各依律全科。全科所殴伤残废、笃疾之罪,虽死亦同伤论。○手足及以他物殴伤人者,其伤轻。限二十日。平复。○以刃及汤火伤人者,限三十日。○折跌肢体,及破骨、堕胎者,无问手足、他物,皆限五十日。

【1670】6.20.325　保辜限期保,养也;辜,罪也;保辜,为殴伤人未至死,当官立限以保之。保人之伤,正所以保己之罪也。(略)

【1725】6.20.313　保辜限期保,养也;辜,罪也;保辜,为殴伤人未至死,当官立限以保之。保人之伤,正所以保己之罪也。

凡保辜者,先验伤之重轻,或手足,或他物,或金刃,各明白立限。责令犯人保辜医治。辜限内,皆须因原殴之伤死者,如打人头伤,风从头疮而入,因风致死之类。以斗殴杀人论。绞。○其在辜限外,及虽在辜限内,原殴之伤已平复,官司文案明白,被殴之人别因他故死者,谓打人头伤,不因头疮得风,别因他病而死者,是为他故。各从本殴伤法。不在抵命之律。若折伤以上,辜内医治平复者,各减二等。下手理直,减殴伤二等,如辜限内平复,又得减二等,此所谓犯罪得累减也。辜内虽平复,而成残废、笃疾,及辜限满日不平复而死者,各依律全科。全科所殴伤残废、笃疾之罪,虽死亦同伤论。○手足及以他物殴伤人者,其伤轻。限二十日。平复。○以刃及汤火伤人者,限三十日。○折跌肢体,及破骨、堕胎者,无论手足、他物,皆限五十日。

注:此是验伤立限定罪之通例也。凡殴人成伤者,官司须验其伤之轻重,鞫问招状明白,将被伤时刻明立文案,勒限保辜,责令行殴人延医调治,俟限满定罪发落。辜限内,不问手足、他物、金刃、汤火,皆须因原伤致死者,乃以斗杀人论,坐绞监候。其被伤之人,若在限外,及虽在限内,而原伤已经平复,别因他故身死者,虽免其抵命,犹全科本殴伤罪。若殴人至折伤以上,辜限内医治平复者,各得减本罪二等。限内伤虽平复,而成残废、笃疾,及限已满,伤不平复者,各依律全科伤罪。若因不平复而致死者,既在限外,止科伤罪,不得以斗杀人论也。至保辜之限,以受伤之轻重,定日期之多寡。手足及他物殴伤者,限二十日;金刃及汤火伤者,限三十日;折跌肢体及破骨、堕胎者,皆限五十日平复。以被伤时刻为始。每一日,依"名例"九十六刻为断。过辜限一刻,即为限外。

臣等谨按:此是验伤限定罪之通例也。第一节言限内因原殴伤而死者。第二节言在限外及虽在限内原伤已平复,而别因他故死者。第三节言限内平复,与虽平复而成残废、笃疾,及限满不平复而死者。后三节则言各按原殴轻重以定辜限。每一日,依"名例"九十六刻为断。过限一刻,即为限外。

【1740】6.20.303　保辜限期保，养也；辜，罪也；保辜，为殴伤人未至死，当官立限以保之。保人之伤，正所以保己之罪也。（略）

附律条例

【1646】6.20.326.（1）

一、斗殴伤人，辜限内不平复，延至限外，若手足、他物、金刃及汤火伤，限外十日之内，折跌肢体及破骨、堕胎，限外二十日之内，果因本伤身死，情正事实者，方拟死罪，奏请定夺。此外不许一概滥拟渎奏。

【1670】6.20.325.（1）（略）

【1725】6.20.313.（2）【原例】（略）

【1740】6.20.303.（3）（略）

【1725】6.20.313.（1）

【钦定例】一、雍正四年（1726）六月内，奉上谕："查律载斗殴成伤，定有保辜之限，所以重民命而慎刑罚也。闻京城内外，凡斗殴伤人者，各该地方、步军无分轻重，即将双方并拘。如遇重伤之人，则用门板扛抬，先赴该旗协领报验，次赴两翼总尉衙门挂号，然后解送步军统领衙门听审。倘系应行咨部之案，则拖累之日更多。大凡被殴之人，受伤虽重而生气犹存，一经动摇搬移，失于调理，劳顿风吹，或致殒命。此等命案，虽系愚民好勇斗狠，而亦未必非理问各官懈忽之所致也。嗣后凡系斗殴成伤者，应分别伤痕之轻重，不能动履者，禁止搬移，勒令即时加意调理。着理问衙门委官亲诣验看，使被殴之人得以安卧医救，不致误伤性命。其应如何定例通行之处，着三法司详议具奏。钦此。"经三法司议准，嗣后京城内外，除斗殴伤轻之人，照律解审理问衙门外，凡伤重不能动履之人，或具控到官，或步军拿获，止将凶殴人犯拿送理问衙门，该衙门即行委官带领仵作亲诣验看。如应行咨部之案，咨报刑部衙门，刑部即委官带领仵作赴验，就取确供，定限保辜。其将被伤之人扛抬赴验之处，永行禁止。至直隶各省州县，凡遇斗殴重伤不能动履之人，亦照此例。该地方官即亲诣验看，讯取确供，定限保辜。倘内外理问衙门遇有伤重不能动履之人，该管官不行赴验，仍前扛抬挪动，听候验看者，该管各上司不时查察，即行指参，交与该部议处。

【1740】○修改

臣等谨按：此条系雍正四年（1726）上谕，三法司议准遵行。应纂成例文，以便引用。谨将恭纂例文，开列于后。

一、凡京城内外及各省州县，遇有斗殴伤重不能动履之人，或具控到官，或经拿获，及巡役、地保人等指报，该管官即行带领仵作，亲往验看，讯取确供，定限保辜，不许扛抬赴验。倘内外该管衙门，遇有伤重不能动履之人，仍令扛抬听候验看者，各该上司察实指参，交部议处。

【1740】6.20.303.（1）（略）

【1772】○修改

臣等谨按:乾隆三十五年(1770)四月内,臣部议复闽浙总督署理福建巡抚崔应阶题请定例,凡违例抬验之亲属,与不行阻止之地保,各照违令律,笞五十。因而致伤生者,照不应重律杖八十。应增入此条之内,以便引用。谨将增改例文,开列于后。

一、凡京城内外及各省州县,遇有斗殴伤重不能动履之人,或具控到官,或经拿获,及巡役、地保人等指报,该管官即行带领仵作,亲往验看,讯取确供,定限保辜,不许扛抬赴验。如有违例抬验者,将违例抬验之亲属,与不行阻止之地保,各照违令律笞五十。因抬验而致伤生者,各照不应重律杖八十。倘内外该管衙门,遇有伤重不能动履之人,仍令扛抬听候验看者,各该上司察实指参,交部议处。

【1790】6.20.303.(1)(略)

【1725】○增入①

臣等谨按:此条类于保辜限期律,应增入条例后。

【现行例】一、殴打受伤至保辜限外身死者,部内奏明缘由,再行请旨。其有原殴伤轻不至于死,越数日或因伤风而死,或因他病而死,将殴打之人免其议抵,照例减等完结。如系殴伤致死而捏报伤风、他病死者,承问府、州、县等官及司、道、督、抚,俱照失出例议处。

【1740】○增入

一、凡斗殴伤重之人,除附近城郭以及事简州县,照例正印官亲诣验看外,其离城窎远之区及繁冗州县,委系不能逐起验看者,许委佐贰、巡捕等官代往据实验报,仍听州县官定限保辜。倘佐贰、巡捕等官验报不实,照例议处。如州县官怠弛推诿,概委佐贰、巡捕等官代验,致滋扰累、捏饰等弊,仍照定例议处。

谨案:此条系乾隆元年(1736)定例。

【1740】6.20.303.(2)(略)

【1740】○增改

一、原殴伤轻,不致于死,越数日后,或因伤风而死,或因他病而死者,将殴打之人免其抵偿,杖一百、流三千里。

臣等谨按:此条系康熙五十七年(1718)钦奉恩诏内开载,历年遵行已久,应恭纂为例,以便引用。但查伤风身死,尚因被殴受伤,调理不慎所致。若因他病身死,则与原殴并无干涉。今乃连类以及,一概拟流,似未平允,应酌改。谨将改辑例文,开列于后。

---

① 此条见于《大清律例按语》第20卷“刑律·斗殴·保辜限期”(雍正三年)条下,雍正三年(1725)《大清律集解附例》不载。

一、原殴伤轻,不致于死者,越数日后,或因伤风身死,将殴打之人免其抵偿,杖一百、流三千里。其因患他病身死,与本伤无涉者,虽在辜限之内,仍依律从本殴伤法。

【1740】6.20.303.(4)(略)

【1790】6.20.303.(7)(略)

【1801】○修并

修并按语并修并后例文,见【1790】6.20.303.(6)条【1801】修并项下。

【1743】○续纂

一、原殴伤轻,因风身死,除在保辜正限内死者,将殴打之人照例拟流,及在正限后十日外死者,止科伤罪外,其虽过正限,尚在十日之内死者,照殴人至废疾律,杖一百、徒三年。

谨案:此条系乾隆六年(1741)七月,臣部奏准定例。

【1768】6.20.303.(5)(略)

【1788】○修并

【原例】【1768】6.20.303.(5)(略)、【1782】续纂"一、因风身死之案,除原殴并非致命之处……"条(略)

臣等谨按:以上二条,俱系殴伤后因风身死分别治罪之例,自应并纂一条。拟将原殴伤轻减流等项,逐层分别递载,庶展卷瞭如,援引益为便捷。今将并辑例文,开列于后。

一、因风身死之案,除原殴并非致命之处,又非极重之伤,仍照例办理外,如当致命之处而伤轻,或伤重而非致命之处,必死在十日以外,方准声请改流。其致命伤重,及虽非致命,伤至骨损骨断,即死在十日以外,仍依本律拟以绞抵。若已逾正限,尚在余限十日之内死者,照殴人至废疾律杖一百、徒三年。至正限后余限外身死者,止科伤罪。

【1790】6.20.303.(6)(略)

【1801】○修并

【原例】【1790】6.20.303.(6)(略)、【1790】6.20.303.(7)(略)

臣等谨按:以上二条,俱系斗殴伤轻因风身死减等拟流之例。应修并一条,以昭简易。又查保辜限期,破骨伤余限二十日,若余限二十日之内身死者,仍拟死罪。惟因风身死在余限内者,照殴人至疾废律拟徒。例内"十日之内"四字,殊与破骨伤保辜余限不合,应依例改为"二十日",合并声明。谨将修并例文,开列于后。

一、凡斗殴之案,如原殴并非致命之处,又非极重之伤,越数日后,因风身死者,将殴打之人免其抵偿,杖一百、流三千里。如当致命之处而伤轻,或伤重而非致命之处,因风身死者,必死在十日以外,方准声请改流。其致命伤重,及虽非致命,伤至骨损骨断,即因风身死在十日以外,仍依本律拟以绞抵。若已逾破骨伤保辜五十日正限，尚在余限二十日之内，因风身死者，照殴人至废疾律杖一百、徒三年。至正限后余限外因风身死者，止科伤罪。其因患他病身死，与本伤无涉者，虽在辜限之内，仍依律从本殴伤法。

【1802】6.20.303.（6）（略）

【1810】○修改

臣等谨按：此条例内“越数日因风身死”拟流，具应越几日为数日，并无一定限期。查嘉庆十二年（1807）陕西巡抚方维甸题“华州民人姬遇杰于十二年二月二十九日抓伤刘兴仁左眉，刘兴仁于三十日早将痂搔落，伤口进风殒命”一案，将姬遇杰依例拟流等因。经臣部以刘兴仁之死，虽系因风而为期仅止越日，与越数日后因风身死免抵之例不符，将姬遇杰改拟绞候，题结在案。是越数日因风身死拟流之处，必须指明限期，办理方无歧误。查例内如致命之处而伤轻，或伤重而非致命，因风身死，即以十日为断，准其减流，则原殴并非致命又非重伤，因风身死，自应以五日为限，庶足以昭平允。谨于例内修纂明晰，以便遵行。再查正限外余限内因风身死，照殴人至废疾律，杖一百、徒三年，例内专指破骨伤。其手足、他物、金刃各伤，正限外余限内因风身死，例无明文，各省往往比照破骨伤余限内身死之例拟徒。推原例意，伤至破骨，死逾正限，尚准拟徒，则手足、他物、金刃各伤，原可举重以赅轻，各省既经逐案比照，应于例内一并添叙，更为周备。谨将修改例文，开列于后。

一、凡斗殴之案，如原殴并非致命之处，又非极重之伤，越五日，因风身死者，将殴打之人免其抵偿，杖一百、流三千里；若死在五日以内，仍依本律拟绞监候。如当致命之处而伤轻，或伤重而非致命之处，因风身死者，必死在十日以外，方准声请改流。其致命伤重，及虽非致命，伤至骨损、骨断，即因风身死在十日以外，仍依律拟以绞抵。若已逾破骨伤保辜五十日正限，尚在余限二十日之内，及手足、他物、金刃伤，正限外余限内，因风身死者，俱照殴人至废疾律杖一百、徒三年。至正限后余限外因风身死者，止科伤罪。其因患他病身死，与本伤无涉者，虽在辜限之内，仍依律从本殴伤法。

【1825】6.20.303.（7）（略）

【1761】○续纂

一、州县承审斗殴受伤，及畏罪自戕案件，一面拨医调治速痊，一面讯取确供，提集案犯，即行审理完结，不得以伤痊之日起限。如有借词扣展，致有迟延拖累者，照例查参议处。

臣等谨按：此条系乾隆二十六年（1761）五月内，吏部议复调任河南按察使蒋嘉年条奏定例，应纂辑以便遵行。

【1768】6.20.303.（6）（略）

【1790】6.20.303.（4）（略）

【1761】○续纂[1]

一、同谋共殴之案,如验系伤皆致命者,无论当时、过后身死,将先后下手之犯,一并收禁解审。俟府、司、巡抚审定之后,再行分别交保管束。

臣等谨按:此条系乾隆二十六年(1761)六月内,臣部议复升任江西布政使汤聘条奏定例,应纂辑以便遵行。

【1762】○删除

谨案:乾隆二十七年(1762),查行之一年,并无以余人改作正凶之案,而佥解纷繁,颇多拖累,因奏准删除。

【1767】○续纂

一、卑幼殴伤缌麻尊长,余限内果因本伤身死,仍拟死罪,奏请定夺。如蒙宽减,减为杖一百、发边远充军。

臣等谨按:此条系乾隆三十一年(1766)七月内,安徽巡抚冯钤审题"芮天明咬伤缌麻兄芮观受手指,余限内身死"一案,臣部附请定例,应纂辑遵行。

【1768】6.20.303.(7)(略)

【1782】○移改

* 刑律·斗殴·殴大功以下尊长

【1790】6.20.317.(4)(略)

【1778】○续纂

一、凡僧人逞凶毙命,死由致命重伤者,虽在保辜限外十日之内,不得轻议宽减。

臣等谨按:此条系乾隆四十年(1775)四月内,臣部核复署山西巡抚、觉罗巴延三题"僧人悟明扎伤行济,保辜限外四日身死,照例声请减流"。钦奉谕旨:"仍着问拟绞候。并令嗣后僧人毙命之案,不得轻议宽减。"应恭纂为例,以便遵行。

【1790】6.20.303.(5)(略)

【1782】○续纂

一、因风身死之案,除原殴并非致命之处,又非极重之伤,仍照旧例办理外,如当致命之处而伤轻,或伤重而非致命之处,必死在十日以外,方准声请依例改流。其致命重伤,及虽非致命,伤至骨断骨损,即身死在十日以外,均不得援照因风身死之例声请,仍依本律拟以绞抵。

臣等谨按:此条系乾隆四十七年(1782)十二月内,臣部因查各省审拟伤风案件,有原殴系致命伤,其死亦未出十日而声请免抵拟流者;亦有伤虽致命,本不为重,其死已越十

---

① 此条乾隆二十六年(1761)《大清律续纂条例》未载。

日，而声称即不生风亦足毙命，仍照例拟抵者，办理俱不画一。经臣部奏请，嗣后因风身死之案，除原殴并非致命之处，又非极重之伤，仍照旧例办理，如有当致命之处而伤轻，或极重之伤而非致命，总当以《洗冤录》所载为准。其伤风身死，亦即以十日为定期。凡致命伤轻，死在十日以外者，方准声请依例改流。若伤系致命而重，或非致命而至骨断骨损，虽身死在十日之外，均不得援照因风身死之例，应仍依律例拟以绞抵等因，奉旨："依议。"钦遵在案。应纂辑遵行。

【1788】○修并

修并按语并修并后例文，见【1768】6.20.303.（5）条【1788】修并项下。

【1801】○续纂

一、刃伤人至筋断者，照破骨伤保辜五十日。

臣等谨按：律载"手足、他物殴伤人者，限二十日平复。刃伤及汤火伤人者，限三十日。折跌肢体及破骨、坠胎者，限五十日"等语。其刃伤人至筋断之案，例内并无保辜明文。臣部遇有此等案件，俱照折跌肢体及破骨伤扣限，保辜五十日。嗣于嘉庆四年（1799），升任广东巡抚陆有仁审题"吕赞芬刃伤李允成筋断身死"案内，照金刃保辜三十日扣限。经臣部议称，向来办理筋断之案，俱系保辜五十日。该抚照刃伤扣限之处，系属错误等因，题准在案。与其随案驳改，莫若明立专条，以免牵混。应纂辑为例，以便遵行。

【1802】6.20.303.（7）（略）

【1825】6.20.303.（6）（略）

宫内忿争

律　文

【1646】6.20.327

凡于燕幸之宫内忿争者，笞五十；忿争之声彻于御在所，及相殴者，杖一百；折伤以上，加凡斗伤二等；若于临朝之殿内，又递加一等。递加者，如于殿内忿争者，加一等，杖六十；其声彻于御在之所，及殿内相殴者，加一等，杖六十、徒一年。至于折伤以上，加宫内折伤之罪一等，又加凡斗伤罪二等，共加三等。虽至笃疾，并罪止杖一百、流三千里。至死者，依常律断。被殴之人，虽至残废、笃疾，仍拟杖一百，收赎。笃疾之人与有罪焉，故不断财产养赡。

【1670】6.20.326（略）

【1725】6.20.314

凡于宫内忿争者，笞五十；忿争之声彻于御在所，及相殴者，杖一百；折伤以上，加凡斗伤二等；若于临朝之殿内，又递加一等。递加者，如于殿内忿争者，加一等，杖六十；其声彻于御在之所，及殿内相殴者，加一等，杖六十、徒一年。至于折伤以上，加宫内折伤之罪一等，又加凡斗伤罪二等，共加三等。虽至笃疾，并罪止杖一百、流三千里。至死者，依常律断。被殴之人，虽至残废、笃疾，仍拟杖一百，收赎。笃疾之人与有罪焉，故不断财产养赡。

注：此肃宫禁而惩争殴也。在宫内忿争，即坐满笞。忿争而声彻御所，及于宫内相殴，即坐满杖。殴而至于折伤以上，加凡斗伤罪二等。若于殿内忿争，或相殴，或折伤者，各视在宫内所坐之罪，又递加一等。其争殴之人，虽被重伤，仍坐忿争、相殴之本罪，准其

收赎。总以宫殿内非争殴之地也。

臣等谨按:此肃宫禁而惩争殴也。在宫内忿争,即坐满笞。忿争而声彻御所,及于宫内相殴,即坐满杖。殴而至于折伤以上,加凡斗伤罪二等。若于殿内忿争,或相殴,或折伤者,各视在宫内所坐之罪,又递加一等。其争殴之人,虽被重伤,仍坐忿争、相殴之本罪。总以宫殿内非争殴之地也。其行宫内有犯忿争等项者,亦照此律科断。

【1740】6.20.304(略)

附律条例

【1725】○增入

原拟:现行例内一条,类于此律,应增入。

【原增现行例】一、凡太监在紫禁城内持金刃自伤者,斩立决;在紫禁城外皇城内持金刃自伤者,斩监候。

【1725】6.20.314.(1)【增例】(略)

【1740】6.20.304.(1)(略)

【1725】○增入①

臣等谨按:此条类于宫内忿争律,应增入条例内。

【现行例】一、凡在赐宴处混行抢夺者,比照盗内府财物,皆斩。系杂犯,准徒五年。律,旗人枷号三个月零十五日,鞭一百;民人照例徒五年。伊主系官,罚俸一年;披甲,鞭八十。

【1810】○续纂

一、行营地方,管辖声音帐房以内,谋、故杀人,及斗殴金刃杀人者,拟斩立决;谋杀人伤而不死,及斗殴手足、他物杀人者,拟绞立决;金刃伤人者,发伊犁给驻防官兵为奴;金刃自伤,及手足、他物伤人者,杖一百、流三千里。若在管辖声音帐房以外、卡门以内,谋、故杀人,及斗殴金刃杀人者,亦拟斩立决;谋杀人伤而不死,及斗殴手足、他物杀人者,拟绞监候,入于情实;金刃伤人者,杖一百、流三千里;金刃自伤,及手足、他物伤人者,杖一百、徒三年。以上除死罪外,犯该遣罪以下者,俱先行插箭随营示众。其在卡门以外,谋、故、斗殴杀伤人及自伤者,均照常律办理。

臣等谨按:嘉庆十三年(1808)四月内,臣部遵旨议奏,行营地方卡门以内及管辖声音帐房以内,皆属禁地,倘有不遵约束,恣意逞凶者,本非寻常案件可比。至谋、故重案,金刃重伤,尤应条分缕晰,以昭赅备。原例行营地方,如有金刃伤人者,先行插箭随营示众。如被伤之人限内因伤身死,即于该处斩决。如伤轻平复,即发往伊犁给驻防官兵为奴。

---

① 此条见于《大清律例按语》第20卷"刑律·斗殴·宫内忿争"(雍正三年)条下,雍正三年(1725)《大清律集解附例》不载。

因行营重地，金刃杀人，情罪重大，是以无论谋、故、斗杀，概拟斩决。至伤人未死，及斗殴手足、他物杀人者，自应量为区分，例内均未议及。应钦遵谕旨，分别地方远近，酌定罪名，以期无枉无纵。至宫禁重地，规制綦严。凡持寸刃入宫殿门者，按律罪应绞候。太监出入禁地，非常人可比。原例内太监金刃自伤，在禁城内则拟斩决，禁城外亦拟斩候。因至死罪无可加，是以只称自伤。而持刃伤人及因伤致死，俱可举轻以赅重。至常人非有执役，即不能擅入禁地，是以例内只论太监，而未议及常人。惟查紫禁城内外，俱有各处当差及各官跟役人等，倘有金刃杀人重案，自应严办示惩。如伤人未死及斗殴手足、他物杀人者，亦应逐层分晰，明立科条，俾众共知。再查圆明园系御驾时常驻跸之处，与宫禁无异，亦应一体分别地方远近，立定限制，以昭严肃。谨拟新例二条，开单进呈。奉旨："依议。"钦遵在案，应载入遵行。

【1825】6.20.304.（2）（略）

【1830】○修改

臣等谨按：道光六年（1826）十一月内，军机大臣会同臣部，议复直隶总督那彦成奏"调剂新疆遣犯"折内，请将行营地方管辖声音帐房以内金刃伤人发伊犁为奴一条，改发极边足四千里充军等因奏准，通行在案。例内发伊犁之处，应行修改。谨将修改例文，开列于后。

一、行营地方，管辖声音帐房以内，谋、故杀人，及斗殴金刃杀人者，拟斩立决；谋杀人伤而不死，及斗殴手足、他物杀人者，拟绞立决；金刃伤人者，改发极边足四千里充军；金刃自伤，及手足、他物伤人者，杖一百、流三千里。若在管辖声音帐房以外、卡门以内，谋、故杀人，及斗殴金刃杀人者，亦拟斩立决；谋杀人伤而不死，及斗殴手足、他物杀人者，拟绞监候，入于情实；金刃伤人者，杖一百、流三千里；金刃自伤，及手足、他物伤人者，杖一百、徒三年。以上除死罪外，犯该遣罪以下者，俱先行插箭随营示众。其在卡门以外，谋、故、斗殴杀伤人及自伤者，均照常律办理。

【1845】○修复

臣等谨查：此条例文，从前旧例内载"行营地方管辖声音帐房以内，金刃伤人者，发伊犁给驻防官兵为奴"等语。嗣于道光六年（1826）十一月内，据原任陕甘总督那彦成奏请调剂新疆遣犯，经军机大臣会同臣部议将此项改为改发极边足四千里充军奏准，纂入例册在案。兹道光二十四年（1844）六月内，据升任贵州巡抚贺长龄奏请调剂军犯章程一折，后经军机大臣会同臣部，议请嗣后新疆遣犯各照旧发往等因具奏，奉上谕："据军机大臣会同刑部议奏'贵州军犯拥挤，酌减调剂'等语。新疆遣犯改发内地，恐人数众多，不特约束难周，且与民风大有关碍。非若新疆地方辽阔，外遣人犯易于安插。所有旧时改发内地各条，着仍照旧发往新疆。交该将军设法妥为安插，并严饬所属认真查核，严加管束，毋令滋生事端，俾期积久无弊。余依议。钦此。"是新疆遣犯，既应照旧发往。其"管辖声音帐房内金刃伤人，发往伊犁"之原例，现在犹存，足资引用。此条系属赘文，应行删除。

一、行营地方，管辖声音帐房以内，谋、故杀人，及斗殴金刃杀人者，拟斩立决；谋杀人伤而不死，及斗殴手足、他物杀人者，拟绞立决；金刃伤人者，发伊犁给驻防官兵为奴；金刃自伤，及手足、他物伤人者，杖一百、流三千里。若在管辖声音帐房以外、卡门以内,谋、故杀人,及斗殴金刃杀人者,亦拟斩立决;谋杀人伤而不死,及斗殴手足、他物杀人者,拟绞监候,入于情实;金刃伤人者,杖一百、流三千里;金刃自伤,及手足、他物伤人者,杖一百、徒三年。以上除死罪外,犯该遣罪以下者,俱先行插箭随营示众。其在卡门以外,谋、故、斗殴杀伤人及自伤者,均照常律办理。

【1847】6.20.304.(2)(略)

【1810】○续纂

一、除太监在紫禁城内外持金刃自伤,分别斩决、监候,仍照旧例办理外,如常人在各处当差,及各官跟役,并内务府各项人役、苑户、钦工匠役等,在紫禁城内,暨圆明园大宫门、大东、大西、大北等门,及西厂等处地方,并各处内围墙以内,谋、故杀人,及斗殴金刃杀人者,拟斩立决;谋杀人伤而不死,及斗殴手足、他物杀人者,拟绞立决;金刃伤人者,发伊犁给驻防官兵为奴;金刃自伤,及手足、他物伤人者,杖一百、流三千里。若在紫禁城午门以外、大清门以内,暨圆明园大宫门、大东、大西、大北等门以外、鹿角木以内,谋、故杀人,及斗殴金刃杀人者,拟斩立决;谋杀人伤而不死,及斗殴手足、他物杀人者,拟绞监候,入于情实;金刃伤人者,杖一百、流三千里;金刃自伤,及手足、他物伤人者,杖一百、徒三年。以上除死罪外,犯该遣罪以下者,俱枷号三个月,再行发配。其东安、西安、地安等门以内,及圆明园鹿角木并各内围墙以外,谋、故、斗殴杀伤人及自伤者,均照常律办理,不得滥引此例。

续纂按语,见【1825】6.20.304.(2)条【1810】续纂项。

【1825】6.20.304.(3)(略)

【1830】○修改

臣等谨按:道光六年(1826)十一月内,军机大臣会同臣部,议复直隶总督那彦成奏"调剂新疆遣犯"折内,请将常人在各处当差,及各官跟役并内务府各项人役、苑户、钦工匠役等在紫禁城内暨圆明园大宫门、大东、大西、大北等门及西厂等处地方,并各处围墙以内,金刃伤人者,发伊犁为奴一条,改发极边足四千里充军等因奏准,通行在案。例内发伊犁之处,应行修改。谨将例文,开列于后。

一、除太监在紫禁城内外持金刃自伤,分别斩决、监候,仍照旧例办理外,如常人在各处当差,及各官跟役,并内务府各项人役、苑户、钦工匠役等,在紫禁城内,暨圆明园大宫门、大东、大西、大北等门,及西厂等处地方,并各处内围墙以内,谋、故杀人,及斗殴金刃杀人者,拟斩立决;谋杀人伤而不死,及斗殴手足、他物杀人者,拟绞立决;金刃伤人者,改发极边足四千里充军;金刃自伤,及手足、他物伤人者,杖一百、流三千里。若在紫禁城午门以外、大清门以内,暨圆明园大宫门、大东、大西、大北等门以外、鹿角木以内,谋、故杀人,及斗殴金刃杀人者,拟斩立决;谋杀人伤而不死,及斗殴手足、他物杀人者,拟绞监候,入于情实;金刃伤人者,杖一百、流三千里;金刃自伤,及手足、他物伤人者,杖一百、徒三年。以上除死罪外,犯该遣罪以下者,俱枷号三个月，再行发配。其东安、西安、地安等门以内，及圆明园鹿角木并各内围墙以外，谋、故、斗殴杀伤人及自伤者，均照常律办理，不得滥引此例。

【1845】○修复

臣等谨按：此条例文，从前旧例内载，“常人在各处当差，及各项人役、工匠等，在紫禁城内，圆明园大宫门、大东、大西、大北等门及西厂等处，金刃伤人者，发伊犁给驻防官兵为奴”等语。嗣于道光六年（1826）十一月内，据原任陕甘总督那彦成奏请调剂新疆遣犯，经军机大臣会同臣部议将此项改为改发极边足四千里充军奏准，纂入例册在案。兹道光二十四年（1844）六月内，据升任贵州巡抚贺长龄奏请调剂军犯章程一折，复经军机大臣会同臣部议请嗣后，新疆遣犯各照旧发往等因。具奏。奉上谕：“据军机大臣会同刑部议奏‘贵州军犯拥挤，酌减调剂’等语。新疆遣犯改发内地，恐人数聚多，不特约束难周，且与民风大有关碍。非若新疆地方辽阔，外遣人犯易于安插。所有旧时改发内地各条，着仍照旧发往新疆。交该将军设法妥为安插，并严饬所属认真查核，严加管束，毋令滋生事端，俾期积久无弊。余依议。钦此”。是新疆遣犯，既应照旧发往。其“当差人役，在紫禁城等处金刃伤人，发往伊犁”之原例，现在犹存，足资引用。此条系属赘文，应行删除。

一、除太监在紫禁城内外持金刃自伤，分别斩决、监候，仍照旧例办理外，如常人在各处当差，及各官跟役，并内务府各项人役、苑户、钦工匠役等，在紫禁城内，暨圆明园大宫门、大东、大西、大北等门，及西厂等处地方，并各处内围墙以内，谋、故杀人，及斗殴金刃杀人者，拟斩立决；谋杀人伤而不死，及斗殴手足、他物杀人者，拟绞立决；金刃伤人者，发伊犁给驻防官兵为奴；金刃自伤，及手足、他物伤人者，杖一百、流三千里。若在紫禁城午门以外、大清门以内，暨圆明园大宫门、大东、大西、大北等门以外、鹿角木以内，谋、故杀人，及斗殴金刃杀人者，拟斩立决；谋杀人伤而不死，及斗殴手足、他物杀人者，拟绞监候，入于情实；金刃伤人者，杖一百、流三千里；金刃自伤，及手足、他物伤人者，杖一百、徒三年。以上除死罪外，犯该遣罪以下者，俱枷号三个月，再行发配。其东安、西安、地安等门以内，及圆明园鹿角木并各内围墙以外，谋、故、斗殴杀伤人及自伤者，均照常律办理，不得滥引此例。

【1847】6.20.304.（3）（略）

皇家袒免以上亲被殴/宗室觉罗以上亲被殴

律　文

【1646】6.20.328　皇家袒免以上亲被殴袒免，系五服外无服之亲者，凡天潢皆是。

凡皇家袒免亲而殴之者，虽无伤，杖六十、徒一年；伤者，杖八十、徒二年；折伤以上，本罪有重于杖八十、徒二年者，加凡斗二等。止杖一百、徒三年。缌麻以上，兼殴、伤言。各递加一等。止杖一百、流三千里，不得加入于死。笃疾者，绞；监候。死者，斩。监候。

【1670】6.20.327　皇家袒免以上亲被殴袒免，系五服外无服之亲者，凡天潢皆是。（略）

【1725】○修改

【1725】6.20.315　皇家袒免以上亲被殴袒免，系五服外无服之亲者，凡天潢皆是。

律文（略）

注：此重天潢而特严擅殴之罪也。凡皇家袒免亲，皆系宗室。有殴之者，即无伤，亦杖六十、徒一年。成伤者，并杖八十、徒二年。折伤以上，本罪重者，各加凡斗二等。至缌麻以上亲，又从殴袒免亲加罪之上，按服制等第，各递加一等，并罪止满流。殴至笃疾者，绞；死者，斩，俱监候。再缌麻以上亲，若有爵位者，另当比拟具奏，不在此限。

臣等谨按：此重天潢而特严擅殴之罪也。凡皇家五世以外袒免之亲，虽属疏远，皆系宗室，不应妄加殴辱。有殴之者，各按无伤、有伤及折伤以上，俱从重科断。至于缌麻以上，则在五服之内，尤非袒免可比。有殴之者，又从殴袒免亲加罪之上，按服制等第，各递加一等。至笃疾、至死，并承袒免、缌麻二项言。再缌麻以上亲，是指闲散宗室。若有爵位者，则另当比拟具奏，不在此限。

【1740】6.20.305　皇家袒免以上亲被殴袒免，系五服外无服之亲者，凡天潢皆是。（略）

【1767】○修改

臣等谨按：此条律及律目文“皇家袒免亲”五字，臣部于乾隆二十九年（1764）七月内，奏准改为“宗室、觉罗”。今值纂修全部律例之时，拟合遵照改正，以便颁行。

【1768】6.20.305　宗室觉罗以上亲被殴

凡宗室、觉罗而殴之者，虽无伤，杖六十、徒一年；伤者，杖八十、徒二年；折伤以上，本罪有重于杖八十、徒二年者，加凡斗二等。止杖一百、徒三年。缌麻以上，兼殴、伤言。各递加一等。止杖一百、流三千里，不得加入于死。笃疾者，绞；监候。死者，斩。监候。

附律条例

【1778】○续纂

一、凡宗室、觉罗在家安分，或有不法之徒借端寻衅者，仍照律治罪外，若甘自菲薄，在街市与人争殴，如宗室、觉罗罪止折罚钱粮，其相殴者亦系现食钱粮之人，一体折罚定拟，毋庸加等。若无钱粮可罚，即照凡斗办理。

臣等谨按：此条系乾隆四十二年（1777）五月内，臣部审拟“护军蓝翎长博尔洪阿与闲散觉罗德丰互相斗殴”一案，将博尔洪阿、德丰均照不应重律，杖八十。博尔洪阿革退蓝翎长，鞭责发落。德丰系闲散觉罗，照例折罚钱粮八个月等因具奏。钦奉谕旨：“此案博尔洪阿毋庸革退鞭责，亦照德丰之例折罚钱粮八个月。嗣后此等案件均照此办理。著为令。钦此。”应恭纂为例。再查现食钱粮，既与宗室、觉罗一体折罚办理，如并无钱粮之人，自应仍照凡斗拟罪，亦毋庸加等，是以添入“若无钱粮可罚，即照凡斗办理”之语，以便援引。

【1790】6.20.305.（1）（略）

【1782】○续纂

一、凡宗室、觉罗与人争殴之案，除审明宗室、觉罗并未与人争较，而常人寻衅擅殴者，仍照例治罪外，如轻入茶坊酒肆，滋事召侮，或与人斗殴，先行动手殴人者，不论曾否腰系黄、红带子，其相殴之人，即照寻常斗殴一体定拟。其宗室、觉罗应得罪名，刑部按例定拟。犯该军、流、徒罪者，照例锁禁拘禁；犯该笞、杖，应否折罚钱粮之处，交宗人府酌量犯案情节，如情罪可恶者，在宗人府实行责打，不准折罚。

臣等谨按：此条系乾隆四十三年（1778）六月内，臣部会同宗人府审奏宝通、高二与觉罗赫兰泰、宝兴在茶馆斗殴，将宝通、高二依殴伤觉罗律拟以杖、徒，觉罗赫兰泰、宝兴照不应重律拟杖折罚一案，恭奉上谕："宗室、觉罗并不与人争较，而常人辄敢殴及，自当照律科罪。若宗室、觉罗先已寻衅殴人，其人因而还手，则是宗室、觉罗不知爱惜，自取其辱，即当以凡斗论，彼此同科。交刑部会同宗人府另行妥议条例具奏。钦此。"当经臣部会同宗人府酌议，请嗣后凡宗室、觉罗与人争殴之案，除审明宗室、觉罗并未与人争殴，而常人寻衅擅殴者，照例治罪外，如宗室、觉罗轻入茶坊、酒肆，滋事召侮，或与人斗殴先行动手殴人者，不论曾否腰系黄、红带子，其相殴之人即照寻常斗殴一体定拟。其宗室、觉罗应得罪名，臣部按例定拟。犯军、流、徒罪者，照例锁禁、拘禁外，其犯笞、杖，应否折罚钱粮之处，交宗人府酌量犯案情节。其情罪可恶者，在宗人府实行责打，不准折罚等因。奉旨："依议。"钦遵在案。应纂辑以便遵行。

【1790】6.20.305.（2）（略）

殴制使及本管长官

律　文

【1646】6.20.329

凡（朝臣）奉制命出使，而（所在）官吏殴之，及部民殴本属知府、知州、知县，军士殴本管指挥、千百户，若吏卒殴本部五品以上长官，杖一百、徒三年；伤者，杖一百、流二千里；折伤者，绞。（监候。不言笃疾者，亦止于绞。）若（吏卒）殴六品以下长官，各（兼殴与伤及折伤而言。）减（五品以上罪）三等；（军、民、吏卒）殴佐贰官、首领官，又各递减一等。（佐贰官减长官一等，首领减佐贰一等，如军、民、吏卒减三等。各罪轻于凡斗，及与凡斗相等，皆谓之）减罪轻者，加凡斗（兼殴与伤及折伤。）一等。笃疾者，绞；（监候。）死者，（不问制使、长官、佐贰、首领，并）斩。（监候。）若流外（未入品杂职）官，及军、民、吏卒，殴非本管三品以上官者，杖八十、徒二年；伤者，杖一百、徒三年；折伤者，杖一百、流二千里。殴伤（非本管）五品以上官者，减（三品上罪）二等。若减罪轻（于凡斗伤）及殴伤九品以上（至六品）官者，各加凡斗伤二等。（不言折伤、笃疾、至死者，皆以凡斗论。）○其公使人在外（如在京办事官、历事、监生之类。）殴打（所在）有司官者，罪亦如之，（亦照殴非本管官之品级科罪。）从（被殴）所属上司拘问。（如统属州县官殴知府，固依殴长官本条，减吏卒二等。若上司官小，则依下条上司官与统属官相殴科之。首领殴衙门长官，固依殴长官本条减吏卒二等。若殴本衙门佐贰官，两人品级与下条九品以上官同，则依下条科之；若品级不与下条同，则止依凡斗。如佐贰、首领自相殴，亦同凡斗论罪。）

【1670】6.20.328（略）

【1725】○修改

原拟:今无指挥、千百户等官,应删去“指挥、千百户”字,改为“本管官”。又公使人不止一项,亦无差历事、监生之事,应删去小注。

臣等谨按:此惩犯上之罪,以明国体也。首节分二段。前言官吏殴制使,部民、军士殴本管官,及吏卒殴本部五品以上、六品以下长官,并军、民、吏卒殴佐贰、首领等官之罪。后言流外杂职官及军、民、吏卒殴非本管三品以上、五品以上并九品以上至六品官之罪。末节言公使人殴所在有司官,亦如流外官殴非本管官之律,照品级科断之罪。律内减罪轻者,如凡人殴致折跌肢体,该杖一百、徒三年,吏卒殴六品以下长官折伤,减五品以上长官罪三等,止该杖九十、徒二年半,是减罪反轻于凡斗矣,则于凡斗律上加一等,杖一百、流二千里。余可类推。

【1725】6.20.316

凡朝臣奉制命出使,而所在官吏殴之,及部民殴本属知府、知州、知县,军士殴本管官,若吏卒殴本部五品以上长官,杖一百、徒三年;伤者,杖一百、流二千里;折伤者,绞。监候。不言笃疾者,亦止于绞。若吏卒殴六品以下长官,各兼殴与伤及折伤而言。减五品以上罪三等;军、民、吏卒殴佐贰官、首领官,又各递减一等。佐贰官减长官一等,首领减佐贰一等,如军、民、吏卒减三等。各罪轻于凡斗,及与凡斗相等,皆谓之减罪轻者,加凡斗兼殴与伤及折伤。一等。笃疾者,绞;监候。死者,不问制使、长官、佐贰、首领,并斩。监候。若流外杂职官,及军、民、吏卒,殴非本管三品以上官者,杖八十、徒二年;伤者,杖一百、徒三年;折伤者,杖一百、流二千里。殴伤非本管五品以上官者,减三品以上罪二等。若减罪轻于凡斗伤及殴伤九品以上至六品官者,各加凡斗伤二等。不言折伤、笃疾、至死者,皆以凡斗论。○其公使人在外殴打所在有司官者,罪亦如之,亦照殴非本管官之品级科罪。从被殴所属上司拘问。如统属州县官殴知府,固依殴长官本条,减吏卒二等。若上司官小,则依下条上司官与统属官相殴科之。首领殴衙门长官,固依殴长官本条减吏卒二等。若殴本衙门佐贰官,两人品级与下条九品以上官同,则依下条科之;若品级不与下条同,则止依凡斗。如佐贰、首领自相殴,亦同凡斗论罪。

注:此惩犯上之罪,以彰名分也。凡官吏殴使臣,及部民殴府州县印官,军士殴本管官,吏卒殴五品以上长官,皆以下犯上,不义之甚者。故但殴,即坐满徒;伤者,杖流;折伤者,绞候。若吏卒殴六品以下长官,各减五品以上罪三等。其部民、军士、吏卒殴本属、本管、本部佐贰官,减各衙门长官罪一等;殴首领官,又减佐贰官罪一等。故曰“又各递减一等”。递减之罪,或轻于凡斗,或与凡斗相等,皆谓之减罪。轻则于凡斗罪上加一等科之。如凡人殴至折跌肢体该满徒,吏卒殴六品以下长官折伤,减五品以上长官罪三等,止该杖九十、徒二年半,是减罪轻于凡斗矣,则于满徒上加一等,坐杖流。殴至笃疾者,绞候。至死者,不问使臣、长官、佐贰、首领,俱斩候。若未入流品官,及军民吏卒殴非本管不相统属三品以上官者,杖八十、徒二年;伤者,满徒;折伤者,杖流。殴伤非本管五品以上官者,减三品以上罪二等。若减罪轻于凡斗,及殴非本管九品以上至六品官者,各加凡斗伤罪二等。其公使人殴打所在有司官者,亦如未入流官殴非本管官之律科罪,从被殴所属上司拘问。

【1740】6.20.306（略）

附律条例

【1646】6.20.329.（1）

一、凡因事聚众，将本管官，及公差勘事、催收钱粮等项一应监临官，殴打绑缚者，俱问罪，不分首从，属军卫者，发极边卫分充军；属有司者，发边外为民。若止是殴打，为首者，俱照前充军，为民问发。若是为从与毁骂者，武职并总、小旗，俱改调卫所；文职并监生、生员、冠带官、吏典、承差、知印，革去职役为民；军、民、舍余人等，各枷号一个月发落。其本管并监临官，与军民人等饮酒、赌博、宿娼，自取凌辱者，不在此例。

【1670】6.20.328.（1）（略）

【1725】○修改

原拟：今无总、小旗，舍余名色，应将"总、小旗"改为"总队"，删去"俱改调卫所"句并"舍余"字。

一、因事聚众，将本管官，及公差勘事、催收钱粮等项一应监临官，殴打绑缚者，不分首从，属军卫者，发极边充军；属有司者，发边外为民。若止是殴打，为首者照前问发。为从与毁骂者，武职并总队，文职并监生、生员、冠带官、吏典、承差、知印，俱革去职役为民；军、民人等，各枷号一个月发落。其本管并监临官，与军民人等饮酒、赌博、宿娼，自取凌辱者，不在此例。

【1725】6.20.316.（1）【原例】（略）

【1740】○修改

臣等谨按：辑注云此例重在聚众绑缚，故不分首、从。若止殴打，仍分首、从。其有折伤本律之罪重于例者，仍依律论。所云"枷号一个月发落"者，谓照律拟断，但先枷号一个月耳。语甚明晰，应增。再此系前明旧例，今无"知印"名色，应删。谨将删改例文，开列于后。

一、因事聚众，将本管官，及公差勘事、催收钱粮等项一应监临官，殴打绑缚者，不分首从，属军卫者，发极边充军；属有司者，发边外为民。若止是殴打，为首者照前问发，为从与毁骂者，武职并总队，文职并监生、生员、冠带官、吏典、承差，俱革去职役，依律问拟为民；军、民人等，各枷号一个月，仍照律拟断发落。其本管并监临官，与军民人等饮酒、赌博、宿娼，自取凌辱者，不在此例。

【1740】6.20.306.（1）（略）

【1772】○删除

臣等谨按：乾隆三十六年（1771）六月内，臣部奏明，此条所开情罪，与现行例内刁民因事哄堂塞署、聚众逞凶杀官，照光棍例分别治罪各条相同。原例仅发充军，与现行之例不符。至本管并监临官与军民饮酒、赌博、宿娼，另有治罪专条。此条旧例，应请删除。

【1725】○增入

臣等谨按：康熙五十二年（1713）九月内，刑部会复军民殴死见任官员，事理类于此律，谨拟节录于后。

【续增现行例】一、凡军民人等，殴死在京现任官员，照殴死本管官律拟斩监候。若谋死者，拟斩立决。

【1725】6.20.316.（2）【增例】（略）

【1740】6.20.306.（2）（略）

【1790】6.20.306.（1）（略）

【1725】6.20.316.（3）

【钦定例】一、八旗兵丁，并无私仇别故，因管教将本管官戳死者，本犯即行正法，妻、子发遣黑龙江，领催、族长各鞭一百。若闲散及护军、披甲人记仇，将该管官动兵刃致伤者，本犯即行正法，妻、子免发遣，领催、族长各鞭五十。若杀死者，领催、族长各鞭八十，系官交部议处。其平日不能管教之该管各官，交部分别议处。

【1740】6.20.306.（3）（略）

【1790】6.20.306.（2）（略）

【1761】○续纂

一、部民、军士、吏卒犯罪在官，如有不服拘拿，不遵审断，或怀挟私仇，及假地方公事，挺身闹堂逞凶，杀害本官者，拿获之日，无论本官品级及有无谋故，已杀者，不分首从，皆斩立决；已伤者，为首照光棍例斩决，为从下手者绞候。其聚众四五十人者，仍照定例科罪。其于非本属、本管、本部各官有犯，或该管官任意凌虐，及不守官箴自取侮辱者，各按其情罪轻重，临时酌量，比引办理。

臣等谨按：此条系乾隆二十三年（1758）十月内，臣部议复调任署理湖北巡抚庄有恭条奏定例，应纂辑以便遵行。

【1768】6.20.306.（4）（略）

【1790】6.20.306.（3）（略）

【1767】○续纂

一、军民人等殴伤本管官及非本管官，如系邂逅干犯，或与军民人等饮酒、赌博、宿娼，自取凌辱者，俱照律例定拟外，其有衅起索欠等事，本非理曲，因而有犯者，各照殴伤应得流、徒原律，酌减二等问罪。其自行取辱之职官，交部议处。

臣等谨按：此条系乾隆二十八年（1763）二月内，臣部审题“谢保儿向骑都尉哈福索欠殴伤”一案，钦奉上谕议准定例，应纂辑遵行。

【1768】6.20.306.（5）（略）

【1790】6.20.306.(4)(略)

【1801】○修改

臣等谨按:此条系乾隆二十八年(1763)定例。查军民人等殴伤本管官及非本管官,如系邂逅干犯,自应照律验明是否成伤,分别问拟徒、流。若官员与军民人等饮酒、赌博、宿娼,自取凌辱者,臣部向来办理此等案件,俱以凡斗问拟。例内"俱照律例定拟"句,语意含混,应增纂明晰,以便引用。谨将修改例文,开列于后。

一、军民人等殴伤本管官及非本管官,如系邂逅干犯,照律问拟流、徒。或本管官与军民人等饮酒、赌博、宿娼,自取凌辱者,俱照凡斗定拟。其有衅起索欠等事,本非理曲,因而有犯者,各照殴伤应得流、徒原律,酌减二等问罪。其自行取辱及负欠之职官,交部议处。

【1802】6.20.306.(4)(略)

【1814】○续纂

一、凡兵丁谋、故杀本管官之案,若兵丁系犯罪之人,而本管官亦系同犯罪者,将该兵丁照例拟斩监候,请旨即行正法;斗殴杀者,仍拟绞监候。如本管官与兵丁一同犯罪,致将兵丁杀死者,仍按凡人谋、故、斗杀各本律科断。

臣等谨按:嘉庆十六年(1811)七月内,据护理贵州巡抚印务前任布政使齐布森题"兵丁杨帼俊妒奸故杀本管把总李定祥身死"一案,奉旨:"此案兵丁杨帼俊因妒奸故杀本管把总李定祥身死,刑部以李定祥自取凌辱,应同凡论,将杨帼俊问拟斩候具题。朕详核案情,杨帼俊、李定祥先后与杨吴氏奸好,是晚杨帼俊正在杨吴氏家奸宿,适李定祥潜往叫门,杨帼俊即以汛官不应与民妇通奸,向其挟制,致彼此争骂揪殴。杨帼俊先将李定祥戳伤,自知难免问罪,复恨其夺奸,随起意戳伤李定祥心坎殒命。李定祥系杨帼俊本管营官,如因奸宿民妇,概将所管兵丁凌辱,以致兵丁气忿,争殴毙命,则是死者有罪,逞凶者本系无罪之人,应以凡论,但科其故杀之罪。今李定祥、杨帼俊同与杨吴氏通奸,均系有罪之人,杨帼俊因妒奸逞忿,刃毙本官,干名犯义,目无法纪,若竟以凡论,殊觉无所区别。杨帼俊一犯问拟斩候,秋审情实,亦必予勾,着即行正法。嗣后遇有兵丁故杀本官之案,若兵丁亦系犯罪之人,与本官犯罪同者,着照例问拟斩候,仍请旨即行正法。钦此。"钦遵在案。应恭纂为例,以便遵行。再查兵丁故杀犯罪之本管官,既请旨即行正法,则谋杀同犯罪之本管官,亦应一体请旨正法,以归画一。如系斗殴杀者,自当仍拟绞候。至本管官与兵丁一同犯罪,将兵丁杀死,究与兵丁杀死本管官者有间,应仍按凡人谋、故、斗杀,各按本律科断,以示区别。请于例内添纂明晰,以昭赅备。合并声明。

【1825】6.20.306.(5)(略)

佐职统属殴长官

律　文

【1646】6.20.330

凡本衙门首领官及所统属官，殴伤长官者，各减吏卒殴伤长官二等；不言折伤者，若折伤不至笃疾，止以伤论。佐贰官殴长官者，不言伤者，即伤而不至笃疾，止以殴论。又各减首领官之罪二等。若减二等之罪，有轻于凡斗，或与凡斗相等，而减罪轻者，加凡斗一等。谓其有统属相临之义。笃疾者，绞；监候。死者，斩。监候。

【1670】6.20.329（略）

【1725】6.20.317

律文（略）

注：此惩以卑凌尊之罪也。凡本衙门首领官及所统属官，殴本管长官，依吏卒殴伤本部长官律减二等。佐贰官殴长官，又各减首领官二等。首领不言折伤，若折伤不至笃疾，止以伤论。佐贰不言伤，若伤而不至笃疾，亦止以殴论。若殴至笃疾者，俱绞候；死者，俱斩候。

臣等谨按：此惩以卑凌尊之罪也。"本衙门"字直贯全节。首言首领官及所统属官殴本管长官之罪，依吏卒殴伤本部长官律减二等。后言佐贰官殴长官之罪，又各减首领官二等。律于首领不言折伤，若折伤不至笃疾，止以伤论。佐贰不言伤，若伤而不至笃疾，亦止以殴论。"减罪轻者"以下，是总承上文首领、佐贰而结言之。殴至笃疾者，绞；死者，斩，俱监候。若佐贰、首领有自相殴者，以凡斗论。

【1740】6.20.307（略）

上司官与统属官相殴

律　文

【1646】6.20.331

凡监临上司之佐贰、首领官，与所统属之下司官品级高者，及与部民有高官，而相殴者，并同凡斗论。一以监临之重，一以品级之崇，则不得以部民拘之。若非相统属，官品级同，自相殴者，亦同凡斗论。

【1670】6.20.330（略）

【1725】6.20.318

凡监临上司之佐贰、首领官，与所统属之下司官品级高者，及与部民有高官，而相殴者，并同凡斗论。一以监临之重，一以品级之崇，则不得以下司、部民拘之。若非相统属，官品级同，自相殴者，亦同凡斗论。

注：此因权位相等，而衡其平也。同凡斗论，悉依斗殴首条，各按所殴轻重，分别科罪。

臣等谨按（按语与律后总注同，略）

【1740】6.20.308(略)

九品以上官殴长官

律　文

【1646】6.20.332

凡流内九品以上官,殴非本管三品以上之尊官者,不问长官、佐贰,杖六十、徒一年;但殴即坐,虽成伤至内损吐血亦同。折伤以上,及殴伤非本管五品以上,若五品以上殴伤非本管三品以上官者,各加凡斗伤二等。不得加至于死。〇盖官品相悬,则其罪重,名位相次,则其罪轻,所以辨贵贱也。

【1670】6.20.331(略)

【1725】6.20.319

凡流内九品以上官,殴非本管三品以上之尊官者,不问长官、佐贰,杖六十、徒一年;但殴即坐,虽成伤至内损吐血亦同。折伤以上,及殴伤非本管五品以上,若五品以上殴伤非本管三品以上官者,各加凡斗伤二等。不得加至于死。〇盖官品相悬,则其罪重,名位相次,则其罪轻,所以辨贵贱也。

注:此言非统摄,亦不得凌上也。凡九品以上官,殴非本管三品以上官者,并杖徒。折伤以上,及殴伤五品以上,若五品以上殴伤三品以上官者,各加凡殴二等。惟笃疾、至死,同凡论。

臣等谨按:此是不问统摄而专言以卑凌尊之罪也。俱罪至杖一百、流三千里。虽笃疾,不加至于死。殴至死者,依常律。

【1740】6.20.309

凡流内九品以上官,殴非本管三品以上之尊官者,不问长官、佐贰,杖六十、徒一年;但殴即坐,虽成伤至内损吐血亦同。折伤以上,及殴伤非本管五品以上,若五品以上殴伤非本管三品以上官者,各加凡斗伤二等。不得加至于死。盖官品相悬,则其罪重,名位相次,则其罪轻,所以辨贵贱也。

拒殴追摄人

律　文

【1646】6.20.333

凡官司差人下所属追征钱粮、勾摄公事,而纳户及应办公事人抗拒不服,及殴所差人者,杖八十;若伤重至内损吐血以上,及所殴差人,或系职官,或系亲属尊长。本犯殴罪重凡人斗殴者,各于本犯应得重罪上,仍加二等,罪止杖一百、流三千里。至笃疾者,监候绞;死者,监候斩。此为纳户及应办公事之人本非有罪,而恃强违命者而言。若税粮违限、公事违错,则系有罪之人,自有罪人拒捕条。

【1670】6.20.332

凡官司差人下所属追征钱粮、勾摄公事，而纳户及应办公事人抗拒不服，及殴所差人者，杖八十；若伤重至内损吐血以上，及所殴差人，或系职官，或系亲属尊长。本犯殴罪重凡人斗殴者，各于本犯应得重罪上，仍加二等，罪止杖一百、流三千里。至笃疾者，绞；监候。死者，斩。监候。此为纳户及应办公事之人本非有罪，而恃强违命者而言。若税粮违限、公事违错，则系有罪之人，自有罪人拒捕条。

【1725】6.20.320

凡官司差人下所属追征钱粮、勾摄公事，而纳户及应办公事人抗拒不服，及殴所差人者，杖八十；若伤重至内损吐血以上，及所殴差人，或系职官，或系亲属尊长。本犯殴罪重于凡人斗殴者，各于本犯应得重罪上，仍加二等，罪止杖一百、流三千里。至笃疾者，绞；监候。死者，斩。监候。此为纳户及应办公事之人本非有罪，而恃强违命者而言。若税粮违限、公事违错，则系有罪之人，自有罪人拒捕条。

注：此惩抗拒殴差之罪也。抗差而不随其出官，拒差而不容其到家，及殴打差人者，杖八十。若殴至内损吐血以上，加凡斗罪二等。所殴差人，或系职官，或系大功以下尊长，本犯殴罪重于凡斗者，则于应得重罪上加二等，各罪止满流。惟至笃疾者绞，死者斩，俱监候。

臣等谨按：此惩抗官殴差之罪也。加罪重者，止杖一百、流三千里。惟至笃疾则绞，死者斩，俱监候。

【1740】6.20.310（略）

殴受业师

律　文

【1646】6.20.334

凡殴受业师者，加凡人二等；死者，斩。凡者，非徒指儒言，百工技艺亦在内。儒师终身如一。其余学未成或易别业，则不坐；如学业已成，罪亦与儒并科。道士、女冠、僧、尼于其受业师，与伯叔父母同，有犯不用此律。

【1670】6.20.333（略）

【1725】○修改

原拟：现行例僧、尼谋杀受业，已经遵旨改照谋杀大功尊长律拟斩立决，纂作条例，开载于后。应将此律末小注内"道士、女冠、僧、尼于其受业师，与伯叔父母同，有犯不用此律"等句拟删。

臣等谨按：此明师、弟之分谊也。凡士、农、工、商，皆有受业之师。若习业已成，则终身受其教益，恩义至重。故凡殴受业师者，殴与伤及折伤以上，俱从所伤轻重，各加凡人二等。至笃疾者，满杖，流三千里；至死者，斩决。盖不义之人，不得同凡殴也。

【1725】6.20.321

凡殴受业师者，加凡人二等；死者，斩。凡者，非徒指儒言，百工技艺亦在内。儒师终身如一。其余学未成或易别业，则不坐；如学业已成，罪亦与儒并科。

注：此明师、弟之分谊也。凡士、农、工、商，皆有受业师。若习业已成，则终身受其教益，恩义至重。故殴与伤及折伤以上，俱加凡人二等科罪。至笃疾者满流，至死者，斩决，惩不义也。

【1740】6.20.311（略）

附律条例

【1725】○增入

原拟：现行例内一条，类于此律，应增入。

【现行例】一、僧人化乘杀伊师父傅知一案，刑部议：查律内"凡僧尼，若于其受业师，与叔伯同"等语。据此，化乘合依凡谋杀期亲尊长已杀者皆凌迟处死律，应即凌迟处死具题。奉旨："化乘着改为即处斩。永著为例。钦此。"

原拟："名例"内僧尼于其受业师，与伯叔父母同。查谋杀伯叔父母，律内已行者，不问已伤、未伤，皆斩立决；已杀者，凌迟处死；故杀者，亦凌迟处死。今僧尼谋杀受业师，已杀者，已遵旨定为斩决，永著为例，则谋杀已行而未伤，及伤而不死并故杀、殴死者，亦应分别改定。查律内"谋杀大功尊长，已杀者，斩立决；已伤者，绞立决；已行未伤者，杖一百、流二千里。故杀、殴杀大功尊长者，斩立决"等语，此条应照大功尊长律改定。谨拟删改，开载于后。

【原改现行例】一、凡僧尼谋杀受业师者，照谋杀大功尊长律，已杀者，斩；已伤者，绞，俱立决。已行而未伤者，杖一百，流二千里。殴杀、故杀者，亦照殴杀、故杀大功尊长律，斩立决。

【1725】6.20.321.（1）

【增例】一、僧尼谋杀受业师者，照谋杀大功尊长，已杀者斩决，已伤者绞决，已行未伤者流二千里；殴、故杀者，亦照殴故杀大功尊长律斩决。

【1740】6.20.311.（1）（略）

【1801】○修并

【原例】【1740】6.20.311.（1）（略）、【1768】6.20.311.（2）（略）

臣等谨按：前条系康熙年间定例，后条系乾隆十三年（1748）定例。查"名例"内载僧尼于其受业师，与期亲伯叔父母同。嗣于康熙年间，钦奉谕旨，将谋杀、殴故杀改为照大功尊长律定拟。乾隆十三年（1748），又将僧尼道士殴杀弟子，照殴杀大功堂侄律拟流，并分别因奸盗别情及挟嫌逞凶者，以凡人论。定例已极平允，但系专指僧尼道士而言。其儒师有犯，例内并无明文。各省遇有儒师殴、故杀弟子，及弟子干犯儒师，俱比照僧尼定例问拟。查儒师终身如一，较之僧尼道士，名义尤重。若因课责弟子，依法决罚，偶致毙命，或弟子挟管教之嫌，干犯师长，若僧尼道士例，依大功律科断，未免无所区别。应请嗣后儒师因课责弟子，依法决罚，偶致毙命者，应照"名例"依期亲尊长定拟。弟子干犯师长，亦与期亲卑幼同罪。若儒师因奸盗别情谋杀弟子，或挟嫌逞凶故杀弟子，及殴杀情节残忍者，一则得罪名教，一则恩义已绝，悉同凡论。如此分别办理，庶足以昭平允而便引用。应增纂入例,并将原例二条修并一条。又期亲、大功服属尊长卑幼互相杀伤,律内各有治罪明文,自可查照办理。此处应毋庸详叙,合并声明。谨将修并例文,开列于后。

一、凡谋故杀、殴杀及殴伤受业师者,业儒弟子,照谋、故、殴杀及殴伤期亲尊长律;僧、尼、道士、喇嘛、女冠及匠艺人等,照谋、故、殴杀及殴伤大功尊长律,分别治罪。如因弟子违犯教令,以理殴责,致有杀伤者,儒师照尊长杀伤期亲卑幼律,僧、尼、道士等照尊长杀伤大功卑幼律问拟。若因奸盗别情谋杀弟子者,无论已伤未伤、已杀未杀,悉照凡人分别定拟。其有挟嫌逞凶故杀弟子,及殴杀内执持金刃凶器,非理扎殴致死者,亦同凡论。

【1802】6.20.311.(1)(略)

【1810】○修改

臣等谨按:此条例内儒师杀伤弟子,照尊长杀伤期亲卑幼律,僧尼道士等杀伤弟子,照尊长杀伤大功卑幼律问拟,其应拟罪名,并未分晰指明。嘉庆十三年(1795)七月内,江苏抚臣汪日章咨"僧定悟殴死伊徒慧峰"一案,将定悟照殴杀堂侄例拟流。又奉天府尹臣继善咨"刘玉殴死学习说书之幼徒崔马儿"一案,将刘玉依殴杀同堂大功弟妹律拟流。臣部以殴死期亲卑幼律应拟徒,殴死大功卑幼律应拟绞。各省凡遇儒师殴死弟子,俱照律拟徒,僧尼道士等殴死弟子,俱照律拟绞。而该二者系僧人、杂艺殴死学徒之案,将各犯问拟流罪。推原其故,律内殴大功卑幼至死,拟绞;殴杀同堂大功弟妹,又有拟流之文。例内仅称照大功卑幼律问拟,未将"拟绞"字样注明,以致歧误。当经奏明请旨,将例内"儒师致死弟子,照致死期亲卑幼律",添叙"杖一百、徒三年";"僧尼、道士、喇嘛、女冠及匠艺人等殴死弟子,照殴死大功卑幼律",添叙"拟绞监候"字样等因,奏准在案。应于例内添叙明晰,以便遵办。再查殴伤弟子,亦应按殴伤期亲大功各卑幼本律问拟,应一并添叙。谨将修改例文,开列于后。

一、凡谋、故、殴杀及殴伤受业师者,业儒弟子,照谋、故、殴杀及殴伤期亲尊长律;僧、尼、道士、喇嘛、女冠及匠艺人等,照谋、故、殴杀及殴伤大功尊长律,分别治罪。如因弟子违犯教令,以理殴责致死者,儒师照殴死期亲卑幼律,杖一百、徒三年;僧、尼、道士、喇嘛、女冠及匠艺人等照尊长殴死大功卑幼律,拟绞监候。如殴伤弟子,各按殴伤期亲卑幼、大功卑幼本律问拟。若因奸盗别情谋杀弟子者,无论已伤未伤、已杀未杀,悉照凡人分别定拟。其有挟嫌逞凶故杀弟子,及殴杀内执持金刃凶器,非理扎殴致死者,亦同凡论。

【1825】6.20.311.(1)(略)

【1756】○续纂

一、凡僧尼道士,如因弟子违犯教令,以理殴责者,照尊长殴卑幼律,非折伤勿论,折伤以上减凡人三等,至死者照殴杀堂侄律杖一百、流三千里。僧尼殴受业师,亦照卑幼殴大功尊长律问拟。若僧尼道士,因奸盗别情谋杀弟子者,无论已伤未伤、已杀未杀,悉照凡人分别定拟。其有挟嫌逞凶故杀弟子,及殴杀内执持金刃凶器,非理扎殴致死者,亦同凡论。匠艺人等致死弟子者,亦如之。

臣等谨按:此条系乾隆十九年(1754)五月内,大学士、忠勇公傅恒条奏定例。

【1768】6.20.311.(2)(略)

【1801】○修并

修并按语并修并后例文,见【1740】6.20.311.(1)条【1801】修并项下。

【1751】○续纂

一、凡僧尼故杀弟子者,照故杀大功卑幼律拟绞监候。谋杀已行未伤者,依故杀罪减二等;伤而不死者,减一等;已杀者,依故杀律拟绞监候。若止殴伤,亦照殴卑幼非折伤勿论律勿论;折伤以上,减凡人三等;殴死者,照殴杀堂侄律杖一百、流三千里。若僧尼殴受业师至笃疾者,亦照殴大功尊长至笃疾律拟绞监候;伤者,照殴大功尊长律杖八十、徒二年;折伤以上者,加凡斗伤一等定拟。

臣等谨按:此条系乾隆十三年(1748)闰七月内,臣部议复升任湖北巡抚彭树葵"题结道人高付祥等捆烧伊徒曾本立"一案,附请定例,应纂辑以便遵行。

【1756】○删除

臣等谨按:乾隆十九年(1754)五月内,大学士、忠勇公傅恒条奏定例,今将新旧所定例合为一条,以便遵行。旧例应请删除。

威力制缚人

律 文

【1646】6.20.335

凡(两相)争论事理,(其曲直)听经官陈告。(裁决。)若(豪强之人)以威力(挟)制(捆)缚人,及于私家拷打、监禁者,(不问有伤、无伤,)并杖八十;伤重至内损吐血以上,各(验其伤,)加凡斗伤二等;因而致死者,绞。(监候。)若以威力主使(他)人殴打,而致死伤者,并以主使之人为首,下手之人为从论,减(主使)一等。

【1670】6.20.334(略)

【1725】6.20.322

律文(略)

注:此重惩豪强及主使殴人之罪也。凡以威力制缚人,私拷、监禁,杖八十。伤重至内损吐血以上,加凡斗伤二等。因而致死者,绞候。若威力主使他人,殴打致死及伤者,以主使人为首,下手人为从,减主使罪一等。如主使两人殴一人,数人殴一人,致死者,以下手伤重之人为从,其余皆为余人。若其人自尽,则不得以殴伤致死论,应依威逼律内自尽例充军。

臣等谨按：此重惩豪强并及主使殴人之罪也。前言威力制缚人，私拷、监禁，及拷打伤重至内损吐血以上，与因而致死者之罪。后言以威力主使他人殴打致死及伤者，以主使人为首，下手人为从，减主使罪一等。设使其人自尽，则不得以殴伤致死之罪坐之，应以威逼律内自尽例充军。

【1740】6.20.312（略）

附律条例

【1646】6.20.335.（1）

一、在京在外无藉之徒，投托势要，作为心腹，诱引生事，绑缚平民，在于私家拷打，胁骗财物者，枷号一个月，发烟瘴地面充军，势要知情并坐。

【1670】6.20.334.（1）（略）

【1725】6.20.322.（1）【原例】（略）

【1740】○修改

臣等谨按：《笺释》注有“诱引，依教诱；绑缚拷打，威力；胁骗财物，依恐吓。从重科罪，须四事俱全，方引此例”等语，甚属妥协，应增入小注。谨将增注例文，开列于后。

一、在京在外无藉之徒，投托势要，作为心腹，诱引生事，绑缚平民，在于私家拷打，胁骗财物者，枷号一个月，发烟瘴地面充军，势要知情并坐。诱引依教诱，绑缚拷打依威力，胁骗财物依恐吓，从重科罪。须四事俱全，方引此例。

【1740】6.20.312.（1）（略）

【1725】○增入

原拟：现行例内一条，类于此律，应增入。

【现行例】一、凡旗下家人、庄头等，在外倚势害民，霸占人子女，将良民无故拿到家去捆缚打死，把持衙门，此等事发者，若系内包衣人，将该管官降一级留任。若系王、贝勒、贝子、公家人，将该管理家务官亦降一级留任。若系民公、侯、伯、大臣、官员家人，将各主降一级留任。若系平民，鞭一百。

原拟：此条内“官员降级”之处，俱应改为“交该部议处”。其“把持衙门”句，移于“倚势害民”句下。谨拟删改，开载于后。

【原改现行例】一、旗下家人、庄头等，有在外倚势害民，把持衙门，霸占子女，将良民无故拿至私家捆缚拷打致死者，除本犯照律例从重治罪外，若系内府之人，并将该管官交部议处；系王、贝勒、贝子、公家人，将管理家务官亦交该部议处；系民公、侯、伯、大臣、官员家人，将各主交该部议处；系平人，鞭一百。

【1725】6.20.322.（2）【增例】（略）

【1740】6.20.312.（2）（略）

【1725】6.20.322.(3)

【钦定例】一、凡不法绅衿,私置板棍,擅责佃户者,照违制律议处,衿监、吏员,革去衣顶、职衔,杖八十。地方官失察,交部议处。如将佃户妇女占为婢妾者,绞监候。地方官失察徇纵,及该管上司不行揭参者,俱交部分别议处。至有奸顽佃户,拖欠租课,欺慢田主者,杖八十,所欠之租,照数追给田主。

谨案:此条雍正三年(1725)定。

【1740】○修改

臣等谨按:"名例"文武官非婪赃入己者,革职外,余罪收赎。举人、监生、生员等除行止有亏,其余俱准折赎。今绅衿私置板棍,擅责佃户,将官员照违制律议处,诚为允当。惟监生革去衣顶,仍杖八十的决,似属过重。查律以威力制缚人于私家拷打者,杖八十。佃户虽与奴婢不同,而既有主、佃之分,亦与平人有间。似应照例准其折赎,应增入。再"户律·婚姻"条,强夺良家妻女,奸占为妻、妾者,绞。若既未犯奸,不应遽拟绞抵,应改。至地方官虽有查拿之责,然势不能家喻户晓,未便概以失察坐罪,亦应酌改。谨将改辑例文,开列于后。

一、凡地方乡绅,私置板棍,擅责佃户者,照违制律议处,衿监革去衣顶,杖八十,照例准其纳赎。如将佃户妇女奸占为婢妾者,绞监候;如无犯奸情事,照略卖良人为妻妾律杖一百、徒三年,妇女给亲完聚。该地方官不预行严禁,及被害之人告理,而不即为查究者,照徇庇例议处。至有奸顽佃户,拖欠租课、欺慢田主者,杖八十。所欠之租,照数追给田主。

【1740】6.20.312.(3)(略)

【1778】○修改

臣等谨按:此条原例"地方乡绅如将佃户妇女奸占为婢、妾者,绞监候",查"户律·婚姻"条下,强夺良家妻女奸占为妻妾者,绞监候。是奸占佃户妇女为婢妾者,原指强行奸占而言。谨拟于"如将佃户妇女"之下,增入"强行"二字,以便引用,拟合声明。

一、凡地方乡绅,私置板棍,擅责佃户者,照违制律议处,衿监革去衣顶,杖八十,照例准其纳赎。如将佃户妇女强行奸占为婢妾者,绞监候;如无奸情,照略卖良人为妻妾律杖一百、徒三年,妇女给亲完聚。该地方官不预行严禁,及被害之人告理,而不即为查究者,照徇庇例议处。至有奸顽佃户,拖欠租课、欺慢田主者,杖八十。所欠之租,照数追给田主。

【1790】6.20.312.(3)(略)

【1740】○续纂

一、凡主使两人殴一人、数人殴一人,致死者,以下手伤重之人为从,其余皆为余人。若其人自尽,则不可以致死之罪加之,止照所伤拟罪。如有致死重伤,及成残废、笃疾者,依因事用强殴打例,发近边充军。

此条系总注,足补律意之所未备。今另为酌纂成例,以便引用。

【1740】6.20.312.(4)(略)

良贱相殴

律 文

【1646】6.20.336

凡奴婢殴良人或殴,或伤,或折伤。者,加凡人一等;至笃疾者,监候绞;死者,监候斩。其良人殴伤他人奴婢或殴,或伤,或折伤、笃疾。者,减凡人一等;若死及故杀者,监候绞。若奴婢自相殴伤、杀者,各依凡斗伤、杀法。相侵财物者,如盗窃、强夺、诈欺诓骗、恐吓求索之类。不用此加减律。仍以各条凡殴伤、杀法坐之。○若殴内外缌麻、小功亲之奴婢,非折伤勿论。至折伤以上,至笃疾者,各减杀伤凡人奴婢罪二等,大功亲之奴婢减三等。至死者,不问缌麻、小功、大功,杖一百、徒三年。故杀者,监候绞。过失杀者,各勿论。○若殴内外缌麻、小功亲之雇工人,非折伤勿论。至折伤以上,至笃疾者,各减凡人罪一等,大功亲之雇工人减二等。至死及故杀者,不问缌麻、大功、小功,并绞。监候。过失杀者,各勿论。雇倩佣工之人,与有罪缘坐为奴婢者不同。然而有主仆之分,故以家长之服属亲疏论。不言殴期亲雇工人者,下条有家长之期亲若外祖父母殴雇工人律也。若他人雇工者,当以凡论。

【1670】6.20.335

凡奴婢殴良人或殴,或伤,或折伤。者,加凡人一等;至笃疾者,绞;监候。死者,斩。监候。其良人殴伤他人奴婢或殴,或伤,或折伤、笃疾。者,减凡人一等;若死及故杀者,绞。监候。若奴婢自相殴伤、杀者,各依凡斗伤、杀法。相侵财物者,如盗窃、强夺、诈欺诓骗、恐吓求索之类。不用此加减律。仍以各条凡殴伤、杀法坐之。○若殴内外缌麻、小功亲之奴婢,非折伤勿论。至折伤以上,至笃疾者,各减杀伤凡人奴婢罪二等,大功亲之奴婢减三等。至死者,不问缌麻、小功、大功,杖一百、徒三年。故杀者,绞。监候。过失杀者,各勿论。○若殴内外缌麻、小功亲之雇工人,非折伤勿论。至折伤以上,至笃疾者,各减凡人罪一等,大功亲之雇工人减二等。至死及故杀者,不问缌麻、大功、小功,并绞。监候。过失杀者,各勿论。雇倩佣工之人,与有罪缘坐为奴婢者不同。然而有主仆之分,故以家长之服属亲疏论。不言殴期亲雇工人者,下条有家长之期亲若外祖父母殴雇工人律也。若他人雇工者,当以凡论。

【1725】6.20.323

律文(略)

注:此分别良贱加减之罪,以正名分也。首节言奴婢殴良人,及良人殴伤他人奴婢之罪。若奴婢与奴婢自相斗殴,或伤或杀,各依凡斗殴杀伤法。良人、奴婢相侵财物,因而有所杀伤者,不用此加减之律。谓如良人侵奴婢财物,而被殴伤,奴婢不加等,至死但绞。良人因侵财物而殴伤奴婢,良人不减等,故杀亦斩。盖殴可分贵贱,相侵财物不可分贵贱也。二节言殴缌麻、小功亲、大功亲奴婢之罪。盖内外亲属之奴婢,亦有名分,与他人奴婢不同,故得递减。至死者,不论缌、功,各杖一百、徒三年。惟故杀者绞,过失杀者勿论。

三节言殴缌麻、小功亲、大功亲雇工人之罪。以其视奴婢有间,故非折伤亦勿论。至折伤以上,各减凡人罪一等,大功则减二等。至死及故杀者,并绞;过失杀者,亦各勿论。不言殴他人雇工人者,依凡论也。再律内良人殴他人奴婢至笃疾,罪止满徒。保辜,应尽本法。仍断付财产养赡。若奴婢殴良人,罪已拟绞,无重断财产之理。至相侵财物,不用此律,指良人侵奴婢者言。若奴婢侵良人财物,致有斗殴伤者,自依律加减。其所侵赃罪重于本律者,从重论。

臣等谨按:此分别良贱加减之罪,以正名分也。首节前言奴婢殴良人,及良人殴伤他人奴婢之罪。若奴婢与奴婢自相斗殴,或伤或杀,各依凡斗杀杀伤法。后言良人、奴婢相侵财物,因而有所杀伤者,不用此加减之律。谓如良人侵奴婢财物而被殴伤,奴婢不加等,至死但绞。良人因侵财物而殴伤奴婢,良人不减等,故杀亦斩。盖殴可分贵贱,相侵财物不可分贵贱也。二节言殴缌麻、小功亲之奴婢与大功亲之奴婢之罪。盖内外亲属之奴婢,亦有名分,与他人奴婢不同,故得递减。至死者,不论缌、功,各杖一百、徒三年。惟故杀者绞,过失杀者勿论。三节言殴缌麻、小功亲及大功亲之雇工人之罪。以其视奴婢有间,故非折伤亦勿论。至折伤以上,各减凡人罪一等,大功则减二等。至死及故杀者,并绞;过失杀者,亦各勿论。不言殴他人雇工人者,依凡论也。再律内他人奴婢殴伤良人,并良人殴伤他人奴婢,二者罪虽不同,凡人但至笃疾,则断付财产及保辜,应仍尽本法。至相侵财物,不用此律,指良人侵奴婢者言。若奴婢侵良人之财物,致有斗殴伤,自依律加减。

【1740】6.20.313(略)

附律条例

【1725】○增入

原拟:现行例一条,类于此律,应增入。

【原增现行例】一、凡奴仆殴辱职官者,家长笞五十,系官交该部议处。

【1725】6.20.323.(1)【增例】(略)

【1740】6.20.313.(1)(略)

【1725】6.20.323.(2)

【钦定例】一、凡递回原籍之犯,不思悛改守分,仍在地方生事,与人斗殴,致被殴毙者,如初次递回之人,下手者,各依应得之罪,减一等科罪;二次递回之人,下手者,减二等科罪;三次以上递回之人,下手者,减三等科罪。其殴伤者,下手之人,亦按每递回一次减一等科罪。倘递回人犯,复有行凶为匪等事者,俱加倍治罪。若已改悔守分,而他人或以旧忿私仇擅行殴毙者,仍照律治罪。其递回原籍之后,令该地方官严行管束,每年将递到人犯数目,及有无生事出境之处,出具印甘各结,一并造册报部查核。如有逃脱出境者,按名议处,仍着该地方官勒限一年缉拿。逾限不获者,亦按名分别议处。倘已脱逃,该地方官捏称并未出境,及该管上司知而不举者,俱交部照例议处。

谨案：此条雍正三年(1725)定。

【1740】○**删除**

臣等谨按：递回人犯，原非良善，但以已宥之愆，轻其躯命，于法未为平允。且死者或能瞑目，而犯者无可宽假。若因此开恶徒幸生之路，启奸民擅杀之端，为害非小。且即该犯递回之后，复有行凶为非之处，自应按照律例分别定拟，无庸另立例款，应删。至递回原籍管束之处，应移入"捕亡"律"徒流人逃"条下，此处亦应删。

奴婢殴家长

律　文

【1646】6.20.337

凡奴婢殴家长者，有伤、无伤，预殴之奴婢，不分首从皆斩；杀者，故杀、殴杀，预殴之奴婢，不分首从，皆凌迟处死；过失杀者，绞；监候。过失伤者，杖一百、流三千里。不收赎。若奴婢殴家长之尊卑、期亲及外祖父母者，即无伤，亦绞；监候。为从减一等。伤者，预殴之奴婢，不问首从、重轻，皆监候斩；过失杀者，减殴罪二等；过失伤者，又减一等；故杀者，预殴之奴婢皆凌迟处死。殴家长之缌麻亲，兼内外、尊卑，但殴即坐，虽伤亦同。杖六十、徒一年；小功，杖七十、徒一年半；大功，杖八十、徒二年。折伤以上，缌麻加殴良人罪一等，小功加二等，大功加三等；加者，加入于死。但绞不斩。一殴一伤，各依本法。死者，预殴奴婢，皆斩。故杀亦皆斩。○若雇工人殴家长，及家长期亲、若外祖父母者，即无伤、亦杖一百、徒三年；伤者，不问重、轻，杖一百、流三千里；折伤者，绞；监候。死者，斩；监候。殴家长决；殴家长期亲，若外祖父母，监候斩。故杀者，凌迟处死。决。过失杀伤者，各减本杀伤罪二等。殴家长之缌麻亲，杖八十；小功，杖九十；大功，杖一百。伤重至内损吐血以上，缌麻、小功，加凡人罪一等；大功，加二等。罪止杖一百、流三千里。死者，各监候斩。○若奴婢有罪，或奸或盗，凡违法罪过皆是。其家长及家长之期亲，若外祖父母，不告官司而私自殴杀者，杖一百。无罪而殴杀或故杀者，杖六十、徒一年。当房人口，指奴婢之夫妇子女。悉放从良。奴婢有罪，不言折伤、笃疾者，非至死勿论也。○若家长，及家长之期亲，若外祖父母，殴雇工人，不分有罪、无罪，非折伤勿论；至折伤以上，减凡人折伤罪三等；因而致死者，杖一百、徒三年；故杀者，绞。监候。○若奴婢、雇工人违犯家长及期亲、外祖父母教令，而依法于臀、腿受杖去处决罚，邂逅致死，及过失杀者，各勿论。

【1670】6.20.336

凡奴婢殴家长者，有伤、无伤，预殴之奴婢，不分首从皆斩；杀者，故杀、殴杀，预殴之奴婢，不分首从，皆凌迟处死；过失杀者，绞；监候。过失伤者，杖一百、流三千里。不收赎。若奴婢殴家长之尊卑、期亲及外祖父母者，即无伤，亦绞；监候。为从减一等。伤者，预殴之奴婢，不问首从、重轻，皆斩；监候。过失杀者，减殴罪二等；过失伤者，又减一等；故杀者，预殴之奴婢皆凌迟处死。殴家长之缌麻亲，兼内外、尊卑，但殴即坐，虽伤亦同。杖六十、徒一年；小功，杖

七十、徒一年半;大功,杖八十、徒二年。折伤以上,缌麻加殴良人罪一等,小功加二等,大功加三等;加者,加入于死。但绞不斩。一殴一伤,各依本法。死者,预殴奴婢,皆斩。故杀亦皆斩。〇若雇工人殴家长,及家长期亲、若外祖父母者,即无伤,亦杖一百、徒三年;伤者,不问重、轻,杖一百、流三千里;折伤者,绞;监候。死者,斩;监候。殴家长决斩;殴家长期亲,若外祖父母,斩监候。故杀者,凌迟处死。决。过失杀伤者,各减本杀伤罪二等。殴家长之缌麻亲,杖八十;小功,杖九十;大功,杖一百。伤重至内损吐血以上,缌麻、小功,加凡人罪一等;大功,加二等。罪止杖一百、流三千里。死者,各斩。监候。〇若奴婢有罪,或奸或盗,凡违法罪过皆是。其家长及家长之期亲,若外祖父母,不告官司而私自殴杀者,杖一百。无罪而殴杀或故杀者,杖六十、徒一年。当房人口,指奴婢之夫妇子女。悉放从良。奴婢有罪,不言折伤、笃疾者,非至死勿论也。〇若家长,及家长之期亲,若外祖父母,殴雇工人,不分有罪、无罪,非折伤勿论;至折伤以上,减凡人折伤罪三等;因而致死者,杖一百、徒三年;故杀者,绞。监候。〇若奴婢、雇工人违犯家长及期亲、外祖父母教令,而依法于臀、腿受杖去处决罚,邂逅致死,及过失杀者,各勿论。

【1725】6.20.324

凡奴婢殴家长者,有伤、无伤,预殴之奴婢,不分首从皆斩;杀者,故杀、殴杀,预殴之奴婢,不分首从,皆凌迟处死;过失杀者,绞;监候。过失伤者,杖一百、流三千里。不收赎。若奴婢殴家长之尊卑、期亲及外祖父母者,即无伤,亦绞;监候。为从减一等。伤者,预殴之奴婢,不问首从、重轻,皆斩;监候。过失杀者,减殴罪二等;过失伤者,又减一等;故杀者,预殴之奴婢皆凌迟处死。殴家长之缌麻亲,兼内外、尊卑,但殴即坐。虽伤亦杖六十、徒一年;小功,杖七十、徒一年半;大功,杖八十、徒二年。折伤以上,缌麻加殴良人罪一等,小功加二等,大功加三等;加者,加入于死。但绞不斩。一殴一伤,各依本法。死者,预殴奴婢,皆斩。故杀亦皆斩。〇若雇工人殴家长,及家长期亲,若外祖父母者,即无伤,亦杖一百、徒三年;伤者,不问重、轻,杖一百、流三千里;折伤者,绞;监候。死者,斩;殴家长,斩决;殴家长期亲,若外祖父母,斩监候。故杀者,凌迟处死。过失杀伤者,各减本杀伤罪二等。殴家长之缌麻亲,杖八十;小功,杖九十;大功,杖一百。伤重至内损吐血以上,缌麻、小功,加凡人罪一等;大功,加二等。罪止杖一百、流三千里。死者,各斩。监候。〇若奴婢有罪,或奸或盗,凡违法罪过皆是。其家长及家长之期亲,若外祖父母,不告官司而私自殴杀者,杖一百。无罪而殴杀或故杀者,杖六十、徒一年。当房人口,指奴婢之夫妇子女。悉放从良。奴婢有罪,不言折伤、笃疾者,非至死勿论也。〇若家长,及家长之期亲,若外祖父母,殴雇工人,不分有罪、无罪,非折伤勿论;至折伤以上,减凡人折伤罪三等;因而致死者,杖一百、徒三年;故杀者,绞。监候。〇若奴婢、雇工人违犯家长及期亲、外祖父母教令,而依法于臀、腿受杖去处决罚,邂逅致死,及过失杀者,各勿论。

注:此正主仆之名分以定罪也。首节言奴婢殴家长,预殴之奴婢皆斩决,不须成伤也;杀者,预殴之奴婢皆凌迟;过失杀者,绞监候;过失伤者,满流。不矜其误,以奴婢易生轻忽故也。至殴家长期亲及外祖父母,虽不成伤,为首者绞,为从者,减一等;成伤者,皆

斩,俱监候。不言杀者,亦止于斩也。过失杀者,减殴伤死罪二等;过失伤者,又减一等。不问伤之轻重,原其由于过失也。故杀者,不分首从,皆凌迟。若殴家长缌、功亲属,则与期亲有间,故按服制等第,分别坐徒。至折伤以上,各加等。此加罪,加入于死,但坐绞不坐斩,止以一人加至于绞。其余从斗之奴婢,有一殴一伤,各依殴伤本法,不在加等之限。至死者,皆斩监候。不言过失杀伤者,准凡论也。二节言雇工人殴家长及家长期亲若外祖父母者,坐满徒;成伤者,坐满流;折伤者,绞监候;死者,斩。惟殴家长立决,余俱监候。故杀者,凌迟处死,并坐为首者,为从减一等。过失杀伤者,各照本杀伤罪,减二等。盖奴婢系终身服役,雇工止系限年服役,故坐罪稍异也。若雇工人殴家长缌、功亲属,则亦与奴婢有间。故殴及伤重内损吐血以上,各按服制等第,分别科罪。至笃疾者,罪止满流;死者,不问缌、功,各斩监候。故杀亦斩,过失杀伤亦准凡论,故律文不及也。三节言奴婢有罪,其家长及家长期亲若外祖父母,不告官司问罪,而私自殴杀者,杖一百。如无罪而非理殴杀或故杀者,杖六十、徒一年。被杀奴婢之夫妇、子女及父母,悉放从良。四节言家长及家长期亲若外祖父母殴雇工人,不问有罪无罪,非折伤勿论。折伤以上,各验伤轻重,减凡罪三等。因而致死者,满徒。故杀者,绞监候。此二条不及缌、功亲者,已见于良贱相殴律也。末节言奴婢、雇工人违犯教令,家长及期亲、外祖父母依法决罚,邂逅致死,及过失杀者,俱无欲死之心,故各勿论。

臣等谨按:此正主仆之名分也。首节定奴婢殴家长及家长亲属之罪。奴婢殴家长,预殴之奴婢皆斩决,不须成伤也;杀者,预殴之奴婢皆凌迟;过失杀者,绞监候;过失伤者,杖流。不矜其误者,以奴婢易生轻忽,故从重也。至殴家长之期亲及外祖父母者,虽不成伤,为首者绞,为从者,减一等;成伤者,皆斩监候。不言杀者,亦止于斩也。过失杀者,减殴伤死罪二等,坐满徒;过失伤者,又减一等。不问伤之轻重,原其由于过失也。故杀者,不分首从,皆凌迟。若殴家长之缌、功亲属,则与殴期亲有间,故按服制等第,分别坐徒。至折伤以上,各加等。此加罪,加入于死,但坐绞不坐斩,止以一人加至于绞。其余从斗之奴婢,有一殴一伤,各依殴伤本法,不在加等之限。至死者,皆斩监候。不言过失杀伤者,准凡论也。二节定雇工人殴家长及家长亲属之罪。雇工人殴家长及家长期亲若外祖父母者,罪坐满徒;成伤者,坐满流;折伤者,绞监候;死者,斩。惟殴家长立决,余俱监候。故杀者,凌迟处死,并坐为首者,为从减一等。过失杀伤者,各照本杀伤罪减二等科之。盖奴婢系终身服役,雇工止系限年服役,故坐罪稍异也。若雇工人殴家长之缌、功亲属,则又与奴婢殴家长之缌、功亲属有间。故杀及伤重内损吐血以上,各按服制等第,止分别坐杖。至笃疾,满流;至死者,不问缌、功,各斩监候。故杀亦斩,过失杀伤亦准凡论,故律文不及也。三节定家长及家长亲属殴杀奴婢之罪。奴婢有罪,其家长及家长之期亲,若外祖父母,不告官司问罪,而竟私自殴杀者,杖一百。如无罪而非理殴杀或故杀者,杖六十、徒一年。被杀奴婢之夫妇、子女及父母,悉放从良,不得仍留为奴婢。四节定家长及家长之期亲殴雇工人之罪。家长及家长之期亲,若外祖父母,殴雇工人者,不问有罪、无罪,非折伤勿论。折伤以上,各验伤轻重,减凡人三等;致死者,满徒;故杀者,绞监候。此二条不及缌、功亲者,已见于良贱相殴律也。末节言奴婢、雇工人违犯教令,家长及期亲、外祖父母依法决罚，邂逅致死，及过失杀者，俱无欲死之心，故各勿论。

【1740】6.20.314（略）

【1778】〇修改

臣等谨按：此条律内奴婢殴家长之缌麻、小功、大功亲至死者，皆斩。注云“故杀亦皆斩”等语。查雍正三年钦定“集解”注云“奴婢殴家长之缌、功亲属，则与殴期亲有间，至死者，皆斩监候”等语。臣部遵照钦定“集解”，业将此条律文归入斩监候“总类”门内，而律内并未注明“监候”二字。谨拟添入，以归画一。理合声明。

凡奴婢殴家长者，（有伤、无伤，预殴之奴婢，不分首从）皆斩；杀者，（故杀、殴杀，预殴之奴婢，不分首从，）皆凌迟处死；过失杀者，绞；（监候。）（过失）伤者，杖一百、流三千里。（不收赎。）若奴婢殴家长之（尊卑）、期亲及外祖父母者，（即无伤，亦）绞；（监候。为从减一等。）伤者，（预殴之奴婢，不问首从、重轻，）皆斩；（监候。）过失杀者，减殴罪二等；（过失）伤者，又减一等；故杀者，（预殴之奴婢）皆凌迟处死。殴家长之缌麻亲，（兼内外、尊卑，但殴即坐。虽伤亦）杖六十、徒一年；小功，杖七十、徒一年半；大功，杖八十、徒二年。折伤以上，缌麻加殴良人罪一等，小功加二等，大功加三等；加者，加入于死。（但绞不斩。一殴一伤，各依本法。）死者，（预殴奴婢，）皆斩。（故杀亦皆斩监候。）〇若雇工人殴家长，及家长期亲、若外祖父母者，（即无伤亦、）杖一百、徒三年；伤者，（不问重轻、）杖一百、流三千里；折伤者，绞；（监候。）死者，斩；（殴家长，斩决；殴家长期亲，若外祖父母，斩监候。）故杀者，凌迟处死。过失杀伤者，各减本杀伤罪二等。殴家长之缌麻亲，杖八十；小功，杖九十；大功，杖一百。伤重至内损吐血以上，缌麻、小功，加凡人罪一等；大功，加二等。（罪止杖一百、流三千里。）死者，各斩。（监候。）〇若奴婢有罪，（或奸或盗，凡违法罪过皆是。）其家长及家长之期亲，若外祖父母，不告官司而（私自）殴杀者，杖一百。无罪而（殴）杀（或故杀）者，杖六十、徒一年。当房人口，（指奴婢之夫妇子女。）悉放从良。（奴婢有罪，不言折伤、笃疾者，非至死勿论也。）〇若家长，及家长之期亲，若外祖父母，殴雇工人，（不分有罪、无罪，）非折伤勿论；至折伤以上，减凡人（折伤）罪三等；因而致死者，杖一百、徒三年；故杀者，绞。（监候。）〇若（奴婢、雇工人）违犯（家长及期亲、外祖父母）教令，而依法（于臀、腿受杖去处）决罚，邂逅致死，及过失杀者，各勿论。

【1790】6.20.314（略）

附律条例

【1725】〇增入

原拟：现行例内五条，类于此律，应增入。

【现行例】一、凡官员将奴婢非故意责打身死者，罚俸一年；故意殴杀奴婢者，降一级留任，追入一口入官；持刃杀死者，革职。将族中家仆非故意殴杀打死者，降一级调用，追人一口给付死者之主；故意殴死者，降二级调用，追人一口给付死者之主；持刃杀死者，革职，交与刑部鞭一百，折赎。其平人故意殴杀奴仆者，枷号四十日，鞭一百，追人一口入官；殴打至死者，枷号二十日，鞭一百；持刃杀死者，枷号三个月，鞭一百。故意打死族中家仆者,枷号三个月,鞭一百,追人一口给付死者之主;殴打至死者,枷号四十日,鞭一百;持金刃杀死者,枷号三个月,鞭一百,添追人一口给付死者之主。所赔之人,交与户部应给之处拨给。其内佐领下人并领月米之人,所赔追之人,交与该管之主拨给。

【现行例】一、凡官员将他人奴婢斗殴杀死者,官革职,追人一口给付死奴之主。其故杀他人奴婢者,俱照律拟绞监候,秋后处决。

【现行例】一、凡官员祖母、母、妻殴杀奴婢者,照伊夫及子孙官品罚俸一年;故杀者,罚俸一年,追人一口人官。如伊夫及子孙原有官职,身故无俸者,仍照原官品级罚俸,交与该部追取。

原拟:以上三条,俱系殴杀奴婢之例,应删去重复字句,并为二条。谨拟删改,开载于后。

【原改现行例】一、凡殴杀奴婢者,枷号二十日;故杀者,枷号四十日,追人一口入官;刃杀者,枷号三个月,并鞭一百。系官,交该部分别议处。若殴杀族人奴婢者,枷号四十日,鞭一百,免赔人口;故杀、刃杀者,各枷号三个月,并鞭一百,各追人一口给主。系官,不论殴、故,并追人一口给主,仍交该部分别议处;刃杀者,革职,交刑部坐满杖,折赎。其官员殴杀他人奴婢者,革职,追人一口给主;故杀者,依律拟绞监候。

【原改现行例】一、凡官员之祖母、母、妻殴杀奴婢者,照伊夫、子孙见任品级罚俸。若离任与身故者,仍照原品追俸;革职者,照例收赎。故杀者,追人一口入官。

【1725】6.20.324.(5)

【钦定例】一、凡官员将奴婢责打身死者,罚俸二年;故杀者,降二级调用;刃杀者,革职,不准折赎,鞭一百。若将族中家仆殴打死者,降二级调用;故杀者,降三级调用;各追人一口给主;刃杀者,革职,不准折赎,鞭一百。殴杀他人奴婢者,革职,追人一口给主;故杀者,依律绞候。平人将奴仆责打身死者,枷号四十日;故杀者,枷号三月;刃杀者,枷号一百零五日;各鞭一百。殴雇工人致死者,枷号六十日、鞭一百;殴族中家仆致死者,枷号两月、鞭一百;若将族中家仆故杀者,枷号一百零五日、鞭一百;刃杀者,发黑龙江当差;仍各追人一口给主。

谨案:此条雍正五年(1727)定。

【1740】○修改

臣等谨按:官员将奴婢责打身死及故杀、刃杀,分别罚俸、降级、革职,而平人则自枷号四十日至一百零五日止,较之定律,似觉过重,应改。再查奴婢违犯教令依法决罚,邂逅致死者,虽载本律,亦应于例内增入,以便画一引用。谨将增改例文,开列于后。

一、凡旗员将奴婢责打身死者,罚俸二年;故杀者,降二级调用;刃杀者,革职,不准折赎,鞭一百。若将族中家仆殴打死者,降二级调用;故杀者,降三级调用;各追人一口给主;刃杀者,革职,不准折赎,鞭一百。殴杀他人奴婢者,革职,追人一口给主;故杀者,依律绞候。平人将奴仆责打身死者,枷号二十日;故杀者,枷号一月;刃杀者,枷号两个月;各鞭一百。殴雇工人致死者,枷号四十日、鞭一百;殴族中家仆致死者,枷号两个月、鞭一百;若将族中家仆故杀者,枷号三个月、鞭一百;刃杀者,发黑龙江当差;仍各追人一口给主。其奴仆违犯教令,而依法决罚,邂逅致死者,仍依律勿论。

【1740】6.20.314.(1)(略)

【1790】6.20.314.(6)(略)

【1802】6.20.314.(5)(略)

【1835】○修改、续纂

【原例】【1802】6.20.314.(5)(略)、【1802】6.20.314.(6)(略)、【1825】6.20.314.(8)(略)

臣等谨按:道光十二年(1832)十一月间,据升任江西道监察御史金应麟奏"请修改删易刑例"一折内称,"旗员将奴婢责打身死者,罚俸二年;故杀者,降二级调用;刃杀者,革职,鞭一百。将族中家仆殴死者,降二级调用;故杀者,降三级调用;刃杀者,革职,鞭一百。殴死他人奴婢者,革职,追人一口给主。查吏部例内统称官员,似此例不专指旗员。至妾殴杀契买婢女,向俱查案比照办理,似应酌设专条"等语。经臣部查,旗员将奴婢责打身死一条,系雍正三年(1725)以前定例。原文本系"官员"二字,嗣于乾隆四十一年(1776),始改为"旗员"二字。其因何议改之故,检查修例按语,并无明文。伏思凡为官员,皆有约束奴婢之责,故失察家人滋事,汉员与旗员处分从同。似不应独于致死奴婢之案,强为区别,以致办理参差。况例内官员殴、故杀赎身、放出奴婢并族中奴婢,既应照旗员定断,则殴、故杀本身契买未经赎身放出奴婢,更应与旗员同科即可隅反。其从前办过官员殴死奴婢成案,间有拘泥例内"旗员"二字,不照此例问拟者,究不足以昭平允,且与《吏部处分则例》,亦属未符。应将例内"旗员"二字,仍照原定例文,改为"官员"二字。再查罪犯折枷,系旗人之专条,例内所称平人殴、故杀奴婢,折枷完结,自系指旗人而言。应将例内"平人"二字,酌改为"旗人"二字,以免混淆。至原奏所称"妾殴、故杀奴婢"一项,检查律内并无作何治罪之文。伏思同一家长之妾,殴、故杀奴婢而情节各有不同。如系生有子女之妾,则家长之子例服期年,遇有致死奴婢者,自可酌照家长期亲殴、故杀奴婢律办理。若未生子女之妾,例内并无服制可言,其与家长之众奴婢有犯,势不能不依凡人殴、故杀奴婢科断。而其中又间有家长契买婢女,给伊隶身服役者,虽无主仆之名,实有管教之责,若概与凡人并论,究于情法不得其平。查无服亲属殴、故杀奴婢,例内已有分别治罪明文,今未生子女之妾,既属无服,似可酌照无服亲属殴、故杀奴婢之例办理。议请嗣后家长之妾殴、故杀奴婢之案,除系生有子女者,即照家长之期亲殴故、杀奴婢本律分别定拟外,其未生子女之妾,殴死隶身服役之婢女,应照殴死无服亲属奴婢之例,杖一百、流三千里;故杀者,拟绞监候。若与家长之众奴婢有犯,并非隶身服役之人,俱以凡论等因具奏。奉旨允准通行,遵照在案。应将原例旗员殴杀奴婢及殴杀赎身放出奴婢二条内,"旗员"二字俱改为"官员"二字,"平人"改为"旗人"字样。惟既属满、汉官员统例,例内"鞭一百"亦应酌改为"杖一百"。至官员殴死赎身及放出奴婢,已有专条。其凡人殴杀赎身及放出奴婢例内,"系官员,照旗员之例办理"十字,系属赘文,应行节删。谨将原例三条一并修改明晰,开列于后。并续纂妾殴、故杀奴婢专条,以资引用。

【修改】【1847】6.20.314.(12)(略)

【修改】【1847】6.20.314.(13)(略)

【修改】【1847】6.20.314.(14)(略)

【续纂】【1847】6.20.314.(15)(略)

【1847】6.20.314.(12)

一、凡官员将奴婢责打身死者,罚俸二年;故杀者,降二级调用;刃伤者,革职,不准折赎,杖一百。若将族中奴婢殴打死者,降二级调用;故杀者,降三级调用;各追人一口给主;刃杀者,革职,不准折赎,杖一百。殴杀他人奴婢者,革职,追人一口给主;故杀者,依律绞候。旗人将奴婢责打身死者,枷号二十日;故杀者,枷号一个月;刃杀者,枷号两个月;各鞭一百。殴雇工人致死者,枷号四十日,鞭一百。殴族中奴婢致死者,枷号两个月,鞭一百;若将族中奴婢故杀者,枷号三个月,鞭一百;刃杀者,发黑龙江当差。仍各追人一口给主。其奴婢违犯教令,而依法决罚,邂逅致死者,仍依律勿论。

【1725】○增入

增入按语、原现行例并原改现行例,见【1725】6.20.324.(5)条【1725】增入项下。

【1725】6.20.324.(1)

【增例】一、凡官员之祖母、母、妻殴杀奴婢者,照依夫、子、孙见任品级罚俸。若离任与身故者,仍照原品追俸;革职者,照例收赎。故杀者,照例治罪。

【1740】○删除

臣等谨按:命妇犯罪收赎,"名例"已有正条,此条实属赘设,应删。

【1725】○增入

原拟:现行例内五条,类于此律,应增入。

【原增现行例】一、凡监生、生员人等,殴杀、故杀、刃杀奴婢者,俱黜革。故杀、刃杀,并追人一口入官;刃杀者,仍杖一百,折赎。

【1725】6.20.324.(2)

【增例】一、凡监生、生员人等,殴杀、故杀、刃杀奴婢者,俱黜革;故杀、刃杀者,杖一百,不准折赎。

【1740】6.20.314.(2)(略)

【1790】6.20.314.(7)(略)

【1801】○删除

臣等谨按：此条系康熙年间定例。查律载殴杀奴婢，如系依法决罚者，勿论。若非依法决罚，殴杀、故杀，应分别有罪、无罪，拟以杖、徒。历来办理，无论监生、生员、平民，俱依律科罪。此条"监生、生员殴杀、故杀、刃杀奴婢，俱黜革；故杀、刃杀者，杖一百"之处，业已不用，应行删除。

【1725】○增入

臣等谨按：康熙四十七年（1708）四月内，刑部会复故杀典当人，事理类于此律。谨拟节录于后。

【续增现行例】一、旗人故杀白契所买并典当之人，俱照故杀雇工人律，拟绞监候。若殴打死者，照律治罪。

【1725】6.20.324.（3）【增例】（略）

【1740】6.20.314.（3）（略）

【1778】○修改

臣等谨按：此条原例"若殴打死者"之下，即接"照律治罪"四字，未将有罪无罪分别，似觉含混，恐致办理参差。谨将"照律治罪"一句，改为"仍分别有罪无罪，照殴死奴婢本律治罪"，较为明晰，拟合声明。

一、旗人故杀白契所买并典当之人，俱照故杀雇工人律，拟绞监候。若殴打死者，仍分别有罪无罪，照殴死奴婢本律治罪。

【1788】○修改

臣等谨按：家长之于奴婢，名重分尊，故律载"奴婢有犯，罪与子孙同"。乞养义子，恩养年久或曾配有室家者，即同子孙，取问如律。若恩养未久或不曾配有室家，以雇工人论。是乞养义子，既分别恩养之是否年久，以子孙、雇工定拟，则白契所买并典当奴婢，亦应一例分别酌议年限。如契买、典当在三年以上，则恩养已深，即照奴婢科罪。倘甫经典买或典买未及三载，则豢养未久，仍以雇工定拟。应增纂入例，以资引用。又查例载汉人官员、平民殴杀奴婢及殴杀雇工人等款，应"照满洲主仆论"等语，是汉人奴仆、雇工原与旗人一例办理。应将此条原例内"旗人"二字删去，以昭核实。今将修改增辑例文，开列于后。

一、凡白契所买，并典当家人，如恩养在三年以上，及一年以外配有妻室者，即同奴仆论。倘甫经典买，或典买未及三年并未配有妻室者，仍以雇工人定拟。故杀者，拟绞监候。若殴打死者，仍分别有罪、无罪，照殴死奴婢本律治罪。

【1790】6.20.314.（12）（略）

【1801】修并、分辑

修并、分辑按语并修并、分辑后例文，见条【1790】6.20.314.（15）条【1801】修并、分辑项下。

【1725】○增入

原拟：现行例内五条，类于此律，应增入。

【现行例】一、凡民人奴仆，背主投营，挟制家主，勒索原契及妻子、财物，不分首从、得财与未得财，皆斩立决。若止背主投营，审无挟制勒索者，枷号四十日、杖一百，交还原主。该营初虽不知，后知而不举发者，交该部议处。

【1725】6.20.324.(4)【增例】(略)

【1740】6.20.314.(6)(略)

【1790】6.20.314.(14)(略)

【1801】○修改

臣等谨按：此条系康熙年间定例。查例内专指民人而言，至旗下家奴有犯，例无治罪别条，自应比照此例办理。应将首句"民人"二字删去，以昭赅备。谨将修改例文，开列于后。

一、凡奴仆背主投营，挟制家主，勒索原契及妻子、财物，不分首从、得财与未得财，皆斩立决。若止背主投营，审无挟制勒索者，枷号四十日，杖一百，交还原主。该营初虽不知，后知而不举发者，交该部议处。

【1802】6.20.314.(11)(略)

【1847】6.20.314.(8)(略)

【1725】6.20.324.(6)

【钦定例】○一、凡八旗、官员、平人，将奴仆责打身死及故杀者，仍照例治罪外，其责折被杀奴仆之父母妻子，情愿仍在伊主家者，听其存留；不愿者，交与该管官处，变价给主。如故意殴杀者，其被杀奴婢之亲属，悉行开放，系旗人，听其在旗投主，系民人，放出为民，不得追取身价。

谨案：此条雍正五年(1727)定。

【1740】○修改

臣等谨按：雍正五年(1727)十月，刑部汇题额尔登额打死家人纳松额等案，奉旨："额尔登额之家人纳松额，黑达子之家人西拉，既被伊主打死，其家人之父母、妻、子理应放出，听其投身他姓，不当交旗变价给还原主。将此著为定例，一体遵行。"应将所奉谕旨，恭纂成例，并入前条，以便引用。谨将删并例文，开列于后。

一、凡八旗、官员、平人，将奴婢责打身死及故杀者，除照例治罪外，其奴仆之父母妻子，情愿仍在伊主家者，听其存留；不愿者，悉行开放，系旗人，听其在旗投主，系民人，放出为民，不得追收身价。

【1740】6.20.314.(5)(略)

【1790】6.20.314.(9)(略)

【1801】○修改

臣等谨按:此条系雍正五年(1727)定例。嗣于乾隆三十七年(1772),钦奉上谕:“向来旗下家奴有酗酒行凶者,本主报明,送部发遣。其妻室俱不同发,定例未为周密,如近日秦璜即有将发遣家奴之妻留占为妾之事。此等旗奴妻室,或令于亲属依栖,或听本妇另嫁,不便仍留服役,以杜嫌疑。钦此。”经臣部纂入“流囚家属”条内,遵行在案。此条家奴既被伊主殴打身死,亦难保无冀图奸占情事,其妻未便仍留主家,自应一律放出。例内听其存留之处,应行修改。又此例专指八旗而言,若民人有犯,向俱比例问拟。应于首句增入“民人”一层,以昭赅备。谨将修改例文,开列于后。

一、凡旗民、官员、平人,将奴婢责打身死及故杀者,除照例治罪外,其奴仆之父母妻子,悉行开放,系旗人,听其在旗投主;系民人,放出为民,不得追收身价。

【1802】6.20.314.(10)(略)

【1847】6.20.314.(7)(略)

【1725】6.20.324.(7)

【钦定例】一、凡汉人家生奴仆、印契所买奴仆,并雍正五年(1727)以前白契所买,及投靠养育年久,或婢女招配生有子息者,俱系家奴,世世子孙,永远服役,婚配俱由家主,仍造册报官存案。其婢女招配,并投靠,及所买奴仆,俱写立文契,报明本地方官钤盖印信。如有事犯,验明官册、印契,照例治罪。其奴仆诽谤家长,并雇工人骂家长,与官员、平人殴杀奴仆,并教令过失杀及殴杀雇工人等款,俱有律例,应照满洲主仆论。若犯该黑龙江当差者,照名例改遣之例问发。至不遵约束,傲慢顽梗,酗酒生事者,照满洲家人吃酒行凶例,面上刺字,流二千里,交与该地方官,令其永远当苦差。有背主逃匿者,照满洲家人逃走例,折责四十板,面上刺字,交与本主,仍行存案。容留窝藏者,照窝藏逃人例治罪。如典当雇工限内逃匿者,照满洲白契所买家人逃走例,责三十板,亦交与本主。若典当立有文契,议有年限,不遵约束,傲慢酗酒生事者,听伊主酌量惩治。若与家长抗拒殴骂者,照律治罪。再隶身门下为长随者有犯,亦照典当雇工人治罪。

谨案:此条雍正五年(1727)定。

【1740】6.20.314.(7)(略)

【1778】○修改

臣等谨按:此条例内所称“汉人于雍正五年(1727)以前白契所买,俱作家奴,永远服役”等语。查雍正十三年(1735),以红、白契所买家人,另载有作为红契之例。此条定限雍正五年,应改为十三年。再查“官员、平人殴杀奴仆,并教令过失杀”句内,“教令”二字,绎其例义,系指违犯教令而言。今止言教令,尚未明晰,应增添“违犯”二字。所有此条原例,应行修改。谨将修改例文,开列于后。

一、凡汉人家生奴仆、印契所买奴仆,并雍正十三年(1735)以前白契所买,及投靠养育年久,或婢女招配生有子息者,俱系家奴,世世子孙,永远服役,婚配俱由家主,仍造册报官存案。其婢女招配,并投靠,及所买奴仆,俱写立文契,报明本地方官钤盖印信。如有事犯,验明官册、印契,照例治罪。其奴仆诽谤家长,并雇工人骂家长,与官员、平人殴杀奴仆,并违犯教令过失杀及殴杀雇工人等款,俱有律例,应照满洲主仆论。若犯该黑龙江当差者,照名例改遣之例问发。至不遵约束,傲慢顽梗,酗酒生事者,照满洲家人吃酒行凶例,面上刺字,流二千里,交与该地方官,令其永远当苦差。有背主逃匿者,照满洲家人逃走例,折责四十板,面上刺字,交与本主,仍行存案。容留窝藏者,照窝藏逃人例治罪。如典当雇工限内逃匿者,照满洲白契所买家人逃走例,责三十板,亦交与本主。若典当立有文券,议有年限,不遵约束,傲慢酗酒生事者,听伊主酌量惩治。若与家长抗拒殴骂者,照律治罪。再隶身门下为长随者有犯,亦照典当雇工人治罪。

【1782】○修改

臣等谨按:此条原例内"典当雇工限内逃匿者"之下,本有"照满洲白契所买家人逃走例责三十板"之语。查满洲白契所买家人逃走例内,酌改悉照红契家人例办理。今汉人之典当雇工,究与旗人白契家人稍有区别,如限内逃匿,似未便亦照红契家人一例办理。今将原例内"照满洲白契所买家人逃走例"字样删去,以归核实。

一、凡汉人家生奴仆、印契所买奴仆,并雍正十三年(1735)以前白契所买,及投靠养育年久,或婢女招配生有子息者,俱系家奴,世世子孙,永远服役,婚配俱由家主,仍造册报官存案。其婢女招配,并投靠,及所买奴仆,俱写立文契,报明本地方官钤盖印信。如有事犯,验明官册、印契,照例治罪。其奴仆诽谤家长,并雇工人骂家长,与官员、平人殴杀奴仆,并违犯教令过失杀及殴杀雇工人等款,俱有律例,应照满洲主仆论。若犯该黑龙江当差者,照名例改遣之例问发。至不遵约束,傲慢顽梗,酗酒生事者,照满洲家人吃酒行凶例,面上刺字,流二千里,交与该地方官,令其永远当苦差。有背主逃匿者,照满洲家人逃走例,折责四十板,面上刺字,交与本主,仍行存案。容留窝藏者,照窝藏逃人例治罪。如典当雇工限内逃匿者,责三十板,亦交与本主。若典当立有文契,议有年限,不遵约束,傲慢酗酒生事者,听伊主酌量惩治。若与家长抗拒殴骂者,照律治罪。再隶身门下为长随者有犯,亦照典当雇工人治罪。

【1790】6.20.314.(15)(略)

【1801】修并、分辑

【原例】【1790】6.20.314.(15)(略)、【1790】6.20.314.(13)(略)、【1790】6.20.314.(11)(略)、【1790】6.20.314.(12)(略)、【1790】6.20.314.(4)(略)

臣等谨按:以上五条,俱系典买奴仆,分别红契、白契办理之例。定例之始,随时增纂,未免辞繁语复,查阅易致混淆。今将诸条依类修并,各按红契、白契分别两条,以便引用。谨将修并例文二条,开列于后。

【1802】6.20.314.(12)(略)

【1802】6.20.314.（13）（略）

【1802】6.20.314.（12）

一、凡民人家生奴仆、印契所买奴仆，并雍正十三年（1735）以前白契所买，及投靠养育年久，或婢女招配生有子息者，俱系家奴，世世子孙，永远服役，婚配俱由家主，仍造册报官存案。其婢女招配，并投靠，及所买奴仆，俱写立文契，报明本地方官钤盖印信。如有干犯家长，及家长杀伤奴仆，验明官册、印契，照奴仆本律治罪。至奴仆不遵约束，傲慢顽梗，酗酒生事者，照满洲家人吃酒行凶例，面上刺字，流二千里，交与该地方官，令其永远当苦差。有背主逃匿者，照满洲家人逃走例，折责四十板，面上刺字，交与本主，仍行存案。容留窝藏者，照窝藏逃人例治罪。

【1847】6.20.314.（9）（略）

【1802】6.20.314.（13）

一、白契所买奴婢，如有杀伤家长及杀伤家长缌麻以上亲者，无论年限及已未配有室家，均照奴婢杀伤家长，一体治罪。其家长杀伤白契所买恩养年久、配有室家者，以杀伤奴婢论。若甫经契买，未配室家者，以杀伤雇工人论。至典当家人、隶身长随，若恩养在三年以上，或未及三年配有妻室者，如有杀伤，各依奴婢本律论。倘甫经典买，或典买、隶身未及三年并未配有妻室，及一切车夫、厨役、水火夫、轿夫、打杂受雇服役人等，平日起居不敢与共，饮食不敢与同，并不敢尔我相称，素有主仆名分，并无典卖字据者，如有杀伤，各依雇工人本律论。若农民佃户、雇倩耕种工作之人，并店铺小郎之类，平日共坐共食，彼此平等相称，不为使唤服役，素无主仆名分者，如有杀伤，各依凡人科断。至典当雇工人等，议有年限，如限内逃匿者，责三十板，仍交与本主服役。

【1847】6.20.314.（10）（略）

【1725】○增入①

【现行例】一、凡旗人称家人吃酒行凶，送发遣者，俱在各该旗都统处具呈，查明主仆之处，送部照例发遣。

【现行例】一、凡旗民将典当人、四十二年（1703）例后白契所卖之人故杀者，照故杀雇工人律，拟绞监候。殴打致死者，系旗人，枷号四十日，鞭一百；民，杖一百、徒三年。

臣等谨按：以上二条，类于奴婢殴家长律，应入条例内。

---

① 此二条见于《大清律例按语》第20卷“刑律·斗殴·奴婢殴家长”（雍正三年）条下，雍正三年（1725）《大清律集解附例》不载。

【1740】○增入

一、凡家主将奴仆之妻妄行占夺,或图奸不遂,因将奴仆毒殴,或将其妻致死,审明确有实据,及本主自认不讳者,即将伊主不分官员平人,发黑龙江当差。如伊主并无奸占情弊,而奴仆诬陷其主者,仍照干名犯义律,从重治罪。

此条系乾隆三年(1738)定例。

【1740】6.20.314.(4)(略)

【1790】6.20.314.(8)(略)

【1801】○修改

臣等谨按:此条系乾隆三年(1738)定例。细绎例意,系专指红契奴仆而言。若系白契所买,恩养未久,图奸不遂,因将其妻致死,即系故杀,应照故杀雇工人拟绞。例内发遣之处,系故杀红契奴婢罪名,应于首句添"故杀"及"红契"字样,以免含混。又查例内止言"将奴仆毒殴,或将其妻致死",其毒殴其夫致死,例无明文,殊未赅备,应行增入。谨将修改例文,开列于后。

一、凡家主将红契所买奴婢,及白契典买恩养已久奴仆之妻,妄行占夺,或图奸不遂,因将奴仆毒殴致死,或将其妻致死,审明确有实据,及本主自认不讳者,即将伊主不分官员、平人,发黑龙江当差。若所杀奴婢,系白契所买,恩养未久者,应照故杀雇工人律拟绞监候。如伊主并无奸占情弊,而奴仆诬陷其主者,仍照干名犯义律治罪。

【1802】6.20.314.(9)(略)

【1847】6.20.314.(6)(略)

【1743】○续纂

一、民人于雍正十三年(1735)以前白契所买家人,照八旗之例,准作为家奴,永远服役。倘伊主殴杀、故杀,俱照红契一例拟断。其乾隆元年(1736)以后,除婢女招配者,亦照旗人配有妻室不准赎身之例作为家奴外,其余白契所买之人,俱以白契定拟。

谨案:此二条俱系乾隆七年(1742)三月,臣部议准陆任侍郎张照、周学健条奏定例。

【1768】6.20.314.(8)(略)

【1790】6.20.314.(13)(略)

【1801】修并、分辑

修并、分辑按语并修并、分辑后例文,见条【1790】6.20.314.(15)条【1801】修并、分辑项下。

【1743】○续纂

一、契买婢女,务照价买家人例,旗人,将文契呈明该管佐领先用图记,自赴税课司验印;民人,将文契报明本地方官钤盖印信。至旗人契买民间婢女,在京具报五城、大宛两县,在外具报该地方官,用印立案。倘有情愿用白契价买者,仍从其便。但遇殴杀、故杀,问刑衙门须验红契、白契分别科断。再旗、民所买婢女,已经配给红契家奴者,准照红契办理。

续纂按语,见【1768】6.20.314.(8)条【1743】续纂项下。

【1768】6.20.314.(9)(略)

【1790】6.20.314.(3)(略)

【1761】○续纂

一、白契所买奴婢,如有杀伤家长及家长缌麻以上亲者,均照红契奴婢一体治罪。家长杀伤奴婢,仍分红、白契办理。

臣等谨按:此二条系乾隆二十四年(1759)十一月内,臣部议复升任山西按察使永泰条奏定例,应纂辑以便遵行。

【1768】6.20.314.(10)(略)

【1790】6.20.314.(4)(略)

【1801】修并、分辑

修并、分辑按语并修并、分辑后例文,见条【1790】6.20.314.(15)条【1801】修并、分辑项下。

【1761】○续纂

一、除典当家人及隶身长随,俱照定例治罪外,其雇佣工作之人,若立有文契年限,及虽无文契,而议有年限,或计工受值,已阅五年以上者,于家长有犯,均依雇工人定拟。其随时短雇,受值无多者,仍同凡论。

续纂按语,见【1768】6.20.314.(10)条【1761】续纂项下。

【1768】6.20.314.(11)(略)

【1788】○删除、续纂

【原例】【1768】6.20.314.(11)(略)、【1768】6.20.314.(12)(略)

臣等谨按:以上二条俱系雇佣平民,分别有无主仆名分旧例。嗣于乾隆五十一年(1786)四月内,经军机大臣会同臣部遵旨酌议,嗣后除典当家人、隶身长随,仍照旧例定拟外,凡官民之家如车夫、厨役、水火夫、轿夫及一切打杂受雇服役者,平日起居不敢与共,饮食不敢与同,并不敢尔我相称,系听其使唤之人,是有主仆名分,无论其有无文契、年限,均照例以雇工论。若农民佃户雇倩耕种工作之人,并店铺小郎之类,平日共坐同食,彼此平等相称,不为使唤服役者,此等人并无主仆名分,亦无论其有无文契、年限及是否亲族,俱依凡人科断。如此详细分晰,明立界限,奏请纂入例册,并将旧例删除等因具奏。奉旨:"依议。"钦遵在案。是以上原例二条,业已奏明不用,应请删除。所有奏准服役雇工与雇倩平民,分别平素有无主仆名分按例定拟之处,应纂辑以资引用。今将纂辑例文,开列于后。

【续纂】【1790】6.20.314.(11)(略)

【1790】6.20.314.(11)

续纂按语,见【1768】6.20.314.(11)条【1788】删除、续纂项下。

一、凡官民之家,除典当家人、隶身长随,仍照定例治罪外,如系车夫、厨役、水火夫、轿夫及一切打杂受雇服役人等,平日起居不敢与共,饮食不敢与同,并不敢尔我相称,素有主仆名分者,无论其有无文契年限,俱以雇工论。若农民佃户、雇倩耕种工作之人,并店铺小郎之类,平日共坐共食,彼此平等相称,不为使唤服役,素无主仆名分者,亦无论其有无文契年限,俱依凡人科断。

【1801】修并、分辑

修并、分辑按语并修并、分辑后例文,见条【1790】6.20.314.(15)条【1801】修并、分辑项下。

【1767】○续纂

一、官民之家,除典当家人、隶身长随,及立有文契年限之雇工,仍照例定拟外,其余雇工,虽无文契而议有年限,或不立年限而有主仆名分者,如受雇在一年以内,或有寻常干犯,照良贱加等律,再加一等治罪;若受雇在一年以上者,即依雇工人定拟。其犯奸杀、诬告等项重情,即一年以内,亦照雇工人治罪。若止是农民雇倩亲族耕作,店铺小郎,以及随时短雇,并非服役之人,应同凡论。

臣等谨按:原例“雇倩工作之人,若立有文契、年限,及虽无文契而议有年限,或计工受值已阅五年以上者,依雇工人论”等语。查良贱相犯,按律尚加凡人一等,雇工一项,民间多有不立文契、年限,而实有主仆名分者。如与家长有犯,必以受雇五年为断,其在五年以内,悉照凡人科罪,并无良贱之分。臣等伏查受雇在一年以外至二、三、四年,恩养已不为不久,若有干犯,不便竟同凡人问拟。将原例量为酌改,如受雇在一年以内有犯,寻常干犯,照良贱加等律再加一等治罪。如受雇在一年以外,即依雇工人定拟。若犯奸、杀、诬告等项重情,虽在一年以内,亦照雇工人治罪。

【1768】6.20.314.(12)(略)

【1788】○删除

删除按语,见【1768】6.20.314.(11)条【1788】删除、续纂项下。

【1767】○续纂

一、奴婢殴家长之期亲及外祖父母至死者,皆拟斩立决。

臣等谨按:此条系乾隆三十年(1765)九月内,河南巡抚阿思哈审题“蔡觐扎伤家主之子闫松身死”一案附请定例,应纂辑遵行。

【1768】6. 20. 314. (13)(略)

【1790】6. 20. 314. (1)(略)

【1767】○续纂

一、奴婢过失杀家长者,拟绞立决。

臣等谨按:此条系乾隆三十一年(1766)十一月内,江苏按察使李永书条奏定例,应纂辑遵行。

【1768】6. 20. 314. (14)(略)

【1790】6. 20. 314. (2)(略)

【1767】○续纂

一、旗员殴死赎身及放出奴婢,并该奴婢之子女者,即照殴死族中奴婢降二级调用例减一等,降一级调用;故杀者,即照故杀族中奴婢例,降三级调用。

臣等谨按:此条系乾隆二十六年(1761)二月内,臣部汇题“笔帖式宝祥打死赎身家人玉明”一案,钦奉上谕议准定例,应纂辑遵行。

【1768】6. 20. 314. (15)(略)

【1778】○修改

臣等谨按:此条系原例,并无旗人殴死赎身奴婢治罪之文。嗣于乾隆三十八年(1773)十二月内,江西巡抚海成审将殴死赎身奴婢之姚彬古照平人斗杀例拟绞。经臣部查,例内旗人殴死族中奴婢枷号两个月,即民人满流准折之数,将姚彬古于满流罪上减一等,拟以杖一百、徒三年。并声明旗人有犯,亦应照此办理,奏准定例。谨拟于此条例内添入殴死赎身奴婢枷号四十日、鞭一百一层,以便引用。拟合声明。

一、旗员殴死赎身及放出奴婢,并该奴婢之子女者,照殴死族中奴婢降级调用例减一等,降一级调用;故杀者,照故杀族中奴婢例,降三级调用。旗人殴死赎身奴婢者,枷号四十日,鞭一百。

【1790】6. 20. 314. (10)(略)

【1825】6. 20. 314. (6)(略)

【1835】○修改

修改按语,见【1825】6. 20. 314. (5)条【1835】○修改、续纂项下。

一、官员殴死赎身及放出奴婢,并该奴婢之子女者,照殴死族中奴婢降二级调用例减一等,降一级调用;故杀者,照故杀族中奴婢例,降三级调用。旗人殴死赎身奴婢者,枷号四十日,鞭一百。

【1847】6. 20. 314. (13)(略)

【1778】○续纂

一、凡民人殴死赎身放出奴婢，及该奴婢之子女者，杖一百、徒三年；殴死族中奴婢，杖一百、流三千里。若系官员，亦照旗员之例办理。

臣等谨按：此条系乾隆三十八年(1773)十二月内江西巡抚海成题“安福县民姚彬古殴死赎身仆人孔正偶”一案，因孔正偶系姚彬古祖父放赎开户之仆，与姚彬古无主仆名分，应同凡论，拟绞。臣部以家长于奴婢，名分攸关。奴婢虽已赎身，并非转卖义绝。若竟照奴婢科断，又与现在服役者不同。议照旗人殴死族中奴婢例减一等定拟满徒，奏准定例，将姚彬古一犯改拟在案，应纂辑遵行。再查汉官殴死奴婢，与满洲主仆并论。民人殴死赎身奴婢，既照旗人例问拟，则殴死族中奴婢，亦应与旗人一例办理。旗人殴死族中奴婢，枷号两个月，照例准折，民人应拟满流。是以一并纂入，以便引用，合并声明。

【1790】6.20.314.(16)(略)

【1795】○修改

臣等谨按：此条系乾隆三十八年(1773)定例。查例内专指旧家长殴死赎身奴婢而言，至赎身奴婢干犯旧家长，律注仍照奴婢殴家长本律科断。但查旧家长杀伤赎身奴婢，既较家长殴奴婢本律加重，则赎身奴婢干犯家长，亦宜较本律酌减。惟查放出奴婢，伊主既未图财转卖，将其放出，听其自谋生理。其恩义与服役时并重，如敢忘恩干犯旧主，自应照奴婢本律科罪。其放出奴婢之子女有犯，仍以雇工人论。至赎身奴婢，伊主既得还身价，与施恩放出者有间，如该奴婢及其子女干犯旧家长，均应即照雇工治罪，庶为平允。又查家长殴死赎身奴婢，例内杖一百、徒三年，系照家长殴死雇工人律科断。若故杀者，亦应依故杀雇工人律拟绞监候。又放出奴婢干犯家长，既照奴婢本律治罪，则家长殴、故杀放出奴婢，亦应照家长殴故、杀奴婢本律办理。再家长殴死赎身、放出奴婢及该奴婢之子女，例有专条，而家长期亲及外祖父母并功服以下亲属殴死赎身、放出奴婢，向无治罪明文。查家长期亲、外祖父母，律内俱与家长并论，至家长之功服以下亲属，与家长期亲不同，自应酌量等差，以示区别。嗣后家长之期亲、外祖父母，殴死赎身奴婢及该奴婢之子女者，与家长殴死一例问拟满徒。大功亲属，杖一百、流二千里；小功、缌麻，递加一等。殴死赎身奴婢之子女者，以良贱相殴论。若赎身奴婢干犯家长及家长期服以下亲者，以雇工人科断。至赎身奴婢之子女干犯家长及家长期亲、外祖父母者，亦以雇工人论。若干犯大功以下亲，则以良贱相殴论。如奴婢系施恩放出，家长或家长期服以下亲殴、故杀之，及放出之奴婢干犯家长并家长期服以下亲者，仍以奴婢本律定拟。该奴婢之子女若有杀伤、干犯，各依雇工人律科断。又查例内殴死族中奴婢，杖一百、流三千里，系指家长无服亲属殴死未经赎身放出之奴婢而言。若已经赎身放出，服尽分疏，如有杀伤、干犯，自应照良贱相殴本律论。该奴婢之子女，俱以凡论。应于例内添明，以资引用。谨将修改例文，开列于后。

一、凡家长及家长之期亲，若外祖父母，殴死赎身奴婢，及该奴婢之子女者，杖一百、徒三年；故杀者，拟绞监候。大功亲属，殴死赎身奴婢者，杖一百、流二千里；小功、缌麻，递加一等；故杀，亦绞监候。殴死赎身奴婢之子女者，以良贱相殴论。若赎身奴婢，干犯家长并家长期服以下亲者，俱依雇工人律科断。赎身奴婢之子女，干犯家长及家长期亲、外祖父母，亦以雇工人论；干犯家长大功以下亲，以良贱相殴论。如家长或家长期服以下亲，殴、故杀放出奴婢，及放出奴婢，干犯家长并家长期服以下亲者，仍依奴婢本律定拟。殴、故杀放出奴婢之子女，或放出奴婢之子女干犯家长及家长期服以下亲者，各依雇工人律科断。其殴杀无服亲属之奴婢，及奴婢之子女者，杖一百、流三千里；故杀，亦绞监候。若已经赎身放出，如有杀伤、干犯，各依良贱相殴本律论；该奴婢之子女，俱以凡论。系官员，照旗员之例办理。

【1802】6.20.314.(8)(略)

【1825】○修改

臣等谨按：殴杀无服亲属之奴婢及奴婢之子女者，拟杖一百、流三千里，系乾隆四十二年（1777）仿照旗人殴杀族中奴婢例纂定。今例内仅称“无服亲属之奴婢”，未将“族中”字样指出，恐内外问刑衙门，因例内并无“族中”字样，将殴杀外姻无服亲之奴婢，即照殴杀族中奴婢例问拟，致与定例未符。应请于原例内增添“族中”二字，以昭明晰。今将修改例文，开列于后。

一、凡家长及家长之期亲，若外祖父母，殴死赎身奴婢，及该奴婢之子女者，杖一百、徒三年；故杀者，拟绞监候。大功亲属，殴死赎身奴婢者，杖一百、流二千里；小功、缌麻，递加一等；故杀，亦绞监候。殴死赎身奴婢之子女者，以良贱相殴论。若赎身奴婢，干犯家长并家长期服以下亲者，俱依雇工人律科断。赎身奴婢之子女，干犯家长及家长期亲、外祖父母，亦以雇工人论；干犯家长大功以下亲，以良贱相殴论。如家长或家长期服以下亲，殴、故杀放出奴婢，及放出奴婢，干犯家长并家长期服以下亲者，仍依奴婢本律定拟。殴、故杀放出奴婢之子女，或放出奴婢之子女干犯家长及家长期服以下亲者，各依雇工人律科断。其殴杀族中无服亲属之奴婢，及奴婢之子女者，杖一百、流三千里；故杀，亦绞监候。若已经赎身放出，如有杀伤、干犯，各依良贱相殴本律论；该奴婢之子女，俱以凡论。系官员，照旗员之例办理。

【1825】6.20.314.(8)(略)

【1835】○修改

修改按语，见【1825】6.20.314.(5)条【1835】○修改、续纂项下。

一、凡家长，及家长之期亲，若外祖父母，殴死赎身奴婢，及该奴婢之子女者，杖一百、徒三年；故杀者，拟绞监候。大功亲属，殴死赎身奴婢者，杖一百、流二千里；小功、缌麻，递加一等。故杀亦绞监候。殴死赎身奴婢之子女者，以良贱相殴论。若赎身奴婢，干犯家长并家长期服以下亲者，俱依雇工人律科断。赎身奴婢之子女，干犯家长及家长期亲、外祖父母，亦以雇工人论；干犯家长大功以下亲，以良贱相殴论。如家长或家长期服以下亲，殴、故杀放出奴婢，及放出奴婢，干犯家长并家长期服以下亲者，仍依奴婢本律定拟。殴、故杀放出奴婢之子女，或放出奴婢之子女干犯家长及家长期服以下亲者，各依雇工人律科断。其殴杀族中无服亲属之奴婢，及奴婢之子女者，杖一百、流三千里;故杀,亦绞监候。若已经赎身放出,如有杀伤、干犯,各依良贱相殴本律论;该奴婢之子女,俱以凡论。

【1847】6.20.314.(14)(略)

【1778】○续纂

一、凡发遣黑龙江等处为奴人犯,有自行携带之妻、子,跟随本犯在主家倚食服役,被主责打身死者,照殴死雇工人例,拟杖一百、徒三年。其妻、子自行谋生,不随本犯在主家倚食者,仍以凡论。

臣等谨按:此条系乾隆四十年(1775)四月内,臣部议复黑龙江将军傅玉咨"队长甘三保之妻厄素尔氏殴死遣犯赵应大随带之妻何氏"一案,将厄素尔氏照殴死雇工人例拟徒收赎,咨请部示。经臣部酌议复准,并奏请分别定例,应纂辑遵行。再遣犯随带之妻,既定有专条,其随带之子,自应一体增入,以便引用。合并声明。

【1790】6.20.314.(17)(略)

【1802】6.20.314.(7)(略)

【1847】6.20.314.(5)(略)

【1788】○续纂

一、凡家长之期亲,因与人通奸,被白契所买婢女窥破,起意致死灭口之案,除婢女年在十五以上,仍照定例办理外,若将未至十五岁之婢女起意致死者,拟绞立决。若系为从,各依本例科断。

臣等谨按:此条系乾隆五十二年(1787)三月内,臣部核复江苏巡抚闵鹗元题"徐二姐与陈七通奸,被伊父白契所买婢女素娟窥破,起意致死灭口,审照故杀雇工律拟绞监候"具题。奉旨:"徐二姐与陈七通奸,恐婢女素娟说破,起意致死灭口,主婢之分已绝。且素娟年止十二,徐二姐乘伊睡熟,用绳收勒毙命,实为淫凶可恶。徐二姐着改为绞决。嗣后遇有奸淫起衅,任意凶残婢女年在十五岁以下者,俱着照此办理。余依议。钦此。"应恭纂为例,以便遵行。

【1790】6.20.314.(5)(略)

【1802】6.20.314.(4)(略)

【1801】○续纂

一、契买婢女,伊父母兄弟私自拐逃者,照和诱知情发遣例减一等,杖一百、徒三年,其女给主领回。若契买家奴及户下陈人,将女私聘与人,未成婚者,给还本主;已成婚者,追身价银四十两。无力者,量追一半给主;其嫁女之人,杖一百、徒三年,满日给主管束。娶主知情与同罪,不知者不坐。

臣等谨按:契买婢女,伊父母、兄弟拐逃私自聘嫁,及契买家奴私自将女聘嫁者,作何治罪,及其女应否离异之处,刑律内并无明文。臣部遇有此等案件,俱系查案问拟。查嘉庆四年(1799),原任礼部侍郎恒杰契买婢女海棠,被其母尚郭氏私自拐逃,嫁与李成为妻。经臣部审拟,因尚郭氏究系海棠之母,与凡人诱拐有间,将尚郭氏比照和诱知情发遣例量减一等,杖一百、徒三年,婢女海棠交旗给主领回在案。又《户部则例》内开"旗下家奴将女私聘与人,经本主控告审明,未婚者,给还本主;已婚者,追身价银四十两;无力者,量追一半给主,免其离异。其嫁女之人及知情聘娶者,分别鞭责"等语,应添入例内,以便引用。又查奴仆私自将女聘嫁,户部例内仅称"分别鞭责",语意含混,拟罪亦未免太轻。应照凡人诱拐拟军例量减一等拟徒,满日交主管束。谨纂为例,以便引用。

【1802】6.20.314.(14)(略)

【1847】6.20.314.(11)(略)

【1835】○续纂

一、家长之妾,殴、故杀奴婢之案,除系生有子女者,即照家长之期亲殴故杀奴婢本律分别定拟外,其未生子女之妾,殴死隶身服役之婢女者,杖一百、流三千里;故杀者,拟绞监候。若与家长之众奴婢有犯,并非隶身服役之人,俱以凡论。

续纂按语,见【1825】6.20.314.(5)条【1835】○修改、续纂项下。

【1847】6.20.314.(15)(略)

【1835】○续纂

一、雇工人等,干犯旧家长之案,如系因求索不遂,辞出后复借端讹诈,或挟家长撵逐之嫌,寻衅报复,并一切理曲肇衅,在辞工以前者,均即照雇工人干犯家长各本律例分别定拟;其辞出之后,别因他故起衅者,仍以凡人论。

臣等谨按:道光十二年(1832)十一月内,据升任江西道监察御史金应麟奏"请修改删易刑例"一折内称,"奴婢、雇工人谋杀旧家长以凡论,谓转卖他人者。若赎身者,依谋杀家长科断。查雇工人雇倩已满,即同凡论。如有因求索不遂、借端讹诈,将家长逞凶干犯者,一概同凡,未免无所区别,似应查明补出"等语。经臣部查,雇工人谋杀旧家长,应照凡人科断,律注已有明文。至谋杀而外,一切干犯等事,律内所未议及者,检查向来成案,俱系仿照谋杀旧家长之律,一概同凡定拟。推原其故,盖因雇工人等不过受雇服役,一经辞出,即无恩义可言,故不得不与转卖之奴婢一例同科。惟是同一辞出,雇工干犯家长,而案情各有区分。有因求索不遂,辞工后复借端讹诈者,亦有挟家长撵逐之嫌,寻衅报复者,是其干犯虽在辞工以后,而肇衅实在受雇之时,与别因他故起衅者不同。若一概等诸凡人,诚恐顽梗之徒,有所恃而不恐。当其隶身服役之日,已怀肆无忌惮之心,甚至任意横行、百端挟制。而庸懦之家长,亦或畏其报复于异日,转不能不迁就于目前,于主仆名分殊有关系。自应另立专条,以昭惩创。议请嗣后雇工人等干犯旧家长之案,如系因求索不遂,辞出后复借端讹诈,或挟家长撵逐之嫌,寻衅报复,并一切理曲,肇衅在辞工以前者,均即照雇工人干犯家长各本律例分别定拟。其辞出之后,别因他故起衅者,仍以凡人论等因具奏。奉旨允准通行,遵照在案。谨纂辑专条,以资引用。

【1847】6.20.314.(16)(略)

妻妾殴夫

律　文

【1646】6.20.338

凡妻妾殴夫者,但殴即坐。杖一百,夫愿离者听。须夫自告乃坐。至折伤以上,各验其伤之轻重,加凡斗伤三等;至笃疾者,绞;决。死者,斩;决。故杀者,凌迟处死。兼魇魅蛊毒在内。〇若妾殴夫及正妻者,又各加妻殴夫罪一等。加者,加入于死。但绞不斩。于家长则决,于妻则监候。若笃疾者、死者、故杀者,仍与妻殴夫罪同。〇其夫殴妻,非折伤勿论。至折伤以上,减凡人二等。须妻自告乃坐。先行审问夫妇,如愿离异者,断罪、离异;不愿离异者,验所伤应坐之罪收赎。仍听完聚。至死者,监绞。故杀亦绞。殴伤妾至折伤以上,减伤妻二等;至死者,杖一百、徒三年。妻殴伤妾,与夫殴妻罪同。亦须妾自告乃坐。过失杀者,各勿论。盖谓其一则分尊可原,一则情亲当矜也。须得过失真情,不真仍各坐本律。〇若殴妻之父母者,但殴即坐,杖一百;折伤以上,各加凡斗伤罪一等;至笃疾者,绞;监候。死者,斩。监候。故杀者,亦斩。

【1670】6.20.337

凡妻妾殴夫者,但殴即坐。杖一百,夫愿离者听。须夫自告乃坐。至折伤以上,各验其伤之轻重,加凡斗伤三等;至笃疾者,绞;决。死者,斩;决。故杀者,凌迟处死。兼魇魅蛊毒在内。〇若妾殴夫及正妻者,又各加妻殴夫罪一等。加者,加入于死。但绞不斩。于家长则决,于妻则监候。若笃疾者、死者、故杀者,仍与妻殴夫罪同。〇其夫殴妻,非折伤勿论。至折伤以上,减凡人二等。须妻自告乃坐。先行审问夫妇,如愿离异者,断罪、离异;不愿离异者,验所伤应坐之罪收赎。仍听完聚。至死者,绞。监候。故杀亦绞。殴伤妾至折伤以上,减殴伤妻二等;至死者,杖一百、徒三年。妻殴伤妾,与夫殴妻罪同。亦须妾自告乃坐。过失杀者,各勿论。盖谓其一则分尊可原,一则情亲当矜也。须得过失真情,不真仍各坐本律。〇若殴妻之父母者,但殴即坐,杖一百;折伤以上,各加凡斗伤罪一等;至笃疾者,绞;监候。死者,斩。监候。故杀者,亦斩。

【1725】6.20.325

凡妻妾殴夫者,但殴即坐。杖一百,夫愿离者听。须夫自告乃坐。至折伤以上,各验其伤之轻重,加凡斗伤三等;至笃疾者,绞;决。死者,斩;决。故杀者,凌迟处死。兼魇魅蛊毒在内。〇若妾殴夫及正妻者,又各加妻殴夫罪一等。加者,加入于死。但绞不斩。于家长则决,于妻则监候。若笃疾者、死者、故杀者,仍与妻殴夫罪同。〇其夫殴妻,非折伤勿论。至折伤以上,减凡人二等。须妻自告乃坐。先行审问夫妇,如愿离异者,断罪、离异;不愿离异者,验所伤应坐之罪收赎。仍听完聚。至死者,绞。监候。故杀亦绞。殴伤妾至折伤以上,减殴伤妻二等;至死者,杖一百、徒三年。妻殴伤妾,与夫殴妻罪同。亦须妾自告乃坐。过失杀者,各勿论。盖谓其一则分尊可原,一则情亲当矜也。须得过失实情,不实仍各坐本律。○若殴妻之父母者,但殴即坐,杖六十、徒一年;折伤以上,各加凡斗伤罪二等;至笃疾者,绞;监候。死者,斩。监候。故杀者,亦斩。

注:此正夫妇之伦常也。首节言妻殴夫之罪。盖妇以夫为天,岂容逞殴。故但殴,即坐满杖。其夫愿离者听。至折伤以上,加凡罪三等;至笃疾,则绞;至死,则斩;故杀者,凌迟处死。次节言妾殴夫及正妻之罪。妾之分卑,而名下有事使之义焉。若殴夫及正妻,各加妻殴夫罪一等。此加罪,加入于死。三节定夫殴妻妾及妻殴妾之罪。殴妻折伤以上,减凡罪二等。但夫可听其离妇,妇不得听其离夫。如俱愿离异,则依律断。有一不愿离者,但验折伤应得之罪,全准收赎,听与完聚。惟殴至死,及故杀,俱绞候。若殴妾折伤以上,又减殴妻罪二等。至死者,满徒。不言故杀,亦止于徒也。若妻殴伤妾,与夫殴妻罪同。其夫过失杀妻妾,与妻过失杀妾者,一则分尊可原,一则情亲当矜,故各勿论。末节定殴妻父母之罪。妻父母服轻而情重,故但殴即坐杖六十、徒一年;折伤以上,各加凡罪二等;至笃疾绞,至死斩,俱监候。

臣等谨按:此正夫妇之伦常也。首节言妻殴夫之罪。盖妇以夫为重,岂容逞殴。故但殴,即坐满杖;至折伤以上,加凡罪三等;至笃疾,则绞;至死,则斩;故杀者,凌迟处死。次节言妾殴夫及正妻之罪。妾之分卑,而名下有事使之义焉。若殴夫及正妻,各加妻殴夫罪一等。此加罪,加入于死。三节定夫殴妻妾,及妻殴妾,至折伤以上之罪。殴妻折伤以上,减凡罪二等。如愿离异,则依律断。不愿离异者,验所殴折伤,坐夫应得之罪,全准收赎,听与完聚。惟至死,绞监候;故杀,亦绞监候。若殴妾折伤以上,又减殴妻罪二等。至死者,止满徒。不言故杀,亦止于徒也。若妻殴妾至折伤以上,亦各照夫殴妻罪科断。其夫过失杀妻妾,与妻过失杀妾,各勿论。末节定殴妻父母之罪。妻父母服虽轻而情则重,故有殴者,不问有伤、无伤,即坐满杖。殴至折伤以上,各加凡罪一等;至笃疾绞,至死者斩,俱监候。

【1740】○修改

臣等谨按:"过失杀者,各勿论"下小注,一则分尊可原,一则情亲当矜。是妻妾过失杀夫、妾过失杀正妻,亦得勿论,似未平允。查《笺释》云"夫过失杀其妻妾,及正妻过失杀其妾者,各勿论。若妻妾过失杀其夫、妾过失杀正妻,当用此律过失杀句,不可通承上二条言"等语,最为明晰。应增入"各勿论"下小注内。谨将增注律文,开列于后。

凡妻妾殴夫者,但殴即坐。杖一百,夫愿离者听。须夫自告乃坐。至折伤以上,各验其伤之轻重,加凡斗伤三等;至笃疾者,绞;决。死者,斩;决。故杀者,凌迟处死。兼魇魅蛊毒在内。○若妾殴夫及正妻者,又,各加妻殴夫罪一等。加者,加入于死。但绞不斩。于家长则决,于妻则监候。若笃疾者、死者、故杀者,仍与妻殴夫罪同。○其夫殴妻,非折伤勿论。至折伤以上,减凡人二等。须妻自告乃坐。先行审问夫妇,如愿离异者,断罪、离异;不愿离异者,验所伤应坐之罪收赎。仍听完聚。至死者,绞。监候。故杀亦绞。殴伤妾至折伤以上,减殴伤妻二等;至死者,杖一百、徒三年。妻殴伤妾,与夫殴妻罪同。亦须妾自告乃坐。过失杀者,各勿论。盖谓其一则分尊可原,一则情亲当矜也。须得过失实情,不实仍各坐本律。○夫过失杀其妻妾,及正妻过失杀其妾者,各勿论。若妻妾过失杀其夫、妾过失杀正妻,当用此律过失杀句,不可通承上二条言。

○若殴妻之父母者,但殴即坐。杖六十、徒一年;折伤以上,各加凡斗伤罪二等;至笃疾者,绞;监候。死者,斩。监候。故杀者,亦斩。

【1740】6.20.315(略)

附律条例

【1743】○续纂

一、凡妻殴本夫,如本夫亲告,又复愿离,恩义已绝,应按律的决,不得勒追本夫银两,代妻纳赎。如本夫不愿离异,及正妻殴妾至折伤以上,仍依律科断,概准纳赎。至妾殴夫及正妻,依律分别定拟,杖罪的决,余罪收赎。

此条系乾隆七年(1742)三月,臣部议复升任侍郎张照、周学健条奏定例。

【1768】6.20.315.(1)(略)

【1746】○续纂

一、妻过失杀其夫、妾过失杀家长,俱比照子孙过失杀祖父母父母律,杖一百、流三千里;妾过失杀正妻,比照过失杀期亲尊长律,杖一百、徒三年;俱决杖一百,余罪收赎。

臣等谨按:此条系乾隆九年(1744)四月内,臣部复议调任苏州巡抚陈大受题"丁氏失手揿伤亲夫欧德润身死"一案附请定例,应纂辑以便遵行。

【1767】○删除、续纂

【原例】【1746】续纂"一、妻过失杀其夫、妾过失杀家长,俱比照子孙过失杀祖父母父母律……"条(略)、【1761】续纂"一、妻过失杀其夫、妾过失杀家长,依例赎流决杖外……"条(略)

谨案:乾隆三十二年(1767),因新例均拟绞立决,此二条应删。惟前条妾过失杀正妻以下,系现行之例,录出列为专条。

【续纂】【1768】6.20.315.(2)(略)

【1761】○续纂

一、妻过失杀其夫、妾过失杀家长,依例赎流决杖外,均不许改嫁。其有内外亲属无可依靠,不能存活者,该族保人等呈报地方有司查明,当官嫁配。违者,均照嫁娶违律治罪。

臣等谨按:此条系乾隆二十六年(1761)六月内,臣部议复湖北布政使亢保条奏定例,应纂辑以便遵行。

【1767】○删除、续纂

删除按语,见【1746】续纂"一、妻过失杀其夫、妾过失杀家长,俱比照子孙过失杀祖父母父母律……”条【1767】删除、续纂项下。

【1767】○续纂

续纂按语,见【1746】续纂“一、妻过失杀其夫、妾过失杀家长,俱比照子孙过失杀祖父母父母律……”条【1767】删除、续纂项下。

一、妾过失杀正妻,比照过失杀期亲尊长律杖一百、徒三年,决杖一百,余罪收赎。

【1768】6.20.315.(2)(略)

【1767】○续纂

一、妻过失杀夫,妾过失杀家长者,俱拟绞立决。

臣等谨按:此条系乾隆三十一年(1766)十二月内,臣部议复江苏按察使李永书条奏“奴婢过失杀家长,改为立决”案内,附请定例,应纂辑遵行。所有旧例二条,应请删除。其旧例内有妾过失杀正妻,比照过失杀期亲尊长律杖一百、徒三年,决杖一百,余罪收赎一节,系现行之例,应摘出另为一条。谨将另立条例及删除旧例,开列于后。

【1768】6.20.315.(3)(略)

同姓亲属相殴

律　文

【1646】6.20.339

凡同姓亲属相殴,虽五服已尽,而尊卑名分犹存者,尊长(犯卑幼)减凡斗一等,卑幼(犯尊长)加一等。(不加至死。)至死者,(无论尊卑长幼,)并以凡人论。(斗杀者,绞,故杀者,斩。)

【1670】6.20.338(略)

【1725】6.20.326

律文(略)

注:此见宗族谊重,不得与凡人等也。凡同姓亲属,虽在五服之外,而世系之尊卑名分犹存,终非凡人可比。故尊长殴卑幼,得减凡斗罪一等。卑幼殴尊长,则加凡斗罪一等,罪止满流,不加至于死。若殴至死者,则以凡人论。盖已在五服之外,罪至拟抵,无可加增,情义既绝,不得更减。故不论尊长、卑幼,为首、为从,并以凡人科断。不言过失杀伤者,亦准凡人收赎法。

臣等谨按:此见宗族谊重,不得与凡人等也。凡本宗同姓之袒免亲属,虽在五服之外,而世系之尊卑名分犹存,终非凡人可比。故尊长殴卑幼,得减凡斗罪一等。卑幼殴尊长,则加凡斗罪一等。若殴至死者,不问尊长、卑幼,为首、为从,并以凡人科断。不言过失杀伤者,亦准凡人收赎法。

【1740】6.20.316(略)

附律条例

【1725】6.20.326.(1)

【钦定例】一、凡同族之中,果有凶悍不法、偷窃奸宄之人,许族人呈明地方官,照所犯本罪依律科断,详记档案。若经官惩治之后,尚复怙恶不悛,准族人公同鸣官,查明从前过犯实迹,将该犯流三千里安置,不许潜回原籍,生事为匪。倘族人不法,事起一时,合族公愤,不及鸣官,处以家法,以致身死,随即报官者,该地方官审明死者所犯劣迹,确有实据,取具里、保、甲长公结,若实有应死之罪,将为首者照罪人应死擅杀律,杖一百;若罪不至死,但素行为通族之所共恶,将为首者照应得之罪减一等,免其拟抵。倘宗族之人捏称怙恶,托名公愤,将族人殴毙者,该地方官审明致死实情,仍照本律科断。

谨案:此条系雍正五年(1727)遵旨定例。

【1740】○删除

臣等谨按:同族之中果有凶悍不法之徒,族人自应鸣官治罪。乃以事起一时,合族公愤,处以家法致死,审明罪人应死与不应死,将为首者分别拟杖与减等免抵。虽属创惩凶悍,体顺人情,俱族大人众,贤愚难辨,或以富吝而招众怨,或以刚直而致同仇,或一人煽诱,群相附和,或共挟微嫌,辄图报复,因而架捏大题,朋比串害。倘地方官未能悉加照察,恐难免冤抑之虑。况生杀乃朝廷之大权,如有不法,自应明正刑章,不宜假手族人以开其隙。已据调任两广总督鄂弥达奏请停止,应删。

殴大功以下尊长

律　文

【1646】6.20.340

凡卑幼殴本宗及外姻缌麻兄姊但殴即坐。杖一百,小功兄姊杖六十、徒一年,大功兄姊杖七十、徒一年半。尊属又各加一等。尊属,与父母同辈者,如同堂伯叔父母、姑及母舅、母姨之类。外姻止有缌麻兄姊,盖姑、舅、两姨之兄姊是也。大功尊属,如父之出嫁姊妹之类。小功尊属,如父之同祖兄弟及姊妹、母之兄弟姊妹之类。折伤以上,各递加凡斗伤一等。罪止杖一百、流三千里。笃疾者,不问大功以下尊属,并绞;死者,斩。绞、斩,在本宗小功、大功兄姊及尊属则决,余俱监候。不言故杀者,亦止于斩也。若本宗及外姻尊长殴卑幼,非折伤勿论。至折伤以上,缌麻卑幼减凡人一等,小功卑幼减二等,大功卑幼减三等;至死者,绞。监候。不言故杀者,亦止于绞也。其殴杀同堂大功弟妹、小功堂侄及缌麻侄孙者,杖一百、流三千里。不言笃疾、至死者,罪止此。仍依律给付财产一半养赡。故杀者,绞。监候。不言过失杀者,盖各准本条论赎之法。兄之妻及伯叔母、弟之妻及卑幼之妇,在殴夫亲属律;侄与侄孙,在殴期亲律。

【1670】6.20.339(略)

【1725】○修改

原拟:小注"尊属"解前云"同堂伯叔父母、姑及母舅、母姨",后又云"小功尊属,如父之同祖兄弟姊妹、母之兄弟姊妹",前后重出。又,小注"缌麻尊属"一项,今解释内俱已注明,此注应删。

臣等谨按(按语与雍正三年律后总注同,略)

【1725】6.20.327

凡卑幼殴本宗及外姻缌麻兄姊,但殴即坐。杖一百;小功兄姊,杖六十、徒一年;大功兄姊,杖七十、徒一年半。尊属又各加一等。折伤以上,各递加凡斗伤一等。罪止杖一百、流三千里。笃疾者,不问大功以下尊属,并绞;死者,斩。绞、斩,在本宗小功、大功兄姊及尊属则决,余俱监候。不言故杀者,亦止于斩也。若本宗及外姻尊长殴卑幼,非折伤勿论。至折伤以上,缌麻卑幼减凡人一等,小功卑幼减二等,大功卑幼减三等;至死者,绞。监候。不言故杀者,亦止于绞也。其殴杀同堂大功弟妹、小功堂侄及缌麻侄孙者,杖一百、流三千里。不言笃疾、至死者,罪止此。仍依律给付财产一半养赡。故杀者,绞。监候。不言过失杀者,盖各准本条论赎之法。兄之妻及伯叔母、弟之妻及卑幼之妇,在殴夫亲属律;侄与侄孙,在殴期亲律。

注:此分别大功以下亲属而定殴者之罪也。凡卑幼于本宗同高祖之兄姊、同曾祖之出嫁姊,及外姻姑、舅、两姨之兄姊,皆服缌麻,殴者杖一百;同曾祖之兄姊,同祖之出嫁姊,皆服小功,殴者杖六十、徒一年;同祖之兄姊,同父之出嫁姊,皆服大功;殴者杖七十、徒一年半。此指与己同辈之长者言。若与祖、父同辈,则为尊属。如曾祖之兄弟姊妹、祖之同祖兄弟姊妹、父之同曾祖兄弟姊妹,皆缌麻尊属,殴之者,杖六十、徒一年;祖之兄弟姊妹、父之同祖兄弟姊妹、母之同父兄弟姊妹,皆小功尊属,殴之者,杖七十、徒一年半;己之出嫁姑,系大功尊属,殴之者,杖八十、徒二年。故曰尊属又各加一等。此言殴及殴而成伤者之罪。若殴至折伤以上,各递加凡人折伤罪一等。如缌麻兄姊,加凡罪一等;小功兄姊,加凡罪二等;大功兄姊,加凡罪三等。缌麻尊属,又从缌麻兄姊加罪上加一等,共加凡罪二等;小功尊属,加凡罪三等;大功尊属,加凡罪四等。故曰递加也。若殴至笃疾,则不问缌、功兄姊,及尊属,并绞;至死者,并斩。不言故杀,亦止于斩也。若大功以下尊长,不问兄姊、尊属,殴本宗及外姻有服卑幼,非折伤俱勿论。折伤以上,系缌麻卑幼,减凡人罪一等;小功,减二等;大功,减三等。各随凡人折伤之本罪减之。殴至死者,不问缌、功,并绞监候。其大功以下卑幼中,有系同堂大功之弟、在室之妹,及小功之堂侄、缌麻之侄孙,虽服无异,而分最亲,故殴伤至笃疾,皆与诸卑幼同科。至死者,尊长止坐杖一百、流三千里。惟故杀坐绞监候。以上尊长殴卑幼至笃疾,罪不至绞者,仍尽本法,依律给付财产一半养赡。

【1740】6.20.317(略)

附律条例

【1743】○续纂

一、殴死同堂大功弟妹、小功堂侄及缌麻侄孙,除照律拟流外,仍断给财产一半养赡。其大功以下尊长殴卑幼至笃疾,均照律断给财产。惟殴尊长至笃疾罪应拟绞者,不在断给财产之内。

臣等谨按:此条系乾隆六年(1741)三月,臣部议复河抚雅尔图题“赵二妮殴伤大功堂弟赵二保身死”一案附请定例。查原议内称“律载殴大、小功以下卑幼至死者,绞。惟殴杀同堂大功弟妹、小功堂侄及缌麻侄孙,虽服制无异,而于分最亲,故止拟杖一百、流三千里。较之本律已减一等,若又不断给财产,不足以蔽辜。请嗣后遇有殴死同堂卑幼罪应拟流,与殴至笃疾罪不至绞者,均照律断给一半财产养赡”等语。是本条断给财产,特为殴杀大功弟妹、小功堂侄、缌麻侄孙减等拟流者而定此例。但查律内惟卑幼殴尊长至笃疾拟绞,此外,则凡人罪止满流,有服卑幼更按服制递减,并无罪至于绞者。原议所云,殴至笃疾罪不至绞,均断给财产者,特以别于卑幼殴尊长至笃疾者,罪已重于凡人,问拟缳首,不得援照笃疾断给财产本律,更给以财产耳,而语未分明,今改。

【1768】6.20.317.(1)(略)

【1751】○续纂

一、凡听从下手殴本宗小功、大功兄姊及尊属至死者,除实系迫于尊长威吓,勉从下手,邂逅至死者,仍照律减等科断外,若尊长仅令殴打,而辄行叠殴多伤至死者,将下手之犯拟斩监候。

臣等谨按:此条系乾隆十一年(1746)四月内,大学士会同九卿议奏定例,应纂辑以便遵行。

【1768】6.20.317.(2)(略)

【1801】○修改

臣等谨按:此条系乾隆十一年(1746),臣部奏称:威力主使,殴死凡人,将主使之人为首,绞候;听从下手之人为从,减等拟流。若殴死期亲胞兄,则不分首、从,俱拟斩决。二条分别轻重,词义明显。至殴死大功兄一条,律例既不言皆,自应分别首、从,但究系服制攸关,未便竟照凡人为从,一体拟流。其应如何与凡人分别治罪之处,律内又无明文。若因系为从,俱减等杖流,是殴死功服尊长与殴死凡人毫无区别。推原律意,必不若此。自应酌定章程,免致参差。请嗣后凡听从下手殴本宗大功、小功兄姊及尊属至死者,除迫于尊长威吓,勉从下手,邂逅致死,仍照律减等科断外,若尊长仅令殴打,而辄行迭殴多伤至死者,俱量减为斩监候等因奏准,纂为此例,遵行在案。查例内“照律减等科断”句,系指“照威力主使律为从减等”而言,但未经明晰,语意含混,援引恐致歧误。应依原奏,详悉增改。又听从下手殴死期亲尊长者,应拟斩决,例内并未明晰,亦应依原奏增入。又听从殴死期亲尊长、尊属之案,向来俱依情轻之例,夹签声明,应行申叙。又听从殴死缌麻尊长、尊属者,仍照律减等拟流,亦应增入,以昭赅备而便引用。谨将修改例文,开列于后。

一、凡听从下手殴本宗小功、大功兄姊及尊属至死者,审系迫于尊长威吓,勉从下手,邂逅至死者,照威力主使律为从减等拟流。若尊长仅令殴打,而辄行叠殴多伤至死者,将下手之犯拟斩监候。至听从下手殴死期亲尊长尊属之案,仍拟斩立决,夹签声请。其听从下手殴死缌麻尊长尊属之案,依律减等拟流。

【1802】6.20.317(4)(略)

【1806】〇修改

臣等谨按:此条系乾隆十一年(1746)奏准定例。原奏内称,威力主使殴死凡人,以主使之人为首,拟绞;下手之人为从,拟流。若殴死本宗小功、大功兄姊,罪应斩决。其听从下手,殴打至死,亦止于拟流,与凡人毫无区别。将听从下手之卑幼,如审系迫于尊长威迫,勉从下手,邂逅至死者,拟流。若尊长仅令殴打,辄复迭殴至死者,拟斩监候,纂入例册。是听从下手之卑幼,既以为从定拟,则主使之尊长,自应各按服制,仍以为首论。例内并未声叙主使之文,各省办理,有按服制将主使之人以为首科断者,亦有照余人定拟者,办理殊未画一。虽经臣部驳改,究属例无明文,应请添入"主使之尊长,仍各按服制以为首科断"之语,以资引用。谨将修改例文,开列于后。

一、凡听从下手殴本宗小功、大功兄姊及尊属至死者,除主使之尊长,仍各按服制以为首科断外,下手之犯,审系迫于尊长威吓,勉从下手,邂逅至死者,照威力主使律为从减等拟流。若尊长仅令殴打,辄行叠殴多伤至死者,下手之犯拟斩监候。至听从下手殴死期亲尊长、尊属之案,仍拟斩立决,夹签声请。其听从下手殴死缌麻尊长、尊属之案,依律减等拟流。

【1825】6.20.317.(7)(略)

【1870】〇修改

谨案:此条咸丰七年(1857),因原例内听从下手杀死期亲尊长尊属之案仍拟斩立决、夹签声请一节,系指期尊而言,与大功以下无涉,是以摘出移附"殴期亲尊长"门内。

一、凡听从下手殴本宗小功、大功兄姊及尊属至死者,除主使之尊长,仍各按服制以为首科断外,下手之犯,审系迫于尊长威吓,勉从下手,邂逅至死者,照威力主使律为从减等拟流。若尊长仅令殴打,辄行叠殴多伤至死者,下手之犯拟斩监候。其听从殴死缌麻尊长尊属之案,依律减等拟流。

【1870】6.20.317.(7)(略)

【1751】〇续纂

一、凡殴死有服尊长情轻之案,该督抚按律例定拟,止于案内叙明,不得两请。法司会同核复,亦照本条拟罪。其两请旧例,一概停止。若核其情节实可矜悯者,夹签声明,恭候钦定。

臣等谨按:此条系乾隆十三年(1748)七月内,臣部奏请定例,应纂辑以便遵行。

【1768】6.20.317.(3)(略)

【1801】〇修改

臣等谨按:此条系乾隆十三年(1748)定例,专指殴死本宗期功尊长,律应斩决者而言。若本宗缌麻尊长,外姻小功、缌麻尊长,律应斩候者,除救父情切及辜限外身死之案随本减军、本夫杀死蔑伦尊长之案随本减流,例有专条外,余俱照杀死缌麻尊长本律拟罪,不在夹签声请之列。但例内未经分晰,恐致歧误,应于首句"有服尊长"四字,改为"本宗期、功尊长”，并于缌麻亲属分晰办理之处，详悉添注，以昭明晰。谨将修改例文，开列于后。

一、凡殴死本宗期、功尊长，罪干斩决之案，如系情轻，该督抚按律例定拟，止于案内叙明，不得两请。法司会同核复，亦照本条拟罪。其两请旧例，一概停止。若核其所犯情节实可矜悯者，夹签声明，恭候钦定。若殴死本宗缌麻及外姻小功、缌麻尊长者，照律拟斩监候，毋庸夹签声明。惟救亲情切，及本夫杀奸殴死缌麻尊长，或殴伤缌麻尊长余限外身死之案，随本声请量减，不在此例。

【1802】6.20.317.(5)(略)

【1825】○修改

臣等谨按：道光二年(1822)二月内，臣部因各省办理卑幼殴死本宗期功尊长、罪干斩决之案，有将不应夹签之案，遽行声请；亦有将应行夹签之案，不行声叙者。且往往有抵格情形转重而为之声请，抵戳情形转轻而不为声请者。总缘例内止言情轻及核其情节实可矜悯，并未载明是否有心干犯，以致办理分歧。议请嗣后殴死期功尊长之案，应否夹签，总以是否有心干犯为断。如卑幼实系被殴，情急抵格，无心适伤者，该督抚于案内叙明“系抵格无心致伤，并非有心干犯”字样，臣部核拟，夹签声请。若与尊长互相争斗，系有心殴打以致毙命，亦于案内将有心干犯之处，详细叙明，即按律拟以斩决，不得仅以抵格、抵戳含混声叙。并声明于修例时修改明晰等因具奏。奉旨允准，通行在案。应于例内修改明晰，以便遵行。谨将修改例文，开列于后。

一、凡殴死本宗期、功尊长，罪干斩决之案，若系情轻，如卑幼实系被殴，情急抵格，无心适伤致毙之类。该督抚按律例定拟，止于案内将并非有心干犯各情节，分晰叙明，不得两请。法司会同核复，亦照本条拟罪，核其所犯情节实可矜悯者，夹签声明，恭候钦定。若与尊长互斗，系有心干犯，殴打致毙者，亦于案内将有心干犯之处，详细叙明，即按律拟以斩决。其殴死本宗缌麻，及外姻小功、缌麻尊长者，照例拟斩监候，毋庸夹签声明。惟救父情切，及本夫杀奸殴死缌麻尊长，或殴伤缌麻尊长余限外身死之案，随本声请量减，不在此例。

【1825】6.20.317.(3)(略)

【1756】○续纂

一、于母党有犯，除亲母、嫡母、本生母党属，仍照服制定拟外，其余均同凡论。

谨案：此条乾隆二十一年(1756)定。

【1768】6.20.317.(4)(略)

【1778】○删除

删除按语，见【1790】6.20.317.(5)条【1778】续纂项下。

【1761】○续纂

一、卑幼殴缌麻尊长，于保辜余限外身死，按其所殴伤罪在徒、流以下者，于斩候本律减一等，杖一百、流三千里；其原殴伤重至笃疾者，拟绞监候。殴小功以上尊长，如罪应斩决者，虽死于辜限之外，仍照本律定拟，临时酌量情节，夹签声明。

臣等谨按：此条系乾隆二十三年(1758)十一月内，臣部奏准条例，应纂辑以便遵行。

【1768】6.20.317.(5)(略)

【1782】○修并

【原例】* 刑律·斗殴·保辜限期

【1768】6.20.303.(7)一、卑幼殴伤缌麻尊长，余限内，果因本伤身死，仍拟死罪，奏请定夺。如蒙宽减，减为杖一百、发边远充军。

【1768】6.20.317.(5)(略)

臣等谨按：此二条原例，一系卑幼殴伤缌麻尊长，于保辜余限内身死，载在"斗殴·保辜限期"门内；一系卑幼殴缌麻尊长，于保辜余限外身死，载在"殴大功以下尊长"门内。查此二条原例，虽有死于限内、限外之别，但同一殴伤缌麻尊长之例，自应并为一条，入于"殴大功以下尊长"门内，以省繁冗。今将修并例文，开列于后。

一、卑幼殴伤缌麻尊长，余限内，果因本伤身死，仍拟死罪，奏请定夺。如蒙宽减，减为杖一百、发边远充军。若在余限外身死，按其所殴伤罪在徒、流以下者，于斩候本罪减一等，杖一百、流三千里；其原殴伤重至笃疾者，拟绞监候。殴小功以上尊长，如罪应斩决者，虽死于余限之外，仍照本律定拟，临时酌量情节，夹签声明。

【1790】6.20.317.(4)(略)

【1802】6.20.317.(2)(略)

【1806】○修并

【原例】【1802】6.20.317.(2)(略)

* 刑律·斗殴·殴期亲尊长【1802】6.20.318.(7)(略)

臣等谨按：前条卑幼殴伤小功以上尊长，死于余限之外，酌量夹签声明。后条金刃误伤期亲尊长、尊属案件，系夹签声明。嗣于嘉庆七年(1802)九月内，臣部核复安徽巡抚王汝璧题"民人孙登扎伤胞兄孙梅，余限外身死，将孙登依律拟斩立决，夹签声请，可否将孙登改照刃伤胞兄本律问拟绞决"一案，钦奉上谕："刑部题复安徽省民人孙登扎伤胞兄孙梅，余限外身死，夹签声请一本，现已依拟将该犯着即处绞矣。向来寻常刃伤各案，如在保辜正、余限外身死者，止科伤罪。至有关服制之案，虽与寻常刃伤案犯不同，但限内、限外究当示以区别。嗣后如有卑幼刃伤期亲尊长，如有保辜正、余限内身死者仍照旧办理外，若死在余限之外，即照刃伤本律问拟绞决。其刃伤期亲尊长、尊属，律应问拟绞决之犯，如讯系有心干犯，或系金刃误伤，及情有可悯者，俱着问拟绞候，均毋庸夹签声请。着刑部纂入例册遵行。钦此。"又九年(1804)十二月内，直隶总督颜检题"民人米文新误咬期亲服叔米宽手指，余限外因伤溃烂身死"一案，经臣部议请，嗣后卑幼殴伤期功尊长、尊属，正、余限内身死者照旧办理外，其在余限外身死之案，如刃伤期亲尊长、尊属，并以手足、他物殴至折肢、瞎目，及殴大功、小功尊长、尊属至笃疾者，仍依伤罪本律问拟绞决。

讯非有心干犯,或系误伤,及情有可悯者,俱拟绞监候。若系折伤并手足、他物殴伤,本罪止应徒、流者,既在余限之外因伤毙命,均应拟绞监候。秋审时统归于服制册内,拟入情实等因,奏准在案。是原例两条内夹签声请之处,均应修改明晰。并应请后条移并前条例内,以资引用。谨将修并例文,开列于后。

一、卑幼殴伤缌麻尊长尊属,余限内,果因本伤身死,仍拟死罪,奏请定夺。如蒙宽减,减为杖一百、发边远充军。若在余限外身死,按其所殴伤罪在徒、流以下者,于斩候本罪上减一等,杖一百、流三千里;其原殴伤重至笃疾者,拟绞监候。殴伤期、功尊长尊属,正、余限内身死者,照旧例办理。其在余限外身死之案,如刃伤期亲尊长尊属,并以手足、他物殴至折肢、瞎目,及殴大功、小功尊长尊属至笃疾者,仍依伤罪本律问拟绞决。讯非有心干犯,或系误伤,及情有可悯者,俱拟绞监候。若系折伤,并手足、他物殴伤,本罪止应徒、流者,既在余限之外因伤毙命,均拟绞监候,秋审时统归服制册内拟入情实。其卑幼刃伤期亲尊长尊属及外祖父母之案,如衅起挟嫌,有心刃伤者,依律问拟绞决。若讯非有心干犯,或系金刃误伤,及情有可悯者,俱拟绞监候。均毋庸夹签声请。

【1825】6.20.317.(8)(略)

【1852】○修改

谨案:此条咸丰二年(1852),因原例正、余限内外身死二节,俱连期尊在内,例末又专指刃伤期尊及外祖父母,分别有心无心办理,与大功以下无涉,是以摘出移附"殴期亲尊长"内。

一、卑幼殴伤缌麻尊长尊属,余限内,果因本伤身死,仍拟死罪,奏请定夺。如蒙宽减,减为杖一百,发边远充军。若在余限外身死,按其所殴伤罪在徒、流以下者,于斩候本罪上减一等,杖一百、流三千里;其原殴伤重至笃疾者,拟绞监候。殴伤功服尊长尊属,正、余限内身死者,照旧办理。其在余限外身死之案,如殴大功、小功尊长尊属至笃疾者,仍依伤罪本律问拟绞决。讯非有心干犯,或系误伤,及情有可悯者,俱拟绞监候。若系折伤,并手足、他物殴伤,本罪止应徒、流者,既在余限之外因伤毙命,均拟绞监候,秋审时统归服制册内拟入情实办理。

【移改】* 刑律·斗殴·殴期亲尊长

【1870】6.20.318.(12)一、殴伤期亲尊长尊属及外祖父母,正、余限内身死者,照旧办理。其在余限外身死之案,如系金刃致伤,并以手足、他物殴至折肢瞎目者,仍依伤罪本律,问拟绞决。讯非有心干犯,或系误伤,及情有可悯者,俱拟绞监候。若系折伤,并手足、他物殴伤,本罪止应徒、流者,既在余限之外因伤毙命,均拟绞监候,秋审时,统归服制册内拟入情实。其刃伤并折肢、瞎目伤而未死之案,如衅起挟嫌,有心致伤者,依律问拟绞决。若讯非有心干犯,若系误伤,及情有可悯者,俱拟绞监候。均毋庸夹签声请。

【1870】6.20.317.(8)(略)

【1778】○续纂

一、凡于亲母之父母有犯,仍照本律定拟外,其于在堂继母之父母,庶子嫡母在,于嫡母之父母,庶子于在堂继母之父母,庶子不为父后者,于己母之父母,为人后者,于所后母之父母,及本生母之父母等六项有犯,即照卑幼犯本宗小功尊属律,殴杀,谋、故杀,均拟斩立决;谋杀已行已伤,及斗殴伤者,仍各照本宗服制本律分别定拟。至各项甥舅等有犯,亦俱照外姻尊卑长幼本律治罪。如尊长有于非所自出之外孙及甥等故加凌虐,或至于死,承审官临时权其曲直,按情治罪,不必以服制为限。

臣等谨按:此条系乾隆四十二年(1777)八月内,臣部议复直隶总督周元理题"王锦毒死嗣母王苗氏之母赵氏"一案。钦奉谕旨,令臣部将所后母之母党等项服制悉心斟酌,另行更定。经臣部遵照《钦定仪礼义疏》当服六项,一并增入服图。如遇有干犯,除亲母之父母仍照律定拟外,其余六项,殴杀、谋、故杀,悉照卑幼犯本宗小功尊属律拟以斩决。已伤、已行及斗殴伤者,仍照本宗服制本律分别定拟。至各项甥舅等有犯,亦俱照外姻尊卑长幼本律治罪。并声明"如尊长因非所自出,故加凌虐或至于死,则不得以服制为限"等因奏准定例,应纂辑遵行。又旧例一条,业已奏明不用,应行删除。

【1790】6.20.317.(5)(略)

【1801】○修改

臣等谨按:此条系乾隆四十二年(1777)定例。又四十三年(1778),臣部纂例时声明,庶子不为父后者,为己母之父母服一项,如己母或系婢女收买,其父母本有主仆名分;或其父母身系优隶等辈,原与齐民不同。若概为服制,则良贱无分,自应示以区别。应于服制图内添注"若己母系由奴婢家生女收买为妾,及其父母系属贱族者,不在此例"等因奏准,增注服制图内,遵行在案。应于例内"庶子不为父后者,为己母之父母"项下,照服制图增注,以免歧异。谨将修改例文,开列于后。

一、凡于亲母之父母有犯,仍照本律定拟外,其于在堂继母之父母,庶子嫡母在,于嫡母之父母,庶子于在堂继母之父母,庶子不为父后者,于己母之父母,若己母系由奴婢家生女收买为妾,及其父母系属贱族者,不在此例。为人后者,于所后母之父母,及本生母之父母等六项有犯,即照卑幼犯本宗小功尊属律,殴杀,谋、故杀,均拟斩立决;谋杀已行已伤,及斗殴伤者,亦各照本宗服制本律分别定拟。至亲母、继母等各项甥舅等有犯,俱照外姻尊卑长幼本律治罪。如尊长有于非所自出之外孙及甥等故加凌虐,或至于死,承审官临时权其曲直,按情治罪,不必以服制为限。

【1802】6.20.317.(6)(略)

【1814】○修改

臣等谨按:嘉庆十七年(1812)十一月内,据前任直隶总督温承惠咨"子于嫁母之父母有犯,例无明文,直省现有谋杀嫁母之父案件,应作何办理",咨请部示。经臣部核议,查子之与母,属毛离里,罔极恩深,虽其母业已改嫁,义绝于夫,而子无绝母之义,故服期年。设有干犯,仍取问如律。至子干犯母之父母,律例内止亲母及继母等六项立有专条,其嫁母之父母，并未载有明文。惟亲母之父母，一脉相承，恩义至重，若因母已改嫁，而亲母之父母竟同陌路之人，有犯以凡人科断，诚与名义未协。第既已改嫁，又未便与未经改嫁者并论。查为人后者，于本生母之父母，与亲母改嫁，于嫁母之父母，同为母所自出之人，例内谋、故、殴杀本生母之父母，照卑幼犯本宗小功尊属律治罪，则谋、故杀嫁母之父母，自应比照与本生母之父母有犯例问拟等因，咨复在案。再查亲母、继母等各项甥舅等有犯，俱照外姻尊卑、长幼本律治罪，例有专条。而于嫁母之弟兄有犯，并无明文。卷查十八年(1813)八月内，据升任江西巡抚先福题"张淳财致伤嫁母之弟邹仕贤身死"一案，将张淳财以凡论，依斗杀律拟绞监候。经臣部照拟题复，亦在案。应请一并添入例内，以昭赅备而便引用。谨将修改例文，开列于后。

一、凡于亲母之父母有犯，仍照本律定拟外，其于在堂继母之父母，庶子嫡母在，为嫡母之父母，庶子为在堂继母之父母，庶子不为父后者，为己母之父母，若己母系由奴婢家生女收买为妾，及其父母系属贱族者，不在此例。为人后者，为所后母之父母，及本生母之父母，嫁母之父母等七项有犯，即照卑幼犯本宗小功尊属律，殴杀，谋、故杀，均拟斩立决；谋杀已行已伤，及斗殴伤，亦各照本宗服制本律分别定拟。至亲母、继母等各项甥舅等有犯，俱照外姻尊卑长幼本律治罪。与嫁母之弟兄有犯，以凡论。如尊长有于非所自出之外孙及甥等故加凌虐，或至于死，承审官临时权其曲直，按情治罪，不必以服制为限。

【1825】6.20.317.(12)(略)

【1788】○续纂

一、凡卑幼图奸亲属起衅，故杀有服尊长之案，按其服属，罪应斩决、凌迟无可复加者，于援引服制本律之上，俱声叙"卑幼因奸故杀尊长"字样。其有图奸亲属，故杀本宗及外姻有服尊长，按律罪止斩候者，均拟斩立决。

臣等谨按：此条系乾隆四十九年(1784)四月内，臣部议复安徽巡抚书麟题"程尚仪因图奸侄妇未成，被伊小功服婶刘氏詈骂，反生气忿，顿起杀机，砍伤刘氏身死，将该犯依卑幼故杀本宗小功尊属律拟斩立决"一案，钦奉谕旨："嗣后如有此等案犯，应将因奸故杀专条援引定罪。如律内未有此条，即着另行酌拟，添入条例。钦此。"当经臣部奏请，嗣后凡卑幼图奸亲属，起衅故杀有服尊长之案，按其服属，罪应斩决、凌迟，无可复加者，于援引服制本律之上，添载"卑幼因奸故杀尊长"字样。再查卑幼故杀外姻之小功、缌麻及本宗之缌麻尊长，按照服制本律罪止斩候，此等因奸故杀尊长之案，情罪均属较重，亦应定拟立决，以惩淫凶。并请嗣后凡卑幼图奸亲属，故杀本宗外姻有服尊长罪止斩候者，均改为拟斩立决等因具奏。奉旨："依议。"钦遵在案，应纂辑遵行。

【1790】6.20.317.(6)(略)

【1802】6.20.317.(3)(略)

【1825】6.20.317.(2)(略)

【1795】○续纂

一、卑幼殴本宗、外姻缌麻以上尊长,致成笃疾之案,除首犯依律拟绞外,其听从帮殴之犯,如仅止手足他物轻伤仍依为从减等律,问拟满流;如有折伤及刃伤者,发极边烟瘴充军。

臣等谨按:此条系乾隆五十六年(1791)十一月内,臣部题复"河南省贾希曾砍伤贾嵩秀致成笃疾"一案,钦奉上谕:"本日刑部题复河南省贾希曾、贾望曾砍伤堂叔贾嵩秀,致成笃疾,将贾希曾依殴本宗小功尊属致笃疾者拟以绞决,贾望曾照为从减等律拟流一本。此案贾希曾因向堂叔贾嵩秀借贷不允,挟嫌气忿,唤同胞弟贾望曾先后用刀砍伤贾嵩秀,致成笃疾。贾希曾、贾望曾兄弟二人同为贾嵩秀堂侄,虽用刀殴砍,有先后之别,但服制攸关,未可照凡人斗殴例分别轻重也。且贾希曾刀砍尔伤,贾嵩秀即行起避,贾望曾复叠砍多伤,更不得以下手先后分别首从。刑部虽属照律办理,实未允协。"令军机大臣会同臣部酌议。当经议请嗣后卑幼殴本宗外姻缌麻以上尊长致成笃疾之案,除原谋首犯下手伤重一人拟绞,听从帮殴之犯,仅止手足、他物轻伤,问拟满流,仍照律办理外,若听从帮殴有折伤及刃伤者,应于所犯流罪上加重,改发极边烟瘴充军等因具奏。奉旨:"依议。"钦遵在案,应纂辑遵行。

【1801】○修改

臣等谨按:此条系乾隆五十六年(1791),河南省审题"贾希曾与胞弟贾望曾共殴缌麻服叔贾嵩秀,致成笃疾,将贾希曾依律拟绞立决,贾望曾照为从律减等拟流"案内,臣部钦奉上谕,改议此例。查原奏"首、从",俱指有服卑幼而言,例内未经明晰,恐拘泥例文者,将有服卑幼殴伤尊长案内为从之平人及无服卑幼,亦照此例问拟充军,殊非例意。应添改明晰,以免牵混。谨将修改例文,开列于后。

一、卑幼共殴本宗、外姻缌麻以上尊长尊属,致成笃疾之案,除首犯依律分别绞决、绞候外,其听从帮殴之有服卑幼,如仅止手足、他物轻伤,不分服之亲疏,仍依为从减等律,问拟满流;若有折伤及刃伤者,发极边烟瘴充军。

【1802】6.20.317.(7)(略)

【1825】6.20.317.(4)(略)

【1814】○续纂

一、凡有服亲属同谋共殴致死之案,除下手伤重之犯,及期服卑幼律应不分首从者,仍各依本律问拟外,其原谋如系缌麻尊长,减凡人一等;期、功尊长,各以次递减。若系缌麻卑幼,加凡人一等;大功、小功卑幼,各以次递加。

臣等谨按:有服亲属同谋共殴致死之案,原谋系尊长或卑幼,作何治罪,律例并无明文。臣部向来办理此等案件,如系尊长,照凡人原谋减一等;系卑幼,照凡人原谋加一等。均经题准在案,应立专条,以资引用。再查服制有亲疏,治罪自应有轻重。若不论服制等差,概照凡人加、减一等,似未平允。除期亲卑幼律应不分首从,仍依本律问拟外,其缌麻尊长减凡人一等,期、功尊长各以次递减;缌麻卑幼加凡人一等,小功、大功卑幼各以次递加。合并声明。

【1825】6.20.317.(9)(略)

【1814】○续纂

一、凡尊长殴伤卑幼因风身死之案,各按服制,依殴死卑幼本律本例定拟,仍查照凡人斗殴因风身死之例,分别正限、余限内外,递减科断。

臣等谨按:凡人斗殴伤人因风身死,例得随案声请减等;保辜正限外、余限内,果因本伤身死,例得奏请定夺。卑幼殴伤缌麻尊长,余限内因伤身死,亦得奏请减等。至于尊长殴伤卑幼因风身死,及保辜正限外、余限内,果因本伤身死,应否减等,例内俱无明文。卷查乾隆五十九年(1794)江苏省题"胜耀宗殴伤小功服弟胜大年,越二十一日身死"一案,系在保辜正限二十日之外,依律拟绞,仍照民人斗殴余限十日内身死之例,奏请定夺,准其减流。又嘉庆四年(1799)河南省题"马三重殴伤缌麻服弟马继常因风身死"一案,又十年(1805)山西省咨"杨有堂掷伤同堂大功弟杨升堂因风身死"一案,均照凡人斗殴因风身死之例声请减等,各在案。应请将尊长殴伤卑幼因风身死列为一条,尊长殴伤卑幼保辜限外、余限内因伤身死列为一条,纂入例册,以便遵行。

【1825】6.20.317.(10)(略)

【1814】○续纂

一、凡尊长殴伤卑幼,保辜正限外、余限内,果因本伤身死,各按服制,于殴死卑幼本律例减一等定拟。罪应拟绞者,奏请定夺。

续纂按语,见【1825】6.20.317.(10)条【1814】续纂项下。

【1825】6.20.317.(11)(略)

【1801】○移改

【原例】* 刑律·斗殴·殴期亲尊长

【1790】6.20.318.(8)一、凡有服尊长杀死卑幼,如系图谋卑幼财产,杀害卑幼之命,并强盗卑幼赀财,放火杀人,及图奸谋杀等案,悉照平人一例办理,不得复依服制宽减。其余寻常亲属相盗,及因图诈图赖他人财物,谋、故杀死卑幼之案,仍依服制科断。

臣等谨按:前条系乾隆四十一年(1776),江西省郭义焙图财谋死小功堂侄郭了头仔案内,臣部奏准定例。后条系乾隆五十六年(1791),山西省余文全挟恨谋死大功堂弟余兴成子案内,臣部奏准定例。查,期亲尊长因争夺弟侄财产、官职,及平素仇隙不睦、故行杀害者,拟绞监候,系专指期亲而言。此二条乃大功以下尊长图产、图财、图奸谋杀卑幼,应照平人问拟斩候之例,与前期亲拟绞条例绝不相同。例内未将功服以下注明,恐涉牵混,应于二条首句"有服尊长"四字,照原奏改为"功服以下尊长"以示区别。再查,前条例称"悉照平人办理",原指依平人谋、故杀斩候,不得依谋、故杀大功以下卑幼绞候,但"悉照平人一例办理"句尚觉含混。平人谋财害命,罪应斩决;强盗放火杀人,罪应斩枭。若不分晰申明,办理易致牵混。应改为"悉照平人谋、故杀律问拟斩候,不得依服制宽减",以昭明晰。又,谋杀幼孩之案,例内俱以十岁为断,诚以幼稚无知,不得以寻常谋杀论。此例"十二岁以下"等语,应画一改为"十岁以下"。又,大功以下尊长谋、故杀卑幼律,应拟绞监候,此例因其挟嫌惨杀稚小卑幼,故照凡人谋、故杀律斩候。若年在十一岁以上,及其余谋、故杀卑幼之案,自应依律拟绞监候。应于例内申叙,并将"知识已开""审有触犯别情"等句节删,以免牵混。又查此二条系功服以下卑幼之例,应移载"殴大功以下尊长"律,合并声明。谨将移改例文二条,开列于后。

一、功服以下尊长杀死卑幼,如系图谋卑幼财产杀害卑幼之命,并强盗卑幼资财,放火杀人,及图奸谋杀等案,悉照平人谋、故杀律问拟斩候,不得复依服制宽减。其余寻常亲属相盗,及因图诈、图赖他人财物,谋、故杀死卑幼之案,仍依服制科断。

【1802】6.20.317.(8)(略)

【1825】6.20.317.(5)(略)

【1801】○移改

【原例】* 刑律·斗殴·殴期亲尊长

一、有服尊长杀死卑幼之案,如卑幼并无触犯情节,止因其父兄伯叔平日不肯资助,及相待刻薄,挟有夙嫌,将其年在十二岁以下无辜幼小子嗣弟侄,迁怒故行杀害,图泄私忿者,悉照凡人谋、故杀本律,拟斩监候,不得复依服制科断。其被杀之卑幼,年在十三岁以上者,知识已开,审有触犯别情,并其余谋、故杀卑幼之案,仍照旧例办理。

移改按语,见【1802】6.20.317.(8)【1801】移改按语。

一、功服以下尊长杀死卑幼,因其父兄伯叔素无资助,及相待刻薄,挟有夙嫌,将其十岁以下幼小子女弟侄,迁怒故行杀害,图泄私忿者,悉照凡人谋、故杀本律拟斩监候,不得复依服制科断。其挟嫌谋杀卑幼年在十一岁以上,并其余谋、故杀卑幼之案,仍照律拟绞监候。

【1802】6.20.317.(9)(略)

【1825】6.20.317.(6)(略)

【1870】○续纂

一、致死期、功尊长尊属,除与他人斗殴,误伤致毙,或被尊长揪扭,刀械交加,身受多伤,无处躲避,实系徒手抵格适伤致毙,或死者罪犯应死,及淫恶蔑伦,并救亲情切各项情节,仍准夹签外,其余持械抵格,情同互斗,概从本律问拟斩决。不得以被殴抵格、夺刀自戳等词,曲为开脱,夹签声请。

谨案:此条咸丰七年(1857)定。

【1870】6.20.317.(13)(略)

【1870】○续纂

一、致毙平人一命,复致毙期、功尊长尊属之案,除另毙之命,律不应抵,或例得随本减流,并误杀、擅杀、戏杀、殴死妻及卑幼,暨秋审应入可矜等项,及例内指明被杀之尊属尊长,罪犯应死,淫恶蔑伦,并救亲情切,听从尊长主使殴毙,仍按服制拟罪,准将可原情节夹签声请外,其余另犯谋、故、斗杀,复致毙期、功尊属尊长,虽系误杀情轻,亦不准夹签声请,以重伦常。

谨案:此条咸丰八年(1858)定。

【1870】6.20.317.(14)(略)

【1870】○续纂

一、卑幼殴死本宗功服尊长尊属之案,于叙案后毋庸添入"诘非有心致死"句,专用"实属有心干犯"勘语,以免牵混。其例内载明情轻,如被殴抵格无心适伤之类,仍于勘语内声明"并非有心干犯",以便分别夹签。

谨案:此条咸丰九年(1859)定。

【1870】6.20.317.(15)(略)

殴期亲尊长

律　文

【1646】6.20.341

凡弟妹殴同胞兄姊者,姊妹虽出嫁、兄弟虽为人后降服,其罪亦同。杖九十、徒二年半;伤者,杖一百、徒三年;折伤者,杖一百、流三千里;刃伤,不论轻重。及折肢,若瞎其一目者,绞;以上各依首从法。死者,不分首从皆斩。若侄殴伯叔父母、姑,是期亲尊属。及外孙殴外祖父母,服虽小功,其恩义与期亲并重。各加殴兄姊罪一等;加者,不至于绞。如刃伤、折肢、瞎目者,亦绞。至死者,亦皆斩。其过失杀伤者,于加等上各减本杀伤兄弟及伯叔父母、姑、外祖父母罪二等;不在收赎之限。故杀者,皆不分首从。凌迟处死。若卑幼与外人谋、故杀亲属者,外人造意、下手、从而加功、不加功,各依凡人故杀律科罪,不在皆斩、皆凌迟之限。其期亲兄姊殴杀弟妹,及伯叔、姑殴杀侄并侄孙,若外祖父母殴杀外孙者,杖一百、徒三年;故杀者,杖一百、流二千里;笃疾至折伤以下,俱勿论。过失杀者,各勿论。

【1670】6.20.340

凡弟妹殴同胞兄姊者,姊妹虽出嫁、兄弟虽为人后降服,其罪亦同。杖九十、徒二年半;伤者,杖一百、徒三年;折伤者,杖一百、流三千里;刃伤,不论轻重。及折肢,若瞎其一目者,绞;以上各依首从法。死者,不分首从,皆斩。若侄殴伯叔父母、姑,是期亲尊属。及外孙殴外祖父母,服虽小功,其恩义与期亲并重。各加殴兄姊罪一等;加者,不至于绞。如刃伤、折肢、瞎目者,亦绞。至死者,亦皆斩。其过失杀伤者,于加等上各减本杀伤兄姊及伯叔父母、姑、外祖父母罪二等;不在收赎之限。故杀者,皆不分首从。凌迟处死。若卑幼与外人谋、故杀亲属者,外人造意、下手、从而加功、不加功,各依凡人故杀律科罪,不在皆斩、皆凌迟之限。其期亲兄姊殴杀弟妹,及伯叔、姑殴杀侄并侄孙,若外祖父母殴杀外孙者,杖一百、徒三年;故杀者,杖一百、流二千里;笃疾至折伤以下,俱勿论。过失杀者,各勿论。

【1725】6.20.328

凡弟妹殴同胞兄姊者,姊妹虽出嫁、兄弟虽为人后降服,其罪亦同。杖九十、徒二年半;伤者,杖一百、徒三年;折伤者,杖一百、流三千里;刃伤,不论轻重。及折肢,若瞎其一目者,绞;以上各依首从法。死者,不分首从皆斩。若侄殴伯叔父母、姑,是期亲尊属。及外孙殴外祖父母,服虽小功,其恩义与期亲并重。各加殴兄姊罪一等;加者,不至于绞。如刃伤、折肢、瞎目者,亦绞。至死者,亦皆斩。其过失杀伤者,各减本杀伤兄姊及伯叔父母、姑、外祖父母罪二等;不在收赎之限。故杀者,皆不分首从。凌迟处死。若卑幼与外人谋、故杀亲属者,外人造意、下手、从而加功、不加功,各依凡人本律科罪,不在皆斩、皆凌迟之限。其期亲兄姊殴杀弟妹,及伯叔、姑殴杀侄并侄孙,若外祖父母殴杀外孙者,杖一百、徒三年;故杀者,杖一百、流二千里;笃疾至折伤以下,俱勿论。过失杀者,各勿论。

注:此分别期亲尊卑,以定殴罪之轻重也。凡期服弟妹,但殴同父之兄姊者,即杖九十、徒二年半;殴而成伤,以至内损吐血者,杖一百、徒三年;折一齿以上者,杖一百、流三千里。若以刃伤,则凶恶尤甚,与折肢、瞎目者,并绞决,仍分首从论。不言笃疾,亦止于绞也。殴至死者,不分首从,皆斩决。若伯叔父母、姑及外祖父母,但殴及伤,各加殴兄姊罪一等。外祖父母,服虽轻,恩义重也。其过失杀伤者,各于杀伤兄姊及伯叔父母、姑、外祖父母应得之本罪上减二等;过失杀者,并杖一百、徒三年;过失伤者,弟妹杖八十、徒二年,侄及外孙杖九十、徒二年半。不在收赎之限。故杀者,凡预殴之弟妹、侄及外孙,皆凌迟处死。其兄姊殴亲弟妹,及伯叔、姑殴亲侄并亲侄孙,若外祖父母殴亲外孙,至笃疾,皆得勿论;至死者,俱满徒;故杀者,杖一百、流二千里。过失杀者,亦各勿论,以恩与义并重故也。再律内外祖父母,指亲生母之父母言,嫡、继、慈、养母之父母不预。

臣等谨按:此分别期亲尊卑,以定殴罪之轻重也。凡期服弟妹,但殴同父之兄姊者,即杖九十、徒二年半;殴而成伤,以至内损吐血者,杖一百、徒三年;折一齿以上者,杖一百、流三千里。若以刃伤,则凶恶尤甚,与折肢、瞎目者,并绞决,仍分首从论。不言笃疾,亦至于绞也。殴至死者,不分首从,皆斩决。若伯叔父母、姑,是己之期亲尊属也。外孙与外祖父母,服虽小功,然为母之所自出,其恩义与期亲等。但殴及伤,各加殴兄姊罪一等。其过失杀伤者,各于杀伤兄姊及伯叔父母、外祖父母应得之本罪上减二等;过失杀者,并杖一百、徒三年;过失伤者,弟妹杖八十、徒二年,侄及外孙杖九十、徒二年半。不在收赎之限。故杀者,凡预殴之弟妹、侄及外孙,皆凌迟处死。其兄姊殴亲弟妹,及伯叔、姑殴亲侄并亲侄孙,若外祖父母殴亲外孙,至笃疾,皆得勿论;至死者,俱杖一百、徒三年;故杀者,杖一百,流二千里。过失杀者,亦各勿论,以恩与义并重故也。再律内外祖父母,指亲生母之父母言,嫡、继、慈、养母之父母不预。

【1740】○修改

臣等谨按:弟妹殴同胞兄姊者,注载"姊妹虽出嫁、兄弟虽为人后降服,其罪亦同",所以重人伦也。但律内未言出继之兄、出嫁之姊殴弟妹者,作何定拟之处。查子于母有犯,嫡、继、慈、养母，皆与亲母同。若母殴杀、故杀其子者，嫡、继、慈、养母皆加一等。由此而推，则弟妹殴兄姊，固在所当重，而兄姊殴弟妹，亦不得独宽。应于“其罪亦同”注下增“若出继之兄、出嫁之姊殴弟妹者，依现在服制科断”，庶为情法两尽。谨将增注律文，开列于后。

凡弟妹殴同胞兄姊者，姊妹虽出嫁、兄弟虽为人后降服，其罪亦同。若出继之兄、出嫁之姊殴弟妹者，依现在服制科断。杖九十、徒二年半；伤者，杖一百、徒三年；折伤者，杖一百、流三千里；刃伤，不论轻重。及折肢，若瞎其一目者，绞；以上各依首从法。死者，不分首从皆斩。若侄殴伯叔父母、姑，是期亲尊属。及外孙殴外祖父母，服虽小功，其恩义与期亲并重。各加殴兄姊罪一等；加者，不至于绞。如刃伤、折肢、瞎目者，亦绞。至死者，亦皆斩。其过失杀伤者，各减本杀伤兄姊及伯叔父母、姑、外祖父母罪二等；不在收赎之限。故杀者，皆不分首从。凌迟处死。若卑幼与外人谋、故杀亲属者，外人造意、下手、从而加功、不加功，各依凡人本律科罪，不在皆斩、皆凌迟之限。其期亲兄姊殴杀弟妹，及伯叔、姑殴杀侄并侄孙，若外祖父母殴杀外孙者，杖一百、徒三年；故杀者，杖一百、流二千里；笃疾至折伤以下，俱勿论。过失杀者，各勿论。

【1740】6.20.318（略）

【1767】○修改

臣等谨按：此条弟妹殴兄姊下，原注有“姊妹虽出嫁、兄弟虽为人后降服，其罪亦同。若出继之兄、出嫁之姊殴弟妹者，依现在服制科断”等语。臣部已于乾隆二十四年（1759）九月议复江西按察使亢保条奏折内，奏准删除。拟合遵照删去。

凡弟妹殴同胞兄姊者，杖九十、徒二年半；伤者，杖一百、徒三年；折伤者，杖一百、流三千里；刃伤，不论轻重。及折肢，若瞎其一目者，绞；以上各依首从法。死者，不分首从皆斩。若侄殴伯叔父母、姑，是期亲尊属。及外孙殴外祖父母，服虽小功，其恩义与期亲并重。各加殴兄姊罪一等；加者，不至于绞。如刃伤、折肢、瞎目者，亦绞。至死者，亦皆斩。其过失杀伤者，各减本杀伤兄姊及伯叔父母、姑、外祖父母罪二等；不在收赎之限。故杀者，皆不分首从。凌迟处死。若卑幼与外人谋、故杀亲属者，外人造意、下手、从而加功、不加功，各依凡人本律科罪，不在皆斩、皆凌迟之限。其期亲兄姊殴杀弟妹，及伯叔、姑殴杀侄并侄孙，若外祖父母殴杀外孙者，杖一百、徒三年；故杀者，杖一百、流二千里；笃疾至折伤以下，俱勿论。过失杀者，各勿论。

【1768】6.20.318（略）

附律条例

【1646】6.20.341.（1）

一、凡卑幼殴期亲尊长，执有刀刃赶杀，情状凶恶者，虽未伤，依律发近边充军。

【1670】6.20.340.（1）（略）

【1725】6.20.328.（1）【原例】（略）

【1740】6.20.318.（1）（略）

【1646】6.20.341.(2)

一、凡兄与伯叔谋夺弟侄财产、官职等项故行杀害者,问罪,属军卫者,发边卫充军;属有司者,发边外为民。仍断给财产一半,与被殴家属养赡。

【1670】6.20.340.(2)(略)

【1725】○修改

原拟:现行例内,兄与伯叔谋夺财产、官职,故杀弟侄者,拟绞监候,罪不止发充军、为民,应将现行例并入此条。谨拟删并,开载于后。

【原改条例】一、凡兄及伯叔因争夺弟侄财产、官职,并及平素仇隙不睦,有意执持凶器故行杀害者,拟绞监候,仍断给财产一半,与被杀家属养赡。如无前项情由,仍照律拟罪。

【1725】6.20.328.(2)【原例】(略)

【1740】6.20.318.(2)(略)

【1801】○修并

【原例】【1740】6.20.318.(2)(略)、【1795】续纂"一、尊长争夺财产故杀弟侄之案,除被杀弟侄年已长成……"条(略)

臣等谨按:前条系前明旧例,次条系乾隆五十六年(1791)定例,两条俱指期亲尊长图夺财产,挟嫌故杀弟侄,应修并一条,以昭简当。又查,现行例内谋杀卑幼之案,俱以十岁为断,诚以十岁以下,幼稚无知,如有谋杀者,不得以寻常谋杀论。此条以十二岁为断,与诸例不符,应画一改为十岁。惟是常人谋杀十岁以下幼孩,应拟斩决;十一岁以上,应拟斩候。此条尊长因争夺谋杀卑幼,究系服制攸关,十一岁以上,自应仍照旧例拟绞监候;十岁以下,依凡人谋杀本律拟斩监候,以示区别。谨将修并例文,开列于后。

一、期亲尊长因争夺弟侄财产、官职,及平素仇隙不睦,有意执持凶器故杀弟侄者,如被杀弟侄年在十一岁以上,将故杀之尊长拟绞监候,仍断给财产一半与被杀之家养赡。若弟侄年在十岁以下,幼小无知,尊长因图占财产、官职,挟嫌惨杀毒毙者,悉依凡人谋故杀律,拟斩监候。如无争夺、挟仇情节,无论年岁,仍照本律例定拟。

【1802】6.20.318.(10)(略)

【1825】6.20.318.(8)(略)

【1725】○增入[①]

臣等谨按:雍正二年(1724)四月内,九卿议复弟兄殴杀,事理类于此律,谨拟节录于后。

【续增现行例】一、凡弟杀胞兄、兄杀胞弟,父母年老无嗣,恩准存留者,着地方官查明死者亲支承祧,凶手生子不得争继。如本宗无应嗣之人,俟父母身后,将死者遗

① 此条见于《大清律例按语》第20卷"刑律·斗殴·殴期亲尊长"[雍正三年(1725)]条下,雍正三年(1725)《大清律集解附例》不载。

产变卖,粜谷贮仓,备以赈济。若死者遗有妻女,将财产给与养赡,俟其妻死女嫁之后入官。若弟兄未分居者,亦酌量少存养赡,余尽入官。

【1740】○增入

一、凡故杀期亲弟妹,照故杀大功弟妹律,均拟绞监候。其殴期亲弟妹致死者,照本律满徒加一等,杖一百、流二千里。

谨案:此条系乾隆元年(1736)定例。

【1740】6.20.318.(3)(略)

【1802】6.20.318.(2)(略)

【1740】○删除

一、凡误伤期亲尊长至死,遇有恩赦,准其援免。

此条系乾隆元年(1736)定例。

臣部谨按:赦款应候临时钦定,非可预为定例。且此条系误伤期亲尊长致死,有关伦纪,遇赦援免,乃属特恩,无庸纂入。

【1743】○续纂[①]

一、侄殴期亲伯叔至死,该督抚俱依律定拟。如果情有可原者,止将案情声明,法司详核,奏请定夺。倘有滥引旧案两请,该督抚交部议处。

臣等谨按:以上二条系乾隆八年(1743)八月内,臣部议复升任侍郎盛安条奏定例,应纂辑以便遵行。

【1778】○删除

乾隆四十一年(1776),殴伤期亲伯叔案内,奉旨照律量减一等声请,改定新例,将此条删除。

【1743】○续纂[②]

一、弟殴胞兄至死,有应留养承祀者,果系衅起一时,邂逅至死,方准声明题请。若逞凶肆殴,不得滥行援引,仍将不应留养承祀情由声明。

臣等谨按:以上二条系乾隆八年(1743)八月内,臣部议复升任侍郎盛安条奏定例,应

---

① 本条见于《大清律例按语》"刑律·斗殴·殴期亲尊长"[乾隆八年(1743)]条下,乾隆八年(1743)《大清律续纂条例》,乾隆三十三年(1768)《大清律例》不载。其删除据《钦定大清会典事例(光绪朝)·刑部》补。

② 本条见于《大清律例按语》"刑律·斗殴·殴期亲尊长"[乾隆八年(1743)]条下,乾隆八年(1743)《大清律续纂条例》,乾隆三十三年(1768)《大清律例》不载。其删除据《钦定大清会典事例(光绪朝)·刑部》补。

纂辑以便遵行。

【1746】○删除

【1746】○续纂

一、凡被期亲尊长或外祖父母殴至笃疾者,如由卑幼触犯,照律勿论。若卑幼并无干犯,而尊长非理毒殴致成笃疾者,除照律勿论外,仍断给财产一半养赡。

臣等谨按:此条系乾隆九年(1744)十月内,臣部议复广西按察使李锡秦条奏定例,应纂辑以便遵行。

【1768】6.20.318.(4)(略)

【1801】○修并

【原例】【1768】6.20.318.(4)(略)、【1768】6.20.318.(6)(略)

臣等谨按:二条系乾隆九年(1744)及二十九年(1764)先后定例。查,前条卑幼并未干犯,尊长非理毒殴致成笃疾,即系后条挟嫌故残。前条照律勿论,仅断财产,后条分别服制治罪,而无断给财产之文,未免情同罪异,应并为一条。又,例内止言期亲尊长,其大功以下尊长挟嫌故残卑幼致成笃疾,例内未经议及。查,本宗外姻尊长殴卑幼至笃疾者,律载缌麻减凡人流罪一等,小功减二等,大功减三等。若挟嫌故残卑幼至笃疾,仍照律减等,是缌麻罪应满徒,与期亲兄姊故残弟妹至笃疾同科。小功,杖九十、徒二年半,与期亲伯叔同科。大功,杖八十、徒二年,反比期亲伯叔、兄姊为轻,殊欠平允。自应分别修改,以免歧异。臣等公同酌议,嗣后大功以下尊长、尊属殴卑幼致成笃疾之案,除依理训责者仍照律减等外,若挟嫌毒殴,不论大功、小功,照期亲兄姊故残弟妹致笃疾例,杖一百、徒三年;缌麻,杖一百、流二千里。应添入例内,以昭赅备。再查,尊长虽有训诲卑幼之责,若殴致笃疾,其伤残骨肉,亦失亲睦任恤之谊,自应一体断给财产,以惇伦纪而厚风俗。谨将修并例文,开列于后。

一、内外有服尊长尊属殴卑幼之案,如由卑幼触犯,依理训责,及因事互殴,邂逅致成笃疾者,期亲尊长尊属及外祖父母,照律勿论;大功以下尊长尊属,照律减科,仍断给财产一半养赡。若卑幼并无干犯,尊长挟有嫌隙,非理毒殴,故残卑幼至笃疾者,期亲兄姊及功服尊长尊属,俱杖一百、徒三年;期亲伯叔、姑、外祖父母,杖九十、徒二年半;缌麻尊长尊属,杖一百、流二千里;不准照律科断,仍均断给财产一半养赡。

【1802】6.20.318.(9)(略)

【1825】6.20.318.(7)(略)

【1756】○续纂

一、凡卑幼误伤尊长至死,罪干斩决,审非逞凶干犯,仍准叙明可原情节,夹签请旨。其有本犯父母因而自戕殒命者,俱改拟绞决,毋庸量请末减。

臣等谨按:此条系乾隆十八年(1753)五月内,臣部议复升任安徽巡抚张师载题"斩犯袁大山误扎胞姊"一案钦奉谕旨,应恭纂为例,以便遵行。第查原案,专指弟妹与兄姊而言，而卑幼误伤尊长，情有可原，例得夹签声请者，为类不一，若专指兄姊，恐援引致有歧误。今拟指出“卑幼”“尊长”四字，以便引用。

【1768】6.20.318.(5)(略)

【1802】6.20.318.(3)(略)

【1767】○续纂

一、尊长殴卑幼，除依理训责，及因事互殴，邂逅致成笃疾者，仍照律勿论外，若挟有嫌隙，故残卑幼致笃疾者，兄姊，照殴死弟妹杖一百流二千里例减一等，杖一百、徒三年；伯叔、姑、外祖父母，照殴死侄、侄孙杖一百徒三年律减一等，杖九十、徒二年半，不准照律勿论。

臣等谨按：此条系乾隆二十九年(1764)二月内，臣部奏准定例，应纂辑遵行。

【1768】6.20.318.(6)(略)

【1801】○修并

修并按语并修并后例文，见【1768】6.20.318.(4)条【1801】修并项下。

【1778】○续纂

一、凡僧人有犯本家祖父母、父母及有服尊长，仍按服制定拟外，若致死本宗卑幼，无论斗殴、谋、故，俱以凡论。女尼、道士、喇嘛有犯，一例办理。

臣等谨按：以上二条系乾隆四十一年(1776)九月内，臣部钦遵谕旨议奏定例，应纂辑遵行。再查放火杀人，系照盗杀办理，是以于强盗下添入“放火”字样，以便援引，合并声明。

【1790】6.20.318.(7)(略)

【1801】○修改

臣等谨按：例载僧尼、道士、女冠，并合拜父母及本宗亲属，其丧服等第皆与常人同等语，是女僧等杀伤本宗尊长、卑幼，及本宗尊长、卑幼杀伤僧尼，俱照本律各按服制科断。嗣于乾隆四十一年(1776)，浙江省僧静峰故杀胞弟周阿毛，照故杀期亲卑幼例拟绞监候案内，钦奉上谕：“僧人披剃出家，犯其祖、父、伯叔，自不可因已出家稍为未减。若致死俗家卑幼，不当复以服制论。着刑部另行改议，以昭平允。”经臣部遵旨议定此例，奏准纂入例册在案。查，例内系指僧尼等有犯本宗尊长、卑幼而言，至本宗尊长、卑幼于出家之尊长、卑幼有犯，自应仍照律文各按服制定拟。但例内未经申叙，应增入，以昭赅备。又查，外姻尊属如外祖父母、母之兄弟，俱系分尊情切，有犯，应与本宗亲属同论，亦应申叙，以便引用。谨将修改例文，开列于后。

一、凡僧尼干犯在家祖父母、父母，及杀伤本宗、外姻有服尊长，各按服制定拟。若杀伤本宗、外姻卑幼，无论斗殴、谋、故，俱以凡论。本宗、外姻尊长卑幼，杀伤出家之亲属，仍各依服制科断。道士、女冠、喇嘛有犯，一例办理。

【1802】6.20.318.(8)(略)

【1825】6.20.318.(6)(略)

【1778】○续纂

一、凡有服尊长杀死卑幼,如系谋财害命、强盗放火杀人及图奸谋杀等案,俱照平人一例办理,不得复依服制宽减。其余寻常亲属相盗,及谋、故、殴杀卑幼之案,仍照例定拟。

续纂按语,见【1790】6.20.318.(7)条【1778】续纂项下。

【1788】○修改

臣等谨按:乾隆四十一年(1776),臣部核复江西省"郭义焙图财杀死小功堂侄,审照故杀大功以下卑幼律拟绞"一案,钦奉谕旨:"尊长图财害命,视卑幼如草芥,攫其财而戕其命,岂可复引谋死卑幼之条。"令臣部另行定拟。当经酌请,嗣后有服尊长谋杀卑幼,如系图谋卑幼之财,戕害卑幼之命,即照平人一例办理等因奏准,纂定此条例文在案。乃自定例以来,各省因有照平人一例办理之文,遂将谋、故杀卑幼,图诈图赖他人财物,罪应充军、绞候之案,概照平人一例问拟斩罪。虽经臣部随后驳改,而外省问刑衙门于此条定例本义尚未明晰,随于乾隆五十二年(1787)十二月内,奏请申明定例。嗣后凡尊长谋杀卑幼之案,如系图谋卑幼财产,杀害卑幼之命,并因盗卑幼资财、放火杀人及图奸谋杀等案,悉照平人一例办理,不得仍拘服制。其余谋、故杀卑幼,若因图诈图赖他人财物,杀死卑幼者,仍依服制科断,入于秋审情实等因具奏。奉旨:"依议。"钦遵在案。应于例内修改详明,以资援引。今将修辑例文,开列于后。

一、凡有服尊长杀死卑幼,如系图谋卑幼财产,杀害卑幼之命,并强盗卑幼赀财,放火杀人,及图奸谋杀等案,悉照平人一例办理,不得复依服制宽减。其余寻常亲属相盗,及因图诈图赖他人财物,谋、故杀死卑幼之案,仍依服制科断。

【1790】6.20.318.(8)(略)

【1801】○移改

【原例】【1790】6.20.318.(8)(略)、【1795】续纂"一、有服尊长杀死卑幼之案,如卑幼并无触犯情节……"条(略)

臣等谨按:前条系乾隆四十一年(1776),江西省郭义焙图财谋死小功堂侄郭了头仔案内,臣部奏准定例。后条系乾隆五十六年(1791),山西省余文全挟恨谋死大功堂弟余兴成子案内,臣部奏准定例。查期亲尊长因争夺弟侄财产、官职,及平素仇隙不睦、故行杀害者,拟绞监候,系专指期亲而言。此二条乃大功以下尊长图产、图财、图奸谋杀卑幼,应照平人问拟斩候之例,与前期亲拟绞条例绝不相同。例内未将功服以下注明,恐涉牵混,应于二条首句"有服尊长"四字,照原奏改为"功服以下尊长"以示区别。再查,前条例称"悉照平人办理",原指依平人谋、故杀斩候,不得依谋、故杀大功以下卑幼绞候,但"悉照平人一例办理"句尚觉含混。平人谋财害命,罪应斩决。强盗放火杀人,罪应斩枭。若不分晰申明,办理易致牵混。应改为"悉照平人谋、故杀律问拟斩候,不得依服制宽减",以昭明晰。又,谋杀幼孩之案,例内俱以十岁为断,诚以幼稚无知,不得以寻常谋杀论。

此例“十二岁以下”等语，应画一改为“十岁以下”。又，大功以下尊长谋、故杀卑幼，律应拟绞监候，此例因其挟嫌惨杀稚小卑幼，故照凡人谋、故杀律斩候。若年在十一岁以上，及其余谋、故杀卑幼之案，自应依律拟绞监候。应于例内申叙，并将“知识已开”“审有触犯别情”等句节删，以免牵混。又查此二条系功服以下卑幼之例，应移载“殴大功以下尊长”律，合并声明。谨将移改例文二条，开列于后。

＊ 刑律·斗殴·殴大功以下尊长

【1802】6.20.317.(8)(略)

【1802】6.20.317.(9)(略)

【1778】○续纂

一、凡胞侄殴伤伯叔之案，审系父母被伯叔殴打垂毙，实系情切救护者，照律拟以杖一百、流二千里，刑部夹签声明，量减一等，奏请定夺。

臣等谨按：此条系乾隆四十一年(1776)十一月内，臣部议复直隶总督周元理题“唐县民于添位等殴死胞兄于添金，于添金之子于瑞救父殴伤胞叔于添位”案内钦奉谕旨，以于瑞闻父被殴垂毙，用棍救护，致伤伊叔，实属救父情切，与寻常侄殴伯叔者不同，自可量从末减。经臣部另行定拟，将于瑞改照侄殴伯叔伤者杖一百、流二千里上减一等，杖一百、徒三年。奏准定例，应纂辑遵行。

【1790】6.20.318.(9)(略)

【1801】○修改

【原例】【1790】6.20.318.(9)(略)、【1795】续纂“一、卑幼刃伤期亲尊长之案，除衅起挟嫌、有心刃伤者……”条(略)

臣等谨按：前条系乾隆四十一年(1776)定例，后条系乾隆六十年(1795)定例。查，殴伤期亲尊长，罪应拟流，律指伯叔父母、姑及外祖父母数项。刃伤尊长，罪应绞决，律指期亲尊长、外祖父母而言。首条例内，仅举伯叔，后条例内，止称期亲尊长，殊属挂漏。应于前条增入“伯叔父母、姑及外祖父母”，后条增入“外祖父母”，以昭赅备。合并声明，谨将修改例文二条，开列于后。

一、期亲卑幼殴伤伯叔等尊属，审系父母被伯叔父母、姑、外祖父母殴打，情切救护者，照律拟以杖一百、流二千里，刑部夹签声明量减一等，奏请定夺。

【1802】6.20.318.(7)(略)

【1802】6.20.318.(6)(略)

【1825】6.20.318.(5)(略)

【1795】○续纂

一、有服尊长杀死有罪卑幼之案，如卑幼果实属罪犯应死者，无论谋、故，为首之尊长俱照擅杀应死罪人律，杖一百；听从下手之犯，无论尊长、凡人，各杖九十。其罪不至死之卑幼，如果训诫不悛，尊长因玷辱祖宗起见，忿激致毙者，无论谋、故，为首之尊长，悉按服制，于殴杀卑幼各本律例上减一等；听从下手之犯，无论尊长、凡人，各依为从余人本罪上减一等定拟。若有假托公忿，报复私仇，及畏累图财，挟嫌贪贿各项情节者，均不得滥引此例。

臣等谨按：乾隆五十六年（1791）十一月内，臣部奏复四川省"邵在志殴伤为匪小功服侄邵朴身死"案内，议请嗣后有服尊长杀死卑幼，总以卑幼之有罪、无罪为衡，其擅杀之尊长应拟罪名，悉以被杀卑幼罪之至死、不至死为断。如卑幼罪犯应死，将擅杀之尊长杖一百；其卑幼罪不至死，尊长因训诫不悛，为玷辱祖宗起见，忿激致毙者，无论谋、故，于殴杀卑幼本罪上各减一等定拟。又五十八年（1793）十二月内，臣部奏复安徽省"陈玺等听从王立兴帮同勒死王四孜"一案，议以尊长因玷辱祖宗，起意致死为匪卑幼案内，为从加功之尊长以及凡人，如有怀挟私嫌、贪得财贿，乘机杀害者，各依应绞、应流本律本例科罪。若审无挟嫌、贪贿别情，仅止勉从下手者，无论尊长、凡人，各依为从应得本罪上减一等等因，先后奏准在案，应纂辑遵行。再查擅杀罪犯应死卑幼，亦难保无为从之人，首犯既止拟满杖，余犯似应亦于为首罪上各减一等。今拟于例内"擅杀应死卑幼，杖一百"下添入"听从下手之犯，无论尊长、凡人，各杖九十"数语。又，致死为匪卑幼案内，余犯如有本罪止应依余人定拟者，亦应于余人罪上减等，拟于例内"各依为从"下添"余人"二字，以便引用，合并声明。

【1801】○修改

臣等谨按：此条系乾隆五十六年（1791）定例。查擅杀应死罪人者，律应杖一百。卑幼罪犯应死，有服之尊长忿激致毙，照律问拟满杖，自属允协。惟擅杀罪不应死之卑幼，例内悉照服制减等，语意尚属含混。查，同族之中不法匪徒，尊长擅行杀害，例得减等免抵，固属创惩匪徒起见，但族广人多，贤愚难辨，或偶挟微嫌，辄图报复，因而架捏情由，妄称训诫不悛，玷辱祖宗，朋比串害，事所常有。故自定例以来，外省擅杀卑幼之案，多以玷辱祖宗为词。其中情节实系积惯匪徒者固多，而一时一事尚非怙恶者亦复不少。查卑幼偶然为匪，尊长逞忿擅杀，已失天显友爱之谊，况其中挟嫌贪贿，殊难究诘。其称玷辱祖宗之说，多系架词狡饰，甚或活埋、溺毙，情节惨忍。窃思好生乃天地之德，生杀乃朝廷之权，似此倚分凌虐，捏词狡展，不可不防其渐。应请嗣后期亲以下有服尊长杀死有罪卑幼之案，如卑幼罪犯应死者，为首之尊长，俱照擅杀应死罪人律，杖一百。听从下手之犯，无论尊长、凡人，各杖九十。其罪不至死之卑幼，果系积惯匪徒，怙恶不悛，人所共知，确有证据者，尊长因沾辱祖宗起见，忿激致毙者，无论谋、故，为首之尊长，悉按服制于殴杀卑幼各本律上减一等。听从下手之犯，无论尊长、凡人，各依余人律杖一百。若假托公忿，报复私仇，并无为匪确证，或一时一事，尚非怙恶不悛，情节惨忍致死，均照谋、故、殴杀卑幼各本律定拟，不得滥引此例。又查杀死有罪卑幼，必须至亲尊长激于义忿起意致死，始得照例减等，若本犯有祖父母、父母，可以诉知管教，而祖父母、父母未经起意致死，被期亲以下亲属起意致死者，及虽无祖父母、父母，而尚有至亲族属并未起意致死，被疏远亲属起意致死者，此等案情，若非挟嫌，亦属多事，均仍照谋、故、殴杀卑幼本律定拟，亦不得滥引此例。如此明立科条，庶足以昭限制而免捏饰。又查，尊长畏累图财、挟嫌贪贿，谋、故杀无罪卑幼，应以凡论，本门例内已有专条，此处毋庸复载，应将原例"畏累图财、挟嫌贪贿"二句节删，合并声明。谨将修改例文，开列于后。

一、期亲以下有服尊长，殴死有罪卑幼之案，如卑幼罪犯应死者，为首之尊长，俱照擅杀应死罪人律杖一百；听从下手之犯，无论尊长、凡人，各杖九十。其罪不至死之卑幼，果系积惯匪徒，怙恶不悛，人所共知，确有证据，尊长因玷辱祖宗起见，忿激致毙者，无论谋、故，为首之尊长，悉按服制，于殴杀卑幼各本律上减一等；听从下手之犯，无论尊长、凡人，各依余人律杖一百。若卑幼并无为匪确证，尊长假托公忿，报复私仇，或一时一事，尚非怙恶不悛情节，惨忍致死，及本犯有至亲服属，并未起意致死，被疏远亲属起意致死者，如有祖父母、父母者，期亲以下亲属以疏远论；虽无祖父母、父母，尚有期亲服属者，功缌以下，以疏远论，余仿此。均照谋、故、殴杀卑幼各本律定拟，不得滥引此例。

【1802】6.20.318.(5)(略)

【1814】○修改

臣等谨按：律载"兄姊殴死弟妹者，杖一百、徒三年"，又例载"殴期亲弟妹致死者，照本律满徒加一等，杖一百、流二千里"各等语。是殴死期亲弟妹，律止拟徒，例文加为流二千里。若致死为匪之弟，自应按照拟流之例减等，方无错误。惟本条例内，仅称"按服制于本律上减一等"，而各省每遇此等案件，俱照满徒本律减等科断。虽经臣部照例更正，第与其逐案驳改，莫若于例内添入"本例"二字，以昭赅备。谨将修改例文，开列于后。

一、期亲以下有服尊长，杀死有罪卑幼之案，如卑幼罪犯应死者，为首之尊长，俱照擅杀应死罪人律杖一百；听从下手之犯，勿论尊长、凡人，各杖九十。其罪不至死之卑幼，果系积惯匪徒，怙恶不悛，人所共知，确有证据，尊长因玷辱祖宗起见，忿激致毙者，无论谋、故，为首之尊长，悉按服制，于殴杀卑幼各本律本例上减一等；听从下手之犯，无论尊长、凡人，各依余人律杖一百。若卑幼并无为匪确证，尊长假托公忿，报复私仇，或一时一事，尚非怙恶不悛情节，惨忍致死，并本犯有至亲服属，并未起意致死，被疏远亲属起意致死者，如有祖父母、父母者，期亲以下亲属以疏远论；虽无祖父母、父母，尚有期亲服属者，功、缌以下以疏远论，余仿此。均照谋、故、殴杀卑幼各本律本例定拟，不得滥引此例。

【1825】6.20.318.(10)(略)

【1795】○续纂

一、有服尊长杀死卑幼之案，如卑幼并无触犯情节，止因其父兄伯叔平日不肯资助，及相待刻薄，挟有夙嫌，将其年在十二岁以下无辜幼小子嗣弟侄，迁怒故行杀害，图泄私忿者，悉照凡人谋、故杀本律，拟斩监候，不得复依服制科断。其被杀之卑幼，年在十三岁以上者，知识已开，审有触犯别情，并其余谋、故杀卑幼之案，仍照旧例办理。

臣等谨按：乾隆五十六年(1791)十月，臣部进呈山西省秋审情实人册，钦奉上谕："本日朕阅山西省情实人犯册内，绞犯余文全一起，因恨伊胞叔余发不行周济，起意将其年甫十二之幼子余兴成子致死泄忿,随诓入场内,揪倒在地,用石连殴殒命。又,绞犯孙式汉一起,因年甫十岁小功堂侄孙宽汉子携取所借铁抓欲走,该犯夺抓殴砍孙宽汉子倒地,忆及其父母相待刻薄,顿起杀机,用铁抓连砍殒命。以上二案,刑部均照原议依尊长谋杀本宗卑幼律问拟绞候,入于情实办理,未为允协。尊长致死卑幼,其情节轻重,原有区别。如卑幼果有不安本分、下流为匪等情,为尊长者训悔不悛,恐贻羞族党以致责打殒命,自应按律例问拟,勾到时尚可不行予勾。若因挟嫌怀忿,辄倚尊长名分,故行殴打致死,甚或觊觎家资,肆行凌虐殴毙卑幼,且其中绝人子嗣者有之,是其残忍已极,恩义断绝,即当以凡论,不得再援尊长之例按照定拟。今余文全因伊胞叔余发不行资助,辄将大功服弟余兴成子用石殴毙,孙式汉因孙宽汉子携取铁抓,夺殴,忆及其父母相待刻薄,顿起杀机。是其致死缘由,实因图泄忿恨利己。惨毙幼孩,情节均属残忍,自应即以凡论。刑部仍照尊长致死卑幼律拟绞候,引用条例未免牵混,殊非弼教明刑之义。嗣后,凡遇尊长谋杀本宗卑幼之案,其应如何分别案情定拟罪名之处,着军机大臣会同刑部悉心定拟具奏。钦此。"经军机大臣会同臣部议请"嗣后凡有服尊长杀死卑幼之案,如卑幼并无触犯情节,只因其父兄伯叔平日不肯资助,及相待刻薄、挟其夙嫌,将其无辜幼小子嗣弟侄迁怒,故行杀害,图泄私忿,年在十二岁以下,悉照凡人谋、故杀本律斩监候,拟不得复依服制科断。其被杀之卑幼年已长成,知识已开,审有触犯别情,并其余谋、故杀卑幼之案,仍照旧例办理等因具奏。奉旨:"向来尊长谋杀本宗卑幼,问拟罪名虽有定例,但案情轻重不同。如系谋财害命、强盗放火杀人及图谋害,并因挟有父兄夙嫌,迁怒无辜幼小子嗣弟侄,故行杀害,以致绝人之嗣,则残忍已极,恩义断绝,自当即照平人科断。此为明刑弼教起见,并非有意从严。是以令军机大臣会同刑部将原定之例,分别妥议具奏。今据准酌案情增定条例,于情法益昭平允,着依议行。法可定而情不同,仍在该部就事一一准酌办理耳。钦此。"钦遵在案,应纂辑遵行。其"照凡人谋、故杀拟斩"之文,既以十二岁为断,则年已长成、知识已开者,自应以十三岁以上为准。今拟添明,以便引用,合并陈明。

【1801】○移改

移改按语,见【1790】6.20.318.(8)条【1801】移改项下。

＊刑律·斗殴·殴大功以下尊长【1802】6.20.311.(9)(略)

【1795】○续纂

一、尊长争夺财产故杀弟侄之案,除被杀弟侄年已长成,有与尊长争斗之情者,仍依争夺财产旧例定拟外,如弟侄年在十二岁以下,幼小无知,并无争斗之情,尊长因图占财产,辄行惨杀毒毙者,悉依凡人谋、故杀律,拟斩监候。

臣等谨按:乾隆五十六年(1791)十一月内,臣部核复四川总督鄂辉审题"荣县民王均进图产砍伤四岁幼弟王均连身死,依例拟绞监候"一案,经臣部以例载"兄及伯叔争夺弟侄财产,故行杀害者,拟绞监候"等语,盖事因财产,在尊长有挟私残杀之情,故拟以绞抵,虽期亲尊属,亦不得依律拟流。而财产究属祖宗所遗,在尊长混行争夺,固属不合;在卑幼毫无退让顾恤之情,亦属有乖名义。故虽杀出有心,亦罪止缳首,不与凡人同科。至若幼小无知弟侄，并无与该犯争斗之情，辄因图占财产，无辜惨杀，即属恩义断绝，应以凡人谋、故杀本例定拟，不得复援尊长之例。奏请将王均进改依凡人谋杀人造意律拟斩监候，并请通行各省画一办理等因，奏准在案，应纂辑遵行。再，查尊长挟嫌迁怒故杀幼小卑幼例内，以年在十二岁以下为断，此例条内"幼小无知"句上，拟添"年在十二岁以下"数字，以示限制。合并陈明。

【1801】○修并

修并按语并修并后例文，见【1740】6.20.318.(2)条【1801】修并项下。

【1795】○续纂

一、期亲尊长与卑幼争奸互斗，卑幼将尊长刃伤及折肢，罪干立决者，除卑幼依律问拟外，将争奸肇衅之尊长杖一百、流二千里。如非争奸，仍各依律例本条科断。

臣等谨按：乾隆五十八年(1793)六月内，臣部议复江西省民人刘乞刃伤胞叔刘兆纶一案，钦奉谕旨："以刘兆纶为刘乞胞叔，刘俞氏亦其同族侄妇，若因刘乞与刘俞氏通奸，刘兆纶闻知，前往斥责以致被戳，是刘兆纶竟属无罪之人，即杖责亦不应问拟。今该犯已与刘俞氏相约，及至黄昏前往，先有刘乞在彼，遂捏称捉奸，将刘乞殴打。是刘兆纶图奸同族侄妇，行止有亏，而又因妒奸起衅，陷伊侄于立决。刑部遽照该抚所拟定以杖责，实不足蔽辜。刘兆纶虽系刘乞尊长，不至死罪，亦应问拟军、流等罪，方足示惩。着该部即另行定拟具奏。钦此。"经臣部议请，嗣后凡有期亲尊长与卑幼争奸互斗，卑幼将尊长刃伤及折肢，罪干立决者，除卑幼依律问拟外，即将争奸肇衅之尊长照伯叔故杀侄律，杖一百、流二千里。如非争奸，仍各依律例本条科断等因具奏。奉旨："依议。"钦遵在案。应纂辑遵行。

【1825】6.20.318.(4)(略)

【1795】○续纂

一、卑幼刃伤期亲尊长之案，除衅起挟嫌、有心刃伤者依律问拟绞决，毋庸声请外，若非有心干犯，或系金刃误伤及情有可悯者，法司核题时，遵照李伦魁案内钦奉谕旨，夹签声明，候旨定夺。

臣等谨按：乾隆五十七年(1792)十一月内，臣部题复安徽省李伦魁刃伤胞兄李登魁一案，钦奉上谕："李伦魁因胞兄李登魁私挖田埂、窃放塘水微嫌，两次嚷论。及李登魁持棒向殴，该犯辄敢用刀抵格，致伤李登魁右腿倒地，实属不法。虽李登魁伤轻平复，刑部照该抚所题依弟刃伤胞兄不论轻重绞决律，将李伦魁问拟绞决，所以重伦纪而儆凶顽。向来定律，实为允当。但弟兄争殴致伤，情节不一。似此案李伦魁之衅起挟嫌，有心刃伤胞兄者，自当按律予以立决。有心干犯，或系金刃误伤及情有可悯者，着交刑部存记，于题核时夹单声明，引此旨候朕酌夺，以昭情法之平。钦此。"钦遵在案。应恭纂为例，以便遵行。再查卑幼误伤伯叔父母、姑等项，尊属致死罪干斩决之犯，审非逞凶干犯，例准叙明可原情节，夹签请旨。今金刃误伤胞兄及情有可悯者，既应夹签请旨，则于别项期亲尊属有犯,自应一例办理。谨拟将“刃伤胞兄”之处,改为“卑幼刃伤期亲尊长之案”,纂入例文,以昭赅备,理合声明。

【1801】○修改

修改按语,见【1790】6.20.318.(9)条【1801】修改项下。

一、卑幼刃伤期亲尊长尊属及外祖父母之案,如衅起挟嫌,有心刃伤者,依律问拟绞决,毋庸声请。若非有心干犯,或系金刃误伤,及情有可悯者,法司核题时,遵照李伦奎案内钦奉谕旨,夹签声明,候旨定夺。

【1802】6.20.318.(7)(略)

【1806】○修并

【原例】* 刑律·斗殴·殴期亲尊长

【1790】6.20.317.(4)一、卑幼殴伤缌麻尊长,余限内,果因本伤身死,仍拟死罪,奏请定夺。如蒙宽减,减为杖一百、发边远充军。若在余限外身死,按其所殴伤罪在徒、流以下者,于斩候本罪减一等,杖一百、流三千里;其原殴伤重至笃疾者,拟绞监候。殴小功以上尊长,如罪应斩决者,虽死于余限之外,仍照本律定拟,临时酌量情节,夹签声明。

【1802】6.20.318.(7)(略)

臣等谨按:前条卑幼殴伤小功以上尊长,死于余限之外,酌量夹签声明。后条金刃误伤期亲尊长、尊属案件,系夹签声明。嗣于嘉庆七年(1802)九月内,臣部核复安徽巡抚王汝璧题“民人孙登扎伤胞兄孙梅,余限外身死,将孙登依律拟斩立决,夹签声请,可否将孙登改照刃伤胞兄本律问拟绞决”一案,钦奉上谕:“刑部题复安徽省民人孙登扎伤胞兄孙梅,余限外身死,夹签声请一本,现已依拟将该犯着即处绞矣。向来寻常刃伤各案,如在保辜正、余限外身死者,止科伤罪。至有关服制之案,虽与寻常刃伤案犯不同,但限内、限外究当示以区别。嗣后如有卑幼刃伤期亲尊长,如有保辜正、余限内身死者,仍照旧办理外,若死在余限之外,即照刃伤本律问拟绞决。其刃伤期亲尊长、尊属,律应问拟绞决之犯,如讯系有心干犯,或系金刃误伤,及情有可悯者,俱着问拟绞候,均毋庸夹签声请。着刑部纂入例册遵行。钦此。”又九年(1804)十二月内,直隶总督颜检题“民人米文新误咬期亲服叔米宽手指,余限外因伤溃烂身死”一案,经臣部议请,嗣后卑幼殴伤期功尊长、尊属,正、余限内身死者,照旧办理外,其在余限外身死之案,如刃伤期亲尊长、尊属,并以手足、他物殴至折肢、瞎目,及殴大功、小功尊长、尊属至笃疾者,仍依伤罪本律问拟绞决。讯非有心干犯,或系误伤,及情有可悯者,俱拟绞监候。若系折伤并手足、他物殴伤,本罪止应徒、流者,既在余限之外因伤毙命,均应拟绞监候。秋审时统归于服制册内,拟入情实等因,奏准在案。是原例两条内夹签声请之处,均应修改明晰。并应请后条移并前条例内,以资引用。谨将修并例文,开列于后。

* 刑律·斗殴·殴大功以下尊长

【1825】6.20.317.(8)一、卑幼殴伤缌麻尊长尊属,余限内,果因本伤身死,仍拟死罪,奏请定夺。如蒙宽减,减为杖一百、发边远充军。若在余限外身死,按其所殴伤罪在徒、流以下者,于斩候本罪上减一等,杖一百、流三千里;其原殴伤重至笃疾

者，拟绞监候。殴伤期、功尊长尊属，正、余限内身死者，照旧例办理。其在余限外身死之案，如刃伤期亲尊长尊属，并以手足、他物殴至折肢、瞎目，及殴大功、小功尊长尊属至笃疾者，仍依伤罪本律问拟绞决。讯非有心干犯，或系误伤，及情有可悯者，俱拟绞监候。若系折伤，并手足、他物殴伤，本罪止应徒、流者，既在余限之外因伤毙命，均拟绞监候，秋审时统归服制册内拟入情实。其卑幼刃伤期亲尊长尊属及外祖父母之案，如衅起挟嫌，有心刃伤者，依律问拟绞决。若讯非有心干犯，或系金刃误伤，及情有可悯者，俱拟绞监候。均毋庸夹签声请。

【1801】○续纂

一、期亲弟妹殴死兄姊之案，如死者淫恶蔑伦，复殴詈父母，经父母喝令殴毙者，定案时仍照律拟罪，法司核拟时，照王仲贵之案，随本改拟杖一百、流三千里，请旨定夺。其殴毙罪犯应死兄姊，与王仲贵案内情节未符者，仍照殴死尊长情轻之例，照律拟罪，夹签声明，不得滥引此例。

臣等谨按：期亲弟妹殴死兄姊情节轻者，定例仍拟斩决，夹签声明，请旨定夺。嗣于嘉庆五年(1800)，臣部题复直隶总督胡季堂审题"王仲贵听从伊父王尚才主使，殴伤胞兄王仲香身死"案内，照例拟斩立决，夹签声明，具题。钦奉谕旨："刑部题复直隶省民人王仲贵殴伤胞兄王仲香身死一案，声明伦纪攸关，将王仲贵依律拟斩立决。细阅本内情节，王仲香调戏伊弟妻张氏，欲图强奸，已属乱伦伤化，迨经伊父王尚才斥詈，不服，将伊父揪倒欲殴，尤属目无伦纪。及伊父王尚才忿极，喝令王仲贵殴打，王仲贵无奈，随用石殴伤王仲香额颅殒命。是王仲香淫凶残忍，种种蔑伦，所犯应死之罪，不一而足。及王尚才喝令王仲贵殴打伊兄，后经王仲贵代为央求，尚有不忍致死其兄之心，因王尚才不允，王仲贵始用石殴伤致毙，迥非逞凶干犯。乃刑部照原题于奉父命殴死蔑伦之兄者，仍依弟殴兄本律拟斩立决，并声明伦纪攸关。措词不当，殊失情理之平，且与维持风化之义未协。所有王仲贵一犯，着即改为杖一百、流三千里，不必再交九卿核议。嗣后，遇有此等死者自犯蔑伦之案，着刑部核议，奏明请旨。著为令。钦此。"续经臣部将已、未入秋审服制案内，凡殴毙罪犯应死尊长之刘元书等五十一起开单进呈，钦奉上谕："前因直隶民人王仲贵殴死蔑伦之兄王仲香，将王仲贵斩决改为杖、流，并着刑部遇有此等情节相同之案，核议办理。兹刑部检查案卷，内有与王仲贵事同一例之已入秋审缓决情实刘元书等共五十起，未入秋审应拟情实之令狐开保一起，开单进呈，奏请减等。此等服制命案，其死者实系忤亲不孝，或淫乱蔑伦，罪犯应死。若以伦纪攸关，仍将该犯按律问拟，原不足以昭平允。但人心诈伪多端，倘干犯兄长之人，因其兄本犯应死之罪，概与减等，或有父母爱怜少子者，遇伤毙兄长之案，装点情节，诿罪于已死之兄，以保全其逞凶之弟，亦不可不防其渐。自应分别办理，俾无枉纵。所有刘元书一犯，因伊母被兄姊忤逆，气忿自缢，刘元书痛母情切，致死逼毙伊母，罪犯应死之兄姊，且经缓决十一次。其易绍兰、赖瑞珑、林太翊、张潮、岳自强、孟加奇、冀国海、王尔景、黎南山、康珍、耿煊、宋登举、韩浩修、余名高、韩遇盛等共十五犯，与王仲贵之案相同，亦经缓决八次至二次不等，俱着准其减等。其陈义等三十四起,及未入秋审之令狐开保一起,均着交刑部,俟秋审两次免勾,改入缓决二三次后,再行请旨减等。钦此。”钦遵各在案。臣等伏思服制命案,如果死者淫乱蔑伦、忤亲不孝,罪犯应死,不一而足,弟妹迫于父母之命,殴打致毙,如王仲贵殴死王仲香之案,自应钦遵谕旨,于核拟时改为杖一百、流三千里,毋庸夹签声明。若因兄姊有应死之罪,概将殴死兄姊之犯准予减等,设父母爱怜少子,势必装点情节,希图末减,诚如圣谕,不可不防其渐。应请嗣后期亲弟妹殴死兄姊之案,如死者淫恶蔑伦,复殴詈父母,经父母喝令殴毙者,定案时仍照律拟罪,法司核拟时,照王仲贵之案,随本改拟杖一百、流三千里,请旨定夺。其殴毙罪犯应死兄姊,与王仲贵案内情节未符者,仍照殴死尊长情轻之例照律拟罪,夹签声明,不得滥引此例。如此明立专条,庶足以昭明晰而免规避。谨纂辑为例,以便遵行。

【1802】6.20.318.(11)(略)

【1825】6.20.318.(9)(略)

【1825】○续纂

一、期亲卑幼,听从尊长共殴期亲尊长尊属致死,若主使之尊长,亦系死者之期亲卑幼,如听从其父共殴胞伯,及听从次兄共殴长兄致死之类。律应不分首从者,各依本律问拟。核其情节实可矜悯者,仍援例夹签声请。其听从尊长主使,勉从下手,共殴以次期亲尊长致死,如听从胞伯共殴胞叔,及听从长兄共殴次兄致死之类。系尊长下手伤重致死,卑幼帮殴伤轻,或两卑幼听从尊长主使共殴,内一卑幼伤重致死、一卑幼伤轻,或内有凡人听纠帮殴,系凡人下手伤重致死,承审官悉心研讯,或取有生供,或供证确凿,除下手伤重致死之犯,各照本律本例分别问拟外,下手伤轻之卑幼,依律止科伤罪。如系刃伤、折肢,仍依律例分别问拟绞决、绞候,不得以主使为从,再行减等。

臣等谨按:道光四年(1824)十二月二十日,奉旨:“前据御史万方雍奏称,刑部审拟文元殴死胞侄伊克唐阿一案,引律失当,特派托津等查核。兹据奏称,‘伊克唐阿致死之由,既经刑部讯明,系胞伯文元殴伤所致,伊弟奇里绷阿实止听从帮殴有伤,应将奇里绷阿照殴伤期亲尊长本律拟徒。刑部照致死胞兄律拟以斩决,仍照听从下手之例夹签声明。并将听从殴伤小功尊长之钮勒浑苏,亦照殴死例问拟满流,均属错误。着刑部将奇里绷阿照殴伤期亲尊长本律改为杖一百、徒三年,系旗人,照例折枷鞭责发落。纽勒浑苏亦着照殴伤小功尊长本律改为杖七十、徒一年半,业已鞭责折枷,即予释放等因。钦此”。经臣部查,听从尊长共殴期亲尊长案内,下手伤轻之卑幼,止科伤罪,系照乾隆四十五年(1780)通行办理。嗣后臣等遇有此等服制案件,如卑幼仅止帮殴,并无致死重伤,应即随案遵照止科伤罪,毋庸援引不分首、从之罪,概拟骈首。并将秋审新旧服制及未入秋审各案,详加检阅。除卑幼共殴期亲尊长,如听从伊父共殴伊伯,或听从次兄共殴长兄等案,俱系卑幼,无论伤轻、伤重,拟以皆斩,系照律例定拟,毋庸更改外,查有湖北等省胡达等各案,均系听从尊长殴打期亲尊长,或由尊长伤重致死,或系两卑幼听从殴打,一卑幼伤重致死,一卑幼帮殴伤轻,或由案内帮殴之外姻缌麻卑幼伤重致死,以上尊长为首,听从帮殴伤轻之卑幼,应查照乾隆四十五年(1780)通行,止科伤罪,并声明。乾隆四十五年通行，未经纂入例册，以致办理参差。应请纂定条例，以资引用，开单具奏。奉旨："依议等因。钦此。"钦遵在案。应纂辑为例，以资引用。臣等再查，此等听从尊长共殴尊长、尊属致死之案，若非取有生供或供证确凿，恐启诿卸之弊，应于例内添叙明晰，以防其渐。合并陈明。

【1825】6.20.318.(11)(略)

【1835】○删除

删除按语，见【1847】6.20.318.(11)条【1835】续纂按语。

【1835】○续纂

一、期亲卑幼，听从尊长主使共殴以次尊长尊属致死之案，无论下手轻重，悉照本律问拟斩决，法司核拟时夹签声请，恭候钦定。不得将下手伤轻之犯，止科伤罪。

臣等谨按：道光十四年(1834)二月内，据江西道监察御史俞焜奏"申明律义以重伦纪"一折内称，以期亲尊长而共殴致死，岂得仍论其伤之轻重。定律不分首、从，用意甚深。今以勉从尊长，下手伤轻，止科伤罪，则与死者皆斩之律显有不符，且与伤而未死者何所区别。此例既行，则如子侄与弟殴死胞叔、胞兄，其父母必有出而承认主使，以轻其子之罪者。其殴死以次胞兄，则伯叔、长兄必有出而承认主使，以脱其侄与弟之罪者。穷其流弊，凡殴死期亲尊长、尊属，百无一抵，何以肃刑典而正人心。请将听从尊长殴死期亲尊长之案，仍遵不分首、从本律，照例夹签声请等因。臣等查，卑幼共殴期亲尊长至死，按律无论伤之轻重，均应问拟骈首。至听从尊长共殴以次尊长，律内虽未指明，然以"名例律"所载"共犯罪而首、从本罪各别，各依本律首、从论"之意推之，自应将主使之尊长，依殴死卑幼各本律论；听从共殴之卑幼，依殴死期亲尊长不分首、从本律论，亦属显而易见。故向来遇有听从尊长主使，共殴以次尊长之案，即将帮殴有伤之卑幼，依律拟斩，仍援听从下手殴死期亲尊长之例，夹签声请。嗣于道光四年(1824)间，臣部审拟奇里绷阿听从胞伯文元殴伤胞兄伊克唐阿身死，奇里绷阿下手伤轻一案，臣部将奇里绷阿照律不分首、从拟斩，夹签声请，奉旨改为斩候。经前任陕西道监察御史万方雍参奏，奉旨派大学士托津等查核，将奇里绷阿改依止科伤罪拟徒奏结。臣部旋于道光五年(1825)纂辑条例时，遵照纂入例册在案。臣等伏思，用刑不厌求详，立法必期尽善。期亲卑幼共殴尊长致死，按律原应不分首、从皆斩，嗣因听从尊长主使共殴，较之寻常共殴之案微有区别，始于定律之外，另立下手伤轻止科伤罪之条，固属衡情酌定。惟是卑幼之于尊长，服制攸关，一经殴伤，即于按律治罪，况于帮殴有伤之后，复目击尊长被殴致死，其情较之仅止殴伤者，轻重大相悬殊。今若因其帮殴伤轻，遂与仅止殴伤并未致死者一律同科，诚不足以示区别。况人心变幻多端，条例愈繁则趋避愈巧。诚恐如该御史所奏，子侄与弟殴死胞叔、胞兄，其父母、伯叔、胞兄必有出而承认主使，以脱其子侄与弟之罪者，尤不可不防其渐。自应仍照定律办理，较为允当。应请嗣后期亲卑幼听从尊长主使，共殴以次尊长、尊属之案，无论下手轻重，悉照本律问拟斩决，法司核拟时，夹签声请，恭候钦定。不得将下手伤轻之犯，只科伤重，以符定律而重伦纪。并将下手伤轻，止科伤罪之例删除等因具奏。奉旨允准通行,遵照在案。应另纂专条,并将"下手伤轻,止科伤罪"之例删除,以免淆混。

【1847】6.20.318.(11)(略)

咸丰七年(1857),由"殴大功以下尊长"门"听从下手"条内,摘出"听从殴死期尊"等语别行修改,移附于此。

【1870】○修改

一、期亲卑幼,听从尊长主使,共殴以次尊长尊属致死之案,讯系迫于尊长威吓,勉从下手,邂逅致死者,仍照本律问拟斩决,法司核议时夹签声请,恭候钦定。不得将下手伤轻之犯,止科伤罪。如尊长仅令殴打,辄行叠殴多伤至死者,即照本律问拟,不准声请。

【1870】6.20.318.(13)(略)

【1845】○续纂

一、卑幼如因事争斗,有心施放鸟枪、竹铳,致伤期亲尊长尊属及外祖父母者,照刃伤例问拟绞决。若非有心干犯,或系误伤,及情有可悯者,拟绞监候。

臣等谨按:道光二十五年(1845)二月内,臣部议复前任江苏巡抚孙宝善奏"抢夺拒捕、火器伤人之案,例无明文,请立专条"一折内称,火器之伤期亲尊长之案,近年来外省多有比照金刃拟绞,经部改照竹铳伤人本例加等拟遣,是否各省引断,亦多歧误。相应附请敕部拟纂定例,通行遵办,以昭法守等因。经臣部查,例载卑幼刃伤期亲尊长、尊属及外祖父母,如有心刃伤,依律问拟绞决。若讯非有心干犯,或系误伤及情有可悯者,俱拟绞监候等语。是卑幼致伤期亲尊长,如系刃伤,均拟死罪。原以金刃为杀人之具,卑幼辄敢持以犯尊长,故无论伤之轻重,或与折伤同科。至施放鸟枪、竹铳,致伤期亲尊长,例无明文。从前各省办理,有比照刃伤及折伤以上,问拟死罪者,亦有拘泥伤非金刃,照火器伤人军罪上加等,问拟遣戍。臣部亦因无治罪专条,以致办理未能画一。伏思火器为害最烈,与各项凶器不同,若因争斗,施放伤人,即应问拟烟瘴充军。而期亲卑幼致伤尊长,仅照凡斗加等,殊属情重法轻。且执持金刃犯尊长,多因被尊长殴打抵御,尚有情急可原。若火器则相离数十步即可伤人,较之金刃伤人,情节尤为凶恶,自应照刃伤办理,方为允协。惟致伤期亲尊长,有有心逞凶及无心干犯之例。应请嗣后卑幼如因争斗,有心施放鸟枪、竹铳,致伤期亲尊长、尊属及外祖父母,照刃伤例问拟绞决。若讯非有心干犯,或系误伤及情有可悯者,拟绞监候等因具奏,奉旨:"依议。钦此。"钦遵在案。谨纂辑为例,以资引用。

【1847】6.20.318.(12)(略)

【1852】○移改

【原例】* 刑律·斗殴·殴大功以下尊长

【1825】6.20.317.(8)一、卑幼殴伤缌麻尊长尊属,余限内,果因本伤身死,仍拟死罪,

奏请定夺。如蒙宽减,减为杖一百、发边远充军。若在余限外身死,按其所殴伤罪在徒、流以下者,于斩候本罪上减一等,杖一百、流三千里;其原殴伤重至笃疾者,拟绞监候。殴伤期、功尊长尊属,正、余限内身死者,照旧例办理。其在余限外身死之案,如刃伤期亲尊长尊属,并以手足、他物殴至折肢、瞎目,及殴大功、小功尊长尊属至笃疾者,仍依伤罪本律问拟绞决。讯非有心干犯,或系误伤,及情有可悯者,俱拟绞监候。若系折伤,并手足、他物殴伤,本罪止应徒、流者,既在余限之外因伤毙命,均拟绞监候,秋审时统归服制册内拟入情实。其卑幼刃伤期亲尊长尊属及外祖父母之案,如衅起挟嫌,有心刃伤者,依律问拟绞决。若讯非有心干犯,或系金刃误伤,及情有可悯者,俱拟绞监候。均毋庸夹签声请。

谨案:此条咸丰二年(1852),因原例正、余限内外身死二节,俱连期尊在内,例末又专指刃伤期尊及外祖父母,分别有心无心办理,与大功以下无涉,是以摘出移附"殴期亲尊长"内。

【修改】* 刑律·斗殴·殴大功以下尊长

【1870】6.20.317.(8)一、卑幼殴伤缌麻尊长尊属,余限内,果因本伤身死,仍拟死罪,奏请定夺。如蒙宽减,减为杖一百,发边远充军。若在余限外身死,按其所殴伤罪在徒、流以下者,于斩候本罪上减一等,杖一百、流三千里;其原殴伤重至笃疾者,拟绞监候。殴伤功服尊长尊属,正、余限内身死者,照旧办理。其在余限外身死之案,如殴大功、小功尊长尊属至笃疾者,仍依伤罪本律问拟绞决。讯非有心干犯,或系误伤,及情有可悯者,俱拟绞监候。若系折伤,并手足、他物殴伤,本罪止应徒、流者,既在余限之外因伤毙命,均拟绞监候,秋审时统归服制册内拟入情实办理。

【移改】【1870】6.20.318.(12)

一、殴伤期亲尊长尊属及外祖父母,正、余限内身死者,照旧办理。其在余限外身死之案,如系金刃致伤,并以手足、他物殴至折肢瞎目者,仍依伤罪本律,问拟绞决。讯非有心干犯,或系误伤,及情有可悯者,俱拟绞监候。若系折伤,并手足、他物殴伤,本罪止应徒、流者,既在余限之外因伤毙命,均拟绞监候,秋审时,统归服制册内拟入情实。其刃伤并折肢、瞎目伤而未死之案,如衅起挟嫌,有心致伤者,依律问拟绞决。若讯非有心干犯,若系误伤,及情有可悯者,俱拟绞监候。均毋庸夹签声请。

殴祖父母父母

律　文

【1646】6.20.342

凡子孙殴祖父母、父母,及妻妾殴夫之祖父母、父母者,皆斩;杀者,皆凌迟处死;其为从有服属不同者,自依各条服制科断。过失杀者,杖一百、流三千里;伤者,杖一百、徒三年。俱不在收赎之例。○其子孙违犯教令,而祖父母、父母不依法决罚,而横加殴打,非理殴杀者,杖一百;故杀者,无违犯教令之罪为故杀。杖六十、徒一年。嫡、继、慈、养母杀者,终与亲母有间。殴杀、故杀,各加一等。致令绝嗣者,殴杀、故杀,监候绞。若祖父母、父母，嫡、继、慈、养母非理殴子孙之妇此妇字，乞养者同。及乞养异姓子孙，折伤以下勿论。致令废疾者，杖八十；笃疾者，加一等。子孙之妇，及乞养子孙并令归宗。子孙之妇，笃疾者。追还初归嫁妆，仍给养赡银十两；乞养子孙，笃疾者。拨付合得所分财产养赡。不在给财产一半之限。如无财产，亦量照子孙之妇给银。至死者，各杖一百、徒三年；故杀者，各杖一百、流二千里。其非理殴子孙之妾，各减殴妇罪二等。不在归宗、追给嫁妆、赡银之限。○其子孙殴骂祖父母，父母，及妻妾殴骂夫之祖父母、父母，而祖父母、父母，夫之祖父母、父母，因其有罪殴杀之，若违犯教令，而依法决罚，邂逅致死，及过失杀者，各勿论。

【1670】6.20.341

凡子孙殴祖父母、父母，及妻妾殴夫之祖父母、父母者，皆斩；杀者，皆凌迟处死；其为从有服属不同者，自依各条服制科断。过失杀者，杖一百、流三千里；伤者，杖一百、徒三年。俱不在收赎之例。○其子孙违犯教令，而祖父母、父母不依法决罚，而横加殴打，非理殴杀者，杖一百；故杀者，无违犯教令之罪为故杀。杖六十、徒一年。嫡、继、慈、养母杀者，终与亲母有间。殴杀、故杀，各加一等。致令绝嗣者，殴杀、故杀，绞。监候。若祖父母、父母，嫡、继、慈、养母非理殴子孙之妇此妇字，乞养者同。及乞养异姓子孙，折伤以下勿论。致令废疾者，杖八十；笃疾者，加一等。子孙之妇，及乞养子孙并令归宗。子孙之妇，笃疾者。追还初归嫁妆，仍给养赡银十两；乞养子孙，笃疾者。拨付合得所分财产养赡。不在给财产一半之限。如无财产，亦量照子孙之妇给银。至死者，各杖一百、徒三年；故杀者，各杖一百、流二千里。其非理殴子孙之妾，各减殴妇罪二等。不在归宗、追给嫁妆、赡银之限。○其子孙殴骂祖父母，父母，及妻妾殴骂夫之祖父母、父母，而祖父母、父母，夫之祖父母、父母，因其有罪殴杀之，若违犯教令，而依法决罚，邂逅致死，及过失杀者，各勿论。

【1725】6.20.329

律文（略）

注：此首重悖逆之诛，而因惩不慈之罪也。凡子孙殴祖父母、父母，及妻妾殴夫之祖父母、父母，不分首从，皆斩，但殴即坐。至死者，皆凌迟；过失杀者，满流；过失伤者，满徒。至子孙违犯教令，而祖父母、父母非理横殴至死者，满杖。非违犯教令而故意杀之者，杖六十、徒一年。嫡、继、慈、养母有犯，各加一等。致令绝嗣者，绞监候。若非理殴子孙之妇，及乞养异姓子孙，致令废疾者，杖八十；笃疾者，加一等。被殴至笃疾，并令归宗。系子孙之妇，则追还原嫁妆奁外，仍给养赡银两。系乞养子孙，则给付合得所分财产养赡。殴至死者，各坐满徒。故杀者，加一等。若系子孙之妾，又各减子孙妇之罪二等。若殴骂祖父母、父母，及夫之祖父母、父母，因而殴杀之，并违犯教令，而依法决罚，邂逅致死，及过失杀者，各勿论。

臣等谨按：此首重悖逆之诛，而因惩不慈之罪也。首节言凡子孙殴祖父母、父母，及妻妾殴夫之祖父母、父母，乃人伦之大变，不分首从，皆斩决。但殴即坐，不问成伤与否也。殴至死者，皆凌迟。其为从有服属不同者，则依各条服制科断。不言故杀，以罪无可加也。过失杀者，杖流；过失伤者，杖徒。过失杀伤，虽非有意，然于天伦尊属而无恭谨之心,难同凡论,故不准收赎也。次节言子孙违犯教令,而祖父母、父母不依法决责,非理横殴致死者,坐满杖。非违犯教令而故意杀之者,杖六十、徒一年。嫡、继、慈、养母,终与亲母有间,非理殴杀与故杀,各加一等。致令绝嗣者,不问殴与故,并绞监候。以非其所生,则恩轻,绝人之嗣,则罪重也。若祖父母、父母,及嫡、继、慈、养母非理殴子孙之妇及乞养异姓子孙,致令废疾者,杖八十;笃疾者,加一等。被殴笃疾之人,并令归宗。系子孙之妇,则追还原嫁妆奁外,仍给养赡银两。系乞养子孙,则给付合得所分财产养赡。殴至死者,各坐杖徒;故杀者,各坐杖流。非理殴子孙之妾,致令废疾、笃疾及至死,并故杀者,各减殴妇之罪二等。末节言子孙及子孙之妻妾殴骂祖父母、父母,而祖父母、父母因而殴杀之。在子孙、妻妾先有应死之罪,若违犯教令而依法决罚,邂逅致死,及过失杀者,在祖父母、父母原无欲杀之心,故各勿论。

【1740】6.20.319(略)

附律条例

【1646】6.20.342.(1)

一、继母告子不孝,及伯叔父母、兄姊,伯叔祖,同堂伯叔父母、兄姊,奏告弟侄人等打骂者,俱行拘四邻、亲族人等审勘是实,依律问断。若有诬枉,即与辩理。果有显迹伤痕,输情服罪者,不必行勘。

【1670】6.20.341.(1)(略)

【1725】6.20.329.(1)【原例】(略)

【1740】6.20.319.(1)(略)

【1646】6.20.342.(2)

一、凡义子过房在十五岁以下,恩养年久,或十六以上,曾分有财产,配有室家,若于义父母及义父之祖父母、父母,有犯殴骂、侵盗、恐吓诈欺、诬告等情,即同子孙取问如律。若义父母及义父之祖父母、父母,殴杀、故杀者,并以殴、故杀乞养异姓子孙论。若过房虽在十五以下,恩养未久,或在十六以上,不曾分有财产,配有室家,及于义父之期亲并外祖父母有违犯者,并以雇工人论。义子之妇,亦依前拟岁数,如律科断。其义子后因本宗绝嗣,或应继军伍等项,有故归宗,而义父母与义父之祖父母、父母无义绝之状,原分家产,原配妻室,不曾拘留,遇有违犯,仍以雇工人论;若犯义绝,及夺其财产、妻室,与其余亲属,不分义绝与否,并同凡人论。义绝,如殴义子至笃疾,当令归宗;及有故归宗,而夺其财产、妻室,亦义绝也。

【1670】6.20.341.(2)(略)

【1725】○修改

原拟:今军人故绝,无勾取本宗人补伍之例,应将此条内"应继军伍等项"字拟删。

一、凡义子过房在十五岁以下,恩养年久,或十六以上,曾分有财产,配有室家,若于义父母及义父之祖父母、父母，有犯殴骂、侵盗、恐吓诈欺、诬告等情，即同子孙取问如律。若义父母及义父之祖父母、父母，殴杀、故杀者，并以殴、故杀乞养异姓子孙论。若过房虽在十五以下，恩养未久，或在十六以上，不曾分有财产，配有室家，及于义父之期亲并外祖父母有违犯者，并以雇工人论。义子之妇，亦依前拟岁数，如律科断。其义子后因本宗绝嗣，有故归宗，而义父母与义父之祖父母、父母无义绝之状，原分家产，原配妻室，不曾拘留，遇有违犯，仍以雇工人论；若犯义绝，及夺其财产、妻室，与其余亲属，不分义绝与否，并同凡人论。义绝，如殴义子至笃疾，当令归宗；及有故归宗，而夺其财产、妻室，亦义绝也。

【1725】6.20.329.（2）【原例】（略）

【1740】6.20.319.（2）（略）

【1756】○修改

臣等谨按：上条恩养年久，分财产、配家室者，以卑犯尊，即同子孙取问如律。至以尊犯卑，仍照乞养子孙科断，殴杀，满徒；故杀，杖流。不能同子孙之殴杀满杖、故杀徒一年，盖异姓不得乱宗。义子之忘恩，该犯可同子孙问拟，而义父究不得于亲父母例视也。恩养年久者如此，则恩养未久者更当区别矣。是以复定有雇工人之例。所谓以雇工人论者，谓故杀义子，律得拟流，而此恩养未久之义子，则又当依故杀雇工人拟绞，与雇工人同罪而不与雇工人同贱也。查雇工人犯家长亲属，缌麻，杖八十；小功，杖九十；大功，杖一百。各以服制递加，而义子则概以凡论。可知同雇工论者，特以恩养既不可忘，而又未便竟与子孙例视，是以酌量比照而定之，非以义子为贱而同之也。然则例内所称"期亲"，是专指尊长，而若言义父之期亲子、侄、孙，即当以凡论矣。应请于期亲下添出"尊长"二字，庶免援引歧误。

一、凡义子过房在十五岁以下，恩养年久，或十六以上，曾分有财产，配有室家，若于义父母及义父之祖父母、父母，有犯殴骂、侵盗、恐吓诈欺、诬告等情，即同子孙取问如律。若义父母及义父之祖父母、父母，殴杀、故杀者，并以殴、故杀乞养异姓子孙论。若过房虽在十五以下，恩养未久，或在十六以上，不曾分有财产，配有室家，及于义父之期亲尊长并外祖父母有违犯者，并以雇工人论。义子之妇，亦依前拟岁数，如律科断。其义子后因本宗绝嗣，有故归宗，而义父母与义父之祖父母、父母无义绝之状，原分家产，原配妻室，不曾拘留，遇有违犯，仍以雇工人论；若犯义绝，及夺其财产、妻室，与其余亲属，不分义绝与否，并同凡人论。义绝，如殴义子至笃疾，当令归宗；及有故归宗，而夺其财产、妻室，亦义绝也。

【1768】6.20.319.（2）（略）

【1801】○修改

臣等谨按：此条共三段，俱系前明旧例。查义子过房在十五岁以下，恩养已久，或十六岁以上，曾经分产、婚配者，同子孙论。若过房虽在十五岁以下，恩养未久，或在十六岁以上，不曾分产、婚配者，以雇工人论。此专指干犯义父母及义父母之祖父母、父母，并义父母等殴、故杀义子而言。若于父母之期亲尊长并外祖父母有违犯者，不论过房年岁，并以雇工人论。与其余亲属有犯，不分义绝与否，并同凡人论。例意本属明晰。惟例文第二段只言义子干犯亲属，不言亲属殴詈义子，殊未赅备。俱应详晰修改，以免歧异。又义子之妇一项，系总承干犯义父母及义父之祖父母、父母而言。例内载在第三段之首，亦属窒碍。应将义子于义父母及义父之祖父母有犯为一段；义子有故归宗，于义父母及义父之祖父母、父母有犯为一段；义子于义父母之期亲尊长、外祖父母及其余亲属有犯为一段。并将义子之妇一项，移入前段之末，以昭明晰。谨将修改例文，关列于后。

一、凡义子过房在十五岁以下，恩养年久，或十六岁以上，曾分有财产，配有室家，若于义父母及义父之祖父母、父母，有犯殴骂、侵盗、恐吓诈欺、诬告等情，即同子孙取问如律。若义父母及义父之祖父母、父母，殴、故杀伤义子者，并以殴、故杀伤乞养异姓子孙论。若过房虽在十五以下，恩养未久，或在十六以上，不曾分有财产，配有室家，有违犯及杀伤者，并以雇工人论。义子之妇，亦依前拟岁数，照本例科断。○其义子后因本宗绝嗣，有故归宗，而义父母与义父之祖父母、父母，无义绝之状，原分家产、原配妻室不曾拘留，遇有违犯，仍以雇工人论。若犯义绝，及夺其财产、妻室，并同凡人论。义绝，如殴义子至笃疾，当令归宗；及有故归宗，而夺其财产、妻室，亦义绝也。○义父之期亲尊长并外祖父母，如义子违犯，及杀伤义子者，不论过房年岁，并以雇工人论；义绝者，以凡论。其余亲属，不分义绝与否，并同凡人论。

【1802】6.20.319.(7)(略)

【1847】6.20.319.(6)(略)

【1740】○增入

一、凡本宗为人后者之子孙，于本生亲属孝服，只论所后宗支亲属服制。如于本生亲属有犯，俱照所后服制定拟。其异姓义子与伊所生子孙，为本生父母亲属孝服，亦俱不准降等，各项有犯，仍照本宗服制科断。

谨案：此条系乾隆二年(1737)定例。

【1740】6.20.319.(3)(略)

【1802】6.20.319.(2)(略)

【1847】6.20.319.(10)(略)

【1740】○删除

一、凡父故之后，继母将前母之子，任意凌虐殴杀、故杀者，事发之日，地方官务将情由审实，不必坐其继母以收赎之虚罪，即将继母所生偏爱子议令抵偿，拟绞监候。如私行凌逼，致前妻之子情急自尽者，将继母之子，杖一百、流三千里。若未生有子者，勒令归其母家，不得承受夫家产业。所遗财产，俱归死者之兄弟及死者之子均分。若死者无兄弟亦无子嗣，查明死者应继之人，立嗣承受。至继母之子问拟抵偿，而前后止生二子，各无子嗣，一死一抵，必至绝其宗祀，应照弟殴兄死存留承祀例，将继母所生之子，枷号三月，责四十板，存留承祀。其死者应继一子，将所有家产三分之二令承受,继母之子不得与争。再继母与前子不合,其族长、邻佑人等,当预为劝解,令其相安。如遇凶悍不可化解之继母,即量其财产为之分析另居,免生事端。如继母图占家资,不容分居者,许族长人等禀官剖断。倘族长人等坐视不问,听其继母任意凌虐,致死前母之子者,事发之日,并将坐视之族长、户长,各杖八十。如户长、族长有偏袒不公捏报之处,该地方官讯明,各杖一百。再前母之子,亦有倚恃年长,挟制继母,图占家资,或因定有继母治罪之条,故意不孝其继母者,亦令族长人等鸣官,按律治罪。

此条系雍正七年(1729)定例。伏查明刑所以弼教,而人命律严下手,尊长无威逼之条。若以所生之子拟抵、拟遣,则既非下手之人,亦无威逼之事,立法似未平允。且偏爱之子难以悬定,益滋出入之弊。在当时定例之意,盖因前妻之子易遭继母凌逼,借治其爱子之罪以禁其凌逼之心,欲防祸于未然,使其惕于慈爱也。但不善引用,恐失定例之意,致律义不符,而愚民亦难家喻户晓。其酌量分晰另居,坐视偏袒,分别责惩族长之处,亦虑纷扰闾阎,致增事端。已据原任大学士、管理浙江总督嵇曾筠奏请停止,应无庸纂入。

【1751】○续纂

一、凡继母殴、故杀前妻之子,审系平日抚如已出,而其子不孝,经官讯验有据,即照父母殴、故杀子孙律,分别拟以杖、徒,不必援照加等之律。如伊子本无违犯教令,而继母非理殴杀、故杀者,除其夫现有子嗣,仍依律加等定拟外,若现在并无子嗣,即照律拟绞监候,于秋审时将情罪可恶者入情实册内,请旨定夺。

臣等谨按:此条系乾隆十四年(1749)九月内,钦奉谕旨议定条例,应纂辑以便遵行。

【1767】○修改

臣等谨按:此条原例有"秋审时将情罪可恶者列入情实册内,请旨定夺"等句,臣部于乾隆三十二年(1767)十月内,奏准删去。应照更正,合并声明。

一、凡继母殴、故杀前妻之子,审系平日抚如已出,而其子不孝,经官讯验有据,即照父母殴、故杀子孙律,分别拟以杖、徒,不必援照加等之律。如伊子本无违犯教令,而继母非理殴杀、故杀者,除其夫现有子嗣,仍依律加等定拟外,若现在并无子嗣,即照律拟绞监候。

【1768】6.20.319.(4)(略)

【1788】○修改

臣等谨按:乾隆五十三年(1788)十二月十五日,奉上谕:"刑部核题四川省孔张氏推跌前妻之子孔文元落河身死一案,将孔张氏照继母殴杀前妻之子,其夫现无子嗣律,拟绞监候,已依议行矣。谋杀幼孩之案,若在他人,即当立置重辟,因有继母名分,是以定拟止绞监候。将来办理秋审时,若将该犯予勾,则孔张氏系孔文元继母,乃为其子抵偿,于名分究有关碍。然一经免勾,数年后仍得照例减等收赎,与其夫完聚生子,安享家产,是使凶悍之妇，竟得遂其谋占之私，亦不足示惩儆而全幼稚。着交刑部堂官查明，凡有此等继母殴杀前妻幼子者，虽经免勾之后，仍永远监禁，遇赦不赦，听伊夫另行婚娶。所有孔张氏一案，即照此办理。著为例。”钦遵在案。自应增纂入例，以资引用。今将修辑例文，开列于后。

一、凡继母殴、故杀前妻之子，审系平日抚如己出，而其子不孝，经官讯验有据，即照父母殴、故杀子孙律，分别拟以杖、徒，不必援照加等之律。如伊子本无违犯教令，而继母非理殴杀、故杀者，除其夫现有子嗣，仍依律加等定拟外，若现在并无子嗣，即照律拟绞监候，听伊夫另行婚娶。如该犯妇于秋、朝审案内蒙恩免勾，仍行永远监禁，遇赦不准减等。

【1790】6.20.319.(4)(略)

【1801】○修改

臣等谨按：此条系乾隆十四年(1749)定例。查继母殴、故杀前妻之子，查明伊子有无违犯、伊夫是否绝嗣，分别治罪，定例已极平允。惟查律内嫡母、继母有犯同一罪名，若嫡母殴、故杀庶生之子，其罪亦应与继母同科，应于例内增入。又继母殴、故杀并无违犯教令之子，致夫绝嗣，应拟绞候之案，臣部历年秋审拟入情实者，俱系故杀，而非理殴杀之案，事系罕见。且例内专言继母，而嫡母有犯，未经议及。查嫡母名分较继母为重，殴杀情节较故杀为轻，自应斟酌差等，以示区别。请嗣后嫡母、继母殴、故杀庶生及前妻之子，如伊子本无违犯教令者，除其夫现有子嗣，仍依律加亲母一等定拟杖徒外，若现在并无子嗣，俱照律拟绞监候。系殴杀者，嫡母、继母俱拟缓决，永远监禁。如系故杀者，嫡母入于缓决，永远监禁，继母入于情实，如蒙恩免勾，仍行永远监禁。庶足以示平允而昭赅备。又嫡母、继母为己子图占财产、官职，故杀庶生及前妻之子，作何治罪，例内亦未议及。查嫡母、继母为己子图占财产、官职，故杀庶子及前妻之子，较之殴、故杀并无违犯之子者，情罪尤重，自应不论其夫现在尚有子嗣，嫡母、继母俱拟绞监候。嫡母入于缓决，永远监禁；继母入于情实，如蒙恩免勾，仍行永远监禁。应于例内添叙明晰，以便引用。谨将修改例文，开列于后。

一、凡嫡母殴、故杀庶生之子，继母殴、故杀前妻之子，审系平日抚如己出，而其子不孝，经官讯验有据。即照父母殴、故杀子孙律，分别拟以杖、徒，不必援照嫡、继母加亲母一等之律。如伊子本无违犯教令，而嫡母、继母非理殴杀、故杀者，除其夫现有子嗣，仍依律加等定拟外，若现在并无子嗣，俱照律拟绞监候，听伊夫另行婚娶。系殴杀者，嫡母、继母俱拟缓决；如系故杀者，嫡母入于缓决，继母入于情实。至嫡母、继母为己子图占财产、官职，故杀庶生及前妻之子者，俱拟绞监候，嫡母入于缓决，继母入于情实。应入缓决者，永远监禁；应入情实者，如蒙恩免勾，仍行永远监禁，遇赦俱不准减等。

【1802】6.20.319.(6)(略)

【1847】6.20.319.(5)(略)

【1761】○续纂

一、为人后者,如于本生祖父母、父母有犯,仍照殴祖父母父母律定罪。其伯叔、兄姊以下,均依律服图降一等科罪。尊长杀伤卑幼同。

臣等谨按:此条系乾隆二十四年(1759)九月内,臣部议复升任江西按察使亢保条奏定例,应纂辑以便遵行。

【1767】○修改

臣等谨按:为人后者于本生亲属有犯,已有专条。而出嫁女降服定罪,例无明文,拟于此条"为人后者"下增入"及女之出嫁"五字,以便引用。

一、为人后及女之出嫁者,如于本生祖父母、父母有犯,仍照殴祖父母父母律定罪。其伯叔、兄姊以下,均依律服图降一等科罪。尊长杀伤卑幼同。

【1768】6.20.319.(6)(略)

【1802】6.20.319.(3)(略)

【1847】6.20.319.(11)(略)

【1761】○续纂

一、继母因奸将前妻子女致死灭口,如奸夫起意,本妇为从,而其夫尚有子嗣者,仍照谋杀卑幼为从律科断。如审系奸妇起意,本夫已故者,不论有无子嗣,亦照殴、故杀前妻之子致令绝嗣例,拟绞监候。

臣等谨按:此条系乾隆二十六年(1761)二月内,吏部会议复准广东巡抚托恩多条奏定例,应纂辑以便遵行。

【1768】6.20.319.(5)(略)

【1778】○修改

臣等谨按:乾隆三十七年(1772)九月内,河南巡抚何煟题"罗山县民潘九思与王李氏通奸,主使王李氏勒死伊子王孟隆"一案,将王李氏依平人谋杀加功律拟绞监候。经臣部以母子为天性之亲,若因子死之故而令其母缳首抵偿,似于情理未安,奏请将王李氏改发伊犁为奴。钦奉谕旨允准通行,纂辑定例。是亲母因奸为从杀子,尚拟实遣,此条原例所称"继母因奸杀死前妻子女,如本妇为从,照谋杀卑幼为从律科断"之文,应行修改。再查继母因奸起意,谋杀前妻之子致令绝嗣者,定例应拟绞抵。如因奸为从,杀死前妻之子致绝夫嗣者,亦属淫凶惨毒,自应一例绞抵,方为平允。若未绝嗣或夫未死,应同亲母因奸杀子一例发遣伊犁为奴,似于准情定罪之义,始为允协。谨将改辑例文,开列于后。

一、继母因奸起意将前妻子女致死灭口者,不论现在有无子嗣,将奸妇拟绞监候。如奸夫起意,本妇为从,而其夫已故,止此一子,致令绝嗣者,亦拟绞监候;若其夫尚有子嗣者,将本妇发往伊犁给兵丁为奴。

【1790】6.20.319.(5)(略)

【1801】○修并

【原例】【1790】6.20.319.(5)(略)、【1790】6.20.319.(8)(略)

臣等谨按:嘉庆四年(1799),臣部具奏"因奸谋死子女灭口之案,宜量为区别,以重伦常"折内奏称,乾隆二十六(1761)、三十七(1772)等年定例,继母因奸致死子女灭口,拟绞监候;亲母,发往伊犁为奴。至五十六年(1791),臣部议复浙江省"张云潨与邱方玉之母汤氏通奸,商同勒死伊子邱方玉"案内,声明嗣后因奸将子女致死灭口者,无论是否起意,继母、嗣母,拟斩监候;亲母、嫡母,拟绞监候。致令绝嗣者,俱入秋审情实。不致绝嗣者,永远监禁。至嘉庆二年(1797),臣部办理四川省秋审册内"廖氏与滕义怀通奸谋死庶长子周应鹤拟绞"案内,将廖氏拟入情实,并声明,嗣后无论嫡母、亲母、继母、嗣母,不论其夫有无子嗣,皆入于秋审情实在案。臣部伏思,亲母于所生之子属毛离里,与嫡母、继母、嗣母之本非己出者,其天属之恩,尤为至切。如有奸谋杀子女灭口者,在其母忍心蔑理,死不足惜,而其子究属罔极之恩,若论以实抵,不特伦纪攸关,即其子在九泉恐亦不能瞑目。至嫡母、继母、嗣母,虽不比亲母为身所从出,而母子之分则同,若因奸谋死其子,致令绝嗣,即属得罪于祖宗,拟抵实属应得。如尚未绝嗣,犹有一线可原,若与已绝嗣者一例办理,亦不足以昭平允。应请嗣后亲母因奸谋死子女灭口者,拟绞监候。不论其夫是否绝嗣,入于缓决,永远监禁。嫡母、嗣母、继母因奸谋死子女灭口者,嫡母,拟绞监候;嗣母、继母,拟斩监候。若其夫绝嗣,俱入于秋审情实;若未致绝嗣者,入于缓决,永远监禁等因具奏。奉旨:"依议。钦此。"钦遵在案。原例二条,应行修并。谨将修并例文,开列于后。

一、因奸起意将子女致死灭口者,如系亲母,拟绞监候,不论现在有无子嗣,入于缓决,永远监禁。若系嫡母,拟绞监候;继母、嗣母,拟斩监候。查明其夫止此一子,致令绝嗣者,俱入于秋审情实;若未致绝嗣者,入于缓决,永远监禁。奸夫仍分别造意、加功,照律治罪。

【1802】6.20.319.(8)(略)

【1814】○修改

臣等谨按:嘉庆十六年(1811)九月内,臣部议复升任江苏巡抚章煦题"王受昌与陈张氏通奸,商同谋杀氏子陈阿宝"案内声明,例称因奸将子女致死灭口,奸夫仍分别造意、加功,照律治罪,则奸妇自不必论及是否起意。惟例内载有"起意"二字,诚恐误会,议请俟修例时将"起意"二字删改为"无论是否起意"字样,以昭明晰等因题准,通行在案。应于例内修改,谨将修改例文,开列于后。

一、因奸将子女致死灭口者,无论是否起意,如系亲母,拟绞监候,不论现在有无子嗣,入于缓决,永远监禁。若系嫡母,拟绞监候;继母、嗣母,拟斩监候。查明其夫止此一子,致令绝嗣者,俱入于秋审情实;若未致绝嗣者,入于缓决,永远监禁。奸夫仍分别造意、加功,照律治罪。

【1825】○修改

臣等谨按:道光二年(1822)四月内,据调任山西巡抚成格题"徐沟县民妇李贾氏因与贯汰恒通奸被媳李乔氏窥破,张扬奸情,起意致死灭口,将李乔氏殴格身死,将李贯氏比照嫡母因奸致死子女灭口例拟绞监候,声明入于秋审办理”一案。经臣部查,因奸致死伊媳灭口,向系比照致死子女灭口例问拟死罪,入于秋审缓决,永远监禁。随将李贯氏照例改拟入于缓决,永远监禁。并以各省审办奸妇致死伊媳灭口之案,有比照嫡母致死子女例拟以绞候,入于缓决,永远监禁者;有比照继母致死子女例拟以斩候,入于缓决,永远监禁者。虽同一缓决,永远监禁,而罪名究未画一。议请嗣后奸妇致死伊媳灭口之案,系亲姑、嫡姑,即照嫡母例拟绞监候;系继姑,即照继母例拟斩监候。俱入于缓决,永远监禁等因题准,通行各省在案。应于例内添纂,以资引用。谨将修改例文,开列于后。

一、因奸将子女致死灭口者,无论是否起意,如系亲母,拟绞监候,不论现在有无子嗣,入于缓决,永远监禁。若系嫡母,拟绞监候;继母、嗣母,拟斩监候。查明其夫只此一子,致令绝嗣者,俱入于秋审情实;若未致绝嗣者,入于缓决,永远监禁。至姑因奸将媳致死灭口者,如系亲姑、嫡姑,拟绞监候;若系继姑,拟斩监候。均入于缓决,永远监禁。奸夫仍各分别造意、加功,照律治罪。

【1825】6.20.319.(8)(略)

【1847】6.20.319.(7)(略)

【1767】○续纂

一、子孙过失杀祖父母、父母者,拟绞立决。

臣等谨按:此条系乾隆二十八年(1763)七月内,山西巡抚明德审题“郑凌放枪捕贼,误伤继母身死”一案,臣部钦奉谕旨议准定例,应纂辑遵行。

【1768】6.20.319.(7)(略)

【1802】6.20.319.(4)(略)

【1845】○修改

臣等谨按:道光二十三年(1843)六月内,臣部核复广西巡抚周之琦咨“隆安县民妇乃陈氏用砒拌饭毒鼠,致其姑乃潘氏误食身死”一案内称,子孙过失杀祖父母、父母及妻过失杀夫之祖父母、父母,律均满流。而子孙过失杀祖父母、父母,定例已改拟绞决。其妻过失杀夫及妾与奴婢过失杀家长,亦均照子孙例一体改拟绞决。惟妻过失杀夫之祖父母、父母,仍止定律满流,例内并未一并议及。在子孙之妇,于夫之祖父母、父母,名分与子孙并重,况妻之于夫、妾与奴婢之于家长,均照子孙一律改拟,则妻过失杀夫之祖父母、父母,似应即与子孙同科,咨部核示。臣部查子孙之妇于夫之祖父母、父母,名分与子孙并重,有犯应悉照子孙办理。至子孙之妇过失杀夫之祖父母、父母,虽定律罪止拟流,例内并无绞决明文。惟误杀、误伤祖父母、父母,并有犯奸盗致祖父母、父母戕生被害,以及罪犯应死,谋、故杀人事情败露,暨违犯教令,致令自尽各条,子孙之妇悉与子孙同科。则过失杀一条,亦当画一办理等因咨复去后,旋据该抚审将乃陈氏比照子孙过失杀祖父母、父母例,问拟绞决,援例夹签等因具题。奉旨:“三法司核拟具奏。钦此。”臣部正在会核题复间,续据该抚题报该氏业已在监病故。奉旨:“三法司知道。钦此。”经臣部改咨完结在案。臣等伏思,广西省既因此等案件例无明文,咨部请示,将来恐致疑义。自应将子孙之妇过失杀夫之祖父母、父母于例内添纂明晰,以资引用。谨将修改例文,开列于后。

一、子孙过失杀祖父母、父母,及子孙之妇过失杀夫之祖父母、父母者,俱拟绞立决。

【1847】6.20.319.(3)(略)

【1778】○续纂

一、凡亲母因奸谋死子女灭口者,不论是否造意,发往伊犁给与兵丁为奴,奸夫仍照律分别治罪。

臣等谨按:此条系乾隆三十七年(1772)九月内,河南巡抚何煟题"罗山县民潘九思与王李氏通奸,主使王李氏勒死伊子王孟隆"一案,将王李氏依平人谋杀加功律拟绞监候。经臣部以母子为天性之亲,若因子死之故而令其缳首抵偿,似于情理未安,奏请将王李氏改发伊犁为奴,钦奉谕旨允准,通行在案。应纂为例,以便遵行。

【1790】6.20.319.(8)(略)

【1801】○修并

修并按语并修并后例文,见【1790】6.20.319.(5)条【1801】修并项下。

【1782】○续纂

一、凡子孙殴祖父母、父母案件,审无别情,无论伤之轻重,即行奏请斩决。如其祖父母、父母因伤身死,将该犯锉尸示众。

臣等谨按:此条系乾隆四十八年(1783)二月内,刑部审奏"张朝元殴伤伊母张徐氏"一案,钦奉上谕:"昨刑部奏殴伤亲母之张朝元一犯按律问拟斩决一折,已依议行矣。此等蔑伦逆犯,行同枭獍。该部于审明后即行奏请正法,使悖逆伦理之人知殴伤伊母,即决不待时,庶足以昭惩儆。乃刑部定拟折内称,饬令伊母养伤平复,随提该犯严加审讯等语。在刑部之意,以为设或其母因伤身死,即当问拟凌迟,殊不知斩决、凌迟同为一死,该部拘泥律文,转令凶逆之徒得稽显戮,而无知者且以为未必即死。是不孝犯法者之无所儆畏,未始非此等迟回妇寺之仁之见有以酿成也。嗣后遇有子殴父母案件,毋论伤之轻重,该部于审明后即行奏请斩决。设或其母因伤身死,自应将该犯锉尸示众,亦与凌迟等耳。将此通谕内外问刑衙门,一体遵照。著为令。钦此。"钦遵。应恭纂为例,以便遵行。

【1790】6.20.319.(9)(略)

【1802】6.20.319.(5)(略)

【1847】6.20.319.(4)(略)

【1801】○续纂

一、子孙过失杀祖父母、父母之案,定案时,仍照本例问拟绞决。法司核其情节,凡弹射禽兽,投掷砖瓦,除耳目所可及者,毋庸夹签声明外,如投掷隔于墙壁,弹射障于林木,以及驾船乘马、升高举重,实系力不能施,势难自主,与耳目不及、思虑不到之律注相符者,准将可原情节,照服制情轻之例,夹签声明,恭候钦定。如蒙圣恩准其减等,再减为杖一百、流三千里。至妻妾过失杀夫、奴婢过失杀家长,亦照此例办理。

臣等谨按:嘉庆五年(1800),巡视南城御史达灵阿等移送"崔三与伊父崔玉成锯解木板,因木身倒地,压伤伊父身死",经臣部审拟治罪案内,奏称子孙过失杀祖父母、父母之案,按律原拟杖一百、流三千里。嗣于乾隆二十八年(1763),有"山西民人郑凌黑夜放枪捕贼,适伊母在房靠窗窥瞰,以致误伤身死"一案,该省将郑凌拟以凌迟。臣部核复具题,因系黑夜之中,思虑不及,情法尚属两歧,驳令复审。钦奉圣谕:"以过失杀人,在平人固无可议。若子孙之于祖父,即使实出无心,亦何心偷生,腼颜自立于人世。但究系犯时不知,自当免其凌迟,定以缳首等因。"遵将郑凌拟以绞决,并著为定例,颁行在案。至嘉庆四年(1799),因"直隶民妇张周氏用信石拌饭毒鼠,致伊夫误食身死"一案,该省将该氏拟以绞决。臣部核拟之时,因奉有谕旨"凡一切案件,毋庸律外加重",查张周氏之致死伊夫,究系出于无心,请将该氏改照本律满流,并请将子孙过失杀祖父母、父母,妾与奴婢过失杀家长,均照旧律办理,奏准通行,亦在案。惟是此等案不多见,情亦互殊。按过失杀人律注云过失"惟耳目所不及,思虑所不到。如弹射禽兽、因事投掷砖瓦不期而杀人,或因升高陟险,足有蹉跌,累及同伴,或驾船驶风,乘马惊走,驰车下坡,势不能止,或共举重物,力不能制,凡初无害人之意而偶致杀人者,皆准斗杀罪,依律收赎"等语,向来办理过失杀人之案,俱以律注为断。平人律得收赎,而子孙之于父祖,则律应满流,固较平人为重。但究系伦理所关,自应将其过失情形,再为详加区别,以维名教而慎典刑。臣部现值纂修律例之时,复将过失杀人律注所载各条,融会体察。窃以弹射禽兽、投掷砖瓦二项,本系可以杀伤人之物,又出自其人之手,其事究能自主。如在平人尚可以其不期而杀,原情宽贷,若因而戕及祖父母、父母,即使出于无心,而为子若孙者,亦复何颜偷生视息。即如乾隆二十八年(1763)山西省郑凌之案,其施放鸟枪捕贼,固在黑夜之中,犯时不知,但鸟枪本系可以杀人之物,而放枪又出自该犯之手。钦遵圣谕,免其凌迟而定以绞决,诚属仁至义尽。至律注所载"升高陟险,驾船驶风,乘马驰车,势不能止,共举重物,力不能制"之类,则由地势、风力、车马惊驰、重物难举所致,均系猝不及防,人力难施,实有不能自主之势。核与弹射、投掷之物,在其手而致伤其亲者,情节有间。即如现案,崔三与伊父对面锯解木板,木身摇动,兼因风势吹猛,将支架小木滑脱,致大木倒压伊父身上,受伤身死。是该犯与伊父锯木之时,其意之所注只在所锯之大木,而不能顾及支撑之小木猝然滑脱,核与律注"耳目不及、思虑不到"之义正相符合。惟臣部为执法之官,凡有关于名教之案,不能不抑情就法。至恩出自上,非臣下所敢擅专。若将崔三将上年奏准改归原律,遽由问刑衙门拟以杖流,揆之名分,究有未安。查向来服制攸关,例应立决。而情节较轻之案,俱系按律定罪,仍将其可原情节,夹签声明,恭候钦定,以昭圣朝法外之仁。应请嗣后问刑衙门遇有子孙过失杀祖父母、父母之案,俱仍照前例问拟绞决。如弹射禽兽、投掷砖瓦二项,本系可以伤人之物,以致过失杀其祖父母、父母者,除系耳目、思虑可及,无庸夹签声明外,如投掷隔于墙壁,弹射障于林木,以及驾船乘马、升高举重等款,实系力不能施,势难自主,与耳目不及、思虑不到之律注相符者,准其可原情节,亦照服制夹签之例,夹签声明,恭候钦定。现在崔三一案,臣等谨即照例拟绞立决,仍将该犯情可矜悯之处,附折声明,恭候钦定。倘蒙圣恩准其减等,再将该犯减为杖一百、流三千里。至妻之于夫、妾与奴婢之于家长,亦即照此一律办理。如蒙俞允,臣部纂入例册,通行各省遵行等因具奏。奉旨:"崔三准其减为杖一百、流三千里。余依议。钦此。"钦遵在案。应纂辑为例,以便遵行。

【1802】6.19.292.(16)(略)

【1806】○修改

臣等又按:嘉庆十一年(1806)十一月,臣部"酌改子孙过失杀祖父母、父母之例"一折,原奏内称,过失杀人,非其意料所及,故平人律得收赎。至子孙之于祖父母、父母,虽杀出无心,而其亲之戕生,究由防备不谨所致,是以定例问拟绞决。其情矜悯者,仍准夹签声明。惟是以天性之亲,伦纪至重,因杀出过失,夹签声请,即准减流,不惟妇女照律收赎,竟得脱然无罪,殊未允协,即丁男问拟实发,亦属宽纵。且与服制情轻之案,夹签声请,由立决改为监候者,办理殊觉参差。议请嗣后子孙过失杀祖父母、父母之案,定案时仍照本例,问拟绞决。法司核其情节,实系耳目所不及、思虑所不到,与律注相符者,准将可原情节,照服制情轻例,夹签声明,恭候钦定,改为拟绞监候。妻、妾过失杀夫,奴婢过失杀家长,亦照此例办理等因,奏准在案。应于例内修改,以便引用。谨将修改例文,开列于后。

一、子孙过失杀祖父母、父母之案,定案时,仍照本例问拟绞决。法司核其情节,实系耳目所不及、思虑所不到,与律注相符者,准将可原情节,照服制情轻之例,夹签声明,恭候钦定,改为拟绞监候。至妻妾过失杀夫、奴婢过失杀家长,亦照此例办理。

【1825】○移改①

道光六年(1826),移附"戏杀误杀过失杀伤人"门。

＊刑律·人命·戏杀误杀过失杀伤人

【1825】6.19.292.(15)(略)

【1825】○续纂

一、子孙误伤祖父母、父母致死,律应凌迟处死者,仍照本律定拟,援引白鹏鹤案内钦奉谕旨及陇阿候案内钦奉谕旨,恭候钦定。其误伤祖父母、父母,律应斩决者,仍照本律定拟,援引樊魁案内钦奉谕旨,恭候钦定。至误杀、误伤夫之祖父母、父母,亦照此例办理。

臣等谨按:道光二年(1822)三月内,臣部具奏"请定误杀并误伤祖父母、父母分别办

---

① 移改之说见于《钦定大清会典事例(光绪朝)·刑部》,嘉庆七年(1802)《大清律例》本条即附"刑律·人命·戏杀误杀过失伤人"条后。

理章程”一折内称,查嘉庆十八年(1813)三月内,臣部议复原任山西巡抚衡龄奏“白鹏鹤误伤伊母白王氏身死”一案,奉旨:“此案白鹏鹤因向伊嫂白葛氏借取灯油不给,出街嚷骂,白葛氏赶出门首理论,白鹏鹤拾取土坯向白葛氏投殴,不期伊母白王氏出劝,以致误伤殒命。刑部引子殴父母,杀者凌迟处死律,又引斗殴误杀旁人,以斗杀论律比拟,问以凌迟处死。核其情节,白鹏鹤遥掷土坯误杀其母,非其思虑所及,与斗殴误杀者究属有间,白鹏鹤着改为斩立决。嗣后有案情似此者,即照此问拟。钦此。”又嘉庆二十一年(1816)六月内,臣部审奏“樊魁用刀向伊弟樊沅吓砍,经伊母樊王氏夺刀,自行割伤”一案,将樊魁依子殴父母律拟斩立决。奉旨:“此案樊魁因伊弟樊沅窃取铜壶争吵,经伊母王氏向樊沅训斥不服,该犯听闻出骂,樊沅赶出嚷闹,该犯顺用菜刀吓砍,其母用右手将刀夺去,因刀刃向左自行割伤左胳肘。据伊母供称,樊魁平日孝顺,其伤由自划,该犯并无忤逆情形,樊魁着改为斩监候。钦此。”又道光二年(1822)三月初二日,奉上谕:“明山奏‘审拟误伤祖母重犯’一折,此案陇阿候与余茂胜口角争殴,误伤祖母阿潮奶身死,该抚因例无专条,请依孙殴祖父母杀者律,凌迟处死。伦纪攸关,固当加重定拟,但误伤究与殴杀者有间。朕准情酌理,陇阿候着改为斩立决。嗣后,遇有误伤祖父母致死之案,即照此问拟。钦此。”议请嗣后误伤祖父母、父母致死,律应凌迟处死者,援引白鹏鹤案内钦奉谕旨及陇阿候案内钦奉谕旨,恭候钦定。其误伤祖父母、父母,律应斩决者,援引樊魁案内钦奉谕旨,恭候钦定。至误杀、误伤夫之祖父母、父母者,亦照此办理等因具奏,奉旨允准,通行在案。应纂辑为例,以资引用。

【1825】6.20.319.(11)(略)

【1847】6.20.319.(2)(略)

【1814】○续纂

一、子妇殴毙翁姑之案,如犯夫有匿报、贿和情事,拟绞立决。其仅止不能管教其妻,实无别情者,将犯夫于犯妇凌迟处所,先重责四十板,看视伊妻受刑后,于犯事地方枷号一个月,满日仍重责四十板发落。

臣等谨按:嘉庆十五年(1810)八月内,据升任江西巡抚先福奏“张杨氏殴伤伊翁张昆予身死”一案,奉旨:“此案张杨氏殴毙伊翁,凶逆灭伦,该抚于审明后恭请王命,将该犯妇凌迟处死,系属按律办理。至伊夫张青辉经该抚讯无纵妻违忤情事,是日亦未在家。惟平日不能化导其妻,酿成伊妻凶恶,实有应得之罪。亦应引照例案酌拟,候朕核定。今该抚折内,请将该犯枷号一个月,满日重责四十板。只系出自意见,并不引载例文,未免轻纵,着刑部详查律载定拟具奏。如例无明文,并着通查成案,比照定拟,奏闻请旨。钦此。”当经臣部查子媳殴毙翁姑之案,犯夫例无治罪专条。检查嘉庆六年(1801)五月内,臣部审奏“高傅氏殴伤伊翁高大身死”一案,将犯夫高奇山拟重责四十板。奉旨:“高奇山一犯,虽于伊妻素日悍泼,顶撞伊父,屡经殴责,但该犯平日果能教导其妻,亦何至凶恶至此。且伊妻既经屡责不悛,亦早应休出,是该犯平日徇纵其妻,致酿此案。仅责四十板,尚不足示惩。高奇山着于高傅氏凌迟处所,重责四十板,看视伊妻受刑,于犯事地方,枷号一个月,满日仍重责四十板,以为纵妻不孝者戒等因。钦此。"又八年(1803)四月内,据原任贵州巡抚福庆题"李周氏咬伤伊姑李熊氏,致令忿激自缢,犯夫李绍燮出银贿嘱乡约等匿报,将李绍燮依故纵罪囚情重全科至律死拟绞监候"一案,奉旨:"李绍燮素知伊妻赋性强悍,不能管教,致伊母常被触忤,已属有亏子道。迨伊母被周氏咬伤手背忿激自尽,该犯复希图隐瞒,竟将母棺殓。并于邻人傅明、乡约莫士汉等查知后,贿银累累,求为寝息。其昵爱忘仇,尤为罪无可逭。李绍燮着即行处绞"等因,钦遵各在案。张青辉一犯,虽讯无纵妻违忤情事,惟平日不能化导其妻,致酿逆伦重案,则与高奇山情事相类。该犯既未与杨氏正法时先行重责,自应酌加重惩。将张青辉枷号两个月,满日重责四十板。并声请嗣后子媳殴毙翁姑之案,如犯夫有匿报、贿和情事者,应照李绍燮一案定拟。其仅止不能管教其妻,实无别情者,即照高奇山一案治罪等因奏准,通行在案。应纂辑为例,以便遵行。

【1825】6.20.319.(9)(略)

【1847】6.20.319.(8)(略)

【1814】○续纂

一、子妇拒奸殴伤伊翁之案,审明实系猝遭强暴,情急势危,仓猝捍拒,或伊翁到官供认不讳,或亲串邻佑指出素日淫恶实迹,或同室之人确有见闻,证据毫无疑义者,仍依殴夫之父母本律定拟。刑部核复时,恭录邢杰案内谕旨,将应否免罪释放之处,奏情定夺。倘系有心干犯,事后装点捏饰,并无确切证据,或设计诱陷伊翁,因而致伤者,仍照本律定拟,不得滥引此例。

臣等谨按:嘉庆十七年(1812)六月十一日,奉上谕:"晋昌奏'审拟邢杰强奸子妇邢吴氏未成,被邢吴氏咬落唇皮,将邢吴氏照律拟斩,请旨定夺'一折。此案邢杰蔑伦行奸,翁媳之义已绝。邢吴氏系属妇女,猝遭强暴,情急咬落伊翁唇皮,其情节断非装点,与无故干犯尊长者迥别。邢吴氏应照律勿论,免其治罪等因。钦此。"当经臣部查翁媳名分綦重,向来子媳拒奸殴伤伊翁之案,俱仍按律问拟斩决。将情有可原之处,附疏声请,改拟斩候。惟是狱情万变,真伪难知,况闺帏暧昧,尤易启狡诈之端,皆不可不防其渐。但蔑伦无耻之徒,其平日必有行止不端之事,邻佑亲族谅必周知,况图奸情切,其形踪必有可疑。家门以内之人,朝夕聚处,早应窥破。即当用强拉奸之时,子媳既已捍拒致伤伊翁,岂无声息,尤难掩人耳目,必当核实究明,期无枉纵。议请嗣后子媳拒奸殴伤伊翁之案,声明实系猝遭强暴,情急势危,仓猝捍拒,或伊翁到官供认不讳,或亲族邻佑指出素日淫恶实迹,或同室之人确有见闻,证据毫无疑义者,仍依殴夫之父母本律定拟。臣部于核复时,恭录现奉谕旨,将应否免罪释放之处,奏请定夺。倘系有心干犯,事后装点捏饰,并无确切证据,或设计诱陷伊翁因而致伤,仍照本律拟罪,不准滥邀宽典等因奏准,通行在案。应纂辑为例。

【1825】6.20.319.(10)(略)

【1847】6.20.319.(9)(略)

【1830】○续纂

一、子妇拒奸殴毙伊翁之案,如果实系猝遭强暴,情急势危,仓猝捍拒,确有证据,毫无疑义者,仍照殴夫之父母本律定拟,刑部核复时,援引林谢氏成案,将可否改为斩监候之处,奏请定夺。若系有心干犯,事后装点捏饰,并无确切证据,或设计诱陷伊翁,因而致死,及事后殴毙,并非仓猝捍拒致死者,仍照本律定拟,不得滥引此例。

臣等谨按:道光十年(1830)四月内,臣部核复陕西巡抚鄂山奏民妇林谢氏被伊翁林帼亨强奸不从,将其茎物割落,因伤身死。审将林谢氏依律凌迟处死,声明林帼亨乱伦强奸子媳,割由情急,与无故逞凶干犯者不同,援案声明,奏请定夺。奉旨:"林谢氏着改为斩监候。余依议。钦此。"又,臣等议复安徽巡抚邓廷桢奏"请将子妇拒奸殴毙伊翁之案,仍照殴夫之父母本律定拟,刑部核复时援引林谢氏成案,奏请改为斩候之处,酌定例文等因"一折,经臣部议请,嗣后子妇拒奸殴毙伊翁之案,如果实系猝遭强暴,情急势危,仓猝悍拒,确有证据,毫无疑义者,仍照殴夫之父母本律定拟。刑部核复时援引林谢氏成案,将可否改为斩监候之处,奏请定夺。若系有心干犯,事后装贴捏饰,并无确切证据,或设计诱陷伊翁,因而致死,及事后殴毙,并非仓猝悍拒致死者,仍照本律定拟,不得滥引此例等因具奏,奉旨:"依议。钦此。"钦遵在案。应纂辑为例,以资引用。

【1847】6.20.319.(12)(略)

妻妾与夫亲属相殴

律 文

【1646】6.20.343

凡妻妾殴夫之期亲以下、缌麻以上本宗、外姻尊长,与夫殴同罪;或殴,或伤,或折伤,各以夫之服制科断。其有与夫同绞罪者,仍照依名例至死减一等,杖一百、流三千里。至死者,各斩。监候。缌麻亲兼妾殴妻之父母在内。此不言故杀者,其罪亦止于斩也。不言殴夫之同姓无服亲属者,以凡人论。○若妻殴伤卑属,与夫殴同;各以夫殴服制科断。至死者,绞。监候。此夫之缌麻、小功、大功卑属也,虽夫之堂侄、侄孙及小功侄孙亦是。若殴杀夫之兄弟子,杖一百、不得同夫拟徒。流三千里;故杀者,绞。监候。不得同夫拟流。妾犯者,各从凡斗法。不言夫之自期以下弟妹者,殴夫之弟妹,但减凡一等,则此当以凡论。○若期亲以下、缌麻以上尊长殴伤卑幼之妇,减凡人一等;妾,又减一等。至死者,不拘妻、妾,监候绞。故杀亦绞。○若弟妹殴兄之妻,加殴凡人一等。其不言妻殴夫兄之妻者,与夫殴同。○若兄姊殴弟之妻,及妻殴夫之弟妹及夫弟之妻,各减凡人一等;若殴妾者,各又减殴妻一等。不言妻殴夫兄之妾者,亦与夫殴同。不言弟妹殴兄之妾,及殴大功以下兄弟妻妾者,皆以凡论。○其殴姊妹之夫、妻之兄弟,及妻殴夫之姊妹夫者,有亲无服,皆为同辈。以凡斗论;若妾犯者,各加夫殴、妻殴一等。加不至于绞。○若妾殴夫之妾子,减凡人二等;以其近于母也。殴妻之子,以凡人论。所以别妻之子于妾子也。若妻之子殴伤父妾,加凡人一等;所以尊父也。妾子殴伤父妾,又加二等。为其近于母也。共加凡人三等,不加至于绞。至死者,各依凡人论。此通承本节弟妹殴兄之妻以下而言也。死者绞,故杀者斩。

【1670】6.20.342

凡妻妾殴夫之期亲以下、缌麻以上本宗外姻、尊长，与夫殴同罪；或殴，或伤，或折伤，各以夫之服制科断。其有与夫同绞罪者，仍照依名例至死减一等，杖一百、流三千里。至死者，各斩。监候。缌麻亲兼妾殴妻之父母在内。此不言故杀者，其罪亦止于斩也。不言殴夫之同姓无服亲属者，以凡人论。○若妻殴伤卑属，与夫殴同；各以夫殴服制科断。至死者，绞。监候。此夫之缌麻、小功、大功卑属也，虽夫之堂侄、侄孙及小功侄孙亦是。若殴杀夫之兄弟子，杖一百、不得同夫拟徒。流三千里；故杀者，绞。监候。不得同夫拟流。妾犯者，各从凡斗法。不言夫之自期以下弟妹者，殴夫之弟妹，但减凡一等，则此当以凡论。○若期亲以下缌麻以上、尊长殴伤卑幼之妇，减凡人一等；妾，又减一等。至死者，不拘妻、妾，绞。监候。故杀亦绞。○若弟妹殴兄之妻，加殴凡人一等。其不言妻殴夫兄之妻者，与夫殴同。○若兄姊殴弟之妻，及妻殴夫之弟妹及夫弟之妻，各减凡人一等；若殴妾者，各又减殴妻一等。不言妻殴夫兄之妾者，亦与夫殴同。不言弟妹殴兄之妾，及殴大功以下兄弟妻妾者，皆以凡论。○其殴姊妹之夫、妻之兄弟，及妻殴夫之姊妹夫者，有亲无服，皆为同辈。以凡斗论；若妾犯者，各加夫殴、妻殴、一等。加不至于绞。○若妾殴夫之妾子，减凡人二等；以其近于子也。殴妻之子，以凡人论。所以别妻之子于妾子也。若妻之子殴伤父妾，加凡人一等；所以尊父也。妾子殴伤父妾，又加二等。为其近于母也。共加凡人三等，不加至于绞。至死者，各依凡人论。此通承本节弟妹殴兄之妻以下而言也。死者绞，故杀者斩。

【1725】6.20.330

凡妻妾殴夫之期亲以下、缌麻以上本宗外姻、尊长，与夫殴同罪；或殴，或伤，或折伤，各以夫之服制科断。其有与夫同绞罪者，仍照依名例至死减一等，杖一百、流三千里。至死者，各斩。监候。缌麻亲兼妾殴妻之父母在内。此不言故杀者，其罪亦止于斩也。不言殴夫之同姓无服亲属者，以凡人论。○若妻殴伤卑属，与夫殴同；各以夫殴服制科断。至死者，绞。监候。此夫之缌麻、小功、大功卑属也，虽夫之堂侄、侄孙及小功侄孙亦是。若殴杀夫之兄弟子，杖一百、流三千里；不得同夫拟徒。故杀者，绞。监候。不得同夫拟流。妾犯者，各从凡斗法。不言夫之自期以下弟妹者，殴夫之弟妹，但减凡一等，则此当以凡论。○若期亲以下缌麻以上、尊长殴伤卑幼之妇，减凡人一等；妾，又减一等。至死者，不拘妻、妾，绞。监候。故杀亦绞。○若弟妹殴兄之妻，加殴凡人一等。其不言妻殴夫兄之妻者，与夫殴同。○若兄姊殴弟之妻，及妻殴夫之弟妹及夫弟之妻，各减凡人一等；若殴妾者，各又减殴妻一等。不言妻殴夫兄之妾者，亦与夫殴同。不言弟妹殴兄之妾，及殴大功以下兄弟妻妾者，皆以凡论。○其殴姊妹之夫、妻之兄弟，及妻殴夫之姊妹夫者，有亲无服，皆为同辈。以凡斗论；若妾犯者，各加夫殴、妻殴、一等。加不至于绞。○若妾殴夫之妾子，减凡人二等；以其近于子也。殴妻之子，以凡人论。所以别妻之子于妾子也。若妻之子殴伤父妾，加凡人一等；所以尊父也。妾子殴伤父妾，又加二等。为其近于母也。共加凡人三等，不加至于绞。至死者，各依凡人论。此通承本节弟妹殴兄之妻以下而言也。死者绞，故杀者斩。

注：此言妻、妾与夫之亲属相殴之罪也。首节定妻、妾殴夫尊长之罪。妻、妾殴夫之本宗及外姻期亲以下缌麻以上尊长，各依夫殴律科断。但夫殴罪至绞者，妻依“名例”减一等。其殴缌麻以上尊长至死者，各坐斩监候，不与夫同立决及凌迟也。次节定妻、妾殴夫卑幼之罪。妻殴伤夫之大功以下卑属，亦与夫殴同罪，各照服制减等。殴至死者，并坐绞监候。若殴杀夫兄弟之子，则比夫罪加重，故坐满流。故杀者，亦坐绞监候。折伤以下，与夫殴同，以其伦序之同也。至死与故杀，则与夫异，以其恩义之异也。妾不得与妻

并，有犯殴夫之卑属及至死者，各从凡斗论。三节定尊长殴杀卑幼之妇之罪。此尊长兼男、妇言。若期亲以下缌麻以上尊长，殴伤卑幼之妇，随伤之轻重，减凡殴罪一等；卑幼之妾，又减一等。惟至死者，不问妻、妾，并绞监候。不以服制递减者，以其为异姓之人也。四节定弟妹殴兄妻之罪，加殴凡人一等，以其亦有尊长之义也。五节定兄姊殴弟妻，及妻殴夫弟妹并夫弟妻之罪，各减凡人一等。其兄姊殴弟之妾，及妻殴夫弟之妾，各又减一等，通减凡人二等。以其亦有卑幼之谊也。六节定殴同辈无服亲之罪。姊妹之夫，妻之兄弟，及夫之姊妹夫，俱系同辈，虽亲而无服。而有殴之者，并以凡论。若妾殴夫姊妹之夫及正妻之兄弟，则加凡殴一等，以其分下也。七节定妾殴夫子、子殴父妾之罪。妾殴夫他妾之子，减凡人二等；殴正妻之子，则以凡人论。均为夫之子，所生之人异，故其罪殊科。一重一轻，所以别嫡庶也。妻之子殴伤父妾，加凡人一等；妾之子殴伤父之他妾，又加妻之子二等，共加凡人三等。均为父之妾，所殴之人异，故其罪殊科而皆重，为其近于母也。至弟妹殴期服兄之妻以下，但有殴至死者，各依凡人斗杀法，无加等、减等之别。再父妾有子女者，称庶母，虽有期服，不在期亲尊长之列。故此律殴伤父妾者，止加凡人一等科罪。

臣等谨按：此言妻、妾与夫之亲属相殴之罪也。首节定妻、妾殴夫尊长之罪。妻、妾殴夫之本宗及外姻期亲以下缌麻以上尊长，各依夫殴律科断。但夫殴罪至绞者，妻依"名例"减一等。其殴缌麻以上尊长至死者，各坐斩监候，不与夫同立决及凌迟也。次节定妻、妾杀夫卑幼之罪。妻殴伤夫之大功以下卑属，亦与夫殴同罪，各照服制减等。殴至死者，则坐绞监候。若殴杀夫兄弟之子，则比夫罪加重，故至杖流。故杀者，亦坐绞监候。折伤以下，与夫殴同，以其伦序之同也。至死与故杀，则与夫异，以其恩义之异也。妾不得与妻并，有犯殴夫之卑属及至死者，各从凡斗论。三节定尊长殴杀卑幼之妇之罪。此尊长兼男、妇言。若期亲以下缌麻以上尊长，殴伤卑幼之妇，随伤之轻重，减凡殴一等；殴卑幼之妾，又减一等。惟至死者，不问妻、妾，并绞监候。不以服制递减者，以其为异姓之人也。四节定弟妹殴兄妻之罪。兄之妻，弟妹之嫂也，而殴之加殴凡人一等，以其亦有尊长之义也。五节定兄姊殴弟妻，及妻殴夫弟妹并夫弟妻之罪，各减凡人一等。若兄姊殴弟之妾，及妻殴夫弟之妾，各又减一等，通减凡人二等。以其亦有卑幼之谊也。六节定殴同辈无服亲属之罪。姊妹之夫、妻之兄弟、夫之姊妹夫，俱系同辈，虽亲而无服。而有殴之者，并以凡论。若妾殴夫姊妹之夫及正妻之兄弟，则加凡殴一等，以其分下也。七节定妾殴夫之子、殴父妾之罪。妾殴夫他妾之子，减凡人二等；殴正妻之子，则以凡人论。均为夫之子，所生之人异，故其罪殊科。止言殴者，不伤亦坐也。若妻之子殴伤父妾，加凡人一等；妾之子殴伤父之他妾，又加妻之子二等，共加凡人三等。均为父之妾，所殴之人异，故其罪殊科。言殴伤者，不伤，同凡论也。其弟妹殴兄之妻以下，但有殴至死者，各以凡人斗杀法，无加等、减等之别。再父妾有子者，称庶母，虽有期服，不在期亲尊长之列。故此律殴伤父妾者，止加凡人一等科罪。

【1740】6.20.320(略)

附律条例

【1767】〇续纂

一、妻之子及妾之子,殴伤生有子女之庶母,仍依律分别科断外,如殴至死者,拟斩监候;其谋、故杀死,亦拟斩监候,于秋审时酌量情罪,分别定拟。

臣等谨按:此条系乾隆三十年(1765)十一月内,臣部议复广西按察使袁守侗条奏附请定例,应纂辑遵行。再查妻之子殴死庶母,既从重拟以斩候,则妾之子殴死庶母,自不得仍照例以凡人定拟。谨酌拟于“妻之子”下添入“及妾之子”四字,庶为周密。

【1768】6.20.320.(1)(略)

【1825】〇修改

臣等谨按:律载“妻之子殴伤父妾,加凡人一等;妾子殴伤父妾,又加二等”,又“比引律”载“妻之子打庶母伤者,比依弟妹殴兄姊律,杖九十、徒二年半”。盖父妾生有子女者为庶母,似应较殴伤未生子女之父妾为重。今例内仅称“妻之子及妾之子殴伤生有子女之庶母,仍依律分别科断”,并未指明依何律治罪,办理易滋舛错。且“比引律”内“妾子殴伤庶母,应较妻之子加二等”之处,未经载及。虽两律参绎自明,而引断究不免牵掣。应请于例内修改明晰,庶无歧误。谨将修改例文,开列于后。

一、妻之子殴伤生有子女之庶母者,照弟妹殴兄姊律杖九十、徒二年半。妾之子殴伤庶母者,加二等。如殴至死者,俱拟斩监候。其谋、故杀死,亦拟斩监候。于秋审时酌量情罪,分别定拟。

【1825】6.20.320.(1)(略)

【1778】〇续纂

一、嫡孙、众孙殴伤庶祖母者,照殴伤庶母例减一等科断;至死者,拟绞监候;谋、故杀者,拟斩监候,秋审时酌量情节办理。若庶祖母殴杀嫡孙、众孙者,仍同凡论。

臣等谨按:此条系乾隆三十九年(1774)十月内,礼部会同臣部议复江西按察司欧阳永裿条奏定例,应纂辑遵行。

【1790】6.20.320.(2)(略)

殴妻前夫之子

律　文

【1646】6.20.344

凡殴妻前夫之子者,谓先曾同居,今不同居者。其殴伤、折伤,减凡人一等;同居者,又减一等。至死者,绞。监候。〇若殴继父者,亦谓先曾同居,今不同居者。杖六十、徒一年;折伤以上,加凡斗伤一等。同居者,又加一等。至笃疾罪止杖一百、流三千里,不加于死,仍给财产一半养赡。至死者,斩。监候。〇其故杀及自来不曾同居者,不同父殴子、子殴父,各以凡人论。

【1670】6.20.343（略）

【1725】6.20.331

律文（略）

注：此分别继父之恩义，以定殴罪也。继父之恩义，以同居、不同居为轻重。首节定继父殴妻前夫之子之罪。二节定前夫之子殴继父之罪。俱分先同居而今不同居，及见与同居者科断。惟殴至死者，不问见在、同居与否，在继父并坐绞监候，在前夫之子并坐斩监候。末一节则定继父、继子之故杀者，及自来不曾同居而相殴者之罪。夫异姓之人，而谓之继父、继子，以有相依为生之恩义也。若有意故杀，则恩义已绝，不成为继父子。故继父故杀继子以凡论，继子故杀继父亦然者，以罪至于斩，无可加也。若自来不曾同居，原无恩义，又无服制，或父殴子，或子殴父，不可以尊卑之名分言矣，故犯者各以凡人论。

臣等谨按：此分别继父之恩义，以定殴罪也。继父之恩义，以同居、不同居为轻重。首节定继父殴妻前夫之子之罪。二节定前夫之子殴继父之罪。俱分先同居而今不同居，及见与同居者科断。惟殴至死者，不问见在、同居与否，在继父并坐绞监候，在前夫之子并坐斩监候。末一节则定继父、继子之故杀者，及自来不曾同居而相殴者之罪。夫异姓之人，而谓之继父、继子，以其有相依为生之恩义也。若一旦有意故杀，则恩义已绝，又何继父、继子之有。其自来不曾同居者，原无恩意，又无服制，或父殴子，或子殴父，不可以尊卑之名分言矣。故犯者，各以凡人论。

【1740】6.20.321（略）

妻妾殴故夫父母

律　文

【1646】6.20.345

凡妻妾夫亡改嫁，殴故夫之祖父母、父母者，并与殴舅姑罪同。其旧舅姑殴已故子孙改嫁妻妾者，亦与殴子孙妇同。妻妾被出，不用此律，义已绝也。〇若奴婢殴旧家长，及家长殴旧奴婢者，各以凡人论。此亦自转卖与人者言之。奴婢赎身，不用此律，义未绝也。

【1670】6.20.344（略）

【1725】6.20.332

律文（略）

注：此指已故子孙之改嫁妻妾言也。凡妻妾夫亡改嫁，与被出不同，于故夫之祖父母、父母，名义犹存。故殴之者，并与殴见奉之舅姑同。其旧舅姑殴已故子孙改嫁之妻妾者，亦与殴见在子孙之妻妾同。有犯者，各依本律科罪。若奴婢于家长，留则有恩，卖则义绝。故转卖之后而相殴者，各以凡人良贱相殴论。

臣等谨按：此指已故子孙之改嫁妻妾言也。首节前言改嫁妻妾殴故夫祖父母、父母之罪，次言旧舅姑殴已故子孙改嫁妻妾之罪。若妻妾被出，不用此律。末节则言奴婢殴旧家长与家长殴旧奴婢之罪。盖奴婢与家长合则有恩，散则义绝。故转卖之后而相殴者，各以凡人良贱相殴论。

【1740】6.20.322（略）

父祖被殴

律　文

【1646】6.20.346

凡祖父母、父母为人所殴，子孙即时少迟，即以斗殴论。救护而还殴，行凶之人，非折伤勿论。至折伤以上，减凡斗三等。虽笃疾，亦得减流三千里为徒二年。至死者，依常律。○若祖父母、父母为人所杀，而子孙不告官擅杀行凶人者，杖六十。其即时杀死者勿论。少迟，即以擅杀论。○若与祖父母、父母同谋共殴人，自依凡人首从法。又祖父母、父母被有服亲属殴打，止宜救解，不得还殴。若有还殴者，仍依服制科罪。○父、祖外其余亲属人等被人杀，而擅杀行凶人，审无别项情故，依罪人本犯应死而擅杀律，杖一百。

【1670】6.20.345（略）

【1725】6.20.333

律文（略）

注：此重子孙复仇之义，故原情以定其罪也。首节言祖父母、父母被人所殴，子孙即时救护，而殴至折伤以上及至死之罪。盖本欲救护其亲，还殴以脱亲于厄，原非有意殴人，故非折伤勿论。折伤以上，减凡罪三等。惟将行凶之人殴至于死，则人命为重，故依常律拟抵。末节言祖父母、父母被杀，子孙不告官擅杀之罪。父母之仇，不共戴天。但被杀之后，不告官而杀行凶之人，是谓擅杀，故坐杖六十。其祖父母、父母方被杀死之际，即时杀死行凶人者，此出于一时痛愤激切之情，故原而勿论。

臣等谨按：此重子孙复仇之义，故原情以定罪也。此律所重在"即时"一语。首节言祖父母、父母被人所殴，子孙即时救护，而殴至折伤以上及至死之罪。盖本欲救护其亲，还殴以脱亲于厄，原非有意殴人，故非折伤勿论。折伤以上，减凡罪三等。惟将行凶之人殴至于死，则人命为重，故依常律拟抵。末节言祖父母、父母被杀，子孙不告官擅杀之罪。父母之仇，不共戴天。但不告官而擅杀，杖六十。其祖父母、父母方被杀死之际，即时杀死行凶人者，此出于一时痛愤激切之情，故原而勿论。

【1740】6.20.323（略）

附律条例

【1725】○增入

原拟：现行例一条，类于此律，应增入。

【原增现行例】一、凡祖父母、父母为人所杀，本犯拟抵后，或遇恩遇赦免死，而子孙报仇，将本犯仍复擅杀者，杖一百、流三千里。

【1725】6.20.333.（1）【增例】（略）

【1740】6.20.323.（1）（略）

【1801】○修并

【原例】【1740】6.20.323.(1)(略)、【1795】续纂“一、祖父母、父母为人所杀,凶犯当时脱逃……”条(略)

臣等谨按:此条系康熙年间定例,后条系乾隆六十年(1795)定例,俱系子孙复仇擅杀仇人分别治罪之例。应将后条“仍照旧例”四字节删,修并为一,以省繁冗。谨将修并例文,开列于后。

一、祖父母,父母为人所杀,凶犯当时脱逃,未经到官,后被死者子孙撞遇杀死者,照擅杀应死罪人律杖一百。其凶犯虽经到官拟抵,或于遇赦减等发配后,辄敢潜逃回籍,致被死者子孙擅杀者,杖一百、流三千里。若本犯拟抵后,援例减等问拟军、流,遇赦释回者,国法已伸,不当为仇。如有子孙仍敢复仇杀害者,仍照谋、故杀本律定拟,入于缓决,永远监禁。

【1802】6.20.323.(2)(略)

【1852】○修改

咸丰二年(1852),增“至释回之犯”以下七十二字。

一、祖父母,父母为人所杀,凶犯当时脱逃,未经到官,后被死者子孙撞遇杀死者,照擅杀应死罪人律杖一百。其凶犯虽经到官拟抵,或于遇赦减等发配后,辄敢潜逃回籍,致被死者子孙擅杀者,杖一百、流三千里。若本犯拟抵后,援例减等问拟军、流,遇赦释回者,国法已伸,不当为仇。如有子孙仍敢复仇杀害者,仍照谋、故杀本律定拟,入于缓决,永远监禁。至释回之犯,复向死者子孙寻衅争闹,或用言讥诮,有心欺凌,确有实据者,即属怙恶不悛,死者子孙忿激难堪,因而起意复仇致毙者,仍于谋、故杀本律上减一等,拟以杖一百、流三千里。

【1870】6.20.323.(2)(略)

【1725】6.20.333.(2)

【钦定例】一、人命案内,如有救父情切,因而殴死人者,于疏内声明,援例两请,候旨定夺。其或有子之人与人角口,故令伊子将人殴死者,仍照律科罪,不得概议减等。

谨案:此条雍正五年(1727)定。

【1740】○修改

臣等谨按:救父情切,必须父被殴打,实系事在危急难缓须臾者,方准援例两请。应增添明晰,以免滥刑之弊。再成案救母情切者,亦照此例两请,应增。谨将增辑例文,开列于后。

一、人命案内,如有父母被人殴打,实系事在危急,伊子救护情切,因而殴死人者,于疏内声明,援例两请,候旨定夺。其或有子之人与人角口,故令伊子将人殴死者,仍照律科罪,不得概议减等。

【1740】6.20.323.(2)(略)

【1778】○修改

臣等谨按：原例父母被人殴打，伊子救护情切因而殴死人者，声明两请。乾隆三十八年(1773)十二月内，钦奉上谕："父母与人寻衅斗殴，其子踵至，从而加功致毙人命，是父子逼凶共殴，并非情殷救护，岂可不严究实情照律论抵。钦此。"所有此条原例，应行增修。谨将改辑例文，开列于后。

一、人命案内，如有父母被人殴打，实系事在危急，伊子救护情切，因而殴死人者，于疏内声明，援例两请，候旨定夺。其或有子之人与人角口，主令伊子将人殴打致死，或父母与人寻衅斗殴，其子踵至助势，共殴毙命，仍照律科罪，不得概拟减等。

【1790】6.20.323.(2)(略)

【1795】○修改

臣等谨按：此条原例惟祖父母、父母被殴危急，子孙救护殴死人命者，应分别援例两情，未及夫被殴危急，伊妻救护情切作何定拟之文。乾隆五十九年(1794)四月内，护理云南巡抚费淳题"李氏救夫戳伤李文有身死"一案，钦奉谕旨："以妻之于夫，无异子之于父母。律例所载，止有救父母情切声明请旨减等之条，而救夫情切，未经著有成例，未免疏漏。"令臣部分别议减，载入例册。当经钦遵，酌拟于原例内增入"夫被人殴打，其妻救护情切"语句。缮写例条，随折进呈。奉旨："依议，钦此。"钦遵在案，应载入遵行。

一、人命案内，如有祖父母、父母及夫被人殴打，实系事在危急，其子孙及妻救护情切，因而殴死人者，于疏内声明，分别减等，援例两请，候旨定夺。其或祖父母、父母及夫与人口角，主令子孙及妻将人殴打致死，或祖父母、父母及夫先与人寻衅，其子孙及妻踵至助势，共殴毙命，俱仍照各本律科断，不得援危急救护之例，概拟减等。

【1802】6.20.323.(1)(略)

【1725】○增入①

【现行例】一、凡两家互相斗殴，因见父子叔侄兄弟之中被殴，各行救护，以致彼此各伤一人者，一命已有一抵，审明素无仇隙，原情均有可矜，应照共殴人执持凶器亦有致命伤痕者律，发边卫充军。如遇热审减等，各照律徒三年。

臣等谨按：此条类于"父祖被殴"律，应入条例内。

【1795】○续纂

一、祖父母、父母为人所杀，凶犯当时脱逃，未经到官，后被死者子孙擅遇杀死者，照擅杀应死罪人律杖一百。其凶犯虽经到官拟抵，或于遇赦减等发配后，辄敢潜逃回籍，致被死者子孙擅杀者，仍照旧例杖一百、流三千里。若本犯拟抵后，援例减

① 此条见于《大清律例按语》第20卷"刑律·斗殴·父祖被殴"[雍正三年]条下，雍正三年(1725)《大清律集解附例》不载。

等问拟军、流,遇赦释回者,国法已伸,不当为仇。如有子孙仍敢复仇杀害者,仍照谋、故杀本律定拟,入于缓决,永远监禁。

臣等谨按:乾隆五十八年(1793)四月十九日,奉上谕:"刑部具题议驳陕西省赵宗孔殴死赵粃麦改拟斩候一本,此案赵宗孔因伊父赵大典被赵粃麦扎死,拟绞减流,释放回籍,触起前忿,将赵粃麦致死。向来子报父仇之案,情节不一。倘有凶手漏网,冤无可伸者,其复仇原属可原。今赵粃麦前已问拟绞候,国法既伸,只因遇赦减流,十年无过,释回原籍,并非幸逃法网。是揆之公义,已不当再挟私仇。若概如赵宗孔之逞私图报,则赵粃麦之子又将为父复仇。此风一开,谁非人子,皆得挟其私忿借口报复,势必至仇杀相寻,伊于何底。赵宗孔自应照部驳定拟斩候,第念该犯究因报复父仇起见,竟予勾决,究觉有所不忍。若仍得援例减等释放,又恐被仇之家往来寻觅,逞凶报复,转非辟以止辟之义。其在未经奉旨以前者,仍照旧例办理外,赵宗孔着入于缓决,永远牢固监禁。嗣后各省遇有此等案件,俱着照此办理,将此通谕知之。钦此。"钦遵在案。恭释谕旨,诚以本犯业经拟抵,国法既伸,后因遇赦减等释回,而死者子孙复敢报仇杀害,则是挟私逞凶,为公议所难宽,自应仍照谋、故杀本律问拟。遵旨入于缓决,永远监锢。惟是父母被殴,本犯当时脱逃,未经到官,被死者子孙擅遇杀死者,又或凶犯虽经拟抵,于减等后辄敢潜逃回籍,致被死者子孙杀死者,向无分别定拟明文。臣等伏查,例载祖父母、父母为人所杀,而子孙擅杀行凶人者,杖六十;其即时杀死者,勿论。注云,"少迟即以擅杀论。"是即时杀死及少迟擅杀俱以事出当场,一时忿激,故或仅予薄惩,或竟予勿论。若凶犯当时脱逃,后被死者子孙擅遇杀死,自与当场擅杀有间。而凶犯究系罪应拟抵,幸逃法网之人,应请将擅杀之子孙照擅杀应死罪犯律,拟杖一百。其凶犯虽经到官拟抵,于减等后,辄敢潜逃回籍,亦与安分守法、遇赦释回者不同,应将擅杀之子孙仍照原例,拟杖一百、流三千里。如此分别办理,庶情法益昭平允,而援引各有明条。今拟于例内,添纂详明,以便遵守。合理陈明。

【1802】6.20.323.(2)(略)

【1801】○续纂

一、祖父母、父母被本宗缌麻尊长及外姻小功、缌麻尊长殴打,实系事在危急,卑幼情切救护,因而殴死尊长者,于疏内声明,减为杖一百、发边远充军,照例两请,候旨定夺。若并非事在危急,仍照律拟罪,秋审时核其情节,入于缓决,不得滥引此例。

臣等谨按:祖父母、父母被平人殴打,事在危急,子孙情切救护,殴死平人者,减为杖一百、流三千里,援例两请。若祖父母、父母被本宗期亲尊长殴打,事在危急,子孙情切救护,殴死本宗期功尊长者,仍照律问拟斩决,夹签声明,恭候钦定。例内各有专条,惟祖父母、父母被外姻功、缌尊长及本宗缌麻尊长殴打,事在危急,子孙情切救护,因而殴死尊长者,例内未有治罪明文。向来于此等案件,俱援照殴伤缌麻尊长余限外身死之例,减发边远充军,援例两请,候旨定夺。历久遵行在案。嗣于嘉庆四年(1799),臣部核复河南巡抚倭什布审题"郝和尚救母情切,殴伤郝太花身死,援例两请"案内,钦奉上谕:"刑部核拟河南省郝和尚殴伤伊缌麻服叔郝太花身死一案，因该犯情切救母，并非逞凶干犯，于本内声明请旨，内阁亦即票拟双签，并夹片声叙。此案郝和尚因伊母郝徐氏与郝太花争詈起衅，郝徐氏被郝太花推跌，并用木橛向殴，郝和尚自应上前救护。但郝太花所持木橛，业被郝和尚夺回，则郝太花已系徒手，并非事在危急。乃郝和尚又用木橛回殴，以致伤重殒命，自应照律定拟，又何得以救母情切，即照该抚原拟声请减等，转失平允。郝和尚着按例应斩监候，秋后处决，届时入于缓决。嗣后遇有此等案情，皆应照例定拟，毋庸于本内声明，内阁亦毋庸再用夹片。钦此。"钦遵在案。应恭纂为例，以便遵行。

【1802】6.20.323.(3)(略)

【1825】○修改

臣等谨按：道光三年(1823)十一月内，据福建巡抚孙尔准咨"莆田县民黄珠八救母情切，殴伤大功服弟黄家身死，将黄珠八照律拟流，声明可否量予减等，听候部议"一案，经臣部以例内救亲情切致死人命，不特平人得予减等两请，即卑幼殴死本宗缌麻尊长，亦尚可量请末减。至殴杀大功堂弟，律应拟流之犯，罪名生死虽殊，而救亲情切则一。在死罪人犯，既得原其救护之情，量予减等。而殴杀大功弟，罪止拟流，转不得因救亲情切，原情酌减，致与寻常殴杀大功弟者漫无区别，不足以昭平允。将黄珠八于殴杀大功弟杖流律上减量一等，杖一百、徒三年。仍断给财产一半养赡等因咨复该抚，并通行各省在案。例无明文，应请增入例册，以资引用。谨将添纂例文，开列于后。

一、祖父母、父母被本宗缌麻尊长及外姻小功、缌麻尊长殴打，实系事在危急，卑幼情切救护，因而殴死尊长者，于疏内声明，减为杖一百，发边远充军，照例两请，候旨定夺。若并非事在危急，仍照律拟罪，秋审时核其情节，入于缓决。致父母被卑幼殴打，实系事在危急，救护情切，因而殴死卑幼，罪应绞候者，于疏内声明，减为杖一百、流三千里，候旨定夺。如殴杀卑幼，罪不应抵者，各于殴杀卑幼本律上减一等，仍断给财产一半养赡。若并非事在危急，仍照殴杀卑幼各本律问拟，均不得滥引此例。

【1825】6.20.323.(3)(略)

【1870】○续纂

一、救亲殴毙人命之案，除听从父母主令将人殴死，或父母先与人寻衅，助势共殴，及理曲肇衅，累父母被殴，已复逞凶致毙人命者，虽死系犯亲卑幼，父母业经受伤，应仍将凶犯各照本律定拟，不准声请减等外，若无前项情节，确由救亲起衅，如死者系犯亲本宗、外姻有服卑幼，先将尊长殴伤，共子目击父母受伤，情急救护，将其致毙，不论是否实系事在危急，及有无互殴情形，定案时仍照本律定拟，援引孟传冉案内钦奉谕旨，声明照例两请，候旨定夺。其并非犯亲卑幼，及父母并未受伤之案，应仍分别是否事在危急，照例定拟。如案系谋、故杀，及火器杀人，并死系凶犯有服尊长，虽衅起救亲，均仍各照本律问拟，不得援例声请。

谨案：此条咸丰十一年(1861)定。

【1870】6.20.323.(4)(略)

【刑律·骂詈】

骂　人

律　文

【1646】6.21.347

凡骂人者，笞一十。互相骂者，各笞一十。

【1670】6.21.346（略）

【1725】6.21.334

律文（略）

注：此禁非礼，以杜争斗之渐也。恶言凌辱曰骂，秽言相讪曰詈。盖骂人非礼，且恐驯致斗殴，故禁之也。

臣等谨按（与律后总注同，略）。

【1740】6.21.324（略）

骂制使及本管长官

律　文

【1646】6.21.348

凡奉制命出使而官吏骂詈之者，及部民骂本属知府、知州、知县，军士骂本管指挥、千户、百户，若吏卒骂本部五品以上长官，杖一百。若吏卒骂六品以下长官，各（指六品至杂职。各于杖一百上减三等，并杖七十。）减三等；（军、民、吏卒）骂（本属、本管、本部之）佐贰官、首领官，又各递减一等。并亲闻乃坐。

【1670】6.21.347（略）

【1725】〇修改

原拟：今无指挥、千户、百户等官名，应改为"本管官"。

臣等谨按：此言恶声不可加于官长也。前言官吏骂制使及部民骂本属府、州、县正印官，军士骂本管官，吏卒骂本部五品以上长官之罪。后言吏卒骂本部六品以下至杂职衙门长官，及军、民、吏卒骂本属、本管、本部六品以下衙门佐贰、首领官之罪。并亲闻乃坐，不听指告者，杜谗谮之端也。

【1725】6.21.335

凡奉制命出使而官吏骂之者，及部民骂本属知府、知州、知县，军士骂本管官，若吏卒骂本部五品以上长官,杖一百。若吏卒骂六品以下长官,各(指六品至杂职。各于杖一百上)减三等;(军、民、吏卒)骂(本属、本管、本部之)佐贰官、首领官,又各递减一等,并亲闻乃坐。

注:此言恶声不可加于官长也。官吏骂制使,部民、军士、吏卒骂官,皆干犯名义,故照等论罪。并亲闻乃坐,不听指告者,杜谗谮之端也。

【1740】6.21.325(略)

附律条例

【1646】6.21.348.(1)

一、凡毁骂公、侯、驸马、伯,及京省文职三品以上者,问罪枷号一个月发落。

【1670】6.21.347.(1)(略)

【1725】○修改

原拟:"文职三品以上"句下应增"武职二品以上"一句。

【1725】6.21.335.(1)

【原例】一、凡毁骂公、侯、驸马、伯,及京省文职三品以上、武职二品以上官,问罪枷号一个月发落。

【1740】○修改

臣等谨按:例内"问罪"二字,未经指定罪名,查《笺释》依违制律,应增。谨将增辑例文,开列于后。

一、凡毁骂公、侯、驸马、伯,及京省文职三品以上、武职二品以上官,依违制律,问罪枷号一个月发落。

【1740】6.21.325.(1)

一、凡毁骂公、侯、驸马、伯,及京省文职三品以上、武职二品以上官者,杖一百、枷号一个月发落。

【1646】6.21.348.(2)

一、凡在长安门外等处妄叫冤枉,辱骂原问官者,问罪,用一百斤枷枷号一个月发落。妇人有犯,罪坐夫男。若不知情,及无夫男者,止坐本妇,照常发落。

【1670】6.21.347.(2)(略)

【1725】6.21.335.(2)【原例】(略)

【1740】○修改

臣等谨按:此条"问罪"二字,亦未指定罪名。查《笺释》依违制律,应增。谨将增辑例文,开列于后。

一、凡在长安门外等处妄叫冤枉,辱骂原问官者,依违制律问罪,用一百斤枷枷号一个月发落。妇人有犯,罪坐夫男。若不知情,及无夫男者,止坐本妇,照常发落。

【1740】6.21.325.(2)

一、凡在长安门外等处妄叫冤枉,辱骂原问官者,杖一百,用一百斤枷枷号一个月发落。妇人有犯,罪坐夫男。若不知情,及无夫男者,止坐本妇,照常发落。

【1814】○修改

臣等谨按:嘉庆十七年(1812)正月内,据原任喀什噶尔参赞大臣铁保咨称,例内有应用重枷枷号者,其斤数并无明文,咨部示复等因。经臣部以应用重枷枷号者,统查各例,惟在长安门外等处妄叫冤枉、辱骂原问官一条载明"用一百斤枷枷号一个月",系前明旧例。他如新疆遣犯在配脱逃,用重枷枷号等数条,并未注明枷号斤数。伏思枷号示惩,俱非应死人犯,即例用重枷,亦不过较寻常略为从严,若重至百斤,势必至于伤生。应请嗣后凡例用重枷枷号者,于寻常枷号斤数上酌加十斤等因奏准,通行在案。除重枷斤数之例已于"名例律·五刑"门内修改外,此条例内"用一百斤枷枷号"之处,应改为"用重枷枷号一个月"。谨将修改例文,开列于后。

一、凡在长安门外等处妄叫冤枉,辱骂原问官者,杖一百,用重枷枷号一个月发落。妇人有犯,罪坐夫男。若不知情,及无夫男者,止坐本妇,照常发落。

【1825】6.21.325.(2)(略)

佐职统属骂长官

律 文

【1646】6.21.349

凡首领官及统属官骂五品以上长官,杖八十;若骂六品以下长官,减三等。笞五十。佐贰官骂长官者,又各减二等。五品以上,杖六十;六品以下,笞三十。并亲闻乃坐。

【1670】6.21.348(略)

【1725】6.21.336

律文(略)

注:此明相临之分,以惩犯上之罪也。凡本衙门首领官及所统属下司官,骂五品以上长官者,杖八十。若骂六品以下长官,虽同为长官,而尊卑有别,故骂者,笞五十。若佐贰官骂长官者,又各减首领官罪二等。盖佐贰名位相次,故与首领统属不同也。并亲闻乃坐,亦不听指告。

臣等谨按:此明相临之分,以惩犯上之罪也。凡本衙门首领官及所统属下司官,骂五品以上长官者,坐重杖。若骂六品以下长官,虽同为正官,而尊卑有别,故骂者,减三等。若佐贰官骂长官者,又各减首领官罪二等。盖佐贰有同寅之谊,与首领统属不同也。并亲闻乃坐,亦不听指告。

【1740】6.21.326(略)

奴婢骂家长

律　文

【1646】6.21.350

凡奴婢骂家长者,绞;监候。骂家长之期亲及外祖父母者,杖八十、徒二年;大功,杖八十;小功,杖七十;缌麻,杖六十。若雇工人骂家长者,杖八十、徒二年;骂家长期亲及外祖父母,杖一百;大功,杖六十;小功,笞五十;缌麻,笞四十。并亲告乃坐。以分相临,恐有谗间之言,故须亲闻。以情相与,或有容隐之意,故须亲告。

【1670】6.21.349(略)

【1725】6.21.337

律文(略)

注:此惩奴婢、雇工人干犯之罪也。奴婢于家长,有终身事使之义。若骂家长者,坐绞监候;骂家长之亲属,按服制递减。至雇工人,与奴婢有间,故其罪较轻。并须亲告者,盖以情相与,或有容隐之意,故虽他人指告,不坐罪也。

臣等谨按:此惩奴婢及雇工人骂詈家长之罪也。前言奴婢,后言雇工人,各按其被骂之人分别轻重科罪,但须亲告乃坐。盖虽亲闻骂詈,而或以情容隐不告于官,则纵有他人告发,亦不足以为据,故不亲告则不坐也。

【1740】6.21.327(略)

骂尊长

律　文

【1646】6.21.351

凡骂内外缌麻兄姊,笞五十;小功兄姊,杖六十;大功兄姊,杖七十。尊属,兼缌麻、小功、大功。各加一等。若骂期亲同胞兄姊者,杖一百;伯叔父母、姑、外祖父母,各加骂兄姊一等。并须亲告乃坐。

【1670】6.21.350(略)

【1725】6.21.338

律文(略)

注:此惩卑幼干犯之罪也。凡骂兄姊,各依服制差等科杖;骂尊属,各加一等。惟骂同胞兄姊满杖,重亲也;骂伯叔父母、姑及外祖父母各加一等,尊而亲也,并亲告乃坐。

臣等谨按:此惩卑幼犯上也。凡属内外兄姊,各依服制差等;骂内外尊属,各加一等。惟骂同胞兄姊满杖,重亲也;骂伯叔父母、姑及外祖父母,各加一等,重尊也。并亲告乃坐。

【1740】○修改

臣等谨按:"斗殴"律开弟妹殴兄之妻,加殴凡人一等,独无骂詈之文。查《辑注》,仍照殴律加凡人一等科拟,应增。谨将增辑律注,开列于后。

凡骂内外缌麻兄姊,笞五十;小功兄姊,杖六十;大功兄姊,杖七十。尊属,兼缌麻、小功、大功。各加一等。若骂期亲同胞兄姊者,杖一百;伯叔父母、姑、外祖父母,各加骂兄姊一等,并须亲告乃坐。弟骂兄妻,比照殴律,加凡人一等。

【1740】6.21.328(略)

骂祖父母父母

律　文

【1646】6.21.352

凡骂祖父母、父母,及妻妾骂夫之祖父母、父母者,并绞,须亲告乃坐。

【1670】6.21.351(略)

【1725】6.21.339

律文(略)

注:此重不孝之罪也。凡子孙骂祖父母、父母,及妻妾骂夫之祖父母、父母,不孝之大者也,并拟绞立决。然必亲告审实乃坐。

臣等谨按(按语与律后总注同,略)。

【1740】6.21.329(略)

附律条例

【1646】6.21.352.(1)

一、凡毁骂祖父母、父母,及夫之祖父母、父母,告息词者,奏请定夺。再犯者,虽有息词,不与准理。若祖父母、父母听信后妻、爱子蛊惑,谋袭官职、争夺财产等项,捏告打骂者,究问明白,不拘所犯次数,亦与辨理。

【1670】6.21.351.(1)(略)

【1725】6.21.339.(1)【原例】(略)

【1740】6.21.329.(1)(略)

妻妾骂夫期亲尊长

律　文

【1646】6.21.353

凡妻妾骂夫之期亲以下、缌麻以上内外尊长,与夫骂罪同。妾骂夫者,杖八十;妾骂妻者,罪亦如之。若骂妻之父母者,杖六十。并须亲告乃坐。○律无妻骂夫之条者,以闺门敌体之义恕之也。若犯,拟不应笞罪可也。

【1670】6.21.352(略)

【1725】6.21.340

律文(略)

注:此言妇人不睦于夫党之罪也。妻妾骂夫期亲以下、缌麻以上内外尊长,妾骂夫及正妻,并婿骂妻父母,分别坐杖。俱须亲告乃坐。

臣等谨按:此言妇人不睦于夫党之罪也。前言妻妾骂夫期亲以下、缌麻以上内外尊长之罪;后言妾骂夫及正妻,并婿骂妻父母之罪。亦须亲告乃坐。

【1740】6.21.330

凡妻妾骂夫之期亲以下、缌麻以上内外尊长,与夫骂罪同。妾骂夫者,杖八十;妾骂妻者,罪亦如之。若骂妻之父母者,杖六十。并须亲告乃坐。律无妻骂夫之条者,以闺门敌体之义恕之也。若犯,拟不应笞罪可也。

妻妾骂故夫父母

律　文

【1646】6.21.354

凡妻妾夫亡改嫁,其义未绝。骂故夫之祖父母、父母者,并与骂舅姑罪同。按妻若夫在被出,与夫义绝,及姑、妇俱改嫁者,不用此律。又子孙之妇守志在室,而骂已改嫁之亲姑者,与骂见奉姑同。若嫡、继、慈、养母已嫁,不在骂姑之例。○若奴婢转卖与人,其义已绝。骂旧家长者,以凡人论。

【1670】6.21.353(略)

【1725】6.21.341

凡妻妾夫亡改嫁,其义未绝。骂故夫之祖父母、父母者,并与骂舅姑罪同。按妻若夫在被出,与夫义绝,及姑、妇俱改嫁者,不用此律。又子孙之妇守志在室,而骂已改嫁之亲姑者,与骂夫之期亲尊属同。若嫡、继、慈、养母已嫁,不在骂姑之例。○若奴婢转卖与人,其义已绝。骂旧家长者,以凡人论。

注:此言骂舅姑者,无分夫之存殁也。凡妻妾夫亡改嫁,与被出义绝者不同,有骂故夫之祖父母、父母者,与骂见奉舅姑罪同,亦坐绞。若奴婢转卖与人,则其义已绝,骂旧家长者,以凡人论。其赎身奴婢骂旧家长者,仍依骂家长本律论。

臣等谨按(按语与律后总注同,略)。

【1740】○修改

臣等谨按:奴婢转卖与人义绝者,以凡论。其赎身奴婢,原不在义绝之例,自应仍照骂家长本律论拟。应增注,以便引用。谨将增辑律注,开列于后。

凡妻妾夫亡改嫁,其义未绝。骂故夫之祖父母、父母者,并与骂舅姑罪同。按妻若夫在被出,与夫义绝,及姑、妇俱改嫁者,不用此律。又子孙之妇守志在室,而骂已改嫁之亲姑者,与骂夫期亲尊属同。若嫡、继、慈、养母已嫁,不在骂姑之例。○若奴婢转卖与人,其义已绝。骂旧家长者,以凡人论。其赎身奴婢骂旧家长者,仍依骂家长本律论。

【1740】6.21.331(略)

大清律例源流辑校

大清律例源流汇考

刑律·贼盗

第五册

陈颐 点校

国家出版基金项目
NATIONAL PUBLICATION FOUNDATION

法律出版社
LAW PRESS·CHINA
北京

总　　目

第四册

第五册

第六册

第七册

第八册

第九册

第十册

本册目录

【刑　律】

【刑律·贼盗】

【刑　律】

【刑律·贼盗】

谋反大逆

律　文

【1646】6.18.277

凡谋反不利于国，谓谋危社稷。及大逆，不利于君，谓谋毁宗庙、山陵及宫阙。但共谋者，不分首从，已未行，皆凌迟处死。正犯之祖父、父、子、孙、兄弟，及同居之人，如本族无服亲属及外祖父母、妻父、女婿之类。不分异姓，及正犯之期亲伯叔父、兄弟之子，不限已未析居，籍之同异，男年十六以上，不论笃疾、废疾，皆斩。其男十五以下，及正犯之母、女、妻妾、姊妹，若子之妻妾，给付功臣之家为奴。正犯财产入官。若女兼姊妹。许嫁已定，归其夫。正犯子孙过房与人，及正犯之聘妻未成者，俱不追坐。下条准此。上止坐正犯兄弟之子，不及其孙。余律文不载，并不得株连。知情故纵、隐藏者，斩。有能捕获正犯者，民授以民官，军授以军职，量功授职。仍将犯人财产全给充赏。知而首告，官为捕获者，止给财产。虽无故纵，但不首者，杖一百、流三千里。未行而亲属告捕到官，正犯与缘坐人俱同自首免；已行，惟正犯不免，余免。非亲属首捕，虽未行，仍依律坐。

【1670】6.18.276

凡谋反不利于国，谓谋危社稷。及大逆，不利于君，谓谋毁宗庙、山陵及宫阙。但共谋者，不分首从，已未行，皆凌迟处死。正犯之祖父、父、子、孙、兄弟，及同居之人，如本族无服亲属及外祖父、妻父、女婿之类。不分异姓，及正犯之期亲伯叔父、兄弟之子，不限已未析居，籍之同异，男年十六以上，不论笃疾、废疾，皆斩。其男十五以下，及正犯之母、女、妻妾、姊妹，若子之妻妾，给付功臣之家为奴。正犯财产入官。若女兼姊妹。许嫁已定，归其夫。正犯子孙过房与人，及正犯之聘妻未成者，俱不追坐。下条准此。上止坐正犯兄弟之子，不及其孙。余律文不载，并不得株连。知情故纵、隐藏者，斩。有能捕获正犯者，民授以民官，军授以军职，量功授职。仍将犯人财产全给充赏。知而首告，官为捕获者，止给财产。虽无故纵，但不首者，杖一百、流三千里。未行而亲属告捕到官，正犯与缘坐人俱同自首免；已行，惟正犯不免，余免。非亲属首捕，虽未行，仍依律坐。

【1725】○修改

臣等谨按：“聘妻未成者，俱不追坐”句下小注内“下条准此”四字，即指“谋叛”条亦应照“女许嫁已定，归其夫”等句之意也。但上下两条互看未明，应将下条“财产并入官”小注“姊妹不坐”下增载明白，其小注“下条准此”四字应删去。

臣等谨按：此特立重刑，以严反逆之诛也。前段言谋反、大逆及正犯亲属连坐之罪，后段言知情故纵、隐藏不首之罪。凡谋反、大逆之人，不分为首、为从，已行、未行者，皆凌迟处死。并正犯之嫡亲父、祖、子、孙、兄弟，及同居之本族，不分无服，与异姓之外祖、妻父、女婿等亲属，及期亲伯叔、兄弟之子，不以籍之同异为限，但男子年十六以上，不论笃疾、废疾，皆斩；其男子年十五以下，幼小无知识，及正犯之母、女、妻妾，并子之妻妾，系妇人，不能预谋，故并得免死，给付功臣为奴。正犯财产入官。至于在室之女及姊妹，已受聘而未过门者，仍归其夫。其子孙过房与人，或为僧道，及正犯聘妻未成婚者，皆为外人，俱不追坐。律言子孙过房，不言兄弟及兄弟之子过房，言正犯未成婚之妻，不言子未成婚之妻，盖举重即可以见轻也。凡律文不载之人，并不得株连。若亲戚、邻里知情故纵、隐藏，是党恶也，亦坐斩。有能不假官司，自捕正犯擒获送官者，不论军、民，量授官职，仍将所捕获人犯名下应入官财产全给充赏。知其谋情而首告，官司捕获者，止给以犯人财产，不在授官之限。知而不首者，虽无纵、藏之情，亦杖一百、流三千里。盖反逆之事，多人聚谋，踪迹难掩。但有亲属能举发首告，则正犯与缘坐之人，皆得分别免罪，其为消弥保全者多矣。故此条重连坐之株于前，使知当避；开首免之路于后，使知当趋。总欲其事早破露而不致蔓延也。

【1725】6.18.264

凡谋反（不利于国，谓谋危社稷。）及大逆，（不利于君，谓谋毁宗庙、山陵及宫阙。）但共谋者，不分首从，（已未行，）皆凌迟处死。（正犯之）祖父、父、子、孙、兄弟，及同居之人，（如本族无服亲属及外祖父、妻父、女婿之类。）不分异姓，及（正犯之期亲）伯叔父、兄弟之子，不限（已未析居，）籍之同异，（男）年十六以上，不论笃疾、废疾，皆斩。其（男）十五以下，及（正犯之）母、女、妻妾、姊妹，若子之妻妾，给付功臣之家为奴。（正犯）财产入官。若女（兼姊妹。）许嫁已定，归其夫。（正犯）子孙过房与人，及（正犯之）聘妻未成者，俱不追坐。（上止坐正犯兄弟之子，不及其孙。余律文不载，并不得株连。）知情故纵、隐藏者，斩。有能捕获（正犯）者，民授以民官，军授以军职，（量功授职。）仍将犯人财产全给充赏。知而首告，官为捕获者，止给财产。（虽无故纵，但）不首者，杖一百、流三千里。（未行而亲属告捕到官，正犯与缘坐人俱同自首免；已行，惟正犯不免，余免。非亲属首捕，虽未行，仍依律坐。）

注：此特立重刑，以严反逆之诛也。凡谋反、大逆之人，罪大恶极。不分造意、为首及随从之人，皆凌迟处死。正犯之嫡亲祖父、父、子、孙、兄弟，及同居者，不分同姓、异姓，期亲伯叔、兄弟之子，不分同籍、异籍，但男十六以上，不论笃疾、废疾，皆斩；其年十五以下，幼小无所知识，及犯人之母、女、妻妾、姊妹，并子之妻妾，系属女流，不能预谋，皆给功臣之家为奴。正犯财产入官。若女与姊妹已受聘礼，未曾过门，或子孙自幼过房与人，或为僧道，及正犯已聘而未成婚之妻，俱不追坐。律言兄弟之子，而不言兄弟之孙，言母及子之妻妾，而不言祖、孙、伯叔父、兄弟、侄之妻妾，言叔而不言姑，则俱不连坐可知矣。若亲戚邻里知情故纵、隐藏，是党恶也，亦坐斩。有能不假官司，自捕正犯擒获送官者，不论军、民，量授官职，仍将所捕获犯人名下应入官财产，全给充赏。知而首告，官司捕获，止

给财产,不与官职。知而不首者,虽无故纵之情,亦坐满流。盖反逆事大,人众谋虽未行,状必显著。但有亲属能告捕到官,则正犯与缘坐之人皆得免罪,为其消祸于未形也。绝人犯上作乱之心,故连坐之罪重;示人保身全家之路,故首免之法宽也。

【1740】6.18.254(略)

附律条例

【1725】○增入

原拟:现行例内一条,类于此律,应增入。

【现行例】一、反叛干连流罪人犯,俱流徙宁古塔。其叛案牵连流犯身故,妻、子免其流徙。反案干连流犯身故,有子者,仍流徙;无子者,免其流徙。

原拟:此条内"宁古塔"字,应遵上谕,改为"乌喇"。又,此条兼谋反、谋叛而言,应分作二条,各附于谋反、谋叛律后。谨拟删改,开载于后。

【原改现行例】一、凡反逆案内干连流犯,并妻、子俱流徙乌拉地方。如本犯身故,有子者其妻仍同流,无子者免流。

【1725】6.18.264.(1)【增例】(略)

【1740】6.18.254.(1)(略)

【1801】○修并

【原例】【1740】6.18.254.(1)(略)、【1795】续纂"一、反逆案内律应缘坐男犯,除十六岁以上……"条(略)

臣等谨按:反逆案内干连流犯并妻子,俱流徙乌喇,系康熙二十一年(1682)定例。又反逆案内缘坐,年未及岁,送交内务府阉割,系乾隆五十六年(1791)定例。查反逆案内,并无干连应流之犯。若知情不首拟流,亦不佥妻发遣。此系旧例,业已不用,应行删除。其知情不首,干连人犯仍依律拟流,应申叙,以免牵混。又,嘉庆二年(1797),臣部题复河南巡抚景安"拿获息县逆犯张云路等,家属分别定拟"案内,钦奉谕旨:"向来大逆缘坐人犯,刑部等衙门按律定拟斩决者,俱从宽改为监候。但此等人犯,久禁囹圄,难免亲戚往视,别滋事端。所有从前及嗣后大逆缘坐人犯,俱着发往黑龙江,给索伦达呼尔为奴。既可免各省监狱防范之繁,而该犯等发往为奴,又不至日久复生萌孽。此案缘坐人犯张亥等,即着照此办理。钦此。"钦遵在案,应恭纂为例,以便遵行。又,嘉庆四年(1799)二月,臣部奏请调剂缘坐犯属折内奏请,应交内务府阉割人犯,究系逆匪余孽,未便留派外围当差。若概同妇女分给功臣家为奴,又恐世职官员力难管束,自应量为调剂。请嗣后缘坐人犯,除男年十六以上者仍发黑龙江为奴外,其缘坐妇女及男年十岁以下,交值年旗酌给有力之满洲、蒙古大臣文职三品、武职二品以上官员为奴。如年在十一岁以上、十五岁以下者,俱令监禁,俟成丁时,发往新疆安插,饬令该将军等严加管束等因具奏,奉旨"依议。钦此。"钦遵在案。例内年未及岁,送交内务府阉割,系属旧例,业已不用,应行修改。又查汉军文武大臣,应否将人犯赏给为奴,原奏未经议及。嗣据值年旗查明,向例八旗汉军功臣与满洲、蒙古功臣,俱一体赏给,咨请部示。经臣部咨复,令该旗查照向例,凡汉军大臣与满洲、蒙古大臣，一律分赏等因在案，应于例内增纂，合并声明。谨将修并例文，开列于后。

一、反逆案内律应缘坐男犯，十六岁以上者，发往黑龙江给索伦达呼尔为奴；其缘坐妇女，及男年十岁以下，交值年旗酌给有力之满洲、蒙古、汉军大臣，文职三品、武职二品以上官员为奴；如在十一岁以上、十五岁以下者，牢固监禁，俟成丁时，发往伊犁、乌鲁木齐等处安插，令该将军等严加管束。其知情不首干连人犯，仍依律拟流。

【1802】6.18.254.（2）（略）

【1814】○修改

臣等谨按：嘉庆十七年（1812）十月及十二月内，臣部先后议复升任吏科给事中西琅阿暨原任黑龙江将军、宗室斌静等奏"调剂黑龙江等处遣犯"折内，请将大逆缘坐男犯十六岁以上一条，并给功臣家为奴人犯伊主不能养赡一条，俱改发新疆给官兵为奴等因奏准，通行在案。以上二条例内发黑龙江之处，均应修改。谨将修改例文二条，开列于后。

一、反逆案内律应缘坐男犯，十六岁以上者，发新疆给官兵为奴；其缘坐妇女，及男年十岁以下，交值年旗酌给有力之满洲、蒙古、汉军大臣，文职三品、武职二品以上官员为奴；如在十一岁以上、十五岁以下者，牢固监禁，俟成丁时，发往伊犁、乌鲁木齐等处安插，令该将军等严加管束。其知情不首干连人犯，仍依律拟流。

【1825】6.18.254.（2）（略）

【1830】○修改

臣等谨按：道光六年（1826）十一月内，军机大臣会同臣部，议复直隶总督那彦成奏调剂新疆遣犯折内，请将反逆案内律应缘坐男犯，十六岁以上，发新疆为奴；其十一岁以上、十五岁以下，牢固监禁，俟成丁时，发遣伊犁、乌鲁木齐等处安插各条，俱改发极边足四千里充军等因奏准，通行在案。例内发新疆伊犁、乌鲁木齐之处，应行修改。谨将修改例文，开列于后。

一、反逆案内律应缘坐男犯，十六岁以上者，改发极边足四千里充军；其缘坐妇女；及男年十岁以下者，交值年旗酌给有力之满洲、蒙古、汉军大臣，文职三品、武职二品以上官员为奴；如在十一岁以上、十五岁以下者，牢固监禁，俟成丁时，改发极边足四千里充军，令地方官严加管束。其知情不首干连人犯，仍依律拟流。

【1835】○修改

臣等谨按：道光十三年（1833）七月间，臣部奏"请酌改逆案缘坐人犯发遣"一折内称："逆案缘坐犯属，办理未能画一，请将反逆案内律应缘坐男犯，无论已、未成丁，均发往新疆等处，给官兵为奴。其缘坐妇女，仍酌发各省驻防，给官员兵丁为奴。如有幼孩乳哺需人，不能单身赴配者，即令伊母携赴配所，俟年届成丁时，改发新疆等处，给官兵为奴。以上缘坐男犯到配之后，俱不准婚娶，以免孽生等因具奏，奉上谕："刑部奏请酌改逆案缘坐犯属条例一折，所奏未能允协。此等叛逆，荼毒一方，并有官员亲属全家被害者，实属罪大恶极。其子孙不概予骈诛，贷其一死，已属宽之又宽。若如刑部所议，到配后禁其婚娶，不过徒托空言，有名无实，必致孽种潜生，殊非所以示惩创。再向来缘坐成丁之犯，发往新疆，给官兵为奴。而年未及岁者，加以阉割办理，亦属两歧。其应如何画一立足章程之处，着该部再行妥议具奏。钦此。"臣等伏思谋逆之犯，罪大恶极，迥非寻常干犯国宪者可比。而逆犯之子孙,均系孽种,又与其余缘坐之亲属不同。诚如圣谕"贷其一死,已属宽之又宽。"若仅与其余亲属一例拟遣,到配后禁其婚娶,诚恐有名无实,必致孽种潜生,殊不足以示惩创。溯查此等缘坐人犯,年在十五岁以下者,乾隆五十六年(1791)原有送交内务府阉割,派在外围当差之例。嗣于嘉庆四年(1799),因系逆匪余孽,未便留派外围当差,奏准停止阉割,改拟为奴。今欲绝其孽种,莫若将旧例酌量变通,俟阉割后屏之远方,既不致聚集京师,亦不致再滋萌孽,于拔本塞源之道较为周密。至缘坐犯属年在十六岁以上,从前均系照律拟斩。续于嘉庆二年(1797)间钦奉谕旨:"嗣后大逆缘坐人犯,俱着发往黑龙江,给索伦达呼尔为奴等因。钦此。"后于嘉庆十七年(1812),因调剂黑龙江遣犯案内,将此等缘坐人犯年在十六岁以上者,改发新疆为奴。又,于道光六年(1826),因调剂新疆遣犯案内,复改发极边足四千里充军。各在案。今既拟将逆犯之子孙,年在十五岁以下,俟阉割后再行发遣;其年在十六岁以上者,自未便仍照旧例仅拟遣戍,以致办理两歧。自应无论已、未成丁,均俟阉割后再行发遣,以昭画一。应请嗣后反逆案内律应问拟凌迟之犯,其子孙讯明实系不知谋逆情事者,无论已、未成丁,均解交内务府阉割,发往新疆等处,给官兵为奴。其年在十岁以下者,令该省牢固监禁,俟年届十一岁时,再行解交内务府照例办理。其余律应缘坐男犯,并非逆犯之子孙,年在十六岁以上者,发往新疆等处,给官兵为奴。如年在十五岁以下者,均令该省牢固监禁,俟年届成丁时再行发遣。其缘坐妇女,仍酌发各省驻防,给官员兵丁为奴等因具奏,奉旨:"刑部复奏办理逆案缘坐犯属,嗣后反逆案内律应问拟凌迟之犯,其子孙讯明实系不知谋逆情事者,无论已、未成丁,均着照乾隆五十四年阉割之例,解交内务府阉割,发往新疆等处,给官兵为奴。其年在十岁以下者,令该省牢固监禁,俟年届十一岁时,解交内务府照例办理。并着内务府大臣,遇解到阉割人犯,即遴派司员认真看验,并出具无弊切结送交刑部。刑部堂官于该犯送交后,即派司员再行复验。如有情弊,即回堂奏参。总须查验明确,再交兵部发往新疆,给官兵为奴。并着内务府、刑部存记,遇修例时纂入则例等因。钦此。"钦遵在案。除由内务府载入则例外,臣部例内应行修改。谨将修辑例文,开列于后。

一、反逆案内律应问拟凌迟之犯,其子、孙讯明实系不知谋逆情事者,无论已、未成丁,均解交内务府阉割,发往新疆等处给官兵为奴。如年在十岁以下者,牢固监禁,俟年届十一岁时,再行解交内务府照例办理。内务府大臣,遇有解到阉割人犯,即遴派司员认真看验,并出具无弊切结,送交刑部,再行复验。如有情弊,即行奏参。务须查验明确,再交兵部发往新疆给官兵为奴。至其余律应缘坐男犯,并非逆犯子孙,年在十六岁以上者,发往新疆等处给官兵为奴。如年在十五岁以下者,牢固监禁,俟成丁时再行发遣。缘坐妇女,发各省驻防给官员兵丁为奴。其知情不首干连人犯,仍依律拟流。

【1847】6.18.254.(3)(略)

【1772】○续纂

一、除反逆正案之亲属,仍照律缘坐外,其有人本愚妄,或希图诓骗财物,兴立邪教名目,或挟仇恨编造邪说,煽惑人心,种种情罪可恶,比照反逆定罪之案,若该犯之父,实不知情,并不同居,无从觉察,审有实据者,将本犯之父,照谋叛之犯父母流二千里律,改为流三千里安置;其比照反逆缘坐之祖父及伯叔,亦一体确审,分晰减流。

臣等谨按:此条系乾隆三十四年(1769)十月内钦奉谕旨,命大学士、九卿会同臣等酌议定例,应纂辑以便遵行。

【1788】○修并

【原例】【1772】续纂"一、除反逆正案之亲属……"条(略)、【1782】续纂"一、凡兴立邪教,及挟仇编造邪说……"条(略)

臣等谨按:以上二条,皆系兴立邪教及挟仇编造邪说、煽惑人心等项,比照反逆定罪案内缘坐之例。查前条"分晰减流"之文,系乾隆三十四年(1769)旧定之例。其后条"概予省释"之例,系四十六年(1781)九月内,臣部议复江西巡抚郝硕奏"赣县民廖景泮等,在川省传教惑众、伪造榜文等项,照大逆律定拟"案内,将逆犯廖景泮之父廖秀科依缘坐律拟以斩决一案。钦奉上谕:"廖景泮之父廖秀科一犯,该部拟以缘坐,固属照例办理。但向来缘坐之犯,无不加恩改为监候,以示罪人不孥之义。况其父、祖,尤非兄弟、子孙可比。此案廖秀科,讯非知情故纵者,加恩免其治罪。嗣后如有逆犯祖父母应行缘坐,讯非知情者,即概予省释,不必缘坐。著为令。钦此。"钦遵,恭纂为例遵行。其前条"分晰减流"旧例应删去,以免混淆。再查乾隆四十四年(1779)九月内,军机大臣等核复"山西凤台县民人赵廷杰,因向杜霞瀛勒借不遂,捏写悖逆书信诬陷,审依大逆律凌迟处死。其案内正犯之父赵武观、期亲胞伯赵三槐,均依缘坐律拟以斩决"一案,奉旨:"赵廷杰着即凌迟处死,伊父赵武亲按律固应缘坐,但赵武观因知其子素性不良,将该犯逐出另住,情尚可原。朕亦不忍因其子犯大逆,罪及其父。赵武观着加恩,免其治罪。伊父既经从宽,所有伊母成氏,并着免其给付功臣之家为奴;其胞伯赵三槐,亦着加恩宽免。余依议。钦此。"钦遵亦在案。是比照反逆案内缘坐之伯叔,既经钦奉恩旨,一体宽免,自应于例内添纂详明,以广皇仁而资引用。今将删并增辑例文,开列于后。

一、除实犯反逆案内之亲属,仍照律缘坐外,其有人本愚妄,或希图诓骗财物,兴立邪教,及挟仇编造邪说,煽惑人心,比照反逆定罪之案,若本犯之祖父、父母及期亲伯叔,审系知情者,仍照例办理;其讯明实不知情,即概予省释,不必依律缘坐。

【1790】6.18.254.(2)(略)

【1801】○修并

【原例】【1790】6.18.254.(2)(略)、【1790】6.18.254.(3)(略)

臣等谨按:比照大逆缘坐之祖父等,审系知情,照律办理;讯不知情,不必缘坐,系乾隆四十六年(1781)定例。又,诬告叛逆分别缘坐,系乾隆四十二年(1777)定例。嗣于嘉庆四年(1799)二月二十四日钦奉上谕:"向来大逆缘坐人犯按律办理,原以其实犯叛逆,自应申明宪典,用示惩创。至比照大逆缘坐人犯,则与实犯者不同。即如从前徐述夔、王锡侯,皆因其著作狂悖,将家属子孙俱照大逆缘坐定拟。殊不知文字诗句,原可意为轩轾。况此等人犯生长本朝,自其祖父、高、曾,仰沐深仁厚泽已百数十余年,岂复系怀胜国而挟嫌抵隙者，遂不免借词挟制，指摘疵瑕。是偶以笔墨之不检，至与叛逆同科，既开告讦之端，殊失情、法之当。着交刑部，除实犯大逆应行缘坐人犯毋庸查办外，凡比照大逆人犯，其家属子孙，或已经发遣，或尚禁囹圄，即详晰查明，注写案由，开单具奏。钦此。”当经臣部遵旨查办，除实犯大逆缘坐及纠众戕官反狱，倡立邪教传徒惑众滋事案内缘坐人犯，毋庸查办外，查得书词狂悖，干犯庙讳，比照大逆定案，及诬告叛逆案内缘坐之遣、军、流犯，分别开单，恭呈御览。并请嗣后比照谋反、大逆及谋叛并诬告人叛逆之案，除正犯照律办理外，其家属一概免其缘坐等因具奏，奉旨：“依议。钦此。”钦遵在案。旧例二条，俱应修改，并辑一条。谨将修并例文，开列于后。

一、除实犯反逆及纠众戕官反狱、倡立邪教传徒惑众滋事案内之亲属，仍照律缘坐外，其有人本愚妄，书词狂悖，或希图诓骗财物，兴立邪教，尚未传徒惑众，及编造邪说，尚未煽惑人心，并奸徒怀挟私嫌，将谋逆重情，捏造匿名揭帖，冀图诬陷，比照反逆及谋叛定罪之案，正犯照律办理，其家属一概免其缘坐。

【1802】6.18.254.(1)(略)

【1782】○续纂

一、凡兴立邪教，及挟仇编造邪说、煽惑人心等项，照大逆定罪之案，若本犯之祖父、父母，讯明实不知情者，不必缘坐。

臣等谨按：此条系乾隆四十六年(1781)九月内，臣部议复江西巡抚郝硕奏“赣县民廖景泮等在川省传教惑众，伪造榜文等项，照大逆律定拟，案内逆犯廖景泮之父廖秀科一犯，依缘坐律拟以斩决”一案，钦奉上谕：“廖景泮之父廖秀科一犯，该部拟以缘坐，固属照例办理。但向来缘坐之犯，无不加恩改为监候，以示罪人不孥之义。况其父祖，尤非兄弟子孙可比。此案廖秀科讯非知情纵容，着加恩免其治罪。嗣后如有逆犯祖父母应行缘坐，讯非知情者，即概予省释，不必缘坐。著为令。钦此。”钦遵。应恭纂为例，以便遵行。

【1788】○修并

修并按语并修并后例文，见【1790】6.18.254.(2)条、【1788】修并项下。

【1782】○续纂

一、奸徒怀挟私嫌，将谋逆重情，捏造匿名揭帖，冀图诬陷之案，除本犯按律问拟外，其中应行缘坐人犯内，如有即系被该逆犯倾陷之人，即行省释，不得以缘坐律问拟。

臣等谨按：此条系乾隆四十二年(1777)十月内，广东巡抚杨景素奏“查讯陆丰县民郑会通等挟嫌捏造匿名揭帖，倾陷郑会坤等多人”案内，其中有郑会通牵告之兄弟郑会寅等五犯，因郑会通比照大逆治罪，郑会寅等系伊弟兄，应照律缘坐，拟以斩决具奏。钦奉上谕：“应行缘坐人犯内，如郑会寅、郑会礼、郑会衷、郑阿拱、郑阿果，即系该逆犯挟嫌诬控之人。今其事幸得昭雪，而转以其为逆犯弟兄之故，一一罹于重辟。是该犯虽身膺显戮，而其意中所本欲倾诬者亦不能免。俾无赖之徒，竟得拚一死，以遂其所愿，未为平允。且该逆犯既忍以大逆诬其弟兄，则其蔑视天显，恩义早绝，更何必因其谊属期亲，概从缘坐？

此案除逆犯郑会通之妻、子仍照大逆缘坐律定拟外,其本被该逆犯倾陷之郑会寅等,着与无干人众一并省释。三法司即遵照核办,并通谕中外知之。钦此。"钦遵。当经臣部钦遵谕旨,将郑会寅等五犯,并其子郑阿地等,均行省释具奏奉旨:"依议。"钦遵在案,应恭纂为例,以便遵行。

【1790】6.18.254.(3)(略)

【1801】○修并

修并按语并修并后例文,见【1790】6.18.254.(2)条、【1801】修并项下。

【1795】○续纂

一、反逆案内律应缘坐男犯,除十六岁以上,仍照律办理外,如犯事时年未及岁并不知者,送交内务府阉割,派在外围当差,不许日久渐移内围。其年在十岁以下者,牢固监禁,俟至十一岁时,解京送内务府办理。

臣等谨按:乾隆五十六年(1791)三月内,臣部题复署福建巡抚觉罗伍拉纳题"续获逆犯何东山之侄何适,年已十八,依律问拟斩决"一案,奉旨:"何适系逆匪何东山之侄,虽例应缘坐,但何东山从逆时,何适年幼逃避,并不知情,尚可从宽。何适着免其治罪,送内务府照例办理。嗣后逆犯家属年未及岁者,俱着照此查办。钦此。"钦遵在案,应恭纂为例,以便遵行。再查杀一家三四命以上案内凶犯例应阉割之子,嗣经内务府奏明,将年在十五岁以下者派在外围当差,不许日久渐移内围等因,知照在案,现经臣部纂入"人命"例内。此项反逆案内阉割年幼之犯,亦只应派在外围当差,不许日久渐移内围。至有年在十岁以下者,亦应照杀一家三四命案内阉割凶犯之子,俟年至十一岁时解京办理,俱拟于例内增入,合并声明。

【1801】○修并

修并按语并修并后例文,见【1740】6.18.254.(1)条【1801】修并项下。

【1801】○续纂

一、反逆缘坐案内给功臣为奴人犯,除有脱逃、干犯别情,照例从重办理外,其有伊主呈明不能养赡,讯无别情者,发黑龙江给披甲人为奴。

臣等谨按:乾隆五十九年(1794)七月,准步军统领衙门咨送"云麾使富兴德,因分给为奴犯妇吴氏与仆妇邓氏口角,并以人口众多,不能养赡,将吴氏同夫李兴呈请另办"一案,经臣部以缘坐给功臣之家为奴人犯,如有脱逃被获及不遵约束等项重情,例应即行杖毙。今李兴及妻吴氏,系反逆缘坐妻子,前经奏派富兴德家为奴。兹据富兴德以家中人口众多,不能养赡,情愿交出。虽讯明李兴等服役二十余年,素常安分,并无不服约束别情,但伊主既称不能养赡,自未便仍将该犯等给与领回,致滋事端,亦不便再送值年旗另行奏派。请将李兴同妻吴氏一并发黑龙江,给披甲人为奴。并请嗣后反逆缘坐为奴人犯,除有脱逃干犯别情照例从重办理外,其有伊主呈明不能养赡,讯无别情者,即照此发遣等因具奏,奉旨:"依议。钦此。"钦遵在案。应纂为例,以资引用。

【1802】6.18.254.(3)(略)

【1814】○修改

修改按语,见【1825】6.18.254.(2)条【1814】修改项下。

一、反逆缘坐案内给功臣为奴人犯,除有脱逃、干犯别情,照例从重办理外,其有伊主呈明不能养赡,讯无别情者,发新疆给官兵为奴。

【1821】○修改

臣等谨按:嘉庆二十二年(1817年)四月内,臣部议复升任伊犁将军长龄奏伊犁遣犯日多,请为调剂案内,将发功臣为奴人犯,伊主不能养赡一条,改发各省驻防为奴等因,奏准在案。原例内发新疆之处,应行修改。谨将修改例文,开列于后。

一、反逆缘坐案内给功臣为奴人犯,除有脱逃、干犯别情,照例从重办理外,其有伊主呈明不能养赡,讯无别情者,改发各省驻防为奴。

【1825】6.18.254.(3)(略)

【1847】6.18.254.(2)(略)

谋　叛

律　文

【1646】6.18.278

凡谋叛,谓谋背本国,潜从他国。但共谋者,不分首从皆斩;妻妾子女,给付功臣之家为奴;姊妹不坐。财产并入官。父母、祖、孙、兄弟,余俱不坐。不限籍之同异,皆流二千里安置。知情故纵、隐藏者,绞。有能告捕者,将犯人财产全给充赏。知已行而不首者,杖一百、流三千里。若谋而未行,为首者绞,为从者不分多少,皆杖一百、流三千里。知未行而不首者,杖一百、徒三年。未行则事尚隐秘,故不言故纵、隐藏。○若逃避山泽,不服追唤者,或避差,或犯罪,负固不服,非暂逃比。以谋叛未行论。依前,分首从。其拒敌官兵者,以谋叛已行论。依前不分首从律。以上二条,未行时事属隐秘,须审实乃坐。

【1670】6.18.277(略)

【1725】○修改

臣等谨按:上条小注已经删去,应于此条"财产并入官"小注"姊妹不坐"句下,增载"女许嫁已定,子孙过房与人,聘妻未成者,俱不坐"等句。

臣等谨按:此严背国潜叛之诛也。罪莫重于反逆,而谋叛次之。首节前言谋叛已行,及连坐家属,并知情故纵、隐藏而不首者之罪。次言谋叛未行之首从,及知而不首者之罪。后节以其事相类而并及之。逃避山泽,不服追唤,无潜从他国之情,故罪止绞、流。若拒敌官兵,显有谋迹,故不分首从皆斩,家口亦缘坐,财产亦入官。皆须审实乃坐。

【1725】6.18.265

凡谋叛,谓谋背本国,潜从他国。但共谋者,不分首从皆斩;妻妾子女,给付功臣之家为奴;财产并入官。姊妹不坐。女许嫁已定,子孙过房与人,聘妻未成者,俱不坐。父母、祖、孙、兄弟,不限籍之同异,皆流二千里安置。余俱不坐。知情故纵、隐藏者,绞。有能告捕者,将犯人财产全给充赏。知已行而不首者,杖一百、流三千里。若谋而未行,为首者绞,为从者不分多少,皆杖一百、流三千里。知未行而不首者,杖一百、徒三年。未行则事尚隐秘,故不言故纵、隐藏。○若逃避山泽,不服追唤者,或避差,或犯罪,负固不服,非暂逃比。以谋叛未行论。依前分首从。其拒敌官兵者,以谋叛已行论。依前不分首从律。以上二条,未行时事属隐秘,须审实乃坐。

注:此严谋背潜叛之诛也。凡有共谋背叛而已行者,不分首从,皆斩。正犯之妻妾、子、女,给功臣之家为奴,姊妹不坐,财产并入官。其许嫁之女,过房之子、孙,未成婚之妻,俱不坐。惟父母、祖、孙、兄弟,不论已未析居,皆流二千里安置。余律文不载者,俱不坐。知情故纵、藏匿者,绞。有能告捕者,将正犯财产给赏。知已行而不首者,满流。若谋已定,事虽未行,而形迹显著,为首绞,为从满流。知未行而不首者,满徒。若因避差、犯罪,逃避山泽,据险不服官司追唤者,以谋叛未行,分首从论。甚至拒敌官兵者,以谋叛已行,不分首从论。俱须审实乃坐。

【1740】6.18.255(略)

附律条例

【1725】○增入

原拟:现行例内六条,类于此律,应增入。

【现行例】一、叛案内干连流犯,流徙乌喇地方。如本犯身故,妻、子免流。

谨案:此条雍正三年(1725)定。

【1725】6.18.265.(1)【增例】(略)

【1740】6.18.255.(1)(略)

【1801】○修并

【原例】【1740】6.18.255.(1)(略)、【1740】6.18.255.(2)(略)

臣等谨按:二条俱系康熙年间定例。查康熙二十一年(1682)五月钦奉上谕:"反叛案内应流人犯,仍发乌喇地方,令其当差,不必与新披甲人为奴,以昭朕轸恤民隐、哀矜保全之意。钦此。"例内未将令其当差不必为奴之处详明登载办理,恕致歧误,应行增入。又,嘉庆三年(1798)六月,署陕西巡抚秦承恩查办商州逆犯家属缘坐案内,逆犯贺登丰之妻张氏,有子和尚儿尚需乳哺,声请将和尚儿随母贺张氏带往抚养。经臣部照拟核复,咨行在案。查叛逆幼孙,既不便与父母拆离流徙,若交与该管衙门,令其别项亲属收养,仍与其母拆离,殊非例意。应于例内修改,以便引用。又二条俱系犯属缘坐之例,应修并一条,合并声明。谨将修并例文,开列于后。

一、叛案内缘坐流犯,流徒乌喇地方,令其当差,不必给予披甲人为奴。如本犯未经到配以前身故,妻子免流。至叛犯之孙,如有年幼,不便与父母拆离流徙者,听其母随带抚养。

【1802】6.18.255.(1)(略)

【1821】○修改

一、叛案内律应缘坐流犯,改发新疆酌拨种地当差。如本犯未经到配以前身故,妻、子免遣。至叛犯之孙,如有年幼,不便与父母拆离者,听其母随带抚养。

谨案:嘉庆二十五年(1820),将原例流徙乌拉地方当差,改发新疆酌拨种地当差。

【1825】6.18.255.(1)(略)

【1830】○修改

臣等谨按:道光六年(1826)十一月内,军机大臣会同臣部,议复直隶总督那彦成奏“调剂新疆遣犯”折内,请将叛案内律应缘坐流犯发新疆,酌拨种地当差一条,改发极边足四千里充军等因奏准,通行在案。例内发新疆之处,应行修改。谨将修改例文,开列于后。

一、叛案内律应缘坐流犯,改发极边足四千里充军。如本犯未经到配以前身故,妻、子免遣。至叛犯之孙,如有年幼,不便与父母拆离者,听其母随带抚养。

【1845】○修复

臣等谨按:此条例文,从前旧例内载“叛案内律应缘坐流犯,改发新疆酌拨种地当差”等语。嗣于道光六年(1826)十一月内,据原任陕甘总督那彦成奏请调剂新疆遣犯。经军机大臣会同臣部,议将此条改为“改发极边足四千里充军”奏准,纂入例册在案。兹于道光二十四年(1844)六月内,据升任贵州巡抚贺长龄奏“请调剂军犯章程”一折,复经军机大臣会同臣部,议请嗣后新疆遣犯,各照旧发往等因具奏。奉上谕:“据军机大臣会同刑部议奏,贵州军犯拥挤,酌减调剂等语。新疆遣犯改发内地,恐人数众多,不特约束难周,且与民风大有关碍,非若新疆地方辽阔,外遣人犯易于安插。所有旧时改发内地各条,着仍照旧发往新疆,交该将军设法妥为安插。并严饬所属认真查核,严加管束,毋令滋生事端,俾期积久舞弊。余依议。钦此。”是新疆遣犯,既应照旧发往,其缘坐流犯改发新疆之原例,现在犹存,足资引用。此条系属赘文,应行删除。

一、叛案内律应缘坐流犯,改发新疆酌拨种地当差。如本犯未经到配以前身故,妻、子免遣。至叛犯之孙,如有年幼,不便与父母拆离者,听其母随带抚养。

【1847】6.18.255.(1)(略)

【1725】○增入

原拟:现行例内六条,类于此律,应增入。

【现行例】一、凡叛犯之孙,如有年幼,不便与父母拆离流徙者,一并交与该管衙门。

【1725】6.18.265.(2)【增例】(略)

【1740】○修改

臣等谨按:例内叛犯之孙,年幼不便与父母拆离流徙者,自应着令亲属收养。例内止称交与该管衙门,未言如何处理,恐难援引,应增。谨将增辑例文,开列于后。

一、凡叛犯之孙,如有年幼,不便与父母拆离流徙者,一并交与该管衙门,令其亲属留养。

【1740】6.18.255.(2)(略)

【1801】○修并

修并按语并修并后例文,见【1740】6.18.255.(1)条【1801】修并项下。

【1725】○增入

原拟:现行例内六条,类于此律,应增入。

【现行例】一、凡审拟叛案,如果谋叛情实,在本省者,取本犯确实口供,原籍住址,将该犯父母、祖、孙、兄弟、妻妾、子女、家属财产,俱察明严行看守,详开数目具题。如系隔省,确取本犯口供,行文该地方官严拿看守。有隐漏者,该督抚即将该管官指名题参,以凭议处。

【1725】6.18.265.(3)【增例】(略)

【1740】6.18.255.(3)(略)

【1802】6.18.255.(2)(略)

【1725】○增入

原拟:现行例内六条,类于此律,应增入。

【现行例】一、刑部将叛犯候满英家仆张兴等交送总管内务府等因具题,奉旨:"张兴等不必交与内务府,着交与户部入官。此后除叛逆旗下人口照例交与该管衙门外,其此等奴仆,交与户部入官。余依议。"

原拟:此条系钦奉特旨,除该衙门存案外,应将奉旨事理纂为条例载入。

【原改现行例】一、叛逆旗下人口,照例交与该管衙门。其民人叛犯之奴仆,交与户部入官。

【1725】6.18.265.(4)【增例】(略)

【1740】6.18.255.(4)(略)

【1802】6.18.255.(3)(略)

【1725】○增入

原拟:现行例内六条,类于此律,应增入。

【现行例】一、就抚强贼所有日前为盗时掳掠民人妇女,若被原夫认识,坚执不与,绝人伉俪,听原夫向该管官控告,将妇人仍断与原夫。

原拟:此条内既云妇女,则女亦在内,不应专指原夫,应增入"父母及期亲"字,谨拟增删开载于后。

【原改现行例】一、就抚贼盗,有为盗时掳掠民间妇女,若原夫及其父母、期亲认识,而坚执不与者,听赴官司告理,将妇女断归完聚。女已配合,不愿还者听。

【1725】6.18.265.(5)

【增例】一、就抚盗贼,有为盗时掳掠妇女,若原夫及其父母、期亲认识,而坚执不与者,听赴官司告理,将妇女断归完聚。女已配合,不愿还者听。

【1740】6.18.255.(5)(略)

【1788】○删除

臣等谨按:强盗奸污人妻女,例应斩决、枭示。又伙众抢夺路行妇女,或自为妻妾、奴婢,或卖与人为妻妾、奴婢,不分曾否得财,为首斩决;知情故买者,减正犯之罪一等。现今并无就抚盗贼名色。又强盗自首,查明实系伙盗,而行劫仅止一次者,始准免罪;其行劫二次以上等项盗犯,另有分别拟议专条。是此二条,俱系旧例,业已不用,应俱毋庸载入。

【1725】○增入

原拟:现行例内六条,类于此律,应增入。

【现行例】一、凡异姓人歃血订盟焚表,结拜弟兄,不分人数多寡,照谋叛未行律,为首者拟绞监候;其无歃血盟誓焚表事情,止结拜弟兄,为首者杖一百;为从者各减一等。

【1725】6.18.265.(6)【增例】(略)

【1740】6.18.255.(7)(略)

【1778】○修改

臣等谨按:原例异姓结拜一条,不论人数多寡,但分有无歃血盟誓情事。乾隆三十九年(1774)正月内,因广东省"陈阿高纠众四十余人,订盟结拜,不叙年齿"案内,钦遵谕旨,将原例酌拟增改,恭呈御览在案。谨将改定例文,开列于后。

一、凡异姓人,但有歃血订盟焚表结拜兄弟者,照谋叛未行律,为首者拟绞监候,为从减一等。若聚众至二十人以上,为首者拟绞立决,为从者发云贵两广极边烟瘴充军。其无歃血盟誓焚表事情,止序齿结拜弟兄,聚众至四十人以上,为首者拟绞监候,为从减一等;若年少居首,并非依齿序列,即属匪党渠魁,首犯拟绞立决,为从发云贵两广极边烟瘴充军。如序齿结拜,数在四十人以下、二十人以上,为首者杖一百、流三千里;不及二十人者,杖一百,枷号两个月;为从各减一等。

【1790】6.18.255.(5)(略)

【1802】6.18.255.(4)(略)

【1806】○修改

臣等谨按:嘉庆八年(1803)九月内,江西巡抚秦承恩奏"拿获抢匪周瘐子等三十二人,年少居首,结拜弟兄"一案,该抚将周瘐子比照聚众四十人以上,年少居首绞决例量减,拟以绞候。经臣部以年少居首绞决之例,系承四十人以上而言,故歃血订盟二十人以下者,罪止绞候。若无歃血订盟,年少居首之案,不论人数多寡,概拟绞决,不惟与例不符,且较歃血订盟二十人以下罪止绞候者转重。各省审办此等案件,因例无治罪明文,俱逐案比照量减问拟。请嗣后异姓结拜弟兄,年少居首,聚众未及四十人者,为首,拟绞监候;为从,杖一百,流三千里等因,奏准在案。应于例内添纂,以资引用。谨将修改例文开列于后。

一、凡异姓人,但有歃血订盟焚表结拜弟兄者,照谋叛未行律,为首者拟绞监候,为从减一等;若聚众至二十人以上,为首者拟绞立决,为从者发云贵两广极边烟瘴充军。其无歃血盟誓焚表事情,止序齿结拜弟兄,聚众至四十人以上,为首者拟绞监候;四十人以下、二十人以上,为首者杖一百、流三千里;不及二十人,为首者杖一百、枷号两个月;为从各减一等。若年少居首,并非依齿序列,即属匪党渠魁,聚众至四十人以上者,首犯拟绞立决,为从发云贵两广极边烟瘴充军;未及四十人者,为首拟绞监候,为从杖一百、流三千里。

【1810】○修并

【原例】【1790】6.18.255.(5)条【1806】修改例文(略)、【1790】6.18.255.(7)(略)

臣等谨按:以上二条,均系结会渠党、聚众订盟分别治罪之例,相为表里。若分列两条,未免各有挂漏,自应修并一条,以昭赅备。再上条"闽省"二字,似应节删,免致援引室碍。谨将修并例文,开列于后。

一、凡异姓人,但有歃血订盟焚表结拜弟兄者,照谋叛未行律,为首拟绞监候,为从减一等。若聚众至二十人以上,为首者拟绞立决,为从者发云贵两广极边烟瘴充军。其无歃血盟誓焚表事情,止序齿结拜弟兄,聚众至四十人以上,为首拟绞监候;四十人以下、二十人以上,为首者杖一百、流三千里;不及二十人,为首者杖一百、枷号两个月;为从各减一等。若年少居首,并非依齿序列,即属匪党渠魁,聚众至四十人以上者,首犯拟绞立决,为从发云贵两广极边烟瘴充军;未及四十人者,为首拟绞监候,为从杖一百、流三千里。其有抗官拒捕、持械格斗等情,无论人数多寡,审实,各按本罪分别首从,拟以斩、绞。若结会树党,阴作记认,鱼肉乡民,凌弱暴寡者,亦不论人数多寡,审实,将为首照凶恶棍徒例发云贵两广极边烟瘴充军,为从减一等;被诱入伙者,杖一百、枷号两个月;各衙门兵丁胥役入伙者,照为首例问拟。乡保地方,明知不首,或借端诬告者,照例分别治罪。该管文武各官失于觉察,及捕获之后,有心开脱,均照例参处。若止系乡民酬社赛神,偶然洽比,事竣即散者,不在此例。

【1814】○修改

臣等谨按:嘉庆十七年(1812)七月内,臣部议复两广总督蒋攸铦等奏"严办结拜弟兄匪犯,酌定章程"一折内称,查粤民嗜利轻生,无业之徒往往各纠伙党,私立会名,结拜弟兄,恐吓愚民,出钱入会。愚懦畏其滋扰,一时被胁勉从,又惧事后报复,不敢首告。是该犯等系迫于凶悍,并非甘心入伙,若与实在为从各犯一律问拟军、流,似觉无所区别。至闻拿投首及事未发而自首各犯,既因其稍知畏法,准予分别减免。如怙终再犯,则情法无复可原。议请嗣后异姓结拜弟兄案内,审明实系良民被胁,勉从结拜,于为从军、流罪上,减一等,杖一百、徒三年。如仅止畏累出钱,并未随同结拜者,照违制律杖一百。如闻拿投首及事未发而自首，各照律例分别减免。若减免之后复犯结拜，不许再首，均于应拟本罪上酌予加等，应绞决者，改拟斩决；应绞候者，改为绞决；应发黑龙江者，加枷号三个月，再发黑龙江为奴；应发极边烟瘴充军者，改发黑龙江为奴；应满流者，改为附近充军；应满徒者，改为杖一百、流二千里；应满杖改拟杖六十、徒一年，以示惩儆。至自首免罪各犯，由县造具姓名、住址清册，责成保甲、族长保领，严行稽查约束，仍将保人姓名登记册内。如有再犯，除按册勒拘正犯加等治罪外，并将管束不严之保甲、族长，拟杖一百等因，奏准在案。查结拜弟兄之案，各省皆有，非独粤东为然。自应于原例内添纂明晰，俾各省一体遵照。再结拜为从之犯例，有问拟徒罪、枷、杖者，若审明实系良民被胁勉从，即行于为从徒罪、枷、杖上减一等，以示平允。原奏内统称减为杖一百、徒三年，系专指为从罪应军、流者而言；其徒罪、枷、杖之犯，未经议及，系属挂漏。应请于例内分晰声叙，以昭赅备。至会匪一项，现行例内俱改发新疆酌拨种地当差。其发遣黑龙江之处，亦应修改。又为从之犯，例无发遣黑龙江之文。原奏内再犯应发黑龙江者，加枷号三个月，再发黑龙江为奴之处，系属赘文，应行节删。谨将修改例文，开列于后。

一、凡异姓人，但有歃血订盟焚表结拜弟兄者，照谋叛未行律，为首者拟绞监候，为从减一等；若聚众至二十人以上，为首者拟绞立决，为从者发云贵两广极边烟瘴充军。其无歃血盟誓焚表事情，止序齿结拜弟兄，聚众至四十人以上，为首者拟绞监候；四十人以下、二十人以上，为首者杖一百、流三千里；不及二十人，为首者杖一百、枷号两个月；为从各减一等。若年少居首，并非依齿序列，即属匪党渠魁，聚众至四十人以上者，首犯拟绞立决，为从发云贵两广极边烟瘴充军；未及四十人者，为首拟绞监候，为从杖一百、流三千里。其有抗官拒捕、持械格斗等情，无论人数多寡，各按本罪，分别首从，拟以斩、绞。如为从各犯内，审明实系良民被胁，勉从结拜，并无抗官拒捕等事者，应于为从各本罪上再减一等。仅止畏累出钱，未经随同结拜者，照违制律杖一百。其闻拿投首，及事未发而自首者，各照律例分别减免。倘减免之后，复犯结拜，不许再首，均于应拟本罪上酌予加等，应绞决者改拟斩决，应绞候者改为绞决，应发极边烟瘴充军者改发新疆酌拨种地当差，应满流者改为附近充军，应满徒以下亦各递加一等治罪。其自首免罪各犯，由县造具姓名、住址清册，责成保甲、族长严行稽查约束，仍将保人姓名登记册内。如有再犯，即将保甲、族长，拟杖一百。至结会树党，阴作记认，鱼肉乡民，凌弱暴寡者，亦不论人数多寡，审实，将为首者照凶恶棍徒例，发云贵两广极边烟瘴充军，为从减一等；被诱入伙者，杖一百、枷号两个月。各衙门兵丁胥役入伙者，照为首例问拟。乡保地方明知不首，或借端诬告者，照例分别治罪。该管文武各官，失于觉察，及捕获之后，有心开脱，均照例参处。若止系乡民酬社赛神，偶然洽比，事竣即散者，不在此例。

【1825】○修改

臣等谨按：道光二年（1822）三月内，据升任广西巡抚赵慎畛以永安州民魏逢仁，纠同兵役陆彩等，歃血结拜弟兄，应否将陆彩等依为首问拟，抑照为从减等，酌加枷号，咨请部示。经臣部查,例内兵丁胥役入会,照为首问拟,系指结会树党,鱼肉乡民,照凶恶棍徒拟军一节而言。至结拜弟兄,首犯分别问拟绞决、绞候,从犯分别问拟军、流。例内并无兵丁胥役入会,各以为首论之文,自应仍照知法犯法例加一等治罪,以符例义等因咨复该抚。并恐各直省亦有误会,以致办理参差,一并通行在案。臣等伏查,原例内各衙门兵丁胥役入伙,照为首例问拟,虽承结会树党本节而言,第系附于异姓人结拜弟兄之后,罪名纷繁,引断易滋牵混。应请于例内修改明晰,庶免舛错。再查凶恶棍徒,现行本例系发极边足四千里充军,原例内照凶恶棍徒旧例发云贵两广极边烟瘴充军之处,亦应修改,以昭画一。谨将修改例文开列于后。

一、凡异姓人,但有歃血订盟焚表结拜弟兄者,照谋叛未行律,为首者拟绞监候,为从减一等;若聚众至二十人以上,为首者拟绞立决,为从者发云贵两广极边烟瘴充军。其无歃血盟誓焚表事情,止序齿结拜弟兄,聚众至四十人以上,为首者拟绞监候;四十人以下、二十人以上,为首者杖一百、流三千里;不及二十人,为首者杖一百、枷号两个月;为从各减一等。若年少居首,并非依齿序列,即属匪党渠魁,聚众至四十人以上者,首犯拟绞立决,为从发云贵两广极边烟瘴充军;未及四十人者,为首拟绞监候,为从杖一百、流三千里。其有抗官拒捕、持械格斗等情,无论人数多寡,各按本罪,分别首从,拟以斩、绞。如为从各犯内,审明实系良民被胁,勉从结拜,并无抗官拒捕等事者,应于为从各本罪上再减一等。仅止畏累出钱,未经随同结拜者,照违制律杖一百。其闻拿投首,及事未发而自首者,各照律例分别减免。倘减免之后,复犯结拜,不许再首,均于应拟本罪上酌予加等,应绞决者改拟斩决,应绞候者改为绞决,应发极边烟瘴充军者改发新疆酌拨种地当差,应满流者改为附近充军,应满徒以下亦各递加一等治罪。其自首免罪各犯,由县造具姓名、住址清册,责成保甲、族长严行稽查约束,仍将保人姓名登记册内。如有再犯,即将保甲、族长,拟杖一百。至结会树党,阴作记认,鱼肉乡民,凌弱暴寡者,亦不论人数多寡,审实,将为首者照凶恶棍徒例,发极边足四千里充军,为从减一等;被诱入伙者,杖一百、枷号两个月。各衙门兵丁胥役,随同结会树党、凌弱暴寡者,照为首例,与起意纠结之犯,一体拟军。乡保地方明知不首,或借端诬告者,照例分别治罪。该管文武各官,失于觉察,及捕获之后,有心开脱,均照例参处。若止系乡民酬社赛神,偶然洽比,事竣即散者,不在此例。

【1825】6.18.255.(7)(略)

【1830】○修改

臣等谨按:道光六年(1826)十一月内,军机大臣会同臣部,议复直隶总督那彦成奏"调剂新疆遣犯"折内,请将异姓结拜弟兄,为从随同结拜,事发闻拿投首,及事未发而自首,减免后复犯结拜本罪上加等,应发极边烟瘴充军者,发新疆酌拨种地当差一条,仍改发云贵两广极边烟瘴充军,到配加枷号三个月等因奏准,通行在案。例内发新疆之处,应行修改。谨将修改例文,开列于后。

一、凡异姓人，但有歃血订盟焚表结拜弟兄者，照谋叛未行律，为首者拟绞监候，为从减一等；若聚众至二十人以上，为首者拟绞立决，为从者发云贵两广极边烟瘴充军。其无歃血盟誓焚表事情，止序齿结拜弟兄，聚众至四十人以上，为首者拟绞监候；四十人以下、二十人以上，为首者杖一百、流三千里；不及二十人，为首者杖一百、枷号两个月；为从各减一等。若年少居首，并非依齿序列，即属匪党渠魁，聚众至四十人以上者，首犯拟绞立决，为从发云贵两广极边烟瘴充军；未及四十人者，为首拟绞监候，为从杖一百、流三千里。其有抗官拒捕、持械格斗等情，无论人数多寡，各按本罪，分别首从，拟以斩、绞。如为从各犯内，审明实系良民被胁，勉从结拜，并无抗官拒捕等事者，应于为从各本罪上再减一等。仅止畏累出钱，未经随同结拜者，照违制律杖一百。其闻拿投首，及事未发而自首者，各照律例分别减免。倘减免之后，复犯结拜，不许再首，均于应拟本罪上酌予加等，应绞决者改拟斩决，应绞候者改为绞决，应发极边烟瘴充军者仍改发云贵两广极边烟瘴充军，到配加枷号三个月，应满流者改为附近充军，应满徒以下亦各递加一等治罪。其自首免罪各犯，由县造具姓名、住址清册，责成保甲、族长严行稽查约束，仍将保人姓名登记册内。如有再犯，即将保甲、族长，拟杖一百。至结会树党，阴作记认，鱼肉乡民，凌弱暴寡者，亦不论人数多寡，审实，将为首者照凶恶棍徒例，发极边足四千里充军，为从减一等；被诱入伙者，杖一百、枷号两个月。各衙门兵丁胥役，随同结会树党、凌弱暴寡者，照为首例，与起意纠结之犯，一体拟军。乡保地方明知不首，或借端诬告者，照例分别治罪。该管文武各官，失于觉察，及捕获之后，有心开脱，均照例参处。若止系乡民酬社赛神，偶然洽比，事竣即散者，不在此例。

【1845】○修复

臣等谨查：此条例文，从前旧例内载“异姓人结拜弟兄，闻拿投首，及事未发而自首，减免后复犯结拜，罪应极边烟瘴充军者，改发新疆酌拨种地当差”等语。嗣于道光六年（1826）十一月内，据原任陕甘总督那彦成奏请调剂新疆遣犯。经军机大臣会同臣部，议将此项改为改发云贵两广极边烟瘴充军，加枷号三个月等因奏请，纂入例册在案。兹于道光二十四年（1844）六月内，据升任贵州巡抚贺长龄奏“请调剂军犯章程”一折，复经军机大臣会同臣部，议请嗣后新疆遣犯，各照旧发往等因具奏。奉上谕：“据军机大臣会同刑部议奏，贵州军犯拥挤，酌减调剂等语。新疆遣犯改发内地，恐人数众多，不特约束难周，且与民风大有关碍，非若新疆地方辽阔，外遣人犯易于安插。所有旧时改发内地各条，着仍照旧发往新疆，交该将军设法妥为安插。并严饬所属认真查核，严加管束，毋令滋生事端，俾期积久舞弊。余依议。钦此。”是新疆遣犯，既应照旧发往，其减免后复犯结拜弟兄，改发新疆之原例，现在犹存，足资引用。此条系属赘文，应行删除。

一、凡异姓人，但有歃血定盟，焚表结拜弟兄者，照谋叛未行律，为首者拟绞监候，为从减一等。若聚众至二十人以上，为首者拟绞立决，为从者发云贵两广极边烟瘴充军。其无歃血盟誓焚表情事，止序齿结拜弟兄，聚众至四十人以上，为首者拟绞监候;四十人以下、二十人以上,为首者杖一百、流三千里;不及二十人,为首者杖一百、枷号两个月;为从各减一等。若年少居首,并非依齿序列,即属匪党渠魁,聚众至四十人以上者,首犯拟绞立决,为从发云贵两广极边烟瘴充军;未及四十人者,为首拟绞监候,为从杖一百、流三千里。其有抗官拒捕、持械格斗等情,无论人数多寡,各按本罪分别首从,拟以斩、绞。如为从各犯内,审明实系良民被胁,勉从结拜,并无抗官拒捕等事者,应于为从各本罪上再减一等。仅止畏累出钱,未经随同结拜者,照违制律杖一百。其闻拿投首,及事未发而自首者,各照律例分别减免。倘减免之后,复犯结拜,不许再首,均于应拟本罪上酌予加等,应绞决者改拟斩决,应绞候者改为绞决,应发极边烟瘴充军者改发新疆酌拨种地、当差,应满流者改为附近充军,应满徒以下亦各递加一等治罪。其自首免罪各犯,由县造具姓名、住址清册,责成保甲、族长严行稽查约束,仍将保人姓名登记册内。如有再犯,即将保甲、族长拟杖一百。至结会树党,阴作记认,鱼肉乡民,凌弱暴寡者,不论人数多寡,审实,将为首者照凶恶棍徒例,发极边足四千里充军,为从减一等,被诱入伙者杖一百、枷号两个月。各衙门兵丁胥役,随同结会树党,凌弱暴寡者,照为首例,与起意纠结之犯,一体拟军。乡保、地方明知不首,或借端诬告者,照例分别治罪。该管文武各官,失于觉察,及捕获之后,有心开脱,均照例参处。若止系乡民酬社赛神,偶然洽比,事竣即散者,不在此例。

【1847】6.18.255.(7)(略)

【1725】○增入

臣等谨按:雍正元年(1723)九月内,刑部议复歃血结盟,事理类于此律。谨拟节录于后。

【续增现行例】一、凡不逞之徒,歃血订盟,转相结连土豪市棍、衙役兵丁,彼倡此应,为害良民,据邻佑、乡保首告,地方官如不准理,又不缉拿,惟图掩饰,或至蜂起为盗,抄掠横行,将不行准理又不缉拿之地方文武各官革职,从重治罪。其平日失察,首告之后,不自隐讳,即能擒获之地方官,免其议处。至乡保邻佑,知情不首告者,亦从重治罪。如旁人确知首告者,该地方官酌量赏给。倘借端妄告,仍照诬告律治罪。

【1725】6.18.265.(7)【钦定例】(略)

【1740】○修改

臣等谨按:例内“地方官如不准理又不缉拿”“将不行准理又不缉拿之地方文武各官”参处,字句重复,应为酌删。谨将删辑例文,开列于后。

一、凡不逞之徒,歃血订盟,转相结连土豪市棍、衙役兵丁,彼倡此应,为害良民,据邻佑、乡保首告,地方官如不准理,又不缉拿,惟图掩饰,或至蜂起为盗,抄掠横行,将地方文武各官革职,从重治罪。其平日失察,首告之后,不自隐讳,即能擒获之地方官,免其议处。至乡保、邻佑知情不行首告者,亦从重治罪。如旁人确知首告者,该地方官酌量给赏。倘借端妄告者,仍照诬告律治罪。

【1740】6.18.255.(8)(略)

【1790】6.18.255.(6)(略)

【1802】6.18.255.(5)(略)

【1825】6.18.255.(4)(略)

【1740】○移改

【原例】* 名例律·犯罪自首

【1725】1.1.25.(7)一、如有潜匿山林有名大盗投归者,免罪。

此条雍正三年(1725)定,原载"名例·犯罪自首"律后。乾隆五年(1740),移入此门。

【1740】6.18.255.(6)

一、如有潜匿山林有名大盗投归者,准其免罪。

【1788】○删除

删除按语见【1740】6.18.255.(5)条【1788】删除项下。

【1767】○续纂

一、闽省民人,除歃血订盟焚表结拜弟兄,仍照定例拟以绞候,其有抗官拒捕、持械格斗等情,无论人数多寡,审实,各按本罪分别首从,拟以斩、绞外,若有结会树党,阴作记认,鱼肉乡民,凌弱暴寡者,亦不论人数多寡,审实,将为首者照凶恶棍徒例,发云贵两广极边烟瘴充军,为从减一等;被诱入伙者,杖一百、枷号两个月;各衙门兵丁胥役入伙者,照为首例问拟。乡保地方,明知不首,或借端诬告者,照例分别治罪。该管文武各官,失于觉察,及捕获之后,有心开脱,均照例参处。若止系乡民酬社赛神,偶然洽比,事竣即散者,不在此例。

臣等谨按:此条系乾隆二十九年(1764)十一月内,臣部议复福建巡抚定长条奏定例,应纂辑遵行。

【1768】6.18.255.(9)(略)

【1790】6.18.255.(7)(略)

【1802】6.18.255.(6)(略)

【1810】○修并

修并按语并修并后例文,见【1790】6.18.255.(5)条【1810】修并项下。

【1801】○续纂

一、谋叛案内,被胁入伙,并无随同焚汛戕官、抗拒官兵情事,一闻查拿,悔罪自行投出者,发往黑龙江给披甲人为奴。

臣等谨按:嘉庆五年(1800),福建台湾镇总兵爱新太等奏"拿获叛犯陈锡宗等,纠众结会,冀图谋逆,因访拿破案察问,起事戕官,焚汛伤兵,将逆犯等分别办理”案内,钦奉上谕:“爱新太等奏‘续获监水港滋事匪犯,并闻拿投出匪伙,审明办理’一折。此案结会纠众、戕官焚汛之匪目胡杜猴等四犯,及听纠随从滋事、节次打仗之匪伙胡登元等五十三犯,俱续经拿获。爱新太等于审明后,即将各犯按律定以凌迟、斩决,分别正法,传旨枭示,所办甚是。其悔罪投出之谢崎等六名,爱新太等因例无自首减等之文,将谢崎等牢固监禁请旨定夺一节。谢崎等六犯,既系被胁入伙,并无随同焚汛戕官、抗拒官兵情事,一闻查拿,即悔罪自行投出,与甘心从逆者有间,自可贷其一死,着发往黑龙江等处,给披甲人为奴。嗣后遇有投出之犯,并即着照此办理,无庸再行请旨。’钦此。”钦遵在案。谨将纂辑为例,以便遵行。

【1802】6.18.255.(7)(略)

【1814】○修改

臣等谨按:嘉庆十七年(1812)十二月内,臣部议复原任黑龙江将军、宗室斌静等奏“调剂黑龙江等处遣犯”折内,请将谋叛案内被胁入伙悔罪投首一条,改发新疆给官兵为奴等因奏准,通行在案。例内发黑龙江之处,应行修改。谨将修改例文,开列于后。

一、谋叛案内,被胁入伙,并无随同焚汛戕官、抗拒官兵情事,一闻查拿,悔罪自行投首者,发新疆给官兵为奴。

【1825】6.18.255.(6)(略)

【1830】○修改

臣等谨按:道光六年(1826)十一月内,军机大臣会同臣部,议复直隶总督那彦成奏“调剂新疆遣犯”折内,请将谋叛案内被胁入伙,并无随同焚汛戕官、抗拒官兵,悔罪投首,发新疆为奴一条,改发极边足四千里充军等因奏准,通行在案。例内发新疆之处,应行修改。将修改例文,开列于后。

一、谋叛案内,被胁入伙,并无随同焚汛戕官、抗拒官兵情事,一闻查拿,悔罪自行投首者,改发极边足四千里充军。

【1845】○修复

臣等谨查:此条例文,从前旧例内载“谋叛案内被胁入伙,并无随同焚汛戕官、抗拒官兵情事,一闻查拿,悔罪自行投首者,发新疆给官兵为奴”等语。嗣于道光六年(1826)十一月内,据原任陕甘总督那彦成奏请调剂新疆遣犯。经军机大臣会同臣部,议将此条改为“改发极边足四千里充军”奏准,纂入例册在案。兹于道光二十四年(1844)六月内,据升任贵州巡抚贺长龄奏“请调剂军犯章程”一折,复经军机大臣会同臣部,议请嗣后新疆遣犯,各照旧发往等因具奏。奉上谕:“据军机大臣会同刑部议奏,贵州军犯拥挤,酌减调剂等语。新疆遣犯改发内地,恐人数众多,不特约束难周,且与民风大有关碍,非若新疆地方辽阔,外遣人犯易于安插。所有旧时改发内地各条,着仍照旧发往新疆,交该将军设法妥为安插。并严饬所属认真查核,严加管束,毋令滋生事端,俾期积久舞弊。余依议。钦此。”是新疆遣犯,既应照旧发往,其叛案被胁入伙,闻拿投首,发往新疆之原例,现在犹存,足资引用。此条系属赘文,应行删除。

一、谋叛案内,被胁入伙,并无随同焚汛戕官、抗拒官兵情事,一闻查拿,悔罪自行投首者,发新疆给官兵为奴。

【1847】6.18.255.(6)(略)

【1795】○续纂

一、台湾不法匪徒,潜谋纠结,复兴天地会名目,抢劫拒捕者,首犯与曾经纠人,及情愿入伙,希图抢劫之犯,俱拟斩立决。其并未转纠党羽,或听诱被胁,素非良善者,俱拟绞立决。俟数年后此风渐息,仍照旧例办理。

臣等谨按:乾隆五十七年(1792)八月内,臣部议复台湾总兵哈当阿审奏"匪徒陈潭等,纠人重起天地会,以图抢夺,分别斩、绞立决"案内,议请嗣后台湾地方匪徒,潜谋纠结,复兴天地会名目,将起意立会,并曾经纠人,及情愿入伙,希图抢劫之犯,俱拟斩立决。其并未转纠党羽,或听诱被胁,而素非良善者,俱拟绞立决。俟数年后此风渐息,仍各照旧例办理,并请载入例册等因具奏。奉旨:"依议。钦此。"钦遵在案,应纂辑遵行。

【1802】6.18.255.(8)(略)

【1810】○修改

臣等谨按:天地会匪,分别首、从,拟以斩决、绞决,系属严惩不法匪徒之意。惟案内有平日并无为匪,仅止一时随同入会之犯,较之素非良善者,情稍可原。历年俱援照叛案干连流犯流徙乌喇地方例,发吉林等处安插。嗣嘉庆十年(1805),吉林将军秀林,以该处安插会匪过多,恐滋事端,奏奉谕旨,令臣部酌量调剂。经臣部议,将此项人犯全行发往新疆,酌拨种地当差等因奏准,并于例册内添入"会匪不准入厂"各在案。是会匪发遣新疆之处,应请于本条例内添纂,以昭赅备。至会匪滋事,闽、粤皆然,未便仅指台湾,应改为"闽、粤等省"。谨将修改例文,开列于后。

一、闽、粤等省不法匪徒,潜谋纠结,复兴天地会名目,抢劫拒捕者,首犯与曾经纠人,及情愿入伙,希图抢劫之犯,俱拟斩立决。其并未转纠党羽,或听诱被胁,素非良善者,俱拟绞立决。如平日并无为匪,仅止一时随同入会者,俱发遣新疆酌拨种地当差。俟数年后此风渐息,仍照旧例办理。

【1825】6.18.255.(5)(略)

【1830】○续纂

一、凡内地汉回,在回疆地方,如有甘心剃发,从夷助逆者,照谋叛不分首从律拟斩立决。若系被胁剃发,并无随同焚汛戕官、抗拒官兵情事,后经悔罪投回者,实发云贵两广极边烟瘴充军。如又擅娶回妇者,到配加枷号一年。其并未剃发从逆,止于擅娶回妇者,杖一百、流二千里,各解回内地,按籍发配,所娶回妇离异。

臣等谨按:道光九年(1829)正月内,臣部议复钦差大臣、直隶总督那彦成奏"汉回剃发从夷及擅娶回妇,请定治罪专条"一折内称,汉回盘踞回城,借同教为名,诓骗财物,甚或擅娶回妇,充当阿浑,且有剃发从夷之事,不可不从严惩创。查汉回甘心剃发,从夷助逆,即与谋叛无异。其被胁剃发服役之犯,正与谋叛案内被胁入伙之犯情事相同。至擅娶回妇,依附夷族,则较内地民人与番人结亲为重,自应严定科条,以资遵守。经臣部酌核,请将汉回甘心剃发,从夷助逆,即照谋叛不分首从律,拟斩立决。如系被胁剃发,并无随同焚汛戕官、抗拒官兵情事,后经悔罪投回者,实发云贵两广极边烟瘴充军。如又擅娶回妇者,到配加枷号一年。若并未剃发从逆,止于擅娶回妇之犯,杖一百、流二千里,解回内地,按籍发配,所娶回妇离异等因具奏。奉旨:"依议。钦此。"钦遵在案。应请纂辑专条,以资引用。

【1847】6.18.255.(8)(略)

【1852】○续纂

一、滇省匪徒,结拜弟兄,除罪应徒、流以上各犯,仍照例办理外,其但系依齿序列,不及二十人,罪止枷杖者,于本地方锁系铁杆一年,限满开释,照例枷责,交保管束。如不悛改,再系一年。倘始终怙恶不悛,即照棍徒扰害例,严行办理。地方官每办一案,报明督抚、臬司按季汇册咨部,开释时亦报部查核。俟数年后此风稍息,仍循旧例办理。

谨案:此条咸丰元年(1851)定。

【1870】6.18.255.(9)(略)

造妖书妖言

律　文

【1646】6.18.279

凡造谶纬妖书、妖言,及传用惑众者,皆斩。监候。被惑人不坐。不及众者,流三千里。合依量情分坐。若他人造传。私有妖书,隐藏不送官者,杖一百、徒三年。

【1670】6.18.278(略)

【1725】6.18.266

律文(略)

注:此杜奸邪煽惑人心之害也。凡造谶纬图录,妄载休咎征应妖书与怪诞不经之妖言,及缮写其书,广播其言,转相传用,煽惑众人者,皆斩候。夫造作与传用有间,而皆斩者,以其有意惑众,故罪同也。若私有他人造作、传写之妖书,隐藏不送官者,虽不行用,亦坐满徒。此因妖人邪说惑众,实为乱阶,故特重其罪。

臣等谨按:此杜奸邪煽惑人心之害也。重在一"造"字。若收藏禁书,载在"礼律"。"谶纬"二字包得广,一切休咎征应之妖书皆是。传用,谓怪诞不经之妖言,缮写其书,广播其言,转相传用。前言造作、传用之罪,后言私藏不送官之罪。此与"礼律"师巫邪术相似,而拟罪不同者,彼未必遽有盗心,此意在惑人,流祸甚大。故特重其罪,而附于反叛之后。

【1740】6.18.256(略)

附律条例

【1725】○增入

原拟:现行例内一条,类于此律,应增入。

【现行例】一、凡妄布邪言，书写张帖，煽惑人心者，交与步军统领、五城、顺天府及大、宛二县不时严拿，为首者斩立决，为从者皆斩监候。

【1725】6.18.266.(1)【增例】

一、凡妄布邪言，书写张帖，煽惑人心者，交与步军统领、五城、顺天府不时严拿，为首者斩立决，为从者皆斩监候。

【1740】○修改

臣等谨按：妄布邪言，煽惑人心，直省皆当查拿，不应专指京城。其"交与步军统领、五城、顺天府不时严拿"等语应删。谨将删辑例文，开列于后。

一、凡妄布邪言，书写张帖，煽惑人心者，为首者斩立决，为从者皆斩监候。

【1740】6.18.256.(1)(略)

【1801】○修并

【原例】【1740】6.18.256.(1)(略)、【1740】6.18.256.(2)(略)

臣等谨按：二条俱系康熙年间定例，应修并一条，以便引用。又，查乾隆二十三年(1758)，军机大臣会同臣部，议复御史刘宗魏奏请军、流人犯改发巴里坤种地案内，将造谶纬、妖书、妖言，传用惑人不及众一项，发往新疆。嗣因新疆遣犯过多，将此项改发黑龙江为奴，纂入"名例律"内，遵行在案。应于此例设立专条，以免挂漏。又后条"若系妖言惑众，仍照律科断"等语。查妖言惑众，即系妄布邪言，煽惑人心，前条例内问拟斩决，此条照律科断，罪止斩候，案同罪异，碍难引用。臣等伏查妖言惑众，法无可宽，有犯，依例问拟斩决为允。例内"照律科断"句，应行节删。谨将修并例文，开列于后。

一、凡妄布邪言，书写张帖，煽惑人心，为首者皆斩立决，为从者皆斩监候。若造谶纬、妖书、妖言，传用惑人，不及众者，发往黑龙江等处给披甲人为奴。至狂妄之徒，因事造言，捏成歌曲，沿街唱和，及以鄙俚亵嫚之词，刊刻传播者，内外各地方官即时察拿，审非妖言惑众者，坐以不应重罪。

【1802】6.18.256.(1)(略)

【1814】○修改

臣等谨按：嘉庆十七年(1812)十月内，臣部议复升任吏科给事中西琅阿奏"调剂黑龙江等处遣犯"折内，请将造妖书妖言传用惑人不及众一条，改发新疆给厄鲁特为奴等因奏准，通行在案。例内发黑龙江之处，应行修改。谨将修改例文，开列于后。

一、凡妄布邪言，书写张帖，煽惑人心，为首者皆斩立决，为从者皆斩监候。若造谶纬、妖书、妖言，传用惑人，不及众者，发新疆给厄鲁特为奴。至狂妄之徒，因事造言，捏成歌曲，沿街唱和，及以鄙俚亵嫚之词，刊刻传播者，内外各地方官即时察拿，审非妖言惑众者，坐以不应重罪。

【1821】○修改

臣等谨按：嘉庆二十年(1815)二月内，臣部议复前任直隶总督那彦成奏"邪教从犯改发回疆"折内，将造妖书妖言传用惑人不及众一项，改发回城给大小伯克及力能管束之回子为奴等因,奏准在案。原例内发新疆给厄鲁特为奴之处,应行修改。谨将修改例文,开列于后。

一、凡妄布邪言,书写张贴,煽惑人心,为首者斩立决,为从者皆斩监候。若造谶纬妖书、妖言,传用惑人,不及众者,改发回城给大小伯克及力能管束之回子为奴。至狂妄之徒,因事造言,捏成歌曲,沿街唱和,及以鄙俚亵嫚之词,刊刻传播者,内外各地方官即时察拿,审非妖言惑众者,坐以不应重罪。

【1825】6.18.256.(1)(略)

【1725】6.18.266.(2)【增例】

一、凡有狂妄之徒,因事造言,捏成歌曲,沿街唱和,及以鄙俚亵嫚之词,刊刻传播者,内外各地方官即时察拿,坐以不应重罪。若系妖言惑众,仍照律科断。

谨案:此条雍正三年(1725)定。

【1740】6.18.256.(2)(略)

【1801】○修并

修并按语并修并后例文,见【1740】6.18.256.(1)条【1801】修并项下。

【1725】○增入

臣等谨按:康熙五十三年(1714)四月内,礼部议复禁止淫词小说,事理类于此律,谨拟节录于后。

【续增现行例】一、凡坊肆市卖一应淫词小说,在内交与八旗都统、都察院、顺天府,在外交督抚等,转行所属官弁严禁,板书销毁。有仍行造作刊刻者,系官革职,军民杖一百、流三千里;市卖者,杖一百、徒三年;买看者,杖一百。该管官弁,不行查出者,交与该部,按次数分别议处,仍不准借端出首讹诈。

【1725】6.18.266.(3)【增例】

一、凡坊肆市卖一应淫词小说,在内交与八旗都统、都察院、顺天府,在外交督抚等,转行所属官弁严禁,务搜板书,尽行销毁。有仍行造作刻印者,系官革职,军民杖一百、流三千里;市卖者,杖一百、徒三年;买看者,杖一百。该管官弁,不行查出者,交与该部,按次数分别议处。仍不准借端出首讹诈。

【1740】6.18.256.(3)(略)

【1802】6.18.256.(2)(略)

【1725】6.18.266.(4)【钦定例】

一、各省抄房,在京探听事件,捏造言语,录报各处者,系官革职,军民杖一百、流三千里。该管官不行查出者,交与该部按次数分别议处。其在京贵近大臣家人子弟,倘有滥交匪类,前项事发者,将家人子弟,并不行约束之家主,并照例议处、治罪。

谨案:此条系雍正三年(1725)定例。

【1740】6.18.256.(4)(略)

【1802】6.18.256.(3)(略)

盗大祀神御物

律　文

【1646】6.18.280

凡盗大祀天曰神地曰祇御用祭器、帷帐等物,及盗飨荐、玉帛、牲牢、馔具之属者,皆斩。不分首从、监守常人。谓在殿内及已至祭所而盗者。其祭器、品物未进神御,及营造未成,若已奉祭讫之物,及其余官物,虽大祀所用,非应荐之物。皆杖一百、徒三年;若计赃重于本罪杖一百、徒三年者,各加盗罪一等,谓监守、常人盗者,各加监守、常人盗罪一等。至杂犯绞、斩,不加。并刺字。

【1670】6.18.279(略)

【1725】6.18.267

律文(略)

注:此重祀典而严不敬之罪也。天、地、宗庙、社稷,皆为大祀神祇。祭器、帷幔等物,系神祇所用者,玉帛、牲牢、馔具,系飨荐于神祇者,盗之为大不敬。然亦有二等。若祭器等物已在殿内,玉帛、馔具已在祭所,而盗之者,亵慢已极,故皆斩。若未进神御等物,及其余官物如釜甑之属,虽大祀所用,而不系临时飨荐者,则与盗应荐之物有间,故罪止满徒。计赃重于本罪者,各加盗罪一等。如监守盗寻常官物二十两,常人盗四十五两,皆应流二千里。盗大祀官物应加一等,流二千五百里。加至杂犯死罪,不加入实犯死罪。满徒加等,仍皆刺字。

臣等谨按:此重祀典而严不敬之罪也。天、地、宗庙、社稷,皆为大祀神祇。御物,谓祇所御用者。前言已在殿内及已至祭所而盗之者之罪。后言盗未进御、未造成或已祭讫及其余官物之罪。计赃重于本罪者,各加盗罪一等。如监守盗寻常官物二十两,常人盗四十五两者,应杖一百、流二千里。今盗大祀官物,应加一等,杖一百、流二千五百里。加至杂犯死罪,不加入实犯死罪。

【1740】6.18.257(略)

盗制书

律　文

【1646】6.18.281

凡盗制书,若非御宝原书,止抄行者,以官文书论。及起马御宝圣旨、起船符验者,皆斩。不分首从。〇盗各衙门官文书者,皆杖一百,刺字。若有所规避者,或侵欺钱粮,或受财买求之类。从重论。事干系军机之钱粮者,皆绞。监候。不分首从。

【1670】6.18.280(略)

【1725】○修改

原拟:今需用驿递马匹、船只,用兵部印信、勘合为凭,无用御宝圣旨之例,应将“起马御宝圣旨、起船符验”句删去。

臣等谨按:此重王言而因及官文书也。制书,用御宝之诏、诰、敕、谕皆是。官文书,系公事行移。前节言盗制书之罪,后节言盗官文书之罪。若有所规避者,从其罪之重者论。如干系军机钱粮,事情重大,不分首从,皆坐绞监候。

【1725】6.18.268

凡盗制书者,若非御宝原书,止抄行者,以官文书论。皆斩。不分首从。○盗各衙门官文书者,皆杖一百,刺字。若有所规避者,或侵欺钱粮,或受财买求之类。从重论。事干系军机之钱粮者,皆绞。监候。不分首从。

注:此重制书而因及官文书也。制书,凡用御宝者皆是。官文书,系公事行移。前节言盗制书之罪,不分首从,斩决。后节言盗官文书之罪,满杖,刺字。若有所规避者,从其罪之重者论。盗罪重,以盗科之;所避重,以所避之罪科之,仍尽刺字本法。如干系军机钱粮,事情重大,不分首从,皆坐绞监候。

【1740】6.18.258(略)

盗印信

律 文

【1646】6.18.282

凡盗各衙门印信及皇城、京城夜巡铜牌者,不分首从,皆斩。监候。又伪造印信历日条记“钦给关防,与印信同”。盗关防印记者,皆杖一百,刺字。

【1670】6.18.281(略)

【1725】○修改

原拟:今皇城、京城设有官兵巡守,该管上司官亲身巡察,并不用夜巡铜牌,应删去“皇城、京城”“夜巡铜牌”等字。

臣等谨按(按语与雍正三年律后总注同,略)

【1725】6.18.269

凡盗各衙门印信者,不分首从,皆斩。监候。又伪造印信历日条例云“钦给关防,与印信同”。盗关防印记者,皆杖一百,刺字。

注:此重印信,而并及关防印记也。盗是盗去,非盗用也。前言盗印信之罪,后言盗关防之罪。钦给关防,与印信同,有盗之者,不得引杖、刺之律。

【1740】6.18.259

凡盗各衙门印信者,不分首从,皆斩。监候。又伪造印信时宪书条例云“钦给关防,与印信同”。盗关防印记者,皆杖一百,刺字。

盗内府财物

律　文

【1646】6.18.283

凡盗内府财物者，皆斩。杂。但盗即坐，不论多寡，不分首从。若未进库，止依常人盗。“内库”字要详。

【1670】6.18.282（略）

【1725】○修改

原拟：此律兼监守、常人而言。小注内云“若未进库，止依常人盗”，语意未全，应改为“若财物未进库，止依盗官物论”。又小注内“内库”字，应照律文改为“内府”。

臣等谨按：此言内府之重于外库也。在各衙门为库，在皇城内者为内府。凡内府一切财物，有盗出者，不分监守、常人，不论赃之多寡，不分首从，皆坐杂犯斩，准徒五年。然必在内府库藏中盗者方坐。若虽系应收内府财物，尚未进库者，止依盗官物论，仍分别监守、常人，计赃坐罪。虽未进库，但有经管之人，即依监守论。赃至三百两者，仍分别监守、常人，照例坐实犯死罪拟断。

【1725】6.18.270

凡盗内府财物者，皆斩。杂犯。但盗即坐，不论多寡，不分首从。若财物未进库，止依盗官物论。“内府”字要详。

注：此言内府之重于外库也。库在皇城内者，为内府。有盗出财物者，不分监守常人、赃之多寡、首从，皆坐杂犯斩，准徒五年。然必在府库中盗者方坐。若财物尚未进库者，止依盗官物论，仍分别监守、常人，计赃坐罪。虽未进库，但经管之人盗者，即依监守盗论。

【1740】6.18.260（略）

附律条例

【1646】6.18.283.（1）

一、凡盗内府财物，系乘舆服御物者，仍作实犯死罪。其余监守盗银三十两、钱帛等物值银三十两以上，常人盗银六十两、钱帛等物值银六十两以上，俱问发边卫永远充军。内员同。

【1670】6.18.282.（2）（略）

【1725】○修改

原拟：查“十恶”条内“大不敬”下，有“盗御宝”字样，明律此条旧注下，亦有“盗御宝及乘舆服御物，皆斩”字，应将“御宝”二字增入。

一、凡盗内府财物，系御宝、乘舆服御物者，仍作实犯死罪。其余监守盗银三十两、钱帛等物值银三十两以上，常人盗银六十两、钱帛等物值银六十两以上，俱问发边卫永远充军。内员同。

【1725】6.18.270.（1）【原例】（略）

【1740】○修改

臣等谨按：现今定例“永远充军”，俱改为“边远充军”，应改。余条仿此。谨将改辑例文开列于后。

一、凡盗内府财物,系御宝、乘舆服御物者,仍作实犯死罪。其余监守盗银三十两、钱帛等物值银三十两以上,常人盗银六十两、钱帛等物值银六十两以上,俱问发边远充军。内员同。

【1740】6.18.260.(1)(略)

【1788】○修并

【原例】【1740】6.18.260.(1)(略)、【1740】6.18.260.(2)(略)

臣等谨按:以上二条,俱系前明旧例。查盗内府财物,与盗窃仓库钱粮无异。现在通行成例内,监守盗仓库钱粮入己,数在一百两以下,仍照本律问拟,准徒五年。其自一百至一千两以上,分别拟以三流、斩候。至常人盗仓库钱粮,赃至一百两以上者,拟绞监候。其一百两以下,不分赃数多寡,发极边烟瘴充军等语。是盗窃仓库钱粮之例,业已缕晰条分,轻重适平。所有以上原例二条,应请删除。再盗御宝、乘舆服御物,较盗内府别项财物,情节自重,旧例仍作实犯死罪议拟,洵属平允,仍应存留,以资引用。今将修辑例文,开列于后。

一、凡盗内府财物、御宝、乘舆服御物者,俱作实犯死罪。其余监守、常人盗仓库银两、钱帛等物,俱照盗仓库钱粮各本例定拟。

【1790】6.18.260.(1)(略)

【1814】○修改

臣等谨按:律载盗内府财物者,皆斩,杂犯,准徒五年。惟盗内府恭贮御宝及乘舆服御物,迥非别项财物可比,是以前明旧例定作实犯死罪。查旧例实犯死罪以下,紧接其余监守盗银三十两、钱帛等物值银三十两以上,常人盗银六十两、钱帛等物值银六十两以上,俱问发边远充军。迨乾隆五十三年(1788),臣部修例时,因盗内府财物,与盗窃仓库钱粮相同,现行例内监守、常人盗仓库钱粮罪名,均已条分缕晰,议将旧例内分别银数及价值数目治罪之处节删,改为其余盗仓库银两、钱帛等物,俱照盗仓库钱粮各本例定拟等因奏准,颁行在案。臣等伏查内府财物,并非悉贮仓库之中,例内但称盗仓库银两、钱帛等物,设遇有盗内府财物而非在仓库中者,引用转致窒碍。自应修改明显,以便遵循。再旧例"盗内府财物"下,原有"系"字,应仍行添载,俾免淆混。谨将修改例文,开列于后。

一、凡盗内府财物,系御宝、乘舆服御物者,俱作实犯死罪。其余银两、钱帛等物,分别监守、常人,照盗仓库钱粮各本例定拟。

【1825】6.18.260.(2)(略)

【1646】6.18.283.(2)

一、凡盗内府财物,系杂犯及监守常人盗、窃盗、掏摸、抢夺等项,但三次者,不分所犯各别、曾否刺字、革前革后,俱得并论,比照窃盗三犯律处绞,奏请定夺。

谨案:此条系原例。

【1725】○修改

原拟:现行例窃盗与抢夺不并论,三次内有赦前一次者,免死充军。此条应删改,开载于后。

【原改条例】一、凡盗内府财物，系杂犯及监守、常人盗、窃盗、掏摸，但三次者，俱得并论，比照窃盗三犯律处绞，仍依窃盗三犯例，分别赦前、赦后。

【1725】6.18.270.(2)【原例】

一、凡盗内府财物，系杂犯及监守、常人盗、窃盗、掏摸，但三次者，俱得并论，比照窃盗三犯律处绞，仍分别恩赦前后论。

【1740】6.18.260.(2)(略)

【1788】○修并[①]

修并按语并修并后例文，见【1740】6.18.260.(1)条【1788】修并项下。

【1801】○续纂

一、凡偷窃大内及圆明园、避暑山庄、静寄山庄、清漪园、静明园、静宜园、西苑、南苑等处乘舆服物者，照例不分首从，拟斩立决。至偷窃各省行宫乘舆服物，为首者拟绞监候，为从者发云贵、两广极边烟瘴充军。其偷窃行宫内该班官员人等财物，仍照偷窃衙署例问拟。若遇翠华临幸之时，有犯偷窃行宫物件者，仍依偷窃大内服物例治罪。

臣等谨按：嘉庆四年(1799)，直隶总督胡季堂审奏"赃犯张猛、宋泳德偷窃济尔哈朗图行宫内帘刷"等物，照盗内府财物律俱拟斩立决一折，钦奉上谕："胡季堂奏张猛等在济尔哈朗图行宫内偷窃帘刷挖单等物，请照盗内府财物、乘舆服御物者，不分首、从，俱拟斩立决之例，将张猛、宋泳德俱应斩立决等语，殊属过当。若如大内及圆明园、避暑山庄、静寄山庄、清漪园、静明园、静宜园、西苑、南苑等处，自当按此律办理。至济尔哈朗图行宫，距京甚远，不但非大内可比，且较之岁时临行之园亭等处亦有不同。况所窃帘刷等物，亦非乘舆服御之件，若概问以斩决，假如偷窃大内等处物件者，其罪又何以加？且各省行宫甚多，又岂得尽照大内之例办理乎？嗣后遇有此等偷窃各省行宫之犯，较偷窃衙署者，固应加等问拟。但竟援照盗内府财物之律，不分首、从，定以斩决，未免无所区别。所有张猛、宋泳德二犯，应行改拟罪名。及此后遇有此等偷窃行宫案犯，应如何定拟之处，俱着刑部详悉妥议具奏。钦此。"经臣部议称：内府禁地，守卫森严，鼠窃匪徒，胆敢偷盗，不法已极，是以定例不分首从皆斩。而于偷窃外省各处行宫，并无分晰定拟明文。诚如圣谕，各省行宫，究非大内及岁时临幸之园亭可比，若悉照偷窃内府财物例概予骈诛，未免无所区别。惟行宫为巡幸驻跸之所，官役守御，禁令綦严，究与衙署不同。凡犯偷窃行宫服物者，自应加等问拟。请嗣后除偷窃大内及圆明园、避暑山庄、静寄山庄、清漪园、静明园、静宜园、西苑、南苑等处乘舆服物者，仍照本律办理外，至偷窃各省行宫乘舆服物，为首者，拟绞监候；为从者，发云贵两广极边烟瘴充军。其偷窃行宫内该班官员人等财物，应仍照偷窃衙署例问拟。若遇翠华临幸之时，有犯偷窃行宫物件者，仍依偷窃大内财物例治罪。将张猛改拟绞监候，宋泳德发云贵两广极边烟瘴充军。并声明载入例册遵行等因具奏。奉旨："依议。钦此。"钦遵在案。应纂辑为例，以便遵行。

---

① 乾隆五十三年(1788)《大清律纂修条例》本条标记为"删除"。

【1802】6.18.260.(2)(略)

【1870】○续纂

一、行窃紫禁城内该班官员人等财物,不计赃数、人数,照偷窃衙署拟军例上加一等,发新疆酌拨种地当差。赃重者仍从重论。如临时被拿拒捕杀人者,不论金刃、他物、手足,均拟斩立决。金刃伤人者,拟斩监候;他物伤人,及执持金刃未伤人者,拟绞监候。手足伤人,并执持器械非金刃,亦未伤人者,发新疆给官兵为奴。其寻常斗殴,仍分别金刃、他物、手足,及杀伤本例问拟。

谨案:此条系同治元年(1862)定。

【1870】6.18.260.(3)(略)

盗城门钥

律　文

【1646】6.18.284

凡盗京城门钥,皆不分首从。杖一百、流三千里。盗府州县镇城关门钥,皆杖一百、徒三年。盗仓库门内外各衙门等钥,皆杖一百。并刺字。盗皇城门钥,律无文,当以盗内府物论。

【1670】6.18.283(略)

【1725】6.18.271

凡盗京城门钥,皆不分首从。杖一百、流三千里。杂犯。盗府、州、县、镇城关门钥,皆杖一百、徒三年。盗仓库门内外各衙门等钥,皆杖一百。并刺字。盗皇城门钥,律无文,当以盗内府物论。

注:此严门禁以防奸也。凡门设锁钥,以谨启闭而戒不虞。盗之者,必有窃启之意。而罪之轻重,各有差等。盖京城严密之地,关系甚重,故坐满流;府、州、县、镇城关各门,俱有狱囚、库藏,故坐满徒。至仓库,皆储官物,故坐满杖。但盗即坐,并刺字,追钥还官。盗监狱门钥,比仓库。

臣等谨按:此严门禁以防奸也。凡门设锁钥,以谨启闭而戒不虞。盗之者,必有窃启之意。而罪之轻重,各有差等。盖京城严密之地,关系甚重,故坐杖流;府、州、县、镇城关各门,俱有狱囚、库藏,故皆坐杖徒。至仓库,皆储官物,故坐满杖。以上三项,门虽未启,但盗即坐,并刺字,追钥还官。

【1740】○修改

臣等谨按:监狱关系甚重,而律文并注内皆未及。查总注云"盗监狱门钥,比仓库",应增注。谨将增辑律注,开列于后。

【1740】6.18.261(略)

凡盗京城门钥,皆不分首从。杖一百、流三千里。杂犯。盗府、州、县、镇城关门钥,皆杖一百、徒三年。盗仓库门内外各衙门等钥,皆杖一百。并刺字。盗皇城门钥,律无文,当以盗内府物论。盗监狱门钥,比仓库。

盗军器

律 文

【1646】6.18.285

凡盗军（人关领）器（如衣甲、枪刀、弓箭之类。）者，计赃以凡盗论。若盗（民间）应禁军器（如人马甲、傍牌、火筒、火炮、旗纛、号带之类。）者，与私有（事主已得私有之）罪同。若行军之所，及宿卫军人相盗入己者，准凡盗论。（若不入己，）还充官用者，各减二等。

【1670】6.18.284（略）

【1725】6.18.272

凡盗（人关领在家）军器者，（如衣甲、枪刀、弓箭之类。）计赃以凡盗论。若盗（民间）应禁军器者，（如人马甲、傍牌、火筒、火炮、旗纛、号带之类。）与（事主已得。）私有（之）罪同。若行军之所，及宿卫军人相盗入己者，准凡盗论。（若不入己，）还充官用者，各减二等。

注：此重兵仗而禁私窃也。凡军器已经关领在家，则与在官库者有别。盗之者，计所值之价为赃，以凡盗论。若盗民间应禁军器，则在事主之家原属私藏，故不计赃论，罪止以私有之罪罪之。俱仍尽本法刺字。至行军之所、宿卫之处，有相盗入己者，则与常人盗于家者不同，准凡盗论，免刺。若盗而还充官用，又与相盗入己者不同，故各减凡盗罪二等。

臣等谨按：此重兵仗而禁私窃也。凡盗已领出之军器，计价为赃，以凡盗论。若应禁军器，则有之者为私藏，故盗之者，与同罪。至兵丁相盗于行军之所、宿卫之处，则与盗于家者不同，不论应有、应禁，俱准凡盗论。若盗而还充官用，又与盗卖入己者不同，故各减凡盗罪二等。

【1740】6.18.262（略）

附律条例

【1761】○续纂

一、拿获偷盗军器之犯，除犯该流、绞者，仍依律办理外，其犯该徒、杖者，照窃盗赃加一等治罪，仍于犯事处，加枷号一个月。其当买军器之人，减本犯罪一等发落。

臣等谨按：此条系乾隆二十五年（1760）二月内，臣部议复右卫副都统苏玉条奏定例，应纂辑以便遵行。

【1768】6.18.262.（1）（略）

盗园陵树木

律 文

【1646】6.18.286

凡盗园陵内树木者，皆（不分首从，而分监守、常人。）杖一百、徒三年。若盗他人坟茔内树木者，（首杖八十。从，减一等。若计入己赃重于徒杖、本罪者，各加盗罪一等。各加监守、常人盗罪一等。若未驮载，仍以毁论。

【1670】6.18.285（略）

【1725】○修改

原拟：赃重于徒三年者，方分监守、常人加等。其徒三年以下，原不分监守、常人，应删去小注内“分监守、常人”字。

臣等谨按：此重园陵树木，而兼及民间坟茔也。陵寝，亦称园陵。前言盗园陵树木，首从同罪。次言盗民间坟茔树木，罪分首从。“若计赃重”以下，总承上二项言。所云“重于本罪者”，如巡山官军盗园陵树木值二十两，依监守论，应杖一百、流二千里，加一等，即应流二千五百里；盗树木值四十五两，依常人论，应杖一百、流二千里，加一等，即应流二千五百里。坟茔则照窃盗加一等，如盗树木值三十两，依窃盗论，应杖九十，加一等，即应杖一百。余可类推。

【1725】6.18.273

凡盗园陵内树木者，皆不分首从。杖一百、徒三年。若盗他人坟茔内树木者，首杖八十。从，减一等。若计入己赃重于徒杖、本罪者，各加盗罪一等。各加监守、常人窃盗罪一等。若未驮载，仍以毁论。

注：此重园陵树木，而兼及民间坟茔也。陵寝，亦称园陵。盗园陵树木，首从同罪。盗民间坟茔树木，罪分首从。“若计赃重”以下，总承上二项言。所云“赃重于本罪者”，如巡山官军盗园陵树木值二十两，依监守论，应杖一百、流二千里，加一等，即应流二千五百里；常人盗园陵树木值四十五两，依常人论，应杖一百、流二千里，加一等，即应流二千五百里。如盗他人坟茔树木值三十两，照窃盗论，应杖九十，加一等，即应杖一百。余可类推。

【1740】6.18.263（略）

附律条例

【1646】6.18.286.（1）

一、车马过陵者，及守陵官民入陵者，百步外下马。违者以大不敬论。

【1670】6.18.285.（1）（略）

【1725】○修改

原拟：此条云“以大不敬论”，并无罪名。查“名例·大不敬”条下注，有斩罪三项、杖一百罪四项，应于末句下增“杖一百”字。

一、车马过陵者，及守陵官民入陵者，百步外下马。违者以大不敬论，杖一百。

【1725】6.18.273.（1）【原例】（略）

【1740】6.18.263.（1）（略）

【1646】6.18.286.（2）

一、凡山前山后，各有禁限。若有盗砍树株者，验实桩楂，比照盗大祀神御物律斩,奏请定夺,为从者发边卫充军。取土取石,开窑烧造,放火烧山者,俱照前拟断。

谨案:此条系原例。

【1670】6.18.285.(2)(略)

【1725】6.18.273.(2)【原例】(略)

【1740】○修改

臣等谨按:例内"照前拟断"语未明晰,应改"照律分别首从拟断"。谨将改辑例文,开列于后。

一、凡山前山后,各有禁限。若有盗砍树株者,验实桩楂,比照盗大祀神御物律斩,奏请定夺,为从者发边卫充军。取土取石,开窑烧造,放火烧山者,俱照律分别首从拟断。

【1740】6.18.263.(2)(略)

【1801】○修改

臣等谨按:此条系前明旧例。臣部于嘉庆五年(1801)十二月,议复护理直隶总督、布政使颜检奏"拿获民人王成和等偷砍青桩内树木"案内,议请嗣后红桩、白桩以内,如有盗砍木植者,应照山前山后盗砍树木例,拟斩立决;为从,发近边充军。如有在青桩以内、白桩以外盗砍木植者,为首,发极边烟瘴充军,仍照"名例"以四千里为限;为从,拟杖一百、徒三年;计赃重者,从重论。其在白桩以外、青桩以内设窑烧炭,亦照山前山后盗砍木植例,首犯拟斩立决,为从发边远充军。其禁止樵采枝叶者,仍请照旧,毋庸禁止等因具奏。奉旨:"依议。钦此。"钦遵在案。此条原例未经分晰,应行修改。谨将修改例文,开列于后。

一、凡山前山后,各有禁限。若有盗砍红桩、白桩以内树株者,验实桩楂,比照盗大祀神御物律斩,为从者发近边充军。如在青桩以内白桩以外盗砍木植者,为首发极边足四千里充军,为从杖一百徒三年,计赃重者从重论。其在白桩以外青桩以内,取土取石,设窑烧炭,放火烧山者,亦照盗砍木植例,首犯拟斩立决,为从发近边充军。如采樵枝叶者,仍照旧例,毋庸禁止。

【1802】6.18.263.(2)(略)

【1806】○修改

臣等谨按:嘉庆十年(1805)十二月,大学士会同臣部"遵旨酌议禁限远近分别罪名轻重"折内,议请嗣后凡红桩以内盗砍树株、取土取石、开窑烧炭、放火烧山者,仍应遵照旧例,比照盗大祀神御物律斩,奏请定夺,为从者发近边充军。其在红桩以外白桩以内,除民间修理房茔,取土刨坑,不及丈余;取用山上浮石,长不及丈;砍取自种私树,一概不禁外,其有盗砍官树,开山采石,掘地成濠,开窑烧造,放火烧山者,即照红桩以内减一等,为首问发近边充军,从犯杖一百、徒三年。如在白桩以外青桩以内有犯,为首杖一百、徒三年,从犯减一等,杖九十、徒二年半。计赃重于徒罪者,加一等等因奏准,遵行在案。应于例内修改明晰,以资引用。谨将修改例文,开列于后。

一、凡山前山后,各有禁限。如红桩以内,盗砍树株,取土取石,开窑烧造,放火烧山者,比照盗大祀神御物律斩,奏请定夺,为从者发近边充军。若红桩以外白桩以内,除采樵枝叶,仍照旧例毋庸禁止,并民间修理房茔,取土刨坑不及丈余,取用山上浮石长不及丈,及砍取自种私树者,一概不禁外,其有盗砍官树,开山取石,掘地成壕,开窑烧造,放火烧山者,即照红桩以内减一等,为首问发近边充军,从犯杖一百、徒三年;如在白桩以外青桩以内有犯,为首杖一百、徒三年,从犯减一等,杖九十、徒二年半;计赃重于徒罪者,加一等。

【1825】○修改

臣等谨按:道光二年(1822)五月内,臣部遵旨议奏"酌定青桩外、官山界内盗伐树株及弁兵疏防贿纵,分别治罪"一折。奉旨:"刑部奏酌议风水重地青桩外、官山界内,盗伐树株,及弁兵疏防贿纵罪名各条。官山界址,道里远近不同,自应仿照白桩、青桩旧制立定界限,俾附近居民不致再有误犯。至弁兵专司防守,亦宜明定科条。着照所议,嗣后如有青桩以外、官山界内,有盗砍官树,开山采石,掘地成濠,开窑烧造,放火烧山者,均照青桩内于犯满徒罪上减一等,杖九十,徒二年半;从犯,再减一等;计赃重于徒罪者,加一等。其砍取自种私树及采樵枝叶,并取土、取石者,一概毋庸禁止,仍照青桩以内计,长不得逾丈。如官山界址在二十里以外,即以二十里为限;若在二十里以内,即以官山所止之处为限。弁兵等受贿故纵者,如贼犯罪应军、徒,即将该弁兵等,照与囚同罪律分别问拟;赃重者,计赃以枉法从重论。若贼犯罪应斩决,即将该弁兵等拟以绞决。未经得贿,潜通信息,致贼犯逃避者,贼犯罪应军、徒,即将该弁兵等与囚同科;如贼犯罪应斩决者,将该弁兵等减发极边烟瘴充军。仅止疏于防范者,兵丁杖一百,官弁交部议处。该部即行知陵寝衙门暨直隶总督一体遵照,并纂入则例,永远遵行等因。钦此。"钦遵在案。应添入例内,以便引用。谨将修改例文,开列于后。

一、凡山前山后,各有禁限。如红椿以内,盗砍树株、取土取石、开窑烧造、放火烧山者,比照盗大祀神御物律斩,奏请定夺,为从者发近边充军。若红椿以外,官山界限以内,除采樵枝叶,仍照旧例毋庸禁止,并民间修理房茔,取土刨坑不及丈余,取用山上浮石长不及丈,及砍取自种私树者,一概不禁外,其有盗砍官树,开山采石,掘地成濠,开窑烧造,放火烧山,在红椿以外、白椿以内者,即照红椿以内减一等,为首问发近边充军,从犯杖一百、徒三年;如在白椿以外、青椿以内者,为首杖一百、徒三年,从犯减一等,杖九十、徒二年半;如在青椿以外、官山以内者,为首杖九十、徒二年半,从犯减一等,杖八十、徒二年。计赃重于徒罪者,各加一等。官山界址在二十里以外,即以二十里为限;若在二十里以内,即以官山所止之处为限。弁兵受贿故纵,如本犯罪应军、徒者,与囚同罪,赃重者,计赃以枉法从重论;本犯罪应斩决者,将该弁兵等拟以绞决。其未经得贿,潜通信息,致犯逃避,本犯罪应军、徒者,亦与囚同罪;本犯罪应斩决者,将该弁兵等减发极边烟瘴充军。仅止疏于防范者,兵丁杖一百,官弁交部议处。

【1825】6.18.263.(3)(略)

【1740】○增入

一、凡子孙将祖父坟园树木砍伐盗卖者,照违令律治罪;奴仆盗卖者,计赃加窃盗一等治罪。盗他人坟园树木者,计赃准窃盗论。其盗卖坟茔之房屋、碑石、砖瓦、木植等项,均照此例治罪。私砍树木等物,分别入官、给主。

此条系康熙五十七年(1718)三月内,钦奉上谕:"坟园树木,近来偷盗者甚多,该严行查拿。钦此。"随经步军统领衙门钦遵严禁。凡有不肖子弟及无赖之徒,将坟园树木私行砍伐买卖者,俱照违令例责惩外,仍将私砍树木,无论已卖未卖,概行追出入官在案。雍正五年(1727)编纂律例时,未经查入。今移准步军统领咨送前来。复行查工部,据复称:雍正十三年(1735)五月内,准步军统领衙门咨开:嗣后遇有违禁私砍树木,除治罪外,仍将树木交工部查收等因,相应并纂为例。再查奴仆盗卖家长祖坟树木,较偷盗家长财物情罪尤重,若仅照窃盗律论,不足蔽辜,应计赃加窃盗一等治罪。又偷盗坟茔之房屋、碑石等项,亦应一体治罪。其所得之赃,并应分别入官、给主,方为明晰。今一并增入,以便引用。

【1740】6.18.263.(3)(略)

【1767】○删除

删除按语,见【1768】6.18.263.(3)条【1767】修改按语。

【1756】○续纂

一、凡子孙将祖父坟茔树木私自砍卖者,一株至十株,杖一百、枷号三个月;十株以上者,系旗人发宁古塔当差,系民发边远充军;奴仆盗卖者罪同。盗他人坟树者,杖一百、枷号一个月。其知情盗买坟树之人,均照盗他人坟树例治罪,不知者不坐。盗卖坟茔、房屋、碑石、砖瓦、木植者,计赃准窃盗论;奴仆盗卖,计赃加窃盗罪一等。知情盗买,减盗卖罪一等;树木等物,分别入官、给主。

臣等谨按:此条系乾隆二十年(1755)十二月内,大学士、忠勇公傅恒条奏定例,应纂辑以便遵行。再按,原奏内有"盗卖碑石、砖瓦,亦照此例问拟"等语。查盗卖砖瓦,止可计赃,不能与树株一例计数。臣等详加酌议,似应仍照旧例计赃准窃盗论罪。合行声明。

【1767】○修改、删除

臣等谨按:原例"子孙私自砍卖祖父坟树,一株至十株,杖一百,枷号一个月"等语。查树木大小,价值不同,如计赃重者,自应从重论,拟增"计赃重者,准窃盗从重论"一句。至"盗他人坟树者,杖一百,枷号一个月"下,亦拟增"计赃重者,照本律加窃盗罪一等"一语。再乾隆二十八年(1763)十二月内,步军统领衙门奏准,看坟人等偷盗坟主树木,照奴仆一例办理,已于此例内增入。其盗卖坟茔房屋、碑石等项,计赃准窃盗论,系兼子孙、他人言。但子孙、奴仆较他人为重,拟改为"子孙、奴仆,计赃准窃盗罪加一等;他人,计赃准窃盗论"。所有旧例一条,应行删除。谨将删除旧例,开列于后。

【删除】【1740】6.18.263.(3)(略)

【修改】一、凡子孙将祖父坟茔树木私自砍卖者,一株至十株,杖一百、枷号三个月,计赃重者,准窃盗从重论;十株以上者,系旗人发宁古塔当差,系民发边远充军;

看坟人等及奴仆盗卖者罪同。盗他人坟树者,杖一百、枷号一个月;计赃重者,照本律加窃盗罪一等。其知情盗买坟树之人,均照盗他人坟树例治罪,不知者不坐。盗卖坟茔之房屋、碑石、砖瓦、木植者,子孙、奴仆并准窃盗加一等,他人计赃准窃盗论。知情盗买者,减盗卖罪一等;树木等物,分别入官、给主。

【1768】6.18.263.(3)(略)

【1778】○修改

臣等谨按:此条原例,子孙将祖父坟茔树木私自砍卖者,计株问罪。其枯干树木,原准报官砍伐。如有不报官司,私自砍卖者,例无作何治罪明文。向来臣部办理此等案件,俱照不应重律杖八十定拟。但未明立科条,恐问刑衙门办理未能画一。拟请增入,以便援引。谨将增辑例文,开列于后。

一、凡子孙将祖父坟茔树木私自砍卖者,一株至十株,杖一百、枷号三个月,计赃重者,准窃盗从重论;十株以上者,系旗人发宁古塔当差,系民发边远充军。若系枯干树木,不行报官,私自砍卖者,照不应重律杖八十。看坟人等及奴仆盗卖者罪同。盗他人坟树者,杖一百、枷号一个月,计赃重者,照本律加窃盗罪一等。其知情盗买坟树之人,均照盗他人坟树例治罪,不知者不坐。盗卖坟茔之房屋、碑石、砖瓦、木植者,子孙、奴仆计赃并准窃盗罪加一等,他人计赃准窃盗论。知情盗买者,减盗卖罪一等;树木等物,分别入官、给主。

【1790】6.18.263.(3)(略)

【1801】○修改

【原例】【1790】6.18.263.(3)(略)、【1768】6.18.263.(4)(略)、【1790】6.18.263.(5)(略)

臣等谨按:前条子孙砍卖祖父坟树及盗他人坟树并盗买者分别治罪,系乾隆二十年(1755)定例。次条私买他人坟树分别治罪,系乾隆二十四年(1759)定例。后条盗砍他人坟树分别治罪,系乾隆四十五年(1780)定例。查子孙砍卖祖父坟树,例内计株论罪,已极平允。但砍卖坟树,情形不同。如系坟茔前列成行活树,或虽系坟旁散树,业经长成高大株棵者,自应照例计株论罪。若坟旁散树,并非高大株棵,与祖坟并无妨碍者,即与枯干树木无异。例内未经分晰,有犯俱行计株科罪,恐未允协,应添注明晰。又盗他人坟树一项,前条例内杖一百、枷号一个月,系指初犯而言;后条计赃拟以流、遣,系指三犯而言。而再犯治罪,例无明文。查私买他人坟树,例载再犯杖一百、枷号三个月等语。盗砍再犯,自应照此办理,应行增纂。又叠砍至六次以上,系统计前后次数治罪。视窃盗本律,以一主为重者不同。则所窃树株统计论罪,自应以三十株以上者,方照积匪拟遣。例内"二三十株"语意含混,应改为"三十株",并添"统计"二字,以免歧异。又私买他人坟树一项,次条例载无论株数及已伐未伐,犯案至三次者,发近边充军。查盗砍他人坟树,例内犯至三次,照窃盗三犯,分别拟以流、遣。若私买者,不论株数及已、未伐,三次即拟军罪,是私卖之罪反重于盗砍,殊未平允。且私买子孙盗卖之坟树,与私买他人盗卖之坟树,情节轻重亦不相同。请嗣后奸徒知情私买子孙盗卖之坟树,应减子孙盗卖罪一等。

若私买他人盗卖之坟树，已伐者，应分别次数拟罪，至三次者，照窃盗三犯例拟流，为从应减一等；未伐者，首、从又各减一等。例内拟军之处，应行修改。又宁古塔现归吉林将军所属，例内“宁古塔”三字，应改“吉林”。谨将修改例文三条，开列于后。

一、凡子孙将祖父坟茔前列成行树木及坟旁散树高大株颗，私自砍卖者，一株至十株，杖一百、枷号三个月，计赃重者，准窃盗加一等，从其重者论；十株以上者，系旗人发吉林当差，系民发边远充军。如坟旁散树，并非高大株颗，止问不应重杖。若系枯干树木，不行报官，私自砍卖者，照不应重律杖八十。看坟人等及奴仆盗卖者罪同。盗卖坟茔之房屋、碑石、砖瓦、木植者，子孙、奴仆计赃并准窃盗罪加一等。

【1802】6.18.263.（5）（略）、【1802】6.18.263.（4）（略）

【1802】6.18.263.（3）（略）

【1810】○修改

臣等谨按：子孙盗卖祖父坟茔树木，固属不孝。惟十株以上拟军，一株至十株，一律杖、枷，无所区别。自应分别株数，按等科罪，以昭平允。臣等公同酌议，应请嗣后凡子孙盗卖茔树，一株至五株，杖一百，枷号一个月；六株至十株，杖一百，枷号两个月；十一株至二十株，杖一百，徒三年，系旗人，徒罪折枷，共枷号三个月；计赃重者，准窃盗加一等，从其重者论。二十一株以上者，旗人发吉林当差，民人发边远充军。于例内修改明晰，以便引用。谨将修改例文，开列于后。

一、凡子孙将祖父坟茔前列成行树木及坟旁散树高大株颗，私自砍卖者，一株至五株，杖一百、枷号一个月；六株至十株，杖一百、枷号两个月；十一株至二十株，杖一百、徒三年。系旗人，徒罪折枷，共枷号三个月。计赃重者，准窃盗加一等，从其重者论。二十株以上者，旗人发吉林当差，民人发边远充军。如坟旁散树，并非高大株颗，止问不应重杖。若系枯干树木，不行报官，私自砍卖者，照不应重律杖八十。看坟人等及奴仆盗卖者罪同。盗卖坟茔之房屋、碑石、砖瓦、木植者，子孙、奴仆计赃并准窃盗罪加一等。

【1825】○修改[①]

此条道光五年(1825)奏准：旗人犯窃，照民人一例问拟，将原例内旗人“徒罪折枷”及“发吉林当差”二层节删。

一、凡子孙将祖父坟茔前列成行树木及坟旁散树高大株颗，私自砍卖者，一株至五株，杖一百、枷号一个月；六株至十株，杖一百、枷号两个月；十一株至二十株，杖一百、徒三年。计赃重者，准窃盗加一等，从其重者论。二十一株以上者，发边远充军。如坟旁散树，并非高大株颗，止问不应重杖。若系枯干树木，不行报官，私自砍卖者，照不应重律杖八十。看坟人等及奴仆盗卖者罪同。盗卖坟茔之房屋、碑石、砖瓦、木植者，子孙、奴仆计赃并准窃盗罪加一等。

【1825】6.18.263.（4）（略）

---

① 此条修改例文，不见于道光五年(1825)《大清律纂修条例》，应系道光五年刊刻律例全书时修入。

【1761】○续纂

一、奸徒私买他人坟茔树木者,无论株数,及已伐未伐,初犯杖一百、枷号一个月,再犯杖一百、枷号三个月,至三次者发边卫充军。

臣等谨按:此条系乾隆二十四年(1759)十一月内,署理步军统领、大学士、忠勇公傅恒奏准条例,应纂辑以便遵行。

【1768】6.18.263.(4)(略)

【1801】○修改

修改按语见【1790】6.18.263.(3)条【1801】修改项下。

一、奸徒知情私买坟茔树木者,系子孙盗卖,其私买者,减子孙盗卖罪一等。若系他人盗卖者,其私买人犯,无论株数,已伐者,初犯,杖一百、枷号一个月;再犯,杖一百、枷号三个月;犯至三次者,照窃盗三犯例,杖一百、流三千里。为从者减一等。未伐者,又各减一等。不知情者不坐。其私买坟茔之房屋、碑石、砖瓦、木植者,均减盗卖罪一等。树木等物,分别入官、给主。

【1802】6.18.263.(5)(略)

【1825】6.18.263.(2)(略)

【1782】○续纂

一、盗砍他人坟树,除犯案仅止一二次,所窃数无多者,仍照本例拟以枷责外,如犯案至三次者,即照窃盗三犯本律,计赃分别拟以流、遣。其纠党成群,旬日之间,叠次窃砍至六次以上,而树数又在二三十株以上,情同积匪者,无论从前曾否犯案,即照积匪猾贼例拟遣。如连日窃砍在三次以上,而始犯案者,照积匪例量减拟徒。仍各按窃盗本例刺字。

臣等谨按:此条系乾隆四十五年(1780)四月内,臣部因窃盗有初犯、再犯之分,其肆窃扰害者又有积匪猾贼之例,而盗砍坟茔树木条下未经注明。向来办理,虽视其情罪重轻,随案加重定拟,然例无明文,办理易致参差。经臣部酌定届限,请为定例具奏。奉旨:“依议。”钦遵在案,应纂辑遵行。

【1790】6.18.263.(5)(略)

【1801】修改

修改按语见【1790】6.18.263.(3)条【1801】修改项下。

一、盗砍他人坟树,计赃一两以下者,初犯杖一百、枷号一个月,再犯杖一百、枷号三个月,计赃重者,照本律加窃盗罪一等;犯案至三次者,即照窃盗三犯本律,计赃分别拟以流、遣。其纠党成群,旬日之间,窃砍至六次以上,而统计树数,又在三十株以上,情同积匪者,无论从前曾否犯案,即照积匪猾贼例拟遣;如在六次以下、三次以上,树数在三十株以下、十株以上者,照积匪例量减拟徒。仍各按窃盗本例刺字。其窃砍止一二次者,从一科断,照前例问拟枷、杖。盗卖他人坟茔之房屋、碑石、砖瓦、木植者,计赃准窃盗论,免刺。

【1802】6.18.263.（4）（略）

【1810】○修改

臣等谨按：此条系盗砍他人坟树分别治罪之例。查窃盗三犯，计赃科罪。赃至五十两以上者，应拟绞候。例内止言“犯案至三次者，即照窃盗三犯本例计赃，分别拟以流、遣”，似属挂漏。应请于例内添入“绞候”二字，以资引用。再查窃盗三犯，赃至十两以上，并五十两以下，及积匪猾贼，均已停发新疆，改发内地充军。例内各“遣”字，俱应改为“军”字。谨将修改例文，开列于后。

一、盗砍他人坟树，计赃一两以下者，初犯杖一百、枷号一个月，再犯杖一百、枷号三个月，计赃重者，照本律加窃盗罪一等；至三次者，即照窃盗三犯本例，计赃分别拟以军、流、绞监候。其纠党成群，旬日之间，窃砍至六次以上，而统计树数，又在三十株以上，情同积匪者，无论从前曾否犯案，即照积匪猾贼例拟军；如在六次以下、三次以上，树数在三十株以下、十株以上者，照积匪例量减拟徒。仍各按窃盗本例刺字。其窃砍止一二次者，从一科断，照前例问拟杖、枷。盗卖他人坟茔之房屋、碑石、砖瓦、木植者，计赃准窃盗论，免刺。

【1814】○修改

臣等谨按：律载窃盗赃一两以下，杖六十；一两以上，杖七十；四十两，杖一百；五十两，杖六十，徒一年等语。此条盗砍他人坟树，计赃一两以下者，初犯，杖一百，枷号一个月，较窃盗计赃之罪为重；而一两以上，例无明文。若按窃盗，赃一两以上，杖七十；加一等，亦只杖八十，转轻于本条满杖加枷之罪。是例称“计赃重者，加窃盗罪一等”，系指赃至五十两，罪应杖六十、徒一年以上而言。现行例内止载有计赃一两以下之文，恐遇一两以上至三十两之案，或致援引失当。臣等悉心酌议，应请将“计赃一两以下”六字节删，以昭明晰而便引用。谨将修改例文，开列于后。

一、盗砍他人坟树，初犯，杖一百、枷号一个月；再犯，杖一百，枷号三个月。计赃重于满杖者，照本律加窃盗罪一等。犯案至三次者，即照窃盗三犯本例计赃，分别拟以军、流、绞候。其纠党成群，旬日之间，叠次窃砍，至六次以上，而统计树数，又在三十株以上，情同积匪者，无论从前曾否犯案，即照积匪猾贼例拟军。如连日窃砍，在六次以下、三次以上，树数在三十株以下、十株以上者，照积匪例量减拟徒。仍各按窃盗本例刺字。其窃砍止一、二次者，从一科断，照前例问拟。盗卖他人坟茔之房屋、碑石、砖瓦、木植者，计赃准窃盗论，免刺。

【1825】6.18.263.（5）（略）

【1825】○续纂

一、私入红桩火道以内偷打牲畜，为首于附近犯事地方枷号两个月，满日改发极边烟瘴充军；为从枷号一个月，杖一百、徒三年。其因起意在内偷牲，遗失火种，以致延烧草木者，于附近犯事地方枷号两个月，满日发新疆酌拨种地当差；为从枷号一个月，杖一百、徒三年。如延烧殿宇墙垣，为首拟绞监候，为从杖一百、流三千里。

臣等谨按:道光五年(1825)十二月内,军机大臣会同臣部,议复马兰镇总兵庆惠奏“酌议私入红桩火道以内偷打牲畜,并失火延烧草木,请严定条例”一折内称:红桩火道以内,系属陵寝重地,风水攸关,匪徒胆敢私入偷打牲畜,甚至失火延烧草木,实属目无法纪。例内既无治罪明文,应即严定科条,从重惩办。议请嗣后凡私入红桩火道以内偷打牲畜,为首者,于附近犯事地方枷号两个月,满日改发极边烟瘴充军;为从,枷号一个月,杖一百、徒三年。其有因起意在内偷牲,遗失火种,以致延烧草木者,于附近犯事地方枷号两个月,满日发遣新疆酌拨种地当差;为从,枷号一个月,杖一百、徒三年。如延及殿宇墙垣,为首者,比照失火延烧宗庙宫阙律,拟绞监候;为从,杖一百、流三千里。并请载入例册等因具奏。奉旨:“依议。钦此。”钦遵在案。应纂辑为例,以资引用。

【1825】6.18.263.(6)(略)

【1830】○修改

臣等谨按:道光六年(1826)十一月内,军机大臣会同臣部,议复直隶总督那彦成奏“调剂新疆遣犯”折内,请将私入红桩火道偷牲,遗失火种延烧草木,枷号两个月,发新疆酌拨种地当差一条,改发极边足四千里充军,仍加枷号等因奏准,通行在案。例内发新疆之处,应行修改。惟查起意在红桩火道以内偷牲,遗失火种,以致延烧草木,应发新疆之犯,业已奏明改发极边足四千里充军。其仅止在内偷打牲畜,并无失火延烧之案,原例应发极边烟瘴充军。是仅止偷牲之案,反重于因偷牲失火延烧之犯,殊未平允。自应遵照原奏,按等递减。请将私入红桩火道以内偷打牲畜,为首,改发极边足四千里充军。其因起意在内偷牲,遗失火种,以致延烧草木之犯,改发极边烟瘴充军,以示区别而昭平允。谨将修改例文,开列于后。

一、私入红桩火道以内偷打牲畜,为首于附近犯事地方枷号两个月,满日改发极边足四千里充军,为从枷号一个月,杖一百、徒三年。其因起意在内偷牲,遗失火种,以致延烧草木者,于附近犯事地方枷号两个月,满日改发极边烟瘴充军,为从枷号一个月,杖一百、徒三年。如延烧殿宇墙垣,为首拟绞监候,为从杖一百、流三千里。

【1845】○修复

臣等谨查此条例文,从前旧例内载:私入红桩火道以内偷打牲畜,为首,改发极边烟瘴充军。其因遗失火种,以致延烧草木者,发新疆酌拨种地当差等语。嗣于道光六年(1826)十一月内,据原任陕甘总督那彦成奏请调剂新疆遣犯。经军机大臣会同臣部,议将此二项内应发极边烟瘴充军者,改为改发极边足四千里充军;应发新疆酌拨种地当差者,改为改发极边烟瘴充军等因奏准,纂入例册在案。兹于道光二十四年(1844)六月内,据升任贵州巡抚贺长龄奏“请调剂军犯章程”一折。复经军机大臣会同臣部,议请嗣后新疆遣犯,各照旧发往。其例发四省充军之犯,亦应实发等因具奏。奉上谕:“据军机大臣会同刑部议奏,贵州军犯拥挤,酌减调剂等语。新疆遣犯改发内地,恐人数众多,不特约束难周,且与民风大有关碍。非若新疆地方辽阔,外遣人犯易于安插。所有旧时改发内地各条,着仍照旧发往新疆,交该将军设法妥为安插,并严饬所属认真查核,严加管束,毋令滋生事端,俾期积久无弊。余依议。钦此。”是新疆与极边烟瘴充军之犯,既各应照旧发往,此二项内应发新疆及改发烟瘴之原例,现在犹存,足资引用。此条系属赘文,应行删除。

一、私入红椿火道以内偷打牲畜,为首于附近犯事地方枷号两个月,满日改发极边烟瘴充军;为从枷号一个月,杖一百、徒三年。其因起意在内偷牲,遗失火种,以致延烧草木者,于附近犯事地方枷号两个月,满日发新疆酌拨种地当差;为从枷号一个月,杖一百、徒三年。如延烧殿宇墙垣,为首拟绞监候,为从杖一百、流三千里。

【1847】6.18.263.(6)(略)

【1830】○续纂

一、凡旗、民人等在红椿以内偷挖人参,至五十两以上,为首比照盗大祀神御物律斩,奏请定夺,为从发新疆给兵丁为奴;二十两以上,为首发新疆给兵丁为奴,为从杖一百、流三千里;十两以上,为首实发云贵两广烟瘴地方充军,为从杖一百、流二千里;十两以下,为首发近边充军,为从杖一百、徒三年。在红椿以外、白椿以内偷挖人参,至五十两以上者,为首拟绞监候,为从发近边充军;二十两以上,为首实发云贵两广烟瘴充军,为从杖一百、流二千里;十两以上,为首发近边充军,十两以下,为首杖一百、流三千里,为从俱杖一百、徒三年。在白椿以外、青椿以内偷挖者,照偷刨山场人参例分别治罪。未得参者,各于已得例上减一等。知情贩卖者,减私挖罪一等,不知者不坐。得参人犯,首从俱刺“盗官参”三字;未得参及贩卖者,俱免刺字。参物入官。旗人有犯,销除旗档,照民人一律办理。弁兵受贿故纵,本犯罪不应死者,与犯人同罪,赃重者,计赃以枉法从重论;本犯罪应斩决者,为首之弁兵拟绞立决;本犯罪应绞候者,该弁兵发新疆分别当差、为奴。其止疏于防范者,兵丁杖一百,官弁交部议处。

臣等谨按:道光八年(1828)十月内,臣部议复马兰镇总兵宝兴奏“请将红桩以内偷挖人参之犯明定罪名”一折内称,查偷参分别人数、参数治罪之条,系专指偷挖官山人参而言。至陵寝山界内偷参,应作何治罪,例无明文。是陵寝重地,风水攸关,迥非产参山场可比。该总兵奏请比照偷砍树株之例,分别红桩内外,参斤多寡,明定罪名,系为慎重风水起见。应如所奏,分别定拟。议请嗣后旗、民人等,在红桩以内偷挖人参,至五十两以上,首犯,比照盗大祀神御物律,斩,奏请定夺;从犯,发新疆给兵丁为奴。二十两以上者,首犯,发新疆给兵丁为奴;从犯,杖一百、流三千里。十两以上,首犯,实发云贵两广烟瘴地方充军;从犯,杖一百、流三千里。十两以下,首犯,发近边充军;从犯,杖一百、徒三年。至红桩以外、白桩以内偷挖人参,至四十两以上,首犯,拟绞监候;从犯,发近边充军。二十两以上,首犯,实发云贵、两广烟瘴充军;从犯,杖一百、流二千里。十两以上,首犯,发近边充军;十两以下,首犯,杖一百、流三千里;从犯,俱杖一百、徒三年。至白桩以外、青桩以内,即照偷挖山场人参之例分别治罪。未得参者,各于已得罪名上减一等。知情贩实之犯,照私挖之犯减一等。不知者,不坐。得参之犯,首、从俱刺“盗官参”三字。未得参及贩卖人犯,俱免刺字。参物入官。旗人有犯,销除旗档,照民人一例办理。弁兵受贿故纵,本犯罪不应死,与囚犯同罪;赃重者,计赃,以枉法从重论。本犯罪应斩决者,将为首之弁兵拟以绞决;本犯罪应斩候者,该弁兵发新疆,分别当差为奴。其止疏于防范者,兵丁杖一百,官弁交部议处。俟修例时,纂入例册等因具奏,奉旨:“依议。钦此。”钦遵在案。应请纂辑专条,以资引用。

【1847】6.18.263.(7)(略)

【1852】○续纂

一、凡在陵寝围墙以内盗砍树木枝杈,为首者先于犯事地方枷号两个月,发近边充军。其无围墙之处,如在红椿以内盗砍者,即照围墙以内科罪。若在红椿以外、白椿以内盗砍者,为首杖一百、徒三年;如在白椿以外、青椿以内,为首杖一百,均枷号一个月。如在青椿以外、官山以内,为首杖一百。为从各犯,俱于首犯罪上各减一等问拟。其围墙以外,并无白椿、青椿者,均照官山以内办理。弁兵受贿故纵,及潜通消息致犯逃避者,各与囚同罪。

谨案:此条道光二十七年(1847)定。

【1870】6.18.263.(8)(略)

监守自盗仓库钱粮

律　文

【1646】6.18.287

凡监临主守自盗仓库钱粮等物,不分首从,并赃论罪。并赃,谓如十人节次共盗官银四十两,虽各分四两入己,通算作一处,其十人各得四十两罪,皆斩;若十人共盗五两,皆杖一百之类。三犯者绞,问真犯。○并于右小臂膊上刺"盗官银/粮/物"三字。每字各方一寸五分,每画各阔一分五厘,上不过肘,下不过腕。余条准此。

一两以下,杖八十。

一两之上至二两五钱,杖九十。

五两,杖一百。

七两五钱,杖六十、徒一年。

一十两,杖七十、徒一年半。

一十二两五钱,杖八十、徒二年。

一十五两,杖九十、徒二年半。

一十七两五钱,杖一百、徒三年。

二十两,杖一百、流二千里。

二十五两,杖一百、流二千五百里。

三十两,杖一百、流三千里。

四十两,斩。杂犯,徒五年。

【1670】6.18.286(略)

【1725】○修改

原拟:现行例三流俱总徒四年,此律未注明。应于"流三千里"下注"杂犯三流,总徒四年"一语。

臣等谨按：此特严监守自盗之罪也。身为监临主守，则凡仓库钱粮、在官财物，皆其收掌。若有意为盗，即无不可得之财。故监守自盗，罪必并赃论。并赃至四十两论斩，予以斩之名，实止杂犯也。至三犯问绞，则实犯矣。若所盗之物尚未出仓库，而为同事之人所觉举，则以擅开官封论。若盗别仓库钱粮，非其所典守，及已革职役而盗者，俱以常人盗论。

【1725】6.18.274

凡监临主守自盗仓库钱粮等物，不分首从，并赃论罪。并赃，谓如十人节次共盗官银四十两，虽各分四两入己，通算作一处，其十人各得四十两罪，皆斩；若十人共盗五两，皆杖一百之类。三犯者绞，问实犯。○并于右小臂膊上刺"盗官银/粮/物"三字。每字各方一寸五分，每画各阔一分五厘，上不过肘，下不过腕。余条准此。

一两以下，杖八十。

一两之上至二两五钱，杖九十。

五两，杖一百。

七两五钱，杖六十、徒一年。

一十两，杖七十、徒一年半。

一十二两五钱，杖八十、徒二年。

一十五两，杖九十、徒二年半。

一十七两五钱，杖一百、徒三年。

二十两，杖一百、流二千里。

二十五两，杖一百、流二千五百里。

三十两，杖一百、流三千里。杂犯三流，总徒四年。

四十两，斩。杂犯，徒五年。

注：此特严监守自盗之罪也。身为监临主守，则在仓库钱粮及凡在官财物，皆其所掌。若有意为盗者，多寡惟其所取。故监守自盗，其蠹甚大。同盗者，俱不分首从，通累所盗之数合并计赃，一体坐罪。自一两以下杖八十起，至二十两杖一百、流二千里止，每二两五钱，递加罪一等。自杖一百、流二千五百里起，至杖一百、流三千里止，每五两加罪一等，俱杂犯流罪。至四十两，则坐杂犯斩罪。并照所盗官粮、官银、官物，分别刺字。三犯者，则问实犯绞罪。

【1740】6.18.264（略）

附律条例

【1646】6.18.287.（1）

一、凡仓库钱粮，若宣府，大同，甘肃宁夏、榆林，辽东，四川建昌、松潘，广西，贵州，并各沿边沿海去处，有监守盗粮四十石、草八百束、银二十两，钱帛等物值银二十两以上；常人盗粮八十石、草一千六百束、银四十两，钱帛等物值银四十两以上，俱问发边卫永远充军。在京各衙门，及漕运，并京、通、临、淮、徐、德六仓，有监守盗粮六十石、草一千二百束、银三十两，钱帛等物值银三十两以上；常人盗粮一百二十石、草二千四百束、银六十两，钱帛等物值银六十两以上，亦照前拟充军。其余腹里，但系抚、按等官查盘去处，有监守盗粮一百石、草二千束、银五十两，钱帛等物值银五十两以上；常人盗粮二百石、草四千束、银一百两，钱帛等物值银一百两以上，亦照前拟充军。以上人犯，俱依律并赃论罪。仍各计入已之赃数满，方照前拟断。不及数者，照常发落。若正犯逃故者，于同爨家属名下追赔，不许滥及各居亲属。其各处征收在官应该起解钱粮，有侵盗者，俱照腹里例拟断。

【1670】6.18.286.(1)(略)[①]

【1646】6.18.287.(2)

一、凡沿边沿海钱粮，有侵盗银二百两、粮四百石、草八千束，钱帛等物值银二百两以上；漕运钱粮，有侵盗银三百两、粮六百石以上，俱照本律仍作实犯死罪，系监守盗者斩，系常人盗者绞，奏请定夺。

【1670】6.18.286.(2)(略)

【1725】○修改

原拟：现行例内，凡侵盗钱粮，并不照沿边沿海、腹里地方分别所盗多寡拟罪，止照律例，分别监守、常人并侵入己数目科断。再现行例侵盗钱粮正犯逃故应着落妻子者，着落妻子追赔，并无于同爨家属名下追赔之例。应将以上二条内与现行例不符之处删去，惟侵盗漕粮见照本条遵行，应纂作条例。其监守、常人各有正律，应将监守、常人分作二条，一入本律，一移入常人盗律后。谨拟删并，开载于后。

【原改条例】一、凡漕运粮米，监守盗六十石入已者，发边远充军；入已数满六百石者，拟斩监候。

【1725】6.18.274.(1)【原例】(略)

【1740】6.18.264.(1)(略)

【1725】○增入

原拟：现行例内七条，类于此律，应增入。

【现行例】一、漕、白二粮过淮以后，责令该管道、府、州、县往来巡察。有盗卖盗买之人，拿获即各枷号一个月，粮米仍交本船，米价入官充饷。运弁俟回南日，听总漕捆打四十。如地方官失察者，交该部议处。

【1725】6.18.274.(2)【增例】(略)

【1740】6.18.264.(2)(略)

【1806】○修并

---

① 此条雍正三年(1725)《大清律集解附例》不载。

臣等谨按：前条系雍正三年定例。迨乾隆十七年(1752)，吏科给事中朱若东以首条例内盗卖、盗买并不计及米数多寡，概予枷号，尚无区别，奏请分别治罪，递加处分。并失察之运弁直待回南发落，为期甚远，其中不无规避，请即令仓场衙门照例捆打等因。经臣部奏准复纂。次条历久遵办，是前条末节失察之地方官交部议处，现在引用。其余均属赘文，业已不用。应请并为一条，以免混淆。谨将修并例文，开列于后。

一、漕、白二粮过淮，责令该管道、府、州、县往来巡察。如有将行月粮米，私自盗卖、盗买者，拿获，各枷号一个月。若有一人盗买，及一帮盗卖，数至百石以上者，将为首之人枷号两个月，折责四十板；粮米仍交本船，米价入官。其失察盗卖之运弁，如米数不及五十石者，将该弁即于仓场衙门捆打四十；数至五十石以上者，降一级调用；百石以上，降二级调用；二百石以上，革职。如地方官失察者，交该部议处。

【1825】6. 18. 264. (6)(略)

【1725】○增入

原拟：现行例内七条，类于此律，应增入。

【现行例】一、侵盗漕粮仍照律遵行外，凡盗钱粮，不分腹里、沿边、沿海，至三百两者，拟斩监候，秋后处决。不至三百两者，仍照律治罪。

【现行例】一、监守自盗仓库钱粮播四十两，并常人盗八十两者，照律斩、绞拟罪，准徒五年；监守自盗二十两以上，并常人盗四十五两以上者，拟流，总徒四年。盗三百两以上，仍照例拟斩。

【现行例】一、凡侵盗钱粮，入己数满三百两者，照例拟斩；不及三百两者，照监守自盗正律并赃拟罪。

【现行例】一、常人盗钱粮至三百两者，拟绞监候，秋后处决。

【现行例】一、凡监临主守，自盗仓库钱粮，文武官员俱免刺字。

原拟：以上五条系节次题定，语句重复，且监守、常人各有正律。相应删改，分作二条，一入本律，一移入常人盗律后。应行删并，开载于后。

【原改现行例】一、凡监临主守侵盗仓库钱粮，不分腹里、沿边、沿海，但入己数满三百两者，拟斩监候；不满三百两者，照正律并赃拟罪。文武官员犯侵盗者，俱免刺字。

【1725】6. 18. 274. (3)【增例】

【1740】○修改

臣等谨按：雍正十三年(1735)九月内，经刑部汇办恩诏，将侵盗钱粮各案，应分别办理之处折奏。奉旨："三百、一千之数，原系法司上下其手之通弊，着永行禁止。援诏邀免之处，着以一万两以下为准。有逾此数者，不准豁免。"等因钦遵在案，应改。谨将改辑例文，开列于后。

一、凡侵盗仓库钱粮入己，数在一千两以下者，仍照本律拟斩，杂犯，准徒五年；

一千两以上者,拟斩监候,遇赦准予援免。如数逾一万两以上者,不准援免。文武官员犯侵盗者,俱免刺字。

【1740】6.18.264.(4)(略)

【1768】6.18.264.(4)

一、凡侵盗仓库钱粮入己,数在一千两以上者,拟斩监候,遇赦准予援免。如数逾一万两以上者,不准援免。文武官员犯侵盗者,俱免刺字。

【1801】○修并、移改

臣等谨按:此条系雍正五年定例。查侵盗钱粮一千两以上拟斩监候,例内已有专条,此例系遵赦分别准免、不准免章程,与侵盗罪名无涉,应移载"常赦所不原"律,以归画一。又此条末句"文武官员犯侵盗者,俱免刺字",应仍载侵盗本例。合并声明。谨将移改例文,开列于后。

＊名例律·常赦所不原

【1802】1.1.16.(11)一、凡侵盗仓库钱粮入己,数在一千两以上,拟斩监候之犯,遇赦准予援免。如数逾一万两以上者,不准援免。

【1725】○增入

臣等谨按:康熙五十三年(1714)十二月内,九卿议复承追处分,事例类于此律,谨拟节录于后。

【续增现行例】一、凡侵盗、挪移等赃,一年内全完,将死罪人犯,比免死减等例,再减一等发落;军、流、徒罪等犯免罪。追完三百两以上者,承追、督催等官,计案议叙;若不完,交部分别议处,俱带罪督催。犯人暂停治罪,再限一年追赔。完者,死罪人犯,免死减等发落;军、流、徒罪,亦减等发落。若不完,军、流、徒罪犯人即行充配,死罪照原拟监追。承追及督催等官,再交部分别议处。仍再限一年,着落犯人妻及未分家之子追赔。限内照数能完,承追官开复;不完,承追官照所降之级调用,督催等官又交部分别议处。其接任承追、督催等官,照到任之日扣限。如果家产尽绝,正犯身死,及妻子不能赔补,地方官取具印甘各结,申详督抚,保题豁免结案。倘保题后,别有田产、钱财、人口发觉者,尽行入官,将承追、出结官革职,所欠赃银米谷着落追赔;督催等官,亦交部分别议处。再在外承追、督催武职,俱照文职例议处。至交旗行追人犯到部,暂停枷责。亦限一年通完,免其枷责,佐领、骁骑校照外省承追官例,参领照知府例,都统、副都统照督抚例,各交部分别议处。若不完,将犯人枷责,佐领、骁骑校、参领、都统、副都统各交部分别议处,着落犯人妻并未分家之子再限一年赔完,将佐领、骁骑校所降之级开复。再限一年戴罪督催。如不完,再交部分别议处,着落犯人妻并未分家之子再限一年赔完,将佐领、骁骑校所降之级开复。仍不完,佐领、骁骑校、参领、都统、副都统又交部分别议处。如实系家产尽绝,不能赔完,该佐领、骁骑校、参领保送,都统、副都统保题豁免。倘保题后有家产、人口可以赔补者,查出尽行入官,将保送之佐领、骁骑校革职,所欠银米俱着落赔补;参、领降二级调用,照所降之级罚俸三年;都统、副都统罚俸一年。至一应赃私,查果家产尽绝,力不能完者,概予豁免,不得株连亲族。倘滥行着落亲族追赔,将承追官革职。其该管上司,如有逼迫出结之事,属官不行出首,从重治罪。

臣等谨按:雍正元年六月内,刑部奏准"催追侵挪银两,如有谎称家产尽绝,都统、副都统、参、领亦并革职"等语,应将此条内"参、领降二级调用"起至"都统、副都统罚俸一年"等句删去,改为"都统、副都统、参、领亦并革职"。

【1725】6.18.274.(4)

【增例】一、侵盗、挪移等赃,一年内全完,将死罪人犯,比免死减等例,再减一等发落;军、流、徒罪等犯免罪。追完三百两以上者,承追、督催等官,计案议叙;若不完,交部分别议处,俱带罪督催。犯人暂停治罪,再限一年追赔。完者,死罪人犯,免死减等发落;军、流、徒罪,亦减等发落。若不完,军、流、徒罪犯人即行充配,死罪照原拟监追。承追及督催等官,再交部分别议处。仍再限一年,着落犯人妻及未分家之子追赔。限内照数能完,承追官开复;不完,承追官照所降之级调用,督催等官又交部分别议处。其接任承追、督催等官,照到任之日扣限。如果家产尽绝,正犯身死,及妻子不能赔补,地方官取具印甘各结,申详督抚,保题豁免结案。倘保题后,别有田产、钱财、人口发觉者,尽行入官,将承追、出结官革职,所欠赃银米谷着落追赔;督催等官,亦交部分别议处。再在外承追、督催武职,俱照文职例议处。至交旗行追人犯到部,暂停枷责。亦限一年通完,免其枷责,佐领、骁骑校照外省承追官例,参领照知府例,都统、副都统照督抚例,各交部分别议叙。若不完,将犯人枷责,佐领、骁骑校、参领、都统、副都统各交部分别议处,着落犯人妻并未分家之子再限一年赔完,将佐领、骁骑校所降之级开复。仍不完,又交部分别议处。如实系家产尽绝,不能赔完,该佐领、骁骑校、参领保送,都统、副都统保题豁免。倘保题后有家产、人口可以赔补者,查出尽行入官,将保送之佐领、骁骑校革职,所欠银米俱着落赔补;都统、副都统、参领,一并革职。至一应赃私,查果家产尽绝,力不能完者,概予豁免,不得株连亲族。倘滥行着落亲族追赔,将承追官革职。其该管上司,如有逼迫出结之事,属官不行出首,从重治罪。

【1740】○修改

臣等谨按:侵盗、挪移等赃原专指亏空钱粮而言,因有"等赃"二字,遂将枉法婪赃各项俱照此例减免。乾隆四年(1739)三月,经刑部议复尚书尹继善条奏,将枉法各赃,只许减等,不许全免除,将分别减等之处,另入受赃例款外,此条"等赃"二字应改。再例内承追、督催议叙、议处之处,另载《处分则例》,应删。至"旗员、汉员有犯,一体处分,交旗行追"一段亦应删。谨将删改例文,开列于后。

一、凡侵盗、挪移应追之赃,一年内全完,将死罪人犯,比免死减等例,再减一等发落;军、流、徒罪等犯免罪。若不完,犯人暂停治罪,再限一年追赔。完者,死罪人犯,免死减等发落;军、流、徒罪,亦减等发落。若不完,军、流、徒罪犯人即行充配,死罪照原拟监追。仍再限一年,着落妻子名下追赔。如果家产全无,不能赔补,在旗佐领、骁骑校,在外地方官,取具印甘各结,申报都统、督抚保题豁免。倘结案后,别有田产、人口发觉,尽行入官,将承追、出结各官革职,所欠赃银米谷着落赔补;督催等官,照例议处。内外承追、督催武职,俱照文职例议处。再一应赃私,查果家产全无,力不能完者,概予豁免,不得株连亲族。倘滥行着落亲族追赔,将承追官革职。其该管上司,如有逼迫出结之事,属员不行出首,从重治罪。

【1740】6.18.264.(5)(略)

【1756】○修改

臣等谨按:侵盗列入贼盗门内,挪移列入仓库门内。侵盗赃一千两以上即拟实斩,一年限内全完,止准减等而不准免罪。挪移赃至二万两以上方拟实斩,一年限内全完,即准免罪;若未至二万两者,并准开复。情节不同,故罪亦悬殊。此条例文原专指侵盗而言,"挪移"二字系属错误,应请删除。又挪移出纳之例则有军罪,而监守自盗之例则无军罪,应改为"杖、流、徒罪等犯免罪",庶免援引歧误。谨将酌修例文,开列于后。

一、凡侵盗应追之赃,一年内全完,将死罪人犯,比免死减等例,再减一等发落;军、流、徒罪等犯免罪。若不完,犯人暂停治罪,再限一年追赔。完者,死罪人犯,免死减等发落;军、流、徒罪,亦减等发落。若不完,军、流、徒罪犯人即行充配,死罪照原拟监追。仍再限一年,着落妻子名下追赔。如果家产全无,不能赔补,在旗佐领、骁骑校,在外地方官,取具印甘各结,申报都统、督抚保题豁免。倘结案后,别有田产、人口发觉,尽行入官,将承追、出结各官革职,所欠赃银米谷着落赔补;督催等官,照例议处。内外承追、督催武职,俱照文职例议处。再一应赃私,查果家产全无,力不能完者,概予豁免,不得株连亲族。倘滥行着落亲族追赔,将承追官革职。其该管上司,如有逼迫出结之事,属员不行出首,从重治罪。

【1767】○修改

一、凡侵盗应追之赃,着落妻子名下追赔。如果家产全无,不能赔补,在旗佐领、骁骑校,在外地方官,取具印甘各结,申报都统、督抚保题豁免。倘结案后,别有田产、人口发觉,尽行入官,将承追、出结各官革职,所欠赃银米谷着落赔补;督催等官,照例议处。内外承追、督催武职,俱照文职例议处。再一应赃私,查果家产全无,力不能完者,概予豁免,不得株连亲族。倘滥行着落亲族追赔,将承追官革职。其该管上司,如有逼迫出结之事,属员不行出首,从重治罪。

谨案:乾隆三十二年(1767),将前例内完赃减等处节删。

【1768】6.18.264.(5)(略)

【1778】○修改

臣等谨按:乾隆三十一年(1767)十二月内,吏部议复河南巡抚阿思哈条奏,一切案件如于文外复取印结者,准其停取。所有原例内有"取具印甘各结"及"承追出结"并"逼迫出结”各字样，均应修改。谨将改辑例文，开列于后。

一、凡侵盗应追之赃，着落犯人妻及未分家之子名下追赔。如果家产全无，不能赔补，在旗参佐领、骁骑校，在外地方官，取具甘结，申报都统、督抚保题豁免结案。倘结案后，别有田产、人口发觉者，尽行入官，将承追、申报各官革职，所欠赃银米谷着落赔补；督催等官，照例议处。内外承追、督催武职，俱照文职例议处。再一应赃私，察果家产全无，力不能完者，概予豁免，不得株连亲族。倘滥行着落亲族追赔，将承追官革职。其该管上司，如有逼迫申报、取具甘结之事，属官不行出首，从重治罪。

【1790】6.18.264.（5）（略）

【1802】6.18.264.（4）（略）

【1825】6.18.264.（3）（略）

【1725】○增入

臣等谨按：雍正元年（1723）三月内，九卿议复侵盗钱粮，事理类于此律，谨拟节录于后。

【续增现行例】一、侵盗钱粮、挪移亏空监追等犯，遇恩赦，仍行监禁严追。有能三年内全完，免罪释放。果系家产尽绝，不能完纳者，令各该管处查明保题，交部详查。与恩赦相符者，具题豁免。如该犯别有隐匿家产，被旁人告发，其隐匿之家产俱行入官，该管保题上司一并从重治罪。

【1725】6.18.274.（5）【钦定例】（略）

【1740】○删除

臣等谨按：此条先因华亭县革职县丞陈廷奇亏空一案，于康熙六十一年（1722）遇赦免罪，奉旨仍勒限三年监追。是以从前办理赦案俱照此式，原非永著为例。雍正十三年（1735）奉旨：“援诏恩免之处，着以一万两以下为准。钦此。”现今办理，除将一万两以上人犯，不准援赦，仍行监追外，其一万两以下援诏免罪者，只勒追银两，不行监禁。至隐匿家产入官治罪之处，另有条例，此条应删。

【1725】○增入

一、凡侵盗钱粮入己，自一千两以下者，仍照监守自盗律拟斩，准徒五年；数满一千两以上者，拟斩监候；遇赦不准援免。其侵欺银两，着落妻子名下照追入官。至如一人名下，有侵欺，又有挪移者，无论挪移、侵欺之案并发，及侵欺之案先发，挪移之案后发，均着勒限一年，令其先完挪移之项，后完侵欺之项。若完挪移数内，完足侵欺之数，其余侵欺、挪移之数，委属力不能限内全完者，暂停正法，仍再勒限监追。此等亏空之案，该督抚务宜秉公确审，固不可以挪为侵，使人冤抑。其有以侵为挪，及非实在力量不足者，该督抚扶同徇庇，借端巧为开脱，若被人首告，或经指参，将该督抚交部严加议处。

谨案：此条系雍正三年（1725）定。

【1725】6.18.274.（6）【钦定例】（略）

【1740】○修改

臣等谨按：侵盗钱粮分别一千两上下治罪，及数逾一万两以上不准援赦、一万两以下准予援免之例，已载前条，此处应删。至“侵欺挪移银两，限内全完、未完免罪、治罪”等语，前例亦极分晰详备，系属重复，且与前例不符，俱应删。谨将删改例文，开列于后。

一、凡侵盗钱粮之犯，照例分别治罪外，其侵欺钱粮，着落妻子名下照追人官。至如一人名下，有侵欺，又有挪移者，应无论挪移、侵欺之案并发，及侵欺之案先发、挪移之案后发，均着勒限一年，令其先完挪之项、后完侵欺之项。若完挪数内完足侵欺之数，其余侵欺、挪移之数，委属力不能限内全完者，将拟斩人犯暂停正法，仍再勒限监追。此等亏空之案，该督抚务宜秉公确审，固不可以挪为侵，使人冤抑。其有以侵为挪，及非实在无力完帑者，该督抚扶同徇庇，借端巧为开脱，或被人首告，或经指参，将该督抚交部严加议处。

【1740】6.18.264.（6）（略）

【1767】○删除

臣等谨按：此条例内“一人名下有侵欺又有挪移，均勒限一年，令其先完挪移之项，后完侵欺之项”等语，系因旧例侵欺钱粮有完赃减等之条，恐其先完侵欺之项，幸脱重罪，将挪移之项拖延不完故也。今侵盗钱粮新例已不准完赃减等，如本犯别有挪移款项，总应依限严追，不必分别先后矣。又例内应追钱粮，着落犯人妻及未分家之子名下照追入官之处，已另有专条，此等不必复载。再侵盗拟斩人犯，秋审时俱拟情实，候旨勾到，无暂停正法，再行勒限监追之例。其挪移人犯勒限着追之处，详载“户律・挪移出纳”条下，此条均应删除。再查各条例内凡有“侵盗钱粮，限内完赃减等”字句，均应删去，以归画一。合并声明。

【1725】○增入①

原拟：现行例内七条类于此律，应增入。

【现行例】一、运弁督押帮船，以通帮粮米计算，但有挂欠，即革职责惩，留通追比一年。不完，再发南追比。仍不完者，分别治罪。如欠不及一分，责二十，完追还职；不完者，杖一百。欠至一分，责三十，追完免罪；不完者，杖一百，徒一年。欠至二分，责四十，追完免罪；不完者，杖一百，徒三年。欠至三分，责六十，追完免罪；不完者，发附近充军。欠至四分，责八十，追完仍杖一百；不完者，发边远充军。欠至五分，责一百，追完徒一年；不完者，绞。欠至六分以上者，斩，俱监候。照例籍其家产、妻子抵偿，如仍不足完，责令原佥衙门各官代赔。旗丁以一船粮米计算，但有挂欠，即革

① 此条见于《大清律例按语》第18卷“刑律・贼盗・监守自盗仓库钱粮”（雍正三年）项下，雍正三年（1725）《大清律集解附例》不载。

运责惩。其挂欠分数、留通追比及不完治罪,俱与运弁同。如家产、妻子抵偿不足,责令佥丁卫所、粮道及监兑州县各官代赔。至粮船起交足额外原有余米,听回空时沿途粜卖。

臣等谨按:康熙五十四年(1715年)十一月内,九卿题定弁丁免其留通追比,应将“留通”字样删去。谨拟增删开载于后。

【续改现行例】一、运弁督押帮船,以通帮粮米计算,但有挂欠,即革职责惩,发南追比,不完者,分别治罪。如欠不及一分,责二十,追完还职;不完者,杖一百。欠至一分,责三十,追完免罪;不完者,杖一百,徒一年。欠至二分,责四十,追完免罪;不完者,杖一百,徒二年。欠至三分,责六十,追完免罪;不完者,发附近充军。欠至四分,责八十,追完仍杖一百;不完者,发边远充军。欠至五分,责一百,追完徒一年;不完者,绞。欠至六分以上者,斩,俱监候。照例籍其家产、妻、子抵偿,如仍不足,责令原佥衙门各官代赔。旗丁以一船粮米计算,但有挂欠,即革运责惩,拿交运官发南追比,不完治罪,俱与运弁同。承追之官,严加议处。如家产、妻、子抵偿不足,责令佥丁卫所、粮道及监兑州县各官代赔。至粮船起交足额外原有余米,听回空时沿途粜卖。

【1725】○增入①

臣等谨按:“给没赃物”现行例一条,类于此律,应移入。

【续移入现行例】一、侵盗钱粮,赃重罪至死者,本犯照拟正法。所侵钱粮,着落妻、子勒限一年追完。限内不完者,妻及未分家之子并本犯家口、财产入官。若遇赦免,罪止应追赃者,亦限一年追完。限内不完,仍将本犯并妻及未分家之子、家口、财产一并入官。其流罪以下所侵钱粮,亦限一年追完。限内不完者,本犯并妻流徙辽阳,家口、财产变价入官。若遇赦免,罪止应追赃者,亦限一年追完。限内不完,仍将家口、财产变价入官。其官役贪赃应追入官者,亦照侵盗钱粮例行。承追官将犯人可变家产不行拆变,或将产物价值以多变少及需索勒措者,该上司官指名题参,交该部从重处分。

【1725】○增入②

臣等谨按:康熙五十三年(1714)六月内,刑部题仓库人役偷盗,事理类于此律,谨拟节录于后。

【续增现行例】一、凡在京仓库人役偷盗钱粮米豆,俱割断两边脚筋。

---

① 此条见于《大清律例按语》第18卷“刑律·贼盗·监守自盗仓库钱粮”(雍正三年)项下,雍正三年(1725)《大清律集解附例》不载。

② 此条见于《大清律例按语》第18卷“刑律·贼盗·监守自盗仓库钱粮”(雍正三年)项下,雍正三年(1725)《大清律集解附例》不载。

【1725】○增入①

臣等谨按:康熙五十七年(1718)十月内,刑部会复大、宛二县承追,事理类于此律,谨拟节录于后。

【续纂现行例】一、大、宛二邑各省寄籍甚多,一切承追案件,仍照旧例处分。至拖欠银米谷石之人内,实有家产,故意不完,该县徇情推诿,不着力行追,查出从重治罪,着落该县赔还。

【1725】○增入②

臣等谨按:康熙五十九年(1720)六月内,刑部会复催追各官处分,事理类于此律,谨拟节录于后。

【续增现行例】一、凡承追不及千两之案者,仍照三年之例参处外,一千两至五千两者,以五年为期,每年每案追完二分,五年之内十分全完,免其处分,仍予议叙。递年每案完不及二分者,交部查明初参、二参、三参、四参,分别议处,俱留任,戴罪承追。五年限满全完,开复;如不完,照所降之级调用。至五千两以上之案者,亦以十分为率,勒限五年。如不完,交部查明初限、二限、三限、四限,分别议处。五年限满,完至七分者,将所降之级开复,另行按年起限承追;完不及七分者,照所降之级调用。接任官以到任之日起限一年限内追完者,交部查明。一千两以上或五千两以上或一万两以上,准各照分数加级。此等加级,若遇别案承追应降调者,准其抵销。如能于一年限内追完一万五千两以上之案者,以应升之缺即用。其督催各官,如不及千两之案,亦照三年之例参处。一千两至五千两以上,每案勒限五年,分数催追。递年完至二分,免其处分。递年完不及二分,知府、直隶州、督、抚、司、道等官,交部查明每案初参、二参、三参、四参议处,俱令戴罪督催。五年限内全完,开复。如不完,各分别罚俸、降级留任,戴罪督催。仍另行按年起限督催,全完开复。至在外催追武职官员及在京八旗行追之案,俱照此例议处,余仍照从前定例遵行。督催亏空粮米责成粮道,盐课责成盐道。非管理粮、盐道员,俱免其并参。其欠帑人犯,如果任所无物可变,行查原籍又无的属产业,或本犯身故,无可着追,实系人亡产绝者,该督、抚取具印甘各结,保题到日,该部核明,准其豁免。如本犯见在任所、原籍又有的属产业可以着追,各该督、抚徇庇属员,欲免处分,捏称"任所无物可变,请发回原籍",或捏称"家产尽绝",朦混题豁,该部核明覆驳。

---

① 此条见于《大清律例按语》第18卷"刑律·贼盗·监守自盗仓库钱粮"(雍正三年)项下,雍正三年(1725)《大清律集解附例》不载。

② 此条见于《大清律例按语》第18卷"刑律·贼盗·监守自盗仓库钱粮"(雍正三年)项下,雍正三年(1725)《大清律集解附例》不载。

【1740】○增入

一、小船人户，受雇偷载漕粮盗卖者，将船户照漕白二粮过淮后盗卖盗买枷号一个月例，减二等发落。其漕船头舵，明知旗丁盗卖，不据实举首者，俱照不应重律杖八十；受财，计赃从重论。

谨案：此条系乾隆三年（1738）定例。

【1740】6.18.264.（3）（略）

【1825】6.18.264.（2）（略）

【1740】○增入

一、凡八旗侵盗案内，有无力完帑，并无隐匿情弊者，将本犯仍归原罪完结外，妻子等免其治罪。如有隐匿情弊，仍照雍正七年（1729）定例，并依侵盗本条则例，分别数目。其未完之数，在一千两以上，本犯现在拟斩监禁者，将伊妻并未分家之子入辛者库；数在一千两以下者，将隐匿之人枷号三个月发落。若系挪移等项，仍照隐匿本律治罪。所隐财产，俱行入官。该管、保题各官，亦俱照旧例治罪追赔。

谨案：此条系乾隆二年（1737）刑部议准定例。

【1740】6.18.264.（7）（略）

【1767】○删除

臣等谨按：此条系乾隆二年（1737）四月内臣部奏准条例。嗣于乾隆三年（1738）七月内，钦奉上谕："向来满、汉亏空钱粮，分别侵、挪情罪及亏空多寡之数拟定罪名，勒限追赔。如果无力完带者，该管官具结保题豁免，仍照原拟治罪，满、汉原属一体办理。后因清查八旗亏空，曾经部议，将无力完帑者，于原拟之外加重治罪。乾隆二年（1737）该部奏请，朕因其罪属重科，特行改定，仍照旧例办理。惟有豁免之后，有查出隐匿者，旗人则分别侵、挪定罪，而汉人则一概从杖一百之本律。不但满、汉轻重不同，且侵、挪亦无分别，尚属未协。该部再行妥议具奏。钦此。"经臣部奏准，嗣后无论满、汉，如有隐匿侵盗家产者，计所隐家产价值之多寡，分别徒、流定拟，罪坐隐瞒之人，财产入官等因，已纂入"户律·仓库·隐瞒入官家产"条下。臣部遇有此等案件，现俱遵照办理。此条系旧例，应删。

【1740】○增入

一、完赃减免之犯，如又犯赃，俱在本罪上加一等治罪。

谨案：此条系雍正十三年（1735）定例。

【1740】6.18.264.（8）（略）

【1768】6.18.264.（6）（略）

【1801】○修并

修并按语并修并后例文，见【1768】6.18.264.（10）条【1801】项下。

【1740】○删除

一、凡侵盗钱粮人犯,三年限满,仍不全完者,照现在未完之数,应正法者,即行正法,应发配者,即行发配。其未完银两,着落伊子孙的族监追。仍按年数追完,免其治罪。如限满未完,实系家产无可追变者,该地方官出具印甘各结,该督抚保题到日,将该犯照八旗承追拖欠钱粮例枷号两个月,折责发落。仍令该地方官严行管束,不许移居他处。如地方官徇纵迁移,除本犯照隐匿入官财物治罪外,将徇纵之员及隐匿之地方官,俱交部严加议处。其代为置产、寄顿人等,并照隐匿入官财物律治罪。

此条系雍正六年(1728)定例。查侵欺、挪移等赃,勒限三年全完分别减免及不完治罪之处,俱载前条。其实系家产全无,该督抚、都统保题到日,豁免结案,前例亦经详载,现在遵行。至隐匿治罪,另有定例,应毋庸纂入。

【1751】○续纂

一、凡侵贪之案,如该员身故,审明实系侵盗库帑、图饱私橐者,即将伊子监追。

臣等谨按:此条系乾隆十二年(1747)六月内钦奉上谕,应恭纂为例,以便遵行。

【1768】6.18.264.(7)(略)

【1802】6.18.264.(5)(略)

【1825】6.18.264.(4)(略)

【1756】○续纂

一、漕、白二粮过淮,责令该管道、府、州、县往来巡察。如有将行月粮米,私自盗卖盗买者,拿获各枷号一个月。若有一人盗买,及一帮盗卖,数至百石以上者,将为首之人枷号两个月,折责四十板,粮米仍交本船,米价入官。其失察盗卖之运弁,如米数不及五十石者,将该弁即于仓场衙门捆打四十;数至五十石以上者,降一级调用;百石以上,降二级调用;二百石以上,革职。

臣等谨按:此条系乾隆十七年(1752)三月内,臣部议复巡漕御史朱若东条奏定例,应纂辑以便遵行。

【1768】6.18.264.(8)(略)

【1802】6.18.264.(6)(略)

【1806】○修并

修并按语并修并后例文,见【1740】6.18.264.(2)条【1806】修并项下。

【1761】○续纂

一、凡亏空钱粮,除因公挪移及仓谷霉浥等案,仍照旧例办理外,其实系亏空入己者,虽于限内完赃,俱不准减等。

臣等谨按:此条系乾隆二十三年(1758)九月内钦奉上谕,应恭纂为例,以便遵行。

【1768】6.18.264.(9)(略)

【1778】○修改

臣等谨按：此条原例内称“因公挪移及仓谷霉浥等案，仍照旧例办理”等语。查因公挪移及仓谷霉浥治罪本例，载于“户律·挪移出纳”门内，现在遵行。应将“仍照旧例”句“旧”字改为“本”字，较为明晰，拟合声明。

一、凡亏空钱粮，除因公挪移及仓谷霉浥等案，仍照本例办理外，其实系亏空入已者，虽于限内完赃，俱不准减等。

【1790】6.18.264.(9)(略)

【1801】○修并

修并按语并修并后例文，见【1768】6.18.264.(10)条【1801】修并项下。

【1767】○续纂

一、监守盗仓库钱粮，除审非入已者，各照本条律例定拟外，其入已在一百两以下至四十两者，仍照本律问拟准徒五年，其自一百两以上至三百三十两，杖一百、流二千里；至六百六十两，杖一百、流二千五百里；至一千两，杖一百、流三千里。

臣等谨按：此条系乾隆三十一年(1766)四月内，湖北按察使雷畅条奏定例，应纂辑遵行。再查亏空仓库钱粮，以入已者为侵盗。其审非入已，以侵盗论，散见律例者，各有本条。应于例首指明，以便引用。再各条旧例内“侵盗钱粮，入已数在一千两以下，杂犯准徒盗钱粮”应删去，以归画一。合并声明。

【1768】6.18.264.(10)(略)

【1801】○修并

【原例】【1768】6.18.264.(10)(略)、【1768】6.18.264.(4)(略)、【1740】6.18.264.(8)(略)、【1790】6.18.264.(9)(略)

臣等谨按：监守盗仓库钱粮入已，自一百两至一千两分别徒、流，系乾隆三十一年(1766)定例。一千两以上拟斩监候，系雍正五年(1727)定例。完赃减免之犯如有犯赃加本罪一等，系雍正十三年(1735)定例。又，限内完赃不准减等，系乾隆二十六年(1761)定例。嗣于嘉庆四年(1799)正月，军机王大臣面奉谕旨，饬将侵盗钱粮一项，会同刑部堂官及直隶总督胡季堂详议具奏。当经臣等会同，查得雍正三年(1725)定例“侵盗钱粮，一年内全完，将死罪人犯比免死减等，再减一等发落，徒、流罪等犯免罪。若不完，人犯暂停治罪，再限一年。追完者，死罪人犯免死减等发落，流、徒罪亦减等发落。若不完，流、徒罪即行充配，死罪照原拟监追，仍再限一年，着落犯人妻及未分家之子追赔。如果家产尽绝，正犯身死，及妻子不能赔补，地方官取具印甘各结，申报督、抚保题豁免”等语。至乾隆二十六年臣部定例亏空入已者，虽限内完赃，亦不准减等。皆因各省办理侵亏案件较多，是以立法从严。但侵盗钱粮，如限内完交仍与不交者一律同科，或被追之员故为隐匿拖欠，拚一己身命以图养赡子孙，究之追比子孙每不见有全完者，是杜绝侵欺转致帑项无着。甚至该管上司即明知属员亏缺，因立法稍严，瞻徇顾忌，未肯据实查办，究与公项无补。自应仍复旧章,以归核实。惟查雍正三年定例内,勒追三年限满,有无全数交纳,例无作何办理明条。亦应量为区别,以昭详备。应请嗣后,凡侵盗钱粮,数在四十两并三百三十两以上至一千两以上者,依例拟以徒、流、斩候,仍遵照旧例勒限一年。如限内全完,死罪照免死减等人犯再减一等,流、徒以下免罪。若不完,再限一年勒追。全完者,死罪及徒、流以下各减一等发落。如不完,流、徒以下即行发配,死罪人犯监禁,均再限一年着落犯人妻、子名下追赔。三年限外不完,死罪人犯永远监禁;全完者,奏明请旨着照二年全完减罪一等之例办理。至本犯身死,实无家产可以完交者,照例取结豁免。其限内完赃不准减等之例应请删除等因具奏。奉旨:"依议。钦此。"钦遵在案。应将旧例修并一条,增纂新例,以便引用。其限内完赃不准减等之例,应行删除。又前条例内,监守盗仓库钱粮审非入己者各照本条律例问拟,原奏指挪移出纳而言,应添叙明晰,以免牵混。合并声明。谨将修并例文,开列于后。

一、监守盗仓库钱粮,除审非入己者,各照挪移本条律例定拟外,其入己数在一百两以下至四十两者,仍照本律问拟准徒五年,其自一百两以上至三百三十两,杖一百、流二千里;至六百六十两,杖一百、流二千五百里;至一千两,杖一百、流三千里;至一千两以上者,拟斩监候。勒限一年追完。如限内全完,死罪减二等发落,流、徒以下免罪;若不完,再限一年勒追。全完者,死罪及流、徒以下,各减一等发落;如不完,流、徒以下即行发配,死罪人犯监禁,均再限一年,着落犯人妻及未分家之子名下追赔。三年限外不完者,死罪人犯永远监禁;全完者,奏明请旨,均照二年全完减罪一等之例办理。至本犯身死,实无家产可以完交者,照例取结豁免。其完赃减免之犯,如再犯赃,俱在本罪上加一等治罪。文武官员犯侵盗者,俱免刺字。

【1802】6.18.264.(7)(略)

【1825】6.18.264.(5)(略)

【1870】○续纂

一、经纪花户,并车户、船户驾掌代役人等,凡有监守之责,窃盗漕仓粮米入己,数满六百石,拟斩监候;一百石,拟绞监候;六十石以上,实发云贵两广极边烟瘴充军;二十石以上,杖一百、流三千里;十石以上,杖一百、徒三年;五石以上,杖八十、徒二年;不及五石,杖六十、徒一年。俱限四个月勒追。全完,应斩候者,减为附近充军,应绞候者减为杖一百、流三千里,应军、流者减二等发落,应徒者免罪。不完,再限四个月勒追。全完,应斩候者减为边远充军,应绞候者减为近边充军,军、流以下于原犯罪上减一等发落。逾限不完,徒罪及军、流罪即行发配;死罪人犯,计不完之数六百石者,入于秋审情实办理,一百石以上及不及一百石者,均入于秋审缓决,再限四个月勒追。限外不完,永远监禁。全完者,原拟斩候之犯发遣新疆酌拨种地当差,原拟绞候之犯实发云贵两广极边烟瘴充军。其驾掌人等,如有盗卖官船板木者,照盗卖漕粮例,分别计赃治罪。至押运漕粮官弁、旗丁,及各直省仓粮,有犯监守自盗,仍各照本律例问拟。

谨案:此条同治七年(1868)定。

【1870】6.18.264.(7)(略)

常人盗仓库钱粮

律　文

【1646】6.18.288

凡常人(不系监守外皆是。)盗仓库(自仓库盗出者坐。)钱粮等物,(发觉而)不得财,杖六十;(从,减一等。)但得财者,不分首从,并赃论罪,(并赃同前。)并于右小臂膊上刺"盗官银/粮/物"三字。

一两以下,杖七十。

一两以上至五两,杖八十。

一十两,杖九十。

一十五两,杖一百。

二十两,杖六十、徒一年。

二十五两,杖七十、徒一年半。

三十两,杖八十、徒二年。

三十五两,杖九十、徒二年半。

四十两,杖一百、徒三年。

四十五两,杖一百、流二千里。

五十两,杖一百、流二千五百里。

五十五两,杖一百、流三千里。

八十两,绞。(杂。其监守、值宿之人,以不觉察科罪。)

【1670】6.18.287(略)

【1725】○修改

原拟:"流三千里"条下应注明"杂犯三流,总徒四年"。又"八十两,绞",小注"杂犯"字下应增注"徒五年"。

臣等谨按:此严常人盗取钱粮之罪也。首言盗而未得,分别首从论。次言盗而已得,不分首从,亦如上条并赃论。但每五两递加一等,俱杂犯流罪。至八十两,则坐杂犯绞罪。并刺字。三犯,亦问实绞。

【1725】6.18.275

凡常人(不系监守外皆是。)盗仓库(自仓库盗出者坐。)钱粮等物,(发觉而)不得财,杖六十;(从,减一等。)但得财者,不分首从,并赃论罪,(并赃同前。)并于右小臂膊上刺"盗官银/粮/物"三字。

一两以下,杖七十。

一两以上至五两,杖八十。

一十两,杖九十。

一十五两,杖一百。

二十两,杖六十、徒一年。

二十五两,杖七十、徒一年半。

三十两,杖八十、徒二年。

三十五两,杖九十、徒二年半。

四十两,杖一百、徒三年。

四十五两,杖一百、流二千里。

五十两,杖一百、流二千五百里。

五十五两,杖一百、流三千里。杂犯三流,总徒四年。

八十两,绞。杂犯,徒五年。其监守、值宿之人,以不觉察科罪。

注:此严常人盗取钱粮之罪也。凡人入仓库内偷盗钱粮等物,或因主守知觉,或因扃钥固密,未得财而被拘执者,杖六十,免刺,为从者减一等。但得财入手者,同盗之人,不分首从,亦如上条并赃论罪。自一两以下杖七十起,至五十五两杖一百、流三千里止,每五两递加罪一等。三流俱系杂犯,总徒四年。若赃至八十两者,则坐杂犯绞罪,准徒五年。并刺字。三犯,亦问实绞。

【1740】6.18.265(略)

附律条例

【1646】6.18.288.(1)

一、监守、常人盗、侵欺人犯,但有赃至二十两以上者,限一个月,二百两以上者,限三个月,果能尽数通完,照本律发落;实犯死罪者,减等免死充军。充军以下,俱减一等。如过期不完,各依本等律例,从重定拟。

【1670】6.18.287.(1)(略)

【1725】○删除

原拟:旧例盗边海钱粮至二十两,充军;二百两,问实犯死罪。此条系完赃之例,故云"尽数通完,照本律发落,死罪,免死充军"。言二十两以上全完者,不照例问军罪,仍照律以徒、流及杂犯死罪发落。二百两以上全完者,则将死罪减一等改为充军也。今侵盗钱粮,不分边腹,但至三百两俱拟实犯死罪,不至三百两者俱照律问杂犯、准徒、五等徒之罪,无问充军之例。其赃银限内全完者,俱准减一等,不照本律发落。即漕粮例内应充军者,若全完,亦减等发落。则此条内所云"尽数通完,照本律发落"者,与现行之例不符。其过期不完者俱照律例问罪,并无从重定拟之处。应将此条内"照本律发落"句,及"从重"二字删去。

【1725】○移改

【原例】* 刑律·贼盗·监守自盗钱粮

【1670】6.18.286.(2)一、凡沿边沿海钱粮,有侵盗银二百两、粮四百石、草八千束,钱帛等物值银二百两以上;漕运钱粮,有侵盗银三百两、粮六百石以上,俱照本律仍作实犯死罪,系监守盗者斩,系常人盗者绞,奏请定夺。

原拟:现行例内,凡侵盗钱粮,并不照沿边沿海、腹里地方分别所盗多寡拟罪,止照律例,分别监守、常人并侵入已数目科断。再现行例侵盗钱粮正犯逃故应着落妻子者,着落妻子追赔,并无于同爨家属名下追赔之例。应将以上二条内与现行例不符之处删去,惟侵盗漕粮见照本条遵行,应纂作条例。其监守、常人各有正律,应将监守、常人分作二条,一入本律,一移入常人盗律后。谨拟删并,开载于后。

原拟:监守自盗仓库钱粮条例一条,应移入。

【原移入条例】一、凡漕运粮米,常人盗一百二十石入已者,发边远充军;入已数满六百石者,拟绞监候。

【1725】6.18.275.(1)【原例】(略)

【1740】6.18.265.(2)(略)

【1788】○修改

臣等谨按:本门例载"窃盗仓库钱粮及饷鞘银两,为首,数至一百两以上,罪应拟绞;一百两以下,不论赃数拟军。从犯分别流、徒"等语。今此条原例内盗窃漕运粮米,入已数满六百石始拟绞候。查漕运粮米与仓库钱粮无异,且沿途剥运偷窃较易,则盗窃漕粮自当与盗窃仓库钱粮之犯一体科罪。应于例内修改详明,以资引用。今将修辑例文,开列于后。

一、盗窃漕运粮米,数至一百石以上者,拟绞监候。其一百石以下,即照盗仓库钱粮一百两以下例办理。

【1790】6.18.265.(2)(略)

【1725】○增入

原拟:现行例一条,应移入。

【原移入现行例】一、凡常人盗仓库钱粮,不分腹里、沿边、沿海,但入已数满三百两者,拟绞监候;不满三百两者,照正律并赃拟罪。

【1725】6.18.275.(2)【增例】(略)

【1740】6.18.265.(2)(略)

【1788】○删除

臣等谨按:窃盗仓库钱粮,数至一百两以上,即应拟绞监候;其一百两以下,不分赃数多寡,俱发极边烟瘴充军。本门内业已纂定例文,历久遵行在案。此条系属旧例,业已不用,应请毋庸载入。

【1740】○增入

一、窃盗鞘饷,自一两至八十两,仍照常人盗仓库钱粮计赃科断,若盗至一百两以上者,拟绞监候。

谨案:此条雍正七年(1729)定。

【1740】6.18.265.(3)(略)

【1788】○修并

【原例】【1740】6.18.265.(3)(略)、【1768】6.18.265.(4)(略)、【1768】6.18.265.(5)(略)

臣等谨按:以上三条系常人盗仓库钱粮及偷窃鞘饷照盗仓库钱粮治罪之例。查第三条既经纂定"分别首从加重治罪"明文,则前二条内如系"窃盗鞘饷及盗仓库钱粮,自一两至八十两仍照本律拟罪"之文已属不用,自应删除。且以一事分列三条,亦觉繁复,应即并为一条,以归简易。今将删并例文,开列于后。

一、凡窃匪之徒,穿穴壁封,窃盗库贮银钱、仓贮漕粮,未经得财者,为首杖一百、徒三年,为从依律减一等。但经得财之首犯,数至一百两以上者,拟绞监候;其一百两以下,不分赃数多寡,发云贵两广极边烟瘴充军。为从者,一两至八十两,准徒五年;八十五两,杖一百、流二千里;九十两,杖一百、流二千五百里;九十五两至一百两以上,俱杖一百、流三千里。至窃盗饷鞘银两,即照窃盗仓库钱粮,分别已、未得财,各按首、从一例科罪。

【1790】6.18.265.(1)(略)

【1751】○续纂

一、凡窃匪之徒,穿穴壁封,盗去仓库钱粮,除赃止八十两,仍照本律并赃拟罪外,其有盗至八十两以上至八十五两,拟杖一百、流二千里;九十两者,杖一百、流二千五百里;九十五两,杖一百、流三千里;数至一百两以上者,照偷窃鞘饷例拟绞监候。俱以实犯论罪。

臣等谨按:此条系乾隆十四年(1749)十一月内,臣部议复升任山西按察使多纶条奏定例,应纂辑以便遵行。

【1768】6.18.265.(4)(略)

【1788】○修并

修并按语并修并后例文,见【1740】6.18.265.(3)条【1788】修并项下。

【1767】○续纂

一、窃盗仓库钱粮,未经得财者,为首杖一百、徒三年,为从减一等,杖九十、徒二年半。但经得财之首犯,除赃至一百两以上,仍照例拟绞外,其一百两以下,不分赃数多寡,俱发云贵两广极边烟瘴充军;为从者,一两至八十两,准徒五年,八十五两至一百两,分别拟流。

臣等谨按:此条系乾隆二十七年(1762)六月山东按察使闵鹗元条奏,及二十八年

(1763)五月江苏按察使胡文伯条奏,并纂为例,以便遵行。再查未经得财之从犯既减首犯一等,杖九十、徒二年半,其已经得财之从犯若仍照原例计赃,分别杖、徒,则得赃在四十两以下者反较未得财为轻。是以将已经得财之从犯,一两以下至八十两拟改为准徒五年;其八十五两至一百两者,定例分别拟流,应照旧例遵行。

【1768】6.18.265.(5)(略)

【1788】○修并

修并按语并修并后例文,见【1740】6.18.265.(3)条【1788】修并项下。

【1767】○删除

一、常人盗仓库钱粮罪应拟绞者,入于秋审情实。

臣等谨按:此条系专为秋审定拟情实而设。但查秋审届期,臣部会同九卿,俱遵照历年章程办理,其"应入情实"字样,自毋庸载入例册。是以臣部于乾隆三十二年(1767)十月内奏明,将常人盗仓库钱粮、继母故杀夫前妻之子、蒙古偷盗四项牲畜十匹以上、偷窃衙署服物、私铸钱文十千以上、强奸未成及但经调戏本妇羞忿自尽、满洲杀死满洲、械斗各毙一命、侵蚀钱粮及枉法赃,凡有"秋审情实"字样者,例内悉行删除。臣部仍详记档册,至秋审时遵照办理。合并声明。

【1814】○续纂

一、京城守城兵丁,由城上钓搧偷窃仓米,未经得赃者,为首杖一百、流三千里,为从减一等,俱免刺。系旗人,销除旗档。其得赃至一百石以上者,首犯拟绞立决,为从发新疆给官兵为奴;一百石以下,首犯发新疆给官兵为奴,为从杖一百、流三千里,俱照例刺字。旗人,销除旗档。其常人串通兵丁,由城上钓搧偷窃仓米者,罪亦如之。如该班官员有故纵、徇隐等事,即照律与犯人同罪。若止疏于查察,及旷班不值者,交部分别严加议处。

臣等谨按:嘉庆十九年(1811)五月内,臣部"遵旨酌议守城兵丁縋城偷窃仓米分别治罪条例"一折内称:查仓储粮米系天庾正供,颗粒为重,故匪徒偷窃,例禁綦严。至于守城兵丁縋城偷窃仓米,较之匪徒穿穴壁封行窃者,尤为目无法纪,自应严立科条,使知儆畏。应请嗣后如有守城兵丁由城上钓搧偷窃仓米,未经得赃者,为首杖一百、流三千里,为从减一等。其得赃之首犯,数至一百石以上者,拟绞立决,为从发黑龙江等处为奴;一百石以下者,首犯,不分赃数多寡,发黑龙江等处为奴,为从杖一百、流三千里。其常人串通兵丁由城上钓搧偷窃仓米者,罪亦如之。再查京城重地,守卫宜严,该班官员如果认真稽察,兵丁何由縋城行窃?是兵丁之肆窃仓米,皆由官员平日旷值废弛所致。如将来兵丁仍有由城上钓搧偷窃仓米之案,审明,该班官员若有故纵徇隐等事,即照律与犯人同罪。其实止疏于查察及旷班不值者,应请交部分别严加议处等因。奏准在案,应纂辑为例,以便遵行。再查旗人犯窃例应刺字者,销除旗档,照民人一例办理。其行窃而不得财者,免刺,罪止流、徒,仍行折枷。至发遣黑龙江条例俱经分别改发,此条"发黑龙江为奴"之处应改“发新疆给官兵为奴”,合并声明。

【1825】6.18.265.(3)(略)

【1830】○修改

臣等谨按:道光六年(1826)十一月内,军机大臣会同臣部议复直隶总督那彦成奏“调剂新疆遣犯”折内,请将京城守城兵丁由城上钓搧偷窃仓米,赃至一百石以上为从,并一百石以下为首,发新疆为奴各条,俱改发极边足四千里充军等因奏准,通行在案。例内发新疆之处,应行修改。谨将修改例文,开列于后。

一、京城守城兵丁,由城上钓搧偷窃仓米,未经得赃者,为首杖一百、流三千里,为从减一等,俱免刺;系旗人,销除旗档。其得赃至一百石以上者,首犯拟绞立决,为从改发极边足四千里充军;一百石以下,首犯改发极边足四千里充军,为从杖一百、流三千里;俱照例刺字;旗人销除旗档。其常人串通兵丁,由城上钓搧偷窃仓米者,罪亦如之。如该班官员,有故纵、徇隐等事,即照例与常人同罪。若止疏于查察,及旷班不值者,交部分别严加议处。

【1845】○修复

臣等谨按:此条例文从前旧例内载“京城守城兵丁由城上钓搧偷窃仓米,至一百石以上为从,发新疆给官兵为奴。一百石以下,首犯发新疆给官兵为奴”等语。嗣于道光六年(1826)十一月内,据原任陕甘总督那彦成奏请调剂新疆遣犯,经军机大臣会同臣部议,将此二项改为改发极边足四千里充军奏准,纂入例册在案。兹道光二十四年(1844)六月内,据升任贵州巡抚贺长龄奏“请调剂军犯章程”一折,复经军机大臣会同臣部,议请嗣后新疆遣犯各照旧发往等因具奏。奉上谕:“据军机大臣会同刑部议奏,贵州军犯拥挤,酌减调剂等语。新疆遣犯改发内地,恐人数众多,不特约束难周,且与民风大有关碍。非若新疆地方辽阔,外遣人犯易于安插。所有旧时改发内地各条,着仍照旧发往新疆,交该将军设法妥为安插。并严饬所属,认真查核,严加管束,毋令滋生事端。俾期积久无弊。余依议。钦此。”是新疆遣犯既应照旧发往,其偷窃仓米一百石上下分别首、从问发新疆之原例,现在犹存,足资引用。此条系属赘文,应行删除。

一、京城守城兵丁,由城上钓搧偷窃仓米,未经得赃者,为首杖一百、流三千里,为从减一等,俱免刺。系旗人,销除旗档。其得赃至一百石以上者,首犯拟绞立决,为从发新疆给官兵为奴;一百石以下,首犯发新疆给官兵为奴,为从杖一百、流三千里,俱照例刺字。旗人,销除旗档。其常人串通兵丁,由城上钓搧偷窃仓米者,罪亦如之。如该班官员有故纵、徇隐等事,即照律与犯人同罪。若止疏于查察,及旷班不值者,交部分别严加议处。

【1847】6.18.265.(3)(略)

【1870】○续纂

一、除经纪花户、车户人等监守自盗漕粮,各照本例分别问拟外,至并无监守之责,有犯偷窃漕粮,数至一百石以上,俱照常人盗漕粮例拟绞监候,秋审入于情实;一百石以下,于发极边烟瘴军罪上,加一等发遣新疆酌拨种地当差。从犯均于本罪上加一等。其非转运京、通漕米,及各直省仓粮被窃,仍各照本例分别办理。

谨案:此条同治七年(1868)定。

【1870】6.18.265.(4)(略)

强 盗

律 文

【1646】6.18.289

凡强盗已行而不得财者,皆杖一百、流三千里;但得事主财者,不分首从皆斩。虽不分赃亦坐。○若以药迷人图财者罪同。但得财皆斩。○若窃盗临时有拒捕及杀伤人者皆斩。监候。得财、不得财皆斩。须看“临时”二字。因盗而奸者,罪亦如之。不论成奸与否,不分首从。共盗之人,不曾助力,不知拒捕杀伤人及奸情者,审确,止依窃盗论。分首从、得财不得财。○其窃盗事主知觉,弃财逃走,事主追逐,因而拒捕者,自首者,但免其盗罪,仍依斗殴伤人律。自依罪人拒捕律科罪。于窃盗不得财本罪上加二等,杖七十。殴人至折伤以上,绞;杀人者,斩。为从各减一等。○凡强盗自首不实不尽,只宜以名例自首律内至死减等科之,不可以不应从重科断。

【1670】6.18.288(略)

【1725】6.18.276

凡强盗已行而不得财者,皆杖一百、流三千里;但得事主财者,不分首从皆斩。虽不分赃亦坐。○若以药迷人图财者罪同。但得财皆斩。○若窃盗临时有拒捕及杀伤人者皆斩。监候。得财、不得财皆斩。须看“临时”二字。因盗而奸者,罪亦如之。不论成奸与否,不分首从。共盗之人,不曾助力,不知拒捕杀伤人及奸情者,审确,止依窃盗论。分首从、得财不得财。○其窃盗事主知觉,弃财逃走,事主追逐,因而拒捕者,自依罪人拒捕律科罪。于窃盗不得财本罪上加二等,杖七十。殴人至折伤以上,绞;杀人者,斩。为从各减一等。○凡强盗自首不实不尽,只宜以名例自首律内至死减等科之,不可以不应从重科断。窃盗伤人自首者,但免其盗罪,仍依斗殴伤人律论。

注:此首言强盗之罪,而因及类于强者,有差等也。第一节正强盗之罪,以得财、不得财分轻重。不得财,虽于事主无损,而其强已行,故不分首从,皆坐满流。但得财,则不计财之多寡,不论伙盗之分赃与不分赃,皆坐斩决。盖强盗之罪,本以强论,不以赃论故也。第二节正迷人图财之罪。以药迷人者,使人不能动觉,与强取无异,故得财,同其斩决。即不得财,亦同其满流也。第三节正窃盗似强之罪。窃盗尚知畏人,若临时事主知觉不走,而拒及逞凶杀伤人者,其人虽窃,其事实强。故不问得财与不得财,皆坐斩监候。须知临时拒捕,即不杀伤人亦斩。观“及”字可见。奸,不论妻、妾、奴婢。因窃盗而强奸,故亦如拒捕者斩。若强盗行奸,则枭示矣。其共盗之人,临时不曾助力,或在外未入,或得财先出,不知拒杀、行奸之事者,止依窃盗得财、不得财分首从论。第四节正追逐拒捕之罪。窃非公行,故轻于强盗。弃财逃走,追而逐之,不得不拒,与临时拒捕不同,故止依罪

人拒捕律科断。盖临时拒捕,是格斗以图财,追逐拒捕,乃弃财而求脱。其情异,故其罪亦异也。拒捕等项,皆言窃盗之事,以其迹同强,故不入后“窃盗”条,而载于此律。窃盗拒捕,不言首从者,以事起临时,原无首从可分。若窃盗为首,不知同伙拒捕伤人,亦止依窃盗为首论。

臣等谨按:此首言强盗之罪,而因及类于强者,有差等也。第一节正强盗之罪,以得财、不得财分轻重。不得财虽于事主无损,而其强已行,故不分首从,皆坐杖流。但得财,即不计财之多寡,不论伙盗之分赃与不分赃,皆坐斩决,恶其强也。第二节正迷人图财之罪。迹虽与强异,恶实与强等,故与强盗罪同。不独得财同其斩,即不得财亦同其杖流也。第三节正窃盗似强之罪。窃盗尚知畏人,若临时事主知觉不走,而拒及逞凶杀伤人者,则与强无异矣,皆坐斩监候。奸,不论妻、妾、奴婢。因窃盗而强奸,故止于斩。若强盗,则枭示矣。其共盗之人,临时不曾助力,或在外未入,或得财先出,不知拒杀、行奸之事者,比依窃盗本律科之。第四节正追逐拒捕之罪。窃非公行,故轻于强盗。弃财逃走,追而逐之,不得不拒,与临时拒捕不同。盖临时拒捕,是格斗以图财,追逐拒捕,乃弃财而求脱。其情异,故其罪亦异也。拒捕等项,皆言窃盗之事,以其迹同强,故不入后“窃盗”条,而载于此律。至强盗分首从,窃盗拒捕不言首从者,以事起临时,原无首从可分。若窃盗为首,不知同伙拒捕伤人,亦止依窃盗为首论。

【1740】○修改

臣等谨按:强盗共谋不行又不分赃,及造意不行又不分赃者,律俱无明文,是以向来办理,俱照窃主律内“造意不行又不分赃者,杖一百、流三千里;伙盗不行又不分赃者,杖一百”科断。但有成案而无例款,殊属遗漏,应增入注内“虽不分赃,亦坐”下,以便引用。谨将增辑律注,开列于后。

凡强盗已行而不得财者,皆杖一百、流三千里;但得事主财者,不分首从皆斩。虽不分赃亦坐。其造意不行又不分赃者,杖一百、流三千里;伙盗不行又不分赃者,杖一百。○若以药迷人图财者罪同。但得财皆斩。○若窃盗临时有拒捕及杀伤人者皆斩。监候。得财、不得财皆斩。须看“临时”二字。因盗而奸者,罪亦如之。不论成奸与否,不分首从。共盗之人,不曾助力,不知拒捕杀伤人及奸情者,审确,止依窃盗论。分首从、得财不得财。○其窃盗事主知觉,弃财逃走,事主追逐,因而拒捕者,自依罪人拒捕律科罪。于窃盗不得财本罪上加二等,杖七十。殴人至折伤以上,绞;杀人者,斩。为从各减一等。○凡强盗自首不实不尽,只宜以名例自首律内至死减等科之,不可以不应从重科断。窃盗伤人自首者,但免其盗罪,仍依斗殴伤人律论。

【1740】6.18.266(略)

附律条例

【1646】6.18.289.(1)

一、凡常人捕获强盗一名、窃盗二名,各赏银二十两。强盗五名以上、窃盗十名以上,各与一官;名数不及,折算赏银。应捕人不在此限。强窃盗赃,止追正赃给主,无主者没官。若诸色人典当收买盗贼赃物,不知情者勿论,止追原赃,其价于犯人名下追征给主。

【1670】6.18.288.(1)(略)

【1725】○修改

原拟:今捕获强、窃盗赏银及因捕捉受伤分别给赏之处,详载现行例内,且无捕获强、窃盗给官之例,此条前段应删。谨拟删改,开载于后。

【原改条例】一、强、窃盗贼,止追正赃给主,无主者没官。若诸人典当、收买盗贼赃物,不知情者勿论,止追原赃,其价于犯人名下追征给主。

【1725】6.18.276.(1)【原例】(略)

【1740】○修并

【原例】【1725】6.18.276.(1)(略)、【1725】6.18.276.(9)(略)

臣等谨按:上二条俱系追赃给主之文,但无主之赃一云没官,一曰赔补不足之数,未归画一,应删并,以便引用。谨将删并例文,开列于后。

一、强、窃盗贼现获之赃,各令事主认领外,如不足原失之数,将无主赃物赔补,余剩者入官。如仍不足,将盗犯家产变价赔偿。若诸色人典当、收买盗贼赃物,不知情者勿论,止追原赃,其价于犯人名下追征给主。

【1740】6.18.266.(10)(略)

【1788】○移并

【原例】* 名例律·给没赃物

【1740】1.1.24.(11)一、凡盗犯到案审实者,即将盗犯家产封记,候题结之日,将盗犯家产变赔。如该犯之父、兄弟、伯叔知情分赃者,审明治罪,亦着落伊等名下追赔。倘有并无家产,以及外来之人,无从封记开报者,将案内各盗之家产,除应赔本身赃物外,或有余剩,概行变价代赔。其有窝家之案,仍照例将窝家之财产一并赔补,取具事主领状报部。倘有将无干之亲族及并未分赃之亲属,株连赔累者,该督抚查出,即行题参,交部议处。

【1768】6.18.266.(10)(略)

臣等谨按:以上二条,均系追征盗犯家产变价赔偿事主之例,乃一则载在"给没赃物"门内,一则载在"强盗"条下。以一事分载两门,未免错见。应即移并,纂辑一条,统归入"强盗"门内,以昭画一。谨将移并改辑例文,开列于后。

一、强、窃盗贼,到案审实,先将各犯家产封记。其有现获之赃,各令事主认领。如不足原失之数,将同时所起无主赃物赔补,余剩者入官。如仍不足,再将盗犯家产变赔。如该犯之父、兄弟、伯叔知情分赃,并另有窝家者,审明治罪,亦着落伊等名下追赔。倘案内各盗,或有并无家产,以及外来之人,无从封记开报者,将案内盗犯及窝家有家产者,除应赔本身赃物外,或有余剩,概行变价代赔。若诸色人典当、收买赃物,不知情者勿论,止追原赃,其价于犯人名下追征给主。倘有将无干亲族及并未分赃之亲属,株连赔累,该督抚查参议处。

【1790】6.18.266.(20)(略)

【1801】修改、分辑

臣等谨按：例内“强窃盗贼现获之赃，各令事主认领外，如不足原失之数，将无主赃物赔补，如剩者，入官；如仍不足，将盗犯家产变价赔偿。若诸色人典当收买盗贼赃物，不知情勿论，止追原赃，其价于犯人名下追征给主”等语，系前明旧例。又“盗犯到案审实，即将盗犯家产变赔。如该犯之父兄等知情分赃，亦着落追赔。倘有并无家产，又外来无从封记者，将案内各盗家产变价代赔。有窝家之案，窝家财产一并赔补。倘有无干株连赔累者，交部议处”等语，系雍正七年（1729）定例。原系两条，一载“名例·给没赃物”，一载“强盗”。本律乾隆五十三年（1788）修例时，因一事两例，翻阅难周，将两条修并为一，归入“强盗”门内。但查后条封记家产，及着落父兄窝家等赔赃，系专指强盗而言。若两条合并，将窃盗到案亦照此例封记家产，不惟纷纷扰累，且恐开吏胥觊觎捏陷之渐，应仍照旧例分列两条，以免牵混。谨将修改例文二条，开列于后。

【1802】6.18.266.（29）（略）

【1802】6.18.266.（30）（略）

【1802】6.18.266.（29）

一、凡盗犯到案审实，先将各犯家产封记，候题结之日，将盗犯家产变赔。如该犯父、兄弟、伯叔知情分赃，并另有窝家者，审明治罪，亦着落伊等名下追赔。倘案内各盗，或有并无家产，以及外来之人，无从封记开报者，将案内盗犯及窝家有家产者，除应赔本身赃物外，或有余剩，概行变价代赔。倘有将无干亲族，及并未分赃之亲属，株连赔累，该督抚查参议处。

【1825】6.18.266.（30）（略）

【1870】6.18.266.（28）（略）

【1802】6.18.266.（30）

一、强、窃盗贼现获之赃，各令事主认领外，如强、盗赃不足原失之数，将无主赃物赔补，余剩者入官。如仍不足，将盗犯家产变价赔偿。若诸色人典当、收买盗赃及窃赃，不知情者勿论，止追原赃，其价于犯人名下追征给主。

【1825】6.18.266.（31）（略）

【1870】6.18.266.（29）（略）

【1646】6.18.289.（2）

一、强、窃盗再犯，及侵损于人，不准首。家人共盗，以凡人首从论。

【1670】6.18.288.（2）（略）

【1725】○修改

原拟：查“名例·犯罪自首”条内，强盗除杀死人命不准自首外，其虽曾伤人随即平复不死者,亦姑准自首,则此条内侵损于人句应删。

一、强、窃盗再犯,不准首。家人共盗,以凡人首从论。

【1725】6.18.276.(2)【原例】(略)

【1740】6.18.266.(15)(略)

【1788】○删除

臣等谨按:"名例·犯罪自首"律注内已有"强、窃盗自首免罪后再犯,不准首"之文,又共"犯罪分首从"律注内有"窃盗财物,如父子合家同犯,并以凡人首从论"之语,是此条"强、窃盗再犯,不准首;家人共盗,以凡人首从论"语句,"名例"业经分晰详载,毋庸于"强盗"门内重复纂辑,应请毋庸载入。

【1646】6.18.289.(3)

一、强盗杀伤人,放火烧人房屋,奸污人妻女,打劫牢狱、仓库,及干系城池、衙门,并积至百人以上,不分曾否得财,俱照得财律斩,随即奏请审决枭示。若止伤人而未得财,比照抢夺伤人律科断。凡六项有一于此,即引枭示,随犯摘引所犯之事。

【1670】6.18.288.(3)(略)

【1725】○修改

原拟:明旧律文内首句原无"伤"字,且此条例内强盗若止伤人而未得财者,比照抢夺伤人律科断,为首者斩监候,为从者拟流。既照抢夺伤人律科断,应将首句内"伤"字删去。

一、强盗杀人,放火烧人房屋,奸污人妻女,打劫牢狱、仓库,及干系城池、衙门,并积至百人以上,不分曾否得财,俱照得财律斩,随即奏请审决枭示。若止伤人而未得财,比照抢夺伤人律科断。凡六项有一于此,即引枭示,随犯摘引所犯之事。

【1725】6.18.276.(3)【原例】(略)

【1740】○仍旧

臣等谨按:本律刊刻定例共二十六条。雍正五年(1727)纂修时因分原例、增例及钦定例三项,是以事同而应删改合并,及应按伦次编叙者,并未比类合辑,以次排列。兼之数年以来,新例屡增,若复仍按年月续入,不惟头绪纷纭,难于查考,亦于律例体式不合。今既经奏准不用"原""增"等例字样,除将条例内应合并者详晰增删,依类编辑外,其例条层次前后错杂者,亦按其情节相等,一并酌量改移,庶例款秩然有序,便于检阅。

【1740】6.18.266.(1)(略)

【1801】○修改

【原例】【1740】6.18.266.(1)(略)、【1740】6.18.266.(2)(略)

臣等谨按:前条强盗杀人、放火等项斩决枭示,次条响马、强盗斩决枭示,俱系前明旧例。其伤人而未得财者,两条内俱有"照抢夺伤人律科断"等语。查抢夺伤人律应斩候,为从减等拟流。又强盗已行而未得财者,已于乾隆二十四年(1759)改发黑龙江为奴,"名例”内已有专条。此二条例内，伤人而未得财者犯，照抢夺伤人律斩候，固属允当，而为从之犯减首犯一等，罪止满流，与强盗已行而未得财发遣之例不符。应于两条例内“若止伤人而未得财”下，增入“首犯斩监候，为从发遣黑龙江为奴”，以昭明晰。又强盗已行未伤人又未得财，向来不分首从，俱发黑龙江为奴。查强盗首伙各犯，分别法无可贷、情有可原；其伤人未得财之犯，亦分首从办理。若未伤人又未得财，情节与前二项有间，例内不分首从俱行发遣，殊未平允。应将首犯发遣黑龙江，从犯仍依律杖一百、流三千里，以归允协。谨将修改例文二条，开列于后。

一、强盗杀人，放火烧人房屋，奸污人妻女，打劫牢狱、仓库，及干系城池、衙门，并积至百人以上，不分曾否得财，俱照得财律斩，随即奏请审决枭示。凡六项有一于此，即引枭示，随犯摘引所犯之事。若止伤人而未得财，首犯斩监候，为从发黑龙江为奴；如未得财又未伤人，首犯发黑龙江为奴，为从杖一百、流三千里。

【1802】6.18.266.(2)(略)

【1802】6.18.266.(1)(略)

【1814】○修改

【原例】【1802】6.18.266.(1)(略)、【1802】6.18.266.(2)(略)、【1790】6.18.266.(22)(略)、【1802】6.18.266.(32)、【1806】修改例文(略)、【1790】6.18.266.(33)(略)、【1790】6.18.266.(28)(略)、【1790】6.18.266.(29)(略)

臣等谨按：嘉庆十七年（1812）十二月内，臣部议复原任黑龙江将军、宗室斌静等奏“调剂黑龙江等处遣犯”折内，请将强盗已行而不得财，伤人为从及未伤人为首者；响马强盗伤人未得财从为，及未得财又未伤人为首者；强盗免死减等者；洋盗案内接赃二次投首者；老瓜贼内跟随学习技艺未同行者，俱改发新疆给官兵为奴。未伤人之盗首闻拿投首者，曾经伤人及行劫二次以上之伙盗闻拿投首者，窝家盗线闻拿投首者，伙犯能将盗首逃匿地方供出一年限内拿获者，俱改发云贵两广极边烟瘴充军等因奏准，通行在案。以上八条例内发遣黑龙江之处，及止声明发遣，并未指出地方者，均应一并添改，以便引用。谨将修改例文八条，开列于后。

一、强盗杀人，放火烧人房屋，奸污人妻女，打劫牢狱、仓库，及干系城池、衙门，并积至百人以上，不分曾否得财，俱照得财律斩，随即奏请审决枭示。凡六项有一于此，即引枭示，随犯摘引所犯之事。若止伤人而未得财，首犯斩监候，为从发新疆给官兵为奴。如未得财又未伤人，首犯发新疆给官兵为奴，从犯杖一百、流三千里。

【1825】6.18.266.(1)(略)

【1646】6.18.289.(4)

一、响马强盗，执有弓矢军器，白日邀劫道路，赃证明白，俱不分人数多寡、曾否伤人，依律处决，于行劫处枭首示众。如伤人不得财，依白昼抢夺伤人斩。

【1670】6.18.288.（4）（略）

【1725】6.18.276.（4）【原例】（略）

【1740】○修并

【原例】【1725】6.18.276.（4）（略）、【1725】6.18.276.（17）（略）

臣等谨按：此上二条俱是一例枭示之案，应并。谨将并辑例文开列于后。

一、凡响马强盗，执有弓矢军器，白日邀劫道路，赃证明白者，俱不分人数多寡、曾否伤人，依律处决，于行劫处枭首示众。如伤人不得财，依白昼抢夺伤人斩。其江洋行劫大盗，俱照此例立斩枭示。

【1740】6.18.266.（2）（略）

【1801】○修改

修改按语，见【1740】6.18.266.（1）条【1801】修改项下。

一、凡响马强盗，执有弓矢军器，白日邀劫道路，赃证明白者，俱不分人数多寡、曾否伤人，依律处决，于行劫处枭首示众。如伤人不得财，首犯斩监候，为从发黑龙江为奴；如未得财又未伤人，首犯发黑龙江为奴，从犯杖一百、流三千里。其江洋行劫大盗，俱照此例立斩枭示。

【1802】6.18.266.（2）（略）

【1814】○修改

修改按语，见【1740】6.18.266.（1）【1821】修改项下。

一、凡响马强盗，执有弓矢军器，白日邀劫道路，赃证明白者，俱不分人数多寡、曾否伤人，依律处决，于行劫处枭首示众。如伤人不得财，首犯斩监候，为从发新疆给官兵为奴。如未得财又未伤人，首犯发新疆给官兵为奴，为从杖一百、流三千里。其江洋行劫大盗，俱照此例立斩、枭示。

【1825】6.18.266.（2）（略）

【1646】6.18.289.（5）

一、凡捕获强盗，不许私下擅自拷打，俱送问刑衙门，务要推究得实。若徇情扶同，致有冤枉，一体重罪不饶。

谨案：此条系原例。

【1670】6.18.288.（5）（略）

【1725】○删除

臣等谨按：此条与现行例"番役人等捉获强盗，先送官审，不许私行取供"等语词意重复，此条拟删。

【1646】6.18.289.（6）

一、凡强盗必须审有赃证明确，及系当时现获者，照例即决。如赃迹未明，招扳续缉，涉于疑似者，不妨再审。其问刑衙门，如遇鞫审强盗，务要审有赃证，方拟不时处决。或有被获之时,伙贼供证明白,年久无获,赃亦花费,伙贼已决无证者,俱引监候处决。

谨案:此条系原例。

【1670】6.18.288.(6)(略)

【1725】○修改

原拟:此条末节"或有被获之时"以下语意未明,应照三法司题定之例,改云"或有续获强盗,无自认口供,赃迹未明,涉于疑似,伙贼已决无证者,俱引监候处决"。

一、凡强盗必须审有赃证明确,及系当时现获者,照例即决。如赃迹未明,招扳续缉,涉于疑似者,不妨再审。其问刑衙门,如遇鞫审强盗,务要审有赃证,方拟不时处决。或有续获强盗,无自认口供,赃迹未明,涉于疑似,伙盗已决无证者,俱引监候处决。

【1725】6.18.276.(5)【原例】(略)

【1740】○修改

臣等谨按:盗犯、赃物未必俱系当时现获,例内"及系当时现获"一语应删。至例内所称"务要审有赃证,方拟不时处决"等语重衍,亦应删。其"问刑衙门"二句应移作起语,庶觉明晰。谨将删改例文,开列于后。

一、凡问刑衙门鞫审强盗,必须赃、证明确者,照例即决。如赃迹未明,招扳续缉,涉于疑似者,不妨再审。或有续获强盗,无自认口供,赃迹未明,伙盗已决无证者,俱引监候处决。

【1740】6.18.266.(19)(略)

【1790】6.18.266.(13)(略)

【1802】6.18.266.(12)(略)

【1725】○增入

原拟:现行例内一十四条,类于此律,应增入。

【现行例】一、凡投首之贼,借追赃名色,将平人捏称同伙,或挟仇扳害,或索诈财物,不分首从、得财与未得财,皆斩立决。

【1725】6.18.276.(6)【增例】(略)

【1740】6.18.266.(14)(略)

【1790】6.18.266.(11)(略)

【1802】6.18.266.(10)(略)

【1725】○增入

原拟:现行例内一十四条,类于此律,应增入。

【现行例】一、凡一应强盗重案,捕官拿获之日,交与印官审理,不许捕官私审。

至于未审之时承问官即验有无伤痕,如有伤者,即将捕役详审,照例惩治;如果无伤者,必于招内开明“并无私拷伤痕”字样。如有疏忽不开,扶同隐讳,及纵容捕官私审盗案者,该督、抚即将印官指名题参,交与吏部分别议处。

【现行例】一、番役人等捉获强盗,先送官审,不许私行取供。违者,于本衙门枷号一个月,责四十板,革役。如得财及诬陷无辜者,从重科罪。至于妄用脑箍、毛竹、连根大板及竹签、烙铁等刑致毙人命者,以故杀论,不准援赦,其初招已定,不许续扳。

原拟:以上二条俱系严禁私行拷审等例,应删去重复,并作一条。再妄用脑箍等刑致毙人命者不准援赦之处,已拟摘出作为二条,一条入“名例·常赦所不原”条,后一入“断狱”律后。其“初招已定,不许续扳”二句拟入后条,现行例内应行删并,开载于后。

【原改现行例】一、凡强盗重案,交与印官审鞫,不许捕官私行审讯、番捕等役私拷取供。违者,捕官参处;番役等于本衙门首枷号一个月、杖一百,革役。如得财及诬陷无辜者,从重科罪。其承问官于初审之时,即先验有无伤痕。若果无伤,必于招内开明“并无私拷伤痕”字样。若疏忽不开,扶同隐讳,及纵容捕官私审者,即将印官题参,交部议处。

【1725】6.18.276.(7)【增例】(略)

【1740】6.18.266.(21)(略)

【1768】6.18.266.(20)(略)

【1790】6.18.266.(14)(略)

【1802】6.18.266.(13)(略)

【1725】○增入

原拟:现行例内一十四条,类于此律,应增入。

【现行例】一、凡失主所报盗数存案,不为确数,以初获强盗严审供出盗数乃为实盗之盗。若限内不能拿获正盗者,仍照定例处分。

原拟:此条内重复字句应行删去。将前条内“初招既定,不许续扳”二句增入。应拟删增,开载于后。

【原改现行例】一、凡伙盗数目,以初获强盗所供为确。初招既定,不许续扳。

【1725】6.18.276.(8)【增例】略

【1740】○修并

修并按语并修并后例文,见【1725】6.18.276.(24)条【1740】修改项下。

【1725】○增入

原拟:现行例内一十四条,类于此律,应增入。

【现行例】一、贼盗见获之赃,各令事主认领外,如不足原失之数,或贼花费已尽,将无主之赃赔补失数,余剩者入官。如仍不足,将盗犯家产变价赔偿。

【1725】6.18.276.(9)【增例】略

【1740】○修并

修并按语并修并后例文,见【1725】6.18.276.(1)条【1740】修并项下。

【1725】○增入

原拟:现行例内一十四条,类于此律,应增入。

【现行例】一、被盗失主,将劫去财物逐细列单,照远近速行报官,后补之单不算。原失赃物,必报明该地方官差、捕员眼同起认,查对失单。若捕役私起赃物者,从重科罪。如拿贼之役借寻贼赃,不论有无当票,但指失单所载,逐店搜察,又嘱贼扳指某某收顿,有将贼己物坐赃,买物栽赃,混认瞒赃等弊,承问各官不加严察,不行详审,各该督抚不行严饬,承问各官及不行题参者,俱一并议处。

原拟:字句未明,应行删改,开载于后。

【原改现行例】一、失主呈报失单,须逐细开明报官,不准续行补报。至所失赃物,必须地方官差、捕员眼同起认。如捕役私起赃物,或借名寻赃,逐店搜察,或嘱贼诬扳,指称收顿,或将贼犯己物作赃,或买物栽赃,或混认满赃等弊,事发,除捕役照律例从重问拟外,承问官不严禁详审,该督抚不严饬题参,一并议处。

【1725】6.18.276.(10)

【增例】一、事主呈报盗案失单,须逐细开明报官,不准续行补报。至所失赃物,必须地方官差、捕役眼同起认。如捕役私起赃物,或借名寻赃,逐店搜察,或嘱贼诬扳,指称收顿,或将贼犯己物作赃,或买物栽赃,或混认瞒赃等弊,事发,除捕役照律例从重问拟外,其承问官不严禁详审、该督抚不严饬题参者,一并交部议处。

【1740】○修改

臣等谨按:例内事主呈报失单,不准补行续报。嗣于雍正十二年(1734)又定有事主开报失单,如赃物繁多,一时失记,准于五日内续报,该地方官即将原报、续报缘由于招内声明之例,应并增入,以便引用。谨将增并例文开列于后。

一、事主呈报盗案失单,须逐细开明。如赃物繁多,一时失记,准于五日内续报。该地方官将原报、续报缘由,于招内声明。至获盗起赃,必须差委捕员眼同起认。如捕役私起赃物,或借名寻赃,逐店搜察,或嘱贼诬扳,指称收顿,或将贼犯己物作赃,或买物栽赃,或混认瞒赃等弊,事发,除捕役照律例从重问拟外,其承问官不严禁详审、该督抚不严饬题参者,一并交部议处。

【1740】6.18.266.(9)(略)

【1790】6.18.266.(7)(略)

【1802】6.18.266.(5)(略)

【1725】〇增入

原拟:现行例内一十四条,类于此律,应增入。

【原增现行例】一、凡人擒拿强盗受伤者,照律赏银二十两外,验明伤痕等第,给与赏赐。如凡强盗公行打劫人家,邻佑协同拿获者,照依拿获强盗给赏。如知强盗公行打劫,邻佑不行拿获者,杖八十。

【原增现行例】一、凡常人或邻佑或失主家人,拿获强盗一名,赏银二十两。又能多拿者,照数给赏。其贼犯拒捕,拿获之人被伤者,另户之人,照军伤头等伤赏银五十两,二等伤四十两,三等伤三十两,四等伤二十两,五等伤十两。若系家人,亦照军伤头等伤赏银二十一两,二等伤十四两,三等伤七两,四等伤四两,五等伤二两。此所赏银之处,交与兵部分别伤等,将兵部无主马匹等件变价给赏。在外者,将各州县审给无主贼赃等物变价给赏。

【原增现行例】一、康熙三十一年(1693)九月内,刑部为拿获强盗事具题。奉旨:"三法司核拟具奏。这拿贼被伤营兵,着兵部验明,照绿旗阵伤例给赏。嗣后官员、兵丁有擒拿盗贼中伤及伤亡者,俱着照绿旗阵伤、阵亡例分别具奏给赏。余依议。"

【原增现行例】一、康熙三十三年(1695)十月内,刑部等衙门为题报搜剿海寇事具题。奉旨:"各处汛防官兵捕缉盗贼,被伤致死者,应给与身价银两,尔部会同兵部一并定例议奏。钦此。"查兵部定例内开"阵亡死难者,副将给银六百两,参将给银五百两,游击、都司四百两,都司、佥司三百五十两,守备三百两,守御所千总二百五十两,卫千总二百两,营千总一百五十两,把总一百两,马兵七十两,步兵五十两。兵丁若无妻子亲属,给银无承受之人,每人给银二两,交付该督、抚、提镇委官致祭。中伤者,头等伤给银三十两,二等伤二十五两,三等伤二十两,四等伤十五两,五等伤十两"等语。又定例"官兵擒拿盗贼,中伤者,照绿旗阵伤例赏给"等语。据此,嗣后内外官兵擒拿盗贼被伤致死者,照此例给赏。中伤者,照绿旗阵伤例给赏等因具题。奉旨:"依议。"

原拟:以上四条,俱系捕获盗贼给赏及伤亡给赏之例,应删去重复,并作一条,开载于后。

【原改现行例】一、凡强盗行劫,邻佑知而不协拿者,杖八十。如邻佑,或常人,或失主家人,拿获强盗一名者,官给赏银二十两,多者照数给赏。受伤者移送兵部验明等第,照另户及家仆军伤例,将无主马匹等物变价给赏;其在外者,以各州县审结无主赃物变给。如营汛防守官兵捕贼受伤者,照绿旗阵伤例分别给赏;被伤身亡者,亦照绿旗阵亡例,分别给与身价银两。

【1725】6.18.276.(11)

【增例】一、强盗行劫,邻佑知而不协拿者,杖八十。如邻佑,或常人,或事主家人,拿获强盗一名者,官给赏银二十两,多者照数给赏。受伤者移送兵部验明等第,照另户及家仆军伤例，将无主马匹等物变价给赏；其在外者，以各州县审结无主赃物变给。如营汛防守官兵捕贼受伤者，照绿旗阵伤例，分别给赏；若被伤身亡者，亦照绿旗阵亡例，分别给与身价银两。

【1740】6.18.266.（23）（略）

【1768】6.18.266.（22）（略）

【1790】6.18.266.（16）（略）

【1825】6.18.266.（15）（略）

【1725】6.18.276.（12）【增例】（略）

一、旗下人在直省有犯强盗等项罪名，定拟重辟者，即在彼处正法。内有满洲及另户人，仍行解部。解到，缮写绿头牌，奏闻处决。其余有犯，俱解部审理。

【1740】○删除

臣等谨按：此条系本朝初年定例。今无绿头牌奏闻处决之事，应删。

【1725】○增入

原拟：现行例内一十四条，类于此律，应增入。

【现行例】一、凡昌平等十二城、德州等四城，兵一二人为盗，将该管苏喇章京罚俸一年，防守尉罚俸九个月；三四人为盗者，将该管苏喇章京降一级调用，防守尉罚俸一年；五六人为盗者，将该管苏喇章京降二级调用，防守尉降一级调用；十人以上为盗者，将该管苏喇章京革职，防守尉降二级调用。其披甲家人一二名为盗者，将伊主鞭一百；三四人以上为盗者，枷号一个月，鞭一百，该管苏喇章京罚俸六个月，防守尉罚俸三个月。章京家人一二名为盗者，将章京亦罚俸一年；三四人为盗者，降一级调用；五六人以上为盗者，降二级调用；十人以上为盗者，革职。奉天、宁古塔、江宁、西安、杭州、京口等省城兵丁及官员家兵人、家人为盗者，俱照此例拟罪。披甲家人为盗者，将贼主严行治罪，将该管章京、防守尉拟罪之处亦照此例。将军、副都统等系管众兵、披甲家人为盗者，免议。将军、副都统、防守尉等家人为盗者，俱照各章京家人为盗例拟罪，佐领、苏喇章京、骁骑校俱照各城守苏喇章京拟罪，固山大管旗参领俱照防守尉拟罪。其统辖将军、副都统等伊等所管兵一、二、三人为盗者，罚俸三个月；四、五、六人为盗者，罚俸六个月；七人以至十人为盗者，罚俸九个月；十一人以至十五人为盗者，罚俸一年；十六人以至二十人为盗者，降一级留任；二十一人以上至三十人为盗者，降二级留任；三十一人以上为盗者，降三级调用。该管官员查获者，免罪。

原拟：此条内官员降罚之处载在兵部例内，应将"降罚"等字改为"该部议处"。再此条内遗落城守尉，应增入。谨拟增改，开载于后。

【原改现行例】一、凡各省驻防及昌平、德州等处驻防旗下兵丁为盗者，将军以下及城守尉、防守尉等官俱交该部照例议处。该管官察获者,免议。其兵丁之家人为盗者,一名以上本主鞭一百;三名以上,枷号一个月,鞭一百。该管各官交该部照例议处,将军、都统、城守尉、防守尉等免议。如将军以下驻防官员家人为盗者,本主交该部照例议处,该管各官俱免议。

【1725】6.18.276.(13)

【增例】一、凡各省驻防,及昌平、德州等处驻防旗下兵丁,有为盗者,将军以下及城守尉、防守尉等官,俱交部照例议处,若该管官察获者免议。其兵丁之家人,有为盗者,一名以上,本主鞭一百;三名以上,枷号一个月、鞭一百。该管各官,交部照例议处;将军、副都统、城守尉、防守尉免议。如将军以下,驻防官员家人有为盗者,本主交部照例议处,该管各官俱免议。

【1740】○删除

臣等谨按:驻防兵丁为盗,该管官失察处分,载入《兵部处分则例》,此条应删。

【1725】○增入

原拟:现行例内一十四条,类于此律,应增入。

【现行例】一、失主报盗,止许到官听审一次、认赃一次,所认赃物,即给主宁家,不许往返拖累。违者,将承审官严加议处。

【1725】6.18.276.(14)

【增例】一、事主报盗,止许到官听审一次,认赃一次。所认赃物,即给主回家,不许往返拖累。违者,将承审官严加议处。

【1740】6.18.266.(8)(略)

【1790】6.18.266.(6)(略)

【1802】6.18.266.(4)(略)

【1725】○增入

原拟:现行例内一十四条,类于此律,应增入。

【现行例】一、旗人以窃为强,并无被劫,谎称被劫报部者,行文该抚审实,将谎报之人鞭一百。

原拟:民人以窃为强,谎称被劫报官者,亦应照旗人一体治罪。应行删改,开载于后。

【原改现行例】一、凡以窃为强,或并无被劫,谎称被劫报官者,杖一百。

【1725】6.18.276.(15)【增例】(略)

【1740】○修并

【原例】【1725】6.18.276.(15)(略)、【1725】6.18.276.(19)(略)

臣等谨按:上二条俱系事主捏报治罪之例。其以窃为强,以奸为盗,事殊而情不异,例内或杖一百或杖八十,似未画一,应改并。例文开列于后。

一、事主呈报盗情,不许虚诬捏饰。倘有并无被劫而谎称被劫,及以窃为强、以奸为盗者,俱杖一百。以人命、斗殴等事报盗者,其本身无罪,亦杖一百。若本有应得之罪,重者照本罪从重问拟;本罪轻者,加一等治罪。若奸棍豪绅,凭空捏报盗劫,借以陷害平人、讹诈印捕官役者,照诬告人死罪未决律问遣。甲长、邻佑扶同者,各照事主减一等治罪。

【1740】6.18.266.(11)(略)

【1790】6.18.266.(8)(略)

【1814】○修改

臣等谨按:律载"诬告人死罪未决者,杖一百、流二千里,加徒役三年"等语,是诬告人死罪未决之律,系属拟流加徒,并非问拟发遣。此条例内"照诬告人死罪未决律问遣"之处,核与律文不符,应行修改。谨将修改例文,开列于后。

一、事主呈报盗情,不许虚诬捏饰。倘有并无被劫而谎称被劫,及以窃为强、以奸为盗者,俱杖一百。以人命、斗殴等事报盗者,其本身无罪,亦杖一百。若本有应得之罪,重者照本罪从重问拟;本罪轻者,加一等治罪。若奸棍豪绅,凭空捏报盗劫,借以陷害平人、讹诈印捕官役者,照诬告人死罪未决律杖一百、流三千里,加徒役三年。甲长、邻佑扶同者,各照事主减一等治罪。

【1825】6.18.266.(43)(略)

【1847】6.18.266.(42)(略)

【1870】6.18.266.(39)(略)

【1725】○增入

原拟:现行例内一十四条,类于此律,应增入。

【原增现行例】一、凡地方官员审理强盗,赃证明白,并造意为首之盗犯,彼时即拿获者,仍照律拟斩具题。如造意为首之盗脱逃,见获盗犯俱系为首之盗犯纠约同行者,将见获盗犯俱行羁禁,详审首盗脱逃去处。凡盗犯俱系同谋相商始行劫掠,其窝藏之处岂有不知?若供出为首盗犯拿获,将所供之盗犯免死发与黑龙江给与穷披甲之人为奴。此详审为首盗犯,限一年缉获,如限内不获,将见获盗犯仍照律拟斩具题。若有强盗杀伤人,放火烧人房屋,奸污人妻女,打劫牢狱、仓库及干系城池、衙门等事,仍照律遵行。

原拟:此条字句太繁,应行删改,开载于后。

【原改现行例】一、强盗除杀人、放火等六项外,若造意为首之盗脱逃,将伙盗监禁,令其供出首盗逃匿处所,限一年之内缉获。倘限内不获,将各盗照律题结。如供出首盗所在,即时拿获者,将供出之伙盗免死,发黑龙江给披甲人为奴。

【1725】6.18.276.(16)【增例】(略)

【1740】○修改

臣等谨按：“名例”所载强盗免死减等，查有妻室者，发黑龙江等处给披甲人为奴；无妻室者，发极边烟瘴地方，著为成例，奏准在案。例内所称“发黑龙江给披甲人为奴”等语应改，余条仿此。再查雍正十三年(1735)定例，其情有可原之伙盗，如有供出首盗，即行拿获者，拟杖一百、流三千里，应并。谨将改并例文，开列于后。

一、造意为首之盗脱逃，如有伙盗供出逃匿所在，限一年之内缉获。限内不获，将各盗照律题结。如限内拿获者，将供出之伙盗，照例免死，分别发遣。若系例应免死减等之伙盗，供出首盗逃匿所在，即行拿获者，改拟杖一百、流三千里。

【1740】6.18.266.(16)(略)

【1767】○修改

臣等谨按：强盗免死减等旧例，原有分别改发云贵等省及黑龙江等处，今新例俱发黑龙江，是以将原例内“分别”二字删去，“发遣”下添出“黑龙江等处为奴”七字。再供出逃匿所在，必须确实，方为实供。拟于原例“供出逃匿所在”下，添“确实地方”四字。至各条例内，如有“分别”字样者，应一体删去，以归画一，合并声明。

一、造意为首之盗脱逃，如有伙盗供出逃匿所在，限一年之内缉获。限内不获，将各盗照律题结。如限内拿获者，将供出之伙盗，照例免死，发遣黑龙江等处为奴。若系例应免死减等之伙盗，供出首盗逃匿所在确实地方，即行拿获者，改拟杖一百、流三千里。

【1768】6.18.266.(16)(略)

【1790】6.18.266.(29)(略)

【1802】6.18.266.(7)(略)

【1814】○修改

修改按语，见【1740】6.18.266.(1)【1821】修改项下。

一、造意为首之盗脱逃，如有伙盗供出逃匿所在确实地方，限一年之内缉获。限内不获，将各盗照律题结。如限内拿获者，将供出之伙盗，照例免死，实发云贵两广极边烟瘴充军。若系例应免死减等之伙盗，供出首盗逃匿确实地方，即行拿获者，改拟杖一百、流三千里。

【1825】6.18.266.(42)(略)

【1835】○修改

修改按语，见【1825】6.18.266.(24)(略)条【1835】修改项下。

一、造意为首之盗脱逃，如有伙盗供出逃匿所在确实地方，限一年之内缉获。限内不获，将各盗照律题结。如限内拿获者，将供出之伙盗，照例免死，实发云贵两广极边烟瘴充军，面刺“改遣”二字。若系例应免死减等之伙盗，供出首盗逃匿确实地方，即行拿获者，改拟杖一百、流三千里。

【1847】6.18.266.(9)(略)

【1870】○修并

【原例】【1847】6.18.266.(9)(略)、【1825】6.18.266.(27)(略)

一、强盗首、伙各犯,于事未发觉,及五日以内,果能悔罪捕获他盗及同伴,解官投首者,系伤人盗犯,于遣罪上减一等,拟杖一百、徒三年;未伤人盗犯,照律免罪。若在五日以外,或闻拿将他盗及同伴捕获,解官投首者,系伤人盗犯,于斩罪上减一等,杖一百、流三千里;未伤人盗犯,杖一百、徒三年。至拿获盗犯之眼线,如曾为伙盗,悔罪将同伴指获,致被供出者,如在五日以外,照伤人首盗闻拿投首例拟斩监候。若犯事之后,五日以内,指获同伴,旋被供出获案,审明同伙,确有实据者,照强盗免死减等例,发遣新疆给官兵为奴。若并无同伙确据,审系盗犯挟恨诬扳,即予免究。

【1870】6.18.266.(9)(略)

【1725】○增入

臣等谨按:康熙五十年(1711)四月内,刑部会复江洋大盗事理,谨拟节录于后。

【续增现行例】一、凡江洋行劫大盗,俱照响马律枭首示众。

【1725】6.18.276.(17)

【增例】一、凡江洋行劫大盗,俱照响马例立斩枭示。

【1740】○修并

修并按语并修并后例文,见【1725】6.18.276.(4)条【1740】修并项下。

【1725】6.18.276.(18)

【增例】一、强盗内有老瓜贼一种,甚为凶恶,或在客店内,用闷香、药面等物迷人取财,或五更早起,在路将同行客人杀害。此种凶徒,拿获之日,务必究缉同伙,照强盗得财律,不分首从皆斩。

【1740】○修并

【原例】【1725】6.18.276.(18)(略)、【1725】6.18.276.(26)(略)

臣等谨按:强盗有行劫别案者,另有条例。此二条俱系老瓜贼治罪之例,应并。谨将并辑例文开列于后。

一、强盗内有老瓜贼,或在客店内,用闷香、药面等物迷人取财,或五更早起,在路将同行客人杀害。此种凶徒,拿获之日,务必究缉同伙,并研审有无别处行劫犯案,不得将该犯解往他处,于被获处监禁。俟关会行劫各案确实口供到日,审明具题,即于监禁处照强盗得财律,不分首从皆斩。仍知照原行劫之处张挂告示,谕众知之。

【1740】6.18.266.(3)(略)

【1725】6.18.276.(19)

【钦定例】一、事主呈报盗情,不许虚诬捏饰。倘有以奸报盗者,照不应重律杖八十。以人命、斗殴等事报盗者,其本身无罪,照以窃为强例杖一百。有应得之罪,本罪重者,照本罪治罪;本罪轻者,加一等治罪。若奸棍豪绅,凭空捏报盗劫,借以陷害平人、讹诈印捕官役者,照诬告人死罪未决律问遣。其甲长、邻佑,有扶同捏报者,各照事主减一等治罪。

【1740】○修并

修并按语并修并后例文,见【1725】6.18.276.(15)条【1740】修并项下。

【1725】6.18.276.(20)

【钦定例】一、地方文武官员,因畏疏防承缉处分,恐吓事主,抑勒讳盗,或改强为窃者,均照讳盗例革职,承行书办杖一百。若抑勒苦累事主致死者,除革职外,照故勘平人致死律治罪。该管司、道、府、厅、州不行查报,督抚不行查参者,俱交部照例议处。

谨案:此条雍正五年(1727)定。

【1740】6.18.266.(12)(略)

【1772】○修改

臣等谨按:乾隆三十五年(1770)二月内,臣部议复江苏按察使吴坛条奏,官员畏避处分,抑勒讳盗,刑伤事主至笃废者,均照故勘平人律治罪。并声请民间呈报盗案,如有以窃报强,挟制官长,希图诬良索诈者,许州县官详明督抚,另委别州县查讯,照例办理等因,奏准在案。应并入此条例内,以便援引。谨将并辑例文,开列于后。

一、地方文武官员,因畏疏防承缉处分,恐吓事主,抑勒讳盗,或改强为窃者,均照讳盗例革职,承行书办杖一百。若抑勒苦累事主致死,或刑伤至笃废者,除革职外,照故勘平人律治罪。该管司、道、府、厅、州不行查报,督、抚不行查参者,俱交部照例议处。如有奸民以窃报强,挟制官长,希图诬良索诈者,许州县官详明督抚,另委别州县查讯,照例办理。

【1790】6.18.266.(9)(略)

【1802】6.18.266.(8)(略)

【1725】6.18.276.(21)

【钦定例】一、事主呈报强劫盗案到官,该管印官,不论远近,无分风雨,立即会同营汛武弁,赴事主家查勘前后出入情形,有无撞门毁户、遗下器械油捻之类,及事主有无拷燎、捆札伤痕,并讯地邻、更夫、救护人等,有无见闻影响,当场讯取确供,填注通报文内,详明该管各上司。倘印官不亲诣查验,捏饰填报,照溺职例议处。该管道、府、直隶州不揭报者,均照徇庇例议处。如印官公出,佐贰、捕官,一面会同汛弁查验，先行缉捕，一面申请邻邑印官复加查验，据实申报。倘邻邑印官，推诿不即赴验，或将未曾目见之情形，附会佐贰、捕官，捏作亲验者，将邻邑印官，照徇庇例议处。

【1740】〇删除

【原例】【1725】6.18.276.（21）（略）、【1725】6.18.276.（22）（略）

臣等谨按：以上二条，俱系该管地方官处分，并无治罪之处，已载《吏部处分则例》。其民人捏报盗案已有定例，外地商民如有捏报等情，自应照例一体治罪，毋庸另立例款。此二条俱应删。

【1725】6.18.276.（22）

【钦定例】一、外地人民行商过客有失事者，责令居停，或令船户与事主，一同据实报官，地方官即亲诣查验，严缉务获，追赃给主。倘商民有捏报等情，及地方官有隐讳抑勒，不行亲验等弊，俱照前例分别议处治罪。

【1740】〇删除

删除按语，见【1725】6.18.276.（21）条【1740】删除项下。

【1725】6.18.276.（23）

【钦定例】一、凡拿获盗犯到案，即行严讯。如有行劫别案，该地方官务详细讯明行劫几次、所得何赃，取具确供申报，并行文被盗之府州县，查讯彼此供同，毋庸对质者，应即正法。不得因别案未结，仍行监禁。若别案应拟斩枭示，重于本案者，仍听彼案审明归结。如供出行劫之别案伙盗未获一人，必须监候待质者，该督抚于疏内声明，将该犯提解省城，严行监禁。俟彼案获有伙盗，对质明确，题请正法。如别州县有指已正法之盗作为首盗，或盗数未足，作为伙盗，希图销案者，该督抚题参，从重议处。至地方官员遇有行查盗犯口供，不即详细讯明关复，以致各案不能完结者，该督抚题参，照易结不结例议处。

【1740】〇修并

【原例】【1725】6.18.276.（23）（略）、【1725】6.18.276.（25）（略）

臣等谨按：以上二条俱系行劫多案，须关会明确，从重归结之事，应删并。谨将删并例文，开列于后。

一、凡拿获盗犯到案，即行严讯。如有行劫别案，讯明次数并所得赃物，取具确供申报，行文被盗之州县，查讯供词，彼此相同，毋庸对质者，即行定案，不必往返提讯。倘有供出别案之伙盗未获一人，必须待质者，承审官于文内声明，该督抚亦于疏内声明。俟彼案获有伙盗，质对明确，题请正法。若与原获之州县情罪相等者，即于本处完结。如此案罪轻，彼案罪重者，详明各上司，将该犯押解，交与重罪处严行监禁，审明归结。如别州县有指已正法之盗作为首盗，或盗数未足，作为伙盗，希图销案，及州县彼此行查盗犯口供，不即详细讯明关复，以致案件不能完结者，该督抚查明题参，交部分别议处。

【1740】6.18.266.(18)(略)

【1767】○修改

臣等谨按：此条系拿获盗犯供出行劫别案关查题疏定例。查乾隆三十一年(1766)九月内，据江苏巡抚明德条奏“拿获盗犯之州县，如有供出行劫本省他邑之案，即通详督抚。无论他邑有无拿获盗犯，总于赃物查起、事主认领之后，提解来省并案审拟。供出邻省之案，伙盗已获，关查明确，首、从无疑，即于本案声明题请正法。伙犯未获，亦令各督抚将现获之犯详加研鞫，务得实情，不必虚拟罪名另案具题，即于本案声明题请正法”等语，已并入此条之内。再原例“伙盗未获，承审官于文内声明，该督抚于疏内声明，俟彼案获有伙盗，质对明确，题请正法。若与原获之州县情罪相等，即于本处完结。如此案罪轻、彼案罪重，解交彼案罪重归结”等语。查乾隆二十九年(1764)，钦奉上谕议准定例，各省拿获盗犯，供出他省曾犯行劫者，不论罪轻罪重，研讯明确，毋庸解往质审，现在纂入例册遵行。所有原例俟获有伙盗，质对明确，始行题请正法，及分别情罪轻重，解交重案归结之处，系属旧例，业已不行，拟合删去。

一、凡拿获盗犯到案，即行严讯。如有供出行劫别案，讯明次数、赃物，取具确供。其在本省他邑者，即行通详该督抚。无论他邑有无拿获盗犯，总于赃物查起、事主认领之后，提解来省，并案审拟具题，将该犯即行正法。若系供出邻省之案，其伙盗已获者，应令该督抚关查明确，首、从绝无疑义者，详悉声明，题请即行正法。如邻省伙犯未获，现获之犯，或任意抵赖，系彼案盗首而供为同伙，将来后获之犯，或本系盗首，因同伙已经正法，转推已决者为首犯，不无避重就轻之弊。应令各督抚详加研鞫，务得实情。其无前项情弊者，不必虚拟罪名，另案具题，即于本案声明，题请正法。倘行查被盗之州县，有指已正法之盗作为首盗，或盗数未足，作为伙盗，希图销案，及州县彼此行查盗犯口供，不即详细讯明关复，以致案件不能完结者，该督抚查明题参，交部分别议处。

【1768】6.18.266.(18)(略)

【1790】6.18.266.(12)(略)

【1802】6.18.266.(11)(略)

【1725】6.18.276.(24)

【钦定例】一、凡强盗初到案时，审明伙盗几人、赃数若干。起有赃物，经事主确认，即按律定拟。如系窃贼，审明行窃几次，并事主初供是否满贯。但搜有正赃，不待追比全完，即分别定拟。若原赃花费，将本犯并窝家家产，追变赔偿。如事主有冒开赃物，审出杖八十。其盗贼供出所卖赃物之处，如有伊亲党并胥捕借端吓诈者，计赃准窃盗论，加一等治罪。

【1740】○修并

【原例】【1725】6.18.276.（8）（略）、【1725】6.18.276.（24）（略）

臣等谨按：刊刻例内尚有“伙盗数目，以初获强盗所供为确”一条，应并入此条内。再前例字句繁冗，应节删。谨将删并例文，开列于后。

一、凡强盗初到案时，审明伙盗、赃数。及起有赃物，经事主确认，即按律定罪。其伙盗数目，以初获强盗所供为确。初招既定，不许续报。如系窃贼，审明行窃次数，并事主初供。但搜有正赃，即分别定拟。若原赃花费，照例追变赔偿。如事主冒开赃物，杖八十。其盗贼供出卖赃之处，如有伊亲党并胥捕人等借端吓诈者，计赃加窃盗一等治罪。

【1740】6.18.266.（22）（略）

【1768】6.18.266.（21）（略）

【1790】6.18.266.（15）（略）

【1802】6.18.266.（14）（略）

【1725】6.18.276.（25）

【钦定例】一、获盗到案时，扳出伙盗，有别处地方已经审实定罪者，行文取供，两处供同，即行定案，不必提审对质。如两案犯罪轻重相等，及彼案罪轻、此案罪重者，即于被获本案归结。如果被获本案罪轻而彼案罪重，应正法者，既将供情关会明确，亦即于被获处监禁，候彼案命下之日正法。若其间必须解质，该州县详明各该管上司，严押解质，该上司勒限质明，从重归结。

谨案：此条系雍正五年（1727）定例。

【1740】○修并

修并按语并修并后例文，见【1725】6.18.276.（23）条【1740】修并项下。

【1725】6.18.276.（26）

【钦定例】一、凡老瓜贼、强盗等犯拿获时，研审曾在某省州县行劫有案，将盗犯不得解往他省，仍于被获处监禁，关会行劫各案确实口供具题，于监禁处即行正法。仍知照他省原行劫之处张挂告示，谕众知之。

【1740】○修并

修并按语并修并后例文，见【1725】6.18.276.（18）条【1740】修并项下。

【1725】○增入①

臣等谨按：钦奉上谕一道，类于此律，应增入。

【续增现行例】一、康熙五十四年(1715)七月内，刑部将强盗案件具题，奉上谕："着大学士等会同三法司，将此内造意为首及杀伤人者，于各本案内一二人正法，余俱照例减等发遣，逐一查明具奏。"

【1725】○增入②

臣等谨按：雍正元年十二月内，刑部题强、窃盗杀伤人事理，谨拟节录于后。

【续增现行例】一、凡强盗案内未曾伤人者，仍行减等发遣外，其凡伤烤事主者，无分伤之轻重、死与未死，均与造意之首盗一同正法。其窃盗临时拒捕，有杀人者，照强盗律拟斩立决。若非金刃而伤轻平复者，照强盗自首律发边卫充军。若自首者，杖一百、徒三年。

【1725】○增入③

臣等谨按：雍正二年七月内，九卿议复盗案速结，事理类于此律，谨拟节录于后。

【续增现行例】一、获盗以初供为主，到案时即详取确供申报。此后有陆续扳出与供出某案者，概不准行。至扳出伙盗之中，有别处地方已经审实定罪者，行文取供，两处供同，即行定案，不必提审对质。如两案犯罪轻重相等，及彼案罪轻、此案罪重者，即于彼获本案归结。如被获本案罪轻而彼案重罪应正法者，即将供情关会明确，无庸解往彼县，亦即于被获处关禁，候彼案命下之日正法。若其间必须解质，该县详明各该上司严押解质，该上司勒限质明，从重归结。再押解中途致有脱逃者，将该县照例议处。加级、纪录，不准抵销。

【1725】○增入④

臣等谨按：以下八条类于强盗律，应增入条例后。

【现行例】一、凡长峪城、白羊城、横岭城三处把总，轮流贴防怀柔地方，失事均照兼辖官例议处，贼犯令接管官缉拿。

---

① 此条见于《大清律例按语》第18卷"刑律·贼盗·强盗"(雍正三年)项下，雍正三年(1725)《大清律集解附例》不载。

② 此条见于《大清律例按语》第18卷"刑律·贼盗·强盗"(雍正三年)项下，雍正三年(1725)《大清律集解附例》不载。

③ 此条见于《大清律例按语》第18卷"刑律·贼盗·强盗"(雍正三年)项下，雍正三年(1725)《大清律集解附例》不载。

④ 此条见于《大清律例按语》第18卷"刑律·贼盗·强盗"(雍正三年)项下，雍正三年(1725)《大清律集解附例》不载。

【1725】○增入[1]

臣等谨按:以下八条类于强盗律,应增入条例后。

【现行例】一、凡漕船被劫,运官受伤身死者,应照奉差官员被贼杀掳之例,将专汛官降二级调用,兼辖官降一级留任。

【1725】○增入[2]

臣等谨按:以下八条类于强盗律,应增入条例后。

【现行例】一、凡海洋缉贼,无论内外,获贼一半者,应免其议处。至巡哨官弁,巡期内并无失事,而能拿获以前盗犯,或本汛并无失事,而能拿获别汛盗犯十人以上者,俟审明盗供行劫洋面与年、月、日期相符,将分委、总巡等官各纪录一次。从前如有降俸之案,准其开复。

【1725】○增入[3]

臣等谨按:以下八条类于强盗律,应增入条例后。

【现行例】一、凡外委无品俸禄百户、寨长有失事者,责四十板,革退,该地方文武各官另行委任。

【1725】○增入[4]

臣等谨按:以下八条类于强盗律,应增入条例后。

【现行例】一、凡内洋失事,应照定例议处。若系外洋被劫,难定专汛、兼辖,惟责之分委、总巡。题参到日,限一年缉贼。如不获,照村庄道路失事例,将原参分委、总巡分别议处,贼犯令接管官照案缉获。其失察出口、入口各官,仍照定例议处。如内洋失事,捏称外洋,查出将哨巡及专、兼各官均照讳盗例处分。督抚、提镇不查明据实揭参,照徇庇例议处。

---

① 此条见于《大清律例按语》第18卷“刑律·贼盗·强盗”(雍正三年)项下,雍正三年(1725)《大清律集解附例》不载。

② 此条见于《大清律例按语》第18卷“刑律·贼盗·强盗”(雍正三年)项下,雍正三年(1725)《大清律集解附例》不载。

③ 此条见于《大清律例按语》第18卷“刑律·贼盗·强盗”(雍正三年)项下,雍正三年(1725)《大清律集解附例》不载。

④ 此条见于《大清律例按语》第18卷“刑律·贼盗·强盗”(雍正三年)项下,雍正三年(1725)《大清律集解附例》不载。

【1725】○增入①

臣等谨按：以下八条类于强盗律，应增入条例后。

【现行例】一、凡盘获形迹可疑之船，货物、人数不符税单、牌票者，限三日确查。果系商船即速放行申报，贼船拿交地方官治罪。如巡缉官兵，以贼船作为商船，照讳盗例革职，索取财物者拿问。商船作为贼船，照诬良为盗例革职，索取财物者拿问。该管上司查出，免其议处，失察照例治罪。

【1725】○增入②

臣等谨按：以下八条类于强盗律，应增入条例后。

【现行例】一、凡京城前三门关厢失事，一年内缉获一半者，专汛、兼辖各官免其议处。不及一半者，仍照定例议处。

臣等谨按：此条专为缉贼议处而言。定例内"前三门关厢失事，将三营专汛、兼辖武职各官，文职兵马司、副指挥、吏目俱降二级留任，罚俸一年"等语。今武职专、兼各官获贼一半既免其议处，则文职兵马司等官一应改为免其议处。

【新改入现行例】一、凡京城前三门关厢失事，一年内缉贼一半者，文武各官免其议处。不及一半者，仍照定例议处。

【1740】○增入

一、凡捕役人等奉差缉贼，审非本案正盗，若其人素行不端，或曾经犯窃有案者，将捕役照诬良为盗例减一等，杖一百、徒三年。至其人本系良民，捏称踪迹可疑、素行不轨，妄行拿获，及虽犯窃有案，已改恶为善，确有实据，仍复妄拿，并所获之人，不论平人、窃盗，私行拷打，吓诈财物，逼勒认盗，及所缉盗案已获有正贼，因伙盗未获，将犯有窃案之人，教供诬扳、滥拿充数等弊，俱照诬良为盗例治罪。

此条系雍正十二年(1734)定例。

【1740】6.18.266.(4)(略)

【1788】○移出

移出按语，见【1768】6.18.266.(5)条，【1788】移出按语。

* 刑律·诉讼·诬告

【1790】6.22.336.(19)(略)

---

① 此条见于《大清律例按语》第18卷"刑律·贼盗·强盗"(雍正三年)项下，雍正三年(1725)《大清律集解附例》不载。

② 此条见于《大清律例按语》第18卷"刑律·贼盗·强盗"(雍正三年)项下，雍正三年(1725)《大清律集解附例》不载。

【1740】○增入

一、凡诬窃为盗，拿到案日，验明并无拷逼情事，或该犯自行诬服，并有别故，例应收禁，因而监毙者，将所诬拿之人杖一百、流三千里。其吓诈逼认，因而致死，及致死二命者，俱照诬告致死律拟绞监候。拷打致死者，照故杀律拟斩监候。

此条系乾隆元年（1736）定例。

【1740】6.18.266.（5）（略）

【1761】○修改

臣等谨按：此条诬窃为盗，原奏内系专指捕役言，若不注明“捕役”字样，恐引用错误，应于“凡”字下照原奏增“捕役”二字，并将“所诬拿之人”五字改为“诬拿之捕役”五字。谨将增改例文，开列于后。

一、凡捕役诬窃为盗，拿到案日，验明并无拷逼情事，或该犯自行诬服，并有别故，例应收禁，因而监毙者，将诬拿之捕役杖一百、流三千里。其吓诈逼认，因而致死，及致死二命者，俱照诬告致死律拟绞监候。拷打致死者，照故杀律拟斩监候。

【1768】6.18.266.（5）（略）

【1788】○移出

【原例】【1768】6.18.266.（5）（略）、【1740】6.18.266.（4）（略）

臣等谨按：以上二条原载于“强盗”条例之下。查诬良为盗之例，详载“诬告”门内，所有此二条原例均系捕役诬盗、诬窃之条，未便牵混于“强盗”条下，致滋错杂。今拟移入“诉讼·诬告”门内，以昭贴切，理合声明。

＊刑律·诉讼·诬告

【1790】6.22.336.（18）（略）

【1740】○增入

一、捕役为盗，虽非造意为首，均照造意为首律拟斩立决。其失察之该管官，交部议处。如该管官逼勒改供，或捏称革役，该管上司不能查出，一并交部照例议处。如捕役与巨盗交结往来，奉差缉拿，走漏消息，及非伊承缉之案，漏信脱逃者，不分曾否得财，均照本犯之罪治罪。

此条系雍正九年（1731）定例。

【1740】6.18.266.（6）（略）

【1790】6.18.266.（4）（略）

【1801】○修并

【原例】【1790】6.18.266.（4）（略）、【1790】6.18.266.（5）（略）

臣等谨按：捕役为盗，及与巨盗交结，漏信脱逃，分别治罪，系雍正九年（1731）定例。又汛兵承缉盗案，分赃通贼，及知情故纵，分别治罪，系乾隆元年（1736）定例。查捕役与汛兵俱系缉盗之人，事同一例，上条为盗及与巨盗交结，言捕役而不及汛兵，下条分赃通贼及知情故纵，言汛兵而不及捕役，自应修并一条。查防守墩卡汛兵亦易于为盗，应添入，以昭赅备。谨将修并例文，开列于后。

一、捕役及防守墩卡并承缉盗案汛兵为盗，虽非造意为首，均照造意为首律拟斩立决。其失察之该管官，交部议处。如该管官逼勒改供，或捏称革役，该管上司不能查出，一并交部照例议处。如捕役、汛兵，分赃通贼，及与巨盗交结往来，奉差缉拿，走漏消息，及非伊承缉之案，漏信脱逃者，不分曾否得财，均照本犯之罪治罪。若知情故纵者，照窝主知情存留例分别治罪。如并不知情，止系查缉不力者，照不应重律科断。

【1802】6.18.266.(33)(略)

【1806】○修改

臣等谨按：嘉庆九年(1804)七月内，广西布政使恩长条奏，营兵为盗作何定拟，例无明文，请照江洋大盗例斩决枭示等因。经臣部以防守墩卡及承缉盗案汛兵为盗例内已有"虽非造意为首，均照造意为首律斩决"之文，营兵犯盗皆可援引办理。惟是行劫情形不一，若概拟斩枭，固属无所区别。而首、从均拟斩决，亦不足以示惩。议请嗣后营兵为盗，无论其伙同民人、伙同兵丁，系兵丁为首者，斩决枭示；为从者，仍拟斩决。其有情节重大，非寻常行劫可比者，该督抚仍酌量案情，分别枭示等因，奏准在案。应于例内修辑，以资引用。再查捕役与兵丁均有缉盗之责，故原例捕役为盗与兵丁同列一条。今兵丁为盗既经奏准分别斩枭，则捕役为盗，应与兵丁同科，将为首者亦拟枭示，以昭画一，应请一并增辑。谨将修改例文，开列于后。

一、捕役及防守墩卡或承缉盗案汛兵，并各营兵丁为盗，虽非造意为首，均照造意为首律拟斩立决。如捕役、兵丁等起意为首，斩决枭示，为从者仍拟斩决。其有情节重大，非寻常行劫可比者，该督抚仍酌量案情，分别枭示。其失察之该管官，交部议处。如该管官逼勒改供，或捏称革役，该管上司不能查出，一并交部照例议处。如捕役、兵丁，分赃通贼，及与巨盗交结往来，奉差缉拿，走漏消息，及非伊承缉之案，漏信脱逃者，不分曾否得财，均照本犯之罪治罪。若知情故纵者，照窝主知情存留例分别治罪。如并不知情，止系查缉不力者，照不应重律科断。

【1825】6.18.266.(37)(略)

【1870】修改

咸丰五年(1855)，删"虽非造意为首"六字，于例末增入"至书差人等，临时得赃卖放，亦照本犯一体治罪"十九字。

一、捕役并防守磤卡或缉盗汛兵及营兵为盗，均照律拟斩立决。如捕役、兵丁起意为首，斩决、枭示，为从仍拟斩决。其情节重大，非寻常行劫可比者，该督抚酌量，分别枭示。失察之该管官，交部议处。该管官逼勒改供，或捏称革役，该上司不能查出，一并交部议处。如捕役、兵丁，分赃通贼，及与巨盗交结往来，奉差承缉，走漏消息，及本非承缉，走漏消息，致令脱逃者，不分曾否得财，均照本犯一体治罪。知情故纵,照窝主知情存留例分别治罪。若不知情,止系查缉不力,照不应重律科断。至书差人等,临时得赃卖放,亦照本犯一体治罪。

【1870】6.18.266.(35)(略)

【1740】6.18.266.(7)

一、承缉盗案汛兵,有审系分赃通贼者,均与盗贼同科,至死减一等。若知情故纵者,照窝主知情存留例分别治罪。如并不知情,止系查缉不力者,照不应重律科断。

谨案:此条乾隆元年(1736)定。

【1767】○修改

臣等谨按:例载"捕役为盗,虽非造意为首,均照造意为首律拟斩立决。如与巨盗交结往来,奉差缉拿走漏消息,不分曾否得财,均照本犯治罪"等语。诚以捕役最易通贼,若不加等治罪,无以惩奸宄而严缉拿也。汛兵虽与捕役稍为有间,但分地防守原有诘盗之责,况立限承缉则与捕役无甚区别。今既分赃又通贼而至死得以减等,是其罪较捕役大相悬殊.安保无以身试法之兵丁为殃民匿盗之奸薮?似宜酌为加重,以示警惕。请将例内"至死减一等"一句删去。

一、承缉盗案汛兵,有审系分赃通贼者,均与盗贼同科。若知情故纵者,照窝主知情存留例分别治罪。如并不知情,止系查缉不力者,照不应重律科断。

【1768】6.18.266.(7)(略)

【1790】6.18.266.(5)(略)

【1801】○修并

修并按语并修并后例文,见【1790】6.18.266.(4)条【1801】修并项下。

【1740】○增入

一、凡窃盗等事,责令该地保、营汛兵丁,分报各衙门文武员弁,协力追拿。如地保、汛兵,通同隐匿不报,及地保已报文职,而汛兵不报武弁,或汛兵已报武弁,而地保不报文职者,均照强盗窝主之邻佑知而不首例,杖一百。若首报迟延,照牌头曾首告而甲长不行转报例杖八十。

谨案:此条系雍正八年(1730)定例。

【1740】6.18.266.(13)(略)

【1790】6.18.266.(10)(略)

【1802】6.18.266.(9)(略)

【1835】○修改

臣等谨按:道光十二年(1832)十一月内,据升任江西道监察御史金应麟奏"请修改删易刑例"一折内称,窃盗等事,地保、讯兵首报迟延,应照牌头曾首告而甲长不行转报例,杖八十。查窝主例，牌头瞻徇隐匿者，杖八十。若牌头于甲长处首告，而甲长不行转报，减一等，牌头免坐。是不行转报，止拟杖七十，似应酌改等语。经臣部查，地保、汛兵首报迟延之例，系雍正八年(1730)纂定。向来遇有似此案件，俱系照例科以杖八十之罪。至例内所称“照牌头曾首告而甲长不行转报例”一语，虽与窝主之例不符，然不过字句之间少有参差，援引尚无格碍。应俟修例时再行酌改等因具奏，奉旨允准在案。今届修例之时，应将例内“照强盗窝主之邻佑知而不首例”及“照牌头曾首告而甲长不行转报例”数语删去，以免参差。谨将修改例文，开列于后。

一、凡窃盗等事，责令该地保、营汛兵丁，分报各衙门文武员弁，协力追拿。如地保、汛兵，通同隐匿不报，及地保已报文职，而汛兵不报武弁，或汛兵已报武弁，而地保不报文职者，均杖一百。若首报迟延，杖八十。

【1847】6.18.266.(44)(略)

【1870】6.18.266.(41)(略)

【1740】○增入

一、凡未伤人之盗首，能于未发之时自首者，佥妻发边卫充军。至闻拿投首，与悔过自首者不同，照情有可原例佥妻发遣。如无妻室者，仍照例改发云贵川广烟瘴地方。窝家、盗线，如有自首，及闻拿投首者，亦照未伤人之盗首，分别充军、发遣。倘有亲属首告，亦照此例办理。

此条系乾隆四年(1739)定例。

【1740】6.18.266.(17)(略)

【1788】○修并

【原例】* 名例律·犯罪自首

【1768】1.1.25.(6)一、凡强盗，除杀死人命、奸人妻女、烧人房屋，罪犯深重，不准自首外，其伙盗虽曾伤人，随即平复者，亦姑准自首，照凶徒执持凶器伤人例，问边远充军。其放火烧人空房及田场积聚之物者，依律问流。若计所烧之物重于本罪者，发边卫充军。若事主伤重，虽幸未死，不准自首。

【1768】1.1.25.(8)一、跟随为盗，并未伤人之犯，自行出首，将伊应得之罪，悉行宽免。

【1768】1.1.25.(11)一、伙盗除行劫一次者，于事未发之先，自行首出，仍照律免罪外，如行劫二次以上者，事未发而自首，照未伤人之盗首事未发自首例，发近边充军。若闻拿投首，亦照未伤人之盗首闻拿投首例，发黑龙江等处给披甲人为奴。

【1782】○续纂一、伤人伙盗自首，即照未伤人盗首自首之例。如事未发而自首者，仍照本例拟军。遇有脱逃拿获，加等调发。如系闻拿投首者，发遣黑龙江等处给披甲人为奴。遇有脱逃，获日，请旨即行正法。

【1740】6.18.266.(17)(略)、【1768】6.18.266.(30)(略)

臣等谨按：以上六条，俱系强盗自首，分别首伙、事未发而自首与闻拿投首轻重治罪之专条。前四条载在“名例·犯罪自首”门内,后二条载在“刑律·强盗”门内。查同属盗犯自首之文,而分载两门,倘翻阅未周,援引易致舛误。且犯罪自首,列入“名例”,系统论自首之纲领。至于强盗自首,则罪有专条,自应将各条并归入“强盗”门内,庶展卷了然,引用便捷。再未伤人之伙盗行劫仅止一次者,例止发遣,较之伤人及行劫二次伙盗,例应斩决之犯,情罪本殊。其闻拿投首,臣部历来俱随案比照一切罪犯闻拿投首之例,于本例遣罪上减一等,拟以杖一百、徒三年。今拟补入例内,以便引用。又,查伙盗行劫二次以上,及伤人伙盗,俱属法无可贷之犯。原例三条、四条内载明,如事未发而自首,照未伤人之盗首,发近边充军,闻拿投首,亦照未伤人盗首闻拿投首例,发遣黑龙江等处为奴,业已条分缕晰,轻重适平。所有首条内伙盗,虽曾伤人,姑准自首,照凶徒执持凶器伤人例,问边远充军,并未分晰。悔罪及闻拿投首之文,查系前代旧例,业已不用,应拟删去,以归画一。再查首条内“事主伤重,虽幸未死,不准自首”等句,其事主被殴,以何伤为重,并未指明,不免含混,自应改为“殴事主至折伤以上”字样,庶为明晰。今将增删移并例文,开列于后。

一、凡强盗,除杀死人命、奸人妻女、烧人房屋,罪犯深重,及殴事主至折伤以上,首、伙各犯,俱不准自首外,其伤人首盗,伤轻平复,无论事未发而自首,及闻拿投首者,俱拟斩监候。未伤人之首盗,能于事未发时自首者,发近边充军;如系闻拿投首,照情有可原例,发遣黑龙江等处给披甲人为奴。至未伤人之伙盗,行劫仅止一次,事未发而自首者,照律免罪;如系闻拿投首,于情有可原发遣本罪上减一等,杖一百、徒三年。若伙盗曾经伤人,及行劫二次以上,事未发而自首,发近边充军;如系闻拿投首,照情有可原例发遣。窝家、盗线,如有自首,及闻拿投首者,即照未伤人之盗首,分别充军、发遣。以上各犯,遇有脱逃被获,军罪加等调发。其减发黑龙江者,请旨即行正法。其放火烧人空房及田场积聚等物之强盗自首,依放火故烧本律拟流。若计所烧之物重于本罪者,发近边充军。

【1790】6.18.266.(28)(略)

【1802】6.18.266.(24)(略)

【1814】○修改

修改按语,见【1802】6.18.266.(1)【1814】修改项下。

一、凡强盗,除杀死人命、奸人妻女、烧人房屋,罪犯深重,及殴事主至折伤以上,首伙各犯,俱不准自首外,其伤人首盗,伤轻平复,无论事未发而自首,及闻拿投首者,俱拟斩监候。未伤人之首盗,能于事未发时自首者,发近边充军;如系闻拿投首,实发云贵两广极边烟瘴充军。至未伤人之伙盗,行劫仅止一次,事未发而自首者,照律免罪;如系闻拿投首,于情有可原发遣本罪上减一等,杖一百、徒三年。若伙盗曾经伤人,及行劫二次以上,事未发而自首,发近边充军;如系闻拿投首,实发云贵两广极边烟瘴充军。窝家、盗线,如有自首及闻拿投首者,即照未伤人之盗首,分别充军。以上各犯,遇有脱逃被获,如系近边充军,加等调发;其实发云贵两广者,请旨即行正法。其放火烧人空房及田场积聚等物之强盗自首,依放火故烧本律拟流。若计所烧之物重于本罪者，发近边充军。

【1825】6.18.266.（24）（略）

【1835】○修改

【原例】【1825】6.18.266.（24）（略）、【1825】6.18.266.（42）（略）

臣等谨按：以上两条例内未伤人盗首闻拿投首，曾经伤人及行劫二次以上之伙盗闻拿投首，窝家盗线闻拿投首，伙盗供出盗首逃匿地方一年限内拿获四项，脱逃被获，按例俱应正法。是以"名例·徒流迁徙地方"门内应发黑龙江等处一条声明，此等人犯定案时，均面刺"改遣"二字。今"名例"内应发黑龙江等处一条，臣等因其无关引用，议请删除，所有此等人犯应面刺"改遣"二字之处，应于各本例内添载明晰，以便查考。谨将修改例文，开列于后。

一、凡强盗，除杀死人命、奸人妻女、烧人房屋，罪犯深重，及殴事主至折伤以上，首伙各犯，俱不准自首外，其伤人首盗，伤轻平复，无论事未发而自首，及闻拿投首者，俱拟斩监候。未伤人之首盗，能于事未发时自首者，发近边充军；如系闻拿投首，实发云贵两广极边烟瘴充军，面刺"改遣"二字。至未伤人之伙盗，行劫仅止一次，事未发而自首者，照律免罪；如系闻拿投首，于情有可原发遣本罪上减一等，杖一百、徒三年。若伙盗曾经伤人，及行劫二次以上，事未发而自首，发近边充军；如系闻拿投首，实发云贵两广极边烟瘴充军，照前刺字。窝家、盗线，如有自首及闻拿投首者，即照未伤人之盗首，分别充军。以上各犯，遇有脱逃被获，如系近边充军，加等调发；其实发云贵两广者，请旨即行正法。其放火烧人空房及田场积聚等物之强盗自首，依放火故烧本律拟流。若计所烧之物重于本罪者，发近边充军。

【1847】6.18.266.（45）（略）

【1870】○修并

【原例】【1847】6.18.266.（45）（略）、【1825】6.18.266.（33）（略）

同治九年（1870），因强盗行劫数家止首一家，原例拟军，而伤人首盗未发自首，仍拟斩候，殊未平允；又首伙盗犯，按律同一斩决，是以不论首伙，均核其曾否伤人及自首之先后，分别定拟；并将强盗行劫数家止首一家之例修改，并入此条。

一、凡强盗，除杀死人命、奸人妻女、烧人房屋，罪犯深重，及殴事主至折伤以上，首、伙各犯，俱不准自首外，其伤人首、伙各盗，伤轻平复，如事未发而自首，及强盗行劫数家，止首一家者，均发遣新疆给官兵为奴；系闻拿投首者，拟斩监候。未伤人之首、伙各盗，及窝家、盗线，事未发而自首者，杖一百、流三千里；闻拿投首者，实发云贵两广极边烟瘴充军，面刺"改遣"二字。以上各犯，如将所得之赃悉数投报，及到官后追赔给主者，方准以自首论。若赃未投报，亦未追赔给主，不得以自首论。遇有脱逃被获，新疆遣犯及实发云贵两广人犯，均照例即行正法，流犯仍加等调发。至放火烧人空房及田场积聚等物之强盗自首，依放火故烧本律拟流。若计所烧之物重于本罪者，发近边充军。

【1870】6.18.266.(31)(略)

【1740】○增入

一、凡强盗诬扳良民,除首盗杀人,及伤人伙盗,并行劫三次者,俱例应正法,无庸加等外,其未伤人之伙盗,加等照伤人例拟斩立决。

谨案:此条系雍正七年(1729)定例。

【1740】6.18.266.(20)(略)

【1767】○删除

【原例】【1740】6.18.266.(20)(略)、【1740】6.18.266.(26)(略)

臣等谨按:伙盗诬扳良人,及行劫二次,转纠党羽,捆殴事主,逼索财物,已于乾隆二十六年(1761)两江总督尹继善条奏,俱问法无可贷,另有定例,毋庸赘列。以上二条,均应删除。

【1740】○增入

一、强盗同居父兄、伯叔与弟,其有知情而又分赃者,如强盗问拟斩决,减一等,杖一百、流三千里;如问拟发遣,亦减一等,杖一百、徒三年。其虽经得财,而实系不知情者,照本犯之罪减二等发落。父兄不能禁约子弟为盗者,杖一百。

此条系雍正十二年(1734)定例。

【1740】6.18.266.(24)(略)

【1768】6.18.266.(23)(略)

【1790】6.18.266.(21)(略)

【1802】6.18.266.(19)(略)

【1740】○增入

一、凡情有可原之伙盗内,如果年止十五岁以下,审明实系被人诱胁,随行上盗者,无论分赃与不分赃,俱问拟满流,不准收赎。

此条系乾隆四年(1739)定例。

【1740】6.18.266.(25)(略)

【1768】6.18.266.(24)(略)

【1802】6.18.266.(21)(略)

【1825】6.18.266.(26)(略)

【1870】6.18.266.(25)(略)

【1740】○续纂

一、凡行劫二次之伙盗,及每案内各转纠三人以上,及帮助捆殴、按捺事主、逼索财物者,无论伤人不伤人,并不得以情有可原,循例奏请。

此条系乾隆五年(1740)刑部议准定例。

【1740】6.18.266.(26)(略)

【1761】○修改

臣等谨按:此条"及每案内各转纠三人以上"之"及"字,原奏内系"又"字,应改正。谨将改辑例文开列于后。

一、凡行劫二次之伙盗,又每案内各转纠三人以上,及帮助捆殴、按捺事主、逼索财物者,无论伤人不伤人,并不得以情有可原,循例奏请。

【1767】○删除

删除按语,见【1740】6.18.266.(20)条【1767】删除项下。

【1740】○续纂

一、强盗案内,有知而不首,或强逼为盗,临时逃避,行劫后众盗分与赃物以塞其口者,照知强窃盗之后分赃律科断,不得概拟窝主分赃不行之罪。

此条系浙江巡抚卢焯条奏。查强盗律内无分赃不行之文,惟窝主身虽不行,亦得坐地分赃,故有分赃不行之罪。各省成案,凡遇知而不首及临时逃避之犯,行劫后分与赃物塞口者,无例援引,概照窝主一体拟斩,未为允协。应如所奏,另设条款,计赃论罪,以便引用。

【1740】6.18.266.(27)(略)

【1768】6.18.266.(25)(略)

【1790】6.18.266.(18)(略)

【1802】6.18.266.(17)(略)

【1870】○修改

一、强盗案内,有知而不首,或强逼为盗,临时逃避,行劫后分与赃物以塞其口,与知强盗后而分所盗之赃数在一百两以下者,俱照共谋为盗临时畏惧不行事后分赃例减一等,杖一百、徒三年。如所分赃至一百两以上,按准窃盗为从律递加一等定拟;一百二十两以上,仍照例发近边充军。

谨案:此条同治七年(1868)增改。

【1870】6.18.266.(17)(略)

【1740】○删除

一、凡强盗行劫,被事主殴打情急,格杀事主之犯,仍照强盗得财律拟斩立决,免其枭示。

此条系乾隆元年(1736)定例。因刑部题复湖广省盗犯邓正一案,经九卿议复,邓正被事主殴打情急,因而格杀事主,应仍照强盗得财例斩决,免其枭示等因,遵行在案。但查定例,强盗杀人,不分曾否得财,俱拟斩枭。盖以盗犯伙众行劫,复敢逞凶杀人,罪恶已极,故与放火、奸污等项一体枭示。若已将事主格杀,复以曾被事主殴打,遂得免枭,恐适开黠盗狡供之弊,不足示儆。此条毋庸纂入。

【1743】○续纂

一、强盗重案,除定例所载杀人、放火、奸人妻女、打劫牢狱仓库、干系城池衙门、并积至百人以上,及响马强盗、江洋大盗、老瓜贼,仍照定例遵行外,其余盗劫之案,各该督抚严行究审,将法所难宥及情有可原者,一一分析,于疏内声明,大学士会同三法司详议,将法所难宥者正法,情有可原者发遣。

臣等谨按:康熙五十四年(1715)钦奉谕旨:"凡强盗重案,着大学士会同三法司,将此内造意为首及杀伤人者,于各本案内一二人正法,余俱照例减等发遣。钦此。"嗣于雍正五年(1727),又经九卿遵旨定议:凡此后盗案,自州县以及巡抚务令严行究审,将法所难宥及情有可原者,一一分析,于疏内开明,照律不分首从,定拟斩决具题。大学士会同三法司详议,将应正法者正法,应发遣者发遣等因通行,遵照在案。旧刻律例及现颁律例内俱未载入,因系酌情办理之事,未便纂为例条。但查现颁律例内,其比照情有可原之盗犯,拟以发遣者,不一而足,正例不载,则比照似无来根,应仍补纂,以便引用。再查例内所载杀人等六项强盗及响马、江洋大盗并老瓜贼,其情实无可原,故于原律不分首从斩决之外,又各特定严例,今于本条内划清。合并声明。

【1768】6.18.266.(26)(略)

【1790】6.18.266.(22)(略)

【1802】6.18.266.(20)(略)

【1814】○修改

修改按语,见【1740】6.18.266.(1)【1821】修改项下。

一、强盗重案,除定例所载杀人、放火、奸人妻女、打劫牢狱仓库、干系城池衙门、并积至百人以上,及响马强盗、江洋大盗、老瓜贼,仍照定例遵行外,其余盗劫之案,各该督抚严行究审,将法所难宥及情有可原者,一一分析,于疏内声明,大学士会同三法司详议,将法所难宥者正法,情有可原者发遣新疆给官兵为奴。

【1825】6.18.266.(20)(略)

【1870】○删除

咸丰五年(1855),严定盗劫之案,均依本律问拟,不得以情有可原量减,删除此条。

【1743】○续纂

一、老瓜贼内,审有传授技艺,在家分赃者,照强盗窝主造意身虽不行但分赃者斩律,拟斩立决。其跟随学习之人,虽未同行,俱照情有可原强盗例免死发遣。如无学习确证,不过仅与贼往来熟识,应照知情不首律杖一百,仍令点卯充警。

臣等谨按:此条系乾隆六年(1741)十二月,臣部会同吏、兵二部,议复侍郎周学健条奏定例。原议内有"老瓜贼同居父兄、伯叔与弟,有能自首者,照强盗例免其治罪。知情纵容者,事发照强盗例减本犯罪一等,杖一百、流三千里"等语。查老瓜贼系强盗中一项,其父兄、伯叔与弟,承问官断无不照强盗例分别定拟。本条毋庸复赘,今删。

【1768】6.18.266.(27)(略)

【1790】6.18.266.(33)(略)

【1802】6.18.266.(28)(略)

【1814】○修改

修改按语,见【1740】6.18.266.(1)【1821】修改项下。

一、老瓜贼内,审有传授技艺,在家分赃者,照强盗窝主造意身虽不行但分赃者斩律,拟斩立决。其跟随学习之人,虽未同行,俱照情有可原强盗例,免死发遣新疆给官兵为奴。如无学习确证,不过仅与贼往来熟识,应照知情不首律杖一百,仍令点卯充警。

【1825】6.18.266.(29)(略)

【1870】○修改

咸丰五年(1855),严定盗劫之案均依强盗本律问拟,不得以情有可原量减,删去"照情有可原强盗例免死"十字。

一、老瓜贼内,传授技艺,在家分赃者,照强盗窝主造意身虽不行但分赃律,拟斩立决。其跟随学习之人,虽未同行,俱发遣新疆给官兵为奴。如无学习确证,仅止与贼往来熟识,照知情不首律杖一百。

【1870】6.18.266.(27)(略)

【1746】○续纂

一、强盗案内免死减等发遣为奴之犯,如果在配安分敛迹,或伊主图占其妻女,或平人有意欺凌,将本犯致毙者,将伊主及平人照例治罪。如该犯怙恶不悛,或不服伊主管束,或无故欺凌平人,经伊主及平人殴打毙命,将伊主免其治罪,平人照本罪减一等定拟。

臣等谨按:此条系乾隆九年(1744)九月内臣部奏准定例,应纂辑以便遵行。

【1768】6.18.266.(28)(略)

【1790】6.18.266.(31)(略)

【1802】6.18.266.(27)(略)

【1825】6.18.266.(28)(略)

【1761】○续纂

一、寻常盗劫未经伤人之伙犯,如曾经转纠党羽,持火执械,涂脸入室,助势搜赃,架押事主送路,到案诬扳良民,并犯案已至二次,及滨海沿江行劫客船者,一经得财,俱拟斩立决,不得以情有可原声请。其止在外瞭望,接递财物,并未入室搜赃,并被人诱胁随行,及年岁尚未成丁,或行劫止此一次,并无凶恶情状者,仍以情有可原免死发遣。倘地方有司有心姑息,曲为开脱,督抚据实题参,交部严加议处。

臣等谨按:此条系乾隆二十六年(1761)四月内,大学士会同臣部,议复两江总督尹继善条奏定例,应纂辑以便遵行。

【1768】6.18.266.(29)(略)

【1778】○修改

臣等谨按:情有可原之盗犯,一经犯案到官,即应遣戍。其原例所称"犯案已至二次"之语,系指未经到官而言。谨将"犯案"二字改为"行劫"二字,较为明晰。拟合声明。

一、寻常盗劫未经伤人之伙犯,如曾经转纠党羽,持火执械,涂脸入室,助势搜赃,架押事主送路,到案诬扳良民,并行劫已至二次,及滨海沿江行劫客船者,一经得财,俱拟斩立决,不得以情有可原声请。其止在外瞭望,接递财物,并未入室搜赃,并被人诱胁随行,及年岁尚未成丁,或行劫止此一次,并无凶恶情状者,仍以情有可原,免死发遣。倘地方有司有心姑息,曲为开脱,督抚据实题参,交部严加议处。

【1790】6.18.266.(23)(略)

【1801】○修改

臣等谨按:此条系未伤人伙盗及滨海沿江盗犯分别办理之例。查现行例载"凡情有可原之伙盗内,如年十五岁以下,被人诱胁随行上盗者,无论分赃与不分赃,俱问拟满流,不准收赎"等语,是年未成丁盗犯,已有拟流专条,此条问拟发遣之处,系属旧例,业已不用,应行节删。谨将修改例文,开列于后。

一、寻常盗劫未经伤人之伙犯,如曾经转纠党羽,持火执械,涂脸入室,助势搜赃,架押事主送路,到案诬扳良民,并行劫已至二次,及滨海沿江行劫客船者,一经得财,俱拟斩立决,不得以情有可原声请。其止在外瞭望,接递财物,并未入室搜赃,并被人诱胁随行,或行劫止此一次,并无凶恶情状者,仍以情有可原,免死发遣。倘地方有司有心姑息,曲为开脱,督抚据实题参,交部严加议处。

【1802】6.18.266.(32)(略)

【1806】○修改

臣等谨按:此条系乾隆二十六年(1761)定例。嗣于乾隆五十九年(1794)奏准,洋盗案内,虽经上盗,仅止在外瞭望、接递财物并无搜赃情事者,发黑龙江给索伦达呼尔为奴等因,载入例册。以后臣部核复沿江滨海行劫案内之伙犯,亦分别是否过船搜赃,以情有可原声请。例内应添叙"过船搜赃"字样,始为相符。再查洋盗案内,被胁服役、被胁鸡奸并未随同上盗之犯,罪止拟徒。此条例内"被人诱胁随行,拟以发遣",系指随同上盗者而言,亦应于"诱胁随行"下添入"上盗"二字,以昭明晰。谨将修改例文,开列于后。

一、寻常盗劫未经伤人之伙犯,如曾经转纠党羽,持火执械,涂脸入室,助势搜赃,架押事主送路,到官诬扳良民,并行劫已至二次,及滨海沿江行劫,过船搜赃,一经得财,俱拟斩立决,不得以情有可原声请。其止在外瞭望,接递财物,并未入室、过船搜赃,并被人诱胁随行上盗,或行劫止此一次,并无凶恶情状者,仍以情有可原,免死发遣。倘地方官有心姑息,曲为开脱,该督抚据实题参,交部严加议处。

【1814】○修改

修改按语,见【1802】6.18.266.(1)【1814】修改项下。

一、寻常盗劫未经伤人之伙犯,如曾经转纠党羽,持火执械,涂脸入室,助势搜赃,架押事主送路,到官诬扳良民,并行劫已至二次,及滨海沿江行劫,过船搜赃,一经得财,俱拟斩立决,不得以情有可原声请。其止在外瞭望,接递财物,并未入室、过船搜赃,并被人诱胁随行上盗,或行劫止此一次,并无凶恶情状者,仍以情有可原,免死发遣新疆给官兵为奴。倘地方官有心姑息,曲为开脱,该督抚据实题参,交部严加议处。

【1825】6.18.266.(40)(略)

【1870】○修改

一、盗劫之案,依强盗已行但得财者不分首从皆斩律,俱拟斩立决。把风、接赃等犯,虽未分赃,亦系同恶相济,照为首一律问拟,不得以情有可原,量为末减。倘地方官另设名目,曲意开脱,照讳盗例参处。

谨案:此条咸丰五年(1855)改定。

【1870】6.18.266.(45)(略)

【1761】○续纂

一、强盗为首伤人,伤轻平复,自行投首者,拟斩监候,不得遽请减等。其余自首条款,仍照定例遵行。

臣等谨按:此条系乾隆二十六年(1761)四月内,大学士会同臣部,议复两江总督尹继善条奏定例,应纂辑以便遵行。

【1768】6.18.266.(30)(略)

【1788】○修并

修并按语并修并后例文,见【1740】6.18.266.(17)条【1788】修并项下。

【1767】○续纂

一、各省拿获盗犯,供出他省曾犯行劫者,不论罪轻罪重,研讯明确,毋庸解往质审。其邻省地方官,自行盘获别省盗犯,及协同失事地方差役缉捕拿获者,均令在拿获地方严行监禁,详讯供词,备移被盗省份,查明案情赃证确实,即由拿获省份定拟,题请正法。仍知照本省,将拿获正法缘由,在失事地方,张挂告示,明白晓谕。如果赃迹未明,或失事地方有伙盗待质,必须移解者,拿获省份,遴派文武官各一员,带领解役、兵丁,亲身管押解送。仍预先知会前途经由地方,一体遴派员弁,挑拨兵役,接递管解,遇夜寄监收禁。其道远州县,不及收监者,即令该地方官,预期选拨干役,前赴住宿处所,传齐地保,知会营汛,随同押解官弁,锁锢防范。倘不小心管解,致犯脱逃,即将各役严审,有无贿纵情弊,照例从重治罪,官员交部严加议处。

臣等谨按:此条系乾隆二十九年(1764)六月内,直隶总督方观承奏"安肃县拿获贼犯马三丑,请解赴山东、安徽质讯"一案,钦奉上谕议准定例,应纂辑遵行。

【1768】6.18.266.(31)(略)

【1790】6.18.266.(17)(略)

【1802】6.18.266.(16)(略)

【1788】○移改

【原例】*名例律·犯罪自首【1778】续纂条例

一、凡盗首伤人逃逸后,若能捕获他盗,解官投首,照伤人盗犯自首拟军例减一等,杖一百、徒三年。

臣等谨按:"名例·犯罪自首"律目,乃各项罪犯自首之纲领,其治罪专条,不宜附入。此条系盗首拿获他盗解官投首治罪专条,应移入"强盗"门内。至伤人盗首自首拟军之例,系指伙盗伤人自首而言,此例内"盗犯"二字,殊属含混,应酌改为"伙盗"字样,以昭详慎。今将移改例文,开列于后。

一、凡盗首伤人逃逸后,若能捕获他盗解官投首者,照伤人伙盗自首拟军例减一等,杖一百、徒三年。

【1790】6.18.266.(30)(略)

【1802】6.18.266.(26)(略)

【1825】6.18.266.(27)(略)

【1870】○修并

修并后例文,见【1847】6.18.266.(9)条【1870】修并项下。

【1821】○续纂

一、爬越入城行劫,罪应斩决者,加以枭示。失察越城之官员、兵丁,分别参处、责革。

臣等谨按:嘉庆二十一年(1816)闰六月二十五日,臣部议复原任福建巡抚王绍兰审题"漳浦县盗犯魏粹等听从逸盗陈玉泉越城行劫蔡本猷当铺"一案,奉旨:"此案魏粹一犯,与伙盗共二十二人乘夜爬进漳浦县城,行劫蔡本猷当铺,入室搜赃,罪应斩决。该犯爬越进城,较白昼混入城门,及行劫后越城逃出者,尤为藐法。魏粹着即处斩,仍枭首示众,以儆凶顽。嗣后有爬越入城行劫,罪应斩决者,俱着照此例加以枭示。其失察此案黉夜越城之官员、兵丁,并着查明分别参处、责革。余依议。钦此。"应恭纂为例,以便引用。

【1825】6.18.266.(21)(略)

【1870】6.18.266.(20)(略)

【1772】○续纂

一、满洲旗人有犯盗劫之案,俱照强盗本律定拟,不得以情有可原声请。

臣等谨按:此条系乾隆三十五年(1770)闰五月内,臣部题复盛京刑部侍郎朝铨等审拟西僰旗人齐了其等行劫花义相家一案,将把风之苏撮拉克契等照情有可原例拟遣,削去户籍,改发新疆为奴。钦奉谕旨令臣部另行定例,应纂辑以便遵行。

【1790】6.18.266.(27)(略)

【1802】6.18.266.(23)(略)

【1870】6.18.266.(22)(略)

【1778】○续纂

一、凡审题盗、窃等案,如另案内尚有别犯,应拟斩、绞重罪者,仍照例分案具题外,如止一犯应拟斩、绞,两案罪名相同,例应从一科断者,归于一案内声叙明晰具题,其另案即咨部完结。如有余犯问拟军、流等罪者,亦随咨案办结。

臣等谨按:此条系乾隆四十年(1775)二月内,臣部议复浙江巡抚三宝条奏定例,应纂辑遵行。

【1790】6.18.266.(19)(略)

【1802】6.18.266.(18)(略)

【1778】○续纂

一、强盗引线,除盗首先已立意欲劫某家,仅止听从引路者,仍照例以从盗论罪外,如首盗并无立意欲劫之家,其事主姓名、行劫道路,悉由引线指出,又经分得赃物者,虽未同行,即与盗首一体拟罪,不得以情有可原声请。

臣等谨按:此条系乾隆四十年(1775)十一月内,臣部审拟"杨玉等行劫郭全家"一案,钦奉谕旨,将告知郭全家有钱,指引道路,又分得赃物之刘四,改拟斩决一案,奏请定例。应纂辑遵行。

【1790】6.18.266.(25)(略)

【1802】6.18.266.(22)(略)

【1870】6.18.266.(21)(略)

【1778】○续纂

一、凡用药迷人图财案内,有首先传授药方与人,以致传授贻害者,虽未同行分赃,亦拟斩监候,永远监禁。

臣等谨按:此条系乾隆三十八年(1773)四月内,臣部议复云南巡抚李湖审题"路南州贼犯周新茂以药迷人取财"案内,首先传授药方之杜成先经犯案被获,审未得赃,依律发遣在案。臣部以杜成既有邪方,不论发遣何处,难望其悔心悛改。倘在配复萌故智,为害非浅。将杜成改拟斩候,永远监禁,奏准定例,应纂辑遵行。

【1788】○修改

臣等谨按:乾隆四十八年(1783)五月内,钦奉谕旨:"用药迷人之案,如人已被迷,虽经他人救醒,而用药者本有杀人之心,自应将该犯问拟实斩,入于秋审情实。若甫经学习,虽已合药即行败露,或被迷之人知觉,未经受累,即发往伊犁给厄鲁特为奴。交刑部分别核办具奏等因。钦此。"当经臣等奏准,嗣后凡用药迷人图财案内,除已行得财者,均照强盗本律,不分首从,问拟斩决外,其有人已被迷,经他人救醒,虽未得财,将首先传授药方转传贻害,及下手用药迷人之犯,均拟斩监候,入于秋审办理。若甫经学习,及虽已合药,即行败露,或被迷之人当时知觉,未经受累者,均发伊犁给厄鲁特为奴。倘到配之后故智复萌,将药方转传与人,及复行迷窃,并脱逃者,请旨即行正法。其案内随行为从之犯,仍各依本律定拟。又,乾隆五十二年(1787)三月内奉旨:"嗣后应发厄鲁特为奴人犯,着改发伊犁给兵丁为奴。"钦遵各在案。所有原例内用药迷人拟斩永远监禁之例,应行修改。再查强盗已经得财之案,例应分别法无可贷、情有可原,将起意为首及下手捆缚殴伤事主并行劫二次等项之犯,照法无可贷例拟斩立决。其止在外瞭望及接递赃物之犯,照情有可原例免死发遣。今用药迷人已经得财照强盗律定拟之案,亦应一例办理。拟于例内修改详明,以昭平允。今将修改例文,开列于后。

一、凡用药迷人已经得财之案,将起意为首,及下手用药迷人,并迷窃已至二次,及首先传授药方之犯,均照强盗律拟斩立决;其为从者,俱照强盗免死减等例,发黑龙江等处给披甲人为奴。其有人已被迷,经他人救醒,虽未得财,将首先传授药方,转传贻害,及下手用药迷人之犯,均拟斩监候,入于秋审情实。若甫经学习,虽已合药,即行败露,或被迷之人,当时知觉,未经受累者,均发往伊犁等处为奴。倘到配之后,故智复萌,将药方传授与人,及复行迷窃,并脱逃者,请旨即行正法。其案内随行为从之犯,仍各依"名例"定拟。

【1790】6.18.266.(32)(略)

【1801】○修改

臣等谨按:此条系乾隆四十三年(1778)定例。嗣于乾隆五十六年(1791),臣部以黑龙江安置人犯过多,请将用药迷人已经得财为从等五项改发回城为奴,纂入"名例·徒流迁徙地方"条下,遵行在案。此条发黑龙江为奴系属旧例,应行修改。又人已被迷,经他人救醒等项首犯斩候,又甫经学习,即行败露,首犯发遣,其案内随行为从之犯,例内"各依'名例'办理",系依"名例"内为从减一等科断。但语意含混,碍难引用。应添纂明晰,合并声明。谨将修改例文,开列于后。

一、凡用药迷人已经得财之案,将起意为首,及下手用药迷人,并迷窃已至二次,及首先传授药方之犯,均照强盗律拟斩立决;其余为从者,俱改发回城为奴。其有人已被迷,经他人救醒,虽未得财,将首先传授药方,转传贻害,及下手用药迷人之犯,均拟斩监候,入于秋审情实。若甫经学习,虽已合药,即行败露,或被迷之人,当时知觉,未经受累者,均发往伊犁等处为奴。倘到配之后,故智复萌,将药方传授与人,及复行迷窃,并脱逃者,请旨即行正法。其案内随行为从之犯,仍各减一等定拟。

【1802】6.18.266.(31)(略)

【1825】6.18.266.(32)(略)

【1852】○修改

咸丰元年(1851),因回疆地接番夷,恐遣犯私出卡伦,别滋流弊,将“改发回城为奴”句改为“改发新疆”。

一、凡用药迷人已经得财之案,将起意为首,及下手用药迷人,并迷窃为从已至二次,及首先传授药方之犯,均照强盗律拟斩立决;其余为从者,俱改发新疆给官兵为奴。其有人已被迷,经他人救醒,虽未得财,将首先传授药方,转传贻害,及下手用药迷人之犯,均拟斩监候,入于秋审情实。若甫经学习,虽已合药,即行败露,或被迷之人,当时知觉,未经受累者,均发往伊犁等处为奴。倘到配之后,故智复萌,将药方传授与人,及复行迷窃,并脱逃者,请旨即行正法。其案内随行为从之犯,仍各减一等定拟。

【1870】6.18.266.(30)(略)

【1782】○续纂

一、粤东拿获强盗,除窃盗临时行强,抢窃拒捕伤人,或被人诱胁随行,及年幼尚未成丁,并纠伙不及十人,俱仍照旧办理外,如出劫洋面,或在陆路谋劫,纠伙至十人以上,无论犯次多寡、曾否入室搜赃,均不得以情有可原声请。

臣等谨按:此条系乾隆四十五年(1780)十月内,臣部议复两广总督、觉罗巴延三等奏“拿获巨盗梁亚香等节次纠党肆劫,分别拟罪”案内奏请定例,奉旨:“依议。”钦遵在案。应纂辑遵行。

【1790】6.18.266.(26)(略)

【1801】○删除

臣等谨按:此条系乾隆四十五年(1780)定例。嗣于嘉庆四年(1799),两广总督、觉罗吉庆具奏,该省盗风渐减,请将盗犯纠伙在十人以上之案,仍分别法无可贷、情有可原旧例办理。经臣部议准,并请将此例删除。奉旨:“依议。钦此。”钦遵在案。此条原例,应行删除。

【1795】○续纂

一、洋盗案内,如系被胁在船,止为盗匪服役,并未随行上盗者,发往回疆为奴。其虽经上盗,仅止在外瞭望,接递财物,并无助势搜赃情事者,改发黑龙江给打牲索伦达呼尔为奴。

臣等谨按:乾隆五十六年(1791)三月内,臣部以黑龙江遣犯过多,议将福建沿海地方免死盗犯一项奏请改发回疆为奴,嗣因奉旨改拟斩候,永远监禁。其例前各省问拟监禁三年再行发遣人犯，俱改发黑龙江给打牲索伦达呼尔为奴。乾隆五十九年（1794）二月内，臣部“遵旨查办案犯情有可矜原”折内，议以洋盗案内被盗逼胁在船服役之犯，并未随同上盗，较寻常情有可原发遣盗犯情罪尚轻，虽拟斩候，既已蒙恩免其正法，若仍令久禁囹圄，徒靡囚食，将来日积日多，恐不免壅滞之虞。请旨均予发遣，以清监狱。并以黑龙江遣犯已有五千余名，回疆各城不过二百余人，尚可分拨安插。声明洋盗案内被胁服役之人，多系懦弱无能之辈，与邪教案犯不同，无虞其在彼煽惑，请即随案定拟发遣回疆为奴。奉旨：“依议。钦此。”又本年（1795）六月内，臣部核复浙江巡抚、觉罗吉庆审题“刘大智等在洋行劫”一案，该抚将案内在船接赃之陈沅发等五犯拟以斩候，永远监禁。经臣部以被胁服役永远监禁盗犯既奏准发遣，而情有可原之犯，事同一律，亦应改照旧例发遣。议令改发黑龙江给打牲索伦达呼尔为奴等因题结，各在案。应纂辑遵行。

【1801】○修改

臣等谨按：洋盗案内被胁在船服役，并未随行上盗者，发往回疆为奴，系乾隆五十九年（1794）定例。又，乾隆五十四年（1789），臣部遵旨酌议洋盗案内林皮等，或事后被诱上船，或年未及岁被胁鸡奸，禁押舱内，上盗时畏惧藏匿，情节较轻，均于遣罪上减一等，杖一百、徒三年等因，奏准遵行在案。查被胁为盗服役之案，乾隆五十七年（1792）经两广总督、觉罗长龄奏称：盗匪行劫，每将客船之舵工、水手及捕鱼之渔户、蛋户抢掳过船，胁逼入伙。不从则死于盗，从盗则死于法。死于法犹待异日，死于盗则在目前。不得已而为目前之计，屈身从盗，情殊可悯。请将被胁服役一项有能自首者免罪等因具奏。经军机大臣议驳，未经准行。此后，臣部办理洋盗案内被胁服役之犯，如被拿获者，照例拟遣；其自行投首者，减等拟徒，各在案。臣等伏思：被胁为盗服役，本系被难良民。现在叠奉恩旨，凡川、楚教匪内，有被胁从贼自行投出者，该领兵大臣剿抚兼施，予以自新之路。此等盗案内被胁难民，似应推广皇仁，准其投首。且被胁服役与被诱上船、被胁鸡奸同一，被胁而或遣或徒，殊未平允。应请嗣后洋盗案内，审系被胁在船，止为盗匪服役，并未随行上盗者，应于事后被胁上船及被胁鸡奸人犯，如自行投首者，照律免罪；若被拿获者，均杖一百、徒三年；年未及岁，仍照律收赎，以示矜恤，而昭允协。但案情不一，如被胁服役，在盗所自行逃回，欲行赴官投首，尚未到官即被拿获者，以自首论；若已经到家，并不到官呈首，旋被拿获者，仍照本例拟徒，不得同自首免罪。应注明，以免歧误。谨将修改例文，开列于后。

一、洋盗案内，如系被胁在船，止为盗匪服役，或事后被诱上船，及被胁鸡奸，并未随行上盗者，自行投首，照律免罪。如被拿获者，均杖一百、徒三年。年未及岁者，仍照律收赎。如已经在盗所，自行逃回，欲行投首，尚未到官即被拿获者，仍同自首免罪。若已经到家，并不到官呈首，旋被拿获者，不得同自首论。其虽经上盗，仅止在外瞭望、接递财物，并无助势搜赃情事者，改黑龙江给打牲索伦达呼尔为奴。

【1802】6.18.266.（6）（略）

【1814】○修改

臣等谨按：嘉庆十八年（1813）八月内，臣部议复调任浙江巡抚方受畴奏“拿获在洋行劫、接赃服役及接买盗赃各犯分别治罪”一折内称，查被盗逼胁在船摇橹、写账者，即与被胁服役无异。近年有于本例之外加等拟流，究属平空加重。议请嗣后被盗逼胁摇橹、写账等项，仍各照本例拟徒等因奏准，通行在案。再查例内发黑龙江给打牲索伦达呼尔为奴之处，臣部已于"调剂黑龙江等处遣犯"折内奏准改发新疆给官兵为奴，应于例内一并添注修改。谨将修改例文，开列于后。

一、洋盗案内，如系被胁在船，止为盗匪服役，如摇撸、写账等项，均以服役论。或事后被诱上船，及被胁鸡奸，并未随行上盗者，自行投首，照律免罪。如被拿获者，均杖一百、徒三年。年未及岁者，仍照律收赎。如已经在盗所，自行逃回，欲行投首，尚未到官即被拿获者，仍同自首免罪。若已经到家，并不到官呈首，旋被拿获者，不得同自首论。其虽经上盗，仅止在外瞭望、接递财物，并无助势搜赃情事者，改发新疆给官兵为奴。

【1825】6.18.266.(6)(略)

【1870】○修改

咸丰五年(1855)，盗案俱照本律例问拟，不得以被胁及情有可原声请，是以改定。

一、洋盗案内，被胁在船，为匪服役，如摇橹、写帐等项，均以服役论。或事后被诱上船，及被胁鸡奸，并未随行上盗者，自行投首，照律免罪；如被拿获，均杖一百、徒三年。年未及岁，仍照律收赎。如已经在盗所，自行逃回，欲行投首，尚未到官，即被拿获，仍同自首免罪。若已经到家，并不到官呈首，旋被拿获，不得同自首论。

【1870】6.18.266.(6)(略)

【1801】○续纂

一、因窃盗而强奸人妇女，凡已成者，拟斩立决；同谋未经同奸，及奸而未成者，皆斩监候。共盗之人不知奸情者，审确止依窃盗论。

臣等谨按：律载"窃盗临时有拒捕及杀伤人者，皆斩监候；因盗而奸者，不论成奸与否，不分首从，罪亦如之"等语，是因窃盗而奸之案，律文拟斩监候。嗣于嘉庆四年(1799)，盛京刑部侍郎铁保审题"承德县民刘祥行窃，强奸事主沈王氏，复强奸刘冯氏已成"案内，因该犯情节较重，依律拟斩监候，请旨即行正法等因。经臣部议称：因盗而奸，律与临时拒捕杀人者，同拟斩候。今"窃盗临时拒捕杀人"一条，臣部已于乾隆五年(1740)奏准改拟斩决，纂入例册在案。是因盗而奸之案亦应比例定拟，以归画一。刘祥一犯应改拟斩立决，并通行各省，嗣后遇有因盗而奸之案，俱一体改照新例办理等因具题。奉旨："依议。钦此。"钦遵在案。应纂辑为例，以便遵行。又，查刘祥之案系指已成奸者而言，若案内有同谋并未同奸，及奸而未成者作何治罪，原题未经议及。查因盗而奸律内有"不论成奸与否，不分首从"之文，是因盗而奸之案。但经同行，即罪应斩候。今成奸首犯题明改拟斩决，若将同行之犯不论成奸与否，不分首从概拟斩决，未免太重。此等同谋未经同奸及奸而未成者，仍依律拟斩候。并将例内"共盗之人不知奸情者，审确止依窃盗论"等语一并添叙，以昭赅备，合并声明。

【1802】6.18.266.(36)(略)

【1814】〇修改

臣等谨按：嘉庆十六年（1811）九月内，臣部"遵旨改拟因盗而奸，分别已成、未成治罪条例"一折内称：查轮奸妇女，各按已成未成、为首为从，分别斩、绞、遣、流之例，系指寻常轮奸而言。若因窃盗而奸，非惟比寻常轮奸为重，即较之窃盗临时行强，意止在于得财者，其情更觉可恶。未便舍其所因窃盗之罪，而仅科以寻常轮奸之条。惟既以奸论，即应以已成、未成，分别轻重。原例已成奸者，斩决；未成奸者，斩候。虽有立决、斩候之分，而罪名同一，拟斩实未平允。应请嗣后因窃强奸人妇女之案，如已成奸者，仍照原例问拟斩决外，其同谋未经同奸，及奸而未成之犯，俱改为拟绞监候等因奏准，通行在案。应于例内修改，以便引用。谨将修改例文，开列于后。

一、因窃盗而强奸人妇女，凡已成者，拟斩立决；同谋未经同奸，及奸而未成者，皆绞监候。共盗之人不知奸情者，审确止依窃盗论。

【1825】6.18.266.（25）（略）

【1870】6.18.266.（24）（略）

【1801】〇续纂

一、强盗行劫数家，止首一家者，发极边足四千里充军。如脱逃被获，照例加等调发。

臣等谨按："名例律"载"凡自首有不实不尽者，以不实不尽之罪罪之，至死减一等"，又"强盗"律载"凡强盗自首不实不尽者，以'名例'自首律内至死减等科之"各等语。是强盗行劫数家止首一家者，律应减等拟流。迨康熙年间，发往黑龙江给披甲人为奴。嗣于乾隆二年（1737），因黑龙江安插遣犯过多，将行劫数家止首一家之犯，改发云贵两广烟瘴少轻地方充军，纂之"名例"黑龙江遣犯条内，遵行在案。本年修辑"名例"，将黑龙江遣犯分别旗、民，各为专条，并声明原例内充军各条，依类附入各本门条例，"名例"内无庸复载等因。应将"行劫数家止首一家拟军"之条，纂入"强盗"例内，以便引用。又，查烟瘴少轻充军人犯，现行例俱系改发极边足四千里充军；又盗犯犯该充军者，如有脱逃被获，例应加等调发。应于例内增叙，以免歧误，合并声明。

【1802】6.18.266.（34）（略）

【1825】6.18.266.（33）（略）

【1870】〇修并

修并按语并修并后例文，见【1847】6.18.266.（45）条【1870】修并项下。

【1801】〇续纂

一、窃盗拒捕，刃伤事主，罪应拟绞之犯，如闻拿畏惧，将原赃送还事主，确有证据者，准其照闻拿投首例，量减拟流。若止系一面之词，别无证据，仍依例拟绞监候，秋审时入于缓决。

臣等谨按：嘉庆四年（1799），臣部议复山东巡抚伊江阿审题"赵兴文听从商密行窃，图脱拒伤事主平复，闻拿畏惧，令商密将原赃送至事主家，隔墙撩还。审依窃盗脱走拒捕刃伤拟绞例，量减拟流”案内，钦奉上谕：“此案赵兴文听从商密行窃崔玉占家，商密携赃逃跑，赵兴文被崔玉占追赶抱住，情急图脱，遂拔佩刀将崔玉占连扎，脱身逃走。因崔玉占之父上前帮捕，又复刀扎崔治倒地。虽伤俱平复，然以窃盗临时拒捕，刃伤事主父子二人，情节已属凶横，与寻常为从者不同。商密一犯在逃未获，则赵兴文所供‘为首起意及令商密将原赃送至事主家，隔墙撩还’之语亦无证据，恐系避重卸罪。且赵兴文又无自首情事，屡经犯窃。今遽以一面之词量减定议，未为平允。赵兴文着改为应绞，入于缓决。余依议。并着刑部纂入例内。嗣后内外问刑衙门遇有似此案件，即遵照新例办理。钦此。”钦遵在案。应恭纂为例，以便遵行。

【1802】6.18.266.(35)(略)

【1825】6.18.266.(34)(略)

【1870】6.18.266.(32)(略)

【1801】○续纂

一、洋盗案内，除被胁接赃、瞭望仅止一次者，照例发黑龙江给打牲索伦达呼尔为奴外，其有接赃、瞭望已至二次者，即照二次以上例斩决、枭示，不应声明“被胁”字样。如投回自首者，尚知畏法，仍照接赃一次例，改发索伦达呼尔为奴。

臣等谨按：嘉庆六年(1801)正月，据江西巡抚阮元咨，洋盗案内，被胁接赃二次乘间逃回之施大前，该抚将该犯照被胁接赃例拟遣，系闻拿投首再减一等，拟以杖一百、徒三年咨部。经臣部拟以被胁上盗之犯，其是否甘心从盗，隐而难窥。如接赃仅止一次，谓为上盗时迫于威力，尚属可信。若已至二次，则其甘心从盗已无可原，自难与接赃一次之犯一例拟遣。应请嗣后洋盗案内，除被胁接赃、瞭望仅止一次者，仍照例发黑龙江给打牲索伦达呼尔为奴外，其有接赃、瞭望已至二次者，即照二次以上例，斩决枭示，不应声明“被胁”字样。如投回自首者，尚知畏法，仍照被胁接赃一次例，改发索伦达呼尔为奴等因具奏。奉旨：“依议。钦此。”钦遵在案。应纂为例，以资引用。

【1802】6.18.266.(37)(略)

【1825】6.18.266.(41)(略)

【1870】○修改

一、洋盗案内接赃、瞭望之犯，照首盗一例斩枭，不得以被胁及情有可原声请。如投回自首，照强盗自首例分别定拟。此外实在情有可原，如十五岁以下，被人诱胁随行上盗，仍照本例问拟。

【1870】6.18.266.(38)(略)

【1801】○移改

【原例】* 刑律·贼盗·窃盗

【1790】6.18.269.(23)一、窃盗临时拒捕，为首杀人者，拟斩立决；为从帮同下手有伤

者,不论他物、金刃,俱拟绞监候。拒捕未经帮殴成伤者,发极边足四千里充军。其伤人未死,如刃伤及折伤以上者,首犯,拟斩监候;为从,发近边充军。若临时拒捕,伤非金刃又伤轻平复之首犯,改发边远充军,拒捕不伤人之首犯,发近边充军;为从,各杖一百、徒三年。

【1790】6.18.269.(24)一、窃盗弃财逃走,及未经得财逃走,事主追逐,因而拒捕杀人者,首犯,拟斩监候;为从帮同下手有伤者,不论他物、金刃,俱拟绞监候。其虽曾拒捕,或亦持仗,而未经帮殴成伤者,应减首犯一等,杖一百,流三千里。若伤人未死,如刃伤及折伤以上者,首犯,拟绞监候;从犯,亦减等拟流。若伤非金刃、伤轻平复,并拒捕无伤者,仍依罪人拒捕本律科断。

臣等谨按:前条窃盗临时拒捕,伤非金刃、伤轻平复之首犯,旧例发近边充军。迨乾隆二十三年(1758),奏准改发新疆。乾隆三十二年(1757),仍发内地,较原例加一等,发边远充军,纂入例册。嗣于嘉庆四年(1799),臣部遵旨议复署伊犁将军、大学士保宁以新疆做工人少,奏请酌发伊犁遣犯折内,将此项改发伊犁等处酌拨当差。奉旨:"依议。"钦遵在案。此条充军旧例,应行修改。再查"名例"内载应发新疆人犯,如年逾五十,不能耕作之人,仍照原例办理,毋庸拟发新疆等语。是年逾五十,不能耕作,照原例办理者,系照旧例发近边充军,不在加等之列。应于例内添改明晰,以资引用。又,查窃盗拒捕杀人之案,必临时在盗所护伙、护赃;及虽未得财,而未离盗所,逞凶拒捕;或虽离盗所,而临时护赃格斗,迹近于强。故不论所杀系事主、邻佑,俱罪应斩决。若已离盗所,业经弃财,与并未得财逃走;或伙贼携赃先遁,其后逃之贼被事主追逐拒捕;及已经逃走,因见伙贼被获,帮护拒捕,俱由情急图脱,并非护赃格斗;或被事主事后搜捕,起意拒捕者,是既离盗所,又非临时,应依罪人拒捕本律定拟。应于例内分别申叙增注,以昭赅备。又,查拒捕杀人案内为从帮殴有伤之犯,二条例内俱系不问他物、金刃,拟绞监候。推原例意,因其逞凶帮殴,同恶相济,拟以缳首,固属罪所应得。但其中情节不一,伤亦有轻重之不同,例内止言金刃、他物,设有手足拒捕至折伤以上之案,例内未经申叙,碍难引用。又伤非金刃,仅止手足、他物,而又未致折伤者,若不分轻重,一律拟绞,亦觉无所区别。此等案件,自应以伤之轻重为断。如刃伤及折伤以上者,自当问拟绞候;若伤非金刃,但在折伤以下者,自应量为酌减。查临时拒捕案内,未经帮殴成伤之犯,例应发极边足四千里充军;若帮殴有伤者,应加一等,发云贵两广极边烟瘴充军。逃走拒捕案内,未经帮殴成伤之犯,罪应杖一百、流三千里;若帮殴有伤者,应加一等,发附近充军。庶足以昭平允。再查强盗律内,有窃盗临时拒捕及逃走拒捕二款,诚以盗贼拒捕,迹近于强。故列于"强盗"律内。而例文二条,又载在"窃盗"例内,是律例分载两门,未免舛错。应将窃盗临时拒捕及逃走拒捕例文二条,依类移载强盗门内,以归画一。合并声明,谨将修并移改例文,开列于后。

【1802】6.18.266.(38)(略)

【1802】6.18.266.(39)(略)

【1802】6.18.266.(38)

一、窃盗临时盗所拒捕,护赃、护伙者皆是。及虽未得财,而未离盗所,逞凶拒捕,或虽离盗所,而临时护赃格斗,已离盗所护伙者,不在此例。杀人者,不论所杀系事主、邻佑,将为首者拟斩立决。为从帮殴,如刃伤及他物、手足至折伤以上者,俱拟绞监候;伤非金刃,又非折伤者,发云贵两广极边烟瘴充军;拒捕未经帮殴成伤者,发极边足四千里充军。其伤人未死,如刃伤及折伤以上者,首犯拟斩监候,为从发近边充军。若伤非金刃,伤轻平复,首犯改发伊犁等处酌拨当差,如年在五十以上,发近边充军;拒捕未经成伤者,首犯发近边充军;为从各杖一百、徒三年。如被事主事后搜捕,起意拒捕者,仍依罪人拒捕本律,分别杀伤科断。

【1806】○修改

臣等谨按:嘉庆十年(1805)八月,臣部"遵旨调剂吉林等处安插人等"折内,议将窃盗临时拒捕,伤非金刃、伤轻平复等六条仍照旧例改发内地等因,奏准在案。例内改发伊犁当差之处应行修改。再查此项人犯系由新疆改发内地,旧例较原例加一等改发边远充军,年逾五十者发近边充军,应仍照旧例修辑。谨将修改例文,开列于后。

一、窃盗临时盗所拒捕,护赃、护伙者皆是。及虽未得财,而未离盗所,逞凶拒捕,或虽离盗所,而临时护赃格斗,已离盗所护伙者不在此例。杀人者,不论所杀系事主、邻佑,将为首者拟斩立决。为从帮殴,如刃伤,及他物、手足至折伤以上者,俱拟绞监候;伤非金刃,又非折伤者,发云贵两广极边烟瘴充军;拒捕未经帮殴成伤者,发极边足四千里充军。其伤人未死,如刃伤及折伤以上者,首犯拟斩监候,为从发近边充军;若伤非金刃,伤轻平复,首犯改发边远充军,如年在五十以上,发近边充军。拒捕未经成伤者,首犯发近边充军,为从各杖一百、徒三年。如被事主事后搜捕,起意拒捕者,仍依罪人拒捕本律,分别杀、伤科断。

【1825】6.18.266.(36)(略)

【1870】6.18.266.(34)(略)

【1802】6.18.266.(39)

一、窃盗弃财逃走,与未经得财逃走,被事主追逐拒捕,或伙贼携赃先遁,后逃之贼被追拒捕,及已经逃走,因见伙犯被获,帮护拒捕,因而杀人者,首犯俱拟斩监候。为从帮殴,如刃伤,及手足、他物至折伤以上者,俱拟绞监候;伤非金刃,又非折伤者,发附近充军;未经帮殴成伤者,杖一百、流三千里。其伤人未死,如刃伤及折伤以上者,首犯拟绞监候,从犯减等拟流。若伤非金刃,伤轻平复,并拒捕未经成伤者,及事后追捕,有拒捕杀伤者,仍各依罪人拒捕本律科断。如逃走并未弃财,仍以临时护赃格斗论。

【1825】6.18.266.(35)(略)

【1870】6.18.266.(33)(略)

【1806】○续纂

一、凡行劫漕船盗犯,审系法无可贷者,斩决、枭示。

臣等谨按:嘉庆八年(1803)三月内,臣等核复江苏巡抚岳起题"贼犯葛子富等行窃薛锦魁漕船,临时行强,将葛子富依律拟斩立决"一案,奉旨:"此案葛子富等行窃薛锦魁漕船,临时行强。刑部将为首起意并入船搜赃、殴伤事主之葛子富问拟斩决题复,本属按例办理。但漕船装载粮石系属官物,即与仓库、衙门无异。该犯等胆敢强劫在船事主,实属藐法,葛子富着即处斩、枭示。嗣后遇有此等行劫漕船之案,审系法无可贷者,均着照此办理。余依议。钦此。"钦遵在案。应恭纂为例,以便遵办。

【1825】6.18.266.(38)(略)

【1870】6.18.266.(36)(略)

【1806】○续纂

一、凡强盗案内,情有可原发遣之犯,如脱逃例应正法者,定案时,均声明"免死减等"字样。

臣等谨按:嘉庆八年(1803)八月内,黑龙江将军那奇泰咨,请嗣后发遣黑龙江为奴盗犯,如脱逃应行正法者,务于原案内声明"免死减等"字样等因。经臣部查,情有可原盗犯在配脱逃,如原犯斩决减为发遣者,系由重而减轻,例应正法;如原犯军、流改为发遣者,系由轻而加重,不在正法之列。该将军咨请将发遣盗犯脱逃例应正法者,均声明"免死减等"字样,系属慎重刑章起见。嗣后办理盗案,凡由斩决减遣之情有可原盗犯,于定案时均声明"免死减等"字样。通行各省,遵办在案。应纂辑为例,以便遵行。

【1825】6.18.266.(39)(略)

【1870】6.18.266.(37)(略)

【1814】○续纂

一、粤东内河盗劫,除寻常行劫仅止一二次,伙众不及四十人,并无拜会及别项重情,仍照例具题外,如行劫伙众四十人以上,或不及四十人,而有拜会结盟,拒伤事主,夺犯伤差,假冒职官,或行劫三次以上,或脱逃二三年后就获各犯,应斩决者,均加枭示,恭请王命,先行正法。其情有可原者,仍候部复发遣。

臣等谨按:嘉庆十六年(1811)六月内,据升任两广总督松筠等奏,粤东内河陆路土匪以劫掠为生涯,肆行无忌。每多拜会结盟,广为树党,预谋伙劫,拒伤事主,夺犯伤差,甚或假冒职官,恐吓凌辱,种种不法,实为闾阎之害。应请嗣后除寻常盗劫仅止一二次,伙众不及四十人,并无拜会及别项重情,仍照例分别审拟具题外,如劫案内有伙众四十人以上,或不及四十人,有拜会、夺犯、拒捕、假官各项情节可恶者,与前经奏定脱逃二三年后就获,暨行劫三次以上应行斩决各犯,均奏明加以枭示。恭请王命,先行正法。情有可原者,仍候部复发遣等因。经大学士会同臣部核复,奏准在案。应纂辑为例,以便引用。

【1825】6.18.266.(7)(略)

【1870】○修改

一、粤东内河盗劫，除寻常行劫仅止一二次，伙众不及四十人，并无拜会及别项重情，仍照例具题外，如行劫伙众四十人以上，或不及四十人，而有拜会结盟，拒伤事主，夺犯伤差，假冒职官，或行劫三次以上，或脱逃二三年后就获各犯，应斩决者，均加枭示，恭请王命，先行正法。

【1870】6.18.266.(7)(略)

【1814】○续纂

一、恭遇圣驾驻跸圆明园及巡幸之处，若有匪徒偷窃附近仓廒官廨，拒伤官弁兵丁者，如相距宫墙在一里以内，刃伤及折伤以上之首犯，斩立决，为从发伊犁给官兵为奴；伤非金刃，伤轻平复之首犯，发伊犁给官兵为奴，为从杖一百、流三千里。如在一里以外三里以内，刃伤及折伤以上之首犯，绞立决，为从杖一百、流三千里；伤非金刃，伤轻平复之首犯，杖一百、流三千里，为从杖一百、徒三年。其行窃之罪，有重于流、徒者，各于本例上加拒捕罪二等。若拒捕杀死官弁兵丁者，无论一里三里以内，首犯斩决、枭示。为从帮殴，如刃伤及折伤者，绞立决；伤非金刃，又非折伤者，绞监候；未经帮殴者，发伊犁给官兵为奴。如值圣驾不驻跸之日，仍照本例行。

臣等谨按：嘉庆十六年(1811)七月内，臣部"遵旨议奏贼匪偷窃附近宫墙仓廒拒伤兵弁分别治罪条例"一折内称，查寻常窃盗拒伤事主，如刃伤及折伤以上，在盗所临时罪应斩候，逃回图脱罪应绞候；伤非金刃、伤轻平复则罪应拟军，为从各减一等。其拒捕致伤差役，无论临时、图脱，例止于窃盗本罪上加拒捕二等。若窃盗匪徒于御驾驻跸圆明园之日，胆敢偷窃附近宫墙官仓米石，拒捕扎伤官弁兵丁，殊属目无法纪，又不可与寻常窃盗拒捕者并论，自应酌定科条，以昭惩创。应请嗣后恭遇御驾驻跸圆明园及巡幸之处，窃匪偷窃附近仓廒官廨，拒伤官弁、兵丁，如相距宫墙在一里以内，刃伤及折伤以上之首犯，拟斩立决；为从发伊犁给驻防官兵为奴。伤非金刃、伤轻平复之首犯，亦发伊犁给驻防官兵为奴；为从，杖一百、流三千里。如在一里以外三里以内，刃伤及折伤以上之首犯，拟绞立决；为从，杖一百、流三千里。伤非金刃、伤轻平复之首犯，拟杖一百、流三千里；为从，杖一百、徒三年。其行窃之罪有重于流、徒者，各于本例上加拒捕罪二等。若拒捕杀死官弁、兵丁者，无论一里、三里以内，首犯拟斩立决枭示，为从帮殴，如刃伤及折伤者，拟绞立决；伤非金刃又非折伤者，拟绞监候；未经帮殴者，发伊犁给驻防官兵为奴。如值御驾不驻跸之日，仍照本例行等因，奏准在案。谨纂辑为例，以便遵行。

【1825】6.18.266.(44)(略)

【1830】○修改

臣等谨按：道光六年(1826)十一月内，军机大臣会同臣部，议复直隶总督那彦成奏调剂新疆遣犯内，请恭遇御驾驻跸圆明园及巡幸之处匪徒偷窃附近仓廒官廨，拒伤官弁、兵丁，相距宫墙一里以内，刃伤及折伤以上，为从及伤非金刃、伤轻平复之首犯，并拒杀弁兵为从未经帮殴者，发伊犁为奴各条，俱改发极边足四千里充军等因奏准，通行在案。例内发伊犁之处，应行修改。谨将修改例文，开列于后。

一、恭遇圣驾驻跸圆明园及巡幸之处，若有匪徒偷窃附近仓廒官廨，拒伤官弁兵丁者，如相距宫墙在一里以内，刃伤及折伤以上之首犯，斩立决，为从改发极边足四千里充军；伤非金刃，伤轻平复之首犯，改发极边足四千里充军，为从杖一百、流三千里。如在一里以外三里以内，刃伤及折伤以上之首犯，绞立决，为从杖一百、流三千里；伤非金刃，伤轻平复之首犯，杖一百、流三千里，为从杖一百、徒三年。其行窃之罪，有重于流、徒者，各于本例上加拒捕罪二等。若拒捕杀死官弁兵丁者，无论一里三里以内，首犯斩决、枭示。为从帮殴，如刃伤及折伤者，绞立决；伤非金刃，又非折伤者，绞监候；未经帮殴者，改发极边足四千里充军。如值圣驾不驻跸之日，仍照本例行。

【1845】○修复

臣等谨查：此条例文从前旧例内载"恭遇御驾驻跸圆明园及巡幸之处，匪徒偷窃附近仓廒官廨，拒伤官弁、兵丁，相距宫墙一里以内，刃伤及折伤以上，为从发伊犁给官兵为奴。伤非金刃、伤轻平复之首犯，发伊犁给官兵为奴。若拒捕杀死官弁、兵丁，为从未经帮殴者，发伊犁给官兵为奴"等语。嗣于道光六年（1826）十一月内，据原任陕甘总督那彦成奏请调剂新疆遣犯，经军机大臣会同臣部，议将此三项俱改为改发极边足四千里充军奏准，纂入例内在案。兹道光二十四年（1844）六月内，据升任贵州巡抚贺长龄奏"请调剂军犯章程"一折，复经军机大臣会同臣部，议请嗣后新疆遣犯各照旧发往等因具奏。奉上谕："据军机大臣会同刑部议奏'贵州军犯拥挤，酌减调剂'等语。新疆遣犯改发内地，恐人数众多，不特约束难周，且与民风大有关碍。非若新疆地方辽阔，外遣人犯易于安插。所有旧时改发内地各条，着仍照例发往新疆，交该将军设法妥为安插。并严饬所属，认真查核，严加管束，毋令滋生事端，俾期稍久无弊。余依议。钦此。"是新疆遣犯既应照旧发往，此三项问发伊犁为奴之原例现在犹存，足资引用。此条系属赘文，应行删除。

一、恭遇御驾驻跸圆明园及巡幸之处，若有匪徒偷窃附近仓廒官廨，拒伤官弁兵丁者，如相距宫墙在一里以内，刃伤及折伤以上之首犯斩立决，为从发伊犁给官兵为奴；伤非金刃、伤轻平复之首犯发伊犁给官兵为奴，为从杖一百、流三千里。如在一里以外、三里以内，刃伤及折伤以上之首犯绞立决，为从杖一百、流三千里；伤非金刃、伤轻平复之首犯杖一百、流三千里，为从杖一百、徒三年。其行窃之罪，有重于流、徒者，各于本例上加拒捕罪二等。若拒捕杀死官弁兵丁者，无论一里、三里以内，首犯斩决、枭示。为从帮殴，如刃伤及折伤者，绞立决；伤非金刃又非折伤者，绞监候；未经帮殴者，发伊犁给官兵为奴。如值御驾不驻跸之日，仍照本例行。

【1847】6.18.266.（24）（略）

【1870】6.18.266.（23）（略）

【1814】○续纂

一、盗犯明知官帑，纠伙行劫，但经得财，将起意为首，及随同上盗者，拟斩立决、枭示。其在外瞭望、接赃，并未上盗之犯，俱拟斩监候，秋审入于情实。若不知系属官帑，仍以寻常盗案论。

臣等谨按：嘉庆十九年（1814）八月内，据广西巡抚台斐音奏"拿获行劫饷银盗犯曾保荣等分别治罪"一折，奉上谕："台斐音奏审拟行劫官银盗犯一折。向来盗劫之案，其仅止听从接赃及在外把风瞭望者，俱声明情有可原，部议免死减等发遣。此案曾保荣等明知饷船停泊河干，起意纠劫，大胆藐法，非寻常盗案可比。除盗首曾保荣，伙盗刘瑞、关兴友、朱胜茂、黄亚长分别戮尸、斩枭外，许亚崧、黄亚芬、萧达元、萧亚七四犯，虽仅止接赃、瞭望，未经上船肆劫，其情无可原，不准减等，俱着斩监候，秋审时入于情实。嗣后如有明知官帑，敢行盗劫者，着俱照此例办理。钦此。"应恭纂为例，以便遵行。再查盗劫官帑之案，因其明知故犯，是以加等示惩。若不知系属官帑，自应仍以寻常盗案论。应请添纂入例，合并声明。

【1825】6.18.266.（45）（略）

【1847】6.18.266.（43）（略）

【1870】6.18.266.（40）（略）

【1840】○续纂

一、粮船水手行劫杀人，不分人数多寡，曾否得财，俱拟斩立决、枭示，恭请王命，先行正法。其抢夺案内下手杀人之犯，亦照行劫杀人例正法、枭示。为从帮殴，如刃伤，及手足、他物至折伤以上者，俱拟绞立决；伤非金刃，又非折伤者，拟绞监候；未经帮殴成伤者，发新疆给官兵为奴。其寻常挟仇谋、故杀者，均拟斩立决。若审无谋、故重情，但经聚众互殴，即照广东等省械斗仇杀例一体惩办。其藏有火枪、抬枪者，虽未点放伤人，亦发新疆给官兵为奴。以上各犯，被获时有恃众持械拒捕伤人者，除原犯斩枭，罪无可加外，罪应斩决者，均加拟枭示，恭请王命，先行正法；罪应绞决者，改为斩决；应绞候者，改为绞决；应发遣者，改为绞候。若拒捕杀人为首，无论罪名轻重，均拟斩立决、枭示，恭请王命，先行正法；为从帮同拒捕之犯，即照拒捕伤人，一例科断。至粮船经过地方，游帮匪徒，有抢劫杀人，及被获时拒捕杀伤人者，均照粮船水手抢劫拒捕例办理。其执持凶器，未经滋事者，即照执持凶器未伤人杖一百例上加一等，杖六十、徒一年。仍责成该管粮道、总运官，督率运弁，日夜稽查，于泊船时依地方保甲之法，逐船按册点验。其有并无腰牌者，立即会同地方营汛拿获，审明分别惩办。旗丁、头舵，如遇有形迹可疑之人，容隐不报者，一并治罪。该帮弁意存玩纵，从严参处。

臣等谨按：道光十六年（1836）三月内，大学士、军机大臣会同户部及臣部，议复原任两江总督陶澍、前任江苏巡抚林则徐等奏"筹议约束粮船水手章程"一折。据该督等原奏内称“查定例,粮船水手伙众十人以上,执持凶器抢夺,为首照强盗律治罪,为从减一等;如十人以下无器械者,照抢夺律治罪。惟此例专为抢夺而设,且必须十人以上至劫夺杀人,及仇杀、惨杀之犯,应请无论人数多寡,审明恭请王命正法河干。其同恶相济之人,但经杀人,即照强盗律立正典刑。其藏有火枪、抬枪,虽未点放伤人,亦应从严加发新疆。至游帮棍匪冒充水手,抢劫杀人,应即照水手犯案办理”等语。经臣等查,粮船水手恃众逞凶,种种不法,固应从严究治,惟是同一杀人而抢夺与行劫不同,挟仇又与劫夺不同,应将罪名酌示区别。议请嗣后粮船水手行劫杀人,不分人数多寡,曾否得财,俱拟斩立决枭示,恭请王命,先行正法。其抢夺杀人之犯,亦照行劫杀人例一体正法枭示;为从帮殴,如刃伤及手足、他物至折伤以上者,俱拟绞立决;伤非金刃又非折伤者,拟绞监候;未经帮殴成伤者,发新疆给官兵为奴。至寻常怀挟私仇蓄意谋杀及逞忿故杀者,均拟斩立决。若审无谋故重情,但经聚众互殴,即照广东等省械斗仇杀例一体惩办。其藏有火枪、抬枪者,虽未点放伤人,亦从重发新疆给官兵为奴。以上各犯,如被获时有恃众持械,拒捕伤人者,除原犯斩枭罪无可加,仍按例定拟外,其罪应斩决者,均加拟枭示,恭请王命,先行正法。罪应绞决者,改为斩决;罪应绞候者,改为绞决;罪应发遣者,改为绞候。若拒捕杀人,为首无论原犯罪名轻重,均拟斩立决枭示,恭请王命,先行正法。为从帮同拒捕之犯,即照拒捕伤人一例科断。至粮船经过地方,游帮匪徒有抢劫伤人,及被获时拒捕杀伤人者,均照粮船水手抢劫拒捕例一体惩办。其执持凶器未经滋事者,即照执持凶器未伤人杖一百本例上加一等,杖六十、徒一年。仍责成该管粮道总运官督率运弁日夜稽查,于漕船停泊时,照依地方保甲之法逐船按册点验。其有并无腰牌者,立即会同地方营汛拿获,审明分别惩办。倘该帮弁意存玩纵,从重参处。仍严饬旗丁、头舵等,如有形迹可疑之人,密为禀报,如敢容隐,一并治罪。庶匪徒可期敛迹,而运船渐臻安静等因具奏。奉旨允准通行,遵照在案。谨纂辑专条,以资引用。

【1847】6.18.266.(46)(略)

【1870】6.18.266.(42)(略)

【1845】○续纂

一、山东省拿获匪犯,审有执持器械、结捻结幅情事,如系强劫得赃者,仍照强盗本律问拟,将案内法无可贷,罪应斩决之首从各犯,加拟枭示;行劫未得财者,仍照定例科断。若执持军器,聚众抢夺得赃,不论赃数多寡,数至四十人以上,为首照强盗律拟斩立决,为从拟绞监候,被胁同行者发遣新疆给官兵为奴;四十人以下、十人以上,为首拟斩立决,为从发新疆给官兵为奴;五人以上,首犯亦照前拟遣,为从各犯俱实发云贵两广极边烟瘴充军。计赃逾贯,及另有拽刀等项名目者,各照本律例从其重者论。其执有军器,聚众抢夺,未经得财,如聚众在四十人以下,及十人以上,即比照强盗未得财例,首犯发新疆给官兵为奴,从犯杖一百、流三千里;五人以上,首犯拟杖一百、流三千里,从犯杖一百、徒三年。其案内造意之捻首、幅首,身虽不行,但经伙犯抢夺,即按人数多寡,照为首例问拟。如抢劫未经结捻、结幅,并聚众未及五人,尚未滋事者,仍各照本律本例问拟。若问拟遣、军人犯,脱逃回籍,复行入捻、入幅抢夺,或向原拿兵役,寻衅报复,除实犯死罪外,余俱拟绞监候。倘数年后此风稍息,奏明仍照旧例办理。

臣等谨按:道光二十五年(1845)八月内,臣部议复山东巡抚、觉罗崇恩奏"匪徒聚众强劫讹索请,严定治罪例文"一折内称:山东曹州府所属州县时有匪徒蚁聚,或创为一捻,或分为一幅,私制军械,肆行劫掠。本境官弁防范稍严,则窜入邻封,乘隙肆播。故其始止于曹属,今则各该处无赖、游民渐入其党,幸而就获,非严行惩办不足以戢其凶暴。应请嗣后东省拿获匪犯,审有结捻、结幅情事,如系抢劫得赃,仍照抢夺本律问拟,将案内法无可贷、罪应斩决之犯,不分首、从加拟枭示。其聚众抢夺得赃,不论赃数多寡,如人数至四十人以上者,为首照强盗律拟斩立决,为从皆绞监候;四十人以下十人以上者,为首拟斩立决,为从均发新疆给官兵为奴;如数在五人以上,首犯亦照前拟遣,为从俱实发云贵两广极边烟瘴充军。计赃逾贯及另有拽刀等项名目者,各照本律从其重者论。其造意之捻首、幅首,身虽不行,但经伙犯抢夺,即按人数多寡,照为首例问拟。若问拟遣、军人犯脱逃回籍,复行入捻、入幅抢夺,或向原拿兵役寻衅报复,除实犯死罪外,余俱拟绞监候。如抢劫未经结捻、结幅,并聚众未及五人,尚未滋事者,仍照各本律、本例问拟等因。臣等查匪徒扰害地方,自应随时从严办理。该抚以山东省匪徒伙聚或创为一捻,或分为一幅,私制军械,四处劫掠,请严定治罪例文等因,系为戢暴安良起见,所议尚属平允。惟查川省匪徒,及山东省兖、沂、曹等处拽刀手等名目,在野拦抢,聚众至十人以上,被胁同行之犯,定例于为从绞罪上减为发遣。该抚请将捻匪、幅匪聚众至四十人以上者,首、从各犯分别拟以斩、绞,于被胁同行一项并未议及,未免无所区别。且查该抚所议捻匪、幅匪强劫、抢夺各罪名,均系专指已经得财者而言,于未经得财各犯,未经议及。复查定例,强盗未得财,首犯发新疆给官兵为奴,从犯杖一百、流三千里,与已经得财盗犯罪名生死悬殊。诚以未经得财各犯,或因事主人数较多未能逞其强暴,或一闻兵役捕拿即行逃散,较之不得财不止者,情罪为轻,是以稍宽其罚,自应酌定条例,方足以资援引。臣等悉心酌议,应请嗣后山东省拿获匪犯,审有执持器械,结捻、结幅情事,如系强劫得赃者,仍照强盗本律问拟,将案内法无可贷、罪应斩决之首、从各犯加拟枭示。若行劫未得财,仍照定例问拟。其执持军器,聚众抢夺得赃,不论赃数多寡,如数至四十人以上,为首照强盗律拟斩立决,为从者拟绞监候,被胁同行者发遣新疆给官兵为奴;四十人以下十人以上,为首拟斩立决,为从发新疆给官兵为奴;数在五人以上,首犯即照前拟遣,为从各犯俱实发云贵两广极边烟瘴充军。计赃逾贯及另有拽刀等项名目者,各照本律例从其重者论。其执有军器,聚众抢夺,未经得财,如聚众在四十人以上,即比照强盗未得财例,首犯发新疆给官兵为奴,从犯杖一百、流三千里;五人以上,首犯杖一百、流三千里,从犯杖一百、徒三年。其造意之捻首、幅首,身虽不行,但经伙犯抢夺,即按人数多寡,照为首例问拟。若问拟遣、军人犯脱逃回籍,复行入捻、入幅抢夺,或向原拿兵役寻衅报复,除实犯死罪外,余俱绞监候。如抢劫未经结捻、结幅,并聚众未及五人,尚未滋事者,仍照本律、本例问拟等因具奏。奉旨:"依议。钦此。"钦遵在案。查此条系为严惩捻、幅匪徒而设,倘数年后此风稍息，再由该抚奏明，仍照旧例办理。应纂辑为例，以资引用。

【1847】6.18.266.（47）（略）

【1870】6.18.266.（43）（略）

【1845】○续纂

一、广东省强劫盗犯，如有行劫后，因赃不满欲，复将事主人等捉回勒索者，无论所纠人数多寡，及行劫次数，为首之犯，拟斩立决、枭示，恭请王命，先行正法；其案内从犯，仍按强盗本律科断。

臣等谨按：道光二十五年（1825）六月内，臣部议复两广总督、宗室耆英等奏“详议掳捉窝家罪名并参酌本犯治罪各条”一折内称，捉人勒索本例内载“用强掳捉胁迫上盗，应照强盗律斩决”，系指强盗将被捉之人胁逼入伙，故罪名应以强盗为主，而捉人勒赎已在轻罪不议之例。近来粤东盗风尚炽，抢劫频仍，竟有犷悍之徒，纠伙行劫，得赃不满所欲，因而将事主及事主之亲戚、雇工用强捉掳勒索者，其情较恐吓拒捕尤为凶恶。因例无专条，仍照强盗本律、本例科罪，置掳捉事主于不议，殊觉不足蔽辜。应请嗣后遇有此等案犯，无论纠伙是否已至四十人，及行劫是否三次以上，即将为首之犯拟斩立决，恭请王命，先行正法、枭示。其案内从犯，仍照强盗本律例科断。经臣部照议核复，并声明此条广东一省专例，他省不得引用，于纂例时将“广东省”字样载明，以免混淆等因具奏。奉旨：“依议。钦此。”谨纂为例，以资引用。

【1847】6.18.266.（48）（略）

【1870】○修改

咸丰三年（1853），增入广西一层。

一、广东、广西二省强劫盗犯，如有行劫后，因赃不满欲，复将事主人等捉回勒赎者，无论所纠人数多寡，及行劫次数，为首之犯，拟斩立决、枭示，恭请王命，先行正法。其案内从犯，仍按强盗本律科断。

【1870】6.18.266.（44）（略）

【1870】○续纂

一、京城大、宛两县，并五城所属地方，盗劫之案，一经审实，照律斩决，仍加枭示，于犯事地方，悬竿示众，以昭炯戒。俟数年后盗风稍息，奏明仍复旧例办理。

谨案：此条咸丰二年（1852）定。

【1870】6.18.266.（46）（略）

【1870】○续纂

一、京城盗案，除徒手行强，当被拿获，既未得财，又未伤人者，仍照旧例办理外，如有持火执械，入室威吓，掷物打人重情，虽未得财伤人，凶恶情形，业经昭著，即将为首之犯拟绞监候，为从发云贵两广极边烟瘴充军。俟数年后盗风稍息，奏明仍复旧例办理。

谨案：此条咸丰二年(1852)定。

【1870】6.18.266.(47)(略)

【1870】○续纂

一、川省差役，借传证、起赃等事扫通之案，无论有无牌票，但经聚众执持军火器械，直入人家，掳掠牲畜、资财，将为首及帮同动手之犯，均照捕役为盗例拟斩立决。如有掳掠人口，烧毁房屋，并拒捕，及杀伤人情事，加以枭示。其择肥而噬，教贼诬扳，因而扫通者，身虽不行，仍以为首论，拟斩立决，加以枭示；同行未经动手者，无论事后曾否分赃，均拟斩监候，秋审入于情实。兵丁有犯，照差役一律拟断。

谨案：此条咸丰八年(1858)定。

【1870】6.18.266.(48)(略)

【1870】○续纂

一、用药及一切邪术迷拐幼小子女，如人药并获，即比照用药迷人已经得财例，将起意为首，及下手用药迷人，并迷拐为从已至二次，及首先传授药方之犯，均照强盗律拟斩立决；其余为从，均发新疆给官兵为奴。其或药已丢弃，无从起获，必须供证确凿，实系迷拐有据，方照此例办理。若药未起获，又无确凿证据，仍照寻常诱拐例，分别知情、不知情科断。

谨案：此条同治三年(1864)定。

【1870】6.18.266.(49)(略)

劫　囚

律　文

【1646】6.18.290

凡劫囚者，皆不分首、从。斩。监候。但劫即坐，不须得囚。若私窃放囚人逃走者，与囚同罪，至死者减一等。虽有服亲属，与常人同。窃而未得囚者，减囚二等。因而伤人者，绞；监候。杀人者，斩。监候。虽杀伤被窃之囚，亦坐前罪。不问得囚与未得囚。为从各减一等。承窃囚与窃而未得二项。若官司差人追征钱粮、勾摄公事，及捕获罪人，聚众中途打夺者，首杖一百、流三千里；因而伤差人者，绞；监候。杀人及聚至十人，九人而下，止依前聚众科断。为首者斩，监候。下手致命者绞；监候。为从各减一等。其率领家人随从打夺者，止坐尊长。若家人亦曾伤人者，仍以凡人首、从论。家长坐斩，为从坐流。不言杀人者，举轻以赅重也。○其不于中途而在家打夺者，若打夺之人，原非所勾捕之人，依威力于私家拷打律，主使人殴者，依主使律；若原系所勾捕之人，自行殴打，在有罪者依罪人拒捕律，无罪者依拒殴追摄人律。

【1670】6.18.289（略）

【1725】6.18.277

律文（略）

注：此分别强劫狱囚及窃放、打夺之罪也。凡用强劫夺罪囚，或打开监门，或在途邀截，无论得囚与否，不分首从，皆斩监候。若乘人不见，私窃放囚逃走，为首者，与所放之囚同罪，至死减一等，杖一百、流三千里。窃而未得囚者，减囚罪二等。若因窃囚而格斗，至伤人者绞，杀人者斩，俱监候。虽过误杀、伤，所窃之囚亦坐绞、斩之罪。其私窃为从者，得囚、未得囚，及伤人、杀人，各减为首罪一等。若官司差人追征钱粮，或勾摄公事，及捕获罪人，其人已为差人所拘，而聚众三人以上，于中途打夺正犯者，为首之人杖一百、流三千里；因打夺而殴伤差人者，绞；殴而至于杀人，及聚众至十人者，为首之人斩，为从之人下手致命者绞，俱监候。其余为从之人，各减一等。打夺为从，杖一百、徒三年；杀、伤人及聚至十人为从，杖一百、流三千里。此指率领他人者言也。若家长率领同居一家之人，于中途打夺人犯者，止坐尊长一人，杖一百、流三千里；伤人者，止坐尊长以绞；杀人者，止坐尊长以斩。家人不助力者，依共犯免科。其助力伤人者，仍以凡人首从论。尊长为首坐绞，下手伤人之家人为从坐满流。注云"家长坐斩，为从坐流"，不言杀人者，举轻以赅重也。谓杀人，则家长坐斩，家人助力者，所伤无论致命、不致命，俱坐流。律言"伤人"，不言"杀人"者，以家长罪分绞、斩，而随从家人之罪，则杀与伤同。故曰"举轻以赅重也"。不言人数者，虽聚至十人，亦止满流。因率领系一家之人，非纠集在外凶党可比也。

臣等谨按：此分别强劫狱囚及窃放、打夺之罪也。前段言劫囚之罪，后段言打夺罪人之罪。有已定招而锁扭拘禁者，为狱中之囚，有未定招而散行拘禁者，为解审之囚，或监固而纠伙劫牢，或解审而中途邀截，不分首从皆斩。其窃放逃走，则比劫稍间，故或减一等，或减二等，或斩或绞，皆坐为首者，从则各减一等。至中途抢夺，同一劫也，而所劫非囚，故罪止杖流；或因打夺而殴伤差人者，绞；殴而至于杀人，及聚众至十人以上，为首者斩，下手致命者绞。为从者，各减一等。打夺为从者，杖徒；杀伤人及聚至十人，为从者杖流。此指率领他人者言也。若家长率领一家之人，于中途打夺人犯者，止坐尊长杖流；伤人者，止坐尊长以绞；杀人者，止坐尊长以斩。家人皆依共犯免科。若家人中有助力伤人者，则乃以凡人首从论。尊长为首，坐绞；下手伤人之家人为从，坐杖流，不在共犯免科之限。随从之家人不言杀人者，以事不由己，虽杀人，亦不同凡人下手致命者论绞，止拟满流，尊长仍坐斩。尊长不言率领人数者，虽聚至十人，亦不同凡人为首者论斩，止拟满流。因所率领系一家之人，非纠集在外凶党者可比也。

【1740】6.18.267（略）

附律条例

【1646】6.18.290.（1）

一、凡官司差人追征钱粮，勾摄公事，并捕获罪人，但聚众至十人以上，中途打夺，为从者，如系亲属并同居家人，照常发落；若系异姓，同恶相济，及槌师打手，俱发边卫充军。

谨案:此条系原例。

【1670】6.18.289.(1)(略)

【1725】6.18.277.(1)【原例】(略)

【1740】6.18.267.(1)(略)

【1768】6.18.267.(1)

一、凡官司差人追征钱粮,勾摄公事,并捕获罪人,但聚众至十人以上,中途打夺,为从者,如系亲属并同居家人,照常发落;若系异姓,同恶相济,及槌师打手,俱发近边充军。

【1788】○删除、续纂

臣等谨按:官司差人追征钱粮、勾摄公事等款,本门律文内业已详载明晰。至异姓听从夺犯,例内又有分别杀伤及在场助势拟绞、拟遣专条。至率领亲属并同居家人中途夺犯照常发落之处,于乾隆五十一年(1786)六月内,云南按察使特昇额条奏,子弟之于父兄,奴仆、雇工之于家长,平日有所使令,自应顺从。若率领夺犯,辄敢逞凶附和偕行,虽未伤人,亦属在场助势,请照凡人为从论罪等因。经臣部核复具奏。奉旨:"依议。"钦遵在案,应纂辑遵行。所有此条原例业已不用,应行删除。今将奏准纂辑例文,开列于后。

【续纂】【1790】6.18.267.(2)(略)

【1740】○增入

一、凡行劫罪囚,不论有无得囚、有无伤人,将为首之人,拟斩立决;有伤人者,将伤人之伙犯,亦拟斩决;有杀人者,将为首之人及伙犯,俱拟枭示;其余为从未经杀人伤人者,仍依律拟斩监候。其在中途打夺罪囚,因而杀人者,为首斩决,下手致命者绞决,余仍照律分别坐罪。

谨案:此条系雍正七年(1729)定例。

【1740】6.18.267.(2)(略)

【1782】○修改

乾隆四十二年(1777),于"行劫"下添"在狱"二字。

一、凡行劫在狱罪囚,不论曾否得囚、有无伤人,将为首之人,拟斩立决;有伤人者,将伤人之伙犯,亦拟斩决;有杀人者,将为首之人及伙犯,俱拟枭示;其余为从未经杀人伤人者,仍依律拟斩监候。其在中途打夺罪囚,因而杀人者,为首斩决,下手致命者绞决,余仍照律分别坐罪。

【1788】○删除、续纂

臣等谨按:乾隆五十三年(1788)四月内,广西巡抚孙永清奏"拿获越狱监犯梁美焕等审明办理"一折,钦奉谕旨:"监禁之犯刨挖壁洞、爬越围场,只系侥幸苟免性命,与公然逞凶杀伤禁卒、纠伙冲逃者有间。前次刑部所定之例,于在监脱逃人犯只有越狱之条,而于越狱人犯与反狱、劫狱并未分晰,条例本未为周到。该部应如何酌核情罪分别定拟之处,悉心妥议具奏等因。钦此。”经臣部以“劫囚”条内止言杀人、伤人,而不及戕害官弁。至反狱之犯凶顽藐法,即属乱民,自当与劫囚者同科。乃律内又止载无论原罪轻重,皆斩监候,均未赅备。且劫狱、反狱虽与实在谋反者有间,但公然拒杀官弁,实属目无法纪,定例虽拟斩枭,亦觉轻纵。当将劫狱、反狱、越狱等案,分别杀伤官弁、禁卒,酌拟凌迟、斩、绞、军、遣条例,并声明劫狱等项旧例概行删除等因具奏。奉旨:“是。依议。”钦遵在案。所有此条原例,业已不用,应行删除。又劫囚一项原载“劫囚”门内,反狱、越狱二项原载“捕亡”门内,自应将新定各条,按门分载,以昭明晰。今将增纂分辑各例文,开列于后。

【续纂】【1790】6.18.267.(3)(略)

【续纂】*刑律·捕亡·狱囚脱监及反狱在逃【1790】6.27.389.(8)(略)、【1790】6.27.389.(9)(略)

【1756】○续纂

一、官司差人捕获罪人,有聚众中途打夺,殴差致死者,为首斩决,为从下手致命者绞决。其伤差未致死者,首犯仍照律拟绞监候;但经聚众夺犯,虽未伤人,首犯亦照因而伤人律从重拟绞;余仍照律分别坐罪。若数年后此风稍息,请旨仍复旧例遵行。其非聚众,及不于中途打夺者,各照本律、注分别办理。

臣等谨按:此条系乾隆十八年(1753)五月内钦奉谕旨,应恭纂为例,以便遵行。又按:殴差夺犯,有并未聚众中途打夺者,亦有在家与差役口角争殴者,原律注分别甚明,而近日问刑衙门竟照聚众中途例拟罪,似无区别。臣等谨拟例文下增小注,云“其非聚众,及不于中途打夺者,各照本律、注分别办理”,以免牵混。

【1768】6.18.267.(3)(略)

【1788】○修改

臣等谨按:此条原例内聚众中途打夺殴差致死,为首斩决者,系专指起意纠众中途打夺罪人,不论曾否下手而言。至为从下手致命绞决者,系专指下手致命伤重致死而言。俱凭添纂详明,以资援引。其在场帮殴有伤,及随同助势之从犯,向来办理俱照本律减等拟流,从重发遣黑龙江等处为奴。查定例抢夺杀人案内,帮同拒捕有伤者,不论他物、金刃,俱拟绞监候。是殴差致死案内,帮殴有伤之犯,自应照依拟绞监候,增纂入例。又五十一年(1786)三月内,军机大臣会同臣部,核复署湖北巡抚特成额奏“贼犯陈其方等被县役缉获,拒捕杀差”案内,帮同拒捕并未伤人,为从拟流之郭邦彦一犯,改发伊犁为奴一案。钦奉谕旨:“向例凡于拒捕为从者,俱于为首斩罪上减一等,问拟杖流。但为从之犯虽同一拒捕,而事主之与官差究有区别。如犯罪事发,业经官司差人缉捕,该犯仍敢藐法抗拒,较之事主追逐临时抵拒者,情罪较重。若概以为从并未伤人一例减流,以足以儆凶顽而昭法纪。嗣后抗拒官差为从者,即照此案定拟,其余仍照旧例办理。著为令。钦此。”通行遵照在案。亦应详载例内,以昭赅备。今将修改例文,开列于后。

【1790】6.18.267.(1)(略)

【1821】○修改

臣等谨按：嘉庆二十二年(1817)四月内，臣部议复升任伊犁将军长龄奏“伊犁遣犯日多，请为调剂”案内，将夺犯杀差案内随同拒捕未经殴人成伤一项，改发极边足四千里充军等因，奏准在案。原例内改发伊犁之处，应行修改。谨将修改例文，开列于后。

一、官司差人捕获罪人，有聚众中途打夺，殴差致死，为首者，不论曾否下手，拟斩立决。为从，下手致命伤重致死者绞决；帮殴有伤者，不论他物、金刃，拟绞监候；随同拒捕未经殴人成伤之犯，改发极边足四千里充军。其伤差未致死者，首犯仍照律拟绞监候。但经聚众夺犯，虽未伤人，首犯亦照因而伤人律从重拟绞，为从之犯仍照律坐罪。若数年后此风稍息，请旨仍复旧律遵行。其非聚众，及不于中途打夺者，各照本律、注分别办理。

【1825】6.18.267.(1)(略)

【1835】○修改、移改、续纂

【原例】【1825】6.18.267.(1)(略)

* 刑律·捕亡·应捕人追捕罪人

【1768】6.27.387.(8)一、凡官司勾摄罪人，已在该犯家拿获，如有为首纠谋聚至三人以上，持械打夺伤差者，即照中途夺犯例，分别杀、伤治罪。若并未纠约聚众，实系一时争斗拒殴，致有杀伤，仍照各本律定拟。其非本案罪犯及非所勾捕之人毋论。在途、在家，俱以凡斗论。差人借端滋扰，照例从重治罪，地方官交部议处。

臣等谨按：道光十二年(1832)十一月内，据升任江西道监察御史金应麟奏“请修改删易刑例”一折内称，非聚众及不于中途打夺，各照本律注分别办理。查不于中途打夺，律注已有专条，非聚众打夺罪人，律注并未明言，似应酌定等因。臣等查律载“官司差人捕获罪人，聚众中途打夺，为首者杖一百、流三千里；因而伤差人者，绞监候。杀人及聚至十人，为首者，斩监候；下手致命者，绞监候。为从，各减一等”，注云“其不于中途而在家打夺者，依威力于私家拷打律。主使人殴者，依主使律”等语，是律注止有不于中途打夺之罪，并无打夺而不聚众之罪。是以向来办理仅止一二人中途打夺之案，有即照聚众打夺本律问拟满流者，亦有于聚众打夺本律上量减一等问拟满徒者，办理未能画一。伏思中途打夺，律例内均标明“聚众”字样，则打夺而非聚众，自不能与聚众打夺者一体同科。然办理过轻，如向来成案仅拟满徒，究不足以昭惩创。议请嗣后官司差人捕获罪人，有仅止一二人中途打夺者，为首无论有无伤差，均应于聚众打夺伤差本律上酌减一等，拟以杖一百、流三千里。若殴差至死，即照聚众打夺杀人本律分别治罪等因具奏，奉旨允准通行，遵照在案。应纂辑专条，以资引用。再查不于中途打夺之案，“捕亡”门内本有例文可循。今打夺而非聚众又复另立治罪专条，所有聚众中途打夺殴差例内原注系属赘文，应请删除，以免混淆。并将“捕亡”门内不于中途打夺例文移改本门，以便查考。谨将修改、移改、续纂例文，开列于后。

【修改】【1847】6.18.267.(3)(略)

【移改】【1847】6.18.267.(4)(略)

【续纂】【1847】6.18.267.(5)(略)

【1847】6.18.267.(3)

一、官司差人捕获罪人,有聚众中途打夺,殴差致死,为首者,不论曾否下手,拟斩立决。为从,下手致命伤重致死者,绞决;帮殴有伤者,不论他物、金刃,拟绞监候;随同拒捕未经殴人成伤之犯,改发极边足四千里充军。其伤差未至死者,首犯仍照律拟绞监候。但经聚众夺犯,虽未伤人,首犯亦照因而伤人律从重拟绞,为从之犯仍照律坐罪。若数年后此风稍息,请旨仍复旧律遵行。

【1788】○续纂

一、官司差人捕获罪人,如有尊长率领卑幼,及家长率领奴仆、雇工,殴差夺犯,并杀死差役案内,随从之卑幼、奴仆、雇工,虽未伤人,但经在场助势者,即照凡人为从论,分别科罪。

续纂按语,见【1768】6.18.267.(1)条【1788】删除项下。

【1790】6.18.267.(2)(略)

【1825】○修改

臣等谨按:道光元年(1821)十二月内,据升任贵州巡抚明山具奏"曾至冉率领伊弟曾至官等中途夺犯杀差"一案,经臣部查常人纠众夺犯杀差,律言为首,斩监候;下手致死,绞监候;为从,减等拟流。至尊长率领家人夺犯杀伤差役,律言止坐尊长,则未伤人之卑幼,律得不坐。其伤人之卑幼,律以凡人首从论。注内复声明"为首坐斩,为从坐流"。原以子弟迫于父兄之命,情非得已,故伤人之犯,无论致死与否,仅拟满流,以别于常人。迨历次修改条例,将律内常人夺犯杀差首从罪名分别加重,而于尊长率领家人之案,并未议及。即例内卑幼听从尊长夺犯杀伤差役,虽未伤人亦以凡人为从论一条,止因未伤人之卑幼律得勿坐,故加重以凡人为从论,与伤人者同拟满流。而于为首及伤人之犯,别无加重之文。惟听从打夺曾经伤人之卑幼,无论致死与否,律止坐流。其未经伤人之犯,若一并拟流,未免毫无区别,似不足以昭情法之平。请嗣后凡尊长率领卑幼,及家长率领奴仆、雇工殴差夺犯,并杀死差役案内随从之卑幼、奴仆、雇工,除曾经杀伤人者,仍照律依为从拟流外,其未经伤人之犯,于为从流罪上再减一等,拟以杖一百、徒三年等因奏准,通行在案。应于例内修改明晰,以便引用。谨将修改例文,开列于后。

一、官司差人捕获罪人,如有尊长率领卑幼,及家长率领奴仆、雇工,殴差夺犯,并杀死差役案内,随从之卑幼、奴仆、雇工,曾经杀伤人者,照律依为从拟杖一百、流三千里;若止在场助势,并未伤人者,于为从流罪上再减一等,杖一百,徒三年。

【1825】6.18.267.(2)(略)

【1830】○修改

臣等谨按:道光七年(1827)二月内,臣部具奏"酌增尊长率领家人夺犯杀差致毙二命以上条例"一折内称,家长率领家人夺犯杀差至二命以上,律例内均无治罪专条。伏思卑幼、奴仆、雇工听从家长,杀死差役至二命以上,视止毙一命者,其情更凶。若止将家长一人拟抵,而下手致死之卑幼、奴仆、雇工均拟杖流,是以夺犯杀差重案,较寻常共殴、谋殴侵损于人应依凡人首从法者论罪转轻，揆诸情法，未为平允。应请嗣后尊长率领卑幼，家长率领奴仆、雇工夺犯杀差之案，除止毙一命者仍照本律、本例问拟外，其有致死差役非一家二命，及三命以上者，为首之尊长、家长仍照律拟斩监候；为从下手致死之卑幼、奴仆、雇工俱各拟绞监候。其帮殴伤轻，及随同助势、未经伤人者，仍照致毙一命之例，分别拟以流、徒等因具奏。奉旨："依议。钦此。"钦遵在案。应请于例内添纂，以资引用。谨将修改例文，开列于后。

一、官司差人捕获罪人，如有尊长率领卑幼，及家长率领奴仆、雇工，殴差夺犯，并杀死差役一命，案内随从之卑幼、奴仆、雇工，曾经杀伤人者，照律依为从拟杖一百、流三千里；在场助势，并未伤人者，杖一百、徒三年。若杀死差役，非一家二命，及二命以上，案内为从下手致死之卑幼、奴仆、雇工，俱拟绞监候；帮殴伤轻者，杖一百、流三千里；在场助势，并未伤人者，杖一百、徒三年。

【1847】6.18.267.(2)(略)

【1788】○续纂

一、纠众行劫在狱罪囚，如有持械拒杀官弁者，将为首及为从杀官之犯，比照谋反大逆律凌迟处死，本犯之妻子照律缘坐。子年十六以上者，拟斩立决；十六以下，同该犯之妻妾，俱给付功臣为奴。至下手帮殴有伤之人，拟斩、枭示；随同余犯，俱拟斩决。若拒伤官弁，及杀死役卒者，为首并预谋助殴之伙犯，俱拟斩决、枭示。其止伤役卒者，将为首及帮殴有伤之伙犯，俱拟斩立决；随同助势，虽未伤人，亦拟斩监候，秋审时入于情实。若并未伤人，将起意劫狱之首犯，拟斩立决；为从者，俱拟斩监候，秋审时入于情实。

续纂按语，见【1740】6.18.267.(2)条【1788】删除项下。

【1790】6.18.267.(3)(略)

【1801】○修改

臣等谨按：此条系乾隆五十三年(1788)定例。查奸徒纠众行劫在狱罪囚，拒杀官弁，此等案件情罪重大，是以比照谋反大逆，将正犯凌迟处死；案内之从犯，分别斩枭。定例至为允当。惟妻、子缘坐一节，臣部于嘉庆四年(1799)遵旨查办比照大逆缘坐家属案内，奏明嗣后凡比照大逆定罪之案，除正犯照律办理外，其妻、子毋庸缘坐。奉旨："依议。"钦遵在案。此条纠众行劫在狱罪囚，拒杀官弁，究与实在谋反大逆者有间，定例比照大逆治罪，正犯问拟凌迟，从犯分别斩决枭示，已足伸国法，而昭惩创。其案内妻、子，应援照四年原奏，仰体皇仁，免其缘坐。例内缘坐之文，应行删除。谨将修改例文，开列于后。

一、纠众行劫在狱罪囚，如有持械拒杀官弁者，将为首及为从杀官之犯，比照谋反大逆律凌迟处死。下手帮殴有伤之人，拟斩、枭示；随同余犯，俱拟斩决。若拒伤官弁，及杀死役卒者，为首并预谋助殴之伙犯，俱拟斩决、枭示。其止伤役卒者，将为首及帮殴有伤之伙犯，俱拟斩立决；随同助势，虽未伤人，亦拟斩监候，秋审时入于情实。

若并未伤人,将起意劫狱之首犯,拟斩立决;为从者,俱拟斩监候,秋审时入于情实。

【1802】6.18.267.(3)(略)

【1810】○修改

臣等谨按:“谋反大逆”门内例载“纠众戕官反狱滋事案内之亲属,照律缘坐。其比照反逆定罪之案正犯,照律办理,家属概免缘坐”等语,此条纠众劫狱杀官即属纠众戕官反狱,亲属自应缘坐。惟例内则称“比照”,而又无“缘坐”字样,恐拘泥比照定罪概免缘坐之文,致滋舛错。应于例内将“比照”二字修改,并于“凌迟处死”下添入“亲属缘坐”四字,以昭画一,而免混淆。谨将修改例文,开列于后。

一、纠众行劫在狱罪囚,如有持械拒杀官弁者,将为首及为从杀官之犯,依谋反大逆律凌迟处死,亲属缘坐;下手帮殴有伤之人,拟斩、枭示;随同余犯,俱拟斩立决。若拒伤官弁,及杀死役卒者,为首并预谋助殴之伙犯,俱拟斩立决、枭示。其止伤役卒者,将为首及帮殴有伤之伙犯,俱拟斩立决;随同助势,虽未伤人,亦拟斩候,秋审时入于情实。若并未伤人,将起意劫狱之首犯拟斩立决;为从者俱拟斩监候,秋审时入于情实。

【1825】6.18.267.(3)(略)

【1847】6.18.267.(1)(略)

【1835】○移改

移改按语,见【1825】6.18.267.(1)条【1835】修改、移改、续纂按语。

一、凡官司勾摄罪人,已在该犯家拿获,如有为首纠谋,聚至三人以上,持械打夺伤差者,即照中途夺犯例,分别杀、伤治罪。若并未纠约聚众,实系一时争斗拒殴,致有杀伤,仍照各本律定拟。其非本案罪犯,及非所勾捕之人,毋论在途、在家,俱以凡斗论。差人借端滋扰,照例从重治罪,地方官交部议处。

【1847】6.18.267.(4)(略)

【1835】○续纂

一、官司差人捕获罪人,有仅止一二人中途打夺者,无论有无伤差,为首者均杖一百、流三千里,为从者减一等。若殴差至死,即照聚众打夺杀人本律分别治罪。

续纂按语,见【1825】6.18.267.(1)条【1835】修改、移改、续纂按语。

【1847】6.18.267.(5)(略)

白昼抢夺

律　文

【1646】6.18.291　白昼抢夺

凡白昼抢夺(人少而无凶器,抢夺也;人多而有凶器,强劫也。)人财物者,(不计赃。)杖一百、徒三年。计赃(并赃论。)重者,加窃盗罪二等。罪止杖一百、流三千里。伤人者，首斩。监候。为从各减为首一等。并于右小臂膊上刺“抢夺”二字。○若因失火，及行船遭风着浅，而乘时抢夺人财物，及拆毁船只者，罪亦如之。亦如抢夺科罪。○其本与人斗殴，或勾捕罪人，因而窃取财物者，计赃准窃盗论。因而夺去者，加二等，罪止杖一百、流三千里，并免刺。若窃夺有杀伤者，各从故、斗论。其人不敢与争而杀之曰故，与争而杀之曰斗。

【1670】6.18.290 白昼抢夺（略）

【1725】6.18.278 白昼抢夺人少而无凶器，抢夺也；人多而有凶器，强劫也。

凡白昼抢夺人财物者，不计赃。杖一百、徒三年。计赃并赃论。重者，加窃盗罪二等。罪止杖一百、流三千里。伤人者，首斩。监候。为从各减为首一等。并于右小臂膊上刺“抢夺”二字。○若因失火，及行船遭风着浅，而乘时抢夺人财物，及拆毁船只者，罪亦如之。亦如抢夺科罪。○其本与人斗殴，或勾捕罪人，因而窃取财物者，计赃准窃盗论。因而夺去者，加二等，罪止杖一百、流三千里，并免刺。若窃夺有杀伤者，各从故、斗论。其人不敢与争而杀之曰故，与争而杀之曰斗。

注：此斟酌于强、窃之间，以定抢夺人财物之罪也。首节言白昼抢夺之罪。白昼公行，不畏人知，迹近于强。故不计赃之多寡，为首者杖徒。若计赃重于徒三年者，于窃盗罪上加二等。若二人以上，则并赃论罪。因而伤人者，斩。为从各减一等。并刺字。不言杀人者，伤人即斩，杀人可知。以罪止于斩，故不言耳。二节言乘危抢夺之罪。乘人失火及遭风着浅之时，而抢夺其财物，拆毁其船只，虽非预谋，然其心残刻，并与抢夺同科。故曰罪亦如之。三节言乘机窃夺之罪。因斗殴、勾捕而窃取者，其初无谋财之心，不过见财起意，故计赃准窃盗论。夺去者，加二等，罪止满流，并免刺。若因窃夺而杀伤人者，分别敢争、不敢争，各从故杀、斗殴杀论。

臣等谨按：此斟酌于强、窃之间，以定抢夺人财物之罪也。首节言白昼抢夺之罪。白昼公行，不畏人知，迹近于强，故不计赃之多寡，为首者杖徒。若计赃重于徒三年者，仍加罪。因而伤人者，斩。为从，各减一等。并刺字。二节言乘危抢夺之罪。乘人失火及遭风着浅之时，而抢夺其财物，拆毁其船只，虽非预谋，然其心残刻，并与抢夺同科，故曰“罪亦如之”。三节言乘机窃夺之罪。因斗殴、勾捕而窃取者，其初无谋财之心，不过见财起意，故计赃准窃盗论。夺去者，加二等，罪止满流，并免刺。若因窃夺而杀伤人者，分别敢争、不敢争，各从故杀、斗殴杀论。

【1740】6.18.268 白昼抢夺人少而无凶器，抢夺也；人多而有凶器，强劫也。（略）

附律条例

【1646】6.18.291.（1）

一、凡号称喇唬等项名色，白昼在街撒泼，口称圣号，及总甲、快手、应捕人等，指以巡捕、勾摄为由，各殴打平人，抢夺财物者，除实犯死罪外，犯该徒罪以上，不分人多人少，若初犯一次，属军卫者，发边卫充军，属有司者，发边外为民；虽系初犯，若节次抢夺，及再犯、累犯笞杖以上者，俱发原抢夺地方枷号一个月，照前发遣。若里老邻佑，知而不举，所在官司，纵容不问者，各治以罪。

谨案：此条系原例。

【1670】6.18.290.（1）（略）

【1725】○修改

雍正三年（1725），增小注二十九字。

一、凡号称喇唬等项名色，白昼在街撒泼，口称圣号，及总甲、快手、应捕人等，指以巡捕、勾摄为由，各殴打平人，抢夺财物者，除实犯死罪外，犯该徒罪以上，不分人多人少，若初犯一次，属军卫者，发边卫充军，属有司者，发边外为民；虽系初犯，若节次抢夺，及再犯、累犯笞杖以上者，俱发原抢夺地方枷号一个月，照前发遣。若里老邻佑，知而不举，所在官司，纵容不问者，各治以罪。里老邻佑，依同行知有谋害而不救阻律杖一百；官司照故出人罪律科断。

【1725】6.18.278.（1）【原例】（略）

【1740】○修改

臣等谨按：此条特为差役等借端勾捕抢夺财物者而言。例内所称"号称喇唬，在街撒泼，口称圣号"等语系前代例文，难凭指实定罪，应删。谨将删辑例文，开列于后。

一、凡总甲、快手、应捕人等，指以巡捕、勾摄为由，殴打平人，抢夺财物者，除实犯死罪外，犯该徒罪以上，不分人多人少，若初犯一次，属军卫者，发边卫充军，属有司者，发边外为民；虽系初犯，若节次抢夺，及再犯、累犯笞杖以上者，俱发原抢夺地方枷号一个月，照前发遣。若里老邻佑，知而不举，所在官司，纵容不问者，各治以罪。里老邻佑，依同行知有谋害而不救阻律杖一百；官司照故出人罪律科断。

【1740】6.18.268.（1）（略）

【1767】○修改

臣等谨按：此条系总甲、快捕人等借端抢夺治罪定例。原例内"节次抢夺"下有"再犯、累犯"等字，语意与节次抢夺句重复，拟将原例内"再犯、累犯"等字删去。

一、凡总甲、快手、应捕人等，指以巡捕、勾摄为由，殴打平人，抢夺财物者，除实犯死罪外，犯该徒罪以上，不分人多人少，若初犯一次，属军卫者，发边卫充军，属有司者，发边外为民；虽系初犯，若节次抢夺，及笞、杖以上者，俱发原抢夺地方枷号一个月，照前发遣。若里老邻佑，知而不举，所在官司，纵容不问者，各治以罪。里老邻佑，依同行知有谋害而不救阻律杖一百；官司照故出人罪律科断。

【1768】6.18.268.（1）（略）

【1772】○修改

臣等谨按：乾隆三十六年（1771）六月内，臣部奏明甲捕人等胆敢将平人殴打，复行抢夺财物，及节次抢夺，情罪较重，仅拟近边充军及加枷号一个月，不足示惩，酌拟加等，改为边远充军,节次抢夺者,加枷号两个月,照前发遣。现在遵行此条,原例应修改。其"属军卫""有司""边外为民"字样,俱应删。谨将删改例文,开列于后。

一、凡总甲、快手、应捕人等,指以巡捕、勾摄为由,殴打平人,抢夺财物者,除实犯死罪外,犯该徒罪以上,不分人多人少,若初犯一次,发边远充军;节次抢夺,犯该笞、杖以上者,俱发原抢夺地方枷号两个月,照前发遣。里老邻佑,知而不举,所在官司,纵容不问者,各治以罪。里老邻佑,依同行知有谋害而不救阻律杖一百;官司照故出人罪律科断。

【1790】6.18.268.(1)(略)

【1801】○修改

臣等谨按:此条系前明旧例。查抢夺人财物,不计赃,有犯即应拟徒,并无笞、杖等罪。例内"犯该笞、杖以上"句应行节删。且抢夺三次即应绞决,应将例内"节次抢夺"四字改为"再犯"二字,以免牵混。谨将修改例文,开列于后。

一、凡总甲、快手、应捕人等,指以巡捕、勾摄为由,殴打平人,抢夺财物者,除实犯死罪外,犯该徒罪以上,不分人多人少,若初犯一次,发边远充军;再犯,发原抢夺地方枷号两个月,照前发遣。里老、邻佑,知而不举,所在官司,纵容不问者,各治以罪。里老、邻佑依同行知有谋害而不救阻律杖一百,官司照故出人罪律科断。

【1802】6.18.268.(17)(略)

【1825】6.18.268.(13)(略)

【1870】6.18.268.(12)(略)

【1646】6.18.291.(2)

一、凡问白昼抢夺,要先明事犯根由,然后揆情剖决。在白昼为抢夺,在夜间为窃盗。在途截抢者,虽昏夜仍问抢夺,止去"白昼"二字。若抢夺不得财,及所夺之物即还事主,俱问不应。如强割田禾,依抢夺科之。探知窃盗人财,而于中途抢去,问抢夺;系强盗赃,止问不应。若见分而夺,问盗后分赃。其亲属无抢夺之文,比依恐吓科断。

【1670】6.18.290.(2)(略)

【1725】○修改

原拟:抢去窃盗人财问抢夺,是抢夺窃盗之赃者,反重于窃盗赃轻之本罪,且与抢夺平人财物者似无分别。应将"问抢夺"字改为"准窃盗论"。

一、凡问白昼抢夺,要先明事犯根由,然后揆情剖决。在白昼为抢夺,在夜间为窃盗。在途截抢者,虽昏夜仍问抢夺,止去"白昼"二字。若抢夺不得财,及所夺之物即还事主,俱问不应。如强割田禾,依抢夺科之。探知窃盗人财,而于中途抢去,准窃盗论;系强盗赃,止问不应。若见分而夺,问盗后分赃。其亲属无抢夺之文,比依恐吓科断。

【1725】6.18.278.(2)【原例】(略)

【1740】6.18.268.(2)(略)

【1802】6.18.268.(1)(略)

【1725】○增入

原拟:现行例内五条,应增入。

【现行例】一、凡聚众抢夺路行妇女,或卖或自为奴婢者,审实系同伙谋者,不分得财与未得财,为首者,立斩;为从者,俱拟绞监候,秋后处决。凡人不知抢夺情由而买者,罪坐盗卖之人。倘或知情而买者,减正犯一等。旗下人,枷号两个月,鞭一百;民人,责四十板,流三千里。其抢夺人之主知情不行举首者,旗下人,枷号两个月,鞭一百;民人,责四十板,流三千里。领催不行严察,鞭八十;总甲,责三十板。其八旗佐领、骁骑校并府佐领、包衣大、步军副尉,在外府、州、县各官不行严禁,其步军校、五城之司坊官、巡捕营官不严行察拿,于该管汛内事发,及抢夺之主系官,知而不首者,交吏、兵二部议。

原拟:此条"不行严禁察拿各官议处"之处,载在该部则例内,无庸入例,应拟删改,开载于后。

【原改现行例】一、凡聚众伙谋抢夺路行妇女,或卖或自为奴婢者,审实不分得财与未得财,为首者,斩立决;为从者,皆绞监候。如知情故买者,减正犯罪一等,不知者不坐。其抢夺人犯之主,知情不首者,照知情故买治罪。该管官员不行严禁察拿者,交该部议处,领催、总甲杖八十。

【1725】6.18.278.(3)【增例】(略)

【1740】6.18.268.(3)(略)

【1801】○修并

【原例】* 户律·婚姻·强占良家妻女

【1768】3.6.112.(4)一、凡聚众伙谋抢卖路行妇女,仍照定例分别首从问拟外,其有并非伙众,及抢夺非路行妇女,若疏远亲属图财强卖者,均照例拟绞奏请。倘期、功卑幼谋占资财,贪图聘礼,将伯叔母、姑等尊属用强抢卖者,拟斩监候。(略)

【1740】6.18.268.(3)(略)

臣等谨按:前条系乾隆六年(1741)定例,后条系康熙年间定例,向载"白昼抢夺"门内。查抢夺妇女,究与抢夺财物不同,应移载"户律·婚姻"本门,修并一条,以归画一。又,查前条原奏内"并非伙众及抢夺非路行妇女"之下,尚有"但卖与人为妻妾"句,应载入例内,以昭明晰,合并声明。谨将修并例文,开列于后。

* 户律·婚姻·强占良家妻女

【1802】3.6.112.(5)一、凡聚众伙谋抢夺路行妇女,或卖,或自为妻妾、奴婢,及被奸污者,审实,不分得财与未得财,为首者斩立决,为从者皆绞监候。知情故买者,减正犯罪一等。不知者不坐。其抢夺人犯,如系家奴,伊主知情不首者,照知情故买治罪。该管官员不行严禁查拿者,交部议处;领催、总甲杖八十。其有并非伙众,及

抢夺非路行妇女,但强卖与人为妻妾者,均拟绞监候。

【1725】○增入

原拟:现行例内五条,应增入。

【现行例】一、凡除抢夺三次者,照定例立绞,窃盗三次者,照律拟绞监候秋后处决外,如抢夺一次、窃盗二次者,或抢夺二次、窃盗一次者,免其并拟,照各所犯之罪发落。

原拟:窃盗三犯者绞,窃盗本律已经载明,相应删改,开载于后。

【原改现行例】一、凡白昼抢夺三犯者,拟绞立决。如抢夺、窃盗各不及三次者,免其并拟,各照所犯之罪发落。

【1725】6.18.278.(4)【增例】(略)

【1740】6.18.268.(4)(略)

【1814】○修改

臣等谨按:嘉庆十六年(1811)十一月内,臣部具奏"酌议叠次抢夺治罪条例"一折内称:查窃盗一项,例系分别次数拟以军、徒。至抢夺多次作何治罪,及抢、窃同时并发应否并计,例内俱未载及。遇有此等案件,无所适从,办理未能画一。至抢、窃各不及三次免其并拟,系专指初犯、再犯、三犯先后到官者而言。盖抢夺三犯例应绞决,窃盗三犯例应计赃,分别绞候、军、流,罪名轻重不同,碍难牵合为一,故免并拟。若抢夺、窃盗同时并发,则非先后到官罪名各别者可比,自应并计科断。议请嗣后抢夺问拟军、流、徒罪,在配、在逃复犯抢夺,如本系云贵两广极边烟瘴人犯,有犯即发黑龙江为奴。其余原犯军、流、徒罪,复抢一二次,发云贵两广极边烟瘴充军;三次以上,发黑龙江为奴。其抢夺问拟军、流、徒罪,释回后犯抢夺三次以上,发云贵两广极边烟瘴充军;五次以上,发黑龙江为奴。如抢夺初犯五次以上,发云贵两广极边烟瘴充军;八次以上,发黑龙江为奴。概不准以纠抢、独抢、曾否得免并计,再分差等。若按数各不及前数者,均依本律办理。倘为首诚至一百二十两以上,仍照例拟绞监候。至抢、窃同时并发之案,除抢多窃少,不得以窃作抢并拟军、遣外,如系窃多抢少,则抢夺本重于窃盗,应即照纠窃次数并计科罪等因奏准。又十七年(1812)十二月内,臣部议复原任黑龙江将军、宗室斌静等奏调剂黑龙江等处遣犯折内,请将因抢问拟极边烟瘴充军人犯,在配在逃复犯抢夺者;因抢问拟军、流、徒罪,在配在逃复抢至三次者;因抢问拟军、流、徒罪,释回复抢至五次者;抢夺初犯至八次者,均改发新疆酌拨种地当差等因奏准,通行各在案。应于例内修改,谨将修改例文,开列于后。

一、凡白昼抢夺,三犯者,拟绞立决。如不及三犯,照所犯之罪发落。若因抢夺问拟军、流、徒罪,在配在逃,复犯抢夺,无论纠抢、伙抢、独抢,曾否得免并计,如本系云贵两广极边烟瘴人犯,有犯即发新疆酌拨种地当差。其余原犯军、流、徒罪,复抢一二次者,实发云贵两广极边烟瘴充军;三次以上,发新疆酌拨种地当差。其抢夺问拟军、流、徒罪,释回后,复犯抢夺三次以上,实发云贵两广极边烟瘴充军;五次以上,发新疆酌拨种地当差。如抢夺初犯五次以上,实发云贵两广极边烟瘴充军;八次以上,发新疆酌拨种地当差。若按次各不及前数者,均依本律办理。倘为首赃至一百二十两以上，仍照例拟绞监候。至抢、窃同时并发之案，除抢多窃少，不得以窃作抢并拟，各从重者论外，如系窃多抢少，即应将抢夺并计，照纠窃次数科罪。

【1825】6.18.268.（20）（略）

【1830】○修改

臣等谨按：道光六年（1826）十一月内，军机大臣会同臣部，议复直隶总督那彦成奏“调剂新疆遣犯”折内，请将抢夺问拟军、流、徒罪，在配在逃复犯抢夺，无论纠抢、伙抢、独抢，曾否得免并计，如本系云贵两广极边烟瘴者，原犯军、流、徒罪，复抢三次以上者，抢夺问拟军、流、徒罪，释回复犯抢夺五次以上者，抢夺初犯八次以上者，发新疆酌拨种地当差各条，俱改发云贵两广极边烟瘴充军。其原犯军、流、徒罪，复抢一二次，及抢夺问拟军、流、徒罪，释回后复抢三次，及抢夺初犯五次以上，实发云贵两广极边烟瘴充军各条，俱改发极边足四千里充军等因奏准，通行在案。例内发新疆及实发云贵两广极边烟瘴充军之处，应行修改。谨将修改例文，开列于后。

一、凡白昼抢夺，三犯者，拟绞立决。如不及三犯，照所犯之罪发落。若因抢夺问拟军、流、徒罪，在配在逃，复犯抢夺，无论纠抢、伙抢、独抢，曾否得免并计，如本系云贵两广极边烟瘴人犯，有犯仍改发云贵两广极边烟瘴充军。其余原犯军、流、徒罪，复抢一二次者，改发极边足四千里充军；三次以上，改发云贵两广极边烟瘴充军。其抢夺问拟军、流、徒罪，释回后，复犯抢夺三次以上，改发极边足四千里充军；五次以上，改发云贵两广极边烟瘴充军。如抢夺初犯五次以上，改发极边足四千里充军；八次以上，改发云贵两广极边烟瘴充军。若按次各不及前数者，均依本律办理。倘为首赃至一百二十两以上，仍照例拟绞监候。至抢、窃同时并发之案，除抢多窃少，不得以窃作抢并拟，各从重者论外，如系窃多抢少，即应将抢夺并计，照纠窃次数科罪。

【1845】○修复

臣等谨查：此条例文从前旧例内载“因抢夺问拟军、流、徒罪，在配在逃复犯抢夺，如本系云贵两广极边烟瘴人犯，有犯即发新疆酌拨种地当差。其余原犯军、流、徒罪，复抢一二次者，实发云贵两广极边烟瘴充军；三次以上，发新疆酌拨种地当差。其抢夺问拟军、流、徒罪，释回后复犯抢夺三次以上，实发云贵两广极边烟瘴充军；五次以上，发新疆酌拨种地当差。如抢夺初犯五次以上，实发云贵两广极边烟瘴充军；八次以上，发新疆酌拨种地当差”等语。嗣于道光六年（1826）十一月内，据原任陕甘总督那彦成奏请调剂新疆遣犯，经军机大臣会同臣部，议将此条内应发新疆种地当差各项，均改为改发云贵两广极边烟瘴充军。其应发云贵两广极边烟瘴充军者，均改为改发极边足四千里充军等因奏准，纂入例册在案。兹道光二十四年（1844）六月内，据升任贵州巡抚贺长龄奏“请调剂军犯章程”一折，复经军机大臣会同臣部，议请嗣后新疆遣犯各照旧发往。其例发四省充军之犯，亦应实发等因具奏。奉上谕：“据军机大臣会同刑部议奏，贵州军犯拥挤，酌减调剂等语。新疆遣犯改发内地，恐人数众多，不特约束难周，且与民风大有关碍。非若新疆地方辽阔，外遣人犯易于安插。所有旧时改发内地各条，着仍照旧发往新疆，交该将军设法妥为安插。并严饬所属，认真查核，严加管束，毋令滋生事端，俾期积久无弊。余依议。

钦此。”是新疆遣犯以及云贵两广充军之犯既应照旧发往,其抢夺初犯、复犯计次实发新疆及四省之原例,现在犹存,足资引用。此条系属赘文,应行删除。

一、凡白昼抢夺,三犯者,拟绞立决。如不及三犯,照所犯之罪发落。若因抢夺问拟军、流、徒罪,在配在逃,复犯抢夺,无论纠抢、伙抢、独抢,曾否得免并计,如本系云贵两广极边烟瘴人犯,有犯即发新疆酌拨种地当差。其余原犯军、流、徒罪,复抢一二次者,实发云贵两广极边烟瘴充军;三次以上,发新疆酌拨种地当差。其抢夺问拟军、流、徒罪,释回后,复犯抢夺三次以上,实发云贵两广极边烟瘴充军;五次以上,发新疆酌拨种地当差。如抢夺初犯五次以上,实发云贵两广极边烟瘴充军;八次以上,发新疆酌拨种地当差。若按次各不及前数者,均依本律办理。倘为首赃至一百二十两以上,仍照例拟绞监候。至抢、窃同时并发之案,除抢多窃少,不得以窃作抢并拟,各从重者论外,如系窃多抢少,即应将抢夺并计,照纠窃次数科罪。

【1852】○修改

咸丰二年(1852),于“释回后,复犯抢夺”下,增入“一二次,赃未满贯者,发往极边足四千里充军”十八字。

一、凡白昼抢夺,三犯者,拟绞立决。如不及三犯,照所犯之罪发落。若因抢夺问拟军、流、徒罪,在配、在逃,复犯抢夺,无论纠抢、伙抢、独抢,曾否得免并计。如本系云贵两广极边烟瘴人犯,有犯即发新疆酌拨种地当差。其余原犯军、流、徒罪,复抢一二次者,实发云贵两广极边烟瘴充军;三次以上,发新疆酌拨种地当差。其抢夺问拟军、流、徒罪,释回后,复犯抢夺一二次,赃未满贯者,发往极边足四千里充军;三次以上,实发云贵两广极边烟瘴充军;五次以上,发新疆酌拨种地当差。如抢夺初犯五次以上,实发云贵两广极边烟瘴充军;八次以上,发新疆酌拨种地当差。若按次各不及前数者,均依本律办理。倘为首赃至一百二十两以上,仍照例拟绞监候。至抢、窃同时并发之案,除抢多窃少,不得以窃作抢并拟,仍各从其重者论外,如窃多抢少,即应将抢夺并计,照纠窃次数科罪。

【1870】6.18.268.(19)(略)

【1725】○增入

原拟:现行例内五条,应增入。

【现行例】一、凡恶徒伙众将良人子弟抢去,强行鸡奸,为首者斩立决,为从者皆绞监候。和同者,仍照律拟罪。

【1725】6.18.278.(5)

【增例】一、凡恶徒伙众将良人子弟抢去,强行鸡奸,为首者斩决,为从者绞监候。和同者,照律拟罪。

【1740】○删除

臣等谨按:此条系犯奸,应移入“犯奸”条下。但“犯奸”条下又有雍正十二年(1734)新定例款,较为详悉,此条无庸移入,应删。

【1725】○增入

原拟：现行例内五条，应增入。

【原增现行例】一、凡黔、楚两省相接红苗，彼此仇忿，聚众抢夺者，照抢夺律治罪。人数不及五十名，伤人为首者，枷号两个月，为从者一个月；杀人者，斩监候，下手者枷号三个月，为从者四十日。聚至五十人者，虽不杀人，为首者亦斩监候，为从者枷号五十日；杀人者斩决，下手之人绞监候，为从者各枷号两个月。聚至百人者，虽不杀人，为首者斩决，为从者各枷号两个月；杀人者，斩决、枭示，下手之人俱斩监候，为从者各枷号三个月。所抢人畜财物，追还给主。

【1725】6.18.278.(6)【增例】(略)

【1740】6.18.268.(5)(略)

【1802】6.18.268.(3)(略)

【1825】6.18.268.(2)(略)

【1725】○增入

原拟：现行例内五条，应增入。

【原增现行例】一、凡苗人犯抢夺，该管土官约束不严，俱交该部议处。若至百人以上，土司、府、州革职；百户、寨长革职，杖一百；知情故纵者，革职，枷号一个月，俱不准折赎。若教令指使，或通同图利者，照为首例治罪。

【1725】6.18.278.(7)

【增例】一、凡苗人犯抢夺，该管土官约束不严，俱交部议。若至百人以上，土司、府州革职，百户、寨长罢职役，满杖；知情故纵者革职，枷号一个月，俱不准折赎。若教令指使，或通同图利者，照为首例治罪。

【1740】6.18.268.(6)(略)

【1802】6.18.268.(4)(略)

【1825】6.18.268.(3)(略)

【1725】○增入

臣等谨按：康熙五十四年(1715)四月内，刑部议复赐宴处抢夺，事理类于此律，谨拟节录于后。

【续增现行例】一、凡赐燕处混行抢夺食物者，比照盗内府财物律治罪，伊主照家仆为盗例治罪。

【1725】6.18.278.(8)【增例】(略)

【1740】○删除

臣等谨按：此条所称"抢夺食物"出于偶然参处，乃一时禁止之事，不便永著为例，应删。

【1725】○增入

臣等谨按：康熙六十一年(1722)十二月内，户部会复水手抢夺，事理谨拟节录于后。

【续增现行例】一、粮船水手，伙众十人以上，执持器械抢夺，为首照强盗律治罪，为从减一等。如十人以下，又无器械者，照抢夺律治罪。出结之旗丁、头舵拿送者免罪。如容隐不首，及徇庇不拿者，照强盗窝主律分别治罪。

【1725】6.18.278.(9)【增例】(略)

【1740】6.18.268.(7)(略)

【1802】6.18.268.(5)(略)

【1825】6.18.268.(4)(略)

【1852】○修并

【原例】【1825】6.18.268.(4)(略)、【1825】6.18.268.(10)(略)

一、凡抢夺财物，除抢掠田野谷麦蔬果，与饥民爬抢，及十人以下又无器械者，仍依抢夺本律科断外，如有聚至十人以上，执持器械，倚强肆掠，果有凶暴众著情事者，为首照强盗律拟斩立决，为从发新疆给官兵为奴。如数在五人以上执持抢掠者，为首拟斩监候，为从实发云贵两广极边烟瘴充军。其结伙虽止三人，但有执持器械，威吓事主情事者，首犯发新疆给官兵为奴，为从杖一百、流三千里。粮船水手有犯，亦照此例治罪。出结之旗丁、头舵拿送者，免罪。如容隐不首及徇庇不拿者，照强盗窝主律例分别治罪。

【1870】○修改

一、抢夺之案，如结伙骑马持械，并聚至十人以上，倚强肆掠，凶暴众著者，无论白昼昏夜，及在途在野、江河湖港，均照强盗律，不分首从拟斩；被胁同行者，发遣新疆给官兵为奴。聚众不及十人，而数在三人以上，但经持械威吓，及捆缚按捺，并伤事主者，为首及在场动手之犯，亦照强盗律拟斩立决；为从在场并未动手者，均发遣新疆给官兵为奴。结伙仅止二人，但有持械威吓事主情事，及虽未持械，而结伙已至十人以上者，首犯实发云贵两广极边烟瘴充军，从犯杖一百、流三千里。结伙不及十人，俱系徒手抢夺者，首犯杖一百、流三千里，从犯杖一百、徒三年。数在三人以下者，仍照抢夺各本律例定拟。至回民结伙抢夺，及四川等省匪徒抢夺，例有专条者，仍与此例相比，从其重者论。

【1870】6.18.268.(4)(略)

【1725】6.18.278.(10)

【钦定例】一、凡白昼抢夺杀人者，照窃盗拒捕杀人例拟斩立决。其抢夺伤人者，仍照本律科断。

谨案：此条雍正三年(1725)定。

【1740】○修改

臣等谨按：雍正十一年(1733)又有定例，分别白昼抢夺杀人及抢夺伤人案内下手为从之犯,并抢夺、窃盗杀伤之案,分别曾否助力治罪。各条款今并增入,以便引用。再查雍正十一年(1733)例内,白昼抢夺杀人案内下手为从之犯,照窃盗拒捕杀人为从例,发吉林、乌喇等处给披甲人为奴。此例已经改发,应将改并例文,开列于后。

一、凡白昼抢夺杀人者,照窃盗拒捕杀人例,拟斩立决;下手为从之犯,照窃盗拒捕杀人为从人犯发黑龙江等处之例,分别发遣。其抢夺伤人首犯,仍照本律科断;下手为从者,亦照窃盗拒捕伤人为从例,发边卫充军。俱仍照例面上刺"凶犯"二字。若伤非金刃,又伤轻平复者,照窃盗拒捕例,为首者发边卫充军,为从及自首者,杖一百、徒三年。其抢夺、窃盗杀伤之案,以下手伤人者为首,在场助力者为从;其不曾助力者,仍照抢夺、窃盗本律首从论。伤有多处者,以致命伤重者为首;致命伤多者,以后下手者为首;其致命伤重,不知孰为先后者,以初动手者为首。

【1740】6.18.268.(8)(略)

【1767】○修改

臣等谨按:此条系抢夺杀伤人治罪定例。原例内"抢夺杀伤人均照窃盗拒捕治罪"等语,查抢夺一项列于强盗之后,较窃盗为尤重。杀伤人者,或应斩决,或应监候,或应发遣拟徒,应各据本罪定拟,所有原例内"照窃盗拒"捕等句俱拟删去。再原例"抢夺伤人首犯"一语原指金刃及折伤二项,而例文未经指出,恐碍引用,是以明白指出。至抢夺伤人下手为从之犯,已于乾隆三十二年(1767)四月内,军机大臣会同臣部奏准改发边远充军。伤非金刃、伤轻平复之首犯,原例本照窃盗拒捕发边卫充军,今新例窃盗拒捕伤非金刃、伤轻平复之首犯,已加等改发边远充军。则抢夺情重于窃盗,亦应一体改发。臣等已将此条原例,遵照逐一改正,合并声明。

一、凡白昼抢夺杀人,拟斩立决;下手为从之犯,应给吉林、乌拉等处者,依名例改遣之例问发。其抢夺金刃伤人,及折伤为首之犯,仍照本律拟斩监候;下手为从,及伤非金刃,又伤轻平复之首犯,均改边远充军,面上各刺"凶犯"二字;为从,及自首者,杖一百、徒三年。

【1768】6.18.268.(9)(略)

【1788】○修并

【原例】【1768】6.18.268.(9)(略)、【1782】续纂"一、凡白昼抢夺杀人案内,为从帮同下手有伤者……"条(略)

臣等谨按:此条例内白昼抢夺杀人案内"为从下手有伤者,不论他物、金刃,拟绞监候。其从犯虽经拒捕或亦持仗而未经殴人成伤者,仍照本例办理"等语,即系首条内"为从发遣人犯分别治罪"之文,止应于首条例内增纂明晰,不必另列一条。又抢夺伤非金刃、伤轻平复之首犯,原例边远充军,乾隆四十七年(1782)奏准改发新疆。四十八年(1783)伊犁将军伊勒图以发到遣犯过多,酌拟停止,经臣部议准,仍发内地,较原例加一等,改发极边烟瘴充军。又首条内发遣吉林等处依"名例"改遣之例问发者,系指应发极边足四千里充军而言,均应于例内修改详明,以资援引。再查定例,命案斩、绞等犯面上刺"凶犯"二字,至军遣人犯例应仍刺抢夺事由。今原例内"改发边远充军"之下"面上各刺'凶犯'二字",系统承上文斩、绞而言,援引恐致歧悮,自应改为"各照本例刺字"。又"名例·犯罪自首"门内载有事未发而自首免罪及知人欲告而自首减二等,闻拿投首减一等各条。今原例内应发边远充军之犯,止统论自首者杖一百、徒三年,未免挂漏,自应将首条内"自首"数字删去。又"名例"内共犯罪而首从本罪各别者,各依本律首从论,是第二条例内"拒捕另伤一人"之语,系属赘文,亦应酌删,以昭简切。今将删并修辑例文,开列于后。

一、凡白昼抢夺杀人者,拟斩立决;为从帮同下手有伤,不论他物、金刃,拟绞监候;未经帮殴成伤者,发极边足四千里充军。其伤人未死,如刃伤及折伤,为首之犯,仍照本律拟斩监候;下手为从者,改发边远充军。伤非金刃,又伤轻平复之首犯,改发极边烟瘴充军;为从,杖一百、徒三年。各照本例刺字。

【1790】6.18.268.(20)(略)

【1795】○修改

臣等谨按:乾隆五十七年(1792)三月内,安徽巡抚朱珪咨"贼犯曹存子抢夺客民魏勇升布物拒捕"一案,该抚以曹存子拒捕推跌事主并未受伤,照抢夺财物拟徒本律上加拒捕罪二等,杖一百、流二千五百里。经臣部查,窃盗临时拒捕不伤人之首犯,发近边充军。抢夺拒捕不伤人之犯,例内虽无作何治罪正条,但抢夺之犯护赃抗拒,较之窃盗临时拒捕情罪相同。将曹存子改照窃盗临时拒捕不伤人例,发近边充军在案。拟于此条例内添入"拒捕不伤人之首犯发近边充军"一节,以资引用。今将增辑例文开列于后。

一、凡白昼抢夺杀人者,拟斩立决;为从帮同下手有伤,不论他物、金刃,拟绞监候;未经帮殴成伤者,发极边足四千里充军。其伤人未死,如刃伤及折伤,为首之犯,仍照本律拟斩监候;下手为从者,改发边远充军。伤非金刃,又伤轻平复之首犯,改发极边烟瘴充军。拒捕不伤人之首犯,发近边充军。为从,各杖一百、徒三年。各照本例刺字。

【1801】○修改

臣等谨按:此条例系乾隆四十六年(1781)定例。查抢夺杀人为从帮殴有伤例称:不论金刃、他物,俱绞监候。而手足成伤应行治罪之处,未经议及。查帮殴成伤有轻重之不同,设有手足拒殴至折伤以上之案,碍难办理。自应分别修改,以昭赅备。此等帮殴成伤之案,如刃伤及手足、他物殴至折伤以上者,情罪较重,自应问拟绞候。若伤非金刃,仅止手足、他物而又非折伤者,情罪较轻,应行酌减问拟。查未经帮殴成伤之犯,例发极边足四千里充军。若帮殴有伤者,应加一等,发云贵两广极边烟瘴充军,庶足以昭平允。又,查抢夺伤人未死,如刃伤及折伤以上为从之犯,原例发近边充军;伤非金刃、伤轻平复之首犯,发边远充军。嗣于乾隆二十三年(1758)将刃伤及折伤为从之犯,奏准改发新疆;三十二年仍发内地,较原例加一等,边远充军。四十七年(1782)将伤非金刃、伤轻平复之首犯,奏准改发新疆;四十八年(1783)仍发内地,亦照原例加一等,发极边烟瘴充军等因,纂入例册在案。嗣于嘉庆四年(1799),臣部遵旨议复署伊犁将军、大学士保宁以新疆各属做工人少,奏请酌发伊犁等处,交该将军、都统等酌拨当差。奉旨:"依议。"钦遵在案。此条拟军旧例应行修改。再查名例内载"应发新疆人犯,如年逾五十,不能耕作之人,仍各照原例办理,毋庸拟发新疆”等语,是年逾五十,不能耕作,照原例办理者,仍应分别发近边、边远充军,不在加等之列,例内应行添改明晰,并用小字注明,以免牵混,而资引用。谨将修改例文,开列于后。

一、凡白昼抢夺杀人者,拟斩立决;为从帮殴,如刃伤,及手足、他物至折伤以上者,俱拟绞监候;伤非金刃,又非折伤者,发云贵两广极边烟瘴充军;未经帮殴成伤者,发极边足四千里充军。其伤人未死,如刃伤,及折伤以上者,首犯仍照本律拟斩监候;为从,及伤非金刃,伤轻平复之首犯,俱改发伊犁等处酌拨当差。年在五十以上,刃伤及折伤为从,仍照原例发近边充军;伤非金刃,伤轻平复为首,发边远充军。拒捕未经成伤之首犯,发近边充军;为从,各杖一百、徒三年。俱照本例刺字。

【1802】6.18.268.(22)(略)

【1806】○修改

【原例】【1802】6.18.268.(22)(略)、【1802】6.18.268.(18)(略)

臣等谨按:嘉庆十年(1805)八月,臣部遵旨调剂吉林等处安插人犯折内,议将抢夺伤人伤非金刃、伤轻平复并抢夺金刃伤人及折伤下手为从等六条,仍照旧例改发内地等因,奏准在案。例内改发伊犁当差之处,均应修改。再查此等人犯系由新疆改发内地,旧例较原例加一等。刃伤及折伤为从之犯改发边远充军,伤非金刃、伤轻平复之首犯改发极边烟瘴充军,年逾五十者各照原例充发。应仍照旧例修辑。再查后条末节弁兵见船覆溺并未抢取货物,但阻挠不救,以致商民淹毙者,为从照律拟杖,自应按数折责发落。今例内仅称“官弁题参革职,兵丁革除名粮”并无“折责发落”之语。诚恐各省援引以业经革职,免其杖责,殊非例意。应请于“兵丁革除名粮”之下添入“均折责发落”五字,以昭赅备。谨将修改例文二条,开列于后。

一、凡白昼抢夺杀人者,拟斩立决;为从帮殴,如刃伤,及手足、他物至折伤以上者,俱拟绞监候;伤非金刃,又非折伤者,发云贵两广极边烟瘴充军;未经帮殴成伤者,发极边足四千里充军。其伤人未死,如刃伤,及折伤以上者,首犯仍照本律拟斩监候,为从改发边远充军。伤非金刃,伤轻平复之首犯,改发极边烟瘴充军。年在五十以上,刃伤及折伤为从,仍照原例发近边充军;伤非金刃伤轻平复为首,发边远充军。拒捕未经成伤之首犯,发近边充军;为从各杖一百、徒三年。俱照本例刺字。

【1825】6.18.268.(18)(略)

【1870】6.18.268.(17)(略)

【1740】○增入

一、凡白昼抢夺人财物,至一百二十两以上者,照窃盗满贯律,拟绞监候。

此条系雍正十二年(1734)定例。原议内有“白昼抢夺人财物者,杖一百、徒三年”等语,与律文重复,今删。

【1740】6.18.268.(9)(略)

【1768】6.18.268.(10)(略)

【1790】6.18.268.(9)(略)

【1802】6.18.268.(6)(略)

【1821】○修改

臣等谨按:白昼抢夺人财物律载,不计赃,杖一百,徒三年;计赃重者,加窃盗罪二等,罪止杖一百、流三千里。又窃盗赃一两以下,杖六十;七十两,杖八十,徒二年;八十两,杖九十,徒二年半;九十两,杖一百,徒三年;一百两,杖一百,流二千里。又例载:白昼抢夺人财物至一百二十两以上者,拟绞监候。律例分条互见,诚以抢夺重于窃盗。抢夺律言,不计赃者,虽赃在一两以下即拟满徒,较之窃盗赃一两以下杖六十已加重数等。严抢夺之罪,为其近于强也。所称计赃重者加窃盗罪二等,如赃至七十两,在窃盗罪应杖八十,徒二年,抢夺加二等,罪应满徒,仍与本律加二等罪名相符,自可毋庸加重。若赃至八十两,在窃盗罪应徒二年半,抢夺加二等,应流二千里;九十两、一百两,按数递加至满流而止。律所谓罪止杖一百、流三千里也,乃近来办理此等案件拘泥律文"不计赃"一语。凡抢夺,赃毋论七十两、八十两、九十两,均拟以满徒。必赃至百两,按窃盗罪应杖一百、流二千里者,始为赃重,加二等,拟以满流。殊不知窃盗赃九十两本律即应徒三年,若与抢夺赃九十两同科满徒,殊失抢、窃轻重本义。外省咨题各件,每有歧异。臣部或按律核复,或随案改正办理,均未画一,只缘误会律文。而例内止有一百二十两以上拟绞之条,其于计赃加等界限亦未载及,是以引断每致参差。自应增纂明晰,以免歧误。谨将修改例文,开列于后。

一、白昼抢夺人财物,除赃在七十两以下者,仍依律拟以满徒外,其赃至八十两以上,即按律递加窃盗罪二等,罪止杖一百、流三千里;一百二十两以上者,仍照盗窃满贯律拟以绞监候。

【1825】6.18.268.(21)(略)

【1825】6.18.268.(20)(略)

【1740】○增入

一、凡出哨兵弁,如遇商船在洋遭风,尚未覆溺,及着浅不致覆溺,不为救护,反抢取财物,拆毁船只者,照江洋大盗例,不分首从,斩决枭示。如遭风覆溺,人尚未死,不速救护,止顾捞抢财物,以致商民淹毙者,将为首之兵丁,照抢夺杀人律拟斩立决,为从照伤人律拟斩监候。所抢财物,照追给主。如不足数,将犯人家产变赔。在船将备,如同谋抢夺,虽兵丁为首,该弁亦照为首兵丁例治罪;虽不同谋而分赃者,以为从论;若实系不能约束,并无通同分肥情弊,照例议处。如见船覆溺,虽抢取货物,伤人未致毙命者,不计赃,为首杖一百、流三千里,为从减一等。若商船失风被溺,商民俱已救援得生,因而捞抢财物者,兵丁照抢夺本律杖一百、徒三年,计赃重者,从重问拟;该管员弁,照钤束不严例议处。如淹毙人命在先,弁兵见有漂失无主船货,捞抢入已不报者,照得遗失官物坐赃论。如见船覆溺,阻挠不救,以致毙人命者,为首阻救之人,照故杀律拟斩监候;为从,照知人谋害他人不即救护律杖一百;官弁题参革职,兵丁革除名粮。如有凶恶之徒,明知事犯重罪,在外洋无人处所,故将商人全杀灭口,图绝告发者,无论官兵,但系在船同谋,均照强盗杀人律,不分首从拟斩、枭示。以上弁兵,除应斩决不准自首外,其余事未发觉而自首,杖一百、徒三年;流罪以下,概准宽免;仍追赃给主。如有误坐同船,并未分赃之人,能据实首报,除免罪外,仍酌量赏给。其哨船未出口之前,取同船兵丁不致抢物为匪连名甘结,令在船将弁加结,申送该管上司存案。巡哨回日,仍取同船兵丁甘结,转送该管上司。其上司如不系同船,失于觉察,或通同庇匿,及地方州县,若据难民呈报,不即查明转详,反行抑讳,及道府不行查报,督抚提镇不行查参者,均照例议处。再营汛弁兵,如有能竭力救护失风人船,不私取丝毫货物者,该管官据实申报督抚、提镇,按次纪功,照例议叙。倘弁兵因救护商人,或致受伤、被溺,详报督抚,查明优恤。其边海居民,以及采捕各船户,如有乘危抢夺者,均照抢夺本律治罪。有能救援商船,不取财物者,该督抚亦酌量给赏。

谨案:此条系雍正九年(1731)定例。

【1740】6.18.268.(10)(略)

【1768】6.18.268.(11)(略)

【1790】6.18.268.(10)(略)

【1801】修并分辑

【原例】【1790】6.18.268.(10)(略)、【1790】6.18.268.(16)(略)

臣等谨按:前条系雍正九年(1731)定例,后条系乾隆二十六年(1761)定例。查江洋乘危抢夺较之寻常抢夺为重,故后条例内凡罪应杖、徒者,俱加一等。前条商船失风被溺,商民已救援得生,因而捞抢财物者,照抢夺本律,杖一百、徒三年,及海边居民乘危抢夺,照本律治罪之处,系属旧例,业已不用,应行修并。又,查抢夺伤人未死例载"如刃伤及折伤以上,拟斩监候;伤非金刃、伤经平复,发伊犁等处当差"等语。前条例内见船覆溺抢取货物,自应分别伤之是否金刃、折伤,拟以斩候、发遣,如赃至满贯者,亦应拟以绞候。例内止称"不计赃,为首杖一百、流三千里"殊属歧异,应行修改。又海边居民例下应添入"抢夺财物,拆毁船只,致商民淹毙,及伤人未致毙命"等项,俱照前例分别治罪,以昭赅备。又强盗自首例内分别事未发而自首及闻拿投首二项,前条自首只于事未发而自首者减罪二等,其闻拿投首者应减罪一等科断,例无明文,应增入。又"其余"二字系指罪应斩候、绞候者而言,亦应增纂明晰,以免含混。至前条原例款项甚多,共为一条未免冗长。今拟将兵弁乘危抢夺分别治罪为一条,将备知情、不知情分别议处治罪及自首减等并力救给赏、受伤优恤为一条,边海居民乘危抢夺为一条,以昭明晰,而便引用。谨将修改例文三条,开列于后。

【1802】6.18.268.(18)(略)

【1802】6.18.268.(19)(略)

【1802】6.18.268.(20)(略)

【1802】6.18.268.(18)

一、凡大江洋海,出哨官弁兵丁,如遇遭风商船,尚未覆溺,及着浅不致覆溺,不为救护,反抢取财物,拆毁船只者,照江洋大盗例,不分首从,斩决、枭示。如遭风覆溺,人尚未死,不速救援,止顾捞抢财物,以致商民淹毙者,为首照抢夺杀人律斩立决,为从照抢夺伤人律斩监候。如见船覆溺,抢取财物,伤人未致毙命,如刃伤及折伤以上者,斩监候;伤非金刃,伤轻平复者,发伊犁等处当差;未伤人者,为首照抢夺律加一等,杖一百、流二千里,为从杖一百、徒三年;赃逾贯者,绞监候。如有凶恶之徒,明知事犯重罪,在外洋无人处所,故将商人全杀灭口,图绝告发者,但系同谋,均照强盗杀人律斩决、枭示。如见船覆溺,并未抢取货物,但阻挠不救,以致商民淹毙者,为首照故杀律斩监候,为从照知人谋害他人不即救护律杖一百,官弁题参革职,兵丁革除名粮。如淹死人命在先,弁兵见有漂失无主船货,捞抢入已者,照得遗失官物坐赃论罪。

【1806】修改

修改按语见【1802】6.18.268.(22)条【1806】修改项下。

一、凡大江洋海出哨官弁兵丁,如遇商船遭风,尚未覆溺,及着浅不致覆溺,不为救护,反抢取财物,拆毁船只者,照江洋大盗例,不分首从,斩决、枭示。如遭风覆溺,人尚未死,不速救援,止顾捞抢财物,以致商民淹毙者,为首照抢夺杀人律斩立决,为从照抢夺伤人律斩监候。如见船覆溺,抢取货物,伤人未致毙命,如刃伤,及折伤以上者,斩监候;伤非金刃,伤轻平复者,改发极边烟瘴充军,年在五十以上,发边远充军;未伤人者,为首照抢夺律加一等,杖一百、流二千里,为从杖一百、徒三年;赃逾贯者,绞监候。如有凶恶之徒,明知事犯重罪,在外洋无人处所,故将商人全杀灭口,图绝告发者,但系同谋,均照强盗杀人律斩决、枭示。如见船覆溺,并未抢取货物,但阻挠不救,以至商民淹毙者,为首照故杀律斩监候,为从照知人谋害不即救护律杖一百;官弁题参革职,兵丁革除名粮,均折责发落。如淹死人命在先,弁兵见有漂失无主船货,捞抢入已者,照得遗失官物坐赃论罪。

【1825】6.18.268.(19)(略)

【1870】6.18.268.(18)(略)

【1802】6.18.268.(19)

一、大江洋海出哨兵弁,乘危捞抢之案,所抢财物,照追给主。如不足数,将首犯家产变赔。无主赃物入官。其在船将备,如同谋抢夺,虽兵丁为首,该弁亦照为首例治罪;其不同谋而分赃者,以为从论。若实系不能约束,并无同谋、分赃情弊,照钤束不严例议处。以上弁兵,除应斩决及枭示者不准自首外,其应斩候、绞候者,若事未发觉而自首,杖一百、徒三年;军、流以下,概准宽免。如系闻拿投首、应斩候、绞候者,杖一百、流三千里;军罪以下,减二等发落。仍追赃给主。如有误坐同船,并未分赃之人,能据实首报,除免罪外,仍酌量给赏。其哨船未出口之前,取同船兵丁不致抢物为匪连名甘结,令在船将弁加结,申送该管上司存案。巡哨回日,仍取同船兵丁甘结,转送该管上司。其上司如不系同船,失于觉察,或通同庇匿,及地方州县,若据难民呈报,不即查明转详,反行抑讳,及道府不行察报,督抚、提镇不行查参者,均照例议处。再营汛弁兵,如能竭力救护失风人船,不私取丝毫货物者,该管官据实申报督抚、提镇,按次记功,照例议叙。倘弁兵因救援商人,或致受伤、被溺,详报督抚,查明优恤。

【1825】6.18.268.(14)(略)

【1870】6.18.268.(13)(略)

【1802】6.18.268.(20)

一、凡边海居民,以及采捕各船户,如有乘危抢夺,但经得财,并未伤人者,均照抢夺本律加一等,杖一百、流二千里,为从各杖一百、徒三年。若抢取货物,拆毁船只,致商民淹毙,或伤人未致毙命者,俱照前例分别治罪。有能救援商船,不取财物者,该督抚亦酌量给赏。

【1825】6.18.268.(15)(略)

【1870】6.18.268.(14)(略)

【1740】○增入

一、江南通州崇明、昭文沙民,伙众争地,除不持器械争夺,及聚众不及四五十人者,照侵占他人田宅律科断。如系执持器械,及聚众四五十人,有抗官重情者,照光棍例,为首者拟斩立决,为从者拟绞监候,逼勒同行之人各杖一百。

谨案:此条系雍正十二年(1734)定例。

【1740】6.18.268.(11)(略)

【1768】6.18.268.(12)(略)

【1790】6.18.268.(11)(略)

【1802】6.18.268.(7)(略)

【1825】6.18.268.(5)(略)

【1740】○删除

一、湖广、四川等省有名溜子、页子贼船,哄载行商,行至无人处所,诱勒赌博,搜劫银钱,复将凶械逐客上岸者,照强盗不分首从律,拟斩立决。若有杀伤人者,照江洋行劫例,斩决、枭示;情有可原者,减等发落。若止哄载诱赌,赢去银钱,尽留货物,将人送至孤岸者,照无藉之徒诱引生事绑缚平民胁骗财物律,不分首从,枷号一个月,发烟瘴充军。船户同伙分赃,亦照此例。若非同伙,并未分赃,照窝赌例枷号三个月、杖一百,所得银钱,照追入官。至川江放飞棍徒,乘驾小船,哄载行商,至滩凶水急之处，恐吓行商，登岸挽纤，截断绳缆，船流无踪，取其货物行李者，照抢夺例，分别首从，计赃加窃盗罪二等。若有持械逐客者，亦照盗案律治罪。其沿江地方官，仍照例取具船户、两邻甘结，给发印票，编定号数，书刻船户姓名。违者拿获，将船变价入官，船户照无引私盐律拟徒。如州县官滥给印票，官役借查编名色，致累船户者，该管上司题参议处；衙役人等，计赃治罪。

此条系雍正十年(1732)定例。查贼船持械搜劫银钱，自应照强盗例定拟。如但止抢夺，应照抢夺例定拟。至诱赌、窝赌等项，俱有定例可以援引。且凡系沿江滨海地方船只，俱应取结编号，地方各官例有处分，不独溜子、页子等船为然也。各省遇有此等案件，均可按照律例分别问拟，毋庸另立例款。此条毋庸纂入。

【1746】○续纂

一、直省不法之徒，如乘地方歉收，伙众抢夺，扰害善良，挟制官长，或因赈贷稍迟，抢夺村市，喧闹公堂，及怀挟私愤，纠众罢市、辱官者，俱照光棍例治罪。若该地方官营私怠玩，激成事端，及弁兵不实力缉拿，一并严参议处。

臣等谨按：此条内歉收地方伙众抢夺一项，系乾隆八年(1743)闰四月内钦奉上谕。应恭纂为例，以便遵行。其赈贷稍迟及怀挟私愤二项，系乾隆十年(1745)九月内臣部议复礼部侍郎秦蕙田条奏定例，事属一类，今并为一条。

【1768】6.18.268.(13)(略)

【1790】6.18.268.(12)(略)

【1802】6.18.268.(8)(略)

【1825】6.18.268.(6)(略)

【1746】○续纂

一、苗人聚众至百人以上，烧村劫杀，抢掳妇女，拿获讯明，将造意首恶之人，即在犯事地方斩决、枭示。其为从内，如系下手杀人放火、抢掳妇女者，俱拟斩立决；若止附和随行，在场助势，照红苗聚众例枷号三个月；临时协从者，枷号一个月。至寻常盗劫抢夺，仍照内地抢夺例完结。其有掳掠妇女勒赎尚未奸污者，仍照苗人伏草捉人勒赎例定拟。

臣等谨按：此条系乾隆九年(1744)六月内，臣等议复调任贵州总督张广泗等条奏定例，应纂辑以便遵行。

【1768】6.18.268.(14)(略)

【1790】6.18.268.(13)(略)

【1802】6.18.268.(9)(略)

【1825】6.18.268.(7)(略)

【1746】○续纂

一、苗人聚众烧劫抢掳之案,其例应正法人犯之家口、父母、兄弟、子侄,并案内军、流等罪例应折枷责之犯,及该犯之家口、父母、兄弟、子侄,俱查明发六百里外营县安插。胁从之人,免其迁徙。

臣等谨按:此条系乾隆九年(1744)六月内,臣等议复调任贵州总督张广泗等条奏定例,应纂辑以便遵行。

【1768】6.18.268.(15)(略)

【1788】○删除

臣等谨按:"名例·徒流迁徙地方"门内载有土蛮、土司、猺獞仇杀劫掳,犯系死罪,将本犯正法,一应家口、父母、兄弟、子侄俱令迁徙,如系军、流等罪,将本犯照例枷责,仍同家口、父母、兄弟、子侄一并迁徙,发六百里外营、县安插。其凶恶未甚者,初犯照例枷责,姑免迁徙。应于彼条添纂"苗人"二字,自毋庸于此条重叙叠载,致滋繁复,应请毋庸载入。

【1751】○续纂

一、凡台湾盗劫之案,罪应斩决者,照江洋大盗例斩决、枭示。他如聚众散札竖旗,妄布邪言,书写张贴,煽惑人心,抢夺、杀人、放火,光棍抢夺路行妇女强奸致死,劫囚越狱,与番人彼此仇忿,聚众抢夺杀人等案内,造意为首,罪应立决者,均照黔楚两省例斩决、枭示,正法后即传首原犯地方示众。其附和为从之犯,不得援引此例。仍于各审案后附疏声明。

臣等谨按:此条系乾隆十四年(1749)十二月内,臣部议复福建巡抚潘思榘条奏定例,应纂辑以便遵行。

【1768】6.18.268.(16)(略)

【1790】6.18.268.(14)(略)

【1802】6.18.268.(10)(略)

【1825】6.18.268.(8)(略)

【1761】○续纂

一、川省啯匪,纠伙五人以上,在于场市人烟凑集之所,横行抢劫者,不论曾否得财,为首照光棍例拟斩立决,为从同抢者俱拟绞监候。若拒捕夺犯,杀伤兵役并事主、场众者,审明首犯,即行正法、枭示;在场加功及助势者,俱拟绞立决;同谋抢夺,而拒捕夺犯之时并未在场者,仍照光棍为徒本例,拟绞监候。其在野拦抢止二三人者,分别首从,犯该徒罪以上,俱发云贵两广极边烟瘴地方严行管束。

谨案:此条系乾隆二十三年(1758)十一月四川按察使吴端条奏。

【1767】○修改

三十二年(1767),将"分别首从,犯该徒罪以上"二句,改为"除实犯死罪外,犯该徒罪以上，不分首从”。

一、川省啯匪，纠伙五人以上，在于场市人烟凑集之所，横行抢劫者，不论曾否得财，为首照光棍例拟斩立决，为从同抢者俱拟绞监候。若拒捕夺犯，杀伤兵役并事主、场众者，审明首犯，即行正法、枭示；在场加功及助势者，俱拟绞立决；同谋抢夺，而拒捕夺犯之时并未在场者，仍照光棍为徒本例，拟绞监候。其在野拦抢止二三人者，除实犯死罪外，犯该徒罪以上，不分首从，俱发云贵两广极边烟瘴地方严行管束。

【1768】6.18.268.(17)(略)

【1772】○修改

臣等谨按：此条内“在野拦抢止二三人者”一节，推原例意，盖因此项人犯较之纠伙五人以上在于场市横行抢劫者情虽较轻，而同系啯匪，又与寻常抢夺人犯不同，故犯至死罪者，自应分别首、从，按照律例定拟；犯该徒罪以上者，应不分首从，俱拟遣戍。立法本属周详，但于“在野拦抢止二三人者”之下并未叙明“除犯该死罪”字样，仅载“分别首、从”四字，而下文又直接“犯该徒罪以上，俱发云贵两广”等句，文义不甚明晰，断狱恐致混淆。谨拟改为“除实犯死罪外，犯该徒罪以上，不分首从，俱发云贵两广极边烟瘴地方严行管束”。再原例内“场众”二字系指在场之人而言，恐问刑衙门拘泥“众”字，转滋牵滞，谨拟改为“及在场之人”，庶便引用。谨将改辑例文，开列于后。

一、川省啯匪，纠伙五人以上，在于场市人烟凑集之所，横行抢劫者，不论曾否得财，为首照光棍例拟斩立决，为从同抢者俱拟绞监候。若拒捕夺犯，杀伤兵役并事主及在场之人者，审明，首犯即行正法、枭示；在场加功及助势者，俱拟绞立决。同谋抢夺，而拒捕夺犯之时并未在场者，仍照光棍为从本例拟绞监候。其在野拦抢止二三人者，除实犯死罪外，犯该徒罪以上，不分首从，俱发云贵两广极边烟瘴地方严行管束。

【1788】○修改

【原例】【1768】6.18.268.(17)条【1772】修改例文(略)、【1782】续纂“一、川省匪徒在野拦抢，未经伤人之案……”条(略)

臣等谨按：以上二条俱系川省啯匪拦抢分别治罪之例。乾隆四十七年(1782)五月内，四川总督福康安奏准将条例内“啯匪”二字改为“川省匪徒”在案。今后条业经遵照更正，则首条亦应改正画一。再查五十二年(1787)三月内，钦奉谕旨：“嗣后应发厄鲁特人犯着改发伊犁，分给该处察哈尔及驻防满洲官兵为奴。”钦遵在案，应将原例内发伊犁、厄鲁特为奴，改为发伊犁等处。又新疆人犯刺字及脱逃正法，另有专条，此例内“面刺外遣”等语句拟合删去，以昭核实。今将修改各例文，开列于后。

一、川省匪徒，纠伙五人以上，在于场市人烟凑集之所，横行抢劫者，不论曾否得财，为首照光棍例拟斩立决，为从同抢者俱拟绞监候。若拒捕夺犯，杀伤兵役并事主、场众者，审明首犯，即行正法、枭示；在场加功及助势者，俱拟绞立决；同谋抢夺，而拒捕夺犯之时并未在场者，仍照光棍为徒本例，拟绞监候。其在野拦抢止二三人者，除实犯死罪外，犯该徒罪以上，不分首从，俱发云贵两广极边烟瘴地方严行管束。

【1790】6.18.268.(21)(略)

【1802】6.18.268.(14)(略)

【1821】○修并

【原例】【1802】6.18.268.(14)(略)、【1802】6.18.268.(15)条【1806】修改例文(略)

臣等谨按:嘉庆二十年(1815)八月初二日,奉上谕:"近来河南、安徽、湖北三省交界地方不法匪徒纠众肆劫,扰害良民。有红胡子、白撞手、拽刀手等名目,不可不严加惩创,以儆凶顽。着刑部仿照四川省啯匪之例,从重定拟罪名,另立专条,奏明颁示该三省一体遵行。钦此。"臣等正在酌议间,复于十四日奉上谕:"给事中孙汶奏山东之兖州、沂州、曹州三府,江苏省以淮安、徐州、海州三府州,拽刀手匪徒甚多。请与河南、安徽、湖北之红胡子等匪徒一律严办等语。着交刑部将此二省拽刀手抢劫案犯,与河南、安徽、湖北三省红胡子、白撞手、拽刀手等匪徒一并从重定拟罪名,奏准颁行。钦此。"经臣部议请,嗣后河南、安徽、湖北等三省交界地方,并山东之兖州、沂州、曹州三府,及江苏之淮安、徐州、海州三府州,如有红胡子、白撞手、拽刀手等名目,悉照川省匪徒办理。如纠伙五人以上,在于场市肆行抢劫者,不论曾否得财,照光棍例,为首,拟斩立决;为从同抢者,俱拟绞监候。若拒捕夺犯杀伤兵役、事主及在场之人,首犯即行正法枭示;在场加功及助势者,俱拟绞立决。同谋抢夺而拒捕夺犯时并未在场者,仍照光棍为从例,拟绞监候。其在野拦抢未经伤人之案,除实犯死罪外,数在三人以下,犯该徒罪以上,不分首、从,俱发云贵两广极边烟瘴地方充军;如四人以上至九人者,不分首、从,俱改发伊犁,分给该处察哈尔及驻防满洲官兵为奴。但伤人如刃伤及折伤以上,拟斩监候;伤非金刃、伤轻平复,拟绞监候。若十人以上,无论伤人与否,为首,拟斩立决;为从,拟绞监候;被胁同行者,发乌鲁木齐给官兵为奴。倘有杀人夺犯伤差等事,即照场市抢劫之例,将首伙各犯分别斩枭、绞决、监候。再查川省匪徒抢劫场市,纠众至五人以上者,例有专条。其伙众不及五人作何治罪,原例并未议及。亦应一体加重惩办,俾凶徒知所儆畏。并请嗣后川匪抢劫场市,纠伙不及五人者,即照川匪在野拦抢四人至九人之例,不分首从,俱改发伊犁分给该处察哈尔及驻防满洲官兵为奴。如刃伤及折伤以上,拟斩监候;伤非金刃、伤轻平复,拟绞监候。河南等省红胡子等各项匪徒抢劫场市不及五人者,亦即照此例办理。以上各匪犯父兄、牌甲俱依盗案例,查明是否知情分赃,或止失于觉察,分别惩处等因奏准,遵行在案。应于川省匪徒例内并纂明晰。至川省匪徒原例两条,情事相类,应修并一条,以归简易。并将抢劫场市纠伙不及五人一节叙入例内,以资引用。谨将修并例文,开列于后。

一、川省匪徒,并河南、安徽、湖北等三省交界地方,及山东之兖州、沂州、曹州三府,江苏之淮安、徐州、海州三府州,如有红胡子、白撞手、拽刀手等名目,在于场市人烟凑集之所,横行抢劫,纠伙不及五人者,不分首从,俱改发伊犁,分给该处察哈尔及驻防满洲官兵为奴。但伤人者,如刃伤及折伤以上,拟斩监候;伤非金刃,伤轻平复,拟绞监候。如纠伙五人以上,无论曾否得财,为首照光棍例拟斩立决,为从同抢者俱拟绞监候。若拒捕夺犯,杀伤兵役并事主及在场之人者,审明首犯,即行正法、枭示;在场加功及助势者,俱拟绞立决;同谋抢夺,而拒捕夺犯之时并未在场者,仍照光棍为从本例拟绞监候。其在野拦抢,未经伤人之案,除实犯死罪外,数在三人以下,犯该徒罪以上,不分首从,俱发云贵两广极边烟瘴地方充军;如四人以上至九人者,不分首从,俱改发伊犁,分给该处察哈尔及驻防满洲官兵为奴。但伤人者,如刃伤,及折伤以上,拟斩监候;伤非金刃,伤轻平复,拟绞监候。若数至十人以上,无论伤人与否,为首拟斩立决,为从拟绞监候,被胁同行者发乌鲁木齐给官兵为奴。倘有杀人、夺犯、伤差等事,有一于此,即照场市抢劫之例,将首伙各犯分别斩枭、绞决、监候。以上各匪犯父兄、牌甲,俱依盗案例,查明是否知情分赃,或止失于觉察,分别惩处。

【1825】6.18.268.(23)(略)

【1830】修改

臣等谨按:道光六年(1826)十一月内,军机大臣会同臣部,议复直隶总督那彦成奏“调剂新疆遣犯”折内,请将川省匪徒,并河南、安徽、湖北三省交界,及山东之兖州、沂州、曹州三府,江苏之淮安、徐州、海州三府州,有红胡子、白撞手、拽刀手等名目,在场市抢劫,纠伙不及五人者,在野拦抢未经伤人,纠伙四人以上至九人,除实犯死罪外,不分首、从者,在野拦抢数至十人以上,被胁同行者,发伊犁、乌鲁木齐为奴各条,俱改发云贵两广极边烟瘴充军。其在野拦抢数在三人以下,犯该徒罪以上,不分首从,发云贵两广极边烟瘴充军一条,改发极边足四千里充军等因奏准,通行在案。例内发伊犁、乌鲁木齐及云贵两广极边烟瘴之处,应行修改。谨将修改例文,开列于后。

一、川省匪徒,并河南、安徽、湖北等三省交界地方,及山东之兖州、沂州、曹州三府,江苏之淮安、徐州、海州三府州,如有红胡子、白撞手、拽刀手等名目,在于场市人烟凑集之所,横行抢劫,纠伙不及五人者,不分首从,俱改发云贵两广极边烟瘴充军。但伤人者,如刃伤及折伤以上,拟斩监候;伤非金刃,伤轻平复,拟绞监候。如纠伙五人以上,无论曾否得财,为首照光棍例拟斩立决,为从同抢者俱拟绞监候。若拒捕夺犯,杀伤兵役并事主及在场之人者,审明首犯,即行正法、枭示;在场加功及助势者,俱拟绞立决;同谋抢夺,而拒捕夺犯之时并未在场者,仍照光棍为从本例拟绞监候。其在野拦抢,未经伤人之案,除实犯死罪外,数在三人以下,犯该徒罪以上,不分首从,俱改发极边足四千里充军;如四人以上至九人者,不分首从,俱改发云贵两广极边烟瘴充军。但伤人者,如刃伤,及折伤以上,拟斩监候;伤非金刃,伤轻平复,拟绞监候。若数至十人以上,无论伤人与否,为首拟斩立决,为从拟绞监候,被胁同行者,改发云贵两广极边烟瘴充军。倘有杀人、夺犯、伤差等事,有一于此,即照场市抢劫之例,将首伙各犯分别斩枭、绞决、监候。以上各匪犯父兄、牌甲,俱依盗案例,查明是否知情分赃,或止失于觉察,分别惩处。

【1835】○修改

臣等谨按:道光十四年(1834)十一月内,臣部核复四川总督鄂山咨“荣县民王年贵一人抢夺陈家栋银镯,推跌事主成伤,咨部核示”一案内称,四川省匪徒在野拦抢旧例,原系止二三人者,不分首从,俱发云贵两广极边烟瘴充军。但伤人者,伤非金刃、伤轻平复,拟绞监候。因例内指明二三人,是以一人抢夺仍照本律拟徒。如有拒捕杀伤事主仍依寻常抢夺杀伤本例,拟以斩决、监候、充军。迨道光元年(1821)修改川省匪徒在野拦抢未经伤人之例,数在三人以下,犯该徒罪以上,不分首从,俱发云贵两广极边烟瘴充军,嗣复改发极边足四千里充军。例内既将止二三人句改为数在三人以下,则一人抢夺似已统括在内。此案王年贵独自抢夺陈家栋银镯,因被拉哭喊,图脱情急,将其推跌受伤,是抢夺业经伤人。若未经改例以前,仍照寻常抢夺伤人本律问拟,罪止拟军。今因例内二三人句改为三人以下,一人抢夺已与二三人抢夺拟军。则因一人抢夺而拒捕伤人,伤非金刃、伤轻平复,自应即与二三人抢夺伤人概拟缳首。惟抢夺究止一人,较之纠伙横行抢劫拒捕伤人者,情稍有间,罪关生死出入,咨部示复等因。经臣部查川省匪徒在野拦抢原例,系乾隆二十三年(1758)纂,内称"系二三人者,俱发烟瘴地方管束"等语,既云二三人,则一人抢夺自难牵引。且详绎例内"拦抢"二字文义,亦非指一人而言,故川省从前办理抢夺之案,二人以上则援匪徒拦抢之例,若仅止一人,则仍照寻常抢夺之例。迨乾隆四十六年(1781),臣部因四人以上拦抢,例内并无治罪明文,奏明川省拦抢之案,除数在三人以下仍照旧例发烟瘴充军外,如四人以上至九人者,俱改发伊犁为奴,但伤人者,拟绞监候等因,续行纂入例册,与旧例一并遵行。嗣后该省遇有一人抢夺之案,仍系援照旧例定断办理,并无参差。至嘉庆二十四年(1819)臣部纂修条例时,始将两条例文归并一条,并将旧例内"止二三人"一语照续纂例文改为"数在三人以下"。推原改例之意,系因原例两条情事相类,故修并以归简易。即其删去旧例内"止二三人"之语,亦因续纂例内"数在三人以下"与下文"四人以上十人以下"句法较为贯串,是以去彼存此。既非因一人抢夺应从严惩办之故而改例,则一人抢夺自应仍照从前成案画一办理。所有"王年贵乘间抢夺陈家栋银镯,推跌陈家栋致伤平复"一案,自应依寻常抢夺伤人伤非金刃、伤轻平复之例,拟以烟瘴充军,应令该督速行按例妥拟。仍应俟修例时,将例内"三人以下"一语照旧例改为"数止二三人",以免歧误。再查河南等省匪徒纠伙横行抢掠之案,与川省事同一例,自应通行画一办理等因,咨复该督,并通行各省在案。应于例内修改明晰,以资引用。谨将修改例文,开列于后。

一、川省匪徒,并河南、安徽、湖北等三省交界地方,及山东之兖州、沂州、曹州三府,江苏之淮安、徐州、海州三府州,如有红胡子、白撞手、拽刀手等名目,在于场市人烟凑集之所,横行抢劫,纠伙不及五人者,不分首从,俱改发云贵两广极边烟瘴充军。但伤人者,如刃伤及折伤以上,拟斩监候;伤非金刃,伤轻平复,拟绞监候。如纠伙五人以上,无论曾否得财,为首照光棍例拟斩立决,为从同抢者俱拟绞监候。若拒捕夺犯,杀伤兵役并事主及在场之人者,审明首犯,即行正法、枭示;在场加功及助势者,俱拟绞立决;同谋抢夺,而拒捕夺犯之时并未在场者,仍照光棍为从本例拟绞监候。其在野拦抢,未经伤人之案,除实犯死罪外,数止二三人者,犯该徒罪以上,不分首从,俱改发极边足四千里充军;如四人以上至九人者,不分首从,俱改发云贵两广极边烟瘴充军。但伤人者,如刃伤,及折伤以上,拟斩监候;伤非金刃,伤轻平复,拟绞监候。若数至十人以上,无论伤人与否,为首拟斩立决,为从拟绞监候,被胁同行者,改发云贵两广极边烟瘴充军。倘有杀人、夺犯、伤差等事,有一于此,即照场市抢劫之例,将首伙各犯分别斩枭、绞决、监候。以上各匪犯父兄、牌甲,俱依盗案例,查明是否知情分赃,或止失于觉察,分别惩处。

【1845】○修改

臣等谨查:此条例文从前原例内载"川省匪徒,并河南、湖北、安徽等三省交界地方,及山东之兖州、沂州、曹州三府,江苏之淮安、徐州、海州三府州,如有红胡子、白撞手、拽刀手等名目,在于场市人烟凑集之所横行抢夺,纠伙不及五人,不分首从,俱发伊犁,分给该处察哈尔及驻防满洲官兵为奴""在野拦抢未经伤人之案,数至二三人,犯该徒罪以上,不分首从,俱发云贵两广极边烟瘴地方充军;如四人以上至九人者,不分首从,俱改发伊犁,分给该处察哈尔及驻防满洲官兵为奴;数至十人以上被胁同行者,发乌鲁木齐给官兵为奴"等语。嗣于道光六年(1826)十一月内,据原任陕甘总督那彦成奏请调剂新疆遣犯,经军机大臣会同臣部,议将此条内应发伊犁等处为奴者,俱改发云贵两广极边烟瘴充军,其应发云贵两广极边烟瘴充军者,改发极边足四千里充军等因奏准,纂入例册在案。兹道光二十四年(1844)六月内,据升任贵州巡抚贺长龄奏"请调剂军犯章程"一折,复经军机大臣会同臣部,议请嗣后新疆遣犯,各照旧发往。其例发四省充军之犯,亦应实发等因具奏。奉上谕:"据军机大臣会同刑部议奏'贵州军犯拥挤,酌减调剂'等语。新疆遣犯改发内地,恐人数众多,不特约束难周,且与民风大有关碍。非若新疆地方辽阔,外遣人犯易于安插,所有旧时改发内地各条,着仍照旧发往新疆,交该将军设法妥为安插。并严饬所属,认真查核,严加管束,毋令滋生事端,俾期积久无弊。余依议。钦此。"是新疆遣犯以及云贵两广四省人犯既各照旧发往,自应仍旧例办理。惟此条旧例内于在野拦抢未经伤抢人之案,止称"数在三人以下",前据原任四川总督鄂山以"三人以下"文意与一人抢夺之案有所混淆,咨请部示。经臣部于道光十四年(1834)间修例时,将"数在三人以下"改为"数止二三人"。是旧例亦尚有不符之处,自应参核二例,修改明晰,以资引用。谨将修改例文,开列于后。

一、川省匪徒,并河南、安徽、湖北等三省交界地方,及山东之兖州、沂州、曹州三府,江苏之淮安、徐州、海州三府州,如有红胡子、白撞手、拽刀手等名目,在于场市人烟凑集之所,横行抢劫,纠伙不及五人者,不分首从,俱改发伊犁,分给该处察哈尔及驻防满洲官兵为奴。但伤人者,如刃伤及折伤以上,拟斩监候;伤非金刃,伤轻平复,拟绞监候。如纠伙五人以上,无论曾否得财,为首照光棍例拟斩立决,为从同抢者俱拟绞监候。若拒捕夺犯,杀伤兵役并事主及在场之人者,审明首犯,即行正法、枭示;在场加功及助势者,俱拟绞立决;同谋抢夺,而拒捕夺犯之时并未在场者,仍照光棍为从本例拟绞监候。其在野拦抢,未经伤人之案,除实犯死罪外,数止二三人者,犯该徒罪以上,不分首从,俱发云贵两广极边烟瘴地方充军;如四人以上至九人者,不分首从,俱改发伊犁,分给该处察哈尔及驻防满洲官兵为奴。但伤人者,如刃伤,及折伤以上,拟斩监候;伤非金刃,伤轻平复,拟绞监候。若数至十人以上,无论伤人与否,为首拟斩立决,为从拟绞监候,被胁同行者发乌鲁木齐给官兵为奴。倘有杀人、夺犯、伤差等事,有一于此,即照场市抢劫之例,将首伙各犯分别斩枭、绞决、监候。以上各匪犯父兄、牌甲,俱依盗案例,查明是否知情分赃,或止失于觉察,分别惩处。

【1847】6.18.268.(23)(略)

【1852】修改、分辑

咸丰二年(1852),因场市抢劫与在野拦抢,情罪较别,仍查照原例,分为二条,并各增入"有拒捕杀人者"五十九字。

【1870】6.18.268.(22)(略)

【1870】6.18.268.(23)(略)

【1870】6.18.268.(22)

一、川省匪徒,并河南、安徽、湖北等三省交界地方,及山东之兖州、沂州、曹州三府,江苏之淮安、徐州、海州三府州,如有红胡子、白撞手、拽刀手等名目,在于场市人烟凑集之所,横行抢劫,纠伙不及五人者,不分首从,俱改发伊犁,分给该处察哈尔及驻防满洲官兵为奴。但伤人者,如刃伤及折伤以上,拟斩监候;伤非金刃,伤轻平复,拟绞监候。有拒捕杀人者,将为首杀人之犯拟斩立决;为从帮殴,刃伤,及折伤以上者,拟斩监候;伤非金刃,又非折伤者,拟绞监候;未经帮殴成伤者,发往伊犁为奴。如纠伙五人以上,无论曾否得财,为首照光棍例拟斩立决,为从同抢者俱拟绞监候。若拒捕夺犯,杀伤兵役并事主及在场之人者,审明首犯,即行正法、枭示;在场加功及助势者,俱拟绞立决;同谋抢夺,而拒捕夺犯之时并未在场者,仍照光棍为从本例拟绞监候。以上各匪犯父兄、牌甲,俱依盗案例,查明是否知情分赃,或止失于觉察,分别惩处。

【1870】6.18.268.(23)

一、川省匪徒,并河南、安徽、湖北等三省交界地方,及山东之兖州、沂州、曹州三府,江苏之淮安、徐州、海州三府州,如有红胡子、白撞手、拽刀手等名目,在野拦抢,未经伤人之案,除实犯死罪外,数止二三人者,犯该徒罪以上,不分首从,俱发云贵两广极边烟瘴地方充军;如四人以上至九人者,不分首从,俱改发伊犁,分给该处察哈尔及驻防满洲官兵为奴。但伤人者,如刃伤,及折伤以上,拟斩监候;伤非金刃,伤轻平复,拟绞监候。有拒捕杀人者,将为首杀人之犯拟斩立决;为从帮殴,刃伤,及折伤以上者,拟斩监候;伤非金刃,又非折伤者,拟绞监候;未经帮殴成伤者,发往伊犁为奴。若数至十人以上,无论伤人与否,为首拟斩立决,为从拟绞监候,被胁同行者发乌鲁木齐给官兵为奴。倘有杀人、夺犯、伤差等事,有一于此,即将为首之犯正法、枭示;在场加功及助势者,俱拟绞立决;同谋抢夺,而拒捕、夺犯之时并未在场者,拟绞监候。以上各匪犯父兄、牌甲,俱依盗案例,查明是否知情分赃,或止失于觉察,分别惩处。

【1761】○续纂

一、被灾地方饥民爬抢,若并无器械,人数无多,实系是抢非强者,仍照抢夺例问拟。如有纠伙持械,按捺事主,搜劫多赃者,照强盗例科断。其实因灾荒饥饿,见有粮食,伙众爬抢,希冀苟延旦夕,并无攫取别赃者,该督抚酌量情形,请旨定夺。

臣等谨按:此条系乾隆二十三年(1758)十二月内,臣部奏准条例,应纂辑以便遵行。

【1768】6.18.268.(18)(略)

【1790】6.18.268.(15)(略)

【1802】6.18.268.(11)(略)

【1825】6.18.268.(9)(略)

【1870】○修改

谨案:咸丰八年(1858),因原例仅称"酌量情形,请旨定夺",并无作何治罪明文,增定此条。

一、饥民爬抢,除纠伙执持军器刀械,威吓按捺,搜劫多赃者,仍照强盗本律科断外,如有聚众十人以上至数十人,执持木棍等项,爬抢粮食,并无攫取别赃者,为首拟斩监候,为从发新疆给官兵为奴;如十人以下,持械爬抢者,为首发新疆给官兵为奴,为从减一等。其徒手并未持械者,仍照抢夺本律科断。

【1870】6.18.268.(9)(略)

【1761】○续纂

一、大江洋海,遇有商船遭风着浅,乘机抢夺者,除有杀伤,仍照定例问拟外,其但经得财,并未伤人,罪应杖、徒者,将首从人犯,各照本律加一等治罪。

臣等谨按:此条系乾隆二十六年(1761)七月内,臣部议复调任安徽按察使王检条奏定例,应纂辑以便遵行。

【1768】6.18.268.(19)(略)

【1790】6.18.268.(16)(略)

【1801】修并分辑

修并分辑按语并修并分辑后例文,见【1790】6.18.268.(10)条【1801】修并分辑项下。

【1767】○续纂

一、凡抢夺、窃盗杀伤之案,以下手伤人者为首,在场助力者为从。不曾助力者,仍照抢夺窃盗本律首从论。伤有多处者,以致命伤重者为首;致命伤多者,以后下手者为首;其致命伤重,不知孰为先后者,以初动手者为首。

臣等谨按:此条原附载抢夺杀伤人条例之后,查系抢夺总例,是以摘出另为一条。

【1768】6.18.268.(8)(略)

【1801】○修改

臣等谨按:此条系乾隆三十二年(1767)定例。原例兼言杀伤,语意含混。今抢窃伤人之条,臣部已于嘉庆五年(1800)议复广西巡抚谢启昆审题"黄亚和抢夺拒伤事主蒙上超"案内,分别首、从奏准,例有专条在案。其抢窃杀人治罪之处,亦应详晰修改。查抢窃拒捕杀人之案,如数人共殴一人,无论金刃、他物、手足,应以致命重伤者为首。其在场助力者,若致命而非重伤,或重伤而非致命者,以为从论。如俱系致命重伤者,则应以金刃者为首,手足、他物者为从。如俱系金刃及俱系手足、他物致命重伤,无可区别者,有主使则以主使之人为首,下手之人为从;无主使则以初动手者为首,后下手者为从。若同案抢窃不知拒捕情事者,仍各照抢夺、窃盗本律首、从论。如此分晰纂明,庶足以昭赅备,而便引用。谨将修改例文,开列于后。

一、抢夺、窃盗杀人之案,如数人共杀一人,无论金刃、他物、手足,以致命重伤者为首;在场助力,或致命而非重伤,或重伤而非致命者,以为从论。如俱系致命重伤,以金刃者为首,手足、他物为从。如俱系金刃,及俱系他物、手足,致命重伤无可区别者,有主使,以主使者为首,下手者为从;无主使,以先下手者为首,后下手者为从。其同案抢窃,不知拒捕情事者,仍各照抢夺、窃盗本律首从论。

【1802】6.18.268.(23)(略)

【1825】6.18.268.(16)(略)

【1870】6.18.268.(15)(略)

【1767】○续纂

一、凡抢夺财物,除抢掠田野谷麦蔬果,与饥民爬抢,及十人以下,又无凶器者,仍依抢夺本律科断外,如有聚至十人以上,及虽不满十人,但经执持器械,倚强肆掠,果有凶暴众著情事者,均照粮船水手之例,分别首从定拟。

臣等谨按:此条系乾隆二十八年(1763)七月内,贵州按察使赵孙英条奏定例,应纂辑遵行。

【1768】6.18.268.(20)(略)

【1790】6.18.268.(17)(略)

【1802】6.18.268.(12)(略)

【1825】6.18.268.(10)(略)

【1852】○修并

修并后例文,见【1825】6.18.268.(4)条【1852】修并项下。

【1767】○续纂

一、新疆地方兵丁、跟役,如有白昼抢夺杀人及为强盗等事,该办事大臣审实,一面奏闻,一面即行正法。

臣等谨按:此条系乾隆三十二年(1767)二月内,伊犁办事大臣阿桂奏准,奉旨著为定例,应纂辑遵行。

【1768】6.18.268.(21)(略)

【1790】6.18.268.(18)(略)

【1802】6.18.268.(13)(略)

【1825】6.18.268.(11)(略)

【1870】6.18.268.(10)(略)

【1778】○续纂

一、凡回民抢夺,结伙在三人以上者,不分首从,俱发黑龙江等处给兵丁为奴。如有脱逃被获,请旨即行正法。如数在三人以下,审有纠谋持械逞凶情形者,发极边烟瘴充军。若止一时乘间徒手攫取,尚无逞凶情状者,仍照抢夺律拟徒。

臣等谨按:此条系乾隆三十八年(1773)三月内,臣部议复甘肃按察使图桑阿条奏酌议定例,应纂辑遵行。

【1790】6.18.268.(19)(略)

【1801】○修改

臣等谨按:此条系乾隆三十八年定例。嗣于嘉庆四年(1799)臣部遵旨议复署伊犁将军、大学士保宁以新疆种地人少,奏请酌发伊犁遣犯折内,将回民行窃结伙三人以上,执持绳鞭器械等六项仍发伊犁,并声明此等人犯俱系由轻加重,与免死减发由重减轻者不同。如有脱逃被获,用重枷枷号三个月,杖责管束,毋庸即行正法等因,奏准在案。查回民结伙三人抢夺发黑龙江亦系由轻加重,与强盗免死减等,由重减轻,脱逃被获,例应正法者有间。此等人犯如有脱逃被获,应援照伊犁奏准章程,用重枷枷号三个月,杖责管束,以归画一。原例内即行正法之处业已不用,应行修改。谨将修改例文,开列于后。

一、凡回民抢夺,结伙在三人以上者,不分首从,俱发黑龙江等处给兵丁为奴。如有脱逃被获,用重枷枷号三个月,杖责管束。如数在三人以下,审有纠谋持械逞凶情形者,发极边烟瘴充军。若止一时乘间徒手攫取,尚无逞凶情状者,仍照抢夺律拟徒。

【1802】6.18.268.(21)(略)

【1821】○修改

臣等谨按:嘉庆二十五年(1820)九月内,臣部遵旨酌议停发吉林、黑龙江遣犯案内,将"回民抢夺结伙在三人以上"一条改为实发云贵两广极边烟瘴充军等因,奏准在案,应于例内修改明晰。谨将修改例文,开列于后。

一、凡回民抢夺,结伙在三人以上,不分首从,俱实发云贵两广极边烟瘴充军。如有脱逃被获,改发新疆给官兵为奴,仍回避回疆附近地方。如数在三人以下,审有纠谋持械逞强情形者,亦照前拟军。若止一时乘间徒手攫取,尚无逞凶情状者,仍照抢夺本律拟徒。

【1825】6.18.268.(22)(略)

【1830】○修改

臣等谨按:道光六年(1826)十一月内,军机大臣会同臣部,议复直隶总督那彦成奏

“调剂新疆遣犯”折内,请将回民抢夺,结伙在三人以上,发极边烟瘴充军,脱逃被获,发新疆为奴一条,仍改发云贵两广极边烟瘴充军,到配加枷号三个月等因奏准,通行在案。例内发新疆之处,应行修改。谨将修改例文,开列于后。

一、凡回民抢夺,结伙在三人以上,不分首从,俱实发云贵两广极边烟瘴充军。如有脱逃被获,仍改发云贵两广极边烟瘴充军、到配加枷号三个月。如数在三人以下,审有纠谋持械逞强情形者,亦照前拟军。若止一时乘间徒手攫取,尚无逞凶情状者,仍照抢夺本律拟徒。

【1845】○修复

臣等谨查:此条例文从前旧例内载“回民抢夺,结伙三人以上问拟充军。如脱逃被获,改发新疆给官兵为奴,仍回避回疆附近地方”等语。嗣于道光六年(1826)十一月内,据原任陕甘总督那彦成奏请调剂新疆遣犯,经军机大臣会同臣部议,将此条改为“改发云贵两广极边烟瘴充军,到配加枷号三个月”等因奏准,纂入例册在案。兹道光二十四年(1844)六月内,据升任贵州巡抚贺长龄奏“请调剂军犯章程”一折,复经军机大臣会同臣部,议请嗣后新疆遣犯各照旧发往等因具奏。奉上谕:“据军机大臣会同刑部议奏,贵州军犯拥挤,酌减调剂等语。新疆遣犯改发内地,恐人数众多,不特约束难周,且与民风大有关碍。非若新疆地方辽阔,外遣人犯易于安插。所有旧时改发内地各条,着仍照旧发往新疆,交该将军设法妥为安插。并严饬所属,认真查核,严加管束,毋令滋生事端。俾期积久无弊。余依议。钦此。”是新疆遣犯既应照旧发往,其回民抢夺拟军脱逃被获改发新疆之原例,现在犹存,足资引用。此条系属赘文,应行删除。

一、凡回民抢夺,结伙在三人以上,不分首从,俱实发云贵两广极边烟瘴充军。如有脱逃被获,改发新疆给官兵为奴,仍回避回疆附近地方。如数在二人以下,审有纠谋持械逞强情形者,亦照前拟军。若止一时乘间徒手攫取,尚无逞凶情状者,仍照抢夺本律拟徒。

【1847】6.18.268.(22)(略)

【1870】6.18.268.(21)(略)

【1782】○续纂

一、凡白昼抢夺杀人案内,为从帮同下手有伤者,不论他物、金刃,拟绞监候。其从犯虽曾拒捕,或亦持仗,而未经殴人成伤,及拒捕另伤一人者,仍照本律例办理。

臣等谨按:白昼抢夺杀人案内,为从下手之犯,旧例系发吉林、乌喇等处,照名例改遣之例问发。嗣于乾隆四十六年(1781)秋审“广东省贼犯任起祥行窃弃财逃走被追,拒伤事主张观保身死”案内,为从拟流之慕容亚保一犯,钦奉上谕,令臣部改拟。当经臣部将慕容亚保改拟绞候,并声明窃盗弃财逃走被追拒杀之从犯,既酌准情罪改为绞候,则窃盗临时拒捕杀人及白昼抢夺杀人案内之从犯情罪更重,自应一例办理。请嗣后此三项案内,凡帮同拒捕有伤者,不论他物、金刃,俱改为拟绞监候。其虽曾拒捕或亦持杖而未经殴人成伤者,仍照拒杀为从各本例,分别军、流办理等因具奏。奉旨:“依议。”钦遵在案。

应纂辑遵行。

【1788】○修并

修并按语并修并后例文，见【1768】6.18.268.(9)条【1788】修并项下。

【1782】○续纂

一、川省匪徒在野拦抢，未经伤人之案，除数在三人以下者，仍照旧例发烟瘴充军外，如四人以上至九人者，不分首从，改发伊犁给厄鲁特为奴，均面刺“外遣”。如有脱逃，拿获即行正法。但伤人者，即将伤人之犯拟绞监候。若数至十人以上，无论伤人与否，为首拟斩立决，为从拟绞监候，被胁同行者发遣为奴。其中倘有杀人、夺犯、伤差等事，有一于此，即照场市抢劫之例，将首伙多犯，分别斩枭、绞决、监候。匪犯父兄、牌甲，俱依盗案例，查明是否知情分赃，或止失于觉察，分别惩处。

臣等谨按：此条系乾隆四十六年(1781)十一月内，臣部因川省啯匪在野拦抢旧例止载“二三人者，不分首从，发烟瘴充军”，其四人以上拦抢之案，例内并无分晰治罪明文。请将四人以上至九人拦抢之犯，改发伊犁为奴。但伤人者，拟绞监候。十人以上，无论伤人与否，首犯拟斩立决，为从者拟绞监候，被胁同行者发遣为奴。其中有夺犯伤差等事，即照场市抢劫之例，分别斩枭、绞决、监候等因具奏。奉旨：“依议。钦此。”又乾隆四十七年(1782)五月内，四川总督福康安具奏“匪徒甫戢，善后事宜严酌定章程，实力办理”案内，请将例内“啯匪”二字改为“川省匪徒”，其匪犯父兄、牌甲俱依盗案例，查明是否知情分赃，或止失于觉察，分别惩处等因。应并纂为例，以便遵行。

【1788】○修改

修改按语，见【1768】6.18.268.(17)条【1788】修改项下。

一、川省匪徒在野拦抢，未经伤人之案，除数在三人以下者，仍照旧例发烟瘴充军外，如四人以上至九人者，不分首从，俱改发伊犁分给该处察哈尔及驻防官兵为奴。但伤人者，即将伤人之犯拟绞监候。若数至十人以上，无论伤人与否，为首拟斩立决，为从拟绞监候，被胁同行者发遣为奴。其中倘有杀人、夺犯、伤差等事，有一于此，即照场市抢劫之例，将首伙多犯，分别斩枭、绞决、监候。匪犯父兄、牌甲，俱依盗案例，查明是否知情分赃，或止失于觉察，分别惩处。

【1790】6.18.268.(22)(略)

【1802】6.18.268.(15)(略)

【1806】○修改

臣等谨按：律载“抢夺人财物者，杖一百、徒三年”，例载“抢夺伤人如刃伤及折伤以上，拟斩监候；伤非金刃、伤轻平复，发伊犁当差”等语，是寻常抢夺之案，律止拟徒；伤非金刃，例止发遣；刃伤及折伤以上，罪应斩候。至川省匪徒在野拦抢，较寻常抢夺为重，故三人以下即拟充军，四人至九人即发伊犁。而伤人之犯，无论伤之轻重，仅拟绞候，较寻常抢夺伤人罪应斩候者转轻。推原例意，但伤人者，即将伤人之犯拟绞，系指手足、他物轻伤而言，如刃伤及折伤以上，自应即照寻常抢夺伤人之例拟以斩候，以昭平允。应请于例内“但伤人”下改为“如刃伤及折伤以上,拟斩监候;伤非金刃、伤轻平后,拟绞监候”。以资引用。谨将修改例文,开列于后。

一、川省匪徒在野拦抢,未经伤人之案,除数在三人以下者,仍照旧例发烟瘴充军外,如四人以上至九人者,不分首从,俱改发伊犁分给该处察哈尔及驻防官兵为奴。但伤人者,如刃伤,及折伤以上,拟斩监候;伤非金刃,伤轻平复,拟绞监候。若数至十人以上,无论伤人与否,为首拟斩立决,为从拟绞监候,被胁同行者发遣为奴。其中倘有杀人、夺犯、伤差等事,有一于此,即照场市抢劫之例,将首伙多犯,分别斩枭、绞决、监候。匪犯父兄、牌甲,俱依盗案例,查明是否知情分赃,或止失于觉察,分别惩处。

【1821】○修并

修并按语并修并后例文,见【1802】6.18.268.(14)条【1821】修并项下。

【1782】○续纂

一、凡因失火而乘机抢夺,除有杀伤及计赃重者,仍照定例问拟外,其但经得财,罪应拟以杖、徒者,俱照本律加一等治罪,将为首之犯杖一百、流二千里,为从者杖一百、徒三年,均于面上刺“抢夺”字。

臣等谨按:此条系乾隆四十四年(1779)十一月内,浙江按察使孔毓文条奏定例,经臣部议复具奏。奉旨:“依议。”钦遵在案,应纂辑遵行。

【1790】6.18.268.(23)(略)

【1802】6.18.268.(16)(略)

【1825】6.18.268.(12)(略)

【1870】6.18.268.(11)(略)

【1801】○续纂

一、抢窃拒伤事主伤轻平复之案,如两人同场拒伤一人,一系他物,一系金刃,无论先后下手,以金刃伤者为首;如金刃伤轻,他物伤重而未至折伤者,仍以金刃伤者为首。如一系刃伤,一系他物折伤,刃伤重以刃伤为首,折伤重以折伤为首;刃伤与折伤俱重,无可区别者,以先下手者为首。若俱系金刃,或俱系他物,以致命重伤为首。如俱系致命重伤,或俱系他物折伤,亦以先下手者为首。若两人共拒一人,系各自拒伤,并不同场者,即各科各罪,各以为首论。

臣等谨按:嘉庆五年(1800),广西巡抚谢启昆审题“黄亚和、陈云通抢夺蒙上超银两,同时拒伤事主,并请酌定抢窃拒伤事主,按照下手先后分别首从”一案,经臣部议称:抢窃伤人,总视下手之重轻以定罪名之首从。盖同一拒捕而伤有金刃、他物及致命、不致命之不同。如两贼共拒一人,若俱系金刃或俱系他物,则无论先、后下手,自应以致命伤重者为首;如一系金刃一系他物,亦应无论先、后,以金刃为首。盖他物非折伤罪不致死,金刃则伤及即坐死罪。故即使金刃伤轻,他物伤重而未致折伤者,亦仍以金刃伤者为首。惟两人俱系致命重伤,无轻、重可分者,始以初下手之人为首。并非不论伤之轻、重,概以先下手者为首,后下手者为从也。此案前据该抚以陈云通系用扁担首先下手,以为首论,将刃伤事主之黄亚和照刃伤为从例拟军。经臣部以陈云通系属他物,黄亚和系属金刃,自应以刃伤者为首。若如该抚所拟,是使刃伤事主之犯其罪转轻,于他物拒伤之人未为平允,驳令另行按例定拟。今据该抚将黄亚和改依刃伤为首例斩候,应如所题办理。至陈云通如并非同场,系各拒各捕,自应以伤非金刃为首发伊犁充当苦差。今陈云通与黄亚和同场拒捕,应于黄亚和刃伤为首罪上照下手为从原例,发边远充军。至该抚拟称"如一人被贼用他物拒至折伤,又被另贼用金刃拒伤之案,若各照为首论,是一事而骈斩两人,似未允协。臣请仍按下手先后分别首从问拟"等语。查各科各罪均以为首论,系指两贼共拒一人并不同场者而言。若在场同拒者,如折伤重则以折伤者为首,刃伤重则以刃伤者为首。折伤与刃伤俱重,无可区别者,以先下手之人为首,断无一事而骈斩两人之理。若不论刃伤、折伤孰轻、孰重,概以下手先、后分别首、从,设先下手之犯伤轻于后下手之人,势必以伤轻为首,而伤重者转以为从,未减殊属倒置。应申明例义,分晰添纂,以免牵混。请嗣后抢窃拒伤事主伤轻平复之案,如两贼在场同拒一人,一系金刃,一系他物,无论先后下手,以金刃伤者为首。如金刃伤轻,他物伤重而未至折伤者,仍以金刃伤者为首。如一系刃伤,一系他物折伤者,刃伤重以刃伤为首,折伤重以折伤者为首,刃伤与折伤俱重,无可区别者,以先下手之人为首。若俱系金刃或俱系他物,以致命重伤者为首。如俱系致命重伤或俱系他物折伤,亦以先下手之人为首。若两人共拒一人,系各自拒捕,并不同场者,即各科各罪,各以为首论。如此明立科条,庶足以昭赅备,而便引用。所有该抚酌请按下手先后分别首从之处,应毋庸议等因具奏。奉旨:"依议。钦此。"钦遵在案。应纂辑为例,以便遵行。

【1802】6.18.268.(24)(略)

【1825】6.18.268.(17)(略)

【1870】6.18.268.(16)(略)

【1845】○续纂

一、奉天地方,遇有匪徒纠伙抢夺财物之案,如数在十人以上,或虽不及十人而人数已在三人以上,但经执持器械,倚强肆掠,凶暴众著者,即照粮船水手抢夺之例,为首依强盗律拟斩立决,为从俱实发云贵两广极边烟瘴充军。其结伙不及三人,但有持械威吓事主情事者,除实犯死罪外,其余不分首从,亦俱发云贵两广极边烟瘴充军,面刺"抢夺"二字。若仅止一二人出其不意,乘便攫取财物,并无持械威吓事主情事者,仍照抢夺本律例科断。倘数年后此风稍息,奏明仍复旧例办理。

臣等谨按:道光二十三年(1843)九月内,据盛京将军、宗室禧恩等奏"请将在途抢掠等犯酌量加重问拟"一折,臣等查匪徒结伙强抢,为害地方,原准随时体察情形,严定科条,以示惩创。况盛京为根本重地,尤不容凶徒肆行无忌。今该将军奏称"奉天地方每有抢掠之案,罪止拟徒,法轻易犯,不足以照炯戒,请于成例量为变通"等语,系为惩恶安良起见,似属可行。惟原奏所称"贼犯在三人以下,不应拘名例三人成众之文,总以抢夺之时是否执持器械,有无强暴情形为断。请将纠伙持械倚强肆掠者,照粮船水手抢夺例,为首斩决",并称"为从减等拟流亦觉过轻,应实发极边烟瘴充军。其持械威吓事主,任意搜抢者,无论人数多寡,不分首从,俱发烟瘴充军"等语。查倚强肆掠与任意搜抢其凶暴情形无所区别,同一持械抢掠而定例两歧,罪名生死悬殊,易启高下其手之弊,自应严定章程,仍以人数多寡分别科罪,方照平允。应请嗣后奉天地方遇有匪徒纠伙抢夺财物之案,如数在十人以上,或虽不及十人而人数已在三人以上,但经执持器械,倚强肆掠,凶暴众著者,即照粮船水手抢夺之例,为首,依强盗律拟斩立决;为从,俱实发云贵两广极边烟瘴充军。其结伙不及三人,但有持械威吓事主情事者,除实犯死罪外,其余不分首从,亦俱发云贵两广极边烟瘴充军,面刺"抢夺"二字。若仅止一二人,出其不意乘便搜取财物,并无持械威吓事主情事者,仍照抢夺本律科断等因具奏。奉旨:"依议。钦此。"钦遵在案。再查此条系为严惩抢匪而设,倘数年后此风稍息,再由该将军奏明,仍照旧例办理。应纂辑为例,以资引用。

【1847】6.18.268.(24)(略)

【1870】○修改

同治九年(1870),将"遇有匪徒"以下八十四字,改为"匪徒纠伙抢夺,不论人数多寡、曾否伤人,但有一人执持鸟枪抢夺者,不分首从,照响马强盗例拟斩立决、枭示。其执持寻常器械抢夺者,分别是否十人及三人以上,并有无倚强肆掠情形,按照抢夺本例科断"八十一字,删"出其不意"四字,"仍照抢夺本律例科断"句改为"仍照本律问拟"。

一、奉天地方,匪徒纠伙抢夺,不论人数多寡、曾否伤人,但有一人执持鸟枪抢夺者,不分首从,照响马强盗例拟斩立决、枭示。其执持寻常器械抢夺者,分别是否十人及三人以上,并有无倚强肆掠情形,按照抢夺本例科断。结伙不及三人,但有持械威吓事主情事,除实犯死罪外,余俱不分首从,发云贵两广极边烟瘴充军,面刺"抢夺"二字。若仅止一二人,乘便攫取财物,并无持械威吓事主情事,仍照抢夺本律问拟。倘数年后此风稍息,奏明仍复旧例办理。

【1870】6.18.268.(24)(略)

【1852】○续纂

一、凡湖北省匪徒抢夺之案,除实系寻常抢夺,仍照定例办理外,如聚众至十人以上,及虽不满十人,但有执持器械,入室吓禁事主,搜劫财物情事,无论是否白昼、昏夜,悉照强盗本律本例,分别法所难宥、情有可原定拟。如在江河湖港,亦无论是否白昼、昏夜,事主行船、泊船,悉照沿江滨海行劫之例分别定拟。俟数年后该省盗风稍息,仍复旧例办理。

谨案:此条咸丰元年(1851)定。

【1870】6.18.268.(25)(略)

【1870】○续纂

一、抢夺洋药,仍照抢夺本律例科断。如系漏税之物,于本罪上酌减一等。

谨案:此条咸丰九年(1859)定。

【1870】6.18.268.(26)(略)

【1870】○续纂

一、事主闻警逃避,乘间抢夺无人看守空室财物,如仅止一二人,并未持械者,照抢夺律问拟;若伙众三人以上持械者,照抢夺律加等问拟。倘事主及雇工人等往捕,护赃护伙持械格斗有杀伤者,照强盗律治罪。邻佑人等往捕,有拒捕者,照抢夺拒捕,分别杀伤科断。

谨案:此条咸丰十一年(1861)定。

【1870】6.18.268.(27)(略)

窃　盗

律　文

【1646】6.18.292

凡窃盗已行而不得财,笞五十,免刺;但得财,不论分赃、不分赃。以一主为重,并赃论罪。为从者,各指上得财、不得财言。减一等。以一主为重,谓如盗得二家财物,从一家赃多者科罪。并赃论,谓如十人共盗得一家财物,计赃四十两,虽各分得四两,通算作一处,其十人各得四十两之罪。造意者为首,该杖一百,余人为从,各减一等,止杖九十之类。余条准此。初犯,并于右小臂膊上刺"窃盗"二字;再犯,刺左小臂膊;三犯者,绞。监候。以曾经刺字为坐。○掏摸者罪同。○若军人为盗,或窃,或掏摸,赃至一百二十两者,虽免刺字,三犯立有文案明白。一体处绞。监候。

一两以下,杖六十。

一十两,杖七十。

二十两,杖八十。

三十两,杖九十。

四十两,杖一百。

五十两,杖六十、徒一年。

六十两,杖七十、徒一年半。

七十两,杖八十、徒二年。

八十两,杖九十、徒二年半。

九十两,杖一百、徒三年。

一百两,杖一百、流二千里。

一百一十两,杖一百、流二千五百里。

一百二十两,绞。监候。○三犯,不论赃数,绞。监候。

【1670】6.18.291

凡窃盗已行而不得财,笞五十,免刺;但得财,不论分赃、不分赃。以一主为重,并赃论罪。为从者,各指上得财、不得财言。减一等。以一主为重,谓如盗得二家财物,从一家赃多者科罪。并赃论,谓如十人共盗得一家财物,计赃四十两,虽各分得四两,通算作一处,其十人各得四十两之罪。造意者为首,该杖一百,余人为从,各减一等,止杖九十之类。余条准此。初犯,并于右小臂膊上刺"窃盗"二字;再犯,刺左小臂膊;三犯者,绞。监候。以曾经刺字为坐。○掏摸者罪同。○若军人为盗,或窃,或掏摸,赃至一百二十两者,虽免刺字,三犯立有文案明白。一体处绞。监候。

一两以下,杖六十。

一十两,杖七十。

二十两,杖八十。

三十两,杖九十。

四十两,杖一百。

五十两,杖六十、徒一年。

六十两,杖七十、徒一年半。

七十两,杖八十、徒二年。

八十两,杖九十、徒二年半。

九十两,杖一百、徒三年。

一百两,杖一百、流二千里。

一百一十两,杖一百、流二千五百里。

一百二十两,杖一百、流三千里。

一百二十两以上,绞。监候。○三犯,不论赃数,绞。监候。

【1725】○修改

原拟:今兵丁犯窃盗,俱行刺字,应删去"军人为盗"一节。

臣等谨按:此惩窃盗之罪,而于赃重屡犯者更加严也。前节言窃盗之罪。凡窃盗已人主家,为事主惊觉,而不得财,但笞,免刺。若财物已入手,则谓之赃。窃盗数家财物,若通算科罪,恐死有余辜,失之于重。窃盗一家财物,若以入己为赃,恐分赃无多,失之于轻。故以一主为重,而又并赃论罪,所以酌乎轻重之间,似宽而实严也。初犯、再犯,刺字。三犯则绞,然必曾经两次刺字有据者乃坐。其自首、赦免、收赎及准窃盗之类免刺字者,不在三犯之例。后节言掏摸之罪。白昼乘事主不觉,掏摸人财,与窃盗无异,故罪同。

【1725】6.18.279

凡窃盗已行而不得财,笞五十,免刺;但得财,不论分赃、不分赃。以一主为重,并赃论罪。为从者,各指上得财、不得财言。减一等。以一主为重,谓如盗得二家财物,从一家赃多者科罪。并赃论,谓如十人共盗得一家财物,计赃四十两,虽各分得四两,通算作一处,其十人各得四十两之罪。造意者为首,该杖一百,余人为从,各减一等,止杖九十之类。余条准此。初犯,并于右小臂膊上刺"窃盗"二字;再犯,刺左小臂膊;三犯者,绞。监候。以曾经刺字为坐。○掏摸者罪同。

一两以下,杖六十。

一两以上至一十两,杖七十。

二十两,杖八十。

三十两,杖九十。

四十两,杖一百。

五十两,杖六十、徒一年。

六十两,杖七十、徒一年半。

七十两,杖八十、徒二年。

八十两,杖九十、徒二年半。

九十两,杖一百、徒三年。

一百两,杖一百、流二千里。

一百一十两,杖一百、流二千五百里。

一百二十两,杖一百、流三千里。

一百二十两以上,绞。监候。○三犯,不论赃数,绞。监候。

注:此惩窃盗之罪,而于赃重屡犯者,更加严也。凡窃盗已入主家,为事主惊觉,而不得财,但笞,免刺。若财物已入手,则谓之赃。窃盗数家财物,若通算科罪,恐死有余辜,失之于重。窃盗一家财物,若以入己为赃,恐分赃无多,失之于轻。故以一主为重,而又并赃论罪,所以酌乎轻重之间,使情罪允协也。初犯、再犯,刺字。三犯则绞,然必曾经两次刺字有据者乃坐。其自首、赦免、收赎及准窃盗之类免刺字者,不在三犯之例。掏摸者,白昼乘事主不觉,掏摸人财物,与窃盗无异,故罪同。

【1740】6.18.269(略)

附律条例

*【1740】臣等谨按:窃盗例内,新旧条款不一,有应改、应并、应删者。若按年编纂,其中不无错杂。今仍照强盗条,以类相从,便于检阅。

【1646】6.18.292.(1)

一、凡遇三犯窃盗,中有赃数不多,或在赦前一次、赦后二次,或赦前二次、赦后一次者,并入矜疑辩问疏内,参酌奏请改遣。

谨案:此条系原例。

【1670】6.18.291.(1)(略)

【1725】○修改

原拟:三次窃盗改遣之处,现行例内已经详载,此例内赦前、赦后一节应删。谨拟删改,开载于后。

【原改条例】一、凡遇三次窃盗中,有赃数不多者,入矜疑辩问疏内,参酌奏请改遣。

【1725】6.18.279.(2)

【原例】一、凡遇三次窃盗中,有赃数不多者,入矜疑疏内,奏请改遣。

【1740】○删除

【原例】【1725】6.18.279.(2)(略)、【1725】6.18.279.(6)(略)

臣等谨按：三犯窃盗，雍正十三年(1735)将赃数酌定及计赃分别发遣，已有定例。以上二条应删。

【1725】○增入

臣等谨按：钦奉谕旨一道，类于此律，应增入。

【续增现行例】一、康熙五十二年(1713)闰五月内，刑部将窃贼二小子拒捕戳伤步兵等因具题，奉旨："二小子依议应绞，着监候，秋后处决。步兵黑子擒贼被戳，若伤痕平复，当得差者，照例赏赍。若身已残疾，不能当差，着给与半分身价。嗣后以此为例。"

【1725】6.18.279.(1)【增例】(略)

【1740】○删除

臣等谨按：此条系钦奉谕旨，赏赍受伤兵丁，并非治罪条款，应载《兵部则例》，与刑律无涉，应删。

【1725】○增入

原拟：现行例内五条，应增入。

【现行例】一、窃盗，或赦前二次偷盗、赦后一次偷盗，或赦前一次偷盗、赦后二次偷盗，事犯，停其具题，部内完结。

【现行例】一、凡窃盗折军罪枷号完结之后，再偷三次，应拟绞。若一二次者，照常完结。

原拟：以上二条，俱系三犯窃盗遇赦拟罪之例。应删去重复，并作一条。其遇赦拟罪，俱发边卫充军。应将"部内完结"字改为"发边卫充军"。谨拟改并，开载于后。

【原改现行例】一、凡三犯窃盗拟绞，如有一二次在赦前者，停其具题，即问发边卫充军。旗下人军罪折枷号后，再犯三次者，仍拟绞；一二次者，止照常发落。

【1725】6.18.279.(3)

【增例】一、凡三犯窃盗拟绞，如有一二次在赦前者，停其具题，部内完结。旗下人军罪折枷号后，再犯三次者，仍拟绞；一二次者，止照常发落。

【1740】○删除

臣等谨按：此条系原例，阅年已久。所云"一二次在赦前者，停其具题"及"旗人军罪折枷后，再犯三次仍拟绞"等语，俱与现行定例不符。应删。

【1725】○增入

原拟：现行例内五条，应增入。

【原增现行例】一、凡窃盗者,停其臂膊刺字,应明刺面上。

【1725】6.18.279.(4)

【增例】一、凡窃盗,停其臂膊刺字,明刺面上。另户人仍于臂膊上刺字。

【1740】6.18.269.(4)(略)

【1767】○修并

【原例】【1740】6.18.269.(4)(略)、【1740】6.18.269.(5)(略)、【1743】续纂"一、窃盗审系奴仆,照旗下奴仆例刺面……"条(略)

臣等谨按:此条系旗、民奴仆犯窃分别刺字定例。原例系三条,今并纂为一条,以省繁冗。

一、凡另户兵丁、当差人及奴仆为窃盗或抢夺,并奴仆盗家长者,俱刺字,另户人刺臂膊,奴仆刺面,其余平民刺面上。如初犯罪止杖责者,照例于右小臂膊刺字;再犯者,左面刺字。

【1768】6.18.269.(4)(略)

【1788】○修并分辑

【原例】【1768】6.18.269.(4)(略)、【1768】6.18.269.(5)(略)、【1768】6.18.269.(17)(略)、【1768】6.18.269.(22)(略)、【1768】6.18.269.(23)(略)

臣等谨按:首条与三条、五条内,俱有另户旗人犯窃,分别折枷责、刺之文。嗣于乾隆四十七年(1782)十二月内,步军统领衙门奏"拿获积匪程老等结伙肆窃"一案,钦奉清字上谕:"嗣后旗人如有犯该刺字者,着即销除旗档,照民人一体办理。钦此。"当经臣部于前次修例时,恭纂为例,遵行在案。是新例旗人犯该刺字,即销去旗档,与民人一例定拟。则首条"另户兵丁、当差人及奴仆犯窃、犯抢,分别刺字",并三条、五条内"旗人犯窃徒罪以上,分别折枷""旗下家奴犯徒罪者,照旗人定拟"之处,均属旧例,业已不行,应行删改。再查第二条内"直隶各省窃盗,初犯者,俱照例刺字,不得以赃少罪轻免刺",系属申明例意之文。至第四条内"贼人交保管束之后,不加禁约,致复出为匪,将原保人等分别治罪"之处,核与二条内"交保管束,毋许出境"之例事同一辙,自应并列一条。惟查各项刺字之例,皆汇辑于"起除刺字"门内,拟将窃盗分别次数量加枷号,及行在犯窃治罪之例,专载于"窃盗"本门,其奴仆、平人犯窃、犯抢,明刺面上、臂膊之文,移纂于"起除刺字"门内。庶条例既省烦冗,门类益归贴切。今将删改分纂例文,开列于后。

【修改】【1790】6.18.269.(29)(略)

【移改】* 刑律·贼盗·起除刺字

【1790】6.18.281.(12)(略)一、奴仆为窃盗或抢夺,并盗家长财物,俱刺面。其余平民犯抢夺者,刺面。如系窃盗,初犯,罪止杖责者,照律于右小臂膊刺字;再犯,左面刺字。不得以赃少罪轻免刺。

【1790】6.18.269.(29)

一、窃盗再犯,计赃罪应杖六十者,加枷号二十日;杖七十者,加枷号二十五日;杖八十者,加枷号三十日;杖九十者,加枷号三十五日;杖一百者,加枷号四十日,俱交保管束。倘不加禁约,致复行为窃,除原保系父兄子弟人等,仍分别知情、分赃究拟外,其余俱按贼人所犯,罪应杖、笞者,将原保笞四十;徒罪以上者,原保杖八十。知情故纵者,比照窝主不行又不分赃为从论科罪,免刺;受财者,以枉法从重论。至行在拿获窃盗,罪应杖、笞者,枷号一个月,满日杖一百;徒罪以上,仍照本律定拟。

【1802】6.18.269.(20)(略)

【1847】6.18.269.(18)(略)

【1725】6.18.279.(5)

【增例】一、凡另户兵丁、奴仆、披甲人、另户当差人为窃盗或抢夺,及奴仆盗家长,亦俱刺字。

谨案:此条系雍正三年(1725)定例。

【1740】6.18.269.(5)(略)

【1767】○修并

修并按语并修并后例文,见【1740】6.18.269.(4)条【1767】修并项下。

【1725】○增入

原拟:现行例内五条,应增入。

【现行例】一、凡三次窃盗,免死减等发落者,不分旗下、民人,一概改发宁古塔与穷披甲之人为奴。若系旗下人,止将本身发遣;系民,并妻、子一并发遣。

原拟:"名例"内"流囚家属"条"凡犯流者,妻、妾从之,子孙欲随者听"等语,但"名例"内已经说明照律将"子"字删去,此条内"子"字亦应删去。谨拟删改,开载于后。

【原改现行例】一、凡三次窃盗,免死减等发落者,不分旗、民,概发宁古塔与穷披甲之人为奴。旗下人止发本身,民人并妻发遣。

【1725】6.18.279.(6)【增例】(略)

【1740】○删除

删除按语,见【1725】6.18.279.(2)条【1740】删除项下。

【1725】○增入

原拟:现行例内五条,应增入。

【原增现行例】一、凡窃盗、抢夺、掏摸等犯,遇赦俱免刺字。

【1725】6.18.279.(7)【增例】(略)

【1740】6.18.269.(7)(略)

【1768】6.18.269.(6)(略)

【1790】6.18.269.(1)(略)

【1801】○修并

【原例】【1790】6.18.269.(1)(略)、【1790】6.18.269.(2)(略)

臣等谨按:前条系康熙年间旧例,后条系乾隆三十六年(1771)定例。查窃盗、抢夺、掏摸等犯,事犯到官,应将从前犯案次数并计科罪。若遇恩赦,其从前所犯原案,咸予赦除,免其并计。有犯,仍以初犯科断。如得免并计之后不知悛改,复行再犯、三犯,后遇恩赦,若仍照例得免前犯次数,是行窃匪徒,不思湔除旧恶,转以幸遇国恩,得遂其侥幸尝试之术。定例以初次恩赦为断,如再行窃,审系初犯、再犯,俱按照初次恩赦后所犯次数照律科罪。是一赦不再赦,以示旷典,不得幸邀,使知革面革心,不敢行窃,立法最为周密。但例内语意,未甚分晓。应行添叙明晰,并将前条并入,以便引用。又,查清理庶狱恩旨,非恩赦可比。其窃盗等犯虽免罪,仍应刺字。如有再犯,并计科罪,不在得免并计之例。应一并增叙,以昭赅备。谨将修并例文,开列于后。

一、窃盗、抢夺、掏摸等犯,事犯到官,应将从前犯案次数,并计科罪。若遇恩赦,其从前所犯原案,咸予赦除,免其并计,并免刺字,有犯仍以初犯论。如得免并计之后,再行犯窃,复遇恩赦后,犯案到官,审系再犯、三犯,俱按照初次恩赦后所犯次数并计,照律科罪。若遇清理庶狱恩旨,免罪不免刺者,仍行并计,按照从前次数定拟。

【1802】6.18.269.(27)(略)

【1825】6.18.269.(24)(略)

【1847】6.18.269.(22)(略)

【1725】6.18.279.(8)

【钦定例】一、凡直隶各省窃盗初犯者,俱照例刺字,不得以赃少罪轻免刺。其应遣者,俱发极边卫分充军。除问拟徒、流外,其余刺责发落者,交与保甲收管。该地方官仍不时查点,毋许出境。

谨案:此条系雍正三年(1725)定例。

【1740】6.18.269.(6)(略)

【1768】6.18.269.(5)(略)

【1788】○修并分辑

修并分辑按语并修并分辑后例文,见【1768】6.18.269.(4)条【1788】修并分辑项下。

【1725】6.18.279.(9)

【钦定例】一、凡窃盗临时拒捕,为首杀人者,照强盗律拟斩立决;为从者,照发黑龙江等处之例刺面,分别发遣。其伤人未死者,首犯拟斩监候;为从者,刺面,发边卫充军。若伤非金刃又伤轻平复,并拒捕不伤人者,首犯发边卫充军;为从及自首者,杖一百,徒三年。

【1740】6.18.269.(1)(略)

【1767】○修改

臣等谨按:此条例内窃盗临时拒捕,伤非金刃,伤轻平复一项,原例发边卫充军。今于乾隆三十二年(1767)四月内,军机大臣会同臣部,奏准加等改发边远充军。拟合遵照改正。

一、凡窃盗临时拒捕,为首杀人者,照强盗律,拟斩立决;为从者,应发遣吉林、乌喇、白都诺、宁古塔等处给披甲人为奴,照"名例"改遣之例问发。其伤人未死者,首犯,拟斩监候;为从,发边卫充军。若临时拒捕,伤非金刃,又伤轻平复之首犯,改发边远充军;拒捕不伤人之首犯,发近边充军;为从及自首者,杖一百,徒三年。

【1768】6.18.269.(1)(略)

【1778】○修改

臣等谨按:此条原例内"窃盗临时拒捕,其伤人未死,首犯,拟斩监候",系指金刃伤及折伤以上二项。而例文未经指出,恐碍引用。谨将"伤人未死"下,增入"如刃伤及折伤以上"一句,以便引用。拟合声明。

一、凡窃盗临时拒捕,为首杀人者,照强盗律,拟斩立决;为从者,应发遣吉林、乌喇、白都诺、宁古塔等处给披甲人为奴,照"名例"改遣之例问发。其伤人未死,如刃伤及折伤者以上者,首犯,拟斩监候;为从,发近边充军。若临时拒捕,伤非金刃,又伤轻平复之首犯,改发边远充军;拒捕不伤人之首犯,发近边充军;为从及自首者,杖一百、徒三年。

【1788】○修并分辑

【原例】【1768】6.18.269.(1)条【1778】修改例文(略)、【1768】6.18.269.(15)(略)、【1782】续纂"一、凡窃盗临时拒捕杀人及弃财逃走,事主追逐……"条(略)

臣等谨按:第三条例内"窃盗临时拒捕杀人案内,为从帮同下手有伤者,不论他物、金刃,拟绞监候;其从犯虽曾拒捕,或亦持仗,而未经殴人成伤者,仍照本例办理"等语,即系首条内为从发遣人犯,分别治罪之文,止应于首条内增纂明晰,不必另列。且新例既改,而旧例仍存,引用反致牵混。再首条内发遣吉林等处为奴,照"名例"改遣之例问发一节,系指专应发极边足四千里充军而言,应行改定。又"名例·犯罪自首"门内载有"事未发而自首免罪"及"知人欲告而自首减二等""闻拿投首减一等"各条。今原例内通论"自首者,杖一百、徒三年",未免挂漏。自应将首条内"自首"数字删去,以归核实。又,查窃盗弃财逃走,拒捕刃伤事主及杀人,为从下手有伤拟绞两项,业已纂入"窃盗"本门下条内。而拒殴至折伤以上拟绞及杀人拟斩者,向因"强盗"律内注有治罪明文,未经并入条例,殊属混杂。拟将窃盗弃财拒杀事主,分别首从拟罪之文,并载"窃盗"门内。又乾隆四十九年(1784)九月内,臣部因甫经行窃,尚未得赃,即被事主知觉追捕,因而拒捕刃伤之案,办理未能画一,请将"窃盗弃财逃走"句下,酌增"未经得财逃走"数字。奏准在案,亦应增入,以便遵行。又"名例"内共犯罪而首从本罪各别者,各依本律首从论。是第三条例内"拒捕另伤一人"之语,系属赘文,亦应酌删,以昭简切。今拟将窃盗临时拒捕杀伤事主者列为一条,窃盗弃财逃走及未经得财杀伤事主者列为一条,庶翻阅既易,援引较为便捷。谨将删改分纂各例文,开列于后。

【1790】6.18.269.(23)(略)

【1790】6.18.269.(24)(略)

【1790】6.18.269.(23)

一、窃盗临时拒捕,为首杀人者,拟斩立决;为从帮同下手有伤者,不论他物、金刃,俱拟绞监候。拒捕未经帮殴成伤者,发极边足四千里充军。其伤人未死,如刃伤及折伤以上者,首犯,拟斩监候;为从,发近边充军。若临时拒捕,伤非金刃又伤轻平复之首犯,改发边远充军,拒捕不伤人之首犯,发近边充军;为从,各杖一百、徒三年。

【1801】○移改

【原例】【1790】6.18.269.(23)(略)、【1790】6.18.269.(24)(略)

臣等谨按:前条窃盗临时拒捕,伤非金刃、伤轻平复之首犯,旧例发近边充军。迨乾隆二十三年(1758),奏准改发新疆。三十二年(1767),仍发内地,较原例加一等,发边远充军,纂入例册。嗣于嘉庆四年(1799),臣部遵旨议复署伊犁将军、大学士保宁以新疆做工人少,奏请酌发伊犁遣犯折内,将此项改发伊犁等处酌拨当差。奉旨:"依议。"钦遵在案。此条充军旧例,应行修改。再查"名例"内载应发新疆人犯,如年逾五十,不能耕作之人,仍照原例办理,毋庸拟发新疆等语。是年逾五十,不能耕作,照原例办理者,系照旧例发近边充军,不在加等之列。应于例内添改明晰,以资引用。又,查窃盗拒捕杀人之案,必临时在盗所护伙、护赃;及虽未得财,而未离盗所,逞凶拒捕;或虽离盗所,而临时护赃格斗,迹近于强。故不论所杀系事主、邻佑,俱罪应斩决。若已离盗所,业经弃财,与并未得财逃走;或伙贼携赃先遁,其后逃之贼被事主追逐拒捕;及已经逃走,因见伙贼被获,帮护拒捕,俱由情急图脱,并非护赃格斗;或被事主事后搜捕,起意拒捕者,是既离盗所,又非临时,应依罪人拒捕本律定拟。应于例内分别申叙增注,以昭赅备。又,查拒捕杀人案内为从帮殴有伤之犯,二条例内俱系不问他物、金刃,拟绞监候。推原例意,因其逞凶帮殴,同恶相济,拟以缳首,固属罪所应得。但其中情节不一,伤亦有轻重之不同,例内止言金刃、他物,设有手足拒捕,至折伤以上之案,例内未经申叙,碍难引用。又伤非金刃,仅止手足、他物,而又未致折伤者,若不分轻重,一律拟绞,亦觉无所区别。此等案件,自应以伤之轻重为断。如刃伤及折伤以上者,自当问拟绞候;若伤非金刃,但在折伤以下者,自应量为酌减。查临时拒捕案内,未经帮殴成伤之犯,例应发极边足四千里充军;若帮殴有伤者,应加一等,发云贵两广极边烟瘴充军。逃走拒捕案内,未经帮殴成伤之犯,罪应杖一百、流三千里;若帮殴有伤者,应加一等,发附近充军。庶足以昭平允。再查强盗律内,有窃盗临时拒捕及逃走拒捕二款,诚以盗贼拒捕,迹近于强。故列于"强盗"律内。而例文二条,又载在"窃盗"例内,是律例分载两门,未免舛错。应将窃盗临时拒捕及逃走拒捕例文二条,依类移载强盗门内,以归画一。合并声明,谨将修并移改例文,开列于后。

*刑律·贼盗·强盗

【1802】6.18.266.(38)一、窃盗临时盗所拒捕,护赃、护伙者皆是。及虽未得财,而未离盗所,逞凶拒捕,或虽离盗所,而临时护赃格斗,已离盗所护伙者,不在此例。杀人者,不论所杀系事主、邻佑,将为首者拟斩立决。为从帮殴,如刃伤及他物、手足至折伤以上者,俱拟绞监候;伤非金刃,又

非折伤者,发云贵两广极边烟瘴充军;拒捕未经帮殴成伤者,发极边足四千里充军。其伤人未死,如刃伤及折伤以上者,首犯拟斩监候,为从发近边充军。若伤非金刃,伤轻平复,首犯改发伊犁等处酌拨当差,如年在五十以上,发近边充军;拒捕未经成伤者,首犯发近边充军;为从各杖一百、徒三年。如被事主事后搜捕,起意拒捕者,仍依罪人拒捕本律,分别杀伤科断。

【1802】6.18.266.(39)一、窃盗弃财逃走,与未经得财逃走,被事主追逐拒捕,或伙贼携赃先遁,后逃之贼被追拒捕,及已经逃走,因见伙犯被获,帮护拒捕,因而杀人者,首犯俱拟斩监候。为从帮殴,如刃伤,及手足、他物至折伤以上者,俱拟绞监候;伤非金刃,又非折伤者,发附近充军;未经帮殴成伤者,杖一百、流三千里。其伤人未死,如刃伤及折伤以上者,首犯拟绞监候,从犯减等拟流。若伤非金刃,伤轻平复,并拒捕未经成伤者,及事后追捕,有拒捕杀伤者,仍各依罪人拒捕本律科断。如逃走并未弃财,仍以临时护赃格斗论。

【1790】6.18.269.(24)

一、窃盗弃财逃走,及未经得财逃走,事主追逐,因而拒捕杀人者,首犯,拟斩监候;为从帮同下手有伤者,不论他物、金刃,俱拟绞监候。其虽曾拒捕,或亦持仗,而未经帮殴成伤者,应减首犯一等,杖一百,流三千里。若伤人未死,如刃伤及折伤以上者,首犯,拟绞监候;从犯,亦减等拟流。若伤非金刃、伤轻平复,并拒捕无伤者,仍依罪人拒捕本律科断。

【1801】○移改

移改按语并移改后例文,见【1790】6.18.269.(23)条【1801】移改项下。

【1725】○增入

臣等谨按:雍正二年(1724)正月内,刑部议复轻纵窃盗,事理类于此律,谨拟节录于后。

【续增现行例】一、凡三次窃盗,与赃至一百二十两以上者,依律拟绞。初犯、再犯,依律刺字。如州县官拟罪不照赃,初犯、再犯不刺字,三犯不拟绞,擅自轻纵者,督抚指参,均照失出例议处。

【1725】6.18.279.(10)

【钦定例】一、凡三次窃盗,与赃至一百二十两以上者,并依律拟绞;初犯、再犯,依律刺字。如州县官拟罪不照赃,初犯、再犯不刺字,三犯不拟绞,擅自轻纵者,该督抚题参,均照失出例议处。

【1740】○删除

臣等谨按:例内三次窃盗拟绞,初犯刺字之处,本律及各例内甚明,毋庸重叙。至州县官议处,已载《吏部处分则例》。此条应删。

【1725】6.18.279.(11)

【钦定例】一、凡窃盗已经改过,仍挟制行窃,将挟制情由自首,并被逼入伙,能抱赃出首者,俱免罪。如伙贼自行偷窃,事发诬扳者,照诬告律加一等治罪。若强逼同窃,将强逼人杀死,未首事发,地方官查明,果有挟制实情,减罪一等,杖一百、流三千里;其自首者,减罪二等,杖一百、徒三年;各追埋葬银两。若减等流、徒人犯,于配所复行窃盗者,照原案所犯科罪。其有别故杀人,牵引窃案投首者,仍照杀人律定拟。如系良民被挟入伙同行,并未得财,将挟制人杀死自首者,照罪人本犯应死而擅杀律杖一百;若未首,照已行不得财律杖一百、流三千里。至欲图灭口,及夺分赃物,因而谋杀同伙者,仍照律问拟。倘承审官不审出实情,滥行开脱,以致凶犯漏网者,照故出人罪例议处。

谨案:此条系雍正三年(1725)定例。

【1740】○删除

臣等谨按:窃盗如已改过,即有伙盗挟制,自可坚执不行。设果被挟,不得已同行,事后尽可出首,何必杀人。且既能将人杀死,则必非人所能制者矣。此例易开假借之弊,兼启擅杀之端,殊未允协。应删。

【1725】6.18.279.(12)【钦定例】

一、凡捕役行窃,除计赃分首从,照常人拟罪外,各加枷号两个月。

谨案:此条系雍正三年(1725)定。

【1740】6.18.269.(8)(略)

【1768】6.18.269.(7)(略)

【1788】○修并

【原例】【1768】6.18.269.(7)(略)、【1768】6.18.269.(8)(略)

臣等谨按:后条"捕役豢窃分赃,该管官平时钤束不严,及知风查拿,止以借端责革",既有"交部议处"明文,而首条内捕役行窃例内并未议及,殊属疏漏。且以上二条,俱系捕役行窃及豢窃分赃治罪之例,未便分列两条,自应将首条并入后条之内,以昭明简。今将并辑例文开列于后。

一、捕役行窃,除计赃罪应拟绞者,仍照寻常窃盗定拟外,其余计赃罪应军、流、徒、杖之案,无论首从,各加枷号两个月。如勾通窃贼,坐地分赃,豢窃一二名至五名者,改发云贵两广极边烟瘴地方充军。倘地方官平时不行稽察,或知风查拿,不加严究,止以借端责革,照不实力奉行稽查盗贼例交部议处。

【1790】6.18.269.(27)(略)

【1802】6.18.269.(18)(略)

【1830】○修并

【原例】【1802】6.18.269.(18)(略)、【1768】6.18.269.(9)(略)、【1825】6.18.269.(31)(略)

*刑律·贼盗·盗贼窝主

【1825】6.18.278.(20)一、山东一省,除窝窃未及三名,仍照旧例办理外,其窝窃三名以上,坐地分赃,及代变赃物者,发近边充军;五名以上者,即发云贵两广极边烟瘴充军。地保及在官人役,有窝贼分赃者,悉照捕役豢窃例办理。俟该省盗贼之风稍息,再行奏明复归旧例。

臣等谨按:道光七年(1827)三月初九日,奉上谕:"御史盛思本奏'京城窃案日多,请严定兵役包庇专条'一折,所奏是。京师为辇毂重地,近来窃案累累,贼犯日久无获,显有兵役包庇徇纵情弊,必应亟加整顿,以靖奸宄。着刑部将各营兵丁,并各项在官人役,窝贼分赃及包庇者,严定科条,妥拟具奏。钦此。"经臣部查,盗贼行迹诡秘,自应责成捕役兵丁及保约人等,上紧缉捕查拿,庶不致蔓延为害。该兵役等,如敢护窝庇匪,其情尤为可恶,拟罪自应从严。向例止有捕役豢贼拟军之条,其兵丁、地保豢窃并未议及。惟山东省于嘉庆年间,先后将地方并在官人役窝贼之犯,奏定加等问拟。而直隶省亦于道光六年(1826),经该督将窝贼分赃之兵丁及在官人役奏定拟军。因思兵丁豢窃情节较重,不特顺天府、五城与直隶省事同一体,应画一从重惩办,即各省拟此案件,亦未便办理两歧。当经臣部悉心参酌,缮列各条旧例,加具按语,奏请改为修并新例一条,缮写清单,恭呈御览。奉旨:"依议。钦此。"钦遵,通行各直省在案。兹经修例,应请载入,以资引用。谨将修改例文,开列于后。

一、凡捕役、兵丁、地保等项在官人役,有稽查缉捕之责者,除为匪及窝匪本罪应拟斩、绞、外遣,各照本律本例定拟外,如自行犯窃,罪应军、流、徒、杖,无论首从,各加枷号两个月,兵丁仍插箭游营。若勾通、豢养窃贼,及抢劫各匪,坐地分赃,或受贿包庇窝家者,俱实发云贵两广极边烟瘴充军。倘地方员弁,平时不行稽察,或知风查拿,有意开脱,不加严究,止以借端责革,照不实力奉行稽查盗贼例交部议处。至别项在官人役,尚无缉捕稽查之责者,如串通窝顿窃匪,贻害地方,亦各于应得本罪上加一等治罪。

【1847】6.18.269.(17)(略)

【1725】○增入①

臣等谨按:康熙五十二年(1713)十一月内,刑部议复窃贼割筋,事理类于此律,谨拟节录于后。

【续增现行例】一、拿获皇城内畅春园周围偷窃之盗、抢夺盗犯,并出名凶犯、可恶之贼,提督衙门将两腿懒筋割断。拿获皇城内外爬房逾墙、挖孔偷窃、拨开门板进内偷窃马、骡、牛、驴等贼,割断一边懒筋。其年未及岁并年迈,在道路街衢抽取零星物件细贼,责惩夹刺存案。仍不悛改,三次被获者,亦割断一边懒筋。窝主知情留一

① 此条见于《大清律例按语》第18卷"刑律·贼盗·窃盗"(雍正三年)项下,雍正三年(1725)《大清律集解附例》不载。

二贼，照常治罪。留三贼，发遣。其热河及跟随围场抽取零星物件，俱割断一边懒筋。偷马、牛、骡、驴头等物，并白昼抢夺之贼，割断两边懒筋。系民，交与五城兵马司递回原籍；另户、护军、披甲，提督会同该旗等奏闻，再行割断。其京城外别府州县窃盗、白昼抢夺贼犯，仍照例刺字治罪。别府州县拿送刑部者，亦照律刺字治罪。

【1743】○续纂

一、窃盗三犯，除赃至五十两以上，照律拟绞外，其五十两以下至三十两者，照发黑龙江等处之例，分别发遣；三十两以下至十两以上者，发边卫充军；如银不及十两，钱不及十千者，俱杖一百、流三千里。

此条系雍正十三年(1735)定例。查原议五十两以下至三十两者，发鄂尔坤种地。自大兵撤回，种地之例，已经停止。今改。

【1740】6.18.269.(2)(略)

【1767】○修改

臣等谨按：乾隆三十二年(1767)四月内，军机大臣会同臣部奏准，三十两以下至十两以上，加等改发边远充军。拟合遵照改正。

一、窃盗三犯，除赃至五十两以上者，照律拟绞外，其五十两以下至三十两应发黑龙江当差者，照“名例”改遣之例问发；三十两以下至十两以上者，改发边远充军；如银不及十两，钱不及十千者，杖一百、流三千里。

【1768】6.18.269.(2)(略)

【1788】○修改

臣等谨按：三次犯窃，计赃五十两以下至三十两之犯，从前系按照原例，改发极边烟瘴充军。嗣于乾隆二十三年(1758)，改发新疆。四十八年(1783)，伊犁将军伊勒图以发到遣犯过多，酌议停止。经臣部议准，仍发内地。因此项人犯，原例已无可加，应仍照原例，改发极边烟瘴充军，遵行在案。是此条原例内“应发黑龙江当差者，照名例改遣”之语，系属旧例，业已不用，应行删改。今将修辑例文，开列于后。

一、窃盗三犯，除赃至五十两以上，照律拟绞外，其五十两以下至三十两者，改发云贵两广极边烟瘴充军；三十两以下至十两以上者，改发边远充军；如银不及十两、钱不及十千者，俱杖一百、流三千里。

【1790】6.18.269.(28)(略)

【1802】6.18.269.(19)(略)

【1847】6.18.269.(29)(略)

【1740】6.18.269.(3)

一、凡旗人另户正身窃盗三犯，拟以枷责之后，复行偷窃者，除计赃在五十两以上,仍照律拟绞外,如在五十两以下者,不计赃数,俱发宁古塔当差。

【1767】○修改

臣等谨按:此条系旗下另户三次犯窃治罪定例。查三次犯窃,实属寡廉鲜耻。臣部遇有此等案件,俱钦遵乾隆二十七年(1762)六月内上谕,销去旗档,照民人一体分别赃数,依例遣配在案。应纂入此条之内,以便遵行。所有原例内"窃盗三犯,拟以枷责之后,复行偷窃,计赃在五十两以下,发宁古塔当差"等句,拟合删去。

一、凡旗人另户、正身窃盗三犯,除计赃在五十两以上,仍照律拟绞外,如在五十两以下者,分别赃数,销去旗档,照民人一体问拟,按月汇奏。

【1768】6.18.269.(3)(略)

【1788】○删除

【原例】【1768】6.18.269.(3)(略)、【1768】6.18.269.(25)(略)

臣等谨按:乾隆四十七年(1782)十二月内,步军统领衙门奏"拿获积匪程老等结伙肆窃"一案,钦奉清字上谕:"嗣后旗人如有犯该刺字者,着即销去旗档,照民人一例办理。钦此。"业于前次修例时,恭纂为例,并附请按季汇题,遵行在案。是此二条原例内"旗人犯窃,销除旗档,按月汇奏"之处,系属旧例,业已不用,应请毋庸载入。

【1740】○增入

一、凡捕役勾通窃贼,坐地分赃,豢窃一二名者,照常人窃盗治罪外,加枷号三个月;至三四名者,杖一百、流三千里;五名以上者,发边卫充军。如勾通积匪猾贼一二名者,发附近充军;三四名者,发边远充军;五名以上,发极边烟瘴地方充军。倘地方官平时不能稽察,或知风查拿,不加严究,止以借端责革,照不实力奉行稽查盗贼例交部议处。

谨案:此条乾隆九年(1744)定。

【1740】6.18.269.(9)(略)

【1761】○修改

臣等谨按:此条系捕役豢贼治罪定例。原例内捕役豢贼一二名至五名者,分别枷号、军、流定拟。嗣于乾隆二十四年(1759)闰六月内,军机大臣奏准,捕役豢贼一二名至五名者,均发云贵两广极边烟瘴充军。拟合遵照改正。

一、凡捕役勾通窃贼,坐地分赃,豢窃一二名至五名者,改发云贵两广极边烟瘴地方充军,交与地方官严行管束。倘地方官平时不行稽察,或知风查拿,不加严究,止以借端责革,照不实力奉行稽查盗贼例,交部议处。

【1768】6.18.269.(8)(略)

【1788】○修并

修并按语并修并后例文,见【1768】6.18.269.(7)条【1788】修并项下。

【1740】○增入

一、凡兵丁为窃，移回本营，令该管官捆打，插箭游营，仍送有司收管，照捕役行窃例按罪发落。该管武弁及承审文官有意开脱者，各照例议处。

谨案：此条系雍正十三年（1735）定例。

【1740】6.18.269.（10）（略）

【1768】6.18.269.（9）（略）

【1830】○修并

修并按语并修并后例文，见【1825】6.18.269.（18）条【1830】修并项下。

【1740】○增入

一、凡店家、船户，有行窃商民，及纠合匪类，窃赃朋分者，除分别首从，计赃照常人科断外，仍照捕役行窃例各加枷号两个月。

谨案：此条系乾隆二年（1737）定例。

【1740】6.18.269.（11）（略）

【1768】6.18.269.（10）（略）

【1810】○修改

臣等谨按：嘉庆十三年（1808）十月内，陕西巡抚方维甸咨"泾阳县脚户杨起云拐卖王祥麟布匹"一案，将杨起云依拐带人财物律，计赃拟徒，免刺。经臣部查，船户与脚户同一揽运客货之人。其沿途盗货，为害商旅，情无二致。船户行窃，例内既以常人窃盗科断，则脚户行窃，自未便办理两歧。杨起云系脚户揽运盗卖，自应照例以窃盗科断。将杨起云依窃盗律，计赃拟徒，刺面，仍照捕役行窃例，加枷号两个月。并以从前各省于此等案件，有照窃盗计赃定罪者，亦有照拐带问拟者，办理未能画一。通行各省，一体遵照在案。应于例内增纂，以资引用。再查车夫一项，与脚户情事相同，亦应一并纂入，以昭赅备。谨将修改例文，开列于后。

一、凡店家、船户、脚夫、车夫，有行窃商民，及纠合匪类，窃赃朋分者，除分别首从，计赃照常人科断外，仍照捕役行窃例各加枷号两个月。

【1825】6.18.269.（10）（略）

【1825】6.18.269.（9）（略）

【1740】○增入

一、五城、两县及五营、内务府捕役，拿获窃贼者，俱限即日禀报本管官。如晚间拿获，限次早禀报该管官。讯明被窃情由，将事主年貌、姓名、住址及所失赃物，详记档案，即令事主回家，不必一同解送该管上司衙门。如赃物现获，即出示令事主认领。倘不法捕役，违限不行呈报，任意勒索事主，许事主赴都察院呈告，将捕役照恐吓取财例治罪。其该管官有失于觉察，及任意纵容者，交部分别议处。

谨案:此条系雍正十一年(1733)定例。

【1740】6.18.269.(12)(略)

【1768】6.18.269.(11)(略)

【1790】6.18.269.(3)(略)

【1740】○增入

一、凡窃盗赃至满贯拟绞,及应拟徒、流者,其同居父、兄、伯叔与弟,知情而又分赃者,照本犯之罪减二等;虽经得财,而实系不知情者,减三等。如该犯罪止杖、刺,其同居父、兄、伯叔与弟,知情而不分赃,及不知情而分赃者,亦各照本犯罪递减发落。父兄不能禁约子弟为窃盗者,笞四十。

谨案:此条系雍正十年(1732)定例。

【1740】6.18.269.(13)(略)

【1756】○修改

臣等谨按:此条上截称同居父兄、伯叔与弟知情而又分赃者,减本犯罪二等;虽经得财,而实不知情者,减三等,分别两项,词意明显。下截又称"同居父兄、伯叔与弟知情而不分赃,及不知情而分赃,亦各递减发落"等语。则是上节少知情而不分赃一项,下节少知情而又分赃一项。其知情而又分赃者应作何治罪之处,既无明文,似属疏漏。再子弟为窃,父兄既不知情,虽经得财,则是父兄用子弟之财耳,亦不得谓之得赃。今云"不知情而分赃"字句,亦觉未妥。且上节既定有减二等、减三等之例,则无论本犯罪名之重轻,其同居之父兄人等是否知情、果否分赃,皆得援引,分别科断。将"该犯罪止杖、刺"一段删除,似为简净。谨将删辑例文,开列于后。

一、凡窃盗同居父、兄、伯叔与弟,知情而又分赃者,照本犯之罪减二等;虽经得财,而实系不知情者,减三等。父兄不能禁约子弟为窃盗者,笞四十。

【1768】6.18.269.(12)(略)

【1790】6.18.269.(17)(略)

【1802】6.18.269.(14)(略)

【1847】6.18.269.(13)(略)

【1740】○增入

一、积匪猾贼,为害地方,审实,不论曾否刺字,该督抚照发遣之例,发边卫充军,仍于岁底汇题。其余窃贼,仍照律以曾经刺字为坐,分明次数治罪。

谨案:此条系雍正七年(1729)定例。

【1740】6.18.269.(14)(略)

【1767】○修改

臣等谨按:积匪猾贼,原例发边卫充军,今于乾隆三十二年(1767)四月内,军机大臣会同臣部奏准,改发云贵等省极边烟瘴地方充军。拟合遵照改正。再原例内有"仍于岁底汇题"一语。查军、流人犯,定例俱于岁底汇题。此处毋庸复载,应行删去。

一、积匪猾贼,为害地方,审实,不论曾否刺字,改发云贵两广极边烟瘴充军。其余窃盗,仍照律以曾经刺字为坐,分明次数治罪。

【1768】6.18.269.(13)(略)

【1788】○修改

臣等谨按:窃盗初犯,于右小臂膊刺"窃盗"字;再犯者,左面刺字;三犯者,核计赃数,分别拟以军、流、遣、绞。俱以曾经刺字为坐。本门律文内业已载明,毋庸重复叠载。应将原例内"其余窃盗,仍照律以曾经刺字为坐,分别治罪"等语删去,以归明简。今将删改例文,开列于后。

一、积匪猾贼,为害地方,审实,不论曾否刺字,改发云贵两广极边烟瘴地方充军。

【1790】6.18.269.(26)(略)

【1801】修改分辑

【原例】【1790】6.18.269.(26)(略)、【1790】6.18.269.(13)(略)

臣等谨按:前条系积匪猾贼定地发配之例,后条系徒、流等犯,分别逃回、释回及初犯、再犯之贼,分别次数办理之例。查积匪猾贼,原例发极边、烟瘴充军。嗣于嘉庆四年(1799),臣部议复署伊犁将军、大学士保宁请酌发新疆遣犯折内奏准,仍将此项改发伊犁等处,酌拨当差。拟军原例,应行修改。又,查"名例"内载应发新疆人犯,如年逾五十,不能耕作之人,仍照原例办理,毋庸拟发新疆等语,应一并修纂。又,查"名例·徒流人又犯罪"新修条例内载,寻常窃盗,问拟军、流、徒罪,到配后,其有在配在逃、行窃,审系一二次,赃未至满贯者,徒罪复犯,拟以满流;军、流复犯,俱改发云贵两广极边烟瘴充军。若犯至三次者,照积匪猾贼例拟遣。计赃满贯者,仍照律拟绞监候等语。是军、流、徒犯逃后行窃,已有治罪专条,此处毋庸后载。应将后条逃回一项节删。其释回之犯,后条例内止言流、徒,应添入军犯一项,以昭赅备。又窃盗恭遇恩赦,例得免其并计一次。军、流人犯在配释回,如从前未经遇赦者,应免其并计一次。有犯,以初犯科断。若在已经得免并计之后,因窃问拟军、流、徒罪者,如释回后不知悛改,连窃三次以上,应以积匪猾贼论。应于第二条例内添入"如系得免并计之后,因窃问拟军、流、徒罪"句,以免牵混。又未经得免并计之犯,因窃问拟军、流、徒罪,不知悛改,复行犯窃者,虽比已经得免并计之犯有间,然较之初犯、再犯之贼,情节略重。如纠伙四次以上,独窃至六次以上者,应以积匪猾贼问拟。亦应增入,以昭平允,合并声明。谨将修改例文三条,开列于后。

【1802】6.18.269.(23)(略)

【1802】6.18.269.(24)(略)

【1802】6.18.269.(25)(略)

【1802】6.18.269.（23）

一、积匪猾贼，为害地方，审实，不论曾否刺字，发伊犁等处酌拨当差。如年在五十以上者，仍发云贵两广极边烟瘴充军。

【1806】修改

【原例】【1802】6.18.269.（23）（略）、【1802】6.18.269.（25）（略）、【1802】6.18.269.（26）（略）

臣等谨按：嘉庆十年（1805）八月，臣部"遵旨调剂吉林等处安插人犯"折内，议将积匪猾贼，回民行窃结伙三人以上执持绳鞭器械等六条，仍照旧例改发内地等因，奏准在案。例内改发伊犁当差及照例拟遣之处，均应修改。再查由新疆改发内地人犯，例应加一等。惟此二项，原例均系发云贵两广极边烟瘴充军，无可复加，应仍照旧例修辑。其年逾五十各犯，本系发云贵两广，毋庸复载。谨将修改例文三条，开列于后。

一、积匪猾贼，为害地方，审实，不论曾否刺字，改发云贵两广极边烟瘴充军。

【1825】6.18.269.（26）（略）

【1847】6.18.269.（24）（略）

【1802】6.18.269.（24）

一、窃盗于得免并计之后，因窃问拟军、流、徒罪，在配释回，复行犯窃，如止一二次同时并发者，按照得免并计后犯窃到官次数，分别初犯、再犯、三犯科罪。若不知悛改，连窃三次以上，同时并发者，照积匪猾贼例定拟。

【1825】6.18.269.（23）（略）

【1847】6.18.269.（21）（略）

【1802】6.18.269.（25）

一、未经得免并计之犯，因窃问拟军、流、徒罪，在配释回，不知悛改，如为首纠伙叠窃至四次以上，或虽未纠伙，而被纠叠窃及独窃至六次以上者，及初犯、再犯之贼，为首纠窃在六次以上，或未纠伙，而被纠叠窃及独窃至八次以上者，均照积匪猾贼例拟遣。其并未纠伙，行窃数少，而情节有类于积猾者，即照积匪猾贼例量减一等，拟以满徒。其三犯及计赃重者，仍按本例从其重者论。

【1806】○修改

修改按语，见【1802】6.18.269.（23）【1806】修改项下。

一、未经得免并计之犯，因窃问拟军、流、徒罪，在配释回，不知悛改，如为首纠伙叠窃至四次以上，或虽未纠伙，而被纠叠窃及独窃至六次以上者，及初犯、再犯之贼，为首纠窃在六次以上，或未纠伙，而被纠叠窃及独窃至八次以上者，均照积匪猾贼例拟军。其并未纠伙，行窃数少，而情节有类于积猾者，即照积匪猾贼例量减一等，拟以满徒。其三犯及计赃重者，仍按本例从其重者论。

【1814】○修改

臣等谨按：积匪猾贼一项，例内未经得免并计，因窃问拟军、流、徒罪释回之犯，以为首伙窃四次，或被纠叠窃及独窃六次为断。初犯、再犯之贼，以为首纠窃六次，或被纠迭窃及独窃八次为断。惟积匪量减一项，例内统言情类积猾，并未指定次数，以致各省办理未能画一。先经臣部于嘉庆十七年(1812)九月内酌议章程，通行各省。嗣后未经得免并计之犯，因窃问拟军、流、徒罪在配释回，如为首纠窃三次，或被纠叠窃及独窃四次，初犯、再犯之贼，如为首纠窃四次，或被纠叠窃及独窃六次，同时并发者，均以积匪量减论。若不及前数，仍从一科断等因在案，应于例内增纂明晰。再纠窃六次，或被纠叠窃及独窃八次，均应按例拟军。各省因例内有"以上"二字，间有将纠窃六次及被纠叠窃与独窃八次之案，照积匪量减拟徒，殊属误会例意。虽经臣部随案改正，究属未能画一。应请节删例文内"以上"二字，庶足以昭赅备而便引用。谨将修改例文，开列于后。

一、未经得免并计之犯，因窃问拟军、流、徒罪，在配释回，不知悛改，如为首纠伙叠窃至四次，或虽未纠伙，而被纠叠窃及独窃至六次者，并初犯、再犯之贼，为首纠窃至六次，或未纠伙，而被纠叠窃及独窃至八次者，均照积匪猾贼例拟军。其未经得免并计之犯，因窃问拟军、流、徒罪，在配释回，为首纠窃三次，或被纠叠窃及独窃四次，并初犯、再犯之贼，为首纠窃四次，或被纠叠窃及独窃六次，同时并发者，均照积匪猾贼例量减一等，拟以满徒。其三犯及计赃重者，仍按各本例从其重者论。

【1825】6.18.269.(28)(略)

【1847】6.18.269.(26)(略)

【1740】○删除

一、凡窃盗被获，将无辜良民，妄行扳害者，审系初次为匪，畏罪混扳，计赃一两至四十两，罪应拟杖者，俱加等徒三年；五十两至九十两，罪应拟徒者，俱发边卫充军。如系积匪猾盗，有意陷人，故为扳害，一两至九十两，罪应杖、徒者，发边卫充军；一百两至一百二十两，罪应拟流者，拟绞监候；一百二十两以上，罪应拟绞者，拟斩监候。其一两以下，仍照平人诬告律治罪。如到案即将同伙、赃数，确实供明，并案内各犯，指拿全获，并不诬扳良民者，较本犯赃数应得之罪，递减一等发落。

此条系雍正七年(1729)及十一年(1733)定例。查窃盗妄扳良民，即应照诬告律例分别定罪，不必另立条款。且妄行扳害，与有意害人难以辨别，易滋高下其手之弊。应无庸纂入。

【1740】○删除

一、凡窃盗三人以下，手持兵器行窃者，虽不得财，杖六十、徒一年；得财一两以下，计赃递加一等，仍至满贯，方拟绞罪。其中有不持兵器者，仍照本律科断。如伙众四人以上,虽不得财,亦无器械,为首者徒一年,为从各杖一百;得财一两以下,亦计赃以次递加,至流三千里,为首发边卫充军,为从仍流三千里。伙众六人以上,不论曾否得财,首从并徒三年;计赃重于徒三年者,为首流三千里,为从各减一等;赃至满贯,为首者绞,为从者发边卫充军。十人以上,不分首从,发边远充军;赃满贯者仍绞。

此条系雍正十二年(1734)定例。查窃盗计赃科罪,乃不易之经。设如人多拒捕,或持械行强,自有应得本罪。若仍是行窃,固不必论其人数之多寡与器械之有无也。况法不期密,刑贵得平,计所得之赃,定应得之罪,实属明允。先据原任大学士、浙江总督嵇曾筠等各奏请停止在案,此条毋庸纂入。

【1746】○续纂

一、窃盗审系奴仆,照旗下奴仆例刺面。其余审系初犯,罪止杖责者,照原例于右小臂膊刺字;再犯,照例左面刺字。

此条系乾隆六年(1741)四月,臣部议复云南按察使张垣熊条奏定例。

【1767】○修并

修并按语并修并后例文,见【1740】6.18.269.(4)条【1767】修并项下。

【1743】○续纂

一、窃盗三犯,应按其第三犯窃赃多寡,照定例分别军、流、遣、绞,毋得将从前初犯、再犯业已治罪之赃通算,以致罪有重科。

臣等谨按:旧例"窃盗三犯,通计赃在五十两以上,拟绞监候;五十两以下至三十两,发遣;三十两以下至十两,充军;十两以下,杖一百、流三千里"等语,所谓通计者,原止就本案所窃之贼而言。而各省承误,遂有通计初犯、再犯之赃拟罪者。嗣经律例馆编纂定例,将"通计"二字删去。乾隆七年(1742)九月,复经臣部折奏,窃盗三犯,应按其第三犯所窃赃数多寡,分别军、流、遣、绞,毋庸通计前赃等因,经九卿复准,通行在案。今纂为例,庶免误用。

【1768】6.18.269.(14)(略)

【1790】6.18.269.(11)(略)

【1847】6.18.269.(10)(略)

【1743】○续纂

一、窃盗弃财逃走,事主追逐,如有逞凶执持金刃戳伤事主者,照罪人殴所捕人至折伤以上律,拟绞监候。

此条系乾隆七年(1742)三月,臣部议复东抚朱定元条奏定例。

【1768】6.18.269.(15)(略)

【1788】○修并分辑

修并分辑按语并修并分辑后例文,见【1768】6.18.269.(1)条【1788】修并分辑项下。

【1743】○续纂

一、随驾官员之跟役,携带伊主或他人马骡什物逃走,及行窃者,照出兵例加等治罪。其在逃之跟役,令各该关津严行查拿。如失察过关,将该汛官兵,照失察逃人例加等治罪。

臣等谨按:此条系乾隆八年(1743)七月内,总理行营事务王大臣奏准定例,应纂辑以便遵行。惟查原议,有"加倍治罪"之语。而定例载称"援引比照,不得擅用加倍"字样。今将"倍"字改易"等"字。

【1767】○修改

臣等谨按:原例"随驾官员跟役,捎带伊主或他人马、骡、什物逃走及行窃者,照出兵例加等治罪"等语。查"照出兵例"句,系照雍正十年(1732)出兵跟役之旧例。今随征兵丁、跟役逃回,另有新例,问拟斩决。所有拟绞旧例,业已删除,则照加等治罪一语,殊无着落。查原例所云"加等治罪",原照窃盗满贯律加入于绞也,拟合将"照出兵例"一句改为"拟绞监候"。再行在行窃,另有治罪专条,此处毋庸复载,已将原例内"及行窃"三字删去。至不曾偷窃马匹、器械逃回之奴仆、雇工,应仍照随征跟随之奴仆、雇工不曾偷盗逃回例分别治罪,已于此例内添加。

一、随驾官员之跟役,无论奴仆、雇工,如有偷盗马匹、器械逃回者,拟绞监候。其不曾偷盗马匹、器械逃回之奴仆、雇工,照随征之奴仆雇工不曾偷盗马匹器械逃回例,分别问拟。在逃跟役,令各该关津严行查拿。如失察过关,将该汛官兵,照失察逃人例加等治罪。

【1768】6.18.269.(16)(略)

【1788】○修改

臣等谨按:此条内"不曾偷盗马匹、器械逃回之奴仆、雇工,照随征跟随之奴仆、雇工不曾偷盗逃回例分别问拟"等语,系照"兵律"内"随征奴仆脱逃被获,伊主情愿领回者,鞭一百,刺字;不愿领回者,发黑龙江为奴。若系雇工脱逃被获,其所雇系旗下家奴,枷号三个月,鞭一百,交还本主。如所雇系民人,解回原籍,杖一百、徒三年,仍向各犯及中保追价给主"之旧例。今"随征跟役不曾偷盗逃走"一项,另有纂定新例,其旧例"分拟遣、徒、鞭责"之文,业于本门删去,则此条"照例分别问拟"之语,已无着落。拟将"随征脱逃"现删旧例,移增此条之内,以便援引。谨将增辑例文,开列于后。

一、随驾官员之跟役,无论奴仆、雇工,如有偷盗马匹、器械逃回者,拟绞监候。其不曾偷盗马匹、器械逃回之跟役,系奴仆,讯问伊主情愿领回者,鞭一百,刺字,给主领回,不愿领回者,发黑龙江等处给披甲人为奴;如系雇工,其所雇系旗下家奴,枷号三个月,鞭一百,刺字,交还本主,如所雇系民人,刺字,解回原籍,杖一百、徒三年。仍向各犯家属,及中保人等,追出原雇价值,给还原主。至在逃跟役,令各该关津严行查拿。如失察过关,将该汛官兵,照失察逃人例加等治罪。

【1790】6.18.269.(25)(略)

【1802】6.18.269.(17)(略)

【1814】○修改

臣等谨按:嘉庆十八年(1813)七月内,臣部"遵旨议奏应发黑龙江等处遣犯分别改发驻防"折内,请将随围奴仆逃走伊主不愿领回一条,发各省驻防给官员兵丁为奴等因奏准,通行在案。例内发黑龙江之处,应行修改。谨将修改例文,开列于后。

一、随驾官员之跟役,无论奴仆、雇工,如有偷盗马匹、器械逃回者,拟绞监候。其不曾偷盗马匹、器械逃回之跟役,系奴仆,讯问伊主情愿领回者,鞭一百、刺字,给主领回;不愿领回者,发各省驻防给官员、兵丁为奴。若系雇工,其所雇系旗下家奴,枷号三个月、鞭一百,刺字,交还本主。如所雇系民人,刺字,解回原籍,杖一百、徒三年。仍向各犯家属,及中保人等,追出原雇价值,给还原主。至在逃跟役,令各该关津严行查拿。如失察过关,将该汛官兵,照失察逃人例加等治罪。

【1825】6.18.269.(17)(略)

【1847】6.18.269.(16)(略)

【1751】○续纂

一、凡行在有拿获窃盗,罪应杖、笞者,不分旗、民,俱枷号一个月,满日杖一百,旗人鞭一百;徒罪以上者,系民仍照律例定拟。若旗人应折枷号者,系徒一年,折枷三十日,每等各依应徒年限,递加五日;流罪二千里者,折枷六十日,亦每等递加五日。满贯仍拟绞监候。旗奴徒罪者,照旗人定拟;流罪以上,照例科断。其偷窃马骡三头以上,仍照定例问拟;二匹以下,罪止杖责者,加枷号两个月。

臣等谨按:续增例内"围墙窃贼,照出兵例加等治罪"一条,分别未甚清晰。应将臣部于乾隆六年(1741)四月内奏准定例,纂辑遵行。

【1767】○修改

臣等谨按:此条原例偷窃马、骡三头匹以上,仍照定例问拟;二匹以下,杖责、枷号。原照偷盗官马例治罪,二匹以下者,以窃盗论;三匹以上者,杖流;十匹以上者,拟绞。今新例"行围巡幸地方,如有偷窃马匹五匹以上,拟绞立决;一二匹至三匹、四匹,分别拟以军、遣",已纂入"盗马牛畜产"条内,拟合将原例内"偷窃马、骡三头匹以上,照例问拟;二匹以下,罪止枷、杖"一节删去。

一、凡行在拿获窃盗,罪应杖、笞者,不分旗、民,俱枷号一个月,满日,民人杖一百,旗人鞭一百;徒罪以上者,系民,仍照律例定拟。若旗人应折枷号者,徒一年,折枷三十日,每等各依应徒年限递加五日;流罪二千里者,折枷六十日,亦每等递加五日。满贯仍拟绞候。旗下家奴犯徒罪者,照旗人定拟;流罪以上,照例科断。

【1768】6.18.269.(17)(略)

【1788】○修并分辑

修并分辑按语并修并分辑后例文,见【1768】6.18.269.(4)条【1788】修并分辑项下。

【1751】○续纂

一、凡旗人及旗下家奴,肆行偷窃,犯罪至发遣以上者,将失察旗人为窃之该管官,及失察家奴为窃之家主,俱照旗人为盗例交部分别议处。若能于事未发觉之前,自行查出送部治罪者,免议。

臣等谨按:此条系乾隆十四年(1749)九月内,兵部等部钦奉谕旨议定条例,应纂辑以便遵行。

【1768】6.18.269.(18)(略)

【1790】6.18.269.(14)(略)

【1802】6.18.269.(13)(略)

【1847】6.18.269.(12)(略)

【1756】○续纂

一、直省州县,拿获窃盗到案,取具确供,计赃在五十两以上者,即同捕官带同捕役,搜验原赃,给主收领;如赃在四十两以下,捕官带同捕役,前往搜验。如州县、捕官听捕役私自搜赃,以致中饱者,除捕役与窃盗同科外,将该州县、捕官,照失察捕役为盗例议处。

臣等谨按:此条系乾隆十九年(1754)七月内,臣部议复升任陕西按察使武忱条奏定例,应纂辑以便遵行。再按:搜取窃赃,若系冲繁州县印官,势难一例前往。应请添入捕官一层,方为周匝。

【1768】6.18.269.(19)(略)

【1790】6.18.269.(4)(略)

【1756】○续纂

一、凡外国进贡使臣到京之时,即令该地方官兵,在各馆门首严加巡查。如遇有偷窃外使人犯,一经拿获,除赃重者仍照律办理外,其罪应杖、刺者,加枷号一个月,枷满之日,照例发落。如外使报窃而贼犯无获,将巡查之兵役杖一百,该地方官交部议处。

臣等谨按:外国进贡使臣来京,恐有鼠窃狗偷之辈混行骚扰,有累外使。是以派拨兵役防范,立法固善。但查律例内,并无将此项行窃人犯作何加重治罪明文,拟增出枷号一月条例,庶奸匪知所惩创。

【1768】6.18.269.(20)(略)

【1790】6.18.269.(6)(略)

【1761】○续纂

一、奸匪伙众丢包,诓取财物,照白昼抢夺人财物律治罪,刺字。赃至一百二十两以上,拟绞监候。如有拒捕杀伤人者,亦照贼犯抢窃之例,将地方官扣限查参。

臣等谨按:此条系乾隆二十三年(1758)十二月内,臣部议复升任江苏按察使崔应阶条奏定例,应纂辑以便遵行。

【1768】6.18.269.(21)(略)

【1790】6.18.269.(12)(略)

【1847】6.18.269.(11)(略)

【1761】○续纂

一、凡贼犯交保管束之后,不加禁约,致该犯复出为匪,或在本地行窃者,除原保系父兄子弟人等,仍照强盗案内,分别是否知情分赃究拟外,其余俱按贼人所犯轻重,如罪止杖、笞者,将原保人照不应轻律笞四十;徒罪以上者,照不应重律杖八十;知情故纵者,比照窝主不行又不分赃为从论律科罪,免刺;受财者,以枉法从重论。

臣等谨按:此条系乾隆二十四年(1759)十一月内,臣部议复升任山西按察使永泰条奏定例,应纂辑以便遵行。

【1768】6.18.269.(22)(略)

【1788】○修并分辑

修并分辑按语并修并分辑后例文,见【1768】6.18.269.(4)条【1788】修并分辑项下。

【1761】○续纂

一、窃盗再犯,计赃罪应杖、刺者,如犯该杖六十者,加枷号二十日;杖七十者,加枷号二十五日;杖八十者,加枷号三十日;杖九十者,加枷号三十五日;杖一百者,加枷号四十日。其旗人再犯,罪应拟徒折枷者,统于应加枷号四十日之外,再加一等。

臣等谨按:此条系乾隆二十五年(1760)七月内,臣部议复江苏按察使苏尔德条奏定例,应纂辑以便遵行。

【1768】6.18.269.(23)(略)

【1788】○修并分辑

修并分辑按语并修并分辑后例文,见【1768】6.18.269.(4)条【1788】修并分辑项下。

【1761】○续纂

一、贼匪偷窃衙署,除系仓库钱粮,仍照定例严行治罪外,若偷窃在署服物,不论初犯、再犯,及赃数多寡,俱照积匪猾贼例,改发云贵两广极边烟瘴地方充军。如赃至一百二十两以上,及三犯赃至五十两以上,律应拟绞者,俱入于秋审情实。

臣等谨按:此条系乾隆二十四年(1759)十月内,臣部议复原任河南布政使苏崇阿条奏定例，应纂辑以便遵行。

【1767】○修改

臣等谨按：此条原例有"除仓库钱粮，仍照定拟治罪"一语。查偷窃仓库钱粮，另有治罪专条，此处毋庸重叙，拟将原例"除系仓库钱粮，仍照定例严行治罪"句删去。再原例"不论初犯、再犯，及赃数多寡"下，有"俱照积匪猾贼例"一语。查系定例时援引比照之文，今已纂为条例，则"照积匪猾贼"句已属无用，应行删去。

一、贼匪偷窃衙署服物，不论初犯、再犯，及赃数多寡，俱改发云贵两广极边烟瘴地方充军。如赃至一百二十两以上，及三犯赃至五十两以上，律应拟绞者，俱入于秋审情实。

臣等谨按：此条原例有"如赃至一百二十两以上，及三犯赃至五十两以上，律应拟绞者，俱入于秋审情实"等句。臣部于乾隆三十二年(1767)十月内奏准删除，应遵照更正，合并声明。

一、贼匪偷窃衙署服物，除罪应拟绞，依律定拟外，其余不论初犯、再犯，及赃数多寡，俱改发云贵两广极边烟瘴地方充军。

【1768】6.18.269.(28)(略)

【1772】○修改

臣等谨按：偷窃衙署服物，旧例惟已得财者，不论次数、赃数，俱发充军。其已行而不得财者，例无治罪明文。乾隆三十五年(1770)三月内，据署广西布政使吴虎炳条奏，请照常人盗仓库钱粮未得财例，杖一百、徒三年，经臣部议准遵行。今于此条例内充军之下，添入"若已行而未得财者，照盗仓库钱粮未得财例，杖一百、徒三年，仍分别首从问拟"数语，以便援引。谨将增辑例文，开列于后。

一、贼匪偷窃衙署服物，除罪应拟绞，依律定拟外，其余不论初犯、再犯，及赃数多寡，俱改发云贵两广极边烟瘴地方充军。若已行而未得财者，照盗仓库钱粮未得财例，杖一百、徒三年。仍分别首从问拟。

【1790】6.18.269.(21)(略)

【1802】6.18.269.(1)(略)

【1767】○续纂

一、各省营镇，责成将备，督率兵弁，侦缉贼匪。其缉获之贼，送县审究。如贼犯到县狡供翻异，许会同原获营员质审。如系良民被诬，并无赃、证，兵丁、营员，照例分别议处、治罪。若地方官果能将捕役豢纵之处，审查究拟，免其失察处分。仍将获贼之弁兵，计赃案多寡，分别奖励。

臣等谨按：此条系乾隆二十八年(1763)十一月内，吏部尚书陈宏谋条奏，钦奉上谕，恭纂为例，以便遵行。

【1768】6.18.269.(24)(略)

【1790】6.18.269.(8)(略)

【1847】6.18.269.(28)(略)

【1767】○续纂

一、旗下正身,审系积匪猾贼,销去旗档,均照民人例,于面上刺字,发乌鲁木齐等处给予兵丁为奴。在京由刑部开具所犯事由,按月汇奏;在外令该省定拟,报部核实,亦按月汇奏。

臣等谨按:此条系乾隆三十年(1765)十一月内,臣部奏准定例,应纂辑遵行。

【1768】6.18.269.(25)(略)

【1788】○删除

删除按语,见【1768】6.18.269.(3)条【1788】删除项下。

【1767】○续纂

一、回民行窃,除赃数满贯,罪无可加,及无伙众持械情状者,均照律办理外,其结伙三人以上,及执持绳鞭器械者,均不分首从,不计赃数、次数,改发云贵两广极边烟瘴充军。

臣等谨按:此条系乾隆二十四年(1759)十二月内,山东按察使闵鹗元条奏,嗣经臣部奏准,改发新疆。今于乾隆三十二年(1767)四月内,军机大臣会同臣部奏准,仍照原例改发极边。合并声明。

【1768】6.18.269.(26)(略)

【1790】6.18.269.(19)(略)

【1801】○修改

臣等谨按:回民行窃,结伙三人以上,执持绳鞭器械者,发极边烟瘴充军,系乾隆四十八年(1783)定例。嗣于嘉庆四年(1799),臣部遵旨议复署伊犁将军、大学士保宁,因新疆各厂做工人少,奏请酌发伊犁遣犯案内,将此项仍发伊犁等处酌拨当差。奉旨:“依议。”钦遵在案。此条充军旧例,应行修改。再查“名例”内载应发新疆人犯,如年逾五十,不能耕作之人,仍照原例办理,毋庸拟发新疆等语,应一并添纂。又,查回民行窃,必伙众持械方拟发遣。例内“及”字,系属赘文,应行节删。又,结伙三人以上而未执持器械,及虽未执持器械而结伙在十人以上者,例内俱无治罪明文。遇有此等案件,碍难办理。查“斗殴”例载回民结伙三人以上,执持凶器殴人,发云贵两广极边烟瘴充军。如结伙虽在三人以上,而俱徒手争殴,并无执持凶器者,于军罪减一等,杖一百、徒三年;结伙在十人以上,虽无执持凶器,而但殴伤人者,仍照结伙三人以上执持凶器之例定拟等语,定例极为周详。此例应援照彼条,详细增叙,以昭赅备而归画一。谨将修改例文,开列于后。

一、回民行窃,除赃数满贯,罪无可加,及无伙众持械情状者,均照律办理外,其结伙三人以上,执持绳鞭器械者,均不分首从,不计赃数次数,改发伊犁等处酌拨当差。如年在五十以上,发云贵两广极边烟瘴充军。若结伙虽在三人以上,而俱徒手行窃,并无执持绳鞭器械者,于遣罪上减一等,杖一百、徒三年。结伙十人以上者,虽无执持绳鞭器械,而但行窃者,仍照三人以上执持绳鞭器械之例拟遣。

【1802】6.18.269.(26)(略)

【1806】○修改

修改按语，见【1802】6.18.269.(23)【1806】修改项下。

一、回民行窃，除赃数满贯，罪无可加，及无伙众持械情状者，均照律办理外，其结伙三人以上，执持绳鞭器械者，均不分首从，不计赃数次数，改发云贵两广极边烟瘴充军。若结伙虽在三人以上，而俱徒手行窃，并无执持绳鞭器械者，于遣罪上减一等，杖一百、徒三年。结伙十人以上者，虽无执持绳鞭器械，而但行窃者，仍照三人以上执持绳鞭器械之例拟遣。

【1825】○修改

臣等谨按：道光五年(1825)三月内，臣部条奏"回民结伙执持器械行窃，请修改例文"一折内称，回民犷忤性成，往往结党成群，携带绳鞭器械，四出剽窃，扰害闾阎，与寻常宵小不同，是以定例从严惩创。例言"器械"，所包者广，凡小刀、棍棒等项皆是，并非专指绳鞭一项。如结伙已在三人以上，内有一人执持绳鞭，或虽无绳鞭，但执持小刀、棍棒等器械，凡非徒手，即应照例不分首从拟军。若因内有一人执持小刀、棍棒等械，即不以执持器械论，将案犯减等拟徒，则与徒手行窃之例显相刺谬。例内"俱徒手行窃"字样，系与上文执有绳鞭器械对举而言，必无一人执持器械，方与"俱徒手行窃"拟徒之例符合。例义本可互见。惟查各省审拟回民结伙三人以上行窃之案内，但一人执持小刀等械，有将案犯均照例不分首从拟军者，亦有拘泥"绳鞭"二字，以所持小刀等项并非凶器，将案犯均照徒手行窃例拟徒者，办理两歧。议请嗣后回民行窃，结伙三人以上，但有一人执持器械，无论绳鞭、小刀、棍棒，俱不分首从，不计赃数、次数，改发云贵两广极边烟瘴充军。若结伙三人以上，而俱徒手行窃者，于军罪上减一等，杖一百、徒三年。若结伙十人以上，虽无执持器械，而但行窃者，仍照三人以上执持器械之例拟军等因具奏。奉旨："依议。钦此。"钦遵在案。应于例内修改明晰，以昭画一。谨将修改例文，开列于后。

一、回民行窃，除赃数满贯，罪无可加，及无伙众持械情状者，均照律办理外，其结伙三人以上，但有一人执持器械，无论绳鞭、小刀、棍棒，俱不分首从，不计赃数、次数，改发云贵两广极边烟瘴充军。若结伙虽在三人以上，而俱徒手行窃者，于军罪上减一等，杖一百、徒三年。结伙十人以上，虽无执持器械，而但行窃者，仍照三人以上执持器械之例拟军。

【1825】6.18.269.(27)(略)

【1830】○修改

臣等谨按：道光七年(1827)三月内，臣部以回民结伙行窃，尚未得财，例无明文。而详查窃盗得财与未得财罪名，有杖、笞之别；即强盗得财与未得财，亦有生、死之殊。比类参观，自应将回民结伙行窃未得财之案，各于军、徒罪上量减一等定拟，以示区别。当经臣部通行内外问刑衙门，查照办理在案。应请于例内添纂，以资引用。谨将修改例文，开列于后。

一、回民行窃，除赃数满贯，罪无可加，及无伙众持械情状者，均照律办理外，其结伙三人以上，但有一人执持器械，无论绳鞭、小刀、棍棒，俱不分首从，不计赃数、次数,改发云贵两广极边烟瘴充军。若结伙虽在三人以上,而俱徒手行窃者,于军罪上减一等,杖一百、徒三年。结伙十人以上,虽无执持器械,而但行窃者,仍照三人以上执持器械之例拟军。如行窃未得财,各于军、徒罪上减一等问拟。

【1847】6.18.269.(30)(略)

【1767】○续纂

一、窃赃数多,罪应满流者,改发附近充军。

臣等谨按:此条系乾隆三十二年(1767)四月内,军机大臣会同臣部奏准定例,应纂辑遵行。

【1768】6.18.269.(27)(略)

【1790】6.18.269.(20)(略)

【1802】6.18.269.(2)(略)

【1772】○续纂

一、拿获窃盗,承审官即行严讯。除赃至满贯,及三犯计赃五十两以上,律应拟绞者,俱即归犯事地方完结外,若审出多案,应照积匪猾贼例拟遣者,其供出邻省、邻邑之案,承审官即行备文,专差关查。若赃证俱属相符,毫无疑义,即令拿获地方迅速办结,毋庸将人犯再行关解别境。倘或赃供不符,首从各别,必应质讯,或邻境拿获人众,势须移少就多者,承审官即将必应移解质审缘由,详明各该上司,佥差妥役,将犯移解邻邑,从重归结。如有借端推诿,及删减案情,希图就事完结者,即将原审之州县官分别参处。

臣等谨按:此条系乾隆三十三年(1768)十月内,浙江按察使曾曰理条奏定例,应纂辑遵行。

【1790】6.18.269.(5)(略)

【1772】○续纂

一、凡窃盗遇赦得免并计之后,再行犯窃,复遇恩诏,后犯案到官,审系再犯、三犯,俱按照初次恩诏后所犯次数并计,照律科罪。

臣等谨按:此条系乾隆三十六年(1771)九月内,山西道监察御史张敦均条奏定例,应纂辑以便遵行。

【1790】6.18.269.(2)(略)

【1801】○修并

修并按语并修并后例文,见【1790】6.18.269.(1)条【1801】修并项下。

【1772】○续纂

一、窃盗逃走,事主仓皇追捕,失足身死,及失财窘迫,因而自尽者,除有拒斗情事,及赃银数多,并积匪三犯等项,仍照律例从重治罪外,如审无拒斗情形,赃少罪轻,不至满徒者,将贼犯照因奸酿命例,杖一百、徒三年。

臣等谨按:此条系乾隆三十五年(1770)三月内,署广西布政使吴虎炳条奏定例,应纂辑以便遵行。

【1790】6.18.269.(18)(略)

【1802】6.18.269.(15)(略)

【1814】○修改

臣等谨按:窃盗逃走拒捕,例应计赃加拒捕罪二等。此条例内有拒斗情事,照例从重治罪,系指罪在满徒以上者而言。若拒捕之罪不至满徒,则应仍按本条科断。惟例内并未将拒捕罪在满徒以上指明,而又称审无拒斗情形,以致援引满徒错误。应请于例内修改明晰。谨将修改例文,开列于后。

一、窃盗逃走,事主仓皇追捕,失足身死,及失财窘迫,因而自尽者,除拒捕伤人,及赃银数多,并积匪三犯等项,罪在满徒以上,仍照律例从重治罪外,如赃少罪轻,不至满徒者,将贼犯照因奸酿命例,杖一百、徒三年。

【1825】6.18.269.(15)(略)

【1847】6.18.269.(14)(略)

【1778】○续纂

一、朝鲜使臣来京,其随带货物银两,遇有偷窃,将该管地方官及护送官,均照饷鞘被失例严加议处。所失银物,着落地方官并统辖、专管之各上司,按股赔还。仍缉拿偷窃之人,照行窃饷鞘例,计赃从重科断,追赃入官。如来使人等,有借词妄报,滋生事端情弊,由礼部行知该国王一体治罪。

臣等谨按:此条系乾隆四十二年(1777)三月内,礼部会同吏部、兵部、臣部,议复署理盛京将军印务副都统莽古赉等查奏"定议朝鲜使臣来京沿途防范章程",应纂为例,以便遵行。

【1790】6.18.269.(7)(略)

【1778】○续纂

一、私赴新疆偷贩玉石者,一经查获,即照窃盗例计赃论罪,满贯者拟绞监候。

臣等谨按:此条系乾隆四十三年(1778)十一月内,陕甘总督勒尔谨等奏"审讯在西安拿获私贩玉石之吴芑洲等,请分别治罪"一案。钦奉上谕:"此次查办之后,后有私赴新疆偷贩玉石者,一经查获,即照窃盗满贯例,计赃论罪。钦此。"钦遵在案,应恭纂为例,以便遵行。

【1790】6.18.269.(16)(略)

【1801】○删除

臣等谨按:私贩新疆玉石,照窃盗例治罪;满贯者,绞监候。系乾隆四十三年(1778)定例。嗣于嘉庆四年(1799),臣部具奏"请弛私贩玉器例禁"折内,钦奉谕旨:"叶尔羌、和阗等处出产玉石,向听民间售卖,并无例禁明文。因高朴串通商贩采卖玉石案内,始行定例。凡私赴新疆偷贩玉石,即照窃盗例,计赃论罪,原非旧例所有。况仍有偷盗、货卖者。今查前案,因此拖累多人,朕心殊为不忍。着照刑部所议,嗣后贩卖新疆玉石,无论已未成器者,概免治罪。其从前办过贩玉案内各犯,准其报部核释。钦此。"钦遵在案。此条系属旧例,应行删除。

【1782】〇续纂

一、凡窃盗临时拒捕杀人及弃财逃走,事主追逐,因而拒捕杀人案内,为从帮同下手有伤者,不论他物、金刃,俱拟绞监候。其从犯虽曾拒捕,或亦持仗,而未经殴人成伤及拒捕另伤一人者,仍各照本律例分别办理。

臣等谨按:窃盗临时拒捕杀人案内,为从下手伤人之犯,旧例系发吉林、乌喇等处,照"名例"改遣之例问发。其弃财逃走、拒捕杀人案内,为从下手伤人之犯,向依罪人拒捕杀人为从律拟流。嗣于乾隆四十六年(1781)秋审"广东省贼犯任起祥行窃,弃财逃走,被追拒伤事主张观保身死"案内,为从拟流之慕容亚保一犯,钦奉上谕,令臣部改拟。当经臣部将慕容亚保改拟绞候,并声明窃盗弃财逃走,被追拒杀之从犯,既酌准情罪,改为绞候,则窃盗临时拒捕杀人及白昼抢夺杀人案内之从犯,情罪更重,自应一例办理。请嗣后此三项案内,凡帮同拒捕有伤者,不论他物、金刃,俱改为拟绞监候。其虽曾拒捕,或亦持仗,而未经殴人成伤者,仍照拒杀为从各本例,分别军、流办理等因具奏。奉旨:"依议。"钦遵在案,应纂辑遵行。

【1788】〇修并分辑

修并分辑按语并修并分辑后例文,见【1768】6.18.269.(1)条【1788】修并分辑项下。

【1782】〇续纂

一、办理积匪猾贼之案,如系因窃拟流、拟徒,逃回、释回,仍不悛改,复连窃至三案以上,又初犯、再犯之贼,如纠伙连次叠窃至六案以上,并虽未纠伙,而叠窃在八案以上者,均照积匪猾贼例拟遣。其并未纠伙,窃案数少,而情节有类于积猾者,即照积匪猾贼例量减一等,拟以满徒。其三犯及计赃重者,仍按本例从重论。

臣等谨按:此条系乾隆四十五年(1780)四月内,臣部因各省办理窃犯之案,将行窃五六次及七八次之犯,或照积匪例发遣,或量减拟徒者办理,均不画一。经臣部酌定界限,请为定例具奏,奉旨:"依议。"钦遵在案。应纂辑遵行。

【1790】6.18.269.(13)(略)

【1801】修改分辑

修改分辑按语并修改分辑后例文,见【1790】6.18.269.(26)条【1801】修改分辑项下。

【1782】〇续纂

一、两广、两湖及云贵等省,凡有匪徒明知窃情,并不帮同鸣官,反表里为奸,逼令事主出钱赎赃，俾贼匪获利，以至肆无忌惮，深为民害者，照为贼探听事主消息通线引路者照强盗窝主不行又不分赃杖流律减一等，杖一百、徒三年。如有贪图分肥，但经得赃者，不论多寡，即照强盗窝主律，杖一百、流三千里。

臣等谨按：此条系乾隆四十五年(1780)正月内，臣部议复广东巡抚李世杰奏"贼犯葛精怪纠伙肆窃牛、马、羊只，勒索分赃"案内，经臣部请为定例具奏。奉旨："依议。"钦遵在案，应纂辑遵行。

【1790】6.18.269.(22)(略)

【1802】6.18.269.(16)(略)

【1847】6.18.269.(15)(略)

【1782】○续纂

一、凡旗人犯罪，例应刺字者，即销除旗档，照民人一例按季汇题。

臣等谨按：此条系乾隆四十七年(1782)十二月内，步军统领衙门奏"拿获积匪程老即程章等结伙肆窃"一案，钦奉清字上谕："嗣后旗人如有犯该刺字者，着即销除旗档，照民人一例办理。"钦遵在案，应恭纂为例。再查旧例内，旗人三次犯窃者，销除旗档，照民人办理，按月汇奏。今新例既定以旗人犯该刺字，即销去旗档，以民人例定拟。是旗人一经犯窃，即应刺字，销去旗档。若仍照旗人三次犯窃之例，按月汇奏，未免烦冗。今拟于例内纂为"按季汇题"字样，以便遵行。

【1790】6.18.269.(15)(略)

【1795】○修改

臣等谨按：乾隆五十七年(1792)十月内，绥远城将军兴兆等奏"绥远城同知德兴家人张连升勾引旗人赓依纳等偷窃伊主银两赃逾满贯"一案，钦奉谕旨："满洲行窃为匪，实属不肖无耻已极，玷辱满洲颜面。嗣后如有旗人行窃，除将该犯照例治罪外，其子孙俱着销去旗档，令其为民。著为令。钦此。"当经臣部于议复折内声明赓依纳等六犯，均照例销除旗档。各犯子孙，一体销除旗档，令其为民。并请嗣后旗人行窃，有情同积匪及赃逾满贯者，该犯子孙，俱照此办理等因，奏准在案，应增入此条例后，以便遵行。今将增辑例文，开列于后。

一、凡旗人犯罪例应刺字者，即销除旗档，照民人一例办理。若旗人行窃，有情同积匪，及赃逾满贯者，该犯子孙，一并销除旗档，各令为民。除满贯之案，于题本内声明外，余均按季汇题。

【1802】6.18.269.(22)(略)

【1825】○修改

臣等谨按：道光五年(1825)四月内，管理镶黄旗满洲都统英和等条奏"惩劝旗人"折内，声请嗣后旗人犯窃，即行销除旗档。如罪止笞、杖，姑念初犯，免其刺字，仍复得为良民。若改入民籍之后再犯，及罪至徒、流以上者，再行刺字等因，奏准在案。应于例内修改明晰。谨将修改例文，开列于后。

一、凡旗人初次犯窃,即销除旗档。除犯该徒罪以上者,即照民人一体刺字、发配外,如罪止笞、杖者,照律科罪,免其刺字。后再行窃,依民人以初犯论。其有情同积匪,及赃逾满贯者,该犯子孙,一并销除旗档,各令为民。除满贯之案,于题本内声明外,余俱按季汇题。

【1825】6.18.269.(22)(略)

【1847】6.18.269.(20)(略)

【1788】○续纂

一、凡现任官员,奉差出使、赴任赴省,及接送眷属,乘坐船只、住宿公馆,被窃财物,除赃逾满贯,仍依例定拟外,其余各计赃照寻常窃盗例加一等,分别首从治罪。若寓居里巷民房,及租赁寺观店铺,与齐民杂处,贼匪无从辨识,乘间偷窃者,仍依寻常窃盗例办理。

臣等谨按:此条系乾隆五十三年(1788)七月内,山东巡抚长麟奏"拿获窃盗学政刘权之、布政使奇丰额眷属船只,审讯定拟"一案,钦奉谕旨,令臣部酌定条例具奏。当经臣等以现任官员,本有管辖民人之责,其奉差出使、赴任、赴省及接送眷属,陆路则系住宿公馆,舟行则有官衔旗号,其行李、服物自与齐民不同。若被贼匪穿窬肆窃,仅照平民被窃一例定拟,转启匪徒轻视官长之渐。自应计赃,加寻常窃盗一等,分别首、从治罪。若寓居里巷及租赁寺观、店铺,与齐民杂处,贼匪无从辨认,乘间偷窃者,仍依寻常窃盗例办理等因具奏。奉旨:"依议。"钦遵在案。应纂辑遵行。

【1790】6.18.269.(30)(略)

【1802】6.18.269.(21)(略)

【1847】6.18.269.(19)(略)

【1801】○续纂

一、窃盗恭遇恩诏,得免并计后,三犯拟流,复遇恩赦,累减释放。如再犯窃,仍以三犯科断。

臣等谨按:内外衙门办理窃盗案件,以曾经刺字为坐,并计次数科罪。若遇恩诏,免其并计一次之后,如再犯窃,俱按照初次恩诏后所犯次数,并计科罪等因,纂入例册,遵行在案。惟曾经得免并计之后,复行三犯拟流,又遇恩赦累减释放,如再犯窃者,臣部于此等案件,俱仍以三犯科断。该犯已经遇赦,得免并计,一赦不能再赦,现在三犯流罪,可以援赦减免,而从前得免并计之后,初犯、再犯次数不能一并蠲除。故有犯,仍以三犯论。内外问刑衙门一体遵行,原无歧误。惟是例无明文,殊少依据。谨纂为专条,以便引用。

【1802】6.18.269.(28)(略)

【1825】6.18.269.(25)(略)

【1847】6.18.269.(23)(略)

【1814】○续纂

一、川省及陕、甘二省附近川境之汉中、兴安、商州三府州属，西安、凤翔两府属之孝义、宁陕、盩厔、鄠县、蓝田、宝鸡、陇州各厅州县，暨巩昌府属之洮州、岷州、西和，并秦州、阶州及所属之秦安、清水、徽县、礼县、两当、文县、成县、三岔、白马关各厅州县，如有窃匪携带刀械绺窃之案，除犯该徒罪以上，及初犯赃轻，并无纠伙带刀情事者，仍照本律本例定拟外，其纠伙绺窃赃轻，而讯系再犯，并带有刀械者，枷号三个月，满日责四十板，系带铁杆三年；如未纠伙，或纠伙而讯系初犯，带有刀械者，枷号两个月，满日责四十板，系带铁杆二年；其并未窃物分赃，而随行服役，及带刀到处游荡者，枷号一个月，满日责四十板，系带铁杆一年；释放时，仍照例分别刺字、免刺。该州县每办一案，即报明臬司、督抚，按季汇册报部。限满开释铁杆时，亦报部查核。倘该匪徒于限满开释后，仍复犯案，即加重惩办。

臣等谨按：嘉庆十六年(1811)八月内，据四川总督常明奏“川省纠窃匪徒应请分别严惩”一折，钦奉上谕：“常明奏请将川省纠匪严加惩创。据称，该省从前办理纠窃之案，除绺至五六次者，比照积匪猾贼减等拟徒，仍奏明照该省惩治匪徒例，按依徒限系带铁杆示警。其寻常罪止笞、杖之绺匪，只照例发落。请嗣后徒罪以上，及初犯赃轻，并无纠伙带刀之纠匪，仍照本律问拟。其纠伙、纠窃有赃轻而讯系再犯，并带有刀械者，枷号三个月，满日，折责加系带铁杆三年。如未纠伙或纠伙而讯系初犯，带有刀械者，枷号两个月，满日，折责加系带铁杆二年。其未窃物分赃，而随行服役，及带刀到处游荡者，枷号一个月，满日，折责加系带铁杆一年。释放时，仍照例分别刺字、免刺各等语。川省无藉贫民，动辄身带小刀，四出游荡，乘机肆窃，或聚集一处，恃众行凶，酿成抢夺巨案，自应从严惩治，俾知儆畏。着即照该督所奏，按纠窃次数及有无纠众带刀，分别枷号、系带铁杆年分办理。惟各州县获犯惩办，必当有所查考。着该州县每办一案，即报明臬司、总督，由总督汇册报部，限满开释铁杆时，亦报部查核，庶不致州县官任意常年羁禁。而各匪徒，倘于限满开释后仍复犯案，即加重惩办。部中亦有可以稽考，该部知道，折并发。钦此。”嗣据调任陕西巡抚董教增及调任陕甘总督那彦成先后奏请将陕西汉中、兴安、商州三府州属，及西安、凤翔两府属逼近南山之孝义、宁陕、盩厔、鄠县、蓝田、宝鸡、陇州各厅州县，暨甘肃巩昌府属之洮州、岷州、西和，并秦州、阶州所属之秦安、清水、徽县、礼县、两当、文县、成县、三岔、白马关各厅州县，遇有匪徒携带刀械纠窃之案，俱照川省奏准定例画一办理等因，奏蒙允准，各在案。应纂为例，以便遵行。

【1825】6.18.269.(29)(略)

【1847】6.18.269.(27)(略)

【1870】○修改

一、四川，陕西，及甘省附近川境巩昌府属之洮州、岷州、西和，并秦州、阶州及所属秦安、清水、徽县、礼县、两当、文县、成县、三岔、白马关各厅州县匪徒，携带刀械绺窃之案，如结伙三人以上，绺窃赃轻，及结伙不及三人，而讯系再犯，带有刀械，按窃盗本例应拟徒罪者，枷号三个月，满日责四十板，系带铁杆、石礅三年；应拟杖罪者，枷号两个月,满日责四十板,系带铁杆、石礅二年。其并未窃物分赃,而随行服役,及带刀到处游荡者,枷号一个月,满日责四十板,系带铁杆、石礅一年。释放时,仍照例分别刺字、免刺。如不知悛改,复敢带杆滋扰,或毁杆潜逃,持以逞凶拒捕,除实犯死罪外,其余罪应军、流者,均于本罪上加一等,仍加枷号两个月;罪应拟徒者,以大链锁系巨石五年;罪应拟杖者,锁系巨石三年。限满果能悔罪自新,或有亲族、乡邻甘结保领,地方官查实,随时开释详报。倘释放后复敢带刀逞凶,讹诈绺窃,即锁系巨石,不拘限期。仍令该州县报明院司查核,按季汇册报部。如有妄拿无辜,锁系巨石者,该管上司访察严参。俟数年后此风稍息,仍复旧例办理。

谨案:此条同治九年(1870)将原例"汉中"至"陇州各厅州县"一节删去;于系带铁杆外,加系石礅;并于"分别刺字、免刺"下,增"如不知悛改"至"不拘限期"一百三十七字;复将"限满释回"至"加重惩办"一节,改为"如有妄拿无辜"至例末三十三字。

【1870】6.18.269.(27)(略)

【1821】○续纂

一、山东一省窃贼,除赃数满贯,罪无可加,及行窃仅止一二人,仍照旧例办理外,其窃贼结伙在三人以上,执持绳鞭及刀凿棍棒等器械者,不分首从、赃数、次数,俱发云贵两广极边烟瘴充军;三人以上,徒手行窃者,于军罪上减一等杖一百、徒三年;若结伙至十人以上,虽徒手亦照三人以上执持绳鞭器械之例办理。俟该省盗贼之风稍息,再行奏明,仍归旧例。

臣等谨按:嘉庆二十三年(1818)八月十二日奉上谕:"和舜武奏酌改窃贼窝主条例一折。近日东省纠众伙窃之案甚多,且有窝家为之渊薮。自应严立科条,俾奸民知所畏惧。嗣后山东一省窃贼,除赃数满贯,罪无可加,及行窃仅止一二人,并窝窃未及三名,仍照旧例办理外,其窃贼结伙在三人以上,执持绳鞭器械者,不分首从、赃数、次数,俱改发云贵两广极边烟瘴充军;三人以上,徒手行窃者,于军罪上减一等,杖一百、徒三年。若结伙至十人以上,虽徒手,亦照三人以上执持绳鞭器械之例办理。窝窃三名以上,坐地分赃,及代变赃物者,发近边充军:五名以上者,即发云贵两广极边烟瘴充军。地保及在官人役,有窝贼分赃者,悉照捕役豢窃例办理。俟东省盗贼之风稍息,再由该抚奏明,复归旧例。至近日并有废员在籍窝贼,如王奎聚者,尤出情理之外。着刑部将曾任职官及在籍职官窝藏盗贼者,另行从重定拟条例具奏。钦此。"当经臣部议将职官窝藏盗贼,照窝主本律、本例加等治罪。奏准在案。除将平民窝窃并职官窝藏盗贼之处,载入"盗贼窝主"门内遵行外,应将山东一省窃贼,分别人数、有无执持器械之处,恭纂为例,以便引用。

【1825】6.18.269.(30)(略)

【1830】○删除、续纂

臣等谨按:道光七年(1827)四月内,据前署山东巡抚程含章奏"山东窃贼案件,请复旧例办理,将情重者酌带铁杆、石礅"一折内称,山东省窃盗,计自改例至今,已阅十年。照新例加重拟军、拟徒者不下万余名,而盗风究未稍息。伏思鼠窃狗盗,何地蔑有。在他省止问杖责,在东省则问至极边烟瘴。乃法严而贼不畏,刑重而盗不止,似办理尚未得宜,更当从长计议。请嗣后山东窃案,仍照旧例办理。其有情节较重,实系携带铁枪、流星、刀剑等物,及倚众迭窃,并凶横拒捕伤人,本罪止于杖、枷者,即锁带铁杆、石礅一二年。如能悔罪自新,或有亲族、乡邻保领者,地方官查实,随时释放,仍令该州县报明院司察考等因。经臣部照议核复具奏,奉旨:"依议。钦此。"钦遵在案。所有山东省窃贼结伙行窃,分别问拟军、徒旧例一条,应请删除。其该省窃贼锁带铁杆、石礅之处,应请另立专条,以资引用。请将纂辑例文,开列于后。

【续纂】【1847】6.18.269.(25)条【1830】原续纂例文(略)

【1821】○续纂

一、山东省地方豢窃兵役,或坐地分赃,或得受月规,一经审实,俱于应得各本罪上加一等定拟。俟该省盗风稍息,再奏明复归旧例。

臣等谨按:嘉庆二十五年(1820)正月内,军机大臣会同臣部,议复前任山东巡抚程国仁奏"整饬地方章程"折内声明,该省豢窃兵役,或坐地分赃,或得受月规,一经审实,俱加等定拟。俟该省盗风稍息,再奏明复归旧例等因,奏准在案。应纂辑为例,以便引用。

【1825】6.18.269.(31)(略)

【1830】○修并

修并按语并修并后例文,见【1825】6.18.269.(18)条【1830】修并项下。

【1830】○续纂

一、山东省窃贼,如有携带铁枪、流星、刀剑等物,及倚众叠窃,并凶横拒捕伤人,本罪止于枷、杖者,酌加锁带铁杆、石礅一二年。如能悔罪自新,或有亲族乡邻保领者,地方官查实,随时释放,仍令该州县报明院、司察考。

续纂按语,见【1825】6.18.269.(30)条【1830】删除、续纂项下。

【1847】6.18.269.(25)(略)

【1852】○修改

臣等谨按:道光二十五年(1845)二月内,臣部议复安徽巡抚王植条奏"惩创土匪等情"一折内称,凡刀械土匪,罪止枷杖,而凶恶难化者,加系铁杆收管,定立年限察看。果能改悔,释令自新。如有窃盗情节较重者,亦照此条办理,经臣部照议核复等因具奏。奉旨:"依议。钦此。"钦遵在案。除土匪带刀讹诈,分别系带铁杆,另行纂辑定例外,至该省奏请将窃盗情节较重,加系铁杆之处,系照该省刀械匪徒锁系铁杆之例办理。而情节较重,罪止枷、杖之窃盗,限年加系铁杆。则与山东省窃盗加系杂杆、石礅之例情无二致,应于东省专例内添纂安徽照办一层,以资引用。再查此例,系为严惩窃匪起见。倘数年此风稍息,应奏明仍照旧例办理。谨将修改例文,开列于后。

一、山东省窃贼,如有携带铁枪、流星、刀剑等物,及倚众叠窃,并凶横拒捕伤人,本罪止于枷、杖者,酌加锁带铁杆、石墩一二年。如能悔罪自新,或有亲族、乡邻保领者,地方官查实,随时释放,仍令该州县报明院司察考。至安徽省罪止枷、杖情节较重之窃盗,亦照此例加系铁杆。倘数年后此风稍息,奏明仍照旧例办理。

【1870】6.18.269.(25)(略)

【1830】○续纂

一、直隶省寻常窃盗,除计赃、计次罪应遣、军、流、徒,并初犯行窃不及四次,再犯不及三次,罪止杖、枷,讯无结伙携带凶器刀械者,仍各依本律例问拟外,如初犯、再犯,纠伙四名以下,并带器械者,各于所犯本罪上加枷号一个月;如初犯行窃四次以上,再犯三次以上,结伙已有四名,并持有凶器刀械,计赃罪止杖、枷者,于责、刺后加系带铁杆一枝,以四十斤为度,定限一年释放。如初犯系带铁杆,限满释放后,再行犯窃,计赃罪止杖、枷者,仍系带铁杆一年释放。若抢窃犯案拟徒,于到配折责后,锁带铁杆,徒限届满,开释递籍。如在配脱逃被获,讯无行凶为匪,仍发原配,从新拘役,锁带铁杆。其因抢窃拟徒,限满释回后,复行犯窃,罪止杖、枷者,无论次数、有无结伙携械,于责、刺后系带铁杆二年释放。倘不悛改,滋生事端,再系一年释放。此后盗风稍息,该督察看情形,奏明仍照旧例办理。

臣等谨按:道光六年(1826)五月初四日奉上谕:"那彦成奏'请严窃盗治罪之例'一折。直隶界连豫、东,幅员辽阔,匪徒出没。近来各属报窃之案日多,甚至抢劫横行。且有犯窃拟徒,限满释回,旋后为盗,被获半多旧匪。该督请援照四川结匪、江苏徐淮匪徒之例分别惩治,以挽盗风。着照所请,嗣后直隶除寻常窃盗,计赃、计次罪应军、遣、流、徒,仍各依本例问拟外,其行窃初犯不及四次,再犯不及三次,罪止枷、杖,讯无结伙携带凶器刀械,仍着照例定拟。如有纠伙四名以下,并带器械者,均于所犯本罪之上,着加枷号一个月。至行窃初犯四次以上,再犯三次以上,结伙已有四名,并持凶器刀械,计赃科罪亦止杖、枷者,于刺责后着加系带铁杆一枝,以四十斤为度,定限一年释放。若因窃拟徒,限满释回,复犯罪止杖、枷,无论次数并有无结伙、持械,于责刺后着加系带铁杆一枝,定限二年释放。倘仍不悛改,滋生事端,再系一年。如限满释放后仍复犯案,即着加重严办。此系因时制宜,量加惩创,俾宵小咸知儆畏。如此后盗风稍息,该督察看情形,奏请仍照旧例办理。该部知道。钦此。"又据直隶总督那彦成以原奏内释放后仍复犯窃,并未议及。必须另立科条,从严惩办,庶各犯皆知畏法,不敢轻蹈故辙。此外,尚有因抢窃犯案拟徒在配一项,亦应酌定惩治章程,以免在配复窃。酌拟嗣后拿获贼匪到案,罪止杖、枷,查系再犯到官者,仍照原奏初犯行窃罪名,分别系带铁杆外,其临时行强案内,讯止在外接赃,不知行强情由,仍依窃盗计赃科罪之徒犯及抢窃各案问拟徒罪。并因抢窃拟徒,在配脱逃被获,讯无行窃为匪,仍发原配从新拘役。各犯无论徒罪年限多寡,到配折责后锁带铁杆一枝,俟徒限届满,始准开放递籍,等因咨部。经臣部照议咨复在案,应请纂辑为例,以资引用。臣等伏查临时行强案内,讯止在外接赃,不知行强情由,仍依窃盗计赃科罪之徒犯,即属"因窃拟徒"。原咨内已有"抢窃各案,问拟徒罪"等句,已足赅括,毋庸赘叙。合并声明。

【1847】6.18.269.(31)(略)

【1845】○移改

【原例】* 刑律·贼盗·恐吓取财

【1830】(续纂)【1840】(修改)一、湖南、湖北两省抢窃及兴贩私盐各犯,除罪应军、流以上者,仍按本律例定拟外,如罪应拟徒之犯,应刺字者,先行刺字,毋庸解配,在籍系带铁杆五年。窃盗赃至十两以上,罪应拟杖者,系带铁杆三年,限满开释,分别杖责。如释放后复行犯案,递加系带铁杆二年。三犯,按例从重问拟。该州、县每办一案,仍报明督抚、臬司,按季汇册咨部。限满开释时,亦报部查核。若该州、县任听书役舞弊朦混,妄及无辜,从严参办。俟数年后此风稍息,仍照旧例办理。

臣等谨按:道光二十四年(1844)十月内,据闽浙总督刘韵珂奏"抢窃应拟徒、杖人犯,变通成例,酌量锁系石礅,以昭惩创"一折内称,闽省地处海滨,民情犷悍,抢劫之案,层见叠出。推原其故,盖由杖罪人犯一经责释,即无系累之苦。徒犯到配,又可以乘间脱逃。故若辈不知悛改,以掠夺为故常,肆行无忌。窃以此等匪徒,性成顽梗,必有以苦累其身,庶可以稍驯其气。近年,山东、直隶、湖广等省,各将抢窃应拟杖、徒人犯,奏准锁系石礅、铁杆,纂例遵行。闽省盗风,与山东等省略同,自应循照办理。嗣后闽省抢窃匪徒,除罪应军、流以上者,仍按本律本例定拟外,其罪应拟徒之犯,先行刺字,毋庸解配,在籍锁系石礅五年。罪应拟杖者,锁系石礅三年,限满开释,分别杖责。如释放后复行犯案,递加锁系石礅二年。三犯,按例从重问拟。该州县每办一案,仍报明督抚、臬司,按季汇册咨部。限满开释时,亦报部查核。俟数年后盗风稍息,仍照旧例办理等因。经臣部照拟核复具奏,奉旨:"依议。钦此。"钦遵在案。臣等伏思,此等抢窃各犯,分别锁系石礅、铁杆,应载入"窃盗"门内,以便查考。从前湖南、湖北两省抢窃系带铁杆之例,因内有讹诈一项,是以载入"恐吓取财"门内。兹讹诈一项,已于道光十九年(1839),据前任湖广总督周天爵条奏删去,复将兴贩私盐一项纂入例册。其闽省请定抢窃匪犯锁系石礅之例,亦系仿照湖南、湖北定例办理,自应一并移入"窃盗"门内。添纂明晰,以资引用。谨将移改例文,开列于后。

一、湖南、湖北两省抢窃及兴贩私盐各犯,并闽省抢窃匪徒,除罪应军、流以上者,仍按本律、本例定拟外,如罪应拟徒之犯,应刺字者,先行刺字,毋庸解配,在籍锁带缴杆、石礅五年。罪应拟杖者,锁带铁杆、石礅三年,限满开释,分别杖贵。释放后复行犯案,遞加锁带铁杆、石礅二年。三犯,按例从重问拟。该州、县每办一案,仍报明督抚、臬司,按季汇册咨部。限满开释时,亦报部查核。若该州、县任听书役舞弊朦混,妄及无辜,从严参办。俟数年后此风稍息,仍照旧例办理。

【1847】6.18.269.(8)(略)

【1852】○修改

一、湖南、湖北两省抢窃及兴贩私盐各犯,并福建、广东二省抢窃匪徒,除罪应军、流以上者,仍按本律本例定拟外,如罪应拟徒之犯,应刺字者先行刺字,毋庸解配,在籍锁带铁杆、石礅五年,湖南、湖北、闽省各犯,罪应拟杖者,亦锁带铁杆、石墩三年;广东省拟杖以下人犯,毋庸锁带。限满开释,分别杖责。如湖南、湖北、闽省各犯,释放后复行犯案,并广东省抢窃匪徒,释后复犯,罪止拟徒者,即于锁带铁杆、石礅年限上递加二年。若犯案三次者,即按例从重问拟。至云南省纠窃不及四次,罪止枷、杖之犯,亦于本地方系带铁杆一年,限满开释,分别枷责,交保管束。如不知悛改,再系一年。倘始终怙恶不悛,即照棍徒扰害例分别严办。该州县每办一案,即录叙全案供招,报明督抚、臬司,按季汇册咨部。如同案人犯,有问军、流以上者,仍专案分别题咨。均于限满开释时,报部查核。若该州县任听书役舞弊朦混,妄及无辜,从严参究。俟数年后此风稍息,仍照旧例办理。

谨案:道光二十七年(1847),增入广东省。咸丰元年(1851),增入云南省。

【1870】6.18.269.(8)(略)

【1852】○续纂

一、寻常窃盗,除并无伙众持械,及虽伙众持械,而赃至满贯,罪无可加,或犯该军、流、发遣者,均仍照律例办理外,其有纠伙十人以上,但有一人执持器械者,不计赃数、次数,为首之犯实发云贵两广极边烟瘴充军,为从杖一百、徒三年。若纠伙十人以上,并未持械,及纠伙三人以上,但有一人持械者,不计赃数、次数,为首之犯杖一百、徒三年,为从杖九十、徒二年半。如行窃未得财,各于军、徒罪上递减一等问拟。俟数年后此风稍息,奏明仍复旧例。

谨案:此条咸丰元年(1851)定。

【1870】6.18.269.(32)(略)

盗马牛畜产

律　文

【1646】6.18.293

凡盗民间马、牛、驴、骡、猪、羊、鸡、犬、鹅、鸭者,并计所值之赃,以窃盗论。若盗官畜产者,以常人盗官物论。○若盗马、牛兼官、私言。而杀者,不计赃,即杖一百、徒三年;驴、骡,杖七十、徒一年半。若计赃并从已杀计赃。重于徒三年、徒一年半本罪者,各加盗窃盗、常人盗。罪一等。

【1670】6.18.292(略)

【1725】6.18.280

律文(略)

注:此分别官、私畜产。而定盗与杀之罪也。凡盗马、牛、驴、骡、猪、羊、鸡、犬、鹅、鸭者,并计赃,分别官、私定罪。盗马、牛而杀者,不计赃,即杖一百、徒三年;驴、骡杖七十、徒一年半。赃重者,各加盗罪一等。盗杀独言马、牛、驴、骡者,以非猪、羊等畜应杀之

物也。

臣等谨按：此分官、私畜产，而定盗与杀之罪也。首节言盗民间畜产及官畜产之罪。末节言盗官、民畜产而杀者之罪。独言马、牛、驴、骡者，以四者比猪、羊等畜为重，不应杀而杀之，其情更甚于盗。若计原值之价，赃重于本罪者，各加窃盗、常人盗罪一等，并刺字。再如不知为官畜产而盗者，应仍以窃盗论。

【1740】6.18.270（略）

附律条例

【1646】6.18.293.（1）

一、凡盗御马者，问罪，枷号三月，发边卫充军。若将自己及他人骑操官马盗卖者，枷号一个月发落；盗至三匹以上，及再犯不拘匹数，俱免枷号，属军卫者发边卫，属有司者发附近卫所，各充军；五匹以上，属军卫者发极边卫，属有司者发边卫，各永远充军。若养马人户盗卖官马至三匹以上，亦问发附近充军。

【1670】6.18.292.（1）（略）

【1725】○修改

原拟：今军、民一体问发充军，相应删改，开载于后。

【原改条例】一、凡盗御马者，问罪，枷号三个月，发边卫充军。若将自己及他人骑操官马盗卖者，枷号一个月发落。盗至三匹以上及再犯者，不拘匹数，俱免枷号，发附近卫所各充军；五匹以上者，发边卫永远充军。若养马人户盗卖官马，至三匹以上，亦问发附近充军。

【1725】6.18.280.（1）【原例】（略）

【1740】6.18.270.（1）（略）

【1814】修改分辑

臣等谨按：此条系前明旧例。查嘉庆十八年（1813）六月内，臣部"遵旨酌议偷窃御厩马匹分别治罪条例"一折，奉旨："刑部酌定偷御盗厩马匹罪名，请将盗窃郭什哈马者增入盗内府财物条例内，与乘舆服物一并，照例不分首从，拟斩立决。盗窃多罗马、驽马者，俱枷号三个月，发近边充军。所议仍有未详。郭什哈马预备上乘，究系马匹，与乘舆服物不同。即多罗马，亦与驽马有别。嗣后遇有盗窃郭什哈马者，为首之犯，拟绞立决；从犯，拟绞监候。并注明不论已宰未宰，照此办理。盗窃多罗马者，枷号六个月，发边远充军。窃盗驽马者，枷号三个月，发近边充军。该部即载入则例，永远遵行。钦此。"是盗御厩马匹，既分别郭什哈马、多罗马、驽马，以定罪名等差，自应另纂专条。至牧马官兵盗卖，应与窃盗罪同。请一并添纂入例，以便遵守。其盗御马之原例，应行节删。并请将盗卖骑操官马之例另立一条，以免牵混。谨将续纂、修改例文二条，开列于后。

【续纂】【1825】6.18.270.（1）（略）

【修改】【1825】6.18.270.（2）（略）

【1825】6.18.270.（1）

一、凡盗御用郭什哈马者，首犯拟绞立决，从犯拟绞监候。不论已宰、未宰，均照此例办理。盗多罗马者，枷号六个月，发边远充军。盗驽马者，枷号三个月，发近边充军。牧马官兵盗卖者罪同。

【1825】6.18.270.（2）

一、将自己及他人骑操官马盗卖者，枷号一个月发落。盗至三匹以上，及再犯者，不拘匹数，俱免枷号，发附近地方，各充军；五匹以上者，发边远充军。若养马人户盗卖官马至三匹以上者，亦问发附近充军。

【1646】6.18.293.（2）

一、凡冒领太仆寺官马至三匹者，问罪，于本寺门首枷号一个月，发近边充军。若家长令家人冒领三匹，不分首从，俱问常人盗官物罪，家长引例，家人不引。

【1670】6.18.292.（2）（略）

【1725】6.18.280.（2）【原例】（略）

【1740】6.18.270.（2）（略）

【1825】6.18.270.（9）（略）

【1725】○增入

原拟：现行例一条，类于此律，应增入。

【原增现行例】一、凡偷盗一二匹马者，仍照窃盗刺字治罪。偷盗三匹以上者，系民，杖一百，流三千里；系旗人，枷号两个月，鞭一百。偷盗十匹以上者，不分首从，俱监候，秋后绞。窃主亦应照偷马治罪。其有牧马之人自行盗卖者，亦应照偷马贼治罪。再屯庄居住旗人卖马者，俱令在京上税，准卖民间。既准养马，屯庄居住民人之马，旗人买者，或驿站者，或兵民互相买卖者，令报各本处地方官，确查存案，准其买卖。如不上税，不存案，私自买卖者，将买卖之人，系旗人，鞭一百；民人，责四十板，马匹、价银俱入官。再八旗官兵屯庄牧养之马被偷，令事主即时报明该地方营弁，该地方营弁即带领所属兵丁，追缉到伊所属交界地方，交与连界地方营弁接续追缉。缉获贼者，将缉获之营弁，每案纪录一次；将偷马之贼，每匹追银一两，赏给兵丁。若呈报本汛营弁，营弁不即行派其缉获者，连界地方官亦不行接续追缉者，每案将官员降一级，罚俸一年，兵丁俱责二十板。再查各省买去之马，俱从兵部取票带往，地方官员亦止验票放行。若有积年匪类，将所偷之马附入票内带去者，地方官难以稽查。凡各省将军、督抚、提镇等请买马匹，行文到部，暂停给票，听其往各口及京城照数购买。报部之日，将马前膀印烙部印，票内注明马数并所往该省路径给发，令经过地方州县官员、专汛营弁将票内马数、兵部印烙查验放行。若将无兵部印烙马匹带去,或比票内数目多带者,俱拿获连人解部,审系偷盗马匹,照偷盗治罪;非系偷盗马匹,照私买私卖例治罪,将马入官。如经过地方官员不行查拿,被别处查出者,将经过地方州、县官、专汛营弁,各罚俸一年。

原拟:此条内上税存案、给票印烙及追缉贼盗、议叙议处之处,俱载在该部则例,无容入律。应行删改,开载于后。

【原改现行例】一、凡偷盗马二匹以下,仍以窃盗论;三匹以上,杖一百,流三千里;十匹以上,不分首从,皆绞监候。窝主及牧马人役自行盗卖者,罪亦如之。

【1725】6.18.280.(3)【增例】(略)

【1740】○修改

臣等谨按:此例专为偷盗官马而设,如偷盗民间马匹,自应仍照本律治罪。应增“官”字于“偷盗”二字之下,以杜混引之弊。谨将增辑例文,开列于后。

一、凡偷盗官马二匹以下,仍以窃盗论。三匹以上,杖一百、流三千里;十匹以上,不分首从,皆绞监候。窝主及牧马人役自行盗卖者,罪亦如之。

【1740】6.18.270.(3)(略)

【1788】○修改

臣等谨按:本门律载,盗民间马、牛等畜者,计赃以窃盗论。若盗官畜产,以常人盗官物论等语。此条原例内“偷盗官马二匹以下,仍以窃盗论”,殊与律义不符。自应修改详明,以昭明切。今将修改例文,开列于后。

一、偷盗官马二匹以下,仍以常人盗官物计赃论。三匹以上,杖一百、流三千里;十匹以上,不分首从,皆绞监候。窝主及牧马人役自行盗卖者,罪亦如之。

【1790】6.18.270.(3)(略)

【1852】○修改

一、偷盗官马二匹以下,仍以常人盗官物计赃论。三匹以上,杖一百、流三千里;十匹以上,为首者拟绞监候,为从者发云贵两广烟瘴地方充军;二十匹以上者,不分首从,拟绞监候。窝主及牧马人役自行盗卖者,罪亦如之。

谨案:此条咸丰二年(1852)将原例“十匹以上,不分首从”改为“分别首从,拟以绞候、充军”,至二十匹以上,仍不分首从拟绞监候。

【1870】6.18.270.(3)(略)

【1740】○移改

【原例】* 兵律·厩牧·宰杀马牛

【1725】5.16.243.(3)一、盗牛一只,枷号一个月,杖八十;二只,枷号三十五日,杖九十;三只,枷号四十日,杖一百;四只,枷号四十日,杖六十、徒一年;五只,枷号四十日,杖八十、徒二年;五只以上者,枷号四十日,杖一百、徒三年。再犯者,杖一百、流三千里;累

犯者,发边卫充军。仍俱照窃盗律刺字。十只以上,绞监候。窝家知情分赃者同罪,不分赃者杖一百。若窝窃牛之犯至三人、牛至五只者,杖一百、徒三年;若人至五人、牛至十只者,发边卫充军。其宰杀耕牛,私开圈店,及贩卖与宰杀之人,初犯,俱枷号两个月,杖一百;再犯,发附近;累犯,发边卫,俱充军。盗杀及盗卖者,初犯,枷号一个月,发附近;再犯,枷号一个月,发边卫;累犯,枷号一月,发烟瘴地方,各充军。杀自己牛者,计只照盗牛例治罪。故杀他人牛者,仍照律杖七十、徒一年半。若计只重于本罪者,亦照盗牛例治罪。俱免刺,罪止杖一百、流三千里。其残老病死者勿论。

臣等谨按:此条原载"兵律·宰杀马牛"例内,因系盗牛,故移入于此。查牛只关系耕作,定例森严,所以重本计也。但十只以上即拟绞,似觉过重。至窝家,既分别得赃、不得赃治罪,复计窃牛之人及牛只多寡,定拟未免烦琐,应删改。再盗牛十只以上既拟流,盗杀、盗卖即发附近,则所谓再犯、累犯者,乃发配所重犯。查配所重犯,自有"徒流人又犯罪"条款,不必再为定拟,亦应删改。谨将删改例文,开列于后。

一、凡盗牛一只,枷号一个月,杖八十;二只,枷号三十五日,杖九十;三只,枷号四十日,杖一百;四只,枷号四十日,杖六十、徒一年;五只,枷号四十日,杖八十、徒二年;五只以上,枷号四十日,杖一百、徒三年;十只以上,杖一百、流三千里。盗杀及盗卖者,枷号一个月,发附近充军。俱照窃盗例刺字。其窝家知情分赃者,与盗同罪;知情不分赃者,杖一百。

【1740】6.18.270.(4)(略)

【1751】○修改

臣等谨按:律载盗牛而杀者,杖一百、徒三年。嗣于雍正五年(1727)臣部奏准,将盗杀者加至军罪,盖特恶其盗而又杀,与寻常宰杀耕牛及盗牛者不同,是以加重。至于盗卖一项,亦窃盗卖赃之常,岂有偷人牛只既不宰杀,仍然为之豢养在家,不惧事主认获之理。则窃牛计只问拟,已足蔽辜,似无庸又定盗卖之例。况窃盗得赃,不因卖赃而加窃盗之罪。例内"盗卖"二字,更为未协,应将盗卖一项删除。谨将删节例文,开列于后。

一、凡盗牛一只,枷号一个月,杖八十;二只,枷号三十五日,杖九十;三只,枷号四十日,杖一百;四只,枷号四十日,杖六十、徒一年;五只,枷号四十日,杖八十、徒二年;五只以上,枷号四十日,杖一百、徒三年;十只以上,杖一百、流三千里。盗杀者,枷号一个月,发附近充军。俱照窃盗例刺字。其窝家知情分赃者,与盗同罪;知情不分赃者,杖一百。

【1768】6.18.270.(4)(略)

【1772】○修改

臣等谨按:乾隆三十六年(1771)五月内,臣部议复广东按察使、觉罗阿扬阿条奏,将盗牛二十只以上之犯,不论赃数多寡,拟绞;二十只以下,计赃在一百二十两以上者,不拘只数,计赃从重论。所有此条原例应修改。谨将修辑例文,开列于后。

一、凡盗牛一只,枷号一个月、杖八十;二只,枷号三十五日、杖九十;三只,枷号四十日、杖一百;四只,枷号四十日、杖六十、徒一年;五只,枷号四十日、杖八十、徒二年；五只以上者，枷号四十日、杖一百、徒三年；十只以上，杖一百、流三千里；二十只以上，不计赃数多寡，拟绞监候。其虽在二十只以下，除计赃轻者分别枷、杖、徒、流外，如计赃至一百二十两以上者，仍照律拟绞监候。盗杀者，枷号一个月，发附近充军。俱照窃盗例刺字。其窝家知情分赃者，与盗同罪；知情不分赃者，杖一百。

【1790】6.18.270.（12）（略）

【1802】6.18.270.（10）（略）

【1825】6.18.270.（11）（略）

【1740】○增入

一、驻扎外边官兵及跟役等，有偷盗蒙古马匹者，审实即在本处正法。其蒙古偷盗官兵马匹，或官兵等自相偷盗马匹，仍照旧例行。

谨案：此条系雍正十三年（1735）遵旨定例。

【1740】6.18.270.（5）（略）

【1790】6.18.270.（4）（略）

【1740】6.18.270.（6）

一、偷窃马匹案件，除外藩蒙古仍照理藩院蒙古律拟罪外，其察哈尔蒙古有犯偷窃马匹之案，审明如系盗民间马牛者，依律计赃以窃盗论；如系盗御马，及盗太仆寺等处官马者，亦仍照律例治罪。

谨案：此条系乾隆五年（1740）刑部议准定例。

【1790】6.18.270.（5）（略）

【1751】○续纂

一、凡民人在蒙古地方偷窃四项牲畜者，俱照蒙古例，为首拟绞监候，抄没家产，遇秋审一体折枷；为从鞭一百，罚三九牲畜；俱免其刺字。

臣等谨按：此条系乾隆十四年（1749）六月内，理藩院条奏定例，应纂辑以便遵行。

【1768】6.18.270.（7）（略）

【1778】○修改

修改按语，见【1768】6.18.270.（10）条【1778】修改分辑项下。

一、凡民人在蒙古地方偷窃四项牲畜者，俱照蒙古例，不分首从，十匹以上，拟绞监候，抄没家产，遇秋审减等，一体折枷；九匹以下者，亦一体分别充军；俱免其刺字。

【1788】○删改分纂

删改分纂按语并分纂例文，见【1768】6.18.270.（10）条【1788】删改分纂项下。

【1751】○续纂

一、凡呼伦贝尔旗分另户,在札萨克蒙古游牧居住者,偷窃四项牲畜,俱照蒙古例分别首从定拟。

臣等谨按:此条系乾隆十四年(1749)三月内,理藩院议复调任黑龙江将军傅森咨称"巴尔虎等窃马"一案附请定例,应纂辑以便遵行。

【1768】6.18.270.(8)

【1778】○修改

修改按语,见【1768】6.18.270.(10)条【1778】修改分辑项下。

一、凡呼伦贝尔旗分另户,在札萨克蒙古游牧居住者,偷窃四项牲畜,俱照蒙古例,不分首从定拟。

【1788】○删改分纂

删改分纂按语并分纂例文,见【1768】6.18.270.(10)条【1788】删改分纂项下。

【1751】○续纂

一、凡打牲索伦在蒙古地方偷窃四项牲畜者,照蒙古例,分别首从定拟。

臣等谨按:此条系乾隆十四年(1749)五月内,大学士公傅恒议复原任船厂将军永兴奏称"满丁阿窃牛"一案附请定拟,应纂辑以便遵行。

【1768】6.18.270.(9)(略)

【1778】○修改

修改按语,见【1768】6.18.270.(10)条【1778】修改分辑项下。

一、凡打牲索伦在蒙古地方偷窃四项牲畜者,照蒙古例,不分首从定拟。

【1788】○删改分纂

删改分纂按语并分纂例文,见【1768】6.18.270.(10)条【1788】删改分纂项下。

【1761】○续纂

一、蒙古人等,除抢夺四项牲畜杀人及伤人者,仍照旧例办理外,如偷窃四项牲畜,满十匹以上者,首犯拟绞监候,秋审时入于情实;六匹至九匹者,发云贵两广烟瘴地方;三匹至五匹者,发湖广、福建、江西、浙江、江南等处,一二匹者,发山东、河南等处,俱交驿地当苦差。其民人在蒙古地方偷窃九匹以下者,俱照此例分别充军。为从人犯,仍照定例遵行。至圣驾行围巡幸地方,如有偷窃马匹者,不分蒙古、民人,五匹以上,拟绞立决;三匹至四匹者,即发云贵两广烟瘴地方,一二匹者,发湖广、福建、江西、浙江、江南等处充军,俱交驿地当苦差。为从及知情故买者,系民人,减本犯一等,系蒙古,仍照蒙古例办理。

臣等谨按:此条系乾隆二十四年(1759)十月内,臣部钦奉上谕议奏定例,应纂辑以便遵行。

【1767】○修改

臣等谨按：此条原例“拟绞监候”下有“秋审时入于情实”一语，臣部于乾隆三十二年（1767）十月内奏准删去。应遵照更正，合并声明。

一、蒙古人等，除抢夺四项牲畜杀人及伤人者，仍照旧例办理外，如偷窃四项牲畜，满十匹以上者，首犯拟绞监候；六匹至九匹者，发云贵两广烟瘴地方；三匹至五匹者，发湖广、福建、江西、浙江、江南等处，一二匹者，发山东、河南等处，俱交驿地当苦差。其民人在蒙古地方偷窃九匹以下者，俱照此例分别充军。为从人犯，仍照定例遵行。至行围巡幸地方，如有偷窃马匹者，不分蒙古、民人，五匹以上，拟绞立决；三匹至四匹者，即发云贵两广烟瘴地方，一二匹者，发湖广、福建、江西、浙江、江南等处充军，俱交驿地当苦差。为从及知情故买者，系民人，减本犯一等，系蒙古，仍照蒙古例办理。

【1768】6.18.270.（10）（略）

【1778】○修改分辑

【原例】【1768】6.18.270.（10）（略）、【1768】6.18.270.（7）（略）、【1768】6.18.270.（9）（略）、【1768】6.18.270.（8）（略）

臣等谨按：以上四条原例，蒙古人等偷窃四项牲畜，及民人并打牲索伦、呼伦贝尔旗分另户，在蒙古地方偷窃四项牲畜，均分别首、从定拟。嗣于乾隆四十二年（1777）六月内，乌里雅苏台将军巴图等审奏“民人何成礼嘱令蒙古果木布多尔济盗马，果木布多尔济遣达什盗得马十三匹，将达什照为首例拟绞，果木布多尔济、何成礼照为从例鞭一百、罚三九牲畜”一案。钦奉谕旨：“塞外蒙古人等，专赖牲畜为生，与内地不同，理应从严。着交该部，将何成礼、果木布多尔济、达什，不分首从，按律定拟具奏外，嗣后蒙古地方遇有窃盗马匹、牲畜之事，俱照此办理。钦此。”经理藩院会同臣部核拟，将此案贼犯何成礼、果木布多尔济、达什不分首从，俱拟绞监候在案。所有四条原例内，蒙古、民人等，在蒙古地方，偷窃四项牲畜，俱载有“首、从”字样，应删改。并将蒙古偷窃牲畜例内所载，民人在蒙古地方偷窃牲畜治罪例文，应并入民人偷窃牲畜条内，以归画一。再首条例内并载有“蒙古及民人在行围巡幸地方偷窃马匹，分别首从，从重治罪”之文，核与蒙古地方偷窃牲畜之例各不相同，自应分为二条，以便引用。谨将分、改例文，开列于后。

一、蒙古人等，除抢夺四项牲畜杀人及伤人者，仍照旧例办理外，如偷窃四项牲畜，均不分首从，满十匹以上者，拟绞监候；六匹至九匹者，发云贵两广烟瘴地方，三匹至五匹者，发湖广、福建、江西、浙江、江南等处，一二匹者，发山东、河南等处，俱交驿地当苦差。

【1790】6.18.270.（7）（略）

【1788】○删改分纂

【原例】【1768】6.18.270.（10）条【1778】修改例文（略）、【1768】6.18.270.（7）条【1778】修改例文（略）、【1768】6.18.270.（9）条【1778】修改例文（略）、【1768】6.18.270.（8）条【1778】修改例文（略）

臣等谨按：以上四条，俱系偷窃蒙古四项牲畜之旧例。详查"名例"内载，抢夺窃盗之赃，如果力不能完，分别题咨豁免。又乾隆四十七年（1782）十二月内，钦奉谕旨："嗣后旗人犯该刺字者，即着销除旗档，照民人一例办理。钦此。"又四十九年（1784）三月内，理藩院奏准定例，偷窃四项牲畜罪应充军贼犯，遇赦不准减免，径行发遣等因。是原例内抄没家产、拟绞秋审减等一体折枷，及充军各犯俱免刺字之处，俱已不用。又乾隆五十年（1785）九月内，陕甘总督福康安奏，青海、鄂尔多斯、阿拉善等处偷窃四项牲畜，以蒙古、内地界址为断。在内地犯窃，照民人例，计赃分别首、从治罪。民人在蒙古、番子地界内犯窃，并番子、蒙古互相偷窃，均照蒙古例科断。又是年十二月内，臣部奏准条例，蒙古地方偷窃四项牲畜，自一二匹至三十匹以上，核计赃数多寡，分别首从定拟。声明民人有犯，亦照此办理。至羊只一项，系属小畜，应以羊四只作牛、马、驼一只定拟。又五十一年（1786）四月内，科布多办事大臣海宁奏"鄂衣达等偷窃蒙古马七匹，审照新例分别首从发遣"一案。臣部遵旨会同军机大臣、理藩院具奏，偷窃新降之土尔扈特、都尔博特、额鲁特、霍顾特、辉特、乌梁海六项蒙古人等四项牲畜，仍照旧例，不分首从定拟。俟二十余年后，再照新定分别多寡之例办理。又是年六月内，臣部奏复察哈尔都统咨请部示案内声明，该处游牧居住之土尔扈特、霍顾特、绰罗斯台吉三丹克等，虽非内地旧蒙古可比，但既在察哈尔游牧居住，即与现在新疆居住者迥异。如遇犯窃，应仍照内扎萨克蒙古之例办理等因，均经奏准，遵行在案。所有以上原例四条，计匹不分首从定拟，均系旧例，自应删改，另行纂辑，以昭明备。拟将偷窃蒙古四项牲畜，以蒙古、内地界址为断，分别办理章程，列为一条；偷窃新降之土尔扈特人等四项牲畜，仍照旧例，十匹以上，不分首从，列为一条；在内扎萨克地方偷窃牲畜，核计赃数多寡，分别首从定拟，列为一条。庶缕晰条分，援引较便。谨将删改分纂例文，开列于后。

【1790】6.18.270.（9）（略）

【1790】6.18.270.（10）（略）

【1790】6.18.270.（11）（略）

【1790】6.18.270.（9）

一、民人、蒙古、番子偷窃四项牲畜，以蒙古、内地界址为断。如在内地犯窃，即照刑律计赃分别首、从办理。若民人及打牲索伦、呼伦贝尔旗分另户，在蒙古地方，并青海、鄂尔多斯、阿拉善毗连之番地，以及青海等处蒙古、番子，互相偷窃者，俱照蒙古例分别定拟。仍各按窃盗本例刺字。

【1825】6.18.270.（10）（略）

【1790】6.18.270.（10）

一、新降之土尔扈特、杜尔伯特、额鲁特、和硕特、辉特、乌梁海六项蒙古人等，除在札萨克察哈尔等处游牧居住者，仍照内地蒙古核计匹数多寡，分别首从定拟外，如偷窃新疆地方居住之前项土尔扈特人等四项牲畜，均不分首从，数满十匹以上者，拟绞监候，秋审入于情实；六匹至九匹者，发云贵两广烟瘴地方，三匹至五匹者，发湖广、福建、江西、浙江、江南等处，一二匹者，发山东、河南等处，俱交驿地充当苦差。羊只系属小畜，以羊四只作牛马驼一只计算科罪。

【1801】○修改

臣等谨按：此条系乾隆五十一年(1786)定例。嗣于嘉庆四年(1799)，绵佐、宜绵审奏"乌梁海贼犯推栋济克、果栋拜偷窃都尔博特马十二匹，依例不分首、从，俱拟绞监候，秋审入于情实"案内，钦奉上谕："据绵佐等奏，偷窃都尔博特马匹之乌梁海推栋济克、果栋拜，俱拟绞监候，秋后处决等语。乌梁海推栋济克，胆敢起意纠合果栋拜人卡伦，偷窃都尔博特马十二匹，实属不法可恶。绵佐等惟拟监候，秋审时入于情实，固属照例办理。然于边陲，究不足以示警。推栋济克系起意为首之犯，着即行处绞，以示警戒。其从贼果栋拜，着拟绞监候，秋审时入于情实。嗣后边陲如有此等偷窃情事，将似此行窃贼犯即拟绞决，从贼拟以监候，秋审时入于情实。著为例遵行，该部知道。钦此。"钦遵在案。此条不分首从，拟绞监候，旧例应行修改。又，查《蒙古律例》，此条系土尔扈特等六项蒙古偷窃牲畜治罪之例，而例文内称，偷窃新疆居住之前项土尔扈特人等四项牲畜，语意倒置，应行分别申叙，合并声明。谨将修改例文，开列于后。

一、新降之土尔扈特、杜尔伯特、额鲁特、和硕特、辉特、乌梁海六项蒙古人等，除在札萨克、察哈尔等处游牧居住者，仍照内地蒙古核计匹数多寡，分别首从定拟外，如边陲及新疆地方居住之前项土尔扈特人等，偷窃四项牲畜，数满十匹以上者，首犯拟绞立决，从犯拟绞监候，秋审入于情实；十匹以下，俱不分首从，六匹至九匹者，发云贵两广烟瘴地方，三匹至五匹者，发湖广、福建、江西、浙江、江南等处，一二匹者，发山东、河南等处，俱交与驿地充当苦差。羊只系属小畜，以羊四只作牛马驼一只计算科罪。

【1810】○修改

臣等谨按：嘉庆十一年(1806)十一月内，理藩院奏乾隆五十一年(1786)四月奉上谕："新疆土尔扈特、都尔博特、霍硕特，俱系新投之人，住处亦远，非旧蒙古可比。偷马十匹以上，应照旧例严办。俟至二十余年，伊等亦与旧蒙古相同。迨至其时，再照新例办理。钦此。"钦遵。经军机大臣会同奏明定例，仍请俟二十余年再行请旨，按照新例分别办理等因。今查乾隆五十一年(1786)拟定新投蒙古偷窃牲畜之例以来，业经二十一年，伊等俱与旧蒙古相同。嗣后土尔扈特、都尔博特、厄鲁特、霍硕特、辉特、乌梁海人等，如有偷窃牲畜之案，应增原奉谕旨，按照新例，分别牲畜多寡拟罪等因奏准，知照在案。是新降之土尔扈特等偷窃牲畜，既经奏准俱照偷窃蒙古四项牲畜例科断，应将此条例文修改，以便遵办。再查偷窃蒙古四项牲畜，例内载有明文，毋庸重后开载。谨将修改例文，开列于后。

一、新降之土尔扈特、都尔博特、额鲁特、霍硕特、辉特、乌梁海六项蒙古人等，在扎萨克察哈尔及边陲新疆地方，偷窃四项牲畜，俱照偷窃蒙古牲畜例，核计匹数多寡，分别首从治罪。

【1825】6.18.270.(14)(略)

【1790】6.18.270.(11)

一、偷窃蒙古牛、马、驼、羊四项牲畜,每羊四只,作牛马驼一只计算。如数至三十匹以上者,不分首从,拟绞监候,秋审时俱拟入情实。其为从未经同行,仅于窃后分赃者,减发云贵两广烟瘴地方。二十匹以上者,首从俱拟绞监候,秋审时,将为首者入于情实;为从同窃分赃者,入于缓决;其虽曾共谋,未经同行,仅于窃后分赃者,减发湖广、福建等处。十匹以上者,首犯拟绞监候,秋审时入于情实;为从同窃分赃者,发云贵两广烟瘴地方;其虽曾共谋,未经同行,仅于窃后分赃者,减发山东、河南等处。六匹至九匹者,首犯发云贵两广烟瘴地方;为从同窃分赃者,发湖广、福建、江西、浙江、江南;其虽曾共谋,未经同行,仅于窃后分赃者,鞭一百。三匹至五匹者,首犯发湖广、福建、江西、浙江、江南;为从同窃分赃者,发山东、河南;其虽曾共谋,未经同行,仅于窃后分赃者,鞭一百。一二匹者,首犯发山东、河南;为从同窃分赃者,鞭一百;其虽曾共谋,未经同行,仅于窃后分赃者,鞭九十。窃羊不及四只者,首犯鞭一百;为从同窃分赃者,鞭九十;其虽曾共谋,未经同行,仅于窃后分赃者,鞭八十。以上首从各犯,罪应发遣者,俱交驿地充当苦差;罪应鞭责者,蒙古照拟鞭责,民人折责发落。

【1825】○修改

臣等谨按:道光二年(1822)八月内,臣部会同理藩院,以蒙古伙众强劫什物未伤人,内有抢得马匹及偷窃四项牲畜,旧例秋审实缓,轻重未得其平,奏请酌改章程一折内称,查蒙古例载,官员、平人伙众强劫什物未伤人,将起意一人拟绞监候,秋审减等放出时,并妻子佥发河南、山东,交驿充当苦差。又刑例载偷窃蒙古牲畜三十匹以上,不分首从,拟绞,秋审入实;二十匹以上至三十匹,首、从拟绞,秋审为首入实、为从入缓;十匹至二十匹,为首拟绞,秋审入实。推原例义,蒙古以牲畜为重,故偷窃至十匹以上,为首即拟绞候,入于情实,原属因地制宜。惟强劫什物之案内,有抢得牲畜至十匹以上,向来办理有照强劫什物本例拟绞,秋审即照例入缓者;亦有照偷窃牲畜十匹以上拟绞,秋审照例入实者。在蒙古地方抢劫什物,固未便与内地盗劫同科,然较寻常鼠窃为重。其抢劫什物内,有牛、马、羊只数多之犯。若照抢劫什物定拟,秋审不为分晰,概入缓决,与偷窃牲畜十匹以上,为首之犯概入情实者相提并论,似觉轻重失伦。且刑律窃盗逾贯,无论赃数多寡,止将首犯拟绞,秋审时,未至五百两者,入于缓决;至五百两以上,始入情实。蒙古偷窃马匹,则十匹以上及二十匹以上,为首均拟绞入实;三十匹以上,不分首从,拟绞入实。查蒙古马匹价值,总比内地为轻。十匹以上,约计不过数十金,或百数十金不等。三十匹以上,其价亦未必即至五百两。蒙古素以畜牧为生,定例偷窃至十匹以上拟绞,历久遵循,自难遽议更改。惟办理秋审时分别实缓,在刑律窃赃一百二十两以上拟缓,五百两以上入实。而蒙古偷马十匹至二十匹以上,首犯即均拟实;三十匹以上,即不分首从入实。其出入太觉悬殊,未为平允。议请嗣后蒙古偷窃牲畜十匹以上之首犯,仍照向例拟绞监候,秋审时拟以缓决;为从,亦仍照旧例拟遣。二十匹以上及三十匹以上之首、从各犯,亦俱仍照向例拟绞监候,秋审时将首犯拟入情实,从犯俱拟缓决。其伙众强劫未伤人之犯,如只系强劫什物,或抢得牲畜在十匹以下者,仍照向例拟绞,均入缓决;从犯,发河南、山东等省驿地当差。倘什物内抢有牲畜在十匹以上者,即照刑律二罪并发从其重者论,照偷窃蒙古牲畜新例,按其匹数,分别首、从,拟以实缓。二十匹以上,从犯本应拟绞入缓,秋审减等时,仍照向来章程,减发山东、河南驿地当差;十匹以上首犯及三十匹以上从犯,系由情实改为缓决,未便与原拟缓决之二十匹以上从犯一律减发,应俟秋审减等时,即照偷窃牲畜十匹以上为从同行分赃之例,发遣云贵两广,交驿充当苦差。俱毋庸佥妻发配等因奏准,通行在案。又,道光三年(1823)十一月内,理藩院奏改新例内称,嗣后抢夺牲畜在十匹以上者,为首拟斩监候。纠伙至十人以上者,无论伤人与否,为首拟斩立决。为从,均拟绞监候,秋审时核情定以实、缓等因知照到部。除抢劫什物案内,抢有牲畜在十匹以上,既经理藩院奏定新例,改为拟斩监候,应照蒙古则例问拟外,应将偷窃蒙古牲畜至十匹以上,秋审分别实、缓之处,于例内修改明晰,以便遵行。谨将修改例文,开列于后。

一、偷窃蒙古牛、马、驼、羊四项牲畜,每羊四只,作牛、马、驼一只计算。如数至三十匹以上者,不分首从,拟绞监候,秋审时,将首犯拟入情实,从犯俱拟缓决,秋审减等时,发遣云贵两广烟瘴地方;其为从未经同行,仅于窃后分赃者,减发云贵两广烟瘴地方。二十匹以上者,首从俱拟绞监候,秋审时,将首犯入于情实;为从同窃分赃者,入于缓决,秋审减等时,减发山东、河南等处;其虽曾共谋,未经同行,仅于窃后分赃者,减发湖广、福建等处。十匹以上者,首犯拟绞监候,秋审时入于缓决,减等时,减发云贵两广烟瘴地方;为从同窃分赃者,发云贵两广烟瘴地方;其虽曾共谋,未经同行,仅于窃后分赃者,减发山东、河南等处。六匹至九匹者,首犯发云贵两广烟瘴地方;为从同窃分赃者,发湖广、福建、江西、浙江、江南;其虽曾共谋,未经同行,仅于窃后分赃者,鞭一百。三匹至五匹者,首犯发湖广、福建、江西、浙江、江南;为从同窃分赃者,发山东、河南;其虽曾共谋,未经同行,仅于窃后分赃者,鞭一百。一二匹者,首犯发山东、河南;为从同窃分赃者,鞭一百;其虽曾共谋,未经同行,仅于窃后分赃者,鞭九十。窃羊不及四只者,首犯鞭一百;为从同窃分赃者,鞭九十;其虽曾共谋,未经同行,仅于窃后分赃者,鞭八十。以上应行发遣及减发各犯,俱交驿地充当苦差,毋庸佥妻发配;应鞭责者,蒙古照拟鞭责,民人折责发落。其蒙古地方强劫什物案内,抢有四项牲畜,在十匹以上者,分别首从,照《蒙古则例》治罪。

【1825】6.18.270.(12)(略)

【1790】6.18.270.(7)

一、行围巡幸地方,如有偷窃马匹者,不分蒙古、民人,五匹以上拟绞立决;三匹至四匹者,即发云贵两广烟瘴地方;一二匹者,发湖广、福建、江西、浙江、江南等处充军,俱交驿地当苦差。为从及知情故买者,系民人,减本犯一等;系蒙古,仍照蒙古例办理。

【1761】○续纂

一、右卫地方八旗官兵所养官马、驼只被窃拿获,除贼犯照偷窃蒙古四项牲畜新例办理外,其窃盗之家主,无论闲散、兵丁,如有知情纵容及分赃情事,依律治罪;系官员,咨部查议。

臣等谨按:此条系乾隆二十五年(1760)二月内,臣部议复右卫副都统苏玉条奏定例,应纂辑以便遵行。

【1768】6.18.270.(11)(略)

【1790】6.18.270.(6)(略)

【1767】○续纂

一、奉天遇有偷窃马匹案件,民人俱照盗牛及宰杀例分别治罪,旗人盗窃牛马不及十匹者,按律科罪,仍折枷完结;至十匹以上及盗杀者,照定例枷号,其应得军、流等罪,俱拟实遣,不准折枷,咨送兵部,酌拨驻防省城,分别当差、为奴。

臣等谨按:此条系乾隆二十七年(1762)闰五月内盛京刑部侍郎朝铨条奏定例,应纂辑遵行。

【1768】6.18.270.(12)(略)

【1790】6.18.270.(8)(略)

【1814】○修改

臣等谨按:此条系乾隆二十七年(1762)定例。乾隆四十七年(1782)钦奉上谕:"嗣后旗人如有犯该刺字者,即销除旗档,照民人一例办理。钦此。"钦遵载入例册在案。是旗人犯窃,例应销除旗档。此条例内,旗人盗窃牛马,不及十匹,按例科罪,仍折枷完结。系在销除旗档定例以前,自应照例一体销除旗档,与民人一例科断,以昭画一。谨将修改例文,开列于后。

一、奉天旗、民人等偷窃马匹案件,俱照盗牛及宰杀例分别治罪。旗人销除旗档,与民人一例科断,不准折枷。

【1825】6.18.270.(8)(略)

【1767】○续纂

一、蒙古偷窃四项牲畜为从之犯,俱就近交与地方官监禁。所罚三九牲畜,勒限一年照追给主。如依限完交者,免其鞭责;完交一半以上者,鞭一百完结。若全数无完者,停其罚取,照例发往山东、河南等处,交与驿站当差。原窃牲畜无存,不能赔偿者,着落该管台吉及该管官员,照数赔还。

臣等谨按:此条系乾隆二十六年(1761)十月吉林将军恒鲁条奏及乾隆二十九年

(1764)二月察哈尔都统巴尔品条奏,并纂为例,以便遵行。

【1768】6.18.270.(13)(略)

【1778】○删除

臣等谨按:乾隆四十二年(1777)六月内,乌里雅苏台将军巴图等"审奏偷马贼犯达什等分别首从拟罪"一案,钦奉谕旨:"嗣后蒙古地方遇有盗窃马匹、牲畜之事,俱不分首从,按律定拟。钦此。"钦遵在案。是蒙古人等盗窃四项牲畜,已无首从之分。所有此条原例,系指从犯而言,业已不用,应行删除。

【1795】○续纂

一、蒙古偷窃牲畜贼犯,一年内行窃二次者,俱核计拟罪;已过一年者,仍从一科断。其一年内行窃二次,内有一次为首,有一次为从,或偷窃二次以上,数次为首、数次为从之犯,均以赃多之案为主,为首各案赃多,将为从之赃并入,以为首论;为从各案赃多,将为首之赃并入,以为从论;如首从各案赃数相等者,并计以为首论。其并计首从各案赃数,至十匹以上,应依为首拟绞者,内有为从之赃,与实犯十匹为首者有间,秋审时应入缓决;至三十匹以上,仍不分首从拟绞,入于情实。

臣等谨按:乾隆五十四年(1789)七月内,理藩院议复乌里雅苏台将军庆桂审奏"蒙古贼犯萨都克等,两次偷窃马、牛十四匹,依刑律从一科断,照偷窃牲畜七匹例发云南贵州地方"一案。钦奉谕旨:"知道了。嗣后凡偷窃牲畜贼犯,审明一年内行窃二次者,俱合计拟罪。已过一年者,俱从一科断。余依议。钦此。"嗣于乾隆五十九年(1794)四月内,署理察哈尔八旗都统印务副都统官明咨"拿获一年内二次偷马贼犯孟克等审拟治罪"案内,经臣部会同理藩院,以前奉谕旨一年内连窃二次,若一次为首、一次为从,应作何合计之处,未经详细分晰,随与理藩院公同酌议。嗣后蒙古贼犯有一年内偷窃二次,一次为首、一次为从;或偷窃二次以上,数次为首,数次为从之案,如首、从各案赃数多寡不同,应以赃多之案为主,并计定拟,如为首各案赃多,将为从之赃并入,以为首论;为从各案赃多,将为首之赃并入,以为从论。如首、从各案赃数相等者,自应并赃以为首论。其并计为首数至十匹以上,就拟绞候者内有为从之赃,究与实系为首十匹以上例应入实者有间,应于秋审时列入缓决,以示差别;至三十匹以上,仍不分首、从拟绞,入于情实等因在案,应并纂为例,以便遵行。

【1801】○修改

臣等谨按:此条系乾隆五十四年(1789)定例。嗣于嘉庆五年(1800),臣部会同理藩院,议复理藩院侍郎普福奏"请停止偷窃蒙古牲畜一年内合赃并计之条,仍遵旧例,从一科断"折内议称,蒙古偷窃四项牲畜治罪之例,因蒙古地方向借游牧为生,并无墙垣闭御,是以偷窃牲畜禁例綦严,一二匹即发遣,十匹以上拟绞监候,入于情实,诚为因地制宜起见。惟旧例偷窃至数次,同时并发者,原照刑律窃盗赃,以一主为重,从一科断。迨乾隆五十四年(1789),始定一年内行窃,计赃论罪之例。且旧例从一科断,一二匹发遣,十匹以上入于情实,以足示惩。续定并赃论罪之例,未免过重。今该侍郎奏请复照旧例,自系详慎刑狱之道。应如所奏,嗣后偷窃蒙古牲畜二三次以上者,仍行从一科断。通行蒙古各处遵行,并纂入例册,合并拟罪,原例即行删除等因具奏。奉旨:"依议。钦此。"钦遵在案。此条原例,应行修改,谨将修改例文,开列于后。

一、蒙古偷窃牲畜之案,如一年内行窃二三次以上,同时并发者,仍照刑律以一主为重,从一科断,毋庸合计拟罪。

【1802】6.18.270.(13)(略)

【1801】○续纂

一、察哈尔等处牧厂,如有偷卖在官牲畜,及宰食,并作为私产者,系官革职,发往黑龙江等处当差;系牧丁,不分首从,佥妻发往黑龙江等处给兵丁为奴。若至十匹以上者,照窃盗官马例,不分首从皆绞监候。知情故买者,系民人,减本犯罪一等,系蒙古,照蒙古例办理。不知者不坐。

臣等谨按:蒙古偷窃四项牲畜,核计匹数治罪,定例已有专条。其蒙古偷窃驿站官马,向无定例。臣部检查历年办过成案,有阿尔泰军台都统咨报偷窃台站官马之犯,俱照蒙古例,计匹发驿地充当苦差。察哈尔都统咨报偷窃官马之犯,又系不分首从,发黑龙江给披甲人为奴,办理未能画一。律例内又无偷窃官马,发黑龙江为奴明文。咨行察哈尔都统,查明旧案,咨部核办。实据该都统查得,乾隆二十三年(1758),经大学士傅恒奏准,察哈尔等处牧厂兵丁,偷窃在官牲畜及宰食,并作为私产者,系官,参奏革职,从重治罪;食钱粮者,佥同妻子,发往拉林、阿尔楚喀给兵丁为奴,仍交归化城、多伦诺尔、张家口、独石口、杀虎口、古北口各都统、同知、总管,晓谕各该处员兵。如有承买有印官畜者,与盗卖之人一体治罪等因,咨复在案。应纂辑为例,以便遵行。惟查拉林、阿尔楚喀地方,现在并不发遣人犯,应依察哈尔都统办理偷窃官马章程,不分首从,发往黑龙江。又原奏内系官,参奏革职,从重治罪,语意含混。查蒙古律载,官员、平人有犯强劫什物及伙偷牲畜,俱系一体治罪。原奏牧丁人等有犯偷窃官马者,发遣为奴;若官员有犯,亦应画一,发遣当差。又,查刑律偷窃官马例载,十匹以上,不分首从,皆绞监候;知情故买者,系民人,减本犯罪一等;系蒙古,照蒙古例办理等语。原奏内十匹以上,并无治罪明文。应依盗官马例,增入"拟绞监候"句,并将原奏内"承买有印官产者,与盗卖之人一体治罪"句,改为"知情故买者,减本犯罪一等,不知者不坐",以昭平允。又内地民人犯该发遣者,其佥妻发遣之例,俱已奏请节删。惟查蒙古地方,与内地有间,所有蒙古律内佥妻之例,俱仍其旧,未曾修改。原奏内佥妻发遣之处,应依蒙古律画一遵行,合并声明。

【1802】6.18.270.(14)(略)

【1814】○修改

臣等谨按:嘉庆十七年(1812)十月内,臣部议复升任吏科给事中西琅阿奏"调剂黑龙江等处遣犯"折内,请将察哈尔等处牧丁偷卖牲畜及宰食并作为私产一条,改发新疆给官兵为奴等因奏准,通行在案。例内发黑龙江之处,应行修改。谨将修改例文,开列于后。

一、察哈尔等处牧厂,如有偷卖在官牲畜,及宰食,并作为私产者,系官革职,发往黑龙江等处当差;系牧丁,不分首从,佥妻发新疆给官兵为奴。若至十四以上者,照窃盗官马例,不分首从,皆绞监候。知情故买者,系民人,减本犯罪一等,系蒙古,照蒙古例办理。不知者不坐。

【1821】○修改

臣等谨按:嘉庆二十二年(1817)四月内,臣部议复升任伊犁将军长龄奏"伊犁遣犯日多,请为调剂"案内,将察哈尔等处牧丁偷卖牲畜及宰食并作为私产一条,改发云贵两广极边烟瘴充军等因,奏准在案。原例内发新疆之处,应行修改。谨将修改例文,开列于后。

一、察哈尔等处,如有偷卖在官牲畜,及宰食,并作为私产者,系官革职,发往黑龙江等处当差;系牧丁,不分首从,佥妻改发云贵两广极边烟瘴充军。若至十四以上者,照窃盗官马例,不分首从皆绞监候。知情故买者,系民人,减本犯罪一等,系蒙古,照蒙古例办理。不知者不坐。

【1825】6.18.270.(15)(略)

【1852】○修改

咸丰二年(1852),将"佥妻"二字节删,并将"若至十四以上,不分首从皆绞"句,改为"分别首从,拟以绞候充军。至二十四以上,仍不分首从,问拟绞候"。

一、察哈尔等处牧厂,如有偷卖在官牲畜,及宰食,并作为私产者,系官革职,发往黑龙江等处当差;系牧丁,不分首从,改发云贵两广极边烟瘴充军。若至十四以上者,为首之犯拟绞监候,为从分赃之犯实发云贵两广极边烟瘴充军。如至二十四以上者,不分首从,俱绞监候。知情故买者,系民人,减本犯罪一等;系蒙古,照蒙古例办理,不知者不坐。

【1870】6.18.270.(15)(略)

【1840】○续纂

一、民人在蒙古地方行窃民人牲畜之案,仍照盗马牛畜产本律本例办理,不得照蒙古例科断。

臣等谨按:道光十六年(1836)八月内,据前任热河都统嵩溥咨称:例内蒙古地方抢劫案件,如俱系民人,专用刑律,系专指抢劫而言。此外,民人在蒙古地方犯事,即照蒙古例办理。惟蒙古偷窃四项牲畜,与刑律偷窃牛、马条例,罪名轻重悬殊。如民人偷窃民人牲畜之案,因其在蒙古地方犯事,即照蒙古例定拟,较诸纠伙抢夺之民人科罪转重,似于情法未甚允协。查热河地方,本系蒙古杂处,交涉案件,不一而足。若非将旧例互相比核,划清界限,援引恐致歧误。咨请将民人在蒙古地方行窃民人之案,应否照蒙古例办理,抑照刑律科断,核明示复等因。经臣部查,蒙古全赖游牧为生,故定例偷窃四项牲畜,较内地为重。至民人在蒙古地方,均系开种地亩及往来贸易,与蒙古之专恃牲畜为生计者不同。若民人偷窃民人牲畜之案,因其在蒙古地方犯事,即照蒙古例定拟,转较纠伙抢夺者科罪为重,于情法未得其平。酌议嗣后民人在蒙古地方行窃民人牲畜之案,俱照刑律内盗马牛畜产例办理等因,咨复该都统,并通行奉天等省在案。谨纂辑为例,以免办理两歧,合并声明。

【1847】6.18.270.(16)(略)

盗田野谷麦

律　文

【1646】6.18.294

凡盗田野谷麦菜果,及无人看守谓原不设守及不待守之物。器物者,并计赃准窃盗论,免刺。○若山野柴草、木石之类,他人已用工力斫伐、积聚而擅取"取"与"盗"字有别。者,罪亦如之。如柴草、木石虽离本处,未驮载间,依不得财笞五十。合上条有拒捕,依罪人拒捕。

【1670】6.18.293(略)

【1725】6.18.281

凡盗田野谷麦菜果,及无人看守器物谓原不设守及不待守之物。者,并计赃准窃盗论,免刺。○若山野柴草、木石之类,他人已用工力砍伐、积聚而擅取者,罪亦如之。如柴草、木石虽离本处,未驮载间,依不得财笞五十。合上条有拒捕,依罪人拒捕。

注:此言有主之物不可擅自盗取也。前节言盗田野谷麦菜果,及无人看守器物之罪。盖物虽在外,原各有主。乘人不见而盗之,其情与窃盗相似,故准窃盗论。因其物在外,非盗之家中者比,故得免刺。末节言盗山野柴草木石等类之罪。他人已曾费用工力砍伐、积聚,即有主之物,乃擅自取去,亦准窃盗论。

臣等谨按:此言有主之物不可擅自盗取也。前节言盗田野谷麦菜果,及无人看守器物之罪。盖物虽在外,原各有主。乘人不见而盗之,其情与窃盗相似,故准窃盗论。因其物在外,非盗之家中者比,故得免刺。末节言盗山野柴草木石等类之罪。此虽无主,听人樵采,但他人已曾费用工力砍伐、积聚,即是有主之物。乃公然擅取,亦准窃盗论,故曰"罪亦如之"。

【1740】6.18.271(略)

附律条例

【1646】6.18.294.(1)

一、凡盗掘金、银、铜、锡、水银等矿砂,每金砂一斤,折银二钱五分;银砂一斤,折银五分;铜、锡、水银等砂一斤,折银一分二厘五毫,俱比照盗无人看守物,准窃盗论。若在山洞捉获者,分为三等。持杖拒捕者为一等,不论人数、砂数多寡,及初犯、再犯,俱发边远充军;若杀伤人,为首者,照窃盗拒捕杀伤人律斩。不曾拒捕,若聚至三十人以上者,为二等,不论砂数多寡,及初犯、再犯,为首者,发边卫充军;为从者,枷号三个月,照罪窃盗罪,下同。发落。若不曾拒捕,又人数不及二十名者,为三等,为首者,初犯,枷号三个月,照罪发落;再犯,亦发边远充军。为从者,止照窃盗罪发落。非山洞捉获,止是私家收藏、道路背负者,惟据见获论罪,不许巡捕人员逼令辗转扳指,违者参究治罪。

【1670】6.18.293.(1)(略)①

【1725】6.18.281.(1)

【原例】一、凡盗掘金、银、铜、锡、水银等矿砂,每金砂一斤,折银二钱五分;银砂一斤,折银五分;铜、锡、水银等砂一斤,折银一分二厘五毫,俱比照盗无人看守物,准窃盗论。若在山洞捉获者,分为三等。持杖拒捕者为一等,不论人数、砂数多寡,及初犯、再犯,俱发边远充军;若杀伤人,为首者,照窃盗拒捕杀伤人律斩。不曾拒捕,若聚至三十人以上者,为二等,不论砂数多寡,及初犯、再犯,为首者,发边卫充军;为从者,枷号三个月,照窃盗罪发落。下同。若不曾拒捕,又人数不及三十名者,为三等,为首者,初犯,枷号三个月,照罪发落;再犯,亦发边远充军。为从者,止照窃盗罪发落。非山洞捉获,止是私家收藏、道路背负者,惟据见获论罪,不许巡捕人员逼令辗转扳指,违者参究治罪。

【1740】○修改

臣等谨按:例内字句烦杂,应为节删,谨将删辑例文,开列于后。

一、凡盗掘金、银、铜、锡、水银等矿砂,每金砂一斤,折银二钱五分;银砂一斤,折银五分;铜、锡、水银等砂一斤,折银一分二厘五毫,俱计赃准窃盗论。若在山洞捉获,持仗拒捕者,不论人数、砂数多寡,及初犯、再犯,俱发边远充军;若杀伤人,为首者照窃盗拒捕杀伤人律斩。不曾拒捕,若聚至三十人以上者,不论砂数多寡,及初犯、再犯,为首发边卫充军,为从枷号三个月,照窃盗罪发落。若不曾拒捕,又人数不及三十名者,为首初犯枷号三个月,照窃盗罪发落,再犯亦发边卫充军;为从者,止照窃盗罪发落。非山洞捉获,止系私家收藏、道路背负者,惟据现获论罪,不许巡捕人员逼令辗转扳指,违者参究治罪。

【1740】6.18.271.(1)(略)

【1840】○修改

臣等谨按:此条系雍正年间旧例,例内称"山洞捉获,持杖拒捕,发边远充军。杀伤人为首者,照窃盗拒捕杀伤人律,斩。"查窃盗临时拒捕杀伤人律,内虽均应拟斩,后经叠次修改条例,分别杀人及刃伤、折伤者,斩。伤非金刃,伤轻平复,首犯,发边远充军,并非概拟骈首。至此等盗掘矿砂人犯,例内因其所盗系无人看守之物,故但计赃准窃盗论,罪止流三千里;与实犯窃盗之计赃一百二十两以上即应拟绞者,本属有间。今若一经拒捕伤人,即概照窃盗拒捕杀伤人律问拟,则此内伤非金刃、伤轻平复一项人犯,罪名转较实犯

---

① 康熙九年(1670)《大清集解附例》"若不曾拒捕,又人数不及二十名者"句改"二十名"为"三十名"。

窃盗拒捕为重,似非情法之平。检查近年并无办过盗掘矿砂拒捕,伤非金刃、伤轻平复之案,设有此等案件,办理殊形室碍。臣等悉心商核,似应于本条"山洞捉获持杖拒捕发边远充军"例文内,纂入"伤非金刃、伤轻平复"字样,将"杀伤人为首者,照窃盗拒捕杀伤人律,斩"例文改为"杀人及刃伤、折伤,为首者,照窃盗拒捕杀伤人律,斩"。庶罪名各有等差,而引断悉归平允。至为从之犯,按窃盗拒捕本律,应减一等问拟,亦应于例内添纂明晰,以免混淆。谨将修改例文,开列于后。

一、凡盗掘金、银、铜、锡、水银等矿砂,每金砂一斤,折银二钱五分;银砂一斤,折银五分;铜、锡、水银等砂一斤,折银一分二厘五毫,俱计赃准窃盗论。若在山洞捉获,持仗拒捕,伤非金刃,伤轻平复者,不论人数、砂数多寡,及初犯、再犯,俱发边远充军。若杀人,及刃伤、折伤,为首者照窃盗拒捕杀伤人律斩,为从并减一等。不曾拒捕,若聚至三十人以上者,不论砂数多寡,及初犯、再犯,为首发近边充军,为从枷号三个月,照窃盗罪发落。若不曾拒捕,又人数不及三十名者,为首初犯,枷号三个月,照窃盗罪发落,再犯亦发近边充军;为从者,止照窃盗罪发落。非山洞捉获,止是私家收藏、道路背负者,惟据见获论罪,不许巡捕人员逼令辗转扳指,违者参究治罪。

【1847】6.18.271.(20)(略)

【1725】○增入

原拟:现行例内二条,类于此律,应增入。

【现行例】一、凡旗下、民人越渡禁约山河,打猎、刨参,已得者,将财主并率领头目,拟绞监候,秋后处决。为从之人,系旗下,枷号一个月,鞭一百;系奉天府、海澄等处之民,枷号两个月,责四十板。牲畜等物,并所得之物,俱入官。系内地民人,并妻入官。奴仆,其主知而差去,系官,交与该部;平人,系旗下人,鞭八十;系民人,责三十板。将所去奴仆枷号一个月,鞭一百。牲畜等物,付拿获之人充赏,人参入官。其主知而差去,巧供不知者,系旗下人,鞭一百;系民,责四十板。其主不知者,将所去奴仆枷号两个月,鞭一百,牲畜及所得之物入官。若未得采参者,将财主并率领头目,系旗下人,枷号两个月,鞭一百;系民,不分奉天府等处、内地民,各枷号一个月,责四十板,将妻一并入官。为从者,各枷号一个月,系旗下人,鞭一百;系民,责四十板。

【原增现行例】一、凡除财主并率领头目,仍拟绞监候,秋后处决外,其为从,系在京旗下另户人,发往盛京当差;系家人,止将本身。系内地民人,佥妻发往乌喇、宁古塔,给与穷披甲为奴。若包衣、佐领下各另户人,交与该管官,令其打牲;系家人,给与打牲之人为奴。若盛京等处旗下另户人,发往黑龙江当差;家人,给与黑龙江穷披甲为奴,并发驿站。盛京等处包衣、佐领下另户人,解京,入辛者库当差;家人,给与辛者库穷披甲为奴。盛京等处民人,佥妻发往黑龙江,拨给驿站。其免死减等之人,亦照为从例治罪。

原拟:以上二条,俱系偷刨人参节次题定之例,应删去重复,并作一条,开载于后。

【原改现行例】一、凡旗、民越禁约山河,偷采人参,已得参者,财主并率领头目,拟绞监候。为从者,系在京旗下另户人,发往盛京当差;系家人,止将本身。系内地民人,佥妻俱发乌喇、宁古塔,给与穷披甲之人为奴。系包衣、佐领下令另户人,交与各该管官,责令打牲;系家人,给与打牲人为奴。若系盛京等处旗下人、另户,发黑龙江为差;家人,给黑龙江穷披甲人为奴,并发驿站。系盛京等处包衣、佐领下另户人,解京,入辛者库当差;家人,给辛者库穷披甲之人为奴。系盛京等处民人,佥妻发往黑龙江,分拨驿站。其刨参免死减等人犯,亦照为从例发落。牲畜等物,付拿获之人充赏,人参入官。家仆有犯,其主知而遣去者,杖八十;知而巧供不知者,杖一百。系官,交该部议处。不知者不坐。若未得人参者,财主并率领头目,系旗下人,枷号两个月,鞭一百;系民,不分盛京、内地,各枷号一个月,杖一百,并妻送户部入官。为从者,各枷号一个月、杖一百。

【1725】6.18.281.(2)

【增例】一、旗、民越度禁约山河偷采人参,已得者,财主及率领头目绞监候。为从,系在京旗下另户,发盛京当差,系家人,止发本身;系内地民人,佥妻俱发乌拉、宁古塔给穷披甲人为奴;系包衣佐领下另户,交该管官责令打牲,系家人,给予打牲人为奴;若盛京等处旗下另户,发黑龙江当差,家人,给黑龙江穷披甲为奴,并发驿站;系盛京等处包衣佐领下另户,解京入辛者库当差,家人,给辛者库穷披甲人为奴;系盛京等处民人,佥妻发黑龙江分拨驿站。其刨参免死减等人犯,亦照为从例发落。牲畜等物付拿获人充赏,人参入官。家仆有犯,其主知而不遣去者,杖八十;知而巧供不知者,杖一百;系官交部议处;不知者不坐。未得参者,财主及率领头目,系旗人,枷号两个月、鞭一百;系盛京及内地民人,俱枷号一个月、杖一百,并妻送户部入官;为从者,各枷号一个月、杖一百。

【1740】○修并

【原例】【1725】6.18.281.(2)(略)、【1725】6.18.281.(3)(略)

臣等谨按:增例"偷采人参者,财主及率领头目,绞监候。为从,在京旗下另户、家人"等项,"发遣乌喇"等处,并未分别所放之人多寡若干,及得参若干两也。嗣经钦定例,将"财主及率领头目,所放之人至百名以上,所收之参至五百两以上者,仍照例拟绞监候。所放之人不满百人,所收之参不满五百两者,杖一百,流三千里",并未分晰首、从,是以向来该将军办理所放不满百人、收参不满五百之犯,不分首、从,俱照原例发遣。复于雍正十三年(1735),经部议复原任给事中萨哈谅条奏"首犯既经减流,为从应再减一等,杖一百、徒三年,旗人及奉天民人,照例枷责发落,仍照例分别刺字"等因,遵行在案。其所放之人至百名以上,所收之参至五百两以上,为从之犯,仍照例发遣。但查发遣乌喇等处之例,久已停止。现在办理偷刨人参,应拟发遣之犯,俱照次条,分别满洲、蒙古、民人、汉军,分发各处当差。是增例内删改治罪之处,俱应照现行定例酌改,并为一条,以便引用。再查议准萨哈谅条奏内,尚有一二人刨参未得者,照一二人刨参已得不满十两减二等之例。又乾隆二年,议准给事中慧中条奏刨参未得免其刺字之例,俱应并入此条例内。谨将增删、改并例文，开列于后。

一、旗、民越度禁约山河，偷采人参，已得者，财主及率领头目，一人名下，所放之人至百名以上，所收之参至五百两以上，为首拟绞监候，为从照例发遣。其刨参免死减等人犯，亦照为从例发落。所放之人不满百名，所收之参不满五十两者，为首杖一百、流三千里，为从减一等，杖一百、徒三年；旗人及奉天民人，俱照例枷号折责发落；分别刺字。牲畜等物，付拿获人充赏，人参入官。家奴有犯，其主知而不遣去者，杖八十；知而巧供不知者，杖一百；系官交部议处；不知者不坐。若未得参者，财主及率领头目，系旗人，枷号二个月、鞭一百；系盛京及内地民人，俱枷号一个月、杖一百，并妻送户部入官；为从，枷号一个月、杖一百。若一二人刨参，所得不至十两，交与盛京刑部，系旗人，鞭一百，系民人，杖一百，仍照例刺字。如一二人刨参未得者，减二等，系旗人，鞭八十，系民人，杖八十，递回原籍，免刺。

【1740】6.18.271.（3）（略）

【1767】○删除

删除按语，见【1768】6.18.271.（9）条【1767】修改按语。

【1725】○增入

臣等谨按：雍正二年（1724）五月内，刑部题刨参人犯分别治罪，事理类于此律，谨拟节录于后。

【续增现行例】一、凡财主并率领头目，一人名下，所放之人至百名以上，所收之参至五百两以上者，仍照例拟绞监候。所放之人不满百名，所收之参不满五百两者，仍照例割筋。一二人刨参，所得人参不至十两者，交与盛京刑部。系旗人，鞭一百；系民，杖一百，递回原籍。若旗下、另户，定割断其懒筋。将财主并率领头目，枷号三个月，鞭一百。为从之人，枷号两个月，鞭一百。

【1725】6.18.281.（3）

【钦定例】一、凡财主及率领头目，一人名下，所放之人至百名以上，所收之参至五百两以上者，仍照例拟绞监候。所放之人不满百名，所收之参不满五百两者，杖一百、流三千里。一二人刨参，所得人参不及十两者，交与盛京刑部，系旗下，鞭一百；系民，杖一百，递回原籍。

【1740】○修并

修并按语并修并后例文，见【1725】6.18.281.（2）条【1740】修并项下。

【1725】6.18.281.（4）

【钦定例】一、偷刨人参应拟发遣之犯，系满洲、蒙古，发江宁、荆州、西安、杭州、成都等处满洲驻防省城当差；民人，佥妻发广东、广西等处烟瘴地方当差；系汉军，发广西、云南、贵州等处烟瘴地方当差。

谨案:此条雍正三年(1725)定。

【1740】○修改

臣等谨按:雍正十年(1732)钦奉上谕:"偷刨人参发往广东人犯,例在崖州等处,水土最为恶毒。北方之人,到此易染疾病,每多伤损,亦可悯恻。若将此等人犯,改发沿海一带卫所入伍充军,俾得保全躯命,似亦法外之仁。着广东督抚定议。其广西、云南等省,亦着该督抚,将如何改发之处,妥议具奏等因。钦此。"钦遵。随经各该督抚题请,偷刨人参之犯,于水土平和沿海之州县当差,经刑部议复在案,应照改定。再查乾隆三年(1738),刑部议准郎中曹瑜条奏"宁古塔等处拿获刨参人犯,审拟径解原籍,分别佥遣充徒"等因,亦应增入。谨将改增例文,开列于后。

一、偷刨人参应拟发遣之犯,系满洲、蒙古,发江宁、荆州、西安、杭州、成都等处满洲驻防当苦差;系民人,佥妻发广东沿海及广西水土平和地方当差;系汉军,发广西、云南、贵州等处各水土平和地方当差。其宁古塔等处拿获刨参人犯,一经审明,按律定拟,即径解各犯原籍,交与该督抚分别佥遣,定驿充徒,免其解部,仍于年底汇题。

【1740】6.18.271.(4)(略)

【1767】○删除

删除按语,见【1768】6.18.271.(9)条【1767】修改按语。

【1725】○增入

臣等谨按:雍正二年(1724)四月内,刑部议复搜获人参、珠子赏罚,事理类于此律,谨拟节录于后。

【续增现行例】一、山海等关如有搜获人参、珠子,巡查人等,户部按数给赏;该管官,兵部按数议叙。若有搜查不力,以致私带过关者,该管官照失察例议处,巡查人等照不应重例治罪。明知故纵者,该管官,革职;巡查人等,杖一百,枷号一个月。受贿卖放者,计赃以柱法从重治罪。

【1725】6.18.281.(5)

【钦定例】一、山海等关,如有搜获人参、珠子,巡查人等,户部按数给赏,该管官,兵部按数议叙。若有搜查不力,以致私带过关者,该管官照失察例议处,巡查人等照不应重律治罪。明知故纵者,该管官革职,巡查人等杖一百、枷号一个月。受贿故卖放者,计赃以枉法从重论。

【1740】○修改

臣等谨按:雍正六年(1728),又有失察偷出边关刨参定例,与此条相类,应并。谨将并辑例文,开列于后。

一、山海等关巡查人员,如有搜获人参、珠子,巡查人等,户部按数给赏,该管官,兵部议叙。如有搜查不力,以致私带过关者,将该管官照失察例议处,巡查人等照不应重律治罪。明知故纵者,该管官革职,巡查人等枷号一个月、杖一百。受贿卖放者,计赃以枉法从重发落。其失察偷出边关刨参至一百名者,领催、披甲人等鞭五十;至二百名者,鞭一百;至五百名以上者,枷号一个月、鞭一百。该守御官,亦按失察名数,分别议处。如有自行拿获者免议。

【1740】6.18.271.(5)(略)

【1768】6.18.271.(3)(略)

【1801】○修改

臣等谨按:山海等关搜获人参、珠子,巡查人等,户部按数给赏,系雍正二年(1724)定例。嗣于嘉庆四年(1799),臣等审拟"山海关拿获夹带私参人犯郭立本送部审办,并将郭立本骑马赏给原拿官兵"案内奏称,拿获刨参人犯牲畜给与兵丁充赏之例,系指私刨人犯纠伙多人,拉运米石,经久逗遛,得参至五十两以上者而言。今郭立本私自贩买,与私刨有间,例得减等问拟。且参数无几,其马匹讯系郭立本己物,自应给与领回。若辄行给赏,恐该兵丁等希图厚赏,遇货车到关,故意措留刁难,致启妄拿栽赃之渐。名为鼓励官兵,转恐扰害行旅,所关匪细。现在私刨、私贩人参罪名经臣部奏准,递行轻减。并新疆玉石,奉有谕旨听民间贩卖。应请将搜获人参、珠子,户部按数给赏之例即行删除,其纠伙多人刨参至五十两以上,起获牲畜仍照旧例充赏等因具奏。奉旨:"依议。钦此。"钦遵在案。除纠伙刨参案内,起获牲畜充赏另有专条遵照办理外,此条户部给赏之处应行节删,谨将修改例文,开列于后。

一、山海等关巡查人员,如有搜获人参、珠子,该管官交部议叙。如有搜查不力,以及私带过关者,将该管官照失察例议处,巡查人等照不应重律治罪。明知故纵者,该管官革职,巡查人等枷号一个月,杖一百。受贿卖放者,计赃以枉法从重发落。其失察偷出边关刨参至一百名者,领催、披甲人等鞭五十;至二百名者,鞭一百;至五百名以上者,枷号一个月,鞭一百。该守御官,亦按失察名数,分别议处。如有自行拿获者,免议。

【1802】6.18.277.(12)(略)

【1825】6.18.271.(19)(略)

【1847】6.18.271.(16)(略)

【1725】○增入①

臣等谨按:康熙五十三年(1714)二月内,刑部议复刨参人犯割筋,事理类于此律,谨拟节录于后。

【续增现行例】一、凡私刨人参,为首者,割断两边懒筋;为从者,割断一边懒筋。年终汇齐具奏。

---

① 此条见于《大清律例按语》第18卷"刑律·贼盗·盗田野谷麦"(雍正三年)项下,雍正三年(1725)《大清律集解附例》不载。

【1725】○增入[1]

臣等谨按:此条类于"盗田野谷麦"律,应增入条例后。

【现行例】一、各省所有之矿,先经禁止者,照旧严禁。现在本处无产穷民相聚零星偷刨者,停其禁止,该地方官查其姓名注册,毋致生事,妄行不法。其外省之人,不许开采本处。豪强富户霸占设厂开采者,并行缉拿,照例从重治罪。该管文武官员隐匿不行查拿,俱照溺职例革职。督抚、将军、提镇不行揭参,俱照徇庇例降三级调用,加级、纪录,不准抵销。

【1740】○增入

一、产矿山场,山主违禁勾引矿徒潜行偷挖者,照矿徒之例,以为首论。若系约练勾引接济,伙同分利者,照引领私盐律,杖九十、徒二年半。得财者,计赃准窃盗从重论。如因官兵往拿,漏信使逃,及阴令拒捕者,俱照官司追捕罪人而漏泄其事者减罪人所犯罪一等律治罪。保甲、地邻知情容隐不报者,均照强盗窝主之邻佑知而不首例杖一百发落。

谨案:此条系雍正九年(1731)定例。

【1740】6.18.271.(2)(略)

【1847】6.18.271.(1)(略)

【1740】○增入

一、凡拿获贩参之犯,所贩之参至五百两以上者,照偷刨人参五百两以上绞监候例减一等拟流;不满五百两者,照偷刨不满五百两杖一百流三千里例减一等拟徒;不满十两者,照一二人刨参不满十两杖一百例减一等杖九十;均免刺字。

谨案:此条乾隆三年(1738)定。

【1740】6.18.271.(6)(略)

【1767】○删除

删除按语,见【1768】6.18.271.(9)条【1767】修改按语。

【1740】○增入[2]

一、偷刨人参之犯,向例左、右面刺字者,今改照窃盗例,初犯刺右面,再犯刺左面。

此条系原任奉天府尹宋筠条奏。按偷刨人参,虽干严禁,但刨参者窃于山,偷盗者搜

---

① 此条见于《大清律例按语》第18卷"刑律·贼盗·盗田野谷麦"(雍正三年)项下,雍正三年(1725)《大清律集解附例》不载。

② 此条见于《大清律例按语》第54卷"刑律·贼盗·盗田野谷麦"(乾隆五年)项下,乾隆五年(1740)《大清律例》不载。

于室，照例刺一面已足蔽辜。著为定例，以便引用。

【1743】〇续纂

一、旗、民越度禁约山河，偷采人参，除财主、头目所放之人至百名以上，所收之参五百两以上者，照例拟绞，及未得参而人至百名以上，财主、头目照例枷责，并妻入官外，如所放人自一二名至十名，所收参自一二两至十两，杖六十、徒一年；人以十名递加，参以五十两递加，分别拟以徒、流；人加至八十名以上，参加至三百五十两以上，仍拟满流。至于并无财主、头目，审系一时乌合，各出资本，参系自得者，除一二人至未满十名，参不满十两，仍照律拟以满杖外，人自十名至三十名，参自十两至不满百两，为首，比财主、头目各减一等；人至三十名以上，参至百两以上，为首，照财主、头目定拟；为从，各减一等；未得参各减二等；俱免刺。仍分别旗、民，照例折责发落。外省流民，无论人数、参数，已得未得，俱照例递回原籍。倘有人多参少、参多人少者，各从其少者治罪。再刨参已得首犯，系正身照例免刺，系开户俱刺臂，家奴照常刺面。

臣等谨按：此条系乾隆七年（1742）臣部议复盛京刑部侍郎兆惠条奏定例。

【1767】〇删除

删除按语，见【1768】6.18.271.（9）条【1767】修改按语。

【1751】〇续纂

一、凡旗下另户、正身，潜匿禁山过冬刨参，照不分已未得参杖一百例，加一等治罪。其审有人数过于本罪者，照定例以次递加，仍免刺。其民人、旗奴及开户人等，除照例治罪外，无论已未得参，俱刺面。民人交地方官严行管束，如再逃往禁山，亦加一等治罪，将该管官交部议处；系旗奴、开户等，拨发拉林给予移居种地之满洲人为奴。

臣等谨按：此条系乾隆十一年（1746）十月内，军机处议复调任船厂将军阿兰泰条奏定例，应纂辑以便遵行。

【1767】〇删除

删除按语，见【1768】6.18.271.（9）条【1767】修改按语。

【1751】〇续纂

一、凡旗、民人等刨参初犯，人数未满十名，参数未满十两者，枷号一个月、杖一百；未得参，及运送米石者，俱枷号二十五日、杖一百，递回原旗、籍管束。再犯得参者，杖八十、徒二年；未得参，及运送米石者，俱杖七十、徒一年半，分别旗、民发落。

臣等谨按：此条系乾隆十四年（1749）七月内大学士、公傅恒等议复原任船厂将军永兴条奏定例，应纂辑以便遵行。

【1767】○删除

删除按语，见【1768】6.18.271.(9)条【1767】修改按语。

【1746】○续纂

一、刨参官商，私刻小票，影射私参，照私贩人参例分别治罪。

臣等谨按：此条系乾隆十年(1745)五月内，奉天将军达尔党阿奏准定例，应纂辑以便遵行。

【1768】6.18.271.(4)(略)

【1825】6.18.271.(3)(略)

【1847】6.18.271.(2)(略)

【1751】○续纂

一、凡领票刨参人夫，例给鸟枪，应查明人数多寡，批给鸟枪，填明票上，出口验放，回山查核。违例私带者，照商民应用鸟枪不报官私造例杖一百。其将鸟枪转给售卖刨参之人者，比照军人将军器私卖与人发边远充军律减一等，杖一百、徒三年。该管官不行查出，交部议处。

臣等谨按：此条系乾隆十一年(1746)十月内，军机处议复调任船厂将军阿兰泰条奏定例，应纂辑以便遵行。

【1768】6.18.271.(5)(略)

【1825】6.18.271.(4)(略)

【1847】6.18.271.(3)(略)

【1751】○续纂

一、凡三姓、珲春等处商人官兵，领票赴宁古塔、船厂地方购买物件，令其报官给票，开明数目。有违禁携带米石什物，卖与刨参之人，易换人参者，该将军查明，米不及五十石，什物值银不及五十两，俱照无引私盐律杖一百、徒三年。若逾前数者，俱照越境兴贩盐斤至三千斤以上例，发附近充军。旗人及官兵有犯，加民人一等治罪。其巡绰官兵知情故纵，与本犯同罪；得赃者，计赃以枉法从重论。失察官，交部议处；兵丁，照山海关搜查参珠不力例治罪。其明知偷刨奸匪，而容隐在家不即举报者，照知人犯罪藏匿在家不告捕者减罪人一等律治罪。

臣等谨按：此条系乾隆十一年(1746)十月内，军机处议复调任船厂将军阿兰泰条奏定例，应纂辑以便遵行。

【1768】6.18.271.(6)(略)

【1795】○修改

一、凡三姓、浑春等处商人、官兵，领票赴宁古塔、船厂地方购买物件，令其报官给票,开明数目。有违禁携带米石、什物,易换人参及貂皮,于未经交官以前私行换买者,该将军查明,米不及五十石、什物值银不及五十两者,杖一百、徒三年。逾前数者,发云贵两广烟瘴地方安置。旗人及官兵有犯,各加民人罪一等。其巡绰官兵知情故纵,与本犯同罪;得赃者,计赃以枉法从重论。失察者,官交部议处;兵丁,照山海关搜查参珠不力例治罪。其明知偷刨奸匪,而容隐在家不即举报者,照知人犯罪藏匿在家不告捕者减罪人一等律治罪。

臣等谨按:乾隆五十八年(1793)九月内,吉林将军恒秀奏"民人韩祥生等,在三姓地方,于未交官貂皮以前,换买貂皮三百余张,审拟治罪"案内,钦奉谕旨:"据恒秀奏审明韩祥生、项如宾,偷换赫哲貂皮一案,请将韩祥生等枷号两个月,杖责,逐出境外等语。民人韩祥生等,胆敢预在赫哲等来路偷换貂皮,甚属不法,若仅逐出境外,亦不过逐出吉林边外而已。吉林境外,非盛京,即黑龙江地方,仍不免在此二处有偷换貂皮、人参之事。韩祥生、项如宾,均着枷号两个月,满日杖一百,发遣烟瘴地方,以示儆戒。嗣后似此者,俱照此办理。余照所请行。钦此。"遵查,人参与貂皮同系应行交官之物,今偷换貂皮之犯,既经奉旨发遣烟瘴地方,则此条例内私带米石什物易换人参,罪止拟发附近充军之处,亦应改为发遣烟瘴地方,庶为平允。再易换人参,米过五十石、什物值银过五十两者,始行拟军;不及此数,罪止杖一百、徒三年,以示区别。拟请将私换貂皮,亦照此数分别治罪,即并辑于此条例内,以昭画一,而便引用。今将修辑例文,开列于后。

【1802】6.18.271.(15)(略)

【1825】6.18.271.(20)(略)

【1847】6.18.271.(17)(略)

【1751】○续纂

一、凡索伦达呼尔越界至松阿里乌拉地方打牲滋事者,令该将军查拿,分别治罪。其有私带米粮等物,卖给刨参之人者,照无引私盐律,计米数多寡,分别定拟。吉林地方,有越界私带米粮情事,饬令吉林将军一体查拿,照例定拟。

臣等谨按:此条系乾隆十一年(1746)十月内,军机处议复调任船厂将军阿兰泰条奏定例,应纂辑以便遵行。

【1768】6.18.271.(7)

【1802】6.18.271.(5)(略)

【1847】6.18.271.(4)(略)

【1756】○续纂

一、旗、民人等偷刨人参,人至百名以上,参至五百两以上者,为首之财主,及率领之头目,并容留之窝家,俱拟绞监候。为从,系民人,发云贵川广烟瘴地方;系旗人,发打牲乌拉,查明正身、家仆,分别当差、为奴;均照窃盗例,分别刺字。所获牲畜等物,给付拿获之人充赏,参入官。拟绞人犯遇赦减等,亦照为从例发遣。其未得参者各减一等。如人自一二名至十名,参自一二两至十两者,财主、头目,系民人,杖一百、徒三年;系旗人,枷号四十日、鞭一百。人数至二十名,参数至五十两者,财主、头目,系民人,发遣云贵川广烟瘴稍轻地方;系旗人,发打牲乌拉。刨参未得,人自一二名至十名者,杖八十、徒二年;数至二十名者,杖一百、徒三年;系旗人,各照例折枷鞭责发落;为从者各减一等。容留之家罪同。其并无财主,实系一时乌合,各出资本者,按人数、参数,已得、未得,各照财主例减罪二等科断。代为运送米石者,亦如之。贩参人犯拿获时,查明参数,照财主头目偷刨人参例减一等治罪。至刨参人犯内有家奴,讯系伊主知情故纵者,将伊主杖八十,系官交部议处,不知者不坐。其潜匿禁山刨参人犯,被获治罪,递回旗、籍后复逃往禁山者,各于应得本罪上加一等问拟;若系旗奴开户人等,即发拉林给种地人为奴。将疏纵之该管官交部议处。

臣等谨按:此条系乾隆二十一年(1756)闰九月内,军机大臣会同臣部议复升任宁古塔副都统舍图肯条奏定例,应纂辑遵行。

再按:原定例文俱系陆续增纂,层见叠出。今拟将现行各例,与新定之例,合为一条,其原文有重复者,应请删除。

【1767】○修改

臣等谨按:此条系刨参人犯分别治罪定例,原例"分别人数、参数,及已得、未得定拟,系旗人,发打牲乌喇,查明正身、家仆,分别当差、为奴"等语,查乾隆二十三、四两年,臣部及吉林将军、宗室萨拉善条奏,如有身充财主,雇人刨参,及积年在外,逗遛过冬者,不论参数多寡,俱发云贵两广烟瘴地方。若并无财主,一时乌合,各出资本,及受雇偷采,或只身潜往得参者,满流。未得参者,满徒。旗人有犯,同民人一体办理。犯应军、流者,销去旗档,旗下家奴,发驻防兵丁为奴。纂有定例,现在遵行。拟将原例"分别人数、参数,已得、未得"一节删去,"旗人发打牲乌喇,查明正身、家仆,分别当差、为奴"等句,改为"系旗人,销去旗档,同民人一体发遣。系旗下家奴,发驻防兵丁为奴"。再,原例内有"代为运送米石"一项,已归入下条定例之内。又,原例"刨参被获治罪,递回旗、籍后,复逃往禁山者,各于应得本罪上,加一等问拟。系旗下家奴,即发拉林,给种地人为奴"等语,查新例,发往拉林等处人犯,俱发黑龙江等处,是以将原例内"旗下家奴发拉林种地人为奴"句改为"发黑龙江等处为奴"。

一、凡旗、民人等偷刨人参,人至百名以上,参至五百两以上者,为首之财主,及率领之头目,并容留之窝家,俱拟绞监候。为从,系民人,发云贵两广烟瘴地方;系旗人,销去旗档,同民人一体发遣;系旗人家奴,发驻防兵丁为奴;均于面上刺字。所获牲畜等物,给付拿获之人充赏,参入官。拟绞人犯遇赦减等者,亦照为从例发遣。其未得参者各减一等。贩参人犯拿获时,查明参数,照财主头目偷刨人参例减一等治罪,免其刺字。至刨参人内有家奴,讯系伊主知情故纵者,将伊主杖八十,系官交部议处,不知者不坐。其潜匿禁山刨参人犯,被获治罪,递回旗、籍后复逃往禁山者,各于应得本罪上加一等问拟;若系旗下家奴,即发黑龙江等处给予披甲人为奴。疏纵之该管官,交部议处。

【1768】6.18.271.(8)(略)

【1772】○修改

臣等谨按:乾隆三十六年(1771)四月内,臣部核拟"福建龙溪县民许日观在沈阳地方偷买私参"案内,声请将例内"人百名以上"改为"四十名以上","参五百两以上"改为"五十两以上",奏准遵行。谨于此条例内,人"百名"改为"四十名",参"五百两"改为"五十两",以便引用。合并陈明。

一、凡旗、民人等偷刨人参,人至四十名以上,参至五十两以上者,为首之财主,及率领之头目,并容留之窝家,俱拟绞监候。为从,系民人,发云贵两广烟瘴地方;系旗人,销去旗档,同民人一体发遣;系旗人家奴,发驻防兵丁为奴;均于面上刺字。所获牲畜等物,给付拿获之人充赏,参入官。拟绞人犯遇赦减等者,亦照为从例发遣。其未得参者各减一等。贩参人犯拿获时,查明参数,照财主头目偷刨人参例减一等治罪,免其刺字。至刨参人内有家奴,讯系伊主知情故纵者,将伊主杖八十,系官交部议处,不知者不坐。其潜匿禁山刨参人犯,被获治罪,递回旗、籍后复逃往禁山者,各于应得本罪上加一等问拟;若系旗下家奴,即发黑龙江等处给予披甲人为奴。疏纵之该管官,交部议处。

【1790】6.18.271.(8)(略)

【1801】○修并

【原例】【1790】6.18.271.(8)(略)、【1790】6.18.271.(9)(略)

臣等谨按:嘉庆四年(1799),臣部具奏"请弛私卖玉器例禁折"内奏称:"私刨人参一项,臣等向来定例,人至四十名以上、参至五十两以上,为首之财主人等问拟绞候。其有身充财主,雇人刨采,及积年在外,逗遛已过三冬者,虽人数未及四十名、参数未至五十两者,均发云贵两广充军。诚以人参产自关东,非叶尔羌等处所出玉石可比。是以例禁森严,自应照旧定拟。惟并无财主,一时乌合,或只身潜往得参者,向例不论参数多寡,均杖一百、流三千里。若私刨、私贩究系因赃入罪,若既非财主又未纠人,一经得财,不论多寡,概拟满流,未免无所区别。应请嗣后,并无财主、一时乌合,只身潜往得参者,俱按其得参数目,一两以下,杖六十、徒一年;一两以上至五两,杖七十、徒一年半,每五两以次递加一等,至二十两,杖一百、徒三年;二十两以上至三十两,杖一百、流二千里,每十两亦以次递加一等,罪止杖一百、流三千里。为从及未得参者,各减一等。私贩,照私刨人犯减一等治罪"等因具奏。奉旨:"私刨人参之案,只系只身潜往,向例不论参数多寡,概拟满流,未免无所区别。此后即照所拟,计赃论罪,以昭平允。钦此。"钦遵在案。此条旧例,应行修改。又,刨参案内,代为运送米石人犯,向例杖一百、徒三年,查刨参正犯现已分别治罪,其运送米石之犯,不过图得些微雇值,问拟满徒,殊觉太重,应改为杖一百。又,旗人折枷之后如有再犯,不分刨参已得、未得,销去旗档,问拟附近充军,若民人再犯,亦应照此拟军。前条潜匿禁山刨参被获治罪,递回旗、籍后复往禁山者,系属再犯,自不论已、未得参,照例拟军。例内止称应得本罪加一等问拟,不惟轻重歧异,抑且前后矛盾,应行修改。至旗下家奴,有犯俱发驻防为奴例内,即发黑龙江为奴之处,亦应画一修改。谨将修并例文,开列于后。

一、凡旗、民人等偷刨人参,如有身充财主雇人刨采,及积年在外逗遛已过三冬,人数未及四十名,参数未至五十两者,俱发云贵两广烟瘴地方管束。若人至四十名以上,参至五十两以上,为首之财主,及率领之头目,并容留之窝家,俱拟绞监候;为从,发云贵两广烟瘴地方。所获牲畜等物,给拿获牲畜之人充赏,参入官。拟绞人犯遇赦减等者,亦照为从例发遣。其未得参者各减一等。如并无财主,实系一时乌合,各出资本,及受雇偷采,或只身潜往,得参者,俱按其得参数目,一两以下,杖六十、徒一年;一两以上至五两,杖七十、徒一年半;一十两,杖八十、徒二年;一十五两,杖九十、徒二年半;二十两,杖一百、徒三年;二十两以上至三十两,杖一百、流二千里;每十两递加一等,罪止杖一百、流三千里。为从,及未得参者,各减一等。代为运送米石者,杖一百。私贩,照私刨人犯减一等治罪。得参人犯,首从照例刺字;未得参及私贩人犯,俱免刺字。刨参案内有犯军、流者,如系旗人,销去旗档,照民人一体办理;犯该拟徒者,旗人免其充配,折加枷号二个月,责令各该管官严加管束,除八旗正身兵丁不准再食钱粮外,其余壮丁各色人等,仍令各当本身差徭。若旗下家奴,犯该军、流者,发驻防兵丁为奴,徒罪照例折枷。伊主知情故纵者,杖八十,系官交部议处,不知者不坐。其潜匿禁山刨参人犯,被获治罪,递回旗、籍后复逃往禁山者,及旗人折枷之后,如有再犯,不分刨参已得未得,销去旗档,与民人俱发附近充军;旗下家奴,发往驻防给兵丁为奴。

【1802】6.18.271.(16)(略)

【1825】6.18.271.(21)

一、凡旗、民人等偷刨人参,如有身充财主雇人刨采,及积年在外逗遛已过三冬,人数未及四十名、参数未至五十两者,俱发云贵两广烟瘴地方管束。若人至四十名以上、参至五十两以上,为首之财主,及率领之头目,并容留之窝家,俱拟绞监候;为从发云贵两广烟瘴地方。所获牲畜等物,给付拿获之人充赏,参入官。拟绞人犯遇赦减等者,亦照为从例发遣。其未得参者,各减一等。如并无财主,实系一时乌合,各出资本,及受雇偷采,或只身潜往得参者,俱按其得参数目,一两以下,杖六十、徒一年;一两以上至五两,杖七十、徒一年半;一十两,杖八十、徒二年;一十五两,杖九十、徒二年半;二十两,杖一百、徒三年;二十两以上至三十两,杖一百、流二千里;每十两递加一等,罪止杖一百、流三千里。为从,及未得参者,各减一等。代为运送米石者,杖一百。私贩,照私刨人犯减一等治罪。得参人犯,首、从照例刺字;未得参及私贩人犯,俱免刺字。刨参案内有犯军、流、徒罪者,系旗人,销去旗档,照民人一体问拟。若旗下家奴有犯罪应军、流者,发驻防给兵丁为奴;徒罪照例发配,限满释回,仍交主家服役。如伊主知情故纵者,杖八十,系官交部议处,不知者不坐。其潜匿禁山刨参,被获拟徒人犯,限满释回,复行逃往禁山刨参者,不分已得、未得,俱发附近充军;旗下家奴,发往驻防给兵丁为奴。

【1847】6.18.271.(18)(略)

【1761】○续纂

一、凡拿获刨参贼犯,严审明确。如有身充财主,雇人刨采,及积年在外逗遛已过三冬者,不论参数多寡,俱发云贵两广烟瘴地方管束。若并无财主,实系一时乌合,各出资本,及受雇偷采,或只身潜往,得参者,均杖一百、流三千里;未得者,杖一百、徒三年。系旗人,销去旗档,改发云贵两广烟瘴地方,同民人一体管束。系旗奴,发驻防兵丁为奴。

臣等谨按:此条系乾隆二十三年(1758)十二月内臣部奏准定例,并乾隆二十四年(1759)九月内户部议复原任吉林将军、宗室萨拉善条奏,应汇纂为例,以便遵行。

【1767】○修改

臣等谨按:此条系乾隆二十三、四等年,臣部及吉林将军、宗室萨拉善奏准定例,现在遵行。其上条例内"代为运送米石"一项,已并入此条之内。再查"刨参人犯分别人数、参数,已得、未得,及财主、头目、窝家并贩参人犯治罪"之处,自徒、流、军、遣以至绞罪例内,无不详载,所有从前旧例六条,或系语意重复,或非现行定例,均应删去。谨将删除例文,开列于后。

一、凡拿获刨参贼犯,严审明确。如有身充财主,雇人刨采,及积年在外逗遛已过三冬者,不论参数多寡,俱发云贵两广烟瘴地方管束。若并无财主,系一时乌合,各出资本,及受雇偷采,或只身潜往,得参者,均杖一百、流三千里;未得者,杖一百、徒三年。代为运送米石者亦如之。旗人有犯,同民人一体办理。犯应军、流者,销去旗档。系旗下家奴,发驻防兵丁为奴。

【1768】6.18.271.(9)(略)

【1772】○修改

臣等谨按:原例"旗人有犯,同民人一体办理",是无论军、流、徒罪,均与民人一体问拟,不准折枷。乾隆三十五年(1770)七月内,据盛京刑部侍郎朝铨奏请,"凡旗人有犯偷刨私参之案,除军、流之罪,仍照旧办理,其犯应拟徒者,免其充配,统加枷号两个月"等语,经臣部议准遵行。所有此条内"旗人有犯,同民人一体办理。犯应军、流者,销去旗档"数句,今拟改为"旗人有犯该军、流者,销去旗档,同民人一体问拟",并将"徒罪改拟枷号"之处一并纂入,则军、流与徒罪各有分别,庶便引用。谨将修辑例文,开列于后。

一、凡拿获刨参贼犯,严审明确。如有身充财主,雇人刨采,及积年在外逗遛已过三冬者,不论参数多寡,俱发云贵两广烟瘴地方管束。若并无财主,实系一时乌合,各出资本,及受雇偷采,或只身潜往,得参者,均杖一百、流三千里;未得参者,杖一百、徒三年。代为运送米石者亦如之。旗人有犯该军、流者,销去旗档,照民人一体问拟;犯该拟徒者,免其充配,折枷号二个月,责令各该管官严加管束,除八旗正身兵丁不准再食钱粮外,其余壮丁各色人等,仍令各当本身差徭。至折枷之后如再犯,不分刨参已得未得,俱销去旗档,问拟附近充军;旗下家奴,俱发驻防兵丁为奴。

【1790】6.18.271.(9)(略)

【1801】○修并

修并按语并修并后例文,见【1790】6.18.271.(8)条【1801】修并项下。

【1767】○续纂

一、打珠人等私藏珠子不行交官者,拿获,不论珠数多寡、分两轻重,俱杖一百、流三千里。旗人销去旗档,同民人一体发遣。总领打珠之骁骑校并总管翼长,均交部分别议处。

臣等谨按:此条系乾隆三十年十月内,吉林将军恒鲁条奏定例,应纂辑遵行。

【1768】6.18.271.(10)(略)

【1802】6.18.271.(6)(略)

【1847】6.18.271.(5)(略)

【1767】○续纂

一、领票工人内,如有偷窃领票商人之参者,照刨参已得例,不论参数多寡,俱杖一百、流三千里,仍于面上刺"窃盗"字,追赃给主。

臣等谨按:此条系乾隆二十八年(1763)十月内,吉林将军恒鲁条奏定例,应纂辑遵行。

【1768】6.18.271.(11)(略)

【1801】○修改

臣等谨按:此条系乾隆二十八年(1763)定例,现经臣部奏明"刨参案内,如并无财主,一时乌合,刨参已得,按照得参数目分别治罪"等因,奉旨允准在案,此条不论参数多寡,俱杖一百、流三千里之处,应照新例画一修改。谨将修改例文,开列于后。

一、领票工人内,如有偷窃领票商人之参者,照刨参已得例,按照得参数目分别徒、流,仍于面上刺"窃盗"字,追赃给主。

【1802】6.18.271.(13)(略)

【1825】6.18.271.(12)(略)

【1847】6.18.271.(10)(略)

【1767】○续纂

一、潜入南苑窃取草束等物者,不分首从,俱杖一百、徒三年。

臣等谨按:此条系乾隆二十九年(1764)二月内,臣部侍郎兼管顺天府府尹钱汝诚等条奏定例,应纂辑遵行。

【1768】6.18.271.(12)(略)

【1801】○修并

修并按语并修并后例文,见【1768】6. 18. 271. (13)条【1801】修并项下。

【1767】○续纂

一、拿获围场内贼犯,如系偷采菜蔬及割草之人,初犯枷号一个月,再犯枷号二个月,三犯枷号三个月发落。若盗砍木植,偷打牲畜,审系初次、二次,发乌鲁木齐等处种地;犯至三次者,发乌鲁木齐给兵丁为奴。打牲、砍木未得人犯,均照已得遣罪减一等,杖一百、徒三年。再犯即未得畜、木,亦与已得者同拟外遣。若止偷窃野鸡,并无鸟枪器械者,即在拿获地方责惩完结。

臣等谨按:此条系乾隆二十七年(1762)十一月,园场总管齐凌扎布条奏,及二十八年(1763)十二月,臣部奏准,并三十一年(1766)十月,钦奉上谕。并纂为例,以便遵行。

【1768】6. 18. 271. (13)(略)

【1801】○修并

【原例】【1768】6. 18. 271. (13)(略)、【1768】6. 18. 271. (15)(略)、【1768】6. 18. 271. (12)(略)

臣等谨按:前条系乾隆二十七年(1762)定例,次条系乾隆二十八年(1763)定例,后条系乾隆二十九年(1764)定例。嗣于嘉庆四年(1799),臣部议复盛京刑部侍郎铁保奏"私入围场打枪及采取蘑菇、砍伐烧柴之例请分别轻重折"内奏称,"围场内偷采菜蔬、割草,既止分别次数枷号,而蘑菇亦属菜蔬之类,有犯即拟满徒,其盗砍木植例内或遣或徒,事同罪异,原未允协。检查该处办过成案,凡发遣新疆者,俱系盗砍成株树木;其问拟徒罪者,俱系砍取枯枝干柴,虽办案自有分别,而例文究属参差。且柴枝原于薪草无异,今问拟满徒,亦与割草枷号之例轻重悬殊。至打枪放狗惊散牲畜,未得者,不论次数,分别旗、民即拟军、遣,砍得木植、打有牲畜者,初、二次发遣新疆种地,三次即发为奴,亦未免过重,自应修改画一。应请嗣后私入围场偷采蘑菇及砍取柴枝之犯,审系一时贪图微利者,即照偷采菜蔬、割草之例,初犯,枷号一个月;再犯,枷号两个月;三犯,枷号三个月。至打枪、放狗,已得牲畜,及盗砍木植,已得者,不计赃数,初犯,枷号三个月;再犯,杖一百,徒三年;三犯,发乌鲁木齐等处种地。如打牲放狗仅止惊散牲畜而未得,及砍伐木植未得者,各减已得一等。为从,亦各减为首一等。其潜入南苑偷窃草束之犯,亦与私入围场割草之犯,分别次数,一体枷号。打牲、砍木人犯,亦照围场例分别办理,以归允协"等因具奏,奉旨:"依议。钦此。"钦遵在案,应将旧例修改,以便引用。又,查打牲、砍木已得之案,初犯,枷号三个月;再犯,杖一百、徒三年。若系旗人,徒罪折枷,例止四十日。是旗人再犯之罪反轻于初犯,应仍枷号三个月、鞭一百。又未得及为从者各减一等,若应枷号三个月、两个月者各递减一等,枷号一个月者减为二十日,原奏内俱未分别申叙,应行增入。又偷窃野鸡并无鸟枪器械者,应照不应重律杖八十例内,责惩完结句,未免含混,应行添叙,合并声明。谨将修并例文,开列于后。

一、私入围场,偷采菜蔬蘑菇,及割草,或砍取柴枝者,初犯枷号一个月,再犯枷号二个月,三犯枷号三个月发落。若盗砍木植,偷打牲畜已得者,不计赃数,初次枷号三个月,二次杖一百、徒三年;系旗人,仍枷号三个月、鞭一百。犯至三次者,旗、民俱发往乌鲁木齐等处种地。如打枪放狗,仅止惊散牲畜而未得,及盗砍木植未得者,各减已得一等。为从,亦各减一等。枷号三个月、两个月者,减等递减一个月,枷号一个月者,减为二十日。起获鸟枪入官,牲畜、器物给原拿之人。失察私入之该管官弁,查明边界,交部议处。若止偷窃野鸡,并无鸟枪器械者,杖八十。其潜入南苑窃取草束等物,及打牲砍木人犯,俱照围场例,一体分别办理。

【1802】6.18.271.(17)(略)

【1806】○修改

臣等谨按:嘉庆八年(1803)二月内,军机大臣会同臣部议复围场副都统台斐音条奏"私入围场偷盗牲畜、木植已得者刺字,未得与仅止偷采菜蔬、蘑菇及割草或砍取柴枝罪止枷号者,均免其刺字"等因。又是年八月内,军机大臣会同臣部遵旨酌议围场条例,原奏内称偷窃畜、木匪犯,固宜惩创于既犯之后,尤当防禁于未犯之先。查围场卡伦俱有兵弁专司看守,如果平时巡缉罔懈,贼犯何由潜入。是畜、木之被窃,总由该弁等查缉懈弛,该总管等不能随时严缉周巡所致。应请嗣后责成该总管转饬看守卡伦员弁轮班值日,常川于所管地面,周历巡查,将有无贼犯入围偷窃之处按月出具切实甘结,报明该总管查核。如有疏纵隐匿,别经发觉,官员交部严议,弁兵照故纵罪囚,分别有、无受贿,按例定拟。该总管每年于五月内,将该围场员弁结报之处据实汇折具奏。倘奏报不实,亦交部议处等因。又九年五月内,军机大臣庆桂等奏"偷盗围场木植、牲畜人犯,分别兵、民定罪,请交刑部悉心酌议"一折,经臣部议请嗣后民人私入围场,除偷窃柴草、菜蔬、蘑菇仍照例分别办理外,其盗砍木植、偷打牲畜者,俱不计赃数,审系初犯,杖一百、徒三年;再犯,发乌鲁木齐等处种地;三犯及三犯以上,发乌鲁木齐等处给兵丁为奴。为从,减为首一等。均照例面刺"盗围场"字样。旗人有犯,销除旗档,照民人一体办理。其未得之犯,减已得一等,免刺;旗人,免其销除旗档。围场看守之满洲、蒙古兵丁有犯,俱先插箭游示,枷号两个月。绿营兵丁有犯,俱先插箭游示,免其枷号,仍各按次数分别徒、遣办理。至潜入南苑偷窃畜、木等项,均照此例科断等因奏准,各在案,均应于例内修改明晰。再查看守围场员弁疏纵陈匿,交部严议。兵丁分别有无受贿,按例定拟之处,尚未赅备。查员弁既经纵匿,如果受贿故纵,自应与兵丁一律同科,计赃以枉法从重论。若止系纵匿,并未受贿,应交部严议。其仅止失于觉察,而无纵匿情事者,向来办理俱查取职名,交部议处。至兵丁纵匿,并未受贿及仅止失察者,均无治罪明文。臣等查律内巡缉私盐,于所管地面巡禁,若有透漏,委巡人员,初犯,笞四十;再犯,笞五十;三犯,杖六十,并留职役。又粮船夹带私盐,兵役受贿纵放者,计赃以枉法从重论。未受贿者,杖一百,革退。围场看守兵丁,纵匿、失察致被偷窃,与巡盐兵役情罪相符,亦应比例分别问拟。应请一并添入,以昭赅备。谨将修改例文,开列于后。

一、私入围场,偷采菜蔬蘑菇,及割草砍取柴枝者,初犯枷号一个月,再犯枷号两个月,三犯枷号三个月发落,均免其刺字。若盗砍木植,偷打牲畜已得者,俱不计赃数,审系初犯,杖一百、徒三年;再犯,发乌鲁木齐等处种地;三犯及三犯以上,发乌鲁木齐等处给兵丁为奴。为从,减为首一等。均照例面刺“盗围场”字样。旗人有犯,销除旗档,照民人一体办理。如打枪放狗,仅止惊散牲畜,及盗砍木植未得之犯,各减已得一等,免刺;旗人,免其销除旗档。围场看守之满洲、蒙古兵丁有犯,俱先插箭游示,枷号两个月;绿营兵丁有犯,俱先插箭游示,免其枷号,仍各按次数分别徒、遣办理。枷号三个月、二个月者,减等递减一个月;枷号一个月者,减为二十日。起获鸟枪入官,牲畜等物赏给原拿之人。并令看守卡伦员弁轮班值日,于所管地面周历巡查,将有无贼犯入围偷窃之处,按月出具切实甘结,报明该总管查核。如有疏纵隐匿,别经发觉,审系受贿故纵者,员弁、兵丁,均计赃以枉法从重论;未受贿者,员弁交部严加议处,兵丁杖一百革退。若止系失于觉察,员弁交部议处;兵丁初犯笞四十,再犯笞五十,三犯杖六十,并免革役。该总管每于五月内,将该围场员弁结报之处,据实汇折具奏。倘奏报不实,交部议处。若止偷窃野鸡,并无鸟枪器械者,杖八十。其潜入南苑窃取草束等物,及打牲砍木人犯,俱照围场例,一体分别办理。

【1814】○修改

臣等谨按:嘉庆十五年(1810)十月内,军机大臣会同臣部奏“酌议偷窃围场牲畜、木植分别治罪”一折内称查偷窃围场畜、木旧例,只论偷盗次数,而不按赃数以为等差,故附近贫民每次偷一二牲畜,至三次遂发往乌鲁木齐等处为奴者,亦有奸民一次偷盗牲畜动逾百十,其罪转不过杖、徒者,此于惩创之道未为得宜。议请嗣后偷窃围场牲兽,如在十只以上者,杖一百、流三千里;二十只以上者,发乌鲁木齐等处种地;三十只以上者,发往乌鲁木齐等处给兵丁为奴。至零星偷窃随时破案者,一只至五只,亦问拟杖一百、徒三年,如至五只以上,请再加枷号一个月,杖一百、徒三年。又,偷窃围场树木如在五百斤以上者,杖一百、流三千里;如在八百斤以上者,即发乌鲁木齐等处种地;其在一千斤以上者,发乌鲁木齐等处给兵丁为奴。至零星偷窃随时破案者,数十斤至一百斤,亦问拟杖一百、徒三年;如在一百斤以上,诸再加枷号一个月,杖一百、徒三年。为从,各减一等。均无论初犯、再犯、三犯,俱照旧例面刺‘盗围场’字样。其偷窃畜、木未经得赃,及偷窃柴草、菜蔬、蘑菇者,俱随时分别枷号、杖责,免其刺字。所有枷号、杖、徒、发遣等罪,均即在犯事地方发落起解,毋庸解部转发。旗人有犯应刺字者,照旧例销除旗档,与民人一体办理。至该官兵等,如果拿获破案,则不但宽其处分,并请无论赃数多寡,皆给予拿获之人充赏。有连获大起者,交该管官记功奖励。一面仍向获犯研讯,由何处卡隘偷入,即将疏纵官兵查明办理,以示分别惩劝。至此外,每月责令看卡员弁将有无贼犯偷入围场之处出结,具报总管查核,并该总管于每年五月内,汇奏一次,如有不实,加以议处。均请敕部申明定例,核实办理,并请旨令热河都统每年六月间,亦再据实具奏一次,如查明该总管所奏不实,即行参办”等因具奏。奉旨:“此等人犯潜入围场,于牲兽、木植私行偷窃,并窃取茸角,不可不严行禁止。该犯等多系围场外附近居民及蒙古人等,该管官如查察严密,自不致奸民屡干例禁。嗣后拿获此等人犯,如审系附近围场外居民,将该管厅、县议处;如系蒙古,将该管扎萨克议处。其如何立定处分,着原议军机大臣会同该衙门详议具奏等因。钦此。”嗣经军机大臣会同吏部等衙门议请“将失察民人、蒙古私入围场偷窃畜、木之该管地方文武各官,及察哈尔官员暨蒙古扎萨克等,分别酌定处分及折罚牲兽,并请将察哈尔暨扎萨克旗下蒙古,私入围场偷打牲兽在十只以上、偷砍木植在五百斤以上者,发遣河南、山东;牲兽二十只以上、木植八百斤以上者,发遣湖广、福建、江西、浙江、江南;牲默三十只以上、木植一千斤以上者,发遣云南、贵州、广东、广西。零星偷窃、随时破案者,牲兽五只以内、木植一百斤以内,鞭一百,枷号两个月;牲兽十只以内、木植五百斤以内,鞭一百,枷号三个月。案内从犯各减一等”等因,奏准各在案,应于例内修改,以便引用。再查私入围场偷窃畜、木,罪应枷号、徒、流、发遣人犯,既经奏明,均在犯事地方发落。其后条例内解部之处应行修改。至徒罪以上,例应年终汇奏者,亦令热河都统照例于年终汇折具奏。谨将修改例文二条,开列于后。

一、私入围场,偷采菜蔬蘑菇,及割草,或砍取柴枝者,初犯枷号一个月,再犯枷号两个月,三犯枷号三个月发落,均免刺字。若盗砍木植数十斤至一百斤,偷打牲畜一只至五只,俱杖一百、徒三年;如木植至百斤以上,牲畜至五只以上者,枷号一个月,杖一百、徒三年;木植至五百斤以上,牲畜至十只以上,俱杖一百、流三千里;木植至八百斤以上,牲畜至二十只以上,俱发乌鲁木齐等处种地;木植至一千斤以上,牲畜至三十只以上,俱发乌鲁木齐等处给兵丁为奴。为从,各减为首一等。无论初犯、再犯、三犯,均面刺“盗围场”字样。旗人有犯,销除旗档,照民人一体办理。至察哈尔及札萨克旗下蒙古,私入围场盗砍木植数十斤至一百斤,偷打牲畜一只至五只,俱枷号两个月、鞭一百;如木植至一百斤以上,牲畜至五只以上者,枷号三个月、鞭一百;木植至五百斤以上,牲畜至十只以上,发遣河南、山东;木植至八百斤以上,牲畜至二十只以上,发遣湖广、福建、江西、浙江、江南;木植至一千斤以上,牲畜至三十只以上,发遣云贵两广;俱交驿充当苦差。为从,各减一等。如打枪放狗,仅止惊散牲畜,及盗砍木植未得之犯,各减已得一等,免刺;旗人,免其销除旗档。围场看守之满洲、蒙古兵丁有犯,俱先插箭游示,枷号两个月;绿营兵丁有犯,俱先插箭游示,免其枷号,仍各按斤数、只数办理。枷号三个月、两个月者,减等递减一个月;枷号一个月者,减为二十日。失察私入围场偷窃之该管地方文武各官,并察哈尔佐领、捕盗官,及蒙古札萨克等,交部分别议处。及折罚牲畜、起获鸟枪入官,牲畜、器物赏给原拿之人。有连获大起者,交该管官记功奖励。一面仍向获犯研讯,由何处卡隘偷入。审系员弁、兵丁受贿故纵者,均计赃以枉法从重论;未受贿者,员弁交部严议,兵丁杖一百、革退。若止系失于觉察,员弁交部议处;兵丁初犯笞四十,再犯笞五十,三犯杖六十,并免革役。每月责令看卡员弁,将有无贼犯偷入围场之处,出结具报该总管,每年于五月内据实汇折具奏。倘该员弁所报不实,交部议处。热河都统亦于每年六月间据实具奏。如查明该总管所奏不实,即行参办。若止偷窃野鸡,并无鸟枪器械者,杖八十。其潜入南苑窃取草束等物,及打牲、砍木人犯,俱照围场例,一体分别办理。

【1821】○修改

臣等谨按:嘉庆二十三年(1818)三月初一日奉上谕:“富俊等奏‘拿获私入围场人犯请照旧例刺字’一折,围场偷窃牲畜、树木者,例应刺字。其偷窃柴、蔬等物,例只枷杖,免其刺字。近日奸徒私入围场,率以采菜为词,屡犯不悛。着照该将军所奏,嗣后拿获私入围场人犯,审明或打枪、放狗、或采菜、砍木,除照例分别拟罪外,不论首、从,已得赃者,皆面刺‘盗围场’字。未得赃者,皆面刺‘私入围场’字。如有再犯,易于辨识。木兰私入围场者,亦照此例一律办理。钦此。”又道光元年(1821)九月二十六日奉上谕:“庆惠奏‘围场偷打牲畜罪名请照旧例问拟’一折,木兰围场中偷打牲畜及偷砍木植,罪名屡经奏改。兹据庆惠奏,偷畜与偷木情同事异,一概计赃定罪,未免无所区别。着照所请,除盗砍木植仍照现例分别赃数定拟外,其偷打牲畜之犯,改照嘉庆九年(1804)旧例,不论赃数,初犯,杖一百,徒三年;再犯,发新疆等处种地;三犯,发新疆等处给兵丁为奴。旗人犯者,销除旗档,照民人一律办理。蒙古人犯者,初次,照现例枷责;再犯、三犯亦照旗民一体治罪。均面刺‘盗围场’字样。为从及未得赃者,各减一等。刑部即载入则例遵行。钦此。”查嘉庆九年(1804)臣部奏准定例,凡私人围场偷打牲畜已得者,不计赃数,初犯,杖一百,徒三年;再犯,发乌鲁木齐等处种地;三犯,发乌鲁木齐等处给兵丁为奴。迨十五年(1810),军机大臣会同臣部酌议偷盗围场畜、木旧例,只论次数,而不按赃数,以为等差,故有贫民每次偷窃一、二牲畜,至三次遂发遣为奴者,亦有奸民一次偷盗动逾百十,罪转不过杖、徒者,未为得宜。奏请将私入围场偷砍木植及偷打牲畜之犯,各按斤数、只数分别治罪等因,载入例册遵行。今据庆惠以偷畜与偷木情同事异,奏准将偷打牲畜之犯改照旧例办理,应于例内修改。其私入围场偷窃柴、蔬等物,前据富俊奏准,无论已、未得赃,均分别刺字,应一并修改。再查蒙古人犯偷打牲畜原例内,计赃枷号者,有两个月、三个月之分。今初犯不论赃数拟以枷责,再犯、三犯即拟发遣,则初次犯案,自应枷号三个月,亦应于例内修改明晰。谨将修改例文,开列于后。

一、私人木兰等处图场,偷采菜蔬、蘑菇及割草或砍取柴枝者,初犯,枷号一个月;再犯,枷号两个月;三犯,枷号三个月发落。偷窃野鸡并无鸟枪器械者,杖八十。若盗砍木植数十斤至一百斤,杖一百,徒三年;百斤以上,枷号一个月,杖一百,徒三年;五百斤以上,杖一百,流三千里;八百斤以上,发乌鲁木齐等处种地;一千斤以上,发乌鲁木齐等处给兵丁为奴。其偷打牲畜,不计赃数,初犯,杖一百,徒三年;再犯,发新疆等处种地;三犯,发新疆等处给兵丁为奴。为从,各减为首一等。旗人有犯,销除旗档,照民人一体办理。图场看守之满洲、蒙古兵丁有犯,俱先插箭游示,枷号两个月。绿营兵丁有犯,俱先插箭游示,免其枷号,仍各按斤数、只数分别办理。至察哈尔及扎萨克旗下蒙古,私入围场,盗砍木植数十斤至一百斤,枷号两个月,鞭一百;一百斤以上,枷号三个月,鞭一百;至五百斤以上,发遣河南、山东;八百斤以上,发遣湖广、福建、江西、浙江、江南;一千斤以上,发遣云贵、两广,俱交驿充当苦差。其偷打牲畜,不计赃数,初犯,枷号三个月,鞭一百;再犯,发新疆等处种地;三犯,发新疆等处给兵丁为奴。为从,各减一等。以上各项人犯,无论初犯、再犯、三犯,均面刺“盗围场”字样。如打枪、放狗仅止惊散牲畜，及偷窃未得之犯，各减已得一等，均面刺“私入围场”字样。其枷号三个月、两个月者，减等递减一个月；枷号一个月者，减为二十日。失察私入围场偷窃之该管地方文武各官，并察哈尔佐领捕盗官暨蒙古扎萨克等，交部分别议处及折罚牲畜。起获鸟枪入官，牲畜、器物赏给原拿之人。有连获大起者，交该管官记功奖励。一面仍向获犯研讯，由何处卡隘偷入，审系员弁、兵丁受贿故纵者，均计赃以枉法从重论。未受贿者，员弁，交部严议；兵丁，杖一百，革退。若止系失于觉察，员弁，交部议处；兵丁，初犯笞四十，再犯笞五十，三犯杖六十，并免革役。每月责令看卡员弁，将有无贼犯偷入围场之处，出结具报。该总管于每年五月内，据实汇折具奏。倘该员弁所报不实，交部议处。热河都统亦于每年六月间，据实具奏，如查明该总管所奏不实，即行参办。其潜入南苑，窃取草束等物，及打牲、砍木人犯，俱照围场例，一体分别办理。

【1825】6.18.271.(18)(略)

【1830】○修改

臣等谨按：道光七年(1827)十一月十七日奉上谕：“奕灏奏‘查明围场情形请更定私入围场偷牲伐木条例’一折，私入围场旧例罪名本重，嗣因从轻改定，奸匪毫无忌惮。着刑部将越边私入围场参山偷牲、砍树及刨挖鹿窖、贩卖茸角各犯，应如何严定科条，悉心妥议具奏等因。钦此。”经臣部溯查，此例旧例系乾隆二十七、八等年纂定。彼时偷盗木植、牲畜，系按计所犯次数，分别发遣为奴。迨后节次奏改，有将初犯问拟杖、徒，再犯、三犯分别发遣为奴者；有将偷窃木植、牲畜分别斤数、只数问拟遣、流、徒、杖者。其间或更新例，或复旧章，轻重互有参差。总之，专计次数定罪，则每嫌赃多者罪转轻，赃微者罪转重；专计赃数定罪，则嫌偶犯者罪已重，屡犯者罪尚轻。条例愈改愈烦，而于该处办理情形究无裨益。若照现行条例，因系初犯，仅拟杖、徒，洵觉法轻情重。然此中附近小民，贪图微利，偶尔偷窃木植、牲畜，为数无多，于围场情形不甚妨碍，照例拟徒，已足蔽辜。若一概问拟军、遣，又觉法重情轻。至木兰等处偷窃围场条例既须修改，则察哈尔、扎萨克旗下蒙古偷窃围场，事同一律，应即一并改定。各犯罪名既轻加重，而该处兵丁有看守之专责，其故纵及失察罪名亦应视旧例略为加重。现在新疆等处停止发遣人犯，应量为改发，以分差等。议请嗣后私入木兰等处围场及南苑偷窃菜蔬、柴草、野鸡等项者，初犯，枷号一个月；再犯，枷号两个月；三犯，枷号三个月，满日，各杖一百。若盗砍木植、偷打牲畜者，初犯，杖一百，徒三年；再犯、三犯，及虽系初犯而偷窃木植至五百斤以上、牲畜至十只以上，或身为财主雇倩多人者，改发极边足四千里充军。为从及偷窃未得者，各减为首及已得罪一等。贩卖者，又减一等。旗人有犯，销除旗档，照民人一体办理。兵丁有犯，俱先插箭游示，照此例加一等治罪。受贿故纵者，与犯同罪。失察者，杖一百。再犯者，折责，革伍。该管员弁失于觉察者，交部议处。察哈尔及扎萨克旗下蒙古，私入围场，盗砍木植，偷打牲畜，亦照此例办理。蒙古人犯应拟徒罪者，照例折枷；应充军者，发遣湖广、福建、江西、浙江、江南，交驿充当苦差。以上盗围场人犯，均面刺“盗围场”字样；偷盗未得之犯，均面刺“私入围场”字样。其每年有无贼犯偷入围场之处，该总管于五月内，热河都统亦于六月内,循例具奏等因具奏。奉旨:"依议。钦此。"钦遵在案,应将原例修改明晰,以资引用。谨将修改例文,开列于后。

一、私入木兰等处围场及南苑,偷窃菜蔬、柴草、野鸡等项者,初犯,枷号一个月;再犯,枷号两个月;三犯,枷号三个月,满日,各杖一百发落。若盗砍木植、偷打牲畜及刨挖鹿窖,初犯,杖一百,徒三年;再犯、三犯,及虽系初犯而偷窃木植至五百肋以上、牲畜至十只以上,或身为财主雇倩多人者,俱改发极边足四千里充军。为从及偷窃、挖窖未得者,各减为首及已得罪一等。贩卖者,又减一等。旗人有犯,销除旗档,照民人一律办理。围场看守兵丁有犯,俱先插箭游示,加一等治罪。至察哈尔及扎萨克旗下蒙古,私入围场,盗砍木植,偷打牲畜,亦照此例一律问拟。蒙古人犯应拟徒罪者,照例折枷;应免军者,发遣湖广、福建、江西、浙江、江南,交驿充当苦差。以上各项人犯,无论初犯、再犯、三犯,均面刺"盗围场"字样;偷盗未得之犯,均面刺"私入围场"字样。其枷号两个月、三个月者,减等通减一个月;枷号一个月者,减为二十日。失察私入围场偷窃之该管地方文武各官,并察哈尔佐领捕盗官及蒙古扎萨克等,交部分别议处及折罚牲畜。起获鸟枪入官,牲畜、器物赏给原拿之人。有连获大起者,交该管官记功奖动,一面仍向获犯研讯,由何处卡隘偷入,审系员弁、兵丁受贿故纵者,与犯同罪;赃重者,计赃,以枉法从重论。若止失于觉察,员弁,交部议处;兵丁,杖一百,再犯折责,革伍。每月责令看卡员弁将有无贼犯偷入围场之处,出结具报。该总管每年于五月内,据实汇折具奏。倘该员弁所报不实,交部议处。热河都统亦于每年六月间,据实具奏,如查明该总管所奏不实,即行参办。

【1845】○修改

臣等谨查:此条例文从前旧例内载,私入围场及南苑盗砍木植,数十斤至一百斤,杖一百、徒三年;百斤以上,枷号一个月,杖一百、徒三年;五百斤以上,杖一百、流三千里;八百斤以上,发乌鲁木齐等处种地;一千斤以上,发乌鲁木齐等处给官兵为奴。偷打牲畜,不计赃数,初犯,杖一百、徒三年;再犯,发新疆等处种地;三犯,发新疆等处给官兵为奴。蒙古偷砍木植,数十斤至一百斤,枷号两个月,鞭一百;一百斤以上,枷号三个月,鞭一百;至五百斤以上,发遣河南、山东;八百斤以上,发遣湖广、福建、江西、浙江、江南;一千斤以上,发遣云贵、两广,交驿充当苦差。其偷打牲畜,不计赃数,初犯,枷号三个月,鞭一百;再犯,发新疆等处种地;三犯,发新疆等处给兵丁为奴等语。嗣于道光六年(1826)十一月内,据原任陕甘总督那彦成奏请调剂新疆遣犯,经军机大臣会同臣部议,将应发外遣种地为奴各犯,均改为内地充军。又道光七年(1827)十一月内,钦奉上谕:"奕灏奏'查明围场情形请更定私入围场偷牲、伐木条例'一折,私入围场旧例罪名本重,嗣因从轻改定,奸匪毫无忌惮,着刑部将越边私入围场、参山,偷牲、砍树及刨挖鹿窖、贩卖茸角各犯,应如何严定科条,悉心妥议具奏等因。钦此。"经臣部遵将身充财主雇倩多人及刨挖鹿窖、贩卖各层一并增入例内,并将应发新疆等处种地为奴各条,酌量改为改发极边足四千里充军。又因盗砍木植则计赃,偷打牲畜则计次,条例转觉参差,是以合并修正等因奏准。纂入例册在案。兹道光二十四年(1844)六月内,据升任贵州巡抚贺长龄奏诸"调剂军犯章程"一折，复经军机大臣会同臣部议请"嗣后新疆遣犯各照旧发往，其例发四省充军之犯亦应实发"等因具奏。奉上谕："据军机大臣会同刑部议奏贵州军犯拥挤，酌减调剂等语，新疆遣犯改发内地，恐人数众多，不特约束难周，且与民风大有关碍。非若新疆地方辽阔，外遣人犯易于安插，所有旧时改发内地各条，着仍照旧发往新疆，交该将军设法妥为安插。并严饬所属，认真查核，严加管束，毋令滋生事端，俾期积久无弊。余依议。钦此。"臣等伏查，此等偷窃围场人犯，理应从严惩办。在旧例罪重，而后例较轻者，应仍从旧例。如有旧例本轻而后例改重，以及旧例未载、后例补出者，皆应遵守后例，以期核实无遗。如旧例盗砍木植，计赃分别徒、流、外遣，偷打牲畜者，再犯、三犯均发往新疆，分别种地、为奴。后例将再犯、三犯二项修并，均改为改发极边足四千里充军。是后例既轻于旧例，而再犯、三犯同一拟军，亦无区别。现在新疆遣犯既照旧发往，应将再犯者发极边足四千里充军，三犯者改发新疆种地，以示等差。至旧例偷打牲畜，初犯止拟满徒，而后例指出，初犯偷打牲畜至十只以上，与盗砍木植至五百斤以上，改发极边足四千里充军。又有身充财主、雇倩多人并偷挖鹿窖及贩卖各层，皆补旧例所未及，均应遵从新例。其蒙古人犯旧例有应发云贵、两广，交驿充当苦差之处，后例则罪止发遣湖广、福建、江西、浙江、江南等省。现在云贵、两广人犯既照旧发往，此项人犯自亦应酌量发往。以上各项，臣等参核二例，衡其重轻，修增明晰，以资引用。谨将修改例文，开列于后。

一、私入木兰等处围场及南苑，偷窃菜蔬、柴草、野鸡等项者，初犯枷号一个月，再犯枷号两个月，三犯枷号三个月，满日各杖一百发落。若盗砍木植、偷打牲畜，及刨挖鹿窖，初犯杖一百、徒三年；再犯，及虽系初犯，而偷窃木植数至五百斤以上，牲畜至十只以上，或身为财主雇倩多人者，俱改发极边足四千里充军；三犯者，发新疆等处种地。为从，及偷窃未得者，各减一等。贩卖者，又减一等。旗人有犯，销除旗档，照民人一律办理。围场看守兵丁有犯，俱先插箭游示，加一等治罪。至察哈尔及扎萨克旗下蒙古，私入围场偷窃，亦照此例一律问拟。蒙古人犯应拟徒罪者，照例折枷；应充军者，发遣湖广、福建、江西、浙江、江南；应拟遣者，发遣云贵两广，俱交驿充当苦差。以上各项人犯，无论初犯、再犯、三犯，均面刺"盗围场"字样；偷盗未得之犯，均面刺"私入围场"字样。其枷号三个月、两个月者，减等递减一个月；枷号一个月者，减为二十日。失察私入围场等处偷窃之该管地方文武各官，并察哈尔佐领、捕盗官，及蒙古扎萨克等，交部分别议处及折罚牲畜。起获鸟枪入官，牲畜、器物赏给原拿之人。有连获大起者，交该管官记功、奖励。一面仍向获犯研讯，由何处卡隘偷入。审系员弁、兵丁受贿故纵者，与犯同罪；赃重者，计赃以枉法从重论。若止失于觉察，员弁交部议处，兵丁杖一百，再犯折责、革伍。每月责令看卡员弁，将有无贼犯偷入围场之处，出结具报该总管，每年于五月内据实汇折具奏。倘该员弁所报不实，交部议处。热河都统亦于每年六月间据实具奏。如查明该总管所奏不实，即行参办。

【1847】6.18.271.(22)(略)

【1767】○续纂

一、盛京各处山场,商人领票砍伐木植,如有夹带偷砍果松者,按照株数多寡定罪。砍至数十根者笞五十,百根者杖六十,每百根加一等,罪止杖一百、徒三年。所砍木植,变价入官。

臣等谨按:此条系乾隆三十年(1765)闰二月内,盛京工部侍郎雅德条奏定例,应纂辑遵行。

【1768】6.18.271.(14)(略)

【1802】6.18.271.(7)(略)

【1847】6.18.271.(6)(略)

【1778】○续纂

一、盛京围场内,有私入打枪放狗,惊散牲畜者,不论次数,系旗人,发遣各驻防省城当差,家奴发遣为奴,民人发附近充军。其私入采取蘑菇,砍伐木植者,拟以满徒,分别旗、民办理。起获鸟枪入官,牲畜、器物赏给原拿之人。失察私入之该管员弁,查明边界,照例参处。

臣等谨按:此条系乾隆三十八年(1773)十一月内,军机大臣舒赫德等议复盛京将军、宗室弘晌条奏定例。又三十九年(1774)九月内据盛京刑部侍郎喀尔崇义审解旗人赛必那在围场打枪,拟发驻防省城当差,及拿获民人鲁才等偷进围场放狗,拟将鲁才等发附近充军两案,俱经臣部核准咨行。并纂为例,以便遵行。

【1790】6.18.271.(15)(略)

【1801】○修并

修并按语并修并后例文,见【1768】6.18.271.(13)条【1801】修并项下。

【1782】○续纂

一、刨参人夫,不往所指山林刨采,或将票张卖放别路飞扬者,除交官参外,余剩俱令入官,仍杖八十,枷号一个月。

臣等谨按:此条系乾隆四十二年(1777)十二月内,钦差户部右侍郎金简、吉林将军福康安奏"查办参务,酌定章程"案内条奏定例,经户部会同臣部议复具奏,奉旨:"依议。"钦遵在案。应纂辑遵行。

【1790】6.18.271.(17)(略)

【1802】6.18.271.(9)(略)

【1847】6.18.271.(7)(略)

【1782】○续纂

一、私刨人参贼犯,在山林僻壤庄屯潜踪盘踞,该处保正、甲长,如有飞包过付,窝藏黑人，不行首报，除窝家照例治罪外，保正、甲长，如审系知情不首，照保甲知有为盗窝盗之人瞻徇隐匿例杖八十，加枷号一个月；如不知情，照牌头所管内有为盗之人虽不知情而失察例笞四十。

臣等谨按：此条系乾隆四十二年（1777）十二月内，钦差户部右侍郎金简、吉林将军福康安奏"查办参务，酌定章程"案内条奏定例，经户部会同臣部议复具奏，奉旨："依议。"钦遵在案。应纂辑遵行。

【1790】6.18.271.（18）（略）

【1802】6.18.271.（10）（略）

【1847】6.18.271.（8）（略）

【1782】○续纂

一、渔利之徒，潜踪山林，收买参秧栽种，及贪利之人，私行入山，偷刨参秧货卖，一经拿获，均照偷刨私卖收买私参例，一体治罪。

臣等谨按：此条系乾隆四十二年（1777）十二月内，钦差户部右侍郎金简、吉林将军福康安奏"查办参务，酌定章程"案内条奏定例，经户部会同臣部议复具奏，奉旨："依议。"钦遵在案。应纂辑遵行。

【1790】6.18.271.（19）（略）

【1802】6.18.271.（11）（略）

【1847】6.18.271.（9）（略）

【1782】○续纂

一、盛京威远堡南至凤凰城边外山谷围场处所，拿获偷伐木植人犯，审明果系身为财主，雇倩多人伐木属实者，杖一百、流三千里；若无财主，一时会合，各出本钱，并雇人偷伐木植，越度边关隘口者，杖一百、徒三年。

臣等谨按：此条系乾隆四十五年（1780）三月内，盛京将军福康安因拿获偷越边栅送米伐木人犯案内，请为定例，具奏，奉朱批："知道了。"钦遵在案。应纂辑遵行。

【1790】6.18.271.（16）（略）

【1802】6.18.271.（8）（略）

【1830】○修改

臣等谨按：道光七年（1827）十二月内，臣部议复升任盛京刑部侍郎、觉罗海龄奏请"将身为财主雇倩多人越边偷打麀鹿及挖窖陷鹿暨贩卖茸角各犯酌拟治罪专条"一折内称盛京等处寻常捕打鹿只为害尤小，而偷挖鹿窖之犯则居心诡谲。于围场毗连处所，揣度鹿群来路，旁设藩篱，中安陷阱，戕生谋利，靡有孑遗。推原其故，盖因近年茸角昂贵，获利较厚，匪徒趋之若骛，遂至愁不畏法。欲清理围场，必须尽除鹿窖；欲盘除鹿窖，必须禁绝茸角。惟身为财主雇倩多人，越边偷打麀鹿，并挖窖陷鹿及贩卖茸角，例无治罪明文,经臣部议咨:盛京威远堡南至凤凰城边外山谷附近围场处所,拿获偷伐木植、偷打鹿只人犯,审实果系身为财主,雇倩多人者,杖一百、流三千里;若无财主,一时会合,各出本钱,并雇人偷伐木植、偷打鹿只、越度边关隘口者,杖一百、徒三年。为从及贩卖者,减一等。如系刨挖鹿窖,首、从均各加一等治罪。行窃各犯,分别面刺"偷窃木植牲畜"字样。再犯者,各于本罪上加一等治罪等因,奏准在案。嗣据调任盛京刑部侍郎特登额咨称,越边砍木、打牲未得者,例内未经议及;并请将越边偷窃柴草、野鸡,即比照私入围场偷窃柴草、野鸡之例,分别枷号。为从及偷窃未得者,各减为首及已得一等,俱免刺字等因咨部,经臣部照拟咨复,亦在案。应请于例内一并添纂明晰,以资引用。谨将修改例文,开列于后。

一、盛京威远堡南至凤凰城边外山谷附近围场处所,拿获偷伐木植、偷打鹿只人犯,审实果系身为财主,雇倩多人者,杖一百、流三千里;若无财主,一时会合,各出本钱,并雇人偷伐木植、偷打鹿只,越度边关隘口者,杖一百、徒三年;为从,及贩卖,并偷窃未得者,各减为首及已得一等。如系刨挖鹿窖者,首从各于前例流、徒罪上加一等治罪。分别面刺"偷窃木植牲畜"字样,未得者免刺。再犯者,各于本罪上加一等治罪。其越边偷窃柴草、野鸡等项,初犯枷号一个月,再犯枷号两个月,三犯枷号三个月,满日各杖一百;为从,及偷窃未得者,各减为首及已得一等;俱免刺。

【1847】6.18.271.(19)(略)

【1852】○修改

一、盛京威远堡南至凤凰城边外山谷附近围场处所,拿获偷伐木植、偷打鹿只人犯,审实果系身为财主,雇倩多人者,杖一百、流三千里。若无财主,一时会合,各出本钱,并雇人偷伐木植、偷打鹿只,越度边关隘口者,杖一百、徒三年。为从,及贩卖,并偷窃未得者,各减为首及已得一等。如系刨挖鹿窖,首、从各于前例流、徒罪上加一等治罪,分别面刺"偷窃木植牲畜"字样,未得者免刺。再犯者,各于本罪上加一等治罪。其越边偷窃柴草、野鸡等项,初犯枷号一个月,再犯枷号两个月,三犯枷号三个月,满日各杖一百;为从,及偷窃未得者,各减为首及已得一等;俱免刺;并递回原籍,严加管束。倘于递籍后,复行出边偷窃者,即在犯事地方枷号两个月,杖六十、徒一年。如再有犯,以次递加。其因偷窃未得,递籍管束,复有越边偷窃者,仍照初犯例枷号一个月、杖一百,递籍严加管束。淘挖金砂之犯,本例罪重者,仍从重定拟;若罪名较轻,即照此一体办理。至失察之地方各官,交部议处。

【1870】6.18.271.(19)(略)

【1788】○续纂

一、民间农田,除江河川泽,及公共塘堰沟渠,或虽非公共,而向系通融灌溉者,不在例禁外,如有各自费用工力,挑筑池塘渠堰等项,蓄水以备灌田,明有界限,而他人擅自窃放以灌己田者,按其所灌田禾亩数,照侵占他人田一亩以下笞五十,每五亩加一等,罪止杖八十、徒二年。有拒捕者,依罪人拒捕科断。如有被应捕之人追捕杀伤者,各依擅杀伤罪人问拟。

臣等谨按:乾隆五十二年(1787)十二月内,臣部核复河南巡抚毕沅题"正阳县民潘毓秀,因无服族孙潘士德,私窃伊所蓄塘水,将其砍伤身死"案内,议以"民间私筑沟塘,蓄水灌溉,若被人窃放,在窃水者,得以滋养其田禾,而蓄水者必致枯槁其苗稼,是窃水之人,瘠人肥己,实不得不谓之罪人。请将潘毓秀依擅杀罪人定拟,并声请定例"等因具奏,奉旨:"依议。"钦遵在案。应纂辑,以便遵行。

【1790】6.18.271.(20)(略)

【1801】○修改

臣等谨按:此条系乾隆五十二年(1787)定例。查民间农田时当亢旱,引水灌溉事所常有,如系于己业地内自用工力、挑筑池塘,已经车戽入田、养蓄禾苗,而乡民擅自窃放以灌己田者,是侵他人之业,瘠人肥己。窃放者实系罪人,自应计亩治罪。有拒捕者,依律以罪人拒捕科断。有杀伤者,照擅杀伤定拟。若江河、川泽、沟渠本民间共有之水利,而豪强势恶强筑堰渠,以为己业,或于公共官地挑筑池塘,及虽系己业,尚未车戽入田,究不得据为己有。若有窃放者,遽以罪人科罪,不惟槁苗而伤国课,且不足以抑豪强而扶良懦。例内拟罪,尚未允协,应斟酌修改,以昭平允。谨将修改例文,开列于后。

一、民间农田,如有于己业地内费用工力,挑筑池塘潴蓄之水,已经业主车戽入田封堵,而他人擅自窃放以灌己田者,无论黑夜白日,按其所灌田禾亩数,照侵占他人田一亩以下笞五十,每五亩加一等,罪止杖八十、徒二年。有拒捕者,依律以罪人拒捕科断。如有被应捕之人杀伤者,各依擅杀伤罪人问拟。若于公共江河川泽沟渎筑成渠堰,占为己业,或于公共地内挑筑池塘,及虽系己业,尚未车戽入田者,俱不得滥引此例。有杀伤者,仍各分别谋、故、斗殴定拟。

【1802】6.18.271.(14)(略)

【1806】○修改

臣等谨按:嘉庆八年(1803)七月内,都察院议复御史周廷森条奏"窃放田水之案仍照旧例分别治罪"一折,原奏内称农田专赖灌溉,水利易开争执,是以离水窎远之区,民间往往开挖池塘蓄水,以备旱潦。无论曾否车戽入田,他人自不得擅行窃放。刑部于乾隆五十二年(1787)议准,凡小民自费工力挑筑池塘,明有界限,被他人窃放者,照侵占田粮律分别治罪。如有拒捕情事,以罪人拒捕科断。立法本为平允。嗣于修辑条例时,以塘水未经车戽,究不得据为己有,添注"虽系己业,尚未车戽入田者,不得滥引此例"字样,办理未免歧误。凡农田筑塘蓄水,或系祖遗之地,或系自己置买之产,既经管业完粮,即非公共之川泽、陂池可比。若因其尚未车戽入田,他人即公然窃放,揆诸情理,殊未允协。应仍照乾隆五十二年(1787)所定之例办理,并请嗣后凡有水田地方,如在本人田产内独出己资开蓄塘水,无论已、未车戽,一经窃放,即照罪人问拟等因奏准,知照在案,应于例内修改明晰,以资引用。谨将修改例文,开列于后。

一、民间农田,如有于己业地内费用工力,挑筑池塘潴蓄之水,无论业主已未车戽入田,而他人擅自窃放以灌己田者,不问黑夜白日,按其所灌田禾亩数,照侵占他人田,一亩以下笞五十,每五亩加一等,罪止杖八十、徒二年。有拒捕者,依律以罪人拒捕科断。如有被应捕之人杀伤者,各以擅杀伤罪人问拟。若于公共江河、川泽、沟渎筑成渠堰,及于公共地内挑筑池塘,占为己业者,俱不得滥引此例。如有杀伤,仍各分别谋、故、斗殴定拟。

【1825】6.18.271.(15)(略)

【1847】6.18.271.(13)(略)

【1801】○续纂

一、直隶承德府属,私入围场偷打姓畜、砍伐木植之犯,如罪应徒、遣者,由该总管解交在京刑部审拟发配,仍于年终汇奏;其罪应枷号者,专咨报部,即在犯事地方发落,毋庸解部,仍于年终将拿获枷号人犯数目,汇册咨部存案。

臣等谨按:直隶承德府属赤峰县围场偷打牲畜、盗砍木植之案,于乾隆十二年(1747)钦奉上谕:"从前拿获偷入围场射猎、樵采之人,由该总管送部治罪。后因设立地方官,将此等人犯停止送部,即交地方官办理。但禁约围场究于地方无涉。嗣后如有斗殴词讼等事,照例令地方官办理完结。倘围场内有人偷入射猎、樵采等事,该总管拿获时仍照旧例,送部治罪,即交地方官转行解部,岁底,该总管将拿获数目报部汇查。钦此。"自奉旨以后,凡承德府属私入围场人犯,俱解部治罪,年终汇奏在案。查私入围场射猎、采樵从前定例,有犯即应徒、遣,自应解部治罪,以昭慎重。嗣于嘉庆四年(1799),臣部议复盛京刑部侍郎铁保奏"私入围场之例请分别轻重"案内奏称"围场内偷打牲畜、盗砍木植之案,初犯枷号三个月,再犯杖一百、徒三年,三犯发乌鲁木齐种地"等因具奏。奉旨:"依议。钦此。"钦遵在案。查此项罪应枷号之犯,与应行徒、遣者不同,若照向例解部治罪,押解往还,徒滋縻累,应稍为变通,以归简易。请嗣后直隶承德府属私入围场偷打牲畜、盗砍木植之犯,如罪应徒、遣者,由该总管解交在京刑部审拟发配,仍于年终汇奏。其罪应枷号者,专咨报部,即在犯事地方发落,毋庸解部。仍于年终将拿获枷号人犯数目汇册,咨部存案。如此分别办理,庶足以专责成而省延累,应纂辑为例,以便遵行。

【1802】6.18.271.(18)(略)

【1806】○修改

臣等谨按:嘉庆八年(1803)二月内,围场副都统台斐音奏"拿获偷窃围场牲畜、木植贼犯,就近交承德府,限五日会审明确。罪应徒、遣者,即由彼解部"等因,经臣部照议核复,奏准在案,应于例内修改明晰,以资引用。谨将修改例文,开列于后。

一、直隶承德府属,私入围场偷打牲畜、砍伐木植之犯,就近解交承德府,限五日会审明确。如罪应徒、遣者,由该府径解在京刑部审拟发配,仍于年终汇奏;其罪应枷号者,专咨报部,即在犯事地方发落,毋庸解部,仍于年终将拿获枷号人犯数目,汇册咨部存案。

【1814】○修改

修改按语，见【1802】6.18.271.(17)条【1814】修改项下。

一、私入围场偷打牲畜、砍伐木植之犯，无论枷、杖、徒、流、发遣，均在犯事地方审拟发落起解，毋庸解部转发，仍专咨报部。其罪应徒、流、发遣者，令热河都统年终汇奏；罪止枷号人犯，年终汇册咨部存案。

【1825】6.18.271.(16)(略)

【1847】6.18.271.(14)(略)

【1806】○续纂

一、盛京各城守尉，边门及卡伦官兵，在边外拿获偷砍私运木植人犯，其车马器物，均赏给原拿之人。如仅止拿获车马等物，而借称人犯逃逸者，除审明有无受贿故纵，按例治罪外，仍将所获物件入官。若拿获人犯并无器物者，该将军自行酌量赏给。

臣等谨按：嘉庆九年(1804)六月内，盛京将军富俊条奏"盛京各城守尉边门及卡伦官兵，在边外拿获偷砍、私运各犯，其车马、物件请赏给原拿之人"等因，经臣部查围场例内拿获砍木、打牲贼犯，如有牲畜、器物赏给原拿之人，边外事同一律，自应一体赏给。议请嗣后凡边外有拿获偷砍、私运木植人犯，其车马、器物均赏给原拿之人。如仅止拿获车马等物，而借称人犯逃逸者，除审明有无受贿、故纵按例治罪外，仍将所获物件入官。若拿获人犯并无器物者，该将军自行酌量赏给等因，奏准在案，应纂辑为例，以便遵行。

【1825】6.18.271.(13)(略)

【1847】6.18.271.(11)(略)

【1814】○续纂

一、在新疆地方偷挖金砂，无论人数、砂数多寡，为首枷号三个月，发黑龙江等处给官员兵丁为奴；为从枷号三个月，解回内地，杖一百、徒三年。

臣等谨按：嘉庆十五年(1810)八月内，据调任伊犁将军、宗室晋昌等奏"拿获偷挖金砂人犯酌议分别治罪"一折内称，查乾隆六十年(1795)，拿获偷挖金砂为首之万五荣等，俱从重枷号三个月，满日递解陕甘总督定地发遣，奏奉谕旨改发东三省给与兵丁为奴在案，应将现获偷挖金砂首犯即照从前办理，枷号三个月，满日发遣东三省给与兵丁为奴。为从人犯，枷号三个月，拟徒，递送陕甘总督定地发配。嗣后如有拿获偷挖金砂之犯，即照此办理等因奏准。嗣据调任黑龙江将军富俊奏请，将新疆地方偷挖金砂为首之犯，发遣黑龙江分给官员、兵丁为奴，亦经臣部复准，各在案。应纂为例，以便遵行。

【1821】○修改

臣等谨按：嘉庆二十五年(1820)九月内，臣部"遵旨酌议停发吉林、黑龙江遣犯"案内，将新疆地方偷挖金砂为首一条，改为实发云贵两广极边烟瘴充军等因，奏准在案，应于例内修改明晰。谨将修改例文，开列于后。

一、在新疆地方偷挖金砂,无论人数、砂数多寡,为首枷号三个月,实发云贵两广极边烟瘴充军;为从枷号三个月,解回内地,杖一百、徒三年。

【1825】6.18.271.(14)(略)

【1847】6.18.271.(12)(略)

【1814】○续纂

一、在口外出钱雇人刨挖黄芪首犯,除有拒捕、夺犯等情,仍按罪人拒捕及夺犯殴差各本律本例分别定拟外,如所雇人数未及十名者,照违制律杖一百;十人以上,加枷号两个月;五十人以上,杖六十、徒一年;每十人加一等,以次递加,罪止杖一百、徒三年。为从各减一等。受雇挖芪之人,照不应重律杖八十,递籍管束。如系割草民人,不得妄拿滋事。该处囤积黄芪首犯,数至十斤以上者,亦照违制律杖一百;五十斤以上者,加枷号两个月;百斤以上,杖六十、徒一年;每百斤加一等,以次递加,罪止杖一百、徒三年。为从亦各减一等。黄芪入官。至无业贫民,零星挖有黄芪进口售卖,每次人数不得超过十名,每人携带不得过十斤,违者以私贩论。仍责成守口员役,及各口关隘官弁,实力稽查。倘有贿纵情弊,查出按例究办。

臣等谨按:嘉庆十六年(1811)十月内,臣部议复前任刑部侍郎成宁等奏"酌定刨挖黄芪人犯分别治罪条例"一折内称,查口外所产黄芪一项,为药植所需,附近贫民零星挖取售卖,固例所不禁。无如小民趋利若鹜,竟至纠集多人,肆行刨挖,滋扰牧场,迨官兵趋逐,复敢倚众逞凶拒捕,实属藐法。今该侍郎等议请,将出钱雇人挖芪及囤积兴贩之犯分别酌定治罪专条,系为整饬牧场禁戢匪徒起见。应请嗣后出钱雇人挖芪,首犯除有拒捕夺犯等情,仍按罪人拒捕及夺犯殴差各本律、本例分别定拟外,如所雇人数未及十名者,照违制律,杖一百。十人以上,加枷号两个月。五十人以上,杖六十、徒一年。每十人加一等,罪止杖一百、徒三年。为从,各减一等。受雇挖芪之人,照不应重律,杖八十,递籍管束。如系割草民人,不得妄拿滋事。囤积黄芪首犯,数至十斤以上者,亦照违制律,杖一百。五十斤以上者,加枷号两个月。百斤以上,杖六十、徒一年。每百斤加一等,以次递加,罪止杖一百、徒三年。为从,亦各减一等。黄芪入官。至无业贫民,零星挖有黄芪,进口售卖,每次人数不得过十名,每人背带不得过十斤,违者以私贩论。仍责成守口员役及各口关隘官弁实力稽察,出示晓谕。倘有贿纵情弊,查出按例究办等因,奏准在案。应纂为例,以便遵行。

【1825】6.18.271.(17)(略)

【1847】6.18.271.(15)(略)

【1840】○续纂

一、在热河承德府所属地方,偷挖金、银矿砂,无论人数、砂数多寡,为首俱枷号三个月,系民人实发云贵两广极边烟瘴充军,系蒙古人发四省驿站当差;为从,系民人枷号三个月，解回内地，杖一百、徒三年，系蒙古人枷号三个月，调发邻盟，严加管束。如被获时有拒捕杀伤人者，仍照盗掘矿砂本例分别科断。其得钱招留之蒙古地主，与首犯同罪。地方官不行严拿者，交部议处。

臣等谨按：道光十六年(1836)三月内，据前任热河都统嵩溥奏"拿获聚众偷挖金砂各犯酌议章程"一折内称，口外山势绵长，地脉深厚，金、银砂线透露于中。凡聚众挖砂之案，其初多由蒙古地主得钱包庇，继复伙同偷挖，获利朋分，因而匪徒恃为护符，肆行盘踞。则欲防民人之聚集，必先禁蒙古之招留，请将招留之蒙古加等治罪等语。经臣部议请，嗣后蒙古地方有盗挖金、银矿砂者，其得钱招留之蒙古地主，均于盗挖矿砂为首各本罪上，加一等科断，罪至极边烟瘴充军。地方官不行严拿者，将地方官议处。又道光十九(1839)年五月内，据原任热河都统恩铭片奏内称，承德府所属，蒙民杂处，良莠不齐，且又逼近陪都，更应肃清矿匪。若照内地定例计赃论罪，殊觉情浮于法。请将热河所属偷挖金砂之案，援照新疆之例问拟等语。经臣部因系整顿地方起见，请议嗣后热河承德府所属，遇有偷挖金砂之犯，即照新疆之例，无论人数、砂数多寡，为首，不分蒙古、民人，俱枷号三个月，实发云贵两广极边烟瘴充军，仍以足四千里为限，蒙古人犯交驿站当差。为从，如系民人，枷号三个月，解回内地，杖一百、徒三年；如系蒙古人犯，枷号三个月，调发邻盟严加管束。其被获时有拒捕杀伤人者，仍照窃盗拒捕杀伤人律分别科断等因，先后具奏，奉旨允准，遵行在案。谨纂辑专条，以资引用。臣等伏查原奏所称"被获时有拒捕杀伤人者，仍照窃盗拒捕杀伤人律分别科断"，本系引用盗掘矿砂原例语句，今原例已酌加修改，应于此条例内改为"被获时有拒捕杀伤人者，仍照盗掘矿砂本例分别科断"，以免两歧。再盗掘矿砂为首之犯，本例止发边远及近边充军，是以前次臣部议复该都统嵩溥折内声明，将得钱招留之蒙古地主照首犯加一等科断，罪止极边烟瘴充军。嗣据该都统恩铭请将该处偷挖金砂之首犯，加重拟枷号三个月，实发云贵两广极边烟瘴充军。若将招留之地主仍照前议加等治罪，即应加发新疆。遵照停发新疆，改发内地章程，仍止改发四省烟瘴，与首犯罪名相等。是首犯罪名加重之后，招留之地主即无可复加，应于例内改为与首犯同罪，以昭核实，合并声明。

【1847】6.18.271.(21)(略)

【1852】○修改

一、在热河承德府所属地方，偷挖金、银矿砂，无论人数、砂数多寡，为首俱枷号三个月，系民人实发云贵两广极边烟瘴充军，系蒙古人发四省驿站当差；为从，系民人枷号三个月，解回内地，杖一百、徒三年，系蒙古人枷号三个月，调发邻盟，严加管束。如被获时有拒捕杀伤人者，仍照盗掘矿砂本例分别科断。其得钱招留之蒙古地主，与首犯同罪。地方官不行严拿者，交部议处。

【1870】6.18.271.(21)(略)

亲属相盗

律　文

【1646】6.18.295

凡各居本宗、外姻亲属，相盗兼后尊长、卑幼二款。财物者，期亲减凡人五等，大功减四等，小功减三等，缌麻减二等，无服之亲减一等，并免刺。若盗有首从，而服属不同，各依本服降减科断。为从各又减一等。若行强盗者，尊长犯卑幼，亦依强盗已行而得财、不得财各依上减罪。卑幼犯尊长，以凡人论。不在减等之限。若有杀伤者，总承上窃、强二项。各以杀伤尊长、卑幼本律，从其重者论。〇若同居卑幼，将引若将引各居亲属同盗，其人亦依本服降减，又减为从一等科之。如卑幼自强、盗，止依擅用，不必加。他人，盗己家财物者，卑幼依私擅用财物论，加二等，罪止杖一百；他人兼首从言。减凡盗罪一等，免刺。若有杀伤者，自依杀伤尊长、卑幼本律科罪。他人纵不知情，亦依强盗得财、不得财论。若他人杀伤人者，自依窃盗临时杀伤人斩。卑幼纵不知情，亦依杀伤尊长、卑幼本律，仍以私擅用加罪及杀伤罪权之，从其重者论。〇其同居奴婢、雇工人，盗家长财物，及自相盗者，首减凡盗罪一等，免刺。为从又减一等。被盗之家亲属告发，并论如律，不在名例得相容隐之例。

【1670】6.18.294

凡各居本宗、外姻亲属，相盗兼后尊长、卑幼二款。财物者，期亲减凡人五等，大功减四等，小功减三等，缌麻减二等，无服之亲减一等，并免刺。若盗有首从，而服属不同，各依本服降减科断。为从各又减一等。若行强盗者，尊长犯卑幼，亦依强盗已行而得财、不得财各依上减罪。卑幼犯尊长，以凡人论。不在减等之限。若有杀伤者，总承上窃、强二项。各以杀伤尊长、卑幼本律，从其重者论。〇若同居卑幼，将引若将引各居亲属同盗，其人亦依本服降减，又减为从一等科之。如卑幼自盗，止依擅用，不必加。他人，盗己家财物者，卑幼依私擅用财物论，加二等，罪止杖一百；他人兼首从言。减凡盗罪一等，免刺。若有杀伤者，自依杀伤尊长、卑幼本律科罪。他人纵不知情，亦依强盗得财、不得财论。若他人杀伤人者，自依窃盗临时杀伤人斩。卑幼纵不知情，亦依杀伤尊长、卑幼本律，仍以私擅用加罪及杀伤罪权之，从其重者论。〇其同居奴婢、雇工人，盗家长财物，及自相盗者，首减凡盗罪一等，免刺。为从又减一等。被盗之家亲属告发，并论如律，不在名例得相容隐之例。

【1725】〇修改

原拟：查律内“同居卑幼将引他人盗己家财物，若有杀伤者，自依杀伤尊长、卑幼本律科罪。他人纵不知情，亦依强盗论。若他人杀伤人者，卑幼纵不知情，亦依杀伤尊长、卑幼本律从重论”等语，其他人杀伤人不言罪名者，即承上文依强盗论也。盖他人同卑幼盗本家财物，一有杀伤，不分卑幼、他人动手，卑幼皆照服制论罪，他人皆以强盗论罪。因律注于“他人杀伤人”下，增入“依窃盗临时杀伤人斩”一语，以致他人不知情者之罪，反重于亲手杀人之罪。查旧律原无此注，应将此注拟删。

臣等谨按：此指亲属行强、窃，而分尊长、卑幼以定罪也。首节言各居亲属相窃盗，不分尊长、卑幼，自期亲至无服，五等递减科罪。若行强，尊长犯卑幼，仍依服论；卑幼犯尊长,则作凡论。行强、窃而致有杀伤者,各依杀伤尊长、卑幼本律从重论。二节言同居卑幼将引他人盗财之罪。凡同居者同财,尊长之财,即卑幼之财也。将引他人盗自己财,故比卑幼私擅用财律加二等,罪止满杖。他人亦得减凡窃盗一等,以其为卑幼所将引也。若至杀伤人,自依杀伤尊长、卑幼本律科罪。其他人纵不知杀伤之情,而助恶逆伦,应依强盗得财、不得财论。若他人下手,卑幼不知情,然由其将引所致,故按本律从重论,坐所由也。本言卑幼行盗,而云依杀伤尊长、卑幼本律者,恐杀伤或及于卑幼也。三节言同居奴婢、雇工人盗家长财物及盗同辈财物,俱减凡盗一等。以其同居,非外人可比,故罪稍轻。注末"被盗之家"以下,总接上文各居、同居尊长、卑幼,非单注此条也。

【1725】6.18.282

凡各居本宗、外姻亲属,相盗兼后尊长、卑幼二款。财物者,期亲减凡人五等,大功减四等,小功减三等,缌麻减二等,无服之亲减一等,并免刺。若盗有首从,而服属不同,各依本服降减科断。为从各又减一等。若行强盗者,尊长犯卑幼,亦依强盗已行而得财、不得财各依上减罪。卑幼犯尊长,以凡人论。不在减等之限。若有杀伤者,总承上窃、强二项。各以杀伤尊长、卑幼本律,从其重者论。○若同居卑幼,将引若将引各居亲属同盗,其人亦依本服降减,又减为从一等科之。如卑幼自盗,止依擅用,不必加。他人,盗已家财物者,卑幼依私擅用财物论,加二等,罪止杖一百;他人兼首从言。减凡盗罪一等,免刺。若有杀伤者,自依杀伤尊长、卑幼本律科罪。他人纵不知情,亦依强盗得财、不得财论。若他人杀伤人者,卑幼纵不知情,亦依杀伤尊长、卑幼本律,仍以私擅用加罪及杀伤罪权之,从其重者论。○其同居奴婢、雇工人,盗家长财物,及自相盗者,首减凡盗罪一等,免刺。为从又减一等。被盗之家亲属告发,并论如律,不在名例得相容隐之例。

注:此指亲属行强、窃,而分尊长、卑幼以定罪也。首节言各居亲属相窃盗,不分尊长、卑幼,自期亲至无服,五等递减科罪。若行强,尊长犯卑幼,仍依服论;卑幼犯尊长,则作凡论。行强、窃而致有杀伤者,各依杀伤尊长、卑幼本律从重论。二节言同居卑幼将引他人盗财之罪。凡同居者同财,尊长之财,即卑幼之财也。故卑幼将引他人盗其财者,比私擅用财律加二等,罪止满杖。他人亦得减凡窃盗一等,以其为卑幼所将引也。若至杀伤人,自依杀伤尊长、卑幼本律科罪。其他人纵不知杀伤之情,而助恶逆伦,应依强盗得财、不得财论。若他人杀伤人,自依窃、强临时杀伤人律坐斩。卑幼纵不知情,然由其将引所致,故按杀伤本律,仍从重论罪。本言卑幼行盗,而云依杀伤尊长、卑幼本律者,恐杀伤或及于卑幼也。三节言同居奴婢、雇工人盗家长财物,及盗同辈财物,俱减凡盗一等。以其同居,非外人可比,故罪稍轻。注末"被盗之家"以下,总结上文各居、同居尊长、卑幼,非单注此条也。

【1740】6.18.272(略)

附律条例

【1646】6.18.295.(1)

一、同居卑幼,将引他人强劫己家财物,依各居亲属行强盗卑幼犯尊长以凡人论斩，奏请定夺。

【1670】6.18.294.（1）（略）

【1725】6.18.282.（1）【原例】（略）

【1740】6.18.272.（1）（略）

【1725】6.18.282.（2）

【钦定例】一、凡奴仆偷盗家长财物者，照窃盗律计赃治罪。若起意勾引外人，同盗家长财物者，将起意之奴仆，计赃递加窃盗一等治罪；至一百二十两以上者，仍照律拟绞监候，不准援赦；三百两以上者，照监守自盗例拟斩监候，亦不准援免。被勾之外人，仍照窃盗律分别定拟。

谨案：此条雍正六年（1728）定。

【1740】○修改

臣等谨按：奴婢盗家长财物，原律减凡盗一等。雍正六年（1728）定例，照窃盗计赃治罪。若起意勾引外人同盗，情尤可恶，是以递加一等，至满贯绞候，洵属允协。惟三百两以上拟斩，查现今定例，监守自盗至一千两者，始拟斩监候。若奴婢偷盗家长财物三百两即斩，是家长之财物更重于仓库之钱粮矣。先据福建按察使伦达礼奏请停止在案，应删。再，凡遇恩赦条奏，皆由临时钦定，例内“不准援赦”之处，亦应删。再查雇工人盗家长财物律，减凡盗罪一等。今奴仆盗家长财物，照窃盗计赃治罪，则雇工人亦应照窃盗定拟，应增。谨将增删例文，开列于后。

一、凡奴仆偷盗家长财物者，照窃盗律计赃治罪。若起意勾引外人，同盗家长财物者，将起意之奴仆，计赃递加窃盗一等治罪；至一百二十两以上者，仍照律拟绞监候。被勾引之外人，仍照窃盗律分别定拟。雇工人盗家长财物，亦照窃盗计赃治罪。

【1740】6.18.272.（2）（略）

【1751】○续纂

一、凡亲属相盗，除本宗五服以外，俱照无服之亲定拟外，其外姻尊长、亲属相盗，惟律图内载明者，方准照律减等，此外不得滥引。

臣等谨按：此条系乾隆十三年（1748）九月内，臣部议复原任安徽巡抚纳敏题“盗犯林正宗等行劫”一案内附请定例，应纂辑以便遵行。

【1768】6.18.272.（3）（略）

【1756】○续纂

一、凡奴仆、雇工人，强劫家长财物，及勾引外人，同劫家长财物者，悉照凡人强盗律定拟。其有杀伤家长者，仍依律从重论。

臣等谨按：此条系乾隆十九年（1754）十月内，臣部议复原任河南按察使沈廷芳条奏定例,应纂辑以便遵行。

【1768】6.18.272.(4)(略)

【1795】○续纂

一、各居亲属,相盗财物,除因尊长膜视卑幼,素无周恤,致被卑幼窃其财物者,仍各按服制,照旧律分别减等办理外,若尊长素有周恤,或托管田产、经理财物,卑幼不安本分,肆窃肥己,贻累尊长受害者,系有服亲属,各照减等本律递加一等治罪;系无服之亲,即以凡人窃盗计赃科断,至满贯者拟绞监候,秋审时入于缓决。俟缓决三次后,遇有恩旨,再行减发充军。

臣等谨按:乾隆五十八年(1793)七月内,两江总督书麟审奏"江苏溧水县民人陶仁广行窃族叔祖陶宇春典铺银两潜逃"一案,钦奉谕旨:"嗣后亲属相盗,五服以内者,自应照律末减;其五服以外而赃数逾贯者,仍应按律问拟绞候。但念其究属本支,秋审时入于免勾"等因,勒令臣部将期、功、缌麻以及无服相盗之案分别等差,按照赃数妥议具奏。随经臣部议请,嗣后凡尊长与卑幼分门各居,如卑幼贫不能存,尊长置之膜外,以致卑幼窃其财物者,仍各按服制照旧律分别办理。若尊长素有周恤,或托以心腹管理田产,或委以生理经管财物,而卑幼不知安分,肆窃肥己,贻累尊长受害者,系有服亲属,应各照减等本律递加一等治罪;系无服之亲,应即以凡人窃盗计赃科断。至满贯者,拟绞监候,概不准仍援旧律亲属相盗减等之文。所有行窃无服族叔祖陶宇春典铺金珠银两,计赃逾贯之陶仁广,即遵奉谕旨,照新定之例,改为拟绞监候,秋后处决。钦遵谕旨,念其究属本支,秋审时将该犯人于缓决,不准照寻常窃赃满贯之案,缓决一次即予减等,应俟缓决三次,以后遇有恩旨再行减发充军。嗣后有似此赃逾满贯,又致尊长到官受害者,即照此办理"等因具奏,奉朱批:"依议。钦此。"钦遵在案,应纂辑遵行。

【1801】○修改

臣等谨按:此条系乾隆五十八年(1793),钦奉上谕:"书麟等奏审拟溧水县民陶仁广在无服族叔祖陶宇春典铺内为伙窃物潜逃,将陶仁广依窃盗赃一百二十两以上绞,无服之亲减等拟流,所拟未当。陶仁广系陶宇春无服族侄孙,支属甚远。陶宇春令其在典管理首饰,并非素无照应者可比。乃陶仁广辄敢窃取金珠银两潜逃,以致同伙及伊胞兄俱被严刑,此而尚得照律减流,何以惩窃盗而安良善。嗣后亲属相盗,五服以外而赃数逾贯者,应按律问拟绞候。但念其究属本支,秋审时入于免勾,是于惩创中,仍不失孝友睦姻任恤之义。着刑部分别等差,妥议具奏,不得仍照旧例概予减等免议。钦此。"经臣等议定此例,并将陶仁广拟绞入于缓决,声明不准照寻常窃赃满贯之案缓决一次即予减等,应俟秋审三次以后,遇有恩旨再行减发充军等因,奏准纂辑此例,遵行在案。臣等伏查,亲属有相周之义,亲谊为重,财货为轻,是以定律,服愈近则罪愈轻,亲亲之义,法至善也。若五服之内,亦以素有周恤为词,即不得依服制宽减,殊与敦伦之道未协。至无服之亲,分远情疏,凡有干犯,律同凡论,惟相盗仍减罪一等。今分别尊长有无周恤,酌量问拟,其素有周恤罪应拟绞者,尚蒙恩谕入于缓决,不照寻常窃盗之案计赃入实,实为仁至义尽。

且恭绎原奉谕旨,系专指无服之亲而言,自应将例内有服亲属加等问拟之处节删、修改。又,查寻常窃赃满贯之案,缓决一次即行减军,未便于亲属相盗之案,反比常人加重。例内缓决三次始行减军,亦应修改。又,查尊长偷窃素有周恤之卑幼财物,亦应照凡人论罪。但赃至满贯,若照凡人拟绞,未免无所区别。应仍照本律,杖一百、流三千里。例内未经赅备,应增入。谨将修改例文,开列于后。

一、各居无服亲属,除平日膜视,并无周恤,致相盗财物者,照律减等办理外,若素有周恤,或托管田产,经理财物,不安本分,肆窃肥己、贻累受害者,即以凡人窃盗计赃科断,仍照律免刺。至满贯者,尊长照律杖一百、流三千里;卑幼拟绞监候,缓决一次后,照例减发。

【1802】6.18.272.(5)(略)

【1801】○续纂

一、亲属相盗杀伤之案,除卑幼行强盗,及尊长放火强劫图奸谋杀卑幼,不论有无服制,均以凡论外,如尊长强、窃盗卑幼财物,及卑幼窃盗尊长财物,致有杀伤者,尊长犯卑幼,各就服制中杀伤卑幼及亲属相盗各本律相比,从其重者论;卑幼犯尊长,以凡盗杀伤之罪与服制杀伤之罪,从其重者论。

臣等谨按:嘉庆元年(1796),广西巡抚成林咨称"亲属相盗有杀伤应否以凡人杀伤论咨请部示"一案,经臣部议称,律载各居亲属相盗财物者,期亲,减凡人五等;大功,减四等;小功,减三等;缌麻,减二等;无服之亲,减一等。若行强盗者,尊长犯卑幼,亦各依上减罪;卑幼犯尊长,以凡论。若有杀伤,强、窃二项,各以杀伤尊长、卑幼本律,从其重者论,等语。盖亲属有共财之义,故彼此相盗,无论尊长、卑幼,俱得依服制减罪,所以教睦姻敦任恤也。若行强盗,在尊长之于卑幼,除非有放火、强劫、图奸、谋杀等情,仍得依律递减。若卑幼行强,即属图财犯上,目无尊长,故律内不以亲属论,即从凡人科断。其因犯窃而有杀伤之事,在凡人,临时拒杀,事主死者,斩决;刃伤者,斩候;伤非金刃者,亦应充军。其非临时,只因逃走拒杀,事主死者,斩监候;刃伤者,绞监候;伤非金刃者,加拒捕罪二等。若卑幼因行窃杀伤尊长,亦止问其寻常杀伤尊长之罪,比凡人因窃拒杀之罪转轻,殊失平允。且律称各以本律从重论者,正谓各科各罪,统承强、窃二项,有服、无服,在尊长则依服制,于杀罪、盗罪二者相较,各从其重者论。在卑幼,如服制杀伤本律重于凡盗杀伤之罪,则从服制论;如凡盗杀伤之罪重于服制杀伤本律,则以凡盗杀伤罪重者论。嗣后,凡遇亲属相盗杀伤之案,无论有服、无服,除放火、强劫、图奸、谋杀之尊长仍照定例办理外,其余尊长犯卑幼,则依服制,于杀罪、盗罪二者从其重论。卑幼犯尊长,则以凡盗拒捕之罪与服制杀伤之罪,二者从其重论等因,咨复在案,应纂为专条,以便引用。

【1802】6.18.272.(6)(略)

【1825】○修改

臣等谨按:道光二年(1822)九月,臣部核复广东巡抚陈中孚咨"张四财因各居大功堂弟张开言窃伊财物,将张开言勒毙,咨请部示"案内,议令嗣后各居亲属相盗,如尊长抢、窃卑幼财物,被卑幼杀伤,或卑幼抢、窃尊长财物,被尊长杀伤者,均各按服制以杀伤尊长、卑幼本律论罪,不得照平人以擅杀伤科断等因,咨复该抚,并通行各省一体遵照办理。又五年(1825)六月,臣部议复广西巡抚康绍镛题"蓝廷芳殴死抢夺各居之无服族兄蓝宣身死"案内,以"各居无服亲属相盗财物,律得减一等,免刺。诚以本宗服制虽尽,亲亲之义犹存,故不与凡盗同科,以示区别。窃财之罪,既较凡盗为轻,则殴死行窃之无服尊长,即不得与凡人杀死窃贼者并论,惟例内未将无服字样载明,以致办理互相歧异。至抢夺与窃盗事同一例,议请嗣后亲属相盗杀伤之案,除卑幼行强盗及尊长放火、强劫、图奸、谋杀卑幼,不论有无服制,各以凡论外,如期服以下至无服尊长强、窃盗及抢夺卑幼财物、杀伤卑幼者,各就服制中杀伤卑幼及同姓亲属相殴并亲属相盗各本律相比,从其重者论。卑幼窃盗及抢夺尊长财物、杀伤尊长者,以凡盗杀伤之罪与服制杀伤及同姓亲属相殴各本律相比,从其重者论。其因尊长、卑幼抢、窃财物致有杀伤者,亦各依服制杀伤及同姓亲属相殴各本律问拟,均不得照凡人擅杀伤科断"等因具奏。奉旨允准,通行各省在案。应于例内修改明晰,以资引用。谨将修改例文,开列于后。

一、亲属相盗杀伤之案,除卑幼行强盗,及尊长放火强劫图奸谋杀卑幼,不论有无服制,各以凡论外,如期服以下至无服尊长,强、窃盗及抢夺卑幼财物,杀伤卑幼者,各就服制中杀伤卑幼,及同姓亲属相殴,并亲属相盗各本律相比,从其重者论;卑幼窃盗及抢夺尊长财物,杀伤尊长者,以凡盗杀伤之罪,与服制杀伤,及同姓亲属相殴各本律相比,从其重者论。其因被尊长、卑幼抢窃财物,致有杀伤者,亦各依服制杀伤,及同姓亲属相殴各本律问拟。均不得照凡人擅杀伤科断。

【1825】6.18.272.(6)(略)

【1835】○修改

臣等谨按:此条例文系指亲属相盗互相杀伤而言,惟例内止言期亲以下至无服亲属因抢、窃财物杀伤尊长、卑幼,及被尊长、卑幼杀伤之罪,其因抢、窃财物与兄弟妻及亲属家无名分雇工互相杀伤作何治罪之处,未经议及。查殴兄弟妻至死律同凡论,殴死亲属家无名分雇工按例亦应照凡人定拟,均系并无尊卑名分之人。向来遇有此等案件,多有照亲属相盗有犯杀伤以凡斗定案者,亦间有照凡盗拒捕杀伤及擅杀伤问拟者,办理未能画一。伏思亲属相盗律得减等、免刺,非凡盗可比,故遇有杀伤之事,除以卑犯尊而外,余皆不与凡盗同科。今虽系与并无名分之人互相杀伤,惟究系亲属相盗,自未便照凡人拒捕杀伤及擅杀伤科断,致乖敦睦任恤之义。臣等公同酌议,应请均照凡斗定拟,即于例内添纂明晰,以免歧异。谨将修改例文开列于后。

一、亲属相盗杀伤之案,除卑幼行强盗,及尊长放火强劫、图奸谋杀卑幼,不论有无服制,各以凡论外,如期服以下至无服尊长,强、窃盗及抢夺卑幼财物,杀伤卑幼者,各就服制中杀伤卑幼,及同姓亲属相殴,并亲属相盗各本律相比,从其重者论;卑幼窃盗及抢夺尊长财物,杀伤尊长者,以凡盗杀伤之罪,与服制杀伤,及同姓亲属相殴各本律相比,从其重者论。若期服以下至无服尊长,强、窃盗及抢夺卑幼财物,并卑幼窃盗及抢夺尊长财物,杀伤并无尊卑名分之人,如兄弟妻及无名分雇工人之类。亦各就亲属杀伤,及凡斗杀伤,并亲属相盗各本律相比,从其重者论。其因抢、窃亲属财物被尊长、卑幼,及并无尊卑名分之人杀伤者,亦各依服制杀伤,及同姓亲属相殴,并凡斗杀伤各本律问拟。均不得照凡人擅杀伤科断。

【1847】6.18.272.(6)(略)

恐吓取财

律 文

【1646】6.18.296

凡恐吓取人财者,计赃准窃盗论加一等,(以一事为重,并赃,分首从。其未得财者,亦准窃盗不得财罪上加等。)免刺。若期亲以下自相恐吓者,卑幼犯尊长,以凡人论;(计赃准窃盗加一等。)尊长犯卑幼,亦依亲属相盗律递减科罪。(期亲亦减凡人恐吓五等,须于窃盗加一等上减之。)

【1670】6.18.295

凡恐吓取人财者,计赃准窃盗论加一等,(以一主为重,并赃,分首从。其未得财者,亦准窃盗不得财罪上加等。)免刺。若期亲以下自相恐吓者,卑幼犯尊长,以凡人论;(计赃准窃盗加一等。)尊长犯卑幼,亦依亲属相盗律递减科罪。(期亲亦减凡人恐吓五等,须于窃盗加一等上减之。)

【1725】6.18.283

律文(略)

注:此言恐吓之情重于窃盗,故罪应加等也。恐吓者,其人本不违法,而平空张大声势,使人畏惧而取其财。以穿窬之心,行强横之势,故加窃盗一等。以非正窃,故免刺。此为凡人言也。若亲属相恐吓,卑幼有犯,计赃准窃盗论加一等;尊长有犯,期亲减凡人五等,大功减四等,小功减三等,缌麻减二等,无服之亲减一等,俱从窃盗加一等上递减之。再被吓亲属告发者,不在得相容隐及干名犯义之限。

臣等谨按:此言恐吓之情重于窃盗,故罪应加等也。首言凡人恐吓取财之罪,后言期亲以下尊长、卑幼自相恐吓取财之罪。恐吓者,其人本不违法,而平空张大声势,使人畏惧而取其财,其情比窃盗为尤甚。故计所吓之赃准窃盗论,加一等。究非正窃,故得免刺。此为凡人言也。若亲属相恐吓,则卑幼有犯,计赃准窃盗论加一等;尊长有犯,期亲减凡人五等,大功减四等,小功减三等,缌麻减二等,无服之亲减一等,俱从窃盗加一等上递减之。再被吓亲属告发者,不在得相容隐及干名犯义之限。

【1740】6.18.273(略)

附律条例

【1646】6.18.296.(1)

一、监临恐吓所部取财者,依挟势求索。强者,准枉法论。

【1670】6.18.295.(1)(略)

【1725】6.18.283.(1)【原例】(略)

【1740】○修并

【原例】【1725】6.18.283.(1)(略)、【1725】6.18.283.(2)(略)

臣等谨按:以上二条,俱是枉法之事,应谨将并辑例文开列于后。

一、监临恐吓所部取财,准枉法论。平人知人犯罪而恐吓取财者,以枉法论。

【1740】6.18.273.(1)(略)

【1751】○修改

臣等谨按:旧本例文原系两条分列,上条是恐吓无罪之人,故准枉法论,罪止杖、流。下条是恐吓犯罪人,故以枉法论,若计一百二十两以上,即应拟绞。细绎例文,原俱指监临官吏而言,后将此例并为一条,又增载"平人"二字,则知人犯罪而恐吓者,以枉法论,专指平人言矣。揆之情理,殊未允协。盖监临官吏凭借势要恐吓人财,若系无罪之人,则事属求索,无法可枉,故从轻准枉法论;若恐吓有罪之人,则系受赃弛法,其情较重,故从重以枉法论。至平人原非执法之人,并无可枉之法,恐吓人财,原有准窃盗加等治罪之本律。况平空吓诈无罪之人,其罪亦不应转轻于恐吓有罪之人。详加参考,"平人"二字应删,仍于"准枉法论"下增一"若"字,以贯文义。谨将增删例文,开列于后。

一、监临恐吓所部取财,准枉法论。若知人犯罪而恐吓取财者,以枉法论。

【1768】6.18.273.(1)(略)

【1646】6.18.296.(2)

一、知人犯罪不虚而恐吓取财者,合计赃,以枉法论。

【1670】6.18.295.(2)(略)

【1725】6.18.283.(3)【原例】(略)

【1740】○修并

修并按语并修并后例文,见【1725】6.18.283.(1)条【1740】修并项下。

【1646】6.18.296.(3)

一、凡将良民诬指为盗,及寄买贼赃,捉拿、拷打、吓诈财物,或以起赃为由,沿房搜捡抢夺财物、淫辱妇女,除真犯死罪外,其余不分首从,俱发边卫永远充军。诬指送官,依诬告论。淫辱妇女,依强奸论。

【1670】6.18.295.(3)(略)

【1725】6.18.283.(3)【原例】(略)

【1740】6.18.273.(2)

一、凡将良民诬指为盗,及寄买贼赃,捉拿、拷打、吓诈财物,或以起赃为由,沿房搜捡抢夺财物、淫辱妇女,除真犯死罪外,其余不分首从,俱发边远充军。诬指送官,依诬告论。淫辱妇女，依强奸论。

【1772】○修改

臣等谨按：乾隆三十五年（1770）二月内，臣部议复江苏按察使吴坛条奏，诬指良民为强盗，与诬指为窃，情罪轻重不同，请将此条内"诬指良民为盗"一句，改为"诬指良民为窃"。再于本条之末，添入"若诬指良民为强盗，虽无拷打、吓诈情事，亦发边远充军。如有拷诈等情，即发极边烟瘴"等语，除诬指良民为强盗并无拷诈情节者，应以诬告到官坐罪，纂入诬告门类外，所有此条内"盗"字，谨照原奏改为"窃"字，并于本条之末添入"若诬指为强盗，而捉拿拷诈者，发极边烟瘴充军"等句，以便引用。谨将增改例文，开列于后。

一、凡将良民诬指为窃，及寄卖贼赃，捉拿拷打，吓诈财物，或以起赃为由，沿房搜检，抢夺财物，淫辱妇女，除实犯死罪外，其余不分首从，俱发边远充军。若诬指为强盗，而有前项拷诈等情节者，俱发极边烟瘴充军。诬指送官，依诬告论；淫辱妇女，以强奸论。

【1788】○移并

【原例】【1740】6.18.273.（2）条【1772】修改例文（略）

＊ 刑律·诉讼·诬告

【1772】（续纂）一、诬告良民为强盗者，发边远充军。

臣等谨按：首条系指诬良为窃、为盗，拷打、吓诈者而言，后条系指诬良为盗，并无拷诈者而言。事同语类，自应并纂一条。且同一诬良之例，而首条载入"恐吓取财"门内，核与义类未符，应移并于"诬告"条下，以昭关切。今将移并例文，开列于后。

＊ 刑律·诉讼·诬告

【1790】6.22.336.（20）一、凡将良民诬指为窃，称系寄卖贼赃，将良民捉拿拷打，吓诈财物，或以起赃为由，沿房搜检，抢夺财物，淫辱妇女，除实犯死罪外，其余不分首从，俱发边远充军。若诬指良民为强盗者，亦发边远充军。其有前项拷、诈等情，俱发极边烟瘴充军。诬指送官，依诬告论；淫辱妇女，以强奸论。

【1725】○增入

原拟：现行例内五条，类于此律，应增入。

【现行例】一、康熙二十年（1681）九月内，奉上谕："三旗包衣、佐领所管，有凶恶光棍并好斗恶徒，已经严察发往乌喇。又各该佐领、包衣人，或称其人原小有过恶，今已改作好人，递有保呈者，记档后如犯事，一并重处。其八旗内岂无凶恶光棍、好斗恶徒，传与议政王、贝勒、大臣等着议，应否照此例遵行之处。钦此。"议政王、贝勒、大臣等议复凶恶光棍、好斗恶徒，生事行凶，无故扰害良人，可谓恶极。八旗内岂无此等之人，应行严察，亦发往宁古塔、乌喇惩戒后。请敕该部即照此例速行等因具题，奉旨："着交兵部通行八旗，令该都统、副都统、参领、佐领等，各旗佐领内自官员以下，有凶恶光棍、好斗恶徒，严察送部，着部奏闻。"

原拟：此条内谕旨已经该部钦遵在案，其余字句应行删纂入例。谨拟删纂，开载于后。

【原改现行例】一、凡八旗内有凶恶光棍好斗之徒，生事行凶，无故扰害良民者，该都统等严察送部，发往宁古塔、乌喇地方。其官员有犯，该部奏闻发遣。

【1725】6.18.283.(4)【增例】(略)

【1740】6.18.273.(3)(略)

【1751】○修改

臣等谨按：此条系专指旗人，但旗、民原属一体，现在民人有犯，臣部俱比照问拟，似应删改，以便画一遵行。谨将删改例文，开列于后。

一、凡凶恶光棍、好斗之徒，生事行凶，无故扰害良民者，发往宁古塔、乌喇地方分别当差、为奴。其官员有犯，该部奏闻发遣。

【1768】6.18.273.(3)(略)

【1790】6.18.273.(2)(略)

【1801】○修改

臣等谨按：此条系康熙二十年(1681)定例，臣部现在办理此等案件，正身旗人及旗下家奴犯者，发遣黑龙江等处，分别当差为奴。民人犯者，照乾隆二年(1737)由黑龙江改发极边烟瘴充军之例，发极边足四千里安置。应于例内增入"民人有犯"一层，以昭赅备。伏查凶恶棍徒生事行凶，无故扰害良人，或其人素行凶恶，屡次扰害良人，人所共知，确有实据者，方可引例拟遣。若平日并无凶恶实据，偶然挟诈逞凶，及屡次借端索借，赃数无多，尚非实在凶恶者，仍各照所犯之罪本律、本例问拟，不得滥引此条，致启高下轩轾之弊。应于例内分别增叙，以定界限。又，光棍罪应斩决，例有专条，例内"光棍"二字应行节删，以免牵混。又，官员有犯此等罪名，应行劾奏，审拟治罪。例内奏闻发遣，系属旧例，业已不用，亦应节删。谨将修改例文，开列于后。

一、凡凶恶棍徒屡次生事行凶，无故扰害良民，人所共知，确有实据者，若正身旗人，及旗下家奴有犯，发往黑龙江等处分别当差、为奴；民人有犯，发极边足四千里安置。如平日并无凶恶实迹，偶然挟诈逞凶，及屡次借端索借，赃数无多，尚非实在凶恶者，仍照所犯之罪，各依本律本例定拟，不得滥引此例。

【1802】6.18.273.(7)(略)

【1810】○修改

臣等谨按：棍徒扰害拟以遣戍，原属靖闾阎而安良善，有犯自应无论次数，均分别情节轻重办理，以昭炯戒。今此条例内声明，屡次扰害者拟军，各省往往有将讹诈数次、罪止杖责之犯即照例拟军者，亦有因仅止一时一事，虽实系情凶势恶，而泥于例内"屡次"二字，不问军罪者，殊未平允。虽屡经臣部随案改拟，究恐办理未能画一。应请于例内添注明晰，以便遵办。谨将修改例文，开列于后。

一、凡凶恶棍徒屡次生事行凶，无故扰害良民，人所共知，确有实据者，若正身旗人，及旗下家奴，发各省驻防给官员兵丁为奴；民人，发极边足四千里安置。凡系一时一事，实在情凶势恶者,亦照例拟发。如并无凶恶实迹,偶然挟诈逞凶,及屡次借端索借,赃数无多,尚非实在凶恶者,仍照所犯之罪,各依本律本例定拟,不得滥引此例。

【1814】○修改

臣等谨按:嘉庆十八年(1813)七月内,臣部"遵旨议奏应发黑龙江等处遣犯分别改发"折内,请将旗下家奴犯凶恶棍徒一条,改发各省驻防给官员兵丁为奴等因奏准,通行在案。例内发黑龙江之处,应行修改。谨将修改例文,开列于后。

一、凡凶恶棍徒屡次生事行凶,无故扰害良民,人所共知,确有实据者,若正身旗人,及旗下家奴有犯,发往黑龙江等处分别当差、为奴;民人有犯,发极边足四千里安置。凡系一时一事,实在情凶势恶者,亦照例拟发。如并无凶恶实迹,偶然挟诈逞凶,及屡次借端索借,赃数无多,尚非实在凶恶者,仍照所犯之罪,各依本律本例定拟,不得滥引此例。

【1825】○修改

臣等谨按:道光五年(1825)四月内,管理镶黄旗满洲都统英和等条奏"惩劝旗人"折内,声请嗣后旗人有犯棍徒扰害者,销除旗档,照民人例一体问拟等因,奏准在案。现于"名例"内另纂专条。至旗人家奴犯军、流等罪,发驻防为奴,"名例"亦载有明文,所有此条原例内"旗人发黑龙江等处当差"及"旗下家奴发驻防为奴"之处,均应节删。谨将修改例文,开列于后。

一、凡凶恶棍徒屡次生事行凶,无故扰害良人,人所共知,确有实据者,发极边足四千里安置。凡系一时一事,实在情凶势恶者,亦照例拟发。如并无凶恶实迹,偶然挟诈逞凶,及屡次借端索借,赃数无多,尚非实在凶恶者,仍照所犯之罪,各依本律本例定拟,不得滥引此例。

【1825】6.18.273.(8)(略)

【1725】6.18.283.(5)

【增例】一、凡恶棍设法索诈官民,或张贴揭帖,或控告各衙门,或勒写借约,吓诈取财,或因斗殴,纠众系颈,谎言欠债,逼写文券,或因诈财不遂,竟行殴毙,此等实在光棍事发者,不分曾否得财,为首者斩立决,为从者俱绞监候。其犯人家主、父兄,各笞五十,系官交该部议处。如家主、父兄首者免罪,犯人仍照例治罪。

谨案:此条雍正三年(1725)定。

【1740】○修改

臣等谨按:此条系因地方有等无藉奸恶之徒,惯行纠伙凭空生事,设法诈害官民、大干法犯,与寻常恐吓诈骗者不同,是以特设严例,以示惩儆。但必此等实在光棍情罪重大者,方照此例定拟,应于例内增入"情罪重大"四字,庶问拟确切,不致误为援引。谨将增辑例文,开列于后。

一、凡恶棍设法索诈官民,或张贴揭帖,或捏告各衙门,或勒写借约,吓诈取财,或因斗殴,纠众系颈,谎言欠债,逼写文券,或因诈财不遂,竟行殴毙,此等情罪重大实在光棍事发者,不分曾否得财,为首者斩立决,为从者俱绞监候。其犯人家主、父兄,各笞五十,系官交该部议处。如家主、父兄首者免罪,犯人仍照例治罪。

【1740】6.18.273.(4)(略)

【1790】6.18.273.(3)(略)

【1802】6.18.273.(2)(略)

【1725】○增入

原拟:现行例内五条,类于此律,应增入。

【现行例】一、凡旗下民人结伙指称隐匿逃人,索诈财物者,不分得财与未得财,为首者,立斩;为从者,俱拟绞监候。

【1725】6.18.283.(6)

【增例】一、凡旗、民结伙,指称隐匿逃人,索诈财物者,不分曾否得财,为首者斩决,为从者俱绞候。

【1740】6.18.273.(5)(略)

【1790】6.18.273.(4)(略)

【1801】○修改

臣等谨按:此条系康熙年间旧例,嗣于乾隆八年(1743),臣部奏明,凡奸棍结党,在地方借逃报仇、诈害良民者,无论旗、民,照凶恶棍徒生事扰害例发遣,载入《督捕则例》,遵行在案。此条为首斩决,为从绞候,系属旧例,应行修改,以免歧异。谨将修改例文,开列于后。

一、凡旗、民结伙,指称隐匿逃人,索诈财物者,不分曾否得财,为首者照凶恶棍徒生事扰害例发遣,为从者俱减一等。

【1802】6.18.273.(8)(略)

【1825】6.18.273.(6)(略)

【1725】○增入

原拟:现行例内五条,类于此律,应增入。

【原增现行例】一、凡在内太监逃出索诈者,俱照光棍例治罪。

【1725】6.18.283.(7)【增例】(略)

【1740】6.18.273.(6)(略)

【1790】6.18.273.(5)(略)

【1802】6.18.273.(3)(略)

【1725】○增入

原拟:现行例内五条,类于此律,应增入。

【原增现行例】一、凡苗人有伏草捉人,横加枷肘,勒银取赎者,初犯,为首者斩监候,为从者俱伽号三个月,臂膊刺字;再犯者,不分首从,皆斩立决。其有土哨奸民勾通取利,造意者,不分初犯、再犯,并斩立决;附和者,各枷号两个月,佥妻发边外为民。该管土官虽不知情,亦按起数交该部议;知情故纵者,革职,杖一百;若教令指使,或和同取利者,革职,枷号三个月;俱不准折赎。

【1725】6.18.283.(8)【增例】(略)

【1740】6.18.273.(7)(略)

【1772】○修改

臣等谨按:原例内土哨奸民勾通取利附和者,各枷号两个月,佥妻发边外为民。乾隆三十六年(1771)六月内,臣部奏明,将此条内附和之犯改为"枷号两个月,发边远充军",今遵照改正,以便引用。合并声明。

一、凡苗人有伏草捉人,横加枷肘,勒银取赎者,初犯,为首者斩监候,为从者俱枷号三个月,臂膊刺字;再犯者,不分首从,皆斩立决。其有土哨奸民勾通取利,造意者,不分初犯、再犯,并斩立决;附和者,各枷号两个月,发边远充军。该管土官虽不知情,亦按起数交该部议。知情故纵者,革职,杖一百;若教令指使,或和同取利者,革职,枷号三个月,俱不准折赎。

【1790】6.18.273.(6)(略)

【1802】6.18.273.(4)(略)

【1751】○续纂

一、凡附近番苗地方吏民人等,擅入苗境,借差欺凌,或强奸妇女,或抢劫财物,以及讹诈不遂,聚众凶殴,杀死人命等案,将所犯查照定例,如原系斩决、绞决之犯,审实具题,俟命下之日,将该犯押赴犯事处所正法;其例应斩候、绞候者,审系借差欺陵等项,实在情重,应将监候改为立决,亦于题复之日,押赴原犯地方正法。至寻常案件,虽系民苗交涉,审无前项情节,仍照定例拟罪。至秋审时有情实勾决之犯,亦于原犯苗地正法,仍将该犯从重治罪正法情由张挂告示,通行晓谕。该管官员,有纵差骚扰、激动番蛮者,仍援照引惹边衅例治罪。若止于失察,交部议处。

臣等谨按:此条系乾隆十四年(1749)四月内,臣部议复调任贵州巡抚爱必达题结"陈君德图奸苗妇阿乌拒捕伤人"一案,遵旨议定条例,应纂辑以便遵行。

【1768】6.18.273.(8)(略)

【1790】6.18.273.(7)(略)

【1802】6.18.273.(5)(略)

【1756】○续纂

一、内外大小衙门蠹役,恐吓索诈贫民者,计赃一两以下,杖一百;一两至五两,杖一百,加枷号一个月;六两至十两,杖一百、徒三年。为从分赃,并减一等。其十两以上,及索诈贫民,致令卖男鬻女,赃在十两以下者,仍照定例遵行。

臣等谨按:此条系乾隆十七年(1752)十一月内,臣部议复升任陕西按察使武忱条奏定例,应纂辑以便遵行。再按定例,索诈贫民致令卖男鬻女者,十两以下,亦照例充发。今此条指贫民中之不致卖男鬻女者言之,则"十两以上"句下,应增出"索诈贫民致令卖男鬻女"数语,方无歧误。

【1768】6.18.273.(9)(略)

【1782】○修并

【原例】【1768】6.18.273.(9)(略)

＊刑律·受赃·官吏受财

【1768】6.23.344.(4)

一、凡衙门蠹役,恐吓索诈十两以上者,发近边充军;至一百二十两者,照枉法拟绞。其或索诈贫民,致令卖男鬻女者,十两以下,亦照例充发。为从分赃者,不计赃,并杖一百、徒三年。如有吓诈致毙人命,不论赃数多寡,拟绞监候。

臣等谨按:此二条原例,一系衙门蠹役恐吓索诈贫民,计赃在十两以下,载在"贼盗·恐吓取财"门内;一系计赃在十两以上,以及致令卖男鬻女,载在"受赃·官吏受财"门内。查此二条原例,虽有计赃轻重之别,但同一衙门蠹役恐吓索诈,其例自应并为一条,入于"官吏受财"门内,以省繁冗。今将修并例文,开列于后。

＊刑律·受赃·官吏受财【1790】6.23.344.(13)一、内外大小衙门蠹役,恐吓索诈贫民者,计赃一两以下,杖一百;一两至五两,杖一百,加枷号一个月;六两至十两,杖一百、徒三年;为从分赃,并减一等。计赃在十两以上者,发近边充军;至一百二十两者,照枉法拟绞;其或索诈贫民,致令卖男鬻女者,十两以下,亦照例充发。为从分赃者,不计赃,并杖一百、徒三年。如有吓诈致毙人命,不论赃数多寡,拟绞监候。

【1788】○续纂

一、凡台湾无藉游民,犷悍凶恶,肆行不法,犯该死罪者,即照光棍例拟斩立决;犯该徒、流以上者,照棍徒生事扰害例发极边足四千里充军,仍酌其情罪较重者,改发新疆及黑龙江等处为奴。审系被诱随行,犯止枷、杖者,一概逐回原籍,严加管束。

＊刑律·贼盗·起除刺字

【1790】6.18.281.(15)一、台湾无藉游民,除犯该徒、流以上,仍照定例办理外,若犯止枷、杖,例应逐回原籍管束者,面刺"逐水"字样。

臣等谨按:乾隆五十三年(1788)九月内,行在军机大臣会同刑部核复福建巡抚徐嗣曾奏"台湾棍徒陈光侯调奸许淋之女未遂,经许淋闻知斥詈,该犯纠同潘波等砍伤许淋身死"案内声明,嗣后台湾民人凡有凶恶如陈光侯,肆行不法,犯该死罪者,即照光棍例拟斩立决。犯该徒流以上,即照棍徒扰害例拟发烟瘴充军,仍酌其情罪较重者,改发新疆、黑龙江等处给兵丁为奴。其审系被诱同行,犯止枷杖者,一概逐回原籍,严加管束,面刺"逐水"字样等因。具奏,奉旨:"依议。"钦遵在案,应纂辑遵行。再查恶棍生事扰害及设法索诈、淫辱等项,悉载于"恐吓取财"门内,其各犯刺字各例,类辑于"起除刺字"条下,谨将奏明新例按门分纂,以昭贴切,理合声明。

【1790】6.18.273.(8)(略)

【1802】6.18.273.(6)(略)

【1814】○修改

臣等谨按:嘉庆十七年(1812)十二月内,臣部议复原任黑龙江将军、宗室斌静等奏"调剂黑龙江等处遣犯"折内,请将台湾无藉游民犷悍凶恶、肆行不法犯该徒、流以上情重一条,改发新疆给官兵为奴等因奏准,通行在案。例内"发黑龙江等处"字样应行节删。谨将修改例文,开列于后。

一、凡台湾无藉游民,犷悍凶恶,肆行不法,犯该死罪者,即照光棍例拟斩立决;犯该徒、流以上者,照棍徒生事扰害例发极边足四千里充军,仍酌其情罪较重者,改发新疆给官兵为奴。审系被诱随行,犯止枷、杖者,一概逐回原籍,严加管束。

【1825】6.18.273.(7)(略)

【1830】○修改

臣等谨按:道光六年(1826)十一月内,军机大臣会同臣部议复直隶总督那彦成奏"调剂新疆遣犯"折内,请将台湾无藉游民犷悍凶恶、肆行不法,犯该徒、流以上情重者,发新疆为奴一条,改发云贵两广极边烟瘴充军等因奏准,通行在案。例内发新疆之处应行修改。谨将修改例文,开列于后。

一、凡台湾无藉游民,犷悍凶恶,肆行不法,犯该死罪者,即照光棍例拟斩立决;犯该徒、流以上者,照棍徒生事扰害例发极边足四千里充军,仍酌其情罪较重者,改发云贵两广极边烟瘴充军。审系被诱随行,犯止枷、杖者,一概逐回原籍,严加管束。

【1845】○修复

臣等谨查:此条例文从前旧例内载,台湾无藉游民犷悍凶恶,肆行不法,犯该徒、流以上,酌其情罪较重者,改发新疆给官兵为奴等语,嗣于道光六年(1826)十一月内,据原任陕甘总督那彦成奏请调剂新疆遣犯,经军机大臣会同臣部议将此条改为"改发云贵两广极边烟瘴充军"等因奏准,纂入例册在案。兹道光二十四年(1844)六月内,据升任贵州巡抚贺长龄"奏请调剂军犯章程"一折,复经军机大臣会同臣部议请"嗣后新疆遣犯,各照旧发往"等因具奏,奉上谕:"据军机大臣会同刑部议奏'贵州军犯拥挤,酌减调剂'等语,新疆遣犯改发内地,恐人数众多,不特约束难周,且与民风大有关碍,非若新疆地方辽辟,外遣人犯易于安插。所有旧时改发内地各条,着仍照旧发往新疆,交该将军设法妥为安插。并严饬所属认真查核,严加管束,毋令滋生事端,俾期积久无弊。余依议。钦此。"是新疆遣犯既应照旧发往。其台湾徒、流情重改发新疆之原例,现在犹存,足资引用,此条系属赘文,应行删除。

一、凡台湾无藉游民,犷悍凶恶,肆行不法,犯该死罪者,即照光棍例拟斩立决;犯该徒、流以上者,照棍徒生事扰害例发极边足四千里充军,仍酌其情罪较重者,改发新疆给官兵为奴。审系被诱随行,犯止枷、杖者,一概逐回原籍,严加管束。

【1847】6.18.273.(7)(略)

【1806】○续纂

一、凡刁徒无端肇衅，平空讹诈，欺压乡愚，致被诈之人因而自尽者，拟绞监候，秋审时分别情节轻重，入于情实、缓决；拷打致死者，拟斩监候，秋审时入于情实；为从各减一等。其事出有因，并非无端肇衅者，不得滥引此例。

臣等谨按：嘉庆九年(1804)十二月内，臣部"酌定平空讹诈致毙人命之例"一折原奏内称，刁恶之徒无端肇衅，捏事生风，动辄勒索逞凶，肆意讹诈，以致被诈之人逼迫难堪，因而自尽，其凶恶情状，欺压乡愚，实与蠹役诈赃毙命无异。若不拟以绞抵，既不足以重人命，亦无以示儆戒。议请嗣后凡刁徒无端肇衅，平空讹诈，欺压乡愚，致被诈之人因而自尽者，即比照蠹役吓诈致毙人命例拟绞监候。拷打致死者，拟斩监候。为从，各减一等。其事出有因，并非无端肇衅者，不得滥引此例。再查，蠹役诈赃毙命，究系在官人役倚势作威，知法犯法，秋审例入情实。其刁徒讹诈酿命系比例拟绞，秋审时拟入缓决。若拷打致死者，仍入情实等因，奏准在案，应纂辑为例，以便遵行。惟查刁徒平空讹诈，致酿人命，虽系比例拟绞，而情节固有可原者，亦有较蠹役为凶甚者。若一概入于缓决，似觉无所区别，自应分别情节轻重，入于情实、缓决，以昭平允。今于例内添纂明晰，合并陈明。

【1825】6.18.273.(9)(略)

【1845】○修改

臣等谨按：道光二十年(1840)十一月内，臣部核复前任江西巡抚钱宝琛题报"德安县革役雷泳柏等因向刘陈氏吓诈，致令自缢身死"一案内称：已革粮差雷泳柏、李洪因刘陈氏家有应完钱粮一分三厘、兵米一合，刘陈氏因子外出，致三年未完，雷泳柏闻知起意，邀同李洪前往讹诈，捏称刘陈氏未完钱粮，已奉县差拘追。如肯出钱安顿，可免到官，否则即须拿比。刘陈氏畏累，许给钱一千文，央求代完。雷泳柏嫌少，不允，用言吓诈走回。刘陈氏虑其怂恿拘拿，情急自缢。前据该抚以刘陈氏拖欠钱粮，本属有罪之人，雷泳柏借端相诈，与平空讹诈者有间，将雷泳柏于刁徒平空讹诈致被诈之人自尽绞罪上量减一等，拟以满流；李洪依为从减等，拟徒等因具题。经臣部查，向来办理吓诈人命之案，其死者虽属罪人，本犯并无应捕之责者，仍照例拟绞，未便遽予末减。驳令另行妥议去后，兹据该抚遵驳更正，将雷泳柏依例问拟绞候。臣部复核此等情节，刘陈氏身系女流，其拖欠钱粮为数无多，且由伊子外出所致，并非有意违抗，与实在有罪之人不同。雷泳柏以已革粮差前往索诈，业经该氏许钱，央求代完，犹复嫌少吵闹，用言吓唬，致令情急自尽，不得谓之事出有因，自应依刁徒无端肇衅平空讹诈致被诈之人因而自尽者绞监候例，拟绞监候，秋后处决。至该抚所引四川省刘引，及该省张顺潮二案，虽均系量减拟流，惟一系死者有心舞弊，一系私贩罪人，与本案情节迥异，自不得相提并论。臣部复查，此等案件，近有因死系有罪之人，量减拟流者；亦有以死者虽属有罪之人，核其所犯事情与该犯并无干涉，仍拟绞抵者，办理本未画一。详核本条例文，以死由自尽之案而拟以绞抵，诚以此等刁徒无端肇衅，平空讹诈，致令无罪之人被逼自尽，情节较重。故特严其诛，以安良善而惩奸宄。如死者果系奸盗等项，及一切作奸犯科有干例议之人，本与平人有间。被诈者既属咎由自取,讹诈者稍觉情有可原。若概照无端肇衅之例一体科罪,究无以示区别。但例内并无分指明晰,故办理易涉两歧。应请"嗣后审办刁徒吓诈酿命之案,如果讯明死者实系奸盗等项,及一切作奸犯科有干例议之人,致被借端讹诈,虽非凶犯干己事情,究属事出有因。为首之犯,应于绞罪上量减一等,杖一百、流三千里;为从者,杖一百、徒三年。若凶犯所借之事,在死者本无罪可科,或死者虽曾实有过犯,而凶犯另捏别项虚情讹诈,均属无端肇衅,仍照例分别首、从,问拟绞候、满流,不得率请量减等因题,奉谕旨允准,通行各省,一体照办在案。自应于例内修改明晰,以资引用。谨将修改例文,开列于后。

一、凡刁徒无端肇衅,平空讹诈,欺压乡愚,致被诈之人因而自尽者,拟绞监候,秋审时分别情节轻重,入于情实、缓决;拷打至死者,拟斩监候,秋审时入于情实。为从各减一等。若刁徒吓诈逼命之案,如讯明死者实系奸、盗等项,及一切作奸犯科,有干例议之人,致被借端讹诈,虽非凶犯干己事情,究属事出有因,为首之犯,应于绞罪上量减一等,杖一百、流三千里;为从者,杖一百、徒三年。若凶犯所借之事,在死者本无罪可科,或虽曾实有过犯,而凶犯另捏别项虚情讹诈者,均属无端肇衅,仍照例分别首从问拟绞候、满流,不得率予量减。

【1847】6.18.273.(15)(略)

【1821】○续纂

一、广东、福建两省民人掳人勒赎,除用强掳捉、胁逼上盗,应依强盗律斩决,或因病身死,应依威力制缚及主使各本律本例拟绞外,如有非理凌虐,及被掳者情急自尽,俱照苗人伏草掳人横加枷肘例,拟斩监候。若无凌虐重情,凡图利关禁勒赎者,均照凶恶棍徒生事扰害例拟军。为从,各减一等。其因细故逞忿,止于关禁数日,迨服礼后即行放回者,于棍徒军罪上,分别首从,递减一等。

臣等谨按:嘉庆二十五年(1820)七月内,臣部汇奏"广东、福建民人掳人勒索之案应分别立定专条"折内,议请嗣后广东、福建两省民人掳人勒索,除用强掳捉、胁逼上盗应依强盗律斩决,或因病身死应依威力制缚及主使各本律、本例拟绞外,如有非理凌虐,及被掳者情急自尽,俱照苗人伏草掳人横加枷肘例,拟斩监候。若无凌虐重情,凡图利关禁勒赎者,均照凶恶棍徒生事扰害例,拟军。为从,各减一等。其因细故逞忿,止于关禁数日,迨服礼后即行放回者,于棍徒军罪上分别首、从,递减一等等因,奏准在案。应纂辑为例,以便遵行。

【1825】○修改

臣等谨按:道光三年(1823)十一月内,据升任广东巡抚陈中孚以"匪徒掳人勒赎,将被掳之人致伤身死,首、从各犯应拟何罪,例无明文,可否照抢夺杀人例分别问拟"等因,咨请部示。经臣部查,掳人勒赎,或当时将被掳之人拒伤身死,或掳回后殴伤致毙,其初意止图勒赎得财,并无欲行致死之心。非若图财害命,先欲谋毙其命,而后取其财物可比,亦与实在光棍有别。揆其情形,实与掠夺杀人无异。议请嗣后广东、福建两省民人掳人勒赎,如将被掳之人拒伤身死,或于掳捉后谋、故、殴杀者,首犯,俱拟斩立决。为从,谋杀加功者,拟绞监候。若系拒杀、殴杀为从帮殴,如刃伤及手足、他物至折伤以上者,俱拟绞监候。伤非金刃，又非折伤，及谋杀并未加功者，实发云贵两广极边烟瘴充军。未经帮殴成伤者，发极边足四千里充军。并声明于修例时添纂明晰等因奏准，通行在案，应添入例内，以资引用。再查原例内"捉人勒头，如有非理凌虐，及被捉者情急自尽，俱拟斩监候"一节，详绎例意，捉人勒赎如有非理凌虐为一项，或虽无凌虐而致被捉之人情急自尽者为一项，俱字虽指两项而言，究属易致牵混。且捉人勒赎，止应问其有无凌虐，不必论其非理与否。原例内"非理"字样，应改为"任意"二字。至因细故逞忿，止于关禁数日，服礼后即行放回者，系指非为图利而言，应一并修改，以昭明晰。谨将修改例文，开列于后。

一、广东、福建两省民人捉人勒赎，除用强掳捉、胁逼上盗应依强盗律斩决，或被捉之人因病身死应依威力制缚及主使各本律、本例拟绞外，如有将被捉之人拒伤身死，或于掳捉后谋、故殴杀者，首犯，俱拟斩立决。为从，谋杀加功者，拟绞监候；不加功者，实发云贵两广极边烟瘴充军。若系拒杀、殴杀为从、帮殴，如刃伤及手足、他物至折伤以上者，俱拟绞监候。伤非金刃，又非折伤者，实发云贵两广极边烟瘴充军。未经帮殴成伤者，发极边足四千里充军。如有将被捉之人任意凌虐，或虽无凌虐而致被捉之人情急自尽者，俱照苗人伏草捉人横加枷肘例，拟斩监候。若无凌虐重情，止图获利关禁勒赎者，均照凶恶棍徒生事扰害例，拟军。为从，各减一等。其因细故逞忿，并非图利勒赎，止于关禁数日，追服礼后即行放回者，于棍徒军罪上，分别首从，递减一等。

【1825】6.18.273.(10)(略)

【1835】○修改

臣等谨按：道光十四年(1834)四月内，据原任两广总督卢坤奏"粤东匪徒掳人勒赎，应从重惩办"一折内称匪徒纠伙，或在途平白将人掳捉关禁，或抢夺人财物，经事主工伙追捕，乘其人远追势孤，捉回关禁，勒令被捉之人寄信回家用银赎放，或遣其伙党通信被捉人亲属备银向赎，该亲属虑恐出控将被掳之人残害，故多隐忍向赎。是以匪党公然捉人，横行凶诈，不畏事主控究，不畏官府拿办，是其心目中无复有畏法之念，较之强盗，其恶相去无几，亟应从严惩办。如将被捉之人任意凌虐，或虽无凌虐而致被捉之人情急自尽之从犯，均请从重发遣新疆给官兵为奴。其仅止听从帮捉关禁，尚未助势逼勒出钱，实发云贵两广极边烟瘴充军。若审明实无凌虐重情，止图获利关禁勒赎，为首，亦从重发遣新疆给官兵为奴；为从，发极边足四千里充军，不得减等拟徒等因。经臣部查，该督所奏系为整顿地方、严惩凶徒起见，应如所奏办理。惟查捉人勒赎拒杀、殴杀被捉之人案内，为从帮殴，伤非金刃又非折伤之犯，原例罪止烟瘴充军，未经帮殴成伤之犯，原例罪止足四千里充军。今既将仅止凌虐及致令自尽案内，帮同凌虐逼勒之犯改拟新疆为奴，未经助势逼勒之犯亦改拟烟瘴充军。所有拒杀、殴杀被捉之人案内为从帮殴，及未经帮殴各犯，衡情较重，拟罪即未便转轻，自应一并酌加修改，以昭平允。议请嗣后广东、福建两省民人捉人勒赎，除用强掳捉、胁逼上盗应依强盗律斩决，或被捉之人因病身死应依威力制缚及主使各本律、本例拟绞外，如有将被捉之人拒伤身死，或于掳捉后谋、故、殴杀者，首犯，俱拟斩立决。为从，谋杀加功者，拟绞监候；不加功者，实发云贵两广极边烟瘴充军。

若系拒杀、殴杀为从帮殴,如刃伤及手足、他物至折伤以上者,俱拟绞监候。伤非金刃又非折伤者,发新疆给官兵为奴。未经帮殴成伤者,实发云贵两广极边烟瘴充军。如有将被捉之人任意凌虐,或虽无凌虐而致被捉之人情急自尽者,为首之犯,俱照苗人伏草捉人横加枷肘例,拟斩监候。为从帮同掳捉凌虐,及虽无凌虐而助势逼勒致令自尽者,俱发遣新疆给官兵为奴。若仅止听从帮捉、关禁勒赎,尚无助势逼勒出钱情事,均实发云贵、两广极边烟瘴充军。至审无凌虐重情,止图获利关禁勒赎,为首,亦发遣新疆给官兵为奴;为从之犯,俱发极边足四千里充军等因具奏,奉旨允准,遵照在案,应于例内修改明晰。谨将修改例文,开列于后。

一、广东、福建两省民人捉人勒赎,除用强掳捉、胁逼上盗应依强盗律斩决,或被捉之人因病身死应依威力制缚及主使各本律、本例拟绞外,如有将被捉之人拒伤身死,或于掳捉后谋、故殴杀者,首犯,俱拟斩立决。为从,谋杀加功者,拟绞监候;不加功者,实发云贵两广极边烟瘴充军。若系拒杀、殴杀为从、帮殴,如刃伤及手足、他物至折伤以上者,俱拟绞监候。伤非金刃,又非折伤者,发新疆给官兵为奴。未经帮殴成伤者,实发云贵两广极边烟瘴充军。如有将被捉之人任意凌虐,或虽无凌虐而致被捉之人情急自尽者,为首之犯俱照苗人伏草捉人横加枷肘例,拟斩监候。为从帮同凌虐,及虽无凌虐而助势逼勒致令自尽者,俱发遣新疆给官兵为奴。若仅止听从掳捉关禁勒赎,尚无助势逼勒情事,均实发云贵两广极边烟瘴充军。至审无凌虐重情,止图获利关禁勒赎,为首亦发遣新疆给官兵为奴,为从之犯俱发极边足四千里充军。其因细故逞忿,并非图利勒赎,止于关禁数日,追服礼后即行放回者,为首杖一百、徒三年,为从减一等。

【1845】○修改

臣等谨按:道光二十三年(1843)十月内,臣部议复广西巡抚周之琦"奏请严定章程以清盗源"一折内,捉人称勒赎之例专为广东、福建两省民人而设,他省拟办无所依据。而江西省掳人勒赎,已照闽、粤两省之例问拟,广西省应否亦照闽、粤两省之例问拟,或另行作何拟办之处,并请核实等因。臣等查,匪徒掳人勒赎,较寻常抢、诈之案尤为凶暴。定例虽为广东、福建两省而设,而江西省前经奉有谕旨,准照闽、粤之例问拟。广西省自当一体加严,免致纷歧。嗣后该省如有掳人勒赎之案,无论该省以及外来各省民人,俱照广东、福建两省民人捉人勒赎之例办理等因具奏,奉旨:"依议。钦此。"又,道光二十四年(1844)九月内,臣部议复四川总督、觉罗宝兴"请严定匪徒掳人勒赎治罪专条"一折内称,盗劫得赃,律应重辟,川匪拦抢,例有明条。至于匪徒捉人勒赎,仅有闽、粤等省治罪专条,别省有犯,仅照凶徒扰害例,分别首、从拟以军、徒,若辈毫不经意,不足示惩。即比照闽、广等省之例问拟,然捉人关禁勒赎并未凌虐之为首、为从,及虽经凌虐之从犯,均例无死法,亦尚不足以戢奸暴而挽颓风,该匪徒等死不足惜。请将川匪捉人勒赎之案,增定严行治罪专条等因。臣等查,匪徒捉人勒赎,情节固属凶恶,惟罪分首、从,即法有等差,岂得轻、重无所区别,概得论死。即如闽、广二省定例,分别杀伤、凌虐及致令自尽各情,问拟斩、绞立决、监候,立法不为不严。现在川省捉人勒赎报部之案,原不能较闽、广为多。

若谓近来此风稍炽，欲加整顿，即就闽、广二省专例推广照办，自足以示惩创。应请嗣后四川省匪徒捉人勒赎之案，究明有无致毙人命，及凌虐重情，悉照广东、福建二省之例科断。所有该督请将首、从尽置死典之处，应毋庸议。至该督所称该匪徒纠众大伙，置有枪械，以为拒捕之计，更属愍不畏法。查例内罪人拒伤捕人，未至残废、笃疾，止照律加拒捕罪二等，即拒杀差役律，亦罪止斩候。今以掳赎匪徒辄敢伙众拒捕杀伤兵役，情节较重，自应严立科条。嗣后掳赎匪徒如有聚众拒杀兵役者，首犯，拟斩立决。为从帮殴，如刃伤及手足、他物至折伤以上者，俱拟斩监候。伤非金刃又非折伤者，发新疆给官兵为奴。其伤人未死，如刃伤及折伤以上者，首犯，拟斩监候；为从，发新疆给官兵为奴。勒赎本罪已至斩决者，加拟枭示；已至斩、绞监候者，加拟立决。若并未聚众拒捕，及伤非金刃折伤者，仍各照罪人拒捕律，加本罪二等。罪至遣、军无可复加者，到配加枷号三个月。再，近来捉人勒赎案件，各省往往多有，如江西一省曾经请照闽、广二省之例拟办，其余各省因非通例，仍止按棍徒扰害例，分别首、从拟以军、徒。伏查，闽、广之例异于各省，实以闽、广之案甲于各省。今各省匪徒既相率效尤，岂可稍事姑容，转使潜滋暗长。且各省同罪异罚，非所以示立法之平，请将此条例文改为各省通例等因具奏，奉旨："依议。钦此。"钦遵各在案。应修改明晰，以资引用。谨将修改例文，开列于后。

一、捉人勒赎之案，除用强掳捉，胁逼上盗，应依强盗律斩决，或被捉之人，因病身死，应以威力制缚及主使各本律本例拟绞外，如有将被捉之人，拒伤身死，或于掳捉后谋、故、殴杀者，首犯俱拟斩立决；为从谋杀加功者，拟绞监候；不加功者，实发云贵两广极边烟瘴充军；若系拒杀、殴杀为从帮殴，如刃伤，及手足、他物至折伤以上者，俱拟绞监候；伤非金刃，又非折伤者，发新疆给官兵为奴；未经帮殴成伤者，实发云贵两广极边烟瘴充军。如有将被捉之人，任意凌虐，或虽无凌虐，而致被捉之人情急自尽者，为首之犯，俱照苗人伏草捉人横加枷肘例拟斩监候；为从帮同凌虐，或虽无凌虐，而助势逼勒，致令自尽者，俱发遣新疆给官兵为奴；若仅止听从掳捉关禁勒赎，尚无助势逼勒情事，均实发云贵两广极边烟瘴充军。至审无凌虐重情，止图获利关禁勒赎，为首亦发遣新疆给官兵为奴，为从之犯俱发极边足四千里充军。其因细故逞忿，并非图利勒赎，止于关禁数日，迨服礼后即行放回者，为首杖一百、徒三年，为从减一等。如有聚众拒杀兵役者，首犯拟斩立决；为从帮殴，如刃伤，及手足、他物至折伤以上者，俱拟绞监候；伤非金刃，又非折伤者，发新疆给官兵为奴。其伤人未死，如刃伤，及折伤以上者，首犯拟斩监候，为从发新疆给官兵为奴。勒赎本罪已至斩决者，加拟枭示；已至斩、绞监候者，加拟立决。若并未聚众拒捕，及伤非金刃、折伤者，仍各照罪人拒捕律加本罪二等；罪已至遣，无可复加者，到配后加枷号三个月。

【1847】6.18.273.（14）（略）

【1825】○续纂

一、广东省沿海地方，如有匪徒捏造图记纸单，作为打单名色，伙众吓诈商民，虽一时一事,实系情凶势恶者,不计赃数,为首照凶恶棍徒生事行凶无故扰害良人例,发极边足四千里充军;为从一次者,杖一百、徒三年,为从至二次及二次以上者,亦照棍徒扰害例拟军;俱面刺"打单匪犯"四字。若并无图记纸单,亦未伙众,仅凭口说,借端讹索,尚无凶恶情形者,为首杖一百、徒三年,为从减一等,杖九十、徒二年半。其有另犯抢劫、勒赎者,仍各照本律本例,从其重者论。

臣等谨按:道光四年(1824)二月内,臣部遵旨议复两广总督阮元等奏"拿获打单匪徒请定治罪专条"一折,经臣部查,道光三年(1823),广东省拿获匪徒何灵忠等,审系刊刻"东成西就"及"益胜堂""得意堂"等图记,并"同心得利"四字纸单,肆行掳劫吓诈,因讯有抢劫掳赎重情,声明打单系属轻罪不议,将该犯等分别拟以斩决、遣、军、流、徒、枷、杖等因奏结。今据该督等以该省打单匪徒呼群引类,向农民、客商恐吓滋扰,勒令给钱,如不遂意,或逞凶毁抢,或掳捉勒赎,为闾阎之害,自应从严究治,以防滋蔓。议请嗣后广东省沿海地方,如有匪徒打单,伙众吓诈商民,虽一时一事,实系情凶势恶者,为首,不计赃数,照凶恶棍徒生事行凶无故扰害良人例,发极边足四千里充军。为从一次者,照例减一等,杖一百,徒三年;为从至二次及二次以上者,亦照棍徒扰害例,拟军,及面刺"打单匪犯"四字。其并无图记纸单,亦未伙众,仅凭口说,借端讹索,尚无凶恶情形,为首者,杖一百、徒三年;为从者,减一等,杖九十、徒二年半。如有另犯抢劫勒索者,仍各照本律、本例,从重定拟。并声明于修例时载入例册等因奏准,遵行在案。应纂辑为例,以便遵行。

【1825】6.18.273.(11)(略)

【1847】6.18.273.(9)(略)

【1870】○修改

一、广东省匪徒,捏造图记纸单,作为打单名色,伙众三人以上,带有鸟枪刀械,无论有无恃强掳掠,但得财者,照强盗本律问拟;拒捕杀人者,加以枭示。未得财者,为首发新疆给官兵为奴,为从杖一百、流三千里。如三人以上,并未带有鸟枪刀械,亦未恃强掳掠,但系吓诈得财,无论赃数多寡,为首,及为从二次并二次以上,亦俱发新疆给官兵为奴;为从一次,杖一百、流三千里。其案内造意之首犯,身虽不行,但经伙众打单吓诈,即分别人数多寡、有无器械,并曾否掳掠、是否得财,各照为首例问拟。若并无图记纸单,亦未伙众,仅凭口说借端讹索者,为首杖一百、徒三年,为从减一等。至遣、军人犯脱逃回籍,复行打单吓诈,或向原拿兵役寻衅报复,除实犯死罪外,余俱拟绞监候。其另犯抢劫、勒赎,仍照本例,从其重者论。倘数年后此风稍息,奏明仍照旧例办理。

【1870】6.18.273.(9)(略)

【1830】○续纂

一、黔省匪徒,如有帽顶、大五、小五等名号,除犯该死罪者,仍照各本律本例问拟外,其犯该军、流、徒罪者,无论为首为从,各于所犯本罪上加一等治罪。罪止枷、杖者,于枷责后锁系铁杆一枝。如闻拿投首,及事未发而自首者,照例分别减免。倘减免后复犯,不准再首,各于所犯本罪上加一等治罪。军、流、徒罪,分别发配安置。仅止杖责者,仍系带铁杆。若平日虽无犯法实迹,而系横行乡曲,有帽顶、大五、小五名目者,亦锁系铁杆。俱定限一年释放。不知悛改,再系一年。倘始终怙恶,即照棍徒扰害例分别严办。乡保等挟嫌诬指,或兵役受贿徇纵,一体加等治罪。该州县每办一案,报明臬司、督抚,按季汇册报部。限满开释时,亦报部查核。其审无前项名目者,各依本律例科断。

臣等谨按:道光七年(1827)正月二十九日,奉上谕:"嵩溥奏'酌议办理匪徒章程'一折,着照所议。嗣后黔省办理抢、窃等案,如有帽顶、大五、小五名号,除犯该死罪照例从重科断外,其犯该军、流、徒罪,无论为首、为从,均于本罪上加一等治罪。若罪止枷杖,着于枷责后锁系铁杆一枝。其有闻拿投首,及事未发而自首者,照例分别减免。倘减免后复犯,不准再首,各于所犯本罪上加一等。军、流、徒犯,分别发配、安置。杖罪,杖责发落,仍系带铁杆。若平日无犯法实迹,而横行乡曲,有帽顶、大五、小五名目,照例止予枷责不足示惩者,每名锁系铁杆一枝,定限一年,如能改悔,准予释放。若不悛改,再系一年。倘始终怙恶,即照棍徒扰害例分别严办。如乡保等挟嫌诬指,兵役受贿徇纵,着一并加等治罪。仍令该地方官每办系带铁杆一案,报明臬司、督抚,并按季报部查核。总须实力奉行,严示遵饬,不可徒作空言,虚无故事等因。钦此。"钦遵在案。应恭纂为例,以资引用。

【1847】6.18.273.(10)(略)

【1852】○修改

咸丰元年(1851),增入滇省匪徒一层。

一、黔省匪徒,如有帽顶、大五、小五等名号,除犯该死罪者,仍各照本律本例问拟外,其犯该军、流、徒罪者,无论为首为从,各于所犯本罪上加一等治罪;罪止枷、杖者,于枷责后锁系铁杆一枝。如闻拿投首,及事未发而自首者,照例分别减免。倘减免后复犯,不准再首,各于所犯本罪上加一等治罪,军、流、徒罪,分别发配安置;仅止杖责者,仍系带铁杆。若平日并无犯法实迹,而系横行乡曲,有帽顶、大五、小五名目者,亦锁系铁杆。俱定限一年释放。至滇省匪徒,如仅止偶然挟诈逞凶,罪止枷、杖,并虽无犯法实迹,而平日佩带凶器刀械,游历城乡之犯,亦系带铁杆一年。以上各省匪徒,系杆限满开释,分别枷责,交保管束。如不知悛改,再系一年。倘始终怙恶,即照棍徒扰害例分别严办。乡保等挟嫌诬指,或兵役受贿徇纵,一体加等治罪。该州县每办一案,报明臬司、督抚,按季汇册报部。限满开释时,亦报部查核。其审无前项名目者,各依本律例科断。

【1870】6.18.273.(10)(略)

【1830】○续纂

一、安徽省拿获水烟箱主匪徒,除审有抢劫、杀伤、强奸、拐卖等情,各照本律例从重定拟外,其但经携带烟童,或与鸡奸,或纵令卖奸,或遇事挺身架护者,俱发极边足四千里充军。卖烟伙党,审系一时被胁,免其治罪。若自甘下贱,助势济恶者,杖一百、徒三年。年未及岁,仍依律收赎。地方官自行访获究办,免议;倘被告发,或经上司访闻饬拿,始行破案者,交部议处。

臣等谨按:道光七年(1827)十一月内,臣部议复安徽巡抚邓廷桢奏"安徽颍、凤二府匪徒借名水烟为名结伙滋扰,请特严定例"一折内称,安徽近有无赖棍徒不图正业,置备水烟袋数十支,招集幼孩,令其分赴集镇卖烟,或将烟童强行鸡奸,或勒令在外卖奸,从中索费分钱,名为水烟箱主。其烟童内有零丁失业、自愿依附者,亦有强抢哄诱、逼胁勉从者,日聚日多。名为卖烟获利,实则奸盗赌博之渊薮,亦为械斗凶杀之厉阶。且各分党羽,动辄挺身帮护,久之即成捻匪。自应从严惩治,以安地方而正人心。经臣部议请,嗣后安徽省拿获匪徒,如审有抢劫、杀伤、强奸、拐卖等情,仍各照本律、本例从重定拟。其但经携带烟童,或与鸡奸,或纵令卖奸,或遇事挺身架护,均发极边足四千里充军。卖烟伙党,除实系一时被胁、毋庸坐罪外,若讯系自甘下贱、助势济恶者,杖一百、徒三年。年未及岁,照例收赎。地方官自行访获究办,免其参处。倘被告发,或经上司访闻饬拿始行破案者,查取职名,送部议处,并由臣部纂入例册等因具奏。奉旨:"依议。钦此。"钦遵在案。应请纂辑为例,以资引用。

【1847】6.18.273.(11)(略)

【1830】○续纂

一、江苏省徐州、淮安、海州三府州,及山东兖州、沂州、曹州三府,河南汝宁、陈州、光州三府州,安徽颍州、凤阳、泗州三府州所属匪徒,如有佩带凶器刀械,挟诈逞凶,罪止枷、杖者,拿获到案,各锁系铁杆一枝一年,改悔者释放。若不悛改,再系一年。倘始终怙恶,按其情节,照棍徒屡次行凶扰害例分别严办。

臣等谨按:道光六年(1826)三月十七日,奉上谕:"陶澍奏请'严惩刀械匪徒'一折,江苏省徐、邳、淮海一带,与皖、豫、山东境壤毗连,匪徒出没,每以佩刀执械为能,始则三五成群,借端吓诈,继则肆意横行,凶抢仇杀,最为地方之害。兹据该抚以此等佩带凶器匪徒,偶然挟诈逞凶,平日又无犯法实迹,照本例仅止枷杖,既未便照拽刀匪徒结伙抢夺及棍徒生事行凶之例强相比附,而责释之后,故智顿萌,转以轻于尝试,长其犯法之心。援照四川、广东惩办啯匪棍徒之例,锁系铁杆,以期小惩大戒。着照所请,嗣后江苏徐、淮、海三属匪徒,如有佩带凶器刀械挟诈逞凶者,一经拿获,每名系铁杆一枝,重四十斤为度,定限一年。果能改悔自新,即予释放。若不悛改,再系一年。倘仍始终怙恶,即按其情节,照棍徒屡次扰害行凶例,分别从严究办。其接近江苏之山东兖、沂、曹三府,河南汝、陈、光等府州,安徽颍、凤、泗三属,民情强悍,地界相连,并着一体仿照办理,以挽颓风而安良善。该部知道。钦此。"钦遵在案。应恭纂为例,以资引用。

【1835】○修改

臣等谨按:道光十二年(1832)七月内,据前任陕西巡抚史谱奏,陕省界连川楚,向有一等匪徒自名刀客,三五成群到处游荡。每遇睚眦细故,辄即拔刀相向,良民畏势莫敢与较。虽随时惩创,未能尽绝根株。溯查陕省南山一带,从前每有匪徒携带刀械绺窃之案,曾奏明另立专条,以示惩创。而此等刀客多在平原州县,不独南山为然。况佩刀逞凶亦与绺窃不同,请援照江苏等省之例,酌系铁杆等因。经臣部查,该抚所奏系为整饬地方,因时制宜起见,应如所奏办理。议请嗣后陕西省除南山一带捎刀绺窃以及携刀游荡各案,仍照前奏定章程办理外,其平原地方拿获刀客到案,讯明佩执凶器刀械,挟诈逞凶,罪止杖、枷者,各于枷、杖后,锁系铁杆一支一年。改悔者释放。若不悛改,再系一年。倘始终怙恶,按其情节,照棍徒屡次行凶扰害之例,从严惩办。仍报明督抚、臬司查核,按季汇册报部。如有妄拿无辜,系带铁杆,责成该管上司随时访察揭参等因具奏,奉旨允准,遵照在案。查陕西省匪徒锁系铁杆,原系仿照江苏等省匪徒锁系铁杆之例办理,应于江苏等省匪徒锁系铁杆原例内,添入"陕西省",以资引用。谨将修辑例文,开列于后。

一、江苏省徐州、淮安、海州三府州,及山东兖州、沂州、曹州三府,河南汝宁、陈州、光州三府州,安徽颍州、凤阳、泗州三府州,及陕西省所属匪徒,如有佩带凶器刀械,挟诈逞凶,罪止枷、杖者,拿获到案,各锁系铁杆一枝一年,改悔者释放。若不悛改,再系一年。倘始终怙恶,按其情节,照棍徒屡次行凶扰害例分别严办。

【1845】○修改

臣等谨按:道光二十五年(1845)二月内,臣部议复安徽巡抚王植条奏"创惩土匪"一节内称,江北民风劲悍,尚气好斗。其游手无赖打降滋事之徒,每城乡、市镇必有其人。或受打渠魁、阴为助势,或持刀带械、吓诈居民。事犯到官,罪名不过杖枷,而怙恶不悛,屡惩不悔。前任江苏抚臣陶澍以凤、颍、泗三属民情强悍,奏明查办,刀械匪徒援例锁系铁杆,奉旨遵行,请申明此禁。凡刀械土匪罪止枷杖,而凶恶难化者,加系铁杆收管,定立年限察看。果能悔改,释令自新等因。臣等查安徽颍、凤、泗等府州,及各省匪徒,锁系铁杆,例有专条。该抚请将罪止枷杖者锁系铁杆,限年开释,系为严惩凶暴,革除嚣竞起见,应令遵照办理。惟该抚所奏,是否专指凤、颍、泗三属,抑或另有应行照办之处,未据分晰声明。应令该抚另行切实报部,以凭查核等因具奏,奉旨:"依议。钦此。"钦遵咨行。去后嗣据该抚咨称"锁系铁杆,立限察看,系指安徽通省各州县均遵照一律办理"等因。又经臣部照复在案,是原例内仅云"安徽颍州、凤阳、泗州三府州"字样,与现定章程不符,应添改明晰,以免挂漏。谨将修改例文,开列于后。

一、江苏省徐州、淮安、海州三府州,及山东兖州、沂州、曹州三府,河南汝宁、陈州、光州三府州,并安徽、陕西二省所属匪徒,如有佩带凶器刀械,挟诈逞凶,罪止枷、杖者,拿获到官,各于枷、杖后,锁系铁杆一枝一年,改悔者释放。若不悛改,再系一年。倘始终怙恶,按其情节,照棍徒屡次行凶扰害例分别严办。

【1847】6.18.273.(13)(略)

【1870】○修改

同治九年(1870),增入锁系巨石一层。

一、江苏省徐州、淮安、海州三府州,及山东兖州、沂州、曹州三府,河南汝宁、陈州、光州三府州，并安徽、陕西二省所属匪徒，如有佩带凶器刀械，挟诈逞凶，罪止枷、杖者，拿获到案，各于枷、杖后锁系铁杆一枝一年，改悔释放。若不悛改，再系一年。如敢带杆滋扰，或毁杆潜逃，持以逞凶、拒捕，罪应拟徒者，锁系巨石五年；应拟杖者，锁系巨石三年。限满果能悔罪自新，或有亲族乡邻甘结保领，地方官查实，随时开释详报。倘始终怙恶，按其情节，照棍徒屡次行凶扰害例分别严办。

【1870】6.18.273.(13)(略)

【1830】○续纂

一、湖北省襄阳府属匪徒抢窃、讹诈等案，除情重赃多，罪应军、流以上者，仍按本律本例定拟外，如罪应拟徒之犯，应刺字者，先行刺字，毋庸解配，在籍系带铁杆五年。罪止拟杖者，系带铁杆三年。限满开释，分别杖责。如释放后复犯徒罪者，仍系带铁杆五年；复犯杖、枷者，仍系带铁杆三年，限满开释。倘另有挟诈行凶、怙恶不法重情，即照棍徒屡次生事扰害例，从重严惩。该州县每办一案，仍报明督抚、臬司，按季汇册咨部。限满开释时，亦报部查核。若该州县任听书役舞弊朦混，妄及无辜，从严惩办。俟数年后此风稍息，仍照旧例办理。

臣等谨按：道光七年(1827)二月内，臣部复议湖广总督嵩孚奏“湖北襄阳府属各州县抢窃讹诈匪徒，请照川陕绺匪之例系带铁杆限年开释”一折内称，湖北襄阳一郡，界连河南，人情犷悍，有等无业莠民，常出抢、窃民间牛马、衣物，并借截限私盐为名，在于偏僻村庄拦截经过客商，抢夺、讹诈种种扰害，商民深受其累。议请嗣后审办此等案件，除情重赃多，罪应军、流以上者仍按律例定拟外，其问拟徒罪之犯，发配易于逃逸，迨经缉获，仍发原配，亦难免潜回生事。酌将应行拟徒之犯，于审明后，应行刺字者，先行刺字，即在原籍系带铁杆五年，毋庸解配。罪应拟杖之犯，系带铁杆三年。本犯应不能脱逃，而未犯匪徒亦可触目警心，改恶从善。仍俟年满释放时，查明分别杖责。该州县每办一案，仍报明督抚、臬司，按季汇册咨部。限满开释时，亦报部查核。倘该州县任职书役舞弊朦混，妄及无辜，从严惩办。俟数年后此风稍息，仍照旧办理。经臣部查核，该督所议系为惩治地方，因时制宜，应如所奏办理。并经酌议此等匪徒，倘释放后再犯徒罪者，仍系带铁杆五年；复犯枷、杖者，仍系带铁杆三年，限满开释。倘另有挟诈逞凶、怙恶不法重情，即照棍徒屡次生事扰害例，从重严惩等因具奏，奉旨：“依议。钦此。”钦遵在案。应请纂辑为例，以资引用。

【1840】○修改

臣等谨按：道光十九年(1839)九月内，据前任湖广总督周天爵奏请“整顿抢窃私枭各匪徒”一折内称“襄阳府属匪徒系带铁杆之例，系为一郡之制宜，未计全楚大局。兹查湖北、湖南两省抢窃匪徒并贩私人犯，问拟徒、杖，一经解配交保，莫不即时脱逃。且脱逃后其胆愈炽，不但仍前抢窃贩私，而各犯以其能熬刑脱案群相推戴，从而附和者愈多。且盐匪有资则充私枭，资竭则为巨盗，若不及早惩治，久之党羽渐广，势将闾阎胥受荼毒。请将湖北、湖南两省抢窃私贩匪徒，除犯该军流以上者仍各按律、例办理外，其应拟徒之犯，照襄阳府属之例，即在原籍系带铁杆五年。应行拟杖之犯，赃至十两以上、私盐过六十斤者，系带铁杆三年。俱在衙前及各巡典衙门管束，俟年满照拟责释。倘开放之后仍复犯案，递加系带铁杆二年。至三犯，即按例从重问拟”等语。经臣部查，湖北襄阳府属匪徒系带铁杆之例，系道光七年(1827)经原任湖广总督嵩孚奏定，兹据该督以该两省匪徒亟应整顿，不独襄阳一府为然，自应一体从严办理。惟贩私人犯系不问盐斤多寡，有犯即拟满徒，本无拟杖之条。今若将私盐过六十斤者，照杖罪人犯系带铁杆三年，则未过六十斤者，转照原例，以系徒罪人犯系带铁杆五年办理，殊属轩轻。议请嗣后湖南、湖北两省抢、窃、贩私各犯，除罪在军、流以上仍照本律、例定拟外，其抢、窃、贩私，罪应拟徒者，均在籍系带铁杆五年。窃盗罪应拟杖、赃至十两以上者，系带铁杆三年。限满开放后如复行犯案，递加系带铁杆二年；三犯，按例从重问拟。该州县每办一案，仍报明督抚、臬司，按季汇册咨部。限满开释时，亦报部查核。若该州县任听书役朦混，妄及无辜，从严参办。俟数年后此风稍息，仍照旧例办理。再，该二省既经该督奏定章程，襄阳府属应即照此一体办理等因具奏，奉旨允准，遵行在案。应就襄阳府属原例推广修改，以资引用。谨将修改例文，开列于后。

一、湖南、湖北两省抢窃及兴贩私盐各犯，除罪应军、流以上者，仍按本律例定拟外，如罪应拟徒之犯，应刺字者，先行刺字，毋庸解配，在籍系带铁杆五年。窃盗赃至十两以上，罪应拟杖者，系带铁杆三年，限满开释，分别杖责。如释放后复行犯案，递加系带铁杆二年。三犯，按例从重问拟。该州、县每办一案，仍报明督抚、臬司，按季汇册咨部。限满开释时，亦报部查核。若该州、县任听书役舞弊朦混，妄及无辜，从严参办。俟数年后此风稍息，仍照旧例办理。

【1845】○移改

臣等谨按：道光二十四年(1844)十月内，据闽浙总督刘韵珂奏“抢窃应拟徒、杖人犯，变通成例，酌量锁系石礅，以昭惩创”一折内称，闽省地处海滨，民情犷悍，抢劫之案，层见叠出。推原其故，盖由杖罪人犯一经责释，即无系累之苦。徒犯到配，又可以乘间脱逃。故若辈不知悛改，以掠夺为故常，肆行无忌。窃以此等匪徒，性成顽梗，必有以苦累其身，庶可以稍驯其气。近年，山东、直隶、湖广等省，各将抢窃应拟杖、徒人犯，奏准锁系石礅、铁杆，纂例遵行。闽省盗风，与山东等省略同，自应循照办理。嗣后闽省抢窃匪徒，除罪应军、流以上者，仍按本律本例定拟外，其罪应拟徒之犯，先行刺字，毋庸解配，在籍锁系石礅五年。罪应拟杖者，锁系石礅三年，限满开释，分别杖责。如释放后复行犯案，递加锁系石礅二年。三犯，按例从重问拟。该州县每办一案，仍报明督抚、臬司，按季汇册咨部。限满开释时，亦报部查核。俟数年后盗风稍息，仍照旧例办理等因。经臣部照拟核复具奏，奉旨：“依议。钦此。”钦遵在案。臣等伏思，此等抢窃各犯，分别锁系石礅、铁杆，应载入“窃盗”门内，以便查考。从前湖南、湖北两省抢窃系带铁杆之例，因内有讹诈一项，是以载入“恐吓取财”门内。兹讹诈一项，已于道光十九年(1839)，据前任湖广总督周天爵条奏删去。复将兴贩私盐一项纂入例册。其闽省请定抢窃匪犯锁系石礅之例，亦系仿照湖南、湖北定例办理，自应一并移入“窃盗”门内。添纂明晰，以资引用。谨将移改例文，开列于后。

＊刑律·贼盗·窃盗

【1847】6.18.269.(8)一、湖南、湖北两省抢窃及兴贩私盐各犯,并闽省抢窃匪徒,除罪应军、流以上者,仍按本律、本例定拟外,如罪应拟徒之犯,应刺字者,先行刺字,毋庸解配,在籍锁带缴杆、石礅五年。罪应拟杖者,锁带铁杆、石礅三年,限满开释,分别杖责。释放后复行犯案,遞加锁带铁杆、石礅二年。三犯,按例从重问拟。该州、县每办一案,仍报明督抚、臬司,按季汇册咨部。限满开释时,亦报部查核。若该州、县任听书役舞弊朦混,妄及无辜,从严参办。俟数年后此风稍息,仍照旧例办理。

【1840】○续纂

一、陕西省所属匪徒,如结伙三人以上,挟诈逞凶,但有一人执持器械伤人,除实犯死罪外,其余不分首从,俱发极边足四千里充军。如聚众至十人以上,执持器械,无论曾否伤人,不分首从,俱发极边烟瘴充军。其有因挟诈不遂,或被人控告,纠众报复,竟行殴毙,均拟斩立决。其寻常斗殴,不在此例。俟数年后此风稍息,仍照旧例办理。

臣等谨按:道光十七年(1837)十月内,据陕西巡抚富呢杨阿奏"请严定刀匪罪名"一折内称,陕省刀匪,自道光十二年(1832)奏准锁系铁杆,此风未见止息。总由该匪等顽劣成性,系以铁杆,不过一二年,即得开释。法轻易玩,难昭炯戒。如依棍徒定断,必实有凶恶款迹,方能遣戍。且须核其情节,分别首从。而为从之犯,罪止拟徒。期满释回后,复带刀游荡,寻衅报复。从前尚有三五成群,偶然挟诈。近则党与众多,伙抢仇杀,无所不至。请照河南等省凶徒结伙伤人之例惩办。其有因而致死人命者,即照光棍例拟斩立决等因。经臣部因系除莠安良起见,议请嗣后陕省刀匪挟诈逞凶,如有结伙三人以上,但有一人执持器械伤人,除实犯死罪外,不分首、从,俱发极边足四千里充军。如聚众十人以上,执持器械,无论曾否伤人,不问首、从,俱发极边烟瘴充军。其有因挟诈不遂,竟行殴毙,或被人控告,纠众报复,因而杀死人命者,为首之犯,即照光棍例拟斩立决。其寻常斗殴,不在此例。俟数年后此风稍息,仍循旧例办理等因具奏。奉旨允准,遵行在案。谨纂辑专条,以资引用。

【1847】6.18.273.(12)(略)

【1845】○续纂

一、盛京地方,如有外来棍徒,勾结旗民,或投托宗室、觉罗,聚至三人以上,横河拦绠,诈索扰累,肆行抢夺者,除实犯死罪外,其余无论赃数、次数,不分首从,俱照棍徒扰害例发极边足四千里安置,面刺"烟瘴改发"四字。如并未聚众,及虽经聚众,但在河沟道口,借搭桥为名,把持地方,向过往车辆,任意讹索,并无横河拦绠、肆行抢夺重情者,为首亦照棍徒扰害例拟军,为从各犯俱杖一百、徒三年。旗人有犯,销除本身旗档,与民人一体办理。知情护庇、主使之宗室、觉罗,实发黑龙江严加管束。倘数年后此风稍息,奏明仍照旧例办理。

臣等谨按：道光二十一年(1841)六月内，臣部会同宗人府议复调任盛京将军、宗室耆英等奏“棍徒扰害，请明定章程”一折内称：“奉天地方，近有外来棍徒恃其凶恶，横河拦绠，诈索扰累，肆行抢夺，或勾结本地旗民，或投托宗室、觉罗为之护庇，稍不遂意，即逞凶斗殴，致酿人命，肆无忌惮。请嗣后除实犯死罪外，其余无论是否屡次生事行凶，不分首、从，俱照棍徒扰害例，发极边足四千里安置。旗人有犯，销除本身旗档，一体发遣。宗室、觉罗在盛京地方犯事者，即照犯至遣戍之例，实发黑龙江。至土棍在河沟道口，借搭桥为名，把持地方，向过往车辆任意讹索，虽较横河拦绠，肆行抢夺，情节稍轻，而其扰累行旅，亦属为害地方，亦请照棍徒扰害例，分别首、从办理”等因，系为惩匪徒以安地方起见，自应即如所请。惟查该将军所称“棍徒勾结旗民，或投托宗室、觉罗，恃凶图抢，请照棍徒扰害例，不分首、从，一体拟军”一节，原因该匪徒等同恶相济，聚众滋扰，厥罪维均，故当无分首、从办理。即如例内豫省并安徽颍州府等属凶徒及回民殴窃诸条，亦必聚至三人以上，始无分首、从，一体惩办；若聚众未及三人，自应仍照其犯罪分首、从之律，分别问拟，以示区别。应请嗣后盛京地方如有外来棍徒勾结旗民，投托宗室、觉罗，聚众至三人以上，横河拦绠，诈索扰累，肆行抢夺者，除实犯死罪外，其余无论赃数、次数，不分首、从，俱照棍徒扰害例，发极边足四千里充军，面刺“烟瘴改发”四字。如并未聚众，及虽经聚众，但在河沟道口借搭桥为名把持地方，向过往车辆任意讹诈，并无横河拦绠、肆行抢夺重情者，为首，亦照棍徒扰害例拟军；为从各犯，俱杖一百，徒三年。旗人有犯，销除本身旗档，与民人一体办理。宗室、觉罗，但经外来棍徒投托，知情为之护庇，或任令横河拦绠扰害，肆行抢夺，俱照棍徒扰害发极边足四千里例，不分首、从，均请实发黑龙江严加管束。其在河沟道口，借搭桥为名把持地方，向过往车辆任意讹索，虽非横河拦绠抢夺，但宗室、觉罗知情庇护主使棍徒不法，即与为首情罪相同，亦请照棍徒扰害例，实发黑龙江严加管束等因具奏，奉旨：“依议。钦此。”钦遵在案。再查此条系为严惩棍徒而设，倘数年后此风稍息，再由该将军奏明，仍循旧例办理，应纂辑为例，以资引用。

【1847】6.18.273.(16)(略)

【1845】○续纂

一、江西省南安、赣州、宁都州三府州所属匪徒，如有拜会、抢劫、讹诈等案，除实犯死罪，及本罪已至外遣为奴，罪无可加，均各照例办理外，其余军、流以下各犯，均于应得本罪上加一等定拟。至广东省匪徒，偷入广西省勾结土匪，有犯拜会、抢劫、讹诈等案，罪在军、流以下者，亦照此例加等办理。俟数年后此风稍息，再行奏明仍复旧例。

臣等谨按：道光十年(1830)四月内，臣部议复原任江西巡抚吴光悦奏“南、赣两府所属匪徒犯罪，请酌加一等定拟”一折内称，江西南安、赣州一带，常有匪徒拜会及盗劫抢诈、掳人勒赎等案，虽节经惩办，总未尽绝根株。上年赣属地方闻有匪徒潜匿滋扰，当经派员带兵会拿，获犯四百余名，各犯内或致毙人命，或夺劫拒捕，或拜会讹诈，或掳人勒赎，现在分别提省核审。惟掳人勒赎之案，江西省历照广东、福建两省民人掳人勒赎之例定拟,即会匪案内拟徒人犯,亦多有问拟酌加一等者,均经咨部照复有案。该二府所属厅、县,界连闽、粤,民情犷悍,拜会抢劫、讹诈逞凶之案,层见迭出,必须照原例从严,庶可共知炯戒。应请嗣后南安、赣州两府所属地方,如有匪徒拜会,并抢劫讹诈,及捆人勒赎等案,除实犯死罪,并外遣为奴,及捆人勒赎已照闽、粤之例问拟,罪无可加,仍照旧例办理外,其余案内应拟充军、徒、流等犯,均于各本罪上,酌加一等定拟。俟数年后此风稍息,再行奏明,仍复旧例办理等因。经臣部照拟核复具奏,奉旨:"江西南安、赣州二府所属厅、县,界连闽、粤,民情犷悍,前经该抚以该地方拜会抢劫、讹诈逞凶之案层见迭出,请加重治罪,当交刑部速议。兹据议如所奏办理。着照所议,嗣后,南安、赣州二府所属地方,如有拜会、抢劫讹诈等案,除实犯死罪,及外遣为奴,罪无可加,并捆人勒赎,已照闽、粤二省之例问拟,均各照旧例办理外,其余军、流以下各犯,均于本罪上加一等定拟,以示惩儆。俟数年后此风稍息,再行奏复旧例等因。钦此。"钦遵在案。又,二十三年(1823)六月内,臣部议奏江西巡抚吴文镕奏"宁都州所属匪徒,请援照南、赣二府加等治罪章程办理"一折内称,前因南安、赣州二府所属,有匪徒拜会及抢劫讹诈等案,经前抚臣吴光悦奏请,将应拟充军、徒、流等犯,均于各本罪上酌加一等定拟,以示惩儆,奉旨遵行在案。兹查宁都州及所属瑞金、石城二县,或错壤于赣郡属县之中,或于闽省连界,匪徒易滋出没。近来抢劫之案,亦层见迭出,当经严饬查拿。据该州、县等陆续报获五十余名,或结伙抢夺,或逞凶讹诈,或拒捕伤人,实为闾阎之害,若不严加惩治,无以儆凶暴而安良善。应请嗣后宁都州及所属瑞金、石城二县地方,如有匪徒抢夺,及逞凶讹诈等案,俱援照南安、赣州二府奏定章程,除实犯死罪,及外遣为奴,罪无可加,均各照旧例办理外,其余军、流以下各犯,均于本罪上加一等定拟。仍俟数年后此风稍息,再行奏明复归旧例等因。经臣部照拟核复具奏,奉旨:"依议。钦此。"又,二十三年十月内,臣部议复广西巡抚周之琦"奏请严定刑章以靖地方"一折内称,广西省梧州、平乐、浔州、南宁、郁林等府、州,均与粤东紧连,匪徒时时出没。近来抢劫、讹诈、结拜之案层见迭出,而所获各犯籍隶广东省居多。推原其故,由于广东办理洋盗严密,该犯等偷入西省,勾结匪徒抢劫,甚有持械拒捕,蔑法逞凶,贻害非浅,若不从严惩治,不足以靖地方。应请嗣后广西省如有拜会、抢劫讹诈等案,除实犯死罪,及发遣为奴罪无可加外,其余军、流以下各犯,如系籍隶广东之匪徒,即照江西省南、赣二府所属章程,各于所犯应得本罪上,加一等治罪。俟数年后此风稍息,再行奏复旧例等因。经臣部照拟核复具奏,奉旨:"依议。钦此。"各在案,应一并纂辑为例,以资引用。

【1847】6.18.273.(17)(略)

【1845】○续纂

一、山东省匪徒,如有结捻、结幅,聚众至四十人以上,带有军器,在市镇集场人烟稠密处所,窥视殷实人家铺户,强当讹索得财,不论赃数多寡,首犯拟绞立决;四十人以下十人以上,首犯拟绞监候;为从均发新疆酌拨种地当差;如数在五人以上,首犯亦发新疆种地当差,为从俱拟发极边足四千里充军。若聚众四十人以上,及十人以上,讹索强当未经得财者,首犯拟发极边足四千里充军,从犯杖一百、徒三年;五人以上,首犯杖一百、徒三年,从犯杖九十、徒二年半。其造意之捻首、幅首,身虽不行,但经伙犯讹索强当,即按人数多寡,照为首例问拟。其未经结捻、结幅,并聚众未及五人,尚未滋事者,仍照各本律本例问拟。若问拟遣、军人犯,脱逃回籍,复行入捻、入幅,讹索强当,或向原拿兵役寻衅报复,除实犯死罪外,余俱拟绞监候。俟数年后此风稍息,奏明仍复旧例办理。

臣等谨按:道光二十五年(1845)八月内,臣部议复山东巡抚、觉罗崇恩奏"匪徒聚众抢劫讹索,请严定治罪例文"一折内称,东昌、曹州府所属州县,时有匪徒蚁聚,或创为一捻,或分为一幅,公然白昼在市镇、集场人烟稠密处所,窥视殷实富家及资本较厚之当商、钱铺,或以微物强当,倍索其值,或倚众恐吓,指索多赃,不遂其心,肆行荼毒。本境官弁防范稍严,则窜入邻封乘隙肆扰。故其始止于曹属,今则东及于兖西,及于东昌、临清。各该处无赖、游民渐入其党,若不严拿惩办,即恐到处蔓延,酿成巨患。本年正、二月间,东昌府属捻匪,强劫讹当,经臣将该文武员弁奏参勒缉,陆续报获。首、伙各犯,非严行惩办,不足以戢其凶暴。应请嗣后东省拿获匪犯,审有强当讹索,不论赃数多寡,如聚众至四十人以上,带有军器者,首犯,拟绞立决。四十人以下、十人以上,拟绞监候。为从,均发新疆酌拨种地当差。如数在五人以上,首犯,亦照前拟遣;为从,俱发极边足四千里充军。捻首、幅首身虽不行,但经伙犯讹当,即按人数多寡,照为首例问拟。若问拟遣军人犯脱逃回籍,复行入捻、入幅,讹索强当,或向原拿兵役寻衅报复,除实犯死罪外,余俱拟绞监候。如讹诈并未结捻、结幅,及聚众未及五人,尚未滋事者,仍各照本律、本例问拟等因。臣部查,匪徒扰害地方,自应随时体察情形,从严办理,方足以示惩创。兹据该抚请严定治罪例文,系为戢暴安良起见,所议尚属平允。惟查该抚所议捻匪、幅匪讹索各罪,均系专指已经得财而言,于未经得财各犯,未经议及。臣等复查定例,强盗未得财,首犯,发新疆给官兵为奴;从犯,杖一百、流三千里。与已经得财盗犯罪名,生死悬殊,诚以未经得财各犯,或因事主人数较多,未能逞其凶暴,或一闻兵役捕拿,即行逃散,较之不得财不止者,情罪为轻,是以稍宽其罚。比例参观,则结捻、结幅讹诈未得财者,自应酌定条例,方足以资援引。应请嗣后山东省拿获匪犯,审有执持器械,聚众至四十人以上,带有军器,在市镇、集场人烟稠密处所,窥视殷实人家、铺户,强当讹索,得财,不论赃数多寡,首犯,拟绞立决。四十人以下、十人以上,首犯,拟绞监候。为从,均发新疆,酌拨种地当差。如数在五人以上,首犯,亦照前拟遣;为从,俱拟发极边足四千里充军。若聚众四十人以下及十人以上,讹索强当,未经得财者,首犯,拟发极边足四千里充军;从犯,杖一百、徒三年。五人以上,首犯,拟杖一百、徒三年;从犯,杖九十、徒二年半。其造意之捻首、幅首,身虽不行,但经伙犯讹索强当,即按人数多寡,照为首例问拟。若问拟军遣人犯脱逃回籍,复行入捻、入幅,讹索强当,或向原拿兵役寻衅报复,除实犯死罪外,余俱拟绞监候。如讹诈未经结捻、结幅,并聚众未及五人,尚未滋事者,仍各照本律、本例问拟等因具奏,奉旨:"依议。钦此。"钦遵在案。再查,此条系为严惩捻、幅匪徒而设,倘数年后此风稍息,再由各抚奏明,仍复旧例办理。应纂辑为例,以资引用。

【1847】6.18.273.（18）（略）

【1852】○修改

咸丰二年（1852），改为山东、安徽两省通例。

一、山东、安徽两省匪徒，如有结捻、结幅，聚众至四十人以上，带有军器，在市镇集场人烟稠密处所，窥视殷实人家铺户，强当讹索得财，不论赃数多寡，首犯拟绞立决；四十以下、十人以上，首犯拟绞监候；为从均发新疆酌拨种地当差。如数在五人以上，首犯亦发新疆种地当差，为从俱拟发极边足四千里充军。若聚众四十人以上，及十人以上，讹索强当未经得财者，首犯拟发极边足四千里充军，从犯杖一百、徒三年；五人以上，首犯杖一百、徒三年，从犯杖九十、徒二年半。其造意之捻首、幅首，身虽不行，但经伙犯讹索强当，即按人数多寡，照为首例问拟。其未经结捻、结幅，并聚众未及五人，尚未滋事者，仍照各本律本例问拟。若问拟遣、军人犯，脱逃回籍，复行入捻、入幅，讹索强当，或向原拿兵役寻衅报复，除实犯死罪外，余俱拟绞监候。倘数年后此风稍息，奏明仍复旧例办理。

【1870】6.18.273.（18）（略）

【1845】○续纂

一、广东省捉人勒赎之案，如被捉数在三人以上，及掳捉已至三次以上，同时并发者，除被胁同行，或本罪已至斩决，无可复加外，其余罪应斩、绞监候者，加拟立决；罪应遣、军者，加拟绞监候；罪应拟徒者，发极边足四千里充军。如被捉仅止一二人，及捉人仅止一二次，仍照本例办理。俟数年后此风稍息，奏明仍复旧例办理。

臣等谨按：道光二十五年（1845）六月内，臣部议复两广总督、宗室耆英等奏“详议掳勒窝家罪名，并参酌本犯治罪各条”一折内称，苗人伏草捉人例内，本有初犯、再犯分别治罪之例。而内地民人有犯，不在此例。惟是此等匪徒，以虎狼之毒，济鬼蜮之奸，其情实与化外无异。虽一经获案，非置诸重辟，即投之远方，本无从有再犯之事，但查抢、窃同时并发，例应按次加等，而强盗亦以行劫次数之多寡分别斩、遣，似捉人之犯未便置次数于不议。至强、窃、抢夺罪名，均系按得赃之数以次递加，则被捉之人更应按名数以定捉人之罪。应请嗣后如有同时被捉三人以上，及捉人三次以上同时并发者，除核其所犯本罪，如逼胁上盗等项，已至斩决，无可复加外，其余本罪应拟斩候者，加以斩决；应拟绞候者，加拟绞决；应拟遣军者，加以绞候；应拟徒者，加以极边足四千里充军。如被捉仅止一二人，并捉人仅止一二次，仍照旧例办理等因。经臣部照拟核复。又，该督等以捉人勒赎本例虽未将被捉之人指明男女，但于“用强捉掳”一条则云“胁逼上盗”，于“细故逞忿”一条则云“服礼放回”，其为专指男子，不问可知。近日粤省匪徒捉掳妇女之案不一而足，向办无论是否聚众伙谋，均依本例分别有无凌虐，拟以斩候、遣、军，不惟情重法轻，且致抢夺妇女各专条几成虚设，殊未允协。若谓抢夺意在转卖，捉掳意在勒赎，其间不无区分。惟查匪徒逼勒事主赎赃，无论得赃多寡，即应满流，是勒赎较转卖尤重，可以隅反。且妇女被捉后如果勒赎不遂，亦必仍行转卖，其情尤为藐法。应请嗣后捉掳妇女之案，如有聚众伙谋,用强捉取,无论在途、在室,已、未得财,但经捉获,即照抢夺妇女本例,分别首、从,拟以斩决、绞候,不得牵引捉人勒赎之例,以致科罪转轻。如纠伙未至三人以上,或于捉回后有拒杀、谋故殴杀以及奸污、强占各情,仍以捉掳、抢夺各本条相比,从其重者论等因。臣部查例载聚众伙谋,抢夺路行妇女,或卖,或自为妻妾、奴婢,及被奸污者,并聚众伙谋,于素无瓜葛之家,入室抢夺妇女,已成,为首者,斩立决;为从者,俱绞监候。如图抢入室,未将妇女抢获者,首犯,拟绞监候;为从,实发极边烟瘴充军等语。诚以妇女名节攸关,一经抢获,则贩卖、奸污,皆所不免,故定例特严。其罪至捉人勒赎之犯,如将妇女捉回关禁,即难保无奸污、嫁卖情事,较之伙众抢夺妇女者,情实无二,自未便因其衅起勒赎,转置抢夺重情于不议。应如该督等所奏,嗣后掳人勒赎之案,如有将妇女捉回关禁勒赎者,即以抢夺妇女及掳人勒赎各本例相比,从其重者论。又,该督等以例载"诱拐子女,被诱之人若不知情,为首,拟绞监候",又,例载"十岁以下,虽和,亦同略诱法",是诱拐之案因幼孩而加重,已有明文,而捉人勒赎本律未经议及。第思幼孩,童竖无知,易遭捉掳,甫离父兄之侧,遽落于强暴之手,茕茕稚弱,情已堪怜。况被捉以后,必致逼胁服役,甚至强逼鸡奸。迨经得银放回,或官为查问,又因攸关颜面,隐忍难鸣,尤觉冤抑,自应将掳捉之犯,加重定拟。应请嗣后如有将十五岁以下幼童掳捉勒赎者,除核其所犯本罪如拒杀、谋杀、殴杀等项,已至斩决无可复加外,其余各按其应得罪名,依次递加等因。臣部查幼小子女稚弱无知,故律内诱拐幼孩与妇女同科,诱奸幼童亦照寻常加重治罪。至捉人勒赎之犯如将幼童捉去,则逼胁服役及强逼鸡奸,皆所不免,自应另立加重专条,方足以示惩儆。应如该督等所奏,嗣后广东省掳捉匪犯,如有将十五岁以下幼童捉回勒赎者,除所犯本罪已至斩决无可复加外,其余罪应斩、绞监候者,加拟立决;罪应遣、军者,加拟绞候;罪应拟徒者,发极边足四千里充军。并声明所议各条系广东一省专例,他省不得引用。惟抢夺妇女本系通例,即掳人勒赎旧例,亦经臣部于上年奏准,通行各省在案,所有现定掳捉妇女勒赎一条,应通行各省,一体照办。臣部仍于修例时将"各省"及"广东"字样分载明晰,以免混淆等因具奏,奉旨:"依议。钦此。"钦遵在案。再查,捉人勒赎数在三人以上,并掳捉幼童之犯,加重治罪,系为因时惩创起见。倘数年后此风稍息,再由该督等奏明,仍复旧例办理。谨将各条分纂为例,以资引用。

【1847】6.18.273.(19)(略)

【1870】○修改

一、广东、广西二省捉人勒赎之案,如被捉数在三人以上,及掳捉已至三次以上,同时并发者,除被胁同行,或本罪已至斩决,无可复加外,其余罪应斩、绞监候者,加拟立决;罪应遣、军者,加拟绞监候;罪应拟徒者,发极边足四千里充军。如被捉仅止一二人,及捉人仅止一二次,仍照本例办理。倘数年后此风稍息,奏明仍复旧例办理。

【1870】6.18.273.(19)(略)

【1845】○续纂

一、各省匪徒掳人勒赎之案,如有将妇女捉回关禁勒赎者,即以抢夺妇女及掳捉勒赎各本例相比,从其重者论。

续纂按语,见【1847】6.18.273.(19)条【1845】续纂按语。

【1847】6.18.273.(20)(略)

【1845】○续纂

一、广东、广西二省掳捉匪犯,如有将十五岁以下幼童捉回勒赎者,除所犯本罪已至斩决,无可复加外,其余罪应斩、绞监候者,加拟立决;罪应遣、军者,加拟绞监候;罪应拟徒者,发极边足四千里充军。俟数年后此风稍息,奏明仍复旧例办理。

续纂按语,见【1847】6.18.273.(19)条【1845】续纂按语。

【1847】6.18.273.(21)(略)

【1870】○修改

咸丰三年(1853),增入"广西"省字样。

一、广东、广西二省掳捉匪犯,如有将十五岁以下幼童捉回勒赎者,除所犯本罪已至斩决,无可复加外,其余罪应斩、绞监候者,加拟立决;罪应遣、军者,加拟绞监候;罪应拟徒者,发极边足四千里充军。倘数年后此风稍息,奏明仍复旧例办理。

【1870】6.18.273.(21)(略)

【1852】○续纂

一、广东省凶恶棍徒,及打单吓诈各犯,除罪应军、流以上者,仍按本例定拟外,如棍徒为从,或量减,及打单为从一次,罪应拟徒之犯,应刺字者,先行刺字,毋庸解配,在籍锁带铁杆、石墩五年,限满开释,分别杖责。其棍徒为从或量减之犯,倘开释后复犯,罪止拟徒者,即于锁带铁杆、石墩年限上递加二年。若打单吓诈为从二次之犯,即按例从重问拟。该州县每办一案,即录叙全案供招,报明督抚、臬司,按季汇册咨部。如同案人犯,有问拟军、流以上者,仍专案分别题咨。均于限满开释时报部查核。若该州县任听书役舞弊蒙混,妄及无辜,从严参究。俟数年后此风稍息,仍照旧例办理。

谨案:此条道光二十七年(1847)定。

【1847】6.18.273.(22)(略)

【1870】○修改

一、广东省凶恶棍徒,及打单吓诈各犯,除罪应军、流以上者,仍按本例定拟外,如棍徒为从,或量减,及打单为从一次,罪应拟徒之犯,应刺字者,先行刺字,毋庸解配,在籍锁带铁杆、石礅五年,限满开释,分别杖责。其棍徒为从或量减之犯,倘开释后复犯,罪止拟徒者,即于锁带铁杆、石礅年限上递加二年。若打单吓诈为从二次之犯,即按例从重问拟。该州县每办一案,即录叙全案供招,报明督抚、臬司,按季汇册咨部。如同案人犯,有问拟军、流以上者,仍专案分别题、咨。均于限满开释时,报部查核。若该州县任听书役舞弊朦混,妄及无辜,从严参究。俟数年后此风稍息,仍照旧例办理。

谨案:此条同治九年(1870)增定。

【1870】6.18.273.(22)(略)

【1870】○续纂

一、广东、广西二省掳人勒赎之案,如审无凌虐重情,止图获利关禁勒赎,除赃未逾贯,首犯仍照例拟遣外,其勒赎得赃,数至一百二十两以上,首犯照抢夺满贯例拟绞监候,从犯仍发极边足四千里充军。

谨案:此条咸丰三年(1853)定。

【1870】6.18.273.(23)(略)

【1870】○续纂

一、拿获绰号棍徒,如系屡次行凶滋事,即照棍徒扰害例发极边足四千里安置。凡系一时一事,确有凶恶实迹,亦照例拟发。若非屡次行凶滋事扰害,于军罪上量减科断。倘并无滋事实迹,只有绰号,酌量科以不应重律杖八十,加枷号一个月。此等绰号棍徒,止准地方官弁访拿,不许讦告。有讦告者,均不准理。

谨案:此条同治二年(1863)定。

【1870】6.18.273.(24)(略)

诈欺官私取财

律　文

【1646】6.18.297

凡用计诈伪欺瞒官、私,以取财物者,并计诈欺之赃准窃盗论,免刺。若期亲以下不论尊长、卑幼,同居、各居。自相诈欺者,亦依亲属相盗律递减科罪。○若监临主守诈欺同监守之人取所监守之物者,系官物。以监守自盗论。未得者,减二等。○若冒认及诓赚、局骗、拐带人财物者,亦计赃准窃盗论,系亲属,亦论服递减。免刺。

【1670】6.18.296(略)

【1725】6.18.284

律文(略)

注:此指设诡计以取财者言也。首节概言凡人诈欺之罪。凡阴用计策,使人不知,曰诈欺。虽非窃盗,而阴谋诡计,欺事主之不觉而取之,与窃盗之潜踪隐迹,欺事主之不见而取之,其心一也。故并计赃,准窃盗论。若亲属自相诈欺,亦依亲属相盗律,递减科罪。

二节专言在官人诈欺之罪。以监守而诈欺同监守之人,即同自盗,故以监守自盗论。如诈欺已行,而财未入手,计所诈之数为赃,减得财者二等。三节推言与诈欺相类之罪。原非己物,认为己有,曰冒认;巧言哄人,取其财物,曰诓赚;设局相诱,使人堕其术中,曰局骗;携带人财物,乘便取去,曰拐带。四者其心事诡谲,有同诈欺,故计赃准窃盗论。亲属亦照服递减科罪。

臣等谨按:此指设诡计以取财者言也。首节概言凡人诈欺之罪,凡阴用计策,使人不知,曰诈欺。虽非窃盗,而阴谋诡计,欺事主之不觉而取之,与窃盗之潜踪隐迹,欺事主之不见而取之,其心一也,故准窃盗论。若亲属自相诈欺,亦依亲属相盗律,递减科罪。二节专言在官人诈欺之罪。以监守而欺诈同监守之人,即同自盗,故以监守自盗论。如诈欺已行,而财未入手,计所诈之数为赃,减得财者二等。三节推言诈欺之类之罪。原非己物,认为己有,曰冒认;巧言哄人,取其财物,曰诓赚;设局相诱,使人堕其术中,曰局骗;携带人财物,乘便取去,曰拐带。四者其心事诡谲,有同诈欺,故计赃准窃盗论。亲属亦照服递减科罪。

【1740】6.18.274(略)

附律条例

【1646】6.18.297.(1)

一、凡诓骗听选官吏,及举人、监生、生员人等财物,指称买官买缺,及买求中式等项,俱问罪,不分首从,于该衙门门首枷号三个月,发烟瘴地面充军。其央挽营干致被诓骗者,免其枷号,亦照前发遣。

【1670】6.18.296.(1)(略)

【1725】6.18.284.(1)【原例】(略)

【1740】6.18.274.(1)(略)

【1761】○修并

臣等谨按:此条系诓骗已成、未成分别治罪定例。原例系两条,今并纂为一条。再原例有"指称买官买缺,及买求中式等项,俱问罪不分首从,枷号三个月,发烟瘴充军"等语,此指诓骗已成者而言,但"俱问罪"三字系属空文,拟将原例"俱问罪"三字,改为"诓骗已成"四字。

一、凡诓骗听选官吏,及举人、监生、生员人等财物,指称买官买缺,及买求中式等项,如诓骗已成,不分首从,于该衙门门首枷号三个月,发烟瘴地方充军。其央挽营干致被诓骗者,免其枷号,亦照前发遣。若诓骗未成,财未接受,罪应满徒者,加枷号两个月;但经口许,罪止杖责者,加枷号一个月,分别发落。被骗者,仍照例治罪,免其枷号。

【1768】6.18.274.(1)(略)

【1801】○修改

臣等谨按:此条系乾隆八年(1743)定例,查此例首段"拟军",系指诓骗已成、财已入手者而言;次段"于军罪上减等拟徒",系指诓骗未成,议有定数,而财未接受者而言;末段"罪止杖责",系指但经口许,并未议有定数者而言,故拟罪轻重不同。但例内未将财已入手,及已、未议有定数之处分别申叙,殊属含混,自应逐段修改详晰,以便引用。又,查诓骗官吏财物,除指称买官买缺外,尚有指称规避应议处分一项,例内未经议及,应行增入。又诓骗未成,财未接受,本犯罪应满徒者,被骗之人应照违制律,杖一百;但经口许,本犯罪止杖责者,被骗之人应照不应重律,杖八十,例内仍照律、例治罪,语意含混,应分别增叙。又被骗之人除央浼营干,例应拟罪外,若甫被诓骗即行首送者,应否免罪,例内亦无明文。臣部遇有此等案件,皆照恐吓未得财律,准窃盗论,加一等定拟。应添纂为例,以昭赅备。谨将修改例文,开列于后。

一、凡指称买官买缺,或称规避处分,及买求中式等项,诓骗听选并应议官吏,及举人、监生、生员人等财物,如诓骗已成,财已入手,无论赃数多寡,不分首从,于该衙门门首枷号三个月,发烟瘴地面充军。其央浼营干致被诓骗者,免其枷号,亦照前发遣。若诓骗未成,议有定数,财未接受,应于军罪上减一等,杖一百、徒三年,加枷号两个月;被骗者杖一百,免其枷号。但经口许,并未议有定数,应杖一百,加枷号一个月;被骗者杖八十,免其枷号。若甫被诓骗,即行首送者,诓骗之人,照恐吓未得财律准窃盗论加一等治罪,被骗者免议。

【1802】6.18.274.(1)(略)

【1646】6.18.297.(2)

一、凡指称内外大小官员名头,并各衙门打点使用名色,诓骗财物,计赃犯该徒罪以上者,俱不分首从,发近边充军;情重者,仍枷号两个月发遣。如亲属指官诓骗,止依期亲以下诈欺律,不可引例。

【1670】6.18.296.(2)(略)

【1725】6.18.284.(2)【原例】(略)

【1740】6.18.274.(2)(略)

【1740】○增入

一、学臣考试,有积惯随棚代考之枪手,察出审实,枷号三个月,发烟瘴地面充军。其雇倩枪手之人,及包揽之人,并与枪手同罪。知情保结之廪生,杖一百。窝留之家,不知情者,照不应重律治罪。倘有别情,从重科断。有赃计赃,以枉法从重论。

谨案:此条系雍正十三年(1735)定例。

【1740】6.18.274.(3)(略)

【1746】○续纂

一、凡诓骗听选官吏,及举人、监生、生员人等财物,指称买官买缺,及买求中式等项,除诓骗已成照例治罪外,其诓骗未成,财未接受,罪应满徒者,加枷号两个月;

但经口许，罪止杖责者，加枷号一个月，分别发落。被骗者，仍照例治罪，免其枷号。

臣等谨按：此条系乾隆八年（1743）十二月内，臣部议复升任江苏学政开泰条奏定例，应纂辑以便遵行。

【1767】○修并

修并按语并修并后例文，见【1740】6.18.274.（1）条【1767】修并下。

【1756】○续纂

一、漕粮起运，头帮、军伍，将已裁陋规，复行派敛，私自娄收，或于定数之外多行勒索者，令各帮军丁于经管衙门呈控，将勒索之头、伍，计赃分别首从定拟。犯该徒罪以上者，俱照指称衙门打点使用名色诓骗财物例，不分首从，发近边充军；情重者，加枷号两个月。其官弁、兵役受贿，责令该管上司参革究审，计赃以枉法论。军丁挟嫌捏控，照诬告律治罪。

臣等谨按：此条系乾隆十七年（1752）十一月内，臣部议复升任浙江巡抚雅尔哈善条奏定例，应纂辑以便遵行。

【1768】6.18.274.（4）（略）

【1761】○续纂

一、生童考试，如有积惯棍徒，捏称给与字眼记认，诓骗财物者，不论有无立约封银，及口许虚赃，俱照撞骗已成例，枷号三个月，发烟瘴地面充军；被骗生童杖一百、徒三年。若仅用虚词诓骗，事属未成，罪止杖责者，仍照定例加枷号一个月，分别发落；被骗者仍照例治罪，免其枷号。

臣等谨按：此条系乾隆二十四年（1759）七月内，臣部议复原任河南学政刘湘条奏定例，应纂辑以便遵行。

【1768】6.18.274.（5）（略）

【1767】○续纂

一、代倩枪手，以已成、未成为断。如场外经提调访拿，或被生童禀首者，为未成；如已顶名入场，无论当时被获、事后发觉，俱为已成。未成者，除审系积惯随棚，仍照定例问拟外，若仅立有文约而赃未入手，枪手与本童，均照诓骗未成财未接受罪应满徒者加枷号两个月、但经口许罪止杖责者加枷号一个月分别发落之例治罪。其已成者，不分有无立约，及口许虚赃，俱照诓骗已成例，枷号三个月，发烟瘴地面充军，雇倩之生童与同罪。若生童实系被人撞骗，赃止口许，情罪稍轻者，照诓骗未成财未接受例杖一百、徒三年。

臣等谨按：此条系乾隆三十二年（1767）正月内，陕西学政吴绶诏条奏定例，应纂辑遵行。

【1768】6.18.274.(6)(略)

【1825】○续纂

一、京城钱铺,无论新开旧设,均令五家联名互保,报明该地方官存案。如有将兑换现银、票存该铺钱文侵蚀,并因有人寄存银两,或托故借人银两,积聚益多,遂萌奸计,藏匿现银,闭门逃走者,立将铺户拘拿押追,勒限两个月,能将侵蚀、藏匿银钱全数开发完竣者,免罪释放。若逾限不完,送部审实,无论财主、管事人及铺伙,侵吞赔折,统计该铺未还侵蚀、藏匿银钱,照寨骗财物律,计赃,准窃盗论。至一百二十两以上者,加一等,发附近充军,所欠钱文,先令互保之四家代为开发,一面咨行本犯原籍,于家属名下追出偿还。若五家同时关闭者,一并拘拿,照前分别押追治罪。未还票存钱文,于本犯家属名下严追给主。如甫经送部,能将票存钱文绩行开发全完,或赃经互保之四家代还,到配后将钱还给四家者,俱准免罪释放。地方文武官遇有关闭钱铺报案,不行严拿,致令远扬者,严参,交部议处。

臣等谨按:道光二年(1822)十一月初四日,内阁奉上谕:"署北城御史萨斌等奏'钱铺奸商设局诓骗,请旨交部严办'一折,京城五方杂处,市商开设铺号,兑换银钱,原以便民日用。若该商等因有人寄存银两,或托故借人银两,积聚益多,遂萌奸计,藏匿现银,闭门逃走,其为设局诓骗情节,显然不可不严加惩治,以儆刁风。该御史等奏请嗣后凡有钱铺关闭诓骗者,照例监追。逃跑者,照盗贼例拿办,着刑部核议章程具奏等因。钦此。"经臣等以各钱铺关闭潜逃,有实系财主及管事之人起意诓骗,因而闭铺潜逃,将银别存他处,饰词抵赖者;亦有财主及管事之人并非起意诲触,或不善生理,以致交易赔折因而闭铺潜逃,。情节既轻重不同,自应按其实在情形,分别惩治。议请嗣后五城开设钱铺,如财主及管事之人起意诓骗,将银两私藏,闭铺潜逃,即按其银数,以一主赃为重,至一百二十两以上者,将起意诓骗之人,照诓骗财物律,于准窃盗律满流罪上加一等,杖一百,发附近充军。伙同商骗者,照为从减一等。如系铺伙侵吞入己,将铺伙计赃,准窃盗论,加一等治罪。财主及管事人能于发觉时,将侵吞之铺伙指送到官,免其治罪。如通同徇隐,纵令脱逃、藏匿,将财主及管事人,照藏匿罪人及漏泄其事致令罪人逃避律治罪,先将徇隐之财主及管事人监禁,仍严拿侵吞之铺伙,一并监追。一年限内,能将所欠银两全行清完,准其免罪;不完,再限一年。追完减二等发落;倘再不完,按其未完银数,以一主赃为重,准窃盗论,加一等分别定罪发配。仍在该犯家属名下追银给主。其有不善生理,以致赔本折业,闭铺潜逃在案,审明属实,并非有心诓骗者,一千两以下,照例勒追一年;不完,照负欠私债律治罪。一千两以上,监禁,严追一年;不完,于负欠私债律上加三等,杖九十。所欠之银仍追给主。地方文武员弁遇有此等诓骗之犯,一经报案,即行飞速严拿,详送究办。如不实力严拿,致令远扬者,严参,交部议处。至闭铺潜逃之铺户拿获到案,如供称他人借欠不还,以致铺本赔累,查明实系该铺出借之项,有券可凭,在五年以内者,准为催追。若仅有本铺账据,并无借券,或事在五年以前,无论真伪,概不许准理,饬令自行催还等因具奏,奉旨:"依议。钦此。"又,道光五年(1825)三月内,步军统领衙门"酌议钱铺章程"一折内称,道光二年(1822)刑部新定钱铺诓骗章程,似系指客商交易买卖借贷银钱而言,若票存该铺钱文,多系军民人等用现银兑换暂寄存者,非交易借贷可比。若必须审明财主、管事之人起意诓骗,始行拟军,而奸商巧诈百出,均以买卖折本为辞,谁肯应认起意诓骗?空设科条而无实济。现在关闭钱铺四十五家,总以两个月限期还完为定,如限内能将票存钱文全数开发完竣,免罪释放;逾限不完,送交刑部。无论财主、管事人、铺伙侵吞赔折,均照诓骗例,计赃发配。其买卖交易借贷银钱,仍照刑部原定条例办理。嗣后钱铺无论新开旧设,均令五家联名互保,如有关闭,即令互保之四家代为开发票存钱文。若五家一同关闭,即系诓骗,无论财主、管事人、铺伙侵盗赔折,即送交刑部照例拟军发配。仍查明该犯原籍家属,追银给领等因具奏。奉旨:"依议。钦此。"钦遵各在案。臣等查步军统领衙门具奏"京城钱铺将票存钱文侵蚀潜逃,照诓骗例加一等治罪"等因,系在臣部奏定章程之后,自应即照步军统领衙门原奏纂定专条。再查原奉谕旨内载"该商等因有人寄存银两,或托故借人银两,积聚益多,遂萌奸计,藏匿现银,闭门逃走,其为设局诓骗,情节显然"等因,此等奸商,自应与侵蚀票存钱文者一体治罪,以昭平允,而资引用。至逾限两月未完,应行送部发配之犯,若甫经送部,能将未完票存钱文全数开发完竣,或赃经互保之四家代还,到配后将钱还给四家者,则其缴钱稍迟,实因一时不及设措所致,并非有心诓骗,自应俱准免罪释放,庶与始终未经缴出钱文者有所区别。合并声明。

【1825】6.18.274.(7)(略)

【1870】○修改

同治八年(1869),于"严追给领"下,增入"并将不行严拿之地方官,及取结不慎之大兴、宛平两县知县,交部严加议处"三十二字。

一、京城钱铺,无论新开旧设,均令五家联名互保,报明地方官存案。如将兑换现银票存钱文侵蚀,并因存借银两,聚积益多,遂萌奸计,藏匿现银,闭门逃走者,立即拘拿送部监禁,一面将寓所资财及原籍家产,分别行文查封。仍押追在京家属,勒限两个月,将侵蚀、藏匿银钱,全数开发完竣。其起意关闭之犯,枷号两个月,杖一百,折责释放。若逾限不完,由部审实,无论财主、管事人及铺伙侵吞赔折,统计未还藏匿及侵蚀票存钱文原兑现银,数在一百二十两以下者,照诓骗财物律计赃准窃盗论罪;至一百二十两,发附近充军;一百二十两以上至三百三十两,发近边;六百六十两,发边远;一千两,发极边足四千里充军;一千两以上,发遣黑龙江安置当差;一万两以上,拟绞监候,均勒限一年追赔。限内全完,枷责释放;不完,再限一年追赔。全完,死罪减二等定拟,军、流以下,仍枷责发落;若不完,军、流以下人犯,即行发配,死罪人犯再限一年追赔。不完,即行永远监禁。所欠银钱,勒令互保之四家均匀给限代发,免其治罪。仍咨行本犯原籍,于家属名下追偿。如四家不愿代发,或限满代发未完,拘拿送部,照准窃盗为从律减一等,杖一百、徒三年。其互保代还银钱,如本犯于监禁及到配后给还四家者,军、流以下,即行释放;死罪人犯,仍减二等发落。若五家同时关闭,一并拘拿押追,照前治罪。未还银两及票存钱文,仍于各犯家属名下严追给领。地方文武官遇有关闭钱铺,不行严拿,致令远扬,严参交部议处。

【1870】6.18.274.(7)(略)

【1835】○续纂

一、京城钱铺关闭,如有包揽票存钱文,折扣开发者,无论旗、民,及在官人役,审实,照棍徒生事行凶例治罪,仍将并不查拿之地方官交部议处。其有存钱之家借名取钱,踹毁门窗,抢取什物者,照抢夺例治罪。至开设钱铺,先由大兴、宛平两县知县查明,确系殷实,取具保结,详报顺天府,移咨步军统领衙门,准其开设。倘该铺关闭逃跑,将取结不慎之知县,交部议处。如不经两县申转,私行开设,一经该协副尉等拿获,即将该铺财主及铺伙均照违制律治罪,并将铺本一并入官。倘该协副尉不能先事查拿,别经发觉,将该协副尉等交兵部分别议处。

臣等谨按:道光十一年(1831)三月内,臣部议复都察院及步军统领衙门具奏"京城钱铺章程"内称,嗣后如有包揽钱铺票存钱文,折扣开发者,无论旗、民人等,及在官人役,审实,即照棍徒生事行凶例拟罪。仍将并不查拿之地方官,交部议处。其嗣后再有开设钱铺者,先由大兴、宛平两县查明,该民人是否实在殷实,取具切实保结,详报顺天府,移咨步军统领衙门,准其开设。倘日后该铺有关闭逃跑情形,将取结不慎之县令交部议处。设有不经两县申转,私行在八旗地面开设钱铺者,一经该协副尉等拿获,即将该铺东、伙均照违制律治罪,并将铺本一并入官。倘该协副尉不能先事查拿,别经发觉,将该协副尉等咨送兵部,分别议处。至存钱之家,借取钱之名踹毁该铺门窗,抢取什物,致酿争端,应饬该管官兵随时查拿,解交步军统领衙门,送部照抢夺例治罪等因具奏,奉旨允准,遵照在案。应纂辑专条,以资引用。

【1847】6.18.274.(8)(略)

【1870】○修改

同治九年(1870),增入"如有通同作弊"至"以枉法论"二十四字,删去"其有"句中"存钱之家"四字,取结不慎之知县"交部议处"改为"交部严加议处"。

一、京城钱铺关闭,如有包揽票存钱文,折扣开发者,无论旗、民,及在官人役,审实,照棍徒生事行凶例治罪。仍将并不查拿之地方官,交部议处。如有通同作弊,包揽折扣者,与犯同罪;受财者,计赃以枉法论。其有借名取钱,踹毁门窗,抢取什物者,照抢夺例治罪。至开设钱铺,先由大兴、宛平两县知县查明,确系殷实,取具保结,详报顺天府,移咨步军统领衙门,准其开设。倘该铺关闭逃跑,将取结不慎之知县,交部严加议处。如不经两县申转,私行开设,一经该协副尉等拿获,即将该铺财主及铺伙均照违制律治罪,并将铺本一并入官。倘该协副尉不能先事查拿,别经发觉,将该协副尉等交兵部,分别议处。

【1870】6.18.274.(8)(略)

【1835】○续纂

一、内地商民，与外夷交易买卖，如有负欠潜逃、诓骗财物者，计赃犯该徒罪以上，枷号三个月，发附近充军；杖罪以下，枷号两个月，杖一百、徒三年。

臣等谨按：道光十四年（1834）三月内，据总理回疆事务参赞大臣长清奏"民人黑林等拐骗外夷羊只银两脱逃被获审拟"一折内称，黑林拐骗堪奇巴依等羊只，合银计赃，律应拟徒。花三拐诓萨拉巴依等羊只，合银计赃，罪应拟杖。伏思外夷远来贸易，乃不肖奸民辄起意拐骗，于边疆地方大有关系。若仅照拐骗平人，拟以徒杖，殊觉轻纵。将黑林、花三均比照京师钱铺隐匿银钱逃走计赃一百二十两以上例，拟发附近充军，仍在本城枷号三个月。并以新疆地方民人诓骗外夷财物，向无办过成案，应否即照此案拟军，抑应如何严定科条等因。经臣部查，钱铺隐匿现银逃走之例系专指京城而言，且亦必赃至一百二十两以上，方问拟军罪；其赃在一百二十两以下者，并无概行拟军之条。今黑林等拐骗各主之赃，均在一百二十两以下，该大臣辄比照京城钱铺隐匿现银逃走至一百二十两以上之例，一并拟军，尚未允协。惟是贸易以诚信为先，况事涉外夷，更非内地可比，乃不肖之徒竟敢负欠潜逃，实属狡诈。若仅照诓骗律问拟，诚恐相率效尤，于边疆大有关系，自应严定专条，以昭惩创。议请嗣后内地商民与外夷交易买卖，如有负欠潜逃，诓骗财物者，计赃，犯该徒罪以上，枷号三个月，发附近充军；杖罪以下，枷号两个月，杖一百、徒三年。并行文该大臣，即将黑林、花三二犯遵照新定例文，分别办理等因具奏，奉旨允准在案。谨纂辑专条，以资引用。

【1847】6.18.274.（9）（略）

【1870】○续纂

一、京城街市未挂钱幌，假称金店、参店，借名烟铺、布铺，换银出票，并无联名保结，一经关闭，应勒限开发票存完竣，以后不准私自出票。如违，照私自开设例惩办。若不依限开发完竣，照侵蚀票存钱文例科断。

谨案：此条同治九年（1870）定。

【1870】6.18.274.（10）（略）

【1870】○续纂

一、京城钱铺，以五百一十一家作为定额，不准再增。如有私自开设，照违制律治罪。

谨案：此条同治九年（1870）定。

【1870】6.18.274.（11）（略）

【1870】○续纂

一、道光十年（1830）以前，京城短保钱铺，仍责令觅保补送。如短保并不补送，一经关闭，不能开发，照有保钱铺加一等治罪。

谨案：此条同治九年（1870）定。

【1870】6.18.274.（12）（略）

【1870】○续纂

一、奸民卖空买空，设局诱人，赌赛市价长落，其卖空者，照用计诈欺局骗人财物律计赃准窃盗论，罪止杖一百、流三千里；买空之犯，照为从律减一等。

谨案：此条咸丰七年（1857）定。

【1870】6.18.274.（13）（略）

略人略卖人

律　文

【1646】6.18.298

凡设方略而诱取良人（为奴婢，）及略卖良人（与人）为奴婢者，皆（不分首从、未卖）杖一百、流三千里；为妻妾、子孙者，（造意）杖一百、徒三年。因（诱卖不从）而伤（被略之）人者，绞；（监候。）杀人者，斩。（监候。为从各减一等。）被略之人不坐，给亲完聚。○若假以乞养、过房为名，买良家子女转卖者，罪亦如之。（不得引例。若买来长成而卖者，难同此律。）○若和同相诱（取在己。）及（两）相（情愿）卖良人为奴婢者，杖一百、徒三年；为妻妾、子孙者，杖九十、徒二年半。被诱之人，减一等。（仍改正给亲。）未卖者，各减（已卖）一等。十岁以下，虽和亦同略诱法。（被诱略者不坐。）○若略卖、和诱他人奴婢者，各减略卖、和诱良人罪一等。○若略卖子孙为奴婢者，杖八十；弟、妹，及侄、侄孙、外孙，若己之妾、子孙之妇者，杖八十、徒二年。（略卖）子孙之妾，减二等。同堂弟、妹、堂侄及侄孙者，杖九十、徒二年半。和卖者，减（略卖）一等。未卖者，又减（已卖）一等。被卖卑幼（虽和同，以听从家长）不坐，给亲完聚。○其（和、略）卖妻为婢，及卖大功以下（尊卑）亲为奴婢者，各从凡人和、略法。○若（受寄所卖人口之）窝主及买者知情，并与犯人同罪；（至死，减一等。）牙保各减（犯人）一等，并追价入官。不知者俱不坐，追价还主。

【1670】6.18.297（略）

【1725】6.18.285

律文（略）

注：此严诱取人之罪，而分别略与和，以定重轻也。略者，罔其不知；和者，因其情愿。曰略诱、曰和诱，言为己之奴婢、妻妾、子孙也。曰略卖、曰和卖，言为人之奴婢、妻妾、子孙也。内惟略诱、略卖良人为奴婢，不分首从，其余俱分首从论。首节是略诱、略卖人之正条。“设方略”三字，贯诱取、略卖二项。凡设为方法谋略，诱取良人子女为奴婢，及卖与他人为奴婢，是压良为贱，故罪重；为妻妾、子孙，未入于贱，故罪轻。因而伤人、杀人，非但杀伤被诱、略之人，凡在旁之人、应捕之人，与被诱略之父母、兄弟等亲，皆是也。伤

者绞,杀者斩,俱监候。被略之人不觉,而堕其术中,故不坐罪,给亲完聚。二节言假名转卖之罪。转卖是买来即卖者。若自幼乞养,至长大而卖者,原非假名诱取,故不拘此律。再以过房为名,终与设方略有间,只应按律,不得引例。三节言和同诱卖之罪。以为奴婢,为妻妾、子孙,罪分差等。和同,则诱之者固有诈欺之情,被诱者亦有听从之罪。故分别为良、为贱,各减诱者之罪一等。未卖,是欲卖而未成者。若不卖,则是为己奴婢、妻妾、子孙矣。至子女十岁以下,幼小无知,虽系和同,亦同略诱法科断。四节专以奴婢言。同是略卖、和诱,而减罪一等者,良贱之分也。五节以子孙及亲属言。"略卖"二字,贯下文。卖自己子孙为他人奴婢,必子孙不愿,而设方略以卖之,故坐以罪。弟妹以下,以分之亲疏,定罪之轻重。和者,减一等;未卖者,又减一等。被卖卑幼,虽和同,不坐。六节是卖己之妻与人为婢,及卖大功以下亲为奴婢之罪。卖妻重于卖子孙者,以敌体之亲,而卖为贱役,则恩义已绝,故与卖大功以下服属,各从凡人和略法。但"名例"内卖缌麻以上亲,载在"十恶·不睦"条内,则亲属有犯,当从凡人法论罪,而不得与凡人同赦宥也。末节总承上文,言窝主、买主及牙保之罪。盖被略、被诱之人,必有窝顿之处,必有买受之主,必有居间之人。故窝主、买者与牙保,分别定罪。卖者所得之价,与牙保、窝主所得之财,并追入官。不知情者不坐,仍追原价还主。

臣等谨按:此严诱取人之罪,而分别和与略,以定轻重也。内惟略诱、略卖良人为奴婢,不分首从,其余俱分首从论。首节是略诱、略卖人之正条。"设方略"三字贯诱取、略卖二项。凡设为方法谋略,诱取良人子女为奴婢,及卖与他人为奴婢,是压良为贱,故罪重;为妻妾、子孙,未入于贱,故罪轻。因而伤人、杀人,非但杀伤被诱略之人,凡在旁之人、应捕之人,与被诱略之父母、兄弟等亲,皆是。故伤者绞,杀者斩,俱监候。被略之人不觉,而堕其术中,故不坐罪,给亲完聚。二节是言假名转卖之罪。转卖,是买来即卖者,以过房、乞养为名,终与设方略有间。"罪如之"者,如其律,非如其例也。三节是言和同诱卖之罪。以为奴婢,为妻妾、子孙,罪分差等。和同,则诱之者固有诈欺之情,被诱者亦有听从之罪。故被诱者亦罪之,第减诱之者一等。至子女十岁以下,幼小无知,虽系和同,亦同略诱法科断。四节专以奴婢言。同是略卖、和诱,而减罪一等者,良贱之分也。五节以子孙及亲属言。"略卖"二字,贯下文。卖自己子孙为他人奴婢,必子孙不愿,而设方略以卖之,故坐以罪。弟妹以下,以分之亲疏,定罪之轻重。其被卖之卑幼,以其受制于尊长,故虽和同,亦不坐罪。六节是卖己之妻于人为婢,及卖大功以下亲为奴婢之罪。卖妻重于卖子孙者,以敌体之亲而卖为贱役,则恩义已绝。故于卖大功以下服属,各从凡人和略法。但"名例"内,卖缌麻以上亲,载在"十恶·不睦"条内。则亲属有犯,止从凡人法论罪,而不得与凡人同赦宥也。末节总承上文,言窝主、买主及牙保之罪。盖被略、被诱之人,必有窝顿之处,必有买受之主,必有居间之人,故窝主、买者与牙保分别定罪。卖者所得之价,与牙保、窝主所得之财,并追入官。不知情者不坐,仍追原价还主。

【1740】6.18.275(略)

附律条例

【1646】6.18.298.(1)

一、凡设方略而诱取良人,与略卖良人子女,不分已卖未卖,俱问发边卫充军;若略卖至三口以上,及再犯者,用一百斤枷枷号一个月,照前发遣;三犯者,不分革前革后,发极边卫分永远充军。其窝主与买主,并牙保人等知情者,各依律治罪。妇人有犯,罪坐夫男。若不知情及无夫男者,止坐本妇,照常发落。

【1670】6.18.297.(1)(略)

【1725】○删除

原拟:今略卖子女者,俱以被略之人知情、不知情分别拟绞、发遣为奴,与此例不符,此条拟删。

【1646】6.18.298.(2)

一、将腹里人口,用强略卖与境外土官土人峒寨去处图利,除杀伤人律该处死外,若未曾杀伤人,比依将人口出境律绞。为从者,文官问革,武官调烟瘴地面卫分带俸差操;军民人等,发边卫永远充军;原系边卫者,改发极边卫充军。

【1670】6.18.297.(2)(略)

【1725】○修改

原拟:现行例内,凡用强略卖为从者,俱发宁古塔为奴,无分别问革、充军之例。将此条"为从"以下一段删去。

【原例】一、将腹里人口,用强略卖与境外土官、土人、峒寨去处图利,除杀伤人律该处死外,若未曾杀伤人,比依将人口出境律绞。

【1725】6.18.285.(1)(略)

【1740】6.18.275.(1)(略)

【1725】○增入

原拟:现行例内三条,应增入。

【原增现行例】一、凡诱取妇人、子女典卖,或为妻妾等事犯,不分良人奴婢,已卖未卖,但诱取者,被诱之人若不知情,将为首者,拟绞监候,秋后处决。如止一人者,亦照为首拟绞。被诱之人不系和同者,不坐。典买不知情,免坐,追价给还。再以药饼迷幼小子女,并以扑项术拐男、妇、子女,为首者,立绞。系诱卖人口为从,并药饼迷幼小子女等为从,并和同被诱知情之人,应拟流徒者,不分旗下、民人,一概发宁古塔,给与穷披甲之人为奴。若系旗下人,止将本身发遣,系民人,并妻子发遣。

原拟:此条内"民人,并妻、子发遣"句,拟照"名例·给没赃物"条删去"子"字。再略人略卖人本律内,分别亲属服制拟罪,非一概照凡人问罪。此条内应增"有服亲属有犯,仍照例拟罪”一语。再前条例内“妇人有犯,罪坐夫男;若夫男不知情,罪坐本妇”等句,亦应增入此条。谨拟增删,开载于后。

【原改现行例】一、凡诱取妇人子女,或典卖,或为妻妾子孙者,不分良人奴婢、已卖未卖,但诱取者,被诱之人若不知情,为首者绞监候,被诱之人不坐。若以药饼迷幼小子女,及一切邪术拐诱子女,为首者绞立决;其为从及和诱知情之人,律应流、徒者,俱发宁古塔给予穷披甲人为奴。若系旗人,止将本身发遣;系民,并妻发遣。有服亲属犯者,仍依本律服制科罪。妇人有犯,罪坐夫男。夫男不知情,及无夫男者,仍坐本妇。

【1725】6.18.285.(2)【增例】(略)

【1740】○修并

【原例】【1725】6.18.285.(2)(略)、【1725】6.18.285.(7)(略)

臣等谨按:例内“为从发宁古塔”,原承上文被诱之人不知情,为首绞候,及以药饼、邪术迷拐,为首绞决,故为从发遣。至和诱知情之人,自应分别首从治罪。若宁古塔为奴之例,今已分别改遣,概拟遣戍,殊未平允,俱应改。再刻本律内第七条又有“虽知拐带情由,并无和同诱拐,分受赃物,暂容留数日者,不分旗、民,俱枷号两个月”一条,应移并此例。再妇人如何治罪之处,例内未载。向俱照犯奸例,决杖一百,枷号两个月。今妇女枷号之例已经停止,亦应增注,以便引用。谨将增注例文,开列于后。

一、凡诱拐妇人子女,或典卖,或为妻妾子孙者,不分良人奴婢、已卖未卖,但诱取者,被诱之人若不知情,为首者绞监候,被诱之人不坐。若以药饼及一切邪术迷拐幼小子女,为首绞立决,为从者照发黑龙江等处之例分别发遣。其和诱知情,为首者照例发遣,为从及被诱之人俱减等满徒。若虽知拐带情由,并无和同诱拐、分受赃物,暂容留数日者,不分旗、民,俱枷号两个月发落。有服亲属犯者,仍各照本律科断。妇人有犯,罪坐夫男。夫男不知情,及无夫男者,仍坐本妇。决杖一百,余罪收赎。

【1740】6.18.275.(2)(略)

【1801】○修改

臣等谨按:诱拐良人,被诱之人不知情为从,及和诱知情为首,康熙年间旧例俱发宁古塔给穷披甲之人为奴。嗣于乾隆二年(1737),因黑龙江等处遣犯过多,奏准将此二项改遣极边烟瘴充军。后又编发极边足四千里安置。例内“发宁古塔为奴”等语,系属旧例,应改为“极边足四千里充军”。又,有服亲属犯者,已于乾隆五十三年(1788)经臣部奏准,审无奸情者,仍各照本律科断;若因奸而拐,及因拐而和奸,概照凡人诱拐例拟军,立有专条,遵行在案。例内“有服亲属有犯,仍照本律科断”等语,系属旧例,应行修改。又,查例载“妇人犯奸者,杖罪的决”,妇人诱拐他人,与自行犯奸者不同,小注内称“决杖一百”与例不符,应改为“照例收赎”。谨将修改例文,开列于后。

一、凡诱拐妇人子女,或典卖,或为妻妾子孙者,不分良人奴婢、已卖未卖,但诱取者,被诱之人若不知情,为首者拟绞监候,被诱之人不坐。若以药饼及一切邪术迷拐幼小子女,为首者立绞,为从发极边足四千里充军。其和诱知情之人,为首者亦照前拟军,为从及被诱之人俱减等满徒。若虽知拐带情由,并无和同诱拐、分受赃物,暂容留数日者,不分旗、民,俱枷号两个月发落。有服亲属犯者,分别有无奸情,照例科断。妇人有犯,罪坐夫男。夫男不知情,及无夫男者,仍坐本妇,照律收赎。

【1802】6.18.275.(2)(略)

【1806】○修改

臣等谨按:此条诱拐妇人、子女,被诱之人不知情,为首者,拟绞监候。若以药饼及一切邪术迷拐幼小子女,为首者,立绞;为从,发极边足四千里充军。是寻常诱拐之案,与药术迷拐之案,首犯有绞决、绞候之分;而为从之犯,例内均发极边足四千里充军,似觉无所区别。查药术迷拐情节较重,首犯即拟绞决,为从之犯自应发极边充军。至寻常诱拐不知情之案,较药术迷拐为轻,首犯既罪止绞候,则为从之犯自应照"名例"减等之律,减为杖一百、流三千里。应请于例内修改,庶首、从罪名各有区分,而条例益昭平允。谨将修改例文,开列于后。

一、凡诱拐妇人子女,或典卖,或为妻妾子孙者,不分良人奴婢、已卖未卖,但诱取者,被诱之人若不知情,为首者拟绞监候,为从杖一百、流三千里,被诱之人不坐。若以药饼及一切邪术迷拐幼小子女,为首者立绞,为从发极边足四千里充军。其和诱知情之人,为首者亦照前拟军,为从及被诱之人俱减等满徒。若虽知拐带情由,并无和同诱拐、分受赃物,暂容留数日者,不分旗、民,俱枷号两个月发落。有服亲属犯者,分别有无奸情,照例科断。妇人有犯,罪坐夫男。夫男不知情,及无夫男者,仍坐本妇,照律收赎。

【1825】6.18.275.(2)(略)

【1870】○修改

咸丰八年(1858),于"被诱之人不坐"句下,增入"如被拐被逼成奸亦不坐"九字。

一、凡诱拐妇人、子女,或典卖,或为妻妾、子孙者,不分良人奴婢、已卖未卖,但诱取者,被诱之人若不知情,为首拟绞监候,为从杖一百、流三千里,被诱之人不坐。如拐后被逼成奸,亦不坐。若以药饼及一切邪术迷拐幼小子女,为首者绞立决,为从发极边足四千里充军。其和诱知情之人,为首者亦照前拟军,为从及被诱之人俱减等满徒。若虽知拐带情由,并无和同诱拐,分受赃物,暂容留数日者,不分旗、民,俱枷号两个月发落。有服亲属犯者,分别有无奸情,照例科断。妇人有犯,罪坐夫男。夫男不知情,及无夫男者,仍坐本妇,照例收赎。

【1870】6.18.275.(2)(略)

【1725】○增入

原拟:现行例内三条,应增入。

【现行例】一、开窑子,与众合伙将良家妇人、子女诱去勒逼不肯放出行卖事犯,不分良人奴婢,已卖未卖,审理若系开窑子情实,将为首之人照光棍例,拟斩立决;为从之人,仍照例发宁古塔,给与穷披甲之人为奴。

原拟:此条字句太繁,应行删改,开载于后。

【原改现行例】一、伙众开窑,诱取妇人、子女藏匿勒卖事发者,不分良人、奴婢,已寅、未实,审系开窑情实,为首者,照光棍例拟斩立决;为从者,仍照例发宁古塔,给与穷披甲之人为奴。

【1725】6.18.285.(3)

【增例】一、凡伙众开窑,诱取妇人子女藏匿勒卖事发者,不分良人奴婢、已卖未卖,审系开窑情实,为首者照光棍例拟斩立决,为从发回城等处为奴。

【1740】○修改

【1740】6.18.275.(3)(略)

【1761】○修改

臣等谨按:原例"开窑诱取妇人、子女勒卖,为从人犯应发宁古塔为奴者,照名例分别改遣之例问发"等语,查此项人犯,已于乾隆二十四年(1759)军机大臣奏准,改发黑龙江等处为奴。是以将原例"发宁古塔给穷披甲人为奴,照名例改遣之例问发"句,改为"发黑龙江等处,给披甲人为奴"。

一、凡伙众开窑,诱取妇人子女藏匿勒卖事发者,不分良人奴婢、已卖未卖,审系开窑情实,为首者照光棍例拟斩立决,为从发黑龙江等处给披甲人为奴。

【1768】6.18.275.(3)(略)

【1795】○修改

臣等谨按:伙众开窑,诱取妇人、子女藏匿、勒卖为从,发黑龙江为奴,系乾隆二十四年(1759)定例。嗣于五十六年(1791),因黑龙江遣犯过多,经臣部奏准,将此项改发回城为奴。例内发遣黑龙江为奴系属旧例,应行修改。谨将修改例文,开列于后。

一、凡伙众开窑,诱取妇人子女藏匿勒卖事发者,不分良人奴婢、已卖未卖,审系开窑情实,为首者照光棍例拟斩立决,为从发回城等处为奴。

【1802】6.18.275.(12)(略)

【1821】○修改

臣等谨按:嘉庆二十二年(1817)七月内,臣部议复升任喀什噶尔参赞大臣松福等奏"调剂回疆遣犯"折内,将开窑诱取妇人、子女勒卖为从一条,改发云贵两广烟瘴地方充军等因,奏准在案。原例内"发回城等处为奴"之处,应行修改。谨将修改例文,开列于后。

一、凡伙众开窑,诱取妇人子女藏匿勒卖事发者,不分良人奴婢、已卖未卖,审系开窑情实,为首者照光棍例拟斩立决,为从改发云贵两广烟瘴地方充军。

【1825】6.18.275.(3)(略)

【1852】○修复

咸丰二年(1852),酌复旧例,发黑龙江为奴。

一、凡伙众开窑,诱取妇人子女藏匿勒卖事发者,不分良人奴婢、已卖未卖,审系开窑情实,为首照光棍例拟斩立决,为从发黑龙江给披甲人为奴。

【1870】6.18.275.(3)(略)

【1725】○增入

原拟:现行例内三条,应增入。

【现行例】一、凡诱拐人口,为首拟绞人犯,若奉旨免死减等发落者,仍照本条为从例发宁古塔,给与穷披甲之人为奴。

【1725】6.18.285.(4)

【原例】一、凡诱拐人口为首拟绞人犯,若奉旨免死减等发落,应发宁古塔给穷披甲之人为奴者。

【1740】○修改

原文无末句,系乾隆五年(1740)增入。

一、凡诱拐人口为首拟绞人犯,若奉旨免死减等发落,应发宁古塔给穷披甲之人为奴者,照名例改遣之例问发。

【1740】6.18.275.(4)(略)

【1788】○删除

臣等谨按:秋审缓决免死减等人犯,臣部于钦奉恩诏时,俱系查照节次章程,摘叙案由,奏请定夺后,始行减等发落。毋庸预设成例,以免挂漏。至诱拐不知情,为首拟绞人犯,从前缓决减等,悉照此条原例,改发烟瘴充军。嗣于乾隆二十六年(1761),臣部钦遵谕旨,查办秋审缓决减等时,奏请将此项减等情重人犯改发新疆。后于乾隆三十六年(1771),以新疆人犯渐次壅积,奏请酌量变通,将诱拐等项减等人犯,奏明改发黑龙江等处为奴,遵照办理在案。是此条"照名例改遣问发之例"业已不用,应请毋庸载入。

【1725】○增入

臣等谨按:康熙四十六年(1707)十一月内,刑部题混买人口,事理类于此律,谨拟节录于后。

【续增现行例】一、盛京、乌喇等处居住之人买人,仍照例用印行买外,若不详询来历,混买人者,系另户,连妻、子发往江宁、杭州披甲;系家人,止将本人发往江宁、杭州给穷披甲之人为奴。

【1725】6.18.285.(5)【增例】(略)

【1740】6.18.275.(5)(略)

【1802】6.18.275.(4)(略)

【1725】○增入

臣等谨按：康熙五十七年（1718）十一月内，刑部议复流棍贩卖子女事理，谨拟节录于后。

【续增现行例】一、贵州地方，有外省流棍，勾通本地玩法之徒，将民间子女拐去四川、湖广贩卖，甚将荒村居住之人硬行绑去贩卖，为首者照聚众抢夺路行妇女例立斩，在犯事地方正法，为从者俱拟绞监候。

【1725】6.18.285.（6）【增例】（略）

【1740】○修改

臣等谨按：雍正十二年（1734），又有分别致死人命，为从之犯，拟斩监候。又，雍正十三年（1735），云南、四川俱照贵州之例行。乾隆二年（1737），又有地方该管员弁、乡保、汛兵知情故纵，议处治罪。各定例应并纂入，合为一条，以便引用。谨将并辑例文，开列于后。

一、贵州地方，有外来流棍，勾通本地棍徒，将民间子女拐去四川等省贩卖，甚将荒村居住之人硬行绑去贩卖，为首者照聚众抢夺路行妇女例立斩，在犯事地方正法，为从者俱拟绞监候。如有致死人命者，其为从之犯，俱照略人略卖人因而杀人为首斩监候律定拟。如地方该管员弁知情故纵者，照例议处。乡保、汛兵盘查不力，杖八十，革役；知情故纵者，杖一百；得财卖放者，以枉法从重论，罪止杖一百、流三千里。云南、四川所属地方，如有拐贩捆掳等犯，亦照贵州之例行。其一年限内拿获兴贩棍徒，并不能拿获之文武员弁，均按人数分别议处、议叙。

【1740】6.18.275.（7）（略）

【1751】○修改

臣等谨按：此条系乾隆十二年（1747）九月内，臣部议复原任贵州巡抚孙韶武条奏定例，应纂辑以便遵行。

一、凡贵州地方，有外来流棍，勾通本地棍徒，将荒村居住民、苗人户杀害人命，掳其妇人子女，计图贩卖者，不论已卖、未卖，曾否出境，俱照强盗得财律，不分首从皆斩、枭示。其有迫协同行，并在场未经下手，情尚可原者，于疏内声明，减为拟斩监候，请旨定夺。至杀一家三人以上者，仍从重定拟。其用威力强行绑去，及设方略诱往四川贩卖，不论已卖、未卖，曾否出境，为首者拟斩立决，为从者拟绞监候。其有将被拐之人伤害致死者，除为首斩决外，为从者拟斩监候。若审无威力捆缚及设计强卖，实系和同诱拐往川者，不论已卖、未卖，但起行在途，为首者拟绞监候，为从者杖一百、流三千里，被诱之人仍照例拟徒。其窝隐川贩在家，果有指引杀人捆掳，及勾通略诱、和诱子女藏匿递卖者，审实，各与首犯罪同。其无指引勾串等情，但窝隐护送分赃，与仅知情窝留而未分赃者，仍照旧例分别定拟。云南、四川所属地方，如有拐贩捆掳等犯，亦照贵州之例行。其一年限内拿获兴贩棍徒，并不能拿获之文武员弁，均按人数分别议叙、议处。

【1768】6.18.275.(11)(略)

【1825】6.18.275.(10)(略)

【1725】6.18.285.(7)【钦定例】(略)

一、凡人虽知拐带情由,并无和同诱拐、分受财物,暂容留数日者,不分旗、民,俱枷号两个月。

【1740】○修并

修并按语并修并后例文,见【1725】6.18.285.(2)条【1740】修并项下。

【1740】○续纂

一、凡外省民人,有买贵州穷民子女者,令报明地方官用印准买,但一人不许买至四五人带往外省。仍令各州县约立官媒,凡买卖男妇人口,凭官媒询明来历,定价立契,开载姓名、住址、男女年庚,送官钤印。该地方官预给循环印簿,将经手买卖之人登簿,按月缴换稽查。倘契中无官媒花押,及数过三人者,即究其略卖之罪。倘官媒通同棍徒兴贩,及不送官印契者,俱照例治罪。至来历分明而官媒掯索,许即告官惩治。如地方官不行查明,将苗民男妇用印卖与川贩者,照例议处。至印买苗口以后,给与路照,填注姓名、年貌,关汛员弁验明放行。如有兵役留难勒索,及受贿纵放者,俱照律治罪,该管员弁分别议处。

此条系雍正三年(1725)、雍正五年(1727)定例,刊刻例内,未经载入。乾隆三年(1738),经升任贵州按察使陈德荣条奏,九卿议复,照前例申禁,遵行在案。今一并编纂为例,以便引用。

【1740】6.18.275.(6)(略)

【1825】6.18.275.(5)(略)

【1740】○增入

一、凡窝隐川贩,果有指引、捆拐、藏匿、递卖确据者,审实,照开窑为首例,同川贩首犯皆斩立决,在犯事地方正法。其无指引、捆拐、递卖情事,但窝隐、护送、分赃者,不论赃数,不分首从,俱发近边充军。其止知情窝留,未经分赃者,无论人数多寡,为首者杖一百、流三千里,为从杖一百、徒三年。其邻佑知而不首者,杖一百。

谨案:此条系乾隆三年(1738)定例。

【1740】6.18.275.(8)(略)

【1768】6.18.275.(7)(略)

【1825】6.18.275.(6)(略)

【1740】○增入

一、凡收留迷失子女不报,及诱拐人犯,各衙门番捕不行查拿,经他处缉获,将番捕照缉盗逾限律责处;知而不拿者,照应捕人知罪人所在而不捕律减罪人罪一等发落。该管官按窝留、诱拐人数分别议处。其直隶各省之地方、保甲人等,如见外来之人,带有幼童、幼女,行走住宿,形迹可疑者,盘诘得实,即行捕治。倘有疏纵,经别处拿获,供出容留地方,将容留之家照知情容留拐带例惩治,地方、保甲照窝藏逃人例治罪,该地方官亦照例议处。如有借稽查名色讹诈生事者,均照讹诈例治罪。

谨案:此条系雍正十三年(1735)定例。

【1740】6.18.275.(9)(略)

【1768】6.18.275.(8)(略)

【1825】6.18.275.(7)(略)

【1740】6.18.275.(10)

一、略卖海外番仔之内地民人,不分首从,杖一百、流三千里。俟有便船,仍令带回安插。文武官稽查不力,照外国之人私自进口不行查报,交部分别议处;得赃者,以枉法治罪。

谨案:此条乾隆五年(1740)定。

【1768】6.18.275.(9)(略)

【1825】6.18.275.(8)(略)

【1743】○续纂

一、贵州、云南、四川地方民人,诱拐本地子女,在本省售卖,审无勾通外省流棍情事,仍照诱拐妇人子女本例分别定拟。如捆绑本地子女,在本地售卖,为首拟斩监候,为从发边卫充军。

臣等谨按:此条系乾隆六年(1741)九月,臣部议复贵督张允随题"者租等捆卖者业"一案附请定例,查云南、四川与贵州一例,今增,并将原议内"审无勾通川贩情事"改为"审无勾通外省流棍情事",合并声明。

【1768】6.18.275.(10)

一、贵州、云南、四川地方民人,诱拐本地子女,在本省售卖,审无勾通外省流棍情事,仍照诱拐妇人子女本例分别定拟。如捆绑本地子女,在本地售卖,为首拟斩监候,为从发近边充军。

【1825】6.18.275.(9)(略)

【1751】○续纂

一、凡流棍贩卖贵州苗人,除本犯照例治罪外,其知情故买者,照违制律杖一百,仍将苗人给亲收领。

臣等谨按：此条系乾隆十二年(1747)七月内，臣部议复原任江西按察使黄岳牧条奏定例，应纂辑以便遵行。

【1768】6.18.275.(12)(略)

【1825】6.18.275.(11)(略)

【1761】○续纂

一、兴贩妇人子女，转卖与他人为奴婢者，照略卖良人为奴婢律，杖一百、流三千里；若转卖与他人为妻妾子孙，亦照略卖良人为妻妾子孙律，杖一百、徒三年。地方官匿不申报，别经发觉，交部议处。

臣部谨按：此条系乾隆二十四年(1759)四月内，臣部议复湖北按察使沈作朋条奏定例，应纂辑以便遵行。

【1768】6.18.275.(13)(略)

【1801】○修改

臣等谨按：此条系乾隆二十四年(1759)定例，查兴贩人口案内，为从之犯作何治罪，原例未经议及，应于例内添入"为从各减一等"句，以昭赅备。又，查兴贩妇女转卖，分别问拟流、徒罪名，最为平允。但兴贩与略卖不同，例内"照略卖律治罪"等语，殊觉牵混，应行节删。谨将修改例文，开列于后。

一、兴贩妇人、子女，转卖与他人为奴婢者，杖一百、流三千里；若转卖与他人为妻妾、子孙，杖一百、徒三年，为从各减一等。地方官匿不申报，别经发觉，交部议处。

【1802】6.18.275.(13)(略)

【1825】6.18.275.(12)(略)

【1767】○续纂

一、奴及雇工略卖家长之妻女及子者，照卑幼强抢期亲尊属嫁卖例斩监候。其因略卖而又犯杀伤、奸淫等罪，仍各照本律，分别斩决、凌迟，从重科罪。至略卖家长之期功以下亲属，仍照例拟绞；和者发遣。

臣等谨按：此条系乾隆二十九年(1764)十月内，广西按察使袁守侗条奏，臣部议复附请定例，应纂辑遵行。

【1768】6.18.275.(14)(略)

【1802】6.18.275.(3)(略)

【1825】○修改

臣等谨按：道光五年(1825)十月内，据调任江西巡抚成格咨"鲁申诱拐家长之妾同逃"一案，该抚因"例内发遣何处未经指出，参照奴及雇工人调奸家长之妻未成例，改发云贵两广极边烟瘴充军，仍照名例以极边足四千里为限，面刺'烟瘴改发'四字"等因咨部。

臣等查，奴及雇工人和卖家长期功以下亲属发遣之例，系乾隆二十九年（1764）臣部议复原任广西按察使袁守侗条奏，仿照和诱大功以下亲属例纂定。和诱大功以下亲属旧例，系照凡人诱拐定拟。而凡人和诱知情为首旧例，发宁古塔给披甲人为奴，嗣因调剂遣犯，改为发极边足四千里充军。其奴及雇工人发遣之处，未经修改。查从前旧例，奴、雇与凡人罪名均已至外遣，无可复加，自应一体办理。今凡人诱拐，已改发足四千里充军，若将奴及雇工拐卖家长亲属之犯与凡人诱拐同科，未免漫无区别。该抚比照奴及雇工人调奸家长之妻未成例，改发云贵两广极边烟瘴充军，仍照名例以极边足四千里为限。现在罪名虽与凡人诱拐相仿，将来脱逃，即应加等改发新疆，核与凡人稍有区别，当经照拟咨复。并声明例内"发遣"字样恐各省难以引用，应将例内"发遣"二字改为"发云贵两广极边烟瘴充军"，仍先通行各省，一体遵照在案。应于例内修改明晰，以免歧误。谨将修改例文，开列于后。

一、奴及雇工略卖家长之妻女及子者，照卑幼强抢期亲尊属嫁卖例拟斩监候。其因略卖而又犯杀伤、奸淫等罪，仍各照本律，分别斩决、凌迟，从重科罪。至略卖家长之期、功以下亲属，仍照例拟绞；和者，改发云贵两广极边烟瘴充军。

【1825】6.18.275.（15）（略）

【1788】○续纂

一、凡诱拐内外大功以下缌麻以上亲及亲之妻，审无奸情者，仍依和、略卖大功以下尊卑亲本律，分别拟以杖、徒。若因奸而拐，及因拐而和奸，概照凡人诱拐例拟军。至诱拐缌麻以上亲之妾，毋论曾否通奸，亦概以凡人例定拟。

臣等谨按：律载略卖、和诱大功以下尊卑亲为奴婢者，杖一百、徒三年；为妻妾、子孙者，减一等。又，凡人和诱知情为首者，发足四千里充军；有服亲属犯者，仍各照本律科断。又，奸内外缌麻以上亲，及缌麻以上亲之妻者，发附近充军；奸前项亲属妾，各减妻罪一等；各等语，诚以常人犯奸，律止枷杖；大功以下亲属通奸，因其灭伦伤化，即发附近充军，所以惩淫恶而正伦常，情法极为周备。惟常人和诱，例应拟发足四千里充军，而亲属有犯奸拐之案，向因律内有亲属重奸轻拐之义，故止坐以犯奸本罪，发附近充军。查亲属于通奸之后诱匿拐逃，其奸占宣淫，肆无忌惮，较之仅止通奸而不拐逃者，情罪尤重。若一例问拟附近充军，未免法轻情重，自应以凡人诱拐拟军之例定拟，方为允协。但例无明文，易滋牵混，今将"亲属有犯因奸而拐，及因拐而和奸，概照凡人和诱例拟军"，及"拐卖亲属之妾，则并无服制，仍照凡论治罪"之处明纂例文，以资引用，理合声明。

【1790】6.18.275.（14）（略）

【1801】○修改、分辑

臣等谨按：此条系乾隆五十三年（1788）定例。查律载"凡略卖弟妹及侄若子之妇者，杖八十、徒二年；和卖者，减一等。其和诱、略卖大功以下尊卑亲为奴婢者，各从凡人和略法，略者杖一百、流三千里；和者，杖一百、徒三年"等语，是和诱、略卖期亲卑幼及大功以下尊卑亲，律内已有治罪明文，惟和诱略卖期亲尊长作何治罪，律内未经议及。部遇有略卖期亲尊长之案，俱比照卑幼强抢期亲尊属嫁卖例，拟斩监候；和者，减一等，杖一百、流三千里。惟是例无专条，鲜所依据，应增纂为例，以便引用。又查，期亲犯奸，律应斩决，若和诱期服尊卑亲属因而犯奸者，应各从其重者论。又查，内外大功以下、缌麻以上亲及亲之妻，如从祖祖母、祖姑、从祖伯叔母、从祖伯叔姑、从父姊妹、母之姊妹，及兄弟妻、兄弟子妻之类，论服制俱在大功以下，若犯奸，则律各绞决；惟出嫁祖姑，则应绞候。此条例内仅称因奸而拐、因拐而奸，概照凡人诱拐例拟军，语意含混。设遇犯奸应死之案，办理殊多歧误。又查，例内诱拐缌麻以上亲之妾，毋论通奸与否，概以凡例拟军；惟奸父祖妾，律应斩决，不在此例。均应详细声叙注明，以便引用。谨将期服亲属为一条，功缌亲属及亲属之妾为一条，以昭明晰而免牵混。又查，凡人略卖，律系满流；和卖，律系满徒，例内"分别拟以杖、徒"句，言徒而不言流，殊属错悮，应行更正。合并声明。谨将修改例文二条，开列于后。

【1802】6.18.275.(14)(略)

【1802】6.18.275.(15)(略)

【1802】6.18.275.(14)

一、和诱、略卖期亲卑幼，依律分别拟徒外，若略卖期亲尊长，照卑幼强抢期亲尊属嫁卖例拟斩监候；和者，减一等，杖一百、流三千里。如因和诱而奸，仍依律各斩立决。

【1825】6.18.275.(13)(略)

【1802】6.18.275.(15)

一、诱拐内外大功以下、缌麻以上亲，及亲之妻，审无奸情者，仍依和、略卖大功以下尊卑亲本律，分别和、略，拟以徒、流。若因奸而拐，及因拐而和奸，除从祖祖母、祖姑、从祖伯叔母、从祖伯叔姑、从父姊妹、母之姊妹，及兄弟妻、兄弟子妻者，各依律绞决外，余俱照凡人诱拐律拟军。至诱拐期亲以下、缌麻以上亲之妾，毋论曾否通奸，概依凡人诱拐例定拟。惟奸父、祖妾者，依律斩决，不在此例；诱拐者，仍以凡论。略诱者，绞候。和诱者，发遣。

【1825】6.18.275.(14)(略)

【1825】○续纂

一、凡奸夫诱拐奸妇之案，除本夫不知奸情，及虽知奸情而迫于奸夫之强悍不能禁绝，并非有心纵容者，奸夫仍依和诱知情为首例拟军，奸妇减等满徒。若系本夫纵容抑勒妻妾与人通奸，致被拐逃者，奸夫于军罪上减一等，杖一百、徒三年；奸妇及为从之犯再减一等，杖九十、徒二年半。本夫、本妇之祖父母、父母，纵容抑勒通奸者，亦照此例办理。

臣等谨按：道光二年(1822)六月内，据前任陕西巡抚朱勋咨"任潮栋将本夫纵容通奸之任袁氏拐逃"一案，经臣部查，奸夫诱拐奸妇同逃，其本夫纵容与否，例无分别治罪明文。惟查奸夫既与妇女通奸,又复诱拐同逃,自应即照和诱知情为首例拟军。若系本夫纵容妻、妾与人通奸,致被拐逃,则本夫先已无耻,自启其恋奸诱拐之端,自不得与其本夫不知情者并论。若将奸夫亦照例拟军,殊觉漫无区别,自应量减定拟,以昭情法之平。议令嗣后奸夫诱拐奸妇之案,除本夫不知奸情,及虽知奸情,而迫于奸夫之强悍,不能禁绝,并非有心纵容者,奸夫仍依和诱知情为首例拟军;奸妇依被诱之人减等满徒。若系本夫纵容抑勒妻、妾与人通奸,致被拐逃者,奸夫于军罪上量减一等,杖一百、徒三年;奸妇及为从之犯于满徒上量减一等,杖九十、徒二年半。如本夫、本妇之祖父母、父母纵容通奸者,亦照此例办理。并声明于修例时纂入例册等因,通行各省在案。应纂辑为例,以资引用。

【1825】6.18.275.(16)(略)

【1825】○续纂

一、凡将受寄他人十岁以下子女,卖为奴婢者,发极边足四千里充军;卖为子孙者,杖一百、徒三年,为从各减一等。若将受寄他人十一岁以上子女,和同卖为奴婢、子孙者,分别首从,各递减一等。子女不知情者,仍照前例问拟。被卖之人俱不坐,给亲属领回。知情故买者,减本犯罪一等,不知者不坐。

臣等谨按:道光三年(1823)五月内,据前任山东巡抚程国仁以"孙李氏将张人杰等托寄幼女小暖姐等价卖与人为婢,例无明文",咨请部示。经臣部查,诱拐子女,被诱之人若不知情者,为首,拟绞监候。此例重在"诱取"二字,诱取系设计引出,捏词转卖,被诱者骨肉离散,而其亲属茫然不知,故例应拟绞。若其亲属先将子女送交寄养,受寄之人因而乘机价卖,虽子女与财物不同,而价卖之人系先行受寄,并非设计诱出,其情实与受寄而费用者无异。费用受寄财物,既得准窃盗论,减等定拟,则受寄子女转卖,若仍照诱拐之例拟以绞候,似觉情轻法重。应于诱拐不知情子女绞监候例上,量减为发极边足四千里充军,以昭平允等因,咨复该抚在案。臣等复查,略人略卖人律载:"两相情愿,卖良人为奴婢及子孙者,较略卖各减一等。其和卖十岁以下子女,虽和,同略诱法"等语,是受寄他人十岁以下幼小子女,卖为奴婢、子孙,无论被卖之人是否两相情愿,或受寄子女虽年在十一岁以上,而非两相情愿、甘心听卖者,自应将首、从各犯,分别问拟军、徒。如十一岁以上子女情愿听从卖为奴婢、子孙者,则应依律减等科断。再查,受寄他人子女如卖为子孙,及买者是否知情,应拟何罪,并被卖之人免议与否,亦应议定,以昭赅备。查,卖为子孙,较卖为奴婢者有间,自应减等问拟。至知情故买之犯,应做照收留迷失子女律,若买者知情,减犯人罪一等;如不知情,及被诱卖之子女,均免科罪。惟无专条,恐各省办理难免两歧,应请纂辑为例,以资引用。

【1825】6.18.275.(17)(略)

【1870】

一、内地奸民,及在洋行充当通事、买办,设计诱骗愚民,雇与洋人承工,其受雇之人,并非情甘出口,因被拐卖威逼,致父子兄弟离散者,不论所拐系男妇子女,及良人奴婢,已卖未卖,曾否上船出洋,及有无借洋人为护符,但系诱拐已成,为首斩立决,为从绞立决。该地方官获犯审实,一面按约照会外国领事官,将被拐之人立即释放送回;一面录取犯供解审,该督抚提勘后先行正法,按三个月汇奏一次,仍逐案备招咨部。其华民情甘出口,在英、法等国所属各处承工者,仍准其立约赴通商各口下船,毫无禁阻。

谨案:此条同治三年(1864)定。

【1870】6.18.275.(18)(略)

发　冢

律　文

【1646】6.18.299

凡发掘他人坟冢,见棺椁者,杖一百、流三千里;已开棺椁见尸者,绞;监候。发而未至棺椁者,杖一百、徒三年。招魂而葬亦是。为从减一等。若年远冢先穿陷,及未殡埋而盗尸柩尸在柩未殡,或在殡未埋。者,杖九十、徒二年半;开棺椁见尸者,亦绞。杂犯。其盗取器物、砖石者,计赃准凡盗论,免刺。○若卑幼发五服以内尊长坟冢者,同凡人论;开棺椁见尸者,斩。监候。若弃尸卖坟地者,罪亦如之。买地人、牙保知情者,各杖八十,追价入官,地归同宗亲属。不知者不坐。若尊长发五服以内卑幼坟冢,开棺椁见尸者,缌麻杖一百、徒三年;小功以上,各递减一等。祖父母、父母、发子孙坟冢,开棺椁见尸者,杖八十。其有故而依礼迁葬者,尊长、卑幼、俱不坐。○若残毁他人死尸,及弃尸水中者,各杖一百、流三千里。谓死尸在家,或在野未殡葬,将尸焚烧、支解之类。若已殡葬者,自依发冢开棺椁见尸律从重论。若毁弃缌麻以上尊长未葬死尸者,斩。监候。弃他人及尊长而不失其尸及毁而但髡发若伤者,各减一等。凡人减流一等,卑幼减斩一等。○毁弃缌麻以上卑幼,死尸。各依凡人毁弃,服制依递减一等;毁弃子孙死尸者,杖八十。其子孙毁弃祖父母、父母,及奴婢、雇工人毁弃家长死尸不论残、失与否,者,斩。监候。律不载妻妾毁弃夫尸,有犯,依缌麻以上尊长律上请。○若穿地得无主死尸,不即掩埋者,杖八十。若于他人坟墓,为熏狐狸因而烧棺椁者,杖八十、徒二年;烧尸者,杖一百、徒三年。若缌麻以上尊长,各递加一等。烧棺椁者,各加为杖九十、徒二年半;烧尸者,递加为杖一百、流二千里。不可依服属各递加,致反重于祖父母父母也。卑幼各因其服依凡人递减一等。若子孙于祖父母、父母,及奴婢、雇工人于家长坟墓熏狐狸者,杖一百;烧棺椁者,杖一百、徒三年;烧尸者,绞。监候。○平治他人坟墓为田园者,虽未见棺椁,杖一百。仍令改正。于有主坟地内盗葬者,杖八十,勒限移葬。若将尊长坟冢平治作地,得财卖人,止问诓骗人财,亦不可作弃尸卖坟地断。买主知情,则坐不应事重,追价入官;不知情,追价还主。计赃轻者,仍杖一百。○若地界内有死人,里长、地邻不申报官司检验,而辄移他处及埋藏者,杖八十;以致失尸者,首杖一百;残毁及弃尸水中者,首杖六十、徒一年。残弃之人,仍坐流罪。弃而不失，及髡发若伤者，各减一等。（杖一百。若邻里自行残毁，仍坐流罪。）因而盗取衣服者，计赃准窃盗论，免刺。

【1670】6.18.298（略）

【1725】○修改

原拟：小注内“支解”字，应照律文改为“残毁”。

臣等谨按：此定发冢弃尸之罪，以恤死亡也。首节指凡人发冢言，分见棺椁、见尸及未至棺椁三项科断。若冢先穿陷，则棺椁已露，柩未殡埋，则坟冢未成。虽有盗棺之迹，实无发冢之心，故次之。惟开棺见尸，异于发冢开棺见尸，而云杂犯绞者，以未殡埋而开之者，不过利其所有，故同于常人盗律。若发掘而开之，则或为人指使，或挟仇报复，总不可知，故事同而罪异。其因冢先穿陷，而盗取冢内器物、砖石者，计赃准凡盗论，免刺。二节指亲属发冢言。若卑幼发五服以内尊长坟冢，未至棺椁及已见棺椁，俱同凡人科罪。惟开棺见尸，独坐斩监候。若发而弃置尊长之尸，卖坟地与人者，罪亦如之。止言尊长，则祖父母、父母俱在其中矣。买主及牙保知情，各坐重杖。卑幼所得之价，牙保所得之财，俱追入官，坟地断归同宗亲属主管。不知者不坐，仍追价给主。若尊长发五服以内卑幼坟冢，开棺椁见尸者，各按其服制轻重，分别杖、徒。惟祖父母、父母发子孙坟冢，开棺椁见尸者，止坐重杖。不言见棺椁与未至棺椁，有犯俱得勿论。凡此皆无故而发者也。若因有故，如水冲地陷之类，而依礼迁葬者，无论尊长、卑幼，俱不坐罪。三、四两节指毁弃死尸言。毁弃之中，又分弃而不失及但髡发若伤二项，各按凡人及卑幼、尊长、子孙分别科拟。其毁弃子孙死尸，不言弃而不失，及髡发若伤，有犯亦得勿论也。若子孙毁弃祖父母、父母，及奴婢、雇工人毁弃家长死尸，则不论已残未残、已失未失，但犯即坐斩监候。五节重掩埋戒烧化也。穿地得尸，见不掩埋，是无仁心，故止以不应杖。若于坟墓熏狐狸，若烧至棺椁，或烧及尸，亦各按凡人及卑幼、尊长、子孙分别科拟。若子孙于祖父母、父母，及奴婢、雇工人于家长坟墓熏狐狸者，但熏即坐满杖；因而烧棺椁者，即坐杖徒；烧及其尸者，即坐绞监候。专言熏狐狸，此特举一物言耳。六节指平治坟墓及盗葬者言。平治坟墓，则坐以满杖，令其改正。盗葬，则坐以重杖，而勒其移葬。所以重坟墓也。末节指不申报之里、邻言。地界内有死尸，里、邻不行申报，听候官司批示，而辄移埋，杖八十。下文失尸、弃尸，及弃而不失、髡发若伤等项，皆承里、邻不报而言，“以致”二字直贯到底。见得不报辄移，埋藏不固，因而有此各项，止科以所因之罪。若因而盗取死尸所穿衣服，则不分他人、里邻，计赃准窃盗论，免刺。按此节弃毁与前节不同，前节挟仇有心，故罪重；此节见尸在界，或恐被累，或嫌臭恶，故罪轻。

【1725】6.18.286

凡发掘（他人）坟冢，见棺椁者，杖一百、流三千里；已开棺椁见尸者，绞；（监候。）发而未至棺椁者，杖一百、徒三年。（招魂而葬亦是。为从减一等。）若（年远）冢先穿陷，及未殡埋而盗尸柩（尸在柩未殡，或在殡未埋。）者，杖九十、徒二年半；开棺椁见尸者，亦绞。（杂犯。）其盗取器物、砖石者，计赃准凡盗论，免刺。○若卑幼发（五服以内）尊长坟冢者，同凡人论；开棺椁见尸者，斩。（监候。）若弃尸卖坟地者，罪亦如之。买地人、牙保知情者，各杖八十，追价入官，地归同宗亲属。不知者不坐。若尊长发五服以内卑幼坟冢，开棺椁见尸者，缌麻杖一百、徒三年；小功以上，各递减一等。祖父母、父母发子孙坟冢，开棺椁见尸者，杖八十。其有故而依礼迁葬者，尊长、卑幼俱不坐。○若残毁他人死尸，及弃尸水中者，各杖一百、流三千里。谓死尸在家，或在野未殡葬，将尸焚烧、残毁之类。若已殡葬者，自依发冢开棺椁见尸律从重论。若毁弃缌麻以上尊长未葬死尸者，斩。监候。弃他人及尊长而不失其尸及毁而但髡发若伤者，各减一等。凡人减流一等，卑幼减斩一等。○毁弃缌麻以上卑幼，死尸。各依凡人毁弃，依服制递减一等；毁弃子孙死尸者，杖八十。其子孙毁弃祖父母、父母，及奴婢、雇工人毁弃家长死尸者，不论残、失与否，斩。监候。律不载妻妾毁弃夫尸，有犯，依缌麻以上尊长律奏请。○若穿地得无主死尸，不即掩埋者，杖八十。若于他人坟墓，为熏狐狸因而烧棺椁者，杖八十、徒二年；烧尸者，杖一百、徒三年。若缌麻以上尊长，各递加一等。烧棺椁者，各加为杖九十、徒二年半；烧尸者，递加为杖一百、流二千里。不可依服属各递加，致反重于祖父母父母也。卑幼各因其服依凡人递减一等。若子孙于祖父母、父母，及奴婢、雇工人于家长坟墓熏狐狸者，杖一百；烧棺椁者，杖一百、徒三年；烧尸者，绞。监候。○平治他人坟墓为田园者，虽未见棺椁，杖一百。仍令改正。于有主坟地内盗葬者，杖八十，勒限移葬。若将尊长坟冢平治作地，得财卖人，止问诓骗人财，不可作弃尸卖坟地断。计赃轻者，仍杖一百。买主知情，则坐不应重律，追价入官；不知情，追价还主。○若地界内有死人，里长、地邻不申报官司检验，而辄移他处及埋藏者，杖八十；以致失尸者，首杖一百；残毁及弃尸水中者，首杖六十、徒一年。残弃之人，仍坐流罪。弃而不失，及髡发若伤者，各减一等。杖一百。若邻里自行残毁，仍坐流罪。因而盗取衣服者，计赃准窃盗论，免刺。

注：此定发冢弃尸之罪，以恤死亡也。首节指凡人发冢言。分见棺椁、见尸及未至棺椁三项科断。若冢先穿陷，则棺椁已露，柩未殡埋，则坟冢未成。虽有盗棺之迹，实无发冢之心，故次之。至开棺见尸，与发冢开棺者无异，而云杂犯绞者，以未殡埋而开之者，不过利其所有，故止拟准徒五年。若发掘而开之，则或为人指使，或挟仇报复，非止图利，故事同而罪异。其因冢先穿陷，而盗取冢内器物、砖石者，计赃准凡盗论，免刺。二节指亲属发冢言。若卑幼发五服以内尊长坟冢，未至棺椁及已见棺椁，俱同凡人科罪。惟开棺见尸者，坐斩监候。若发而弃置尊长之尸，卖坟地与人者，罪亦如之。盖此条所重在弃尸，不重在卖坟地也。买主及牙保知情，各坐重杖。卑幼所得之价，牙保所得之财，俱追入官，坟地断归同宗亲属主管。不知者不坐，仍追价给主。若尊长发五服以内卑幼坟冢，开棺椁见尸者，各按其服制轻重，分别杖、徒。惟祖父母、父母发子孙坟冢，开棺椁见尸者，止坐重杖。不言见棺椁与未至棺椁，有犯俱得勿论。凡此皆无故而发者也。若因有故，如水冲地陷之类，而依礼迁葬者，无论尊长、卑幼，俱不坐罪。三、四两节指毁弃死尸言。毁弃之中，又有弃而不失，及但髡发若伤二项。各按凡人及卑幼、尊长、子孙分别科拟。其毁弃子孙死尸，不言弃而不失，及髡发若伤，有犯亦得勿论也。若子孙毁弃祖父母、父母，及奴婢、雇工人毁弃家长死尸，则不论已残未残、已失未失，但犯即坐斩监候。

五节重掩埋戒烧化也。穿地得尸,见不掩埋,是无仁心,故惩以不应重杖。若于坟墓熏狐狸,或烧至棺椁,或烧及尸,亦各按凡人及卑幼、尊长、子孙分别科拟。若子孙于祖父母、父母,及奴婢、雇工人于家长坟墓熏狐狸者,但熏即坐满杖;因而烧棺椁者,即坐满徒;烧及其尸者,即坐绞监候。专言熏狐狸,此特举一物言耳。六节指平治坟墓及盗葬者言。平治坟墓,则坐以满杖,而令其改正。盗葬,则坐以重杖,而勒其移葬,所以重坟墓也。末节指不申报之里、邻言。地界内有死尸,里、邻不行申报,听候官司批示,而辄移埋,杖八十。下文失尸、弃尸,及弃而不失、髡发若伤等项,皆承里、邻不报而言,"以致"二字贯到底。见得不报辄移,埋藏不固,因而有此各项,故分别科断其罪。若因而盗取死尸所穿衣服,则以衣服所值之价为赃,准窃盗论,免刺。再第六节注云,"若将尊长坟冢作地卖者,问诓骗人财律"。盖平治缌麻以上尊长坟墓,较之平治他人坟墓,其罪尤重,但终与弃尸卖坟者有间,故照诓骗律计赃科断。赃轻者,仍杖一百。

【1740】6.18.276(略)

附律条例

【1646】6.18.299.(1)

一、凡发掘贝勒、贝子、公、夫人等,及历代帝王、名臣先贤坟墓,开棺为从,与发见棺椁为首者,俱发边卫;发见棺椁为从,与发而未至棺椁为首,及发常人冢开棺见尸为从,与发见棺椁为首者,俱发附近充军。如有纠众发冢起棺,索财取赎者,比依强盗得财律,不分首从皆斩。

【1670】6.18.298.(1)(略)

【1725】○修改

原拟:发掘历代帝王、名臣、先贤坟冢,开棺见尸为从,未至棺椁为首,现行例俱拟绞罪。此条内止问充军,与现行例不相符,应删改。其此条内"贝勒、贝子、公、夫人"等字,现行例内并未言及,应将此等字增于后条现行例内。谨拟删改,开载于后。

【原改条例】一、凡发掘常人坟冢,开棺见尸为从,与发见棺椁为首者,俱发附近充军。如有纠众发冢起棺,索财取赎者,比依强盗得财律,不分首从皆斩。

【1725】6.18.286.(1)【原例】(略)

【1740】6.18.276.(1)(略)

【1767】○修改

臣等谨按:原例发掘他人坟冢,见棺椁为首,及开棺见尸为从人犯,俱发附近充军。今于乾隆三十二年(1767)四月内,军机大臣会同臣部议准,改发边卫充军,拟合遵照改正。

一、凡发掘常人坟冢,开棺见尸为从,与发见棺椁为首者,改发边卫充军。如有纠众发冢起棺,索财取赎者,比依强盗得财律,不分首从皆斩。

【1768】6.18.276.(1)

一、凡发掘常人坟冢,开棺见尸为从,与发见棺椁为首者,改发近边充军。如有纠众发冢起棺，索财取赎者，比依强盗得财律，不分首从皆斩。

【1788】○修并

【原例】【1768】6.18.276.（1）（略）、【1768】6.18.276.（5）（略）

臣等谨按：偷刨坟冢见棺椁为首，与开棺见尸为从一次之犯，旧例止发附近充军。乾隆二十三年（1758），奏明改发新疆。嗣于乾隆三十二年（1767）四月内，军机大臣会同臣部以新疆地方安插遣犯过多，酌议停止，将此项人犯仍发内地，较原例加一等，改发近边充军。此等人犯在新疆脱逃，例应正法，今改遣之后，如有脱逃被获，仍将该犯请旨即行正法。奏准纂入“名例·徒流迁徙地方”条下通行，遵照在案。惟查开棺见尸为从一次之犯，既在新疆改遣条款之内，则偷刨坟冢开棺见尸为从二次之犯，其情较一次者更重，乃定例止拟烟瘴充军，设有脱逃，仅照寻常逃军例加等改发，并不在正法之列，未免轻重偏畸。应于此条例内修改详明，并于“名例”停发新通改发内地条下，即将发掘他人坟冢开棺见尸为从一、二次者，一并纂入，庶足以昭平允。再查以上二条，同系一事，亦宜归并一例，以省繁冗。今将修改并辑例文，开列于后。

一、发掘常人坟冢，见棺椁为首，与开棺见尸为从，一次者，俱改发边卫充军；开棺见尸为从，二次者，实发烟瘴充军；如有脱逃被获，俱请旨即行正法。若为从开棺三次，及至三次以外，审有赃证次数确据、事主告发实情者，照窃盗三犯律拟绞监候。如有纠众发冢起棺，索财取赎者，比依强盗得财律，不分首从皆斩。

【1790】6.18.276.（8）（略）

【1801】○修改

臣等谨按：发掘他人坟冢，见棺椁为首，与开棺见尸为从一次，旧例内原发附近充军；二次，实发烟瘴。乾隆二十三年（1758），将见棺椁为首，与见尸为从一二次者，奏准改发新疆。三十二年（1767），仍发内地。为从一次者，较原例附近加一等，改发近边充军；二次者，仍发烟瘴。如有脱逃被获，俱请旨即行正法。纂入例册。嗣于嘉庆四年（1799），臣部遵旨议复署伊犁将军大学士保宁以“新疆各厂做工人少，奏请酌发伊犁遣犯”折内，将发掘他人坟冢见棺椁为首，与开棺见尸为从一二次者，仍发伊犁等处，酌拨当差。并声请：“此等人犯俱系由轻加重，与盗犯免死减发由重减轻者不同，如有脱逃被获，即在犯所用重枷枷号三个月，杖责管束，毋庸正法”等因奏准，遵行在案。此条充军及正法旧例，应行修改。再查“名例”内载：“应发新疆人犯如年逾五十，不能耕作之人，仍照原例办理，毋庸拟发新疆”等语，是年逾五十不能耕作，照原例办理者，仍应分别发附近及实发烟瘴充军，不在加等之列，应于例内添改明晰。又，是年三月，臣部议复直隶总督胡季堂审题“崔名瑞偷刨张杨氏坟冢，将棺盖锯砍成缝抽取尸衣，拟绞监候”案内声明开棺见尸，情节残忍，不论曾否得赃，即拟缳首。此案崔名瑞刨开杨氏坟土，用锯斧将棺盖角锯砍直缝一道，伸手入棺，抽出尸上所盖衣裙，并未揭开棺盖，显露尸身。若一律科以开棺见尸之罪，与实在见尸情节残忍者无所区别。惟查此等案件，向来各省因已将棺锯缝凿孔，即行从重拟绞，现奉谕旨，凡一切罪犯专引本律，不得于律外加重。似此锯缝凿孔取衣，究未见尸，若与剥衣见尸者同科，未免无所区别，应即照发冢见棺例拟军。所有崔名瑞一犯，应改照发掘坟冢见棺椁为首例，发近边充军。俟纂修条例时，将原例添改明晰，以便引用等因具题，奉旨："依议。钦此。"钦遵，亦在案。应一并添纂，合并声明。谨将修改例文，开列于后。

一、发掘常人坟冢，见棺椁为首，与开棺见尸为从，一次者，发附近充军；二次者，实发烟瘴充军。如年在五十以下者，俱改发伊犁等处酌拨当差。如有脱逃被获，在配所用重枷枷号三个月，杖责管束。若为从开棺三次，及至三次以外，审有赃证次数确据、事主告发实情者，照窃盗三犯律拟绞监候。其发冢见棺，锯缝凿孔，抽取衣物首饰，并非显露尸身者，发近边充军，为从减一等。如有纠众发冢起棺，索财取赎者，比依强盗得财律，不分首从皆斩。

【1802】6.18.276.（9）（略）

【1806】○修改

臣等谨按：嘉庆八年（1803）九月，臣部遵旨酌议"发冢开棺见尸为从各犯，请嗣后除初次、二次仍照例发遣，三次罪应绞候者，若系帮同开棺，秋审时仍入情实外，其三次为从，仅止在坟外瞭望者，入于缓决。至为从三次以外，虽止瞭望，亦拟情实"等因，奏准在案，应添入例内。又，十年（1805）八月臣部遵旨"调剂吉林等处安插人犯"折内，"议将发掘他人坟冢见棺椁为首，及开棺见尸为从等六条，仍照旧例改发内地等因奏准，亦在案。例内"年在五十以下改发伊犁"之处，应行修改。再查，此等人犯系由新疆改发内地旧例，较原例加一等。见棺椁为首，与开棺见尸为从一次之犯，发近边充军；开棺见尸为从二次之犯，实发烟瘴充军；年逾五十者，各照原例充发，应仍照旧例修辑。至在配脱逃被获，已于"名例"内载明，加二等调发，此处毋庸复载。谨将修改例文，开列于后。

一、发掘常人坟冢，见棺椁为首，与开棺见尸为从，一次者，俱改发近边充军；开棺见尸为从，二次者，实发烟瘴充军。如年在五十以上，见棺椁为首，与开棺见尸为从，一次者，发附近充军；开棺见尸为从，二次者，仍发烟瘴充军。若为从开棺三次，及至三次以外，审有赃证次数确据、事主告发实情者，照窃盗三犯律拟绞监候。为从三次，审系帮同开棺，秋审入于情实；仅止在坟外瞭望，入于缓决。至三次以外，虽止瞭望，俱拟情实。其发冢见棺，锯缝凿孔，抽取衣物首饰，并非显露尸身者，发近边充军，为从减一等。如有纠众发冢起棺，索财取赎者，比依强盗得财律，不分首从皆斩。

【1814】○修改、分辑

臣等谨按：嘉庆十八年（1813）正月内，臣部具奏"酌议发冢起棺勒赎，分别治罪条例"一折内称：查奸匪纠众发冢起棺，索财取赎，实为穷凶极恶，故例内比依强盗得财律，不分首、从，皆斩，用示惩儆。细绎"起棺索财"等字及"比依强盗得财，不分首、从"之文，是一经起棺索赎，无论曾否开棺，曾否得财，悉依强盗得财律科断。惟此条系前明旧例，从前强盗得财，皆予实斩，迨康熙五十四年（1715），始议定法所难宥者正法、情有可原者发遣之例，此等起棺索赎之案，若依旧例，无论曾否得财，不分首、从，概予实斩，究觉无所区别。如因其未经得财，即照强盗未得财律，分别首、从，拟以遣、流，又觉轻纵，自应参核强盗治罪条例分晰，酌立科条，俾照法守。应请嗣后纠众发冢起棺，索财取赎已经得财者，比依强盗得财不分首、从皆斩律，拟斩立决。仍令各该督抚，严行究审起意及为从下手发掘扛抬棺木之犯，照强盗法所难宥例，声请正法。仅止跟随同行，在场瞭望之犯，照情有可原发遣例，发新疆为奴。其纠众发冢起棺，索财取赎未经得财者，首犯，仍比依强盗得财律，拟斩立决；为从之犯，俱比照强盗情有可原例，发遣等因奏准，通行在案。是起棺索诈之例既奏明，分别法所难宥、情有可原办理，自未便与寻常发冢者同列一条，致相牵混。再，查向来办理发冢开棺分别次数之案，无论同时、异时，同地、异地，但以见一尸为一次。惟例内统有开棺见尸为从一次、二次、三次，及三次以外，并未指明见一尸为一次。上年，江苏省吴毛七等同时连开三棺，将为从之犯以一次定拟，经臣部驳令更正，并通行各省，嗣后凡发冢开棺、见尸为从之犯，以所见之尸为发冢次数，不得以同时、同地连发多冢者作一次论等因在案。应请于原例内添注明晰，以便遵守。谨将修改例文二条，开列于后。

一、发掘常人坟冢，见棺椁为首，与开棺见尸为从，一次者，俱改发近边充军；开棺见尸为从，二次者，实发烟瘴充军。如年在五十以上，见棺椁为首，与开棺见尸为从，一次者，发附近充军；开棺见尸为从，二次者，仍发烟瘴充军。若为从开棺三次，及至三次以外，均以见一尸为一次，不得以同时同地连发多冢者作一次论。审有赃证次数确据、事主告发实情者，照窃盗三犯律拟绞监候。为从三次，审系帮同开棺，秋审入于情实；仅止在坟外瞭望，入于缓决。至三次以外，虽止瞭望，俱拟情实。其发冢见棺，锯缝凿孔，抽取衣物首饰，并非显露尸身者，发近边充军，为从减一等。

【续纂】【1825】6.18.276.(10)(略)

【1821】○修改

臣等谨按：嘉庆二十一年(1816)六月内，升任云南巡抚孙玉庭咨"贼犯小平等叠次挖孔凿棺，窃取首饰，咨部示复"一案，经臣部议请，嗣后凡发冢见棺，锯缝凿孔之案，除一次仍照本例，首犯，发近边充军，从犯，杖一百，徒三年，二次者，从一科断外，如叠窃至三次者，为首，发边远充军；四次及四次以上，即照积匪猾贼例，发极边烟瘴充军。为从三次者，照杂犯流罪总徒四年；四次、五次者，发边远充军；六次及六次以上，发极边烟瘴充军。至盗未殡、未埋尸柩，锯缝凿孔，为首者，即照发冢见棺、锯缝凿孔之从犯，按照次数分别定拟，一次、二次者，亦拟以满徒；三次者，总徒四年；四次、五次者，发边远充军，六次及六次以上，发极边烟瘴充军。其为从一次、二次者，照为首之罪减一等，杖九十，徒二年半；三次者，杖一百，徒三年；四次、五次者，总徒四年；六次、七次者，发边远充军；八次及八次以上，发极边烟瘴充军。其发冢见棺椁为从，并盗未殡、未埋尸柩，未开棺椁，为从之犯，各于首犯军、徒罪上减一等。以上各犯，按其所犯本条之罪，分别首、从，并计科断。如一人叠窃，有首、有从，则视其为首次数与为从次敢，罪名相比，从其重者论。若为首各次并计罪轻，准其将为首次数归入为从次数内，并计科罪。不得以为从次数作为为首次数并计，亦不得以盗未殡、未埋尸柩，及锯缝凿孔之案，归入发冢见棺及开棺见尸案内，并计次数治罪，致滋畸重畸轻之弊。至子孙、奴婢，及有名分之雇工人盗发祖父母、父母、家长坟冢，及未殡、未埋尸柩，分别已、未见棺、见尸，拟以凌迟、斩绞立决、监候、遣、军，定例已极严密，毋庸增改外，其有仅止雇令看守坟地，并无主仆名分者，既经受雇看管，即有典守之责，如有自行盗发及听从外人盗发，自不得与凡人一例科断。除死罪无可复加外，其犯军、流以下等罪，悉照凡人首、从各本律例上加一等问拟。并将旧例及现拟修改、续纂各条开单进呈，奏准在案。应增纂入例，以资引用。谨将修改、续纂各条例文，开列于后。

一、发掘常人坟冢，见棺椁为首，改发近边充军；为从者，杖一百、徒三年。开棺见尸为从一次者，亦改发近边充军；二次者，实发烟瘴充军。如年在五十以上，见棺椁为首，与开棺见尸为从一次者，发附近充军。开棺见尸为从，二次者发烟瘴充军。若为从开棺三次，及至三次以外，均以见一尸为一次，不得以同时同地连发多冢者作一次论。审有赃证次数确据、事主告发实情者，照窃盗三犯律拟绞监候。为从三次，审系帮同开棺，秋审入于情实；仅止在坟外瞭望，入于缓决。至三次以外，虽止瞭望，俱拟情实。其发冢见棺，锯缝凿孔，抽取衣物首饰，并非显露尸身，为首一二次者，发近边充军；三次者，发边远充军；四次及四次以上者，照积匪猾贼例发极边烟瘴充军。为从一二次者，杖一百、徒三年；三次者，照杂犯流罪总徒四年；四次五次者，发边远充军；六次及六次以上者，发极边烟瘴充军。

【1825】6.18.276.（15）（略）

【1870】○修改

一、发掘常人坟冢，开棺见尸，为首者，拟斩立决；为从，无论次数，俱拟绞监候。其发冢见棺，锯缝凿孔，抽取衣饰，尚未显露尸身，为首者拟绞立决，为从俱拟绞监候。发冢开棺见尸为从，帮同下手开棺者，不论次数，秋审俱入情实；在外瞭望一二次者，入于缓决，三次及三次以上者，入于情实。其发冢见棺，锯缝凿孔为从，帮同凿棺锯棺，三次及三次以上者，入于情实，一二次者，入于缓决；在外瞭望，六次者，入于情实，一次至五次者，入于缓决。至发掘常人坟冢，见棺椁为首者，改发近边充军，年五十以上，发附近充军；为从者，杖一百、徒三年。

谨案：此条同治四年（1865）改定。

【1870】6.18.276.（15）（略）

【1814】○续纂

一、纠众发冢起棺，索财取赎，已经得财者，比依强盗得财不分首从皆斩律，拟斩立决。仍令各该督抚严行究审，将起意及为从下手发掘扛抬棺木之犯，照强盗法所难宥例声请正法；仅止跟随同行在场瞭望之犯，照情有可原发遣例，发新疆给官兵为奴。其未经得财者，首犯，仍比依强盗得财律拟斩立决；从犯，俱比照强盗情有可原例发遣。

续纂按语，见【1790】6.18.276.（8）【1814】修改、分辑项下。

【1825】6.18.276.（10）（略）

【1870】○修改

一、纠众发冢起棺，索财取赎，已得财者，将起意及为从下手发掘扛抬棺木之犯，比依强盗得财律，不分首从，皆斩立决；跟随同行在场瞭望之犯，发新疆给官兵为奴。其未经得财者，首犯仍比依强盗得财律斩立决，从犯俱发新疆给官兵为奴。如发冢后将尸骨抛弃道路，并将控告人杀害者，亦照强盗得财律，不分首从，皆斩立决。

谨案：此条同治四年(1865)改定。

【1870】6.18.276.(10)(略)

【1725】○增入

原拟：现行例内二条，应增入。

【现行例】一、发掘前代藩院坟冢，已开棺椁见尸，为首者，拟斩立决；为从者，俱拟绞立决。发掘坟冢见棺，为首者，拟绞立决；为从者，俱拟绞监候，秋后处决。发掘坟冢未至棺椁，为首者，拟绞监候，秋后处决；为从者，佥妻俱发边卫永远充军，到配所各责四十板。如有发掘历代帝王、名臣、先贤坟墓，俱照此例治罪。所掘金银交与该抚，令地方官修葺坟冢；其玉带、珠宝等物，仍放在坟内。

原拟：前条例内载有"贝勒、贝子"等字，应增入此条内。谨拟增删，开载于后。

【原改现行例】一、凡发掘贝勒、贝子、公、夫人等坟冢，开棺椁见尸者，为首斩立决，为从皆绞立决；见棺者，为首绞立决，为从皆绞监候；未至棺者，为首绞监候，为从皆佥妻发边卫永远充军。如有发掘历代帝王陵寝、先贤名臣及前代藩王坟墓者，俱照此例治罪。所掘金银，交与该抚饬令地方官修葺坟冢，其玉带、珠宝等物仍置冢内。

【1725】6.18.286.(2)【增例】(略)

【1740】○修改

乾隆五年(1740)，将"为从皆佥妻发边卫永远充军"句，改为"为从佥妻发边远充军"。

一、凡发掘贝勒、贝子、公、夫人等坟冢，开棺椁见尸者，为首斩立决，为从皆绞立决；见棺者，为首绞立决，为从皆绞监候；未至棺者，为首绞监候，为从佥妻发边远充军。如有发掘历代帝王陵寝、先贤名臣及前代藩王坟墓者，俱照此例治罪。所掘金银，交与该抚饬令地方官修葺坟冢，其玉带、珠宝等物仍置冢内。

【1740】6.18.276.(2)(略)

【1761】○修改

一、凡发掘贝勒、贝子、公、夫人等坟冢，开棺椁见尸者，为首斩立决，为从皆绞立决；见棺者，为首绞立决，为从皆绞监候；未至棺者，为首绞监候，为从发边远充军。如有发掘历代帝王陵寝、先贤名臣及前代藩王坟墓者，俱照此例治罪。所掘金银，交与该抚饬令地方官修葺坟冢，其玉带、珠宝等物仍置冢内。

【1768】6.18.276.(2)(略)

【1790】6.18.276.(1)(略)

【1825】○修改

臣等谨按：道光二年(1821)十二月内，据湖北巡抚杨懋恬咨称，拿获贼犯王朋非等，先后发掘前明所封荆端王朱厚烇坟冢一次,又发掘明封荆庄王朱载墭、悼惠王朱见溥、怀顺王朱见潭、庄和王朱祐枸等五冢。查例内"前代藩王"字样,系专指分藩亲王而言,其藩王之子分封郡王各坟,如有发掘,应否均照发掘前代藩王坟冢定拟,抑或照常人坟冢酌量加等?再如先贤名臣,重其有功德于世,例内亦严发冢之罪,但先贤一条可以列于从祀之典为断。至自古名臣等差不一,若不确切指明,则载在史册者不可胜数。或声望稍著,而并无卫民报国之功,设遇有此等案件,其子孙必借口名臣,希图重办,民命所系,不可不防。原例所指未甚明晰等因,咨请部示。经臣部查,例内止有发掘前代藩王坟墓专条,并无发掘前代郡王坟冢作何治罪明文。细释例义所称前代藩王,系专指分藩亲王递相承袭者而言,如因其子继袭藩王,追封其本身祖父,及将藩王之子孙推恩分封各郡,虽并列王爵,究与分藩亲王递相承袭者不同。推既系藩王之祖父、子孙,即与庶民不同,其坟墓被掘者,若与发掘常人坟冢一例问拟,未免无所区别。议将此等案件,除犯至死罪,毋庸加等外,其罪不至死各犯,应照常人酌加一等,以示惩儆。如发至多次,按常人本例即应加等者,仍照本例再行加等治罪。至先贤一条,以列于从祀之典为断,而历代名臣虽等差不一,自古史册所载,如实有济国惠民之功,声望昭著者,《大清会典》内亦均有从祀名位可考。此外,稍有名望,并无实在功德,祀典所不载者,即不能与名臣并论等因,咨复该抚,并通行各省一体照办在案。臣等查,发掘前代郡王坟墓,照常人酌加治罪,及发掘历代名臣坟墓,以列于祀典为断之处,例内既未载及,应一并添纂明晰,以资引用而昭赅备。谨将修改例文,开列于后。

一、凡发掘贝勒、贝子、公、夫人等坟冢,开棺椁见尸者,为首斩立决、枭示,为从皆绞立决;见棺者,为首绞立决,为从皆绞监候;未至棺者,为首绞监候,为从发边远充军。如有发掘历代帝王陵寝,及《会典》内有从祀名位之先贤名臣,并前代分藩亲王,或递相承袭分藩亲王坟墓者,俱照此例治罪。若发掘前代分封郡王及追封藩王坟墓者,除犯至死罪,仍照发掘常人坟冢例定拟外,余各于发掘常人坟冢本罪上加一等治罪。以上所掘金银,交与该督抚饬令地方官修葺坟冢,其玉带、珠宝等物仍置冢内。

【1825】6.18.276.(6)(略)

【1870】○修改

一、凡发掘贝勒、贝子、公、夫人等坟冢,开棺椁见尸者,为首斩立决、枭示,为从皆绞立决;见棺者,为首绞立决,为从皆绞监候;未至棺者,为首绞监候,为从发边远充军。如有发掘历代帝王陵寝,及《会典》内有从祀名位之先贤名臣,并前代分藩亲王,或递相承袭分藩亲王坟墓者,俱照此例治罪。若发掘前代分封郡王,及追封藩王坟墓者,除犯至死罪,仍照发掘常人坟冢例定拟外,余各于发掘常人坟冢本罪上加一等治罪。以上所掘金银,交与该督抚饬令地方官修葺坟冢,其玉带、珠宝等物,仍置冢内。

谨按:同治四年(1865),又于"为首斩立决"下,增入"枭首"二字。

【1870】6.18.276.(6)(略)

【1725】○增入

原拟：现行例内二条，应增入。

【现行例】一、凡奴婢、雇工人发掘家长坟冢，见棺椁者，为首，绞立决；为从，绞监候。开棺椁见尸者，为首，斩立决；为从，斩监候。毁弃撇撒死尸者，不分首、从，皆斩立决。

原拟：正律内子孙有犯，原与奴婢、雇工人同。此条下应增"子孙犯者，俱照此例科断"。

【1725】6.18.286.(3)

【增例】一、凡奴婢、雇工人发掘家长坟冢，见棺椁者，为首绞立决，为从绞监候；开棺椁见尸者，为首斩立决，为从斩监候；毁弃、抛撒死尸者，不分首从，皆斩立决。子孙犯者，俱照此例科断。

【1740】○修改

臣等谨按：奴婢等人发掘家长坟冢，已行而未见棺，作何定罪之处，例内未经开载，应增。谨将增辑例文，开列于后。

一、凡奴婢、雇工人发掘家长坟冢，已行未见棺者，为首拟绞监候，为从发边卫充军；见棺椁者，为首绞立决，为从绞监候；开棺椁见尸者，为首斩立决，为从斩监候；毁弃、抛撒死尸者，不分首从，皆斩立决。子孙犯者，俱照此例科断。

【1740】6.18.276.(3)(略)

【1767】○修改

三十二年(1767)改"边卫"为"近边"二字。

一、凡奴婢、雇工人发掘家长坟冢，已行未见棺者，为首拟绞监候，为从发近边充军；见棺椁者，为首绞立决，为从绞监候；开棺椁见尸者，为首斩立决，为从斩监候；毁弃、抛撒死尸者，不分首从，皆斩立决。子孙犯者，俱照此例科断。

【1768】6.18.276.(3)(略)

【1790】6.18.276.(2)(略)

【1806】○修改、续纂

臣等谨按：嘉庆六年(1801)十一月内，臣部核议四川总督勒保题"黄万熉盗开伊母尸棺剥取衣服，并毁弃死尸，将黄万熉拟斩立决"一案，奉旨："刑部议复四川省具题'崇宁县民黄万熉盗开伊母尸棺剥取衣服，并毁弃死尸，拟斩立决'一本，阅其情节，实属穷凶极恶。黄万熉于伊母罗氏生前不能侍奉，致令依靠次子黄万烜居住。及至黄罗氏殁后，黄万熉忍于开棺剥取尸衣，致将伊母右手胐脉拧落。又挟嫌诬害王文彩，将伊母尸首丢弃王文彩田内，希冀拖累泄忿。忍心害理，残恶已极。该督等比照奴婢、雇工毁弃撇撒家长死尸不分首、从皆斩立决例，拟斩立决，实为纰缪错误。人子之于父母，其恩谊迥非奴婢、雇工之于家长可比。设该犯于伊母生前毁折肢体，应得何罪，岂有如此极恶逆犯仅予斩决之理！黄万熉着即凌迟处死，并着刑部载入律例等因。钦此。"钦遵。是奴婢、雇工人发掘家长坟冢条下"子孙犯者照此科断"字样应行删除,并应将子孙发掘祖父母、父母坟墓,另行分别恭纂专条,以资引用。臣等伏查,子孙之于祖父母、父母,恩同罔极,诚如圣谕,迥非奴婢、雇工之于家长可比。如为子若孙者,于既殡、既埋之后,犹敢发冢开棺,其忍心害理,实与生前殴骂者无异。律内子孙骂祖父母、父母者,绞决;殴者,皆斩决;杀者,皆凌迟处死。是生前有犯,已不分首、从,问拟斩、绞、凌迟,则死后刨坟,自应比照科断。如已行未见棺椁,即拟绞立决;见棺椁者,拟斩立决;开棺见尸,并毁弃尸骸者,凌迟处死。如此严立科条,较奴婢、雇工人之例加重,而恶逆之徒亦有所惩儆矣。再,子孙并奴婢、雇工人发掘坟冢,分别治罪,各立专条,设有尊长卑幼或外人为首、为从者,自应分别服制、凡人,各以首从论。应请于各条内添入,以昭赅备。谨将修改并续纂例文二条,开列于后。

一、凡奴婢、雇工人发掘家长坟冢,已行未见棺椁者,为首拟绞监候,为从发近边充军;见棺椁者,为首绞立决,为从绞监候;开棺见尸者,为首斩立决,为从斩监候;毁弃、抛撒死尸者,不分首从,皆斩立决。如有家长、尊卑亲属或外人,为首为从,分别服制、凡人,各以首从论。

【续纂】【1825】6.18.276.(11)条原续纂例文(略)

【1825】6.18.276.(2)(略)

【1870】○修改

一、凡奴婢、雇工人发掘家长坟冢,已行未见棺者,为首绞监候,为从发近边充军;见棺椁者,为首绞立决,为从绞监候;开棺椁见尸者,为首斩立决、枭示,为从斩监候;毁弃、撇撒死尸者,不分首从,皆斩立决、枭示。如有家长、尊卑亲属或外人,为首为从,分别服制、凡人,各以首、从论。

【1870】6.18.276.(2)(略)

【1740】○增入

一、凡贪人吉壤,将远年之坟盗发者,子孙告发,审有确据,将盗发之人,依开棺见尸律拟绞监候。如非其子孙,又非实有确据之前人古冢,但因有土墩,见人埋葬,辄称伊远祖坟墓,勾引匪类,伙告伙证,陷害无辜,审明,将为首者照诬告人死罪未决律杖一百、流三千里,为从各照诬告为从律科断。若实系本人远祖之坟,被人发掘盗葬,因将所盗葬之棺,发掘抛弃者,照祖父母父母被杀子孙不告官司而擅杀行凶人律,杖六十。若盗葬者,并无发掘等情,止在切近坟旁盗葬,而本家辄行发掘者,应照地界内有死人不告官司而辄移他处律科断;如有毁弃尸骸,照地界内有死人而移尸毁弃律科断;盗葬之人,仍照本律杖八十,责令迁移。若非系坟地,止在田地场园内盗葬,而地主发掘之者,除开棺见尸,仍照律拟绞外,其不开棺见尸者,各照本律减一等科断;其盗葬之人,照本律减二等杖六十,亦责令迁移。如两造本系亲属,其所侵损之坟冢、尸骸,与本人皆有服制者,各照律内服制科断。

谨案:此条系雍正十三年(1735)定例。

【1740】6.18.276.(4)(略)

【1788】修改分辑

臣等谨按:原例内止在切近坟旁及田地园场内盗葬,而本家辄行发掘,分别治以弃毁尸骸及开棺见尸之罪。盗葬之人向不论其盗葬之棺有无被人发掘,俱照本律拟以杖责。嗣于乾隆五十年(1785)十二月内,安徽按察使冯光熊以"例内特严地主弃毁及开棺见尸之罪者,诚以不告官司,而逞忿发掘,弃毁枯骨。然皆盗葬之人,有以致之。乃盗葬者,止拟杖责,实不足以示儆。奏请嗣后盗葬之人侵犯他人坟冢,或致开棺见尸者,仍各按照律例治罪外,如止于他人田园山场内盗葬者,照强占官民山场满流律量减二等,杖九十、徒二年半。于有主坟地及切近坟旁盗葬者,于满流上减一等,杖一百、徒三年。勒限一个月,押令犯属迁移;逾限不迁,将犯属枷示。倘盗葬后被地主发掘,弃毁尸骸,开棺见尸者,除地主仍照例分别治罪外,盗葬之人无论所葬系尊长及卑幼尸柩,俱照强占官民山场律,杖一百、流三千里。其所令盗葬之地师、讼师,与本犯一体治罪"等因,经臣部核复具奏,奉旨:"依议。"钦遵在案。自应于原例内修改详明,并将奏准新例另立一条,以资引用。今将修改纂辑各例文,开列于后。

【1790】6.18.276.(9)(略)

【1790】6.18.276.(10)(略)

【1790】6.18.276.(9)

一、贪人吉壤,将远年之坟盗发者,子孙告发,审有确据,将盗发之人,以开棺见尸律拟绞监候。如非其子孙,又非实有确据之前人古冢,但因有土墩,见人埋葬,辄称伊远祖坟墓,勾引匪类,伙告伙证,陷害无辜,审明,将为首者照诬告人死罪未决律杖一百、流三千里,为从各照诬告为从律科断。若实系本人远祖之坟,被人发掘盗葬,因将所盗葬之棺,发掘抛弃者,照祖父母父母被杀子孙不告官司而擅杀行凶人律杖六十。若盗葬者,并无发掘等情,止在切近坟旁盗葬,而本家辄行发掘者,应照地界内有死人不报官司而辄移他处律科断;如有毁弃尸骸,照地界内有死人而移尸毁弃律科断。若非系坟地,止在田地场园内盗葬,而地主发掘,开棺见尸,仍照律拟绞。其不开棺见尸者,各照本律减一等治罪。如两造本系亲属,其所侵损之坟冢、棺椁、尸骸,与本身皆有服制者,各照律内服制科断。

【1802】6.18.276.(7)(略)

【1790】6.18.276.(10)

一、凡盗葬之人,除侵犯他人坟冢,发掘开棺见尸者,仍各按照律例治罪外,如因盗葬后,被地主发掘弃毁,无论所葬系尊长及卑幼尸柩,俱照强占官民山场律杖一百、流三千里。如于有主坟地,及切近坟旁盗葬,尚无侵犯,致被地主发掘等情者,照强占山场满流律量减一等,杖一百、徒三年。若止于田园山场内盗葬者,照强占山场满流律量减二等,杖九十、徒二年半。仍勒限一个月,押令犯属迁移。逾限不迁,即将犯属枷示,候迁移日释放。其唆令盗葬之地师、讼师,与本犯一体治罪。

【1802】6.18.276.(8)(略)

【1740】○增入

一、凡偷刨坟墓为从之犯,开棺三次,及至三次以外者,审实有赃证次数确据、事主告发实情,照三犯窃盗律拟绞监候;二次者,发烟瘴充军;一次者,仍照例发附近充军。

谨案:此条系雍正十三年(1735)定例。

【1740】6.18.276.(5)(略)

【1767】○修改

臣等谨按:原例内,偷刨坟墓开棺为从一次者,发附近充军。今于乾隆三十二年(1767)四月内,军机大臣会同臣部奏准,加等改发边卫充军。拟合遵照改正。

一、凡偷刨坟墓为从之犯,开棺三次,及至三次以外者,审实有赃证次数确据、事主告发实情,照三犯窃盗律拟绞监候;二次者,发烟瘴充军;一次者,改发边卫充军。

【1768】6.18.276.(5)

一、凡偷刨坟墓为从之犯,开棺三次,及至三次以外者,审实有赃证次数确据、事主告发实情,照三犯窃盗律拟绞监候;二次者,发烟瘴充军;一次者,改发近边充军。

【1788】○修并

修并按语并修并后例文,见【1768】6.18.276.(1)条【1788】修并项下。

【1740】○增入

一、民人除无故挖焚已葬尸棺者,仍照例治罪外,其因争坟阻葬,开棺易罐,埋藏占葬者,亦照开棺见尸、残毁死尸各本律治罪。若以他骨暗埋,预立封堆,伪说荫基,审系恃强占葬者,照强占官民山场律治罪;审系私自偷埋者,照于有主坟地内偷葬律治罪;其侵犯他人坟冢者,照发掘他人坟冢律治罪。如果审系地师教诱,将教诱之地师,均照诈教诱人犯法律分别治罪。若地方官隐讳宽纵,不实力查究,照例参处。

谨案:此条系雍正十三年(1735)定例。

【1740】6.18.276.(6)(略)

【1790】6.18.276.(3)(略)

【1740】○续纂

一、盗未殡尸柩,及发年久穿陷之冢,未开棺椁者,杖一百、徒三年;如开棺见尸一次者,为首发边远充军;二次者,发极边烟瘴充军;三次者,绞。为从一次者,仍照杂犯流罪总徒四年;二次者,发边远充军;三次者,发极边烟瘴充军;三次以上者,亦绞。

此条系原任直隶总督李卫条奏。查发冢之盗，情罪可恶，律文盗未殡尸柩及发年久穿陷之冢，原觉稍轻，应如所奏，增入“发冢”条下，以便引用。

【1740】6.18.276.(7)(略)

【1751】○修改

臣等谨按：律载“未殓埋而盗尸柩者，杖九十、徒二年半”。注云“尸在柩未殡，或在殡未埋”等语。查律注所载原指未殡、未埋两项而言，今例内止载盗未殡尸柩，并未载有“未埋”字样。若有盗已殡未埋尸柩者，碍难引用，似应照依律文增改，以昭重一。谨将增辑例文，开列于后。

○一、盗未殡未埋尸柩，及发年久穿陷之冢，未开棺椁者，杖一百、徒三年；如开棺见尸一次者，为首发边远充军；二次者，发极边烟瘴充军；三次者，绞。为从一次者，仍照杂犯流罪总徒四年；二次者，发边远充军；三次者，发极边烟瘴充军；三次以上者，亦绞。

【1768】6.18.276.(7)(略)

【1790】6.18.276.(4)(略)

【1821】○修改

修改按语，见【1790】6.18.276.(8)【1821】修改项下。

一、盗未殡未埋尸柩，及发年久穿陷之冢，未开棺椁者，杖一百、徒三年；为从，杖九十、徒二年半。如开棺见尸为首，一次者发边远充军，二次者发极边烟瘴充军，三次者绞；为从，一次者仍照杂犯流罪总徒四年，二次者发边远充军，三次者发极边烟瘴充军，三次以上者亦绞。

【1825】6.18.276.(16)(略)

【1751】○续纂

一、凡愚民惑于风水，擅称洗筋、检筋名色，将已葬父母及五服以内尊长骸骨，发掘检视，占验吉凶者，均照服制，以毁弃坐罪；帮同洗检之人，俱以为从论。地保扶同隐匿，照知人谋害他人不即阻首律杖一百。若有故而以礼迁葬，仍照律勿论。

臣等谨按：此条系乾隆十一年(1746)五月内，臣部议复升任江西按察使张师载条奏定例，应纂辑以便遵行。

【1768】6.18.276.(8)(略)

【1790】6.18.276.(5)(略)

【1767】○续纂

一、发掘坟冢，除冢先穿陷，及止盗坟冢上砖石器物者，仍照律免刺外，若开棺见尸，及发冢见棺，为首者均于面上刺“发冢”字；其发冢见棺为从，与未见棺，罪在军、流以下者，初犯刺臂，再犯刺面。其盗未殡未埋尸柩者，刺“盗棺”字。

臣等谨按:此条系乾隆二十七年(1762)七月内,贵州按察使赵孙英条奏定例,应纂辑遵行。再,查原奏内称"开棺见尸为从,及发冢见棺者,初犯,刺臂;再犯,刺面"等语,查发掘坟冢见棺椁为首,及开棺见尸为从二项,经军机大臣会同臣部奏准改发内地,其刺字之处,应仍照例刺于面上,合并声明。

【1768】6.18.276.(9)(略)

【1788】○移出

＊ 刑律·贼盗·起除刺字【1790】6.18.281.(13)(略)

【1767】○续纂

一、窃劫之犯,如有在湖河舟次格斗致毙,尸堕水中,漂流不获,及山谷险隘,猝然御暴,尸沉涧溪,本无毁弃之情者,仍依格杀本律科断,毋庸牵引弃尸之律。若系在家黉夜格捕,致死奸盗之犯,或在旷野道途,格杀拒捕盗贼,罪本不应拟抵,将尸毁弃掩埋、移投坑井者,照地界内有死人不报官司私自掩埋律杖八十;因而遗失者,照地界内有死人移置他所以致失尸律杖一百。如有格杀之后,怀挟仇恨,逞凶残毁,投弃水火,割剥损伤者,仍照毁弃死尸本律科罪。其随同协捕共殴之余人,有犯弃毁、移埋等项,俱照此例分别办理。

臣等谨按:此条系乾隆二十七年(1762),臣部侍郎钱维城条奏定例,现已纂辑遵行。但查例内止有首犯弃尸之罪,其随同协捕之余人有犯弃尸如何治罪之处,并未载入。今臣等查照原奏,一并添入,以便引用。合并声明。

【1768】6.18.276.(10)(略)

【1790】6.18.276.(6)(略)

【1810】○修并

修并按语并修并后例文,见【1802】6.18.276.(10)【1810】修并项下。

【1778】○续纂

一、凡殴、故杀人案内,凶犯起意埋尸灭迹,其听从抬埋之人,如审系在场帮殴有伤律应满杖者,照弃尸不失律杖一百、徒三年;其在场并未伤人,止于听从抬埋,照里长地邻弃尸为首律杖六十、徒一年。若受雇抬埋,并不知情,及因格捕奸盗致死例不抵命之人,因而私埋等案,仍照地界内有死人不报官司而辄移藏律拟杖。

臣等谨按:此条系乾隆四十一年(1776)九月内,臣部议复云南按察使汪圻条奏定例,应纂辑遵行。

【1790】6.18.276.(7)(略)

【1801】○修改

臣等谨按:此条系殴、故杀案内听从埋尸灭迹分别治罪之例,至殴、故杀案内残毁死尸,及弃尸水中之案,除起意弃尸之凶犯业经拟抵,毋庸议外,其案内听从抬弃之犯,各省仍援照律文，无论在场有无伤人，俱于首犯满流上减一等；弃而不失，又减一等。俱经臣部照复有案。但例内空无明文，应添入例首，以便引用。又查，此例系凶犯起意埋尸灭迹，若案内余人起意埋尸之案，自应仍照弃尸为首律拟流，应行详晰添注。又，弃尸之案，尸不失者，听减一等。查，埋尸灭迹亦有因而失尸者，如埋尸不失，亦应减失尸一等，例内未经申叙，应行增入。谨将修改例文，开列于后。

一、凡殴、故杀人案内，凶犯起意残毁死尸及弃尸水中，其听从抬弃之人，无论在场有无伤人，俱照弃尸为从律杖一百、徒三年；若埋尸灭迹，其听从抬埋之人，审系在场帮殴有伤律应满杖者，亦杖一百、徒三年；其在场并未伤人，止于听从抬埋者，照里长地邻弃尸律杖六十、徒一年。如案内余人，起意毁弃及埋尸灭迹，仍照弃尸为首律，杖一百、流三千里。不失尸者，各减一等。若受雇抬埋，并不知情，及因格捕奸盗致死例不抵命之人，因而私埋等案，仍照地界内有死人不报官司而辄移藏律杖八十，不失尸者减一等。

【1802】6.18.276.（10）（略）

【1810】○修并

【原例】【1802】6.18.276.（10）（略）【1790】6.18.276.（6）（略）

臣等谨按：以上二条，一系殴、故杀人弃埋尸身治罪之例，一系格杀奸盗罪人弃埋尸身治罪之例。前条例内，格捕奸盗致死私埋一节，即系后条格杀奸盗罪人私埋之文，实属重复，应将前条节删，并为一条，以免繁冗。格捕致死奸盗罪人私埋之案，前条例内称"不失尸者，减一等"，后条例内称"失尸者，杖一百"，殊嫌参差。今以后条为准，改归画一，合并声明。谨将修并例文，开列于后。

一、凡殴、故杀人案内，凶犯起意残毁死尸及弃尸水中，其听从抬弃之人，无论在场有无伤人，俱照弃尸为从律杖一百、徒三年；若埋尸灭迹，其听从抬埋之人，审系在场帮殴有伤，律应满杖者，亦杖一百、徒三年；其在场并未伤人，止于听从抬埋者，照里长地邻弃尸律杖六十、徒一年。如案内余人，起意毁弃及埋尸灭迹，仍照弃尸为首律杖一百、流三千里。不失尸者，各减一等。若受雇抬埋，并不知情者，仍照地界内有死人不报官司而辄移藏律杖八十。至窃、劫之犯，如有在湖河舟次格斗致毙，尸堕水中，漂流不获，及山谷险隘，猝然遇暴，尸沉涧溪，本无毁弃之情，仍依格杀本律科断，毋庸牵引弃尸之律。若系在家黉夜格捕，致死奸盗之犯，或在旷野道途，格杀拒捕盗贼，罪本不应拟抵，将尸毁弃掩埋、移投坑井者，照地界内有死人不报官司私自掩埋律杖八十；因而遗失者，照地界内有死人移置他所以致失尸律杖一百。如有格杀之后，怀挟仇恨，逞凶残毁，投弃水火，割剥损伤者，仍照毁弃死尸本律科罪。其随同协捕共殴之余人，有犯弃毁、移埋等项，俱照此例分别办理。

【1825】6.18.276.（9）（略）

【1806】○续纂

续纂按语，见【1790】6.18.276.（2）条【1806】修改续纂项下。

一、凡子孙发掘祖父母、父母坟冢,均不分首从,已行未见棺椁者,皆绞立决;见棺椁者,皆斩立决;开棺见尸,并毁弃尸骸者,皆凌迟处死。如有尊长卑幼或外人,为首为从,分别服制、凡人,各以首从论。

【1814】○修改

臣等谨按:嘉庆十五年(1810)六月内,臣部具奏"审拟吕祥刨挖祖坟开棺见尸"一案,奉旨:"此案吕祥因贫起意,先后发掘伊高祖之祖吕承科、高祖之父吕九思并伊高祖之弟吕犹龙坟冢,开棺盗取金银器物,卖钱花用,实属残忍蔑伦,竟非人类。着即照所拟,凌迟处死,派刑部侍郎朱理前往监视行刑。并着查明该犯如有子嗣,即着发往伊犁。嗣后,如有似此刨掘祖父母坟墓至三冢者,该犯照例凌迟外,其子嗣均即行发遣。著为令。钦此。"钦遵在案。查,发掘父母坟冢见尸,与发掘祖父母坟冢见尸,同拟凌迟处死。若发掘祖父母坟冢三冢,如有父母坟冢在内,其子嗣自应一律发遣。再查,凡称子嗣者,止言其子不及其孙,臣部历来办有成案。恐"子嗣"二字各省误会,连及其孙,应请将"嗣"字节删,以便遵行。谨将修改例文,开列于后。

一、凡子孙发掘祖父母、父母坟冢,均不分首从,已行未见棺椁者,皆绞立决;见棺椁者,皆斩立决;开棺见尸并毁弃尸骸者,皆凌迟处死。若开棺见尸至三冢者,除正犯凌迟处死外,其子俱发往伊犁当差。如有尊长、卑幼或外人为首为从,分别服制、凡人,各以首、从论。

【1825】6.18.276.(11)(略)

【1830】○修改

臣等谨按:道光六年(1826)十一月内,军机大臣会同臣部议复直隶总督那彦成奏"调剂新疆遣犯"折内,请将子孙发掘祖父母、父母坟冢,开棺见尸已至三冢,应将其子孙发伊犁当差一条,改发极边足四千里充军等因奏准,通行在案。例内"发伊犁"之处,应行修改。谨将修改例文,开列于后。

一、子孙发掘祖父母、父母坟冢,均不分首从,已行未见棺椁者,皆绞立决;见棺椁者,皆斩立决;开棺见尸,并毁弃尸骸者,皆凌迟处死。若开棺见尸至三冢者,除正犯凌迟处死外,其子俱改发极边足四千里充军。如有尊长卑幼或外人,为首为从,分别服制、凡人,各以首从论。

【1845】○修复

臣等谨按:此条例文,从前旧例内载子孙发掘祖父母、父母坟冢,开棺见尸至三冢者,除正犯凌迟处死外,其子俱发往伊犁当差等语,嗣于道光六年(1826)十一月内,据原任陕甘总督那彦成奏请调剂新疆遣犯,经军机大臣会同臣部议,将此条改为"改发极边足四千里充军"奏准,纂入例册在案。兹道光二十四年(1844)六月内,据升任贵州巡抚贺长龄"奏请调剂军犯章程"一折,复经军机大臣会同臣部议请,嗣后新疆遣犯,各照旧发往等因具奏,奉上谕:"据军机大臣会同刑部议奏'贵州军犯拥挤,酌减调剂'等语,新疆遣犯改发内地,恐人数众多,不特约束难周,且与民风大有关碍。非若新疆地方辽阔,外遣人犯易于安插,所有旧时改发内地各条,着仍照旧发往新疆,交该将军设法妥为安插。并严饬所属认真查核，严加管束，毋令滋生事端，俾期积久无弊。余依议。钦此。”是新疆遣犯既应照旧发往，其发掘祖父坟冢已至三冢，正犯之子发往伊犁之原例，现在犹存，足资引用，此条系属赘文，应行删除。

一、凡子孙发掘祖父母、父母坟冢，均不分首从，已行未见棺椁者，皆绞立决；见棺椁者，皆斩立决；开棺见尸并毁弃尸骸者，皆凌迟处死。若开棺见尸至三冢者，除正犯凌迟处死外，其子俱发往伊犁当差。如有尊长、卑幼或外人为首为从，分别服制、凡人，各以首、从论。

【1847】6.18.276.(11)(略)

【1806】○续纂

一、凡指称旱魃，刨坟毁尸，为首者，照发冢开棺见尸律拟绞监候。如讯明实无嫌隙，秋审入于缓决；若审有挟仇泄忿情事，秋审入于情实。为从帮同刨毁者，改发近边充军；年在五十以上，仍发附近充军。其仅止听从同行，并未动手者，杖一百、徒三年。

臣等谨按：嘉庆九年(1804)八月内，山东巡抚铁保奏“高密县民仲二等捏称李宪德尸成旱魃，纠众刨毁”一案，将仲二于发冢开棺见尸绞律上量减，改发伊犁当差。奏奉上谕“广”旱魃之名，见于《大雅》，后世稗乘相传，遂以为僵尸岁久即成旱魃，其说本属不经。而乡曲小民惑于传播之言，每有刨坟烧尸之事。即如此案，仲二等与李咨谦并无仇隙，止因时届亢旱，见伊父李宪德坟上潮润，疑为尸成旱魃。迨至纠众刨坟，钩出尸身，以其皮肉未腐，辄称实系旱魃，相率搏打、烧毁，情节殊为惨酷。夫旱暵乃系天行，岂朽骨残骸所能为虐。而蚩氓无识，妄谓除魃遂可弭灾。若不严设例禁，任听乡愚刨坟击打，甚至不肖匪徒挟仇残忍，于风俗人心大有关系。着该部悉心酌核，纂辑例条，嗣后遇有此等因指称旱魃刨坟毁尸之案，即应照开棺见尸律，分别首、从科罪。如讯系实无嫌隙者，其应绞首犯尚可予以缓决，若讯有挟仇泄忿情事，即应入于情实办理等因。钦此。”钦遵。当经臣部悉心酌核，议请嗣后凡指称旱魃刨坟毁尸之案，即将为首者照发冢开棺见尸律，拟绞监候。如讯明实无嫌隙，秋审入于缓决；若审有挟仇泄忿情事，秋审入于情实。为从帮同刨毁者，发附近充军。年在五十以下，改发伊犁等处，酌拨当差。其仅止听从同行，并未动手者，杖一百、徒三年等因。又，十年(1805)八月内，臣部遵旨“调剂吉林等处安插人犯”折内，议将发掘他人坟冢、开棺见尸为从等六条，仍照旧例改发内地等因奏准，各在案。原奏内“年在五十以下，改发伊犁”之处，应照例修改。再查，此等人犯系由新疆改发内地，旧例较原例加一等，改发边远充军。年在五十以上，仍发附近充军。应一并纂辑为例，以便遵行。

【1825】6.18.276.(4)(略)

【1810】○续纂

一、子孙因贫，盗祖父母父母未殡未埋尸柩，不分首从，开棺见尸者，皆斩立决。

如未开棺椁,事属已行,确有显据者,皆绞立决。如有尊长卑幼或外人,为首为从,分别服制、凡人,各以首从论。

臣等谨按:嘉庆十三年(1808)五月内,护理陕西巡抚常明咨武功县民宇文焕,因嗣父宇文学身故,停柩在室,无钱埋葬,潜乘母、妻外出,揭开棺盖,剥取尸衣,当钱埋葬。以律例内并无子孙盗祖父母、父母未殡、未埋尸柩,开棺见尸,作何治罪明文,案关伦纪,咨部示复。经臣部查,常人发掘坟冢,及盗未殡、未埋尸棺,罪分等差,子孙发掘祖父母、父母坟冢,分别已、未见棺及开棺见尸,不分首、从,拟以绞、斩立决、凌迟,例有明文。则盗祖父母、父母未殡、未埋尸棺,亦应分别曾否开棺见尸,较发冢之例为区别。并酌议有服卑幼盗尊长未殡、未埋尸棺,及发掘有服尊长坟冢新例三条,开单进呈,声明载入例册遵行。奉旨:"知道了。钦此。"钦遵在案,应载入遵行。再,查子孙盗祖父母、父母未殡、未埋尸柩例内,如有尊长、卑幼或外人为首、为从,亦应分别服制、凡人,各以首、从论。至有服卑幼盗尊长未殡、未埋尸柩,及有服卑幼发掘尊长坟冢各例内,并无为从之卑幼作何治罪明文。应分别服制,各于为首罪上量为酌减,并将"尊长、外人为首、为从,各以首、从论"之处,一并添纂,以昭赅备。合并陈明。

【1814】○修改

臣等谨按:子孙盗祖父母、父母未殡、未埋尸柩,有因贫图窃衣物首饰、盗卖材板者,亦有因犯罪畏惧,毁损棺椁,冀图诬赖抵制,或挟仇毁棺诬陷者,各省往往以例内有"因贫"二字,指为图窃专条,凡遇图赖诬陷之案,谓其并非图财,纷纷声请量减。屡经臣部照例更正,惟例内"因贫"二字究有窒碍,应请节删。谨将修改例文,开列于后。

一、子孙盗祖父母、父母未殡未埋尸柩,不分首从,开棺见尸者,皆斩立决;如未开棺椁,事属已行,确有显迹者,皆绞立决。如有尊长、卑幼或外人为首为从,分别服制、凡人,各以首从论。

【1825】6.18.276.(12)(略)

【1810】○续纂

一、有服卑幼盗尊长未殡未埋尸柩,未开棺椁者,为首,期亲卑幼发极边烟瘴充军,功、缌卑幼发边远充军;为从,期亲卑幼发边远充军,功、缌卑幼发近边充军。开棺见尸者,为首,期亲卑幼发黑龙江等处为奴,功、缌卑幼发极边烟瘴充军;为从,期亲卑幼发极边烟瘴充军,功、缌卑幼发边远充军。如有尊长或外人,为首为从,分别服制、凡人,各以首从论。

续纂按语,见【1825】6.18.276.(12)条【1810】续纂项下。

【1814】○修改

臣等谨按:嘉庆十七年(1812)十月内,臣部议复升任吏科给事中西琅阿奏"调剂黑龙江等处遣犯"折内,请将盗期亲尊长未殡、未埋尸柩开棺见尸者,发掘期亲尊长坟冢见棺椁为首,及开棺见尸为从之期亲功缌卑幼,俱改发云贵两广极边烟瘴充军等因奏准,通行在案。以上二条例内"发黑龙江"之处,均应修改。再查,应发黑龙江者既改发云贵两广极边烟瘴充军，则例内原发极边烟瘴充军，应改为发足四千里，以示区别。谨将修改例文二条，开列于后。

一、有服卑幼盗尊长未殡未埋尸柩，未开棺椁者，为首，期亲卑幼发极边足四千里充军，功、缌卑幼发边远充军；为从，期亲卑幼发边远充军，功、缌卑幼发近边充军。开棺见尸者，为首，期亲卑幼实发云贵两广极边烟瘴充军，功、缌卑幼发极边足四千里充军；为从，期亲卑幼发极边足四千里充军，功、缌卑幼发边远充军。如有尊长或外人为首为从，分别服制、凡人，各以首从论。

【1825】6.18.276.(13)(略)

【1810】○续纂

一、有服卑幼发掘尊长坟冢，未见棺椁者，为首，期亲卑幼发极边烟瘴充军，功、缌卑幼发边远充军；为从，期亲卑幼发边远充军，功、缌卑幼发近边充军。见棺椁者，为首，期亲卑幼发黑龙江等处为奴，功、缌卑幼发极边烟瘴充军；为从，期亲卑幼发极边烟瘴充军，功、缌卑幼发边远充军。开棺见尸者，为首之卑幼，无论期亲、功缌，均拟斩监候；为从之卑幼，均发黑龙江等处为奴。如有尊长或外人，为首为从，分别服制、凡人，各以首从论。

续纂按语，见【1825】6.18.276.(12)条【1810】续纂项下。

【1814】○修改

修改按语，见【1825】6.18.276.(13)条【1814】修改项下。

一、有服卑幼发掘尊长坟冢，未见棺椁者，为首，期亲卑幼发极边足四千里充军，功、缌卑幼发边远充军；为从，期亲卑幼发边远充军，功、缌卑幼发近边充军。见棺椁者，为首，期亲卑幼实发云贵两广极边烟瘴充军，功、缌卑幼发极边足四千里充军；为从，期亲卑幼发极边足四千里充军，功、缌卑幼发边远充军。开棺见尸者，为首之卑幼，无论期亲、功缌，均拟斩监候；为从之卑幼，均实发云贵两广极边烟瘴充军。如有尊长或外人，为首为从，分别服制、凡人，各以首从论。

【1825】6.18.276.(14)(略)

【1870】○修改

一、有服卑幼发掘尊长坟冢，未见棺椁者，为首，期亲卑幼发极边足四千里充军，功、缌卑幼发边远充军；为从，期亲卑幼发边远充军，功缌卑幼发近边充军。见棺椁者，为首，期亲卑幼实发云贵两广极边烟瘴充军，功、缌卑幼发极边足四千里充军；为从，期亲卑幼发极边足四千里充军，功、缌卑幼发边远充军。如有尊长或外人为首为从，分别服制、凡人，各以首从论。开棺见尸，并锯缝凿孔，首、从之卑幼，无论期亲、功、缌，均照常人一例问拟。

谨案：此条同治四年(1865)改定。

【1870】6.18.276.(14)(略)

【1810】○续纂

一、有服尊长盗卑幼未殡未埋尸柩，开棺见尸者，缌麻尊长为首，依发卑幼坟冢开棺见尸杖一百徒三年律，减一等；未开棺椁者，再减一等。如系小功以上尊长为首，各依律以次递减。为从之尊长，亦各按服制，减为首之罪一等。如有卑幼或外人为首、为从，分别服制、凡人，各以首、从论。

臣等谨按：有服尊长盗卑幼未殡、未埋尸柩，已、未开棺，作何治罪，律、例均无明文。臣部向遇此等案件，俱照尊长发卑幼坟冢律，减等科断。与其逐案比附，莫若酌立专条，以便引用。臣等公同酌议，请嗣后有服尊长盗卑幼未殡、未埋尸柩，开棺见尸者，缌麻尊长为首，依发卑幼坟冢开棺见屍杖一百、徒三年律减一等，杖九十、徒二年半。未开棺椁者，再减一等，杖八十、徒二年。如系小功以上尊长为首，各依律以次递减；为从之尊长，亦各应按服制减为首之罪一等。如有卑幼或外人为首、为从，分别服制、凡人，各以首、从论。谨纂辑为例，以昭赅备。

【1825】6.18.276.(1)(略)

【1821】○续纂

一、平治他人坟墓为田园，未见棺椁，止一冢者，仍照律杖一百。如平治多冢，每三冢加一等，罪止杖一百、徒三年。卑幼于尊长有犯，缌麻、功服各加凡人一等，期亲又加一等。若子孙平治祖坟，并奴仆、雇工人平治家长坟，一冢者，杖一百、徒三年；每一冢加一等，仍照加不至死之例，加至实发云贵两广极边烟瘴充军为止。其因平治而盗卖坟地，得财者，均按律计赃准窃盗论加一等；赃轻者，各加平治罪一等。知情谋买者，悉与犯人同罪，不知者不坐。如因平治而强占或盗卖，计亩数多，按例应拟徒、流、充军，以至因平治而见棺见尸，并弃毁尸骸，按例应拟军、遣、斩、绞、凌迟者，仍照各本例，从其重者论。其子孙因贫卖地，留坟祭扫，并未平治，又非盗卖者，不在此例。

臣等谨按：嘉庆二十二年（1817）十一月内，直隶总督方受畴咨“韩玉命平治祖坟多冢，例无专条，咨请部示”一案，经臣部议请，嗣后平治他人坟墓为田园，未见椁棺，止一冢者，仍照律杖一百。如平治多冢，每三冢加一等，罪止杖一百、徒三年。卑幼于尊长有犯，缌麻功服各加凡人一等，期亲又加一等。若子孙平治祖坟，并奴仆、雇工平治家长坟一冢者，杖一百、徒三年，每一冢加一等，仍照加不至死之例，加至遣罪为止。其因平治而盗卖坟地得财者，均按律计赃，准窃盗论，加一等。赃轻者，各加平治罪一等。知情谋买者，悉与犯人同罪。不知者，不坐。如因平治而强占或盗卖，计亩数多，按例应拟徒流、充军，以至因平治而见棺、见尸，并毁弃尸骸，按例应拟军、遣、斩、绞、凌迟者，仍照各本例从其重者论。其子孙因贫卖地，留坟祭扫，并未平治又非盗卖者，不在此例。韩玉命一犯平治祖坟至六十一冢之多，拟发黑龙江为奴。再，查盗未殡、未埋尸柩一项，奴仆、雇工人有犯，未立专条。先于乾隆六年（1741），臣部题复“江苏省张瑞凿损伊主母在殡未埋尸柩”案内，议定罪名，奏准通行，尚未纂入例册。应照乾隆六年原奏，酌定例文，以便遵办。应请嗣后奴仆、雇工人盗家长未殡、未埋尸柩,未开棺椁,事属已行,确有显迹者,照发冢已行未见棺椁例,为首,绞监候;为从,发近边充军。开棺见尸者,照发冢见棺椁例,为首,绞立决;为从,绞监候。其毁弃撇撒死尸者,仍照旧例,不分首、从,皆斩立决各等因。奏准在案。又,二十五年(1820)九月内,臣部遵旨酌议"停发吉林、黑龙江遣犯"案内,将"子孙平治祖坟,并奴仆、雇工人平治家长坟一家者,杖一百,徒三年;每一家加一等,应加至遣罪"一条,改为"实发云贵两广极边烟瘴充军"等因奏准,亦在案,应恭纂辑为例,以便遵行。

【1825】6.18.276.(17)(略)

【1821】○续纂

一、奴仆、雇工人盗家长未殡未埋尸柩,未开棺椁,事属已行,确有显迹者,照发冢已行未见棺例,为首斩监候,为从发近边充军;开棺见尸者,照发冢见棺椁例,为首绞立决,为从绞监候;其毁弃撇撒死尸者,仍照旧例,不分首从,皆斩立决。

续纂按语,见【1825】6.18.276.(17)条【1821】续纂按语。

【1825】6.18.276.(18)(略)

【1821】○续纂

一、盗未殡未埋尸柩,锯缝凿孔为首,一二次者杖一百、徒三年,三次者照杂犯流罪总徒四年,四次五次者发边远充军,六次及六次以上者发极边烟瘴充军;为从一、二次者杖九十、徒二年半,三次者杖一百、徒三年,四次五次者总徒四年,六次七次者发边远充军,八次及八次以上者发极边烟瘴充军。

谨案:此条系嘉庆二十四年(1819)定。

【1825】6.18.276.(19)(略)

【1821】○续纂

一、发掘坟冢,并盗未殡未埋尸柩,无论已开棺、未开棺,及锯缝凿孔等项人犯,各按其所犯本条之罪,分别首从,并计科断。如一人叠窃,有首有从,则视其为首次数与为从次数罪名相比,从其重者论。若为首各次,并计罪轻,准其将为首次数,归入为从次数内并计科罪。不得以为从次数,作为为首次数并计;亦不得以盗未殡未埋尸柩及锯缝凿孔之案,归入发冢见棺及开棺见尸案内,并计次数治罪。

谨案:此条系嘉庆二十四年(1819)定。

【1825】6.18.276.(20)(略)

【1821】○续纂

一、受雇看守坟墓,并无主仆名分之人,如有发冢及盗未殡未埋尸柩,并锯缝凿孔与未开棺椁者,或自行盗发,或听从外人盗发,除死罪无可复加外,犯该军、流以下等罪，悉照凡人首从各本律例上加一等问拟。

谨案：此条系嘉庆二十四年（1819）定。

【1825】6.18.276.（21）（略）

【1825】○续纂

一、夫毁弃妻尸者，比依尊长毁弃期亲卑幼死尸律，于凡人杖流罪上递减四等，杖七十、徒一年半；不失尸，及毁而但髡发若伤者，再减一等，杖六十、徒一年。

臣等谨按：律载“残毁他人死尸及弃尸水中者，各杖一百、流三千里。弃毁缌麻以上尊长死尸者，斩监候。弃而不失，及毁而但髡发若伤者，各减一等。毁弃缌麻以上卑幼死尸，各依凡人毁弃依服制通减一等。”注云：“律不载妻、妾毁弃夫尸，有犯，依缌麻以上尊长律奏请。”又“比引律”载：“夫弃妻之尸，比依尊长弃毁缌麻以下卑幼之尸律，杖一百、流三千里。”又例载，妻将夫尸图赖人，比依卑幼将期亲尊长尸图赖人律，杖八十、徒二年。若夫将妻尸图赖人者，依不应重律，杖八十”各等语。臣等查，“夫为妻服齐衰杖期，妻为夫服斩衰三年，名分较功缌尊长、卑幼为重，是以定例妻将夫尸图赖人，比依卑幼将期亲尊长尸图赖人律拟徒；夫将妻尸图赖人，止照不应重律拟杖。比类参观，则夫毁弃妻尸，即应依尊长毁弃期亲卑幼死尸，按服制递减问拟。今比引律载夫弃妻之尸，比依尊长毁弃缌麻以下卑幼之尸律，杖一百、流三千里。”不惟与毁弃凡人之尸无分等差，且与妻毁弃夫尸及夫将妻尸图赖人各律例拟罪，亦属轻重不符，自应另立专条，载入本门，俾资引用。请嗣后夫毁弃妻尸，照尊长毁弃期亲卑幼死尸律，于凡人杖、流上递减四等，杖七十、徒一年半；弃而不失，及毁而髡发若伤，再减一等，杖六十、徒一年。应请纂辑为例，以资引用。

【1825】6.18.276.（22）（略）

【1852】○续纂

一、凡发掘坟冢及锯缝凿孔偷窃之案，但经得财，俱核计所得之赃，照窃盗赃科断，如计赃轻于本罪者，仍依本例定拟；若计赃重于本罪者，即从重治罪。

谨案：此条咸丰二年（1852）定。

【1870】6.18.276.（23）（略）

夜无故入人家

律　文

【1646】6.18.300

凡夜无故入人家内者，杖八十。主家登时杀死者勿论。其已就拘执而擅杀伤者，减斗杀伤罪二等；至死者，杖一百、徒三年。

【1670】6.18.299（略）

【1725】6.18.287（略）

注:此防奸盗而并戒擅杀也。重“无故”“登时”四字。无故入人家,其意不测,少缓之则祸将及已,故登时杀死勿论。至于已被拘执,自当送官,而擅行杀伤,减斗殴伤罪二等;即至死,亦止满徒。盖防奸、盗之衅,故宽擅杀之罪。按此与“罪人拒捕”条已就拘执而杀以斗杀伤论不同者,罪人已属在官人犯,此则虽就拘执,尚在本家,非在官之人。情有各别,所以罪不一律。

臣等谨按:此防奸盗而并戒擅杀也。重“无故”“登时”四字。无故入人家,其意不测,少缓之则祸将及已,故登时杀死勿论。至于已被拘执,自当送官,而擅行杀伤,减斗殴伤罪二等;即至死,亦止满徒。盖原其惧祸之心,故宽其擅杀之罪。按此与“罪人拒捕”条已就拘执而杀以斗杀伤论不同者,罪人已属在官人犯,此则虽就拘执,尚在本家,非在官之人。情有各别,所以罪不一律。

【1740】6.18.277(略)

附律条例

【1725】○增入

臣等谨按:康熙五十一年(1712)九月内,刑部议复摘取苜蓿、野菜,事理类于此律。谨拟节录于后。

【续增现行例】一、凡黑夜偷窃,或白日入人家内偷窃财物,被事主殴打致死者,仍照律拟徒。若非黑夜,又未入人家内,止在旷野白日,摘取苜蓿、野菜等类,不得滥引夜无故入人家律。

【1725】6.18.287.(1)【增例】(略)

【1740】○修改

臣等谨按:例内所称“仍照律拟徒”,乃系比照“夜无故入人家,已就拘执而擅杀至死者,杖一百、徒三年”律文,应增入“比照”字样,庶觉明晰。至凡旷野白日摘取蔬果等物,俱不得滥引此律。“苜蓿、野菜”四字,殊不赅括,今改。谨将增改例文,开列于后。

一、凡黑夜偷窃,或白日入人家内偷窃财物,被事主殴打至死,比照夜无故入人家已就拘执而擅杀至死律,杖一百、徒三年。若非黑夜,又未入人家内,止在旷野白日摘取蔬果等类,俱不得滥引此例。

【1740】6.18.277.(1)(略)

【1801】○修并分辑

【原例】【1740】6.18.277.(1)(略)

＊ 刑律·捕亡·罪人拒捕

【1768】6.27.388.(3)一、贼犯持仗拒捕,为捕者格杀,不问事主、邻佑,俱照律勿论。如有携赃逃遁,邻佑人等直前追捕,仓猝殴毙,或贼势强横,不能力擒送官,以致殴打戕命者,照事主殴打至死减斗杀罪二等例,杖一百、徒三年。若业已拿获,辄复叠殴,或捕人多于贼犯,倚众共殴,及恃强逞凶致毙者,仍照罪人不拒捕而擅杀律拟绞监候,共殴之余人仍照律杖一百。

臣等谨按:前条系事主殴死窃贼治罪之例,载在本门;后条系邻佑人等殴死窃贼治罪之例,载在“捕亡”律内。一事分列两门,翻阅难周,应依类移载一门。查事主害属切己,邻佑谊止协捕,故原例事主较宽于邻佑。惟所称“比照夜无故入人家,已就拘执而擅杀”之句,未免含混。嘉庆四年(1799),臣部核复福建巡抚汪志伊审题黄哑仔殴伤窃贼许兴早身死案内,奏请申明例义:嗣后凡黑夜偷窃,或白日入人家内院内,并市野偷窃有人看守财物,如系邻佑捕殴,仍以贼势之是否强横、曾否拿获、有无叠殴,并倚众共殴各情节,照例分别拟绞、拟徒外,如系事主及雇工、奴仆当时追捕殴打至死者,毋论是否已离盗所、捕者人数多寡、贼犯已未得财、曾否就拘及拒捕,未成伤,俱杖一百、徒三年,余人杖八十。至事主、邻佑于隔日殴死黑夜偷窃、白日入人家内院内偷窃财物之贼,以及殴死旷野白日仅止摘取蔬果与盗无人看守器物之贼,如贼犯已就拘执并未拒捕,及拒捕而未成伤者,均照擅杀罪人律,拟绞监候,余人杖一百。如贼犯不服拘执,及虽已就拘而拒捕成伤者,事主、邻佑均于绞罪上减一等,杖一百、流三千里,余人杖九十等因具奏。奉旨:“依议。钦此。”并通行各省在案。臣部现在修辑条例,复悉心参酌,不惟原例含混难以遵循,即上年具奏通行,亦尚有未尽详明之处。查拟徒、拟绞之分,总以登时、非登时为断。“登时”谓事在倾刻,势出仓猝,故得量从轻减。原奏内“当时”“隔日”字样,系相沿乾隆三十一年(1766),臣部侍郎钱维城条奏内以“当场”“隔日”分别定拟之文,恐外省拘泥“隔日”二字,遇有“当日”而非“登时”殴死窃贼之案,亦照“登时”拟徒,殊非原奏本意,应行修改。又,原奏内“无论贼犯曾否就拘”之句,查贼犯业已拘获,或殴跌倒地,尽可拘执送官,辄复叠殴致毙者,既非“登时”,自应依律拟绞。应将原奏内“曾否就拘”字样节删,并添明“业已殴跌倒地,及业经拿获,辄复叠殴致毙,或事后殴打至死,仍拟绞候”之文,以清界限。又,后条邻佑殴毙贼犯拟徒之例,声明“携赃逃遁”四字,以别于事主之无论贼犯已未得财概准拟徒,则邻佑殴死弃赃逃走及未得财之贼,即应仍照律拟绞,亦应添叙。又,原奏内“分别拒捕已未成伤”一节,查罪人持仗拒捕,被捕人格杀者勿论,至贼犯拒捕至折伤以上,罪应拟绞。若被捕者擅杀,即应照擅杀应死罪人律,杖一百,已各有专条,且擅杀应绞情轻之案,业经奏准定例缓决一次,即行减等。不过监禁逾时本非实犯死罪,若因被拒成伤,遽准随案拟流,恐定例过轻,转启事主人等有捏伤就轻之弊。所有原奏不服拘执及拒捕成伤减等拟流之处,应请毋庸纂入。又,查偷窃山野柴草木石,律内与谷麦菜果均计赃准窃盗论,免刺,与真正窃盗不同,故被事主、邻佑殴打至死,毋论是否登时,俱应拟绞。应于例内添入“柴草木石”,并添注“毋论是否登时”字样,以昭明备。谨将修改例文三条,开列于后。

【1802】6.18.277.(1)(略)、【1802】6.18.277.(2)(略)、【1802】6.18.277.(3)(略)

【1802】6.18.277.(1)

一、凡事主奴仆、雇工皆是。因贼犯黑夜偷窃,或白日入人家内院内偷窃财物,并市野偷窃有人看守财物,除贼犯持仗拒捕,被捕者登时格杀,仍依律毋论外,凡刀械、石块,皆是持仗。事在顷刻,势出仓猝,谓之登时。抵格而杀,谓之格杀。若非格杀,但系登时追捕殴打至死者,不问是否已离盗所、捕者人数多寡、贼犯已未得财,俱杖一百、徒三年,余人杖八十。若贼犯已被殴跌倒地,及已就拘获,辄复叠殴致毙,或事后殴打至死者,均照擅杀罪人律拟绞监候,余人杖一百。

【1806】○修改

臣等谨按:嘉庆十年(1805)五月内,四川总督勒保咨:贼犯于市野偷窃有人看守财物,登时捕殴至死,例应拟徒。田园谷麦蔬果等类,凡已设守,似亦包括在内。惟"贼犯旷野白日盗田园谷麦蔬果、柴草木石"一条,是否专指无人看守而言,未经分晰。细玩下文紧接"无人看守器物"等语,则上文似又兼有人看守在内。若谓盗田野谷麦不论有无看守,又与上条市野偷窃有人看守财物相背,况谷麦蔬果、柴草木石虽在田园,总属财物,既经看守,自应照偷窃有人看守例问拟。奉颁新例二条,不甚明显,咨请部示等因。经臣部查:偷窃器具财物,则以有无看守分别绞、徒;偷窃田园谷麦蔬果等类,则不问是否登时,均应拟绞。诚以谷麦等类产自田园,虽系费资栽种,究与器具财物有间,故例特详悉指明,文烦不杀。并于下文,紧接"及无人看守器物"字样,正以见谷麦蔬果等类之不问有无看守,均应拟绞。惟是例文有人看守财物与无人看守器物分列两条,而田园谷麦等类又与无人看守器物同列一条,每多误会。议请将盗无人看守器物,被事主殴死,拟绞之人摘出,归入偷窃有人看守财物例内,并于盗窃谷麦蔬果等类一条,添叙"不问有无看守"字样,酌议修改例文二条,开单进呈,奉旨:"依议。"钦遵在案,应载入遵行。

一、凡事主奴仆、雇工皆是。因贼犯黑夜偷窃,或白日入人家内院内偷窃财物,并市野偷窃有人看守器物,登时追捕殴打至死者,不问是否已离盗所、捕者人数多寡、贼犯已未得财,俱杖一百、徒三年,余人杖八十。若贼犯已被殴跌倒地,及已就拘获,辄复叠殴致毙,或事后殴打至死者,均照擅杀罪人律拟绞监候;其旷野白日偷窃无人看守器物,殴打至死者,不问是否登时,亦照擅杀人律拟绞监候,余人均杖一百。如贼犯持仗拒捕,被捕者登时格杀,仍依律勿论。凡刀械、石块,皆是持仗。事在顷刻,势出仓猝,谓之登时。抵格而杀,谓之格杀。

【1825】6.18.277.(2)(略)

【1802】6.18.277.(2)

一、邻佑人等,因贼犯黑夜偷窃,或白日入人家内院内偷窃,携赃逃遁,直前追捕,或贼势强横,不能力擒送官,登时仓猝殴毙者,杖一百、徒三年,余人杖八十。若贼已弃赃,及未得财,辄复捕殴致毙,并已被殴跌倒地,及就拘获后辄复叠殴,又捕人多于贼犯,倚众共殴致毙者,仍照擅杀罪人律拟绞监候,余人杖一百。其贼犯持仗拒捕,登时格杀者,勿论。

【1825】6.18.277.(1)(略)

【1802】6.18.277.(3)

一、贼犯旷野白日盗田园谷麦蔬果、柴草木石等类,及无人看守器物,被事主、邻佑殴打至死者，不问是否登时，各照擅杀罪人律拟绞监候。其贼犯持仗拒捕登时格杀者，仍毋论。

【1806】〇修改

修改按语，见【1802】6.18.277.（1）条【1806】修改项下。

一、贼犯旷野白日盗田园谷麦蔬果、柴草木石等类，被事主、邻佑殴打至死者，不问是否登时、有无看守，各照擅杀罪人律拟绞监候。其贼犯持仗拒捕，登时格杀者，仍勿论。

【1825】6.18.277.（3）（略）

盗贼窝主

律　文

【1646】6.18.301

凡强盗窝主造意，身虽不同行，但分赃者，斩；若行，则不问分赃不分赃，只依行而得财者不分首从皆斩。若不知盗情，只是暂时停歇者，止问不应。若不同行，又不分赃者，杖一百、流三千里。共谋其窝主不曾造谋，但与贼人共知谋情。者，行而不分赃，及分赃而不行，皆斩；若不行又不分赃者，杖一百。〇窃盗窝主造意，身虽不行，但分赃者，为首论；若不行又不分赃者，为从论。减一等。以临时主意上盗者为首，其窝主若不造意，而但为从者，行而不分赃，及分赃而不行，减造意一等。仍为从论。若不行又不分赃，笞四十。〇若本不同谋，偶然相遇共为强、窃盗，其强盗固不分首从，若窃盗，则以临时主意上盗者为首，余为从论。〇其知人略卖、和诱人，及强、窃盗后而分所卖、所盗赃者，计所分赃准窃盗为从论，免刺。〇若知强、窃盗赃而故买者，计所买物坐赃论；折半科罪。知而寄藏者，减故买一等，各罪止杖一百。其不知情误买及受寄者，俱不坐。

【1670】6.18.300（略）

【1725】6.18.288

凡强盗窝主造意，身虽不同行，但分赃者，斩；若行，则不问分赃不分赃，只依行而得财者不分首从皆斩。若不知盗情，只是暂时停歇者，止问不应。若不同行，又不分赃者，杖一百、流三千里。共谋其窝主不曾造谋，但与贼人共知谋情。者，行而不分赃，及分赃而不行，皆斩；若不行又不分赃者，杖一百。〇窃盗窝主造意，身虽不行，但分赃者，为首论；若不行又不分赃者，为从论。减一等。以临时主意上盗者为首，其窝主若不造意，而但为从者，行而不分赃，及分赃而不行，减造意一等。仍为从论。若不行又不分赃，笞四十。〇若本不同谋，偶然相遇共为强、窃盗，其强盗固不分首从，若窃盗，则以临时主意上盗者为首，余为从论。〇其知人略卖、和诱人，及强、窃盗后而分所卖、所盗赃者，计所分赃准窃盗为从论，免刺。〇若知强、窃盗赃而故买者，计所买物坐赃论；知而寄藏者，减故买一等，各罪止杖一百。其不知情误买及受寄者,俱不坐。

注:此重窝主之罪,以靖盗源也。凡强盗窝主,造意纠伙,身虽不行,但分赃者,斩;若不行又不分赃者,满流,恶其造意也。虽非造意,但共知谋情,或行而不分赃,或分赃而不行,亦皆斩;若不行又不分赃者,满杖,恶其共谋也。窃盗窝主,造意者,身虽不同行,但分赃,即以为首论;若不行又不分赃,则以临时主张上盗者为首,而造意之窝主犹以为从论,恶其藏奸而造意也。若并无造意,但预随从之列,或行而不分赃,或分赃而不行,仍以为从论者。异于造意之为首也。若既不行又不分赃,犹罪以笞者,恶其为窝也。凡本不同谋,偶然相遇共盗,除强盗不分首从外,窃盗以临时主意上盗者为首,余人俱以为从论。至原非共谋知情,但于事后知人略诱、强、窃之财而分赃者,计入己之赃,准窃盗为从论,免刺。若明知强、窃盗赃而故买者,计所买物价坐赃论。知而受寄藏匿者,减故买之罪一等。"各"字,指故买、寄藏二项言。若不知情者,俱不坐罪。再此律行而不分赃及分赃而不行,专指窝主言。若强盗律,无分赃不行之文。盖窝主身虽不行,亦得坐地分赃,因有分赃而不行之律。强盗以行劫为重,既不同行,难以强论。其有知而不首,或强逼为盗,临时逃避,及行劫后,众盗强与赃物,以塞其口者,不得概拟窝主分赃不行之罪,应依知强、窃盗后分赃律科断。

臣等谨按:此重窝主之罪,以靖盗源也。盗贼有窝主,则易于藏奸。故欲靖盗源,必严窝主。首节定强盗窝主之罪。窝主造意,众盗皆其主张,虽不同行,但分赃者,斩;若不同行又不分赃,而亦杖流者,恶其造意也。虽不造意,但共知谋情,或同行而不分赃,或分赃而不同行,亦皆斩。异于强盗行而不得财止于杖流者,以不得财者,事主不曾失财,同伙强盗皆不曾有赃。不分赃者,事主已失财,财入群盗手,是赃矣。不分赃与不得财有别,故其罪殊科。若不行又不分赃,犹满杖者,恶其谋也,以非造意,故得免流。二节定窃盗窝主之罪。窝主造意不同行,而坐以守者,恶其坐家分赃也。若不行又不分赃,犹以为从论,恶其造意也。而必以临时指引所盗之处、计策行盗之方者为首。窝主若不造意,但预随从之列,或行而不分赃,或分赃而不行,仍为从者论,以其为窝主,未有不知谋情者也。若不行又不分赃,犹罪以笞,以其窝藏而知情也,不知则不坐矣。三节定偶然相遇为盗之罪。本不曾同谋,偶然相遇共盗,除强盗不分首从外,窃则以临时主意上盗者为首,其余为从。四节不专为窝主说,因论窝主而及之。如知人略卖费人,或和诱转卖,及强、窃盗得财后而分所卖、所盗之财,并计入己赃,准窃盗为从论,免刺。五节定故买、寄藏盗赃之罪。明知强、窃盗赃而故买者,计所买赃物应值之价,坐赃论,当在坐赃图内科断。知系强、窃盗赃而受寄藏匿,减故买罪一等。"各"字指故买、寄藏二者言。其不知强、窃盗赃,误买、受寄者,不坐。再此律"行而不分赃"及"分赃而不行",原专指窝主而言。若强盗,则本律注云"虽不分赃亦坐",是即行而不分赃,皆斩也。其窝主身虽不行,亦得坐地分赃,因有分赃而不行之律。强盗以行劫为重,既不同行,难以强论,故强盗律内无"分赃不行"之文。惟果同谋行劫,临时有故不行,仍同分盗赃者,应比照此律坐斩。若本不同谋,知而不首,或相强为盗,临时逃避,及众盗行劫后,分与赃物,以塞其口者,应依知强、窃盗后分赃本律拟断,不得概坐分赃不行之律。

【1740】6.18.278（略）

附律条例

【1646】6.18.301.（1）

一、推鞫窝主窝藏分赃人犯，必须审有造意、共谋实情，方许以窝主律论斩。若止是勾引容留，往来住宿，并无造意、共谋情状者，但当以窝藏例发遣，毋得附会文致，概坐窝主之罪。

【1670】6.18.300.（1）（略）

【1725】6.18.288.（1）【原例】（略）

【1740】6.18.278.（1）（略）

【1646】6.18.301.（2）

一、各处大户家人佃仆，结构为盗，杀官劫库劫狱放火，许大户即送官追问。若大户知情故纵，除真犯死罪外，杖、徒、流罪，属军卫者发边卫，属有司者发附近，各充军。

【1670】6.18.300.（2）（略）

【1725】○修改

原拟：今军民一体拟断，应改“属军卫”以下句为“俱发附近充军”。

一、各处大户家人、佃仆，结构为盗，杀官、劫库、劫狱、放火，许大户即送官追问。若大户知情故纵，除实犯死罪外，杖、徒、流罪，俱发附近充军。

【1725】6.18.288.（2）【原例】（略）

【1740】6.18.278.（2）（略）

【1646】6.18.301.（3）

一、凡皇亲功臣管庄家仆佃户人等，及诸色军民大户，勾引来历不明之人，窝藏强盗二名以上、窃盗五名以上，坐家分赃者，俱问发边卫充军。若有造意共谋之情者，各依律从重科断。干碍皇亲功臣者，参究治罪。

【1670】6.18.300.（3）（略）

【1725】6.18.288.（3）【原例】（略）

【1740】6.18.278.（3）（略）

【1768】6.18.278.（3）

一、凡皇亲功臣管庄、家仆、佃户人等，及诸色军民大户，勾引来历不明之人，窝藏强盗二名以上、窃盗五名以上，坐家分赃者，俱问发近边充军。若有造意、共谋之情者，各依律从重科断。干碍皇亲功臣者，参究治罪。

【1646】6.18.301.(4)

一、凡各处无藉之徒，引贼劫掠，以复私仇，探报消息，致贼逃窜者，照奸细律处斩，枭首示众。

【1670】6.18.300.(4)(略)

【1725】6.18.288.(4)【原例】(略)

【1740】6.18.278.(4)(略)

【1646】6.18.301.(5)

一、知强、窃盗赃而接买受寄，若马骡等畜至二头匹以上、银货坐赃至满数者，俱问罪，不分初犯、再犯，枷号一个月发落；若三犯以上，不拘赃数多寡，与知强盗后而分赃至满数者，俱免枷号，发边卫充军。

【1670】6.18.300.(5)(略)

【1725】6.18.288.(5)【原例】

一、知强、窃盗赃而接买受寄，若马骡等畜至二头匹以上、银货坐赃至满数者，俱问罪，不分初犯、再犯，枷号一个月发落；若三犯以上，不拘赃数多寡，与知强盗后而分赃至满数者，俱免枷号，发边卫充军。接买盗赃至八十两为满数，受寄盗赃至一百两为满数，盗后分赃至一百二十两以上为满数。

【1740】6.18.278.(5)(略)

【1768】6.18.278.(5)

一、知强、窃盗赃而接买受寄，若马骡等畜至二头匹以上、银货坐赃至满数者，俱问罪，不分初犯、再犯，枷号一个月发落；若三犯以上，不拘赃数多寡，与知强盗后而分赃至满数者，俱免枷号，发近边充军。接买盗赃至八十两为满数，受寄盗赃至一百两为满数，盗后分赃至一百二十两以上为满数。

【1870】○修改

谨案：咸丰十一年(1861)，将知强盗后而分赃，并知而寄藏及代为销赃者，改为“无论已未满数，发新疆给官兵为奴，遇赦不赦”；知强盗赃而故买者，改为“无论赃数多寡，均杖一百、流三千里”。同治七年(1868)，将知强盗后分赃一项，修并“强盗”门“知而不首”条内；故买、寄藏、销赃三项，分出另为一条，因改定此例。

一、知窃盗赃而接买、受寄，若马骡等畜至二头匹以上、银货坐赃至满数者，俱问罪，不分初犯、再犯，枷号一个月发落。若三犯以上，不分赃数多寡，俱免枷号，发近边充军。接买盗赃，至八十两为满数；受寄盗赃，至一百两为满数；盗后分赃，至一百二十两以上为满数。

【1870】6.18.278.(6)(略)

【1870】○续纂

一、强盗案内知情买赃之犯，照洋盗例，分别次数定拟。其知而寄藏，及代为销赃者，一次，杖八十、徒二年；二次，杖九十、徒二年半；三次以上，杖一百、徒三年。

谨案:此条本在知窃盗赃而接买受寄一条之内,同治七年(1868)分出增定。

【1870】6.18.278.(5)(略)

【1725】○增入

原拟:现行例一条,应增入。

【原增现行例】一、凡强盗窝主之邻佑,知而不首者,杖一百。

【1725】6.18.288.(6)【增例】(略)

【1740】6.18.278.(6)(略)

【1870】6.18.278.(7)(略)

【1725】○增入

臣等谨按:雍正元年(1723)十二月内,九卿议复强盗窝主事理,谨拟节录于后。

【续增现行例】一、强盗窝主,除造意与不曾造意共知谋情者,及行而不分赃、分赃而不行者,仍照律治罪外,凡经审明不行又不分赃,但知情存留一人者,杖一百、徒三年;存留二人者,杖一百、流三千里;存留三人以上者,照强盗例,充发三姓地方,遇赦不准援免。

【1725】6.18.288.(7)

【钦定例】一、强盗窝主,虽不行,又不分赃,但知情存留一人者,杖一百、徒三年;存留二人者,杖一百、流三千里;存留三人以上者,充发三姓地方,遇赦不准援免。

【1740】○修改

臣等谨按:三姓充发之犯,例已停止,其改遣之处,应改为照发黑龙江等处之例,分别发遣。再遇赦不准援免之处,已经分别载入"常赦所不原"例内,不宜重出,应删。谨将删改例文,开列于后。

一、强盗窝主,虽不行,又不分赃,但知情存留一人者,杖一百、徒三年;存留二人者,杖一百、流三千里;存留三人以上者,照发黑龙江等处之例分别发遣。

【1740】6.18.278.(8)(略)

【1788】○修并

【原例】【1740】6.18.278.(8)(略)、【1768】6.18.278.(16)(略)

臣等谨按:首条系指不曾造意之窝主,第二条系指造意之窝主,事相同而语类,自宜并作一条。至强盗窝主存留三人以上之犯,从前原系发遣三姓地方,嗣于乾隆五年(1740)奏准改发黑龙江等处,复于二十三(1758)及三十七(1772)等年,奏准改发云南等省极边足四千里充军,载入"名例"遵行在案。是首条内"应发三姓地方照名例改遣"之语久已停止,自应于例内修改详明,以便援引。今将修改并辑例文,开列于后。

一、强盗窝主造意不行又不分赃者,发附近充军。若非造意又不同行分赃,但知情存留一人者,杖一百、徒三年;存留二人者,杖一百、流三千里;存留三人以上者,发极边足四千里充军。

【1790】6.18.278.(8)(略)

【1801】○修改

臣等谨按:强盗窝主造意不行又不分赃一项,原律杖一百、流三千里,乾隆二十三年(1758)奏准改发新疆,三十二年(1767)仍发内地,较原例加一等,改发附近充军,四十四年(1779)军机大臣会同臣部,议复乌鲁木齐都统奏请截留补额折内,又将此项奏准实发新疆当差,并纂入"名例"遵行在案。此条充军旧例应行修改。再,查"名例"内载"应发新疆人犯,如年逾五十不能耕作之人,仍照原例办理,毋庸拟发新疆"等语,是年逾五十不能耕作之人,照原例办理者,应仍问流三千里,不在加等之列,应于例内添明,以便引用。谨将修改例文,开列于后。

一、强盗窝主造意不行又不分赃者,改发乌鲁木齐等处当差。如年逾五十,不能耕作者,杖一百、流三千里。若非造意,又不同行分赃,但知情存留一人者,杖一百、徒三年;存留二人者,杖一百、流三千里;存留三人以上者,发极边足四千里充军。

【1802】6.18.278.(16)(略)

【1821】○修改

臣等谨按:嘉庆二十二年(1817)四月内,臣部议复升任伊犁将军长龄奏"伊犁遣犯日多,请为调剂"案内,将强盗窝主造意不行又不分赃一条,改发附近充军等因,奏准在案。原例内"发乌鲁木齐等处"字样,应行修改。谨将修改例文,开列于后。

一、强盗窝主造意不行又不分赃者,改发附近充军。如年逾五十,杖一百、流三千里。若并非造意又不同行分赃,但知情存留一人者,杖一百、徒三年;存留二人者,杖一百、流三千里;存留三人以上者,发极边足四千里充军。

【1825】6.18.278.(18)(略)

【1830】○修改

修改按语,见【1825】6.18.278.(20)条【1830】修改按语。

一、强盗窝主造意不行又不分赃者,改发极边足四千里充军。若非造意,又不同行分赃,但知情存留一人者,杖一百、徒三年;存留二人者,杖一百、流三千里;存留三人以上者,亦发极边足四千里充军。

【1847】6.18.278.(20)(略)

【1870】○修改

一、强盗窝主造意不行又不分赃,改发新疆给官兵为奴。若非造意,又不同行分赃,但知情存留一人,发近边充军;存留二人,亦发新疆给官兵为奴;存留三人以上,于发遣处加枷号三个月;五人以上,加枷号六个月。如知情而又分赃,无论存留人数多寡,仍照窝主律斩。

谨案:此条同治七年(1868)改定。

【1870】6.18.278.(21)(略)

【1725】6.18.288.(8)

【钦定例】一、编保甲后,保正、甲长、牌头,果实力查访盗贼,据实举首者,照捕役获盗过半以上例,按名酌赏。同甲人举首者,亦照此奖赏。倘牌头于所管内知有为盗之人,复行瞻徇隐匿者,杖八十。如系窃贼,分别贼情轻重惩警。若牌头曾于甲长、保正处首告而不行转首者,甲长照牌头减一等发落,保正减二等发落,牌头免坐。其盗犯于被举减等后后行为盗者,照所犯加倍治罪。至地方有堡子村庄,聚族满百人以上,保甲不能编查,拣选族中人品刚方,素为合族敬惮者,立为族正。若有匪类,令其报官究治。倘徇情容隐,与保甲一体治罪。

【1740】○修并

【原例】【1725】6.18.288.(8)(略)、【1725】6.18.288.(9)(略)

臣等谨按:以上两条均属定拟保甲不谨之罪,事例相同,毋庸各设条款,应删并。谨将删并例文,开列于后。

一、编排保甲保正、甲长、牌头,须选勤慎练达之人点充。如豪横之徒,藉名武断,该管官严查究革,从重治罪。果实力查访盗贼,据实举报,照捕役获盗过半以上例,按名给赏。倘知有为盗、窝盗之人,瞻徇隐匿者,杖八十;如系窃盗,分别贼情轻重惩警。若牌头于保正、甲长处举报,而不行转报者,甲长照牌头减一等、保正减二等发落,牌头免坐。其一切户婚田土,不得问及保甲,惟人命重情,取问地邻、保甲。赌博为盗贼渊薮,仍令同盗贼一并查举。再地方有堡子、村庄,聚族满百人以上,保甲不能编查,选族中有品望者立为族正,若有匪类,令其举报。倘徇情容隐,照保甲一体治罪。

【1740】6.18.278.(11)(略)

【1870】6.18.278.(12)(略)

【1725】6.18.288.(9)

【钦定例】一、保正、甲长须选勤慎练达之人点充。如有豪横之徒藉名武断者,该地方官严查究革,从重治罪。如地方官徇纵不究,照徇庇例议处。其甲内有窝盗、为盗之人,甲长不报,则与族正、户正、牌头一体问罪。一切户婚田土不得问及保甲,惟人命重情取问地邻、牌甲。赌博一项为盗贼渊薮,仍令其同盗贼一并查举。

【1740】○修并

修并按语并修并后例文,见【1725】6.18.288.(8)条【1740】修并项下。

【1725】6.18.288.(10)【钦定例】

一、凡潜来京城游荡奸伪之徒,饬行五城司坊,大、宛两县,不时稽查客店之内,取具并无容留来历不明、生事妄行之人甘结。赁房居住者,亦令房主询明保人来历,并着两邻稽查。倘有此等游棍,该邻佑、房主协同斥逐。至于庵院,该僧纲、道纪二司留心访查，亦取具并无容留甘结，以凭各衙门查阅。若有徇情受贿容留者，除本犯按律治罪，递回原籍，交地方官查明安插，不许出境外，并将容留之客店、寺庙住持、房主一体连坐。该管官不行查出者，照失察例议处。至编户居民住有常业，及候补、候选、读书、贸易诸色人等，确有凭据者，毋许驱逐。倘有借端勒索、混扰良民者，照吓诈例治罪。

【1740】〇修改

臣等谨按：此条内字句多有重复、繁冗之处，应删改。谨将删改例文，开列于后。

一、凡来历不明游荡奸伪之徒，潜居京城，令五城司坊，宛、大两县，不时稽查。客店、庵院，取具并无容留甘结，以凭各衙门查阅。赁房居住者，令房主询明保人、来历，并着两邻稽查。倘有此等游棍，协同斥逐。若徇情受贿容留者，除本犯照律治罪、递回原籍外，其容留之客店、寺庙住持、房主一并惩治。该管官不行查出，照例议处。至编户居民住有常业，及候补、候选、读书、贸易诸色人等，确有凭据者，毋许驱逐。倘有借端勒索，混扰良民者，照吓诈例治罪。

【1740】6.18.278.(13)(略)

【1870】6.18.278.(14)(略)

【1740】〇增入

一、强盗窝家之同居父兄伯叔与弟自首者，照例免罪，本犯减等发落。其知情而又分赃，各照强、窃盗为从例，减一等治罪。父兄不能禁约子弟窝盗者，各照强、窃盗父兄论。

谨案：此条系雍正七年(1729)定例。

【1740】6.18.278.(7)(略)

【1801】〇修改

臣等谨按：此条系雍正七年(1729)定例。查"犯罪自首"例载"强盗父兄、伯叔知情分赃，出首，准其免罪，本犯亦得减免发落"等语，是盗首父兄于事未发而自首，盗首得减发近边充军；伙盗父兄于事未发而自首，伙盗照例罪免。此条强盗窝主父兄、伯叔自首，其本犯之罪止称减等发落，与强盗父兄自首分别减免之例不符，应改为"照强盗父兄自首例分别发落"，以免牵混。谨将修改例文，开列于后。

一、强、窃盗窝家之同居父兄、伯叔与弟自首者，照例免罪，本犯照强盗父兄自首例分别发落外，至父兄人等知情而又分赃，各照强、窃盗为从例减一等治罪。父兄不能禁约子弟窝盗者，各照强、窃盗父兄论。

【1802】6.18.278.(7)(略)

【1870】6.18.278.(8)(略)

【1740】〇增入

一、凡窝线同行上盗得财者，仍照强盗律定拟外，如不上盗，又未得财，但为贼探听事主消息、通线引路者,应照强盗窝主不行又不分赃律,杖一百、流三千里。

谨案:此条系雍正六年(1728)定例。

【1740】6.18.278.(9)(略)

【1870】○修改

一、凡窝线同行上盗得财者,仍照强盗律定拟。如不上盗,又未得财,但为贼探听事主消息,通线引路,照强盗窝主造意不行又不分赃,改发新疆给官兵为奴。

谨案:咸丰十一年(1861),将强盗不上盗不得财,但为贼探听事主消息、通线引路,亦照强盗窝主问拟斩决。同治七年(1868),改定此例。

【1870】6.18.278.(10)(略)

【1740】○增入

一、容留外省流棍者,照勾引来历不明之人例,发边卫充军。

谨案:此条系雍正七年(1729)定例。

【1740】6.18.278.(10)(略)

【1768】6.18.278.(10)

一、容留外省流棍者,照勾引来历不明之人例,发近边充军。

【1870】6.18.278.(11)(略)

【1740】○续纂

一、牌头所管内有为盗之人,虽不知情而失察,坐以不应轻律,笞四十;甲长、保正递减科罪。

谨案:此条系乾隆五年(1740)户部议准定例。

【1740】6.18.278.(12)(略)

【1870】6.18.278.(13)(略)

【1743】○续纂

一、老瓜贼,本处邻佑、地保有知情容留者,发边卫充军。若非知情容留,止系失于稽察,各照不应重律杖八十。其邻佑、地保,及兵役、平民,能侦知瓜贼行踪,赴地方官密禀,该地方官即行严拿,不许指出首人姓名。俟拿获瓜贼审实,将首人给赏。如瓜贼将首人扳害,立案不行。首获之贼系首犯,赏银五十两;系伙犯,赏银二十五两;首获多者,按名给赏;在充公银两内动支。有挟嫌诬首情弊,仍照诬告例治罪。

此条系乾隆六、七两年,臣部议复升任侍郎周学健及东抚朱定元条奏定例,今并为一条,以便引用。

【1768】6.18.278.(14)

一、老瓜贼,本处邻佑、地保有知情容留者,发近边充军。若非知情容留,止系失于稽查，各照不应重律杖八十。其邻佑、地保，及兵役、平民，能侦知瓜贼行踪，赴地方官密禀，该地方官即行严拿，不许指出首人姓名。俟拿获瓜贼审实，将首人给赏。如瓜贼将首人扳害，立案不行。首获之贼系首犯，赏银五十两；系伙犯，赏银二十五两。首获多者，按名赏给。在充公银两内动支。有挟嫌诬首情弊，仍照诬告例治罪。

【1870】6.18.278.(15)(略)

【1767】○续纂

一、窝留积匪之家，果系造意及同行分赃代卖，即照本犯一例发遣。其未经造意，又不同行，但经窝留分得些微财物，或止代为卖赃者，均减本犯一等治罪。至窝藏回民行窃犯至遣戍者，亦照窝藏积匪例分别治罪。

谨案：此条系乾隆二十七年(1762)六月及十二月山东按使闵鹗元两次条奏定例，应纂辑遵行。

【1768】6.18.278.(15)(略)

【1772】○修改

臣等谨按：积匪猾贼系由新疆改发内地之犯，面上应刺"改遣"二字。如有脱逃被获，即照新疆脱逃例办理。至窝留积匪及窝藏回民行窃犯至遣戍之犯，例内俱照积匪一例发遣，其应同积匪一例刺字之处未经载入，外省办理此等应刺"改遣"人犯，未免参差。前据广西巡抚陈辉祖咨请部示，经臣部议，将此等照积匪例发遣之犯，面上俱刺"改遣"字样，如有脱逃被获，亦即照积匪脱逃一律治罪在案。今拟将旧例内"即照本犯一例发遣"句，改为"即照本犯一例改发极边烟瘴充军"，并酌增"面上刺'改遣'二字。如有脱逃被获，即照积匪脱逃例办理"数句，以便援引。谨将修改例文，开列于后。

一、窝留积匪之家，果系造意及同行分赃代卖，即照本犯一例改发极边烟瘴充军，并于面上刺"改遣"二字。如有脱逃被获，即照积匪脱逃例办理。其未经造意，又不同行，但经窝留分得些微财物，或止代为卖赃者，均减本犯一等治罪。至窝藏回民行窃犯至遣戍者，亦照窝藏积匪例分别治罪。

【1790】6.18.278.(15)(略)

【1801】○修改

臣等谨按：窝留积匪，与本犯俱发烟瘴充军，面刺"改遣"，如有脱逃被获，即照积匪脱逃例，一体即行正法，系乾隆三十七年(1772)定例。嗣于嘉庆三年(1798)，臣部议复河南巡抚倭什布审题贼犯黄文甫案内，声请由新疆改发内地人犯，如积匪猾贼及窝留者十条，本罪原止军、流，如有脱逃，未便统照外遣人犯一体正法。但究系由外遣改发内地，亦未便照寻常军、流脱逃例定拟。应请各照现犯本罪上加二等调发，面刺"改发"字样，以示区别等因具题，奉旨："依议。钦此。"钦遵在案。此条旧例应行修改。又，查嘉庆四年(1799)，臣部议复大学士、署伊犁将军保宁请酌发伊犁遣犯折内，奏准将积匪猾贼等条仍发新疆例内，"照本犯一例改发"等字应行节删。又，查原题内"加二等调发"，系指附近、近边等军罪而言。若窝留积匪,本罪系极边烟瘴充军,加一等即应发黑龙江等处,给披甲人为奴,应于例内叙明“黑龙江为奴”字样,以免牵混。合并声明。谨将修改例文,开列于后。

一、窝留积匪之家,果系造意及同行分赃代卖,改发极边烟瘴充军,并于面刺“改发”。如有脱逃被获,改发黑龙江等处给披甲人为奴。其未经造意,又不同行,但经窝留分得些微财物,或止代为卖赃者,均减本犯一等治罪。至窝藏回民行窃犯至遣戍者,亦照窝藏积匪例分别治罪。

【1802】6.18.278.(17)(略)

【1814】○修改

臣等谨按:嘉庆十七年(1812)十二月内,臣部议复原任黑龙江将军、宗室斌静等奏调剂黑龙江等处遣犯折内,请将极边烟瘴充军人犯脱逃被获一条,改发新疆酌拨种地、当差等因奏准,通行在案。例内“发黑龙江”之处应行修改。谨将修改例文,开列于后。

一、窝留积匪之家,果有造意及同行分赃代卖,改发极边烟瘴充军,面刺“改发”二字。如有脱逃被获,即改发新疆酌拨种地当差。其未经造意,又不同行,但经窝留分得些微财物,或止代为卖赃者,均减本犯一等治罪。至窝藏回民行窃犯至遣戍者,亦照窝藏积匪例分别治罪。

【1825】6.18.278.(16)(略)

【1830】○修改

臣等谨按:道光六年(1826)十一月内,军机大臣会同臣部议复直隶总督那彦成奏调剂新疆遣犯折内,请将窝留积匪之家,造意、同行、分赃、代卖,发极边烟瘴充军,脱逃被获,发新疆酌拨种地、当差一条,改发云贵两广极边烟瘴充军,到配加枷号三个月等因奏准,通行在案。例内发新疆之处应行修改。谨将修改例文,开列于后。

一、窝留积匪之家,果系造意及同行分赃代卖,改发极边烟瘴充军,并于面刺“改发”。如有脱逃被获,改发云贵两广极边烟瘴充军,到配加枷号三个月。其未经造意,又不同行,但经窝留分得些微财物,或止代为卖赃者,均减本犯一等治罪。至窝藏回民行窃犯至遣戍者,亦照窝藏积匪例分别治罪。

【1845】○修复

臣等谨查:此条文系从前旧例内载“窝留积匪之家,有造意及同行、分赃、代卖,问拟充军之犯,如脱逃被获,即改发新疆酌拨种地、当差”等语,嗣于道光六年(1826)十一月内,据原任陕甘总督那彦成奏请调剂新疆遣犯,经军机大臣会同臣部议,将此条改为改发云贵两广极边烟瘴充军等因奏准,纂入例册在案。兹道光二十四年(1844)六月内,据升任贵州巡抚贺长龄奏请调剂军犯章程一折,复经军机大臣会同臣部议请,嗣后新疆遣犯各照旧发往等因具奏,奉上谕:“据军机大臣会同刑部议奏,‘贵州军犯拥挤,酌减调剂’等语。新疆遣犯改发内地,恐人数众多,不特约束难周,且与民风大有关碍,非若新疆地方辽阔,外遣人犯易于安插,所有旧时改发内地各条,着仍照旧发往新疆,交该将军设法妥为安插,并严饬所属认真查核,严加管束,毋令滋生事端,俾期积久无弊,余依议。钦此。”

是新疆遣犯既应照旧发往,其窝主拟军脱逃改发新疆之原例,现在犹存,足资引用。此条系属赘文,应行删除。

一、窝留积匪之家,果有造意及同行分赃代卖,改发极边烟瘴充军,面刺“改发”二字。如有脱逃被获,即改发新疆酌拨种地当差。其未经造意,又不同行,但经窝留分得些微财物,或止代为卖赃者,均减本犯一等治罪。至窝藏回民行窃犯至遣戍者,亦照窝藏积匪例分别治罪。

【1847】6.18.278.(16)(略)

【1870】6.18.278.(17)(略)

【1767】○续纂

一、强盗窝主造意不行又不分赃者,改发附近充军。

臣等谨按:此条系乾隆三十二年(1767)四月内,军机大臣会同臣部奏准定例,应纂辑遵行。

【1768】6.18.278.(16)(略)

【1788】○修并

修并按语并修并后例文,见【1740】6.18.278.(8)条【1788】修并项下。

【1772】○续纂

一、凡造意分赃之窝主,不得照窃盗律以一主为重,应统计各主之赃,数在一百二十两以上者,拟绞监候;其在一百二十两以下,亦统计各赃科罪。

臣等谨按:此条系乾隆三十五年(1770)十一月内,臣部核复湖广总督吴达善审奏窃贼窝主王坤窝留群贼、肆窃多赃一案,将王坤照积匪例拟遣。臣部查核该犯先后所得之赃,统计已逾满贯,将王坤改拟绞监候,并声请定例,应纂辑以便遵行。

【1790】6.18.278.(16)(略)

【1802】6.18.278.(8)(略)

【1870】6.18.278.(9)(略)

【1778】○续纂

一、漕船被盗,船户、舵工人等,除勾留、容隐、分赃,仍照例治罪外,如失事时,有频呼不应,不力为救护者,分别强、窃,照窝主不行不分赃例各减一等治罪。失察之该管员弁,分别议处。其有拿获别帮盗首及窃盗积案巨窝者,交部分别议叙。

臣等谨按:此条系乾隆三十八年(1773)二月内,兵部会同臣部议复都察院左副都御史罗源汉条奏定例,应纂辑遵行。

【1790】6.18.278.(17)(略)

【1802】6.18.278.(15)(略)

【1870】6.18.278.(16)(略)

【1814】○续纂

一、洋盗案内知情接买盗赃之犯,不论赃数多寡,一次,杖一百、徒三年;二次,发近边充军;三次以上,发新疆给官兵为奴。

臣等谨按:嘉庆十八年(1813)八月内,臣部议复调任浙江巡抚方受畴奏"拿获在洋行劫接赃服役及接买盗赃各犯分别治罪"一折,内称:查接买盗赃与接买窃赃不同,此等渔利之徒代盗销赃,以致洋匪恣意肆劫,自应从严究办,以示惩儆。议请嗣后凡洋盗案内,接买盗赃三次以上,发新疆给官兵为奴;二次者,发近边充军;一次者,杖一百、徒三年等因奏准,通行在案。应纂辑为例,以便遵行。

【1825】6.18.278.(17)(略)

【1870】6.18.278.(18)(略)

【1821】○续纂

一、回民窝窃罪应极边烟瘴者,改发新疆给官兵为奴。

臣等谨按:嘉庆二十年(1815)六月内,臣部议复顺天府府尹审奏窝窃回匪大李三等拟遣一折,奉旨:"此案豢贼肆窃之回民发遣到配后,若复潜逃回籍,必故智复萌,仍为地方之害。着交配所该管官严加管束。如在配脱逃,应如何加重定罪;其失察之该管官,应如何从重议处之处,着该部酌议条例具奏。此案人犯即照新例办理。钦此。"除《处分条例》由吏、兵二部定议外,当经臣部议请,嗣后回民因行窃、窝窃发遣脱逃被获,并无行凶为匪及拒捕情事者,初次,递回配所,用重枷枷号六个月;二次,枷号九个月;三次及三次以外,枷号一年。如逃走后复行凶为匪,并拿获时有拒捕者,除犯该斩、绞监候改为立决,犯该军、流、发遣改为绞候,仍照原例办理外,如犯该徒罪,递回配所,枷号一年;犯该笞、杖,递回配所,枷号九个月。其在配、在逃行窃,分别拟以枷号二年、三年及永远枷号。有年限者,枷号满日俱鞭一百,遇赦俱不准援减。再,查窝窃本例,罪止极边烟瘴,此案大李三等均例止拟军,定案时因系回民窝窃,加重改发黑龙江。此等愍不畏法之徒,未便容留内地,并请嗣后回民窝窃罪应极边烟瘴者,即照大李三之案,悉改发黑龙江为奴。令该将军、都统等拣择力能管束之官员、兵丁,分给为奴等因,奏准在案。又,二十五年(1820)九月内,臣部遵旨酌议停发吉林、黑龙江遣犯案内,将回民窝窃罪应极边烟瘴一条,改发新疆给官兵为奴等因奏准,亦在案。除将回民因行窃、窝窃发遣脱逃被获,有无行凶为匪、拒捕及在配、在逃行窃之处,分别纂入"徒流人又犯罪"并"徒流人逃"各门内遵行外,应将回民窝窃一条纂辑遵行。

【1825】6.18.278.(19)(略)

【1830】○修改

臣等谨按:道光六年(1826)十一月内,军机大臣会同臣部议复直隶总督那彦成奏调剂新疆遣犯折内,请将回民窝窃罪应极边烟瘴者,发新疆为奴一条,改发云贵两广极边烟瘴充军,到配加枷号三个月等因奏准,通行在案。例内发新疆之处应行修改。谨将修改例文,开列于后。

一、回民窝窃罪应极边烟瘴者,仍改发云贵两广极边烟瘴充军,到配加枷号三个月。

【1845】○修复

臣等谨按:此条例文从前旧例内载"回民窝窃罪应极边烟瘴者,改发新疆给官兵为奴"等语,嗣于道光六年(1826)十一月内,据原任陕甘总督那彦成奏请调剂新疆遣犯,经军机大臣会同臣部议将此条改为"改发云贵两广极边烟瘴充军"等因奏准,纂入例册在案。兹道光二十四年(1844)六月内,据升任贵州巡抚贺长龄奏请调剂军犯章程一折,复经军机大臣会同臣部议请,嗣后新疆遣犯各照旧发往等因具奏。奉上谕:"据军机大臣会同刑部议奏,'贵州军犯拥挤,酌减调剂'等语,新疆遣犯改发内地,恐人数众多,不特约束难周,且与民风大有关碍,非若新疆地方辽阔,外遣人犯易于安插。所有旧时改发内地各条,俱仍照旧发往新疆,交该将军设法妥为安插,并严饬所属认真查核,严加管束,毋令滋生事端,俾期积久无弊,余依议。钦此。"是新疆遣犯既应照旧发往,其回民窝窃由烟瘴改发新疆之原例现在犹存,足资引用。此条系属赘文,应行删除。

一、回民窝窃罪应极边烟瘴者,改发新疆给官兵为奴。

【1847】6.18.278.(24)(略)

【1870】6.18.278.(25)(略)

【1821】○续纂

一、山东一省,除窝窃未及三名,仍照旧例办理外,其窝窃三名以上,坐地分赃,及代变赃物者,发近边充军;五名以上者,即发云贵两广极边烟瘴充军。地保及在官人役,有窝贼分赃者,悉照捕役豢窃例办理。俟该省盗贼之风稍息,再行奏明复归旧例。

臣等谨按:嘉庆二十三年(1818)八月十二日,奉上谕:"和舜武奏'酌改窃贼窝主条例'一折。近日东省纠众伙窃之案甚多,且有窝家为之渊薮,自应严立科条,俾奸民知所畏惧。嗣后山东一省窃贼,除赃数满贯罪无可加,及行窃仅止一二人,并窝窃未及三名,仍照旧例办理外,其窃贼结伙在三人以上,执持绳鞭器械者,不分首从、赃数、次数,俱改发云贵两广极边烟瘴充军。三人以上,徒手行窃者,于军罪上减一等,杖一百、徒三年。若结伙在十人以上,虽徒手,亦照三人以上执持绳鞭器械之例办理。窝窃三名以上,坐地分赃,及代变赃物者,发近边充军。五名以上者,即发云贵两广极边烟瘴充军。地保及在官人役,有窝贼分赃者,悉照捕役豢窃例办理。俟东省盗贼之风稍息,再由该抚奏明,复归旧例。至近日并有废员在籍窝贼如王奎聚者,尤出情理之外。着刑部将曾任职官及在籍职官窝藏盗贼者,另行从重定拟条例具奏。钦此。"当经臣部查:平民窝窃、窝盗,律例已有专条,此等职官窝窃、窝盗,自应即照本律、本例,分别加等治罪。议请嗣后凡曾任职官及在籍职官窝藏窃盗、强盗,按平民窝主本律、本例,罪应斩决者,加拟枭示;罪应绞候者,加拟绞立决;罪应徒、流、充军者,概行发遣黑龙江当差等因,奏准在案。除将山东一省窃贼,分别人数、有无执持器械之处载入“窃盗”门内遵行外,应将山东一省平民窝窃并职官窝藏盗贼条例,分别纂辑遵行。

【1825】6.18.278.(20)(略)

【1830】○修改

臣等谨按:道光六年(1826)三月内,据直隶总督那彦成以直隶界连山东、河南,匪徒出没无常,盗贼之案层见叠出,盗贼肆行无忌,必有窝顿之家,奏请严定专条,以澄盗源。经部酌议奏准,嗣后直隶一省窝藏强盗,一名者,发近边充军;二名以上者,发新疆给官兵为奴。窝藏窃盗一二名者,杖一百,徒三年;三名以上者,发极边烟瘴充军;五名以上者,发云贵两广极边烟瘴充军。窝留积匪,无论有无造意,但经容留、分赃、代卖者,改发极边烟瘴充军。又,是年调剂新疆遣犯,奏请将直隶省强盗窝主,窝藏强盗二名以上者,改发云贵两广极边烟瘴充军。又,道光七年(1827)三月内,臣部遵旨妥议御史盛思本条奏“京城窃案日多,请严定兵役包庇专条”折内,声称顺天府、五城与直隶省事同一体,未便办理两歧。至山东省亦系邻近省份,其原定例文并未议及窝留积匪、强盗作何办理,而窝窃未及三名仍照旧例办理一节,又核与直隶省章程互异,均应修改画一,以资遵守。又,查强盗窝主例内,既将造意之强盗窝主,不论存留人数,拟发附近充军,又将并非造意存留三人以上者,拟发极边足四千里充军,轻重倒置,亦应酌加修改。至此项发附近充军人犯,从前旧例,系发乌鲁木齐当差,因恐年逾五十之犯不能耕作,故酌发内地。今既改拟充军,毋庸再示区别,当经臣部酌议修改新例二条,缮写清单,恭呈御览。奉旨:“依议。钦此。”钦遵各在案。再,查顺天府、五城及直隶、山东二省,窝赃窃盗五名以上、强盗二名以上,及窝留积匪新例,发极边烟瘴充军人犯,俱系应实发云贵两广极边烟瘴充军。道光七年(1827)十月,臣部核复直隶总督咨请部示案,咨复在案。又,道光八年(1828)三月间,据升任山东巡抚琦善以窝留积匪之家,情节不一,有积匪行窃始终在该犯家窝留者,有窝留仅止一二次者,有窝留甫经行窃其时尚非积匪,迨后贼犯又在别处迭窃成为积匪者,办理诸多窒碍,咨请部示。经臣部以盗贼借窝主为潜匿之所,而行窃之处自亦随时更易,故一盗不止一窝,若将窝留积匪之家分别窝留时日之久暂,贼犯行窃次数之多寡,不特易启避就之端,且办理亦多窒碍,酌议窝留积匪之家,无论贼犯在彼行窃与否,但系知情窝留,即照窝留积匪之例办理等因,咨复该抚,并通行各直省遵照,亦在案。兹届纂修例条,应请一并添纂修改明晰,以资引用。谨将修改例文二条,开列于后。

一、顺天府、五城及直隶、山东二省,窝藏窃盗一二名者,杖一百、徒三年;窝藏窃盗三名以上及强盗一名者,俱发近边充军;窝藏窃盗五名以上及强盗二名以上者,实发云贵两广极边烟瘴充军。窝留积匪之家,无论贼犯在彼行窃与否,但经知情窝留者,亦实发云贵两广极边烟瘴充军。其应拟死罪者,仍各从其重者论。俟盗风稍息,奏明复归旧例。

【1845】○修改

臣等谨查:此条系道光九年(1829)定例,溯查是年定例按语内称道光六年(1826)三月内,据直隶总督那彦成以直隶界连山东、河南,匪徒出没无常,盗贼之案层见叠出,肆行无忌,必有窝顿之家,奏请严定专条,以澄盗源。经臣部酌议奏准,直隶省窝藏强盗一名,发近边充军;二名以上,发新疆给官兵为奴。窝藏窃盗一二名者,杖一百、徒三年;三名以上,发极边烟瘴充军;五名以上,发云贵两广极边烟瘴充军。又,是年调剂新疆遣犯,奏请将直隶省强盗窝主,窝藏强盗二名以上者,改发云贵两广极边烟瘴充军。又,道光七年(1827)三月内,臣部议复御史盛思本奏"京城窝案日多,请严定专条"一折内称,顺天府、五城与直隶省事同一体,未便办理两歧。至山东省亦系邻近,原定例文核与直隶省章程互异,均应修改画一,以昭遵守等因奏准,定例在案。现经臣等复就奏定章程与原定例文详加察核,如章程内称"直隶省窝藏窃盗三名以上,发极边烟瘴充军",而定例则称"发近边充军",虽有轻重之分,然相去不甚悬殊。且九年(1829)间既经奏准定例,此时似可毋庸议改。至章程内窝藏强盗二名以上,本拟发新疆给官兵为奴,因六年(1826)间停发新疆,改发云贵两广极边烟瘴充军。现在新疆遣犯业经奉旨照旧发往,此条窝藏强盗二名以上一项,仍应照直隶省奏定章程,发遣新疆为奴。应于例内修改添纂明晰,以资引用。谨将修改例文,开列于后。

一、顺天府、五城及直隶、山东二省,窝藏窃盗一二名者,杖一百、徒三年;窝藏窃盗三名以上及强盗一名者,俱发近边充军;窝藏强盗二名以上者,发新疆给官兵为奴;窝藏窃盗五名以上者,实发云贵两广极边烟瘴充军。窝留积匪之家,无论贼犯在彼行窃与否,但经知情窝留者,亦实发云贵两广极边烟瘴充军。其应拟死罪者,仍各从其重者论。俟盗风稍息,奏明复归旧例。

【1847】6.18.278.(21)(略)

【1870】○修改

一、顺天府、五城及直隶、山东二省,窝藏窃盗一二名者,杖一百、徒三年;三名以上者,发近边充军;五名以上者,实发云贵两广极边烟瘴充军。窝留积匪之家,无论贼犯在彼行窃与否,但经知情窝留,亦实发云贵两广极边烟瘴充军。若罪应拟死,仍各从其重者论。

谨案:同治七年(1868),将窝藏强盗罪名,修并于"强盗窝主造意不行又不分赃"条内,因改定此例。

【1870】6.18.278.(22)(略)

【1821】○续纂

一、凡曾任职官,及在籍职官,窝藏窃盗、强盗,按平民窝主本律本例罪应斩决者,加拟枭示;罪应绞候者,加拟绞立决;罪应徒、流、充军者,概行发遣黑龙江当差。

续纂按语,见【1825】6.18.278.(20)条【1821】续纂按语。

【1825】6.18.278.(21)(略)

【1847】6.18.278.(18)(略)

【1870】6.18.278.(19)(略)

【1825】○续纂

一、西宁地方拿获私歇家，除审有不法重情，实犯死罪外，其但在山僻小路，经年累月，开设私歇家者，为首照私通土苗例发边远充军，为从杖一百、徒三年。

臣等谨按：道光二年（1822）十二月初七日，奉上谕："嗣后西宁地方拿获私歇家，除审有不法重情，实犯死罪外，其但在山僻小路，经年累月开设私歇家者，将为首之犯，照私通土苗例，拟发边远充军；为从之犯，拟杖八十、徒二年。所有现获各犯，即照此例严办。钦此。"钦遵在案。应恭纂为例，以资引用。

【1825】6.18.278.（22）（略）

【1847】6.18.278.（19）（略）

【1870】6.18.278.（20）（略）

【1845】○续纂

一、广东省如有不法奸徒，窝藏匪类，捉人关禁勒赎，坐地分赃者，无论曾否得赃，及所捉人数，并次数多寡，但经造意，虽未同行，即照苗人伏草捉人案内土哨奸民勾通取利造意例，拟斩立决；虽未造意，但经事前同谋者，即分别有无凌虐及致令自尽各情，照捉人首犯分别拟以斩候、发遣。若先未造意同谋，仅止事后窝留，关禁勒赎，如捉人首犯罪应斩绞者，窝留之犯，发遣新疆给官兵为奴；罪应拟遣者，发极边足四千里充军。倘由本犯自行关禁勒赎，别无窝家者，仍按本例从其重者论。本犯父兄，究明曾否分赃，照盗案例分别发落。邻佑、牌保，除受贿包庇从重定拟外，若止知情不首，亦照盗案例分别责惩。窝留关禁之房屋，如系房主知情者，房屋一并入官。倘数年后此风稍息，仍随时奏明，酌量办理。

臣等谨按：道光二十五年（1845）六月内，臣部议复两广总督、宗室耆英等奏详议掳捉窝家罪名一折内称，据御史朱琦条奏粤省捕务先经查明复奏。道光二十五年（1845）二月初一日，接到上谕："掳捉之案，必先有窝藏之家，方敢纠伙肆抢，因而索赎。若不从严惩办，何以尽绝根株。着该督、抚责成文武员弁，遇有此等重案，一经拿获正犯，即究明窝藏何人，严行惩办，不得稍有疏纵。此项窝藏之犯应作何从重拟定罪名之处，着该督、抚酌拟具奏等因。钦此。"查律内强盗窝主罪名，均与首犯并重，则捉人勒赎之窝主，亦未便较本犯转轻。且查捉人勒赎凌虐之犯，系照苗人伏草捉人横加枷肘之例，拟以斩候。苗人伏草捉人例内，已有土哨奸民勾通取利，造意问拟斩决之条。臣等悉心稽核，窃以匪类恃窝家为巢穴，窝主借匪类为牙爪，朋谋勾结，狼狈为奸，致良民均受其害。而窝主坐收其利，实属罪不容诛。如有不法奸徒，平日窝藏匪类，造意同谋，肆行捉掳关禁勒赎，坐地分赃，无论曾否同行，与苗人伏草捉人案内勾通取利造意之土哨奸民情无二致，应即比例拟以斩决。先未造意同谋，仅止事后窝留关禁勒赎者，无论曾否得赃，如捉人首犯罪应斩、绞者，即将窝留之犯发遣新疆给官兵为奴；首犯罪拟遣者，发极边足四千里充军。如有将人捉回，即由本犯关禁勒赎，别无窝家者，仍按本例从其重者论。至捉人案内不能禁约之父兄，知情不首之邻佑、牌保，除分赃、包庇从重定拟外，其余均照盗案分别责惩。窝留关禁之房屋，查封入官等语。臣部查匪徒掳人勒赎，形同化外，较之苗人伏草捉人者，其情实无二致。该督等请将造意同谋之窝主，比照苗人伏草捉人案内勾引之土哨奸民，拟以斩决；仅止事后窝藏者，照首犯罪名递减，系为从严惩创起见。惟造意同谋既有首恶、党恶之分，则衡情定罪，自应示以等差，方足以昭平允，且与强、窃盗窝主首严造意之律亦相符合。应请嗣后广东省如有不法奸徒窝藏匪类，掳人关禁勒赎，坐地分赃者，但经造意，无论曾否同行，及所掳人数并次数多寡，均即照苗人伏草捉人案内土哨奸民勾通取利造意例，拟斩立决。虽未造意，但经事前同谋者，即分别有无凌虐及致令自尽各情，照掳人为首之犯分别拟以斩候、发遣。若先未造意，又同未谋，仅止事后窝留关禁勒赎者，如掳人首犯罪应斩、绞，窝留之犯发遣新疆给官兵为奴；首犯罪应拟遣者，发极边足四千里充军。倘即由掳人本犯关禁勒赎，别无窝家者，仍按本例从其重者论。以上窝主各罪名，无论曾否得赃，即照此例办理。本犯父兄究明曾否分赃，悉照盗案例分别发落。知情不首之邻佑、牌保，除受贿、包庇从重定拟外，其余亦照盗案例分别责惩。窝留之房屋，如系房主知情者，房屋一并入官。再，此系广东省专条，他省不得引用。应于纂例时将"广东省"字样载明，以免混淆等因具奏。奉旨："依议。钦此。"钦遵在案。再，查此条系为严惩窝匪起见，倘数年后此风稍息，再由该督等随时奏明，酌量办理。应纂辑为例，以资引用。

【1847】6.18.278.(22)(略)

【1870】○修改

原议专指广东一省，咸丰三年(1853)，增入广西省。

一、广东、广西二省，如有不法奸徒，窝藏匪类，掳人关禁勒赎，坐地分赃者，无论曾否得赃，及所掳人数，并次数多寡，但经造意，虽未同行，即照苗人伏草捉人案内土哨奸民勾通取利造意例拟斩立决；虽未造意，但经事前同谋者，即分别有无凌虐，及致令自尽各情，照掳人首犯分别拟以斩候、发遣。若先未造意同谋，仅止事后窝留，关禁勒赎，如掳人首犯罪应斩、绞者，窝留之犯，发遣新疆给官兵为奴；罪应拟遣者，发极边足四千里充军。倘由本犯自行关禁勒赎，别无窝家者，仍按本例从其重者论。本犯父兄，究明曾否分赃，照盗案例分别发落。邻佑、牌、保，除受贿包庇从重定拟外，若止知情不首，亦照盗案例分别责惩。窝留关禁之房屋，如系房主知情者，房屋一并入官。倘数年后此风稍息，仍随时奏明，酌量办理。

【1870】6.18.278.(23)(略)

【1845】○续纂

一、山东省匪徒，有窝留捻、幅匪犯者，无论有无同行，但其窝留之犯，曾经抢夺讹索、强当滋事者，窝主悉照首犯一例治罪。倘数年后此风稍息，奏明仍照旧例办理。

臣等谨按：道光二十五年(1845)八月内，臣部议复山东巡抚、觉罗崇恩奏"匪徒聚众抢劫、讹索，请严定治罪例文等因"一折内称，嗣后山东省捻、幅匪徒聚众抢夺、强当讹索，窝家与首犯同罪等因，经臣部照拟核复具奏。奉旨："依议。钦此。"钦遵在案。除捻、幅匪犯抢劫、讹索各项另立专条外,其窝留之犯自应纂辑条例,以资引用。再,查此因捻、幅匪徒充斥,故特立窝主专条,倘数年后此风稍息,再由该抚奏明,仍照旧例办理。合并声明。

【1847】6.18.278.(23)(略)

【1847】6.18.278.(24)(略)

共谋为盗

律　文

【1646】6.18.302　共谋为盗此条专为共谋而临时不行者言。

凡共谋为强盗,数内一人临时不行,而行者却为窃盗,此共谋而不行者曾分赃,但系造意者,即为窃盗首;果系余人,并为窃盗从。若不分赃,但系造意者,即为窃盗从;果系余人,并笞五十;必查以临时主意上盗者,为窃盗首。○6.18.279.2 其共谋为窃盗,数内一人临时不行,而行者为强盗,其不行之人,系造意者曾分赃,知情、不知情,并为窃盗首;系造意者但不分赃,及系余人而曾分赃,俱为窃盗从。以临时主意及共为强盗者,不分首从论。

【1670】6.18.301　共谋为盗此条专为共谋而临时不行者言。(略)

【1725】6.18.289　共谋为盗此条专为共谋而临时不行者言。

律文(略)

注:此言共谋强、窃,而临时不行者,其罪有各别也。上节言共谋为强,临行时身不行,而行者却为窃,此共谋不行之人,曾分其所窃之赃,则所谋虽强,而所得实窃盗之赃。如系造意,则并赃为窃盗首;如系共谋之余人,则为窃盗从。若共谋不行之人不曾分赃,但原系造意,亦为窃盗从;如系共谋之余人,则笞五十。造意共谋之人,因不行又不分赃,拟以从罪,则必于行者之内,究其临时主意上盗者为窃盗首。下节言共谋为窃,临行时身不行,而行者却为强,此共谋不行之人,曾分受所劫之赃,是赃虽出于强,而所造之意原止于窃。故不问其受赃时知强盗之情与不知强盗之情,并计所分之赃,为窃盗首。如不行之人,或系造意而不分赃,及系共谋之余人而分赃,俱为窃盗从。其临上盗之时主意为强盗,及同行共为强盗者,俱照强盗律,不分首从论。

臣等谨按(按语与律后总注同,略)

【1740】6.18.279　共谋为盗此条专为共谋而临时不行者言。(略)

附律条例

【1801】○续纂

○一、共谋为强盗,伙犯临时畏惧不行,而行者仍为强盗,其不行之犯,但事后分得赃物者,杖一百、徒三年;不分赃者,杖一百。

臣等谨按：共谋为强盗，临时不行，而行者却为窃盗，律内分别首从，以窃盗论。至共谋为强盗，伙犯中途畏惧，并未同行，而行者仍为强盗，其未行之犯，事后分得赃物者，并无治罪专条。臣部向遇此等案犯，俱比照情有可原之盗犯父兄知情分赃例问拟杖一百、徒三年。不分赃者，杖一百。应纂为例，以便遵行。

【1802】6.18.279.(1)(略)

【1814】○修改

臣等谨按：共为强盗，伙犯畏惧不行，因其尚有畏法之心，故分赃拟以满徒，不分赃拟以满杖。近年各省有因伙盗临时患病，及别故不能同行，而事后仍分赃物，以其并未随同上盗，有比照畏惧不行分赃例，拟徒三年者，亦有以并无畏法之心照畏惧不行例，酌加一等，拟流二千里者，办理未能画一。臣等伏查：患病不行，是其势不能跟随，并非畏法，与畏法不行之犯迥不相同，自未便与之一例同科。惟究未随同上盗，亦未便与盗犯并论。臣等公同酌议，应请于强盗本律上酌减一等。分赃者，拟以满流；不分赃者，拟以满徒。庶足以昭平允而示区别。谨将修改例文，开列于后。

一、共谋为强盗，伙犯临时畏惧不行，而行者仍为强盗，其不行之犯，但事后分得赃物者，杖一百、徒三年；不分赃者，杖一百。如因患病及别故不行，事后分赃者，杖一百、流三千里；不分赃者，杖一百、徒三年。

【1825】6.18.279.(1)(略)

【1870】○修改

一、共谋为强盗，伙犯临时畏惧不行，而行者仍为强盗，其不行之犯，但事后分赃者，杖一百、流二千里，赃重者仍从重论；不分赃者，杖一百。如因患病及别故不行，事后分赃者，发新疆给官兵为奴；不分赃者，杖一百、徒三年。

谨案：此条同治七年(1868)改定。

【1870】6.18.279.(1)(略)

公取窃取皆为盗

律　文

【1646】6.18.303

凡盗，公取、窃取皆为盗。公取，谓行盗之人，公然而取其财，如强盗、抢夺；窃取，谓潜行隐面，私窃取其财，如窃盗、掏摸，皆名为盗。器物、钱帛以下兼官、私言。之类，须移徙已离盗所；方谓之盗。珠玉、宝货之类，据入手隐藏，纵在盗所未将行亦是。为盗。其木石重器，非人力所胜，虽移本处，未驮载间，犹未成盗。不得以盗论。马、牛、驼、骡之类，须出阑圈；鹰、犬之类，须专制在己，乃成为盗。若盗马一匹，别有马随，不合并计为罪。若盗其母而子随者，皆并计为罪。○此条乃以上盗贼诸条之通例。未成盗而有显迹证见者，依已行而未得财科断；已成盗者，依律以得财科断。

【1670】6.18.302(略)

【1725】6.18.290

律文(略)

注:此以盗贼之得财、未得财,分别成盗、未成盗也。凡盗,不论公取、窃取,皆名为盗。然成与未成,当有分别。如盗官私器物、钱帛之类,必须移动、迁徙,已离盗所;珠玉、宝货之类,物轻易匿,必须入手隐藏;树木、砖石、重器,必须已驮载离本处;马、牛、驼、骡之类,必须已出本家阑圈;鹰犬之类,必须已就羁絷,方坐为盗。不然,犹未成盗,作已行而不得财科断。已成盗者,依得财律科断。故此一条,为以上诸条之通例。

臣等谨按:此以盗贼之得财、未得财,分别成盗、未成盗也。首节是设律之正文,后节是推原设此条之余意。凡律不论公取、窃取,皆名为盗。然成与未成,当有分别。如盗官私器物、钱帛之类,必须移动、迁徙,已离盗所;珠玉、宝货之类,物轻易匿,必须入手隐藏;树木、砖石、重器,必须已驮载离本处;马、牛、驼、骡之类,必须已出本家阑圈;鹰犬之类,必须已就羁絷,方坐为盗。不然,犹未成盗,作已行而不得财科断。已成盗者,依得财律科断。故此一条,为以上诸条之通例。

【1740】6.18.280(略)

起除刺字

【1646】6.18.304

凡盗贼曾经刺字者,俱发原籍收充警迹。该徒者,役满充警;该流者,于流所充警。若有起除原刺字样者,杖六十,补刺。收充警迹,谓充巡警之役,以踪迹盗贼之徒。警迹之人,俱有册籍,故曰收充。若非应起除,而私自用药或火灸去原刺面、膊上字样者,虽不为盗,亦杖六十,补刺原刺字样。

【1670】6.18.303(略)

【1725】6.18.291

律文(略)

注:此言刺字所以惩盗,不得私除也。警者,巡警之意;迹者,踪迹之意。凡盗贼曾经刺字者,徒满发回原籍,使充巡警之役,以踪迹盗贼。果能悔过迁善,立功以自赎,然后起除原刺,复为良民。至犯流者,即于流所充警。但非本方之人,踪迹盗贼,非其所能,惟令昼夜巡警,示之以辱,自警以警人耳。三犯问绞,以曾经刺字为断,故不得擅自起除。违者坐杖,补刺。

臣等谨按:此言刺字专以惩盗,不得私除也。凡盗刺字者,发原籍,收充警迹。警者,巡警之意;迹者,踪迹之意。充巡警之役以踪迹盗贼,俾立功以自赎,盖以盗捕盗之法也。犯徒者,役满发回,在原籍充警,使之立功,然后起除原刺,复为良民。犯流者,即于流所充警。但非本方之人,踪迹盗贼,非其所能,且无原刺可起,惟令昼夜巡警,示之以辱,自警以警人。且名隶于官,时为点察,不敢复行放逸为非,故止言充警,不言充警迹。此中分别,深意存焉。至三犯问绞,亦以曾经刺字为断,故不得擅自起除。违者坐杖,补刺。

【1740】6.18.281(略)

附律条例

【1725】〇增入

臣等谨按：雍正二年(1724)闰四月内，刑部议复销毁刺字事理，谨拟节录于后。

【续增现行例】一、凡窃盗等犯，有自行用药销毁面上所刺之字者，枷号三个月，杖一百。代毁之人，枷号两个月，杖一百。补刺。

【1725】6.18.291.(1)

【钦定例】一、凡窃盗等犯，有自行用药销毁面、膊上所刺之字者，枷号三个月，杖一百，补刺。代毁之人，枷号两个月，杖一百。

【1740】6.18.281.(1)(略)

【1725】6.18.291.(2)

【钦定例】一、凡强盗、人命重犯，督抚审结，果系赃实盗确，并拒捕杀人窃盗，及律应斩决盗案，一面具题，即将该犯面上刺"强盗"二字。如内有监候待质者，于一边面上刺"待质"二字；命案斩决等犯，亦即刺"凶犯"二字。仍将已经刺字之处，俱于本内声明。其命案斩、绞监候等犯，情重难宥者，该督抚将应行刺字之处，本内声明，俟奉旨之日，刺字、监候。其戏杀、误杀、斗殴杀俱免刺。直省等处，如遇面刺"强盗""凶犯""待质"等字样者，即擒拿送官。

谨案：此条雍正三年(1725)定。

【1740】6.18.281.(2)(略)

【1767】〇修改

臣等谨按：原例"命案斩、绞监候等犯，情重难宥者，该督抚将应行刺字之处，本内声明，俟奉旨之日刺字"等语，嗣于乾隆二十九年(1764)五月内，山西按察使蓝钦奎条奏，斩、绞立决并监候情重难宥各犯，俱令督抚于具题之日先行刺字，以防疏脱等因，奏准遵行。是以将原例内俟奉旨之日始行刺字之处，照新例改正。再，原例内有"监候待质人犯，于面上刺'待质'二字"一语。查乾隆十七年(1752)十二月内，钦奉上谕："嗣后，内外问刑衙门，于一切命盗重案，各宜留心迅速查办。应缉拿者，上紧缉拿，应定拟者，即行定拟，勿致尘案日积。若本非难结之案，承审各官不能审出实情，惟以监候待质为迁延时日之计，该堂官、督抚察出，即严行参处。可通行晓谕知之。钦此。"钦遵，已载入"捕亡·盗贼捕限"门内。所有监候待质之例，久已不行，拟合将原例内"面上刺'待质'二字"句删去。

一、凡强盗、人命重犯、拒捕杀人窃盗，并律应斩决，以及命案内斩、绞监候等犯，情重难宥者，该督抚俱于具题之日，交按察使衙门先行刺字，然后递回犯事地方监禁。如系强盗，面上刺"强盗"二字；命案斩、绞等犯，面上刺"凶犯"二字。仍将已经刺字之处，于本内声明。其戏杀、误杀、斗殴杀，俱免刺。直省等处，如遇面刺"强盗""凶犯"等字样者，即擒拿送官。

【1768】6.18.281.（2）（略）

【1740】○续纂

一、偷刨人参之犯，向例左右面刺字者，今改照窃盗例，初犯刺右面，再犯刺左面。

谨案：此条乾隆五年（1740）定。

【1740】6.18.281.（3）（略）

【1801】○修改

臣等谨按：偷刨人参之犯，向例俱左、右面刺字。至乾隆五年（1740），据奉天府尹宋筠条奏，偷刨人参固干严禁，但刨参者窃于山，偷盗者援于室，照窃盗例刺一面已足蔽辜等因，奏定此例。查偷刨人参，原例有犯即系徒、流罪名，故照窃盗计赃拟徒之例，初犯，刺右面；再犯，刺左面。嗣于乾隆四年（1739），经臣部奏准，参在一两以下为从，杖一百，应依窃盗计赃问拟杖、笞之例，初犯刺臂；再犯，刺面。应请嗣后偷刨人参之犯，计赃应拟满杖者，照窃盗例，初犯，刺臂；再犯，刺面。如在徒、流以上，仍照旧例，初犯，刺右面；再犯，刺左面。谨将修改例文，开列于后。

一、偷刨人参之犯，计赃应拟满杖者，照窃盗例，初犯刺臂、再犯刺面。如在徒、流以上，仍依旧例，初犯刺右面，再犯刺左面。

【1802】6.18.281.（10）（略）

【1740】○续纂

一、凡窃盗刺字发落之后，责令充当巡警。如实能改过，缉盗数多者，准其起除刺字，复为良民，该地方官编入保甲，听其各谋生理。

谨案：此条系乾隆五年（1740）刑部议准定例。

【1740】6.18.281.（4）（略）

【1825】6.18.281.（3）（略）

【1840】○修改

臣等谨按：道光十八年（1838）七月内，据升任刑科给事中况澄奏请增修刺字条例一折，内称“窃盗刺字发落之后，责令充当巡警，如实能改过，缉盗数多者，准其起除刺字，复为良民。但该犯实能改过，必须定限几年无过方准起除；得盗数多，必须定以获盗几名或拿获要犯，准其不拘年限即予起除”等语。经臣部查窃盗改过缉盗起除刺字之例，系乾隆五年（1740）纂定，当时不议年限，自系立时改悔缉盗自效，即可予以自新。惟究未验之久，不渝即难保其不复循故辙，自应酌定年限，以昭慎重。至例内“缉盗数多”一语，亦未指明以若干名为断，办理或涉游移，应酌定名数以凭办理。惟有强、窃之不同，如所获系强盗，自较之仅获窃盗者为重，若笼统定数似觉漫无区别。虽原奏内并未议及，究应分别议明，归于允协。议请嗣后，窃盗刺字发落之后，责令充当巡警，如实能改悔，历二三年无过，又经缉获强盗二名以上、窃盗五名以上者，准其起除刺字，复为良民。第查此条例文，原系以盗攻盗之意，若不系盗犯未便滥准缉拿，致酿事端等因具奏。奉旨允准通行。遵照在案。应就原例修改明晰，以资引用。谨将修改例文，开列于后。

一、窃盗刺字发落之后，责令充当巡警。如实能改悔，历二三年无过，又经缉获强盗二名以上或窃盗五名以上者，准其起除刺字，复为良民，该地方官编入保甲，听其各谋生理。若不系盗犯，不准滥行缉拿。

【1847】6.18.281.(19)(略)

【1761】○续纂

一、发遣人犯，如从前面上原刺之字，与现犯事由相同者，毋庸重复叠刺。倘现犯事由各别，仍于左面上另行刺字。

臣等谨按：此条系乾隆二十七年(1762)七月内，四川总督开泰咨请臣部复准通行，应纂入例册，以便引用。合并声明。

【1768】6.18.281.(6)(略)

【1825】6.18.281.(4)(略)

【1767】○续纂

一、应发乌鲁木齐等处人犯，除例应刺明事由者，仍照例刺发外，其凶徒执持军器殴人至笃疾，以及军流人犯内有情罪较重，改发乌鲁木齐等处者，即令起解省份，于该犯右面刺"外遣"二字，解赴甘省酌量分发，补刺地名。

臣等谨按：此条系乾隆二十八年(1763)十二月内，江苏按察使钱琦条奏定例，应纂辑遵行。

【1768】6.18.281.(5)(略)

【1801】○修改

臣等谨按：嘉庆四年(1799)正月内，钦奉上谕："嗣后问刑衙门俱专引本律，不得于律外又称'不足蔽辜'及'从重'字样等因。钦此。"经臣部遵旨，凡律例内加重问拟之条，俱奏请删除。此条例内"军、流人犯内有情罪较重，改发乌鲁木齐"等语，系属加重旧例，应行节删。谨将修改例文，开列于后。

一、应发乌鲁木齐等处人犯，除例应刺明事由者，仍照例刺发外，其凶徒执持军器殴人至笃疾等项例不应刺事由者，于该犯右面刺"外遣"二字，解赴甘省酌量分发，补刺地名。

【1802】6.18.281.(11)(略)

【1821】○修改

臣等谨按：嘉庆二十二年(1817)四月内，臣部议复升任伊犁将军长龄以伊犁遣犯日多，请为调剂案内，将凶徒执持军器殴人至笃疾等项十三条改发内地等因，奏准在案。例内"凶徒执持军器殴人至笃疾"字样，应行节删。谨将修改例文，开列于后。

一、应发乌鲁木齐等处人犯,除例应刺明事由者,仍照例刺发外,其例不应刺事由者,即令起解省份,于该犯右面刺“外遣”二字,解赴甘省酌量分发,补刺地名。

【1825】6.18.281.(18)(略)

【1847】6.18.281.(17)(略)

【1767】○续纂

一、新疆改发内地人犯,面上刺“改遣”二字。如应刺事由者,并刺事由。

臣等谨按:此条系乾隆三十二年(1767)六月内,江西巡抚吴绍诗咨请臣部复准通行,应纂入例册,以便引用。合并声明。

【1768】6.18.281.(7)(略)

【1772】○修改

臣等谨按:此条系由新疆改发内地人犯刺字定例,是必须从前应发新疆,今改发内地者,方刺“改遣”二字。若犯事到官,年在五十以上及成残废者,则原议已停发新疆,仍照原例发遣,非如例应发遣新疆之人新例改发内地者可比,自不应同刺“改遣”字样,致滋混淆。前于乾隆三十四年(1769)三月内,据护理广西巡抚淑宝咨请部示,经臣部议复,此项老疾人犯,仍应照本罪刺字,通行各省在案。谨拟于此条之末添入“若犯事到官,年在五十以上及成残废者,仍照本例刺字”一语,以免混淆。合并声明。

一、新疆改发内地人犯,面上刺“改遣”二字。如应刺事由者,并刺事由。若犯事到官,年在五十以上,及成残废者,仍照本例刺字。

【1778】○修改

臣等谨按:原例新疆改发人犯,事犯到官,年在五十以上及成残废者,仍照本例刺字。其年未及岁之犯并未议及。嗣于乾隆三十九年(1774)六月内,浙江巡抚三宝以军犯刘小四系伊父刘东坡杀死一家三命案内缘坐,由新疆改发内地之犯,年未及岁,可否面不刺字,咨请部示。经臣部以刘小四定案时年仅七岁,并不在发遣新疆条内,与新疆改归内地应刺“改遣”者不同,应与年在五十以上及成残废等犯事同一例,免其刺字,咨复该抚并通行各督抚在案。所有此条原例应行修改。谨将修辑例文,开列于后。

一、新疆改发内地人犯,面上刺“改遣”二字。应刺事由者,并刺事由。若犯事到官,年在五十以上、十五以下,及成残废者,毋庸刺“改遣”字,应刺事由者,仍刺事由。

【1782】○删除

臣等谨按:新疆改发内地人犯,业于乾隆四十四年(1779)十月内,因巴里坤屯田缺额,经臣部奏明仍行发往新疆在案。现在并无改发内地之人,此例业已不用,应行删除。

【1788】○修复

臣等谨按:乾隆三十二年(1767),因新疆遣犯过多,将积匪猾贼等项人犯改发内地,是以定有面刺“改遣”及分别老幼、残废之例。嗣于乾隆四十四年(1779),将改发内地人犯仍行发往新疆,故于前次纂例时将此例删除。今于乾隆四十八年(1783)十二月内,复经伊犁将军伊勒图以发到遣犯过多,请遵前例酌发停止,经臣部议准。停止发遣新疆改发内地者，共十二条，著为定例在案，所有此条原例，应仍纂遵行。

一、新疆改发内地人犯，面上刺"改遣"二字。应刺事由者，并刺事由。若犯事到官，年在五十以上、十五以下，及成残废者，毋庸刺"改遣"字，应刺事由者，仍刺事由。

【1790】6.18.281.(7)(略)

【1801】修改

臣等谨按：新疆改发内地人犯，面刺"改遣"字样，系乾隆四十八年(1783)定例。嗣于嘉庆三年(1798)，经臣部题准，由新疆改发内地各款，均面刺"改发"字样。此条面刺"改遣"旧例，应行修改。又，查律载年七十以上、十五以下及废疾，犯军、流以下，收赎。惟有新疆改发内地各项人犯，老疾残废者，仍照原例充发。盖因此等人犯，原例如有脱逃即应正法，故老疾残废之犯，仍照例发配。现经臣部奏准，由新疆改发内地人犯，如有脱逃被获，加二等调发，俱不正法，与寻常军、流无异。自应推广圣仁，凡七十以上、十五以下及残废者，俱准其依律收赎，以昭平允。此条内"年在五十以上"一段，应改为"若犯事到官，年在七十以上、十五以下及成残废者，仍照律收赎"，并将"名例·徒流迁徙地方"条内"老疾残废者，仍照原例充发"等语删除。合并声明。谨将修改例文，开列于后。

一、新疆改发内地人犯，面上刺"改发"二字。如应刺事由者，并刺事由。若犯事到官，年在七十以上、十五以下，及成残废者，仍照律收赎，毋庸刺字。

【1802】6.18.281.(12)(略)

【1825】6.18.281.(11)(略)

【1772】○续纂

一、拿获无赖匪徒，串党驾船，设局揽载客商勾诱赌博之犯，审明，无论初犯、再犯，不计次数，概于定案时左面刺"诱赌匪犯"四字。

臣等谨按：此条系乾隆三十六年(1771)七月内，臣部议复江西按察使欧阳永裿条奏定例，应纂辑遵行。

【1790】6.18.281.(8)(略)

【1802】6.18.281.(5)(略)

【1772】○续纂

一、凡回民行窃，分别初犯、再犯，于臂膊、面上概刺"回贼"二字。如结伙三人以上，及执持绳鞭器械，例应改发者，仍再刺"改遣"二字。

臣等谨按：回民犯事，虽均与民人一体办理，惟有犯行窃，结伙三人以上，或执持绳鞭器械，俱不计次数，照积匪猾贼例问拟。是以向来办理此等案件，亦均刺"积匪猾贼"四字，似与所犯情节不符，且亦难于稽考。乾隆二十三年(1758)六月内，据陕甘总督吴达善咨请刺"回贼"字样，再刺"改遣"二字，以示区别，经臣部咨准办理在案。应纂辑为例，以便遵行。

【1790】6.18.281.(9)(略)

【1801】〇修改

臣等谨按:回民行窃,结伙三人以上,执持绳鞭器械一项,乾隆四十八年(1783)奏准由新疆改发内地,面刺"改遣"二字。嗣于嘉庆四年(1799),臣部遵旨议复大学士、署伊犁将军保宁,以新疆各厂做工人少,奏请酌发伊犁遣犯折内,将此项仍发新疆当差等因,奏准在案。此等人犯应照新疆人犯例,仍刺"外遣"二字。其刺"改遣"旧例应行修改。谨将修改例文,开列于后。

一、凡回民行窃,分别初犯、再犯,于臂膊、面上概刺"回贼"二字。如结伙三人以上,及执持绳鞭器械,例应改发者,仍再刺"外遣"二字。

【1802】6.18.281.(13)(略)

【1806】〇修改

臣等谨按:嘉庆十年(1805)八月,臣部遵旨调剂吉林等处安插人犯折内,议将回民行窃,结伙三人以上及执持绳鞭器械等六条,仍照旧例改发内地等因,奏准在案。现于"名例"内修改,并载明面刺"改发"二字。此条例内结伙三人以上,及执持绳鞭器械,改发新疆,仍再刺"外遣"二字,业已不用,应请节删。又,十二月内,臣部核复陕西巡抚方维甸题"强舍儿札死回贼李锁儿"一本,面奉谕旨:"'回贼'着改为'窃贼'。钦此。"钦遵亦在案。是例内刺"回贼"字样,亦应钦遵修改。谨将删改例文,开列于后。

一、凡回民行窃,分别初犯、再犯,于臂膊、面上概刺"窃贼"二字。

【1825】6.18.281.(15)(略)

【1772】〇续纂

一、由烟瘴改发极边人犯,面上刺"烟瘴改发"四字。

臣等谨按:此条系乾隆三十七年(1772)二月内,臣部议复湖北巡抚陈辉祖条奏定例,应纂辑遵行。

【1790】6.18.281.(10)(略)

【1802】6.18.281.(6)(略)

【1772】〇续纂

一、蠹役犯赃,除照例分别赃数治罪外,无论首从,徒罪以下,以"蠹犯"二字刺臂,流罪以上刺面。白役有犯,一体办理。倘犯赃刺字后,仍盘踞衙门充当者,照更名重役例治罪。如有私毁刺字者,即照窃盗销毁刺字例治罪。若定案时,将应刺之犯不行刺字,及刺字后仍无觉察,滥准充当者,该管官交部议处。

臣等谨按:此条系乾隆三十七年(1772)七月内,臣部议复广西按察使朱椿条奏定例,应纂辑遵行。

【1790】6.18.281.(11)(略)

【1825】6.18.281.(7)(略)

【1788】○移并

【原例】* 刑律·贼盗·窃盗

一、奴仆为窃盗,或抢夺,并盗家长财物,俱刺面。其余平民犯抢夺刺面。如系窃盗,初犯罪止杖责者,照律于右小臂膊刺字;再犯,左面刺字。不得以赃少罪轻免刺。

谨案:此条乾隆五十三年(1788)将旧例修并,于"窃盗"门内移归此律。

【1790】6.18.281.(12)(略)

【1801】○修改

臣等谨按:窃盗刺字,如计赃罪应杖责者,初犯,刺臂;再犯,刺面。其计赃在徒罪以上者,即初犯亦应刺面。内外问刑衙门,遵行并无舛错,而例无明文,应增入以便稽考。谨将修改例文,开列于后。

一、奴仆为窃盗,或抢夺,并盗家长财物,俱刺面。其余平民犯抢夺,及窃盗初犯,计赃在徒罪以上者,刺面;如窃盗初犯罪止杖责者,照律于右小臂膊刺字;再犯,左面刺字。不得以赃少罪轻免刺。

【1802】6.18.281.(14)(略)

【1825】6.18.281.(12)(略)

【1788】○移改

【原例】* 刑律·贼盗·发冢

【1768】6.18.276.(9)一、发掘坟冢,除冢先穿陷,及止盗坟冢上砖石器物者,仍照律免刺外,若开棺见尸,及发冢见棺,为首者均于面上刺"发冢"字;其发冢见棺为从,与未见棺,罪在军、流以下者,初犯刺臂,再犯刺面。其盗未殡未埋尸柩者,刺"盗棺"字。

臣等谨按:各项人犯应刺事由,悉皆汇辑于"起除刺字"门内。此条系指应刺"发冢""盗棺"各事由之例,原载"发冢"条下。查"发冢"律目系专指盗发坟墓,分别曾否见棺、见尸,按照首从、次数治罪之文。此例系专言应刺事由,自应移入"起除刺字"门内,以昭贴切,理合声明。

【1790】6.18.281.(13)(略)

【1801】○修改

臣等谨按:窃盗刺字,徒罪以上刺面。此条发冢见棺为从与发而未见棺者,其罪俱应拟徒、刺面。查发冢之罪与窃盗相等,其刺字未便较窃盗为轻,例内罪在军、流以下者,初犯刺臂之处殊未画一,应行修改。谨将修改例文,开列于后。

一、发掘坟冢,除冢先穿陷,及止盗坟冢上砖石器物者,仍照律免刺外,若开棺见尸,及发冢见棺,与发而未见棺者,首从均面刺"发冢"字。其盗未殡未埋尸柩者,面刺"盗棺"字。

【1802】6.18.281.(15)(略)

【1825】6.18.281.(13)(略)

【1768】续纂

一、京外在伍兵丁脱逃被获,及逾限投回者,面上俱刺“逃兵”二字。

【1788】○修并

【原例】* 兵律·军政·从征守御官军逃【1778】续纂

臣等谨按:此条系逃兵刺字之文。至军营跟随正兵之余丁脱逃,例应面刺“脱逃余丁”四字,原载于“兵律·从征守御官军逃”门内。今拟移纂于此条之内,庶例义以类相从,援引亦较便捷。谨将移改、修辑例文,开列于后。

一、京外在伍兵丁脱逃被获,及逾限投回者,面上俱刺“逃兵”二字。其军营脱逃之余丁,面上刺“脱逃余丁”四字。

【1790】6.18.281.(14)(略)

【1802】6.18.281.(8)(略)

【1788】○续纂

一、台湾无藉游民,除犯该徒、流以上,仍照定例办理外,若犯止枷、杖,例应逐回原籍管束者,面刺“逐水”字样。

谨案:此条乾隆五十三年(1788)定。

【1790】6.18.281.(15)(略)

【1802】6.18.281.(9)(略)

【1801】○续纂

一、凡监守、常人盗仓库钱粮,及抢夺,并一切犯罪应刺事由之犯,如畏罪自首者,各照律例分别减等科断,均免其刺字。惟强盗自首例应外遣者,仍刺地名,不刺事由。

臣等谨按:律载犯罪事未发而自首者,免其罪,知人欲告而自首者,减罪二等。又,例载闻拿投首之犯,于本罪减一等科断。又,窃盗自首,律该减等拟罪者免刺各等语,是窃盗自首既准免罪又准免刺,例有专条。若监守、常人盗仓库钱粮自首之案,除减等治罪外,应否刺字,律例内并无明文。查嘉庆五年(1800),云南巡抚初彭龄审拟“富民县户书段经国侵蚀税银,旋经自首,并诬告杨聪”一案,将段经国除监守自盗自首减等,轻罪不议,照诬告人流罪例拟流,并声明照例刺字。经臣部以该犯监守自盗之罪,既因自首减等,即应比照窃盗自首减等拟罪者免刺例,免其刺字等因,咨复在案。惟是经严刑,故律许自新,故畏罪自首之犯,俱得分别减等。即如强盗自首例内止载减等罪名,不载作何刺字,诚以业经畏罪自首,自应宽其既往,止治其罪,免其刺字,以开其自新之路。惟减等之罪应外遣黑龙江等处者,照例刺发遣地方,以便稽考。是强盗自首,亦在免刺事由之列。则凡一切罪应刺字之犯,比强盗情罪有间。如果畏罪自首,自应免其刺字,以归画一。但例无明文,外省鲜所依据,谨拟纂辑专条,以昭赅备而便引用,并将强盗自首例应外遣者,仍刺地名、不刺事由之处,于例内注明,以免牵混,合并声明。

【1802】6.18.281.(16)(略)

【1825】6.18.281.(14)(略)

【1806】○续纂

一、粮船水手聚众滋事，罪应徒、流者，俱面刺“不法水手”四字。如罪止杖、笞人犯，递回原籍，交地方官严查管束，毋庸刺字。

臣等谨按：嘉庆七年(1802)五月内，漕运总督铁保奏，粮船水手聚众滋事各犯，俱刺“不法水手”字样等因，经臣等以水手聚众滋事问拟流、徒，向例本无刺字明文，惟查此等匪徒顽梗性成，难保其释回后不复潜帮滋扰，自应面刺“不法水手”字样，俾众人认识，以示惩儆。至罪止杖、笞递籍人犯，自有地方官严查约束。倘一经刺面，贻玷终身，势必见屏于人，寻工无所，亦非所以示区别。该督所称杖、笞人犯，概行刺面之处，应毋庸议等因，奏准在案。应纂辑为例，以便引用。

【1825】6.18.281.(16)(略)

【1847】6.18.281.(3)(略)

【1810】○续纂

一、举贡生监犯罪，例应刺字者，除所犯系党恶、窝匪、卑污下贱，仍行刺字外，若只系寻常过犯，不致行止败类者，免其刺字。

臣等谨按：嘉庆十六年(1811)十一月内，臣部议复升任浙江巡抚蒋攸銛等奏“访拿雇倩枪手人场代考之戴经元等审明治罪”一折内称，查举贡生监，既厕身士林，自与庶民有别，故犯笞、杖轻罪，例准纳赎。即罪至遣戍，如只系寻常过犯，止令其当差，不使为奴，当差之犯，例不刺字。若至党恶窝匪、卑污下贱，则不齿于士类，即与平人一例为奴，用昭惩创。至犯充军罪名，如不论所犯情罪，概与民人一体刺字，转不若发遣者，尚有当差、为奴之分，似非持平之道。议请嗣后举贡生监犯该充军，例应刺字者，除所犯系党恶窝匪、卑污下贱，仍行刺字外，若只系寻常过犯，不致行止败类者，免其刺字等因奏准，通行在案。应纂辑为例，以便遵行。再，查犯罪应刺字者，不止充军一项，原奏内称犯该充军，设若有犯流、徒、杖罪，转致挂漏，应将“犯该军罪”字样改为“犯罪”二字，以昭赅备。合并声明。

【1825】6.18.281.(17)(略)

【1847】6.18.281.(16)(略)

【1821】○续纂

一、凡蒙古、民人、番子人等，有犯抢劫之案，应照蒙古例定拟者，均面刺“抢劫”二字。其蒙古发遣人犯，在配脱逃，面刺“逃遣”二字。至蒙古免死减军人犯，在配脱逃，面刺“逃军”二字。

臣等谨按：嘉庆二十五年(1820)七月内，臣部会同理藩院汇奏蒙古人犯刺字折内，议请嗣后蒙古民人、番子人等有犯抢劫之案，除照刑例治罪者，仍按刑例刺字外，其应照蒙古例定拟者,面刺"抢劫"二字。至蒙古发遣人犯并蒙古免死减军人犯在配脱逃,应分别面刺"逃遣""逃军"二字等因,奏准在案。应纂辑为例,以便遵行。

【1825】6.18.281.(19)(略)

【1847】6.18.281.(18)(略)

【1870】○续纂

一、兴贩硝磺,犯该徒罪以上者,左面刺"硝犯"二字;罪止拟杖者,右臂刺"硝犯"二字。

谨案:此条同治元年(1862)定。

【1870】6.18.281.(20)(略)

国家出版基金项目
NATIONAL PUBLICATION FOUNDATION

大清律例源流辑校

大清律例源流汇考

第四册

礼律　兵律

陈颐　点校

法律出版社
LAW PRESS · CHINA
北京

总　　目

第四册

第五册

第六册

第七册

第八册

第九册

第十册

本册目录

【礼　律】

【礼律·祭祀】

【礼律·仪制】

【兵　律】

【兵律·宫卫】

【兵律·军政】

【兵律·关津】

【兵律·厩牧】

【兵律・邮驿】

【礼　律】

【礼律·祭祀】

祭　享

律　文

【1646】4.11.175

凡天、地、社、稷、大祀及庙享，所司太常寺。不将祭祀日期预先告示将祭则先致斋，将斋则先誓戒，将戒则先告示。诸衙门知会者，笞五十。因不告示而失误行事者，杖一百。其已承告示而失误者，罪坐失误之人。亦杖一百。○若百官已受誓戒，传制与百官斋戒。而吊丧问疾、判署刑杀文书，及预筵宴者，皆罚俸钱一月。其所司知百官有缌麻以上丧，或曾经杖罪，遣充执事，及令陪祀者，罪同。不知者不坐。若有丧、有过不自言者，罪亦如之。其已受誓戒人员，散斋不宿净室，罚俸钱半月。致斋于内不宿本司者，罚俸钱一月。○若大祀牲牢、玉帛、黍稷之属不如法者，笞五十。一事缺少者，杖八十；一座全缺者，杖一百。○若奉大祀在涤之牺牲，主司牺牲所官。喂养不如法，致有瘦损者，一牲笞四十，每一牲加一等，罪止杖八十。因而致死者，加一等。○中祀有犯者罪同。余条准此。

【1670】4.11.174（略）

【1725】4.11.167

凡天、地、社、稷大祀及庙享，所司太常寺将祭则先致斋，将斋则先誓戒，将戒则先告示。不将祭祀日期预先告示诸衙门知会者，笞五十。因不告示而失误行事者，杖一百。其已承告示而失误者，罪坐失误之人。亦杖一百。○若传制与百官斋戒，百官已受誓戒，而吊丧问疾、判署刑杀文书，及预筵宴者，皆罚俸一月。其所司知百官有缌麻以上丧，或曾经杖罪，遣充执事，及令陪祀者，罪同。不知者不坐。若有丧、有过不自言者，罪亦如之。其已受誓戒人员，散斋于外不宿净室，致斋于内不宿本司者，并罚俸一月。○若大祀牲牢、玉帛、黍稷之属不如法者，笞五十。一事缺少者，杖八十；一座全缺者，杖一百。○若奉大祀在涤之牺牲，主司牺牲所官。喂养不如法，致有瘦损者，一牲笞四十，每一牲加一等，罪止杖八十。因而致死者，加一等。○中祀有犯者罪同。余条准此。

注:此言祭享不可不极其诚敬也。大祀并四时祭享,乃祀典之最大者。故太常寺官预先告示诸衙门,使各官咸知谨慎斋戒,重其事也。失误如不到而失误行事,或后到而不及报名皆是。祭祀之前,传制与百官斋戒,曰"誓戒"。已受誓戒而吊问、判署及预筵宴,则无清明之气矣。所司知该员有丧、过而擅遣,官员不自言而滥预,则无严肃之意矣。散斋于外不宿静室,致斋于内不宿本司,则无诚敬之心矣。牲牢、玉帛、黍稷之属不如法,或一事缺少,或一座全缺;牺牲喂养不如法,有瘦损者,有致死者,则不足以成荐享矣。故分别科罪。至于中祀,如岳渎山川、日月星辰,并历代帝王,及孔子庙,与大祀虽有间,均属朝廷大典。如有犯前项数事者,亦照前项所定之罪拟断,故曰"罪同"。注云"余条准此",如下条毁大祀丘坛及毁弃大祀神御物,罪各有差,若中祀有犯亦依大祀论,故曰"准此"。

原拟:今无罚俸半月之例,应将"散斋"四句改为"散斋不宿净室、致斋不宿本司者,并罚俸一月"。

臣等谨按:此言祭享大典,不可不极其诚敬也。大祀如祀天地、社稷、四时祭享宗庙,乃祀典所最重者,预先告示诸衙门,使各官咸知敬惧斋戒也。失误,如行礼有失,不中节度,或后到不及报名,皆为失误。祭祀之前,传制与百官斋戒,曰誓戒。已受誓戒,而吊问、判署及预筵宴,则无清明之气。散斋于外不宿净室,致斋于内不宿本司,则无诚敬之心。牲牢、玉帛、黍稷之属,所赅者广,凡一切荐享之物皆是。不如法,或烹割失节,或陈设失序。牺牲所官,系专司牧养者。瘦损致死,则不足以成荐享矣。中祀,如岳渎山川、日月星辰、历代帝王、先师孔子。此虽与大祀有间,均属国家大典也。前二节,指礼仪之怠忽者言;后二节,指品物之缺损者言;末节,专指中祀言。如有犯前项数事者,亦依前项所定罚俸、笞、杖科断,故曰"罪同"。注云"余条准此",谓此下律条,毁大祀丘坛及毁弃大祀神御物,罪各有差,若中祀有犯亦以大祀论,故曰"准此"。

【1740】4.11.157(略)

附律条例

【1646】4.11.175(1)

一、郊祀斋戒前二日,太常寺官宿于本司,次日具本奏闻,致斋三日。次日进铜人,传制谕文武官斋戒,不饮酒,不食葱韭薤蒜,不问病,不吊丧,不听乐,不理刑,不与妻妾同处。定斋戒日期,文武百官先沐浴更衣,本衙门宿歇,次日听誓戒毕,致斋三日。宗庙社稷,亦致斋三日,惟不誓戒。

【1670】4.11.174.(1)(略)

【1725】4.11.167(3)

【原例】一、凡郊祀,斋戒前二日,太常寺官宿于本司,次日具本奏闻,致斋三日。次日进铜人,传制谕文武官斋戒,不饮酒,不食葱韭薤蒜,不问病,不吊丧,不听乐,不理刑,不与妻妾同处。定斋戒日期,文武百官先沐浴更衣,本衙门宿歇,次日听誓戒毕,致斋三日。宗庙社稷,亦致斋三日,惟不誓戒。

【1740】4.11.157.(1)(略)

【1646】4.11.175(2)

一、太常寺厨役,但系讦告词讼,及因人连累,问该笞、杖罪名者,纳赎,仍送本寺着役;徒罪以上,及奸、盗、诈伪,并有误供祀等项,不分轻重,俱的决做工,改拨光禄寺应役。

【1670】4.11.174.(2)(略)

【1725】○移改

原拟:今无做工之例,应删去“做工”二字。(雍正三年)

*名例律·五刑【1725】1.1.1.(3)(略)

【1646】4.11.175.(3)

一、大祀前三月,付牺牲所涤治如法;中祀,前三十日涤之;小祀,前十日涤之。大祭者,祭天、地、太社、太稷也;庙享者,祭太庙、山陵也;中祀,如朝日夕月、风云雷雨、岳镇海渎,及历代帝王、先师、先农、旗纛等神;小祀,如诸神。惟帝王陵寝及孔子庙,则传制特遣。

【1670】4.11.174.(3)(略)

【1725】4.11.167(4)

【原例】一、大祀前三月,以牺牲付牺牲所涤治如法;中祀,前三十日涤之;小祀,前十日涤之。大祀,祭天、地、太社、太稷也;庙享,祭太庙、山陵也;中祀,如朝日夕月、风云雷雨、岳镇海渎,及历代帝王、先师、先农、旗纛等神;小祀,谓凡载在祀典诸神。惟帝王陵寝及孔子庙,则传制特遣。

【1740】4.11.157.(2)(略)

【1725】4.11.167(1)

【钦定例】一、每年三月十八日,恭逢圣祖仁皇帝万寿圣节,凡内外文武官员及军民人等,俱应虔诚斋戒,不理刑名,禁止屠宰。

【1740】○删除

臣等伏思:圣祖仁皇帝万寿圣节、至圣先师孔子诞辰,通行直省遵奉不理刑名、禁止屠宰,共昭诚敬,应载礼书,以垂永久,律例内不敢登录。

【1725】4.11.167(2)

【钦定例】一、每年八月二十七日,恭值至圣先师孔子诞辰,内外文武各官以及军民人等,应致斋一日,不理刑名,禁止屠宰。

【1740】○删除

按语,见【1725】4.11.167(1)条下。

【1740】○删除

一、凡陪祭致斋各官，不理刑名，不办事，不宴会，不听音乐，不入内寝，不问疾，不吊丧，不饮酒，不食葱韭薤蒜，不祈祷，不报祭，不祭墓。

此条系雍正十二年(1734)定例，与前重复，无庸纂入。

毁大祀丘坛

律　文

【1646】4.11.176

凡大祀丘坛而毁损者，不论故、误，杖一百、流二千里。壝门，减二等。杖九十、徒二年半。○若弃毁大祀神御兼太庙之物者，杖一百、徒三年。虽轻必坐。遗失及误毁者，各减三等。杖七十、徒一年半。如价值重者，以毁弃官物科。

【1670】4.11.175（略）

【1725】4.11.168

律文（略）

注：此言致谨祭祀之典于平时也。凡大祀，祭天于圜丘，祭地于方丘。丘必有坛，故曰“丘坛”，乃神所凭依之地。壝门，坛垣之门，乃迎神之所。神御之物，如床几、帷幔、祭器之类陈设，以申明荐者。上节不言误者，地既尊严，虽误亦坐也。下节不计赃者，祭祀重器，非可以赃论也。社稷坛与天、地坛同。中祀有犯，罪亦同。

臣等谨按：此言致谨祭祀之典于平时也。凡大祀，祭天于圜丘，祭地于方丘。丘必有坛，故曰“丘坛”，乃神所凭依之地。壝门，坛垣之门，乃迎神之所。神御之物，如床几、帷幔、祭器之类陈设，以申明荐者。上节不言误者，地既尊严，虽误亦坐也。下节不计赃者，礼神重器，非可以赃论也。社稷坛与天、地坛同。中祀有犯，罪亦同。

【1740】4.11.158

附律条例

【1646】4.11.176.(1)

一、天、地等坛内，纵放牲畜作践，及私种籍田外余地，并夺取籍田禾把者，俱问违制，杖一百，牲畜入官，犯人枷号一个月发落。

【1670】4.11.175.(1)（略）

【1725】4.11.168.(1)

【原例】一、天、地等坛内，纵放牲畜作践，及私种耤田外余地，并夺取耤田禾把者，俱问违制，杖一百，牲畜入官，犯人枷号一个月发落。

【1740】4.11.158.(1)（略）

【1740】4.11.158.(2)

一、八旗大臣，将本旗官员职名，书写传牌，挨次递交。每十日，责成一人会同太常寺官，前往天坛严查。有放鹰打枪、成群饮酒游戏者，即行严拿交部，照违制律治罪。

此条雍正五年(1727)定例。

致祭祀典神祇

律　文

【1646】4.11.177

凡各府州、县社稷、山川、风云雷雨等神，及境内先代圣帝明王、忠臣烈士，载在祀典，应合致祭神祇，所在有司，置立牌面，开写神号、祭祀日期，于洁净处常川悬挂，依时致祭。至期失误祭祀者，所司官吏杖一百。其不当奉祀之神非祀典所载。而致祭者，杖八十。

【1670】4.11.176(略)

【1725】4.11.169

律文(略)

注：此言在外有司之祭祀宜谨也。凡各府、州、县所有社稷、山川、风云雷雨等神，及前代圣帝明王、忠臣烈士，皆有功德于民。载在祀典者，有司立牌写号，使不错误；开明日期，使不遗忘；于洁净处常川悬挂，依时致祭。至期不祭者，满杖。若所祀神有祀典不载者，杖八十，所以杜淫祀也。

臣等谨按：此言在外有司之祭祀宜谨也。凡各府、州、县所有社稷、山川、风云雷雨等神，及前代圣帝明王、忠臣烈士，皆有功德于民，垂道法于世者也。立牌写号，使不错误；开明日期，使不遗忘；于洁净处常川悬挂，使不亵渎。前言至期不祀之罪，末言不当祀而祀之罪。

【1740】4.11.159(略)

历代帝王陵寝

律　文

【1646】4.11.178

凡历代帝王陵寝，及忠臣烈士、先圣先贤坟墓，所在有司当加护守，不许于上樵采耕种及牧放牛羊等畜，违者杖八十。

【1670】4.11.177(略)

【1725】4.11.170(略)

凡历代帝王陵寝，及先圣先贤、忠臣烈士坟墓，所在有司当加护守，不许于上樵采耕种及牧放牛羊等畜，违者杖八十。

注：此是护守历代陵墓，以昭忠厚也。凡历代帝王，曾作君而子民；圣贤忠烈，足师世而范俗。其陵寝、坟墓，所在有司，当时加护守，以昭钦敬崇重之意。若于其上

樵采耕种，及牧放牛羊等畜，则亵慢甚矣，故坐重杖。

原拟："先圣先贤"字应移写"忠臣烈士"之上。

臣等谨按：此是护守历代陵墓，以昭忠厚也。凡历代帝王，曾奉天而子民；圣贤忠烈，足师世而范俗。其陵寝、坟墓，所在有司，时加护守，以见国家崇道重德之意。若于其上樵采耕种，及牧放牛羊等畜，则亵慢甚矣，故坐重杖。

【1740】4.11.160（略）

亵渎神明

律　文

【1646】4.11.179

凡私家告天拜斗，焚烧夜香，燃点天灯、告天。七灯，拜斗。亵渎神明者，杖八十。妇女有犯，罪坐家长。若僧道修斋设醮而拜奏青词表文，及祈禳火灾者，同罪，还俗。重在拜奏。若止修斋而不拜奏青词表文者，不禁。〇若有官及军民之家，纵令妻女于寺观神庙烧香者，笞四十。罪坐夫男。无夫男者，罪坐本妇。其寺观神庙住持及守门之人，不为禁止者，与同罪。

【1670】4.11.178（略）

【1725】4.11.171

律文（略）

凡私家告天拜斗，焚烧夜香，燃点天灯、告天。七灯，拜斗。亵渎神明者，杖八十。妇女有犯，罪坐家长。若僧道修斋设醮而拜奏青词表文，及祈禳火灾者，同罪，还俗。重在拜奏。若止修斋祈禳，而不拜奏青词表文者，不禁。〇若有官及军民之家，纵令妻女于寺观神庙烧香者，笞四十。罪坐夫男。无夫男者，罪坐本妇。其寺观神庙住持及守门之人，不为禁止者，与同罪。

注：此禁非礼之祀、非礼之行，以端风化也。私家，通官员、军民言。上帝、北斗，非民间所可亵渎，亦非僧道所得拜奏。至于妇女，礼不逾阈，何况寺庙。若纵令妻女于寺庙烧香，殊非闲家之道。住持及守门之人擅容出入，亦有失戒规。故分别坐罪，而并禁之。

原拟："先圣先贤"字应移写"忠臣烈士"之上。

臣等谨按：此禁非礼之祀、非礼之行，以端风化也。私家，通官员、军民言。上帝、北斗，非民间所可亵渎，亦非僧道所得拜奏。至于妇女，礼不逾阈，何况寺庙。若纵令妻女于寺庙烧香，殊非治家之道。住持及守门之人擅容出入，亦有失戒规。故分别坐罪，而并禁之。

【1740】4.11.161（略）

附律条例

【1646】4.11.179.（1）

一、凡僧道、军民人等，于各寺观神庙刁奸妇女，因而引诱逃走，或诓骗财物者，问各杖一百，奸夫发三千里充军，奸妇入官为婢，财物照追给主。〇若军民人等，纵令妇女于寺观神庙有犯者，杖七十，枷号一个月发落。

【1670】4.11.178.(1)(略)

【1725】4.11.171.(1)

【原例】一、凡僧道、军民人等，于各寺观神庙刁奸妇女，因而引诱逃走，或诓骗财物者，问各杖一百，奸夫发三千里充军，奸妇入官为婢，财物照追给主。若军民人等，纵令妇女于寺观神庙有犯者，杖七十，枷号一个月发落。

【1740】○修改

臣等谨按：奸妇入官为婢，与诸例不符。查前明条例原文，本无此语，应删。谨将删辑例文开列于后。

一、凡僧道、军民人等，于各寺观神庙刁奸妇女，因而引诱逃走，或诓骗财物者，问各杖一百，奸夫发三千里充军，财物照追给主。若军民人等，纵令妇女于寺观神庙有犯者，杖七十，枷号一个月发落。

【1740】4.11.161.(1)(略)

【1788】○修改

臣等谨按：此条原系前明旧例。因僧道、军民人等，于寺观、神庙处所，敢于刁奸妇女，复因而引诱逃走，及有诓骗财物之事。亵渎淫恶，较寻常和诱及诓骗财物情罪为重。律内和诱知情之奸夫，止拟满徒；诓骗财物，赃至满贯，亦止满流，不足以蔽厥辜，故特设此条，以惩奸淫食利之徒。今定例和诱知情为首之犯，已应发遣云贵两广当差，依"名例"改发足四千里充军。此例内引诱逃走，即系和同诱拐，自当以发遣定拟，若仍发三千里充军，转系从轻。至此条系犯奸亵渎神明之例，僧道、军民有犯，自应仍尽犯奸本例，先于本寺庵院庙门首各予枷号，满日，再行照拟发配，方昭周备。其因刁奸而诓骗财物，难保必无为从之人，当分别首、从问拟。再被刁奸、诓骗财物之妇女，与被诱逃走者不同，止应仍依犯奸本条科罪。均宜增入，以便引用。又，纵令妇女与人通奸，律止杖九十。今原例内"纵令妇女于寺观神庙有犯者，杖七十，枷号一个月"之文，自系专指纵令妇女入寺犯奸、亵渎神明而言，应将"杖七十"之处，即照纵奸本律，改为"杖九十"，以免参差。仍伽号一个月。再查全书内充军地方，止有附近、近边、边远、极边及极边烟瘴五等，其三千里充军，即系边远，亦应修改。今将改辑例文，开列于后。

一、凡僧道、军民人等，于各寺观庵院神庙刁奸妇女，除将妇女引诱逃走，仍按照和诱、知情，分别首从，拟以军、徒外，其因刁奸而又诓骗财物者，不计赃数多寡，为首之奸夫发边远充军，为从者减等满徒。俱仍尽犯奸本法，先于寺观庵院庙门首分别枷号，满日，照拟发配。财物照追给主。犯奸之妇女，仍依本例科罪。若军民人等，纵令妇女于寺观神庙与人通奸，杖九十，枷号一个月发落。

【1790】4.11.161.(1)(略)

【1725】○增入

臣等谨按：雍正元年(1723)八月，内侍郎李凤翥条奏禁止迎神赛会，事理类于此律。

谨拟节录于后。

【续增现行例】一、凡各省有迎神赛会,男女嬉游花费者,照治家不严例,罪坐家长。

【1725】4.11.171.(2)

【钦定例】一、凡各省有迎神赛会者,照师巫邪术例,将为首之人从重治罪。其有男女嬉游花费者,照治家不严例,罪坐家长。

【1740】○删除

臣等谨按:本律内并无迎神赛会,下条"禁止师巫邪术"内另有正律,为首之人,罪止满杖。至于男女嬉游花费,已有罪坐纵令之律。此条删。

禁止师巫邪术

律 文

【1646】4.11.180

凡师巫假降邪神,书符咒水,扶鸾祷圣,自号端公、太保、师婆,名色。及妄称弥勒佛、白莲社、明尊教、白云宗等会,一应左道乱正之术,或隐藏图像,烧香集众,夜聚晓散,佯修善事,煽惑人民,为首者绞,监候。为从者各杖一百、流三千里。○若军民装扮神像,鸣锣击鼓,迎神赛会者,杖一百,罪坐为首之人。○里长知而不首者,各笞四十。其民间春秋义社,以行祈报者,不在此限。

【1670】4.11.179(略)

【1725】4.11.172

凡师巫假降邪神,书符咒水,扶鸾祷圣,自号端公、太保、师婆,名色。及妄称弥勒佛、白莲社、明尊教、白云宗等会,一应左道异端之术,或隐藏图像,烧香集众,夜聚晓散,佯修善事,煽惑人民,为首者绞,监候。为从者各杖一百、流三千里。○若军民装扮神像,鸣锣击鼓,迎神赛会者,杖一百,罪坐为首之人。○里长知而不首者,各笞四十。其民间春秋义社,以行祈报者,不在此限。

注:此严异端之禁,以正人心也。师巫以书符咒水、扶鸾祷圣等邪术,假降邪神,以惑愚民,男号端公、太保,女号师婆,及妄称弥勒佛、白莲社、明尊教、白云宗等会,皆邪教左道也。首节言师巫邪术之罪。盖此等邪术,易以煽惑人心,使之归教人众生奸,为害不小,故为首者绞候,为从者并满流。二节概言军民人等迎神赛会之罪。虽与邪术有间,但亦非正事,故并禁之,止坐为首之人满杖。末节言里长知而不首之罪。里长专司一里之事,有邪术惑众及军民赛会者,断无不知之理。知而不首,是有徇匿情弊,故坐笞。其民间义社春祈秋报,系应有之迎赛,虽用锣鼓会集,不在禁限。

臣等谨按:此严异端之禁,以正人心也。师者,行术之人;巫者,降神之人,兼男女言。左道,非正道也。男号端公、太保,女号师婆,及妄称弥勒佛、白莲社、明尊教、白云宗等会,皆异端之名色。首节正言师巫邪术之罪。盖此等邪术,易以煽惑人心,使之归教人众生奸，势将蔓延，为害不小。故为首者坐绞，为从者坐杖、流。二节概言军民人等迎神赛会之罪。虽与邪术有间，但亦非正事，故并禁之，止坐为首之人满杖。末节言里长知而不首之罪。里长专司一里之事，里中有邪术惑众及军民赛会者，断无不知之理。知而不首，是有徇匿情弊，故坐笞。其民间义社春祈秋报，系应有之迎赛，虽用锣鼓会集，不在禁限。

【1740】4.11.162（略）

附律条例

【1646】4.11.180.（1）

一、各处官吏、军民、僧道人等，来京妄称谙晓扶鸾祷圣，书符咒水，一切左道乱正邪术，煽惑人民，为从者，及称烧炼丹药，出入内外官家，或擅入皇城，夤缘作弊，希求进用，属军卫者，发边卫充军，属有司者，发边外为民。若容留潜住，及荐举引用，邻甲知情不举，并皇城各门守卫官军不行关防搜拿者，各参究治罪。

【1670】4.11.179.（1）（略）

【1725】4.11.172.（1）

【原例】一、各处官吏、军民、僧道人等，来京妄称谙晓扶鸾祷圣，书符咒水，一切左道异端邪术，煽惑人民，为从者，及称烧炼丹药，出入内外官家，或擅入皇城，夤缘作弊，希求进用，属军卫者，发边卫充军，属有司者，发边外为民。若容留潜住，及荐举引用，邻甲知情不举，并皇城各门守卫官军不行关防搜拿者，各参究治罪。

【1740】4.11.162.（1）（略）

【1772】○修改

臣等谨按：乾隆三十六年（1771）六月内，臣部奏明，此条所开"出入内外官家，或擅入皇城，夤缘作弊"等语，若止希求进用，拟军已足蔽辜。倘事关重大，自应另行办理。请添入"若事关重大，临时酌量办理"在案，所有此条原例应修。其"属军卫""有司"等字样，应删。谨将删改例文，开列于后。

一、各处官吏、军民、僧道人等，来京妄称谙晓扶鸾祷圣，书符咒水，一切左道异端邪术，煽惑人民，为从者，及称烧炼丹药，出入内外官家，或擅入皇城，夤缘作弊，希求进用者，发近边充军。若事关重大，临时酌量办理。其容留潜住，及荐举引用，邻甲知情不举，并皇城各门守卫官军不行关防搜拿者，各参究治罪。

【1790】4.11.162.（1）（略）

【1801】○修并

【原例】【1790】4.11.162.（1）略、【1790】4.11.162.（2）（略）

臣等谨按：以上二条俱系前明旧例。查扶鸾祷圣、书符咒水，或烧香集徒、夜聚晓散，一切左道异端邪术，煽惑人民，为从者，已于乾隆五十六年（1791）奉旨发往黑龙江，给索伦达呼尔为奴，载入"名例"在案。此条充军旧例，应行修改。余应修并一条，以便引用。又，嘉庆四年（1799），臣部议复御史马履泰条奏"川楚等省被教匪掳掠并未传教难民请停发遣”折内奏请,“传教聚众,从贼抗拒官兵,法在必诛。其传集邪教敛钱为从各犯,自应发遣,以杜事端。至于守业良民,仅止讽经茹素,所讽之经既非邪教捏造咒语,又未传徒敛钱,不过愚民心存邀福,律法原所不禁。应如所奏,除实在习教传徒者,仍照例发遣外,其仅止讽经茹素,并无学习邪教、捏造经咒、传徒敛钱惑众者,均令地方官善为安插,并饬胥吏人等,毋得借端挟制”等因具奏。奉旨“依议。钦此”,钦遵在案。应于例内增叙明晰,以昭限制。又邪教所在,俱应严禁,例内“来京”二字,应行节删。再查窝藏接引披剃冠簪拟军,据《笺释》云,指十人以上。若不及十人,容留潜住、荐举引用、邻甲不举、守卫官军不行关防搜拿问违制等语,应于例内修辑明晰,以便引用。谨将修并例文,开列于后。

一、各处官吏、军民、僧道人等,妄称谙晓扶鸾祷圣、书符咒水,或烧香集徒、夜聚晓散,并捏造经咒邪术,传徒敛钱,一切左道异端,煽惑人民,为从者,发往黑龙江给索伦达呼尔为奴。其称为善友,求讨布施,至十人以上者,或称烧炼丹药,出入内外官家,或擅入皇城,夤缘作弊,希求进用者,并军民人等、寺观住持,不问来历,窝藏接引,容留披剃冠簪,至十人以上者,俱发近边充军。若不及十人,容留潜住,荐举引用,及邻甲知情不举,并皇城各门守卫官军不行关防搜拿者,各照违制律治罪。如事关重大,临时酌量办理。至守业良民,讽念佛经,茹素邀福,并无学习邪教,捏造经咒,传徒敛钱惑众者,不得滥用此例。

【1802】4.11.162.(1)(略)

【1814】○修改

臣等谨按:嘉庆十七年(1812)十月内,臣部议复升任吏科给事中西琅阿奏“调剂黑龙江等处遣犯”折内,请将邪教为从一条,改发新疆给额鲁特为奴等因奏准,通行在案,例内发黑龙江之处应行修改。谨将修改例文,开列于后。

一、各处官吏、军民、僧道人等,妄称谙晓扶鸾祷圣、书符咒水,或烧香集徒、夜聚晓散,并捏造经咒邪术,传徒敛钱,一切左道异端,煽惑人民,为从者,发新疆给额鲁特为奴。其称为善友,求讨布施,至十人以上者,或称烧炼丹药,出入内外官家,或擅入皇城,夤缘作弊,希求进用者,并军民人等、寺观住持,不问来历,窝藏接引,容留披剃冠簪,至十人以上者,俱发近边充军。若不及十人,容留潜住,荐举引用,及邻甲知情不举,并皇城各门守卫官军不行关防搜拿者,各照违制律治罪。如事关重大,临时酌量办理。至守业良民,讽念佛经,茹素邀福,并无学习邪教,捏造经咒,传徒敛钱惑众者,不得滥用此例。

【1821】○修改

臣等谨按:嘉庆二十年(1815)十二月,前任直隶总督那彦成奏,各项邪教案内从犯,并听从入西洋教,暨造妖书妖言三项人犯,均改发回城,给大小伯克及力能管束之回子为奴。经臣部奏准在案。嗣据升任喀什噶尔参赞大臣松福等以回疆遣犯愈积愈众,请将邪教改发回疆之犯暂行停止。复经臣部酌议,邪教从犯如果拜师传习,又复授徒惑众,及虽未授徒而年未逾六十,此等从犯,恐致易生煽诱,未便改发内地,别滋事端。若被诱学习,尚未传徒,而又年逾六十以上之犯,分发烟瘴四省,尚易约束。请嗣后白阳各项邪教,年逾六十及虽逾六十而有传徒情事,并听从入西洋教,暨造妖书妖言传用惑人不及众三项人犯,仍发回城给大小伯克及力能管束之回子为奴。其白阳各项邪教内,被诱学习,并未传徒,而又年逾六十以上者,改发云贵两广烟瘴地方充军等因,奏准遵行。又,二十一年(1816)十二月十一日奉上谕:"孙玉庭等奏'传习牛八邪教案犯先后赴官投具悔结恳请免罪'一折。湖北省传习牛八教之邵元胜等,经地方官宣谕开导,具结改悔,投案者共有三百六十四名。湖北一省如此,可见各省传习邪教者,尚复不少。乡民妄听邪说,信从入教,本应治罪。但人数过多,愚民无知,一时被诱,不予以自新之路,朕心实所不忍。惟是此内真心改悔者固不乏人,恐亦有希图免罪暂时投首,阅时既久,难保其不故智复萌。应酌定条例,以示警戒。着阮元、张映汉饬令该地方官,将此次具结改悔之人再行晓谕,以该犯等本系有罪之人,现奉恩旨准予自新,系属法外施仁。若改悔之后,又复习教,则是怙恶不悛,定当加等治罪。责令各出具'再犯习教,情愿加等治罪'甘结,方准免罪。该地方官仍将具结之人开造名册,申送臬司衙门存案。倘将来册内之人再有传习邪教者,一经访获,即将该犯按律加一等治罪。各直省俱照此一律办理。将此通谕知之。钦此。"又,二十二年(1817)六月初七日奉上谕:"徐炘奏'查明各属首悔茹素念经男妇取结释宁'一折,所办失之宽纵。习教之犯,准令自首免罪,原因其真心悔悟,投首到官,呈缴经像,方予以自新之路。该护抚折内所奏,如蒲城等县监生王瑞朋等,均系自行投案,呈缴经像,具结改悔。其蒲城等县民人魏景昌等、凤县等县民人杨得才等,则皆系访闻拿获到案,始自称改悔者。此等入教莠民,平日甘心邪慝,迨被获畏罪,借口改悔,冀图一时苟免,释放后仍将故智复萌。该护抚概予释宁,殊觉漫无区别。徐炘着传旨申饬。除案内自首之王瑞朋等俱准免罪释宁外,其拿获之魏景昌等十四名、杨得才等四名口,仍各照所犯之罪,分别问拟,不准宽免。嗣后各直省查审邪教改悔之案,俱着照此分别办理。钦此。"又,是年九月初十日奉上谕:"本日步军统领衙门及北城御史奏'拿获素习西洋教人犯'各一折。苏瑞一犯、刘岩等十五犯,俱着交刑部审讯。此案人犯众多。向来习天主教者,如真心改悔,必肯跨越十字架。所有此次解来各犯,讯问时,不必于地面上界画十字,令其试跨,即将该犯等家内起出素所供奉十字木架,各令其跨越。如果欣然试跨,并无难色,即是真心出教,即行免罪释放。其执迷不悟、不愿出教者审明,将为首传徒者,照例问拟绞决。其余习教从犯,各按本例科以应得之罪等因。钦此。"应于例内修改增纂,以资引用。谨将修改例文,开列于后。

一、各处官吏、军民、僧道人等,妄称谙晓扶鸾祷圣、书符咒水,或烧香集徒、夜聚晓散,并捏造经咒邪术,传徒敛钱,一切左道异端,煽惑人民,为从者,改发回城,给大小伯克及力能管束之回子为奴。其称为善友,求讨布施,至十人以上者,或称烧炼丹药,出入内外官家,或擅入皇城,夤缘作弊,希求进用者,并军民人等、寺观住持,不问来历,窝藏接引,容留披剃冠簪,至十人以上者,俱发近边充军。若不及十人,容留潜住,荐举引用,及邻甲知情不举,并皇城各门守卫官军不行关防搜拿者,各照违制律治罪。如事关重大,临时酌量办理。至守业良民,讽念佛经,茹素邀福,并无学习邪教,捏造经咒,传徒敛钱惑众者,不得滥用此例。

【1825】4.11.162.(5)(略)

【1646】4.11.180.(2)

一、凡左道惑众之人,或烧香集徒,夜聚晓散,为从者,及称为善友,求讨布施,至十人以上,并军民人等,不问来历,窝藏接引,或寺观住持容留披剃冠簪,探听境内事情,若审实探听军情,以奸细论。及被诱军民舍与应禁铁器等项,事发,属军卫者,发边卫充军,属有司者,发边外为民。

【1670】4.11.179.(2)(略)

【1725】4.11.172.(2)

【原例】(略)

【1740】4.11.162.(2)(略)

【1772】○修改

臣等谨按:乾隆三十六年(1771)六月内,臣部奏明此条所开左道惑众为从,与称为善友求讨布施至十人以上,并窝藏接引之人,情罪稍有区别,拟将左道惑众为从者,发边远充军;若称为善友求讨布施至十人以上,并窝藏接引,及寺观容留簪剃等项,俱发近边充军。所有原例内"属军卫""有司"及"发边外为民"字样应删。至所称探听境内事情,另有盘诘奸细本律。其被诱军民舍给应禁铁器等项,查应禁铁器例内,止载有人马甲、火炮、火筒等物,军民之家不应有此。如有藏匿、私造,亦有治罪本条。均应删去。谨将删改例文,开列于后。

一、凡左道惑众之人,或烧香集徒,夜聚晓散,为从者,发边远充军。若称为善友,求讨布施,至十人以上,并军民人等不问来历,窝藏接引,或寺观住持容留披剃冠簪者,发近边充军。

【1790】4.11.162.(2)(略)

【1801】○修并

见【1790】4.11.162.(1)条下。

【1725】○增入

原拟:现行例内三条类于此律,应增入。

【现行例】一、习天文之人,若妄言祸福,煽惑人民者,仍照律治罪。

【1725】4.11.172.(3)

【增例】(略)

【1740】○修改

臣等谨按:此条原议内"习天文之人,不必禁止。若妄言祸福,煽惑愚人,仍照律拟罪"等语,例内既将"不必禁止"四字删去,则"仍"字亦应删。谨将删辑例文,开列于后。

一、习天文之人,若妄言祸福,煽惑人民者,照律治罪。

【1740】4.11.162.(3)(略)

【1801】○移出

*礼律·仪制·术士妄言祸福【1802】4.12.178.(1)(略)

【1725】○增入

原拟:现行例内三条类于此律,应增入。

【现行例】一、凡入回都,都统取用印、咨文行礼部,私令端公、道士医治者,系官交与该部议,系平人照违令律治罪,将私行医治端公、道士杖一百。虽禀过部,端公、道士谎称眼见,捉拿狐魅,作为异端医治,致人死者,将端公、道士俱照斗殴杀人律拟绞监候,秋后处决。

原拟:此条所重在异端医治致死,其取都统用印、咨文,令端公、道士治病一段,无庸入律。谨拟删改,开载于后。

【原改现行例】一、凡端公、道士,作为异端法术,医人致死者,照斗杀律拟罪。

【1725】4.11.172.(4)

【增例】(略)

【1740】4.11.162.(4)(略)

【1801】○移改

*刑律·人命·庸医杀伤人【1802】6.19.297.(1)(略)

【1725】○增入

原拟:现行例内三条类于此律,应增入。

【现行例】一、邪教惑众,在京五城御史、在外直省各该督抚,已经通行严禁。该地方官不行严禁,该督抚徇庇不参,科道官访实题参,一并交与该部。其邪教惑众者,照律治罪。旁人出首者,不论犯人多寡,男女共追银二十两,给与出首之人。如系专拿之人拿获者,追银十两给与拿获之人。

原拟:此条字句太繁,谨拟删改,开载于后。

【原改现行例】一、邪教惑众,照律治罪外,如该地方官不行严禁,在京五城御史、在外督抚,徇庇不行纠参,一并交与该部议处。旁人出首者,于各犯名下,并追银二十两充赏。如系应捕之人拿获者,追银十两充赏。

【1725】4.11.172.(5)

【增例】(略)

【1740】4.11.162.(5)(略)

【1802】4.11.162.(2)(略)

【1825】4.11.162.(1)(略)

【1740】○删除

一、熟习符咒,不畏刑罚,不敬官长,作奸犯科,惑世诬民者,照光棍例,为首者立斩,为从者概拟绞监候,秋后处决。

此条系雍正七年(1729)定例。查熟习符咒、不畏刑罚、惑世诬民等项,即系下条以邪术架刑及私相传习之属,应照雍正十一年(1733)定例,复加酌核,画一遵行,无庸纂入。

【1740】○增入

一、凡有奸匪之徒,将各种避刑邪术私相传习者,为首教授之人拟绞监候,为从学习之人杖一百、流三千里。若事犯到官,本犯以邪术架刑者,照规避本罪律递加二等,罪止杖一百、流三千里;其犯该绞、斩者,仍照本罪科断。至事犯到官,本犯雇人作法架刑者,亦照以邪术架刑例治罪,并究出代为架刑之人,照诈教诱人犯法与犯人同罪律,至死减一等,得赃,照枉法从重论。保甲、邻里知而容隐不首者,照知而不首本律,笞四十。地方官不行查拿者,照例议处。

此条系雍正十一年(1733)定例,原议内"本犯以邪术架刑者,犯该徒罪以上等罪,俱从重照为首例拟绞监候;犯该绞、斩者,俱拟以立决,奏请定夺。至事犯到官,本犯雇人作法架刑者,照规避本罪律递加二等;犯该流二千里及三千里者,俱发边卫,永远充军;犯该斩、绞者,仍照本罪科断。并究出代为架刑之人,照为首例拟绞。保甲、邻里知而不首者,各杖一百"等语。查加罪不至于死,实为加减罪名之定律。今徒罪以上即加至绞、斩,递加立决,似觉过严。应将本犯架刑,改照规避本罪律递加二等,罪止杖一百、流三千里;犯该绞、斩者,仍照本罪科断。雇人作法架刑,亦照邪术架刑例治罪。代为架刑之人,照诈教诱人犯法与犯人同罪律,至死者减一等,得赃,照枉法从重论。保甲、邻里容隐不首者,应照知而不首本律笞四十。庶为平允。谨酌核改拟,以便永远遵行。

【1740】4.11.162.(6)(略)

【1802】4.11.162.(3)(略)

【1825】4.11.162.(2)(略)

【1740】○删除

一、私习罗教为首者,照左道异端煽惑人民律拟绞监候。不行查报之邻佑、总甲人等,均照律各笞四十。其不行严查之地方官,交部议处。

此条系雍正十一年(1733)定例。律文内一应左道异端之术,所包甚广,罗教特其中之一端耳。向时适有此种邪术,因遂有此例。但与律重复,且仅止罗教一端,亦属挂漏,无庸纂入。

【1746】○续纂

一、私刻《地亩经》及占验推测妄诞不经之书,售卖图利,及将旧有书板藏匿,不行销毁者,俱照违制律治罪。

臣等谨按:此条系乾隆九年(1744)二月内,臣部奏准定例,应纂辑以便遵行。

【1768】4.11.162.(7)(略)

【1802】4.11.162.(4)(略)

【1825】4.11.162.(3)(略)

【1782】○续纂

一、各省遇有兴立邪教、哄诱愚民事件,该州县立赴搜讯,据实通禀,听院司按核情罪轻重,分别办理。倘有讳匿,辄自完结,别经发觉,除有化大为小、曲法轻纵别情,严参惩治外,即罪止枷责,案无出入,亦照讳窃例从重加等议处。

臣等谨按:此条系乾隆四十六年(1781)三月内,湖北巡抚郑大进"因兴立邪教案件,无识牧令视同自理词讼,率不通详"条奏定例,奉朱批:"好。知道了。"钦遵在案,应纂辑遵行。

【1790】4.11.162.(8)(略)

【1802】4.11.162.(5)(略)

【1825】4.11.162.(4)(略)

【1814】○续纂

一、西洋人有在内地传习天主教,私自刊刻经卷,倡立讲会,蛊惑多人,及旗、民人等向西洋人转为传习,并私立名号,煽惑及众,确有实据,为首者拟绞立决。其传教煽惑,而人数不多,亦无名号者,拟绞监候。仅止听从入教,不知悛改者,发新疆给额鲁特为奴,旗人销除旗档。如有妄布邪言,关系重大,或符咒蛊惑,诱污妇女,并诳取病人目睛等情,仍临时酌量,各从其重者论。至被诱入教之人,如能悔悟,赴官首明出教者,概免治罪。若被获到官,始行悔悟者,于遣罪上减一等,杖一百、徒三年。倘始终执迷不悟,即照例发遣。并严禁西洋人不许在内地置买产业。其失察西洋人潜住境内,并传教惑众之该管文武各官,交部议处。

臣等谨按:嘉庆十九年(1811)五月内,臣部议复升任陕西道监察御史甘家斌奏"请定西洋人传教治罪条例"一折内称,查该教不敬神明,不供祖先,其行事已背正道。所刊书籍经卷,亦系狂妄怪谬,迥异常经,实与左道惑众无异。自应尽法严禁,以杜煽惑。应请嗣后西洋人有私自刊刻经卷,倡立讲会,蛊惑多人,并旗、民人等,向西洋人转为转习诵经,立会煽惑及众,确有指实者,其为首之人,即照左道异端煽惑人民为首律拟绞监候;为从及被诱入教之人,照煽惑人民为从例发黑龙江给索伦达呼尔为奴。旗人销除旗档。如有妄布邪言,关系重大,或符咒蛊惑,诱污妇女,并诳取病人目睛等事,仍临时酌量,各从其重者论。至此等被诱入教之人,蔓延既众,传染亦深,势难比户搜查,应请敕下步军统领衙门、都察院、顺天府,暨直省各督抚,将现定新例剀切遍示,正其趋向,予以自新。能于一年限内幡然改悔,情愿出教者,概予免罪。如已过定限,尚未出教,到官后始行悔悟者,于遣犯上减一等,杖一百、徒三年。倘始终执迷不悟,即照新例发遣。并严禁西洋人不许在内地置买产业。至失察西洋人潜住境内并传教惑众之该管文武各官,交部议处等因具奏。奉旨:"嗣后西洋人有私自刊刻经卷,倡立讲会,蛊惑多人,及旗、民人等向西洋人转为传习,并私立名号,煽惑及众,确有实据,为首者,竟当定为绞决。其传教煽惑,而人数不多,亦无名号者,着定为绞候。其仅止听从入教,不知悛改者,着发往黑龙江给索伦达呼尔为奴，旗人销去旗档。余照该部所议行等因。钦此。”嗣据湖广总督马慧裕奏“沿习天主教之刘义等于限外改悔呈首可否邀免治罪”一折，奉上谕：“此次投首之刘义等，均着施恩免罪。嗣后传习天主教之人，于例限外拿获始行改悔者，仍当照例治罪。其有自行投首出教者，虽经逾限，概予免罪等因。钦此。”又，十七年（1812）十月内，臣部议复升任吏科给事中西琅阿奏“调剂黑龙江等处遣犯”折内，请将听从入西洋教不知悛改一条，改发新疆给额鲁特为奴等因奏准，通行各在案，应纂辑为例，以便遵行。

【1821】○修改

按语，见【1790】4.11.162.（1）条【1821】修改项下。

一、西洋人有在内地传习天主教，私自刊刻经卷，倡立讲会，蛊惑多人，旗、民人等向西洋人转为传习，并私立名号，煽惑及众，确有实据，为首者拟绞立决。其传教煽惑，而人数不多，亦无名号者，拟绞监候。仅止听从入教，不知悛改，发回城给大小伯克及力能管束之回子为奴。旗人销除旗档。如有妄布邪言，关系重大，或符咒蛊惑，诱污妇女，并诳取病人目睛等情，仍临时酌量，各从其重者论。如能悔悟，赴官首明出教，及被获到官，情愿出教，当堂跨越十字木架，真心改悔者，概免治罪。倘始终执迷不悟，即照例问拟。并严禁西洋人不许在内地置买产业。其失察西洋人潜住境内并传教惑众之该管文武各官，交部议处。

【1825】4.11.162.（6）（略）

【1840】○修改

臣等谨按：道光十八年（1838）三月内，臣部审办红带子图升阿传习天主教一案。奉旨：“嗣后拿获习教各犯，讯系改悔后仍复奉教者，无论当堂情愿跨越十字木架与否，均着照本例治罪，不准援免等因，钦此。”又，二十年（1840）二月内，臣部议复调任刑科给事中巫宜禊奏“习教人犯被获到官请按律惩办”一折。奉旨：“嗣后传习天主教人犯，于赴官首明出教，及被获到官情愿出教，俱着遵照嘉庆年间谕旨，将该犯等家内起出素所供奉之十字架，令其跨越，果系欣然试跨，方准免罪释放。如免罪之后复犯习教，除犯该死罪外，俱在犯事地方，用重枷枷号三个月，再行发遣。该部即纂入则例，永远遵行等因，钦此。”应遵照前后所奉谕旨，将原例修改明晰，以资引用。谨将修改例文，开列于后。

一、西洋人有在内地传习天主教，私自刊刻经卷，倡立讲会，蛊惑多人，旗、民人等向西洋人转为传习，并私立名号，煽惑及众，确有实据，为首者拟绞立决。其传教煽惑，而人数不多，亦无名号者，拟绞监候。仅止听从入教，不知悛改，发回城给大小伯克及力能管束之回子为奴。旗人销除旗档。如有妄布邪言，关系重大，或符咒蛊惑，诱污妇女，并诳取病人目睛等情，仍临时酌量，各从其重者论。如能悔悟，赴官首明出教，及被获到官，情愿出教，当堂跨越十字木架，真心改悔者，概免治罪。若免罪后，复犯习教，无论当堂愿跨十字木架与否，除犯该死罪外，俱先在犯事地方，用重枷枷号三个月，满日再行发遣。并严禁西洋人不许在内地置买产业。其失察西洋人潜住境内并传教惑众之该管文武各官，交部议处。

【1847】4.11.162.(6)(略)

【1870】○删除

【1814】○续纂

一、凡传习白阳、白莲、八卦等邪教，习念荒诞不经咒语，拜师传徒惑众者，为首拟绞立决；为从发新疆给额鲁特为奴。旗人销除旗档，与民人一律办理。至红阳教及各项教会名目，并无传习咒语，但供有飘高老祖及拜师授徒者，发往乌鲁木齐，分别旗、民，当差、为奴。其虽未传徒，或曾供奉飘高老祖及收藏经卷者，俱发边远充军。坐功运气者，杖八十。若讯明实止茹素烧香，讽念佛经，止图邀福，并未拜师传徒，亦不知邪教名目者，免议。

臣等谨按：嘉庆十八年(1813)十二月内，臣部议复"传习白阳等教分别治罪条例"一折内称，查办理邪教，总以有无传习经咒、供奉邪神、拜授师徒为断。至白阳教，即系白莲教及八卦教之别名，最为地方之害。应请嗣后办理白阳、白莲、八卦等邪教，凡习念荒诞不经咒语，拜师传徒惑众者，为首照左道异端煽惑人民律拟绞监候，为从发新疆给额鲁特为奴。旗人销除旗档，与民人一律办理。至红阳教及各项教会名目，并无传习咒语，但供有飘高老祖及拜师授徒者，发往乌鲁木齐，分别旗、民，当差、为奴。其虽未传徒，或曾供奉飘高老祖及收藏经卷者，发边远充军。至坐功运气，虽非邪教，亦足戕害生民，应请比照故自伤残律杖八十。若讯明实止茹素烧香，讽念佛经，止图邀福，并未拜师传徒，亦不知邪教名目者，方予免议等因具奏。奉旨"嗣后审办白阳、白莲、八卦等邪教，凡传徒为首者，定拟绞决。其红阳等及各项教会名目，即照刑部所议办理"等因，钦遵在案，应纂辑为例，以便遵行。

【1821】○修改

按语，见【1790】4.11.162.(1)条【1821】修改项下。

一、凡传习白阳、白莲、八卦等邪教，习念荒诞不经咒语，拜师传徒惑众者，为首拟绞立决；为从年未逾六十，及虽逾六十而有传徒情事，俱改发回城，给大小伯克及力能管束之回子为奴。如被诱学习，尚未传徒，而又年逾六十以上者，改发云贵两广烟瘴地方充军。旗人销除旗档，与民人一律办理。至红阳教及各项教会名目，并无传习咒语，但供有飘高老祖及拜师授徒者，发往乌鲁木齐，分别旗、民，当差、为奴。其虽未传徒，或曾供奉飘高老祖及收藏经卷者，俱发边远充军。坐功运气者，杖八十。如有具结改悔赴官投首者，准其免罪，地方官开造名册，申送臬司衙门存案。倘再有传习邪教情事，即按例加一等治罪。若拿获到案，始行改悔者，各照所犯之罪问拟，不准宽免。如讯明实止茹素烧香，讽念佛经，止图邀福，并未拜师传徒，亦不知邪教名目者，免议。

【1825】4.11.162.(7)(略)

【1870】4.11.162.(6)(略)

【1821】○续纂

一、各项邪教案内，应行发遣回城人犯有情节较重者，发往配所永远枷号。

臣等谨按：嘉庆二十一年（1816）四月十八日，据升任河南巡抚方受畴奏“审拟王太平等倡立邪教惑众骗钱”一折。奉旨：“王太平、王有贵俱着即处绞，赵丙柱等十九犯均发回城给大小伯克及力能管束之回子为奴。其年逾七十之宋王宾、王添珠、张林及尼僧绪贤均毋庸发遣，即在豫省犯事地方官署各处，永远枷号，并将该犯等犯事案由标明晓示，俾众触目警心，用昭炯戒。余俱照该抚所拟完结。嗣后各直省遇有倡立邪教惑众骗钱案内应行发遣之犯，着该督抚于审明定案时，即照此案酌留一二名，于该省犯事地方，永远枷号示众。钦此。”又，二十三年（1818）十二月十二日奉上谕：“蒋攸铦奏‘邪教案内永远枷号之李潮选一犯，现仍有习教之人前往访寻。该犯原犯罪名，例应发往回城从重拟以永远枷号，应请即发回城永远枷号，以绝根株’等语，所办甚是。李潮选一犯，前因学习天主教，抗不改悔，留于犯事地方永远枷号，原令习教之人触目警心，共知儆戒。乃仍有匪徒前往访寻，实属愍不畏法。李潮选一犯，未便再留内地，发往回城永远枷号。并通谕各直省督抚，凡各项邪教案内永远枷号人犯，如在本处安静守法，别无煽惑情形，照旧留于内地枷号外，其有执迷不悟，仍与同教匪徒私相交结来往者，一经查出，即行将该犯照此次李潮选之例，一并发往回城永远枷号。钦此。”又，道光元年（1821）十一月十六日奉上谕：“方受畴奏‘邪教案内留于本境永远枷号人犯请即行解配’等语。邪教案内应行发遣人犯，既不知改悔，匪徒复踵习其教，自不若投之遐荒，免滋煽惑。着即照该督所议，昝明、李老和二犯，仍照刑部原拟，一并解发回城为奴。嗣后拿获邪教案犯，审明应发遣者，均即行解配。其有情节较重者，发往配所永远枷号。毋庸留于犯事地方监禁枷示，以消萌孽。钦此。”钦遵各在案。查邪教应行发遣之犯留于本境枷示，原令习教之人共知儆戒。倘与同教匪徒私相往来，即发往回城永远枷号，以绝根株。今据方受畴以本境枷示，恐匪徒踵习其教，请即行解配等因，奏准在案，应遵照现奉谕旨，将邪教应行发遣人犯情节较重者，发往配所永远枷号之处，恭纂为例，以便遵行。

【1825】4.11.162.（8）（略）

【1870】4.11.162.（7）（略）

【1870】○续纂

一、凡奉天主教之人，其会同礼拜诵经等事，概听其便，皆免查禁。所有从前或刻或写奉禁天主教各明文，概行删除。

【1870】4.11.162.（8）（略）

【礼律·仪制】

合和御药

律　文

【1646】4.12.181

凡合和御药,误不依对症本方,及封题错误,经手医人杖一百。料理拣择误不精者,杖六十。若造御膳,误犯食禁,厨子杖一百。若饮食之物不洁净者,杖八十。拣择误不精者,杖六十。御药、御膳不品尝者,笞五十。监临提调官,各减医人、厨子罪二等。○若监临提调官及厨子人等,误将杂药至造御膳处所者,杖一百。所将杂药,就令自吃。御膳所门官及守卫官失于搜捡者,与犯人同罪,并临时奏闻区处。

【1670】4.12.180(略)

【1725】4.12.173

凡合和御药,误不依对症本方,及封题错误,经手医人杖一百。料理拣择误不精者,杖六十。若造御膳误犯食禁,厨子杖一百。若饮食之物不洁净者,杖八十,拣择误不精者,杖六十。御药、御膳不品尝者,笞五十。监临提调官,各减医人、厨子罪二等。若监临提调官及厨子人等,误将杂药至造御膳处所者,杖一百。所将杂药,就令自吃。御膳所厨子人等有犯,监临提调官知而不奏者,门官及守卫官失于搜检者,与犯人同罪,并临时奏闻区处。

注:此言进御之物不可不详慎也。合用之方,谓之本方。不开明药名、品味、分两,或虽开而有遗漏舛错,谓之封题错误。料理,谓炮制。拣择,谓选取。食禁,谓所忌而不食者。前节言医人合和药味,及厨子造御膳,不详慎与不先品尝,并监临提调之罪。后节言误将杂药带进御膳所之罪。总见当详慎之至也。

臣等谨按:此言进御之物,不可不详慎也。合用之方,谓之本方。不开明药名、品味、分两,或虽开而有遗漏舛错,谓之封题错误。料理,谓炮制。拣择,谓选取。食禁,谓所忌而不食者。前节言合御药、造御膳不详慎及不先品尝之罪。盖恐或不调和,故必品尝而后进。后节言误将杂药带进御膳所之罪。盖带进杂药,恐落入膳内。总见当详慎之至也。

【1740】4.12.163(略)

附律条例

【1646】4.12.181.(1)

一、医官就内局修制,本院官诊视,调服御药,参看校同,会近臣就内局合药,将药贴连名封记,具本开写本方药性、治症之法,于日月之下,医官、近臣书名以进。置簿历,用尚方司印合缝,进药奏本既具,随即附簿年月下书名,近臣收掌,以凭稽考。煎调御药,本院官与近臣监视,二服合为一服。俟熟分为二器,其一器御医先尝,次院判,次近臣;其一器进御。

【1670】4.12.180.(1)(略)

【1725】○删除[1]

臣等谨按:合和御药,太医院自依法遵行,且今无尚方司衙门,此条拟删。

【1725】4.12.173.(1)

【原例】一、医官就内局修制药饵,本院官诊视,调服御药,参看校同,会近臣就内局合药,将药贴连名封记,具本开写本方药性、治症之法,于日月之下,医官、近臣书名以进。置簿历,进药奏本既具,随即附簿年月下书名,近臣收掌,以凭稽考。煎调御药,本院官与近臣监视,二服合为一服。俟熟分为二器,其一器御医先尝,次院判,次近臣;其一器进御。

【1740】4.12.163.(1)(略)

乘舆服御物

律 文

【1646】4.12.182

凡乘舆服御物,主守之人收藏、修整不如法者,杖六十。进御差失者,进所不当进。笞四十。其车马之属不调习,驾驭之具不坚完者,杖八十。○若主守之人,将乘舆服御物私自借用,或转借与人,及借之者,各杖一百、徒三年。若平时怠玩,不行看守,弃毁者,罪亦如之。遗失及误毁者,各减三等。○若御幸舟船误不坚固者,工匠杖一百;若不整顿修饰,及在船篙棹之属缺少者,杖六十;并罪坐所由。经手造作之人并主守之人。监临提调官,各减工匠罪二等,并临时奏闻区处。

【1670】4.12.(8)(略)

【1725】4.12.174

凡乘舆服御物,主守之人收藏、修整不如法者,杖六十。进御差失者,进所不当进。笞四十。其车马之属不调习,驾驭之具不坚完者,杖八十。○若主守之人,将乘舆服御物私自借

---

① 《大清律例按语》卷十二"礼律·仪制上""合和御药"条按语称"此条拟删",但雍正三年(1725)《大清律集解附例》仍载本例,唯首句增"药饵"二字,另删去"用尚方司印合缝"七字。

用，或转借与人，及借之者，各杖一百、徒三年。若弃毁者，罪亦如之。平时怠玩，不行看守，遗失及误毁者，各减三等。〇若御幸舟船误不坚固者，工匠杖一百；若不整顿修饰，及在船篙棹之属缺少者，杖六十；并罪坐所由。经手造作之人并主守之人。监临提调官，各减工匠罪二等，并临时奏闻区处。

注：此言御用之物不可玩忽也。收藏不如法，谓物不完好；修整不如法，谓物不适用。进御差失，谓当进不进及不当进而进。调习，谓调习驯熟驾驭之具，如轮、辕、鞍辔之类。私行借用，则干僭窃之条。弃毁，则有慢忽之咎。遗失、误毁，虽出无心，然由平时怠玩所致。至舟船误不坚固，其罪更重。不整顿修饰，及缺少篙棹之属，罪犹稍轻。前二节专指主守言；后一节则兼经手造作及主守言。此条与前条皆当临时奏闻区处，盖因所关者大，不敢擅断，故须奏请。

臣等谨按：此言御用之物不可玩忽也。收藏不如法，谓物不完好；修整不如法，谓物不适用。进御差失，谓当进不进及不当进而进。调习，谓调习驯熟驾驭之具，如轮、辕、鞍辔之类。私行借用，则干僭窃之条。弃毁，则有慢忽之处。遗失、误毁，出于无心者。至舟船误不坚固，其罪更重。不整顿修饰，及缺少篙棹之属，罪犹稍轻。故坐杖各异。前二节专指主守言，后一节则兼经手造作及主守言。此条与前条皆当临时奏闻区处，盖因所关者大，不敢擅断，故须奏请。

【1740】4.12.164（略）

收藏禁书及私习天文/收藏禁书

律　文

【1646】4.12.183　收藏禁书及私习天文

凡私家收藏天象器物如璇玑、玉衡、浑天仪之类。天文、推步测验之书占休咎。图谶、图象谶纬之书推治乱。应禁之书及绘画历代帝王图像、金玉符玺等物不首官者，杖一百。若不系天文生，私习天文者，罪亦如之。并于犯人名下追银一十两，给付告人充赏。器物等项，并追入官。私习之人术业已成，决讫送钦天监充天文生。

【1670】4.12.182　收藏禁书及私习天文（略）

【1725】〇修改

原拟：私习天文，今已不禁，应将条目内“及私习天文”字与律文内“天文”字、小注“推步测验之书占休咎”字，并下“若不系天文生，私习天文者，罪亦如之”，并小注“私习之人”数句，俱删去。

臣等谨按：此防惑世诬民之渐也。凡天象器物，系测验天运之具。图谶，系推算祸福。应禁之书、帝王图像、金符玉玺，皆历代宫禁所遗，非民间所宜有。故有私家收藏不呈首送官者，并坐满杖，器物等项入官。有人告首者，追银给赏。

【1725】4.12.175　收藏禁书

凡私家收藏天象器物如璇玑、玉衡、浑天仪之类。图谶、图象谶纬之书推治乱。应禁之书及绘画历代帝王图像、金玉符玺等物不首官者，杖一百，并于犯人名下追银一十两，给付告人充赏。器物等项，并追入官。

注：此防惑世诬民之渐也。凡天象器物，系测验天象之具；图谶，系推算祸福。应禁之书、图像、符玺，皆历代官禁所遗，非民间所宜有。故有私家收藏不呈首送官者，并坐满杖，器物等项入官。有人告首者，追银给赏。

【1740】4.12.165 收藏禁书（略）

御赐衣服

律 文

【1646】4.12.184

凡御赐百官衣物，使臣不行亲送，转附他人给与者，杖一百，罢职不叙。

【1670】4.12.183（略）

【1725】4.12.176

律文（略）

注：此言君赐宜慎重也。凡奖善褒功，赐以衣物，乃优待臣下之典，使臣自应亲行送给。若转附他人给与者，是为轻亵君贶，故坐满杖，罢职不叙。

臣等谨按：此言君赐宜慎重也。凡朝廷奖善褒功，赐以衣物，乃优礼臣下之盛典。所遣赍赐之官，自应亲行送给。若使臣不亲送，而附寄他人给与者，是为轻亵君贶，故坐满杖，罢不叙。

【1740】4.12.166（略）

失误朝贺

律 文

【1646】4.12.185

凡朝贺及迎接诏书，所司不预先告示者，笞四十。其已承告示而失误者，罪亦如之。

【1670】4.12.184（略）

【1725】4.12.177

律文（略）

注：此言朝廷之礼宜致谨也。失误，或到迟不及行礼，或疏忽不及报名皆是。所司不预先告示者，罪所司。若已承告示而自失误者，罪失误之人。

臣等谨按：此言朝廷之礼宜致谨也。失误，或到迟不及行礼，或疏忽不及报名皆是。前言不预先告示而致人失误之罪，罪在不告示者。后言已承告示而自失误之罪，罪亦同不告示者，故曰“亦如之”。

【1740】4.12.167（略）

附律条例

【1646】4.12.185.(1)

一、朝贺听诏进表，入班之际，偶值雨雪，许便服行礼。

【1670】4.12.184.(1)(略)

【1725】4.12.177.(1)

【原例】(略)

【1740】○删除

臣等谨按：此条系前明旧例。雨雪许便服行礼，不过偶然之事，毋庸著为定例，应删。

【1740】○删除

一、盛京大政殿，专派官兵看守。其每月朝期，如有怠惰偷安者，指名题参。

此条系雍正十三年(1735)定例，应载吏、兵二部则例，毋庸纂入。

失　仪

律　文

【1646】4.12.186

凡陪助祭祀及谒拜园陵，若朝会，行礼差错及失仪者，罚俸钱半月。其纠仪官应纠举而不纠者，罪同。

【1670】4.12.185(略)

【1725】4.12.178

凡陪助祭祀及谒拜园陵，若朝会，行礼差错及失仪者，罚俸一月。其纠仪官应纠举而不纠者，罪同。

注：此严大礼而儆不敬也。行礼差错失仪，如登降拜伏不中节度，或衣冠言动有失礼仪，均为不敬。应纠不纠是为徇纵，故罪亦如之。

原拟：今无罚俸钱半月之例，应改为罚俸一月。

臣等谨按：此严大礼而儆不敬也。祭祀，通指大祀、中祀言。差错失仪，如登降拜伏不中节度，或衣冠言动有失礼仪，均为不敬。前言差错失仪之罪，后言应纠不纠之罪。应纠不纠，是为徇纵，故罪亦如之。

【1740】4.12.168(略)

附律条例

【1646】4.12.186.(1)

一、朝参近侍病嗽者，许即退班。或一时眩晕，及感疾不能侍立者，许同列官掖出。

【1670】4.12.185.(1)(略)

【1725】4.12.178.(1)

【原例】(略)

【1740】4.12.168.(1)(略)

【1725】○增入

原拟:现行例内一条类于此律,应增入。

【现行例】一、凡坛庙祭祀,及圣驾出入,并升殿之日,上朝官员之跟役肆行叫喊争竞,将聚集官员冲突拥挤者,所犯之人,系旗下鞭一百,系民责四十板。其主系官,交与该部罚俸三个月;系常人,鞭五十;系民,折责二十板。其平常朝会之日,官员跟役肆行喊叫争竞,将聚集官员冲突拥挤者,所犯之人,系旗下鞭六十,系民责二十板。其主系官,交与该部罚俸一个月;系常人,鞭三十;系民,责十板。其内里人并大臣侍卫之跟役犯此等事者,俱各交与各该管大臣衙门治罪。此等冲突拥挤之人,交与派出章京步军校等严拿。

原拟:此条官员罚俸之处,应改为交该部议处。谨拟删改,开载于后。

【原改现行例】一、凡坛庙祭祀,及圣驾出入,并升殿之日,派委司官及步军校严加巡察。有厮役肆行喊叫、冲突拥挤者,拿送该部杖一百,其主笞五十。寻常朝会日,犯者杖六十,其主笞三十。系官,俱交该部议处。若在内执事人并大臣侍卫跟役犯者,交与该管大臣衙门治罪。

【1725】4.12.178.(2)

【增例】(略)

【1740】4.12.168.(2)(略)①

【1740】○删除

一、凡遇升殿及常朝日期,令监礼之礼部司官,一体查收职名。如有应行题参者,即指名题参。如该司官怠忽瞻徇,交部议处。

此条系雍正十二年(1734)定例。派员纠察,以儆怠忽瞻徇,应载《吏部处分则例》,毋应纂入。

奏对失序

律 文

【1646】4.12.187

凡在朝侍从官员,特承顾问,官高者先行回奏,卑者以次进对。若先后失序者,各罚俸钱半月。

【1670】4.12.186(略)

---

① 《大清律例按语》卷四十六“礼律·仪制上”“失仪”本条条例前有“删除”二字,误。

【1725】○修改

原拟:今无罚俸钱半月之例,应改为罚俸一月。

臣等谨按:此明对扬之体,以肃朝仪也。凡在朝侍从官员,爵秩既有尊卑,班联亦分先后。故于众官列侍之际,或特承顾问,则官高者先行陈奏,官卑者以次进对,名位不容紊也。若应先而后,应后而先,是为失序,各罚俸一月。

【1725】4.12.179

凡在朝侍从官员,特承顾问,官高者先行回奏,卑者以次进对。若先后失序者,各罚俸一月。

注:此明对扬之体,以肃朝仪也。侍从官员,爵秩既有尊卑,班联亦分先后,故于众官列侍之际,或特承顾问,则官高者先行陈奏,官卑者以次进对,名位不容紊也。若应先而后,应后而先,是为失序,各罚俸一月。

【1740】4.12.169(略)

朝见留难

律 文

【1646】4.12.188

凡司仪礼官,将应朝见官员人等,托故留难阻当,不即引见者,(审实留难之故,得情方)斩。(监候。)大臣知而不问,与同罪,不知者不坐。

【1670】4.12.187(略)

【1725】4.12.179

凡司仪礼官,将应朝见官员人等,托故留难阻当,不即引见者,(审实留难之故,得情方)斩。(监候。)大臣知而不问,与同罪,不知者不坐。

注:此杜壅蔽之渐也。朝见官员,或奉旨召见有所咨询,或因公事有所陈奏,职司仪礼者,自应即行引见。若托故留难阻当,则国事民情无由上达,所关不小,故处分特重。大臣知情而不究问,恐有党恶之意,故与同罪。不知者不坐。

臣等谨按:此杜壅蔽之渐也。朝见官员,或奉旨召见有所咨询,或公事入朝有所陈奏,职司仪礼者,自应即行引见。若托故留难阻当,则国事民情无由上达,所关不小,故处分特重。大臣知情而不究问,恐有党恶之意,故与同罪,依"名例"杖一百、流三千里。

【1740】4.12.169(略)

上书陈言

律 文

【1646】4.12.189

凡国家政令得失,军民利病,一切兴利除害之事,并从六部官面奏区处,及听监察御史、提刑按察司官各陈所见,直言无隐。○若内外大小官员,但有本衙门不便事件,许令明白条陈,实封进呈,取自上裁。若知而不言,苟延岁月者,在内从监察御史、在外从按察司纠察。犯者,以事应奏不奏论。○若百工技艺之人,应有可言之事,亦许直至御前奏闻。其言可用,即付所司施行。各衙门但有阻当者,鞫问明白,阻当之故,方斩。监候。○其陈言事理,并要直言简易。每事各开前件,不许虚饰繁文。○若纵横之徒,假以上书,巧言令色,希求进用者,杖一百。○若称诉冤枉,于军民官司借用印信封皮入递者,及借与者,皆斩。杂犯。

【1670】4.12.188(略)

【1725】○修改

臣等谨按:今言官陈言纠察,不独御史,应改"监察御史"字为"科道"。又按察司无陈言直纠之责,应改"按察司"字为"督抚"。再内外官员,职应上陈者,方许上陈,无大小官员俱许其上陈之例,应于"条陈"字下增"合题奏之,本管官"字。至百工技艺之人,分属微贱,更不得直至御前,应将律内"百工技艺之人"一节删去。

臣等谨按:此是开言路以通民隐,并严欺罔,以杜幸进也。首节明六部、科道、督抚应尽上陈之职。二节广内外大小官员进言之门。三节承上两节而定上书陈言之例。四、五两节言假托上书希图进用及自为冤枉借冒印封进呈之罪。

【1725】4.12.181

凡国家政令得失,军民利病,一切兴利除害之事,并从六部官面奏区处,及科道、督抚各陈所见,直言无隐。○若内外大小官员,但有本衙门不便事件,许令明白条陈,合题奏之,本管官实封进呈,取自上裁。若知而不言,苟延岁月者,在内从科道、在外从督抚纠察。犯者,以事应奏不奏论。○其陈言事理,并要直言简易。每事各开前件,不许虚饰繁文。○若纵横之徒,假以上书,巧言令色,希求进用者,杖一百。○若称诉冤枉,于军民官司借用印信封皮入递者,及借与者,皆斩。杂犯。

注:此是开言路以通民隐,并严欺罔,以杜幸进也。首节明六部、科道、督抚应尽上陈之职。二节广内外大小官员进言之门。三节承上两节而定上书陈言之例。四、五两节言假托上书希图进用,及自诉冤枉借冒印封入递之罪。

【1740】4.12.171(略)

附律条例

【1646】4.12.189.(1)

一、内外大小衙门官员,但有不公不法等事,在内从台省、在外从按察司纠举。须要明著年月,指陈实迹,明白具奏。若系机密重事,实封御前开拆。并不许虚文泛言。若挟私搜求细事,及纠言不实者,抵罪。惟生员不许一言建白,违者,革黜,以违制论。

【1670】4.12.188.(1)(略)

【1725】○修改

原拟:应改“按察司”为“督抚”。

【1725】4.12.181(1)

【原例】一、内外大小衙门官员,但有不公不法等事,在内从台省、在外从督抚纠举。须要明著年月,指陈实迹,明白具奏。若系机密重事,实封御前开拆。并不许虚文泛言。若挟私搜求细事,及纠言不实者,抵罪。惟生员不许一言建白,违者,革黜,以违制论。

【1740】4.12.171(略)

【1646】4.12.189.(2)

一、各处断发充军及安置人等,不许进言。其所管卫所官员,毋得容许。

【1670】4.12.188.(2)(略)

【1725】○修改

原拟:安置人等,不专属卫所管辖,应删去“卫所”二字。

【1725】4.12.181(2)

【原例】一、各处断发充军及安置人等,不许进言。其所管官员,毋得容许。

谨案:此条系原例。雍正三年(1725)删“卫所”二字。乾隆五年(1740)删。

【1740】○删除

臣等谨按:此条系前代相传旧例,今无用,应删。

见任官辄自立碑

律　文

【1646】4.12.190

凡见任官实无政绩,于所部内辄自立碑建祠者,杖一百。若遣人妄称己善,申请于上而为之立碑建祠者,杖八十。受遣之人,各减一等。碑、祠折毁。

【1670】4.12.189(略)

【1725】4.12.182

律文(略)

注:此禁窃虚名以励实政也。碑以纪功,祠以报德,皆在任之时实有善政,及其去任之后,民思慕而为之建立,非见任官得以假饰而冒为之者也。夫曰“实无”曰“妄称”,则为盗窃之虚声;曰“輙自”曰“遣人”,则非士民之本意。但輙自建立,全无顾忌,则坐满杖。其遣人妄称己善,申请于上,以求建立者,视輙自建立者有间,故坐重杖。受遣者不过阿顺扶同,故各减本官一等。碑、祠拆毁,立案不行。

臣等谨按:此禁虚名以励实政也。见任官员虽有政绩可见,无自行立碑建祠之理。乃实无政绩而辄自建立,是为盗窃虚名。若遣人妄称己善,申请于上,以求建立,是为要求虚誉。而一则满杖、一则重杖者,以辄自建立,业已见之实事,而遣人申请,尚止托诸空言,故坐杖稍异也。其受遣之人,系本管主使,故得减等。

【1740】4.12.172(略)

禁止迎送

律 文

【1646】4.12.191

凡上司官及奉朝命使客经过,若监察御史、按察司官出巡按治,而所在各衙门官吏出郭迎送者,杖九十。其容令迎送不举问者,罪亦如之。

【1670】4.12.190(略)

【1725】○修改

原拟:今无监察御史及按察司出巡之例,应删去"若监察御史、按察司官出巡按治"等字。

臣等谨按:此以正官方而禁趋奉也。上司是本管上司,使客但奉钦命者皆是。前言下属及地方官迎送之罪,后言上司官及使客容令迎送之罪。

【1725】4.12.183

凡上司官及奉朝命使客经过,而所在各衙门官吏出郭迎送者,杖九十。其容令迎送不举问者,罪亦如之。

注:此肃官方而禁趋奉也。上司是本管上司,使客但奉钦命者皆是。地方官迎送废时失事,故杖九十。容令迎送者,罪同。

【1740】4.12.173(略)

附律条例

【1646】4.12.191.(1)

一、文武官员出入,应合开道而自不开道,致令应避官员不曾回避者,不问。若因而生事者,止问上官。

【1670】4.12.190.(1)(略)

【1725】4.12.183.(1)

【原例】(略)

【1740】4.12.173.(3)(略)

【1646】4.12.191.(2)

一、军民人等,于街市遇见官员引导经过,即须下马躲避,不许冲突,违者,笞五十。

【1670】4.12.190.(2)(略)

【1725】4.12.183.(2)

【原例】(略)

【1740】4.12.173.(4)(略)

【1740】○增入

一、上司入城,凡文武属员,止许出城三里迎送。如不入城,在境内经过处所迎送。倘迎送必至交界,或因事营求,或乘便贿赂,将属员革职拿问。如止出界迎送,无营求、贿赂等情,照擅离职役律议处。若上司有必欲迎送,致属员畏其威势,至交界迎送者,倘有勒索情弊,将上司革职提问。如止令迎送,无勒索情弊,照例议处。地方官俱免议。

以上二条系雍正七年(1729)、雍正十三年(1735)定例,俱专为禁止迎送而言,今纂入条例之首。文武官弁禁止违例迎送之处,已属详晰。查乾隆二年(1737),原任户部侍郎赵殿最奏准"一切上司经过地方,止许佐杂等官,于城门外驿亭迎送。正印各官,非有公事传询,不得轻率出城"等因,事属重复,今不纂入。

【1740】4.12.173.(1)(略)

【1740】○增入

一、凡提镇赴任,所属将弁,于是日迎接,除跟役外,其司事兵丁不得过十名,出城不得过五里。其副、参、游击等官赴任,本标员弁,于是日迎接,除跟役外,司事兵丁不得过五名,出城不得过三里。从境内经过者,止许在本营汛地经过处所迎送。如属员多带兵丁,越境远迎,及上司容令远迎,并不行揭报者,俱交部照律议处。

按语,见【1740】4.12.173.(1)条下。

【1740】4.12.173.(2)(略)

【1740】○续纂

一、凡书役迎接新官,在交界处所等候,呈送须知册籍,其余书役概令随印交代。并将头接、二接、三接陋习,严行禁止。如有约结多人,执批远迎者,照律治罪。

此条系刑部议准定例。

【1740】4.12.173.(5)(略)

【1761】○续纂

一、属员与上司亲戚子侄,有乘便夤缘、因事贿嘱者,按律分别革职、治罪。上司之子侄亲戚有官职者,经过属员境内,拜候往来,属员供应馈送,均照不应重律降三级调用;无官职者,照不应重律杖八十。该上司自行查出参处者,免议;漫无觉察者,照约束不严例降一级调用;知而不举,照徇庇例降三级调用。如有夤缘贿嘱等事通同徇纵者,一并分别革职、治罪。

臣等谨按:此条系乾隆二十六年(1761)三月内,吏部议复四川布政使吴士端条奏定例,应纂辑以便遵行。

【1768】4.12.173.(6)(略)

公差人员欺凌长官

律　文

【1646】4.12.192

凡公差人员,如历事、监生、办事官之类。在外不循礼法,言语傲慢,欺凌守御官及知府、知州者,杖六十,附过还役,历过俸月不准。若校尉有犯,杖七十;祗候、禁子有犯,杖八十。

【1670】4.12.191(略)

【1725】○修改

原拟:今公差无用监生及办事人等之事,小注应删。又州、县官俱系地方正官,应增入"知县"字。再"附过还役""历过俸月不准",今无此例,应将此二句删去。

臣等谨按:此别贵贱而重名分也。公差人员,谓有公务差出者。欺凌,谓言语不逊、礼貌不谨之类。守御官,有专阃之任;府、州、县,乃正印之官。前言公差人员欺凌之罪,次言校尉欺凌之罪,末言祗候、禁子等役欺凌之罪,盖人益微而罪益重也。如有殴打等情,自依公使人殴有司律治罪。

【1725】4.12.184

凡公差人员,在外不循礼法,言语傲慢,欺凌守御官及知府、知州、知县者,杖六十。若校尉有犯,杖七十。祗候、禁子有犯,杖八十。

注:此儆公差恣肆之渐,以重名分也。凡因公差出人员在外,不循分守法,言语傲慢,欺凌守御官及府、州、县长官者,杖六十。校尉、祗候、禁子人役有犯,各递加一等。盖以地方文武正官,非公差员役所可得侮慢也。至有擅殴等情,自依公使人殴有司官律治罪。

【1740】4.12.174(略)

附律条例

【1646】4.12.192.(1)

一、公堂乃系民人仰瞻之所。如奴仆、皂隶人等,入正门,驰当道,坐公座,杖七十、徒一年半。官吏不行举觉,杖七十,免徒。吏员、承差人等敢有如此者,加一等。若六部、都察院、在京诸衙门,及驾前校尉、力士、旗军、行人等,非捧制书,止收批差,敢有似前越礼犯分者,许所在官长实封入递。除奉朝廷差委各处要招行断外,其布政司至州县等衙门,毋得辄差吏员、皂隶人等,于各衙门要招行断,违者,事犯同罪。

【1670】4.12.191.(1)(略)

【1725】○修改

原拟:今在京诸衙门人役,并无捧制差遣之例,亦无“力士”等项名色。谨拟删改,开载于后。

【原改条例】一、公堂乃系民人瞻仰之所,如奴仆、皂隶人等,入正门、驰当道、坐公座者,杖七十,徒一年半;吏员承差人等,加一等。若六部、都察院、在京各衙门人役接奉批差,敢有似前越礼犯分者,许所在官长实封参奏。除奉朝廷差委各处要招行断外,其督抚以下以至州县等衙门,毋得辄差吏书、皂隶人等,于各衙门要招行断,违者,事犯同罪。

【1725】4.12.184.(1)

【原例】(略)

【1740】○修改

臣等谨按:此条内“朝廷差委取招行断”等语,俱系前代旧文,今无此例,应删。至各衙门人役如有越礼犯分,自应即照本条吏员人等加一等例治罪。谨将删改例文,开列于后。

一、公堂乃系民人瞻仰之所。如奴仆、皂隶人等,入正门、驰当道、坐公座者,杖七十、徒一年半,吏员、承差人等加一等。若六部、都察院、在京各衙门人役,接奉批差,敢有似前越礼犯分者,许所在官长实封参奏,照例治罪。

【1740】4.12.174.(1)(略)

服舍违式

律　文

【1646】4.12.193

凡官民房舍、车服、器物之类,各有等第。若违式僭用,有官者杖一百,罢职不叙;军官降充总旗。无官者笞五十,罪坐家长;工匠并笞五十。违式之物,责令改正。工匠自首免罪,不给赏。○若僭用违禁龙凤纹者,官、民各杖一百、徒三年;官罢职不叙。工匠杖一百,连家小起发赴京,籍充局匠。违禁之物并入官。○首告者,官给赏银五十两。○若工匠能自首者,免罪,一体给赏。

【1670】4.12.192(略)

【1725】○修改

臣等谨按:今无总旗,应将小注内“军官降充总旗”字删去。再,今京城无织机局匠,应将律文“连家小起发赴京,籍充局匠”句亦删去。

臣等谨按:此辨等威而禁僭越也。首节言违式僭用之罪,次节言违禁僭用之罪。盖服、舍等物,各有一定之式。如以平民而僭拟职官,或以卑官而僭拟大臣,皆为违式。若龙凤纹,系御用之物,尤非官民所得僭越,故不曰“违式”,而曰“违禁”。后二节则悬凡人首告之赏,并开工匠自首之门。总以定民志而不使其越礼犯分也。

【1725】4.12.185

凡官民房舍、车服、器物之类,各有等第。若违式僭用,有官者杖一百,罢职不叙;无官者,笞五十,罪坐家长;工匠并笞五十。(违式之物,责令改正。工匠自首免罪,不给赏。)○若僭用违禁龙凤纹者,官、民各杖一百、徒三年,(官罢职不叙。)工匠杖一百,违禁之物并入官。○首告者,官给赏银五十两。○若工匠能自首者,免罪,一体给赏。

注:此辨等威而禁僭越也。首节言违式僭用之罪,次节言违禁僭用之罪。盖服、舍等物,各有一定之式。如以平民而僭拟职官,或以卑官而僭拟大臣,皆为违式。若龙凤纹,系御用之物,尤非官民所得僭越,故不曰"违式",而曰"违禁"。后二节则悬凡人首告之赏,并开工匠自首之门。总以定民志,而不使其越礼犯分也。

【1740】4.12.175(略)

附律条例

【1646】4.12.193.(1)①

一、顺治二年(1645)定闰六月初一日,礼部接出圣谕:"谕礼部:公侯、文武各官应用帽顶、束带,及生儒衣帽,照品级次第酌议,绘图来看。钦此。"钦遵恭捧到部。臣等详考国制,参酌时宜,拟为十三等,谨绘图贴说,进呈御览,不许僭越,违者治罪。伏乞圣明裁定,敕行内外各衙门一体遵奉等因,于本月初一奉圣旨:"是。这帽顶、束带图样,通行内外文武各衙门,如式遵用,以辨等威。官员越品僭用,及民间违禁擅用者,重治不宥。凡应用东珠的,重不得过三分。如用三分以上,即同违式。钦此。"

公

起花金帽顶,上衔红宝石一大颗,中嵌东珠三颗;带用圆玉版四块,四围金镶,中镶绿松子石一颗。

一品侯、伯同。

起花金帽顶,上衔红宝石一大颗,中嵌东珠一颗;带用方玉版四块,四围金镶,中镶红宝石一颗。

二品

起花金帽顶,上衔红宝石一大颗,中嵌小红宝石一颗;带用起花金圆版四块,中镶红宝石一颗。

三品

起花金帽顶,上衔红宝石一大颗,中嵌小蓝宝石一颗;带用起花金圆版四块。

四品

起花金帽顶,上衔蓝宝石一大颗,中嵌小蓝宝石一颗;带用起花金圆版四块,银镶边。

---

① 本条顺治三年《大清律集解附例》附于律文之后、条例之前。雍正三年《大清律集解附例》列为"原例",《大清律例按语》此条皆列为条例。

五品

起花金帽顶,上衔水晶一大颗,中嵌小蓝宝石一颗;带用素金圆版四块,银镶边。

六品

起花金帽顶,上衔水晶一大颗;带用圆玳瑁版四块,银镶边。

七品

起花金帽顶,中嵌小蓝宝石一颗;带用素银版四块。

八品

起花金帽顶;带用明羊角圆版四块,银镶。

九品　杂职同。

起花银帽顶;带用乌角圆版四块,银镶。

举人

金雀帽顶,高二寸;带同八品;青袍蓝边,披领同。

生员

银雀帽顶,高二寸;带同九品;蓝袍青边,披领同。

外郎、耆老

乌角葫芦顶,衣及披领皆纯青。

【1670】4.12.192.(1)(略)

【1725】○修改

原拟各条内所载顶、带品式,与见在定制不符,且补服品式并未开载,应照现在定制增改。谨拟增改,开载于后。

【原改条例】公、侯、伯,俱起花金帽顶,上衔红宝石一大颗,公中嵌东珠四颗,侯中嵌东珠三颗,伯中嵌东珠二颗;带俱用圆玉版四块,四围金镶,公中嵌猫睛一颗,侯中嵌绿松子石一颗,伯中嵌红宝石一颗;俱四爪蟒补服。一品,起花金帽顶,上衔红宝石一大颗,中嵌东珠一颗;带用方玉版四块,四围金镶,中嵌红宝石一颗;文职仙鹤补服,武职麒麟补服。二品,起花金帽顶,上衔红宝石一大颗,中嵌红宝石一小颗;带用起花金圆版四块,中嵌红宝石一颗;文职锦鸡补服,武职狮子补服。三品,起花金帽顶,上衔红宝石一大颗,中嵌小蓝宝石一颗;带用起花金圆版四块;文职孔雀补服,武职豹补服。四品,起花金帽顶,上衔蓝宝石一大颗,中嵌小蓝宝石一颗;带用起花金圆版四块,银镶边;文职云雁补服,武职虎补服。五品,起花金帽顶,上衔水晶一大颗,中嵌小蓝宝石一颗;带用素金圆板四块,银镶边;文职白鹇补服,武职熊补服。六品,起花金帽顶,上衔水晶一大颗;带用玳瑁圆版四块,银镶边;文职鹭鸶补服,武职彪补服。七品,起花金帽顶,中嵌小蓝宝石一颗;带用素银圆版四块;文职鸂鶒补服,武职补服与六品同。八品,起花金帽顶;带用明羊角圆版四块,银镶边;文职鹌鹑补服,武职犀牛补服。九品及杂职,起花银帽顶;带用乌角圆版四块,银镶边;文职练雀补服,武职海马补服。都察院、按察司等官,不论品级,俱獬豸补服;其朝服披肩接袖,俱用妆缎、蟒缎。举人,金雀顶,高二寸;带同八品;青袍蓝边,披领同。生员,银雀顶,高二寸;带同九品;蓝袍青边,披领同。外郎,锡葫芦顶,衣及披领皆纯青。

耆老,不用披领,余与外郎同。

【1725】4.12.185.(1)

【原例】一、顺治二年(1645)闰六月奉圣谕:"谕礼部:公侯、文武各官应用帽顶、束带,及生儒衣帽,照品级次第酌议,绘图来看。钦此。"礼部详考国制,参酌时宜,拟为十三等,绘图贴说,奏呈御览,伏乞圣明裁定,敕行内外各衙门一体遵奉,不许僭越,违者治罪。奉圣旨:"是。这帽顶、束带图样,通行内外文武各衙门,如式遵用,以辨等威。官员越品僭用,及民间违禁擅用者,重治不宥。凡应用东珠,重不得过三分。如用三分以上,即同违式。钦此。"顺治八年(1651)、九年(1652),康熙元年(1662)、三年(1664)复加更定。公、侯、伯,俱起花金帽顶,上衔红宝石一大颗,公中嵌东珠四颗,侯中嵌东珠三颗,伯中嵌东珠二颗;带俱用圆玉版四块,四围金镶,公中嵌猫睛一颗,侯中嵌绿松子石一颗,伯中嵌红宝石一颗;俱四爪蟒补服。一品,起花金帽顶,上衔红宝石一大颗,中嵌东珠一颗;带用方玉版四块,四围金镶,中嵌红宝石一颗;文职仙鹤补服,武职麒麟补服。二品,起花金帽顶,上衔红宝石一大颗,中嵌小红宝石一颗;带用起花金圆版四块,中嵌红宝石一颗;文职锦鸡补服,武职狮子补服。三品,起花金帽顶,上衔红宝石一大颗,中嵌小蓝宝石一颗;带用起花金圆版四块;文职孔雀补服,武职豹补服。四品,起花金帽顶,上衔蓝宝石一大颗,中嵌小蓝宝石一颗;带用起花金圆版四块,银镶边;文职云雁补服,武职虎补服。五品,起花金帽顶,上衔水晶一大颗,中嵌小蓝宝石一颗;带用素金圆板四块,银镶边;文职白鹇补服,武职熊补服。六品,起花金帽顶,上衔水晶一大颗;带用玳瑁圆版四块,银镶边;文职鹭鸶补服,武职彪补服。七品,起花金帽顶,中嵌小蓝宝石一颗;带用素银圆版四块;文职鸂鶒补服,武职补服与六品同。八品,起花金帽顶;带用明羊角圆版四块,银镶边;文职鹌鹑补服,武职犀牛补服。九品及杂职,起花银帽顶;带用乌角圆版四块,银镶边;文职练雀补服,武职海马补服。都察院、按察司等官,不论品级,俱獬豸补服;其朝服披肩接袖,俱用妆缎、蟒缎。举人,金雀顶,高二寸;带同八品;青袍蓝边,披领同。生员,银雀顶,高二寸;带同九品;蓝袍青边,披领同。外郎,锡葫芦顶,衣及披领皆纯青。耆老,不用披领,余与外郎同。

【1740】○修并

【原例】【1725】4.12.185.(1)(略)、【1725】4.12.185.(16)(略)

臣等谨按:顺治二年(1645)钦奉圣谕,今恭纂为例,以便引用。内"重治不宥"四字,应改为"照律治罪"。至所开公侯、文武各官帽顶次第,雍正八年(1730)复加更定,俱应改删。又"都察院、按察司等官,不论品级,俱獬秀补服",后条又有"都察院都事、经历、笔帖式,按察司经历、照磨等官,补服各照本身品级,不得滥用獬豸"等语,今并为一条,其"不论品级"四字应删。谨将改辑删并例文,开列于后。

一、公、侯、文武各官,应用帽顶束带,及生儒衣帽,照品级次第,不许僭越。官员越品僭用,及民间违禁擅用者,照律治罪。凡应用东珠,重不得过三分,如用三分以上,即同违式。公、侯、伯,起花金帽顶,上衔红宝石一大颗,公中嵌东珠四颗,侯中嵌东珠三颗,伯中嵌东珠二颗;带俱用圆玉版四块,四围金镶,公中嵌猫睛一颗,侯中嵌绿松子石一颗,伯中嵌红宝石一颗;俱四爪蟒补服。一品,起花金帽顶,上衔红宝石一大颗,中嵌东珠一颗;带用方玉版四块,四围金镶,中嵌红宝石一颗;文职仙鹤补服,武职麒麟补服。二品,起花金帽顶,上衔起花珊瑚一大颗,中嵌小红宝石一颗;带用起花金圆版四块,中嵌红宝石一颗;文职锦鸡补服,武职狮子补服。三品,起花金帽顶,上衔蓝宝石一大颗,中嵌小红宝石一颗;带用起花金圆版四块;文职孔雀补服,武职豹补服。四品,起花金帽顶,上衔青金石一大颗,中嵌小蓝宝石一颗;带用起花金圆版四块,银镶边;文职云雁补服,武职虎补服。五品,起花金帽顶,上衔水晶一大颗,中嵌小蓝宝石一颗;带用素金圆板四块,银镶边;文职白鹇补服,武职熊补服。六品,起花金帽顶,上衔砗磲一大颗,中嵌小蓝宝石一颗;带用玳瑁圆版四块,银镶边;文职鹭鸶补服,武职彪补服。七品,上衔素金顶,中嵌小水晶一颗;带用素银圆版四块;文职鸂鶒补服,武职补服与六品同。八品,起花金帽顶;带用明羊角圆版四块,银镶边;文职鹌鹑补服,武职犀牛补服。九品及杂职,起花银帽顶;带用乌角圆版四块,银镶边;文职练雀补服,武职海马补服。在京都察院、在外按察使等官,俱獬豸补服;其朝服披肩接袖,俱用妆缎、蟒缎。都察院都事、经历、笔帖式,按察司经历、照磨等官,补服各照本身品级,不得滥用獬豸。举人、官生、贡监生,金雀顶,高二寸;带同八品;青袍蓝边,披领同。生员,银雀顶,高二寸;带同九品;蓝袍青边,披领同。外郎,锡葫芦顶,衣及披领皆纯青。耆老,用锡顶,不用披领,余与外郎同。

【1740】4.12.185.(1)(略)

【1646】4.12.193.(2)

一、服、舍、鞍马,贵贱各有等第。上可以兼下,下不可以僭上。官员任满致仕,与见任同。其父祖有官身没,非犯除名不叙,子孙许居其房舍,用其衣服、车马。其御赐者,及军官军人服色,不在禁例。

【1670】4.12.192.(2)(略)

【1725】○修改

臣等谨按:“官员任满致仕,与见任同”,已载在“吏律”,此处应删。其有官房舍,本身殁后,即曾经断罪,亦难责其子孙拆改,应仍听居住,惟车马、衣服等物,不便僭用。若御赐,则系赐伊父祖者,尤不便僭用,应将其“御赐者,及军官军人服色”句一并删去。谨拟删改,开载于后。

【1725】4.12.185.(2)

一、房舍、车马、衣服等物,贵贱各有等第。上可以兼下,下不可以僭上。其父祖有官身殁,曾经断罪者,除房舍仍许子孙居住,其余车马、衣服等物,父祖既与无罪者有别,则子孙概不得用。

【1740】4.12.185.(2)(略)

【1646】4.12.193.(3)

一、房舍并不得施用重拱、重檐,楼房不在重檐之限。职官一品、二品,厅房七间九架,屋脊许用花样兽吻,梁栋、斗拱、檐桷,彩色绘饰,正门三间五架,门用绿油、兽面铜环。三品至五品,厅房五间七架,许用兽吻,梁栋、斗拱、檐桷,青碧绘饰,正门三间三架,门用黑油、兽面摆锡环。六品至九品,厅房三间七架,梁栋止用土黄刷饰,正门一间三架,门用黑油、铁环。庶民所居堂舍,不过三间五架,不用斗拱、彩色雕饰。

【1670】4.12.192.(3)(略)

【1725】4.12.185.(3)

【原例】(略)

【1740】4.12.175.(3)(略)

【1646】4.12.193.(4)

一、庶民男女衣服,并不得僭用金绣,许用苎丝、绫罗、绸绢、素纱。妇人金首饰一件,金耳环一对。余止用银翠,不得制造花样金线妆饰。

【1670】4.12.192.(4)(略)

【1725】4.12.185.(4)

【原例】(略)

【1740】4.12.175.(4)(略)

【1646】4.12.193.(5)

一、车舆不得雕饰龙凤纹。职官一品至三品,许用间金妆饰,银螭绣带青幔。四品、五品,素狮头绣带青幔。六品至九品,用素云头素带青幔。轿子比同车制。庶民车用黑油齐头平顶皂幔,轿子比同车制,并不许用云头。

【1670】4.12.192.(5)(略)

【1725】○删除

原拟:今官员之妻所用车舆,与此制不同,俱不用银螭绣带、狮头、云头妆饰,此条拟删。

【1646】4.12.193.(6)

一、帐幔并不许用赭黄龙凤纹。职官一品至三品,许用金花刺绣纱罗;四品五品,刺绣纱罗;六品以下,许用素纱罗。庶民用纱绢。

【1670】4.12.192.(6)(略)

【1725】4.12.185.(5)

【原例】(略)

【1740】4.12.175.(5)(略)

【1646】4.12.193.(7)

一、伞盖,职官一品、二品,银葫芦,茶褐罗表红里;三品、四品,红葫芦,茶褐罗表红里,以上皆三檐。五品,红葫芦,青罗表红里;六品以下,惟用青绢,皆重檐。雨伞通油绢。庶民不得用罗绢凉伞,许用油纸雨伞。

【1670】4.12.192.(7)(略)

【1725】○修改

原拟:礼部例内职官用伞色样,与此不同。谨拟删改,开载于后。

【原改条例】一、伞盖,职官一品、二品,银葫芦,杏黄罗表红里;三品、四品,红葫芦,杏黄罗表红里,以上皆三檐。佥事道亦同。五品,红葫芦,蓝罗表红里;六品以下、八品以上,惟用蓝绢,皆重檐。雨伞通油绢。庶民不得用罗绢凉伞,许用油纸雨伞。

【1725】4.12.185.(6)

【原例】(略)

【1740】4.12.175.(6)(略)

【1835】○修改

臣等谨按:道光十二年(1832)十一月内,据升任江西道监察御史金应麟奏请"修改删易刑例"一折内称"伞盖,四品以上皆三檐,佥事道亦同。查今无佥事道,似应删"等语。经臣部查,此条系雍正三年(1725)奏定,是以所载官名与现在不符,惟无关罪名出入,且非常用之例,应俟修例时再行更正等因具奏,奉旨允准在案。今届修例之时,应将例注"佥事道亦同"五字删除,以符现制。谨将修改例文,开列于后。

一、伞盖,职官一品、二品,银葫芦,杏黄罗表红里;三品、四品,红葫芦,杏黄罗表红里,以上皆三檐。五品,红葫芦,蓝罗表红里;六品以下、八品以上,惟用蓝绢,皆重檐。雨伞通油绢。庶民不得用罗绢凉伞,许用油纸雨伞。

【1845】4.12.185.(6)(略)

【1646】4.12.193.(8)

一、鞍辔并不许雕饰龙凤纹。

【1670】4.12.192.(8)(略)

【1725】4.12.185.(7)

【原例】(略)

【1740】4.12.175.(7)(略)

【1646】4.12.193.(9)

一、器皿不许造龙凤纹。

【1670】4.12.192.(9)(略)

【1725】4.12.185.(8)

【原例】(略)

【1740】4.12.175.(8)(略)

【1646】4.12.193.(10)

一、坟茔石兽,职官一品,茔地九十步,坟高一丈八尺;二品,茔地八十步,坟高一丈四尺;三品,茔地七十步,坟高一丈二尺,以上石兽并六。四品,茔地六十步;五品,茔地五十步,坟高八尺,以上石兽并四。六品,茔地四十步;七品以下二十步,坟高六尺。以上发步皆从茔心各数至边。五品以上,许用碑,龟趺螭首;六品以下,许用碣,方趺圆首。庶人茔地九步,穿心一十八步,止用矿志。

【1670】4.12.192.(10)(略)

【1725】4.12.185.(9)

【原例】(略)

【1740】4.12.175.(9)(略)

【1646】4.12.193.(11)

一、品官服色、鞍辔等物,除官府、应用之家,许令织造外,其私下与不应之家制造者,工匠依律治罪。

【1670】4.12.192.(11)(略)

【1725】4.12.185.(10)

【原例】一、品官服色、鞍辔等物,除官府、应用之家,许令织造外,其私下与不应用之家制造者,工匠依律治罪。

【1740】4.12.175.(10)(略)

【1646】4.12.193.(12)

一、军民、僧道人等,服饰器用,俱有定制。若常服言常服,则大服不禁。僭用锦绮、纻丝、绫罗、彩绣,器物用戗金、描金,酒器纯用言纯用,若止用一件,不禁。金银,及将大红销金制为帐幔、被褥之类,妇女僭用金绣闪色衣服、金宝首饰镯钏,言金宝,则止用金饰,无珠宝不禁。及用珍珠缘缀衣履,并结成补子、盖额、缨络等件,娼妓僭用金首饰镯钏者,事发俱问以应得之罪,服饰、器用等物并追入官。妇女罪坐家长。

【1670】4.12.192.(12)(略)

【1725】4.12.185.(11)

【原例】(略)

【1740】○修改

臣等谨按：违式僭用，即应依律治罪，此条“俱问以应得之罪”，语似含混，应改。例内娼妓，因前明乐户、官妓隶籍教坊司，今已销去乐籍，应删。再查乾隆二年(1737)定例，有“奴仆长随服饰”一条，亦应并入，以便引用。谨将改删纂并例文，开列于后。

【1740】4.12.175.(11)

一、军民僧道人等，服饰器用，俱有定制。若常服言常服，则大服不禁。僭用锦绮、苎丝、绫罗、彩绣，器物用戗金、描金，酒器全用言全用，若止用一件，不禁。金银，及将大红销金制为帐幔、被褥之类，妇女僭用金绣闪色衣服、金宝首饰镯钏，言金宝，则止用金饰无珠宝不禁。及用珍珠缘缀衣履，并结成补子、盖额、缨络等件，事发俱照律治罪，服饰、器用等物并追入官。妇女罪坐家长。奴仆准用纺丝、绢绸、绵绸、茧绸、毛褐、屯绢、葛苎、梭布、貉皮、羊皮。其缎纱及各样细皮，俱不许用。长随亦照奴仆服饰。违者照律治罪。

【1810】○修改

臣等谨按：《礼部则例》内载“奴仆、优伶、皂隶只准服用茧绸、毛褐、葛布、梭布、貉皮、羊皮。其纺丝、绸绢、缎纱、绫罗及各种细毛，俱不准用”等语。此条例内奴仆准用纺丝、绸绢，与《礼部则例》互异，应请画一修改。再查《礼部则例》有优伶、皂隶，臣部例内一应添入，以昭赅备。谨将修改例文，开列于后。

一、军民僧道人等，服饰器用，俱有定制。若常服言常服，则大服不禁。僭用锦绮、苎丝、绫罗、彩绣，器物用戗金、描金，酒器全用言全用，若止用一件，不禁。金银，及将大红销金制为帐幔、被褥之类，妇女僭用金绣闪色衣服、金宝首饰镯钏，言金宝，则止用金饰无珠宝不禁。及用珍珠缘缀衣履，并结成补子、盖额、缨络等件，事发俱照律治罪，服饰、器用等物并追入官。妇女罪坐家长。奴仆、优伶、皂隶，准用绵绸、茧绸、毛褐、葛苎、梭布、貉皮、羊皮。其纺丝、绢绸、缎纱、绫罗及各样细皮，俱不许用。长随亦照奴仆服式。违者照律治罪。

【1825】4.12.175.(11)(略)

【1646】4.12.193.(13)

一、官吏、军民人等，但有僭用玄、黄、紫二色，及蟒龙、飞鱼、斗牛，器皿僭用朱、红、黄颜色，及亲王法物者，俱比照僭用龙凤纹律拟断，服饰、器皿追收入官。

【1670】4.12.192.(13)(略)

【1725】○修改

原拟：元(玄)色不在禁例，应将“玄(元)”字删去。又现行例内二条类于此律，应增入。

【1725】4.12.185.(12)

【原例】一、官吏军民人等，但有服饰僭用黄、紫二色，及蟒龙、飞鱼、斗牛，器皿僭用朱、红、黄颜色，及亲王法物者，俱比照僭用龙凤纹律拟断，服饰、器皿追收入官。

【1740】4.12.175.(12)(略)

【1725】○增入

【现行例】一、凡官民人等用线缨者,笞五十。

按语,见【1646】4.12.193.(13)条下。

【1725】4.12.185.(13)

【增例】(略)

【1740】4.12.175.(13)(略)

【1725】○增入

【现行例】一、黄色、秋香色五爪龙缎、立龙缎团补服,原经禁止,官民不许穿用,应将无金四爪之四团、八团补服缎纱,及无金照品级织造补服,官民不许穿用。其桃鹤等花团补服缎纱,许照常穿用。其秋香色之香色、米色,亦应不许穿用。其大臣官员,有御赐五爪衣服,俱其许穿用。若赏给五爪龙缎、立龙缎,俱令挑去一爪穿用。御赐缎匹,无论色样,许其穿用。官民家下奴仆、皂隶等役,许穿用绸绫、纺丝等项;狐皮、沙狐皮、貉皮、羊皮等物做帽,围脖许染黄鼠皮、狐皮、沙狐皮;其腰刀、靴,不许镶绿皮;腰刀、撒袋、秋辔等物,不许用金。其妻亦照丈夫穿用。违定制滥用者,仍照康熙十一年(1672)定例处分。康熙十一年违定例越分穿用者,该管官查出,将越分穿用之人,若系官,交与该部革职;系旗下之人,交与该部枷号一个月,不准折赎,鞭责一百;若民,枷号一个月,不准折赎,责四十板。将越分之物入官。如有越分穿用之人,该管官不行查出,被旁人捉拿到衙门审实,将越分穿用之物,给与所拿之人;将佐领、骁骑校每事罚俸三个月;将领催不准折赎,鞭责五十。其参领,如本参领内越分穿用之事犯二次,罚俸三个月。都统、副都统,本旗内犯三次,罚俸三个月。其官员、军民家下奴仆有越分穿用者,其奴之主,若官,交与该部罚俸三个月;如闲人,不准折赎,鞭责五十;民,责二十板。越分穿用之人,系旗下之人,枷号一个月,不准折赎,鞭责一百;若民,枷号一个月,责四十板。其五城属民,将该司坊官,每事罚俸三个月;总甲不准折赎,责二十板;越分穿用事犯二次,将该城满、汉都察御史,各罚俸三个月。巡捕营兵穿用,将所管把总,每事罚俸三个月;犯二次,将参将、游击罚俸三个月。内府佐领人越分穿用,佐领、家长亦照外佐领、骁骑校治罪;领催亦不准折赎,鞭责五十。直隶各省军民越分穿用,该督抚、提镇照都统、副都统治罪;藩、臬二司,道、副将、参将,照参领治罪;府、州、县官,并游守等官,照佐领、骁骑校治罪。

按语,见【1646】4.12.193.(13)条下。

原拟:官民穿用各款,俱按等定例,载在礼部档案,项款繁多。今择其应入律者载入,余仍存部遵行。其字句太繁,应行删改,开载于后。

【1725】4.12.185.(14)

【增例】一、黄色、秋香色五爪龙缎、立龙缎团补服,及四爪暗蟒之四团补、八团补缎纱,官民不许穿用。其大臣官员,有特赐五爪龙衣服及缎匹,无论色样,俱许穿用。若颁赐五爪龙缎、立龙缎,挑去一爪穿用。若官员军民人等违例滥用者,系官革职,平人枷号一个月、杖一百。失察官交部议处。衣服入官。

【1740】4.12.175.(14)(略)

【1725】4.12.185.(15)

【钦定例】一、督抚、提镇相见,务遵《会典》所载仪制。倘有违例者,一同治罪。至属员谒见上司,遇穿公服之日,止用补服,不许擅用朝衣,违者重处。

【1740】○删除

臣等谨按:督抚、提镇相见,仪注载在礼书,与本条服舍无涉。属员谒见上司擅用朝衣,违者重处,应载《吏部处分则例》,此条应删。

【1725】4.12.185.(16)

【钦定例】一、都察院都事、经历、笔帖式,经历、照磨等官,补服各照本身品级,不得滥用獬豸。

【1740】○修并

见【1725】4.12.185.(1)条下。

【1725】4.12.185.(17)

【钦定例】一、凡平时所戴暖帽、凉帽,亲王世子、郡王长子、贝勒、贝子、入八分公,俱用红宝石顶;未入八分公、固伦额驸、和硕公主额驸、民公侯伯、镇国将军、和硕额驸及一品大臣,俱用珊瑚顶;辅国将军、奉国将军、多罗额驸,二品、三品大臣官员,俱用起花珊瑚顶;奉恩将军、固山额驸及四品,俱用青金石顶;五品、六品,俱用水晶石顶;七品以下,及进士、举人、贡生,俱用金顶;生员、监生,俱用银顶。候补、候选与见任同。

【1740】○修改

臣等谨按:平时所戴帽顶,雍正八年(1730)复加更定,此条应删。

一、凡平时所戴暖帽、凉帽,亲王世子、郡王长子、贝勒、贝子、入八分公,俱用红宝石顶;未入八分公、固伦额驸、和硕公主额驸、民公侯伯、镇国将军、和硕额驸及一品大臣,俱用珊瑚顶;辅国将军及二品官,俱用起花珊瑚顶;奉国将军及三品官,俱用蓝宝石顶及蓝色明玻璃;奉恩将军及四品官,俱用青金石顶及蓝色涅玻璃;五品官,用水晶顶及白色明玻璃;六品官,用砗磲顶及白色涅玻璃;七品官,用素金顶;八品官,用起花金顶;九品官,用起花银顶。未入流,与九品同。候补、候选,与现任同。凡九品之读祝、赞礼、鸣赞、序班,俱用八品起花金顶。进士、举人、贡生,俱用金顶;

生员、监生,俱用银顶。

此条系雍正八年定例。按:首条分别服饰,及此条帽顶次第,及制度所关,等威攸辨,垂为令甲,臣民永远遵守。并其余各条刊刻定例,悉照旧编次。至于历年条议准行,款类不一,应载礼书,概不登录。

【1740】4.12.175.(15)(略)

【1740】○续纂

此条系礼部议准定例。

【1740】4.12.175.(16)

一、三品以下官员,概不得僭用红色雨衣雨帽,违者照违制论。

【1767】○删除

臣等谨按:此条系礼器馆奏准定例,应纂辑遵行。所有旧例一条,应行删除。至僭用违式,原奏并未叙入,今照旧例添"照违制论"一语,以便引用,合并声明。谨将删除旧例,开列于后。

【原例】(略)

以上一条应删。

【1767】○续纂

一、文武官员应用雨帽、雨衣,除二品以上,仍照旧例戴用大红,三品亦准用大红雨帽。四品、五品、六品,用红顶黑镶边雨帽;七品、八品、九品,及有顶带人员,俱用黑顶红镶边雨帽。其内廷行走之员,仍照旧不论品级,雨帽俱戴大红。无论油帽、毡帽,一色服用。僭用者,照违制论。

按语,见【1740】4.12.175.(16)条下。

【1768】4.12.175.(16)(略)

【1746】○续纂

一、在籍候选吏员,有僭穿补服干谒地方官者,照违制律治罪。

臣等谨按:此条系乾隆十年(1745)十一月内,礼部议复升任浙江布政司潘思榘条奏定例,应纂辑,以便遵行。

【1768】4.12.175.(17)(略)

僧道拜父母

律 文

【1646】4.12.194

凡僧、尼、道士、女冠,并令拜父母、祭祀祖先。本宗亲属在内。丧服等第,谓斩衰、期功、缌麻之类。皆与常人同。违者杖一百,还俗。○若僧道衣服,止许用绸绢布匹,不得用苎丝绫罗。违者,笞五十,还俗,衣服入官。其袈裟、道服,不在禁限。

【1670】4.12.193(略)

【1725】4.12.186

凡僧、尼、道士、女冠,并令拜父母、祭祀祖先。本宗亲属在内。丧服等第,谓斩衰、期功、缌麻之类。皆与常人同。违者杖一百,还俗。○若僧道衣服,止许用䌷绢布匹,不得用苎丝绫罗。违者,笞五十,还俗,衣服入官。其袈裟、道服,不在禁限。

注:此言僧、道不得灭伦理、尚华侈也。僧道虽崇尚道释,而天伦所关,一本五服之亲,则无容恝置也。故忘所自生者,满杖。至僧道既遵淡泊清规,更不得越分靡丽。故僭侈衣服者,加笞。若袈裟、道服,则非用以常穿者,是以不在禁限内。尼僧、女冠有犯,应准其收赎。以上并令还俗。

臣等谨按:此言僧、道不得灭伦理、尚华侈也。前言忘弃父母之罪,后言僭侈衣服之罪。内尼僧、女冠有犯,应收赎还俗。

【1740】4.12.176(略)

失占天象

律　文

【1646】4.12.195

【1670】4.12.194(略)

凡天文如日月、五纬、二十八宿之属。垂象,如日重轮,及旄头彗孛、景星、日月珥蚀之类。钦天监官失于占候奏闻者,杖六十。

【1725】4.12.187

凡天文如日月、五纬、二十八宿之属。垂象,如日重轮,及日月珥蚀、景星、彗孛之类。钦天监官失于占候奏闻者,杖六十。

注:此重天象而儆旷职也。盖天象之灾祥,关人事之得失。司其职者,自宜敬谨小心,时刻占候奏闻。若失于占奏,是旷职也,故杖六十。

臣等谨按:此重天象而儆旷职也。盖天象之灾祥,关人事之得失。设立钦天监官,专司占候,乃帝王敬天之至意。若遇天文垂象而失于奏闻,是为旷职,故杖六十。

【1740】4.12.177(略)

附律条例

【1646】4.12.195.(1)

一、占候天象,钦天监设观星台,令天文生分班昼夜观望。或有变异,开具揭帖呈堂上官。当奏闻者,随即具奏。

【1670】4.12.194.(1)(略)

【1725】4.12.187.(1)

【原例】(略)

【1740】4.12.177.(1)(略)

术士妄言祸福

律　文

【1646】4.12.196

凡阴阳术士,不许于大小文武官员之家,妄言国家祸福,违者杖一百。其依经推算星命卜课,不在禁限。

【1670】4.12.195(略)

【1725】4.12.188

律文(略)

注:此言术士妄言之罪也。凡祸福妄诞之说,既已不经,而又易于惑人观听。况官员为士民之望,其家与闾阎编户不同,尤宜严禁,故违者坐以满杖。其依经推算星命,及卜课筮卦,乃人情占问趋避之常,则不在所禁之限。

臣等谨按:此杜术士妄言之渐也。凡祸福妄诞之说,易于惑人。官员为士民之望,尤宜严禁,故违者坐以满杖。其依经推算星命,及卜课筮卦,乃人情占问趋避之常,不在禁限。

【1740】4.12.178(略)

附律条例

【1801】○移改

【原例】*礼律·祭祀·禁止师巫邪术【1740】4.11.162.(3)(略)

臣等谨按:此条系康熙年间定例,载在"禁止师巫邪术"门内。查"术士妄言祸福"律云:"凡阴阳术士,不许于大小文武官员之家,妄言祸福,违者杖一百。"此例照律治罪,即指彼律而言,应依类移改"术士妄言祸福"门内,以归画一。

一、习天文之人,若妄言祸福,煽惑人民者,照律治罪。

【1802】4.12.178.(1)(略)

匿父母夫丧

律　文

【1646】4.12.197

凡闻父母若嫡孙承重祖父母同。及夫之丧,匿不举哀者,杖六十、徒一年。若丧制未终,释服从吉,忘哀作乐,及参预筵宴者,杖八十。若闻期亲尊长丧,匿不举哀者,亦杖八十。若丧制未终,释服从吉者,杖六十。○若官吏父母死应丁忧,诈称祖父母、伯叔、姑、兄姊之丧不丁忧者,杖一百,罢职役不叙。若父母见在,无丧诈称有丧,或父母已殒,旧丧诈称新丧者,与不丁忧罪同。有规避者,从其重者论。○若丧制未终,冒哀从仕者,杖八十,亦罢职。○其当该官司知而听行，各与同罪。不知者不坐。○其仕宦远方丁忧者，以闻丧月日为始。夺情起复者，不拘此律。

【1670】4.12.196（略）

【1725】4.12.189

凡闻父母若嫡孙承重，与父母同。及夫之丧，匿不举哀者，杖六十、徒一年。若丧制未终，释服从吉，忘哀作乐，及参预筵宴者，杖八十。若闻期亲尊长丧，匿不举哀者，亦杖八十。若丧制未终，释服从吉者，杖六十。○若官吏父母死应丁忧，诈称祖父母、伯叔、姑、兄姊之丧不丁忧者，杖一百，罢职役不叙。若父母见在，无丧诈称有丧，或父母已殒，旧丧诈称新丧者，与不丁忧罪同。有规避者，从其重者论。○若丧制未终，冒哀从仕者，杖八十。亦罢职。○其当该官司知而听行，各与同罪。不知者不坐。○其仕宦远方丁忧者，以闻丧月日为始。夺情起复者，不拘此律。

注：此严丧礼以笃天伦也。首节言凡人匿丧及未终丧释服之罪。子于父母，则妇于舅姑同。期亲尊长，则祖父母，曾、高祖父母，并同。此通军民人等而言也。次节言官吏匿丧、诈丧之罪。匿丧则恋职役而忘亲，诈丧则去职守而欺君。二者事虽不同，而罪实相同也。规避，承不报丁忧、诈称丁忧二项言。三节言未终丧而冒哀从仕之罪。四节言当该官司知情听行之罪。知而听行，兼匿丧、诈丧、冒哀从仕三项。五节言远官丁忧之例，并以闻丧月日为始，服满而除。

臣等谨按：此严丧礼以笃天伦也。首节言凡人匿丧及未终丧释服之罪。子于父母，则妇于舅姑同。期亲尊长，则祖父母，高、曾祖父母，并同。次节言官吏匿丧、诈丧之罪。匿丧则恋职役而忘亲，诈丧则去职守而诳君。二者事虽相反，而罪实相同也。规避，承不报丁忧、诈称丁忧二项言。三节言未终丧而冒哀从仕之罪。四节言当该官司知情听行之罪。知而听行，兼匿丧、诈丧、冒哀从仕三项。五节言远官丁忧之例，并以闻丧月日为始，服满而除。至于夺情起复，则古有不得已而墨缞从役者，故不拘此律。

【1740】4.12.179（略）

附律条例

【1646】4.12.197.（1）

一、官吏丁忧，除公罪不问外，其犯赃罪及系官钱粮，依例勾问。

【1670】4.12.196.（1）（略）

【1725】4.12.189.（1）

【原例】（略）

【1740】4.12.179.（2）（略）

臣等谨按：此条原载在条例之首。但律系官吏匿丧，附例自应类叙。此条言丁忧去任之事，今移入于此。

【1646】4.12.197.(2)

一、内外官吏人等,例合丁忧者,务要经由本部。京官,具奏关给内府孝字号勘合;吏典人等,札付顺天府给引照回。在外官吏人等,移文知会所在官司给引回还。及移文原籍官司体勘明白,开写是否承重祖父母及嫡亲父母,取具官吏、里邻人等结状回报。如有诈冒,就便解部查实。仍以闻丧月日为始,不计闰,二十七个月,服满起复。若有过期不行,文移催取过部,果无事故,在家迁延者,咨送法司问罪。

【1670】4.12.196.(2)(略)

【1725】○修改

原拟:今吏员丁忧,无给引照回之例。又官员丁忧,由该部给与执照,无关给内府孝字号勘合之处。且外任官员丁忧者,俱取具原籍地方官印结具报,该抚或具题或咨部,准其守制。服满具呈该地方官,起文到部候补。并无外官丁忧,由京官奏给勘合,及服满后行文移催之例。谨拟删改,开载于后。

【原改条例】一、内外官员,例合守制者,在内经由该部具题,关给执照,在外经由该抚照例题咨,回籍守制。京官取具同乡官印结,外官取具原籍地方官印甘各结,将承重祖父母,及嫡亲父母,与为所后父母,例应守制,开明呈报。如有诈冒,照律例治罪。俱以闻丧月日为始,不计闰,二十七个月,服满起复。若服满果无事故,在家迁延者,交该部照例议处。

臣等谨按:康熙六十二年(1723)六月内,吏部议复"在外旗员丁忧,以该员到京取具该旗印结赴部验到之日,起算日期"等语,应将此条内"俱以闻丧月日为始"句下,增"在外旗员丁忧,以赴部验到日为始"句。

【1725】4.12.189.(2)

【原例】一、内外官员,例合守制者,在内经由该部具题,关给执照,在外经由该抚照例题咨,回籍守制。京官取具同乡官印结,外官取具原籍地方官印甘各结,将承重祖父母,及嫡亲父母,与为所后父母,例应守制,开明呈报。如有诈冒,照律例治罪。俱以闻丧月日为始,在外旗员丁忧,以赴部验到日为始,不计闰,二十七个月,服满起复。若服满果无事故,在家迁延者,交该部照例议处。

【1740】○修改

臣等谨按:乾隆元年(1736),吏部议准,外任旗员丁忧,亦以闻讣之日为始,现在遵行。至"内外官员"例文,已俱包括,此条"在外旗员"二语应删。谨将删辑例文,开列于后。

一、内外官员,例合守制者,在内经由该部具题,关给执照,在外经由该抚照例题咨,回籍守制。京官取具同乡官印结,外官取具原籍地方官印甘各结,将承重祖父母,及嫡亲父母,与为所后父母,例应守制,开明呈报。如有诈冒,照律例治罪。俱以闻丧月日为始,不计闰,二十七个月,服满起复。若服满果无事故,在家迁延者,交该部照例议处。

【1740】4.12.179.(1)(略)

【1646】4.12.197.(3)

一、文职官吏人等,若将远年亡过父母,诈作新丧者,问发为民。若父母见在,诈称死亡者,发边外独石等处充军。其父母丧,计原籍程途,每千里限五十日,过限匿不举哀、不离职役者,俱发边外为民。

【1670】4.12.196.(3)(略)

【1725】○删除

臣等谨按:条例内将远年亡故父母诈作新丧,即正律"旧丧诈称新丧"。若父母见在诈称死亡,即正律"无丧诈称有丧"。其处分俱已有正律,不便另依条例科断。至"每千里限五十日",与前条"以闻丧月日为始"亦属相碍,此条应删。

【1740】○删除

一、凡在籍新选县丞、杂职等官,于领凭之时,有呈报丁忧、终养等情,该地方官确查,出具印结,报部开缺。倘报部之后,有假捏等弊,别经发觉者,将捏报之员,照规避例革职,出结之地方官参处,承办之经承照不首告,律杖一百。至州同、州判,在部投供候选,及县丞、杂职等官,因事离任,赴部另补者,如掣签之后,呈报丁忧,务令取具同乡京官印结,呈明吏部开缺,仍行原籍地方官查明,出具印结报部存案。倘地方官并不确查,任听书吏蒙混作弊,事发,将本员并出结之同乡京官,及该地方官吏,俱照例议处治罪。

此条系雍正八年(1730)定例。捏报混结处分,应载《吏部处分则例》。至经承如有知情及舞弊之处,自应照例治罪,不必另立例款,无庸纂入。

【1740】○增入

一、凡文武生员及举贡监生,遇本生父母之丧,期年内不许应岁、科两考及乡、会二试。其童生,亦不许应府州县及院试。有隐匿不报,朦混干进者,事发,照匿丧例治罪。

此条系雍正十三年(1735)定例。

【1740】4.12.179.(3)(略)

【1801】○修改

臣等谨按:此条系雍正十三年(1735)定例,嗣于乾隆二年(1737),吏部议复浙江按察司胡瀛条奏折内"请嗣后内外大小官员出继为人后者,遇本生父母亡故,概令回籍治丧。除路程外,定限一年,限满起文赴补。其匿丧不报者,照匿丧例革职。若无丧诈称有丧、旧丧诈称新丧规避者,照捏报治罪例革职"等因,奏准遵行在案。又乾隆五十年(1785),吏部验封司员外郎王瑸生祖母病故,呈请回籍治丧。经吏部议准,"嗣后父之生母病故,父已先故,又无父之同母伯叔及父同母伯父之子者,准其治丧一年"等因通行,亦在案。应增入例内,以昭赅备。又查吏部原咨内已申明"官士人等服官、应试"等语,例内"举贡生监"条下应画一增入,合并声明。谨将修改例文,开列于后。

【1802】4.12.179.(4)(略)

【1740】○增入

一、凡官员出继为人后者,于起文赴部选补之时,即将本生三代姓氏、存殁,一并开列。选补之后,即行知照该省。如有出仕之后,始行出继、归宗者,即着该员取具本旗、原籍印结,详报咨部,改正三代。倘有临时先谋出继、归宗,预为匿丧恋职地步者,一经发觉,将本官照匿丧例革职,不准原赦。扶同出结之旗、籍各官,俱交该部照例议处。其扶同具结之邻族,照不应重律杖八十。

此条系乾隆二年(1737)定例。

【1740】4.12.179.(4)(略)

【1802】4.12.179.(3)(略)

弃亲之任

律　文

【1646】4.12.198

凡祖父母、父母年八十以上,及笃疾,别无以次侍丁,而弃亲之任,及妄称祖父母、父母老疾,求归入侍者,并杖八十。弃亲者,令归养,候亲终服阕降用。求归者,照旧供职。若祖父母、父母及夫犯死罪现被囚禁,而筵宴作乐者,罪亦如之。筵宴不必本家,并他家在内。

【1670】4.12.(9)(略)

【1725】4.12.190

凡祖父母、父母年八十以上,及笃疾,别无以次侍丁,而弃亲之任,及妄称祖父母、父母老疾,求归入侍者,并杖八十。弃亲者,令归养,候亲终服阕降用。求归者,照旧供职。若祖父母、父母及夫犯死罪,见被囚禁,而筵宴作乐者,罪亦如之。筵宴不必本家,并他家在内。

注:此是全孝作忠之意也。亲既老疾,别无次丁奉养,而弃之赴任,是遗亲不仁矣。若未老疾,而妄称老疾,求归侍养,是后君不义矣。并坐重杖。祖父母、父母及夫犯死罪见禁,而子孙若妻忍于筵宴作乐,意同弃亲,故罪亦如之。

臣等谨按:此是全孝作忠之意也。前言亲老疾无次侍丁而弃亲之任,及未老疾而妄求归侍之罪。盖老疾皆待子孙奉养之时,乃别无次丁奉侍,竟弃亲之任,是慕禄而遗亲矣。若未老疾而妄称老疾,求归侍养,则又失致身之义。故并坐重杖。后言祖父母、父母及夫犯死罪见禁,而子孙若妻忍于筵宴作乐之罪。因其意同弃亲,故罪亦如之。

【1740】4.12.180(略)

附律条例

【1646】4.12.198.(1)

一、官员祖父母、父母及年七十,果无以次人丁,自愿离职侍养者听。亲终服满,方许求叙。

【1670】4.12.197.（1）（略）

【1725】○修改

原拟：前条内并未定有子男俱仕在外，户无次丁侍养者，应否准其离职侍养之处。查吏部例一条，内载“子男俱仕在外，户无次丁，及兄弟笃疾不能服侍等项，俱准回籍终养”，应作为条例增入。再正律内“妄称祖父母、父母老疾求归者，杖八十”等语，并无父母年八十以上家有次丁不准归养之例，应于末后增“父母实年八十以上，虽有次丁，求归养者听”等句。谨拟纂增，开载于后。

【1725】4.12.190.（1）

【原例】一、凡官员祖父母、父母年七十以上，而子男俱仕在外，户无以次人丁者，许回籍侍养。虽有兄弟，而笃疾不能侍奉，及母老虽有兄弟而同父异母者，亦俱准侍养。其父母至八十以上，虽家有次丁，而请归养者，亦听。

【1740】○删除

臣等谨按：乾隆元年（1736）定例，官员终养，均不拘历俸三年之限。原议甚属详悉，此二条①系重复，应删。

【1725】4.12.190.（2）

【钦定例】一、凡应补、应选人员，有亲老情愿终养者，于本省起文时，即具呈该地方官，转详咨部，在籍终养。若见任官员，有父母衰疾，迎养维艰，详请终养者，必历俸三年后，该督抚查明该员政务并无怠忽，仓谷钱粮并无亏空，取结具题，照例准其回籍终养。其或从前家有次丁，出仕后兄弟忽遭事故，无人奉事者，该督抚取具原籍地方官印结具题，不拘年限，准其回籍终养。如历俸未满三年，亲年虽老，兄弟别无事故，妄请终养者，俱照规避例革职。

【1740】○修改

按语，见【1725】4.12.190.（1）条下。

【1740】○增入

此条系乾隆元年（1736）定例，原议内有“查明该员仓谷钱粮并无亏空，政务并无怠忽”等语，但“怠忽”句语意浑沦，今改。

一、凡应补、应选人员，有亲老情愿终养者，于本省起文时，即具呈该地方官，转详咨部，在籍终养。若现任官员祖父母、父母年七十以上，家无次丁者，或有兄弟而笃疾不能侍养，及母老虽有兄弟而同父异母者，其父母年至八十以上，虽家有次丁，愿请终养者，或出仕后兄弟忽遭事故，无人奉事者，均不拘历俸三年之限，该督抚查明该员仓谷钱粮并无亏空，任内并无诖误，取具印结具题，俱准其回籍终养。俟亲终服满之日，该督抚给咨赴部铨补。如有捏报借名诡避者，发觉之日，将呈请终养之

---

① 另一条为【1725】4.12.190.（2）条。

员,按律究拟,并将出结各官,一并参处。

【1740】4.12.180.(1)(略)

【1801】○修改

臣等谨按:此条系乾隆元年(1736)定例。嗣于乾隆五十年(1785),河南巡抚毕沅咨,据典史周巇荣呈称"本生父老病,继父母已故,奉养乏人,恳请终养"案内,经吏部议复:"嗣后遇有本生父母年老在籍,除继父母现在,例不准请终养外,其已无继父母,而本生父母侍养乏人,情愿回籍终养者,准其终养。至毋庸呈请终养者,听从其便"等因奏准,遵行在案,应增入例内,以昭赅备。谨将修改例文,开列于后。

【1802】4.12.180.(1)(略)

丧　葬 职官、庶民,三月而葬。

律　文

【1646】4.12.199

凡有尊卑丧之家,必须依礼定限安葬。若惑于风水,及托故停柩在家,经年暴露不葬者,杖八十。若弃毁死尸,又有本律。其从尊长遗言,将尸烧化,及弃置水中者,杖一百。从卑幼,并减二等。若亡殁远方,子孙不能归葬而烧化者,听从其便。○其居丧之家,修斋设醮,若男女混杂,所重在此。饮酒食肉者,家长杖八十。僧、道同罪,还俗。

【1670】4.12.198(略)

【1725】4.12.191

律文(略)

注:此定丧葬之礼,以正风俗也。惑于风水,及托故停柩,暴露不葬,是信祸福而弃亲也。从尊长遗言而烧化、弃置,是遵乱命也。从卑幼遗言而烧化、弃置,是听其非礼之言而不由正理也。若亡殁远方不能归葬,而化尸携骨,此事出从权,可以听从其便者也。至有丧家修斋设醮,若男女混杂,饮酒食肉,不但非居丧之礼,而且启淫乱之端矣。故家长、僧道,并杖八十。

臣等谨按:此定丧葬之礼,以正风俗也。惑于风水,及托故停柩,暴露不葬,是信祸福而弃亲也。从尊长遗言而烧化、弃置,是遵乱命也。从卑幼遗言而烧化、弃置,是听其非礼之言而不由正理也。减二等,应依尊长毁弃子孙死尸律减二等。若亡殁远方不能归葬,而化尸携骨,此事出从权,可以听从其便者也。至有丧家修斋设醮,若男女混杂,饮酒食肉,不但非居丧之礼,而且启淫乱之端矣。故家长、僧道,并杖八十。

【1740】4.12.181(略)

附律条例

【1740】○续纂

一、八旗、蒙古丧葬,概不许火化。除远乡贫人,不能扶柩归里,不得已携骨归葬者，姑听不禁外，其余有犯者，按律治罪。族长及佐领等隐匿不报，一并处分。

以上二条，系雍正十三年(1735)十二月内钦奉上谕，今恭纂为例，以便引用。

【1740】4.12.181.(1)(略)

【1756】○修改

臣等谨按：律载“从尊长遗言，将尸烧化，及弃置水中者，杖一百。从卑幼，减二等。若亡殁远方，子孙不能扶柩归葬者，听从其便”等语。其并无尊长遗言，又非亡殁远方，无知愚民，狃于积习，将尸烧化，拾骨归葬者，律内并无作何治罪之文，往往有援引“发冢”律内“毁弃尊长死尸”条问拟。夫火烧与毁弃，其情各别。若以火葬即为毁弃，岂有姑听不禁之理。臣等详议，请将“按律治罪”一句改为“照违制律治罪”，方为平允。谨将拟改例文，开列于后。

一、旗、民丧葬，概不许火化。除远乡贫人，不能扶柩归里，不得已携骨归葬者，姑听不禁外，其余有犯，照违制律治罪。族长及佐领等隐匿不报，照不应轻律，分别鞭责、议处。

【1768】4.12.181.(1)(略)

【1740】○续纂

一、民间遇有丧葬之事，不许聚集演戏，以及扮演杂剧等类，违者按律究处。

按语　见【1740】4.12.181.(1)条。

【1740】4.12.181.(2)(略)

【1801】○修并

【原例】【1740】4.12.181.(2)条(略)、【1740】4.12.181.(3)条(略)

臣等谨按：前一条系雍正十三年(1735)定例，后一条系乾隆元年(1736)定例，俱严禁民间丧葬扮演戏剧之事，应修并一条，以归简易。谨将修并例文，开列于后。

【1802】4.12.181.(2)(略)

【1740】○增入

一、民间丧葬之事，凡有用丝竹管弦演唱佛戏之处，该地方官严行禁止，违者，照违制律治罪。

此条系乾隆元年定例。

【1740】4.12.181.(3)(略)

【1801】○修并

见【1740】4.12.181.(2)条下。

乡饮酒礼

律　文

【1646】4.12.200

凡乡党叙齿,及乡饮酒礼,已有定式,违者笞五十。乡党叙齿,自平时行坐而言;乡饮酒礼,自会饮礼仪而言。

【1670】4.12.199(略)

【1725】4.12.192

律文(略)

注:此重敬老之典以教让也。乡党莫如齿,故平时行坐,必须以齿列叙。至乡饮酒礼,有司与学官率士大夫之齿德兼优者行之,礼仪皆有定式。若乡党不依齿序,及乡饮不照定仪,均为乱礼,故并坐笞。

臣等谨按:此重敬老之典以教让也。乡党莫如齿,故平时行坐,必须以齿列叙。至乡饮酒礼,有司与学官率士大夫之齿德兼优者行之,礼仪皆有定式。若乡党不依齿序,及乡饮不照定仪,均为乱礼,故并坐笞。

【1740】4.12.182(略)

附律条例

【1646】4.12.200.(1)

一、乡党叙齿、士、农、工、商人等,平居相见,及岁时宴会,揖拜之礼,幼者先施;坐次之列,长者居上。如佃户见田主,不论齿叙,并行以少事长之礼。若亲属,不拘主佃,止行亲属礼。

【1670】4.12.199.(1)(略)

【1725】4.12.192.(1)

【原例】(略)

【1740】4.12.182.(1)(略)

【1646】4.12.200.(2)

一、乡饮坐叙,高年有德者居于上,高年淳笃者并之,以次序齿而列。其有曾违条犯法之人,列于外坐,同类者,成席,不许干于善良之席。主者若不分别,致使贵贱混淆,察知,或坐中人发觉,主者,罪以违制。奸顽不由其主,紊乱正席,全家移出化外。

【1670】4.12.199.(2)(略)

【1725】4.12.192.(2)

【原例】一、乡饮坐叙,高年有德者居于上,高年淳笃者并之,以次序齿而列。其有曾违条犯法之人,列于外坐,同类者成席,不许干预善良之席。主者若不分别,致使贵贱混淆,或察知,或坐中人发觉,主者坐以违制。奸顽不由其主,紊乱正席,全家发边外安插。

【1740】○修改

臣等谨按：此条系前明定例。乡饮行于里社，其有曾违条犯法之人列于外坐，不许紊越正席。但与之同类者，一乡中亦属无几，"同类成席"等语宜删。主席之人，若不分别，致使贵贱混淆，即坐以违制之罪，似觉过重。奸顽紊席，全家发边外安插，立法尤未平允，俱应改。谨将删改例文，开列于后。

一、乡饮坐叙，高年有德者居于上，高年淳笃者并之，以次序齿而列。其有曾违条犯法之人，列于外坐，不许紊越正席，违者以违制论。主席者若不分别，致使良莠混淆，或察知，或坐中人发觉，依律科罪。

【1740】4.12.182.（2）（略）

【兵　律】

【兵律·宫卫】

太庙门擅入

律　文

【1646】5.13.201

凡（无故）擅入太庙门及山陵兆域门者，杖一百；太社门，杖九十。（但至阈外，）未过门限者，各减一等。守卫官故纵者，各与犯人同罪；失觉察者，减三等。

【1670】5.13.200(略)

【1725】5.13.193

凡（无故）擅入太庙门及山陵兆域门者，杖一百；太社门，杖九十。（但至门，）未过门限者，各减一等。守卫官故纵者，各与犯人同罪；失觉察者，减三等。

注：此言天子尊祖敬神之地，不可亵慢也。太庙门，指棂星门言；山陵兆域门，指外垣门言。故纵、失察，总承上二项言。太庙、山陵，乃列祖神灵之所在。太社，为祀五土神之所，其地甚重，故各设官防护。凡非公务而辄擅入门者，分别予杖，所以惩不敬也。此皆指已逾阈而言。若但至阈外，而未过门限者，各减一等。其各门守卫官员，故纵不举者，各与犯人同罪；失于觉察者，各减犯人罪三等。盖尊严之地，关防不得不严如此。"名例"擅入皇城、宫殿等门者，罪无首从，故此律与下条俱不言首从也。

臣等谨按：此言天子尊祖敬神之地，不可亵慢也。太庙门，指棂星门言；兆域门，指外垣门言。故纵、失察，总承上二项言。太庙、山陵，乃列祖神灵之所在。太社，为祀五土神之所，其地甚重，故各设官防护。凡非因公务而擅入太庙门及山陵兆域门者，杖一百；入太社门者，杖九十。此皆指已逾阈而言。若但至郭外，而未过门限者，各减一等。其各门守卫官员，故纵不举者，各与犯人同罪；失于觉察者，各减犯人罪三等。盖尊严之地，关防不得不严如此。"名例"擅入皇城、宫殿等门者，罪无首从，故此律与下条俱不言首从也。

【1740】5.13.183(略)

宫殿门擅入

律　文

【1646】5.13.202

凡擅入皇城午门、东华、西华、玄武门及禁苑者，各杖一百。擅入宫殿门，杖六

十、徒一年。擅入御膳所及御在所者,绞。监候。未过门限者,各减一等。称御者,太皇太后、皇太后、皇后并同。○若无门籍,冒他人名籍而入者,兼已入、未过、罪亦如之。○其应入宫殿宿值之人,未著门籍而入,或当下值而辄入,及宿次未到虽应入,班次未到,越次而辄宿者,各笞四十。○若不系宿卫应值各带兵仗之人,但持寸刃入宫殿门内者,绞。监候。不言未入门限者,以须入门内乃坐。入皇城内者,杖一百,发边远充军。○门官及宿卫官军故纵者,各与犯人同罪。至死减一等。失觉察者,官减三等,罪止杖一百;军又减一等。并罪坐值日者。通指军官、军人言。余条准此。

【1670】5.13.201(略)

【1725】5.13.194

凡擅入紫禁城午门、东华、西华、神武门及禁苑者,各杖一百。擅入宫殿门,杖六十、徒一年。擅入御膳所及御在所者,绞。监候。未过门限者,各减一等。称御者,太皇太后、皇太后、皇后并同。○若无门籍,冒他人名籍而入者,兼已入、未过、罪亦如之。○其应入宫殿宿值之人,未著门籍而入,或当下值而辄入,及宿次未到虽应入,班次未到,越次而辄宿者,各笞四十。○若不系宿卫应值合带兵仗之人,但持寸刃入宫殿门内者,绞。监候。不言未入门限者,以须入门内乃坐。入紫禁城门内者,杖一百,发边远充军。○门官及宿卫官军故纵者,各与犯人同罪。至死减一等。失觉察者,官减三等,罪止杖一百;军又减一等。并罪坐值日者。通指官与军言。余条准此。

注:此言至尊临御之所,地以渐而加严也。首节言擅入紫禁城诸禁门,及禁苑、宫殿门,并御膳所、御在所之罪。其地渐近,其法递严。若未过门限者,各减一等。此言不冒名而自入者也。二节言本无门籍,冒名而入者之罪。三节言应入宫殿宿值之人,未著门籍而先入,或当下值而复入,及入宿班次未到,而越次輙宿之罪。四节言不系宿卫应值合带兵仗之人,持寸刃入宫殿门内及入紫禁城门内之罪。盖擅入禁门,法在不宥,而擅持兵刃,尤宜重惩也。五节言守门各官及宿卫官军知情纵入,及失察之官与军之罪。并坐值日者,而不滥及法中之仁也。注云"余条准此",谓凡言守卫连坐者,俱止坐值日之人也。

原拟:律内午门、东华门、西华门、神武门,皆系紫禁城门名,应将"皇城"字改为"紫禁城"。

臣等谨按:此言至尊临御之所,地以渐而加严也。首节言擅入皇城诸禁门及禁苑之罪。次言擅入宫殿门并御膳所、御在所之罪。其地渐近,其法递严。若未过门限者,各减一等。此言未冒名而自入者也。二节言本无门籍,冒名而入者之罪。三节言应入宫殿宿值之人,未著门籍而先入,或当下值而复入,及入宿班次未到,而越次辄宿之罪。四节言不系宿卫应值合带兵仗之人,持寸刃入宫殿门内及入皇城门内之罪。盖擅入禁门,法在不赦,而擅持兵仗,尤宜重惩也。五节言守门各官及宿卫官军,知情纵入及失察之官与军之罪,并坐值日者,而不滥及法中之人也。注云"余条准此",谓凡言守卫连坐者,俱止坐值日之人也。

【1740】5.13.184(略)

附律条例

【1810】○续纂

一、太监等进殿当差,如遗金刃之物未经带出者,枷号一年,满日责四十板,罚当下贱差使。如遗失零星物件,交总管责四十板,仍在本处当差。

臣等谨按:嘉庆十三年(1808)六月十四日奉旨:"本日据总管内务府大臣苏楞额等'审拟保合太和太监徐存,误遗小刀在殿,请将该太监照但持寸刃入宫殿门拟绞监候'一折所拟,未免过重。例载持刃入宫殿门,即拟以绞监候者,原指无故持刃入殿,或假装疯病,或酒醉持刀肆闹者而言。若太监等进内当差,岂能不带小刀预备差使?若一概即行拟绞,未免无所区别。惟是该太监当差事毕退出之后,不但金刃之物不应留于殿内,即寻常之物亦不应遗失,自应立定专条,以便援引。嗣后太监等进殿当差,如遗金刃之物未经带出,着枷号一年,满日责四十板,罚当下贱差使。如遗失零星物件,交总管责四十板,仍在本处当差,永著为例。所有此次遗失金刃在殿之太监徐存,加恩即照新例办理等因。钦此。"钦遵在案,应恭纂为例,以便遵行。

【1825】5.13.184.(1)略

【1814】○续纂

一、绣漪桥以北昆明湖内,除官民人等擅入游玩,及故纵、失察之官军,照擅入紫禁城禁苑律分别治罪外,如有溺毙人命,即将本段堆拨值班弁兵杖一百、枷号一个月,左右附近二所堆拨值班弁兵杖八十、枷号二十日。若赴溺之人,被弁兵实时拿获,或于溺水时捞救得生,弁兵免其治罪,将赴溺之人严行审讯。仅止因贫因病,并无别故,枷号半年,杖一百,发往伊犁当差。如另有重情,仍各依本律例,从其重者论。

臣等谨按:嘉庆十八年(1813)七月内,臣部遵旨议奏"昆明湖内溺毙人命将看守弁兵分别治罪条例"一折,内称"昆明湖接近园亭,沿河设立堆拨,虽较之宫殿门有差,实与紫禁城、禁苑无异。各堆拨值班弁兵,自宜严密稽查,毋许人私自登堤游玩。若官民人等擅登堤岸,已属故违律令,乃辄投溺湖中,情尤可恶。该值班弁兵能将赴溺之人即时拿获,或于溺水时捞救得生,自应免其治罪。如疏于稽查,以致溺毙人命,则本段堆拨弁兵,不能瞭望觉察,俱应分别从严惩处,以示儆戒。应请嗣后绣漪桥以北昆明湖内,除官民人等擅入游玩,及故纵失察之官军,照擅入紫禁城禁苑律分别治罪外,如有溺毙人命,即将本段堆拨值班弁兵,杖一百,枷号一个月;左右附近二所堆拨值班弁兵,杖八十,枷号二十日。若赴溺之人,被弁兵即时拿获,或于溺水时捞救得生,弁兵免其治罪,将赴溺之人严行审讯。仅止因贫因病,并无别故,杖一百,枷号一个月。如另有犯罪名重者,仍依各本律,从其重者论"等因具奏。奉旨:"刑部核议'昆明湖溺毙人命各罪'一折内,称'赴溺之人经弁兵拿获,或捞救得生,讯系因贫因病者,杖一百,枷号一个月',所议太轻。官民人等私登堤岸游玩,已属违令。若擅入禁地投水自溺,情罪较重。该部议与失察溺毙人命之本段堆拨弁兵,一律枷、杖,殊觉漫无区别。嗣后如有赴溺之人,经弁兵捞救得生,讯明仅系因贫因病者，着枷号半年，仍杖一百，发往伊犁。如另有重情，仍各依本律，从其重者论。余依议。"钦遵在案。应纂辑为例，以便遵行。

【1825】5.13.184.(2)(略)

【1830】○修改

臣等谨按：道光六年(1826)十一月内，军机大臣会同臣部"议复直隶总督那彦成奏调剂新疆遣犯折"内，请将"昆明湖内有人赴溺捞救得生，讯系因贫因病，并无别故，发伊犁当差"一条，改发极边足四千里充军等因奏准，通行在案。例内"发伊犁"之处应行修改，谨将修改例文，开列于后。

一、绣漪桥以北昆明湖内，除官民人等擅入游玩，及故纵、失察之官军，照擅入紫禁城禁苑律分别治罪外，如有溺毙人命，即将本段堆拨值班弁兵杖一百、枷号一个月，左右附近二所堆拨值班弁兵杖八十、枷号二十日。若赴溺之人，被弁兵实时拿获，或于溺水时捞救得生，弁兵免其治罪，将赴溺之人严行审讯。仅止因贫因病，并无别故，枷号半年，杖一百，改发极边足四千里充军。如另有重情，仍各依本律例，从其重者论。

【1845】○修复[①]

臣等谨按：此条例文，从前旧例内载"昆明湖内，人有赴溺，捞救得生，讯系因贫因病，并无别故者，发往伊犁当差"等语，嗣于道光六年(1826)十一月内，据原任陕甘总督那彦成奏请调剂新疆遣犯，经军机大臣会同臣部，议将此条改为"改发极边足四千里充军"奏准，纂入例册在案。兹道光二十四年(1844)六月内，据升任贵州巡抚贺长龄奏请"调剂军犯章程"一折，复经军机大臣会同臣部，议请嗣后新疆遣犯，各照旧发往等因具奏，奉上谕："据军机大臣会同刑部议奏'贵州军犯拥挤，酌减调剂'等语。新疆遣犯改发内地，恐人数众多，不特约束难周，且与民风大有关碍，非若新疆地方辽阔，外遣人犯易于安插。所有旧时改发内地各条，着仍照旧发往新疆，交该将军设法妥为安插，并严饬所属认真查核，严加管束，毋令滋生事端，俾期积久无弊。余依议。钦此。"是新疆遣犯，即应照旧发往。其"赴昆明湖溺水，讯系因贫因病，发往伊犁当差"之原例，现在犹存，足资引用，此条系属赘文，应行删除。

一、绣漪桥以北昆明湖内，除官民人等擅入游玩，及故纵、失察之官军，照擅入紫禁城禁苑律分别治罪外，如有溺毙人命，即将本段堆拨值班弁兵杖一百、枷号一个月，左右附近二所堆拨值班弁兵杖八十、枷号二十日。若赴溺之人，被弁兵实时拿获，或于溺水时捞救得生，弁兵免其治罪，将赴溺之人严行审讯。仅止因贫因病，并无别故，枷号半年，杖一百，发往伊犁当差。如另有重情，仍各依本律例，从其重者论。

【1847】5.13.184.(2)(略)

---

① 道光二十四年(1844)《大清律纂修条例》"兵律·官卫·宫殿门擅入"条下，列明删除本条。但同治九年(1870)《大清律例》仍保留本条，此处"删除"，实为"改复"，即例内"发极边足四千里充军"仍改复"发往伊犁当差"。

宿卫守卫人私自代替

律　文

【1646】5.13.203

凡宫禁宿卫,及皇城门守卫人,应值不值者,笞四十。以应宿卫、守卫人下值之人。私自代替,及替之人,各杖六十。以不系宿卫、守卫人冒名私自代替,及替之人,各杖一百。百户以上,各加一等。○若在值而逃者,罪亦如之。应值不值之罪,百户以上加等。○京城门,减一等;各处城门,又减一等。亲管头目知而故纵者,各与犯人同罪;失觉察者,减三等。有故而赴所管告知者不坐。

【1670】5.13.202(略)

【1725】5.13.195

凡宫禁宿卫,及紫禁城皇城门守卫人,应值不值者,笞四十。以应宿卫、守卫人下值之人。私自代替,及替之人,各杖六十。以不系宿卫、守卫人冒名私自代替,及替之人,各杖一百。官员各加一等。○若在值而逃者,罪亦如之。应值不值之罪,官员加等。○京城门,减一等;各处城门,又减一等。亲管头目知而故纵者,各与犯人同罪;失觉察者,减三等。有故而赴所管告知者不坐。

注:此言应值之人旷职代替之罪也。首节言宿卫、守卫应值不值,及以下值人私替,并不应宿卫、守卫者冒替之罪。不值止于旷役,代替则相隐为奸,故罪分轻重也。若宿卫、守卫之官犯者,各加一等。二节言宿卫、守卫官军在值私逃还家,亦如应值不值之罪。宿守之军笞四十,官加一等。三节言京城九门,视皇城门有间,如犯前项罪,得减一等。各处城门,视京城门又有间,如犯前项各罪,又得减一等。若亲管头目知应值不值,或代替,及在逃等情,而故纵不举者,各与犯人同罪;失觉察者,减犯人罪三等。减尽则不坐罪。其宿守之人,遇有疾病死丧等项事故,不能入值,而赴亲管头目处告知者,不坐。此又体人情于法外也。

原拟:皇城字上应增"紫禁城"字。今宿卫、守卫俱系旗下官兵,应删去"别卫"字。且无"百户"官名,应将律内及小注内"百户以上"字,俱改为"官员"。

臣等谨按:此言应值之人旷职代替之罪也。首节言宿卫、守卫应值不值,及以下值人私替,并不应宿卫、守卫者冒替之罪。不值止于旷役,代替则相隐为奸,故罪分轻重也。若宿卫、守卫之官犯者,各加一等。二节言宿卫、守卫官军在值私逃还家,亦如应值不值之罪。宿卫之军笞四十,官加一等。三节言京城九门,视皇城门有间,如犯前项各罪,得减一等。各处城门,视京城门又有间,如犯前项各罪,又得减一等。若亲管头目知应值不值,或代替,及在逃等情,而故纵不举者,各与犯人同罪;失觉察者,减犯人罪三等。减尽则不坐罪。其宿守之人,遇有疾病死丧等项事故,不能入值,而赴亲管头目处告知者,不坐。此又体人情于法外也。

【1740】5.13.185(略)

附律条例

【1646】5.13.203.(1)

一、皇城各门各铺上值守卫,该管官旗钤束不严,及容情故纵,所管军人离值,点视不到,十名以上者,各杖一百,指挥降千户,千户降百户,卫镇抚降所镇抚,百户及所镇抚各降总旗,总旗降小旗,小旗降军,俱调边卫带俸食粮差操。若受财卖放者,不分人赃多寡,问罪亦照前降调。其或各卫昼夜轮流,点城官员,但受财卖放者,一体参问降调。若止是巡点不严,以致军士不全,问罪还职。其各该值宿官旗、军人点视不到,一二次者送问,三次以上者,问发边卫差操。

【1670】5.13.202.(1)(略)

【1725】○删除

原拟:今无指挥、千户、百户、镇抚、总小旗名色,且无带俸食粮差操之例。官员受赃者,俱按枉法、不枉法革职治罪,不止于降调,此条拟删。

从驾稽违

律　文

【1646】5.13.204

凡天子巡幸应扈从车驾之人,违原定之期不到及从车驾而先回还者,一日笞四十,每三日加一等,罪止杖一百。百户以上,各加一等。罪止杖六十、徒一年。○若从车驾行而逃者,杖一百,发边远充军;百户以上,绞。监候。○亲管头目故纵不到、先回、在逃者,各与犯人同罪;至死减一等。失觉察者,减三等,罪止杖一百。

【1670】5.13.203(略)

【1725】○修改

原拟:"百户以上"字,应改为"职官有犯"。

臣等谨按:此言扈驾随行者不可稽迟违误也。首节言扈驾人违期不到,及不候而先还之罪。扈从职官不到及先回者,各加罪一等。二节言扈从中途脱逃,其罪更重,扈从人满杖,发边远充军,职官拟绞监候。三节言亲管头目故纵者,各与违期不到、先回、在逃之犯人同罪,至死减一等;失觉察者,减三等,罪止满杖。

【1725】5.13.196

凡巡幸应扈从车驾之人,违原定之期不到及从而先回还者,一日笞四十,每三日加一等,罪止杖一百。职官有犯,各加一等。罪止杖六十、徒一年。○若从车驾行而逃者,杖一百,发边远充军;职官以上,绞。监候。○亲管头目故纵不到、先回、在逃者,各与犯人同罪;至死减一等。失觉察者,减三等,罪止杖一百。

注:此言扈驾随行者不可稽迟违误也。首节言扈驾人违期不到,及不候而先还之罪。扈从职官不到及先回者,各加罪一等。二节言扈从中途脱逃,其罪更重,扈从

人满杖,发边远充军,职官拟绞监候。三节言亲管头目故纵者,各与违期不到、先回、在逃之犯人同罪,至死减一等;失觉察者,减三等,罪止满杖。

【1740】○修改

臣等谨按:第二节旧律原文系“百户以上,绞”。因百户微职,故用“以上”二字为准。从前纂辑律例时,以“现今并无百户等官”,改为“职官以上”,但既云职官,则已统举官爵之崇卑,无庸再加“以上”二字,应删。谨将删辑律文,开列于后。

凡巡幸应扈从车驾之人,违原定之期不到及从而先回还者,一日笞四十,每三日加一等,罪止杖一百。职官有犯,各加一等。罪止杖六十、徒一年。○若从车驾行而逃者,杖一百,发边远充军;职官,绞。监候。○亲管头目故纵不到、先回、在逃者,各与犯人同罪;至死减一等。失觉察者,减三等,罪止杖一百。

【1740】5.13.186(略)

附律条例

【1753】○续纂

一、凡八旗正身随车驾行而脱逃者,发黑龙江等处当差。官马盘费,照数追缴。

臣等谨按:此条系乾隆十八年(1753)九月内,总理行营王大臣等奏准定例,应纂辑,以便遵行。

【1768】5.13.186.(1)(略)

直行御道

律　文

【1646】5.13.205

凡午门外御道至御桥,除侍卫官军导从车驾出入,许于东西两旁行走外,其余文武百官、军民人等,非侍卫导从。无故于上直行,及辄度御桥者,杖八十。若于宫殿中直行御道者,杖一百。守卫官故纵者,各与犯人同罪;失觉察者,减三等。若于御道上横过,系一时经行者,不在禁限。

【1670】5.13.204(略)

【1725】5.13.197

律文(略)

注:此言车驾出入之地不得妄行也。午门外之中道,谓之御道。天安门外正中之桥,谓之御桥。皆天子出入之路,臣民不得擅行。故文武各官、军民人等,不系侍卫导从,而直行御道及辄度御桥者,坐重杖。至宫殿中之御道,乃宸极之地,视午门外更为尊严。无故于上直行者,坐满杖。其内外值日守卫官员故纵者,各与直行、辄度之犯人同罪;失觉察者,各减犯人罪三等。若于内外御道上,一时经行横过者,非

直行之比，不在禁限。再在外衙门龙亭仪仗已设而直行者，亦准直行御道科断。

臣等谨按：此言车驾出人之地不得妄行也。午门外之中道，谓之御道。天安门外正中之桥，谓之御桥，皆天子出入之路，臣民不得擅行。故文武各官、军民人等，不系侍卫导从，而直行御道及辄度御桥者，坐重杖。至宫殿中之御道，乃宸极之地，视午门外更为尊严。无故于上直行者，坐满杖。其内外值日守卫官员故纵者，各与直行、辄度之犯人同罪；失觉察者，各减犯人罪三等。若于内外御道上，一时经行横过者，非直行之比，不在禁限。再在外衙门，龙亭已设，仪仗已陈，而直行者，亦准直行御道科断。

【1740】○修改

臣等谨按：总注内"在外衙门龙亭仪仗已设而直行者，亦准此律科断"等语，足补律所未备，应增入律注，以便引用。谨将增辑律注，开列于后。

凡午门外御道至御桥，除侍卫官军导从车驾出入，许于东西两旁行走外，其余文武百官、军民人等，非侍卫导从。无故于上直行，及辄度御桥者，杖八十。若于宫殿中直行御道者，杖一百。守卫官故纵者，各与犯人同罪；失觉察者，减三等。若于御道上横过，系一时经行者，不在禁限。在外衙门龙亭依仗已设而直行者，亦准此律科断。

【1740】5.13.187（略）

附律条例

【1725】○增入

【现行例】一、凡至下马牌不下而竟过者，笞五十。看守人役失于防范者，笞四十。

原拟：现行例内一条，类于此律，应增入。

【1725】5.13.197.（1）

【增例】一、凡至下马牌不下而竟过者，笞五十。看守人役失于防范者，笞四十。

【1740】5.13.187.（1）（略）

【1772】○续纂

一、凡遇祭祀日期，随圣驾前引后护之大臣及侍卫，并有执事官员、拜唐阿等，于午门外骑马前去时，头等大臣令跟役三人，二等大臣令跟役二人，三等以下侍卫官员及拜唐阿等俱令跟役一人，骑马行走。其无执事人等，俱不许骑马。如有多带跟役前行，无执事人等妄乱行走者，除即行赶逐外，仍将多带跟役行走并不应行走官员，指名参奏治罪。

臣等谨按：此条系乾隆三十四年（1769）十二月内，大学士尹继善议复江南道监察御史胡翘元条奏定例，应纂辑，以便遵行。

【1790】5.13.187.（2）（略）

【1801】○修改

臣等谨按：此条系乾隆三十四年（1769）定例。查有执事官员多带跟役前行、无执事人等妄乱行走者,应照违制律杖一百。例内“指名参奏治罪”句未经分晰,应行修改。谨将修改例文,开列于后。

一、凡遇祭祀日期,随圣驾前引后护之大臣及侍卫,并有执事官员、拜唐阿等,于午门外骑马前去时,头等大臣令跟役三人,二等大臣令跟役二人,三等以下侍卫官员及拜唐阿等俱令跟役一人,骑马行走。其无执事人等,俱不许骑马。如有多带跟役前行,无执事官员人等妄乱行走者,除即行赶逐外,仍将多带跟役行走并不应行走官员,指名参奏,照违制律治罪。

【1802】5.13.187.(2)(略)

内府工作人匠替役

律　文

【1646】5.13.206

凡诸色当班工匠、辨验货物各行人役差拨赴内府及承运库工作,若不亲身关牌入内应役,雇人冒己名并关牌私自代替,及替之人,各杖一百,雇工钱入官。

【1670】5.13.205(略)

【1725】○修改

原拟:今无“承运库”名,应将“承运库”字改为“内库”。

臣等谨按:此严工匠之关防,以杜私弊也。内府禁地,出入不可混杂。故凡诸色当班工匠,及辨验货物各行人役,差拨赴内府及内库,有不亲身照验牌面入内应役,而雇倩他人,冒为己名,私自代替,雇者及受雇代替之人,各满杖,追所受雇工钱入官。

【1725】5.13.198

凡诸色当班工匠、辨验货物各行人役差拨赴内府及内库工作,若不亲身关牌入内应役,雇人冒己名并关牌私自代替,及替之人,各杖一百,雇工钱入官。

注:此严工匠之关防,以杜私弊也。内府禁地,出入不可混杂。故凡诸色当班工匠,及辨验货物各行人役,差拨赴内府及内库者,若不亲身照验牌面入内应役,而雇倩他人,冒为己名,私自代替,雇者及受雇代替之人,各满杖,追所受雇工钱入官。

【1740】○修改

臣等谨按:冒名关牌,方得代替。若冒名而不关牌,原无代替之理。律内“不亲身关牌”,文义自属一贯,注中“并”字应删。谨将删辑律注,开列于后。

凡诸色当班工匠、辨验货物各行人役差拨赴内府及内库工作,若不亲身关牌入内应役,雇人冒己名关牌私自代替,及替之人,各杖一百,雇工钱入官。

【1740】5.13.188(略)

宫殿造作罢不出

律 文

【1646】5.13.207

凡宫殿内造作,所管官司具工匠姓名,报所入之处门官及守卫官,就于所入门首,逐一点姓名。视,形貌。放入工作。至申时分,仍须相视形貌,照数点出。其不出者,绞。监候。监工及提调内使监官、门官、守卫官军点视,如原人名数短少,就便搜捉,随即奏闻。知而不举者,与犯人同罪。至死减二等。失觉察者减三等,罪止杖一百。

【1670】5.13.206(略)

【1725】○修改

原拟:“内使监官”应改为“内监”。

臣等谨按:此言宫禁邃密之地,工匠宜严稽察也。前言守门官及守卫官,俱当于工匠所入宫殿门首,照原报姓名,逐一察点,视其形貌放入。至罢工时,仍须相视形貌,照数点出。有停留在内不出者,坐绞盗候。次言监工官及提调内监、守门官、守卫官军,点视放出之时,如工匠名数短少,或非原来形貌,即于宫殿内搜捉,奏闻听候处分。或知而不举发、搜捉,及已搜捉不奏闻者,与犯人同罪,至死减一等。失觉察者,减三等,罪止杖一百。凡律称“失觉察,减三等,罪止杖一百”者,以正犯徒、流、绞、斩,犯罪虽殊,而失察之情则一,故言“减三等”,又言“罪止杖一百”。此律中之权衡,即“名例”之“仍依本法”也。

【1725】5.13.199

凡宫殿内造作,所管官司具工匠姓名,报所入之处门官及守卫官,就于所入门首,逐一点姓名。视,形貌。放入工作。至申时分,仍须相视形貌,照数点出。其不出者,绞。监候。监工及提调内监、门官、守卫官军点视,如原入名数短少,就便搜捉,随即奏闻。知而不举者,与犯人同罪,至死减二等。失觉察者减三等,罪止杖一百。

注:此言宫禁邃密之地,工匠宜严稽察也。守门官及守卫官,俱当于工匠所入宫殿门首,照原报姓名,逐一察点,视其形貌放入。至罢工时,仍须相视形貌,照数点出。有停留在内不出者,坐绞监候。监工官及提调内监、守门官、守卫官军,点视放出之时,如工匠名数短少,或非原来形貌,即于宫殿内搜捉,奏闻听候处分。如知而不即举发、搜捉,及已搜捉而不奏闻者,与犯人同罪,至死减一等。失觉察者,减三等,罪止杖一百。凡律称“失觉察减三等,罪止杖一百”者,以正犯徒、流、绞、斩,犯罪虽殊,而失察之情则一,故言“减三等”,又言“罪止杖一百”。此律中之权衡,即“名例”之“仍依本法”也。

【1740】5.13.189(略)

辄出入宫殿门

律　文

【1646】5.13.208

凡应出宫殿凡下值,如差遣、给假等项。而门籍已除,辄留不出,及应入值之人被告劾,已有公文禁止,籍虽未除,辄入宫殿者,各杖一百。昼禁。〇若宿卫人已被奏劾者,本管官司先收其兵仗,违者罪亦如之。〇若于宫殿门虽有籍,至夜虽应值之人皆不得出入。若入者,杖一百;出者,杖八十。无籍夜入者,加二等。若夜持仗入殿门者,绞。监候。入宫门亦坐。此夜禁,比昼加谨。

【1670】5.13.207(略)

【1725】5.13.200

凡应出宫殿凡下值,如差遣、给假等项。而门籍已除,辄留不出,及应入值之人被告劾,已有公文禁止,籍虽未除,辄入宫殿者,各杖一百。昼禁。〇若宿卫人已被奏劾者,本管官司先收其兵仗,违者罪亦如之。〇若于宫殿门虽有籍,至夜虽应值之人皆不得出入。若入者,杖一百;出者,杖八十。无籍夜入者,加二等。若夜持仗入殿门者,绞。监候。入宫门亦坐。此夜禁,比昼加谨。

注:此严宿卫人之出入也。首节言凡宫禁中宿卫应出之人,门籍已除名而复留,及有公文禁止勿入而复入者之罪。二节言宿卫人已被奏劾,本管官不先收其兵仗之罪。此指昼禁言也。末节言夜间应值之人,虽有名姓在籍而擅自出入,及非应值无名在籍而夜入之罪。若持兵仗夜入,不问有籍无籍,俱坐绞。其值日门官并宿卫官军故纵、失察,应依宫殿门擅入律科断。此指夜禁,比昼尤加谨也。

臣等谨按:此严宿卫人之出入也。首节言凡宫禁中宿卫应出之人,门籍已除名而复留,及有公文禁止勿入而复入者之罪。二节言宿卫人已被奏劾,本管官不先收其兵仗之罪。此指昼禁言也。末节言夜间应值之人,虽有名姓在籍而擅自出入,及非应值无名在籍而夜入之罪。若持兵仗夜入,不问有籍无籍,俱坐绞。其值日门官并宿卫官军故纵、失察,应依宫殿门擅入律科断。此指夜禁,比昼尤加谨也。

【1740】〇修改

臣等谨按:差遣、给假等项,即是不值,注"凡下值"三字应删。第三节注"虽应值之人"五字,应移"应值"二字于"至夜"之上,文意较顺。谨将删辑律注,开列于后。

凡应出宫殿如差遣、给假等项。而门籍已除,辄留不出,及应入值之人被告劾,已有公文禁止,籍虽未除,辄入宫殿者,各杖一百。昼禁。〇若宿卫人已被奏劾者,本管官司先收其兵仗,违者,罪亦如之。〇若于宫殿门虽有籍,应值至夜皆不得出入。若入者,杖一百;出者,杖八十。无籍夜入者,加二等。若夜持仗入殿门者,绞。监候。入宫门亦坐。此夜禁,比昼加谨。

【1740】5.13.190(略)

关防内使出入

律　文

【1646】5.13.209

凡各库、局、司有印署衙门之内使监官并奉御内使，长随大驾者也。但遇出外，各守门官须要收留本人在身关防牌面，于门簿上印记姓名及牌面字号明白，附写前去某处、干办是何事务。其门官与守卫官军，搜检沿身别无夹带，官私器物，方许放出。回还一体搜检，给牌入内，以凭该监逐月稽考出外次数。但有搜出应干杂药，就令带药之人自吃。若有出入不服搜检者，杖一百，充军。若非奉旨，私将兵器带进入皇城门内者，杖一百，发边远充军；将入宫殿门内者，绞。监候。其值日守门官及守卫官失于搜检者，与犯人同罪。至死减一等。内使例不拟充军，惟此须依本律。

【1670】5.13.208（略）

【1725】○修改

原拟：小注内“各库、局、司有印署衙门”句，及该“监”字宜删；“内使监官”应改为“内监”，“皇城”应改为“紫禁城”。

臣等谨按：此严内监之出入也。凡在内供使令太监，并常川随驾内使，遇有出禁门者，各守门官须要收留本人在身悬带关防牌面，就令门簿上印记本人姓名，明写前去某处地方、干办何事。其门官与守卫官军，将本人搜检，沿身并无夹带官私器物，方许放出。其回还时，官军如前搜检，亦无夹带，然后给与原带牌面，许放入内。以凭该管首领，逐月稽考出外次数。但搜出应干杂药，就令带药之人自吃。若有出入无忌，不服官军搜检者，满杖，发附近充军。若非奉旨令带兵器，而私将兵器进紫禁城门内者，满杖，发边远充军；入宫殿门内者，绞监候。守门官及守卫官，于内监出入之时，失于搜检者，与犯人同罪，至死减一等。所以肃宫禁而严夹带也。

【1725】5.13.201

凡内监并奉御内使，长随大驾者也。但遇出外，各守门官须要收留本人在身关防牌面，于门簿上印记姓名及牌面字号明白，附写前去某处、干办是何事务。其门官与守卫官军，搜检沿身别无夹带，官私器物，方许放出。回还一体搜检，给牌入内，以凭逐月稽考出外次数。但有搜出应干杂药，就令带药之人自吃。若有出入不服搜检者，杖一百，发附近充军。若非奉旨，私将兵器带进入紫禁城门内者，杖一百，发边远充军；将入宫殿门内者，绞。监候。其值日守门官及守卫官失于搜检者，与犯人同罪。至死减一等。内使例不拟充军，惟此须依本律。

注：此严内监之出入也。凡在内供使令太监，并常川随驾内使，遇有出禁门者，各守门官须要收留本人在身悬带关防牌面，就于门簿上印记本人姓名，明写前去某处地方、干办何事。其门官与守卫官军，将本人搜检，沿身并无夹带官私器物，方许放出。其回还时，官军如前搜检，亦无夹带，然后给与原带牌面，许放入内。以凭该

管首领,逐月稽考出外次数。但搜出应干杂药,就令带药之人自吃。若有出入无忌,不服官军搜检者,满杖,发附近充军。若非奉旨令带兵器,而私将兵器进紫禁城门内者,满杖,发边远充军;入宫殿门内者,绞监候。守门官及守卫官,于内监出入之时,失于搜检者,与犯人同罪,至死减一等。所以肃宫禁而严夹带也。

【1740】○修改

臣等谨按:律内"奉御内使"语甚明晰,无庸再注,注内"长随大驾者也"六字应删。又律内不服搜检与私将兵器带入,情罪有间。今私带兵器者定以边远,而不服搜检止云充军,难以定拟。查总注云"若出入无忌,不服官军搜检者,发附近充军",应添注"发附近"三字。又律内"入宫殿门内者,绞",系总承上文私将兵器而言,无庸又注,"将"字亦应删。谨将增删律注,开列于后。

凡内监并奉御内使,但遇出外,各守门官须要收留本人在身关防牌面,于门簿上印记姓名及牌面字号明白,附写前去某处、干办是何事务。其门官与守卫官军,搜检沿身别无夹带,官私器物,方许放出。回还一体搜检,给牌入内,以凭逐月稽考出外次数。但有搜出应干杂药,就令带药之人自吃。若有出入不服搜检者,杖一百,发附近充军。若非奉旨,私将兵器带进入紫禁城门内者,杖一百,发边远充军;入宫殿门内者,绞。监候。其值日守门官及守卫官失于搜检者,与犯人同罪。至死减一等。内使例不拟充军,惟此须依本律。

【1740】5.13.191(略)

向宫殿射箭

律　文

【1646】5.13.210

凡向太庙及宫殿射箭、放弹、投砖石者,绞。监候。须箭、石可及乃坐之,若远不能及者勿论。向太社,杖一百、流三千里。但伤太社之人者,斩。监候。则杀人者可知。若箭、石不及,致伤外人者,不用此律。

【1670】5.13.209(略)

【1725】5.13.202

凡向太庙及宫殿射箭、放弹、投砖石者,绞。监候。向太社,杖一百、流三千里。须箭、石可及乃坐之,若远不能及者勿论。但伤人者,斩。监候。则杀人者可知。若箭、石不及,致伤外人者,不用此律。

注:此言尊严之地不可轻犯也。太庙及宫殿、太社,凡臣民经过,皆宜加敬谨。若故向太庙及宫殿,或射箭,或放弹,或投砖石者,坐绞;若故向太社者,杖流。此重惩其无忌惮也。倘射箭、放弹、投砖石,而伤守卫之人,则罪又甚矣,故云"但伤人者,斩"。

臣等谨按:此言尊长之地,不可轻犯也。太庙及宫殿、太社,凡臣民经过者,皆宜加敬谨。若故向太庙及宫殿,或射箭,或放弹,或投砖石者,坐绞;若故向太社者,杖流。此重惩其无忌惮也。倘射箭、放弹、投砖石而,伤守卫之人,则罪又甚矣,故云"但伤人者,斩"。

【1740】5.13.192(略)

宿卫人兵仗

律　文

【1646】5.13.211

凡宿卫人，兵仗不离身，违者笞四十。辄暂离应值之地职掌处所，笞五十。别处宿，经宿之离杖六十。百户以上，各加一等。亲管头目知而不举者，与犯人同罪；失觉察者，减三等。

【1670】5.13.210(略)

【1725】○修改

原拟：“百户以上”字，应改为“官员”。

臣等谨按：此惩在值之人不尽职守也。前言宿卫人不带兵仗，及暂离所值之次，与竟在别处宿歇之罪。宿卫官有犯，各加宿卫人罪一等。后言亲管头目知其兵仗离身、辄离职掌、别处歇宿而不举之罪，失察减三等。此条宿卫人坐罪，较重于前条“应值不值”者，以前律云“有故而赴所管告知者，不坐”，则不值者，原非无故，但罪其不告知耳。此律既已在值而辄离职掌及别处宿，则非有故者比，故其罪加重也。

【1725】5.13.203

凡宿卫人，兵仗不离身，违者笞四十。辄暂离应值职掌处所，笞五十。别处宿，经宿之离杖六十。官员，各加一等。亲管头目知而不举者，与犯人同罪；失觉察者，减三等。

注：此惩在值之人不尽职守也。宿卫人不带兵仗，及暂离所值之次，与竟在别处宿歇，罪应笞、杖。宿卫官有犯，各加宿卫人罪一等。亲管头目知其兵仗离身，辄离职掌，别处宿歇，而不举者，与同罪，失察减三等。此条宿卫人坐罪，较重于前条应值不值者，以前律云“有故而赴所管告知者，不坐”，则不坐者原非无故，但罪其不告知耳。此律既已在值，而辄离职掌及别处宿，则非有故者比，故其罪加重也。

【1740】5.13.193(略)

禁经断人充宿卫

律　文

【1646】5.13.212

凡在京城犯罪被极刑之家，同居人口，不论亲属。所司随即迁发别郡住坐。其本犯异居亲属人等，并一应有犯笞杖，曾经同决断之人，并不得入充近侍及宫禁宿卫，守把皇城、京城门禁。若隐匿前项情由，朦胧充当者，斩。监候。其当该官司不为用心详审，或听人嘱托，及受财容令充当者，罪同。斩监候。并究嘱托人。○若极刑亲属及经断人奉有特旨选充，曾经具由复奏，明立文案者，所选之人及官司，不在此限。

【1670】5.13.211(略)

【1725】5.13.204

注:此言经断人当遣发斥远,以杜奸宄也。京城辇毂之地,非被极刑之家所宜居止;近侍宿卫之任,非经断决之人所可充当。此不独有亵尊严,亦恐潜生奸宄。故凡有犯死罪被极刑之家,同居人口随即迁发别郡住坐。其本犯异居亲属,并一应笞、杖,同经决断之犯,并不得入内充当近侍及宿卫宫禁,即皇城、京城门禁,亦不得令其守把。若极刑亲属及经断人奉有特旨选充,当该官司曾经奏复,立有文案可据者,则不在禁限。

臣等谨按:此言刑人不得近君侧也。京城辇毂之地,非被极刑之家所宜居止;近侍宿卫之任,非经决断之人所可充当。此不独有亵尊严,亦恐潜生奸宄。故凡有犯死罪被极刑之家,同居人口随即迁发别郡住坐。其本犯异居亲属,并一应笞、杖,同经决断之犯,并不得入内充当近侍及宿卫宫禁,即皇城、京城门禁,亦不得令其守把。前言隐匿前项情由,以致得朦胧充当禁使、宿卫、守把之罪。次言当该官司选充时,不用心详审来历,听受嘱托,及受财容令充当之罪。若极刑亲属及经断人奉有特旨选充,当该官司曾经奏复,立有文案可照者,则不在禁限。

【1740】5.13.194(略)

冲突仪仗

律　文

冲突仪仗三条。凡车驾行幸之处,其前列者为仪仗。仪仗之内,即为禁地。

【1646】5.13.213

凡车驾行处,除近侍及宿卫护驾官军外,其余军民,并须回避。冲入仪仗内者,绞。系杂犯,准徒五年。若在郊野之外,一时不能回避者,听俯伏道旁以待。驾过。其随行文武百官,非奉宣唤,无故辄入仪仗内者,杖一百。典仗护卫官军故纵者,与犯人同罪;不觉者,减三等。

【1670】5.13.212(略)

【1646】5.13.214

凡有申诉冤抑者,止许于仗外俯伏以听。若冲入仪仗内,而所诉事不实者,绞。系杂犯,准徒五年。得实者,免罪。

【1670】5.13.213(略)

【1646】5.13.215

凡军民之家纵放牲畜,若守卫不备,因而冲突仪仗者,守卫人杖八十;冲入皇城门内者,守卫人杖一百。其纵畜之家,并以不应事重论罪。

【1670】5.13.214(略)

【1725】○修改

原拟：旧律原列为三条，皆系冲突仪仗事，今并作一条。其"皇城"字，应改为"紫禁城"。

臣等谨按：此言警跸之宜严也。首节言军民人等，无故冲入仪仗内，与随行文武各官，无故辄入仪仗内，及护卫官军故纵之罪。其护卫官军不觉者，减本犯罪三等。二节言军民人等申诉冤抑，冲入仪仗内，所诉不实之罪。得实者免罪，所以达民隐也。三节言军民之家牧养牲畜，纵放在外，守卫人不行提备，致牲畜冲突仪仗内，与平时守卫不备，致牲畜冲入紫禁城门内之罪。盖驾行冲突或出仓猝，冲入禁地，是怠玩也，故罪分轻重。

【1725】5.13.205　冲突仪仗凡车驾行幸之处，其前列者，为仪仗。仪仗之内，即为禁地。

凡车驾行处，除近侍及宿卫护驾官军外，其余军民，并须回避。冲入仪仗内者，绞。系杂犯，准徒五年。若在郊野之外，一时不能回避者，听俯伏道旁以待。驾过。其随行文武百官，非奉宣唤，无故辄入仪仗内者，杖一百。典仗护卫官军故纵者，与犯人同罪；不觉者，减三等。○若有申诉冤抑者，止许于仗外俯伏以听。若冲入仪仗内，而所诉事不实者，绞。系杂犯，准徒五年。得实者，免罪。○军民之家纵放牲畜，若守卫不备，因而冲突仪仗者，守卫人杖八十；冲入紫禁城门内者，守卫人杖一百。其纵畜之家，并以不应重律论罪。

注：此言警跸之宜严也。首节言军民人等，无故冲入仪仗内，与随行文武各官，无故辄入仪仗内，及护卫官军故纵之罪。其护卫官军不觉者，减本犯罪三等。二节言军民人等申诉冤抑，冲入仪仗内，所诉不实之罪。得实者免罪，所以达民隐也。三节言军民之家牧养牲畜，纵放在外，守卫人不行提备，因致牲畜冲突仪仗内，与平时守卫不备，致牲畜冲入紫禁城门内之罪。盖驾行冲突或出仓猝，冲入禁地，是怠玩也，故罪分轻重。

【1740】5.13.195　冲突仪仗凡车驾行幸之处，其前列者，为仪仗。仪仗之内，即为禁地。（略）

附律条例

【1646】5.13.213.(1)

一、圣驾出郊，冲突仪仗，妄行奏诉者，追究主使、教唆、捏写本状之人，俱问罪，各杖一百，发边卫充军。所奏情词，不分虚实，立案不行。

【1670】5.13.212.(1)（略）

【1725】5.13.205.(1)

【原例】一、圣驾出郊，冲突仪仗，妄行奏诉者，追究主使、教唆、捏写本状之人，俱问罪，各杖一百，发近边充军。所奏情词，不分虚实，立案不行。

【1740】5.13.195.(1)（略）

【1725】○增入

【现行例】一、凡车驾行幸瀛台、景山，有申诉者，照迎车驾申诉律拟断。车驾出郊行幸，有申诉者，照冲突仪仗律拟断。

原拟:现行例内一条,类于此律,应增入。

【1725】5.13.205.(2)

【增例】一、凡车驾行幸瀛台等处,有申诉者,照迎车驾申诉律拟断。车驾出郊行幸,有申诉者,照冲突仪仗律拟断。

＊**【1740】○移出**

臣等谨按:此条原载“兵律·冲突仪仗”条下,因与越诉相类,移入于此。

＊刑律·诉讼·越诉【1740】6.22.332.(1)(略)

【1756】○续纂

一、圣驾临幸地方,虽未陈设卤簿,如有民人具呈妄行控诉者,照冲突仪仗例,杖一百,发边卫充军。

臣等谨按:此条系乾隆十八年(1753)九月内,大学士、忠勇公傅恒等条奏定例,应纂辑,以便遵行。

【1768】5.13.195.(2)

一、圣驾临幸地方,虽未陈设卤簿,如有民人具呈妄行控诉者,照冲突仪仗例,杖一百,发近边充军。

【1814】○续纂

臣等谨按:嘉庆十九年(1814)四月十四日奉旨:“此案宝义于本营官兵接驾时,突出道旁呈递书本,几至御马惊逸。刑部照冲突仪仗例,拟发驻防当差,无以警众。宝义着先在本营枷号一个月,满日同伊家眷俱发往热河,作为该处驻防闲散,交该都统等严加管束。如三年无过,准挑给兵丁差使,总不准拣选官职。嗣后八旗兵丁如有冲突仪仗者,均着比照此例办理。钦此。”钦遵在案,应恭纂为例。再查三年无过,准挑差使,不准拣选官职,系指本犯而言。若其子孙,自不在限年挑差之例,应于例内添纂,以便遵行,合并声明。

一、凡八旗兵丁,如有冲突仪仗者,在本营枷号一个月,满日同眷属俱发往热河,作为该处驻防闲散,交该都统等严加管束。本犯如三年无过,准挑给兵丁差使,不准拣选官职。其子孙不在此例。

【1825】5.13.195.(3)(略)

【1830】○修改

臣等谨按:道光九年(1829)十二月十四日奉上谕:“奕灏奏‘审明叩阍之兵丁按律定拟’一折。此案英文保意欲计垦牧马官厂,又希冀承领他人牙帖,辄敢具呈在道旁叩阍,实属不安本分,胆大妄为。着交锦州副都统在该处枷号一个月,满日发往各省驻防当差。嗣后八旗兵丁如有冲突仪仗者,着照此例办理。钦此。”钦遵在案,应于例内修改明晰,以资引用。谨将修改例文,开列于后。

一、凡八旗兵丁,如有冲突仪仗者,在本营枷号一个月,满日同眷属俱发往各省驻防,交该将军、都统等严加管束。本犯如三年无过,准挑给兵丁差使,不准拣选官职。其子孙不在此限。

【1847】5.13.195.(3)略

行宫营门

律　文

【1646】5.13.216

凡行宫外营门、次营门,与皇城门同,若有擅入者,杖一百。内营牙帐门,与宫殿门同,擅入者,杖六十、徒一年。

【1670】5.13.215(略)

【1725】○修改

原拟:"皇城"字,应改为"紫禁城"。

臣等谨按:此专指至尊临幸之地而言也。凡车驾行幸驻跸之处,是为行宫。其制度虽与大内不同,然皆为禁地。故擅入外营门、次营门,并与紫禁城各门同罪;擅入牙帐门,与宫殿门同罪。其故纵、失察官,一依宫殿门擅入律拟断。盖地属尊严,法难宽贷也。再律止称"牙帐门",而门内临御止宿之处,即为御在所。有犯,自应以擅入御在所律拟断。

【1725】5.13.206

凡行宫外营门、次营门,与紫禁城门同,若有擅入者,杖一百。内营牙帐门,与宫殿门同,擅入者,杖六十、徒一年。

注:此专指至尊临幸之地而言也。凡行宫,制度虽与大内不同,然皆为禁地。故擅入外营门、次营门,并与紫禁城各门同罪;擅入牙帐门,与宫殿门同罪。其故纵、失察官,一依宫殿门擅入律拟断。盖地属尊严,法难宽贷也。

【1740】5.13.196(略)

越　城

律　文

【1646】5.13.217

凡越皇城者,绞。监候。京城者,杖一百、流三千里。越各府州县镇城者,杖一百。官府公廨墙垣者,杖八十。越而未过者,各减一等。若有所规避者,各从其重者论。

【1670】5.13.216(略)

【1725】5.13.207

律文(略)

注:此言禁城之关防宜密也。越城,兼出入言。内而皇城、京城,外而府、州、县及边镇之城,关防俱不可不密。凡有人越皇城者,应加重坐绞。越京城次之,越府、

州、县及镇城又次之,越官府公廨墙垣又次之。其越而未及过者,各减罪一等。若于事有所规避而越者,从其罪之重者论。

臣等谨按:此言禁城之关防宜密也。越城,兼出入言。内而皇城、京城,外而府、州、县及边镇之城,关防俱不可不密。凡有人越皇城者,应加重坐绞。越京城次之,越府、州、县及镇城又次之,越官府公廨墙垣又次之。以上若越而未及过者,各减已过罪一等。若于事有所规避而越者,从其罪之重者论。

【1740】5.13.197(略)

附律条例

【1740】○增入

一、各衙门亲戚、书吏人等,游船演戏,夜半方归,擅叫禁门者,照越府州县城律杖一百。

此条系雍正七年(1729)定例。

【1740】5.13.197.(1)(略)

【1814】○续纂

一、京城该班兵丁,如取用什物,不由马道行走,乘便由城上缒取者,照违制律杖一百,加枷号一个月。该管员弁疏于觉察,交部议处。

臣等谨按:嘉庆十六年(1811)六月内,臣部遵旨议奏"官兵由城上缒取什物分别治罪条例"一折,内称"查在城该班官兵应用什物,但有马道可行,乃乘便由城上缒取,以致绳迹累累,实属玩法。自应严立专条,以示惩儆。应请嗣后在城该班兵丁,取用什物,不由马道行走,仍乘便由城上缒取者,责令该管员弁严密查参。一经拿获,即将该兵丁等照违制律杖一百,再加枷号一个月。若该管员弁疏于稽察,经查城官看出绳迹者,即将失察之员弁,交部议处,兵丁仍究明按律治罪"等因,奏准在案。应纂辑为例,以便遵行。

【1825】5.13.197.(2)(略)

门禁锁钥

律　文

【1646】5.13.218

凡各处城门应闭而误不下锁者,杖八十;非时擅开闭者,杖一百。京城门各加一等。其有公务急速,非时开闭者,不在此限。○若皇城门应闭而误不下锁者,杖一百,发边远充军;非时开闭者,绞。监候。其有旨开闭者,勿论。

【1670】5.13.217(略)

【1725】5.13.208

注:此严门禁以杜奸弊也。城门开闭有时,锁钥宜谨。前节言各府、州、县、镇城门应闭而误不下锁,与非时擅开闭之罪。京城门又加严矣,不下锁及擅开闭各加一

等治罪。其各处城门及京城门,有公务急速,不能稽缓,而非时开闭者,不在此限。后节言皇城门,又非京城门可比,应闭而不下锁者,杖一百,发边远充军;非时擅开闭者,坐绞。其奉有旨而非时开闭者勿论。

臣等谨按:此言门禁以杜奸弊也。城门开闭有时,锁钥宜谨。前节言各府、州、县、镇城门应闭而误不下锁,与非时擅开闭之罪。京城门又加严矣,不下锁及擅开闭,各加一等治罪。其各处城门及京城门,有公务急速,不能稽缓,而非时开闭者,不在此限。后节言皇城门,又非京城门可比,应闭而不下锁者,杖一百,发边远充军;非时擅开闭者,坐绞。其奉有旨而非时开闭者,勿论。

【1740】5.13.198(略)

悬带关防牌面

律　文

【1646】5.13.219

凡朝参文武官及内官,悬带牙牌、铁牌。厨子、校尉入内,各带铜、木牌面。如有遗失,官照品罚银,未入流罚一两,九品罚二两,至一品递罚止十两。厨子、校尉罚。二两。若有拾得,随即报官者,将各人该罚银充赏。有牌不带,或因牌有毁失、质当之类。无牌辄入内者,杖八十。借者及有牌借与人者,杖一百。事有规避者,从其重论。拾得隐藏者,杖一百、徒三年。知其隐藏,首告者,于犯人名下追罚银照品如未入流一两之数。充赏。若将拾得牌面诈带朝参,及在朝门外诈称有牌官员名号,有所求为者,绞;伪造牙、铁、铜、木牌者,斩。监候。首告其诈伪者,于犯人名下追银照品加二等。充赏。

谨按:此条系原律。雍正三年(1725)奏准,官员不带牙牌,且"关防内使出入"律内,载有"于门簿上印记姓名及牌面字号"之语,律文删。

【1670】5.13.218(略)

【1725】○删除

臣等谨按:朝参文武官及内官,无悬带牙牌、铁牌,且"关防内使出入"律内,载有"于门簿上印记姓名及牌面字号"之语,此律拟删。

附律条例

【1646】5.13.219.(1)

一、凡各卫值宿军职使令上值军人,内官使令上值校尉,各悬带铜牌,出百里之外营干私事者,参问奏请,军职降一级,调边远卫分带俸差操,内官发充净军,军人、校尉俱发边卫充军。若由各官挟势逼勒者,军人、校尉照常发落。不应杖罪发落。

【1670】5.13.218.(1)(略)

【1725】○删除

原拟:今无卫军值宿及内监发充净军之例,此条拟删。

【兵律 · 军政】

擅调官军

律　文

【1646】5.14.220

凡将帅部领军马守御城池及屯驻边镇,若所管地方,遇有报到草贼生发,即时差人体探缓急声息。果实,须先申报本管上司,转达朝廷,奏闻给降御宝圣旨,调遣官军征讨。若无警急,消息及虽有警急,不先申上司,虽已申上司不待回报,辄于所属擅调军马,及所属擅发与者,将领、属各杖一百,罢职,发边远充军。〇其暴兵猝至,欲来攻袭,及城镇屯聚军马之处,或有内贼作反作叛,或贼有内应,事有警急,及路程遥远难候申文待报者,并听从便火速调拨所属军马,乘机剿捕。若贼寇滋蔓,应合会兵剿捕者,邻近卫所,虽非所属,亦得行文调拨策应,其将领官并策应官并即申报本管上司,转达朝廷知会。若不即调遣会合,或不即申报上司,及邻近卫所已奉调遣不即发兵策应者,将领与邻卫官并与擅调发罪同。亦各杖一百,发边卫充军。其余上司及典兵大臣,将文书调遣将士、提拨军马者,文书内非奉御宝圣旨,不得擅离信地。若守御、屯驻军官有奉文改除别职,或犯罪奉文取发,如文内无奏奉圣旨,亦不许擅动。违者,兼上数事。罪亦如之。

【1670】5.14.219(略)

【1725】〇修改

原拟:今颁发圣旨无概用御宝之例,应删去"御宝"二字。再见今守御官兵俱系绿旗官兵,应将"邻近卫所"句改为"邻近官军",其小注内"边卫"字,照前正律改为"边远"。

臣等谨按:此分军情缓急,以严调遣也。首节言将领遇有草贼窃发,即探声息缓急。先报上司,奏闻奉有圣旨,即议遣官军征剿。若本无警急而擅调、擅发,将领及所属官,各杖一百,发边远充军。此谓声息之缓者也。次节言暴寇猝至,或内有反叛,或贼有内应,事在警急,上司离远,一时不及申报,并听从便调拨军马,邻近官军亦得调拨策应。即将缘由各申报上司,奏闻朝廷。若应会剿而不即调遣,或已调、已发,而彼此不即申报上司,及已承调遣而不即发兵策应,并与擅调发罪同。此谓声息之急者也。末言上司及典兵大臣,得以文书调遣将士、提拨军马者,但公文内无"奉旨"字样,不许擅离信地。若各该营将有奉文改除别职,或已犯罪奉文取发推问,而文内非明奉圣旨,亦不得擅动。违者,罪亦如之。

【1725】5.14.209

凡将帅部领军马守御城池及屯驻边镇,若所管地方,遇有报到草贼生发,即时差人体探缓急声息。果实，须先申报本管上司，转达朝廷，奏闻给降圣旨，调遣官军征讨。若无警急，不先申上司，虽已申上司不待回报，辄于所属擅调军马，及所属擅发与者，将领、属各杖一百，罢职，发边远充军。○其暴兵猝至，欲来攻袭，及城镇屯聚军马之处，或有内贼作反作叛，或贼有内应，事有警急，及路程遥远难候申文待报者，并听从便火速调拨所属军马，乘机剿捕。若贼寇滋蔓，应合会兵剿捕者，邻近官军，虽非所属，亦得行文调拨策应，其将领官并策应官并即申报本管上司，转达朝廷知会。若不即调遣会合，或不即申报上司，及邻近官军已奉调遣不即发兵策应者，将领与邻近官并与擅调发罪同。亦各杖一百，发边远充军。其上司及典兵大臣，将文书调遣将士、提拨军马者，文书内非奉圣旨，不得擅离信地。若守御、屯驻军官有奉文改除别职，或犯罪奉文取发，如文内无奏奉圣旨，亦不许擅动。违者，兼上数事，罪亦如之。

注：此分军情缓急，以严调遣也。首节言将领遇有草贼窃发，即探声息缓急，先报上司，奏闻奉有圣旨，即调遣官军征剿。若本无警急，而擅调、擅发，将领及所属官，各杖一百，发边远充军。此谓声息之缓者也。次节言暴寇猝至，或内有反叛，或贼有内应，事在警急，上司离远，一时不及申报，并听从便调拨军马，邻近官军亦得调拨策应。即将缘由各申报上司，转奏朝廷。若应会剿而不即调遣，或已调、已发，而彼此不即申报上司，及已承调遣而不即发兵策应，并与擅调发罪同。此谓声息之急者也。曰猝至、曰反叛、曰内应、曰遥远，四者有一，即听便调拨，非备是四者，而后可调拨也。末言上司及典兵大臣，有以文书调遣将士、提拨军马，看明公文内无“奉旨”字样，不许擅离信地。若各该营将有奉文改除别职，或已犯罪奉文取发推问，而文内非明奉圣旨，亦不得擅动。违者，亦如擅调发之罪。

【1740】5.14.199（略）

申报军务

律　文

【1646】5.14.221

凡将帅参随总兵官征进，如总兵官分调攻取城寨，克平之后，将帅随将捷音差人飞报，知会，一申本管统兵官，一行兵部。又须将克捷事情另具奏本，实封御前。无少停留。○若贼人数多，出没不常，如所领军人不敷，须要速申总兵官添拨军马，设策剿捕。不速飞申者，听从总兵官量事轻重治罪。至失误军机，自依常律。○若有贼党来降之人，将帅官即便送赴统总官，转达朝廷区处。其贪取来降人财物，因而杀伤其人，及中途逼勒逃窜者，斩。监候。若无杀伤、逼勒，止依吓骗律断。

【1670】5.14.220（略）

【1725】○修改

原拟：“总兵官”是官名，应改为“统兵官”。再，将领克捷无径行兵部，及不报统兵官自行具题之例，应将“一申总兵官，一行兵部”句，改为“飞报统兵官，转行兵部”，其“兵部”字下，小注增“统兵官”字。

臣等谨按：此言军前一切事务宜申报也。首节言各处将领参随本管统兵官，分头调遣攻取攻取大城小寨，其克捷及平复之，该将领务将捷音随即差人飞报本管统兵官，转咨兵部。仍将克平缘由，具本实封奏闻。次节言攻取之时，贼人啸聚数多，出没踪迹不常，而将领所部军人其数不敷，势难支敌，须要作速申请统兵官添拨军马，设计剿捕。如有不作速飞报申请者，听从统兵官酌量事情重轻，明治其罪。末节言贼党若有自知逆顺，提戈来降者，将领即便差人送赴统兵官，转达朝廷区处。若将领等有贪取来降人财物，因而杀死或伤残人，及途中逼勒，以致逃窜者，俱坐斩监候。

【1725】5.14.210

凡将领参随统兵官征进，如统兵官分调攻取城寨，克平之后，(将领)随将捷音差人飞报(知会本管)统兵官，转行兵部，统兵官(又须将克捷事情)另具奏本，实封御前。(无少停留。)○若贼人数多，出没不常，如所领军人不敷，须要速申统兵官添拨军马，设策剿捕。不速飞申者，(听)从统兵官量事轻重治罪。(至失误军机，自依常律。)○若有(贼党)来降之人，(将领)即便送赴统兵官，转达朝廷区处。其贪取来降人财物，因而杀伤(其)人，及中途逼勒逃窜者，斩。(监候。若无杀伤、逼勒，止依吓骗律科。)

注：此言军前一切事务宜申报也。征讨之法，有进无退，故曰征进。首节言各处将领参随本管统兵官进兵征剿，如统兵官分头调遣攻取大城小寨，其克捷及平复之后，该将领务将捷音随即差人飞报本管统兵官，转咨兵部，仍将克平缘由，具本实封奏闻。次节言攻取之时，贼人啸聚数多，出没踪迹不常，而将领所部军人其数不敷，势难支敌，须要作速申请统兵官添拨军马，设计剿捕。如有不作速飞报申请者，听从统兵官酌量事情重轻，明治其罪。此自未至失误者言。若有失误，自依失误军机常律。末节言贼党若有自知逆顺，投戈来降者，将领即便差人送赴统兵官，转达朝廷区处。若将领等有贪取来降人财物，因而杀伤，及中途逼勒，以致逃窜者，俱坐斩监候。若止是贪取，而无杀伤等情，依吓骗律科断。再首节报捷停留及末节纳降不即送统兵官，律文未著罪名，应临时量事定拟。

【1740】5.14.200(略)

飞报军情

律　文

【1646】5.14.222

凡飞报军情，在外府州，(如闻属县及巡司等报，)即差人申督、抚、按、布政司、按察司、本道，仍行移都指挥使司。其守御官差人各申督、抚、按，仍行本管都指挥使司。督、抚、按得报，差人一行移兵部，一具实封御前。若互相知会，隐匿不速奏闻者，杖一百，罢职不叙。因而失误军机者，斩。(监候。)

【1670】5.14.221（略）

【1725】○修改

原拟：今无"巡按"，应删去"按"字，亦无"都指挥使司"，应将"都指挥使司"字改为"将军、提镇"，再于"得报"字上，增"将军、提镇"字。

臣等谨按：此言地方军情必须速报也。凡各处飞报军机事情，在外府州官员，一闻所属该县及巡司等报，即行差人申达督、抚、司、道，并报将军、提镇。其守御等官，亦即差人申报本管将军、提镇，并报督、抚。该督、抚、将军、提镇一闻申报，随即实封奏闻，移咨兵部。若在外文武衙门，已将军情互相知会明白，乃彼此扶同隐匿，不速奏闻朝廷，即无所失误，亦满杖，罢职不叙。倘因隐匿不奏而失误军机，坐斩监候。盖军机至重，缓则生变，故立法宜严如此。

【1725】5.14.211

凡飞报军情，在外府州，如闻属县及巡司等报，即差人申督、抚、布政司、按察司、本道，仍行移将军、提镇。其守御官差人各申督、抚，仍行本管将军、提镇。督、抚、将军、提镇得报，差人一行移兵部，一具实封直奏御前。若互相知会，隐匿不速奏闻者，杖一百，罢职不叙。因而失误军机者，斩。监候。

注：此言地方军情必须速报也。凡各处飞报军机事情，在外府州官员，一闻所属该县、巡司等报，即行差人申达督、抚、司、道及将军、提镇。其守御等官，亦即差人申报本管将军、提镇，并报督、抚。该督、抚、将军、提镇得报，随即移咨兵部，实封直奏御前。若在外文武衙门，已将军情互相知会明白，乃彼此扶同隐匿，不速奏闻，即无所失误，亦满杖，罢职不叙。倘因隐匿不奏，而失误军机，坐斩监候。盖军机至重，缓则生变，故立法宜严如此。

【1740】5.14.201（略）

漏泄军情大事

律　文

【1646】5.14.223

凡闻知朝廷，及总兵将军调兵讨袭外番，及收捕反逆贼徒机密大事，而辄漏泄于敌人者，斩。监候。○若边将报到军情重事报于朝廷而漏泄以致传闻敌人者，杖一百、徒三年。二项犯人，若有心泄于敌人，作奸细论。仍以先传说者为首。传至者为从，减一等。○若私开官司文书印封看视者，杖六十。事干军情重事者，以漏泄论。为首杖一百、徒三年，从减等。○若近侍官员漏泄机密重事不专指军情，凡国家之机密重要皆是。于人者，斩；监候。常事杖一百，罢职不叙。

【1670】5.14.222（略）

【1725】○修改

原拟："总兵将军"应改为"统兵将军"。

臣等谨按:此言军机不可轻泄也。首节言漏泄讨袭外番及收捕反逆贼徒等项机密大事之罪。使彼谋有备,我功难成,必致有误军机,故坐斩监候。次节言漏泄边将报到军情重事,以致传闻于敌人者之罪。此在彼虽知而预防,犹未知我之调度,似与此之机密大事有间,故坐杖徒。以上二项,仍皆以首先传说者为首,以转相传说、致闻于敌人者为从,各减一等。为其无心传说,故从轻也。如有心漏泄,依奸细论。三节言私开官司行移文书印封看视之罪。不系军情者,杖六十。事干军情重事,是非寻常行移之比,亦以漏泄军情论。末节言近侍官员漏泄机密重事及常事之罪。机密重事与漏泄军机无异,故亦坐斩监候。若常事,止满杖,罢职。盖近侍官员,常侍左右,尤当谨密,故特严其处分也。

【1725】5.14.212

凡闻知朝廷,及统兵将军调兵讨袭外番,及收捕反逆贼徒机密大事,而辄漏泄于敌人者,斩。监候。○若边将报到军情重事报于朝廷而漏泄以致传闻敌人者,杖一百、徒三年。二项犯人,若有心泄于敌人,作奸细论。仍以先传说者为首。传至者为从,减一等。○若私开官司文书印封看视者,杖六十。事干军情重事者,以漏泄论。为首杖一百、徒三年,从减等。○若近侍官员漏泄机密重事不专指军情,凡国家之机密重要皆是。于人者,斩;监候。常事杖一百,罢职不叙。

注:此言军机不可轻泄也。首节言漏泄讨袭外番及收捕反逆贼徒等项机密大事之罪。使彼谋有备,我功难成,必致有误军机,故坐斩监候。次节言漏泄边将报到军情重事,以致传闻于敌人者之罪。在彼虽知而预防,犹未知我之调度何如,比之机密大事有间,故坐满徒。以上二项,仍皆以首先传说者为首,以转相传说、致闻于敌人者为从,各减一等。为其无心传说,故从轻也。如有心漏泄,依奸细论。三节言私开官司行移文书印封看视之罪。不系军情者,杖六十。事干军情重事,则非寻常行移之比,亦以漏泄军情论,为首杖一百、徒三年,为从杖九十、徒二年半。末节言近侍官员漏泄机密重事及常事之罪。机密重事,与漏泄军机无异,故亦坐斩监候。若常事,止满杖,罢职。盖近侍官员,常侍左右,尤当谨密,故特严其处分也。

【1740】5.14.202(略)

附律条例

【1646】5.14.223.(1)

一、在京在外军民人等,与朝贡外国人私通往来,投托拨置害人,因而透漏事情者,俱发边卫充军,军职调边卫带俸差操。通事并伴送人等,系军职者,从军职例;系文职者,革职为民。

【1670】5.14.222.(1)(略)

【1725】○修改

原拟:今武官无带俸差操之例,谨拟删改,开载于后。

【1725】5.14.212.(1)

【原例】一、在京在外军民人等,与朝贡外国人私通往来,投托拨置害人,因而透漏事情者,俱发边卫充军。通事并伴送人,系官革职。

【1740】5.14.202.(1)(略)

【1725】5.14.212.(2)

【钦定例】一、凡督抚、提镇关涉紧要陈奏本章,及移咨部院紧要事件,并缉拿人犯之案,将封面用"密封"字样封固投递。通政司收到密封副本,堂官亲拆,另存档案,仍封固收贮。各部院收到密封揭帖文移,该堂官亲拆,面交司官密行收贮,谨慎办理。其在京各部院文移咨呈及知照各省文书,有紧要事件,亦必密封递发。督抚、提镇接到部院密封文书,务须亲拆收贮。其各省督抚、提镇,以至州县来往公文,亦将紧要事件密封投递,本官亲拆收贮,不得令吏胥经手。倘有未经上达,先已传播,及缉拿之犯闻风远扬等事,查究根由,分别议处。如将应密之事并不密封,及收受承办衙门不行谨慎,以致漏泄者,将封发、收受承办官查参。事理重者,照红本不谨慎收存例;事理轻者,照不应轻律,各议处。如收贮之处及投递之前,提塘及衙役人等,将密封事件私开窃视,以致漏泄者,杖六十。事重者,为首杖一百、徒三年,为从减一等治罪。仍令科道不时稽查。如不行查出纠参,别经发觉者,将该管科道一并交部,照奉旨事情未到部先抄传例议处。

【1740】○修改

臣等谨按:承办密封事件,各官之处分,及该管科道之议处,文类《吏部处分则例》,应改。又例内词句殊觉繁冗,应删。谨将删改例文,开列于后。

一、内外衙门办理紧要事件,俱密封投递,本官亲拆收贮,不得令吏胥经手。倘有密封章奏,未经上达,先已传播,及缉拿之犯闻风远扬等事,查究根由,分别议处。如将应密之事并不密封,及收受承办衙门不行谨慎,以致漏泄者,将封发、收受承办官查参,交部分别议处。如封贮之处及投递之前,提塘及衙役人等将密封事件,私开窃视,以致漏泄者,杖六十。事重者,为首杖一百、徒三年,为从减一等治罪。仍令科道不时稽查。如不行查参,别经发觉者,将该管科道一并交部议处。

【1740】5.14.202.(2)(略)

【1725】5.14.212.(3)

【钦定例】一、凡平常事件,虽非密封,但未经御览批发之本章,刊刻传播,概行严禁。如提塘与各衙门书办,彼此勾通,本章一到,即抄写刊刻图利者,将买抄之报房、卖抄之书办,亦俱照漏泄密封事件例治罪。其捏造讹言刊刻者,杖一百、流二千里。若有招摇诈骗情弊,犯该徒罪以上,不分首从,俱发边卫充军。该管官失于觉察,该科道不行查参者,均交部亦照例议处。其红本科抄,遍传天下,令承办官详细校对,敬谨奉行。如有增减错漏者,查出交部照错误本章例议处。

【1740】○修改

臣等谨按:例内承办科抄官议处,已载《处分则例》,应删。谨将节删例文,开列于后。

一、凡平常事件,虽非密封,但未经御览批发之本章,刊刻传播,概行严禁。如提塘与各衙门书办,彼此勾通,本章一到,即抄写刊刻图利者,将买抄之报房、卖抄之书办,亦俱照漏泄密封事件例治罪。其捏造讹言刊刻者,杖一百、流二千里。若有招摇诈骗情弊,犯该徒罪以上,不分首从,俱发近边充军。该管官失于觉察,该科道不行查参者,均交部亦照例议处。

【1740】5.14.202.(3)(略)

边境申索军需

律 文

【1646】5.14.224

凡守边将领,但有缺乏,取索军器、钱粮等物,须要差人一行布政司,一行都指挥使司,再差人一行合干部分,及具缺少应用奏本实封御前。其公文若到该部,须要随即将所申事情奏闻区处,发遣差来人回还。若稽缓不即奏闻,及边将于各处衙门不行依式申报者,并杖一百,罢职不叙。因不申奏以致临敌缺乏而失误军机者,斩。监候。

【1670】5.14.223(略)

【1725】○修改

原拟:"一申都指挥使司"句应改为"一申督、抚、将军、提镇","一行合干部分"句应改为"转行合干部分"。

臣等谨按:此言军需不可迟误也。转行在内合干部分,如军需行工部、钱粮行户部之类。该部稽缓时日,不即奏闻,及边将不依从定式申报者,各处衙门,虽未误军机,并杖一百,罢职不叙。若因不奏不申,以致临敌缺乏,失误军机者,坐斩监候。

【1725】5.14.213

凡守边将领,但有缺乏,取索军器、钱粮等物,须要差人一行布政司,一申督、抚、将军、提镇,再差人转行合干部分,及具缺少应用奏本实封御前。其公文若到该部,须要随即将所申事情奏闻区处,发遣差来人回还。若稽缓不即奏闻,及边将于各处衙门不行依式申报者,并杖一百,罢职不叙。因不申奏以致临敌缺乏而失误军机者,斩。监候。

注:此言军需不可迟误也。转行在内合干部分,如军器行工部、钱粮行户部之类。该部稽缓时日,不即奏闻,及边将不依定式申报,各处衙门,虽未误军机,并杖一百,罢职不叙。若因不奏不申,以致临敌缺乏,失误军机者,坐斩监候。

【1740】5.14.203(略)

失误军事

律　文

【1646】5.14.225

凡临军征讨，有司应合供给军器、行粮、草料。若有征解，违期不完者，当该官吏各杖一百，罪坐所由。或上司移文稽迟，或下司征解不完，各坐所由。若临敌有司违期不至而缺乏，及领兵官已承上司调遣，而逗遛观望，不依期进兵策应，若军中承差告报会军日期而违限，因而失误军机者，并斩。监候。

【1670】5.14.224(略)

【1725】5.14.214

注：此言军事重大，不可违误也。临军征讨，是临出征之时；临敌，是军已到敌境之时。前节言凡临发官军，有事征讨，所在官司，应合供给军器、粮草，奉文征解，而违期不完者之罪。后节言兵马已临敌境，所司不依期供办，致有缺乏，及领兵官已承调遣，而逗遛不进，并军中告报会兵日期，而承差之人迟违程限，因此三项而失误军机者之罪。若未至失误军机者，各依本律。

臣等谨按：此言军事重大，不可违误也。临军征讨，是临出征之时；临敌，是军已到敌境之时。前言凡临发官军，有事征讨，所在官司，应合供给军器、粮草，奉文征解，而违期不完者之罪。后言兵马已临敌境，所司不依期供办，致有缺乏，及领兵官已承调遣，而逗遛不进，并军中告报会兵日期，而承差之人迟违程限，因此三项而失误军机者之罪。若未至失误军机者，各依本律。

【1740】5.14.204(略)

从征违期

律　文

【1646】5.14.226

凡军官、军人已承调遣，临当征讨，行师已有起程日期，而稽留不进者，一日杖七十，每三日加一等。若故自伤残，及诈为疾患之类，以避征役者，各加一等，计日坐之。并罪止杖一百，仍发出征。若伤残至不堪出征，选丁拨补，仍勾本户壮丁。○若军临敌境，托故违期，一日不至者，杖一百；不必失误军机。三日不至者，斩。监候。总兵官竟行军法。若能立功赎罪者，从总兵官区处。若果伤残、笃疾，不堪征进者，验实开役，不在仍发出征之限。

【1670】5.14.225(略)

【1725】○修改

原拟："总兵官"应改为"统兵官"，"军官军人"字应改为"官军"。再小注内"选丁拨补，仍勾本户壮丁"句，应改为"仍选本户壮丁充补，令其出征"。又律末小注与前注重复，应删去。

臣等谨按：此言军期不可迟违也。前言官军已承调遣出征，定有起程日期，而故稽留不进,及本无疾而故自伤残其肢体,本无故而诈为疾病患苦,以避从征者之罪。并罪止杖一百,决讫仍发出征。若伤残至废、笃疾,不堪征讨者,科杖一百之罪,依"名例"收赎,仍选本户壮丁补役,发往出征。后言师行已临敌境,托故迁延,致违期限之罪。若有能自愿立功,准赎前罪者,听统兵主帅便宜区处。盖军前重在立功,虽犯法而听许自效赎罪,固激劝之一道也。

【1725】5.14.215

凡官军已承调遣,临当征讨,行师已有起程日期,而稽留不进者,一日杖七十,每三日加一等。若故自伤残,及诈为疾患之类,以避征役者,各加一等,计日坐之。并罪止杖一百,仍发出征。若伤残至不堪出征,仍选本户壮丁充补,令其出征。○若军临敌境,托故违期,一日不至者,杖一百;不必失误军机。三日不至者,斩。监候。统兵官竟行军法。若能立功赎罪者,从统兵官区处。

注:此言军期不可迟违也。前节言官军已承调遣出征,定有起程日期,而故稽留不进,及本无疾而故自伤残其肢体,本无故而诈为疾病患苦,以避从征者之罪。并罪止杖一百,决讫仍发出征。若伤残至废、笃疾,不堪征讨者,科杖一百之罪,依"名例"收赎,仍选本户壮丁补役,发往出征。后节言师行已临敌境,托故迁延,致违期限之罪。若有能自愿立功,准赎前罪者,听统兵主帅便宜区处。盖军前重在立功,虽犯法而听许自效赎罪,固激劝之一道也。

【1740】5.14.205(略)

附律条例

【1725】○增入

原拟:正律内并无兵丁违令乱行者作何治罪之文,查兵部例内载有"兵丁违犯号令乱行者,正法,为从者枷号"之条,应增入。

【现行例】一、凡官兵从征,无故起程违期者,官革职,兵杖一百,仍发出征。在外违期者,官革职拿问,兵杖一百,将所俘获人口入官。出征处所兵丁,藐视该管官,干犯号令,违法乱行者,将为首之人正法,为从者俱枷号三个月、杖一百,该管官仍交该部议处。

【1725】5.14.215.(1)

【增例】(略)

【1740】5.14.205.(1)(略)

军人替役

律　文

【1646】5.14.227

凡军人已遣不亲出征,雇倩人冒名代替者,替身杖八十,收籍充军;正身杖一百,依旧充军。仍发出征。若守御城池军人,雇人冒名代替者,各减二等。其出征守御军人子孙弟侄,及同居少壮亲属,非由雇倩。自愿代替者听。若果有老弱残疾,不堪征守者,赴本管官司陈告,验实,与免军身。○若医工承差,关领官药,随军征进,转雇庸医冒名代替者,本身及替身各杖八十,庸医所得雇工钱入官。

【1670】5.14.226(略)

【1725】○修改

原拟:兵有定额,不便将代替之人额外令充兵丁,应删去"收籍充军"字。其"依旧充军"句,应改为"依旧著伍"。

臣等谨按:此言正军雇人代替之罪也。首节前言正军已承调遣,雇觅他人代替出征者之罪。替身人杖八十,正身杖一百,仍令著伍发往。次言守御城池,正军雇人代替守御者之罪。各减代替出征罪二等,正身依旧守御。至出征、守御兵丁之子孙弟侄及同居年少力壮之亲属,自愿代替出征、守御者,赴该管官陈明,听许代替其出征。守御正军本身果有老弱及残疾,不堪征守者,许赴本管官司陈告,察实准于兵册除名。后节言军中医工已承差遣,关领药物,亲身不行,转雇庸医冒名私替之罪。正身、替身各杖八十。庸医所得雇工钱,系彼此俱罪之赃,追取入官。

【1725】5.14.216

凡军人已遣不亲出征,雇倩人冒名代替者,替身杖八十,正身杖一百,依旧著伍。仍发出征。若守御城池军人,雇人冒名代替者,各减二等。其出征、守御军人子孙弟侄,及同居少壮亲属,非由雇倩。自愿代替者听。若果有老弱残疾,不堪征守者,赴本管官司陈告,验实,与免军身。○若医工承差,关领官药,随军征进,转雇庸医冒名代替者,本身及替身各杖八十,庸医所得雇工钱入官。

注:此言正军雇人代替之罪也。正军已承调遣,雇觅他人代替出征者,杖一百,替身人杖八十,仍令正身著伍发往出征。若守御城池正军雇人代替者,各减代替出征罪二等,正身依旧守御。至出征、守御兵丁之子孙弟侄,及同居年少力壮之亲属,自愿代替出征、守御者,赴该管官陈明,听许代替。正军本身果有老弱及残疾,不堪征守者,许赴本管官司陈告,察实准于兵册除名。至军中医工,已承差遣,关领药物,而亲身不行,转雇庸医冒名私替,正身、替身各杖八十。庸医所得雇工钱,系彼此俱罪之赃,追取入官。

【1740】5.14.206(略)

附律条例

【1646】5.14.227.(1)

一、各处备倭贴守,其把总等官纵容舍余人等代替正军者,正军问调沿海卫分,舍余人等就收该卫充军,把总等官参问治罪。

【1670】5.14.226.(1)(略)

【1725】○删除

原拟：今无舍余名色，及收该卫充军等例，此条拟删。

【1646】5.14.227.(2)

一、在京在外各都司、卫所解到新军，官吏旗甲，附写名数，半月内帮支月粮，各照地方借房安插，存恤三个月，方许送营差操。如有指称使用等项名色，勒要财物，逼累在逃者，不问指挥、千百户、镇抚，俱照卖放正军事例，计一年之内所逃人数多寡，降级充军拟断。若不及数，及不曾得财者，照常发落，军勾补伍。如无逼累等情，逃军依律科断。

【1670】5.14.226.(2)(略)

【1725】○删除

原拟：今兵丁照缺招募拣充，并无由卫所解送之处，且无帮支月粮、借房安插之例，亦无指挥、千户、百户、镇抚名色，及降级充军之例，此条拟删。

【1646】5.14.227.(3)

一、京卫及在外卫所解到新军，以投文日为始，不过十日，将收管批回，给付长解。若刁蹬留难者，该吏、军吏、总小旗提问，卫所掌印并本管官，不拘曾否得财，参问带俸差操。

【1670】5.14.226.(3)(略)

【1725】○删除

原拟：今卫所无解送兵丁之例，亦无总小旗名色及带俸差操之例，此条拟删。

【1725】增入

原拟：又律内无以奴仆代替出征作何治罪之文，查兵部例内载有“奴仆代替拟罪”之条，应另作条例增入。

【1725】5.14.216.(1)

【增例】一、凡兵丁不亲出征，以奴仆代替，及行间放拨瞭哨等处，以奴仆代替者，兵杖七十，奴仆入官。如打围放马及看守京城周围处所，以奴仆代替者，兵杖一百，奴仆免入官。

【1740】5.14.206.(1)(略)

*【1725】[1]

一、凡台湾换班兵丁私相顶替，将带兵千、把总均革职。内地该管将弁与在台湾

---

① 本条见于《大清律例按语》第14卷“兵律·军政·军人替役”(雍正三年)条下，雍正三年(1725)《大清律集解附例》及乾隆五年(1740)《大清律例》未载。

官员不行查明,俱照徇庇例议处。督抚、提镇,一并严加议处。

臣等谨按:此条类于"军人替役"律,应增入条例后。

主将不固守

律　文

【1646】5.14.228

凡守边将帅,被贼攻围城寨,不行固守而辄弃去,及平时守备不设,为贼所掩袭,因此弃守、无备、而失陷城寨者,斩。监候。若官兵与贼临境,其望高巡哨之人失于飞报,以致陷城损军者,亦斩。监候。若主将懈于守备,及哨望失于飞报,不曾陷城失军,止被贼侵入境内,掳掠人民者,杖一百,发边远充军。○其官军临阵先退,及围困敌城而逃者,斩。监候。

【1670】5.14.227(略)

【1725】5.14.217

注:此严怠玩以专责守,诛退怯以肃军令也。首节言边境将帅,被贼围城弃去,及守备不设,为贼掩袭,失陷城寨,并官兵与贼临境,望高巡哨者失于飞报,以致陷城损军之罪。其不曾陷城失军,被贼入境,掳掠人民,满杖,发边远充军。后节言官军临阵先退,及围困敌城而逃之罪,俱坐失机论斩。

臣等谨按:此严怠玩以专责守,诛退怯以肃军令也。首节前言边境将帅,被贼围城弃去,及守备不设,为贼掩袭,失陷城寨之罪。次言官兵与贼临境,望高巡哨者失于飞报,以致陷城损军之罪。其不曾陷城失军,被贼入境,掳掠人民,满杖,发边远充军。后节言官军临阵先退,及围困敌城而逃之罪,俱坐失机论斩。

【1740】5.14.207(略)

附律条例

【1646】5.14.228.(1)

一、失误军机,除律有正条者,议拟监候奏请外,若是贼拥大众入寇,官军猝遇交锋,损伤掳数十人以上,不曾亏损大众,或贼众入境,掳杀军民数十人以上,不曾掳去大众,或被贼白昼夤夜突入境内,掳掠头畜、衣粮数多,不曾杀掳军民者,俱问守备不设被贼侵入境内掳掠人民本律,发边远充军。若是交锋入境,损伤掳杀四五人,抢去头畜、衣粮不多者,亦问前罪。以上各项内情轻律重,有碍发落者,备由奏请处置。其有被贼入境,将瓜探、夜不收,及飞报声息等项公差、官军人等,一时杀伤捉去,事出不测者,俱问不应杖罪,还职。或境外被贼杀掳瓜探、夜不收,非智力所能防范者,免其问罪。

【1670】5.14.227.(1)(略)

【1725】○修改

原拟:"还职"字,应改为"留任"。

【1725】5.14.217.(1)

【原例】一、失误军机,除律有正条者,拟议监候奏请外,若是贼拥大众入寇,官军猝遇交锋,损伤被掳数十人以上,不曾亏损大众,或贼众入境,掳杀军民数十人以上,不曾掳去大众,或被贼白昼黄夜突入境内,掳掠头畜、衣粮数多,不曾杀掳军民者,俱问守备不设被贼侵入境内掳掠人民本律,发边远充军。若是交锋入境,损伤掳杀四五人,抢去头畜、衣粮不多者,亦问前罪。以上各项内情轻律重,有碍发落者,备由奏请处置。其有被贼入境,将瓜探、夜不收,及飞报声息等项公差、官军人等,一时杀伤捉去,事出不测者,俱问不应杖罪,留任。或境外被贼杀掳瓜探、夜不收,非智力所能防范者,免其问罪。

【1740】5.14.207.(1)(略)

【1646】5.14.228.(2)

一、凡各边及腹里地面遇贼入境,若有杀掳男妇十名口以上、牲畜三十头只以上,不行开报者,军民职官问罪,降一级;加前数一倍者,降二级;加二倍者,降三级,甚者罢职。其上司及总兵等官知情扶同,事发参究治罪。

【1670】5.14.227.(2)(略)

【1725】○删除

原拟:今专汛文武官,将盗贼掳掠之事讳而不报者,即行革职,并无盗贼杀掳男妇至三十名口、牲畜及九十头只者降三级之例,此条拟删。

【1646】5.14.228.(3)

一、凡沿边、沿海及腹里府、州、县,与卫所同住一城,及卫所自住一城者,若遇边紧及盗贼生发攻围,不行固守而辄弃去,及守备不设,被贼攻陷城池,劫杀焚烧者,卫所掌印与专一捕盗官,俱比照守边将帅失陷城寨者律斩;府、州、县掌印并捕盗官,与卫所同住一城,及设有守备官驻扎本城者,俱比照守边将帅被贼侵入境内掳掠人民律发边远充军;其兵备守巡官驻扎本城者,罢职为民。若非驻扎处所,兵备守巡及守备官,俱降三级调用。若府、州、县原无设有卫所,但有专城之责者,不论边、腹,遇前项失事,掌印、捕盗官照前律处斩,兵备、守城官亦照前罢职降调。其有两县同住一城,及府州县佐贰、首领,但分有守城信地,各以贼从所管城分进入坐罪。若无城池,与虽有城池,被贼潜隐设计,越入劫盗,随即逃散,不系失陷者,止以失盗论,俱不得引用此例。

【1670】5.14.227.(3)(略)

【1725】○修改

原拟:今卫所官俱经管钱粮、刑名,与州县官无异,并无管兵之责。其府、州、县城内俱设有专汛武官,且今无兵备道。谨拟删改,开载于后。

一、凡沿边、沿海及腹里府、州、县，与武职官同住一城者，若遇边警及盗贼生发攻围，不行固守而辄弃去，及守备不设，被贼攻陷城池，劫杀焚烧者，除武职官比照守边将帅失陷城寨者律，拟斩监候外，其府、州、县掌印并捕盗官，俱比照守边将帅被贼侵入境内掳掠人民者律，发边远充军；其守巡道官驻扎本城者，罢职为民。若非驻扎处所，止降三级调用。若有两县同住一城，专管官分有守城信地，各以贼从所管城分进入坐罪。若无城池，与虽有城池，被贼潜隐设计，越入劫盗，随即逃散，不系失陷者，止以失盗论，俱不得引用此例。

【1725】5.14.217.(2)【原例】(略)

【1740】○修改

臣等谨按：《吏部处分则例》开载"同城失守之道革职提问，属邑失守，该管道住俸催剿"，此条守巡道官罢职、降级，系前明旧例，与现行则例不符，应改为"交部照例分别议处、提问"。谨将改辑例文，开列于后。

一、凡沿边、沿海及腹里府、州、县，与武职官同住一城者，若遇边警及盗贼生发攻围，不行固守而辄弃去，及守备不设，被贼攻陷城池，劫杀焚烧者，除武职官比照守边将帅失陷城寨者律，拟斩监候外，其府、州、县掌印并捕盗官，俱比照守边将帅被贼侵入境内掳掠人民者律，发边远充军；其守巡道官，交部分别议处、提问。若有两县同住一城，专管官分有守城汛地，各以贼从所管城分进入坐罪。若无城池，与虽有城池，被贼潜隐设计，越入劫盗，随即逃散，不系失陷者，止以失盗论，俱不得引用此例。

【1740】5.14.207.(2)(略)

【1778】○修改

臣等谨按：此条系乾隆三十九年(1774)十一月内，吏部会同兵部、臣部议奏山东省失察逆匪王伦等谋为不轨之文武各员案内，将不能保御城池之阳谷县知县张克绅，照例拟发边远充军。钦奉谕旨："张克绅系守土之员，非典史微员可比，贼至不能保御城池，当与把总同罪。张克绅着改照守边将帅失陷城寨律，拟斩监候。钦此。"经臣部奏请载入例册，一体遵行。所有此条原例，应行修改。谨将改辑例文，开列于后。

一、凡沿边、沿海及腹里州县，与武职同城，若遇边警及盗贼生发攻围，不行固守而辄弃去，及守备不设，被贼攻陷城池，劫杀焚烧者，除专城武职照本律拟斩监候外，其守土州、县，亦照守边将帅失陷城寨律拟斩监候；其同城之知府及捕盗官，比照守边将帅被贼侵入境内掳掠人民律，发边远充军；统辖、兼辖各官，交部分别议处。若有两县同住一城，专管官分有守城汛地，各以贼所进入地方坐罪。若无城池，与虽有城池，被贼潜隐设计，越入劫盗，随即逃散，不系失陷者，止以失盗论，俱不得引用此例。

【1790】5.14.207.(2)(略)

【1751】续纂

一、凡统兵将帅,玩视军务,苟图安逸,故意迁延,不将实在情形具奏,贻误国事者,又凡将帅因私忿娼嫉,推诿牵制,以致縻饷老师,贻误军机者,又凡身为主帅,不能克敌,转布流言,摇惑众心,借以倾陷他人,致误军机者,均属有心贻误,应拟斩立决。

臣等谨按:此条系乾隆十三年(1748)十二月内,军机大臣会同臣部,钦奉上谕,议定条例,应行纂辑,以肃军纪。

【1768】5.14.207.(3)(略)

【1870】○续纂

一、凡失守城池之案,如系兵饷充足,不行固守,一闻贼警,弃城先逃者,将专城武职及守土州县,均按本例拟斩监候,请旨即行正法;同城知府,亦从重拟斩监候;捕盗官及统辖、兼辖各官,仍照例分别办理。倘非兵饷充足,弃城先逃,仍按本例科断。

谨案:此条咸丰三年(1853)定。

【1870】5.14.207.(4)(略)

【1870】○续纂

一、防守要隘文武员弁,若带兵无多,仓猝遇贼,寡不敌众,因而失守要隘者,照同城捕盗官失守城池拟军例,从重发往新疆效力赎罪。倘统带重兵,畏葸巧避,失守要隘者,照守边将帅失陷城寨律,拟斩监候。

谨案:此条咸丰三年(1853)定。

【1870】5.14.207.(5)(略)

【1870】○续纂

一、各省督、抚、提镇,如遇省城及驻扎地方,盗贼生发,不行固守,闻警先逃者,均照失陷城寨本律拟斩监候。声明情罪重大,应即行处决,仍请旨定夺。倘有必须于军前正法者,应请旨即在军前正法。如有必须严讯情节再行定罪者,仍拿问解京审讯。其寻常失守一城一寨,并无闻警先逃情事,仍照各本律办理。

谨案:此条同治元年(1862)定。

【1870】5.14.207.(6)(略)

【1870】○续纂

一、失守城池,该督抚立即参奏,将守土州县及专城武职,均革职治罪,不得以功过相抵免议。如有可原情节,或甫经到任,不及设防,或被围日久,粮尽援绝,或失守后一月内,督率乡团,随同官兵将城池克复者,于斩监候罪上量减一等治罪。若甫经到任,及被围日久,于失守后一月内随同克复,或非甫经到任,及被围日久,但于失守时身受重伤,或一月内自行收复城池者,于减等拟军罪上,再减一等治罪。其实因兵单力竭,身受重伤,而又能督率兵勇,于一月内自行收复,及随同克复者,革职,免其治罪。若克复城池在一月以外,及克复并非本处城池,概不准随案声请减免。其减等议罪及免罪各员弁,如果素得民心,循声卓著,及克敌陷阵,屡著战功,仍准酌量奏请留营效力,再得劳绩,方准免罪。均由刑部专案知照吏、兵二部存记。若失守而未经参办,或议罪而并未奏留员弁,仍不准胪列后来劳绩,率行奏请免罪开复。至失守之同城知府及捕盗官,如身受重伤,或一月内随同克复城池,亦准叙明可原情节,应拟斩监候者量予减等,应拟军者革职免罪。其并未随同克复城池,亦未身受重伤,但系甫经到任,及被围日久,只准于本律军罪上量减一等,不得概请免罪。如系平日官声素好,及战功卓著之员,亦准奏请留营效力,再得劳绩,方准免罪。

谨案:此条同治五年(1866)定。

【1870】5.14.207.(7)(略)

纵军掳掠

律 文

【1646】5.14.229

凡守边将帅,非奉总兵官调遣,私自使令军人,于未附外境掳掠人口、财物者,将帅杖一百,罢职充军;所部听使武官及总旗,递减一等。并罪坐所由,使令之人。小旗、军人不坐。○若军人不曾经由本管头目使令私出外境掳掠者,为首杖一百,为从杖九十。因掳掠而伤外境人,为首者斩,监候。为从杖一百。其掳掠伤人为从,并不伤人首从,俱发边远充军。若本管头目钤束不严,杖六十,附过还职。○其边境城邑有贼出没,乘机领兵攻取者,不在此限。○若于已附地面掳掠者,不分首从皆斩。监候。本管头目钤束不严,杖八十,附过还职。○其将帅知军人私出外境及已附地面掳掠之情故纵者,各与犯人同罪。至死减一等。

【1670】5.14.228(略)

【1725】○修改

臣等谨按:守边将领即奉总兵官调遣,亦不容掳掠人口、财物,况调遣者。调遣其出征,非调遣其掳掠,律内"非奉总兵官调遣"句,辞气含混,应将此七字删去。其将领罢职充军,亦并未指明处所,应照旧律所注,于"充军"字上增"发附近"字。至总旗、小旗,今无此名色,应改"总旗"为"管队",删去"小旗"字。"附过还职"字应改为"留任"。

臣等谨按:此言防边营将不可妄生边衅也。首节言守边将领私令军人于外境掳掠,与部下听使官员及营兵管队之罪,并坐所由使令之人,军人不坐。二节言军人私自出境掳掠之罪。伤人不伤人,俱分首从。不曾经由本管头目,但以钤束不严,拟杖留任。三节言边境城邑,遇有贼众出没,而将领能乘机率兵攻取,此应敌之正道,不在私使、听使及钤束不严之限。四节言军人于已附地面掳掠,及本管头目钤束不严之罪。末节言将领知情故纵之罪。

【1725】5.14.218

凡守边将领，私自使令军人，于未附外境掳掠人口、财物者，将领杖一百，罢职，发附近充军；所部听使武官及管队，递减一等。并罪坐所由，使令之人。军人不坐。○若军人不曾经由本管头目使令私出外境掳掠者，为首杖一百，为从杖九十。因掳掠而伤外境人，为首者斩，监候。为从杖一百。其掳掠伤人为从，并不伤人首从，俱发边远充军。若本管头目钤束不严，杖六十，留任。○其边境城邑有贼出没，乘机领兵攻取者，不在此限。○若于已附地面掳掠者，不分首从皆斩。监候。本管头目钤束不严，杖八十，留任。○其将领知军人私出外境及已附地面掳掠之情故纵者，各与犯人同罪。至死减一等。

注：此言防边营将不可妄生边衅也。凡边将私令军人，于外境掳掠人、财者，满杖，充军。所部听使，武官杖九十，管队杖八十，并坐使令之人，军人不坐。若军人私出外境掳掠，造意为首者满杖，随从者杖九十。因掳掠而致伤外境之人，为首者斩，为从者满杖，与不伤人之首、从，俱发边远充军。本管头目虽不知情，亦属钤束不严，杖六十，留任。其遇边境有贼，乘机领兵攻取者，不在此限。若于已附地面掳掠者，军人不分首从皆斩，本管头目杖八十，留任。其将领知情故纵者，各与犯人同罪。

【1740】5.14.208（略）

附律条例

【1646】5.14.229.（1）

一、轮操军人军丁，沿途劫夺人财，杀伤人命，占夺车船，作践田禾等项，许被害之人，赴所在官司具告，拿解兵部，转送法司究问。除真犯死罪外，徒罪以上，俱调发边卫充军。其管操指挥、千百户等官，往回不许与军相离。若不行钤束，并故纵劫夺、杀人等项者，参问调卫。

【1670】5.14.228.（1）（略）

【1725】○删除

原拟：今兵丁无远出轮操及指挥、千百户、军丁名色，如兵丁犯劫夺等罪，各有本条，此条拟删。

【1646】5.14.229.（2）

一、土官土舍，纵容本管土民头目为盗，聚至百人，杀掳男妇二十名口以上者，问罪，降一级。加前数一倍者，奏请革职，另推土人信服亲支土舍袭替。若未动官军，随即擒获解官者，准免本罪。

【1670】5.14.228.（2）（略）

【1725】5.14.218.(1)

【原例】(略)

【1740】○删除

臣等谨按:此条系前明旧例,今土官故纵土民杀掳,已有革职、枷号之例,载在"刑律·白昼抢夺"条下。又养盗殃民之土官,或应改土归流,或另立土司之处,请旨施行,例载吏部则例,此例与现今所行不符,应删。

【1725】○增入

原拟:现行例内一条,类于此律,应增入。

【现行例】一、凡领兵诸王、将军,借通贼为名,将良民庐舍烧毁,掳掠子女,抢夺财物者,将领兵将军、参赞大臣、夸兰大等,俱革职;系诸王、贝勒等,交与宗人府从重治罪。如有兵主纵令掳掠良民,应将参领以下官员免议。若分兵所往之处,私自抢掳良民者,将统领头目、领两翼官员、领旗官员亦革职。至官兵私自一二零星烧毁良民庐舍,带回子女,抢掳财物者,系官革职,系护军、领催、甲兵鞭责一百,系苦独力正法。若苦独力之主知情者,革职;不知者,降二级。系闲散人,鞭责一百。所管参领、苏喇章京、护军校、骁骑校各降四级,夸兰大各降二级。及抢掳男妇人口,仍追出,给还本家完聚。如有此项之事,该督抚隐匿不行具题,或被害之人控告,或系科道官题参者,将该督抚俱行革职。

原拟:此条字句太繁,谨拟删改,开载于后。

【1725】5.14.218.(2)

【增例】一、凡领兵王、贝勒、将军,借通贼为名,烧毁良民庐舍,抢掠子女财物者,领兵将军、参赞大臣及营总等,俱革职;系王、贝勒,交宗人府从重治罪;参领以下官免议。若分兵征进,有犯前项罪名者,统兵将领,及分管两翼官,并管领旗分官,俱革职。至于官员、兵丁,一二人私自焚掠者,系官革职,系护军、领催、兵丁鞭一百,系厮役正法。若厮役之主知情者,鞭一百,系官革职;不知情,降二级。所管参领以下之官员,各降四级;营总,降二级。其抢掠携带男妇人口,仍追出给还完聚。若该督抚隐匿不行题参,别经发觉者,该督抚俱行革职。

【1740】○修改

臣等谨按:例内革职、降调,文类处分则例,应改。谨将改辑例文,开列于后。

一、凡领兵王、贝勒、将军,借通贼为名,烧毁良民庐舍,抢掠子女财物者,领兵将军、参赞大臣及营总等,俱交部议处;系王、贝勒,交宗人府从重治罪;参领以下官免议。若分兵征进,有犯前项罪名者,统兵将领,及分管两翼官,并管领旗分官,俱交部议处。至于官员兵丁,一二人私自焚掠者,系官,交部议处;系护军、领催、兵丁,鞭一百;系厮役,正法。若厮役之主知情者,鞭一百;系官,交部分别议处。所管参领以下官员及营总,均交部议处。其抢掠携带男妇人口,仍追出给还完聚。若该督抚隐匿不行题参，别经发觉者，该督抚一并议处。

【1740】5.14.208.（1）（略）

＊**【1801】删除**①

臣等谨按：此条系康熙年间定例。查律载“守边将领，私令军人，于未附外境掳掠人民、财物者，杖一百，发附近充军。若军人不曾经由本管头目使令，私出外境掳掠者，杖一百，发边远充军。若于已附地面掳掠者，不分首从，皆斩监候。其将领知情故纵者，与犯人同罪，至死减一等”等语，此条领兵王、贝勒等，借开通贼境为名，烧毁良民庐舍，掳掠子女、财物，俱交部议处，系指烧毁抢掠未附之贼境内良民而言。在定例之时，三藩甫灭，滇闽尚未全平，系办理随时轻重之法。迄今百数十年，寰海内外俱归一统，即从前缅甸、金川、安南等处用兵，各领兵大臣俱能严明约束，从无纵令将领遣人于未附境内抢掠之事。此条旧例，已成虚设。且掳掠未附外境及掳掠已附地面者，律内俱有分别严加治罪专条，有犯自可按律办理。此条应行删除。

【1802】5.14.208.（1）（略）

【1740】○续纂

此系社丁禁止需索，系刑部议准定例。调台兵丁禁止需索，系户部议准定例。今并辑为一条，以便引用。

一、调台兵丁，及台湾催饷社丁，如借端需索，扰害番社，依吓诈例计赃从重论。无赃者，照不应重律杖八十，革退。该管官徇隐、失察，交部分别议处。

【1740】5.14.208.（2）（略）

【1814】○续纂

一、凡出征官员、兵丁，除有不遵纪律，欺压良民，肆行掳掠子女者，仍按律治罪外，其于凯撤回营之日，沿途遇有良民子女，并非逃失，该官兵等强行携带者，即照于已附地面掳掠人口律治罪；若携带逃失良民子女，照收留迷失子女律治罪。其携带人口有亲属者，追出给还完聚；无亲属者，交地方官妥为抚恤。如有携带逆犯家属例应缘坐者，除该家属仍照例缘坐外，该官兵等讯明，知系逆犯家属，即照知情藏匿罪人律治罪；若讯不知情，及携带不应缘坐之逆犯家属，均仍以携带逃失子女论。跟役等有犯，照兵丁一律办理。领兵之该管官、跟役之家长，知情故纵者，与同罪；失察者，官员交部分别议处，兵丁鞭责发落。能自查出究办者，免议。若出征官兵于经过地方，私自典买人口，均照不应重律，系兵杖八十，系官交部议处。失察各官，照例减等议处。典买人口，追出入官。

臣等谨按：嘉庆十九年（1814）三月内，兵部遵旨酌议“出征官兵携带子女条例”一折

---

① 本条按语见于《大清律例按语》第79卷“兵律·军政·纵军掳掠”（嘉庆六年），嘉庆七年（1802）、道光五年（1825）、道光二十五年（1845）、同治九年（1870）《大清律例》皆保留本条未删未改。

内称“查出征官兵自应恪遵军令，于所过地方秋毫无犯，始克收戢暴安良之实效。是以律载官兵掳掠人口，若于已附地面掳掠者，不分首从，皆斩监候。将领知情故纵者，与犯人同罪。立法綦严。惟于凯撤之时，携带良民子女及逆犯家属应行治罪之处，例无正条。伏思被贼地方，良民子女散失逃亡，最堪悯恻。其有父母、亲属者，地方官自应暂为收养，给还完聚。其无父母、亲属承领者，亦应责成地方官妥为收恤，不至失所。至叛逆人犯，罪不容诛，其家属例有缘坐之条，自应查明，按律办理。官兵等辄行携带，均属有干法纪。议请凡出征官兵，除有不遵纪律，欺压良民，肆行掳掠子女者，仍按律治罪外，其于凯撤回营之日，沿途遇有良民子女，并逃失，而官兵等强行携带者，即与抢掠无异。系官革职，系兵丁革退，均交刑部按律治罪。领兵之失察专管官降二级留任，兼辖、统辖官降一级留任。该管官知情故纵者，革职，交刑部治罪；兼统官，降二级调用。其有逃失良民子女，辄行携带者，系官革职，系兵丁责革。领兵之该管官失察者，降一级留任，兼统官罚俸一年。该管官知情故纵者革职，兼统官均降一级调用。其携带人口有亲属者，追出给还完聚。无亲属者，交该地方官妥为抚恤。至逆犯家属，例应缘坐，该官兵等如私自携带者，比之携带逃失良民子女情节较重，应加一等定拟，均交刑部酌量治罪。失察之专管官降二级留任，兼统官降一级留任。该管官知情故纵者革职，交刑部酌量治罪；兼统官，降二级调用。逆犯家属追出，交刑部定拟缘坐。若跟役等有犯，照兵丁一律办理。其家长系官，照专管官例议处；系兵丁，鞭责。领兵之专管官，仍照例议处。如领兵之专管官及家长能实时自行查出究办者，均免其失察处分。再查出兵人等私自典买人口，例无专条。应请嗣后出征官兵，于经过地方，私自典买人口，即照不应重私罪律，系官降三级调用，系兵杖八十。失察之专管官，兼统官，照例减等议处。典买人口，追出入官”等因奏准，知照在案。应纂辑为例，以便遵行。惟原奏内“携带逃失子女，系官革职，系兵丁责革”，未免过轻，而“携带例应缘坐之逆犯家属，交部酌量治罪”，语意亦欠明晰。臣等查收留迷失子女，罪应拟徒，律有明文。其携带逃失子女之犯，应即照收留迷失子女律治罪。至逆犯家属，如该官兵等明知其例应缘坐，辄行携带，即与知情藏匿罪人无异，亦应按律科断。若讯不知情，仍以携带迷失子女论。应请一并添纂入例，以资引用。至官员处分，应由兵部载入则例，臣部例内只载“交部分别议处”字样，以归简易，合并陈明。

【1825】5.14.208.(3)(略)

不操练军士

律　文

【1646】5.14.230

凡各处边方、腹里、卫所守御官，不守纪律，不操练军士，及城池不完、衣甲器杖不整者，初犯，杖八十，附过还职；再犯，杖一百，指挥使降充同知，同知降充佥事，佥事降充千户，千户降充百户，百户降充总旗，总旗降充小旗，小旗降充军役，并发边远守御。○若守御官提备不严，抚驭无方，致有所部军人反叛者，亲管指挥、千百户、镇抚各杖一百，追夺,(诰敕。)发边远充军。若(因军人反叛)弃城而逃者,斩。(监候。)

【1670】5.14.229(略)

【1725】○修改

原拟:今卫所官员无守御之责,应将"卫所"字删去。再无"附过还职"之例,应将"初犯,杖八十"以下句改为"初犯,杖八十;再犯,杖一百"。又今无指挥使、同知、佥事、千户、百户、总旗、小旗等官名色,应将"指挥使"以下一段俱删去,其"亲管指挥、千百户、镇抚"句改为"该管官"。

臣等谨按:此惩不操练抚驭之罪,以重守御也。前节言守御官员不守纪律,不操练军士,及城池不完、衣甲器仗不整之罪。一次察点有失,为初犯,应杖八十,依"名例"降二级留任;二次为再犯,应杖一百,依"名例"降四级调用。后节言守御官员无提防备御之方、抚绥控驭之术,致所部军人乘其不备,愤其少恩,以至反叛之罪。若因军叛弃城而逃者,斩监候。

【1725】5.14.219

凡各处(边方腹里)守御官,不守纪律,不操练军士,及城池不完、衣甲器杖不整者,初犯,杖八十;再犯,杖一百。○若(守御)官提备不严,抚驭无方,致有所部军人反叛者,该管官各杖一百,追夺,(诰敕。)发边远充军。若(因军人反叛)弃城而逃者,斩。(监候。)

注:此惩不操练抚驭之罪,以重守御也。前节言守御官员不守纪律,不练军士,及城池不完、衣甲器仗不整之罪。一次察点有失,为初犯,应杖八十,依"名例"降二级留任;二次为再犯,应杖一百,依"名例"降四级调用。后节言守御官员无提防备御之方、抚绥控驭之术,致所部军人乘其不备,愤其少恩,以至反叛之罪。若因军叛弃城而逃者,斩监候。

【1740】5.14.209(略)

附律条例

【1646】5.14.230.(1)

一、各卫所京操官员,故行构讼,不肯赴操者,除犯该死罪,并立功降调罪名,另行更替外,其余悉听掌印官申呈巡抚、巡按衙门,锁项差人解兵部发操。若有抗违不服,或挟私排陷者,参奏,问调边卫带俸差操。掌印官纵容不举,参究治罪。

【1670】5.14.229.(1)(略)

【1725】○删除

原拟:今无各卫所官员赴京操演之事,亦无带俸差操之例,此条拟删。

【1646】5.14.230.(2)

一、各边关堡墩台等项守备去处,若官军用钱买闲者,官员问罪,调极边卫分守御;旗军人等,发沿边枷号一月,常川守哨。若原在关营官军,逃回原籍潜住,及架炮夜不收,守墩军人奮夜回家,轮班不去者,俱照前项调卫,枷号、守哨发落。

【1670】5.14.229.(2)(略)

【1725】○修改

臣等谨按:官兵用钱买闲,有纵放军人歇役正律,官军逃回原籍潜住,有从军守御官军逃正律,此条前二项应删。其“架炮夜不收”等一项,应删去“俱照前项调卫”六字,另立一条,开载于后。

一、架炮夜不收,守墩军人奮夜回家,轮班不去者,枷号、守哨发落。

【1725】5.14.219.(1)(略)

【1740】○修改

臣等谨按:此条系前明旧例,今止云枷号,未定期限,查旧例原有枷号一个月之限,应增。谨将增辑例文,开列于后。

一、架炮夜不收,守墩军人奮夜回家,轮班不去者,在守哨处枷号一个月发落。

【1740】5.14.209.(1)(略)

激变良民

律　文

【1646】5.14.231

凡(有司)牧民之官,(平日)失于抚字,(又)非法行事,(使之不堪,)激变良民,因而聚众反叛,失陷城池者,斩。(监候。止反叛而城池未陷者,依守御官抚绥无方致军人反叛,按充军律奏请。)

【1670】5.14.230(略)

【1725】5.14.220

注:此严有司虐民以致激变之罪也。凡牧民之官,若平日不能抚字,又行非法之事以暴虐之,使良民愤激生变,因而聚集人众,反逆叛背,临时又不能收服平定,以致失陷城池者,斩监候。言“非法”,言“良民”,则有司依法行事,虽有过差,而奸民倡乱生变者,不用此律。

臣等谨按:此严有司虐民以致激变之罪也。司牧民之官,若平日不能抚字,又行非法之事以暴虐之,使良民愤激生变,因而聚集人众,反逆叛背,临时又不能收服平定,以致失陷城池者,斩监候。律内言“非法”,言“良民”,则有司依法行事,虽有过差,而奸民倡乱生变者,不用此律。

【1740】5.14.210(略)

附律条例

【1725】○增入

臣等谨按:康熙五十三年(1714)十一月内,刑部会复刁民抗官塞署,事理类于此律,谨拟节录于后。

【续增现行例】一、山、陕刁恶顽梗之辈,假地方公事,强行出头,逼勒平民,约会抗粮,聚众联谋,敛钱构讼,抗官塞署,或有冤抑,不于上司控告,擅自聚众至四五十人者,地方官与同城武职,无论是非曲直,拿解审究。为首者,照光棍例拟斩立决;为从,拟绞监候;其逼勒同行之人,各杖一百。承审官若不将实在为首之人拟罪,混行指人,为首者革职,从重治罪。其同城专汛武职,纵放不行擒拿,及该地方文职不能弹压抚恤,以致纠众妄行者,俱照溺职例革职。其该管之府、道,及兼辖之副、参、游等官,徇庇不即申报者,该督抚、提镇题参,照徇庇例治罪。如不行题参,将该督抚、提镇亦照例议处。

【现行例】一、山、陕两省刁恶顽梗之辈,假地方公事,强行出头,逼勒平民,约会抗粮,聚众联谋,敛钱构讼,抗官塞署,或有冤抑,不于上司控告,擅自聚众至四五十人者,地方官与同城武职,无论是非曲直,拿解审究。为首者,照光棍例拟斩立决;为从,拟绞监候;其逼勒同行之人,各杖一百。承审官若不将实在为首之人拟罪,混行指人为首者,革职,从重治罪。其同城专汛武职不行擒拿,及该地方文职不能弹压抚恤者,俱革职。该管之文武上司官,徇庇不即申报,该督抚、提镇不行题参者,俱交该部照例议处。

臣等谨按:此条类于激变良民律,应入条例内。

【1725】5.14.220.(1)

【增例】(略)

【1740】5.14.210.(1)(略)

【1767】○修改

臣等谨按:此条虽因山、陕两省刁民而设,但各省有如此重案,自应一体办理。原例内"山、陕两省"四字拟改为"直省"二字。

一、直省刁恶顽梗之辈,假地方公事,强行出头,逼勒平民,约会抗粮,聚众联谋,敛钱构讼,抗官塞署,或有冤抑,不于上司控告,擅自聚众至四五十人者,地方官与同城武职,无论是非曲直,拿解审究。为首者,照光棍例拟斩立决;为从,拟绞监候;其逼勒同行之人,各杖一百。承审官若不将实在为首之人拟罪,混行指人为首者,革职,从重治罪。其同城专汛武职不行擒拿,及该地方文职不能弹压抚恤者,俱革职。该管之文武上司官,徇庇不即申报,该督抚、提镇不行题参者,俱交该部照例议处。

【1768】5.14.210.(1)(略)

【1788】○修并

【原例】【1768】5.14.210.(1)(略)、【1725】5.14.220.(2)(略)、【1768】5.14.210.(4)(略)

臣等谨案 首条系康熙五十三年(1714)定例,专为山、陕两省刁民聚众抗官而设,后因各省亦有此等案件,纂例时,将"山、陕"字改为"直省"字。次条系专指福建地方聚众罢市、罢考、打官者,照首条山陕刁民聚众抗官之例治罪。至第三条即系首条聚众抗官例文内惟增载为首枭示及为从下手殴官者，系同恶相济，与首犯无异，亦照光棍例斩决两层。其余罪名，文义悉属相同。以上三条，事理相类似，应并纂一条，以省繁冗。今将并辑例文，开列于后。

一、各直省刁民，假地方公事，强行出头，逼勒平民，约会抗粮，聚众联谋，敛钱构讼，及因事哄堂塞署，罢考罢市，逞凶殴官，并或果有冤抑，不于上司控告，擅自聚众至四五十人者，为首斩决、枭示；其同谋聚众，转相纠约，下手殴官者，虽属为从，但同恶相济，与首犯无异，亦拟斩立决；其余从犯，俱拟绞监候；被胁同行者，各杖一百。如遇此等案件，该督抚先将实在情形奏闻，严饬所属立拿正犯，速讯明确，分别究拟。如实系首恶通案渠魁，该督抚一面具题，一面将首犯于该地方即行斩枭，并将犯事缘由及正法人犯姓名，刻示遍贴城乡晓谕。若承审官不将实在为首之人究出拟罪，混行指人为首，因而坐罪，并差役诬拿平人，株连无干，滥行问拟者，严参治罪，该督抚一并交部严加议处。至刁民滋事，其同城武职不行擒拿，及该地方文职不能弹压抚恤者，俱革职。该管之文武上司官，徇庇不即申报，该督抚、提镇不行题参，俱交部议处。

【1790】5.14.210.(2)(略)

【1810】○修改

臣等谨按：此条例文原系分列三条，一系刁民聚众抗粮、敛钱构讼，照光棍例，为首斩决，为从绞候；一系借事聚众罢考、罢市、打官等事，亦照光棍例分别治罪；一系刁民因事哄堂塞署，逞凶殴官，聚众至四五十人，为首斩决、枭示，同谋聚众转相纠约下手殴官者斩决，其余从犯绞候。诚以哄堂殴官，比之聚众抗粮、构讼、罢考、罢市者，情罪尤重，是以将首犯拟以斩枭，从犯分别曾否下手，拟以斩决、绞候，以示区别。嗣于乾隆五十三年(1788)，臣部纂修条例时，以此三条事理相类，并纂一条。遇有聚众抗粮、构讼、罢考、罢市，罪止斩决，首犯与哄堂塞署逞凶殴官者同拟斩枭，殊未允协。应请仍查照旧例修改，将"聚众抗粮、构讼、罢考、罢市，均照光棍例分别治罪"为一节，其"因事哄堂塞署，逞凶殴官，为首斩枭，从犯分别斩决、绞候"为一节，以昭明晰而便引用。谨将修改例文，开列于后。

一、直省刁民，假地方公事，强行出头，逼勒平民，约会抗粮，聚众联谋，敛钱构讼，及借事罢考、罢市，或果有冤抑，不于上司控告，擅自聚众至四五十人，尚无哄堂塞署，并未殴官者，照光棍例，为首拟斩立决，为从拟绞监候。如哄堂塞署，逞凶殴官，为首斩决、枭示；其同谋聚众，转相纠约，下手殴官者，拟斩立决；其余从犯，俱拟绞监候；被胁同行者，各杖一百。若遇此等案件，该督抚先将实在情形奏闻，严饬所属立拿正犯，速讯明确，分别究拟。如实系首恶通案渠魁，例应斩枭者，该督抚一面具题，一面将首犯于该地方即行正法，将犯事缘由及正法人犯姓名，刻示遍贴城乡晓谕。若承审官不将实在为首之人究出拟罪，混行指人为首，因而坐罪，并差役诬拿平人，株连无干，滥行问拟者，严参治罪，该督抚一并交部严加议处。至刁民滋事，其同城武职不行擒拿，及该地方文职不能弹压抚恤者，俱革职。该管之文武上司官徇庇不即申报，该督抚、提镇不行题参，俱交部议处。

【1825】5.14.210.(2)(略)

【1725】5.14.220.(2)

【钦定例】一、福建地方,如有借事聚众罢市、罢考、打官等事,均照山陕题定光棍之例,分别治罪。其不行查拿之文武官弁,亦俱照例议处。

【1740】5.14.210.(2)(略)

【1788】○修并

见【1768】5.14.210.(1)条下。

【1751】○续纂

一、凡刁恶之徒,聚众抗官,地方文武员弁,即带领兵壮迅往扑捉。如稍有迟延者,即照定例严议。其扑捉之时,该犯即俯首伏罪,不敢抗拒,应分别末减。如该犯等持仗抗拒,许文武官带同兵壮,持械擒拿。若聚众之犯,并未执有器械,文武官纵令兵壮杀伤者,严加议处。

臣等谨按:此条系乾隆十一年(1746)十月内,臣部议复调任浙江处州总兵官苗国琮条奏定例,应纂辑以便遵行。

【1768】5.14.210.(3)(略)

【1790】5.14.210.(1)(略)

【1751】○续纂

一、凡直省刁民,因事哄堂塞署,逞凶殴官,聚众至四五十人者,为首依律斩决,仍照强盗杀人例枭示;其同谋聚众,转相纠约,下手殴官者,虽属为从,其同恶相济,审与首犯无异,亦应照光棍例拟斩立决;其余从犯,照例拟绞监候;被胁同行者,照例各杖一百。如遇此等案件,该督抚先将实在情形奏闻,严饬所属立拿正犯,速讯明确,分别究拟。如实系首恶通案渠魁,该督抚一面具题,一面将首犯于该地方即行斩枭,并将犯事缘由及正法人犯姓名,刻示遍贴城乡,俾愚民咸知儆惕。如承审官不将首犯究出,混指他人为首,因而坐罪,及差役诬拿平人,株连无干,滥行问拟者,严参治罪,将该督抚一并交部严加议处。

臣等谨按:此条系乾隆十三年(1748)五月内,臣部奉上谕议定条例,应纂辑以便遵行。

【1768】5.14.210.(4)(略)

【1788】○修并

见【1768】5.14.210.(1)条下。

私卖战马

律　文

【1646】5.14.232

凡军人出征,获到敌人马匹,须要尽数报官。若私下货卖与常人者,杖一百;军官私卖者,罪同,罢职充军。买者,笞四十。马匹价钱并入官。若出征军官、军人买者勿论。卖者,追价入官,仍科罪。

【1670】5.14.231(略)

【1725】○修改

原拟:律内言"军官私卖者,罪同,罢职充军",既云"罪同",当科杖一百、罢职之罪,不便又坐充军,应将"充军"字删去。

臣等谨按:此言官军出征获到战马,不得私卖与常人也。前言军人于出征处所获敌人马匹,不尽数从实报官,私下货卖与常人之罪。次言官军获马私卖之罪。

【1725】5.14.221

凡军人出征,获到敌人马匹,须要尽数报官。若私下货卖与常人者,杖一百;军官私卖者,罪同,罢职。买者,笞四十。马匹价钱并入官。若出征军官、军人买者勿论。卖者,追价入官,仍科罪。

注:此言军人获马当报官也。军人于出征处所获敌人马匹,不据实报官,私卖与常人者,杖一百,不革名粮。军官私卖之罪同,而又令罢职者,以其有钤束军人之责,不合身自犯法也。买者系常人,虽不知情,亦笞四十,以战马非常人所得买也。马与价并追入官。若系出征之军官、军人买者,仍充官用,故得勿论。如军官系卖者之本管,军人系卖者之同伍,虽不科罪,马应入官,以本伍所获,当从实转报,不合隐漏私买也。

【1740】5.14.211(略)

附律条例

【1725】○增入

臣等谨按:此条类于私卖战马律,应入条例内。

【续增现行例】一、凡披甲随围,将肥官马偷卖,到家交瘦马者,照窃盗例治罪。

臣等谨按:康熙五十七年(1718)八月内,刑部议复披甲偷卖马匹,事理类于此律,谨拟节录于后。

【1725】5.14.221.(1)

【增例】(略)

【1740】5.14.211.(1)(略)

【1825】○续纂

一、民人出口私贩骟马,在三十匹以下者,照违制律杖一百;三十匹以上至四十匹,加枷号一个月;四十匹以上至五十匹,加枷号两个月;五十匹以上,杖六十、徒一年,每十匹加一等,罪止杖一百、徒三年。所贩马匹入官。

臣等谨按:道光二年(1822)十二月内,臣部审拟步军统领衙门奏送"马添路等私充牙行买卖马匹"一案,查据兵部复称道光二年十二月二十四日会同户部议奏"私贩骟马"一折。奉上谕:“前因‘私贩骟马’一折,据兵部查明,进口章程与户部两歧,申明马政例禁。请旨当经饬令户部、兵部会同核议。兹该部等会议具奏,向来骟马有关营务,不准民间私贩。兵部节次严禁,以防流弊。而户部征收税则,凡商民在归化城换买耕驮骡骟马匹,又准由杀虎口经过,定例本属两歧。现在查明,商民往归化城换买马匹,其各省营驿及左右两翼购买骟马进口时,均照例纳税。官贩、民贩既系一体,征收税课自应酌改,以昭画一。着照所议,于户部例载商民准往归化城换买耕驮骡马外,添‘官买骟马’字样,俾马禁、税务两不相妨。至山西省现获私贩骟马案犯,念系尚在未经定议之先,着将所获马匹照例入官,其应得罪名,加恩准其宽免,钦此。”查民人私贩骟马,例无作何治罪专条。现既恭奉谕旨,自应酌定章程,以昭遵守。经臣部议请,嗣后民人私行出口贩卖骟马,一经查出,按其匹数分别治罪。如数在三十匹以下,照违制律杖一百;三十匹以上至四十匹,加枷号一个月;四十匹以上至五十匹,加枷号两个月;五十匹以上,杖六十、徒一年,每十匹加一等,加至徒三年为止。所贩马匹入官。并声明于修例时,纂入例册等因奏准,遵行在案。应纂辑为例,以资引用。

【1825】5.14.211.(2)(略)

私卖军器

律　文

【1646】5.14.233

凡军人将自己关给衣甲、枪刀、旗帜一应军器,私下货卖与常人者,杖一百,发边远充军;军官私卖者,罪同,罢职,附近充军。买者,笞四十。应禁其间有应禁军器,民间不宜私有而买者,一件杖八十,每一件加一等,罪止杖一百、流三千里。所买以私有论。所买军器、不论应禁与否。及所得价钱并入官。军官、军人买者勿论。卖者仍坐罪,追价入官。

【1670】5.14.232(略)

【1725】5.14.222

凡军人将自己关给衣甲、刀枪、旗帜一应军器,私下货卖与常人者,杖一百,发边远充军;军官私卖者,罪同,罢职,附近充军。买者,笞四十。其间有应禁军器,民间不宜私有而买者,以私有论。一件杖八十,每一件加一等,罪止杖一百、流三千里。所买军器、不论应禁与否。及所得价钱并入官。官军买者勿论。卖者仍坐罪,追价入官。

注:此言军器用以御敌,不容私相买卖也。军人私卖军器者,发边远充军;军官私卖者,罢职,发附近充军;买者,笞四十。应禁者,照下私藏律科断。所买军器,不论应禁与否,及所得价钱,并追入官。若同出征并守御之武职官及军人买者,不问应禁与否,俱勿论,以其备征守之用也。惟卖者仍坐罪,追价还官。至律言关给军器私下货卖者治罪,则自置而货卖者,买卖之人不在此限。惟应禁者,常人不得私买。

臣等谨按:此言军器用以御敌,不容私相买卖也。前言军人私卖关领一应军器之罪。次言军官私卖之罪,买者笞四十。应禁者,照下私藏应禁军器律科断。所买之军器,不论应禁与否,及所得之价钱,并追入官。若同出征并守御之武职官及军人买者,不问应禁与否,俱勿论,以其备征守之用也。惟卖者,仍坐罪,追价还官。至律言关给军器私下货卖者治罪,则自置而货卖者,买卖之人,概不在违禁之限。

【1740】5.14.212(略)

附律条例

【1761】○续纂

一、军人军官私当关给衣甲、旗帜、应禁军器,照私卖律减一等,杖一百、徒三年。至收当之人,照私有军器律减一等,杖七十;每一件加一等,罪止杖一百、徒三年。军器、当本,照例入官。其非应禁者,不在此限。失察之地方、将领各官,交部议处。

臣等谨按:此条系乾隆二十六年(1761)十二月内,臣部议复福州将军社图肯条奏定例,应纂辑以便遵行。

【1768】5.14.212.(1)(略)

【1772】○修改

一、军人军官私当关给衣甲、旗帜、应禁军器,照私卖律减一等,杖一百、徒三年。至收当之人,照私有军器律减一等,杖七十;每一件加一等,罪止杖一百、徒三年。如有结伙盘踞,加倍重利收当军器者,枷号三个月,发黑龙江等处为奴。军器、当本,照例入官。其非应禁者,不在此限。失察之地方、将领各官,交部议处。

臣等谨按:原例收当军器照私有军器律减一等治罪,每一件加一等,罪止杖一百、徒三年。乾隆三十七年(1772)八月内,臣部审拟杨成儿等盘踞京师收当军器倍利盘剥一案,将杨成儿等拟枷号三个月,发黑龙江等处为奴,并请嗣后如有似此加倍重利收当军器者,俱照此从重问拟,永为定例等因,奏准遵行。谨于此条例内“罪止杖一百、徒三年”之下添入“如有结伙盘踞,加倍重利收当军器者,枷号三个月,发黑龙江等处为奴”数语,以便引用。

【1790】5.14.212.(1)(略)

【1814】○修改

臣等谨按:嘉庆十七年(1812)十月内,臣部议复升任吏科给事中西琅阿奏“调剂黑龙江等处遣犯”折内,“请将结伙重利收当军器一条改发极边足四千里充军”等因奏准,通行在案。例内“发黑龙江”之处应行修改,谨将修改例文,开列于后。

一、军人军官私当关给衣甲、旗帜、应禁军器,照私卖律减一等,杖一百、徒三年。至收当之人,照私有军器律减一等,杖七十;每一件加一等,罪止杖一百、徒三年。如有结伙盘踞,加倍重利收当军器者,枷号三个月,发极边足四千里充军。军器、当本照例入官。其非应禁者,不在此限。失察之地方、将领各官,交部议处。

【1825】5.14.212.(1)(略)

毁弃军器

律 文

【1646】5.14.234

凡将帅关拨一应军器，出征守御事讫，停留不收回纳还官者，以事讫之日为始，十日杖六十，每十日加一等，罪止杖一百。○若将帅征守事讫，将军器辄弃毁者，一件杖八十，每一件加一等；二十件以上，斩。监候。遗失及误毁者，各减三等。军人各又减一等。并验毁失之数追赔。还官。其曾经战阵而有损失者，不坐不赔。

【1670】5.14.233（略）

【1725】5.14.223

凡将领关拨一应军器，出征守御事讫，停留不收回纳还官者，以事讫之日为始，十日杖六十，每十日加一等，罪止杖一百。○若将领征守事讫，将军器辄弃毁者，一件杖八十，每一件加一等；二十件以上，斩。监候。遗失及误毁者，各减三等。军人各又减一等。并验毁失之数追赔。还官。其曾经战阵而有损失者，不坐不赔。

注：此严军器还官违限之罪也。将领征守事讫，不纳还原关军器者，罪止满杖。弃毁原关军器者，递加至斩候。盖停留不过懈弛，弃毁出于有心也。若无心遗失、误毁者，各减弃毁罪三等，军人又各减将领罪一等。仍验明毁失军器之数，着落将领、军人追赔还官。若将领、军人于战阵内损失者，免罪，亦不追赔。

臣等谨按：此严军器还官违限之罪也。各减三等，承遗失、误毁言。军人各又减一等，总承弃毁以下言。首节言将领征守事讫，不将原关军器收回还官之罪，此指停留而不曾弃毁者言也。二节言有心弃毁之罪。其无心遗失及误毁坏者，各减弃毁罪三等，军人又各减将领罪一等。仍验明毁失军器之数，着落将领、军人追赔还官。若将领、军人曾经战阵，于阵内有损失者，免罪，亦不追赔。

【1740】○修改

臣等谨按：军人各又减一等，《辑注》谓承上减三等来专指遗、误二项，《笺释》则兼承上弃毁来按弃毁，是本条正律不应独遗军人，应增注。谨将增注律文，开列于后。

凡将领关拨一应军器，出征守御事讫，停留不收回纳还官者，以事讫之日为始，十日杖六十，每十日加一等，罪止杖一百。○若将领征守事讫，将军器辄弃毁者，一件杖八十，每一件加一等；二十件以上，斩。监候。遗失及误毁者，各减三等。军人弃毁、遗误各又减一等。并验毁失之数追赔。还官。其曾经战阵而有损失者，不坐不赔。

【1740】5.14.213（略）

附律条例

【1725】〇增入

原拟：律内止言关拨军器不还官而毁失之罪，并未言看守处所将本身器械遗失者作何治罪。查兵部例内载有看守城池、仓库等处遗失本身器械治罪之条，应增入。

【原增现行例】一、凡看守城池、仓库、街道等处兵丁，遗失本身器械者，杖七十。

【1725】5.14.223.(1)

【增例】(略)

【1740】5.14.213.(1)(略)

【1725】〇增入

原拟：现行例内一条，类于此律，应增入。

【现行例】一、箭上不书姓名，及书他人姓名者，杖八十，追银十两，给首人充赏。

臣等谨按：箭上不书姓名及书他人姓名，坐杖八十，已足蔽辜，应将下“追银十两，给首人充赏”句删去。

【1725】5.14.223.(2)

【增例】一、箭上不书姓名，及书他人姓名者，杖八十。

【1740】5.14.213.(2)(略)

私藏应禁军器

律 文

【1646】5.14.235

凡民间私有人马甲傍牌、火筒火炮、旗纛号带之类应禁军器者，一件杖八十，每一件加一等。私造者，加私有罪一等。各罪止杖一百、流三千里。非全成不堪用。者，并勿论，许令纳官。其弓箭、枪、刀、弩及鱼叉、禾叉，不在禁限。

【1670】5.14.234(略)

【1725】5.14.224

注：此言应禁军器，非民间所得藏也。私有军器者，计件加杖。新造者，加一等。其私有而形质已坏，或私造而工制未完，皆非全成堪用之物，故不论罪，但令纳官。至于弓箭、刀、枪、弩，所以御盗，鱼叉、禾叉，所以资用，俱不在禁限。

臣等谨按：此言应禁军器，非民间所得私藏也。私有，指旧有者言；私造，指新造者言。前言民间私有应禁军器之罪，后言私造应禁军器之罪。或私有而形质已坏，或私造而工制未完，皆非全成堪用之物，故不论罪，但令纳官。至于弓箭、刀、枪、弩，所以御盗，鱼叉、禾叉，所以资用，俱不在应禁之限。

【1740】5.14.214(略)

附律条例

【1725】○增入

原拟：现行例内一条，类于此律，应增入。

【现行例】一、如有私铸红衣等大小炮位，不论所铸官兵、民人，并铸炮匠役，一并处斩，妻、子、家产入官。铸炮处邻佑、主人、里长等，定拟绞罪，监候处决。专汛文武官员革职，兼辖文武官员降四级调用，该总督、巡抚、提督、总兵降二级留任。

原拟：此条内降级之处，改为"交该部议处"，应行删改，开载于后。

【原改现行例】一、私铸红衣等大小炮位者，不论官员、军民人等，及铸炮匠役，一并处斩，妻、子、家产入官。铸炮处所邻佑、房主、里长等，俱拟绞监候。专汛文武官革职，兼辖文武官及该督抚、提镇，俱交该部议处。

【1725】5.14.224.（1）

【增例】（略）

【1740】5.14.214.（1）（略）

【1810】○修改

臣等谨按：此条例内"妻子入官"，其应如何入官之处并未指明。查嘉庆十年（1805）闰六月内，两广总督那彦成等奏海阳县民杨咱吆等私铸炮位售卖获利案内，声明"杨咱吆等妻子例当入官，应否解赴黑龙江给披甲人为奴，听候部议"等因。经臣部查，拟发黑龙江为奴必须本身实犯罪该发遣者，始行发往，如系比照叛逆案内之妻子，向俱给功臣为奴。此案杨咱吆等均系私铸炮位售卖渔利之犯，情罪同于背叛，该督等将该犯等妻子照例声请入官，自应即照谋叛案内之妻子，给付功臣之家为奴。今该督等拟发黑龙江给披甲人为奴，殊与定例不符。所有杨咱吆等妻子，令该督等即行解京，给付功臣之家为奴等因，奏准在案。应于例内修改明晰，以便引用。谨将修改例文，开列于后。

一、私铸红衣等大小炮位者，不论官员、军民人等，及铸炮匠役，一并处斩，妻、子给付功臣之家为奴，家产入官。铸炮处所邻佑、房主、里长等，俱拟绞监候。专管文武官革职，兼辖文武官及该督抚、提镇，俱交该部议处。

【1825】5.14.214.（6）（略）

【1835】○修改

按语　见【1825】5.14.214.（2）条下

一、私铸红衣等大小炮位及抬枪者，不论官员、军民人等，及铸造匠役，一并处斩，妻、子给付功臣之家为奴，家产入官。铸炮处所邻佑、房主、里长等，俱拟绞监候。专管文武官革职，兼辖文武官及该督抚、提镇，俱交该部议处。其私藏炮位及抬枪之犯，除讯有不法重情，仍照各律例从重定拟外，如讯无别情，仅止私藏者，即于私铸罪上减一等，杖一百、流三千里。失察之地方官，交部分别议处。

【1847】5.14.214.（6）（略）

【1852】○修改

一、私铸红衣等大小炮位及抬枪者，不论官员、军民人等，及铸造匠役，一并处斩，妻、子给付功臣之家为奴，家产入官。铸造处所邻佑、房主、里长等知情不首者，俱拟绞监候。专管文武官革职，兼辖文武官及该督抚、提镇，俱交该部议处。其私藏炮位及抬枪之犯，除讯有不法重情，仍照各律例从重定拟外，如讯无别情，仅止私藏者，即于私铸罪上减一等，杖一百、流三千里。失察之地方官，交部分别议处。

【1870】5.14.214.(7)(略)

【1725】○增入

臣等谨按：康熙四十七年(1708)闰三月内，九卿议复私放鸟枪，事理类于此律，谨拟节录于后。

【续增现行例】一、凡私放鸟枪者，官则参处，平人严行治罪。其兵丁止令白昼演放。若遇盗贼放鸟枪者，免其治罪。

【1725】5.14.224.(2)

【增例】(略)

【1740】○修并

臣等谨按：以上两条皆因从前禁用、禁造鸟枪，故定此例款。乾隆元年(1736)，经部议准，凡乡村商民应用鸟枪之处，俱令报官制造，则此两例已经不用。惟"私造发卖"及"不行查出，治罪、议处"仍行遵行，应于新例并入，另立一条，以便引用。谨将并辑例文，开列于后。

一、各处乡村及商民，防御盗贼、猛兽应用鸟枪，俱照营兵鸟枪尺寸制造，上刻姓名，具呈该地方官编号登册，以备稽查。如有不报官私造者，杖一百。该管官不行查出，交部议处。如兵丁有借查鸟枪名色扰民者，该管官一并议罪。倘有因争斗擅将鸟枪私放伤人者，照执持金刃连戳伤人例，旗人发往宁古塔，民人配发云、贵、川、广烟瘴稍轻地方，交该地方官严加管束。

【1740】5.14.214.(2)

一、各处乡村及商民，防御盗贼、猛兽应用鸟枪，俱照营兵鸟枪尺寸制造，上刻姓名，具呈该地方官编号登册，以备稽查。如有不报官私造者，杖一百。该管官不行查出，交部议处。如兵丁有借查鸟枪名色扰民者，该管官一并议罪。倘有因争斗擅将鸟枪私放伤人者，旗人发往宁古塔，民人酌发云、贵、川、广烟瘴少轻地方，交该地方官严加管束。

【1767】○修并

臣等谨按：此条系私放鸟枪杀人治罪定例。照原例，止有因争斗私放鸟枪伤人之罪，其私放而杀人者，历来俱照故杀问拟，而例无明文。嗣于乾隆二十四年(1759)二月内，臣部议复福建按察使史奕昂条奏，竹铳伤人照鸟枪例办理，如有点放杀人者，照故杀律拟斩监候,著为定例。今合两条并纂为一条,以省繁冗。其“竹铳伤人分别拟罪”一条应删除。谨将删除例文,开列于后。

一、各处乡村及商民防御盗贼猛兽应用鸟枪,俱照营兵鸟枪尺寸制造,上刻姓名,具呈该地方官编号登册,以备稽查。如有不报官私造者,杖一百。该管官不行查出,交部议处。如兵丁有借查鸟枪名色扰民者,该管官一并议罪。倘有因争斗擅将鸟枪私放伤人者,旗人发往宁古塔,民人酌发云贵两广烟瘴少轻地方,交该地方官严加管束;杀人者,以故杀论。如有私造竹铳,及用竹铳杀伤人者,俱照鸟枪例治罪。私藏者,亦照私藏军器律治罪。地方官失于觉察,亦照鸟枪例议处。

【1768】5.14.214.(2)(略)

【1788】○修改分辑

臣等谨按:乾隆四十七年(1782)正月内,吏部议复山西巡抚雅德、陕甘总督李侍尧具奏民间应禁鸟枪,节次钦奉谕旨“行令各督抚饬属严密稽查,并须不动声色,设法缴销,毋使存留滋事”。因各省情形不同,有势难概行禁饬者,如晋省深山邃谷虎狼出没地方,及甘肃兰州等府属各处,与番、回错处毗连,不得不借鸟枪为守御身家之计,应均请留,为捍御民生之用。其余各属,一概禁止。并声明各省所属州县,倘亦有似此情形,不得不需用鸟枪者,仍行令各督抚查明具奏存案等因,奉旨“依议”,钦遵在案。应于原例内修改详明,以资引用。再查此条原例,因系私造、私藏鸟枪、竹铳分别治罪,及失察各官议处之例,是以载在“私藏应禁军器”门内,但例内有“因争斗擅将鸟枪私放杀人者,以故杀论;伤人者,分别旗、民发遣。竹铳杀人者,照鸟枪例治罪”等语句,核与本门律义不符,且翻阅未周,易致牵混,自应将“鸟枪竹铳杀伤人”一节移入“斗殴及故杀人”门内,庶例类得归贴切,援引益为便捷。谨将分载移纂例文,开列于后。

一、各省深山邃谷及附近山居驱逐猛兽,并甘肃兰州等府属与番回错处毗连各居民,应需鸟枪守御者,务须报明该地方官详查明确。实在必需,准其仍照营兵鸟枪尺寸制造,上刻姓名,编号立册,按季查点。如有不报官私造者,杖一百。该管官不行查出,交部议处。如兵丁有借查鸟枪名色扰民者,该管官一并议罪。至私造竹铳,即照鸟枪例治罪。私藏者,亦照私藏军器律,一件杖八十,每一件加一等治罪。地方官失于觉察,亦照鸟枪例议处。

*【分辑】刑律·人命·斗殴及故杀人

【1790】6.19.313.(12)一、因争斗擅将鸟铳、竹铳施放杀人者,以故杀论。伤人者,旗人发宁古塔等处,民人发云贵两广烟瘴少轻地方充军。

【1790】5.14.214.(2)(略)

【1825】○修改

臣等谨按:道光二年(1822)二月初九日,内阁奉上谕:“孙玉庭奏‘立限收缴私造鸟枪并申明禁例酌宽处分’一折。民间私藏鸟枪,恐致日久贻患,自应加以重惩,俾知儆畏。惟是积习相沿,一旦搜拿治罪,不免有滋扰累。至地方官顾虑处分,转恐心存讳匿。着谕各省出示晓谕:‘凡民间家有抬枪、鸟枪各器,予限半年,准其赴官呈缴,给价。如逾限不缴,除私贩及逞凶斗狠,仍按律加重治罪外,其但止私造、私藏,一经查获,着于按律拟杖之外,私造者加枷号两个月,私藏者加枷号一个月,以示惩儆。'地方官虽平时失察,如能遇案查拿,连械起获惩办,着即免其议处。并着该部于例内添注。其原例内'应备''不应备'字样,即行节删。至'近山滨海地方必应存备鸟枪守御者,报明地方官,于枪械上錾刻姓名,编号立册存案',地方官能于半年限内收缴尽净,并着各该督抚核实,计功注册,量予鼓励。钦此。"钦遵,抄出到部,通行各省在案。除地方官免其议处,及原例内节删"应备""不应备"字样,均载在《处分则例》,应由吏部遵办外,查私造、私藏者,分别加以枷号之处,应于臣部例内添纂,以资引用。至私制藤牌照私制鸟枪例杖一百,现在私造鸟枪新例系拟杖加枷,与原定例文不符,应将例内"照私制鸟枪例"六字删去,以免牵混。谨将修改例文,开列于后。

一、各省深山邃谷及附近山居驱逐猛兽,并甘肃兰州等府属于番回错处毗连各居民,及滨海地方,应需鸟枪守御者,务须报明该地方官详查明确。实在必需,准其仍照营兵鸟枪尺寸制造,上刻姓名,编号立册,按季查点。如有不报官私造者,杖一百,枷号两个月;私藏者,杖八十,枷号一个月;仍各照律每一件加一等,罪止杖一百、流三千里。该管官不行查出,交部议处。如兵丁有借查鸟枪名色扰民者,该管官一并议罪。至私造、私藏竹铳,即照鸟枪例治罪。地方官失于觉察,亦照鸟枪例议处。

【1825】5.14.214.(2)略

【1830】○修改

臣等谨按:道光七年(1827)四月内,臣部议复安徽巡抚邓廷桢奏"立限收缴鸟枪凶器"折内,以地保分居各乡,该管保内若有铸造,无不深知,议将失察之地保拟杖一百,革役;知情故纵者,加枷号一个月等因,奏准在案。臣等伏查该省地保失察及故纵私造鸟枪,既经分别拟以杖、枷,而各省地保失察、故纵私造,亦属事所恒有,未便办理两歧。即地保失察、故纵私造竹铳,亦应一例办理。应请一并纂入,以资引用,而昭画一。谨将修辑例文,开列于后。

一、各省深山邃谷及附近山居驱逐猛兽,并甘肃兰州等府属于番回错处毗连各居民,及滨海地方,应需鸟枪守御者,务须报明该地方官,详查明确,实在必需,准其仍照营兵鸟枪尺寸制造,上刻名姓,编号立册,按季查点。如有不报官私造者,杖一百,枷号两个月;私藏者,杖八十,枷号一个月;仍各照律每一件加一等,罪止杖一百、流三千里。该管地保失察私造者,杖一百,革役;如系知情故纵,加枷号一个月。该管官不行查出,交部议处。如兵丁有借查鸟枪名色扰民者,该管官一并议罪。至私造、私藏竹铳,及失察、故纵之地保,俱照鸟枪例治罪。地方官失于觉察,亦照鸟枪例议处。

【1835】○修改

臣等谨按:道光十年(1830)十月初九日,内阁奉上谕:"御史慕维德奏请'严禁民间私藏火器'一折。民间私藏抬枪、鸟枪等项,前经降旨,通谕各省出示晓谕,予限呈缴。如逾限不缴,将私造、私藏之犯,于按律拟杖外,分别枷号。兹据该御史奏'日久玩生。近时民间私藏者,在在皆有,而江南凤、颍、淮、徐一带为尤甚。即如本年七月,霍邱县汉、回械斗,皆系两家用抬枪对放轰毙,其礼拜寺、房屋亦系抬枪、鸟枪连环轰焚。又沿江一带,盐枭出没,亦皆持有火器'等语。抬枪、鸟枪查禁已久,鸟枪尚可借口守御,器小易藏。至抬枪乃阵前应用，且为器长大。若如该御史所奏，以一村之地私藏，竟可对放连环，平日地方官所司何事？积习相沿，恐不独江南为然，必应严行查禁。着申谕各省督抚，严饬所属，出示晓谕：'凡有私藏火器者，仍予限半年，饬令缴官。倘有逾限不缴，日后发觉者，照旧例加等治罪。失查官亦加等议处。至抬枪，更非民间应有，私造、私藏者，照私铸私藏炮位例治罪。失查官亦照失查私铸私藏炮位例议处'等因。钦此。"钦遵通行各省在案。应将私藏鸟枪例内"杖八十"罪名改为"杖九十"，并将"私铸抬枪"一项于私铸炮位例内添纂，以资引用。惟私铸炮位例内，只有私铸匠役及邻佑、房主、里长分别斩绞专条，其私藏之犯，例无加重明文。若仅依私有火炮一件杖八十、每一件加一等本律定拟，未免轻纵。查私造火炮，律止加私有罪一等，今私销之犯业已加重拟斩，所有私藏之犯，自应于斩罪上减等科断，以符律意，应于例内一并添纂明晰。谨将修改例文，开列于后。

一、各省深山邃谷及附近山居驱逐猛兽，并甘肃兰州等府属与番回错处毗连各居民，及滨海地方，应需鸟枪守御者，务须报明该地方官详查明确。实在必需，准其仍照营兵鸟枪尺寸制造，上刻姓名，编号立册，按季查点。如有不报官私造者，杖一百，枷号两个月；私藏者，杖九十，枷号一个月；仍各照律每一件加一等，罪止杖一百、流三千里。该管地保失察私造者，杖一百，革役；如系知情故纵，加枷号一个月。该管官不行查出，交部议处。如兵丁有借查鸟枪名色扰民者，该管官一并议罪。至私造、私藏竹铳，及失察、故纵之地保，俱照鸟枪例治罪。地方官失于觉察，亦照鸟枪例议处。

【1847】5.14.214.(6)(略)

【1725】○增入

臣等谨按：康熙四十七年(1708)六月内，九卿议复私造鸟枪，事理类于此律，谨拟节录于后。

【续增现行例】一、凡私造鸟枪发卖者，杖一百。该管官不行查出，罚俸一年。如兵丁有借查鸟枪名色扰民者，该管官一并议罪。其商民有必欲用鸟枪者，预先呈报该管官验明，止许长一尺五寸，上刻姓名、地方。如无姓名、越尺寸者，照私造例治罪。

臣等谨按：此条类于私藏应禁军器律，应入条例内。

【现行例】一、凡私造鸟枪发卖者，责四十板。该管官不行查出，罚俸一年。如兵丁有借查鸟枪名色扰民者，该管官一并议罪。其商民有必欲用鸟枪者，预先呈报该管官验明，止许长一尺五寸，上刻姓名、地方。如无姓名、越尺寸者，照私造例治罪。

【1725】5.14.224.(3)

【增例】一、凡私造鸟枪发卖者，杖一百。该管官不行查出，罚俸一年。如兵丁有借查鸟枪名色扰民者，该管官一并议罪。其商民有必欲用鸟枪者，预先呈报该管官验明，止许长一尺五寸，上刻姓名、地方。如无姓名、越尺寸者，照私造例治罪。(略)

【1740】○修并

见【1725】5.14.224.(2)条下。

【1740】5.14.214.(3)

一、台湾民人停止制造鸟枪,违者,照例治罪。

此条系乾隆二年(1737)定例。

【1847】5.14.214.(2)(略)

【1740】〇增入

臣等谨按:此条私贩囤积及邻保之治罪,银匠、药铺之收买,系雍正十年(1732)定例;挑夫、船户之治罪,及首告之给赏,系雍正十二年(1734)定例。事例相同,应并。并将"兵律·私出外境"条下所载旧例"硝磺合成火药卖与盐徒治罪"之处,亦依类纂辑,共为一条。但查雍正十二年定例,原奏内有"父兄不首,杖一百"等语,查强盗之父兄不首例,已于"名例"内删除,"私贩硝磺,父兄不首,治罪"之处,今删。

一、内地私贩硫磺五十斤、焰硝一百斤以上者,杖一百、徒三年。窝藏囤贩,及知情卖与私贩者,俱照私贩例治罪。囤积未曾兴贩者,减私贩罪一等。硝磺俱入官。邻保知情不首,杖一百;不知情者,杖八十。挑夫、船户知情不首,减本犯罪二等;知情分赃者,与犯人同罪,赃重以枉法从重论。首报者,除免罪外,仍向本犯名下,照所获硝磺入官价值,另追给赏。如合成火药卖与盐徒者,发边卫充军。其出产硝磺本省银匠、药铺需用硝磺,每次不许过十斤,令其呈明地方官批限,买完缴销,违者以私囤论罪。

【1740】5.14.214.(4)(略)

【1847】5.14.214.(3)(略)

【1852】〇修改

一、内地民人煎挖、窝囤、兴贩硫磺数在十斤以下,杖一百;十斤以上者,杖六十,徒一年;二十斤以上者,按照五徒以次递加;五十斤以上者,杖一百,流二千里;八十斤以上者,杖一百,流二千五百里;一百斤者,杖一百,流三千里;多至百斤以上者,发近边充军。若囤积未曾兴贩,减兴贩罪一等。焰硝每二斤作硫磺一斤科断,硝磺入官。邻保知情不首,杖一百;不知情者,杖八十。挑夫、船户知情不首,减本犯罪二等;知情分赃者,与犯人同罪,赃重以枉法从重论。首报者,除免罪外,仍向本犯名下,照所获硝磺入官价值,另追给赏。如合成火药卖与盐徒者,不问斤数多寡,发近边充军。其出产硝磺本省银匠、药铺、染坊需用硝磺,每次不许过十斤,令其呈明地方官批限,买完将批缴销。违者,以私囤论罪。

谨案:咸丰二年(1852)改定,并于窝囤上增入"煎挖"一项。

【1870】〇修改

谨案:因此项人犯,另设专条,删去本条"煎挖"二字。

一、内地民人窝囤兴贩硫磺,十斤以下,杖一百;十斤以上,杖六十、徒一年;二十斤以上,以次递加。五十斤以上,杖一百、流二千里;八十斤以上,杖一百、流二千五百里;一百斤,杖一百、流三千里;百斤以上,发近边充军。若甫经窝囤,尚未兴贩,减兴贩罪一等。焰硝每二斤作硫磺一斤科断。硝磺入官。邻保知情不首，杖一百；不知情，杖八十。挑夫、船户知情不首，减本犯罪二等；知情分赃，与犯同罪，赃重以枉法从重论。首报人免罪，仍照硝磺入官价值向本犯另追给赏。如合成火药卖与盐徒，不问斤数多寡，发近边充军。其本省银匠、药铺、染房需用硝磺，每次不许过十斤，令其呈明地方官批限，买完缴销，违者以私囤论。

【1870】5.14.214.（3）（略）

【1740】5.14.214.（5）

一、苗猓蛮户俱不许带刀出入，及私藏违禁等物，违者照民间私有应禁军器律治罪。该管头目人等知而不报者，杖一百。地方文武官弁失察，照例议处。

此条系雍正六年（1728）定例。

【1825】5.14.214.（1）（略）

【1740】5.14.214.（6）

一、官员出差、赴任、回籍，及商民出外贸易等事，如有携带军器途中防护者，在京取具兵部印票，在外取具该差遣衙门及该地方官印票，注明所带件数，以备出城沿途照验。仍知会所到地方，限一月缴销。如隐匿原票不缴者，照违令律治罪。

此条系雍正十二年（1734）定例。

【1825】5.14.214.（5）（略）

【1847】5.14.214.（4）（略）

【1761】○续纂

一、民间如有私造竹铳者，照私造鸟枪例杖一百；私藏者，照私藏军器律杖八十；每一件加一等。因争斗而点放伤人者，照鸟枪伤人例，发云贵两广烟瘴少轻地方，交地方官严行管束；点放杀人者，照故杀人律，拟斩监候。地方官失于觉察，照失察鸟枪例议处。

臣等谨按：此条系乾隆二十四年（1759）二月内，臣等议复升任福建按察使史奕昂条奏定例，应纂辑以便遵行。

【1767】○修并

见【1740】5.14.214.（2）条下。

【1778】○续纂

臣等谨按：此条系乾隆三十九年（1774）三月内，吏部会同兵部、臣部议复河南道监察御史李漱芳条奏定例，应纂辑遵行。

一、凡民间如有私制藤牌者，照私制鸟枪例杖一百。失察之地方文武官，亦照失察私藏鸟枪例议处。

【1790】5.14.214.(7)(略)

【1825】○修改

按语 见【1790】5.14.214.(2)条下。

一、凡民间如有私制藤牌者,杖一百。失察之地方文武官,照失察私藏鸟枪例议处。

【1825】5.14.214.(7)(略)

【1847】5.14.214.(8)(略)

【1840】○续纂

臣等谨按:道光十七年(1837)二月内,臣部片奏内称,硝磺亦民间日用所需之物,其例禁私贩,原为严防接济奸匪,若制造花爆,例所不禁。但京师辇毂之下,无所稽察,恐易藏奸。议请嗣后有业花爆者,令于地方保甲门牌上注明,以便查察。该铺户需用硝磺,只准在官行、官店承买,违者以私囤论。至配合火药、花爆与火枪所用硝磺,多寡、轻重不同。花爆药虽不能用于火枪,但不禁其售卖,难免奸徒影射渔利。请此后制造花爆者,只准售卖花爆,不准售卖火药。违者,如数至五十斤以上,即照内地私贩硫磺五十斤焰硝一百斤以上例杖一百、徒三年;如数不足十斤者,笞五十;至十斤,杖六十;十觔以上,以次递加。如此明定章程,庶奸徒无所影射渔利,该铺户亦不能混行售卖。并请于修例时,载入册内,永远遵行等因具奏。奉旨允准,遵行在案。谨纂辑专条,以资引用。

一、京城制造花爆之家,于地方保甲门牌内,注明"业花爆"字样,止准售卖花爆,不准售卖火药。如违例售卖火药,数不足十斤者,笞五十;十斤,杖六十;每十斤加一等。至五十斤以上者,杖一百、徒三年。其应需硝磺,如不由官行、官店承买者,照私囤例治罪。

【1847】5.14.214.(5)(略)

【1870】○续纂

一、内地奸民,在产硝磺地方私行煎挖,无论已未兴贩,照台湾之例科断,十斤以下,杖一百,刺字;十斤以上,杖六十、徒一年,每十斤加一等;百斤以上,及合成火药在十斤以下者,发近边充军;三百斤以上,及合成火药在十斤以上者,照私铸红衣等大小炮位例处斩,妻、子缘坐,财产入官。如将硝磺济匪,以通贼论。知情故纵,及隐匿不首,并与犯同罪,至死减一等。俟军务完竣,仍照旧例办理。

谨案:此条同治元年(1862)定。

【1870】5.14.214.(9)(略)

【1870】○续纂

一、四川、云南、贵州所产黑铅,除由官采办外,其余无论在厂在店,一律严禁出境。如违例私运,照窝囤兴贩硫磺例治罪。兵役知情徇隐,减犯人罪一等;受财故纵,与犯人同罪;赃重者,以枉法从重论。倘有济匪情事,以通贼论。仍须人铅并获乃坐。

谨案:此条咸丰五年(1855)定。

【1870】5.14.214.(10)(略)

纵放军人歇役

律　文

【1646】5.14.236

凡管军百户及总旗、小旗、军吏,纵放军人出百里之外买卖,或私种田土,或隐占在己使唤,空歇军役,不行操备者,计所纵放及隐占之军数,一名杖八十,每三名加一等,罪止杖一百、罢职、充附近军。若受财卖放者,以枉法从重论。所隐纵放、隐占卖放各项、军人,并杖八十。若私使出境,因而致死,或被贼拘执者,杖一百,罢职,发边远充军;至三名者,绞。监候。本管官吏知情容隐,不行举问,及虚作逃亡,扶同报官者,与犯人同罪。至死减一等。若小旗、总旗、百户纵放军人,其本管指挥、千户、镇抚、当该首领官吏,知情故纵,或容隐不行举问,及指挥、千户、镇抚故纵军人,其百户、总旗、小旗知而不首告者,罪亦如私使军人出境官吏不行举问之。律。○若钤束不严,原无纵放、私使之情,致有违犯,或出百里,或出外境,私自歇役,及原无知情、容隐,止失于觉举者,小旗名下一名,总旗名下五名,百户名下十名,千户名下五十名,各笞四十;小旗名下二名,总旗名下十名,百户名下二十名,千户名下一百名者,各笞五十,并附过还职;不及数者不坐。○若军官私家役使军人,不曾隐占歇役妨废操备者,一名笞四十,每五名加一等,罪止杖八十。○并每名计一日,追雇工银八分五厘五毫入官。○若有吉凶借使者勿论。

【1670】5.14.235(略)

【1725】○修改

原拟:今无指挥等官名色,应将"指挥""千户"改为"本营专管官","百户"改为"千总","总旗""小旗"改为"把总""管队"。再纵放军人七名歇役者,不便即发附近充军,且后条例内注云"律七名以上充军,例止降级,有犯者宜从例"等语,应将"附近充军"字删去。又今无附过还职之例。谨拟删改,开载于后。

臣等谨按:此定纵放役使之罪,以实行伍也。买卖,如经商、采办、贸易之类。私纵,系管军、千、把、管队及军吏自有之田土,而私令军人耕种也。隐占,隐其在册之姓名,而占在己家使唤也。首节前言管军官纵放军人百里外买卖、私种、隐占之罪,受财卖放者,以枉法从重论,所隐军人并杖。次言私使出境,因而致死,或被贼拘执,及本营专管官吏知情不举,与虚作逃亡,扶同报官之罪。末言管队、把总、千总纵放本营专管官吏,知情不举,及本营专管官故纵千总、管队不首之罪。二节言管队、把总、千总、本营专管官钤束不严，致有违犯，失于觉举之罪。三、四、五节言该管武职官私家役使军人之罪，每名计日追工钱入官。有吉凶借使者勿论。

【1725】5.14.225

凡管军千总、把总及管队军吏，纵放军人出百里之外买卖，或私种田土，或隐占在已使唤，空歇军役不行操备者，计所纵放及隐占之军数，一名杖八十，每三名加一等，罪止杖一百，罢职。若受财卖放者，以枉法从重论。所隐纵放、隐占、卖放各项军人，并杖八十。若私使出境，因而致死，或被贼拘执者，杖一百，罢职，发边远充军；至三名者，绞。监候。本营专管官吏知情容隐，不行举问，及虚作逃亡，扶同报官者，与犯人同罪。至死减一等。若管队把总、千总，纵放军人，其本营专管官吏知情故纵，或容隐不行举问，及本营专管官故纵军人，其千总、把总、管队知而不首告者，罪亦如之。私使出境而不首告者，同罪。○若钤束不严，原无纵放、私使之情，致有违犯，或出百里，或出外境，私自歇役。及原无知情、容隐，止失觉举者，管队名下一名，把总名下五名，千总名下十名，本营专管官名下五十名，各笞四十；管队名下二名，把总名下十名，千总名下二十名，本营专管官名下一百名，各笞五十，并留任。不及数者，不坐。○若武职官私家役使军人，不曾隐占歇役妨废操备者，一名笞四十，每五名加一等，罪止杖八十。○并每名计一日追雇工银八分五厘五毫入官。○若有吉凶借使者勿论。

注：此定纵放役使之罪，以实行伍也。买卖，如经商、采办、贸易之类。私种，系管军千、把、管队及军吏自有之田土，而私令军人耕种也。隐占，隐其在册之姓名，而占在已家使唤也。首节言纵放、隐占、卖放、私使出境，及本管官吏知情容纵不举之罪。二节言不系纵放、私使，只钤束不严，致有违犯，失于觉举之罪。三节言该管武职官私家役使军人之罪。四节承三节言，每名计日追工钱入官。五节言有吉凶借使者勿论。

【1740】○修改

臣等谨按：知情容隐，军则同问充军，绞则减等拟流，是容隐致死三名者之科拟反轻于容隐致死一名者，殊未平允。应于“与犯人同罪”下增注“罪止杖一百，发边远充军”，将“至死减一等”五字删除，庶为妥洽。谨将增删律注，开列于后。

凡管军千总、把总及管队军吏，纵放军人出百里之外买卖，或私种田土，或隐占在已使唤，空歇军役不行操备者，计所纵放及隐占之军数，一名杖八十，每三名加一等，罪止杖一百，罢职。若受财卖放者，以枉法从重论。所隐纵放、隐占、卖放各项军人，并杖八十。若私使出境，因而致死，或被贼拘执者，杖一百，罢职，发边远充军；至三名者，绞。监候。本营专管官吏知情容隐，不行举问，及虚作逃亡，扶同报官者，与犯人同罪。罪止杖一百，发边远充军。若管队把总、千总，纵放军人，其本营专管官吏知情故纵，或容隐不行举问，及本营专管官故纵军人，其千总、把总、管队知而不首告者，罪亦如之。私使出境而不首告者，同罪。○若钤束不严，原无纵放私使之情，致有违犯,或出百里,或出外境私自歇役。及原无知情容隐,止失觉举者,管队名下一名,把总名下五名,千总名下十名,本营专管官名下五十名,各笞四十;管队名下二名,把总名下十名,千总名下二十名,本营专管官名下一百名,各笞五十,并留任。不及数者,不坐。○若武职官私家役使军人,不曾隐占歇役妨废操备者,一名笞四十,每五名加一等,罪止杖八十。○并每名计一日追雇工银八分五厘五毫入官。○若有吉凶借使者勿论。

【1740】5.14.215(略)

附律条例

【1646】5.14.236.(1)

一、凡各处镇守总兵官,跟随军伴二十四名,协守副总兵二十名,游击将军、分守参将十八名,守备官十二名,都指挥六名,指挥四名,千百户、镇抚二名,不管事者一名。但有额外多占正军至五名、余丁至六名以上,俱问罪降一级;正军六名以上、余丁十名以上,降二级;正军十名以上、余丁二十名以上,止于降三级。其卖放军人包纳月钱者,正军五名至十名、余丁六名至二十名,俱问罪,照前分等降级;若正军至二十名以上、余丁至三十名以上,俱罢职发边卫充军。其役占、卖放纪录幼军者,照余丁例;役占、卖放备边壮勇者,照正军例,各拟断。律七犯者。

【1670】5.14.235.(1)(略)

【1725】○删除

原拟:今提镇等官,并无按官职大小,于经制军人内准令派定名数跟随之例。如违例隐占,照律问罪。又武官有卖放、包纳月钱者,赃轻照纵放律,赃重照枉法律,从其重者问罪。且无"纪录幼军""备边壮勇"名色,此条拟删。

【1646】5.14.236.(2)

一、军职卖放并役占军人,二罪俱发,其卖放已至十名以上,役占不及数者,依卖放例罢职、充军;役占至十名以上,卖放不及数者,依役占例降三级;卖放、役占俱至十名以上者,从重发落;俱不及十名者,并数通论降级。役占军人五名,又占余丁十名,及包纳月钱满数者,从重降级,仍发立功,满日照所降品级,于原卫所带俸差操。

【1670】5.14.235.(2)(略)

【1725】○删除

原拟:卖放军人及包纳月钱者,俱计赃从重科罪,占役处分之例,前律甚明。如二罪俱发,照"名例"从其重者论罪,并无立功、满日降级、带俸差操之例。此条拟删。

【1646】5.14.236.(3)

一、围子手,并皇城内外守卫军士,及红盔将军,下班之日,其本管官员及守门把总、指挥等官，不许擅拨与人做工等项役使，违者参问。虽不系自己占用，亦照私役军人事例发落。

【1670】5.14.235.（3）（略）

【1725】○修改

原拟：今无"围子手""红盔将军"名色，且看守皇城内外，并无把总、指挥等官。凡系下班军人，俱不应私役，不独看守皇城内外军人。谨拟删改，开载于后。

【原改条例】一、凡军士下班之日，其本管官员不许擅拨与人做工等项役使，违者参问。虽不系自己占用，亦照私役军人事例发落。

【1725】5.14.225.（1）

【原例】（略）

【1740】○修改

臣等谨按：此条系前明旧例，原文尚有占役一条，故《笺释》云"照上条占役例分别降级"等语，前次修律时已将占役一条删去，则此条"事例"二字无着。再查占役旧例，计名降级止于降三级，与本律私役军人计名加等，止于杖八十，正属相符，应改。又本条字多浮冗，应删。谨将删改例文，开列于后。

一、凡军士下班之日，其本管官员擅拨与人做工等项役使，照私役军人本律发落。

【1740】5.14.215.（1）（略）

公侯私役官军

律　文

【1646】5.14.237

凡公侯非奉特旨，不得私自呼唤各卫军官军人前去役使。违者，初犯、再犯免罪、附过；三犯，准免试一次。除铁券。其军官军人听从，及不出征时，辄于公侯之家门首伺立者，官各杖一百，罢职，发边远充军，军人同罪。若伯爵及旗校有犯，一准此律奏请。

【1670】5.14.236（略）

【1725】○修改

原拟：今公侯犯罪，无三犯免死除铁券之例。谨拟删改，开载于后。

臣等谨按：此言经制官军不得私家役使也。凡公侯，位高势重，非奉特旨，不得私将武职官员及军人呼唤役使，致开恣肆之渐。违者，初犯、再犯，犹准免罪，至三犯，则罪不容宽，应开具所犯次数奏请。其官军听从呼唤役使，及不系出征时，而辄自伺立于其门首者，官杖一百，罢职，发边远充军，军人同罪。此又防官军附势之意也。

【1725】5.14.226

凡公侯非奉特旨，不得私自呼唤官军前去役使。违者，初犯、再犯免罪，三犯奏请区处。其官军听从，及不出征时，辄于公侯之家门首伺立者，官各杖一百，罢职，发边远充军,军人同罪。伯爵有犯,亦准此律奏请。

注:此言经制官军不得私家役使也。凡公侯,位高势重,非奉特旨,不得私将武职官员及军人呼唤役使,致开恣肆之渐。违者,初犯、再犯,犹准免罪,至三犯,则罪不容宽,应开具所犯次数奏请。其官军听从呼唤役使,及不系出征时,而辄自伺立于其门首者,官杖一百,罢职,发边远充军,军人同罪。此又防官军附势之意也。

【1740】5.14.216(略)

从征守御官军逃

律 文

【1646】5.14.238

凡军官军人已承调遣从军征讨,私逃还家,及逃往他所者,初犯,杖一百,仍发出征;再犯者,绞。监候。知在逃之情窝藏者,不问初犯、再犯,杖一百,充军。原籍及他所之里长知而不首者,杖一百。若征讨事毕军还而军官军人不同振旅而先归者,减在逃五等;因而在逃不著伍者,杖八十。若在京各卫守御军人在逃者,初犯,杖九十,发附近卫分充军;各处守御城池军人在逃者,初犯,杖八十,仍发本卫充军;再犯,不问京卫、外卫,并杖一百,俱发边远充军;三犯者,绞。监候。知在逃之情窝藏者,与犯人同罪,罪止杖一百,充附近军。不在边远处绞之限。里长知而不首者,各减窝藏二等。其从征军、守御军与本管头目知情故纵者,各随所犯次数与同罪,罪止杖一百,罢职,附近充军。其征守在逃官军,自逃日为始,一百日内,能自出官首告者,不问初犯、再犯,免罪。若在限外自首者,减罪二等。但于随处官司首告者,皆得准理。准免罪及减罪二等。○若各卫军人,不著本伍,转投别卫充军者,同逃军论。或初、再、三,皆依上文律科断。○其京外卫军之亲管头目,不行用心钤束,部伍致有军人在逃,小旗名下逃去五名者,降充军人。总旗名下逃去二十五名者,降充小旗。百户名下逃去一十名者,减俸一石;二十名者,减俸二石;三十名者,减俸三石;四十名者,减俸四石;逃至五十名者,追夺,降充总旗。千户名下逃去一百名者,减俸一石;二百名者,减俸二石;三百名者,减俸三石;四百名者,减俸四石;逃至五百名者,降充百户。不追封诰。其管军多者,各验人数以十分为率折算,减俸、降级。不及数者不坐。若部下军人有病亡、残疾、提拨征守等项事故不在行伍者,不在此通算减俸、减、降之限。

【1670】5.14.237(略)

【1725】○修改

原拟:此律内"军官军人"及"各卫军人"等语,皆系明时卫官之例。又在京各卫,现今俱已奉裁,应行删改。其末节内"亲管头目,不行钤束,致有军人在逃,五名以上至五百名者,将小旗、总旗、百户、千户俱按名分别减俸、降用"等语,今各卫无从征、守御之军,亦无小旗、总旗、百户、千户名色,并无该管兵丁逃至五百名,仍准该管官降用之理,且兵部例内自有营兵私逃该管官罚俸、降级之例，应将此段删去。谨拟删改，开载于后。

臣等谨按：此严征守军士私逃之禁也。首节言官军从军征讨，私逃还家或逃往他所，初犯、再犯，与有知其在逃而窝藏，及里长知而不首，并征讨事完，不候大军先归，或先归而在逃之罪。此为从征之军士言也。次言在京军人并在外各处防守军人逃者，初犯、再犯、三犯，与知情窝藏及里长知而不首之罪。此为守御之军士言也。末言从征守御军之本管头目知情故纵之罪，其征守在逃官军，一百日内自行首告，不分初犯、再犯，免罪；一百日外自首者，亦减二等。但于随处官司首告者，皆得准理。后节言在京、在外各营军人，不在本伍，而投往别营充当军人者，同逃军论，分别初犯、再犯治罪。

【1725】5.14.227

凡官军已承调遣从军征讨，私逃还家，及逃往他所者，初犯，杖一百，仍发出征；再犯者，绞。监候。知在逃之情窝藏者，不问初犯、再犯，杖一百，充军。原籍及他所之里长知而不首者，杖一百。若征讨事毕军还官军不同振旅而先归者，减在逃五等；因而在逃者，杖八十。若在京军人逃者，初犯，杖九十；各处守御城池军人逃者，初犯，杖八十，俱发充伍；再犯，不问京、外，并杖一百，俱发边远充军；三犯者，绞。监候。知在逃之情窝藏者，与犯人同罪，罪止杖一百，充附近军。不在边远、处绞之限。里长知而不首者，各减窝藏二等。其从征军与守御军本管头目知情故纵者，各随所犯次数与同罪，罪止杖一百，罢职，附近充军。其征守在逃官军，自逃日为始，一百日内，能自出官首告者，不问初犯、再犯，免罪。若在限外自首者，减罪二等。但于随处官司首告者，皆得准理。准免罪及减罪二等。○若各营军人，不著本伍，转投别营当军者，同逃军论。或初犯、再犯，皆依上文律科断。

注：此严征守军士私逃之禁也。首节言官军从军征讨，私逃还家或逃往他所，初犯、再犯，与知其在逃而窝藏，及里长知而不首，并征讨事完，不候大军先归，或先归而在逃，各正其罪。此为从征之军士言也。在京军人并在外各处防守军人逃者，初犯、再犯、三犯，与知情窝藏，及里长知而不首，亦各正其罪。此为守御之军士言也。本管头目知情故纵者，与同罪，罪止附近充军。其征守在逃官军，一百日内自出首告，不问初犯、再犯免罪；一百日外自首者，亦减二等。但于随处官司首告者，皆得准理。末节言在京在外各营军人，不在本伍，而投往别营充当军人者，同逃军论，分别初犯、再犯治罪。

【1740】○修改

臣等谨按：律内从征私逃，里长知而不首，不问初犯、再犯，止杖一百；在京及守御军逃，里长知而不首，各减二等，小注于"各减"下止注"窝藏"二字。查逃军以从征为重，今照窝藏减等，则窝窃三犯者，罪止充军，减二等尚属杖九十、徒二年半，反重于从征私逃知情不首之里长矣。《辑注》云"照杖八十、九十、一百上减等，再犯、三犯亦然"，应注明以便引用。谨将增注律文，开列于后。

凡官军已承调遣从军征讨，私逃还家，及逃往他所者，初犯，杖一百，仍发出征；再犯者，绞。监候。知在逃之情窝藏者，不问初犯、再犯，杖一百，充军。原籍及他所之里长知而不首者，杖一百。若征讨事毕军还官军不同振旅而先归者，减在逃五等；因而在逃者，杖八十。若在京军人逃者，初犯，杖九十；各处守御城池军人逃者，初犯，杖八十，俱发充伍；再犯，不问京、外，并杖一百，俱发边远充军；三犯者，绞。监候。知在逃之情窝藏者，与犯人同罪，罪止杖一百，充附近军。不在边远、处绞之限。里长知而不首者，各减窝藏二等。从杖罪减科，罪止杖八十。其从征军与守御军本管头目知情故纵者，各随所犯次数与同罪，罪止杖一百，罢职，附近充军。其征守在逃官军，自逃日为始，一百日内，能自出官首告者，不问初犯、再犯，免罪。若在限外自首者，减罪二等。但于随处官司首告者，皆得准理。准免罪及减罪二等。○若各营军人，不著本伍，转投别营当军者，同逃军论。或初犯、再犯，皆依上文律科断。

【1740】5.14.217（略）

附律条例

【1646】5.14.238.（1）

一、军官军人遇有征调，点选已定，至期起程。不问已未关给赏赐，若有避难在逃者，依律问断。其征期已过，送兵部编发宣府、独石等处沿边墩台哨瞭半年，满日放回原卫，还职着役。若仍发出征及哨瞭在逃者，依从征私逃再犯者律处斩。

【1670】5.14.237.（1）（略）

【1725】○删除

原拟：官军征调违期治罪之处，前律开载甚明，且今无送兵部发宣府、独石墩台哨瞭、满日还职着役之例。此条拟删。

【1646】5.14.238.（2）

一、轮操官军，逃在京城内外潜住，初犯打七十，再犯打一百，送操事例发落。官旗无力纳赎者，就在原问衙门单衣决打。若逃回原籍原卫者，以越关论。其在逃三次者，不问革前革后，各免决打、纳赎，京卫调外卫，外卫调边卫，俱带俸食粮差操。

【1670】5.14.237.（2）（略）

【1725】○删除

原拟：今官军在逃，俱照前律治罪，且无轮操、送操及带俸食粮差操之例，此条拟删。

＊**【1725】○增入**[1]

原拟：又《兵部现行例》一条，类于此律，应纂入。

---

① 本条载《大清律例按语》第14卷“兵律·军政·从征守御官军逃”（雍正三年），但雍正三年（1725）《大清律集解附例》不载。

【原增现行例】一、京外营官，不用心钤束部伍，致有营兵私逃者，交该部，将专管、兼辖官分别罚俸。若苦累兵丁以致逃走者，将专管、兼辖官分别降调、留任，统辖官罚俸。

【1740】○增入

一、随征兵丁，自军前逃回，照官军从军征讨私逃再犯律拟绞监候。其跟随之奴仆、雇工，有偷窃马匹、器械逃回者，照窃盗满贯律拟绞监候。其不曾偷盗马匹、器械之奴仆逃回者，拿送墩门，俟大兵凯旋之日，询问伊主情愿领回者，鞭一百，刺字，取具保结具领；不愿领回者，发黑龙江等处给披甲之人为奴。其不曾偷盗马匹、器械之雇工逃回者，如所雇系旗下家奴，枷号三月，鞭一百，刺字，交还本主。如所雇系民人，刺字，解回原籍，杖一百、徒三年。仍向各犯家属及中保人等，追出原雇价值，给还原主。

此条系雍正十年(1732)定例。

【1740】5.14.217.(1)(略)

【1767】○修并

【原例】【1740】5.14.217.(1)条(略)、【1756】续纂"随征兵丁自军前逃回者……"条(略)

一、随征兵丁自军前逃回者，拟斩立决。其跟随之奴仆、雇工，有偷盗马匹、军器及衣服、银两潜逃者，亦拟斩立决。并令步军统领及沿途各督抚严行缉拿，获日即于本地方正法。其不曾偷盗马匹、器械之奴仆逃回者，拿送墩门，俟大兵凯旋之日，讯问伊主情愿领回者，鞭一百，刺字，取具保结给领；不愿领回者，发黑龙江等处给披甲之人为奴。不曾偷盗马匹、器械之雇工逃回者，如所雇系旗下家奴，枷号三个月，鞭一百，刺字，交还本主；如所雇系民人，刺字，解回原籍，杖一百、徒三年。仍向各犯家属及中保人等，追出原雇价值，给还原主。

臣等谨按：此条首节随征兵丁军前逃回，及跟随之奴仆、雇工偷盗马匹、器械潜逃，俱拟斩决，系新定之例，现在遵行。所有拟绞旧例，应行删去。其旧例内有"不曾偷盗马匹、器械之奴仆、雇工逃回，分别治罪"一节，亦系现在遵行定例，是以摘出，并入此条之内。

【1768】5.14.217.(1)(略)

【1788】○修并

【原例】【1768】5.14.217.(1)条(略)、【1778】续纂："一、凡军营脱逃余丁……"条(略)、【1778】续纂"一、军营逃脱兵丁……"条(略)

臣等谨按：以上三条俱系军营兵丁、余丁脱逃之例，事类语同，自应并列为一条，以归简易。又查首条内不曾偷盗马匹、器械军营逃回之奴仆、雇工，即系第三条内军营脱逃之余丁。后例脱逃之余丁既问拟死罪，牢固监候，俟大功告成分别发遣，则首例分拟鞭责、枷号、满徒之文业已不用，应行删去。又乾隆四十六年(1781)二月内，奉上谕："从前进剿金川所调各省绿营官兵，多有在军前潜逃者，节经降旨饬令各省督抚严拿，奏请正法，以重军法儆将来也。现经文绶奏到川省未获逃兵尚有七百二十一名之多，但事隔多年，一经拿获,即予骈诛,朕心亦有不忍。兹特网开一面,嗣后此等未获逃兵,如有自行投首者,着加恩免其死罪,发遣伊犁等处。此实朕法外之恩。如尚有潜行窜匿,不肯投首者,若经地方官盘获,仍当即行正法,断不能稍从末减。各该督抚等俱仰体朕意,明切晓谕,查照道里远近,分立限期,务使穷乡僻壤家喻户晓,副朕仁义兼尽之至意。钦此。"是脱逃兵丁,因人数众多,事隔年久,既钦奉恩旨,不忍概予骈诛,勒限令其自行投首,免死发遣,自应增纂入例,以便援引。又余丁偷盗马匹、器械潜逃被获者,仍应与脱逃兵丁一体问拟斩决。其有自行投首,亦应照兵丁投首分别军务已未告成一例办理,方昭平允。又查乾隆四十一年(1776)四月内,钦奉上谕:"从前调派各省官兵,其余丁有脱逃者,缉获之日,令各督抚将该犯问拟死罪,牢固监禁。原以军兴之际,余丁虽非正兵,乃敢任意脱逃,不可不严示惩儆。今大功既已告竣,仍前牢固监禁该犯等,转得坐食囚粮,甚属无谓。着交刑部通查各案,将该犯等或改发伊犁等处,或发往烟瘴分别安插,酌量定拟,汇折具奏。嗣后如有续获者,照新定之例办理。钦此。"经臣部奏准,通行在案。是脱逃余丁于军务未竣以前拿获者,固有治罪明文,其在军务告竣以后拿获者,第三条原例内并未议及,自应钦遵前奉谕旨,增纂详明,以资引用。至兵丁脱逃被获及逾限投回,俱刺"逃兵"二字之例,载在"起除刺字"条内。所有此条余丁脱逃面刺"脱逃余丁"字样之例,亦应移纂于彼条兵丁脱逃被获刺字条下,庶例类益昭贴切。今将增删、修改、并辑例文开列于后。

一、随征兵丁自军营脱逃被获者,拟斩立决。其在军务未竣以前投首者,发往乌鲁木齐等处给种地兵丁为奴。如再脱逃,拿获即行正法。若在军务告成以后投首者,即照随征兵丁脱逃例拟斩立决。其应照金川逃兵投首发遣新疆之处,临时具奏,恭候圣裁。至跟随之余丁,有偷盗马匹、军器及衣服、银两潜逃者,亦拟斩立决。其有投首,亦照兵丁投首按军务已未告竣分别问拟。其不曾偷盗马匹、器械潜逃之余丁,在军务未竣以前拿获者,问拟斩罪,牢固监候。俟大功告成,通行确查,将附近新疆、陕甘二省之人,改发云贵两广极边烟瘴充军;其余各省,俱发伊犁、乌鲁木齐酌量安插。若在配复逃,请旨即行正法。如在军务告竣以后拿获者,亦照此分别省份,改发之例办理。其自行投首,并笃疾者,杖一百、流三千里。仍向各犯家属及中保人等,追出原雇价值,给还原主。

【1790】5.14.217.(1)(略)

【1801】○修改

臣等谨按:余丁脱逃,在军务未竣以前拿获者,问拟斩罪,牢固监禁。俟大功告成,分别发遣,系乾隆四十一年(1776)臣部遵旨查办四川省逃兵案内奏准定例。嗣于嘉庆二年(1797)八月,湖南省盘获军营脱逃余丁潘亚贵等,照例拟斩、监禁。经臣部声明,拿获脱逃余丁,虚拟斩罪,虽经监禁,将来仍得与自首逃兵同一发遣,若仍监禁囹圄,转得不离乡里,坐食囚粮,不足示惩,自应一体发遣,以昭画一。潘亚贵等应请即发伊犁、乌鲁木齐等处安插等因,奏准在案。此条拟斩、监禁之例应行修改。又查嘉庆四年(1799),臣部议复伊犁将军保宁奏请酌发新疆人犯折内声请,嗣后发遣新疆人犯脱逃,照黑龙江等处之例由免死减等者,仍行正法,其余遣犯脱逃被获,即在配所用重枷枷号三个月,杖责管束等因奏准,亦在案。查新疆遣犯脱逃正法之例,原指问拟死罪减发新疆人犯而言。此条逃兵在军务告成以后投首者,系由斩决蒙恩减发,如在配脱逃,自应请旨即行正法。其军务未竣以前投首逃兵,及拿获之余丁,均系例应发遣新疆人犯,并非由死罪减等,若在配脱逃,仍行正法,与诸例不符。例内"脱逃正法"之处,应改为"在配所用重枷枷号三个月,杖责管束",以归画一。谨将修改例文,开列于后。

一、随征兵丁自军营脱逃被获者,拟斩立决。其在军务未竣以前投首者,发往乌鲁木齐等处给种地兵丁为奴。如在配脱逃被获,用重枷枷号三个月,杖责管束。若在军务告成以后投首者,依随征兵丁脱逃例拟斩立决,仍援照金川逃兵投首发遣新疆之例,临时奏请定夺。蒙恩免死减发者,如再由配所脱逃,请旨即行正法。至跟随之余丁,有偷盗马匹、军器及衣服、银两潜逃者,亦拟斩立决。其有投首,亦照兵丁投首,按军务已未告竣分别问拟。其无偷盗情事,仅止潜逃之余丁,无论军务已未告竣,拿获者,系附近新疆、陕甘二省之人,改发云贵两广极边烟瘴充军;其余各省,俱发伊犁、乌鲁木齐酌量安插。若在配脱逃,亦用重枷枷号三个月,杖责管束。其自行投首,并笃疾者,无论军务已未告竣,俱杖一百、流三千里。仍向各犯家属及中保人等,追出原雇价值给还原主。

【1802】5.14.217.(1)(略)

【1806】○修改

臣等谨按:嘉庆七年(1802)十二月内,臣部钦遵谕旨,酌议请嗣后随征兵丁军营脱逃,除私自潜逃,众供确凿,拿获之后,审讯明确,无可支饰者,仍照定例办理外,如在途患病,及打仗受伤,或迷失路径,与夫落后有因,查非有心脱逃,若在军务未竣以前投首者,即照自首律免罪;拿获者,杖一百、徒三年。如军务告成之后投首者,亦杖一百、徒三年;拿获者,发乌鲁木齐等处为奴。其跟随余丁,除偷盗马匹、器械、衣服、银两潜逃,及有心脱逃者,亦仍照定例办理外,如落后有因,无论军务已未告竣投首者,免罪;拿获者,杖一百,枷号一个月等因具奏。奉旨:"依议。钦此。"钦遵在案。应于例内修改,以资引用。谨将修改例文,开列于后。

一、随征兵丁在军营私自潜逃,众供确凿,拿获之后,审讯明确,无可支饰者,拟斩立决。其在军务未竣以前投首者,发往乌鲁木齐等处给种地兵丁为奴。如在配脱逃被获,用重枷枷号三个月,杖责管束。若在军务告成以后投首者,依随征兵丁脱逃例拟斩立决,仍援照金川逃兵投首发遣新疆之例,临时奏请定夺。蒙恩免死减发者,如再由配所脱逃,请旨即行正法。至在途患病,及打仗受伤,或迷失路径,与落后有因,查非有心脱逃,若在军务未竣以前投首者,即照自首例免罪;拿获者,杖一百、徒三年。在军务告竣之后投首者,亦杖一百、徒三年;拿获者,发乌鲁木齐等处为奴。在配脱逃被获,仍枷责管束。至跟随之余丁,有偷盗马匹、军器及衣服、银两潜逃者,亦拟斩立决。如有投首,亦照兵丁投首,按军务已未告竣分别问拟。其无偷盗情事,仅止有心脱逃之余丁,无论军务已未告竣,拿获者,查系附近新疆、陕甘二省之人,改发云贵两广极边烟瘴充军;其余各省,俱发伊犁、乌鲁木齐酌量安插。在配脱逃被获,亦照前枷责管束。其自行投首,并笃疾者,无论军务已未告竣,俱杖一百、流三千里。如落后有因,无论军务已未告竣,投首者,免罪,拿获者杖一百、枷号一个月。仍向各犯家属及中保人等,追出原雇价值给还原主。

【1825】5.14.217.(6)(略)

【1830】○修改

臣等谨按:道光六年(1826)十一月内,军机大臣会同臣部议复直隶总督那彦成奏调剂新疆遣犯折内,请将随征兵丁在军营私自潜逃,在军务未竣以前投首者,随征军丁在军营私自潜逃,在军务告成以后投首,援照金川逃兵投首者,随征兵丁在途患病及打仗受伤或迷失路径,查非有心脱逃,在军务告竣之后拿获者,随征跟随余丁偷盗马匹、军器、衣服、银两潜逃投首,照兵丁投首按军务已未告竣分别问拟者,其无偷窃等事,仅止潜逃之余丁,无论军务已未告竣,拿获发伊犁、乌鲁木齐等处为奴、当差安插各条,俱改发极边足四千里充军等因奏准,通行在案。例内"发伊犁、乌鲁木齐"等处之应行修改。谨将修改例文,开列于后。

一、随征兵丁在军营私自潜逃,众供确凿,拿获之后,审讯明确,无可支饰者,拟斩立决。其在军务未竣以前投首者,改发极边足四千里充军。如在配脱逃被获,用重枷枷号三个月,杖责管束。若在军务告成以后投首者,依随征兵丁脱逃例拟斩立决,仍援照金川逃兵投首发遣例,临时奏请定夺。蒙恩免死减发者,如再由配所脱逃,请旨即行正法。至在途患病,及打仗受伤,或迷失路径,与落后有因,查非有心脱逃,若在军务未竣以前投首者,即照自首例免罪;拿获者,杖一百、徒三年。在军务告竣之后投首者,亦杖一百、徒三年;拿获者,改发极边足四千里充军。在配脱逃被获,仍枷责管束。至跟随之余丁,有偷盗马匹、军器及衣服、银两潜逃者,亦拟斩立决。如有投首,亦照兵丁投首,按军务已未告竣分别问拟。其无偷盗情事,仅止有心脱逃之余丁,无论军务已未告竣,拿获者,查系附近新疆、陕甘二省之人,改发云贵两广极边烟瘴充军;其余各省,俱改发极边足四千里充军。在配脱逃被获,亦照前枷责管束。其自行投首,并笃疾者,无论军务已未告竣,俱杖一百、流三千里。如落后有因,无论军务已未告竣,投首者免罪,拿获者杖一百、枷号一个月。仍向各犯家属及中保人等,追出原雇价值,给还原主。

【1845】○修复①

臣等谨查:此条例文从前旧例,内载"随征兵丁在军营潜逃,在军务未竣以前投首者,发往乌鲁木齐等处,给种地兵丁为奴。至在途患病,及打仗受伤,或迷失路径,与落后有因,查非有心脱逃,在军务告成之后拿获者,发乌鲁木齐等处为奴。至跟随余丁并无偷盗情事,仅止有心脱逃,拿获者,查非新疆、陕甘之人,俱发伊犁、乌鲁木齐安插"等语。嗣于

---

① 本条道光二十四年(1844)《大清律纂修条例》列明"删除"本条,实为该年新疆遣犯照旧发往,删去1829年修改条例,仍复1825年原例,故此处"删除"改为"修复"。

道光六年(1826)十一月内,据原任陕甘总督那彦成奏请调剂新疆遣犯,经军机大臣会同臣部议,将此三项均改为改发极边足四千里充军等因奏准,纂入例册在案。兹道光二十四年(1844)六月内,据升任贵州巡抚贺长龄奏请调剂罪犯章程一折,复经军机大臣会同臣部议,请嗣后新疆遣犯各照旧发往等因具奏。奉上谕:"据军机大臣会同刑部议奏'贵州军犯拥挤,酌减调剂'等语,新疆遣犯改发内地,恐人数众多,不特约束难周,且与民风大有关碍。非若新疆地方辽阔,外遣人犯易于安插。所有旧时改发内地各条,着仍照旧发往新疆,交该将军设法妥为安插,并严饬所属认真查核,严加管束,毋令滋生事端,俾期积久无弊。余依议。钦此。"是新疆遣犯,既应照旧发往,此三项发往乌鲁木齐等处之原例,现在犹存,足资引用。此条系属赘文,应行删除。

【1847】5.14.217.(6)

一、随征兵丁在军营私自潜逃,众供确凿,拿获之后,审讯明确,无可支饰者,拟斩立决。其在军务未竣以前投首者,发往乌鲁木齐等处给种地兵丁为奴。如在配脱逃被获,用重枷枷号三个月,杖责管束。若在军务告成以后投首者,依随征兵丁脱逃例拟斩立决,仍援照金川逃兵投首发遣新疆之例,临时奏请定夺。蒙恩免死减发者,如再由配所脱逃,请旨即行正法。至在途患病,及打仗受伤,或迷失路径,与落后有因,查非有心脱逃,若在军务未竣以前投首者,即照自首例免罪;拿获者,杖一百、徒三年。在军务告竣之后投首者,亦杖一百、徒三年;拿获者,发乌鲁木齐等处为奴。在配脱逃被获,仍枷责管束。至跟随之余丁,有偷盗马匹、军器及衣服、银两潜逃者,亦拟斩立决。如有投首,亦照兵丁投首,按军务已未告竣分别问拟。其无偷盗情事,仅止有心脱逃之余丁,无论军务已未告竣,拿获者,查系附近新疆、陕甘二省之人,改发云贵两广极边烟瘴充军;其余各省,俱发伊犁、乌鲁木齐酌量安插。在配脱逃被获,亦照前枷责管束。其自行投首,并笃疾者,无论军务已未告竣,俱杖一百、流三千里。如落后有因,无论军务已未告竣,投首者免罪,拿获者杖一百、枷号一个月。仍向各犯家属及中保人等,追出原雇价值,给还原主。

【1870】○修改

谨按 例首增入"将弁在营潜逃者,严拿正法"二句;其随征兵丁原例应发乌鲁木齐者,俱改"发各省驻防";于"免罪减发"下,增"亦改发各省驻防给官兵为奴"句;跟随余丁原例应发云贵两广及伊犁、乌鲁木齐者,俱"改发极边足四千里充军,到配加枷号三个月"。并于"追原雇价值给主"下,增"勇丁脱逃"至"交部分别议处"一百零五字。

一、将弁在营潜逃者,严拿正法。随征兵丁,无论协剿邻封及备防本省,有私逃者,领兵将弁即将姓名、数目,知照该兵丁本营及原籍一体严拿。获日审讯明确,拟斩立决。其在军务未竣以前投首者,改发各省驻防给官兵为奴。如在配脱逃被获,用重枷枷号三个月,杖责、管束。若在军务告成以后投首者,依随征脱逃例拟斩立决。仍援引金川逃兵投首发遣新疆例,奏请定夺。蒙恩免死减发者,亦改发驻防给官兵为奴。如再脱逃,请旨即行正法。至在途患病,及打仗受伤,或迷失路径,与落后有因，并非有心脱逃，若在军务未竣以前投首，照自首律免罪；被获者，杖一百、徒三年。在军务告成以后投首，亦杖一百、徒三年；被获者，改发各省驻防给官兵为奴。在配脱逃被获，仍枷责、管束。其跟随余丁，有偷盗马匹、军器及衣服、银两潜逃者，亦拟斩立决。如有投首，照兵丁投首，按军务已未告竣，分别问拟。其并无偷盗情事，有心脱逃之余丁，无论军务已未告竣，被获者，俱改发极边足四千里充军，到配加枷号三个月。在配脱逃被获，亦照前枷责、管束。其自行投首，并笃疾者，无论军务已未告竣，俱杖一百、流三千里。如落后有因，无论军务已未告竣，投首者，免罪，被获者杖一百、枷号一个月。仍向犯属及中保人追原雇价值给主。勇丁脱逃，亦照兵丁例一律办理。至驻防官兵私逃，应销除本身旗档。如落后有因，并非有心脱逃，免其销档。溃散兵丁，一概不准收标。该管将弁知情容隐，任令冒饷，或该兵丁逃后改易姓名，朦混入营食饷者，除本犯治罪外，知情容隐及失察该管将弁，均交部分别议处。

【1870】5.14.217.（6）（略）

【1740】○删除

一、军前逃回跟役，除拟绞人犯外，其应拟枷责等犯，俱从驿站步行解至鄂尔坤，同犯人种地纳粮。

臣等谨按：此条系雍正十一年（1733）定例，因原任英诚公丰盛额奏准通行。但军前跟役，既不曾偷盗马匹、器械逃回，概从外遣，实属太重。且鄂尔坤种地现在停止，应仍遵照雍正十年（1732）定例。此条无庸纂入。

【1740】○增入

一、广东省盗贼，投抚分发入伍壮丁，初犯脱逃，如原犯之罪在军、流以上，俱面刺“逃丁”字样，佥妻酌发云贵川广极边地方足四千里，交地方官严行管束；若在徒、杖以下者，照流犯在配脱逃例，枷号两个月，责四十板，加徒役三年。其邻族、保甲知情容隐者，照犯人原犯罪减一等治罪。

谨案：此条系雍正十二年（1734）定例。

【1740】5.14.217.（2）（略）

【1788】○删除

臣等谨按：乾隆四十五年（1780）十月内，两广总督巴延三以粤东素称盗薮，如有洋面及陆路行劫，数在十人以上，均不得以情自可原声请，奏准纂入例册。又强盗自首一项，例内亦有分别首伙、悔过闻拿拟以斩候、遣、军之例，并无投抚名色。又乾隆三十一年（1766）六月内，臣部奏准定例，流犯在配在途脱逃被获，俱加等改发。其旧例内“枷号两个月，责四十板，加徒役三年”之处，奏请删除在案。所有此条原例内“广东省投抚盗贼，分发入伍，初次脱逃，按原犯之罪，在军、流以上者，发云贵川广管束；若在军、流以下者，照流犯在配脱逃例，枷号两个月，责四十板，加徒役三年”之处，系属旧例，业已不行，应删除。

【1740】○增入[1]

一、各处守御兵丁，有拐带饷米、马匹脱逃者，计赃照常人盗官物律加一等治罪。如拐带同营饷银，计赃照窃盗加一等治罪。所拐带饷米等项，仍向该犯家属名下照数追赔。知情容留之人同罪。

此条系雍正十二年(1734)定例。查原议："各处守御兵丁，有拐带饷米、盗骑马匹脱逃者，俱照守御军人在逃再犯律，杖一百，发边远充军；知情容留之人，杖一百，发附近充军"等语。按立法期于平允，拐带饷米等项，不论多寡，概拟充军，似属未协。又窝藏本律与犯人同罪，本犯既不概问充军，窝留之充军亦应改。再查原议内有"知情同居父兄，俱照知情窝藏律，杖一百，发附近充军"等语，按强盗同居父兄不首例已于"名例"内删除，逃军父兄较轻于强盗之父兄，自应依得相容隐之条，免其连坐。今删。

【1740】5.14.217.(3)(略)

【1790】5.14.217.(2)(略)

【1825】5.14.217.(1)(略)

【1740】○续纂

一、旗丁不拘重运、回空，如有无故潜逃，弃船中途不顾者，照守御官军在逃律治罪，仍于面上刺"逃丁"二字。

此条系刑部议准定例。

【1740】5.14.217.(4)(略)

【1790】5.14.217.(3)(略)

【1825】5.14.217.(2)(略)

【1746】○续纂

一、凡驻防兵丁逃走，除照例报部外，该驻防处开明逃人年貌，知照该犯本旗，及沿途有满洲兵丁处所，并附近省份，一体严拿。其窝家人等及失察各官，均照例究治。

臣等谨按：此条系乾隆八年(1743)五月内，臣部议复宁夏将军杜赖条奏定例，应纂辑以便遵行。

【1768】5.14.217.(5)(略)

【1790】5.14.217.(4)(略)

【1825】5.14.217.(3)(略)

【1756】○续纂

一、随征兵丁自军前逃回者，拟斩立决。其跟随之奴仆、雇工，有偷盗马匹、军器

---

① 《大清律例按语》第49卷"兵律·军政·从征守御官军逃"(乾隆五年)，本条条例列明"删除"，实为修改。

及衣服、银两潜逃者,亦拟斩立决。并令步军统领及沿途各督抚严行缉拿,获日即于本地正法。其不曾偷盗马匹、器械之奴仆、雇工人,仍照定例治罪。

臣等谨按:此条系乾隆十九年(1754)十一月并十二月内,钦奉谕旨二道,应恭纂为例,并二十年(1755)二月内,臣部议复直隶总督方观承条奏定例,合为一条,以便遵行。

【1767】○修并

见【1740】5.14.217.(1)条下。

【1767】○续纂

一、京、外在伍兵丁脱逃,俱杖一百,枷号一月示众,永远不准入伍。

臣等谨按:此条系乾隆二十八年(1763)四月内,臣部钦奉上谕议准定例,应纂辑遵行。

【1768】5.14.217.(6)(略)

【1772】修改

臣等谨按:乾隆三十三年(1768)八月内,广西提督许成麟条奏"定例兵丁逃脱,定限一百日缉获。如限内投回,照例枷责,不准入伍,毋庸刺字。其被缉拿获及逾限投回者,照例枷责,不准入伍,并刺'逃兵'二字"等语。除逃兵刺字之处仍归入"起除刺字"门类外,所有此条原例内,应将捕缉限期及投回被获之处分晰纂入,以便遵行。谨将增改例文,开列于后。

一、京、外在伍兵丁脱逃,该营立即通移各标、协、营一体查拿,定限一百日,实力严缉务获。其有自知畏悔,于限内投回者,杖一百,枷号一个月,不准入伍。若被缉获及逾限投回者,除枷责不准入伍外,俱照例刺字。

【1790】5.14.217.(5)(略)

【1825】5.14.217.(4)(略)

【1767】○续纂

一、派往伊犁等处换防种地之满汉各项兵丁,遇有中途及在原派地方逃回者,一经拿获,即行正法。如有自行投回者,枷号两个月,鞭一百,交与该管严行约束,充当苦差。

臣等谨按:此条系乾隆三十一年(1766)九月内,钦奉谕旨:"据明瑞等奏称'凉州厢白旗满洲佛灵佐领下闲散富亮,由本省脱逃二次。闻彼处兵丁移驻伊犁,自行投回,跟随伊兄前至伊犁。若将富亮照例发遣黑龙江,转至发遣内地,若令充当步甲,又觉侥幸。请将富亮加枷号两个月,鞭一百,交与该管官严行约束,充当苦差'等语。明瑞等此奏亦是,富亮着即照所奏办理。但伊犁系新驻防之处,非内地可比,法必从严,而后众知警惧,可免妄行逃避之事。着明瑞等嗣后伊犁驻防兵丁内如有逃避者,一经拿获,即行正法,不必拟以发遣。著为例。钦此。"恭纂为例,以便遵行。

【1768】〇修改[1]

一、派往伊犁等处换防种地之满汉各项兵丁,初次犯逃,自行投回者,枷号三个月,满日鞭责,交该管官严行管束;如被拿获,用重枷枷号五个月,痛加责惩折磨差使。若逃走二次,及在原派处所曾经犯逃,移驻伊犁之后,复行逃走者,自行投回,应俱用重枷枷号五个月,痛加责惩折磨差使;如被拿获者,即行正法。

臣等谨按:此条系乾隆三十三年(1768)六月内,军机大臣会同臣部议复伊犁将军阿桂条奏定例,应纂辑遵行。所有应行删除旧例一条,开列于后。

【1768】5.14.217.(7)(略)

【1790】5.14.217.(6)(略)

【1825】5.14.217.(5)(略)

【1778】〇续纂

一、凡军营脱逃余丁,在军务未竣以前拿获者,问拟斩罪,牢固监候。俟大功告竣后通行确查,将附近新疆、陕甘二省之人改发云贵两广极边烟瘴充军;其余各省,俱发伊犁、乌鲁木齐酌量安插,面刺"脱逃余丁"字样。若在配复逃,请旨即行正法。其自行投首,并笃疾者,杖一百、流三千里。

臣等谨按:此条系乾隆四十一年(1776)四月内,臣部遵奉谕旨查办四川军营脱逃余丁胡喜等免死发遣案内奏准定例,应纂辑遵行。

【1788】〇修并

见【1768】5.14.217.(1)条下。

【1778】〇续纂

一、军营逃脱兵丁,在军务未竣以前投首者,发往乌鲁木齐等处给种地兵丁为奴。如再脱逃,拿获即行正法。若在军务告成以后投首者,不得复援此例。

臣等谨按:此条系乾隆四十一年(1776)七月内,臣部核复四川总督文绶审奏投首逃兵彭士仁、汪国才二犯照例拟斩立决一案,钦奉上谕:"彭士仁、汪国才系军务未竣以前自行投回,尚属心存畏法,较之撤兵后,妄冀幸免,始行投到者有间,着交刑部减等发落。钦此。"经臣部奏准,将彭士仁等二犯改发乌鲁木齐给兵丁为奴,并请著为定例。应纂辑遵行。

【1788】〇修并

见【1768】5.14.217.(1)条下。

---

① 《大清律例按语》《大清律例按语》第49卷"兵律·军政·从征守御官军逃"(乾隆朝),本条条例列明"续纂",并列明"删除"前例,因实为修改,故改。

优恤军属

律　文

【1646】5.14.239

凡阵亡、病故官军回乡，家属应给行粮脚力，经过有司不即应付者，以家属到日为始，迟一日笞二十，每三日加一等，罪止笞五十。

【1670】5.14.238(略)

【1725】5.14.228

律文(略)

注：此言亡故官军家属宜加矜恤也。凡在阵死亡、在营病故官军之家属回乡，例应给与行粮、脚力。若经过地方之有司官员不即应付，以致迟留，不得回乡者，以家属到该地方之日为始，计日坐罪，每三日加一等，罪止笞五十。

臣等谨按：此言亡故官军家属宜加矜恤也。凡在阵死亡、在营病故官军之家属回乡，例应给与行粮、脚力者，经过地方之有司官员不即应付，以致迟留，不得回乡者，以家属到该地方之日为始，计日坐罪，每三日加一等，罪止笞五十。

【1740】5.14.218(略)

附律条例

【1740】○续纂

此条系乾隆三年(1738)六月，钦奉上谕，恭纂为例，以便引用。

一、凡八旗阵亡人等妻室内，查有无子嗣，或子嗣稚幼，又无家人食粮者，伊夫原系职官，给原官一半俸禄米石；如系兵丁，给食一半钱粮米石。若阵亡之人并无妻室，其父母别无子嗣，又无钱粮可以依赖为生者，亦照此例行。

【1740】5.14.218.(1)(略)

夜　禁

律　文

【1646】5.14.240

凡京城夜禁，一更三点，钟声已静，之后。五更三点，钟声未动，之前。犯者笞三十；二更、三更、四更犯者，笞五十。外郡城镇，各减一等。其京城、外郡因公务急速，军民之家，有疾病、生产、死丧，不在禁限。○其暮钟未静，晓钟已动，巡夜人等故将行人拘留，诬执犯夜者，抵罪。○若犯夜拒捕，及打夺者，杖一百；因而殴巡夜人至折伤以上者，绞；监候。死者，斩。监候。拒捕者，指犯夜人；打夺者，旁人也。

【1670】5.14.239(略)

【1725】5.14.229

律文（略）

注：此禁止夜行，以防奸宄也。首节言京城与外郡城镇违禁犯夜之罪。若有急速公务，及疾病、生产、死丧等事，不在禁限。二节言暮钟未静、晓钟已动，系行人应行之时，而巡夜人等，故将其人诬执作为犯夜人之罪。末节言实系犯夜，被巡夜人拘执，而拒捕不服，及旁人殴打巡夜人，而劫夺犯夜人之罪。如未尝行殴，仍止坐犯夜之罪。若同旁人共殴，则折伤以上者绞，死者斩，俱监候。

臣等谨按：此禁止夜行，以防奸宄也。首节言京城与外郡城镇违禁犯夜之罪。若有急速公务，及民间疾病、生产、死丧，不在禁限。次节言暮钟未静、晓钟已动，系行人应行之时，而巡夜人等，故将其人拘留，诬执作为犯夜人之罪。末节言实系犯夜，被巡夜人拘执，而拒捕不服，及旁人殴打巡夜人，而劫夺犯夜人之罪。如未曾行殴，仍止坐犯夜之罪。若同旁人共殴，则分首从科断。

【1740】〇修改

臣等谨按：拒捕绞、斩，以犯夜原有应捕之罪，故科拟特重。若诬执，则本非犯夜应捕之人，不得一概援引，应增注。谨将增辑律注，开列于后。

凡京城夜禁，一更三点，钟声已静，之后。五更三点，钟声未动，之前。犯者笞三十；二更、三更、四更犯者，笞五十。外郡城镇，各减一等。其京城、外郡因公务急速，军民之家，有疾病、生产、死丧，不在禁限。〇其暮钟未静，晓钟已动，巡夜人等故将行人拘留，诬执犯夜者，抵罪。〇若犯夜拒捕，及打夺者，杖一百，因而殴巡夜人，至折伤以上者，绞；监候。死者，斩。监候。拒捕者，指犯夜人；打夺者，旁人也。若巡夜人诬执犯夜，因而拒捕互殴至死者，以凡斗殴论。

【1740】5.14.219（略）

附律条例

【1725】〇增入

原拟：现行例一条，类于此律，应增入。

【现行例】一、凡八旗兵丁无故在城外夜宿者，杖八十。

【1725】5.14.229.（1）（略）

【1740】5.14.219.（1）（略）

【兵律·关津】

私越冒度关津

律　文

【1646】5.15.241

凡无文引私度关津者，杖八十。若关不由门、津不由渡，别从间道而越度者，杖九十。若越度缘边关塞者，杖一百、徒三年。因而潜出交通外境者，绞。监候。守把之人知而故纵者，同罪；至死减一等。失于盘诘者，官各减三等，罪止杖一百。军兵又减一等。并罪坐值日者。〇若有文引冒他人名度关津者，杖八十。家人相冒者，罪坐家长。守把之人知情与同罪，不知者不坐。〇其将无引马骡私度、冒度关津者，杖六十；越度，杖七十。私度，谓人有引马骡无引；冒度，谓马骡冒他人引上马骡毛色齿岁；越度，谓人由关津，马骡不由关津而度。

【1670】5.15.240（略）

【1725】5.15.230（略）

注：此严关津之禁，所以防奸也。文引，即文批、照票之类。守把人，谓守御官及军兵。家人相冒，罪坐家长，谓长冒少名，罪固坐长，少冒长名，罪亦坐长也。首节言私度、越度及越度缘边关塞，与潜出交通外国之罪。守把之人故纵，同罪；失盘诘者，减三等。军兵又减一等，并坐值日者。二节言冒顶他人文引度关津，及家人相冒之罪。守把之人知情，与同罪。末节言马骡私度、冒度、越度关津之罪。皆所以防奸究而固封守也。

臣等谨按：此严关津之禁，所以防奸也。文引，即文批、照票之类。守把人，谓守御官及军兵。家长，不拘一家之长，但同行相冒兄之长者，亦是。首节言私度、越度及越度缘边关塞，与潜出交通外境之罪。守把之人故纵，同罪；失盘诘者，减三等。军兵又减一等，并罪值日者。二节言冒顶他人文引度关津，及家人相冒之罪。守把之人知情，与同罪。末节言将无引马骡私度、冒度、越度关津之罪。皆所以防奸究而固封守也。

【1740】5.15.220（略）

附律条例

【1646】5.15.241.（1）

一、官吏、旗校、舍余、军民人等，有因为事问发为民、充军，或罢职冠带闲住，与降调出外，各来京潜住者，问拟明白，除充军并发边外为民照逃例见刑律徒流人逃条。改发外，文官降调者、革职冠带闲住,闲住者发原籍为民;为民者,改发边外为民;武官带俸者,革职,随舍余食粮差操;原随舍余食粮差操者,发边卫差操。其知情容留潜住之人,各治以罪。

【1670】5.15.240.(1)(略)

【1725】○删除

原拟:今军、流等犯在逃,各有正律。革职官员,不许潜住他处,另有定例,余无禁止。且武官无带俸食粮差操之事。此条拟删。

【1646】5.15.241.(2)

一、关隘引送边外、边卫逃军过关,并守把盘诘之人卖放者,俱问发边卫充军。

【1670】5.15.240.(2)(略)

【1725】○删除

原拟:今卫所军犯在逃,自依军犯逃回律问拟。若受财卖放,自应计赃坐罪,不止于充军。此条拟删。

【1725】○增入

原拟:又现行例内二条,类于此律,应增入。

【现行例】一、凡砍木、烧炭之人,工部每人各给票一张,令其前去。工部仍照例查收换给。八旗口外一应有地之人,如有将口内之人每年雇去种地者,令其雇种。将所雇之人,户部各给票一张,令其出口,仍令户部查收。若口外无票行走之民,令各处查拿。八旗口外居住庄头等,去到别旗村内打牲,及在山峪中搭窝铺打牲之人,隐匿不拿,或被旁人出首,或被巡察之人拿获者,将不行捉拿之人,交与看口章京,解送刑部,从重治罪,革去庄头,交与伊主另换。若不更换,仍留复犯事者,将伊主一并交与该部治罪。古北口、喜峰口外居住驿站之人,将伊等附近地方别处人来打牲,及在山峪中搭窝铺打牲者,查拿送与看口章京,转送该部,从重治罪。如驿站之人隐匿不逐,并不查拿,及会同去拿匪之人,不去同拿者,或被旁人出首拿获,将驿站章京、头目、隐匿之人,一并交与该部,从重治罪。若将无票之人、巴林翁牛忒之庄头等隐匿不逐,又不查拿,或被旁人出首者,将庄头等交与理藩院,从重治罪。其雅图沟、黑山、度山、流河口、波罗河屯等处,谎称砍木、烧炭,起票转卖,及匪人买票带在身边,存住庄村,并砍木、烧炭之人,有违禁放鸟枪行走者,拿送该部治罪。

原拟:此条内,口外庄头人等违禁打牲一段,与此律不符,且无拟定罪名,应仍存该部遵行。其给票出口之处,应纂作条例。谨拟删纂,开载于后。

【原改现行例】一、凡雇倩口内之人往口外种地及砍木、烧炭者,户、工二部照例给票出口,回日仍察收。无票之人,令各处察拿。若捏称雅图沟、波罗河屯等处砍木、烧炭名色,起票前往,而转卖与人,及买者,一并拿送该部治罪。

【1725】5.15.230.（1）

【增例】一、凡雇倩口内之人，往口外种地及砍木、烧炭者，户、工二部照例给票出口，回日仍察收。无票之人，令各处查拿。若捏称雅图沟、波罗河屯等处砍木、烧炭名色，起票前往，而将票转卖与人，及买者，一并拿送该部治罪。

【1740】○修改

臣等谨按：砍木、烧炭不必指定雅图沟、波罗河，应删。又户、工二部给票有口外种地一项，捏称下应增"种地"二字。谨将删辑例文，开列于后。

一、凡雇倩口内之人，往口外种地及砍木、烧炭者，户、工二部照例给票出口，回日仍察收。无票之人，令各处察拿。若捏称种地及砍木、烧炭名色，起票前往，而将票转卖与人，及买者，一并拿送该部治罪。

【1740】5.15.220.（1）（略）

【1801】○修改

臣等谨按：此条系康熙年间定例。查"诈冒给路引"律载"冒名告给引，及以所给引转与他人者，并杖八十。受财者，计赃以枉法论"等语，此条将票转卖与人，及买者，自应照诈冒给路引律治罪。赃重者，计赃以枉法从其重者论。例内"拿送该部治罪"句，未免含混，应添纂明备，以便引用。谨将修改例文，开例于后。

一、凡雇倩口内之人，往口外种地及砍木、烧炭者，户、工二部照例给票出口，回日仍察收。无票之人，令各处察拿。若捏称种地及砍木、烧炭名色，起票前往，而将票与人，及受者，并杖八十。受财者，计赃以枉法从其重者论。

【1802】5.15.220.（1）（略）

【1725】○增入

原拟：又现行例内二条，类于此律，应增入。

【现行例】一、遵旨会议，凡无票私出口外之民，责四十板，并妻及未分家之子，发往乌喇、宁古塔等处，给与穷披甲为奴等因具题，奉旨："依议。民人停其发往乌喇、宁古塔，着在山海关外、辽阳等处安插。"

原拟：此条内私出口外之民，部议发往乌喇等处为奴，奉旨改发山海关、辽阳等处安插，应遵旨作为条例。再"名例"内"给没赃物"条下，将"未分家之子一并发遣"之处，已拟删去，此条内"未分家之子发遣"句，亦拟删。谨拟删改，开载于后。

【1725】5.15.230.（2）

【增例】一、凡民人无票私出口外者，杖一百，并妻发往山海关外、辽阳等处安插。

【1740】○修并

【原例】【1725】5.15.230.（2）条（略）、【1725】5.15.235.（13）条（略）

臣等谨按：此条［【1725】5.15.235.（13）条］系雍正五年（1727）定例，旧载"兵律·私出外境"条下，因系缘边关口之例，应移于此。再，查此条与"民人无票私出口外"例，事同一类,应并。谨将并辑例文开列于后。

一、凡民人无票私出口外者,杖一百、流二千里。缘边关口,每季将出入人数造册,取具并无匪类出口印、甘各结申报。倘守口官不验明印票,及贿纵出入,该管官察出,即行详报该管将军、督抚、提镇题参,交部严行治罪。若该管将军、督抚、提镇通同徇庇,不行查参,及稽查不严,以致匪类越境生事者,一并从重议处。

【1740】5.15.220.(2)(略)

【1725】○增入

臣等谨按:康熙四十七年(1708)十二月内,兵部议复苗民越界,事理类于此律。谨拟节录于后。

【续增现行例】一、凡湖广沿边苗民,俱以塘汛为界,民人责令有司详查,苗人责令游巡官员详查。民人无故擅入苗地,照私越冒度关津律,杖一百、徒三年;苗人无故擅入民地,亦照民律充徒。该管各官失于觉察,照奸细出入境内不能查获例议处,该管上司亦照例议处。

臣等谨按:此条类于私越冒度关津律,应增入条例后。

【1725】5.15.230.(3)

【增例】一、凡湖广沿边苗民,俱以塘汛为界,民人责令有司详查,苗人责令游巡官员详查。民人无故擅入苗地,照私越冒度关津律,杖一百、徒三年;苗人无故擅入民地,亦照民例充徒。该管各官失于觉察,照奸细出入境内不能查获例议处,该管上司,亦照例议处。

【1740】○修改

臣等谨按:律文私度关津、越度缘边关塞,罪各不同,此条杖一百、徒三年,系照越度缘边关塞律科断。例内"照私越冒度关津律"语句蒙混,应改。再,失察各官,照奸细出入境内不能查获例议处,文类《吏部处分则例》,亦应改。谨将改辑例文,开列于后。

一、凡湖广沿边苗民,俱以塘汛为界。民人责令有司详查,苗人责令游巡官员详查。若民人无故擅入苗地,照越度缘边关塞律,杖一百,徒三年。苗人无故擅入民地,亦照民例充徒。该管各官,失于觉察,及该管上司,一并交部议处。

【1740】5.15.220.(3)(略)

【1767】○删除

【原例】*户律·市廛·把持行市【1740】3.10.154.(6)(略)

【1740】5.15.220.(3)(略)

臣等谨按:乾隆二十九年(1764)六月内,吏部尚书陈宏谋条奏,经署湖广总督常钧、湖南巡抚乔光烈会议具奏,"民、苗现准结亲,其男、妇与民人日有交易,从前设立场市、限定日期交易之处,一并停止"等因,经户部议准遵行。以上二条,均系禁止苗民往来交易旧例,拟合删除。

【1740】5.15.220.(4)

一、凡土官、土人,如有差遣公务,应赴外省者,呈明本管官,转报督抚给咨,并知会所往省份督抚,令事竣勒限,毋许逗遛,仍知照本省督抚。倘不请咨牌,私出外省,土官革职,土人照无引私度关津律杖八十,递回。如潜往外省生事为匪,别经发觉,除实犯死罪外,徒罪以上,俱照军人私出外境掳掠不分首从,发边远充军律递回,照例枷责,同家口父母、兄弟、子侄,一并迁徙安插。其不行管束之该管官,及失于查报之外省地方官,均交部议处。

谨案:此条系雍正十三年(1735)定例。

【1768】5.15.220.(3)(略)

【1756】○续纂

一、缘边关口,有熟识路径奸徒,引领游民私自偷越,或受贿引送夹带违禁货物之人出口者,除将偷越及夹带本犯,各照律分别治罪外,其引送之人,如审系仅图微利并无别情者,照违制律杖一百,加枷号一个月,交该管官严行管束。如偷越之人出口别有奸谋,该犯明知引送,婪索多赃,照守把之人知情故纵律治罪。兵弁失于查拿,照例参处。

臣等谨按:此条系乾隆十六年(1751)十一月内,臣部议复原任古北口提督布兰泰条奏定例,应纂辑以便遵行。

【1768】5.15.220.(4)(略)

【1767】○续纂

一、指引逃匪偷越出口之犯,如实系不知逃匪情由,仅止私行引送者,仍照违制律问拟外,若明知逃匪故行引送者,照故纵律与犯人同罪。至再犯、三犯者,各按本罪以次递加。得财故纵者,计赃从重论。

臣等谨按:此条系乾隆二十九年(1764)十二月内,直隶总督方观承条奏定例,应纂辑遵行。

【1768】5.15.220.(5)(略)

【1772】○续纂

一、东三省出口之人,若将在京所买奴婢,不照例当官立契、载入口票,私带出境,该守关兵弁即时拿送刑部。如讯系拐卖,即照拐卖例分别治罪。如无拐卖情事,将不行当官立契载入口票之人,照冒度关津律治罪。

臣等谨按:此条系乾隆三十三年(1768)五月内,兵部会同臣部侍郎钱维城条奏定例,应纂辑以便遵行。

【1790】5.15.220.(6)(略)

【1778】○续纂

一、凡山东民人前赴奉天，除各项贸易船只，并只身带有本钱货物贸易者，查明系往何处、贸易何物，确有凭据，仍准地方官给票出口，毋庸禁止外，其有借称寻亲觅食出口前赴奉天，并无确据者，地方官概不许给票。如不查明确实，滥行给票放行，致有私刨樵采，及邪教煽惑等事，别经发觉，将给票之地方官，照滥行出结例议处。

臣等谨按：此条系乾隆四十二年(1777)三月内，吏部会同臣部议复山东布政使国泰条奏定例，应纂辑遵行。

【1790】5.15.220.(7)(略)

【1778】○续纂

一、凡滇省永昌、顺宁二府以外沿边关隘，禁止私贩碧霞玺、翡翠玉、葱玉、鱼、盐、棉花等物。如拿获私贩之人，审讯明确，共伙人数在一二十人以上，为首者，拟绞立决；为从，及数在四人以上不及十人者，俱发遣黑龙江等处；若止三人以下者，佥妻流徙三千里安置。如有因私贩透漏消息者，审实，无论人数多寡，请旨即行正法。关口员弁，或有失察，故纵情弊，查出分别，从重治罪。

臣等谨按：此条系乾隆四十二年(1777)五月内，钦差大学士诚谋英勇公阿桂等酌定边境事宜，奏准定例，应纂辑遵行。再此条原奏内称"凡夷地所产，贱则鱼、盐、棉花，贵则碧霞玺、翡翠、玉葱、玉蒉，相因出关私贩，向所常有。前任督臣彰赓欲严绝其弊，奏请盘获各犯即予重辟。立法不为不严，而弊窦不能尽绝。盖以沿边小民，只图觅利，未晓刑章，应请嗣后量为区别。凡拿获私贩，审讯明确。自三人以下者，佥妻流徙；自四人以下者，外遣。若多至一二十人以上，为首正法，从犯外遣。倘有因此透漏消息者，无论人数多少，审实即奏明正法"等语，并未分晰斩、绞及军、流道里、处所。查臣部核复云贵总督审奏拿获沿边私贩之犯，俱系照私越缘边关塞交通外境律，拟以绞候。事关边情，请旨即行正法，奏准遵行在案。此条例内自应遵照声明"绞决"字样，以免歧误。又查加等问发外遣人犯定例，加至黑龙江等处为止，毋庸拟发新疆。应将此条问发外遣罪名添注"发遣黑龙江等处"，并将流徙罪名添注"流徙三千里安置"等句，以便援引，合并声明。

【1790】5.15.220.(8)(略)

【1801】○修改①

臣等谨按：此条系乾隆四十三年(1778)定例。查奸徒伙众越关，私贩鱼、盐、棉花等物，自应分别人数多寡，严行惩创。至私贩碧霞玺、翡翠、玉葱、玉鱼等物，臣部于嘉庆四年(1799)钦奉谕旨："嗣后贩卖新疆玉石，无论已未成器，概免治罪。钦此。"钦遵在案。例内碧霞玺等物，事同一例，应行画一修改，有犯应照越度缘边关塞例，科其私越边关贩卖器物之罪。惟是此等人犯，如有因私贩透漏消息者，情罪较重，自应照旧例，与私贩鱼、

① 此条修改见于《大清律例按语》，嘉庆七年(1802)《大清律例》本条相沿未改。

盐、棉花等犯一体请旨,即行正法,应于例内分别申叙,以便引用。又此例十人以上,为首即应绞决。例内“一二十人”等字,殊属牵混。又四人以上不及十人者发遣黑龙江,三人以下流三千里,均指为首者而言,应于例内增人“为首”字样,为从各减一等,以昭赅备。谨将修改例文,开列于后。

一、凡滇省永昌、顺宁二府以外沿边关隘,禁止私贩鱼、盐、棉花等物。如拿获私贩之人,审讯明确,共伙人数在十人以上,为首者,拟绞立决;为从,及数在四人以上不及十人为首者,俱发遣黑龙江等处;若止三人以下为首者,杖一百、流三千里。为从各减一等。其私贩碧霞玺、翡翠、玉葱、玉鱼之犯,照越度缘边关塞律治罪。以上各项人犯,如有因私贩透漏消息者,审实,无论人数多寡,请旨即行正法。关口员弁,或有失察、故纵情弊,查出分别,从重治罪。

【1814】〇修改

臣等谨按:嘉庆十七年(1812)十月内,臣部议复升任吏部给事中西琅阿奏调剂黑龙江等处遣犯折内,请将在滇省沿边关隘私贩碧霞玺等物,其伙数在一二十人以上,为从及四人以上不及十人者,俱改发极边足四千里充军等因,奏准通行在案。例内发黑龙江之处,应行修改。谨将修改例文,开列于后。

一、凡滇省永昌、顺宁二府以外沿边关隘,禁止私贩碧霞玺、翡翠玉、葱玉、鱼、盐、棉花等物。如拿获私贩之人,审讯明确,共伙人数在一二十人以上,为首者,拟绞立决;为从,及数在四人以上不及十人者,俱发极边足四千里充军;若止三人以下者,佥妻流徙三千里安置。如有因私贩透漏消息者,审实,无论人数多寡,请旨即行正法。关口员弁,或有失察、故纵情弊,查出分别,从重治罪。

【1825】5.15.220.(9)(略)

【1852】〇修改

谨按:“佥妻”九字改为“杖一百、流三千里”,并于“透漏”下增“军情”二字。

一、凡滇省永昌、顺宁二府以外沿边关隘,禁止私贩碧霞玺、翡翠玉、葱玉、鱼、盐、棉花等物。如拿获私贩之人,审讯明确,共伙人数在一二十人以上,为首者,拟绞立决;为从,及数在四人以上不及十人者,俱发极边足四千里充军;若止三人以下者,杖一百、流三千里。如有因私贩透漏军情消息者,审实,无论人数多寡,请旨即行正法。关口员弁,或有失察、故纵情弊,查出分别从重治罪。

【1870】5.15.220.(9)(略)

【1782】〇续纂

一、东三省身任京员,及在京当差者,置买家奴,于当官立契时,俱询明卖身之人,或只愿在京服役,或情愿日后随回东省,俱当官载于契纸。若只愿在京服役,伊主回家时,听其另行投主,交还身价。若情愿日后随去者,伊主回家时报明本旗,咨行该省将军存记,只许永远役使,不许转卖图利。如违,俱按兴贩人口例治罪。仍令该将军每年将有无转卖图利之处，年终咨报刑部备查。

臣等谨按：此条系乾隆四十二年（1777）十二月内，臣部审拟蓝翎侍卫僧保在京白契典买家人福儿，并不当官立契，擅自携带出口，复违例转卖一案，奏请定例。奉旨："依议。"钦遵在案，应纂辑遵行。

【1790】5.15.220.（9）（略）

【1825】5.15.220.（8）（略）

【1830】○续纂

臣等谨按：道光六年（1826）十二月初一日，奉上谕："富俊奏流民搬移净尽一折。吉林潜居流民前，已有六百余户陆续迁移，分散居住。兹据该将军奏'舒兰等六处流民三百余户，业已依限全行搬进卡伦以内，着该将军饬令该处各卡伦随时严查。按三个月更换时，互相稽察，各出具卡伦外并无一户流民居住甘结，以备查核，仍按季派协领等官往查。如敢阳奉阴违，即行严参治罪。并着出示晓谕，军民人等以后如有私越卡伦以外者，立即拿获惩办，毋稍宽贷。该将军仍随时密加访查。每届年终，据实具奏一次'等因，钦此。"钦遵在案，应恭纂为例，以资引用。至军民人等私越卡伦以外，臣等查核该将军原奏，系请照私入禁山偷砍树木已得之例，问拟云贵两广烟瘴稍轻地方充军，应请于例内，纂辑明晰，以免舛误，合并声明。

一、吉林地方卡伦外，毋许流民居住。若军民人等私越卡伦者，发云贵两广烟瘴稍轻地方充军。该将军令守卡各官随时严查，三个月更换，交代时，出具并无流民潜住甘结，呈报将军衙门查核，仍按季选派协领等官复查。如守卡各员不实力奉行，严参治罪。并令该将军随时密查，每届年终核实具奏。

【1847】5.15.220.（10）（略）

诈冒给路引

律　文

【1646】5.15.242

凡不应给路引之人（谓配遣囚徒、安置家口之类。）而给引，及军诈为民、民诈为军，若冒名告给引，及以所给引转与他人者，并杖八十。若于经过官司停止去处倒（换）（另）给路引，及官豪势要之人，嘱托军民衙门，擅给批帖，影射（人）（货）出入者，各杖一百。（若官吏、人匠供送文引年深，于原任、原役衙门告给新引，照身回还者，不在此限。）当该官吏听从（指上三件。）及知情给与者，并同罪。若不从，及不知者，不坐。○若巡检司越分给引者，罪亦知之。（依听从知情律。）○其（应给衙门）不立文案，空押路引私填与人者，杖一百、徒三年。○受财者，（分有禄、无禄，）计赃以枉法，及有所规避者，（或贩禁货通番，或避罪犯出境。）各从重论。○若军、民出百里之外不给引者，军以逃军论，民以私度关津论。

【1670】5.15.241（略）

【1725】○修改

原拟:今民人各省行走贸易,并无禁止之事。营兵出百里外,亦无给与路引之例。末一节拟删。

臣等谨按:此防给引之诈冒也。倒给,谓倒其旧引而换给新引也。关津盘诘,全凭照验路引,以防欺伪。首节言不应给引而给,及军诈为民、民诈为军,与顶冒他人名告给,或将已引转与他人,或于中途停止倒换,及官豪势要嘱托衙门擅给印信、批帖,影射人货出入者之罪。当该官吏听从嘱托,及知情给与者同罪。二节言巡检越分给引之罪。三节言应给引衙门不将告引之人籍贯、住址、姓名,及所带人货,明立文案,空押路引,私下填给与人之罪。末节总承上文受财及有所规避之罪。赃重则从赃,赃轻则从本罪。

【1725】5.15.231

凡不应给路引之人谓配遣囚徒、安置家口之类。而给引,及军诈为民、民诈为军,若冒名告给引,及以所给引转与他人者,并杖八十。若于经过官司停止去处倒换另给路引,及官豪势要之人,嘱托军民衙门,擅给批帖,影射人货出入者,各杖一百。若官吏、人匠供送文引年深,于原任、原役衙门告给新引,照身回还者,不在此限。当该官吏听从及知情给与者,指上三件。并同罪。若不从,及不知者,不坐。○若巡检司越分给引者,罪亦知之。依听从知情律。○其应给衙门不立文案,空押路引私填与人者,杖一百、徒三年。○受财者,分有禄、无禄,计赃以枉法,及有所规避者,或贩禁货通番,或避罪犯出境。各从重论。

注:此防给引之诈冒也。倒给,谓倒其旧引而换给新引也。关津盘诘,全凭照验路引,以防欺伪。首节言不应给引而给,及军诈为民、民诈为军,与顶冒他人名告给,或将已引转与他人,或于中途倒换给引,及官豪势要嘱托衙门擅给印信、批帖,影射人货出入者之罪。当该官吏听从嘱托,及知情给与者同罪。二节言巡检越分给引之罪。三节言应给引衙门,不将告引之人籍贯、住址、姓名,及所带人货,明立文案。空押路引,私下填给与人之罪。末节总承上文受财及有所规避之罪,各从重论。

【1740】5.15.221(略)

附律条例

***【1725】○增入**[①]

【现行例】一、凡内地往台湾之人,该县询明事故并回籍日期,填照给发。一面申报海道存案,随移付厦门同知点验出口。仍给发长单,移付台湾同知查明放进,限满催令回籍销号。地方官有滥给照单,经督抚题参一次者,罚俸六个月;二次者,罚俸一年;三次者,降一级留任;四次者,降一级调用。良民愿入台湾居住者,台湾府县查明,出具印文,知照内地府县,申报海道稽察,仍报明督抚存案。如入籍居住之人,该

① 本条见于《大清律例按语》第15卷"兵律·关津·诈冒给路引"(雍正三年)条下,雍正三年(1725)《大清律集解附例》、乾隆五年(1740)《大清律例》不载。

府、厅、县官不行查明，以致奸宄丛杂，经督抚查出题参者，照隐讳例议处。

臣等谨按：此条类于诈冒给路引律，应入条例内。

关津留难

律 文

【1646】5.15.243

凡关津往来船只，守把之人，不即盘(诘)验(文引)放行，无故阻当者，一日笞二十，每一日加一等，罪止笞五十。(坐值日。若取财者，照在官人役取受有事人财例，以枉法计赃科罪。)〇若官豪势要之人，乘船经过关津，不服盘验者，杖一百。〇若撑驾渡船梢水，如遇风浪险恶，不许摆渡，违者笞四十。若不顾风浪，故行开船，到中流停船，勒要船钱者，杖八十。因而杀伤人者，以故杀(死。)伤(未死。)论。(或不曾勒要船钱，止是不顾风浪，因而沉溺杀伤人者，以过失科断。)

【1670】5.15.242（略）

【1725】5.15.232（略）

注：此惩关津阻抑及渡船勒索之罪也。关津之设，本以御暴讥奸，不得羁滞行旅。首节言一应往来经行船只，守把官役人等不即盘诘来历，察验文引，随时放行，而无故阻当者之罪。二节言官豪势要之人，有乘船经过关津，而恃强抗拒，不服守把人盘验者之罪。末节言撑驾渡船之梢工、水手，遇风浪险恶，违禁过渡，及不顾风浪，而冒险开行，至中流停船，勒要船钱，并因停船勒钱之故，或争嚷蹉跌，或被风浪冲激失水，以致有所杀伤人者之罪。

臣等谨按：此惩关津阻抑及渡船勒索之罪也。关津之设，本以御暴讥奸，不得羁滞行旅。首节言一应往来经行船只，守把官役人等不即盘诘来历，察验文引，随时放行，而无故阻挡者之罪。二节言官豪势要之人，有乘船经过关津，而恃强抗拒，不服守把人盘验者之罪。末节言撑驾渡船之稍工、水手，遇风浪险恶，违禁过渡，及不顾风浪，而冒险开行，至中流停船，勒要船钱，并因停船勒索之故，或争嚷蹉跌，或被风浪冲激失水，以致有所杀伤人者之罪。

【1740】5.15.222（略）

递送逃军妻女出城

律 文

【1646】5.15.244

凡在京守御官军，递送逃军妻女出京城者，绞；(杂。)民犯者，杖一百。若各处守御城池及屯田官军，递送逃军妻女出城者，杖一百，发边远充军；民犯者，杖八十。受财者，计赃以枉法从重论。(分有禄人、无禄人。)其逃军买求者，罪同。守门之人知情故纵者，与犯人同罪，(至死减一等。)失于盘诘者，(官)减三等，罪止杖一百。军人又减一等。〇若递送非逃军妻女出城者,如犯罪取发,及军在伍而妻女私还原籍,及故军妻女之类,但不系逃者皆是。杖八十。有所规避者,如刁奸、诱卖,或犯罪法,应缘坐。从重论。依送令隐避从重论。

【1670】5.15.243(略)

【1725】○修改

原拟:本律内在京守御官军,有犯递送逃军妻女出京城者,坐以杂犯绞罪,准徒五年。但徒罪尚有年限,而各处守御官军有犯,拟以边远充军,则竟无还期,似乎轻重不符。应照本律各处民人减在京民人罪二等,将"杖一百,发边远充军"句改为"杖一百,徒三年"。又"至死减一等",指正犯言,此系杂犯,小注应删。

臣等谨按:此严禁递送逃军家属之罪也。守门之人,兼官与军言。盖守御官军,有稽察逃军之责。且京城又与外地不同,故罪分轻重。前节言在京及各处官军递送逃军妻女出城,与民犯递送者之罪。若官与军、民受财者,并计赃以枉法从重论。赃罪重则从赃,赃罪轻则仍从递送论也。若逃军用财买求递送者,与官及军、民递送之罪同。其守门值日知情故纵者,与递送之犯人罪同。失于盘诘者,官减犯人之罪三等,军又减官之罪一等。末节言非逃军妻女,而官与军、民递送出城之罪,恐开逃走之渐也。若其人或身自犯法,或法应缘坐,有所规求隐避而递送者,则各从所规避之重罪论。

【1725】5.15.233

凡在京守御官军,递送逃军妻女出京城者,绞;杂。民犯者,杖一百。若各处守御城池及屯田官军,递送逃军妻女出城者,杖一百、徒三年;民犯者,杖八十。受财者,计赃以枉法从重论。分有禄人、无禄人。其逃军买求者,罪同。守门之人知情故纵者,与犯人同罪;失于盘诘者,官减三等,罪止杖一百。军人又减一等。○若递送非逃军妻女出城者,如犯罪取发而妻女私还原籍之类,但不系逃者,皆是。杖八十。有所规避者,如刁奸、诱卖,或犯罪法应缘坐。从重论。依送令隐避,从重论。

注:此严递送逃军家属之罪也。在京守御官军,如有军人在逃,而为之递送妻女出城者,坐杂犯绞,准徒五年;民犯者,杖一百。其在外各处守御城池,及屯田官军,递送逃军妻女出城者,杖一百、徒三年;民犯者,杖八十。若官与军、民因受财而为递送者,并计赃以枉法从重论。赃重则从赃,赃轻则仍从递送论。若逃军用财买求递送者,与递送人罪同。其值日守门人知情故纵者,亦与递送人同罪。失于盘诘者,官减犯人罪三等,罪止杖一百;军又减官罪一等。若非逃军妻女,而为之递送出城者,杖八十,以杜逃走之渐也。若其人或身自犯法,或法应缘坐,有所规求隐避而递送者,依送令隐避从重论。

【1740】○修改

臣等谨按:逃军本罪,依所犯次数定拟。若本罪重于买求,当从重科断,应增注。谨将增辑律注,开列于后。

凡在京守御官军,递送逃军妻女出京城者,绞;杂犯。民犯者,杖一百。若各处守御城池及屯田官军,递送逃军妻女出城者,杖一百、徒三年;民犯者,杖八十。受财者,计赃以枉法从重论。分有禄人、无禄人。其逃军买求者，罪同。若逃罪重者，仍从本罪论。守门之人知情故纵者，与犯人同罪；失于盘诘者，官减三等，罪止杖一百。军人又减一等。○若递送非逃军妻女出城者，如犯罪取发而妻女私还原籍之类，但不系逃者，皆是。杖八十。有所规避者，如刁奸、诱卖，或犯罪法应缘坐。从重论。依送令隐避，从重论。

【1740】5.15.223（略）

盘诘奸细

律　文

【1646】5.15.245

凡缘边关塞，及腹里地面，但有境内奸细，走透消息于外人，及境外奸细，入境内探听事情者，盘获到官，须要鞫问接引、入内、起谋出外之人，得实，不分首从皆斩。监候。经过去处守把之人，知而故纵，及隐匿不首者，并与犯人同罪。至死减等。失于盘诘者，官杖一百；军兵杖九十。罪坐值日者。

【1670】5.15.244（略）

【1725】5.15.234（略）

注：此严奸细出入之禁也。凡缘边关塞及腹里地面，提防封守，所系最重，盘诘奸细，不可不严。如境内奸细私出，而走透消息于境外，及境外奸细潜入，而探听事情于境内。其自内出者，必有起谋，自外入者，必有接引。守御把隘之人，既经盘获到官，便须鞫问追究何人接引、何人起谋。其所指接引、起谋之人，确有实迹可据，即与奸细不分首从皆斩。至奸细出入经过去处，若守把官军知情而故纵放行，及隐匿在家而不举首者，并与奸细犯人同罪，至死减一等。若非故纵，而止失于稽察，不行盘诘者，守把之官杖一百，军、兵杖九十，俱罪坐值日之人。此律当与漏泄军情大事条参看。盖彼自闻之而漏泄者言，故有先传、传至之分；此则专指奸细言，故接引、起谋，俱不宽贷。

臣等谨按：此严奸细出入之禁也。凡缘边关塞及腹里地面，提防封守，所系最重，盘诘奸细，不可不严。如境内奸细私出，而走透消息于境外，及境外奸细潜入，而探听事情于境内。其自内出者，必有起谋，自外入者，必有接引。守御把隘之人，既经盘获到官，便须鞫问追究何人接引、何人起谋。其所指接引、起谋之人，确有实迹可据，即与奸细不分首从皆斩。至奸细出入经过去处，若守把官军知情而故纵放行，及隐匿在家而不举首者，并与奸细犯人同罪，至死减一等。若非故纵，而止失于稽察，不行盘诘者，守把之官杖一百，军、兵杖九十，俱罪坐值日之人。此律当与漏泄军情大事条参看。盖彼自闻之而漏泄者言，故有先传、传至之分；此则专指奸细言，故接引、起谋，俱不宽贷。

【1740】5.15.224（略）

附律条例

【1646】5.15.245.(1)

一、交结外国,互相买卖借贷,诓骗财物,引惹边衅,及潜住苗寨,教诱为乱,如打劫民财,以强盗分别。贻患地方者,除真犯死罪,如越边关出外境,将人口、军器出境,卖与硝磺之类。外,俱问发边卫永远充军。

【1670】5.15.244.(1)(略)

【1725】5.15.234.(1)

【原例】(略)

【1740】○修改

臣等谨按:雍正七年(1729)定例"私通土苗,借骗财物,问边远充军",与此条相类,应并入。又查雍正十一年(1733)定例"凡犯边卫永远充军者,改发边远充军",例内"永远"二字应删。谨将删并例文,开列于后。

一、交结外国,及私通土苗,互相买卖借贷,诓骗财物,引惹边衅,或潜住苗寨,教诱为乱,如打劫民财,以强盗分别。贻患地方者,除实犯死罪,如越边关出外境,将人口、军器出境,卖与硝磺之类。外,俱问发边远充军。

【1740】5.15.224.(1)(略)

【1646】5.15.245.(2)

一、沿边关塞及腹里地面盘诘奸细处所,有归复乡土人口,被获到官,查审明白,即照例起送。有妄作奸细希图冒功者,以故入人罪论。若真正奸细,能首降者,亦一体给赏、安插。

【1670】5.15.244.(2)(略)

【1725】5.15.234.(2)

【原例】(略)

【1740】○修改

臣等谨按:各条内并无起送归复乡土人口之例,"照例"二字应删。谨将删辑例文,开列于后。

一、沿边关塞及腹里地面盘诘奸细处所,有归复乡土人口,被获到官,查审明白,即行起送归籍。有妄作奸细希图冒功者,以故入人罪论。若实系奸细,能首降者,亦一体给赏、安插。

【1740】5.15.224.(2)(略)

【1725】○增入

臣等谨按:康熙四十七年(1708)八月内,刑部会复稽察匪类,事理类于此律,谨拟节录于后。

【续增现行例】一、凡州县城乡，十户立一牌头，十牌立一甲头，十甲立一保长。户给印牌一张，书写姓名、丁数，出则注明所往，入则稽其所来。其客店亦令各立一簿，每夜宿客姓名几人、行李牲口几何，作何生理，往来何处，逐一登记明白。至于寺观，亦分给印牌，上写僧道口数、姓名，稽察出入。如有虚文应事，徒委捕官吏胥需索扰害者，该上司查参治罪。

【1725】5.15.234.(3)

【增例】(略)

【1740】5.15.224.(3)(略)

【1725】○增入

臣等谨按：康熙五十一年(1712)八月内，兵部议复盘查贼船，事理类于此律，谨拟节录，开列于后。

【续增现行例】一、凡盘获形迹可疑之船，货物、人数不符税单、牌票者，限三日内查明。果系商船，即速放行；如系贼船，交与地方官治罪。如巡缉官兵以贼船作为商船释放者，照讳盗例治罪；以商船作为贼船扰害者，照诬良为盗例治罪。索取财物者拿问。该管上司查出，免其议处，失察照例议处。

【1725】5.15.234.(4)

【增例】(略)

【1740】○修改

臣等谨按：贼船有无行劫，必须审鞫，分别止云"治罪"，殊欠分晰，应增失察之治罪，应改"议处"。"查出，免其议处"句，无庸并载，应删。谨将增删例文，开列于后。

一、凡盘获形迹可疑之船，货物、人数不符税单、牌票者，限三日内查明。果系商船，即速放行；如系贼船，交与地方官审鞫有无行劫，按律例分别治罪。如巡缉官兵以贼船作为商船释放者，照讳盗例治罪；以商船作为贼船扰害者，照诬良为盗例治罪。索取财物者拿问。该管上司失察，照例议处。

【1740】5.15.224.(4)(略)

【1725】○增入

臣等谨按：雍正元年(1723)十一月内，兵部题守关官员失察，事理类于此律，谨拟节录于后。

【续增现行例】一、凡看守关口官员，若无印票私出不查拿者，降一级调用。加级纪录，不准抵销。若放出私贩人口奸棍者，革职。其关口兵丁及贩卖之奸棍，加常罪一等治罪。如受财物放出私贩人口者，该管关口官照例革职，计赃以枉法治罪；兵丁以衙役枉法犯赃，从重治罪。均遇赦不赦。

【1725】5.15.234.(5)

【钦定例】(略)

【1740】○删除

臣等谨按:守关官员处分,应入《吏部处分则例》。又按:贩卖常罪,止于徒、流。而私将人口出境及略卖人口出境,律例已问处绞,毋庸于常罪上加等。至守把兵丁故纵同罪,受财计赃,其科断已在私出外境律内。略卖人口知情故纵,会赦并不原宥,已载在"名例"内。此条应删。

*【1725】○增入①

【现行例】一、凡民人有任意弃耕,聚众带领妻子、马骡游走于外者,将专汛地方文武各官,降一级调用;兼辖文武,系同城,降一级调用,不同城,降一级留任;统辖文武,降一级,照旧管事。卦子等类离籍聚众,越府、州、县行走,经过地方文武各官不行查拿,降一级,照旧管事;上司各官,罚俸一年。如卦子等类聚众,在别府、州、县卫所地方经年累月潜住者,该管文武各官,降二级调用;兼辖文武,系同城,降一级调用,不同城,降一级留任;统辖文武,各降一级,照旧管事。

臣等谨按:此条类于盘诘奸细律,应增入条例后。

【1725】5.15.234.(6)

【钦定例】一、沿柳条边之蒙古地方,有内地民人种地居住者,交与渣萨克等,十家内设立一长,逐户严查,不许无事闲人存留,令渣萨克着落十家长取具保结。如民人内有隐匿内地逃人者,着该渣萨克查拿,将逃人一并送部。其逃人照定例治罪,将容留隐匿逃人之民人,亦交与该部治罪。

谨案:此条雍正三年(1725)定。

【1740】○修改

臣等谨按:此条字句有繁冗处,应删。谨将删辑例文,开列于后。

一、沿柳条边之蒙古地方,有内地民人种地居住者,交与扎萨克等,十家内设立一长,逐户严查,不许闲人存留,取具十家长保结。如民人内有隐匿内地逃人者,着该扎萨克将逃人与隐匿逃人之民人,一并查拿,解部治罪。

【1740】5.15.224.(5)(略)

【1725】5.15.234.(7)

【钦定例】一、发遣人犯,或有混入边地贸易、割草人中,偷行渡河,逃入蒙古境内者,应令汛渡弁兵,将贸易、割草之人,于去时登记人数,回时仍查原数。若人数短少,显有脱逃、隐匿,即行文知会蒙古。若有闲荡游手久留不归之人,即系脱逃凶犯,

① 本条见于《大清律例按语》第15卷"兵律·关津·盘诘奸细"(雍正三年)条下,雍正三年(1725)《大清律集解附例》、乾隆五年(1740)《大清律例》不载。

当即拿送该处,照本犯原罪分别治罪。倘仍有弁兵不行稽查,疏纵脱逃,漫无觉察者,将汛渡弁员照失察例议处,兵照失于盘诘律治罪。蒙古既知系内地脱逃之犯,仍容留隐匿者,将蒙古照窝藏逃人例治罪。

谨案:此条雍正三年(1725)定。

【1740】○修改

臣等谨按:此条字句有繁冗处,应删。至失察之员弁,照失察例议处,文类处分则例,应改。谨将删改例文,开列于后。

一、沿边近蒙古地方,令汛渡弁兵,将贸易、割草人,于去时登记人数,回时照数稽查。如有发遣人犯混入逃匿,即行文知会蒙古,拿送该处,照本犯原罪分别治罪。倘弁兵疏纵脱逃,漫无觉察,将弁员交部议处,兵照失于盘诘律治罪。若蒙古知系内地逃犯,仍容留隐匿者,照窝藏逃人例治罪。

【1740】5.15.224.(6)(略)

【1725】5.15.234.(8)

【钦定例】一、广东省山多田少,无田耕种穷民,赶山搭寮,取香、砍柴、烧炭等项,令各州县每寮给牌。遇有迁徙消长,赴县添除。违者,寮长照脱漏户口律治罪。倘窝藏奸宄,勾通匪类,寮长不报官究治,或被旁人首告者,照总甲容留棍徒例治罪。各寮长将此等人查出,即行报官者,免其治罪。至入山之穷民,如不赴官报明,搭寮居住,种麻种靛者,照盗耕田亩律治罪。其山主不经官验准,私令批佃搭寮、种麻种靛者,照违令律治罪。山主经官验准者,免其治罪。若文武各官漫不经心约束,以致窝藏奸宄、勾通匪类,经督抚题参者,照溺职例革职。

谨案:此条雍正三年(1725)定。

【1740】○修改

臣等谨按:此条字句有繁冗处,应删。漫不约束之文武各官,照溺职例革职,文类处分则例,应改。谨将删改例文,开列于后。

一、广东省穷民赶山搭寮,取香、砍柴、烧炭、种麻、种靛等项,令各州县每寮给牌。遇有迁徙消长,赴县添除。违者,寮长照脱漏户口律治罪。倘窝藏奸宄、勾通匪类,寮长不报官究治,或被旁人首告者,照总甲容留棍徒例治罪。如有不赴官报明,径自搭寮居住者,照盗耕田亩律治罪。山主不经官验准,私令批佃搭寮者,照违令律治罪。若文武各官漫不约束,以致藏奸,该督抚即行题参,交部议处。

【1740】5.15.224.(7)(略)

【1740】○增入

臣等谨按:此条系雍正三年(1725)定例,从前纂辑律例时,未经载入。伏查雍正十三年(1735),又钦奉上谕,勒令该督抚等,转饬有司,实力奉行在案。应请纂入,以便引用。

一、浙江、江西、福建等省棚民，在山种麻种靛、开炉扇铁、造纸做菰等项，责成山地主并保甲长出具保结，造册送该州县官，照保甲之例，每年按户编查，并酌拨官弁防守。该州县官于农隙时，务会同该营汛逐棚查点，毋得懈弛。如有窝匪、奸盗等事，山地主并保甲长不行首告，照连坐律治罪。该管官失察，交部议处。

【1740】5.15.224.（8）（略）

【1778】○续纂

臣等谨按：此条系乾隆四十二年（1777）五月内，钦差大学士诚谋英勇公阿桂等酌定边境事宜，奏准定例，应纂辑遵行。

一、滇省与外夷商贩，江西、湖广人为多，尤宜严禁。永昌府有潞江一处，顺宁府有缅宁一处，俱为通达各边总汇之区，应派妥干员弁专司稽察，遇有江、楚客民，驱令归回。其向来居住近边之人，地方官照内地保甲之例，编造寄籍册档，登记年貌，互相保结，严禁与附近猡夷结亲。如有进关、回籍等事，俱用互结报明，官给印票，关口照验放行，回滇时照验放出。若无印票，不准放行。守关员弁，如有混放偷漏情事，查明参处。其永昌、腾越、顺宁、缅宁、南甸、龙陵一带，所有本籍民人保甲，亦一体严为稽核，毋许江、楚客民混匿，违者从严惩治。至缅匪需用之黄丝等货，概不许贩至潞江、缅宁隘口。如有私贩出关者，货物入官，本犯究处。

【1790】5.15.224.（9）（略）

谨案：此条系乾隆四十二年（1777）定例。续将“缅宁”二字俱改为“猛缅”。“其永昌、腾越、顺宁”七字改为“其顺宁、永昌、腾越”。

一、滇省与外夷商贩，江西、湖广人为多，尤宜严禁。永昌府有潞江一处，顺宁府有猛缅一处，俱为通达各边总汇之区，应派妥干员弁专司稽察，遇有江、楚客民，驱令归回。其向来居住近边之人，地方官照内地保甲之例，编造寄籍册档，登记年貌，互相保结，严禁与附近猡夷结亲。如有进关、回籍等事，俱用互结报明，官给印票，关口照验放行，回滇时照验放出。若无印票，不准放行。守关员弁，如有混放偷漏情事，查明参处。其顺宁、永昌、腾越、猛缅、南甸、龙陵一带，所有本籍民人保甲，亦一体严为稽核，毋许江、楚客民混匿，违者从严惩治。至猛缅需用之黄丝等货，概不许贩至潞江、猛缅隘口。如有私贩出关者，货物入官，本犯究处。

【1825】5.15.224.（9）（略）

【1782】○续纂

一、凡有外国人等私越边境，无论是否贼匪，守卡官员即行擒拿。有将军、参赞驻扎者，报明将军、参赞；有督、抚驻扎者，报明督、抚，听候办理。如守卡官员任意贿纵，查出即行正法。其该管之将军、参赞、督抚等不遵照妥办，亦一并从重治罪。

臣等谨按：此条系乾隆四十四年（1779）九月内，黑龙江将军傅玉等参奏俄罗斯十七人执持兵械,赶马五十余匹,越入境内,被卡伦官兵衮布等拿获,并不报明将军,将俄罗斯马匹、皮张等物私留纵放,请将守卡官具治罪案内,钦奉上谕:"佐领衮布等擒拿越境之俄罗斯多人,并不解送将军,转勒留伊等马匹、皮张等物,私行纵放,不法已极。因特降谕旨,将衮布等押赴卡伦,眼同俄罗斯头人,立行正法。嗣后如有外国人等私越我境,无论是否贼匪,即行擒拿。有将军、参赞驻扎者,报明将军、参赞。有督、抚驻扎者,报明督、抚,听候办理。倘敢如衮布等任意贿纵,查出即行正法。若该管之将军、参赞、督、抚等不遵此旨妥办,亦一并从重治罪。钦此。"钦遵恭纂为例,以便遵行。

【1790】5.15.224.(10)(略)

【1795】○续纂

一、洋面山岛,不许民人搭盖房屋居住,令该镇将督同弁兵,于出洋会哨时,奋勇搜捕。见有在海岛内搭盖房屋者,除有为匪实迹,各照定例拿究办理,即未为匪,所有房屋亦立即烧毁。仍于岁底将各海岛有无建房居住,及人数多寡之处,咨报军机处、兵刑二部查明汇奏。

臣等谨按:乾隆五十四年(1789)六月内,大学士伯和等议奏"海洋盗犯出没之所,设法禁止,严行稽查"折内,声明"令该镇将等于出巡时,见有在海岛搭盖房屋者,立即烧毁"等因具奏,奉朱批:"依议速行。其各海岛有无建房居住,及人数多寡,着各该督抚于岁终具折奏闻。钦此。"应恭纂为例。再查各省年终汇奏事件,已于乾隆五十九年(1794)正月内钦奉谕旨:"令各该督抚咨报军机处。该部于年底汇开清单具奏"等因,钦遵在案。拟于例内添出,合并陈明。

【1802】5.15.224.(11)(略)

【1852】○续纂

一、盛京地方,遇有匪徒越边偷运米石,接济山犯,未至一石,照违制律杖一百;至一石者,杖六十、徒一年,每一石加一等;五石以上拟杖一百、流三千里。倘有运送杂粮、吃食、货物等项,计其驮载之马,每马一匹作米五斗,照偷运米石之数,一律办理。若仅止背负运送者,仍照违制律杖一百。

谨案:此条道光二十九年(1849)定。

【1870】5.15.224.(12)略

私出外境及违禁下海

律　文

【1646】5.15.246

凡将马牛、军需、铁货、(未成军器。)铜钱、缎匹、绸绢、丝棉私出外境货卖及下海者,杖一百。(受雇)挑担驮载之人,减一等。物货、船车并入官。于内以十分为率,三分付告人充赏。若将人口、军器出境及下海者,绞。监候。因而走泄事情者,斩。监候。其拘该束官司及守把之人,通同夹带,或知而故纵者,与犯人同罪。至死减等。失觉察者,官减三等,罪止杖一百。军兵又减一等。罪坐值日者。若守把之人受财,以枉法论。

【1670】5.15.245(略)

【1725】○修改

谨案:“拘该官司”四字,雍正三年(1725)奉御批改为“该拘束官司”。

【1725】5.15.235

凡将马牛、军需、铁货、未成军器。铜钱、缎匹、绸绢、丝棉私出外境货卖及下海者,杖一百。受雇挑担驮载之人,减一等。物货、船车并入官。于内以十分为率,三分付告人充赏。若将人口、军器出境及下海者,绞。监候。因而走泄事情者,斩。监候。其该拘束官司及守把之人,通同夹带,或知而故纵者,与犯人同罪。至死减等。失觉察者,官减三等,罪止杖一百。军兵又减一等。罪坐值日者。若守把之人受财,以枉法论。

注:此言以器物私卖外境,并走泄事情之罪也。凡马牛及兵仗所资之铁货与铜钱、缎匹等项,俱军民利用之物,不可以资外境之人。若有将此等货物,私出境外贩卖,及私下海洋者,杖一百。其受雇而与之挑担驮载货物之人,减一等,杖九十。所获货物、船车并入官,以十分之三付告人充赏。若将人口、军器私出外境,及下海贩卖者,是籍寇兵而助贼党也,故坐绞;若因贩卖货物而走泄境内机密事情者,则包藏祸心,与奸细无异,故坐斩,俱监候。其该拘束官司,及经过关津,守把官司、军兵人等,如有通同夹带马牛、货物、人口、军器出境下海,或知情故纵者,并与犯人同罪,至死减一等。若止失于觉察者,官员各减犯人罪三等,罪止杖一百。军兵又减官罪一等,罪止杖九十。皆所以防外叛之渐也。

臣等谨按:此言以器物私货外境,并走泄事情之罪也。前言将马牛等货物私出境外、下海贩卖者之罪。受雇人减一等。所获货物、船车并入官,将三分给付告人充赏。次言将人口、军器私出外境及下海贩卖,因而泄漏境内事情者之罪。人口、军器,与寻常货物不同,故坐绞监候。漏泄机密,则包藏祸心,与奸细无异,故坐斩监候。末言应该拘束官司及守把人通同夹带,或知情故纵者之罪,至死减一等。失于觉察者,官员各减犯人罪三等。军兵又减官罪一等。此皆所以防外叛之渐也。

【1740】5.15.225(略)

附律条例

【1646】5.15.246.(1)

一、各边将官并管军头目私役,及军民人等私出境外钓豹、捕鹿、砍木、掘鼠等项,并把守之人知情故纵,该管里老、官旗、军吏扶同隐蔽者,除真犯死罪外,其余俱调发烟瘴地面，民人、里老为民，军丁充军，官旗、军吏带俸食粮差操。

【1670】5.15.245.(1)(略)

【1725】○修改

原拟：今无旗军名色，应删去"旗军"字，亦无带俸食粮差操之例。谨拟删改，开载于后。

【原改条例】一、各边将官并官军头目私役，及军民人等私出境外钓豹、捕鹿、砍木、掘鼠等项，并把守之人知情故纵，该管里老、兵目、军吏扶同隐蔽者，除实犯死罪外，其余俱发烟瘴地面，民发为民，军发充军。

【1725】5.15.235.(1)

【原例】(略)

【1740】5.15.225.(1)(略)

臣等谨按：现今所纂律例，既不用"原例""增例""钦定例"等字样，若止挨年，不分伦次，则先后错杂，似非体制，前已于例吏律奏明此条所载例款。谨将"私出外境船只下海偷运私贩"及"偷渡巡防"各条，俱依类纂辑，庶条款不紊，易于检阅。①

【1772】○删除

臣等谨按：乾隆三十六年(1771)六月内，臣部奏明，此条专重各边将官、头目私役，及军民私出境外之罪。今私度缘边关塞及潜出外境律内俱有治罪专条，此条系相沿旧例，应请删除。

【1646】5.15.246.(2)

一、凡守把海防武职官员，有犯听受通番土俗哪哒、报水、分利、金银物货等项，值银百两以上，名为买港，许令船货私入，串通交易，贻患地方，及引惹番贼、海寇出没，戕杀居民，除真犯死罪外，其余俱问受财枉法罪名，发边卫永远充军。

【1725】○修改

原拟：有禄人枉法赃至八十两者，即拟死罪；不及八十两者，有流罪，无军罪。此条内既言"除死罪外，发边卫永远充军"，又言"问受财枉法罪名"，于律不符，应将"受财枉法罪名"句删去。

【1725】5.15.235.(2)

【原例】一、凡守把海防武职官员，有犯听受通番土俗哪哒、报水、分利、金银货物等项，值银百两以上，名为买港，许令船货私入，串通交易，贻害地方，及引惹番贼、海寇出没，戕杀居民，除实犯死罪外，其余俱发边卫永远充军。

【1670】5.15.245.(2)(略)

【1740】○修改

臣等谨按："有犯听受通番土俗哪哒、报水、分利、金银货物等项，值银百两以上，名为买港"等语，系前明旧例，语欠明晰，应改。又按，例内"边卫永远充军"，应照雍正十一年

---

① 此条按语原附在【1740】5.15.225.(26)条后，系指乾隆五年(1740)修律重新编排"私出外境及违禁下海"条下附例言。

(1733)定例,改为“边远充军”。谨将改辑例文开列于后。

一、凡守把海防武职官员,有犯听受外番金银、货物等项,值银百两以上,许令船货私入,串通交易,贻害地方,及引惹番贼、海寇出没,戕杀居民,除实犯死罪外,其余俱发边远充军。

【1740】5.15.225.(24)(略)

【1790】5.15.225.(23)(略)

【1802】5.15.225.(20)(略)

【1825】5.15.225.(17)(略)

【1646】5.15.246.(3)

一、凡外国贡船到岸,未曾报官盘验,先行接买番货,及为外国收买违禁货物者,俱发边卫充军。

【1670】5.15.245.(3)(略)

【1725】5.15.235.(3)

【原例】(略)

【1740】5.15.225.(15)(略)

【1768】5.15.225.(15)

一、凡外国贡船到岸,未曾报官盘验,先行接买番货,及为外国收买违禁货物者,俱发近边充军。

【1802】5.15.225.(11)(略)

【1810】○修并、修改

【原例】*户律·市廛·把持行市

【1740】3.10.154(1)一、会同馆内外四邻军民人等,代替外国人收买违禁货物者,问罪,枷号一个月,发近边充军。

*兵律·关津·私出外境及违禁下海

【1802】5.15.225.(11)(略)【1740】5.15.225.(16)(略)

*邮驿·多支廪给

【1768】5.17.244.(1)一、各处地方,如遇外国人入贡,经过驿递,即便察照勘合应付,不许容令买卖,连日支应,违者,按律治罪。若街市铺行人等,私与外国人交通买卖,货物入官,犯人问罪,枷号一个月发落。货物若不系违禁,引违制律;若系禁货,引为外国收买违禁货物例,发近边充军。

臣等谨按:以上“户律”一条、“兵律”三条,俱系与外国人等私相交易,并代买违禁货物治罪之例。查第一条代替外国人收买违禁货物,枷号,拟军;第二条为外国人收买违禁货物,仅拟军罪,并无枷号,情同罪殊,似未允协。又第二条贡船到岸,未曾报官盘验,先行接买番货,并不论是否违禁,概拟军罪,与第四条街市铺行人等,私与外国人交通买卖,分别违禁拟军,不违禁拟杖、枷号之处,亦属两歧。又第三条不许买黄、紫、黑、皂大花西番莲缎匹,并史书,及一应违禁军器、硝磺、牛角、铜铁等物,如有图利卖与进贡外国者,为首斩监候。查缎匹、史书固属违禁，究与军器、硝磺等物不同，若一律论罪，未免无所区别，且与各条代为收买违禁货物之罪轻重悬殊。再查各例事类罪异，分别“户律”“兵律”，查阅难周，易启高下其手之弊，应请将先行接买番货，与外国人私相交易，分别是否违禁，拟以枷、杖、充军。其代为收买违禁货物，及卖给缎匹、史书者，亦一例拨军、加枷。如卖给军器、硝磺、牛角、铜铁等物者，仍拟斩监候。如此画一修改，庶情罪咸归平允，而条例益昭核实矣。至第四条经过驿递，察照勘合应付一节，仍列于“多支廪给”门内，以符例义。谨将修并、修改例文二条，开列于后。

一、凡外国贡船到岸，未曾报官盘验，先行接买番货，并外国人入贡经过地方，街市铺行人等，私与外国人交通买卖，如所买卖货物不系违禁者，均照违制律杖一百，枷号一个月，货物入官。如所买卖系违禁货物，并会同馆内外四邻及军民人等，代替外国人收买违禁货物者，俱枷号一个月，发近边充军。若外国差使臣人等朝贡到京，与军民人等交易，止许光素苎丝绢布衣服等件，不许买黄、紫、黑、皂大花西番莲缎匹，并不得收买史书。违者，将卖给之人，照代为收买违禁货物例，枷号一个月，发近边充军。如有将一应违禁军器、硝磺、牛角、铜铁等物，图利卖与进贡外国者，为首依私将应禁军器出境因而走泄事情律斩监候，为从发近边充军。

＊兵律·邮驿·多支廪给

【1825】5.17.244.(1)一、各处地方，如遇外国人入贡，经过驿递，即便察照勘合应付，不许容令买卖，连日支应，违者按律治罪。

【1825】5.15.225.(34)(略)

【1870】5.15.225.(33)(略)

【1646】5.15.246.(4)

一、凡沿海去处，下海船只，除有号票、文引许令出洋外，若奸豪势要及军民人等，擅造二桅以上违式大船，将带违禁货物下海，前往番国买卖，潜通海贼，同谋结聚，及为乡导劫掠良民者，正犯比照谋叛已行律处斩，仍枭首示众，全家发边卫充军。其打造前项海船，卖与外国图利者，比照私将应禁军器下海因而走泄事情律，为首者处斩，为从者发边卫充军。若止将大船雇与下海之人，分取番货，及虽不曾造有大船，但纠通下海之人接买番货，与探听下海之人番货到来，私买贩卖苏木、胡椒至一千斤以上者，俱发边卫充军，番货并入官。其小民撑使单桅小船，给有执照，于海边近处捕鱼打柴，巡捕官军不许扰害。

【1670】5.15.245.(4)(略)

【1725】5.15.235.(4)

【原例】(略)

【1740】○修改

臣等谨按：先因严禁出洋，是以顺治十七年(1660)定例，民间私造双桅海船，即治以斩罪。迨康熙二十三年(1684),海氛既靖,将私造双桅大船在洋行走者,改为充军。至康熙四十六年(1707),商渔船只一体编甲取结,而桅之双、单,并从其便矣。洋禁既开,给照出洋已定有成例,此条“有号票、文引之船,许令出洋”毋庸复载应删。斩、枭重在潜通海贼,不在船之大小,况既有“不论单、双桅,听从民便”之例,则“擅造二桅以上违式大船”等语应改。再例内“将海船卖与外国图利者,为首比照私将应禁军器下海因而走泄事情律处斩”,系前明旧例,照本律斩监候。今查雍正六年(1728)福督高其倬密陈开洋一疏内,经兵部议准,照康熙五十六年(1717)定例,打造海船卖与外国者,造船与卖船之人即行立斩等因在案,现在各省遵行,应改。再双桅既从民便打造,则只应严禁雇与下海之人分取番货,及纠通接买番货等弊。其大船已不禁止,又给照察验,既有定例,则“不许扰害捕鱼小船”一项俱应删改。谨将删改例文,开列于后。

一、凡沿海地方,奸豪势要及军民人等私造海船,将带违禁货物下海,前往番国买卖,潜通海贼,同谋结聚,及为乡道劫掠良民者,正犯比照谋叛已行律处斩、枭示,全家发边卫充军。其打造海船卖与外国图利者,造船与卖船之人,为首者立斩,为从者发边卫充军。若将船只雇与下海之人分取番货,及纠通下海之人私行接买番货,与探听下海之人番货到来,私买贩卖苏木、胡椒至一千斤以上者,俱发边卫充军,番货并入官。

【1740】5.15.225.(3)(略)

【1790】5.15.225.(2)(略)

【1801】〇修改

臣等谨按:奸豪等私造海船,将带违禁货物,潜通海贼,同谋结聚,及为向导劫掠良民者,比照谋叛已行律处斩、枭示,全家充军,系顺治十七年(1660)定例。查嘉庆四年(1799)四月内,臣部遵旨查办比照大逆缘坐家属案内,声请嗣后比照谋反大逆及谋叛并诬告人叛逆之案,除正犯照律办理外,其家属一概免其缘坐等因具奏,奉旨:“依议。钦此。”钦遵在案。此条“全家充发”,即属缘坐,应画一修改。查此等奸民情同强盗,如其父兄、伯叔与弟果有知情分赃,自应照强盗例减本犯一等拟流;若父兄等并不知情,应照不能约束子弟为盗例拟杖,应于例内修改。谨将修改例文,开列于后。

一、凡沿海地方,奸豪势要及军民人等,私造海船,将带违禁货物下海,前往番国买卖,潜通海贼,同谋结聚,及为向导劫掠良民者,正犯比照谋叛已行律处斩、枭示。其父兄、伯叔与弟知情分赃,杖一百、流三千里;如不知情之父兄,仍照不能禁约子弟为盗例杖一百。其打造海船,卖与外国图利者,造船与卖船之人,为首者立斩,为从者发近边充军。若将船只雇与下海之人,分取番货,及纠通下海之人,私行接买番货,与探听下海之人番货到来,私买贩卖苏木、胡椒至一千斤以上者,俱发近边充军,番货并入官。

【1802】5.15.225.(16)(略)

【1825】5.15.225.(13)(略)

【1646】5.15.246.(5)

一、私自贩卖硫磺五十斤、焰硝一百斤以上者问罪,硝磺入官。卖与外国及边海贼寇者，不拘多寡，比照私将军器出境因而走泄事情律，为首者处斩，为从者俱发边卫充军。若合成火药卖与盐徒者，亦问发边卫充军。两邻知而不举者，各治以罪。

【1670】5.15.245.（5）（略）

【1725】5.15.235.（5）

【原例】（略）

【1740】○删除

臣等谨按：此条系前明旧例。其贩卖如何治罪之处，例未声明。又卖与外国、海寇者，照私将军器出境因而走泄事情律，罪止斩候，与本律条下所载"商渔船及夹带硝磺接济外洋，以通贼论斩"之例不符。再内地私贩硝磺已有新例，应将"合成火药卖与盐徒"一段并入新例，移于收藏"应禁军器"条例内，此条应删。

【1646】5.15.246.（6）

一、各边夜不收出境探听贼情，若与贼人私擅交易货物者，除真犯死罪外，其余问调广西烟瘴地面卫所食粮差操。

【1670】5.15.245.（6）（略）

【1725】○修改

原拟：今巡察沿边地方，俱系兵丁等役，应将"夜不收"字样改为"兵役"，改"调"字为"发"字，删去"食粮差操"字。谨拟删改，开载于后。

【原改条例】一、各边兵役出境巡察或探听贼情，若与贼人私擅交易货物者，除实犯死罪外，其余问发广西烟瘴地面充军。

【1725】5.15.235.（6）

【原例】一、各边兵役出境巡察或探听贼情，若与贼人私擅交易货物者，除实犯死罪外，其余问发烟瘴地面充军。

【1740】5.15.225.（26）（略）

【1790】5.15.225.（25）（略）

【1802】5.15.225.（22）（略）

【1825】5.15.225.（19）（略）

【1646】5.15.246.（7）

一、凡官员、军民人等，私将应禁军器，卖与进贡外国图利者，比依将军器出境因而走泄事情律斩，为从者，问发边卫充军。

【1670】5.15.245.（7）（略）

【1725】5.15.235.（7）

【原例】（略）

【1740】○修并

【原例】【1725】5.15.235.(7)(略)

＊户律·市廛·把持行市【1725】3.10.164.(3)

一、凡外国差使臣人等朝贡到京,与军民人等交易,止许光素苎丝、绢布衣服等件,不许买黄、紫、黑、皂大花西番莲缎匹,并不得取买史书,及一应违禁兵器、焰硝、牛角、铜铁等物。如有将违禁兵器等物,图利卖与外国人者,比照私将军器出境因而走泄事情律,为首者,枭首示众。

臣等谨按:此条旧载"户律·把持行市"条下,因系货卖出境之例,应移于此。再查此条与"私将应禁军器卖与进贡外国"条事同一类,应并。但磺与硝均系应禁火药,不便独举焰硝,应增。再律文私将应禁军器下海因而走泄事情,罪止斩候,今例内既云"比照议拟",又云"为首枭示",与律不符,并与"为首处斩、为从充军"一条,例不画一。查卖与贡使,终与私贩出境潜通贼匪有间,应改。谨将改并例文,开列于后。

一、凡外国差使臣人等朝贡到京,与军民人等交易,止许光素苎丝、绢布衣服等件,不许买黄、紫、黑、皂大花西番莲缎匹,并不得收买史书,及一应违禁军器、硝磺、牛角、铜铁等物。如有将违禁货物图利卖与进贡外国者,为首依私将应禁军器出境因而走泄事情律斩监候,为从发边卫充军。

【1740】5.15.225.(16)(略)

【1790】5.15.225.(15)(略)

【1802】5.15.225.(12)(略)

【1810】○修并、修改

见【1802】5.15.225.(11)条【1810】修并、修改项下。

【1725】○增入

原拟:现行例内一条,类于此律,应增入。

【现行例】一、贩卖硝磺之人,仍照例治罪外,土司、番蛮交界之处,奸商将军器贩卖与土司,贩卖之人,官民、兵丁俱杖一百,发边远充军。如该管官知情故纵者,与军民一例治罪。如不知者,州县官、武职专汛官俱降四级调用,府、道武职兼辖官俱降二级留任,该管总兵降一级留任,督抚、提督各罚俸一年。

原拟:此条内"降级""罚俸"之处,俱应改为"交该部议处"。谨拟删改,开载于后。

【原改现行例】

一、奸商贩卖军器与土司番蛮者,杖一百,发边远充军。该管官知情故纵者,罪同。不知情者,道、府、州、县官,及武职专管、兼辖官,并该管督抚、提镇,俱交该部照例分别议处。

【1725】5.15.235.(8)

【增例】(略)

【1740】5.15.225.(17)(略)

【1790】5.15.225.(16)(略)

【1802】5.15.225.(13)(略)

【1825】5.15.225.(11)(略)

【1725】○增入

原拟:现行例内一条,类于此律,应增入。

【现行例】一、商渔船只,不分单桅、双桅,悉从民便。造船时,呈报州县官,查取澳甲、户族、里长、邻佑保结,方准成造。完日报官,亲验给照,开明在船人年貌、籍贯,并商船所带器械件数,以便汛口察验。若商渔船内夹带违禁硝磺、钉铁、樟板等物接济外洋者,船户以通贼论斩;舵工、水手知情同罪,不知情者皆杖八十、徒二年;原保结之人,皆杖一百、徒三年。若船主在籍,而船只出洋有事,并责问船主。承察取结之该地方官,及汛口盘察之文武各官,俱革职。卖放者,革职,流二千里。其税关衙门,先验看地方官印照,然后给牌。有妄给者,亦照地方官例议处。若汛口之盘察、挂号文武各官,有勒索疏纵者,亦交与该部议。

【1725】5.15.235.(9)

【增例】(略)

【1740】○修改

臣等谨按:雍正六年(1728)定例"洋船内备用铁钉等物,准其酌量携带,仍于照后填明数目,以凭查验"等语,则商船准带不止器械件数,应增。谨将增辑例文,开列于后。

一、商渔船只,不分单桅、双桅,悉从民便。造船时,呈报州县官,查取澳甲、户族、里长、邻佑保结,方准成造。完日报官,亲验给照,开明在船人年貌、籍贯,并商船所带器械件数,以便汛口察验。若商渔船内夹带违禁硝磺、钉铁、樟板等物接济外洋者,船户以通贼论斩;舵工、水手知情同罪,不知情者皆杖八十、徒二年;原保结之人,皆杖一百、徒三年。若船主在籍,而船只出洋有事,并责问船主。承察取结之该地方官,及汛口盘察之文武各官,俱革职。卖放者,革职,流二千里。其税关衙门,先验看地方官印照,然后给牌。有妄给者,亦照地方官例议处。若汛口之盘察、挂号文武各官,有勒索疏纵者,亦交与该部议。

【1740】5.15.225.(4)(略)

【1790】5.15.225.(3)(略)

【1802】5.15.225.(4)(略)

【1725】○增入

原拟:现行例内一条,类于此律,应增入。

【现行例】一、船只出洋,十船编为一甲,取具连环保结。一船为非,余船并坐。余船能将为非船户首捕到官者,免其坐罪。初出口时,必于汛口挂号,将所有船照,呈送地方官或营官验明，填注月日，盖印放行。入口时，呈验亦如之。总计经过省份，一省必挂一号。回籍时，仍于本籍印官处送照查验。违者治罪。如有不由各汛偷越外洋者，船户、舵工人等，并富民谋利自造商船租与他人，及租之者，俱各杖一百，枷号三个月。失察及知情之该管各官，俱交该部议。

【1725】5.15.235.（10）

【增例】（略）

【1740】5.15.225.（5）（略）

【1790】5.15.225.（4）（略）

【1802】5.15.225.（5）（略）

【1725】○增入

【现行例】一、凡各省商渔船只，分别书刻字样。其各标营船，刊刻某营第几号哨船。舵工、水手人等，俱各给予腰牌，刊明姓名、年貌、籍贯。如船无字号，人有可疑，即严加究治。至渔船出洋，不许装载米酒，进口不许装载货物，违者严加治罪。其守口之文武各官不行盘查，照奸船出入海口例处分。

臣等谨按：康熙五十三年（1714）三月内，兵部议复商渔船只书刻字样，事理类于此律，谨拟节录于后。

【续增现行例】一、凡商渔船只，分别书刻字样。其营船，刊刻某营第几号哨船。舵工、水手人等，俱各给予腰牌，开明姓名、年貌、籍贯。如船无字号，人有可疑，即严加究治。至渔船出洋，不许装载米酒，进口不许装载货物，违者严加治罪。其守口之文武各官不行盘查，照奸船出入海口例处分。

臣等谨按：按以上一条，类于私出外境及违禁下海律，应增入条例内。

【1725】5.15.235.（11）

【增例】（略）

【1740】○修改

臣等谨按：不行盘查之文武各官，照奸船出入海口例处分，文类处分则例，应改。谨将改辑例文，开列于后。

一、凡商渔船只，分别书刻字样，其营船，刊刻某营第几号哨船。舵工、水手人等，俱各给与腰牌，刊明姓名、年貌、籍贯。如船无字号，人有可疑，即严加究治。至渔船出洋，不许装载米酒，进口，不许装载货物，违者严加治罪。其守口之文武各官不行盘查，照例议处。

【1740】5.15.225.（6）（略）

【1790】5.15.225.（5）（略）

【1802】5.15.225.（6）（略）

【1725】○增入

【现行例】凡奉天、山东、江南、浙江、福建、广东等处沿海船只，在朝鲜国境界渔采，及私行越江者，被朝鲜国人捕送，严行治罪，将该地方官员交部查议。

臣等谨按：康熙五十四年（1715）二月内，礼部议复私行越江，事理类于此律，谨拟节录于后。

【续增现行例】一、凡沿海船只，在朝鲜国境界渔采及私行越江者，被朝鲜国人捕送，严行治罪，将该地方官员交部查议。

臣等谨按：按以上一条，类于私出外境及违禁下海律，应增入条例内。

【1725】5.15.235.（12）

【增例】（略）

【1740】5.15.225.（19）（略）

【1790】5.15.225.（18）（略）

【1801】○修改

臣等谨按：此条系康熙五十四年（1715）定例。查盘诘奸细例载"交结外国，互相买卖，引惹边衅，贻患地方者，除实犯死罪外，俱问发边远充军"等语。此条"沿海船只，在朝鲜国境界渔采及私行越江"与例载"交结外国"情事相同，自应一例拟军。例内"严行治罪"句，应行明晰添纂。谨将修改例文，开列于后。

一、凡沿海船只，在朝鲜国境界渔采及私行越江者，被朝鲜国人捕送，为首发边远充军，从犯减一等。该地方官员交部查议。

【1802】5.15.225.（17）（略）

【1825】5.15.225.（14）（略）

【1725】5.15.235.（13）

【钦定例】一、凡缘边关口，如有来历不明，无印票可验者，不许私放出口。每季将出口人数造册，取具并无匪类出口印甘各结申报。倘守口官不验明印票，及私受贿赂，混行出入，该管官查出，即行详报该管将军、督抚、提镇题参，交部严行治罪。若该管将军、督抚、提镇通同徇庇，不行查参，及稽查不严，以致匪类越境生事者，一并从重议处。

【1740】○移并

见【1725】5.15.230.（2）条【1740】移并项下。

【1725】5.15.235.（14）

【钦定例】一、凡盗贼前往朝鲜国劫掠者，该国王即行追拿杀戮，生擒解送。若飘风船只人内，有无票妄行生事者，该国王即照伊律惩戒治罪。倘有匪类越境生事，而朝鲜不能擒获以致漏网者，该国王将伊国防汛之员题参治罪，该王一并交部议处。

谨案：此条雍正五年（1727）定。

【1740】○修改

臣等谨按:此条系康熙六十一年(1722)九卿遵旨定议。查原奏内称“飘风船只入内,有票并未生事者,照例送回。若无票妄行生事者,该国王即照伊律审拟,咨部具题,请旨完结”等语,前次修律时,未经全行纂入,应照原议增辑,以备引用。谨将增辑例文,开列于后。

一、凡盗贼前往朝鲜国劫掠者,该国王即行追拿杀戳,生擒解送。其飘风船只人内,实系有票,并未生事者,照例送回。若无票匪类妄行生事,该国王即照伊律审拟,咨部具题,请旨完结。倘伊国防汛之员不能擒获,题参治罪,该国王一并交部议处。

【1740】5.15.225.(20)(略)

【1790】5.15.225.(19)(略)

【1802】5.15.225.(15)(略)

【1825】5.15.225.(12)(略)

【1740】○增入

谨案:此条乾隆二年(1737)定例。

一、凡民人偷越定界,私入台湾番境者,杖一百。如近番处所,偷越深山,抽藤、钓鹿、伐木、采棕等项,杖一百、徒三年。其本管头目钤束不严,杖八十;乡保、社长,各减一等。巡查不力之值日兵役,杖一百;如贿纵,计赃从重论。

【1740】5.15.225.(2)(略)

【1790】5.15.225.(1)(略)

【1740】○增入

谨按:此条雍正八年(1730)定例。

一、往贩外夷之大洋船,准其携带炮位。每船炮不得过二门,火药不得过三十斤。其鸟枪、弓箭、腰刀等项,亦仍准携带。至制炮之时,该船户呈报地方官给照,赴官局制造,完日官验,凿船户籍贯、姓名及制造年月字样,仍于县照内注明所带炮位轻重大小,以备关口官弁盘验。回日即行缴库,开船再领。倘遭风沉失,令船户、客商具结,报明所在地方官,免其治罪。如船只无恙,妄称沉失,查究照接济外洋例治罪。

【1740】5.15.225.(7)(略)

【1790】5.15.225.(6)(略)

【1802】5.15.225.(7)(略)

【1740】○增入

谨按:此条乾隆二年(1737)定例

一、沿海一应采捕及内河通海之各色小船,地方官取具澳甲、邻佑甘结,一体印烙编号,给票查验。如有私造、私卖及偷越出口者,俱照违禁例治罪。甲邻不行呈报，一体连坐。倘船只有被贼押坐出洋者，立即报官，将船号、姓名移知营汛缉究。容隐不首，日后发觉，以接济洋盗治罪。其呈报遭风船只，必查讯实据，方准销号。捏报者，即行究治。

【1740】5.15.225.(8)(略)

【1790】5.15.225.(7)(略)

【1802】5.15.225.(8)(略)

【1740】○增入

此条系雍正十二年(1734)定例。查原议内囤积未曾兴贩，杖一百、徒三年。按兴贩五十斤以下，既计其斤数分别杖、徒科拟，若囤积未曾兴贩，概问满徒，则五十斤以下，问罪反较重于兴贩者，似未平允。查定例内地囤积未曾兴贩者，减私贩罪一等，此条今亦照改。

一、附近苗疆五百里以内民人，煎挖、窝囤、兴贩硝磺事发，如在十斤以下，杖一百；其十斤以上者，杖六十、徒一年；二十斤以上者，按照五徒以次递加；五十斤以上者，杖一百、流二千里；八十斤以上者，杖一百、流二千五百里；一百斤者，杖一百、流三千里。多至百斤以上者，照合成火药卖与盐徒例，发近边充军。若囤积未曾兴贩，减私贩罪一等。焰硝每二斤，作硫磺一斤科断。邻保、挑夫、船户，照例分别发落。其该地银匠、药铺、染房需用硝磺，地方官照例给批定限，每次不得过五斤，违者，治罪。

【1740】5.15.225.(9)(略)

【1790】5.15.225.(8)(略)

【1802】5.15.225.(9)(略)

【1740】○增入

谨按：雍正八年(1730)定例。

一、沿边沿海地方，有将黄金贩卖出洋者，照铁货铜钱等物私出外境下海律治罪。

【1740】5.15.225.(10)(略)

【1790】5.15.225.(9)(略)

【1802】5.15.225.(10)(略)

【1825】5.15.225.(31)(略)

【1835】○修改

臣等谨按：道光十三年(1833)四月内，据两江总督陶澍等奏“体察银钱贵贱情形酌筹事宜”一折，内称“律例内只有黄金、铜铁、铜钱出洋治罪之条，并无银两出洋作何治罪明文，恐无以慑奸商之志。奏请敕部明定例禁，颁发通行”等因，奉旨交臣部悉心酌定具奏。经臣部查，白银一项，虽非铁货铜斤堪以制造军器者可比。惟究属内地物产，止应供内地之用，与米谷等数并无二致。若任其私运出洋，则偷漏日多，内地转形支绌，于国计民生均有关系。自应仿照米谷出洋之例，另立治罪专条，以示惩创。再查黄金出洋，照铁货等物私出外境下海本律问拟杖一百之例,系雍正八年(1730)纂定。嗣例内铁货等物,续经加重,而黄金则尚仍其旧,诚恐法轻易犯,不足以杜贩买之源。且黄金出洋与白银出洋,事同一例,未便办理两歧。议请嗣后黄金、白银违例出洋,如白银数在一百两以上者,照偷运米谷一百石以上例,发近边充军;一百两以下,杖一百、徒三年;不及十两者,枷号一个月,杖一百。为从,及知情不首之船户,各减一等。至黄金,每两作白银十两科断。失察、贿纵之汛口文武各官,俱照失察贿纵米谷例惩办等因具奏。奉旨允准通行,遵照在案。应于例内添纂明晰,以资引用。谨将修辑例文,开列于后。

一、黄金、白银违例出洋,如白银数在一百两以上者,发近边充军;一百两以下,杖一百、徒三年;不及十两者,枷号一个月,杖一百。为从及知情不首之船户,各减一等。至黄金每两,作白银十两科断。失察、贿纵之汛口文武各官,俱照失察贿纵米谷例惩办。

【1847】5.15.225.(38)(略)

【1870】5.15.225.(37)(略)

【1740】○增入

臣等谨按:废铁、铁货潜出海边治罪一条,系雍正九年(1731)定例。铁锅不得出洋货卖,系雍正九年(1731)钦奉上谕。今恭纂成例,合为一条,以便引用。

一、奸民图利,将废铁、铁货潜出边境及海洋货卖,一百斤以下者,杖一百、徒三年;一百斤以上,及舟车捆载者,发边卫充军。若卖与外国及海边贼寇者,照将军器出境下海律绞监候。关隘官弁徇私故纵,照例议罪。如内地货卖,官弁兵役借端索诈,计赃治罪。其汉、夷船只,有将铁锅出洋货卖者,亦照此例行。至商船每日煮食之锅,照旧置用,官吏不得借端勒索滋扰。

【1740】5.15.225.(11)(略)

【1788】○修并

【原例】【1740】5.15.225.(11)(略)、【1768】5.15.225.(29)(略)

臣等谨按:以上二条俱系商民图利,将废铁、铁货及红黄铜器、铜斤,私贩海洋货卖,分别斤数,一律拟以军、徒之例,语同罪类。且后条内“为从及船户,各减一等”,而首条内止言“为首”而不及“为从”,又后条“关汛文武官弁失察故纵,分别议处治罪”,而首条内,关隘官弁止言“徇私故纵”而不及“失察”一层,均属挂漏。应将后条并入前条之内,以省繁冗,而昭赅括。今将修并例文,开列于后。

一、商民图利,将废铁、铁货及红黄铜器、铜斤私贩海洋货卖,一百斤以下者,杖一百、徒三年;一百斤以上,及舟车捆载者,发近边充军。若将废铁、铁货卖与外国及海边贼寇者,照将军器出境下海律拟绞监候,为从及船户各减一等,货物、铜铁、船只入官。关汛文武官弁失察、故纵,分别议处、治罪。如内地货卖,官弁、兵役借端索诈,计赃治罪。其汉、夷船只,有将铁锅出洋货卖者,亦照此例行。至商船每日煮食之锅,照旧置用,官吏不得借端勒索滋扰。

【1790】5.15.225.(10)(略)

【1801】○修并

【原例】【1790】5.15.225.(10)(略)、【1740】5.15.225.(12)(略)

臣等谨按：前条商民图利，将铁货卖与外国及海边贼寇者，拟绞监候，系雍正九年(1731)定例。后条沿海地方，递运铁斤交卖商渔船只，为首者拟绞监候，系雍正十三年(1735)定例。查商民将铁货卖与外国及海边贼寇，其意仅止图利，与接济外洋以通贼论斩者不同，定例拟绞监候，极为平允。惟后条递运铁斤交卖例内，既无"接济"字样，又无铁货斤数，遽拟绞候，与前条例意，殊属重复，且多挂漏。以一例而分列两条，未免混淆，恐滋高下出入之弊，应修并一条，以便引用。又船户治罪之处，前条减本犯罪一等，后条减二等，亦属参差，应依后条为允，合并声明。谨将修并例文，开列于后。

一、商民收买铁斤，除近苗产铁处所，令呈明地方官外，其内地兴贩，悉从民便。若沿海地方商民图利，将铁斤及废铁、铁货，并红黄铜器、铜斤，私贩递运海洋，交卖商渔船只，一百斤以下者，杖一百、徒三年；一百斤以上及舟车捆载者，发近边充军。为从各减一等。若将前项铜铁等货，卖与外国及海边贼寇者，照将军器出境下海律拟绞监候，为从，杖一百、流三千里。船户、挑夫，各减本犯罪二等。货物、铜铁、船只入官。关汛文武官弁失察、故纵，分别议处、治罪。如内地货卖，官弁兵役借端索诈，计赃治罪。其汉夷船只，有将铁锅出洋货卖者，亦照此例行。至商船每日煮食之锅，照旧置用，官吏不得借端勒索滋扰。

【1802】5.15.225.(35)(略)

【1825】5.15.225.(32)(略)

【1870】5.15.225.(31)(略)

【1740】○增入

臣等谨按：此条禁止递运铁斤，系雍正十三年(1735)定例。又查乾隆元年(1736)，工部议复安庆按察使刘柏条奏"商人收买铁斤，除近苗产铁处所，仍令呈明地方官外，其内地兴贩，悉从民便，毋庸报官给票，致滋扰累"等语，奏准遵行在案，今并纂入。

一、商人收买铁斤，除近苗产铁处所，令呈明该地方官外，内地兴贩，悉从民便。若在沿海地方递运铁斤，交卖商渔船只，为首照将军器出境下海律绞监候，为从杖一百、流三千里。船户、挑夫，减本犯罪二等。

【1740】5.15.225.(12)(略)

【1801】○修并

见【1790】5.15.225.(10)条【1801】修并项下。

【1740】○增入

此条系户部议准定例。

一、出海樵采船只,每船准带食锅一口外,每名许携斧斤一把。在船人数,不得过十人。俱注明照内,出入查验。若有夹带出口,及进口缺少,即行严究治罪。

【1740】5.15.225.(13)(略)

【1790】5.15.225.(12)(略)

【1802】5.15.225.(2)(略)

【1740】○增入

谨案:此条系乾隆元年(1736)定例。

一、奸徒偷运米谷,潜出外洋,接济奸匪者,拟绞立决。若止将米谷偷运出口图利,并无接济奸匪情弊者,米过一百石,发边卫充军;一百石以下,杖一百、徒三年;不及十石者,枷号一个月,杖一百。为从,及船户知情不首告者,各减一等。谷每二石,作米一石科断。以上船只、货物俱入官。汛口文武各官失察、故纵,交部照例分别议罪。

【1740】5.15.225.(14)(略)

【1788】○修并

【原例】【1740】5.15.225.(14)(略)、【1768】5.15.225.(28)(略)

臣等谨按:以上二条俱系奸徒将米谷、豆麦、杂粮偷运出洋,分别是否接济奸匪,及计石,一律拟以军、徒、杖、枷之例,情罪语句悉属相类,自应将后条并入前条之内,以昭明简而省繁冗。谨将并辑例文,开列于后。

一、奸徒将米谷、豆麦、杂粮偷运外洋,接济奸匪者,拟绞立决。若止图渔利,并无接济奸匪情弊者,米过一百石,发近边充军;一百石以下,杖一百、徒三年;不及十石者,枷号一个月,杖一百。为从,及知情不首之船户,各减一等。谷及豆麦、杂粮,每二石作米一石科断。船只、货物入官。汛口文武各官,分别失察、故纵,照例议处、治罪。

【1790】5.15.225.(13)(略)

【1795】○修改

臣等谨按:乾隆五十六年(1791)十一月内,江苏巡抚觉罗长麟等奏,米石出洋,不惟有碍民食,亦于海洋颇有关系。屡经派委员弁,赴海查拿。该委员等均须雇觅船只,多带水手,并须先行买赃购线,种种需费,微末员弁未免力不从心。请嗣后无论文武员弁,有能在海洋拿获私运米石者,将所获米石、船只,给该委员等充赏。倘不肖员弁,奉委之后,并不亲身出口,及以客商货船额带食米,妄拿讹诈,一体严参,从重治罪等因。奉朱批:"所奏是。着照所请行,该部知道。钦此。"钦遵在案。自应纂修为例,以便遵行。所有此条原例内"船只、货物入官"之处,应行修改。今将修改例文,开列于后。

一、奸徒将米谷、豆麦、杂粮偷运外洋,接济奸匪者,拟绞立决。如止图渔利,并无接济奸匪情弊者,米过一百石,发近边充军;一百石以下,杖一百、徒三年;不及十石者,枷号一个月,杖一百。为从,及知情不首之船户,各减一等。谷及豆麦、杂粮,每二石作米一石科断。所有奸徒偷运米石及船只、货物,俱给拿获之员弁充赏。失察之汛口文武各官,照例议处。如有得贿故纵者,即行参革,以枉法计赃治罪。倘有不肖员弁,奉委之后,并不亲身出口,及妄拿商船额带食米讹诈者,一体严参。其有得赃者,照恐吓取财律治罪。

【1802】5.15.225.(33)(略)

【1825】5.15.225.(30)

【1740】○增入

谨案:此条系雍正七年(1729)定例。

一、兴贩鸦片烟,照收买违禁货物例枷号一个月,发边卫充军。如私开鸦片烟馆,引诱良家子弟者,照邪教惑众律拟绞监候,为从杖一百、流三千里。船户、地保、邻佑人等,俱杖一百、徒三年。如兵役人等借端需索,计赃照枉法律治罪。失察之汛口地方文武各官,并不行监察之海关监督,均交部严加议处。

【1740】5.15.225.(18)(略)

【1768】5.15.225.(18)

一、兴贩鸦片烟,照收买违禁货物例枷号一个月,发近边充军。如私开鸦片烟馆,引诱良家子弟者,照邪教惑众律拟绞监候,为从杖一百、流三千里。船户、地保、邻佑人等,俱杖一百、徒三年。如兵役人等借端需索,计赃照枉法律治罪。失察之汛口地方文武各官,并不行监察之海关监督,均交部严加议处。

【1790】5.15.225.(17)(略)

【1802】5.15.225.(14)(略)

【1814】○修改

臣等谨按:嘉庆十七年(1812)七月内,臣部遵旨议奏"侍卫官员、军民人等买食鸦片烟,分别治罪条例"一折。内称"查兴贩鸦片烟,及私开烟馆,引诱良家子弟,均例有治罪专条。至买食鸦片烟之案,因例无明文,向俱照违制律杖一百。法轻易犯,实不足以示惩。自应分别官、民,严立科条,俾昭炯戒。应请嗣后侍卫、官员等买食鸦片烟者,即行革职,仍照违制律杖一百,再加枷号两个月;军民人等买食者,俱杖一百、加枷号一个月。其兴贩鸦片烟,及私开烟馆,引诱良家子弟者,仍照旧例治罪。兴贩为从之犯,减为首一等"等因具奏。奉旨:"刑部议奏侍卫、官员买食鸦片烟者,革职,杖一百,枷号两个月;军民人等,杖一百,枷号一个月,均着照所议办理。近日侍卫、官员中,朕风闻即有违禁买食者,姑因事未发觉,免其查究。若不知悛改,将来或经举发,即照新例惩办,不能宽贷。再太监供役内廷,闻亦有买食者,其情节尤为可恶,着总管内务府大臣先通行晓谕。如有违禁故犯者,立行查拿,枷号两个月,发往黑龙江,给该处官员为奴"等因,钦遵在案。应于例内添纂,以便引用。谨将修改例文,开列于后。

一、兴贩鸦片烟,照收买违禁货物例,枷号一个月,发近边充军;为从,杖一百、徒三年。如私开鸦片烟馆,引诱良家子弟者,照邪教惑众律,拟绞监候;为从,杖一百、流三千里。船户、地保、邻佑人等,俱杖一百、徒三年。侍卫、官员等买食鸦片烟者,革职,照违制律杖一百,加枷号两个月;军民人等买食者,俱杖一百,枷号一个月。内廷太监买食者,枷号两个月,发往黑龙江给该处官员为奴。如兵役人等,借端需索,计赃照枉法律治罪。失察之汛口地方文武各官,并不行监察之海关监督,均交部严加议处。

【1821】○修改

臣等谨按:嘉庆二十五年(1820)九月内,臣部遵旨酌议停发吉林、黑龙江遣犯案内,将内廷太监买食鸦片烟一条,改发新疆给官兵为奴等因,奏准在案。应于例内,修改明晰。谨将修改例文,开列于后。

一、兴贩鸦片烟,照收买违禁货物例,枷号一个月,发近边充军;为从,杖一百、徒三年。如私开鸦片烟馆,引诱良家子弟者,照邪教惑众律,拟绞监候;为从,杖一百、流三千里。船户、地保、邻佑人等,俱杖一百、徒三年。侍卫、官员等买食鸦片烟者,革职,照违制律杖一百,加枷号两个月;军民人等买食者,俱杖一百,枷号一个月。内廷太监买食者,枷号两个月,发往新疆给官兵为奴。如兵役人等,借端需索,计赃照枉法律治罪。失察之汛口地方文武各官,并不行监察之海关监督,均交部严加议处。

【1825】5.15.225.(35)(略)

【1830】○修改

臣等谨按:道光六年(1826)十一月内,军机大臣会同臣部议复直隶总督那彦成奏调剂新疆遣犯折内,请将内廷太监买食鸦片烟,枷号两个月,发新疆为奴一条,改发各省给驻防官员兵丁为奴,仍照例枷号等因,奏准通行在案。例内发新疆之处,应行修改。谨将修改例文,开列于后。

一、兴贩鸦片烟,照收买违禁货物例,枷号一个月,发近边充军;为从,杖一百、徒三年。如私开鸦片烟馆,引诱良家子弟者,照邪教惑众律,拟绞监候;为从,杖一百、流三千里。船户、地保、邻佑人等,俱杖一百、徒三年。侍卫、官员等买食鸦片烟者,革职,照违制律杖一百,加枷号两个月;军民人等买食者,俱杖一百,枷号一个月。内廷太监买食者,枷号两个月,改发各省驻防给官员兵丁为奴。如兵役人等,借端需索,计赃照枉法律治罪。失察之汛口地方文武各官,并不行监察之海关监督,均交部严加议处。

【1835】○修改

臣等谨按:道光十一年(1831)六月内,臣部议复前任兵科给事中刘光三奏请酌加买食鸦片烟罪名等情一折。奉旨:"刑部核议给事中刘光三奏请,酌加买食鸦片烟罪名等情,严定条款具奏。着照所请,嗣后军民人等买食鸦片烟者,杖一百,枷号两个月。仍令指出贩卖之人,查拿治罪。如不将贩卖之人指出,即将食烟之人照贩卖为从例,杖一百、徒三年。职官及在官人役买食者,俱加一等治罪。仍令各该督抚,及地方道、府、州、县等官,出具署内并无买食鸦片烟各甘结,于年终汇奏一次。如本官徇隐不究,从严参处等因。钦此。”钦遵通行各直省在案,应于例内修改明晰。再查赌博例内声明“拿获牌骰,见发有据者方坐,不许妄扳拖累”,今买食鸦片烟,既照赌博例加重办理,自应照赌博例一并据见发为坐,应于例内添叙。谨将修改例文,开列于后。

一、兴贩鸦片烟,照收买违禁货物例,枷号一个月,发近边充军;为从,杖一百、徒三年。私开鸦片烟馆,引诱良家子弟者,照邪教惑众律,拟绞监候;为从,杖一百、流三千里。船户、地保、邻佑人等,俱杖一百、徒三年。军民人等买食鸦片烟者,杖一百,枷号两个月。仍令指出贩卖之人,查拿治罪。如不将贩卖之人指出,即将食烟之人照贩卖为从例,杖一百、徒三年。职官及在官人役买食者,俱加一等治罪。内廷太监买食者,枷号两个月,改发各省驻防给官员兵丁为奴。以上俱拿获鸦片烟,见发有据者方坐,不许妄扳拖累。如兵役人等,借端需索,计赃照枉法律治罪。失察之汛口地方文武各官,并不行监察之海关监督,均交部严加议处。仍令各该督抚及现任道、府、州、县官出具署内,并无买食鸦片烟各甘结,于年终汇奏一次。如徇隐不究,从严参处。

【1840】○修改

臣等谨按:道光十九年五月内,大学士军机大臣会同各衙门,及臣部议覆升任鸿胪寺卿黄爵滋并各省将军、都统、督抚及各科道条奏严禁鸦片烟章程一折,内称“鸦片之来,皆由内地奸民与夷匪私相交易,以致毫无顾忌,肆意畅行。锢习益深,日甚一日。查内地奸商辗转销售,以及开设烟馆,引类呼朋,堕其术者,罔不形同鬼蜮,荡产倾家。核其情罪,实为圣世所不容。至吸食鸦片烟者,初则被人引诱,近则视为泛常。倘经此次劝谕,依然怙恶不悛,则藐法梗化,必不可宽。况吸食一日不断,则兴贩一日不绝。惟有一律从严,庶可根株净尽,永绝弊源。议请将开设烟馆首犯,拟绞立决,房屋入官;为从,及知情租给房屋之犯,发新疆给官兵为奴。兵役受贿包庇,与犯一体科罪。其知情之地保、邻佑人等,仍照旧例杖一百、徒三年。有赃者,计赃,准枉法从重论。十家牌长,一体惩办。其失察之该管各官,分别议处。又内地奸民人等,有栽种罂粟花等收浆置造鸦片烟土,或煎熬成膏售卖,及兴贩鸦片烟膏、烟土,发卖图利,数至五百两,或虽不及五百两,而兴贩多次者,首犯,拟绞监候;为从,发极边、烟瘴充军。若兴贩仅止一二次,并为数不及五百两,为首,发新疆给官兵为奴;为从,发极边足四千里充军。兵役受贿包庇,与首犯一体科罪。赃重者,计赃以枉法从重论。其知情租给田地、房屋之业主,及知情受雇之船户,但在一年以外者,发边远充军;一年以内,杖一百、流二千里;半年以内,杖一百、徒三年。田地、船只、房屋,一律入官。有能自行首告,将犯指拿到官者,免罪;田地、船只、房屋,并免入官。首而无获者,但准免罪,田地、船只、房屋,仍行入官。邻佑、地保知而不首,各杖一百。有赃者,计赃,准枉法从重论。十家牌长,一体惩办。其查禁不力,并失察之该管各官,分别议处。又职官买食鸦片烟,发新疆地方充当苦差。兵丁买食者,发近边充军。平民吸食者,杖一百,流二千里。不能供出贩卖之人,加一等,杖一百,流二千五百里。在官人役,并官亲、幕友、长随人等,在署吸食者,又各加平民一等。系旗人,销除旗档,一体实发。失察兵役及官亲、蒋友人等吸食之,该管官分别议处。以上均予限一年六个月。限满不知悛改,无论官员、军民人等吸食鸦片烟,一概拟绞监候。开设烟馆,及栽种罂粟等花制烟售卖,并兴贩鸦片烟首、从各犯,除现拟死罪外,其余亦俟一年六个月后,均拟绞监候。又内廷太监买食者,如系在禁地坐更、宫殿值房、禁门以内各值房吸食者,拟绞监候,家属发往新疆给官兵为奴。失察之总管,革职。该处首领,不论知情与否,俱发往黑龙江给官员为奴。同屋太监,均发往打牲乌喇,给官员为奴。如系首领吸食,将失察之本管总管革职,发遣该处。其余首领及太监等,俱发吴甸铡草五年。究出贩烟之人,若系太监,与吸食之人同罪;若系民人,交刑部按现定条规加等治罪。如有在外围值房、各他坦公所吸食者,将该太监伽号六个月,发极边、烟瘴,永远枷号,遇赦不赦。其失察之总管,实降二级。首领革职。同屋太监发吴甸嫌!草三年。如系首领吸食,均照禁门以内新拟罪名办理。如有告假在外,或潜往私宅,或在他处吸食者,将该首领太监永远枷号不赦。若系该首领私宅,将其家属杖一百、徒三年,房屋入官。若系他处,将容隐之人交刑部,加等治罪。亦将房屋入官。究出贩烟之人,加等治罪。止陵寝当差首领太监等,如有吸食者,照外围办理。其王公门上之首领太监,及各大臣宅中之太监等,如有吸食者,在慎刑司永远枷号不赦。究出贩烟之人,均加等治罪。以上各条,统限半年。如半年以后,宫门以内有吸食者,拟斩监候。外围等处、陵寝当差者,及王公门上、大臣宅中,并已为民太监等有吸食者,拟绞监候等因具奏。奉上谕:"照所议办理。并着纂人则例,永连遵行等因,钦此。"臣等伏查,原定鸦片烟章程现已一年六个月,并半年限满,自应遵照原奏,将原例逐一修改,分为四条,以资引用。谨将修改例文,开列于后。

一、开设鸦片烟馆,引诱良家子弟吸食者,首犯拟绞立决;为从,及知情租给房屋之犯,拟绞监候,房屋一律入官。兵役受贿包庇,与犯一体科罪。地保、邻佑、牌长人等知情者,俱杖一百、徒三年。有赃者,计赃准枉法,从重论。失察之该管各官,交部议处。

一、内地奸民人等,有栽种罂粟等花,收浆制造鸦片烟土,或熬膏售卖,及兴贩鸦片烟膏、烟土发卖图利者,首、从各犯,均拟绞监候。兵役受贿包庇,一体科罪;赃重者,计赃以枉法从重论。其知情租给田地、房屋之业主,及知情受雇之船户,在一年以外者,发边远充军;一年以内,杖一百、流二千里;半年以内,杖一百、徒三年。田地、船只、房屋,一律入官。有能自行首告,将犯指拿到官者,免罪,田地、船只、房屋并免入官。首而无获者,但准免罪,田地、船只、房屋仍行入官。邻佑、地保、牌长知而不首,各杖一百。有赃者,计赃准枉法从重论。其查禁不力,并失察之该管各官,交部议处。

一、官员、兵民、吏役人等吸食鸦片烟者,俱拟绞监候。系旗人,仍销除本身旗档。其失察兵役人等吸食鸦片烟之该管各官,均交部议处。

一、太监在宫门及禁门以内吸食鸦片烟者,拟斩监候,家属发往新疆给官员为奴。失察之总管革职;该处首领,不论知情与否,俱发往黑龙江给官兵为奴;同屋太监,均发往打牲乌喇给官兵为奴。如系首领吸食,将本管总管革职发遣;其余首领及太监等,俱发吴甸铡草五年。如在外围等处及陵寝当差太监吸食者,均拟绞监候;失察之总管实降二级,首领革职;同屋太监,发吴甸铡草三年。系首领吸食,均照禁门以内例治罪。如有告假在外,或潜住私宅,及在他处吸食者,将首领太监永远枷号。若系首领在私宅吸食者,将其家属杖一百、徒三年,房屋入官。他处有客留太监吸食鸦片烟者,加等治罪,房屋一律入官。其王公门上、大臣宅中,及已为民之太监,有吸食鸦片烟者,亦照外围等处例治罪。

【1847】5.15.225.(43)(略)

【1847】5.15.225.(44)(略)

【1847】5.15.225.(45)(略)

【1847】5.15.225.(27)(略)

【1870】○修改

【原例】【1847】5.15.225.(43)(略)

一、洋药客商在铺开馆,及别铺并住户开设烟馆,照开场聚赌例治罪。在馆吸食之人,照违制律杖一百。房主知情,将房屋入官,不知者不坐。

【1870】5.15.225.(42)(略)

【1870】○删除

【原例】【1847】5.15.225.(44)(略)

【1870】○修改

【原例】【1847】5.15.225.(45)(略)

一、官员兵丁及吸食洋药,俱拟绞监候。系旗人,销除本身旗档。失察之该管官,均交部议处。

【1870】5.15.225.(43)(略)

【1740】○增入

此条"棍徒引诱偷渡,及哨船偷载图利",系雍正八年(1730)定例,"船户私揽偷渡"系乾隆元年(1736)定例,事例相同,应并。再查雍正八年定例,原奏内"既不同谋,又不曾下手者,照谋杀人谋而已行未曾伤人律,杖一百、徒三年"。按律载谋杀人谋而已行未曾伤人者之满徒,系专指造意谋杀为首者言,此条既照强盗律例按拟,不应复援谋杀人律比照,今将比照之语删除。

一、闽省不法棍徒,如有充作客头,在沿海地方引诱偷渡之人,包揽过台,索取银两,用小船载出澳口,复上大船者,为首发边卫充军;为从,及澳甲、地保、船户、舵工人等知而不举者,俱杖一百、徒三年,均不准折赎。其偷渡之人,照私渡关津律杖八十,递回原籍。倘奸徒中途有谋害情事,人已被害身死者,将同谋之人,不分首从,俱照江洋行劫大盗例,拟斩立决,枭示。如被害未死,将为首者,比照强盗伤人例,拟斩立决;同谋之人,照未伤人之伙盗免死减等例,发云贵两广极边烟瘴地方,交与该地方官严行管束;虽未同谋下手,但同船知情不首告者,杖一百、徒三年。若有船户私揽无照之人偷载过台,及将哨船偷载图利者,俱照此例分别治罪。如拿获偷渡人犯,讯明从何处开船,将失察奸船及隐匿不报之文武官弁,交部分别议处。

【1740】5.15.225.(21)(略)

【1768】5.15.225.(21)

一、闽省不法棍徒,如有充作客头,在沿海地方引诱偷渡之人,包揽过台,索取银两,用小船载出澳口,复上大船者,为首发近边充军;为从,及澳甲、地保、船户、舵工人等知而不举者,俱杖一百、徒三年,均不准折赎。其偷渡之人,照私渡关津律杖八十,递回原籍。倘奸徒中途有谋害情事,人已被害身死者,将同谋之人,不分首从,俱照江洋行劫大盗例,拟斩立决、枭示。如被害未死,将为首者,比照强盗伤人例,拟斩立决;同谋之人,照未伤人之伙盗免死减等例,发云贵两广极边烟瘴地方,交与该地方官严行管束;虽未同谋下手,但同船知情不首告者,杖一百、徒三年。若有船户私揽无照之人偷载过台,及将哨船偷载图利者,俱照此例分别治罪。如拿获偷渡人犯,讯明从何处开船,将失察奸船及隐匿不报之文武官弁,交部分别议处。

【1772】○修改

臣等谨按:乾隆二十六年(1761)九月内,户部会同臣部议复闽浙总督杨廷璋条奏,请将偷渡过台之搭载大船及雇倩小船各船户,均照客头包揽过台之例,分别首从,拟以军、徒,奏准遵行,此条原例内船户、舵工知而不举之处应修改。谨将修改例文,开列于后。

一、闽省不法棍徒,如有充作客头,在沿海地方引诱偷渡之人,包揽过台,索取银两,用小船载出澳口,复上大船者,为首发近边充军;为从,及澳甲、地保、舵工人等知而不举者,杖一百、徒三年。遇有拿获揽载偷渡船只,将搭载大船及雇倩小船各船户,俱照客头例,分别首从治罪,船只变价充公。出具连环互结之船户,并原保、澳甲,及开张歇寓之人,知情容隐者,俱杖一百,枷号一个月。均不准折赎。其偷渡之人,照私度关津律,杖八十,递回原籍。若将哨船偷载图利者,亦照此例分别治罪。倘奸徒中途有谋害情事,人已被害身死者,将同谋之人,不分首从,俱照江洋行劫大盗例,拟斩立决、枭示。如被害未死,将为首者比照强盗伤人例,拟斩立决;同谋之人,照未伤人之伙盗免死减等例,发宁古塔等处给披甲人为奴;虽未同谋下手,但同船知情不首告者,杖一百、徒三年。至拿获偷渡人犯,讯明从何处开船,将失察奸船及隐匿不报之文武官弁,交部分别议处。

【1790】5.15.225.(20)(略)

【1801】○修改

臣等谨按:闽省不法棍徒,引诱偷渡之人,包揽过台,及中途谋害人,分别治罪,系雍正八年(1730)定例。嗣于乾隆五十六年(1791),臣部以黑龙江安置遣犯过多,奏准将"闽省不法棍徒,包揽过台,中途谋害人未死,为从同谋"等五条改发回城为奴,载入"名例"律,遵行在案。此条"照未伤人之伙盗免死减等例,发宁古塔给披甲人为奴"等语,系属旧例,业已不用,应行修改。谨将修改例文,开列于后。

一、闽省不法棍徒，如有充作客头，在沿海地方引诱偷渡之人，包揽过台，索取银两，用小船载出澳口，复上大船者，为首发近边充军；为从，及澳甲、地保、舵工人等知而不举者，杖一百、徒三年。遇有拿获揽载偷渡船只，将搭载大船及雇倩小船各船户，俱照客头例，分别首从治罪，船只变价充公。出具连环互结之船户，并原保、澳甲，及开张歇寓之人，知情容隐者，俱杖一百，枷号一个月。均不准折赎。其偷渡之人，照私度关津律，杖八十，递回原籍。若将哨船偷载图利者，亦照此例分别治罪。倘奸徒中途有谋害情事，人已被害身死者，将同谋之人，不分首从，俱照江洋行劫大盗例，拟斩立决、枭示。如被害未死，将为首者比照强盗伤人例，拟斩立决；同谋之人改发回城为奴；虽未同谋下手，但同船知情不首告者，杖一百、徒三年。至拿获偷渡人犯，讯明从何处开船，将失察奸船及隐匿不报之文武官弁，交部分别议处。

【1802】5.15.225.(34)(略)

【1821】○修改

臣等谨按：嘉庆二十二年(1817)七月内，臣部议复升任喀什噶尔参赞大臣松福等奏"调剂回疆遣犯"折内，将闽省不法棍徒，引诱偷渡之人，包揽过台，中途谋害人未死，为从同谋一条，改发云贵两广烟瘴地方充军等因，奏准在案。原例"发回城为奴"之处，应行修改。谨将修改例文，开列于后。

一、闽省不法棍徒，如有充作客头，在沿海地方引诱偷渡之人，包揽过台，索取银两，用小船载出澳口，复上大船者，为首发近边充军；为从，及澳甲、地保、舵工人等知而不举者，杖一百、徒三年。遇有拿获揽载偷渡船只，将搭载大船及雇倩小船各船户，俱照客头例，分别首从治罪，船只变价充公。出具连环互结之船户，并原保、澳甲，及开张歇寓之人，知情容隐者，俱杖一百，枷号一个月。均不准折赎。其偷渡之人，照私度关津律，杖八十，递回原籍。若将哨船偷载图利者，亦照此例分别治罪。倘奸徒中途有谋害情事，人已被害身死者，将同谋之人，不分首从，俱照江洋行劫大盗例，拟斩立决、枭示。如被害未死，将为首者比照强盗伤人例，拟斩立决；同谋之人改发云贵两广烟瘴地方充军；虽未同谋下手，但同船知情不首告者，杖一百、徒三年。至拿获偷渡人犯，讯明从何处开船，将失察奸船及隐匿不报之文武官弁，交部分别议处。

【1825】5.15.225.(10)(略)

【1852】○修改

一、闽省不法棍徒，如有充作客头，在沿海地方引诱偷渡之人，包揽过台，索取银两，用小船载出澳口，复上大船者，为首发近边充军，为从及澳甲、地保、舵工人等知而不举者，杖一百、徒三年。遇有拿获揽载偷渡船只，将搭载大船及雇倩小船各船户，俱照客头例，分别首从治罪，船只变价充公。出具连环互结之船户，并原保、澳甲及开张歇寓之人，知情容隐者，俱杖一百，枷号一个月，均不准折赎。其偷渡之人，照私度关津律杖八十，递回原籍。若将哨船偷载图利者，亦照此例分别治罪。倘奸徒中途有谋害情事，人已被害身死者，将同谋之人，不分首从，俱照江洋行劫大盗例，拟斩立决、枭示。如被害未死,将为首者,比照强盗伤人例拟斩立决,同谋之人发黑龙江给披甲人为奴。虽未同谋下手,但同船知情不首告者,杖一百、徒三年。至拿获偷渡人犯,讯明从何处开船,将失察奸船及隐匿不报之文武官弁,交部分别议处。

【1870】5.15.225.(10)(略)

【1740】○增入

一、台湾流寓之民,凡无妻室者,应逐令过水,交原籍收管。其有妻子、田产者,如犯歃血订盟诱番杀人、捏造匿名揭帖、强盗窝家、造卖赌具,应拟斩、绞、军、流等条,除本犯依律例定拟外,此内为从罪轻之人,并教唆之讼师,均应审明,逐令过水。其越界生事之汉奸,如在生番地方谋占番田,并勾串棍徒包揽偷渡,及贩卖鸦片烟者,亦分别治罪,逐令过水。

谨案:此条系雍正八年(1730)定例。

【1740】5.15.225.(22)(略)

【1790】5.15.225.(21)(略)

【1802】5.15.225.(18)(略)

【1825】5.15.225.(15)(略)

【1740】○增入

一、在番居住闽人,实系康熙五十六年(1717)以前出洋者,令各船户出具保结,准其搭船回籍,交地方官给伊亲族领回,取具保结存案。如在番回籍之人,查有捏混顶冒,显非善良者,充发烟瘴地方。至定例之后,仍有托故不归,复偷渡私回者,一经拿获,即行请旨正法。

谨案:此条系乾隆元年(1736)定例。

【1740】5.15.225.(23)(略)

【1790】5.15.225.(22)(略)

【1802】5.15.225.(19)(略)

【1825】5.15.225.(16)(略)

【1740】○增入

此条系雍正十二年(1734)定例。又,雍正六年(1728)定有"洋船回时,如有照外多载等弊,治罪"定例,今并为一条。

一、洋船挂验出口之时,该汛弁详细验明,押交前途各汛押送,俟放洋后方许回汛。如船户有违禁揽载偷渡者,一经拿获,即严行究拟。兵役按拿获偷渡人犯名数给赏,十名以上,各赏银二两;每过十名,递加二两;至五十名以上,各赏银十两,即于该船户名下追出充用。倘不实力查拿,以致疏脱十名以上者,兵役各责二十板;每过十名，加责十板；至四十名以上，各责四十板，革役；五十名以上，枷号一月发落。专管、兼辖官，分别议处。其洋船回时，如有照外多载，或顶充偷渡，又潜匿不回等弊，船户、舵水，俱照窝藏盗贼例治罪。出结之族邻、行保，杖一百、徒三年。承查出结及汛口盘查各员，交部议处。有赃革职，杖一百、流二千里，仍计赃从重论。如出洋之人，果有病故等情，令同往之人及船户、舵水具结存案。

【1740】5.15.225.(25)(略)

【1790】5.15.225.(24)(略)

【1802】5.15.225.(21)(略)

【1825】5.15.225.(18)(略)

【1751】○续纂

一、奉天锦、复、雄、盖四城，俱系海疆，嗣后无论天津、山东等处商船，俱着于设有官兵处所停泊山岸，以便稽查，仍饬轮班兵役严行访查。如拿获无票船只私渡民人者，船户、民人，俱照越渡缘边关塞律治罪，船只入官。若有票商船私带票内无名之人，查出，将本人照私渡关津律治罪，递回原籍；船户照违制律治罪，船只免其入官。

臣等谨按：此条系乾隆十一年(1746)九月内，兵部议复升任盛京将军达尔党阿条奏定例，应行纂辑。查原奏内并无治罪明文，今按律添入罪名，以便引用。

【1768】5.15.225.(27)(略)

【1790】5.15.225.(26)(略)

【1802】5.15.225.(23)(略)

【1825】5.15.225.(20)(略)

【1751】○续纂

一、凡将豆麦、杂粮偷运出洋，接济奸匪者，照偷运米谷例拟绞立决。如止图渔利，并无接济奸匪情事，计所偷运石数，照二谷一米之例，分别科断。其为从，及知情不首之船户，亦照米石例减等问拟。船只、货物入官。失察各官，照例议处。

臣等谨按：此条系乾隆十三年(1748)八月内，臣部议复升任浙江巡抚方观承条奏定例，应纂辑以便遵行。

【1768】5.15.225.(28)(略)

【1788】○修并

见【1740】5.15.225.(14)条【1788】修并项下。

【1751】○续纂

一、凡商民出洋，将红黄铜器、铜斤私贩各洋，货卖图利，为首者，照奸民图利将废铁铁货潜出海洋货卖例,一百斤以下者,杖一百、徒三年;一百斤以上,发近边充军;为从及船户,各减一等;货物、铜斤、船只入官。其关汛文武员弁失察、故纵、卖放者,分别议处、治罪。

臣等谨按:此条系乾隆十四年(1749)四月内,户部议复升任浙江巡抚方观承条奏定例,应纂辑以便遵行。

【1768】5.15.225.(29)(略)

【1788】○修并

见【1740】5.15.225.(11)条【1788】修并项下。

【1751】○续纂

一、凡台湾流寓之人,如有过犯,罪止杖、笞以下,查有妻室、田产者,照常发落,免其驱逐。至犯该徒罪以上,及奸、盗、诈伪,恃强生事,扰累地方者,审明之日,一概押回原籍治罪,不许再行越度。承审各官不行递逐,容留在台者,该督抚查参,交部分别议处。

臣等谨按:此条系乾隆十五年(1750)十二月内,臣等复议升任福建按察使顾济美条奏定例,应纂辑以便遵行。

【1768】5.15.225.(30)(略)

【1790】5.15.225.(27)(略)

【1802】5.15.225.(24)(略)

【1825】5.15.225.(21)(略)

【1761】○续纂

一、丝斤违例出洋,过一百斤,照米石出洋例,发近边充军;不及百斤者,杖一百、徒三年;不及十斤者,枷号一个月,杖一百。为从,及船户知情不首告者,各减一等。船只、货物入官。其违例偷漏绸缎、绵绢等物,按照丝斤分两多寡,分别治罪。失察之汛口文武各官,并照失察米石出洋例,分别议处。

臣等谨按:此条系乾隆二十四年(1759)七月内,大学士会议复准原任江西道监察御史李兆鹏条奏,及十一月内,户部议准升任两广总督李侍尧请定条例,应纂辑以便遵行。

【1768】5.15.225.(31)(略)

【1790】5.15.225.(28)(略)

【1802】5.15.225.(25)(略)

【1825】5.15.225.(22)(略)

【1761】○续纂

一、沿海采捕出洋船只,务将本船作何生业贸易,于照内详细填注。俟到口上岸之日，稽查官弁，令将货物核对，除与原照相符者，即行放进外，若货物与照内不符，即时盘诘。如系来历不明，移交地方官审鞫。或来历有因，亦详记档簿。遇洋面报有失事，地方官即开具失单，关查各口。设有被窃日期，并所失货物，与档簿相符者，立即根究严拿。仍饬兵役人等，不得借端索诈措留，影射滋事。如有失察、故纵，及扰累无辜情弊，各照讳盗诬良例，分别治罪。

臣等谨按：此条系乾隆二十五年(1760)五月内，臣部议复浙江按察使李治运条奏定例，应纂辑以便遵行。

【1768】5.15.225.(32)(略)

【1790】5.15.225.(29)(略)

【1802】5.15.225.(26)(略)

【1825】5.15.225.(23)(略)

【1767】○续纂

一、出洋船只，除商船仍将在船舵、水人等并填给照外，其渔船，止将船主年貌、姓名、籍贯，及作何生业，开填入照。并将船甲字号，大书深刻于桅篷船傍，出口时责成守口员弁，将该船前往何处、作何生业，并在船舵水年貌、姓名、籍贯，逐一查填照后，钤盖印戳，并将所填人数照登号簿。遇有一船为匪，按簿查缉。倘州县官将照给与匪人，及汛口文武员弁查填不实，均交部分别议处。

臣等谨按：此条系乾隆三十年(1765)十二月内，两江总督高晋条奏定例，应纂辑遵行。

【1768】5.15.225.(33)(略)

【1790】5.15.225.(30)(略)

【1802】5.15.225.(27)(略)

【1825】5.15.225.(24)(略)

【1767】○续纂

一、租赁船只出洋为匪之案，除犯该徒罪以下，船主不知情者，仍照自造商船租与他人例杖一百、枷号三个月外，其犯该流罪以上者，船主虽不知情，照夹带违禁货物接济外洋原保结之人治罪例杖一百、徒三年，船只入官充赏，失察地方官照例议处。如船主实有事故，不能亲自出洋，别令亲属押驾，许赴地方官呈明取结，将亲属开填入照，方许出洋。如未呈明，以顶冒论罪。

臣等谨按：此条系乾隆三十年(1765)十二月内，两江总督高晋条奏定例，应纂辑遵行。

【1768】5.15.225.(34)(略)

【1790】5.15.225.(31)(略)

【1802】5.15.225.(28)(略)

【1825】5.15.225.(25)(略)

【1767】○续纂

一、海关各口,如遇往洋船只倒换照票,务须查验人数,登填簿籍,钤盖印戳,始准放行。进口时,责成该委员、吏役稽查。其有人照不符,船货互异,即送地方官审究。如失于查察,致匪船滥出滥入,审明系何处口岸,有委员者,将该委员照例议处;无委员者,将该吏役责革,加枷号一个月;并将失察之该管官交部议处。倘关口员役借端需索,照例分别参处治罪。

臣等谨按:此条系乾隆三十年(1765)十二月内,两江总督高晋条奏定例,应纂辑遵行。

【1768】5.15.225.(35)(略)

【1790】5.15.225.(32)(略)

【1802】5.15.225.(29)(略)

【1825】5.15.225.(26)(略)

【1767】○续纂

一、内洋失事,仍照例文武带同事主会勘外,如外洋失事,听事主于随风飘泊进口处,带同舵水,赴所在文武衙门呈报。该衙门即讯明由何处放洋,行至被劫处所,约有里数若干,即将事主开报赃物,报明各该管印官。该文武印官查照洋图,定为何州县营汛所辖,飞关所辖州县,会营差缉。事主即予宁释,毋庸候勘。至详报督抚衙门,无论内外洋失事,以事主报到三日内,出详驰递,以便据报行查海关各口,将税簿、赃单互相较核。有货物相符者,即将盗船伙党姓名呈报关拿。至守口员弁,倘有规避处分,互相推卸,或指使捏报他界者,将推诿员弁交部照例议处。其稽查关口员役,如于未接文檄之先,能查出匪船拿获禀报者,分别议叙,吏役酌量给赏。如奉到文檄,能按照单簿据实查出,飞移所在地方,将盗犯拿获者,免其处分。

臣等谨按:此条系乾隆三十年(1765)十二月内,两江总督高晋条奏定例,应纂辑遵行。

【1768】5.15.225.(36)(略)

【1790】5.15.225.(33)(略)

【1802】5.15.225.(30)(略)

【1825】5.15.225.(27)(略)

【1830】○修改

臣等谨按:道光八年(1828)二月内,臣部会同吏部、兵部会议闽浙总督孙尔准、浙江巡抚刘彬士会奏筹议海洋盗案参缉章程一折,内称浙江省宁波等府所属洋面,与江苏、福建接界,遇有商民呈报在洋被劫之案,各营、县先将事主多方诘讯。如失事在交界处所,即互相推诿,迭传事主赴洋会勘,经年累月,延不定案,事主徒受苦累,贼盗弋获无期,殊非弭盗安良之道。自应明定章程,以杜推诿而免延累。酌议嗣后在洋被劫各案,除内洋有营汛界址外,其在外洋失事之案,无论本省、邻省,总以事主初呈所指被劫地方为准。如有不能实指地名者,即于报案时,将洋图令其指认。地方官一经据报在本县该管洋面被劫,即行缉拿赃盗,一面移会交界县分,一体查缉。如事主呈报指明系在邻县或邻省洋面被劫去者,该县即一面缉拿,一面将原报呈词飞移失事地方,并详报该督抚分别咨行,毋庸传同事主会勘。仍令该督抚等严饬所属,不分畛域,实力奉行。至外洋失事,文武官倘有借词推诿,或令事主改换报呈,或令盗犯捏供别处者,即照规避例参革究办等因具奏。奉旨:“依议。钦此。”钦遵在案。应于例内修改明晰,以资遵守。谨将修改例文,开列于后。

一、内洋失事,仍照例文武官带同事主会勘外,如外洋失事,听事主于随风飘泊进口处,带同舵水,赴所在文武衙门呈报。该衙门接据报呈,以事主所指被劫地方为准。倘事主不能指实地名,即将洋图令其指认。如在本县该管洋面被劫者,即行差缉,一面移会交界县份,一体缉拿。如所报系在邻县,或邻省洋面被劫者,该县一面缉拿,一面将报呈飞移失事地方,并详报该督抚分别咨行,毋庸传同事主会勘。仍令该督抚严饬所属,不分畛域,实力奉行。地方文武官,倘有借词推诿,或令事主改换报呈,或令盗犯捏供别处者,照规避例参革究办。至详报督抚衙门,无论内外洋失事,以事主报到三日内,出详驰递,以便据报行查海关各口,将税簿、赃单,互相较核。有货物相符者,即将盗船伙党姓名呈报关拿。若守口员弁,有规避处分,互相推卸,或指使捏报他界者,将推诿员弁交部照例议处。其稽查关口员役,如于未接文檄之先,能查出匪船拿获禀报者,分别议叙,吏役酌量给赏。如奉到文檄,能按照单簿据实查出,飞移所在地方,将盗犯拿获者,免其处分。

【1847】5.15.225.(36)(略)

【1870】5.15.225.(35)(略)

【1772】○续纂

一、拿获偷渡过台客民,如尚在陆路客店、道路,未登舟以前,客头、船户、客民俱照本例减一等发落。如已登舟,无分大船小船、已未出口,将客头、船户、客民即照偷渡本例治罪。若不法客头、船户内,有积惯在于沿海村镇引诱包揽,招集男妇老幼,数至三十人以上者,无论已未登舟,一经拿获,即将客头、船户年力强壮者,发遣新疆给种地兵丁为奴;年老残废者,改发极边烟瘴充军。至拿获偷渡客民,务须严究沿海陆路,在何村镇、客店会集,将该处兵役、澳甲、地保、客店究明。如止于失察,兵役杖一百,澳甲、地保、客店人等杖七十;如有贿纵情弊,计赃从重论。兵役、澳甲人等,能于客店聚集时拿获,及首报偷渡客民者,虽在本汛,亦按照拿获偷渡客民,计名给赏。若将并非偷渡之人，辄行妄拿，图功邀赏，及挟嫌吓诈情事，仍各照本例分别从重治罪。

臣等谨按：此条系乾隆三十五年（1770）六月内，福建巡抚温福条奏定例，应纂辑遵行。

【1790】5.15.225.（34）（略）

【1802】5.15.225.（31）（略）

【1825】5.15.225.（28）（略）

【1830】○修改

臣等谨按：道光六年（1826）十一月内，军机大臣会同臣部议复直隶总督那彦成奏调剂新疆遣犯折内，请将偷渡过台客民，若不法客头、船户内，有积惯在沿海村镇引诱、包揽、招集男妇老幼，数至三十人以上，无论已未登身，客头、船户年力强壮，发新疆为奴一条，改发极边足四千里充军等因，奏准通行在案。例内发新疆之处，应行修改。谨将修改例文，开列于后。

一、拿获偷渡过台客民，如尚在陆路客店、道路，未登舟以前，客头、船户、客民俱照本例减一等发落。如已登舟，无分大船小船、已未出口，将客头、船户、客民即照偷渡本例治罪。若不法客头、船户内，有积惯在于沿海村镇引诱包揽，招集男妇老幼，数至三十人以上者，无论已未登舟，一经拿获，即将客头、船户俱改发极边足四千里充军。至拿获偷渡客民，务须严究沿海陆路，在何村镇、客店会集，将该处兵役、澳甲、地保、客店究明。如止于失察，兵役杖一百；澳甲、地保、客店人等杖七十；如有贿纵情弊，计赃从重论。兵役、澳甲人等，能于客店聚集时拿获，及首报偷渡客民者，虽在本汛，亦按照拿获偷渡客民，计名给赏。若将并非偷渡之人，辄行妄拿，图功邀赏，及挟嫌吓诈情事，仍各照本例，分别从重治罪。

【1845】○修复①

臣等谨按：此条例文，从前旧例内载"偷渡过台客民，若不法客头、船户内，有积惯在于沿海村镇引诱包揽，招集男妇老幼，数至三十人以上者，无论已未登舟，一经拿获，即将客头、船户年力强壮者，发遣新疆给种地兵丁为奴；年老残废者，改发极边烟瘴充军"等语。嗣于道光六年（1826）十一月内，据原任陕甘总督那彦成奏请调剂新疆遣犯，经军机大臣会同臣部议，将引诱、包揽之客头、船户，俱改为"改发极边足四千里充军"，奏准纂入例册在案。兹于道光二十四年（1844）六月内，据升任贵州巡抚贺长龄奏请"调剂军犯章程"一折，复经军机大臣会同臣部，议请嗣后新疆遣犯，各照旧发往。其例发四省充军之犯，亦应实发等因具奏。奉上谕："据军机大臣会同刑部议奏'贵州军犯拥挤，酌减调剂'等语。新疆遣犯改发内地，恐人数众多，不特约束难周，且与民风大有关碍。非若新疆地方阔辽，外遣人犯易于安插。所有旧时改发内地各条，着仍照旧发往新疆，交该将军设法妥为安插。并严饬所属认真查核，严加管束，毋令滋生事端，俾期积久无弊。余依议。钦

① 此条《大清律例根原》列为"删除"，实为修复。

此。”是新疆与极边烟瘴充军之犯，既各应照旧发往，此等客头、船户，分别年力，发遣新疆、烟瘴充军之原例，现在犹存，足资引用。此条系属赘文，应行删除。

一、拿获偷渡过台客民，如尚在陆路客店、道路，未登舟以前，客头、船户、客民俱照本例减一等发落。如已登舟，无分大船小船、已未出口，将客头、船户、客民即照偷渡本例治罪。若不法客头、船户内，有积惯在于沿海村镇引诱包揽，招集男妇老幼，数至三十人以上者，无论已未登舟，一经拿获，即将客头、船户年力强壮者，发遣新疆给种地兵丁为奴；年老残废者，改发极边烟瘴充军。至拿获偷渡客民，务须严究沿海陆路，在何村镇、客店会集，将该处兵役、澳甲、地保、客店究明。如止于失察，兵役杖一百；澳甲、地保、客店人等杖七十；如有贿纵情弊，计赃从重论。兵役、澳甲人等，能于客店聚集时拿获，及首报偷渡客民者，虽在本汛，亦按照拿获偷渡客民，计名给赏。若将并非偷渡之人，辄行妄拿，图功邀赏，及挟嫌吓诈情事，仍各照本例分别从重治罪。

【1847】5.15.225.(28)(略)

【1778】○续纂

一、东省登、莱等处有票船只，如有夹带无照流民私渡奉天者，将船户照无票船只夹带流民例量减一等，杖九十、徒二年半，船只入官。若船户不能亲身出洋，别令亲属押驾，已经报官不给票者，将押驾之人，即照船户例治罪，船只入官。

臣等谨按：此条系乾隆四十二年(1777)三月内，吏部会同臣部议复山东布政使国泰条奏定例，应纂辑遵行。

【1790】5.15.225.(35)(略)

【1825】5.15.225.(3)(略)

【1795】○续纂

一、沿海各省商渔船只，地方官给发照票，于舵工、水手人等年貌项下，添注箕斗，令守口员弁查验。如人数与照内不符，及年貌、箕斗不合者，将船扣留，移交地方官查明严办。其有捏称照票遗失，或称存留在家者，即审明实无为匪情事，亦照违制律治罪，船只入官。其水手人等，或在洋患病，临时雇觅别船水手，准该船户于收口时，出具保结，呈报该管官员，于新雇水手年貌之下，亦填注箕斗。仍验明同船之人，每名箕斗皆属相符，方准具保。若有病故淹毙，即令同船之人出具切实甘结。如有无故不回者，准令地、邻出首。倘获破盗案内有同票之人，将出结之船户、水手，及原出甘结又不禀首之地、邻，一并分别治罪。如守口弁兵不实力稽查，私行卖放，一经发觉，审明该犯于何年、月、日、在何处口岸透漏出口，即将该弁兵治罪。不行觉查之上司，从重议处。如系自行查出者，免议。

臣等谨按：乾隆五十七年(1792)七月内，臣部议复江苏巡抚奇丰额奏，海口商渔船只，例给船照，内虽有邻保、船户、舵工、水手姓名、年貌、住址，而盗犯既欲假冒船户，自必将其姓名、住址按名分认。至于年貌,不过面紫面赤、有须无须,皆可影射,不足为据。请嗣后商渔船只照票内,船上水手年貌项下,将本人箕斗验明添注,查验一有不符,即行根究。倘有捏称照票遗失,或称存留在家者,除盗匪假冒,从严问拟外,即无为匪情事,亦治以违制之罪,船只入官。至水手人等,在洋患病,临时雇觅别船水手相帮者,准该船户于收口时,将出具保结呈报该管官员,于新雇水手年貌下,亦注明箕斗。并须验明同船之人,每名箕斗皆属相符,方准具保等因。奉旨:"依议。钦此。"又五十四年(1789)六月内,大学士伯和等奏"海洋盗犯出没之所,设法禁止严行稽查"折内,声请嗣后各船出口给票时,先饬令该地方官查明人数,并取具地、邻清白甘结。俟回船缴照,倘有人数短少,及年貌不符者,若系病故、淹毙,即令同船之人出具切实甘结。其有无故不回者,准令地、邻出首。将来盗案破时,若有同票之人在内,即将同船出结者,及原出甘结之地、邻,一并分别治罪。至船只出口,务令各弁兵按照查验。如所载之人,比照上人数浮多,即将船只扣留,移交地方官查明严办。如守口弁兵不实力稽查,甚或私行卖放,审明该犯于何年、月日,在何处口岸透漏出口,即将该弁兵治罪。并将不行觉查之上司,从重议处。其该管上司自行查出者,免议等因。奉朱批:"依议速行。钦此。"钦遵各在案。应并纂为例,以便遵行。

【1802】5.15.225.(32)(略)

【1825】5.15.225.(29)(略)

【1806】○续纂

一、商民等偷越生番地界者,杖一百。偷越深山伐木等项,杖一百、徒三年。致启边衅,或教诱为乱,贻害地方者,除实犯死罪外,问发边远充军。

臣等谨按:嘉庆十年(1805)十一月内,陕甘总督倭什布等奏"遵旨酌议商民偷越番境伐木分别定例"折内,请嗣后商民等偷越生番地界,比照私入台湾番境例杖一百,偷越深山伐木等项,杖一百、徒三年。致启边衅,或教诱为乱,贻害地方者,除实犯死罪外,问发边远充军等因,奏准在案。

【1825】5.15.225.(33)(略)

【1870】5.15.225.(32)(略)

【1825】○续纂

一、山海关所属冷口迤东一带,与奉天锦州、复州、盖平三州县,及盖平县界内之熊岳城,并宁海县,皆近接海洋,除奸民私贩钢铁递运海洋,交卖商渔船只,分别斤数照例问拟外,其近边州县内地商民,若因打造农具买运钢铁出口,一百斤以内者,准其买运。令该商民呈明运往境内何处,该地方官填给印照,呈递守口员弁查验放行。如查有额外携带,及无照夹带不成器皿之铁,并非递运海洋,亦非卖与商渔船只,至五十斤者,将铁入官,照不应重律杖八十;一百斤以外者,于沿海地方商民将铁递运海洋交卖商渔船只一百斤以上军罪例上减一等,杖一百、徒三年。守口员弁,有借端需索者,参处治罪。

臣等谨按:道光四年(1824)五月内,据调任山海关副都统哈兴阿以山海关所属冷口迤东一带,与奉天锦、复、熊、盖、金五城,皆近接海洋,钢铁尤宜严密稽查。然民间打造农具,亦所必需。议请嗣后如实系近边州县内地商人买运出口,在于境内打造农具,令该商人呈明产铁处所,地方官以一百斤为度,填给印照,发给该商人执持到口,呈递守口官弁,查验放行。倘于票填数目之外,有私行携带,及无照夹带不成器皿之铁,至五十斤出口者,将铁入官,量予薄惩。如遇百斤以外,照例治罪。守口官弁,有借端需索情事,据实参办等因咨部,经臣部会同户部,照议咨复在案。臣等伏查,该都统原咨内仅称"五十斤出口者,量予薄惩。百斤以外,照例治罪",并未指定罪名。遇有此等案件,办理难免参差。自应分晰指明,以昭画一。惟查沿途地方商民图利,将铁斤私贩,递送海洋,交卖商渔船只,至一百斤以上,发近边充军,系指业经卖与商渔船只而言。其但系私行夹带,并非递运海洋,亦未卖与商渔船只,若竟一例拟军,未免漫无区别,亦应量予减等,以昭情法之平。臣等公同酌议,该处商民,如有额外私行捎带,及无照夹带不成器皿之铁,至五十斤以上者,照不应重律杖八十;一百斤以上,于递运海洋卖与商渔船只军罪例上减一等,杖一百、徒三年。再查锦、复、熊、盖、金五城,系何州县所属,原咨内未据指明。经臣部查据山海关副都统复称,锦系锦州,复系复州,盖系盖平县,金系金川即宁海县,熊系熊岳,在盖平县界内,俱系奉天所属。沿海地方所有商民买运钢铁出口,分别治罪之处,应请纂入例册,以便引用。

【1825】5.15.225.(36)(略)

【1847】5.15.225.(35)(略)

【1870】5.15.225.(34)(略)

【1830】○续纂

一、凡商人有携带引茶货物在喀什噶尔等处,与私越进卡之布鲁特等易换货物,或相买卖者,除违禁军器、硝磺实犯死罪外,余俱发边远充军。如系私茶,即照兴贩私茶与外国交易例,发烟瘴充军。知情容留之歇家、说合之牙保,各与本犯同罪。货物入官。如商人携货私越卡外,及越卡进内交易之布鲁特,俱发云贵两广烟瘴地方充军。

臣等谨按:道光十年(1830)正月内,臣部议复喀什噶尔参赞大臣扎隆阿等奏"拿获越边私货违禁易茶之布鲁特胡达巴尔底等,及贩茶民人杨生发,分别治罪,并请酌定专条"一折具奏。奉旨:"此案民人杨生发,以所贩引茶图利,向私越开齐之布鲁特易换绸匹、金线,实属违禁。着照部议,发边远充军。布鲁特胡达巴尔底、何布都尔哈里携带绸匹、金线,偷越进卡,与杨生发货物易换茶叶,俱着发云贵两广烟瘴地方充军。回子阿巴斯窝藏私货,并从中说合换茶,着改发边远充军。该犯等俱着各于犯事地方,枷号三个月,以昭儆戒。至回疆现当严禁浩罕通商之际,该部将私越该处货物入边,及违禁易茶,酌定专条,着照所议。嗣后商人有携带引茶、货物,在喀什噶尔等处,与私越进卡之布鲁特等易换货物,或相买卖者,除违禁军器实犯死罪外,余俱照私通土苗互相买卖例,发边远充军。如系私茶,即照私茶与外国人交易例,发烟瘴地面充军。知情容留之歇家,说合之牙保,各与本犯同罪。货物入官。如商人携货私越卡外,及越卡进内交易之布鲁特,应照奏定章程,发云贵两广烟瘴地方充军。该部即纂入则例,永远遵行。钦此。”钦遵在案。应纂辑为例,以资引用。

【1847】5.15.225.(37)(略)

【1870】5.15.225.(36)(略)

【1835】○续纂

一、内地奸民人等,有栽种罂粟花、葵花收浆煎熬鸦片烟,及买土煎熬售卖图利者,均照造卖赌具例,为首发边远充军,为从杖一百、流二千里,田地、船只、房屋照例入官。其知情租给田地、房屋之业主,及知情受雇、容留之船户,但在一年以外者,发边远充军;一年以内,杖一百、流二千里;半年以内,杖一百、徒三年。雇租之田地、船只、房屋,一律入官。有能自行首告,将私栽、私熬之犯指拿到官者免罪,田地、船只、房屋并免入官。首而无获者,但准免罪,田地、船只、房屋仍行入官。左右紧邻,据实首报,照例给赏。知而不举,杖一百;受财者,计赃准枉法从重论。地保受贿故纵,照首犯一体治罪;赃重者,计赃以枉法从重论。其知情容隐,虽未受贿,亦照为从例问拟。仍令各督抚责成该管道、府,实力查禁,出具所属并无栽种鸦片烟切实印结,年底由司汇齐咨部。并着该督抚于每年具奏编查保甲折内,一并详细声叙。其有查禁不力者,交部分别议处。

臣等谨按:道光十年(1830)十二月内,臣部议复原任闽浙总督孙尔准奏“严禁种卖鸦片烟章程”一折。奉上谕:“卢荫溥等奏议复孙尔准严禁内地种卖鸦片烟章程一折。前据御史邵正笏奏,近年内地奸民有种卖鸦片烟之事,降旨令各督抚确查严禁。嗣据孙尔准查明闽浙情形,酌定严议章程,交该部议奏。兹据卢荫溥等核议具奏,请通饬各督抚一体遵照,画一办理。嗣后内地奸民人等,有种卖煎熬鸦片烟者,即照兴贩鸦片烟之例,为首发近边充军,为从杖一百、徒三年。地保受贿故纵,照首犯一体治罪;赃重者,计赃以枉法从重论。其知情容隐,虽未受贿,亦照为从例问拟。所种烟苗拔毁,田地入官。各督抚即责成该管道、府督饬各属,实力查禁。乘抽查保甲之便,于春间赴乡稽一次,将有无私栽鸦片烟出具印结,年底由司会齐咨部。并着各督抚于每年具奏编查保甲折内,一并详晰声叙。如有拔除不尽,仍任流毒地方,即遵照道光三年(1823)部定处分,分别参办,毋稍徇隐。将此通谕知之,钦此。”又十一年(1831)十月内,臣部议复两江总督陶澍等奏“议增严禁熬烟章程”一折,内称“兴贩鸦片烟,并栽种煎熬者,治罪已各有专条。至买土熬烟,以及容留熬烟之船户、房主等犯,作何拟罪之处,从前均未议及。兹据该督等奏,请将熬烟之犯,照制造赌具例问拟。其受雇、容留之船户,得租容留之房主,均比照赌博例定拟”等因,系为净绝根株起见,应如所奏办理。惟栽种煎熬人犯,从前系照贩卖例,拟发近边充军。查栽种煎熬较之买土煎熬者,情节相仿,拟罪即未便两歧,似应一律改照制造赌具定拟,以昭允协。议请嗣后内地奸民人等,有栽种鸦片烟,及买土煎熬售卖图利者,即照造卖赌具例,为首发边远充军,为从者杖一百、流三千里,田地、船只、房屋照例入官。其租给田地、房屋之业主,并受雇、容留之船户,一律比照赌博例定拟。容留知情,一年以内者,照兴贩鸦片为首例,发近边充军;半年以内者,照兴贩鸦片为从例,杖一百、徒三年。但经知情容留、受雇得租之初犯,仍拟杖一百。均先于拿获沿河码头及通衢处所,枷号一个月。其雇租之田地、船只、房屋,一律入官。再犯者,即发近边充军。有能自行首告,并将私熬之犯指拿到官者,免罪,并免入官。首而无获者,但准免罪,田地、船只、房屋,仍行入官。左右紧邻据食首报,照例给赏。知而不举,杖一百;受财者,计赃准枉法从重论等因具奏,奉旨允准通行,遵照各在案。惟查例载"容留制造赌具之房主,一年以外,发边远充军;一年以内,杖一百、流三千里;半年以内,杖一百、徒三年",今容留栽种煎熬鸦片烟之业主、船户,原奏内既声明一律比照赌博例问拟,而所定罪名与赌博例微有参差,尚不足以昭平允。自应即照赌博之例,将原奏内罪名酌加改定,续纂专条,以资引用。

【1840】○修改分纂

按语,见【1825】5.15.225.(35)条【1840】修改分纂项下。

【1835】○续纂

一、同居子弟有买食鸦片烟者,除本犯照例惩办外,将家长照不能禁约子弟为窃之例治罪。

臣等谨按:道光十一年(1831)五月内,前任陕甘总督杨遇春奏"查禁鸦片烟章程"一折。奉上谕:"杨遇春奏遵旨查禁鸦片烟章程,开单具奏。据称甘肃省现在尚无将罂粟花熬烟贩卖之事。其外来商旅夹带偷销,责令各州县严密稽查。一经获犯,根究贩卖来路暨经过税口,即将失察之州县、故纵之吏胥,严行参惩,不得借端扰累行旅。至制造及贩卖鸦片烟器具者,照赌具之例惩办。其有将烟具携出修造者,许匠工首告,量予奖赏。并出示晓谕,责成家长约束。倘同居子弟有贩卖买食者,别经发觉,除本犯治罪外,着将家长照不能禁约子弟为窃之例治罪等因。钦此。"钦遵在案。应纂辑专条,以资引用。

【1847】5.15.225.(39)(略)

【1870】○修改

一、官员及兵丁买食洋药,家长不能禁约,照不能禁约子弟为窃例治罪。

【1870】5.15.225.(38)(略)

【1835】○续纂

一、台湾地方拿获番割,除实犯死罪外,但经讯有散发改装、擅娶生番妇女情事,即照台湾无藉游民犷悍不法犯该徒罪以上例,酌量情节轻重,分别充军。其仅止擅娶生番妇女,并无散发改装情事者,杖一百、徒三年。

臣等谨按:道光十四年(1834)正月内,军机大臣会同臣部议复闽浙总督程祖洛奏"台湾善后事宜"一折,内称"台湾生番,原不敢出山滋事。近有不法奸民,学习番语,偷越定界,散发改装,谋娶番女,名为番割,勾串生番抢杀,最为可恶。议请嗣后拿获番割,除实犯死罪外,但经讯有散发改装、擅娶番女情事,即照台湾无籍游民犷悍不法犯该徒罪以上例,酌量情节轻重,分别充军。其仅止擅娶番女,并无散发改装情事,比照偷越深山抽藤钓鹿伐木采棕例,杖一百、徒三年。熟番向化已久,与汉人无异。民娶熟番之妇,仍听其便。并请纂入条例"等因具奏,奉旨允准在案。谨纂辑专条,以资引用。

【1847】5.15.225.(41)(略)

【1870】5.15.225.(40)(略)

【1835】○续纂

一、台湾奸民,私煎硝磺,无论已未兴贩,如数在十斤以下者,杖一百,刺字,逐令过水;十斤以上,杖六十、徒一年,每十斤加一等;多至百斤以上,及合成火药在十斤以下者,发近边充军;多至三百斤以上,及合成火药至十斤以上者,照私铸红衣等大小炮位例处斩,妻子缘坐,财产入官。如将硝磺与生番交易货物,及偷漏出海者,均以通贼论。总董、牌甲、邻佑、挑夫、船户知情不举者,连坐。失察各官照例议处,自行拿获者免议。

臣等谨按:道光十四年(1834)正月内,军机大臣会同臣部议复闽浙总督程祖洛奏"台湾善后事宜"一折,内称"台湾环海,地多斥卤,民间筑土为墙,气蒸日晒,取墙土煎之,即可成硝,自应严禁。议请嗣后如有台湾奸民私煎硝磺,毋论已未兴贩,照附近苗疆五百里以内煎挖窝顿兴贩硝磺例,数在十斤以下,杖一百,刺字,逐水;十斤以上,杖六十、徒一年,每十斤加一等。多至百斤以上,及合成火药在十斤以下者,照合成火药卖与盐徒例,发近边充军。多至三百斤以上,及合成火药至十斤以上者,照私铸红衣等大小炮位例处斩,妻子缘坐,财产入官。如将硝磺与生番交易货物,及偷漏出海者,均以通贼论。总董、牌甲、邻佑、挑夫、船户知情不举者,连坐。失察各官,比照议处。自行拿获者,免议。并请纂入条例"等因具奏,奉旨允准在案。谨纂辑专条,以资引用。

【1847】5.15.225.(42)(略)

【1870】5.15.225.(41)(略)

【1835】○续纂

一、栽种罂粟等花,尚未收浆熬烟,必讯明实系因熬烟起见者方坐。及收买鸦片烟土,尚未熬烟售卖者,俱杖一百、徒三年。

臣等谨按:栽种罂粟等花收浆熬烟,及收买鸦片烟土煎熬售卖,俱经奏明,定立专条。其私种而未收浆、买土而未煎熬售卖,作何拟罪之处,未经议及。近来各省遇有此等案件,有照已成拟军者,亦有减等拟徒者,办理未能画一。查造卖牌骰未成例,系照造卖已成减一等问拟满徒。今栽种及收买鸦片烟,尚未煎熬售卖,与造卖牌骰未成,情罪相等,自应一律仿照酌减定拟。谨纂辑专条,以资引用。

【1840】○修改

臣等谨按：道光十九年(1839)五月内，大学士、军机大臣会同各衙门及臣部，议复升任鸿胪寺卿黄爵滋并各省将军、都统、督抚及各科道条奏"严禁鸦片烟章程"一折，内称"栽种罂粟花，连畦成亩，尚未收浆制造烟土、煎熬成膏售卖，及收买鸦片烟土、烟膏，尚未售卖贻害者，拟将为首发极边烟瘴充军，为从杖一百、流三千里。又制造及贩卖鸦片烟器具者，照造卖赌具例分别治罪。失察各官，分别议处"等因具奏，奉上谕："照所议办理，并着纂入则例，永远遵行等因。钦此。"臣等伏查，栽种罂粟等花、收买烟土及贩卖烟具各罪名，原奏均照旧例加重。应将例文添改明晰，以资引用。谨将修改例文，开列于后。

一、栽种罂粟等花，连畦成亩，尚未收浆制造鸦片烟土，熬膏售卖，及收卖烟土、烟膏，尚未售卖贻害者，为首发极边烟瘴充军，为从杖一百、流三千里。

【1847】5.15.225.(46)(略)

【1870】○删除

【1835】○续纂

一、制造及贩卖鸦片烟器具者，照造卖赌具及贩卖赌具例，分别治罪。有将烟具携出修制者，许匠工首告，量予奖赏。

臣等谨按：道光十一年(1831)五月内，前任陕甘总督杨遇春奏"查禁鸦片烟章程"一折。奉上谕："杨遇春奏遵旨查禁鸦片烟章程，开单具奏。据称甘肃省现在尚无将罂粟花熬烟贩卖之事。其外来商旅夹带偷销，责令各州县严密稽查。一经获犯，根究贩卖来路暨经过税口，即将失察之州县、故纵之吏胥，严行参惩，不得借端扰累行旅。至制造及贩卖鸦片烟器具者，照赌具之例惩办。其有将烟具携出修造者，许匠工首告，量予奖赏。并出示晓谕，责成家长约束。倘同居子弟有贩卖买食者，别经发觉，除本犯治罪外，着将家长照不能禁约子弟为窃之例治罪等因。钦此。"钦遵在案。应纂辑专条，以资引用。

【1840】○修改

按语，见【1847】5.15.225.(46)条【1840】修改项下。

一、制造及兴贩鸦片烟器具者，均照造卖赌具例，分别首从治罪。失察之该管各官，交部议处。

【1847】5.15.225.(31)(略)

【1870】○删除

【1835】○续纂

一、内地奸民，有摹造洋板，销化白银，仿铸洋钱图利者，一经当场拿获，如数在一百元以上者，发近边充军；一百元以下，杖一百、徒三年；不及十元者，枷号一个月，杖一百。为从各减一等。

臣等谨按：道光十三年(1833)七月内，据升任福建道监察御史黄爵滋奏"洋银应禁仿铸之弊，请严立科条"一折，内称"纹银出洋有禁，而洋银无禁。商民将尽以纹银铸为洋银,不过一炉火,转旋之间,遂可置身法外。请将仿铸洋银之犯,即照私铸铜钱科罪”等因。经臣部查,白银出洋,虽经明立科条,而仿铸洋银之禁不行,则偷漏出洋之弊,诚恐不能尽绝。自应另立治罪专条,以昭惩创。惟是仿铸洋银,其情究与私铸铜钱不同。钱法之权操于上,私铸则犯禁乱法,故治罪不得不严。若内地纹银向准倾销熔化,原非铜钱之有关国宝者可比。即谓其铸为洋银,恐致偷漏出洋,亦只可从重坐以白银出洋之罪,未便遽照私铸铜钱问拟重辟,致失情法之平。议请嗣后内地奸民,有摹造洋板,销化白银,仿铸洋钱图利者,一经当场拿获,如数在一百元以上者,即照白银出洋一百两以上例,发近边充军;一百元以下,杖一百、徒三年;不及十元者,枷号一个月,杖一百。为从,各减一等等因具奏。奉旨允准通行,遵照在案。应纂辑专条,以资引用。

【1847】5.15.225.(40)(略)

【1870】5.15.225.(39)(略)

【1840】○续纂

一、沿海奸徒,开设窑口,勾通外夷潜买鸦片烟土入口,囤积发卖图利,为首拟斩立决,恭请王命先行正法,仍传首海口地方悬竿示众;为从同谋,及接引护送之犯,并知情受雇之船户,均拟绞监候,房屋、船只,一律入官。失察员弁,交部议处。

臣等谨按:道光十九年(1839)五月内,大学士、军机大臣,会同各衙门,及臣部,议复升任鸿胪寺卿黄爵滋并各省将军、都统、督抚及各科道条奏“严禁鸦片烟章程”一折,内称“鸦片之来,皆由海口内地奸民与夷匪私相交易,加以兵弁纵容,受财护送,以致毫无顾忌,肆意畅行。至官员之失察、胥役之得财、商船之窝藏、关津之偷漏,种种流弊,不可胜数。谨将旧例所无各条,按其所犯情节,酌定罪名,以清吸食之源,以绝兴贩之弊”等因具奏。奉上谕:“照所议办理,并着纂入则例,永远遵行等因。钦此。”谨将原奏各条,纂辑为例,以资引用。

【1847】5.15.225.(47)(略)

【1870】○删除

【1840】○续纂

一、沿海员弁、兵丁人等,收受窑口财物,纵放烟土入口,无论赃数多寡,概拟绞立决。其未经得贿,但知情徇纵,或漏信致令脱逃,俱发往新疆地方,系官弁充当苦差,兵丁为奴。如讯不知情,止系失于觉察者,兵丁杖一百、徒三年。文武员弁及失察之海关监督,交部议处。

按语,见【1847】5.15.225.(47)条【1840】续纂项下。

【1847】5.15.225.(48)(略)

【1870】○删除

【1840】○续纂

一、沿海奸徒,贪利寄囤夷船鸦片烟土者,照开设窑口从犯治罪。其寻常兴贩烟土案内知情受寄之犯,减首犯,一等治罪。

按语,见【1847】5.15.225.(47)条【1840】续纂项下。

【1847】5.15.225.(49)(略)

【1870】○删除

【1840】○续纂

一、吸食鸦片烟后,经改悔戒绝平民,免其治罪。系现任官员,仍由该上司揭参休致。如戒食后,尚存有鸦片烟灰未经毁弃者,杖一百。

按语,见【1847】5.15.225.(47)条【1840】续纂项下。

【1847】5.15.225.(50)(略)

【1870】○修改

一、官员及兵丁吸食洋药,后经改悔,如存留烟灰未毁弃者,杖一百。

【1870】5.15.225.(44)(略)

【1840】○续纂

一、官吏、兵役人等,拿获鸦片案犯,得财卖放者,与本犯一体治罪。赃重者,计赃以枉法从重论。

按语,见【1847】5.15.225.(47)条【1840】续纂项下。

【1847】5.15.225.(51)(略)

【1870】○删除

【1840】○续纂

一、粤东洋商,与夷人贸易往来,均令遵照住澳住行一定期限,于卖货完竣后,即行起程。逾限羁留者,照违制律杖一百。如查有囤积鸦片烟情弊,照例治罪,房屋查抄入官。

按语,见【1847】5.15.225.(47)条【1840】续纂项下。

【1847】5.15.225.(52)(略)

【1870】○删除

【1840】○续纂

一、州、县等官拿获烟土解省之日,该督抚亲自查验真伪,加贴印封,存贮司库,定期销毁。届期仍由该督抚逐细复验,沃以桐油,并搀和食盐、白矾,眼同销毁。务令悉成灰烬,投之河海。不准委任他员,致滋弊混。

按语,见【1847】5.15.225.(47)条【1840】续纂项下。

【1847】5.15.225.(53)(略)

【1870】○删除

【1840】○续纂

一、洋船进口,有无夹带鸦片烟土,责成海关监督严饬胥吏人等,认真检查。如有知情纵放、得贿包庇,并徇隐偷漏等弊,从严惩处。

按语,见【1847】5.15.225.(47)条【1840】续纂项下。

【1847】5.15.225.(54)(略)

【1870】○删除

【1840】○续纂

一、各省拿获贩卖鸦片烟人犯,应根究何处购买,何人经手,何人包庇护送,并由何处海口上岸,及经过何处地方,分别受贿知情与不知情,照例惩办议处。

按语,见【1847】5.15.225.(47)条【1840】续纂项下。

【1847】5.15.225.(55)(略)

【1870】○删除

【1840】○续纂

一、夷人带有鸦片烟来内地图卖者,为首拟斩立决,为从同谋者绞立决。由该督抚审明确系正犯,并无替冒情弊,即交地方官督同该夷头目,将各犯分别正法。起获烟土,全行销毁。同船知情之犯,由该督抚酌量惩治,所带货物,概行入官。

臣等谨按:道光十九年(1839)五月内,军机大臣会同臣部议复前任湖广总督、钦差大臣林则徐奏"夷人携带鸦片烟入口售卖治罪"一折,内称"鸦片烟流毒中国,为害日深。究其根源,皆由夷船潜带入口,希图售卖获利,以致愚民被诱吸食,寖以成风,非议定治罪专条,不足以示惩。儆请此后夷人,如带有鸦片入口图卖者,为首即照开设窑口例拟斩立决,为从同谋者,从严拟绞立决。由该督抚审明,确系带卖鸦片烟,首、从正法。并无替冒情弊,即交该地方官,督同该夷人头目,将各犯分别正法。起获烟土,全行销毁。其同船之众,是否均系知情,亦由该督抚分别酌量惩治。所带货物,概行入官"等因具奏,奉旨允准遵行在案。嗣于七月内,复据钦差大臣林则徐等奏,"广东中路通商,向以船进虎门乃为入口。夷人所带鸦片,每先卸于口外趸船,然后入口。今若以是为界,彼正得以借口趋避,难保不于虎门口外再设趸船,恐办理又形棘手。请将新例内'入口'字样酌易为'来内地'等字,俾无可借口"等因具奏。奉上谕:"据林则徐等奏,新定章程内,夷人带烟入口图卖一条,请将例内'入口'字样酌易为'来内地'等字,着照所议。即于新颁例内改易,以杜趋避等因。钦此。"谨纂辑专条,以资引用。

【1847】5.15.225.(56)(略)

【1870】○删除

【1840】○续纂

一、伊犁等处卡外贸易夷人，如有明知例禁，合伙兴贩鸦片烟土，入卡售卖渔利者，即照例分别首从，问拟斩、绞立决。若仅止零星夹带，又讯系无知误犯者，应由该将军酌量枷号示惩。至内地奸民，有向夷人接买鸦片烟土，囤积发卖，及知情寄囤夷人烟土者，审实，均照开设窑口例分别办理。失察之该管官弁、兵役人等，照例严参惩办。

臣部谨按：道光二十年(1840)二月内，军机大臣会同臣部议复升任伊犁将军奕经等奏"请将夷人夹带烟土售卖各条新定章程变通定罪"一折，据该将军原奏内称，"伊犁与外夷接壤，所有贸易货物大半系牛、马、羊只，间有牛皮、毛毯、夷布等件，亦皆用牲畜驮载，私匿较难。即或夹带零星，亦为数无几。核与沿海用船装载，盈千累万囤积销售，大相悬殊。且易货地方，系日中为市，纵有夹带，亦不过私行偷卖，尤与开设窑口，明目张胆、毫无顾忌者迥异。若一律概置重辟，于抚绥外夷情形殊觉窒碍。拟请夷人入卡贸易，如有携带烟土售卖，讯系无知初犯，不过零星夹带。事发在一年六个月内者，于贸易处所枷号示众。令该管头目于出卡时，将该犯带回本地，传谕示众，俾共闻知。经此次传谕后，如尚有夹带烟土事，犯在限外者，若审系不谙禁令，实属无心误犯，或因传谕未遍，偶尔夹带，并非积惯兴贩者，似当原其犯时不知之情，量予宽减，应照开设窑口例减一等治罪。倘系明知故犯，公然合伙兴贩，即照开设窑口之例科罪。其失察之官弁、兵役人等，俱照所犯各条，按新例严行参办"等语。经臣等查新例，夷人带有鸦片烟来内地图卖者，为首照开设窑口例斩立决，为从同谋者绞立决。例意原以鸦片烟流毒中国，皆由外夷嗜利，潜带入口售卖引诱所致，自非严定专条，不足以遏绝弊源。既据该将军等奏称，该处夷人夹带烟土入卡，情形与沿海地方用船装运图卖者，轻重悬殊，似未便概置重典，转失抚绥之道，自应量为变通。应如所奏，嗣后夷人入卡贸易，如系明知例禁，公然合伙兴贩烟土，入卡售卖渔利，是其情罪毫无可原，即照新例，分别首从，拟以斩、绞立决。其仅止零星夹带，又讯系无知误犯，无论在一年六个月限内、限外，均与明知故犯者，情罪迥别，应由该将军等酌量枷号，以示惩儆。该将军原奏于事犯限外者，不照限内一体枷号，议于开设窑口例上减一等治罪，意固欲稍示区别。不知此等夷人，若由死罪减等科断，势难与内地军、流各犯一例实发办理，殊多窒碍，应毋庸议。至该管官弁、兵役人等，失于觉察，仍照例严参惩办。又原奏内称，奸民有勾通外夷，囤积发卖鸦片情事，首从各犯，即照开设窑口例，分别办理。若系寄囤，与寄囤夷船烟土无别，亦照开设窑口从犯例定拟。其辗转售卖之犯，如能指出受寄之人，应照寻常兴贩烟土究出知情受寄之犯减首犯一等例治罪。如不能指出，仍依首犯科断等因。臣等查沿海地方，凡勾通外夷潜买鸦片烟土烟膏发卖，以及知情囤积夷船烟土之犯，新例已从严治罪。伊犁等处，虽地非海壖，但既与各夷接壤，自应一律严办，以惩奸徒而除积弊。应如所奏，嗣后伊犁等处，如有奸民向外来夷人接买鸦片烟土囤积发卖，及知情寄囤夷人接买鸦片烟土，一经审实，均即照例分别办理。

至新例寻常兴贩烟土案内，究出知情受寄之犯，减首犯一等治罪，系指受寄本犯而言，与兴贩罪名毫不相涉。盖兴贩之罪重于寄囤，即使到案指出受寄之人，衡情亦无可宽减。该将军等原奏于辗转售卖之犯，欲以能否指出受寄之人，分别减等科罪，系属误会例意，应无庸议等因具奏，奉旨允准遵行在案。谨纂辑为例，以资引用。

【1847】5.15.225.（57）（略）

【1870】○删除

【1840】○续纂

一、伊犁等处夷人进卡贸易，有无夹带鸦片烟土，由该将军责成守卡、守台各官，认真查验，并于夷货入境时，派员前往检查，毋任偷漏徇隐。该处夷人，亦令遵照贸易定限，于完竣后即行出卡，不准逾限羁留。

臣等谨按：道光二十年（1840）二月内，军机大臣会同臣部议复调任伊犁将军奕经等奏“筹议查办鸦片烟章程”一折。据该将军原奏内称，“伊犁贸易夷人，分西、南、北三路。其自西、北来者，应责成守卡各官及管理贸易之官弁等认真搜查，不准携带。其自南路来者，应责成守台各官及检验货物之阿奇木伯克等切实稽察，毋致偷漏。仍令出具并无夹带烟土甘结附报，申详存案。并于夷货入境时，严密派员前往检查，勿得隐讳瞻徇。并立有贸易一定限期，不准借端逗遛，以便稽核”等因。经臣等查贸易夷人所带烟土，自系于货物入卡之时，乘机混入。若不认真盘查，终难杜偷漏之弊。该将军等议请责成守卡、守台各官，于各路夷货认真查验，入境后复派员前往检查，并令该夷人按限贸易完竣出卡。立法殊为周密，应如所奏办理等因具奏，奉旨允准，遵行在案。谨纂辑为例，以昭遵守。

【1847】5.15.225.（58）（略）

【1870】○删除

私役弓兵

律　文

【1646】5.15.247

凡私事役使弓兵者，一人笞四十，每三人加一等，罪止杖八十。每名计役过一日，追雇工银八分五厘五毫入官。当该官司应付役使者，同罪，罪坐所由。应付之官吏。

【1670】5.15.246（略）

【1725】5.15.236

注：此言应差弓兵不可私役也。弓兵本为官差公事而设，如盘诘往来奸细、强窃盗贼、贩卖私盐，皆其专责。有人私借役使者，是以官府力役之人，为私家驱使之用。故计人坐罪，每三人加一等，罪止杖八十，仍每名每日追役过雇工银入官。若当该官司听从而应付役使者，同犯人私役之罪，计名科断。但坐所由应付之人，余不概坐也。公家差役，与部民夫匠不同，故私役夫匠，则追工钱给主，而此则追工钱入官。

再此律言弓兵，则凡私役经制在官应役之人，亦依此律科断。

臣等谨按：此言应差弓兵不可私役也。弓兵本为官差公事而设，如盘诘往来奸细、强窃盗贼、贩卖私盐，皆其专责。有人私借役使者，是以官府力役之人，为私家驱使之用。故计人坐罪，每三人加一等，罪止杖八十，仍每名每日追役过雇工银入官。若当该官司听从而应付役使者，同犯人私役之罪，计名科断。但坐所由应付之人，余不概坐。盖公家差役，与部民夫匠不同。故私役夫匠，则追工钱给主，而此则追工银入官。再此律言弓兵，则凡私役经制在官应役之人，亦同此律科断。

【1740】5.15.226（略）

【兵律·厩牧】

牧养畜产不如法

律　文

【1646】5.16.248

凡人户牧养官马、牛、驼、骡、驴、羊，并以一百头为率，若死者、损者、失者，各从实开报。死者，即时将皮张、鬃尾入官，牛筋角、皮张亦入官。其管牧群长、群副，每马、牛、驼一头各笞三十，每三头加一等；过杖一百，每十头加一等，罪止杖一百、徒三年。羊减马三等，四头笞一十，每三头加一等；过杖一百，每十头加一等，罪止杖七十、徒一年半。驴、骡，减马牛驼二等。一头笞一十，每三头加一等；过杖一百，每十头加一等，罪止杖八十、徒二年。若胎生不及时日而死者，灰腌，看视明白，不坐；若失去，赔偿。损伤不堪用，减死者一等坐罪。其死损数目，并不准除。

【1670】5.16.247（略）

【1725】○修改

臣等谨按：马、牛等畜，亦有年老而自死者，应于"若胎生不及时日而死者，灰腌"之下，增并"年老而自死者"七字。

臣等谨按：此严牧养之失职也。牧长、牧副，即司牧之人。凡牧养官马、牛、驼、骡、驴、羊等畜，并以一百头为率。若每项内有牧养不如法，以致倒毙并损伤、失去者，俱从实赴官报明，以凭追赔、坐罪。死者，将倒毙牲畜皮张并马之鬃尾、牛之筋角即时入官。其牧长、牧副，于所牧养马、牛、驼有死者，计头数加罪，罪止杖一百、徒三年。羊死者，减马三等，一头至三头，减尽无科。骡、驴死者，减马、牛、驼二等。若牲畜胎生不及时日而死殇死，及年老而自死者，并送官，看视明白，不坐以罪。若有失去而照数赔偿，与损伤而不堪乘用者，各减牲畜倒毙之罪一等科断。其死损数目，并令买补还官，不准除豁。

【1725】5.16.237

凡牧养官马、牛、驼、骡、驴、羊，并以一百头为率，若死者、损者、失者，各从实开报。死者，即时将皮张、鬃尾入官，牛筋角、皮张亦入官。其管牧牧长、牧副，每马、牛、驼一头各笞三十，每三头加一等；过杖一百，每十头加一等，罪止杖一百、徒三年。羊减马三等，四头笞一十，每三头加一等；过杖一百，每十头加一等，罪止杖七十、徒一年半。驴、骡，减马牛驼二等。一头笞一十，每三头加一等；过杖一百，每十头加一等，罪止杖八十、徒二年。若胎生不及时日而死者，灰腌，并年老而自死者，看视明白，不坐；若失去，赔偿。损伤不堪用，减死者一等坐罪。其死损数目，并不准除。

注：此严牧养之失职也。牧长、牧副，即司牧之人。凡牧养官马、牛、驼、骡、驴、羊等畜，并以一百头为率。若每项内有牧养不如法，以致倒毙并损伤、失去者，俱从实赴官报明，以凭追赔、坐罪。死者，将倒毙牲畜皮张并马之鬃尾、牛之筋角即时入官。其牧长、牧副，于所牧养马、牛、驼有死者，计头数加罪，罪止杖一百、徒三年。羊死者，减马三等，一头至三头，减尽无科。骡、驴死者，减马、牛、驼二等。若牲畜胎生不及时日而殡死，及年老而自死者，并送官，看视明白，不坐以罪。若有失去而照数赔偿，与损伤而不堪乘用者，各减牲畜倒毙之罪，一等科断。其死损数目，并令买补还官，不准除豁。

【1740】5.16.227（略）

附律条例

【1646】5.16.248.（1）

一、凡太仆寺所属十四牧监、九十八群，专一提调牧养孳生马、骡、驴、牛。其养户俱系近京民人，或五户、十户共养一匹。若人户不行用心孳牧，致有亏欠倒毙，就便着令买补还官。每岁将上年所生马驹，起解赴京，调拨本寺。每遇年底比较，或群、监官员怠惰，或人户奸顽，致有马匹瘦损、亏欠数多，一律坐罪。

【1670】5.16.247.（1）（略）

【1725】○删除

原拟：今官马并不令近京民人牧养，亦无每年将所生马驹尽解京调拨之例，此条拟删。

【1725】○增入

原拟：又太仆寺例一条，类于此律，应纂入。

【原增现行例】一、口外骟骒马匹，如有倒毙，将皮张令沿途地方官员，按站解送太仆寺查验数目，咨送工部拣选留用。其朽烂破坏者，变价送户部。

【1725】5.16.237.（1）

【增例】（略）

【1740】○删除

臣等谨按：查验皮张，系户、工二部遵行则例，与律例无涉，应删。

【1772】○续纂

一、解送军营马匹倒毙，其分起解送之文武各员，照军营赔补马匹之数，每百匹准其倒毙三匹。如倒毙三匹以上至二十匹者，交部照例分别议处；二十匹以上者，杖一百；三十匹以上者，杖六十、徒一年；三十五匹以上者，杖七十、徒一年半；四十匹以上者，杖八十、徒二年；四十五匹以上者，杖九十、徒二年半；五十匹以上者，杖一百、徒三年。如有盗卖别情，从重治罪。至总理督解之员，合其督解总数，按其倒毙多寡，亦即照此分别议处治罪。

臣等谨按：此条系乾隆三十六年（1771）六月内，钦奉上谕，军机大臣会同兵部、臣部，酌议定例，应纂辑以便遵行。

【1790】5.16.227.（1）（略）

【1801】○修改

臣等谨按：此条系乾隆三十六年（1771）定例。查文武各员解送军营马匹，如有盗卖别情，自应计赃以监守自盗论。总理督解之员知情故纵者，罪同。例内“从重治罪”句语意含混，应添纂明晰，以便引用。谨将修改例文，开列于后。

一、解送军营马匹倒毙，其分起解送之文武各员，照军营赔补马匹之数，每百匹准其倒毙三匹。如倒毙三匹以上至二十匹者，交部照例分别议处；二十匹以上者，杖一百；三十匹以上者，杖六十、徒一年；三十五匹以上者，杖七十、徒一年半；四十匹以上者，杖八十、徒二年；四十五匹以上者，杖九十、徒二年半；五十匹以上者，杖一百、徒三年。如有盗卖别情，计赃以监守自盗论。至总理督解之员，合其督解总数，按其倒毙多寡，亦即照此分别议处、治罪。若知盗卖之情而故纵者，罪同。

【1802】5.16.227.（1）（略）

孳生马匹

律　文

【1646】5.16.249

凡马户群头管领骒马，一百匹为一群，每年孳生驹一百匹。若一年之内，止有驹八十匹者，笞五十；七十匹者，杖六十。都群所官不为用心提调者，致孳生不及数，各减三等；太仆寺官，又减都群所官罪二等。

【1670】5.16.248（略）

【1725】○修改

臣等谨按：《家语》曰“辰为月引，主马”，故马十二月而生，是生驹，必待一年。今律文云骒马，一百匹为一群，每年责其孳生一百匹，恐无岁岁孳生之理。查太仆寺现行之例，原以三年整顿一次，以骒马孳生一匹，拟于律文“每年”字下增“三群”二字。今无“都群所”名色，应改为“典牧官”。

臣等谨按：此重马政之考成而期于蕃息也。凡各群头领管骒马，以百匹为一群，每群三年应孳生驹一百匹。若一年之内于数不足，群头计匹加罪。典牧官有提调之责，不为用心，以致缺数者，各减群头罪三等。太仆寺有统辖之责，又减典牧官罪二等。如有驹八十匹，则减尽无科。止言八十匹，则八十匹以上，皆不坐罪；止言七十匹，则七十匹以下，罪止杖六十矣。

【1725】5.16.238

凡牧长管领骒马，一百匹为一群，每年三群孳生驹一百匹。若一年之内，止有驹八十匹者，笞五十；七十匹者，杖六十。典牧官不为用心提调者，致孳生不及数，各减三等；太仆寺官，又减典牧官罪二等。

注：此重马政之考成而期于蕃息也。凡各牧长领管骒马，以百匹为一群，每年三

群内应孳生驹一百匹。若一年之内,于数不足,牧长计匹加罪。典牧官有提调之责,不为用心,以致缺数者,各减牧长罪三等。太仆寺有统辖之责,又减典牧官罪二等。如有驹八十匹,则减尽无科。止言八十匹,则八十匹以上,皆不坐罪。

【1740】5.16.228(略)

附律条例

【1646】5.16.249.(1)

一、太仆寺少卿二员,一巡视京营及各边骑操马匹,一巡视顺天府所属寄牧马匹;寺丞一十二员,一管顺天府所属寄牧马匹,其余分管京卫及保定等府孳牧寄操马匹。

【1670】5.16.248.(1)(略)

【1725】○删除

原拟:今太仆寺少卿并无巡视各边骑操及顺天府寄养马匹之例,且太仆寺亦无寺丞,保定等府并无孳牧寄操马匹之例,此条拟删。

【1646】5.16.249.(2)

一、凡把总等官,克减官马草料,计赃满例发边卫立功,满日就彼带俸。盗卖者,发瞭哨;卖至料豆十石以上者,充军。管领纵容盗卖,发边卫立功,满日就彼带俸。买者问罪。

【1670】5.16.248.(2)(略)

【1725】○删除

原拟:今官员克减官马草料者,计赃以监守自盗论,并无"赃满例发边卫立功",亦无盗卖及纵容盗卖者发瞭哨立功、满日就彼带俸之例,此条拟删。

【1725】○增入

原拟:又太仆寺例一条,类于此律,应纂入。

【原增现行例】一、凡上驷院、太仆寺所管游牧马群,每三年整顿一次。不论骒马、儿马、马驹,每三匹内合算当孳生马一匹。除合算正额外,多孳生一百六十匹以上者,为头等;八十匹以上者,为二等;一匹以上者,为三等,牧长、牧副分别给赏。若合算正额内少孳生五十匹以下者,牧长罚马五匹,牧副各笞四十;一百匹以下者,牧长罚马七匹,牧副各笞五十;一百匹以上者,牧长罚马九匹,牧副各杖六十。骟马群倒毙少者赏,多者罚,相半者免议。赏罚之数,视骒马群第三等例。其各马群赏罚相半者,总管官免议;赏多者,按群给赏;罚多者,按群受罚。

【1725】5.16.238.(1)

【增例】(略)

【1740】5.16.228(略)

验畜产不以实

律　文

【1646】5.16.250

凡官司相验分拣相验其美恶，而分别拣选，以定高下。官马、牛、驼、骡、驴，不以美恶之实者，一头笞四十，每三头加一等，罪止杖一百。验羊不以实，减三等。若因验畜不实而价有增减者，计所增亏官。减损民。价坐赃论。入己者，以监守自盗论。各从重科断。不实罪重，从不实；自盗罪重，从自盗。

【1670】5.16.249（略）

【1725】5.16.239

注：此概言官司验拣畜产不实之罪也。官用马、牛等畜，不足则收买，有余则变价，皆须官吏、兽医人等相验美恶，分别高下，以实开报。如本美而称恶，置之下等，本恶而称美，置之高等，是为不实，计头加等，罪止杖一百。验羊不以实者，减三等。以致价有增减，计所增所减之数，坐赃论。若将增减之价入己者，以监守自盗论。

臣等谨按：此概言官司验拣畜产不实之罪也。相验分拣之人，谓官吏、兽医人等。凡相验官马、牛、驼、骡、驴，务须分别拣选，以实开报。如本美而称恶，置之下等，本恶而称美，置之高等，是为不实，计头加等，罪止杖一百。验羊不以实者，减三等。若因相验分拣不实，以致价有增减，即计增减之数坐赃论。若将增减之价入己者，以监守自盗论。

【1740】○修改

臣等谨按：“各从重科断”，律意原是兼承不实、坐赃、自盗三项，而注只言“不实”“自盗”，遗漏坐赃，应增注。谨将增辑律注，开列于后。

凡官司相验分拣相验其美恶，而分别拣选，以定高下。官马、牛、驼、骡、驴，不以美恶之实者，一头笞四十，每三头加一等，罪止杖一百；验羊不以实，减三等。若因验畜不实而价有增减者，计所增亏官。减损民。价坐赃论；入己者，以监守自盗论。各从重科断。不实罪重，从不实坐赃；自盗罪重，从自盗坐赃。

【1740】5.16.229（略）

附律条例

【1646】5.16.250.（1）

一、州、县起解备用马匹，各要经由该管官验中起解。若有马贩交通官吏、医兽人等，兜揽作弊者，问罪，枷号一个月，发边卫充军。再犯、累犯者，枷号一个月，发极边卫分充军。

【1670】5.16.249.（1）（略）

【1725】5.16.239.（1）

【原例】（略）

【1740】○修改

臣等谨按：犯法次数，必以事发为准。此条马贩既问发边卫充军，若是军所再犯，自有“徒流人又犯罪”本律，若是追讯从前积犯，恐启锻炼之弊，“再犯”“累犯”等语应删。谨将删辑例文，开列于后。

一、州、县起解备用马匹，各要经由该管官验中起解。若有马贩交通官吏、医兽人等，兜揽作弊者，问罪，枷号一个月，发边卫充军。

【1740】5.16.229.（1）（略）

【1768】5.16.229.（1）

一、州、县起解备用马匹，各要经由该管官验中起解。若有马贩交通官吏、医兽人等，兜揽作弊者，问罪，枷号一个月，发近边充军。

【1646】5.16.250.（2）

一、大同三路官旗、舍人、军民人等将不堪马匹，通同光棍，引赴该管官处及管军头目，收买私马，诡令伴当人等出名，情嘱各守备等官，俵与军士，通同医兽作弊，多支官银者，俱问罪。官旗、军人，调别处极边卫所，带俸食粮差操；民并舍余人等，俱发附近充军；引领光棍，并作弊医兽，及诡名伴当人等，各枷号一月发落。干碍内外官员，奏请提问。凡受财者问枉法，系文职，附近充军；系军官，立功。出钱人，问行求。无赃，官依嘱托听从事已施行杖一百，不在调卫之限。通同多支官银分受，以常人盗并赃论。

【1670】5.16.249.（2）（略）

【1725】○删除

原拟：今无大同三路收买马匹之事，亦无官旗、舍余人名色及带俸食粮差操之例。凡情嘱及多支官银者，俱照律治罪。其兜揽作弊者充军之处，前例已经载明，此条拟删。

养疗瘦病畜产不如法

律　文

【1646】5.16.251

凡养疗瘦病官马、牛、驼、骡、驴不如法，无论头数，笞三十。因而致死者，一头笞四十，每三头加一等，罪止杖一百。羊减三等。

【1670】5.16.250（略）

【1725】5.16.240

注：此言养疗畜产宜加谨也。凡官马、牛、驼、骡、驴有瘦病者，医饲人役能尽心养疗，则不致倒毙。若医饲不如法，不论头数多寡，笞三十；因而致死者，计头数加等，罪止杖一百。饲羊不如法致死者，减三等；未致死者，减尽无科。

臣等谨按：此言养疗畜产宜加谨也。凡官马、牛、驼、骡、驴有瘦病者，医饲人役能尽心养疗，则不致倒毙。若医饲不如法，不论头数多寡，笞三十；因而致死者，计头数加等，罪止杖一百。饲羊不如法，致死者，减三等；未致死者，减尽无科。

【1740】5.16.240（略）

乘官畜脊破领穿

律　文

【1646】5.16.252

凡官马、牛、驼、骡、驴，乘驾不如法，而致脊破领穿疮围绕三寸者，笞二十；五寸以上，笞五十。并坐乘驾之人。若牧养瘦者，计百头为率，十头瘦者，牧养人及群头、群副各笞二十，每十头加一等，罪止杖一百。羊减三等。典牧所官各随所管群头多少，通计科罪。太仆寺官，各减典牧所官罪三等。

【1670】5.16.251（略）

【1725】○修改

原拟：今无典牧所名色，应改“典牧所”为“典牧官”。

臣等谨按：此言应乘官畜之人，不加爱护，而并治牧养不谨之罪也。前言官畜乘驾不如法之罪。次言牧养人及群头、群副牧养不如法之罪。计头加等，罪止杖一百。羊瘦者，减三等。后言典牧所官与太仆寺官，计所管群头，各减等科罪。

【1725】5.16.241

凡官马、牛、驼、骡、驴，乘驾不如法，而致脊破领穿疮围绕三寸者，笞二十；五寸以上，笞五十。并坐乘驾之人。若牧养瘦者，计百头为率，十头瘦者，牧养人及牧长、牧副各笞二十，每十头加一等，罪止杖一百。羊减三等。典牧官各随所管牧长多少，通计科罪。太仆寺官，各减典牧官罪三等。

注：此言应乘官畜之人不加爱护，而并治牧养不谨之罪也。官畜乘驾不如法，验伤加笞。牧养人等养瘦者，计十头加等，罪止满杖；羊减三等。典牧官各随所管牧长多少，通计科罪；太仆寺官，各减典牧官罪三等。前牧养不如法条，有失去、损伤罪牧长、牧副之律，此条言牧养瘦病者，牧养人及牧长、牧副、典牧官、太仆寺官之罪，盖互相备也。

【1740】○修改

臣等谨按：典牧官如何通计科罪之处，律未指明，应增注。谨将增辑律注，开列于后。

凡官马、牛、驼、骡、驴，乘驾不如法，而致脊破领穿疮围绕三寸者，笞二十；五寸以上，笞五十，并坐乘驾之人。若牧养瘦者，计百头为率，十头瘦者，牧养人及牧长、牧副各笞二十，每十头加一等，罪止杖一百。羊减三等。典牧官各随所管牧长多少，通计科罪。亦以十分为率。太仆寺官，各减典牧官罪三等。

【1740】5.16.231（略）

附律条例

【1646】5.16.252.（1）

一、下班官军，将原领马匹，兑与见操缺马官军领骑喂养。若有擅骑回卫者，问罪，罚马一匹，解兵部给操。其原领马匹倒失者追赔。

【1670】5.16.251.(1)(略)

【1725】○删除

原拟：今无下班兵丁将原领之马兑与见操兵丁之事，且官员亦不领马。今兵丁马匹倒毙者，按年限赔赃。限满者，给银买补，报部销算，并不勒令追赔，亦无罚马解兵部给操之例，此条拟删。

【1725】○增入

原拟：现行例内一条，类于此律，应增入。

【现行例】一、凡皇上行幸各处，所用马匹、车辆，校尉等所骑马匹，俱交与该职事领去，章京官员本身，应令严管。骑驿马校尉、当差人役、赶车步兵，若不按时饮水喂草，私自滥行骑跑，或在沿途，或于到处，如马匹倒失者，将骑马校尉、当差人役、赶车步兵鞭一百；将马匹蹭病损伤者，将骑马校尉、当差人役、赶车步兵鞭八十。

原拟：此条字句太繁，应行删改，开载于后。

【原改现行例】一、车驾行幸，所需马匹、车辆，及校尉等所乘马匹，俱令该管职事人员亲身关领，严行约束。若校尉、当差人役、赶车步军，将马匹不按时饮水喂草，私自滥行驰骤，或在沿途，或到处所，倒毙、走失者，各杖一百；蹭病损伤者，减二等。

【1725】5.16.241.(1)【原例】(略)

【1740】5.16.231.(1)(略)

官马不调习

律　文

【1646】5.16.253

凡牧马之官，听乘官马，而不调习者，一匹笞二十，每五匹加一等，罪止杖八十。

【1670】5.16.252(略)

【1725】5.16.242

注：此欲马性之调良，以适驾驭也。凡牧马之官，听许乘坐官马，盖欲其习驰骤娴进止也。若素不调习，则难以适用。故计匹加罪，罪止杖八十。

臣等谨按：此欲马性之调养，以适驾驭也。凡牧马之官厅，许乘坐官马，盖欲其习驰骤娴进止也。若素不调习，则难以适用，故计匹加罪，罪止杖八十。

【1740】5.16.232(略)

宰杀马牛

律　文

【1646】5.16.254

凡私宰自己马、牛者，杖一百；驼、骡、驴，杖八十；筋、角、皮张入官。误杀及病死者不坐。○若故杀他人马、牛者，杖七十、徒一年半；驼、骡、驴，杖一百。官畜产同。若计赃重于本罪者，准盗论。系官者，准常人盗官物断罪，并免刺。追价给主。若伤而不死，不堪乘用，及杀猪、羊等畜者，计杀伤所减之价，亦准盗论。各追赔所减价钱。完官、给主。价不减者，笞三十。其误杀伤者，不坐罪，但追赔减价。○为从者，故杀伤，各减一等。官物不分首从。○若故杀缌麻以上亲马、牛、驼、骡、驴者，与本主私宰罪同；追价赔主。杀猪、羊等畜者，计减价坐赃论，罪止杖八十。其误杀及故伤者俱不坐，但各追赔减价。○若官私畜产毁食官私之物，因而杀伤者，各减故杀伤三等，追赔所减价；还畜主。畜主赔偿所毁食之物。还官、主。○若故放官私畜产损食官私物者，笞三十；计所食之赃重于本罪者，坐赃论。罪止杖一百、徒三年。失防者，减二等。各赔所损物，还官、主。○若官畜产失防毁食官物者，止坐其罪，不在赔偿之限。○若畜产欲触抵踢咬人，登时杀伤者，不坐罪，亦不赔偿。兼官、私。

【1670】5.16.253（略）

【1725】5.16.243

凡私宰自己马、牛者，杖一百；驼、骡、驴，杖八十；筋、角、皮张入官。误杀及病死者不坐。○若故杀他人马、牛者，杖七十、徒一年半；驼、骡、驴，杖一百。官畜产同。若计赃重于本罪者，准盗论。追价给主。系官者，准常人盗官物断罪，并免刺。若伤而不死，不堪乘用，及杀猪、羊等畜者，计杀伤所减之价，亦准盗论。各追赔所减价钱。完官、给主。价不减者，笞三十。其误杀伤者，不坐罪，但追赔减价。○为从者，故杀伤，各减一等。官物不分首从。○若故杀缌麻以上亲马、牛、驼、骡、驴者，与本主私宰罪同；追价赔主。杀猪、羊等畜者，计减价坐赃论，罪止杖八十。其误杀及故伤者俱不坐，但各追赔减价。○若官私畜产毁食官私之物，因而杀伤者，各减故杀伤三等，追赔所减价；还畜主。畜主赔偿所毁食之物。还官、主。○若故放官私畜产损食官私物者，笞三十；计所食之赃重于本罪者，坐赃论。罪止杖一百、徒三年。失防者，减二等。各赔所损物。还官、主。○若官畜产失防毁食官物者，止坐其罪，不在赔偿之限。○若畜产欲触抵踢咬人，登时杀伤者，不坐罪，亦不赔偿。兼官、私。

注：此分别人己之畜产，以定杀伤之罪也。凡私宰自己马、牛者，杖一百；驼、骡、驴，杖八十。不当宰而宰，故将筋、角、皮张入官。如系误杀及病死者，听其开剥，不坐私杀之罪。若故杀他人马、牛者，杖七十、徒一年半；驼、骡、驴，杖一百。以生时之价计之，赃重于本罪者，准窃盗论。若伤而未死，不堪乘用，及杀他人猪、羊等畜者，计杀伤所减之价，亦准窃盗论。仍追赔减价，官畜则还官，民畜则给主。若虽杀伤而估价不减者，止笞三十。其误杀伤者，不坐罪，但追赔减价。以上故杀伤他人之马、牛、猪、羊，为从者各减一等。若故杀缌麻以上亲之马、牛、驼、骡、驴者，与本主私宰罪同，仍追价给主。杀猪、羊等畜者，计杀死所减之价坐赃论。至六十两以上，罪止杖八十。其误杀及

故伤者，俱不坐罪，但各追赔减价。若官私畜产，毁食官私之物，物主因而杀伤者，仍分别马、牛、驼、骡、驴，各减故杀伤罪三等，追减价以赔畜主。仍着畜主赔偿所毁食之物，还官、给主。减罪尽者，无科。若故放官私畜产，损食官私之物者，俱笞三十。赃重于笞者，坐赃论。若失防官私畜产，损食官私之物者，俱减故放罪二等。各追偿损食之物，还官、给主。若失防官畜产毁食官物者，止坐牧养人减二等之罪，笞一十，不在赔偿之限。若官私畜产欲伤人，而登时杀伤者，不坐罪，亦不赔偿。仍责令畜主领回，以人重物轻故也。

臣等谨按：此分别人己之畜产，以定杀伤之罪也。首节言凡私宰自己马、牛、驼、骡、驴之罪，筋、角、皮张入官。二节言故杀他人马、牛、驼、骡、驴之罪，计赃重于本罪者，准窃盗论。若伤而未死，不堪乘用，及杀他人猪、羊等畜者，计杀伤所减之价，亦准窃盗论。三节言故杀伤他人之马、牛、猪、羊等畜，为从者之罪。四节言故杀缌麻以上亲之马、牛、驼、骡、驴之罪。杀猪、羊等畜，计杀死所减之价，坐赃论。五节言官私畜产毁食官私之物，因而杀伤者之罪，各减故杀伤罪三等，追减价以赔畜主。仍着畜主赔偿所毁食之物，以还官、给主。减尽者无科。六节言故放官私畜产，损食官私物之罪。末二节言失防官畜产毁食官物者，牧养人止坐减二等之罪，笞一十，不在赔偿之限。若官私畜产欲伤人，而登时杀伤者，不坐罪，亦不赔偿。仍责令畜主领回，以人重物轻故也。

【1740】5.16.233（略）

附律条例

【1646】5.16.254.（1）

一、凡宰杀耕牛，并私开圈店，及知情贩卖牛只与宰杀者，俱问罪，枷号一个月发落。再犯、累犯者，免其枷号，发附近卫充军。若盗而宰杀，及货卖者，不分初犯、再犯，枷号一个月，照前发遣。

【1670】5.16.253.（1）（略）[①]

【1725】○增入

原拟：上谕一道，类于此律，应增入。

【现行例】一、康熙三十一年（1692）九月内，奉上谕：以后一应马匹，不许宰杀货卖，着永行禁止，交与步军统领、五城严察。如有杀马卖者，拿送刑部，从重议罪。

【1725】5.16.243.（1）

【增例】（略）

【1740】○删除

臣等谨按：禁止宰马，已备载本律。此条系康熙三十一年（1692）钦奉申饬之谕旨，原

① 本条不见于雍正三年（1725）《大清律集解附例》。《大清律例按语》第16卷“兵律·厩牧·宰杀马牛”（雍正三年）条下仅标明“原条例”，未及删除或修纂。其内容见于雍正三年《大清律集解附例》【1725】5.16.243.（3）条。

非另立例款,毋庸纂入。

【1725】○增入

原拟:现行例一条,类于此律,应增入。

【现行例】一、凡屠户将堪用牲畜买去宰杀者,虽经上税,仍照故杀他人驼骡律,杖一百。若将窃盗所偷堪用牲畜,不上税买去宰杀者,与窃盗一体治罪。

【1725】5.16.243.(2)

【增例】(略)

【1740】5.16.233.(1)(略)

【1814】○修改

臣等谨按:嘉庆十六年(1811)六月内,据原任湖北巡抚钱楷咨"雷顺故买赃牛宰杀"一案,将雷顺依"屠户将窃盗所偷堪用牲畜不上税买去宰杀者与窃盗一体治罪、盗牛杀者枷号一个月发附近充军"例,枷号一个月,发附近充军等因咨部。经臣部查例内"屠户将窃盗所偷堪用牲畜不上税买去宰杀",系明指与窃盗一体治罪,并非与盗杀者一律同科。且接买窃盗马骡等畜至二头匹以上例,止枷号一个月,本不依窃盗律问拟。因其私宰,始与窃盗一体治罪。若按照盗牛本例,计只转轻于私宰之罪,仍各从其重者论,较之接买而不宰杀者,办理已属从严。若竟照盗杀例拟军,不惟与自行盗牛宰杀者无所区别,且与盗牛正赃罪名轻重倒置,不足以昭平允。此案雷顺因见张三儿等,赶牛二只,黑夜行走,问明窃情,贱价收买宰杀,应照例与窃盗一体治罪。惟盗牛二只,本例罪止枷号三十五日、杖九十,转较宰杀耕牛为轻,应将雷顺改依私宰耕牛初犯枷号两个月杖一百例,枷号两个月、杖一百,免刺等因咨结,并通行各省,一体遵照在案。应于例内添纂明晰,以便引用。谨将修改例文,开列于后。

一、凡屠户将堪用牲畜买去宰杀者,虽经上税,仍照故杀他人驼骡律杖一百。若将窃盗所偷堪用牲畜,不上税买去宰杀者,与窃盗一体治罪。如窃盗罪名轻于宰杀者,仍从重依宰杀本例问拟,免刺,不得以盗杀论。

【1825】5.16.233.(3)(略)

【1725】5.16.243.(3)

【钦定例】一、盗牛一只,枷号一个月,杖八十;二只,枷号三十五日,杖九十;三只,枷号四十日,杖一百;四只,枷号四十日,杖六十、徒一年;五只,枷号四十日,杖八十、徒二年;五只以上者,枷号四十日,杖一百、徒三年。再犯者,杖一百、流三千里;累犯者,发边卫充军。仍俱照窃盗律刺字。十只以上,绞监候。窝家知情分赃者同罪,不分赃者杖一百。若窝窃牛之犯至三人、牛至五只者,杖一百、徒三年;若人至五人、牛至十只者,发边卫充军。其宰杀耕牛,私开圈店,及贩卖与宰杀之人,初犯,俱枷号两个月,杖一百;再犯,发附近;累犯,发边卫,俱充军。盗杀及盗卖者,初犯,枷号一个月,发附近;再犯,枷号一个月,发边卫;累犯,枷号一月,发烟瘴地方,各充军。杀自己牛者,计只照盗牛例治罪。故杀他人牛者,仍照律杖七十、徒一年半。若计只重于本罪者,亦照盗牛例治罪。俱免刺,罪止杖一百、流三千里。其残老病死者勿论。

谨案:此条雍正五年(1727)遵《钦定盗牛则例》改定。

【1740】○修改

臣等谨按:例内盗牛及盗杀、盗卖之例,俱应移入"刑律·盗马牛畜产"条下。又按,宰杀耕牛再犯,既发附近充军,而例内又有累犯一层。若军所有犯,自有"徒流人又犯罪"本律。若追究从前积犯,恐启锻炼之弊。其"累犯,发边卫"句应删。谨将删辑例文,开列于后。

一、宰杀耕牛,并私开圈店,及贩卖与宰杀之人,初犯,俱枷号两个月,杖一百。再犯,发附近充军。杀自己牛者,计只照盗牛例治罪。故杀他人牛者,仍照律杖七十、徒一年半。若计只重于本罪者,亦照盗牛例治罪。俱免刺,罪止杖一百、流三千里。其残老病死者勿论。

【1740】5.16.233.(2)(略)

【1761】○修改

臣等谨按:此条系乾隆二十一年(1756)八月内,臣部议复江西按察使苏崇阿条奏,将原例内增注"计只重于本罪者,照盗牛例治罪",以便遵行。谨将增修例文,开列于后。

一、宰杀耕牛,并私开圈店,及贩卖与宰杀之人,初犯,俱枷号两个月,杖一百。若计只重于本罪者,照盗牛例治罪。再犯,发附近充军。杀自己牛者,枷号一个月,杖八十。故杀他人牛者,杖七十、徒一年半。若计只重于本罪者,均照盗牛例治罪。免刺,罪止杖一百、流三千里。其残老病死者毋论。

【1768】5.16.233.(2)(略)

【1788】○修并

【原例】【1768】5.16.233.(2)(略)、【1768】5.16.233.(4)(略)

臣等谨按:首条系专言开设圈店宰杀耕牛分别治罪之例。至故杀他人牛只,原以宰杀之人与畜主有隙,故加入杀害,本门律内载有"拟以杖七十,徒一年半"之文。若开设圈店而故杀他人牛只,则显系盗杀。查盗牛宰杀,贼盗门内又有拟发附近充军之例。所有此条内"故杀他人牛者,杖七十、徒一年半"等语应行删去,以免混淆。再次条例文系专言地方官失察私宰耕牛应行议处之例,并无牵涉别事,止须附入首条宰杀耕牛例文之末,不必别立一条,以归简易。今将删并例文,开列于后。

一、凡宰杀耕牛,私开圈店,及贩卖与宰杀之人,初犯,俱枷号两个月,杖一百。若计只重于本罪者,照盗牛例治罪,免刺,罪止杖一百、流三千里。再犯,发附近充军。杀自己牛者,枷号一个月,杖八十。其残老病死者勿论。失察私宰之地方官,照失察宰杀马匹例,分别议处。若能拿获究治,免其处分。

【1790】5.16.233.(1)(略)

【1802】5.16.233.(3)(略)

【1825】5.16.233.(2)(略)

【1740】5.16.233.(3)

一、宰杀堪用马一二匹者,枷号四十日,责四十板;三四匹者,杖六十、徒一年;五匹以上,每马四匹,递加一等;至三十匹,杖一百、流三千里;三十匹以上,系旗人,发黑龙江当差,系民人,发云贵川广烟瘴稍轻地方,交与地方官严行管束。牙行及卖马之人知情者,照数各减宰马人罪一等;至三十匹以上者,均发附近充军。其徒罪以下再犯,及知情卖与者,俱不计匹数,均发边卫充军。失察之地方官,按数分别议处。

此条系雍正九年(1731)定例。但查原议内,再犯及知情卖与者,俱不计匹数,均发边卫充军;累犯,发黑龙江给披甲人为奴。按宰马三十匹以上既问流遣,则再犯之充军,应指徒罪以下者言。今改再犯既问军罪,亦毋庸定累犯科拟,其"累犯发黑龙江"句今删。

【1751】○修改

臣等谨按:此条将民人宰杀马一二匹者,枷号四十日、责四十板,三四匹者,杖六十、徒一年,固属轻重允协。若旗人宰杀一二匹者,枷号四十日、鞭一百;宰杀三四匹者,拟杖六十、徒一年,止应折枷号二十日、鞭六十。是宰杀一二匹之罪,转重于宰杀三四匹者,似宜酌改。应将例文内"系旗人,发黑龙江当差"一句删去,仍于本条例文下详细注明,"若旗人有犯,亦计匹论罪。一匹至四匹者,俱伽号四十日;五匹以上,每四匹递加一等,加枷号五十日;至三十匹以上者,发黑龙江当差",庶轻重平允,与民人定例,亦无违戾。再查雍正九年(1731),臣部原奏特指开设宰马汤锅之人言,应照原奏添入。谨将增删例文,开列于后。

一、开设汤锅,宰杀堪用马一二匹者,枷号四十日,责四十板;三四匹者,杖六十、徒一年;五匹以上,每马四匹,递加一等;至三十匹者,杖一百、流三千里;三十匹以上者,发云贵两广烟瘴少轻地方,交与地方官严行管束。若旗人有犯,亦计匹论罪。一匹至四匹者,俱枷号四十日;五匹以上,每四匹递加一等,加枷号五日;至三十匹以上者,发黑龙江当差。牙行及卖马之人知情者,照数各减宰马人罪一等;至三十匹以上者,均发附近充军。其徒罪以下再犯,及知情卖与者,俱不计匹数,均发边卫充军。失察之地方官,按数分别议处。

【1768】5.16.233.(3)

一、开设汤锅,宰杀堪用马一二匹者,枷号四十日,责四十板;三四匹者,杖六十、徒一年;五匹以上,每马四匹,递加一等;至三十匹者,杖一百、流三千里;三十匹以上者,发云贵两广烟瘴少轻地方,交与地方官严行管束。若旗人有犯,亦计匹论罪。一匹至四匹者,俱枷号四十日;五匹以上,每四匹递加一等,加枷号五日;至三十匹以上者,发黑龙江当差。牙行及卖马之人知情者,照数各减宰马人罪一等;至三十匹以上者,均发附近充军。其徒罪以下再犯,及知情卖与者,俱不计匹数,均发近边充军。失察之地方官,按数分别议处。

【1790】5.16.233.(2)(略)

【1825】5.16.233.(1)(略)

【1751】○续纂

一、凡失察私宰耕牛之地方官，照失察宰杀马匹例，交部分别议处。若能拿获究治者，免其处分。

臣等谨按：此条系乾隆十三年八月内，臣部议复原任湖广总督塞楞额条奏定例，应纂辑以便遵行。

【1768】5.16.233.(4)(略)

【1788】○修并

见【1768】5.16.233.(2)条下。

【1761】○续纂

一、附京州、县及京汛地方，有马窑子宰剥马匹者，发往黑龙江给索伦兵丁为奴。失察之官弁，照例议处。

臣等谨按：此条系乾隆二十二年(1757)六月内，署理步军统领、大学士、忠勇公傅恒奏准条例，应纂辑以便遵行。

【1768】5.16.233.(5)(略)

【1788】○修改

臣等谨按：开设汤锅，宰杀堪用马匹，核计匹数，分别旗、民，自枷号、杖、徒，递加至军遣，本门内另有治罪明文。此条系乾隆二十二年(1757)，大学士兼管提督傅恒以“附京僻静地方，多有宰马窑子，而偷马匪徒借以藏匿。一经入窑，即形消迹灭，无从查拿，是马窑子实为匪窃消灭赃物之所。奏请将开设马窑子之犯，发黑龙江给索伦兵丁为奴，失察之文武各官，照例议处”等因，经臣部纂入例册通行，遵照在案。但原例内止有“马窑子”名色，并未将“窝窃”字样载入条例，办理易滋牵混，自应增纂详明，以资援引。今将增辑例文，开列于后。

一、附京州、县及京汛地方，有窝藏偷窃马匹、开设马窑子宰剥者，发往黑龙江给索伦兵丁为奴。失察之官弁，照例议处。

【1790】5.16.233.(4)(略)

【1814】○修改

臣等谨按：嘉庆十七年(1812)十二月内，臣部议复原任黑龙江将军宗室斌静等奏“调剂黑龙江等处遣犯”一折，请将“附京地方有窝藏偷窃马匹、开设马窑子宰剥”一条改为“实发云贵两广极边烟瘴充军”等因，奏准通行在案。例内发黑龙江之处，应行修改。谨将修改例文，开列于后。

一、附京州、县及京汛地方，有窝藏偷窃马匹、开设马窑子宰剥者，实发云贵两广极边烟瘴充军。失察之官弁，照例议处。

【1825】5.16.233.(4)(略)

畜产咬踢人

律　文

【1646】5.16.255

凡马、牛及犬有触抵踢咬人，而畜主记号拴系不如法，若有狂犬不杀者，笞四十。因而杀伤人者，以过失论。各准斗殴杀伤，收赎给主。若故放令杀伤人者，减斗殴杀伤一等。亲属有犯者，依尊卑相殴杀伤律。其受雇医疗畜产，无制控之术，及无故人自触之而被杀伤者，不坐罪。○若故放犬令杀伤他人畜产者，各笞四十，追赔所减价钱。给主。

【1725】5.16.244

律文（略）

注：此专责畜产之主宜加控制，以防伤人也。凡马、牛、犬有触抵踢咬人者，畜主须严加防制。若记号拴系不如法，及有狂犬而不杀，虽未伤人，俱笞四十。如因而杀伤人者，不分凡人、亲属，俱以过失论，准斗殴杀伤罪，收赎给主。若故放马、牛、狂犬，纵使杀伤人者，系凡人，减斗殴杀伤一等；系亲属，照尊卑相殴律科断。若兽医受雇为人疗畜，而控制无术，及人自触之，而被杀伤者，皆与畜主无涉，不坐畜主之罪。若故放犬，令杀伤他人畜产，不论杀与伤，各笞四十，追赔减价给主。

臣等谨按：此专责畜产之主宜加控制，以防伤人也。凡马、牛、犬有触抵咬踢人者，畜主须严加防制。若记号拴系不如法，及有狂犬而不杀，虽未伤人，俱笞四十。如因而杀伤人者，不分凡人、亲属，俱以过失论，准斗殴杀伤罪，收赎给主。若故放马、牛、狂犬，纵使杀伤人者，系凡人，减斗殴杀伤一等；系亲属，照尊卑相殴律科断。若兽医受雇为人疗畜，而控制无术，及人触之，而被畜杀伤者，皆与畜主无涉，不坐畜主之罪。若故放犬，令杀伤他人畜产，不论杀与伤，各笞四十，追赔减价给主。

【1740】5.16.234（略）

隐匿孳生官畜产

律　文

【1646】5.16.256

凡人户等牧养系官马、骡、驴等畜，所得孳生，限十日内报官。若限外隐匿不报，计所隐匿之价为赃准窃盗论。止杖一百、流三千里。因而盗卖，或将不堪孳生抵换者，并以监守自盗论罪。不分首从，并赃至四十两，杂犯斩。其都群所、太仆寺官，知情不举，与犯人同罪。不知者俱不坐。买主知情，以故买盗赃科，匿卖抵换之物还官。

【1670】5.16.255（略）

【1725】○修改

原拟：今无都群所名色，应改“都群所”为“典牧官”。

臣等谨按：此言官畜不得私匿也。前言隐匿孳生及盗卖抵换之罪。后言典牧官与太仆寺官知情不举之罪。至死减等,不知者不坐。

【1725】5.16.245

凡牧养系官马、骡、驴等畜,所得孳生,限十日内报官。若限外隐匿不报,计所隐匿之价为赃准窃盗论。止杖一百、流三千里。因而盗卖,或将不堪孳生抵换者,并以监守自盗论罪。不分首从,并赃至四十两,杂犯斩。其典牧官、太仆寺官,知情不举,与犯人同罪。不知者,俱不坐。买主知情,以故买盗赃科,匿卖抵换之物还官。

注:此言官畜不得私匿也。隐匿、盗卖、抵换,俱计所隐、所盗、所换之价为赃,分别治罪。典牧及太仆寺官知情不举,各与同罪。不知者,不坐。

【1740】5.16.235(略)

附律条例

【1646】5.16.256.(1)

一、凡盗卖官马者,追罚马二匹。知情和买牙保、邻人,各罚马一匹。宰杀及盗卖官驴者,俱照此例。首告,于犯人名下追马银三两、骡二两、驴一两。充赏。凡巡马官,每三月一换。

【1670】5.16.255.(1)(略)

【1725】○删除

原拟:今有犯盗卖及宰杀官马者,俱应按律计赃以常人盗官物论。无不论马数,于犯人名下罚马一匹、二匹之例。首告者,亦未定例追银充赏。此条拟删。

【1646】5.16.256.(2)

一、凡寄养马,除年老外,其余作践成疾,不堪给军者,原领人户追罚银二两。盗卖三匹以上者,充军。知情和卖者,民发摆站,军发边方瞭哨。

【1670】5.16.255.(2)(略)

【1725】○删除

原拟:今营兵马匹,俱系官给钱粮,本身喂养,无将兵丁马匹寄养民间之例。此条拟删。

【1646】5.16.256.(3)

一、凡印烙马匹,民马照旧印左,给军则印右。如京营、边关马无右印,即系盗买民间官马,追究问罪。

【1670】5.16.255.(3)(略)

【1725】○删除

原拟:今营兵马匹,俱按旗色分印左右,无民人所养马印左、兵丁马印右之例。此条拟删。

【1725】○增入

原拟：现行例内一条，类于此律，应纂入。

【现行例】一、凡屯庄居住旗人庄头畜养马匹，各用该旗印烙。无印烙者，察出将马入官，养马之人杖一百。屯领催不行察出者，笞五十，首报免罪。

【1725】5.16.245.（1）

【增例】（略）

【1740】5.16.235.（1）（略）

【1725】○增入

原拟：太仆寺例一条，类于此律，应纂入。

【原增现行例】一、口外群内马匹盗卖、抵换，照监守自盗律科罪。若将有太仆寺满字印烙马匹明知故买者，与犯人同罪。

【1725】5.16.245.（2）

【增例】（略）

【1740】5.16.235.（2）（略）

私借官畜产

律　文

【1646】5.16.257

凡监临官吏主守，之人，将系官马、牛、驼、骡、驴私自借用，或转借与人，及借之者，不论久近多寡，各笞五十，验计借过日期追雇赁钱入官。若计雇赁钱重于笞五十者，各坐赃论，加一等。雇钱不得过其本价。官畜死，依毁弃官物。在场牵去，依常人盗。

【1670】5.16.256（略）

【1725】5.16.246

注：此言官畜不得私借也。凡官马、牛、驼、骡、驴等畜，监临主守，当各加意爱养，以备公用。不得自借，亦不得转借与人，人亦不得私借。违者，不论久近、多寡，俱笞五十，计所借日期，追雇赁钱入官。若计借用之雇赁钱，重于笞五十者，各坐赃论，又加一等。如雇赁钱至四十两，则坐赃当依律杖六十，又加一等杖七十；若坐赃该杖七十，则加一等杖八十。其雇赁钱验数虽多，不得过畜产本价。

臣等谨按：此言官畜不得私借也。凡官马、牛、驼、骡、驴等畜，监临主守，当各加意爱养，以备公用。不得自借，亦不得转借与人，人亦不得私借。违者，不论久近、多寡，各笞五十，计所借日期，追雇价入官。若计借用之雇价重者，计雇赁钱坐赃论，又加一等。如雇赁钱至四十两，坐赃论当依律杖六十，又加一等杖七十。若坐赃该杖七十，则加一等杖八十。罪止杖一百而止。其雇赁钱验数虽多，不得过畜产本惯。

【1740】5.16.236(略)

附律条例

【1646】5.16.257.(1)

一、在京坐营管操内外官,并把总以下官,若将马匹私占骑用,及拨与人骑坐,至五匹者,降一级;六匹以上,降二级。其各边分守、守备、把总、管队等官,将骑操并驿传走递官马,擅拨与人骑坐,及私用伺候等项,亦照前例问拟。

【1670】5.16.256.(1)(略)

【1725】○删除

原拟:今无坐营管操官员名色,相应删改,开载于后。

【原改条例】一、在京在外管兵官员,若将关领营兵马匹及驿传走递官马,私占骑坐,或擅拨与人骑坐,及私用伺候等项,至五匹者,降一级;六匹以上,降二级。①

【1646】5.16.257.(2)

一、官军将所领官马,耕田走驿,驮载物件,及雇与人骑坐,问罪,俱罚马一匹。

【1670】5.16.256.(2)(略)

【1725】○删除

原拟:官军有将官马耕田、驮载者,应照私借律治罪;雇与人者,应照雇赁官马律治罪,无问罪复行罚马之例。此条拟删。

公使人等索借马匹

律　文

【1646】5.16.258

凡公使人等承差经过去处,(除应付脚力外,)索借有司官马匹骑坐者,杖六十;驴、骡,笞五十。官吏应付者,各减一等,罪坐所由。(应付之人。)

【1670】5.16.257(略)

【1725】5.16.247

注:此言公差索借官马以及应付者之罪也。罪坐所由,谓同僚官吏内主意给付之人,不及其余官吏。

臣等谨按:此言公差索借官马以及应付者之罪也。罪坐所由,谓同僚官吏内主意给付之人。前言奉差索借马匹及驴、骡之罪。后言官吏应付之罪。罪坐所由,不及同僚官吏。

【1740】5.16.237(略)

---

① 本条"原改条例"见于《大清律例按语》第16卷"兵律·厩牧·私借官畜产"(雍正三年)条下,不见于雍正三年(1725)《大清律集解附例》,《钦定大清会典事例》(光绪朝)按语称本条于雍正三年(1725)奏准删除。

【兵律·邮驿】

递送公文

律　文

【1646】递送公文三条。

【1670】递送公文三条。

【1646】5.17.259

凡铺兵递送公文，昼夜须行三百里。稽留三刻，笞二十，每三刻加一等，罪止笞五十。其公文到铺，不问角数多少，铺司须要随即附历遣兵递送，不许等待后来文书，违者，铺司笞二十。

【1670】5.17.258（略）

【1646】5.17.260

凡铺兵递送公文，若磨擦及破坏封皮，不动原封者，一角笞二十，每三角加一等，罪止杖六十。若损坏公文，不动原封者，一角笞四十，每二角加一等，罪止杖八十。若沉匿公文，及拆动原封者，一角杖六十，每一角加一等，罪止杖一百。若事干军情机密文书，与漏泄不同。不拘角数，即杖一百。有所规避而沉拆者，各从重论。规避罪重，从规避；沉拆罪重，从沉拆。其铺司不告举者，与犯人同罪。若已告举，而所在官司不即受理施行者，各减犯人罪二等。

【1670】5.17.259（略）

【1646】5.17.261

凡各县铺长，专一于概管铺分往来巡视。提调官吏，每月一次亲临各铺刷勘。若有奸弊失于检举者，通计公文稽留及磨擦破坏封皮，不动原封十件以上，铺长笞四十，提调吏典笞三十，官笞二十。若损坏及沉匿公文，若拆动原封者，铺长与铺兵同罪，提调吏典减一等，官又减一等。府、州提调官吏失于检举者，各递减一等。

【1670】5.17.260（略）

【1725】5.17.248　递送公文①

凡铺兵递送公文，昼夜须行三百里。稽留三刻，笞二十，每三刻加一等，罪止笞五十。其公文到铺，不问角数多少，铺司须要随即附历遣兵递送，不许等待后来文书，违者铺

① 雍正三年（1725）修律，“递送公文”三条并为一条，原第二条、第三条首字“凡”改为“其”，其余文字未改动。

司笞二十。○其铺兵递送公文,若磨擦及破坏封皮,不动原封者,一角笞二十,每三角加一等,罪止杖六十。若损坏公文,不动原封者,一角笞四十,每二角加一等,罪止杖八十。若沉匿公文,及拆动原封者,一角杖六十,每一角加一等,罪止杖一百。若事干军情机密文书,与漏泄不同。不拘角数,即杖一百。有所规避而沉拆者,各从重论。规避罪重,从规避;沉拆罪重,问沉拆。其铺司不告举者,与犯人同罪。若已告举,而所在官司不即受理施行者,各减犯人罪二等。○其各县铺长,专一于概管铺分往来巡视。提调官吏,每月一次亲临各铺刷勘。若有奸弊失于检举者,通计公文稽留及磨擦破坏封皮,不动原封十件以上,铺长笞四十,提调吏典笞三十,官笞二十。若损坏及沉匿公文,若拆动原封者,铺长与铺兵同罪,提调吏典减一等,官又减一等。府、州提调官吏失于检举者,各递减一等。

注:此严察公文稽留、破损,以分别官吏之罪也。各处设立急递铺所,专送公文者,谓之铺兵;总管者,谓之铺司;巡视各铺者,谓之铺长。首节言铺兵递送公文稽留刻数,及不即递送、等待后来文书之罪。次节言铺兵递送公文,磨擦破坏,不动原封,及损坏、沉匿、拆动封皮,与事干军情机密文书之罪。私开官文书印封看视,事干军情重事者,以漏泄论,满徒。此则不知事干军情机密而沉拆,故坐满杖。若有所规避沉拆者,各从重论。其铺司不告举者,与犯人同罪;告举而官司不受理者,减犯人罪二等。后节言铺长、提调官吏失于检举奸弊者,通计公文稽留及磨擦破坏封皮不动原封十件以上,分别递减其罪。若损坏及沉匿公文而拆动原封者,不论寻常事务与军情机密,铺长俱与铺兵同罪;提调吏典与官,及府州提调官吏,失于检举者,各递减一等。

臣等谨按:此严察公文稽留、破损,以分别官吏之罪也。各处设立急递铺所,专送公文者,谓之铺兵;总管者,谓之铺司;巡视各铺者,谓之铺长。首节言铺兵递送公文稽留刻败,及不即递送、等待后来文书之罪。次节言铺兵递送公文,破坏封皮,不动原封,及沉匿文书、拆动封皮,与事干军情机密文书之罪。若有所规避沉拆者,各从重论。其铺司不告举,与犯人同罪;告举而官司不受理者,减犯人罪二等。后节前言铺长、提调官吏,有奸弊失于检举,通计破坏封皮不动原封十件以上,分别递减之罪。后言破坏、沉匿、拆动原封者,铺长与铺兵同罪;提调吏典与官,及府州提调官吏,失于检举,递减之罪。

【1740】5.17.238

凡铺兵递送公文,昼夜须行三百里。稽留三刻,笞二十,每三刻加一等,罪止笞五十。其公文到铺,不问角数多少,铺司须要随即附籍遣兵递送,不许等待后来文书,违者铺司笞二十。其铺兵递送公文,若磨擦及破坏封皮,不动原封者,一角笞二十,每三角加一等,罪止杖六十。若损坏公文,不动原封者,一角笞四十,每二角加一等,罪止杖八十。若沉匿公文,及拆动原封者,一角杖六十,每一角加一等,罪止杖一百。若事干军情机密文书,与漏泄不同。不拘角数,即杖一百。有所规避而沉拆者,各从重论。规避罪重,从规避;沉拆罪重,问沉拆。其铺司不告举者,与犯人同罪。若已告举,而所在官司不即受理施行者,各减犯人罪二等。其各县铺长，专一于概管铺分往来巡视。提调官吏，每月一次亲临各铺刷勘。若(有奸弊)失于检举者，通计公文稽留及磨擦破坏封皮，不动原封十件以上，铺长笞四十，提调吏典笞三十，官笞二十。若损坏及沉匿公文，若拆动原封者，(铺长)与铺兵同罪，提调吏典减一等，官又减一等。府州提调官吏失于检举者，各递减一等。

附律条例

【1646】5.17.259.（1）

一、无印信文字，不许入递。

【1670】5.17.258.（1）（略）

【1725】5.17.248.（1）

【原例】（略）

【1740】5.17.238.（1）（略）

【1646】5.17.259.（2）

一、各铺司兵，若有无藉之徒，不容正身应当，用强包揽，多取工钱，致将公文稽迟、沉匿等项，问罪，旗军发边卫，民并军丁人等发附近，俱充军。其提调官、该吏、铺长，各治以罪。

【1670】5.17.258.（2）（略）

【1725】〇修改

原拟：今军民一体拟断，应改“旗军发边卫，民并军丁人等发附近，俱充军”句为“不分军、民，俱发附近充军”。

【1725】5.17.248.（2）

【原例】一、各铺司兵，若有无藉之徒，不容正身应当，用强包揽，多取工钱，致将公文稽迟、沉匿等项，问罪，不分旗、民，俱发附近充军。其提调官、该吏、铺长，各治以罪。

【1740】〇修改

臣等谨按：此条系前明旧例，不分旗民。旗指总旗、小旗，即卫军，非今之八旗兵丁，恐易朦混，“旗”字应改“军”字。谨将改辑例文，开列于后。

一、各铺司兵，若有无藉之徒，不容正身应当，用强包揽，多取工钱，致将公文稽迟、沉匿等项，问罪，不分军、民，俱发附近充军。其提调官、该吏、铺长，各治以罪。

【1740】5.17.238.（2）（略）

【1788】〇移并

见【1740】5.17.242.（2）条【1788】移并项下。

【1725】5.17.248.（3）

【钦定例】一、各省驿站递送公文，令管站官各立印信、号簿。上站号簿，用下站官印，于每月底彼此移明查考。倘有沉匿、稽延等情，即行详报该管上司据实题参，不得故为容隐。其沉匿平常公文一角者，马夫照律杖六十，每一角加一等，罪止杖一百；提调吏典减一等，官又减一等。若事干军情机密文书而沉匿者，不拘角数，马夫杖六十、徒一年，提调吏典杖一百、革役，司驿官革职。如有所规避者，各从其罪之重者论。

谨案：此条雍正五年（1727）定。

【1740】○修改

臣等谨按：沉匿平常公文论杖，已经详载正律例内，无庸复载，应改。谨将改辑例文，开列于后。

一、各省驿站递送公文，令管站官各立印信、号簿。上站号簿，用下站官印，于每月底彼此移明查考。倘有沉匿、稽延等情，即行详报该管上司据实题参，不得故为容隐。其沉匿平常公文，马夫照铺兵律治罪，提调官吏依律递减。若事干军情机密文书而沉匿者，不计角数，马夫杖六十、徒一年，提调吏典杖一百、革役，司驿官革职。如有所规避者，从重论。

【1740】5.17.238.（3）（略）

【1790】5.17.238.（2）（略）

【1761】○续纂

一、马上飞递公文，如有遗失，除将马夫照例治罪外，该地方官一面详报该管上司，一面径报原发衙门，查核补给。

谨案：此条乾隆二十二年（1757）定。

【1768】5.17.238.（4）（略）

【1790】5.17.238.（3）（略）

【1778】○续纂①

一、凡军台文报，如有将报匣夹板及兵部加封事件，擅敢拆动，以致漏泄事情者，该管大臣立即查究。供证明确，无论官兵马夫，即按军法从事。其专管台站之文武员弁，革职拿问；管辖台站大员，交部议处。至军营来往文移札禀，有关军需粮饷、调遣兵马及升调参革官员等项，发递时，俱用钉封，钤盖印信。如台站书吏人等私自拆阅者，查出究明，问拟满流；台站官弁，交部分别议处。

臣等谨按：此条系乾隆三十九年（1774）四月内，兵部会同吏部议复办理四川军营粮饷事务河南布政使颜希深条奏定例，应纂辑遵行。再查此条原奏内仅称"问拟流罪"，并未分晰道里远近，恐致办案难于定拟，谨酌添"满流"字样，以便引用。合并声明。

【1790】5.17.238.（4）（略）

---

① 此条例文不见于乾隆四十三年（1778）、四十七年（1782）、五十三年（1788）《大清律纂修条例》。

【1788】○续纂

一、刑部咨行各省立决人犯公文,俱钉封严固,封面注明件数,并“由马上飞递”字样,派笔帖式一员,送交兵部,加封发驿驰递。

臣等谨按:乾隆四十九年(1784)二月内,江西巡抚郝硕①条奏,嗣后决囚公文,概由兵部加封发驿驰递。经臣部核复具奏,奉旨:“依议。”钦遵在案,应纂辑遵行。

【1790】5.17.238.(5)(略)

邀取实封公文

律　文

【1646】5.17.262

凡在外大小各衙门官,但有入递进呈实封公文至御前,下司被上司非理凌虐,亦许据实封奏。而上司官令人于中途急递铺邀截取回者,不拘远近,从本铺铺司、铺兵赴所在官司告举,随即申呈上司转达该部,追究邀截之情得实,斩。监候。邀截进表文比例。其铺司、铺兵容隐不告举者,各杖一百。若已告举,而所在官司不即受理施行者,罪亦如之。若邀取实封至六部、察院公文者,各减二等。下司畏上司劾奏而邀取者,比此。

【1670】5.17.261(略)

【1725】○修改

原拟:“转达该部,追究”句,应改为“转达该部奏闻,追究”。

臣等谨按:此达下情而防壅蔽也。前节言上司官倚势阻抑,令人于中途急通铺邀截实封进呈御前公文,与铺司、铺兵畏势不举,及已举而所在官司不受理施行之罪。后节言邀取实封至部、院衙门公文之罪。

【1725】5.17.249

凡在外大小各衙门官,但有入递进呈实封公文至御前,下司被上司非理凌虐,亦许据实封奏。而上司官令人于中途急递铺邀截取回者,不拘远近,从本铺铺司、铺兵赴所在官司告举,随即申呈上司转达该部奏闻,追究邀截之情得实,斩。监候。邀截进表文比此。其铺司、铺兵容隐不告举者,各杖一百。若已告举,而所在官司不即受理施行者,罪亦如之。若邀取实封至六部、察院公文者,各减二等。下司畏上司劾奏而邀取者,比此。

注:此达下情而防壅蔽也。凡大小各官,有实封公文至御前者,非有重大之事,即有枉屈之情,上司官不得壅于上闻。前节言上司官倚势阻抑,令人于中途急递铺邀截实封进呈御前公文,与铺司、铺兵畏势不举,及已告举而所在官司不受理施行之罪。后节言邀取实封至部、院衙门公文之罪。盖同一实封公文,而至御前与至部院,

---

① 《大清律例按语》阙文,据钱实甫编:《清季职官年表》(中华书局1980年版,第1635页)补。郝硕于乾隆四十九年(1784)赐令自裁。

轻重有别,故定罪有差也。言上司,则下司概可知矣。

【1740】5.17.239(略)

铺舍损坏

律　文

【1646】5.17.263

凡急递铺舍损坏,不为修理,什物不完、铺兵数少,不为补置,及令老弱之人当役者,铺长笞五十,有司提调官吏,各笞四十。

【1670】5.17.262(略)

【1725】5.17.250

律文(略)

注:此言铺递不容废弛也。凡急递铺之设,关系传送公文,一刻不可迟误。而铺舍、什物、铺兵三者,俱无容或废也。如铺舍损坏,不为修理,则栖止无所矣。什物不完,不为修置,则应用无具矣。铺兵数少,不为充补,则走递缺人矣。老弱当役,则力不胜事矣。势必误公。此皆铺长之罪,而有司提调官吏亦与有责焉,故各分别坐笞。

臣等谨按:此言铺递不容废弛也。凡急递铺之设,关系传送公文,一刻不可迟误。如铺舍损坏,不为修理,则栖止无所;什物不完,不为修理,则应用无具;铺兵数少,不为充补,则走递缺人;老弱当役,则力不胜事,势必误公。此皆铺长之罪,而有司提调官吏与有责焉,故分别坐笞。

【1740】5.17.240(略)

附律条例

【1646】5.17.263.(1)

一、急递铺,每一十五里设置一所。每铺设铺兵四名,铺司一名,于附近有丁力粮近一石之上、二石之下者点充。须要少壮正身,与免杂泛差役。每铺置备各项什物:十二时轮日晷牌子一个,红绰屑一座,并牌额铺历二本。上司行下一本,各府申上一本。遇夜,常明灯烛。铺兵每名合备什物:夹板一副,铃攀一副,缨枪一副,油绢三尺,软绢包袱一条,箬帽、蓑衣各一件,红闷棍一条,回历一本。

【1670】5.17.262.(1)(略)

【1725】5.17.250.(1)

【原例】(略)

【1740】5.17.240.(1)

一、急递铺,每一十五里设置一所。每铺设铺兵四名,铺司一名,于附近有丁力粮近一石之上、二石之下者点充。须要少壮正身,与免杂泛差役。每铺置备各项什物:十二时轮日晷牌子一个,红绰屑一座,并牌额铺册二本。上司行下一本,各府申上一本。遇夜,常明灯烛。铺兵每名合备什物:夹板一副,铃襻一副,缨枪一副,油绢三尺,软绢包袱一条,箬帽、蓑衣各一件,红闷棍一条,回册一本。

私役铺兵

律　文

【1646】5.17.264

凡各衙门一应公差人员,于经过所在,不许差使铺兵挑送官物及私己行李,违者笞四十,每名计一日追雇工银八分五厘五毫入官。公用。

【1670】5.17.263(略)

【1725】5.17.251

凡各衙门一应公差人员,于经过所在,不许差使铺兵挑送官物及私己行李,违者笞四十,每名计一日追雇工银八分五厘五毫入官。

注:此禁私役误公之弊也。铺兵专递送公文,若差使供役,必致妨误公务。故凡文武各衙门一应公差人员,如有差使铺兵挑送官物及私己行李者,笞四十,仍每名计一日追雇工银八分五厘五毫入官。如铺兵得银为之役使,则于铺兵名下追取。

臣等谨按:此禁私役误公之弊也。铺兵专递送公文,若差使供役,必致妨误公务。故凡文武各衙门一应公差人员,如有差使铺兵挑送官物及私己行李者,笞四十,仍每名计一日追雇工银八分五厘五毫入官。如铺兵得银为之役使,则于铺兵名下追取。

【1740】4.12.241(略)

驿使稽程

律　文

【1646】5.17.265

凡出使驰驿违限,常事,一日笞二十,每三日加一等,罪止杖六十。军情重事,加三等。因而失误军机者,斩。监候。若各驿官故将好马藏匿,及推故不即应付,以致违限者,对问明白,即以前应得笞、杖、斩罪坐驿官。其遇水涨路道阻碍经行者,不坐。○若驿使承受官司文书,误不依原行题写所在公干去处,错去他所而违限者,减二等。四日笞一十,每三日加一等,罪止笞四十。事干军务者不减。若由原行公文题写错以致误往他处而违限者,罪坐题写之人,驿使不坐。

【1670】5.17.264(略)[①]

【1725】5.17.252

凡出使驰驿违限,常事,一日笞二十,每三日加一等,罪止杖六十。军情重事,加

---

① 康熙九年(1670)《大清例集解附例》本条删去律注"以致误往他处而违限"9字。

三等。因而失误军机者，斩。监候。若各驿官故将好马藏匿，及推故不即应付，以致违限者，对问明白，即以前应得笞、杖、斩罪坐驿官。其遇水涨路道阻碍经行者，不坐。○若驿使承受官司文书，误不依原行题写所在公干去处，错去他所而违限者，减二等。四日笞一十，每三日加一等，罪止笞四十。事干军务者，不减。若由原行公文题写错者，罪坐题写之人，驿使不坐。

注：此言公事程限不得稽缓也。首节言出使驰驿违限，常事与军情重事，及因而失误军机之罪。若驿官故将好马藏匿，推故不即应付，以致违限，对问明白，罪坐驿官。其水涨阻行者不坐。后节言驿使承受文书，不依原行去处，错往他所，以致违限之罪。若由原文错写者，罪坐题写之人，驿使不坐。盖事有定限，驿有常程，总欲使驰驿者，按程而依限也。

臣等谨按：此言公事程限不得稽缓也。首节前言出使驿递违限，常事与军情重事，及因而失误军机之罪。次言驿官故将好马藏匿，推故不即应付，以致违限之罪。后节言驿使承受文书，不依原行去处，错往他所，以致违限之罪。若由原文错写者，罪坐题写之人，驿使不坐。盖事有定限，驿有常程，总欲使驰驿者按程而依限也。

【1740】5.17.242（略）

附律条例

【1646】5.17.265.（1）

一、顺治三年（1646）五月十五日，钦奉上传："凡满洲官奉差往还，及在外紧急军情赍奏，沿途经过地方有司、驿站等衙门，务要照依勘合、火牌、粮单，即时应付马匹，并廪给口粮、公所。如或违玩稽迟，许差官据实奏闻。定将本地方官并经管衙门员役，按其事体轻重，分别究治。虽本地方官公出，亦系平日怠玩，不能预饬，必不姑恕。着兵部传谕行。钦此。"

【1670】5.17.264.（1）（略）①

【1725】5.17.252.（1）

【原例】一、顺治三年（1646）五月十五日，钦奉上谕："凡满洲官员，因军务差遣，及自军前赴京赍奏军情，倘经过地方不照依勘合、火牌、粮单，随即供应驿马、廪给，不为预备公馆，以致迟误者，按迟误事情巨细，将本城长官及所派催办驿马、粮饷官，俱指明题参，该部察议拟罪，具奏发落。若长官他出，不在本城，而有迟误者，其委托怠玩，亦不得免罪，仍行罚治。特谕。"

【1740】○修改

臣等谨按：此条系顺治三年（1646）钦奉上谕，应恭纂为例，以便引用。谨将纂辑例文，开列于后。

一、凡官员因军务差遣，及自军前赴京赍奏军情，倘经过地方，不照依勘合、火

---

① 康熙九年（1670）《大清律集解附例》删去"行。钦此。"3字。

牌、粮单，随即供应驿马、廪给，不为预备公馆，以致迟误者，按迟误事情巨细，将本城长官及所派催办驿马、粮饷官俱题参，交部察议拟罪。若长官他出，不在本城，而有迟误者，其委托怠玩，亦不得免罪，仍交部察议。

【1740】5.17.242.（1）（略）

【1646】5.17.265.（2）

一、各王府公差人员，但系寻常事务，及各王礼节往来，不许驰驿。有擅应付及假以军情为由驰驿者，处死。

【1670】5.17.264.（2）（略）

【1725】○删除

原拟：今在京各王府，虽有紧要事务差遣人员，如无勘合、火牌，亦不准驰驿。此条拟删。

【1646】5.17.265.（3）

一、各处水马驿递、运所夫役，巡检司弓兵若有用强包揽，不容正身著役，多取工钱害人，搅扰衙门者，问罪，旗军调发边卫，民并军丁人等发附近，俱充军。其官吏通同纵容者，各治以违制罪。若不曾用强多取工钱者，不在此例。多取工钱同求索，计赃以不枉法论。

【1670】5.17.264.（3）（略）

【1725】○修改

原拟：今军、民一体拟断，应改“旗军调发边卫，民并军丁人等发附近，俱充军”句为“不分军、民，俱发附近充军”。

【1725】5.17.252.（2）

【原例】一、各处水马驿递、运所夫役，巡检司弓兵若有用强包揽，不容正身著役，多取工钱害人，搅扰衙门者，问罪，不分军、民，俱发附近卫所充军。其官吏通同纵容者，各治以违制罪。若不曾用强多取工钱者，不在此例。多取工钱同求索，计赃以不枉法论。

【1740】5.17.242.（2）（略）

【1788】○修并

【原例】【1740】5.17.242.（2）（略）、【1740】5.17.238.（2）（略）

臣等谨按：以上二条，俱系驿递夫役及各铺司兵用强包揽，不容正身著役，多取工钱，搅扰衙门，迟匿公文之例。事同罪类，自宜将后条移并于前条“驿使稽程”门内。语句既省繁复，例类益归贴切。再查首条内“官吏通同纵容者，各治以违制罪”，而次条内“提调官、该吏、铺长，各治以罪”等句，均系专指知情容隐者而言。若该管官仅止失于觉察，应行交部议处之处，例内并未议及，亦属罣漏，自应增纂入例，以昭详备。今将移并增辑例文，开列于后。

一、各处水马驿递、运所夫役，铺兵及巡检司弓兵，若有用强包揽，不容正身著役，多取工钱，致将公文稽迟沉匿，及搅扰衙门者，发附近充军。其官吏、铺长通同纵容者，各治以违制罪；失于觉察者，交部议处。若不曾用强多取工钱者，不在此例。多取工钱同求索，计赃以不枉法论。

【1790】5.17.242.(3)(略)

【1825】5.17.242.(3)

一、各处水马驿递、运所夫役,铺兵及巡检司弓兵,若有用强包揽,不容正身著役,多取工钱,致将公文稽迟沉匿,及搅扰衙门者,发附近充军。其官吏、铺长通同纵容者,各照违制律治罪;失于觉察者,交部议处。若不曾用强多取工钱者,不在此例。多取工钱,问求索,计赃以不枉法论。

【1646】5.17.265.(4)

一、直隶、江南、山东等处各属马驿佥到马头,情愿雇募土民代役者听。若用强包揽者问罪,旗军发边卫,民并军丁人等发附近,俱充军。其有光棍交通包揽之徒,将正身姓名捏写虚约,投托官豪勋戚之家,前去原籍妄拿正身家属,逼勒取财者,所在官司,应提问者提问,应奏请者将人员羁留,奏请提问,俱照前例充军。该管官司坐视纵容者,参究治罪。光棍妄拿逼勒,问恐吓诈欺罪律。余同上。

【1670】5.17.264.(4)(略)

【1725】○删除

原拟:明时马头俱用身家殷实之人,于各属佥解。今驿递马夫,俱用本地民人,给以工食,无各属佥签解马头等事,此条拟删。

【1646】5.17.265.(5)

一、会同馆夫供役三年,转发该管官司收当民差,另佥解补,不许过役更易姓名,捏故佥补。违者,官吏一体坐违制罪。若五年以上不行替役,及近馆无藉军民人等,用强揽当者,俱问发边卫充军。

【1670】5.17.264.(5)(略)

【1725】○删除

原拟:今会同馆养马人役,不论五城居民人等,有身家殷实者,许其承认当差,不拘年限。并无役满另佥解补等事。此条拟删。

【1725】○增入

原拟:现行例一条,类于此律,应增入。

【现行例】一、凡赍奏不骑驿马,违限十日以内者,免罪。十日以外,系常事笞三十,密事,笞四十。

【1725】5.17.252.(3)

【增例】(略)

【1740】5.17.242.(3)(略)

【1790】5.17.242.(2)(略)

多乘驿马

律 文

【1646】5.17.266

凡出使人员,应乘驿船、驿马数外,多乘一船一马者,杖八十,每一船一马加一等。若应乘驴而乘马,及应乘中等、下等马而勒要上等马者,杖七十。因而殴伤驿官者,各加一等。至折齿以上,依斗殴论。若驿官容情应付者,各减犯人罪一等。其应乘上等马而驿官却与中等、下等马者,罪坐驿官。本驿如无上等马者勿论。○若出使人员枉道驰驿,及经驿不换船、马者,杖六十。因而走死驿马者,加一等,追偿马匹还官。○其事非警急,不曾枉道,而走死驿马者,偿而不坐。○若军情警急,及前驿无船、马倒换者,不坐不偿。亦究不倒换缘由。

【1670】5.17.265(略)

【1725】5.17.253

注:此禁驿递之骚扰也。直省驿站,水路备船,陆路备马,水陆通衢,则船、马兼设。首节言出使人员多乘勒要,殴伤驿官,驿官容情应付,及应乘上马而驿官却与中下等马之罪。如本驿无上等马,则不坐罪。二节言枉道驰驿,及故不倒换,因而走死驿马之罪。三、四两节言事非警急,不曾枉道,而走死驿马者,止偿不坐。若事干军情警急,及虽系常行公事,而前驿无船、马倒换,因而走死驿马者,不坐不偿。

臣等谨按:此禁驿递之騷播也。直省驿站,水路备船,陆路备马,水陆通衢,则船、马兼设。首节前言出使人员多乘船、马,及应乘驴而故乘马、应乘中下等马而勒要上等马,因而殴伤驿官之罪。次言驿官容情应付,及应乘上等马而驿官却与中下等马之罪。如本驿原无上等马,则不坐罪。二节言枉道驰驿,及故不行倒换,因而走死驿马之罪。三、四两节言事非警急,不曾枉道,而走死驿马者,止偿不坐。若事干军情警急,及虽系常行公事,而前驿无船、马倒换,因而走死驿马者,不坐不偿。

【1740】5.17.243(略)

附律条例

【1646】5.17.266.(1)

一、凡指称勋戚、文武大臣、近侍官员姻党、族属、家人名目,虚张声势,扰害经过军卫有司、驿递衙门,占宿公馆,索取人夫、马匹、车辆、财物等项,及奸徒诈称势要衙门,乘坐黑楼等船只,悬挂牌面,希图免税,诓骗违法者,徒罪以上,俱于所犯地方枷号一个月,发边卫充军;杖罪以下,枷号一个月发落。索取财物,问求索;希图免税,问匿税;诓骗违法,问诈称见任官家人于所部内得财。

【1670】5.17.265.(1)(略)

【1725】5.17.253.(2)

【原例】(略)

【1740】5.17.243.(2)(略)

【1768】5.17.243.(2)

一、凡指称勋戚、文武大臣、近侍官员姻党、族属、家人名目，虚张声势，扰害经过军卫有司、驿递衙门，占宿公馆，索取人夫、马匹、车辆、财物等项，及奸徒诈称势要衙门，乘坐黑楼等船只，悬挂牌面，希图免税，诓骗违法者，徒罪以上，俱于所犯地方枷号一个月，发近边充军；杖罪以下，枷号一个月发落。索取财物，问求索；希图免税，问匿税；诓骗违法，问诈称见任官家人于所部内得财。

【1725】○增入

原拟：现行例内二条，类于此律，应增入。

【现行例】一、凡差使驰驿行走官员，将同行领催、差官等员并跟役不行严束，将州县驿递人员辱骂殴打，非系紧差而将驿马故意驰毙，驿站额马既足而乘骑越站，索诈财物者，州县驿递官员一面申报上司，一面报部察核。情实，将领去之官革职。如系领催、差官等，拿交刑部，从重治罪。至无勘合、火牌，谎称奉公差使，支取驿递夫马、船只、应用，索诈财物，亦俱拿交刑部，从重治罪。

【现行例】一、凡内外差遣人员，不照所定道路而行，若枉道扰驿者，系官降二级调用，系差役杖一百。

原拟：以上二条，俱系骚扰驿站之例，应并作一条。其降级之处，应改为"交该部议处"。谨拟改并，开载于后。

【原改现行例】一、凡驰驿官员，纵容差官、跟役，殴骂驿官、驿夫，或并无急务，走死驿马，并额马既足，故行越站，以及索诈财物者，该地方官、驿官，一面申详上司，一面具报该部察究得实，官员革职，差官人等拿送刑部从重治罪。若无勘合、火牌，谎称公差，支取夫马船只，及索诈财物者，亦俱拿送刑部从重治罪。其不照依所定程途，枉道扰驿者，系官交该部议处，差役杖一百。

【1725】5.17.253.(3)

【增例】(略)

【1740】5.17.243.(3)(略)

【1725】○增入

臣等谨按：钦奉上谕一道，类于此律，应增入。

【续增现行例】一、雍正元年(1723)十月初五日，奉上谕："查驿站关系重大，经朕屡加严谕，然其间积弊，难以尽诘。有在官之累，有在民之累。如直隶、山西差徭，更为浩繁，虽驿马足数，亦供应不敷。乃内而兵部、外而驿道，于给发马匹时，官吏通情受贿，往往所给浮于勘合之数。且行李辎重，皆令驿卒乘马背负，多至八九人不等。所到州县，以见马换马，向有旧例，不敢诘问。至督抚、提镇经过之处，更惟命是从。嗣后，照勘合之外，有敢多给一夫一马者，许前途州县，即据实揭报都察院，以听纠察。如甲县容情不揭，而被乙县揭报者，并甲县一并治罪。其督抚、提镇骚扰驿递者,皆照此例,庶少苏在官之累。至若河南、山东诸省,离京稍远,谓耳目易欺,每驿额设马匹不过十存三四,其草料、工食仍照旧开销,且逐年详报倒毙、侵蚀、补买之价。差使一至,则照里科派,将民间耕种牲口硬遣当差,令其自备物料,跟随守候。种种累民,尤属不法。着该地方督抚,将所属驿站,逐一彻底清查。缺额者,勒限补买。至派借民间牲口,尤当勒石永禁。违者,即从重治罪。特谕。"

【1725】5.17.253.(1)

【钦定例】(略)

【1740】○修改

臣等谨按:此条系雍正元年(1723)钦奉上谕,应恭纂为例,以便引用。谨将纂辑例文,开列于后。

一、勘合之外,如敢多给一夫一马,许前途州县据实揭报,都察院纠参。倘容情不揭,别经揭报,一并治罪。其差使至境,硬派民间牲口者,从重治罪。

【1740】5.17.243.(1)(略)

【1801】○修改

臣等谨按:此条系雍正元年(1723)定例。查差使至境,硬派民间牲口者,应照违例妄索民夫例,该管官即行揭报,督抚题参。例内"从重治罪"句未经明晰,应行修改。谨将修改例文,开列于后。

一、勘合之外,如敢多给一夫一马,许前途州县据实揭报,都察院纠参。倘容情不揭,别经揭报,一并治罪。其差使至境,硬派民间牲口者,照违例妄索民夫例,该管官揭报,督抚题参。审明后,分别议处、治罪。

【1802】5.17.243.(1)(略)

【1740】5.17.243.(4)

一、水驿一应差船,如有派拨埠头,扣克官价入己者,计赃照侵盗钱粮例问拟。各衙门乡亲来往,并书吏人等滥捉民船,辄用旗枪、灯笼,假借本管官官衔者,照无官而诈称有官律杖一百、徒三年。

谨案:此条系雍正七年(1729)定例。

多支廪给

律 文

【1646】5.17.267

凡出使人员,多支领廪给者,计赃以不枉法论。分有禄、无禄。当该官吏与者,减一等。强取者,以枉法论,官吏不坐。多支口粮比此。

【1670】5.17.266(略)

【1725】5.17.254

律文(略)

注:此禁出使人员之需索也。凡驿中经过出使人员,应支廪给,各有定数。若额外多支和取者,计赃以不枉法论;当该官吏与者,减犯人罪一等。强取者,计赃以枉法论;当该官吏与者,不坐。盖因强取而应付,势非得已,非容情者比也。

臣等谨按:此禁出使人员之需索也。凡驿中经过出使人员,应支廪给,各有定数。若额外多支和取者,计赃以不枉法论;当该官吏与者,减犯人罪一等。强取者,计赃以枉法论;当该官吏与者,不坐。盖因强取而应付,势非得已,非容情者比也。

【1740】5.17.244(略)

附律条例

【1646】5.17.267.(1)

一、各处地方,如遇外国人入贡,经过驿递,即便查照勘合应付,不许容令买卖,连日支应,违者重治。若街市铺行人等,私与外国人交通买卖者,货物入官,犯人问罪,枷号一个月发落。货物,若不系违禁,引违制;若系禁货,引为外国收买违禁货物例,发边卫充军。

【1670】5.17.266.(1)(略)

【1725】5.17.254.(1)

【原例】(略)

【1740】○修改

臣等谨按:例内"重治",无所指明,应改为"按律治罪"。谨将改辑例文,开列于后。

一、各处地方,如遇外国人入贡,经过驿递,即便察照勘合应付,不许容令买卖,连日支应,违者按律治罪。若街市铺行人等,私与外国人交通买卖,货物入官,犯人问罪,枷号一个月发落。货物若不系违禁,引违制;若系禁货,引为外国收买违禁货物例发边卫充军。

【1740】5.17.244.(1)(略)

【1768】5.17.244.(1)

一、各处地方,如遇外国人入贡,经过驿递,即便察照勘合应付,不许容令买卖,连日支应,违者按律治罪。若街市铺行人等,私与外国人交通买卖,货物入官,犯人问罪,枷号一个月发落。货物若不系违禁,引违制;若系禁货,引为外国收买违禁货物例发近边充军。

【1810】○修改、修并

【原例】*户律·市廛·把持行市

【1740】3.10.154(1)一、会同馆内外四邻军民人等,代替外国人收买违禁货物者,问罪,枷号一个月,发近边充军。

*兵律·关津·私出外境及违禁下海

【1768】5.15.225.(15)一、凡外国贡船到岸,未曾报官盘验,先行接买番货,及为外国收买违禁货物者,俱发近边充军。

【1740】5.15.225.(16)一、凡外国差使臣人等朝贡到京,与军民人等交易,止许光素苎丝、绢布衣服等件,不许买黄、紫、黑、皂大花西番莲缎匹,并不得收买史书,及一应违禁军器、硝磺、牛角、铜铁等物。如有将违禁货物图利卖与进贡外国者,为首依私将应禁军器出境因而走泄事情律斩监候,为从发边卫充军。

【1768】5.17.244.(1)(略)

臣等谨按:以上"户律"一条、"兵律"三条,俱系与外国人等私相交易,并代买违禁货物治罪之例。查第一条代替外国人收买违禁货物,枷号,拟军;第二条为外国人收买违禁货物,仅拟军罪,并无枷号,情同罪殊,似未允协。又第二条贡船到岸,未曾报官盘验,先行接买番货,并不论是否违禁,概拟军罪,与第四条街市铺行人等,私与外国人交通买卖,分别违禁拟军,不违禁拟杖、枷号之处,亦属两歧。又第三条不许买黄、紫、黑、皂大花西番莲缎匹,并史书,及一应违禁军器、硝磺、牛角、铜铁等物,如有图利卖与进贡外国者,为首斩监候。查缎匹、史书固属违禁,究与军器、硝磺等物不同,若一律论罪,未免无所区别,且与各条代为收买违禁货物之罪轻重悬殊。再查各例事类罪异,分别"户律""兵律",查阅难周,易启高下其手之弊,应请将先行接买番货,与外国人私相交易,分别是否违禁,拟以枷、杖、充军。其代为收买违禁货物,及卖给缎匹、史书者,亦一例拨军、加枷。如卖给军器、硝磺、牛角、铜铁等物者,仍拟斩监候。如此画一修改,庶情罪咸归平允,而条例益昭核实矣。至第四条经过驿递,察照勘合应付一节,仍列于"多支廪给"门内,以符例义。谨将修并、修改例文二条,开列于后。

*兵律·关津·私出外境及违禁下海

【1825】5.15.225.(34)一、凡外国贡船到岸,未曾报官盘验,先行接买番货,并外国人入贡经过地方,街市铺行人等,私与外国人交通买卖,如所买卖货物不系违禁者,均照违制律杖一百,枷号一个月,货物入官。如所买卖系违禁货物,并会同馆内外四邻及军民人等,代替外国人收买违禁货物者,俱枷号一个月,发近边充军。若外国差使臣人等朝贡到京,与军民人等交易,止许光素苎丝绢布衣服等件,不许买黄、紫、黑、皂大花西番莲缎匹,并不得收买史书。违者,将卖给之人,照代为收买违禁货物例枷号一个月,发近边充军。如有将一应违禁军器、硝磺、牛角、铜铁等物,图利卖与进贡外国者,为首依私将应禁军器出境因而走泄事情律斩监候,为从发近边充军。

一、各处地方,如遇外国人入贡,经过驿递,即便察照勘合应付,不许容令买卖,连日支应,违者按律治罪。

【1825】5.17.244.(1)(略)

文书应给驿而不给

律　文

【1646】5.17.268

凡朝廷调遣军马,及报警急军务至边将,若边将及各衙门飞报军情诣朝廷实封文书,故不遣使给驿而入递者,杖一百。因而失误军机者,斩。监候。〇若进贺表笺,及赈救饥荒、申报灾异、取索军需之类重事,故不遣使给驿者,杖八十。失误军机,仍从重论。若常事不应给驿而故给驿者,笞四十。

【1670】5.17.267(略)

【1725】5.17.255

律文(略)

注:此言驿递之设,以备缓急,故分别应给、滥给之罪也。前节言朝廷调遣军马及以警急军务晓谕边将,与边将及文武各衙门飞报军情诣朝廷,不遣使给驿,与因而失误军机之罪。后节言在外各衙门,有进庆贺表笺及赈荒、申报灾异、取索军需,一应奏章文书,故不给驿,及寻常细事,不应给驿而故给驿之罪。总之事有缓急,缓其所当急,固有失误之咎,而急其所当缓,亦有滥用之愆也。

臣等谨按:此言驿递之设,以备缓急,故分别应给、滥给之罪也。前节言朝廷调遣军马及以警急军务报至边将,与边将及文武各衙门飞报军情诣朝廷,不遣使给驿,与因而失误军机之罪。后节言在外各衙门,有进庆贺表笺及赈救饥荒、申报灾异、取索军需,一应奏章文书,故意不遣使给驿者,及其余寻常事不应给驿,而故意给驿之罪。总之事有缓急,缓其所当急,固有失误之罪,而急其所当缓,亦不能无滥用之咎也。

【1740】5.17.245(略)

公事应行稽程

律　文

【1646】5.17.269

凡公事有应起解官物、囚徒、畜产,差人管送而辄稽留,及一切公事有期限而违者,一日笞二十,每三日加一等,罪止笞五十。若起解军需,随征供给,而管送兼稽留。违限者,各加二等,罪止杖一百。以致临敌缺乏,失误军机者,斩。监候。若承差人误不依题写去处,错去他所,以致违限者,减本罪二等,事干军务者不减。或笞,或杖,或斩,照前科罪。若由公文题写错而违限者,罪坐题写之人,承差人不坐。

【1670】5.17.268(略)

【1725】5.17.256

注:此言公事各有定限,不可稽迟也。凡应起解官物、囚徒、畜产,承差管解人无故稽留,及事有期限而违者,计日加笞。若起解成造军需、随征钱粮,而管送之人稽留违限者,加罪二等。因稽留违限,以致军需供给临敌缺乏,失误军机者,斩监候。若承受差遣起解官物、囚徒、畜产,并一应官司,寻常事误不依题写去处,以致违限者,减本罪二等,事干军务者不减。若由公文错写,以致绕道违限者,罪坐题写之人,承差人不坐。

臣等谨按:此言公事各有定限,不可稽迟也。前言一应公事,有应起解官物、囚徒、畜产,而承差管解人无故稽留违限之罪。次言起解成造军需及随征钱粮,而管送之人稽留违限,及因稽留违限,以致军需供给临敌缺乏,失误军机之罪。末节言承受差遣人起解官物、囚徒、畜产，并一应官司，寻常事务，误写去处，以致绕道违限，及事干军务之罪。若由公文错写，以致绕道违限者，罪坐题写之人，承差人不坐。

【1740】5.17.246（略）

附律条例

【1646】5.17.269.（1）

一、各处有司，起解逃军并军丁，及充军人犯，量地远近，定立程限，责令管送。若长解纵容在家迁延，不即起程，违限一年之上者，解人发附近；正犯原系附近，发边卫，原系边卫，发极边卫分，各充军。

【1670】5.17.268.（1）（略）

【1725】○修改

原拟：今无军丁名色，亦无起解逃军之例，应将“逃军并军丁”句改为“在逃军犯”。

【1725】5.17.256.（1）

【原例】一、各处有司，起解在逃军犯，及充军人犯，量地远近，定立程限，责令管送。若长解纵容在家迁延，不即起程，违限一年之上者，解人发附近；正犯原系附近，发边卫，原系边卫，发极边卫分各充军。

【1740】5.17.246.（1）（略）

【1768】5.17.246.（1）

一、各处有司，起解在逃军犯，及充军人犯，量地远近，定立程限，责令管送。若长解纵容在家迁延，不即起程，违限一年之上者，解人发附近；正犯原系附近，发近边，原系近边，发极边地方各充军。

【1810】○移改

臣等谨按：起解罪犯迁延违限各例，俱载在“捕亡·稽留囚徒”门内。此条亦系起解军犯稽迟之例，而又载在“兵律”。一事分载两门，殊未允协，应移入“捕亡”门内，以便查阅。再查军犯加等调发，附近发近边、近边发边远，均系以次递加，今例内附近发近边，尚属与例相符，而近边即发极边，未免越等，应行修改。至长解人役，既纵容犯人在家迁延，不即起程，难保无受贿情事。若有受财，应计赃以枉法从重论，亦应于例内添纂，以昭赅备。谨将修改例文，开列于后。

＊刑律·捕亡·稽留囚徒

【1825】6.27.391.（3）一、各处有司，起解在逃军犯，及充军人犯，量地远近，定立程限，责令管送。若长解纵容在家迁延，不即起程，违限一年之上者，解人发附近充军。受财者，计赃以枉法从其重者论。正犯原系附近，发近边；原系近边，发边远；原系边远，发极边地方各充军。

【1740】○续纂

一、夫役、工匠人等，遇有紧要差使传集公所，立待应用。如不遵官长约束，为匪不法，逞刁挟制，因而率众扬散以致误差，审明，为首者拟斩监候，为从均枷号一个月、杖一百。倘系偶尔违禁，干犯赌博、斗殴等事，并未挟制官长，扬散误差者，仍按本律治罪。

谨案：此条系乾隆三年(1738)刑部议准定例。

【1740】5.17.246.(2)(略)

【1825】5.17.246.(1)(略)

占宿驿舍上房

律　文

【1646】5.17.270

凡公差人员，出外干办公事，占宿驿舍正厅上房者，笞五十。厅房待品官上客。

【1670】5.17.269(略)

【1725】5.17.257

凡公差人员，出外干办公事，占宿驿舍正厅上房者，笞五十。正厅上房，待品官上客。

注：此言差员不可越分也。公差人员，指在京员役，如兵部效劳等官未有职衔者之类。凡驿馆中正厅上房，宜待品官。若公差人员，出外干办公事，经过驿馆，不住下房而占宿正厅上房，是为越分，故笞五十。

臣等谨按：此言差员不可越分也。公差人员，指在京员役，如兵部效劳等官未有职衔者之类。凡驿馆中正厅上房，宜待品官。若公差人员，出外干办公事，经过驿馆，不住下房而占宿正厅上房，是为越分，故笞五十。

【1740】5.17.247(略)

乘驿马赍私物

律　文

【1646】5.17.271

凡出使人员，应乘驿马，除随身衣服器仗外，赍带私物者，十斤杖六十，每十斤加一等，罪止杖一百；驿驴，减一等。所带私物入官。致死驿马者，依本律。

【1670】5.17.270(略)

【1725】5.17.258

注：此禁赍带私物，以惜马力也。凡出使人员，给有勘合、火牌，应得乘坐驿马。但除随身衣服及弓箭等防身器仗之外，又于马上赍带私物，必致有伤马力，故计斤数科罪，罪止杖一百。如所乘系驴，则减一等，罪止杖九十。私物并追入官。不及十斤者，勿论。

臣等谨按：此禁赍带私物，以惜马力也。凡出使人员，给有勘合、火牌，应得乘坐驿马。但除随身衣服及弓箭等防身器仗之外，又于马上赍带私物，必致有伤马力，故计斤数科罪，罪止杖一百。如所乘系驴，则减一等，罪止杖九十。私物并追入官。不及十斤者，勿论。

【1740】5.17.248(略)

附律条例

【1740】5.17.248.(1)

一、奉差员役至头站时,该驿员即将应背之包,称准斤数,开明印单,递送前途。其每夜住宿之站,该驿员详加查估。如果照例装载,即于印单填写“某站验明并无重包”字样。日间所过驿站,验单应付。如前站徇隐重包,经后站察出详报,该差员役照律治罪;徇隐驿员,一并议处。

此条系雍正十三年(1735)定例。

【1821】○续纂

一、积惯渔利奸商,寄托年班进京回子夹带私货者,除数在五百斤以内,仍照旧例分别拟杖外,如数至六百斤,杖六十、徒一年,每百斤加一等,罪止杖一百、流三千里。货物照律入官。

臣等谨按:嘉庆二十一年(1816)三月初二日,理藩院奏“酌议回子伯克来京章程”一折。奉旨:“年班、回子伯克进京,沿途于例带斤数外,代奸商夹带私货,应以私货之多寡,定伯克处分。奸商罪名之轻重,着理藩院会同刑部再行详议具奏。余依议。钦此。”当经理藩院会同臣部议请,嗣后如有积惯渔利奸商,寄托年班、进京回子夹带私货者,按其所带斤数,分别治罪。余数在五百斤以内,仍照旧例分别拟杖外,如数至六百斤,杖六十、徒一年,每百斤加一等,罪止杖一百、流三千里,货物照例入官。该伯克等违例携带私货,按斤数分别停升、降等、降革等因,奏准在案。除伯克等停升、降等、降革之处,应由理藩院载入例册遵行外,应将奸商治罪之处纂辑为例,以便引用。

【1825】5.17.248.(2)(略)

私役民夫抬轿

律 文

【1646】5.17.272

凡各衙门官吏及出使人员,役使人民抬轿者,杖六十。有司应付者,减一等。若豪富庶民之家,役使谓不给雇钱,而势使之也。佃客抬轿者,罪亦如之。每名计一日追给雇工银八分五厘五毫。○其民间妇女,若老病之人,及出钱雇工者,不在此限。

【1670】5.17.271(略)

【1725】○修改

臣等谨按:民间雇工抬轿,原不拘定妇女、老病之人,应将“民间”以下八字删去。

臣等谨按:此言民夫不可私役也。前节言各衙门官吏及出使人员私役民夫,及有司听行应付,并豪富役使佃客,不给雇钱之罪。后节言民间自出钱雇工抬轿者,不在禁限。

【1725】5.17.259

凡各衙门官吏及出使人员,役使人民抬轿者,杖六十。有司应付者,减一等。若豪富庶民之家,役使谓不给雇钱,而势使之也。佃客抬轿者,罪亦如之。每名计一日追给雇工银八分五厘五毫。〇其民间出钱雇工者,不在此限。

注:此言民夫不可私役也。前节言各衙门官吏及出使人员私役民夫,及有司听行应付,并豪富役使佃客,不给雇钱之罪。后节言民间自出钱雇工抬轿者,不在禁限。

【1740】〇修改

臣等谨按:律注"谓不给雇钱,而势使之也"十字,在律文"役使"之下,文义微觉隔断。应移"不给雇钱,以势"六字于"役使"之上。谨将删辑律注,开列于后。

凡各衙门官吏及出使人员,役使人民抬轿者,杖六十。有司应付者,减一等。若豪富庶民之家,不给雇钱,以势役使佃客抬轿者,罪亦如之。每名,计一日追给雇工银八分五厘五毫。〇其民间出钱雇工者,不在此限。

【1740】5.17.249(略)

附律条例

【1725】〇增入

原拟:现行例内一条,类于此律,应增入。

【现行例】一、凡内务府官员、执事之人,及各部院衙门官员人等,并无印信凭据,诈欺索取民夫等项,该地方官即行拘拿,一面申报该督抚具题,一面申报该部。审实,系官革职;系领催、执事人等,拿送刑部从重治罪。拿首之地方官,照出首私牌例,于应升之缺即升。

【1725】5.17.259.(1)

【增例】(略)

【1740】〇修改

臣等谨按:拿首之地方官即升,文类《吏部处分则例》,应改。谨将改辑例文,开列于后。

一、凡内府官员执事之人,及各部院衙门官员人等,并无印信凭据,诈欺索取民夫等项,该地方官即行拘拿,一面申报该督抚具题,一面申报该部。审实,系官革职;系领催、执事人等,拿送刑部从重治罪。拿首之地方官,交部议叙。

【1740】5.17.249.(1)(略)

【1740】〇续纂

一、凡兵部勘合,钦差大臣及督抚入境、学差试差、知府下县盘查,及他县奉督抚差委盘查者,准其动用民夫,其余概不准用。倘有违例妄索者,着该管官即行揭报督抚题参。若该管官违例滥应,发觉之日,照例治罪。

此条系雍正六年(1728)五月钦奉上谕,恭纂为例,以便引用。

【1740】5.17.249.(2)(略)

病故官家属还乡

律　文

【1646】5.17.273

凡军民官在任以理病故,家属无力不能还乡者,所在官司差人管领,应付车船、夫马脚力,随程验所有家口,官给行粮,递送还乡。违而不送者,杖六十。

【1670】5.17.272(略)

【1725】5.17.260

律文(略)

注:此是优恤故官之家属也。凡军民衙门文武官员,在任别无事犯,以理病故于任所,则有可悯之情。其家属无力,不能扶柩还乡,所在官司,须差人管领其事,为之应付车船、夫马脚力,仍逐程验视家口,给与行粮,递送还籍。盖念其效力于生前,因而体恤于身后,此朝廷厚待臣下之典也。如起程之所及沿途州县,故违不送者,当该官吏各杖六十。

臣等谨按:此是优恤故官之家属也。凡军民衙门文武官员,在任别无事犯,以理病故于任所,则有可悯之情。其家属无力,不能扶柩还乡,所在官司,须差人管领其事,为之应付车船、夫马脚力,仍逐程验视家口,给与行粮,递送还籍。盖念其效力于生前,因而体恤于身后,此国家厚待臣下之典也。如起程之所及沿途州县,故违不送者,当该官吏各杖六十。

【1740】5.17.250(略)

附律条例

【1740】○续纂

一、县丞以下等官,参革离任,或告病身故,实系穷苦不能回籍者,该督抚于存公项内,酌给还乡路费,每年造册报销。

此条系乾隆元年(1736)七月钦奉上谕,恭纂为例,以便引用。

【1740】5.17.250.(1)(略)

承差转雇寄人

律　文

【1646】5.17.274

凡承差起解官物、囚徒、畜产,不亲管送,而雇人、寄人代领送者,杖六十。因而损失官物、畜产及失囚者,依本律各从重论。损失重问损失,轻则仍科雇寄。受雇、受寄人,各减承差人一等。○其同差人自相替者、放者,各笞四十。取财者,承替取放者贴解之物计赃以不枉法论。若事有损失者,亦依损失官物及失囚律追断,不在减等之限。若侵欺、故纵,各依本律。替者有犯,管送人不知情不坐。

【1670】5.17.273(略)

【1725】5.17.261

律文(略)

注:此禁承差代替之弊也。前节言承差起解官物、囚徒、畜产,雇寄人代替,因而损失官物、畜产及失囚之罪。其代替领送与受雇人,减一等。后节言同差人自相替放,与取贴解财物因而替放,及事有损失之罪。若替者在途侵纵,管送人不知情者不坐,仍依损失科断。

臣等谨按:此禁承差代替之弊也。前节言承差起解官物、囚徒、畜产,雇寄人代替,因而致损失官物、畜产及失囚之罪。其代替领送与雇人,减一等。后节言同差人自相替放,与取贴解财物因而替放,及事有损失之罪。其不亲管送之人,仍依损失、失囚科罪。

【1740】5.17.251(略)

附律条例

【1740】5.17.251.(1)

一、起解人犯,每名选差的役二名管押,兵丁二名护送。若兵役派不足数,及雇人代解,许兵役互相禀报本管官,知会原派衙门查究补派。若兵役知而不举,将兵役及承派之书吏、弓兵俱杖一百,革役。其经由前途文武各官,按批查点,有缺少及代解等弊,即详报督抚,将原派官弁参处。其缺少、顶替之兵役,照承差起解囚徒雇人代送律杖六十,革役。如前途各官隐匿不报,别经发觉,题参议处。

此条系雍正八年(1730)定例。

乘官畜产车船附私物

律　文

【1646】5.17.275

凡因公差应乘官马、牛、驼、骡、驴者,各衙门自拨官马不得驰驿而行者。除随身衣仗外,私驮物不得过十斤。违者,五斤笞一十,每十斤加一等,罪止杖六十。不在乘驿马之条。○其乘船、车者,私载物不得过三十斤。违者,十斤笞一十,每二十斤加一等,罪止杖七十。家人、随从者不坐。若受寄私载他人物者,寄物之人同罪,其物并入官。当该官司知而容纵者,与同罪,不知者不坐。若应合递运家小如阵亡、病故官军,及军民官在任以理病故。者,虽有私带物件,不在此限。

【1670】5.17.274(略)

【1725】5.17.262

注:此言官畜、车、船,不当附以私物也。凡官畜产马骡,及水陆车船,虽非驿递车马等项之比,然既系官物,即不应将私物驮载。前节言公差乘官马牛等畜,除随身衣服、器仗外,私驮之物过十斤以上之罪。后节言乘官车船者,私载之物过三十斤以上,及受他人寄载私物,与该官司知情容纵之罪。若应合递运家小,如阵亡、病故官兵及在任病故家属之类,虽乘官车官船,所载私物,不得以斤数为限。

臣等谨按:此言官畜、车、船,不当附以私物也。凡官畜马骡,及水陆车船,虽非驰驿车马等项之比,然既系官物,即不应将私物驮载。前节言公差乘官马牛等畜,除随身衣服、器仗外,私驮之物过十斤以上之罪。后节言乘官车船者,私载之物过三十斤以上,及受他人寄载私物,与该官司知情容纵之罪。若应合递运家小,如阵亡、病故官兵及在任病故家属之类,虽乘官车官船,所载私物,不得以斤数为限。

【1740】5.17.252

凡因公差应乘官马、牛、驼、骡、驴者,各衙门自拨官马不得驰驿而行者。除随身衣仗外,私驮物不得过十斤,违者,五斤笞一十,每十斤加一等,罪止杖六十。不在乘驿马之条。其乘船、车者,私载物不得过三十斤,违者,十斤笞一十,每二十斤加一等,罪止杖七十。家人、随从者不坐。若受寄私载他人物者,寄物之人同罪,其物并入官。当该官司知而容纵者,与同罪,不知者不坐。若应合递运家小如阵亡、病故官军,及军民官在任以理病故者,虽有私带物件,不在此限。

附律条例

【1646】5.17.275.(1)

一、运军土宜,每船许带六十石。沿途过浅盘剥,责令旗军自备脚价。例外多带者,照数入官。监兑、粮储等官,水次先行搜检,督押司道及府佐官员,沿途稽查。经过仪真,听趱运御史盘诘;淮安、天津,听理刑主事、兵备道盘诘。经盘官员徇情卖法,一并参治。其余衙门,俱免投文盘诘。多带问违制,徇情卖法问听从嘱托事已施行,受财问枉法,出钱之人问行求。

【1670】5.17.274.(1)(略)

【1725】○修改

原拟:今仪征并无趱运御史,淮安、天津亦无理刑主事、兵备道等官。谨拟删改,开载于后。

【原改条例】一、运军土宜,每船许带六十石。沿途过浅盘剥,责令旗军自备脚价。例外多带者,照数入官。监兑、粮储等官,水次先行搜检,督押粮道及府佐官员,沿途稽查。经过仪征、淮安、天津等处,听趱运镇道官盘诘。经盘官员徇情卖法,一并参治。多带问违制,徇情卖法问听从嘱托事已施行,受财问枉法,出钱之人问行求。

【1725】5.17.262.(1)

【原例】(略)

【1740】○修改

臣等谨按:雍正七年(1729),蒙特恩,念旗丁运驾辛苦,准于六十石外加增四十石,每船准带土宜一百石。又查雍正八年(1730)定例,漕船头、舵二人,每人准带土宜三石;水手无论人数,准其共带土宜二十石。又查雍正六年(1728)定例,漕船回空南下,准带梨枣六十石。俱现在遵行,应增。谨将增辑例文,开列于后。

一、漕船旗丁,每船准带土宜一百石;头、舵二人,每人准带三石;水手无论人数,准其共带二十石。其回空船只,舵、水人等,准带梨枣六十石。沿途过浅盘剥,责令自备脚价。例外多带者,照数入官。监兑、粮储等官,水次先行搜检,督押粮道及府佐官员,沿途稽查。经过仪征、淮安、天津等处,听趱运镇道官盘诘。经盘官员徇情卖法,一并参治。多带问违制,徇情卖法问听从嘱托事已施行,受财问枉法,出钱之人问行求。

【1740】5.17.252.(1)(略)

【1646】5.17.275.(2)

一、漕运船只,除运军自带土宜货物外,若附搭客商势要人等酒面糯米、花草、竹木板片、器皿货物者,将本船运军并附载人员参问发落,货物入官。其把总等官有犯,降一级,回卫带俸差操。民运船不在此例。运军并附载人员依违制;运军与把总等官,有赃问枉法,无赃止问违制。

【1725】○修改

原拟:今无回卫带俸差操之例,应改为"降一级留任"。

【1725】5.17.262.(2)

【原例】一、漕运船只,除运军自带土宜货物外,若附搭客商势要人等酒面糯米、花草、竹木板片、器皿货物者,将本船运军并附载人员参问发落,货物入官。其把总等官有犯,降一级留任。民运船不在此例。运军并附载人员依违制;运军与把总等官,有赃问枉法,无赃止问违制。

【1670】5.17.274.(2)(略)

【1740】○修改

臣等谨按:现今领运,俱系卫守备及千总管押,并无"把总"之名,各省亦无民运船只。此条系前明旧例,应改删。至降级留任,文类《处分则例》,应改。又例注"运军并附载人员依违制;运军与把总等官,有赃问枉法,无赃止问违制",语意重复,亦应改。谨将删改例文、注,开列于后。

一、漕运船只,除运军自带土宜货物外,若附搭客商势要人等酒面糯米、花草、竹木板片、器皿货物者,将本船运军并附载人员依律治罪,货物入官。其押运官有犯,交部议处。附载人员依违制;运军与运官有赃问枉法,无赃止问违制。

【1740】5.17.252.(2)(略)

【1646】5.17.275.(3)

一、黄船附搭客货及夹带私物者,小甲客商人等,俱问发极边卫分永远充军,货物入官。若客商人等,止是空身附搭者,一连小甲俱发附近充军。其马快船只附搭客货及夹带私物者,小甲客商人等,俱发边外充军,货物亦入官。若客商人等,止是空身附搭者,照常发落。

【1670】5.17.274.(3)(略)

【1725】○删除

原拟:黄船在明时专装贡物,马快船备水军征战,装载军器。今黄快船只改作官船应差,前正律内"官船装载他人私物者治罪,私物入官"之处,已经载明,此条拟删。

【1646】5.17.275.(4)

一、沿河一带,省亲、省祭,丁忧、起复,并升除、外任,及内外公差官员,若有乘坐马快船只,一事。兴贩私盐,二事。起拨人夫,三事。并带去无藉之徒,辱骂锁绑官吏,勒要银两者,巡抚、巡按、巡河、巡盐、管河、管闸等官,就便拿问。干碍应奏官员,奏请提问。其军卫有司、驿递衙门,若有惧势应付者,参究治罪。三事不备,不引此例。止犯一事,依本律论。

【1670】5.17.274.(4)(略)

【1725】○修改

原拟:今给假起复官员,例不给官船,应删去"省亲、省祭,丁忧、起复"句。"马快船只"应改为"在官船只"。又今无巡按,应将"巡抚、巡按"字改为"督抚"。

【1725】5.17.262.(3)

【原例】一、沿河一带,升除、外任及内外公差官员,若有乘坐在官船只,一事。兴贩私盐,二事。起拨人夫,三事。并带去无藉之徒,辱骂锁绑官吏,勒要银两者,督抚、巡河、巡盐、管河、管闸等官,即便拿问。干碍应奏官员,奏请提问。其军卫有司、驿递衙门,若有惧势应付者,参究治罪。三事不备,不引此例。止一事,依本律论。

【1740】5.17.252.(3)(略)

私借驿马

律　文

【1646】5.17.276

凡驿官将驿马私自借用,或转借与人,及借之者,各杖八十;驿驴,减一等。验计日追雇赁钱入官。若计雇赁钱重于私借之罪者,各坐赃论,加二等。

【1670】5.17.275(略)[①]

【1725】5.17.263

律文(略)

注:此严驿马私借之罪,以防误公也。凡驿官有将本驿走递官马,私下自借骑用,或转借与人,则一遇差使,或马少不能应付,或马乏不堪乘骑,必致有误驿务。故不论自借、转借,及明知而借之者,各坐杖。其借驿驴者,减借驿马之罪一等。并验日照犯时雇工赁钱,计追入官,依"名例"不得过其本价。若计马、驴雇赁钱重于私借之罪者,各坐赃论,加二等,谓于坐赃罪上加二等科之也。

臣等谨按:此严驿马私借之罪,以防误公也。凡驿官有将本驿走递官马,私下自借骑用,或转借与人,则一遇差使,或马少不能应付,或马乏不堪乘骑,必致有误驿务。故不论自借、转借,及明知而借之者,各坐杖。其借驿驴者,减借驿马之罪一等。并验日照依犯时雇工赁钱,计追入官,但不得过其本价。若计马、驴雇赁钱重于私借之罪者,各坐赃论,加二等,谓于坐赃罪上加二等科之也。

【1740】5.17.253(略)

---

① 康熙九年(1670)《大清律集解附例》本条"追雇赁钱入官"下,印有眉批"追雇工钱虽多,不得过其本价"12字。

国家出版基金项目
NATIONAL PUBLICATION FOUNDATION

大清律例源流辑校

大清律例源流汇考

第八册

刑律（续）·捕亡 断狱

工律

陈颐 点校

法律出版社
LAW PRESS·CHINA
北京

总　　目

第四册

第五册

第六册

第七册

第八册

第九册

第十册

本册目录

【刑律(续)】

【刑律·捕亡】

【刑律·断狱】

【工　律】

【工律·营造】

【工律·河防】

【刑律（续）】

【刑律·捕亡】

应捕人追捕罪人

律　文

【1646】6.27.410

凡（在官）应捕人承（官）差追捕罪人而推故不行，若知罪人所在而不（即）捕者，减罪人（所犯）罪一等。（以最重之罪人为主减科之。仍戴罪，）限三十日内，能自捕得一半以上，虽不及一半，但所获者最重，（功足赎罪，）皆免其罪。虽一人捕得，余人亦同。若（于限内虽未及捕获，而）罪人已死及自首各尽者，亦免罪。（其罪人或死或首，犹有）不尽者，止以不尽之人（犯罪减等）为坐。其非（专充）应捕人，临时差遣者，（或推故不行，或知而不捕，）各减应捕人罪一等。（仍责限获免。其应捕人及非应捕人有）受财故纵者，不给捕限，各与囚（之最重者）同罪；（亦须犯有定案，可与同科。）（所受之）赃重（于囚罪）者，计赃（全科。）以（无禄人）枉法从重论。（亦分首从。）

【1670】6.27.409（略）

【1725】○修改

原拟：赃重科赃罪者，律无分首从，应删去律末小注"亦分首从"字。

臣等谨按：此言承捕罪犯不得迟缓也。凡在官弓兵、捕快人等，皆为应捕人。若已承差遣追捕罪人，而推故不行，或知罪人所在，而不即捕者，减罪犯内最重之人罪一等。仍限三十日，内能自捕得一半以上，或虽不及一半，但所获者系其中最重之罪犯，得免应捕人之罪。虽应捕中一人捕得，其余同捕人亦免罪。若罪人已死，或赴官出首各尽，无复有当捕之一犯，则应捕人亦得免罪。如罪人死未尽、首未尽者，则以不尽罪人之罪，减一等为坐。其非专充应捕之人，但为官府临时差遣缉捕罪人，而不行、不捕者，恕其原无应捕之责，各减应捕人罪一等。若应捕人及临时差遣之人，受罪人之财而故意纵放者，俱不给三十日之捕限，各与囚之最重者同罪，仍分首从。赃重于囚罪者，计人己之赃，以枉法从重论。再应捕人不行、不捕，减罪人罪一等，指罪人虽未到官，而众证明白，即同狱成者。其受财故纵，与囚同罪者，亦然。如在逃之犯，罪无确据，则必俟罪人到官，已伏招承，而后可定应捕人及差遣人之罪。

【1725】6.27.397

凡（在官）应捕人承（官）差追捕罪人而推故不行，若知罪人所在而不（即）捕者，减罪人（所犯）罪一等。以最重之罪人为主减科之。仍戴罪，限三十日内，能自捕得一半以上，虽不及一半，但所获者最重，功足赎罪，皆免其罪。虽一人捕得，余人亦同。若于限内虽未及捕获，而罪人已死及自首各尽者，亦免罪。其罪人或死或首，犹有不尽者，止以不尽之人犯罪减等为坐。其非专充应捕人，临时差遣者，或推故不行，或知而不捕，各减应捕人罪一等。仍责限获免。其应捕人及非应捕人有受财故纵者，不给捕限，各与囚之最重者，同罪；亦须犯有定案，可与同科。所受之赃重于囚罪者，计赃全科。以无禄人枉法，从重论。

注：此言承捕罪犯不得迟缓也。凡在官弓兵、捕快人等，皆为应捕人。若已承差遣追捕罪人，而推故不行，或知罪人所在，而不即捕者，减罪犯内最重之罪一等。仍限三十日，内能自捕得一半以上，或虽不及一半，但所获者，系其中最重之罪犯，皆得免应捕人之罪。虽一人捕得，其余同捕人亦免罪。若罪人已死，或赴官出首各尽，无复有当捕之一犯，则应捕人亦得免罪。如罪人死未尽、首未尽者，则以不尽罪人之罪减一等为坐。其非专充应捕之人，但为官府临时差遣缉捕罪人，而不行、不捕者，恕其原无应捕之责，各减应捕人罪一等。若应捕人及差遣之人，受财故纵者，俱不给捕限，各与囚之最重者同罪，仍分首从。赃重于囚罪者，计入己之赃，以枉法从重论。

【1740】6.27.387（略）

附律条例

【1740】○移入

一、隔属隔省密拿强盗及人命案内应拟斩、绞重犯，有纵令劫夺，及徇庇不解，其该管官题参解任。如在隔省，移咨会参解任。俟获犯审明，具题开复。该管之乡地甲邻严拿究治。若本无抢犯徇庇等弊，而捕役贿纵，捏称被劫者，将捕役照诬告律治罪。原参之员，即行开复。误听捕役之员，交部议处。

此条系雍正六年（1728）定例，已入“劫囚”条下，但以类相从，应移入于此。

【1740】6.27.387.（1）（略）

【1740】○增入

一、步军统领衙门番役，只许于京城内外五城所属地方缉拿人犯。既经拿获，属提督管辖者，限即日送该管营弁转送提督衙门；属五城管辖者，限即日送该管官转送御史衙门。如稽留数日，始行送官，将番役究明私拷勒索情弊，分别定拟。如有得财纵放，照衙役犯赃例治罪。其地属州县者，行文州县佥差擒捕。或有密拿要犯，州县不能擒捕，必须番役擒捕者，奏闻请旨后行。

此条系雍正七年（1729）定例内，只许于京城内外五城所属地方缉拿人犯。及地属州县，令州县佥差擒捕，或密拿要犯，请旨后行等款，系乾隆元年（1736）奏准定例。今并辑一条，以便引用。

【1740】6.27.387.（2）（略）

【1740】○增入

一、脱逃要犯，务将该犯年貌、籍贯、有无须、痣，详细开明，行文通缉。各州县于文到之日，差捕认缉，一面填写印票，分给各乡总甲，遍行访察。如果遍缉无踪，年底出具印甘各结，转详咨部。仍令接缉务获，知照销案。

此条系雍正十二年(1734)定例。

【1740】6.27.387.(3)(略)

【1778】○修改

臣等谨按：乾隆三十一年(1766)十二月内，吏部议复河南巡抚阿思哈条奏，一切案件，如于文外复取印结者，准其停取。所有此条原例"如果遍缉无踪，年底出具印甘各结，转详咨部"句内"出具印甘各结"谨改为"取具甘结"，拟合声明。

一、脱逃要犯，务将该犯年貌、籍贯、有无须、痣，详细开明，行文通缉。各州县于文到之日，差捕认缉，一面填写印票，分给各乡总甲，遍行察访。如果遍缉无踪，年底取具甘结，转详咨部。仍令接缉务获，知照销案。

【1790】6.27.387.(3)(略)

【1740】○增入

一、缉捕强盗、人命，或关系紧要案内人犯，如有逃逸，一面行文八旗并提督、五城协力缉捕，一面牌行直隶附近京城之涿州、良乡、通州、昌平、河间等处州县。部文到日，即行捕缉，再行补报督抚。

此条系雍正六年(1728)钦奉上谕，恭纂成例，以便引用。

【1740】6.27.387.(4)(略)

【1740】○增入

【原例】一、八旗三品以上文武大臣之家人，及王公等之辛者库家人等，有犯命、盗重案脱逃者，该衙门查拿之时，即行文知会伊主，协同捕缉。一年限满不获，该衙门即行题参，声明凶犯伊主是何职衔，即将协缉不力之家主，罚俸一年；若系王公等辛者库家人，将办理包衣事务官，罚俸一年；其各该管王、贝勒、贝子、公等，各罚俸一个月。未获逃犯，仍照案协同缉拿。

此条系雍正七年(1729)定例。特设此例，原为王公大臣之家所辖人众，或有倚势抗庇、藏匿、纵逃等弊，地方文武无由缉捕而设。但旗下三品以上大臣，官非世袭，无所隶属，非比王公之家，员役众多，若一遇命、盗等案，即令协同缉捕，势有难行。地方捕役反得借以推诿，应为节删。谨将删辑例文，开列于后。

一、凡王公等之辛者库、家人等，有犯命、盗重案脱逃者，该衙门查拿之时，即行文知会伊主，协同捕缉。一年限满不获，将办理包衣事务官交部议处；其该管王、贝勒、贝子、公等，各罚俸一个月。未获逃犯，仍照案协同缉拿。

【1740】6.27.387.（5）（略）

【1740】○增入

一、五城司坊等官，若于途次遇有凶徒不法等事，不论何城，并准当时拘执，录取口供，详解该城御史审讯，一面报明本城御史存案。其有暧昧隐避等事，亦许密详该城御史查拿，仍密详本城存案，造册送院注销。倘该役借端讹诈，驾词妄禀，及司坊官擅作威福，拘拿自审，或纵役滋扰，该御史题参，分别议处治罪。若押坊捕役，因非本管地方，明知故纵，及有受贿情弊，严加治罪。大、宛二县，亦不论五城及该县所属，遇有凶犯不法等事，亦一体缉拿。

此条系雍正十二年（1734）定例。

【1740】6.27.387.（6）（略）

【1743】○续纂

一、步军统领衙门正身番役，俱照各部院经承、贴写送查之例，将番役年貌、籍贯按季造册，并出具并无白役、圆扁子印结，移送河南道御史考核。倘番役私用白役，别经发觉，将番役及所用白役，照吏典人等额外滥充律治罪。该统领及不行详查之该御史，一并交部议处。至番役缉拿窃盗、斗殴之类，每名预给印票一张，开明款项，发交收执，并将预给印票款项，移明河南道查核。如系提拿审案人犯，务必给与印票，将应拿人犯姓名，逐一开明。有应密者，给与密票，亦于票内开明人犯姓名。如无票私拿，即将该番役解送刑部究讯治罪。失察该管官，交部严加议处。

臣等谨按：此条系乾隆六年（1741）五月，臣部议复原任左都御史刘吴龙条奏定例。原议内止称出结不实，别经发觉，将该统领并御史交部议处。而番役私用白役，作何治罪之处，并未议及。查律内"吏典、承差、祗候、禁子、弓兵人等，额外滥充者，杖一百，迁徙，比流减半，准徒二年"等语，当比照治罪，应增。再原议内番役获犯之后，令该番役持票带同锁拿之犯，系民人，赴该管地方官验明挂号；系旗人，赴该旗衙门挂号等语。嗣于乾隆七年（1742）四月，据步军统领舒赫德奏称，番役所获人犯，不许在家过夜，是以番役不能作弊，人犯不致拖延。自定有挂号之例，每将获犯带赴司坊，来往稽延，转滋扰累等因。又经臣部议复，准其停止挂号。其分别给与印票，开明款项，始准查拿，仍照奏准之例行等因在案。今将挂号一段，照议删去。合并声明。

【1768】6.27.387.（7）（略）

【1761】○续纂

一、凡官司勾摄罪人，已在该犯家拿获，如有为首纠谋聚至三人以上，持械打夺伤差者，即照中途夺犯例，分别杀、伤治罪。若并未纠约聚众，实系一时争斗拒殴，致有杀伤，仍照各本律定拟。其非本案罪犯及非所勾捕之人毋论。在途、在家，俱以凡斗论。差人借端滋扰,照例从重治罪,地方官交部议处。

臣等谨按:此条系乾隆二十五年(1760)四月内,臣部议准升任两广总督李侍尧议复广东按察使来朝条奏定例,应纂辑以便遵行。

【1768】6.27.387.(8)(略)

【1835】○移改

臣等谨按:道光十二年(1832)十一月内,据升任江西道监察御史金应麟奏"请修改删易刑例"一折内称,非聚众及不于中途打夺,各照本律注分别办理。查不于中途打夺,律注已有专条,非聚众打夺罪人,律注并未明言,似应酌定等因。臣等查律载"官司差人捕获罪人,聚众中途打夺,为首者杖一百、流三千里;因而伤差人者,绞监候。杀人及聚至十人,为首者,斩监候;下手致命者,绞监候。为从,各减一等",注云"其不于中途而在家打夺者,依威力于私家拷打律。主使人殴者,依主使律"等语,是律注止有不于中途打夺之罪,并无打夺而不聚众之罪。是以向来办理仅止一二人中途打夺之案,有即照聚众打夺本律问拟满流者,亦有于聚众打夺本律上量减一等,问拟满徒者,办理未能画一。伏思中途打夺,律例内均标明"聚众"字样,则打夺而非聚众,自不能与聚众打夺者一体同科。然办理过轻,如向来成案仅拟满徒,究不足以昭惩创。议请嗣后官司差人捕获罪人,有仅止一二人中途打夺者,为首无论有无伤差,均应于聚众打夺伤差本律上酌减一等,拟以杖一百、流三千里。若殴差至死,即照聚众打夺杀人本律分别治罪等因具奏,奉旨允准通行,遵照在案。应纂辑专条,以资引用。再查不于中途打夺之案,"捕亡"门内本有例文可循。今打夺而非聚众又复另立治罪专条,所有聚众中途打夺殴差例内原注系属赘文,应请删除,以免混淆。并将"捕亡"门内不于中途打夺例文移改本门,以便查考。谨将修改、移改、续纂例文,开列于后。

* 刑律·贼盗·劫囚

【1847】6.18.267.(4)一、凡官司勾摄罪人,已在该犯家拿获,如有为首纠谋,聚至三人以上,持械打夺伤差者,即照中途夺犯例,分别杀、伤治罪。若并未纠约聚众,实系一时争斗拒殴,致有杀伤,仍照各本律定拟。其非本案罪犯,及非所勾捕之人,毋论在途、在家,俱以凡斗论。差人借端滋扰,照例从重治罪,地方官交部议处。

【1761】○续纂

一、州县广缉重犯,不得滥给缉票。先将该犯年貌、案由,并差役年貌、籍贯,及所差名数,一面详明督抚,知照各该省,一面改用通关,给与差役携带在身,密行侦缉。如有踪迹,即将通关呈报该地方官,添差拿解。如缉无踪迹,仍投换回文以为凭验。倘有滥给印票,及差人雇倩白役代缉,以及借端勒索,照例治罪。其佥差不慎之承缉官,照例严加议处。

臣等谨按:此条系乾隆二十五年(1760)七月内,臣部议复升任江西布政使汤聘条奏定例,应纂辑以便遵行。

【1768】6.27.387.(9)(略)

【1835】○修改

臣等谨按：道光十二年(1832)十一月内，据升任江西道监察御史金应麟奏“请修改删易刑例”一折内称，滥给印票，及差人雇倩白役代缉，以及借端勒索，照例治罪。查蠹役诈赃及正役、白役诈赃，均有专条。滥给印票及雇倩白役代缉，并无专条，似应补出等语。经臣部查，例载“正身衙役，违禁私带白役者，杖一百”等语，是差人雇倩白役代缉，已有私带白役之例可循，援引无虞歧误。至州县官滥给印票一项，例内既无作何治罪明文，自应与签差不慎之承缉官一并交吏部严加议处。惟例内究有参差之处，应俟修例时酌加修改等因具奏，奉旨允准在案。今届修例之时，应于例内修改明晰，以资引用。谨将修改例文，开列于后。

一、州县广缉重犯，不得滥给缉票。先将该犯年貌、案由，并差役年貌、籍贯，及所差名数，一面详明督抚，知照各该省，一面改用通关，给与差役携带在身，密行侦缉。如有踪迹，即将通关呈报该地方官，添差拿解。如缉无踪迹，仍投换回文以为凭验。倘有滥给印票，及差人雇倩白役代缉，以及借端勒索，除差人照例治罪外，仍将滥给印票，及佥差不慎之承缉官，照例严加议处。

【1847】6.27.387.(10)(略)

【1795】○续纂

一、官役奉公缉捕罪人，除受财故纵，照律与囚同罪外，其未经得贿，潜通信息，致罪人逃避者，如所纵之囚，罪在军、流以下者，亦与囚同科，不准减等；若系斩、绞、外遣等罪，将该犯减发极边烟瘴充军。

臣等谨按：乾隆五十八年(1793)二月内，臣部议复署两广总督郭世勋审奏“差役梁姜潜通信息，致逃军黄汉章复逃”一案，钦奉谕旨：“向来官役追捕罪人，受财故纵者，与囚同罪。若并未得贿，只系泄漏其事，致令罪人逃避者，减罪人罪一等。立法虽有区别，但在官人役，奉公缉捕罪人，胆敢泄漏其事，以致该犯闻信远扬，有稽弋获，情节较重。若因未经受财，得以减罪人之罪一等，则官司人役无所儆惧，纵囚之案必致日多。嗣后除受财故纵者，仍照律与囚同罪外，其未经得贿，潜通信息，致罪人逃避者，若所纵之囚，罪应斩、绞，即与同科，未免多一死罪之条，自应仍准减等问拟；若所纵之囚，系属军、流以下等罪，竟当与囚同科，不准减等。并著为例。钦此。”钦遵在案。应恭纂为例，以便遵行。再查纵逃军、流罪犯，既应按囚罪一体问拟军、流，则纵逃斩、绞重囚，未便照别项死罪减等律，仅予满流。又，纵逃外遣罪犯，亦与军、流有别。今拟于例内添明，以便引用。合并陈明。

【1802】6.27.387.(10)(略)

【1847】6.27.387.(8)(略)

【1821】○续纂

一、山东省地方，如有兵役通盗之案，除实犯死罪，无可再加，仍照旧办理外，其罪未至死，各于应得本罪上加一等定拟。若不分赃，不漏信，但知盗窝所在，纵不即捕者，讯出故纵情节，即照寻常强窃盗窝主之例，加一等分别治罪。俟该省盗风稍息，再奏明复归旧例。

臣等谨按：嘉庆二十五年（1820）正月内，军机大臣会同臣部，议复前任山东巡抚程国仁奏“整饬地方章程”折内声明，该省如有兵役通盗之案，除实犯死罪，无可再加，仍照旧办理外，如罪未至死，俱加等定拟。其不分赃、不漏信，但知盗窝所在，纵不即捕者，讯出故纵情节，亦即照寻常强、窃盗窝主之例加一等，分别治罪。俟该省盗风稍息，再奏明复归旧例等因，奏准在案。应纂辑为例，以便引用。

【1825】6.27.387.（11）（略）

【1847】6.27.387.（9）（略）

【1870】○续纂

一、各省团练，除奸细、土匪并盗贼，及遇有要犯，经官札令协缉者，准其拿解外，其余逃军、逃流，并一切寻常案犯，仍责成地方官拿解。倘该团练私拿酿命，即照谋、故、斗杀各本律定拟。

谨案：此条同治四年（1865）定。

【1870】6.27.387.（11）（略）

罪人拒捕

律　文

【1646】6.27.411

凡犯罪事发而逃走、及犯罪虽不逃走，官司差人追捕，有抗拒不服追捕者，各于本罪上加二等，本应死者，无所加。罪止杖一百、流三千里。殴所捕人至折伤以上者，监候绞；杀所捕人者，监候斩。为从者各减一等。○若罪人持仗拒捕，其捕者格杀之，及在禁或押解已问结之囚逃走，捕者逐而杀之，若囚因追逐窘迫而自杀者，不分囚罪应死不应死，皆勿论。○若囚虽逃走，已就拘执，及罪人虽逃走，不拒捕，而追捕之人恶其逃走，擅杀之或折伤者，此皆囚之不应死者。各以斗杀伤论。若罪人本犯应死之罪而擅杀者，杖一百。以捕亡一时忿激言。若有私谋，另议。

【1670】6.27.410

凡犯罪事发而逃走、及犯罪虽不逃走，官司差人追捕，有抗拒不服追捕者，各于本罪上加二等，本应死者，无所加。罪止杖一百、流三千里。殴所捕人至折伤以上者，绞；监候。杀所捕人者，斩。监候。为从者，各减一等。○若罪人持仗拒捕，其捕者格杀之，及在禁或押解已问结之囚逃走，捕者逐而杀之，若囚因追逐窘迫而自杀者，不分囚罪应死不应死，皆勿论。○若囚虽逃走，已就拘执，及罪人虽逃走，不拒捕，而追捕之人恶其逃走，擅杀之或折伤者，此皆囚之不应死者。各以斗杀伤论。若罪人本犯应死之罪而擅杀者，杖一百。以捕亡一时忿激言。若有私谋，另议。

【1725】6.27.398

凡犯罪事发而逃走、及犯罪虽不逃走，官司差人追捕，有抗拒不服追捕者，各于本罪上加二等，罪止杖一百、流三千里。本应死者，无所加。殴所捕人至折伤以上者，绞；监候。杀所捕人者，斩。监候。为从者，各减一等。○若罪人持仗拒捕，其捕者格杀之，及在禁或押解已问结之囚逃走，捕者逐而杀之，若囚因追逐窘迫而自杀者，不分囚罪应死不应死，皆勿论。○若囚虽逃走，已就拘执，及罪人虽逃走，不拒捕，而追捕之人恶其逃走，擅杀之或折伤者，此皆囚之不应死者。各以斗杀伤论。若罪人本犯应死之罪而擅杀者，杖一百。以捕亡一时忿激言。若有私谋，另议。

注：此惩犯人之避罪，而及捕者之擅杀也。首节定犯罪逃走拒捕之条。凡因犯罪事发而逃走，及官司差人追捕而拒捕者，各于本罪上加二等，罪止满流。因拒捕而殴差人至折伤以上者绞，杀差人者斩，俱监候。为从者，各减为首罪一等。次节定免罪之条，以作捕人之气也。罪人持仗拒捕，意在相残，其捕者格斗而杀之，及在禁或押解已问结之囚，有逃走者，捕者逐而杀之，及囚因追捕窘迫，恐不能脱，自赴水火，或用金刃而自杀者，皆犯人自取之罪，捕者得勿论。末节定擅杀之条，以折捕人之强也。逃走之囚已就拘执，及未到官罪人虽逃而不曾拒捕，乃追捕人恶其逃走而擅杀之，或虽未杀而殴致折伤者，罪囚非系应死之人，皆以斗杀伤论罪。若囚所犯本系应死之罪，而追捕人擅杀者，杖一百。再此律与拒殴追摄不同。盖追摄无罪之人，故拒殴之罪轻；此追捕有罪之人，故拒捕之罪重。

臣等谨按：此惩犯人之避罪，而及捕者之擅杀也。首节定犯罪逃走拒捕之条。因犯罪事发而逃走，及官司差人追捕而拒捕者，各于本罪上加二等，罪止杖一百、流三千里。因拒捕而殴差人，至折伤以上者绞，杀差人者斩，俱监候。为为从者，各减为首罪一等。次节定免罪之条，以作捕人之气也。罪人持杖拒捕，意在相残，其捕者格斗而杀之，及在禁或押解已问结之囚有逃走者，捕者逐而杀之，及囚因追逐窘迫，恐不能脱，自赴水火，或用金刃而自杀者，皆犯人自取之罪，捕者得勿论。末节定擅杀之条，以折捕人之强也。逃走之囚已就拘执，及未到官罪人虽逃而不曾拒捕，乃追捕人恶其逃走而擅杀之，或虽未杀而殴至折伤者，罪囚非系应死之人，皆以斗杀伤论罪。若囚所犯本系应死之罪，而追捕人擅杀之者，杖一百。再此律与拒殴追摄不同。盖追摄者，本无罪之人，故拒殴之罪轻；此追捕者，本有罪之人，故拒捕之罪重。

【1740】6.27.388（略）

附律条例

【1725】6.27.398.（1）

【钦定例】一、捕役拿获罪犯，因其凶悍狡猾，设法制缚，误伤其命者，务研审确据。如实系强盗，及凶犯应死之人，将误伤之捕役，照罪人应死而擅杀律，杖一百；如系轻罪不应死之人，将误伤之捕役，照夜无故入人家已就拘执而擅杀律，杖一百、徒三年。若非误伤,仍照本律科断。

谨案:此条雍正五年(1727)定。

【1740】〇修改

臣等谨按:律文罪人持仗拒捕者格杀之,或囚逃走逐而杀之,皆勿论。至已就拘执而杀伤,各以斗杀、伤论。盖因已犯重罪,又敢抗拒潜逃,故捕人逐杀,律得勿论。若罪犯并不抗拒,俯首就擒,则即所为已就拘执也。今又立设法制缚之条,致死者,宽以杖、徒之罪;则私拷取财,听人贿嘱阴害等弊,势所必有。现经升任给事中陈履平条奏,部议仍照律定拟奏准,通行在案,应改。谨将改辑例文,开列于后。

一、凡罪犯业经拿获,捕役借称设法制缚,误伤其命者,仍照已就拘执而杀之律,以斗杀论。倘捕役受人贿嘱,将罪人致死者,照谋杀人首从律治罪。

【1740】6.27.388.(1)(略)

【1740】〇增入

一、强盗拒捕杀伤官兵之案,除同伙伤人之时,该犯不在一处者,仍照例拟罪外,其同在一处,或三五成群,虽非下手之人,既在旁目睹,即系同恶共济,法所难宽,即行斩决。

谨案:此条系雍正六年(1728)定例。

【1740】6.27.388.(2)(略)

【1761】〇续纂

一、贼犯持仗拒捕,为捕者格杀,不问事主、邻佑,俱照律勿论。如有携赃逃遁,邻佑人等直前追捕,仓猝殴毙,或贼势强横,不能力擒送官,以致殴打戕命者,照事主殴打至死减斗杀罪二等例,杖一百、徒三年。若业已拿获,辄复叠殴,或捕人多于贼犯,倚众共殴,及恃强逞凶致毙者,仍照罪人不拒捕而擅杀律拟绞监候,共殴之余人仍照律杖一百。

臣等谨按:此条系乾隆二十五年(1760)三月内,臣部议复调任河南按察使蒋嘉年条奏定例,应纂辑为例,以便遵行。

【1768】6.27.388.(3)(略)

【1761】〇续纂

一、窃盗拒捕刃伤事主,奸夫拒捕刃伤应捉奸之人,依例照折伤以上拟绞外,若伤非事主,并非例得捉奸之人,以及别项罪人拒捕,如殴所捕人至折伤,及残废、笃疾在折伤以上者,方依律拟以绞候;其但系刃伤,仍照律加本罪二等问拟。

臣等谨按:此条原系现行成例。因辞义未甚明晰,各省办理,致有参差。于乾隆二十四年(1759)七月内,经原任福建巡抚吴士功条奏,请于原例内申明添注,臣部议复,通行在案。应添入例册,以便遵行。

【1768】6.27.388.(4)(略)

【1801】○修改

臣等谨按:此条系乾隆二十四年(1759)定例。查罪人拒捕,殴所捕人至折伤以上者,律意绞监候,系指斗殴律内,折人一齿以上而言。律载"折人一齿及手足一指者,杖一百;折二齿、二指以上者,杖六十、徒一年。刃伤人者,杖八十、徒二年。若折跌人手、足、腰、项,皆成废疾者,杖一百、徒三年。至笃疾者,杖一百、流三千里",查拒捕殴所捕人成伤之案,如殴成残废、笃疾,自应照律拟绞监候。若仅刃伤以下,折一齿以上,俱照律折伤以上拟绞,未免情轻法重。是以乾隆二十四年(1759)定例,除奸、盗罪人刃伤所捕人,情罪较重,仍照折伤以上拟绞外,若伤非事主,并非例应捉奸之人,以及别项罪人拒捕,如殴所捕人至残废、笃疾者,方依律拟以绞候。其但系刃伤,仍照律加本罪二等问拟。定例已极平允。惟查别项罪人拒捕例内,尚载有"折伤"及"折伤以上"数字,恐拘泥例文者,将折人一齿以上律应杖一百者,依殴所捕人至折伤以上律拟绞,而于刃伤律应徒二年者,反依本例加本罪二等问拟,未免轻重倒置。应将例内别项罪人拒捕条内"折伤"及"折伤以上"等字删去,改为"殴所捕人至残废、笃疾,罪在满徒以上者,依律拟以绞候",并于下句"但系刃伤"增"以下"二字,以昭明晰,而免牵混。谨将修改例文,开列于后。

一、窃盗拒捕刃伤事主,奸夫拒捕刃伤应捉奸之人,及折伤以上,依例分别问拟斩、绞外,若伤非事主,并非例得捉奸之人,以及别项罪人拒捕,如殴所捕人至残废、笃疾,罪在满徒以上者,方依律拟以绞候。其但系刃伤,及刃伤以下,仍照律加本罪二等问拟。

【1802】6.27.388.(5)(略)

【1852】○修改

一、窃盗拒捕刃伤事主,奸夫拒捕刃伤应捉奸之人,及折伤以上,依例分别问拟斩、绞外,若伤非事主,并非例得捉奸之人,以及别项罪人拒捕,如殴所捕人至残废、笃疾,罪在满徒以上者,方依律拟以绞候。其但系刃伤、火器伤,及刃伤以下,仍各加本罪二等问拟。若本罪已至拟流,有拒捕者,即按五军外遣,以次递加二等,罪止发往新疆酌拨种地当差。

谨案:此条咸丰二年(1852)改定。因折一齿一指,系在刃伤以下,折人肢体,系在刃伤以上。本律所称罪人拒捕,殴人至折伤以上者绞,系统凡系折伤及刃伤者在内。例将别项罪人拒捕,刃伤以下者加本罪二等,系由重改轻,已非律文,而原例犹存"照律"字样,未免含混,是以节删。并增入火器伤,及本罪已至拟流二层。

【1870】6.27.388.(4)(略)

【1767】○续纂

一、罪人事发在逃,被获时,如犯该军、流者,均照军流越狱加等例,递加改发。有拒捕者,若本罪已至满流,而拒殴在折伤以下者,照满流人犯越狱例,改发边卫充军;犯该充军者,各以次递加调发;若犯该极边烟瘴充军者,改发黑龙江等处给披甲人为奴。其原犯未至满流者,仍依拒捕律,加罪二等。殴所捕人至折伤以上者,拟绞监候;杀人者,拟斩监候。

臣等谨按:此条系乾隆二十九年(1764)七月内,山东按察使富尼汉条奏定例,应纂辑遵行。

【1768】6.27.388.(5)(略)

【1788】○修并

【原例】* 刑律·捕亡·狱囚脱监及反狱在逃

【1768】6.27.389.(9)一、流罪人犯越狱脱逃,按律加二等。二千里者,改为三千里;二千五百里者,改发附近充军;三千里者,改发近边充军。原犯充军者,各以次递加调发。其原犯极边烟瘴充军者,改发黑龙江等处给披甲人为奴。

【1768】6.27.388.(5)(略)

臣等谨按:军、流越狱脱逃,业于乾隆五十三年(1788)四月内,臣等钦遵谕旨,酌定条例。犯罪囚禁在狱,私纠伙党三人以上,潜行越狱脱逃,其原犯军、流,律应加二等调发者,俱改为拟绞监候。秋审时,为首入于情实,为从入缓决。若仅止一二人犯,乘间脱逃,原犯军、流,律应加等改发者,为首改为拟绞监候,秋审入于缓决,为从发往伊犁给兵丁为奴。纂定例文在案,所有首条军、流人犯越狱脱逃以次递加调发之例,业已不用,应行删除。至后条原例内,罪人拒捕,比照军、流加等改发之处,应行修改。再查罪人拒捕,殴所捕人至折伤以上者,绞监候;杀人者,斩监候。本门律文内,业已详载明晰,更毋庸于例文内重叠赘叙,致滋繁复。拟合删去,以归简易。今将删改修辑例文,开列于后。

一、罪人事发在逃被获时,如犯该军、流者,照本律加逃罪二等。有拒捕者,如本罪已至满流,而拒殴在折伤以下者,改发近边充军。犯该充军者,各以次递加调发。若犯该极边烟瘴者,改发黑龙江等处给披甲人为奴。其原犯未至满流者,仍依拒捕律加罪二等。

【1790】6.27.388.(5)(略)

【1801】○修改

臣等谨按:此条系乾隆二十九年(1764)定例。查犯该极边烟瘴充军人犯逃走拒捕,旧例改发黑龙江给披甲人为奴。嗣于乾隆五十六年(1791),臣部因黑龙江安置遣犯过多,奏请将此项人犯改发回疆为奴等因奏准,载入"名例"遵行在案。此条改发黑龙江之处,应行修改。又查例内仅言拒殴在折伤以下者,改发近边充军,其折伤以上,律应拟绞之处,未经申叙,应添纂明晰。谨将修改例文,开列于后。

一、罪人事发在逃,被获时,如犯该军、流者,照本律加逃罪二等。有拒捕者,如本罪已至满流,而拒殴在折伤以上,照律拟绞监候;折伤以下者,改发近边充军;犯该充军者,各以次递加调发;若犯该极边烟瘴者,改发回疆为奴。其原犯未至满流者,仍依拒捕律,加罪二等。

【1802】6.27.388.(6)(略)

【1830】○修改

臣等谨按:道光六年(1826)十一月内,军机大臣会同臣部议复直隶总督那彦成奏"调剂新疆遣犯"折内,请将罪人事发在逃,被获时拒捕,若犯该极边烟瘴充军者,发回疆为奴一条,仍改发云贵两广极边烟瘴充军,到配加枷号三个月等因奏准,通行在案。例内发回疆之处,应行修改。谨将修改例文,开列于后。

一、罪人事发在逃,被获时,如犯该军、流者,照本律加逃罪二等。有拒捕者,如本罪已至满流,而拒殴在折伤以上,照律拟绞监候;折伤以下者,改发近边充军;犯该充军者,各以次递加调发;若犯该极边烟瘴者,仍改发云贵两广极边烟瘴充军,到配加枷号三个月。其原犯未至满流者,仍依拒捕律,加罪二等。

【1845】○修复

臣等谨查:此条旧例内载"罪人在逃拒捕,若犯该极边烟瘴者,改发回疆为奴"等语。嗣道光六年(1826)十一月内,据原任陕甘总督那彦成奏请调剂新疆遣犯,经军机大臣会同臣部议,将此项改为仍发云贵两广极边烟瘴充军,到配加枷号三个月奏准,纂入例册在案。兹道光二十四年(1844)六月内,据升任贵州巡抚贺长龄奏请"调剂军犯章程"一折,复经军机大臣会同臣部,议请嗣后新疆遣犯,各照旧发往等因具奏。奉上谕:"据军机大臣会同刑部议奏'贵州军犯拥挤,酌减调剂'等语。新疆遣犯,改发内地,恐人数众多,不特约束难周,且与民风大有关碍。非若新疆地方辽阔,外遣人犯易于安插。所有旧时改发内地各条,着仍照旧发往新疆,交该将军设法妥为安插。并严饬所属,认真查核,严加管束,毋令滋生事端,俾期积久无弊。余依议。钦此。"是新疆遣犯既应照旧发往,其罪人拒捕,犯该烟瘴改发回疆之原例,现在犹存,足资引用。此条系属赘文,应行删除。

一、罪人事发在逃,被获时,如犯该军、流者,照本律加逃罪二等。有拒捕者,如本罪已至满流,而拒殴在折伤以上,照律拟绞监候;折伤以下者,改发近边充军;犯该充军者,各以次递加调发;若犯该极边烟瘴者,改发回疆为奴。其原犯未至满流者,仍依拒捕律,加罪二等。

【1847】6.27.388.(5)(略)

【1852】○修改

一、罪人在逃,除逃在未经到官以前者,仍照律不加逃罪外,如事发已经到官脱逃之犯,被获时均照本律加逃罪二等。其犯该军、流者,亦递加二等问拟。至此等事发,在逃之犯被获时,有拒捕者,如本罪已至满流,而拒殴在折伤以上,或系刃伤及火器伤者,均拟绞监候;折伤以下者,改发近边充军。犯该充军者,各以次递加二等调发。若犯该极边烟瘴者,改发新疆给官兵为奴。其事发到官后在逃,原犯未至满流者,仍依拒捕律加罪二等。如拒殴在折伤以上,即照别项罪人拒捕例,分别拟罪。

谨案:咸丰元年(1851),将发回城为奴人犯,改发新疆给官兵为奴。咸丰二年(1852),于例首增入"逃在未经到官以前"一层,于本罪满流脱逃拒捕者增"刃伤及火器伤"二层,并例末二十一字。

【1870】6.27.388.(5)(略)

【1778】○续纂

一、拿获围场内偷打牲口、砍伐木植人等,除照例治罪外,若有缉拿时曾经拒捕,不肯就擒者,先加枷号三个月,再行照例发遣乌鲁木齐等处。如敢拒捕,致缉拿之人成伤者,拟绞立决。

臣等谨按:此条系乾隆四十一年(1776)九月内,钦奉上谕:"围场偷打牲口、砍伐木植人等,胆敢拒捕,情殊可恶。嗣后拿获围场内偷打牲口、砍伐木值人等,仍照旧例治罪外,若有缉拿之时拒捕,不肯就擒者,拿获时,着加重治罪。其敢于拒捕,致伤缉拿之人者,拿获时,着即行正法。钦此。"应恭纂为例。再拿获围场内偷打牲口、砍伐木植之犯,本例应发新疆。今因缉拿时拒捕,不肯就擒,加重治罪,查本例已应外遣,加罪例不至死,臣等遵旨,酌核拟于遣罪上先加枷号三个月示众,再行发配。其拒捕致缉拿之人成伤者,即行正法,应即照罪人拒捕殴所捕人至折伤以上绞候本律,定为绞决。以便引用,理合声明。

【1790】6.27.388.(7)(略)

【1801】○修改

臣等谨按:此条系乾隆四十一年(1776)定例。查私入围场偷打牲口、砍伐木植旧例,无论次数,即行发遣。嗣于嘉庆四年(1799),臣部议复盛京刑部侍郎铁保奏请"私入围场之犯分别治罪"折内声明,嗣后私入围场偷打牲畜、砍伐木植,已得者,初次,枷号三个月;二次,杖一百、徒三年;三次,发遣乌鲁木齐等处种地等因具奏,奉旨:"依议。钦此。"钦遵在案。是偷打牲口、砍伐木植之例,已经奏明修改。其拒捕之处,亦应酌复旧例。请嗣后此等人犯有拒捕者,照拒捕本律加本罪二等问拟;犯至发遣者,先加枷号三个月,再行发遣;殴所捕人至折伤以上者,绞监候;杀人者,斩监候。以昭画一。谨将修改例文,开列于后。

一、拿获围场内偷打牲口、砍伐木植人等,若缉拿时曾经拒捕,不肯就擒者,照拒捕律加本罪二等问拟。犯至发遣者,先加枷号三个月,再行照例发遣。殴所捕人至折伤以上者,拟绞监候;杀人者,拟斩监候。

【1802】6.27.388.(7)(略)

【1825】6.27.388.(6)(略)

【1788】○续纂

一、凡贼犯犯罪事发,业经官司差人拘捕,如有藐法抗拒,殴差致死,为首者,仍照本律拟斩监候;为从在场助势济恶之犯,俱改发伊犁给兵丁为奴。其余罪人拒捕杀人之案,仍照旧例办理。

臣等谨按:本门律内,罪人拒捕杀所捕人者,为首斩监候,为从减一等。向来办理此等为从之犯,但经在场助势济恶,毋论其曾否下手、有伤,俱减首犯之罪一等,杖一百、流三千里。嗣于乾隆五十一年(1786)三月内,军机大臣会同行在臣部,核复署湖北巡抚特成额奏"贼犯陈其方等被县役缉获,拒捕杀差案内,帮同拒捕并未伤人,问拟杖流之从犯郭彦春,改发伊犁给额鲁特为奴"一折,钦奉谕旨:"向例凡于拒捕为从者,俱于为首斩罪上减一等,问拟杖流。但为从之犯,虽同一拒捕,而事主之与官差究有区别。如犯罪事发,业经官司差人拘捕,该犯仍敢藐法抗拒,较之事主追逐,临时抵拒者,情罪自为较重。若概以为从并未伤人,一例减流,不足以儆凶顽而昭法纪。嗣后抗拒官差为从者,即照此案定拟,其余仍照旧例办理。著为令。钦此。"又五十二年(1787)三月内,钦奉谕旨:"嗣后发往厄鲁特人犯,着改发伊犁为奴等因",钦遵各在案。应恭纂为例,以便遵行。

【1790】6.27.388.(6)(略)

【1795】○修改

臣等谨按:乾隆五十五年(1790)九月内,臣部核题"陕西省王金玉致死赵康求子"一案,奉上谕:"前据伍拉纳奏'贼犯陈笞因被差役赵荣侦见擒捕,即拔身带小刀戳伤赵荣身死'一案,因该犯藐法逞凶,杀死捕役,若照例问拟斩候,不足蔽辜。降旨令内外问刑衙门,遇有贼犯行凶,用刀立毙差役者,俱应请旨,即行正法。今阅刑部核题'王金玉致死赵康求子'一案,依例将王金玉问拟斩决。夫窃盗之于事主,系属平人,尚以临时拒捕致毙,罪应斩决。乃以奉公缉犯官人,贼犯竟敢抗拒戕害,向例仅止问拟斩候,其罪反轻于拒杀平人之条,定拟未平允,何以照法纪而儆凶顽。嗣后如有贼犯拒捕逞凶,立时用刀杀毙捕役者,竟当问拟斩决。著为例。钦此。"钦遵在案。此条内贼犯拒捕致死官差,为首仍拟斩候之处,应行修改。至其余罪人拒捕杀人,仍照旧例办理之处,各有定例,毋庸赘及。今将修辑例文,开列于后。

一、凡贼犯事发,官司差人拘捕,如有逞凶杀死捕役者,为首,拟斩立决;为从在场助势济恶之犯,俱改发伊犁给兵丁为奴。

【1802】6.27.388.(4)(略)

【1806】○修改

臣等谨按:嘉庆十一年(1806)七月,臣部酌拟"贼犯拒捕杀差,为从帮殴有伤定例"一折。原奏内称,贼犯拒捕杀死官差,为首者,拟斩立决,罪名相当。其在场助势济恶之犯,系指未经伤人者而言,拟以发遣,亦属允协。惟为从帮殴成伤之犯,并无作何治罪明文。此等贼犯,当官司差人拘捕之时,并不俯首就缚,辄敢帮同拒捕,致伤差役身死,实属愍不畏法。若不问拟死罪,未足以惩凶顽而示儆戒。议请嗣后贼犯事发,官司差人拒捕,如有逞凶杀死捕役者,为首,拟斩立决;为从帮殴有伤之犯,不论手足、他物、金刃,俱拟绞监候;在场助势济恶,未经帮殴成伤之犯,改发伊犁给兵丁为奴。若聚众打夺,仍照聚众中途打夺本例问拟等因,奏准在案。应于例内添纂明晰,以便引用。谨将修改例文,开列于后。

一、凡贼犯事发,官司差人拘捕,如有逞凶杀死捕役者,为首,拟斩立决;为从帮殴有伤之犯,不论手足、他物、金刃,俱拟绞监候;在场助势济恶未经帮殴成伤之犯,改发伊犁给兵丁为奴。若聚众打夺,仍照聚众中途打夺例问拟。

【1821】○修并

修并按语及修并后例文,见【1802】6.27.388.(3)条【1821】修并项下。

【1795】○续纂

一、凡犯罪事发，奉票差拘，及佥派看守、押解之犯，敢于图脱逞凶，拒杀差役者，俱拟斩立决。其别项罪人拒捕致死平人，仍照各本律例科断。若案内因事牵连，奉票传唤之人，被追情急，拒殴差役适毙者，仍依拒捕追摄本条办理。如衙役非奉官票，或虽经奉票，而有借差吓诈、凌虐罪犯情事，致被殴死者，各照平人谋、故、斗杀本律科罪，均不得以拒捕杀人问拟。

臣等谨按：乾隆五十七年（1792）闰四月内，臣部题复"山东省民人刘书图脱，拒捕扎伤捕役乔振绪身死，依律拟斩监候"一案。钦奉谕旨，以在官兵役奉票差拘，以及签派看守、押解人犯，如无恐吓、凌辱、索贿情事，犯人敢于图脱殴打致毙者，概不当复议斩候等因，敕令臣部妥议具奏。经臣部议请，嗣后如系别项罪人拒捕致死平人，并差役未经奉有官票，以及因事牵连之人，并非案内正犯，被追情急，拒殴适毙者，仍照本条办理外，如有犯罪事发，奉票差拘，以及签派看守、押解人犯，敢于图脱逞凶，拒杀差役者，俱拟斩立决。若衙役有借差恐吓、索诈、凌虐，致被殴死者，各以谋、故、斗杀本律科断，不得以拒捕杀人问拟等因具奏。奉旨："依议。"钦遵在案，应纂辑遵行。

【1802】6.27.388.（3）（略）

【1821】○修并

【原例】【1802】6.27.388.（3）（略）、【1802】6.27.388.（4）条【1806】修改例文（略）

臣等谨按：嘉庆二十二年（1817）十一月内，臣部核复前任河南巡抚文干题"贼犯张三牛等谋杀看役张圈成身死"一案，因例内并无犯罪事发，佥派看守之犯谋杀差役首、从各犯，作何治罪明文。当经臣部奏明"修改罪犯拒捕杀差旧例"原奏内声明，犯罪逞凶，敢于拒杀差役，较之别项拒捕杀人为重，是以定例另立专条，用昭惩创。惟是前条例内"俱"字，系指上差拘、看守、押解三项拒捕首犯而言。其罪已至斩决，无可复加。虽谋、故杀，亦止于斩。至此等从犯，下手帮殴与未经帮殴成伤者，如何治罪，例内均未议及。且谋杀加功与斗杀下手伤重致死二项，在平人已罪应绞候，况系罪犯拒捕。如听从谋杀，自应较殴杀为重，而殴杀内，下手伤重致死之犯，亦应重于仅止帮殴有伤之余人。不惟前例罣漏，即后条例内亦尚未周备。再后条贼犯事发杀死捕役之例，已包在前条犯罪事发奉票差拘拒杀差役例内。同义而互见，恐援断亦易滋弊端。自应将两例并为一条，酌加增改，庶足以昭法守。议请嗣后凡一切犯罪事发，官司差人持票拘捕，及拘获后签派看守、押解之犯，如有逞凶拒捕，杀死差役者，为首，无论谋、故、殴杀，俱拟斩立决；为从谋杀加功，及殴杀下手伤重致死者，俱拟绞立决；其但系殴杀帮同下手者，不论手足、他物、金刃，拟绞监候；在场助势，未经帮殴成伤者，改发伊犁给兵丁为奴。若案内因事牵连奉票传唤之人，被追情急，拒毙差役，以及别项罪人拒捕，并聚众中途打夺，均仍照拒捕、追摄、打夺各本律、本例科断。如差役未奉官票，或虽经奉票，而有借差吓诈、凌虐罪犯情事，致被殴死者，各照平人谋、故、斗杀本律定拟，均不得以拒捕杀人论。又是年，臣部议复升任伊犁将军长龄奏"伊犁遣犯日多，请为调剂"案内，将贼犯杀死拒捕未经帮殴成伤之犯，改发极边足四千里充军奏准，各在案，应一并修改。谨将修并例文，开列于后。

一、凡一切犯罪事发,官司差人持票拘捕,及拘获后佥派看守、押解之犯,如有逞凶拒捕,杀死差役者,为首,无论谋、故、殴杀,俱拟斩立决;为从谋杀加功,及殴杀下手伤重致死者,俱拟绞立决;其但系殴杀帮同下手者,不论手足、他物、金刃,拟绞监候;在场助势未经帮殴成伤者,改发极边足四千里充军。若案内因事牵连,奉票传唤之人,被追情急,拒毙差役,以及别项罪人拒捕,并聚众中途打夺,均仍照拒捕、追摄、打夺各本律本例科断。如差役非奉官票,或虽经奉票,而有借差吓诈、凌虐罪犯情事,致被殴死者,各照平人谋、故、斗杀本律定拟,均不得以拒捕杀人论。

【1825】6.27.388.(8)(略)

【1801】○续纂

一、凡凶徒挟仇放火,及实在凶恶棍徒,无故生事行凶扰害,并强奸未成各罪人,被害之人,及本妇有服亲属,登时忿激致死者,均杖一百、徒三年,余人杖八十。如杀非登时,仍照擅杀罪人律,拟绞监候,余人杖一百。

臣等谨按:嘉庆四年(1799),山东巡抚陈大文审题"时元会殴伤放火凶徒刘二身死,将时元会依擅杀罪人律拟绞监候"案内,经臣部奏称,本年十一月,臣部于"福建省黄哑仔殴死窃贼许兴早"案内声请,凡事主当时追捕,殴死黑夜偷窃及白日入人家内院内偷窃财物之贼,概拟满徒。其隔日殴死者,如贼犯已就拘执,及并未拒捕成伤,将事主仍照擅杀罪人律拟绞;如贼犯不服拘执,及虽已就拘,而拒捕成伤者,量减拟流等因,奏准在案。此案刘二挟仇放火,罪应拟军,与贼犯乘间鼠窃者,更属为害地方。时元会系被害之人,当时追捕致毙,事在仓猝,情因切己,正与事主当时追捕殴死贼犯情节相仿。若仍照律问拟绞候,以安分守法之良民,为强横不法之凶徒实抵,情法殊未允协。时元会应改照事主当时追捕殴死贼犯例,杖一百、徒三年。再查军、流人犯内,有凶恶棍徒无故生事行凶扰害良人拟遣,及强奸未成拟流二项。一则欺凌良善,一则污人名节,均属为害闾阎。今当时殴死挟仇放火之犯,既照事主例改拟满徒,则当时殴死无故扰害之凶恶棍徒,及本妇有服亲属当时殴死强奸未成罪人,自应一例拟徒,以昭平允。应请嗣后凡殴死凶徒挟仇放火,及实在凶恶棍徒,无故屡次寻衅扰害,并强奸未成各罪人,被害之人及本妇有服亲属,均照事主例,如登时追捕忿激致死者,均杖一百、徒三年,余人杖八十;如凶徒持杖拒捕成伤,登时格杀者,均照律勿论。如事已隔日,凶徒业已就拘执,及并未拒捕成伤,辄复殴打致毙者,拟绞监候;余人,杖一百;其并未就拘及被拒殴成伤者,量减一等,杖一百,流三千里;余人,杖九十等因具奏,奉旨:"依议。钦此。"钦遵在案。应纂辑为例,以便遵行。又查福建省黄哑仔原奏内,当时追捕致毙者拟徒,系指登时仓猝者而言;隔日追捕致毙者拟绞,系指杀非登时者而言。恐引例者或致牵混,已于"夜无故入人家"条例按语内声明,将原奏内"当时"改为"登时","隔日"改为"非登时"在案,自应画一修改。合并声明。

【1802】6.27.388.(8)(略)

【1825】6.27.388.(7)(略)

【1806】○续纂

一、凡卑幼因奸因盗图脱，拒杀缌麻尊长尊属者，按律问拟斩候，仍请旨即行正法。

臣等谨按：嘉庆八年（1803）三月内，臣部核议河南巡抚马慧裕题"贼犯杜老刁行窃图脱，拒伤缌麻服兄杜景华身死，将杜老刁拟斩监候"一案，钦奉谕旨："此案杜老刁起意纠约同伙，向缌麻服兄杜景华家行窃，已属不法。迨杜景华追捕时，该犯辄用刀吓戳多伤。复因杜景华扭住不放，情急图脱，将杜景华扎伤左肋，倒地殒命，尤属凶恶。刑部问拟斩候，固属按律办理。但该犯先经犯窃，复拒伤缌麻服兄身死，案关服制。将来秋审时，亦必予勾，毋庸久羁囹圄。杜老刁着即处斩。嗣后刑部遇有此等拒捕毙命，又关缌麻服制之犯，按律问拟斩候，仍请旨即行正法，不必待至秋审办理。著为令。钦此。"又九年（1804）十一月内，江西巡抚秦承恩题"长宁县人曹炳然与缌麻服兄曹健纯弟妇何氏通奸，拒捕杀死曹健纯"一案，该抚将曹炳然依律拟斩监候。经臣部查，奸、盗拒捕，事同一律。曹炳然奸通缌麻弟妻，复拒捕故杀缌麻服兄，核与杜老刁行窃拒捕致死缌麻服兄之案，情节尤重，自应钦遵谕旨，将曹炳然按律拟斩监候，请旨即行正法等因具题，奉旨："曹炳然着即处斩。余依议。钦此。"钦遵各在案。应并纂为例，以便遵行。

【1825】6.27.388.(9)(略)

【1806】○续纂

一、强奸未成罪人，被本妇之子登时杀死者，勿论。若杀非登时，杖一百、徒三年。

臣等谨按：嘉庆七年（1802）十二月内，直隶总督颜检咨"平泉州民人田雪子，因石勇强奸伊母李氏未成，登时殴伤石勇身死"，该督将田雪子依强奸未成罪人，被本妇有服亲属登时忿激致死例拟徒。臣部查登时杀死强奸未成罪人拟徒之例，系概指亲属而言。至子之于母，属毛离里，不但非有服亲属可比，且较本夫义忿所激者，天性更为迫切。律内本夫奸所获奸，登时杀死奸夫者，勿论。是本夫登时杀死奸夫，尚可予以勿论，而人子登时杀死强奸伊母未成之罪人，竟不能原情予以勿论，衡之伦理、情法，均未允协。议请嗣后强奸未成罪人，被本妇之子登时杀死者勿论。若杀非登时，杖一百、徒三年等因奏准，通行在案。应纂辑为例，以便引用。

【1825】○修改

臣等谨按：道光五年（1825）三月内，臣部核复升任广东巡抚陈中孚题"乳源县民谢漳古登时追殴图奸伊母谢李氏未成罪人钟法人身死"案内，以杀死图奸伊母未成罪人，例无治罪明文，检查成案，俱系比照有服亲属杀死图奸未成罪人例，依擅杀律拟绞监候。臣等查子之于母，属毛离里，辱其亲，即属辱其身，忿激之情本乎天性，较有服亲属尤为迫切。故例内强奸未成罪人，被本妇之子登时杀死者勿论，非登时而杀，罪止拟徒。合与本妇有服亲属杀死强奸未成罪人，登时拟徒、非登时拟绞之例不同，而与本妇拒奸杀死强奸未成罪人，登时勿论、非登时拟徒之例相等。是杀死强奸伊母未成罪人，既与本妇自行杀死无异,则杀死图奸伊母未成罪人,若与亲属同拟绞候,较之本妇自行杀死者,殊觉生死悬殊,自应量予酌减,以昭情法之平。议请嗣后图奸未成罪人,被本妇之子登时杀死者,于有服亲属绞监候例上量减二等,杖一百、徒三年;若杀非登时,于绞监候例上量减一等,杖一百、流三千里。声明于例内添纂明晰,并将谢漳古改拟杖一百、徒三年等因具奏。奉旨:"依议。钦此。"钦遵在案。应于例内添纂,以资引用。谨将修改例文,开列于后。

一、强奸未成罪人,被本妇之子登时杀死者,勿论。若杀非登时,杖一百、徒三年。图奸未成罪人,被本妇之子登时杀死者,杖一百、徒三年。非登时杀死者,杖一百、流三千里。

【1825】6.27.388.(10)(略)

【1810】○续纂

一、凡擅伤罪人,除殴非折伤勿论外,如殴至折伤以上,按其擅杀之罪,应以斗杀拟绞者,仍以斗伤定拟;若擅杀之罪,止应拟满徒者,亦减二等科断。

臣等谨按:嘉庆十一年(1806)八月内,陕西巡抚方维甸咨"富平县民韦孝割伤调奸罪人韦秉清脚筋成废"一案,将韦孝依平人折跌肢体律拟以满徒,经臣部改照本律满徒上减二等咨复。嗣据该抚以擅伤减斗伤罪二等,系专指夜无故入人家,奸、盗未明者而言。韦孝因韦秉清白日调奸伊媳秦氏,越三日捉获,割断脚筋成废,前照斗伤问拟,部改减二等,事属创始,咨请部示。复经臣部查,擅杀罪人之案,研讯明确,实系应行减科,无论黑夜、白日,俱可援情酌减。行令嗣后遇有此等之案,总视其所犯之罪,如被擅杀,首犯是否应拟徒、拟绞,分别定拟。如擅杀罪止拟徒,擅伤应照斗伤罪减二等;若擅杀应依斗杀律拟以绞抵,则擅伤仍应依斗伤论等因,咨复在案。应纂辑为例,以便遵行。再查擅伤罪人律内,折伤始科伤罪,则殴非折伤,应得勿论,亦应于例内添载。合并陈明。

【1825】○修改

臣等谨按:道光四年(1824)十月内,据升任山东巡抚琦善并河南巡抚程祖洛以殴伤奸夫及图奸罪人至折伤以上可否勿论,咨请部示。经臣部查,本夫捉奸殴伤犯奸有服尊长,若止殴伤者,无论折伤以上及是否登时,皆例得勿论。则捉奸殴伤凡人,断无仍科伤罪之理。且此等奸淫匪徒,居心险恶,若因其被殴受伤,即将激于义忿之本夫及亲属,拟以徒、流等罪,转使犯奸者,得以置身事外,乐业安居,甚或挟嫌报复,乘被害之家罹法分离,肆意欺侮,殊不足以安善良而昭惩劝。至妇女拒奸,及本夫、本妇有服亲属殴伤图奸、强奸未成罪人,并男子拒奸殴伤图奸、强奸未成罪人成废、成笃,及事主殴伤贼犯至折伤以上,均属事同一例,自应概予勿论,以昭情法之平。经臣部酌议,除亲属相盗,因而殴伤尊长、卑幼,律有专条,及殴伤旷野白日盗田野谷麦罪人,应与擅伤别项罪人,仍各照本律、本例分别问拟外,嗣后本夫及本夫、本妇有服亲属,捉奸殴伤奸夫,或本妇拒奸,及本夫、本妇有服亲属殴伤图奸、强奸未成罪人,或男子拒奸殴伤奸匪,或事主殴伤贼犯,至折伤以上者,无论尊长、卑幼、凡人,是否登时、事后,概予勿论等因,咨复该抚,并通行各省在案。再查凶徒挟仇放火,及实在凶恶棍徒,无故生事行凶扰害,被害之人将其杀死,定例与杀死强奸未成罪人并论，则殴伤挟仇放火凶徒，及实在凶恶棍徒，事同一例，亦应改予勿论，以昭平允。应于例内，一并添纂明晰，以便引用。谨将修改例文，开列于后。

一、本夫及本夫、本妇有服亲属，捉奸殴伤奸夫，或本妇及本夫、本妇有服亲属，殴伤图奸、强奸未成罪人，或男子拒奸殴伤奸匪，或事主殴伤贼犯，或被害之人殴伤挟仇放火凶徒及实在凶恶棍徒，至折伤以上者，无论登时、事后、概予勿论。期服以下尊长卑幼，因捉奸、拒奸，或因尊长卑幼强奸、图奸，殴伤尊长卑幼者，悉照此例勿论。此外不得滥引，仍按殴伤尊长卑幼各本律例问拟。其旷野白日盗田野谷麦者，以别项罪人论。其余擅杀伤别项罪人，除殴非折伤勿论外，如殴至折伤以上，按其擅杀之罪，应以斗杀拟绞者，仍以斗伤定拟。若擅杀之罪止应拟满徒者，亦减二等科断。

【1825】6.27.388.(11)(略)

【1825】○移改

【原例】* 刑律·人命·杀死奸夫

【1790】6.19.285.(11)一、凡奸情确凿，本夫及应许捉奸亲属起意杀死奸夫案内，其听从加功者，无论应许捉奸之亲属及不应捉奸之外人，审明实系激于义忿，悉照共殴余人律杖一百。如有挟嫌妒奸，谋、故别情，乘机杀害，图泄私忿者，仍照谋、故本律问拟。

臣等谨按：道光四年(1824)八月内，据升任湖南巡抚嵩孚咨"范德礼纠邀萧钲念共殴图奸伊妻未成罪人范德陇身死"一案，声明范德礼下手伤重，律应拟绞，业已监毙，应毋庸议。萧钲念殴伤范德陇手腕骨断，依折跌人肢体律，拟杖一百、徒三年。经臣部查，擅伤罪人，折伤以上，仍以斗伤论罪，系指殴伤罪人并未至死而言。若罪人已被共殴身死，既有下手伤重者予以绞抵，其听从帮殴之犯，即不得仍以斗伤论罪。盖擅杀兼包谋、故，即如谋杀罪人案内帮同下手之犯，尚不与凡人谋杀加功同科绞罪，仍止依余人律满杖。若将殴杀罪人案内，伤至折肢之余人，拟以满徒，则拟罪转较谋杀罪人案内余人为重，揆诸情法，殊未平允。酌议嗣后本夫及有服亲属杀死图奸未成罪人，无论登时、事后，俱照擅杀律拟绞监候。其听从纠往共殴之犯，无论是否折伤以上，及至残废、笃疾，悉照余人律，杖一百。下手伤重至死者，亦照擅杀罪人律，拟绞监候。如有挟嫌乘机杀害者，仍照谋、故本律问拟等因，通行各省在案。臣等复查，听从本夫及有服亲属纠邀，共殴图奸未成罪人，既照擅杀伤定拟，则听从本夫本妇及有服亲属纠邀，共殴强奸未成罪人，亦应照擅杀伤定拟。至罪人仅被殴伤，而此等听纠之人，至折伤以上，究不便与本夫、本妇及有服亲属一概勿论，自应仍以斗伤科断。再查擅杀奸匪案内，余人不论伤之轻重，悉照余人律满杖。其余擅杀窃盗及别项罪人，亦应概拟满杖，以归画一。惟擅杀既非因奸一项，即不便仍载杀奸门内，自应移改在"罪人拒捕"门内，以资引用。谨将修改、移改例文各一条，开列于后。

一、凡擅杀奸、盗及别项罪人案内余人，无论谋杀加功，及刃伤、折伤以上，并凶器伤人，悉照共殴余人律杖一百。正犯罪止拟徒者，余人杖八十。如有挟嫌、妒奸、谋故别情，乘机杀伤，图泄私忿者，仍照谋、故杀，及刃伤、折伤、凶器伤人各本律、本例问拟。

【1825】6.27.388.(12)(略)

【1825】○续纂

一、窃盗被追拒捕刃伤事主者,窃盗拒捕杀人案内为从帮殴刃伤者,窃盗临时拒捕杀人案内为从帮殴刃伤者,窃盗临时拒捕伤人未死为首刃伤者,奸夫拒捕刃伤应捉奸之人者,罪人事发在逃被获时有拒捕刃伤者,抢夺杀人案内为从帮殴刃伤者,抢夺伤人未死刃伤为首者,以上各项,除审系有心逞凶拒捕刃伤,仍各照本例分别问拟斩、绞监候外,如实系被事主及应捕之人扭获,情急图脱,用刀自割发辫襟带,以致误伤事主、捕人者,各于死罪上酌减一等,应绞候者,减为实发云贵两广极边烟瘴充军;应斩候者,减发新疆给官兵为奴。

臣等谨按:道光二年(1822)正月内,臣部议复前任湖南巡抚左辅具题"贼犯曾三行窃被获图脱,拔刀割辫划伤事主"一案内,称窃贼被事主扭获,情急拔刀自割发辫,或自割衣服、襟带,本无拒捕之心,偶致划伤事主,揆其情状,非逞凶拒捕。若一律拟以缳首,未免无所区别。议请嗣后窃贼刃伤事主之案,除仅止被追,并未获住贼犯,因自图脱身,或见伙犯被获,有心逞凶刃伤事主者,仍照定例拟绞监候外,如有被事主扭获,情急图脱,用刀自割发辫、衣服、襟带,以致误行划伤事主,本无拒捕之心者,于拒捕刃伤拟绞监候例上,量减为极边烟瘴充军。并以通查各例,此外有窃盗拒捕杀人,为从帮殴刃伤,应拟绞候者;有临时拒捕杀人,为从帮殴刃伤,应拟绞候者;有临时拒捕伤人未死,为首应拟斩候者;有抢夺杀人,为从刃伤应拟绞候者;有抢夺刃伤人未死首犯,应拟斩候者;有奸夫拒捕,刃伤捉奸之人,应拟绞候者;有罪人事发在逃,被获时拒捕,在折伤以上,应拟绞候者。以上各项拒捕罪犯,如实系被应捕之人扭获,情急图脱,用刀自割发辫、衣服、襟带,致将应捕之人误行划伤,究明本无拒捕之心者,均于死罪上酌减一等。仍按原例罪名,如系应拟斩候者,减发新疆给官兵为奴;应拟绞候者,减发极边烟瘴充军等因具奏。奉上谕:"刑部等衙门核拟'曾三行窃刃伤事主'一案,'请酌改科条'等语。此案湖南湘乡县贼犯曾三,于已经脱逃后,被事主追获,情急图脱,自割发辫,误行划伤事主。核其情节,本无拒捕之心,若于拒捕刃伤例问拟绞候,未免情轻法重。曾三一犯,着照议于绞罪例上量减为极边烟瘴充军。余俱照所议行。并着刑部于修例时纂入例册,永远遵行,以昭平允等因。钦此。"钦遵在案,应纂辑为例,以资引用。再查刃伤事主绞候人犯,秋审缓决减等时,向系减为实发云贵两广极边烟瘴充军。应请将以上拟绞减等各项人犯,一概实发云贵两广烟瘴充军,以昭画一。谨于例文内添入,合并声明。

【1825】6.27.388.(13)(略)

【1830】○修改

臣等谨按:道光六年(1826)十一月内,军机大臣会同臣部,议复直隶总督那彦成奏"调剂新疆遣犯"折内,请将窃盗临时拒捕伤人未死刃伤为首,抢夺伤人未死刃伤为首,例应斩候,如实系被事主及应捕之人扭获,情急图脱,用刀自割发辫、襟带,以致误伤事主、捕人者，减发新疆为奴一条，改发云贵两广极边烟瘴充军，到配加枷号三个月等因奏准，通行在案。例内减发新疆之处，应行修改。谨将修改例文，开列于后。

一、窃盗被追拒捕刃伤事主者，窃盗拒捕杀人案内为从帮殴刃伤者，窃盗临时拒捕杀人案内为从帮殴刃伤者，窃盗临时拒捕伤人未死为首刃伤者，奸夫拒捕刃伤应捉奸之人者，罪人事发在逃被获时有拒捕刃伤者，抢夺杀人案内为从帮殴刃伤者，抢夺伤人未死刃伤为首者，以上各项，除审系有心逞凶拒捕刃伤，仍各照本例分别问拟斩、绞监候外，如实系被事主及应捕之人扭获，情急图脱，用刀自割发辫襟带，以致误伤事主、捕人者，各于死罪上酌减一等，应绞候者，减为实发云贵两广极边烟瘴充军；应斩候者，亦减为改发云贵两广极边烟瘴充军，到配加枷号三个月。

【1845】○修复

臣等谨查：此条例文，从前旧例内载"窃盗、奸夫、抢夺各项，如实系被事主及应捕之人扭获，情急图脱，用刀自割发辫、襟带，以致误伤事主、捕人，各于死罪上酌减一等。例应斩候者，减发新疆给官兵为奴"等语。嗣道光六年（1826）十一月内，据原任陕甘总督那彦成奏请调剂新疆遣犯，经军机大臣会同臣部议，将此项改为"改发云贵两广极边烟瘴充军，到配加枷号三个月"奏准，纂入例册在案。兹道光二十四年（1844）六月内，据升任贵州巡抚贺长龄奏请"调剂军犯章程"一折，后经军机大臣会同臣部，议请嗣后新疆遣犯，各照旧发往等因具奏。奉上谕："据军机大臣会同刑部议奏'贵州军犯拥挤，酌减调剂'等语。新疆遣犯，改发内地，恐人数众多，不特约束难周，且与民风大有关碍。非若新疆地方辽阔，外遣人犯易于安插。所有旧时改发内地各条，着仍照旧发往新疆，交该将军设法妥为安插。并严饬所属，认真查核，严加管束，毋令滋生事端，俾期积久无弊。余依议。钦此。"是新疆遣犯既应照旧发往，其用刀误伤事主、捕人，例应斩候，减发新疆之原例，现在犹存，足资引用。此条系属赘文，应行删除。

一、窃盗被追拒捕刃伤事主者，窃盗拒捕杀人案内为从帮殴刃伤者，窃盗临时拒捕杀人案内为从帮殴刃伤者，窃盗临时拒捕伤人未死为首刃伤者，奸夫拒捕刃伤应捉奸之人者，罪人事发在逃被获时有拒捕刃伤者，抢夺杀人案内为从帮殴刃伤者，抢夺伤人未死刃伤为首者，以上各项，除审系有心逞凶拒捕刃伤，仍各照本例分别问拟斩、绞监候外，如实系被事主及应捕之人扭获，情急图脱，用刀自割发辫襟带，以致误伤事主、捕人者，各于死罪上酌减一等，应绞候者，减为实发云贵两广极边烟瘴充军；应斩候者，减发新疆给官兵为奴。

【1847】6.27.388.(13)(略)

【1870】○修改

谨按：同治九年（1870），因罪人事发在逃被获拒捕在折伤以上者，必本罪已至满流者，方准拟绞，原例未经指明本罪，因增定。

一、窃盗被追拒捕刃伤事主者，窃盗拒捕杀人案内为从帮殴刃伤者，窃盗临时拒捕杀人案内为从帮殴刃伤者，窃盗临时拒捕伤人未死为首刃伤者，奸夫拒捕刃伤应捉奸之人者，罪人事发在逃被获时拒捕本罪已至满流，而拒殴在折伤以上者，抢夺杀人案内为从帮殴刃伤者,抢夺伤人未死刃伤为首者,以上各项,除审系有心逞凶拒捕刃伤,仍各照本例分别问拟斩、绞监候外,如实系被事主及应捕之人扭获,情急图脱,用刀自割发辫襟带,以致误伤事主、捕人者,各于死罪上减一等,应绞候者,减为实发云贵两广极边烟瘴充军,应斩候者,减发新疆给官兵为奴。

【1870】6.27.388.(13)(略)

【1825】○续纂

一、豫省南阳、汝宁、陈州、光州四府州所属州县,及安徽颍州府属,捻匪行凶扰害,被害之家当场杀伤捻匪者,无论是否登时,概予勿论。差役、地保杀死捻匪者,悉杖一百;伤者暨格杀,均勿论。如有挟嫌杀害,借端泄忿情事,仍照谋、故、斗殴各本律治罪。若差、保庇护捻匪,不行拘拿,照故纵律,与本犯同罪;受财者,以贿纵论。其捻匪拒捕杀死应捕之人者,依罪人拒捕杀人律,拟斩监候;伤者,但系刃伤及折伤以上,不论是否残废、笃疾,各依殴所捕人至折伤以上律,拟绞监候。俟数年后,捻匪敛戢,仍各照旧办理。

臣等谨按:道光五年(1825)七月内,臣部核议河南巡抚程祖洛奏"请定匪徒拒捕暨杀伤治罪条例"一折内称,豫省陈、汝、光三府州所属,多与安徽颍州接壤,南阳一府,又与汝宁连界。各该处红胡棍徒凶犷性成,往往招集多人,结为匪党,名曰结捻。横行讹诈、劫掠、轮奸,稍不如意,则群刃交加,官司差拿,即众凶齐拒。或与平民口角睚眦,动辄复仇,惨杀小民。被匪扰害,力不能敌,不敢与争。即力能抵御,既畏其报复,又恐蹈杀伤之罪。总至备受惨楚,甘心隐默不言。至差捕缉拿捻匪,大率以死相争,其被匪杀害并挖眼、折肢者,案牍累累。非有杀伤,不能力擒到案,后又须科以擅杀伤之条,缉捕遂致不力。议请嗣后豫省南阳、汝宁、陈州、光州四府州所属州县,及安徽颍州府属,捻匪扰害,被害之家当场杀伤捻匪者,无论是否登时,概予勿论。差役、地保有杀伤者,至死,悉杖一百;伤者暨格杀,亦均勿论。如有挟嫌杀害、借端泄忿情事,仍照谋、故、斗杀各本律治罪。若差役庇护捻匪,不行拘拿,照故纵律,与本犯同罪;受财者,以贿纵论。其捻匪拒捕杀死应捕之人者,依罪人拒捕杀人律拟斩监候;伤者,但系刃伤及折伤以上,不论是否残废、笃疾,各依殴所捕之人至折伤以上律拟绞监候。俟数年后,捻匪敛戢,仍各照旧办理等因具奏,奉旨允准在案。应纂辑为例,以资引用。

【1825】6.27.388.(3)(略)

【1830】○续纂

一、直隶一省抢窃案犯拒杀差役之案,除奉票指拿有名者,仍照定例分别斩绞立决、监候外,其捕役奉票指案承缉抢窃各犯者,票内虽未指明姓名,而该犯确系本案正贼,及捕役奉票躧缉盗贼票内,并未指明何案,及各犯姓名者,或遇贼犯正在抢窃,或经事主喊指捕拿,赃证确凿,虽未到官,实属事发;并贼犯先经捕役奉票拿获送官责释有案,并无吓诈凌虐,而该犯挟嫌报复,或纠伙凶殴者,亦属藐法有据,以上三项,凡有杀伤者,各照罪人拒捕本律定拟。若捕殴致死者,亦依本律分别擅杀、格杀科断。如伤未至死者,捕役殴伤贼匪,非折伤勿论,折伤以上减二等;贼匪拒伤捕役者,于本罪上加二等治罪。其非奉官票,及奉票而有吓诈凌虐情事者,各照平人谋、故、斗殴杀伤本律科断。俟该省盗风稍息,仍复旧例遵行。

臣等谨按:道光八年(1828)十二月内,臣部核议前护理直隶总督印务、布政使屠之申奏"该省盗贼、捕役互相杀、殴毙命,未便照凡斗定拟"一折内称,罪人负罪逞凶,固当从严惩治,而捕役借势残杀,捏情抵饰,亦不可不防其渐。上年八月间,直隶总督那彦成因该省盗贼拒捕之案甚多,奏请将非奉官票指拿之捕役,见有抢、窃贼匪,盘诘欲行送官,不服拘拿者,贼匪拒伤捕役,酌加二等;捕役殴伤贼匪,非折伤勿论,折伤以上,酌减二等,至死者仍各依谋、故、斗杀本律定拟。臣部以系因地制宜,照议核复。并奏明俟盗风稍息,仍复旧例。遵行在案。兹该护督请将盗贼与别项罪人,量为区别。奉票躧缉之捕役,与别班差役稍示变通。无论是否票内指名,及盗贼曾否事发,均照拒杀、擅杀、格杀各本例,分别定拟等因,系为绥靖盗风起见。经臣部酌议,盗贼固不同于别项罪人,躧缉亦势不能指名拘捕。惟捕役之良莠不齐,案犯之虚实不一,差役之追捕,总应以奉票为凭,罪犯之拒捕,仍应以事发为据。均宜示以限制,以期无枉无纵。议请嗣后抢、窃案犯拒杀差役之案,除奉票指拿有名者,仍照定例分别斩、绞立决、监候外,其捕役奉票指案承缉抢、窃各犯者,票内虽未指明姓名,而该犯确系本案正贼,及捕役奉票躧缉盗贼,票内并未指明何案及各犯姓名者,或遇贼犯正在抢、窃,或经事主喊指捕拿,赃证确凿,虽未到官,实属事发,并贼犯先经捕役奉票拿获,送官责释有案,并无吓诈、凌虐,而该犯挟嫌报复,或纠伙凶殴者,亦属藐法有据,以上三项,凡有杀伤者,均照罪人拒捕本律定拟;有捕殴致死者,亦依本律,分别擅杀、格杀科断。其非奉官票,及奉票而有吓诈、凌虐情事者,仍各照平人谋、故、斗杀本律治罪。至捕役与抢、窃贼匪互殴成伤,未至死者,应照上年奏定章程,分别加减办理。俟该省盗风稍息,请旨仍复旧例遵行等因具奏。奉旨:"依议。钦此。"钦遵在案。应请纂辑专条,以资引用。

【1847】6.27.388.(14)(略)

【1840】○续纂

一、凡大伙兴贩鸦片烟,聚众持械拒敌官兵者,准官兵施放鸟枪,格杀勿论。其拒捕之犯,聚至三人以上,执持器械杀人者,为首并杀人之犯,俱拟斩立决,伤人之犯斩监候。若伤人未死,首犯斩监候;为从下手,如刃伤及折伤以上者,绞监候;伤非金刃又非折伤,及在场助势未曾伤人各犯,俱发往新疆给官兵为奴。其聚众持械未经拒捕之首犯,拟绞监候,为从发极边烟瘴充军。以上从犯内罪不至死者,如讯系业经售卖鸦片烟贻害,仍从重照兴贩本例拟绞。

臣等谨按:道光十九年(1839)五月内,大学士、军机大臣会同各衙门及臣部,议复升任鸿胪寺卿黄爵滋并各省将军、都统、督、抚及各科道条奏"严禁鸦片烟章程"一折内称,向例缉私兵弁准带官编字号鸟枪,遇有大伙盐枭拒捕,准令开放,格杀勿论。议请嗣后查拿鸦片烟,遇有大伙聚众持械,拒敌官兵者,亦准施放鸟枪,格杀勿论。其拒捕之犯,聚至三人以上,执持器械杀人者,为首并杀人之犯,俱拟斩立决;伤人之犯,斩监候。若伤人未死,首犯斩监候;为从下手,如刃伤及折伤以上者绞监候,伤非金刃又非折伤,及在场助势未曾伤人各犯,俱发往新疆给官兵为奴。其聚众持械,未经拒捕之首犯,无论兴贩次数,及烟数多寡,俱拟绞监候;为从,发极边烟瘴充军等因具奏。奉上谕:“照所议办理。并着纂入则例永远遵行等因。钦此。”谨纂辑专条,以资引用。臣等伏查,原定鸦片烟章程,系予限一年零六个月。限内兴贩之犯,如为数不及五百两,并未及三次者,罪止拟遣。故于此条聚众拒捕未经伤人之首犯,声明无论兴贩次数及烟斤多寡,俱拟绞监候。现已例限届满,兴贩者,系一体拟绞,此语应行节删。至拒捕为从,罪不至死各犯,除尚未售卖贻害者,限外亦罪止满流,仍应从拒捕为从拟以军、遣外,如讯系业经售卖,亦应从重照兴贩本例拟绞。谨于例内添注明晰,以免两歧。合并声明。

【1847】6.27.388.(15)(略)

【1870】○删除

【1845】○续纂

一、奸匪抢窃,并罪人事发在逃,犯该满流等犯,如拒捕时,有施放鸟枪、竹铳拒伤捕人,按刃伤及折伤本例应拟死罪者,悉照刃伤及折伤以上例,分别问拟斩、绞监候。若犯非奸匪抢窃,并本罪未至满流,或执持系别项凶器者,仍各照本例办理。

臣等谨按:道光二十五年(1845)二月内,臣部议复前任江苏巡抚孙善宝奏“抢夺拒捕火器伤人之案,例无明文,请定专条”一折内称,此案杨继中因抢夺张宜松等刀鱼被追,顺取鸟枪吓放,致将事主张宜松等打伤落水,捞救得生。前据该省将杨继中审照抢夺伤人未死刃伤及折伤以上首犯斩例,拟斩监候。嗣核办秋审,因成案内抢夺火器伤人,俱照鸟枪伤人本例加拒捕罪二等,罪名恐有出入,请将杨继中于秋审册内扣除,咨部示。复经臣部复令奏明,更正在案。复查例载,“窃盗临时盗所拒捕杀人者,斩立决;为从帮殴,刃伤及折伤以上者,拟绞监候;其伤人未死,如刃伤及折伤以上者,首犯拟斩监候”,又“窃盗被事主追逐,拒捕杀人者,斩监候;为从帮殴,如刃伤及折伤以上者,俱拟绞监候;其伤人未死,如刃伤及折伤以上者,首犯拟绞监候”,又“抢夺杀人者,拟斩立决;为从帮殴,如刃伤及折伤以上者,俱拟绞监候;其伤人未死,如刃伤及折伤以上者,首犯拟斩监候”,又,“窃盗拒捕刃伤事主,奸夫拒捕刃伤应捉奸之人,及折伤以上,依律分别问拟斩、绞外,若伤非事主,并非例得捉奸之人,以及别项罪人拒捕,如殴所捕人至残废、笃疾,罪在满徒以上者,方依律拟以绞候;其但系刃伤及折伤以下,仍照律加本罪二等问拟”,又“罪人事发在逃,被获时有拒捕者,如本罪已至满流,而拒捕在折伤以上者,照律拟绞监候;其原犯未至满流者,仍依拒捕律加罪二等”各等语,是奸、匪、抢、窃各犯拒捕伤人,如系刃伤及折伤,均拟死罪。原以损折为极重之伤,而金刃尤杀人之具,各该犯等辄敢持以拒捕,故无论伤之轻重,咸与折伤同科。至施放鸟枪、竹铳拒捕伤人,因例无明文,从前各省办理,有比照刃伤及折伤以上,问拟死罪者;亦有拘泥伤非金刃,照火器伤人军罪上加等问拟遣戍者。臣部亦因无治罪专条,以致办理未能画一。伏思火器为害最烈,与各项凶器不同。如因争斗施放伤人,即应问拟发烟瘴充军。而抢、窃罪犯,辄敢持以拒捕,被伤者幸而得生,施放之犯止照凡斗加罪二等,殊属情重法轻。且执持金刃拒捕,多因被事主追及揪扭、殴打,抵御尚有情急可原。若火器,则相杂数十步即可伤人,较之金刃伤人情节尤为凶恶。兹反得以伤非金刃又非折伤,从轻拟罪,殊失情法之平。似应照刃伤及折伤以上办理,方为允协。惟罪人中,如奸、盗及本犯已至满流,事发在逃被获拒捕,三项为最重。向例一经刃伤及折伤以上,即拟死罪。其余别项罪人殴所捕人至残废、笃疾,方行拟绞。刃伤以下,仍加拒捕罪二等问拟。例意诚为至当。所有火器拒捕伤人,拟即照此办理。应请嗣后除别项罪人拒捕,及执持别项凶器拒捕伤人,仍各照旧例办理外,其奸、盗、抢、窃,及本犯已至满流,事发在逃被获,执持鸟枪、竹铳施放,拒捕伤人,按刃伤及折伤本例应拟死罪者,悉照刃伤及折伤以上例分别问拟斩、绞监候等因具奏。奉旨:"依议,钦此。"钦遵在案。谨纂辑条例,以资引用。

【1847】6.27.388.(16)(略)

【1870】6.27.388.(15)(略)

【1845】○续纂

一、山东省捻匪、幅匪强劫、抢夺、讹索扰害,被害之人当场将其杀死者,无论是否登时,概予勿论。兵丁、差役、地保及邻佑应捕人等,杀死捻匪、幅匪者,各照擅杀应死罪人律杖一百;格杀及伤者,均勿论。如有挟嫌杀害,借端泄忿情事,仍依谋、故、斗杀各本律治罪。若兵役、地保徇庇不拿,与本犯同罪;受财者,以赃纵论。其捻匪、幅匪杀伤事主,除强劫、抢夺例有专条外,如讹索不遂,杀伤被害之人,即照抢夺杀伤事主例分别定拟。杀伤兵役人等,仍依罪人拒捕本律科断。倘数年后此风稍息,奏明仍照旧办理。

臣等谨按:道光二十五年(1845)八月内,臣部议复山东巡抚、觉罗崇恩奏"匪徒聚众夺劫讹索,请严定治罪例文等因"一折内称,山东省曹州府属匪徒,或聚为一捻,或分为一幅,私制军械,肆出劫掠。其尤可恶者,公然白昼在市镇集场人烟稠密处所,招集多人,窥视殷实富家,及资本较厚之当商、钱铺,或以微物强当,倍索其值,或倚众恐吓,指索多赃,不遂其心,肆行荼毒。若不严拿惩办,即恐到处蔓延,酿成巨患。请严定捻、幅匪徒强劫、抢夺、强当、讹索明文,并被害、应捕人等杀、伤捻、幅匪徒,及该匪等拒捕杀、伤被害、应捕人等专条等因。经臣部议请嗣后被害之人当场杀死捻匪、幅匪,无论是否登时,概予勿论。兵丁、差役、地保及邻佑应捕人等,杀死捻匪、幅匪,杖一百;格杀及伤者,均勿论。如有挟嫌杀害,借端泄忿情事,仍依谋、故、斗杀各本律治罪。兵役、地保徇庇不拿,与本犯同罪;受财者,以赃纵论。捻匪、幅匪杀伤事主,除强劫、抢夺例有专条外,其讹索不遂,杀伤被害之人,即照抢夺杀伤事主例问拟;杀伤兵役、地保、邻佑,仍依罪人拒捕本律科断等因具奏。奉旨:"依议。钦此。"在案。除匪徒强劫等类,另行纂定专条外,其被害人等杀伤匪徒,及匪徒拒捕杀伤被害人等,自应纂辑条例,以资引用。查此因捻、幅匪徒充斥,故特立拒捕专条。倘数年后此风稍息,再由该抚奏明,仍照旧办理。合并声明。

【1847】6.27.388.(17)(略)

【1870】6.27.388.(16)(略)

狱囚脱监及反狱在逃

律　文

【1646】6.27.412

凡犯罪被囚禁而脱监,及解脱自带枷、锁越狱在逃者,如犯笞、杖、徒、流,各于本罪上加二等。如因自行脱越而窃放同禁他囚罪重者,与他囚罪重者,同罪,并罪止杖一百、流三千里。本犯应死者,依常律。〇若罪囚反狱在逃者,无论犯人原罪重轻,但谋助力者,皆斩。监候。同牢囚人不知反情者,不坐。

【1670】6.27.411(略)

【1725】〇修改

原拟:今狱中监禁犯人不用枷,应将"枷、锁"字,改为"锁、杻"。

臣等谨按:此言囚犯脱、越、反狱之罪,各有轻重也。从门出者,为脱监;逾墙出者,为越狱;恃强恃众公然奋击而去者,为反狱。脱监、越狱,各于原犯笞、杖、徒、流本罪上,加二等。若脱监、越狱因而窃放同禁之他囚,其他囚之罪重于逃囚加等之罪者,则与所窃放之囚同罪,并罪止杖一百、流三千里。其本犯原应死罪者,则罪无可加,自依死罪本律。若反狱,则又与脱狱者不同,不论本罪轻重,但共谋出力,皆坐斩监候。同牢囚人不知反情者,不坐。再律不言狱卒之罪,见后"主守不觉失囚"条。其犯罪未决,起解中途在逃,及自脱锁、杻在逃,并枷犯脱枷在逃,亦依此律加等。若犯人已脱枷、锁、杻,尚未逃出,则依"囚应禁而不禁"条内自脱锁杻者科断。

【1725】6.27.399

凡犯罪被囚禁而脱监,及解脱自带锁、杻越狱在逃者,如犯笞、杖、徒、流,各于本罪上加二等。如因自行脱越而窃放同禁他囚罪重者,与他囚罪重者同罪,并罪止杖一百、流三千里。本犯应死者,依常律。〇若罪囚反狱在逃者,无论犯人原罪重轻,但谋助力者,皆斩。监候。同牢囚人不知反情者不坐。

注:此言囚犯脱狱、反狱之罪,各有轻重也。凡脱监越狱,各于原犯本罪上加二等。若因而窃放同禁之他囚,其他囚之罪重于逃囚加等之罪者,则与所窃放之囚同罪,罪止满流。其本犯原应死罪者,自依本律。若反狱,则不论本罪轻重,但共谋出力,皆坐斩监候。同牢囚人,不知者,不坐。再犯罪未决,起解中途在逃,及自脱锁、杻、枷在逃,亦依此律加等。若犯人虽脱枷、锁、杻,尚未逃出,则止依自脱锁杻律科断。

【1740】6.27.389(略)

附律条例

【1646】6.27.412.(1)

一、各府州县掌印巡捕官,但有死罪重囚越狱,三名以上,俱住俸带罪勒限缉拿,六名以上调用,十名以上降一级,十五名以上降二级。通限三个月以内,有能尽数拿获者免罪。卫所官遇有失囚,亦照前例。若偶因公事他出,致有疏虞者,减现在主守之人罪各一等。其兵备、守巡官系驻扎处所,失事二次,参奏罚治。抚、按官有隐匿不以实开者,听部院该科参究。

谨案:此条系原例。雍正三年(1725)奏准,今重犯越狱,该管官即革职带罪勒限缉拿,无三名以上始行住俸之例,删。

【1670】6.27.411.(1)(略)

【1725】○删除

原拟:今重犯越狱,该管官即革职,戴罪勒限一年缉获,无三名以上始行住俸缉拿之例。此条拟删。

***【1725】○增入**

原拟:重犯越狱,该管官勒限缉拿之例,前律条开载未备。查吏部例内,载有反叛及斩、绞以下犯人越狱者,限年缉拿议叙、议处之条,应作为条例增入。

【原增现行例】一、凡反叛斩、绞之人越狱,不论名数多寡,狱官革职拿问;该管有狱各官,亦革职,戴罪勒限一年督缉,全获开复。逾限不全获者,即行革职。斩、绞人犯越狱,狱官革职拿问;该管有狱各官,革职,戴罪勒限一年督缉,全获开复。逾限一名不获降一级,二名降二级,三名降三级,四名降四级,俱调用;五名以上不获者,即行革职。其越狱人犯交与接管官,亦勒限一年督缉。如能全获者,不论俸次,即照其应升之品升用。如一名不获,罚俸三个月;二三名不获,罚俸六个月;四五名不获,罚俸九个月;六名以上不获,罚俸一年。军、流、徒、杖、笞罪等犯越狱,狱官革职;该管有狱各官俱住俸,戴罪勒限一年督缉,全获开复。逾限一二名不获,照原品调闲散用;三四名不获,降一级;五六名,降二级;七八名,降三级;九名、十名,降四级,俱调用。越狱人犯交与接管官,亦勒限一年缉拿。全获者,不论俸次,即照应升之品升用。如一名至四名不获,罚俸三个月;五六名不获,罚俸六个月;七八名不获,罚俸九个月;九名、十名以上不获,罚俸一年。未获人犯,俱照案缉拿。如原参、降、调官员,有抵销留任者,再限一年缉拿。如不获,照接缉官员例议处;全获者,不准议叙。

原拟:此条内官员降级、罚俸,已详载吏部例内,毋庸全载,应改为"交该部议处"。其字句太繁,亦应删改。谨拟删改,开载于后。

【原改现行例】一、凡反叛斩犯及一切斩、绞人犯越狱者,狱官革职拿问;该管有狱各官革职,戴罪勒限一年缉获,全获者开复。逾限不全获者,反叛斩犯不论名数,即行革职;其他斩、绞人犯,按不获名数,交该部分别议处。军、流、徒罪,笞、杖等犯越狱者,狱官革职;该管有狱各官,住俸勒限一年缉拿,全获者开复。不全获者,亦交该部分别议处。①

＊【1725】○增入

臣等谨按:雍正元年(1723)十月内,刑部议复巨盗越狱,事理类于此律,谨拟节录于后。

【续增现行例】一、凡山海巨盗斩、绞重罪人犯,越狱脱逃者,狱官革职拿问;该管有狱各官革职,戴罪勒限一年督缉,限内全获,准其开复。逾限一名不获及二名不获者,交该部分别议处;如三名不获一名者,革职。至狱卒有受罪人、仇家贿嘱,谋死本犯者,依谋杀人首、从律治罪。其失察之该管官,交与该部从重议处。再狱官果有堪于荐举者,该督抚据实题奏,交该部酌加议叙。②

【1740】○增入

一、各处监狱俱分建内外两处,强盗并斩、绞重犯,俱禁内监;军、流以下,俱禁外监。再另置一室,以禁女犯。

谨案:此条系雍正七年(1729)定例。

【1740】6.27.389.(1)(略)

【1740】○增入

一、获犯到案,并解审发回之时,州县官当堂细加搜检,无有夹带金刃等物,方许进监。并严禁禁卒,不许将砖石树木、铜铁器皿之类,混行取入。如有买酒入监者,将禁卒严行责治。

谨案:此条系雍正七年(1729)定例。

【1740】6.27.389.(2)(略)

【1740】○增入

一、凡杀人盗犯,及未杀人之首盗,与伤人之伙盗,原拟斩枭及斩决,若越狱脱逃被获者,并于本地方斩决、枭示。其未杀伤人之伙盗,原系拟斩免死发遣之犯,如越狱脱逃被获者,于本地方拟斩立决。若因越狱杀伤兵役者,亦拟斩、枭示。其外省越狱及在途脱逃盗犯,被别省拿获,即令拿获之地方官审报该抚具题,刑部查明原卷奏

---

① 本条见于《大清律例按语》(第27卷)“刑律·捕亡·狱囚脱监及反狱在逃”[雍正三年(1725)]条下,雍正三年(1725)《大清律集解附例》及乾隆五年(1740)《大清律例》不载。

② 本条见于《大清律例按语》(第27卷)“刑律·捕亡·狱囚脱监及反狱在逃”[雍正三年(1725)]条下,雍正三年(1725)《大清律集解附例》及乾隆五年(1740)《大清律例》不载。

闻,行令拿获之地方立决。其从部刺字发遣,在途用酒灌醉、用药迷倒解差,乘间远扬者,该地方官报部,亦行令拿获之地方拟斩立决。若因脱逃杀伤兵役者,斩决,枭示。其疏纵之该管官,照例议处。刑书、禁卒有无贿纵,与不严加肘锁,少差兵役,及差非正身,以致中途脱逃者,地方官及兵役照例议处治罪。

此条系雍正三年(1725)定例,现今各省遵行。前次修律,未经纂入。今为补纂,以便引用。

【1740】6.27.389.(3)(略)

【1740】○增入

一、拿获越狱人犯,务究通线与剃头,并代为销毁刺字情弊。通线之人,与囚同罪,至死者拟绞监候。其代为剃头,并销毁刺字之人,俱枷号两个月,责四十板。

此条系雍正七年(1729)定例。查原议,剃头、销毁刺字之人,并枷号三个月。但本律"起除刺字"条下,代毁者,系枷号两个月,例不画一。今改照"起除刺字"律,以便引用。

【1740】6.27.389.(4)(略)

【1740】○增入

一、一人越狱,半年内自行投首者,仍照原拟罪名完结。如同伙越狱多人,有一人于限内投首,供出同伙,于半年内尽行拿获者,将自行投首之犯,照原罪减一等发落。倘供出之同伙内,尚有一二人未获者,亦仍照原拟罪名完结。如系有服亲属拿首者,亦照本犯自首之例,分别完结。

此条系雍正七年(1729)定例。原议内有"半年内自行投首,免其照负罪潜逃加倍治罪。供出同伙,尚有一二人未获,免其加倍治罪"等语。雍正五年(1727),"事发在逃"条下定有负罪潜逃,加倍治罪之例,故此例内有"免照负罪潜逃加倍治罪"等语。今加倍之例已于进呈"名例·犯罪事发在逃"条下奏准改正,今此条例内,亦将"负罪潜逃加倍治罪"等语删去,以便引用。

【1740】6.27.389.(5)(略)

【1788】○移出

臣等谨按:此条原载于"狱囚脱监及反狱在逃"条例之下。查各项犯罪自首及亲属拿获举首分别减免治罪之文,俱详载于"名例·犯罪自首"门内。此条既系自首之例,自应移入"犯罪自首"门内,以归画一,理合声明。

* 名例律·犯罪自首

【1790】1.1.25.(10)(略)

【1740】○删除

一、监内疏脱立决人犯,禁卒发边卫充军,提牢典史杖一百、徒三年;疏脱监候人犯，禁卒杖一百、流三千里，提牢典史杖九十、徒二年半；疏脱军、流、徒罪人犯，禁卒减囚罪一等，提牢典史减囚罪二等；其受财故纵者，与囚同罪，至死者拟绞监候。如一年之内，能令亲属捕获，或囚已死及自首，仍照律各减囚原罪一等。更夫、民壮、兵丁，俱枷号两个月；如有通同受贿故纵情弊，并计赃从重论。其管狱官及有狱各官，遇有重犯越狱脱逃，管狱官革职拿问；有狱官革职；带罪勒限一年督缉限满不获离任，仍留地方协同接任官缉捕。三年限内全获，给咨送部，请旨开复。如三年限满，或不能全获，交与刑部分别治罪。其例应降调之员，亦留于地方，与接任官协同缉捕。三年限满不获，按其不获名数，分别议处。

此条系雍正七年（1729）定例。查疏脱之与故纵，一则无心，一则有意，情罪迥别。故"不觉失囚"律内，疏脱者，减囚罪二等；故纵者，与囚同罪。今此条例内，疏脱立决人犯，即拟充军；疏脱监候人犯，即拟满流，是止减一等矣。虽所以严疏脱之罪，而与故纵者，相去止减一等。此雍正九年（1731）所以有疏脱立决人犯例应发边卫者，自首及捕得改为满徒；疏脱监候人犯例应满流者，自首及捕得改为徒二年半，是仍照律减二等，不照此例止减囚原罪一等也。且查"不觉失囚"律内，疏脱者，减二等；故纵者，与囚同罪，至死减等；得财故纵者，以枉法从重论。原分三等，今照此例，止有疏脱及受财故纵之罪。其故纵而不受财者，并不提及。设有此等案件，与受财同科，则无所区别；不与受财同科，则罪无可拟。现经贵州总督张广泗条奏，请仍遵律文，分别疏脱、故纵、受财定拟，将此条删去。此条既删，则雍正九年自首及捕得减罪之例，亦均照律文办理，不必更为登载。合并声明。

【1740】○增入

【原例】一、在监斩、绞人犯，如有强横不法及赌博等事，一经审实，即行请旨，照原拟正法。如提牢官失于觉察，狱官故为徇隐，交部议处。禁卒知情故纵者，从重治罪。

此条系雍正十一（1733）年定例。查斩、绞重犯例须锁铐、枷杻，何由而得赌博，何由而得强横。自非禁卒纵驰刑具，代买牌骰，势有不能。今例内斩、绞重犯，即照原议正法，而知情故纵之禁卒，止于从重治罪，未经严定罪名，未免失平。应将赌博、强横之重犯改为杖一百，仍严加锁铐。俟秋审分别定拟。知情故纵之禁卒，照开局窝赌例杖一百、徒三年。则两得其平矣。再斩、绞重犯既定罪名，而军、流等犯，例内未经议及，亦应增入。谨将改增例文，开列于后。

一、在监斩、绞人犯，如有强横不法及赌博等事，杖一百，仍严加锁拷，俟秋审分别定拟。知情故纵之禁卒，照开局窝赌例杖一百、徒三年。提牢官失于觉察，狱官故为徇隐，交部分别议处。军、流等犯有犯，亦照此问拟。

【1740】6.27.389.（6）（略）

【1790】6.27.389.（5）（略）

【1761】○续纂

一、斩、绞重犯,如有越狱脱逃,将管狱官及有狱官即时题参,按例分别议处,不得同军、流等犯越狱,按照疏防例限扣参。

臣等谨按:此条系乾隆二十二年(1757)十二月内,吏部议复升任安徽巡抚高晋条奏定例,应纂辑以便遵行。

【1768】6.27.389.(7)(略)

【1790】6.27.389.(6)(略)

【1761】○续纂

一、斩、绞人犯,如有在监年久,自号牢头,串通禁卒、捕役,挟制同囚,吓诈财物,教供诬陷,少不遂欲,恣意凌虐,凶恶显著者,审实,即照死罪人犯在监行凶致死人命例,依原犯罪名拟以立决。其寻常过犯,酌量严惩示儆。

臣等谨按:此条系乾隆二十四年(1759)九月内,臣部议复浙江巡抚庄有恭条奏定例,应纂辑以便遵行。

【1768】6.27.389.(8)(略)

【1790】6.27.389.(7)(略)

【1767】○续纂

一、流罪人犯越狱脱逃,按律加二等。二千里者,改为三千里;二千五百里者,改发附近充军;三千里者,改发近边充军。原犯充军者,各以次递加调发。其原犯极边烟瘴充军者,改发黑龙江等处给披甲人为奴。

臣等谨按:此条系乾隆二十七年(1762)九月内,湖北按察使高诚条奏定例,应纂辑遵行。

【1768】6.27.389.(9)(略)

【1788】○移并

【原例】【1768】6.27.389.(9)(略)

* 刑律·捕亡·罪人拒捕

【1768】6.27.388.(5)一、罪人事发在逃,被获时,如犯该军、流者,均照军流越狱加等例,递加改发。有拒捕者,若本罪已至满流,而拒殴在折伤以下者,照满流人犯越狱例,改发边卫充军;犯该充军者,各以次递加调发;若犯该极边烟瘴充军者,改发黑龙江等处给披甲人为奴。其原犯未至满流者,仍依拒捕律,加罪二等。殴所捕人至折伤以上者,拟绞监候;杀人者,拟斩监候。

臣等谨按:军、流越狱脱逃,业于乾隆五十三年(1788)四月内,臣等钦遵谕旨,酌定条例。犯罪囚禁在狱,私纠伙党三人以上,潜行越狱脱逃,其原犯军、流,律应加二等调发者,俱改为拟绞监候。秋审时,为首入于情实,为从入缓决。若仅止一二人犯,乘间脱逃,原犯军、流,律应加等改发者,为首改为拟绞监候,秋审入于缓决,为从发往伊犁给兵丁为奴。纂定例文在案,所有首条军、流人犯越狱脱逃以次递加调发之例,业已不用,应行删除。至后条原例内,罪人拒捕,比照军、流加等改发之处,应行修改。再查罪人拒捕,殴所捕人至折伤以上者,绞监候;杀人者,斩监候。本门律文内,业已详载明晰,更毋庸于例文内重叠赘叙,致滋繁复。拟合删去,以归简易。今将删改修辑例文,开列于后。

* 刑律·捕亡·罪人拒捕

【1790】6.27.388.(5)一、罪人事发在逃被获时,如犯该军、流者,照本律加逃罪二等。有拒捕者,如本罪已至满流,而拒殴在折伤以下者,改发近边充军。犯该充军者,各以次递加调发。若犯该极边烟瘴者,改发黑龙江等处给披甲人为奴。其原犯未至满流者,仍依拒捕律加罪二等。

【1788】〇续纂

一、罪囚由监内结伙反狱,如有持械杀伤官弁役卒,及并未伤人首从各犯,不论原犯罪名轻重,悉照劫囚,分别杀伤,一例科罪。

此条系乾隆五十三年(1788)遵旨议定。

【1790】6.27.389.(8)(略)

【1788】〇续纂

一、犯罪囚禁在狱,私纠伙党三人以上,穿穴逾墙,乘禁卒人等一时疏懈,潜行越狱脱逃者,除原犯斩、绞立决,应即正法外,其原犯斩、绞监候人犯,无论首伙,俱改为立决;原犯军、流,律应加二等调发者,俱改为拟绞监候,秋审时,为首入于情实,为从入于缓决;原犯徒罪,律应加二等问拟者,为首改为拟绞监候,秋审时入于缓决,为从发往伊犁给兵丁为奴;原犯杖、笞,律应加二等问拟者,为首发往伊犁为奴,为从实发烟瘴充军。〇若仅止一二人犯,乘间穿穴逾墙,因而脱逃,并无预谋纠伙情事者,原犯斩、绞立决,即行正法;其原犯斩、绞监候,应入情实人犯,毋论首伙,俱改为立决,应入缓决者,入于秋审情实;原犯军、流,律应加等改发者,为首改为拟绞监候,入于缓决,为从发往伊犁给兵丁为奴;原犯徒罪,律应加等问拟者,为首发往伊犁给兵丁为奴,为从实发烟瘴充军;原犯杖、笞,律应加等问拟者,为首改为实发烟瘴充军,为从问拟满流。其盗犯潜行越狱脱逃,仍各按本例定拟。如有劫狱、反狱者,即照劫囚、反狱定例办理。

此条系乾隆五十三年(1788)遵旨议定。

【1790】6.27.389.(9)(略)

【1830】〇修改

臣等谨按:道光六年(1826)十一月内,军机大臣会同臣部,议复直隶总督那彦成奏"调剂新疆遣犯"折内,请将在狱罪囚私纠伙党三人以上潜行越狱脱逃,原犯徒罪为从,及原犯杖、笞为首,并仅止一二人乘间穿穴逾墙脱逃,原犯军、流为从,及原犯徒罪为首,发伊犁为奴四条,均改发云贵两广极边烟瘴充军。其纠伙越狱,原犯杖、笞为从,并一二人乘间越狱,原犯徒罪为从,及杖、笞为首,实发烟瘴充军三条,均改发极边足四千里充军等因奏准,通行在案。例内发伊犁及实发烟瘴之处,应行修改。谨将修改例文,开列于后。

一、犯罪囚禁在狱,私纠伙党三人以上,穿穴逾墙,乘禁卒人等一时疏懈,潜行越狱脱逃者,除原犯斩、绞立决,应即正法外,其原犯斩、绞监候人犯,无论首伙,俱改为立决;原犯军、流,律应加二等调发者,俱改为拟绞监候,秋审时,为首入于情实,为从入于缓决;原犯徒罪,律应加二等问拟者,为首改为拟绞监候,秋审时入于缓决,为从改发云贵两广极边烟瘴充军。原犯杖、笞,律应加二等问拟者,为首改发云贵两广极边烟瘴充军,为从改发极边足四千里充军。〇若仅止一二人犯,乘间穿穴逾墙,因而脱逃,并无预谋纠伙情事者,原犯斩、绞立决,即行正法;其原犯斩、绞监候,应入情实人犯,毋论首伙,俱改为立决;应入缓决者,入于秋审情实;原犯军、流,律应加等改发者,为首改为拟绞监候,入于缓决,为从,改发云贵两广极边烟瘴充军;原犯徒罪,律应加等问拟者,为首,改发云贵两广极边烟瘴充军,为从,改发极边足四千里充军;原犯杖、笞,律应加等问拟者,为首,改发极边足四千里充军,为从,问拟满流。其盗犯潜行越狱脱逃,仍各按本例定拟。如有劫狱、反狱者,即照劫囚反狱定例办理。

【1845】〇修复

臣等谨查:此条例文,从前旧例内载“罪囚在狱,私纠伙党三人以上,穿穴逾墙,潜行越狱脱逃,原犯徒罪,为从发往伊犁给兵丁为奴。原犯杖、笞,为首发往伊犁为奴,为从实发烟瘴充军。若仅止一二人犯,乘间穿穴逾墙脱逃,并无预谋纠伙情事,原犯军、流,为从发往伊犁给兵丁为奴;原犯徒罪,为首发往伊犁给兵丁为奴,为从实发烟瘴充军;原犯笞、杖,为首改为实发烟瘴充军”等语。嗣于道光六年(1826)十一月内,据原任陕甘总督那彦成奏请调剂新疆遣犯,经军机大臣会同臣部,议将应发伊犁为奴各项,俱改为改发云贵两广极边烟瘴充军,其实发烟瘴充军者,俱改为改发极边足四千里充军奏准,纂入例册在案。兹道光二十四年(1844)六月内,据升任贵州巡抚贺长龄奏请“调剂军犯章程”一折,复经军机大臣会同臣部,议请嗣后新疆遣犯各照旧发往,其例发四省充军之犯,亦应实发等因具奏。奉上谕:“据军机大臣会同刑部议奏‘贵州军犯拥挤,酌减调剂’等语。新疆遣犯改发内地,恐人数众多,不特约束难周,且与民风大有关碍。非若新疆地方辽阔,外遣人犯易于安插。所有旧时改发内地各条,着仍照旧发往新疆,交该将军设法妥为安插。并严饬所属,认真查核,严加管束,毋令滋生事端,俾期积久无弊。余依议。钦此。”是新疆遣犯以及实发烟瘴充军之犯既应照旧发往,其越狱脱逃分别人数、首从及原犯罪名,问发伊犁并实发烟瘴之原例,现在犹存,足资引用。此条系属赘文,应行删除。

一、犯罪囚禁在狱,私纠伙党三人以上,穿穴逾墙,乘禁卒人等一时疏懈,潜行越狱脱逃者,除原犯斩、绞立决,应即正法外,其原犯斩、绞监候人犯,无论首伙,俱改为立决;原犯军、流,律应加二等调发者,俱改为拟绞监候,秋审时,为首入于情实,为从入于缓决;原犯徒罪,律应加二等问拟者,为首改为拟绞监候,秋审时入于缓决,为从发往伊犁给兵丁为奴;原犯杖、笞,律应加二等问拟者,为首发往伊犁为奴,为从实发烟瘴充军。○若仅止一二人犯,乘间穿穴逾墙,因而脱逃,并无预谋纠伙情事者,原犯斩、绞立决,即行正法;其原犯斩、绞监候,应入情实人犯,毋论首伙,俱改为立决,应入缓决者,入于秋审情实;原犯军、流,律应加等改发者,为首改为拟绞监候,入于缓决,为从发往伊犁给兵丁为奴;原犯徒罪,律应加等问拟者,为首发往伊犁给兵丁为奴,为从实发烟瘴充军;原犯杖、笞,律应加等问拟者,为首改为实发烟瘴充军,为从问拟满流。其盗犯潜行越狱脱逃,仍各按本例定拟。如有劫狱、反狱者,即照劫囚、反狱定例办理。

【1847】6.27.389.(9)(略)

【1788】○续纂

一、羁禁罪应凌迟、斩绞立决、监候重犯,越狱脱逃,将有狱及管狱各官俱参革,留于该地方协缉。十年限满不获,审系禁役贿纵、故纵脱逃者,协缉各官,俱发往军台效力赎罪;若审明禁役并无贿纵、故纵情事,果系依法看守,偶致疏纵脱逃者,协缉各官,拟以杖一百、徒三年。如所限十年期内,该员等能将正犯全行拿获,该督抚给咨送部引见,请旨开复;倘一犯不获,及他人捕获者,仍照例科罪。至军、流等犯越狱脱逃,其有狱、管狱各官,仍照旧例交部分别议处。

臣等谨按:解审斩、绞重犯中途脱逃,佥差及护解各官,从前办理章程,悉皆参革,留于该处协缉一年。限满不获,照例科罪。嗣于乾隆五十三年(1788)八月内,云贵总督富纲等奏"疏纵解审绞犯那木帕中途脱逃,一年限满无获,将参革留于地方协缉之长解官,同知书图等交部治罪"一案,钦奉谕旨,令臣部另行妥议具奏等因。当经臣等奏,请嗣后凡罪应斩、绞等重犯解审越狱脱逃,将佥差、护解及有狱、管狱各官,俱留于该处,协同躧缉。严立十年、五年期限,如限内不获,悉视解役、禁役所得之罪,分别问拟军台、满徒等因具奏。奉旨:"依议。"钦遵在案。是原例内佥差、护解之文武各官,纵囚脱逃,仅拟杖徒之例,业已不用,应行删除。再查纵囚中途脱逃,其拨兵护解之武职,例应与州县一体问罪。又解审及越狱重犯脱逃,如系他人捕得,例不准其免罪,自应俱行添纂入例。又解审斩、绞重犯中途脱逃,原载于"主守不觉失囚"门内;羁禁斩、绞重犯越狱脱逃,原载于"狱囚脱监及反狱在逃"门内。自应将新定各条,按门分载,以昭明晰。今将增辑、分纂各例文,开列于后。①

【1790】6.27.389.(10)(略)

【1801】○修改

【原例】【1790】6.27.389.(10)(略)

---

① 此条按语原载"刑律·捕亡·主守不觉失囚"【1778】续纂"一、押解斩、绞立决及秋审拟入情实重犯……"条【1788】删除项下。

＊刑律·捕亡·主守不觉失囚

【1790】6.27.392.(13)一、解审罪应凌迟、斩绞立决、监候重犯,中途脱逃,签差不慎之长解官,及拨兵添差护解之地方文武各官,俱参革,留于该处协缉。五年限满不获,审系解役贿纵、故纵脱逃者,协缉各官俱发往军台效力赎罪。若审明解役并无贿纵、故纵情事,果系依法管解,偶致疏纵脱逃者,协辑各官拟以杖一百、徒三年。如所限五年期内,该员等能将正犯全行拿获,该督抚给咨送部引见,请旨开复。倘一犯不获及他人捕得者,仍照例科罪。至军、流等犯解审脱逃,其签差、护解各官,仍照旧例交部议处。

臣等谨按:疏脱斩、绞重犯,该管官协辑之例,臣部旧存条例内载,重犯越狱,管狱官定限五年协缉;重犯解审,中途脱逃,签差、护解官定限协缉一年。嗣于乾隆五十三年(1788),臣部核复云贵总督富纲等审奏"疏脱解审绞犯那木怕,协缉官书图等一年限满不获,交部治罪"案内,奏请将有狱、管狱各官协缉五年之处,改为十年;及签差、护解官协缉一年之处,改为五年。限满不获,分别问拟军台、满徒,并将五年、一年及拟徒旧例一并删除。纂为条例,遵行在案。嗣于嘉庆四年(1799),准吏部咨称,斩、绞人犯中途脱逃及疏纵越狱,五十三年新例改为协缉五年及协缉十年,前经本部于湖南巡抚姜晟请示案内,业将解审中途脱逃协缉五年之例删除,仍归协缉一年旧例办理。其越狱协缉十年之例,亦应改正,以昭画一等因咨部。查解审中途脱逃协缉五年之例,既经吏部奏准删除,仍归协缉一年旧例办理,则罪犯越狱协缉十年之例,自应画一删除,仍归协缉五年旧例办理。两条例内十年、五年之处,应查照旧例分别修改。谨将修改例文二条,开列于后。

一、羁禁罪应凌迟、斩绞立决、监候重犯,越狱脱逃,将有狱及管狱各官,俱照旧例参革,留于该地方协缉。五年限满不获,审系禁役贿纵、故纵脱逃者,协缉各官,俱发往军台效力赎罪。若审明禁役并无贿纵、故纵情事,果系依法看守,偶致疏纵脱逃者,协缉各官,拟以杖一百、徒三年。如所限五年期满,该员等能将正犯全行拿获,该督抚给咨送部引见,请旨开复。倘一犯不获,及他人捕获者,仍照例科罪。至军、流等犯越狱脱逃,及斩绞人犯越狱拿获案内另有军、流人犯未获,其有狱、管狱各官,仍照旧例分别议处。

＊刑律·捕亡·主守不觉失囚【1802】6.27.392.(8)(略)

【1802】6.27.389.(10)(略)

【1806】○修改

【原例】【1802】6.27.389.(10)(略)

＊刑律·捕亡·主守不觉失囚【1802】6.27.392.(8)(略)

臣等谨按:嘉庆八年(1803)二月内,吏部会同臣部具奏"斩、绞重犯越狱,并解审中途脱逃,管狱、有狱及解送各官分别治罪议处"一折,议请管狱官系专司狱务之员,斩、绞重犯越狱,应即行革职拿问。除四个月限内拿获,免其拿问外,如不能拿获,留于地方协缉。五年限满不获,审系禁役贿纵、故纵脱逃者,发往军台效力赎罪。若审明禁役并无贿纵、故纵情事,果系依法看守,偶致疏纵脱逃者,拟以杖一百、徒三年。至有狱官系兼辖之员,与专司狱务者有间,应暂行革职留任。俟四个月限满不获,仍留任一年督缉。如再不获,按其未获名数议降、议革,留于该地方协同接任官缉捕。五年限内拿获,题请开复。限满不获,查系禁卒受贿故纵者,无论名数多寡,概行革职,交刑部发往军台效力赎罪。若并无贿纵情弊,系降调之员,仍照未获名数,分别降、革完结;系革职之员,亦交刑部拟以杖一百、徒三年。至一案内,只系一名脱逃者,有狱官革职留任。四个月限满不获,仍留任一年督缉。如再不获,即行革任,留于该地方协缉。五年限满拿获,题请开复。限满不获,审系依法看守,偶致疏纵者,仍依革职完结。系禁卒受贿故纵者,交刑部拟以杖一百、徒三年。至解犯中途脱逃,本与越狱者有间,应将签差、护解各官仍照吏部定例,分别拟以降留、降调、革职,并革职留任限内全获,题请开复。如限满不获,查系依法管解,偶致疏脱,即照吏例以降、革完结,毋庸治罪。若审系解役受贿故纵,概行革职,交刑部拟以杖一百、徒三年等因,奏准在案。应于各条例内,修改明晰,以资引用。谨将修改例文二条,开列于后。

一、羁禁罪应凌迟、斩、绞立决、监候重犯,越狱脱逃,将管狱官革职拿问。除四个月限内拿获,免其拿问外,如不能拿获,留于地方协缉。五年限满不获,审系禁役贿纵、故纵脱逃者,发往军台效力赎罪。若审明禁役并无贿纵、故纵情事,果系依法看守,偶致疏纵脱逃者,拟以杖一百、徒三年。有狱官暂行革职留任,俟四个月限满不获,仍留任一年督缉。如再不获,按其未获名数,议降、议革,留于该地方协同接任官缉捕。五年限内拿获,题请开复。限满不获,查系禁役贿纵、故纵者,无论名数多寡,概行革职,发往军台效力赎罪。若并无贿纵情弊,系降调之员,仍照未获名数,分别降、革完结;系革职之员,拟以杖一百、徒三年。至一案内,只系一名脱逃者,有狱官革职留任。四个月限满不获,仍留任一年督缉。如再不获,即行革任,留于该地方协缉。五年限内拿获,题请开复。限满不获,审系依法看守,偶致疏纵者,仍以革职完结。系禁役贿纵、故纵者,拟以杖一百、徒三年。倘犯被他人捕获者,仍照例科罪。至军、流等犯越狱脱逃,及斩、绞人犯越狱拿获案内,另有军、流人犯未获,其有狱、管狱各官,仍照旧例交部分别议处。

* 刑律·捕亡·主守不觉失囚

一、解审罪应凌迟、斩、绞立决、监候重犯,中途脱逃,签差不慎之长解官,及拨兵添差护解之地方文武各官,俱照吏部定例,分别议以降留、降调、革职,并革职留任,限一年缉拿。限内全获,题请开复。如限满不获,查系依法管解,偶致疏脱者,即照吏例以降革完结,毋庸治罪。若审系解役贿纵、故纵,概行革职,拟以杖一百、徒三年。倘犯被他人捕得者,仍照例科罪。至军、流等犯解审脱逃,及斩、绞人犯解审脱逃拿获案内,另有军、流等犯未获,其签差、护解各官,仍照旧例交部分别议处。

【1814】○修改

臣等谨按:嘉庆十六年(1811)十一月二十七日,奉上谕:“先福奏‘县监绞犯越狱,即经拿获,审明定拟’一折。此案新丰县绞犯曾瘋瘇越狱脱逃,该县公出,典史亲督丁役于三日内即将该犯拿获,尚属知惧知勉,若仍予革职,未免无所区别。黄思锦着革去顶带,改为革职留任。四年无过,题请开复。嗣后,管狱官遇有脱逃监犯,于五日内缉获者,即照此例办理等因。"钦遵在案。应恭纂入例,以便遵行。谨将修改例文,开列于后。

一、羁禁罪应凌迟、斩绞立决、监候重犯,越狱脱逃,将管狱官革职拿问。除五日内拿获,革去顶带,改为革职留任,四年无过,题请开复;四个月限内拿获,即行革职,免其拿问外,如不能拿获,留于地方协缉。五年限满不获,审系禁役贿纵、故纵脱逃者,发往军台效力赎罪;若审明禁役并无贿纵、故纵情事,果系依法看守,偶致疏纵脱逃者,拟以杖一百、徒三年。有狱官暂行革职留任,俟四个月限满不获,仍留任一年督缉。如再不获,按其未获名数,议降、议革,留于该地方,协同接任官缉捕。五年限内拿获,题请开复。限满不获,查系禁役贿纵、故纵者,无论名数多寡,概行革职,发往军台效力赎罪。若并无贿纵情弊,系降调之员,仍照未获名数,分别降革完结;系革职之员,拟以杖一百、徒三年。至一案内只系一名脱逃者,有狱官革职留任。四个月限满不获,仍留任一年督缉。如再不获,即行革任,留于该地方协缉。五年限内拿获,题请开复。限满不获,审系依法看守,偶致疏纵者,仍以革职完结;系禁役贿纵、故纵者,拟以杖一百、徒三年。倘犯被他人捕获者,仍照例科罪。至军、流等犯越狱脱逃,及斩、绞人犯越狱拿获案内另有军、流人犯未获,其有狱、管狱各官,仍照旧例交部分别议处。

【1825】6.27.389.(11)(略)

【1801】○续纂

一、羁禁罪应凌迟、斩绞立决、监候重犯,越狱脱逃,将有狱、管狱各官革职,留于地方,照例限五年协缉。如于限内拿获他处案犯,并非本案正犯,仍按限协缉。限满无获,照例分别治罪。

臣等谨按:乾隆六十年(1795)十二月,两江总督苏凌阿奏"已革铜山县知县佟大有先后拿获他案首伙各盗,请行宽免"案内,钦奉上谕:"据苏凌阿等奏'已革铜山令佟大有,因疏脱监犯张三参革,留于地方协缉。该参令先后拿获首伙各盗及窃犯多名,所有限满应拟徒罪,可否功过相抵,量予宽免'等语。各省留缉人员,往往于本案正犯并不认真缉捕,转将他处拿获之犯作为协缉,希图减罪。该上司亦复瞻徇通融,代为具奏,俾留缉之员得以免罪释归。此系外省历来陋习,不足以示惩儆。佟大有着展限三年留缉。如能于限内缉获正犯,即予免罪。若再限满无获,仍照原拟问徒,不准减免。此后各直省留缉人员,除限满无获者,照旧定拟外,其未能缉获正犯,而缉获他处案犯,即着照佟大有之例办理,以昭核实。钦此。"钦遵在案,应恭纂为例。再嘉庆四年(1799),臣部准吏部咨称,将越狱协缉之例仍复旧例,限五年协缉,业于例内修辑。查协缉五年,阅时不为不久,若限满无获,其正犯定已远扬,势难弋获,即使再行展限留缉,亦属有名无实。且较并无拿获另犯之员,年限展多,亦未平允。应请仍照旧例,协缉五年无获,即行分别治罪,以归画一。合并声明。

【1802】6.27.389.（11）（略）

【1825】6.27.389.（10）（略）

徒流人逃

律　文

【1646】6.27.413

凡徒、流、迁徙囚人已到配所，于所役限内而逃者，一日笞五十，每三日加一等，罪止杖一百，仍发配所。其徒囚照依元犯该徒年分从新拘役，役过月日，并不准理。○若官司起发已经断决徒、流、迁徙、充军囚徒，未到配所，中途在逃者，其计日论。罪亦如配所限内而逃者论之。○配所主守及途中押解人不觉失囚者，一名杖六十，每一名加一等，罪止杖一百，皆听一百日内追捕。配所提调官及途中长押官，减主守及押解人罪三等。配所罪责限。限内能自捕得，或他人捕得，若囚已死及自首，皆免罪。故纵者，不分官、役，各与囚之徒、流、迁徙同罪。受财者，计所受赃以枉法从重论。赃罪重，以枉法科之；纵罪重，仍以故纵科之。

【1670】6.27.412（略）

【1725】○修改

原拟：首节及末节小注内，止载徒、流、迁徙，未及充军一项，应增入。

臣等谨按：此指遣、配犯人脱逃之罪，而因及主守、押解之人也。首节言徒、流、迁徙、充军囚人，已到配所，及徒囚于役限内，而脱逃之罪。次节言徒、流、迁徙、充军之囚，官司已断决，起文发解，未到配所，中途脱逃之罪。末节言配所主守之官及中途押解之人，不觉失囚之罪。能于限内，不论自己、他人捕得，若囚已死，及自首者，配所主守、提调官，中途长押官、解役，皆得免罪。若官役故纵囚逃走者，各与所纵之囚同罪。受财故纵者，计入己之赃，以枉法论。仍从其罪之重者科断。

【1725】6.27.400

凡徒、流、迁徙、充军囚人已到配所，于所役限内而逃者，一日笞五十，每三日加一等，罪止杖一百，仍发配所。其徒囚照依原犯该徒年分从新拘役，役过月日，并不准理。○若官司起发已经断决徒、流、迁徙、充军囚徒，未到配所，中途在逃者，其计日论。罪亦如配所限内而逃者论之。○配所主守及途中押解人不觉失囚者，一名杖六十，每一名加一等，罪止杖一百，皆听一百日内追捕。配所提调官及途中长押官，减主守及押解人罪三等。限内能自捕得，或他人捕得，若囚已死及自首，皆免罪。故纵者，不分官、役，各与囚之徒、流、迁徙、充军同罪。受财者，计所受赃以枉法从重论。赃罪重，以枉法科之；纵罪重，仍以故纵科之。

注：此指遣、配犯人脱逃之罪，而因及主守、押解之人也。凡徒、流、迁徙、充军囚人，已到配所之后，而于所役限内脱逃者，计日论罪，罪止杖一百，仍发原配所收管。其徒囚

照原该徒限从新拘役，前所役过月日，并不准理算除。若徒、流、迁徙、充军囚徒，已经官司断决，起文发解，未到配所，而于中途脱逃者，亦如在配所脱逃之罪。若配所主守官及中途押解人，不觉失囚者，计名论罪，亦罪止杖一百。皆听给限一百日追捕。配所提调官及中途长押官，各减主守及押解人罪三等。限内不论自己或他人捕得，若囚已死，及自首者，皆得免罪。倘官役故纵囚逃走者，各与囚同罪。受财者，计入己之赃，以枉法论。仍从其罪之重者科断。

【1740】6.27.390（略）

附律条例

【1646】6.27.413.（1）

一、积年害民官吏，现在各处军者军、工者工、安置者安置。设若潜地逃回，两邻、亲戚，即当速首，拿赴上司，毋得容隐在乡，以为民害。敢有容隐不首者，亦许四邻首。其容隐者，同其罪而迁发之。以本家产业，给赏其首者。

【1670】6.27.412.（1）（略）

【1725】○删除

原拟：此条系明初《大诰》文，与今例不合，且知情藏匿罪人已有正律，此条拟删。

【1646】6.27.413.（2）

一、凡问发充军人犯逃回，原犯实犯死罪，免死充军者，照依原问死罪处决。杂犯死罪以下充军者，初犯问罪枷号三个月，仍发本卫；再犯枷号三个月，调极边卫；若犯至三次，通系著伍以后者，即依守御官军律绞。有一次中途在逃者，即不得绞。其有在逃遇恩赦，不分初犯、再犯，俱免枷号，仍发原卫；三犯亦并论拟绞，奏请定夺。

【1670】6.27.412.（2）（略）

【1725】○修改

原拟：今军犯无著伍之例，与守御官军不同。应将“通系著伍以后者，即依守御官军律绞”句，改为“通系著军籍以后者，绞”。又犯罪俱分别赦前、赦后，无并论之例。此条“三犯亦并论”二句，拟删。

一、凡问发充军人犯逃回，原犯实犯死罪，免死充军者，照依原问死罪处决。杂犯死罪以下充军者，初犯问罪枷号三个月，仍发本卫；再犯枷号三个月，调极边卫；若犯至三次，通系著军籍以后者，绞。有一次中途在逃者，即不得绞。其有在逃遇赦者，不分初犯、再犯，俱免枷号，仍发原卫。

【1725】6.27.400.（1）【增例】（略）

【1740】○修改

臣等谨按：免死减等发遣脱逃人犯，已于“名例·犯罪事发在逃”条下，分别有无行凶为匪之处定拟，则此条免死充军逃回人犯，亦应照分别改正。再查前明充军人犯，俱应勾补，是以有著军籍之例。今军犯分发各卫收管，其有卫所已裁者，即发地方官安插，并不补伍勾军，与流犯无异。若因犯至三次，加入于绞，未免过重。且“名例”平常发遣人犯逃走后，并无行凶为匪者，递回原遣处枷号一个月。军犯系属内遣，不应反重于外遣之犯，应改。谨将改辑例文，开列于后。

一、凡问发充军人犯逃回，原犯实犯死罪免死充军者，照免死减等发遣人犯逃回例，分别有无行凶为匪定拟。若系杂犯死罪以下充军者，初犯枷号一个月，仍发本卫；再犯枷号两个月，调极边卫；若犯至三次者，枷号三个月，调发烟瘴充军。其有在逃遇赦者，不分初犯、再犯、三犯，俱免枷号，仍发原卫。

【1740】6.27.390.（1）（略）

【1751】○修改

臣等谨按：律例内有免死充军者，有原犯充军者，并无杂犯死罪以下充军名目，此条“杂犯死罪以下”六字，应改为“原犯”二字。谨将改辑例文，开列于后。

一、凡问发充军人犯逃回，原犯实犯死罪免死充军者，照免死减等发遣人犯逃回例，分别有无行凶为匪定拟。若系原犯充军者，初犯枷号一个月，仍发本卫；再犯枷号两个月，调极边卫；若犯至三次者，枷号三个月，调发烟瘴充军。其有在逃遇赦者，不分初犯、再犯、三犯，俱免枷号，仍发原卫。

【1767】○修改、分辑

臣等谨按：原例充军人犯逃回，原犯实犯死罪免死充军下，有“照免死减等发遣人犯逃回例，分别有无行凶为匪定拟”等语。查免死充军人犯逃后，并无行凶为匪一项，已于乾隆十八年（1753），江苏按察使许松佶条奏，分别次数改调，已另有专条载后，此处拟合删去。其逃后行凶为匪一项，应增入罪名，以便引用。再原例内，有“原犯充军人犯脱逃，初次，仍发本卫；二次，调极边；三次，调烟瘴”等语。查乾隆二十四（1759）、二十五（1760）等年，山东按察使沈廷芳、安徽按察使王检条奏，充军常犯脱逃，亦分别次数，递加调发，另有专条，此处亦应删去。至原例内，在逃遇赦，不分初犯、再犯、三犯，俱免枷号，仍发原卫一节，系统指军、流人犯而言，应摘出另为一条，以便引用。谨将另立例文，开列于后。

【1768】6.27.390.（1）（略）

【1768】6.27.390.（2）（略）

【1768】6.27.390.（1）

一、充军人犯逃回，如原犯实犯死罪免死充军，逃后复有行凶为匪者，依免死减等发遣人犯逃后行凶为匪例，照原犯死罪，即行正法。

【1801】○修并

【原例】【1768】6.27.390.（1）（略）、【1790】6.27.390.（8）（略）

臣等谨按：前条免死减军人犯在配脱逃，如有行凶为匪，照原犯死罪，即行正法，系乾隆五年（1740）定例。后条审无行凶为匪，分别次数，枷号、发遣，系乾隆十八年（1753）定例。应修并一条，以昭简易。谨将修并例文，开列于后。

一、原犯实犯死罪免死减军人犯，在配脱逃，复有行凶为匪者，依免死减等发遣人犯逃回行凶为匪例，照原犯死罪，即行正法。如无行凶为匪者，初次枷号两个月，无论近边、边远，俱调极边地方充军；二次枷号三个月，调极边烟瘴充军；犯至三次者，改发吉林等处给披甲人为奴。

【1802】6.27.390.(22)(略)

【1814】○修改

修改按语，见【1790】6.27.390.(9)条【1814】修并、修改项下。

一、原犯实犯死罪免死减军人犯，在配脱逃，复有行凶为匪者，依免死减等发遣人犯逃回行凶为匪例，照原犯死罪，即行正法。如无行凶为匪者，初次枷号两个月，无论近边、边速，俱调极边地方充军；二次枷号三个月，调极边烟瘴充军；犯至三次者，改发新疆酌拨种地当差。

【1821】○修改

【原例】【1802】6.27.390.(22)(略)、【1790】6.27.390.(13)(略)

臣等谨按：嘉庆二十四年(1819)闰四月内，臣部核复前任热河都统伊冲阿咨"免死减发驿站当差人犯张得同，在配脱逃，复犯抢夺"一案，因免死减军人犯逃后行凶为匪例内，不论其后犯情节之轻重，概照原犯死罪即行正法，未免无所区别。当经酌改旧例，议请嗣后免死减军人犯在配脱逃，并无行凶为匪者，仍照旧例调发外，如逃后复行凶为匪，当按其后犯情节，如仅止枷、杖者，仍照免死军犯脱逃本例加等调发，到配后科以后犯枷、杖之罪，分别折责安置；若后犯情轻，罪应徒、流，并徒、流以上者，即于逃罪加等调发本例上，再加一等改发；倘后犯之罪重于改发罪者，各从其重者论，仍分别次数，加拟枷号；后犯罪应斩、绞监候者，加拟立决。至强盗、窝盗自首免死减等充军人犯，在配脱逃，例应正法者，仍照定例办理。再查蒙古例不外遣，向来免死减等人犯，以山东、河南与福建、湖广并云贵两广极边烟瘴，分为三等，均交驿充当苦差。如在配脱逃，究明有行凶为匪情事，应即照新定民人免死军犯逃后行凶为匪之例，按其后犯情节，以次递加，并分别加拟枷责等因，开列拟改新例二条，奏准在案。所有原例二条，应行修改。谨将修改奏定新例，开列于后。

一、原犯实犯死罪免死减军人犯，在配脱逃，并无行凶为匪者，初次枷号两个月，无论近边、边远，俱调发极边地方充军；二次枷号三个月，调极边烟瘴充军；犯至三次者，改发新疆酌拨种地当差。如逃后复有行凶为匪，按其后犯情节，仅止枷、杖者，仍照脱逃本例加等调发，到配后科以后犯枷、杖之罪；若后犯情节，罪应徒、流以上者，即于逃罪加等调发本例上，再加一等改发。倘后犯之罪重于改发罪名者，各从其重者论，仍分别次数，加拟枷号。后犯罪应斩、绞监候者，加拟立决。至强盗自首免死减等充军人犯，在配脱逃，例应正法者，仍照定例办理。

【1825】6.27.390.(22)(略)

【1825】6.27.390.(21)(略)

【1830】○修改

臣等谨按：道光六年(1826)十一月内，军机大臣会同臣部议复直隶总督那彦成奏“调剂新疆遣犯”折内，请将原犯实犯死罪免死减军人犯，在配脱逃，并无行凶为匪，犯至三次者，发新疆种地当差一条，仍改发云贵两广极边烟瘴充军，到配加枷号三个月等因奏准，通行在案。例内发新疆之处，应行修改。谨将修改例文，开列于后。

一、原犯实犯死罪免死减军人犯，在配脱逃，并无行凶为匪者，初次枷号两个月，无论近边、边远，俱调发极边地方充军；二次枷号三个月，调极边烟瘴充军；犯至三次者，仍改发云贵两广极边烟瘴充军，到配加枷号三个月。如逃后复有行凶为匪，按其后犯情节，仅止枷、杖者，仍照脱逃本例加等调发，到配后科以后犯枷、杖之罪；若后犯情节，罪应徒、流以上者，即于逃罪加等调发本例上，再加一等改发。倘后犯之罪重于改发罪名者，各从其重者论，仍分别次数，加拟枷号。后犯罪应斩、绞监候者，加拟立决。至强盗自首免死减等充军人犯，在配脱逃，例应正法者，仍照定例办理。

【1845】○修改

臣等谨按：此条例文从前旧例内载“原犯实犯死罪免死减军人犯，脱逃至三次者，改发新疆酌拨种地当差”等语。嗣于道光六年(1826)十一月内，据原任陕甘总督那彦成奏请调剂新疆遣犯，经军机大臣会同臣部议，将此项改为改发云贵两广极边烟瘴充军，到配加枷号三个月奏准，纂入例册在案。兹道光二十四年(1844)六月内，据升任贵州巡抚贺长龄奏请“调剂军犯章程”一折，复经军机大臣会同臣部议请，嗣后新疆遣犯各照旧发往等因具奏。奉上谕：“据军机大臣会同刑部议奏‘贵州军犯拥挤，酌减调剂’等语。新疆遣犯改发内地，恐人数众多，不特约束难周，且与民风大有关碍。非若新疆地方辽阔，外遣人犯易于安插。所有旧时改发内地各条，着仍照旧发往新疆，交该将军设法妥为安插。并严饬所属，认真查核，严加管束，毋令滋生事端，俾期积久无弊。余依议。钦此。”是新疆遣犯既应照旧发往，其免死减军脱逃三次改发新疆之原例，现在犹存，足资引用。此条系属赘文，应行删除。

一、原犯实犯死罪免死减军人犯，在配脱逃，并无行凶为匪者，初次枷号两个月，无论近边、边远，俱调发极边地方充军；二次枷号三个月，调极边烟瘴充军；犯至三次者，改发新疆酌拨种地当差。如逃后复有行凶为匪，按其后犯情节，仅止枷、杖者，仍照脱逃本例加等调发，到配后科以后犯枷、杖之罪；若后犯情节，罪应徒、流以上者，即于逃罪加等调发本例上，再加一等改发。倘后犯之罪重于改发罪名者，各从其重者论，仍分别次数，加拟枷号。后犯罪应斩、绞监候者，加拟立决。至强盗自首免死减等充军人犯，在配脱逃，例应正法者，仍照定例办理。

【1847】6.27.390.(21)(略)

【1852】○修改

咸丰二年(1852)，以免死军犯，视邪教案内遣犯为轻，若在逃另犯斩、绞监候，即加拟立决，较邪教遣犯另犯死罪，仍视其应得实、缓分别加严者，科罪转重，尚未平允，因改定。

一、原犯实犯死罪免死减军人犯，在配脱逃，并无行凶为非者，初次枷号两个月，无论近边、边远,俱调发极边地方充军;二次枷号三个月,调发极边烟瘴充军;犯至三次者,改发新疆酌拨种地当差。如逃后复有行凶为匪,按其后犯情节,仅止枷、杖者,仍照脱逃本律加等调发,到配后科以后犯枷、杖之罪;若后犯情节,罪应徒、流以上者,即于逃罪加等调发本例上,再加一等改发。倘后犯之罪,重于改发罪名者,各从其重者论,仍分别次数加拟枷号。若后犯已至斩、绞监候罪名,应缓决者入于情实,应情实者加拟立决。至强盗自首免死减等充军人犯,在配脱逃,例应正法者,仍照定例办理。

【1870】6.27.390.(21)(略)

【1768】6.27.390.(2)

一、军、流人犯在逃遇赦,不分初犯、再犯、三犯,俱免枷号,仍发原配。

臣等谨按:原例系专指军犯,所以有仍发原“卫”之语,今已兼军、流两项,是以将原例仍发原卫之“卫”字,改为“配”字。

【1802】6.27.390.(1)(略)

【1810】○修改

臣等谨按:军、流人犯在配脱逃,恭遇恩赦,应否免其调发,应依赦款章程,分别办理。盖所犯情罪,有轻重不等。历年恩赦,俱按其原犯情节,轻者,免其枷号,仍发原配;重者,照例枷号,调发。并非概准援免。此条例内,在逃遇赦,不分初犯、再犯、三犯,俱免枷号,仍发原配,系属旧例,应行修改。谨将修改例文,开列于后。

一、军、流人犯脱逃被获,遇赦核其情节,准其援赦者,不分初犯、再犯、三犯,俱免枷号,仍发原配。如原犯情节较重,不准援赦者,按照逃走次数,照例枷号调发。

【1825】6.27.390.(7)(略)

【1646】6.27.413.(3)

一、各处有司起解逃军并军丁及充军人犯,量地远近,定立程限,责令管送。若长解纵容在家迁延,不即起程,违限一年之上者,解人发附近;正犯原系附近发边卫,原系边卫发极边卫分各充军。

【1670】6.27.412.(3)(略)

【1725】○删除

原拟:此条已载“兵律·公事应行稽程”条例内,此系重出,应删。

【1725】○增入

原拟:现行例内一条,类于此律,应增入。

【现行例】一、康熙五十二年(1713)十月内,奉上谕:“凡从发遣处逃回行凶之人,交该将军正法。来往递送官兵、驿站受累。嗣后这样人犯,停止发与该将军,在此随即正法。"又奉上谕："京城发往盛京、船厂、黑龙江等处犯人，该将军处将所收之数目，并到彼脱逃之数目，着该将军处一年四季奏闻。此奏闻时，不要特奏，着伊等题疏平常事件之便，一并奏闻。钦此。"

【原增现行例】一、凡发遣黑龙江、宁古塔等处人犯逃走，若拿获时有拒捕者，即行正法。若和诱人犯逃回，又犯拐卖、窃盗等罪者，审明发与该将军，亦即正法。

臣等谨按：康熙五十二年（1713）十月内，奉上谕："凡从发遣处逃回行凶之人，交该将军正法。来往递送官兵、驿站受累。嗣后这样人犯，停止发与该将军，在此随即正法。钦此。"应将此条"和诱人犯"四字删去，"窃盗"增"行凶"二字，"审明"下改为"在此即行正法"。

【1725】6.27.400.（2）

【增例】一、凡发遣黑龙江、宁古塔等处人犯逃走，若拿获时有拒捕者，即行正法。若逃回又犯拐卖、窃盗、行凶等罪者，审明，即在本地方立行正法。

【1740】○修改

臣等谨按："罪人拒捕"律内，伤人者绞，杀人者斩。小注云，"本应死者，无所加"。此条拿获时，不问有无杀伤人，凡拒捕者，即行正法。则较杀伤人者，罪反加重矣。但照罪人拒捕律问拟，则免死减等发遣人犯逃回，复犯行凶为匪者，已照原犯死罪即行正法。而此拒捕之犯，独不加重，又非惩奸之道。查逃犯拒捕，与逃后行凶相类。"名例·犯罪事发在逃"条下，免死减等发遣之犯，逃后行凶为匪者，即行正法。其平常发遣人犯，逃后行凶为匪，照现在所犯分别定拟。此条拒捕人犯，亦应分别免死、减等。平常发遣，则罪有差等，而与各条亦相贯串矣。再例内逃后又犯拐卖、窃盗、行凶等罪，即行正法。查"名例"所载乾隆元年（1736）定例，免死减等及平常发遣人犯逃后行凶为匪款项，已无所不赅。其应得正法，及应得照现在所犯定拟，亦无不详细，不必又为复载。谨将删改例文，开列于后。

一、凡发遣黑龙江、宁古塔等处人犯逃走，若拿获时有拒捕者，查明该犯系免死减等发遣，或系平常发遣人犯，各照逃走后复行凶为匪例，分别定拟。

【1740】6.27.390.（2）（略）

【1788】○修并

【原例】＊ 名例律·犯罪事发在逃

【1740】1.1.31.（3）一、免死减等发遣人犯，如不服伊主管束，脱逃后，复犯行凶为匪者，照原犯死罪即行正法。如非不服伊主管束，或因觅食，或因思亲等事潜逃，并无行凶为匪之处，递回发遣处枷号三个月、鞭一百。其平常发遣人犯，如逃走后，复行凶为匪，即照现在所犯定拟。如犯该斩候者，改为立斩，犯该绞候者，改为立绞，犯该军、流、发遣者，改为绞监候，犯该徒罪者，递回发遣处枷号三个月，罪止笞、杖者，递回发遣处枷号两个月；并无行凶为匪者，递回发遣处，枷号一个月，俱鞭一百。其例应立决者，拿获之日，令该地方官审明该犯原犯情罪、逃走年月，并分给为奴之旗色、佐领及伊主姓名，照例定拟，详报督抚具题。该部逐一查核确实，会议题复，将该犯即在拿获地方正法。仍行文发遣

处,出示晓谕。

【1740】6.27.390.(2)(略)

臣等谨按:以上二条,俱系发遣人犯脱逃后有无行凶为匪,及拿获时拒捕分别治罪之例。首条载在“犯罪事发在逃”门内,义例未符,自应与后条并纂一例,归入“徒流人逃”门内,以昭明切而便检阅。今将移并例文,开列于后。

一、免死减等发遣人犯,如不服伊主管束,脱逃后,复犯行凶为匪,及拿获时有拒捕者,照原犯死罪即行正法。如非不服伊主管束,或因思家,或因力难受苦,乘间潜逃,并无行凶为匪、拒捕之处,递回发遣处枷号三个月、鞭一百。其非免死减等,系平常发遣人犯,如逃走后,复行凶为匪,并拿获时拒捕者,即照现在所犯定拟。如犯该斩候者,改为立斩;犯该绞候者,改为立绞;犯该军、流、发遣者,改为绞监候。犯该徒罪者,递回发遣处,枷号三个月;罪止笞、杖者,递回发遣处,枷号二个月;并无行凶为匪,亦无拒捕者,递回发遣处,枷号一个月,俱鞭一百。其例应立决者,拿获之日,令该地方官审明该犯原犯情罪、逃走年月,并分给为奴之旗分、佐领及伊主姓名,照例定拟,详报督抚具题。刑部逐一查核确实,会议题复,将该犯即在拿获地方正法。仍行文发遣处,出示晚谕。

【1790】6.27.390.(18)(略)

【1801】○修改

臣等谨按:此条系乾隆元年(1736)定例。查免死减等发遣盗犯脱逃本门例内,已有即行正法专条。此条免死减等,系指秋审缓决案内遇赦减等,因情罪较重发遣黑龙江者而言。但例文首句语意含混,恐误会例意者,将免死减等盗犯,亦照此例定拟,反启畸轻畸重之弊。自应将“秋审案内”等字添入,以昭明晰。又查军、流人犯脱逃后行凶杀人,向来俱按谋、故、斗杀本律分别斩、绞监候。嗣于嘉庆五年(1800)五月,江西巡抚张诚基审题“逃军熊正富因奸谋毒焦云通身死”一案,将熊正富依平常发遣人犯逃后行凶为匪,犯该斩候者改为立斩例,拟斩立决。经臣部核得熊正富系窃盗三犯拟流脱逃被获改军之犯,并非发遣人犯,今以军犯在逃杀人之案,援引遣犯在逃行凶之例,殊未允协。将熊正富改依本夫纵奸、奸夫谋杀本夫斩监候本例,拟斩监候等因具奏。奉旨:“依议。钦此。”钦遵在案。应增入例内,并详细注明,以便引用。谨将修改例文,开列于后。

一、秋审缓决人犯,遇赦免死减等发遣黑龙江者,如不服伊主管束,脱逃后复行凶为匪,及拿获时有拒捕者,照原犯死罪,即行正法。如非不服伊主管束,或因思家,或因力难受苦,乘间潜逃,并无行凶为匪、拒捕之处,递回发遣处,枷号三个月,鞭一百。其非秋审案内免死减等,系平常发遣人犯,如逃走后复行凶为匪,并拿获时拒捕者,即照现在所犯定拟。如犯该斩候者,改为立斩;犯该绞候者,改为立绞;犯该军、流、发遣者,改为绞监候;犯该徒罪者,递回发遣处,枷号三个月;罪止笞、杖者,递回发遣处,枷号两个月。并无行凶为匪,亦无拒捕者,递回发遣处,枷号一个月。俱鞭一百。其例应立决者,拿获之日,令地方官审明该犯原犯情罪、逃走年月,并分给为奴之旗分佐领及伊主姓名，照例定拟，详报督抚具题。刑部逐一查核确实，会议题复，将该犯即在拿获地方正法，仍行文发遣处出示晓谕。至军、流人犯脱逃后，行凶杀人为匪，犯该斩、绞者，仍按各本律定拟。应监候者，监候，应立决者，立决。

【1802】6.27.390.（21）（略）

【1814】○修改

臣等谨按：嘉庆十五年（1810）六月初三日，奉上谕："向来寻常发遣人犯在配脱逃，其经官拿获者，杖一百，枷号一个月，仍发原处；其自行投首者，免其枷、杖，发回原处，固属照例办理。但前日吉林遣犯奇明阿，脱逃至六次之多，屡经拿获、投首，仍不悛改。若竟任其自去自来，于罪名竟无增加，何以示儆。嗣后此等人犯，除脱逃在五次以内，仍照旧办理外，其脱逃在五次以外者，拿获之后，应照原罪，量为加增。即自行投首，亦当酌议罪名，以示惩儆。倘竟脱逃至十次以外，则拿获、投首，均应分别加重。着交刑部妥议具奏等因。钦此。"当经臣部查犯罪发遣黑龙江等处人犯，本罪已至发遣，无可复加。是以例内止拟杖责，亦无分别脱逃次数，加等治罪明文。若屡次脱逃，于罪名竟无增加，何以示儆。议请嗣后除脱逃在五次以内，仍照例被获者枷号一个月、投回者免罪外，如脱逃至五次以外，被获者枷号三个月，投回者枷号一个月；若脱逃在十次以外，被获者枷号六个月，投回者枷号三个月，均鞭一百，严加管束等因奏准，通行在案，应纂辑为例。再查遣犯脱逃被获，枷号一个月，系指寻常发遣人犯而言。至秋审免死减等发遣人犯，一经脱逃被获，即应枷号三个月。如逃走至五次以外被获，自应枷号六个月；投回者，枷号三个月。若脱逃在十次以外，被获者，枷号九个月；投回者，枷号六个月。应请一并添入例内，以昭赅备而示区别。谨将修改例文，开列于后。

一、秋审缓决人犯，遇赦免死减等发遣黑龙江等处者，如非不服伊主管束，或因思家，或因力难受苦，乘间脱逃，并无行凶为匪拒捕之处，被获者，五次以内，递回发遣处，枷号三个月，投回者免罪；脱逃至五次以外，被获者枷号六个月，投回者，枷号三个月；十次以外，被获者，枷号九个月，投回者枷号六个月；俱鞭一百。若不服伊主管束，脱逃后复行凶为匪，及拿获时有拒捕者，照原犯死罪，即行正法。其非秋审案内免死减等，系平常发遣人犯，在配脱逃，并无行凶为匪，亦无拒捕情事，被获者，五次以内，递回发遣处，枷号一个月，投回者免罪；脱逃至五次以外，被获者，枷号三个月，投回者，枷号一个月；十次以外，被获者，枷号六个月，投回者枷号三个月；均鞭一百。如逃走后复行凶为匪，并拿获时拒捕者，即照现在所犯定拟。如犯该斩候者，改为立斩；犯该绞候者，改为立绞；犯该军、流、发遣者，改为绞监候；犯该徒者，递回发遣处枷号三个月；罪止笞、杖者，递回发遣处枷号两个月，俱鞭一百。其例应立决者，拿获之日，令该地方官审明该犯原犯情罪、逃走年月，并分给为奴之旗分佐领及伊主姓名，照例定拟，详报督抚具题。刑部逐一查核确实，会议题复，将该犯即在拿获地方正法，仍行文发遣处出示晓谕。至军、流人犯脱逃后，行凶杀人为匪，犯该斩、绞者，仍按各本律定拟。应监候者，监候，应立决者，立决。

【1825】6.27.390.(8)(略)

【1852】○修改

咸丰二年(1852),以平常遣犯,视邪教遣犯为轻,原例将平常遣犯逃走后,犯该斩、绞监候者,俱改立决,较之邪教遣犯在逃另犯斩、绞,仍视其应得实缓分别加严者,科罪转重,因改定。

一、秋审缓决人犯,遇赦免死减等发遣黑龙江等处者,如非不服伊主管束,或因思家,或因力难受苦,乘间潜逃,并无行凶为匪、拒捕之处,被获者,五次以内,递回发遣处枷号三个月,投回者免罪;脱逃至五次以外,被获者枷号六个月,投回者枷号三个月;十次以外,被获者,枷号九个月,投回者枷号六个月,俱鞭一百。若不服伊主管束,脱逃后复行凶为匪,及拿获时有拒捕者,照原犯死罪,即行正法。其非秋审案内免死减等,系平常发遣人犯,在配脱逃,并无行凶为匪,亦无拒捕情事,被获者,五次以内,递回发遣处枷号一个月,投回者,免罪;脱逃至五次以外,被获者,枷号三个月,投回者枷号一个月;十次以外,被获者枷号六个月,投回者枷号三个月,均鞭一百。如逃走后复行凶为匪,并拿获时拒捕者,即照现在所犯定拟。如犯该斩、绞监候罪名,应缓决者入于情实,应情实者,改为立决;犯该军、流、发遣者,改为绞监候;犯该徒者,递回发遣处,枷号三个月;罪止笞、杖者,递回发遣处,枷号两个月,俱鞭一百。其例应立决者,拿获之日,令该地方官审明该犯原犯情罪、逃走年月,并分给为奴之旗分、佐领及伊主姓名,照例定拟,详报督抚具题。刑部逐一查核确实,会议题复,将该犯即在拿获地方正法,仍行文发遣处所出示晓谕。至军、流人犯脱逃后,行凶杀人为匪,犯该斩、绞者,仍按各本律定拟。应监候者,监候,应立决者,立决。

【1870】6.27.390.(8)(略)

【1725】○增入

臣等谨按:康熙四十六年(1707)四月内,刑部议复发遣之犯禁止携带来京,事理类于此律,谨拟节录于后。

【续增现行例】一、凡行凶发与披甲人为奴之犯,伊主或给亲戚,或亲携来京,或差做买卖来京,永行禁止。若伊主搬移来京,亦留下另给披甲之人为奴。

【1725】6.27.400.(3)【增例】(略)

【1740】6.27.390.(3)(略)

【1768】6.27.390.(4)(略)

【1790】6.27.390.(3)(略)

【1802】6.27.390.(2)(略)

【1725】6.27.400.(4)

【钦定例】○一、凡在京问拟徒罪人犯,除顺天府所属民人,仍令府尹发配外,其余各省民人,俱递回各该督抚,照伊原籍应发地方,发配充徒。俟年限满日,交原籍地方官严行管束,不许出境。倘有私自出境,及在本处生事者,即将该犯拟流远省。其管束不严之地方官,交部严加议处。仍令五城,大、宛二县,并巡捕营,严行查拿。倘有匪人容留潜住,发觉者,将该地方官交部议处;总甲、人役,并容留之房主,各依不应重律杖八十。如有旗人容留居住者,将容留之房主,若系另户,并族长,若系家人,并伊主,及领催,各鞭八十;该佐领、骁骑校,交部议处。

谨案:此条雍正三年(1725)定。

【1740】○修改

臣等谨按:"名例"内,徒、流人又犯罪,依律再科后犯之罪。则限满递回之犯,在本处生事,亦止应就其所犯论罪,不应以曾犯徒罪,不论所生事端之轻重,概流远省。若以其曾经犯罪,今复又犯,故特加重,则笞、杖之犯,亦干法纪,并无加重之例,独于徒犯拟流远省,例不画一,应删。再徒满递回之犯,大概衣食不周者居多,或依附亲友,或出外佣工,以为糊口之计。若寸步不许出境,不无苦累。现经升任山东按察使黄叔琳条奏,递回之犯,多有艺业,逐末之辈,非出外不能谋生,约束太严,未免阻其生路,反致有逃遁为匪,亦未可定。除强、窃盗及光棍案内之徒犯限满递回者,不许出境外,其余一切徒犯,免其不许出境,应改。谨将删改例文,开列于后。

一、凡在京问拟徒罪人犯,除顺天府所属民人,仍令府尹发配外,其余各省民人,俱递回各该督抚,照依原籍应发地方,发配充徒。俟年限满日,交原籍地方官管束。若系强、窃盗,及光棍案内之犯,不许出境。倘有私自出境,依不应重律杖八十。其管束不严之地方官,交部议处。仍令五城,大、宛二县,并巡捕营,严行查拿。倘有前项人犯,容留京城潜住,发觉者,将地方官交部议处;总甲、人役,并知情容留之房主,各依不应重律杖八十。如有旗人容留居住,将知情容留之房主,若系另户,并族长,若系家人,并伊主,及领催,各鞭八十;该佐领、骁骑校,交部议处。

【1740】6.27.390.(4)(略)

【1768】6.27.390.(5)(略)

【1790】6.27.390.(4)(略)

【1801】○修改

臣等谨按:此条系乾隆六年(1741)定例。查"名例"内载"各省民人在京犯该徒罪,其有应追银两,将该犯解回原籍追完后,照应配地方充配。如无应追之项,即在犯事地方充徒"等语,历来遵办在案。此条各省民人在京问拟徒罪,俱递回原籍发配,与现行之例不符,应照"名例"分别修改。谨将修改例文,开列于后。

一、凡在京问拟徒罪人犯,除顺天府所属民人,及各省民人无应追银两,毋庸递回原籍着追者,仍令府尹发配外,其余各省民人有应追之项,俱递回各该督抚着追完日,照伊原籍应发地方发配充徒。俟年限满日,交原籍地方官管束。若系强、窃盗,及光棍案内之犯,不许出境。倘有私自出境,依不应重律杖八十。其管束不严之原籍地方官,交部议处。仍令五城,大、宛二县,并巡捕营,严行查拿。倘有前项人犯,容留京城潜住,发觉者,将地方官交部议处;总甲、人役,并知情容留之房主,各依不应重律杖八十。如有旗人容留居住,将知情容留之房主,若系另户,并族长,若系家人,并伊主,及领催,各鞭八十;该佐领、骁骑校交部议处。

【1802】6.27.390.(16)(略)

【1821】○修改

修改按语,见【1790】6.27.390.(7)条【1821】修改按语。

一、凡在京问拟徒罪人犯,除顺天府所属民人,及各省民人无应追银两,毋庸递回原籍着追者,仍令府尹发配外,其余各省民人有应追之项,俱递回各该督抚着追完日,照伊原籍应发地方发配充徒。俟年限满日,交原籍地方官管束。若系强、窃盗,及光棍案内之犯,不许出境。倘有私自出境,依不应重律杖八十,加枷号一个月。其管束不严之原籍地方官,交部议处。仍令五城,大、宛二县,并巡捕营,严行查拿。倘有前项人犯,容留京城潜住,发觉者,将地方官交部议处;总甲、人役,并知情容留之房主,各依不应重律杖八十。如有旗人容留居住,将知情容留之房主,若系另户,并族长,若系家人,并伊主,及领催,各鞭八十;该佐领、骁骑校交部议处。

【1825】6.27.390.(13)(略)

【1725】6.27.413.(5)

【钦定例】一、流犯在配所脱逃,一面移咨原籍地方,勒限查缉,一面令配所该管官悬立赏格,勒限一百日严缉。将该犯拿获到案时,先发布政司枷号两个月,责四十板,再加徒役三年。其看守之保甲,斥革免罪。如逾限不获一名者,将保甲照不应重律杖八十,每一名加一等,罪止杖一百;该管官并兼辖官,俱交该部分别议处。其流犯原籍地方,亦令悬立赏格,勒限严缉。如该犯之族长、保甲、房主、邻佑人等,查出举首者,免罪。若知情容隐,或经旁人首告,或被别处拿获,将原籍容隐之族长、保甲、房主、邻佑,俱照不应重律杖八十。如原籍地方及别省将该犯拿获,亦解原发配之布政司枷责、加徒。

【1740】6.27.390.(5)(略)

【1751】○修改

臣等谨按:流犯脱逃,现在遵行定例内,系分别次数治罪。初次脱逃者,枷号一个月,加徒役三年。今此条内,仍载枷号两个月,彼此互异。应将"两个月"之"两"字,改为"一"字,以昭画一。谨将改辑例文,开列于后。

一、流犯在配所脱逃,一面移咨原籍地方,勒限查缉,一面令配所该管官悬立赏格,勒限一百日严缉。将该犯拿获到案时,先发布政司枷号一个月,责四十板,再加徒役三年。

【1756】○修并

【原例】【1740】6.27.390.(5)条【1751】修改例文(略)

一、凡军犯脱逃,勒限严缉。除拿获之日,仍照本例分别定拟外,其失察之该管官,交部照疏脱流犯例议处;看守之保甲,并知情容隐之族长、保甲、房主、邻佑人等,俱照流犯脱逃例治罪。①

臣等谨按:此条系乾隆十九年(1754)正月内,臣部议复升任陕西按察使武忱条奏定例,应纂辑以便遵行。再按,例载"流犯在配脱逃,限内拿获,看守之保甲革役、免罪。如逾限不获一名者,杖八十,每一名加一等,罪止杖一百。该犯之族长、保甲、房主、邻佑人等,知情容隐者,杖八十"等语,例文虽专指流犯而言,而军与流相等,原可比拟引用。今恐援引歧误,重为申明,拟于原例文内增出军罪字样,毋庸别立专条。再按拿获逃军、逃流现行条例,各视其逃走次数,分别加徒、改调。其原例文内"先发布政司枷号一个月"等语,应行删除。谨将拟修例文,开列于后。

一、军、流罪犯在配所脱逃,一面移咨原籍地方,勒限缉拿,一面令该管官悬立赏格,勒限一百日严缉。将该犯拿获到案,各照定例分别治罪外,其看守之保甲,革役、免罪。如逾限不获一名者,杖八十,每一名加一等,罪止杖一百。受财故纵者,计赃以枉法论。失察之该管官并兼辖官,交部议处。如该犯逃回原籍,族长、保甲、房主、邻佑人等,察出举首者免罪;知情容隐者,照不应重律杖八十。逃往别处,其隐匿之人,罪亦如之。

【1767】○修改

臣等谨按:原例有"如该犯逃回原籍,族长、保甲、房主、邻佑人等,察出举首者免罪;知情容隐者,照不应重律杖八十"等语。查军、流人犯逃回原籍,保、邻人等容留不首,即照知情藏匿罪人减罪人一等律治罪;知而不首者,杖一百等因,已另有定例纂在上条。所有原例内,该犯逃回原籍,族长、保邻人等举首免罪,知情容隐仅止杖八十之处,拟合删去。

一、军、流罪犯在配所脱逃,一面移咨原籍地方,勒限缉拿,一面令该管官悬立赏格,勒限一百日严缉。将该犯拿获到案,各照定例分别治罪外,其看守之保甲,革役、免罪。如逾限不获一名者,杖八十,每一名加一等,罪止杖一百。受财故纵者,计赃以枉法论。失察之该管官并兼辖官,交部议处。

【1768】6.27.390.(6)(略)

【1790】6.27.390.(5)(略)

【1802】6.27.390.(3)(略)

【1740】○增入

一、原犯流罪人犯,初次脱逃,枷号一个月,责四十板,加徒役三年;二次脱逃者,

① 此条系乾隆十九年(1754)定例。

枷号两个月，责四十板，加徒役四年；三次脱逃者，改发边卫充军。若系免死减等流犯，初次脱逃者，枷号两个月，责四十板，加徒役四年；二次，改发边卫充军；三次，调极边卫充军。

此条系雍正九年(1731)定例。查原例流犯初次脱逃，枷号两个月；二次，枷号三个月。今军犯初次脱逃，已改枷号一个月；二次脱逃，已改枷号两个月。则此条流犯，自应照改。再免死减等流犯，原例二次脱逃，拟绞监候。查军、流罪犯相等，今军犯三次脱逃，已改调烟瘴充军，流犯亦应照改，以便画一引用。再例内尚有地保及地方官议处、拟罪之处，已详载"流犯在配所脱逃"条下，毋庸复载。合并声明。

【1740】6.27.390.(6)(略)

【1767】○删除

删除按语，见【1768】6.27.390.(16)条【1767】续纂按语。

【1740】○增入

一、在川流民犯罪递回原籍，复逃至川者，如无为匪，照逃人例杖一百，递回原籍。如有为匪，所犯在杖一百以下者，并杖六十、徒一年。如所犯在徒一年以上者，各照所犯之罪加一等问拟。其递回原籍之时，行文原籍地方官严行管束。如有复逃入川，及川省该地方官将逃回人犯失察容隐，俱按逃回名数，交部议处。其原籍地保人等，若于该犯出境之时，随即呈报，在一百日限内，或经该管官拿获，或经别处拿获，俱准免罪。逾限不获，将地保照因人连累致罪例，减罪人罪二等发落。倘有知情隐匿者，与犯人同罪，罪止杖一百。受财故纵者，以枉法计赃治罪。其川省之地保人等，如有知情、受贿等弊，亦照原籍地保分别治罪。

此条系雍正十三年(1735)定例。

【1740】6.27.390.(7)(略)

【1790】6.27.390.(6)(略)

【1802】6.27.390.(4)(略)

【1740】○删除

一、诈为制书、诈传诏旨，伪造印信，谋反、叛逆、强盗、私盐，及左道妖言妄言煽惑，商渔船夹带违禁物件，谋杀出使官吏，漏泄机密、走透消息、走泄事情，采生折割，毒药杀人，以药迷人等案内流犯，脱逃被获，于本罪上加等拟绞监候。其承缉不力及拿获之地方官，按初参、二参、三参及所获人数，分别议处、议叙。其盘获之捕役，每一名给赏银五两。

此条系雍正七年(1729)定例。于雍正九年(1731)，将免死减流脱逃之犯，分别初、二、三次定拟。则此条脱逃被获，即加至绞罪之例，已经改正，毋庸纂入。

【1743】○续纂

一、在京问拟笞、杖、枷责递回原籍人犯,有复逃来京者,除初次、二次,本犯仍递回安插,免其治罪,该地方官免其查参。其复逃来京至三次以上,虽审无犯案,亦按其原犯,如系枷责递回,照不应重律杖八十;系笞、杖递回,照不应轻律笞四十,仍交该地方官严加管束。有犯案者,从重归结。疏纵之地方官,照例分别议处。

此条系乾隆六年(1741)八月,臣部议准提督舒赫德条奏定例。

【1768】6.27.390.(8)(略)

【1778】○修改

臣等谨按:此条原例,在京问拟枷、杖递籍人犯,脱逃三次来京,始将地方官议处,本犯治罪。乾隆三十八年(1773)十月内,户部侍郎兼管顺天府府尹蒋锡棨条奏,递籍人犯,往往潜出为匪生事,地方官借初次、二次例无处分,遂至听其所之,漫无稽察,奏请分别议处、治罪。经吏部会同臣部议准在案,此条原例应行修改。谨将改辑例文,开列于后。

一、在京问拟笞、杖、枷责递回原籍人犯,取具地方官收管,令该地方官造册,每月朔望点卯。如有私行脱逃来京者,该管官即申报上司及原犯事地方查拿,仍将疏纵之地方官,照各省递回人犯出境生事例议处。如隐匿不报,将地方官照应申不申公罪例议处。其逃犯被获,审有为匪不法者,从重归结。若但经复逃,不论次数,各按其原犯之罪,如系枷责递回,照不应重律杖八十;系笞、杖递回,照不应轻律笞四十,仍交该地方官严加管束。

【1790】6.27.390.(7)(略)

【1802】6.27.390.(5)(略)

【1821】○修改

【原例】【1802】6.27.390.(5)(略)、【1802】6.27.390.(16)(略)

臣等谨按:嘉庆二十年(1815)十月十四日,奉上谕:“近日,发遣及递籍人犯,往往潜逃滋事,或控诉原案屈抑,或越分呈递封章,即如已革吏目魏秀,以职官褫革、递籍,乃敢私行来京,在步军统领衙门呈递封口奏章,冀图翻控原案。兹审明该革员所控各情,全属虚诬,并无丝毫屈抑。似此逞刁妄为,非从重问拟,不足以示惩儆。除魏秀照拟枷责、发边远充军外,嗣后军、流以下及递籍各犯,如有年限未满,未经释放,私自逃回者,应如何加等治罪;其妄行控诉者,再加一等;呈递封章者,再从重加等。着刑部分别详议具奏。其该管地方官及乡保等,漫无约束,任令私自逃回,或知情纵容,亦应加重惩处。着该部分别议奏。钦此。”当经臣部查,遣、军、流、徒各犯脱逃加等改发、调发原例,已极详备,毋庸再议。其枷责、笞、杖递籍,复逃来京,及犯罪人犯诬告、翻控,或呈递封章,虽均有分别加等治罪专条,惟递籍人犯,例止分别原犯枷责、笞杖,以定脱逃罪名,而原犯无罪可科,仅止递回管束者,并未议及。至寻常诬告、翻控例内,并无遣、军以下人犯脱逃妄控,加等治罪明文。而呈递封章一项,上年奏定新例,系指平民及遣、军以下负罪人犯,在配呈递封章而言。其递籍管束人犯脱逃来京呈通封章,及遣、军、流、徒由配潜逃来京呈递封章者,俱未议及。此等人犯,诚如圣谕“应再加一等,并从重加等,用昭惩创”。议请于原例定拟较轻者,量为加重;其原例未经周备者,另拟专条。至失察容留之乡保人等,亦应分别本犯是否滋事,加等惩处。将现拟新例,缮列清单,恭呈御览。至失察之该管各官,移咨吏、兵二部,分别议奏等因,于十一月十一日具奏。奉旨:"依议。其邪教案内,问拟遣、军、流、徒等罪人犯,有在配逃回者,应照寻常案犯再加重治罪。其失察、容留之人,亦应加重治罪。着刑部另议专条奏明,载入则例遵行。钦此。"复经臣部议请,嗣后除林清案内传习白阳教,拟发额鲁特为奴各犯,曾奉有谕旨,如有在配脱逃,拿获时即行正法,应钦遵办理。此外,传习邪教案内问拟遣、军、流、徒人犯,若仅止脱逃,并未滋事者,于寻常遣、军、流、徒脱逃加等调发例上,各加一等治罪。如逃后滋事,或另犯重罪,及妄行控诉、呈递封章者,各视寻常逃犯所应得罪名,加一等定拟。其遣罪应加枷号者,按照寻常逃犯应得枷号月数,递加一等。如已至斩、绞罪名,应缓决者入于情实,应情实者加为立决。犯至立决,无可复加者,仍照原例科断。倘另犯应死罪名,仍各从其重者论。至此等邪教脱逃,其失察、容留之人,应即于现经奏定常犯脱逃之失察、容留加等新例上,分别是否滋事,各加一等惩处等因,奏准在案。除将遣、军、流、徒及递籍人犯逃回妄控,并脱逃来京呈递封章各条,载入"越诉"门内,失察各官处分,应由吏、兵二部载入则例遵行外,应将递籍人犯脱逃来京原例,遵照奏定加重治罪新例,修改明晰,并寻常遣、军、流、徒人犯脱逃,暨邪教案内问拟遣、军、流、徒在配脱逃,分别有无滋事,及各项失察、容留之乡保,均加等治罪各新例,载入例册。再前条原例内,在京问拟枷责、笞、杖,递回原籍,复逃来京之犯,新例既加枷号,则后条原例内在京问拟徒罪递籍,限满私自出境之犯,自应一体加拟枷号。亦应修改详明,以昭画一。谨将修改、续纂各例文,开列于后。

一、在京问拟枷责、杖、笞递回原籍人犯,取具地方官收管,令该地方官造册,每月朔望点卯。如有私行脱逃来京者,该管官即申报上司及原犯事地方查拿,仍将疏纵之地方官照例议处。如隐匿不报,将地方官查明咨部议处。其逃犯被获,审有为匪不法者,从重归结。若但经复逃来京,不论次数,各按其原犯之罪,如由枷责递回者,即照违制律杖一百;由笞、杖递回者,照不应重律杖八十;其原犯并无罪名者,照不应轻律笞四十;仍各加枷号一个月,满日折责,仍递籍管束。

【修改】【1825】6.27.390.(13)(略)

【续纂】【1825】6.27.390.(24)(略)、【1825】6.27.390.(25)(略)、【1825】6.27.390.(26)(略)

【1825】6.27.390.(23)(略)

【1835】○修改

臣等谨按:道光十二年(1832)十一月内,据升任江西道监察御史金应麟奏"请修改删易刑例"一折内称,"在京问拟枷责、杖、笞递回原籍人犯,私行脱逃来京者,枷号一个月,满日折责,仍递籍管束。查先责后解,例有明禁,似应改为递籍管束,折责发落"等语。经臣部查,此条例文,系乾隆八年(1743)纂定,嗣于三十八年(1773)及嘉庆二十四年(1819),叠次修改,固属斟酌妥协。惟例内所称"满日折责,仍递籍管束"之语,尚与递解人犯毋得先责后解之例,稍有未符。议请将例内"满日折责,仍递籍管束"二句,改为"满日仍递回原籍,折责发落”等因具奏。奉旨允准通行,遵照在案,应于例内修改明晰。谨将修改例文,开列于后。

一、在京问拟枷责、杖、笞递回原籍人犯,取具地方官收管,令该地方官造册,每月朔望点卯。如有私行脱逃来京者,该管官即申报上司及原犯事地方查拿,仍将疏纵之地方官照例议处。如隐匿不报,将地方官查明咨部议处。其逃犯被获,审有为匪不法者,从重归结。若但经复逃来京,不论次数,各按其原犯之罪,如由枷责递回者,即照违制律杖一百;由笞、杖递回者,照不应重律杖八十;其原犯并无罪名者,照不应轻律笞四十,各加枷号一个月。满日仍递回原籍,折责发落,严加管束。

【1847】6.27.390.(23)(略)

【1743】○续纂

一、外遣人犯脱逃,各将军除一面行文报部,一面即知会各该犯原籍地方,一体查拿。

此条系乾隆五年(1740)八月,臣部议复河抚雅尔图条奏定例。

【1768】6.27.390.(9)(略)

【1788】○修并

【原例】【1768】6.27.390.(9)(略)、【1778】续纂“一、凡新疆改遣重犯,在配所脱逃……”条例文(略)

臣等谨按:后条新疆改遣人犯在配脱逃,既将该犯犯事原案全行抄录,同年貌册,分咨各省,严缉办理。则外遣人犯脱逃,自应一例办理。乃首条内,仅止知会该犯原籍地方查拿,未免疏漏。应将首条删并于后条之内,以昭画一。今将并辑例文,开列于后。

一、外遣及新疆改发重犯,在配脱逃,一面行文报部,一面知会各该犯原籍地方,并将该犯犯事原案全行抄录,同年貌册一并分咨各直省督抚及盛京、黑龙江、吉林等处将军,各饬所属,一体严缉。获日,查照原案审明照例办理。

【1790】6.27.390.(19)(略)

【1802】6.27.390.(14)(略)

【1825】6.27.390.(12)(略)

【1751】○续纂

一、兵役人等押解军、流、徒罪等犯,除依法管解,偶致疏脱者,仍照律治罪外,其违例雇替,托故潜回,或无故先后散行,止任一人押解,致有疏脱者,将押解兵役,照押解在狱罪囚中途不觉失囚律,减囚罪二等问拟。

臣等谨按:此条系乾隆十五年(1750)四月内,臣部议复调任河南按察使严有禧条奏定例,应纂辑以便遵行。

【1768】6.27.390.(10)(略)

【1788】○删除

臣等谨按:此条系乾隆十五年(1750)定例。嗣于乾隆二十九年(1764),将疏纵军、流、徒犯之解役,如审系受贿故纵者,即以囚罪全科,计赃多者,以枉法从重论。若止一时疏脱,给限百日追捕。限内捕得者,将长解役卒减二等问拟,短解免罪。限满无获,将长解、短解内之违例雇替等项人役减囚罪一等,余皆照律减二等治罪等因,载入"主守不觉失囚"门内,遵行在案。是此条依法管解,偶致疏脱,照本律仅予杖责,并违例雇替、托故潜回等项,致犯脱逃,将兵役减囚罪二等问拟之处,系属旧例,业已不行,应请毋庸载入。

【1756】○续纂

一、免死减军人犯,在配脱逃,拿获之日,审无行凶为匪者,初次枷号两个月,调发极边充军;二次枷号三个月,调发极边烟瘴充军;犯至三次者,改发宁古塔等处当差。

臣等谨按:此条系乾隆十八年(1753)七月内,臣部议复升任江苏按察使许松佶条奏定例,应纂辑以便遵行。

【1767】○修改

臣等谨按:此条系乾隆十八年(1753)江苏按察使许松佶条奏定例。"减军人犯,在配脱逃,拿获之日,审无行凶为匪者,初次枷号两个月,调极边卫充军"等语。查充军地方,有边卫、边远之分。今初次脱逃即调极边者,以免死军犯与原犯充军人犯情罪较重故也。是以于初次枷号两个月下,增"无论边卫、边远"一句。再原例内,"犯至三次者,改发宁古塔当差"等语。查充军常犯极边烟瘴脱逃,已改发黑龙江等处为奴,则免死减军人犯,自不应反令当差。拟将"当差"二字,改为"给披甲人为奴"。

一、免死减军人犯,在配脱逃,拿获之日,审无行凶为匪者,初次,枷号两个月,无论近边、边远,俱调极边地方充军;二次,枷号三个月,调极边烟瘴充军;犯至三次者,改发宁古塔等处给披甲人为奴。

【1768】6.27.390.(11)(略)

【1790】6.27.390.(8)(略)

【1801】○修并

修并按语及修并后例文,见【1768】6.27.390.(1)条【1801】修并项下。

【1761】○续纂

一、充军常犯,到配后责令照例当差,不得任其闲散。如有脱逃,系附近充军者,初次,枷号一个月,调发边卫;二次,枷号两个月,调发边远;三次,枷号三个月,调发极边烟瘴。其本犯边卫、边远者,各以次递加调发。至极边烟瘴脱逃者,改发黑龙江等处给予披甲人为奴。即令拿获之州县,一面收禁,一面关查配所原案,究明有无行凶为匪及脱逃次数，将应行改调之处，申详督抚咨部核议完结，毋庸递回原配审断。其尚未到配，中途脱逃，以及流犯三次脱逃，例应改调者，均照此例办理。

臣等谨按：此条系乾隆二十四年(1759)七月内，臣部议复山东按察使沈廷芳条奏，并二十五年(1760)十一月内，议复调任安徽按察使王检条奏定例，应纂辑以便遵行。

【1767】○修改

乾隆三十二年(1767)，查流犯脱逃，奏准不计次数，加等改发，将例内"以及流犯三次脱逃，例应改调"十二字删去。

一、充军常犯，到配后责令照例当差，不得任其闲散。如有脱逃，系附近充军者，初次，枷号一个月，调发近边；二次，枷号两个月，调发边远；三次，枷号三个月，调发极边烟瘴。其本犯近边、边远者，各以次递加调发。至极边烟瘴脱逃者，改发黑龙江等处给予披甲人为奴。即令拿获之州县，一面收禁，一面关查配所原案，究明有无行凶为匪及脱逃次数，将应行改调之处，申详督抚咨部核议完结，毋庸递回原配审断。其尚未到配，中途脱逃者，均照此例办理。

【1768】6.27.390.(12)(略)

【1790】6.27.390.(9)(略)

【1802】6.27.390.(6)(略)

【1814】○修并、修改

【原例】【1790】6.27.390.(9)(略)、【1790】6.27.390.(11)(略)、【1802】6.27.390.(22)

臣等谨按：嘉庆十七年(1812)十二月内，臣部议复原任黑龙江将军、宗室斌静等奏"调剂黑龙江等处遣犯"折内，请将极边烟瘴充军脱逃，及免死减军犯人三次逃走各条，改发新疆酌拨种地当差等因奏准，通行在案。例内发黑龙江、吉林之处，应行修改。再查前二条，均系寻常军犯在配脱逃改发之例，应请并为一条，以免冗复。谨将修并、修改例文二条，开列于后。

【修并】一、充军常犯，至配后责令照例当差，不得任其闲散。如有脱逃，系附近充军者，初次，枷号一个月，调发近边；二次，枷号两个月，调发边远；三次，枷号三个月，调发极边烟瘴。其本犯近边、边远者，各以次递加调发。至烟瘴少轻人犯在配脱逃者，枷号一个月，改发极边烟瘴；极边烟瘴脱逃者，改发新疆酌拨种地当差。即令拿获之州县，一面收禁，一面关查配所原案，究明有无行凶为匪及脱逃次数，将应行改调之处，申详督抚咨部核拟完结，毋庸递回原配审断。其尚未到配，中途脱逃，亦照此例办理。

【修改】【1802】6.27.390.(22)【1814】修改例文(略)

【1825】6.27.390.(19)(略)

【1830】○修改

臣等谨按：道光六年(1826)十一月内，军机大臣会同臣部议复直隶总督那彦成奏"调剂新疆遣犯"折内,请将调发极边烟瘴充军脱逃发新疆种地当差一条,仍改发云贵两广极边烟瘴充军,到配加枷号三个月等因奏准,通行在案。例内发新疆之处,应行修改。谨将修改例文,开列于后。

一、充军常犯,至配后责令照例当差,不得任其闲散。如有脱逃,系附近充军者,初次,枷号一个月,调发近边;二次,枷号两个月,调发边远;三次,枷号三个月,调发极边烟瘴。其本犯近边、边远者,各以次递加调发。至烟瘴少轻人犯在配脱逃者,枷号一个月,改发极边烟瘴;极边烟瘴脱逃者,仍改发云贵两广极边烟瘴充军,到配加枷号三个月。即令拿获之州县,一面收禁,一面关查配所原案,究明有无行凶为匪及脱逃次数,将应行改调之处,申详督抚咨部核拟完结,毋庸递回原配审断。其尚未到配,中途脱逃,亦照此例办理。

【1845】○修复

臣等谨查:此条例文从前旧例内载"极边烟瘴脱逃者,改发新疆酌拨种地当差"等语,嗣于道光六年(1826)十一月内,据原任陕甘总督那彦成奏请调剂新疆遣犯,经军机大臣会同臣部议,将此项改为仍改发云贵两广极边烟瘴充军,到配枷号三个月奏准,纂入例册在案。兹道光二十四年(1844)六月内,据升任贵州巡抚贺长龄奏请"调剂军犯章程"一折,复经军机大臣会同臣部议请,嗣后新疆遣犯各照旧发往等因具奏。奉上谕:"据军机大臣会同刑部议奏'贵州军犯拥挤,酌减调剂'等语。新疆遣犯改发内地,恐人数众多,不特约束难周,且与民风大有关碍。非若新疆地方辽阔,外遣人犯易于安插。所有旧时改发内地各条,着仍照旧发往新疆,交该将军设法妥为安插。并严饬所属,认真查核,严加管束,毋令滋生事端,俾期积久无弊。余依议。钦此。"是新疆遣犯既照旧发往,其烟瘴脱逃改发新疆之原例,现在犹存,足资引用。此条系属赘文,应行删除。

一、充军常犯,至配后责令照例当差,不得任其闲散。如有脱逃,系附近充军者,初次,枷号一个月,调发近边;二次,枷号两个月,调发边远;三次,枷号三个月,调发极边烟瘴。其本犯近边、边远者,各以次递加调发。至烟瘴少轻人犯在配脱逃者,枷号一个月,改发极边烟瘴;极边烟瘴脱逃者,改发新疆酌拨种地当差。即令拿获之州县,一面收禁,一面关查配所原案,究明有无行凶为匪及脱逃次数,将应行改调之处,申详督抚咨部核拟完结,毋庸递回原配审断。其尚未到配,中途脱逃,亦照此例办理。

【1847】6.27.390.(19)(略)

【1852】○修改

咸丰二年(1852),以原例附近军犯脱逃三次,即发极边烟瘴,越等增加,与本条各项加法互异,因改定。

一、充军常犯,至配后责令照例当差,不得任其闲散。如有脱逃,系附近充军者,初次,枷号一个月,调发近边;二次,枷号两个月,调发边远;三次,枷号三个月,调发极边足四千里;四次,枷号四个月,改发极边烟瘴。其本犯近边、边远、极边足四千里者,各以次递加调发。至烟瘴少轻人犯在配脱逃者,枷号一个月,改发极边烟瘴;极边烟瘴脱逃者,改发新疆酌拨种地当差。即令拿获之州县,一面收禁,一面关查配所原案,究明有无行凶为匪及脱逃次数,将应行改调之处,申详督抚咨部核拟完结,毋庸递回原配审断。其尚未到配,中途脱逃者,亦照此例办理。

【1870】6.27.390.(19)(略)

【1761】○续纂

一、递解军、流、徒、遣,及发回原籍收管审讯等犯,务于批文内载叙事由,开明该犯年貌、疤痣、箕斗,令沿途地方查明转递。如有中途雇倩顶替情事,除本犯、解役人等,照例究拟治罪外,将佥差不慎之员,分别议处。如原文内未经开载,将原解之员,照例议处。

臣等谨按:此条系乾隆二十四年(1759)四月内,臣部议复调任湖北巡抚庄有恭条奏定例,应纂辑以便遵行。

【1768】6.27.390.(13)(略)

【1772】○修改

臣等谨按:原例内军、流、徒、遣及发回审讯人犯,俱于文批内开明年貌、箕斗等语,其解审命、盗重犯,例文本已赅括在内。但承审各官,因未经分晰指明,多有将命、盗人犯年貌、箕斗,转不详细开载者,办理甚属参差。前据广东按察使富勒浑奏请,将命、盗重犯,悉照军、流之例,验注年貌、箕斗,经臣部声明例载,通行在案。今拟将原例内"递解军、流、徒、遣,及发回原籍收管审讯等犯"一句改为"解审命、盗重犯,及军、流、徒、遣,并发回原籍收管、审讯等犯",并将"原解之员"改为"遗漏开造之员",以免牵混。谨将增改例文,开列于后。

一、解审命、盗重犯,及军、流、徒、遣,并发回原籍收管、审讯等犯,务于批文内载叙事由,开明该犯年貌、疤痣、箕斗,令沿途地方查明转递。如有中途雇倩顶替情事,除本犯、解役人等照例究拟治罪外,将佥差不慎之员分别议处。如原文内未经开载,将遗漏开造之员照例议处。

【1790】6.27.390.(10)(略)

【1802】6.27.390.(7)(略)

【1825】6.27.390.(5)(略)

【1767】○续纂

一、云贵两广烟瘴少轻人犯,在配脱逃者,枷号一个月,改发极边烟瘴。极边烟瘴脱逃,即发黑龙江等处为奴。

臣等谨按:此条系乾隆二十五年(1760)七月内,贵州巡抚周人骥咨请通行,现在遵照办理。应请纂入为例,以便遵行。

【1768】6.27.390.(14)(略)

【1790】6.27.390.(11)(略)

【1802】6.27.390.(8)(略)

【1814】○修并

修并按语及修并后例文,见【1802】6.27.390.(6)条【1814】修并、修改项下。

【1767】○续纂

一、发遣云贵两广极边烟瘴刨参人犯脱逃被获,发往黑龙江等处给予披甲人为奴。

臣等谨按:此条系乾隆二十七年(1762)二月内,广东巡抚托恩多条奏,并三十二年(1767)四月内,军机大臣会同臣部奏准定例,应纂辑遵行。①

【1768】6.27.390.(15)(略)

【1788】○修改

臣等谨按:乾隆二十七年(1762)二月内,广东巡抚托以刨参人犯,或系盛京等处旗民,或系直隶、山东之人,潜往流寓。若因其在配脱逃,反得解回犯事处所,实与加等调遣之例义未符。况黑龙江等处俱出产人参,难保其不复萌故智。奏请嗣后发遣云贵两广刨参人犯脱逃被获,均改发为乌鲁木齐等处为奴。嗣于乾隆四十八年(1783)十二月内,臣部议复伊犁将军伊勒图"以新疆遣犯过多,酌议停止"案内声明,新疆款项内,发遣云贵两广烟瘴刨参人犯在配脱逃等五项,约束较易,仍发往伊犁等处为奴奏准,纂入"名例·徒流迁徙地方"条下在案。所有此条原例内,云贵两广烟瘴刨参人犯脱逃被获,发黑龙江等处为奴之处,应行修改。今将修辑例文,开列于后。

一、发遣云贵两广极边烟瘴刨参人犯脱逃被获,发往伊犁等处给兵丁为奴。

【1790】6.27.390.(20)(略)

【1802】6.27.390.(15)(略)

【1825】6.27.390.(1)(略)

【1830】○修改

臣等谨按:道光六年(1826)十一月内,军机大臣会同臣部议复直隶总督那彦成奏"调剂新疆遣犯"折内,请将发遣云贵两广极边烟瘴刨参人犯脱逃被获,发伊犁等处为奴一条,仍改发云贵两广极边烟瘴充军,到配加枷号三个月等因奏准,通行在案。例内发伊犁之处,应行修改。谨将修改例文,开列于后。

一、发遣云贵两广极边烟瘴刨参人犯脱逃被获,仍改发云贵两广极边烟瘴充军,到配加枷号三个月。

---

① 据《钦定大清会典事例(光绪朝)》注,此条乾隆二十七年(1762)奏准,刨参人犯,多系盛京等处民人,若因在配脱逃,转得解回犯事地方,既与加等改遣之义不符,且该处出产人参,难保其不复萌故智,请改发乌鲁木齐等处为奴。乾隆三十二年(1767),因新疆遣犯过多,仍将此项人犯发黑龙江。

【1845】○修复

臣等谨查：此条例文从前旧例内载，“发遣云贵两广极边烟瘴刨参人犯脱逃被获，发往伊犁等处给兵丁为奴”等语。嗣于道光六年（1826）十一月内，据原任陕甘总督那彦成奏请调剂新疆遣犯，经军机大臣会同臣部议，将此项改为仍改发云贵两广极边烟瘴充军，到配加枷号三个月奏准，纂入例册在案。兹道光二十四年（1844）六月内，据升任贵州巡抚贺长龄奏请“调剂军犯章程”一折，复经军机大臣会同臣部议请，嗣后新疆遣犯各照旧发往等因具奏。奉上谕：“据军机大臣会同刑部议奏‘贵州军犯拥挤，酌减调剂’等语。新疆遣犯改发内地，恐人数众多，不特约束难周，且与民风大有关碍。非若新疆地方辽阔，外遣人犯易于安插。所有旧时改发内地各条，着仍照旧发往新疆，交该将军设法妥为安插。并严饬所属，认真查核，严加管束，毋令滋生事端，俾期稍久无弊。余依议。钦此。”是新疆遣犯既应照旧发往，其刨参人犯脱逃发往伊犁之原例，现在犹存，足资引用。此条系属赘文，应行删除。

一、发遣云贵两广极边烟瘴刨参人犯脱逃被获，发往伊犁等处给兵丁为奴。

【1847】6.27.390.（1）（略）

【1767】○续纂

一、原犯流罪人犯，如有中途、在配脱逃被获者，俱不计次数，流二千里者，改为二千五百里；二千五百里者，改为三千里；三千里者，改发附近充军。各加枷号两个月，责四十板。

臣等谨按：以上二条系乾隆三十一年（1766）六月内，臣部奏准定例，应纂辑遵行。所有分别次数旧例一条，应行删除。谨将删除例文，开列于后。

【删除】【1740】6.27.390.（6）（略）

臣等谨按：以上二条系乾隆三十一年（1766）六月内，臣部奏请定例，现在遵行。但查满流三千里之犯脱逃，改发附近、近边充军，计程止二千里及二千五百里，未免欲重反轻。是以臣部于乾隆三十三年（1768）三月内，议复广西按察使图桑阿条奏，此等流犯脱逃，就各犯原配地方定地改发，不得仍从原籍计算，并回避各犯本省相近之处等因在案。复查此项人犯，倘原配地方地处边境，改发之所即系本籍相近之处，而四至又无别处可以改发者，若拘泥定例，未免仍徙近地。是以臣等因河南巡抚阿思哈咨请部示，复行酌议，如有此等案犯，即仍从其原籍改发。若原籍改发之所，又在原配相近之处，应从其拿获地方定地改发。总使怙恶之犯，终身远离乡土。谨拟于此二条例内，一并纂入，以便遵行，合并声明。

一、原犯流罪人犯，如有中途在配脱逃被获者，俱不计次数，流二千里者，改二千五百里；二千五百里者，改为三千里；三千里者，改发附近充军，就其现配地方，计程发配。若现配地方应配之所，即系原籍相近之处，而又地处边境，再无别处可以改发者，仍从其原籍改发。倘原籍改发之所，又较原配相近，则视其拿获地方改发。均各加枷号两个月，责四十板。

【1768】6.27.390.（16）（略）

【1772】○修改

【原例】【1768】6.27.390.（16）（略）、【1768】6.27.390.（17）（略）

臣等谨按：以上二条原例内，“脱逃被获”之下，俱有“不计次数”四字。查系前次纂辑时，因旧例流犯脱逃，均系按照次数治罪，是以载有此语。今办理原犯流罪及免死流犯，一有脱逃，即分别递加调发。若加至军罪之后，再有脱逃，即各照军犯脱逃例治罪。所有原例内“不计次数”一语，系属赘文，转恐援引牵滞，今拟删除。合并声明。

一、原犯流罪人犯，如有中途在配脱逃被获者，流二千里者，改二千五百里；二千五百里者，改为三千里；三千里者，改发附近充军，就其现配地方，计程发配。若现配地方应配之所，即系原籍相近之处，而又地处边境，再无别处可以改发者，仍从其原籍改发。倘原籍改发之所，又较原配相近，则视其拿获地方改发。均各加枷号两个月，责四十板。

【1788】○修改

【原例】【1768】6.27.390.（16）条【1772】修改例文（略）、【1768】6.27.390.（17）条【1772】修改例文（略）

臣等谨按：乾隆三十三年（1768），广西按察使图桑阿条奏，附近充军，计程止二千里，以流三千里之犯，因逃加等，反调发二千里充军，未免欲远反近。请嗣后就现配地方，计程定地。嗣于乾隆五十年（1785）五月内，钦奉谕旨“以满流三千里之犯脱逃后，改发附近充军，仅得二千里，名为加重，其实转轻”，令臣等查议。经臣部奏明，此等改发附近二千里充军之犯，系由该犯原定流配地方，再加二千里。又五十三年（1788）七月内，臣部核复江西省“拿获逃军方润改发”一案，奏请嗣后军犯及由满流加发附近、近边军犯脱逃被获，应由配所计程定地。发配之犯，若表内配所应发地方与该犯原籍相近，别无可以改发者，即加一等改发等因奏准，通行各在案。是例称就其原配地方计程发配者，系专指流三千里脱逃改发附近，及免死减流人犯脱逃改发近边充军者而言。首条原例内“流罪人犯脱逃被获，流二千里者，改为流二千五百里；二千五百里者，改为三千里；三千里者，改发附近充军。就其现配地方，计程发配”等语，查系乾隆三十三年（1768）纂辑，未能分晰，以致因循歧误。今臣等详细参酌，原犯流三千里改发附近充军一条，及免死减等满流人犯改发近边充军一条，自应仍由配所改发，此外悉由该犯原籍计程定地，庶与五军、三流道里表内所定远近、里数俱无违碍，亦不致有应远转近之弊。拟合将原犯流二千里及二千五百里人犯脱逃被获，仍从原籍计程调发者列为一条，其余免死减等流犯脱逃，及寻常案内满流人犯脱逃被获，应由配所计程改发者，列为一条。庶厘正益清，援引得有依据。谨将修改分辑各例文，开列于后。

一、凡流罪人犯，如有中途在配脱逃被获，原犯流二千里者，改为流二千五百里；原犯流二千五百里者，改为流三千里。俱从该犯原籍地方，计程发配。各加枷号两个月，责四十板。

【1790】6.27.390.（21）（略）

【1801】○修改

【原例】【1790】6.27.390.(21)(略)、【1790】6.27.390.(22)(略)

臣等谨按:流犯脱逃,加等改发,各加枷号两个月,责四十板,系乾隆三十三年(1768)定例。查军犯脱逃,例应加等调发者,初次枷号一个月,二次枷号两个月,三次枷号三个月,俱系以次递加。此二条例内,流犯脱逃,不论初次、二次、三次,俱枷号两个月。是流犯初次脱逃,其枷号较重于军犯,而三次脱逃者,其枷号比军犯为更轻,殊未允协。应援照军犯脱逃枷号例,按照次数,以次递加。又查军犯脱逃,例止加枷号,不加杖。流罪轻于军罪,其脱逃加等调发,亦应一体毋庸加杖。例内责四十板,俱应节删。谨将修改例文,开列于后。

一、凡流罪人犯,如有中途在配脱逃被获,原犯流二千里者,改为流二千五百里;原犯流二千五百里者,改为流三千里。俱从该犯原籍地方,计程发配。初次枷号一个月,二次枷号两个月,三次枷号三个月,照例改发。

【1802】6.27.390.(18)(略)

【1825】6.27.390.(15)(略)

【1767】○续纂

一、免死减等流犯,中途在配脱逃被获者,不计次数,即改边卫充军,加枷号两个月,责四十板。

续纂并修改按语,见【1768】6.27.390.(16)条【1767】续纂并修改按语。

一、免死减等流犯,中途、在配脱逃被获者,不计次数,改发近边充军,亦就其原配地方,计程发配。若现配地方应配之所,即系原籍相近之处,而又地处边境,再无别处可以改发者,仍从其原籍改发。倘原籍改发之所,又,较原配相近,则视其拿获地方改发。各加枷号两个月,责四十板。

【1768】6.27.390.(17)(略)

【1772】○修改

修改按语,见【1768】6.27.390.(16)条【1772】修改项下。

一、免死减等流犯,中途、在配脱逃被获者,改发近边充军,亦就其原配地方,计程发配。若现配地方应配之所,即系原籍相近之处,而又地处边境,再无别处可以改发者,仍从其原籍改发。倘原籍改发之所,又,较原配相近,则视其拿获地方改发。各加枷号两个月,责四十板。

【1788】○修改

修改按语,见【1768】6.27.390.(16)条【1788】修改项下。

一、凡免死减等流犯,中途在配脱逃被获者,改发近边充军,及原犯寻常案内流三千里人犯,中途在配脱逃被获者,改发附近充军,均就其现配地方,计程发配。若表内现配地方应发之所,与该犯原籍相近,而又地处边境,再无别处可以改发者,即加一等改发，各加枷号两个月，责四十板。其原犯附近、近边、边远、极边、烟瘴各犯，仍各由原籍以次递加，照例调发。

【1790】6.27.390.(22)(略)

【1801】○修改

修改按语，见【1790】6.27.390.(21)条【1801】修改项下。

一、凡免死减等流犯，中途在配脱逃被获者，改发近边充军，及原犯寻常案内流三千里人犯，中途在配脱逃被获者，改发附近充军，均就其现配地方，计程发配。若表内现配应发之地，与该犯原籍相近，而又地处边境，再无别处可以改发者，即照表内应发地方加一等改发。各按照脱逃次数，分别枷号。其原犯附近、近边、边远、极边烟瘴各犯，仍各由原籍以次递加，照例调发。

【1802】6.27.390.(19)(略)

【1825】6.27.390.(16)(略)

【1767】○续纂

一、徒犯脱逃，如系在配脱逃被获，仍照律治罪外，其有中途脱逃被获者，各于本罪上递加一等。杖六十、徒一年者，加为杖七十、徒一年半，以次递加。至徒三年者，加为总徒四年；总徒四年者，加为准徒五年；各杖一百。准徒五年者，改为杖一百、流二千里。

臣等谨按：此条系乾隆三十一年(1766)六月内，臣部奏准定例，应纂辑遵行。

【1768】6.27.390.(18)(略)

【1790】6.27.390.(12)(略)

【1802】6.27.390.(9)(略)

【1825】6.27.390.(6)(略)

【1852】○修改

咸丰二年(1852)，增"至免死……未到配，中途脱逃"四十六字。

一、徒犯脱逃，如系在配脱逃被获，仍照律治罪外，其有中途脱逃被获者，各于本罪上递加一等。杖六十、徒一年者，加为杖七十、徒一年半，以次递加。至徒三年者，加为总徒四年；总徒四年者，加为准徒五年，各杖一百。准徒五年者，改为杖一百、流二千里。至免死及寻常遣、军、流犯，有尚未到配，中途脱逃者，均即照已经到配脱逃各本例，讯明有无另犯不法，分别办理。

【1870】6.27.390.(6)(略)

【1767】○续纂

一、蒙古发遣人犯，在配脱逃，如系原发山东、河南者，初次，调发福建、湖广等省，加枷号一个月，责四十板；二次，调发云贵两广极边烟瘴，加枷号两个月，责四十板;三次者,仍发回原调处所,加枷号三个月,责四十板。其原发福建、湖广等省者,以次调发极边烟瘴而止。蒙古免死减军在配脱逃者,亦一体加调,仍各分次数枷责、刺字。并令拿获之州县,究明逃后有无行凶为匪,照民人例分别定拟。

臣等谨按:此条系乾隆二十九年(1764)四月内,臣部奏准定例,应纂辑遵行。

【1768】6.27.390.(19)(略)

【1790】6.27.390.(13)(略)

【1802】6.27.390.(10)(略)

【1821】○修改

修改按语,见【1802】6.27.390.(22)条【1821】修改项下。

一、蒙古发内地驿站当差人犯,在配脱逃,原发山东、河南者,初次,调发福建、湖广等省,加枷号一个月;二次,调发云贵两广极边烟瘴,加枷号两个月;三次者,仍发回原调处所加枷号三个月,各责四十板。其原发福建、湖广等省者,以次调发极边烟瘴而止。如系免死减等人犯,在配脱逃,并无行凶为匪者,亦一体加调。若逃后复有行凶为匪,按其后犯情节,仅止枷、杖者,仍照脱逃本例加等调发,到配后科以后犯枷、杖之罪;若后犯情节,罪应徒、流以上者,即于逃罪加等调发本例上再加一等改发,仍照例至极边烟瘴而止,均各分次数枷责、刺字。倘罪无可加,每一等,再加枷号两个月。如原犯免死减等之罪本应外遣,因系蒙古改发内地者,仍依免死遣犯逃回行凶为匪例,照原犯死罪,即行正法。

【1825】6.27.390.(22)(略)

【1767】○续纂

一、逃回原籍之军、流人犯,本籍地方官于咨缉文到,即传该犯亲属、邻保人等,逐一讯问根由下落。如果未逃回,即取确实供结,加具印结,咨送刑部及配所省份存案。仍令保、邻不时侦缉,一经回籍,立即首报。倘容留不行举首,别经发觉,即将房主、邻保,照知情藏匿罪人减罪人一等律杖一百、徒三年。其虽不容留,但明知不首者,各杖一百。容留之亲属,除祖、父、子孙、夫妻、奴仆外,俱照不应重律杖八十,不得援亲属得相容隐之条。若逃往别处,其知情容留,及知而不首之人,罪亦如之。率混加结之地方官,及逃往别处,不行查出之地方官,一并交部分别议处。

臣等谨按:此条系乾隆二十八年(1763)四月内,湖南巡抚陈宏谋条奏定例,应纂辑遵行。再查原奏内称,"容隐之亲属,即照保邻原例,杖八十,不得援得相容隐之条"等语。此原指内外期、功等项亲属而言。若祖、父有犯,逃回原籍,子、孙自在得相容隐之内。即妻之于夫、奴仆之于家长,亦难责其容隐之罪。谨拟于原例内,"容隐之亲属"下,增"除祖、父、子孙、夫妻、奴仆外"一语,庶为周密。合并声明。

【1768】6.27.390.(20)(略)

【1778】○修改

臣等谨按：乾隆三十一年(1766)十二月内，吏部议复河南巡抚阿思哈条奏，一切案件如于文外复取印结者，准其停取所有。此条原例“即取确实供结，加具印结”句内，将“加具印结”四字改为“详请”二字，又“率混加结之地方官”句内，“加结”二字改为“详报”二字。拟合声明。

一、逃回原籍之军、流人犯，本籍地方官于咨缉文到，即传该犯亲属、邻保人等，逐一讯问根由下落。如果未逃回，即取确实供结，详请咨送刑部及配所省份存案。仍令保、邻不时侦缉，一经回籍，立即首报。倘容留不行举首，别经发觉，即将房主、邻保，照知情藏匿罪人减罪人一等律杖一百、徒三年。其虽不容留，但明知不首者，各杖一百。容留之亲属，除祖、父、子孙、夫妻、奴仆外，俱照不应重律杖八十，不得援亲属得相容隐之条。若逃往别处，其知情容留，及知而不首之人，罪亦如之。率混详报之地方官，及逃往别处，不行查出之地方官，一并交部分别议处。

【1790】6.27.390.(14)(略)

【1802】6.27.390.(11)(略)

【1825】6.27.390.(9)(略)

【1767】○续纂

一、黔省查拿游匪，除斩、绞、军、流，照例办理外，其犯该杖徒者，递回原籍充徒发落。并开明该犯姓名、年貌、籍贯，通饬各属备案，仍令各照定例办理。若本犯回籍之后，复敢潜入黔境，一经拿获，讯无为匪，照逃人例杖一百，递回原籍。如有为匪，犯在杖一百以下者，并杖六十、徒一年；犯在徒一年以上者，各照所犯之罪加一等。其窝留之人，照知人犯罪藏匿律减罪人一等问拟。失于查察之原籍及黔省地保人等，照川省之例，分别知情、受贿等弊，一例治罪。原籍失察脱逃，并黔省失察容留地方文武各官，均照例分别议处。

臣等谨按：此条系乾隆二十七年(1762)八月内，贵州巡抚乔光烈条奏定例，应纂辑遵行。

【1768】6.27.390.(21)(略)

【1790】6.27.390.(15)(略)

【1802】6.27.390.(12)(略)

【1825】6.27.390.(10)(略)

【1767】○续纂

一、免死发遣盗犯，在配脱逃者，无论有无行凶为匪，悉照新疆遣犯脱逃例，于拿获之日，请旨即行正法。

臣等谨按：此条系乾隆三十二年(1767)十二月内，山东按察使勒尔谨条奏定例，应纂辑遵行。

【1768】6.27.390.(22)(略)

【1772】○修改

臣等谨按:乾隆三十五年(1770)十二月内,军机大臣议奏,凡免死盗犯,在配无故脱逃已逾五日,拿获者,照例正法。若于五日内拿获者,该管将军、大臣审明,如系仅在附近处所暂行躲避,并未远扬,或遇有事故,未向伊主告假,实非逃走者,声明缘由,请旨定夺等因,奏准在案。所有此条原例,应修改。谨将改辑例文,开列于后。

一、免死发遣盗犯,在配无故脱逃已逾五日,拿获者,无论有无行凶为匪,悉照新疆遣犯脱逃例,请旨即行正法。若于五日内拿获,该管将军、大臣严行确审,如系仅在附近处所,暂行躲避,并未远扬,或遇有事故,未向伊主告假,实非逃走者,声明缘由具奏,请旨定夺。

【1790】6.27.390.(16)(略)

【1801】○修改

臣等谨按:此条系乾隆三十五年(1770)定例。查新疆寻常遣犯脱逃,旧例即行正法。嗣于嘉庆四年(1799),臣部奏准用重枷枷号三个月发落,纂入"名例"遵行在案。例内"悉照新疆遣犯脱逃例"句,应行节删。谨将修改例文,开列于后。

一、免死发遣盗犯,在配无故脱逃已逾五日,拿获者,无论有无行凶为匪,请旨即行正法。若于五日内拿获,该管将军、大臣严行确审,如系仅在附近处所,暂行躲避,并未远扬,或遇有事故,未向伊主告假,实非逃走者,声明缘由具奏,请旨定夺。

【1802】6.27.390.(17)(略)

【1821】○修改

臣等谨按:嘉庆二十一年(1816)三月十四日,奉上谕:"张映汉奏'黑龙江减回内地流犯龚亚文在配脱逃,于五日内拿获,讯系附近躲避,尚未出境,遵例请旨定夺'等语。龚亚文着仍发黑龙江为奴。如再脱逃,拿获即行正法。余俱照所拟完结。嗣后凡免死减等发遣盗犯改发者,如在配脱逃,五日限外拿获,仍照例正法。其五日限内拿获,讯明实系附近躲避,并未远扬者,即仍发原配地方,毋庸奏请定夺。著为令。钦此。"又嘉庆二十二年(1817)二月内,升任广西巡抚庆保咨"拿获逃军李胜先"一案,声明李胜先系伙盗,曾经伤人,闻拿投首,实发云贵两广极边烟瘴充军。因在配当役辛苦,在附近求乞,躲避五日,限内拿获,并非远扬,应作何改发之处,咨部示复等因。当经臣部查,嘉庆十七年(1812)十二月内,臣部奏改发黑龙江等处遣犯条款,将未伤人之首盗闻拿投首,窝家、盗线闻拿投首,曾经伤人及行劫二次以上之伙盗闻拿投首,伙盗能将盗首逃匿地方供出一年限内拿获四条,俱改发云贵两广极边烟瘴充军奏准,纂例遵行在案。此项盗犯,暨是年调剂黑龙江等处遣犯案内,分别到配年份,改回内地充军拟流之盗犯,均系免死改发。如脱逃被获,例应正法。与寻常军、流人犯脱逃被获,例应加等调发者不同。此等盗犯脱逃,五日内拿获,讯明并非远扬者,系本例发遣之犯,自应照例仍发遣配。即由黑龙江、吉林改回内地军、流之盗犯，以黑龙江、吉林为原配，应钦遵上年所奉谕旨，仍发黑龙江、吉林遣配。若本例免死充军之盗犯，既非由遣配改回内地，如仍发极边烟瘴，较之寻常军、流人犯脱逃被获加等调发者转轻，而新例免死盗犯停发黑龙江等处改发新疆。又未便照龚亚文之案，率将并非由黑龙江原配改回内地之盗犯，改发黑龙江、吉林，自应通融酌办。议将嗣后未伤人之首盗闻拿投首，窝家、盗线闻拿投首，曾经伤人及行劫二次以上之伙盗闻拿投首，并伙盗供出首盗逃匿所在一年限内拿获四项，新例免死实发云贵两广极边烟瘴充军人犯，如有在配脱逃，五日限外拿获，照例正法。限内拿获，讯明并非远扬者，即照现在免死盗犯发遣新疆之例，改发新疆等处给官兵为奴。行令该抚，将李胜先改发新疆给官兵为奴，并通行各省遵照。又，嘉庆二十五年(1820)九月内，臣部"遵旨酌议停发黑龙江、吉林遣犯"案内，将由黑龙江、吉林减回内地充军拟流之盗犯在配脱逃，于五日内拿获，仍发原配一条，改发新疆给官兵为奴等因奏准，亦在案。再查现行例内，免死盗犯，系发遣新疆为奴，如有脱逃，于五日限内拿获，讯系附近躲避，并非远扬，此等盗犯，业已远戍，无可调发，应请照新疆寻常遣犯脱逃被获例，在配所用重枷枷号三个月，杖一百，责令伊主严加管束。应于例内修改增纂，以资引用。谨将修改例文，开列于后。

一、免死减等发遣新疆盗犯，并由黑龙江、吉林减回内地充军拟流之盗犯，及未伤人之首盗闻拿投首，窝家、盗线闻拿投首，曾经伤人及行劫二次以上之伙盗闻拿投首，伙盗能将盗首逃匿地方供出一年限内拿获，四项改发云贵两广极边烟瘴充军之犯，如在配无故脱逃已逾五日，拿获者，无论有无行凶为匪，请旨即行正法。若于五日内拿获，该管将军、大臣、督抚严行确审，如系仅在附近处所，暂行躲避，并未远扬，或偶有事故，未向伊主及看役告知，实非逃走者，新疆遣犯，在配所用重枷枷号三个月，杖一百，责令伊主严加管束；由黑龙江、吉林减回内地充军拟流，并改发云贵两广充军四项人犯，俱调发新疆给官兵为奴。均毋庸具奏。如再脱逃拿获，奏请即行正法。

【1825】6.27.390.(20)(略)

【1830】○修改

臣等谨按：道光六年(1826)十一月内，军机大臣会同臣部议复直隶总督那彦成奏"调剂新疆遣犯"折内，请将由黑龙江、吉林减回内地充军拟流，并改发云贵两广充军盗犯，在配脱逃，于五日拿获，审系在附近处所暂行躲避，或偶有事故他出，实非逃走者，俱调发新疆为奴各条，均改发云贵两广极边烟瘴充军，到配加枷号三个月等因奏准，通行在案。例内调发新疆之处，应行修改。谨将修改例文，开列于后。

一、免死减等发遣新疆盗犯，并由黑龙江、吉林减回内地充军拟流之盗犯，及未伤人之首盗闻拿投首，窝家、盗线闻拿投首，曾经伤人及行劫二次以上之伙盗闻拿投首，伙盗能将盗首逃匿地方供出一年限内拿获，四项改发云贵两广极边烟瘴充军之犯，如在配无故脱逃，已逾五日拿获者，无论有无行凶为匪，请旨即行正法。若于五日内拿获，该管将军、大臣、督抚严行确审。如系仅在附近处所，暂行躲避，并未远扬,或偶有事故,未向伊主及看役告知,实非逃走者,新疆遣犯,在配所用重枷枷号三个月,杖一百,责令伊主严加管束;由黑龙江、吉林减回内地充军拟流,并改发云贵两广充军四项人犯,俱改发云贵两广极边烟瘴充军,到配加枷号三个月,均毋庸具奏。如再脱逃拿获,奏请即行正法。

【1845】○修复

臣等谨查:此条例文从前旧例内载"由黑龙江、吉林减回内地充军拟流,并改发云贵两广充军,在配脱逃,于五日内拿获,审系在附近躲避,或偶有事故,实非逃走,俱调发新疆给官兵为奴"等语。嗣于道光六年(1826)十一月内,据原任陕甘总督那彦成奏请调剂新疆遣犯,经军机大臣会同臣部议,将此项改为改发云贵两广极边烟瘴充军,到配加枷号三个月奏准,纂入例册在案。兹道光二十四年(1844)六月内,据升任贵州巡抚贺长龄奏请"调剂军犯章程"一折,复经军机大臣会同臣部议请,嗣后新疆遣犯各照旧发往等因具奏。奉上谕:"据军机大臣会同刑部议奏'贵州军犯拥挤,酌减调剂'等语。新疆遣犯改发内地,恐人数众多,不特约束难周,且与民风大有关碍。非若新疆地方辽阔,外遣人犯易于安插。所有旧时改发内地各条,着仍照旧发往新疆,交该将军设法妥为安插。并严饬所属,认真查核,严加管束,毋令滋生事端,俾期积久无弊。余依议。钦此。"是新疆遣犯既应照旧发往,其减回内地充军拟流,并四项人犯调发新疆之原例,现在犹存,足资引用。此条系属赘文,应行删除。

一、免死减等发遣新疆盗犯,并由黑龙江、吉林减回内地充军拟流之盗犯,及未伤人之首盗闻拿投首,窝家、盗线闻拿投首,曾经伤人及行劫二次以上之伙盗闻拿投首,伙盗能将盗首逃匿地方供出一年限内拿获,四项改发云贵两广极边烟瘴充军之犯,如在配无故脱逃,已逾五日拿获者,无论有无行凶为匪,请旨即行正法。若于五日内拿获,该管将军、大臣、督抚严行确审。如系仅在附近处所,暂行躲避,并未远扬,或偶有事故,未向伊主及看役告知,实非逃走者,新疆遣犯,在配所用重枷枷号三个月,杖一百,责令伊主严加管束;由黑龙江、吉林减回内地充军拟流,并改发云贵两广充军四项人犯,俱调发新疆给官兵为奴,均毋庸具奏。如再脱逃拿获,奏请即行正法。

【1847】6.27.390.(20)(略)

【1772】○续纂

一、军、流、徒犯,在配及中途脱逃,主守、押解人等,审无知情、贿纵情弊,照律给限追捕。限内能自捕得,准其依律免罪。如系他人捕获,或因已死及自首,均依失囚律治罪,不准宽免。

臣等谨按:此条系乾隆三十五年(1770)三月内,臣部奏请定例,应蓦辑遵行。

【1790】6.27.390.(17)(略)

【1802】6.27.390.(13)(略)

【1825】6.27.390.(11)(略)

【1778】○续纂

一、凡新疆改遣重犯,在配所脱逃,咨缉时,即将该犯犯事原案全行抄录,同年貌册一并分咨各直省及盛京、黑龙江、吉林等处将军,一体严缉。获日,查照原案审明办理。

臣等谨按:此条系乾隆三十九年(1774)八、九等月,臣部议复江西巡抚海成及盛京户部侍郎兼管奉天府府尹事务德风条奏定例,应并纂以便遵行。

【1788】○修并

修并按语及修并后例文,见【1768】6.27.390.(9)条【1788】修并项下。

【1795】○续纂

一、各省遣犯脱逃,内有年老者,以年逾七十为准,如在逃时年已六十,勒限十年,年已五十,勒限二十年,逾限未获,即于汇奏通缉案内开除停缉。倘后经缉获,仍照例质明办理。

臣等谨按:乾隆五十六年(1791)十二月内,钦奉谕旨,以各省通缉,多有年久之案。应如何查核年分,分别停缉,敕令详悉核议。当经军机大臣会同臣部议,以年老脱逃之犯,必不能及时远扬。如果上紧缉拿,无难立时弋获。若已在逃年久,则存亡莫必。与其挂虚名而视若具文,不如省存案而统归责实。请嗣后在逃未获遣犯,概以年逾七十为准。如在逃时年已六十者,勒限十年;年已五十者,勒限二十年。逾限未获,即于通缉案内开除停缉。倘别经破获,仍照例质明办理等因奏准,遵行在案,应纂辑遵行。

【1801】○修改

臣等谨按:此条系乾隆五十三年(1788)定例。查年终汇奏各件,于乾隆五十九年(1794)钦奉谕旨,令改奏为咨。此条例内"汇奏"二字,系属旧例,应改为"汇咨"。谨将修改例文,开列于后。

一、各省遣犯脱逃,内有年老者,以年逾七十为准,如在逃时年已六十,勒限十年,年已五十,勒限二十年,逾限未获,即于汇咨通缉案内开除停缉。倘后经缉获,仍照例质明办理。

【1802】6.27.390.(20)(略)

【1825】6.27.390.(17)(略)

【1801】○续纂

一、洋盗案内,被掳过船,随同上盗,问拟发遣之犯,在配脱逃被获者,查明发遣原案,除被掳后甘心从盗者,仍照免死盗犯例正法外,若并非甘心从盗,实系掳捉过船,逼令入伙上盗者,如脱逃后并无行凶为匪,即照平常发遣人犯脱逃被获例,递回原遣处,枷号一个月,鞭一百。如脱逃后行凶为匪,亦照平常发遣人犯逃后行凶为匪例,分别问拟。

臣等谨按:例载“免死发遣盗犯,在配脱逃被获者,照原犯死罪,即行正法”,又例载“平常发遣人犯,脱逃被获,审无行凶为匪者,递回发遣处,枷号一个月、鞭一百”各等语。嗣于嘉庆五年(1800),据黑龙江将军咨称,拿获脱逃遣犯陈周、陈朱一案,审系洋盗许跳案内逼协服役,发遣为奴之犯。因在配劳苦,商量同逃,逃后并无行凶为匪等情,将陈周等枷号一个月、鞭一百等因咨部。经臣部议称,本年三月,本部议复署广东按察使叶汝兰条奏“洋盗案内被胁服役之犯,按其久暂,量为区别”折内声请,此等人犯,均为盗匪逼胁所致,如有投首及逃回者,照律免罪。如果拿获者,均杖一百、徒三年奏准,通行在案。诚以服役系为盗匪逼胁所致,故量为酌减。至被掳过船,随同上盗,即与盗匪无异,仍照原例发遣。至发遣后在配脱逃,自应照例正法。若始则被掳,继则逼令入伙上盗,是其为盗,始终俱系被逼无奈所致。衡情既有可原,论法不无可恕。如发遣后在配脱逃,即与免死减等人犯一例正法,殊未允协。此案逃遣陈周、陈朱,臣部检查原案,系被盗首陈俊强掳上船,逼令入伙,发遣黑龙江为奴,在配脱逃。该将军将陈周等,照平常发遣人犯脱逃例枷号、鞭责,实为情法之平,应如所拟办理。再拿获此等逃遣,恐各省误会例意,即行正法,应通行问刑衙门,嗣后洋盗案内被掳过船随同上盗问拟发遣之犯,在配脱逃被获,除甘心从盗发遣者,仍照免死盗犯例正法,其有并非甘心从盗,实系掳捉过船,逼令入伙,随同上盗发遣者,即照平常发遣人犯脱逃被获例,递回原遣处枷责、管束。本部现在纂修条例,即于例内修纂详明,庶免歧误等因,咨行在案。应纂辑为例,以便引用。又查平常发遣人犯,脱逃后如有行凶为匪,例内就其现犯之罪,分别加等问拟。今掳逼上盗遣犯脱逃,既照平常遣犯枷号、鞭责,如逃后行凶为匪,亦应照平常发遣人犯逃后行凶为匪例,分别治罪。原案内未经申叙,应添入,以昭赅备。合并声明。

【1802】6.27.390.(23)(略)

【1825】6.27.390.(18)(略)

【1821】○续纂

一、回民因行窃、窝窃发遣,脱逃被获,并无行凶为匪及拒捕情事者,初次,递回配所,用重枷枷号六个月,二次枷号九个月,三次及三次以外枷号一年。如逃走后复行凶为匪,并拿获时有拒捕者,除犯该斩、绞监候改为立决,犯该军、流、发遣改为绞候,仍照原例办理外,如犯该徒罪,递回配所,枷号一年;犯该笞、杖,递回配所,枷号九个月。满日俱鞭一百,遇赦俱不准援减。

臣等谨按:嘉庆二十年(1815)五月二十六日,臣部议复顺天府府尹“审奏窝窃回民大李三等拟遣”一折,奉旨:“此案秦贼肆窃之回民,发遣到配后,若复潜逃回籍,必故智复萌,仍为地方之害。着交配所该管官严加管束。如在配脱逃,应如何加重定罪,其失察之该管官,应如何从重议处之处,着该部酌议条例具奏。此案人犯,即照新例办理。钦此。”

除处分条例由吏、兵二部定议外,当经臣部议请嗣后回民因行窃、窝窃发遣,脱逃被获,并无行凶为匪及拒捕情事者,初次,递回配所,用重枷枷号六个月;二次,枷号九个月;三次及三次以外,枷号一年。如逃走后复行凶为匪,并拿获时有拒捕者,除犯该斩、绞监候改为立决,犯该军、流、发遣改为绞候,仍照原例办理外,如犯该徒罪,递回配所,枷号一年;犯该笞、杖,递回配所,枷号九个月。满日,俱鞭一百。遇赦,俱不准援减等因,奏准在案。应纂辑遵行。

【1825】6.27.390.(14)(略)

【1821】○续纂

一、凡遣、军、流、徒各犯,仅止脱逃者,主守之乡保等,及容留军、流逃犯之房主、邻保,仍照各本例治罪外,如遣、军、流犯逃后滋事,主守之乡保等杖一百,每一名加一等,罪止杖一百、徒三年。知情容留之房主、邻保,照知情藏匿罪人减罪人一等律,再加一等治罪。知而不首者,仍杖一百。其徒犯逃后滋事,失察之乡保等杖八十,每一名加一等,罪止杖八十、徒二年。知情容留之房主、邻保,照知情藏匿罪人律减本犯罪一等治罪。容留并未滋事之逃徒,照容留滋事逃徒例再减一等。但知而不首者,各杖八十。受财者,各计赃以枉法从重论。其容留之亲属,除祖、父、子孙、夫妻、奴仆外,其余亲属人等,系容留徒罪人犯,照不应轻律笞四十;容留遣、军、流犯,俱照不应重律杖八十。

续纂按语,见【1802】6.27.390.(5)条【1821】修改按语。

【1825】6.27.390.(24)(略)

【1847】6.27.390.(25)(略)

【1821】○续纂

一、递籍人犯脱逃,主守之乡保等笞四十;逃后滋事者,乡保等杖六十;每一名加一等,罪止杖一百。知情容留之房主、邻佑,亦照知情藏匿罪人律,减本犯一等治罪。其容留并未滋事之递籍逃犯,照容留滋事递籍逃犯例再减一等。知而不首者,各杖六十。受财者,各计赃以枉法从重论。其容留之亲属,除祖、父、子孙、夫妻、奴仆外,其余亲属人等,照不应轻律笞四十。

续纂按语,见【1802】6.27.390.(5)条【1821】修改按语。

【1825】6.27.390.(25)(略)

【1835】○修改

臣等谨按:道光十二年(1832)十一月内,据升任江西道监察御史金应麟奏"请修改删易刑例"一折内称,"递籍人犯脱逃,乡保笞四十;逃后滋事者,杖六十,罪止杖一百。知情容留之房主、邻保,亦照知情藏匿罪人,减本犯一等治罪。其容留并未滋事之逃犯,照容留滋事递籍逃犯例,再减一等。知而不首,各杖六十。查并未滋事递籍人犯脱逃至京,有杖八十者,有笞四十者,至他省者,例无明文,应以何项计算递减,如由前项邻保笞、杖递减,则邻保之罪,轻于知而不首之杖六十,亦未平允,似应酌定”等语。经臣部查,由京递回原籍人犯,复逃来京,例有治罪明文。而逃至他省者,并无应行治罪之例。今例内但言脱逃,是无论其曾否来京,均应将乡保等照例治罪,较之脱逃本犯办理转严,诚不足以昭平允。再查知而不首,其情本较容留者为轻,乃例内容留之房主、邻保不过于本犯杖八十、笞四十罪上递减一等,科以杖七十、笞三十,而反将知而不首之人,概坐以杖六十之罪,亦觉不甚允协,自应一并酌加修改。议请于例内“递籍人犯脱逃”之下添入“来京”二字,“其知而不首,各杖六十”一语酌改为“知而不首,又递减一等”等因具奏。奉旨允准通行,遵照在案,应于例内修改明晰。谨将修改例文,开列于后。

一、由京递籍人犯,脱逃来京,主守之乡保等笞四十。逃后滋事者,乡保等杖六十,每一名加一等,罪止杖一百。知情容留之房主、邻保,亦照知情藏匿罪人律,减本犯一等治罪。其容留并未滋事之递籍逃犯,照容留滋事递籍逃犯例再减一等。知而不首者,又递减一等。受财者,各计赃以枉法从重论。其容留之亲属,除祖、父、子孙、夫妻、奴仆外,其余亲属人等照不应轻律笞四十。

【1847】6.27.390.(24)(略)

【1821】○续纂

一、传习邪教人犯,除拟发额鲁特为奴各犯,曾奉有谕旨,如在配脱逃被获即行正法者,应钦遵办理外,其余问拟遣、军、流、徒人犯,若仅止脱逃,并未滋事者,于寻常遣、军、流、徒脱逃加等调发例上,各加一等治罪。如逃后滋事,或另犯重罪,及妄行控诉、呈递封章者,各视寻常逃犯所应得罪名,加一等定拟。其遣、军应加枷号者,按照寻常逃犯应得枷号月数,递加一等。如已至斩、绞罪名,应缓决者入于情实,应情实者加为立决。犯至立决无可复加者,仍照原例科断。倘另犯应死罪名,仍各从其重者论。其失察、容留之人,于常犯脱逃之失察容留例上,分别是否滋事,各加一等惩处。

续纂按语,见【1802】6.27.390.(5)条【1821】修改按语。

【1825】6.27.390.(26)(略)

【1870】○续纂

一、发遣免死盗犯,如脱逃拿获,例应请旨正法者,于审明后即行正法,毋庸候部核复。

谨案:此条同治九年(1870)定。

【1870】6.27.390.(27)(略)

稽留囚徒

律 文

【1646】6.27.414

凡应徒、流、迁徙、充军囚徒，断决后，当该原问官司限一十日内，如原定法式枷杻，差人管押，牢固关防，发遣所拟地方交割。若限外无故稽留不送者，三日，笞二十，每三日加一等，以吏为首科断。罪止杖六十。因稽留而在逃者，就将当该提调官住俸勒限严捕。吏，抵在逃犯人本罪发遣，候捕获犯人到官替役，以囚至配所之日疏放别叙。○若邻境官司遇有囚递到，稽留不即递送者，罪亦如之。稽留者验日坐罪，致逃者，抵罪发遣。○若发遣之时，提调官吏，不行如法枷杻，以致囚徒中途解脱，自带枷杻在逃者，与押解失囚之人同罪。分别官、吏，罪止杖一百，责限擒捕。○并罪坐所由。疏失之人。受财者，计赃以枉法从重论。统承上言。

【1670】6.27.413（略）

【1725】○修改

原拟：今有司疏防犯人脱逃，俱勒限缉拿。限内拿获者，即准开复。并无犯人捕获到官，仍行别叙之例。应删去"别叙"字。再起解人犯，今不用枷，应将此律内"枷杻"字，改为"锁杻"。

臣等谨按（按语与雍正三年律后总注同，略）

【1725】6.27.401

凡应徒、流、迁徙、充军囚徒，断决后，当该原问官司限一十日内，如原定法式锁杻，差人管押，牢固关防，发遣所拟地方交割。若限外无故稽留不送者，三日笞二十，每三日加一等，以吏为首科断。罪止杖六十。因稽留而在逃者，就将当该提调官住俸勒限严捕。吏，抵在逃犯人本罪发遣，候捕获犯人到官替役，以囚至配所之日疏放。○若邻境官司遇有囚递到，稽留不即递送者，罪亦如之。稽留者验日坐罪，致逃者抵罪发遣。○若发遣之时，提调官吏，不行如法锁杻，以致囚徒中途解脱，自带锁杻在逃者，与押解失囚之人同罪。分别官、吏，罪止杖一百，责限擒捕。○并罪坐所由。疏失之人。受财者，计赃以枉法从重论。统承上言。

注：此言起解囚徒之不得稽迟也。首节言起解徒、流、迁徙、充军囚徒，当该官司限外无故稽留，及因稽留而致囚徒脱逃者之罪。次节言邻境官司，遇有囚徒递解到境，稽留不即递解过境者之罪。三节言发遣罪犯之时，提调官吏不如法锁杻，以致囚徒中途解脱在逃者之罪。末节总承上三节而言，罪坐所由疏失之人。又结言，如受财而稽留，及不递送、不如法锁杻，以致在逃者，计入己之赃，以枉法从重论。

【1740】6.27.391（略）

附律条例

【1740】○增入

一、秋审人犯解省之时,俱令各州县径行解司,仍报明该管各府。审后亦即由司给发护牌,分发各州县收禁,仍汇文行知各该府。

谨案:此条系乾隆三年(1738)定例。

【1740】6.27.391.(1)(略)

【1767】○删除

臣等谨按:秋审人犯,现定新例令各该道员遍历所属审勘,毋庸提解。即或遇有情罪未协,临时呼冤人犯,应行解往院、司复审者,似应仍照押解斩、绞人犯招解之例办理。以上三条,系押解秋审人犯招解之例,拟合删除。

【1778】○修复移出

臣等谨按:以上三条,系押解秋审人犯至省旧例,乾隆三十三年(1768)三月内,因河南巡抚阿思哈条奏,秋审人犯毋庸提解省城会审,俱令各该道遍历所属审勘。经臣部议复奏准。是年纂修律例,将以上三条,俱行删除。今现定新例,秋审人犯仍行提解省城会勘。所有押解秋审人犯旧例三条,应行纂复,以便遵行。再此三条原例,从前系“稽留囚徒”门内,今查“有司决囚等第”门内,类此者甚多。谨将原例三条,一并移入“有司决囚等第”门内,以归画一,合并声明。

* 刑律·断狱·有司决囚等第

【1790】6.28.411.(23)(略)

【1761】○续纂

一、各省起解秋审人犯,各州县如有相距在七十里以外,不及收禁者,该地方官预期选拨干役,前赴寄宿之处,传齐地保,知会营汛,同原解兵役支更巡逻防范。审后发回,一体办理。倘有疏脱及纵放等情,将各该役俱照原解兵役,一体治罪。

臣等谨按:此条系乾隆二十三年(1758)四月内,臣部议复调任河南按察使严有禧条奏定例,应纂辑以便遵行。

【1767】○删除

删除按语,见【1740】6.27.391.(1)条【1767】删除项下。

【1778】○修复移出

修复按语,见【1740】6.27.391.(1)条【1778】修复项下。

* 刑律·断狱·有司决囚等第

【1790】6.28.411.(24)(略)

【1761】○续纂

一、凡外遣人犯,务令依限解赴。如有患病应留养者,山海关以内州县,责成直隶总督查察，山海关以外州县，责成盛京将军及奉天府府尹查察。必验明患病确实，具结申请，方准照例留养。如有本系无病，及病已痊愈，率行捏结，及漫无觉察，任其迁延者，即将各该州县及该旗员等严查参处。并饬各属将每年有无患病留养人犯，及已未起解之处，按季报明该督、该府尹，造册报部查核。直省递解人犯，一体照此办理。

臣等谨按：此条系乾隆二十四年(1759)十二月内，臣部议复盛京兵部侍郎果尔敏条奏定例，应纂辑以便遵行。

【1768】6.27.391.(1)(略)

【1767】○续纂

一、凡隔省递籍人犯，该州县一面发递，一面关会原籍，并知照经过地方官。无论长解、短解，务遵定例加差转递。各该州县仍于季底将有无递解过某省人犯若干名造册，由府汇详督抚，分咨各省，转行查核，照案咨复。其本省递解人犯，亦责成各州县，彼此关复查结。

臣等谨按：此条系乾隆二十八年(1763)十月内，江西布政使富明安条奏定例，应纂辑遵行。

【1768】6.27.391.(2)(略)

【1767】○删除

一、直省委员押解秋审人犯，止令逐程交替，不必长解守候。其交替之时，将人犯并解役，当面点交前站委员收明，始回本地。其审毕发回时，亦照此逐程发递。

臣等谨按：此条系乾隆三十年(1765)四月内，浙江巡抚熊学鹏条奏定例，应纂辑遵行。

删除按语，见【1740】6.27.391.(1)条【1767】删除项下。

【1778】○修复移出

修复按语，见【1740】6.27.391.(1)条【1778】修复项下。

＊ 刑律·断狱·有司决囚等第

【1790】6.28.411.(25)(略)

【1778】○续纂

一、凡军、流、徒罪，以奉文日为始，定限两个月起解。如实系患病，逾限不能起解，准将缘由详明督抚咨部查核，其病限不得过百日。若过限不行发解者，将州县官，及未经行催之上司，分别议处。

臣等谨按：此条系乾隆三十七年(1772)九月内，吏部议复浙江按察使郝硕条奏定例，应纂辑遵行。

【1790】6.27.391.(3)(略)

【1821】○修改

臣等谨按:嘉庆二十年(1815)八月二十七日,军机大臣字寄奉上谕:"向来京城发递之犯,皆于奉旨后即行起解。虽大员获罪拟遣者,亦从不敢耽延。乃近日外省发遣人犯,竟有借词迁延迟至一年半载起解者,殊属怠玩。着兵部、刑部堂官会同查明旧例,如原定例限本宽,即着改加紧押令,迅速起程,不得借词逗遛,以杜捏饰。钦此。"当经臣部会同兵部议请,嗣后外省发遣官、常各犯,及发往军台效力赎罪废员,与军、流、徒罪人犯,于文到之日,均限一个月,即行起解,勿得任其逗遛。仍令各该督抚将各犯起解月日,逐一分别按季汇报刑部、兵部备查。如有迟逾,即行指参。其各犯实有患病,逾限不能起解者,地方官验看属实,加具并无捏饰印甘各结,详明督抚起限,亦不得过两个月,该督抚亦即咨部汇核。如有假捏及逾限不行起解者,别经发觉,将该州县及失察之各上司,分别交部议处等因,奏准遵行。又二十四年(1819)正月内,调任山西道监察御史蒋云宽奏请,嗣后各省军、流等犯,定地发配及到配安置,俱令专咨报部,仍于年终逐案摘叙事由,造册汇报,以备稽查等因,各在案。应于例内修改明晰,以便引用。谨将修改例文,开列于后。

一、外省发遣官、常各犯,及发往军台效力赎罪废员,与军、流、徒罪人犯,于文到之日,均限一个月即行起解,勿得任其逗遛。各该督抚将各犯起解月日,专咨报部,仍逐一分别年终汇报刑部、兵部备查。如有迟延,即行指参。如实有患病,逾限不能起解者,地方官验看属实,加具并无捏饰印甘各结,详明督抚起限,亦不得过两个月,该督抚亦即咨部查核。如有假捏及逾限不行起解者,别经发觉,将该州县及失察之各上司,分别交部议处。

【1825】○修改

臣等谨按:道光二年(1822)三月内,臣部"遵旨删减册籍"案内,以各省遣、军、流、徒人犯起解日期,俱经专咨报部,其年终似可毋庸汇报。请将前项册籍删除,奏准在案。所有例内仍于年终汇报之处,应行节删。谨将修改例文,开列于后。

一、外省发遣官、常各犯,及发往军台效力赎罪废员,与军、流、徒罪人犯,于文到之日,均限一个月即行起解,勿得任其逗遛,各该督抚将各犯起解月日,专咨报部。如有迟逾,即行指参。倘实因患病,逾限不能起解者,地方官验看属实,加具并无捏饰印甘各结,详明督抚起限,亦不得过两个月,该督抚亦即咨部查核。如有假捏,及逾限不行起解者,别经发觉,将该州县及失察之各上司,分别交部议处。

【1825】6.27.391.(4)(略)

【1806】○移改

【原例】* 兵律·邮驿·公事应行稽程

【1768】5.17.246.(1)一、各处有司,起解在逃军犯,及充军人犯,量地远近,定立程限,责令管送。若长解纵容在家迁延,不即起程,违限一年之上者,解人发附近;正犯原系

附近，发近边，原系近边，发极边地方，各充军。

臣等谨按：起解罪犯迁延违限各例，俱载在“捕亡·稽留囚徒”门内。此条亦系起解军犯稽迟之例，而又载在“兵律”。一事分载两门，殊未允协，应移入“捕亡”门内，以便查阅。再查军犯加等调发，附近发近边、近边发边远，均系以次递加，今例内附近发近边，尚属与例相符，而近边即发极边，未免越等，应行修改。至长解人役，既纵容犯人在家迁延，不即起程，难保无受贿情事。若有受财，应计赃以枉法从重论，亦应于例内添纂，以昭赅备。谨将修改例文，开列于后。

一、各处有司起解在逃军犯，及充军人犯，量地远近，定立程限，责令管送。若长解纵容在家迁延，不即起程，违限一年之上者，解人发附近充军。受财者，计赃以枉法从其重者论。正犯原系附近，发近边；原系近边，发边远；原系边远，发极边地方，各充军。

【1825】6.27.391.(3)(略)

【1835】○续纂

一、各省递解人犯，如遇前途水阻，及另有事故，不能前进，即由附近州、县，详报该省督抚，查看情形属实，迅即飞咨邻省截留，不准州县擅自知会。仍饬令最近之州、县，将接到人犯，分别监狱大小，酌留一二十名，再令各上站挨次留禁，由该州县开具犯名、事由，申报该省上司，咨报查考。一俟前路疏通，即行起解。如有州县擅用公文私信，知会上站截留，即由该督抚据实严参。

臣等谨按：道光十二年(1832)六月内，据升任安徽巡抚邓廷桢咨称，湖南省猺匪滋事之处，相距安省甚远，虽有截留之文，仍须接递前进。俟该处最近州县留禁二十名，移知下站，挨次照数截留，方为正办。无奈各处俱不遵照旧章，一经得有截留之信，辄行抗不接递，纷纷退回，实属不成事体。请明立科条等因。经臣部恭查，是年四月，闻据直隶总督琦善奏“直隶解发各省人犯，请饬湖南等省，照依旧章，挨次留禁”一折，奉上谕：“琦善奏‘直省解发各省人犯，请饬湖南等省，照依旧章，挨次留禁’一折所奏是。直隶切近京畿，路居四达，所有解发京控原告及军、流人犯，必须逐程转递，方不致有拥挤。兹据奏河南安阳等县，以冻河漫水及湖南猺匪滋事，将人犯一并截回。查从前立定章程，各州县如遇水阻，即飞咨邻省截留，不准擅自知会。其应解人犯，由发水最近州、县分别留禁。此次逆猺滋事，系在湖南永州府属地方，与河南中隔湖北一省，相距甚远。着河南、湖北、湖南各督抚，察看情形，如实有道路难行之处，即照旧定章程，先由湖南附近永州府各州县，分别监狱大小，将监犯酌禁一二十名，再令各上站挨次留禁。该州县开具犯名、事由，申报该省上司咨报查考。一俟前路疏通，即行起解。如有州县擅用公文私信，知会上站截留，着即据实严参，以肃政体。钦此。”自应钦遵谕旨，定立章程，以昭画一。议令嗣后各省递解人犯，如遇前途水阻，及另有事故，不能前进，即由附近州、县详报该省督抚，察看情形属实，迅即飞咨邻省截留，不准州县擅自知会。仍饬令最近之州县，将接到人犯，分别监狱大小，酌留一二十名，再令各上站挨次留禁。由该州县开具犯名、事由，申报该省上司咨报查考。一俟前路疏通，即行起解。如有州县擅用公文私信，知会上站截留，即由该督抚据实严参等因，通行直省各督抚，遵照在案。应纂专条，以昭遵守。

【1847】6.27.391.（5）（略）

【1852】○续纂

一、凡各省距省穹远之各厅州县，问拟遣、军、流犯，各督抚于出咨后，即令造册先行定地，并发给咨牌。存俟奉到部复，即行佥差起解，不准稍有稽滞。仍将发给咨牌，并起解日期，报部查核。

谨案：此条咸丰二年（1852）定。

【1870】6.27.391.（6）（略）

主守不觉失囚

律　文

【1646】6.27.415

凡狱卒不觉失囚者，减囚原犯之罪二等；以囚罪之最重者，为坐。若囚自内反狱在逃，又减不觉罪二等，听给限一百日戴罪追捕。限内能自捕得，及他人捕得，若囚已死，及自首，狱卒皆免罪；司狱官典，减狱卒罪三等。其提牢官曾经躬亲逐一点视罪囚，枷、锁、杻俱已如法，取责狱官、狱卒牢固收禁文状者，不坐。若提牢官于该日不曾点视，以致失囚反逃者，与狱官同罪。若提牢官、狱卒、官典故纵者，不给捕限，官、役各与囚同罪。至死减等。虽坐定，若罪未断之间，能自捕得，及他人捕得，若囚已死，及自首，各减囚罪一等。受财故纵者，计赃以枉法从重论。○若贼自外入狱劫囚，力不能敌者，官、役各免罪。○若押解在狱罪囚中途不觉失囚者，罪亦如之。如狱卒减二等，仍责限捕获免罪；如有故纵及受财者，并与囚同罪；系劫者，免科。

【1670】6.27.414（略）

【1725】○修改

原拟：监犯今不用枷，应删去“枷”字。

臣等谨按：此重典守狱囚之责也。首节定失囚之罪。狱卒不觉失囚，虽失于看守，而原其无纵放之心，故得减囚罪二等。罪囚自内反狱，虽失于防范，而原其无制驭之力，故又减失囚罪二等。二项皆听给限追捕。限内能自捕得，及他人捕得，或囚已死，及囚自首，即皆免罪。至限外不获，方坐狱卒以减等之罪。而司狱官、典不觉失囚，又减狱卒罪三等；反狱，又减囚罪七等。其提牢官曾经躬亲点视，锁、扭如法，取有狱官、狱卒牢固收禁文状，失囚、反狱，俱不坐。惟该日不曾点视、取有文状，以致失囚、反狱者，与狱官同罪。若故纵，则不给限，于提牢、司狱官典、狱卒之中，究其故纵之人，各与囚同罪。未断决之间，能自捕得，及他人捕得，若囚已死，及自首，各减囚罪一等。虽囚罪至死，亦止减一等。因受财而故纵者,计赃以枉法从重论。总以其有心而故纵也。次节定劫囚之条。贼众聚党持仗,自外入狱劫囚者,此变生不测,力不能敌,又非不觉失囚之比,故提牢官、司狱官、吏典、狱卒,俱得免罪。末节定解囚之条。在狱罪囚押解赴审,于中途不觉而失者,亦如狱卒失囚减二等之罪。故纵、受财,并与狱卒同科。此押解系死罪重囚,故与"徒流人逃"条内不觉失囚罪止满杖者不同。再枷犯脱逃,看守人役亦照此律拟断。其该管官曾经躬亲点视、取责文状者,亦得不坐。如不曾点视,并故纵、受财者,亦俱照此律拟断。

【1725】6.27.402

凡狱卒不觉失囚者,减囚(原犯之)罪二等;(以囚罪之最重者,为坐。)若囚自内反狱在逃,又减(不觉罪)二等,听给限一百日(戴罪)追捕。限内能自捕得,及他人捕得,若囚已死,及自首,(狱卒)皆免罪;司狱官典,减狱卒罪三等。其提牢官曾经躬亲逐一点视罪囚,锁、杻俱已如法,取责狱官、狱卒牢固收禁文状者,不坐。若(提牢官于该日)不曾点视,以致失囚(反逃)者,与狱官同罪。(若提牢官、狱卒、官典)故纵者,不给捕限,(官、役)各与囚同罪。(至死减等。虽坐定,若罪)未断之间,能自捕得,及他人捕得,若囚已死,及自首,各减(囚罪)一等。受财(故纵)者,计赃以枉法从重论。〇若贼自外入(狱)劫囚,力不能敌者,(官、役各)免罪。〇若押解(在狱)罪囚中途不觉失囚者,罪亦如之。(如狱卒减二等,仍责限捕获免罪;如有故纵及受财者,并与囚同罪;系劫者,免科。)

注:此重典守狱囚之责也。凡狱卒不觉失囚,虽失于看守,而原其无纵放之心,故得减囚罪二等。罪囚自内反狱,虽失于防范,而原其无制驭之力,故又减失囚罪二等。二项皆听给限追捕。限内能自捕得,及他人捕得,或囚已死,及囚自首,皆即免罪。至限外不获,方坐狱卒以减等之罪。司狱官、典不觉失囚、反狱,各减狱卒罪三等。其提牢官曾经躬亲点视,锁、杻如法,取有狱官、狱卒牢固收禁文状,失囚、反狱,俱不坐罪。惟该日不曾点视、取有文状,以致失囚、反狱者,与狱官同罪。若故纵,则不给限,于提牢、司狱官典、狱卒之中,究其故纵之人,各与囚同罪。未断决之间,能自捕得,及他人捕得,若囚已死,及自首,各减囚罪一等。虽囚罪至死,亦止减一等。因受财而故纵者,计赃以枉法从重论。若贼众聚党持仗,自外入狱劫囚者,此变生不测,力不能敌,又非不觉失囚之比,故提牢官司、狱官、吏典、狱卒俱得免罪。若在狱罪囚押解赴审,于中途不觉而失者,亦如狱卒失囚减二等之罪。故纵、受财,并与狱卒同科。此押解系死罪重囚,故与"徒流人逃"条内不觉失囚罪止满杖者不同。再枷犯脱逃,看守人役亦照此律拟断。其该管官曾经躬亲点视、取责文状者,亦得不坐。如不曾点视,并故纵、受财者,亦俱照此律拟断。

【1740】6.27.392(略)

附律条例

【1725】〇增入

臣等谨按:康熙四十八年(1709)二月内,刑部会复押解人犯中途脱逃,事理类于此律,谨拟节录于后。

【续增现行例】一、凡押解人犯中途脱逃者,短解及护送营兵,俱照长解治罪。

【1725】6.27.402.(1)【增例】(略)

【1740】6.27.392.(1)(略)

【1801】〇修并

【原例】【1740】6.27.392.(1)(略)、【1768】6.27.392.(9)(略)

臣等谨按:押解人犯中途脱逃,短解及护送营兵,俱照长解治罪,系康熙四十八年(1709)定例。嗣于乾隆二十九年(1764),臣部议复浙江巡抚熊学鹏咨请部示案内,声明若止一时疏脱,并无受贿故纵者,百日限内捕得,将长解减二等问拟,短解免罪。若限满无获,将长解、短解内之违例雇替等项人役,减囚罪一等问拟,余皆照律减二等治罪等因,纂为条例,遵行在案。是长解与短解治罪,例应分别办理。前条旧例业已不用,应行节删。又查违例雇倩,以致失囚之案,其受雇之人,应与同行之长解、短解俱减囚罪二等。后条例内末句"余"字语意含混,应分别申叙,合并声明。谨将修并例文,开列于后。

一、凡解审军、流、徒犯中途脱逃者,如审系役卒受贿故纵,即以囚罪全科,赃多者,以枉法从其重者论。若止一时疏脱,及因别故致逃,并无受贿故纵者,给限百日追捕。限内捕得者,将长解役卒减二等问拟,短解免罪。若限满无获,将长解、短解内之起意违例雇倩者,减囚罪一等问拟;其同行之长解、短解,及受雇之人,皆减二等治罪。

【1802】6.27.392.(9)(略)

【1814】〇修改

臣等谨按:例载"监犯越狱,如狱卒果系依法看守,一时疏忽,偶致脱逃,并无贿纵情弊者,依律减囚罪二等。仍给限一百日,限内能自捕得,准其依律免罪"等语,是解役与狱卒同一疏脱罪囚,而限内自行捕获之狱卒,既依律免罪,则限内自行捕获之解役,事同一例,若减罪二等拟断,已属参差。且违例雇倩之解役,仅有限满无获之条,而于限内拿获,并无作何治罪明文。若概照亲身管解者一律问拟,亦觉无所区别。臣等公同酌议,应请将解役能于限内捕得,均依律免罪。若限满无获,长解减囚罪二等,短解减三等。如审系违例雇倩,限内捕得,将起意违例雇倩之犯,减囚罪二等,余皆免罪。若限满无获,起意违例雇倩者,减一等,余皆减二等治罪。均于例内添纂明晰,以昭赅备而便引用。谨将修改例文,开列于后。

一、凡解审军、流、徒犯,中途脱逃,审系役卒受贿故纵,即以囚罪全科;赃多者,以枉法从其重者论。如系依法管解,偶致疏脱者,给限百日,能于限内捕得,均依律免罪。若限满无获,长解减囚罪二等,短解减三等。倘审有违例雇倩情弊,亦限百日,限内捕得,将起意违例雇倩之犯,减囚罪二等,余皆免罪。若限满无获,起意违例雇倩者,减囚罪一等,余皆减二等。

【1825】6.27.392.(8)(略)

【1725】6.27.402.(2)

【增例】一、凡发遣黑龙江、宁古塔等处人犯,沿途官员,亲身不行押解,交与兵丁解送,或不谨慎看守,以致罪人逃脱者,官交部严加议处,将兵丁照律治罪,再加枷号一个月。

谨案:此条雍正三年(1725)定。

【1740】6.27.392.(2)(略)

【1802】6.27.392.(1)(略)

【1814】○修改

臣等谨按:此条系押解黑龙江寻常遣犯脱逃,兵役分别治罪之例。查疏纵黑龙江遣犯,将解役监禁,勒限无获,减逃犯本罪一等问拟,另有专条,系指疏脱在逃被获例应正法之犯而言。至寻常遣犯解配脱逃,解役照"徒流人逃"本律问拟,再加枷号一个月,已属允协。各省办理,原无歧误。惟例内"兵丁照律治罪",语意含混,恐与另条隔碍,理合申叙明晰,以便引用。谨将修改例文,开列于后。

一、凡发遣黑龙江、宁古塔等处人犯,沿途官员,并不亲身押解,交与兵丁解送,或不谨慎看守,以致罪人脱逃者,官交部严加议处,将兵丁照徒流人逃本律治罪,再加枷号一个月。

【1825】6.27.392.(6)(略)

【1740】○续纂

一、枷号人犯脱逃,看守人役亦照律拟断。

臣等谨按:此条系总注,足补律所未备。今另纂为例,以便引用。

【1740】6.27.392.(3)(略)

【1802】6.27.392.(2)(略)

【1825】6.27.392.(1)(略)

【1756】○续纂

一、凡斩、绞重犯在监脱逃,审系禁卒贿纵者,即视其所纵囚犯之罪,全律科断。如本犯应入秋审情实者,亦入情实;应绞决者,亦拟绞决;应斩决以上者,亦即拟以斩决。其非得贿故纵者,仍照本律科断。

臣等谨按:此条系乾隆十八年(1753)十月内,臣部议复升任河南巡抚蒋炳题"禁卒陈得魁贿纵申玢等越狱"一案,钦奉谕旨。应恭纂为例,以便遵行。

【1768】6.27.392.(4)(略)

【1801】○修并

【原例】【1768】6.27.392.(4)(略)、【1768】6.27.392.(6)(略)

臣等谨按:前条系乾隆十八年(1753)定例,后条系乾隆二十八年(1763)定例。查禁卒贿纵狱囚,必照后条所称,先行监禁,系拿获逃囚审明后,再行照律全科。前条"应拟情实者,亦入情实;应绞决者,亦拟绞决;应斩决以上者,亦即拟以斩决"等语,系指逃囚已获,实系贿纵者而言。例内并未分晰,应修并一条,以昭赅备而免牵混。谨将修并例文,开列于后。

一、凡罪囚在狱脱逃,果系依法看守,偶致疏脱,非得贿故纵者,看守之禁卒,依律减囚罪二等治罪。其有将在监斩、绞重犯松放狱具以致脱逃,将松放之该禁卒严行监禁,俟拿获逃犯之日,究明贿纵属实,即照所纵囚罪全科。本犯应入秋审情实者,亦入情实;应绞决者,亦拟绞决;应斩决以上者,亦即拟以斩决。如系徇情松放狱具,或托故擅离,或倩人代守,防范疏懈,乘间潜逃者,亦照故纵律与囚同罪,至死减一等,不准照旧例减囚罪二等问拟。

【1802】6.27.392.(10)(略)

【1814】○修并

修并按语及修并后例文,见【1802】6.27.392.(4)条【1814】修并项下。

【1761】○续纂

一、凡解审斩绞重犯,在途开放锁镣,以致脱逃,本犯未获者,即将解役究审,严行监禁。俟拿获正犯之日,究明贿纵属实,即将该役照所纵囚罪全科。如无贿纵情弊,审有违例雇替,托故潜回,无故先后散行,止任一人押解,以致脱逃者,亦照故纵律与囚同罪,不准照旧例减囚罪二等问拟。果系依法管解,偶致疏脱,审有确据者,除依律治罪外,仍勒限缉拿。他人捕得,亦不准依律宽免。佥差不慎之地方官,视解役所得之罪,分别从重议处。

臣等谨按:此条系乾隆二十五年(1760)四月内臣部奏准定例,及五月内议复浙江按察使李治运条奏定例,应纂辑以便遵行。

【1768】6.27.392.(5)(略)

【1801】○修并

【原例】【1768】6.27.392.(5)(略)、【1768】6.27.392.(7)(略)

臣等谨按:前条系乾隆二十五年(1760)定例,后条系乾隆二十九年(1764)定例。查解审斩、绞重犯,依法管解,偶致疏脱,前条例称解役依律治罪,系指减囚罪二等问拟。后条续定有依法管解,偶致疏脱,将长解监禁,另选干役躧缉。限内缉获,审无贿纵,将解役减二等拟徒;如限内无获,即照逃犯本罪减一等拟流。与前条依律治罪之处,互相歧异,应修并一条,以免牵混。谨将修并例文,开列于后。

一、凡解审斩绞重犯,在途开放锁镣,以致脱逃,本犯未获者,即将解役究审,严行监禁。俟拿获正犯之日,究明贿纵属实,即将解役照所纵囚罪全科。如无贿纵情弊,审有违例雇替,托故潜回,无故先后散行,止任一人押解,以致脱逃者,亦照故纵律与囚同罪,不准照旧例减囚罪二等问拟。果系依法管解,偶致疏脱,审有确据者,除短解兵役依律减二等治罪外,将长解二名,暂行监禁。本官另选干役,押同原解之亲属,上紧躧缉,酌限一年。如能限内拿获,审无贿纵别情,仍将长解依律减二等拟徒。或限内无获,即照逃犯本罪减一等问拟满流。他人捕得,亦不准依律宽免。佥差不慎之地方官,视解役所得之罪,分别议处。

【1802】6.27.392.(11)(略)

【1821】○修改

臣等谨按:嘉庆二十三年(1818)正月内,前任山东巡抚陈预咨"兵役王桂、李兆林等接递解审斩犯李建刚中途脱逃,监禁已满十年,拟流咨部"一案。经臣部议请,嗣后解审斩、绞重犯,解役受贿徇情故纵,以致脱逃,本犯旋即就获,质审明确,分别依律定拟外,其在途开放锁、镣,以致脱逃,本犯未获者,将解役究审,严行监禁。俟拿获正犯之日,究明贿纵属实,将解役照所纵囚罪全科。如无贿纵情弊,仍照故纵律与囚同罪,至死减一等发落。倘监禁已至十年,正犯尚未拿获,将解役照流犯监候待质十年限满之例先行发配,俟缉获正犯质明,分别办理。如十年限内,遇有恩旨,不准查办。其并未开放锁、镣,倘审有违例雇替、托故潜回、无故先后散行、止任一人押解,以致脱逃者,将违例雇替、潜回、散行之解役,即照故纵律与囚同罪,至死减一等发落,不准照旧例减囚罪二等问拟。果系依法管解,偶有疏脱,审有确据者,仍分别长解、短解,照旧例办理等因奏准,通行在案。应于例内修改明晰,以资引用。谨将修改例文,开列于后。

一、解审斩、绞重犯,除解役受贿,徇情故纵,以致脱逃,本犯旋即就获,质审明确,分别依律定拟外,其在途开放锁镣,以致脱逃,本犯未获者,将解役究审,严行监禁。俟拿获正犯之日,究明贿纵属实,将解役照所纵囚罪全科。如无贿纵情弊,仍照故纵律与囚同罪,至死减一等发落。倘监禁已至十年,正犯尚未拿获,将解役照流犯监候待质十年限满之例先行发配。俟缉获正犯质明,分别办理。如十年限内,遇有恩旨,不准查办。其并未开放锁镣,但审有违例雇替,托故潜回,无故先后散行,止任一人押解,以致脱逃者,将违例雇替、潜回、散行之解役,即照故纵律与囚同罪,至死减一等发落,不准照旧例减囚罪二等问拟。果系依法管解,偶致疏脱,审有确据者,除短解兵役依律减二等治罪外,将长解二名暂行监禁。本官另选干役,押同原解之亲属,上紧躧缉,酌限一年。如能限内拿获,审无贿纵别情,仍将长解依律减二等拟徒。或限内无获,即照逃犯本罪减一等问拟满流。他人捕得,亦不准依律宽免。佥差不慎之地方官,视解役所得之罪,分别议处。

【1825】6.27.392.(10)(略)

【1767】○续纂

一、禁卒除贿纵狱囚依律全科,果系依法看守,偶致疏脱者,仍依律减囚罪二等治罪外,其有将在监斩绞重犯松放狱具,以致脱逃,审出松放之人,将该禁卒严行监禁。俟拿获正犯之日,究明贿纵属实,即照所纵囚罪全科。如系徇情松放狱具,或托故擅离,或倩人代守,防范疏懈,乘间潜逃者,亦照故纵律治罪,不准照旧例减囚罪二等问拟。

臣等谨按:此条系乾隆二十九年(1764)三月内,直隶按察使裴宗锡条奏定例,应纂辑遵行。

【1768】6.27.392.(6)(略)

【1801】○修并

修并按语及修并后例文,见【1768】6.27.392.(4)条【1801】修并项下。

【1767】○续纂

一、疏纵解审军、流、徒犯之役卒,如审系受贿故纵者,即以囚罪全科。赃多者,以枉法从重论。若止一时疏脱,及因别故致逃,并无受贿故纵者,给限百日追捕。限内捕得者,将长解役卒减二等问拟,短解免罪。若限满无获,将长解、短解内之违例雇替等项人役,减囚罪一等问拟,余皆照律减二等治罪。

臣等谨按:此条系乾隆二十九年(1764)九月内,浙江巡抚熊学鹏咨请臣部,照各条现行则例酌定咨复,并通行各省在案。应请纂为定例,以便引用,合并声明。

【1768】6.27.392.(9)(略)

【1801】○修并

修并按语及修并后例文,见【1740】6.27.392.(1)条【1801】修并项下。

【1767】○续纂

一、疏脱斩绞重犯之解役,如果审系依法管解,偶致疏脱,除短解兵役仍照律减二等问拟外,将长解二名,均暂行监禁。本官另选干役,押同原解之亲属,上紧躧缉,酌限一年。如能限内拿获,审无贿纵别情,仍将该役依例减二等拟徒。或限内无获,即照逃犯本罪减一等问拟满流。

臣等谨按:此条系乾隆二十九年(1764)五月内,广西按察使袁守侗条奏定例,应纂辑遵行。

【1768】6.27.392.(7)(略)

【1801】○修并

修并按语及修并后例文,见【1768】6.27.392.(5)条【1801】修并项下。

【1767】○续纂

一、押解新疆人犯,如有中途脱逃,除有心贿纵,仍照与囚同罪例定拟外,如系疏纵,将解送官兵、人役监禁,以俟缉获逃犯,治其应得之罪。若一年限满无获,将为首情重者,改发伊犁等处给与兵丁为奴;其余为从情轻之犯,仍以杖流问拟。其由新疆改发烟瘴及黑龙江等处人犯,如有疏纵,亦照此例办理。

臣等谨按:此条系乾隆二十七年(1762)十月,库车办事大臣鄂宝审奏"解往回城罪犯六十七中途脱逃"一案钦奉谕旨,及三十二年(1767)四月,臣部具奏"江西省解役杨铭、福建省兵丁张金万疏脱新疆人犯,一年限满无获,请旨正法"案内钦奉谕旨,并纂为例,以便遵行。

【1790】6.27.392.(8)(略)

【1801】○修改

臣等谨按:此条系乾隆三十二年(1767)定例。查疏脱斩、绞重犯之解役,例内系暂行监禁,另选干役,躧缉一年。限内拿获,将解役减二等拟徒。或限内无获,即照逃犯本罪,减一等拟流。此条押解新疆遣犯脱逃,一年限满无获,将为首解役改发新疆为奴,为从问拟杖流。是疏脱新疆遣犯解役拟罪,反重于疏脱斩、绞人犯,殊未平允。应援照疏脱斩、绞人犯之例,分别限内有无拿获,酌量减等,以昭允协。谨将修改例文,开列于后。

一、押解新疆人犯,如有中途脱逃,除有心贿纵,仍照与囚同罪例定拟外,如系疏纵,将解送官兵、人役监禁,以俟缉获逃犯,治其应得之罪。若一年限满无获,将为首者照逃犯本罪减一等问拟,其余为从之犯仍照律减二等发落。其由新疆改发烟瘴及黑龙江等处人犯,如有疏纵,亦照此例办理。

【1802】6.27.392.(7)(略)

【1821】○修改

臣等谨按:嘉庆二十三年(1818)六月内,据原任河南巡抚和舜武咨"渑池县接递拟发回城遣犯张米贵中途脱逃"一案,原咨内称,张米贵将来缉获,止应在配枷号,例不正法,将疏脱之兵役王万春等依主守不觉失囚一名律,杖六十,再加枷号一个月等因咨部。当经臣部查,新疆遣犯旧例,一经脱逃,即应正法,故解役之罪綦重。兹新疆逃遣一项,除免死盗犯脱逃,被获仍行正法外,其寻常发遣人犯,如有脱逃,新例止枷号三个月,并不概予正法。逃犯之罪轻,则解役之罪不应独重。议令嗣后押解新疆人犯,中途脱逃,系免死减等,例应正法之盗犯,仍照旧例,将解送兵役,分别贿纵、疏纵,为首、为从治罪。如系寻常遣犯,押解之兵丁,照徒流人逃本律杖六十,再加枷号一个月;故纵、贿纵者,仍照律与囚同罪。其由新疆改发烟瘴及黑龙江等处人犯,如有疏纵,亦照此分别办理等因通行,遵照在案。应于例内修改明晰,以便引用。谨将修改例文,开列于后。

一、押解新疆人犯,中途脱逃,系免死减等例应正法之盗犯,除有心贿纵,仍照与囚同罪例定拟外,如系疏纵,将解送官兵、人役监禁,俟缉获逃犯,治其应得之罪。若一年限满无获,将为首者,照逃犯本罪减一等问拟;其余为从之犯,仍照律减二等发落。如系寻常遣犯,即将押解之兵役,照徒流人逃本律杖六十,再加枷号一个月;故纵、贿纵者,仍照律与囚同罪。其由新疆改发烟瘴及黑龙江等处人犯,如有疏纵,亦照此分别办理。

【1825】○修改

臣等谨按:道光四年(1824)闰七月内,臣部遵旨核议河南巡抚程祖洛奏"押解新疆人犯中途脱逃,将押解兵役作何治罪,例未备载,奏请查议通行"一折内称,查此条定例所称,将解役治其应得之罪,系指限内拿获逃犯,将解役依律减二等问罪而言。其限满无获,例止言分别首、从减等,并未将违例雇替及依法管解偶致疏脱两项区分明晰,以致引用未能画一。经臣部议请,嗣后押解发遣新疆人犯,中途脱逃,系免死减等例应正法之盗犯,除有心贿纵,仍照与囚同罪律定拟外,如审有违例雇替、托故潜回,或在途开放锁、镣,止图便于行走,以致脱逃,并无故纵情弊者,将押解兵役,审明何人起意,暂行监禁。另选干役,押同该兵役亲属蹤缉,给限百日。限满捕得,将起意违例雇倩及开放锁、镣之犯,减逃犯本罪一等拟徒;限满无获,杖一百、流二千里。其余押解兵役及代替之犯,限内拿获,减逃犯本罪二等;限满无获,各减一等发落。如系依法管解,偶致疏脱,该兵役等并无首、从可分,亦各暂行监禁,以一年为限。如系一年限内捕得者,各减盗犯本罪二等;限内无获,各减一等发落。其押解寻常遣犯脱逃,仍依旧例,照徒流人逃本律杖六十,加枷号一个月等因奏准,通行在案。应于例内修改明晰,以便引用。谨将修改例文,开列于后。

一、押解发遣新疆人犯,中途脱逃,系免死减等例应正法之盗犯,除有心贿纵,仍照与囚同罪律定拟外,如审有违例雇替,托故潜回,或在途开放锁、镣,止图便于行走,以致脱逃,并无故纵情弊者,将押解兵役暂行监禁。另选干役,押同该兵役亲属蹤缉。百日限内捕得,将起意违例雇倩、托故潜回及开放锁、镣之犯,减逃犯本罪一等拟徒。限满无获,杖一百、流二千里。其余兵役及代替之人,限内拿获,各减逃犯本罪二等;限满无获,各减一等发落。如系依法管解,偶致疏脱,亦将该兵役等暂行监禁。一年限内捕得者,各减逃犯本罪二等;限满无获,各减一等发落。如系寻常遣犯脱逃,将押解兵役照徒流人逃本律杖六十,再加枷号一个月。故纵、贿纵者,仍照律与囚同罪。其由新疆改发烟瘴及黑龙江等处人犯中途脱逃者,亦照此分别办理。

【1825】6.27.392.(9)(略)

【1852】○修改

咸丰二年(1852),因军、流中途疏脱之兵役,照徒流人逃本律杖六十,较诸配逃之乡保例应杖八十者反轻,未为平允,是以改定。

一、押解发遣新疆人犯,中途脱逃,系免死减等例应正法之盗犯,除有心贿纵,仍照与囚同罪律定拟外,如审有违例雇替,托故潜回,或在途开放锁镣,止图便于行走,以致脱逃,并无故纵情弊者,将押解兵役,暂行监禁,另选干役,押同该兵役亲属蹤缉。百日限内捕得,将起意违例雇替、托故潜回及开放锁镣之犯,减逃犯本罪一等拟徒;限满无获,杖一百、流二千里。其余兵役,及代替之人,限内拿获,各减逃犯本罪二等;限满无获,各减一等发落。如系依法管解,偶致疏脱,亦将该兵役等暂行监禁一年。限满捕得者,各减逃犯本罪二等;限满无获,各减一等发落。如系寻常遣犯脱逃,将押解人等杖八十,再加枷号一个月。故纵、贿纵者,仍照律与囚同罪。其由新疆改发烟瘴及黑龙江等处人犯,中途脱逃者,亦照此分别办理。

【1870】6.27.392.(9)(略)

【1772】○续纂

一、直隶等省,如遇紧要官犯等类,务择现任文武员弁,派委押解。其试用效力未经历练者,概不得滥行派委。如有违例滥派,以致疏失者,除押解之员按照律例分别议罪外,仍将原委之文武各上司,分别有无误失,交部议处。

臣等谨按:此条系乾隆三十四年(1769)十二月内,江南道监察御史胡翘元条奏定例,应纂辑以便遵行。

【1790】6.27.392.(10)(略)

【1802】6.27.392.(3)(略)

【1825】6.27.392.(2)(略)

【1772】○续纂

一、监犯越狱,如狱卒实系一时疏忽,偶致脱逃,并无贿纵情弊,审有确据者,依律减囚罪二等,仍给限一百日。限内能自捕得,准其依律免罪。如他人捕获,或囚已死,及自首,概不准免罪。

臣等谨按:此条系乾隆三十五年(1770)三月内,钦奉上谕,命臣部核改定例,应纂辑以便遵行。

【1790】6.27.392.(11)(略)

【1802】6.27.392.(4)(略)

【1814】○修并

【原例】【1802】6.27.392.(4)(略)、【1802】6.27.392.(10)(略)

臣等谨按:以上二条,均系监犯越狱脱逃,狱卒治罪之例。后条偶致疏脱,禁卒减囚罪二等,即系前条例文语意重复。应将前条删去,归入后条,以昭简易。谨将修改例文,开列于后。

一、凡监犯越狱,如狱卒果系依法看守,一时疏忽,偶致脱逃,并无贿纵情弊,审有确据者,依律减囚罪二等治罪。仍给限一百日,限内能自捕得,准其依律免罪。如他人捕获,或囚已死,及自首,概不准免罪。其有将在监斩、绞重犯松放狱具,以致脱逃,将松放之该禁卒严行监禁。俟拿获逃犯之日,究明贿纵属实,即照所纵囚罪全科。本犯应入秋审情实者,亦入情实;应绞决者,亦拟绞决;应斩决以上者,亦即拟以斩决。如系徇情松放狱具,或托故擅离,或倩人代守,防范疏懈,乘间潜逃者,亦照故纵律与囚同罪,至死减一等,不准照旧例减囚罪二等问拟。

【1825】6.27.392.(7)(略)

【1772】○续纂

一、解役疏脱应拟斩、绞重犯,审有违例雇替、托故潜回情事,应照故纵律与囚同罪者,如疏脱之犯案情未定,将解役牢固监候,俟逃犯拿获定罪,再行照例办理。

臣等谨按:此条系乾隆三十五年(1770),臣部审拟"河南省解役薛法唐、李奉举递解重犯周四中途脱逃"一案。因周四商同谋杀掌郎之处尚未到案质审定罪,将薛法唐等拟绞,入于秋审缓决具题。奉旨:"薛法唐、李奉举脱逃递犯,周四案情未定,不应即入缓决,着牢固监候。钦此。"应恭纂为例,以便遵行。

【1790】6.27.392.(12)(略)

【1802】6.27.392.(5)(略)

【1825】6.27.392.(3)(略)

【1782】○续纂

一、押解斩、绞立决及秋审拟入情实重犯,如不小心佥解,致解役有违例雇替、开放锁镣、纵囚脱逃者,将佥差长解之州、县官,照狱卒纵脱重犯管狱官杖八十、徒二年,例减一等,杖七十、徒一年半。其拨兵护解之武职,如所拨兵丁,亦有雇替情节,即与州、县一例杖徒。

臣等谨按:此条系乾隆四十三年(1778)十一月内,湖广总督三宝等奏"谷城县解役乔清押解秋审斩犯王长,违例雇替,以致中途纵放,将签差不慎之谷城县知县邱德孚、千总詹如侯革职"一案,钦奉上谕:"据三宝等奏'审拟谷城县知县邱德孚于起解斩犯王长时,签差不慎,致解役疏纵脱逃,捏称落水'一折,已批交该部议奏矣。州县审解重犯,理应佥派妥役,饬令小心管押。乃邱德孚漫不经心,听凭解役出钱雇替,以致中途纵放重囚,非寻常佥差不慎可比。其点派兵丁,致令雇替之千总詹如侯,亦然仅予革职,不足蔽辜。着该部将邱德孚、詹如侯另行拟罪具奏,并著为例。钦此。"当经臣部将知县邱德孚、千总詹如侯比照狱卒疏脱重犯管狱官杖八十、徒二年,例减一等,拟以杖七十、徒一年半,并奏请定例在案。应纂辑为例,以便遵行。

【1788】○删除

臣等谨按:解审斩、绞重犯中途脱逃,佥差及护解各官,从前办理章程,悉皆参革,留于该处协缉一年。限满不获,照例科罪。嗣于乾隆五十三年(1788)八月内,云贵总督富纲等奏"疏纵解审绞犯那木帕中途脱逃,一年限满无获,将参革留于地方协缉之长解官,同知书图等交部治罪"一案,钦奉谕旨,令臣部另行妥议具奏等因。当经臣等奏,请嗣后凡罪应斩、绞等重犯解审越狱脱逃,将佥差、护解及有狱、管狱各官,俱留于该处,协同躧缉。严立十年、五年期限,如限内不获,悉视解役、禁役所得之罪,分别问拟军台、满徒等因具奏。奉旨:"依议。"钦遵在案。是原例内佥差、护解之文武各官,纵囚脱逃,仅拟杖徒之例，业已不用，应行删除。再查纵囚中途脱逃，其拨兵护解之武职，例应与州县一体问罪。又解审及越狱重犯脱逃，如系他人捕得，例不准其免罪，自应俱行添纂入例。又解审斩、绞重犯中途脱逃，原载于"主守不觉失囚"门内；羁禁斩、绞重犯越狱脱逃，原载于"狱囚脱监及反狱在逃"门内。自应将新定各条，按门分载，以昭明晰。今将增辑、分纂各例文，开列于后。

【1788】○续纂

一、解审罪应凌迟、斩绞立决、监候重犯，中途脱逃，签差不慎之长解官，及拨兵添差护解之地方文武各官，俱参革，留于该处协缉。五年限满不获，审系解役贿纵、故纵脱逃者，协缉各官俱发往军台效力赎罪。若审明解役并无贿纵、故纵情事，果系依法管解，偶致疏纵脱逃者，协辑各官拟以杖一百、徒三年。如所限五年期内，该员等能将正犯全行拿获，该督抚给咨送部引见，请旨开复。倘一犯不获及他人捕得者，仍照例科罪。至军、流等犯解审脱逃，其签差、护解各官，仍照旧例交部议处。

续纂按语，见【1778】续纂"一、押解斩、绞立决及秋审拟入情实重犯……"条、【1788】删除按语。

【1790】6.27.392.(13)(略)

【1801】○修改

【原例】＊ 刑律·捕亡·狱囚脱监及反狱在逃

【1790】6.27.389.(10)一、羁禁罪应凌迟、斩绞立决、监候重犯，越狱脱逃，将有狱及管狱各官俱参革，留于该地方协缉。十年限满不获，审系禁役贿纵、故纵脱逃者，协缉各官，俱发往军台效力赎罪；若审明禁役并无贿纵、故纵情事，果系依法看守，偶致疏纵脱逃者，协缉各官，拟以杖一百、徒三年。如所限十年期内，该员等能将正犯全行拿获，该督抚给咨送部引见，请旨开复；倘一犯不获，及他人捕获者，仍照例科罪。至军、流等犯越狱脱逃，其有狱、管狱各官，仍照旧例交部分别议处。

【1790】6.27.392.(13)(略)

臣等谨按：疏脱斩、绞重犯，该管官协辑之例，臣部旧存条例内载，重犯越狱，管狱官定限五年协缉；重犯解审，中途脱逃，签差、护解官定限协缉一年。嗣于乾隆五十三年(1788)，臣部核复云贵总督富纲等审奏"疏脱解审绞犯那木怕，协缉官书图等一年限满不获，交部治罪"案内，奏请将有狱、管狱各官协缉五年之处，改为十年；及签差、护解官协缉一年之处，改为五年。限满不获，分别问拟军台、满徒，并将五年、一年及拟徒旧例一并删除。纂为条例，遵行在案。嗣于嘉庆四年(1799)，准吏部咨称，斩、绞人犯中途脱逃及疏纵越狱，乾隆五十三年(1788)新例改为协缉五年及协缉十年，前经本部于湖南巡抚姜晟请示案内，业将解审中途脱逃协缉五年之例删除，仍归协缉一年旧例办理。其越狱协缉十年之例，亦应改正，以昭画一等因咨部。查解审中途脱逃协缉五年之例，既经吏部奏准删除，仍归协缉一年旧例办理，则罪犯越狱协缉十年之例，自应画一删除，仍归协缉五年旧例办理。两条例内十年、五年之处,应查照旧例分别修改。谨将修改例文二条,开列于后。

＊ 刑律・捕亡・狱囚脱监及反狱在逃

【1802】6.27.389.(10)一、羁禁罪应凌迟、斩绞立决、监候重犯,越狱脱逃,将有狱及管狱各官,俱照旧例参革,留于该地方协缉。五年限满不获,审系禁役贿纵、故纵脱逃者,协缉各官,俱发往军台效力赎罪。若审明禁役并无贿纵、故纵情事,果系依法看守,偶致疏纵脱逃者,协缉各官,拟以杖一百、徒三年。如所限五年期满,该员等能将正犯全行拿获,该督抚给咨送部引见,请旨开复。倘一犯不获,及他人捕获者,仍照例科罪。至军、流等犯越狱脱逃,及斩绞人犯越狱拿获案内另有军、流人犯未获,其有狱、管狱各官,仍照旧例分别议处。

一、解审罪应凌迟、斩、绞立决、监候重犯,中途脱逃,签差不慎之长解官,及拨兵添差护解之地方文武各官,俱照旧例参革,留于该处协辑。一年限满不获,审系解役贿纵、故纵脱逃者,协辑各官俱发往军台效力赎罪。若审明解役并无贿纵、故纵情事,果系依法管解,偶致疏纵脱逃者,协缉各官拟以杖一百、徒三年。如所限一年期内,该员等能将正犯全行拿获,该督抚给咨送部引见,请旨开复。倘一犯不获,及他人捕得者,仍照例科罪。至军、流等犯解送脱逃,及斩、绞人犯解审脱逃拿获案内,另有军、流等犯未获,其签差、护解各官,仍照旧例交部分别议处。

【1802】6.27.392.(8)(略)

【1806】○修改

【原例】＊ 刑律・捕亡・狱囚脱监及反狱在逃【1802】6.27.389.(10)(略)

【1802】6.27.392.(8)(略)

臣等谨按:嘉庆八年(1803)二月内,吏部会同臣部具奏"斩、绞重犯越狱,并解审中途脱逃,管狱、有狱及解送各官分别治罪议处"一折,议请管狱官系专司狱务之员,斩、绞重犯越狱,应即行革职拿问。除四个月限内拿获,免其拿问外,如不能拿获,留于地方协缉。五年限满不获,审系禁役贿纵、故纵脱逃者,发往军台效力赎罪。若审明禁役并无贿纵、故纵情事,果系依法看守,偶致疏纵脱逃者,拟以杖一百、徒三年。至有狱官系兼辖之员,与专司狱务者有间,应暂行革职留任。俟四个月限满不获,仍留任一年督缉。如再不获,按其未获名数议降、议革,留于该地方协同接任官缉捕。五年限内拿获,题请开复。限满不获,查系禁卒受贿故纵者,无论名数多寡,概行革职,交刑部发往军台效力赎罪。若并无贿纵情弊,系降调之员,仍照未获名数,分别降、革完结;系革职之员,亦交刑部拟以杖一百、徒三年。至一案内,只系一名脱逃者,有狱官革职留任。四个月限满不获,仍留任一年督缉。如再不获,即行革任,留于该地方协缉。五年限满拿获,题请开复。限满不获,审系依法看守,偶致疏纵者,仍依革职完结。系禁卒受贿故纵者,交刑部拟以杖一百、徒三年。至解犯中途脱逃,本与越狱者有间,应将签差、护解各官仍照吏部定例,分别拟以降留、降调、革职,并革职留任限内全获,题请开复。如限满不获,查系依法管解,偶致疏脱,即照吏例以降、革完结,毋庸治罪。若审系解役受贿故纵,概行革职,交刑部拟以杖一百、徒三年等因，奏准在案。应于各条例内，修改明晰，以资引用。谨将修改例文二条，开列于后。

＊ 刑律·捕亡·狱囚脱监及反狱在逃

一、羁禁罪应凌迟、斩、绞立决、监候重犯，越狱脱逃，将管狱官革职拿问。除四个月限内拿获，免其拿问外，如不能拿获，留于地方协缉。五年限满不获，审系禁役贿纵、故纵脱逃者，发往军台效力赎罪。若审明禁役并无贿纵、故纵情事，果系依法看守，偶致疏纵脱逃者，拟以杖一百、徒三年。有狱官暂行革职留任，俟四个月限满不获，仍留任一年督缉。如再不获，按其未获名数，议降、议革，留于该地方协同接任官缉捕。五年限内拿获，题请开复。限满不获，查系禁役贿纵、故纵者，无论名数多寡，概行革职，发往军台效力赎罪。若并无贿纵情弊，系降调之员，仍照未获名数，分别降、革完结；系革职之员，拟以杖一百、徒三年。至一案内，只系一名脱逃者，有狱官革职留任。四个月限满不获，仍留任一年督缉。如再不获，即行革任，留于该地方协缉。五年限内拿获，题请开复。限满不获，审系依法看守，偶致疏纵者，仍以革职完结。系禁役贿纵、故纵者，拟以杖一百、徒三年。倘犯被他人捕获者，仍照例科罪。至军、流等犯越狱脱逃，及斩、绞人犯越狱拿获案内，另有军、流人犯未获，其有狱、管狱各官，仍照旧例交部分别议处。

一、解审罪应凌迟、斩绞立决、监候重犯，中途脱逃，佥差不慎之长解官，及拨兵添差护解之地方文武各官，俱照吏部定例，分别议以降留、降调、革职并革职留任，限一年缉拿。限内全获，题请开复。如限满不获，查系依法管解，偶致疏脱者，即照吏例以降革完结，毋庸治罪。若审系解役贿纵、故纵，概行革职，拟以杖一百、徒三年。倘犯被他人捕得者，仍照例科罪。至军、流等犯解审脱逃，及斩、绞人犯解审脱逃拿获案内另有军、流等犯未获，其佥差、护解各官，仍照旧例交部分别议处。

【1825】6.27.392.(5)(略)

【1788】○续纂

一、解审斩、绞重犯，中途脱逃，除原犯斩、绞立决者，即行正法外，其原犯斩、绞监候之犯，核其情节，如秋审时应入情实者，即改为立决，应入缓决者，即改入情实。

谨案：此条乾隆五十四年(1789)定。

【1790】6.27.392.(14)(略)

【1802】6.27.392.(6)(略)

【1825】6.27.392.(4)(略)

【1852】○续纂

一、押解军、流罪犯，中途脱逃，押解兵役人等，除有受贿故纵情事，仍从重定拟外，如系依法管解，偶致疏脱者，将押解兵役人等，照配所看守保甲例拟杖八十；佥差不慎，及押解之员，交部议处。

谨案：此条道光二十六年(1846)定。

【1870】6.27.392.(11)(略)

【1870】○续纂

一、解审斩、绞重犯,审有违例雇替等情,其例应与囚罪同至死减等发落之解役,仍于本罪上加一等定拟。

谨案:此条同治九年(1870)定。

【1870】6.27.392.(12)(略)

知情藏匿罪人

律　文

【1646】6.27.416　知情藏匿罪人以非亲属,及罪人未到官者言。

凡知他人犯罪事发,官司差人追唤,而将犯罪之人藏匿在家,不行捕告,及指引所逃道路,资给所逃衣粮,送令隐匿他所者,各减罪人所犯罪一等。"各"字指藏匿、指引、资给说。其已逃他所,有辗转相送,而隐藏罪人,知情转送、隐藏者,皆坐,减罪人一等。不知者勿论。○若知官司追捕罪人,而漏泄其事,致令罪人得以逃避者,减罪人所犯罪一等。亦不给捕限。未断之间,能自捕得者,免漏泄之罪。若他人捕得,及罪人已死,若自首,又各减一等。"各"字,指他人捕得及囚死、自首说。

【1670】6.27.415　知情藏匿罪人以非亲属,及罪人未到官者言。(略)

【1725】6.27.403　知情藏匿罪人以非亲属,及罪人未到官者言。

律文(略)

注:此指犯罪之人,非常人所得容隐也。首节定藏匿之罪。凡知人犯罪事发,官司差人追唤,而将犯人藏匿在家,不行捕执告官,及指引道路,资给衣粮,送令隐避他所者,此三项各减犯人之罪一等,虽至死亦止减一等。其辗转相送藏匿罪人之人,知其犯罪事发之情者,皆坐减犯人一等之罪,不知情者不坐。后节定漏泄之罪。知官司有欲追捕之罪人,而漏泄其事,致令罪人得以逃避者,亦减犯人罪一等坐之。于未断决之间,或本身,或家属,能自捕得者,免罪。若他人捕得,及罪人已死,若自首,又得各减一等,通减犯人罪二等。再此律应与"名例"因人连累致罪文参看。如犯数罪,藏匿人止知一罪,以所知罪减等坐之。若亲属纠合外人藏匿,亲属虽免罪减等,外人仍科藏匿之罪。其事未发,非官司捕唤,而藏匿者,止问不应。又藏匿等项,能自捕获者,亦应免罪。其他人捕得者,不得与漏泄同减。

臣等谨按:此指犯罪之人,非常人所得容隐也。首节定藏匿之罪。凡知人犯罪事发,官司差人追唤,而将犯人藏匿在家,不行捕执告官,及指引道路,资给衣粮,送令隐避他所者,此三项各减犯人之罪一等,虽至死亦止减一等。其辗转相送藏匿罪人之人,知其犯罪事发之情者,皆坐减犯人一等之罪,不知情者不坐。后节定漏泄之罪。知官司有欲追捕之罪人，而漏泄其事，致令罪人得以逃避者，亦减犯人罪一等坐之。于未断决之间，或本身，或家属，能自捕得者，免罪。若他人捕得，及罪人已死，若自首，又得各减一等，通减犯人罪二等。再此律应与“名例”因人连累致罪之文参看。如一人犯有数罪，藏匿之人止知一罪者，以所知之罪减等坐之。若亲属纠合同伴、外人俱来藏匿，除亲属依律免罪减等外，仍拟藏匿外人之罪。其事未发，非官司追捕，而藏匿者，止问不应。

【1740】○修改

臣等谨按：总注内，如犯数罪，藏匿人止知一罪，以所知罪减等罪之。若亲属纠合外人藏匿，亲属虽免罪减等，外人仍科藏匿之罪。又其事未发，非官司捕唤而藏匿者，止问不应。皆可补律注之所未备，应于第一节“各减罪人罪一等”小注后补入。谨将增辑律注，开列于后。

凡知他人犯罪事发，官司差人追唤，而将犯罪之人藏匿在家，不行捕告，及指引所逃道路，资给所逃衣粮，送令隐匿他所者，各减罪人所犯罪一等。“各”字指藏匿、指引、资给说。○如犯数罪，藏匿人止知一罪，以所知罪减等罪之。若亲属纠合外人藏匿，亲属虽免罪、减等，外人仍科藏匿之罪。其事未发，非官司捕唤而藏匿，止问不应。其已逃他所，有辗转相送，而隐藏罪人，知情转送、隐藏者，皆坐，减罪人一等。不知者勿论。○若知官司追捕罪人，而漏泄其事，致令罪人得以逃避者，减罪人所犯罪一等。亦不给捕限。未断之间，能自捕得者免漏泄之罪。若他人捕得，及罪人已死，若自首，又各减一等。“各”字，指他人捕得及囚死、自首说。

【1740】6.27.393 知情藏匿罪人以非亲属，及罪人未到官者言。（略）

附律条例

【1743】○续纂

一、宛平县属西山门头沟地方，开采煤窑，该县设立印簿，给发窑户，令将佣工人等姓名、籍贯，来去缘由，十日一报该巡检考查，并令西路同知，就近稽查。如该窑户不将各项工人开报，照脱漏户口律治罪。若各项工人，有犯窃犯赌，或聚众逞凶，致成人命，该窑户知情不行报究，发觉之日，除本犯按律治罪外，该窑户照总甲容留棍徒例，杖八十。

此条系乾隆七年（1742）四月，臣部议准顺天府尹蒋炳条奏定例。

【1768】6.27.393.（1）（略）

【1825】○修改

臣等谨按：道光二年（1822）六月内，臣部审办“齐二等开设锅伙，诱雇良民，残毙多命”案内，究出西山一带煤窑锅伙，有连夏锅伙。如遇寻常工作之人，诓入锅伙，逼勒进窑工作，出窑后即关闭屋内，严寒盛暑，不得脱身，是为连夏锅伙。一经诓入，即同黑狱。不惟陷害良民，且恐凶徒逃犯，借此溷迹藏身，其流毙更甚。至各窑锅伙内，所雇工作之人，遇有患病，辄行抬弃，以致冻馁毕命。甚至殴打垂毙，亦即抬弃，以致多被犬兽残食，殊为残惨。议请嗣后连夏锅伙，应严行查禁。如仍违禁开设，即照广东、福建民人图利关禁勒索例,以凶恶棍徒论,分别首从,究办窑户。知情纵令开设,即照藏匿罪人律治罪。致毙人命者,按律严行究拟。如各锅伙内将患病之人,忍心抬弃,及病故不即报官者,一经查出,即追究系由某家抬弃、某家匿报,比照夫匠在工役之所有病官司不给医药救疗,及地界内有死人不申报官司辄移他处律分别惩办。又门头村新驻县丞,管理煤窑,是其专责,如有失察开设连夏锅伙,及致毙人命,并将病故之人私埋匿报等案,即加等议处。受财故纵者,按枉法赃及故出人罪定拟。并纂入例册等因具奏。奉旨:"刑部奏'酌议煤窑锅伙章程',着顺天府尹查看该部所拟是否有益可行,据实具奏等因。钦此。"旋据顺天府议复,照臣部所议办理。并声明窑厂将病故之人私埋匿报,该县丞失于查察之处,请改为照例议处等因复奏。奉旨:"依议。钦此。"钦遵在案。应于例内添纂明晰,以资引用。再查该处从前系巡检专管,今顺天府尹奏明,将巡检之缺改为县丞管理。所有原例内"巡检"字样,亦应修改。谨将修改例文,开列于后。

一、宛平县属西山门头沟地方,开采煤窑,该县设立印簿,给发窑户,令将佣工人等姓名、籍贯、来去缘由,十日一报该县丞考查,并令西路同知就近稽查。如该窑户不将各项工人开报,照脱漏户口律治罪。若各项工人有犯窃犯赌,或聚众逞凶,致成人命,该窑户知情不行报究,发觉之日,除本犯按律治罪外,该窑户照总甲容留棍徒例,杖八十。其有开设连夏锅伙,诓诱贫民,逼勒入窑,关禁不容脱身者,照凶恶棍徒例,分别首从科断。窑户知情纵容者,照知情藏匿罪人律治罪。各窑锅伙内,若将工作患病之人,忍心抬弃,及病故不即报官者,照夫匠在工役之所有病官司不给医药救疗,及地界内有死人不申报官司辄移他处律,分别治罪。其殴打致毙者,仍照谋、故、斗杀各本律问拟。该管县丞失察开设连夏锅伙,及致毙人命私埋匿报等案,分别加等议处;受财故纵者,按枉法赃及故出人罪各律,严参治罪;得受规礼者,计赃科断;失察病故之人私埋匿报者,照例议处。

【1825】6.27.393.(1)(略)

【1840】○续纂

一、京城地方,责成步军统领衙门、顺天府、五城,各按所辖地面,严饬所属,随时访查,遇有兴贩、吸食鸦片烟者,无论满洲汉人、官民良贱,一体查拿,分别奏咨,送交刑部审明治罪。其客店、庙宇、会馆,如有知情窝藏留住,或得贿纵容者,查明按例惩治。并严禁番役、兵捕人等,借端讹索,以省扰累。

臣等谨按:道光十九年(1839)五月内,大学士、军机大臣会同各衙门及臣部,议复升任鸿胪寺卿黄爵滋并各省将军、都统、督抚及各科道条奏"严禁鸦片烟章程"一折内称,京城地面,五方杂处,稽察尤应严密。应责成步军统领衙门、顺天府、五城,各按所辖地面,严饬所属,随时访查。遇有兴贩吸食者,无论满洲汉人、官民良贱,一体查拿,分别奏咨,送交刑部审明治罪。其客店、庙宇、会馆,如敢知情窝藏留住,或得贿纵容,查明一律按例惩治。并严禁番役、兵捕人等,借端讹索,以省扰累等因具奏。奉上谕:"照所议办理。并着纂入则例,永远遵行等因。钦此。"谨纂辑专条,以昭遵守。

【1847】6.27.393.(2)(略)

【1870】○删除

同治九年(1870)删除。

盗贼捕限

律　文

【1646】6.27.417

凡捕强、窃盗贼,以事发(于官之)日为始,(限一月内捕获。)当该应捕弓兵一月不获强盗者,笞二十,两月笞三十,三月笞四十,捕盗官罚俸钱两月;弓兵一月不获窃盗者,笞一十,两月笞二十,三月笞三十,捕盗官罚俸钱一月。限内获贼及半者免罪。○若(被盗之人)经隔二十日以上告官者,(去事发日已远。)不拘捕限。(缉获。)捕杀人贼,与捕强盗限同。(凡官罚俸,必三月不获,然后行罚。)

【1670】6.27.416(略)

【1725】○修改

臣等谨按:缉捕强、窃盗,系州县捕役及防汛兵丁之责。应将“应捕弓兵”及后段“弓兵”二字,俱改“捕役、汛兵”。

臣等谨按:此言缉盗之不可缓也。前节言官役缉捕不获之罪,俱以事发告官之日为始,按月定限。官,谓司捕之衙官、巡检。后节言被盗之家,经隔二十日以上才告官者,不拘一、二、三月之限坐罪、罚俸,惟严缉务获。盖事主被盗,迟至二十日始报,则盗已扬,赃已散矣,故不拘捕限。至于杀人之贼,与强盗无异,故缉捕之限,亦与捕强盗之限同。

【1725】6.27.404

凡捕强、窃盗贼,以事发(于官之)日为始,(限一月内捕获。)当该捕役、汛兵一月不获强盗者,笞二十,两月笞三十,三月笞四十,捕盗官罚俸两个月;捕役、汛兵一月不获窃盗者,笞一十,两月笞二十,三月笞三十,捕盗官罚俸一个月。限内获贼及半者免罪。○若(被盗之人)经隔二十日以上告官者,(去事发日已远。)不拘捕限。(缉获。)捕杀人贼,与捕强盗限同。(凡官罚俸,必三月不获,然后行罚。)

注:此言缉盗之不可缓也。前节言官役缉捕不获之罪,俱以事发告官之日为始,按月定限。后节言被盗之家,经隔二十日以上才告官者,不拘一、二、三月之限坐罪、罚俸,惟严缉务获。盖事主被盗,迟至二十日始报,则盗已扬,赃已散矣,故不拘捕限。至于杀人之贼,与强盗无异,故缉捕之限,亦与捕强盗之限同。

【1740】6.27.394(略)

附律条例

【1646】6.27.417.(1)

一、凡府、州、县系有城池,及设有卫所,被贼打劫仓库、狱囚,或杀死职官,或聚至百人以上者,抚、按官就将各掌印、操捕等官,先行参奏,住俸带罪缉捕。限半年以里,尽数拿获,免罪。如过限拿获未尽,再限三个月尽获,亦准免罪。若全无拿获,及再限内不能尽数拿获者,不分军卫、有司,俱问罪,降二级,文官送部,武官仍于本卫所,各调用。卫所失事,止坐卫所掌印、操捕等官。兵备、守巡并守备官驻扎本城者,降一级调用;不系驻扎处所,止调用。若自来不曾设有城池者,掌印、巡捕等官,止降一级;兵备、守巡、守备等官,分别罚治。

【1670】6.27.416.(1)(略)

【1725】○删除

原拟:今失盗处分之例,俱按城内关厢及道路、村庄处所,分别议处。无初限半年、再限三个月之例,亦无武官于本卫所调用之处。此条拟删。

【1646】6.27.417.(2)

一、各处民间被贼打劫,即时擒获者,不分城内城外,各掌印、巡捕等官俱免罪。一月之外不获,通行住俸,候拿获一半以上,方准开支。若中间能获别起,及别府州县真正强盗,及各越狱重囚,亦准抵数。但不许将照捕名数,朦胧捉拿,以图抵饰。仍通计一年之内,除尽数拿获,及拿获一半以上免罪者不计外,城内积至五起,城外及无城去处至十起以上,不分军卫、有司,掌印、巡捕等官,参究问罪,俱降一级,文官送部,武官于本卫所各调用,兵备、守巡官分别罚治。

【1670】6.27.416.(2)(略)

【1725】○删除

原拟:今失盗处分,事发之日,即行住俸,立限缉拿。限内拿获本案盗贼者,分别开复;不获者,降调。并无一月之外,方行住俸;失察五起以上,方行降调;及拿获别案盗贼并越狱犯人,亦准抵算开复之例。此条拟删。

【1646】6.27.417.(3)

一、凡强盗打劫,各该有司、军卫、员役,不分事情轻重,务要登时从实申报。如有隐匿者,依应申不申。抚、按官即将各该员役,应提问者提问,应参奏者就便参奏,酌量情罪,轻则罚治,照捕例罚俸。重则降黜,起送吏部降调。议拟上请,不许容隐。其抚、按官遇有报到,若系杀官、劫库、劫狱,并聚至百人以上,或啸聚不散,及城内打劫至杀人者,即行奏报;其民间被劫事情稍轻者,类入岁报册内,年终具奏,俱不许容隐。违者,听部、院、该科参奏重治。

【1670】6.27.416.(3)(略)

【1725】○删除

原拟：今强盗之案，概行奏闻，无年终入册具奏之例。且讳盗不报者，即行革职，亦无酌量情罪罚俸、降调之例。此条拟删。

【1646】6.27.417.(4)

一、京城内外，但有强盗得财伤人者，巡捕、把总、兵马等官，即时擒获，免罪，仍论功叙录。若有脱逃，俱即住俸，限三个月以里，拿获一半以上，姑准开俸；过限不获，各罚俸三个月。仍总计一年之内，除尽数拿获，及拿获一半免罪者不计外，城内积至五起，城外十起以上，俱问罪，降一级，文官仍调外用。凡住俸，既捕获免罪，前俸补支。

【1670】6.27.416.(4)(略)

【1725】○删除

原拟：京城内外失盗，今无即时拿获，将兵马等官叙录；及三个月不获，罚俸三个月；积至五起、十起者，方行降级之例。此条拟删。

【1725】6.27.404.(1)

【钦定例】一、雍正四年(1726)二月内，奉上谕："安民必先弭盗。而捕盗之法，在于速拿。闻有交界地方失事，盗贼窜匿邻境，有司官以地非管辖，不便径拘，必用文移关提，挂号添差，方许缉拿。以致迟需时日，闻风远扬。即使日后拿获，而赃已花销，悬案不结。凡系地方官，均有弭盗之责，何分此疆彼界。嗣后交界地方失事，探实赃、盗之处，无论隔县、隔府、隔省，一面差役执持印票即行密拿，一面移文关会。拿获之后，仍报明该管地方官添差移解。倘捕役借端诬害良民，照例从重治罪。各该有司务须协力稽查，使奸宄无可潜藏，以副息盗安民至意。"

【1740】○修改

臣等谨按：此条系雍正四年(1726)钦奉上谕，应恭纂成例，以便引用。又雍正十一年(1733)定例，凡交界地方，一应窃匪、窝赌、窝娼等类有窜入邻境者，亦照此例关照缉拿，应并。谨将并辑例文，开列于后。

一、凡交界地方失事，探实赃、盗之处，无论隔县、隔府、隔省，一面差役执持印票即行密拿，一面移文关会。拿获之后，仍报明地方官添差移解。其一应窃匪、窝赌、窝娼等类，有窜入邻境者，亦照此例一面差役往拿，一面关会协缉。倘有疏纵牵制，不行缉拿，交部分别议处。捕役借端骚扰，越境诬拿平民，照诬良为盗例治罪。

【1740】6.27.394.(7)(略)

【1802】6.27.394.(9)(略)

【1725】○增入

原拟：吏部例内，定有京城、关内及直省道路、村庄失盗，处分、承缉、兼辖各官例三条,应纂入。

【原纂现行例】一、凡京城内有强盗劫财伤人者,该汛值宿领催、兵丁,俱枷号四十日,斥革发落;步军统领、总尉、副尉,俱分别罚俸;专汛步军校,降二级留任,罚俸一年。贼犯限一年缉拿,获半者开复。如不获,又失事者,降三级调用。若正阳、崇文、宣武三门关厢内失事者,该汛兼辖三营武职,及文职兵马司官,俱降二级留任,罚俸一年;专汛千、把总及马步兵丁,各杖一百。贼犯限一年缉拿,全获者开复。不获者,兼辖各官俱降三级调用,千、把总俱革职,兵丁枷号四十日,斥革发落,贼犯交接管官缉拿。

臣等谨按:康熙五十一年(1712)十一月内,兵部议复"前三门关厢失事,一年内缉获一半者,专、兼各官,免其议处;不及一半者,仍照定例议处"等语,应将此条内"全获者开复"句下,增载"缉获一半者,免其议处;不及一半者,仍照定例议处"等句。

【1725】6.27.404.(2)

【增例】一、凡京城内有强盗劫财伤人者,该汛值宿领催、兵丁,俱枷号四十日,斥革发落;步军统领、总尉、副尉、步军校,俱交部分别降罚;贼犯限一年缉拿,获半者开复。如不获,又失事者,降调。若正阳、崇文、宣武三门关厢内失事者,该汛兼辖三营武职,及文职兵马司官,俱交各该部降罚;专汛千、把总及马步兵丁,各杖一百;贼犯限一年缉拿,全获者开复。缉拿一半者,免其议处;不及一半者,仍照定例议处。不获者,兼辖各官俱降调,千、把总俱革职,兵丁枷号四十日,斥革发落,贼犯交接管官缉拿。

【1740】6.27.394.(8)(略)

【1802】6.27.394.(10)(略)

*【1680】2.3.58 刑部现行则例·公式·隔省提人

一、隔省关提人犯,该地方官确注盗犯年貌、住址、的实名姓,一面详请本省督抚移咨住贼之省督抚提拿,一面移文差人关会住贼之地方官挂号添差协缉。不许擅给批牌,竟行拘提。如有违此例者,将该地方官照诬良为盗例治罪。如住贼之地方官徇庇不行协缉,亦交与该部议处。至于本省内隔属关提人犯,仍令向该地方官挂号添差拘提。如违例擅自拘拿,捕役照诬良为盗例治罪,原差地方官照失察衙役诬良为盗例交与该部议。

【1725】○增入

原拟:现行例内一条,类于此律,应增入。

【现行例】一、凡隔省关提人犯,承问官一面详请督抚移咨,一面差人关会隔省该地方官添差协缉。如擅给批牌,竟行拘提者,照诬良为盗例议处。若隔省地方官徇庇不行协缉,亦交该部议处。至于本省内隔属关提人犯,亦行令该地方官添差拘提。如违例擅自拘拿者,捕役照诬良为盗例治罪,原差地方官照失察例交该部议处。

【1725】6.27.404.(3)

【增例】一、凡隔省关提人犯，承问官一面详请督抚移咨，一面差人关会隔省该地方官添差协缉。如擅给批牌，竟行拘提者，照诬良为盗例议处。若隔省地方官徇庇不行协缉，亦交该部议处。至本省内隔属关提人犯，亦行令该地方官添差拘提。如违例擅自拘拿者，捕役照诬良为盗例治罪，原差地方官照失察例交该部议处。关提人犯，谓关提寻常对质人犯。若盗贼匪人，不用此例。

【1740】○修改

臣等谨按：例内照失察例议处、照诬良为盗例议处，均系《吏部处分则例》，应改。谨将改辑例文，开列于后。

一、凡隔省关提人犯，承问官一面详请督抚移咨，一面差人关会隔省该地方官添差协缉。如擅给批牌，竟行拘提，及隔省地方官徇庇不行协缉，均交部议处。至本省内隔属关提人犯，亦行令该地方官添差拘提。如违例擅自拘拿者，捕役照诬良为盗例治罪，原差地方官交部议处。关提人犯，谓关提寻常对质人犯。若盗贼匪人，不用此例。

【1740】6.27.394.(9)(略)

【1802】6.27.394.(11)(略)

【1725】6.27.404.(4)

【钦定例】一、凡承缉各官，务期必获盗首。如限内不获盗首，虽获盗过半，仍罚俸一年；再限不获，罚俸二年；三限不获，降一级调用。如盗首果系病故，必须查验确据，方准免其处分。若有假借别州县所获之盗，指为本案盗首，别州县亦扶同搪塞，或先报盗首脱逃，后仍在该地方隐匿，或捏报盗首病故，后于别案发觉者，将从前假借、扶同、隐匿、捏报之该地方文武各官，照讳盗例革职。其邻境他省之文武官，有能拿获别案内首盗，质审明确者，该地方文武官，各加一级。兵役由巡抚酌量给赏，令原失事之地方文武官捐给。若原失事之文武官，有已经离任者，令该抚暨武职统辖官捐给。若拿获别案内伙盗者，按每二名纪录一次；兵役缉获伙盗者，按每三名给与半赏。至伙盗之内，有首出盗首，即行拿获者，全免其罪。若不在伙内之人，首出盗首，即行拿获者，地方官从优给赏。再各直省州县捕役，务于本衙门额役工食内，每捕役一名，将他役工食，量为并给，使其养赡充裕。若拿获盗首者，令州县官从优给赏；如盗首不获，将承缉捕役家口监禁勒比；如获盗过半之外又获盗者，地方官亦酌量给赏。若州县贿盗狡供，辗转行查，希图销案者，照易结不结例治罪。

谨案：此条雍正三年(1725)定。

【1740】○修改

臣等谨按：例内议处、议叙，系《吏部处分则例》，应删。谨将删辑例文，开列于后。

一、凡承缉各官,有假借别州、县所获之盗,指为本案盗首,别州县亦扶同搪塞,或先报盗首脱逃,或捏报盗首病故,后经发觉者,将从前假借、扶同、隐匿、捏报之该地方文武各官,交部议处。其邻境他省之文武官,有能拿获别案内首盗、伙盗,质审明确者,该地方文武各官,交部分别议叙,兵役分别酌量给赏。至伙盗内,有首出盗首,即行拿获者,全免其罪。若不在伙内之人,首出盗首,即行拿获者,地方官从优给赏。捕役拿获盗首者,亦从优给赏。若盗首不获,将承缉捕役家口监禁勒比。如获盗过半之外又获盗者,地方官亦酌量给赏。若州、县贿盗狡供,辗转行查,希图销案者,照易结不结例治罪。

【1740】6.27.394.(10)(略)

【1767】○修改

臣等谨按:此条原例内有"伙盗首出盗首,即行拿获者,全免其罪"等语。查伙盗首出盗首,即行拿获,已于雍正五年(1727)定有拟流之例,载在例册遵行。拟将原例内"伙盗首出盗首,即行拿获,全免其罪"一节删去。

一、凡承缉各官,有假借别州县所获之盗,指为本案盗首,别州县亦扶同搪塞,或先报盗首脱逃,或捏报盗首病故,后经发觉者,将从前假借、扶同、隐匿、捏报之该地方文武各官,交部议处。其邻境他省之文武官,有能拿获别案内首盗、伙盗,质审明确者,该地方文武各官,交部分别议叙,兵役分别酌量给赏。若不在伙内之人,首出盗首,即行拿获者,地方官从优给赏。捕役拿获盗首者,亦从优给赏。若盗首不获,将承缉捕役家口监禁勒比。如获盗过半之外,又获盗者,地方官亦酌量给赏。若州县贿盗狡供,辗转行查,希图销案者,照易结不结例治罪。

【1768】6.27.394.(10)(略)

【1802】6.27.394.(12)(略)

【1725】6.27.404.(5)

【钦定例】一、凡官兵拿获起意捏造谣言,煽惑人心,毁坏制钱,容留犯法人在家隐匿不报,及偷盗官银物件等犯,将拿获之兵赏银二十两,官纪录一次。拿获造作纸牌、骰子,贩卖纸牌一千以上、骰子五十以上,官员赌博,坐地虎光棍,隐匿入官银两物件等人,兵赏银十两,官拿获两次者,纪录一次。拿获配所逃回之人,宰卖牛肉之人,及官员越品用顶、马,兵丁、旗下闲散人等赌博,并典当军器,潜卖纸牌、骰子之人,兵赏银五两。拿获贩卖牛肉,喜丧事违禁奢华,及违禁使用黄铜器皿,玩鹌鹑、斗鸡、蟋蟀赌钱,并民人、跟役等玩纸牌、骰子等犯,兵赏银三两。拿获逃人至五案者,亦赏银三两。以上各项奖赏、纪录银两,俱给首先拿获之人。若有不肖官役,借端讹诈,图赖好人,或将实在犯法之人拿获受贿释放等弊,该管官严查参奏,将讹诈图赖者,照诬告律治罪;受贿释放罪犯者,照枉法赃治罪。若该都统等不行查参者,罚俸一年。

谨案：此条雍正三年(1725)定。

【1740】○删除

臣等谨按：此条系给赏兵丁拿获罪犯之例，应入《处分则例》。至借端诈讹图赖及受贿释放，皆有专例，无庸列入。应删。

＊**【1725】○增入**①

原拟：吏部例内，定有京城、关内及直省道路、村庄失盗，处分、承缉、兼辖各官例三条，应纂入。

【原纂现行例】一、凡直隶各省有强盗入城杀官劫民，抢夺仓库、狱囚者，承缉州县印、捕官，捕盗同知、通判，及同城知府，并专汛武职，俱住俸，限一年缉拿，全获者开复。不全获者，降一级调用。如失事一月内，缉获一半者，初参，免议处，仍停升一年，限内全获者开复。不全获者，罚俸一年。盗犯俱照案缉拿。其兼辖文、武各官，交该部分别议处。

【原纂现行例】一、凡道路、村庄被劫者，承辑州县印、捕官及专汛武职，俱住俸，限一年缉拿。限内缉获一半者，开复；不获者，降一级留任，再限一年缉拿。如仍不获，调用。无级可降者，革职。同城知府及捕盗同知、通判与兼辖文、武各官，一例议处。盗犯照案缉拿。

＊**【1725】○增入**②

臣等谨按：以下三条，类于"盗贼捕限"律，应增入条例内。

【现行例】一、凡谋杀、故杀、斗杀等命案，地方官从前不知不报，复自行查出通报，将本案审明者，不论年月远近，俱免议处。若系上司查参，或被旁人告发者，不行宽免。

【现行例】一、凡承缉命案凶犯官员，初次，照例以六个月扣限查参，承缉官住俸，勒限一年缉拿。如限满不获，罚俸一年，准其照案缉拿。按接之员，比照盗案例，令其照案缉拿。其杀人凶犯藏匿本境，该管官知而容隐，别经发觉，将容隐官参处。该管官不知情，系地方光棍容隐者，止将容隐之人治罪。先虽容隐，后自首出，亦准免罪。

【现行例】一、凡已获盗犯，赃证明确，不速行完结，照人命新例，将承审官及该管上司议处。如果赃证未明，尚须质审者，该督抚另行题明。

---

① 以下两条例文，见于《大清律例按语》(第27卷)"刑律·捕亡·盗贼捕限"[雍正三年(1725)]条下，雍正三年(1725)《大清律集解附例》、乾隆五年(1740)《大清律例》不载。

② 以下三条例文，见于《大清律例按语》(第27卷)"刑律·捕亡·盗贼捕限"[雍正三年(1725)]条下，雍正三年(1725)《大清律集解附例》、乾隆五年(1740)《大清律例》不载。

【1740】○移并

【原例】* 吏律·公式·官文书稽程

【1725】2.3.67.(3)【增例】一、直隶各省审理人命事件，定限六个月；盗案，定限一年。如案内正犯及要证未获，情事未得确实者，题明展限。按察司自理事件，限一个月完结。府、州、县自理事件，俱限二十日审结。上司批审事件，限一个月审报。若隔属提人及行查者，以人、交到日起限。如有迟延情弊，该督抚察参。若该督抚将违限各官，徇情不行题参，察出一并议处。

臣等谨按：此条旧载"吏律·官文书稽程"条下，因与官文书稽程无涉，以类相从，移入于此。雍正六年(1728)，又有承审抢夺、发掘坟墓定例，均系承审限期，应并。谨将并辑例文，开列于后。

一、直隶各省审理人命及抢夺、发掘坟墓事件，定限六个月；盗案，定限一年。如案内正犯及要证未获，情事未得确实者，题明展限。按察司自理事件，限一个月完结；府、州、县自理事件，俱限二十日审结；上司批审事件，限一个月审报。若隔属提人及行查者，以人、文到日起限。如有迟延情弊，该督抚察参。若该督抚将迟延各官，徇情不行题参，察出一并交部议处。

【1740】6.27.394.(1)(略)

【1767】○修改

臣等谨按：此条系承审命、盗等案限期定例。原例"人命及抢窃等案，俱限六个月；盗案，限一年"等语。查乾隆十五年(1750)八月内，大学士、忠勇公傅恒等遵旨议准定例，命案限六个月完结，盗案限十个月完结，抢窃等杂案限四个月完结，现在遵行。是以将原例抢夺、发掘坟墓事件，定限改为四个月；盗案，定限改为十个月。

一、直隶各省，审理命案定限六个月，盗案定限十个月，抢夺、发掘坟墓及一切杂案，俱定限四个月。如案内正犯及要证未获，情事未得确实者，题明展限。按察司自理事件，限一个月完结；府、州、县自理事件，限二十日审结；上司批审事件，限一个月审报。若隔属提人及行查者，以人、文到日起限。如有迟延情弊，该督抚察参。若该督抚将迟延各官，徇情不行题参，察出一并交部议处。

【1768】6.27.394.(1)(略)

【1801】○修改

臣等谨按：各省承审命案限六个月完结，系乾隆十五年(1750)定例；抢夺、发冢及一切杂案限四个月，盗案限十个月完结，系乾隆三十五年(1760)定例。现准吏部咨称"寻常命案限六个月，盗劫及情重命案、钦部事件并一切杂案，俱定限四个月"等语，例内盗案十个月之处，系属旧列。应将寻常命案及盗、劫或情重命案，并一切杂案限期，分别修改。又查《吏部则例》载有州县承审及各上司核转、咨题分限月日，应查照增纂，以昭赅备。谨将修改例文，开列于后。

一、直隶各省审理案件，寻常命案，限六个月；盗劫及情重命案，钦部事件，并抢夺、发掘坟墓，一切杂案，俱定限四个月。其限六个月者，州、县三个月解府州，府、州一个月解司,司一个月解督抚,督抚一个月咨题;限四个月者,州、县两个月解府州,府、州二十日解司,司二十日解督抚,督抚二十日咨题。如案内正犯及要证未获,情事未得确实者,题明展限。按察司自理事件,限一个月完结;府、州、县自理事件,俱限二十日审结。上司批审事件,限一个月审报。若隔属提人及行查者,以人、文到日起限。如有迟延情弊,该督抚察参。若该督抚将迟延各官,徇情不行题参,察出一并交部议处。

【1802】6.27.394.(1)(略)

【1740】○移入

【原例】* 吏律·公式·官文书稽程

【1725】2.3.67.(7)【钦定例】一、凡承审命盗及钦部事件,至限满不结,该督抚照例咨参。即于限满之日接算,再限四个月。如逾限不结,该督抚将易结不结情由,详查注明题参,照例议处。至承审官内有升任、革职、降级及因公他往,委员接审者,准其展限一个月完结,不许又另起限。如有不肖文武官员,承审案件,借端巧为掩饰,不行速结者,令该督抚题参,交与该部严加议处。上司徇庇不行题参,及下属已经解审,混行驳查,以致承审官违限,并知属官例限将满,借端故为派委,希图展限者,一并从重议处。督抚参迟延时,将何月日解审、驳查次数声明,听部查核。

臣等谨按:此条旧载"吏律·官文书稽程"条下,因与官文书稽程无涉,以类相从,移入于此。

【1740】6.27.394.(2)(略)

【1801】○修改

臣等谨按:此条系雍正年间定例。查例内限满不结,即行接算,再限四个月,系指二参而言。应查照吏部则例,添入"二参"二字,并将州、县及上司分限,一体查照添入。又,承审官内有升任、降革及因公他往,委员接审者,例内统言准其展限一个月,不准又另起限,殊未分晰。查吏部则例,此条例内载有,前官历审未及一月,或前官承审历限过半,并前官于二参限内离任,接审官分别扣限之例。又载有原问官审断未当,委员另审,委审之员扣限审结之例。自应一并查照添入,以昭赅备。谨将修改例文,开列于后。

一、凡承审命、盗及钦部事件,至限满不结,该督抚照例咨部,即于限满之日接算,再限二参四个月。仍令州、县两个月解府州,府州、臬司、督抚各分限二十日。如逾限不结,该督抚将易结不结情由,详查注明题参,照例议处。至承审官内有升任、革职、降调,及因公他往,委员接审者,如前官承审未及一月者,准其按审过日期扣展;一月以上离任者,准其展限一个月。分限三个月、两个月事件,前官承审历限过半离任者,准其扣半加展。如前官于二参限内离任者,接任官准其以到任之日起,无论六个月、四个月事件,俱扣限四个月审结。至原问官审断未当,及犯供翻易情节,督抚另委贤员,或会同原问官审理,委审之员,扣限一个月,该管各上司,亦统限一个月核转具题,总以两个月完结。如官员承审案件,借端巧为掩饰,不行速结者,令该督抚题参,交与该部严加议处。上司徇庇不行题参,及下属已经解审,混行驳查,以致承审官违限,并知属官例限将满,借端故为派委,希图展限者,一并交部议处。督抚参迟延时,将何月日解审、驳查次数声明,听部查核。

【1802】6.27.394.(2)(略)

【1740】○移改

【原例】* 吏律·公式·官文书稽程

【1725】2.3.67.(8)【钦定例】一、凡承审土苗案件,俱以获犯到官日为始,盗案限一年,命案、窃案限六个月,杂件限四个月。限满不结,照例咨参,接扣限期完结。如仍不审结,该督抚照例题参。若该犯居土官所辖地方,该土官准州、县移会,徇庇不行拿解,经督抚核实题参,将土官革职,择伊子弟之贤者承袭。若该犯居隔省隔邑者,以文到日为始,限四个月拿解。如庇匿不解,照徇庇例议处。如果凶犯实系在逃,俱限六个月承缉。限满无获,照例分别议处。

臣等谨按:此条雍正五年(1727)定,旧载"吏律·官文书稽程"条下,因与官文书稽程无涉,以类相从,移入于此。

臣等谨按:"断狱"条下,衡州有苗民二十六州县,命、盗案件,有展限两月之例。是所展地方,因离城窎远,故止展限两月。此系隔属缉拿,故有四月、六月之限。例内有"隔邑"字样,反似同省之中又有宽限不等之例,应改为"隔属""隔省",则援引庶无错误。再例内"照徇庇例"及"照例议处",文类处分则例,亦应改。谨将改辑例文,开列于后。

一、凡承审土苗案件,俱以获犯到官日为始,盗案限一年,命案、窃案限六个月,杂件限四个月。限满不结,照例咨参,接扣限期完结。如仍不审结,该督抚照例题参。若该犯居土官所辖地方,该土官准州县移会,徇庇不行拿解,经督抚核实题参,将土官革职,择伊子弟之贤者承袭。若该犯居隔属隔省者,以文到日为始,限四个月拿解。如庇匿不解,交部议处。如果凶犯实系在逃,俱限六个月承缉。限满无获,交部分别议处。

【1740】6.27.394.(3)(略)

【1801】○修改

臣等谨按:此条系雍正年间定例。现准吏部签称"土苗案件,俱照内地事件限期办理"等语。此条盗案限一年,命案、窃案限六个月,杂件限四个月之处,系属旧例,应行修改。谨将修改例文,开列于后。

一、凡承审土苗案件,俱以获犯到官日为始,照内地限期审结。限满不结,照例咨参,接扣限期完结。如仍不审结,该督抚照例题参。若该犯居土官所辖地方,该土官准州、县移会,徇庇不行拿解,经督抚核实题参,将土官革职,择伊子弟之贤者承袭。若该犯居隔属隔省者,以文到日为始,限四个月拿解。如庇匿不解,交部议处。如果凶犯实系在逃,俱限六个月承缉。限满无获,交部分别议处。

【1802】6.27.394.(3)(略)

【1740】○移改

【原例】＊ 吏律·公式·官文书稽程

【1725】2.3.67.(9)【钦定例】一、凡命、盗案件，如四个月限者，州县限两月解府州，府州限一个月解司，司限二十日解督抚；如六个月限者，州、县限三个月解府州，府州限个半月解司，司限一个月解督抚；如一年限者，州、县限七个月解府州，府州限两个月解司，司限个半月解督抚。督抚将州县、府、司起解年月日期，于疏内声明。如州、县承审迟延，及督抚逾限不参者，仍照定例议处。倘州县已解府州，及府州已经解司，而府州、臬司迟延者，将迟延之员，计逾限月日，照例分别议处。如上司恃势，将属员解到日期，故为改迟，或肆意苛驳，以致迟延者，许属员详报督抚，据实题参，将改期及苛驳之上司，照例议处。至藩司，粮、盐、驿、河各道衙门，一应钦部案件，亦注明年月日期，如有迟延，亦照此例议处。再盗案如有各省关查口供，必需时日者，许该地方官申详督抚，咨部展限两个月。其通省行查之事，令督抚查明，将最后送到逾限之府、州、县职名附参，照钦部事件例议处。

臣等谨按：此条雍正五年(1727)定，旧载"吏律·官文书稽程"条下，因与官文书稽程无涉，以类相从，移入于此。

臣等谨按：承审命、盗案件，督、抚、司、府、州、县分别扣限，原以杜迟延之弊。但逾限未及一月，例得免议。既经分限，则州、县逾限二十八九日；司、府各逾限二十八九日，皆在免议之列，反得通融延缓，似属严紧转开腾挪之渐。现今升任山东按察使黄叔琳条奏，仍照旧例遵行。则此条分别扣限之处，应删。既不分限，则上司均在处分之列，自无肆意苛驳之弊。其属员详报督抚及苛驳之上司议处等弊，亦应删。谨将删存例文，开列于后。

一、盗案如有隔省关查口供，必需时日者，许申详督抚，咨部展限两个月。其通省行查之事，令督抚查明，将最后送到逾限之府、州、县职名附参，照钦部事件例交部议处。

【1740】6.27.394.(4)(略)

【1802】6.27.394.(21)(略)

【1740】○移入

【原例】＊ 吏律·公式·官文书稽程

【1725】2.3.67.(10)【钦定例】一、盗案果有虚实情形未分、盗赃未确，限内不能完结者，许承审有司据实详报，该管上司核实，即行报部，准其展限四个月。倘承审官有将易结之盗案，滥请展限，该督抚漫为咨部者，有司官照易结不结例革职，转详之司、道、府、州，及咨部之督抚，一并交部分别议处。

臣等谨按：此条雍正五年(1727)定，旧载"吏律·官文书稽程"条下，因与官文书稽程无涉，以类相从，移入于此。

【1740】6.27.394.(5)(略)

【1801】○修并、分辑

【原例】【1740】6.27.394.（5）（略）、【1790】6.27.394.（22）（略）、【1790】6.27.394.（23）（略）、【1790】6.27.394.（24）（略）

臣等谨按：以上数条，俱系盗案虚实未分，分别展限审结，及续获人犯到案，扣展审结之例。原例随时登载，分别多条，未免词繁语复，应行修并。又查吏部则例内载“寻常命案，限六个月完结，州县，分限三个月；盗案及情重命案，限四个月完结，州、县分限两个月”，又准吏部咨称“盗案展限，只准两个月”各等语。例内第一条盗案展限四个月，第二条州、县分限五个月，第三条照命案例限六个月完结及盗赃未确准其以十个月完结之处，与吏部则例不符，俱应画一修改。又，查吏部则例内，尚有承审命、盗、钦部事件及一切杂案，如正犯未获，或隔省行查，分别展限，及将现获人犯审结，并续获人犯到案扣限审结之例。此律第三条、第四条例内，专指盗案，未免罣漏。应依吏部则例，一并登载。今拟将命、盗及杂案内行查展限，现获、续获人犯分别扣限审结，修改一条；盗案审限及虚实未分展限，修并一条。以昭赅备，而便引用。谨将修改、修并例文二条，开列于后。

【1802】6.27.394.（4）（略）

【1802】6.27.394.（5）（略）

【1802】6.27.394.（4）

一、官员审理命、盗、钦部事件及一切杂案内，有余犯到案，因正犯及要证未获，情词未得，或盘获贼犯，究出多案，事主未经认赃，必须等候方可审拟，或因隔省行查，限内实难完结者，承问官将此等情由，预行申详督抚，分别题咨展限。若正犯、要证，及盗窃案内首从人犯，已经到案，间有余犯未获者，即将现获之犯，据情研审，按限定结，不得借词展限，亦不得延至日久，应就现犯审结之日起限。若承审期内，遇有续获之犯，如到案在州、县分限以内者，即行一并审拟，毋庸另展限期；如到案已在州、县分限以外，不能并案审拟者，将续获人犯另行展案，扣限四个月完结。如间有获犯到案，时在州县分限将满者，亦不得逾违统限。如该上司不遵定例，严加查核。听其借端迟延，捏词扣展限期者，承审官及各上司俱交部分别议处。

【1802】6.27.394.（5）

一、盗案获犯到官，无论首盗、伙盗，缉获几名，如供证确凿，赃迹显明者，一经获犯，限四个月完结。如果虚实情形未分，盗赃未确，限内不能完结者，承审官立即据实详报，逐细声明，该管上司核明，预行咨部，准其展限两个月完结。倘承审官有将易结之盗案，滥请展限，该督抚漫为咨部者，承审官革职，各该上司交部分别议处。

【1740】○增入

一、刑部行文五城兵马司、大宛二县查拿之案，如关系偷盗仓库钱粮，并隐匿要紧重犯，即于文内添注“要犯。勒限缉拿”字样，限满无获，照京城定例议处。其余寻常命、盗，如限满无获，照外省定例议处。倘该管官不行呈报题参，察出一并交部议处。其五城兵马司承追赃罚、变产等项，如限满不完，照大宛二县承追杂项钱粮例议处。如该御史不行开送，察出，将该御史一并交与吏部议处。仍令该司坊官，将历年承追之项，造具清册三本，一送刑部，一送都察院，一送该城御史查核。

此条系雍正七年(1729)定例。

【1740】6.27.394.(6)(略)

【1802】6.27.394.(8)(略)

【1740】○增入

一、苗蛮地方，一有失事，该防汛官即带兵追捕，地方官即差役严拿，一面申报上司，并移会邻近营汛，协力穷追。如未能弋获，查明凶犯本名，确系何处贼蛮，会同该衙门添差缉获。如徇庇不发，并承审官不严行追究，及文武官弁明知案犯下落，不实力擒拿，以致逃匿者，并交部议处。若捕役搜捕案犯，牵累良民，照诬指良民为盗例，从重治罪。

此条系雍正六年(1728)定例。

【1740】6.27.394.(11)(略)

【1802】6.27.394.(13)(略)

【1740】○增入

一、凡捕役串通盗犯，教供妄认别案盗犯，以图销案，州县官失于觉察，审出，交部议处；捕役照诬良为盗发边远充军例减一等，杖一百、徒三年。如有贿买情弊，以枉法从重论。

此条系乾隆二年(1737)定例。

【1740】6.27.394.(12)(略)

【1802】6.27.394.(14)(略)

【1740】○增入

一、邻县关提人犯，限文到二十日拿解。逾限不发，交部议处。听信地保、差役捏称并无其人，并久经外出，空文回复，掯不发人者，地方官议处外，其地保、差役照不应律治罪。受财者，以枉法从重论。藏匿要犯，按律究拟，本犯从重问断。

此条系乾隆三年(1738)定例。

【1740】6.27.394.(13)(略)

【1802】6.27.394.(15)(略)

【1746】○**续纂**

一、五城地方有失窃案件，该司坊官即申报该巡城御史及都察院山东道，于失事之日起，勒限四个月缉拿，山东道按限提比。如限内贼犯未获，及获不及半者，该城御史即行查参，交部议处。如承缉限满，该城不行报参，及山东道御史不实力稽察者，令都察院查参，一并议处。其五营所辖地方失窃，该营专汛武职，交步军统领，亦照司坊官一体参处。

臣等谨按：此条系乾隆八年（1743）四月内，兵部议复御史吴文焕条奏定例，应纂辑以便遵行。至原议内称"初参住俸，二参罚俸一年"等语，系属处分，应听吏部、兵部载入《处分则例》，此处无庸复载，今改为"交部议处"。

【1768】6.27.394.（14）（略）

【1802】6.27.394.（16）（略）

【1751】○**续纂**

一、凡司道提比捕役，除积案久逃之犯，仍照旧例遵行，其新报之案，司道不得即行提比，专令该管之府厅比缉。仍将比过各案，并捕役姓名，报明该道查核，按季汇报臬司，转申督抚查核。倘经年累月，总未获报，该府厅有徇隐之处，一并题参，交部议处。

臣等谨按：此条系乾隆十四年（1749）十二月内，臣部议复广西道御史黄登贤条奏定例，应纂辑以便遵行。

【1768】6.27.394.（15）（略）

【1802】6.27.394.（17）（略）

【1751】○**续纂**

一、凡五城地方事主报有失窃案件，该司坊官隐讳不报者，照步军校讳窃例议处。

臣等谨按：此条系乾隆十四年（1749）五月内，臣部议复江西道御史范宏宾条奏定例，应纂辑以便遵行。查原奏内有"事主隐讳不报，照不应轻律笞四十"等语。夫被窃之家，容有鳏、寡、孤、独，不能匍匐公庭者，亦或有被窃无多，希图省事不报者。若定以科条，徒滋案牍，且事主有意隐讳，自可量责惩儆。毋庸辑为定例。

【1768】6.27.394.（16）（略）

【1802】6.27.394.（18）（略）

【1756】○**续纂**

一、凡命、盗一切重案，正犯脱逃，即行差役密拿，并开明年貌、事由，详请通饬本省州县一体协缉。倘未弋获，于初参限满，即请分咨邻省通缉，不得稽延，致犯远扬。

逾限未获，仍将本案承缉官按限查参，照例分别议处。

臣等谨按：此条系乾隆二十一年（1756）五月内，臣部议复山西按察使柁木齐图条奏定例，应纂辑以便遵行。

【1768】6.27.394.（17）（略）

【1788】○删除、续纂

臣等谨按：此条系命、盗重犯脱逃，初参限满无获，始分咨邻省通缉之旧例。嗣于乾隆四十八年（1783），陕西按察使王昶条奏，改令初报时即详请分咨各省协缉。又于乾隆五十一年（1786）十月内，云南巡抚刘秉恬以邻省督抚接到通缉咨文，层递转行，动需时日，奏请嗣后于事发之日，本省督抚接据详文，即径檄饬邻省接壤州县，一体实力协缉等因。经臣部先后复准具奏，奉旨："依议。"钦遵各在案。是此条原例内命、盗重案，于初参限满，分咨邻省通缉之文，业已不用，应行删除。所有奏准命、盗要犯，负罪潜逃，于事发日，一面专差查拿，一面详请督抚径行檄饬邻省接壤州县，一体实力协缉之例，应纂辑以便遵行。今将纂辑例文，开列于后。

【续纂】【1790】6.27.394.（29）（略）

【1756】○续纂

一、凡隔省关提人犯，承问官务将人犯紧要缘由及关提月日，通报各上司稽考。如准关之州县，迟延不即解送，及听信地保人等捏称并无其人，掯不发解者，该督抚立即严参。至审结题咨时，亦将关到日期，扣明程限，声明有无迟延，听候部议。如承审之州县，将并非紧要案犯，借称关提不到者，该督抚亦即查明，严参议处。

臣等谨按：此条系乾隆十九年（1754）正月内，吏部议复护理江西巡抚王兴吾条奏定例，应请纂辑遵行。

【1768】6.27.394.（18）（略）

【1790】6.27.394.（17）（略）

【1802】6.27.394.（19）（略）

【1761】○续纂

一、凡各省州县，遇有强劫、拒捕等重案，立即选差干捕擒拿，一面将失盗情形，申报所辖之府州，及关移接壤别属之州县。其专辖之知府、知州，立即通饬阖属，各选派干捕，悬立赏格，分路侦缉，无获则一体比追。其非本府州所属，而境地相接之州、县，如遇移关一到，亦即照此协力差捕搜拿。

臣等谨按：此条系乾隆二十四年（1759）七月内，臣部议复升任直隶按察使乔光烈条奏定例，应纂辑以便遵行。

【1768】6.27.394.（19）（略）

【1790】6.27.394.（18）（略）

【1802】6.27.394.（20）（略）

【1761】○续纂

一、黔省苗疆地方承审命、盗案件，各照原定分限，命案三个月，盗案五个月，审理完结。其加展两月、三月之例，概行停止。

臣等谨按：此条系乾隆二十五年（1760）二月内，升任贵州按察使彰宝条奏定例，应纂辑以便遵行。

【1768】6.27.394.（20）（略）

【1790】6.27.394.（19）（略）

【1801】○修改

臣等谨按：此条系乾隆二十五年（1760）定例。查吏部则例内开，寻常命案限六个月完结，州县分限三个月；盗案及情重命案，俱限四个月完结，州县分限两个月。并无命案概行分限三个月、盗案分限五个月之例。黔省苗疆地方，亦照内地限期办理。例内命案分限三个月、盗案五个月之处，系属旧例，与吏部现行则例不同，应行分别修改。谨将修改例文，开列于后。

一、黔省苗疆地方承审命、盗案件，州县各照原定分限，寻常命案三个月，盗案及情重命案两个月，审理完结。其加展两月、三月之例，概行停止。

【1802】6.27.394.（6）（略）

【1767】○续纂

一、命、盗重案，内外问刑衙门，各宜迅速查办。应缉拿者，上紧缉拿，应定拟者，即行定拟。若承审官不能审出实情，以监候待质迁延时日者，该堂官、督抚查出，即严行参处。

臣等谨按：此条系乾隆十七年（1752）十二月内钦奉上谕，应补纂为例，以便遵行。①

【1768】6.27.394.（21）（略）

【1790】6.27.394.（20）（略）

【1802】6.27.394.（7）（略）

【1767】○续纂

一、卑幼擅杀期功尊长、属下人殴伤本管官，并妻妾谋死本夫、奴婢殴故杀家长等案，承审官限一月内审解，府、司、督抚限十日审转具题。如州县官于正限届满，尚

---

① 《大清律例按语》（第66卷）“刑律·捕亡·盗贼捕限”［乾隆三十二年（1767）］本条按语尚有以下文字：“所有监候待质旧例一条，应行删除。谨将删除例文，开列于后。

删除

一、杀人及强盗等罪监候质讯人犯，如过三年，逃犯未获者，即入秋审册内，一并详审。其叛逆案内牵连待质人犯，虽过三年，仍行监候。

以上一条，应删。”

未审结，即于限满之日，接扣二参限期，州县限二十日，府、司、督抚仍各限十日完结。如有迟延，分别初参、二参，照例议处。至杀死三命、四命之案，该督抚即提至省城，督同速审。其审解限期，悉照卑幼擅杀期功尊长之例办理。

臣等谨按：此条系乾隆二十八年（1763）五月广东按察使赫昇额，及三十年（1765）五月江苏巡抚明德条奏，并纂为例，以便遵行。

【1768】6.27.394.（22）（略）

【1790】6.27.394.（21）（略）

【1802】6.27.394.（22）（略）

【1840】○修改

臣等谨按：道光十九年（1839）正月内，据广西巡抚梁章钜咨称"平乐县民妇石唐氏，因央恳伊翁石生潮分给李实，致石生潮气忿赶殴，失跌痰壅气闭身死"一案，经该府审明，将石唐氏比照子孙违犯教令致父母自尽例拟绞监候，并照服制案扣统限两个月，解经勘题在案。惟详查粤西向办此等案件，承审期限有扣统限两个月者，有扣统限四个月者，亦有扣统限六个月者。因例无明文，办理未归画一，咨部示定限制等因。经臣部查，卑幼干犯尊长等案，承审、审转各官例限，已有专条。至子孙违犯教令，致祖父母、父母自尽之案，应如何定限，例内并无明文。惟查子孙之于祖父母、父母，如有违犯、不孝，致祖父母、父母自尽，其情较卑幼干犯尊长等案尤重，承审限期自不得较宽。酌议嗣后子孙违犯教令致祖父母、父母自尽之案，承审、审转限期，即照卑幼擅杀尊长等案定限等因，咨复该抚，并通行各省在案。应于原例内，添入子孙违犯教令致祖父母、父母自尽一项，以期赅备。谨将修改例文，开列于后。

一、卑幼擅杀期功尊长，子孙违犯教令致祖父母父母自尽，属下人殴伤本管官，并妻妾谋死本夫，奴婢殴故杀家长等案，承审官限一月内审解，府、司、督抚各限十日审转具题。如州县官于正限届满，尚未审结，即于限满之日，接扣二参限期，州县限二十日，府、司、督抚仍各限十日完结。如有迟延，分别初参、二参，照例议处。至杀死三命、四命之案，该督抚即提至省城，督同速审。其审解限期，悉照卑幼擅杀期功尊长之例办理。

【1847】6.27.394.（29）（略）

【1767】○续纂

一、盗案除虚实情形未分、盗赃未确之案，仍照旧例办理外，如盗犯到案之初，业已供认确凿、赃迹显明者，无论首从缉获几名，即以到案之日起限，审拟完结。若承审期内遇有续获之犯，如到案在州县承审五个月分限以内者，即一并审拟，毋庸另展限期；如到案已在州县分限以外，不能并案审拟，照续获盗犯之例，另行展限完结。如间有获犯到案，时在州县分限将满，不能依限审拟者，总不得逾违统限。抢、窃等案，一体遵照办理。

臣等谨按:此条系乾隆二十七年(1762)七月内,山西按察使梁翥鸿条奏定例,应纂辑遵行。

【1768】6.27.394.(23)(略)

【1790】6.27.394.(22)(略)

【1801】○修并、分辑

修并、分辑按语及修并、分辑后例文,见【1740】6.27.394.(5)条【1801】修并、分辑项下。

【1767】○续纂

一、盗案获犯到官,无论首盗、伙盗,缉获几名,如供证确凿、赃迹显明者,一经获犯,概照命案例限六个月完结。如果虚实情形未分、盗赃未确,承审官立即据实详报,逐细声明,该管上司核明,预行咨部,准其以十个月完结。至已经审定之案,如有续获盗犯到官,在州县分限以外,不能并案审解者,俱扣限四个月审结。倘有迟延,照例查参。

臣等谨按:此条系乾隆三十年(1765)二月内,湖北按察使雷畅条奏定例,应纂辑遵行。

【1768】6.27.394.(24)(略)

【1790】6.27.394.(23)(略)

【1801】○修并、分辑

修并、分辑按语及修并、分辑后例文,见【1740】6.27.394.(5)条【1801】修并、分辑项下。

【1767】○续纂

一、州县无论初参承审限期,及监毙窃犯等案,俱以人犯到案之日起限。如遇犯系盘获,现无事主,及拿获贼犯,究出多案,必须事主到案认赃,方可拟罪者,照例预行咨明展限。如有混行展限者,交部议处。

臣等谨按:此条系乾隆二十八年(1763)十二月内,钦奉上谕,吏部会同臣部奏准定例,应纂辑遵行。

【1768】6.27.394.(25)(略)

【1790】6.27.394.(24)(略)

【1801】○修并、分辑

修并、分辑按语及修并、分辑后例文,见【1740】6.27.394.(5)条【1801】修并、分辑项下。

【1767】○续纂

一、五城遇有承缉凶犯,选差干捕,勒限严缉。如一月不获,照例责比;三月至五月不获者,即将该捕役从重责革,枷号两个月示惩,另选干捕躧缉。如捕役果能实力拿获者,照拿获盗案之例,于赃罚银两内,令巡城科道酌量赏给。至巡捕五营所属地方,原与五城联络,遇有不知姓名之人被伤身死,据指挥相验的实,该汛武职,即行呈报步军统领衙门,照例勒限严缉正凶,仍于限内报明兵部。俟文职审明是仇是盗,将武职各官照例查议。其五营捕役,应照五城限缉之例,令该汛武弁选差干捕,报明注册,勒限严缉,按期责比。如逾限不获,即行枷号、责革,仍令另差干捕,实力缉拿。如该汛捕役,有能于限内缉获正凶者,量加奖赏,于步军统领衙门房租项下动支发给,汇入年终奏销。

臣等谨按:此条系乾隆二十九年(1764)七月,山东道御史积善条奏定例,应纂辑遵行。

【1768】6.27.394.(26)(略)

【1790】6.27.394.(25)(略)

【1802】6.27.394.(23)(略)

【1847】6.27.394.(22)(略)

【1767】○续纂

一、京城遇有仇、盗未明之案,巡捕五营武职等官,照文职缉凶之例,一体扣限查参。俟获犯之日,如审系盗案,仍照例将专辖、兼辖各官补参疏防。

臣等谨按:此条系乾隆三十二年(1767)五月内,云南道御史汪新条奏定例,应纂辑遵行。

【1768】6.27.394.(27)(略)

【1790】6.27.394.(26)(略)

【1802】6.27.394.(24)(略)

【1847】6.27.394.(23)(略)

【1778】○续纂

一、五城所辖地方,如有奴仆偷盗家长财物脱逃者,一经呈报,该坊官即照民人被窃之案,一体通报巡城御史及都察院山东道,照例比缉,勒限查参。倘隐匿不报,察出照讳窃例参处。其营汛武职,亦照司坊官一体参处。

臣等谨按:此条系乾隆三十七年(1772)十月内,臣部会同吏部议复山东道监察御史郑鸿撰条奏定例,应纂辑遵行。再查五城地方失窃捕限,三营武职,照司坊官一体参处。今奴窃主财之捕限,既将该坊官照民人被窃例参处,其营汛武职承缉处分,亦应查参,以昭画一。原奏未经议及,是以一并添入,以便引用。合并声明。

【1790】6.27.394.(27)(略)

【1802】6.27.394.(25)(略)

【1847】6.27.394.(24)(略)

【1782】○续纂

一、凡各本省应缉外遣逃犯,分晰年分、名数,登注事由及已未就获为一册;外省通缉者,于每年汇造寻常军流逃犯册内,划出另为一册,年终由臬司衙门汇册造报,督抚于开印后咨部查核。该督抚将本省及通缉各案,分折具奏。其通缉遣犯,各督抚于文到日,即饬属分差缉拿,将缉役姓名申报,责成该管道、府不时稽察。如有怠忽不实力奉行者,该道、府揭参,将该地方官议处。

臣等谨按:此条系乾隆四十三年(1778)五月内,云南按察使汪圻条奏定例,经臣部议复具奏,奉旨:"依议。"钦遵在案,应纂辑遵行。

【1790】6.27.394.(28)(略)

【1802】6.27.394.(26)(略)

【1847】6.27.394.(25)(略)

【1788】○续纂

一、凡命、盗等案要犯负罪在逃,承缉官于事发之日,开明年貌、事由,一面差役密拿,一面具详。该省督抚接据详文,即径檄邻省接壤之州县,一体实力协缉,仍移咨邻省督抚,彼此督缉。倘接壤州县接奉文檄,以非本管督抚,心存畛域之见,视为通缉具文,致犯藏境内,别经发觉,即听原行之督抚查参,交部照例议处。

续纂按语,见【1768】6.27.394.(17)条【1788】删除、续纂项下。

【1790】6.27.394.(29)(略)

【1802】6.27.394.(27)(略)

【1847】6.27.394.(26)(略)

【1795】○续纂

一、营弁拿获盗、劫重犯,立即解交该弁所驻之地方有司衙门,严行究诘。如供出首伙姓名,该地方官一面通报各上司,一面迅速移咨该处营弁,设法缉拿,毋许稍有迟延。至地方捕役拿获盗犯,该州县讯出伙党姓名,亦即移会地方武弁,一体协缉。其承缉、招解,该地方官仍依例限办理,毋庸营弁先行会同讯供。

臣等谨按:乾隆五十四年(1789)三月内,江南提督陈杰条奏"营员拿获盗匪,即交有司会同该营员先行讯供等因"一折,经臣部会同兵部议以定例。强盗重案,捕官不预审讯,盖因捕盗之官在武职,则分驻防汛之千、把总外委等弁,多系本地方兵民充补,其中贤愚不等,且鲜晓事之人,恐滋流弊,是以例有限制。请嗣后营弁拿获盗犯,即解交该弁所驻之地方衙门，严行究诘，供出首伙姓名。一面通报各上司，一面迅速移咨该处营弁，设法缉拿，毋许稍有迟延。至地方捕役拿获盗犯，该州、县讯出伙党姓名，亦即移会地方武弁，一体协缉。其承缉、招解该地方官，依例限办理等因具奏。奉朱批："所议是。依议。"钦遵在案，应纂辑遵行。

【1802】6.27.394.(28)(略)

【1847】6.27.394.(27)(略)

【1835】○续纂

一、各省审办无关人命徒罪案件，即照承审一切杂案定限四个月之例，州县两个月解府州，府州二十日详司，司二十日详督抚，督抚二十日批结。至批结之后，由该臬司按季汇齐，务于每季后二十日内，造册详报该督抚，该督抚务于十日内出咨报部，总不得过一月之限。其报部册内，务逐案详叙供招，并将人犯到案，及州县、府、司、督抚审转、批结各日期，详细明注，听候查核。倘有审办迟逾分限，及造册报部迟延者，交部议处。

臣等谨按：道光十二年(1832)闰九月间，臣部议复升任山东道监察御史周曰炳奏"各省办理寻常外结徒犯，请酌立限期"一折，内称寻常徒罪案件，因其无关人命，向由该督抚自行批结，例无作何扣限之文。且批结之后，例内只言按季报部查核，而造报迟延作何参处，原例亦未议及。故向来各省咨报外结徒犯册，有照承审一切杂案例限详晰注明者，亦有并不注明承审分限者；有逐季递报咨部者，亦有迟之又久始行报部者。总缘例无明文，以致办理未能画一。议请嗣后各省审办无关人命徒罪案件，即照承审一切杂案定限四个月之例，州、县两个月解府、州，府、州二十日详司，司二十日详督、抚，督、抚二十日批结。至批结之后，由该臬司按季汇齐，务于每季后二十日内，造册详报；该督、抚务于十日内，出咨报部。总不得过一月之限。其报部册内，务逐案详叙供招，并将文、犯到案及州、县、府、司、督、抚审转批结各日期，详细注明，听部查核。倘有审办迟逾分限，及造册报部迟延者，即由刑部转咨吏部议处等因具奏，奉旨允准通行，遵照在案。谨纂辑专条，以昭遵守。

【1847】6.27.394.(28)(略)

【刑律·断狱】

囚应禁而不禁

律　文

【1646】6.28.418

凡鞫狱官于狱囚应禁而不收禁，徒犯以上、妇人犯奸收禁。官犯公私罪、军民轻罪、老幼废疾散禁。应枷、死罪惟妇人不枷。锁、充军以上。杻徒罪以上。而不用枷、锁、杻，及囚本有枷锁、杻而为脱去者，各随囚重轻论之。若囚该杖罪，当该官司笞三十；徒罪，笞四十；流罪，笞五十；死罪，杖六十。若杖罪以上之囚应枷而但用锁、及官犯私罪、徒、流之类、应锁而乃用枷者，各减不枷、锁罪一等。○若囚在狱中自脱去，枷、锁、杻，及司狱官典、狱卒私与囚脱去枷、锁、杻者，罪亦如鞫狱官脱去之。罪。提牢官知自脱与脱之情而不举者，与官典狱卒同罪，不知者不坐。○其鞫狱官于囚之不应禁而禁，及不应枷、锁、杻而枷、锁、杻者，倚法虐民，各杖六十。○若鞫狱、司狱、提牢官典，狱卒受财而故为操纵轻重者，并计赃以枉法从重论。有禄人八十两律绞。

【1670】6.28.417（略）

【1725】○修改

原拟：今罪犯应枷号者，俱不在狱中。其在狱重囚，概不用枷。此律内"枷"字，及小注俱拟删去。又今笞罪，亦用锁。其罪重者，方加杻。小注内"充军以上""徒罪以上""杖罪以上"等句，俱与今例不符。谨拟删改，开载于后。

【原改律】凡鞫狱官于狱囚应禁而不收禁，徒犯以上、妇人犯奸收禁。官犯公私罪、军民轻罪、老幼废疾散禁。应锁杻而不用锁杻，及囚本有锁杻而为脱去者，各随囚重轻论之。若囚该杖罪，当该官司笞三十；徒罪，笞四十；流罪，笞五十；死罪，杖六十。若应杻而锁、应锁而杻者，各减不锁杻罪一等。○若囚自脱去，锁杻，及司狱官典、狱卒私与囚脱去锁杻者，罪亦如鞫狱官脱去之。罪。提牢官知自脱与脱之情而不举者，与官典狱卒同罪，不知者不坐。○其鞫狱官于囚之不应禁而禁，及不应锁杻而锁杻者，倚法虐民，各杖六十。○若鞫狱、司狱、提牢官典狱卒，受财而故为操纵轻重者，并计赃以枉法从重论。有禄人八十两律绞。

臣等谨按（按语与雍正三年律后总注同，略）

【1725】6.28.405

律文（略）

注：此言拘系囚人之法，宽严当得其平也。首节言鞫狱官将囚应禁不禁、应锁杻不锁杻，及已锁杻而与之脱去，并应杻而锁、应锁而杻者之罪。二节言囚自脱去锁杻，及司狱

官、典、狱卒私与脱去,并提牢官知囚自脱,与司狱官、典、狱卒私与脱去之情而不举者之罪。三节言鞫狱官将不应禁之人而收禁,及不应锁杻之人而锁杻者之罪。末节总承上所犯各项而言鞫狱、司狱、提牢官典、狱卒受财者之罪。再枷号人犯,当该官司、吏卒有犯应枷不枷等罪,俱与此律同科。下条"与囚金刃解脱"及"狱囚衣粮"律,亦准此。

【1740】6.28.395(略)

附律条例

【1646】6.28.418.(1)

一、凡枷号人犯,除例有正条,及催征税粮,用小枷枷号,朝枷夜放外,敢有将轻罪人犯,用大枷枷号伤人者,奏请降级调用;因而致死者,问发为民。

谨案:此条系原例。

【1670】6.28.417.(1)(略)

【1725】6.28.405.(1)【原例】(略)

【1740】○修并

【原例】【1725】6.28.405.(1)(略)、【1725】6.28.405.(2)(略)

臣等谨按:以上两条,第一条,系轻罪人犯,不得用重枷之例。第二条,系不许先责后枷,及犯人遇病不行保释医治,以致枷毙之例。但第一条止有重枷,而不及竹板。第二条,有连根带须竹板,又兼及重枷。两例并设条款,既无分别,又属重复,应并为一例。将重枷及连根带须竹板并列于前,为重用刑具之例;将不许先责后枷,及保释、枷毙,附列于后,则以类相从,既不重复,轻重亦有差等矣。谨将并改例文,开列于后。

一、凡枷号人犯,除例有正条,及催征税粮,用小枷枷号,朝枷夜放外,敢有将轻罪人犯,用大枷枷号,及用连根带须竹板伤人者,交部议处;因而致死者,问发为民。应枷号者,定于满日责放,不许先责后枷。遇患病,即行保释医治,痊日补枷。若先责后枷,遇患病不即行保释医治,以致毙命者,交部严加议处。督抚不行察参,或经科道纠参,督抚、司道一并议处。

【1740】6.28.395.(1)(略)

【1801】○修改

臣等谨按:此条系前明旧例。查律载,"监临有司官,因公事主令下手者,于人虚怯去处非法殴打致死者,杖一百、徒三年"等语。此条轻罪人犯,用大枷枷号及用连根带须竹板伤人,因而致死,自应照非法殴打致死律定拟。例内问发为民,系属旧例,应行修改。谨将修改例文,开列于后。

一、凡枷号人犯,除例有正条,及催征税粮,用小枷枷号、朝枷夜放外,敢有将轻罪人犯,用大枷枷号,及用连根带须竹板伤人者,交部议处。因而致死者,照非法殴打致死律杖一百、徒三年。应枷号者,定于满日责放,不许先责后枷。遇患病,即行保释医治,痊日补枷。若先责后枷,遇患病不即行保释医治,以致毙命者,交部严加议处。督抚不行察参,或经科道纠参,督抚、司道一并议处。

【1802】6.28.395.(1)(略)

【1725】○增入

原拟:现行例一条,类如此律,应纂入。

【原增现行例】一、凡枷号以满日责放,不许先责后枷。若遇患病,即行保释医治,痊日补枷。如不行医治,以致毙命,及违例滥用重枷,并连根带须竹板者,该督抚指参,俱交部严加议处。倘该督抚不行察参,或经科道纠参者,该督抚、司道一并议处。

【1725】6.28.405.(2)【增例】(略)

【1740】○修并

修并按语及修并后例文,见【1725】6.28.405.(1)条【1740】修并项下。

【1740】○增入

一、侵欺钱粮数至一千两以上、挪移钱粮数至五千两以上者,令该管官严行锁禁监追。其侵欺不及一千两、挪移不及五千两者,散禁官房,严加看守,勒限一年催比。如逾限不完,即锁禁监追。若应行监禁之犯,不行监追,及失于防范,以致自尽者,将该管之州县官,均照溺职例革职。其该管之上司官,或徇隐,或失察,交部分别议处。

谨案:此条系雍正六年(1728)定例。原议侵欺钱粮三百两以上与挪移钱粮五千两以上者,俱行监追。查侵欺钱粮,已经改定至一千两以上始拟监候斩。是三百两至一千两以下,与挪移钱粮五千两以下者,均系杂犯准徒。其分别监禁之处,亦应画一办理。再原议失于防范以致自尽者,革职之外,其应追银两不能完纳,责令该管官赔补。查该管官因疏纵而致自尽,定以革职,罪无所逃。至侵、挪银两,与该管官无涉,家属之不能完纳,亦非由疏纵而致。例内令其赔补之处,无庸纂入。再例内尚有不同城之该管上司,已有见闻,不行揭报,照同城之例议处。查已有见闻,不行揭报,是即徇隐也。徇隐、失察,分别定拟,备载"户律",不必又为琐列。今于例内节删,以便引用。

【1740】6.28.395.(2)(略)

【1767】○修改

臣等谨按:原例侵欺钱粮一千两以上、挪移钱粮五千两以上者,令该管官锁禁监追。其侵欺不及一千两、挪移不及五千两者,散禁官房等语。查乾隆三十一年(1766)四月内,据湖北按察使雷畅条奏,监守盗仓库钱粮入己,数在一百两以下,仍照律准徒,其自一百两以上至一千两,分别拟流,按例俱应监禁。所有锁禁监追及散禁官房之处,亦应遵照改正。拟将原例侵欺"一千两以上"句改为"一百两以上","一千两以下"句改为"一百两以下"。

一、侵欺钱粮数至一百两以上,挪移钱粮数至五千两以上者,令该管官严行锁禁监追。其侵欺在一百两以下,挪移不及五千两者,散禁官房,严加看守,勒限一年催比。如逾限不完,即锁禁监追。若应行监禁之犯,不行监追,及失于防范,以致自尽者,将该管之州县官,均照溺职例革职。其该管之上司官,或徇随,或失察,交部分别议处。

【1768】6.28.395.(2)(略)

【1801】○修改

臣等谨按:此条系雍正六年(1728)定例。原例侵欺钱粮三百两以上、挪移数至五千两者,锁禁监追。不及前数者,散禁官房,勒限一年不完,即锁禁监追。迨乾隆五年(1740),臣部因侵欺钱粮,已改定至一千两以上始拟监候斩,奏将三百两监追之例改为一千两以上。三十一年(1766),又因侵欺钱粮,限内完赃,不准减等,将一千两以上之例,复改为一百两以上即行锁禁监追。嗣于嘉庆四年(1799),臣部于酌复旧例折内,奏准将侵欺之案与挪移之案一体勒限催追。限内完赃,均准照例分别减等。是侵欺之案,既与挪移同科,则锁禁监追之例,侵欺一百两以上,较之挪移五千两,未免宽严迥异。自应酌复乾隆五年定例,以一千两为断,以归平允。谨将修改例文,开列于后。

一、侵欺钱粮数至一千两以上,挪移钱粮数至五千两以上者,令该管官严行锁禁监追。其侵欺在一千两以下,挪移不及五千两者,散禁官房,严加看守,勒限一年催比。如逾限不完,即锁禁监追。若应行监禁之犯,不行监追,及失于防范,以至自尽者,将该管之州县官,均照溺职例革职。其该管之上司官,或徇隐,或失察,交部分别议处。

【1802】6.28.395.(2)(略)

【1743】○续纂

一、递回原籍人犯,如系奉特旨,及犯徒罪以上援免解交地方官管束之犯,经过州县仍照例收监。其犯笞、杖等轻罪,递回安插者,承审衙门于递解票内,注明"不应收监"字样,前途接递州县,即差役押交坊店歇宿,仍取具收管,毋得滥行监禁。至递解人犯,有应行责惩者,亦于文移内声明,令原籍地方官折责,毋得先责后解。违者,交部分别议处。

谨案:此条系乾隆五年(1740)六月,臣部议复西安按察使伦达礼条奏定例。

【1768】6.28.395.(3)(略)

【1767】○续纂

一、山海关外,往来解送人犯,住居歇店,该店主即通知该屯领催、乡约,按户派夫,帮同押解兵丁,看守支更。如有疏脱,即将押解官兵、更夫、领催、乡约等,一并送交盛京刑部审讯,分别治罪。

臣等谨按:此条系乾隆二十六年(1761)十月内,盛京刑部侍郎朝铨条奏定例,应纂辑遵行。

【1768】6.28.395.(5)(略)

【1767】○续纂

一、解审军、流以上人犯,令各州县酌量地方情形,如有相距在五十里以外,不及收监者,先期拨役前往,于寄宿处所,传齐地保人等,知会汛兵、支更巡逻,往回一体办理。倘有疏虞,地保、营汛俱照原解兵役治罪,地方官从重议处。

臣等谨按:此条系乾隆二十七年(1762)十一月内,云南按察使张逢尧条奏定例,应纂辑遵行。

【1768】6.28.395.(4)(略)

【1767】○续纂

一、直省并无监狱地方,该管官遇有解犯到境,即行接收,多拨兵役,于店房内严加看守,毋致疏虞。如有借词推诿,不收人犯,仅令原解兵役看守,致犯脱逃者,该督抚即行严参,交部从重议处。

臣等谨按:此条系乾隆二十九年(1764)三月内,臣部议复安徽巡抚托庸审题"解役魏荣等递解遣犯崔国泰在途疏脱"一案附请定例,应纂辑遵行。

【1768】6.28.395.(6)(略)

【1767】○续纂

一、各扎萨克蒙古徒罪以上人犯,一面报部,一面委员解送应监禁之地方官监禁。

臣等谨按:此条系乾隆三十年(1765)三月内,理藩院奏准定例,应纂辑遵行。

【1768】6.28.395.(7)(略)

故禁故勘平人

律　文

【1646】6.28.419

凡官吏怀挟私仇,故禁平人者,杖八十;平人系平空无事,与公事毫不相干,亦无名字在官者,与下文公事干连之平人不同。因而致死者,绞。监候。提牢官及司狱官典、狱卒,知而不举首者,与同罪,至死者减一等。不知者不坐。若因该问公事干连平人在官,本无招罪而不行保管,误禁致死者,杖八十。如所干连事方讯鞫,有文案应禁者,虽致死勿论。○若官吏怀挟私仇故勘平人者,虽无伤,杖八十;折伤以上,依凡斗伤论;因而致死者,斩。监候。同僚官及狱卒知情而与之共勘者,与同罪,至死者减一等。不知情而共勘及虽共勘而但依法拷讯者,虽至死伤,不坐。若因公事干连平人在官,事虽须鞫问,及正犯罪人赃仗、证佐明白，而干连之人独为之相助匿非，不服招承，明立文案，依法拷讯，邂逅致死者，勿论。

【1670】6.28.418

凡官吏怀挟私仇，故禁平人者，杖八十；平人系平空无事，与公事毫不相干，亦无名字在官者，与下文公事干连之平人不同。因而致死者，绞。监候。提牢官及司狱官典、狱卒，知而不举首者，与同罪，至死者，减一等。不知者，不坐。若因该问公事干连平人在官，本无招罪而不行保管，误禁致死者，杖八十。如所干连事方讯鞫，有文案应禁者，虽致死勿论。○若官吏怀挟私仇故勘平人者，虽无伤，杖八十；折伤以上，依凡斗伤论；因而致死者，斩。监候。同僚官及狱卒知情而与之共勘者，与同罪，至死者减一等。不知情而共勘及虽共勘而但依法拷讯者，虽至死伤，不坐。若因公事干连平人在官，事须鞫问，及正犯罪人赃仗、证佐明白，而干连之人独为之相助匿非，不服招承，明立文案，依法拷讯，邂逅致死者，勿论。

【1725】6.28.406

律文（略）

注：此言囚禁拷讯之法，不得滥及无辜也。前节定故禁之条。犯人应禁，平人不应禁。官吏挟仇故禁平人者，重杖；致死者，绞。提牢、司狱官典、狱卒知故禁之情而不举首者，与故禁同罪，至死者减一等。不知系平人，据原问衙门发下收禁者不坐。若因诘问公事，干连平人到官对证，无招无罪者，当先行省发保候。如误禁致死者，坐重杖。至无罪而原系紧关干证，有文案相干涉而应禁者，勿论。后节定故勘之条。官吏挟私故勘平人者，杖八十。至折伤以上，依凡斗伤论；致死者，斩监候。同僚狱卒知情，而上下作奸，共勘动刑者，与故勘同罪，至死减一等。不知情而共勘，及虽共勘而依法拷讯者，不坐。若平人因公事干连在官，而事须推鞫勘问，及有罪之人赃仗、证佐明白，而干连之人反为遮饰，不服招承者，官吏明立文案，依法拷讯，则非故勘之比。故邂逅致死者，勿论。

臣等谨按（按语与律后总注同，略）

【1740】6.28.396（略）

附律条例

【1646】6.28.419.（1）

一、内外问刑衙门，一应该问死罪，并窃盗、抢夺重犯，须用严刑拷讯，其余止用杖扑常刑。若酷刑官员，不论情罪轻重，辄用梃棍、脑箍非刑等项惨刻刑具，若但伤人不曾致死者，俱奏请，文官降级调用，武官降级，于本卫所带俸；因而致死者，文官发原籍为民，武官革职，随舍余食粮差操。若致死至三命以上者，文官发附近，武官发边卫，各充军。

【1670】6.28.418.（1）（略）

【1725】○删除

原拟：今文、武官有犯，俱一体处分。且无于本卫、所带俸，及随舍余食粮差操之例。

又官员用酷刑致死人命者,自应依故勘律拟罪,不便止问为民、充军,此条拟删。

*【1680】6.28.254 刑部现行则例·断狱·番役私刑贼盗

一、番役人等捉获强盗,先送官审,不许私刑取供。违者,于本衙门枷号一个月责四十板,革役。如得财及诬陷无辜者,从重科罪。至于妄用脑箍、毛竹连根、大板,及竹签、烙铁等刑,至毙人命者,以故杀论,不准援赦。其初招既定,不许续扳。

*【1680】6.28.232 刑部现行则例·断狱·乱用夹棍

一、部内监禁人犯不用枷号,俱照常用细链。强盗、窃盗、人命等事,先在别衙门招认,后竟改供,或证据已明不吐实情,再三详究,始行夹讯。其余小事乱用夹棍者,以故违题参治罪。所用竹板,长五尺五寸,大头阔二寸,小头阔一寸五分,重不过二斤。其在外衙门,止许督、抚、按察司正印官,于强盗、人命酌用夹棍。其大小衙门所用刑杖,并罪犯木枷,俱照部内遵行。

【1725】○增入

原拟:现行例内,七条类于此律,应增入。

【现行例】一、问刑官、捕役,妄用脑箍、连根毛竹大板,及竹签、烙铁等刑,致毙人命者,以故杀论。

【现行例】【1680】6.28.232 刑部现行则例·断狱·乱用夹棍(略)

原拟:今内外监禁人犯,俱不用枷号,应将"部内"字,改为"内外"。其强、窃盗、人命用夹棍一段,应另作一条。竹板式样,已载前狱具冈内,此处应删。谨拟删改,开载于后。

【原改现行例】【1725】6.28.406.(1)(略)

【原改现行例】【1725】6.28.406.(2)(略)

【1725】6.28.406.(1)

【增例】一、内外在监人犯,概不用枷,俱照常用细链。其在外大小衙门所用刑杖,并应枷罪犯所用木枷,俱照部式遵行。

【1740】○删除

臣等谨按:在监人犯,俱用细链,不用长枷。其枷、杖刑具,并照部式遵行,已载"名例·五刑"条下,此条重复,应删。

【1725】6.28.406.(2)

【增例】一、凡强窃盗、人命等事,先已招认明白,后竟改供,或证据已明,再三详究,不吐实情者,始行夹讯。其余小事,不得乱用夹棍,违者题参治罪。在外衙门,除督、抚、按察司正印官,于强盗、人命许酌用夹棍外,其余大小衙门,不许擅用。

【1740】○修并、分辑

【原例】【1725】6.28.406.(2)(略)、【1725】6.28.406.(3)(略)、【1725】6.28.406.

(4)(略)

臣等谨按:以上三条,均系问刑衙门不得滥用夹棍及佐贰武职不得滥用夹棍、拶指之例,纷见杂出,重杂繁冗,应将不得滥用、不得擅用,分列两条,以便引用。再例内有属官将不应夹讯人犯,呈明堂官、上司夹讯者,将不详慎之上司、堂官,交部议处。查刑部审理事件,有应用刑讯者,原具稿呈堂至。若外省上司,县离府、州,府、州离省,或数百里、千余里不等,若必呈明,然后用刑,碍难遵行,应删。又乾隆二年,有佐杂等官,概不许擅用掌嘴等刑,亦应于不得擅用夹棍、拶指条内并入。谨将删并例文,开列于后。

【1740】6.28.396.(1)(略)

【1740】6.28.396.(2)(略)

【1740】6.28.396.(1)

一、强窃盗、人命,及情罪重大案件正犯,及干连有罪人犯,或证据已明,再三详究,不吐实情,或先已招认明白,后竟改供者,准夹讯外,其别项小事,概不许滥用夹棍。若将案内不应夹讯之人滥用夹棍,及虽系应夹之人因夹致死,并恣意叠夹致死者,将问刑官题参治罪。若有别项情弊,从重论。

【1740】6.28.396.(2)

一、内而法司,外而督抚、按察使、正印官,许酌用夹棍外,其余大小衙门概不许擅用。若堂官发司、上司官批发佐杂审理事件,呈请批准,方许刑审。若不呈请,而擅用夹棍、拶指、掌嘴等刑,及佐贰并武弁衙门擅设夹棍、拶指等刑具者,督抚题参,交部议处,正印官亦照失察例处分。

【1767】○修改

臣等谨按:此条原例内,有"上司官批发佐杂审理事件,呈请批准,方许用刑"等语。查乾隆五年(1740)定例,佐贰奉上司批发审理事件,有应夹讯者,详明上司,改委印官审理;系印官批发者,呈明印官,掣回自行审理。现在加载例册遵行。拟将原例内,"上司官批发佐杂"句删去。

一、内而法司,外而督抚、按察使、正印官,许酌用夹棍外,其余大小衙门概不许擅用。若堂官发司审理事件,呈请批准,方许刑审。若不呈请,而擅用夹棍、拶指、掌嘴等刑,及佐贰并武弁衙门擅设夹棍、拶指等刑具者,督抚题参,交部议处,正印官亦照失察例处分。

【1768】6.28.396.(2)(略)

【1835】○修改

臣部谨按:道光十二年(1832)十一月内,据升任江西道监察御史金应麟奏"请修改删易刑例"一折内称,堂官、法司审理事件,呈请批准,方许刑审。若不呈请,而擅用夹棍、拶指、掌嘴等刑,督抚题参,交部议处。正印官,亦照失察例处分。查内外问刑衙门,无批准方用掌责之例，刑部发司案件，向不呈请刑审，似应删改等因。经臣部查此条例文，系乾隆五年(1740)修并。原例审理事件之上，尚有“上司官批发佐杂”七字，其“掌嘴”二字，亦系是年增入。溯查是年修例按语内称，佐杂等官，概不许擅用掌嘴刑，应于不得擅用夹棍、拶指条内并入等语。是增人“掌嘴”二字，自系专为佐杂等官不许擅用而言。迨乾隆三十二年(1767)修例时，因“佐贰奉上司批发审理事件，有应夹讯者，应详明上司，改委印官审理”。故将本例内“上司官批发佐杂”七字删去，而“掌嘴”二字，则仍循其旧。查臣部发司审理事件，日渐繁多，遇有犯供狡展，匿不吐实之处，势不能不稍加刑讯。若掌嘴之刑，亦必呈请批准，方许动用，不特长刁健之风，且恐启延搁之弊。是以臣部向来遇有发司审理之件，俱系援照问刑各衙门压膝、掌责等刑，准其照常行用之例办理，实于公事有益。自应将例内“掌嘴”二字删去，以便遵守。议请嗣后内而法司，外而督、抚、按察司正印官，许酌用夹棍、拶指外，其余大小衙门，概不准擅用。若堂官发司审理事件，呈请批准，方许用夹棍、拶指。若不呈请而擅用，及佐贰并武弁衙门擅设夹棍、拶指等刑具者，该堂官及督抚题参，交部议处。正印官，亦照失察例处分等因具奏，奉旨允准在案，应于例内修改明晰。谨将修改例文，开列于后。

一、内而法司，外而督抚、按察使、正印官，许酌用夹棍、拶指外，其余大小衙门，概不准擅用。若堂官发司审理事件，呈请批准，方许用夹棍、拶指。若不呈请而擅用，及佐贰并武弁衙门擅设夹棍、拶指等刑具者，该堂官及督抚题参，交部议处，正印官亦照失察例处分。

【1847】6.28.396.(2)(略)

【1725】○增入

原拟：现行例内七条，类于此律，应增入。

【现行例】一、佐贰等官，不准乱用夹棍、拶指等刑。如正印官无暇，批发佐贰审理者，呈请上司批发，然后刑审。若不呈请上司，擅用夹棍、拶指等刑审理；或佐贰等官及武弁，擅用夹棍、拶指等重刑者，该督抚指名题参到日，交与该部议处。该管正印官，亦以失察情由，交与该部议处。

原拟：此条字句太繁，应行删改，开载于后。

【原改现行例】一、佐贰等官，不准乱用夹棍、拶指等刑。若系正印官批发审理者，呈请批准，方许刑审。若不呈请，而擅用夹棍、拶指等刑，及佐贰等官并武弁，擅设夹棍、拶指等刑具者，该督、抚题参，交该部议处。该管正印官，亦照失察例处分。

【1725】6.28.406.(3)

【增例】一、佐贰等官，不准乱用夹棍、拶指等刑。若系正印官批发审理者，呈请批准，方许刑审。若不呈请而擅用，及佐贰等官并武弁擅设夹棍、拶指等刑具者，该督抚题参，交该部议处，该管正印官亦照失察例处分。

【1740】○修并、分辑

修并、分辑按语及修并、分辑后例文，见【1725】6.28.406.(2)条【1740】修并、分辑项下。

【1725】○增入

原拟:现行例内七条,类于此律,应增入。

【现行例】一、康熙十一年(1672)闰七月内,奉上谕:“刑部设立刑法,原以戢奸禁暴,必事情重大,方可用刑严讯。近见内外问刑衙门,常有滥用夹棍,致毙人命者,朕心殊为不忍。以后审问事情,尔等务加详慎,勿得轻听。问官不分轻重,动辄夹讯,希图草率结案,仍将审事官员,严加申饬,不时稽察。其有任情作弊者,即行指实题参。务使重刑不得滥及无辜,以副朕矜恤民命至意。若有不应夹讯之人,擅用夹棍及罪不至死,竟行夹死者,应作何处分,尔部会同吏、兵二部定拟具奏。特谕。钦此。”钦遵。嗣后,除谋反等十恶,并实犯死罪,及抢夺、窃盗、蠹役、人命、光棍、贪污、赌博等情罪重大正犯,干连人犯之内,虽有罪不至死者,仍用夹棍审问,别项小事,应不用夹棍。内外问刑官员,若将案内应夹罪不至死干连之人夹讯,即时身死,及将案内不应夹讯之人夹讯,被夹之人即时身死,并恣意叠夹致死者,将审问官交与该部。若有别项情由,议罪。若将不应夹讯之人回堂夹讯,将该堂官,以不行详慎,亦交与该部。

原议:此条前节上谕除该部钦奉通行外,其后节部议字句太繁,应行删改,开载于后。

【原改现行例】一、凡谋反、叛逆十恶,并实犯死罪,及抢夺、强窃盗、贪污、蠹役、人命、光棍、赌博等情罪重大正犯,及干连有罪人犯,仍准夹讯外,其别项小事,概不许滥用夹棍。若内外问刑官,将案内不应夹讯之人擅用夹棍,及虽系应夹之人而因夹身死,并恣意叠夹致死者,将问刑官题参,交部分别议处。如有别项情弊,从重论。若属官将不应夹讯人犯,呈明堂官、上司夹讯者,其不详慎之堂官、上司官,亦交该部议处。

【1725】6.28.406.(4)(增例)(略)

【1740】○修并、分辑

修并、分辑按语及修并、分辑后例文,见【1725】6.28.406.(2)条【1740】修并、分辑项下。

【1725】○增入

原拟:现行例内七条,类于此律,应增入。

【现行例】一、凡大小衙门问刑官员,将刑狱供招不行速结,无故迟延者,将承审官革职。无故将平人久羁囹圄者,将承审各官革职。因而致死、故勘致死者,俱照律遵行。其改造口供,故行出入者,将承审官革职;拟以死罪已决者,抵以死罪。其草率定案,证据无凭,枉坐人罪者,将承审官革职。其衙门蠹役,恐吓索诈十两以上者,并妻子安插于奉天地方居住;至一百二十两,照枉法拟绞。

原拟:此条内改造口供以下一节,类于"官司出入人罪"条,应移入被处;衙门蠹役以下一节,类于"官吏受财"条,已摘入彼处。其首节内,字句太繁,应行删改,开载于后。

【原改现行例】一、凡大小衙门问刑官员,将刑狱供招无故迟延,不行速结,及无故淹禁平人者,承审官革职。因而致死及故勘致死者,俱依律治罪。

【1725】6.28.406.(5)(增例)(略)

【1740】○删除

臣等谨按:例内无故迟延,自有易结不结例;淹禁、故勘,皆有本律。此条重复,应删。

【1725】○增入

原拟:现行例内七条,类于此律,应增入。

【原增现行例】一、夹棍、拶指,狱具图原未开载,而今问刑衙门皆用之。康熙四十三年(1704),四川巡抚能泰请部颁式样。刑部奏:现用夹棍,中梃木,长三尺四寸;两旁木,各长三尺;上圆下方,圆头各阔二寸,方面各阔二寸二分;从下量至六寸处,凿成夹怀子骨圆窝四个,面方各一寸六分,深各六分。拶指,以五根圆木为之,各长七寸,径圆各五分。奉旨:"夹棍、拶指,粗厚过重。着将粗厚处减去,其长处若截去愈重,长仍照旧。钦此。"刑部随经奏定,夹棍,方、圆各减去二分,圆头各阔一寸八分,方面各阔二寸;圆窝四个,各深七分。拶指,径粗减去五厘,应用四分五厘。颁式,直隶各省问刑衙门遵行。其应夹人犯,不得实供,方夹一次;再不实供,许再夹一次,打扛四十。有司官员任意多用者,该督抚不时察参。上司徇隐事发,并交该部议处。

臣等谨按:此条前节所定式样,与后节减去分寸字句太繁,相应删改,开载于后。

【续改现行例】一、夹棍,中梃木,长三尺四寸;两旁木,各长三尺;上圆下方,圆头各阔一寸八分,方面各阔二寸;从下量至六寸处,凿成夹怀子骨窝四个,面方各一寸六分,深各七分。拶指,以五根圆木为之,各长七寸,径圆各四分五厘。其应夹人犯,不得实供,方夹一次;再不实供,许再夹一次,打扛四十。有司官员任意多用者,该督抚不时察参。上司徇隐事发,并交该部议处。

【1725】6.28.406.(6)【增例】(略)

【1725】○增入

原拟:现行例内七条,类于此律,应增入。

【原增现行例】一、凡内外大小问刑衙门,设有监狱,除监禁重犯外,其余干连并一应轻罪人犯,即令地保保候审理。如有不肖官员,私设仓铺、所店等名,私禁轻罪人犯,及致淹毙者,该督抚即行指参,照律拟断。

【1725】6.28.406.(7)

【增例】一、凡内外大小问刑衙门设有监狱,除监禁重犯外,其余干连,并一应轻罪人犯,即令地保保候审理。如有不肖官员,擅设仓铺、所店等名,私禁轻罪人犯,及致淹毙者,该督抚即行指参,照律拟断。

【1740】6.28.396.(3)(略)

【1725】6.28.406.(8)

【钦定例】一、凡用刑衙门,不照题定夹棍式样造用者,用刑官照酷刑例治罪,上司各官照徇庇例治罪。

【1740】○修改

臣等谨按:刑具皆有尺寸、轻重,载在“名例·五刑”条下,不止夹棍一项。又雍正十一年(1733),定有新例,刑具不遵式样,任意更改,致有一、二、三号不等者,将用刑官题参。上司不行题参,交部议处。应于此例并入。将夹棍改为一切刑具,则无不包举矣。谨将并辑例文,开列于后。

一、凡用刑衙门一切刑具,不照题定式样造用,致有一、二、三号不等者,用刑官照酷刑例治罪。上司各官不即题参,照徇庇例治罪。

【1740】6.28.396.(4)(略)

【1801】○修改

臣等谨按:此条系雍正五年(1727)定例。又嘉庆四年(1799)钦奉上谕:“据都察院奏,湖北安陆县生员沈从隆控告知府盛德昌挟嫌锁押伊子沈逢巽一案,已降旨交姜晟前往审办矣。朕阅原呈内,有将伊子押入内监,用数十余斤大锁、脚镣、手肘之语。前因地方官私设班馆及自新所,曾降严旨饬禁。至刑具等项,皆系按刑部制度,官为印烙,颁发有一定尺寸、式样。若私创刑具,任用非刑,例干严禁。苏州有新造小夹棍等名目,湖北又有数十余斤之大锁,非私造而何?况官设刑具,原视犯者情罪之轻重,分别责罚。即施之邪教,亦应概用官刑。何况审办寻常案件,自设非刑,任情妄逞。借严竣之法,济贪酷之私。此而不严行查禁,何以肃吏治而服民心。着通谕直省各督抚严饬所属,嗣后,一切刑具,即用官定尺寸,颁发印烙。如有私自创设刑具,非法滥用者,即行严参治罪,决不宽贷。钦此。”钦遵在案。应增纂例内,以便遵行。再查律载,“监临官因公事非法殴打致死者,杖一百、徒三年”等语。若刑具不遵题定尺寸、式样,官为印烙、颁发,擅行私自造用者,应照违制律杖一百。若因而致毙者,应照非法殴打致死律,拟以满徒。应增入引用。又原例内,称照酷刑律治罪。查酷刑,律例载明罪止革职,业于雍正七年(1729)纂例时,奏明删除。例内并无专条,应行修改。谨将修改例文,开列于后。

一、凡用刑衙门一切刑具,须遵照题定尺寸、式样,官为印烙颁发。如有私自创设,致有一、二、三号不等,及私造小夹棍等名目,或擅用数十斤大锁者,即行严参,照违制律杖一百;因而致毙人命者,照非法殴打致死律治罪。上司各官不即题参,照徇庇例议处。

【1802】6.28.396.(6)(略)

【1810】○修改

臣等谨按：嘉庆十二年（1807）四月二十七日，奉上谕："汪镛奏请禁止非刑一折，据称各省问刑衙门，于定例刑具外，往往私造刑具，如木棒锤一物，专敲内外脚踝，动至数十击或百余击不等，以致骨节损折，殊属违例等语。所奏甚是。着通谕各省大小问刑衙门，如有似此滥置非刑，速行除毁。违者，以违制论等因。钦此。"又嘉庆十四年（1809）十一月二十七日奉上谕："御史王开云奏请清理积案以免冤抑一折。各省呈控案件，由府、州、县审拟详报，本有一定限期，岂可任意迟延，致多拖累。自应申明旧例，以肃纲纪。嗣后各督抚于所属详报案件，均着按限招解。其有上控之案，毋得再有批发原官，任令回护。至于非刑拷讯，例禁甚严，屡经降旨饬谕。今据该御史奏，外省竟有私用联枷及拷击踝骨等刑，胥役等亦有私押人犯，非刑拷逼者。恶习未除，殊为可恨。着该督、抚等，随时访查参办，毋稍姑息瞻徇。钦此。"应于例内添纂，以便遵行。谨将修改例文，开列于后。

一、凡问刑各衙门一切刑具，除例载夹棍、拶指、枷号、竹板，遵照题定尺寸、式样，官为印烙颁发外，其拧耳、跪链、压膝、掌责等刑，准其照常行用。如有私自创设刑具，致有一二三号不等，及私造小夹棍、木棒棰、连根带须竹板，或擅用木架撑执、悬吊、敲踝、针刺手指，或数十斤大锁，并联枷，及例禁所不及赅载，一切任意私设者，均属非刑，仍即严参，照违制律杖一百。将无辜之人滥行拷讯，及将应行审讯之犯恣意凌虐，因而致毙人命者，照非法殴打致死律治罪。上司各官不即题参，照徇庇例议处。

【1814】○修并

【原例】【1802】6.28.396.（6）条【1810】修改例文（略）

＊ 刑律·断狱·决罚不如法

【1740】6.28.413.（1）一、奉天地方审理事件，人犯到案，先将锁链盘于地上，令其膝跪，又以荆条互击其背，着永行禁止。

臣等谨按：嘉庆十五年（1810）七月内，臣部遵旨酌议用刑条例一折内称，承问官员审办案件，果能虚衷研鞫，原不专事刑求。惟案情百出，遇有案犯狡黠，匿情不吐；或证据已明，而忽认忽翻，碍难定谳；临时酌加熬讯，或拧耳、跪链，或继以压膝，即可讯得实情。惟此数项，并非例内载明应用之刑，若遇上司指摘，或被刁民借词讦告，竟与实在残酷滥刑者同干吏议，殊不足以昭平允。议请嗣后问刑各衙门应用刑具，除例载夹棍、拶指、枷号、竹板，遵照定式外，其拧耳、跪链、压膝及掌责等刑，应与例载各刑，俱准其照常行用。其有将无辜干连之人，滥刑拷讯，及将应行审讯之犯，恣意凌虐致毙人命，仍行参处。至非刑名目，如木架撑执、悬吊、敲踝、针刺手指，并例载申禁之小夹棍、木棒锤、连根带须竹板、联枷等项，及例禁所不及赅载一切任意私设者，均属非刑，仍应严行禁止等因奏准，通行在案。是拧耳、跪链、压膝，既经奏明与例载刑具一体行用，应于例内添纂明晰。至荆条击背，系属非刑，不独奉天一省应行禁止，例内专指奉天，尚未赅备。且一事分载两门，亦属冗繁。应请将荆条击背一节，并入禁用非刑例内，以昭简核。谨将移并例文，开列于后。

一、凡问刑各衙门一切刑具，除例载夹棍、拶指、枷号、竹板，遵照题定尺寸、式样，官为印烙颁发外，其拧耳、跪链、压膝、掌责等刑，准其照常行用。如有私自创设刑具，致有一、二、三号不等，及私造小夹棍、木棒棰、连根带须竹板，或擅用木架撑执、悬吊、敲踝、针刺手指，或数十斤大锁，并联枷，或用荆条互击其背，及例禁所不及赅载，一切任意私设者，均属非刑，仍即严参，照违制律杖一百。其有将无辜干连之人滥行拷讯，及将应行审讯之犯恣意凌虐，因而致毙人命者，照非法殴打致死律治罪。上司各官不即题参，照徇庇例议处。

【1825】6.28.396.(6)(略)

【1725】○增入①

臣等谨按：此条类于故禁故勘平人律，应增入条例后。

【现行例】一、凡捕役拿获盗犯到官，必讯明拿获根由，叙入招详，督、抚亲审，一并核明题报。如有不肖官员诬良为盗，审实，将捕役照律从重治罪，官员亦照例从重治罪。

【1740】○增入

一、直隶各省督抚设立用刑印簿，分发问刑衙门，将某案某人因何事用刑讯，及用刑次数，逐细填注簿内，于年终申缴督抚查阅。如有滥用夹棍，及用多报少情弊，即将用刑各官指参议处。并设立循环簿，将每日出入监犯名姓，填注簿内，按月申送该府查对。如有滥用监禁，及怀挟私仇，故禁平人，照律拟罪。

谨案：此条系雍正六年(1728)定例。其每月将监犯名姓填注循环簿，系乾隆元年(1736)定例。今并为一条，以便引用。

【1740】6.28.396.(5)(略)

【1767】○删除

臣等谨按：审理案件，非命、盗、奸、拐重情，不得滥用夹棍。全在该管府、州就近稽查，耳目难欺，非据其自填印簿，足为凭信也。若督、抚统辖全省，或兼辖两省，其给发各州县印簿不下百十余本，而州县审理案件，繁者每年或百十起，简者或数十起，年终汇缴，势难查对。且所缴之簿，该州县不过将成招各案，业经声明用刑次数者，逐一填载，其别案有无滥刑及用多报少之处，亦非据簿可查，实属具文。现在案件，酌归简易，似此年终汇报，徒费案牍，殊属无益。应将此例删除停止。

【1740】○增入

一、承审官吏，凡遇一切命案、盗案，将平空无事，并无名字在官之人，怀挟私仇，

---

① 此条见于《大清律例按语》，雍正三年(1725)《大清律集解附例》未载。

故行勘讯致死者,照律拟罪外,倘事实无干,或因其人家道殷实,勒诈不遂,暗行贿嘱罪人诬扳,刑讯致死者,亦照怀挟私仇故勘平人致死律,拟斩监候。如有将干连人犯,不应拷讯,误执已见,刑讯致毙者,依决人不如法因而致死律,杖一百。其有将干连人犯,不应拷讯,任意叠夹致毙者,照非法殴打致死律,杖一百、徒三年。如有将徒、流人犯,拷讯致毙二命者,照决人不如法加一等,杖六十、徒一年;三命以上,递加一等,罪止杖一百、徒三年。其有将笞、杖人犯,致毙二命者,照非法殴打致死律加一等,杖一百、流二千里;致毙三命以上者,递加一等,罪止杖一百、流三千里。若因公事干连人犯,依法拷讯,邂逅致死,或受刑之后,因他病而死者,均照邂逅致死律勿论。如有奸徒挟仇诬告平人,官吏知情,受其嘱托,因而拷讯致死者,本犯依诬告律拟抵,官吏照为从律满流。如有诬告平人,官吏不知情,依法拷讯致死者,将诬告之人拟抵,官吏交部议处。若被诬之人不肯招承,因而叠夹致毙,照非法殴打致死律定拟。均不得删改律文内"怀挟私仇"字样,混引故勘平人,概拟重辟。在外不按实具题,在内含糊照复,照官司出入人罪律,分别治罪。

谨案:此条系乾隆元年(1736)定例。

【1740】6.28.396.(6)(略)

【1768】6.28.396.(5)(略)

【1802】6.28.396.(4)(略)

【1743】○续纂

一、直省州县有曾经夹讯人犯,招解时,务将夹讯过缘由,于招册内详细声明。佐贰奉上司批发审理事件,有应夹讯者,详明上司,改委印官审理。系印官批发者,呈明印官,掣回自行审理。如有违例用刑者,督抚题参,交部严加议处。

谨案:此条乾隆五年(1740)定。

【1768】6.28.396.(6)(略)

【1788】○修并

【原例】【1768】6.28.396.(6)(略)、【1768】6.28.396.(7)(略)

臣等谨按:后条例内所称州县申报事件,将夹讯几次,或案内未曾夹讯之处,据实声明,该管上司详加察验等语。即系前条州县有曾经夹讯人犯,招解时,务将夹讯过缘由,于招册内详细声明之文。乃以一事分载两条,殊属繁复,应拟删并,以归简易。今将并辑例文,开列于后。

一、直省州县自理之案,不得擅用夹讯。其申报事件,有曾经夹讯者,将夹讯几次,或未曾夹讯之处,于招册内据实声明,该管上司于解审时详加察验。如有朦胧隐匿情弊,即行题参。至佐贰奉上司批发审理事件,有应夹讯者,详明上司,改委印官审理;系印官批发者,呈明印官,掣回自行审理。如有违例用刑者,督抚题参,交部严加议处。

【1790】6.28.396.(6)(略)

【1802】6.28.396.(5)(略)

【1746】○续纂

一、凡州县自理之案，不得擅用夹讯。其申报事件，将夹讯几次，或案内未曾夹讯之处，据实声明，该管上司于解审时详加察验。如有朦胧隐匿等弊，即行题参。

谨案：此条乾隆九年(1744)定。

【1768】6.28.396.(7)(略)

【1788】○修并

修并按语及修并后例文，见【1768】6.28.396.(6)条【1788】修并项下。

【1870】○续纂

一、直省审办案件，轻罪及干连人证，交保看管。倘该书差串通需索凌虐，于凌虐罪囚本律上加一等治罪，赃重者以枉法从重论。其押保店名目，严行禁革。

谨案：此条同治九年(1870)定。

【1870】6.28.396.(7)(略)

淹　禁

律　文

【1646】6.28.420

凡狱囚情犯已完，在内经监察御史、在外经提刑按察司审录无冤，别无追勘未尽事理，其所犯笞、杖、徒、流、死罪应断决者，限三日内断决；系徒、流应起发者，限一十日内起发。若限外不断决、不起发者，当该官吏，过三日笞二十，每三日加一等，罪止杖六十。因过限不断决、不起发而淹禁致死者，若囚该死罪，杖六十；流罪，杖八十；徒罪，杖一百；杖罪以下，杖六十、徒一年。惟重囚及追赃人犯，照例监候。至若应追纸赎，审果贫难不完者，照例改拟，配、决、放免。

【1670】6.28.419(略)

【1725】○修改

原拟：今总理刑名事件，在内刑部，在外督抚。应改"监察御史"句为"法司"，改"提刑按察司"句为"督抚"。再今无监追赃银及应追纸赎，贫难放免之例。应将末节小注，俱拟删去。

臣等谨按：此言应决放之囚，不得留狱也。凡在禁狱囚，若审问情事，招拟罪犯已完，其所犯笞、杖、徒、流、死罪，应断决者，限三日内断决；应起发配、遣者，限十日内起发。若限外不断决、不起发者，当该官吏，过三日笞二十，每三日加一等，至十五日以上，罪止杖六十。因而致死者，按囚罪之重轻，分别杖惩。盖狱囚之罪以次而轻，淹禁之罪以次而重也。

【1725】6.28.407

凡狱囚情犯已完,在内经法司、在外经督抚审录无冤,别无追勘未尽事理,其所犯笞、杖、徒、流、死罪、应断决者,限三日内断决;系徒、流、应起发者,限一十日内起发。若限外不断决、不起发者,当该官吏,过三日笞二十,每三日加一等,罪止杖六十。因过限不断决、不起发、而淹禁致死者,若囚该死罪,杖六十;流罪,杖八十;徒罪,杖一百;杖罪以下,杖六十、徒一年。惟重囚照例监候。

注:此言应决放之囚,不得留狱也。凡在禁狱囚,若审问情事,招拟罪犯已完,别无追赃、勘验等事,其所犯笞、杖、徒、流、死罪,应断决者,限三日内即行断决;应起发配、遣者,限十日内即行起发。若限外无故不断决、不起发者,当该官吏,过三日笞二十,每三日加一等,至十五日之上,罪止杖六十。因而致死者,按囚罪之重轻,分别杖、徒。盖狱囚之罪以次而轻,淹禁之罪以次而重也。

【1740】6.28.397

凡狱囚情犯已完,在内经法司、在外经督抚审录无冤,别无追勘未尽事理,其所犯笞、杖、徒、流、死罪、应断决者,限三日内断决;系徒、流、应起发者,限一十日内起发。若限外不断决、不起发者,当该官吏,过三日笞二十,每三日加一等,罪止杖六十。因过限不断决、不起发、而淹禁致死者,若囚该死罪,杖六十;流罪,杖八十;徒罪,杖一百;杖罪以下,杖六十、徒一年。惟重囚照例监候。

附律条例

【1725】○增入

原拟:现行例内五条,类于此律,应增入。

【现行例】一、凡恩诏颁到赦款内,除已经刑部法司复核明白,应免罪囚,逐一详查,登时释放,另行题明外,如有情罪可疑者,限赦到一月内即汇疏奏请。其未经法司核复明白者,俟法司核复文到之日,即时释放,毋得耽延时日。如赦到奏请违限,及将应免轻罪人犯,并无辜之人,仍滥行监禁者,交该部议处。

【1725】6.28.407.(1)【增例】(略)

【1740】6.28.397.(1)(略)

【1725】6.28.407.(2)

【钦定例】一、刑部现审事件,着令承审司官,每于月底各将所审案件,逐一开具简明略节,并监犯名数、收监日期,造具清册。其有行提应质人犯等项,不能依限完结者,将缘由一并造入册内,呈堂查核。若有滥行监禁,及无故迟延不结者,即将该司官指名题参,照例议处。若刑部不行题参,或被科道参出,或别经发觉,将堂官一并议处。其直省问刑各衙门,亦于每月一体造具清册,呈报督抚查核。如有滥禁等弊，该督抚即行题参，照例议处。若督抚不行题参，或被部院、科道纠参，或别经发觉，将该督抚一并议处。

谨案：此条雍正五年(1727)定。

【1740】○删除

臣等谨按：刑部现审事件，除情罪重大者扣限单本具题外，徒罪以下人犯，每十日一次汇题，又每三个月将未完事件汇总具题一次。且例设督催所司官，专司督催完结，稽查科、道逐月按件注销。一有迟延，立即题参。定例极为详密，无庸月底再为造册呈堂。再直省监犯设立循环簿，按月造报上司之处，已备载故禁故勘条下，此条应删。

【1725】○增入①

原拟：现行例内五条，类于此律，应增入。

【现行例】一、除重犯应行监固外，其余轻罪小事，听在外散审。若各问刑衙门，以应速结事件不行速结，迟缓耽延，将干连人犯监禁者，交该部议处。

【1725】○增入②

原拟：现行例内五条，类于此律，应增入。

【现行例】一、凡审理案件，承问各官，将正犯俱审取口供后，限内监毙者，免交该部；虽在限内，并不审理取供，迟延监毙正犯，或将连累之人、无干之人监毙者，系某官承审，止将此官交与该部。其上司不据实题参者，交与该部。至于逾限虽取录口供，不行审结，将正犯并干连之人、无干之人监毙者，交与该部。上司不据实题参者，亦交与该部。若限内不能完结，再行展限监毙，仍照限内例，交与该部；如在展限外死者，亦照逾限例，交与该部。承问各官将正犯虽限内取有口供，不早行题结监毙者，止将承问官，交与该部。其事结具题之后，监毙犯人者，免交该部。再承问各官将正犯虽限内取有口供，不早行题结，监毙一案内一、二人者，免其议处；三、四人者，罚俸三个月；五、六人者，罚俸六个月；七、八人者，罚俸一年；九、十人以上者，降一级留任。其事结具题之后，监毙犯人者，免其议处。凡无论人犯之多寡，一案内或监毙，或中途死者，但至三名，其承审各官，俱交吏部议处。如督、抚不据实题参者，亦交吏部议处。

【现行例】一、京城内，凡问刑部、院衙门承审官员，凡审案件，虽在限内，并不取供；审理迟延逾限，虽取供不行审结；其将正犯虽限内取录口供，不速行题结，以致犯人并牵连无干之人监禁毙命，或羁门毙命者，应照一案所毙人数，将承审司官俱照外官处分之例处分。若堂官不据实题参者，照督、抚处分之例处分。凡现审一案内人

---

① 此条见于《大清律例按语》，雍正三年(1725)《大清律集解附例》未载。

② 此项修并、分辑二条见于《大清律例按语》，雍正三年(1725)《大清律集解附例》未载。

犯，监毙三、四人者，司狱罚俸三个月；五、六人者，罚俸六个月；七、八人者，罚俸九个月；九人、十人者，罚俸一年；十一人以上者，革职。在门毙命者，其该城门尉、城门校、千总，俱照司狱处分。其承审官员，仍当不时严加巡察。若狱卒、守门人等，将犯人凌虐、克减有伤，即行拘拿，照律严行治罪。

【现行例】一、外省狱内监毙一人者，司狱罚俸三个月；二人者，罚俸六个月；三人者，罚俸九个月；四人者，罚俸一年；五人以上者，革职。其州、县监狱，系吏目、典史专管，亦照此例议处。

原拟：以上三条，俱议处内外承审官监毙人命之例，应删去太繁字句，并作二条。其罚俸降级之处，俱改为交该部议处。谨拟删改，开载于后。

【原改现行例】一、凡内外、大小问刑衙门承审案件，除取供后限内监毙二人以下，及事结具题后监毙者，俱免议外，如正犯及干连之人，虽在限内，并未取供；及虽经取供，逾限不结，但一案内监毙一人以上者，承审官及不行题参之上司官，俱交该部分别议处。展限后有监毙者，仍照原限处分。限内取供，不行速结，致监毙三人以上者，承审各官及不行题参之上司，俱交部议处。其羁禁在门及解审中途有病毙者，与监毙同。

【原改现行例】一、在内现审人犯，一案内监毙三人以上者，司狱交该部分别议处。羁禁在门者，城门尉、城门校及千总俱与司狱处分同。在外监毙一人以上者，司狱及管狱之吏目、典史，亦交该部分别议处。

【1725】○增入①

臣等谨按：此条类于淹禁律，应入条例内。

一、凡各处拿送刑部人犯内，审系轻罪，不必监禁，交与各佐领、该管地方官保候审结。拟徒、枷号等犯，审完亦交与各佐领、该管地方官保候，俟汇题命下之日发落。

【1740】○移入

【原例】＊吏律·公式·官文书稽程

【1725】2.3.67.（6）一、各省审结叛案，凡有应解部流徙入官人口、家产，俱立限两个月，自该省起解。解送人役，仍定行程限期。违者题参。

臣等谨按：此条旧载“吏律·官文书稽程”条下，因系审结解部限期，非文书稽程，移入于此。

【1740】6.28.397.（2）（略）

---

① 此条见于《大清律例按语》，雍正三年（1725）《大清律集解附例》未载。

【1740】○续纂

一、凡监候待质人犯，除强盗案件不应宽释外，如人命等案，有正犯未获，将牵连余犯监候待质已过三年者，取具的保，释放在外，俟缉获正犯之日，再行质审。倘释放后私自逃匿，保人重惩；本犯获日，从重治罪。

此条系雍正十年(1732)钦奉上谕，恭纂成例，以便引用。

【1740】6.28.397.(3)(略)

【1801】○修改

臣等谨按：此条系雍正十年(1732)定例。查监候待质人犯已过三年例称，取保释放，系指牵连余犯无罪者而言。至抢、窃、人命案内，首犯在逃，现获之犯供认为从，例应问拟遣军、流、徒、杖罪，因赃证未确，将该犯监候待质。此等人犯，向例并无年限查办明文。查牵连人犯，如果审系无干，既无犯罪，自当即与省释，应不准其滥行监候待质。例内三年之处，应行修改。至有罪从犯，因赃证未确，例应监候待质之犯，臣部于乾隆五十九年(1794)遵旨查办监候待质人犯案内，声请嗣后监候待质之案，如已届十年，陆续查明办理等因奏准，遵行在案。查罪有轻、重不同，监候自应有久、暂之异。例内无论军、流、徒、杖，概拟十年查办，殊无区别。应请嗣后监候待质人犯，如罪应军、流者，定限十年；应徒罪者，定限五年；应照余人律拟杖者，依原例定限三年，以示区别。又监候待质之案，年限内恭遇恩赦，如在逃本犯拿获时，例得减免者，待质之犯，准其即行查办省释。俱应于例内添叙，以昭赅备。又查监候待质案内，杖罪人犯，既经保释在外，复私自逃匿，保人应照不应轻律笞四十，本犯照原拟杖罪再加枷号一个月发落。例内，"保人重惩，本犯获日从重治罪"句，语意含混，应分别申明。谨将修改例文，开列于后。

一、凡监候待质人犯，除强盗案件不应宽释外，如人命、抢窃之案，有正犯未获，其案内牵连余犯，审系无干，即行省释，不准滥行监候待质。若案内现获从犯，例应问拟发遣、军、流、徒、杖等罪，因赃证未明，监候待质者，如发遣、军、流罪已过十年，徒罪已过五年，杖罪已过三年者，该督抚陆续查明，咨部核复。应遣、军、流、徒者，照原拟罪名即行发配；应杖罪者，取具的保，释放在外，俟缉获正犯之日，再行质审。倘杖罪人犯释放后，私自逃匿，保人照不应轻律笞四十；本犯获日，照原拟杖罪，加枷号一个月发落。若监候年限内，恭遇恩赦，如在逃本犯拿获时，例得减免者，待质之犯，准其即行查办省释。

【1802】6.28.397.(3)(略)

【1814】○移并

【原例】*名例律·犯罪事发在逃

【1802】1.1.31.(3)一、办理抢夺及拒捕，并共殴、窃盗等案，现获之犯称逃者为首，如现获多于逸犯，供证确凿，以及逸犯虽多，而现获二三人，系先后拿获，或虽同时并获，经隔别研讯，实系逃者为首，或事主、尸亲、旁人指证有据者，即依律先决从罪，毋庸监候待质。若案内人数众多，仅获一二名，无事主、尸亲、证佐指认者，将现获之犯，按例拟罪监禁，俟逸犯就获后，质讯明确，定地起解。

【1802】6.28.397.(3)(略)

臣等谨按:嘉庆十九年(1814)十一月内,臣部汇奏"监候待质人犯,死罪与遣、军、流、徒、杖罪,宜分别办理,以归核实"折内声称,查例载"人命、抢窃等案,有正犯未获,其现获从犯,例应发遣、军、流、徒、杖等罪,因赃证未明,监候待质。如遣、军、流罪已过十年,徒罪已过五年,杖罪已过三年,查明照原拟罪名发配、释放"等语,是例内既逐项指明遣、军、流、徒、杖罪监禁年限,分别发配、释放,则死罪人犯不在盗候待质之例。盖此等人犯应情实者,既不能以余犯未获,将该犯日久稽诛;应缓决者,监禁在狱,另犯到案,不难提质办理。迨缓决三次减等后,仍应照军、流人犯待质十年之例,查明核办。如以监候待质,不入秋审办理,则减发无期,必至淹毙囹圄。是以近年各省常有将死罪人犯声请监候待质之案,屡经臣部行令入于秋审办理。惟例无明文,恐各省仍行沿误。议请嗣后凡人命、抢窃等案为从应拟死罪人犯,如有正犯在逃未获,现犯系情实人犯,即按例拟罪,入于秋审办理,毋庸监候待质。其应缓决者,亦应入于秋审办理。俟查办减等时,如系应行减等人犯,即照所减之遣、军、流罪监禁待质之例,限满后,犯无弋获,按例分别发配,或限内遇赦累减,再照所递减罪名,按限查办。情实未勾者,俟改入缓决准减之后,一例办理等因奏准,通行在案,自应纂辑专条。再查原例二条,均系分别监候待质之例,一载于"名例·犯罪事发在逃"门内,一载于"断狱·淹禁"门内。一事而分载两门,诚恐翻阅难周,引断转致错误,应请移并一条,同续纂一条,均载于"犯罪事发在逃"门内,以归简易,而便引用。谨将移并、续纂例文,开列于后。

* 名例律·犯罪事发在逃

【1825】1.1.31.(6)一、人命、抢窃及拒捕、共殴等案,正犯在逃未获,案内牵连余犯,审系无干,即行省释,不准滥行监候待质。若现获之犯,称逃者为首,如现获多于逸犯,供证确凿,以及逸犯虽多,而现获之犯,系先后拿获,或虽同时并获,经隔别研讯,实系逃者为首,或事主、尸亲、旁人指证有据者,即依律先决从罪,毋庸监候待质。若案内人数众多,仅获一、二名,无事主、尸亲、证佐指认者,将现获之犯,按例拟罪监禁。俟逸犯就获后,质讯明确,定地起解。倘正犯日久无获,为从监候待质人犯,除强盗案件不应宽释外,其余人命等案,如原拟遣、军、流罪已过十年,徒罪已过五年,杖罪已过三年者,该督抚陆续查明,咨部核复。应遣、军、流、徒者,照原拟罪名,即行发配;应杖罪者,取具的保释放在外,俟缉获正犯之日,再行质审。倘杖罪人犯释放后,私自逃匿,保人照不应轻律笞四十;本犯获日,照原拟杖罪加枷号一个月发落。若监候年限内,恭遇恩赦,如在逃本犯拿获时,例得减免者,待质之犯,准其即行查办省释。

【1835】○续纂

一、各直省府、厅、州、县,凡有监狱之责者,除照向例设立循环簿,填注每日出入监犯姓名,申送上司查阅外,并令与专管监狱之司狱、吏目、典史等官,各将监禁人犯,无论新收、旧管,逐名开载,填注犯案事由、监禁年月,及现在作何审断之处,造具清册，按月申送该管守巡道。该管守巡道，认真查核。如有滥禁、淹禁情弊，即将有狱官随时参处。仍令该道因公巡历至府、厅、州、县之便，亲提在监人犯，查照清册，逐名点验。其有填注隐漏者，将有狱官及管狱官一并参处。并令该道每季将府、厅、州、县所报监犯清册，汇送督抚、臬司查核。若府、厅、州、县有淹禁、滥禁情弊，该道未行揭报，经督抚查出，或别经发觉，即将该道一并交部议处。

臣等谨按：道光十三年(1833)十一月内，臣部议复调任河南道监察御史许球奏“外省州县淹禁人犯，请严行查禁”折内声明，嗣后各直省、府、应、州、县，凡有监狱之责者，除照向例设立循环簿，填注每日出入监犯姓名，申送上司查阅外，并令与专管监狱之司狱、吏目、典史等官，各将监禁人犯，无论新收、旧管，逐名开载，填注犯案事由、监禁年月及现在作何审断之处，造具清册，按月申送该管守巡道。该管守巡道认真查核，如有滥禁、淹禁情弊，即将有狱官随时参处。仍令该道因公巡历至府、厅、州、县之便，亲提在监人犯，查照清册，逐名点验。其有填注隐漏者，将有狱官及管狱官，一并参处。并令该道每季将府、厅、州、县所报监犯清册，汇送督、抚、臬司查核。若府、厅、州、县有淹禁、滥禁情弊，该道未行揭报，经督、抚查出，或别经发觉，即将该道一并交部议处等因具奏，奉旨允准通行，遵照在案。谨纂辑专条，以资引用。

【1847】6.28.397.(3)(略)

凌虐罪囚

律 文

【1646】6.28.421

凡狱卒（纵肆）非理在禁凌虐殴伤罪囚者，依凡斗伤论。（验伤轻重定罪。）克减（官给罪囚之）衣粮者，计（克减之物为）赃，以监守自盗论。因（殴伤、克减）而致死者，（不论囚罪应死不应死，并）绞。（监候。）司狱官典及提牢官知而不举者，与同罪，至死者减一等。

【1670】6.28.420(略)

【1725】6.28.408

律文(略)

注：此严狱卒残虐之禁，以恤罪囚也。凡在禁狱囚，虽系有罪之人，然各有应得之罪，非狱卒所得纵肆凌虐。若非理欺凌，殴伤罪囚者，依凡人斗殴律，验所伤轻重论罪。克减狱囚官给衣粮者，计克减之物为赃，以监守自盗，分别首从，计赃论罪。若狱囚凌虐伤重，或克减冻馁，因而致死者，不论囚罪应死与否，狱卒坐绞监候。司狱官典及提牢官知情而不举者，与狱卒同罪，至死减一等。不言不知不坐者，以狱为职，狱卒之弊所当觉察，不容不知也。

臣等谨按：此严狱卒践虐之禁，以恤罪囚也。前言狱卒在禁非理凌虐，殴伤罪囚，克减衣粮，及因凌虐、殴伤、克减而致死之罪。后言司狱官典及提牢官知情不举之罪，至死减一等。不言不知不坐者，以司狱官典常川在狱，提牢官亦轮日值宿，狱卒有凌虐、殴伤、克减等情,无有不知者也。

【1740】○修改

臣等谨按:总注内言,知而不举与同罪,不言不知不坐者,以司狱、提牢均以狱为职,狱卒之弊,正所当觉察,不容不知也。《笺释》中亦注明“有不知,坐以不应”。应于“至死减一等”下增注。谨将增注律文,开列于后。

凡狱卒纵肆非理在禁凌虐殴伤罪囚者,依凡斗伤论。验伤轻重定罪。克减官给罪囚之衣粮者,计克减之物为赃,以监守自盗论。因殴伤、克减而致死者,不论囚罪应死不应死,并绞。监候。司狱官典及提牢官知而不举者,与同罪,至死者,减一等。有不知,坐以不应。

【1740】6.28.398(略)

附律条例

【1646】6.28.421.(1)

一、法司问断过各处进本等项人犯,发各衙门程递者,除原有杻缭,及牢固字样照旧外,其押解人役,若擅加杻缭,非法乱打,搜检财物,剥脱衣服,逼致死伤;及受财故纵,并听凭狡猾之徒,买求杀害者,除真犯死罪外,徒罪以上,属取卫者,发边卫充军;属有司者,发边外为民。

【1670】6.28.420.(1)(略)

【1725】○修改

原拟:此条内止言法司问发各处人犯,解役擅加杻、镣之罪,未言各省解京及解往别省解役有犯之处,相应增改,开载于后。

一、在内,法司问发程递人犯;在外,问刑衙门程通来京及递解别省人犯。除原有杻、镣照旧外,其押解人役若擅加杻、缭,非法乱打,搜检财物,剥脱衣服,逼致死、伤,及受财故纵,并听凭狡滑之徒,买求杀害者,除实犯死罪外,徒罪以上,属军卫者,发边卫充军;属有司者,发边外为民。

【1725】6.28.408.(1)【原例】(略)

【1740】6.28.398.(1)(略)

【1772】○修改

臣等谨按:乾隆三十六年(1771)六月内,臣部奏明,解役在途擅敢将管解之犯凌辱、殴打,搜检财物,逼致死、伤,及受财故纵,得赃杀害,殊属凶恶,自应加等治罪。除实犯死罪外,徒罪以上,枷号两个月,发烟瘴充军在案,所有此条原例应修。其例内“属军卫者,发近边充军;属有司者,发边外为民”字样,应删。谨将删改例文,开列于后。

一、在内法司问发程递人犯,在外问刑衙门程递来京及递解别省人犯,除原有杻镣照旧外,其押解人役,若擅加杻镣,非法乱打,搜检财物,剥脱衣服,逼致死伤,及受财故纵,并听凭狡猾之徒买求杀害者,除实犯死罪外,徒罪以上,俱枷号两个月,发烟瘴充军。

【1790】6.28.398.(1)(略)

【1725】○增入

原拟:现行例内六条,类如此律,应增入。

【现行例】一、凡强盗、人命等案重罪人犯,项及手足,用铁锁、杻、镣各三道;其余人犯,俱用铁锁、杻、镣各一道。

【1725】6.28.408.(2)【增例】(略)

【1740】○修改

臣等谨按:雍正十一年(1733),又有应轻锁而用重锁,应重锁而用轻锁,应三道而用九道,应九道而用三道,分别得财、不得财定例。又乾隆元年(1736),有除强盗、十恶、谋故杀,用铁锁、杻、镣各三道,其余斗杀、人命军、流、徒罪,止用各一道之例,俱应于此例并入。谨将并辑例文,开列于后。

一、除强盗、十恶、谋故杀重犯,用铁锁、杻、镣各三道,其余斗殴、人命等案罪犯,以及军、流、徒罪等犯,止用铁锁、杻、镣各一道;笞、杖等犯,止用铁锁一道。如狱官、禁卒,将轻罪滥用重锁,重罪私用轻锁,及应三道而用九道,应九道而用三道,将狱官题参,禁卒革役;受贿者,照枉法从重论;任意轻重者,照不应锁杻而锁杻律治罪。提牢官失于觉察,交部议处。

【1740】6.28.398.(2)(略)

【1725】○增入

原拟:现行例内六条,类如此律,应增入。

【现行例】一、凡佥差官员将解部及部发递解等犯,务必遣有家业正役押解。押送沿途地方官员,详查该犯沿途有无解役掯勒拷打之处,如无掯勒拷打情弊,照常发行;如有此等情弊,令该地方官即将解役惩治。有掯勒拷打致死者,该地方官申报督、抚严审,照律从重治罪。其督捕例内,凡解役伙同逃人沿途抢夺、扰害村庄者,俱以光棍例治罪。如无解役教唆人犯通同抢夺者,亦照此定例治罪。其在中途患病者,原解即报该地方官,该地方官亲身验明,委系实病,出具印结。如取结后死毙者,其官、役,免议。若未取患病印结,途中死一、二名者,将佥差之官,罚俸一年;解役,徒三年,至配所折责四十板。死三、四名者,将佥差之官,降一级,留任;解役,流三千里,至配所折责四十板。死五、六名以上者,佥差之官,降二级,调用;解役,发边卫充军,至配所折责四十板。

原拟:此条内未言外省解送别省之处,相应增入。其太繁字句,亦应删去。谨拟删改,开载于后。

【原改现行例】一、凡部发递解,及外省解部并解别省人犯,佥差官员,务选有家业正役解送。如解役违禁沿途掯勒,拷打人犯,事发者,所在官司,即将解役严行惩治。若因而致死人犯者,所在官司,申解督抚严审,照律从重定拟。其解役教唆人犯通同抢夺者,俱以光棍例治罪。中途患病者,原解即报明所在官司,亲身验明,出具印结。取结后犯人身死者,官、役免议。若未取病结在途身死者,一名以上,佥差官员,交该部照例按名议处,解役杖一百、徒三年;三名以上,杖一百、流三千里;五名以上,发边卫充军。

【1725】6.28.408.(3)【增例】(略)

【1740】○修改

臣等谨按:例内解役沿途掯勒、拷打及致死人犯,与本律第一条例重复。在途患病报明所在官司,与第七条例中途患病留资医治事例相同。应将掯勒、拷打、致死删去,将留养医治并入于此,以便引用。再乾隆二年(1737)定例,非实在光棍,不得照光棍定拟。例内教唆犯人通同抢夺,以光棍例治罪之处及解役军役之罪,未免太重,应改。谨将改并例文,开列于后。

一、凡部发递解,及外省解部,并解别省军、流、徒罪发回安插人犯,佥差官员,务选有家业正役解送。如解役在途教唆人犯通同抢夺者,俱照白昼抢夺律例治罪。中途患病者,原解即报明所在官司,亲身验明,出具印结,即着该地方官留养医治。随行亲属病者,亦准存留,候病痊起解,仍将患病日期报部。如不行留养,致有病故,及受贿嘱托捏病迟延者,将该地方官交部议处。其取结后犯人身死者,官、役免议。若未取病结,在途身死者,佥差官员,交该部照例按名议处。一名,解役杖六十、徒一年;每一名加一等,罪止杖一百、徒三年。

【1740】6.28.398.(3)(略)

【1725】○增入

原拟:现行例内六条,类如此律,应增入。

【现行例】一、凡官员擅取病呈,致死监犯者,依谋杀人造意律斩监候。狱官、禁卒人等,听从指使下手者,依从而加功律绞监候;未曾下手者,依不加功律杖一百、流三千里。

【1725】6.28.408.(4)【增例】(略)

【1740】6.28.398.(4)(略)

【1725】○增入

原拟:现行例内六条,类如此律,应增入。

【现行例】一、凡问刑衙门,不许于狱内用匣床。违者,官革职,杖一百、流三千里;禁卒杖一百,革役。

【1725】6.28.408.(5)【增例】(略)

【1740】6.28.398.(5)(略)

【1725】○增入

原拟:现行例内六条,类如此律,应增入。

【现行例】一、流徙宁古塔、尚阳堡及各省解京等犯,若押解人役,擅加杻、镣,殴打、勒逼银财者,依律治罪外,押解犯人之兵丁、驿夫,如将犯人之妻、女奸污者,照依奸囚妇律,杖一百,徒三年。押送之官,虽不知情,交该部严加议处。如押送之官,将犯人之妻奸污及擅加杻、镣,殴打、逼勒银财者,亦交该部从重议罪。若有此等事件,流徙宁古塔、尚阳堡犯人,准于盛京户部控告;外省解送人犯,仍准刑部控告。

原拟:此条内,未言外省佥妻发遣人犯,相应增入。其太烦字句,亦应删去。谨拟删改,开载于后。

【原改现行例】一、凡流徙宁古塔、尚阳堡等处人犯,及各省解京,并解别省军、流等犯,若押解兵役、驿夫人等,敢于中途擅加杻镣,及殴打、逼勒财物者,照例治罪外,如奸污犯人妻女者,依奸囚妇律杖一百、徒三年。押解官虽不知情,亦交该部严加议处。如押解官自犯奸污,及凌虐勒财者,交该部从重议罪。其被害犯人系流徙宁古塔等处者,许赴盛京户部控告;系解京及解各省者,许赴刑部并所在官司控告。

【1725】6.28.408.(6)【增例】(略)

【1740】○修改

臣等谨按:例内中途殴打逼勒财物,与第一条例文重复,应删。谨将删辑例文,开列于后。

一、凡押解兵役、驿夫人等,敢于中途奸污犯人妻女者,依奸囚妇律杖一百、徒三年。押解官虽不知情,亦交该部严加议处。如押解官自犯奸污,及凌虐勒财者,交该部从重议罪。其被害犯人系流徙宁古塔等处者,许赴盛京户部控告;系解京及解各省者,许赴刑部并所在官司控告。

【1740】6.28.398.(6)(略)

【1725】○增入

原拟:现行例内六条,类如此律,应增入。

【原增现行例】一、凡在京、各省发回原籍安插,并流徙、充军等犯,有于中途患病者,即着该地方官留养医治。随行亲属病者,亦准存留。俟病痊起解。如不行留养,致有病故者,交该部议处。

【1725】6.28.408.(7)

【增例】一、凡在京、各省发回原籍安插,并流徙、充军等犯,有于中途患病者,即着该地方官留养医治。随行亲属病者,亦准存留。俟病痊起解,仍将患病日期报部。如不行留养,致有病故,及受财嘱托捏病迟延者,将该地方官交部议处。

【1740】○删除

臣等谨按:例内所载,已并入第三条例内,此条应删。

【1725】6.28.408.(8)

【钦定例】一、凡狱卒有受罪人仇家贿嘱,谋死本犯者,依谋杀人首从律治罪。

谨案:此条系雍正五年(1727)定例。

【1740】6.28.398.(7)(略)

【1725】6.28.408.(9)

【钦定例】一、凡犯人出监之日,提牢官、司狱细加查问。如有禁卒人等凌虐需索者,计赃治罪,仍追赃给还犯人。提牢官、司狱不行查问,事发之日,亦照失察例议处。

谨案:此条系雍正五年(1727)定例。

【1740】6.28.398.(8)(略)

【1725】6.28.408.(10)

【钦定例】一、刑部各司,如遇有应掌嘴讯问之事,请照刑例令具稿回堂,不许任意掌嘴。

谨案:此条系雍正三年(1725)定例。

【1740】○删除

臣等谨按:掌嘴,非夹棍、拶指可比。原系刑之最轻者,一时审问不吐实情,不便用夹、用拶,则掌嘴数下令其供出,所以省夹棍、拶指之重也。但系临审一时偶用,非可预为计及。若必具稿回堂,则些小事件务必停审回堂,势所难行。至乾隆二年(1737),又有佐杂官不许擅用掌嘴,盖因佐杂微员,止许录问,不许刑讯,故特禁止,非刑部各司可比。今佐杂不用掌嘴之处,已并入故禁故勘条下,此条应删。

【1725】6.28.408.(11)

【钦定例】一、徒罪以下人犯患病者,狱官报明承审官,即行赴监验看是实,行令该佐领、骁骑校、地方官,取具的保,保出调治,俟病痊即送监审结。其外解人犯,无人保出者,令其散处外监,加意调治。如狱官不即呈报,及承审官不即验看保释者,俱照淹禁律治罪。若本犯无病,而串通狱官、医生,捏称有病者,该犯并狱官、医生,俱照诈病避事律治罪。或病已痊愈,而该佐领、骁骑校、地方官,不即送监审结者,将本犯及该佐领、骁骑校、地方官,亦俱照诈病避事律治罪。若保出故纵者,将保人治以本犯应得之罪;疏脱者,减二等。仍将取保不的之该佐领、骁骑校、该地方官,查参议处。若有受贿情弊,计赃以枉法从重论。至督抚题报监毙人犯,将本犯所犯罪名、所患病证,及有无凌虐、曾否保释,逐一声明。如有蒙混情弊,查出,交部分别议处。

谨案:此条系雍正五年(1727)定例。

【1740】○修改

臣等谨按：例内犯人患病保出故纵者，将保人治以本犯应得之罪；疏脱者，减一等。主守不觉失囚律内，狱卒减囚罪二等。人犯既经发保在外，则非比在监之犯易于防范，而罪反较重。现经四川按察司李如兰条奏，请照失囚律改为减二等。谨将改辑例文，开列于后。

一、徒罪以下人犯患病者，狱官报明承审官，即行赴监验看是实，行令该佐领、骁骑校、地方官，取具的保，保出调治，俟病痊即送监审结。其外解人犯，无人保出者，令其散处外监，加意调治。如狱官不即呈报，及承审官不即验看保释者，俱照淹禁律治罪。若本犯无病而串通狱官、医生，捏称有病者，该犯并狱官、医生，俱照诈病避事律治罪。或病已痊愈，而该佐领、骁骑校、地方官，不即送监审结者，将本犯及该佐领、骁骑校、地方官，亦俱照诈病避事律治罪。若保出故纵者，将保人治以本犯应得之罪；疏脱者，减二等。仍将取保不的之该佐领、骁骑校，该地方官，题参议处。若有受贿情弊，计赃以枉法从重论。至督抚题报监毙人犯，将本犯所犯罪名、所患病症，及有无凌虐、曾否保释，逐一声明。如有朦胧情弊，查出交部分别议处。

【1740】6.28.398.(9)(略)

【1725】○增入①

【现行例】一、凡盛京刑部所拿死罪人犯，仍照前监禁外，凡有徒罪以上旗人，送门；民人，送奉天府司狱；其余杂犯，招保候审，勿得滥行收禁。盛京门上所禁犯人，即令看门章京等官兼管。再拨什库、披甲内有受伤功劳之人挑选马法，各门一员，同章京等兼管犯人。将军衙门、盛京刑部府尹衙门，不时派官巡查，如有凌虐犯人之事查出，将该门章京、马法题参，并拨什库、披甲，一并治罪。

臣等谨按：此条类于凌虐罪囚律，应增入条例后。

【1740】○增入

一、番役将盗犯及死罪人犯，私拷取供者，枷号一个月，杖一百；将军、流以下等犯，私拷取供者，各递加一等治罪。如有逼索银钱，计赃以枉法从重论。该犯有诬指捏诳情弊，照诬告律治罪。该管官失察、故纵，交部分别议处。

谨案：：此条系乾隆元年(1736)定例。

【1740】6.28.398.(10)(略)

【1751】○续纂

一、凡内外斩、绞监候之犯，每遇秋审时，责令狱官监看剃发一次；军、流人犯，每

---

① 此条见于《大清律例按语》，雍正三年(1725)《大清律集解附例》未载。

季剃发一次,仍令留顶心一片。

臣等谨按:此条系乾隆十一年(1746)九月内,臣部议复升任湖南按察使周人骥条奏定例。应纂辑,以便遵行。

【1768】6.28.398.(11)(略)

【1761】○续纂

一、秋审解省人犯,俟审毕发回后,方许剃发。

臣等谨按:此条系乾隆二十五年(1760)二月内,臣部议复山东按察使沈廷芳条奏定例。应纂辑,以便遵行。

【1768】6.28.398.(12)(略)

【1814】○续纂

一、刑部监犯患病沉危,医生呈报救治后,提牢官回堂,移会满、汉查监御史,即日赴部查验。如有监毙人犯,无论因病、因刑,及猝患暴病身死,不及呈报救治者,均移会满、汉查监御史,率领指挥一员,限一日内赴部,会同刑部司官相验。倘承审官有非法拷打,及将不应刑讯之人,滥刑致毙,并禁卒有凌虐罪囚各情事,即严参究办。至步军统领、都察院、顺天府、五城各衙门,并各省送部之案,务将人犯是否患病,及曾否刑讯受伤之处,于文内详晰声明。若送到人犯,受有刑伤,及病势沉重者,刑部立即移咨查监御史,亦于一日内赴部查验立案。

臣等谨按:嘉庆十七年(1812)六月内,臣部议复山东道监察御史嵩安奏"监犯患病及监毙人犯,交查监御史稽核"一折内称,监犯患病,向由医生诊视出结,管狱官报明,承官提验,回堂分别保释调治。如病至垂危,医生即出具救治甘结呈报。迨经病毙,亦饬指挥相验完结。弟患病各犯,有猝患暴病,不及验报,即时身死者;亦有呈报救治后,医治痊愈者。情形本属不同,若概将起病日期,并医治情形移咨查监御史稽核,未免繁琐。惟医生结报救治之犯,皆属病势危笃,应咨会查监御史稽核,以昭慎重。议请嗣后监犯患病沉危,医生呈报救治后,即令提牢司员回堂移会满、汉查监御史,即日赴部查验。至监毙之犯,无论因病、因刑,及猝暴患病身死,不及呈报救治之犯,俱移会满、汉查监御史,率领指挥一员,限一日内,赴部会同臣部司员相验。若系因病身死,或应行刑讯之犯,承审官依法拷讯邂逅致死,及受刑后因他病身死者,均按律勿论。倘非法拷打,及将不应刑讯之人滥刑致毙,并禁卒有凌虐罪囚各情事,即据实严参究办。再臣部现审之案件,俱由步军统领、都察院、顺天府、五城各衙门解送到部。其应解人犯,每有在该衙门先已患病,或曾经刑讯受伤,迨经送部庾毙,亦事所时有。嗣后,各衙门送部之案,务将人犯是否患病,及曾否刑讯受伤之处,于文内详晰声明。若送到人犯受有刑伤,及病势沉重者,臣部立即移咨查监御史,亦于一日内,赴部查验立案等因,奏准在案,应纂辑为例。再查本门内载有外省解部人犯中途患病,即报明所在官司验明留养医治,俟病痊愈起解仍将患病日期报部。如不行留养,致犯病故,将该地方官交部议处等语。是沿途患病报部留养,例有明文。至臣部向外省提解人犯，曾经刑讯受伤，亦应令原省随文报部，臣部移咨查监御史，赴部查验。原奏并未议及，应请于例文内各衙门之下，添叙“并各省”字样，以昭赅备而便引用，合并陈明。

【1825】6.28.398.(13)(略)

【1870】○续纂

一、刑部监犯越狱，并在狱滋事之案，该禁卒等，分别有无受财故纵治罪，除至死无可加外，余各于本罪上加一等。流罪以上，先于刑部门口枷号两个月；徒罪以下，枷号一个月。如有挟嫌设法陷害本官情事，照恶棍设法诈官实在光棍拟斩例，分别首从严办。如该提牢官知情徇隐故纵，照私罪严参革职；若止疏于防范，失于觉察，照公罪交部议处。

谨案：此条系同治九年(1870)定例。

【1870】6.28.398.(14)(略)

与囚金刃解脱

律　文

【1646】6.28.422

凡狱卒以金刃及他物如毒药之类。凡可以使人自杀，及解脱锁、杻之具，而与囚者，杖一百。因而致囚在逃，及于狱中自伤，或伤人者，并杖六十、徒一年。若致囚狱中自杀者，杖八十、徒二年。致囚反狱而逃及在狱杀人者，绞。监候。其囚脱越反狱在逃，狱卒于未断罪之间，能自捕得，及他人捕得，若囚已死，及自首者，各减一等。○若常人非狱卒。以可解脱之物与囚人，及子孙与在狱之祖父母、父母，奴婢、雇工人与在狱之家长者，各减狱卒一等。○若司狱官典及提牢官知而不举者，与同罪，至死者减一等。○若狱卒、常人及提牢、司狱官典受财者，计赃以枉法从重论。赃重论赃，赃轻论本罪。○若狱囚失于检点防范致囚自尽原非纵与可杀之具。者，狱卒杖六十，司狱官典各笞五十，提牢官笞四十。

【1670】6.28.421(略)

【1725】○修改

原拟：“枷、锁”字，应改为“锁、杻”。

臣等谨按：此严脱囚之弊，以示范防也。首节言狱卒以金刃、他物及可以解脱锁、杻之具与囚者之罪，但与即坐满杖。若因与金刃、他物及解脱之具，致囚解脱在逃，或自伤，或伤人，或自杀，或反狱，或杀人，狱卒各分别科罪。至囚虽脱逃、反狱，狱卒于未断罪之间，能自捕得，或他人捕得，或囚已死，或囚自首，狱卒各减应得之罪一等。二节言常人以可解脱之物与在禁之囚，及子孙与祖父母、父母，奴婢、雇工人与家长者之罪，各减狱卒之本罪一等。三节言司狱官典及提牢官,明知狱卒及常人并囚之子孙、奴婢、雇工人,以金刃、他物与囚,而不举者之罪,与狱卒同罪,至死减一等。四节言因受人财而与以金刃、他物,及因受财而不行举问者之罪,各计赃以枉法从重论。末节言狱囚在禁,提牢官及司狱官典、狱卒失于检点,致囚自尽之罪,狱卒杖六十,司狱官典、提牢官各递减一等。

【1725】6.28.409

凡狱卒以金刃及他物如毒药之类。凡可以使人自杀,及解脱枷、锁之具,而与囚者,杖一百。因而致囚在逃,及于狱中自伤,或伤人者,并杖六十、徒一年。若致囚狱中自杀者,杖八十、徒二年。致囚反狱而逃及在狱杀人者,绞。监候。其囚脱越反狱在逃,狱卒于未断罪之间,能自捕得,及他人捕得,若囚已死,及自首者,各减一等。〇若常人非狱卒。以可解脱之物与囚人,及子孙与在狱之祖父母、父母,奴婢、雇工人与在狱之家长者,各减狱卒一等。〇若司狱官典及提牢官知而不举者,与同罪,至死者减一等。〇若狱卒、常人及提牢、司狱官典受财者,计赃以枉法从重论。赃重论赃,赃轻论本罪。〇若狱囚失于检点防范致囚自尽原非纵与可杀之具。者,狱卒杖六十,司狱官典各笞五十,提牢官笞四十。

注:此严脱囚之弊,以示防范也。凡狱卒以金刃、他物,但可以自杀及解脱锁、杻之具,而与囚者,坐满杖。因而致囚在逃,或自伤,或伤人,或自杀,或反狱,或杀人,狱卒各分别科罪。至囚虽脱逃、反狱,狱卒于未断罪之间,能自捕得,或他人捕得,或囚已死,或囚自首,各减应得之罪一等。若常人以可解脱之物与囚,及子孙与祖父母、父母,奴婢、雇工人与家长者,各减狱卒罪一等。其司狱官典及提牢官,明知而不举者,与狱卒同罪,至死减一等。若因受人财,而与以金刃、他物,及不行举问者,各计赃以枉法从重论。若狱囚在禁,提牢官及司狱官典、狱卒失于检点,致囚自尽,狱卒杖六十,司狱官典、提牢官各递减一等。

【1740】6.28.399(略)

主守教囚反异

律　文

【1646】6.28.423　主守教囚反异“反”训“翻”。

凡司狱官典、狱卒,教令罪囚反异,成案,变乱已经勘定之事情,及与通传言语,于外人,以致罪人扶同有所增入他人减去自己之罪者,以故出入人罪论。外人犯教令、通传有所增减者,减主守一等。〇若狱官典、卒容纵外人入狱,及与囚通传言语走泄事情,于囚罪无增减者,笞五十。〇若狱官典、卒、外人受财者,并计入己赃,以枉法从重论。

【1670】6.28.422　主守教囚反异“反”训“翻”。(略)

【1725】6.28.410　主守教囚反异“反”训“翻”。

律文(略)

注:此严教令罪囚之禁,以杜乱法之端也。凡狱官、典、卒,教令罪囚反异,变乱事情,及与囚通传言语,致有所增减其罪者,以故出入人罪论。外人犯者,减主守一等。若狱官、典、卒,纵容外人入狱,及与囚通传言语,走泄事情,于囚罪无增减者,坐满笞。若狱官、典、卒及外人,接受囚财而教令反异,及通传增减,或狱官、典、卒接受外人之财,而纵容入狱教令、通传者,并计赃以枉法从重论。盖以狱官、典、卒有专司牢狱之责,若教令罪囚,及通传言语,必致翻更定案,拖累枉滥,为害甚大,故立法不得不严也。

臣等谨按:此严教令罪囚之禁,以杜乱法之端也。首节言狱官、典、卒教令反异,变乱事情,及与囚通传言语,有所增减;并外人教囚反异,通传言语,致有出入者之罪。二节言狱官、典、卒,纵容外人入狱,及容外人通传言语,走泄事情与囚之罪。三节言狱官、典、卒及外人,接受罪囚之财,而教令反异,及通传、增减,或狱官、典、卒接受外人之财,而纵容入狱,教令、通传者之罪。详律意,如囚先诬服,而教之申冤理枉,得事情之实,及囚之应入视亲人,教令通传,而主守之狱官等不知者,俱不坐罪。

【1740】6.28.400 主守教囚反异“反”训“翻”。(略)

附律条例

【1725】○增入

原拟:现行例内一条,类于此律,应增入。

【现行例】一、刑部乃总理刑名之地,如有闲杂人等,擅自出入,及跟随听审人犯,私入衙门窥探者,本犯及守门领催、兵皂俱责治,于刑部门首枷号。官员犯者,交该部议处。

【1725】6.28.410.(1)【增例】(略)

【1740】6.28.400.(1)(略)

【1840】○修改

臣等谨按:道光二十年(1840)五月内,臣部会同各衙门议复前任工科给事中况澄条奏“整饬各衙门体制”一折内称,在京各衙门审理词讼,理应慎密。乃有闲杂人等,混入人证之中,专为双方探听案情,或唆讼串供,或暗传音信,以致要犯潜逃,供词狡展,甚或勾通吏役,朦混影射,请予严惩等情。臣部查,闲杂人等擅自出入,及跟随听审人犯私入刑部衙门窥探,例有治罪专条。其余问刑各衙门,自应一体照办。应请嗣后在京问刑各衙门,如有闲杂人等擅自出入,及私自窥探案情者,即照刑部之例,于衙门首枷号一个月,责三十板。如因有出入窥探而又另犯教供、勾串等弊,仍按照例律从重治罪等因具奏。奉上谕:“前据给事中况澄奏请整饬各衙门体制一折,当交各衙门会议。兹据该衙门逐条核议,严禁各弊,俱着依议行等因。钦此。”钦遵在案。应于例内添纂明晰,以资引用。谨将修改例文,开例于后。

一、在京问刑各衙门,如有闲杂人等,擅自出入,及跟随听审人犯,私人窥探者,本犯及守门领催、兵皂俱责治,于衙门首枷号一个月,责三十板;官员犯者,交该部议处。如因出入窥探,而又另犯教供勾串等弊,仍按照律例从重治罪。

【1847】6.28.400.(3)(略)

【1725】6.28.410.(2)

【钦定例】一、凡书办、皂隶及官员家仆人等,有擅自出入监所者,令提牢官、司狱、禁卒立拿回堂,将书、隶革役,责四十板,递回原籍;家人枷号一个月,责四十板,家人之主交部议处。若不行拘拿,被查出者,提牢官、司狱俱以失察例议处。

谨案:此条系雍正三年(1725)定例。

【1740】6.28.400.(2)(略)

【1847】6.28.400.(1)(略)

【1740】○增入

一、步军统领,酌量派出番役,在刑部衙门外左近密行访拿。若有探听之徒,照私入刑部衙门例,枷号一个月、责三十板,系官交部议处。如有受贿通信教供情弊,察实,将书、役并行贿之人,均计赃从重治罪。

谨案:此条系雍正八年(1730)定例。

【1740】6.28.400.(3)(略)

【1847】6.28.400.(2)(略)

狱囚衣粮

律　文

【1646】6.28.424

凡狱囚无家属者应请给衣粮、有疾病者应请给医药而不请给,患病重者,除死罪不开枷、杻外,其余应脱去枷、锁、杻而不请脱去,犯笞罪者,应保管出外而不请保管,及疾至危笃者,应听家人入视而不请听,以上虽非司狱官典、狱卒所主,是不申请上司,司狱官典、狱卒笞五十。因而致死者,若囚该死罪,杖六十;流罪,杖八十;徒罪,杖一百;杖罪以下,杖六十、徒一年。提牢官知而不举者,与狱官典、卒同罪。○若司狱官已申禀上司,而上司官吏不即施行者,一日笞一十,每一日加一等,罪止笞四十。因而致死者,若囚该死罪,杖六十;流罪,杖八十;徒罪,杖一百;杖罪以下,杖六十、徒一年。

【1670】6.28.423(略)

【1725】○修改

原拟:律内"枷"字应删去。小注内"枷、杻"字,应改为"锁、杻"。

臣等谨按:此是矜恤贫病罪囚之典也。凡狱囚贫苦者,应请给衣粮;疾病者,应请给医药;病重者,应脱去锁、杻;犯笞罪者,应保管出外;或听家人入视。此皆狱官、典、卒之专责也。前言狱官、典、卒不禀请之罪。因不禀请而致狱囚饥寒、疾病而死者,各视囚罪之轻重,以为罪之差等。提牢官知情不举者,与狱官、典、卒同罪。后言狱官、典、卒已禀请,而上司官吏不即施行之罪。因不即施行而致囚死者,亦随囚之死、流、徒、杖,分别杖、徒。盖即以狱官、典、卒之罪,罪坐视之上司也。

【1725】6.28.411

凡狱囚无家属者应请给衣粮、有疾病者应请给医药而不请给,患病重者,除死罪不开锁杻外,其余应脱去锁杻而不请脱去,犯笞罪者,应保管出外而不请保管,及疾至危笃者,应听家人入视而不请听,以上虽非司狱官典、狱卒所主,是不申请上司,司狱官典、狱卒笞五十。因而致死者,若囚该死罪,杖六十;流罪,杖八十;徒罪,杖一百;杖罪以下,杖六十、徒一年。提牢官知而不举者,与狱官典、卒同罪。○若司狱官已申禀上司,而上司官吏不即施行者,一日笞一十,每一日加一等,罪止笞四十。因而致死者,若囚该死罪,杖六十;流罪,杖八十;徒罪,杖一百;杖罪以下,杖六十、徒一年。

注:此是矜恤贫病罪囚之典也。凡狱囚贫苦者,应请给衣粮;疾病者,应请给医药;病重者,应脱去锁、杻;笞、杖轻罪,保管出外;重罪,听家人入视。此皆狱官、典、卒之专责也。前节言狱官、典、卒不禀请之罪。因不禀请而致狱囚饥寒、疾病而死者,各视囚罪之轻重,以为罪之差等。提牢官知情不举者,与狱官、典、卒同罪。后节言狱官、典、卒已禀请,而上司官吏不即施行之罪。因不即施行,而致囚死者,亦视囚罪为轻重。盖即以狱官、典、卒之罪,罪坐视之上司也。

【1740】6.28.401(略)

附律条例

【1646】6.28.424.(1)

一、凡各府司狱,专管囚禁,如有冤滥,许令检举申明。如本府不准,直申宪司。各衙门不许差占。府、州、县牢狱,仍委佐贰官一员提调。其男女罪囚,须要各另监禁,司狱官常加点视。州县无司狱去处,提牢官点视。若囚患病,提牢官检实给药治疗。除死罪不开枷杻外,其余徒、流、杖罪囚人病重者,开疏枷杻,令亲人入视。笞罪以下,保管在外医治,病痊依律断决。如事未完者,复收入禁,即与归结。

【1670】6.28.423.(1)(略)

【1725】○修改

臣等谨按:此条凡各州县吏目、典史,亦系管狱之官,不应专指各府司狱。至病给医药,本律已经载明,毋庸再入条例。其"枷、杻"字,应改"锁、杻"。谨拟删改,开载于后。

【续改条例】一、凡司狱吏目、典史,专管囚禁。如犯人果有冤滥,许管狱官检举申明。如府、州、县不准,许即直申宪司各衙门提讯。其男女罪囚,须各另监禁,常加点视。若患病,除死罪不开锁杻外,其余军、流、徒罪等囚病重者,开疏锁杻,令亲人入视;杖罪以下,保管在外医治,痊日依律断决。如事未完者,仍收入禁,即予归结。

【1725】6.28.411.(2)【原例】(略)

【1740】○修改

臣等谨按:此条系前明旧例。男、女另监,已载"捕亡"律内"狱囚脱监"条下。患病开锁、杻,及保管在外医治,皆与律文重复,应删。再例内管狱官检举申明,查收禁人犯,皆由府、州、县正印官,非管狱官之所得主,无可检举之处。应将"检举"二字,改为"据实"二字。谨将删改例文,开列于后。

一、凡司狱吏目、典史,专管囚禁。如犯人果有冤滥,许管狱官据实申明。如府、州、县不准,许即直申宪司各衙门提讯。

【1740】6.28.401.(2)(略)

【1646】6.28.424.(2)

一、凡牢狱禁系囚徒,年七十以上、十五以下、废疾散收,轻重不许混杂。枷杻常须洗涤,席荐常须铺置。冬设暖床,夏备凉浆。无家属者,日给仓米一升,冬给絮衣一件,夜给灯油,病给医药,并令于本处有司在官钱粮内支放,狱官预期申明关给,毋致缺误。有官者犯私罪,除死罪外,徒、流锁收,杖以下散禁;公罪,自流以下皆散收。

【1670】6.28.423.(2)(略)

【1725】○修改

原拟:"枷、杻"字,应改为"锁、杻"。

一、凡牢狱禁系囚徒,年七十以上、十五以下、废疾散收,轻重不许混杂。锁杻常须洗涤,席荐常须铺置。冬设暖床,夏备凉浆。无家属者,日给仓米一升,冬给絮衣一件,夜给灯油,病给医药,并令于本处有司在官钱粮内支放,狱官预期申明关给,毋致缺误。有官者犯私罪,除死罪外,徒、流锁收,杖以下散禁;公罪,自流以下皆散收。

【1725】6.28.411.(3)【原例】(略)

【1740】○修改

臣等谨按:现今囚粮,不论有无亲属,按名每日散给仓米一升,例内"无亲属"句,应改。谨将改辑例文,开列于后。

一、凡牢狱禁系囚徒,年七十以上、十五以下、废疾散收,轻重不许混杂。锁杻常须洗涤,席荐常须铺置。冬设暖床,夏备凉浆。凡在禁囚犯,日给仓米一升,冬给絮衣一件,病给医药。看犯支更禁卒,夜给灯油。并令于本处有司在官钱粮内支放,狱官预期申明关给,毋致缺误。有官者犯私罪,除死罪外,徒、流锁收,杖以下散禁;公罪,自流以下皆散收。

【1740】6.28.401.(3)(略)

【1782】○修改

臣等谨按:此条原例内"冬给絮衣一件"之下,即接"夜给灯油"四字,嗣于乾隆四十四年(1779)六月内,钦奉谕旨:"向来刑部及各省监狱,凡在禁囚犯,有夜给灯油之例,甚属无谓。此等身系囹圄者,俱系犯法之人,罪由自取。如重囚给以衣食,因其爰书已定,必须明正典刑,不应复令其冻馁致毙,已属国家法外之仁。至灯油一项,并非衣食可比。罪囚在狱,夜间本无需灯火,且小民常时入夕寝息,不留灯者居多。岂有犯罪系狱,转彻夜予以火照,虽矜恤亦不宜及此。并恐奸徒,因有灯火,或致放火以图越狱,尤非慎重监狱之道。至狱官、禁卒稽查监口,原可各自携灯照看,并无借狱囚之有灯也。着传谕刑部堂官,查明此项灯油因何给与,必系多年相沿陋例。如禁卒坐更、看守,自应酌给灯油。至狱囚,则断不宜与以灯火。着即行妥议具奏,行知各省,一体遵照。钦此。”经臣部定拟,将罪囚灯油酌裁,给看守禁役照看。并奏请于例内“夜给灯油”之上,添载“看犯、支更禁卒”六字等因在案,应增辑以便遵行。

一、凡牢狱禁系囚徒,年七十以上、十五以下、废疾散收,轻重不许混杂。锁杻常须洗涤,席荐常须铺置。冬设暖床,夏备凉浆。凡在禁囚犯,日给仓米一升,冬给絮衣一件,病给医药。看犯支更禁卒,夜给灯油。并令于本处有司在官钱粮内支放,狱官预期申明关给,毋致缺误。有官者犯私罪,除死罪外,徒、流锁收,杖以下散禁;公罪,自流以下皆散收。

【1790】6.28.401.(3)(略)

【1725】○增入

原拟:现行例内五条,类于此律,应增入。

【现行例】一、康熙二十六年(1687)五月内,钦奉恩诏:“凡解部及递解外省各项犯人,沿途口食不敷,困于饥饿者,可悯。应按程给与口粮,勿致饥毙。”

【1725】6.28.411.(1)【增例】(略)

【1740】○修并

【原例】【1725】6.28.411.(1)(略)、【1725】6.28.411.(7)(略)

臣等谨按:以上二条,第一条系康熙二十六年(1687)恩诏所载,应恭纂成例,以便引用。第二条隆冬停遣,与“名例”重复,拟删。但例内尚有照重囚给衣帽一款,系“名例”之所未及,应并入此例。再乾隆二年(1737)定例,照支给囚粮之例,散给口粮。倘有官侵吏蚀,照冒销钱粮治罪。事属一例,亦应于此例并入。谨将恭纂并辑例文,开列于后。

一、凡解部及递解外省各项犯人,有司官照支给囚粮之例,按程给与口粮。如遇隆冬停遣,照重囚例,每名给与衣帽。倘有官侵吏蚀,照冒销钱粮律治罪。

【1740】6.28.401.(1)(略)

【1725】○增入

原拟:现行例内五条,类于此律,应增入。

【现行例】一、监禁犯人,如无亲属、家人送饭者,每囚每月给米三斗。年终,听各该抚,开明事案罪囚名数,与给过口粮数目,造册报部销算。

【1725】6.28.411.(4)【增例】(略)

【1740】○删除

臣等谨按:月给米三斗,即上一条"日给一升"。此条重复,应删。

【1725】○增入

原拟:现行例内五条,类于此律,应增入。

【现行例】一、年终稽查医治狱犯二名医生,所治痊者若干、不治痊者若干。如治痊者多,照例六年已满咨授吏目;不能医治,死数多者,即行责革更换。

原拟:外省州县,亦有拨医调治狱囚之例,将"典科、训科"字增入。其字句未联贯处,亦应删改。谨拟删改,开载于后。

【原改现行例】一、内外刑狱医治罪囚,各选用医生二名,每遇年底,稽考优劣。如医治痊愈者多,照例俟六年已满,在内咨授吏目,在外咨授典科、训科。不能医治,病死多者,即责革更换。

【1725】6.28.411.(5)【增例】(略)

【1740】6.28.401.(4)(略)

【1725】○增入

原拟:现行例内五条,类于此律,应增入。

【原增现行例】一、在监人犯,许令祖父母、父母、伯叔、兄弟、妻妾、子孙,一月两次入视,使役之人,不越两名。若有送饮食者,提牢官验明,禁子转送。

【1725】6.28.411.(6)【增例】(略)

【1740】○修改

臣等谨按:雍正七年(1729),又有监禁盗犯,其妻、子、家口不许放入监门私行探视,违者,妻、子、家口,枷号两个月,责四十板,不准收赎之例,应于此例并入。谨将并辑例文,开列于后。

一、在监人犯,许令祖父母、父母、伯叔、兄弟、妻妾、子孙,一月两次入视,使役之人,不越两名。若有送饮食者,提牢官验明,禁子转送。其盗犯妻子家口,不许放入监门探视。违者,妻子家口枷号两月、责四十板,不准收赎;提牢、司狱官吏参处。

【1740】6.28.401.(5)(略)

【1801】○修改

臣等谨按:盗犯监禁,家口不许放入探视,违者,盗犯之妻、子,枷号杖责,不准收赎,系雍正七年(1729)定例。查妇人犯罪门内例载,"妇人有犯奸、盗、不孝者,各依律决罚;其余有犯杖、笞、徒、流,俱准纳赎"等语。此条盗犯之子,违例入监探视,自应枷号两个月,责四十板。若监犯之妻,与妇人自行犯盗例应的决者不同,其入禁探视应得枷、杖,应照例准其收赎,以归画一。例内"不准收赎"句,应分别修改。谨将修改例文,开列于后。

一、在监人犯,许令祖父母、父母、伯叔、兄弟、妻妾、子孙,一月两次入视,其随从入视之使役人等,不越两名。若有送饮食者,提牢官验明,禁子转送。其盗犯妻、子、家口,不许放入监门探视。违者,妻、子、家口,枷号两个月,责四十板,妇女照例收赎,提牢、司狱官吏参处。

【1802】6.28.401.(5)(略)

【1821】○修改

臣等谨按:嘉庆二十二年(1817)正月二十二日,奉上谕:"御史周鸣銮奏严防监狱以杜刁健一折。刑部为刑名总汇之地,监狱理宜严肃。凡有未经定案之犯,有讼师假托犯人亲属,进监探视教供,以致案情多有翻易,人证反受拖累,不可不预为防范。其外省监狱,亦当一律整饬。应如何严申例禁,加意慎密,及满、汉提牢厅轮流住宿之处,着交刑部妥议章程具奏。钦此。"当经臣等查,臣部旧定章程,凡现审未经画供定案,各犯亲属人等,一概不准进监看视。又南、北二监,额设满、汉提牢官二员,满、汉司狱八员,每监分内、外狱门二层。提牢司员统理两监,向在外厅办事,早晚放饭时,两次入监查察,晚刻狱门封锁后,始行散署。司狱每日轮流二员,在南、北两监内厅值班住宿。凡已经结案人犯,准令亲属每月探视两次。至监禁待质,及未经定案之官、常各犯,均不准亲属探视。惟人情变幻百出,已经结案人犯,向既准亲属探视,诚难保无奸诈之徒,于各亲属人监探视时,借端影射,冒称已经结案犯属入监,向现审案犯教供串捏,以致犯供翻易,于案犯罪名大有关系。至司狱官夜间在内厅值宿,狱门封锁后,其锁钥原即责成司狱收管,司其启闭。惟外厅稽察无人,亦不足以资弹压而昭严肃。臣等公同酌议,应请申明旧例,饬令提牢、司狱各官,严密查察。所有现审案犯,除未结各案仍不准亲属探视外,其已结各案,如有亲属进监探视,亦另定立号簿,将某日某案某犯某亲属入监看视,逐一详讯登记。并令嗣后满、汉提牢司员,每日轮流一人在外厅值宿,严行查察。如有捏称犯属入监教供舞弊情事,一经察觉,严拿本犯究办。将未能查出之提牢、司狱各官,分别议处。自行查出,免议。至各直省司、府、州、县监狱,向系责成司狱吏目、典史等官,专管其巡察、防守。或不能如部监严密整肃,恐积惯讼棍更易夤缘入监,串通教供。亦应令各督、抚申明例禁,饬知司、府、州、县管狱、有狱各官,于未经结案监犯,严禁不许亲属探视。其已结各案犯属入监探视,亦逐一登记号簿,详密稽查。如有奸徒捏名入监舞弊,亦即据实分别拿究、参处等因奏准,遵行在案。应于例内修辑详明,以便遵守。谨将修改例文,开列于后。

一、刑部在监现审人犯,除未结各案,及监禁待质官、常各犯,均不准亲属探视外,其已结各案,许令犯人祖父母、父母、伯叔、兄弟、妻妾、子孙,一月两次入视。其随从入视之使役人等,不越两名。提牢、司狱各官定立号簿,将某日某案某犯某亲属入监探视,逐一详讯登记。每日满、汉提牢司员,轮流一人在外厅值宿;司狱二员,在南、北两监内厅值宿,严行查察。如有捏称犯属,入监教供舞弊情事,一经察觉,严拿本犯究办。将未能查出之提牢、司狱各官,分别议处,自行查出免议。若有送饮食者,提牢官验明,禁子转送。至各直省司、府、州、县监狱,责成司狱吏目、典史专管。于未经结案,并待质监犯,严禁不许亲属探视。其已结各案犯属入监探视,亦逐一登记号簿,一体详密稽查。如有奸徒捏名入监舞弊,即据实分别拿究、参处。其盗犯妻子家口,均不许放入监门探视。违者,妻子家口枷号两个月、责四十板,妇女照例收赎;提牢、司狱等官吏参处。

【1825】6.28.401.(9)(略)

【1725】6.28.411.(7)

【钦定例】一、各省解送到部免死减等发遣,现议军、流,应行充发人犯,如遇隆冬停遣,照重犯例给与衣帽,动支赃罚库银,俟年底奏销。

谨案:此条雍正三年(1725)定。

【1740】○修并

修并按语并修并后例文,见【1725】6.28.411.(1)条【1740】修并项下。

【1725】○增入①

原拟:现行例内五条,类于此律,应增入。

【原增现行例】一、凡各省递解人犯,如有中途患病者,着令所在该地方官拨医调治,仍不得有误递解。

【1740】○增入

一、刑部赴仓支领囚粮,每石给脚价银五分。倘狱卒人等私行扣克,照律严加治罪。狱官通同作弊,一体治罪。其失察之提牢官,交部议处。

谨案:此条系雍正十一年(1733)定例。

【1740】6.28.401.(6)(略)

【1825】6.28.401.(5)(略)

【1740】○增入

一、刑部南、北两监板棚,不许禁卒人等私相租赁。如有受贿顶租等弊,将狱卒人等从重治罪。

谨案:此条系雍正十一年(1733)定例。

【1740】6.28.401.(7)(略)

【1825】6.28.401.(6)(略)

【1743】○续纂

一、五城司坊羁禁人犯,及刑部等衙门发交各司坊枷号及看守牵连待质等犯,果系赤贫,并无家属送饭者,每人每日给老米一升,按季造报户部核销。

---

① 此条见于《大清律例按语》,雍正三年《大清律集解附例》未载。

谨案：此条系乾隆六年(1741)四月，臣部议复御史苏霖渤条奏定例。

【1768】6.28.401.(8)(略)

【1825】6.28.401.(7)(略)

【1761】○续纂

一、斩、绞重犯，及军、流、遣犯，在监及解审、发配，俱着赭衣。

臣等谨按：此条系乾隆二十五年(1760)二月内，臣部议复山东按察使沈廷芳条奏定例，应纂辑以便遵行。

【1768】6.28.401.(9)(略)

【1825】6.28.401.(8)(略)

【1840】○续纂

一、内外问刑衙门收禁人犯，如有禁卒人等私行传递，或代买鸦片烟与犯人吸食者，发极边烟瘴充军。其奉官解递、看守之犯，解役、看役人等有犯前项情弊，发近边充军。赃重者，计赃以枉法从重论。失察之该管各官，交部议处。

臣等谨按：道光十九年(1839)五月内，大学士、军机大臣会同各衙门及臣部，议复升任鸿胪寺卿黄爵滋并各省将军、都统、督抚及各科、道条奏严禁鸦片烟章程一折内称，禁卒人等，递给鸦片烟与犯人吸食，向无治罪专条。今拟内外问刑衙门收禁人犯，如有禁卒人等，私行传递或代买鸦片烟与犯人吸食者，发极边烟瘴充军。其奉官解递看守之犯，解役、看役人等有犯前项情弊，发近边充军，赃重者，计赃，以枉法从重论。失察之该管各官，交部议处等因具奏。奉上谕："照所议办理，并着纂入则例，永远遵守等因。钦此。"谨纂辑专条，以资引用。

【1847】6.28.401.(10)(略)

功臣应禁亲人入视

律　文

【1646】6.28.425

凡功臣及五品以上文武官犯罪应禁者，许令服属亲人入视。犯徒、流应发配者，并听亲人随行。若在禁及徒、流已至配所，或中途病死者，在京原问官，在外随处官司，开具在禁、在配、在途致死缘由，差人引领其入视、随行之亲人诣阙，面奏发放。违者，杖六十。

【1670】6.28.424(略)

【1725】○修改

原拟："诣阙面奏发放"句，应改为"诣阙奏请发放"。

臣等谨按：此言优恤之恩及于罪臣也。功臣，有勋劳于国者也。五品以上文武官，亦班联之尊者。或犯罪应禁，许令其亲人入监看视；或犯徒、流罪应发配，并听亲人随行。

若在禁未断决，及已至配所，或行至中途，有因病而死者，在京则原问官，在外则所在官司，开具因病致死缘由，差人引其亲视、亲随之人，奏请发放。违者，并坐重杖。

【1725】6.28.412

凡功臣及五品以上文武官犯罪应禁者，许令服属亲人入视。犯徒、流应发配者，并听亲人随行。若在禁及徒、流已至配所，或中途病死者，在京原问官，在外随处官司，开具在禁、在配、在途致死缘由，差人引领其入视、随行之亲人诣阙，奏请发放。违者，杖六十。

注：此言优恤之及于罪臣也。功臣，著有勋劳者也。五品以上文武官，亦班联之尊者。或犯罪应禁，许令其亲人入监看视；或犯徒、流罪应发配，并听亲人随行。若在禁未断决，及已至配所，或行至中途，有因病而死者，在京则原问官，在外则所在官司，开具因病致死缘由，差人引其亲人，奏请发放。违者，并杖六十。

【1740】6.28.402(略)

死囚令人自杀

律　文

【1646】6.28.426

凡死罪囚已招服罪，而囚畏惧刑戮使令亲戚故旧自杀，或令亲故雇倩他人杀之者，亲故及雇倩下手之人，各依亲属、凡人斗殴本杀罪减二等。若囚虽已招服罪，不曾令亲故自杀，及虽曾令亲故自杀，而未招服罪其亲故辄自杀讫，或雇倩人杀之者，不令自杀，已有幸生之心；未招服罪，或无可杀之罪。亲故及下手之人，各以亲属、凡人斗杀伤论。不减等。〇若死囚虽已招服罪，而囚之子孙为祖父母、父母，及奴婢、雇工人为家长听令自下手，或令雇倩他人杀之者，皆监候斩。雇倩之人仍依本杀罪减二等。

【1670】6.28.425

凡死罪囚已招服罪，而囚畏惧刑戮使令亲戚故旧自杀，或令亲故雇倩他人杀之者，亲故及雇倩下手之人，各依亲属、凡人斗殴本杀罪减二等。若囚虽已招服罪，不曾令亲故自杀，及虽曾令亲故自杀，而未招服罪其亲故辄自杀讫，或雇倩人杀之者，不令自杀，已有幸生之心；未招服罪，或无可杀之罪。亲故及下手之人，各以亲属、凡人斗杀伤论。不减等。〇若死囚虽已招服罪，而囚之子孙为祖父母、父母，及奴婢、雇工人为家长听令自下手，或令雇倩他人杀之者，皆斩。监候。雇倩之人仍依本杀罪减二等。

【1725】6.28.413

律文(略)

注：此言囚虽坐死，而不应私杀也。首节言囚之亲故及雇倩他人下手之罪。囚已招服罪，而令亲故自杀，或令雇倩他人杀之者。亲故及下手之人，各依亲属、凡人斗殴本杀罪减二等。若囚虽已招服，不曾令亲故自杀，及虽曾令亲故自杀，而尚未招服，其亲故辄自杀讫，或雇倩他人杀之者，则亲故及下手之人，仍各依亲属、凡人斗殴杀伤本律全科，不

在减等之限。末节言囚之子孙及奴婢、雇工人下手,或雇倩他人下手之罪。盖囚虽招服应死,命其自杀,但子孙于祖父母、父母伦常至重,奴婢、雇工人于家长名分攸关,岂得忍心擅杀,故皆坐斩。受雇者如系他人,仍依本杀罪减二等。

臣等谨按(按语与律后总注同,略)

【1740】6.28.403(略)

老幼不拷讯

律　文

【1646】6.28.427

凡应八议之人,礼所当优。及年七十以上,老所当恤。十五以下,幼所当慈。若废疾疾所当矜。者,如有犯罪,官司并不合用刑拷讯,皆据众证定罪。违者,以故失入人罪论。故入抵全罪,失入减三等。其于律得相容隐之人,以其情亲有所讳。及年八十以上,十岁以下,若笃疾,以其免罪有所恃。皆不得令其为证。违者,笞五十。皆以吏为首,递减科罪。

【1670】6.28.426(略)

【1725】6.28.414

律文(略)

注:此于刑讯中,存优恤之仁也。凡一应官员、军民人等,年七十以上,十五以下,及废疾之人,理当优恤,并不合用刑拷讯,皆应据众证明白,以定其罪。若当该官司不恤其老幼废疾,故加拷讯,则以故入论。不察其老幼废疾,而误加拷讯,则以失入论。其于律中得容隐之人,及年八十以上,十岁以下,若笃疾,皆不得令其为证。盖以容隐之人应为亲讳,老幼笃疾法所难加,皆不足以为据。故违律而令其为证者,笞五十。

臣等谨按:此于刑讯中,存优恤之仁也。凡应八议之人,并军、民年七十以上,十五以下,及废疾之人,理当优恤,并不合用刑拷讯,皆应据众证明白,以定其罪。若当该官司不恤其应议等项,故加拷讯,则以故入论。不察其是否应议,而误加拷讯,则以失入论。其于律中得容隐之人,及年八十以上,十岁以下,若废疾,皆不得令其为证。盖以容隐之人应为亲讳,老幼笃疾法所难加,皆不足以为据。故违律而令其证佐者,笞五十。

【1740】6.28.404(略)

附律条例

【1761】〇续纂

一、凡年七十以上、十五以下,及废疾,犯流罪以下者,准其收赎一次,详记档案。若收赎之后,复行犯罪,除因人连累、过误入罪者,仍准其照例收赎外,如系有心再犯,即各照应得罪名,按律充配,不准再行收赎。

臣等谨按:此条系乾隆二十四年(1759)十一月内,臣部议复升任山西按察使永泰条奏定例,应纂辑以便遵行。

【1768】6.28.404.(1)(略)

【1788】○移改

臣等谨按:此条系“断狱”门内“老幼不拷讯”条下例文。查“老幼不拷讯”之律目,原以年七十以上系老所当恤,十五以下系幼所当慈,若废疾系疾所当矜,如有犯罪,皆据众证定拟,定律故不用刑拷讯。此条系专指收赎一次之后,如有心再犯,即依应得罪名,按律充配,不准再行收赎之文,核与“老幼不拷讯”之律义不符。今拟移入“老小废疾收赎”门内,以昭贴切,理合声明。

＊名例律·老小废疾收赎

【1790】1.1.22.(8)一、凡年七十以上、十五以下,及废疾,犯流罪以下者,准其收赎一次,详记档案。若收赎之后,复行犯罪,除因人连累、过误入罪者,仍准其照例收赎外,如系有心再犯,即各照应得罪名,按律充配,不准再行收赎。

鞫狱停囚待对

律　文

【1646】6.28.428

凡鞫狱官推问(当处)罪囚,有(同)起内(犯罪)人伴现在他处官司,(当处)停囚(专)待(其人)对(问)者,(虽彼此)职分不相统摄,皆听直行(文书)勾取。(他处官司于)文书到后,限三日内(即将所勾待问人犯)发遣。违限不发者,一日笞二十,每一日加一等,罪止杖六十。(当处鞫狱者,无以其不发而中止,)仍行移(他处)本管上司,问(违限之)罪督(令将所取犯人解)发。○若起内应合对问同伴罪囚,已在他处州县事发见问者,(是彼此俱属应鞫。)听轻囚(移)就重囚,(若囚罪相等者,听)少囚从多囚。若囚数相等者,以后发之囚送先发官司并问。若两县相去三百里之外者,(往返移就,恐致疏虞。)各从事发处归断。(移文知会。如)违(轻不就重、少不从多、后不送先、远不各断)者,笞五十。若违法(反)将重囚移就轻囚、多囚移就少囚者,当处官司,随即收问,(不得互相推避。)仍申达(彼处)所管上司,究问所属违法移囚(笞五十)之罪。若(当处官司)囚到不受者,一日笞二十,每一日加一等,罪止杖六十。

【1670】6.28.427(略)

【1725】6.28.415

律文(略)

注:此立拘提就审之法,以速结案件也。人犯未定有罪名,故曰人伴。勾取,即关提之意。起内,是同起事内。前节言本处官司停囚待对,而彼处官司违限不发遣之罪。后节言彼处官司违法移囚,及当处官司囚到不受理之罪。

臣等谨按:此立拘提就审之法,以速结案件也。人犯未定有罪名,故曰人伴。勾取,即关提之意。前节言本处官司停囚待对,而彼处官司违限不发遣之罪。后节言彼处官司违法移囚,及当处官司囚到不受理之罪。

【1740】6.28.405

凡鞫狱官推问当处罪囚,有同起内犯罪人伴现在他处官司,当处停囚专待其人对问者,虽彼此职分不相统摄,皆听直行文书勾取。他处官司于文书到后,限三日内即将所勾待问人犯发遣。违限不发者,一日笞二十,每一日加一等,罪止杖六十。当处鞫狱者,无以其不发而中止,仍行移他处本管上司,问违限之罪督令将所取犯人解发。○若起内应合对问同伴罪囚,已在他处州县事发见问者,是彼此俱属应鞫。听轻囚移就重囚,若囚罪相等者,听少囚从多囚。若囚数相等者,以后发之囚送先发官司并问。若两县相去三百里之外者,往返移就,恐致疏虞。各从事发处归断。移文知会。如违轻不就重、少不从多、后不送先、远不各断者,笞五十。若违法反将重囚移就轻囚、多囚移就少囚者,当处官司,随即收问,不得互相推避。仍申达彼处所管上司,究问所属违法移囚笞五十之罪。若当处官司囚到不受者,一日笞二十,每一日加一等,罪止杖六十。

附律条例

【1646】6.28.428.(1)

一、问刑衙门行文军卫、有司提人,迁延三个月以上不到,经该官吏住俸,候事完之日,方许关支;半年不到,经该官吏,参奏提问。

【1670】6.28.427.(1)(略)

【1725】○删除

原拟:提人违限不到,今有定例处分。无迁延三月以上,住俸半年、参奏之例。此条拟删。

【1646】6.28.428.(2)

一、在京在外问刑,例应委官勘问。及行军卫、有司会勘者,如财产等项,限一个月;勘检人命,限两个月。驳勘者,亦限一个月。如违,及托故推诿不即赴勘者,参奏提问,仍另行委官作急勘报。

【1670】6.28.427.(2)(略)

【1725】○删除

原拟:现行例在京、在外人命、盗案及平常事件审理,各有定限,已载"公式"律内,与此条所载不同。此条拟删。

【1725】○增入

原拟:现行例内一条,类于此律,应增入。

【现行例】一、凡校尉等有犯,应提拿者,移咨銮仪卫提拿,不得差拘。

【1725】6.28.415.(1)【增例】(略)

【1740】6.28.405.(1)(略)

【1740】○移入

【原例】* 吏律·公式·官文书稽程

【1725】2.3.67.(2)一、凡在京衙门承审事件,限一个月审结。被、证在外者,以到齐日为始;内外移咨行察者,以文到日为始。催文至三次无回文者题参。

臣等谨按:此条旧载"吏律·官文书稽程"条下,因与官文书稽程无涉,以类相从,移入于此。

【1740】6.28.405.(2)(略)

【1830】○修并

【原例】【1740】6.28.405.(2)(略)、【1740】6.28.405.(6)(略)

臣等谨按:道光十年(1830)闰四月内,臣部具奏"酌修在京衙门及臣部承审事件限期例文"一折。奉旨:"向来刑部承审案件,本有定限完结。惟案内有提犯未到,或行查未复,及患病之犯应行扣限,各衙门与刑部原定之例,尚未画一。至斗殴之案,必以辜限伤痕定罪名轻重。其疑难重案遴员接审,应照例扣限,以专责成。若罪止杖、笞,及无罪可科之人,分别交各旗司及坊官等带讯,亦应定立转限。原例均未赅备,着照刑部所拟,嗣后在京衙门承审事件,限一个月完结。刑部现审事件,杖责等罪,限十日完结;发遣、军、流等罪应入汇题者,限二十日完结。命、盗等案应会三法司者,限一个月完结。其斗殴、杀伤之犯到案后,以伤轻平复及因伤身死之日为始。行查及提质并案犯患病,以查复及提到并病愈之日为始。接审者,以接审之日为始。仍将应行扣限,及三法司会审日期,并于科、道衙门注销内声明。倘司员因循,或法司不及会审以致逾限,如系书役作弊者,将书役严加治罪;承审司员及会审迟延之堂、司官,一并交部分别议处。内、外移咨行查,如催文三次无回文者,照例题参。行文八旗、内务府、五城、顺天府提人,于文到三日内,无故不行送部者,亦照例参处。至宗人府会审之案,例无明文,每于传审事,不即到案,以致结案迟延。着宗人府定立限期,分别办理。并着各该衙门,纂入则例,永远遵行。钦此。"钦遵在案。嗣准宗人府具奏,传讯限期以接到会审片文之日起,不准过五日。如届限不到,即将该宗室带赴宗人府,重责三十板。承审司员及族长、学长,不实力催传,随案咨部议处等因奏准,亦在案。除宗室会审传限,由宗人府纂入则例外,应将原例二条,修并明晰,以昭遵守。谨将修并例文,开列于后。

一、凡在京衙门承审事件,限一个月完结。刑部现审事件,杖、笞等罪,限十日完结;遣、军、流、徒等罪,应入汇题者,限二十日完结;命、盗等案,应会三法司者,限一个月完结。其斗殴杀伤之犯到案后,以伤经平复,及因伤身死之日为始;内外移咨行察,及提质,并案犯患病,以查复及提到并病愈之日为始;接审者,以接审之日为始,仍将应行扣限,及三法司会审日期,并于科道衙门注销内声明。倘该司员任意因循,或三法司不即会审,以致逾限,书役得以乘机作弊者,将书役严加治罪,承审司员,及会审迟延之堂、司官,交部分别议处。若内外移咨行察,催文至三次无回文者题参;行文八旗、内务府、五城、顺天府提人,于文到三日内无故不行送部者,亦照例参处。

【1847】6.28.405.(10)(略)

【1740】○移入

【原例】* 吏律·公式·官文书稽程

【1725】2.3.67.(4)一、凡钦部等事件,直省督抚,俱以文到日为始,限四个月具题。总督辖两省者,隔省事件,限六个月具题。陕西总督所属甘肃,两广督抚所属琼州,亦照隔省例限六个月。福建台湾府限十个月。其湖广衡州等府所属有苗民二十六州县,及乾州、平溪等卫,距省窎远,凡命、盗等案,俱于定限外,各展限两个月。

臣等谨按:此条旧载"吏律·官文书稽程"条下,因与官文书稽程无涉,以类相从,移入于此。

【1740】6.28.405.(3)(略)

【1801】○修改

臣等谨按:此条系雍正年间定例。查甘肃省现系陕甘总督驻扎管辖。其所属甘肃,并非隔省,例内"陕西总督所属甘肃"句,系属旧例,应行节删。谨将修改例文,开列于后。

一、凡钦部等事件,直省督抚俱以文到日为始,限四个月具题。总督辖两省者,隔省事件,限六个月具题。两广总督、广东巡抚所属琼州,亦照隔省例,限六个月。福建台湾府,限十个月。其湖广、衡州等府所属,有苗民二十六州县,及乾州、平溪等卫,距省窎远,凡命盗案件,俱于定限外,各展限两个月。

【1802】6.28.405.(3)(略)

【1847】6.28.405.(2)(略)

【1740】○移入

【原例】* 吏律·公式·官文书稽程

【1725】2.3.67.(5)一、督、抚新任,及署理印务,如钦部等事件,原限内难于完结,准分别展限。原限四个月展两月,原限六个月展三月。遇公事出境,一切事件,准题请展限。若监临科场,准按日扣限;隔省提人,准到日扣限。

臣等谨按:此条旧载"吏律·官文书稽程"条下,因与官文书稽程无涉,以类相从,移入于此。

【1740】6.28.405.(4)(略)

【1847】6.28.405.(3)(略)

【1740】○增入

一、刑部行文八旗、内务府、五城、顺天府提人,限文到三日内,即行查送过部。

或人犯有他故不到,即将情由报明。如违,将该管官参处。倘人犯已至,而胥役勒索,不行放入,经司务厅查出,照例严加治罪。如徇隐不究,察出,或被首告,将该司务一并参处。

谨案:此条系雍正五年(1727)定例。

【1740】6.28.405.(5)(略)

【1847】6.28.405.(4)(略)

【1740】○增入

一、刑部现审事件,应会三法司者,仍照定例,限一个月完结。杖赍等罪,限十日完结;发遣、军、流等罪,限二十日完结。案内有应行提质及患病之犯,以提到及病愈之曰为始。仍将应行扣限及三法司会审日期,并于科、道衙门注销内声明。倘该司员任意因循,或三法司不即会审以致逾限,书役得以乘机作弊者,严加治罪。其承审司员及会审迟延之堂、司官,并交部分别议处。

此条系雍正十一年(1733)定例。

【1740】6.28.405.(6)(略)

【1830】○修并

修并按语并修并后例文,见【1740】6.28.405.(2)条【1830】修并项下。

【1740】○增入

一、邻境关提人犯,照各省关查口供之例,展限两个月。倘逾限不发,照例参处。

此条系雍正五年(1727)定例。例内止有"逾限不发,照例参处"等语。但查邻省关提人犯,止有庇匿不解处分,并未定有期限,所称逾限,无可依据。应照各省关查口供展限两个月之例增入,庶便遵行。

【1740】6.28.405.(7)(略)

【1847】6.28.405.(5)(略)

【1756】○续纂

一、凡参审之案,督抚于具题后,即行提人犯、要证赴省。其无关紧要之证佐,及被害人等,止令州县录供保候。俟奉旨到日,率同在省司、道审理。其有应行委员查办之处,亦即就近酌委。以奉旨文到之日扣限起,旧限四个月者,限两个月具题;总督隔省,旧限六个月者,限四个月具题。如果案情繁重,实有不能依限完结者,督抚据实先期奏明,请旨展限。如在旧限四个月、六个月内完结者,宽其议处。若逾旧限不结,照例查参议处。

臣等谨按:此条系乾隆十八年(1753)三月内,钦奉谕旨二道,应恭纂为例;并十八年六月内,吏部议复原任江南总督鄂容安条奏;并九月内,吏部议复原任湖南巡抚范时绶条奏定例。合为一条,以便遵行。

【1768】6.28.405.(8)(略)

【1847】6.28.405.(6)(略)

【1761】○续纂

一、盗犯已获,只须关取隔省人证等口供定案,无犯可审者,均照钦部事件例,州县分限两个月,府、司、督抚共限两个月,统扣四个月完结,不得照承审盗案全限例扣展。遇有迟延,照例参处。

臣等谨按:此条系乾隆二十五年(1760)十二月内,吏部议复调任安徽按察使王检条奏定例,应纂辑以便遵行。

【1768】6.28.405.(9)(略)

【1847】6.28.405.(7)(略)

【1761】○续纂

一、各省军、流等犯,臬司审解之日,将人犯暂停发回,听候督抚查核。如有应行复讯者,即行提讯。其或情罪本轻,供证明确,毫无疑窦者,亦不必概行解送,致滋稽延拖累。

臣等谨按:此条系乾隆二十六年(1761)十月内,广西巡抚熊学鹏条奏定例,应纂辑遵行。

【1768】6.28.405.(10)(略)

【1847】6.28.405.(8)(略)

【1778】○续纂

一、刑部发城取保犯证,如系五城送部之案,其案犯住址即在原城所管地方,仍发交原城司坊官取保。其余各衙门移送案内应行取保人证,俱按其居址坐落何城,发交该城司坊官就近取保。其由外省州县提到人证,即令本人自举亲识寓居所在,交城就近发保,仍将保人姓名报部查核。其并无亲识者,酌量交城看守。

臣等谨按:此条系乾隆四十一年(1776)四月内,臣部议复山西道监察御史刘锡嘏条奏酌议定例,应纂辑遵行。

【1790】6.28.405.(11)(略)

【1847】6.28.405.(9)(略)

依告状鞫狱

律　文

【1646】6.28.429

凡鞫狱，须依原告人所告本状推问。若于本状外别求他事，摭拾被告人罪者，以故入人罪论。或以全罪科，或以增轻作重科。同僚不署文案者不坐。○若因其所告本状，事情，或法应掩捕、搜检，因掩捕而检得被犯别罪，事合推理者，非状外摭拾者比。不在此故入同论之限。

【1670】6.28.428（略）

【1725】6.28.416

律文（略）

注：此禁问刑官不得事外吹求也。官司鞫狱，当依原告本状内事情推问虚实，以定招案。若于本状外，别求他项事情，摭拾被告人之罪，则随其所入轻重，以故入人罪论。同僚官不署文案者，不坐。若所告本状内事情，或法应掩捕、搜检，因而检得被犯别项情罪，事合推问者，则非状外摭拾可比，不在故入同论之限。

臣等谨按：此禁问刑官，不得事外吹求也。官司鞫狱，当依原告本状内事情推问虚实，以定招案。若于本状外，别求他项事情，摭拾被告人之罪，则随其所入轻重，以故入人罪论。同僚官不署文案者，不坐。若所告本状内事情，或法应掩捕、搜检，因而检得被犯别项情罪，事与原状关涉，合该推问，非系罗织者，不在状外摭人入罪之限。

【1740】6.28.406（略）

附律条例

【1725】○增入

原拟：现行例内一条，类于此律，应增入。

【现行例】一、凡鞫狱，止将状内有名人犯审拟。如光棍案件，伙党人多，仍行严拿究审。无干牵连者，即行释放。

【1725】6.28.416.（1）【增例】（略）

【1740】6.28.406.（1）（略）

原告人事毕不放回

律　文

【1646】6.28.430

凡告词讼，对问得实，被告已招服罪，原告人别无待对事理，鞫狱官司当随即放回。若无待对事，故稽留三日不放者，笞二十，每三日加一等，罪止笞四十。

【1670】6.28.429（略）

【1725】6.28.417

律文(略)

注:此严禁稽留无罪之人,以安民生也。一应词讼,原、被对问得实,被告已经招承服罪,则原告即为无罪之人。如无别项待对事理,自当即放宁家。若无故将原告稽留在官,三日不放者,笞二十,每三日加一等,罪止笞四十。

臣等谨按:此严禁稽留无罪之人,以安民生也。一应词讼,原、被对问得实,被告已经招承服罪,则原告即为无罪之人。如无别项待对事理,自当随放宁家。若事结之后,无故将原告稽留在官,三日不放者,笞二十,每三日加一等,罪止笞四十。

【1740】6.28.407(略)

附律条例

【1725】○增入

原拟:现行例内二条,类于此律,应增入。

【现行例】一、直隶各省督、抚审理事件,凡情罪重大要犯,务宜牢固监禁,详悉确拟。如案内牵连犯人有情罪稍轻者,准取的保,俱俟核明,具题发落。至于重犯案内,或挟仇扳害,或无辜牵连,承问各官申详各抚、督,该抚、督速行详审。果系无罪牵连者,不俟本犯罪结案,即行释放。

【原增现行例】一、凡案内干连人犯,州、县官确审果系无辜牵连者,止录原供,申详上司结案。牵连之人,不必起解,即行释放。

原拟:以上二条,系节次题定之例,应删去太烦字句,并作一条。谨拟删并,开载于后。

【原改现行例】一、直省督抚应题案件,有牵连人犯情罪稍轻者,准取的保,俟具题发落。其重案内有挟仇扳害者,承问官申解督抚详审。果系诬枉,即行释放,不得令候结案。若承问官审系无辜牵连者,不必解审,即行释放,止录原供申报。

【1725】6.28.417.(1)

【增例】一、督抚应题案件,有牵连人犯情罪稍轻者,准取的保,俟具题发落。其重案内有挟仇扳害者,承问官申解督抚详审。果系诬枉,即行释放,不得令候结案。若承问官审系无辜牵连者,不必解审,即行释放,止录原供申报。

【1740】6.28.407.(1)(略)

【1725】6.28.417.(2)

【钦定例】一、凡内外题奏案件,内有拟以杖、笞人犯,审结日即先行责释,仍于题奏之日声明。

谨案:此条系雍正三年(1725)遵旨定例。

【1740】6.28.407.(2)(略)

狱囚诬指平人

律　文

【1646】6. 28. 431

凡囚在禁诬指平人者，以诬告人加三等论。其本犯罪重于加诬之罪者，从原重者论。○若本因无诬指平人之意，官吏鞫问狱囚，非法拷讯，故行教令诬指平人者，以故入人全罪论。○若官司追征逋欠钱粮，逼令欠户诬指平人代纳者，计所枉征财物坐赃论，罪止杖一百、徒三年，以赃不入已也。其物给代纳本主。○其被囚诬指之平人，无故稽留，三日不放回者，笞二十，每三日加一等，罪止杖六十。○若官司鞫囚，而证佐之人有所偏徇，不言实情，故行诬证，及化外人有罪，通事传译番语有所偏私，不以实对，致断罪有出入者，证佐人减罪人罪二等，证佐不说实情，出脱犯人全罪者，减犯人全罪二等。若增减其罪者，亦减犯人所得增减之罪二等之类。通事与同罪。谓化外人本有罪，通事扶同传说出脱全罪者，通事与犯人同得全罪。若将化外人罪名增减传说者，以所增减之罪坐通事。谓如化外人本招承杖六十，通事传译增作杖一百，即坐通事杖四十；又如化外人本招承杖一百，通事传译减作笞五十，即坐通事笞五十之类。

【1670】6. 28. 430

凡囚在禁诬指平人者，以诬告人加三等论。其本犯罪重于加诬之罪者，从原重者论。○若本因无诬指平人之意，官吏鞫问狱囚，非法拷讯，故行教令诬指平人者，以故入人全罪论。○若官司追征逋欠钱粮，逼令欠户诬指平人代纳者，计所枉征财物坐赃论，罪止杖一百、徒三年，以赃不入已也。其物给代纳本主。○其被囚诬指之平人，无故稽留，三日不放回者，笞二十，每三日加一等，罪止杖六十。○若官司鞫囚，而证佐之人有所偏徇，不言实情，故行诬证，及化外人有罪，通事传译番语有所偏私，不以实对，致断罪有出入者，证佐人减罪人罪二等，证佐不说实情，出脱犯人全罪者，减犯人全罪二等。若增减其罪者，亦减犯人所得增减之罪二等之类。通事与同罪。谓化外人本有罪，通事扶同传说出脱全罪者，通事与犯人同得全罪。若将化外人罪名增减传说者，以所增减之罪坐通事。谓如化外人本招承杖六十，通事传译增作杖一百，即坐通事杖四十；又如化外人本招承杖一百，通事传译减作笞五十，即坐通事笞五十之类。

【1725】6. 28. 418

律文（略）

注：此禁狱囚之诬陷，而因及证佐、通事人之罪也。首节言狱囚诬指平人之罪。二节言非法拷讯，故行教令诬指之罪。三节言官司追征钱粮，逼令欠户诬指代纳之罪。四节言前项被诬之人，官司已经问明，无故稽留不释放之罪。末节言证、佐人扶同偏庇，故行诬证，及通事传译番语，欺瞒问官，不以实对之罪。二者坐罪不同。盖证、佐之人难以尽欺，通事之语易于全罔，故罪分轻重也。

臣等谨按（按语与律后总注同，略）

【1740】6. 28. 408（略）

官司出入人罪

律　文

【1646】6.28.432

凡官司故出入人罪，全出全入者，徒不折杖，流不折徒。以全罪论。谓官吏因受人财，及法外用刑，而故加以罪、故出脱之者，并坐官吏以全罪。○若于罪不至全入，但增轻作重，于罪不至全出，但减重作轻，以所增减论，致死者坐以死罪。若增轻作重，入至徒罪者，每徒一等，折杖二十；入至流罪者，每流一等，折徒半年；入至死罪已决者，坐以死罪。若减重作轻者，罪亦如之。○若断罪失于入者，各减三等；失于出者，各减五等。并以吏典为首，首领官减吏典一等，佐贰官减首领官一等，长官减佐贰官一等科罪。坐以所减三等、五等。○若因未决放，及放而还获，若囚自死，故出入、失出入，各听减一等。其减一等，与上减三等、五等，并先减而后算，折其剩罪以坐。不然，则其失增失减、剩杖剩徒之罪，反有重于全出全入者矣。

官司故、失出入人罪增轻减重例

○故增轻作重

增笞从徒：假如犯笞一十，故增作杖八十、徒二年，徒三等，折杖六十，原包杖一百，通折杖一百六十，除犯该笞一十，合坐官吏剩杖一百五十。未决者减一等，杖七十、徒一年半，折杖一百四十，除犯该笞一十，合坐杖一百三十，其剩罪俱全抵，不在收赎之限。

增杖从徒：假如犯杖八十，故增作杖六十、徒一年，通折杖一百二十，除犯该杖八十，合坐官吏杖四十。未决者减一等，杖一百，除犯该杖八十，合坐剩杖二十。

增杖从流：假如犯杖八十，故增作杖一百、流二千五百里，流二等折徒一年，三流原包五徒，折杖二百、徒一年，除犯该杖八十，合坐官吏杖一百二十、徒一年。未决者减一等，杖一百、徒三年，通折杖二百，除犯该杖八十，合坐剩杖一百二十。

增轻徒从重徒：假如犯杖六十、徒一年，故增作杖九十、徒二年半，徒四等折杖八十，除犯该徒一年折杖二十，合坐剩杖六十。以徒从徒，不必包杖一百算也，虽包算其罪亦同。未决者减一等，杖八十、徒二年，折杖六十，除犯该折杖二十，合坐剩杖四十。

增徒从流：假如犯杖七十、徒一年半，通折杖一百四十，故增作流二千里，折徒半年，三流原包五徒，折杖二百、徒半年，除犯该杖一百四十，合坐官吏杖六十、徒半年。未决者减一等，杖一百、徒三年，折杖二百，除犯该杖一百四十，合坐剩杖六十。

增近流从远流：假如犯杖一百、流二千里，折徒半年，故增作流三千里，折徒一年半，除犯该徒半年，合坐官吏徒一年。以流从流，不必包五徒折杖二百算也。未决者，减尽无科。

增笞、杖、徒、流至死：死罪本无折法，已决者反坐以死。若未决及因自死者，并听减等。流三千里，原包五徒，折杖二百、徒一年半，各随其本应得之罪除之，坐以剩罪。

〇故减重作轻

减徒从笞:假如犯杖六十、徒一年,折杖一百二十,故减作笞五十,除已得笞五十,合坐剩杖五十。

减徒从杖:假如犯杖九十、徒二年半,折杖一百八十,故减作杖一百,除已得杖一百,合坐官吏杖八十。未放者减一等,杖八十、徒二年,折杖一百六十,除已得杖一百,合坐剩杖六十。

减重徒从轻徒:假如犯杖一百、徒三年,折杖一百,故减作杖七十、徒一年半,折杖四十,除已得杖四十,合坐官吏杖六十。未放者减一等,徒二年半,折杖八十,除已得四十,合坐剩杖四十。

减流从笞:假如犯杖一百、流二千里折徒半年,故减作笞四十,三流原包五徒,折杖二百、徒半年,除已得笞四十,合坐杖一百六十、徒半年。未决者减一等,杖一百、徒三年,折杖二百,除已得笞四十,合坐剩杖一百六十。减流从杖仿此。

减流从徒:假如犯杖一百、流三千里折徒一年半,故减作杖八十、徒二年,折杖一百六十,三流原包五徒,折杖二百、徒一年半,除已得杖一百六十,合坐官吏杖四十、徒一年半。未放者减一等,徒三年折杖二百,除已得杖一百六十,合坐剩杖四十。

减死罪从笞、杖、徒、流:囚已放者,反坐以死。若未放及放而还获,若囚自死者,并听先减去一等,依律折除。

〇失增轻作重

增笞从杖:假如犯笞三十,失增作杖一百,失入减三等,该杖七十,除犯该三十,吏典为首合坐杖四十。未决者又减一等,合坐吏典首罪杖三十。

增笞从徒:假如犯笞一十,失增作杖一百、徒三年,失入减三等,杖七十、徒一年半,折杖一百四十,除犯该笞一十,吏典为首合坐杖一百三十。未决者又减一等,杖六十、徒一年,折杖一百二十,除犯该笞一十,合坐吏典杖一百一十。增杖从徒仿此。

增杖从流:假如犯杖一百,失增作杖一百、流三千里,失入减三等,杖八十、徒二年,折杖一百六十,除犯该杖一百,吏典为首合坐杖六十。未决者又减一等,杖七十、徒一年半,折杖一百四十,除犯该杖一百,合坐吏典首罪杖四十。

增轻徒从重徒:假如犯杖六十、徒一年折杖二十,失增作杖一百、徒三年,失入减三等,杖七十、徒一年半,徒二等折杖四十,除犯该杖二十,吏典为首合坐杖二十,首领减一等杖一十,佐贰官减尽无科。未决者又减一等,杖六十、徒一年,则与本该罪名同矣,虽吏典亦减尽无科。以徒从徒,不包杖一百之数。

增徒从流:假如犯杖六十、徒一年折杖二十,失增作杖一百、流三千里,失入减三等,杖八十、徒二年折杖六十,除犯该杖二十,吏典为首合坐杖四十。未决者又减一等,杖七十、徒一年半折杖四十,除该二十,合坐吏典杖二十。

增笞、杖、徒、流入死:囚已决者,亦减三等。若未决及囚自死,又减一等。吏典为首。其减至徒罪,亦折杖除之。

〇失减重作轻

减[①]杖从笞：假如犯杖一百，失减作笞三十，失出减五等，笞五十，除已得笞三十，吏典为首合坐杖二十。未放者又减一等，笞四十，除已得笞三十，合坐吏典罪杖一十。

减徒从笞：假如犯杖七十、徒一年半，失减作笞二十，失出减五等，杖七十，除已得笞二十，吏典为首合坐笞五十。未放者又减一等，杖六十，除已得笞二十，合坐吏典笞四十。减徒杖仿此。

减流从笞：假如犯杖一百、流三千里，失减作笞一十，失出减五等，杖六十、徒一年折杖一百二十，除已得笞一十，吏典为首合坐杖一百一十。未放者又减一等，杖一百，除已得笞一十，合坐吏典首罪杖九十。

减流从徒：假如犯杖一百、流三千里，失减作杖六十、徒一年，失出减五等，杖六十、徒一年，吏典为首减尽无科。

减死罪从流、徒、杖、笞：囚已放者，亦减五等。若未放及放而还获，或囚自死者，又减一等。其徒亦折杖除之。

【1670】6.28.431（略）

【1725】〇修改

【原律】官司出入人罪（略）

臣等谨按：此言官司科断，宜当罪也。首节言鞫狱官吏故全出、故全入人之罪。或受财枉法，或法外用刑，而故加无罪之人，出脱有罪之犯，则官吏并抵全罪。次节言故增轻作重、减重作轻之罪，各以所增、减之剩罪坐之。故增、故减人死罪，已决、放者，即坐以死罪。三节言失入、失出之罪。断罪之时，非出有心，因所见错误，以至失于入者，于所失入全罪上，及失于增轻作重之剩罪上，各减三等；失于出者，于所失出全罪上，及失于减重作轻之剩罪上，各减五等。并以承行吏典为首，承审首领官次之，经手佐贰官又次之，复核长官更次之，递减科罪。减尽无科者不坐。末节言故、失出入，而囚未决放，并放而还获，及自死者之罪。笞、杖、徒、流、死罪等囚，若故失入而未决，故失出而未放，并放而还获，或故失出入之囚自死者，各听于囚罪上减一等，故增、减并同。若失入失增、失出失减，并于减三等、五等上，又减一等。其失入失增死罪已决者，止减三等；失出失减死罪已放者，止减五等。

【原律】官司故、失出入人罪增轻减重例（略）

原拟：首条云"剩罪全抵，不在收赎之限"，语意未明，谨参酌各律解注，纂作一条，列于此例之后。

按：增轻作重例云"官吏合坐剩杖一百三十。其剩罪俱全抵，不在收赎之限"。所谓全抵者，满杖以上，皆决杖也。凡增笞、杖从徒，减徒从笞、杖，及增、减徒从徒

① 顺治三年（1646）《大清律》误为"增"，康熙九年（1670）《大清律》改为"减"。

者,每徒一等,折杖二十。若所剩杖数至满杖以上,则减杖加徒。如剩杖一百一十,应作笞五十、徒一年;一百二十,应作杖六十、徒一年;一百三十,应作杖七十、徒一年半;一百四十,应作杖八十,徒二年之类。其增笞、杖、徒作流,减流作笞、杖、徒,及增、减流、徒者,每流一等,折徒半年。如犯笞一十,故增作流二千五百里,流二等折徒一年,三流原包五徒,除已得笞一十,合坐剩罪杖九十、徒四年。如犯流三千里,故减作笞二十,流三等折徒年半,三流原包五徒,除已得笞二十,合坐剩罪杖八十、徒四年半之类。故曰"全抵,剩罪不在收赎之限"。总之,得徒不得至五年,而决杖不得过一百也。

【1725】6.28.419

凡官司故出入人罪,全出全入者,徒不折杖,流不折徒。以全罪论。谓官吏因受人财,及法外用刑,而故加以罪、故出脱之者,并坐官吏以全罪。○若于罪不至全入,但增轻作重,于罪不至全出,但减重作轻,以所增减论,致死者坐以死罪。若增轻作重,入至徒罪者,每徒一等,折杖二十;入至流罪者,每流一等,折徒半年;入至死罪已决者,坐以死罪。若减重作轻者,罪亦如之。○若断罪失于入者,各减三等;失于出者,各减五等。并以吏典为首,首领官减吏典一等,佐贰官减首领官一等,长官减佐贰官一等科罪。坐以所减三等、五等。○若囚未决放,及放而还获,若囚自死,故出入、失出入,各听减一等。其减一等,与上减三等、五等,并先减而后算,折其剩罪以坐。不然,则其失增失减、剩杖剩徒之罪,反有重于全出全入者矣。

注:此言官司科断,宜当罪也。首节言鞫狱官吏故全出、故全入人之罪。或受财枉法,或法外用刑,而故加无罪之人,出脱有罪之犯,则官吏并抵全罪。次节言故增轻作重、减重作轻之罪,各以所增减之剩罪坐之。故增、故减人死罪,已决、放者,即坐以死罪。三节言失入、失出之罪。断罪之时,非出有心,因所见错误,以至失于入者,于所失入全罪上,及失于增轻作重之剩罪上,各减三等。失于出者,于所失出全罪上,及失于减重作轻之剩罪上,各减五等。并以承行吏典为首,承审首领官次之,佐贰官又次之,复核长官更次之,递减科罪。减尽无科者不坐。末节言故、失出入,而囚未决放,并放而还获,及自死者,各听于囚罪上减一等。小注云,并先减而后折算剩罪以坐。谓如罪人应满徒,全失出者,减六等,坐杖九十,至失减作笞三十者,坐杖六十。若先折算剩罪,则徒五等折杖一百,并原杖一百,该坐杖二百除去笞三十,减六等尚应杖一百一十,是失减重于全出矣。故必先减而后折算,乃为得平也。其故、失增减之法,详列于后。

凡故增笞从徒,如犯笞一十,故增作杖八十、徒二年,徒三等,折杖六十,原包杖一百,通折杖一百六十,除犯该笞一十,合坐官吏剩杖一百五十。未决者减一等,杖七十、徒一年半,折杖一百四十,除犯该笞一十,合坐剩杖一百三十,其剩罪俱全抵,不在收赎之限。

凡故增杖从徒,如犯杖八十,故增作杖六十、徒一年,通折杖一百二十,除犯该杖八十,合坐官吏剩笞四十。未决者减一等,杖一百,除犯该杖八十,合坐剩笞二十。

凡故增杖从流,如犯杖八十,故增作杖一百、流二千五百里,流二等折徒一年,三流原包五徒,折杖二百、徒一年,除犯该杖八十,合坐官吏剩杖一百二十、徒一年。未决者减一等,杖一百、徒三年,通折杖二百,除犯该杖八十,合坐剩杖一百二十。

凡故增轻徒从重徒，如犯杖六十、徒一年，故增作杖九十、徒二年半，徒四等折杖八十，除犯该徒一年折杖二十，合坐官吏剩杖六十。以徒从徒，不必包杖一百算也，虽包算其罪亦同。未决者减一等，杖八十、徒二年，折杖六十，除犯该折杖二十，合坐剩笞四十。

凡故增徒从流，如犯杖七十、徒一年半，通折杖一百四十，故增作流二千里，折徒半年，三流原包五徒，折杖二百、徒半年，除犯该杖一百四十，合坐官吏剩杖六十、徒半年。未决者减一等，杖一百、徒三年，折杖二百，除犯该杖一百四十，合坐剩杖六十。

凡增近流从远流。如犯杖一百、流二千里，折徒半年，故增作流三千里，折徒一年半，除犯该徒半年，合坐官吏剩徒一年。以流从流，不必包五徒折杖二百算。未决者，减尽无科。减远流从近流者仿此。

凡故增笞、杖、流、徒至死，如增至死罪，本无折法，已决者反坐以死，若未决及囚自死者，并听减等。流三千里，原包五徒，折杖二百、徒一年半，各随其本应得之罪除之，坐以剩罪。

凡故减徒从笞，如犯杖六十、徒一年，折杖一百二十，故减作笞五十，除已得笞五十，合坐官吏剩杖七十。未放者减一等，杖一百，除已得笞五十，合坐剩笞五十。

凡故减徒从杖，如犯杖九十、徒二年半，折杖一百八十，故减作杖一百，除已得杖一百，合坐官吏剩杖八十。未放者减一等，杖八十、徒二年，折杖一百六十，除已得杖一百，合坐剩杖六十。

凡故减重徒从轻徒，如犯杖一百、徒三年，折杖二百，故减作杖七十、徒一年半，折杖一百四十，除已得杖一百四十，合坐官吏剩杖六十。未放者减一等，杖九十、徒二年半，折杖一百八十，除已得杖一百四十，合坐剩笞四十。

凡故减流从笞，如犯杖一百、流二千里折徒半年，故减作笞四十，三流原包五徒，折杖二百、徒半年，除已得笞四十，合坐官吏剩杖一百六十、徒半年。未放者减一等，杖一百、徒三年，折杖二百，除已得笞四十，合坐剩杖一百六十。减流从杖仿此。

凡故减流从徒，如犯杖一百、流三千里折徒一年半，故减作杖八十、徒二年，折杖一百六十，三流原包五徒，折杖二百、徒一年半，除已得杖一百六十，合坐官吏剩笞四十、徒一年半。未放者减一等，杖一百、徒三年，折杖一百六十，合坐剩笞四十。

凡故减死罪从笞、杖、徒、流，如死囚已放者，反坐以死。若未放及放而还获，若囚自死者，并听先减去一等，依律折除。

凡失增笞从杖，如犯笞三十，失增作杖一百，失入减三等，该杖七十，除犯该笞三十，吏典为首合坐剩笞四十。未决者，又减一等，合坐吏典首罪笞三十。

凡失增笞从徒，如犯笞一十，失增作杖一百、徒三年，失入减三等，杖七十、徒一年半，折杖一百四十，除犯该笞一十，吏典为首合坐剩杖一百三十。未决者又减一等，杖六十、徒一年，折杖一百二十，除犯该笞一十，合坐吏典首罪杖一百一十。增杖从徒仿此。

凡失增杖从流，如犯杖一百，失增作杖一百、流三千里，失入减三等，杖八十、徒二年，折杖一百六十，除犯该杖一百，吏典为首合坐剩杖六十。未决者又减一等，杖七十、徒一年半，折杖一百四十，除犯该杖一百，合坐吏典首罪笞四十。

凡失增轻徒从重徒,如犯杖六十、徒一年折杖二十,失增作杖一百、徒三年,失入减三等,杖七十、徒一年半,徒二等折杖四十,除犯该杖二十,吏典为首,合坐剩笞二十,首领官减一等笞一十,佐贰官减尽无科。未决者又减一等,杖六十、徒一年,则与本该罪名同矣,虽吏典亦减尽无科。以徒从徒,及以徒从流,俱不包杖一百之数。

凡失增徒从流,如犯杖六十、徒一年折杖二十,失增作杖一百、流三千里,失入减三等,杖八十、徒二年折杖六十,除犯该杖二十,吏典为首合坐剩笞四十。未决者又减一等,杖七十、徒一年半折杖四十,除犯该杖二十,合坐吏典首罪笞二十。

凡失增笞、杖、徒、流入死,如死囚已决者,亦减三等。若未决及囚自死,又减一等。吏典为首。其减至徒罪,亦折杖除之。

凡失减杖从笞,如犯杖一百,失减作笞三十,失出减五等,笞五十,除已得笞三十,吏典为首合坐剩笞二十。未放者又减一等,笞四十,除已得笞三十,合坐吏典罪笞一十。

凡失减徒从笞,如犯杖七十、徒一年半,失减作笞二十,失出减五等,杖七十,除已得笞二十,吏典为首合坐剩笞五十。未放者又减一等,杖六十,除已得笞二十,合坐吏典首罪笞四十。减徒从杖仿此。

凡失减流从笞,如犯杖一百、流三千里,失减作笞一十,失出减五等,杖六十、徒一年折杖一百二十,除已得笞一十,吏典为首合坐剩杖一百一十。未放者又减一等,杖一百,除已得笞一十,合坐吏典首罪杖九十。

凡失减流从徒,如犯杖一百、流三千里,失减作杖六十、徒一年,失出减五等,杖六十、徒一年,吏典为首减尽无科。

凡失减死罪从流、徒、杖、笞,如死囚已放者,亦减五等。若未放及放而还获,或囚自死者,又减一等。其徒亦折杖除之。

再按:故增笞从徒条内,官吏合坐剩杖一百三十,其剩罪俱全抵,不在收赎之限。所谓全抵者,非满杖以上,皆决杖也。凡增笞、杖从徒、减徒从笞、杖,及增减徒从徒者,每徒一等折杖二十。若所剩杖数至满杖以上,则减杖加徒。如剩杖一百一十,应作笞五十、徒一年;一百二十,应作杖六十、徒一年;一百三十,应作杖六十、徒一年半;一百四十,应作杖七十、徒年半之类。其增笞、杖、徒作流,减流作笞、杖、徒,及增减流、徒者,每流一等折徒半年。如犯笞一十,故增作流二千五百里,流二等折徒一年,三流原包五徒,除已得笞一十,合坐剩罪杖九十、徒四年;如犯流三千里,故减作笞二十,流三等折徒年半,三流原包五徒,除已得笞二十,合坐剩罪杖八十、徒四年半之类。故曰全抵剩罪,不在收赎之限。总之折徒不得至五年,而决杖不得过一百也。

【1740】○修改

臣等谨按:故增、故减、失增、失减诸条律文,已俱详列,其剩罪全抵之处,向未明晰。总注内详为开载,实足补律之所不足。今改为小注,附于各条目之后。

凡官司故出入人罪,全出全入者,徒不折杖,流不折徒。以全罪论。谓官吏因受人财,及法外用刑,而故加以罪、故出脱之者,并坐官吏以全罪。

○若于罪不至全入,但增轻作重,于罪不至全出,但减重作轻,以所增减论,致死者坐以死罪。若增轻作重,入至徒罪者,每徒一等，折杖二十；入至流罪者，每流一等，折徒半年；入至死罪已决者，坐以死罪。若减重作轻者，罪亦如之。○若断罪失于入者，各减三等；失于出者，各减五等。并以吏典为首，首领官减吏典一等，佐贰官减首领官一等，长官减佐贰官一等科罪。坐以所减三等、五等。○若囚未决放，及放而还获，若囚自死，故出入、失出入，各听减一等。其减一等，与上减三等、五等，并先减而后算，折其剩罪以坐。不然，则其失增失减、剩杖剩徒之罪，反有重于全出全入者矣。

凡故增笞从徒，如犯笞一十，故增作杖八十、徒二年，徒三等，折杖六十，原包杖一百，通折杖一百六十，除犯该笞一十，合坐官吏剩杖一百五十。未决者，减一等，杖七十、徒一年半，折杖一百四十，除犯该笞一十，合坐剩杖一百三十，其剩罪俱全抵，不在收赎之限。

凡故增杖从徒，如犯杖八十，故增作杖六十、徒一年，通折杖一百二十，除犯该杖八十，合坐官吏剩笞四十。未决者减一等，杖一百，除犯该杖八十，合坐剩笞二十。

凡故增杖从流，如犯杖八十，故增作杖一百、流二千五百里，流二等折徒一年，三流原包五徒，折杖二百、徒一年，除犯该杖八十，合坐官吏剩杖一百二十、徒一年。未决者减一等，杖一百、徒三年，通折杖二百，除犯该杖八十，合坐剩杖一百二十。

凡故增轻徒从重徒，如犯杖六十、徒一年，故增作杖九十、徒二年半，徒四等折杖八十，除犯该徒一年折杖二十，合坐官吏剩杖六十。以徒从徒，不必包杖一百算也，虽包算其罪亦同。未决者，减一等，杖八十、徒二年，折杖六十，除犯该折杖二十，合坐剩笞四十。

凡故增徒从流，如犯杖七十、徒一年半，通折杖一百四十，故增作流二千里，折徒半年，三流原包五徒，折杖二百、徒半年，除犯该杖一百四十，合坐官吏剩杖六十、徒半年。未决者减一等，杖一百、徒三年，折杖二百，除犯该杖一百四十，合坐剩杖六十。

凡增近流从远流。如犯杖一百、流二千里，折徒半年，故增作流三千里，折徒一年半，除犯该徒半年，合坐官吏剩徒一年。以流从流，不必包五徒折杖二百算。未决者，减尽无科。减远流从近流者仿此。

凡故增笞、杖、流、徒至死，如增至死罪，本无折法，已决者，反坐以死，若未决及囚自死者，并听减等。流三千里，原包五徒，折杖二百、徒一年半，各随其本应得之罪除之，坐以剩罪。

凡故减徒从笞，如犯杖六十、徒一年，折杖一百二十，故减作笞五十，除已得笞五十，合坐官吏剩杖七十。未放者减一等，杖一百，除已得笞五十，合坐剩笞五十。

凡故减徒从杖，如犯杖九十、徒二年半，折杖一百八十，故减作杖一百，除已得杖一百，合坐官吏剩杖八十。未放者减一等，杖八十、徒二年，折杖一百六十，除已得杖一百，合坐剩杖六十。

凡故减重徒从轻徒，如犯杖一百、徒三年，折杖二百，故减作杖七十、徒一年半，折杖一百四十，除已得杖一百四十，合坐官吏剩杖六十。未放者减一等，杖九十、徒二年半,折杖一百八十,除已得杖一百四十,合坐剩笞四十。

凡故减流从笞,如犯杖一百、流二千里折徒半年,故减作笞四十,三流原包五徒,折杖二百、徒半年,除已得笞四十,合坐官吏剩杖一百六十、徒半年。未放者减一等,杖一百、徒三年,折杖二百,除已得笞四十,合坐剩杖一百六十。减流从杖仿此。

凡故减流从徒,如犯杖一百、流三千里折徒一年半,故减作杖八十、徒二年,折杖一百六十,三流原包五徒,折杖二百、徒一年半,除已得杖一百六十,合坐官吏剩笞四十、徒一年半。未放者减一等,杖一百、徒三年,折杖一百六十,合坐剩笞四十。

凡故减死罪从笞、杖、徒、流,如死囚已放者,反坐以死。若未放及放而还获,若囚自死者,并听先减去一等,依律折除。

凡失增笞从杖,如犯笞三十,失增作杖一百,失入减三等,该杖七十,除犯该笞三十,吏典为首合坐剩笞四十。未决者又减一等,合坐吏典首罪笞三十。

凡失增笞从徒,如犯笞一十,失增作杖一百、徒三年,失入减三等,杖七十、徒一年半,折杖一百四十,除犯该笞一十,吏典为首合坐剩杖一百三十。未决者又减一等,杖六十、徒一年,折杖一百二十,除犯该笞一十,合坐吏典首罪杖一百一十。增杖从徒仿此。

凡失增杖从流,如犯杖一百,失增作杖一百、流三千里,失入减三等,杖八十、徒二年,折杖一百六十,除犯该杖一百,吏典为首合坐剩杖六十。未决者又减一等,杖七十、徒一年半,折杖一百四十,除犯该杖一百,合坐吏典首罪笞四十。

凡失增轻徒从重徒,如犯杖六十、徒一年折杖二十,失增作杖一百、徒三年,失入减三等,杖七十、徒一年半,徒二等折杖四十,除犯该杖二十,吏典为首,合坐剩笞二十,首领官减一等笞一十,佐贰官减尽无科。未决者又减一等,杖六十、徒一年,则与本该罪名同矣,虽吏典亦减尽无科。以徒从徒,及以徒从流,俱不包杖一百之数。

凡失增徒从流,如犯杖六十、徒一年折杖二十,失增作杖一百、流三千里,失入减三等,杖八十、徒二年折杖六十,除犯该杖二十,吏典为首合坐剩笞四十。未决者又减一等,杖七十、徒一年半折杖四十,除犯该杖二十,合坐吏典首罪笞二十。

凡失增笞、杖、徒、流入死,如死囚已决者,亦减三等。若未决及囚自死,又减一等。吏典为首。其减至徒罪,亦折杖除之。

凡失减杖从笞,如犯杖一百,失减作笞三十,失出减五等,笞五十,除已得笞三十,吏典为首合坐剩笞二十。未放者又减一等,笞四十,除已得笞三十,合坐吏典罪笞一十。

凡失减徒从笞,如犯杖七十、徒一年半,失减作笞二十,失出减五等,杖七十,除已得笞二十,吏典为首合坐剩笞五十。未放者又减一等,杖六十,除已得笞二十,合坐吏典首罪笞四十。减徒从杖仿此。

凡失减流从笞,如犯杖一百、流三千里,失减作笞一十,失出减五等,杖六十、徒一年折杖一百二十,除已得笞一十,吏典为首合坐剩杖一百一十。未放者又减一等,杖一百，除已得笞一十，合坐吏典首罪杖九十。

凡失减流从徒，如犯杖一百、流三千里，失减作杖六十、徒一年，失出减五等，杖六十、徒一年，吏典为首减尽无科。

凡失减死罪从流、徒、杖、笞，如死囚已放者，亦减五等。若未放及放而还获，或囚自死者，又减一等。其徒亦折杖除之。

按：故增笞从徒条内，官吏合坐剩杖一百三十，其剩罪俱全抵，不在收赎之限。所谓全抵者，非满杖以上，皆决杖也。凡增笞、杖从徒、减徒从笞、杖，及增减徒从徒者，每徒一等折杖二十。若所剩杖数至满杖以上，则减杖加徒。如剩杖一百一十，应作笞五十、徒一年；一百二十，应作杖六十、徒一年；一百三十，应作杖六十、徒一年半；一百四十，应作杖七十、徒年半之类。其增笞、杖、徒作流，减流作笞、杖、徒，及增减流、徒者，每流一等折徒半年。如犯笞一十，故增作流二千五百里，流二等折徒一年，三流原包五徒，除已得笞一十，合坐剩罪杖九十、徒四年；如犯流三千里，故减作笞二十，流三等折徒年半，三流原包五徒，除已得笞二十，合坐剩罪杖八十、徒四年半之类。故曰全抵剩罪，不在收赎之限。总之折徒不得至五年，而决杖不得过一百也。

【1740】6.28.409（略）

附律条例

【1725】○增入

原拟：现行例内四条，类于此律，应增入。

【现行例】一、承审官改造口供，故行出入者，革职。故入死罪已决者，抵以死罪。其草率定案，证据无凭，枉坐人罪者，亦革职。

谨案：此条康熙十八年（1679）议准。

【1725】6.28.419.（1）【增例】（略）

【1740】6.28.409.（1）（略）

【1725】○增入

原拟：现行例内四条，类于此律，应增入。

【原增现行例】一、凡初取供招，不许擅自删改，俱详载揭帖。若承审官增减原供，希图结案，按察使依样转详者，该督抚严察题参。若督抚不行察参，蒙混具题者，经法司察出，或科道纠参，将该督抚一并严加议处。

谨案：此条康熙三十六年（1697）议准。

【1725】6.28.419.（2）【增例】（略）

【1740】○修改

臣等谨按：此条系《处分则例》。但初次供招，不许删改，系问刑衙门所当遵奉之例，不便竟删，应为节存，与《处分则例》并列，以昭法守。再乾隆二年（1737），刑部议准，各省臬司遇州县承审重案,不得借简招之名,故为删改。又令将改本缴销,其有字样不合令其改正者,即于招内声明在案。现经升任山西按察使许容条奏,事经累审,口供琐杂,万难照招详题。嗣后果有意义不明,次序不顺,与情罪并无干碍,即就近核正申转,将改本备案,不许发换销毁。其核改之处,亦无容招内声明,则剔弊未始不严,而奉行亦简易矣。亦应于此例增入,以便引用。谨将增删例文,开列于后。

一、凡初次供招,不许擅自删改,俱应详载揭帖。若承问官增减原供,希图结案,按察使依样转详,该督抚严察题参。不行察参,将督抚交部一并议处。按察使亦不得借简招之名,故为删改。倘遇有意义不明,序次不顺,与情罪并无干碍,即就近核正申转,将改本备案,不得发换销毁。违者,依改造口供故行出入例议处。

【1740】6.28.409.(2)(略)

【1725】○增入

原拟:现行例内四条,类于此律,应增入。

【现行例】一、凡谋反、谋叛之罪,照律连坐籍没,其余情罪详载律内,俱应照律拟议,不得存心陷害,借言情罪重大,诬指朋党,妄议株连父母、兄弟、妻子,籍没家产。若承审官于本罪外,捏造此等言语,株连父母、兄弟、妻子,籍没家产者,即照故入人死罪律治罪。

【1725】6.28.419.(3)【增例】(略)

【1740】6.28.409.(3)(略)

【1725】○增入

原拟:现行例内四条,类于此律,应增入。

【原增现行例】一、凡将死罪人犯错拟军、流等罪,军、流等罪错拟死罪者,将承审错拟官员,照例交该部议处。军、流等以下错拟者,该部即行改正,概免纠参。

【1725】6.28.419.(4)【增例】(略)

【1740】○删除

臣等谨按:"断罪引律令"条下,原有拟罪稍轻,引律稍有未协,遗错过失,察明非徇私者,即行改正,概免纠参。此条事同一律,应移并"断罪引律令"下,此条拟删。

【1725】○增入

臣等谨按:康熙五十七年(1718)八月内,吏部议复情罪不协,事理类于此律,谨拟节录于后。

【续增现行例】一、凡督抚具题事件,内有情罪不协、律例不符之处,部驳再审,该督抚虚心按律例改正具题,将从前承审舛错之处,免其议处。若驳至三次,督抚不酌量情罪改正,仍执原议具题,部院复核,其应改正者,即行改正,将承审各官、该督抚,一并交该部议处。

【1725】6.28.419.(5)【增例】(略)

【1740】6.28.409.(4)(略)

【1778】○修改

臣等谨按：此条原例，部驳案件，经该督、抚遵驳改正，将承审舛错之处，免其议处。嗣于乾隆三十八年(1773)四月内，吏部议复吏科掌印给事中富尔敏条奏，部驳改拟案件，如有将凌迟、斩、绞立决重案，错审徒、杖罪名，经部驳复审改正者，将承问官，照斩、绞人犯未经审出实情例降一级调用；不能驳饬审实各上司，亦照例议处。钦奉谕旨："嗣后，遵驳改正之案，督、抚、臬司、道具仍照旧办理外，其承审之州、县，核转之知府，于凌迟、斩、绞立决重案，拟罪失之过轻者，俱应照例实降。若监候以下罪名错误，有议应降调离任者，俱着该督、抚出具考语，送部引见，候朕酌量降旨。著为令。钦此。"所有原例，应行修改。谨将改辑例文，开列于后。

一、凡督抚具题事件，内有情罪不协、律例不符之处，部驳再审，该督抚及司、道等官，虚心按律例改正具题，将从前舛错之处，免其议处。其死生出入之案，原问之州县、核转之知府，俱毋庸复与会审。如有原拟徒、杖罪名，驳审后改为凌迟及斩绞立决者，将承审之州县、核转之知府，均照斩绞重犯不能审出实情例降一级调用。监候以下罪名错误，议应降调者，出具考语，送部引见。若驳至三次，督、抚、司、道等官，不酌量情罪改正，仍执原议具题，部院复核，其应改正者，即行改正，将督、抚、司、道等官，一并交部议处。

【1790】6.28.409.(4)(略)

【1835】○删除

臣等谨按：道光十二年(1832)十一月内，据升任江西道监察御史金应麟奏请修改删易刑例一折内称，"凡督、抚具题事件，部驳再审，其死生出入之案，原问之州、县，核转之知府，俱毋庸复与会审。如有原拟徒、杖罪名，驳审后改为凌迟并斩、绞立决者，将承审之州、县，核转之知府，均照斩、绞重犯不能审出实情例降一级调用。监候以下罪名错误，议应降调者，出具考语，送部引见。查《吏部则例》，凌迟人犯未能审出实情者，承审官，降二级调用；审转官，降一级调用。斩、绞人犯未能审出实情者，承审官，降一级调用；审转官，降一级，留任。又部驳改审州、县、知府，系引律不当者，照失出失入减等议处；系不能审出实情者，照例分别议处。应革职者，减为革职，留任；应降调者，照所降之级留任。与刑部例文不同，且无监候以下罪名错误，议应降调送部之例，似应酌改画一"等语。经臣部查，此条例文系乾隆四十二年(1777)改辑，与吏部《处分则例》原属相符。嗣因吏部例文叠次修改，而臣部未经查照更正，以致彼此参差，应俟修例时，再行改正等因具奏，奉旨允准在案。今届修例之时，臣等伏查此条例文，系专为部驳案件，承审官遵驳更正，如何则应议处，如何则应免议而言。向来议处官员，俱系照吏部《处分则例》办理，并不引用刑例。今例内议处、免议之处，既与吏部《处分则例》不符，是此条例文，系属赘设，无关引用，应请删除，以省繁冗。

【1740】○删除

一、州县原拟情罪,果与律例吻合,上司偏私混驳,许承审官抄录原案供册,并批驳卷宗,直揭三法司、刑科。查核是实,将偏私混驳之上司,交部议处。如所拟情罪,与律例不符,固执不改,装点情词,混行直揭,照官吏挟诈欺公妄生异议律治罪。

谨案:此条系雍正六年(1728)定例。查上司偏私混驳,为属员者,自应详悉禀复。倘固执不回,如系知府混驳,应诉之两司,两司混驳,应诉之两院。断无原谳情罪于律例吻合,而知府、院、司遂无一人明晰,群为批驳者。例内抄录卷宗,直揭三法司,是启属员凌上之渐,此风亦不可令长。况混驳之上司,据例不过交部议处,为属员者,安敢以一事之批驳,擅揭部科,致通省之上司,尽成嫌隙。徒设例款,于事无益,此条毋庸纂入。

【1778】○续纂

一、州县承审逆伦罪关凌迟重案,如有故入、失入,除业经定罪招解者,分别已决、未决,按律定拟外,其虽未招解,业已定供通详,经上司提审平反,究明故入、失入,各照本律减一等问拟。其余寻常审案,仍照旧办理。

臣等谨按:此条系乾隆四十一年(1776)七月内,据掌江南道监察御史李廷钦以安徽省英山县知县倪存谟故入凌迟罪名,奏请拟罪一折。钦奉谕旨,令臣部酌定条例,应纂辑遵行。

【1790】6.28.409.(5)(略)

【1847】6.28.409.(4)(略)

【1778】○续纂

一、知府、直隶州,有将各州县审拟错误、关系生死出入大案,虚公研鞫,究出实情,改拟得当,经上司核定题达,部议准行者,交与吏部查明,奏请送部引见。

臣等谨按:此条系乾隆四十一年(1776)十月内,安徽巡抚闵鹗元审奏,英山县知县倪存谟于僧广明因奸致死杜得正,不能审出实情,转将尸子杜如意严刑枉断,诬拟凌迟。经六安州知州倪廷谟讯出实情,将知县倪存谟参革拟徒一案,钦奉谕旨:"以倪廷谟能事,着即送部引见。并著为令。"应恭纂为例,以便遵行。

【1790】6.28.409.(6)(略)

【1847】6.28.409.(5)(略)

【1806】○续纂

一、凡驳饬改正之案,刑部即检查该府、州、县原详,据实核办。如原详本无错误,经上司饬驳,致错拟罪名者,将该上司议处;如原详未奉饬驳,该上司代为承当,除原拟之员,仍按例处分外,将该管上司,照徇庇例严议。

臣等谨按:嘉庆五年(1800)十二月十八日,奉上谕:"昨据惠龄奏,刑部议驳莒州民人陈怀仁殴伤尹祜身死一案,该州、府、司原拟绞罪,系该抚驳饬改拟满徒,自请议处。又据阮元奏，刑部议驳仙居县民林道恺刃伤张锡宽，林谷邱刃伤张太松，各身死一案，该府、县因原谋林日青监毙，照例拟抵，将下手之犯，并请减流。经署臬司张映玑错拟一减、一抵，禀明该抚，奏请议处。以上二案，均系上司不肯过属员，自认处分。但各省审办案件，如果属员按律办理，并无错误，上司率行改拟，其失出失入处分，自不应卸过于人。若属员本已错拟罪名，该管上司惟恐该员一经部议，或致降、黜，遂代为承认，自请处分，而督、抚两司等，均属大员，部议处分上时，朕往往加恩从宽留任。其原拟之州、县，转得置身事外。是该上司外博担当之誉，而阴遂其包庇之私，非所以昭核实。嗣后，着刑部遇有驳饬改正之案，即检查该府、州、县原详，据实核办。如原详本无错误，经上司饬驳，其错拟罪名之咎，自应将该上司议处。若原详未奉饬驳，该上司代为承当，不但将原拟之员仍按例处分，定将该管上司照徇庇例严议。将此通谕知之。钦此。”钦遵在案。应恭纂为例，以便遵行。

【1825】6.28.409.(7)(略)

【1847】6.28.409.(6)(略)

【1840】○续纂

一、拿获吸食鸦片烟人犯到案，承审官务须严行审讯，毋任漏网。如有徇情开脱者，照故出人罪例治罪。倘讯系无辜，其烟土烟具，实系查拿人役栽诬陷害，即将栽害之人役，照例惩办。

臣等谨按：道光十九年(1839)五月内，大学士、军机大臣会同各衙门及臣部议复升任鸿胪寺卿黄爵滋并各省将军、都统、督、抚及各科、道条奏严禁鸦片烟章程一折内称，拿获吸食鸦片烟人犯到案，承审之员，务须严行审讯，毋许漏网。如有徇情开脱，照故出人罪例治罪。倘讯系无辜，其烟土、烟具实系查拿人役栽诬陷害，即将栽陷之人役照例惩办具奏。奉上谕：“照所议办理，并着纂入则例，永远遵行等因。钦此。”谨纂辑专条，以资引用。

【1847】6.28.409.(7)(略)

【1870】○删除

谨按：咸丰九年(1859)删。

辩明冤枉

律　文

【1646】6.28.433

凡监察御史、按察司辩明冤枉，须要开具本囚所枉事迹，实封奏闻，委官追问其冤情得实，被诬之人，依律改正，所枉之罪坐原告、诬告。原问官吏。故入人罪。○若罪囚事本无冤枉，监察御史、按察司朦胧辩明者，杖一百、徒三年。既曰朦胧，则原告、原问官为其诬矣。若所诬罪重于杖一百、徒三年者，以故出入人罪论。所辩之罪人知情，与朦辩同罪，如原犯重，止从重论。不知者不坐。

【1670】6.28.432(略)

【1725】○修改

原拟:今在内会审罪囚,不独监察御史。在外巡按御史今已停差,且无按察司径自奏闻之例。应将律内“监察御史、按察司”句改为“内外问刑衙门”,小注内“监察御史”等字拟删。

臣等谨按:此言断罪之当慎,而冤抑之宜伸也。首节言冤枉须辩明也。凡内外问刑衙门,皆有辩明冤枉之责者,于审录时,如有冤枉,须开具所枉事迹,实封奏闻,候委官追问。所辩得实,被诬之人依律改正,原告反坐,原问官吏以故、失入人罪论。后节言本无冤枉,不许朦胧辩明也。事情本无冤枉,而问刑官为之朦辩,是即奏事诈不以实也。所诬原告及原问官之罪重,以故出入人罪论。所辩之罪人与问刑等官,关会和同而朦辩者,同坐应得之罪。问刑等官自行奏辩,而本犯不知情者不坐,止坐原犯罪名。

【1725】6.28.420

凡内外问刑衙门辩明冤枉,须要开具(本囚)所枉事迹,实封奏闻,委官追问(其冤情)得实,被诬之人,依律改正,(所枉之)罪坐原告、(诬告。)原问官吏。(以故失入罪论。)○若(罪囚)事(本)无冤枉,朦胧辩明者,杖一百、徒三年。(既曰朦胧,则原告、原问官为其诬矣。)若所诬罪重(于杖一百、徒三年)者,以故出入人罪论。所辩之(罪)人知情,与(朦辩)同罪,(如原犯重,止从重论。)不知者,不坐。

注:此言断罪之当慎,而冤抑之宜伸也。凡内外问刑衙门,皆有辩明冤枉之责。于审录时,如有冤枉,须开具所枉事迹,实封奏闻,候委官追问。所辩得实,被诬之人依律改正,原告反坐,原问官吏以故入失入之罪论。若事情本无冤枉,而问刑官为之朦辩,是即奏事诈不以实也,应坐满徒。若所诬原告及原问官之罪重于满徒者,以故出入人罪论。所辩之罪人与问刑等官,关会和同而朦辩者,同坐应得之罪。问刑等官自行奏辩,而本犯不知情者不坐,止坐原犯罪名。

【1740】6.28.410(略)

附律条例

【1646】6.28.433.(1)

一、法司凡遇一应称冤调问,及各衙门奏送人犯,如有冤枉,及情罪有可矜疑者,即与辩理,具奏发落,毋拘成案。若明知冤枉,不与辩理者,以故入人罪论。

【1670】6.28.432.(1)(略)

【1725】6.28.420.(1)【原例】(略)

【1740】6.28.410.(1)(略)

【1646】6.28.433.(2)

一、法司遇有重囚称冤,原问官员辄难辩理者,许该衙门移文会同三法司堂上官,就于京畿道会同辩理。果有冤枉,及情可矜疑者,奏请定夺。

【1670】6.28.432.(2)(略)

【1725】○修改

原拟:今无京畿道会审之例,应删去“就于京畿道会同”字。

一、法司遇有重囚称冤,原问官员辄难辩理者,许该衙门移文会同三法司堂上官辩理。果有冤枉,及情可矜疑者,奏请定夺。

【1725】6.28.420.(2)【原例】(略)

【1740】6.28.410.(2)(略)

【1646】6.28.433.(3)

一、凡大小问刑衙门,凡鞫问囚犯,务要参酌情法,如果情重,例合应该发遣者,方许定拟充军,不许偏任喜怒,移情就例。其抚、按官,凡遇各该所属衙门申详充军人犯,亦要虚心参酌,必须法当其罪,方允定卫发遣。如于例有牵合,即便驳回改拟,照常发落。其各该司、府、州、县,但遇五年一次差官审录之期,一应充军人犯,除已经解发着伍外,其余不分曾否详允,及虽曾经定卫、尚未起解者,逐一开送审录官处审录。其经审录官辩释者,务要遵照发落,不许原问官偏拗阻挠。如有好名立威,酷法害人者,听抚、按、审录官各指实参奏。

【1670】6.28.432.(3)(略)

【1725】○修改

原拟:今无巡按,应改抚、按官为督、抚。再恤刑官,系奉旨特差。无五年差官审录一次之例,应将“五年一次差官”句,改为“奉旨特差恤刑官”。其“著伍”字,应改为“入籍”。

一、凡大小问刑衙门鞫问囚犯,务要参酌情法,如果情重例该发遣者,方许定拟充军,不许偏任喜怒,移情就例。其抚、按官,凡遇各该所属衙门申详充军人犯,亦要虚心参酌,必须法当其罪,方允定卫发遣。如于例有牵合,即便驳回改拟,照常发落。其各该府、司、州、县,但遇奉旨特差恤刑官审录之期,一应充军人犯,除已经解发入籍外,其余不分曾否详允,及虽曾经定卫、尚未起解者,逐一开送审录官处审录。其经审录官辩释者,务要遵照发落,不许原问官偏拗阻挠。如有好名立威,酷法害人者,听抚、按、审录官各指实参奏。

【1725】6.28.420.(3)【原例】(略)

【1740】○删除

臣等谨按:此条系前明旧例。盖因充军一条,系在五刑之外,律文所无,恐问刑官于流罪人犯,稍为加重,即拟问发,故定此例。本朝例册应流者流,应充军者充军。凡附近、边卫、边远、烟瘴,皆详为指定问刑官,无可偏任喜怒牵合定拟。而特差恤刑审录之例,亦经停止,此条应删。

【1725】○增入

原拟：现行例内一条，类于此律，应增入。

【现行例】一、凡事件，不许改批这地方官一次、那地方官一次。审理案内，民系何处人，即交该管地方官，详审明白，申详督、抚、臬司。督、抚等官，于下属审详之事，原批某衙门，即于某衙门完结。如果情事未明，即将未明之处，详细指出批驳。倘仍复朦混，即将该问官题参，严加议处，另委别官审理。若督、抚等官，将事已理明可结之事，故生枝节，屡行批驳，迟延不结者，从重议处。

原拟：此条字句太繁，应行删改，开载于后。

【原改现行例】一、凡在外审理事件，应照案内人犯籍贯，批委该管地方官审理明白，申详完结。既经批委，不得反复改批别属。如果情事未明，务须详细指驳。倘原问官仍复朦混申详，即题参议处，另委别官审理。若督抚等官将事理已明之案，故生枝节，屡行批驳，迟延不结者，亦交该部议处。

【1725】6.28.420.(4)【增例】(略)

【1740】6.28.410.(3)(略)

【1740】○续纂

一、凡被参革职讯问之员，审系无辜，即以开复定拟，不得称已经革职毋庸议题复。其原参重罪审虚，尚有轻罪应以降级、罚俸归结者，开复原职，再按所犯分别降罚。

此条系雍正八年(1730)钦奉上谕。恭纂成例，以便引用。

【1740】6.28.410.(4)(略)

【1801】○移出

*名例律·断狱·职官有犯【1802】1.1.6.(5)(略)

【1751】○续纂

一、凡审理事件，除事涉两邑，或案情重大，发审之初，即委员会审者，仍令会同审详外，其因承审错误，另委别官审理者，专责委员虚心质讯，毋庸原问官会审。至定案后，如原问官果有徇私枉断、故出故入情弊，仍照例参处。其或供情疏漏，或援引拘泥，误出无心，经委员改正者，照审处错误例议处。

臣等谨按：此条系乾隆十五年(1750)十二月内，臣部议复原任湖北按察使德文条奏定例，应纂辑以便遵行。

【1768】6.28.410.(5)(略)

【1802】6.28.410.(4)(略)

【1767】○续纂

一、命、盗案件，经该督抚、臬司驳审，除案情重大，须该知府赴省审理，或系委派会审，仍听该督抚随时酌量办理外，如果案情与原招并无出入，即由附省知府审转，仍许原审知府一体列衔申详。倘审理错谬关系重大者，即将承审之州县，及率转之知府，一并开参，照例分别议处。

臣等谨按：此条系乾隆二十七年(1762)十月内，湖北布政司沈作朋条奏定例，应纂辑遵行。

【1768】6.28.410.(6)(略)

【1802】6.28.410.(5)(略)

【1767】○续纂

一、民间词讼，如户婚田土，罪止枷杖之案，及吏胥蠹役，借端讹诈等情，州县审断不平，复赴督抚、藩臬等衙门具控者，即饬令各本管道、府，按其事之轻重，或亲提集讯，或委员另审，将审拟情由，详明该上司察核。其中稍有疑义，该上司即亲行提审。如赴道、府衙门呈诉者，即行亲审，遇有冤抑，即行昭雪。如有检验、查勘等事，即遴选贤员，不得仍会同原问官办理。倘有故违成例，仍发原问官收问，或仍令会审者，即行论罪如律。其所委之员，或有瞻徇、听嘱等弊，亦即题参。至于刁健之徒，本无冤抑，或因负罪受惩，掩饰己非，捏款枉控，或因斗殴、婚姻、田宅等事，不赴本管官控理，辄赴上司衙门架词妄控者，仍按律治罪。

臣等谨按：此条系乾隆二十九年(1764)十月内山西道御史吴绶诏条奏定例，应纂辑遵行。

【1768】6.28.410.(7)(略)

【1795】○修并

【原例】【1768】6.28.410.(7)(略)、【1790】6.28.410.(8)(略)

臣等谨按：首条系督、抚遇有重大疑难事件，应行亲审之例。次条系督、抚、藩、臬、道、府等，遇有民人控告州、县审断不公案件，分别委审、亲审之例。乾隆五十六年(1791)六月内，河南民人郑守谦呈控光山县役何九等，将伊子郑宗谊攒殴致毙一案，钦奉谕旨："外省习气，往往以州县民人在上司呈控之案，即发该管府、县审办，以致扶同瞻徇，百弊丛生。嗣后，不特民人赴京控诉事件，经朕降旨发交审办者，应提犯亲讯。即本省民人在督、抚衙门控告屈抑之案，亦当亲提究办，不得仍委所属州、县承审，致有辗转庇护、宕延不结之事等因。"钦遵在案。是民人赴京控诉，奉旨发交该督、抚审办，即无论所告事理轻重，不得复委属员承审。应于首条例内，添纂详明。而民人在督、抚衙门控告屈抑，既应亲提究办，则藩、臬等遇有控告屈抑，亦应亲审。次条例内，饬令该管道、府审详之处，应行修改。其检验、查勘等事，仍应照旧例委员办理。拟将以上二条原例，遵照现奉谕旨，修并一条，以便援引。今将修改、并辑例文，开列于后。

一、各省督抚，遇有事关重大，案涉疑难，应行提审要件，及民人赴京控诉，奉旨发交审办之案，俱率同司、道等亲行研审。其督抚、藩臬、道府，遇有民人控告屈抑之案，亦无论所告事理轻重，概行亲提究办，不得仅委属员承审。如有检验、查勘等事，即遴委贤员,不得仍会同原问官办理。倘有故违成例,仍发原问官收问,或仍令会审者,论罪如律。其所委之员,若有瞻徇、听嘱等弊,亦即严参治罪。至于刁健之徒,本无冤抑,或因负罪受惩,掩饰己非,捏款诬控,或因斗殴、婚姻、田宅等事,不赴本管官控理,辄赴上司衙门架词妄控者,仍按律治罪。

【1802】6.28.410.(7)(略)

【1835】○修并

【原例】【1802】6.28.410.(7)(略)、【1802】6.28.410.(6)(略)

臣等谨按:道光十二年(1832)八月内,吏部会同臣部议复升任京畿道监察御史宋劭谷奏"请酌定各省审理上控案件章程"一折,议请嗣后各省督、抚,除事关重大,案涉疑难,应行提审要件,或奉旨发交审办,以及民人控告官员营私枉法、滥刑毙命各案,俱令率同司、道等亲行研审。并司、道等官,接受所属控词,遇有前项各情,或经上司批发之案,亦即亲提审办,不得仅委属员承审外,其有户婚案件,媒证率皆妇女,提讯未免牵连;田土案件,界址多未分明,履勘方能定断,均应酌派委员,就近代为查审,仍由该司、道等官,复勘定拟具详。其余上控之件,讯系原问各官业经定案,或案虽未定而有延不讯结,及滥行羁禁,并书役诈赃舞弊情事,如在督、抚处具控,即发交司、道审办,或距省较远,即发交该管巡道审办。如在司、道处具控,即分别发交本属知府,或邻近府、州、县审办。如在府、州处具控,即由该府、州亲提审办,概不准复交原问官,并会同原问官办理。审明后,按其罪名,系例应招解者,仍照旧招解;系例不招解者,即由委审之员详结。其有委审之后,复经上控者,即令各上司衙门亲提研鞫,不得复行委审。若命、盗等案尚未成招,寻常案件尚无堂断,而上控呈词内并无抑勒滥押,并书役诈赃舞弊及延不讯结各等情,应即照本宗公事未结绝者发当该官司追问律,仍令原问官审理,以免拖累。该管上司仍照律取具归结缘由勾销。倘有应亲提而委审,或应亲提、委审而发交原问衙门者,即令该督、抚指名严参,交部照例议处。该督、抚有违例委审者,亦照例议处等因具奏,奉旨允准通行,遵照在案。应将前例二条,修改明晰,并为一条,以资引用。谨将修并例文,开列于后。

一、各省督抚,除事关重大,案涉疑难,应行提审要件,或奉旨发交审办,以及民人控告官员营私枉法、滥刑毙命各案,俱令率同司、道等亲行研审,并司、道等官接受所属控词,遇有前项各情,或经上司批发之案,亦即亲提审办。间有户婚、田土案件,头绪纷繁,必须酌派妥员,代为查审者,于结案时,仍由该司、道等官复勘定拟具详,不得仅委属员承审外,其余上控之件,讯系原问各官,业经定案,或案虽未定,而有抑勒画供、滥行羁押,及延不讯结,并书役诈赃舞弊情事,如在督抚处具控,即发交司、道审办,或距省较远,即发交该管守巡道审办;如在司、道处具控,即分别发交本属知府或邻近府、州、县审办;如在府、州处具控,即由该府、州亲提审办,概不准复交原问官,并会同原问官办理。审明后,按其罪名系例应招解者,仍照旧招解;系例不招解者,即由委审之员详结。其有委审之后,复经上控者,即令各上司衙门亲提研鞫,不得复行委审。若命、盗等案尚未成招,寻常案件尚无堂断,而上控呈词内,又无抑勒画供、滥行羁押,及延不讯结,并书吏诈赃舞弊各等情,应即照本宗公事未结绝者发当该官司追问律,仍令原问官审理,该管上司,仍照律取具归结缘由勾销。倘有应亲提而委审,或应亲提、委审而发交原问衙门者,即令该督抚指名严参,交部照例议处。其所委之员若有瞻徇、听嘱等弊,亦即严参治罪。该督抚有违例委审者,亦照例议处。至于刁健之徒,本无冤抑,或因负罪受惩,掩饰己非,捏款诬控,或因斗殴、婚姻、田宅等事,不赴本管官控理,辄赴上司衙门架词妄控者,仍按律治罪。

【1847】6.28.410.(7)(略)

【1772】○续纂

一、各省督抚,凡遇事关重大,及案涉疑难,一切应行提审要件,务须率同司、道等亲行研审,毋得委员查讯。

臣等谨按:此条系乾隆三十五(1770)年五月内,钦奉上谕著为令,例应纂辑遵行。

【1790】6.28.410.(8)(略)

【1795】○修并

修并按语及修并后例文,见【1768】6.28.410.(7)条【1795】修并项下。

【1788】○续纂

一、凡藩、臬两司,遇有督抚批发之案,如系户婚、田土寻常案件,头绪纷繁,必须酌派妥员,代为查审者,于取供后,仍由该司亲提确审,拟议复详。至控官控吏之案,藩、臬两司即应亲身勘问,定拟具详,不得复派他员代讯。再道、府奉到上司批发控词,及自理词讼,无论事之巨细,亦应亲身提讯,自行加看定拟出详。违者,均照例议处。

臣等谨按:乾隆五十一年(1786)五月内,陕西巡抚永保奏,民间上控词讼,或原问有司审断未公,或健讼刁徒希图翻异。若仍批交原审州、县,则本官心存回护,小民必更受冤抑。即从前办理本公,而发交原问官复审,亦不足以服其心,是以定例分别饬令大员审办。现在外省钦遵定例,虽不敢批发原问官审理,并违例转行批委,但督、抚批交司、道及两司批交府、州之案,往往酌派隔属及试用人员代讯定案,层层详叙,两司、道不过照加看语,出详请结。若有驳问,仍复层层驳发。名为未经转委,其实并未亲身鞫审。此系外省积习相沿,无非各图省便之故。若不严加饬禁,日久必仍归故辙,不但事件迟延,且控案势必日积日多,于政治甚有关系,随条奏定例。经臣部会同九卿,核复具奏。奉旨:"依议。钦此。"在案,应纂辑遵行。

【1790】6.28.410.(9)(略)

【1802】6.28.410.(6)(略)

【1835】○修并

修并按语及修并后例文,见【1802】6.28.410.(7)条【1835】修并项下。

【1810】○续纂

一、凡处决人犯,有临刑时呼冤者,奏闻复鞫。如审明实有冤抑,立为申雪,将原审官参奏,照例惩治。如系妄行翻异,冀延显戮,除原犯斩罪仍即处斩外,如原犯绞罪者,亦改为斩罪,即行正法。

臣等谨按:嘉庆十二年(1807)十一月十二日,奉上谕:"昨朝审勾到绞犯钟宽,于临刑时极口呼冤,据供并无扶窝收徒情事,前系番役诬赖,在部亦未画供,是以未将该犯处决,奏闻请旨等语。朕以该犯既心未折服,或案情竟未确实,不可不复加研鞫。当经特派未经审办此案之大学士庆桂等,详细提讯。兹据庆桂等奏,提集犯证,逐一研讯审明。该犯毫无屈抑,辄敢肆意呼冤,妄希狡展,实出情理之外。若似此纷纷效尤,尚复成何事体,自应加等惩办,以昭炯戒。今庆桂等议请将该犯改为斩立决,应如所拟办理。锺宽一犯,着重责四十板,即行正法。嗣后遇有临刑呼冤之犯,仍应奏明,重加详勘。果有覆盆之冤,必立为申雪,将原审官照例惩治。如系奸谲之徒,罚当其辜,而妄行翻异,冀延显戮,亦必照此加等治罪,以惩刁顽等因。钦此。"应恭纂为例,以便遵行。

【1825】6.28.410.(8)(略)

【1847】6.28.410.(6)(略)

有司决囚等第

律　文

【1646】6.28.434

凡（有司于）狱囚（始而）鞫问明白,（继而）追勘完备,徒、流以下,从各府、州、县决配。至死罪者,在内听监察御史,在外听提刑按察司审录无冤,依律议拟,（斩、绞情罪。）转达刑部,更加斟酌定议奏闻,（候有决单）回报,直隶去处从刑部委官与监察御史,在外去处从布政司委官与按察司官,公同审决。○（其公同审决之际,）若犯人（自行）反异,（原招,或）家属（代诉）称冤,（审决官）即便（再与）推鞫。事果违枉,（即公）同将原问、原审官吏,通问改正。（同将原问、原审之官吏通行提问,改正其罪。）○其审录无冤枉,（审决官）故延不决者,杖六十。若（囚犯）明称冤抑,（审决官）不为申理（改正）者,以入人罪故（或受赃、挟私。）失（或一时不及参究。）论。

【1670】6.28.433(略)

【1725】○修改

原拟:今徒、流、军罪,俱一体定配,应增入"军"字。又应决重犯,在内刑部,在外督抚审拟具题,三法司核复无异,候旨处决。无御史、按察司审录,径达刑部之例。亦无直隶地方,刑部委官与监察御史公同审决,及外省布政司委官与按察司公同审决之例。相应删改,开载于后。

【原改律】凡（有司于）狱囚（始而）鞫问明白,（继而）追勘完备,军、流、徒罪,各从府、州、县决配。至死罪者,在内法司定议,在外听督抚审录无冤,依律议拟,（斩、绞情罪。）法司复勘定议,奏闻候有回报,应立决者,委官处决。故延不决者,杖六十。○其公同审录之际,若犯人自行反异,原招,或家属代诉称冤,审录官即便再与推鞫。事果违枉,即公同将原问、原审官吏,通问改正。同将原问、原审之官吏通行提问,改正其罪。○若囚犯明称冤抑,审录官不为申理改正者,以入人罪故、或受赃挟私。失或一时不及参究论。

臣等谨按:此言决囚宜详惧也。首节言审录、处决死囚之法。凡有司于狱囚,招状情罪已经鞠问明白,应行追勘事理已经完备,军、流、徒罪,各从府、州、县详明上司,定配发遣,该督抚于年终汇题,具册报部。惟死罪至重,在内三法司会同勘拟,在外听督抚具招拟罪,三法司复核定议,或监候,或立决,并请旨裁夺。其奉旨立决者,即行委官处决。有故延不决者,杖六十。二节言审决之时,许其辩冤也。若公同审决之时,应决犯人反异原招,或家属称诉冤枉者,审录官员即便推详鞫问其事。果有违枉,将初鞫之原问官吏、勘录之原审官吏通行提问,公同改正。三节言称冤之囚,不得阻抑也。若囚犯明称冤抑,而审录官不为申诉辩理者,以入人罪分故、失论。

【1725】6.28.421

律文(略)

注:此言决囚宜详慎也。凡有司于狱囚,招状情罪已经鞠问明白,应行追勘事理已经完备,军、流、徒罪各从府、州、县详明该上司,定配发遣,该督抚于年底汇题,具册报部。惟死罪至重,在内听三法司会同勘拟,在外听督抚具招拟罪,三法司复勘核实定议,或监候,或立决,并奏闻请旨定夺。其奉旨立决者,即行委官处决。有故延不决者,杖六十。至于朝审、秋审之时,若应决犯人反异原招,或家属称诉冤枉者,审录官员即便推详鞫问。其事果有违枉,将初鞫之原问官吏、勘录之原审官吏通行提问,公同改正其罪。若囚犯明称冤抑,而审录官不为申诉辩理者,以入人罪分故、失论。

【1740】6.28.411(略)

附律条例

【1646】6.28.434.(1)

一、在京法司监候枭首重囚,在监病故,凡遇春夏不系行刑时月,及虽在霜降以后冬至以前,若遇圣诞等节,或祭祀斋戒日期,照常相理,通类具奏。

【1670】6.28.433.(1)(略)①

【1725】○删除

原拟:重囚病故,随时相验,原不拘时月,此条拟删。

【1646】6.28.434.(2)

一、人命至重,死者不可复生。每至霜降后,但有该决重囚,着三法司奏请,会多官人等,从实审录,庶无冤枉。

---

① 康熙九年(1670)《大清律集解附例》“照常相理”改为“照常相埋”。

【1670】6.28.433.(2)(略)

【1725】○修改

原拟:见今系刑部奏请会审,应改三法司为刑部。

【1725】6.28.421.(3)

【原例】一、人命至重,死者不可复生。每至霜降后,但有该决重囚,刑部奏请,会九卿等官,从实审录。

【1740】○删除

臣等谨按:此条系前明旧例。霜降会审,即朝审之例,已于本律第六条备载。此条重复,应删。

【1725】○增入

原拟:现行例内七条,类于此律。应增入。

【现行例】一、康熙十九年(1680)七月内,奉上谕:"每年即行正法之人,于六月停刑,七月正法。嗣后即行正法之人,俱于立秋之后正法。至部内即行正法事件,亦俟立秋后,陆续具题。"

【1725】6.28.421.(1)【增例】(略)

【1740】○删除

臣等谨按:此条系康熙十九年(1680)钦奉上谕,已于本律第四条定有成例,又经移入"名例·五刑"律下,毋庸登载。

【1725】○增入

原拟:现行例内七条,类于此律。应增入。

【现行例】一、每年正月、六月,不行正法。俟二月初一、七月初一,陆续具题正法。遇正月、六月,奉旨立决重犯,俱监固,亦俟二月、七月正法。

【现行例】一、若遇六月立秋之年,仍俟交七月初三日,具题正法。其六月停刑之处,既载入例内,每年停其具题,照例遵行。

【原增现行例】一、凡即行正法重犯,及遇交六月节奉旨即行正法重犯,俱行监固,俟交七月立秋之后正法。若遇六月立秋之年,仍照例俟交七月初三日正法。再臣部等衙门见在审拟立决之案,亦于五月内交六月节,停其具题,俟立秋之后,陆续具题。

原拟:以上三条,俱系重犯停刑之例。应删去太繁字句,并作一条。谨拟删并,开载于后。

【原改现行例】一、每年正月、六月,俱停刑。内、外立决重犯,俱令监固。俟二月初及七月立秋之后,具题正法。其五月内交六月节,及立秋在六月内者,亦俱停正法。

【1725】6.28.421.(4)

【增例】一、每年正月、六月,俱停刑。内、外立决重犯,俱监固。俟二月初及七月立秋之后正法。其五月内交六月节,及立秋在六月内者,亦俱停正法。

【1740】○移出

＊ 名例律·五刑【1740】1.1.1.(7)(略)

【1725】○增入

原拟:现行例内七条,类于此律。应增入。

【现行例】一、凡每年秋审,直省督抚,将监禁重犯,审拟情实、缓决、可矜具题,限七月十五日以内到部。刑部将各重犯原案贴黄,及三法司看语,并督抚秋审看语,刊刷招册,进呈御览。仍送九卿、詹事、科道各一册。八月内在金水桥西,会同详核情实、缓决、矜疑,分拟具题,请旨定夺。其盛京等处案件,亦造入各省秋审案内具题。俟命下之日,先后咨行直省,将情实人犯,于霜降以后、冬至以前正法。其咨文到地方限期:云南、贵州、四川、广西、广东、福建,俱限四十日;江西、浙江、湖南、甘肃,俱限二十五日;江南、陕西、湖北,各限十八日;河南,限十二日;山东、山西,各限九日;直隶,限四日;盛京,限十五日;宁古塔,限一个月。限内迟延不到者,该督、抚将迟延地方官察明,指名题参。至于秋审具题后,如有新结重案,俱入次年秋审。

【1725】6.28.421.(5)

【增例】一、秋审时,督抚将重犯审拟情实、缓决、可矜具题,限七月十五日以内到部。刑部将原案贴黄,及三法司看语,并督抚看语,刊刷招册,进呈御览,仍送九卿、詹事、科道各一册。八月内在金水桥西,会同详核情实、缓决、可矜,分拟具题,请旨定夺。其盛京等处案件,亦造入各省秋审案内具题。俟命下日,先后咨行直省,将情实人犯,于霜降后冬至前正法。其咨文到地方限期,云南、贵州、四川、广西、广东、福建,限四十日;江西、浙江、湖南、甘肃,限二十五日;江南、陕西、湖北,限十八日;河南,限十二日;山东、山西,限九日;直隶,限四日;盛京,限十五日;宁古塔,限一个月。限内迟延不到者,该督抚将迟延地方官,察明指参。至于秋审具题后,如有新结重案,俱入次年秋审。

【1740】6.28.411.(1)(略)

【1767】○修改

臣等谨按:原例秋审时,督抚将重犯审拟情实、缓决、可矜具题,限七月十五日以内到部。刑部将原案贴黄,及法司看语,并督抚看语,刊刷招册,进呈御览。仍分送九卿会审等语。查雍正十三年(1735)二月内,臣部奏准,各省秋审题本,限于五月内到部。倘有迟至六月者,臣部即行题参等因通行各省,遵照在案。拟将原例"限七月十五日以内",改为"五月内"。再秋审招册,俱系照原题具稿,并不将贴黄一并叙入。秋审初次进呈黄册,已于乾隆二十四年(1759)十二月内,经大学士、忠勇公傅恒等奏准删除,是以将原例内"贴黄”及“进呈”等字删去。

一、秋审时,督抚将重犯审拟情实、缓决、可矜具题,限五月内到部。刑部将原案及法司看语并督抚看语,刊刷招册,送九卿、詹事、科道各一册。八月内,在金水桥西,会同详核情实、缓决、可矜,分拟具题,请旨定夺。其盛京等处案件,亦造入各省秋审案内具题。俟命下日,先后咨行直省,将情实人犯,于霜降后冬至前正法。其咨文到地方限期,云南、贵州、四川、广西、广东、福建限四十日,江西、浙江、湖南、甘肃限二十五日,江南、陕西、湖北限十八日,河南限十二日,山东、山西限九日,直隶限四日,盛京限十五日,宁古塔限一个月。限内迟延不到者,该督抚将迟延地方官察明指参。至于秋审具题后,如有新结重案,俱入次年秋审。

【1768】6.28.411.(1)(略)

【1725】○增入

原拟:现行例内七条,类于此律。应增入。

【原增现行例】一、刑部现监重犯,每年一次朝审。刑部于霜降前,摘重囚紧要情节,刊刷招册,进呈御览,仍分送九卿、詹事、科道各一册。于霜降后十日,在金水桥西,会同详审,拟定情实、缓决、可矜具题,请旨定夺。其情实者,俟命下之日,刑科三次复奏,经御笔勾除者正法,余仍监固。

【1725】6.28.421.(6)【增例】(略)

【1740】6.28.411.(2)(略)

【1767】○修改

臣等谨按:原例“每年朝审,刑部刊刷招册,进呈御览。仍分送九卿详审”等语。查朝审初次进呈黄册,已于乾隆二十四年(1759)十二月内,经大学士、忠勇公傅恒等奏准删除,是以将原例内“进呈”等字删去。

一、刑部现监重犯,每年一次朝审。刑部于霜降前,摘重囚紧要情节,刊刷招册,送九卿、詹事、科道各一册。于霜降后十日,在金水桥西,会同详审,拟定情实、缓决、可矜具题,请旨定夺。其情实者,俟命下之日,刑科三次复奏,经御笔勾除者正法,其余仍监固。

【1768】6.28.411.(2)(略)

【1821】○修改

臣等谨按:嘉庆二十三年(1818)九月二十六日,奉上谕:“向来直省秋审人犯,由各督抚分别情实、缓决,刑部再复加核议。其有原议未协,经刑部改缓为实、改实为缓者,皆例有处分。惟朝审人犯,但由刑部分别情实、缓决,不加复核,立法尚未周备。着自明年为始,朝审人犯,经刑部堂议后,即由该部奏请,特派大学士、尚书、侍郎数员复核。其有部议实缓未协,应行改拟者,着派出之员奏明请旨,以昭慎重。钦此。”又嘉庆二十年(1815)九月二十三日,奉上谕:“秋审、朝审情实人犯,旧例凡三复奏,本沿古者三杀三宥遗意。

我朝钦恤民命,凡案犯供情原委,备载招册,每年黄册进呈,早经反复推求,慎之又慎,宁不止于三复。其科臣循例题本,仅属具文。是以乾隆十四年(1749),将直省秋审,改为一复奏。朝审与秋审事同一例,嗣后朝审亦着改为一复奏,已足以存旧制。至向来复奏之本,皆于黄册进呈后随即奏上,距勾到之时甚远。嗣后,黄册仍于八月中旬呈进,其秋审、朝审复奏之本,皆着于本省勾到前五日,复奏一次。朕批阅时,再同黄册详加酌核,以昭慎重。著为令。钦此。"再查近年来应入朝审人犯,均系八月初间,会同九卿、科道复审,应于原例内一并修改详明,以便遵守。谨将修改例文,开列于后。

一、刑部现监重犯,每年一次朝审。刑部堂议后,即奏请特派大臣复核。俟核定具奏后,摘紧要情节,刊刷招册,送九卿、詹事、科道各一册。于八月初间,在金水桥西,会同详审,拟定情实、缓决、可矜具题,请旨定夺。其情实者,与各省秋审情实人犯,刑科皆于本省勾到前五日复奏一次,经御笔勾除者正法,其余仍监固。

【1825】6.28.411.(2)(略)

【1725】○增入

原拟:现行例内七条,类于此律。应增入。

【现行例】一、凡杀人及强盗等罪监候质审人犯,如过三年逃犯未获者,即入秋审册内,一并详审。其叛逆案内牵连待质人犯,虽过三年,仍行监候。

【1725】6.28.421.(7)【增例】(略)

【1740】6.28.411.(5)(略)

【1767】○删除

乾隆三十二年(1767),业将乾隆十七年(1752)所奉谕旨纂为定例,此条删。

【1725】○增入

臣等谨按:钦奉上谕一道,类于此律,应增入。

【续增现行例】一、雍正二年(1724)四月内,奉上谕:"朕惟明刑,所以弼教。君德期于好生。从来帝王,于用刑之际,法虽一定,而心本宽仁。是以虞廷以钦恤垂训,周书以慎罚为辞。诚以民命至重,宁过乎仁,毋过乎义也。朕自临御以来,一切章奏,无不留心细览。于刑谳一事,尤加详慎。恐法司未能平允,情罪未能悉当。朕心深用恻然。故凡京城及各直省题奏谳狱,但少有可矜者,无不法外施仁,量加末减。独念朝审重囚,其情实者,刑科必三复奏闻,勾除者,方行处决。而外省情实重囚,惟于秋审后,法司具题,即咨行该省,无复奏之例。朕思中外一体,岂在京诸囚宜加详慎,在外省者独可不用详慎乎。人命攸关,自当同仁一视。自今年为始,凡外省重囚,经秋审具题,情实应决者,尔法司亦照朝审之例,三复奏闻,以副朕钦恤慎罚之至意。尔部即遵谕行。特谕。"

【1725】6.28.421.(2)【钦定例】(略)

【1740】○删除

臣等谨按:此条系雍正二年(1724)钦奉上谕。内直省重囚,照朝审之例三复奏闻,已于“名例·五刑”条下登载。其余明刑弼教,钦恤圣心,实足垂训万世,应听实录馆恭载。

【1725】6.28.421.(8)

【钦定例】一、凡立决之犯,部文到日,如正印官公出,令同城之州同、州判、县丞、主簿等官,会同本城武职,遵查不停刑日,代行监决。若该地方无佐贰官,令该知府于部文到时,即委府属之同知、通判、经历等官,速至该州县,会同武职,代行监决。该佐贰等官监斩后,将正印官因何事公出,并现委某官,于何年月日,会同武职某官,监决何犯,逐一详报各上司查核。

【1740】6.28.411.(6)(略)

【1768】6.28.411.(5)(略)

【1790】6.28.411.(4)(略)

【1740】○增入

一、杖、笞等轻罪,五城及提督衙门,俱照例自行完结。若罪重于杖、笞者,俱审明送刑部定拟。

此条系雍正五年(1727)定例。

【1740】6.28.411.(3)(略)

【1778】○修改

臣等谨按:此条系原例。杖、笞等轻罪,五城及提督衙门,自行完结。若罪重于杖、笞者,俱送部定拟。久经遵行。嗣于乾隆三十九年(1774)五月内,都察院具奏,五城御史近遇争斗、钱债之案,亦送部办理,卸责于人,奏准笞、杖以下案件,不得混行送部等因在案。于本年十二月内,又经军机大臣具奏,因查审王子范控告谢大忠一案,王子范先在北城控告诱拐匿赃,无论虚实,均非笞、杖所能完结。该御史范宜宾等不加细鞫,率以递籍完案。可见五城审结案件,漫无定衡。请嗣后五城遇有词讼内,所控情节介在疑似,及非笞、杖所能完结者,俱交刑部审明按拟,不得率行自结等因亦在案。所有此条原例,应行修改。谨将修辑例文,开列于后。

一、五城及提督衙门审理案件,除笞、杖等轻罪,仍照例自行完结,若词讼内所控情节,介在疑似,及关系罪名出入,非笞、杖所能完结者,俱送刑部审拟,不得率行自结。如有例应送部之案,不行送部者,将承审官交部议处。

【1790】6.28.411.(3)(略)

【1814】○修改

臣等谨按:嘉庆十八年(1813)四月二十四日,奉上谕:“御史夏修恕奏‘请厘刑狱,以省拖累’一折,所奏深合事宜。国家明刑弼教,意本期于无刑。有罪者,不容轻纵;无罪者,尤不可株累。刑部虽总理狱谳,然案情轻重,罪名大小,办理自有等差。近日,五城及步军统领衙门,于寻常罪止杖、笞以下者,往往不察事理,概以送部了事。以致刑部现审之案,日积日多,不能速为断结。迨至逐案审理,其事甚细,而到案之人,久羁缧绁,隶徒中饱,赀产荡然。又或查拿案犯,不辨真伪,辄请交部严鞫,及讯明无辜被累,而正犯转得远扬。纷纷株系,桎梏相望,皆足上干天和。着刑部详查定例,并酌定条款。凡轻罪细故,可由五城及步军统领衙门审结者,俱令自行拟结。其应送部而不送部者,固当照例参处。如不应送部,而率意送部者,刑部将原案驳回,并将该衙门参奏、请旨等因。钦此。”当经臣部查各衙门审理案件,往往皆寻常轻案,或因犯供刁健狡执,或因呈词闪烁矛盾,遂惮于推鞫,率以案涉疑似,罪关出入等空言,送部审办。又各该衙门查拿重案要犯,番捕人等,惧干严比,每将无干之人,率称形迹可疑,滥拿塞责。又如斗殴之案,罪关徒流以上,应行养伤者,必俟平复,方能传讯,案犯不无因此稽禁。又饬提要犯、要证,各该衙门往往获解迟延,全案不能遽定。自应明立科条,以示限制。议请嗣后五城及步军统领衙门审理案件,如户婚、田土、钱债细事,并窃盗、斗殴、赌博,以及一切寻常讼案,审明罪止枷、杖、笞责者,照例自行完结。其旗民词讼,各该衙门均先详审确情。如果应得罪名在徒、流以上者,方准送部审办。不得以情节介在疑似,滥行送部。若将不应送部之案率意送部者,将原案驳回,仍据实奏参;若应送部之案,而自行审结,亦即查参核办。至查拿要犯,必须赃证确凿,方可分别奏咨,送部审鞫。若将案外无辜之人,率行拿送,一经刑部审明并非正犯,即将该管官员参奏。番捕人等,照例治罪。其斗殴养伤者,务当依限报痊,验明传讯,毋许借伤延宕。饬坊查拘人证要犯,限一两日送。若逾限,催至三次不到者,即将司坊官参处。

一、五城及步军统领衙门审理案件,如户婚、田土、钱债细事,并拿获窃盗、斗殴、赌博,以及一切寻常讼案,审明罪止枷、杖、笞责者,照例自行完结。其旗民词讼,各该衙门均先详审确情,如应得罪名在徒、流以上者,方准送部审办,不得以情节介在疑似,滥行送部。若将不应送部之案,率意送部者,刑部将原案驳回,仍据实奏参。如例应送部之案,而自行审结,亦即查参核办。至查拿要犯,必须赃证确凿,方可分别奏咨,交部审鞫。若将案外无辜之人,率行拿送,一经刑部审明并非正犯,即将该管官员参奏,番捕人等照例治罪。其斗殴养伤者,务当依限报痊,验明传讯,毋许借伤延宕。饬坊查拘人证要犯,限一两日送部。若逾限,催至三次不到者,即将司坊官参处。

【1825】6.28.411.(51)(略)

【1740】○增入

一、刑部汇题事件内,如窃盗三犯赃数不多改遣、家奴吃酒行凶发遣,及赌博拟流、贩私拟徒、军民通奸拟以枷责等项平常罪犯,于审结之日,即照例先行发落,仍于汇题疏内声明。

此条系雍正五年(1727)定例。

【1740】6.28.411.(4)(略)

【1788】○修并

【原例】【1740】6.28.411.(4)(略)、【1768】6.28.411.(6)(略)、【1768】6.28.411.(19)(略)

臣等谨按:以上三条,皆系臣部办理现审案件分别按季汇题及随结随题章程。事本联贯,而分别多条,未免繁复。拟合删并一例,以归简要。再查平民犯罪,既与文、武生监、及大员子弟不同,其所犯枷责又非军、遣、徒、流可比。向来办理,俱遵照次条例内杖罪先行发落之文,随案咨结,并不入于汇题本内。所有首条例内,"军民通奸拟以枷责等项平常罪犯,于审结之日,照例先行发落,仍于汇题疏内声明"等语句业已不用,应行删去。今将删并例文,开列于后。

一、刑部奉特交事件,即审明无罪可科,应具折复奏。如罪至斩、绞,仍会同三法司核拟,特题完结。其他案件,除杖、枷等罪竟行发落外,犯该遣、军、流、徒,及军、流、徒折枷等罪,倘非寻常经见之事,及酌重酌轻之案,并犯罪文自生监以上、武自骁骑校以上,或本身虽白丁,系现任大员子弟,犯该断决者,俱详叙供招,不拘件数、时日,随结随题。内有酌重酌轻案件,仍于改拟之处粘贴黄签,恭呈御览,俟奉旨之日发落。寻常徒、流、军、遣等罪,于审结之日,先行发落,按季汇题。

【1790】6.28.411.(16)(略)

【1802】6.28.411.(11)(略)

【1825】6.28.411.(10)(略)

【1740】○增入

一、秋审斩绞重犯,有三次俱拟缓决,及三次俱拟情实,该督抚察其情罪,无可更定者,止令有司叙由详报,核招具题,停其解省。如该犯虽经三次审定,该督抚揆其情罪,尚多可疑者,仍提解亲鞫。至三次中有前拟情实后改缓决、前拟缓决后改情实者,仍照例解审。

谨案:此条系雍正八年(1730)定例。

【1740】6.28.411.(7)(略)

【1767】○删除

臣等谨按:秋审斩、绞重犯,业于乾隆二十五年(1760)十一月内,据福建按察使史奕昂条奏,解审二次之后,情罪无可更定者,不必复行提审。其曾拟情实未勾,及前拟情实后改缓决,前拟缓决后改情实,并缓决内情可矜疑者,仍照例解审,载入例册遵行。此条秋审三次始行停解之处,系属旧例,应删。

【1740】○增修

【原例】一、秋审应决重犯,迟误处决,已过冬至者,该督抚查明不停刑日期,即行处决。仍将迟延各官题参,照例议处。

此条系雍正十年(1732)定例。查秋审情实人犯,定例在霜降后冬至前正法。盖因节届冬令,一阳复生,非可行刑之时,所以顺天时而恤民命也。例内迟误处决,已过冬至者,查明不停刑日期即行处决,与从前设例之意未符。现经云南巡抚张允随条奏,请仍照旧例遵行。查旧例,秋审应决人犯,正值冬至斋戒日期及已过冬至者,题明与次年秋审人犯一并处决。应改辑一条,以便遵行。谨将改辑例文,开列于后。

一、秋审应决重犯,冬至以前文到者,照例行刑。已过冬至,或正值冬至斋戒日期文到者,仍牢固监禁,俟次年秋审应决人犯,一并题明处决。其迟延各官,交部议处。

【1740】6.28.411.(8)(略)

【1746】○修改

一、秋审应决重犯,如文到正值冬至斋戒日期,或已过冬至者,于冬至七日以后,照例处决。

臣等谨按:此条系乾隆十年(1745)十月内钦奉上谕,应恭纂为例,以便遵行。

【1768】6.28.411.(7)(略)

【1790】6.28.411.(5)(略)

【1810】○修改

臣等谨按:嘉庆十二年(1807)五月二十四日,奉旨:"着刑部将嗣后在京立决人犯,如将届夏至日期,可仿照冬至之例,或在夏至五六日前,奏请办理,酌议章程具奏等因。钦此。"当经臣部酌议,冬至既以前十日、后七日为限,夏至亦应循照办理。议请嗣后夏至以前五日、后三日为限,一应立决人犯,俱停止行刑等因奏准在案。应请于例内,修改明晰,以便遵行。谨将修改例文,开列于后。

一、秋、朝审处决重囚,及一应立决人犯,如遇冬至以前,十日为限,夏至以前,五日为限,俱停止行刑。若文到正值冬至、夏至斋戒日期,及已过冬至、夏至者,于冬至七日、夏至三日以后,照例处决。

【1825】6.28.411.(35)(略)

【1743】○续纂

一、刑部特交案件,即审明无罪可科,应具折复奏。如罪至斩绞,仍会同三法司核拟,特题完结。其他案件,除杖罪竟行发落外,犯该发遣、军、流、徒,及军、流、徒折鞭枷等罪,倘非寻常经见之事,若犯罪,文自生监以上、武自骁骑校以上,或本身虽白丁,系现任大员子弟,犯该断决者,仍照现行汇题之例,详叙供招文移,不拘件数、时日,随结随题,俟奉旨之日发落。若窃盗、赌博、斗殴、宰牛、奸拐、吃酒行凶之类,先行发落,挨次汇题。

谨案:此条系乾隆六年(1741)二月,臣部折奏定例。

【1768】6.28.411.(6)(略)

【1788】○修并

修并按语及修并后例文，见【1740】6.28.411.（4）条【1788】修并项下。

【1746】○续纂

一、各省每年题结斩、绞重案，刑部于次年开印后，分类摘叙简明事由，缮折奏闻。

臣等谨按：此条系乾隆九年（1744）十二月内，臣部议复御史彭肇洙条奏定例，应纂辑以便遵行。

【1768】6.28.411.（8）（略）

【1790】6.28.411.（6）（略）

【1825】6.28.411.（4）（略）

【1751】○续纂

一、凡满洲殴死满洲之案，朝审时俱拟以情实候勾。

谨案：此条系乾隆十四年（1749）遵旨定例。

【1767】○删除

臣等谨按：此条系专指秋审定拟情实而设，臣部于乾隆三十二年（1767）奏准删除。

【1751】○续纂

一、凡侵贪案犯，二限已满，察其获罪之由，如系动用杂项，及挪移核减，一应着赔，作为侵欺，并收受借贷等款，问拟贪婪，追监追后，多方设措，急图完公者，应酌量拟为缓决。若以身试法，赃私累累，至监追二限已满，侵蚀未完尚在一千两以上，贪婪未完尚在八十两以上者，秋审时即列入情实，请旨勾到。

臣等谨按：此条系乾隆十二年（1747）九月内，钦奉上谕议定事例，应纂辑以便遵行。

【1767】○修改

臣等谨按：原例侵贪案犯，监追二限已满，秋审时列入情实等语。查侵盗钱粮入己及枉法受赃，定例即限内完赃亦不准减等。罪应斩、绞者，虽审题结案，在行刑之日以前，皆补疏题请情实。原例侵贪案犯，二限已满始入情实之处，业已不行，拟改为“毋论赃项已完未完，秋审时，即列入情实”。

一、凡侵贪案犯，二限已满，察其获罪之由，如系动用杂项，及挪移核减，一应着赔，作为侵欺，并收受借贷等款，问拟贪婪，追监追后，多方设措，急图完公者，应酌量拟为缓决。若以身试法，侵蚀钱粮入己，及枉法贪婪者，毋论赃项已完未完，秋审时即列入情实，请旨勾到。

【1767】○删除

臣等谨按：此条系专指秋审定拟情实而设，臣部于乾隆三十二年（1767）奏准删除。

【1751】○续纂

一、凡秋审勾到时,遇某省本章,着某道御史承办。朝审案件,令京畿道专办。行刑时,着刑科给事中及刑部侍郎一人监视。

臣等谨按:此条系乾隆十四年(1749)九月内钦奉上谕,应恭纂为例,以便遵行。

【1767】○修改

臣等谨按:原例每年朝审,令河南道御史同掌道与审。又承办朝审案件,令河南道专办各等语。查乾隆二十三年(1758)内,钦奉上谕:"京畿道着列于河南道之前,河南道事务,令京畿道办理。钦此。"是以将原例"河南道"俱改为"京畿道"。

一、凡秋审勾到时,遇某省本章,即着某道御史承办。朝审案件,令京畿道专办。行刑时,着刑科给事中及刑部侍郎一人监视。

【1768】6.28.411.(9)(略)

【1790】6.28.411.(7)(略)

【1825】6.28.411.(6)(略)

【1751】○续纂

一、凡职官实犯死罪,应入秋审、朝审者,另为一册,仍分别情实、缓决、可矜三项进呈。

臣等谨按:此条系乾隆十四年(1749)十月内钦奉上谕,应恭纂为例,以便遵行。

【1768】6.28.411.(10)(略)

【1790】6.28.411.(8)(略)

【1801】○修并

【原例】【1790】6.28.411.(8)(略)、【1790】6.28.411.(12)(略)

臣等谨按:秋审内官犯、服制人犯,向来各为一册,先行进呈。嗣于嘉庆五年(1800)三月,钦奉上谕:"每年刑部办理秋审,进呈黄册,俱系将各省情实官犯及服制人犯,首先进呈。一经分别予勾后,该部即行文各该省,不论远近,部文到日,即遵照处决。其余常犯,则按照省分远近,进呈黄册,以次勾到,此向来办理成例也。惟念敕法明刑,务存矜恤。所有罪人,斩、绞人犯除立决外,余令监禁,俟秋后处决者,原系于执法之中,寓哀矜之意。该犯等于未届勾到以前,或在监所病毙,得免肆市,亦属法外之仁。今因系官犯、服制,即将黄册先行进呈,其予勾人犯,部文一经到省,即日行刑。是同一秋审,而此等官犯、服制,较之各该省情实常犯处决日期,近省或早至一、二月,远省亦早至月余及数旬不等,先行受法。且各省官犯中,多有令其解交刑部监禁者,例应归入朝审办理。其勾到之期,又在各省常犯之后,是同一官犯,转因解部监禁,而处决日期较之本省监禁,候勾决文到施刑,又复迟早悬殊,未为平允。着俟本年为始,刑部办理秋审内官犯、服制黄册,毋庸先期进呈。俱于每次呈进各该省情实常犯招册时,将此二项人犯另缮黄册,列于常犯黄册之前,一并呈览,听候勾到,以示格外矜全,务得其平至意。钦此。"钦遵在案。此二条旧例,应行修改。又查秋审官犯,自乾隆十四年(1749)定例以后,俱分别情实、缓决定拟。

迨乾隆二十二、三、七等年（1757、1758、1762），臣部于官犯杨灏、经应斗、高联登、程嘉蕃等拟入缓决内，屡奉谕旨，严饬自后臣部于秋审官犯，俱定拟情实，例内“缓决”“可矜”等字，系属旧例，应行节删。又查秋审服制人犯，向例俱系由立决奉旨改为监候者列入服制册内，其本罪应拟斩候者，仍入各该省常犯情实册内候勾。嗣于嘉庆四年（1799），臣部奏称，例内载有卑幼听从尊长主使，下手殴伤本宗小功、大功兄、姊及尊属至死，拟斩监候一条。因其殴由尊长，至死有不得不从之势，与自行逞凶者有间，故定例止拟斩候。向来秋审时，因其非由立决改为监候之案，俱散在各省常犯情实册内办理。惟是此等案件，同一有关服制，若归入常犯册内，似非所以重伦常而昭画一。请嗣后凡卑幼听从尊长主使，殴死本宗小功、大功兄、姊及尊属之犯，照例问拟斩候者，另缮一册，附于九卿改拟服制册后进呈等因具奏。奉旨：“依议。钦此。”钦遵亦在案。又服制人犯，两次免勾之后，查办改入缓决，例内已经申叙。至官犯，于乾隆四十二年（1777）钦奉谕旨，十次勾免，方准查办改入缓决。例内未经申叙，应于例内添入，以昭赅备。谨将修并例文，开列于后。

一、凡官犯，及常犯罪干服制，由立决改为监候者，又卑幼听从尊长主使殴死本宗小功大功兄姊及尊属，例应斩候者，刑部于秋审时，俱列入情实，各另缮一册，列于各该省常犯情实黄册之前，进呈候勾。官犯俟十次免勾之后，服制常犯俟两次免勾之后，大学士会同刑部堂官，将人犯招册，复加详勘。其有实在情节可宽者，摘叙案情，确加看语，请旨改入缓决。

【1802】6.28.411.（46）（略）

【1825】6.28.411.（47）（略）

【1751】○续纂

一、凡每年秋审，遇审某省，即令某道御史与掌道一体上班。朝审，令京畿道御史同掌道与审。

臣等谨按：此条系乾隆十四年（1749）十月内，山东道御史严源焘条奏定例，应纂辑以便遵行。

【1767】○修改

臣等谨按：原例每年朝审，令河南道御史同掌道与审。又承办朝审案件，令河南道专办各等语。查乾隆二十三年（1758）内，钦奉上谕：“京畿道着列于河南道之前，河南道事务，令京畿道办理。钦此。”是以将原例“河南道”俱改为“京畿道”。

一、凡每年秋审，遇审某省，即令某道御史与掌道一体上班。朝审，令京畿道御史同掌道与审。

【1768】6.28.411.（11）（略）

【1790】6.28.411.（9）（略）

【1802】6.28.411.（8）（略）

【1825】6.28.411.（7）（略）

【1751】○续纂

一、凡广东之琼州府属、甘肃哈密，斩绞人犯应监候者，于定案后，俱解交该按察使监禁。俟三届秋审后，发回原犯地方收禁。若福建之台湾府属斩绞监候人犯，专令按察使收监，毋庸发回。其应支钱粮、衣药，及遇有疏脱、监毙事件，俱查照定例，一体办理。

臣等谨按：此条系乾隆十五年（1750）七月内，臣部议复升任甘肃按察使杨应琚条奏哈密监候人犯照琼州、台湾定例，应纂辑以便遵行。但琼州、台湾监候人犯在按察使衙门监禁之处，例无明文。今检查各司办理成案，惟广东之琼州府属斩、绞人犯，在按察使衙门收禁，三届秋审后，发回本籍。若福建之台湾府属斩、绞人犯，在省城监禁，并无发回之例。谨分晰纂辑，并为一条。

【1767】○修改

臣等谨按：此条原例，凡广东之琼州府属、甘肃之哈密斩、绞人犯，应监候者，于定案后，解交该按察使监禁。俟二次秋审后，发回原犯地方收禁。定例盖因琼州、哈密离省窎远，故将各犯寄禁司监，以省每年提解拖累。今秋审人犯，既令道员遍历复审，则广东之琼州，有雷琼道管辖；甘肃之哈密，有安西道管辖。应即令该道等照例复勘，毋庸解至省城。应将琼州、哈密人犯寄禁省城等句删除。惟福建台湾府所属斩、绞人犯，因其远隔重洋，向例永远寄禁司监，并不发回原犯地方。应照例遵行，合并声明。

一、福建之台湾府属斩、绞监候人犯，专令按察使照旧收禁。其应支囚粮衣药，及遇有疏脱、监毙事件，俱查照定例，一体办理。

【1768】6.28.411.（12）（略）

【1790】6.28.411.（10）（略）

【1801】○修改

臣等谨按：嘉庆四年（1799），军机大臣会同臣部奏称，直隶总督胡季堂面奏秋审情实人犯，应照旧例分禁各州、县，无庸留禁省监，以免群凶聚集滋事，且在犯事地方正法，并得共知炯戒等因。臣等查得，向来各省办理秋审，其附省州、县各犯，俱解省审勘后，发回犯事州、县监禁。惟福建之台湾府人犯，因远隔重洋，于定案后，即交按察使监禁。嗣于乾隆四十八、五十一、五十六等年（1783、1786、1771）定例，秋审情实人犯，解审后即留省监羁禁，不必发回各州、县等因，各在案。臣等伏查省城为首会之地，凡各州、县解审命、盗案件，及罪应军、流以上各犯，招解时俱应羁禁省监候审。是省城监狱已属拥挤，若复将秋审情实人犯留禁，多者百余名，少者不下数十名，防范更难周密。且情重之犯，明知罪在不宥，凶囚群集，互相出谋，难保无越狱滋事。而各处乡民见其犯法，不见其正法，亦不足以示惩创。应请嗣后，除台湾府斩、绞监候人犯，系远隔重洋，仍照定例留禁省监外，其余各省斩、绞重犯，俟督、抚审勘后，俱照旧例发回各州、县监禁，即于犯事地方处决示众等因具奏。奉旨："依议。钦此。"又据山东巡抚、宗室宜兴咨称，已奉审题现审立决留禁人犯，应否一并发回之处，咨请部示。经臣部议称，军机大臣会同本部原奏，斩、绞情实人犯，审勘后发回各州、县监禁，系专指秋审人犯而言。至斩、枭立决人犯，各省本不多有，即留禁省监，亦不致凶囚多聚。且为时迅速,非如秋审,必待数月之久者可比。自应仍照定例,留禁省监,俟奉到部文提验处决。应枭示者,仍传首犯事地方示众等因,各通行在案。所有秋审人犯留禁省监旧例,应行修改。并将台湾府属及各省秋审人犯分别办理,修并一条。斩、枭立决人犯,仍留省监,另列一条,以便引用。又甘肃省之哈密、安西、玉门、敦煌等厅、州、县,地系口外,距省窎远,所有秋审斩、绞人犯,应留禁省监,以昭慎重。嘉庆四年(1799),臣部于陕甘总督松筠咨请部示案内,咨复在案,应添纂为例。谨将修改例文二条,开列于后。

一、各省秋审斩、绞重犯,俟督抚审勘后,俱发回各州县监禁,接准部文后,即于犯事地方处决。惟福建之台湾府属,甘肃之哈密、安西、玉门、敦煌等厅、州、县,斩、绞监候人犯,专令按察使照旧收监。其应支囚粮、衣药,及遇有疏脱、监毙事件,俱查照定例,一体办理。

【1802】6.28.411.(41)(略)

【1825】6.28.411.(42)(略)

【1751】○续纂

一、凡直省驻防旗人犯事应斩绞者,俱解刑部收监。旗下家奴,即在犯事地方监禁。

臣等谨按:驻防旗人犯事,罪系正身,俱解到刑部监候,家奴即在犯事地方收监,现在遵行,今应补纂。

【1768】6.28.411.(13)(略)

【1778】○删除

臣等谨按:此条系直省驻防旗人犯应斩、绞者解部收监旧例。今于乾隆四十二年(1777)十一月内,钦奉谕旨:"各省驻防旗人,犯该斩、绞者,毋庸解部,即在理事同知衙门收禁。"经臣部纂辑新例,所有此条旧例,现已不用,应请删除。

【1756】○续纂

一、聚众械斗,互毙多命,实系各下手致死之人,一命一抵,俱列入秋审情实册内,请旨勾决。

臣等谨按:此条系乾隆十八年(1753)九月内钦奉谕旨,应恭纂为例,以便遵行。

【1767】○删除

臣等谨按:此条系专指秋审定拟情实而设,臣部于乾隆三十二年(1767)奏准删除。

【1756】○续纂

一、凡停止勾决之年,其情实案内,有纠众聚匪劫犯辱官,及侵蚀亏空多赃,情罪重大各犯,刑部仍开具事由清册,另行奏闻,请旨正法。

臣等谨按:此条系乾隆十九年(1754)闰四月内,臣部议复调任福建巡抚陈宏谋题奸民吴典、林对等案内，钦奉谕旨。应恭纂为例，以便遵行。

【1768】6.28.411.(14)(略)

【1790】6.28.411.(11)(略)

【1801】○删除

臣等谨按：此条系乾隆十九年(1754)定例。嘉庆四年(1799)五月初三日，钦奉上谕："本年情实各犯，着停止勾决。钦此。"臣部奏称，伏查立决人犯，臣部俱随本题请处决，其应入秋审之案，即非决不待时之犯。故向遇停勾之年，一应斩、绞监候人犯，俱免勾决。自乾隆十九年(1754)福建巡抚陈宏谋奏吴典等纠众夺犯案内声明，赶入本年秋审情实。是年恭逢恩旨停勾，部将赶入各案，摘其情重之犯，仍请旨正法。嗣后，每遇停勾之年，臣部于八月会同九卿上班后，即照此办理。是情重各犯，系在赶入案内查核摘办。本年二月，臣部奏奉恩旨，停止赶入，则无所为情重之犯。自应推广皇仁，酌复旧制，毋庸查办，以昭矜恤，而归画一等因具奏。奉旨："依议。钦此。"钦遵在案。此条停止勾决年分办理情重之处，业经奏准不用，应行删除。

【1756】○续纂

一、凡罪干服制，由立决改为监候者，刑部于秋审时，俱列入情实，汇为一册，先期进呈，恭候钦勾。俟经两次免勾之后，大学士会同刑部堂官，将此等人犯招册，复加详勘。其有实在情节可宽者，摘叙案情，确加看语，请旨改入缓决。

臣等谨按：此条系乾隆十七年(1752)九月内钦奉谕旨，应恭纂为例，以便遵行。

【1768】6.28.411.(15)(略)

【1790】6.28.411.(12)(略)

【1801】○修并

修并按语及修并后例文，见【1790】6.28.411.(8)条【1801】修并项下。

【1761】○续纂

一、各省官犯，如系贪酷败检，侵亏狼藉，及有心巧诈，不尽臣职，罪应斩、绞之员，其审题结案，在行刑之日以前者，着皆补疏题请；情实予勾者，即行刑之日已过，亦着行刑；在行刑以后审结者，入下年新事册内，刑部仍粘签声明。其寻常私罪案犯，无前项情节者，着牢固监候，俟次年秋审办理，不得概请补入本年情实。

臣等谨按：此条系乾隆二十二年(1757)九月内并十二月内钦奉上谕，应恭纂为例，以便遵行。

【1768】6.28.411.(16)(略)

【1790】6.28.411.(13)(略)

【1802】6.28.411.(9)(略)

【1825】6.28.411.(8)(略)

【1761】○续纂

一、凡斩、绞罪犯,如一人连毙二命,妖言惑众,传习符咒,并官员侵渔帑项,勒敛民财,非残忍已极,即有关民俗官方,如定谳已在该省热审之后,刑部即补入本年秋审情实册内具题。如遇停勾之年,俱照情罪重大之例,另奏请旨正法。

臣等谨按:此条系乾隆二十五年(1760)十月内钦奉上谕,应恭纂为例,以便遵行。

【1768】6.28.411.(17)(略)

【1790】6.28.411.(14)(略)

【1801】○删除

臣等谨按:此条系乾隆二十五年(1760)定例。嗣于嘉庆四年(1799),臣部奏称,臣部每年办理各省秋审,总以上年封印以前及本年春夏间题结奉旨之案,按各省道里远近,定有截止限期。其在截止期后题结者,即归入下年办理,向无赶入之例。乾隆十九年(1754),经福建巡抚陈宏谋奏准,吴典等纠众抢犯拟绞监候案内声明,赶入本年秋审情实。嗣臣部遇有情实之案,如一人连毙二命、匿名揭帖等项,节次奏明,赶入本年秋审情实办理。并酌定条款,纂入例册遵行。是以有各省声明赶入者,亦有由臣部声明者,以应入下年秋审之犯声明赶入本年。虽罪名仍按斩、绞本律,而问刑之官,遽请赶入,即属加重之意。现在钦奉谕旨,问刑衙门,不得于律外加重。是办理一切罪犯,承审各官,俱应各按本律、本例,定拟斩、绞。即间有情节较重,亦应断自宸衷。临时酌量赶入,非问刑衙门所应声请。嗣后,外省定案及臣部复奏各案,均毋庸先行声明"赶入秋审"字样,以符体制。并将例内所载赶入条款,一并删除等因具奏。奉旨:"依议。钦此。"钦遵在案。所有赶入旧例,应行删除。

【1761】○续纂①

一、州县命案,于检验尸伤时,即讯取已经到案犯证初供,并将案内人犯是否齐全,及有无要犯未获之处,同验尸图格,于十日内造册申报督抚,按月汇册,转咨部、科备案。其有于复审时究出确情,与初供不合,将究诘改供缘由,据实详叙。若有心翻案改招,或因护初供,迁就纽合,及所取初供,改为闪烁含混,以图移改出入者,该督抚严察题参,将承审官照故行出入例议处。督抚不行查参,被法司纠举得实,亦照前例议处。

臣等谨按:此条系乾隆二十二年(1757)十一月内,臣部议复河南道监察御史诸徐孙条奏定例,应纂辑以便遵行。

【1767】○删除

嗣于乾隆二十七年(1762)奏准,命案初供,止申报上司查核,俟定案后题达,不必先行报部,此条删。

① 此条乾隆二十六年《大清律续纂条例》不载。

【1761】○续纂

一、秋审案内抢窃满贯，及三犯窃赃数至五十两以上，问拟绞候之犯，如已经缓决三次者，各该督抚查明咨部，均照强盗免死减等发遣例，改发云贵两广极边烟瘴充军。其年老有疾者，仍入秋审具题。朝审人犯，亦照此办理。

臣等谨按：此条系乾隆二十三年(1758)五月内，臣部议复升任江苏按察使崔应阶条奏定例，应纂辑以便遵行。

【1767】○删除

乾隆三十二年(1767)，因已定有一次减等新例，将此条删除。

另见【1768】6.28.411.(22)条【1767】续纂按语。

【1761】○续纂

一、秋审缓决人犯，解审二次之后，如情罪无可更定者，止令有司叙由详报，各督抚核招具题，不必复行提审。其曾拟情实未经勾决之犯，及前拟情实后改缓决、前拟缓决后改情实，并缓决人犯内情可矜疑者，仍照例饬提解审。

臣等谨按：此条系乾隆二十五年(1760)十一月内，臣部议复升任福建按察使史奕昂条奏定例，应纂辑以便遵行。

【1767】○删除

臣等谨按：此条系专为提解秋审人犯至省复审而设。今秋审人犯，现定新例令道员遍历所属审勘，毋庸解至省城。则各州、县应审人犯，无论新旧、次数，自应通行复勘，以昭慎重。所有此条旧例，应请删除。

【1761】○续纂

一、各省秋审本揭，如系新事初次入秋审者，照旧备叙案由，确加看语，以凭会核。其旧事缓决三次者，止叙案由；未及三次者，摘取简明略节，依次汇为一本具题。俱不必叙入问供，以省繁冗。至九卿会审时，刑部分送招册内，有已经缓决三次，并无更改者，不必重复备册，分送会审。其中或有一二案尚须商议之处，仍听刑部摘出，临期印册，分送九卿公同会议。其各省官犯，及在京朝审案犯，虽缓决三次以上，仍照旧例办理。

臣等谨按：此条系乾隆二十六年(1761)六月内，臣部议复山西巡抚鄂弼条奏，及十月内大学士会同臣部议复都察院左都御史金德瑛条奏定例，应纂辑以便遵行。

【1768】6.28.411.(18)(略)

【1772】○修改

臣等谨按：乾隆三十四年(1769)七月内，臣部条奏，秋审招册，止将本年新事分送会审，其旧事已入缓决者，毋庸再行刷印。朝审案犯，亦照秋审之例会审，奏准遵行。再查官犯缓决案件，与常犯缓决事同一例。今常犯缓决一次之后，已停止刷印招册。而官犯缓决,若照旧例,无论次数,仍行刷册分送,未免办理参差。是以臣部于三十四年秋审时,将官犯案件即照常犯之例,止将新事分送九卿会审,其旧事已入缓决者,俱停止刷印招册在案。所有此条原例内,已经缓决三次,并无更改者,不必重复备册分送,并条例之末,各省官犯及在京朝审案犯,虽经缓决三次以上,仍照旧例办理之处,应删改。谨将改辑例文,开列于后。

一、各省秋审本揭,如系新事初次入秋审者,照旧备叙案由,确加看语,以凭会核。其旧事缓决人犯,摘叙简明略节,依次汇为一本具题。俱不必叙入问供,以省繁冗。至九卿会审时,刑部分送招册内,除情实未勾,及初次入秋审者,仍刷印招册分送详核外,其旧事已入缓决者,不必重复备册,分送会审,止于会审时逐一唱名,进呈秋审本内,亦开列起数、名数具题。若旧事内有一二案尚须商议,并该督抚前拟情实后改缓决、前拟缓决后改可矜之案,仍听刑部摘出,临期印册,分送九卿公同会议。朝审案犯,一体办理。

【1790】6.28.411.(15)(略)

【1802】6.28.411.(10)(略)

【1825】6.28.411.(9)(略)

【1767】○续纂

一、刑部现审案内,除寻常徒、流、军、遣等罪,照例定拟者,仍入于按季汇题外,如遇有酌重酌轻案件,即非生监、骁骑校及大臣子弟之案,亦俱不拘件数、时日,随结随题。仍于酌量改拟之处,黏贴黄签,进呈御览。

臣等谨按:此条系乾隆二十九年(1764)十月内,臣部奏准定例,应纂辑遵行。

【1768】6.28.411.(19)(略)

【1788】○修并

修并按语及修并后例文,见【1740】6.28.411.(4)条【1788】修并项下。

【1767】○续纂

一、各省奉到立决人犯部文,该督抚按程按日计算,如由府转行州、县,在正、六、八月停刑期内者,即将部文密存按察使内署,仍按程日计算行至州县已非停刑日期,钉封专差驰递。该州县奉到部文,即日处决。

臣等谨按:此条系乾隆二十八年(1763)七月内,江西按察使颜希深条奏定例,应纂辑遵行。

【1768】6.28.411.(20)(略)

【1790】6.28.411.(17)(略)

【1801】○修改

臣等谨按:此条系乾隆二十八年(1763)定例。臣等恭查,每年十月,系我皇上万寿之月。内外衙门理宜停刑,应恭纂为例,以便遵行。谨将修改例文,开列于后。

一、各省奉到立决人犯部文,该督抚按程按日计算,如由府转行州县,在正、六、十月停刑期内者,即将部文密存按察使内署,仍按程日计算行至州县已非停刑日期,钉封专差驰递。该州县奉到部文,即日处决。

【1802】6.28.411.(44)(略)

【1825】○修改

臣等恭查:每年十月系皇太后万寿之月,八月系我皇上万寿之月,内外衙门理宜停刑。应恭辑为例,以便遵行。谨将修改例文,开列于后。

一、各省奉到立决人犯部文,该督抚按程按日计算,如由府厅州转行州县,在正月、六月、八月、十月停刑期内者,即将部文密存按察使内署,仍按程日计算行至州县已非停刑日期,钉封专差驰递。该州县奉到部文,即日处决。

【1825】6.28.411.(17)(略)

【1852】○修改

咸丰二年(1852)节删,并于"府"下增"厅、州"二字。

一、各省奉到立决人犯部文,该督抚按程按日计算,如由府厅州转行州县,在正月、六月停刑期内者,即将部文密存按察使内署,仍按程日计算行至州县已非停刑日期,钉封专差驰递。该州县奉到部文,即日处决。

【1870】6.28.411.(17)(略)

【1767】○续纂

一、秋审可矜人犯内,如子妇不孝,詈殴翁姑,其夫忿激致毙,或因该犯之母,素有奸夫,已经拒绝,后复登门寻衅,以致拒殴致毙者,此等情切天伦,一时义激,与寻常狠斗者不同,刑部会同九卿,遇有似此罪犯,案情既确,俱量为区别,照免死减等例,再减一等发落,仍逐案随本声明请旨。

臣等谨按:此条系乾隆二十七年(1762)八月内钦奉上谕,恭纂为例,以便遵行。

【1768】6.28.411.(21)(略)

【1790】6.28.411.(18)(略)

【1802】6.28.411.(12)(略)

【1825】6.28.411.(11)(略)

【1767】○续纂

一、秋、朝审案内抢窃满贯,及三犯窃盗赃至五十两以上,问拟绞候之犯,除情重应拟情实人犯外,其余应入缓决者,秋、朝审一次之后,改发云贵两广极边烟瘴充军。

臣等谨按:此条系乾隆三十一年(1766)八月内,江苏巡抚明德条奏,并乾隆三十二年(1767)四月内,军机大臣会同刑部奏准定例,应纂辑遵行。所有缓决三次改发旧例一条,应删行除。谨将删除例文,开列于后。

【1768】6.28.411.(22)(略)

【1790】6.28.411.(19)(略)

【1801】○修并

【原例】【1790】6.28.411.(19)(略)、【1790】6.28.411.(44)(略)

臣等谨按:前条抢、窃满贯及三犯窃盗赃至五十两以上,问拟绞候之犯,秋审缓决一次,改发云贵两广充军,系乾隆三十二年(1767)定例。后条窃赃满贯及三犯窃盗赃至五十两以上,问拟绞候之犯,秋审缓决一次,改发新疆。其抢夺满贯人犯,不准拟减,系乾隆四十四年(1779)定例。嗣于乾隆四十八年(1783),臣部议准,除抢夺满贯人犯不准拟减外,将前两项准减人犯,仍发云贵两广极边烟瘴充军,载入"名例"律内在案。后条改发新疆,系属旧例,应行修改,并将两条修并为一,以便引用。又嘉庆四年(1799),臣部条奏秋审缓决案内,除误杀其人之祖父母、父母、子孙,并误杀其人之胞伯叔父母、兄弟及妻,并在室女,系期服以上亲属者,仍俟缓决三次再行查办外,其误杀人功、缌以下亲属,并误杀旁人与戏杀、擅杀各案,均请照窃赃满贯及三犯窃盗赃至五十两例,于缓决一次后,臣部查核,奏请减流等因具奏。奉旨:"依议。钦此。"钦遵亦在案。应于例内增入,以昭赅备。谨将修并例文,开列于后。

一、戏杀、擅杀、误杀,及窃赃满贯,并三犯窃盗赃至五十两以上,问拟绞候,应入缓决之案,秋、朝审一次之后,刑部查核奏明,将擅杀、戏杀、误杀之犯,减为杖一百、流三千里;窃赃满贯、三犯窃盗赃至五十两以上之犯,减发云贵两广极边烟瘴充军。其抢夺满贯人犯,及误杀案内,所杀系其人之祖父母、父母、伯叔父母、妻、兄弟、子孙、在室女者,俱俟查办缓决时,再行照例办理,不在此例。

【1802】6.28.411.(47)(略)

【1806】○修改

臣等谨按:嘉庆八年(1803)十二月内,臣部奏缓决一次常犯照例核办减等折内,酌议擅杀案件较多,情节轻重各异,因擅兼谋、故,如有心毙命,火器杀人,活埋情惨,甚或连毙罪人二命等案,原题内不得不以擅杀定拟,而于秋、朝审缓决一次后即准减等,不惟无以戢暴戾之气,恐转易启残杀之端。不若仍循旧例,将拒捕成伤有据,及捉奸实由义忿者,拟入可矜,于秋审时依例减等。其余均俟缓决三次,奉有恩旨,与寻常斗杀等案,一体查办等因,奏准在案。是擅杀各犯,均不在秋、朝审缓决一次减等之列,例内"擅杀"二字,应行节删。谨将修改例文,开列于后。

一、戏杀、误杀,及窃赃满贯,并三犯窃盗赃至五十两以上,问拟绞候,应入缓决之案,秋、朝审一次之后,刑部查核奏明,将戏杀、误杀之犯减为杖一百、流三千里。窃赃满贯、三犯窃盗赃至五十两以上之犯,减发云贵两广极边烟瘴充军。其抢夺满贯人犯,及误杀案内,所杀系其人之祖父母、父母、伯叔父母、妻、兄弟、子孙、在室女者,俱俟查办缓决时,再行照例办理,不在此例。

【1825】6.28.411.(49)(略)

【1767】○续纂

一、缌麻服属人犯，于停勾二次之后，亦照期功以上例，大学士会同刑部一体省核，改入缓决。

臣等谨按：此条系乾隆二十九年(1764)九月内钦奉上谕，恭纂为例，以便遵行。

【1768】6.28.411.(23)(略)

【1790】6.28.411.(20)(略)

【1802】6.28.411.(13)(略)

【1825】6.28.411.(12)(略)

【1767】○续纂

一、各省每年秋审，臬司核办招册，务须先期定稿，陆续移咨在省司、道，会同虚衷商榷，联衔具详，督抚复核定拟。至期，会审司、道等官，俱赴督抚衙门办理。

臣等谨按：此条系乾隆二十六年(1761)五月钦奉上谕，及二十九年(1764)三月广东布政司胡文伯条奏，并纂为例，以便遵行。

【1768】6.28.411.(24)(略)

【1790】6.28.411.(21)(略)

【1802】6.28.411.(14)(略)

【1825】6.28.411.(13)(略)

【1767】○续纂

一、新疆地方定拟死罪监候人犯，凡经秋审缓决二次，及拟情实三次未勾者，俱发往雅尔地方，给种地兵丁为奴。

臣等谨按：此条乾隆三十二年(1767)四月内伊犁将军阿桂奏准定例，应纂辑遵行。

【1768】6.28.411.(25)(略)

【1788】○删除

臣等谨按：此条系乾隆三十二年(1767)原定之例。嗣于乾隆四十二年(1777)十二月内，钦奉谕旨："内地秋审人犯，缓决三次者，方准减等。情实十次未勾，方改缓决。新疆人犯治罪，应较内地为重，庶各犯不敢轻蹈法纪，岂可转较内地从轻。着军机大臣会同刑部另拟具奏等因。"当经军机大臣，会同臣部酌拟。嗣后新疆秋审人犯，缓决者，必俟五次之后；情实者，必俟十二次未勾，方准于新疆地方，互相调发为奴等因奏准。纂定例文，通行遵照在案。所有此条原例内，新疆秋审级决二次及拟情实三次未勾者，俱发往雅尔地方，给种地兵丁为奴之文，系属旧例，业已不用，应请毋庸载入。

【1767】○续纂

一、凡每年各省应入秋审人犯，毋庸提解省城会勘，俱令该道员以冬季为期，巡历所属,就便率同该府知府,亲诣各州县逐一讯勘。如与定案时并无异同,即行造册加结申送督抚查核定拟。若有情罪未协,临时呼冤之犯,讯非捏词翻异,亦即另缮招册,出具印结,派委众役,将犯证一并解送院司复审。倘有事本冤抑,该道等徇庇属员,不为辩明,及案无可疑,有心翻异者,该督抚查出,严参议处。督抚等不加觉察,亦一并议处。其直隶州知州,及并无统辖之厅员,俱照知府之例办理。直隶州本州案件,应专听道员复勘。至盛京刑部侍郎,及吉林、黑龙江将军衙门案件,仍照旧例行。其并无道员统辖之锦州、奉天二府,锦州府即着知府,奉天即着治中,前往复勘。该道、府巡历之时,务须轻骑减从,毋得稍有滋扰。经过之地方官,亦不得供应迎送。如该道巡历以后,应行续入者,仍令该道于秋审前,率同知府就案按临,补行审勘。

臣等谨按:此条系乾隆三十三年(1768)三月内,河南巡抚阿思哈条奏。钦奉谕旨,饬令臣部核议定例,应纂辑遵行。惟查奉天一省,并无设有道员,而吉林、黑龙江将军,亦非地方官所辖,事例与各省不同。是以臣等谨拟,盛京刑部侍郎,吉林、黑龙江将军衙门,仍照旧例办理。其锦州府有知府大员,奉天府现有治中,俱可遍历复审,自应一并纂入例册,合并声明。

【1768】6.28.411.(26)(略)

【1772】○修改

臣等谨按:乾隆三十三年(1772)七月内,贵州按察使高积条奏,贵州贵阳等府,俱有属府分辖之处,自行承审案件,与直隶州无异。请照直隶州知州,专听道员复勘。又七月内,湖南巡抚方世儁条奏,秋审官犯及常犯内,如有监禁在省者,仍由督、抚率同司、道复审,俱经臣部议准在案,应并入此条之内。今拟于直隶州本州县案件之下,添入并贵州贵阳等府知府自理之案,俱专听道员复勘。至监禁在省官犯并常犯内,如有监禁在省者,仍由该督、抚,率同司、道会勘数语,以便遵行。今将增改例文,开列于后。

一、凡每年各省应入秋审人犯,无庸提解省城会勘,俱令各该道员,以冬季为期,巡历所属,就便率同该府知府,亲诣各该州、县,逐一讯勘。如与定案时,并无异同,即行造册加结,申送督、抚查核、定拟。若有情罪未协,临时呼冤之犯,讯非捏饰翻异,亦即另缮招册,出具印结,派委妥役,将犯、证一并解送院、司复审。倘有事本冤抑,该道等徇庇、属员不为辩明,及案无可疑,有心翻异者,该督抚查出,严参议处。督、抚等不加觉察,亦一并议处。其直隶州知州,及并无统辖之厅员,俱照知府之例办理。直隶州本州案件,并贵州贵阳等府知府自理之案,俱专听道员复勘。至监禁在省官犯并常犯内,遇有监禁在省者,仍由该督、抚率同司、道会勘。至盛京刑部侍郎,及吉林、黑龙江将军衙门案件,仍照旧例行。其并无道员统辖之锦州、奉天二府,锦州府即着知府,奉天府即着治中,前往复勘。该道、府巡历之时,务须轻骑减从,毋得稍有滋扰。经过之地方官,亦不得供应迎送。如该道巡历以后,应行续入者,仍令该道于秋审前,率同知府就案按临,补行审勘。

【1778】○删除

臣等谨按：此条原例系乾隆三十三年（1768）三月内，河南巡抚阿思哈条奏定例。今于乾隆四十一年（1776）正月内，大学士仍管两江总督高晋条奏，以秋审人犯，仅令原审道、府就近审勘，究非慎重民命之道。仍请照旧提犯赴省会勘。经臣部核复，奏准通行，纂辑新例。此条原例，业已奏明不用，应请删除。

【1772】○续纂

一、距京路远各省，应入秋审案件，于每年冬季道员巡历复审之时，臬司衙门将已经审结具题，约计次年热审可以接准部咨者，逐一查明，移行该道、府，同已经接准部咨各案，一体预行复审，造册申送。如至期遇有未准部咨，及部驳另审者，臬司照例扣除，仍知会该道，归入下年秋审。

臣等谨按：此条系乾隆三十三年（1768）七月内，臣部议复贵州按察使高积条奏定例，应纂辑以便遵行。

【1790】6.28.411.（27）（略）

【1802】6.28.411.（19）（略）

【1825】6.28.411.（20）（略）

【1772】○续纂

一、各省官犯于定案时，即在按察使衙门收禁。秋审勾本到省，照刑部决囚之例，将情实官犯，全行绑赴市曹，即令按察使监视行刑，奉到谕旨，当场开读，按照予勾之犯，验明处决。

臣等谨按：此条系乾隆三十三年（1768）九月内钦奉上谕，恭纂为例，以便遵行。

【1790】6.28.411.（28）（略）

【1802】6.28.411.（20）（略）

【1825】6.28.411.（21）（略）

【1772】○续纂

一、刑部核复各省审题事件，内有余犯拟罪未当，应驳令复审，而正犯应立正典刑，无庸质讯，其罪又无可加者，即先决正犯，不必一概驳令复审。

臣等谨按：此条系乾隆三十四年（1769）十月内，臣部核复湖北巡抚拟议审题，张昆等纠众人室，抢夺田至钱物案内，余犯拟罪未当，驳令覆审，将毋庸质讯之张昆，先行正法，并请定例。应纂辑，以便遵行。

【1790】6.28.411.（29）（略）

【1802】6.28.411.（21）（略）

【1825】6.28.411.（22）（略）

【1772】○续纂

一、在京现审案件，有应行立决人犯，如适当雨泽愆期清理刑狱之时，刑部将此等应结案牍，暂行停止题奏。俟雨泽沾足，再行请旨。

臣等谨按：此条系乾隆三十六年（1771）五月内钦奉上谕，应恭纂为例，以便遵行。

【1790】6.28.411.（30）（略）

【1802】6.28.411.（22）（略）

【1821】○修改

臣等谨按：嘉庆二十年（1815）十二月二十一日，奉上谕："向例祈雨、祈雪期内，俱不进立决本章。但祈雨、祈雪原为京畿附近而设，非概为直省致祈也。嗣后祈雨、祈雪期内，若立决人犯，应在京处决者，着毋庸具奏。如系应在外省处决者，则奉旨之后，行文该省，计奉到时，已相距日久，俱照常进本。著为令。再刑部议复立决本章，期限亦觉太宽，着刑部酌议量减具奏，候旨遵行。钦此。"当经臣部酌议量减限期，奏准在案。除将议复立决本章限期，载入"官文书稽程"门内遵行外，所有雨泽愆期清理刑狱原例，应行修改明晰。谨将修改例文，开列于后。

一、应行立决人犯，应在京处决者，如适当雨泽愆期清理刑狱之时，并祈雨、祈雪期内，刑部将此等应结案牍，暂行停止题奏。俟雨泽沾足，再行请旨。如系应在外省处决者，俱照常题奏。

【1825】6.28.411.（19）（略）

【1772】○续纂

一、云南省处决重囚，部文到日，如州县无同城佐贰，印官公出，除公出报府有案，并县在附郭者，仍照定例由府委员监决外，其非附郭首县，如有猝奉调遣不及报府者，部文到日，即准令该吏目、典史，会同营员，代为监决。仍将印官因何公出，及代为监决缘由，具报上司查核，毋庸申请本府另行委员。

臣等谨按：此条系乾隆三十六年（1771）八月内，云南按察使、觉罗法明条奏定例，应纂辑以便遵行。

【1790】6.28.411.（31）（略）

【1802】6.28.411.（23）（略）

【1825】6.28.411.（24）（略）

【1778】○续纂

一、直省每年应入秋审案犯，于应勘时，仍令各督抚提解省城，率同在省司、道，公同会勘，定拟具题。至缓决人犯，解审一次之后，情罪无可更定者，只令有司叙由详报，停其解审。其曾拟情实未经勾决之犯，及前拟缓决后改情实，并缓决人犯内情可矜疑者，仍照例解审。

臣等谨按：直省秋审，原系提犯至省，督、抚率同在省司、道，会勘具题。嗣于乾隆三十三年(1768)三月内，经河南巡抚阿思哈条奏，请将各省秋审人犯，毋庸解省会勘，俱令各该道员巡历所属，就便率同该府，亲诣各州、县，逐一勘讯，造册申送督、抚查核定拟。是年纂入例册，随将旧例删除。今于乾隆四十一年(1776)正月内，大学士仍管两江总督高晋以仅令原审道、府就近审勘，究非慎重民命之道，奏请仍照从前旧例，提犯赴省会勘。经臣部核复奏准，应纂辑遵行。所有道、府审勘之例，应行删除。合并声明。

【1790】6.28.411.(22)(略)

【1802】6.28.411.(15)(略)

【1825】6.28.411.(14)(略)

【1778】○修复

【原例】* 刑律·捕亡·稽留囚徒

【1740】6.27.391.(1)一、秋审人犯解省之时，俱令州县径行解司，仍报明该管各府。审后亦即由司给发护牌，分发各州县收禁，仍汇文行知各该府。

臣等谨按：以上三条，系押解秋审人犯至省旧例，乾隆三十三年(1768)三月内，因河南巡抚阿思哈条奏，秋审人犯毋庸提解省城会审，俱令各该道遍历所属审勘，经臣部议复奏准。是年纂修律例，将以上三条，俱行删除。今现定新例，秋审人犯仍行提解省城会勘。所有押解秋审人犯旧例三条，应行纂复，以便遵行。再此三条原例，从前系“稽留囚徒”门内，今查“有司决囚等第”门内，类此者甚多。谨将原例三条，一并移入“有司决囚等第”门内，以归画一，合并声明。

【1790】6.28.411.(23)(略)

【1802】6.28.411.(16)(略)

【1825】6.28.411.(15)(略)

【1778】○修复

【原例】* 刑律·捕亡·稽留囚徒

一、各省起解秋审人犯，各州县如有相距在七十里以外，不及收禁者，该地方官预期选拨干役，前赴寄宿之处，传齐地保，知会营汛，同原解兵役支更巡逻防范。审后发回，一体办理。倘有疏脱及纵放等情，将各该役俱照原解兵役一体治罪。

修复按语，见【1790】6.28.411.(23)条【1778】修复项。

【1790】6.28.411.(24)(略)

【1801】○修改

臣等谨按：此条系雍正年间定例。查疏脱斩、绞人犯，长解、短解有无贿纵情弊分别治罪之处，“主守不觉失囚”门内已有专条。此条例内，将各该役，俱照原解兵役一体治罪。语意含混,应行详悉修改。谨将修改例文,开列于后。

一、各省起解秋审人犯,各州县如有相距在七十里以外,不及收禁者,该地方官预期选拨干役,前赴寄宿之处,传齐地保,知会营汛,同原解兵役支更巡逻防范。审后发回,一体办理。倘有疏脱及纵放等情,将各该役照短解兵役例,与原解兵役分别治罪。

【1802】6.28.411.(45)(略)

【1825】6.28.411.(46)(略)

【1778】○修复

【原例】* 刑律·捕亡·稽留囚徒

一、直省委员押解秋审人犯,止令逐程交替,不必长解守候。其交替之时,将人犯并解役,当面点交前站委员收明,始回本地。其审毕发回时,亦照此逐程发递。

修复按语,见【1790】6.28.411.(23)条【1778】修复项。

【1790】6.28.411.(25)(略)

【1802】6.28.411.(17)(略)

【1825】6.28.411.(16)(略)

【1778】○续纂

一、每年秋审勾到后,大学士会同刑部,将已勾、未勾情节,摘叙简明事由奏闻,行知各督抚于处决时,揭示通衢晓谕。朝审,由刑部发交该城榜示。其各省官犯,俱俟朝审勾到后,奏闻颁发。

臣等谨按:此条系乾隆三十八年(1773)十月内钦奉上谕,及乾隆四十年(1775)九月内大学士于敏中面奉谕旨,应并纂为例,以便遵行。

【1790】6.28.411.(32)(略)

【1802】6.28.411.(24)(略)

【1825】6.28.411.(25)(略)

【1778】○续纂

一、凡凶盗逆犯,干涉军机,应行立决,及须刑鞫者,均即随时办理,声明咨部,毋庸拘泥停刑旧例。其寻常案件,仍照定例月日停刑。

臣等谨按:此条系乾隆三十八年(1773)十月内,钦奉谕旨著为令,应纂为例,以便遵行。

【1790】6.28.411.(33)(略)

【1802】6.28.411.(25)(略)

【1825】6.28.411.(26)(略)

【1778】○续纂

一、每年朝审勾到，刑部将人犯绑出之日，步军统领衙门派步军翼尉一员护送。

臣等谨按：此条系乾隆三十八年(1773)十月内钦奉上谕定例，应恭纂遵行。

【1790】6.28.411.(34)(略)

【1802】6.28.411.(26)(略)

【1825】6.28.411.(27)(略)

【1778】○续纂

一、秋、朝审情实官、常犯，有经十次未勾者，刑部查明奏闻，下次改入缓决，不得擅改可矜。其官犯已改缓决后，如遇查办缓决三次以上时，不得与常犯一例减等。其中或有应行宽宥者，恭候谕旨办理。

臣等谨按：此条系乾隆三十九年(1774)十月及四十二年(1777)十月，两次钦奉谕旨，应恭纂为例，以便遵行。

【1790】6.28.411.(35)(略)

【1802】6.28.411.(27)(略)

【1825】6.28.411.(28)(略)

【1778】○续纂

一、直省处决重囚，部文到省之日，除州县远而道府近者，仍照旧例办理外，其州县近而道府远者，不必由道府转行，该督抚即派委在省之同知等官，驰往监决。

臣等谨按：此条系乾隆三十九年(1774)十一月内，臣部议复山西按察使黄检条奏定例，应纂辑遵行。

【1790】6.28.411.(36)(略)

【1802】6.28.411.(28)(略)

【1825】6.28.411.(29)(略)

【1778】○续纂

一、凡五城、提督、顺天府各衙门，遇有应行递解之下贱匪类，并凶顽生事，及实患疯病等项人犯，除籍系直隶，就近递回者，听各该衙门照旧办理外，其余应解回别省人犯，均叙明案由，交送刑部，核明应解与否，分别办理，三月汇奏一次。

臣部谨按：此条系乾隆三十九年(1774)十二月内，钦奉上谕著为令，应恭纂为例，以便遵行。

【1790】6.28.411.(37)(略)

【1802】6.28.411.(29)(略)

【1825】6.28.411.(30)(略)

【1778】○续纂

一、库尔喀喇乌苏地方,遇有一切命、盗等案,俱责令营员,会同粮员查验讯供,解送迪化州办理。

臣等谨按:此条系乾隆三十九年(1774)十二月内,据陕甘总督勒尔谨咨请部示,经臣部奏准定例,应纂辑遵行。

【1768】6.28.411.(38)(略)

【1802】6.28.411.(30)(略)

【1825】6.28.411.(31)(略)

【1778】○续纂

一、大、宛两县秋审勾决,及一应斩、绞立决重犯,刑部于奉旨后,即一面径行顺天府府尹,转饬该县就近办理,一面仍行文直隶总督备案。

臣等谨按:此条系乾隆四十年(1775)闰十月内,臣部议复侍郎兼管顺天府府尹胡季堂条奏定例,应纂辑遵行。

【1790】6.28.411.(39)(略)

【1802】6.28.411.(31)(略)

【1825】6.28.411.(32)(略)

【1778】○续纂

一、外省徒罪案件,如有关系人命者,均照军、流人犯解司审转,督抚专案咨部核复,仍令年终汇题。其寻常徒罪,各督抚批结后,即详叙供招,按季报部查核。

臣等谨按:此条系乾隆四十年(1775)十二月内,臣部议复甘肃按察使图桑阿条奏定例。徒罪案件,有关人命者,均照军、流人犯解司审转,详报督、抚专案咨部。又四十一年(1776)十二月内,臣部以前有关人命拟徒之案,既照军、流案件一体专案咨部,自应照军、流人犯之例年终汇题,复经通行直省画一办理在案。应并纂为例,以便遵行。

【1790】6.28.411.(40)(略)

【1802】6.28.411.(32)(略)

【1825】6.28.411.(33)(略)

【1778】○续纂

一、滇省秋审,除曲靖等八府,及距省不远之直隶四厅州人犯,仍解省会鞫外,其离省窎远之永昌、顺宁、丽江、昭通、广南、普洱等六府,即责令不由审转之各道员,于冬季巡历时,亲加研鞫,不必会同该府;其由该道审转,如迤西之景东、永北两厅人犯,令迤南道亲审,迤南之镇沅直隶州及州属恩乐县人犯,令迤西道亲审。倘该道不亲加勘鞫,仅以册结了事,以致案有冤抑,该督抚严参究治。

臣等谨按：此条系乾隆四十一年(1776)九月内，臣部议复云南按察使汪圻条奏定例，应纂辑遵行。

【1790】6.28.411.(41)(略)

【1802】6.28.411.(33)(略)

【1825】6.28.411.(34)(略)

【1778】○续纂

一、各省驻防旗人，犯该斩、绞者，毋庸解部，即在理事同知衙门收禁。如有应入秋审人犯，令将军、都统等悉心确核，分别情实、缓决、可矜，造册题达，刑部、九卿会核具题。至勾到时，某省驻防，即另册同各省应勾人犯一体办理。

臣等谨按：此条系乾隆四十二年(1777)十一月内，臣部议复广州将军、宗室永玮等审拟"驻防旗人克什布之妻杨氏违犯教令，致伊姑王氏自尽身死"一案，将杨氏依例拟绞监候，系驻防旗人之妻，例应解部监禁等因具奏。奉旨："杨氏依议应绞，着监候，秋后处决。余依议。至折内称，'杨氏系驻防旗人之妻，例应解部监禁，令该将军等派员选人伴解'等语。固属照例办理，但各驻防旗人内，应入秋审者，亦所常有。若俱派人伴送，不胜其烦。向来东三省秋审常犯，并不解京办理，各省驻防何独不然。况各省驻防将军、都统，拘禁一二人犯，亦非难事。而理事同知衙门各有监狱，即可令其收监，何必多此一番跋涉。嗣后各驻防遇有应入秋审人犯，即令将军、都统等悉心确核，分别情实、缓决、可矜三种，造册题达，交刑部、九卿会核具题。至勾到时，某省驻防，即令册同各省应勾人犯，一体办理。著为令。钦此。"应恭纂为例，以便遵行。

【1790】6.28.411.(42)(略)

【1802】6.28.411.(34)(略)

【1825】6.28.411.(45)(略)

【1782】○续纂

一、凡新疆地方定拟死罪秋审人犯，缓决者必俟五次之后，情实者必俟十二次未勾，方准于新疆地方互相调发为奴。

臣等谨按：此条系乾隆四十二年(1777)十二月内，伊犁将军伊勒图等奏"秋审缓决二次人犯刘宗武等请减发为奴"一案，奉旨："伊勒图等奏请将秋审二次缓决之刘宗武等发遣为奴一折，所拟未当。内地秋审人犯缓决三次者，方准减等；情实十次未勾者，方改缓决。新疆人犯法，罪应较内地为重。庶各犯不敢轻蹈法纪，岂可转较内地从轻。着交军机大臣会同刑部另拟具奏。钦此。"当经军机大臣会同臣部酌议，奏请嗣后新疆秋审人犯缓决者，必俟五次之后；情实者，必俟十二次未勾，方准于新疆地方互相调发为奴等因。奉旨："依议。钦此。"在案。应纂辑遵行。

【1790】6.28.411.(43)(略)

【1802】6.28.411.(35)(略)

【1806】○删除

臣等谨按:此条系乾隆四十二年(1777)定例。查向来办理新疆秋审人犯,俱系专折具奏,开单请旨。嗣于嘉庆元年(1796)九月内,军机大臣片奏,刑部办理秋审情实人犯,各省俱系题本恭缮黄册进呈。惟新疆各犯,专折具奏,办理未免参差。况新疆久隶版图,应请嗣后亦照各省之例,改用题本,恭缮黄册进呈等因奏准。臣部现在办理新疆秋审各事,宜俱照内地各省秋审人犯,一例办理。其内地秋审情实人犯,例应十次未勾,奏明改入缓决。缓决人犯,遇有恩旨,始分别减等。新疆缓决人犯,自元年以后,两次恭逢恩旨。凡三次以上者,俱与内地各犯,一体援减调发在案。其情实人犯十次未勾,亦应奏明改缓。此条例内,缓决五次、情实十二次调发之处,系属旧例,业已不用,应请删除。

【1782】○续纂

臣等谨按:抢窃满贯及三次犯窃赃至五十两以上拟绞人犯,向例秋、朝审一次之后,即改发云贵两广充军。嗣于乾隆四十五年(1780)十一月内,经臣部奏明,此等人犯缓决一次,虽定例得改发遣,仍应俟秋、朝审勾到事竣,由臣部查核奏明奉旨后,咨行各该省遵办,始昭慎重。又乾隆四十六年(1781)秋审,臣部以抢夺满贯一项人犯,迹近于强,情重于窃,若于缓决一次之后,一例减等发遣,转无以示区别。奏请嗣后抢夺满贯缓决之犯,仍入下年缓决,与寻常缓决人犯,一体办理。均奉旨:“依议。”钦遵在案。再乾隆四十四年(1779)十月内,臣部奏明拟发新疆条例,窃盗满贯拟绞,秋审缓决一次;窃盗三犯赃至五十两拟绞,秋审缓决一次者,俱发伊犁、乌鲁木齐给兵丁为奴,亦在案。应纂辑遵行。

一、秋、朝审案内窃赃满贯,及三犯窃盗赃至五十两以上,问拟绞候之犯,除情重应拟情实人犯外,其余应入缓决者,秋、朝审一次之后,刑部察核奏明减等,于奉旨后,咨行各该省发遣伊犁、乌鲁木齐等处,给予兵丁为奴。其抢夺满贯人犯,不准拟减。

【1790】6.28.411.(44)(略)

【1801】○修并

修并按语并修并后例文,见【原例】【1790】6.28.411.(19)条【1801】修并项下。

【1782】○续纂

一、广西省泗城、思恩、镇安、太平四府所属凌云、西林、西隆、百色、武缘、小镇安、天保、归顺、奉议、崇善、龙州、宁明、永康、左州、养利十五厅州县,湖北省郧阳、宜昌、施南三府所属各州县,湖南省永顺、沅州二府所属各县,及靖州所属各县,秋审人犯,均免其解省。广西省泗城、镇安、太平三府所属各厅、州、县人犯,责成左江道;思恩府属人犯,责成右江道;湖北省郧阳府所属各县,责成安襄郧道;宜昌、施南二府所属各州县,责成荆宜施道;湖南省永顺、沅州二府所属各县,及靖州所属各县,责成辰永沅靖道,各于冬季巡历时,逐一亲加研鞫,造册加结,移报院司汇核,不必会同该府。倘有鸣冤审办,捏控翻异者,即将本犯解省,听候院司复审。如有续行补入之案,补勘移报。倘该道不实力奉行,或有冤抑不为昭雪,或任犯混供,率行解省,该督抚严参究治。

臣等谨按:此条系乾隆四十三年(1778)三月内,臣部议复广西巡抚吴虎炳,及乾隆四十四年(1779)二月内,大学士暂管湖广总督三宝,并乾隆四十七年(1782)八月内,署湖南巡抚李湖各条奏定例。均奉旨:"依议。"钦遵在案。应并纂为例,以便遵行。

【1788】○修改

臣等谨按:此条系广西、湖北、湖南离省寫远之府州所属秋审人犯,责令道员就近审录之例。查乾隆四十八年(1783)十二月内,陕西按察使王昶奏榆林、延安、绥德、汉中、兴安等府州及四川总督李世杰奏宁远、重庆、夔州、酉阳、忠州、达州、叙永厅等府州,均以离省寫远,其所属秋审人犯谕令道员就近审录等因。经臣部核复具奏。奉旨:"依议。"钦遵在案。应一并添纂入例,以便引用。今将添纂例文,开列于后。

一、距省寫远之府州所属秋审人犯,均免其解省。如广西省泗城、镇安、太平三府所属之凌云、西林、西隆、小镇安、天保、归顺、奉议、崇善、龙州、宁明、永康、左州、养利等各厅州县人犯,责成左江道;思恩府属之武缘、百色人犯,责成右江道;湖北省郧阳、襄阳二府所属各州县,责成安襄郧道;宜昌、施南二府所属各州县,责成荆宜施道;湖南省永顺、沅州二府所属各县,及靖州所属各县,责成辰永沅靖道;陕西省榆林、延安二府,及绥德州所属,责成延榆绥道;汉中、兴安二府各属,责成汉兴道;四川省之宁远、重庆、夔州三府,及酉阳、忠州、达州、叙永厅等府州所属,责成该管道员,各于冬季巡历时,逐一亲加研鞫,造册加结,移报院司汇核,不必会同该府。倘有鸣冤翻异者,即将本犯解省,听候院司复审。如有续行补入之案,补勘移报。倘该道不实力奉行,或有冤抑不为昭雪,或任犯混供,率行解省,该督抚严参治罪。

【1790】6.28.411.(26)(略)

【1802】6.28.411.(18)(略)

【1806】○修改

臣等谨按:嘉庆十年(1805)十月内,臣部议复两广总督那彦成等奏,嗣后该省高州、廉州、雷州、潮州四府属秋审人犯,均责成该管道员,于冬季巡历时,逐一亲加研鞫,造册加结,移报院、司汇核,不必会同该府。倘有鸣冤审办捏控翻异者,即将本犯解省,听候院、司复审。如有续行补入之案,补勘移报。倘该道不实力奉行,或有冤抑不为昭雪,或任犯混供、率行解省,令该督等严参究治等因,奏准在案。应添纂入例,以便遵行。再查陕西汉兴道于嘉庆五年(1800),钦奉谕旨改为陕安道,应一并修改。谨将修改例文,开列于后。

一、距省寫远之府州所属秋审人犯,均免其解省。如广西省泗城、镇安、太平三府所属之凌云、西林、西隆、小镇安、天保、归顺、奉议、崇善、龙州、宁明、永康、左州、养利等各厅州县人犯,责成左江道;思恩府属之武缘、百色人犯,责成右江道;湖北省郧阳、襄阳二府所属各州县,责成安襄郧道;宜昌、施南二府所属各州县,责成荆宜施道;湖南省永顺、沅州二府所属各县,及靖州所属各县,责成辰永沅靖道;陕西省榆林、延安二府,及绥德州所属,责成延榆绥道;汉中、兴安二府各属,责成陕安道;四川省之宁远、重庆、夔州三府,及酉阳、忠州、达州、叙永厅等府州所属,并广东省之高州、廉州、雷州、潮州四府所属,均责成该管道员,各于冬季巡历时,逐一亲加研鞫,造册加结,移报院司汇核,不必会同该府。倘有鸣冤翻异者,即将本犯解省,听候院司复审。如有续行补入之案,补勘移报。倘该道不实力奉行,或有冤抑不为昭雪,或任犯混供,率行解省,该督抚严参治罪。

【1821】○修改

臣等谨按:道光元年(1820)十月二十三日,奉上谕:"军机大臣议复孙玉庭等奏'江西南、赣、宁三府州秋审军、流以下人犯,请改归巡道核办'一折。外省各府秋审人犯,业经院、司审定,奉准部复之后,其有距省窎远者,长途押解,恐致疏虞,原有巡道鞫审之例。嗣后江西南安、赣州、宁都三府州秋审人犯,俱着毋庸解省,即由南赣宁道鞫讯。如有鸣冤翻异者,再行解省复审。着刑部即载入则例,归入窎远府州一例办理。至该三府州所属罪应遣戍、流、徒各案犯,亦着改归南赣宁道就近审转,以省拖累。并于年终、季底移会臬司汇核。其一切例限处分,均照臬司例分别核扣。仍责成该督、抚随时察核,如该巡道有审断不公者,即据实劾参,毋稍徇隐。钦此。"除江西省南安、赣州、宁都三府州所属罪应遣戍、流、徒各案,改归南赣宁道就近审转之处,行令该省遵照办理。并一切例限处分,移咨吏部遵行外,应将该三府州秋审人犯,即由该道鞫讯一节,增入例内。谨将修改例文,开列于后。

一、距省窎远之府州所属秋审人犯,均免其解省。如广西省泗城、镇安、太平三府所属之凌云、西林、西隆、小镇安、天保、归顺、奉议、崇善、龙州、宁明、永康、左州、养利等各厅州县人犯,责成左江道;思恩府属之武缘、百色人犯,责成右江道;湖北省郧阳、襄阳二府所属各州县,责成安襄郧道;宜昌、施南二府所属各州县,责成荆宜施道;湖南省永顺、沅州二府所属各县,及靖州所属各县,责成辰永沅靖道;陕西省榆林、延安二府,及绥德州所属,责成延榆绥道;汉中、兴安二府各属,责成陕安道;江西省南安、赣州、宁都三府州所属,责成南赣宁道;四川省之宁远、重庆、夔州三府,及酉阳、忠州、达州、叙永厅等府州所属,并广东省之高州、廉州、雷州、潮州四府所属,均责成该管道员,各于冬季巡历时,逐一亲加研鞫,造册加结,移报院司汇核,不必会同该府。倘有鸣冤翻异者,即将本犯解省,听候院司复审。如有续行补入之案,补勘移报。倘该道不实力奉行,或有冤抑不为昭雪,或任犯混供,率行解省,该督抚严参治罪。

【1825】○修改、续纂

臣等谨按:道光三年(1823)四月十五日奉上谕:"孙玉庭等奏'淮、徐、海三府州属遣、军、流、徒各犯,及秋审人犯请归巡道审勘'一折。江苏淮安等处距省窎远,招解人犯,长途每滋拖累。该督等请援照江西南、赣,广东雷、潮等府州之例,由道勘转,无庸解省。着照所请，嗣后寻常遣、军、流、徒及秋审各犯，徐州一府即归徐州道，海州一属归海州道。淮安一府则按河工分管县分，山阳、盐城、清河、桃源归淮扬道；阜宁、安东归淮海道，就近鞫讯。于审勘后径详督、抚衙门，分别核办。所有各该道审转限期及一切处分，均着照臬司之例办理。如案犯有鸣冤翻异者，解省复审。该督等即亲提人犯，秉公审讯，并随时察核。如该巡道审断不公，着即据实劾参，毋稍徇隐。钦此。”

又，道光四年(1824)二月十九日奉上谕：“邱树棠奏‘距省窎远之各厅、州、县遣、军、流、徒各犯，及秋审人犯请归巡道审勘一折。山西归绥道属之归化等五厅，暨大同、朔平二府所属各州、县，或远在口外，或地处沿边，距省窎远，解省人犯既滋拖累，尤虑疏虞。该抚请照江西、广东等省之例，由道勘转，免其解省。着照所请。嗣后，归绥、雁平两道所属遣军、流、徒各犯及秋审人犯，各归该管巡道就近审勘，移司核办。仍着该抚随时察核。如该巡道审断不公，即据实劾参，毋稍徇隐。钦此。”

又，五月初八日奉上谕：“孙玉庭等奏寻常遣、军、流、徒及秋审各犯请归巡道审转一折。皖省凤、颍、泗三府州属距省均各千里，招解人犯，长途防范难周。该督等奏请量为变通。着照所请。嗣后，凤阳府、颍州府、泗州所属人犯，除罪名斩、绞及命案内应拟军、流等罪者，仍解省由司勘转外，其寻常遣、军、流、徒等，并人命仅止拟徒案犯，均归该管庐凤道审勘，径详督、抚衙门，分别核办，一面移明臬司备案。无庸解犯至省，以免拖延，一切限期处分，均照臬司之例办理。设或翻供，即就近提证质结。其秋审人犯，亦即解道审录发回，移知臬司核定实、缓详办。倘有鸣冤翻异者，着即由道解省复审。该督、抚仍随时察核。如该巡道审断不公，即据实劾参，毋稍徇隐。钦此。”

又，七月二十日奉上谕：“李鸿宾等奏‘请将郧阳等府遣、军、流、徒各犯由巡道审勘，并襄阳府属案犯画一办理’一折。湖北省郧、宜、施、襄四府所属，距省较远，招解人犯，长途防范难周。该督等奏请量为变通。着照所请。嗣后，郧阳、宜昌、施南三府所属各州县，除罪应斩、绞及命案内量减军、流等罪人犯，仍解省由臬司核勘外，其寻常遣、军、流、徒各犯，同该三府所属秋审人犯，均归该管巡道就近审勘，详报巡抚衙门，并移知臬司分别核办。襄阳府属秋审案犯，即同郧、宜、施等府一例，由道审录，移知臬司核定实、缓，汇案详题；其遣、军、流、徒各犯，亦着由巡道提勘，毋庸解省，以省拖累。所有各该道审转限期及一切处分，均照臬司之例办理。该督、抚仍随时察核。倘有事本冤抑而徇庇，属员不为办理，及案无可疑而有心翻异，即将案犯提省，督同臬司亲提审讯，并将审断不公之巡道据实参奏，毋稍徇隐。钦此。”

又，闰七月十六日奉上谕：“程祖洛奏‘请将汝、光二府州属遣、军、流、徒各犯，由巡道审转’一折。豫省汝宁府及光州所属，距省较远，其中捻匪等犯，长途防护难周，甚或诬扳良善，狡展借延，自应量为变通，以省拖累。着照所请。嗣后，汝宁府所属九州县，并光州所属四县，凡有红胡、捻匪首从各犯遣、军以下，及寻常杂案内遣、军、流、徒，并命案拟徒各犯，均由该巡道审转，仍移臬司衙门备案。设或翻异供招，即由该道就近提质。所有一切限期及出入处分，均照臬司之例办理。每年该二属应解秋审人犯，亦由该道审勘。如有临时鸣冤者，再由该道解省提审。其应拟实、缓、可矜之处，仍由臬司汇核。至命案内罪应斩、绞、军、遣,及一切由死罪减为军、流,并免死发遣盗犯,均仍照旧解司勘转,以符定制。若命案已由司审结,间有续获罪应军、流余犯,亦由该道审详,毋庸解司复勘。仍着该抚随时稽察。如该道有偏听回护情事,即行据实劾参,毋稍徇隐。钦此。"

又,道光五年(1825)二月初九日奉上谕:"黄鸣杰奏'温、处二府各厅县军、流等犯,请归巡道审勘'一折。浙江温、处二府暨玉环一厅,距省遥远,所有解省案犯,长途跋涉,防范既属难周,提讯亦多拖累,是应量为变通。着照所请。嗣后,温州府所属永嘉等五县,处州府所属丽水等十县,并玉环一厅承审事件,除罪应斩、绞及命案内应拟军、流、遣犯,仍照例解省外,其寻常军、流、遣犯及命案拟徒人犯,均由该道审勘。如遇有发回复审,及传证备质之案,俱着就近提解,迅速完结。该道审勘后,即详报巡抚复核咨部,仍移臬司汇详具题,毋庸由司核转。所有审转限期及一切处分,俱照臬司之例办理。如有称冤翻异者,仍着解省题审。倘该道审断不公,即据实严参,毋稍徇隐。至秋审人犯亦着该道就近审录,移知臬司核定情实、缓决,汇案查办,以专责成而归简易。钦此。"

又,道光二年(1822)闰三月十九日奉上谕:"嵩溥奏'请将距省窎远,犯该遣、军、流、徒各案,酌归该管辖道就近审转'一折。广西太平等处距省窎远,招解人犯,长途恐滋疏虞,自应量为变通。嗣后,太平等处寻常犯该遣、军、流、徒各案,系太平、泗城、镇安三府所属者,就近招解左江道审转;其百色、武缘两处人犯,招解右江道审转。均由该道径详督、抚核咨,免其解省。余着照该护抚所定章程办理。钦此。"

又,道光二年(1822)九月初九日奉上谕:"阮元奏'离省最远各府遣、军、流、徒案犯,请由该管巡道就近勘转'一折。广东琼州等五府为离省最远之区,解司人犯,长途恐致疏虞,自应量为变通。着照该督所请,嗣后寻常罪止发遣、军、流及命案徒罪人犯,系由雷、琼二府属者,就近解赴雷琼道审转;廉、高二府属者,解赴高廉道审转;潮州府属者,解赴惠潮嘉道审转。均由各该道于复审后,将犯发回,径详督、抚核办,并将审转缘由移知臬司备案,免其解省。所有该道等一切限期处分,均照臬司之例办理。该部知道。钦此。"

又,道光三年(1823)八月初五日奉上谕:"赵慎畛等奏'台湾府属军、流等犯,请归巡道就近审转'一折。闽省台湾一府,离省窎远,兼隔重洋,招解人犯,每因风水阻滞,辗转稽延,自应量为变通。嗣后台湾府属厅、县,审办寻常案内罪止发遣、军、流及命案徒犯,该府、厅、县于审明后,招解台湾道勘定移司,毋庸将犯解省,即由臬司复核详咨。倘有犯供翻异,该道即就近提人质审,庶案件得以迅结。至应拟斩、绞,并斩、绞案内遣、军、流、徒余犯,及由斩、绞减为遣、军、流、徒者,仍着照向例解司审转,以昭慎重。该部知道等因。钦此。"

又,道光三年(1823)十二月初五日奉上谕卢坤奏汉中等三府属遣、军、流、徒及命案徒犯请归巡道审勘一折。陕西汉中、兴安、榆林三府远在南北两山,解省人犯,既滋拖累,尤虑疏虞。该抚请照江苏、福建等省之例,由道勘转,免其解省。着照所请。嗣后,寻常发遣、军、流及命案徒罪人犯,汉中、兴安二府归陕安道,榆林一府归延榆绥道,就近审勘,移司核详,仍着该抚随时察核。如该巡道审断不公,即据实劾参,毋稍徇隐。钦此。"

又,道光四年(1824)三月初六日奉上谕:"蒋攸铦奏'请将遣、军、流犯就近由该管巡道审勘'一折。直隶热河道属一府六州县,与口北道属多伦诺尔一厅,距省窎远,遣、军、流罪犯人悉行解省,恐致疏虞,自应酌量变通。着照所请,嗣后遣、军、流犯,如有关人命按例科断者,与由斩、绞罪上量减问拟,情罪较重者,仍照例由臬司审转;其余寻常遣、军、流犯,承德府并所属平泉等六州县,就近解赴热河道审转,多伦诺尔就近解赴口北道审转。该道将人犯提审发回后,仍咨臬司复核。如情罪允洽,案无疑窦,照旧扣限具详。若有案情未确,续被控发者,分别行提、驳回复审办理,以昭慎重。钦此。"钦遵各在案。

除一切例限处分移咨吏部遵行外,应将江苏省之淮、徐、海三府州,山西省归绥道所属之归化等五厅,雁平道所属之大同、朔平二府,安徽省之凤、颍、泗三府州,湖北省之襄阳一府,河南省之汝、光二府州,浙江省之温、处二府,所属秋审人犯,由各该巡道就近审录之处,增入例内,以便遵行。再查四川省之直隶州达州已改为绥定府,所有原例内"达州"字样应行修改,至各该省距省窎远之府州所属,寻常遣、军、流,及命案拟徒人犯,均经各该督、抚奏明由巡道就近审转。其湖南省永顺、沅州、靖州各府州,并四川省宁远、崇庆、夔州、绥定、酉阳、忠州、叙永等各府厅所属州县,寻常遣、军、流,及有关人命拟徒之案,虽未据该督、抚奏及,惟各该府州所属州县均属距省窎远,秋审人犯既经各归该巡道审录,则遣、军、流、徒人犯,自应亦归该管巡道就近审转,以昭画一。

又,江西省之南安、赣州、宁都三府州所属遣、军、流、徒人犯,改归巡道就近审转。经该督抚于道光元年(1821)十月内具奏,奉旨允准在案。事同一律,应请一并纂入,以便遵行。谨将修改并续纂例文,分为二条,开列于后。

一、距省窎远之府州所属秋审人犯,均免其解省。如广西省泗城、镇安、太平三府所属之凌云、西林、西隆、小镇安、天保、归顺、奉议、崇善、龙州、宁明、永康、左州、养利等各厅州县人犯,责成左江道;思恩府属之武缘、百色人犯,责成右江道;江苏省徐州府所属各州县,责成徐州道;海州所属各县,及淮安府所属之阜宁、安东二县,责成淮海道;淮安府所属之山阳、盐城、清河、桃源四县,责成淮扬道;安徽省凤阳、颍州二府,及泗州所属各州县,责成庐凤道;河南省汝宁府及光州所属各州县,责成南汝光道;湖北省郧阳、襄阳二府所属各州县,责成安襄郧道;宜昌、施南二府所属各州县,责成荆宜施道;湖南省永顺、沅州二府所属各县,及靖州所属各县,责成辰永沅靖道;山西省大同、朔平二府所属各州县,责成雁平道;口外归化等五厅所属,责成归绥道;陕西省榆林、延安二府,及绥德州所属,责成延榆绥道;汉中、兴安二府各属,责成陕安道;江西省南安、赣州、宁都三府州各属,责成南赣宁道;四川省之宁远、重庆、夔州、绥定四府,及酉阳、忠州、叙永厅等府州所属,并广东省之高州、廉州、雷州、潮州四府所属,均责成该管道员,各于冬季巡历时,逐一亲加研鞫,造册加结,移报院司汇核,不必会同该府。倘有鸣冤翻异者,即将本犯解省,听候院司复审。如有续行补入之案,补勘移报。倘该道不实力奉行,或有冤抑不为昭雪,或任犯混供,率行解省,该督抚严参治罪。

【续纂】【1825】6.28.411.(55)(略)

【1825】6.28.411.(54)(略)

【1830】○修改

臣等谨按：道光七年奉上谕："福绵奏'距省窎远之州县遣、军、流、徒及秋审各犯，请归巡道审勘'一折。山西蒲州、平阳二府，及解、绛直隶州所属各州县，距省一千余里至五百余里不等，远道跋涉，难免拖累，且地当孔道，兵役不敷派拨，防范难周。该抚请照归绥道属之例，由道审勘，毋庸解省。着照所请，嗣后河东道属之平阳、蒲州二府及解、绛两直隶州所属，寻常遣、军、流罪并命案拟徒及秋审各犯，均归巡道就近审鞫，详咨巡抚、臬司核办。该抚仍随时察访。如该巡道审断不公，据实核参，毋稍徇隐。钦此。"钦遵在案。除遣、军、流罪，及命案拟徒人犯，由巡道就近审鞫，归入另条纂辑外，应将秋审人犯由巡道就近审鞫之处，于例内添纂明晰，以昭遵守。谨将修改例文，开列于后。

一、距省窎远之府州所属秋审人犯，均免其解省。如广西省泗城、镇安、太平三府所属之凌云、西林、西隆、小镇安、天保、归顺、奉议、崇善、龙州、宁明、永康、左州、养利等各厅州县人犯，责成左江道；思恩府属之武缘、百色人犯，责成右江道；江苏省徐州府所属各州县，责成徐州道；海州所属各县，及淮安府所属之阜宁、安东二县，责成淮海道；淮安府所属之山阳、盐城、清河、桃源四县，责成淮扬道；安徽省凤阳、颍州二府，及泗州所属各州县，责成庐凤道；河南省汝宁府及光州所属各州县，责成南汝光道；湖北省郧阳、襄阳二府所属各州县，责成安襄郧道；宜昌、施南二府所属各州县，责成荆宜施道；湖南省永顺、沅州二府所属各县，及靖州所属各县，责成辰永沅靖道；山西省大同、朔平二府所属各州县，责成雁平道；口外归化等五厅所属，责成归绥道；平阳、蒲州二府，及解州、绛州所属各州县，责成河东道；陕西省榆林、延安二府，及绥德州所属，责成延榆绥道；汉中、兴安二府各属，责成陕安道；江西省南安、赣州、宁都三府州各属，责成南赣宁道；四川省之宁远、重庆、夔州、绥定四府，及酉阳、忠州、叙永厅等府州所属，并广东省之高州、廉州、雷州、潮州四府所属，均责成该管道员，各于冬季巡历时，逐一亲加研鞫，造册加结，移报院司汇核，不必会同该府。倘有鸣冤翻异者，即将本犯解省，听候院司复审。如有续行补入之案，补勘移报。倘该道不实力奉行，或有冤抑不为昭雪，或任犯混供，率行解省，该督抚严参治罪。

【1835】○修改

臣等谨按：道光十二年（1832）七月二十四日奉上谕："阮元等奏'遵旨查明秋审及寻常军流徒人犯应由巡道审勘'一折。前据御史宋劭谷奏称，黔省僻远府、州、县秋审人犯及寻常遣、军、流、徒等犯，请就近由巡道审勘，当降旨交该督等悉心体察情形，据实复奏。兹据查明该省贵西道所辖各属及贵东道所辖之镇远、都匀、思南、思州、铜仁、松桃等府厅，均属距省近而距道远。惟黎平一府与贵东道驻扎之古州，相隔止一百八十里，而离省则有九百余里之遥，自应改归贵东道审勘。着照所请。嗣后黎平府本属及所管古州、下江二厅，开泰、永从、锦平三县，除有关人命问拟军、流等案，仍解司审转外，其秋审人犯，责成贵东道，于冬季巡历时，逐一审录，将情节移报臬司，查核实、缓。内有留养承祀者，即由该道取结核办。至寻常问拟军、流及命案拟徒各犯，于该府审明后，即转解贵东道审勘，径详督、抚，并移知臬司备查。应行核议事件，俱归该道查核议详。一切限期处分，悉照臬司之例遵行。其余各府、厅离巡道较远,着仍照旧章办理。该部知道。钦此。”钦遵在案。应将“贵州黎平府所属秋审人犯及寻常军、流、徒犯由该管道员就近审勘”之处,于例内添纂明晰,以昭遵守。谨将修改例文,开列于后。

一、距省窎远之府州所属秋审人犯,均免其解省。如广西省泗城、镇安、太平三府所属之凌云、西林、西隆、小镇安、天保、归顺、奉议、崇善、龙州、宁明、永康、左州、养利等各厅州县人犯,责成左江道;思恩府属之武缘、百色人犯,责成右江道;贵州省黎平府本属,及所管之古州、下江、开泰、永从、锦屏各厅县,责成贵东道;江苏省徐州府所属各州县,责成徐州道;海州所属各县,及淮安府所属之阜宁、安东二县,责成淮海道;淮安府所属之山阳、盐城、清河、桃源四县,责成淮扬道;安徽省凤阳、颍州二府,及泗州所属各州县,责成庐凤道;河南省汝宁府及光州所属各州县,责成南汝光道;湖北省郧阳、襄阳二府所属各州县,责成安襄郧道;宜昌、施南二府所属各州县,责成荆宜施道;湖南省永顺、沅州二府所属各县,及靖州所属各县,责成辰永沅靖道;山西省大同、朔平二府所属各州县,责成雁平道;口外归化等五厅所属,责成归绥道;平阳、蒲州二府,及解州、绛州所属各州县,责成河东道;陕西省榆林、延安二府,及绥德州所属,责成延榆绥道;汉中、兴安二府各属,责成陕安道;江西省南安、赣州、宁都三府州各属,责成南赣宁道;四川省之宁远、重庆、夔州、绥定四府,及酉阳、忠州、叙永厅等府州所属,并广东省之高州、廉州、雷州、潮州四府所属,均责成该管道员,各于冬季巡历时,逐一亲加研鞫,造册加结,移报院司汇核,不必会同该府。倘有鸣冤翻异者,即将本犯解省,听候院司复审。如有续行补入之案,补勘移报。倘该道不实力奉行,或有冤抑不为昭雪,或任犯混供,率行解省,该督抚严参治罪。

【1847】6.28.411.(57)(略)

【1852】○修改

一、距省窎远之府州所属秋审人犯,均免其解省。如广西省泗城、镇安、太平三府所属之凌云、西林、西隆、小镇安、天保、归顺、奉议、崇善、龙州、宁明、永康、左州、养利等各厅州县人犯,责成左江道;思恩府属之武缘、百色人犯,责成右江道;贵州省黎平府本属,及所管之古州、下江、开泰、永从、锦屏各厅县,责成贵东道;江苏省徐州府所属各州县,责成徐州道;海州所属各县,及淮安府所属之阜宁、安东二县,责成淮海道;淮安府所属之山阳、盐城、清河、桃源四县,责成淮扬道;安徽省凤阳、颍州二府,及泗州所属各州县,责成庐凤道;河南省汝宁府及光州所属各州县,责成南汝光道;湖北省郧阳、襄阳二府所属各州县,责成安襄勋道;宜昌、施南二府所属各州县,责成荆宜施道;湖南省永顺、沅州二府所属各县,及靖州所属各县,责成辰沅永靖道;山西省大同、朔平二府所属各州县,责成雁平道;口外归化等五厅所属,责成归绥道;平阳、蒲州二府及解州、绛州所属各州县,责成河东道;陕西省榆林、延安二府,及绥德州所属,责成延榆绥道;汉中、兴安二府各属,责成陕安道;江西省南安、赣州、宁都三府州各属,责成南赣宁道;四川省之宁远、重庆、夔州、绥定四府,及酉阳、忠州、叙永厅等府州所属,并广东省之高州、廉州、雷州、潮州四府所属,及浙江省之温州、处州二府所属,均责成该管道员;甘肃省西宁府所属之循化、贵德、丹噶尔三厅,并大通一县,责成西宁道;庆阳府所属五州县,泾州直隶州并所属三县,责成平庆泾道;宁夏府所属五州县,责成宁夏道;阶州直隶州并所属二县,责成巩秦阶道;肃州直隶州并所属一县,安西直隶州并所属敦煌、玉门二县,及哈密厅,责成安肃道,各于冬季巡历时,逐一亲加研鞫,造册加结,移报院司汇核,不必会同该府。倘有鸣冤翻异者,即将本犯解省,听候院司复审。如有续行补入之案,补勘移报。倘该道不实力奉行,或有冤抑不为昭雪,或任犯混供,率行解省,该督抚严参究治。

【1870】6.28.411.(57)(略)

【1782】○续纂

一、凡应拟斩、绞人犯,染患重病,该督抚接到州县通详,即先具文报部,仍责成该督抚详加查核。如有假捏情事,立将承审及核转各员,严行参处。倘督抚不行详察,经部核对原咨,查出弊窦,将该督抚一并严参。其秋审情实人犯,遇有病故,州县官立时详报,督抚于接到详文之日,先行题报,总不得过十日之限。其派员相验,及研讯禁卒人等有无凌虐情弊等项,除去程限日期,以一月为限,具文报部。若离省窎远之各厅、州、县,该管道、府据报,即派邻近之员,前往验讯明确,详请咨部。如有逾违,即查取职名交部议处。至若每年新事秋审人犯,遇有病故,无论情实、缓决,均照例派员验讯详报。如系情实人犯,该臬司即依限办理。其缓决及应入次年秋审情实人犯,遇有病故,仍照向例办理。

臣等谨按:此条系乾隆四十四年(1779)十月内,四川省秋审情实绞犯刘经柱在监病故,该督文绶题报迟延一案。钦奉上谕:"文绶题报四川松潘厅绞犯刘经柱在监病故一本,已批交法司矣。该犯于五月二十日,病毙于狱。该督直至九月十六日,始行具题,相距四月之久,稽延太甚。该督咎有难辞,文绶着交部议处。并着查明此案,或系该厅呈报稽延,抑系具报后,上司未即查办,必须逐一查明,将玩忽各员,查取职名,分别交部严议。至各省于监犯患病之事,上司漫无稽查。积习相沿,于吏治大有关碍。此不过借监犯患病为由,希图展限而已。是以曾降谕旨,定以限期。虽略有检制,而有司狡猾者,仍有以监犯患病,及因公出境,借词展限逾期者,立法尚未为尽善。其应作何酌定章程,不致捏混之处,着交刑部另行妥议具奏。钦此。"经臣部酌议定例具奏,奉旨:"依议。钦此。"并据安徽巡抚农起等咨请部示,应纂辑遵行。

【1790】6.28.411.(45)(略)

【1802】6.28.411.(36)(略)

【1825】6.28.411.(37)(略)

【1840】○修改

臣等谨按:道光十八年(1838)十月内,据升任四州道监察御史林士傅奏"各省命案重犯在监病故,请饬移会邻封相验”一折。内称“各州、县监禁命案重大人犯,管狱典吏如有捏报病故之处,全赖本州县官稽查。若本州县官先自捏报,流弊全无底止。近日,湖南巡抚奏参浏阳县知县赵树宜捏报犯人病故一案,该知县竟将未经收禁之吴万牲捏作提禁病故,虚填尸格,朦混通详。执法作奸,殊出寻常意料之外。湖南省一县如此,即各省州、县中难保其必无。若不严加防范,恐有得贿故纵要犯脱逃者,皆可捏报朦混具详,殊于吏治大有关碍。查州、县境内命案,有关涉本官嫌疑者,皆移会邻封相验。伏思命案重犯病故,亦只属偶有之事,如此例令邻官相验,自可互相稽查”等语。经臣部查,州、县吏役有犯命案并秋审情实,及新事秋审无论情实、缓决人犯在监病故,例应由各上司派员前往验讯。若旧事缓决及未入秋审人犯监毙在狱,例内仅称照向例办理,并未载有派员相验明文。议请嗣后各省死罪人犯,如在监病故,无论曾否结案,及已未入秋审情实、缓决,概令该州县迅速通详,该督、抚据详派员往验。若时逢盛暑,及离省窎远各厅、州、县,该管道、府据报,即派邻近之员前往验报。如有逾违,查取职名,交部议处。并请于纂例时,将例文修改明晰,以资引用等因具奏。奉旨允准通行,遵照在案。谨将修改例文,开列于后。

一、凡应拟斩、绞人犯,染患重病,该督抚接到州县通详,即先具文报部,仍责成该督抚详加查核。如有假捏情事,立将承审及核转各员,严行参处。倘督抚不行详察,经部核对原咨,查出弊窦,将该督抚一并严参。其前项人犯,遇有在监病故,无论曾否结案,及已未入秋审情实、缓决,该州县立时详报,该督抚据详,派员前往相验。若时逢盛暑,或离省窎远之各厅、州、县,该管道、府据报,即派邻近之员往验。如病故系新旧事情实人犯,该督抚于接到详文之日,先行题报,总不得过十日之限。其派员相验,及研讯刑禁人等有无凌虐情弊,除去程限日期,以一月为限,具文报部。若系缓决,及应入次年秋审情实人犯,仍照向例办理。如验报迟逾,分别交部议处。

【1847】6.28.411.(59)(略)

【1782】○续纂

一、奉天所属十二州县,办理旗民事件,无分满汉,俱令自行审理。于讯明定拟之后,旗人笞、杖等罪,概行移旗发落,仍知照该州县备案。至承审时,遇有旗人应刑讯之处,仍照例刑讯。

臣等谨按:此条系乾隆四十四年(1779)十一月内,奉天府尹全魁等,以奉天所属州、县办理旗人案件,有将人犯即行发落完结,或仍解送旗员鞭责。办理未能画一,咨请部示明定章程等因。经臣部酌拟,奏请嗣后奉天所属十二州、县,办理旗民事件,无分满、汉,俱令自行审理。于讯明定拟之后,旗人杖、笞等罪,统行移旗发落,仍知照该州、县备案。至承审时,遇有旗人应刑讯之处,仍知照刑讯等因。奉旨:“依议。钦此。”在案,应纂辑遵行。

【1790】6.28.411.(46)(略)

【1802】6.28.411.(37)(略)

【1825】6.28.411.(38)(略)

【1782】○续纂

一、凡问拟五军及总徒、准徒罪名，俱于逐案引律出语内，添入“仍依名例至配所照应杖之数折责例，杖一百折责发落”语句。

臣等谨按：此条系乾隆四十四年（1779）四月内，大理寺少卿虞鸣球奏请增删律例各条核实遵办一折。经臣部核议，奏请通行内外问刑衙门遵照办理。奉旨：“依议。”钦遵在案，应纂辑遵行。

【1790】6.28.411.（47）（略）

【1801】○修改

臣等谨按：此条系乾隆四十四年（1779）定例。查徒、流、充军及总徒、准徒罪名，到配皆应决杖，例有专条。惟外遣人犯，发往黑龙江、新疆当差为奴者，查《大清会典》刑制条内，并无到配决杖之文。故此等外遣人犯，臣部现行章程到配俱不决杖，卷查乾隆四十四年此条原奏，已声明“外遣人犯例不决杖”等语。纂例时，未将此句纂入，殊少依据。应查原奏，添入“外遣人犯到配时，例不决杖”一层，以便引用。谨将修改例文，开列于后。

一、凡人犯到配，除五徒、三流照应得杖数折责外，其发遣新疆、黑龙江当差为奴者，到配时照例安插，俱不决杖。若问拟五军及总徒、准徒罪名，俱于逐案引律出语内，声明至配所杖一百折责发落。

【1802】6.28.411.（43）（略）

【1825】6.28.411.（44）（略）

【1782】○续纂

一、凡绿营兵丁，因事斥革后，即移明地方官，另记年貌册档，严加管束，按季点验稽查。若有作奸犯科，除实犯死罪外，犯军、流以下，俱照凡人加一等治罪。管束不严之本犯父兄，如犯在军、流以上，照不能禁约子弟为盗例杖一百；如在徒、杖以下，照不能禁约子弟为窃例笞四十。邻佑知情容隐者，即视其父兄应得罪名，减二等治罪。约束不严之地方官，交部议处。

臣等谨按：此条系乾隆四十七年（1782）十一月内，云南布政使江兰条奏，经兵部会同臣部、吏部，议复具奏。奉旨：“依议。”钦遵在案，应纂辑遵行。

【1790】6.28.411.（48）（略）

【1802】6.28.411.（38）（略）

【1825】6.28.411.（39）（略）

【1788】○续纂

一、凡各省州县招解逆匪凶盗，罪应斩、枭立决，及情节凶横，桀骜不驯之罪应斩绞监候人犯内，如夺犯伤差者，盐枭拒捕杀人者，左道妖言惑众者，聚众械斗者，抢夺金刃伤人者，死罪重犯中途脱逃者，窃盗衙署仓库饷鞘军装及将本章公文烧溺者，积匪猾贼拟遣在配犯窃多次者,窃盗军、流、发遣在配脱逃肆窃者,犯案被获扭锁逃窜后肆窃者,光棍为从者,强盗自首者,该督抚于各州县解犯到省,审明题奏后,即留禁按察使监及首府、县监,牢固监禁,俟奉到逆匪凶盗案内部文,按察使会同督抚标中军,督率府、县,亲提各犯验明,绑赴市曹,监视处决。应枭示者,仍传首犯事地方示众。若接准斩绞监候勾决部文,按察使等一体监视行刑。其余服制缘坐,及寻常谋、故、斗殴,以及妇女老幼之犯,于院司复审后,仍发回本州县收禁,部文到时,即在本州县地方处决。至在省监禁,一次未勾情实常犯,仍发回各州县监禁。

臣等谨按:此条系乾隆四十八年(1783)三月内,钦奉上谕:"嗣后逆匪、盗劫案情重大立决之要犯,该督、抚于审明题奏后,即饬交按察使监,严行收禁。俟奉旨后,即于省城正法。其应行枭示者,于正法后,传首犯事地方示众。著为令。钦此。"是年十二月内,臣部钦奉谕旨,酌议应入秋审情实案内,如谋、故杀人等项情罪凶恶,必须加意防范之犯,均于招解时留禁省监,俟勾决部文到日,即在省城处决。其余服制缘坐内立决改为监候,及寻常斗殴,以及妇女、老幼之犯,应照旧例发回本州县监禁。至在省监禁一次未勾情实常犯,仍发回各州县监禁,并将酌拟情重罪犯留禁省监者,共三十四条,开列清单,恭呈御览等因具奏。奉旨:"依议,钦此。"又,乾隆四十九年(1784)十月内,贵州巡抚永保条奏,嗣后留禁省监秋审各犯,以及各府、州、县招解凶盗立决之犯,俟奉到处决部文,即令按察使会同抚标中军、参将,督率府、县,亲提各犯,验明绑赴市曹,监视处决等因。奉朱批:"所奏是。依议速行。钦此。"复于乾隆五十一年(1786)九月内,行在军机大臣会同臣部,核复四川总督保宁奏"川省留省重犯及通省解司审转之斩、绞等犯,不下百余名,实难防范,请于成都府监分禁"折内声请,将原定款项三十四条内,择其情节凶横、桀骜不驯之夺犯、伤差等项十二条,仍令留禁省监;其余寻常谋、故、斗杀,尚未犷悍难制之二十二条,仍发回原监收禁等因具奏。奉旨:"依议。钦此。"钦遵在案。自应将逆匪、凶盗留禁省监及秋审情实重犯奏明酌拟留禁各条款,纂为定例,以便遵行。

【1790】6.28.411.(49)(略)

【1801】○修改

修改按语,见【1790】6.28.411.(10)条【1801】修改项下。

一、凡各省州县招解逆匪凶盗罪应斩、枭立决人犯,该督抚于各州县解犯到省,审明题奏后,即留禁按察使监及首府、县监,牢固监禁,俟奉到逆匪凶盗案内部文,按察使会同督抚标中军,督率府县,亲提各犯验明,绑赴市曹,监视处决。应枭示者,仍传首犯事地方示众。

【1802】6.28.411.(42)(略)

【1825】6.28.411.(43)(略)

【1788】○续纂

一、凡扈从车驾官员之跟随、仆役,如有在途次殴毙人命等案,该督抚即行具奏,恭候钦派大臣,会同行在法司审明,迅速办理,不得拘泥寻常例限。其余日行事件,亦不得辗转稽迟。违者,将该督抚交部严加议处。

臣等谨按:此条系乾隆五十一年(1786)正月内,奉上谕:"刑部核复闵鹗元题侍卫富明阿家奴推跌张有禄致伤身死问拟斩候一本。此案张明于上年闰三月初四日,在南巡差次滋事,该抚理应即时奏闻审办,以示惩儆随从、仆役,乃迟至九月十三日始经具题,而阁部迟延于十月十九日始发抄到部,该部迄今方行题复。此事有何难办,而迟延若此,均有不合。着将该抚等及刑部堂、司官,俱交部察议。且此案系扈从人员家奴滋事,本应即在该地方审明,立时办理,方足令跟随人役共知惩儆。况该督、抚、两司等,俱系随从在彼,而行在亦有该部,不难迅速定案,又何必照例审办,迁延时日,足见外省习于废弛也。嗣后凡有在扈从途次滋生事端者,着该督、抚即行具奏。候钦派大臣会同行在法司,审明定案,迅速办理,毋得拘泥常例。即日行事件,亦毋得辗转稽延。若似此被朕看出,必将该督、抚严处。将此通谕知之。钦此。"应恭纂为例,以便遵行。

【1790】6.28.411.(50)(略)

【1802】6.28.411.(39)(略)

【1825】6.28.411.(40)(略)

【1788】○续纂

一、盛京刑部审办题奏案件,有经部议驳者,刑部即奏请交盛京将军,或别部侍郎内特派一员,会同复审。如系咨驳之案,即声明交与盛京将军详细会审。

臣等谨按:乾隆五十三年(1788)四月内,臣部议复盛京刑部侍郎荣柱题"七十五殴伤图仰阿身死"一案。奉旨:"部驳是。依议。此案着交署将军庆桂,会同该侍郎复审定拟具奏。盛京刑部侍郎仅止一员,若部驳事件,仍交原审之人办理,必有回护。此后,盛京审办事件,有经部议驳者,该部即奏请,交盛京将军,或别部侍郎内特派一员,会同复审。钦此。"应恭纂为例,以便遵行。再查审办案件,如罪关斩、绞重罪者,例应专本具题。若止系军、流等罪,例止专案咨部,年终汇题。是案情既有题、咨之分,则臣部即有题驳、咨驳之别。今酌拟,如系臣部题驳者,即照例奏交将军,或会同别部侍郎复审。倘止系咨部议驳之案,即声明交与将军,详细会审,理合声明。

【1790】6.28.411.(51)(略)

【1802】6.28.411.(40)(略)

【1825】6.28.411.(41)(略)

【1801】○续纂

一、凡命、盗案内,本例系由死罪减为发遣、军、流者,定案时仍专本具题,不得同寻常军、遣等案,咨部汇题完结。其罪应斩、绞、凌迟人犯,在监病故者,随案咨部完结,毋庸具题。

臣等谨按:嘉庆二年(1797)臣部核复广西巡抚成林审题盗犯梁亚陈自行投首拟遣案内声明,命、盗案内,由死罪改为发遣、军、流人犯,与原犯发遣、军、流者不同,自应专本具题。令该抚将闻拿投首罪应发遣盗犯梁亚陈一案，专本具题，自足以昭慎重。惟是各省办理此等闻拿投首盗犯，及共殴案内原谋并助殴伤重之犯，监毙在狱或解审中途病故，将律应拟抵之正凶减等拟流等项，并罪应斩、绞、枭示人犯病故各案，有专本具题者，亦有因同案内无死罪人犯咨部汇题者，办理未能画一。与其逐案驳改，莫若明立章程，以便遵办。应请嗣后除罪应斩、绞及例应戮尸、枭示人犯在监病故者，人犯已伏冥诛，罪名毋庸核拟，止应随案咨报，毋庸专本具题外，其余凡命、盗案内，本例由死罪减为发遣、军、流者，俱专本具题，不得因同案内无死罪人犯，即行咨部汇题完结，以归画一等因具题。奉旨："依议。钦此。"钦遵，通行在案。应纂辑为例，以便引用。

【1802】6.28.411.(48)(略)

【1806】○续纂

一、湖南省凤凰、乾州、永绥三厅命、盗案犯，由厅径行招解臬司审转，毋庸解道。其秋审人犯，即责成不由审转之该管本道，亲历复勘。遇有异同，仍遵定例办理。

臣等谨按：嘉庆八年(1803)五月内，湖南巡抚高杞奏凤凰、乾州、永绥三厅改为直隶厅之后，命、盗案犯，仍系由道审转解司；秋审人犯，亦系解省提勘。各该厅远处苗地，距省窎远，每届解犯到省，多有稽迟。若仍解道审转，致有一起案犯，两次解省之烦。请将该三厅，援照靖州之例，命、盗案犯由府径行招解，臬司审转；秋审人犯责成该管本道，亲历复勘等因，当经臣部议复，嗣后凤凰、乾州、永绥三厅命、盗案犯，由府径行招解，臬司审转，毋庸解道。其秋审人犯，即责成不由审转之该管本道，亲历复勘。遇有异同，仍遵定例办理等因，奏准在案。应纂辑为例，以便遵行。

【1825】6.28.411.(50)(略)

【1810】○续纂

一、凡罪应凌迟之案，除情可矜悯，例准夹签声请者，仍专本具题外，其余凌迟各案，并卑幼因图财强奸谋杀尊长，罪应斩决枭示，及谋、故杀一家二命，罪应斩枭，如死系父祖子孙，及服属期亲者，俱改为专折具奏。其谋、故杀一家二命，系功服以下亲属，及致死一家二命，一故一斗，罪应斩决，并殴死一家二命，罪应绞决各案，仍照旧专本具题。

臣等谨按：嘉庆十三年(1808)六月内，臣部遵旨议奏"罪应凌迟、斩枭并斩、绞立决各案，分别奏、题章程"折内，声请嗣后凡罪应凌迟之案，除情可矜悯，例准夹签声请者，仍专本具题外，其余凌迟各案，并卑幼因图财、强奸、谋杀尊长，罪应斩决、枭示，及谋、故杀一家二命，罪应斩、枭，如死系父、祖、子、孙，凡期亲以上，俱改为专折具奏。其谋、故杀死一家二命，系功服以下亲属，及致死一家二命，一故一斗，罪应斩决，并殴死一家二命，罪应绞决各案，仍照旧专本具题等因，奏准在案。应纂辑为例，以便遵行。

【1814】○修改

臣等谨按：嘉庆十七年(1812)七月内，臣部"遵旨酌议命、盗各案应题、应奏条款"一折内称，查凌迟之案，谋杀亲夫一项，各省较多。此外，如卑幼故杀尊长等项，均属寻常之案，非谋逆等重案可比。自应以案情之重轻，定结案之题奏。议请嗣后除谋杀亲夫等项案由，如系通奸，有关伦纪，并双方赴京呈控，奉交该省审办，或曾经臣部议驳之案，应专折具奏外，其余如谋反、恶逆等项，罪应凌迟，及洋盗、会匪、强盗拒杀官差，罪应斩、枭，暨定例内指明改奏之卑幼图财、强奸、谋杀尊长，并谋、故杀一家二命，死系父、祖、子、孙期亲服属各项，亦仍令专折具奏，余俱循例具题。谨将应奏各款，另缮清单，恭呈御览。倘各省有将寻常具题案件，朦混具奏，或应奏不奏，即行查参等因具奏。奉旨："本日刑部议奏'酌定命、盗各案，应题奏条款'一折，所议俱是，着通行各省，一体遵照。嗣后各督、抚于命、盗重案专奏者，俱着于折尾，声明此案系援照刑部议定应奏条款，例得专折陈奏。朕批交刑部议时，该部查核与议定条款相符，即行议复。倘有强行比附，率意改题为奏，该部即参奏驳回，仍令照例具题等因。"钦遵通行在案，例内应行修改。谨将修改例文，开列于后。

一、凡罪应凌迟之案，如谋反大逆但共谋者，谋杀祖父母父母者，妻妾谋杀夫之祖父母父母者，妻妾谋杀故夫祖父母父母者，杀一家非死罪三人及支解人为首者，殴杀期亲尊长外祖父母者，情可矜悯，例准夹签声明之案，仍专本具题。采生折割人为首者，子孙殴死祖父母父母者，纠众行劫在狱罪囚持械拒杀官弁为首及下手杀官者，尊长谋占财产图袭官职杀功缌卑幼一家三人者，发遣当差为奴之犯杀死伊管主一家三人者，罪囚由监内结伙反狱持械拒杀官弁为首及下手杀官者，妻妾因与有服亲属通奸同谋杀死亲夫者，若与平人通奸谋杀，仍专本具题。并罪应斩枭之案，如卑幼图财强奸谋杀尊长者，杀一家非死罪二人如死系父祖子孙及服属期亲者，洋盗会匪及强盗拒杀官差者，暨两造赴京呈控，奏交该省审办，或曾经刑部奏驳之案，俱专折具奏。其余寻常罪应凌迟、斩枭、斩决之案，仍循例具题。各督抚于专奏折尾，将援照刑部议定条款，例得专折陈奏之处声明。倘有强行比附，率意改题为奏，刑部参奏驳回，仍令照例具题。或应奏不奏，亦即查参。

【1825】6.28.411.（52）（略）

【1845】○修改

臣等谨按：道光二十四年（1844）十二月内，臣部议复调任山西巡抚梁萼涵题"武景汰与妻武王氏将伊母武刘氏殴伤后致令气忿自缢身死"案内，声明定例子孙殴祖父母、父母案件，审无别情，无论伤之轻重，即行奏请斩决等语。此例系乾隆四十八年（1783）纂修，原以逆伦重犯行同枭獍，若照寻常案件具题，未免稍需时日，致稽显戮，是以专折奏明办理。嗣嘉庆十九年（1814），臣部将应题、应奏各项汇纂条例，未将子孙殴祖父母、父母奏请斩决一条纂入，自因本条内已有应奏明文，故未载入，以致外省往往误会具题，殊不足以重伦常而惩凶逆。应请嗣后遇有此等案件，不得率行具题，均查照定例，专折奏明办理，以期迅速。并请于分别应题、应奏例文内添纂明晰，俾免歧异等因，由题改奏，奉旨："依议。钦此。"钦遵在案。应于例内添纂明晰，以资引用。谨将修改例文，开列于后。

一、凡罪应凌迟之案，如谋反大逆但共谋者，谋杀祖父母父母者，妻妾谋杀夫之祖父母父母者，妻妾谋杀故夫祖父母父母者，杀一家非死罪三人及支解人为首者，殴杀期亲尊长外祖父母者，情可矜悯，例准夹签声明之案，仍专本具题。采生折割人为首者，子孙殴死祖父母父母者，子孙殴祖父母、父母，及妻妾殴夫之祖父母、父母，纠众行劫在狱罪囚，持械拒杀官弁，为首及下手杀官者，尊长谋占财产图袭官职杀功缌卑幼一家三人者，发遣当差为奴之犯杀死伊管主一家三人者，罪囚由监内结伙反狱持械拒杀官弁为首及下手杀官者，妻妾因与有服亲属通奸同谋杀死亲夫者，若与平人通奸谋杀，仍专本具题。并罪应斩枭之案，如卑幼图财强奸谋杀尊长者，杀一家非死罪二人如死系父祖子孙及服属期亲者，洋盗会匪及强盗拒杀官差者，暨两造赴京呈控，奏交该省审办，或曾经刑部奏驳之案，俱专折具奏。其余寻常罪应凌迟、斩枭、斩决之案，仍循例具题。各督抚于专奏折尾，将援照刑部议定条款，例得专折陈奏之处声明。倘有强行比附，率意改题为奏，刑部参奏驳回，仍令照例具题。或应奏不奏，亦即查参。

【1847】6.28.411.(60)(略)

【1852】○修改

咸丰二年(1852)，因原例将前二项误入凌迟各项之内，又于"强盗拒杀"句下，增入"罪应斩决案内"六字，"子孙"句上增"如"字。

一、凡罪应凌迟之案，如谋反、大逆但共谋者，谋杀祖父母、父母者，妻妾杀夫之祖父母、父母者，妻妾谋杀故夫祖父母、父母者，杀一家非死罪三人及支解人为首者，谋杀期亲尊长、外祖父母者，情可矜悯，例准夹签声明之案，仍专本具题。采生折割人为首者，子孙殴死祖父母，父母者，纠众行劫在狱罪囚持械拒杀官弁为首及下手杀官者，尊长谋占财产图袭官职杀功缌卑幼一家三人者，发遣当差为奴之犯杀死伊管主一家三人者，罪囚由监内结伙反狱持械拒杀官弁为首及下手杀官者，妻妾因与有服亲属通奸同谋杀死亲夫者；若与平人通奸谋杀，仍专本具题。并罪应斩枭案内，如卑幼图财强奸谋杀尊长者，杀一家非死罪二人如死系父祖子孙及服属期亲者，洋盗、会匪及强盗拒杀官差者；罪应斩决案内，如子孙殴祖父母、父母及妻妾殴夫之祖父母、父母者，暨两造赴京呈控，奏交该省审办，或曾经刑部奏驳之案，俱专折具奏。其余寻常罪应凌迟、斩枭之案，仍循例具题。各督抚于专奏折尾，将援照刑部议定条款，例得专折陈奏之处声明。倘有强行比附，率意改题为奏，刑部即参奏驳回，仍令照例具题。或应奏不奏，亦即查参。

【1870】6.28.411.(60)(略)

【1810】○续纂

一、贵州直隶普安州一应命、盗重案，径行招解臬司，毋庸解道审转。

臣等谨按：嘉庆十四年(1809)五月内，云贵总督伯麟等奏，贵州兴义府属之普安州改为直隶州，系贵西道所辖。该州距贵西道驻扎之威宁十有余站，俱系山僻小路，迂回险阻，恐致疏虞，请将一应命、盗重案，径行招解臬司，毋庸解道转审等因具奏。当经吏部会同臣部照议核复,奏准在案。应纂辑为例,以便遵行。

【1825】6.28.411.(36)(略)

【1847】6.28.411.(52)(略)

【1814】○续纂

一、秋、朝审官犯,刑部于每年年终,汇开清单,具奏一次。单内将所犯事由、罪名,及监禁年分,并该犯年岁,详细注明。

臣等谨按:嘉庆十五年(1810)十二月二十日,奉上谕:"本日刑部奏常犯情实改缓及常犯减等各折,系每年照例办理。因思在京及各省官犯,向无汇奏援减之条。原以官犯与常犯不同,问刑衙门不敢轻议宽减。但此内所犯案情,本有轻重之别;监禁年分,亦有久暂之殊。间有经朕记忆,特降谕旨,加恩宥赦者。其余各犯,或尚有情罪较轻,未邀恩宥之人。着刑部自本年为始,将各官犯,汇开名单,于年终具奏一次。单内将所犯事由、罪名及监禁年分,并该犯年岁详细分注,奏上时候朕酌核。该部载入则例,永远遵行。钦此。"钦遵在案。应恭纂为例,以便遵行。

【1825】6.28.411.(53)(略)

【1814】○续纂

一、凡审办逆伦重案,如距省在三百里以内,无江河阻隔者,均于审明后,即恭请王命,委员会同该地方官,押赴犯事地方正法。若距省在三百里以外,即在省垣正法,仍将首级解回犯事地方枭示。

臣等谨按:嘉庆十八年(1813)八月内,原任山东巡抚同兴奏,逆伦重案,向系该地方官押犯来省,审明后,即恭请王命,在省城正法。惟此等凶逆,多在州县之穷乡僻壤,若在省垣行刑,本处群愚不能便知。应请嗣后倘遇此等案件,于审明后,仍恭请王命,派委将领会同该地方官,亲身押回本地本村,传集大众,眼同正法等因。奉上谕:"同兴奏逆伦重犯,请押赴犯事地方正法,俾众触目警心,事尚可行。着照所请办理等因。钦此。"嗣于十九年(1814)六月,据广东巡抚董教增奏,逆伦重犯,若押回犯事地方正法,距省千余里及数百里不等。道途迢远,山海交错,不特疏脱可虞,而往返稽迟,设犯毙于途,转得幸逃显戮,应请仍在省垣正法等因。奉上谕:"嗣后审理逆伦重犯,其距省三百里以内,无江河阻隔者,仍押赴犯事地方正法;其距省三百里以外者,审明后即将该犯在省垣正法,首级解回犯事地方枭示儆众等因。"钦遵各在案。应并纂为例,以便遵行。

【1825】○修改

臣等谨按:道光三年(1823)十一月内,臣部遵旨核议调任安徽巡抚陶澍奏周传用因疯戳毙伊父周建案内,钦奉谕旨:"前据陶澍奏'定远县民周传用疯戳毙伊父,审拟凌迟处死'一案,兹据刑部议称,逆伦重犯,例应于审明后,恭请王命,即行正法,未便因其疯发无知,即令日久稽诛等语,所有周传用一犯,自应即行凌迟,以惩枭獍。嗣后,除子孙殴伤、误伤、误杀及过失杀祖父母、父母,仍各照定例奏明办理外,其子孙殴杀祖父母、父母之案，无论是否因疯，悉照本律问拟，一面恭请王命，即行正法，一面具折奏闻。着该部通行各督抚、将军、都统、府尹，一体遵照办理，以免歧误等因。钦此。"通行遵照在案。应添入例内，以便遵行。谨将修改例文，开列于后。

一、凡审办逆伦重案，除子孙殴伤、误伤、误杀及过失杀祖父母、父母，仍各照定例办理外，其子孙殴杀祖父母、父母之案，无论是否因疯，悉照本律问拟。如距省在三百里以内，无江河阻隔者，均于审明后，即恭请王命，委员会同该地方官，押赴犯事地方，即行正法。若距省在三百里以外，即在省垣正法，仍将首级解回犯事地方枭示。

【1825】6.28.411.(18)(略)

【1821】○续纂

一、凡遇南郊、北郊大祀之期，前五日、后五日，刑部及顺天府衙门，凡在京立决重犯，俱停止题奏。其核复外省速议及立决本章，仍止回避斋戒日期。

臣等谨按：嘉庆二十四年(1819)十一月初二日，奉上谕："本日刑部'议复顺天府审拟盗犯辛五，请即处决'一折。初六日恭遇冬至南郊大祀，明日即应斋戒，此等立决重犯，自应暂行停待。着刑部查明大祀斋戒前期，如有停止立决重犯之例，此次办理错误，该堂官等即自行奏请议处。若向无此例，嗣后每届南郊、北效大祀之期前五日、后五日，凡在京立决重犯，俱停止具奏。著为令。所有辛五一犯，着于十二日办理。余依议。钦此。"当经臣部检查，历年办过速议事件，均系于大祀斋戒前期，按限具奏。惟查本案盗犯辛五，系由顺天府处决重犯，现届南郊大祀斋戒前一日，自应敬谨回避。乃臣等拘泥速议奏折例限，而未及细思顺天府系在京衙门，与行文外省处决之案不同，实属疏忽，应请旨交部议处。嗣后，钦遵谕旨，凡遇南郊、北郊大祀之期前五日、后五日，所有臣部及顺天府，凡在京立决重犯，俱停止具奏，并纂入例册遵行。其核复外省速议及立决本章，仍止回避斋戒日期等因，奏准在案。再查在京立决人犯题本，亦应一体停止。应一并纂辑遵行。

【1825】6.28.411.(5)(略)

【1821】○续纂

一、山东省凡有赌博、奸拐、窝藏窃盗、容留邪匪等案，在地窖内被获者，各就所犯本条加一等治罪，并将地窖平毁。

臣等谨按：嘉庆二十五年(1820)正月内，军机大臣会同臣部议复前任山东巡抚程国仁奏整饬地方章程折内，声明嗣后凡赌博、奸拐、窝藏窃盗、容留邪匪等案，在地窖内被获者，各就所犯本条，加一等治罪，并将地窖平毁等因，奏准在案。应纂辑为例，以便引用。

【1825】6.28.411.(56)(略)

【1847】6.28.411.(54)(略)

【1825】○续纂

一、距省窎远府、州所属之各厅、州、县，寻常遣、军、流犯，及命案拟徒人犯，均毋庸解省。如广西省泗城、镇安、太平三府所属者,解赴左江道;思恩府所属之百色、武缘两处,解赴右江道;江苏省徐州府所属者,解赴徐州道;海州所属,及淮安府所属之阜宁、安东二县,解赴淮海道;淮安府所属之山阳、盐城、清河、桃源四县,解赴淮扬道;安徽省凤阳、颍州二府所属,及泗州,并所属者,解赴庐凤道;河南省汝宁府所属,及光州,并所属者,解赴南汝光道;湖北省郧阳、襄阳二府所属者,解赴安襄郧道;宜昌、施南二府所属者,解赴荆宜施道;湖南省永顺、沅州二府所属,及靖州凤凰、永绥、乾州、晃州、古丈坪五厅,并所属者,解赴辰永沅靖道;四川省宁远、重庆、夔州、绥定四府所属,及酉阳、忠州、叙永厅、石砫厅,并所属者,解赴该管巡道;山西省大同、朔平二府所属者,解赴雁平道;口外归化等五厅,并所属者,解赴归绥道;平阳、蒲州二府所属,及解州、绛州,并所属者,解赴河东道;陕西省榆林府所属者,解赴延榆绥道;汉中、兴安二府所属者,解赴陕安道;江西省南安、赣州二府所属,及宁都州,并所属者,解赴南赣宁道;广东省雷州、琼州二府所属者,解赴雷琼道;高州、廉州二府所属者,解赴高廉道;潮州府所属者,解赴惠潮嘉道;浙江省温州、处州二府所属者,解赴温处道;福建省台湾府所属者,解赴台湾道;直隶省承德府所属者,解赴热河道;宣化府所属,及张家口、独石口、多伦诺尔厅,并所属者,解赴口北道;永平府所属,及遵化州,并所属者,解赴通永道;顺德、广平、大名三府所属者,解赴大名道;甘肃省西宁府所属之循化、贵德、丹噶尔三厅,大通一县,解赴西宁道;庆阳府所属之五州县,泾州直隶州,并所属三县,解赴平庆泾道;宁夏府所属之五州县,解赴宁夏道;阶州直隶州,并所属二县,解赴巩秦阶道;肃州直隶州,并所属一县,安西直隶州,并所属敦煌、玉门二县,及哈密厅,解赴安肃道,就近审转,详报院司核办。倘有鸣冤翻异,分别提审解省。其命案内遣、军、流犯,仍各解省复审。

续纂按语,见【1802】6.28.411.(18)条【1825】修改、续纂按语。

【1825】6.28.411.(55)(略)

【1830】○修改

臣等谨按:道光六年(1826)五月二十七日奉上谕:"那彦成奏请将距省寫远之州县寻常遣、军、流犯就近由该管巡道审勘一折。直隶口北道属之张家口、独石口二厅,并宣化、永平、遵化、顺德、广平、大名等府、州所属,或地处偏僻,或界连豫东,且有河道阻隔,山路崎岖,距省较远,遣、军、流、徒人犯悉行解省,恐致疏虞。着照所请,嗣后,遣、军、流、徒人犯有关人命而按例科断,及由斩、绞罪上量减问拟者,情罪较重,仍照例由臬司审转。其余寻常遣、军、流犯,宣化府属州、县并张家口、独石口二厅,就近解由口北道审勘;永平府属州、县并遵化州暨所属二县,就近解由通永道审勘;顺德、广平、大名三府所属州、县,就近解由大名道审勘。该道等将人犯提审发回后,仍咨臬司复核。如情罪允协,案无疑窦,照旧扣限具详。倘有案情未确或续被控发者,分别行提、驳回审办。仍着该督随时察核。如该道等审断不公,即据实参处,以昭慎重。钦此。"又,道光七年(1827)三月十九日奉上谕:"康绍镛奏距省遥远之直隶厅、州、县寻常遣、军、流犯请由该管巡道就近审勘一折。

湖南辰沅永靖道所辖苗疆，距省较远，山路崎岖，遣、军、流、徒人犯长途往返，防范非易。除辰州府属距省尚近，仍照旧办理，永顺、沅州二府所属七县，靖州并所属三县，业经刑部议定，由该道审转外，其凤凰、永绥、乾州、晃州、古文坪五厅，着照所请，嗣后遣、军、流、徒人犯有关人命，按例科断，及由斩、绞罪上量减问拟者，情罪较重，照例由臬司审转，其余寻常遣、军、流、徒并命案内罪止拟徒各犯，俱就近解由辰沅永靖道审拟，详报复核汇题，其审限处分照臬司之例办理。如有案情未确，致被翻控者，分别行提、驳回审办。仍着该抚随时察核。倘该道审断不公，即据实参处，以昭慎重。钦此。”又，据直隶总督那彦成咨称，现在奏定章程有关人命罪应拟徒一项，仍应解省审转复核，与距省窎远府、州所属各厅、州、县命案拟徒人犯，均毋庸解省之例未符。此项人犯应否解省，咨请部示。经臣部以例内直省承德府及多伦诺尔厅所属命案拟徒人犯均毋庸解省，而该督所奏距省窎远之宣化、永平、遵化、顺德、广平、大名等府、州所属命案拟徒人犯，仍请解司审转，未便将一省之事办理两歧，自应仍照定例核办。所有该省距省较远府、州所属寻常遣、军、流犯及命案拟徒人犯，如宣化府属州、县，并张家口、独石口二厅，解口北道审转；永平府属州、县并遵化直隶州所属二县，解通永道审转；顺德、广平、大名三府所属州县，解大名道审转。其余命案内遣、军、流犯仍解省复审等因咨复。

原任四川总督戴三锡以距省遥远府、州所属之各厅、州、县寻常遣、军、流犯，又命案拟徒人犯，既由该管巡道审转，毋庸解省，则直隶同知、知州，本厅、州寻常遣、军、流犯及命案拟徒人犯，本由该管审转，似可毋庸解省。惟例内载明“府、州所属之各厅、州、县”，并未载有直隶同知、知州，本厅、州寻常遣、军、流犯及命案拟徒人犯一律解赴该管巡道审转，毋庸解省之语，咨请部示。经臣部查：例内“所属”二字，直隶同知、知州本属均在其内。所有川东道该管之酉阳州、忠州及石柱厅同知，永宁道该管之叙永厅同知，本厅、州遣、军、流犯及命案拟徒人犯，均应循例解归该道审转，毋庸解省。至石驻厅为原例所未载，应于修例时一并纂入例册等因咨复。至山西省平阳、蒲州二府及解州、绛州所属寻常遣、军、流罪及命案拟徒之犯，亦经该抚具奏，请由该管河东道就近审勘。奉旨允准，各在案。应于例内分别添纂、修改明晰，以昭遵守。谨将修改例文，开列于后。

一、距省窎远府、州所属之各厅、州、县，寻常遣、军、流犯，及命案拟徒人犯，均毋庸解省。如广西省泗城、镇安、太平三府所属者，解赴左江道；思恩府所属之百色、武缘两处，解赴右江道；江苏省徐州府所属者，解赴徐州道；海州所属，及淮安府所属之阜宁、安东二县，解赴淮海道；淮安府所属之山阳、盐城、清河、桃源四县，解赴淮扬道；安徽省凤阳、颍州二府所属，及泗州，并所属者，解赴庐凤道；河南省汝宁府所属，及光州，并所属者，解赴南汝光道；湖北省郧阳、襄阳二府所属者，解赴安襄郧道；宜昌、施南二府所属者，解赴荆宜施道；湖南省永顺、沅州二府所属，及靖州凤凰、永绥、乾州、晃州、古丈坪五厅，并所属者，解赴辰永沅靖道；四川省宁远、重庆、夔州、绥定四府所属，及酉阳、忠州、叙永厅、石砫厅，并所属者，解赴该管巡道；山西省大同、朔平二府所属者，解赴雁平道；口外归化等五厅，并所属者，解赴归绥道；平阳、蒲州二府所属，及解州、绛州，并所属者，解赴河东道；陕西省榆林府所属者，解赴延榆绥道；

汉中、兴安二府所属者，解赴陕安道；江西省南安、赣州二府所属，及宁都州，并所属者，解赴南赣宁道；广东省雷州、琼州二府所属者，解赴雷琼道；高州、廉州二府所属者，解赴高廉道；潮州府所属者，解赴惠潮嘉道；浙江省温州、处州二府所属者，解赴温处道；福建省台湾府所属者，解赴台湾道；直隶省承德府所属者，解赴热河道；宣化府所属，及张家口、独石口、多伦诺尔厅，并所属者，解赴口北道；永平府所属，及遵化州，并所属者，解赴通永道；顺德、广平、大名三府所属者，解赴大名道；甘肃省西宁府所属之循化、贵德、丹噶尔三厅，大通一县，解赴西宁道；庆阳府所属之五州县，泾州直隶州，并所属三县，解赴平庆泾道；宁夏府所属之五州县，解赴宁夏道；阶州直隶州，并所属二县，解赴巩秦阶道；肃州直隶州，并所属一县，安西直隶州，并所属敦煌、玉门二县，及哈密厅，解赴安肃道，就近审转，详报院司核办。倘有鸣冤翻异，分别提审解省。其命案内遣、军、流犯，仍各解省复审。

【1835】○修改

修改按语，见【1825】6.28.411.(54)条【1835】修改按语。

一、距省窎远府、州所属之各厅、州、县，寻常遣、军、流犯，及命案拟徒人犯，均毋庸解省。如广西省泗城、镇安、太平三府所属者，解赴左江道；思恩府所属之百色、武缘两处，解赴右江道；贵州省黎平府本属，及所管之古州、下江、开泰、永从、锦屏各厅县，解赴贵东道；大定府所属之威宁州、水城厅，解赴贵西道；贵阳、石阡、大定、兴义、遵义、安顺、都匀、镇远、思南、思州、铜仁十一府，及平越州所属者，解赴各该管府州；江苏省徐州府所属者，解赴徐州道；海州所属，及淮安府所属之阜宁、安东二县，解赴淮海道；淮安府所属之山阳、盐城、清河、桃源四县，解赴淮扬道；安徽省凤阳、颍州二府所属，及泗州，并所属者，解赴庐凤道；河南省汝宁府所属，及光州，并所属者，解赴南汝光道；湖北省郧阳、襄阳二府所属者，解赴安襄郧道；宜昌、施南二府所属者，解赴荆宜施道；湖南省永顺、沅州二府所属，及靖州凤凰、永绥、乾州、晃州、古丈坪五厅，并所属者，解赴辰永沅靖道；四川省宁远、重庆、夔州、绥定四府所属，及酉阳、忠州、叙永厅、石硅厅，并所属者，解赴该管巡道；山西省大同、朔平二府所属者，解赴雁平道；口外归化等五厅，并所属者，解赴归绥道；平阳、蒲州二府所属，及解州、绛州，并所属者，解赴河东道；陕西省榆林府所属者，解赴延榆绥道；汉中、兴安二府所属者，解赴陕安道；江西省南安、赣州二府所属，及宁都州，并所属者，解赴南赣宁道；广东省雷州、琼州二府所属者，解赴雷琼道；高州、廉州二府所属者，解赴高廉道；潮州府所属者，解赴惠潮嘉道；浙江省温州、处州二府所属者，解赴温处道；福建省台湾府所属者，解赴台湾道；直隶省承德府所属者，解赴热河道；宣化府所属，及张家口、独石口、多伦诺尔厅，并所属者，解赴口北道；永平府所属，及遵化州，并所属者，解赴通永道；顺德、广平、大名三府所属者，解赴大名道，就近审转，详报院司核办。倘有鸣冤翻异，分别提审解省。其命案内遣、军、流犯，仍各解省复审。

【1840】○修改

臣等谨按:道光十九年(1839)二月内,据贵州巡抚贺长龄奏"请将军、流等犯就近解勘"一折内称,贵州省山路崎岖,不通舟楫,各州、县瘠苦居多,其距省、距道窎远之处,招解人犯,往返耗费,每因赔累难支,未免意存迁就,务期实力整顿,必须简便可行。请将大定府所属,与贵西道同城之威宁州,并距道较近之水城厅寻常军、流与命案徒犯,径解该道审转,将距省、距道较远之贵阳、石阡、大定、兴义、遵义、安顺、都匀、镇远、思南、思州、铜仁十一府,平越一州所属之各厅、州、县审办之案,均解各府、州审详。凡由道、府、州审勘者,俱录叙全案供招,报司核办。如内有情节可疑及犯供翻异者,仍由司提审。应行核议事件,仍归道、府、州查核议,报司转详,一切限期处分,仍照定例遵行。"

又,道光十八年(1838)五月内,据升任云南巡抚颜伯焘奏请将军、流等犯就近解道审转一折内称:"滇省远处边隅,地方辽阔,各府、厅、州、县离省窎远,每遇解审案犯如有翻供,或发回质讯,或提证委审,不特证佐人等长途跋涉,拖累无穷,且恐往返中途意外疏虞。请援照广西等省距省窎远府、州所属军、流、徒犯毋庸解省之例,将云南省寻常遣、军、流犯及命案拟徒人犯,如昭通府所属者,解赴迤东道;大理、丽江、永昌、顺宁四府及永北、景东、蒙化三厅所属者,解赴迤西道;普洱府及滇沅、元江二州所属者,解赴迤南道,就近审转详报,仍叙录全案移送臬司衙门备查。其议详事件,俱归该道核议详办,一切限期处分,悉照臬司之例遵行"等因。经臣部以均系因地制宜、删繁就简起见,议请如所奏办理。先后奉旨允准遵行,各在案。应将贵州、云南二省各属寻常遣、军、流、徒各犯就近由该道、府、州审转之处,于例内添纂明晰,以昭遵守。谨将修改例文,开列于后。

一、距省窎远府、厅、州所属之各厅、州、县,寻常遣、军、流犯,及命案拟徒人犯,均毋庸解省。如广西省泗城、镇安、太平三府所属者,解赴左江道;思恩府所属之百色、武缘两处,解赴右江道;贵州省黎平府本属,及所管之古州、下江、开泰、永从、锦屏各厅县,解赴贵东道;大定府所属之威宁州、水城厅,解赴贵西道;贵阳、石阡、大定、兴义、遵义、安顺、都匀、镇远、思南、思州、铜仁十一府,及平越州所属者,解赴各该管府州;江苏省徐州府所属者,解赴徐州道;海州所属,及淮安府所属之阜宁、安东二县,解赴淮海道;淮安府所属之山阳、盐城、清河、桃源四县,解赴淮扬道;安徽省凤阳、颍州二府所属,及泗州,并所属者,解赴庐凤道;河南省汝宁府所属,及光州,并所属者,解赴南汝光道;湖北省郧阳、襄阳二府所属者,解赴安襄郧道;宜昌、施南二府所属者,解赴荆宜施道;湖南省永顺、沅州二府所属,及靖州凤凰、永绥、乾州、晃州、古丈坪五厅,并所属者,解赴辰永沅靖道;四川省宁远、重庆、夔州、绥定四府所属,及酉阳、忠州、叙永厅、石砫厅,并所属者,解赴该管巡道;山西省大同、朔平二府所属者,解赴雁平道;口外归化等五厅,并所属者,解赴归绥道;平阳、蒲州二府所属,及解州、绛州,并所属者,解赴河东道;陕西省榆林府所属者,解赴延榆绥道;汉中、兴安二府所属者,解赴陕安道;江西省南安、赣州二府所属,及宁都州,并所属者,解赴南赣宁道;广东省雷州、琼州二府所属者,解赴雷琼道;高州、廉州二府所属者,解赴高廉道;潮州府所属者,解赴惠潮嘉道;浙江省温州、处州二府所属者,解赴温处道;福建省台湾府所属者,解赴台湾道;直隶省承德府所属者,解赴热河道;宣化府所属,及张家口、独石口、多伦诺尔厅,并所属者,解赴口北道;永平府所属,及遵化州,并所属者,解赴通永道;顺德、广平、大名三府所属者,解赴大名道,就近审转,详报院司核办。倘有鸣冤翻异,分别提审解省。其命案内遣、军、流犯,仍各解省复审。

【1847】6.28.411.(58)(略)

【1852】○修改

一、距省窎远府、厅、州所属之各厅、州、县,寻常遣、军、流、徒人犯,及命案拟徒人犯,均毋庸解省。如广西省泗城、镇安、太平三府所属者,解赴左江道;思恩府所属之百色、武缘两处,解右江道;云南省昭通府所属者,解赴迤东道;大理、丽江、永昌、顺宁四府,及永北、景东、蒙化三厅,并所属者,解赴迤西道;普洱府,及镇沅、元江二州,并所属者,解赴迤南道;贵州省黎平府本属,及所管之古州、下江、开泰、永从、锦屏各厅县,解赴贵东道;大定府所属之威宁州、水城厅,解赴贵西道;贵阳、石阡、大定、兴义、遵义、安顺、都匀、镇远、思南、思州、铜仁十一府,及平越州所属者,解赴各该管府州;江苏省徐州府所属者,解赴徐州道;海州所属,及淮安府所属之阜宁、安东二县,解赴淮海道;淮安府所属之山阳、盐城、清河、桃源四县,解赴淮扬道;安徽省凤阳、颍州二府所属,及泗州并所属者,解赴庐凤道;河南省汝宁府所属,及光州并所属者,解赴南汝光道;湖北省郧阳、襄阳二府所属者,解赴安襄郧道;宜昌、施南二府所属者,解赴荆宜施道;湖南省永顺、沅州二府所属,及靖州、凤凰、永绥、乾州、晃州、古丈坪五厅,并所属者,解赴辰沅永靖道;四川省宁远、重庆、夔州、绥定四府所属,及酉阳、忠州、叙永厅、石柱厅,并所属者,解赴该管巡道;山西省大同、朔平二府所属者,解赴雁平道;口外归化等五厅,并所属者,解赴归绥道;平阳、蒲州二府所属,及解州、绛州,并所属者,解赴河东道;陕西省榆林府所属者,解赴延榆绥道;汉中、兴安二府所属者,解赴陕安道;江西省南安、赣州二府所属,及宁都州,并所属者,解赴南赣宁道;广东省雷州、琼州二府所属者,解赴雷琼道;高州、廉州二府所属者,解赴高廉道;潮州府所属者,解赴惠潮嘉道;浙江省温州、处州二府所属者,解赴温处道;福建省台湾府所属者,解赴台湾道;直隶省承德府所属者,解赴热河道;宣化府所属,及张家口、独石口、多伦诺尔厅,并所属者,解赴口北道;永平府所属,及遵化州,并所属者,解赴通永道;顺德、广平、大名三府所属者,解赴大名道;甘肃省西宁府所属之循化、贵德、丹噶尔三厅,大通一县,解赴西宁道;庆阳府所属之五州县,泾州直隶州,并所属三县,解赴平庆泾道;宁夏府所属之五州县,解赴宁夏道;阶州直隶州,并所属二县,解赴巩秦阶道;肃州直隶州,并所属一县,安西直隶州,并所属敦煌、玉门二县,及哈密厅,解赴安肃道,就近审转,详报院司核办。倘有鸣冤翻异,分别提审解省。其命案内遣、军、流犯,仍各解省复审。

【1870】6.28.411.(58)(略)

【1825】○续纂

一、凡祖父母、父母,因子孙触犯,呈送发遣之案,该州县于讯明后,不必解勘,止详府、司核明,转详督抚核咨,俟部复准,即定地起解。若系嫡母、继母及嗣父母呈送发遣,仍照旧解勘。

臣等谨按:道光三年(1823)三月内,据调任广西巡抚成格咨"祖父母、父母呈送子孙恳求发遣之犯,毋庸解勘,以免长途解犯跋涉之烦"一案。经臣部查,例载继母告子不孝,行拘邻族审勘是实,依律问断,若有诬枉,即与辨理。推原例意,以继母于前妻之子非所自出,难保无爱憎之偏,故继母告子必凭邻族供词为定。至祖父母、父母,则属毛离里,情切天伦,慈爱之心有加无已,子孙非甚不肖,无不曲为含容。若被呈送发遣,则其平日必系桀骜难驯,一经呈送到官,不必审讯,即应依例定罪,与继母呈送,及缘别事拟以军、流者不同,本可毋庸解勘。议令嗣后凡祖父母、父母呈送子孙触犯,恳求发遣之案,该州、县讯明,即通详府、司核明,转详督、抚核案咨部,俟复准后,即行定地起解。若系继母呈告,仍照例审明解勘。至嫡母告子不孝,例无明文,查嫡母于夫妾所生之子难保无憎嫌别情,自应与继母呈送发遣之案一体解勘,以昭核实,并声明于修例时,纂入例册等因,通行各省照办在案。臣等再查,嗣父母呈送嗣子发遣,亦难保无爱憎别情,自不得与亲子并论,亦应一体解勘。应请一并纂辑为例,以便遵行。

【1825】6.28.411.(23)(略)

【1830】○续纂

一、广西东兰州属之那地土州、凌云县属之天峨哨,去州、县城在三百里以外,及全州属之西延州同、西隆州属之八达州同,去州城在一百里以外之盗案,准令该处分驻州同、州判、县丞,会同营汛,前往代勘录供,送交该州县承审。如有查勘不实,照例议处。其东兰、凌云,去州县不及三百里,全州、西隆州,去州不及一百里之盗案,仍由该州县自行往勘。

臣等谨按:道光七年(1827)十一月内,据广西巡抚苏成额以该省东兰州属之那地土州,凌云县属之天峨哨,该处相离州、县三四百里不等,又全州属之西延州同,西隆州属之八达州,同距省一二百里不等,均属山路崎岖,夫马难行,遇有事主呈报盗案,往勘必须数日方到,迨经拨兵差拿,该盗等早已闻风扬匿,且道路往来多日,亦恐滋装点之弊。请仿照命案代验之例,责令该处分驻州同、州判、县丞,会同营汛代勘、绘图、讯供,移牒该州县审办。其东兰、凌云,该省州、县三百里以内,及全州、西隆州在一百里以内,遇有呈报盗案,仍由该州、县自行会勘等因咨部,臣部照议咨复在案。应请纂辑为例,以昭遵守。

【1847】6.28.411.(55)(略)

【1830】○续纂

一、秋审查办留养承祀之案,如距省在八百里以内府州所属者,由该督抚督同臬司,亲提犯属、尸亲、族邻人等,逐加研讯。实系亲老丁单,及孀妇独子,方准查办。

倘亲属实在老病不能就道者,州、县查明,禀请督抚遴委道府大员前往,就近查讯,取具供结,详报督抚、臬司复核办理。其距省在八百里以外府州所属,及正犯例不解省;向由该管巡道审转者,即由该管巡道,就近提齐犯属、尸亲、族邻人等,查取供结详办。若犯属及尸亲等籍隶他省者,即移咨所辖之该省督抚,按照离省道路远近,分别提审,讯取供结,报部核办。

臣等谨按:道光九年(1829)正月十八日奉上谕:"李鸿宾查出秋审捏报留养分别办理等语。前因广东省归善县绞犯林一溃捏报留养,降旨谕令各省,将留养人犯认真确查。兹据该督复行查明,又有归善县绞犯陈文棕一起,海阳县绞犯邵阿党、黄人和、吴方盛三起,均系捏报丁单,声请留养。广东一省如此,他省似此者想复不少。着通谕各督、抚,督同臬司,于秋审时遇有呈请留养者,务当亲提犯属、尸亲、邻族人等逐加研讯。实系亲老丁单及孀妇独子,方准查办。倘有捏饰,即着据实惩治,不准稍涉朦混,致令凶犯幸逃法网。钦此。"钦遵。当经臣部通行,各省遵办。续据前任浙江巡抚刘彬士奏,请将距省窎远之温、处二府留养各案人证,应饬温处道提讯,仍由该抚督同臬司复核,免其解省。又,据云南巡抚伊里布题,秋审绞犯任汶斗籍隶四川,应移咨原籍饬查取结,送部核办各等因,俱蒙俞允。又,据湖北巡抚杨健以秋审留养人犯,距省窎远府、州所属秋审人犯,定例既归巡道提审,则犯属、尸亲及邻佑人等未便纷纷解省,转致拖累,应一并归于巡道提审,免其解省。仍由各督、抚,督同臬司复核办理。其籍隶他省,势难行提集讯,自应移咨原籍查报。至年老犯亲可否遴员就近查验之处,地连省会,非窎远府、州可比,自应遵旨由该督、抚督同臬司亲提严讯等因,咨复该抚并通行各省,查照各在案。又,道光九年(1829)十二月二十一日,据直隶总督那彦成奏请,将直省所属之宣化、大名、顺德、广平、永平五府,及多伦诺尔厅、独石口、张家口三厅,并遵化州各属秋审留养案件,均归该管巡道就近提齐尸亲、犯属人等,讯取供结详办。其离省较近各府、州,仍由该督督同臬司亲提各尸亲、犯属人等。实有老病不能就道者,即由该州、县禀请委员前往查讯,取结详报等因。奉朱批:"依议。刑部知道。钦此。"钦遵,抄出到部。臣等查距省窎远之州、县所属尸亲人等,概令纷纷提省,未免牵连跋涉之苦。今直省既奏准归该管巡道就近提讯,取结详办,各省自应仿照办理,以示体恤,而昭画一。拟请嗣后秋审留养人犯案内尸亲、邻族人等,除距省在八百里以内者,仍遵旨由该督、抚督同臬司亲提研讯,倘实有老病不能就道者,即委员前往查办外,如距省在八百里以外者,均归该管巡道就近提齐尸亲人等,讯取供结详办等因,于道光十年(1830)正月二十一日具奏,奉旨:"依议。钦此。"钦遵办理在案。至犯属及尸亲人等居住他省者,势难隔省提集查讯,自应移咨所辖之该省督、抚就近提审办理。惟应讯人等分居各州、县,离省亦有远近不同,提审章程,亦应画一办理。谨于例内添纂明晰,以资遵守,合并声明。

【1847】6.28.411.(56)(略)

【1835】〇续纂

一、窃盗计赃、计次、计人数问拟军、流各犯,除系直隶州所属,向例由道审转者,仍由该管道审转，毋庸解司，及各道所辖直隶州，离道较远，仍照旧章径行解司外，其余各厅、州、县，概将人犯解该管府、厅、州审转具详，由司复核，专案请咨，毋庸转解司、道勘转。倘犯供翻异，由该管府、厅、州就近查提质讯，或发回另审。若内有关系拒捕、干碍参处之案，仍分别解司、解道，以昭详慎。倘承办之员，有故勘及捏饰情弊，以致案犯申诉冤抑，仍令各督抚严行究参，提省审办。

臣等谨按：道光十三年(1833)五月内，臣部议复四川总督鄂山奏"川省所属各厅、州、县，距司、道窎远，请将积匪猾贼解审章程量为变通"一折内称，向例遣、军、流犯于州、县审明定拟之后，均应由府解司审转，详报督、抚咨部完结。嗣于道光七年(1827)经前护理山东巡抚、布政使贺长龄因东省窃盗烦多，奏请将该省审办窃盗案件计赃、计次、计人数治罪，各犯概免解省等因，奏准在案。兹据该督奏称，川民游惰者多，始而呼朋引类，继则结伙为匪，或暮夜肆窃，或逢场绺窃，一经获案，无不任意狡展，迨至招解到司、到道，该匪等又复狡翻。或发回质讯，或提人证委审，不特事主人等跋涉守候，滋无累穷。且川省幅员辽阔，由司、道审转之各厅、州、县，长佥签差，往返赔累，因而犯虽供认，查无事主赃据之案，不敢列入其详者，势所必有。既失严惩之道，转开幸免之端。请将积匪猾贼解审章程酌量变通等因。系为因时制宜整顿地方起见，自应如所奏办理。惟查各省情形虽有不同，而办理章程宜归画一。近来，积匪猾贼为害闾阎之案，日渐繁多，不独四川一省为然。若必拘泥成例，责令招解，不特往复查传，拖累不少，抑且长途佥递，疏脱堪虞，甚至有州、县虑恐解费赔累，相率而讳匿不办者，于戢盗安民之道殊无裨益。似不妨将各省办理旧章一并酌量变通，以归简易。议请嗣后各省审办积匪。猾贼拟军之案，除系直隶州所属，向例由道审转者，仍由该管各道审转，毋庸解司，及各道所辖直隶州离道较远，仍照旧章径行解司外，其余各厅、州、县，概将人犯解该管府、厅、州审转具详，由司复核，专案请咨，毋庸转解司、道勘转。倘犯供翻异，即由该管府、厅、州就近查提质讯，或发回另审。若内有关系拒捕、干碍参处之案，仍照旧分别解司、解道，以昭详慎。倘承办之员有故勘及捏饰情弊，以致案犯申诉冤抑，仍令各督抚严行究参，提省审办等因具奏。奉旨允准通行，遵照在案。应纂辑专条，以昭遵守。又十四年(1834)九月内，据前任浙江巡抚富呢扬阿咨称，现行新例各省审办积匪猾贼免其解司等语，诚以积匪一项原系计次定罪，一经供认确凿，则罪状显然，毫无疑义，与别项军、流人犯情伪百出，必须再三推求方可定谳者不同，故止由府、州核转具详，已可无虞枉纵。至窃盗三犯赃在五十两以下，满贯为从，窃赃数多，寻常窃盗问拟军、流、徒罪，在配、在逃行窃一二次，赃未满贯各案犯，新例并未议及。惟此等人犯，其罪皆轻于积猾，且既有事主呈报可凭，又有该犯等原案可稽，与别项军、流罪犯情罪或有出入者，迥不相同。若一体解省，道路远近不一，江河间阻，恐致疏虞。可否照山东省奏定章程，将计赃、计次各犯概免解省，俾归简易之处，咨请部示等因。经臣部查，窃盗计赃、计次问拟军、流之案，本系罪状显然，无可推求，与积匪猾贼事同一例。该抚咨请概免解省，系为删繁就简起见。惟前次奏准章程内未经议及，未便据咨率行添入。现值纂修条例之时，应似将原定章程酌加修改，纂入例册，再咨行各省遵办等因咨复，亦在案。应将各省办理窃盗计赃、计人数治罪各犯，一概免其解审之处，于例内添叙明晰,以昭画一而归简易。合并声明。

【1840】○修改

臣等谨按:道光十九年(1839)正月内,据广东巡抚怡良咨称,行窃、勒索得赃拟流,与窃盗计赃拟流之犯,情罪相等,即行窃计次拟军一项,如该犯供认迭窃八次,内有勒索之案,似未便因其勒索轻罪,转令仍解司、道勘转,则仅止行窃、勒索拟流之犯,比例类推,似可一体免其详勘等因。经臣部查,窃盗、勒索拟流一项,例系不论赃数多寡,其情状较计赃拟流之罪更属显著,且叠窃八次罪应拟军之犯,本不解勘,设内有勒索之案,若令其勒索轻罪转令解审,未免轻重失序,酌议将行窃、勒索得赃拟流之犯,一体免其详勘,并声明应俟修例时将原例酌加修改等因,咨复该抚在案,应于例内添纂明晰,以资引用。谨将修改例文,开列于后。

一、窃盗计赃、计次、计人数及勒赎得赃问拟军、流各犯,除系直隶州所属,向例由道审转者,仍由该管道审转,毋庸解司,及各道所辖直隶州,离道较远,仍照旧章径行解司外,其余各厅、州、县,概将人犯解该管府、厅、州审转具详,由司复核,专案请咨,毋庸转解司、道勘转。倘犯供翻异,由该管府、厅、州就近查提质讯,或发回另审。若内有关系拒捕、干碍参处之案,仍分别解司、解道,以昭详慎。倘承办之员,有故勘及捏饰情弊,以致案犯申诉冤抑,仍令各督抚严行究参,提省审办。

【1845】○修改

臣等谨按:道光二十五年(1845)六月内,据调任广东巡抚程矞采咨称,行窃逾贯首犯已故,从犯拟流,核与例内所载窃盗计赃拟流相符,自可照例免解司、道勘审。至抢夺计赃、计次问拟军、流,及抢夺逾贯,首犯已故,从犯拟流,前纂例内未经议及。应请将行窃逾贯首犯已故、从犯拟流,及抢夺计赃、计次问拟军、流,并抢夺逾贯首犯已故、从犯拟流,无关拒捕、参处之案,免解司、道勘审等因。臣部查抢、窃事同一律,窃盗计赃、计次罪应军、流,各既得就近解归该管府、厅、州审转,而抢夺案内问拟军、流等犯,亦当一体照办。惟前次修例时,未经议及。应俟臣部修例时,再将原定例文酌加修改,缮册进呈后,再行颁发各省遵照等因,咨复该抚在案。今届修例时,应于例内添修明晰,以资引用。谨将修改例文,开列于后。

一、抢窃计赃、计次、计人数及勒赎得赃问拟军、流各犯,及抢、窃逾贯首犯已故,从犯罪止拟流之案,除系直隶州所属,向例由道审转者,仍由该管道审转,毋庸解司,及各道所辖直隶州,离道较远,仍照旧章径行解司外,其余各厅、州、县,概将人犯解该管府、厅、州审转具详,由司复核,专案请咨,毋庸转解司、道勘转。倘犯供翻异,由该管府、厅、州就近查提质讯,或发回另审。若有关系拒捕,及凌虐重情,并干碍参处之案,仍分别解司、解道,以昭详慎。倘承办之员,有故勘及捏饰情弊,致犯申诉冤抑,仍令各督抚严参提审。

【1847】6.28.411.(36)(略)

【1870】○修改

咸丰六年(1856),增捉人勒赎案内遣、军之犯。

一、抢窃计赃、计次、计人数，并勒赎得赃，问拟军、流各犯，及捉人勒赎，仅止图利关禁，暨听从掳捉，罪止遣、军，并抢窃逾贯，首犯已故，从犯罪止拟流之案，除直隶州所属，向例由道审转者，仍由该管道审转，毋庸解司，及各道所辖直隶州，离道较远，仍照旧章径行解司外，其余各厅、州、县，概将人犯解该管府、厅、州审转具详，由司复核，专案请咨，毋庸转解司、道勘转。倘犯供翻异，由该管府、厅、州就近查提质讯，或发回另审。若有关系拒捕，及凌虐重情，并干碍参处之案，仍分别解司、解道，以昭详慎。倘承办之员，有故勘及捏饰情弊，致犯申诉冤抑，仍令各督抚严参提审。

【1870】6.28.411.(36)(略)

【1845】○续纂

一、擅杀问拟绞候，入于秋审缓决办理之犯，除谋、故、火器杀人，或连毙二命，及各毙各命致毙人数在四名以上者，均不准一次减等外，其余俱于缓决一次后，即予减等发落。其遇有亲老丁单，应行查办留养者，仍照向例分别办理。

臣等谨按：道光二十二年(1842)臣部议复御史徐嘉瑞条奏“请将擅杀一项，除谋、故、火器杀人，连毙两命及各毙各命致毙四命以上之外，余皆改为秋审一次减等”等因，奏蒙允准，通行各省，遵照在案。又，二十五年(1845)三月内，据安徽巡抚王植题报“王新民等殴伤窃贼田牙儿身死”一案内称，王新民因田牙儿至伊婿李泳梓家行窃，王新民听闻喊捕，与李泳梓等将田牙儿捉获，按倒地上，殴扎殒命，应将王新民依贼犯黑夜偷窃已就拘执辄复叠殴致毙，照擅杀罪人律拟绞监候例拟绞监候，秋后处决。该犯王新民擅杀窃贼，讯非谋、故，按照通行，秋审缓决一次，即准减等。据供有父王启训年逾八十，家无次丁，核与留养之例相符，应照例枷责发落，准其存留养亲等因。臣部查定例擅杀等犯遇有亲老丁单，应否准其随案声请留养，总以所犯情节是否应入秋审可矜为断。至于臣部议复御史徐嘉瑞条奏内将擅杀一项除谋、故各项情重外，余皆改为一次减等，特为秋审减等而设，与查办留养毫无干涉，二例原属并行不背。今王新民擅杀不拒捕罪人，按照向办秋审章程，只应入缓，并非应入可矜之犯，其亲老丁单之处，例应俟秋审时始行查办。该抚予以随案声请，与例不符。应令仍俟秋审时取结送部，再行核办等因。题蒙允准，通行各省，遵照亦在案。谨合纂为例，以资引用。

【1847】6.28.411.(37)(略)

【1852】○续纂

一、滇省审办结盟扰害匪徒，除犯该死罪者，仍行解省审办外，其罪应遣、军、流罪人犯，无论离省道途远近，均令该管府州审转，臬司复核详咨，毋庸解省审勘。倘承办之员，有故勘及捏饰情弊，以致案犯申诉冤抑者，令各督抚严行究参，提省审办。

谨案:此条咸丰元年(1851)定。

【1870】6.28.411.(61)(略)

检验尸伤不以实

律　文

【1646】6.28.435

凡官司初检验尸伤,若承委牒到托故迁延不即检验,致令尸变,及虽即检验,不亲临尸所监视,转委吏卒,凭臆增减伤痕。若初检与复检官吏相见,扶同尸状,及虽亲临监视,不为用心检验,移易、如移脑作头之类。轻重、如本轻报重、本重报轻之类。增减如少增作多、如有减作无之类。尸伤不实,定执要害致死根因不明者,正官杖六十,同检首领官杖七十,吏典杖八十。仵作行人检验不实,扶同尸状者,罪亦如吏典以杖八十坐之。其官吏、仵作因检验不实而罪有增减者,以失出入人罪论。失出减五等,失入减三等。○若官吏、仵作受财,故检验不以实致罪有增减者,以故出入人罪论。赃重于故出故入之罪者,计赃以枉法各从重论。止坐受财检验不实之人。其余不知情者,仍以失出入人罪论。

【1670】6.28.434(略)

【1725】6.28.422

律文(略)

注:此言检验不可迟缓疏忽也。凡问人命,牒到不即检验,致令尸变,及检验而不亲临监视,转委吏卒,致有增减伤痕,或初验与复验官吏相见扶同尸状,及虽亲临监视,不细心察勘,或将伤痕移易其处,或以轻作重、以重作轻,又或增少为多、减有作无,以致伤痕不实,与所执致死根因不明,如先勒后缢、先伤后病及伤仗不符之类,正官以下至吏典,递加杖罪。仵作行人扶同捏报,亦如吏典之罪。其因检验不实而罪有增减者,以失出入人罪论。若官吏、仵作人等受财,故行检验不实,致罪有增减,以故出入人罪论。受财之赃重于故出、故入之罪者,计赃以枉法从重论。若一人受财,其余不知情者,止依失出入人罪论。

臣等谨按:此言检验之不可迟缓疏忽也。首节言官司检验不实,及吏典、仵作扶同之罪。凡问人命,牒到不即检验,及检验而不亲临监视,转委吏卒,致有增减伤痕,或虽亲验,而初验与复验官吏相见扶同尸状,及虽亲临监视,不细心察勘,或将伤痕移易其处,或以轻作重、以重作轻,又或增少为多、减有作无,以致伤痕不实,与所执致死根因不明,如先勒后缢、先伤后病及伤仗不符之类。种种情弊,自正官以下至吏典,递加杖罪。仵作行人扶同捏报,亦如吏典之罪。其因检验不实而罪有增减者,以失出入人罪论。后节言官吏、仵作受财,故检验不实之罪。官吏、仵作人等受财,故行检验不实,致罪有增减,以故出入人罪论。若受赃之罪重于故出、故入之罪者,计赃以枉法论。赃轻而出入之罪重者,从出入论,故曰各从重论。若一人受财,其余不知情者,止依失出入人罪论。

【1740】6.28.412(略)

附律条例

【1646】6.28.435.(1)

一、遇告讼人命,内有自缢自残及病死而妄称身死不明,意在图赖挟财者,究问明确,不得一概发检以启弊窦。其果系斗杀、故杀、谋杀等项当检验者,在京初发五城兵马司,复检则委京县知县,在外初委州县正官,复检则委推官。务求于未检之先,即详鞫尸亲、证佐、凶犯人等,令其实招以何物伤何致命之处,立为一案,随即亲诣尸所,督令仵作如法检报,定执要害致命去处,细验其圆长、斜正、青赤、分寸,果否系某物所伤,公同一干人众,质对明白,各情输服,然后成招。中间或有尸久发变,青赤颜色,亦须详辨,不许听凭仵作混报殴伤,辄拟偿抵。其仵作受财,增减伤痕,符同尸状,以成冤狱,审出真情,赃至满数者,查照诓骗情重事例,枷号问遣。不先究致死根因明确,概行检验者,官吏以违制论。

【1670】6.28.434.(1)(略)

【1725】○修改

原拟:今检验尸伤,在内兼委刑部司官,在外无推官,专委州、县。其仵作若犯枉法赃至满数者,即应拟绞,不止充军。相应删改,开载于后。

一、遇告讼人命,有自缢、自残及病死而妄称身死不明,意在图赖诈财者,究问明确,不得一概发检,以启弊窦。其果系斗杀、故杀、谋杀等项当检验者,在京委刑部司官及五城兵马司、京县知县,在外委州县正印官,务须于未检验之先,即详鞫尸亲、证佐、凶犯人等,令其实招以何物伤何致命之处,立为一案,随即亲诣尸所,督令仵作如法检报,定执要害致命去处,细验其圆长、斜正、青赤、分寸,果否系某物所伤,公同一干人众,质对明白,各情输服,然后成招。或尸久发变,青赤颜色,亦须详辨,不许听凭仵作混报拟抵。其仵作受财,增减伤痕,扶同尸状,以成冤狱,审实,赃至满数者,依律从重科断。不先究致死根因明确,概行检验者,官吏以违制论。

【1725】6.28.422.(2)【原例】(略)

【1740】6.28.412.(1)(略)

【1646】6.28.435.(2)

一、诸人自缢、溺水身死,别无他故,亲属情愿安葬,官司详审明白,准告免检。若事主被强盗杀死,苦主自告免检者,官与相视伤损,将尸给亲埋葬。其狱囚患病,责保看治而死者,情无可疑,亦许亲属告免检复外。若据杀伤而死者,亲属虽告,不听免检。

【1670】6.28.434.(2)(略)

【1725】6.28.422.(2)【原例】(略)

【1740】6.28.412.(2)(略)

【1725】○增入①

原拟:现行例内二条,类于此律,应增入。

【原增现行例】一、各直省命案,一概注明致命伤痕,以凭核复。

【1725】○增入②

臣等谨按:以下二条,类于检验尸伤不以实律,应增入条例后。

【现行例】一、凡审理命案,一人独殴人致死,无论致命不致命,皆拟偿抵。若两人共殴人致死,则以刑部旧行十八处并顶心偏左右额颅、额角为致命论抵。

【1725】○增入③

臣等谨按:以下二条,类于"检验尸伤不以实"律,应增入条例后。

【现行例】一、凡旗人自缢、抹脖、投井身死,部内官员已检验尸伤,令其抬送者,恶棍拦阻吵闹,将棺材打坏,抬尸揹诈,该堆子、该门之人拿获解送刑部,或受害之人首告者,从重惩治。若死者之家不行报部,擅自抬送,及拨什库勒措不报者,仍照例治罪。该堆子、该门、该班官兵知而不拿,将兵治罪,官交与该部议处。

【1725】○增入

【现行例】一、凡直隶各省人命、强盗一切拟罪等案,奏章内止将承问官具详,按察司招由,至按察司审拟供招罪名,入督、抚看语具题。其人命重情,必检验尸伤方行定拟。初验死伤,即行定拟。若尸亲控告伤痕互异,再行复检定拟。毋得复行三检,以致拖累犯证。如有疑似之处委别县审理者,所委之官带同仵作亲诣停尸处所检验,不得吊尸检验。直隶各省反叛案内,人犯决过,即行题报外,其余决过人犯日期,概于年终汇报等因具题。奉旨:"人命、强盗关系重大,其各直省全招,俱着画一开列疏内。余依议。钦此。"

原拟:此条内检验尸伤一段,应入此律,其前、后二段,类于"死囚复奏待报"律,应移入彼处。谨拟删改,开载于后。

【原改现行例】一、凡人命重案,必检验尸伤,注明致命伤痕。一经检明,即应定拟。若尸亲控告伤痕互异者,许再行复检。勿得违例三检,致滋拖累。如有疑似之处,委别官审理者,所委之官,带同仵作亲诣尸所,不得吊尸检验。

---

① 本条见于《大清律例按语》第29卷"刑律·断狱·检验尸伤不以实"(雍正三年)条下,雍正三年(1725)《大清律集解附例》不载。

② 本条见于《大清律例按语》第29卷"刑律·断狱·检验尸伤不以实"(雍正三年)条下,雍正三年(1725)《大清律集解附例》不载。

③ 本条见于《大清律例按语》第29卷"刑律·断狱·检验尸伤不以实"(雍正三年)条下,雍正三年(1725)《大清律集解附例》不载。

【1725】6.28.422.(3)【增例】(略)

【1740】6.28.412.(3)(略)

【1725】○增入

一、凡外省驻防旗人，遇有命案，该管旗员即会同理事同知、通判，带领领催、尸亲人等，公同检验。一面详报上司，一面会同审拟。如无理事同知、通判之处，即会同有司官公同检验，详报审拟。

【1725】6.28.422.(4)【钦定例】(略)

【1740】6.28.412.(4)(略)

【1725】○增入

一、凡人命呈报到官，该地方印官立即亲往相验。止许随带仵作一名、刑书一名、皂隶二名。一切夫马饭食，俱自行备用。并严禁书役人等，不许需索分文。其果系轻生自尽，殴非重伤者，即于尸场审明定案，将原、被、邻、证人等释放。如该地方印官不行自备夫马，取之地方者，照因公科敛律议处；书役需索者，照例计赃分别治罪。如故意迟延拖累者，照易结不结例处分。若系自尽，并无他故，尸亲捏词控告，按诬告律科断。如刁悍之徒，借命打抢者，照白昼抢夺例拟罪，仍追抢毁物件给还原主。其勒索私和者，照私和律科断，勒索财物入官。至该管上司于州、县所报自尽命案，果属明确无疑者，不得苛驳，准予立案。若情事未明，仍即秉公指驳，俟其详复核夺。

谨案：以上三条，均系雍正三年(1725)定。

【1725】6.28.422.(5)【钦定例】(略)

【1740】6.28.412.(5)(略)

【1740】○增入

一、大县额设仵作三名，中县额设二名，小县额设一名。仍于额设之外，再募一二人，令其跟随学习，预备顶补。每名给发《洗冤录》一本，选委明白书吏一人，与仵作逐细讲解。每人发给皂隶工食一名。学习者，两人共发给皂隶工食一名。若有暧昧难明之事，果能检验得法，洗雪沉冤，该管上司赏给银十两。其检验故行出入，审有受贿情弊者，照例治罪，不许充役。

谨案：此条系雍正六年(1728)定例。

【1740】6.28.412.(6)(略)

【1788】○修并

【原例】【1740】6.28.412.(6)(略)、【1768】6.28.412.(8)(略)、【1768】6.28.412.(16)(略)

臣等谨按:以上三条,俱系州县额设仵作,并于额外再募学习,预备事故顶补,及州县讲读《洗冤录》,并责成该管府、州考试之例。乃以一事分列三条,殊觉繁复,似宜删并一条,以归简明。今将删并例文,开列于后。

一、凡州、县额设仵作,大县三名,中县二名,小县一名。并于额设之外,再募一二人,令其跟随学习。每名给发《洗冤录》一部,选委明白刑书一人,与仵作逐细讲解。每年开印后,该州县将额设、学习名数,造具花名清册,申送该管府、州,汇册通送院、司存案。该管府、州,每年随时就近提考一次。考试之法,即令每人讲解《洗冤录》一节。如果明白,当堂从优给赏。倘讲解悖谬,饬令分别责革及勒限学习,另募充补。仍汇册申报院、司查核,并将召募非人、懈于查察之州县,分别查参。至仵作工食,每名拨给皂隶工食一份。学习者,两人共给皂隶工食一份。若有暧昧难明之事,检验得法,果能洗雪沉冤,该管上司赏给银十两。倘有故行出入,审有受贿情弊,照例治罪。若仵作额缺不行募补,州县官及各上司均交部分别议处。倘州县不将仵作补足,因而私侵工食银两者,州县官革职提问,该管上司一并交部议处。在京五城司坊额设仵作,即责成该巡城御史,每年照此办理。

【1790】6.28.412.(14)(略)

【1740】○增入

一、地方呈报人命到官,正印官公出,壤地相接不过五六十里之邻邑印官未经公出,即移请代往相验。或地处窎远,不能朝发夕至,又经他往,方许派委同知、通判、州同、州判、县丞等官,毋得滥派杂职。其同知等官相验,填具结格通报,仍听正印官承审。如有相验不实,照例参处。

此条系乾隆元年(1736)定例。查雍正十三年(1735)原任广西巡抚金鉷条奏,印官公出,改令佐贰官相验。嗣于乾隆元年,又经升任山东按察使黄叔琳条奏,佐贰官官职卑微,易滋弊窦,仍照旧例移请邻邑印官,或因窎远公出,则委同知等官,不许滥委杂职。而未及相验之后填具结格,仍听正印官承审之处,今为并入,以便引用。

【1740】6.28.412.(7)(略)

【1790】6.28.412.(6)(略)

【1743】○续纂

一、州、县仵作缺额不行募补,州、县官及各上司,均交部分别议处。倘不将仵作补足,因而私侵工食银两者,州、县官革职提问,该管各上司一并交部议处。

谨案:此条系乾隆五年(1740)十一月吏部钦奉上谕,敕令议准定例。

【1768】6.28.412.(8)(略)

【1788】○修并

修并按语并修并后例文,见【1740】6.28.412.(6)条【1788】修并项下。

【1743】○续纂

一、检验自尽人命,如尸亲远居别属,一时不能到案,该地方官应即验明,立案殓埋。

此条系乾隆六年(1741)三月,臣部议复湖广按察使吴龙应条奏定例。

【1768】6.28.412.(9)(略)

【1790】6.28.412.(7)(略)

【1751】○续纂

一、凡检验量伤尺寸,照工部颁发工程制尺,一例制造备用,不得任意长短,致有出入。

臣等谨按:此条系乾隆十二年(1747)五月内,臣部议复升任甘肃按察使顾济美条奏定例,应纂辑以便遵行。

【1768】6.28.412.(10)(略)

【1790】6.28.412.(8)(略)

【1751】○续纂

一、凡京师内城正身旗人,遇有命案,令本家禀报该佐领,转报刑部相验。街道命案,无论旗、民,令步军校呈报步军统领衙门,转咨刑部,票委该城指挥相验。其外城地方人命,亦无论旗、民,俱令总甲呈报该城指挥,该城指挥即速相验,呈报该城御史,转报刑部、都察院。若系旗人,并报该旗。

臣等谨按 此条系乾隆十三年(1748)九月内都察院条奏定例,应纂辑以便遵行。

【1768】6.28.412.(11)(略)

【1772】○修改

臣等谨按:乾隆三十四年(1769)十二月内,吏科给事中袁鉴条奏,城内正身旗人命案,径报刑部相验。街道命案,步军校呈报步军统领衙门,步军统领一面咨明刑部,一面飞行指挥相验,径报刑部。经臣部议准遵行。所有此条原例内,该佐领转报刑部,及步军统领衙门转咨刑部,票委指挥相验等处应删改。谨将改辑例文,开列于后。

一、凡京师内城正身旗人,遇有命案,令本家禀报该佐领,径报刑部相验。街道命案,无论旗、民,令步军校呈报步军统领衙门,一面咨明刑部,一面飞行五城兵马司指挥星往相验,径报刑部。其外城地方人命,亦无论旗、民,俱令总甲呈报该城指挥,该城指挥即速相验,呈报该城御史,转报刑部、都察院。若系旗人,并报该旗。

【1790】6.28.412.(9)(略)

【1801】○修改

臣等谨按:此条系乾隆十三年(1748)定例,嗣于嘉庆三年(1798)臣部奏称,向例凡内城旗人正身,在家因事身死,报部相验者,俱系臣部当月司员往验,其外城则票委司、坊相验。至香山火器营,及八旗营房等处,虽在外城,仍系臣部司员往验。近来香山等处,间有票委司、坊者,究属舛错。嗣后香山火器营及八旗营房等处,俱令臣部当月司员往验,以昭画一等因,通饬各司遵照办理在案,应于例内添叙明晰,以便引用。谨将修改例文,开列于后。

一、凡京师内城正身旗人,及香山等处各营房旗人,遇有命案,令本家禀报该佐领,径报刑部相验。街道命案,无论旗、民,令步军校呈报步军统领衙门,一面咨明刑部,一面飞行五城兵马司指挥星往相验,径报刑部。其外城地方人命,亦无论旗、民,俱令总甲呈报该城指挥,该城指挥即速相验,呈报该城御史,转报刑部、都察院;若系旗人,并报该旗。

【1802】6.28.412.(9)(略)

【1751】○续纂

一、凡黔、蜀等省遇有命案,其府、州、县原无佐贰,及虽有佐贰而不同城者,印官公出,准令经历、知事、吏目、典史等官,酌带谙练仵作,速往如法相验,写立伤单,报明印官,回日查验填图通报。如印官不能即回,仍请邻邑印官查验填报。其讯无别故之自尽、病毙等案,验明即准取结殓埋,仍由印官通详立案。如代验后,查有增减伤痕情弊,即将原验官照检验不实例分别议处。其各省所属府、州、县内,有与黔、蜀等省相似者,一体酌量办理,其余仍照定例遵行。

臣等谨按:此条臣部议复升任贵州按察使介锡周及原任四川巡抚班第等条奏定例,应纂辑以便遵行。

【1768】6.28.412.(12)(略)

【1790】6.28.412.(10)(略)

【1756】○续纂

一、凡各省州县同城并无佐贰,邻封窎远地方,遇有呈报人命,印官公出,如原系吏目、典史分辖地方,即日可以往返者,仍饬吏目、典史验立伤单,申报印官复验。其距城遥远,往返必须数日处所,该吏目、典史据报,一面移会该管巡检就近往验,填注伤单,一面申请印官复验通报。如印官不能即回,即申请邻邑代验通详。倘该巡检相验不实,或有受贿情弊,即行分别参究。

臣等谨按:此条系乾隆十八年(1753)四月内,臣部议复升任广东巡抚苏昌条奏定例,应纂辑以便遵行。

【1768】6.28.412.(13)(略)

【1790】6.28.412.(11)(略)

【1767】○续纂

一、广西凌云县属命案,在天峨哨地方,去县治在三百里者,准令该处分驻县丞,带领谙练吏件,前往代验,填格取结,送交该县承审。如有勘验不实,照例议处。至去县不及三百里之命案,仍照旧例办理。

臣等谨按:此条系乾隆二十八年(1763)二月内,广西按察使柏琨条奏定例,应纂辑遵行。

【1768】6.28.412.(14)(略)

【1790】6.28.412.(12)(略)

【1830】○修改

臣等谨按:道光六年(1826)三月内,前据护理庚西巡抚印务、布政使潘恭辰咨称:广西东兰州承审之那地土州,该处离东兰州城三四百里不等,山路岖崎,且地处南陬,气候蒸热。遇有命案,该州据报诣验,往返需时,尸身有腐烂之虞,请照该省天峨县丞之例,改归该处州判就近代验,移州承审招解。倘勘验不实,将该州判照州县例议处。又,道光七年(1827)十一月,据广西巡抚苏成额咨称:全州所属之西延州同,及西隆州属之八达州同,皆在山中,路径崎岖,离州城一二百余里不等,地处炎方。遇有命案,尸身易于腐烂,请照凌云县属天峨哨县丞之例,各该处距州在一百里以外者,责成分驻州同就近诣验,百里以内者,仍由该州自行相验等因,先后咨部,均经臣部照议咨复在案。应于例内添纂明晰,以昭遵守。谨将修改例文,开列于后。

一、广西东兰州属之那地土州、凌云县属之天峨哨地方,去州县城在三百里,及全州属之西延州同、西隆州属之八达州同,去州城在一百里以外之命案,准令该处分驻州同、州判、县丞带领谙练吏件,前往代验,填格取结,送交该州县承审。如有勘验不实,照例议处。其东兰、凌云去州县不及三百里,全州、西隆州去州不及一百里之命案,仍各照旧例办理。

【1847】6.28.412.(19)(略)

【1767】○续纂

一、归化城各协厅所属,遇有呈报命案到官,即令该通判星往验明,填格录供通详。仍照例详请都统派委蒙古官员会同审拟,毋庸详派会验,致滋稽延。倘该通判等相验不实,以及迟延贻误,令该管上司分别参处。

臣等谨按:此条系乾隆二十九年(1764)五月内,山西按察使蓝钦奎条奏定例,应纂辑遵行。

【1768】6.28.412.(15)(略)

【1790】6.28.412.(13)(略)

【1767】〇续纂

一、州县平日督令仵作悉心讲读《洗冤录》，务期通晓。将额设仵作几名，及额外学习仵作几名，造具花名清册，每年开印后，申送该管府、州，汇册通送院、司存案。该府、州将附近所属仵作，按照册开名数、姓名，每年提考一次。其所属地方，有远在二三百里、四五百里者，令该管府、州，每年于因公出境经过时，就近考试，不必概行提考。其考试之法，即令每人讲解《洗冤录》一节。如果讲解明白，当堂从优赏给。倘讲解悖谬，即分别责革，饬令勒限学习，及另募充补。仍将提考已竣，及奖赏、责革各缘由，于册内登明，汇报院、司查核。并将召募非人、懈于稽察之州县，分别查参。其在京五城司坊额设仵作，即责成该巡城御史，每年照此例办理。

臣等谨按：此条系乾隆二十八年（1763）五月内西安按察使秦勇均条奏定例，应纂辑遵行。

【1768】6.28.412.（16）（略）

【1788】〇修并

修并按语并修并后例文，见【1740】6.28.412.（6）条【1788】修并项下。

【1772】〇续纂

一、在京五城司坊，每城额设仵作一名之外，各添设额外学习仵作一名，令该巡城御史召募考试充当。其工食照额设仵作减半赏给，每名月给工食银五钱，由户部支领，以资养赡。遇有额设仵作病故、革退，即以额外仵作顶补，再行考募学习之人。

臣等谨按：此条系乾隆三十四年（1769）十二月内，吏科给事中袁鉴条奏定例，应纂辑以便遵行。

【1790】6.28.412.（15）（略）

【1778】〇续纂

一、凡五城遇有命案，除道途倒毙、客店病亡，经该城验讯属实，即自行完结外，其余金刃自戕、投井、投缳等案，俱令该城指挥照例验报，由该城御史审讯，转报刑部核复审结。倘有漏报，将该城官员指名参处。

臣等谨按：此条系乾隆三十八年（1773）六月内，臣部议复巡视中城、江西道监察御史邹梦皋条奏定例，应纂辑遵行。

【1790】6.28.412.（16）（略）

【1847】6.28.412.（12）（略）

【1778】〇续纂

一、黔省州县命案，如逢盛暑，印官公出不能即回，邻封窎远，往返数日者，准代验之杂职等官取立伤单，将尸棺殓。其州县未行复验缘由，及原验杂职衔名，俱于原题内声叙。如有伤痕不符等弊,将原验官参处。若印官计日即回,邻封相距不远者,仍照旧例行。

臣等谨按:此条系乾隆四十一年(1776)八月内,臣部议复贵州巡抚裴宗锡条奏定例,应纂辑遵行。

【1790】6.28.412.(17)(略)

【1847】6.28.412.(16)(略)

【1782】○续纂

一、京师五城吏役有犯命案,本城官员,概令回避,该巡城御史速调别城指挥,带领本管吏仵,前往相验办理。其各省州县,如本州县吏役有犯命案,即就近禀请该上司,立委别州县带领本管吏仵,前往验办。

臣等谨按:此条系乾隆四十六年(1781)七月内,都察院左副都御史哈福纳条奏定例,奉旨:"依议。"钦遵在案。应纂辑遵行。

【1790】6.28.412.(18)(略)

【1847】6.28.412.(17)(略)

【1801】○续纂

一、京师五城指挥相验,城内不得过两日,关外不得过三日。如一时案件坌集,指挥不能分身者,准委副指挥、吏目代验,仍归指挥承办。倘指挥有心规避,委验之员有心推卸者,巡城御史稽查参奏。御史姑容,经他人查出参奏者,一并交部议处。

臣等谨按:乾隆五十六年(1791),都察院左都御史舒常等奏称,五城地方,每城各设一司、两坊,其逃、盗、斗殴等事,副指挥、吏目分界管理,人命案件统归正指挥相验。惟是京城五方杂处,人命案件颇多,城内所报,该指挥尚可速验,关外所报,有往返必需一两日者,顾此失彼,在所不免。隆冬虽尚可停留,至于夏日往往伤痕发变,尸身腐溃,以致难于检验,实于罪名出入有关。查定例外省州县人命,遇正印官公出,即委佐贰等官报验,仍听正印官承审等语。伏思五城司、坊,体制平行,遇缺亦可互相委署,原与外省之正印、佐贰无异,自可一体照办。请嗣后五城相验,城内不得过两日,关外不得过三日。如一时案件坌集,正指挥不能分身者,即照佐贰代验之例,委副指挥、吏目代验,其承办则仍归本官办理。设本官有心规避,及委验之员有心推卸者,均责成巡城御史稽查参奏。巡城御史姑容者,臣等查出,一并参奏等因具奏。奉旨:"知道了。钦此。"钦遵在案。应纂辑为例,以便遵行。

【1802】6.28.412.(19)(略)

【1847】6.28.412.(18)(略)

【1825】○续纂

一、奉天省昌图厅所属命案,如距厅在三百里以外者,准令照磨及分防巡检,带领谙练吏仵,前往代验,填格取结,送交各该厅承审。如有勘验不实,增减伤痕情弊,分别照例议处。其讯无别故自尽、病毙等案,亦准取结验埋,由各该厅通详立案。若距厅不及三百里者,仍照旧例办理。

臣等谨按:道光二年(1822)十一月内,据奉天府府尹齐布森等,以昌图厅从前所管地方仅止百余里,今新添荒地二百余里,约计共有四五百里,又有相验蒙古案件数百里至千余里不等,该厅实有顾此失彼之虞。可否准令照磨代验,填格取结,送交该厅承审等因咨部。经本部查该厅所管地方既较从前增广,且有相验蒙古案件其距应窎远之处。遇有命案,若令该厅自行相验,顾此失彼自属实在情形。议令嗣后奉天省昌图厅所属命案,如距应在三百里以外者,准令照磨带领谙练吏、仵,前往代验,写立伤单取结,送交该厅承审。如有勘验不实,增减伤痕情弊,即将该照磨分别照例议处。其讯无故自尽、病毙等案,亦准取结验埋,仍由该厅通详立案。至距厅不及三百里之命案,仍照旧例办理等因,咨复该府尹在案。应请纂入例册,以便遵行。

【1825】6.28.412.(20)(略)

【1830】○修改

臣等谨按:道光七年(1827)六月内,据原任盛京工部侍郎兼管奉天府府尹齐布森等咨称,查岫岩、凤凰城、海防通判所管地界,幅员辽远,山路崎岖,遇有相验命案,动辄数百里之遥,该厅实有顾此失彼之虞。若请邻封代验,既属遥远,且各有应办地方事宜,亦属不便代验。请照昌图厅之例,遇有命案,距岫岩城在三百里以外者,准令凤凰城分防巡检带领谙练吏、仵,前往代验,填格取结,送交该厅承审办理,其距厅不及三百里者,仍由该厅自行验办等因咨部。经臣部查核,系属因地制宜,照议咨复在案。应请于例内增添,以昭遵守。谨将修改例文,开列于后。

一、奉天省昌图、岫岩、凤凰城各厅所属命案,如距厅在三百里以外者,准令照磨及分防巡检,带领谙练吏仵,前往代验,填格取结,送交各该厅承审。如有勘验不实,增减伤痕情弊,分别照例议处。其讯无别故自尽、病毙等案,亦准取结验埋,由各该厅通详立案。若距厅不及三百里者,仍照旧例办理。

【1847】6.28.412.(20)(略)

【1835】○续纂

一、差役奉官暂行看押人犯,有在押身死者,无论有无凌虐,均令禀明本管官,传到尸亲,眼同验明,不得任听私埋。如有私埋情事,经尸亲控告破案者,官为究明致死根由,详请开检,无庸取具尸亲甘结。检明后,除讯系差役索诈凌虐致毙者,仍照各本律例从重治罪外,若止系因病身死,即将私埋之差役杖七十、徒一年半;控告之尸亲,讯无挟仇情节,仍按诬告各本律分别科断。地方官有任听私埋,及庇护差役,不即开检者,交部分别严加议处。至差役私押毙命之案,应令禀请邻封州县,传到尸亲,眼同验明究办。若有私埋匿报,以及一切凶徒挟仇、谋财,致毙人命私埋灭迹者,经尸亲告发之后,如业将致死根由究问明白,毫无疑义,而尸伤非检不明者,亦即详请开检,按例惩办,均无庸取具尸亲甘结。

臣等谨按:道光十二年(1832)七月内,据升任京畿道监察御史宋劭谷奏请,将地方官开检命案分别核定章程一折内称,外省民人京控案内,往往有被官役拘押,致毙人命,本官并不传齐尸亲,眼同相验,即令差役私自掩埋。迨至尸亲闻知具控,该州、县及上司百计刁难,必勒令尸亲出具保证方许开检,并以如虚即照例加重治罪之言,向其威吓。于是畏事者隐忍含冤,忿极者赴诉无已。请嗣后控请开检之案,如有被官役锁押毙命,未经相验即私自掩埋,及一切凶徒挟仇谋财因而致毙私埋者,均毋庸取具尸亲甘结,即详请开检等因。经臣部查,尸经官验之后,尸亲有控求复检者,向令指实伤痕部位,出具保证,始予开检。至私埋之尸,尸亲本未目击,与已验而控求复检者不同,若一律责令出结请检,断不能将伤痕部位指实,殊非申雪冤抑之道,自应稍为区别,以昭平允。再查差役押毙人命,无论有无凌虐情事,均应报官验明,岂容私埋了结,亦应明立科条严加惩创。议请嗣后差役押毙人命之案,无论有无凌虐,均令禀请邻封州、县,传到尸亲,眼同验明,不得任听私埋。如有私埋情事,经尸亲控告破案者,为官究明致死根由,详请开检,毋庸取具尸亲甘结。验明后,除讯系差役索诈、凌虐致毙者,仍照各本律例从重治罪外,若止系因病身死,即将私埋之差役,照地界内有死人不报官司而辄埋藏以致残毁者杖六十、徒一年律上加一等,杖七十、徒一年半。控告之尸亲,讯无挟仇情节,仍按诬告各本律分别科断。地方官有任听私埋,及庇护差役不即开检者,交部分别严加议处。其一切凶徒挟仇谋财致毙人命私埋灭迹之案,告发之后,如业将致死根由究问明白,毫无疑义,而尸伤非检不明者,亦即详请开检,均毋庸取具尸亲甘结等因具奏。奉旨允准通行,遵照在案。惟查差役押毙人命,情节各有不同,有奉官饬令暂行看押之犯邂逅病故者,亦有将奉官传唤之犯私行管押致毙者。奉官看押之犯如果实系病故,该差役并无凌虐别情,仅止私埋匿报,固可照例科以杖徒之罪;若私押致毙人命,则事多起于索诈,一经究明,既有应得罪名,势不能仅照私埋例问拟杖徒。原奏内未经分晰声明,自应酌加修改,纂辑专条,以资引用。

【1847】6.28.412.(21)(略)

决罚不如法

律　文

【1646】6.28.436

凡官司决人不如法如应笞而用杖。者,笞四十;因而致死者,杖一百,当该官吏均征埋葬银一十两。给付死者之家。行杖之人,各减一等。不追银。其行杖之人,若决不及肤者,依验所决不及肤之数抵罪,或由主使,或由行杖,并罪坐所由。若受财而决不如法、决不及肤者,计赃以枉法从重论。○若监临有司、管军之官,因公事主令下手者,于人虚怯去处,非法殴打,及亲自以大杖或金刃、手足,殴人至折伤以上者,减凡斗伤罪二等;致死者,杖一百、徒三年,追埋葬银一十两。其听使下手之人各减一等,并罪坐所由。如由监临坐监临,由下手坐下手。若非公事,以故勘平人论。若官司决法人、监临责打人,于人臀腿受刑去处,依法决打,邂逅致死,及决打之后自尽者,各勿论。

【1670】6.28.435(略)

【1725】6.28.423(略)

律文(略)

注:此言决罚不得任一己之私也。凡官司决人,或笞或杖,皆有定刑;或臀或腿,皆有定处。不得妄用重刑混决。前节言决不如法,及行杖人徇私决不及肤之罪。若受财而决不如法、决不及肤者,计赃以枉法从重论。后节定监临官非法酷虐殴人,至折伤或至死,与听使下手人之罪。若于人臀腿受刑去处依法决打,而其人邂逅致死,及决打之后愤恚自尽者,各勿论。

臣等谨按:此言决罚不得任一己之私也。凡官司决人,或笞或杖,皆有定刑;或臀或腿,皆有定处。不得妄用重刑混决。前节定官吏决不如法,或因而致死,及行杖人徇私决不及肤,并受财而决不如法与不及肤之罪,是为有罪应决之人言也。后节定监临官主令非法殴打,至折伤或致死,与听使下手之人之罪,是为非有罪应决之人言也。若如人臀腿受刑去处依法决打,而其人邂逅致死,及愤恚自尽者,勿论。

【1740】6.28.413

凡官司决人不如法如应笞而用杖。者,笞四十;因而致死者,杖一百,当该官吏均征埋葬银一十两。给付死者之家。行杖之人,各减一等。不追银。其行杖之人,若决不及肤者,依验所决不及肤之数抵罪,或由主使,或由行杖,并罪坐所由。若受财而决不如法、决不及肤者,计赃以枉法从重论。〇若监临有司、管军之官,因公事主令下手者,于人虚怯去处,非法殴打,及亲自以大杖或金刃、手足,殴人至折伤以上者,减凡斗伤罪二等;致死者,杖一百、徒三年,追埋葬银一十两。其听使下手之人各减一等,并罪坐所由。如由监临坐监临,由下手坐下手。若非公事,以故勘平人论。若官司决法人、监临责打人,于人臀腿受刑去处,依法决打,邂逅致死,及决打之后自尽者,各勿论。

附律条例

【1740】〇增入

〇一、奉天地方审理事件,人犯到案,先将锁链盘于地上,令其膝跪,又以荆条互击其背,着永行禁止。

谨案:此条系乾隆元年(1736)定例。

【1740】6.28.413.(1)(略)[①]

---

① 本条嘉庆七年(1802)仍见载于《大清律例》,不见于道光五年(1825)《大清律例》。

长官使人有犯

律　文

【1646】6.28.437

凡在外各衙门长官，及在内奉制出使人员，于所在去处有犯一应公私等罪者，所部属官等，流罪以下。不得越分辄便推问，皆须开具所犯事由申复本管上司区处。若犯死罪，先行收管，听候上司回报。所掌本衙门印信、及仓库、牢狱、锁钥，发付次官收掌。若无长官，次官掌印有犯者，亦同长官。违者，部属官吏笞四十。

【1670】6.28.436（略）

【1725】6.28.424

律文（略）

注：此言印官、命使之体宜存也。凡在外各衙门长官，及在京奉命出使人员，于所在去处有犯一应公私等罪者，所部属官等不得越分辄便推问，皆须申复上司，听其区处。若犯该死罪者，许所在官司先行收管，听候上司回报施行。其所掌印信，并仓库、牢狱锁钥，发付以次佐贰官收掌。若本衙门无长官，而次官掌印，有犯者，亦照长官一体申复上司区处，不得辄行推问。违者，所部属官吏笞四十。

臣等谨按（按语与律后总注同，略）

【1740】6.28.414（略）

断罪引律令

律　文

【1646】6.28.438

凡官司断罪，皆须具引律例，违者如不具引，笞三十。若律有数事共一条，官司止引所犯本罪者听。所犯之罪止合一事，听其摘引一事以断之。○其特旨断罪，临时处治，不为定律者，不得引比为律。若辄引比致断罪有出入者，以故失论。故行引比者，以故出入人全罪及所增减坐之；失于引比者，以失出入人罪减等坐之。

【1670】6.28.437（略）

【1725】6.28.425

凡官司断罪，皆须具引律例，违者如不具引，笞三十。若律有数事共一条，官司止引所犯本罪者听。所犯之罪止合一事，听其摘引一事以断之。○其特旨断罪，临时处治，不为定律者，不得引比为律。若辄引比致断罪有出入者，以故失论。故行引比者，以故出入人全罪及所增减坐之；失于引比者，以失出入人罪减等坐之。

注：此言律令皆宜详引也。凡科断罪囚，皆须具引律例，如摘用其文，不合本意，笞三十。若律有数事共在一条，所犯之罪止合一事，则听其摘引，不在具引之限。如一人犯两事，则全引之。若事不共条，自依二罪俱发以重论。如云除某事轻罪不议外，合依某律是也。其有特旨裁断，罪名轻重，出于临时处治，不为定律者，用法之权也。官司辄引比拟

断,以致罪有出入者,以故出、故入、失出、失入科断。

臣等谨按:此言律令皆宜详引也。前节言律令出于素定斟酌详明,用法之经也。凡科断罪囚,皆须备细按引律名。如摘用其文,不合律意,笞三十。若律有数事共在一条,所犯之罪止合一事,则听其摘引,不在具引之限。如一人犯二事,则全引之。若事不共条,自依二罪俱发以重论。如云除某事轻罪、某事各等不坐外,合依某律是也。二节言有特旨裁断,罪名轻重,出于临时处治,不为定律者,用法之权也。官司辄引比拟断,以致出入之罪,各分别有私、无私,以故出、故入、失出、失入科断。若引比而无出入,应勿论。

【1740】6.28.415(略)

附律条例

【1725】○增入

原拟:现行例内二条,类于此律,应增入。

【现行例】一、凡承问各官,如徇私枉法,颠倒是非,故出故入,情弊显然者,仍行指名参处。至于拟罪稍轻,引律稍有未协,遗错过失等项,将本案察明,果非徇私者,免其参究,即行改正。

【1725】6.28.425.(1)【增例】(略)

【1740】○修并

【原例】【1725】6.28.425.(1)(略)、【1725】6.28.425.(2)(略)

臣等谨按:以上两条,一系免其参究,一系交部议处,止应载入《吏部处分则例》。但律例一书,专为问官审拟而设,两条皆审拟定例,未便专载《处分则例》。今删去烦冗,并为一条,以示法守。再"官司出入人罪"条下,又有将死罪人犯错拟军、流,军、流等罪错拟死罪,照例议处,军、流等罪以下错拟者,概免纠参。事例相同,已于彼条"谨按"内声明移并此条。谨将并删例文,开列于后。

一、督抚审拟案件,务须详核情罪,划一具题,不许轻重两引。承问各员,徇私枉法,颠倒是非,故出故入,情弊显然,及将死罪人犯错拟军、流,军、流人犯错拟死罪者,仍行指名参处。至于拟罪稍轻,引律稍有未协,遗错过失等项,察明果非徇私,及军、流以下等罪错拟者,免其参究,即行改正。

【1740】6.28.415.(1)(略)

【1835】○删除

臣等谨按:道光十二年(1832)十一月内,据升任江西道监察御史金应麟奏请修改删易刑律一折内称,拟罪稍轻,引律稍有未协、遗漏、过失等项,察明果非徇私,及军、流以下错拟者,免其参究,即行改正。查《吏部则例》,军、流以下错拟者,承审官至督、抚均有降罚处分,并无免究之例,似应酌改等语。经臣部查,此条例文系乾隆五年(1740)修并,与《吏部处分则例》原属相符。嗣因吏部例文叠次修改,而臣部未经查照改正,以致彼此参差,应俟修例时再行改正等因具奏,奉旨允准在案。今届修例之时,臣等伏查此例,系专为议处官员而设,议处官员如何处分及应否免参,向照《吏部处分则例》办理,并不引用刑例。今例内免其参究之处,既与吏部则例不符,是此条例文系属赘设,无关引用,应请删除,以省繁冗。

【1725】○增入

原拟:现行例内二条,关于此律,应增入。

【现行例】一、直省督抚审拟案件,不许轻重两引,务须详核情罪,画一具题。如两引具题者,交该部议处。

【1725】6.28.425.(增例)【2】(略)

一、各省督抚审拟案件,不许轻重两引,务须详核情罪,划一具题。如两引具题者,交部议处。

谨案:此条系雍正三年(1725)定例。

【1740】○修并

修并按语并修并后例文,见【1725】6.28.425.(1)条【1740】修并项下。

【1725】6.28.425.(3)

【钦定例】一、承问各官审明定案,须确引一定律例。若既引定,又云如此如此,情由可恶,不便照此律此例治罪,而更议重其罪者,以故入人罪论。

谨案:此条系雍正三年(1725)定例。

【1740】○修改

臣等谨按:雍正六年(1728)又有钦奉上谕,义例相同,较为明晰,应并入此例,以便引用。谨将并纂例文,开列于后。

一、承问各官审明定案,务须援引一定律例。若先引一例,复云不便照此例治罪,更引重例,及加"情罪可恶"字样坐人罪者,以故入人罪论。

【1740】6.28.415.(2)(略)

【1847】6.28.415.(1)(略)

【1740】○增入

一、例载比照光棍条款,仍照例斟酌定拟外,其余情罪相仿,尚非实在光棍者,不得一概照光棍例定拟。

谨案:此条系乾隆二年(1737)定例。

【1740】6.28.415.(3)(略)

【1847】6.28.415.(2)(略)

【1740】○增入

一、除正律、正例而外,凡属成案,未经通行著为定例,一概严禁,毋得混行牵引,致罪有出入。如督抚办理案件，果有与旧案相合，可援为例者，许于本内声明，刑部详加查核，附请著为定例。

谨案：此条系乾隆三年（1738）定例。

【1740】6.28.415.（4）（略）

【1847】6.28.415.（3）（略）

狱囚取服辩

律　文

【1646】6.28.439　狱囚取服辩服者心服，辩者辩理。不当则辩，当则服。或服或辩，故曰服辩。

凡狱囚有犯徒、流、死罪，鞫狱官司各唤本囚及其家属到官具告所断罪名，仍责取囚服辩文状。以服其心。若不服者，听其文状中自行辩理，更为详审。违者，徒、流罪笞四十，死罪杖六十。○其囚家属远在三百里之外，不及唤告者，止取本囚服辩文状，不在具告家属罪名之限。

【1670】6.28.438　狱囚取服辩服者心服，辩者辩理。不当则辩，当则服。或服或辩，故曰服辩。（略）

【1725】6.28.426　狱囚取服辩服者心服，辩者辩理。不当则辩，当则服。或服或辩，故曰服辩。

律文（略）

注：此欲断狱无冤，而使囚心服也。前节言断囚徒、流、死罪，不取狱囚及家属服辩之罪。后节言家属有在三百里外者，止取本囚服辩文状，不在具告家属罪名之限。盖刑名一成不变，必使人心服无辞，方可结案也。

臣等谨按（按语与律后总注同，略）

【1740】6.28.416　狱囚取服辩服者心服，辩者辩理。不当则辩，当则服。或服或辩，故曰服辩。（略）

赦前断罪不当

律　文

【1646】6.28.440

凡官司遇赦，但经赦前处断刑名，罪有不当，若处轻为重其情本系赦所必原。者，当依律改正从轻；以就恩宥。若处重为轻，其情本系常赦所不免者，当依律贴断。以杜幸免。若处轻为重、处重为轻，系官吏于赦前故出入而非失出入者，虽会赦并不原宥。其故出入之罪。若系失出入者，仍从赦宥之。

【1670】6.28.439（略）

【1725】6.28.427

律文（略）

注：此专言赦前枉断之罪，遇赦宜更正也。凡官司于赦前处断刑名事件，罪有不当，一经遇赦，即须详察原案。若情轻应宥而处作重罪，致遇赦不得免者，则当改正从轻，使得原

宥。若其情本重却处作轻罪，则察其原犯之罪，系赦款所不免者，当依律贴断，不使罪人幸免。如系失出、失入，则原问官吏免科。若故出、故入，则官吏赦前处断之罪，虽会赦并不原宥。

臣等谨按(按语与律后总注同，略)

【1740】6.28.417(略)

附律条例

【1646】6.28.440.(1)

一、今直隶及十四省恤刑之期，凡原问官故入等罪，俱不追究。恐官虑罪及己，不肯辩明冤枉也。则会赦可以类推。

谨案:此条系原例。

【1670】6.28.439.(1)(略)

【1725】○修改

原拟:今无按期差官恤刑之例。又原问官故入人罪，未便免究，应删去“故入”二字。谨拟增删，开列于后。

一、遇直省特差恤刑之时，有审豁者，原问官俱不追究。恐官虑罪及己，不肯辩明冤枉也。则会赦可以类推。

【1725】6.28.427.(1)【原例】(略)

【1740】6.28.417.(1)(略)

【1646】6.28.440.(2)

一、以赦前事告言人罪者，以其罪罪之。若系干钱粮、婚姻、田土，罪虽经赦，其钱粮等项，须断处明白。

【1670】6.28.439.(2)(略)[1]

【1725】6.28.427.(2)【原例】(略)

【1740】○移改

臣等谨按:此条原载“赦前断罪不当”条下，因非断罪不当治罪之例，移入于此，并于“究问明白”下，增注“应追取者仍行追取”数语，以便引用。

* 名例律·常赦所不原

【1740】1.1.16.(6)一、以赦前事告言人罪者，以其罪罪之。若干系钱粮、婚姻、田土等项，罪虽遇赦宽免，事须究问明白。应追取者仍行追取，应改正者仍行改正。

【1725】○增入

原拟:现行例内二条，类于此律，应增入。

---

① 康熙九年(1670)《大清律集解附例》本条句首“今”字改为“遇”字。

【现行例】一、承问官审理事件,错拟罪名者,不拘犯人之罪,错拟官员,遇赦免议。

【1725】6.28.427.(3)

【增例】一、承问官审理事件,错拟罪名者,不拘犯罪轻重,错拟官员,遇赦免议。

【1740】6.28.417.(2)(略)

【1725】○增入

原拟:现行例内二条,类于此律,应增入。

【现行例】一、督抚承问叩阍事件,除情罪重大不在赦款者,仍依限审结具题外,其余轻罪与赦款相符,即行释放,汇题销案。

【1725】6.28.427.(4)【增例】(略)

【1740】6.28.417.(3)(略)

【1740】○增入

一、奉恩诏以前,直省亏空已结各案,令各督抚分晰造册送部。其案内人犯有罪名而会赦邀免者,俱准释回原旗、籍。如案内有不应豁免之项,即行文原旗、籍着追。其甫经审题各案,俟已结之日,将并无罪名已结各犯,查明任所有无资财,取结报部,亦令释回原旗、籍。倘本案已清,别案有查追事件,清结之日,亦即报部释回原旗、籍。其奉恩诏以后之案,不在此列。

此条系乾隆元年(1736)定例。

【1740】6.28.417.(4)(略)

【1740】○增入

一、原非侵盗入已,照侵盗拟罪之犯,较之实犯侵欺,情罪稍轻,及亏空军需钱粮,系由挪移获罪,或经核减着赔,尚与入已军需有间,遇恩赦豁免,行令各该旗、省咨报户部查明,会同刑部奏请定夺。

此条系乾隆元年(1736)定例。

【1740】6.28.417.(5)(略)

闻有恩赦而故犯

律 文

【1646】6.28.441

凡闻知将有恩赦而故犯罪以觊幸免者,加常犯一等,加入于死。虽会赦并不原宥。○若官司闻知将有恩赦,而故论决囚罪者,以故入人罪论。若常赦所不原而论决者,不坐。

【1670】6.28.440(略)

【1725】○修改

原拟：全律内，凡加罪，俱不至于死。若本条正文有言加入于死者，则依本条。查此条旧律内并无"加入于死"之小注，应将此注删去。

臣等谨按：此言有心幸赦者，不可轻宥也。前节言闻赦故犯，是使法无所施也。故凡闻知有赦而故犯，加常犯之罪一等。虽所犯之事例当赦原，不准援赦。盖恶其有心故犯，希图幸免也。其故犯罪至死者，自依常律。后节言官司闻赦故决，是使恩无所逮也。闻将有赦而故行论决囚罪，或受财，或受嘱，或衔私，或挟仇，俱不可知，故以故入人罪科断，不在原宥之限。

【1725】6.28.428

凡闻知将有恩赦而故犯罪以觊幸免者，加常犯一等，虽会赦并不原宥。○若官司闻知将有恩赦，而故论决囚罪者，以故入人罪论。若常赦所不原而论决者，不坐。

注：此言有心幸赦者，不可轻宥也。前节言闻赦故犯，是使法无所施也。故凡闻知有赦而故犯，加常犯之罪一等。虽所犯之事例当赦原，不准援赦。盖恶其有心故犯，希图幸免也。其故犯罪至死者，自依常律。后节言官司闻赦故决，是使恩无所逮也。闻将有赦而故行论决囚罪，或受财，或受嘱，或衔私，或挟仇，俱不可知，故以故入人罪科断，不在原宥之限。若常赦所不原者，不禁其论决也。至官司故将见监不应赦之囚，指赦而放免，亦依故出人罪论。

【1740】○修改

臣等谨按：总注内其故犯罪至死者，自依常律，实足补律之所未备，应于"加常犯一等"下增注。谨将增注律文，开列于后。

凡闻知将有恩赦而故犯罪以觊幸免者，加常犯一等，其故犯至死者，仍依常律。虽会赦并不原宥。○若官司闻知将有恩赦，而故论决囚罪者，以故入人罪论。若常赦所不原而论决者，不坐。

【1740】6.28.418（略）

徒囚不应役

律　文

【1646】6.28.442

凡盐场、铁冶拘役徒囚，应入役而不入役，及徒囚因病给假，病已痊可，不令计日贴补假役者，其徒囚与监守者，各过三日笞二十，每三日加一等，罪止杖一百。○若徒囚年限未满，监守之人故纵逃回，及容令雇人代替者，照依囚人应役未满月日，抵数徒役，其监守虽多，并罪坐所由。纵容之人。受财者，计赃以枉法从重论。仍拘徒囚之逃回、雇替者、依律论罪、计日论其逃、雇之罪。、贴役。贴补其逃、雇之役。

【1670】6.28.441（略）

【1725】6.28.429

律文(略)

注:此言徒囚不容避役也。前节定纵容徒囚不应役之罪。凡囚应入役而无故不入役,及徒囚因病给假,病已痊愈,而监守之人不计给假之日,令其贴役,各计日科断。每三日加一等,罪止杖一百。后节定纵逃容替之罪。徒囚年限未满,监守之人故纵逃回,及容令雇倩他人代替者,监守之人照依囚人应役月日抵充徒役。如受财纵容及不令贴役者,计赃以枉法论从重科断。仍拘徒囚,依本律论其避役之罪,令计日贴补徒役。

臣等谨按(按语与律后总注同,略)

【1740】6.28.419(略)

妇人犯罪

律　文

【1646】6.28.443

凡妇人犯罪,除犯奸及死罪收禁外,其余杂犯,责付本夫收管。如无夫者,责付有服亲属、邻里保管。随衙听候,不许一概监禁。违者,笞四十。○若妇人怀孕,犯罪应拷决者,依上保管,皆待产后一百日拷决。若未产而拷决,因而堕胎者,官吏减凡斗伤罪三等;致死者,杖一百、徒三年。产限未满而拷决者,减一等。○若孕妇犯死罪,听令稳婆入禁看视,亦听产后百日乃行刑。未产而决者,杖八十;产讫限未满而决者,杖七十;其过限不决者,杖六十。○失者,失于详审而犯者。各减三等。兼上文诸款而言。如不应禁而禁,笞一十;怀孕不应拷决而拷决堕胎杖七十,致死者杖七十、徒一年半;产限未满而拷决致死者,杖六十、徒一年;及犯死罪不应刑而刑,未产而决者,笞五十;未满限而决者,笞四十;过限不决者,笞三十。

【1670】6.28.442(略)

【1725】6.28.430

凡妇人犯罪,除犯奸及死罪收禁外,其余杂犯,责付本夫收管。如无夫者,责付有服亲属、邻里保管。随衙听候,不许一概监禁。违者,笞四十。○若妇人怀孕,犯罪应拷决者,依上保管,皆待产后一百日拷决。若未产而拷决,因而堕胎者,官吏减凡斗伤罪三等;致死者,杖一百、徒三年。产限未满而拷决致死者,减一等。○若孕妇犯死罪,听令稳婆入禁看视,亦听产后百日乃行刑。未产而决者,杖八十;产讫限未满而决者,杖七十;其过限不决者,杖六十。○失者,失于详审而犯者。各减三等。兼上文诸款而言。如不应禁而禁,笞一十;怀孕不应拷决而拷决堕胎杖七十,致死者杖七十、徒一年半;产限未满而拷决致死者,杖六十、徒一年;及犯死罪不应刑而刑,未产而决者,笞五十;未满限而决者,笞四十;过限不决者,笞三十。

注:此全罪妇之廉耻,而恤其生育也。首节言妇人不得滥禁。除犯奸、死罪外,其余杂犯,责付本夫或亲属或邻里保管在外,随衙听候,不许滥禁,违者笞四十。二节言妇人怀孕不拷决也。妇人怀孕时,或应拷讯,或应决杖,亦依上条责付保管在外,产后一百日方许拷决。若未产拷决而堕胎者,杖一百;致死者,杖一百、徒三年。已产未满百日而拷决致死者,减一等。三节言妇人死罪,产后方决也。孕妇犯该死罪,亦听产后百日行刑。

盖孕妇虽应死,而所孕之子无罪,必产后百日,待儿可哺食存活,然后行刑,仁之至也。若未产而决,产未满限而决,与过限不决者,各坐杖有差。四节承上诸款而言,非故意而失于详审者,各减三等。再未产拷决不堕胎,产限未满拷决不致死,律无明文,应坐不应笞罪。

臣等谨按(按语与律后总注同,略)。

【1740】6.28.420(略)

附律条例

【1725】○增入

原拟:现行例内一条,类于此律,应增入。

【现行例】一、妇女有犯奸、盗、人命等重情,及别案牵连,身系正犯,仍行提审。其余小事牵连妇女者,提子侄兄弟代审。

【1725】6.28.430.(1)【增例】(略)

【1740】○修改

臣等谨按:乾隆元年(1736),又有亏空、累赔、追赃等案,永不许拘拿妇女。违者,依违制定罪。应并入此例,以便引用。谨将并辑例文,开列于后。

一、妇女有犯奸、盗、人命等重情,及别案牵连,身系正犯,仍行提审。其余小事牵连,提子侄兄弟代审。如遇亏空累赔、追赃、搜查家产、杂犯等案,将妇女提审,永行禁止,违者以违制治罪。

【1740】6.28.420.(2)(略)

【1740】○续纂

一、未产拷决不堕胎,及产限未满拷决不致死者,依不应轻律。

臣等谨按:此条系总注所载,可以补律之所未备。纂辑成例,以便引用。

【1740】6.28.420.(1)(略)

【1746】○续纂

一、妇女除实犯死罪例应收禁者,另设女监羁禁外,其非实犯死罪者,承审官拘提录供,即交亲属保领,听候发落,不得一概羁禁。

臣等谨按:此条系乾隆九年(1744)九月内,臣部议复升任湖南巡抚蒋溥条奏定例。查原议内称,犯奸妇女录供后,即交保取领,听候发落等语。妇人犯罪,惟犯奸及死罪,例应收禁。若犯奸既经取保,则罪不至死者,皆在取保之列。今将“犯奸”二字改为“非实犯死罪”,较为赅备,以便遵行。

【1768】6.28.420.(3)(略)

【1746】○续纂

一、凡拟徒收赎妇女,除系案内紧要证犯,仍行转解质审外,其经该州县审讯明确,毋庸解审者,即交亲属收管,听候发落。

臣等谨按:此条系乾隆八年(1743)十二月内,臣部议复升任湖南巡抚蒋溥条奏定例。查原议内系专指和诱案内被诱妇女而言,但查妇女犯徒不独和诱一项,今改。

【1768】6.28.420.(4)(略)

【1761】○续纂

一、犯妇怀孕,律应凌迟、斩决者,除初审证据未确,案涉疑似,必须拷讯者,仍俟产后百日限满审鞫。若初审证据已明,供认确凿者,于产后一月起限审解。其罪应凌迟处死者,产后一月期满,即按律正法。

臣等谨按:此条系乾隆二十三年(1758)三月内,臣部议复调任广西按察使梁翥鸿条奏,并乾隆二十三年十二月内,议复直隶总督方观承审题犯妇程氏毒死亲夫朱来玉案内声请定例,应并纂以便遵行。

【1768】6.28.420.(5)(略)

【1761】○续纂

一、斩、绞监候妇女,秋审解勘经过地方,俱派拨官媒伴送。其业经解勘一次,情罪显然,无可改拟者,下次即停其解审。如有外省定拟情实、可矜具题,经九卿会核改拟缓决者,次年秋审核准无异,亦即停其解审。

臣等谨按:此条系乾隆二十五年(1760)八月内,臣部议复升任四川按察使永泰条奏定例,应纂辑以便遵行。

【1768】6.28.420.(6)(略)

【1810】○续纂

一、妇女犯斩枭者,即拟斩立决,免其枭示。

臣等谨按:妇女罪犯斩枭,律例内并无免其枭示明文。查妇女犯罪,除奸、盗、不孝杖罪的决外,其余寻常犯该军、流、徒、杖之罪,均准收赎,原以全妇女之廉耻。至妇女罪犯斩枭,若与男子一律枭示,似与体制未协。卷查嘉庆十年,十三、四等年(1805、1808、1809),据陕西、云南、山东各巡抚审题民妇高唐氏、王胡氏、夷妇底磺等,或因奸谋死幼孩,或图财谋害幼女,或杀死一家二命,均罪应斩枭,声明系妇人,拟以斩决,免其枭示等因,先后题准,各在案。应请纂辑为例,以便引用。

【1825】6.28.420.(7)(略)

死囚复奏待报

律　文

【1646】6.28.444

凡死罪囚,不待复奏回报而辄处决者,杖八十。若已复奏回报应决者,听三日乃行刑。若限未满而刑,及过$^{三日}_{之}$限不行刑者,各杖六十。○其犯十恶之罪应死,及强盗者,虽决不待时,若于禁刑日而决者,笞四十。

【1670】6.28.443(略)

【1725】6.28.431

律文(略)

注:此于应死之中而寓缓刑之意也。首节言死罪囚不待奏报而辄行刑,及未满限而行刑,与已过限而不行刑者之罪。末节言犯十恶应死及强盗决不待时之囚,而于禁刑日处决者之罪。

臣等谨按(按语与律后总注同,略)

【1740】6.28.421(略)

附律条例

【1646】6.28.444.(1)

一、臣民有罪当死,三复五奏,毋辄行刑。

【1670】6.28.443.(1)(略)

【1725】6.28.431.(3)【原例】(略)

【1740】○删除

臣等谨按:此条系前明旧例,今朝审复奏之例,已备载"名例·五刑"条下。此条重复,应删。

【1646】6.28.444.(2)

一、禁刑日期,每月初一、初二日,四月初八日。大祭享日亦禁。

【1670】6.28.443.(2)(略)

【1725】○删除

臣等谨按:此条所载禁刑日期尚未全备,已将现行例纂入于后,此条拟删。

【1725】○增入

原拟:现行例内四条类于此律,应增入。

【现行例】一、康熙二十五年(1686)七月内,奉上谕:"谕刑部:刑狱民命攸关,听断虽贵精详,而案牍务无留滞。庶事得速竣,民免株累。向来凡朔一、二日及斋戒等期不理刑名,尔衙门一切奏章俱行停止,因而案件间有停积。恐听审人犯久候拖累,复核案件迁延滋弊。嗣后遇前限日期,除循例不行刑外,其余照常章疏事件仍行审理启奏,务期狱无稽缓,案得早清,以副朕明慎用刑之至意。特谕。"

【1725】6.28.431.(1)【增例】(略)

【1740】○删除

臣等谨按:此条系康熙二十五年(1686)钦奉上谕。查不理刑名日期,并载本律第四条例内,重复,应删。照常启奏乃勉励臣工明慎用刑之盛心,非问拟罪罚之条,应听上谕馆登载。

【1725】○增入

原拟:现行例内四条,类于此律,应增入。

【现行例】一、凡遇庆贺穿朝服日期、祭享斋戒日期、穿素服日期、封印日期,及每月初一、初二日期,俱应不理刑名。四月初八日不宰牲,亦不理刑名。直隶各省一体遵行。

【现行例】一、康熙二十八年(1689)四月内,监察御史李时谦条奏内称,一年之内,四时节气,以至上元、端午、中秋、重阳等日刑讯似宜暂停。部复毋庸议等因具题。奉旨:"依议。上元等节日,着照李时谦所奏行。"

原拟:以上二条俱系禁止刑讯之例,应删去太繁字句,并作一条。谨拟删并,开载于后。

【原改现行例】一、凡遇庆贺穿朝服,及祭享、斋戒、封印,上元、端午、中秋、重阳等节日,并穿素服日期,俱不理刑名。四月初八日不宰牲,亦不理刑名。内外一体遵行。

【1725】6.28.431.(4)

【增例】一、凡遇庆贺穿朝服,及祭享斋戒,封印,上元、端午、中秋、重阳等节,每月初一、初二,并穿素服日期,俱不理刑名。四月初八日,不宰牲,亦不理刑名。内外一体遵行。

【1740】6.28.421.(2)(略)

【1725】○增入

原拟:现行例内四条,类于此律,应增入。

【现行例】一、康熙十二年(1673)六月内,刑部议直省人命、强盗等案,全招造送法司。其奏章内应止将具详抽由并审拟看语具题。至反叛案内人犯,决过即行题报。其余概于年终汇奏。奉旨:"人命、强盗关系重大,其各省全招,俱着画一开列疏内。余依议。"

【1725】6.28.431.(2)

【增例】刑部议直省人命、强盗全招造送法司,奏章内应止将招并审拟看语具题。至反叛案内人犯,决过即行题报,其余概于年终汇奏。奉旨:"人命、强盗关系重大,其各省全招,俱着画一开列疏内。余依议。”

【1740】○修改

臣等谨按:此条系刑部具题,钦奉谕旨批发。今直隶于例款之内,非纂律体裁,应改为例文,以便引用。谨将恭纂例文,开列于后。

一、直省人命、强盗,将全招开列奏疏内。其反叛案内人犯,决过即行题报。余概于年底汇奏。

【1740】6.28.421.(1)(略)

【1751】○续纂

一、凡勾决重囚,向例刑科三次复奏。今简去二复,于勾到之后,再将原本进呈御览,遵奉施行。

臣等谨按:此条系乾隆十四年(1749)十月内钦奉上谕,应恭纂为例,以便遵行。

【1768】6.28.421.(3)(略)

断罪不当

律 文

【1646】6.28.445

凡断罪,应决配而收赎,应收赎而决配,各依出入人罪,减故、失一等。○若应绞而斩,应斩而绞者,杖六十。此指故者言也。若系失者,减三等。其已处决讫,别加残毁死尸者,笞五十。仇人砍毁其尸,依别加残毁。○若反逆缘坐人口,应入官而放免,及非应入官而入官者,各以出入人流罪故、失论。若系有故,则以故出入流罪论;无故而失于详审者,以失出入流罪论。

【1670】6.28.444(略)

【1725】6.28.432

律文(略)

注:此言断罪之失,宜以补官司出入人罪条所未尽也。首节言应决配而收赎,应收赎而决配者之罪。出于有意,则减故出入律一等;出于无意,则减失出入律一等。二节言应绞坐斩、应斩坐绞之罪。故者,杖六十失;误者,减三等。其已处决,而将死尸别加残毁者,坐满笞。末节言反逆缘坐人口,应入官而放免,及不应入官而入官者之罪。亦分有意、无意,以出入人流罪,照或故或失本律科断。

臣等谨按(按语与律后总注同,略)

【1740】6.28.422(略)

附律条例

【1725】6.28.432.(1)

【钦定例】一、凡苗、彝有犯军、流、徒罪折枷责之案，仍从外结，抄招送部查核。其罪应论死者，不准外结，亦不准以牛马银两抵偿，务按律定拟题结。如有不肖之员，或隐匿不报，或捏改情节，在外完结者，事发之日，照溺职例议处。

谨案：此条雍正五年(1727)定。

【1740】○修改

臣等谨按：乾隆元年钦奉上谕："苗众一切自相争讼之事，俱照苗例完结，不必绳以官法，以滋扰累。"应于此例内并入，以便遵行。谨将增辑例文，开列于后。

一、凡苗夷有犯军、流、徒罪折枷责之案，仍从外结，抄招送部查核。其罪应论死者，不准外结，亦不准以牛马银两抵偿，务按律定拟题结。如有不肖之员，或隐匿不报，或捏改情节，在外完结者，事发之日，交部议处。其一切苗人与苗人自相争讼之事，俱照苗例归结，不必绳以官法，以滋扰累。

【1740】6.28.422.(1)(略)

【1740】○增入

一、曾为职官，举、贡、生、监人等，有犯发遣者，引例时，不得加以"为奴"字样。

此条系乾隆元年(1736)定例。

【1740】6.28.422.(2)(略)

【1801】○修并、删除

【原例】＊名例律·徒流迁徙地方【1790】1.1.45.(19)(略)、【1790】1.1.45.(21)(略)、【1795】续纂"一、进士、举贡生员、监生犯事……"条(略)

【1740】6.28.422.(2)(略)

臣等谨按：民人举、贡、生、监及为职官之人，犯该发遣，俱酌发烟瘴少轻地方。犯该发遣者，引例时不得加以"为奴"字样，系乾隆元年(1736)定例。嗣于二十三年(1758)，臣部奏准，旗人曾任职官及另户正身，民人举、监、生员以上并职官子弟，犯该发遣者，俱发往当差，余俱为奴。又五十六年(1791)五月内，钦奉上谕："江苏省盐犯案内，孙元梅以监生窝顿私盐，恃符庇匪，未便因其系属监生，即得免其为奴，应将该犯发黑龙江给披甲人为奴。嗣后进士、举贡生员等，如只系寻常过犯，不致行止败类者，仍照旧例办理。若系党恶窝匪、卑污下贱者，着照平人之例问拟。钦此。"钦遵纂辑为例。原例内酌发烟瘴，应修并一条。其引例时不得加以"为奴"字样旧例，应行删除。又旗下另户正身发往当差，已有专条，此处毋庸复载。其旗人曾任职官一项，应依类载入旗人发遣例内，合并声明。谨将修并及删除例文，开列于后。

【修并】＊名例律·徒流迁徙地方【1802】1.1.45.(38)(略)

【删除】【1740】6.28.422.(2)(略)

【1743】○续纂

一、凡斩、绞案件,如督抚拟罪过轻而部议从重者,应驳令再审。如拟罪过重而部议从轻,其中尚有疑窦者,亦当驳令妥拟。倘刑部所见既确,即改拟题复,不必辗转驳审,致滋拖累。

臣等谨按:此条系乾隆三年(1738)五月,臣部钦奉谕旨,上届修辑律例未经载入。今补纂,以备引用。

【1768】6.28.422.(3)(略)

【1802】6.28.422.(2)(略)

【1746】○增入

一、凡州县审解案件,如供招已符,罪名或有未协,该上司不必将人犯发回,止用檄驳。俟该州县改正申复,即行招解,督抚核复,分别咨题完结。

臣等谨按:此条系乾隆九年(1744)六月内,臣部议复调任江西按察使翁藻条奏定例,应纂辑以便遵行。

【1740】6.28.422.(4)(略)

【1802】6.28.422.(3)(略)

【1810】○续纂

一、外省题本案件,遇有不引本律定拟,妄行援照别条减等者,刑部即将本案改正,并将该督抚、臬司参奏,毋庸再行驳令另拟。

臣等谨按:嘉庆十年(1805)九月十八日,奉上谕:"本日刑部题驳河抚马慧裕审拟程小珠强奸穆周氏未成,刃伤本妇平复,闻拿投首,将该犯减等拟流一本。凡侵损于人及奸者,不在自首之律,载有明条,乃不比之引,而转引寻常投首减等之例问拟,奚得为情法之平?程小珠一犯即着照该部所拟应绞监候,秋后处决。其原拟错误之巡抚马慧裕及原办臬司,并着传旨申饬,仍一并交部议处。嗣后外省题本案件,遇有如此不引本律定拟,妄行援照别条者,着刑部堂官即将本案改正,并将督、抚、臬司参奏,毋庸再行驳令另拟等因。钦此。"应恭纂为例,以便遵行。

【1825】6.28.422.(4)(略)

【1835】○续纂

一、卑幼殴死期功尊长之案,务令承审各员严究确情,按律定拟。仍将是否有心干犯之处,于疏内声明,不准稍涉含混。其有声叙未确,经刑部核复时改正具题,即将承审之员随本附参,交吏部分别从重议处。

臣等谨按:道光十二年(1832)十二月内,臣部议复原任江南道监察御史奎麟奏"卑幼殴死期、功尊长,声叙夹签办理太宽"折内,声明嗣后卑幼殴死期、功尊长之案,务令承审各员严究确情,按律定拟,仍将是否有心干犯之处,详细声明,不准稍涉含混。其有声叙未确,经臣部核复时改正具题,即将承审之员随本附参,交吏部分别从重议处等因具奏。奉旨允准通行,遵照在案。谨纂辑专条,以便遵守。

【1847】6.28.422.(5)(略)

【1852】○续纂

一、凡直省督抚,于一切刑名事件,务各研究确情,毋稍迁就。其由刑部驳审之案,无论失出失入,一经讯得实情,即当据实平反,毋得固执原题,含糊了结。如委审之员,有瞻徇回护情弊,即着从严参办。

谨案:此条系咸丰二年(1852)定例。

【1870】6.28.422.(6)(略)

吏典代写招草

律 文

【1646】6.28.446

凡诸衙门鞫问刑名等项,必据犯者招草,以定其罪。若吏典人等为人改写,及代写招草,增减其真实情节,致官司断罪有出入者,以故出入人罪论。若犯人果不识字,许令在官不干碍之人依其亲具招情代写。若吏典代写,即罪无出入,亦以违制论。

【1670】6.28.445(略)

【1725】6.28.433

凡诸衙门鞫问刑名等项,必据犯者招草,以定其罪。若吏典人等为人改写,及代写招草,增减其正实情节,致官司断罪有出入者,以故出入人罪论。若犯人果不识字,许令在官不干碍之人依其亲具招情代写。若吏典代写,即罪无出入,亦以违制论。

注:此防奸吏出入人罪之弊也。凡内外衙门,鞫问刑名等项,必凭犯人亲笔招草,以定罪名。其吏典等,系在官承行案件之人,不得干预。若有为犯人改写及代写招草,而增减其亲供正实情节,致令问刑官司断罪有出入者,随其所增所减事情,以故出入人罪论。若犯人果不识字,许令无干碍之人,依供招代写。如吏典代写者,即无增减,亦坐违制之罪。

臣等谨按(按语与律后总注同,略)

【1740】6.28.423(略)

附律条例

【1740】○增入

一、各有司谳狱时,令招房书吏照供录写,当堂读与双方共听,果与所供无异,方令该犯画供,该有司亲自定稿,不得假手胥吏,致滋出入情弊。如有司将供词辄交经承,致有增删改易者,许被害人首告,督抚察实题参,将有司官照失出入律议处,经承、书吏照故出入律治罪。受财者,计赃以枉法从重论。

谨案:此条系雍正七年(1729)定例。

【1740】6.28.423.(1)(略)

【工　律】

【工律·营造】

擅造作

律　文

【1646】7. 29. 447

凡军民官司有所营造,应申上而不申上,应待报而不待报,而擅起差人工者,即不科敛财物,各计所役人雇工钱,每日八分五厘五毫,通算折半以坐赃致罪论。○若非法所当为而辄行营造,及非时所可为而辄行起差人工营造者,虽已申请得报,其计役坐赃之罪亦如不申上待报者坐之。○其军民官司如遇城垣坍倒,仓库公廨损坏,事势所不容缓,一时起差丁夫、军人修理者,虽不申上待报,不为擅专,不在此坐赃论罪之限。○若营造计料申请合用财物及人工多少之数于上而不实者,笞五十。若因申请不实,以少计多,而于合用本数之外,或已损财物,或已费人工,各并计所损物价,及所费雇工钱,罪有重于笞五十者,以坐赃致罪论。折半通算。罪止杖一百、流三千里。赃不入己,故不还官。

【1670】7. 29. 446(略)[1]

【1725】7. 29. 434

凡军民官司有所营造,应申上而不申上,应待报而不待报,而擅起差人工者,即不科敛财物,各计所役人雇工钱,每日八分五厘五毫,以坐赃致罪论。○若非法所当为而辄行营造,及非时所可为而辄行起差人工营造者,虽已申请得报,其计役坐赃之罪亦如不申上待报者坐之。○其军民官司如遇城垣坍倒,仓库公廨损坏,事势所不容缓,一时起差丁夫、军人修理者,虽不申上待报,不为擅专。不在此坐赃论罪之限。○若营造计料申请合用财物及人工多少之数于上而不实者,笞五十。若因申请不实,以少计多,而于合用本数之外,或已损财物,或已费人工,各并计所损物价,及所费雇工钱,罪有重于笞五十者,以坐赃致罪论。罪止杖一百、徒三年。赃不入己,故不还官。

注:此言工役不可擅兴也。首节言不申上、不待报而擅起工之罪。此盖当役之时而又无害于义者,且犹罪之,恶其专也。次节言非法所当为、时所可为而起差人工之罪。非法之役罪之者,恶其不义而伤财也;非时之役罪之者,恶其妨农而病民也。三节言修理城

---

① 康熙九年(1670)《大清律集解附例》律文末律诠“罪止杖一百、流三千里”改为“罪止杖一百、徒三年”。

垣、仓库、公廨，不在坐赃论罪之限。四节言有所营造，申请财物、人工不实之罪，并计所损物价、所雇工钱，重于笞五十者，坐赃论。

臣等谨按：此言工役不可擅兴也。首节言营造不行申报而擅起工之罪。次节言非法所当为、时所可为而起差人工之罪。三节言修理城垣、仓库、公廨，不在坐赃论罪之限。四节言有所营造，申请财物、人工不实之罪，并计所损物料、所雇工钱，重于笞五十者，坐赃论。

【1740】7.29.424（略）

附律条例

【1725】○增入

【现行例】一、凡修理工程，工价五十两以内、物料银二百两以内者，照依各处印文，准其修理。其工价银五十两以上、物料银二百两以上者，着该处料估启奏，到日工部差官复加核估，会同该处官员、首领监修，将用过钱粮，着管工官名下销算。再粘补修理宫殿窗户、槅扇，糊饰各坛庙祭祀，拂尘刷抹、拔草糊登等零星修理之处，仍照常差官修理。若多用钱粮不奏，行文即便承修者，将行文与承修堂、司官员，交与该部议处。需用物料、工价甚多，而分为几段，陆续行文，俱称五十两以内不奏者，查出亦交与该部议处。

臣等谨按：康熙六十年（1721）六月内，工部议复修理工程银两事理，类于此律，谨拟节录于后。

【续增现行例】（略）

臣等谨按：以上二条类于擅造作律，应增入条例后。

【1725】7.29.434.（1）

【增例】一、凡在京各处修理工程，工价银五十两以内、物料银二百两以内者，照依各处印文，准其修理。其工价银五十两以上、物料银二百两以上者，着该处料估启奏，工部差官复核，会同该处官员、首领监修，将用过钱粮，着管工官名下销算。如多用钱粮，不行启奏，即便承修者，将行文与承修堂、司官，交与该部议处。若物料、工价甚多，而分为几段，陆续行文，俱称五十两以内不奏者，查出亦交与该部议处。

【1740】7.29.424.（1）（略）

*** 【1725】○增入**①

【现行例】一、凡工程一到，拣委贤能官员料估核算，再掣签另派司员、笔帖式作管修工。

臣等谨按：以上二条类于擅造作律，应增入条例后。

---

① 《大清律例按语》本条与【1725】7.29.434.（1）条皆拟增入，但本条不见于雍正三年（1725）《大清律集解附例》。

【1725】7.29.434.(2)

【钦定例】一、凡修理行宫并各省仓廒等项工程,一应动用钱粮事件,令该督抚奏闻,该部议复,再行修理。工完之日,督抚亲自查明核减,造册具题,该部详核题销。如有不行启奏,擅自咨部请销,而该部据咨完结者,即行题参,交该部议处。

【1740】○修改

臣等谨按:修理工程,钱粮自宜任重,毋得丝毫浮冒。一应工价、物料,必先确估,再行核查,然后兴修。至工完之日,又逐一验明复核。果系与原估相符,钱粮俱归实用,自应照数准销。倘有开报多余之处,则当核减。此条工完查验,未分有无浮多,概予核减,殊未明晰,应改为"倘有开报浮多,据实核减"。谨将增辑例文,开列于后。

一、凡修理行宫并各省仓廒等项工程,一应动用钱粮事件,令该督抚奏闻,该部议复,再行修理。工完之日,督抚亲自查明。倘有开报浮多,据实核减,造册具题,该部详核题销。如有不行启奏,擅自咨部请销,而该部据咨完结者,即行题参,交该部议处。

【1740】7.29.424.(2)(略)

【1740】7.29.424.(3)

一、凡各省修建一应工程,如物料价银五百两以上、工价银二百两以上者,该督抚将动支银两,及工料细数,预行确估题报,工部查明定议,会同户部指定款项题复,准其动用兴修。俟工竣之日,督抚亲自查核,造册题报,工部核明准销,仍知照户部查核。其物料价银五百两以下、工价银二百两以下者,该督抚咨明工部定议,知照户部,令其动项兴修。工竣,逐一造册题销。倘有需用物料、工价甚多,而分为几处,陆续咨报,并未题明,辄行修建者,查出题参。其有应动用存公银两者,该督抚将确估工料细数,咨报工部查明,知照户部,准其动用。工完造报,工部将准销银数,造入该年存公册内,咨送户部查核。

此条系雍正十三年(1735)定例。

【1740】7.29.424.(4)

一、紧急工程,不及先行料估核算者,酌量工程之大小,预发钱粮,派员修造。俱以领银之日起限,如物料、工价二百两以内者限一个月,五百两以内者限两个月,一千两至二千两以内者限三个月,三千两至五千两以内者限四个月,如式完竣。工竣之后,限十日内呈递销算清册,限十五日该司核算呈堂。如不遵定限完工,及工竣之日,不照限呈递清册,或已递清册,该司不据实核算者,照例分别议处。如管工官或有限期已届,修理未完,而因避处分捏报工竣者,另行指参,交部议处。其工竣核销,如有应缴银两,不即交库完结者,将该员参革,照例勒限催追。限内全完,准其开复。逾限不完,照侵蚀正项钱粮例治罪,仍着落家产追银还库。该司官员扶同徇隐,并交部议处。

此条系雍正七年(1729)定例。原议内有“应缴银两，不即交库完结，将该员参革，勒限四个月催追”等语。查户部律“仓库”条下，侵欺、亏空、挪移、拖欠等项，分别勒追，俱有定例。此条“勒限四个月”之处，谨改为“照例勒限催追”。

【1740】7.29.424.(5)

一、各省委员修理城工，督、抚、布、按，每人各管一处。若城工有数处者，则令分管；一二处者，则令挨管。如有修筑不坚，三年之内倾圮者，着承修之员与专管之上司分赔。倘上司因干系己身赔修，故意隐匿者，一经发觉，责令专修，并交部治罪。

此条系雍正七年(1729)钦奉上谕，今恭纂为例，以备引用。

【1767】○续纂

一、凡遇工程核减，除浮冒侵欺，仍按本律定拟外，如实系核减，本身现在无力完交，请豁银数在一千两以上者，照知府分赔属员侵欺不完治罪之例治罪。以十分为率，如未完之数在五分以内者，杖一百；至六分者，杖六十、徒一年，每一分加一等；十分无完者，杖一百、徒三年，均不准纳赎。如数不及一千两者，仍照旧例请豁，免其治罪。如本身已故，而子孙无力完缴者，仍照例请豁，毋庸议罪。至核减款内，采买水脚等项应追核减银两，如果力不能完，自应照例请豁，免其治罪。其余经费项下，若长支、滥领、误发，以及分赔之非由属员侵欺，并代赔、着赔之项，若欠项零星，不及一千两者，果系力不能完，照例豁免。如数在千两以上者，请豁时，应令该旗、籍于本折内声明，或将本身照现定工程核减治罪之例酌减一等问拟，或免其治罪之处，请旨定夺。

臣等谨按：此条系乾隆三十年(1765)六月内，户部、臣部钦奉上谕议准定例，应纂辑遵行。

【1768】7.29.424.(6)(略)

虚费工力采取不堪用

律　文

【1646】7.29.448

凡官司役使人工，采取木石材料及烧造砖瓦之类，虚费工力而不堪用者，其役使之官司及工匠人役，并计所费雇工钱坐赃论。折半科算。罪止杖一百、徒三年。若有所造作，及有所毁坏，如拆屋坏墙之类。备虑不谨而误杀人者，官司、人役，并以过失杀人论。采取不堪，造毁不备，工匠、提调官，各以所由经手管掌之人为罪。不得滥及也。若误伤，不坐。

【1670】7.29.447(略)

【1725】7.29.435

凡官司役使人工，采取木石材料及烧造砖瓦之类，虚费工力而不堪用者，其役使之官司及工匠人役，并计所费雇工钱坐赃论。罪止杖一百、徒三年。若有所造作,及有所毁坏,如拆屋坏墙之类。备虑不谨而误杀人者,官司、人役,并以过失杀人论。采取不堪,造毁不备,工匠、提调官,各以所由经手管掌之人为罪。不得滥及也。若误伤,不坐。

注:此言庀材、鸠工之宜谨也。备虑不谨,如顶架不牢之类。采取不堪,备虑不谨,各以所由经手、专管之工匠、提调官坐罪。若误伤者,则不坐。

臣等谨按:此言庀材、鸠工之宜谨也。备虑不谨,如顶架不牢之类。前言采取不堪,继言备虑不谨。末各以所由为罪,兼采取不堪、备虑不谨言。盖以所由经手、专管之工匠、提调官坐罪,不得以所在之官司、工匠一概通论也。

【1740】7.29.425(略)

造作不如法

律 文

【1646】7.29.449

凡官司造作宫室器用之类。不如法者,笞四十。若成造军器不如法,及织造缎匹粗糙纰薄者,物尚堪用。各笞五十。若造作、织造各不如法,甚至全不堪用及稍不堪用,应再改造而后堪用者,各并计所损财物,及所费雇工钱,罪重于笞四十、五十者,坐赃论。折半科算。罪止杖一百、徒三年。其应供奉御用之物,加坐赃罪二等。罪止满流。工匠各以所由织造之人为罪。局官减工匠一等。○提调官吏又减局官一等。以上织造不如法及不堪用等项,并着工匠、局官、提调官吏均偿物价、工钱还官。

【1670】7.29.448(略)①

【1725】○修改

原拟:造作宫室不如法,不应止笞四十。后段供奉御用之物内,应兼造作、织造两项言。前段小注内"宫室"字,应改为"官房"。后注内"织造"上,俱应增"造作"二字。

【1725】7.29.436

凡官司造作官房器用之类。不如法者,笞四十。若成造军器不如法,及织造缎匹粗糙纰薄者,物尚堪用。各笞五十。若造作、织造各不如法,甚至全不堪用及稍不堪用,应再改造而后堪用者,各并计所损财物,及所费雇工钱,罪重于笞四十、五十者,坐赃论。罪止杖一百、徒三年。其应供奉御用之物,加坐赃罪二等。罪止流二千五百里。工匠各以所由造作、织造之人为罪。局官减工匠一等。○提调官吏又减局官一等。以上造作、织造不如法、不堪用等项,并着工匠、局官、提调官吏均偿物价、工钱还官。

注:此言工作当遵法制也。凡官司造作一应官房屋、器皿之类,不遵制、不依式者,谓之不如法。首节由轻及重,军器、缎匹,举其重者言之。若不如法,及粗糙纰薄者,与寻常器用不同,故加一等。倘不如法之甚,而至于不堪用,及应改造者,则并计所损过材料、所

---

① 康熙九年(1670)《大清律集解附例》本条句首律诠"官室器用"改为"官室器用"。

费过工钱，其罪重于笞者，俱坐赃论。曰"并计"者，将工钱、物料并作一处通算也。其造作一应供奉御用之物，尤与凡物不同，故于坐赃论罪之上加二等科之。工匠各以经由造作之人坐罪，不得连及也。局官减工匠一等。末节提调官吏又减局官一等，通承上文而言。其用过物价、给过工钱，并令工匠、局官、提调官均赔还官。

臣等谨按：此言工作当遵法制也。凡官司造作一应官房屋、器皿之类，不遵制、不依式者，谓之不如法。首节由轻及重，罪分四等。首言不如法之罪。次节军器、缎匹，举其重者言之。若不如法，及粗糙纰薄者，与寻常器用不同，故加一等。三言不如法之甚，而至于不堪用，及应改造者，则并计所损过材料、所费过工钱，其罪重于笞者，俱坐赃论。曰"并计"者，将工钱、物料并作一处通算也。四言造作一应供奉御用之物，尤与凡物不同，故于笞罪及坐赃上加二等科之。工匠各以经由造作之人坐罪，不得连及也。局官减工匠一等。末一节提调官吏减局官一等，通承上文而言。其用过物价、给过工钱，并令工匠、局官、提调官均赔还官。

【1740】7.29.426（略）

附律条例

【1646】7.29.449.（1）

一、各处军器局造作各项军器不如法者，将管局委官参问降级，都、布、按三司堂上委官，及府、卫掌印官，各治以罪。各笞四十、三十减等之罪，纳米还职。

【1670】7.29.448.（1）（略）

【1725】〇删除

原拟：造作军器不如法，正律内载明局官、提调官分别治罪，无管局委官纳米还职之例，此条拟删。

【1725】〇增入

原拟：又现行例一条，类于此律，应增入。

【1725】7.29.436.（1）

【增例】一、凡打造弓箭，擅改式样货卖者，笞五十。

【1740】7.29.426.（1）（略）

冒破物料

律　文

【1646】7.29.450

凡造作局院头目、工匠，有于合用数外，虚冒多破物料而侵欺入己者，计入己赃以监守自盗论，不分首从，并赃论罪，至四十两斩。追物还官。若未入己，只坐以计料不实之罪。〇局官并承委复实官吏，知情扶同捏报，不举者，与冒破同罪。

至死减一等。失觉察者,减三等,罪止杖一百。

【1670】7.29.449(略)

【1725】7.29.437

律文(略)

注:此言核实工料,以定冒破、侵欺之罪也。凡造作局、院,遇有一切工作,俱应照合用物料数目备办。若作头及工作人匠,于正用物料之外,多破少用,侵欺入己者,计其入己之数,以监守自盗论,并赃四十两斩,系杂犯。此指侵盗入己者言也。若止冒破,不入己者,则以前条计料不实笞五十之罪坐之。其本局官,并复勘核实之官,知冒破入己之情而扶同者,与犯人同罪,至死减一等;失于觉察者,减犯人罪三等,罪止杖一百。

臣等谨按:此言核实工料,以定冒破、侵欺之罪也。首节言作头、工匠多破少用、侵欺入己之罪。若止冒破,不入己者,则以前条计料不实笞五十之罪坐之。后节言局官并复勘核实官,知情扶同之罪,至死减一等;其失觉察者,减犯人罪三等,罪止杖一百。

【1740】7.29.427(略)

附律条例

【1646】7.29.450.(1)

一、各处巡按御史,都、布、按三司,分巡、分守官,查盘军器,若有侵欺物料,挪前补后,虚数开报者,不论官旗、军人,俱以监守自盗论。赃重者,照侵欺仓库钱粮事例拟断。卫所官三年不行造册,致误奏缴者,降一级。各该都司、守巡等官,怠慢误事,参究治罪。

【1670】7.29.449.(1)(略)

【1725】○修改

原拟:今无巡按御史,且收贮军器不止卫所衙门,亦无三年不造册始行问罪之例,相应删改,开载于后。

【1725】7.29.437.(1)

【原例】各处有司及营卫衙门,收贮军器,经上司官察盘,若有侵欺物料,挪前补后,虚数开报者,俱以监守自盗论。赃重者,照侵欺仓库钱粮事例拟断。该管官不行造册,致误奏缴者,降一级。察盘上司官怠慢误事,参究治罪。

【1740】○修改

臣等谨按:此条系前明旧例。查直省各营一切军器,现贮标、镇、协、营等衙门,并无收贮各衙门及奏缴之例。至该管官止降一级、上司官参究治罪,与《兵部处分则例》不符,及例语烦冗之处,俱应删改。谨将删改例文,开列于后。

一、直隶各省督抚、将军、提镇所辖各标、营等衙门,收贮军器,经上司官查盘,若有侵欺物料,挪移掩饰,虚数开报者,俱以监守自盗论。赃重者,照侵欺仓库钱粮例治罪。该管官不查报,并失察之上司官,俱交该部照例分别议处。

【1740】7.29.427.(1)(略)

【1725】7.29.437.(2)

【钦定例】一、河工估计工程,总河、副总河及该督抚分司委员确查。如估计过多,存心浮冒,查出革职。承查之员扶同徇隐者,交部议处。至工完之日,再行确查。如工程单薄,钱粮不归实用,修筑不坚固者,将承修之员,照侵欺钱粮例分别治罪,侵欺银两,勒限追赔。

【1740】○修改

臣等谨按:雍正四年(1726)原议,甚属明晰。此条例文经从前删节,未为详备,应照增。查现今但有总河,其"副总河"三字应删。又先据太常寺少卿唐绥祖条奏"河工钱粮估计过多,必核其人己之赃,以定其侵欺之罪。若不论入己与不入己,但以存心浮冒悬揣定拟,似觉未协,请分晰更正"等语,应如所奏酌改。谨将删改增辑例文,开列于后。

一、河工估计工程,总河及该督抚分司委员确查。工段丈尺,桩扫料物,如果与所估物料数目相符,核实具题,发帑兴修。如估计过多,物料数目不符,查出即行指参。承查之员扶同徇隐,交部议处。至完工之日,再行确查。如工程单薄,物料克减,钱粮不归实用,以致修筑不坚固,将承修之员立即参究,分别入己、不入己定罪,侵冒银两,勒限追赔。

【1740】7.29.427.(2)(略)

*【1725】○增入①

【现行例】一、管工官于完日,将领过通稍架木,近处限四十日,远处限八十日,交回本仓。除伤损锯截外,该工于限内交回十分之九者,免议。逾限全不交者,着工部题参,交与该部议处。如本仓监督、该司官员等,徇情互相推托,不行举出,将监督、司官等一并题参。内庭工程事务完日,内里官员、工部官员彼此推诿,将通稍架木、物料,逾限不缴回者,将工部承修官员并内里官员人等,会同包衣大总管,一并题参议处。再工程紧急,不及料估,预先从库支取银钱,工完之日不行销算,并应交银钱不交,亦照木料定限日期,勒限追完交库。如逾限不交,俱照不交回架木例,题参治罪。

臣等谨按:此条类于冒破物料律,应增入条例后。

【1740】7.29.427.(3)

一、直属抢修等工,每年应需物料,务于八月内预动银两,给发购办,按照漕规价值,据实秤收,毋许重收累民。十月照额办足交工,取具并无短少印甘各结存案。倘

① 《大清律例按语》列明本条拟增入,但不见于雍正三年(1725)《大清律集解附例》。

承办之员,限内不能如数办足,将料物秤收短少,希冀掩饰,并将旧烂物料搀入,或经厅、汛印官,于互相秤收之时,查出揭报,或经该督访闻,立即严参议处。如过期发银,购办迟滞,分别查参。其上年余剩物料,该管河道查盘实数,出具并无亏空印结呈报。倘盘查缺少,扶同徇隐,及有霉烂、侵亏等弊,即将文武汛员,与盘查不实之上司,一并参处,照数分赔补项。

此条系雍正十三年(1735)定例。

【1740】7.29.427.(4)

一、各省修造标营船只,着道员、副将会同领价,道员遴委同知、通判,副将遴委都司、守备,协同办料修造。如系将军标下船只,即遴委参领以下等官同领同办。倘承修之员修不如式,贻误军工,以及监验、查收之员需索措勒,并船上什物不即交代清楚,兵丁私行盗卖,以致短少残缺者,该督抚等即将该管将弁指名题参。其头舵人等照例治罪,分别着追。如该管上司不行查察,故为徇隐,一经发觉,照例议处。

此条系雍正十年(1732)定例。

【1740】7.29.427.(5)

一、浙省修筑塘工,估需银两,饬令承修之员专案请领,不得牵混并领,亦不得通融挪用。领银之后,将办过物料数目申报上司,委员查验。如堆贮物料与所报相符,承查之员,加具保结,申详贮用。倘有亏缺及挪移、掩饰情弊,即行揭参。查验官扶同徇隐,一并参处。至各塘保固限内,如有坍塌,即着落承修之员赔修。若遇有异常潮汐,委非人力可施,查明工程坚固、钱粮俱归实用者,准取结保题,免其赔修。如物料苟简,工程草率,钱粮不归实用,致有冲塌,照例题参,着落赔修。

此条系雍正十三年(1735)定例。

【1740】7.29.427.(6)

一、豫省应修水利地方,有动用帑项者,承修各员,果能实力办理,俟保固三年之后,该督抚核题,并交部分别议叙。倘有不预行修筑,以致田亩被淹,即将各员交部分别议处。若侵蚀钱粮,工程不能坚固,承修之员,照侵欺河工钱粮例参革治罪。该管各官徇隐不报,俱照例议处。

此条系乾隆二年(1737)定例。

【1740】7.29.427.(7)

一、凡各省修建工程,所需物料,该督抚等转饬承办各员,不必拘泥各省从前造报物料定价,悉照时价确估造报。工竣之日,另行委员查勘,并取具并无捏饰印结详报,该督抚等确访时价,详细核明,据实题咨,工部再行核销。倘承办各员浮开捏报,即照冒销钱粮例指参。所委各员查验不实,照扶同徇隐例参处。

此条系乾隆四年(1739)定例。

【1743】○续纂

一、京城物料价值,经工部会同内务府确访时价,酌中更定。一应采办,工部遵照定例给发。如有赢余,并无别项需用,承办官竟行侵蚀,查出照例参究。倘其中有匠作、搬运等费,许承办官将缘由呈明核夺。如该员并不呈报,照应申上而不申上例议处。

此条系乾隆五年(1740)七月,工部议复吏部折奏定例。

【1768】7.29.427.(8)(略)

【1746】○续纂

一、凡修造工程,如夫头人等领帑侵蚀及私逃者,俱照常人盗仓库钱粮律,计赃治罪。

臣等谨按:此条系乾隆十年(1745)七月内,臣部议复原任河道总督白钟山条奏定例,应纂辑以便遵行。

【1768】7.29.427.(9)(略)

带造缎匹

律　文

【1646】7.29.451

【1670】7.29.450(略)

【1725】7.29.438

凡监临、主守官吏,将自己物料,辄于官局带造缎匹者,杖六十,缎匹入官,工匠笞五十。局官知而不举者,与监守官吏同罪;亦杖六十。失觉察者,减三等。则笞三十。若局官违禁带造,监守官吏亦坐不举、失察之罪。

注:此禁用官匠以造私物也。凡官局工匠,皆系在官雇用之人,非监临主守官吏所得私用。若将自己物料,交官局内夹带织造,不论缎匹多少,即杖六十,缎匹入官。工匠听从者,笞五十。局官专司其事,知而不举,与监守官吏同罪;失觉察者,于杖六十上减三等,笞三十。若局官违禁带造,则监守官吏亦坐不举、失察之罪,因其职当互相觉举也。

臣等谨按:此禁用官匠以造私物也。前言监临主守官吏夹带织造,及工匠听从之罪。后言局官知而不举及失察之罪。其局官若违禁带造,则监守官吏亦坐不举、失察之罪,因其职当互相觉举也。

【1740】○修改

臣等谨按:总注内有"局官违禁带造,监守官吏亦坐不举、失察之罪"等语,应增入小注。谨将增辑律注,开列于后。

凡监临、主守官吏,将自己物料,辄于官局带造缎匹者,杖六十,缎匹入官,工匠笞五十。局官知而不举者,与监守官吏同罪,亦杖六十。失觉察者,减三等。则笞三十。若局官违禁带造,监守官吏亦坐不举、失察之罪。

【1740】7.29.428(略)

织造违禁龙凤文缎匹

律　文

【1646】7.29.452

凡民间织造违禁龙凤文苎丝、纱罗货卖者,杖一百,缎匹入官。若买而僭用者,亦杖一百;未用者,笞三十。○机户及挑花、挽花工匠同罪,亦杖一百。连当房工匠家小,起发赴京,籍充局匠。

【1670】7.29.451(略)

【1725】○修改

臣等谨按:"礼律·服舍违式"条僭用龙凤纹者,杖一百、徒三年,应将小注内"僭用者,亦杖一百"句改为"僭用者,杖一百、徒三年"。其"连家小起发赴京,籍充局匠"句,"服舍违式"律内已经删去,此处"连当房家小"句,亦应删去。

【1725】7.29.439

凡民间织造违禁龙凤文苎丝、纱罗货卖者,杖一百,缎匹入官。若买而僭用者,杖一百、徒三年;未用者,笞三十。○机户及挑花、挽花工匠同罪。亦杖一百。

注:此禁民间服用之僭越也。凡苎丝、纱罗缎匹有龙凤文者,皆御用之物,非民间所得私有。若故违禁令,而主使机户、工匠织造、货卖者,杖一百,其违禁织造之缎匹等物入官。机户及挑花等工匠听依织造,亦同杖一百之罪。

臣等谨按:僭用之罪已见《礼律》,此条专为织造违禁者设。小民违禁织造,志在射利而已,故罪较轻于僭用。前节言主使违禁僭织货卖之罪,后节言工匠听依织造之罪。

【1740】7.29.429(略)

造作过限

律　文

【1646】7.29.453

凡各处每年额造常课缎匹、军器,工匠过限不纳齐足者,以所造之数十分为率,一分,工匠笞二十,每一分加一等,罪止笞五十。局官减工匠一等,提调官吏又减局官一等。○若官司不依期计拨额造之物料于工匠者,局官笞四十,提调官吏减一等。工匠不坐。

【1670】7.29.452(略)

【1725】7.29.440

律文(略)

注:此严额造定期,不使稽缓也。前节言工匠额造缎匹、军器过限不纳,及局官与提调官吏之罪。后节言官司不依期拨给物料以致违限,及局官、提调官吏之罪。

臣等谨按:此严额造定期,不使稽緩也。前节言工匠额造缎匹、军器过限不纳,及局官与提调官吏之罪。后节言官司不依期拨给物料以致违限,及局官、提调官吏之罪。

【1740】7.29.430(略)

修理仓库

律　文

【1646】7.29.454

凡(内外)各处公廨、仓库、局院(一应)系官房舍,(非文卷所关,则钱粮所及。)但有损坏,当该官吏,随即移文(所在)有司(计料)修理,违者笞四十。若因(不请修)而损坏官物者,依律科(以笞四十之)罪,赔偿所损之物。(还官。)若(当该官吏)已移文有司,而失误(施行,不即修理)者,罪坐有司。(亦笞四十。损坏官物,亦追赔偿。当该官吏不坐。)

【1670】6.29.453(略)

【1725】7.29.441

律文(略)

注:此言官舍应修理也。各处官房损坏,当该官吏不即移文所在有司修理者,笞四十。以致损坏官物者,仍着赔偿。如有司失误修理,罪坐有司,并追赔损坏官物。已经移文之官吏不坐。

臣等谨按:此言官舍当不时修理也。前言一应官房舍损坏,当该官吏不移文有司修理,及因不修理致风雨损坏官物之罪。后言已移文,而有司失误不修及损坏官物之罪。

【1740】7.29.431(略)

附律条例

【1740】7.29.431.(1)

一、各省营房、墩台,该管地方文武员弁会同协办,修造完竣,严督兵丁加谨守护。如遇坍损,立即报明印、汛各员,会同查勘修理,造入交代。于离任时,取具接任官印结,详报该管上司查核存案。倘平日不随时修葺,以致坍塌,经后官详揭,即行题参,着落印、汛员弁分认赔修。如去任员弁无力赔修,文员即着落不严查之道、府赔修,武弁即着落不严查之将、备赔修。如兵丁作践拆毁,严惩责革,着落汛弁独赔。如汛弁无力,即着落该管将、备分赔。至交代之时,后官如有勒措滥接等弊,该管上司查实,亦即题参,交部议处。

此条系雍正十二年(1734)定例。

有司官吏不住公廨

律　文

【1646】7.29.455

凡各府、州、县有司官吏，不住公廨内官房，而住街市民房者，杖八十。〇若埋没公用器物有毁失而不还官者，以毁失官物论。毁者，计赃准窃盗加二等，免刺；失者，依减毁官物三等追赔。

【1670】7.29.454（略）

【1725】7.29.442

律文（略）

注：此言公廨公物当居守也。前节言各府、州、县有司不住公廨而住民房之罪。后节言埋没公廨内器物之罪。

臣等谨按：此言有司关防之宜慎也。前节言各府、州、县有司不住公廨而住民房之罪。后节言埋没公廨内器物之罪。

【1740】7.29.432（略）

附律条例

【1725】7.29.442.（1）

【钦定例】一、凡各省督抚、提镇及有属员等官到任，其属员派累兵民修理衙署，备办铺设，及州县守御等官到任，其属下人役预为铺设，修理衙署，派及兵民，并官员每年指称添换器物，修饰衙署，派累兵民者，该管上司即行指实题参，文员照科敛律治罪，武弁照克扣律治罪。如该上司徇庇不参，或勒令属员修理衙署，添换器物，发觉之日，将该上司一并交部分别议处。再官员升任或去任，除自置器皿外，署内一应物件，俱着清载簿籍，移交接任官员。倘将在官物件，被家人毁盗，将家人照毁盗官物律治罪。其毁盗物件，着落旧任官照数赔补。

【1740】7.29.432.（1）（略）

【工律·河防】

盗决河防

律　文

【1646】7.30.456

凡盗决官河防者,杖一百。盗决民间之圩岸陂塘者,杖八十。若因盗决而致水势涨漫,毁害人家,及漂失财物,淹没田禾,计物价重于杖者,坐赃论。罪止杖一百、徒三年。因而杀伤人者,各减斗杀伤罪一等。各字承河防、圩岸陂塘说。若或取利,或挟仇,故决河防者,杖一百、徒三年。故决圩岸陂塘,减二等。漂失计所失物价为赃重于徒者,准窃盗论,罪止杖一百、流三千里。免刺。因而杀伤人者,以故杀伤论。

【1670】7.30.455(略)

【1725】7.30.443

律文(略)

注:此保水利以弭水患也。凡官河之堤防、民间之圩岸陂塘,所以备水利之蓄泄。若盗决私用,虽一时无害,亦应分别责惩。若决口水势涨漫,以致人家及财物、田禾为水所毁害、漂失、淹没者,计其物价,重于盗决之杖罪者,坐赃论罪。因而杀伤人者,虽为水所杀伤,而罪实由于盗决,各减斗杀伤罪一等。盖原盗决之意,不过私图利己,原无害人之心,故罪止满徒,即致杀伤人,而亦减等科罪也。若故决者,或恃强取利,或挟仇害人,与盗决之情不同,是以决河防者,坐满徒;决圩岸陂塘者,减二等。漂失赃重者,准窃盗论,免刺,罪止满流。因而杀伤人者,虽为水所杀伤,而实同于有意,故杀人者斩候、伤人者各验其轻重定罪。

臣等谨按:此保水利以弭水患也。分三段:前言盗决之罪,后言故决之罪。凡官河之堤防、民间之圩岸陂塘,所以备水利之蓄泄。若盗决私用,虽一时无害,亦应分别杖惩。若决口水势涨漫,以致人家及财物、田禾为水所毁害、漂失、淹没者,计其物价,重于盗决之杖罪者,坐赃论罪。因而杀伤人者,虽为水所杀伤,而罪实由于盗决,各减斗杀伤罪一等。盖原其盗决之意,止私图利己,原无害人之心,故罪止于杖徒,即致杀伤人而亦减等科罪也。若故决者,或恃强取利,或挟仇害人,与决盗之情不同。是以决河防者,坐满杖徒;决圩岸陂塘者,减二等;漂失赃重者,准窃盗论,免刺,罪止满流。因而杀伤人者,虽为水所杀伤,而实同于有意欲杀,故以故杀伤论罪。伤者,各验其轻重定罪;杀人者,坐斩监候。

【1740】7.30.433(略)

附律条例

【1646】7.30.456.（1）

一、凡故决、盗决山东南旺湖，沛县昭阳湖、蜀山湖，安山积水湖，扬州高宝湖，淮安高家堰、柳浦湾，及徐邳上下滨河一带各堤岸，并阻绝山东泰山等处泉源，有干漕河禁例，为首之人发附近卫所，系军调发边卫，各充军。其闸官人等，用草卷搁闸板，盗泄水利，串同取财，犯该徒罪以上，亦照前问遣。

【1670】7.30.455.（1）（略）

【1725】○修改

原拟：今军民俱一体问罪。漕运河道，关系重大，应将此条内"为首之人发附近卫所"二句，改为"军民俱发边卫充军"。

【1725】7.30.443.（1）

【原例】一、凡故决、盗决山东南旺湖，沛县昭阳湖、蜀山湖，安山积水湖，扬州高宝湖，淮安高家堰、柳浦湾，及徐邳上下滨河一带各堤岸，并阻绝山东泰山等处泉源，有干漕河禁例，军民俱发边卫充军。其闸官人等，用草卷搁闸板，盗泄水利，串同取财，犯该徒罪以上，亦照前问遣。

【1740】7.30.433.（1）（略）

【1646】7.30.456.（2）

一、河南等处地方，盗决及故决堤防，毁害人家，漂失财物，淹没田禾，犯该徒罪以上，为首者，若系旗舍、余丁、民人，俱发附近充军；系军，调发边卫。

【1670】7.30.455.（2）（略）

【1725】○修改

原拟：今无旗舍、余丁名色，应将"为首者"以下等句，亦照前条，改为"军民俱发边卫充军"。

【1725】7.30.443.（2）

【原例】一、河南等处地方，盗决及故决堤防，毁害人家，漂失财物，淹没田禾，犯该徒罪以上，军民俱发边卫充军。

【1740】7.30.433.（2）（略）

【1725】7.30.443.（3）

【钦定例】一、凡黄河一年之内，运河三年之内，堤工陡遇冲决，而所修工程实系坚固，于工完之日，已经总河、督抚保题者，止令承修官赔修四分，其余六分，准其开销。如该员修筑钱粮俱归实用，工程已完，未及题报，而陡遇冲决者，该总河、督抚将冲决情形，并该员工程果无浮冒之处，据实保题，亦令赔修四分，其余俱准开销。如黄河一年之外，运河三年之外，堤工陡遇冲决，而该管各官实系防守谨慎，并无疏虞懈弛者，该总河、督抚查明具题，止令防守该管各官共赔四分，内河道分司、知府共赔二分，同知、通判、守备、州县共赔一分半，县丞、主簿、千总、把总共赔半分，其余六分准其开销。其承修、防守各员，俱令革职留任，戴罪效力。工完之日，方准开复。倘总河、督抚有保题不实者，后经查出，照徇庇例严加议处，所修工程，仍照定例勒令各官分赔还项。若河员有将完固堤工故行毁坏，希图兴修，借端侵蚀钱粮者，该总河察访奏闻，于工程处正法。

【1740】7.30.433.(3)(略)

【1825】7.30.433.(1)(略)

【1756】○续纂

一、凡盗决河南、山东等处临河大堤，为首者发边卫充军。盗决格月等堤，发附近充军。因而杀伤人者，仍照律定拟。

臣等谨按：此条系乾隆二十一年(1756)九月内，臣部议复河东河道总督白钟山条奏定例，应纂辑以便遵行。再按：该督疏称"漂没人家财物、田禾，计所漂没之物，按数从重论"等语，查漂没人家财物、田禾，律以坐赃论，故决河防准窃盗论，罪止满流。今盗决河堤既从重拟军，则漂没财物，再无加重之处，惟杀人者，仍应依律定拟。应请增出，以便遵行。

【1768】7.30.433.(4)(略)

【1806】○修并

【原例】【1740】7.30.433.(1)(略)、【1740】7.30.433.(2)(略)、【1768】7.30.433.(4)(略)

臣等谨按：嘉庆九年(1804)八月内，两江总督陈大文奏"安东县民人李元礼等盗决河防审拟治罪"一折，钦奉上谕："陈大文等奏审拟私挖官堤人犯一案，讯出李元礼因黄水漫滩，淹浸田庐，纠众盗决大堤，进水以图自便，郭林高教令决堤，僧人木堂极力怂恿，纠人助决。经该督等审明，将李元礼、郭林高二犯问发近边充军，僧人木堂量减一等，问拟满徒，系照本例办理。但大堤以内，均系民田、庐舍，该犯等以河滩自有之田被淹，辄敢决堤进水，设或堵闭稍迟，水势一经流入，则堤内田庐岂不尽被淹毁。以邻为壑，损人利己，其居心实属忮忍。况当大汛经临，堤工吃紧之时，非寻常盗决可比。陈大文等所拟罪名尚轻，李元礼、郭林高、僧木堂三犯，着刑部另行核拟具奏等因。钦此。"钦遵。当经臣部公同酌议，请嗣后凡遇故、盗决堤防之案，如但经故、盗决，尚未过水者，首犯先于工次枷号一个月，发近边充军；其已经过水，尚未浸损、漂没他人田庐、财物者，首犯枷号两个月，发极边烟瘴充军；既经过水，又复浸损、漂没他人田庐、财物者，首犯枷号三个月，发黑龙江等处给披甲人为奴；因而杀伤人者，照故杀伤问拟。从犯均先于工次枷号一个月，各减首犯罪一等。将李元礼等照故盗决堤防但经过水尚未浸损漂没他人田庐财物新例，枷号两个月，发极边烟瘴充军。并请纂入例册等因，奏准在案。应于例内修改明晰，以资引用。再查以上三条，俱系故、盗决河防堤岸治罪之例，应请并为一条。谨将修改例文，开列于后。

一、故决、盗决山东南旺湖，沛县昭阳湖、蜀山湖，安山积水湖，扬州高宝湖，淮安高家堰、柳浦湾，及徐邳上下滨河一带各堤岸，并河南、山东临河大堤，及盗决格月等堤，如但经故、盗决，尚未过水者，首犯先于工次枷号一个月，发边远充军。其已经过水，尚未浸损、漂没他人田庐财物者，首犯枷号两个月，发极边烟瘴充军。既经过水，又复浸损、漂没他人田庐财物者，首犯枷号三个月，发黑龙江等处给披甲人为奴。因而杀伤人者，照故杀伤问拟。从犯均先于工次枷号一个月，各减首犯罪一等。其阻绝山东泰山等处泉源，有干漕河禁例，军民俱发近边充军。闸官人等，用草卷搁闸板，盗泄水利，串同取财，犯该徒罪以上，亦发近边充军。

【1821】○修改

臣等谨按：嘉庆二十五年（1820）九月内，臣部遵旨酌议，停发吉林、黑龙江遣犯案内，将决堤过水浸损、漂没人田产、财物为首一条，改为实发云贵两广极边烟瘴充军等因，奏准在案，应于例内修改明晰。谨将修改例文，开列于后。

一、故决、盗决山东南旺湖，沛县昭阳湖、蜀山湖，安山积水湖，扬州高宝湖，淮安高家堰、柳浦湾，及徐邳上下滨河一带各堤岸，并河南、山东临河大堤，及盗决格月等堤，如但经故、盗决，尚未过水者，首犯先于工次枷号一个月，发边远充军。其已经过水，尚未侵损、漂没他人田庐财物者，首犯枷号两个月，发极边烟瘴充军。既经过水，又，复侵损、漂没他人田庐财物者，首犯枷号三个月，实发云贵两广极边烟瘴充军。因而杀伤人者，照故杀伤问拟。从犯均先于工次枷号一个月，各减首犯罪一等。其阻绝山东泰山等处泉源，有干漕河禁例，军民俱发近边充军。闸官人等，用草卷搁闸板，盗泄水利，串同取财，犯该徒罪以上，亦发近边充军。

【1825】7.30.433.（2）（略）

失时不修堤防

律　文

【1646】7.30.457

凡不先事修筑河防，及虽修而失时者，提调官吏，各笞五十。若毁害人家，漂失财物者，杖六十。因而致伤人命者，杖八十。○若不先事修筑圩岸，及虽修而失时者，笞三十。因而淹没田禾者，笞五十。○其暴水连雨损坏堤防，非人力所致者，勿论。

【1670】7.30.456（略）

【1725】7.30.444

律文（略）

注：此言提调官吏当预防水患也。首节言不修河防及修而失时，以至毁害漂失、致伤人命之罪。二节言不修圩岸与修而失时，致淹田禾之罪。末节言暴水连雨损坏堤防者，非人力所能捍御，故得勿论。

臣等谨按：此言水患当预防也。首节言不修河防及修而失时，以致毁害漂失、致伤人命之罪。二节言不修圩岸与修而失时,致淹田禾之罪。末节言暴水连雨损坏堤防者,非人力所能捍御,故得勿论。

【1740】7.30.434(略)

附律条例

【1646】7.30.457.(1)

一、凡运河一带,用强包揽闸夫、溜夫二名之上,捞浅铺夫三名之上,俱问罪,旗军发边卫,民并军丁人等发附近,各充军。揽当一名,不曾用强生事者,问罪,枷号一个月发落。

【1670】7.30.456.(1)(略)

【1725】7.30.444.(1)

【原例】一、凡运河一带,用强包揽闸夫、溜夫二名之上,捞浅铺夫三名之上,俱问发附近充军;揽当一名,不曾用强生事者,问罪,枷号一个月发落。

【1740】7.30.434.(1)(略)

【1725】7.30.444.(2)

【钦定例】一、遇河工紧要工程,如有浮议动众,以致众力懈弛者,将倡造之人拟斩监候;附和传播者杖一百,即于工所枷号一个月。其指称夫头,包揽代雇,勒措良民者,二名以上,发附近充军;一名者,杖一百,枷号一个月发落。

【1740】7.30.434.(2)(略)

【1740】7.30.434.(3)

一、楚省岁修堤塍,如有措勒业户,将夫工包折银钱者,照河工包揽闸夫溜夫捞浅铺夫例,分别名数定拟。

此条系雍正六年(1728)定例。

【1740】7.30.434.(4)

一、河工承修各员采办料物,如有奸民串保领银,侵分入己,以致亏帑误工,该总河将承办官参究,仍将亏帑奸民,发该州县严查追比。倘有徇纵等情,亦即查参,交部议处。其亏帑串保奸民审实,照常人盗仓库钱粮律计赃治罪。应追银两逾限不完,着落原领官名下追赔。

此条系雍正十二年(1734)定例。

【1740】○续纂

此条系乾隆二年(1737)九月内钦奉上谕,今恭纂为例。

一、凡堤工,宜加意慎重,以固河防。除现在已成房屋,无碍堤工者,免其迁移外,如再有违禁增盖者,即行驱逐治罪。并将徇纵、容隐之官弁,交部分别议处。

【1740】7.30.434.(5)(略)

侵占街道

律　文

【1646】7.30.458

凡侵占街巷道路,而起盖房屋,及为园圃者,杖六十,各令拆毁、修筑复旧。其所居自己房屋,穿墙而出秽污之物于街巷者,笞四十;穿墙出水者,勿论。

【1670】7.30.457(略)

【1725】7.30.445

律文(略)

注:此严侵占官地之罪也。侵占街道及穿墙出秽,罪该杖、笞。出水则不论。

臣等谨按:此严侵占官地之罪也。前言侵占街道盖屋及为园圃之罪。后言穿墙出秽之罪,出水则不论。

【1740】7.30.435(略)

附律条例

【1646】7.30.458.(1)

一、京内外街道,若有作践,掘成坑坎,淤塞沟渠,盖房侵占,或傍城使车,撒放牲口,损坏城脚,及大清门前御道、棋盘,并护门栅栏,正阳门外御桥南北,本门月城、将军楼、观音堂、关王庙等处,作践损坏者,俱问罪,枷号一个月发落。

【1670】7.30.457.(1)(略)

【1725】7.30.445.(1)

【原例】(略)

【1740】7.30.435.(1)(略)

修理桥梁道路

律　文

【1646】7.30.459

凡桥梁道路,府、州、县佐贰官职专提调,于农隙之时,常加点视修理,桥梁务要坚完、道路务要平坦。若损坏失于修理,阻碍经行者,提调官吏笞三十。此原有桥梁而未修理者。○若津渡之处,应造桥梁而不造,应置渡船而不置者,笞四十。此原未有桥梁而应造置者。

【1670】7.30.458(略)

【1725】7.30.446

律文(略)

注:此严官司废弛修造之罪,以便行旅也。首节言提调官于农隙时,不修理桥梁道路之罪。后节言应造置桥梁、渡船而不造置之罪。止罪佐贰,而不及正官者,盖正官政务繁多,不能常行点视,故专责于原委之佐贰也。

臣等谨按:此严官司废弛修造之罪,以便行旅也。首节言提调官于农隙时,不修理桥梁道路之罪。后节言应造置桥梁、渡船而不造置之罪。止罪佐贰,而不及正官者,盖正官政务繁多,不能常行点视,故专责于原委之佐贰也。

【1740】7.30.436(略)

附律条例

一、条例申明颁布之后,一切旧刻事例,未经今次载入,如《比附律条》等项,悉行停寝。凡问刑衙门,敢有恣任喜怒,妄行引拟,或移情就例,故入人罪,苛刻显著,各依故、失出入律坐罪。其因而致死人命者,除律应抵死外,其余俱问发为民。[1]

【1725】○移改

原拟:现行例与正律相符者,俱已附入律内。其与正律不甚符合者,俱拟存部,遵行不便,悉行停寝。相应删改,开载于后。

【原改条例】一、律例申明颁布之后,凡问刑衙门,敢有恣任喜怒,引拟失当,或移情就例,故入人罪,苛刻显著者,各依故、失出人律坐罪。其因而致死人命者,除律应抵死外,其余俱问发为民。

臣等谨按:此条类于断罪依新颁律,应移入彼处。

＊名例律·断罪依新颁律【1725】1.1.43.(1)(略)

---

① 本条附于顺治三年(1646)《大清律集解附例》律例之末,原文前并无“条例”字样。《大清律例按语》雍正三年(1725)将之列于“河防·修理桥梁道路”之后,作为“原条例”。

5

总　　目

第一册

第二册

第三册

第四册

第五册

第六册

第七册

第八册

第九册

第十册

本册目录

大清律附

律例总类

大清律附

按:《大清律附》原附顺治三年(1646)《大清律》后,题名下注明“顺治二年奏定”。康熙三年(1664)增补本①与康熙九年(1670)《大清律》②相沿未改。③ 康熙四十六年(1707)“进呈本”有部分修改。④

【1707】**臣等谨按**:以下各条,自凌迟起至真犯斩、绞立决、监候,并杂犯斩、绞,以至军罪止,皆系律文正条分类摘出,以便检阅。其有新经增定删改者,亦照律增删,载于各条之下。“大清律附”四字,应改为“大清律总类”。

---

① 哈佛大学燕京学社藏《大清律集解附例》30卷(顺治三年刊,康熙三年增补)。

② 国家图书馆藏《大清律集解附例》,善本书号:00973。

③ 康熙九年本刻有批注,下文以“*【1670】批:”标注。

④ 康熙四十六年进呈本所载原条款与顺治二年及康熙九年版有出入者,以仿宋字体标识,条款之前附注“*【1707】”。修改按语以楷体标识,并在按语前附注“*【1707】”。

真犯死罪 决不待时

凌迟处死

刑律

谋反及大逆,但共谋者,不分首从。

*【1707】谋反及大逆,但共谋者。

谋杀祖父母、父母及期亲尊长、外祖父母,夫、夫之祖父母、父母,已杀者。

奴婢及雇工人谋杀家长,及家长之期亲、外祖父母,已杀者,罪与子孙同。

*【1707】谋杀祖父母、父母及期亲尊长、外祖父母,夫,夫之祖父母、父母,已杀者。○奴婢及雇工人谋杀家长,及家长之期亲、外祖父母,已杀者。

妻妾因奸同谋,杀死亲夫者。

*【1707】妻妾因奸同谋杀死亲夫者。

妻妾谋杀故夫祖父母、父母,已杀者。

杀一家非死罪三人,及肢解人者。

采生折割人者。

【1670】批:殴杀者止于斩,殴杀二者,律不载,亦止于斩也。

奴婢殴杀家长者。○若故杀家长之期亲,及外祖父母者。

雇工人故杀家长,及家长之期亲,若外祖父母者。

*【1707】奴婢殴杀家长者。○若故杀家长之期亲及外祖父母者。○雇工人故杀家长,及家长之期亲,若外祖父母者。

妻妾故杀夫者。

弟妹故杀兄姊,若侄故杀伯叔父母、姑,及外孙故杀外祖父母者。

子孙殴祖父母、父母,及妻妾殴夫之祖父母、父母,杀者。

*【1707】妻妾殴故夫之祖父母、父母,杀者。

*【1707】此条补增。

斩罪 决不待时

户律

收父祖妾及伯叔母。

*【1707】收父祖妾,及伯叔母者。

隐匿满洲逃之新旧家人。

【1670】批:隐匿满洲逃亡新旧家人,与下刑律奸同。

*【1707】未载。

刑律

谋反大逆,祖父、父、子孙、兄弟及同居之人,不分异姓,及伯叔父兄弟之子,不限籍之同羿,年十六以上,不论笃疾、废疾。

【1670】批:虽不同,谋亦断。

*【1707】谋反大逆祖父、父、子孙、兄弟及同居之人,不分异姓,并伯叔父、兄弟之子,不限籍之同异,年十六以上,不论笃疾、废疾。〇知情故纵隐藏者。

谋反、大逆,知情故纵,隐藏者。

谋叛,但共谋者,不分首从。

逃避山泽,拒敌官兵者。

*【1707】谋叛,但共谋者。〇逃避山泽,拒敌官兵者。

盗大祀神祇、御用祭器等物,及飨荐玉帛之属者。

盗制书,及起马御宝、圣旨、起船符验者。

*【1707】盗制书者。

盗乘舆服御物。

*【1670】批:盗内府财物例,真犯死。

*【1707】此律文原系条例,已入立斩条例内,应删。

强盗得财者,不分首从。

以药迷人图财者,罪同强盗,不分首从。

*【1707】强盗得财者。〇以药迷人图财者。

强盗窝主,造意分赃者。〇若共谋者行而不分赃,及分赃而不行。

*【1707】强盗窝主,造意分赃者。〇若共谋行而不分赃,及分赃而不行者。

谋杀人因而得财者,同强盗,不分首从。

＊【1707】谋杀人因而得财者。

部民谋杀本属知府、知州、知县,军士谋杀本管指挥、千户、百户,吏卒谋杀本部五品以上长官,已杀者。

＊【1707】部民谋杀本属知府、知州、知县,军士谋杀本管官,吏卒谋杀本部五品以上长官,已杀者。

谋杀祖父母、父母及期新尊长外祖父母、夫、夫之祖父母、父母,已行者。

谋杀缌麻以上尊长,已杀者。

奴婢及雇工人谋杀家长,及家长之期亲,外祖父母、已行者。〇若缌麻以上亲,已杀者,罪与子孙同。

＊【1707】谋杀祖父母、父母及期亲尊长、外祖父母、夫、夫之祖父母、父母,已行者。〇谋杀缌麻以上尊长,已杀者。〇奴婢及雇工人谋杀家长,及家长之期亲、外祖父母,已行者。〇缌麻以上亲已杀者。

＊【1707】奸夫因奸同谋杀死亲夫者。

＊【1707】此条改增。

妻妾谋杀故夫之祖父母、父母,已行者。

杀一家非死罪三人及肢解人,为从者。

＊【1707】杀一家非死罪三人及支解人,为从加功者。

采生折割人,为从者。

若已行,而未曾伤人者。

＊【1707】采生折割人,为从加功者。〇已行而未曾伤人,为首者。

造畜蛊毒杀人,及教令者。

造鬼魅、符书咒诅杀人者。

＊【1707】律文各以谋杀论,应照谋杀律移入监候条内。

部民殴本属知府、知州、知县,军士殴本管指挥、千户、百户,吏卒殴本部五品以上长官,死者。

【1707】部民殴本属知府、知州、知县,军士殴本管官,吏卒殴本部五品以上长官死者。

殴受业师,死者。

＊【1707】殴死受业师者。

奴婢殴家长,死者。

雇工人殴家长,死者。

＊【1707】奴婢殴家长者。〇雇工人殴死家长者。

妻妾殴夫,死者。

＊【1707】妻妾殴死夫者。

卑幼殴本宗小功、大功兄姊尊属,死者。

*【1707】卑幼殴死本宗小功、大功兄姊、尊属者。

弟妹殴兄姊,若侄殴伯叔父母、姑,及外孙殴外祖父母,死者。

*【1707】弟妹殴兄姊,若侄殴伯叔父母、姑,及外孙殴外祖父母死者。

子孙殴祖父母、父母,及妻妾殴夫之祖父母、父母者。

妻妾殴夫之期亲以上尊长,死者,与夫殴同。

*【1707】未载。

妻妾殴故夫之祖父母、父母者。

奸小功以上亲,强者。

奸从祖祖母、姑在室,从祖伯叔母、从父姊妹、母之姊妹,及兄弟妻、兄弟子妻,强者。

【1670】批:上条可赎。

*【1707】强奸小功以上亲者。○强奸从祖祖母、祖姑、从祖伯叔母、姑、从父姊妹、母之姊妹,及兄弟妻、兄弟子妻者。○奸妻之亲生母者。

*【1707】此末节改增。

奸父祖妾、伯叔母、姑、姊妹、子孙之妇、兄弟之女,及与和者。

【1670】批:强必凌迟,前却不载。

*【1707】奸父祖妾、伯叔母、姑、姊妹、子孙之妇、兄弟之女者。○奸夫强者。

*【1707】末节补增。

奴及雇工人奸家长妻女者。

绞罪 决不待时

户律

兄亡收嫂,弟亡收弟妇者。

【1670】批:比前强奸减一等。

刑律

谋叛知情故纵隐藏者。

若谋而未行,为首者。逃避山泽,不服追唤者。

*【1707】谋叛知情故纵隐藏者。○谋而未行,为首者。○逃避山泽,不服追唤者。

部民谋杀本属知府、知州、知县,军士谋杀本管指挥、千户、百户,吏卒谋杀本部五品以上长官,已伤者。

*【1707】部民谋杀本属知府、知州、知县,军士谋杀本管官,吏卒谋杀本部五品以上长官,已伤者。

谋杀缌麻以上尊长,已伤者。

奴婢及雇工人谋杀家长之缌麻以上亲,已伤者,罪与子孙同。

*【1707】谋杀缌麻以上尊长已伤者。○奴婢及雇工人谋杀家长之缌麻以上亲已伤者。

妻妾殴夫至笃疾者。

卑幼殴本宗小功、大功兄姊、尊属笃疾者。

弟妹殴兄姊,若侄殴伯叔父母、姑,外孙殴外祖父母,刃伤,及折肢、瞎一目者。

*【1707】弟妹殴兄姊,若侄殴伯叔父母、姑,外孙殴外祖父母,刃伤,及折一肢,瞎一目者。

骂祖父母、父母,及妻妾骂夫之祖父母、父母者。妻妾骂故夫之祖父母、父母者。

*【1707】骂祖父母、父母及妻妾骂夫之祖父母、父母者。

*【1707】妻妾骂故夫之祖父母、父母者。

子孙告祖父母、父母,妻妾告夫之祖父母、父母,诬者。

*【1707】子孙诬告祖父母、父母,妻妾诬告夫及夫之祖父母、父母者。○奴婢雇工人诬告家长者。

*【1707】末节补增。

奸从祖祖母、姑在室,从祖伯叔母、姑,从父姊妹、母之姊妹,及兄弟妻、兄弟子妻,及与和者。

*【1707】奸从祖祖母、从祖伯叔母、在室祖姑,从祖伯叔姑,及从父姊妹、母之姊妹,及兄弟妻、兄弟子妻者。

真犯死罪 监候，再审奏决

斩罪 监候

吏律

凡官员大臣专擅选用者。

大臣亲戚非奉特旨除授官职者。

*【1707】除授官员大臣专擅选用者。〇大臣亲戚非举特旨除授官职者。

文官非有大功勋,所司朦胧奏请封公侯爵者,当该官吏及受封之人。

*【1707】文官非有大功勋,所司朦胧奏请,辄封公、侯爵者。

奸邪进谗言,左使杀人者。

犯罪该死,巧言谏免,暗邀人心者。

在朝官员交结朋党,紊乱朝政者。

刑部及大小各衙门官吏,不执法律,听从上司官主使,出入人罪者。

*【1707】奸邪进谗言,左使杀人者。〇犯罪该死巧言谏免,暗邀人心者。〇在朝官员交结朋党,紊乱朝政者。〇刑部及大小各衙门官吏不执法律,听从上司主使出入人罪者。

诸衙门官吏与近侍人员,互相交结,漏泄事情,夤缘作弊,符同奏启者。

*【1707】诸衙门官吏与内官近侍人员互相交结,漏泄事情,夤缘作弊,扶同奏启者。

诸衙门官吏及士庶人等,上言宰执大臣德政者。

官吏人等,挟诈欺公,妄生异议,变乱成法者。

弃毁制书,及起马御宝、圣旨、起船符验,各衙门印信,及夜巡铜牌者。

*【1707】弃毁制书及各衙门印信者。

奏事及当该官吏,若有规避,增减紧关情节,朦胧奏准施行者。

【1670】批:就已准行言。

闻知调兵讨袭外番及收捕反逆贼徒机密大事,漏泄于敌人者。

近侍官员,漏泄机密重事于人者。

*【1707】以上二条,系兵律,应移入兵律条内。

增减官文书,因而失误军机者,无问故、失。

*【1707】增减官文书因而失误军机者。

漏使印信,因而失误军机者。

户 律

贩私盐拒捕者。

礼 律

仪礼司将应朝见官员人等留难,不即引见者。

*【1707】司仪礼官将应朝见官员人等,留难不即引见者。

百工技艺之人,应有可言之事,亦许奏闻,各衙门但有阻当者。

兵 律

向太庙、太社及宫殿射箭、放弹、投掷砖石伤人者。

在京被极刑家属并经断人,朦胧充当近侍及宿卫,守把皇城、京城门禁者。

当该官司听嘱及受财容令充当者。

*【1707】在京被极刑家属并经断人,朦胧充当近侍及宿卫,守把皇城、京城门禁者。〇当该官司听嘱及受财容令充当者。

文武官、内官、厨子、校尉牌面,伪造者。

*【1707】伪造文武官、内官、厨子、校尉牌面者。

贪取来降人财物,因而杀伤人,及中途逼勒逃窜者。

飞报军情,隐匿不速奏闻,因而失误军机者。

闻知调兵讨袭外番,及收捕反逆贼徒机密大事,漏泄于敌人者。〇近侍官员,漏泄机密重事于人者。

*【1707】此二条系吏律内移入。

边将取索军器、钱粮等物,不即奏闻,及不依式申报,因而失误军机者。

军器、粮草临敌缺乏,及承调遣,不依期策应,告报军期违限,因而失误军机者。

军临敌境,托故违期,三日不至者。

边将不固守,及守备不设,因而失陷城寨者。

与贼临境,望高巡哨之人失于飞报,以致陷城损军者。

官军临阵先退,及围困敌城而逃者。

*【1707】边将不固守及守备不设,因而失陷城寨者。〇与贼临境望高巡哨之人失于飞报,以致陷城损军者。〇官军临阵先退,及围困敌城而逃者。

军人私出外境掳掠伤人,为首者。

于已附地面掳掠者,不分首从。

*【1707】军人私出外境,掳掠伤人,为首者。〇于已附地面掳掠者。

守御官致有所部军人反叛，弃城而逃者。

*【1707】守御官堤备不严、抚驭无方，致有所部军人反叛，弃城而逃者。

牧民官激变良民，失陷城池者。

军器辄弃毁者，二十件以上。

*【1707】弃毁军器二十件以上者。

犯夜拒捕及打夺，因而殴人至死者。

境内奸细走透消息于外，及境外奸细入境内探听事情，接引起谋之人。

*【1707】境内奸细走透消息于外，及境外奸细入境内探听事情，接引起谋者。

将人口、军器出境及下海，因而走泄事情者。

实封公文，中途邀截取回者。

出使驰驿违限，因而失误军机者。

调遣军马及报军务、军情文书，故不遣使给驿，因而失误军机者。

*【1707】调遣军马，及飞报军情文书，故不遣使给驿，因而失误军机者。

军需管送违限，以致临敌缺乏，失误军机者。

刑　律

造谶纬妖书、妖言，及传用惑众者。

*【1707】盗各衙门印信者。

盗各衙门印信，及夜巡铜牌者。

窃盗拒捕，及杀伤人者。

因盗而奸者。

劫囚者。

私窃放囚人逃走，因而杀人者。

官司差人追征钱粮，勾摄公事，及捕获罪人聚众打夺，因而杀人，及聚至十人，为首者。

*【1707】窃盗拒捕及杀伤人者。〇因盗而奸者，强盗律劫囚者。〇私窃放囚人逃走，因而杀人者。〇官司差人追征钱粮，勾摄公事及捕获罪人，聚众打夺因而杀人，及聚至十人，为首者。〇率领家人随从打夺家人，亦曾杀人之尊长。

白昼抢夺伤人者。〇失火、行船遭风，抢夺伤人者。

*【1707】白昼抢夺伤人，为首者。〇失火及行船遭风着浅，抢夺伤人者。

略诱略卖良人，因而杀人者。

卑幼发尊长坟冢，开棺椁见尸者。

若弃尸卖坟地者。

毁弃缌麻以上尊长死尸者。

子孙毁弃祖父母、父母，及奴婢、雇工人毁弃家长死尸者。

【1670】批：与缌麻以上尊长同。

*【1707】卑幼发尊长坟冢开棺椁见尸者。○弃尸卖坟地者。○毁弃缌麻以上尊长死尸者。○子孙毁弃祖父母、父母及奴婢、雇工人毁弃家长死尸者。

谋杀人，造意者。

奉制命出使而官吏谋杀，已杀者。

因奸同谋杀死亲夫者，奸夫。

*【1707】此条已入决斩条内。

*【1707】造魇魅、符书咒诅，因而致死者。

*【1707】此条系决斩条内移入。

用毒药杀人者。

故杀者。余条以故杀论者，依此。

故用蛇蝎、毒虫咬伤人，因而致死者。

庸医故违本方，诈疗疾病取财，因而致死，及因事故用药杀人者。

因奸盗而威逼人致死者。

皇家袒免以上亲而殴死者。

*【1707】殴死皇家袒免以上亲者。

奉制命出使而官吏殴之，至死者。

吏卒殴本部六品以下长官、佐贰官、首领官，死者。

*【1707】奉制命出使而官吏殴之，及部民殴本部六品以下长官、佐贰官、首领官死者。

首领官及属官、佐贰官殴长官，死者。

*【1707】首领官及属官、佐贰官殴死长官者。

官司差人追征钱粮，勾摄公事，而殴死者。

奴婢殴良人，死者。

*【1707】奴婢殴死良人者。

奴婢殴家长之期亲，及外祖父母，伤者。

奴婢殴家长之缌麻、小功、大功亲，死者。

雇工人殴家长之期亲，若外祖父母，死者。

雇工人殴家长之缌麻、小功、大功亲，死者。

*【1707】奴婢殴伤家长之期亲及外祖父母者。○奴婢殴死家长之缌麻、小功、大功亲者。○雇工人殴死家长之期亲，若外祖父母者。○雇工人殴死家长之缌麻、小功、大功亲者。

妾殴正妻，死者。

殴妻之父母，死者。

*【1707】妾殴死正妻者。○殴死妻之父母者。

卑幼殴本宗缌麻,及外姻缌麻、小功、大功兄姊尊属,死者。

*【1707】卑幼殴死本宗缌麻及外姻缌麻、小功兄姊尊属者。

妻妾殴夫之缌麻尊长,至死者。

*【1707】妻妾殴死夫之缌麻以上尊长者。

殴继父,至死者。

*【1707】殴死继父者。

告谋反、叛逆,官司不即受理掩捕,以致聚众攻陷城池,及劫掠人民者。

*【1707】诬告人斩罪,所诬之人已决者。

*【1707】此条补增。

诈为制书,及增减者。

诈传诏旨者。

各衙门当该官吏,将奏准合行事理,妄称奉旨追问者。

*【1707】诈传诏旨者。〇各衙门当该官吏将奏准合行事理,妄称奉旨追问者。

伪造诸衙门印信,及历日、符验、夜巡铜牌、茶盐引者。

*【1707】伪造诸衙门印信及历日、起马起船符验、茶盐引者。

诈假官、假与人官者。

诈称内使及内院、六部、监察御史、按察司官,在外体访事务,煽惑人民者。

*【1707】诈称内使及内阁六科、六部、都察院、监察御史、按察司官在外体访事务,煽惑人民者。

近侍之人在外诈称私行体察事务,煽惑人民者。

*【1707】强奸同宗无服之亲及无服亲之妻者。

*【1707】此条补增。

奸缌麻亲及妻,若妻前夫之女,及同母异父姊妹,强者。

奸从祖祖姑,出嫁从祖姑,强者。

*【1707】强奸缌麻以上亲及妻,若妻前夫之女,同母异父姊妹者。〇强奸出嫁祖姑、从祖伯叔姑者。

*【1707】末节已入决斩条内,应删。

*【1707】强奸出嫁小功再从姊妹、堂侄女、侄孙女者。

*【1707】此条补增。

男妇诬执亲翁,及弟妇诬执夫兄欺奸者。

奸家长缌麻以上亲及妻妾,强者。

*【1707】强奸家长缌麻以上亲及妻妾者。

*【1707】奴强奸良人妇女者。

*【1707】此条补增。

放火延烧官民房屋及积聚之物,因而盗取财物者。

放火故烧官民房屋,及公廨仓库,系官积聚之物者。

*【1707】放火延烧官民房屋及积聚之物,因而盗取财物者。〇放火故烧官民房屋,及公廨仓库系官积聚之物者。

犯罪拒捕杀人者。

罪囚反狱在逃者。

故勘平人,因而致死者。

死因令人自杀,子孙为祖父母、父母,奴婢、雇工人为家长者。

绞　罪　监候

吏　律

弃毁官文书,事干军机、钱粮者。

户　律

强夺良家妻女,奸占为妻妾者。

配与子孙、弟侄、家人者。

背夫逃走,因而改嫁者。

*【1707】妻背夫在逃因而改嫁者。

税粮违限一年之上不足,提调部粮官吏。

*【1707】律例无拟绞之文,应删。

以私债强夺人妻妾子女,因而奸占妇女者。

礼　律

师巫假降邪神。

一应左道乱正之术,煽惑人民,为首者。

*【1707】师巫假降邪神,并一应左道乱正之术,煽惑人民,为首者。

兵　律

擅入御膳所及御在所者。

不系宿卫应值合带兵仗之人,但持寸刃入宫殿门内者。

*【1707】擅入御膳所及御在所者。〇不系宿卫应值合带兵仗之人,但持寸刃入宫殿门内者。

从车驾行而逃,百户以上。

*【1707】官员从车驾行而逃者。

在宫殿内营造,至申时分,照数点出,其不出者。

至夜持仗入殿门者。

内使私将兵器入宫殿门内者。

*【1707】内监私将兵器入宫殿门内者。

向太庙及宫殿射箭、放弹、投砖石者。

越皇城者。

皇城门非时擅开闭者。

文武官、内官、厨子、校尉,牌面诈带朝参,及在外诈称官员名号,有所求为者。

*【1707】拾得文武官员牌面,诈带朝参,及在外诈称官员名号,有所求为者。

私使军人出境,因而致死者。

或被贼拘执,至三名者。

【1670】批:即私使之军人。

*【1707】私使军人出境因而致死或被贼拘执至三名者。

官军征讨私逃,再犯。

军人在逃,三犯。

*【1707】官军征讨,私逃再犯者。○守御军人在逃,三犯者。

犯夜拒捕及打夺,因而殴人至折伤以上者。

越度沿边关塞,因而出外境者。○故纵同罪。

*【1707】越度沿边关塞因而出外境者。

将人口、军器出境及下海者。

【1670】批:少走泄军人。

刑　律

盗各衙门官文书,事干军机、钱粮者。

私窃放囚人逃走,因而伤人者。

【1670】批:未至于死。

官司差人追征钱粮,勾摄公事,及捕获罪人,聚众打夺,因而伤人者。

杀人及聚至十人,下手致命者。

【1670】批:重主使,坐家长。

率领家人随行打夺,家人亦曾伤人者。

窃盗三犯。○掏摸罪同。○军人为盗三犯。

*【1707】私窃放囚人逃走,因而伤人者。○官司差人追征钱粮、勾摄公事及捕获罪人,聚众打夺,因而伤人者。○杀人及聚至十人,下手致命者。○率领家人随从打夺,家人亦曾伤人者。○窃盗三犯,掏摸罪同。○窃盗一百二十两以上者。

略诱略卖良人,因而伤人者。

【1670】批:少杀。

发冢开棺椁见尸者。

【1670】发冢开棺椁见尸者。○窃盗一百二十两以上者。

子孙于祖父母、父母,奴婢、雇工人于家长坟墓内薰狐狸,烧尸者。

*【1707】发冢开棺椁见尸者。○子孙于祖父母、父母,奴婢、雇工人于家长坟墓

内熏狐狸烧尸者。

谋杀人,从而加功者。○若伤而不死,造意者。

*【1707】谋杀人,从而加功者。○伤而不死,造意者。

奉制命出使,而官吏谋杀,已伤者。

奸夫自杀其夫,奸妇虽不知情。

*【1707】奸夫自杀其夫,奸妇虽不知情者。

斗殴杀人者。余条以斗殴论者,依此。

同谋共殴人因而致死,下手者。

*【1707】斗殴杀人者。余条以斗殴论者依此。○同谋共殴人因而致死,下手者。

以他物置人耳鼻并孔窍中,及屏去人服食,至死者。

威逼期亲尊长,致死者。

皇家袒免以上亲而殴之,笃疾者。

*【1707】殴皇家袒免以上亲至笃疾者。

奉制命出使而官吏殴之,及部民殴本属知府、知州、知县,军士殴本管指挥、千户、百户、吏卒殴本部五品以上长官,折伤者。

【1670】批:未至杀死。

若殴六品以下长官、佐贰官、首领官,笃疾者。

*【1707】奉制命出使而官吏殴之,及部民殴本属知府、知州、知县,军士殴本管官,吏卒殴本部五品以上长官折伤者。○殴六品以下长官、佐贰官、首领官笃疾者。

首领官及属官、佐贰官殴长官,笃疾者。

官司差人追征钱粮,勾摄公事,而殴至笃疾者。

以威力制缚人,及私家拷打、监禁,因而致死者,奴婢。

*【1707】以威力制缚人,及私家拷打监禁,因而致死者。

殴良人至笃疾者。

【1670】批:未死。

良人殴他人奴婢,若死及故杀者。

【1670】批:三条皆同平人论。

故杀缌麻、小功亲奴婢者。

殴缌麻、小功、大功亲雇工人至死,及故杀者。

*【1707】奴婢殴良人至笃疾者。○良人殴他人奴婢,若死及故杀者。○故杀缌麻、小功亲奴婢者。○殴缌麻、小功、大功亲雇工人至死,及故杀者。

奴婢过失杀家长者。

若殴家长期亲及外祖父母者。

【1670】批:少伤。

雇工人殴家长及家长之期亲,若外祖父母,折伤者。

【1670】批:未死。

家长及家长之期亲、外祖父母故杀雇工人者。

*【1707】奴婢过失杀家长者。〇殴家长期亲及外祖父母者。〇雇工人殴家长及家长之期亲,若外祖父母,折伤者。〇家长及家长之期亲、外祖父母,故杀雇工人者。

妾殴正妻,至笃疾者。

【1670】批:未死。

夫殴妻,至死者。

殴妻之父母,至笃疾者。

【1670】批:未死。

*【1707】妾殴正妻至笃疾者。〇夫殴死妻者。〇殴妻之父母至笃疾者。

卑幼殴本宗缌麻,及外姻缌麻、小功、大功兄姊尊属,至笃疾者。

【1670】批:未死。

尊长殴卑幼缌麻、小功、大功,至死者。

故杀同堂弟、妹、堂侄及侄孙者。

*【1707】卑幼殴本宗缌麻及外姻缌麻、小功兄姊尊属至笃疾者。〇尊长殴死缌麻、小功、大功者。〇故杀同堂弟妹、堂侄及侄孙者。

嫡、继、慈、养母杀子孙,致令绝嗣者。

妻殴卑属,至死者。

故杀夫之兄弟子者。

尊长殴卑幼之妇妾,至死者。

*【1707】妻殴卑属至死者。〇故杀夫之兄弟子者。〇尊长殴死卑幼之妇妾者。

殴妻前夫之子,至死者。

*【1707】殴死妻前夫之子者。

奴婢骂家长者。

投匿姓名文书,告言人罪者。

诬告人,因而致死随行有服亲属一人者。

诬告人死罪,所诬之人已决者。

*【1707】诬告人因而致死,随行有服亲属一人者。〇诬告人绞罪,所诬之人已决者。

诈为制书及增减,未施行者。

*【1707】诈为制书及增减,未施行,为首者。

诈为将军、总兵官衙门,六部、都察院、都指挥使司、内外各卫指挥使司、守御千户所文书,套画押字,盗用印信,及空纸用印者。

*【1707】诈为六部、都察院、将军、督抚、提镇、守御紧要隘口衙门文书,套画押字、盗用印信及空纸用印者。

诈传皇后懿旨、皇太子、亲王令旨者。

*【1707】诈传皇后懿旨、皇太子令旨、亲王令,为首者。

私铸铜钱者。○匠人罪同。

*【1707】私铸铜钱,为首者。○匠人罪同。

强奸者。○奸幼女十二岁以下者。

【1670】批:虽和亦强论。

奸从祖祖姑、出嫁从祖姑者。○奸亲属妾,强者。○奴及雇工人奸家长之期亲,若妻者。

*【1707】奸出嫁祖姑、从祖伯叔姑者。○强奸亲属妾者。

失火延烧宗庙及宫阙者。

犯罪拒捕殴人,至折伤以上者。

【1670】批:未杀人。

官吏怀挟私仇,故禁平人,因而致死者。

狱卒凌虐罪囚,克减衣粮,因而致死者。

狱卒以金刃及他物与囚,致囚反狱及杀人者。

官吏受财枉法,有禄人八十两,无禄人一百二十两;不枉法,有禄人一百二十两以上。余条以枉法论者依此。

杂犯死罪

斩　　罪

户　律

内府承运库交割余剩之物，朦胧擅将出外者。

＊【1707】内库交割余剩之物，朦胧擅将出外者。

礼　律

称诉冤枉，借用印信、封皮入递，借者及借与者。

刑　律

盗内府财物者。

监守自盗仓库钱粮等物，不分首从，并赃论罪，四十两。余条以监守自盗论者，依此。

绞　罪

吏　律

军官犯罪,不请旨上议,当该官吏。

*【1707】应议之人犯罪,不请旨上议,当该官吏。

兵　律

车驾行处,军民冲入仪仗内者。

冲入仪仗内,诉事不实者。

*【1707】车驾行处,军民冲入仪仗内者。〇冲入仪仗内,诉事不实者。

在京守御官军递送逃军妻女出京城者。逃军买求者。

*【1707】在京守御官军递送逃军妻女出京城者。〇逃军买求者。〇守门之人知情故纵者。

*【1707】此故纵条,照律补增。

刑　律

常人盗仓库钱粮等物,不分首从,并赃论罪,八十两。余条以常人盗官物论者,依此。

冢先穿陷,及未殡埋,开棺椁见尸者。

边远充军

吏 律

官员乞养子诈冒承袭者。○他人教令者。○官司知而听行者。

户 律

诈称军人,不当军民差役者。

寺、观、庵院,不许私自创建增置,违者。

兵 律

不系宿卫应值合带兵仗之人,但持寸刃入皇城门内者。

【1670】批:未至宫殿。

门官、宿卫官军故纵者。○从车驾行而逃者。

【1670】批:百户以下。

*【1707】不系宿卫应值合带兵仗之人,但持寸刃入紫禁城门内者。○门官、宿卫官军故纵者。

*【1707】从车驾行而逃者。○亲管头目故纵者。

*【1707】此故纵条,照律补增。

内使私将兵器进入皇城门内者。

门官及守卫官失于搜检者。

*【1707】内监私将兵器进入紫禁城门内者。○门官及守卫官失于搜检者。

皇城门应闭而误不下锁者。

【1670】批:非擅开。

将帅擅调军马,及所擅发,与者。

若不即调遣会合,或不即申上司,及邻近卫所不即发兵策应者。

上司及大臣将文书调遣将士,提拨军马者,非奉御宝圣旨,不得擅离信地,若军官有改除别职,或犯罪取发,如无奏奉圣旨,亦不许擅动,违者。

*【1707】将帅擅调军马及所属擅发与者。○暴兵猝至,若不即调遣会合,或不即申上司,及邻近官军不即发兵策应者。○上司及大臣将文书调遣将士,提拨军马,非奉圣旨,不得擅离信地。若军官有改除别职,或犯罪取发,如无奏奉圣旨,亦不许擅动,违者。

被贼侵入境内,掳掠人民。

＊【1707】边将不固守及守备不设,被贼侵入境内,掳掠人民者。

军人私出外境,掳掠伤人,为从者。

各处守御官不守纪律,不操练军士,及城池不完,衣甲、器仗不整,再犯,小旗。

＊【1707】律内此条拟删。

提备不严,抚驭无方,致有所部军人反叛者。亲管指挥、千户、百户、镇抚。

＊【1707】守御官提备不严,抚驭无方,致有所部军人反叛者。

军人关给军器,私卖者。

＊【1707】军人私卖关给军器者。

若私使出境,因而致死,或被贼拘执者。

本管官吏容隐不举,及虚作逃亡报官者。

＊【1707】私使军人出境,因而致死,或被贼拘执者。〇本营、专管官吏容隐不举,及虚作逃亡报官者。

军官、军人听从公侯役使,及不出征时辄于公侯门首伺立者。

＊【1707】武职军人听从公侯役使,及不出征时,辄于公侯门首伺立者。

从征守御官军人在逃,再犯者。

＊【1707】正律从征官军在逃再犯拟绞,不系充军,应删。

在京各卫、各处守御城池军人在逃,再犯。

＊【1707】在京及各处守御城池军人在逃,再犯者。

各处守御,及屯田官军递送逃军妻女者。

＊【1707】正律改为徒罪,应删。

逃军买求者。〇守门人知情故纵者。

＊【1707】正律改为徒罪,应删。

刑 律

诬告充军者,民告抵充军役,军告者。

【1670】批:皆以军诬人,非罪应出之诬。

＊【1707】正律改为照地里远近抵充军役,应删。

内外各卫指挥、千户、百户、镇抚、小旗,不得接受公侯所与金银、缎匹、衣服、粮米、钱物,若受者。

＊【1707】内外武官接受公、侯、伯所与金银、缎匹、衣服、粮米、钱物者。

充　　军

名　例

军官有犯私罪，该徒、流者，照依地里远近，发各卫。

*【1707】律内此条拟删。

军官、军人犯罪，该徒五等，皆发二千里内卫分；流三等，照依地里远近，发各卫。

*【1707】军籍人犯流三等，照依地里远近，发各卫所。

杀死军人者，依律处死，仍将正犯余丁抵数。

*【1707】律内此条拟删。

在京军民若犯杖八十以上者，军发外卫。

*【1707】律内此条拟删。

吏　律

守御去处，千百户、镇抚有缺，具本奏闻选用，若先行委人权管，希望实授者，当该官吏，各罢职役。

*【1707】律内此条拟删。

户　律

跟随官员隐蔽差役者。

*【1707】豪民子孙弟侄，跟随官员，隐蔽差役者。

兵　律

内使出入，不服搜检者。

*【1707】内监出入，不服搜检者。

军人不亲出征，雇倩人冒名代替者。替身收籍，正身依旧，各充军。

*【1707】正律改依旧充军为依旧着伍，应删。

边将私令军人于外境掳掠人口、财物者。

军人出征获到马匹，军官卖者。

*【1707】律内此条拟删。

军官私卖军器者。

*【1707】军官私卖关给军器者。

管军百户及总旗、小旗、军吏，纵放军出百里之外买卖，或种田土，或隐占在已使唤，空歇军役，罪止者。○若小旗、总旗、百户，纵放军人，本管指挥、千户、镇抚、当该首领官吏故纵不举，及指挥、千户、镇抚故纵军人，百户、总小旗知而不首告者。

*【1707】律内此条拟删。

军官、军人从军征讨，私逃还家，及逃往他所，再犯。在京名卫、各处守御城池军人在逃，三犯，知情窝藏者。○本管头目知情故纵者。

*【1707】窝藏从征守御官军在逃者。○本管头目知情故纵者。

在京各卫军人在逃，初犯者。

*【1707】律内此条拟删。

不行用心钤束，小旗名下逃去五名者。

*【1707】律内此条拟删。

军出百里之外不给引者，以逃军论。

*【1707】律内此条拟删。

刑　律

起发充军囚徒，中途在逃，押解人，长押官故纵者。

应充军囚徒断决后，限外无故稽留不送，因而在逃者，就将提调官吏抵犯人本罪发遣。

*【1707】应充军囚徒，断决后，限外无故稽留不送，因而在逃者，就将当该吏典抵犯人本罪发遣。

附：真犯死罪充军为民例

*【1707】**臣等谨按：**以下附例，自凌迟起至真犯斩、绞，并杂犯绞罪，以至军罪止，皆系条例内罪名，分类摘出，以便检阅。但真犯斩、绞，未分立决、监候，亦应照律文分别。又各条字句，应增删者，照本文增删。其新增条例，俱注于各条之下。

凌迟处死

一、在外衙门，如有子孙谋杀祖父母、父母者，巡按御史会审情真，即单详到院，院寺即行单奏决。单到日，御史即便处决。如有监故在狱者，仍戮其尸。

【1670】批：二条与同，但例增本犯监故戮尸。

*【1707】一、子孙谋杀祖父母、父母者，监故在狱，仍戮其尸。

一、杀一家非死罪三人，及支解人为首，监故者，仍剉碎死尸，枭示。

一、义子过房在十五岁以下，恩养年久，或十六岁以上，曾分有财产，配有室家，若于义父母及义父之祖父母、父母有犯，即同子孙，取问如律。若过房虽在十五以下，恩养未久，或十六以上，不曾分有财产，配有室家，及于义父之期亲并外祖父母有违犯者，以雇工人论；义子之妇亦依前拟岁数，如律科断。从谋、故杀，殴、骂、凌迟、斩、绞各条下科断。

*【1707】此例凌迟、斩、绞，不止一项，本例已经明晰，应删。

一、官民之家，凡倩工作之人，立有文券，议有年限者，以雇工人论，止是短雇月日，受值不多，依凡论。其财买义男，如恩养年久，配有室家者，照例同子孙论。如恩养未久，不曾配合者，士庶之家，依雇工人论；缙绅之家，比照奴婢律论。从谋、故杀，殴、骂，凌迟、斩、绞各条下科断。

【1670】批：分别雇工、义男。

*【1707】原律文未载此条，今已增入谋杀祖父母父母正律后，且谋、故、殴、骂，不止一项，本例已经明晰，应删。

斩　　罪①

吏　例

＊【1707】一、考试官及天下举人，交通嘱托，贿买关节者。

＊【1707】此条新增。

户　例

＊【1707】一、民人越境采取铜、铅，并衙役恣意搅扰，为首者。

＊【1707】一、进仓漕粮，纠伙拦路戳袋及挖越仓墙，入仓盗米，数满三百两，为首者。

＊【1707】此二条新增。

一、凡豪强盐徒，聚众至十人以上，撑驾大船，张挂旗号，擅用兵仗响器，拒敌官兵，若杀人及伤三人以上者，比照强盗已行得财律，皆斩。为首者，仍枭首示众。〇其虽拒敌，不曾杀伤人，为首者，依律处斩。〇若止十人以下，原无兵仗响器，遇有追捕拒敌，因而伤二人以上者，为首坐以斩罪。

＊【1707】一、豪强盐徒，聚众至十人以上，撑驾大船，张挂旗号，擅用兵仗响器，拒敌官兵，若杀人及伤三人以上为首，仍枭示。

＊【1707】一、兵、民聚众十人以上，带有军器，兴贩私盐，不问曾否拒捕伤人者。

＊【1707】此条新增。

一、凡伪造盐引、印信，贿嘱运司吏书人等，将已故并远年商人名籍中盐来历，填写在引，转卖诓骗财物，为首者，依律处斩。

＊【1707】未载。

一、外国差使，赴京朝贡，官军民人等与交易，止许光素纻丝、绢布、衣服等件，不许将一应兵器，并违禁铜铁等物，违者，处以极刑。

＊【1707】一、外国差使臣人等赴京朝贡，官员、军民人等与之交易，如有将违禁兵器等物图利卖与者，为首枭示。

＊【1707】一、内府人员家人及内外王公、大臣、官员家人，领本生理，霸占要地关津，不令商民贸易者。〇民人借贷王以下大臣、官员银两，指名贸易，霸占要地关津，倚强贻累地方者。〇又家人指名倚势，网收市利，干预词讼，肆行非法，本犯私去，为

---

① 康熙四十六年（1707）进呈本“斩罪”下附注“决不待时”四字。

首者。

*【1707】此条新增。

兵例

*【1707】一、出征处所兵丁干犯号令违法乱行,为首者。

*【1707】一、领兵征进,厮役私自焚掠者。

*【1707】一、私铸红衣等炮,不论官员、军民人等及匠役。

*【1707】以上三条新增。

一、临阵若擅杀平人,及被难逃回人口,冒作贼级报功者,俱以故杀论。

*【1707】未载。

一、若打造违式海船,卖与外国人图利者,比依将应禁军器下海因而走泄事情律处斩,仍枭首示众。

【1670】批:前条属监候处决。

*【1707】未载。

一、官员军民人等,私将应禁军器卖与外国人图利者,比依将军器出境因而走泄事情者律,各斩;为首者,仍枭首示众。

*【1707】未载。

一、官民人等擅造二桅以上违式大船,将带违禁货物下海,前往番国买卖,潜通海贼,同谋结聚及为向导,劫掠良民者,处斩。

*【1707】一、军民人等,擅造二桅以上违式大船,将带违禁货物下海,前往番国买卖,潜通海贼,同谋结聚,及为乡导,劫掠良民者,枭示。

一、沿边、沿海、腹里都司、卫所,自住一城,及与府、州、县同住一城,但遇贼寇攻城,不行固守,或先期避出,或临时弃去,致贼入城,及守备不设,为贼掩袭而入,杀虏男妇三十人以上,焚烧官民房屋者,都司并各该城分卫、所掌印,与专一捕盗官俱比照守边将帅失陷城寨者律,斩。〇其同住府、州、县掌印,与专一捕盗官不行固守,而辄弃去,失陷者,亦比问斩罪。〇若两县与卫、所同城者,止以贼从某县所管城分入城,其掌印与专一捕盗官,各照前治罪。〇若各城原无设有都司、卫、所,而府、州、县职守专城,但有前项失事者,不分不行固守、弃去,及守备不设,各掌印与专一捕盗官,俱比照守边将帅失陷城寨律,斩。〇若两县同在府城,止以贼从某县所管城分入城,其掌印与专一捕盗官各照前比,问斩罪。

*【1707】未载。

*【1707】一、出海商、渔船内,夹带硝磺、军器等物,接济外洋者。

*【1707】此条新增。

刑 例

*【1707】一、妄布邪言，书写张贴，煽惑人心，为首者。

*【1707】此条新增。

一、盗乘舆服御物者，仍作真犯死罪，依律议拟。

*【1707】一、盗乘舆服御物及御宝者。

一、皇陵山前山后，各有禁限，若有盗砍树株者，验实真正椿楂，比照盗大祀神御物，斩罪，奏请定夺。○取土取石、开窑烧造、放火烧山者，俱照前拟断。

*【1707】一、盗砍山前山后禁限树株，为首者。○取土取石、开窑烧造、放火烧山为首者。

一、沿边、沿海盗银二百两、粮四百石、草八千束、钱帛等物值银二百两以上，漕运钱粮有盗银三百两、粮六百石以上，监守盗者。

*【1707】未载。

一、强盗杀伤人，放火烧人房屋，奸污人妻女，打劫牢狱、仓库，及干系城池衙门，并积至百人以上，不分曾否伤人，俱随即奏请审决，枭首示众。

*【1707】一、强盗杀人放火，烧人房屋，奸污人妻女，打劫牢狱、仓库，及干系城池、衙门，并积至百人以上者，俱枭示。

一、响马强盗，执有弓矢军器，白日邀劫道路，赃证明白，俱不分人数多寡，曾否伤人，依律处决，于行劫处所，枭首示众。

*【1707】一、响马强盗，执有弓矢军器，白日邀劫道路者，于行劫处所枭示。

*【1707】一、投首之贼，借追赃名色，将平人捏称同伙，或挟仇扳害，或索诈财物者。

*【1707】一、聚众伙谋抢夺路行妇女，或卖，或自为奴婢，为首者。

*【1707】一、恶徒伙众将良人子弟抢去，强行鸡奸，为首者。

*【1707】一、黔、楚红苗，彼此仇忿，聚众至五十名，杀人为首者。○聚众至百名，虽不杀人，为首者。○聚众至百人而杀人，为首者枭示。

*【1707】一、苗人抢夺，该土官教令指使，通同图利者。

*【1707】以上五条新增。

一、同居卑幼将引他人，盗己家财物，如系强劫，比依各居亲属行强盗，卑幼犯尊长以凡人论，斩罪，奏请定夺。

*【1707】一、同居卑幼将引他人，盗己家财物，如系强劫者。

*【1707】一、恶棍设法索诈官民，张贴揭帖，种种诈财，或因诈财不遂，竟行殴毙，为首者。

*【1707】一、旗民结伙，指称隐匿逃人，索诈财物，为首者。

*【1707】一、太监逃出索诈者。

*【1707】一、苗人伏草捉人，横加枷肘，勒银取赎，再犯者。〇土哨奸民，勾通取利，造意者。

*【1707】一、伙众开窑，诱取妇人子女藏匿勒卖，为首者。

*【1707】以上五条新增。

一、纠众发冢起棺，索财取赎者，比强盗得财。

*【1707】一、纠众发冢起棺，索财取赎者。

*【1707】一、发掘贝勒、贝子、公等坟冢，开棺椁见尸，为首者。〇发掘历代帝王陵寝、先贤名臣及前代藩王墓，见尸为首者。

*【1707】一、奴婢、雇工人发掘家长坟冢，开棺椁见尸，为首者。〇弃毁撇撒死尸者。〇子孙同。

*【1707】以上两条新增。

一、各处无藉之徒，引贼劫掠，以复私仇，探报消息，致贼逃窜，比照奸细律条处斩，本犯枭首。

*【1707】一、各处无籍之徒，引贼劫掠，以复私仇，探报消息，致贼逃窜者，枭示。

*【1707】一、奸妇因奸谋杀本夫，伤而不死者。

*【1707】此条新增。

一、凡子孙威逼祖父母、父母，妻妾威逼夫之祖父母、父母，至死者，俱比殴者律，奏请定夺。

【1670】批：威逼人致死已在斩条。

*【1707】一、子孙威逼祖父母、父母，妻妾威逼夫之祖父母、父母，致死者。

*【1707】一、太监在紫禁城内持金刃自伤者。

*【1707】一、僧尼谋、故杀受业师，已杀者。

*【1707】一、民人奴仆背主投营，勒索原契、妻、子、财物者。

*【1707】一、投贴匿名揭帖，及知而不首者。

*【1707】一、不肖官员唆使恶棍粘贴布散、投递揭帖者。

*【1707】一、诬告叛逆，被诬之人已决者。

*【1707】一、私铸铜钱为首及匠人。〇总甲、十家长知情不首者。〇该管地方文武各官知情故纵者。

*【1707】以上七条新增。

一、若盗及弃毁、伪造总督、巡抚审录勘事，提学、兵备、屯田、水利等官钦给关防，悉与印信同科。〇伪造及弃毁、盗皆斩。

*【1707】改移入斩罪监候。

一、广西、云、贵、湖、川等处，但有冒籍生员，食粮起贡及买到土人倒过所司，起送公文，顶名赴吏部投考，若已授职，依律问拟诈假官死罪。

*【1707】改移入斩罪监候。

一、有私自净身者，本身者并下手之人处斩。

*【1707】改移入斩罪监候。

一、各边仓场，若有故烧系官钱粮、草束者，拿问明白，正犯枭首示众。

*【1707】一、故烧各边仓场官粮草束者，枭示。

一、凡问发充军人犯，逃回，原犯真犯死罪免死充军者，俱照原问死罪处决。

【1670】批：斩。

*【1707】一、发遣黑龙江等处人犯逃走，拒捕者。○和诱人犯逃回，又犯者。

*【1707】一、解役教唆人犯，通同抢夺者。

*【1707】以上二条新增。

绞 罪[1]

户 例

一、凡强夺良家妻女,卖与他人为妻妾,及投献王府并勋戚势豪之家者,比照强夺良家妻女、奸占为妻妾,绞罪,奏请定夺。

*【1707】改移入绞罪监候。

一、凡盐徒聚众止十人以下,原无兵仗响器,遇有追捕拒敌,因而伤人至二命者,下手之人,比照官司捕获罪人,聚众中途打夺,下手者,坐以绞罪。

*【1707】改移入绞罪监候。

兵 例

一、军官、军人遇有征调,点选已定,至期起程,避难在逃,依律问断,其征期已过,编发宣府、独石等处,沿边墩台、哨瞭半年,还职着役;若仍出征及哨瞭在逃者,依从征私逃再犯者律,处绞。

*【1707】移入绞罪监候。

一、在京、在外守御城池军人在逃三次,依律处绞。

*【1707】移入绞罪监候。

一、私自贩卖硫磺、焰硝,卖与外国人,不拘多寡,比照私将军器出境律条坐罪。

【1670】批:革前革后即赦也。律之初定,原因鼎革,设立一朝之法,故言革以后即直言赦。凡云不分革前革后者,俱就赦之前后统计之而言。

*【1707】移入绞罪监候。

刑 例

一、凡盗内府财物,及监守、常人盗仓库钱粮等物,三次犯罪者,不分革前、革后,俱比照窃盗三犯,并论次数,奏请定夺。

*【1707】改移入绞罪监候。

一、沿边、沿海盗银二百两、粮四百石、草八千束、钱帛等物值银二百两以上,漕运钱粮有盗银三百两、粮六百石以上,常人盗者。

*【1707】改移入绞罪监候。

---

① 康熙四十六年(1707)进呈本“绞罪”下附注“决不待时”四字。

一、窃盗初犯刺右臂,革后再犯刺左臂;若两臂俱刺,赦后又犯,准三犯论。还将所犯赦前、赦后明白开奏定夺。

*【1707】移入绞罪监候。

一、将腹里人口用强略卖与境外土官、土人、峒寨去处图利,除杀伤人律该处死外,中间罪不至死者,比依将人口出境律,绞。

*【1707】改移入绞罪监候。

*【1707】一、白昼抢夺三犯者。

*【1707】一、以药饼迷幼小子女,及以一切邪术拐幼小子女,为首者。

*【1707】一、发掘贝勒、贝子、公等坟冢,开棺椁见尸为从,及见棺为首者。〇发掘历代帝王陵寝,先贤名臣及前代藩王墓,见尸为从,及见棺为首者。

*【1707】一、奴婢、雇工人发掘家长坟冢,见棺椁为首者。〇子孙同。

*【1707】以上四条新增。

一、妻妾威逼夫致死者,比妻殴夫至笃疾者律,绞,奏请定夺。

*【1707】一、妻妾威逼夫致死者。

一、军民人等威逼本管官致死,为首者。

*【1707】移入绞罪监候。

一、斗殴伤人,辜限内不平复,延至限外而死,情真事实者,仍拟死罪,奏请定夺。

*【1707】改移入绞罪监候。

一、诬告人因而致死,被诬之人委系平人,及因拷禁身死者,比依诬告人因而致死,随行有服亲属一人,绞罪,奏请定夺。

*【1707】改移入绞罪监候。

一、凡盗用总督、巡抚等官钦给关防,俱照各官本衙门印信拟罪,皆绞。

*【1707】改移入绞罪监候。

一、凡问发充军人犯逃回,原犯真犯死绞罪免死充军者,照依原问死罪处决。

*【1707】改移入绞罪监候。

一、原犯杂犯死罪以下充军者,若犯至三次通系着伍以后者,即依守御官军律,绞。〇其有在逃遇宥者,三犯亦并论,拟绞,奏请定夺。

*【1707】改移入绞罪监候。

*【1707】一、僧尼谋杀受业师,已伤者。

*【1707】一、私铸铜钱为从,及知情买使者。

*【1707】以上二条新增。

斩罪 监候[1]

户例

*【1707】一、进仓漕粮,纠伙拦路戳袋,及挖越仓墙,入仓盗米,数满三百两为从者。○不及三百两为首者。

*【1707】一、各仓书役指称掣批等项名色,勒索运官、运丁,及向关米之人勒索,因而打死人命者。

*【1707】一、运粮官丁谎报漂没等项,乘机侵盗至六百石者。

*【1707】以上三条新增。

*【1707】一、伪造盐引、印信,贿嘱吏书人等,将已故商人名籍,填写在引转卖,诓骗财物,为首者。

*【1707】一、豪强盐徒聚众十人以上,撑驾大船,张挂旗号,擅用兵仗响器,拒敌官兵,不曾杀伤人,为首者。○十人以下,原无兵仗,遇有追捕拒敌,因而伤至二人以上,为首者。

*【1707】一、兵民聚众十人以下,兴贩私盐,拒捕杀人,不论有无军器,为首者。

*【1707】此条新增。

兵例

*【1707】一、临阵若擅杀平人,及被难逃回人口冒作贼级报功者,俱以故杀论。

*【1707】律内条例原无此条,应删。

*【1707】一、凡沿边沿海,及腹里地方,武职与府、州、县同住一城,若遇边警及盗贼生发攻围,不行固守,而辄弃去,及守备不设,被贼攻陷城池,劫杀焚烧者。○若两县同住一城,专汛官分有守城汛地,各以贼从所管城分进入坐罪。

*【1707】一、军民人等擅造二桅以上违式大船,卖与外国人图利,为首者。

*【1707】一、私自贩卖硫磺、焰硝与外国及海贼,为首者。

*【1707】此条补增。

*【1707】一、官员军民人等,私将应禁军器卖与进贡外国图利,为首者。

刑例

*【1707】一、妄布邪言,书写张贴,煽惑人心,为从者。

---

① 康熙四十六年(1707)进呈本区分斩、绞罪名区分"决不待时"与"监候"。

*【1707】此条新增。

*【1707】一、漕运粮米,监守盗六百石入已者。

*【1707】一、监守侵盗仓库钱粮,不分腹里、沿边沿海,但入已数满三百两者。

*【1707】一、运弁督押帮船,以通帮粮米计算,但挂欠至六分以上者。〇旗丁挂欠者,罪同。

*【1707】一、强盗伤人而未得财,为首者。

*【1707】一、续获强盗,无自认口供,赃迹未明,涉于疑似,伙贼已决无证者。

*【1707】一、黔、楚红苗,彼此仇忿,聚众不及五十名,杀人为首者。〇聚众至五十名,虽不杀人为首者。〇聚众至百人,下手杀人者。

*【1707】一、盗掘金、银等项矿砂,持仗拒捕杀伤人,为首者。

*【1707】一、苗人伏草捉人,横加枷肘,勒银取赎,为首者。

*【1707】一、奴婢、雇工人发掘家长坟冢,开棺椁见尸,为从者。〇子孙同。

*【1707】一、太监在紫禁城外皇城内持金刃自伤者。

*【1707】一、诬告叛逆,被诬之人未决者。

*【1707】一、诬告平民,拖累监禁及刑拷致死三人以上者。

*【1707】以上十一条新增。

*【1707】一、盗及弃毁、伪造督巡抚审录勘事,提学、兵备、屯田、水利等官钦给关防者。

*【1707】一、买到土人倒过所司起送公文,顶名赴部,已授职者。

*【1707】一、私自净身,并下手者。

*【1707】一、官员擅取病呈,致死监犯者。

*【1707】一、承审官改造口供,故入斩罪,已决者。

*【1707】以上二条新增。

绞　罪 监候

名例例

*【1707】一、偷采人参,率领头目及财主,闻拿投部者。

户　例

*【1707】一、强夺良家妻女卖与他人为妻妾,及投献王府并勋戚势豪之家者。

*【1707】一、民人越境采取铜、铅,并衙役任意搅扰,为从者。

　*【1707】此条新增。

*【1707】一、豪强盐徒,撑驾大船,聚众十人以下,原无兵仗,遇有追捕拒敌,因而伤人至二人以上,下手者。

*【1707】一、兵民聚众十人以下,兴贩私盐,拒捕杀人,不论有无军器,下手者。

*【1707】一、旗下人将在京马匹贩至外省发卖者。

*【1707】一、内府人员家人及王以下大臣官员家人,指名倚势,网收市利,干预词讼,肆行非法,本犯私去,为从者。

　*【1707】以上三条新增。

礼　例

*【1707】一、习天文之人,妄言祸福,煽惑人民,为首者。

*【1707】一、端公道士,作为异端法术,医人致死者。

　*【1707】以上二条新增。

兵　例

*【1707】一、私铸红衣炮位处所,邻佑、房主、里长。

　*【1707】此条新增。

*【1707】一、军官、军人遇有征调,点选已定,至期起程,避难在逃,依律问断。其征期已过,编发宣府、独石等处沿边墩台哨瞭半年,还职着役。若仍出征及哨瞭在逃者,依从征私逃再犯者律,处绞。

　*【1707】律内此条拟删。

*【1707】一、在京、在外守御城池军人,在逃三次,依律处绞。

　*【1707】律内条例无此条,应删。

*【1707】一、私自贩卖硫磺、焰硝，卖与外国人，不拘多寡，比照私将军器出境律条坐罪。

*【1707】律内此条系斩罪，此处应删。

刑　例

*【1707】一、异姓人歃血订盟，焚表结拜弟兄，为首者。

*【1707】此条新增。

*【1707】一、盗内府财物及监守、常人盗窃盗、掏摸，三犯者。

*【1707】一、运弁督押帮船，以通帮粮米计算，但挂欠至五分不完者。〇旗丁挂欠者，罪同。

*【1707】此条新增。

*【1707】一、漕运粮米，常人盗数满六百石入已者。

*【1707】一、常人盗仓库钱粮，不分腹里、沿边沿海，但入已数满三百两者。

*【1707】一、聚众伙谋抢夺路行妇女，或卖，或自为奴婢，为从者。

*【1707】一、黔、楚红苗聚至五十名，杀人下手者。

*【1707】以上四条新增。

*【1707】一、窃盗初犯刺右臂，革后再犯刺左臂。若两臂俱刺，赦后又犯，准三犯论。还将所犯赦前、赦后明白开奏定夺。

*【1707】律文原无此条，应删。

*【1707】一、旗人窃盗拟军折枷号后，再犯三次者。

*【1707】一、偷盗官马十匹以上者。〇窝主及牧马人役自行盗卖者。

*【1707】一、旗民越禁约山河采参已得者，财主并率领头目。

*【1707】一、恶棍设法索诈官民，张贴揭帖，种种诈财，或因诈财不遂，竟行殴毙为从者。

*【1707】一、旗民结伙，指称隐匿逃人，索诈财物，为从者。

*【1707】以上五条新增。

*【1707】一、将腹里人口，用强卖与境外土官土人图利，未曾杀伤人者。

*【1707】一、诱取妇人子女，或典卖，或为妻妾、子孙，被诱之人不知情，为首者。

*【1707】一、发掘贝勒、贝子、公坟冢，见棺为从者。〇未至棺为首者。〇发掘历代帝王陵寝，先贤名臣及前代藩王墓，见棺为从，及未至棺为首者。

*【1707】一、奴婢、雇工人发掘家长坟冢，见棺椁为从者。〇子孙同。

*【1707】一、奸夫造意谋杀本夫，伤而不死者。

*【1707】一、奸夫自杀夫之父母，奸妇虽不知情者。

*【1707】以上五条新增。

*【1707】一、军民人等，威逼本管官致死，为首者。

*【1707】一、斗殴伤人,辜限内不平复,延至限外身死,情真事实者。

*【1707】一、官员故杀他人奴婢者。

*【1707】一、兄及伯叔因争夺弟侄财产、官职并仇隙故杀者。

*【1707】以上二条新增。

*【1707】一、诬告人因而致死,被诬之人委系平人,及因拷禁身死者。

*【1707】一、诬告平民拖累监禁及刑拷致死一、二人者。

*【1707】一、衙役恐吓索诈银一百二十两者。

*【1707】以上二条新增。

*【1707】一、盗用总督、巡抚等官钦给关防者。

*【1707】一、职官及军民奸职官妻者,奸夫、奸妇。

*【1707】一、奴奸家长之妾者。

*【1707】一、旗下人赌博,开场抽头及容留者。

*【1707】以上四条新增。

*【1707】一、原犯真犯绞罪,免死充军,逃回者。〇原犯杂犯死罪以下充军,犯至三次逃回,通系附籍以后者。

*【1707】一、官员擅取病呈,致死监犯,狱官、禁卒人等,听从指使下手者。

*【1707】一、承审官改造口供,故入绞罪,已决者。

*【1707】以上二条新增。

杂犯死罪

绞　　罪[1]

兵　例

*【1707】一、车驾出郊行幸申诉者。

*【1707】此条新增。

① 康熙四十六年(1707)进呈本新增项。

永远充军

【1670】批:子孙世传者。

名例例

一、管庄佃仆人等,占守水陆关隘,抽分措取财物,挟制把持害人的,都发边卫永远。

一、拨置王府军民人等,充军逃回再犯者,极边、烟瘴永远。

*【1707】律内原无此二条,应删。

吏 例

一、罢闲官吏在京潜住,有擅出入禁门交结者,烟瘴永远。

户 例

一、沿边军民人等,躲避差役,逃入土番、峒寨潜住者,边远永远。

*【1707】一、沿边沿海军民人等,躲避差役,逃入土番、峒寨潜住者,边远永远。

一、军民人等,将争竞不明并卖过,及民间起科,僧、道将寺观各田地朦胧投献王府,及内外官豪势要,捏契典卖者。〇山东、河南及直隶各空闲地土,听民尽力开耕,永不起科,若有占夺投献者,俱边卫永远。

*【1707】一、军民人等,将争竞不明,并卖过,及民间起科,僧、道将寺观各田地,朦胧投献王府,及内外官豪势要,捏契典卖者。〇直隶各省空闲地土,听民尽力开种,照年限起科。若有占夺投献者,俱边卫永远。

*【1707】一、运粮官军故将船放失漂流,及虽系漂流,损失不多,乘机侵匿,不分赃数多少,边卫永远。

*【1707】一、运粮官丁谎报漂没等项,乘机侵盗,不及六百石者,边卫永远。

*【1707】以上二条新增。

一、在京、在外,并各边收放粮草,若职官子弟、积年光棍、跟子、买头小脚、伴当人等,三五成群,抢夺筹斛,占堆行概等项,打搅仓场,及欺凌官攒,或挟诈运纳军民财物,徒以上与再犯杖以下,属军卫者,边卫;属有司者,附近,俱永远。

*【1707】此条改入附近条内,应删。

一、在京刁徒、光棍,访知铺行,但与解户交关价银,辄便邀集党类,数十为群,入门噪闹,指为揽纳,捉要送官,其家畏惧罪名,厚赂买灭,所费钱物,出在解户,以致钱粮累年不完者，照打搅仓场例。

＊【1707】此条改入附近条内，应删。

一、捏称皇店，在于京城内外，邀截客商，指勒财物者，极边永远。

＊【1707】律内此条拟删。

兵　例

一、川、广、云、贵、陕西等处，但有汉人交结外国人，互相买卖借贷，诓骗财物惹衅，及潜住苗寨，教诱为乱，贻患地方者，俱边卫永远。

＊【1707】一、交结外国，互相买卖借贷，诓骗财物，引惹边衅，及潜住苗寨，教诱为乱，贻患地方者，俱边卫永远。

一、沿海守把，海防武职，听受通番土俗那哒，报水分利，金银至一百两以上，许令船货入港，串同交易，贻患地方，及引惹番贼海寇，出没戕杀居民，除真犯死罪外，比照川、广、云、贵、陕西等处汉人交结外国人事例，边卫永远。

＊【1707】一、守把海防武职，听受通番土俗哪哒报水，分利金银物货等项，值银百两以上，名为买港，许令船货私入，串通交易，贻患地方，及引惹番贼海寇出没，戕杀居民者，俱边卫永远。

一、黄船附搭客货，及夹带私物者，小甲客商人等，俱极边永远。

＊【1707】律内此条拟删。

刑　例

一、仓库钱粮若宣、大、甘、宁、榆、辽、四川、建、松、广西、贵州并各沿边、沿海去处，监守盗粮四十石、草八百束、银二十两，钱帛等物值银二十两以上，常人盗倍之，俱边卫永远。○在京衙门漕运，并京、通、临、淮、徐、德六仓，监守盗粮六十石、草一千二百束、银三十两，钱帛等物值银三十两以上，常人盗倍之。○腹里但系抚按等官，查盘去处，监守盗粮一百石、草二千束、银五十两、钱帛等物值银五十两以上，常人盗倍之。○各处征收在官应该起解钱粮，有侵盗者，俱照腹里例拟断。

＊【1707】未载。

＊【1707】一、漕运粮米，监守盗六十石入己者，边卫永远。

＊【1707】一、漕运粮米，常人盗一百二十石入己者，边卫永远。

一、将自己及他人骑操官马，盗卖至五匹及三犯以上，属军卫者，极边；属有司者，边卫，各永远。

＊【1707】一、将自己及他人骑操官马盗卖，至五匹以上者，边卫永远。

一、将良民诬指为盗，及寄买贼赃，捉拿拷打，吓诈财物，或以起赃为由，沿房搜检，抢夺财物，淫辱妇女，除真犯死罪外，不分首从，边卫永远。

＊【1707】一、将良民诬指为盗，及寄买贼赃，捉拿拷打，吓诈财物，或以起赃为

由,沿房搜检,抢夺财物,淫辱妇女者,边卫永远。

一、设方略诱娶良人,与略卖良人子女,三犯者,不分革前革后。

*【1707】律内此条拟删。

一、将腹里人口用强略卖与境外土官、土人、峒寨去处图利,为从者,边卫永远。原系边卫者,改发极边。

*【1707】律内此条拟删。

*【1707】一、发掘贝勒、贝子、公等坟冢,未至棺为从者。○发掘历代帝王陵寝,先贤名臣及前代藩王墓,未至棺为从者,俱边卫永远。

*【1707】此条新增。

一、威逼人致死一家三命以上者。

*【1707】一、威逼人致死一家三命以上者,边卫永远。

一、聚众执持凶器伤人,及围绕房屋抢检家财,弃毁器物,奸淫妇女,除真犯死罪外,徒以上不分首从,边卫永远。

*【1707】一、聚众执持凶器伤人,及围绕房屋抢检家财,弃毁器物,奸淫妇女,该徒以上,边卫永远。

*【1707】一、凶徒执持刀枪凶器伤人者,边卫永远。

*【1707】此条新增。

一、沿边地方、总兵、副、参、游击、守备、都司、卫所官员,但有科敛及扣减入己,赃私三百两以上,边卫永远。

*【1707】律内此条拟删。

一、描模印信行使,诓骗财物,犯该徒罪以上,边卫永远。

极边、烟瘴、边远、沿海、边外充军[①]

名例例

一、太常寺、光禄寺厨役,逃三次以上,口外。

*【1707】律内此条拟删。

吏 例

一、军职应袭儿男弟侄,勘明缴报兵部,原告又行捏词奏告,属有司者,边外。

*【1707】一、保到世职,应袭儿男弟侄,已经勘明缴报该部,原告又行捏词奏告,属有司者,边外。

*【1707】一、世职异姓买袭,世职之人边远。

*【1707】此条补增。

一、诱卖各边军丁者,极边。

*【1707】律内条例拟删。

一、土官袭替,其通事人等,及逃流军囚客人,拨置土官亲族不该承袭之人争袭,劫夺、仇杀者,俱极边烟瘴。

*【1707】一、举、监人等应试,其夫匠人役受财代替夹带传递,及不举察捉拿者,边外。

*【1707】此条补增。

户 例

一、军户子孙另开户籍,或于别府、州、县入赘寄籍,及买嘱原籍官吏里书人等,捏作丁尽户绝回申者,烟瘴。

*【1707】律内此条拟删。

一、强种屯田五十亩以上,不纳籽粒,民发边外。

一、大同、山西、宣府、延、宁、辽、蓟、紫荆、密云等边官、旗、军、民人等,擅将应禁林木砍伐贩卖者,烟瘴。

*【1707】一、近边军民人等,将应禁林木砍伐贩卖者,南方烟瘴。

一、将妻妾作姊妹,及将拐带不明妇女,或将亲女并居丧姊妹嫁卖与人,骗财之

① 康熙四十六年(1707)进呈本"边外充军"下增"为民"二字。

后,设词托故,公然领去,或瞰起程,中途聚众行凶,邀抢人财,民发边外。

*【1707】一、将妻妾作姊妹,及将拐带不明妇女,或将亲女并居丧姊妹,嫁卖与人,骗财之后,设词托故公然领去,或瞰起程,中途聚众行凶邀抢人财,属有司者,发边外。

一、兴贩私茶,潜住边境与外番交易,及在腹里贩卖与进贡回还外国人者,不拘斤数,连知情歇家、牙保,俱烟瘴。

*【1707】一、兴贩私茶,潜住边境与外国交易,及在腹里贩卖与进贡回还外国人者,不拘斤数,连知情歇家、牙保,俱烟瘴。

一、陕西洮河、西宁等处,冒顶番名,将老弱不堪马二匹以上中纳支茶者,军调别处极边。

一、势豪举放私债,交通运粮官,擅拿官军绑打,强将官粮准还私债,属有司者,边外。

*【1707】一、势豪举放私债,交通运粮官,挟势擅拿官军绑打,强将官粮准还私债,属有司者,边外。

礼　例

*【1707】一、僧道、军民人等,于各寺观神庙刁奸妇女,因而引诱逃走,或诓骗财物者,边远。

*【1707】此条补增。

一、官吏、军民、僧道人等,来京妄称谙晓扶鸾、祷圣、书符咒水,一切左道乱正邪术,煽惑人民,为从者;及称烧炼丹药,出入内外官家,或擅入皇城,夤缘作弊,希求进用,属有司者,边外。

一、左道惑众,烧香集徒,夜聚晓散,为从者;及称为善友,求讨布施,至十人以上,并军民人等,窝藏接引,或寺观容留剃簪,探听境内事情,诱舍应禁铁器,属有司者,边外。

一、文职官吏人等,若父母见在,诈称死亡者,发边外独石等处。

兵　例

一、临阵强夺他人首级报功,旗降原役一级,系边卫者,调极边卫分。

*【1707】律内条例原无此条,应删。

一、各处备倭贴守,其把总等官,纵容舍余人等,代替正军,调沿海卫分。

*【1707】律内此条拟删。

一、贼拥大众入寇,官军卒遇交锋,伤掳数十人之上,不曾掳去大众,或被贼白昼夤夜突入境内,抢掠头畜、衣粮数多,不曾杀掳军民者,俱问守备不设被贼入境掳掠人民本律,边远。○若交锋入境,损伤掳杀四五人,抢去头畜、衣粮不多者,亦问前罪。

＊【1707】一、贼拥大众入寇，官军猝遇交锋，伤掳数十人之上，不曾掳去大众，或被贼白昼黄夜突入境内，抢掠头畜、衣粮数多，不曾杀掳军民者。〇交锋入境，损伤掳杀四五人，抢去头畜、衣粮不多者，俱边远。

一、沿边、沿海、腹里府、州、县与卫所，同住一城内，州、县掌印与专一捕盗官，若在城同守，止因防御不固，失陷者，比照守边将帅被贼侵入境内掳掠人民者律，边远。〇若两县与卫所同住一城者，止以贼从某县所管城分入城，其掌印与专一捕盗官，各照前治罪。〇其余卫所、府、州、县佐贰、首领官，但分有守城信地，致贼于所守去处攻打掩袭入城者。〇若各城原无设有都司卫所，而府、州、县职守专城，但有前项失事，佐贰、首领官但分有守城信地，被贼于所守去处入城，并各州、县自来不曾设有城池，被贼攻入劫杀焚烧者。〇其守巡兵备官驻扎该城，先期托故远出，临时潜踪避匿，及守备不设，以致失陷者，亦比照守边将帅被贼侵入境内掳掠人民律。

＊【1707】一、凡沿边沿海及腹里府、州、县，与武职官同住一城者，若遇边警及盗贼生发攻围，不行固守，而辄弃去，及守备不设，被贼攻陷城池劫杀焚烧者，府、州、县掌印并捕盗官，俱问发边远。

一、各边关堡、墩台等项，守备去处，官军用钱买闲者，官调极边。〇若原在关军人逃回潜住，及黄夜回家，轮班不去者。

＊【1707】律内拟删官调极边句，此条亦拟删。

一、各处总兵官，并分守、守备等官，精选能通书算军余各一名，其余号称主文，干预书办者，调极边。

＊【1707】律内此条拟删。

一、官吏、旗校、舍余军民人等，为事问发为民，来京潜住，原系边外者，发边外充军。

＊【1707】律内此条拟删。

一、各边将官并管军头目私役，及军私出境外，钓豹、捕鹿、砍木，掘鼠等项，并守把之人，知情故纵，官旗军吏，扶同隐蔽者，俱调烟瘴地面，军丁充军。

＊【1707】一、各边将官并管军头目私役，及军民人等私出境外，钓豹捕鹿、砍木掘鼠等项，并守把之人知情故纵，该管里老、兵目、军吏扶同隐蔽者，俱烟瘴，民发为民，军发充军。

一、各边夜不收出境探贼，若与外国人私易货物者，除真犯死罪外，调广西烟瘴。

＊【1707】一、各边兵役出境巡察探贼，若与贼人私易货物者，广西烟瘴。

＊【1707】一、奸商贩卖军器与土司番蛮者。〇该管官知情故纵者，俱边远。

＊【1707】此条新增。

一、司、府、州、县，起解备用马匹，若马贩交通官吏、医兽人等，兜揽作弊，再犯，累犯者，极边。

*【1707】一、州县起解备用马匹,若马贩交通官吏、医兽人等,兜揽作弊,再犯、累犯者,极边。

一、大同三路旗军,将不堪马匹通引收买,诡令伴当人等情嘱守备等官俵与军士,通同医兽作弊,多支官银者,调极边。

*【1707】律内此条拟删。

一、各处解军,若长解纵容在家,迁延违限一年之上,正犯原系边卫,发极边。

*【1707】一、各处有司起解军犯,在家迁延,违限一年之上,原系边卫者,极边。

一、马快、船只附搭客货,及夹带私物者,小甲、客商人等,俱边外充军。

*【1707】律内此条拟删。

刑　例

*【1707】一、运弁督押帮船,以通帮粮米计算,但挂欠至四分不完者。○旗丁挂欠者,俱边远。

*【1707】此条新增。

一、号称喇虎等名,白昼撒泼,口称圣号,及总甲、快手应捕人等,指巡捕勾摄殴打平人,抢夺财物,初犯一次,属有司者,发边外。

*【1707】一、号称喇虎等名,白昼撒泼,口称圣号,及总甲、快手、应捕人等,指以巡捕、勾摄为由,殴打平人,抢夺财物,犯该徒罪以上,属有司者。○虽系初犯,若节次抢夺,及再犯、累犯笞、杖以上者,俱边外。

一、盗掘矿沙,持仗拒捕者,不论人数、矿数多寡,不分首从,俱边远。

*【1707】一、盗掘矿沙,持仗拒捕者。○不曾拒捕,人数不及三十名,再犯为首者,俱边远。

*【1707】一、土哨奸民附和苗人伏草捉人,横加枷肘,勒银取赎者,边外。

*【1707】此条新增。

一、诓骗听选官吏、监生人等财物者,烟瘴。○若官吏、监生人等,央浼营干被骗者,亦照前例。

*【1707】一、诓骗听选官吏、举监生员人等财物者。○央涣营干,致被诓骗者,俱烟瘴。

一、因事聚众将本管官殴打、绑缚,不分首从,属军卫者,极边。○若止是殴打,为首者,俱照前。

*【1707】一、因事聚众将本管官殴打、绑缚,属军卫者,极边;属有司者,边外。○若止是殴打,为首者。

一、在京、在外无藉之徒,投托势要,作为心腹,诱引生事,绑缚平民,在于私家拷打,胁骗财物者,烟瘴。

一、擅入午门、长安等门内叫诉冤枉,奉旨勘问涉虚者,边外。

＊【1707】一、擅入午门、长安等门内叫诉冤枉，奉旨勘问涉虚者，边远。

一、兄与伯叔谋夺弟侄财产、官职等项，故杀，属有司者，边外。

＊【1707】律内此条拟删。

一、各处刁军、刁民，挟制官吏，陷害良善，起灭词讼，结党捏词缠告，把持官府不得行事等项，若原系充军边外为民者，发极边。

＊【1707】律内此条拟删。

一、文武官吏人等，妄奏冤枉，摭拾原问官员勘虚，原为民者，发边外；原问充军者，发极边。

＊【1707】律内此条拟删。

一、蓦越赴京及抚按、按察司奏告叛逆等事不实，并全诬十人以上，属有司者，边外。

＊【1707】一、蓦越赴京及督抚、按察司处，奏告机密重事不实，并全诬十人以上，属有司者，边外。

一、刁徒身背黄袱，头插黄旗，口称奏诉，挟制官吏，不干己事，属有司者，边外。

＊【1707】一、刁徒身背黄袱，头插黄旗，口称奏诉，挟制官吏，不干己事，及别无冤枉，并主使人，属有司者，边外。

一、将本状用财雇寄与人，赴京奏诉者，并兜揽受雇、受寄之人，属有司者，边外。

一、沿边地方总兵、副、参、游击、守备、都司、卫所官员，但有科敛及扣减入己赃二百两以上，调烟瘴地面充军。○其沿海地方有犯，亦照前例科断。应改调及充军者，俱边远。

＊【1707】律内此条拟删。

一、起解军士，捏买伪印批回者，军系边卫，调极边。

＊【1707】律内此条拟删。

一、广西、云、贵、湖、川等处，冒籍生员，若买到土人倒过所司公文，顶名赴部者，边外。

＊【1707】一、买到土人倒过所司起送公文，顶名赴部者，边外。

一、私自净身，并下手之人处斩，全家边远。

＊【1707】一、私自净身，并下手者，全家边远。

一、军犯逃回，原犯杂犯死罪以下充军省，极边。

＊【1707】一、军犯逃回，再犯者，极边。

一、问发延庆、保安二州为民在逃者，改发自在、安乐二州。若自在、安乐二州逃回，在逃者，发极边充军，遇赦不宥。

＊【1707】一、问发延庆、保安二州军民，在逃者，改发自在、安乐二州。若自在、安乐二州逃回，在逃者，发极边充军，遇赦不宥。

＊【1707】律内条例原无此条，应删。

一、法司问断过各处进本等项人犯,发各衙门程递,其押解人役若擅加杻镣,非法乱打,搜检财物,剥脱衣服,逼致死伤,及受财故纵,并听凭狡猾之徒,买求杀害,除真犯死罪外,徒以上属有司者。

*【1707】一、在内法司问断发程递人犯,在外问刑衙门程递来京,及递解别省人犯,其押解人役擅加杻镣,非法乱打,搜检财物,剥脱衣服,逼致死伤,及受财故纵,并听凭狡猾之徒买求杀害,徒以上,属有司者,边外。

充　军

边　卫①

名例例

一、王府设谋，拨置旗、校、舍余人等。

＊【1707】律内条例原无，应删。

一、郡王、将军、中尉，凡有奏请，启王参详后奏，如违，赍奏人员。○若故违祖训，亲身赴京奏扰者，跟随之人。○其无藉之徒，诓财物，来京交通，歇家打点，例不该行事务者。

＊【1707】律内条例原无此条，应删。

一、王府人役，假借威势，侵占民田，攘夺财物，致伤人命，除真犯死罪外，徒以上。

＊【1707】律内条例原无此条，应删。

一、王府禄米，本府旗校、官庄人等，干预拨置折收银两，多收米麦，索要财物，及邀截纳户，用强兑支，并擅自差人下府、州、县催征骚扰者，杖以上。

＊【1707】律内条例原无此条，应删。

一、投充王府，及镇守总兵，及在京功臣、戚里、势豪之家，作为家人、伴当，事干吓骗财物，拨置打死人命，强占田地。情重者，除真犯死罪外，其余。

＊【1707】律内条例原无此条，应删。

一、乐工纵容女子擅入王府，及容留贝勒、贝子、公在家行奸，并军民、旗校人等，与贝勒、贝子、公赌博，及擅入府内教诱为非者。

＊【1707】此条删改入“刑律·赌博”条。

一、强盗聚众至十人，及行劫累次，系小功以下亲首告。

一、自首强盗，除重罪定例不准自首外，其馀曾伤人随即平复不死者。○放火烧空房，及田场聚积物者。

＊【1707】一、强盗虽曾伤人，随即平复不死，自首者。○放火烧空房及田场积聚之物，计所烧之物重于本罪，自首者。

＊【1707】一、强盗案内未曾下手杀人，自首者。○本身未曾奸人妻女、烧人房屋，自首者。

---

① 康熙四十六年(1707)进呈本径改为“边卫充军”。

*【1707】一、强盗事发后,闻拿自首,本案内伤人不死者。

*【1707】以上二条新增。

吏　例

一、不由铨选推举,径自朦胧奏请,希求进用,夤缘奔竞乞恩传奉等项,阻坏选法者,旗军、舍余调边卫。

*【1707】此条“旗军、舍余调边卫”句,例内已经删改,此处应删。

一、军职考选,其刁泼之徒不得与选,辄生事端,教唆陷害已选官员者,军调边。

*【1707】律内此条拟删。

一、军职袭替,不由军功,例该减革,却行捏奏兵部官吏,阻坏选法者。调边卫。

*【1707】律内此条拟删。

一、军职应袭,儿男、弟侄勘明缴部,原告又行捏词奏告,属军卫者,调边卫。

*【1707】一、保到世职应袭儿男弟侄,已经勘明缴报该部,原告又行捏词奏告,属军卫者。

一、军职异姓买袭之人。

*【1707】此系边远军罪,已入边远条内,此处应删。

一、应袭舍人,父在诈称死亡,袭职者。

*【1707】一、应袭舍人,父在诈称死亡,冒袭者。

一、主文、书算、快手、皂隶、总甲、门禁、库子人等,久恋衙门,说事过钱,把持官府,飞诡税粮,起灭词讼,陷害良善,及卖放强盗,诬执平民,为从,事发有显迹者,军旗。○若里书飞诡税粮,二百石以上者。

*【1707】一、各乡里书飞诡税粮二百石以上者。

一、旗军受财代替,夹带传递,及纵容不举捉拿者,调边卫。○若冒顶正军,入场看守,属军卫者。

*【1707】此条改入附近条内,此处应删。

一、文职、举、贡、官恩、例监、省祭、印承罢革,例不入选,买求图选,已除授者。

*【1707】一、文职官员、举、贡、官恩、例监、吏员人等曾经罢黜,例不入选,买求选用,已除授者。

一、在京、在外军民人等,与朝贡外国人私通往来,投托管雇,拨置害人,因而透漏事情者。

*【1707】此条兵律条内已入兵例内,此处应删。

户　例

一、汉人冒诈番人者。

*【1707】律内条例原无此条,应删。

一、强种屯田五十亩以上,不纳籽粒,旗军、军丁人等。

一、屯田人等,将屯田典卖与人,至五十亩以上,与典主、买主各不纳籽粒者。

*【1707】一、旗军、军丁强种屯田五十亩以上,不纳籽粒者。〇屯田人等,将屯田典卖与人,至五十亩以上,与典主、买主各不纳籽粒者。

一、西山一带密迩京师地方,凡内外官豪势要之家,私自开窑卖煤,凿山卖石,立厂烧灰者。

一、陕西榆林等处,近边地土各营堡草场,界限明白,敢有私移条款,盗耕草场,及越出边墙界石种田者,军民系外处,发榆林卫;本处,发甘肃卫。

*【1707】此条改入附近条内,此处应删。

一、将妻妾作姊妹,及将拐带不明妇女,或将亲女并居丧姊妹嫁卖与人,骗财之后,设词托故,公然领去,或瞰起程,中途聚众行凶,邀抢人财,除真犯罪外,属卫者。

*【1707】一、将妻妾作姊妹,及将拐带不明妇女,或将亲女并居丧姊妹嫁卖与人,骗财之后,设词托故,公然领去,或瞰起程,中途聚众行凶,邀抢人财,属军卫者。

一、大户不纳秋粮,二百石以上。

一、粮草军需,但有包揽诓骗事发,三个月不完者。经年不完者,仍枷号一个月。〇各边武职,主使家人伴当,跟随交结人员,挟势揽纳作作弊,听使之人。

*【1707】一、内府钱粮及粮草军需,但有包揽诓骗银一百两、粮二百石以上者。〇经年不完者,仍枷号一个月。〇各边武职,主使家人、伴当、跟随,交结人员,挟势揽纳作弊,听使者。

*【1707】一、解送钱粮物料到部,书役人等指称估验等项费用,借端包揽索诈者。〇解官预先嘱托,和同行贿,听其包揽者。

*【1707】一、各仓书役,指称掣批等项名色,勒索银十两以上者。〇向关米之人勒索者。

*【1707】以上二条新增。

一、各处司、府、州、县,并各钞关解到布绢、银钱等项,赴部送甲字等库验收,若有旨称权贵各色,措勒解户,诓诈财物者,不分军民、匠役。

*【1707】律内此条拟删。

一、漕运跟官书算人等,科索军人财物,入己至二十两以上。

*【1707】律内此条拟删。

一、各边召商,上纳粮草,若内外势要官豪家人,诡名占窝,转卖取利者。

*【1707】律内此条拟删。

一、豪强盐徒,聚众至十人以上,撑驾大船,张挂旗号,擅用兵仗响器,拒敌官兵,不曾杀伤人,为从者。

*【1707】一、豪强盐徒,聚众至十人以上,撑驾大船,张挂旗号,擅用兵仗响器,拒敌官兵,不曾杀伤人,为从者。〇十人以下,原无兵仗,拒捕伤人,不曾下手者。

*【1707】末节照例补增。

一、越境兴贩官私引盐,至三千斤以上,原系腹里卫所者。○其客商收买馀盐,买求掣挚。○巡捕官乘机兴贩至三千斤以上,亦照前例。

*【1707】律内此条拟删。

一、两淮等处运司,商人不曾纳银,故捏守支年久等项,虚词奏扰者。

*【1707】律内此条拟删。

一、伪造盐引印信,贿嘱运司吏书人等,将已故并远年商人名籍,中盐来历,填写在引,转买诓骗财物,为从,并经纪、牙行、店户、运司吏书,一应知情人等,但计赃满数者,不拘曾否支盐出场。

*【1707】一、伪造盐引印信,贿嘱吏书人等,将已故商人名籍,填写在引转卖,诓骗财物,为从,并经纪、牙行、店户,一应知情人等,但计赃满数应流者。

一、各运司总催,该管盐课纳完,方给通关,若买嘱官吏,并覆盘委官,指仓、指囤,扶同作弊者。

*【1707】一、各运司总催买嘱官吏,并复盘委官,指仓指囤,扶同作弊者。

一、各处盐场无藉之徒,把持官府,诈害客商,犯徒以上,及再犯杖以下者。

*【1707】一、兵民聚众十人以下兴贩私盐,不论有无军器,拒敌杀人,不曾下手者。

*【1707】此条新增。

一、私茶有兴贩,夹带五百斤的,照私盐例。

*【1707】一、兴贩夹带私茶五百斤者。

一、私茶在西宁、甘肃、洮河贩卖者,三百斤以上。○若守备、把关、巡捕等官,自行兴贩私茶通番者。

*【1707】一、在西宁、甘肃河洮、四川雅州贩卖私茶三百斤以上者。○守备、把关、巡捕等官,自行兴贩私茶通番者。

一、做造假茶五百斤以上,本商、并转卖之人原系腹里卫所者。○店户窝顿一千斤以上。

*【1707】此条改为附近,此处应删。

一、势豪举放私债,交通运粮官,挟势擅拿官军,绑打凌辱,强将官粮准还私债,属军卫者。

一、会同馆、内外四邻、军民人等,代替外国人收买违禁货物者。

一、客商辐辏去处,若牙行及无籍之徒,诓赊货物,若监追年久无还,累死客商,属军卫者。

*【1707】此条改为附近,此处应删。

一、杨村、蔡村、河西务等处,如有用强拦截民运粮船,在家包雇车辆,逼勒多出脚钱者。

礼　例

一、僧、道、军民人等，于各寺观神庙，刁奸妇人，因而引诱逃走，或诓骗财物者。

＊【1707】此条系边远军罪，已入边远条内，此处应删。

一、官吏、军、民、僧、道人等，来京妄称谙晓扶鸾、祷圣、书符、咒水，一切左道乱正邪术，煽惑人民，为从者；及称烧炼丹药，出入内外官家，或擅入皇城，夤缘作弊，希求进用，属军卫者。

一、左道惑众之人，或烧香集徒，夜聚晓散，为从者，及称为善友，求讨布施，至十人以上，并军民人等，不问来历，窝藏接引，或寺观住持容留剃簪，探听境内事情，及被诱军民舍与应禁铁器等项，属军卫者。

兵　例

一、皇城各门、各铺上值守卫，该管官旗，钤束不严，及容情故纵，所管军人离值，点视不到，十名以上者，小旗降军，调边卫。○若受财卖放者，不分人赃多寡，降调。○其留守五卫，各该值宿官、旗、军人，点视不到，三次以上者，问发边卫差操。

＊【1707】律内此条拟删。

一、圣驾出郊，冲突仪仗，妄行奏诉者，追究主使、教唆、捏写本状之人。

＊【1707】一、圣驾出郊，冲突仪仗，妄行奏诉，并主使、教唆、捏写本状者。

＊【1707】一、军民人等，与朝贡外国人私通往来，投托拨置害人，因而透漏事情者。

＊【1707】此系吏例条内移入。

一、各卫值宿军职，使令上值军人、内官使令上值校尉，各悬带铜牌出百里之外，营干私事者，军人、校尉。

＊【1707】律内此条拟删。

一、临阵报有斩获贼级，若用钱买者、卖者，军发边卫。○若强夺他人首级，冒报功次者，军照前例发遣。○旗降一级，外卫调边卫。

＊【1707】律内条例原无此条，应删。

一、在京、在外各都司、卫所勾到新军，官吏旗甲，如有勒要财物，逼累在逃者，不问指挥、千、百户、镇抚，俱照卖放正军事例，计所逃人数多寡，降级充军。

＊【1707】律内此条拟删。

一、轮操军人、军丁，沿途劫夺人财，杀伤人命，占夺车船，作践田禾等项，许被害之人赴所在官司具告，拿解兵部，转送法司究问，除真犯死罪外，杖以上。

＊【1707】律内此条拟删。

一、各处京操官故行不肯赴操者，抚按锁解兵部发操，若抗违不服，参奏，问调边卫。

*【1707】律内此条拟删。

一、凤阳、山东、河南各都司卫所,将原额京操军全班不到者,掌印、领班、劄付官降调边卫。

*【1707】律内条例原无此条,应删。

一、各处总兵、协守、游击、守备等官,跟随军伴多占正军至二十名,馀丁至三十名以上,俱罢职发边卫。○其役占卖放纪录幼军者,照余丁例;役占卖放备边壮勇者,照正军例。

*【1707】律内此条拟删。

一、军职役占、卖放馀丁三十名以上,致地方防守妨废,照卖放军人例。

*【1707】律内此条拟删。

一、军职卖放并役占军人,二罪俱发,其卖放已至十名以上,役占不及数者,依卖放甚者例。

*【1707】律内此条拟删。

一、轮操军在逃,三次者,不分革前、革后,外卫调边卫。

*【1707】律内此条拟删。

一、官吏旗校、舍余军民人等,为事问发充军,来京潜住者。

*【1707】律内此条拟删。

一、居庸、山海等关,引送边外、边卫逃军过关,并守把盘诘之人卖放者。

*【1707】律内此条拟删。

一、外国人贡船到岸,先行接买番货,及为外国人收买违禁货物者。

一、军民人等擅造二桅以上大船,将带违禁货物下海,前往番国买卖,潜通海贼,同谋结聚,及为向导,劫掠良民者,正犯处以极刑,全家发边卫。○若止将大船雇与下海之人,分取番货,及虽不曾造有大船,但纠通下海之人,接买番货者。○其探听下海之人,番货到来,私下收买、贩卖,若苏木、胡椒至一千斤以上者。

*【1707】一、军民人等擅造二桅以上违式大船,将带违禁货物下海,前往番国买卖,潜通海贼,同谋结聚,及为向导,劫掠良民者,全家。○止将大船雇与下海之人,分取番货,及虽不曾造有大船,但纠通下海之人,接买番货,与探听下海之人,番货到来,私下收买、贩卖苏木、胡椒至一千斤以上者。

一、私贩硫磺、焰硝,卖与外国海贼,为从者。○合成火药,卖与盐徒者。

一、官员、军民人等,私将应禁军器卖与进贡外国人,走泄事情,为从者。

*【1707】一、官员、军民人等,私将应禁军器卖与进贡外国人图利,为从者。

一、司、府、州、县,起解备用马匹,若马贩交通官吏,医兽人等,兜揽作弊者。

*【1707】一、州县起解备用马匹,若马贩交通官吏、医兽人等,兜揽作弊者。

一、各铺司兵,若有用强包揽,多取工钱,致将公文稽迟沉匿。旗、军。

*【1707】律内此条拟删。

一、驿递夫役、巡司弓兵，若用强包揽多取工钱害人，搅扰衙门者，旗、军。

*【1707】律内此条拟删。

一、直隶、江南、山东等处马驿，佥到马头，若用强包揽者，旗军。其有光棍交通揽徒，将正身姓名捏写虚约，投托官豪勋戚之家，前去原籍，妄拿正身家属，逼勒取财者，应提、应奏人员，俱照前例。

*【1707】律内此条拟删。

一、会同馆夫，若五年以上不行替役，及近馆军民人等，用强揽当者。

*【1707】律内此条拟删。

一、指称近侍官员家人名目，扰害有司驿递，占宿公馆，索取马匹，勒要财物者，为首，及同恶相济之人。

*【1707】一、指称勋戚、大臣、近侍、官员家人名目，扰害驿递，占宿公馆，索取夫马、车辆、财物等项，及奸徒诈称势要衙门，乘坐黑楼等船，悬挂牌面，希图免税、诓骗、违法，徒罪以上。

一、各处解军，若长解纵容在家，迁延违限一年之上，正犯原系附近，发边卫。

*【1707】一、各处有司起解军犯，在家迁延，违限一年之上，原系附近者。

刑　例

一、皇陵山前、山后，各有禁限，若盗砍树株，为从者。○取土、取石，开窑烧造，放火烧山者。皇陵铺舍以外，去墙二十里之内，开山取石、安插坟墓、筑凿台池者。

*【1707】一、盗砍山前山后禁限树株，为从者。○取土取石，开窑烧造，放火烧山，为从者。

一、官司差人追征钱粮，勾摄公事，并捕获罪人，但聚众十人以上，中途打夺，为从；若系异姓同恶相济，及槌师打手。

*【1707】一、官司差人追征钱粮，勾摄公事，并捕获罪人，但聚众十人以上，中途打夺，为从及异姓者。

一、号称喇虎等名，白昼撒泼，口称圣号，及总甲、快手、应捕人等，以巡捕勾摄为由，各殴人夺财，犯徒以上，不分人多、人少，若初犯一次，属军卫者。○虽系初犯，若节次抢夺，及再犯、累犯笞、杖以上者。

*【1707】一、号称喇唬等名，白昼撒泼，口称圣号，及总甲、快手、应捕人等，指以巡捕、勾摄为由，殴打平人，抢夺财物，犯徒以上，属军卫者。○若节次抢夺，及再犯、累犯笞、杖以上者。

*【1707】一、三犯窃盗，有一、二次在赦前者。

*【1707】此条新增。

一、盗御马者。

一、将自己及他人骑操官马盗卖三匹以上，及再犯，不拘匹数，属军卫者。

*【1707】律内此条拟删。

一、冒领太仆寺官马,至三匹者。

一、盗掘矿沙,但系山洞捉获,曾经持杖拒捕,不论人多寡,矿轻重,及聚众三十人以上,分矿三十斤以上者,俱不分初犯、再犯。〇若不及数,又不拒捕,再犯。

*【1707】一、盗掘金银矿砂,不曾拒捕,聚众至三十人以上,为首者。

一、指称内外大小官员名头,并各衙门打点使用名色,诓骗财物,计赃犯徒以上,不分首从。

*【1707】一、指称内外大小官员名头,并各衙门打点使用名色,诓骗财物,计赃犯徒以上。

一、设方略而诱取良人,与略卖良人子女,不分已卖、未卖。〇若妇人,罪坐夫男。

*【1707】律内此条拟删。

一、发掘王府贝勒、贝子、公、夫人、淑人等,郡县主、郡县乡君,历代帝王、名臣、先贤坟冢,开棺为从,与发见棺椁为首者。

*【1707】今例改为绞罪,应删。

一、各处大户家人佃仆,结构为盗,杀官劫库、劫狱、放火,若大户知情故纵,犯徒、流、杖罪,属军卫者。

*【1707】此条改为附近,应删。

一、皇亲、功臣管庄、家仆、佃户人等,及诸色军民大户,勾引来历不明之人,窝藏强盗二名以上,窃盗五名以上,坐家分赃者。

一、知强、窃盗赃而接买、受寄,三犯以上,不拘赃数多寡,与知强盗后而分赃至满数。

一、同谋共殴人,审系执持凶器,有致命伤痕者。

一、故杀妾,及弟侄、子孙与子孙之妇,及故将妻妾男妇等项打伤、堕胎图赖人,属军卫者。

*【1707】一、故杀妾及弟侄、子孙与子孙之妇图赖人,属军卫者。

*【1707】此条改为附近,应删。

一、因事用强,殴打威逼人致死,果有致命重伤,及成残废笃疾者,虽有自尽实迹,发边卫。

*【1707】一、因事用强,殴打威逼人致死,果有致命重伤,及成残废笃疾者。

一、因事威逼一家二命,致死者。

*【1707】一、因事威逼致死一家二命,及非一家但至三命以上者。

一、妇人夫亡愿守志,别无主婚之人,若有用强求娶,逼受聘财,因而致死者。

一、军民人等,威逼本管官致死,为从者。

一、凶徒因事忿争,执持凶器,但伤人及误伤旁人,与凡剜瞎人眼睛,折跌人肢体,全抉人耳、鼻、口唇,断人舌,毁败人阴阳者。

一、卑幼殴期亲尊长,执有刀刃赶杀,情状凶恶者;虽未成伤,发边卫。

*【1707】一、卑幼殴期亲尊长,执有刀刃赶杀,情状凶恶者。

一、兄与伯叔谋夺弟侄财产、官职等项,故行杀害,属军卫者。

*【1707】律内此条拟删。

一、假以建言为由,挟制官府,及将暧昧不明奸赃事情,污人名节,报复私仇,旗军人等。

*【1707】此条改为附近,应删。

一、汉人投入土夷,冒顶外国人亲属、头目名色,妄奏代人报仇,占骗财产者。

*【1707】一、汉人投入土官地方,冒顶土人亲属、头目名色,代为奏告报仇,占骗财产者。

一、蓦越赴京,及赴抚、按、按察司,各奏告叛、逆等项机密重事不实,并全诬十人以上,属军卫者。

*【1707】一、蓦越赴京,及赴督、抚、按察司处,奏告机密重事不实,并全诬十人以上,属军卫者。

一、在外刁徒,身背黄袱,头插黄旗,口称奏诉,直入衙门,挟制官吏,所在官司就拿送问;若不干己事情,别无冤枉,并追究主使之人,一体问罪,属军卫者。

*【1707】一、刁徒身背黄袱,头插黄旗,口称奏诉,挟制官吏,不干己事,别无冤枉,并主使人,属军卫者。

*【1707】一、奸徒身藏金刃,欲行叩阍,擅入午门、长安等门者。

*【1707】此条新增。

一、军旗欲告运官不法事情,候完粮回南之日,赴漕司告理,如赴别衙门挟告诈财者,徒以上。

*【1707】一、军旗欲告运官不法事情,候完粮回南之日,赴漕司告理,如赴别衙门挟告诈财,犯徒以上。

一、各处刁军、刁民,专一挟制官吏,诬害良善,起灭词讼,结党捏词缠告,把持官府不得行事等项,情犯深重者,军发边卫。

一、各处奸棍,串结衙门人役,假倚上司访察为由,纂集事件,挟制官府,陷害良善,或诈骗财物,或复私仇,名为窝访者。

*【1707】一、各处奸棍,串结衙门人役,假以上司访察为由,纂集事件,挟制官府,陷害良善,或诈骗财物,或报复私仇,名为窝访,该徒、流者。

一、无藉棍徒,私自串结,将不干己事情捏写本词,声言奏告,恐吓得财,计赃满数者,不分首从。〇若妄指宫禁、亲藩为词,诬害平人者,不分首从。

*【1707】一、无籍棍徒,私自串结,将不干己事情捏写本词,声言奏告,恐吓得财,计赃满数者。〇妄指宫禁、亲藩为词,诬害平人者。

一、代人捏写本状,教唆或扛帮赴京,及赴抚按、按察司,各奏告叛、逆等项机密,强盗、人命重事不实,并全诬十人以上者。

*【1707】一、代人捏写本状,教唆、扛帮赴京,及赴督、抚、按察司处,奏告强盗、人命重事不实,并全诬十人以上者。

一、将本状用财雇寄与人赴京奏诉者,并兜揽受雇、受寄之人,属军卫者。

*【1707】一、将本状用财雇寄与人赴京奏诉,并受雇、受寄,属军卫者。

一、文武职官索取土官、外国人、猺、獞财物,犯徒三年以上者。

一、诈为察院、布、按、府、州、县,及其余衙门文书,诓骗科敛财物者。

一、起解军士,捏买伪印批回者,军士调边卫。

*【1707】律内此条拟删。

一、私铸铜钱为从者,旗、军调边卫。

*【1707】今例为从拟绞,应删。

一、广西、云、贵、湖、川等处,但有冒籍生员,食粮起贡,及买到土人倒过所司起送公文,顶名赴吏部投考,若已授职,卖者。

*【1707】一、买到土人倒过所司起送公文,顶名赴部,若已授职,卖者。

一、诈冒皇亲族属、姻党家人,在京、在外,巧立名色,挟骗财物,侵占地土,并有禁山场,拦当船只,指要银两,出入大小衙门,嘱托公事,贩卖铜钱、私盐,包揽钱粮,假称织造,私开牙行,擅搭桥梁,侵渔民利,及往来河道,吹打响器,张挂旗号,经过军民有司衙门,需索人夫、酒食,勒要车辆、船只者,除真犯死罪外,徒以上。

*【1707】一、诈冒皇亲族属、姻党、家人,在京在外巧立名色,挟骗财物,侵占地土并有禁山场,拦当船只指要银两,出入大小衙门嘱托公事,贩卖铜钱、私盐,包揽钱粮,假称织造,私开牙行,擅搭桥梁,侵渔民利,犯徒以上。

一、假充大臣家人名目,豪横乡村,生事害民,强占田土、房屋,招集流移住种者。

*【1707】一、假充大臣家人名目,豪横乡村,生事害民,强占田土、房屋,招集流移住种,犯徒以上。

一、诈冒内官,恐吓官司,诓骗财物者,除真犯死罪外,其余。

*【1707】一、诈冒内官亲属家人,恐吓官司,诓骗财物者。

一、诈冒銮仪卫、校尉、巡捕名色,占宿公馆,妄拿平人,吓取财物,生事煽惑,扰害军民者。

*【1707】一、诈充各衙门人役,假以差遣体访事情、缉捕盗贼为由,占宿公馆,妄拿平人,吓取财物,扰害军民,犯徒以上。

一、亲属犯奸至死罪者,若强奸未成者。

*【1707】一、亲属犯奸至死罪,若强奸未成者。

*【1707】一、军民人等,擅入宗室府内,教诱为非,及赌博,诓哄财物者。

*【1707】此系名例内条例移入。

一、先年净身人，曾经发遣，私自来京，图谋进用者。

*【1707】一、净身人，曾经发回，私自来京，图谋进用者。

一、放火故烧人田场、积聚之物，及延烧人房屋者，徒以上。

*【1707】一、放火故烧自己房屋，因而延烧官民房屋及积聚之物，与故烧人空闲房屋及田场积聚之物者。

一、内外问刑衙门，若酷刑至死三命以上者，武官。

*【1707】律内此条拟删。

一、法司问断过各处进本等项人犯，发各衙门程递，其押解人役，若擅加杻镣，非法乱打，搜检财物，剥脱衣服，逼至死场，及受财故纵，并听凭狡猾之徒，买求杀害，除真犯死罪外，徒以上，属军卫者。

*【1707】一、在内法司问发程递人犯，在外问刑衙门程递来京及递解别省人犯，其押解人役，擅加杻镣，非法乱打，搜检财物，剥脱衣服，逼致死伤，及受财故纵，并听凭狡猾之徒买求杀害，犯徒以上，属军卫者。

*【1707】一、解役递解人犯，若未取患病印结，死至五名以上者。

*【1707】此条新增。

工　例

一、巡按三司、分巡、分守官，查盘军器，若卫所官、旗人等，侵欺物料，挪前补后，虚数开报，及三年不行造册奏缴者，旗、军人等。

*【1707】律内此条拟删。

一、故决、盗决南旺、昭阳、属山、安山，积水湖各隄岸，并阻绝山东泰山等处泉源，有干漕河禁例，为首军。〇其闸官人等，用草卷各闸板，盗泄水利，串同取财，犯徒以上，照前问发。

*【1707】一、故决、盗决山东南旺等湖及徐、邳滨河一带堤岸，并阻绝泉源，有干漕河禁例，为首者。〇其闸官人等，用草卷阁闸板，盗泄水利，串同取财，犯徒以上。

一、河南地方盗决、故决河防，毁害人家，漂失财物，淹没田禾，犯徒以上，为首军。

*【1707】一、河南等处盗决及故决河防，毁害人家，漂失财物，淹没田禾，犯徒以上，为首者。

一、运河一带，强包闸夫、溜夫二名，捞浅、铺夫三名之上，旗、军。

*【1707】今例改为附近，此处应删。

附近卫[1]

名例例

一、僧、道官受财枉法满数。

*【1707】律内改为计赃问罪,应删。

一、差舍押解军犯,若受财卖放,犯徒以下及无赃者,舍人抵充军役,候获替放。〇若酷害军犯,搜检财物,纵不脱放,亦照前例。

*【1707】律内此条拟删。

一、差舍押解军犯,若受财卖放,犯该枉法,绞罪。〇若酷害军犯,搜检财物,纵不脱放,亦照前例。

*【1707】律内此条拟删。

一、銮仪卫将军、校尉,犯该奸盗、抢夺、诓骗、恐吓求索,枉法、不枉法等罪,调卫。

*【1707】律内此条拟删。

一、銮仪卫旗校、军士在逃,再犯,调卫。

*【1707】律内此条拟删。

一、天文生犯该充军,系习业已成,能专其事者,仍定拟卫分,就于本监应役。

*【1707】律文拘役终身,原非军罪,应删。

一、老幼、废疾,犯该充军,若有壮丁主使,就将主使之人照例。

*【1707】充军不止附近一项,应删。

一、强盗聚众至十人,及行劫累次,系大功以上亲首告。

一、谋、故杀死总、小旗者,户内壮丁,抵充军数。

*【1707】律内此条拟删。

吏　例

一、夫匠人等,受财代替,夹带文字传递,属有司者。

*【1707】律内此条拟删。

一、文职、举、恩官、贡、例监等罢革,例不入选,卖求图选,未除授者。

*【1707】一、文职官员、举贡、官恩、例监、吏员人等,曾经罢黜,例不入选,买求

---

① 康熙四十六年(1707)进呈本径改为"附近卫充军"。

选用,未除授者。○起送官吏知情受贿者。

一、校尉事故,别姓朦胧诈冒替补者,调卫。

*【1707】律内此条拟删。

一、主文、书算、快皂、总甲、门禁、库子人等,久恋衙门,说事过钱,把持官府,飞诡税粮,起灭词讼,陷害良善,及卖放强盗,诬执平民,为从;事发有显迹情重者,民并军丁。

*【1707】一、各处衙门主文、书算、快皂、总甲、门禁、库子人等,久恋衙门,说事过钱,把持官府,飞诡税粮,起灭词讼,陷害良善,及卖放强盗,诬执平民,为从者。

一、冒顶正军入场看守,属有司者。

*【1707】律内此条拟删。

户　例

一、遇各部派到物料,豪猾规利之徒,买嘱该吏,妄禀偏派下属承揽害民者,俱问发。

*【1707】一、各部派到物料,豪猾规利之徒买嘱吏书,妄禀编派下属承揽害民者。

*【1707】一、兵荒逃避之民,如不自首,虽首而所报人口不尽,或辗转逃移,及窝家不举首者。

*【1707】此条补增。

*【1707】一、近边地土各营堡草场,界限明白,敢有盗耕及越出边界种田者。

一、势豪大户,不纳秋粮,五十石以上者。

一、势豪大户,不运赴仓,逼军私兑者。

*【1707】律内此条拟删。

一、军户捏作丁尽户绝回申者,里书人等。

*【1707】律内此条拟删。

一、勾补军役,若正军户下本有人丁,捏作无勾,扶同回申,原保结里邻人等。

*【1707】律内此条拟删。

*【1707】一、收放粮米去处,若职官子弟人等,抢夺筹斛等项,打搅仓场,欺凌官攒,挟诈财物,徒罪以上,与再犯杖罪以下。

*【1707】一、在京刁徒光棍,访知铺行与解户交关价银,辄便邀集党类,指为揽纳,捉要送官,其家畏罪,厚贿买灭,以致钱粮不完者。

一、越境兴贩官私引盐。○客商收买余盐,买求制掣。○巡捕官乘机兴贩,俱至三千斤以上者。

一、私茶有兴贩夹带五百斤的,照私盐例。

*【1707】未载。

一、私茶在西宁、甘肃、洮河贩卖,一百斤以上者。○若守卫、把关、巡捕等官,在西宁、甘肃、洮河贩卖,三百斤以上者。

*【1707】一、西宁、甘肃河洮、四川雅州贩卖私茶一百斤以上者。○守卫、把关、巡捕等官,贩卖三百斤以上者。

一、陕西、洮河、西宁等处行茶地方,冒顶番名,将老弱不堪马二匹以上,中纳支茶者,民并舍余人等。

*【1707】一、陕西洮河、西宁等处行茶地方,军民人等冒顶番名,将老弱不堪马二匹以上,中纳支茶者。

一、做造假茶五百斤以上,本商,并转卖之人。○店户窝顿一千斤以上。

一、在京在外,但系纳税去处,若权豪无藉之徒,结党把持,生事搅扰者。

*【1707】一、在京各牙行,若有光棍顶冒朋充,霸开总行,拖欠客本,久占累商者。

*【1707】此条新增。

一、甘肃、西宁等处,遇有番人到来,势豪之家主使弟男、子侄、家人、头目人等,将番人好马奇货包收,逼令减价,以贱易贵,及将粗重货物并瘦损头畜拘收,取觅用钱,方许买卖者,听使之人。

*【1707】一、甘肃、西宁等处,遇有番人到来,势豪之家主使弟男、子侄、家人、头目人等,将番人好马奇货包收,逼令减价,以贱易贵,及将粗重货物并瘦损头畜拘收,取觅用钱,方许买卖,听使者。

一、客商辐辏去处,牙行及无籍之徒诓赊货物,若监追年久无还,累死客商,属有司者。

*【1707】一、各处客商辐辏去处,牙行及无藉之徒诓赊货物,追比年久无还,累死客商者。

兵 例

一、内官使令上值校尉,悬带铜牌出百里之外,营干私事,发充净军。

*【1707】律内此条拟删。

一、临阵报有斩获贼级,若用钱买者、卖者、官旗本卫民、并军丁人等,附近。○若强夺他人首级报功者,民舍余人等,照前发遣。○旗降原役一级,京卫调外卫。

*【1707】律内条例原无,此条应删。

一、各处清解军丁,若不系同宗子孙,顶替起解,及将长解正身卖放,执批顶名者,正军调卫,顶军就收本卫;长解受雇之人,附近。○里老、邻佑受财者,一体发遣。

*【1707】律内条例原无此条,应删。

一、各处备倭贴守,其把总等官,纵容舍余人等,代替正军者,舍余人等,就收该卫。

*【1707】律内此条拟删。

一、擅杀平人报功,其本管将官头目失于钤束者,重则罢职充军。

*【1707】律内条例原无此条,应删。

一、宰杀耕牛,并私开圈店,及知情贩卖牛只与宰杀,再犯、累犯者。〇若盗而宰杀及货卖者,不分初犯、再犯。

一、轮操军在逃三次者,不分革前、革后,京卫调外卫。

*【1707】律内此条拟删。

一、大同三路舍民人等,将不堪马匹通引收买,诡令伴当人等情嘱守备等官,表与军士,通同医兽作弊,多支官银者。

*【1707】律内此条拟删。

一、各铺司兵,若有用强包揽,多取工钱,致公文稽迟沉匿,民并军丁人等。

*【1707】一、各铺司兵,用强包揽,多取工钱,致公文稽迟沉匿者。

一、驿递夫役、巡司弓兵,若用强包揽,多取工钱,害人搅扰衙门者,民并军丁人等。

*【1707】一、驿递夫役、巡检弓兵,用强包揽,多取工钱,搅扰衙门者。

一、直隶、江南、山东等处马驿,佥到马头,若用强包揽者,民并军丁人等。〇其光棍交通揽徒,将正身姓名捏写虚约,投托官豪勋戚之家,前去原籍妄拏正身家属,逼勒取财者,应提应奏人员,俱照前例。

*【1707】律内条例原无此条,应删。

一、各处有司解军,若长解纵容在家,迁延不即起程,违限一年之上者。

*【1707】一、各处有司起解在逃军犯及充军人犯,若长解纵容,违限一年之上者。

一、黄船,若客商人等,止是空身附搭者,连小甲,俱附近。

*【1707】律内此条拟删。

刑　例

*【1707】一、运弁督押帮船,以通帮粮米计算,但挂欠至三分不完者。〇旗丁挂欠者罪同。

*【1707】此条新增。

*【1707】一、监守、常人盗及侵欺,真犯死罪,限三个月,果能尽数通完,减等免死者。

*【1707】此条补增。

一、将自己及他人骑操官马,盗卖三匹以上,及再犯不拘匹数,属有司者。

一、养马人户,将官马盗卖三匹以上者。

*【1707】一、将自己及他人骑操官马盗卖,三匹以上,及再犯者。〇养马人户,

盗卖官马三匹以上者。

一、发掘王府贝勒、贝子、公、夫、淑人等,郡县主、郡县乡君,历代帝王、名臣、先贤坟冢,见棺椁,为从;与发而未至棺椁,为首;及发常人冢,开棺见尸,为从;与发见棺椁,为首者。

*【1707】一、发掘常人坟冢,开棺见尸为从,与发见棺椁为首者。

一、各处大户家人佃仆,结构为盗,杀官、劫库、劫狱、放火,若大户知情故纵,犯徒、流、杖罪,属有司者。

一、故杀妾及弟侄、子孙与子孙之妇,及故将妻妾、男妇等项打伤、堕胎,图赖人,属有司者。

*【1707】一、故杀妾及弟妹、子孙等与子孙之妇图赖人者。

一、各处刁军、刁民,挟制官吏,陷害良善,起灭词讼,结党捏词缠告,把持官府不得行事等项,民发附近。

*【1707】律内条例原无,此条应删。

一、假以建言为由,挟制官府,及将暧昧不明奸赃事情污人名节,报复私仇者,民附近。

*【1707】一、假以建言为由,挟制官府,及将暧昧不明奸赃事情污人名节,报复私仇者。

一、文职官吏、监生、知印、承差受财枉法,至绞罪者。

*【1707】律内此条拟删。

一、云、贵、两广、川、湖等处流官,擅科土官财物,佥取兵夫,征价入已;强将货物发卖,多取价利,各赃至满数,犯徒三年以上者。

*【1707】一、云贵、两广、四川、湖广等处流官,擅科土官财物,佥取兵夫,征价入已,强将货物发卖,多取价利,赃至该徒三年以上者。

一、起解军士,捏买伪印批回,解人。

*【1707】律内此条拟删。

一、私铸铜钱为从,民匠、舍余。

*【1707】新例为从拟绞,应删。

一、奸缌麻以上亲,及缌麻以上亲之妻,若妻前夫之女,同母异父姊妹者。

一、内外问刑衙门,若酷刑致死三命以上者,文、武。

*【1707】律内此条拟删。

工　例

一、故决、盗决南旺、昭阳、属山、安山、积水湖各堤岸,阻绝山东泰山等处泉源,有干漕河禁例,为首之人。〇其闸官人等,用草卷搁闸板,盗泄水利,串同取利,犯徒以上照前。

*【1707】一、故决、盗决南旺、昭阳、属山、安山、积水湖各堤岸，阻绝山东泰山等处泉源，有干漕河禁例，为首之人。〇其闸官人等，用草卷搁闸板，盗泄水利，串同取利，犯徒以上。

一、河南地方盗决、故决河防，毁害人家，漂失财物，淹没田禾，犯徒以上，为首旗舍余丁、民人。

*【1707】改入边卫条内，此处应删。

一、运河一带强包闸夫二名，捞浅铺夫三名之上，民并军丁人等。

*【1707】一、运河一带强包闸夫、溜夫二名之上，捞浅、铺夫三名之上者。

比附律条[①]

【1645】比附各条,革旧不用,今亦存留备考。

【1670】(略)

【1670】批:或有万无可引者,然后从此。

*【1707】**臣等谨按:**此比附律内,有律例原有正条,不须比附者。谨于各条下注明删改。其应比附者,存留备考。

一、发卖猪羊肉灌水,及米麦等搀和沙土,货卖者,比依客商将官盐搀和沙土货卖者,杖八十。

一、奸义女,比依奸妻前夫之女律。

一、奸亲女,比依奸子孙之妇,又比依奸兄弟之女者律,斩,决不待时。律无该载,合依比附律条,斩。

*【1707】一、奸亲女,比依奸子孙之妇,又比依奸兄弟之女者律,斩。[②]

一、男女定婚,未曾过门,私下通奸,比依子孙违犯教令律,杖一百。

一、奸妻之母姨,比依凡奸论。

*【1670】批:和,杖八十;刁,一百;强,绞;未成,流。

一、义男奸义母,比依雇工人奸家长妻律,斩。

一、奸乞养男妇,比依奸妻前夫之女律科断,其男与妇,断还本守;但强者,斩。

一、女婿奸妻母,系败坏人伦,有伤风化,比依本条事例,各斩。

一、伴当奸舍人妻,比依雇工人及奴婢奸家长期亲者律,绞。

一、兄调戏弟妇,比依强奸未成者律。

*【1670】批:杖一百、流三千里。

一、奸义妹,比依奸同母异父姊妹律。

*【1670】批:徒三年。强,斩。

一、弓兵奸职官妻,比依奴及雇工人奸家长期亲之妻者律。

*【1707】一、弓兵奸职官妻,比依奴及雇工人奸家长期亲之妻者律,绞。

一、奸继母,比依奸父妾律,斩。

---

① 顺治二年(1645)"比附律条"共69条,康熙九年(1670)相沿未改。

② 康熙四十六年(1707)进呈本所载律条文字又出入者,以仿宋字体标明,律条前标注"*【1707】",下同。

*【1707】一、奸继母,比依奸伯叔母律,斩。

一、骂亲王,比依骂祖父母律,绞。

一、骂三品以上官长,比依骂祖父母律,绞。

*【1707】骂制使及本管官,律内原有条例,应删。

一、义子骂义父母,比依子孙骂祖父母律,绞。

一、既聘未娶子孙之妇,骂舅姑,比依子孙违犯教令律,杖一百。

一、骂主,比依骂祖父母律,绞。

*【1707】奴婢骂家长,有正律,应删。

一、毁骂职官,比依奴婢骂家长期亲论。

*【1670】批:杖八十、徒二年。

*【1707】正律各按品级治罪,应删

一、奴婢放火烧主房屋,比依奴婢骂家长律,绞。

一、诽谤朝廷,比依子孙骂祖父母律,绞。

一、奴婢诽谤家长,比依子孙骂父母律论。

*【1707】一、奴婢诽谤家长,比依骂家长律论。

*【1707】骂家长,原有正律,应删。

一、杀义子,比依杀兄弟之子律,杖一百、徒三年;故杀者,杖一百、流三千里。

一、妻之子打庶母,伤者,比依弟妹殴兄姊者律,杖九十、徒二年半。

*【1670】批:妻之子殴伤父妾,止加凡人一等,而打庶母伤者,至杖九十、徒二年半,则是加数等矣。

一、千户私役军人不从,踢伤身死,事发差人押解不服,又将解人打死,比依故勘平人,及殴差人致死之罪相等律,斩。

*【1707】今无千户名色。文武职官殴杀兵民,各有正律。应删。

一、养父殴杀乞养子,比依师殴弟子,与伯叔父母殴杀侄同。

*【1707】此条有正律,应删。

一、乞养异姓子殴养父母,比依僧、道殴受业师,与殴伯叔父母同。今例与子孙同。论年岁,有无娶妻、分产。

*【1707】一、乞养异姓子殴养父母,与子孙同。论年岁,有无娶妻、分产。

*【1707】此条有正律,应删。

一、谋杀义叔,比依雇工人谋杀家长已行罪;同子孙杀父母已行律。

*【1707】一、谋杀义复之期服兄弟,比依雇工人谋杀家长之期亲律。

一、妻将夫殴打,又行吓说,“你每日将父母打骂,我去告你”,以致夫自缢身死,比依威逼期亲尊长,致死者,绞。

一、民人结揽为写发,比依禁革主保、小里长生事扰民论。

一、僧、道打死徒弟,比依伯叔故杀子侄律论。

*【1707】“称道士女冠”律注已载明,应删。

一、负累平人致死,比依诬告人因而致死一人论。

一、凡官吏打死监候犯人,比依狱卒非理凌虐罪囚,致死者,各绞。

一、给由牌误,比依奏事错误论。

*【1707】律文此条拟删。

一、倒使印信,比依行移文书失错论。

*【1707】见“漏使印信”律文小注,应删。

一、上值官军、上工人匠遗失铜牌、木牌,比依遗失官文书律,杖七十,责限三十日寻见免罪。

*【1707】遗失铜、木牌面,正律文按官、役,罚俸、罚银,应删。

一、打破信牌,比依毁官文书律,杖一百,又比依弃毁制书论。

*【1707】一、打破信牌,比依毁官文书律,杖一百。

一、遗失京城门锁钥,比依遗失印信、巡牌律论。

*【1707】一、遗失京城门锁钥,比依遗失印信律论。

一、弃毁祖宗神主,比依弃毁父母死尸律,斩。

一、三犯窃盗,伪造上工人匠牌面带入内府,比依厨役、校尉入内,悬带铜牌、木牌,伪造者,斩。

*【1707】今三犯窃盗拟绞,伪造铜、木牌面,各有律例,应删。

一、私煎银两,比依常人盗仓库钱粮律,绞。

*【1707】今无私煎之禁。若伪造,自有律例。应删。

一、诈他人姓名注附木牌进内府,不销名字,意在陷害他人,比依投隐匿姓名文书告言人罪者律,绞。

一、诈称御史齐驾贴拿人,比依诈传诏旨律。

一、假写家书,诈称寄来财物,不行送还,勒取人财物者,比依恐吓取人财物,计赃准窃盗论。

一、诈称校尉拿人,比依近侍人诈称私行者律,斩。

*【1707】以上四条,散见诈伪律例,俱应删。

一、故无禀给与多支禀给者,比依常人盗仓库钱粮论。

*【1707】见兵律正条,应删。

一、私卖自己官马,比依监守自盗仓库钱粮律,斩。

*【1707】见厩牧条例,应删。

一、库官多秤绵花,比依多收税粮斛面,计赃重者,从重论。

*【1707】今无纳户上纳棉花,以致库官多秤事,应删。

一、军民人等,举放银两,克减军粮,比依知窃盗赃故买论。

*【1707】举放私债,克减军粮,各有正条,应删。

一、隐匿费抄没财物，比依常人盗仓库钱粮论。

*【1707】见“仓库·隐瞒入官家产”正律，应删。

一、军官将带操军人，非理凌虐以致在逃，比依牧民官非法行事激变良民者律，斩。

一、军官将羁管逃军，非法凌虐科差，以致在逃，比依牧民官非法行事激变良民律，斩。

*【1707】今军籍无世职军官，以上二条，俱应删。

一、过午门不下马，比依违制论。

*【1707】见“直行御道”律条，应删。

一、雇工人做烟火点火，人众惊挤，躐踏压死，比依烧香集众，夜聚晓散，佯修善事，煽惑人民，为首者，绞；为从者，流。造作人，不应从重论。

*【1707】失火致伤人命，自有本律，应删。

一、吏部、吏典，赴内府带小牌，不问收取，问给拟不应从重论。

一、奏本赴内府，带小木牌一面，放在承天门外，不放被守把官军奏发，比依不应从重论。

*【1707】今吏典虽有木牌，俱带在身边，无放取之事。以上二条，俱应删。

一、官军、里老人等，扶捏符同保结，比依嘱托公事，当该官吏听从已行未行律，有赃从重论。

*【1707】扶同保结，散见各律，应删。

一、光禄寺厨役，点灯偷饮官酒，醉卧被火烧毁酒房，并上用等酒，比依放火故烧系官积聚之物及盗内府财物律，斩。

*【1707】偷饮官酒，烧毁官物，各有正条，应删。

一、邀截进贺表笺，比依在外大小衙门进呈实封公文呈至御前而邀截取回律，斩。

*【1707】见邀取实封公文正律内小注，应删。

一、偷盗所挂号令、犯人首级，丢弃水中，比依拆毁申明亭板榜律，杖一百、流三千里。

一、运粮一半在逃，比依凡奉制书有所施行而违者律，杖一百。

一、强盗不得财伤人，比依白昼抢夺伤人者律，斩。

*【1670】批：分首从今已入例。

*【1707】见“强盗”正律后，应删。

一、尊长坟内熏狐狸，缌麻亲族、祖父母、族伯叔、父母兄、堂兄妻，附妻父母，烧棺椁者，杖九十、徒二年半；烧尸者，杖一百、流三千里。

*【1707】见“发冢”正律内，应删。

一、夫弃妻之尸，比依尊长弃毁缌麻以下卑幼律论。

*【1670】批:依凡人流三千里减一等。

一、将肾茎放入人粪门内淫戏,比依秽物灌入人口律,杖一百。

*【1707】一、鸡奸者,比依秽物灌入人口律,杖一百。

*【1670】批:新例强者立决,和者照律。

一、僧、道徒弟与师共犯罪,徒弟比依家人共犯,免科。

一、僧、道旧寺观,故僧、道存原造侍奉佛像三尊,去别寺院侍奉,比依不应从重论。

*【1707】一、僧、道旧寺观原造佛像,去别寺院侍奉,比依不应从重论。

一、盗用知府印,父在时押空纸,父已故假捏父在任时呈文,陷害人,买嘱铺兵递送,比依投隐匿姓名文书告言人罪者。

*【1707】一、盗用知府印,父在时押空纸,父已故假捏父在任时呈文,陷害人,买嘱铺兵递送,比依投隐匿姓名文书告言人罪者律,绞。

*【1707】盗用印信,假捏文书,买嘱递送,各有本条,应删。

一、奸义男妇,比依奸缌麻以上亲之妻,及妻前夫之女、同母异父姊妹,杖一百、徒三年;强者,斩。

*【1707】一、奸义男妇,比依奸缌麻以上亲之妻律,杖一百、徒三年;强者,斩。

律例总类

雍正三年(1725)《大清律集解附例》改原“大清律附”为“大清律例总类”,摘出全书罪名所犯情由,自笞、杖以至凌迟,重新汇集编纂。体例较“大清律附”的主要变化有二,一是罪名次序由“大清律附”的由重至轻改为由轻至重;二是“大清律附”律、例分编,“律例总类”则于每一罪名下先律后例编排,律例次序仍一依律例正文次序。

雍正三年(1725)《大清律例总类》附于《大清律集解附例》全书之末,编为《大清例集解附例》第16册至第20册,卷号则独立编为“总类”卷一至卷六,共6卷。乾隆五年(1740)《大清律例》,律例正文由原30卷改为39卷,①“总类”接续编号,为第40卷至第46卷,“比引律条”独立为1卷(第47卷)。此后历朝《大清律例》所称47卷即此47卷20册。然道光五年(1825)、道光二十七年(1847)、同治九年《大清律例》均未见第40卷至第46卷“总类”,仍保留第47卷“比引律条”,直接续在第39卷“工律·河防”之后。②

下文所录“律例总类”,分别来自雍正三年《大清律例集解附例》,乾隆五年、乾隆三十三年、乾隆五十五年《大清律例》,另附载光绪十年(1884)刚毅重刊本《律例总类》。③

编录方式以雍正三年为基础版本,凡雍正三年所载各条,在该条目前标注【1725】,如该条此后未修改,则不另标注说明。如在此后各版有修改,则标明修改版次及修改后条款。如乾隆五十五年本有修改,则在原条款候接续标明“【1790】〇修改”,以及“【1790】(修改后条款)”。如原条款在此后某一版中已不著录,则标注删除,如“【1768】〇删除”。因光绪十年(1884)刚毅重刊本并非官刊律例,故在涉及著录该版本条款时,在年份前标识前增加“*”号,如“*【1884】(修改后条款)”。

---

① 原卷首编为3卷(卷一律目、卷二诸图、卷三服制),名例、户律仓库、刑律斗殴、刑律断狱各拆为2卷,刑律贼盗拆为3卷,是为39卷。

② 乾隆二十六年(1761)武英殿刻《大清律续纂条例》2卷,附载《大清律续纂条例总类》2卷,为所各版《大清律续纂条例》《大清律纂修条例》仅见附载续纂条例总类条款的。其增加“律例总类”情况,见本卷末所“大清律例总类条款数量沿革简表”。

③ 光绪十五年(1889)江苏书局本《大清律例总类》各卷目录附注条款数目虽与光绪十年(1884)刚毅重刊本数目不同,但经详细核对,所载条款并无二致。

【律例总类序】[1]

臣等奉命纂修律例,进呈御览。蒙皇上睿鉴折衷,固已至平至允,昭如日星矣。第条款繁多,一时难于检阅,谨将全书罪名,自笞、杖以至凌迟,依次汇集,俱一一摘出所犯情由,分析开载,名曰“总类”。其正律之外,又有比引科断之条。略举数则,附载于后。以见大凡。不特鞫狱官吏便于查阅,不致疑似混淆,且使士民开卷讲读,了若指掌而畏法怀刑,凛然不敢侵犯,则《总类》亦弼教之先资也。

① 此序见于雍正三年(1725)《大清律集解附例》“大清律例总类”开篇,未另标注序文撰者及时间。此后历朝《大清律例》皆不载本篇序文。

[笞　　罪]

笞　一　十

吏　律

信牌律

*【1725】府、州、县置立信牌，量地远近定限，随事销缴，违者，一日笞一十。每一日加一等，罪止笞四十。

官员赴任过限律

*【1725】已除官员在京、在外各依定限赴任，若无故过限者，一日笞一十，每十日加一等，罪止杖八十。○代官已到旧官，照限交割完备，无故不离任所者，减赴任过限罪二等，罪止杖六十。

无故不朝参公座律

*【1725】官员无故不朝参公座，及官吏假满无故不还职役者，一日笞一十，每三日加一等，罪止杖八十。

官文书稽程律

*【1725】官文书稽程一日者，吏典笞一十，每三日加一等，罪止笞四十。○首领官四日笞一十，每三日加一等，罪止笞三十。

照刷文卷律

*【1725】照刷有司有印信衙门文卷，迟一宗、二宗吏典，笞一十，三宗至五宗笞二十，每五宗加一等，罪止笞四十。府、州、县首领官及仓库、务场、局所、河泊等官，各减一等。

户 律

丁夫差遣不平律

＊【1725】丁夫、杂匠承差而稽留不着役,及在役日满而所司不放回者,一日笞一十,每三日加一等,罪止笞五十。

逃避差役律

＊【1725】丁夫、杂匠在役及工乐杂户逃者,一日笞一十,每五日加一等,罪止笞五十。○提调官吏故纵者,同罪。

违禁取利律

＊【1725】负欠私债违约不还者,五两以上违三月,笞一十,每一月加一等,罪止笞四十。

兵 律

宫殿门擅入律

＊【1725】应入宫殿人未著门籍而入,或当下值而辄入,及宿次未到而辄宿。门官、守卫官失觉察者。

【1740】○修改

【1740】应入宫殿人未著门籍而入,或当下值而辄入,及宿次未到而辄宿。门官、宿卫官失觉察者。

宿卫守卫人私自代替律

＊【1725】宫禁及紫禁城皇城门守卫人与京城门守卫官应值不值,及在值而逃,并各处城门应宿卫守卫人私自代替,亲管头目失觉察者。

从驾稽违律

＊【1725】应从车驾人违期不到,及从而先回还一日,亲管头目失觉察者。

宿卫人兵仗律

＊【1725】宿卫人兵仗离身,亲管头目失觉察者。

牧养畜产不如法律

*【1725】牧养驴骡以百头为卒,若死者、损者、失者,牧长、牧副一头笞一十,每三头加一等过,杖一百,每十头加一等,罪止杖八十,徒二年。○牧养羊以百头为率,若死者、损者、失者,牧长、牧副四头,笞一十,每三头加一等,过杖一百,每十头加一等,罪止杖七十,徒一年半。

孳生马匹律

*【1725】太仆寺官管领骒马,每年三群,应孳生驹一百匹。若止七十匹者。

验畜产不以实律

*【1725】官司相验,分拣官羊不以实一头者。

养疗瘦病畜产不如法律

*【1725】养疗瘦病羊不如法,因而致死一头者。

宰杀马牛律

*【1725】失防官私畜产,损食官私之物者。

递送公文律

*【1725】公文稽留失于检举,公文稽留磨擦破坏封皮不动,原封至十件以上与损坏一角之提调府官。

【1740】○修改

【1740】府提调官失于检举,公文稽留磨擦破坏封皮不动,原封至十件以上与损坏一角者。

驿使稽程律

*【1725】驿使承受官司常事文书,不依原写去处,错去他所,违限四日者。

公事应行稽程律

*【1725】起解官物、囚徒、畜产承差误,不依题写去处,错去他所,违限四日者。

乘官畜产车船附私物律

*【1725】公差应乘官马私驮物,不得过十斤,违者,五斤笞一十,每十斤加一等,罪止杖六十。○应乘船车私载物,不得过三十斤,违者,十斤笞一十,每二十斤加一

等,罪止杖七十。○受寄私载他人物者,寄物之人。○当该官司知而容纵者。

【1740】○修改

【1725】公差应乘官马、牛、驼、骡、驴私驮物,不得过十斤,违者,五斤笞一十,每十斤加一等,罪止杖六十。○应乘船车私载物,不得过三十斤,违者,十斤笞一十,每二十斤加一等,罪止杖七十。○受寄私载他人物者,寄物之人。○当该官司知而容纵者。

刑　律

良贱相殴律

*【1725】良人以手足殴人奴婢,不成伤者。

同姓亲属相殴律

*【1725】同姓服尽尊长以手足殴卑幼,不成伤者。

妻妾与夫亲属相殴律

*【1725】期亲以下尊长以手足殴卑幼之妇,不成伤者。○手足殴卑幼之妾成伤及以他物殴,不成伤者。○兄姊殴弟之妻及妻殴夫之弟妹并夫弟之妻以手足殴,不成伤者。○兄姊殴弟之妾及妻殴夫弟之妾并妾殴夫之妾子以他物殴,不成伤者。

殴妻前夫之子律

*【1725】以手足殴妻不同居前夫之子,不成伤者。○手足殴同居前夫之子成伤,及以他物殴,不成伤者。

骂人律

*【1725】无故骂人者。○相骂者。

坐赃致罪律

*【1725】非因事而与官吏人等财至四十两者。

在官求索借贷人财物律

*【1725】去官而受旧部内馈送土宜礼物者。

盗贼捕限律

*【1725】捕窃盗贼事发日为始,捕役汛兵一月不获窃盗者。

【1740】○修改

【1740】捕强、窃盗贼事发日为始,捕役汛兵一月不获窃盗者。

狱囚衣粮律

*【1725】若申禀上司不即施行者,一日笞一十,每一日加一等,罪止笞四十。

妇人犯罪律

*【1725】妇人犯罪,杂犯责付保管。失于监禁者。

笞二十

吏律

滥设官吏律

＊【1725】吏典、知印及承差、祗候、禁子、弓兵人等额外滥充容留一人者,正官笞二十,每三人加一等,罪止杖一百。

【1740】○修改

【1740】吏典及承差、禁子、弓兵人等额外滥充容留一人者,正官笞二十,每三人加一等,罪止杖一百。

擅离职役律

＊【1725】官吏在官,无故应值不值、应宿不宿者。

擅勾属官律

＊【1725】上司有追对刑名,查勘钱粮等重事,勾问属官事毕。无故稽留不放回者,三日笞二十,每三日加一等,罪止笞五十。

上书奏事犯讳律

＊【1725】申其余衙门文书错误,有害于事者。

照刷文卷律

＊【1725】照刷有司有印信衙门文卷失错及漏报一宗,吏典笞二十。二宗、三宗笞三十。每三宗加一等,罪止笞五十。府、州、县首领官及仓库、务场、局所、河泊等官各减一等。

增减官文书律

＊【1725】行移文书,误将"紧关"字样失错而洗补改正,首领官失于对同者。

户 律

脱漏户口律

＊【1725】本县提调正官首领官吏失于取勘。致有漏口者，十口笞二十，每三十口加一等，罪止笞四十。

丁夫差遣不平律

＊【1725】应差丁夫、杂匠而差遣不均平者，一人笞二十，每五人加一等，罪止杖六十。

逃避差役律

＊【1725】丁夫、杂匠在役及工乐杂户提调官吏不觉逃者，五人笞二十，每五人加一等，罪止笞四十。

卑幼私擅用财律

＊【1725】同居卑幼私擅用本家财物者，十两笞二十，每十两加一等，罪止杖一百。

卑幼私擅用财律

＊【1725】同居尊长应分家财不均平者，罪亦如之。

检踏灾伤田粮律

＊【1725】部内有水旱一应灾伤田粮，其检踏官吏、里长，甲首失于关防有不实者，十亩以上至二十亩，笞二十，每二十亩加一等，罪止杖八十。

盗耕种官民田律

＊【1725】盗种他人荒田一亩以下者，笞二十，每五亩加一等，罪止杖七十。

荒芜田地律

＊【1725】里长部内田地无故荒芜，以十分为率，一分笞二十，每一分加一等，罪止杖八十。〇人户计荒芜田地，以五分为率，一分笞二十，每一分加一等，罪止杖六十。

仓库不觉被盗律

＊【1725】有人从仓库中出，守把之人不搜检者。

【1740】○删除

＊＊【1884】有人从仓库中出，守把之人不搜检者。

违禁取利律

＊【1725】负欠私债违约不还者，五十两以上，违三月，笞二十，每一月加一等，罪止笞五十。

兵　律

宿卫守卫人私自代替律

＊【1725】各处城门守卫人应值不值者。○在值而逃者。○亲管头目知而故纵者。○宫禁及紫禁城皇城门守卫官应值不值并在值而逃，与京城门应宿卫守卫人并各处城门应宿卫守卫官私自代替，亲管头目失觉察者。

从驾稽违律

＊【1725】职官从车驾违期不到，及从而先回还一日，亲管头目失觉察者。

宿卫人兵仗律

＊【1725】宿卫官兵仗离身及宿卫人辄离执掌处所，亲管头目失觉察者。

优恤军属律

＊【1725】阵亡病故官军回乡，家属行粮脚力，有司不即应付者，迟一日笞二十，每三日加一等，罪止笞五十。

夜禁律

＊【1725】外郡城镇夜禁一更、五更犯者。○巡夜人等故将行人拘留诬执犯夜者。

关津留难律

＊【1725】关津往来船只，守把人不即盘验放行，无故阻当者，一日笞二十，每一日加一等，罪止笞五十。

牧养畜产不如法律

＊【1725】牧长、牧副损伤马、牛、驼一头者。

孳生马匹律

＊【1725】管领骒马，每年三群，应孳生驹一百匹，若止八十匹，不为用心提调者，典牧官。

乘官畜脊破领穿律

＊【1725】官马、牛、驼、骡、驴，牧养人及牧长、牧副，若瘦十头者，笞二十。每十头加一等，罪止杖一百。○官马、牛、驼、骡、驴，乘驾不如法，致脊破领穿，疮围绕三寸者。

官马不调习律

＊【1725】牧马官听乘官马不调习者，一匹笞二十，每五匹加一等，罪止杖八十。

宰杀马牛律

＊【1725】故杀他人马、牛、驼、骡、驴伤而不死，及杀猪、羊等畜价不减，为从者。

递送公文律

＊【1725】铺兵递送公文稽留三刻者，笞二十，每三刻加一等，罪止笞五十。○若磨擦及破坏封皮不动原封者，一角笞二十，每三角加一等，罪止杖六十。○公文到铺须要随即递送，违者。○铺司不告举者。○损坏公文一角，铺司告举，官司不即受理者。○公文稽留及磨擦破坏封皮。不动原封十件以上，与损坏公文一角者，提调县官州吏。○沉匿拆动原封一角者，提调府官。

驿使稽程律

＊【1725】出使驰驿违限，及驿官故将好马藏匿，推故不即应付以致违限俱系常事者，一日各笞二十，每三日加一等，罪止杖六十。

公事应行稽程律

＊【1725】起解官物、囚徒、畜产而辄稽留及事有期限而违者，一日笞二十，每三日加一等，罪止笞五十。

刑　律

斗殴律

＊【1725】斗殴，以手足殴人，不成伤者。

良贱相殴律

*【1725】良人以手足殴人奴婢成伤,及以他物殴,不成伤者。

同姓亲属相殴律

*【1725】同姓服尽尊长以他物殴卑幼,不成伤者。

妻妾与夫亲属相殴律

*【1725】期亲以下尊长以手足殴卑幼之妇成伤,及以他物殴,不成伤者。〇以他物殴卑幼之妾,成伤者。〇兄姊殴弟之妻及妻殴夫之弟妹并夫弟之妻以他物殴,不成伤者。

殴妻前夫之子律

*【1725】以手足殴妻不同居前夫之子成伤,及以他物殴,不成伤者。

骂尊长律

* *【1884】弟骂兄妻者。

坐赃致罪律

*【1725】官吏人等非因事受财一两以下者。〇与者至五十两者。

嘱托公事律

*【1725】为他人及亲属嘱托公事者。

稽留囚徒律

*【1725】徒流迁徙充军囚徒,当该官司无故稽留不送者,三日笞二十,每三日加一等,罪止杖六十。〇邻境官司囚到稽留不即递送者,罪亦如之。

盗贼捕限律

*【1725】捕强窃盗贼事发日为始,捕役汛兵一月不获强盗及杀人贼者。〇两月不获窃盗者。

囚应禁而不禁律

*【1725】鞫狱官于囚应杻而锁,应锁而杻。若囚该杖罪者。

淹禁律

*【1725】狱囚情犯已完,限外不断决起发者,当该官吏三日笞二十,每三日加一等,罪止杖六十。

鞫狱停囚待对律

*【1725】鞫狱官推问罪囚,伙内人伴见在他处,皆听有行文书勾取文到违限不发者,一日笞二十,每一日加一等,罪止杖六十。〇将重囚移就轻囚,多囚移就少囚。当处官司随即收问,若囚到不受者,一日笞二十,每一日加一等,罪止杖六十。

原告人事毕不放回律

*【1725】告词讼对问得实,无故稽留三日不放者,笞二十,每三日加一等,罪止笞四十。

狱囚诬指平人律

*【1725】被囚诬指之平人,无故稽留三日不放回者,笞二十,每三日加一等,罪止杖六十。

徒囚不应役律

*【1725】盐场铁冶拘役徒囚,应入役而不入役及病假已痊,不令计日贴役者,徒囚与监守人过三日笞二十,每三日加一等,罪止杖一百。

工　律

造作不如法律

*【1725】造作不如法之提调官吏。

造作过限律

*【1725】额造常课缎匹、军器,过限不纳齐足者,以十分为率,一分工匠笞二十,每一分加一等,罪止笞五十,局官减工匠一等,提调官吏又减局官一等。

名例例

老小废疾收赎例

*【1768】教令七岁小儿殴打父母者。

户　例

隐瞒入官家产例

＊【1740】一、隐匿、侵盗案内之家产十两以下者。

刑　例

有司决囚等第例

＊【1790】一、绿营兵丁斥革后,有犯徒、杖以下等罪,邻佑知情容隐者。
＊【1884】一、绿营兵丁因事斥革后,有犯徒、杖以下等罪,邻佑知情容隐者。

笞 三 十

吏 律

滥设官吏律

*【1725】吏典、知印及承差、祗候、禁子、弓兵人等额外滥充容留一人者，首领官笞三十，每三人加一等，罪止杖一百。

【1740】○修改

【1740】吏典及承差、禁子、弓兵人等额外滥充容留一人者，首领官笞三十，每三人加一等，罪止杖一百。

贡举非其人律

*【1725】主司考试艺业技能而失不以实者一人。

增减官文书律

*【1725】行移文书误将"紧关"字样失错而洗补改正者，吏典。

户 律

脱漏户口律

*【1725】里长失于取勘漏口者，一口至十口笞三十，每十口加一等，罪止笞五十。

欺隐田粮律

*【1725】还乡复业人民多余占田而荒芜者，三亩至十亩笞三十，每十亩加一等，罪止杖八十。

盗耕种官民田律

*【1725】盗种他人田及强种他人荒田一亩以下者，各笞三十，每五亩加一等，罪止杖八十。

居丧嫁娶律

*【1725】知系居丧及命妇而娶为妾者。

违禁取利律

*【1725】欠私债违约不还者百两以上,违三月,笞三十。每一月加一等,罪止杖六十。

礼　律

合和御药律

*【1725】御药、御膳不品尝之,监临提调官。

兵　律

宿卫守卫人私自代替律

*【1725】京城门守卫人及各处城门守卫官应值不值者。○在值而逃者。○亲管头目知而故纵者。○宫禁及紫禁城皇城门应宿卫、守卫人并京城门应宿卫守卫官私自代替,亲管头目失觉察者。

【1740】京城门守卫人及各处城门守卫官应值不值。○在值而逃。○亲管头目知而故纵者。○宫禁及紫禁城皇城门应宿卫、守卫人并京城门应宿卫守卫官私自代替,亲管头目失觉察者。

宿卫人兵仗律

*【1725】宿卫人于别处宿及宿卫官辄离职掌处所,亲管头目失觉察者。

夜禁律

*【1725】京城夜禁,一更三点钟声已静,五更三点钟声未动,犯者。

牧养畜产不如法律

*【1725】牧养马、牛、驼,以一百头为率,若死者、损者、失者,牧长、牧副每一头笞三十,每三头加一等,过杖一百,每十头加一等,罪止杖一百,徒三年。

孳生马匹律

*【1725】管领骒马,每年三群,应孳生驹一百匹,若止七十匹,不为用心提调者,

典牧官。

养疗瘦病畜产不如法律

＊【1725】养疗瘦病马、牛、驼、骡、驴不如法者。

宰杀马牛律

＊【1725】故杀官私马、牛、驼、骡、驴伤而不死及杀猪羊等畜价不减者。〇故放官私畜产损食官私物者。

【1740】〇修改

【1740】故杀官私马、牛、驼、骡、驴伤而不死及杀猪羊等畜价不减者。〇故放官私畜产损食官私物者，笞三十，赃重者，坐赃论罪，罪止一百，徒三年。

递送公文律

＊【1725】提调县吏失于检举公文、稽留及磨擦破坏封皮，不动原封十件以上，与损坏一角者。〇提调州官府吏失于检举，沉匿公文及拆动原封一角者。

刑　律

斗殴律

＊【1725】斗殴，以手足殴人成伤及以他物殴人，不成伤者。

良贱相殴律

＊【1725】奴婢以手足殴良人，不成伤者。〇良人以他物殴人奴婢，成伤者。

同姓亲属相殴律

＊【1725】同姓服尽卑幼，以手足殴尊长，不成伤者。

妻妾与夫亲属相殴律

＊【1725】期亲以下尊长以他物殴卑幼之妇，成伤者。〇殴卑幼之妾拔发方寸以上者。〇弟妹以手足殴兄之妻，不成伤者。〇妾以手足殴正妻姊妹、夫兄弟及夫之姊妹夫并妻之子殴父妾，不成伤者。

佐职统属骂长官律

＊【1725】佐贰官骂六品以下长官者。

坐赃致罪律

*【1725】诬告人罪笞一十,加所诬罪二等者,诬告律官吏人等非因事受财一两以上至十两者。○与者至六十两者。

在官求索借贷人财物律

*【1725】馈送监临官吏土宜礼物者。

徒流人逃律

*【1725】提调官及长押官不觉失囚一名者。

盗贼捕限律

*【1725】捕强窃盗贼,事发日为始。捕役汛兵两月不获强盗及杀人贼者。○三月不获窃盗者。

囚应禁而不禁律

*【1725】鞫狱官于杖囚应禁而不禁,应锁杻而不锁杻及脱去者。○徒囚应杻而锁,应锁而杻者。○若杖囚自脱去及司狱官、典狱卒私与囚脱去锁杻者。○提牢官知而不举者。

决罚不如法律

*【1725】行杖人决人,不如法者。

断罪引律令律

*【1725】断罪皆须具引律例,违者。

妇人犯罪律

*【1725】孕妇犯死罪,失于详审,过限不决者。

断罪不当律

*【1725】死囚应绞而斩,应斩而绞,失者。

工　律

造作不如法律

*【1725】造作不如法之局官。○造军器不如法,及织造缎匹粗糙纰薄之提调

官吏。

带造缎匹律

＊【1725】监临、主守官吏将自己物料辄于官局带造缎匹，局官失觉察者。

织造违禁龙凤文缎匹律

＊＊【1884】民间织造违禁龙凤文纻丝、纱罗，买而未用者。

造作过限律

＊【1725】各处额造常课缎匹、军器，不依期计拨物料之提调官吏。

失时不修堤防律

＊【1725】不修圩岸及虽修而失时者。

修理桥梁道路律

＊【1725】桥梁、道路务要坚完平坦，若损坏失于修理，阻碍经行之提调官吏。

户　例

男女婚姻例

＊【1740】一、女家悔盟另许，男家不告官司，强抢者。

隐瞒入官家产例

＊＊【1884】一、隐匿侵盗案内之家产十两至二十两者。

礼　例

失仪例

＊【1725】一、寻常朝会日，肆行喊叫、冲突拥挤者，断役之主。

＊【1884】一、寻常朝会日，断役肆行喊叫、冲突拥挤者，断役之主，

兵　例

驿使稽程例

＊【1725】一、赍奏常事，不骑驿马违限十日以外者。

刑　例

赌博例

*【1768】一、奴仆犯赌博,家主系平人。

笞 四 十

吏 律

滥设官吏律

*【1725】吏典、知印及承差、祗候、禁子、弓兵人等,额外滥充容留一人者,吏笞四十,每三人加一等,罪止杖一百。

【1740】〇修改

【1740】吏典承差、禁子、弓兵人等,额外滥充容留一人者,吏笞四十,每三人加一等,罪止杖一百。

擅离职役律

*【1725】官吏无故擅离职役者。〇主守仓库、务场、狱囚、杂物之类,应值不值、应宿不宿者。

擅勾属官律

*【1725】上司擅勾属官,拘唤吏典,及差占首领官,因而妨废公务者。〇属官承顺逢迎,及差拨吏典赴上司听事者。

讲读律令律

*【1725】律令颁行天下,百司官吏务要熟读讲明。每遇年终,各从上司官考校。若吏不能讲解,不晓律意者。

上书奏事犯讳律

*【1725】文书误犯御名及庙讳者。〇申六部错误有害于事者。

事应奏不奏律

*【1725】军务钱粮等事,应申上而不申上者。〇已申不待回报而辄施行者。

出使不复命律

*【1725】奉制敕出使回还,三日后不缴纳符验者,笞四十,每三日加一等,罪止

杖八十。

磨勘卷宗律

*【1725】磨勘出各衙门未完文卷,驳问迟错,刑名造作等事,可完而不完,应改正而不改正,过一季者,笞四十,每一月加一等,罪止杖八十。〇隐漏不报磨勘者,一宗笞四十,每一宗加一等,罪止杖八十。

增减官文书律

*【1725】官吏增减官文书以避迟错者。〇行移文书若有规避,故将军马、钱粮、刑名重事改补未施行者。

户　律

脱漏户口律

*【1725】隐漏自己及他人不成丁,人口不附籍,三口至五口,家长笞四十,每五口加一等,罪止杖七十。〇所隐之人同罪。〇本县提调正官首领官吏失于取勘,致脱户者,十户笞四十,每十户加一等,罪止杖八十。

主保里长律

*【1725】合设耆老,不许罢闲吏卒及有过之人充应,违者,当该官吏禁革。

点差狱卒律

*【1725】各处狱卒令人代替者。

私役部民夫匠律

*【1725】有司官私役使部民出百里之外,及久占在家使唤者,一名笞四十,每五名加一等,罪止杖八十。〇若有吉凶,及在家借使杂役,所使人数不得过五十名,每名不得过三日,违者,以私役论。

欺隐田粮律

*【1725】欺隐田粮,脱漏版籍者,一亩至五亩,笞四十,每五亩加一等,罪止杖一百。〇若将田土移丘换段、挪移等,则以高作下,减瞒粮额,及诡寄田粮,影射差役,并受寄者,罪亦如之。〇里长知而不举者,同罪。

检踏灾伤田粮律

*【1725】人户将成熟田地,冒告灾伤者,一亩至五亩,笞四十,每五亩加一等,罪

止杖一百。

典买田宅律

＊【1725】典买田宅不过割者，一亩至五亩，笞四十，每五亩加一等，罪止杖一百。○其所典田宅、园林、碾磨等物，年限已满，业主备价取赎，若托故不放赎者。

盗耕种官民田律

＊【1725】强种他人田，及盗种官荒田，一亩以下者，各笞四十，每五亩加一等，罪止杖九十。

妻妾失序律

＊【1725】民年四十以上无子，方听娶妾，违者。
【1740】○删除

钱法律

＊【1725】军民之家，将废铜私相买卖，及收匿在家不赴官卖者。

收支留难律

＊【1725】领纳物人到有先后，主司不依次序收支者。

起解金银足色律

＊【1725】收受诸色课程，变卖货物，起解金银，如成色不及分数之提调官吏及人匠。

盐法律

＊【1725】关津把截官及所委巡盐人员，巡禁私盐透漏初犯者。
＊【1725】客商卖盐了毕，十日内不缴退引者。

人户亏兑课程律

＊【1725】民间额办茶盐商税诸色课程，年终不纳齐足者，计不足之数，以十分为率，一分笞四十，每一分加一等，罪止杖八十。

违禁取利律

＊【1725】私放钱债及典当财物，每月取利并不得过三分，年月虽多，不过一本一利，违者。

把持行市律

＊【1725】见人买卖在旁,高下比价,惑乱取利者。

私造斛斗秤尺律

＊【1725】在市行使斛斗秤尺虽平,而不经官司较勘印烙者。

礼　律

祭享律

＊【1725】奉大祀牺牲,主司喂养不如法,致有瘦损者,一牲笞四十,每一牲加一等,罪止杖八十。○中祀有犯者,罪同。

亵渎神明律

＊【1725】纵令妻女于寺、观、神庙烧香者。○寺、观、神庙住持及守门之人不为禁止者。

禁止师巫邪术律

＊【1725】师巫假降邪神,并一应左道异端之术,煽惑人民,及军民装扮神像,鸣锣击鼓,迎神赛会。里长知而不首者。

合和御药律

＊【1725】御药、御膳拣择误不精之监临提调官。

乘舆服御物律

＊【1725】进御物差失者。○御幸舟船不整顿、修饰篙棹缺少之监临提调官。

失误朝贺律

＊【1725】朝贺及迎接诏书,所司不预先告示者。○已承告示而失误者。

兵　律

宫殿门擅入律

＊【1725】应入宫殿人未著门籍而入,或当下值而辄入,及宿次未到而辄宿者。○门官及宿卫官军故纵者。

宿卫守卫人私目代替律

*【1725】宫禁及紫禁城、皇城门守卫人与京城门守卫官应值不值者。〇在值而逃者。〇各处城门应宿卫守卫人私自代替及替之者。〇亲管头目知而故纵者。〇宫禁及紫禁城、皇城门应宿卫守卫官私自代替,亲管头目失觉察者。

从驾稽违律

*【1725】应从车驾人违期不到,及从而先还一日者,笞四十,每三日加一等,罪止杖一百。〇亲管头目故纵者。

宿卫人兵仗律

*【1725】宿卫人兵仗不离身,违者。〇亲管头目知而不举者。〇宿卫官于别处宿,亲管头目失觉察者。

私卖战马律

*【1725】军人出征获到马匹,私下货卖买者。

私卖军器律

*【1725】军人关给一应军器,私下货卖买者。

毁弃军器律

*【1725】军人遗失及误毁关拨军器一件者。

纵放军人歇役律

*【1725】武职官私家役使军人,不曾隐占歇役者,一名笞四十,每五名加一等,罪止杖八十。〇军人钤束不严,致有违犯,或出百里,或出外境,私自歇役,及失觉举者,管队名下一名,把总五名,千总十名,本营专管官五十名者。

犯者夜禁律

*【1725】外郡城镇夜禁二更、三更、四更。

私越冒度关津律

*【1725】无文引私度关津,守把军兵失于盘诘者。

关津留难律

*【1725】撑驾渡船梢水,如遇风浪险恶,不许摆渡,违者。

递送逃军妻女出城律

*【1725】民递送逃军妻女出城,守门军人失于盘诘者。

私役弓兵律

*【1725】私役弓兵一人者,笞四十,每三人加一等,罪止杖八十。〇当该官司应付者,同罪。

验畜产不以实律

*【1725】官司验拣官马、牛、驼、骡、驴,不以实者,一头笞四十,每三头加一等,罪止杖一百。

养疗瘦病畜产不如法律

*【1725】养疗瘦病官马、牛、驼、骡、驴不如法,因而致死一头者,笞四十,每三头加一等,罪止杖一百。

畜产咬踢人律

*【1725】马、牛及犬有触抵踢咬人,而记号、拴系不如法,若有狂犬不杀者。〇故放犬令杀伤他人畜产者。

公使人等索借马匹律

*【1725】公使人等承差经过去处,索借有司驴、骡,官吏应付者。

递送公文律

*【1725】铺兵递送公文,若损坏一角者,笞四十,每二角加一等,罪止杖八十。〇铺司不告举者。〇沉匿公文及拆动原封一角,铺司告举而官司不即受理者。〇铺长失于检举公文,稽留及磨擦破坏封皮,不动原封十件以上,并损坏公文一角者。〇提调、县官、州吏失于检举,沉匿公文,拆动原封一角者。

铺舍损坏律

*【1725】有司官吏急递铺舍损坏不修,什物不完,铺兵数少,及令老弱之人当役者。

【1740】〇修改

【1740】急递铺舍损坏不修,什物不完,铺兵数少,及令老弱之人当役之提调官吏。

私役铺兵律

＊【1725】各衙门公差人员不许差使铺兵挑送官物及私已行李，违者。

文书应给驿而不给律

＊【1725】常事不应给驿而故给驿者。

公事应行稽程律

＊【1725】起解军需随征供给而管送违限者，一日笞四十，每三日加一等，罪止杖一百。〇若公文题写错者。

承差转雇寄人律

＊【1725】承差起解官物、囚徒、畜产，同差人自相替放者。

刑 律

窃盗律

＊【1725】窃盗已行而不得财，为从者。

盗贼窝主律

＊【1725】窃盗窝主，为从不行，又不分赃者。

屏去人服食律

＊【1725】故用蛇、蝎、毒虫咬伤人，轻者。

弓箭伤人律

＊【1725】无故向城市及居宅放弹、射箭、投掷砖石者。

窝弓杀伤人律

＊【1725】打捕户穿作坑阱，及安置窝弓，不立望竿，及抹眉小索者。

斗殴律

＊【1725】斗殴，以他物殴人，成伤者。

殴制使及本管长官律

＊【1725】流外官及军民吏卒以手足殴非本管九品以上官，及公使人以手足殴九

品以上有司官,不成伤者。

九品以上官殴长官律

*【1725】流内九品以上官殴非本管五品以上,若五品以上殴非本管三品以上官以手足殴,不成伤者。

殴受业师律

*【1725】殴受业师以手足殴,不成伤者。

良贱相殴律

*【1725】奴婢以手足殴良人成伤,及以他物殴,不成伤者。○良人殴他人奴婢,拔发方寸以上者。

同姓亲属相殴律

*【1725】同姓服尽卑幼,以他物殴尊长,不成伤者。

妻妾与夫亲属相殴律

*【1725】期亲以下尊长殴卑幼之妇,拔发方寸以上者。○弟妹以他物殴兄之妻,不成伤者。○妾以他物殴正妻姊妹夫、兄弟及夫之姊妹夫,并妻之子殴父妾,不成伤者。

奴婢骂家长律

*【1725】雇工人骂家长、缌麻亲者。

妻妾骂夫期亲尊长律

*【1725】妻骂夫者。

告状不受理律

*【1725】部院、督抚等官巡历去处,应有词讼发当该官司追问,若有迟错,部院等官不即举行改正,事情轻者,吏典。

听讼回避律

*【1725】官吏于诉讼人内关有服亲及婚姻之家,若受业师及素有仇隙之人,并听回避,违者。

诬告律

＊【1725】诬告人罪笞二十，加所诬罪二等者。

官吏词讼家人诉律

＊【1725】官吏争论婚姻等事，不许公文行移，违者。

坐赃致罪律

＊【1725】官吏人等非因事受财至二十两者。○与者至七十两者。

在官求索借贷人财物律

＊【1725】监临官吏接受所部内馈送土宜礼物者。

克留盗赃律

＊【1725】巡捕官已获盗贼，克留赃物不解官者。

诈病死伤避事律

＊【1725】官吏人等诈称疾病，临事避难者。○当该官司知而听行者。

夫匠军士病给医药律

＊【1725】军士在镇守之处，丁夫、杂匠在工役之所而有疾病，当该官司不为请给医药救疗者。○若已行移所司，不差拨良医，及不给对症药饵医治者。

失火律

＊【1725】失火烧自己房屋者。

不应为律

＊【1725】不应得为而为之，事理轻者。

盗贼捕限律

＊【1725】捕强窃盗贼，事发日为始。捕役汛兵三月不获强盗及杀人贼者。

囚应禁而不禁律

＊【1725】鞫狱官于徒囚应禁而不禁、应锁杻而不锁杻及脱去者。○流囚应锁而杻、应杻而锁者。○徒囚自脱去及司狱官、典狱卒私与囚脱去锁杻者。○提牢官知

而不举者。

与囚金刃解脱律

*【1725】提牢官失于检点,致囚自尽者。

决罚不如法律

*【1725】官司决人不如法者。

长官使人有犯律

*【1725】长官及出使人员有犯死罪,所属先行收管,申复上司,听候回报。次官有犯,亦同,长官,违者。

狱囚取服辩律

*【1725】徒流罪犯,各唤囚及其家属取服辩文状。若不服者,更为详审,违者。

妇人犯罪律

*【1725】妇人罪犯、杂犯责付保管,不许一概监禁,违者。○孕妇犯死罪失于详审产讫限未满而决者。

死囚复奏待报律

*【1725】犯十恶死罪及强盗,若于禁刑日而决者。

工　律

造作不如法律

*【1725】造作不如法之工匠。○造军器不如法,及织造缎匹、粗糙纰薄之局官。

造作过限律

*【1725】各处额造常课缎匹、军器,不依期计拨物料之局官。

修理仓库律

*【1725】各处公廨、官房舍但有损坏,当该官吏即移文有司修理,违者。○因而损坏官物者。○若已移文有司而失误者。

侵占街道律

*【1725】穿墙出秽污之物于街巷者。

修理桥梁道路律

＊【1725】津渡之处，应造桥梁而不造，应置渡船而不置者。

名例例

犯罪事发在逃例

＊＊【1884】一、监候待质杖罪人犯，及并未拟定罪名之人，期满保释后，私自逃匿保人。

户 例

典卖田宅例

＊【1768】一、民间私顶军田，匿不首报，一亩至五亩者。

＊【1884】一、民间私顶军田，匿不首报，一亩至五亩，笞四十，每五亩加一等，罪止杖一百。

隐瞒入官家产例

＊＊【1884】一、隐匿侵盗案内之家产，至三十两者。

盐法例

＊＊【1884】一、江西省各州县盐快、兵丁，按月提比，如每月应销引盐，销止七分者。

礼 例

禁止巫师邪术律

＊【1740】一、凡奸匪之徒，将各种避刑邪术私相传习保甲、邻里，知而容隐不首者。

丧葬例

＊＊【1884】一、旗民丧葬有犯火化，其族长及佐领等，隐匿不报者。

兵 例

直行御道例

＊【1725】一、至下马牌不下，而竟过看守人役失防范者。

纵放军人歇役例

＊【1725】一、军士下班之日,本管官员不许擅拨与人做工等项役使,违者。

【1740】○修改

【1740】一、军士下班之日,本管官员擅拨与人做工等项役使者。

私出外境及违禁下海例

＊＊【1884】一、同居子弟有买食鸦片烟者,其家长。

孳生马匹例

＊【1725】一、上驷院太仆寺所管游牧马群,合算正额内少孳生五十匹以下者,牧副。

驿使稽程例

＊【1725】一、赍奏密事不骑驿马,违限十日以外者。

刑　例

窃盗例

＊【1740】一、父兄不能禁约子弟为窃盗者。

＊【1768】一、贼犯交保管束之后,不加禁约,致该犯复出为匪,贼人罪止笞杖者,原保人。

＊＊【1884】一、窃盗再犯,枷责交保管束,倘复行为窃,贼人罪应杖、笞者,原保。

盗田野谷麦例

＊【1790】一、刨参贼犯在山林、僻壤、庄屯潜踪盘踞,该处保正、甲长审不知情,仅止失察者。

盗贼窝主例

＊【1740】一、父兄不能禁约子弟窝窃盗者。

＊【1740】一、排头所管内有为盗之人,虽不知情而失察者。

弓箭伤人例

＊＊【1884】一、鸟枪、竹铳向城市及有人居止宅舍施放者,虽不伤人。

奴及雇工人奸家长妻例

＊【1725】一、家长奸家下有夫之妇者。

买良为娼例

＊＊【1884】一、甫经窝娼及开设软棚，即被拿获，知情容留之邻保。

徒流人逃例

＊【1768】一、在京问拟笞杖人犯递回原籍，复逃来京三次以上，虽无犯案者。

【1790】○修改

【1790】一、在京问拟笞杖人犯递回原籍，复逃来京三次以上，不论次数。

＊＊【1884】一、容留徒罪人犯之亲属，除祖父、子孙、夫妻、奴仆外，其余亲属人等。

＊＊【1884】一、在京递回原籍人犯，复逃来京，原犯并无罪名者，枷号一个月。

＊＊【1884】一、由京递籍人犯脱逃来京，主守、乡保等。○其容留之亲属，除祖父、子孙、夫妻、奴仆外，其余亲属人等。

有司决囚等第例

＊【1790】一、绿营兵丁斥革后，有犯徒、杖以下等罪，其管束不严之本犯父兄。

＊【1884】一、绿营兵丁因事斥革后，有犯徒、杖以下等罪，其管束不严之本犯父兄。

妇人犯罪例

＊【1768】一、未产拷决不堕胎，及产限未满拷决不致死者。

笞五十

吏律

贡举非其人律

*【1725】贡举非其人,及应贡举而不贡举失者,一人笞五十,每二人加一等,罪止杖七十。

制书有违律

*【1725】稽缓制书及令旨者,一日笞五十,每一日加一等,罪止杖一百。

出使不复命律

*【1725】奉制敕及各衙门出使,若越理犯分侵人职掌行事者。

磨勘卷宗律

*【1725】磨勘出各衙门未完文卷,驳问迟错,一季之后,钱粮不行追征足备者,提调掌印官吏以十分为率,一分笞五十,每一分加一等,罪止杖一百。

户律

脱漏户口律

*【1725】里长失于取勘脱户者,一户至五户笞五十,每五户加一等,罪止杖一百。

盗卖田宅律

*【1725】盗卖换易及冒认侵占他人田宅,田一亩、屋一间以下者,笞五十。每田五亩、屋三间加一等,罪止杖八十,徒二年。

任所置买田宅律

*【1725】有司官吏不得于见任处所置买田宅,违者。

典买田宅律

＊【1725】典买田宅不税契者。

盗耕种官民田律

＊【1725】盗种官田及强种官荒田一亩以下者，各笞五十，每五亩加一等，罪止杖一百。

私借官车船律

＊【1725】监临主守将官车船、店舍、碾磨之类私自借用，或转借与人，及借之者，各笞五十，重于笞五十者，坐赃论加一等，罪止杖一百。

男女婚姻律

＊【1725】男女定婚，两家各从所愿。若许嫁女，已报婚书及有私约而辄悔者。○男家悔者。○应为婚者。虽已纳聘，期约未至，而男家强娶，及期约已至，而女家故违期者。

逐婿嫁女律

＊【1725】逐婿嫁女，或再招赘，及男家知而娶赘，俱未成婚者。

居丧嫁娶律

＊【1725】知系居丧及命妇而共为婚姻者，主婚人。

私借官物律

＊【1725】监临、主守将官什物、衣服之类，私自借用，或转借与人，及借之者，各笞五十。过十日，坐赃论，减二等，罪止杖八十，徒二年。

收支留难律

＊【1725】收受支给官物，官吏无故留难，不即收支者，一日笞五十，每三日加一等，罪止杖六十，徒一年。

收支留难律

＊【1725】守门人留难者，罪亦如之。

盐法律

＊【1725】关津把截官及所委巡盐人员巡禁私盐，若有透漏，再犯者。

匿税律

＊【1725】客商匿税及卖酒醋之家不纳课程者。○入门不吊引者。○买头匹不税契者。

【1740】○修改

【1740】客商匿税不纳课程者。○入门不吊引者。○买头匹不税契者。

人户亏兑课程律

＊【1725】茶盐运司、盐场、茶局及税务、河泊所等官办课亏兑者,以十分论,一分笞五十,每一分加一等,罪止杖一百。

私充牙行埠头律

＊【1725】官牙埠头容隐私充诸色牙行及船埠头者。

器用布绢不如法律

＊【1725】民间造器用之物不牢固正实,及绢布之属纰薄短狭而卖者。

礼　律

祭享律

＊【1725】天地、社稷大祀及庙享,所司不将祭祀日期预头先告示诸衙门者。○大祀牲牢、玉帛、黍稷之属不如法者。○牺牲主司喂养不如法,因而致死一牲者。○中祀有犯者,罪同。

合和御药律

＊【1725】御药、御膳不品尝者。

服舍违式律

＊【1725】房舍、车服、器物之类,各有等第。若违式僭用者,无官之家长及工匠。

僧道拜父母律

＊【1725】僧道衣服止许用绸绢布匹,不得用纻丝、绫罗,违者。

乡饮酒礼律

＊【1725】乡党叙齿及乡饮酒礼已有定式,违者。

兵　律

太庙门擅入律

*【1725】擅至太社门未过门限，守卫官失觉察者。

宫殿门擅入律

*【1725】擅入及冒入紫禁城等门，及禁苑未过门限，宿卫军人失觉察者。

宿卫守卫人私自代替律

*【1725】宫禁及紫禁城、皇城门守卫官应值不值者。○在值而逃者。○京城门应宿卫守卫人与各处城门应宿卫守卫官私自代替及替之者。○亲管头目知而故纵者。○各处城门不系宿卫守卫人冒名代替，亲管头目失觉察者。

从驾稽违律

*【1725】职官从车驾违期不到，及从而先回还一日者。○亲管头目故纵者。

直行御道律

*【1725】文武百官军民人等无故于午门外御道至御桥上直行及辄度御桥，守卫官失觉察者。

宿卫人兵仗律

*【1725】宿卫人辄离职掌处所者。○宿卫官兵仗不离身，违者。○亲管头目知而不举者。

毁弃军器律

*【1725】将领将关拨军器遗失及误毁一件者。

纵放军人歇役律

*【1725】钤束军人不严，致有违犯，或出百里，或出外境，私自歇役，及失觉举者，管队名下二名，把总十名，千总二十名，本营专管官一百名者。

从征守御官军逃律

*【1725】军还而先归者。○本管头目知情故纵者。

夜禁律

＊【1725】京城夜禁二更、三更、四更,犯者。

私越冒度关津律

＊【1725】无文引私度关津,守把官失于盘诘者。〇关不由门津不由渡而越度,守把军兵失于盘诘者。

递送逃军妻女出城律

＊【1725】民递送逃军妻女出城,守门官失于盘诘者。

孳生马匹律

＊【1725】管领骒马,每年三群,应孳生驹一百匹。若止八十匹者,牧长。

乘官畜脊破领穿律

＊【1725】官马、牛、驼、骡、驴乘驾不如法,致脊破领穿疮围绕五寸以上者。

私借官畜产律

＊【1725】监临、主守将官马牛、驼、骡驴私自借用或借与人及借之者。

公使人等索借马匹律

＊【1725】公使人等索借有司驴、骡者。〇索借官马匹骑坐官吏应付者。

递送公文律

＊【1725】提调县吏失于检举沉匿公文及拆动原封角者。

铺舍损坏律

＊【1725】铺长急递铺舍损坏不修,什物不完,铺兵数少及令老弱之人当役者。

驿使稽程律

＊【1725】出使驰驿军情重事,违限一日者。〇各驿官故将好马藏匿及推故不即应付,以致违限者。〇驿使承受官司文书误不依题写去处,错去他所而违限,事干军务者。〇原行公文题写错者。

占宿驿舍上房律

＊【1725】公差人员占宿驿舍正厅上房者。

乘驿马赍私物律

*【1725】乘驿驴赍带私物十斤者。

私役民夫抬轿律

*【1725】官吏及出使人员役使人民抬轿有司应付者。

承差转雇寄人律

*【1725】承差起解官物、囚徒、畜产受雇、受寄者。

刑　律

常人盗仓库钱粮律

*【1725】常人盗仓库钱粮等物不得财,为从者。

窃盗律

*【1725】窃盗及掏摸已行而不得财,为首者。○但得财一两以下,为从者。

盗田野谷麦律

*【1725】山野柴草、木石,他人已砍伐积聚而擅取,虽离本处未驮载者。

共谋为盗律

*【1725】窃盗之余人。

斗殴律

*【1725】斗殴拔发方寸以上者。

宫内忿争律

*【1725】宫内忿争者。

殴制使及本管长官律

*【1725】流外官及军民吏卒以手足殴非本管九品以上官,并公使人以手足殴九品以上有司官成伤,及以他物殴,不成伤者。

九品以上官殴长官律

*【1725】流内九品以上官殴非本管五品以上,若五品以上殴非本管三品以上官

以手足殴成伤,及以他物殴,不成伤者。

殴受业师律

＊【1725】殴受业师以手足殴成伤,及以他物殴,不成伤者。

良贱相殴律

＊【1725】奴婢以他物殴良人,成伤者。

妻妾与夫亲属相殴律

＊【1725】妻之子以他物殴父妾,成伤者。○妾之子以手足殴父妾,不成伤者。

骂制使及本管长官律

＊【1725】吏卒骂六品以下首领官者。

佐职统属骂长官律

＊【1725】首领官及统属官骂六品以下长官者。

奴婢骂家长律

＊【1725】雇工人骂家长小功亲者。

骂尊长律

＊【1725】骂内外缌麻兄姊者。

妻妾骂夫期亲尊长律

＊【1725】妻妾骂夫内外缌麻兄姊者。

越诉律

＊【1725】军民词讼越本管官司辄赴上司称诉者。

诬告律

＊【1725】诬告人罪,笞三十,加所诬罪二等者。

见禁囚不得告举他事律

＊【1725】年八十以上十岁以下及笃疾,若妇人除告谋反、叛逆子孙不孝或盗诈侵夺财产及杀伤之类外官司受而为理者。

军民约会词讼律

*【1725】军人有犯人命,管军衙门约会有司检验,归问其有占吝不发者,首领官吏。〇管军官越分辄受民讼者。

坐赃致罪律

*【1725】官吏受财无禄人不枉法赃一两以下者,官吏受财律官吏人等,非因事受财至三十两者。〇与者至八十两者。

诈称内使等官律

*【1725】诈称使臣乘驿驿官,失盘诘者。

官吏宿娼律

*【1725】官吏宿娼者,媒合人。

嘱托公事律

*【1725】官吏人等曲法嘱托公事者。〇当该官吏听从者。

私和公事律

*【1725】私和公事情重者。

失火律

*【1725】失火延烧官民房屋者。

违令律

*【1725】违令者。

徒流人逃律

*【1725】徒流、迁徙充军囚人役限内而逃,及起发已经断决中途在逃者,一日笞五十,每三日加一等,罪止杖一百。

囚应禁而不禁律

*【1725】鞫狱官于流囚应禁而不禁应锁杻而不锁杻及脱去者。〇死囚应杻而锁、应锁而杻者。〇流囚自脱去及司狱官典狱卒私与囚脱去锁杻者。〇提牢官知而不举者。

与囚金刃解脱律

*【1725】司狱官典失于检点,致囚自尽者。

主守教囚反异律

*【1725】狱官典卒容纵外人入狱,及走泄事情于囚罪无增减者。

狱囚衣粮律

*【1725】狱囚应请给衣粮医药,而不请给患病应脱去锁杻而不脱去,应保管出外而不保管,应听家人入视而不听司狱官典狱卒。

狱囚衣粮律

*【1725】提牢官知而不举者。

老幼不拷讯律

*【1725】得兼容隐之人及年八十以上十岁以下,若笃疾皆不得令其为证违者。

鞫狱停囚待对律

*【1725】鞫狱官于同伴罪囚已在他处事发者,听轻囚,就重囚、少囚,从多囚,若囚数相等,送先发官司并问,若两县相去三百里之外者,各从事发处归断,违者。

妇人犯罪律

*【1725】孕妇犯死罪,失于详审未产而决者。

断罪不当律

*【1725】已处决讫别加残毁死尸者。

工　律

擅造作律

*【1725】营造计料申请财物及人工多少不实者。

造作不如法律

*【1725】成造军器不如法,及织造缎匹、粗糙粃薄者。

带造缎匹律

*【1725】工匠将监临、主守官吏自己物料辄于官局带造缎匹者。

失时不修堤防律

*【1725】不修河防及修而失时者,提调官吏。○不修圩岸因而淹没田禾者。

户 例

私创庵院及私度僧道例

*【1740】一、僧道犯罪,该还俗者,若仍于原寺观、庵院或他寺观、庵院潜住,枷号一个月,僧道官及住持知而不举者。

*【1740】一、僧道年未四十,招受生徒及招受不止一人者。○僧道官容隐者。

*【1884】一、僧道年未四十,即行受徒及招受不止一人者。招受之人,身犯奸、盗重罪,伊师不准续招,其复行续招者。○僧道官容隐者。

盗卖田宅例

**【1884】一、土目土民典买土司田亩一亩,笞五十,每五亩,加一等,罪止杖八十、徒二年。

收粮违限例

**【1884】一、运弁、旗丁挂欠粮米不及一分者。

转解官物例

*【1725】一、空重漕船随帮百总、旗头违限一次者。

典买田宅例

*【1768】一、民间私顶军田,匿不首报,一亩至五亩者。

*【1884】○删除

隐匿入官家产例

**【1884】一、隐匿侵盗案内之家产,至四十两者。

盐法例

**【1884】一、江西省各州县盐快、兵丁,按月提比,如每月应销引盐,销止六

分者。

匿税例

＊【1725】一、民间置买田房产业用布政司刊刻契纸,若故违仍用白纸写契者。

【1740】○删除

＊【1768】一、民间马匹,兵民私自买卖,不报明地方官,不上税、不存案者。

＊【1884】一、民间马匹,或卖与旗人、驿站,或兵民互相买卖,不报官上税存案,而私自买卖者。

违禁取利例

＊＊【1884】一、负欠私债,在京不赴五城及步军统领衙门而赴部院,在外不赴军衙有司,而越赴巡抚、司、道处告理,及辄具本状奏诉者。

市司评物价例

＊＊【1884】一、京城米石,如有偷运出城,如本犯罪止徒、杖,各门失察官兵。

礼　例

失仪例

＊【1725】一、坛庙祭祀及圣驾出入并升殿之日肆行喊叫、冲突拥挤者,厮役之主。

＊【1884】一、坛庙祭祀及圣驾出入并升殿之日,厮役肆行喊叫、冲突拥挤者,其主。

禁止迎送例

＊【1725】一、军民人等遇见官员引导,即须下马躲避,不许冲突,违者。

＊【1884】一、军民人等遇见官员引导经过,即下马躲避,不许冲突,违者。

服舍违式例

＊【1725】一、品官服色等物,工匠与不应用之家制造者。

＊【1725】一、官民人等用线缨者。

＊【1740】一、奴仆服饰,其缎纱及各样细皮俱不许用,长随亦同。奴仆服饰违者。

＊【1884】一、军民、僧道人等,若常服僭用锦绣、绫罗,器物全用金银及大红销金帐褥,妇女僭用金绣闪色衣服、金宝、珍珠首饰等件者。○奴仆、优伶、皂隶、长随,其

纺丝绸缎纱罗，及各样细皮，俱不许用。违者。

乡饮酒礼例

＊【1740】一、乡饮坐叙，其有曾犯法之人列于外坐主者，若不分别，致使良莠混淆者。

兵　例

直行御道例

＊【1725】一、至下马牌不下而竟过者。

私藏应禁军器例

＊【1740】一、官员出差赴任回籍，及商民出外贸易携带军器、印票，限外隐匿不缴者。

＊【1884】一、官员出差赴任回籍，及商民出外贸易携带军器、印票，隐匿不缴者。

盘诘奸细例

＊【1725】一、广东山主，不经官验准，私令批佃搭寮种麻种靛者。

＊【1884】一、广东山主，不经官验准，私令批佃搭寮者。

孳生马匹例

＊【1725】一、上驷院太仆寺，所管游牧马匹，合算正额内少孳生一百匹以下者，牧副。

隐匿孳生官畜产例

＊【1725】一、屯庄居住旗人畜养马匹而无印烙，屯领催不行察出者。

刑　例

盗园陵树木例

＊【1740】一、子孙将祖父坟园、树木砍伐私卖及私买者。

【1768】○删除

盗田野谷麦例

＊【1740】一、失察偷出边关刨参至一百名者，领催、披甲人等鞭五十。

*【1884】一、山海等关,失察偷出边关刨参至一百名之领催、披甲人等。

*【1768】一、盛京各处山场,商人领票砍伐木植,如有夹带偷砍果松,数至百根者。

* *【1884】一、民间农田,如有于己业地内费用工力挑筑池塘储蓄之水,无论业主已未车斗入田,而他人擅自窃放,以灌己田者,不问黑夜白日,按所灌田一亩以下笞五十,每五亩加一等,罪止杖八十、徒二年。

保辜限期例

*【1790】一、斗殴伤重不能动履之人,亲属违例抬验,与不行阻止之地保,各照违令律。

*【1884】一、斗殴伤重不能动履之人,如有违例抬验者,将违例抬验之亲属与不行阻止之地保。

恐吓取财例

*【1725】一、恶棍设法索诈官民实在光棍事发,其犯人之家主父兄。

【1740】○修改

【1740】一、恶棍设法索诈官民,情事重大,实在光棍,其家主父兄。

殴制使及本管长官例

*【1740】一、闲散及护军、披甲人,将该管官刀伤者,领催、族长。

*【1884】一、闲散护军、披甲人,记仇将该管官动兵刃致伤者,领催、族长。

家长良贱相殴例

*【1725】一、奴仆殴辱职官者。

*【1884】○删除

越诉例

* *【1884】一、未经在本籍地方及该上司先行具控,或审办未结,遽行来京控告者。

赌博例

*【1725】一、赌博不行严查缉拿者,总甲。

【1740】○修改

【1740】一、赌博不行查首之总甲。

失火例

＊＊【1884】一、失火延烧官民房屋,数至一百间者,加枷号一个月。○二百间者,加枷号两个月。○三百间以上者,加枷号三个月。

工　例

造作不如法例

＊【1725】一、打造弓箭,擅改式样货卖者。

[杖　　罪]

杖　六　十

吏　律

贡举非其人律

*【1725】主司考试艺业技能而不以实一人者。

上书奏事犯讳律

*【1725】上书及奏事错误,当言原免而言不免,当言千石而言十石之类,有害于事者。

出使不复命律

*【1725】奉制敕出使回还,三日后不缴纳圣旨者,杖六十,每二日加一等,罪止杖一百。

增减官文书律

*【1725】增减官文书者,杖六十。若有规避,杖罪以上,各加本罪二等,罪止杖一百,流三千里。

漏使印信律

*【1725】各衙门行移出外文书,漏使印信者。○倒用印信者。

户　律

脱漏户口律

*【1725】将另居亲属隐蔽在户不报,及相冒合户附籍无赋役者,及所隐之人。○隐漏自己及他人成丁人口不附籍,及增减年状,妄作老幼废疾,以免差役者,一口至三口,家长杖六十,每三口加一等,罪止杖一百。○所隐之人,同罪。○里长官吏

知情者。

立嫡子违法律

*【1725】乞养异姓义子以乱宗族者。○若以子与异姓人为嗣者。○立嗣虽系同宗而尊卑失序者。

禁革主保里长律

*【1725】合设耆老,不许罢闲吏卒,及有过之人充应违而充应者。

逃避差役律

*【1725】民户逃住邻境,州、县里长知而不逐遣,及原管官司不移文起取,并所在官司占吝不发者。

私役部民夫匠律

*【1725】监工官私役使夫匠一名出百里之外,及久占在家使唤者。

收养孤老律

*【1725】鳏寡孤独及笃废之人,贫穷无亲属依倚,所在官司不收养者。

功臣田土律

*【1725】功臣之家,除拨赐公田外,但有田土入籍,纳粮当差,违者,一亩至三亩杖六十,每三亩加一等,罪止杖一百,徒三年。○若里长及有司官吏检踏不实,及知而不举者,同罪。

盗耕种官民田律

*【1725】强种官田一亩以下者,杖六十,每五亩加一等,罪止杖六十,徒一年。

典雇妻女律

*【1725】受财典雇女者。○知而典雇者。

同姓为婚律

*【1725】祖父母、父母犯死罪囚禁而子孙自嫁娶为妾者。父母囚禁嫁娶律。同姓为婚者。

娶亲属妻妾律

*【1725】有服亲妾被出,及已改嫁而娶为妾者。

娶乐人为妻妾律

*【1725】官吏娶乐人为妻妾者。○官员子孙娶者。

良贱为婚姻律

*【1725】奴自娶良人女为妻,家长知情者。

出妻律

*【1725】妻虽犯七出,有三不去而出之者。○妾因夫逃亡,三年之内不告官司而逃去者。○窝主知情者。

钱法律

*【1725】钱法阻滞,不即行使者。

收粮违限律

*【1725】税粮违限不足者,官吏及人户各以十分为率,一分杖六十,每一分加一等,罪止杖一百。

多收税粮斛面律

*【1725】各仓收受税粮,仓官、斗级不令纳户行概,踢斛淋尖多收者。○提调官吏知而不举者。

揽纳税粮律

*【1725】揽纳他人税粮者。

挪移出纳律

*【1725】出征镇守军马经过去处,行粮草料,明立文案,即时应付,违者。

守支钱粮及擅开官封律

*【1725】官物有印封记,主典不请原封官司而擅开者。

盐法律

*【1725】关津把截官及所委巡盐人员巡禁私盐,若有透漏三犯者,将有引官盐转于别境犯界货卖,知而买食者。

私充牙行埠头律

＊【1725】城市乡村诸色牙行,及船埠头私充者。

私造斛斗秤尺律

＊【1725】私造斛斗、秤尺不平,在市行使及将官降斛斗、秤尺作弊增减者。○工匠,同罪。○官降不如法,提调官失于较勘者。

礼　律

合和御药律

＊【1725】合和御药料理,拣选误不精者。○造御膳饮食之物,拣选误不精者。○饮食误不洁净之监临提调官。

乘舆服御物律

＊【1725】乘舆服御物收藏修整不如法者。○御幸舟船不整顿修饰及篙棹之属缺少者。

公差人员欺凌长官律

＊【1725】公差人员在外欺凌守御官及府、州、县官者。

失占天象律

＊【1725】天文垂象,钦天监官失于占候奏闻者。

匿父母夫丧律

＊【1725】期亲尊长,丧制未终,释服从吉者。

兵　律

太庙门擅入律

＊【1725】擅入太社门及至太庙山陵兆域门未过门限,守卫官失觉察者。

宫殿门擅入律

＊【1725】擅入及冒入紫禁城等门,及禁苑未过门限,门官守卫官失觉察者。○擅入及冒入紫禁城等门,及禁苑已过门限,并至宫殿门未过门限,门军、宿卫军人

失觉察者。

宿卫守卫人私自代替律

*【1725】宫禁及紫禁城、皇城门应宿卫守卫人，并京城门应宿卫守卫官，私自代替及替之者。○亲管头目知而故纵者。○京城门不系宿卫守卫人，并各处城门不系宿卫守卫官，冒名代替，亲管头目失觉察者。

宿卫人兵仗律

*【1725】宿卫人辄离职掌处所，别处宿者。○宿卫官辄离职掌处所者。○亲管头目知而不举者。

漏泄军情大事律

*【1725】私开官司文书印封看视者。

军人替役律

*【1725】冒名代替守御军人者。

纵军掳掠律

*【1725】军人私出外境掳掠，本管头目钤束不严者。

毁弃军器律

*【1725】将领关拨一应军器征守，事讫不回纳还官者，十日杖六十，每十日加一等，罪止杖一百。

从征守御官军逃律

*【1725】军还因而在逃，及守御军人在逃初犯，里长知而不首者。○军人限外自首者。

【1740】○修改

【1740】军还因而在逃，及各处守御军人在逃初犯，里长知而不首者。○军人限外自首者。

私越冒度关津律

*【1725】关不由门，津不由渡，而越度守把之官，失于盘诘者。○马骡私度冒度关津者。

递送逃军妻女出城律

*【1725】民递送逃军妻女出京城，守门军人失于盘诘者。

私出外境及违禁下海律

*【1725】将马牛、军需、铁货、铜钱、缎匹、绸绢、丝绵，私出外境下海，守把军兵失觉察者。

孳生马匹律

*【1725】管领骒马，每年三群，应孳生驹一百匹。若止七十匹者，牧长。

公使人等索借马匹律

*【1725】公使人等索借有司官马匹骑坐者。

递送公文律

*【1725】铺兵递送公文，若沉匿及拆动原封一角者，杖六十，每一角加一等，罪止杖一百。〇铺司不告举者。〇各县铺长失于检举者。〇若事干军情机密文书，提调府官失检举者。

多乘驿马律

*【1725】出使人员应乘驴而乘马，及应乘中下等马而勒要上等马，驿官容情应付者。〇枉道驰驿及经驿不换船马者。

乘驿马赍私物律

*【1725】出使人员乘驿马赍带私物至十斤者，杖六十，每十斤加一等，罪止杖一百。

私役民夫抬轿律

*【1725】官吏及出使人员役使人民抬轿者。〇富豪民人役使佃客抬轿者。

病故官家属还乡律

*【1725】军民官病故，家属无力还乡，所在官司应付递送，违者。

承差转雇寄人律

*【1725】承差起解官物、囚徒、畜产，雇寄人代领送者。

刑　律

常人盗仓库钱粮律

*【1725】常人盗仓库钱粮等物不得财,为首者。

强盗律

*【1725】窃盗弃财逃走,事主追逐,因而拒捕,为从者。

窃盗律

*【1725】窃盗及掏摸得财一两以下,为首者。○一两至一十两,为从者。

略人略卖人律

*【1725】和卖子孙为奴婢,未卖者。○窝主及买主知情者。

起除刺字律

*【1725】盗贼曾经刺字,若有起除原刺字样者,补刺。

尊长为人杀私和律

*【1725】常人私和人命者。

宫内忿争律

*【1725】殿内忿争者。

殴制使及本管长官律

*【1725】流外官及军民吏卒以他物殴伤九品以上官,并公使人殴九品有司官,成伤者。

九品以上官殴长官律

*【1725】流内九品以上官以他物殴非本管五品以上官,及五品以上殴非本管三品以上官,成伤者。

殴受业师律

*【1725】以他物殴受业师,成伤者。

良贱相殴律

＊【1725】奴婢殴良人，拔发方寸以上者。○殴大功亲奴婢，折一齿一指，眇一目，抉毁耳鼻，破骨，及用汤火铜铁汁伤者。

妻妾殴夫律

＊【1725】夫殴妾，折一齿一指，眇一目，抉毁耳鼻破骨，及用汤火铜铁汁伤者。

同姓亲属相殴律

＊【1725】同姓卑幼殴服尽尊长，拔发方寸以上者。

殴祖父母父母律

＊【1725】祖父母、父母非理殴子孙之妾，致令废疾者。

妻妾与夫亲属相殴律

＊【1725】期亲以下尊长殴卑幼之妾，血从耳目中出，及内损吐血者。○妻之子殴父妾，拔发方寸以上者。○妾之子以手足殴父妾成伤，及以他物殴，不成伤者。

父祖被殴律

＊【1725】祖父母、父母为人所杀，而子孙擅杀行凶人者。

骂制使及本管长官律

＊【1725】吏卒骂六品以下佐贰官者。

佐职统属骂长官律

＊【1725】佐贰官骂五品以上长官者。

奴婢骂家长律

＊【1725】奴婢骂家长缌麻亲者。○雇工人骂家长大功亲者。

骂尊长律

＊【1725】骂小功兄姊及缌麻尊属者。

妻妾骂夫期亲尊长律

＊【1725】妻妾骂夫小功兄姊及缌麻尊属者。○夫骂妻之父母者。

诬告律

＊【1725】诬告人罪笞四十,加所诬罪二等者。

干名犯义律

＊【1725】雇工人告家长缌麻亲得实者。

官吏受财律

＊【1725】官吏受财,有禄人之不枉法赃一两以下者。〇无禄人之枉法赃一两以下者。〇不枉法赃一两至一十两者。

坐赃致罪律

＊【1725】官吏人等非因事受财至四十两者。〇与者至一百两者。

因公科敛律

＊【1725】有司官吏人等非奉上司明文,因公擅自科敛所属财物,及管军官吏科敛军人钱粮,赏赐虽不入己者。〇若馈送人,虽不入己者。

犯奸律

＊【1725】私和和奸者。

官吏宿娼律

＊【1725】官吏宿娼者。〇官员子孙宿娼者。

嘱托公事律

＊【1725】自嘱托己事者。

徒流人逃律

＊【1725】徒流迁徙充军囚人配所主守,及途中押解人不觉失囚者,一名杖六十,每一名加一等,罪止杖一百。

囚应禁而不禁律

＊【1725】鞫狱官于狱囚应禁而不禁,应锁杻而不锁杻,及本有锁杻而为脱去,囚该死罪者。〇若囚自脱去锁杻,及司狱官、典狱卒私与囚脱去锁杻,囚该死罪者。〇提牢官知而不举者。〇鞫狱官于囚不应禁而禁,及不应锁杻而锁杻者。

淹禁律

*【1725】狱囚情犯已完,审录无冤,别无追勘未尽事理,若限外不断决,因而淹禁,致死囚该死罪者。

与囚金刃解脱律

*【1725】狱卒失于检点防范,致囚自尽,原非纵与可杀之具者。

狱囚衣粮律

*【1725】司狱官、典狱卒于狱囚应请给衣粮、医药而不请给,应脱锁杻而不请脱,应保出外而不请保,应听家人入视而不听,因而致死死罪囚者。○提牢官知而不举者。○已申禀上司,不即施行,因而致死死罪囚者。

功臣应禁亲人入视律

*【1725】功臣及五品以上官犯罪应禁者,许令亲人入视。徒流者,并听亲人随行。若在禁及配所,或中途病死,官司开具缘由,差领亲人,奏请发放,违者。

有司决囚等第律

*【1725】狱囚死罪,奏闻回报,故延不决者。

检验尸伤不以实律

*【1725】尸伤不即检验,及检验不亲临监视,若初复检,官吏相见,扶同尸状,致移易轻重、增减尸伤不实者,正官。

狱囚取服辩律

*【1725】狱囚死罪,各唤囚及其家属取服辩文状。若不服者,更为详审。违者。

妇人犯罪律

*【1725】孕妇犯死罪,产讫过限不决者。

死囚复奏待报律

*【1725】死罪囚复奏回报应决者,听三日乃行刑,若限未满而刑,及过限不行刑者。

断罪不当律

*【1725】死囚应绞而斩、应斩而绞者。

工 律

带造缎匹律

＊【1725】监临、主守官吏将自己物料辄于官局带造缎匹者。○局官知而不举者。

失时不修堤防律

＊【1725】不修河防及修而失时,毁害人家,漂失财物者。

侵占街道律

＊【1725】侵占街道起盖房屋及为园圃者。

吏 例

漏使印信例

＊【1768】一、奏销册钱粮总数遗漏印信,及有洗补添注字样,缮书册吏。
【1790】○删除
＊【1884】一、奏销册钱粮总数遗漏印信,及有洗补添注字样,缮书册吏。

户 例

立嫡子违法例

＊【1768】一、八旗无嗣之人实有同宗可继,捏称并无族人,蒙混继立异姓者。
【1790】○删除

典买田宅例

＊【1768】一、民间私顶军田,匿不首报,至十五亩者。
＊【1884】○删除

收粮违限例

＊【1725】一、贡生、监生、生员应纳钱粮,以十分为率,欠至四分以下者。
【1740】○修改
【1740】一、贡监生、生员应纳钱粮,以十分为率,欠至四分以下者。
＊【1884】一、应纳钱粮,以十分为率,贡监生员,欠至四分以下者,黜革。

＊＊【1884】一、运弁、旗丁，挂欠粮米至一分者。

转解官物例

＊【1725】一、空重漕船随帮百总、旗头违限二次者。

＊【1884】一、空重漕船，照定限时日出境，随帮百总、旗头违限二次者。

隐瞒入官家产例

＊＊【1884】一、隐匿侵盗案内之家产至五十两者。

盐法例

＊＊【1884】一、江西省各州县盐快、兵丁，按月提比，如每月应销引盐，销止五分者，枷号一个月。

人户亏兑课程例

＊＊【1884】一、各商应完盐课作为十分，欠不及一分者。〇欠一分者，枷号一个月。

私充牙行埠头例

＊【1740】一、各处关口、地方土棍人等遇有重载恃强代揽雇觅小船起剥勒索使用扰累客商者。

＊【1884】〇删除

把持行市例

＊【1768】一、牙行侵欠，审系分散客店不完，一千两以下者。

＊【1788】一、牙行侵欠，审系分散客店，并无中饱者，一千两以下。

礼　例

失仪例

＊【1725】一、寻常朝会日，断役肆行喊叫、冲突拥挤者。

兵　例

漏泄军情大事例

＊【1725】一、提塘及衙役人等将密封事件私开窃视，以致漏泄者。

【1725】一、平常非密封事件,提塘与各衙门书办彼此勾通,本章一到,即抄写刊刻图利者。

*【1884】一、非密封事件,提塘与各衙门书办彼此勾通,本章一到,即抄刻图利者。

私出外境及违禁下海例

* *【1884】一、洋口各汛兵役不实力查拿疏脱偷渡人犯,十名以上者,责二十板,每十名加十板,五十名以上,枷号一个月发落。

孳生马匹例

*【1725】一、上驷院太仆寺,所管游牧马群合算正额内少孳生一百匹以上者,牧副。

递送公文例

*【1725】一、驿站马夫沉匿平常公文一角者,每一角加一等,罪止杖一百。提调吏典减一等,官又减一等。

【1740】〇删除

承差转寄雇人例

*【1740】一、起解人犯派押兵役,足数查点,有缺少、代解等弊,其缺少、顶替之兵役。

*【1884】一、起解人犯管押兵役,查点有缺少、代解等弊,其缺少、顶替之兵役。

刑　例

窃盗例

*【1768】一、窃盗再犯计赃罪,应杖六十者,加枷号二十日。

盗田野谷麦例

*【1768】一、盛京各处山场,商人领票砍伐木植,如有夹带偷砍果松,数至百根者。

*【1884】一、盛京各处山场,商人领票砍伐木植,如有夹带偷砍果松,数至百根者,杖六十,每百根加一等,罪止杖一百、徒三年。

诈欺官私取财例

* *【1884】一、指称买官买缺,或称规避处分,及买求中式等项,诓骗听选并应

议官吏及举人、监生、生员人等财物,若甫被诓骗,即行首送者,诓骗之人,杖六十。

发冢例

＊【1740】一、实系本人远祖之坟,被人发掘盗葬,因将盗葬之棺发掘抛弃者。在田地场园内盗葬者,其盗葬人。

＊【1884】一、实系本人远祖之坟,被人发掘盗葬,因将所盗葬之棺发掘抛弃者。

盗贼窝主例

＊【1725】一、牌头知所管内为盗之人,曾经首告,而保正不行转首者。

【1740】○修改

【1740】一、牌头知为盗、窝盗之人举报保正,而保正不行转报者。

＊【1884】一、牌头知有为盗、窝盗之人,于保正处有举报,而保正不行转报之保正。

不觉失囚例

＊【1725】一、押解人犯中途脱逃一名者,短解及护送营兵主守。

杖 七 十

吏 律

制书有违律

*【1725】失错旨意者。

弃毁制书印信律

*【1725】误毁及遗失官文书者。

出使不复命律

*【1725】各衙门出使干预他事系常事者。

户 律

盗卖田宅律

*【1725】盗卖换易及冒认,若虚钱实契典买,及侵占官田一亩、屋一间以下者。

男女婚姻律

*【1725】许嫁女已报婚书,及有私约,再许他人,及后定娶,男家知情,俱未成婚者。〇男家悔而再聘者。

良贱为婚姻律

*【1725】家长与奴娶良人女为妻,女家主婚人知情者。

阻坏盐法律

*【1725】客商中买盐引勘合,不亲支盐,中途增价转卖之牙保。

私造斛斗秤尺律

*【1725】斛斗秤尺,官降不如法者。〇提调官知情者。〇仓库官吏私自增减官降斛斗秤尺,监临官失于觉察者。

礼　律

见任官辄自立碑律

＊【1725】受见任官遣请于上，为之立碑建祠者。

公差人员欺凌长官律

＊【1725】校尉在外欺凌守御官及府州县官者。

兵　律

太庙门擅入律

＊【1725】擅入太庙门及山陵兆域门，守卫官失觉察者。

宫殿门擅入律

＊【1725】擅入及冒入紫禁城等门，及禁苑已过门限，并至宫殿门未过门限，门官及宿卫官失觉察者。○擅入及冒入宫殿门，门军及守卫军人失觉察者。

宿卫守卫人私自代替律

＊【1725】宫禁及紫禁城、皇城门应宿卫守卫官私自代替，及替之者。○亲管头目知而故纵者。○宫禁及紫禁城、皇城门不系宿卫守卫人，并京城门不系宿卫守卫官，冒名代替，亲管头目失觉察者。

直行御道律

＊【1725】宫殿中文武百官军民人等无故直行御道，守卫官失觉察者。

宿卫人兵仗律

＊【1725】宿卫官辄离职掌处所，别处宿者。○亲管头目知而不举者。

冲突仪仗律

＊【1725】车驾行处，文武百官非奉宣唤，无故辄入仪仗内，典仗护卫官军不觉者。

越城律

＊【1725】越官府公廨墙垣未过者。

从征违期律

＊【1725】官军征讨已有日期,稽留不进者,一日杖七十,每三日加一等,罪止杖一百。

毁弃军器律

＊【1725】军人关拨一应军器,征守事讫辄弃毁一件者。

从征守御官军逃律

＊【1725】在京军人逃,初犯,里长知而不首者。〇军人限外自首者。

私越冒度关津律

＊【1725】无引马、骡越度关津者。

递送逃军妻女出城律

＊【1725】民递送逃军妻女出京城,守门官失于盘诘者。

私出外境及违禁下海律

＊【1725】将马牛、军需、铁货、铜钱、缎匹、绸绢、丝绵私出外境下海,该拘束官司失觉察者。

宰杀马牛律

＊【1725】私宰自己及缌麻以上亲驼、骡、驴,为从者。〇自己及缌麻以上亲马、牛,若他人并官驼、骡,因毁食物而杀者。

【1740】〇修改

【1740】故杀缌麻以上亲驼、骡、驴,为从者。〇缌麻亲马、牛,若他人并官驼、骡,因毁食物而杀者。

递送公文律

＊【1725】提调州官、府吏失于检举,沉匿拆动公文,事干军情者。

多乘驿马律

＊【1725】出使人员应乘驴而乘马,及应乘中下等马而勒要上等马者。〇应乘船马数外多乘一船一马,驿官容情应付者。〇应乘上等马而驿官却与中下等马者。〇枉道驰驿及经驿不换,因而走死驿马者。

私借驿马律

*【1725】驿官将驿驴私自借用，或借与人及借之者。

刑 律

盗园陵树木律

*【1725】盗他人坟茔内树木，为从者。

常人盗仓库钱粮律

*【1725】常人盗出仓库钱粮等物一两以下者。
*【1884】常人盗仓库钱粮等物一两以下者。

强盗律

*【1725】窃盗弃财逃走，事主追逐，因而拒捕，为首者。

窃盗律

*【1725】窃盗及掏摸得财一两至一十两，为首者。○二十两，为从者。

略人略卖人律

*【1725】和卖子孙为奴婢者。○略卖子孙为奴婢未卖者。○窝主及买主知情者。

发冢律

*【1725】有主坟地内盗葬，为从者。

殴制使及本管长官律

*【1725】流外官及军民吏卒殴九品以上官，并公使人殴九品有司官拔发方寸以上者。

九品以上官殴长官律

*【1725】流内九品以上官殴非本管五品以上官及五品以上殴非本管三品以上官拔发方寸以上者。

殴受业师律

*【1725】殴受业师拔发方寸以上者。

威力制缚人律

＊【1725】威力主使制缚人及于私家拷打监禁下手,为从者。

良贱相殴律

＊【1725】良人殴他人奴婢,血从耳目中出,及内损吐血者。○殴缌麻、小功亲奴婢,折一齿一指,眇一目,抉毁耳鼻,破骨,及用汤火铜铁汁伤者。○殴大功亲奴婢,折二齿二指以上及髡发者。

奴婢殴家长律

＊【1725】家长及家长之期亲、外祖父母殴雇工人,折一齿一指,眇一目,抉毁耳鼻,破骨,及用汤火铜铁汁伤者。

妻妾殴夫律

＊【1725】夫殴妾,折二齿二指以上,及髡发者。

同姓亲属相殴律

＊【1725】尊长殴服尽卑幼,血从耳目中出,及内损吐血者。

殴大功以下尊长律

＊【1725】本宗及外姻尊长殴大功卑幼,折一齿一指,眇一目,抉毁耳鼻,破骨,及用汤火铜铁汁伤者。

殴祖父母父母律

＊【1725】祖父母、父母非理殴子孙之妾,致令笃疾者。

妻妾与夫亲属相殴律

＊【1725】妻殴夫大功,卑幼折一齿一指,眇一目,抉毁耳鼻,破骨,及用汤火铜铁汁伤者。○期亲以下尊长殴卑幼之妇,血从耳目中出,及内损吐血者。○妾之子以他物殴父妾成伤者。

父祖被殴律

＊【1725】祖父母、父母为人殴,子孙即时救护还殴,至折人一齿一指,眇一目,抉毁耳鼻,破骨,及用汤火铜铁汁伤者。

骂制使及本管长官律

*【1725】吏卒骂六品以下长官者。

奴婢骂家长律

*【1725】奴婢骂家长、小功亲者。

骂尊长律

*【1725】骂大功兄姊及小功尊属者。

妻妾骂夫期亲尊长律

*【1725】妻妾骂夫大功兄姊及小功尊属者。

诬告律

*【1725】诬告人罪笞五十,加所诬罪二等者。

干名犯义律

*【1725】卑幼告缌麻尊长,及奴婢告家长缌麻亲,雇工人告家长小功亲,得实者。

官吏受财律

*【1725】官吏受财有禄人之枉法,赃一两以下者。○不枉法,赃一两以上至一十两者。○无禄人枉法,赃一两至五两者。○不枉法,赃至二十两者。

坐赃致罪律

*【1725】官吏人等非因事受财至五十两者。○与者,至二百两者。

诈传诏旨律

*【1725】诈传五品以下衙门官言语,为从者。○当该官吏知而听行者。

犯奸律

*【1725】媒合容止和奸者。○私和和奸有夫者。

良贱相奸律

*【1725】良人和奸他人婢者。

检验尸伤不以实律

＊【1725】尸伤不即检验,及转委吏卒检验,致移易轻重、增减尸伤不实之首领官。

妇人犯罪律

＊【1725】孕妇犯死罪产讫,限未满而决者。〇未产拷决,因而堕胎者。
【1790】〇修改
【1790】孕妇犯死罪产讫,限未满而决者。〇未产拷打,因而堕胎者。

吏　例

弃毁制书印信例

＊【1768】一、大小衙门,将奉行条例遗漏交盘造册之典吏。
＊【1788】一、大小衙门,将奉行条例造册交盘典吏,如有遗漏者。

户　例

盗卖田宅例

＊【1768】一、子孙盗卖历久宗祠一间以下,杖七十,每三间加一等罪,止杖一百,徒三年。〇知情谋买之人。

典买田宅例

＊【1768】一、民间私顶军田,匿不首报,至二十亩者。
＊【1884】〇删除

居丧嫁娶例

＊＊【1884】一、孀妇自愿守志,祖父母、父母,夫之祖父母、父母,抢夺强嫁,未致被污者。〇娶主知情同抢者。

收粮违限例

＊＊【1884】一、运弁、旗丁,挂欠粮米至二分者。

转解官物例

＊【1725】一、漕船随帮百总、旗头违限三次者。

*【1884】一、空重漕船，照定限时日出境，随帮百总、旗头，违限三次者，杖七十，每一次加一等，罪止杖一百、徒三年。

盐法例

* *【1884】一、江西省各州县盐快、兵丁，按月提比，如每月应销引盐，销止四分者，枷号四十五日。

人户亏兑课程例

* *【1884】一、各商应完盐课，作为十分，欠二分者，枷号一个月半。

礼　例

亵渎神明例

*【1725】一、军民人等纵令妇女于寺、观、神庙行走者，枷号一个月。

*【1884】○删除

兵　例

宫殿门擅入例

* *【1884】一、绣漪桥以北昆明湖内，官民人等擅入游玩，失察之官军。

军人替役例

*【1725】一、兵丁不亲出征，及行间放拨瞭哨等处，以奴仆代替者。

私卖军器罪

*【1768】一、收当军人、军官开给衣甲旗帜，应禁军器者，杖七十，每一件加一等，罪止杖一百，徒三年。

毁弃军器例

*【1725】一、看守城池、仓库、街道兵丁，遗失本身器械者。

*【1884】一、看守城池、仓库、街道等处兵丁，遗失本身器械者。

私出外境及违禁下海例

*【1740】一、民人私入台湾番境及近番处所，抽藤吊鹿、伐木采粽之乡保、社长。

*【1884】一、民人私入台湾番境及近番处所，偷越深山，抽藤钓鹿等项，钤束不

严之乡保、社长。

＊【1790】一、拿获偷渡过台客民,该处兵役止于失察者。

＊【1884】一、拿获偷渡过台客民,如尚在陆路客店道路,未登舟以前者。○至拿获偷渡过台客民,究明该处澳甲、地保、客店人等,止于失察者。

刑　例

强盗例

＊【1725】一、事主以奸报盗,甲长、邻佑扶同捏报者。
【1768】○删除

窃盗例

＊【1768】一、窃盗再犯,计赃罪应杖七十者,加枷号二十五日。

盗贼窝主例

＊【1725】一、牌头知所管内为盗之人,曾经首告,而甲长不行转首者。
【1740】○修改
【1740】一、牌头知为盗、窝盗之人举报甲长,而甲长不行转报者。
＊【1884】一、牌头知有为盗、窝盗之人,于甲长举报,而不行转报之甲长。

戏杀误杀过失杀伤例

＊【1790】一、围场内射兽兵丁,因射兽而伤平人未死,三等伤者。
＊【1884】○删除

诈教诱人犯法例

＊＊【1884】一、苗、猺、狑、獞所在地方,如有外来匪徒,教诱犯法,所犯之人罪应杖六十者。

＊＊【1884】一、地方官有被参降之案,严究幕友、长随、书役等,但倚官滋事,怂令妄为,累及本官降一级者。

杖 八 十

吏 律

滥设官吏律

＊【1725】罢闲官吏在外干预官事,蠹政害民者。

贡举非其人律

＊【1725】贡举非其人,及应贡举而不贡举者,一人杖八十,每二人加一等,罪止杖一百。○所举之人知情者。

弃毁制书印信律

＊【1725】律主守官物遗失簿书,以致钱粮数目错乱者。○各衙门吏典役满,明立案验,将原管文卷交付接管之人,违者。○首领官吏不候交割,扶同给照者。

上书奏事犯讳律

＊【1725】上书奏事误犯御名及庙讳者。

事应奏不奏律

＊【1725】军务钱粮等事应奏不奏者。○已奏不待回报而辄施行者。○五品以下上司官处将不合行事务妄作禀准,及朦胧禀说,施行者。

官文书稽程律

＊【1725】各衙门遇所属申禀公事,当该官吏不与果决,致误公事者。○所属将可行事件作疑申禀者。

磨勘卷宗律

＊【1725】磨勘各衙门文卷若有隐漏不报,事干钱粮者,一宗杖八十,每一宗加一等,罪止杖一百。

同僚代判署文案律

＊【1725】应行官文书而同僚官代判署者。

增减官文书律

*【1725】官文书洗改干碍调拨军马及军需钱粮数目者,首领官吏典。

漏使印信律

*【1725】各衙门行移出外文书全不用印者。

户律

脱漏户口律

*【1725】一、户全不附籍,无赋役者。○将他人隐蔽在户不报,及相冒合户附籍,无赋役者。○将另居亲属隐蔽在户不报,及相冒合户附籍,有赋役者。○所隐之人,同罪。○里长官吏知情者。

人户以籍为定律

*【1725】军民驿灶诸色人户,并以籍为定,若诈冒脱免者。○官司妄准脱免及变乱版籍者。

私创庵院及私度僧道律

*【1725】僧道不给度牒,私自簪剃者。○寺、观住持及受业师私度者。

立嫡子违法律

*【1725】立嫡子违法者。○嫡妻年五十以上无子,不立庶长子者。

收留迷失子女律

*【1725】将迷失及在逃子女、奴婢隐藏在家者。

赋役不均律

*【1725】有司科征税粮及杂泛差役,若放富差贫,挪移作弊,被害贫民赴控,该上司不为受理者。

别籍异财律

*【1725】居父母丧而兄弟别立户籍,分异财产者。

检踏灾伤田粮律

*【1725】水旱灾伤,有司官吏应准告而不受理,申报检踏,及本管上司不委官覆

踏者。

弃毁器物稼穑等律

＊【1725】毁人坟茔内碑碣、石兽者。

男女婚姻律

＊【1725】许嫁女已报婚书,及有私约再许他人,及后定娶,男家知情俱已成婚者。○男家悔而再娶者。○若为婚而女家妄冒成婚者。○卑幼在外,尊长后为定婚,而卑幼自娶妻未成婚者,从尊长所定,违者。

典雇妻女律

＊【1725】将妻妾受财典雇与人为妻妾者。○将妻妾妄作姊妹嫁人者妻妾。○知而典雇者。

居丧嫁娶律

＊【1725】男子居父母丧而娶妾,妻居夫丧,女居父母丧而嫁人为妾者。○命妇夫亡再嫁人为妾者。○居祖父母、伯叔父母、姑、兄、姊丧而嫁娶者。○居父母、舅姑及夫丧而与应嫁娶人主婚者。○夫丧服满,妻妾果愿守志,而女家及夫家之祖父母、父母强嫁之者。

父母囚禁嫁娶律

＊【1725】祖父母、父母犯死罪囚禁而子孙自嫁娶者。

尊卑为婚律

＊【1725】娶己之姑舅、两姨姊妹者。

娶亲属妻妾律

＊【1725】有服亲妻被出及已改嫁而娶为妻妾者。○娶同宗无服亲之妾者。

娶部民妻女为妻妾律

＊【1725】府、州、县官任内娶部民妇女为妻妾者。○女家主婚人,同罪。○为子孙弟侄家人娶者。

僧道娶妻律

＊【1725】僧道娶妻妾者。○女家主婚人,同罪。○寺、观住持知情者。

良贱为婚姻律

＊【1725】家长与奴娶良人女为妻者。○其奴自娶者。

出妻律

＊【1725】妻无应出及义绝之状而出之者。○犯义绝应离而不离者。○妻因夫逃亡,三年之内不告官司而逃去者。○妾背夫在逃者。○妾因夫逃亡,三年之内不告官司而擅改嫁者。○婢背家长在逃者。○窝主及娶者、知情者。○期亲以上尊长主婚改嫁者。

揽纳税粮律

＊【1725】监临主守揽纳税粮者。

转解官物律

＊【1725】各处征收钱帛,买办军需,成造军器等物,所在州、县解府。若本府勒令州、县人户就解布政司者。○布政司不即交收,勒令各府就解部者。

盐法律

＊【1725】客商将官盐搀和沙土货卖者。

阻坏盐法律

＊【1725】客商中买盐引勘合,不亲支盐,中途增价转卖,阻坏盐法者。

违禁取利律

＊【1725】监临官吏于部内举放钱债,典当财物者。○豪势之人以私债强夺人孳畜产业者。

得遗失物律

＊【1725】地内掘得埋藏古器、钟鼎、符印异常之物,限三十日内送官,违者。

把持行市律

＊【1725】把持行市、取利及卖物以贱为贵,买物以贵为贱者。

私造斛斗秤尺律

＊【1725】工匠增减仓库官,降解斗秤尺者。

礼 律

祭享律

＊【1725】大祀，牲牢、玉帛、黍稷之属一事缺少者。○中祀，有犯者，罪同。

致祭祀典神祇律

＊【1725】所在有司不当奉祀之神而致祭者。

历代帝王陵寝律

＊【1725】历代帝王陵寝及先圣、先贤、忠臣、烈士坟墓，不许樵采、耕种及牧放牛羊等畜，违者。

亵渎神明律

＊【1725】私家告天拜斗，亵渎神明者。○若僧道拜奏青祠表文及祈禳火灾者。

合和御药律

＊【1725】造御膳饮食之物不洁净者。○合和御药误不依本方，及封题错误并造御膳误犯食禁之监临提调官。

乘舆服御物律

＊【1725】进御车马之属不调习驾驭之具不坚完者。○御幸舟船误不坚固之监临提调官。

上书陈言律

＊【1725】内外大小官员，但有本衙门不便事件知而不言者。

见任官辄自立碑律

＊【1725】见任官遣人妄称已善，申请于上，而为之立碑建祠者。

公差人员欺凌长官律

＊【1725】祗候、禁子在外欺凌守御官及府、州、县官者。

匿父母夫丧律

＊【1725】父母及夫丧制未终，释服从吉，忘哀作乐及参预筵宴者。○闻期亲尊

长丧,匿不举哀者。○丧制未终,从仕者。○当该官司知而听行者。

弃亲之任律

*【1725】祖父母、父母年八十以上及笃疾别无以次侍丁而弃亲之任,及妄称祖父母、父母老疾求归入侍者。○若祖父母、父母及夫犯死罪囚禁而筵宴作乐者。

丧葬律

*【1725】有丧之家停柩经年暴露不葬者。○从卑幼遗言将尸烧化及弃置水中者。○居丧之家修斋设醮若男女混杂饮酒食肉者,家长。○僧道,同罪。

兵　律

太庙门擅入律

*【1725】擅至太社门未过门限者。○守卫官故纵者。○擅入及冒入宫殿门门官及宿卫官失觉察者。

宿卫守卫人私自代替律

*【1725】各处城门不系宿卫守卫人冒名代替,及替之者。○亲管头目知而故纵者。○宫禁及紫禁城、皇城门不系宿卫守卫官冒名代替,亲管头目失觉察者。

直行御道律

*【1725】午门外御道至御桥,文武百官军民人等无故于上直行及辄度御桥者。○守卫官故纵者。

冲突仪仗律

*【1725】宫殿门虽有籍,若至夜出者,辄出入宫殿门。律守卫不备牲畜,因而冲突仪仗者。○军民纵放牲畜,冲入紫禁城门内者。

越城律

*【1725】越官府公廨墙垣者。

门禁锁钥律

*【1725】各处城门应闭而误不下锁者。

从征违期律

*【1725】官军临当征讨,故自伤残及诈为疾患之类,以避征役,稽留一日者。

军人替役律

＊【1725】冒名代替军人出征者。○守御军人雇人冒名代替者。○医工随军征进,转雇庸医代替者。

纵军掳掠律

＊【1725】将领私令军人于外境掳掠人口财物者,听使之管队。○军人于已附地面掳掠,本管头目钤束不严者。

【1740】○修改

【1740】军人于已附地面掳掠,本管头目钤束不严者。

不操练军士律

＊【1725】守御官不守纪律、不操练军士及城池不完,衣甲、器仗不整,初犯者。

私卖军器律

＊【1725】私卖应禁军器一件者,杖八十,每一件加一等,罪止杖一百,流三千里。

毁弃军器律

＊【1725】将领关拨一应军器征守事讫,辄弃毁一件者。

私藏应禁军器律

＊【1725】民间私有应禁军器一件者,杖八十,每一件加一等,罪止杖一百,流三千里。

纵放军人歇役律

＊【1725】管军千把总及管队军吏纵放军人出百里之外买卖,或种田土,或隐占使唤,空歇军役者,一名杖八十,每三名加一等,罪止杖一百。○所隐军人,同罪。○管队千把总纵放军人,其本营专管官吏知情故纵,或容隐不行举问,及本营专管官故纵军人,千把总、管队知而不首告者。

从征守御官军逃律

＊【1725】军还因而在逃者。○各处守御军人逃初犯者。○知情窝藏者。○军人在逃再犯三犯里长知而不首者。○军还在逃及各处守御军人在逃初犯本管头目知情故纵者。○从征在逃官军初犯限外自首者。○各处守御城池军人转投别营当军初犯者。

私越冒度关津律

＊【1725】无文引私度关津者。○守把之人知而故纵者。○若有文引冒名度关津者。○守把之人知情者。

诈冒给路引律

＊【1725】不应给路引而给引,及诈冒告给引,并以所给引转与他人者。○当该官吏听从及知情给与者。○巡检司越分给引者。

关津留难律

＊【1725】撑驾渡船梢水,不顾风浪,行至中流,勒要船钱者。

递送逃军妻女出城律

＊【1725】民递送逃军妻女出城者。○逃军买求者。○守门之人知情故纵者。○递送非逃军罪犯取发之妻女出城者。

宰杀马牛律

＊【1725】私宰自己驼、骡、驴者。○故杀缌麻以上亲驼、骡、驴者。

递送公文律

＊【1725】沉匿拆动公文,事干军情,铺司告举,而官司不即受理者。○提调县官吏失于检举,沉匿公文,及拆动原封,事干军情者。

邀取实封公文律

＊【1725】邀取部院公文铺司、铺兵容隐不告举者。○若已告举,而官司不即受理施行者。

多乘驿马律

＊【1725】出使人员应乘驿船、驿马数外,多乘一船一马者。○应乘驴而乘马,及应乘中下等马而勒要上等马,因而殴伤驿官者。

文书应给驿而不给律

＊【1725】进贺表笺及赈救饥荒、申报灾异、取索军需重事,故不遣使给驿者。

私借驿马律

＊【1725】驿官将驿马私自借用,或借与人及借之者。

刑 律

盗军器律

＊【1725】盗民间应禁军器一件者。

盗园陵树木律

＊【1725】盗他人坟茔内树木，为首者。

监守自盗仓库钱粮律

＊【1725】监守自盗仓库钱粮等物至一两以下者。

常人盗仓库钱粮律

＊【1725】常人盗仓库钱粮等物一两以上至五两者。

窃盗律

＊【1725】窃盗及掏摸得财至二十两为首者。○三十两为从者。

略人略卖人律

＊【1725】略卖子孙为奴婢者。○窝主及买主知情者。

发冢律

＊【1725】弃尸卖坟买地人牙保知情者。○祖父母、父母发子孙坟冢，开棺见尸者。○毁弃子孙死尸者。○穿地得尸，不即掩埋者。○有主坟地内盗葬，为首者。○将尊长坟冢平治作地，卖人买主知情者。○地界内有死人，里长、地邻不申报官司检验，辄移他处及埋藏者。

夜无故入人家律

＊【1725】夜无故入人家者。

盗贼窝主律

＊【1725】强盗窝主，不知盗情，只暂时停歇者。

杀死奸夫律

＊【1725】妻妾与人通奸，本夫于奸所亲获止杀死奸夫者，奸妇。

屏去人服食律

＊【1725】以他物置入耳鼻及孔窍中,若故屏去人服食伤人者。

杀子孙及奴婢图赖人律

＊【1725】尊长将已死卑幼及他人身尸图赖人者。

尊长为人杀私和律

＊【1725】妻妾、子孙及子孙妇、奴婢、雇工人被杀,而祖父母、父母、夫、家长私和者。

斗殴律

＊【1725】殴人血从耳目中出及内损吐血者。○以秽物污人头面者。

保辜限期律

＊【1725】殴折人一齿一指,眇一目,抉毁耳鼻破骨,及用汤火铜铁汁伤人,辜内平复者。

佐职统属殴长官律

＊【1725】本衙门佐贰官殴六品以下长官者。

拒殴追摄人律

＊【1725】官司差人追征钱粮,勾摄公事而抗拒不服,及殴所差人者。

威力制缚人律

＊【1725】威力制缚人及于私家拷打监禁者。

良贱相殴律

＊【1725】殴缌麻、小功亲之奴婢,折二齿二指以上及髡发者。○殴大功亲之雇工人,折一齿一指,眇一目,抉毁耳鼻,破骨,及用汤火、铜、铁汁伤者。

奴婢殴家长律

＊【1725】雇工人殴家长之缌麻亲者。○家长及家长之期亲、外祖父母殴雇工人,折二齿二指以上及髡发者。

妻妾殴夫律

＊【1725】夫殴妻及妻殴妾，折一齿一指，眇一目，抉毁耳鼻，破骨，及用汤火铜铁汁伤者。

殴大功以下尊长律

＊【1725】本宗及外姻尊长殴小功卑幼，折一齿一指，眇一目，抉毁耳鼻，破骨，及用汤火铜铁汁伤者。○殴大功卑幼，折二齿二指以上，及髡发者。

殴祖父母父母律

＊【1725】祖父母、父母非理殴子孙之妇，及乞养异姓子孙致令废疾者。

妻妾与夫亲属相殴律

＊【1725】妻殴夫小功卑幼及期亲以下尊长殴卑幼之妾，折一齿一指，眇一目，抉毁耳鼻，破骨及用汤火铜铁汁伤者。○妻殴夫大功卑幼，折二齿二指以上，及髡发者。○妾之子殴父妾拔发方寸以上者。

妻妾殴故夫父母律

＊【1725】殴已故子孙改嫁妻妾至废疾者。

父祖被殴律

＊【1725】祖父母、父母为人所殴子孙，即时救护还殴至折二齿二指以上，及髡发者。

骂制使及本管长官律

＊【1725】部民骂本属府、州、县，军士骂本管官，吏卒骂本部五品以上。各衙门首领官者。

【1740】○修改

【1740】军民、吏卒骂本属、本管、本部首领官者。

佐职统属骂长官律

＊【1725】首领官及统属官骂五品以上长官者。

奴婢骂家长律

＊【1725】奴婢骂家长、大功亲者。

骂尊长律

＊【1725】骂内外大功尊属者。

妻妾骂夫期亲尊长律

＊【1725】妻妾骂夫大功尊属者。○妾骂夫并正妻者。

投匿名文书告人罪律

＊【1725】投匿名文书见者,若不烧毁,送入官司者。

告状不受理律

＊【1725】告杀人及强盗,官司不受理者。○原告就被论官司告理,命盗推故不受理者。○部院督抚等官巡历去处,应有词讼,发当该官司追问。若有迟错,部院等官不即举行改正,事情重者,吏典。

干名犯义律

＊【1725】卑幼告小功尊长及奴婢告家长小功亲、雇工人告家长大功亲得实者。

官吏受财律

＊【1725】官吏受财有禄人枉法赃一两至五两者。○不枉法赃二十两者。○无禄人枉法赃一十两者。○不枉法赃三十两者。

坐赃致罪律

＊【1725】官吏人等非因事受财至六十两者。○与者至三百两者。

诈传诏旨律

＊【1725】诈传五品以下衙门官言语为首者。○当该官司知而听行者。

诈病死伤避事律

＊【1725】官吏人等诈称疾病,临事避难,事重者。○若无避故自伤残者。○受雇倩为人伤残者。○当该官司知避难而听行者。

犯奸律

＊【1725】和奸者,奸夫、奸妇。○若嫁卖奸妇与奸夫者,奸夫、本夫。○媒合容止和奸有夫者。○私和刁奸者。

纵容妻妾犯奸律

*【1725】抑勒妻妾及乞养女与人通奸者,奸夫。○抑勒亲女及子孙之妇妾与人通奸者,奸夫。○用财买休卖休和娶人妾者,媒合人。

良贱相奸律

*【1725】良人和奸他人婢有夫者,奸夫、奸妇。

夫匠军士病给医药律

*【1725】军士在镇守之处,丁夫、杂匠在工役之所,而有疾病,当该官司不为请给医药救疗,因而致死者。○若已行移所司,不差拨良医,及不给对症药饵,因而致死者。

赌博律

*【1725】赌博财物者。○开张赌坊者。

失火律

*【1725】库藏及仓廒内燃火者。

不应为律

*【1725】不应得为而为之,事理重者。

故禁故勘平人律

*【1725】官吏怀挟私仇,故禁平人者。○提牢官及司狱官、典狱卒知而不举首者。○因公事干连平人,在官无招误,禁致死者。○故勘平人者。

淹禁律

*【1725】狱囚情犯已完,限外不断决起发,因而致死囚该流罪者。

狱囚衣粮律

*【1725】司狱官典狱卒于狱囚,应请给衣粮医药而不请给,应脱锁杻而不脱,应保出外而不保出,应听家人入视而不听,因而致死流罪囚者。○提牢官知而不举者。○已申禀上司,不即施行,因而致死流罪囚者。

检验尸伤不以实律

*【1725】尸伤不即检验,及检验不亲临监视,若初复检,官吏相见,扶同尸状,移

易轻重,增减尸伤者,吏典。○仵作行人检验不实,扶同尸状者。

妇人犯罪律

*【1725】孕妇犯死罪,未产而决者。

死囚复奏待报律

*【1725】死罪囚若不待复奏回报,而辄处决者。

工　律

有司官吏不住公廨律

*【1725】各府州县有司官吏不住公廨而住民房者。

盗决河防律

*【1725】盗决圩岸陂塘者。

失时不修堤防律

*【1725】不修河防及修而失时,因而淹没,致伤人命者。

名例例

给没赃物例

* *【1884】一、命案内减等发落人犯,应追埋葬银两,限满不完,其具结之地邻、亲族,如有隐匿者。

犯罪事发在逃例

*【1725】一、负罪潜逃之犯,与窝家朋比不首者,该管保甲长地方及知情之邻犯罪。

【1740】○修改

【1740】一、斩绞之犯负罪潜逃,其知情之邻保甲长。

*【1884】○删除

* *【1884】一、有关人命及无关人命斩、绞各犯,脱逃二三年后就获,其知情之邻保、甲长。

* *【1884】一、监候待质并未拟定罪名之人,于期满保释后,私自逃匿者。

吏　例

举用有过官吏例

＊【1725】一、各衙门书役年满不退者，互结人等。

【1740】○删除

弃毁制书印信例

＊【1740】一、州、县交代案件并历任递交之案，胥吏不行查明交代者。

户　例

人户以籍为定例

＊【1768】一、应试童生，如诡捏数名，或顶名入场，希图幸进者。○保结之廪生知情者。

＊【1768】一、顺天府考试审音究出冒籍情弊，本生及廪保。

＊＊【1884】一、军、流人犯之子孙，于配所入籍应试，不准复回原籍考试，如有捏混，跨考两籍者，本犯及子孙。

私创庵院及私度僧道例

＊【1768】一、僧道为匪，不法僧纲道纪失于觉察者。

盗卖田宅例

＊＊【1884】一、将公山私召异籍之人搭棚开垦，族长、祠长失于查察者。

典买田宅例

＊【1740】一、卖产立有绝卖文契，并未注有“找贴”字样，复行告找告赎，及执产动归原先尽亲邻之说，借端掯勒，希图短价者。

＊【1884】一、卖产立有绝卖文契，并未注有“找贴”字样，复行告找告赎，及执产动归原先尽亲邻之说，借端掯勒，希图短价，并典限未满而业主强赎者。

＊【1768】一、卖产契内注明“永不回赎”字样，如有混行争告者。

＊【1768】一、田房税契，业户混交，匪人代投，致被假印诓骗者。

＊【1768】一、民间私顶军田，匿不首报，至二十五亩者。

＊【1884】○删除

居丧嫁娶例

＊【1740】一、孀妇自愿守志,其娶主知情同抢者。

＊【1884】○修并

＊【1740】一、孀妇自愿改嫁,翁姑人等主婚受财,而母家强抢者。

＊【1884】一、孀妇自愿改嫁,翁姑人等主婚受财,而母亲统众抢夺者。○夫家并无例应主婚之人,母家主婚改嫁,而夫家疏远亲属强抢者。○孀妇自愿守志,母家祖父母、父母,及夫之祖父母、父母,抢夺强嫁,以致被污者。○娶主知情同抢者。

娶亲属妻妾例

＊＊【1884】一、兄亡收嫂,弟亡收弟妇,罪犯应死,案内知情不阻之亲族、地保。

强占良家妻女例

＊【1768】一、强夺良家妻女,中途夺回,尚未奸污,被逼诱随行,帮同扛抬者。

＊【1884】一、强夺良家妻女,中途夺回及尚未奸污,被逼诱随行,止于帮同扛抬者。

＊＊【1884】一、聚众伙谋抢夺妇女案内不行严禁查拿之领催、总甲。

嫁娶违律主婚媒人罪例

＊【1740】一、绅衿庶民之家,将婢女不行婚配,致令孤寡者。

＊【1740】一、福建台湾地方民人与番人从前结亲已娶,生有子嗣者,即安置为民,不许往来番社,违者。

＊【1884】一、福建台湾地方民人与番人结亲,从前已娶,生有子嗣者,即安置为民,不许往来番社,违者。

收粮违限例

＊【1725】一、应纳钱粮,以十分为率,欠至七分以下者,举人问革为民。

【1740】○修改

【1740】一、应纳钱粮,以十分为率,欠至七分以下者,举人、进士及有顶带人员,并问革为民。

＊【1884】一、应纳钱粮,以十分为率,欠至七分以下者,举人、文武进士及有顶带人员,并问革为民。

＊＊【1884】一、运弁、旗丁,挂欠粮米至三分者。

多收税粮斛面例

＊＊【1884】一、收放粮草去处,若三五成群,打扰仓场,本犯罪止枷杖者,不行禀

举之花户。○如犯该军罪者，该花户在本仓门首，枷号一个月。

揽纳税粮例

＊【1725】一、听人揽纳钱粮者。

【1740】○删除

私借钱粮例

＊【1768】一、亏空人员，将平日债负或帮助亲友，同官私借并无印领，混请开抵，有司听从开抵，妄拿追比者。

转解官物例

＊【1768】一、州县起解银两，解役潜行小路，不请拨护者。

隐瞒入官家产例

＊＊【1884】一、隐匿侵盗案内家产，至七十两者。

盐法例

＊【1768】一、盐商雇募巡役，私带鸟枪者。

＊【1768】一、商厮稽察不到，被运盐船户乘机盗卖者。

＊【1884】一、押运商厮稽察不到，被运盐船户乘机盗卖者。

＊【1768】一、埠头明知船户不良，朦混揽装，克扣水脚，致船户乏用，盗卖商盐者，枷号一个月。○保雇不实者。

＊【1884】一、埠头明知船户不良，朦混揽装，克扣水脚，致船户乏用，盗卖商盐者，枷号一个月。○如无前项情弊，止保雇不实者。

＊＊【1884】一、江西省各州县盐快、兵丁，按月提比，如每月应销引盐，销止三分者，枷号两个月。

人户亏兑课程例

＊＊【1884】一、各商应完盐课作为十分，欠三分者，枷号两个月。

私充牙行埠头例

＊＊【1884】一、各处关口地方土棍人等，开立写船保载等行，朋充盘踞，遇有重载，雇觅小船起剥，恃强代揽，勒索使用，扰累客商者，枷号一个月。

市司评物价例

＊【1790】一、五城平粜米石时，铺户收买官米十石以下者。

把持行市例

*【1740】一、大小衙门公私所需货物,毋许借端需索,违者,其衙役枷号一个月。

*【1790】一、京城官地井水,不许挑水之人把持多家,任意争长价值,及作为世业私相售卖,违者,把持挑水之人。

礼 例

禁止师巫邪术例

* *【1884】一、坐功运气者。

禁止迎送例

*【1768】一、上司之子侄亲戚,经过属员境内,拜候往来,无官职者。

*【1884】一、上司之子侄、亲戚,经过属员境内,拜候往来,属员供应馈送,无官职者。

匿父母夫丧例

*【1740】一、凡官员有临时先谋出继归宗,预为匿丧恋职地步,其扶同具结之邻族。

丧葬例

*【1740】一、民间丧葬之事,不许聚集演戏,以及扮演杂剧等类,违者。

*【1884】○删除

兵 例

宫殿门擅入例

* *【1884】一、昆明湖内,如有溺毙人命,其左右附近堆拔值班弁兵,枷号二十日。

主将不固守例

*【1725】一、守边将帅被贼入境,将爪探、夜不收及飞报声息等项公差官军人等,一时杀伤捉去,事出不测者。

*【1884】一、守边将帅被贼入境,将侦探兵役及飞报声息等项公差官军人等,一时杀伤捉去,事出不测者。

从军掳掠例

＊【1768】一、调台兵丁,及台湾催饷社丁借端需索,扰害番社,无赃者。

＊＊【1884】一、出征官兵,于经过地方,私自典买人口者。

毁弃军器例

＊【1725】一、箭上不书自己姓名,及书他人姓名者。

私藏应禁军器例

＊【1740】一、内地兴贩硝磺及窝藏、囤贩、知情卖与私贩,并囤积未曾兴贩之邻保不知情者。

＊【1884】一、内地私贩及窝藏囤积硝磺之邻保不知情者。

＊【1740】一、苗猓蛮户带刀出入及私藏违禁等物,杖八十,每一件加一等。

＊【1884】一、苗猓蛮户带刀出入及私藏违禁等物,杖八十,每一件加一等,罪止杖一百、流三千里。

＊【1768】一、民间私藏竹铳者,杖八十,每一件,加一等。

＊【1884】〇删除

从征守御官军逃例

＊＊【1884】一、旗丁不拘重运回空,如有无故潜逃,弃船中途不顾者。

纵放军人歇役例

＊【1725】一、军士下班之日,本管官擅拨与人役使者。

【1740】〇删除

夜禁例

＊【1725】一、旗下兵丁无故在城外夜宿者。

【1740】〇删除

＊【1740】一、八旗兵丁无故在城外夜宿者。

＊【1884】〇删除

私越冒度关津例

＊【1740】一、土人私出外省者。

＊【1790】一、东三省出口之人,将在京所买奴婢,不行当官立契,加载口票,私带出境,无拐卖情事者。

＊＊【1884】一、口内之人,捏称种地及砍木烧炭名色起票前往口外,而将票与人及受者。

私出外境及违禁下海例

＊【1740】一、民人私入台湾番境及近番处所,偷越深山抽藤、吊鹿、伐木、采棕,本管头目钤束不严者。

＊【1884】一、民人私入台湾番境及近番处所,偷越深山抽藤、吊鹿等项,本管头目钤束不严者。

＊【1740】一、闽省不法棍徒在沿海地方引诱偷渡,包揽过台,其偷渡之人。

＊【1768】一、奉天锦、复、雄、盖四城拿获有票商船,私带票内无名之人者。

＊【1884】一、奉天锦、复、雄、盖四城查出有票商船私带票内无名之人,将本人。

＊＊【1884】一、近边州县内地商民,因打造农具买运钢铁出口,一百斤以内,令该商民呈明地方官,填给印照,守口员弁查验放行。如查有额外携带,及无照夹带,不成器皿之铁,并非递运海洋,亦非卖与商渔船只,至五十斤者。

乘官畜脊破领穿例

＊【1725】一、车驾行幸所需马匹,校尉私自滥行驰骤,蹭病损伤者。

【1740】○修改

【1740】一、车驾行幸所需马匹、车辆及校尉等所乘马匹,若校尉、当差人役赶车步军,私自滥行驰骤,蹭病损伤者。

＊【1884】一、车驾行幸所需马匹、车辆及校尉等所乘马匹,若校尉、当差人役赶车步军,私自驰骤,蹭病损伤者。

宰杀马牛例

＊【1725】一、盗牛一只,及窝家知情分赃者,俱枷号一个月。

【1740】○删除

＊【1768】一、杀自己牛者,枷号一个月。

刑　例

谋叛例

＊＊【1884】一、异姓人无歃血盟誓、焚表情事,止序齿结拜弟兄,聚众不及二十人为从,审系被胁勉从者。

造妖书妖言例

＊【1725】一、因事造言,捏成歌曲,及以亵嫚之词传播者。

＊【1884】一、因事造言，捏成歌曲，及以鄙俚亵嫚之词，刊刻传播，审非妖言惑众者。

盗园陵树木例

＊【1790】一、子孙将祖父坟茔枯干树木，不行报官，私自砍卖者。〇看坟人等及奴仆盗卖者。

＊【1884】一、子孙将祖父坟旁散树，并非高大株颗，及系枯干树木，不行报官，私自砍卖者。〇看坟人等及奴仆盗卖者。

＊＊【1884】一、奸徒知情私买他人盗卖坟树，未伐，初犯为从者，枷号二十日；再犯为从，枷号八十日。

监守自盗仓库钱粮例

＊【1740】一、漕白二粮漕船头舵，明知旗丁盗卖不首者。

＊【1884】〇删除

＊＊【1884】一、小船人户受雇偷载漕粮盗卖者，将船户枷号二十日。其漕船头舵，明知旗丁盗卖不首者。

强盗例

＊【1725】一、强盗行劫，邻佑知而不协拿者。

＊【1725】一、窃贼事主冒开赃物者。

＊【1725】一、以奸报盗者。

【1740】〇删除

＊【1740】一、承缉盗案汛兵查缉不力者。

＊【1884】一、捕役及防守墩卡或承缉盗案汛兵并营兵，查缉不力者。

＊【1740】一、窃盗等事，地保、汛兵首报迟延者。

白昼抢夺例

＊【1725】一、抢夺不得财，及所夺之物，即还事主者。〇探知强盗赃，而于中途抢去者。

＊【1884】一、抢夺不得财，及所夺之物，即还事主者。〇若于中途抢去，系强盗赃者。

＊【1725】一、聚众伙谋抢夺路行妇女，该管领催、总甲。

＊【1884】〇删除

窃盗例

＊【1768】一、贼犯交保管束之后，不加禁约，致该犯复出，为匪贼人罪至徒罪以

上者,原保人。

*【1884】一、窃盗再犯枷责交保管束,倘复行为窃,贼人犯徒罪以上者,原保。

*【1768】一、窃盗再犯计赃,罪应杖八十者,加枷号三十日。

盗马牛畜产例

*【1740】一、盗牛一只,及窝家知情分赃者,俱枷号一个月。

*【1884】○删除

*【1790】一、偷窃内地蒙古人等羊畜,不及四只,为从,虽曾共谋,未经同行,仅于窃后分赃者,蒙古照拟鞭责,民人折责发落。

*【1884】一、偷窃蒙古并新降之土尔扈特、都尔博特、额鲁特、霍硕特、辉特、乌梁海六项蒙古,在扎萨克察哈尔及边陲新疆地方偷窃,羊畜不及四只,为从共谋未行,窃后分赃者,蒙古照拟鞭责,民人折责发落。

盗田野谷麦例

*【1725】一、越度禁约山河偷采人参,家仆有犯,其主知而遣去者。

【1740】○修改

【1740】一、越度禁约山河偷采人参,家仆有犯,其主知而遣去者。○一二人刨参未得者,系民。

【1768】○删除

*【1725】一、山海等关巡查人参,珠子不力,以致私带过关者。

*【1884】○删除

*【1768】一、违禁携带米石什物卖与刨参之人,易换人参,巡绰兵丁失察者。

*【1884】一、三姓、浑春等处商人官兵,有违禁携带米石什物易换人参、貂皮,巡绰兵丁失察者。

*【1768】一、偷刨人参之家奴,伊主知情故纵者。

*【1790】一、刨参人夫不往所指山林刨采,或将票张卖放别路飞扬者,枷号一个月。

*【1790】一、刨参贼犯在山林、僻壤、庄屯潜踪盘踞,该处保正、甲长知情不首者,枷号一个月。

* *【1884】一、在外受雇挖芪之人。

诈欺官私取财例

*【1740】一、学臣考试,有积惯随棚代笔之枪手,雇佣包揽之人窝留之家不知情者。

* *【1884】一、指称买官买缺,或称规避处分,及买求中式等项,诓骗听选并应

议官吏,及举人、监生、生员人等财物,若但经口许,并未议有定数案内之被骗者。

* *【1884】一、生童考试,积惯棍徒仅用虚词诓骗,事属未成案内被骗者。

略人略卖人例

*【1740】一、贵州地方拐贩民间之子女甚将荒村之人绑去贩卖,乡保汛兵盘查不力者。

发冢例

*【1740】一、盗葬者无发掘等情止在切近坟旁,而本家辄行发掘者。

*【1740】一、以他骨暗埋,预立封堆,伪说荫基,私自偷埋者。

*【1884】一、以他骨暗埋,预立封堆,伪说荫基,私自偷埋者。〇如审系地师教诱者。

*【1768】一、在家黉夜格捕致死奸盗之犯,或在旷野道途格杀拒捕盗贼,罪本不应拟抵,将尸毁弃、掩埋、移投坑井者。

*【1884】〇修并

*【1790】一、殴、故杀人案内,凶犯起意埋尸灭迹,受雇抬埋之人,并不知情,及因格捕奸盗致死例不抵命之人,因而私埋者。

*【1884】一、殴、故杀人案内,凶犯起意埋尸灭迹,受雇抬埋,并不知情者。〇若格捕致死奸、盗贼犯,罪本不应拟抵,将尸毁弃、掩埋、移投坑井者。

夜无故入人家例

* *【1884】一、事主因贼犯偷窃登时捕殴至死,罪应拟徒案内之余人。

*【1884】一、邻佑人等,因贼犯偷窃,追捕殴毙,罪应拟徒案内之余人。

盗贼窝主例

*【1725】一、牌头知所管内,有为盗之人,瞻徇隐匿者。〇堡子村庄,若有匪类徇情容隐之族正。

【1740】〇修改

【1740】一、保正、甲长、牌头知为盗、窝盗之人,听徇隐匿者。

*【1884】一　保正、甲长、牌头知为盗、窝盗之人,瞻徇隐匿者。〇若族正知有匪类,徇情容隐者。

*【1768】一、本处邻佑、地保失于稽查老爪贼者。

造畜蛊毒杀人例

*【1768】一、诸色铺户人等,货卖砒霜、信石,不究明来历,贪利混卖,致成人

命者。

＊【1884】一、铺户人等,货卖砒霜、信石,若不究明来历,贪利混卖,致成人命者,虽不知情。

杀死奸夫例

＊【1725】一、奸夫已离奸所,其本夫登时逐至门外杀之者。

【1740】○删除

【1768】○修复

【1768】一、奸夫已离奸所,本夫登时逐至门外杀之者。

＊【1725】一、奸妇自杀其夫,奸夫果不知情者。

【1790】○删除

＊【1725】一、本夫奸所获奸,殴死奸妇、奸夫,脱逃后获到官,审明奸情是实者,本夫。

【1740】○修改

【1740】一、本夫登时奸所获奸,杀死奸妇、奸夫,脱逃后被获到官,审明奸情是实者,本夫。

＊＊【1884】一、奸所获奸,登时将奸妇杀死,奸夫到官供认不讳者,本夫。

戏杀误杀过失杀伤人例

＊【1740】一、疯病之人亲属、邻佑人等容隐不报,不行看守,以致疯病之人自杀者。

＊【1790】一、围场内射兽兵丁,因射兽而伤平人未死,二等伤者。

＊【1884】一、围场内射兽兵丁,因射兽而伤平人未死,前锋等项及甲兵二等伤者。

＊＊【1884】一、过失杀人应追埋葬银两之犯,如有力不能交者。

夫殴死有罪妻妾例

＊【1725】一、妻与夫角口被殴,有重伤缢死者,其夫。

＊【1884】一、妻与夫角口,致妻自缢,若殴有重伤缢死者。

杀子孙及奴婢图赖人例

＊【1725】一、夫将妻尸图赖人者。

＊【1740】一、凶棍遇有自尽之案冒认尸亲,吵闹、殴打,或将棺材拦阻打坏,抬去尸首,勒掯行诈,该管地方兵役知而不拿者。

＊【1884】一、无赖凶棍,遇有自尽之案,冒认尸亲,混行吵闹殴打,或将棺材拦阻

打坏,抬去尸首,勒措行诈,该管地方兵役知而不拿者。

弓箭伤人例

＊＊【1884】一、鸟枪、竹铳在深山、旷野施放,误伤人者。

尊长为人杀私和例

＊＊【1884】一、私和人命案内,如凶犯罪止拟徒,其以财行求者,系凶犯之缌麻以上有服亲属,及家长、奴婢、雇工人,均不计赃数。

保辜限期例

＊【1790】一、斗殴伤重不能动履之人,亲属违例抬验,因而致伤生者,违例抬验之亲属与不行阻止之地保。

殴制使及本管长官例

＊【1740】一、闲散及护军、披甲人,将该管官杀死之领催、族长。

＊【1884】一、闲散及护军、披甲人,记仇将该管官杀死者,其领催、族长。

威力制缚人例

＊【1725】一、衿监吏员私置板棍,擅责佃户者。〇奸顽佃户拖欠租课,欺慢田主者。

【1740】〇修改

【1740】一、地方衿监私置板棍,擅责佃户者。〇奸顽佃户拖欠租课,欺慢田主者。

奴婢殴家长例

＊【1725】一、典当雇工人限内逃匿者。

＊【1884】一、典当雇工人等议有年限,如限内逃匿者。

越诉例

＊【1790】一、在外刁徒,身背黄袱,头插黄旗,口称奏诉,直入衙门,挟制官吏,系干己事情及有冤枉者。

诬告例

＊【1725】一、挟仇诬告人谋死人命,致尸遭蒸检之证佐,先行诬诈,后供实情者。

【1740】〇删除

＊【1740】一、控告人命,或误听人言,情急妄告,于未经验尸之先,递词求息,别无贿和等情者。

＊【1884】一、控告人命,有误听人言,情急妄告,于未经验尸之先,书吐实情,自愿认罪,递词求息,别无贿和等情者。

干名犯义例

＊【1740】一、八旗有将家人为养子分户,开户之人值原主之子孙庸懦或至绝嗣,自称原为养子,或谎称为近族兄,反行欺压希图占产者,系官,革职,枷号一个月。

教唆词讼例

＊＊【1884】一、教唆词讼之案,若仅止从旁谈论是非,并非唆令控告者。

官吏受财例

＊【1725】一、各省书役年满缺出顶买者,出结人等。○书吏定稿高下其手,驳诘不已,无赃者。

【1740】○修改

【1740】一、直省书役年满缺出顶买者,出结人等。○书吏定稿高下其手,驳诘不已,无赃者。

【1768】○修改

【1768】一、直省书役年满缺出暗行顶买者,出结人等。○书吏定稿高下其手,驳诘不已,无赃者。

官吏听许财物例

＊【1740】一、所犯本轻或本无罪,但许财营求者。

私铸铜钱例

＊【1768】一、船户夹带私钱,同船之人知情不举首者。

＊【1768】一、伙众开炉私铸铅钱至十千以上,房主、邻佑、总甲、十家长,失于查察者。

＊【1884】一、私铸铅钱案内,房主、邻佑、总甲、十家长,失于查察者。

诈教诱人犯法例

＊【1740】一、演弄拳棒射利或民容留不报之坊店、寺院,及不行查拿之地保人等。

＊【1884】一、游手好闲、不务本业之流,演弄拳棒,射利惑民,如坊店、寺院容留,

不报地保人等,不行查拿者。

* *【1884】一、苗、猺、狑、獞所住地方,如有外来匪徒,教诱犯法,所犯之人罪应杖七十者。

* *【1884】一、地方官有被参降之案,严究幕友、长随、书役等,但倚官滋事,怂令妄为,累及本官降二级者。

犯奸例

*【1768】一、调奸未成,本家投明乡保,本妇怀忿自尽,不即禀官之乡保。

*【1884】一、调奸、图奸未成,本家已经投明,乡保不即禀官,致本妇怀忿自尽。

买良为娼例

*【1740】一、流娼、土妓,邻保知情容隐者。

*【1884】一、无藉之徒及生监、衙役、兵丁窝顿娼妓,其邻保知情容隐者。

* *【1884】一、京城内外拿获窝娼并开设软棚,月日经久,知情容留之邻保。○若甫经开设,即被拿获,知情租给之房主或经手赁给之人。

赌博例

*【1725】一、以马吊混江赌饮食者。

【1740】○删除

*【1740】一、拿获赌博人犯,不将造卖之人供出,即将案内出具牌骰之人。

*【1884】○删除

*【1768】一、赌饮食者。

*【1768】一、经旬累月开场,窝赌之左右邻里,通用徇隐不即举者。

*【1884】○删除

* *【1884】一、容留制造赌具之房主,如讯不知情者。

放火故烧人房屋例

* *【1884】一、遇有恶徒放火,不即赴援扑灭、协力擒拿之地方、保甲人等。

搬做杂剧例

*【1740】一、城市、乡村当街搭台悬灯,唱演夜戏,地方、保甲不行查拿者。

*【1884】一、城市、乡村当街搭台悬灯,唱演夜戏,不行查拿之地方、保甲。

罪人拒捕例

* *【1884】一、凶徒挟仇放火,及实在凶恶棍徒,并强奸未成各罪人,被害之人,

及本妇有服亲属,登时忿激致死案内之余人。

＊＊【1884】一、擅杀奸、盗及别项罪人案内余人,无论谋杀加功,及刃伤、折伤以上,并凶器伤人,正犯罪止拟徒者,余人。

徒流人逃例

＊【1725】一、总甲人役并房主容留匪人潜住发觉者。

【1740】○删除

＊【1725】一、流犯脱逃,看守之保甲逾限不获一名者。○原籍之族长、保甲等容隐不首者。

【1768】○修改

【1768】一、军、流脱逃,看守之保甲逾限不获一名者。○原籍容留之亲属。

＊【1884】○修改分辑

＊【1884】一、军、流在配脱逃,看守之保甲,逾限不获一名者,杖八十,每一名加一等,罪止杖一百。

＊＊【1884】一、军、流人犯逃回原籍,其容留之亲属,除祖、父、子孙、夫妻、奴仆外。

＊【1740】一、各省发配充徒限满回籍,若系强窃盗及光棍案内之犯私自出境者。○总甲、人役并知情容留之房主。○如有旗人容留居住,将知情容留之房主,若系另户并族长,若系家人并伊主及领催。

＊【1884】一、在京及各省民人发配充徒限满,交原籍管束。若系强窃盗及光棍案内之犯,有私自出境者,枷号一个月。○总甲、人役并知情容留之房主。○如有旗人容留居住,将知情容留之房主,若系另户并族长,若系家人并伊主及领催。

＊【1768】一、在京问拟枷责,递回原籍人犯,复逃来京三次以上,虽无犯案者。

【1790】○修改

【1790】一、在京问拟枷责,递回原籍人犯,复逃来京,不论次数。

＊【1884】○删除

＊＊【1884】一、徒犯逃后滋事,失察之乡保等,杖八十,每一名加一等,罪止杖八十,徒二年。○房主邻保知而不首者。○容留遣、军、流犯之亲属,除祖、父、子孙、夫妻、奴仆外,其余亲属人等,杖八十。

＊＊【1884】一、在京问拟杖、笞,递回原籍人犯,复逃来京者,枷号一个月。

知情藏匿罪人例

＊【1768】一、西山开采煤窑各项工人,有犯窃、赌、人命,该窑户知情不报者。

＊【1884】一、西山开采煤窑各项工人,有犯犯窃、犯赌,或聚众逞凶,致成人命,该窑户知情不报者。○各窑锅伙内,若将工作患病之人忍心抬弃,及病故不即报

官者。

盗贼捕限例

＊【1768】一、邻县关提人犯,地保、差役捏称并无其人者。

＊【1884】一、邻县关提人犯,地保、差役捏称并无其人并久经外出,掯不发人者。

主守教囚反异例

＊【1740】一、在刑部衙门外左近探听之徒,枷号一个月。

＊【1884】一、闲杂人等,擅自出入刑部衙门,及跟随听审人犯私入衙门窥探者,本犯及守门领催、兵皂。

有司决囚等第例

＊【1790】一、绿营兵丁斥革后,有犯军、流以下等罪,邻佑知情容隐者。

＊【1884】一、绿营兵丁因事斥革后,有犯军、流以下等罪,邻佑知情容隐者。

杖 九 十

吏 律

同僚代判署文案律

＊【1725】遗失文案而同僚代为判署,以补卷宗者。

增减官文书律

＊【1725】官文书若有规避,故改补干碍调拨军马及供给边方军需钱粮数目未施行者,首领官吏典。

户 律

弃毁器物稼穑等律

＊【1725】毁人神主者。

男女婚姻律

＊【1725】为婚而男家妄冒成婚者。

妻妾失序律

＊【1725】妻在以妾为妻者。○若有妻更娶妻者。

居丧嫁娶律

＊【1725】夫丧服满,妻妾果愿守志,而女家及夫家之期亲强嫁之者。

娶亲属妻妾律

＊【1725】娶缌麻亲及舅甥之妾者。

良贱为婚姻律

＊【1725】妄以奴婢为良人,而与良人为夫妻者。

盐法律

*【1725】客盐越过批验所，不经掣挚关防者。

礼　律

禁止迎送律

*【1725】上司官及使客经过各衙门，官吏出郭迎送者。○容令迎送，不举问者。

兵　律

太庙门擅入律

*【1725】擅入太社门者。○至太庙及山陵兆域门未过门限者。○守卫官故纵者。

宫殿门擅入律

*【1725】擅入及冒入紫禁城等门，并禁苑未过门限者。○门官及宿卫官军故纵者。○擅入及冒入御膳所、御在所，若不系宿卫，应值合带兵仗之人，但持寸刃入宫殿门与紫禁城门内，及未过门限，宿卫军人失觉察者。

*【1884】擅入及冒入紫禁城等门，并禁苑未过门者。○门官及宿卫官军故纵者。○擅入及冒入御膳所、御在所，若不系宿卫，应值合带兵仗之人，但持寸刃入宫殿门与紫禁城门内，及未过门限，宿卫军人失觉察者。

宿卫守卫人私自代替律

*【1725】京城不系宿卫守卫人，各处城门不系宿卫守卫官，冒名代替及替之者。○亲管头目知而故纵者。

越城律

*【1725】越各府、州、县镇城未过者。

门禁锁钥律

*【1725】京城门应闭而误不下锁者。

纵军掳掠律

*【1725】将领私令军人于外境掳掠人口财物，听使之武官。

【1740】○删除

＊＊【1884】军人私出外境掳掠夺,为从者。

私藏应禁军器律

＊【1725】民间私造应禁军器一件者。

【1725】○删除

从征守御官军逃律

＊【1725】在京军人逃,初犯者。○知情窝藏者。○本管头目知情故纵者。○在京各营军人转投别营当军,初犯者。

私越冒度关津律

＊【1725】关不由门,津不由渡,而私越度者。○守把之人知而故纵者。○越度缘边关塞及潜出外境,守把军兵失于盘诘者。

递送逃军妻女出城律

＊【1725】各处守御城池及屯田官军递送逃军妻女出城,守门军人失于盘诘者。

【1740】○修改

【1740】在京及各处官军递送逃军妻女出城,守门军人失于盘诘者。

盘诘奸细律

＊【1725】境内奸细走透消息于外人,及境外奸细入境内探听事情,守把军人失于盘诘者。

＊【1884】境内奸细走透消息于外人,及境外奸细入境内探听事情,守把军兵失于盘诘者。

私出外境及违禁下海律

＊【1725】将马牛、军需、铁货、铜钱、缎匹、绸绢、丝绵私出外境货卖,及下海者,受雇挑担驮载之人。○将人口、军器出境下海,及因而走泄事情,守把军人失觉察者。

宰杀马牛律

＊【1725】私宰自己马牛为从者。○故杀他人驼、骡、驴及缌麻以上亲马牛为从者。○他人及官马牛因毁食物而杀者。

【1740】○修改

【1740】故杀他人驼、骡、驴及缌麻以上亲马牛为从者。○他人及官马牛因毁食

物而杀者。

递送公文律

＊【1725】提调县吏失于检举,沉匿公文,及拆动原封,事干军情者。

多乘驿马律

＊【1725】出使人员应乘驿船、驿马数外多乘,因而殴伤驿官者。

刑　律

监守自盗仓库钱粮律

＊【1725】监守自盗仓库钱粮等物一两以上至二两五钱者。

常人盗仓库钱粮律

＊【1725】常人盗仓库钱粮等物至一十两者。

窃盗律

＊【1725】窃盗及掏摸得财三十两,为首者。○四十两,为从者。

略人略卖人律

＊【1725】和卖子孙之妾未卖者。○窝主及买主知情者。

发冢律

＊【1725】尊长于期亲卑幼坟墓熏狐狸,因而烧棺椁者。○子孙于祖父母、父母及奴婢、雇工人于家长坟墓熏狐狸,为从者。○平治他人坟墓为田园,为从者。○地界内有死人,里长、地邻辄移他处及埋藏,以致失尸,为从者。

尊长为人杀私和律

＊【1725】谋杀人已行未伤人,为从不行者。谋杀人律缌麻卑幼被杀,而尊长私和者。

保辜限期律

＊【1725】殴折人二齿二指以上,及髡发,辜内平复者。

威力制缚人律

＊【1725】威力主使人殴打,至内损吐血下手,为从者。

良贱相殴律

＊【1725】奴婢殴良人,血从耳目中出,及内损吐血者。○良人殴他人奴婢,及殴缌麻小功亲雇工人,折一齿一指,眇一目,抉毁耳鼻,破骨,及用汤火铜铁汁伤者。○殴大功亲奴婢,折肋,眇两目,堕胎及刃伤,并殴雇工人,折二齿二指以上,及髡发者。

奴婢殴家长律

＊【1725】雇工人殴家长之小功亲者。○殴缌麻、小功亲至内损吐血者。

妻妾殴夫律

＊【1725】夫殴妻及妻殴妾折二齿二指以上及髡发者。○夫殴妾折肋,眇两目,堕胎及刃伤者。

同姓亲属相殴律

＊【1725】尊长殴服尽卑幼,折一齿一指,眇一目,抉毁耳鼻,破骨,及用汤火铜铁汁伤者。○卑幼殴服尽尊长血从耳目中出,及内损吐血者。

殴大功以下尊长律

＊【1725】本宗及外姻尊长殴缌麻卑幼折一齿一指,眇一目,抉毁耳鼻,破骨及用汤火铜铁汁伤者。○殴小功卑幼,折二齿二指以上及髡发者。

殴祖父母父母律

＊【1725】祖父母、父母非理殴子孙之妇,及乞养异姓子孙致令笃疾者。

妻妾与夫亲属相殴律

＊【1725】妻殴夫缌麻卑幼及期亲以下,尊长殴卑幼之妇折一齿一指,眇一目,抉毁耳鼻,破骨及用汤火铜铁汁伤者。○妻殴夫小功卑幼及期亲以下,尊长殴卑幼之妾折二齿二指以上,及髡发者。○妻之子殴父妾血从耳目中出,及内损吐血者。

妻妾殴故夫父母律

＊【1725】殴已故子孙之改嫁妻妾至笃疾者。

骂制使及本管长官律

＊【1725】部民骂本属府、州、县,军士骂本管官,吏卒骂五品以上各衙门佐贰官者。

【1740】○修改
【1740】军民、吏卒骂本属本管本部佐贰官者。

诬告律

＊【1725】诬告人罪杖六十,加所诬罪三等者。

干名犯义律

＊【1725】卑幼告大功尊长,及奴婢告家长、大功亲,雇工人告家长、期亲、外祖父母,得实者。

官吏受财律

＊【1725】官吏受财有禄人枉法,赃至一十两者。○不枉法,赃至三十两者。○无禄人枉法,赃至一十五两者。○不枉法,赃至四十两者。

坐赃致罪律

＊【1725】官吏人等非因事受财至七十两者。○与者至四百两者。

诈为制书律

＊【1725】制书传写失错,为从者。

诈传诏旨律

＊【1725】诈传三四品衙门官言语有所规避,为从者。○当该官吏知而听行者。

诈假官律

＊【1725】诈称见任官子孙、弟侄、家人于按临部内有所求为,为从者。

犯奸律

＊【1725】和奸有夫者,奸夫、奸妇。○媒合容止人在家刁奸者。

纵容妻妾犯奸律

＊【1725】纵容妻妾与人通奸者,本夫、奸夫、奸妇。○纵容亲女及子孙之妇妾与人通奸者,父母、舅姑、奸夫、奸妇。○用财买休卖休和娶人妾者,本夫、本妇及买休人。○用财买休卖休和娶人妻,及用计逼勒本夫,休弃其妾者。○抑勒妻妾及乞养女通奸,与用财买休卖休和娶人妻者,媒合人。
＊【1884】纵容妻妾与人通奸者,本夫、奸夫、奸妇。○纵容亲女及子孙之妇妾与

人通奸者,父母、舅姑、奸夫、奸妇。○用财买休卖休和娶人妾者,本夫、本妇及买休人。○抑勒妻妾及乞养女通奸,与用财买休卖休和娶人妻者,媒合人。

亲属相奸律

＊【1725】奸同宗无服亲之妾者,奸夫、奸妇。

良贱相奸律

＊【1725】奴和奸良人妇女,及良人刁奸他人婢者,奸夫、奸妇。

买良为娼律

＊【1725】娼优、乐人买良人子女为娼优,及为妻妾或乞养为子女者,媒合人。

赌博律

＊【1725】职官赌博者。

与囚金刃解脱律

＊【1725】常人以金刃及他物与囚,及子孙与在狱之祖父母、父母,奴婢、雇工人与在狱之家长者。○司狱官典及提牢官知而不举者。

决罚不如法律

＊【1725】行杖人决人不如法,因而致死者。

户　例

典买田宅例

＊【1768】一、民间私顶军田,匿不首报,至三十亩者。
＊【1884】○删除

典雇妻女例

＊＊【1884】一、将妻妾作姊妹及将亲女并姊妹嫁卖与人,中途邀抢,媒人仅止知情媒合,并未同谋邀抢者。

嫁娶违律主婚媒人罪例

＊【1740】一、福建台湾地方民人与番人结亲,其土官、通事。

收粮违限例

＊＊【1884】一、运弁旗丁挂欠粮米至四分者。

多收税粮斛面例

＊＊【1884】一、各仓已革花户并齐头夫役，及不应入仓人等，在现充花户身后，影射勒索，得赃一两以下为从，枷号五十五日。

收支留难例

＊＊【1884】一、钱粮物料解部书役人等，指称估验掣批等项，名色包揽，索诈一两以下，为从者。〇一两至五两，为从者，枷号二十五日。

＊＊【1884】一、坐粮厅及各仓书役向运官运丁，及关米之人勒索，得财一两以下，为从者。〇一两至五两，为从者，枷号二十五日。

隐瞒入官家产例

＊＊【1884】一、隐匿侵盗，案内家产至八十两者。

盐法例

＊＊【1884】一、江西省各州县盐快、兵丁，按月提比，如每月应销引盐，销止二分者，枷号七十五日。

人户亏兑课程例

＊＊【1884】一、各商应完盐课作为十分，欠四分者，枷号两个月。

市司评物价例

＊＊【1884】一、五城平粜米石时，铺户收买官米十石以上者。

把持行市例

＊【1768】一、牙行侵欠审，系分散客店不完，至一千两以上者。

礼　例

亵渎神明例

＊＊【1884】一、军民人等，纵令妇女于寺观、神庙与人通奸者，枷号一个月。

禁止迎送例

＊【1768】一、书役迎接新官,约结多人,执批远迎者。

兵　例

私藏应禁军器例

＊＊【1884】一、各省居民,如有不报官司,私藏鸟枪、竹统者,杖九十,枷号一个月,每一件加一等,罪止杖一百、流三千里。

盘诘奸细例

＊【1768】一、沿边近蒙古地方,有发遣人犯脱逃,汛渡军兵漫无觉察者。

私出外境及违禁下海例

＊【1740】一、奸徒将米偷运出口图利不及十石之为从,及知情不首之船户。

＊【1884】一、奸徒将米、谷、豆、麦杂粮偷运外洋,止图渔利,并无接济奸匪,不及十石之为从者,枷号二十五日。○船户知情不首者。

＊【1768】一、丝斤出洋不及十斤,为从者。○船户知情不首者。

＊【1884】一、丝斤出洋不及十斤,为从者,枷号二十五日。○船户知情不首者。

＊＊【1884】一、黄金、白银违例出洋,如白银不及十两为从者,枷号二十五日。○船户知情不首者。

＊＊【1884】一、内地奸民有摹造洋板,销化白银,仿铸洋钱,不及十元,为从者,枷号二十五日。

宰杀马牛例

＊【1725】一、盗牛二只,及窝家知情分赃者,俱枷号二十五日。

【1740】○删除

＊＊【1884】一、开设汤锅,宰杀堪用马一、二匹之牙行及卖马之人知情者,枷号三十五日。

刑　例

谋叛例

＊【1725】一、异姓人结拜弟兄,为从者。

【1740】○修改

【1740】一、异姓人无歃血盟誓,焚表事情止,结拜弟兄,为从者。

盗园陵树木例

＊＊【1884】一、奸徒知情,私买子孙盗卖坟树,一株至五株,枷号二十五日。○六株至十株,枷号五十五日。○知情私买他人盗卖坟树,初犯,已伐为从,并未伐为首者,枷号二十五日。○再犯已伐为从,未伐为首者,枷号八十五日。

强盗例

＊【1725】一、事主以人命斗殴等事报盗,甲长、邻佑扶同捏报者。

【1740】○修改

【1740】一、事主呈报盗情,谎称被劫,及以窃为强、以奸为盗、以人命斗殴等事报盗,甲长、邻佑扶同捏报者。

窃盗例

＊【1768】一、窃盗再犯计赃罪,应杖九十者,加枷号三十五日。

盗马牛畜产例

＊【1740】一、盗牛二只,及窝家知情分赃者,俱枷号三十五日。

＊【1790】一、偷窃内地蒙古人等四项牲畜一、二匹为从,虽曾共谋,未经同行,仅于窃后分赃者。○窃羊不及四只为从,同窃分赃者,蒙古照拟鞭责,民人折责发落。

＊【1884】一、偷窃蒙古四项牲畜,并右卫地方八旗官兵所养官马驼只,及新降之土尔扈特、都尔博特、额鲁特、霍硕特、辉特、乌梁海六项蒙古,在扎萨克察哈尔及边陲新疆地方偷窃四项牲畜,一、二匹为从,共谋未经同行,仅于窃后分赃者。○蒙古人等窃羊,不及四只,为从同窃分赃者,蒙古照拟鞭责,民人折责发落。

盗田野谷麦例

＊【1740】一、贩参之犯,所犯不满十两者。

＊【1884】○删除

＊＊【1884】一、在口外出钱雇人刨挖黄芪,所雇人数未及十名,为从者。○十人以上加枷号五十五日。○如该处囤积黄芪数至十斤以上,为从者。○五十斤以上,加枷号五十五日。

＊＊【1884】一、私入木兰等处围场,及南苑偷窃菜蔬、柴草、野雞等项,初犯为从,及偷窃未得,俱枷号二十日。○再犯,枷号一个月。○三犯,枷号两个月。

＊＊【1884】一、盛京威远堡南至凤凰城外山谷附近围场处所,越边偷窃柴草、野鸡等项,初犯为从,及偷窃未得,俱枷号二十日。○再犯,枷号一个月。○三犯,枷号

两个月。

发冢例

＊＊【1884】一、期亲尊长盗卑幼未殡未埋尸柩,未开棺椁,为从者。

杀死奸夫例

＊＊【1884】一、本夫纵容妻妾与人通奸,若奸夫自杀,其夫奸妇果不知情者。

弓箭伤人例

＊＊【1884】一、鸟枪、竹铳向城市,及有人居止宅舍施放误伤人者。

尊长为人杀私和例

＊＊【1884】一、私和人命,案内,如凶犯罪,止军流,其以财行求者,系凶犯之缌麻以上有服亲属,及家长奴婢雇工人,均不计赃数。○祖父母、父母、夫家长受贿私和,案内之说事过钱者。

殴期亲尊长例

＊＊【1884】一、期亲以下有服尊长杀死有罪卑幼,如卑幼罪犯应死听从下手之犯,无论尊长,凡人。

恐吓取财例

＊【1768】一、内外大小衙门蠹役恐吓,索诈贫民,计赃一两以下,为从者。

＊【1884】一、内外大小衙门蠹役恐吓,索诈贫民,计赃一两以下,为从者。○一两至五两,为从,枷号二十五日。

私铸铜钱例

＊【1725】一、毁化小制钱,房主邻佑不知情者。

＊【1884】○删除

赌博例

＊【1790】一、旗人邀集抓金钱会,随同入会者。

徒流人逃例

＊【1725】一、流犯脱逃,看守之保甲逾限不获二名者。

＊【1884】○删除

杖　一　百

吏　律

大臣专擅选官律

*【1725】在朝官员奉差,及改除托故不行者。

滥设官吏律

*【1725】内外各衙门官多添设一人者,杖一百,每三人加一等,罪止杖一百、徒三年。

【1740】○修改

【1740】内外各衙门官多添设一人者。

*【1884】○修复

*【1884】内外各衙门官多添设一人者。杖一百,每三人加一等,罪止杖一百、徒三年。

信牌律

*【1725】府、州、县官遇有催办事务不行,依律发遣信牌,辄下所属守并者。

举用有过官吏律

*【1725】官吏曾经断罪罢职役不叙者,不许朦胧保举,违者,举官及匿过之人。

擅离职役律

*【1725】官吏避难因而在逃者。

制书有违律

*【1725】奉制书有所施行而违者。○违令旨者。

弃毁制书印信律

*【1725】弃毁官文书者。○官吏知而不举者。

上书奏事犯讳律

＊【1725】御名、庙讳,若名字触犯者。

＊【1884】御名,若名字触犯者。

事应奏不奏律

＊【1725】文武职官有犯,应奏请而不奏请者。〇已奏不待回报而辄施行者。〇三四品上司官处,将不合行事务妄作禀准,及朦胧禀说施行者。

出使不复命律

＊【1725】奉制敕出使干预他事者。〇各衙门出使干预他事,系军情重事者。

增减官文书律

＊【1725】官文书若有规避,故改补干碍调拨军马及军需钱粮数目者,首领官、吏典。

封掌印信律

＊【1725】内外各衙门印信,长官收掌,同僚佐贰官封记。若同僚佐贰官有公差事故,许首领官封印,违者。

漏使印信律

＊【1725】文书漏印及全不用印,干碍调拨军马军需钱粮者。

擅用调兵印信律

＊【1725】统兵将军及提督、总兵官擅用印信批帖照送货物,以图免税,承行首领官吏。

＊【1884】统兵将军及提督、总兵官擅出印信批帖照送货物,以图免税,承行首领官吏。

户　律

脱漏户口律

＊【1725】一户全不附籍,有赋役者。〇将他人隐蔽在户不报及相冒合户附籍,有赋役者。〇所隐之人,同罪。〇里长官吏知情者。

立嫡子违法律

＊【1725】养同宗人为子，所养父母无子而舍去者。○庶民存养良家男女为奴婢者。

收留迷失子女律

＊【1725】冒认他人奴婢者。

赋役不均律

＊【1725】有司科征税粮及杂泛差役，若放富差贫，挪移作弊者。

隐蔽差役律

＊【1725】豪民令子孙、弟侄跟随官员隐蔽差役者。○官员容隐者。

逃避差役律

＊【1725】民户逃住邻境州县躲避差役者。○亲管里长、提调官吏故纵及邻境人户隐蔽在已者。

别籍异财律

＊【1725】祖父母、父母在，子孙别立户籍，分异财产者。

检踏灾伤田粮律

＊【1725】水旱、灾伤初复，检踏官吏止凭里长、甲首朦胧供报分数，通同作弊者。○里长、甲首同罪。

典雇妻女律

＊【1725】将妻妾妄作姊妹嫁人者。○知而娶者。

妻妾失序律

＊【1725】以妻为妾者。

逐婿嫁女律

＊【1725】逐婿嫁女或再招婿者。○男家知而娶赘者。○如招赘之女，通同父母逐婿改嫁者。

居丧嫁娶律

＊【1725】男女居父母及妻妾居夫丧而身自嫁娶者。○命妇夫亡再嫁人为妻者。○夫丧服满,妻妾果愿守志,而女家及夫家大功以下亲强嫁之者。

尊卑为婚律

＊【1725】父母之姑舅、两姨、姊妹及姨,若堂姨母之姑、堂姑,已之堂姨及再从姨,已之堂外甥女,若女婿及子孙妇之姊妹,并不得为婚姻,违者。

娶亲属妻妾律

＊【1725】娶同宗无服之亲,及无服亲之妻者。

娶部民妇女为妻妾律

＊【1725】监临官娶为事人妻妾及女为妻妾者。○女家主婚人,同罪。○府、州、县官任内强娶部民妇女为妻妾,及为子孙、弟侄家人强娶者。○监临官为子孙、弟侄家人娶者。

僧道娶妻律

＊【1725】僧道假托亲属或僮仆为名求娶而自占者。

良贱为婚姻律

＊【1725】家长与奴娶良人女为妻,因而入籍为婢者。

出妻律

＊【1725】妻背夫在逃者。○因夫逃亡三年之内不告官司而擅改嫁者。○婢背家长在逃因而改嫁者。○窝主及知情娶者。○期亲以上尊长主婚改嫁者。

附余钱粮私下补数律

＊【1725】税粮违限一年之上不足者,里长欠粮人户,收粮违限律。内库收受金帛交割未完,解户朦胧擅将出外,守门官失于盘获搜检者。

守支钱粮及擅开官封律

＊【1725】仓库官攒斗级、库子役满得代,有交割之物,听提调官吏监临盘点,违者。

盐法律

＊【1725】买食私盐者，将有引官盐转于别境，犯界货卖者。

舶商匿货律

＊【1725】泛海客商舶船到岸，货物若不报者。○供报不实及停藏之人，同罪。

违禁取利律

＊【1725】豪势之人以私债准折人妻妾、子女者。

私造斛斗秤尺律

＊【1725】仓库官吏增减官降斛斗、秤尺收支官物不平者。○监临官知而不举者。

礼　律

祭享律

＊【1725】天地、社稷、大祀及庙享，所司不将祭祀日期豫先告示诸衙门，因而失误行事者。○已承告示而失误者。○大祀，牲牢、玉帛、黍稷之属一座全缺者。○中祀，有犯者，罪同。

致祭祀典神祇律

＊【1725】社稷山川、风云、雷雨等神，及圣帝、明王、忠臣、烈士应合致祭神祇，所在有司至期失误祭祀者。

禁止师巫邪术律

＊【1725】军民装扮神像，鸣锣击鼓，迎神赛会，为首者。

合和御药律

＊【1725】合和御药误不依本方及封题错误者。○造御膳误犯食禁者。○监临、提调官及厨子人等误将杂药带至造御膳处所者。○厨子人等有犯，监临、提调官知而不奏，及门官、守卫官失于搜检者。

乘舆服御物律

＊【1725】工匠造作御幸舟船误不坚固者。

收藏禁书律

*【1725】私家收藏禁书及历代帝王图像、金玉符玺等物者。

御赐衣物律

*【1725】御赐百官衣物,使臣不行亲送,转附他人给与者。

上书陈言律

*【1725】陈言事理,若假以上书巧言令色,希求进用者。

见任官辄自立碑律

*【1725】见任官实无政迹,辄自立碑建祠者。

服舍违式律

*【1725】职官房舍、车服、器物之类,违式僭用者。○工匠造作违禁龙凤文者。

僧道拜父母律

*【1725】僧尼、道士、女冠,并令拜父母、祭祀祖先、丧服等第,皆与常人同,违者。

术士妄言祸福律

*【1725】阴阳术士不许于大小官员之家妄言祸福,违者。

匿父母夫丧律

*【1725】官吏父母死,诈称祖父母、伯叔姑、兄姊丧,不丁忧者。○无丧诈称有丧,或旧丧诈称新丧者。○当该官司知而听行者。

丧葬律

*【1725】从尊长遗言,将尸烧化及弃置水中者。

兵　律

太庙门擅入律

*【1725】擅入太庙及山陵兆域门者。○守卫官故纵者。

宫殿门擅入律

＊【1725】擅入及冒入紫禁城等门及禁苑,已过门限者。○擅入及冒入宫殿门,未过门限者。○门官及宿卫官军故纵者。○擅入及冒入御膳所、御在所,若不系宿卫,应值合带兵仗之人,但持寸刃入宫殿门内与紫禁城门内及未过门限,门官及宿卫官失觉察者。

宿卫守卫人私自代替律

＊【1725】宫禁及紫禁城、皇城门不系宿卫守卫人,并京城门不系宿卫守卫官,冒名代替及替之者。○亲管头目知而故纵者。

从驾稽违律

＊【1725】从车驾行而逃,亲管头目失觉察者。

直行御道律

＊【1725】宫殿中文武百官军民人等无故直行御道者。○守卫官故纵者。

内府工作人匠替役律

＊【1725】内府内库诸色工匠行人,若雇人冒名代替及替之者。

宫殿造作罢不出律

＊【1725】宫殿内造作监工及提调内监门官、守卫官军点视工匠,如原八名数短少,失觉察者。

辄出入宫殿门律

＊【1725】应出宫殿而门籍已除,辄留不出,及被告劾,已有公文禁止,籍虽未除,辄入宫殿者。○宿卫人已被奏劾,本司先收其兵仗,违者。○宫殿门虽有籍,若至夜入者。

冲突仪仗律

＊【1725】车驾行处随行文武百官,非奉宣唤,无故辄入仪仗内者。○典仗护卫官军故纵者。○若守卫不备牲畜,因而冲入紫禁城门内者。

行宫营门律

＊【1725】擅入行宫营门者。

越城律

＊【1725】越各府、州、县镇城者。

门禁锁钥律

＊【1725】各处城门非时擅开闭者。

飞报军情律

＊【1725】飞报军情隐匿不速奏闻者。

漏泄军情大事律

＊【1725】近侍官员漏泄常事于人者。

边境申索军需律

＊【1725】边将取索军器、钱粮等物不即奏闻,及各处不依式申报者。

失误军事律

＊【1725】临军征讨,应给军器粮草违期不完者。

从征违期律

＊【1725】军临敌境,托故违期一日不至者。

军人替役律

＊【1725】军人不亲出征,雇倩人冒名代替者。

不操练军士律

＊【1725】守御官不守纪律、不操练军士,及城池不完,衣甲器仗不整,再犯者。

私卖战马律

＊【1725】军人出征获到马匹私下货卖与常人者。○军官私卖者。

从征守御官军逃律

＊【1725】官军征讨私逃初犯者。○里长知而不首者。

夜禁律

＊【1725】犯夜拒捕及打夺者。

私越冒度关津律

＊【1725】越度缘边关塞及潜出外境，守把之官失于盘诘者。

诈冒给路引律

＊【1725】经过官司倒给路引，及官豪势要嘱托军民衙门，擅给批帖影射出入者。○当该官吏听从及知情给与者。○巡检司越分给引者。

关津留难律

＊【1725】官豪势要之人乘船经过关津，不服盘验者

递送逃军妻女出城律

＊【1725】在京民人递送逃军妻女出京城者。○逃军买求者。○守门之人知情故纵者。○各处守御城池及屯田官军递送逃军妻女出城，守门官失於盘诘者。

【1740】○修改

【1740】在京民人递送逃军妻女出京城者。○逃军买求者。○守门之人知情故纵者。○在京及各处官军递送逃军妻女出城，守门官失於盘诘者。

盘诘奸细律

＊【1725】境内奸细走透消息于外人，及境外奸细入境内探听事情，守把官失於盘诘者。

私出外境及违禁下海律

＊【1725】将马牛、军需、铁货、铜钱、缎匹、绸绢、丝绵私出外境货卖及下海者。○该拘束官司及守把之人通同夹带或知而故纵者。○将人口、军器出境下海因而走泄事情，该拘束官司失觉察者。

＊【1884】将马牛、军需、铁货、铜钱、缎匹、绸绢、丝绵私出外境货卖及下海者。○该拘束官司及守把之人通同夹带或知而故纵者。○将人口、军器出境及下海因而走泄事情，该拘束官司失觉察者。

宰杀马牛律

＊【1725】私宰自己马牛者。○故杀他人及官驼骡驴者。○故杀缌麻以上亲马牛者。

递送公文律

＊【1725】铺兵沉匿公文及拆动原封，事干军情机密文书者。○铺司不告举者。

○各县铺长失于检举者。

邀取实封公文律

＊【1725】实封公文中途邀截取回铺司,铺兵容隐不告举者。○若已告举而官司不即受理施行者。

文书应给驿而不给律

＊【1725】调遣军马、紧急军务及飞报军情文书,故不遣使给驿者。

刑　律

盗制书律

＊【1725】盗各衙门官文书者。

盗印信律

＊【1725】盗关防印记者。

盗城门钥律

＊【1725】盗仓库等门钥者。

监守自盗仓库钱粮律

＊【1725】监守自盗仓库钱粮等物至五两者。

常人盗仓库钱粮律

＊【1725】常人盗仓库钱粮等物至一十五两者。
＊【1884】常人盗仓库钱粮等物至一十五两者。伙盗不行又不分赃者。

窃盗律

＊【1725】窃盗及掏摸得财四十两,为首者。○五十两为从者。

略人略卖人律

＊【1725】和卖子孙之妾者。○略卖子孙之妾未卖者。○窝主及买主知情者。

发冢律

＊【1725】尊长于大功卑幼坟墓熏狐狸,因而烧棺椁者。○子孙于祖父母、父母

及奴婢、雇工人于家长坟墓熏狐狸，为首者。〇平治他人坟墓作田园，为首者。〇将尊长坟冢为首平治作地卖与人，得赃轻者。〇地界内有死人，里长、地邻辄移他处及埋藏，以致失尸，为首者。〇以致残毁及弃尸水中，为从者。〇弃而不失及髡发若伤者。

盗贼窝主律

*【1725】强盗窝主共谋不行，又不分赃者。

谋杀人律

*【1725】谋杀人已行未伤人，为从者。

采生折割人律

*【1725】采生折割人里长知而不举者。

造畜蛊毒杀人律

*【1725】造畜蛊毒杀人及教令人，里长知而不举者。

斗殴及故杀人律

*【1725】同谋共殴人因而致死者，余人。

夫殴死有罪妻妾律

*【1725】妻妾因殴骂夫之祖父母、父母而夫擅杀死者。

杀子孙及奴婢图赖人律

*【1725】子孙将已死缌麻尊长身尸图赖人者。

车马杀伤人律

*【1725】无故于乡村旷野驰骤车马，因而伤人致死者。

威逼人致死律

*【1725】因事威逼人致死者。〇官吏、公使人等非因公务而威逼平民致死者。

尊长为人杀私和律

*【1725】缌麻尊长被杀而卑幼私和者。〇小功卑幼被杀而尊长私和者。

同行知有谋害律

＊【1725】知同伴欲谋害他人不即阻,当救护及被害后不首告者。

斗殴律

＊【1725】殴人折一齿及一指,眇一目,抉毁人耳鼻,破骨,及用汤火铜铁汁伤人者。〇以秽物灌入人口鼻内者。

宫内忿争律

＊【1725】宫内忿争声彻于御在所及相殴者。

＊【1884】宫内忿争声彻及御在所及相殴者。

殴制使及本管长官律

＊【1725】军民吏卒殴六品以下首领官者。〇流外官及军民吏卒殴九品以上官,并公使人殴打有司官,血从耳目中出,及内损吐血者。

佐职统属殴长官律

＊【1725】本衙门首领官及统属官殴六品以下长官者。

九品以上官殴长官律

＊【1725】流内九品以上官殴非本管五品以上,若五品以上殴非本管三品以上官,血从耳目中出,及内损吐血者。

殴受业师律

＊【1725】殴受业师血从耳目中出,及内损吐血者。

威力制缚人律

＊【1725】威力拷打人至内损吐血者。

良贱相殴律

＊【1725】良人殴他人奴婢及殴缌麻小功亲,雇工人折二齿二指以上及髡发者。〇殴缌麻小功亲,奴婢折肋眇两目,堕胎及刃伤者。

奴婢殴家长律

＊【1725】雇工人殴家长之大功亲者。〇伤重至内损吐血者。〇奴婢有罪,家长

及家长之期亲、外祖父母不告官司而殴杀者。○家长及家长之期亲、外祖父母殴雇工人，折肋，眇两目，堕胎及刃伤者。

妻妾殴夫律

*【1725】妻殴夫者。

同姓亲属相殴律

*【1725】尊长殴服尽，卑幼折二齿二指以上及髡发者

殴大功以下尊长律

*【1725】卑幼殴本宗及外姻缌麻兄姊者。○本宗及外姻尊长殴缌麻卑幼，折二齿二指以上及髡发者。○殴大功卑幼折肋，眇两目，堕胎及刃伤者。

殴祖父母父母律

*【1725】子孙违犯教令，而祖父母、父母非理殴杀者。

妻妾与夫亲属相殴律

*【1725】妻妾殴夫缌麻兄姊者。○妾殴妻之父母者。○妻殴夫缌麻卑幼，及期亲以下尊长殴卑幼之妇，折二齿二指以上及髡发者。○妻殴夫大功卑幼，折肋，眇两目，堕胎及刃伤者。

父祖被殴律

*【1725】祖父母、父母为人所殴，子孙即时救护还殴，至折人肋，眇人两目，堕胎及刃伤者。

*【1884】祖父母、父母为人所殴，子孙即时救护还殴，至折人肋，眇人两目，堕胎及刃伤者。○亲属人等被人杀，而擅杀行凶人者。

骂制使及本管长官律

*【1725】奉制命出使而官吏骂之，及部民骂本属府州、县军士骂本管官吏，卒骂本部五品以上长官者。

奴婢骂家长律

*【1725】雇工人骂家长、期亲及外祖父母者。

骂尊长律

*【1725】骂期亲兄姊者。

妻妾骂夫期亲尊长律

＊【1725】妻妾骂夫期亲兄姊者。

越诉律

＊【1725】迎车驾及击登闻鼓,申诉不实者。

投匿名文书告人罪律

＊【1725】投匿名文书,官司受而为理者。

告状不受理律

＊【1725】告恶逆,官司不受理者。〇原告就被论官司告理恶逆,推故不受理者。

诬告律

＊【1725】诬告人罪杖七十,加所诬罪三等者。

干名犯义律

＊【1725】告期亲尊长、外祖父母及妾告妻得实者。〇奴婢告家长期亲、外祖父母者。〇雇工人诬告家长期亲、外祖父母者。

子孙违犯教令律

＊【1725】子孙违犯祖父母、父母教令及奉养有缺者。

官吏受财律

＊【1725】官吏受财有禄人枉法赃至一十五两者。〇不枉法赃至四十两者。〇无禄人枉法赃至二十两者。〇不枉法赃至五十两者。

坐赃致罪律

＊【1725】官吏人等非因事受财至八十两者。〇与者至五百两者。

诈为制书律

＊【1725】制书传写失错,为首者。

诈传诏旨律

＊【1725】诈传三四品衙门官言语有所规避,为首者。〇当该官司知而听行者。

私铸铜钱律

*【1725】私铸铜钱,里长知而不首者。○将铜钱剪错薄小,取铜求利者。

诈假官律

*【1725】诈称见任官子孙、弟侄、家人于部内有所求为,为首者。○当该官司知而听行者。

诈病死伤避事律

*【1725】犯罪待对故自伤残者。○受雇倩为人伤残者。○当该官司知而听行者。

犯奸律

*【1725】刁奸者,奸夫、奸妇。

纵容妻妾犯奸律

*【1725】抑勒妻妾及乞养女与人通奸者,本夫、义父。○抑勒亲女及子孙之妇妾与人通奸者,父母、舅姑。○用财买休卖休和娶人妻者,本夫、本妇及买休人。○与妾用计逼勒本夫休弃者,买休人及妾。○买休之媒合人。○因奸不陈告而嫁卖与奸夫者。

亲属相奸律

*【1725】奸同宗无服之亲及无服亲之妻者,奸夫、奸妇。

奸部民妻女律

*【1725】官吏和奸所部无夫妻女者。

居丧及僧道犯奸律

*【1725】居父母夫丧及僧尼、道士、女冠犯和奸者。

良贱相奸律

*【1725】奴奸良人妇女,和奸者,奸夫、奸妇。
**【1884】奴和奸良人妇女,有夫者,奸夫、奸妇。

买良为娼律

*【1725】娼优、乐人买良人子女为娼优,及为妻妾,或乞养为子女者。○知情嫁

卖者。

*【1884】娼优、乐人买良人子女为娼优,及娶为妻妾,或乞养为子女者。○知情嫁卖者。

嘱托公事律

*【1725】官吏人等曲法嘱托公事,当该官吏听从已施行者。○监临势要曲法为人嘱托者。

失火律

*【1725】失火因而致伤人命者。○在外失火延烧山陵兆域者。○在外失火延烧官府公廨及仓库者。○守卫宫殿及仓库,若掌囚者,但见火起,皆不得离所守,违者。

*【1884】失火因而致伤人命者。○在外失火延烧山陵兆域者。○在外失火延烧官府公廨及仓库者。○守卫宫殿及仓库,若掌囚者,但见火起,皆不得离所守,违者。○库藏及仓廒点放火花爆仗。

放火故烧人房屋律

*【1725】放火故烧自己房屋者。

搬做杂剧律

*【1725】乐人搬做杂剧戏文,不许妆扮历代帝王、后妃及先圣、先贤、忠臣、烈士神像,违者。○官民之家容令妆扮者。

罪人拒捕律

*【1725】罪人本犯应死逃走,已就拘执及不拒捕而擅杀者。

淹禁律

*【1725】狱囚情犯已完,限外不断决起发,因而致死囚该徒罪者。

与囚金刃解脱律

*【1725】狱卒以金刃及他物可以自杀,并解脱锁杻之具与囚者。○因而致囚在逃能自捕得,及他人捕得,若囚已死及自首者。○常人以金刃及他物与囚,及子孙与在狱之祖父母、父母,奴婢、雇工人与在狱之家长,因而在逃及自伤或伤人者。○司狱官典及提牢官知而不举者。

狱囚衣粮律

*【1725】司狱官、典狱卒于徒囚,应请给衣粮、医药而不请给,应脱锁杻而不请脱,应保出外而不请保,应请听家人入视而不听,因而致死者。〇提牢官知而不举者。〇已申禀上司,不即施行,因而致死徒罪囚者。

决罚不如法律

*【1725】官司决人不如法,因而致死者。

妇人犯罪律

*【1725】妇人怀孕犯罪,未产拷决,因而堕胎者。

工　律

织造违禁龙凤文缎匹律

*【1725】民间织造违禁龙凤文纻丝纱罗货卖者。〇机户及挑花、挽花工匠。

盗决河防律

*【1725】盗决河防者。

名例例

流囚家属例

*【1740】一、佥遣之犯,若邻族捏结伊妻老疾不能随行,及患病留养后成笃废不能补解者。

*【1884】一、律应佥遣之犯妻,若邻族捏行结报老疾不能随行,及患病留养后成笃废不能补解者。

* *【1884】一、宗室觉罗妇女自行出名刁控,或赴案逞刁,及拟结后渎控者。

* *【1884】一、宗室觉罗人等告讦之案,察其事不干,已显系诈骗不遂者。应议者犯罪例。

犯罪存留养亲例

*【1725】一、并无别情,殴胞兄致死,家无承祀者,枷号三个月。〇出结之乡约人等,捏称家无承祀,并隐讳别情者。

【1768】〇删除

＊【1725】一、内外免死流犯,告称祖父母、父母老疾,家无以次成丁者,枷号两个月。○其乡约、总甲、十家长、两邻,有假捏出结者。

【1740】○修改

【1740】一、内外免死流犯,如有祖父母、父母老疾,家无以次成丁者,枷号两个月。○其邻保、族长等有假捏出结者。

＊【1884】○删除

＊【1740】一、斗殴杀人之犯,有祖父母、父母老疾应侍,准其存留养亲者,枷号两个月。

＊【1884】○删除

＊【1740】一、弟殴胞兄致死,并无争夺别情,家无次丁,准其承祀者,枷号三个月。

【1768】○删除

＊【1740】一、夫殴妻致死并无故杀别情,家无承祀之人,准其存留者,枷号两个月。

＊【1884】○删除

＊＊【1884】一、斗杀等案,及殴妻致死之犯,准其留养承祀者,枷号两个月。

＊＊【1884】一、部内题结军流徒犯,祖父母、父母老疾应侍及其母守节二十年,家无次丁者,满徒人犯,枷号一个月,军流,枷号四十日,免死流犯,枷号两个月。

天文生有犯例

＊【1740】一、养象军奴,犯杂犯死罪,及徒、流罪者。

犯罪自首例

＊【1725】一、重囚因变逸出投归者。

【1740】○修改

【1740】一、在监重囚因变逸出投归者,除不准自首之犯外,余俱免死。

工乐户及妇人犯罪例

＊＊【1884】一、乐工投托势要,挟制官倠,抗拒不服拘唤者,于本司门首,枷号一个月。

徒流人又犯罪例

＊【1768】一、免死减等发遣盗犯,在配犯该笞、杖者,枷号三个月。

＊【1884】一、免死发遣盗犯,在配犯该笞、杖者,枷号三个月。○平常发遣人犯,犯该遣罪者,枷号六个月。○犯该军、流者,枷号三个月。○犯该徒罪者,枷号两

个月。

＊＊【1884】一、改发极边烟瘴充军之窃盗，在配复犯行窃，计赃罪止杖责者，于遣所枷号三个月。○复犯徒罪者，枷号一年。○复犯流罪者，枷号二年。○复犯军罪者，枷号三年。

＊＊【1884】一、发遣新疆并黑龙江等处为奴人犯，在配行窃，初犯者，枷号一年。○再犯者，枷号二年。○三犯者，枷号三年。○四犯者，永远枷号。

＊＊【1884】一、回民因行窃、窝窃发遣，复在配并在逃行窃，初犯，枷号二年。○再犯，枷号三年。○三犯者，永远枷号。

＊＊【1884】一、军犯在配复犯徒一年者，于配所枷号一个月，每等递加五日。

犯罪事发在逃例

＊【1740】一、免死发遣人犯脱逃后，并无行凶为匪者，递回发遣处，枷号三个月。○其平常发遣人犯逃走后复行凶，为匪犯该徒罪者，递回发遣处，枷号三个月。罪止笞杖者，递回发遣处，枷号一个月。

＊【1884】○删除

＊＊【1884】一、监候待质杖，罪人犯期满保释后，私自逃匿，照原拟杖，罪加枷号一个月。

亲属相为容隐例

＊＊【1884】一、父为母所杀，其子隐忍，经官审讯，犹复隐忍不言者。

吏　例

官员袭荫例

＊【1725】一、銮仪卫并养象校尉缺出，有朦胧冒替者。

【1740】○修改

【1740】一、銮仪卫校尉、养象校尉，有朦胧冒替者。

大臣专擅选官例

＊＊【1884】一、文武职官不由还举，径自朦胧，奏请希求进用者。○夤缘奔竞，阻坏选法，无赃者。

贡举非其人例

＊【1740】一、应试举监生儒及官吏人等，但有怀挟文字、银两，并越舍与人换写文字者，枷号一个月。

＊【1884】一、岁贡生丁忧患病,勘明补贡。如托故延至三年之外,有司朦胧送补者,该生及有司。

举用有过官吏例

＊【1740】一、部院衙门书办退役之后,更名重役者。

＊【1740】一、在外各衙门书役,有年满不退者。

＊【1740】一、各部院衙门役满书吏,潜留京城者。

＊【1884】一、各部院书吏役满后,潜留京师者。○从前未经犯案,役满回籍,复潜行来京者,枷号一个月。○其来京犯案,罪止杖、笞者,仍照例枷责。

＊【1768】一、书吏所雇贴写,驱逐辞去后,如有捏报诡名,经承扶同保结者。

＊【1768】一、部院各衙门书吏从前犯事,递回原籍,又私自来京,虽未犯案者,枷号一个月。

＊【1768】一、斥革监生易名复捐者。

＊＊【1884】一、文武各员暨举、贡、监生并吏员承差人等,曾经罢革,复图顶带荣身,无关铨选者。

擅离职役例

＊【1768】一、外任旗员子弟归旗后,有因事告假,借端逗留者。

官员赴任过限例

＊【1768】一、升除出外文职已领,勒凭无故迁延半年之上不辞朝出城者。

＊【1768】一、外任汉军官员升转来京,及年老有病降革归旗,无故不速起程,及中途逗留,或别处居住,或本身进京,令家口别处居住者。

＊＊【1884】一、监生在监肄业,及各衙门办事官吏承差倩人代替者。

＊＊【1884】一、外任旗员子弟归旗后,有因事告假,借端逗留者。

交结近侍官员例

＊＊【1884】一、各旗王公所属人员,现居外任,因事来京,概不许于本管王公处谒见通问,违者。

弃毁制书印信例

＊【1725】一、部院各衙门卷案,官吏盗取改易者。

【1740】○删除

＊【1768】一、凡将诰命旧轴售卖及转卖者。

＊＊【1884】一、病故之员,从前未缴朱批奏折,其家属隐匿收藏者。

擅用调兵印信例

＊【1740】一、文武官员有以官印用于私书者。

户　例

人户为定以籍例

＊【1740】一、发遣赏给各省驻防兵丁为奴人犯，有应卖事故，如卖与民人并别境旗人为奴者。

＊【1884】一、发遣赏给黑龙江、新疆等处及各省驻防兵丁为奴人犯，并无应卖事故，辄私行典卖，及得财放赎者，兵丁枷号两个月，赎身之遣犯枷号一年。〇若有应卖事故，如卖与民人并别境旗人为奴者，原主。

＊【1768】一、八旗从前投充，及乾隆元年（1736）以前契买家奴，查明果系灶户，准其放出归灶，仍将卖身之人枷号三个月。〇引进保人，枷号两个月。〇其并非灶丁，指称抗违家主者。

＊【1884】一、八旗从前投充，及乾隆元年（1736）以前契买家奴，果系灶户，查明准其放出归灶，仍将卖身之人枷号三个月。〇引进保人，枷号两个月。〇其并非灶丁，指称抗违家主者。

＊【1790】一、娼优隶卒及其子孙变易姓名，朦混应试、报捐者，斥革。

＊＊【1884】一、习教人犯，查明其子孙实未入教，三辈后始准考试、报捐，倘有朦混应考、报捐者。

私创庵院及私度僧道例

＊【1740】一、民间创造寺观神祠，不俟题请，擅行兴造者。

＊【1740】一、僧道已将原领牒照追缴，毋许改名更替，如有暗行隐匿及私相授受者。

【1790】〇删除

＊＊【1884】一、民间子弟不及三丁，或在十六以上，而出家者，枷号一个月。

立嫡子违法例

＊【1768】一、乞养异姓义子，希图赀财冒认归宗者。

＊【1884】一、乞养异姓义子，并收养三岁以下遗弃之小儿，如有希图资财，冒认归宗者。

赋役不均例

＊【1725】一、生监优免本身丁银外，倘滥以子孙族户冒入者，申革。〇诡寄者，

同论。

【1740】○修改

【1740】一、绅襟优免本身丁银外,倘滥以子孙族户冒入者,申革。

*【1884】一、绅襟优免本身丁银,倘滥以子孙族户冒入者。

*【1740】一、审编均徭,于丁粮有力之家止编本等差役,不许分外加增余剩银两,贫难下户并逃亡之数不许征银,及额外滥设听差等荐名色扰累,违者,有司官并容情不举之上司。

* *【1884】一、绅衿之家与齐民一体编次,听保甲稽查,违者。

逃避差役例

*【1725】一、兵荒逃避之民,招抚复业当差,如不自首,虽首而不尽,或展转逃移,及窝家不举首者。

别籍异财例

*【1740】一、祖父母、父母在而子孙分财异居者。

检踏灾伤田粮例

*【1740】一、遇有恩诏豁免钱粮,其漕项、芦课、学租、杂税各项俱入豁免之内地方官违者。

*【1740】一、免税米船偷运别省,并未到被灾地方先行粜卖者。

*【1884】一、被灾地方米船过关,免其纳税。如免税米船偷运别省,并未到被灾地方先行粜卖者。

* *【1884】一、开垦水旱田,将届升科之期,委员复勘。果有坍塌、冲涨或成硗确者,概免升科,违者。

盗卖田宅例

*【1740】一、各省丈量田亩,抑勒首报垦田者。

*【1884】一、各省丈量田亩,抑勒首报垦田之事,永行停止,违者。

* *【1884】一、用强占种屯田,及将屯田典卖与人,管屯等官不行用心清查者。

典买田宅例

*【1768】一、民间私顶军田,匿不首报,至三十五亩者。

*【1884】○删除

* *【1884】一、旗地、旗房,不准民人典买,如有设法借名私行典买者,业主、售主。

荒芜田地例

* *【1884】一、盛京等处庄头有将额拨官地，率请更换，并民人呈请马厂垦种纳租等事者。

弃毁器物稼穑等例

*【1740】一、广收麦石，肆行踹曲，大开烧锅者，枷号两个月。

嫁娶违律主婚媒人罪例

*【1740】一、福建台湾地方民人与番人结亲者。

钱法例

*【1740】一、伙众越境采取铜、铅，聚至三十名以上，为从者，枷号三个月。○不及三十名，为首者，枷号三个月。○不及三十名，为从者。

收粮违限例

*【1725】一、应纳钱粮以十分为率，贡、监、生员欠至七分以下者，黜革，枷号一个月。○欠至十分以下者，举人问革为民。若贡生、监生、生员，枷号两个月。

【1740】○修改

【1740】一、应纳钱粮以十分为率，贡、监、生员欠至七分以下者，黜革，枷号一个月。○欠至十分以下者，举人、进士及有顶带人员并问革为民。若贡生、监生、生员，枷号两个月。

*【1884】一、应纳钱粮以十分为率，贡、监、生员欠至七分以下，黜革，枷号一个月。○欠至十分以下者，举人、文武进士及有顶带人员，并问革为民。若贡、监、生员黜革，枷号两个月。

*【1725】一、运弁旗丁挂欠粮米，如不及一分不完者。○欠至四分追完者。

【1740】○修改

【1740】一、运弁旗丁挂欠粮米，不及一分不完者。○欠至四分追完者。○欠至五分者。

多收税粮斛面例

*【1740】一、社会捐谷，听民自便，不得绳以官法，违者。

* *【1884】一、收放粮草去处，若职官子弟、积年光棍、跟子买头、小脚歇家、跟官伴当人等，三五成群，打搅仓场，欺官诈财者，杖罪以下，本仓门首枷号一个月。

* *【1884】一、各仓已革花户，并筲头、夫役，及不应入仓人等，在现充花户身

后,影射把持,勒索得赃一两以下,为首者,枷号两个月。○若甫经办事,尚未得赃者,枷号一个月。现充花户有心容隐,朋比为奸,与首犯同罪。

揽纳税粮例

＊【1725】一、贡监生员包揽钱粮,虽未入己,并无拖欠者,黜革,枷号三个月。

＊【1884】○删除

＊＊【1884】一、各处收受草束,若兜揽之徒,恃强将不堪水湿小草充数,嘱托收受者,拿送问罪,枷在本处门首三个月。

私借钱粮例

＊【1740】一、牙行蠹役将家人、佃户姓名影射,零星领借仓谷入己,积至二三十石者。

＊【1884】一、牙行蠹役将家人、佃户姓名影射,零星领借仓谷入己,积至二三十石者,枷号一个月。

挪移出纳例

＊【1725】一、各官应征钱粮,民欠未清,二次限满不完者。

【1768】○删除

＊【1768】一、徇隐州县侵欺革职,代赔之知府,未完之数在五分以内者,杖一百,每一分加一等。

＊【1884】一、徇隐州县侵欺革职,代赔之知府,未完之数在五分以内者。

仓库不觉被盗例

＊【1725】一、进仓漕粮用裤袄、细袋偷盗等小贼,拿获即于仓门首枷号四十日。

＊【1884】一、将进仓漕粮用裤袄、细袋偷盗等小贼,拿获即于仓门首枷号四十日。

收支留难例

＊＊【1884】一、钱粮物料解部书役人等,指称佑验掣批等项费用名色,包揽索诈一两以下者。○一两至五两,枷号一个月。○解官嘱托行贿,听其包揽者。

＊＊【1884】一、坐粮厅及各仓书役人等,向运官运丁指称掣批等项名色勒索,并向关米之人勒索,得财一两以下者。○一两至五两,枷号一个月。○关米人等,私给钱者。

转解官物例

＊【1768】一、蓟运回空,刨取白土装带,及铺户卖与粮船,尚未搀和之铺户、丁

舵，枷号一个月。

＊【1884】一、蓟运回空，刨取白土装带，及沿河市镇铺户卖与粮船，尚未搀和之铺户、丁舵，枷号一个月。

＊【1790】一、粮船在内河失风至三只以上者，旗丁，枷号一个月。

拟断赃罚不当例

＊【1740】一、查估之员本无不实追变之员，本无徇纵，不得向查估追变之人勒令代赔，违者。

＊【1884】一、查估追变之员，本无不实，催追本无徇纵，只因变抵不敷，以致公帑悬缺，仍在本人名下归结，不得向查追之人勒令代赔，违者。

＊【1740】一、承追赃罚有律应身死勿征者，照例免征至年远赃私，不得于本犯之外混追赔补，违者。

隐瞒入官财产例

＊【1740】一、欠帑人员巧借认帮名目，辗转株连，勒令赔补者，承审、承追各官。

＊【1884】一、欠帑人员，将分居别业之弟兄、亲族，并不知情之亲友，巧借认帮名目，转辗株连，勒令赔补者，承审承追各官。

＊＊【1884】一、隐匿侵盗案内家产至九十两者。

盐法例

＊【1725】一、回空粮船夹带私盐，兵役纵放未受贿者。

＊＊【1884】一、越境兴贩官司引盐，并客商收买余盐买求掣挚，至三千斤以上之邻佑，知而不举者。

＊＊【1884】一、灶丁贩卖私盐，大使知情者，枷号一个月。

＊＊【1884】一、拿获私监人犯，倘有故纵情事，无论巡役、兵丁，未受贿者。

＊＊【1884】一、江西省各州县盐快、兵丁，按月提比，如每月应销引盐，销止一分者，枷号三个月。

匿税例

＊【1725】一、买卖马匹，如不上税，不存案，而私自买卖者。

【1740】○删除

＊＊【1884】一、纳税去处，权豪无藉之徒，搅扰商税，杖罪以下，枷号两个月。

人户亏兑课程例

＊【1740】一、商欠盐课、钱粮至五分者。

*【1884】一、各商盐课作为十分,欠五分者,枷号三个月。

违禁取利例

*【1768】一、佐领、骁骑校、领催在本旗佐领或兄弟佐领下,指扣兵丁钱粮,放印子银,系佐领、骁骑校,枷号六十日。○系领催,枷号七十五日。○伙同放印子银者,枷号四十日。

*【1768】一、八旗领催代属下兵丁指扣钱粮保借者,枷号四十日。○其指米借债之人。

*【1884】一、如非在本佐领下举放重债,领催代属下兵丁指扣钱粮保借者。○指米借债之人。

* *【1884】一、听选官吏、监生人等借债,与债主及保人同赴任所取偿,倘至五十两以上者,债主及保人,各枷号一个月。

私充牙行埠头例

*【1725】一、旗民丧葬,仵作霸占扛抬,不容本家雇人者,枷号两个月。

*【1740】一、京城无贴铺户私分地界,不令旁人附近开张,及议价若干,方许承顶,至发卖酒斤等项货物,车户独自揽运,违禁把持者,枷号两个月。

*【1884】一、京城无贴铺户私分地界,不令旁人附近开张,及将地界议价若干,方许承顶,至发卖酒斤等项货物,车户独自揽运,违禁把持者,枷号两个月。

*【1768】一、各衙门胥役更名捏姓,兼充牙行者。

市司评物价例

*【1790】一、五城平粜米石时,铺户收买官米十石以下者。

*【1884】一、五城平粜米石时,铺户收买官米十石以下者,枷号一个月。○至十石以上者,枷号两个月。○各铺户所存米、麦、杂粮,每种不得过一百六十石,逾数,囤积居奇者。

* *【1884】一、京城粗米,如有违例私运出城,系图食用,或转卖渔利者,一石以内。○一石以上,枷号一个月,十石以上,枷号两个月。○乡民有进城买食细米,一石以上者。○一年之内,偷运出城,至一百石以上者,枷号两个月。○兵丁官弁知情故纵者。○如运米本犯罪,应拟军者,各门之失察兵丁。

把持行市例

*【1768】一、内府人员家人及王、大臣、官员家人指名倚势,网收市利,挟制有司,干预词讼,该主遣去者,枷号三个月。

*【1768】一、粮船雇觅短纤,如有棍徒勒价,聚众攒殴等事,余犯,枷号两个月。

* *【1884】一、牙行及无藉之徒,用强邀截客货者,不论有无诓赊,枷号一个月。

* *【1884】一、外国人朝贡到京,会同馆开市五日,各铺行人等,若不依期日,及诱引远人潜入人家,私相交易者,枷号一个月。

礼　例

毁大祀丘坛例

*【1725】一、天地等坛内,纵放牲畜作践,及私种耤田外余地,并夺取耤田禾把者,枷号一个月。

*【1740】一、天坛内有放鹰、打枪、成群饮酒、游戏者,照违制律。

*【1884】一、天坛内有放鹰、打枪、成群饮酒、游戏者。

亵渎神明例

*【1725】一、僧道、军民人等,于各寺观、神庙刁奸妇女,因而引诱逃走,或诓骗财物者,奸妇。

*【1884】一、僧道、军民人等,于各寺观、庵院、神庙刁奸妇女,诓骗财物,案内奸妇,枷号一个月。

禁止师巫邪术例

*【1768】一、私刻《地亩经》及占验推测、妄诞不经之书,售卖图利,及旧有书板藏匿不毁者。

* *【1884】一、官吏、军民、僧道人等,称为善友求讨布施,或称烧炼丹药,出入内外官家,或擅入皇城,夤缘作弊,并军民人等,寺观住持不问来历,窝藏接引,容留披剃,荐举引用,不及十人,及邻甲知情不举,并皇城各门守卫官军,不行关防搜拿者。

失仪例

*【1725】一、坛庙祭祀,及圣驾出入,并升殿之日,厮役肆行喊叫,冲突拥挤者。

上陈言书例

*【1725】一、内外大小官员,但有不公不法等事,须要指实具奏。惟生员不许一言建白,违者,革黜。

服舍违式例

*【1725】一、官员应用东珠,重过三分以上者。

*【1884】一、公侯文武各官应用东珠,重过三分以上者。

*【1725】一、军民人等滥用黄色、秋香色五爪龙缎、立龙缎团补服,及四爪暗蟒之四团补、八团补缎纱者,枷号一个月。

*【1768】一、三品以下官员僭用红色雨衣、雨帽者。

*【1768】一、在籍候选吏员僭穿补服,干谒地方官者。

* *【1884】一、文武官员无论油帽、毡帽,俱照例载色服戴用,如僭用者。

术士妄言祸福例

* *【1884】一、习天文之人,若妄言祸福,煽惑人民者。

匿父母夫丧例

*【1740】一、内外官员例应守制,开明呈报,如有诈称者。

*【1740】一、凡举监生童遇本生父母之丧,有隐匿不报,朦混干进者。

*【1884】一、文武生童,及举、贡、监生,遇生祖母并本生父母之丧,不许应试,有隐匿不报,朦混干进者。

*【1740】一、凡官员有临时先谋出继、归宗,预为匿丧恋职地步者。

丧葬例

*【1740】一、八旗、蒙古丧葬,概不许火化,有犯者。

*【1884】一、旗、民丧葬,不许火化,有犯者。

*【1740】一、民间丧祭之事有用丝竹、管弦演唱佛戏者。

*【1884】一、民间丧葬之事,有聚集演戏,及扮演杂剧等类,或用丝竹管弦演唱佛戏者。

乡饮酒礼例

*【1725】一、乡饮坐叙,其有犯法之人列于外坐,主者,若不分别,致使贵贱混淆者。

【1740】○修改

【1740】一、乡饮坐叙,其有曾犯法之人,列于外坐,不许紊越正席,违者。

*【1884】一、乡饮坐叙,其有违条犯法之人,列于外坐,不许紊越正席,违者。

兵　例

宫殿门擅入例

* *【1884】一、太监等进殿当差,如遗金刃之物,未经带出者,枷号一年。○如

遗失零星物件者。一、绣漪桥以北,昆明湖内,官民人等擅入游玩者。○故纵之官军。○如有溺毙人命,本段堆拨值班弁兵,枷号一个月。

直行御道例

＊＊【1884】一、祭祀随驾大臣及侍卫,并有执事官员拜唐阿等多带跟役,及无执事官员人等,妄乱行走者。

冲突仪仗例

＊【1725】一、车驾行幸瀛台等处申诉者。

【1740】○删除

越城例

＊【1740】一、各衙门乡亲并书吏人等,游船演戏夜半归叫禁门者。

＊【1884】一、各衙门亲戚书吏人等,游船演戏,夜半方归擅叫禁门者。

＊＊【1884】一、京城该班兵丁取用什物乘便由城上缒取者,枷号一个月。

从征违期例

＊【1725】一、官兵从征,无故起程违期者。○在外违期者。○出征兵丁干犯号令,违法乱行,为从者,枷号三个月。

军人替役例

＊【1725】一、兵丁打围放马及看守京城,以奴仆代替者。

纵军掳掠例

＊【1740】一、护军领催、兵丁私自焚掠者,及厮役焚掠其主知情者。

＊【1884】一、分兵征进,若护军、领催、兵丁私自焚掠者,及厮役焚掠,其主知情者。

不操练军士例

＊＊【1884】一、架炮夜不收,守墩军人酓夜回家,轮班不去者,在守哨处枷号一个月。

激变良民例

＊【1725】一、刁恶之辈,假地方公事,约会抗粮,敛钱构讼,抗官塞署,或有冤抑聚众至四五十人。其逼勒同行者。

【1740】○修改

【1740】一、山、陕刁恶之辈,假地方公事,约会抗粮,敛钱构讼,抗官塞署,或有冤抑聚众至四五十人。其逼勒同行者。

【1768】○修改

【1768】一、直省刁恶之辈,假地方公事,约会抗粮,敛钱构讼,抗官塞署,或有冤抑聚众至四五十人。其逼勒同行者。福建地方借事聚众能市能考打官司等事,其逼勒同行者。

*【1884】一、直省刁民,假地方公事,强行出头,约会抗粮,敛钱构讼,罢考罢市,或有冤抑聚众至四五十人,及开堂塞署,逞凶殴官案内之被胁同行者。

*【1740】一、福建地方借事聚众能市能考打官司等事,其逼勒同行者。

*【1884】○删除

*【1768】一、刁民因事哄堂塞署,被胁同行者。

*【1884】○删除

私卖战马例

* *【1884】一、民人出口私贩骟马,三十匹以下者。○三十匹以上至四十匹,枷号一个月。○四十匹以上至五十匹,枷号两个月。

私藏应禁军器例

*【1725】一、私造鸟枪发卖者。○商民用鸟枪,如无姓名越尺寸者。

【1740】○修改

【1740】一、各处乡村及商民应用鸟枪,如有不报官私造者。

*【1884】一、各省居民,如有不报官司,私造鸟枪、竹铳者,杖一百,枷号两个月,每一件加一等,罪止杖一百、流三千里。○该管地保,失察私造者。○如系知情故纵者,加枷号一个月。

*【1740】一、内地兴贩硝磺,及窝藏、囤贩、知情卖与私贩,并囤积未曾兴贩之邻保知情不首者。

*【1884】一、内地私贩及窝藏、囤积硝磺之邻保,知情不首者。

*【1740】一、苗猓蛮户带刀出入及私藏违禁等物,该管头目人等知而不报者。

*【1790】一、民间私制藤牌者。

* *【1884】一、台湾民人停止制造鸟枪,违者,枷号两个月。

从征守御官军逃例

*【1740】一、随征逃回之奴仆,不曾偷盗马匹、器械,凯旋之日伊主情愿领回者。○随征兵丁之雇工,不曾偷盗马匹器械逃回者,系旗下家奴,枷号三个月。

【1790】○删除

＊【1768】一、旗丁不拘重运、回空，无故潜逃弃船，中途不顾者。

＊【1884】○删除

＊【1768】一、京外在伍兵丁脱逃，枷号一个月。

＊【1768】一、派往伊犁等处换防种地之满汉各项兵丁，中途及在原派地方逃避，如有自行投回者，枷号两个月。

＊【1884】一、派往伊犁等处换防种地之满汉各项兵丁，初次犯逃，自行投回者，枷号三个月。○如被拿获，并二次逃走，自行投回者，枷号五个月。

＊＊【1884】一、军营余丁，落后有因，并非有心脱逃，无论军务已未告竣，拿获者，枷号一个月。

私越冒度关津例

＊【1768】一、缘边关口，引领私越，审系仅图微利，并无别情，引送之人，枷号一个月。

＊【1884】一、缘边关口，引领私越，其引送之人，审系仅图微利，并无别情者，枷号一个月。

＊＊【1884】一、指引逃匪偷越出口，如不知逃匪情由，仅止私行引送者。

盘诘奸细例

＊＊【1884】一、巡缉官兵，以贼船作为商船释放者。

私出外境及违禁下海例

＊【1725】一、不由各汛偷越外洋船户、舵工，并富民谋利，自造商船，租与他人，及租之者，各枷号三个月。

【1740】○修改

【1740】一、不由各汛偷越外洋，船户、舵工人等，并富民谋利，自造商船，租与他人，及租之者，各枷号三个月。

＊【1884】一、船只如不由汛偷越外洋者，船户、舵工人等，并富民谋利，自造商船租与他人及租之者，各枷号三个月。

＊【1740】一、民人私入台湾番境者。○私入台湾番境，及近番处所抽藤吊鹿、伐木采棕，巡查不力之值日兵役。

＊【1740】一、附近苗疆五百里内，民人煎挖、窝囤、兴贩硝磺十斤以下者。

＊【1740】一、奸徒将米谷出口图利，不及十石者，枷号一个月。

＊【1884】一、奸徒将米、谷、豆、麦、杂粮偷运外洋，止图渔利，并无接济奸匪，不及十石，为首者，枷号一个月。

*【1768】一、沿边沿海地方将黄金贩卖出洋者。

*【1884】一、黄金、白银违例出洋,如白银数不及十两者,枷号一个月。

*【1768】一、奉天锦复雄盖四城,拿获有票商船私带票内无名人之船户。

*【1768】一、丝斤出洋不及十斤,为首者。

*【1884】一、丝斤出洋不及十斤,为首者,枷号一个月。

*【1768】一、租赁船只出洋为匪之案犯,该徒罪以下船主,不知情者,枷号三个月。

*【1790】一、闽省不法棍徒,充作客头,在沿海地方引诱偷渡之人,包揽过台,索取银两,出具连环互结之船户,并原保澳甲及开张歇寓之人知情容隐者,俱枷号一个月。

*【1884】一、闽省棍徒充作客头,在沿海地方引诱偷渡之人,包揽过台,索取银两,用小船载出澳口,复上大船,出具连环互结之船户,并原保澳甲及开张歇寓之人,知情容隐者,俱枷号一个月。

*【1790】一、拿获偷渡过台客民,该处澳甲、地保、客店人等,止于失察者。

*【1884】○删除

* *【1884】一、拿获偷渡过台客民,将该处失察兵役。

* *【1884】一、奸豪势要及军民人等,私造海船带违禁货物下海,前往番国买卖,潜通海贼,及为向道劫掠良民,案内不知情之父兄。

* *【1884】一、海关各口,如有匪船滥出、滥入口岸,失察之吏役责革,加枷号一个月。

* *【1884】一、沿海商渔船只,地方官给发照票,令守口员弁查验,其有捏称照票遗失,或称存留在家,审无为匪情事者。

* *【1884】一、商民等偷越生番地界者。

* *【1884】一、外国贡船到岸,未会官验,先行接买番货,并经过地方街市、铺行人等,私与交通买卖货物,不系违禁者,枷号一个月。

* *【1884】一、军民人等,买食鸦片烟者,枷号两个月。

* *【1884】一、内地妇民人等,有栽种罂粟花、葵花,及买土煎熬鸦片烟售卖,其左右紧邻,知而不举者。

* *【1884】一、内地奸民有墓造洋板,销化白银,仿铸洋钱,不及十圆者,枷号一个月。

* *【1884】一、台湾奸民私煎硝磺,无论已未兴贩,如数在十斤以下者。

牧养畜产不如法例

*【1790】一、分起解送军营马匹之文武各员,每百匹倒毙至二十匹以上者。

*【1884】一、分起解送军营马匹之文武各员及总理督解之员,每百匹倒毙至二

十四以上者。

乘官畜脊破领穿例

*【1725】一、车驾行幸所需马匹,校尉当差人役私自驰骤倒毙走失者。

【1740】○修改

【1740】一、车驾行幸所需马匹、车辆及校尉等所乘马匹。若校尉、当差人役、赶车步军私自驰骤,倒毙走失者。

宰杀马牛例

*【1725】一、屠户将堪用牲畜买去宰杀者。

*【1725】一、盗牛三双,及窝家知情分赃者,俱枷号四十日。○盗牛十只以上之窝家,知情不分赃者。○宰杀耕牛,并私开圈店,及贩卖与宰杀之人,初犯者,俱枷号两个月。

【1740】○修改

【1740】一、宰杀耕牛,并私开圈店,及贩卖与宰杀之人,初犯者,俱枷号两个月。

**【1884】一、开设汤锅,宰杀堪用马一、二匹者,枷号四十日。○宰杀三四匹之牙行,及卖马之人知情者。

隐匿孳生官畜产例

*【1725】一、屯庄居住旗人畜养马匹,无该旗印烙者。

递送公文例

*【1725】一、驿站提调吏典,沉匿军情机密文书者。

驿使稽程例

*【1725】一、驿递夫役、巡检、弓兵用强包揽,多取工钱害人,搅扰衙门,官吏通同纵容者。

*【1884】一、水马驿递运所夫役、铺兵、巡检弓兵,用强包揽,多取工钱,搅扰衙门,其官吏、铺长通同纵容者。

多乘驿马例

*【1725】一、差役不照所定程途,枉道扰驿者。

**【1884】一、指称勋戚大臣、近侍官员姻党、族属、家人名目,扰害驿递,希图免税,诓骗违法,杖罪以下,枷号一个月。

多支廪给例

＊【1725】一、各处铺行人等,私与外国人交通买卖,不系违禁货物者,枷号一个月。

＊【1884】○删除

公事应行稽程例

＊【1740】一、夫役、工匠人等,遇紧要差使不遵官长约束为匪,不法逞刁挟制率众扬散误差,为从者,枷号一个月。

承差转雇寄人例

＊【1740】一、起解人犯管押兵役派不足数,及雇人代解兵役知而不举,将兵役及承派之书吏、弓兵。

乘官畜产车船附私物例

＊【1740】一、漕船、旗丁例外多带土宜者。

＊【1740】一、漕船船只附搭客商、势要人等,货物无赃之运军、运官并附载人员。

刑　例

谋叛例

＊【1725】一、异姓人结拜弟兄,为首者。

【1740】○修改

【1740】一、异姓人无歃血盟誓焚表事情,止结拜弟兄,为首者。

【1790】○修改

【1790】一、异姓人无歃血盟誓焚表事情,止序齿结拜弟兄,聚众不及二十人,为首者,枷号两个月。

＊【1884】一、异姓人无歃血盟誓焚表事情,止序齿结拜弟兄,聚众不及二十人,为首者,枷号两个月。○仅止畏累出钱,未经随同结拜者。○其自首免罪各犯责成保甲、族长约束,如有再犯将保甲、族长。○至结会树党,阴作记认,鱼肉乡民,凌弱暴寡案内,被诱入伙者,枷号两个月。

＊【1768】一、闽省民人结会树党,阴作记认,鱼肉乡民,凌弱暴寡,被诱入伙者,枷号两个月。

造妖书妖言例

*【1725】一、淫词小说,买看者。

盗园陵树木例

*【1725】一、车马过陵,及守陵官民入陵百步外下马,违者。

*【1768】一、子孙将祖父坟茔树木,私自砍卖一株至十株者,枷号三个月。○看坟人等及奴仆盗卖者。○盗他人坟树者,枷号一个月。○知情盗买者。

*【1884】一、子孙将祖父坟茔前列成行树木,及坟旁散树高大株颗私自砍卖,一株至五株,枷号一个月,六株至十株,枷号两个月。○看坟人等及奴仆盗卖者。

*【1768】一、奸徒私买他人坟树,初犯,枷号一个月。○再犯,枷号三个月。

*【1884】一、奸徒知情私买他人盗卖坟树,无论株数已伐者,初犯,枷号一个月。○再犯,枷号三个月。

* *【1884】一、在红桩、白椿、青椿及官山界址以内,盗砍树株等项,其兵丁仅止疏于防范者。

* *【1884】一、盗砍他人坟树,初犯,枷号一个月。○再犯,枷号三个月。

* *【1884】一、旗民人等在红桩、白椿以内偷挖人参,其兵丁疏于防范者。

监守自盗仓库钱粮例

*【1768】一、将行月粮米一人盗买,及一帮盗卖,数至百石以上,为首者,枷号两个月。

*【1884】一、漕粮过淮,如有将行月粮米私自盗卖、盗买者。各枷号一个月。○若一人盗买,及一帮盗卖,数至百石以上,为首者,枷号两个月。○其失察盗卖之运弁米数不及五十石者。

强盗例

*【1725】一、强盗重案,不许番捕等役私拷取供,违者,枷号一个月。

*【1725】一、以窃为强,或谎称被劫报官者。

*【1725】一、以人命斗殴等事报盗,本身无罪者。

【1740】○修并

【1740】一、呈报盗情并无被劫,谎称者及以窃为强,以奸为盗。○以人命斗殴等事报盗,本身无罪者。

*【1884】一、事主呈报盗情,谎称被劫,及以窃为强、以奸为盗者。○以人命、斗殴等事报盗者。

*【1725】一、官员恐吓事主,抑勒讳盗,或改强为窃者,承行书办。

＊【1884】○删除

＊【1740】一、窃盗等事，地保、汛兵通同隐匿，及地保已报文职而汛兵不报武弁，或汛兵已报武弁而地保不报文职者。

＊【1740】一、父兄不能禁约子弟为盗者。

＊【1740】一、伙盗不行，又不分赃者。

＊【1884】○删除

＊【1768】一、与老瓜贼往来熟识者。

＊【1884】一、老瓜贼内，审无学习确证，不过与贼往来熟识者。

白昼抢夺例

＊【1725】一、号称喇唬等项名色，白昼在街撒泼，口称圣号，及总甲、快手、应捕人等，指巡捕勾摄为由，殴打平人，抢夺财物，里老邻佑知而纵容不举者。

【1740】○修改

【1740】一、总甲、快手、应捕人等，以巡捕勾摄为由，殴打平人，抢夺财物，里老邻佑知而不举者。

＊【1725】一、恶徒伙众，和同鸡奸良人子弟者。

【1740】○删除

＊【1725】一、苗人抢夺，若至百人以上者，百户、寨长。

＊【1884】一、苗人犯抢夺，若至百人以上，百户、寨长约束不严者。○知情故纵者，枷号一个月。

＊【1725】一、赐宴处，混行抢夺食物之伊主。

【1740】○删除

＊【1725】一、粮船、水手伙众抢夺出结之旗丁、头舵，容隐不首，及徇庇不拿者。

【1740】○删除

＊【1740】一、出哨兵弁见船覆溺，阻扰不救，以致淹毙人命，为从者。

＊【1884】一、大江洋海出哨官弁、兵丁见商船覆溺，并未抢取货物，但阻挠不救，以致商民淹毙，为从者。

＊【1740】一、江南通州、崇明、昭文沙民伙众争地，执持器械及聚众四五十人，有抗官重情，逼勒同行之人。

＊＊【1884】一、黔楚红苗彼此仇忿，聚众抢夺人数，不及五十名伤人，为首者，枷号两个月，为从者，枷号一个月。○杀人为从下手者，枷号三个月，为从者，四十日。○聚至五十人，虽不杀人，为从者，枷号五十日。○杀人为从者，枷号两个月。○聚至百人，虽不杀人，为从者，枷号两个月。○杀人为从者，枷号三个月。

＊＊【1884】一、苗人聚众至百人以上，烧村劫杀抢掳妇女案内，附和随行，在场助势者，枷号三个月。○临时胁从者，枷号一个月。

窃盗例

＊【1725】一、良民被贼强挟入伙，并未得赃，将挟制人杀死自首者。

【1740】〇删除

＊【1768】一、凡行在拿获窃盗罪应杖笞者，不分旗、民，俱加枷号一个月。

＊【1884】一、行在拿获窃盗，罪应杖者，枷号一个月。

＊【1768】一、外使报窃，贼犯无获，巡查之兵役。

＊【1884】一、偷窃外使人犯，罪应杖、刺者，加枷号一个月。〇如外使报窃，贼犯无获，巡查之兵役。

＊【1768】一、窃盗再犯，计赃罪应杖一百者，加枷号四十日。

＊＊【1884】一、随驾官员之跟役，不曾偷盗马匹、器械逃回，系奴仆，讯问伊主情愿领回者。〇若系雇工，其所雇系旗下家奴，枷号三个月。

＊＊【1884】一、川省及陕甘二省之汉中等府州所属各厅、州、县，如有窃匪纠伙绺窃，赃轻而讯系再犯，并带有刀械者，枷号三个月，系带铁杆三年。〇如未纠伙或纠伙，而系初犯，带有刀械者，枷号两个月，系带铁杆二年。〇其并未窃物分赃，而随行服役，及带刀到处游荡者，枷号一个月，系带铁杆一年。

＊＊【1884】一、直隶省窃盗，初犯、再犯纠伙四名以下，带器械者，于本罪上，加枷号一个月。〇如初犯行窃四次，再犯三次以上，结伙已有四名，持有器械计赃，罪止杖枷者，加系铁杆一年。〇倘释放后，再行犯窃计，罪止枷者，仍系带铁杆一年，若抢窃犯徒，于配所锁带铁杆，限满开释。〇释回后复行犯窃，罪止杖枷者，系带铁杆二年。〇倘不悛改，滋生事端，再系一年。

＊＊【1884】一、山东省窃贼，如有携带铁枪、流星、刀、剑等物，及倚众叠窃，并凶横拒捕伤人，本罪止于枷、杖者，酌加锁带铁杆、石礅一二年。

盗马牛畜产例

＊【1740】一、盗牛三只及窝家知情分赃者，俱枷号四十日。〇知情不分赃者。

＊【1884】一、盗牛三只及窝家知情分赃者，俱枷号四十日。〇盗牛案内，窝家知情不分赃者。

＊【1768】一、民人在蒙古地方偷窃四项牲畜，为从者。

【1790】〇删除

＊【1768】一、呼伦贝尔旗分另户，在札萨克蒙古游牧居住，偷窃四项牲畜，为从者。

【1790】〇删除

＊【1768】一、打牲索伦在蒙古地方偷窃四项牲畜，为从者。

【1790】〇删除

*【1768】一、蒙古偷窃四项牲畜,为从人犯所罚三九牲畜,完交一半以上者。

【1790】○删除

*【1790】一、偷窃内地蒙古人等四项牲畜,六匹至九匹,为从,虽曾共谋,未经同行,仅于窃后分赃者。○三匹至五匹,为从,虽曾共谋,未经同行,仅于窃后分赃者。○一二匹,为从同窃分赃者。○窃羊不及四只,为首者。蒙古照拟鞭责,民人折责发落。

*【1884】一、偷窃蒙古四项牲畜,并偷窃右卫地方八旗所养官马、驼只,及新降之土尔扈特、都尔博特、额鲁特、霍硕特、辉特、乌梁海六项蒙古,在扎萨克察哈尔及边陲新疆地方偷窃四项牲畜,六匹至九匹,及三匹至五匹案内,为从共谋未行,窃后分赃者。○一、二匹案内,为从同窃分赃者。○窃羊不及四只,为首者。蒙古照拟鞭责,民人折责发落。

* *【1884】一、将自已及他人骑操官马盗卖者,枷号一个月。

盗田野谷麦例

*【1725】一、越度禁约山河偷采人参,家仆有犯,其主知而巧供不知者。○未得参为从者,系民,枷号一个月。

*【1725】一、民人一二人刨参,所得人参不至十两者。

【1740】修并

【1740】一、越度禁约山河偷采人参,家仆有犯,其主知而巧供不知者。○未得参之财主及率领头目系旗人,枷号两个月。系盛京及内地民人,枷号一个月,并妻入官为从,枷号一个月。○若一二人刨参所得不至十两者。

【1768】○删除

*【1725】一、山海等关巡查人参、珠子私带过关,明知故纵者。

【1740】○修改

【1740】一、山海等关有将人参、珠子私带过关,巡查人等明知故纵者,枷号一个月。

*【1884】一、山海等关,有人参珠子私带过关,巡查人等,明知故纵者,枷号一个月。○其失察偷出边关刨参,至二百名之领催、披甲人等。○至五百名以上者,枷号一个月。

*【1740】一、产矿、山场山主违禁勾引矿徒偷挖,及约练、勾引、接济,伙同分利,保甲、地邻知情容隐不报者。

*【1768】一、山海等关,巡查领催,披甲人等失察偷出边关,刨参至二百名者。○至五百名以上者,枷号一个月。

*【1884】○修并

*【1768】一、领票刨参人夫,私带鸟枪者。

＊【1884】一、领票刨参人夫，违例私带鸟枪者。

＊【1768】一、拿获围场内贼犯，如系偷采菜蔬及割草之人，初犯，枷号一个月。○再犯，枷号两个月。○三犯，枷号三个月。

＊【1884】一、私入木兰等处围场及南苑，偷窃菜蔬、柴草、野鸡等项者，初犯，枷号一个月。○再犯者，枷号两个月。○三犯者，枷号三个月。○卡隘官弁、兵丁受贿故纵者。○若兵丁止失于觉察者。

＊【1790】一、旗人刨参贼犯，逗遛已过三冬，若并无财主，各出资本，及受雇偷采，或只身潜往，未得参，犯该拟徒者，折枷号两个月。

＊【1884】一、旗、民偷刨人参，如并无财主，各出资本，或受雇偷采，及只身潜往，未得参者。○得参一两以下为从，并私贩者。○代为运送米石者。

＊＊【1884】一、盗掘金、银、铜、锡、水银等矿砂，不曾拒捕，聚至三十人以上，为从者，并人数不及三十名，为首者，俱枷号三个月，仍计赃照窃盗罪发落。

＊＊【1884】一、在口外出钱雇人刨挖黄芪，所雇人数未及十名，为首者。○十人以上，加枷号两个月。○五十人以上，为从者，杖一百，每十人加一等，罪止杖九十、徒二年半。○如该处囤积黄芪，首犯数至十斤以上者。○五十斤以上者，加枷号两个月。○百斤以上，为从者，杖一百，每百斤，加一等，罪止杖九十、徒二年半。

＊＊【1884】一、盛京威远堡南至凤凰城外山谷附近围场处所，越边偷窃柴草、野鸡等项，初犯，枷号一个月。○再犯，枷号两个月。○三犯，枷号三个月。

恐吓取财例

＊【1725】一、苗人伏草捉人，横加枷肘，勒银取赎。该管官知情故纵者。

＊【1884】一、苗人伏草捉人，横加枷肘，勒银取赎者，初犯为从，枷号三个月。○该管土官知情故纵者。○若教令指使，和同取利者，枷号三个月。

＊【1768】一、内外大小衙门蠹役，恐吓索诈贫民，计赃一两以下，为首者。○一两至五两为首者，枷号一个月。○一两至五两为从者。

＊【1884】○删除

＊＊【1884】一、黔省匪徒，如有帽顶大五、小五等名号，其罪止枷杖者，锁系铁杆一年。○若平日无犯法实迹，而系横行乡曲者，亦锁系铁杆一年。○不知悛改，再系一年。

＊＊【1884】一、、湖北省襄阳府属匪徒抢、窃、讹诈等案，如罪止拟杖者，系铁杆三年。○如释放后，复犯杖枷者，仍系带铁杆三年。

＊＊【1884】一、江苏徐州、淮安、海州，山东兖州、沂州、曹州，河南汝宁、陈州、光州，安徽颍州、凤阳、泗州各府州，并陕西所属匪徒，如有佩带凶器刀械，挟诈逞凶，罪止枷杖者，锁系铁杆一年。○若不悛改，再系一年。

诈欺官私取财例

＊【1740】一、学臣考试,有积惯随棚代笔之枪手,其知情保结之廪生。

＊＊【1884】一、指称买官买缺或称规避处分,及买求中式等项,诓骗听选并应议官吏及举人、监生、生员等财物,诓骗未成,议有定数,财未接受案内之被骗者。○诓骗但经口许,并未议有定数,枷号一个月。

＊＊【1884】一、生童考试,如有积惯徒,若仅用虚词诓骗,事属未成者,枷号一个月。

＊＊【1884】一、代倩枪手未成赃,仅口许者,枷号一个月。

＊＊【1884】一、京城钱铺,如有不经两县申转,私行开设者,将该铺财主及铺伙

略人略卖人例

＊【1740】一、贵州地方拐贩民间子女,甚将荒村之人绑去贩卖,乡保、汛兵知情故纵者。

【1768】○删除

＊【1740】一、窝隐川贩,邻佑知而不首者。

＊【1768】一、知情故买贵州苗人者。

＊【1884】一、流棍贩卖贵州苗人,其知情故买者。

＊＊【1884】一、和诱知情案内,虽知拐带情由,并无和同诱拐,分受赃物,暂容留数日者,不分旗民,俱枷号两个月。

发冢例

＊【1768】一、将父母及五服内尊长骸骨发掘检视,占验吉凶,扶同隐匿之地保。

＊【1884】一、愚民惑于风水,将已葬父母及五服内尊长骸骨发掘,检视占验吉凶,其地保扶同隐匿者。

＊【1768】一、在家黉夜格捕致死奸盗之犯,或在旷野道途格杀拒捕盗贼,将尸毁弃、掩埋、移投坑井,因而遗失者。

＊【1884】一、殴、故杀人案内,凶犯起意埋尸灭迹,其在场并未伤人,止于听从抬埋,不失尸者。○格捕致死奸、盗贼犯,罪本不应拟抵,将尸毁弃、掩理、移投坑井,因而遗失者。

＊＊【1884】一、大功尊长盗卑幼未殡未埋尸柩,未开棺椁,为从者。○期亲尊长盗卑幼未殡未埋尸柩,开棺见尸为从,并未开棺椁为首者。

＊＊【1884】一、平治他人坟墓为田园,未见棺椁,止一冢者,杖一百,每三冢加一等,罪止杖一百、徒三年。○其因平治而盗卖,得财赃轻,及知情谋买者,各加一等。

夜无故入人家例

＊＊【1884】一、邻佑人等,因贼犯偷窃追捕,若贼已弃赃,及未得财,辄复捕殴,致毙并已被殴跌倒地,及就拘获辄复叠殴,又捕人多于贼犯,倚众共殴,致毙罪应拟绞案内之余人。

＊＊【1884】一、事主因贼犯偷窃,登时捕殴,若贼犯已被殴跌倒地,及已就拘获,辄复叠殴致毙,或事后殴打至死及殴死,旷野白日偷窃,无人看守器物,罪人罪应拟绞案内之余人。

盗贼窝主例

＊【1725】一、强盗窝主,邻佑知而不首者。

＊【1740】一、父兄不能禁约子弟窝强盗者。

【1768】○修改

【1768】一、父兄不能禁约子弟窝强盗者,各照强盗父兄论。

＊【1884】一、父兄不能禁约子弟窝强盗者。

共谋为盗例

＊＊【1884】一、共谋为强盗,伙犯临时畏惧,不行不分赃者。

起除刺字例

＊【1725】一、窃盗等犯,自行用药销毁面膊上刺字者,枷号三个月。○代毁之人,枷号两个月。

【1740】○修改

【1740】一、窃盗等犯,自行用药销毁面膊上所刺之字者,枷号三个月。○代毁之人,枷号两个月。

＊【1790】一、蠹役犯赃刺字后,仍盘据衙门充当者。○私毁刺字者,枷号三个月。

谋杀人例

＊【1768】一、谋杀人已行,其人知觉奔逃,虽未受伤,因谋杀奔脱死于他所,为从者。

杀死奸夫例

＊【1725】一、嫂叔通奸有指实,本夫不于奸所而杀二命者。

【1740】○删除

*【1790】一、杀死奸夫案内听从加功之人,毋论凡人亲属,审明实系激于义忿者。

*【1884】○删除

* *【1884】一、奸所获奸,非登时将奸妇杀死,奸夫到官供认不讳,确有实据者,本夫。

* *【1884】一、奸妇自杀其夫,奸夫果不知情,枷号一个月。

* *【1884】一、奸夫因本夫捉奸,情急拒捕,奸妇已经逃避,或本夫追逐,奸夫已离奸所,拒捕杀死本夫,奸妇并未在场,及虽在场而当时喊救,与事后即行首告,并因别事起衅,与奸无涉者,奸妇枷号一个月。

* *【1884】一、卑幼因图奸有服亲属,被尊长忿激致死案内,为从在场帮殴有伤之犯,无论凡人尊长。

* *【1884】一、亲属捉奸误杀旁人,奸夫枷号一个月。

* *【1884】一、男子拒奸杀人,如死者年长凶犯十岁以外,而又当场供证确凿,及死者生供足据,或尸亲供认可凭,凶犯年在十五岁以下,非登时而杀。

戏杀误杀过失杀伤人例

*【1740】一、疯病之人亲属、邻佑人等,容隐不报,不行看守,致杀他人者。

*【1884】一、疯病之人,其亲属、邻佑人等容隐不报,不行看守,以致疯病之人杀人者。

*【1790】一、围场内射兽兵丁,因射兽而伤平人未死,头等伤者。

*【1884】一、围场内射兽兵丁,因射兽而伤平人未死,前锋等项及甲兵头等伤者。

* *【1884】一、谋杀人误杀旁人案内之余人。

杀子孙及奴婢图赖人例

*【1740】一、凶棍遇有自尽之案,冒认尸亲,吵闹、殴打,或将棺材拦阻、打坏,抬去尸首,勒措行诈者,枷号两个月。

威逼人致死例

* *【1884】一、妇女与人通奸,致纵容之父母因奸情败露,愧迫自尽者,奸夫枷号一个月。○本夫纵容通奸后,因奸情败露,愧迫自尽者,奸夫、奸妇,俱枷号一个月。

* *【1884】一、妇人因奸有孕,畏人知觉,用药打胎,以致堕胎身死,如奸妇自倩他人买药,奸夫果不知情,枷号一个月。

斗殴例

＊【1725】一、凶徒虽执凶器而未伤人者。○执凶器自伤者。

＊【1725】一、凶徒聚众无故将人抬去殴打，为从者。

【1740】○删除

＊【1768】一、沿江滨海持枪执棍，行凶斗殴，附和未伤人者，枷号一个月。

殴制使及本管长官例

＊【1740】一、八旗兵丁因管教将本管官戳死之领催、族长。

威力制缚人例

＊【1740】一、旗下家人庄头在外倚势害民，把持衙门，霸占子女，无故捆缚、拷打良民致死，其主系平人。

＊【1740】一、地方乡绅私置板棍，擅责佃户者。

奴婢殴家长例

＊【1725】一、监生、生员人等故杀刃杀奴婢者。

【1740】○修改

【1740】一、监生、生员故杀刃杀奴婢者。

＊【1884】○删除

＊【1725】一、民人奴仆背主投营，审无挟制勒索者，枷号四十日。

＊【1884】一、奴仆背主投营，审无挟制勒索者，枷号四十日。

＊【1725】一、汉人奴仆背主逃匿者。○容留窝藏者。

【1740】○修改

【1740】一、汉人奴仆背主逃匿者。

＊【1884】一、民人奴仆背主逃匿者。

＊【1740】一、官员将奴婢刃杀者。○刃杀族中家仆者。

【1768】○修改

【1768】一、官员将奴婢刃杀者。○若将族中家仆刃杀者。

＊【1884】一、官员将奴婢刃杀者。○将族中奴婢刃杀者。○旗人将奴婢责打身死者，枷号二十日。○故杀者，枷号一个月。○刃杀者，枷号两个月。○殴雇工人致死者，枷号四十日。○殴族中奴婢致死者，枷号两个月。○将族中奴婢故杀者，枷号三个月。

＊【1740】一、平人将奴仆责打身死者，枷号二十日。故杀者，枷号一个月。刃杀者，枷号两个月。○殴雇工人致死者，枷号四十日。殴族中家仆致死者，枷号两个

月。将族中家仆故杀者,枷号三个月。

*【1884】○修并

*【1790】一、旗人殴死赎身奴婢者,枷号四十日。

* *【1884】一、家长生有子女之妾,因奴婢有罪而殴杀者。

同姓亲属相殴例

*【1725】一、族人不法,实有应死之罪,事起一时,合族公愤,不及鸣官,处以家法,因而致死,为首者。

【1740】○删除

殴期亲尊长例

* *【1884】一、期亲以下有服尊长杀死罪犯,应死卑幼,为首者。○其罪不至死之卑幼,果系积惯匪徒,怙恶不悛,尊长因玷辱祖宗起见,忿激致毙,无论谋故,听从下手之犯,无论尊长、凡人。

殴祖父母父母例

* *【1884】一、嫡母殴杀庶生之子继母,殴杀前妻之子,审系平日抚如已出,其子不孝有据者。

* *【1884】一、子妇殴毙翁姑之案,如犯夫仅止不能管教,其妻实无别情者,于犯妇凌迟处所,先重责四十板,看视伊妻受刑后,仍枷号一个月,重责四十板。

父祖被殴例

* *【1884】一、祖父母、父母为人所杀,凶犯当时脱逃,未经到官后,被死者子孙撞遇杀死者。

骂制使及本管长官例

*【1740】一、毁骂公、侯、驸马、伯,及京省文职三品以上、武职二品以上者。

*【1884】一、毁骂公、侯、驸马、伯,及京省文职三品以上,武职二品以上官者,枷号一个月。

*【1740】一、在长安门外,妄叫冤枉,辱骂原问官者,用一百斤枷,枷号一个月。

*【1884】一、在长安门外等处,妄叫冤枉,辱骂原问官者,重枷枷号一个月。

越诉例

*【1725】一、奸徒违禁入堂子跪告者。

*【1725】一、生员越关赴京,在各衙门捏告,或跪牌并奏渎者。

*【1884】○删除

*【1740】一、车驾行幸瀛台等处申诉者，枷号一个月。

*【1884】一、车驾行幸瀛台等处，有申诉者。

*【1740】一、擅入午门、长安门内，叫诉冤枉，勘问得实者，枷号一个月。

*【1884】一、擅入午门、长安等门内，叫诉冤枉，勘问得实者，并临时奉旨，止拿犯人治罪，所诉情词，不分虚实，俱将本犯枷号一个月。

*【1790】一、旗人应告地亩，在地方官滥行呈递者。

*【1884】一、八旗人等，如有应告地亩，若违例在地方官滥行呈递者。

**【1884】跪午门、长安等门，及打长安门内石狮鸣冤，得实者，并打正阳门外石狮者，俱枷号一个月。

投匿名文书告人罪例

*【1725】一、散布匿名揭帖，及投递部院衙门，不察拿之步军营兵，及司坊衙役，并枷号三个月。

【1740】○修改

【1740】一、布散匿名揭帖，及投递部院衙门，不行拿送之步军营兵，及司坊衙役，并枷号三个月。

诬告例

*【1740】一、八旗将伊祖父时，或养子，或分户年久之人子孙，复行混告者，系平人，枷号两个月。

*【1884】一、八旗有将伊祖父时，或系养子，或系分户年久之人子孙，复行混告者，系平人，枷号两个月。

**【1884】一、官员旗民人等，告讦之案，事不干己，显系诈骗不遂，或因怀挟私仇，以图报复，并呈内胪列多款，或涉讼后复告举他事，但系不干己事，俱立案不行，仍将该原告枷号一个月。

干名犯义例

*【1725】一、家仆告主，除谋反、大逆、谋叛、隐匿奸细外，其余一切事情，首告者。

【1740】○删除

*【1740】一、八旗有将家人为养子分户，开户之人值原主之子孙庸懦或至绝嗣，自称原为养子，或谎称为近族兄，反行欺压，希图占产者，系平人，枷号三个月。

教唆词讼例

*【1768】一、藏匿及买讼师秘本，如《惊天雷》《相角》《法家新书》《刑台秦镜》，

一切构讼之书者。

*【1884】一、藏匿及买讼师秘本,一切构讼之书者。

官吏受财例

*【1725】一、各省书役年满考职时,若有冒籍、冒名等弊者。

*【1884】一、书役年满考职时,若有冒籍、冒名等弊者。

*【1725】一、正身衙役,违禁私带白役者。

*【1884】一、内外大小衙门蠹役,恐吓索诈贫民,计赃一两以下者。○一两至五两,枷号一个月。

* *【1884】一、官吏因事受财入已,审明不枉法及准枉法、不枉法论等赃罪,应徒一年,二年限内全完者。

* *【1884】一、白役诈赃逼命之案,如正役并未主使诈赃,亦未知情,同行分赃,及白役诈赃,并未致毙人命者,枷号两个月。

在官求索借贷人财物例

*【1740】一、长随钻营上司引荐,别无情弊,但盘踞属员衙门者,枷号一个月。

*【1884】一、幕宾、长随钻营上司引荐,别无情弊,但盘踞属员衙门者,幕宾。○长随,枷号一个月。

伪造印信时宪书等例

*【1768】一、描摸印信行使,不得财者。

*【1884】一、描摹印信行使诓骗,不得财者。

私铸铜钱例

*【1725】一、私铸之房主、邻佑、总甲、十家长不知情者。

【1768】○删除

*【1725】一、将前代废钱使者,枷号一个月。

【1790】○删除

*【1740】一、私铸铜钱,其父兄不能禁约者。

*【1740】一、经纪、铺户人等收买剪边钱搀和货卖,钱不及十千者,枷号一个月。

*【1740】一、将大制钱剪边打造烟袋等物货卖,剪边一千文以下者,本犯枷号三个月。

【1768】○删除

*【1768】一、私铸铜钱房主人等,并不知情,失于查察者。

*【1884】一、私铸铜钱案内,房主、邻佑、总甲、十家长并不知情,失于查察者。

*【1768】一、销毁制钱，房主、邻佑、总甲人等，并不知情失察者。

*【1884】一、销毁制钱及将制钱剪边图利，其房主、邻佑、总甲、十家长等，并未知情，止于失察者。

诈假官例

*【1768】一、假冒生监者。

*【1884】一、假冒生监顶带者。

* *【1884】一、诈冒皇亲族属、姻党、家人，挟骗财物等项，犯该杖罪以下，枷号一个月。

* *【1884】一、假充大臣及近侍官员家人名目，豪横乡村等项，犯该杖罪以下，枷号一个月。

诈称内使等官例

*【1768】一、棍徒假冒差役名色，搜查客船，犯该杖罪以下者，枷号一个月。

*【1884】○删除

* *【1884】一、诈充各衙门差役，吓取财物，审未捏有签票，止系口称奉差吓唬，犯该杖罪以下，枷号一个月。

诈教诱人犯法例

*【1740】一、演弄拳棒教人，及投师学习轮乂舞棍，遍游街市，射利惑民者，枷号一个月。

【1768】○修改

【1768】一、游手好闲之流演弄拳棒教人，及投师学习轮乂舞棍，遍游街市，射利、惑民者，枷号一个月。

*【1884】○删除

* *【1884】一、苗、猺、狑、獞所住地方，如有外来匪徒教诱犯法，所犯之人罪应杖九十者。

犯奸例

*【1725】一、职官奸军民妻者，其奸妇枷号一个月。○军民相奸者，奸夫奸妇各枷号一个月。○奴婢相奸，及军民与官员军民之妾婢相奸者，奸夫、奸妇。

*【1884】一、职官奸军民妻者。○奸妇。枷号一个月。○军民相奸者，奸夫、奸妇，各枷号一个月。○奴婢相奸，及军民与官员军民之妾婢相奸者，奸夫、奸妇。

*【1740】一、和同鸡奸者，枷号一个月。

亲属相奸例

＊【1768】一、奸同宗无服之亲及无服亲之妻者,枷号四十日。

居丧及僧道犯奸例

＊【1725】一、僧道不分有无度牒及尼僧、女冠,若犯和奸者,各枷号一个月。

【1740】○修改

【1740】一、僧道不分有无度牒及僧尼、女冠,若犯和奸者,各枷号一个月。

【1768】○修改

【1768】一、僧、道、尼僧、女冠,有犯和奸者,于本寺、观、庵、院门首,枷号两个月。

＊【1725】一、僧道官、僧人、道士有犯挟妓饮酒者。

【1768】○删除

买良为娼例

＊【1740】一、人牙私将领卖妇人久养在家,逾限不卖,希图重利者。

＊【1884】一、人牙私将领卖妇人私具领状,久养在家,逾限不卖,希图重利者。

＊【1740】一、无藉之徒及生盐衙役兵丁窝顿娼妓,及得财架护者。

【1768】○删除

＊【1768】一、窝顿土娼,如系偶然存留,为日无几者,枷号三个月。

＊【1884】一、无藉之徒,及生监、衙役、兵丁窝顿娼妓,引诱局骗,及得受窝娼之家财物,挺身架护,如系偶然,存留为日无几,枷号三个月。

＊＊【1884】一、买良家之女作妾并义女等项名目,纵容抑勒与人通奸,并知情卖与者,枷号一个月。

赌博例

＊【1725】一、赌博不分兵民,枷号两个月。○开场窝赌及抽头者,各枷号三个月。○官员有犯者,革职,枷号三个月。

【1740】○修改

【1740】一、赌博不分兵民,枷号两个月。○偶然会聚,开场窝赌及存留之人抽头无多者,各枷号三个月。○官员有犯者,革职,枷号两个月。

＊【1725】一、开鹌鹑圈、斗鸡坑、蟋蟀盆赌斗者,各枷号三个月。

【1740】○删除

＊【1725】一、地方保甲知造卖赌具之人,不首报者。○官员赌钱、赌饮食,有打马吊、斗混江者,枷号两个月。○上司与属员斗牌、掷骰者,枷号三个月。

【1740】○分辑

【1740】一、官员赌钱、赌饮食,有打马吊、斗混江者,革职,枷号两个月。上司与属员斗牌、掷骰者,均革职,枷号三个月。

【1740】一、地方保甲知造卖赌具之人,不首报者。

*【1884】一、地方保甲知造卖赌具之人,不首报者,杖一百,受财者,计赃准枉法,从重论,罪止杖一百、流三千里。

*【1740】一、奸民私造赌具,左右紧邻通同,徇隐不举首者。

*【1884】一、奸民私造赌具,或经旬累月,开场窝赌,其左右紧邻,通同徇隐,不即举首者,杖一百,若得财准枉法,从重论,罪止杖一百、徒三年。

*【1768】一、在京轿夫有借名依附,潜匿别处开场诱赌,经旬累月,同赌之人,俱枷号三个月。

*【1790】一、旗人邀集抓金钱会,起意邀约人。

*【1884】一、旗人邀集抓金钱会者,将起意邀约之人。

*【1790】一、闽省花会案内,被诱入会者,枷号三个月○若花会甫经开设,地保、汛兵实系失于查察者,革役。

*【1884】一、闽省花会案内,其被诱入会之人,俱枷号三个月。○若甫经开设,地保、汛兵实系失于查察者。

嘱托公事例

*【1725】一、民人附合结党,妄预官府之事者。

失火例

*【1725】一、出征行猎处失火者。

* *【1884】一、失火延烧官府、公廨、仓库官物者,加枷号三个月。

放火故烧人房屋例

*【1740】一、谋财放火,尚未延烧之诱胁同行者,枷号两个月。○挟仇放火,当被救息,尚未延烧之为从者,枷号三个月。

*【1884】一、恶徒谋财放火,随即救息,尚未延烧,诱胁同行者,枷号两个月。

搬做杂剧例

*【1740】一、城市、乡村当街搭台悬灯唱演夜戏者,为首之人,枷号一个月。

*【1790】一、旗员赴戏园看戏者。

罪人拒捕例

*【1725】一、捕役拿获强盗及凶犯误伤其命者。

【1740】○删除

＊【1768】一、贼犯业已拿获,捕人多于贼犯,倚众共殴致毙之余人。

＊【1884】○删除

＊＊【1884】一、差役、地保杀死捻匪者。

＊＊【1884】一、凶徒挟仇放火,及实在凶恶棍徒,并强奸未成各罪人,被害之人及本妇有服亲属杀非登时案内之余人。

＊＊【1884】一、擅杀奸、盗及别项罪人案内,无论谋杀加功,及刃伤折伤以上,并凶器伤人之余人。

狱囚脱监及反狱在逃例

＊【1740】一、越狱人犯,其代为剃头并销毁刺字之人,俱枷号两个月。

＊【1740】一、在监斩绞人犯,如有强横不法及赌博等事者。

徒流人逃例

＊【1725】一、流犯脱逃,看守之保甲逾限不获三名及三名以上者。

【1768】○修改

【1768】一、军、流脱逃,看守之保甲逾限不获三名及三名以上者。○原籍之房主、保邻,虽不容留,但明知不首者。

＊【1884】○删除

＊【1740】一、在川流民犯罪递回原籍,复逃至川者,如无为匪,照逃人例。

【1768】○修改

【1768】一、在川流民犯罪,递回原籍,复逃至川者,如无为匪者。

＊【1768】一、黔省游匪,犯该杖、徒,递回原籍之后,复敢潜入黔境,讯无为匪者。

＊【1884】一、黔省游匪犯,该杖徒递回原籍,充徒之后,复敢潜入黔境,讯无为匪者。

＊＊【1884】一、秋审缓决人犯遇赦免死减等,发遣黑龙江等处,乘间潜逃,并无行凶,为匪拒捕被获者,五次以内,递回发遣处,枷号三个月。○脱逃至五次以外,被获者,枷号六个月。○投回者,枷号三个月。○十次以外被获者,枷号九个月。○投回者,枷号六个月。○其非秋审,案内免死减等,系平常发遣人犯,在配脱逃,并无行凶为匪,亦无捕捕情事,被获者,五次以内,递回发遣处,枷号一个月。○脱逃至五次以外,被获者,枷号三个月。○投回者,枷号一个月。○十次以外,被获者,枷号六个月。○投回者,枷号三个月。○如逃走后复行凶,为匪,并拒捕,所犯该徒罪者,递回发遣处,枷号三个月。○罪止笞杖者,枷号两个月。

＊＊【1884】一、军流人犯逃回原籍,房主、邻保虽不容留,但明知不首者。○若逃往别处,知而不首之人。

＊＊【1884】一、回民因行窃、窝窃发遣脱逃被获,并无行凶为匪,及拒捕情事者,初次递回配所,枷号六个月。〇二次枷号九个月〇三次及三次以外,枷号一年。〇如逃走后复行凶,为匪并拿获时拒捕犯该徒罪者,递回配所枷号一年。〇犯该笞杖者,枷号九个月。

＊＊【1884】一、洋盗案内被掳逼令入伙上盗,问拟发遣之犯,在配脱逃后,并无行凶为匪者,递回原遣处,枷号一个月。

＊＊【1884】一、遣、军、流犯逃后滋事,主守、乡保等,杖一百,每一名加一等,罪止杖一百、徒三年。〇房主、邻佑知而不首者。

＊＊【1884】一、免死减等发遣新疆盗犯,在配脱逃,于五日内拿获,审系仅在附近处所暂避,并未远扬,或偶有事故,未向伊主及看役告知,实非逃走者,在配枷号三个月。

＊＊【1884】一、在京问拟枷责,递回原籍人犯,复逃来京者,枷号一个月。

盗贼捕限例

＊【1725】一、正阳、崇文、宣武三门关厢内失事,专汛千、把总及马、步兵丁。

＊【1884】一、京城内有强盗劫财伤人者,该执值宿领催、兵丁俱枷号四十日,斥革。若正阳、崇文、宣武三门开关厢内失事者,专千、把总及马、步兵丁,各杖一百。贼犯不获者,兵丁枷号四十日,斥革。

＊＊【1884】一、五城五营有承缉凶犯,选差干捕,勒限严缉,如至五月不获者,将捕役责革,枷号两个月。

故禁故勘平人例

＊【1740】一、承审官吏遇一切命盗案件,将干连人犯不应拷讯,误执已见,刑讯致毙者。

＊＊【1884】一、问刑衙门、私设刑具,致有一、二、三号不等,及小夹棍、木棒棰、连根带须竹板,或擅用木架撑执、悬吊、敲踝、针刺手指,或数十斤大锁并联枷,或用荆条互击其背,及例禁所不及赅载一切非刑者。

凌虐罪囚例

＊【1725】一、问刑衙门不许狱内用匣床,违者,禁卒。

＊【1725】一、徒以下人犯无病,而串通狱官、医生,捏称有病者。〇病已痊愈,而该佐领、骁骑校、地方官不即送监审结者。

＊【1884】一、徒罪以下人犯无病,而串通狱官医生捏称有病者,该犯并狱官医生。〇病已痊愈而该佐领、骁骑校、地方官不即送监审结者,将本犯及佐领、骁骑校、地方官。

＊【1740】一、番役将盗犯及死罪人犯私拷取供者,枷号一个月。

狱囚衣粮例

＊【1768】一、盗犯妻、子、家口不许放入监门探视。违者,妻、子、家口,枷号两个月。

主守教囚反异例

＊【1740】一、书办、皂隶及官员家仆人等,有擅自出入监所者,书、隶革役,家人枷号一个月。

有司决囚等第例

＊【1790】一、绿营兵丁斥革后,有犯军、流以上等罪,其管束不严之本犯父兄。

＊【1884】一、绿营兵丁因事斥革后,有犯军、流以上等罪,其管束不严之本犯父兄。

检验尸伤不以实例

＊【1725】一、遇告人命,不先究致死根因明确,概行检验者。

＊【1884】一、遇告人命,不先究致死根因明确,概行检验者,官吏。

妇人犯罪例

＊【1768】一、遇杂犯等案,将妇女提审者。

＊【1884】一、小事牵连妇女,提子侄兄弟代审。如遇亏空累赔、追赃、搜查家产、杂犯等案,将妇女提审永行禁止,违者。

工　例

擅造作例

＊【1768】一、工程核减本身无力完交请豁,如未完之数,在五分以内者。

＊【1884】一、工程核减本身无力完交,数在千两以上,如未完之数在五分以内者。

失时不修堤防例

＊【1725】一、在河工浮议动众以致众力懈弛之附和传播者。〇指称夫头,包揽代雇勒措良民一名者。

【1740】〇修改

【1740】一、在河工浮议动众，以致众力懈弛之附和传播者，枷号一个月。○指称夫头，包揽代雇勒措良民一名者，枷号一个月。

*【1884】一、遇河工紧要，浮议动众，以致众力懈弛之附和传播者，枷号一个月。○指称夫头，包揽代雇，勒措良民一名者，枷号一个月。

* *【1884】一、运河一带揽当闸夫、溜夫，及捞浅铺夫一名，不曾用强生事者，枷号一个月。

* *【1884】一、楚省岁修堤塍，有措勒业户，将夫工包折银钱，如包折一名，不曾用强生事者，枷号一个月。

侵占街道例

* *【1884】一、在京内外街道，若有作践掘成坑坎，淤塞沟渠，盖房侵占，或傍城使车，撒放牲口，损坏城脚及大清门前御道、棋盘，并护门栅栏。正阳门外御桥南北、本门月城、将军楼等处，作践损坏者，枷号一个月。

[徒　罪]

徒　一　年

户　律

收留迷失子女律

＊【1725】被人卖为妻妾子孙之在逃奴婢。○将在逃奴婢卖为妻妾、子孙买者，及牙保知情者。

娶亲属妻妾律

＊【1725】娶同宗缌麻亲之妻及舅甥妻者。

违禁取利律

＊【1725】豪势之人以私债准折人妻妾、子女奸占者。

礼　律

匿父母夫丧律

＊【1725】闻父母及夫丧匿不举哀者。

兵　律

宫殿门擅入律

＊【1725】擅入及冒入宫殿门者。○门官及宿卫官军故纵者。

宿卫守卫人私自代替律

＊【1725】宫禁及紫禁城、皇城门不系宿卫守卫官冒名代替及替之者。○亲管头目知而故纵者。

行宫营门律

＊【1725】擅入内营牙帐门者。

门禁锁钥律

＊【1725】京城门非时擅开闭者。

宰杀马牛律

＊【1725】故杀他人马牛为从者。

刑　律

监守自盗仓库钱粮律

＊【1725】监守自盗仓库钱粮等物至七两五钱者。

常人盗仓库钱粮律

＊【1725】常人盗仓库钱粮等物至二十两者。

窃盗律

＊【1725】窃盗及掏摸得财五十两,为首者。〇六十两,为从者。

略人略卖人律

＊【1725】和卖他人奴婢为妻妾、子孙而未卖之被诱人。〇略卖子孙之妾者。〇和卖弟妹及侄、侄孙、外孙,若已之妾、子孙之妇而未卖者。〇窝主及买主知情者。

发冢律

＊【1725】尊长于小功卑幼坟墓熏狐狸,因而烧棺椁,及烧期亲卑幼尸者。〇地界内有死人,里长、地邻辄移他处,及埋藏以致残毁,及弃尸水中,为首者。

杀子孙及奴婢图赖人律

＊【1725】卑幼将已死小功尊长身尸图赖人者。

尊长为人杀私和律

＊【1725】小功尊长被杀而卑幼私和者。〇大功卑幼被杀而尊长私和者。

斗殴律

＊【1725】殴折人二齿二指以上,及髡发者。

保辜限期律

＊【1725】殴折人肋,眇二目,堕胎及刃伤辜内,医治平复者。

宫内忿争律

＊【1725】殿内忿争声彻于御在所及相殴者。

皇家袒免以上亲被殴律/宗室觉罗以上亲被殴律

＊【1725】皇家袒免亲而殴之者。

【1768】○修改

【1768】宗室觉罗亲而殴之者。

殴制使及本管长官律

＊【1725】吏卒殴六品以下佐贰官者。○军民吏卒殴六品以下首领官伤者。○流外官及军民吏卒殴非本管五品以上官,及公使人殴五品以上有司官者。

佐职统属殴长官律

＊【1725】本衙门首领官及所统属官殴伤六品以下长官者。○佐贰官殴五品以上长官者。

九品以上官殴长官律

＊【1725】流内九品以上官殴非本管三品以上官者。

威力制缚人律

＊【1725】威力拷打人,折一齿一指,眇一目,抉毁耳鼻,破骨,及用汤火铜铁汁伤,为从者。

良贱相殴律

＊【1725】奴婢殴良人折一齿一指,眇一目,抉毁耳鼻,破骨,及用汤火铜铁汁伤者。○殴大功亲奴婢折跌肢体,及瞎一目者。○殴大功亲雇工人折肋,眇两目,堕胎及刃伤者。

奴婢殴家长律

＊【1725】奴婢殴家长缌麻亲者。○雇工人殴家长缌麻小功亲，折一齿一指，眇一目，抉毁耳鼻，破骨，及用汤火铜铁汁伤者。○奴婢无罪，而家长及家长之期亲、外祖父母殴杀，或故杀者。

妻妾殴夫律

＊【1725】妾殴夫及正妻者。○夫殴妻及妻殴妾折肋、眇两目、堕胎及刃伤者。○夫殴妾折跌肢体及瞎一目者。○殴妻之父母者。

同姓亲属相殴律

＊【1725】服尽卑幼殴尊长，折一齿一指，眇一目，抉毁鼻破骨，及汤火铜铁汁伤者。

殴大功以下尊长律

＊【1725】卑幼殴小功兄姊及缌麻尊属者。○殴本宗外姻缌麻兄姊，折一齿一指，眇一目，抉毁耳鼻，破骨，及用汤火铜铁汁伤者。○本宗及外姻尊长殴小功卑幼折肋，眇两目，堕胎及刃伤者。

殴祖父母父母律

＊【1725】祖父母、父母故杀子孙者。○子孙违犯教令，而嫡、继、慈、养母，非理殴杀者。

妻妾与夫亲属相殴律

＊【1725】妻妾殴夫小功兄姊及缌麻尊属者。○妻殴夫小功卑幼及期亲以下尊长殴卑幼之妾折肋，眇两目，堕胎及刃伤者。○妻之子殴父妾折一齿一指，眇一目，破骨及汤火铜铁汁伤者。○妾之子殴父妾血从耳目中出，及内损吐血者。

殴妻前夫之子律

＊【1725】殴不同居继父者。

骂尊长律

＊【1725】骂伯叔、父母、姑、外祖父母者。

妻妾骂夫期亲尊长律

＊【1725】妻妾骂夫伯叔父母、姑、外祖父母者。

诬告律

*【1725】诬告人罪杖八十,加所诬罪三等者。

官吏受财律

*【1725】官吏受财,有禄人枉法,赃二十两者。○不枉法,赃五十两者。○无禄人枉法,赃二十五两者。○不枉法,赃六十两者。

坐赃致罪律

*【1725】官吏人等,非因事受财至一百两者。

诈为瑞应律

*【1725】诈为瑞应者。

纵容妻妾犯奸律

*【1725】买休人与妇人用计逼勒本夫休弃者,买休人及本妇。

奸部民妻女律

*【1725】军民官吏和奸所部有夫妻女者。

良贱相奸律

*【1725】奴奸良人妇女刁奸者,奸夫、奸妇。

淹禁律

*【1725】杖罪以下人犯,情犯已完,限外不断决,因而致死者。

与囚金刃解脱律

*【1725】狱卒以金刃及他物与囚,致囚在逃及自伤或伤人者。○司狱官典及提牢官知而不举者。

狱囚衣粮律

*【1725】狱囚应请给衣粮医药而不请给,应脱锁杻而不请脱,应保出外而不请保,应听家人入视而不请听,因而致死囚该杖罪以下者。○提牢官知而不举者。○已申禀上司,不即施行,因而致死囚该杖罪以下者。

妇人犯罪律

＊【1725】妇人产限未满，失于详审拷决致死者。

吏　例

举用有过官吏例

＊＊【1884】一、各部书吏役满后，犯有事故，押逐回籍后，复私自来京者。

户　例

居丧嫁娶例

＊【1740】一、孀妇自愿守志，而女家之祖父母、父母，及夫家之祖父母、父母抢夺强嫁之者。

＊【1884】一、孀妇自愿守志，母家、夫家期亲尊属、尊长抢夺强嫁，未致被污者。

收粮违限例

＊【1725】一、运弁旗丁挂欠粮米至一分不完者。○欠至五分追完者。

挪移出纳例

＊＊【1884】一、徇隐州、县侵欺钱粮，革职代赔之知府，未完之数至六分者。

收支留难例

＊【1725】一、坐粮厅及各仓书役人等，向运官、运丁勒索银一两以下者。

＊【1884】○删除

隐瞒入官家产例

＊【1740】一、隐匿侵盗案内家产一百两者。

盐法例

＊【1725】一、盐商欠课至六分者。

【1740】○移出

人户亏兑课程

＊【1740】一、盐商欠课至六分者。

＊【1884】一、各商应完盐课,作为十分,欠六分者。

违禁取利例

＊＊【1884】一、内地民人不许与土司等交往借债,如有违犯,将放债之民人。〇并借债之土苗。

市司评物价例

＊＊【1884】一、京城粗米,如有违例,私运出城二十石以上者。〇各门官弁、兵丁知情故纵者。

兵　例

私卖战马例

＊＊【1884】一、民人出口私贩,骟马五十匹以上,杖六十,徒一年,每十匹加一等,罪止杖一等、徒三年。

私出外境及违禁下海例

＊【1740】一、附近苗疆五百里内,民人煎挖、窝囤与贩硝磺十斤以上者。

＊【1884】一、附近苗疆五百里以内,民人煎挖、窝囤、兴贩硝磺十斤以上者,杖六十、徒一年,二十斤以上者,以次递加。

＊＊【1884】一、台湾奸民,私煎硝磺,无论已未兴贩,如数在十斤以上,杖六十、徒一年,每十斤加一等。

牧养畜产不如法例

＊【1790】一、分起解送军营马匹之文武各员,每百匹倒毙至三十匹以上者。

＊【1884】一、分起解送军营马匹之文武各员,及总理督解之员,每百匹倒毙至三十匹以上者。

宰杀马牛例

＊【1725】一、盗牛四只及窝家知情分赃者,俱枷号四十日。

【1740】〇移出

＊【1740】一、宰杀堪用马三四匹者。

＊【1884】一、开设汤锅,宰杀堪用马三四匹者,杖六十、徒一年,每四匹递加一等。

递送公文例

*【1725】一、驿站马夫沉匿军情、机密文书者。

*【1884】一、驿站马夫,沉匿军情机密文书者,不计角数。

乘驿马赍私物例

* *【1884】一、积惯渔利奸商,寄托年班进京回子夹带书货,如数至六百斤,杖六十、徒一年,每百斤加一等,罪止杖一百、流三千里。

刑 例

盗马牛畜产例

*【1740】一、盗牛四只及窝主知情分赃者,俱枷号四十日。

*【1884】一、盗牛四只,及窝家知情分赃者,俱枷号四十日。

盗田野谷麦例

* *【1884】一、在口外出钱雇人刨挖黄芪首犯,如所雇人数在五十人以上,杖六十,徒一年,每十人加一等,罪止杖一百、徒三年。〇如该处囤积黄芪首犯,数至百斤以上者,杖六十、徒一年。每百斤加一等,罪止杖一百、徒三年。

* *【1884】一、旗人偷刨人参,如并无财主,各出资本,及受雇偷采,或只身潜往,得参一两以下者。〇一两以上至五两,为从,并私贩者。

发冢例

*【1740】一、盗葬者,无发掘等情,止在切近坟旁盗葬而本家毁坏尸骸者。

*【1884】一、盗葬者并无发掘等情,止在切近坟旁盗葬,而本家辄行毁弃尸骸者。

*【1790】一、殴、故杀人案内,凶犯起意埋尸灭迹,听从掩埋之人,系在场并未伤人,止于听从掩埋者。

*【1884】一、殴、故杀人案内,凶犯起意埋尸灭迹,其在场并未伤人,止于听从抬埋者。

*【1884】一、大功尊长盗卑幼未殡未理尸柩,开棺见尸为从,并未开棺椁,为首者。〇小功尊长盗卑幼未殡未埋尸柩,未开棺椁为从,并期亲尊长盗卑幼未殡未埋尸柩,开棺见尸,为首者。

* *【1884】一、功、缌卑幼,平治尊长坟墓为田园,未见棺椁,止一冢者,杖六十,徒一年,每三冢加一等。〇其因平治而盗卖,得财轻赃,及知情谋买者,又各加一等,加至实发云贵两广极边烟瘴,充军为止。

＊＊【1884】一、夫毁弃妻尸,不失及毁而但髡发,若伤者。

斗殴及故杀人例

＊＊【1884】一、广东、福建二省械斗,案内如有将宗祠、田谷,贿买顶凶构衅械斗,乡约不能指出敛财买凶之人者,杖六十,徒一年,按致死人数,每一人加一等,罪止杖一百徒三年。

威逼人致死例

＊＊【1884】一、因事用强殴打威逼人致死,如非致命又非重伤者。

奴婢殴家长例

＊＊【1884】一、家长生有子女之妾殴杀无罪奴婢,或故杀者。

殴祖父母父母例

＊＊【1884】一、嫡母故杀庶生之子,继母故杀前妻之子,审系平日抚如己出,其子不孝有据者。

官吏受财例

＊＊【1884】一、官吏因事受财入己,审明不枉法,及准枉法、不枉法论等赃,罪应徒一年半,二年限内全完者。

在官求索借贷人财物例

＊【1725】一、苗、蛮、黎、獞并改土归流地方,该管官有骚扰逼勒、科派等弊犯,该杖一百以下者。

【1740】○删除

伪造印信时宪书等例

＊【1740】一、描摸印信行使诓骗财物,一两以下者。

＊【1884】一、摸摹印信行使诓骗,计赃一两以下者。

私铸铜钱例

＊【1740】一、私铸将空房别舍误借匪人及有见闻,随即驱逐未经首捕,果系并未在场,亦非受贿容隐者。

【1768】○删除

＊＊【1884】一、私铸铅钱未成,其房主、邻佑、总甲、十家长等,知而不首者。

诈假官例

*【1768】一、假冒顶带，自称职官，止图乡里光荣，无所求为，亦无凭札者。

*【1768】一、未经考职书吏，冒戴顶帽者。

诈教诱人犯法例

**【1884】一、苗、猺、狑、獞所住地方，如有外来匪徒，教诱犯法，所犯之人罪应杖一百者。

**【1884】一、地方官有被参革之案，严究幕友、长随、书役等，有倚官滋事，怂令妄为，累及本官至革职者。

居丧及僧道犯奸例

**【1884】一、僧、道奸有夫之妇者，枷号一个月。

徒流人逃例

*【1740】一、在川流民犯罪，还回原籍，复逃至川者，如有为匪，所杖一百以下者。

*【1768】一、黔省游匪，犯该杖徒，递回原籍之后，复敢潜入黔境，讯有为匪，犯在杖一百以下者。

*【1884】一、黔省游匪，犯该杖徒，递回原籍充徒之后，复敢潜入黔境，如有为匪，犯在杖一百以下者。

故禁故勘平人例

*【1740】一、承审官吏，遇有一切命盗案件，如有将徒流人犯拷讯，致毙二命者。

*【1884】一、承审官吏，遇有一切命盗案件，如有将徒流人犯拷讯，致毙二命者，杖六十、徒一年，三命以上，递加一等，罪止杖一百、徒三年。

凌虐罪囚例

*【1740】一、解役递解人犯，中途患病，若未取结，在途身死一名者。

*【1884】一、递解人犯，中途患病，若未取结，在途身死一名者，解役杖六十、徒一年，每一名加一等，罪止杖一百、徒三年。

**【1884】一、番役将军、流人犯私拷取供者。

工　例

擅造作例

＊【1768】一、工程核减，本身无力完交请豁，如未完之数至六分者。

＊【1884】一、工程核减，本身无力完交，数在千两以上，未完之数至六分者。

徒一年半

户律

收留迷失子女律

＊【1725】得在逃奴婢而卖为妻妾、子孙者。○被人卖为妻妾、子孙之在逃子女。○被人卖为奴婢之在逃奴婢。○自收留在逃奴婢为妻妾、子孙者。○将迷失奴婢在逃子女卖为妻妾、子孙，在逃奴婢卖为奴婢买者，及牙保知情者。

娶部民妇女为妻妾律

＊【1725】监临官强娶为事人妻妾及女为妻妾者。○强为子孙弟侄家人娶者。

违禁取利律

＊【1725】豪势之人，以私债强夺人妻妾、子女者。

礼律

毁大祀丘坛律

＊【1725】大祀，神御之物遗失及误毁者。○中祀，有犯者，罪同。

乘舆服御物律

＊【1725】主守之人将乘舆服御物遗失及误毁者。

兵律

辄出入宫殿门律

＊【1725】宫殿门无籍至夜入者。

宰杀马牛律

＊【1725】故杀他人及官马牛者。
【1740】○删除

＊＊【1884】故杀他人及官马牛者。

刑 律

监守自盗仓库钱粮律

＊【1725】监守自盗仓库钱粮等物至一十两者。

常人盗仓库钱粮律

＊【1725】常人盗仓库钱粮等物至二十五两者。

窃盗律

＊【1725】窃盗及掏摸得财六十两,为首者。○七十两,为从者。

盗马牛畜产律

＊【1725】盗官私驴、骡而杀者。

略人略卖人律

＊【1725】和诱及相卖良人为妻妾、子孙而未卖之被诱人。○和诱他人奴婢为妻妾、子孙之被诱人及和诱而未卖者。○和卖他人奴婢为奴婢而未卖之被诱人。○和卖弟妹及侄、侄孙、外孙,若已之妾、子孙之妇者。○和卖同堂弟妹及侄、侄孙而未卖者。○窝主及买主知情者。

发冢律

＊【1725】尊长发期亲卑幼坟冢,开棺椁见尸者。○毁弃期亲卑幼死尸者。○若于他人坟墓熏狐狸,因而烧棺椁为从者。○尊长于缌麻卑幼坟墓熏狐狸,因而烧棺椁,及烧大功卑幼尸者。

杀子孙及奴婢图赖人律

＊【1725】祖父母、父母故杀子孙及家长故杀奴婢图赖人者。○将已死大功尊长身尸图赖人者。

尊长为人杀私和律

＊【1725】大功尊长被杀而卑幼私和者。○期亲卑幼被杀而尊长私和者。

宫内忿争律

＊【1725】宫内殴人,折一齿及一指、眇一目、抉毁耳鼻破骨,及用汤火铜铁汁

伤者。

皇家袒免以上亲被殴律/宗室觉罗以上亲被殴律

*【1725】皇家缌麻亲而殴之者。

【1768】○修改

【1768】宗室缌麻亲而殴之者。

殴制使及本管长官律

*【1725】吏卒殴六品以下长官者。○军民吏卒殴六品以下佐贰官伤者。○殴首领官折伤者。○流外官及军民吏卒殴非本管九品以上官及公使人殴九品以上,有司官折一齿一指,眇一目,抉毁耳鼻,破骨,及用汤火铜铁汁伤者。

九品以上官殴长官律

*【1725】流内九品以上官殴非本管五品以上,若五品以上殴非本管三品以上官,折一齿一指,眇一目,抉毁耳鼻,破骨,及用汤火铜铁汁伤者。

殴受业师律

*【1725】殴受业师折一齿一指,眇一目,抉毁耳鼻,破骨,及用汤火铜铁汁伤者。

威力制缚人律

*【1725】威力拷打人,折二齿二指以上,及髡发为从者。○折一齿一指,眇一目,抉毁耳鼻,破骨,及用汤火铜铁汁伤,为首者。

良贱相殴律

*【1725】奴婢殴良人折二齿二指以上,及髡发者。○良人殴他人奴婢折肋,眇两目,堕胎及刃伤者。○殴缌麻小功亲奴婢折跌肢体及瞎一目者。○殴大功亲奴婢至笃疾者。○殴缌麻小功亲雇工人折肋,眇两目,堕胎及刃伤者。

奴婢殴家长律

*【1725】奴婢殴家长小功亲者。○奴婢殴家长缌麻亲并雇工人殴家长大功亲折一齿一指,眇一目,抉毁耳鼻,破骨及汤火铜铁汁伤者。○雇工人殴家长缌麻、小功亲折二齿二指及髡发者。○家长及家长之期亲外祖父母殴雇工人折跌肢体及瞎一目者。

妻妾殴夫律

*【1725】夫殴妾至笃疾者。○殴妻之父母折一齿一指,眇一目,抉毁耳鼻、破

骨,及用汤火铜铁汁伤者。

同姓亲属相殴律

＊【1725】服尽尊长殴卑幼折肋,眇两目,堕胎及刃伤者。○卑幼殴尊长折二齿二指以上及髡发者。

殴大功以下尊长律

＊【1725】卑幼殴大功兄姊及小功尊属者。○殴缌麻兄姊折二齿二指以上及髡发者。○殴小功兄姊及缌麻尊属折一齿一指,眇一目,抉毁耳鼻,破骨,及用汤火铜铁汁伤者。○本宗及外姻尊长殴缌麻卑幼折肋,眇两目,堕胎及刃伤者。○殴大功卑幼折跌肢体及瞎一目者。

殴祖父母父母律

＊【1725】嫡继慈养母故杀子孙者。

妻妾与夫亲属相殴律

＊【1725】妻妾殴夫大功兄姊及小功尊属者。○妻殴夫缌麻卑幼折肋,眇两目,堕胎及刃伤者。○殴大功卑幼折跌肢体及瞎一目者。○期亲以下尊长殴卑幼之妇折肋,眇两目,堕胎及刃伤者。○妻之子殴父妾折二齿二指以上及髡发者。

殴妻前夫之子律

＊【1725】殴不同居继父,折二齿二指以上及髡发者。○殴同居继父者。

父祖被殴律

＊【1725】祖父母、父母为人所殴,子孙即时救护而还殴之,至折跌人肢体及瞎一目者。

诬告律

＊【1725】诬告人罪杖九十,加所诬罪三等者。

官吏受财律

＊【1725】官吏受财,有禄人枉法,赃至二十五两者。○不枉法,赃至六十两者。○无禄人枉法,赃至三十两者。○不枉法,赃至七十两者。

坐赃致罪律

＊【1725】官吏人等非因事受财至二百两者。

奸部民妻女律

＊【1725】军民官吏刁奸所部妻女者。

居丧及僧道犯奸律

＊【1725】居父母丧犯刁奸及僧尼、道士、女冠犯刁奸者。
【1740】○修改
【1740】居父母及夫丧犯刁奸及僧尼、道士、女冠犯刁奸者。

与囚金刃解脱律

＊【1725】常人以金刃及他物与囚，及子孙与在狱之祖父母、父母，奴婢、雇工人与在狱之家长，因而自杀者。○司狱官典及提牢官知而不举者。

妇人犯罪律

＊【1725】妇人怀孕犯罪，失于详审拷决致死者。

户　例

居丧嫁娶例

＊【1740】一、孀妇自愿守志而母家夫家之大功以下亲抢夺强嫁之者。
＊【1884】一、孀妇自愿守志而母家夫家期亲尊属尊长抢夺、强嫁，以致被污者。○大功以下尊属尊长抢夺强嫁，未致被污者。

强占良家妻女例

＊【1768】一、强夺良家妻女，被逼诱随行，帮同扛抬者。
＊【1884】一、强夺良家妻女，奸占为从之犯，如被逼诱随行，止于帮同扛抬者。

挪移出纳例

＊＊【1884】一、徇隐州县侵欺钱粮，革职代赔之知府，未完之数至七分者。

隐瞒入官家产例

＊【1740】一、隐匿侵盗案内家产三百两者。
＊【1884】○删除

盐法例

＊【1725】一、盐商欠课至七分者。

＊【1884】○移出

人户亏兑课程例

＊＊【1884】一、各商应完盐课作为十分,欠七分者。

市司评物价例

＊＊【1884】一、京城粗米,如有违例私运出城,三十石以上者。○各门官弁、兵丁知情故纵者。

礼　例

公差人员欺凌长官例

＊【1725】一、奴隶人等入正门驰当道坐公座者。○部院及督抚、州、县等衙门,毋得差皂隶人等,于各衙门取招行断,有越礼犯分者。

【1740】○修改

【1740】一、奴隶人等入正门驰当道坐公座者。○六部、督察院、在京各衙门奴隶人等接奉批差,有越礼犯分者。

＊【1884】一、公堂如奴仆、皂隶人等,入正门驰当道,坐公座者。○六部、督察院、在京各衙门人役接奉批差,有似前越礼犯分者。

兵　例

私藏应禁军器例

＊【1740】一、内地囤积硝磺未曾兴贩之挑夫、船户,知情不首者。

＊【1884】一、内地囤积硝磺未曾兴贩案内之挑夫、船户,知情不首者。

牧养畜产不如法例

＊【1790】一、分起解送军营马匹之文武各员,每百匹倒毙至三十五匹以上者。

牧养畜产不如法例

＊＊【1884】一、分起解送军营马匹之文武各员,每百匹倒毙,至三十五匹以上者。

宰杀马牛例

＊【1768】一、故杀他人牛者。

＊【1884】〇删除

刑　例

盗田野谷麦例

＊＊【1884】一、旗人偷刨人参，如并无财主各出资本，及受雇偷采，或只身潜往，得参一两以上至五两者。〇一十两为从并私贩者。

发冢例

＊＊【1884】一、小功尊长盗卑幼未殡未埋尸柩，开棺见尸为从，并未开棺椁，为首者。〇缌麻尊长盗卑幼，未殡未埋尸柩，未开棺椁为从，并大功尊长盗卑幼未殡未埋尸柩，开棺见尸，为首者。

＊＊【1884】一、期亲卑幼平治尊长坟墓为田园，未见棺椁，止一冢者，杖七十，徒一年半，每三冢加一等。〇其因平治而盗卖得财，赃轻，及知情谋买者，又各加一等，加至实发云贵两广极边烟瘴充军为止。

＊＊【1884】一、夫毁弃妻尸者。

杀死奸夫例

＊＊【1884】一、本夫捉奸杀死犯奸有服卑幼之案，如卑幼犯奸罪不至死，本夫于奸所获奸，非登时而杀，按殴杀卑幼本罪止应拟流者。

殴受业师例

＊＊【1884】一、僧尼、道士、喇嘛、女冠及匠艺人等，殴受业师者。

殴大功以下尊长例

＊＊【1884】一、有服亲属，同谋共殴致死之案，其原谋系期亲尊长。

官吏受财例

＊＊【1884】一、官吏因事受财入已，审明不枉法及准枉法、不枉法论等赃，罪应徒二年，二年限内全完者。

伪造印信时宪书等例

＊【1740】一、描摸印信行使，诓骗财物一十两者。

私铸铜钱例

＊＊【1884】一、私铸铅钱不及十千，其房主、邻佑、总甲、十家长等，知而不首者。

诈教诱人犯法例

＊＊【1884】一、地方官有被参革治罪之案,严究幕友、长随、书役等,但倚官滋事,怂令妄为,累及本官,罪应徒一年者。

居丧及僧道犯奸例

＊【1725】一、僧道不分有无度牒,及尼僧、女冠犯刁奸者,枷号一个月。

＊【1884】一、僧道有犯刁奸者枷号两个月。

徒流人逃例

＊【1768】一、徒犯中途脱逃,原犯徒一年者。

＊【1884】一、徒犯中途脱逃,本罪系徒一年者。

凌虐罪囚例

＊＊【1884】一、番役将徒罪人犯私拷取供者。

检验尸伤不以实例

＊＊【1884】一、差役奉官看押人犯,在押因病身死,如有私埋情事者。

工　例

擅造作例

＊【1768】一、工程核减,本身无力完交,请豁,如未完之数至七分者。

＊【1884】一、工程核减,本身无力完交,如未完之数至七分者。

徒 二 年

户 律

收留迷失子女律

＊【1725】得迷失奴婢及收留在逃子女而卖为妻妾、子孙者。○得在逃奴婢而卖为奴婢者。○被人卖为奴婢之在逃子女。○自收留迷失奴婢及在逃子女而为妻妾、子孙者。○自收留在逃奴婢而为奴婢者。○将迷失子女卖为妻妾、子孙，迷失奴婢并在逃子女卖为奴婢买者，及牙保知情者。

盐法律

＊【1725】私盐受雇挑担驮载者。

兵 律

毁弃军器律

＊【1725】军人将关拨军器遗失及误毁二十件以上者。

刑 律

监守自盗仓库钱粮律

＊【1725】监守自盗仓库钱粮等物至一十二两五钱者。

常人盗仓库钱粮律

＊【1725】常人盗仓库钱粮等物至三十两者。

窃盗律

＊【1725】窃盗及掏摸得财七十两，为首者。○八十两，为从者。

略人略卖人律

＊【1725】和诱及相卖良人为奴婢而未卖之被诱人。○和诱及相卖良人为妻妾、

子孙而已卖之被诱人。○和诱他人奴婢为妻妾、子孙者。○和诱他人奴婢为奴婢之被诱人,及和诱而未卖者。○略卖弟妹及侄、侄孙、外孙,若已之妾、子孙之妇者。○和卖同堂弟妹及侄、侄孙者。○窝主及买主知情者。

发冢律

＊【1725】冢先穿陷,及未殡埋而盗尸柩为从者。○尊长发大功卑幼坟冢,开棺见尸者。○毁弃大功卑幼死尸者。○若于他人坟墓熏狐狸因而烧棺椁为首,及烧缌麻以上尊长棺椁,为从者。○烧小功卑幼尸者。

造畜蛊毒杀人律

＊【1725】造魇魅符书,咒诅令人疾苦者。

杀子孙及奴婢图赖人律

＊【1725】子孙将已死期亲尊长身尸图赖人者。

尊长为人杀私和律

＊【1725】期亲尊长被杀,而卑幼私和者。

斗殴律

＊【1725】殴折人肋,眇两目,堕胎及刃伤者。

保辜限期律

＊【1725】殴折跌人肢体,及瞎人一目,辜内平复者。

宫内忿争律

＊【1725】宫内殴人,折二齿二指以上及髡发者。○殿内殴人,折一齿一指,眇一目,抉毁耳鼻,破骨,及用汤火铜铁汁伤者。

皇家袒免以上亲被殴律/宗室觉罗以上亲被殴律

＊【1725】皇家袒免亲而殴伤者。○小功亲而殴之者。
【1768】○修改
【1768】宗室觉罗亲而殴伤者。○小功亲而殴之者。

殴制使及本管长官律

＊【1725】吏卒殴六品以下长官伤者。○军民吏卒殴六品以下佐贰官折伤者。

○殴五品以上首领官者。○流外官及军民吏卒殴非本管三品以上官及公使人殴三品以上有司官者。○殴五品以上官伤者。○殴九品以上官折二齿二指以上及髡发者。

佐职统属殴长官律

*【1725】本衙门首领官及统属官殴五品以上长官者。

九品以上官殴长官律

*【1725】流内九品以上官殴非本管五品以上及五品以上,殴非本管三品以上官折二齿二指以上及髡发者。

殴受业师律

*【1725】殴受业师折二齿二指以上及髡发者。

威力制缚人律

*【1725】威力拷打人折二齿二指以上及髡发为首者。

良贱相殴律

*【1725】殴缌麻、小功亲奴婢至笃疾者。○殴大功亲雇工人折跌肢体,及瞎一目者。

奴婢殴家长律

*【1725】奴婢殴家长大功亲者。○殴家长缌麻亲,折二齿二指以上及髡发者。○殴家长小功亲,折一齿一指,眇一目,抉毁耳鼻,破骨,及用汤火铜铁汁伤者。○雇工人殴家长大功亲,折二齿二指及髡发者。○家长及家长之期亲,外祖父母殴雇工人至笃疾者。

妻妾殴夫律

*【1725】妻殴夫,折一齿一指,眇一目,抉毁耳鼻,破骨,及用汤火铜铁汁伤者。○夫殴妻及妻殴妾折跌肢体,及瞎一目者。○殴妻之父母,折二齿二指以上及髡发者

殴大功以下尊长律

*【1725】卑幼殴本宗大功尊属者。○殴小功兄姊及缌麻尊属,折二齿二指以上及髡发者。○殴大功兄姊及小功尊属,折一齿一指,眇一目,抉毁耳鼻,破骨,及用汤火铜铁汁伤者。○本宗及外姻尊长殴小功卑幼,折跌肢体及瞎一目者。○殴大功卑幼至笃疾者。

殴期亲尊长律

*【1725】弟妹过失伤同胞兄姊者。

殴祖父母父母律

*【1725】祖父母、父母非理殴子孙妾至死者。

妻妾与夫亲属相殴律

*【1725】妻妾殴夫大功尊属者。〇妻殴夫小功卑幼及期亲以下尊长,殴卑幼之妾,折跌肢体,及瞎一目者。〇妻殴夫大功卑幼至笃疾者。〇妾之子殴父妾,折一齿一指,眇一目、抉毁耳鼻,破骨,及用汤火铜铁汁伤者。

殴妻前夫之子律

*【1725】殴同居继父,折二齿二指以上及髡发者。

父祖被殴律

*【1725】祖父母、父母为人所殴,子孙即时救护而还,殴之至笃疾者。

奴婢骂家长律

*【1725】奴婢骂家长之期亲,及外祖父母者。〇雇工人骂家长者。

诬告律

*【1725】诬告人罪杖一百,加所诬罪三等者。

官吏受财律

*【1725】官吏受财,有禄人枉法,赃至三十两者。〇不枉,赃至七十两者。〇无禄人枉法,赃至三十五两者。〇不枉法,赃至八十两者。

坐赃致罪律

*【1725】官吏人等,非因事受财至三百两者。

诈为制书律

*【1725】律诈为其余衙门印信文书未行为从者。

诈不以实律

*【1725】奉制推按问事,报上不以实者,对制上书。

伪造印信历日等律/伪造印信时宪书等律

*【1725】伪造关防印记未成,为从者。

诈为瑞应律

*【1725】若有灾祥之类,钦天监官不以实对者。

失火律

*【1725】山陵兆域内失火者。○官府公及仓库内失火者。○山陵林木在外失火延烧者。

与囚金刃解脱律

*【1725】狱卒以金刃及他物与囚,因而致囚自杀者。○司狱官典及提牢官知而不举者。

工　律

盗决河防律

*【1725】故决圩岸陂塘者。

名例例

犯罪事发在逃例

*【1725】一、负罪潜逃,被获犯该徒一年者。

【1740】○删除

吏　例

滥设官吏例

*【1725】一、坐粮厅运役、仓役名缺,如保送旗人及民人。

*【1725】一、身充两三役者,该役及保结之人。

户　例

居丧嫁娶例

＊【1740】一、孀妇自愿守志,而母家、夫家至大功以下亲抢夺强嫁之者。

＊【1884】一、孀妇自愿守志,而母家、夫家大功以下尊属尊长抢夺强嫁,以致被污者。○大功以下卑幼,抢夺强嫁,未致被污者。

强占良家妻女例

＊＊【1884】一、并非聚众,抢夺兴贩妇女未成,同谋未经同抢之犯。

收粮违限例

＊【1740】一、运弁旗丁挂欠粮米至二分不完者。

挪移出纳例

＊＊【1884】一、徇隐州县侵欺钱粮,革职代赔之知府,未完之数至八分者。

隐瞒入官家产例

＊【1740】一、隐匿侵盗案内家产三百两者。

盐法例

＊【1725】一、贩私徒犯在配所逃走被获,原犯徒一年者。
【1740】○删除
＊【1725】一、盐商欠课至八分者。
＊【1884】○移出

人户亏兑课程例

＊＊【1884】一、各商应完盐课作为十分,欠八分者。

市司评物价例

＊＊【1884】一、京城粗米,如有违例私运出城,四十石以上者。○各门官弁、兵丁知情故纵者。

把持行市例

＊＊【1884】一、大小衙门公私所需货物,毋许借端需索,其衙役私取,赃至三十

五两者。

礼　例

公差人员欺凌长官例

＊【1725】一、吏员人等入正门，驰当道，坐公座者。○部院及督抚州县等衙门，毋得差吏书人等，于各衙门取招行断，有越礼犯分者。

【1740】○修改

【1740】一、吏员、承差人等入正门，驰当道，坐公座者。○六部、都察院、在京各衙门吏书人等接奉批差，有越礼犯分者。

兵　例

私藏应禁军器例

＊【1740】一、内地私贩硝磺及窝藏、囤贩并知情卖与私贩之挑夫、船户，知情不首者。

＊【1884】一、内地私贩及窝藏、囤贩硝磺案内之挑夫、船户，知情不首者。

私出外境及违禁下海例

＊【1725】一、商、渔船内夹带违禁等物，接济外洋，舵工、水手，不知情者。

＊【1884】一、商、渔船内夹带违禁硝磺、钉铁等物，接济外洋，舵工、水手不知情者。

＊＊【1884】一、沿海地方商民图利将铁斤及废铁、铁货，并红、黄铜器、铜斤，私贩递运海洋，交卖商、渔船只，一百斤以下，船户、挑夫。

牧养畜产不如法例

＊【1790】一、分起解送军营马匹之文武各员，每百匹倒毙至三十五匹以上者。

＊【1884】一、分起解送军营马匹之文武各员，及总理督解之员，每百匹倒毙至四十匹以上者。

宰杀马牛例

＊【1725】一、盗牛五只及窝家知情分赃者，俱枷号四十日。

【1740】○移出

刑 例

盗园陵树木例

＊＊【1884】一、盗砍官树,开山采石,掘地成濠,开窑烧造,放火烧山,在青椿以外官山以内,为从者。

盗马牛畜产例

＊【1740】一、盗牛五只及窝家知情分赃者,俱枷号四十日。

盗田野谷麦例

＊＊【1884】一、旗民偷刨人参,如并无财主,各出资本,及受雇偷采,或只身潜往,得参一十两者。〇一十五两为从,并私贩者。

＊＊【1884】一、私入木兰围场及南苑,盗砍木植,偷打牲畜,及刨挖鹿窖,初犯,案内贩卖者。

略人略卖人例

＊＊【1884】一、将受寄他人十一岁以上子女和同,卖为子孙,为从,并知情故买者。

发冢例

＊＊【1884】一、缌麻尊长盗卑幼未殡未埋尸柩,开棺见尸为从,并未开棺椁为首者。〇小功尊长盗卑幼未殡未埋尸柩,开棺见尸,为首者。

杀死奸夫例

＊＊【1884】一、本夫、本妇有服亲属捉奸,杀死犯奸卑幼之案,如杀系登时,按其殴杀本罪亦止满徒者。

＊＊【1884】一、本夫捉奸,杀死犯奸有服卑幼之案,如卑幼犯奸罪不至死,本夫于奸所获奸,非登时而杀者。

斗殴及故杀人例

＊＊【1884】一、纠众互殴,致毙二三命以上案内余人,若猝遇在场帮护,审非预纠械斗,及互斗止毙一命之余人,执持金刃伤人者。

杀子孙及奴婢图赖人例

＊【1725】一、妻将夫尸图赖人者。

殴大功以下尊长例

＊＊【1884】一、有服亲属同谋共殴致死之案，其原谋系大功尊长。

妻妾与夫亲属相殴例

＊＊【1884】一、嫡孙、众孙殴伤庶祖母者。

越诉例

＊＊【1884】一、各省军民人等赴京控诉事件，如有在刑部、都察院、步军统领衙门前故自伤残之余人。

官吏受财例

＊＊【1884】一、官吏因事受财入己，审明不枉法及准枉法、不汪法论等赃，罪应徒二年半，二年限内全完者。

在官求索借贷人财物例

＊【1725】一、苗、蛮、黎、獞并改土归流地方，该管官有骚扰逼勒、科派等弊犯，该徒一年者。

【1740】○删除

伪造印信历日等例/伪造印信时宪书等例

＊【1725】一、伪造关防印记，诓骗财物无多，造而未行者。

＊【1884】一、伪造关防印记，诓骗财物，为数无多，造而未成，为从者。○描摹印信行使诓骗，计赃二十两者。

＊【1768】一、描摸印信行使，诓骗财物二十两者。

＊【1884】○修并

私铸铜钱例

＊【1725】一、官船户夹带私钱，同船之人知情不举首者，枷号一个月，杖一百。

【1768】○删除

＊【1768】一、私铸铜钱未成之房主、邻佑、十家长，知而不拿获举首者。

＊【1884】○删除

＊【1768】一、私铸铜钱未成案内，有雇令挑水、打炭、烧火者。

＊【1884】○删除

＊【1768】一、伙众开炉私铸铅钱至十千以上之房主、邻佑、总甲、十家长，知而不

首者。

*【1884】一、私铸铅钱十千文以上,其房主、邻佑、总甲、十家长等知而不首者。

* *【1884】一、私铸铜钱未成,畏罪中止,其雇令挑水、打炭、烧火之人,及房主、邻佑、十家长知而不拿获举首者。

诈教诱人犯法例

* *【1884】一、地方官有被参革治罪之案,严究幕友、长随、书役等,但倚官滋事,怂令妄为,累及本官,罪应徒一年半者。

买良为娼例

* *【1884】一、京城内外拿获窝娼并开设软棚,月日经久,除本犯治罪外,其租给房屋之房主,或经手赁给之人,初犯。

赌博例

*【1725】一、初犯开场存留赌博者。

【1740】○修改

【1740】一、民人存留赌博之人,初犯者。

* *【1884】一、开场聚赌,经旬累月,其租给房屋、棚座之房主,或经手租给之人。

放火故烧人房屋例

* *【1884】一、图财挟仇,故烧孤村旷野内并不毗连民居、闲房,及田场积聚之物,当被救熄,尚未烧毁,为从者。

徒流人逃例

*【1768】一、徒犯中途脱逃,原犯徒一年半者。

*【1884】一、徒犯中途脱逃,本罪系徒一年半者。

凌虐罪囚例

* *【1884】一、番役将杖、笞人犯私拷取供者。

工　例

擅造作例

*【1768】一、工程核减,本身无力完交请豁,如未完之数至八分者。

*【1884】一、工程核减,本身无力完交,数在千两以上,如未完之数至八分者。

徒二年半

吏　律

弃毁制书印信律

＊【1725】误毁制书各衙门印信并文书,事干军机、钱粮者。○遗失制书、圣旨者。○遗失官文书,事干军机钱粮者。

＊【1884】误毁制书各衙门印信并文书,事干军机、钱粮者。○遗失制书、圣旨、印信者。○遗失官文书,事干军机钱粮者。

户　律

收留迷失子女律

＊【1725】收留良家迷失子女不送官司,而卖为妻妾子孙者。○得迷失奴婢及收留在逃子女,而卖为奴婢者。○自收留迷失子女为妻妾、子孙者。○自收留迷失奴婢及在逃子女为奴婢者。○将迷失子女卖为奴婢买者,及牙保知情者。○冒认良人为妻妾、子孙者。

盐法律

＊【1725】犯私盐引领牙人及窝藏寄顿者。

礼　律

毁大祀丘坛律

＊【1725】大祀,丘坛而毁损壝门者。○中祀,有犯者,罪同。

兵　律

冲突仪仗律

＊【1725】车驾行处,军民冲入仪仗内及冲入仪仗内而诉事不实,其典仗护卫官军不觉者。

漏泄军情大事律

＊【1725】边将报到军情重事而漏泄,为从者。○私开官文书看视,事干军情重事,为从者。

毁弃军器律

＊【1725】关拨军器遗失及误毁二十件以上者。
【1740】○修改
【1740】将领关拨军器遗失,及误毁二十件以上者。

刑　律

监守自盗仓库钱粮律

＊【1725】监守自盗仓库钱粮等物至一十五两者。

常人盗仓库钱粮律

＊【1725】常人盗仓库钱粮等物至三十五两者。

白昼抢夺律

＊【1725】白昼抢夺人财物,为从者。

窃盗律

＊【1725】盗及掏摸得财八十两,为首者。○九十两,为从者。

略人略卖人律

＊【1725】设方略诱取良人,及略卖良人为妻妾、子孙,为从者。○假以乞养过房为名,买良家子女,转卖为妻妾、子孙,为从者。○和诱及相卖良人为妻妾、子孙者。○和诱及相卖良人为奴婢之被诱人,及和诱而未卖者。○略卖他人奴婢为妻妾、子孙者。○和诱他人奴婢为奴婢者。○略卖同堂弟妹、堂侄及侄孙者。○窝主及买主知情者。

发冢律

＊【1725】发掘他人坟冢,未至棺椁,为从者。○冢先穿陷,及未殡埋而盗尸柩,为首者。○卑幼发尊长坟冢,未至棺椁,为从者。○尊长发小功卑幼坟冢,开棺椁见尸者。○弃他人尸而不失,及毁而髡发若伤,为从者。○毁弃小功卑幼死尸者。

○于他人坟墓熏狐狸,因而烧尸,为从者。○烧缌麻以上尊长棺椁,为首者。○烧缌麻卑幼尸者。○子孙于祖父母、父母及奴婢、雇工人于家长坟墓熏狐狸,因而烧棺椁,为从者。

谋杀人律

*【1725】谋杀人伤而不死,为从不行者。

威逼人致死律

*【1725】卑幼威逼缌麻尊长致死者。

保辜限期律

*【1725】殴瞎人两目,折人两肢,损人二事以上,及因旧患令至笃疾,若断人舌,及毁败人阴阳,辜内平复者。

宫内忿争律

*【1725】殿内殴人折二齿二指以上,及髡发者。

皇家袒免以上亲被殴律/宗室觉罗以上亲被殴律

*【1725】皇家缌麻亲而殴伤者。○大功亲而殴之者。

【1768】○修改

【1768】宗室缌麻亲而殴伤者。○大功亲而殴之者。

殴制使及本管长官律

*【1725】吏卒殴六品以下长官折伤者。○军民吏卒殴五品以上佐贰官者。○殴首领官伤者。○流外官及军民吏卒殴非本管五品以上官,及公使人殴五品以上有司官折伤者。

佐职统属殴长官律

*【1725】本衙门首领官及统属官殴伤五品以上长官者。

威力制缚人律

*【1725】威力拷打人折肋,眇两目,堕胎及刃伤,为从者。

良贱相殴律

*【1725】奴婢殴良人折肋、眇两目、堕胎及刃伤者。○良人殴他人奴婢及殴缌

麻、小功亲雇工人,折跌肢体及瞎一目者。〇殴大功亲雇工人至笃疾者。

奴婢殴家长律

*【1725】奴婢过失伤家长之期亲,及外祖父母者。〇殴家长小功亲,折二齿二指以上及髡发者。〇殴家长之大功亲折一齿一指,眇一目,抉毁耳鼻,破骨,及用汤火铜铁汁伤者。〇雇工人过失伤家长,及家长期亲、外祖父母者。〇殴家长缌麻、小功亲折肋,眇两目,堕胎及刃伤者。

妻妾殴夫律

*【1725】妻殴夫折二齿二指以上及髡发者。〇妾殴夫及正妻折一齿一指,眇一目,抉毁耳鼻,破骨,及用汤火铜铁汁伤者。〇夫殴妻及妻殴妾至笃疾者。

同姓亲属相殴律

*【1725】服尽尊长殴卑幼折跌肢体,瞎一目者。〇卑幼殴尊长折肋,眇两目,堕胎及刃伤者。

殴大功以下尊长律

*【1725】卑幼殴本宗及外姻缌麻兄姊折肋,眇两目,堕胎及刃伤者。〇殴大功兄姊及小功尊属折二齿二指以上及髡发者。〇殴大功尊属折一齿一指,眇一目,抉毁耳鼻,破骨,及用汤火铜铁汁伤者。〇本宗及外姻尊长殴缌麻卑幼折跌肢体,及瞎一目者。〇殴小功卑幼至笃疾者。

殴期亲尊长律

*【1725】弟妹殴同胞兄姊者。〇侄过失伤伯叔、父母、姑,及外孙过失伤外祖父母者。〇弟妹过失折伤同胞兄、姊,及侄过失折伤伯叔父母、姑,外孙过失折伤外祖父母者。

殴祖父母父母律

*【1725】祖父母、父母故杀子孙之妾者。

妻妾与夫亲属相殴律

*【1725】妻妾殴夫之期亲兄姊者。〇妻殴夫缌麻卑幼及期亲以下尊长殴卑幼之妇折跌肢体,及瞎一目者。〇妻殴夫小功卑幼及期亲以下尊长,殴卑幼之妾至笃疾者。〇妻之子殴父妾折肋,眇两目,堕胎及刃伤者。〇妾之子殴父妾,折二齿二指以上及髡发者。

殴妻前夫之子律

*【1725】殴不同居继父折肋，眇两目，及刃伤者。

诬告律

*【1725】诬告人罪徒一年，加所诬罪三等者。

干名犯义律

*【1725】雇工人告家长得实者。

官吏受财律

*【1725】官吏因事受财，有禄人枉法，赃至三十五两者。○不枉法，赃至八十两者。○无禄人枉法，赃至四十两者。○不枉法，赃至九十两者。

坐赃致罪律

*【1725】官吏人等，非因枉法不枉法之事而受人财至四百两者。

诈为制书律

*【1725】诈为其余衙门印信文书，已施行为从，及未施行，为首者。○诈为察院、布、按、府、州、县衙门印信文书，未施行，为从者。○当该官司知而听行者。

诈传诏旨律

*【1725】诈传一二品衙门官言语，于各衙门分付公事有所规避，为从者。○当该官吏知而听行者。

伪造印信历日等律/伪造印信时宪书等律

*【1725】伪造关防印记为从，及知情行用者。○造而未成，为首者。

私铸铜钱律

*【1725】伪造金银为从及知情买使者。

诈假官律

*【1725】无官诈称有官，有所求为，或诈称官司差遣捕人，及诈冒见任官员姓名，有所求为，为从者。

亲属相奸律

＊【1725】奸内外缌麻以上亲之妾者,奸夫、奸妇。

决罚不如法律

＊【1725】监临官因公事殴打人致死,听使下手之人。

妇人犯罪律

＊【1725】妇人怀孕犯罪,产限未满,拷决致死者。

名例例

犯罪存留养亲例

＊＊【1884】一、军、流、徒犯,并非独子,其邻保、族长等假捏出结者。

户　例

居丧嫁娶例

＊＊【1884】一、孀妇自愿守志,母家、夫家期亲卑幼抢夺强嫁,未致被污者。○大功以下卑幼抢夺强嫁,以致被污者。○孀妇不甘失节,祖父母、父母、夫之祖父母、父母抢夺强嫁,致妇自尽,娶主知情同抢者。

强占良家妻子例

＊＊【1884】一、聚众伙谋,抢夺犯奸妇女未成,同谋未经同抢之犯。

＊＊【1884】一、并非聚众,抢夺兴贩妇女已成,同谋未经同抢之犯。○图抢未成,为从者。

多收税粮斛面例

＊＊【1884】一、各仓已革花户,并箭头、夫役,及不应人仓人等,在现充花户身后,影射把持勒索,得赃一两至五两,为从者。

挪移出纳例

＊＊【1884】一、挪移库银五千两以上至一万两拟流,并一万两以上至二万两拟军,能于二限内追完者。

＊＊【1884】一、徇隐州县侵欺钱粮,革职代赔之知府,未完之数至九分者。

收支留难例

＊＊【1884】一、钱粮物料解部，书役人等指称估验、掣批等项名色，包揽索诈六两至十两，为从者。

＊＊【1884】一、坐粮厅及各仓书役人等，向运官运丁及关米之人勒索得财，六两至十两为从者。

隐瞒入官家产例

＊【1740】一、隐匿侵盗案内家产四百两者。

盐法例

＊【1725】一、盐商欠课至九分者。

＊【1884】〇移出

人户亏兑课程例

＊＊【1884】一、各商应完盐课，作为十分，欠九分者。

市司评物价例

＊＊【1884】一、京城粗米，如有违例私运出城，五十石以上者。〇各门官弁、兵丁知情故纵者。

兵　例

漏泄军情大事例

＊【1725】一、提塘及衙役人等，将密封重事私开窃视，以致漏泄，为从者。

＊【1725】一、非密封事件，提塘与各衙门书办勾通，本章一到，即抄刻图利事，重为从者。

私藏应禁军器例

＊【1740】一、内地囤积硫黄未曾与贩者。〇挑夫、船户知情分赃者。银匠、药铺、领批买完未缴者。

＊【1884】一、内地囤积硫黄，未曾兴贩者。〇挑夫、船户知情分赃者。银匠、药铺需用硝磺批限买完未缴者。

从征守御官军逃例

＊【1768】一、广东盗贼投抚分发入伍壮丁。原犯徒杖以下初犯，脱逃邻族、保甲

知情容隐者。

＊【1884】○删除

私出外境及违禁下海例

＊【1740】一、奸徒止将米谷偷运出口图利并无接济奸匪情弊,米过一百石之为从及知情不首之船户。

＊【1884】一、奸徒将米、谷、豆、麦、杂粮偷运外洋,止图渔利,并无接济奸匪情弊,米至一百石以下之为从,及知情不首之船户。

＊【1768】一、商民出洋将红、黄铜器、铜斤私贩各洋货卖图利,一百斤以下之为从及船户。

＊【1884】一、沿海地方商民图利,将铁斤及废铁、铁货,并红、黄铜器、铜斤,私贩递运海洋,交卖商渔船只,一百斤以下,为从者。○一百斤以上,及舟车捆载之船户、挑夫。

＊【1768】一、丝斤出洋,不及一百斤为从,及船户知情不首者。

＊【1790】一、东省登、莱等处有票船只,夹带无照流民私渡奉天之船户。○船户不能亲身出洋,别令亲属押驾,已经报官,不给票者,押驾之人,即照船户例。

＊【1884】一、东省登、莱等处有票船只,夹带无照流民私渡奉天之船户。○船户不能亲身出洋,别令亲属押驾,已经报官,不给票者,押驾之人,即照船户例。

＊＊【1884】一、黄金、白银违例出洋,如白银数在一百两以下,为从及知情不首之船户。

＊＊【1884】一、内地奸民有摹造洋板,销化白银,仿铸洋钱,一百圆以下,为从者。

牧养畜产不如法例

＊【1790】一、分起解送军营马匹之文武各员,每百匹倒毙至四十五匹以上者。

＊【1884】一、分起解送军营马匹之文武各员,及总理督解之员,每百匹倒毙至四十五匹以上者。

刑　例

谋叛例

＊＊【1884】一、异姓人无歃血盟誓焚表,止序齿结拜弟兄,聚众四十人以下,二十人以上为从,如审系被胁勉从者。

盗园陵树木例

＊＊【1884】一、奸徒知情私买子孙盗卖坟树十一株至二十株者。○知情私买他

人盗卖坟树,犯至二次未伐,为从者。

＊＊【1884】一、盗砍官树,开山采石,掘地成濠,开窑烧造,放火烧山,在白椿以外青椿以内,为从者。○如在青椿以外,官山以内,为首者。○弁兵受贿故纵,或未经得贿,潜通信息,致犯逃避者。

常人盗仓库钱粮例

＊【1768】一、窃盗仓库钱粮,未经得财,为从者。

＊【1884】一、窃盗仓库钱粮,及饷鞘银两,未经得财,为从者。

强盗例

＊【1740】一、强盗问拟发遣,其同居父兄、伯叔与弟,虽经得财而不知情者。

＊【1884】一、应拟发遣之强盗,其同居父兄、伯叔与弟,虽经得财而不知情者。

窃盗例

＊【1740】一、窃盗拟绞之同居父兄伯叔与弟,虽经得财而不知情者。

【1790】○删除

＊【1790】一、偷窃衙署服物,已行而未得财,为从者。

＊＊【1884】一、窃盗拟绞之同居父兄、伯叔与弟,虽经得财而不知情者。

＊＊【1884】一、回民结伙三人以上,徒手行窃,未得财者。

盗田野谷麦例

＊【1740】一、产矿、山场约练、勾引、接济,伙同分利者。

＊【1884】一、产矿山场山主,约练、勾引、接济,伙同分利者。

＊＊【1884】一、旗民偷刨人参,如身充财主,雇人刨採,及积年在外逗留,已过三冬,人数未及四十名,未得参,为从者。○并无财主,各出资本,及受雇偷采,或只身潜往,得参一十五两者。○二十两,为从,并私贩者。

＊＊【1884】一、私入木兰等处围场及南苑,盗砍木植,偷打牲畜,及刨挖鹿窖,未得者,如初犯,为从者。○再犯、三犯,及偷窃木植至五百斤以上、牲畜至十只以上案内之贩卖者。

＊＊【1884】一、盛京威远堡南至凤凰城边外山谷附近围场处所,拿获人犯,审无财主,各出本钱,并雇人偷伐木植,偷打鹿只,越度边关、隘口,为从,及贩卖,并偷窃未得者。

恐吓取财例

＊【1768】一、内外大小衙门蠹役,恐吓索诈贫民,计赃六两至十两,为从者。

＊【1884】○删除

＊＊【1884】一、广东省沿海地方,如有匪徒吓诈商民,若并无图记纸单,亦未伙众,仅凭口说,借端讹索,尚无凶恶情形,为从者。

＊＊【1884】一、广东、福建两省民人,用强掳捉,审因细故逞忿,并非图利勒赎,止于关禁,数日追服礼后,即行放回,为从者。

略人略卖人例

＊＊【1884】一、兴贩妇人、子女转卖与他人为妻妾、子孙,为从者。

＊＊【1884】一、奸夫诱拐奸妇之案,若系本夫并本夫、本妇之祖父母、父母纵容抑勒,与人通奸,致被拐逃者,奸妇及为从之犯。

＊＊【1884】一、将受寄他人十岁以下子女,并十一岁以上不知情之子女,卖为子孙,为从,并将十一岁以上子女和同卖为奴婢,为从,及知情故买者。○将十一岁以上子女和同卖为子孙,为首者。

发冢例

＊【1790】一、将尊长卑幼尸柩于他人田园、山场内盗葬,致被地主发掘弃毁者。○唆令之地师、讼师。

＊【1884】一、将尊长卑幼尸柩于他人田园山场内盗葬,被地主发掘等情者。○唆令盗葬之地师、讼师。

＊＊【1884】一、缌麻尊长盗卑幼未殡未埋尸柩,开棺见尸,为首者。

＊＊【1884】一、殴、故杀人案内,凶犯起意残毁死尸,及弃尸水中,听从抬弃,及埋尸灭迹,系在场帮殴有伤,律应满杖,听从抬埋,不失尸者。

＊＊【1884】一、盗未殡未埋尸柩,及发年久穿陷之冢,未开棺椁,为从者。

＊＊【1884】一、盗未殡未埋尸柩,锯缝凿孔为从,一、二次者。

杀死奸夫例

＊＊【1884】一、本夫、本妇有服亲属捉奸,杀死犯奸卑幼之案,如杀系登时,按其殴杀本罪在满徒以上者。

＊＊【1884】一、本夫捉奸杀死犯奸有服卑幼之案,如卑幼犯奸罪不至死,本夫捉奸已离奸所,非登时而杀,按殴杀卑幼本罪止应拟流者。

良贱相殴例

＊【1725】一、三次以上递回原籍之犯,在地方生事与人斗殴,致被殴毙下手者。

【1740】○删除

殴大功以下尊长例

＊＊【1884】一、有服亲属同谋共殴致死之案，其原谋系小功尊长。

殴期亲尊长例

＊【1768】一、伯、叔、姑、外祖父挟嫌故残侄、侄孙、外孙至笃疾者。

＊【1884】一、卑幼并无干犯，期亲伯叔、姑、外祖父母挟有嫌隙，非理毒殴，故残卑幼至笃疾者。

妻妾与夫亲属相殴例

＊＊【1884】一、妻之子殴伤生有子女之庶母者。

越诉例

＊【1740】一、因小事纠集多人，越墙进院，突入鼓厅，妄行击鼓谎告之余人。

＊【1884】一、经法司、督抚等衙门问断明白，意图翻异，辄于登闻鼓下，及长安左右门等处，自刎自缢，撒泼喧呼，或因小事纠集多人，越墙进院，突入鼓厅，妄行击鼓谎告之余人。○各省军民人等，赴京控诉事件，如有在刑部、都察院、步军统领各衙门前故自伤残者，主使教唆之人，与自伤未死之本犯。

教唆词讼例

＊【1768】一、藏匿讼师秘本旧板，如《惊天雷》《相角》《法家新书》《刑台秦镜》，一切构讼之书旧板，不行销毁者。

＊【1884】一、讼师秘本，一切构讼之书，藏匿旧板，不行销毁者。

官吏受财例

＊＊【1884】一、内外大小衙门蠹役，恐吓索诈贫民，计赃六两至十两，为从者。

＊＊【1884】一、官吏因事受财入己，审明不枉法及准枉法、不枉法论等赃，罪应满徒，二年限内全完者。

＊＊【1884】一、差役有因索诈不遂，将奉官传唤人犯，仅止私行羁押，并无拷打、凌虐情事，为从者。

诈为制书例

＊【1725】一、诈为六部各司、军卫各所文书，为从者。

＊【1725】一、诈为通政使司、大理寺、盐运司、部属各管军所衙门印信、文书，为从者。

伪造印信历日等例/伪造印信时宪书等例

*【1725】一、伪造关防印记,诓骗财物数多,造而未行者。○为数无多,为从及知情行用者。

【1740】○修改

【1740】一、伪造关防印记,诓骗财物数多,造而未行者。○为数无多,为从及知情行用者。○描摸印信行使,诓骗财物三十两者。

*【1884】一、伪造诸衙门印信,及钦给关防,止图诓骗财物,为数无多,造而未成者。○伪造关防印记,诓骗财物数多,造而未成者。○为数无多,为从及知情行用者。○描摸印信行使诓骗,计赃三十两者。

私铸铜钱例

*【1725】一、将银挖孔,倾入铜、铅等物,及用铜、铅等物领成锭锞,外用银皮包好并铜、铅等物,每两内搀实银二、三、四、五钱,伪造银使用,为从者。

*【1884】一、将银挖孔,倾入铜、铅等物,及用铜、铅等物领成锭锞,外用银皮包好并铜、铅等物,每两内搀实银二、三、四、五钱不等,伪造银使用,为从者。

*【1740】一、私铸之本犯问拟发遣,其同居之父兄、伯叔与弟,虽经分利而实系并不知情者。

* *【1884】一、私铸铜钱不及十千案内,受雇挑水、打炭,及停工散局之后,贪其价贱,偶为买使者。

* *【1884】一、私铸铅钱未成,为从者。

诈教诱人犯法例

* *【1884】一、地方官有被参革治罪之案,严究幕友、长随、书役等,但倚官滋事,怂令妄为,累及本官,罪应徒二年者。

买良为娼例

*【1740】一、私买良家之女为娼者,媒合人。

*【1884】○删除

赌博例

* *【1884】一、无赖匪徒,串党驾船,设局揽载客商,勾诱赌博,折没货物,措留行李,其船户知情分赃,初犯者。

放火故烧人房屋例

* *【1884】一、图财挟仇故烧空地闲房,及场园堆积柴草等物,当被救熄,尚未

烧毁从者。○如烧毁孤村旷野内并,不毗连民居闲房,及田场积聚之物,为从者。○当被救熄,尚未烧毁,为首者。

徒流人逃例

*【1768】一、徒犯中途脱逃,原犯徒二年者。

*【1884】一、徒犯中途脱逃,本罪系徒二年者。

主守不觉失囚例

**【1884】一、押解遣犯,中途脱逃,系免死减等,盗犯如有违例,雇替托故潜回,或在途开放锁镣,图便行走,并无故纵情弊,案内其余兵役及代替之人百日限内,拿获者。○依法管解,偶致疏脱之兵役,一年限内捕得者。

检验尸伤不以实例

*【1725】一、刁悍之徒借命打抢,为从者。

工　例

擅造作例

*【1768】一、工程核减,本身无力完交请豁,如未完之数至九分者。

*【1884】一、工程核减,本身无力完交,数在千两以上,如未完之数至九分者。

徒 三 年

名例律

犯罪自首律

*【1725】逃叛虽不自首,还归本所者。

吏 律

官员袭荫律

*【1725】官员袭荫,若庶出,子孙及弟侄不依次序越袭荫者。〇他人教令者。〇当该官司知而听行者。

事应奏不奏律

*【1725】奏事及当该官吏增减关节,朦胧奏准,未施行者。〇上司一二品官处将不合行事务妄作禀准,及朦胧禀说,施行者。

户 律

收留迷失子女律

*【1725】收留良家迷失子女,不送官司而卖为奴婢者。〇自收留为奴婢者。〇冒认良人为奴婢者。

盗卖田宅律

*【1725】将互争不明及他人田产妄作己业,朦胧投献官豪势要之人,与者、受者。

娶亲属妻妾律

*【1725】收伯叔及兄弟之妾者。

出妻律

*【1725】妾背夫在逃,因而改嫁者。〇窝主及知情娶者。

隐瞒入官家产律

*【1725】抄没人口财产律不该载者,不在入官之限。违而抄没尚未入官者。

盐法律

*【1725】犯私盐者。

*【1725】盐场灶丁人等,夹带余盐出场,及私煎盐货卖者。○总催知情故纵,及通同货卖者。

*【1725】买食私盐因而货卖者。

*【1725】巡获私盐,有司官吏通同脱放者。

*【1725】守御官司及有司、巡检司设法差人巡禁私盐,若知情故纵及容令军兵随同贩卖者。○巡获私盐入已不解官者。

*【1725】起运官盐但有夹带余盐者。

*【1725】客商贩卖官盐,不许盐引相离,违者。○若将旧引影射盐货者。

*【1725】起运官盐,并灶户运盐上仓,将带军器,及不用官船起运者。

*【1740】管理盐务及有巡察私盐之责,文武各衙门设法人巡禁私盐。若知情故纵及容令军兵随同贩卖者。○巡获私盐入已不解官者。

监临势要中盐律

*【1725】监临官吏诡名及权势之人中纳钱粮,请买盐引勘合,侵夺民利者。

私茶律

*【1725】犯私茶者。○将已批验截角,退引入山,影射照茶者。

私矾律

*【1725】私煎矾货卖者。

礼　律

毁大祀丘坛律

*【1725】弃毁大祀神御之物者。○中祀,有犯者,罪同。

乘舆服御物律

*【1725】主守之人将乘舆服御物私自借用,或转借与人及借之者。○弃毁者。

服舍违式律

*【1725】官民僭用违禁龙凤纹者。

兵 律

越城律

*【1725】越京城而未过者。

漏泄军情大事律

*【1725】边将报到军情重事而漏泄,为首者。○私开官司文书看视,事干军情重事,为首者。

从征守御官军逃律

*【1725】官军从军征讨私逃还家,及逊徃他所再犯,并在京在外军人在逃三犯,限外自首者。

私越冒度关津律

*【1725】越度缘边关塞者。○守把之人知而故纵者。

诈冒给路引律

*【1725】不立文案,空押路引,私填与人者。
【1740】○修改
【1740】应给路引衙门,不立文案,空压私填与人者。

递送逃军妻女出城律

*【1725】各处守御及屯田官军递送逃军妻女出城者。○逃军买求者。○守门之人知情故纵者。

邀取实封公文律

*【1725】邀取实封部院公文者。

刑 律

谋叛律

*【1725】谋叛未行,知而不首者。

造妖书妖言律

*【1725】私有妖书隐藏不送官者。

盗大祀神御物律

*【1725】盗大祀未进神御,及营造未成并已祭讫之祭器、品物,及其余官物者。

盗城门钥律

*【1725】盗府、州、县、镇城关门钥者。

盗园陵树木律

*【1725】盗园陵内树木者。

监守自盗仓库钱粮律

*【1725】监守自盗仓库钱粮等物至一十七两五钱者。

常人盗仓库钱粮律

*【1725】常人盗仓库钱粮等物至四十两者。

劫囚律

*【1725】私窃放死囚逃走,为从者。○官司差人追征钱粮,勾摄公事,及捕获罪人,聚众中途打夺,为从者。

白昼抢夺律

*【1725】白昼抢夺人财物,为首者。

窃盗律

*【1725】窃盗及掏摸得财九十两,为首者。○一百两至一百二十两,为从者。

盗马牛畜产律

*【1725】盗官私马牛而杀者。

略人略卖人律

*【1725】设方略诱取良人,及略卖良人为妻妾子孙造意者。○假以乞养过房为名,买良家子女,转卖为妻妾子孙造意者。○和诱及相卖良人为奴婢者。○略卖他人奴婢为奴婢者。○窝主及买主知情者。

发冢律

*【1725】发掘他人坟冢,见棺椁为从,及未至棺椁为首者。○卑幼发尊长坟冢,见棺椁为从,及未至棺椁,为首者。○尊长发缌麻卑幼坟冢,开棺椁见尸者。○残毁他人死尸,及弃尸水中,为从者。○弃他人尸而不失,及毁而髡发,若伤,为首者。○弃尊长尸而不失,及毁而髡发,若伤,为从者。○毁弃缌麻卑幼死尸者。○于他人坟墓熏狐狸,因而烧尸,为首者。○烧缌麻以上尊长尸,为从者。○子孙于祖父母、父母及奴婢、雇工人于家长坟墓熏狐狸,烧棺椁,为首者。

【1740】○修改

【1740】发掘他人坟冢,见棺椁为从,及未至棺椁为首者。○卑幼发尊长坟冢,见棺椁为从,及未至棺椁,为首者。○尊长发缌麻卑幼坟冢,开棺椁见尸者。○残毁他人死尸,及弃尸水中,为从者。○弃他人尸而不失,及毁而髡发,若伤,为从者。○弃尊长尸而不失,及毁而髡发,若伤,为从者。○毁弃缌麻卑幼死尸者。○于他人坟墓熏狐狸,因而烧尸,为首者。○烧缌麻以上尊长尸,为从者。○子孙于祖父母、父母及奴婢、雇工人于家长坟墓熏狐狸,烧棺椁,为首者。

夜无故入人家律

*【1725】夜无故入人家,已就拘执而擅杀伤致死者。

谋杀人律

*【1725】谋杀人,伤而不死,从而不加功者。○谋而已行,未曾伤人,为首者。○未曾伤人,造意身虽不行者。○谋杀人,从而不行者。

谋杀制使及本管长官律

*【1725】奉制命出使,所在官吏谋杀,及部民谋杀本属府、州、县,军士谋杀本管官,吏卒谋杀本部五品以上长官,已行未伤,为从者。

谋杀祖父母父母律

*【1725】卑幼谋杀缌麻以上尊长,及奴婢、雇工人谋杀家长之缌麻以上亲,已行,为从者。○已伤,为从不加功者。

采生折割人律

＊【1725】采生折割人，若已行而未伤人，为从不加功者。

造畜蛊毒杀人律

＊【1725】造魇魅符书咒诅，欲以杀人者。○用毒药杀人，买而未用者。○知情卖药者。

屏去人服食律

＊【1725】以他物置人耳鼻及孔窍中，若故屏去人服食致成残废疾者。

杀子孙及奴婢图赖人律

＊【1725】子孙将已死祖父母、父母、奴婢、雇工人将家长身尸图赖人者。

窝弓杀伤人律

＊【1725】打捕户于深山旷野猛兽往来去处，穿作坑阱，及安置窝弓，不立望竿，及抹眉小索，因而伤人致死者。

威逼人致死律

＊【1725】卑幼威逼小功尊长致死者。

尊长为人杀私和律

＊【1725】祖父母、父母及夫，若家长为人杀，而子孙、妻妾、奴婢、雇工人私和者。

斗殴律

＊【1725】殴人折跌肢体，及瞎一目者。

宫内忿争律

＊【1725】宫内殴人折肋，眇两目及刃伤者。

皇家袒免以上亲被殴律/宗室觉罗以上亲被殴律

＊【1725】皇家袒免亲而殴之折肋，眇两目，堕胎及刃伤者。○小功亲而殴伤者。○期亲而殴之者。

【1768】○修改

【1768】宗室觉罗亲而殴之折肋，眇两目，堕胎及刃伤者。○小功亲而殴伤者。

〇期亲而殴之者。

殴制使及本管长官律

*【1725】奉制命出使而官吏殴之,及部民殴本属府、州、县军士殴本管官吏卒殴本部五品以上长官者。〇军民吏卒殴五品以上佐贰官伤者。〇殴首领官折伤者。〇流外官及军民吏卒殴非本管三品以上官,及公使人殴三品以上有司官伤者。〇殴九品以上官折肋,眇两目及刃伤者。

九品以上官殴长官律

*【1725】流内九品以上官殴非本管五品以上,及五品以上殴非本管三品以上官折肋,眇两目及刃伤者。

殴受业师律

*【1725】殴受业师折肋,眇两目及刃伤者。

威力制缚人律

*【1725】威力拷打人、折肋,眇两目,堕胎及刃伤,为首者。

良贱相殴律

*【1725】良人殴他人奴婢至笃疾者。〇殴缌麻小功、大功亲奴婢至死者。〇殴缌麻、小功亲雇工人至笃疾者。

奴婢殴家长律

*【1725】奴婢过失杀家长之期亲,及外祖父母者。〇殴家长缌麻亲折肋,眇两目,堕胎及刃伤者。〇殴家长大功亲折二齿二指以上及髡发者。〇雇工人殴家长及家长期亲,若外祖父母者。〇过失杀者。〇殴家长大功亲折肋,眇两目,堕胎及刃伤者。〇家长及家长之期亲、外祖父母殴雇工人因而致死者。

妻妾殴夫律

*【1725】妾殴夫及正妻,折二齿二指以上及髡发者。〇夫殴妾至死者。〇殴妻之父母,折肋,眇两目,堕胎及刃伤者。

同姓亲属相殴律

*【1725】服尽尊长殴卑幼至笃疾者。

殴大功以下尊长律

*【1725】卑幼殴本宗及外姻小功兄姊并缌麻尊属折肋，眇两目。堕胎及刃伤者。〇殴本宗大功尊属，折二齿二指以上及髡发者。〇本宗及外姻尊长殴缌麻卑幼至笃疾者。

殴期亲尊长律

*【1725】弟妹殴亲兄姊伤者。〇侄殴伯叔父母、姑，及外孙殴外祖父母者。〇弟妹过失杀亲兄姊，若侄过失杀伯叔、父母、姑，及外孙过失杀外祖父母者。〇期亲兄姊殴杀弟妹，及伯叔姑殴杀侄与侄孙，外祖父母殴杀外孙者。

殴祖父母父母律

*【1725】子孙过失伤祖父母、父母，及妻妾过失伤夫之祖父母、父母者。〇祖父母、父母非理殴子孙之妇，及乞养异姓子孙至死者。

妻妾与夫亲属相殴律

*【1725】妻妾殴夫伯叔、父母、姑，及外祖父母者。〇殴期亲兄姊伤者。〇妻殴夫缌麻卑幼至笃疾者。〇期亲以下尊长殴卑幼之妇至笃疾者。

殴妻前夫之子律

*【1725】殴同居继父折肋，眇两目及刃伤者。

告状不受理律

*【1725】告谋反叛逆，官司即受理掩捕者。

诬告律

*【1725】诬告人罪徒一年半，加所诬罪三等者。〇各衙门官进呈实封诬告人，及风宪官挟私弹事不实，若诬重反坐，及全诬加罪不及徒三年之轻者。

干名犯义律

*【1725】子孙告祖父母、父母，妻妾告夫及告夫之祖父母、父母得实者。〇奴婢告家长者。〇雇工人诬告家长者。

*【1884】子孙告祖父母、父母，妻妾告夫及告夫之祖父母、父母得实者。〇奴婢告家长者。

官吏受财律

＊【1725】官吏受财,有禄人枉法,赃至四十两者。○不枉法,赃至九十两者。○无禄人枉法,赃至四十五两者。○不枉法,赃至一百两者。

【1768】○修改

【1768】官吏受财,有禄人枉法,赃至四十两者。○不枉法,赃至九十两者,○无禄人枉法,赃至四十五两、五十两、五十五两者。○不枉法,赃至一百两、一百一十两、一百二十两者。

坐赃致罪律

＊【1725】官吏人等,非因事受财至五百两者。

诈为制书律

＊【1725】诈为部院、将军、督抚、提镇等衙门文书,套画押字,盗用印信,及空纸用印,未施行,为从者。○诈为其余衙门印信文书,已施行,为首者。○诈为察院、布、按、府、州、县印信文书,已施行,为从及未施行,为首者。○当该官司知而听行者。

诈传诏旨律

＊【1725】诈传一、二品衙门官言语分付公事,有所规避,为首者。○当该官司知而听行者。

诈不以实律

＊【1725】对制及奏事上书,诈不以实者,对制上书。

伪造印信历日等律/伪造印信时宪书等律

＊【1725】伪造关防印记,为首者。○伪造诸衙门印信及历日、符验、茶盐引未成,为从者。○当该官司知而听行者。

私铸铜钱律

＊【1725】伪造金银,为首者。

诈假官律

＊【1725】无官诈称有官有所求为,或诈称官差捕人,及诈冒官员姓名,为首者。○当该官司知而听行者。

诈称内使等官律

＊【1725】诈称使臣乘驿为从者。○驿官知而应付者。

诈病死伤避事律

＊【1725】犯罪待对诈死者。○当该官司知而听行者。

犯奸律

＊【1725】私和强奸者。

亲属相奸律

＊【1725】奸内外缌麻以上亲,及缌麻以上亲之妻,若妻前夫之女,及同母异父姊妹者,奸夫、奸妇。

奴及雇工人奸家长妻律

＊【1725】奴及雇工人奸家长期亲之妾者,奸妇。○奸家长缌麻以上亲之妾者。奸夫、奸妇。

奸部民妻女律

＊【1725】军民官吏奸囚妇者。

放火故烧人房屋律

＊【1725】放火延烧官民房屋及积聚之物者。

辩明冤枉律

＊【1725】内外问刑衙门,事无冤枉,朦胧辩明者。○所辩之人,知情者。

决罚不如法律

＊【1725】监临官因公事于人虚怯去处,非法殴打至死者。

妇人犯罪律

＊【1725】妇人怀孕犯罪,若未产拷决致死者。

【1768】○修改

【1768】妇人怀孕犯罪,若未产拷决因而致死者。

工　律

织造违禁龙凤文缎匹律

＊＊【1884】民间织造违禁龙凤文纻丝、纱罗货卖而僭用者。

盗决河防律

＊【1725】故决河防者。

名例例

流囚家属例

＊＊【1884】一、赏旗为奴人犯之子孙,原不在佥遣之内,准其回归,本犯之主,倘有刁留计陷,不得回归者。

当赦所不原例

＊＊【1884】一、在京在外已徒而又犯徒,律应总徒,及原犯总徒四年,遇例减等者。○诬告平人死罪未决,罪应满流,加徒役三年,如徒役未满,遇赦减为总徒四年,若再遇赦减等者。○已到流配所,加徒役已满,遇赦减等者。

犯罪存留养亲例

＊【1725】一、弟杀胞兄出结之十家长、邻族,捏称家无承祀,并隐讳别情,以图开脱该犯者。

【1740】○修改

【1740】一、弟杀胞兄出结之邻保、族长,捏称家无承祀,并隐讳别情,以图开脱该犯者。

【1768】○删除

＊【1725】一、军、流、徒犯及免死流犯,告称祖父母、父母老疾,家无以次成丁,其乡约、地方总甲、十家长、两邻受财出结者。

＊【1884】○删除

＊＊【1884】一、斗杀等案及殴妻致死之犯,查明取结,留养承祀,若邻保、族长等假捏出结者。

徒流人又犯罪例

＊【1725】一、在京在外已徒而又犯徒,拟罪总徒四年,遇例减等者。○诬告平人

死罪未决,罪应满流,于配所加役三年,遇例减为总徒四年,若再遇例减等者。

【1768】〇修改

【1768】一、在京在外已徒而又犯徒,拟罪总徒四年,遇例减等者。〇诬告平人死罪未决,罪应满流,于配所加役三年,遇例减为总徒四年,若再遇赦减等者。赦减为总徒四年,再遇赦减等者。

*【1884】〇移出

犯罪事发在逃例

*【1725】一、负罪潜逃之犯被获,犯该徒一年半者。

*【1884】〇删除

* *【1884】一、内外文武职官,无故私自逃走,一年限内自行投回者,枷号两个月。

徒流迁徙地方例

* *【1884】一、发往军台效力废员,文职佐杂、武职守备以下,期满不能完缴台费者。

吏　例

举用有过官吏例

*【1725】一、部院衙门书办更名重役者。

【1790】〇删除

*【1725】一、各衙门书役年满不退者。

【1790】〇删除

*【1740】一、衙役犯侵盗钱粮婪赃等罪过,赦豁免后复入原衙门及别衙门应役者。

户　例

人户以籍为定例

* *【1884】一、旗下奴仆有投充之本身,私自为民,别经发觉,将同族良民诬指为同祖,希图陷害,或本主因家奴之同族少有产业,诬告投充之子孙者。

立嫡子违法例

*【1790】一、旗人虽无世职,而诈冒抱养民间子弟、户下家奴子孙为嗣,紊乱旗

籍者,将抱养、继立之旗人,及以子与人为嗣之人,并知情之义子。

＊【1884】一、旗人虽无世职,而诈冒抱养民间子弟、户下家奴子孙为嗣,紊乱旗籍者,将朦混抱养、继立之旗人,及以子与人为嗣之人,并知情之义子。

盗卖田宅例

＊＊【1884】一、近边军民人等,将应禁林木砍伐,未得者。

＊＊【1884】一、将公共山场一家私召异籍之人搭棚开垦,不及五十亩者。○承租,为从者。

典买田宅例

＊【1740】一、八旗人员置买产业于各省及私相授受者。

＊【1884】一、八旗人员置买产业,于各省查禁以后仍有违禁置产及私相授受者。

男女婚姻例

＊【1740】一、女家悔盟另许经断妇前夫,而女家与后夫夺回者。

＊【1884】一、女家悔盟另许,告官断妇前夫,而女家与后夫夺回者。

居丧嫁娶例

＊＊【1884】一、孀妇自愿守志,母家、夫家期亲卑幼抢夺强嫁,以致被污者。○祖父母、父母,夫之祖父母、父母,抢夺强嫁,孀妇不甘失节,因而自尽者,不论已未被污。○期、功、缌麻尊属尊长,及功、缌卑幼,抢夺强嫁,致妇自尽案内,娶主知情同抢者。

尊卑为婚例

＊【1725】一、前夫子女与后夫子女苟合成婚者。

强占良家妻女例

＊【1768】一、抢夺良家妻女,中途夺回,尚未奸污,助势济恶之徒犯。

＊【1884】○删除

＊＊【1884】一、谋占资财,贪图聘礼,期、功、缌麻尊属尊长,强卖卑幼未成婚者。○或卑幼图财强卖尊属尊长未成,尊属尊长图财强卖卑幼,正犯罪应军流各案内之娶主知情同抢,及用财谋买者。

＊＊【1884】一、聚众伙谋抢夺犯奸妇女已成,同谋未经同抢之犯。○图抢未成,为从帮抢者。

＊＊【1884】一、聚众伙谋抢夺兴贩妇女未成,同谋未经同抢之犯。○并非聚众,

抢夺已成,为从者。○图抢未成,为首者。

钱法例

＊【1740】一、开采铜、铅之处,衙役恣意搅扰,致人裹足,为从者。

收粮违限例

＊【1725】一、运弁、旗丁挂欠粮米,至二分不完者。

【1740】○修改

【1740】一、运弁、旗丁挂欠粮米,至三分不完者。

多收税粮斛面例

＊＊【1884】一、各仓已革花户,并箭头、夫役,及不应入仓人等,在现充花户身后,影射把持,勒索得赃一两至五两,为首者,并现充花户,有心容隐,朋比为奸者。○如勒索得赃六两至十两并十两以上,为从者。

虚出通关朱抄例

＊【1725】一、州县亏空系侵欺之项,本犯拟定死罪,能于限内全完者。

【1768】○删除

挪移出纳例

＊【1725】一、挪移库银至二万两以上,拟斩能于二限内追完者。

＊【1884】一、挪移库银五千两以上至一万两拟流,并一万两以上至二万两拟军,能于三限内追完者。○二万两以上拟斩,能于二限内追完者。

＊＊【1884】一、徇隐州县侵欺钱粮,革职代赔之知府,未完之数至十分者。

钱粮互相觉察例

＊【1725】一、州县总吏承顺本官,或巧计欺瞒,挪移钱粮,数止千百两,本官总徒四年者。

【1740】○删除

收支留难例

＊【1725】一、坐粮厅及各仓书役人等,向运官、运丁勒索银一两以上者。

【1740】○修改

【1740】一、坐粮厅及各仓书役,向运官、运丁指称掣批等项名色,勒索一两以上者。

＊【1884】一、坐粮厅及各仓书役人等,向运官、运丁指称掣批等项名色勒索,并向关米之人勒索,得财六两至十两者。○关米人等私给钱者。○勒索至十两以上,为从者。

＊＊【1884】一、钱粮物料解部,书役人等指称估验、掣批等项名色,包揽索诈六两至十两者。○解官嘱托行贿,听其包揽者。○索诈十两以上,为从者。

转解官物例

＊【1768】一、粮船丁舵搀和白土者。

＊【1884】一、蓟运回空丁舵刨取白土装带,及沿途市买白土已经搀和者。

＊＊【1884】一、运粮旗丁因正项亏短,但经买米回漕计数,不及六十石者。○卖米之人。

隐瞒入官家产例

＊【1740】一、隐匿侵盗案内之家产五百两至一千两者。

盐法例

＊【1725】一、兵民聚众兴贩私盐,不带军器,不曾拒捕,不分十人上下者。

【1740】○删除

＊【1725】一、回空粮船夹带私盐,闯闸闯关,随同之旗丁头舵,各枷号一个月。○窝藏寄顿者。

【1740】○修改

【1740】一、回空粮船夹带私盐,闯闸闯关,随同之旗丁、头舵,各枷号一个月。○卖私之人及灶丁窝藏寄顿者。

＊【1884】一、回空粮船,虽无夹带私盐,但闯闸闯关者,随同之旗丁、头舵,枷号一个月。○窃藏寄顿者。

＊【1725】一、贩私徒犯在配所逃走被获,原犯徒一年半者。

【1740】○删除

＊【1725】一、盐商欠课至十分者。

【1740】○删除

＊【1740】一、聚众十人以下兴贩私盐,不论有无军器拒捕伤一二人,其不曾下手者。○其不带军器,不曾拒捕,不分十人上下,杖一百。○十人以下,虽有军器,不曾拒捕,为从者。

＊【1884】一、兵民聚众十人以下,带有军器,兴贩私盐,并回空粮船,如有夹带私盐闯闸闯关,不服盘查,拒捕伤一人案内,不曾下手者。○拒捕不伤人,为从者。○不带军器,不曾拒捕,不分十人上下。○若带有军器,不曾拒捕,为从者。

* *【1884】一、盐船在大江失风失水者,查明准其装盐复运,倘有假捏情弊者。

私茶例

*【1740】一、茶商赴楚买茶,不依所定斤数,多带私茶者。

* *【1884】一、在西宁、甘肃等处贩卖私茶,不及一百斤者,枷号两个月。

人户亏兑课程例

*【1740】一、盐商欠课至十分者。

*【1884】一、各商应完盐课,欠十分者。

市司评物价例

* *【1884】一、京城粗米,如有违例私运出城,六十石以上者。〇各门官弁、兵丁知情故纵者。

把持行市例

*【1740】一、甘肃、西宁等处,遇有番夷到来势豪之家主使逼令减价,以贱易贵,及取觅用钱方许买卖者,听使之人。

礼　例

亵渎神明例

*【1790】一、僧道、军民人等,于寺、观、庵、院、神庙刁奸妇女,而又诓骗财物,为首者。

服舍违式例

*【1725】一、官吏军民服饰僭用黄紫蟒龙、飞鱼、斗牛,器皿僭用朱、红、黄颜色,及亲王法物者。

*【1884】一、官吏军民人等服饰僭用黄紫色,及蟒龙、飞鱼、斗牛,器皿僭用朱、红、黄颜色,及亲王法物者。

兵　例

漏泄军情大事例

*【1725】一、提塘及衙役人等,将密封重事漏泄,为首者。

*【1884】一、提塘及衙役人等,将密封重事,私自窃视,以致漏泄,为首者。

＊【1725】一、非密封事件,提塘与各衙门书办勾通,本章一到,即抄刻图利,事重为首者。

纵军掳掠例

＊＊【1884】一、出征官兵并跟役等,凯撤回营,沿途携带逃失良民子女者。○如携带例应缘坐逆犯家属,讯不知情,及携带不应缘坐之逆犯家属者。○领兵之该管官跟役之家长,知情故纵者。

私卖军器例

＊【1768】一、军人、军官私当关给衣甲、旗帜、应禁军器者。

私藏应禁军器例

＊【1740】一、内地私贩硫黄五十斤,焰硝一百斤以上者。○窝藏囤贩及知情卖与私贩者。○挑夫、船户知情分赃者。

从征守御官军逃例

＊【1740】一、随征兵丁之所雇民人不曾偷盗马匹、器械逃回者。

【1790】○删除

＊【1740】一、广东省盗贼投抚分发入伍壮丁,原犯在徒罪以下,初犯脱逃者。

【1790】○删除

＊【1768】一、广东盗贼投抚分发入伍壮丁,原犯军、流以上,初犯脱逃,邻族、保甲知情容隐者。

【1790】○删除

＊＊【1884】一、随征兵丁在途患病,及打仗受伤,或迷失路径,与落后有因,查非有心脱逃,在军务未竣以前被获者。○军务告成之后投首者。

私越冒度关津例

＊【1725】一、民人无故擅入苗地者。○苗人擅入民地者。

【1768】○删除

私出外境及违禁下海例

＊【1725】一、商、渔船内夹带违禁等物,接济外洋,造船时原保结之澳甲、户族、里长、邻佑。

＊【1884】一、商渔船内夹带违禁硝磺等物,接济外洋造船时,原保结之澳甲户族里长、邻佑。

＊【1740】一、民人于台湾近番处所偷越深山、抽藤吊鹿、伐木采棕等项。

＊【1884】一、民人如近番处所偷越深山，抽藤钓鹿、伐木采棕者。

＊【1740】一、奸民图利将废铁铁货潜出边境，及海洋货卖一百斤以下者。

＊【1884】○删除

＊【1740】一、奸徒止将米谷偷运出口图利，并无接济奸匪情弊，米过一百石之为从，及知情不首之船户。

＊【1884】一、奸徒将米、谷、豆、麦、杂粮偷运外洋，止图渔利，并无接济奸匪情弊，米在一百石以下，为首者。○米过一百石之为从，及知情不首之船户。

＊【1740】一、兴贩鸦片烟及私开鸦片烟馆之船户、地保、邻佑人等。

＊【1884】一、与贩鸦片烟，为从者。○私开鸦片烟馆之船户、地保、邻佑人等。○军民人等，买食鸦片烟，不将贩卖之人指出者。

＊【1740】一、闽省不法棍徒充作客头，在沿海地方引诱偷渡之人，包揽过台，索取银两为从者。澳甲、地保、船户、舵工人等，知而不举者。○中途有谋害事情，虽未同谋下手，但同船知情不首告者。

【1790】○修改

【1790】一、闽省不法棍徒充作客头，在沿海地方引诱偷渡之人，包揽过台，索取银两，用小船载出澳口，复上大船，为从，及澳甲、地保、舵工人等知而不举者。○搭载大船及雇倩小船各船户，为从者。○中途有谋害事情，虽未同谋下手，但同船知情，不首告者。

＊【1884】一、闽省棍徒充作客头，在沿海地方引诱偷渡之人，包揽过台，索取银两，用小船载出复上大船为从，及澳甲、地保、舵工人等，知而不举者。○遇有揽载偷渡将为从之搭载大船，及雇倩小船各船户。○中途有谋害情事，虽未同谋下手，但同船知情不首告者。

＊【1740】一、洋船回时有照外多载或顶充偷渡，及潜匿不回等弊，出结之族邻行保。

＊【1768】一、商人在沿海递运铁斤交卖商鱼船出洋者。

＊【1884】○删除

＊【1768】一、奉天锦、复、雄、盖四城，拿获无票船只，私渡民人者，船户、民人。

＊【1768】一、商民出洋将红、黄铜器、铜斤私贩各洋货卖图利，一百斤以下之，为首者。○一百斤以上之从犯及船户。

＊【1884】一、沿海地方商民，图利将铁斤、废铁、铁货并红、黄铜器、铜斤私贩递运海洋，交卖商渔船只，一百斤以下者。○一百斤以上，为从者。○若将前项铜铁等货，卖与外国及海边贼寇者，船户、挑夫。

＊【1768】一、丝斤出洋过百斤为从，及船户知情不首者，不及百斤为首者。

＊【1884】一、丝斤出洋，不及百斤，为首者。○过百斤为从，及船户知情，不首者。

＊【1768】一、租赁船只出洋，为匪之案犯，该流罪以上者，船主虽不知情。

＊【1790】一、偷渡过台客民,尚在陆路客店道路,未登舟以前,客头、船户。

＊＊【1884】一、沿海船只在朝鲜国境界渔采,及私行越江,被朝鲜国人捕送,为从者。

＊＊【1884】一、商民等偷越番地深山伐木等项者。

＊＊【1884】一、近边州县内地商民,因打造农具,买运钢铁出口,一百斤以内,令该商民呈明地方官,填给印照,守口员弁查验放行,如有额外携带,及无照夹带不成器皿之铁,并非递运海洋,亦非卖与商渔船只,至一百斤以外者。

＊＊【1884】一、黄金、白银违例出洋,如白银数在一百两以下者。○数在一百两以上为从,及知情不首之船户。

＊＊【1884】一、内地奸民人等有栽种罂粟花、葵花及买土煎熬鸦片烟售卖,其知情租给田地房屋之业主,及知情受雇容留之船户,在半年以内者。

＊＊【1884】一、栽种罂粟等花,尚未收浆熬烟,及收卖鸦片烟土,尚未熬烟售卖者。

＊＊【1884】一、内地奸民有摹造洋板,销化白银,仿铸洋钱一百元以下者。○一百元以上,为从者。

＊＊【1884】一、台湾地方拿获番割,凡止擅娶生番妇女,并无散发改装情事者。

牧养畜产不如法例

＊【1790】一、分起解送军营马匹之文武各员,每百匹倒毙至五十匹以上者。

＊【1884】一、分起解送军营马匹之文武各员,及总理督解之员,每百匹倒毙至五十匹以上者。

宰杀马牛例

＊【1725】一、盗牛五只以上,及窝家知情分赃者,俱枷号四十日。○窝藏窃牛之犯至三人,牛至五双者。

【1740】○删除

＊＊【1884】一、开设汤锅,宰杀堪用马至三十匹,牙行及卖马之人知情者。

多乘驿马例

＊【1740】一、各衙门乡亲往来,并书吏人等,滥捉民船,辄用旗枪、灯笼,假借本管官官衔者。

刑　例

谋叛例

＊【1768】一、闽省民人结会树党阴作记认,鱼肉乡民,凌弱暴寡,为从者。

*【1884】○修并

*【1790】一、异姓人无歃血盟誓、焚表情事,止序齿结拜弟兄,聚众数在四十人以下二十人以上,为从者。

*【1884】一、异姓人无歃血盟誓、焚表情事,止序齿结拜弟兄,聚众四十人以下二十人以上,为从者。○如为从各犯罪应军、流,审系被胁勉从者。○至结会树党,阴作记认,鱼肉乡民,凌弱暴寡,为从者。

造妖书妖言例

*【1725】一、淫词小说市卖者。

*【1884】一、市卖淫词小说者。

盗园陵树木例

* *【1884】一、奸徒知情私买子孙,盗卖坟树二十一株以上者。○知情私买他人,盗卖坟树犯,至三次已伐为从并未伐,为首者。一、盗砍官树开山采石掘地成壕,开窑烧造放火烧山,在红桩以外白椿以内,为从者。○如在白椿以外,青椿以内,为首者。○弁兵受贿故纵,或未经得贿潜通信息,致犯逃避者。

* *【1884】一、子孙将祖父坟茔前列成行树木,及坟旁散树高大株颗,私自砍卖十一株至二十株者。○看坟人等,及奴仆盗卖者。

* *【1884】一、盗砍他人坟树在六次以下三次以上,树数在三十株以下,十株以上者。

* *【1884】一、私入红桩火道以内,偷打牲畜,为从者,枷号一个月。○其因起意在内偷牲遗失火种,以致延烧草木,为从者,枷号一个月。

* *【1884】一、旗民人等在红桩以内偷挖人参十两以下,及在白椿以内偷挖人参十两以下,为从者。○二十两以上至士两以下,案内之知情贩卖者。

监守自盗仓库钱粮例

*【1725】一、犯死罪之侵那等赃,一年限内全完者。

【1790】○删除

* *【1884】一、监守盗仓库钱粮入已,数在一百两以上至一千两,问拟流罪,二年限内全完者。○一千两以上问拟斩候,一年限内全完者。

常人盗仓库钱粮例

*【1768】一、窃盗仓库钱粮,未经得财,为首者。

*【1884】一、窃盗仓库钱粮及饷鞘银两,未经得财,为首者。

* *【1884】一、京城守城兵丁由城上钓搧,偷窃仓米,未经得赃,为从者。○常

人串通兵丁偷窃者。

强盗例

*【1740】一、奉差缉贼,审非本案正盗,若其人素行不端,或经犯窃有案者,将捕役人等照诬良为盗例,减一等。

【1790】○删除

*【1740】一、奸豪凭空捏报盗劫,陷害平人,讹诈印、捕官役,甲长、邻佑扶同者。

*【1740】一、强盗例拟发遣,其同居父兄、伯叔与弟有知情而又分赃者。○强盗问拟斩决,其同居父兄、伯叔与弟,虽经得财而不知情者。

*【1884】一、应拟发遣之强盗同居父兄、伯叔与弟,知情而又分赃者○强盗应拟斩决,其同居父兄、伯叔与弟,虽经得财,而实系不知情者。

*【1790】一、官员抑勒讳盗,苦累事主刑伤至废疾者。

*【1790】一、盗首伤人逃逸后,能捕获他盗解官投首者,照伤人盗犯自首拟军例,减一等。

*【1884】一、盗守伤人逃逸后,能捕获他盗解官投首者。

*【1790】一、未伤人之伙盗,行劫仅止一次,闻拿投首者。

* *【1884】一、洋盗案内,如系被胁在船服役,或事后被诱上船,及被胁鸡奸,并未随行上盗被拿获者。

* *【1884】一、用药迷人甫经学习合药,即行败露,或被迷之人当时知觉,未经受累案内之随行为从者。

* *【1884】一、窃盗临时盗所拒捕,或虽离盗所而护赃格斗,伤非金刃,伤轻平复,及拒捕未经成伤,为从者。

* *【1884】一、恭遇御驾驻跸圆明园,及巡幸之处,若有匪徒偷窃附近仓廒官廨,拒伤官弁、兵丁,相距宫墙在一里以外三里以内,伤非金刃,伤轻平复,为从者。

劫囚例

* *【1884】一、官司差人捕获罪人,如有尊长率领卑幼,家长率领奴仆、雇工,殴差夺犯,并杀死差役。

* *【1884】一、命及非一家二命以上,案内随从之卑幼、奴仆、雇工在场助势,并未伤人者。

* *【1884】一、官司差人捕获罪人,有仅止一二人,中途打夺,无论有无伤差,为从者。

白昼抢夺例

*【1725】一、黔、楚两省相接红苗,彼此仇忿,聚众抢夺者。

＊【1884】○删除

＊【1725】一、粮船水手伙众十人以下,又无器械抢夺者。

＊【1740】一、抢夺伤人,若伤非金刃又伤轻平复为从,及自首者。

＊【1884】一、抢夺伤人,伤非金刃,伤轻平复,及拒捕未经成伤,为从者。

＊【1740】一、出哨兵弁遇商船失风被溺,商民俱已救援因而捞抢财物者。○除应斩决不准自首外,其余事未发觉而自首者。○边海居民以及采捕各船乘危抢夺者。

＊【1884】一、出哨兵弁乘危捞抢财物,除应斩决及枭示,不准自首外,其应斩候绞候,若事未发而自首者。

＊【1884】一、边海居民及采捕各船户,如有乘危抢夺得财,并未伤人,为从者。

＊【1768】一、出哨兵弁如见船覆溺,虽抢取货物伤人,未致毙命,不计赃,为从者。

＊【1884】一、大江洋海出哨官弁、兵丁,遇商船遭风覆溺,抢取货物,未伤人,为从者。

＊【1790】一、因火而乘危抢夺,但经得财,罪应杖徒,为从者。

＊【1884】一、因失火而乘机抢夺得财,罪应杖徒,为从者。

＊＊【1884】一、出哨兵弁乘危捞抢财物,除应斩决及枭示,不准自首外,其应斩候绞候,若事未发而自首者。

＊＊【1884】一、强割田禾者。

＊＊【1884】一、被灾地方饥民爬抢,并无器械,人数无多,是抢非强者。

＊＊【1884】一、回民结伙抢夺,数在三人以下,止一时乘间徒手攫取,尚无逞凶情状者。

窃盗例

＊【1725】一、窃盗拒捕伤人,非金刃又伤轻平复,为从及自首者。

＊【1884】○删除

＊【1725】一、窃盗已经改过,伙贼强逼同窃,将强逼人杀死,自首者。

【1740】○删除

＊【1740】一、窃盗拟绞之同居父兄、伯叔与弟知情而又分赃者。

＊【1790】一、两广、两湖及云贵等省匪徒,明知窃情,逼令事主出钱赎赃,尚无贪图分肥情事者。

＊【1884】一、两广、两湖及云贵等省匪徒,明知窃情,并不帮同鸣官,反表里为奸,逼令事主出钱赎赃者。

＊【1790】一、贼犯并未纠伙,窃案数少,情节有类于积猾者。

＊【1790】一、偷窃衙署服物,已行而未得财,为首者。

＊【1884】一、偷窃衙署服物,已行而未得财者。

＊【1790】一、窃盗逃走,事主仓皇追捕,失足身死,及失财窘迫,因而自尽,审无拒殴情形,赃少罪轻,不至满徒者,贼犯照因奸酿命例。

＊【1884】一、窃盗逃走,事主仓皇追捕,失足身死,及失财窘迫,因而自尽,赃少者。

＊＊【1884】一、奸匪伙众丢包,诓取财物者。

＊＊【1884】一、随驾官员之跟役、雇工,不曾偷盗马匹、器械逃回者,如所雇系民人。

＊＊【1884】一、未经得免并计之犯,因窃问拟军、流、徒罪,在配释回,为首纠窃三次,或被纠叠窃及独窃四次,并初犯、再犯之贼,为首纠窃四次,或被纠叠窃及独窃六次,同时并发者。

＊＊【1884】一、回民结伙三人以上,徒手行窃者。○结伙三人以上,持械行窃,并结伙十人以上,虽无执持器械而行窃,未得财者。

盗马牛畜产例

＊【1740】一、盗牛五双以上,及窝家知情分赃者,俱枷号四十日。

＊【1768】一、民人为从偷窃行围巡幸地方马匹,一二匹至三四匹者。○及知情故买之民人。

＊＊【1884】一、察哈尔等处牧厂,偷卖在官牲畜,本犯罪应遣、军,其知情故买之民人。

盗田野谷麦例

＊【1740】一、旗民越度禁约山河,偷采人参,所放之人不满百名,所收之参,不满五百两,为从者。

【1768】○删除

＊【1740】一、拿获贩参之犯,所贩不满五百两者。

【1768】○删除

＊【1768】一、领票刨参人夫,将批给鸟枪转给售卖刨参之人者。

＊【1768】一、违禁携带米石什物,卖与刨参之人易换人参,米不及五十石什,物值银不及五十两者。○巡绰官兵知情故纵者。

＊【1884】一、三姓、浑春等处商人、官兵,有违禁携带米石什物,易换人参及貂皮,于未经交官以前,私行换买,米不及五十石,什物值银不及五十两者。○巡绰官兵知情故纵者。

＊【1768】一、刨参贼犯逗留已过三冬,若并无财主,各出资本,及受雇偷采,或只身潜往未得参者。

＊【1884】一、旗民身充财主雇人偷刨人参及，积年在外逗留，已过三冬，人数未及四十名，未得参者。○人至四十名以上为从，未得参者。○如并无财主，各出资本，及受雇偷采，或只身潜往，得参二十两者。○二十两以上，至三十两为从，并私贩者。

＊【1768】一、潜入南苑窃取草束等物者。

＊【1884】○删除

＊【1790】一、拿获围场内贼犯打牲、砍木未得者。

＊【1884】○删除

＊【1790】一、盛京围场内有私人采取蘑菇、砍伐木植者。

＊【1884】○删除

＊【1790】一、盛京威远堡南至凤凰城边外山谷围场处所，偷伐木植人犯，审系一时会合，各出本钱，并雇人偷伐木植者。

＊【1884】一、盛京威远堡南至凤凰城边外山谷附近围场处所，拿获偷伐木植，偷打鹿只，审系身为财主，雇倩多人，为从及贩卖，并偷窃未得者。○若无财主，各出本钱，并雇人偷伐木植，偷打鹿只，越度边关隘口者。○再犯为从，及刨挖鹿窖为从，并未得者。

＊＊【1884】一、在新疆地方偷挖金砂，为从者，枷号三个月。

＊＊【1884】一、私入木兰等处围场及南苑，盗砍木植，偷打牲畜，及刨挖鹿窖，初犯者。○卡隘员弁、兵丁，受贿故纵者。○再犯、三犯未得并为从，及初犯偷窃木植至五百斤以上，牲畜至十只以上，或身为财主，雇倩多人，为从者。

恐吓取财例

＊【1768】一、内外大小衙门蠹役，恐吓索诈贫民，计赃六两至十两，为首者。

＊【1884】○删除

＊＊【1884】一、旗民结伙指称隐匿逃人，索诈财物，为从者。

＊＊【1884】一、广东省沿海地方，如有匪徒，捏造图记纸单，作为打单名色，伙众吓诈商民，虽一时一事，实系情凶势恶为从，一次者。○若并无图记纸单，亦未伙众，仅凭口说，借端讹索，尚无凶恶情形，为首者。

＊＊【1884】一、湖北省襄阳府属匪徒抢窃、讹诈等案，除罪应军流以上外，如罪应拟徒之犯，毋容解配在借，系带铁杆五年。○如释放后，复犯徒罪者，仍系铁杆五年。

＊＊【1884】一、安徽省拿获水烟箱主匪徒案内，其卖烟伙党，审系自甘下贱，助势济恶者。

＊＊【1884】一、广东、福建两省民人用强掳捉，审因细故逞忿，并非图利勒赎，止于关禁数日，追服礼后，即行放回，为首者。

诈欺官私取财例

＊【1768】一、考试生童,如有积惯棍徒,捏称给与字眼记认,不论有无立约、封银,及口许虚赃被骗之生童。

＊【1884】一、生童考试,如有积惯棍徒,捏称给与字眼记认,诓骗财物者,不论有无立约、封银,及口许虚赃,被骗生童。

＊【1768】一、代倩枪手,若仅立有文约,赃未入手,枪手与本童,枷号两个月。

＊【1884】一、代倩枪手,若仅立有文约,赃未入手,枪手与本童,枷号两个月。〇其已成案内之生童,实系被人撞骗,赃止口许,情罪稍轻者。

＊【1768】一、代倩枪手,若生童实系被人撞骗,赃止口许,情罪稍轻者。

＊【1884】〇修并

＊＊【1884】一、指称买官买缺,或称规避处分,及买求中式等项,诓骗听选并应议官吏,及举人监生、生员人等财物,如诓骗未成,议有定数,财未接受者,枷号两个月。

＊＊【1884】一、京城钱铺关闭,如有存钱之家,借取钱之名,踹毁该铺门窗,抢取什物者。

＊＊【1884】一、内地商民与外夷交易买卖,如有负欠潜逃,诓骗财物,计赃犯该杖罪以下者,枷号两个月。

略人略卖人例

＊【1740】一、和诱知情为从,及被诱之人。

【1768】〇删除

＊【1884】〇修复

＊【1884】一、和诱知情为从,及被诱之人。

＊【1740】一、窝留川贩止知情,未经分赃之为从者。

＊【1884】一、窝隐川贩,但止知情窝留,未经分赃,为从者。

＊【1768】一、兴贩妇人子女,转卖与他人为妻妾、子孙者。

＊【1884】一、兴贩妇人子女,转卖与他人为奴婢,为从者。〇转卖与他人为妻妾、子孙,为首者。

＊＊【1884】一、奸夫诱拐奸妇之案,本夫不知奸情,及虽知奸情,而迫于奸夫之强悍,不能禁绝,并非有心纵容者,奸妇。〇若系本夫及本夫本妇之祖父母、父母纵容抑勒,与人通奸,致被拐逃者,奸夫。

＊＊【1884】一、将受寄他人十岁以下子女,并十一岁以上不知情之子女,卖为奴婢为从,并知情故买者。〇卖为子孙,为首者。〇若将受寄他人十一岁以上子女,和同卖为奴婢者。

发冢例

＊【1740】一、盗未殡尸柩，及发年久穿陷之冢，未开棺椁者。

【1768】〇修改

【1768】一、盗未殡未埋尸柩，及发年久穿陷之冢，未开棺椁者。

＊【1768】一、非其子孙，又非实有确据之前人古冢，因土墩见人埋葬，辄称伊远祖坟墓，伙告伙证，陷害无辜，为从者。

＊【1884】一、非其子孙，又非实有确据之前人古冢，但因有土墩，见人埋葬，辄称伊远祖坟墓，勾引匪类，伙告伙证，陷害无辜，为从者。

＊【1790】一、殴、故杀人案内，凶犯起意埋尸灭迹，听从掩埋之人，系在场帮殴有伤，律应满杖者。

＊【1884】一、殴、故杀人案内，凶犯起意残毁死尸，及弃尸水中，其听从抬弃之人，无论在场有无伤人。〇若埋尸灭迹，其听从抬埋之人，审系在场帮殴有伤，律应满杖者。〇如案内余人，起意毁弃及埋尸灭迹，不失尸者。

＊【1790】一、将尊长、卑幼尸柩于有主坟地及切近坟旁盗葬，尚无侵犯，致被地主发掘弃毁者。〇唆令盗葬之地师、讼师。

＊【1884】一、将尊长、卑幼尸柩于有主坟地及切近坟旁盗葬，尚无侵犯，致被地主发掘等情者。〇唆令盗葬之地师、讼师。

＊＊【1884】一、指称旱魃，刨坟毁尸，仅止听从同行，并未动手者。

＊＊【1884】一、发掘常人坟冢，见棺椁，为从者。〇发冢见棺，锯缝凿孔，抽取衣饰，并非显露尸身，为从一二次者。

＊＊【1884】一、子孙平治祖坟，并奴仆、雇工平治家长坟，一冢者，杖一百、徒三年，每一冢加一等。〇其因平治而盗卖得财，赃轻及知情谋买者，又各加一等，加至实发云贵两广极边烟瘴充军为止。

＊＊【1884】一、盗未殡未埋尸柩，锯缝凿孔，为首一二次者。〇为从三次者。

夜无故入人家例

＊【1725】一、黑夜偷窃，或白日入人家内偷窃财物，事主殴打致死者。

＊【1884】一、事主因贼犯黑夜或白日入人家内偷窃财物，并市野偷窃有人看守器物，登时追捕殴打至死者。

＊＊【1884】一、邻佑人等，因贼犯黑夜或白日入人家内偷窃，携赃逃遁，直前追捕，或贼势强横，不能力擒送官，登时仓猝殴毙者。

盗贼窝主例

＊【1725】一、强盗窝主，但知情存留一人者。

【1740】○修改

【1740】一、强盗窝主虽不行又不分赃,但知情存留一人者。

＊【1884】一、强盗窝主,若非造意,又不同行分赃,但知情存留一人者。

＊【1768】一、窝留积匪,及窝藏回民行窃,但经分得些微财物,或止代为卖赃者。

＊【1884】一、窝留积匪,并窝藏回民行窃,犯至军罪,其未经造意又不同行,但经窝留分得些微财物,或止代为卖赃者。

＊＊【1884】一、洋盗,案内知情接买盗贼,一次者。

＊＊【1884】一、西宁地方,但在山僻小路,经年累月,开设私歇家,为从者。

＊＊【1884】一、顺天府、五城及直隶、山东二省,窝藏窃盗一二名者。

共谋为盗例

＊＊【1884】一、共谋为强盗伙犯,临时畏惧不行,而行者仍为强盗,其不行之犯,事后分赃者。○如因患病及别故不行,事后不分赃者。

谋杀人例

＊＊【1884】一、图财害命伤人未死,已得财不行而分赃者。○未得财伤人,从而不加功者。

杀死奸夫例

＊【1725】一、奸夫已就拘执而殴杀,或虽在奸所捉获,非登时而杀者。

＊【1884】一、本夫奸所获奸,非登时杀死奸夫者。

＊【1740】一、非奸所获奸,或闻奸数日杀死奸妇,奸夫到官供认不讳者。

【1768】○修改

【1768】一、非奸所获奸,或闻奸数日杀死奸妇,奸夫到官供认不讳者,奸夫。

＊【1884】一、非奸所获奸,或闻奸数日,将奸妇杀死,奸夫到官供认不讳,确有实据者,本夫与奸夫。

＊【1740】一、本夫之兄弟,及有服亲属捉奸登时杀伤者。

＊【1884】○删除

＊【1790】一、聘定未婚之妻与人通奸,本夫闻知往捉,登时杀死奸夫,及登时逐至门外杀之者。

＊【1884】一、聘定未婚之妻与人通奸,本夫闻知往捉,将奸夫登时杀死,及登时逐至门外杀之者。

＊＊【1884】一、本夫容纵抑勒妻妾与人通奸,被妻妾起意谋杀,伤而未死,不加功之奸夫。

＊＊【1884】一、本夫本妇有服亲属捉奸,杀死奸妇,如非登时而杀者,奸夫。

＊＊【1884】一、妇女拒奸杀人之案，若捆缚复殴，或按倒叠殴，杀非登时者，所杀系强奸罪人。

＊＊【1884】一、本夫本妇之伯叔、兄弟及有服亲属捉奸，如有登时杀死奸夫及奸妇者。

＊＊【1884】一、男子拒奸杀人，如死者年长凶犯十岁以外，而又当场供证确凿，及死者生供足据，或尸亲供认可凭，凶犯年在十六岁以上，登时杀死者。〇死者，虽无生供，而年长凶犯十岁以外，确系拒奸，或年长虽不及十岁，而拒奸供证，及死者生供，或尸亲供认可凭，凶犯年在十五岁以下，登时杀死者。

＊＊【1884】一、本夫捉奸杀死犯奸有服卑幼之案，如卑幼犯奸罪不至死，本夫捉奸已离奸所，非登时而杀者。

斗殴及故杀人例

＊【1768】一、两家互殴致死一命，其律应拟抵之正凶当时被死者，有服亲属殴死，其殴死凶手之人。

＊【1884】一、两家互殴致死一命，其律应拟抵之正凶当时被死者，有服亲属殴死，将殴死凶手之人。

＊【1790】一、纠众互殴，数在五人以上，致毙二命、三命，例止拟杖之余人，有辗转纠人助势，及执持金刃器械伤人者。

＊【1884】〇删除

＊＊【1884】一、同谋共殴人致死，如被纠之人殴死，非其所欲谋殴之人，亦非所欲谋殴之父母、兄弟、妻女、子孙，及有服亲属起意纠殴之犯，不问共殴与否。

＊＊【1884】一、两家互殴，各毙一命，各系凶手有服亲属，若原殴伤轻，不至于死，越十日后，因风身死，及保辜正限外余限内身死者。

戏杀误杀过失杀伤例

＊【1790】一、民人捕猎施放枪箭，打射禽兽，不期杀人者。

＊【1884】一、民人于深山旷野捕猎，施放枪箭，打射禽兽，不期杀人者。

＊＊【1884】一、谋杀人，以致下手之犯，另挟他嫌，乘机杀害，并非失误者，其造意之犯。

弓箭伤人例

＊＊【1884】一、鸟枪、竹铳在深山荒野施放，误伤人，因而致死者。

庸医杀伤人例

＊＊【1884】一、端公道士，及一切人等，作为异端法术医人，未致死，为从者。

威逼人致死例

＊【1725】一、奉差员役额外需索，逼死印官者。

＊【1768】一、妇女与人通奸，本夫与父母并未纵容，一经见闻，杀奸不遂，因而羞忿自尽者，奸夫。

＊【1884】一、妇女与人通奸，致并未纵容之父母、本夫，一经见闻，杀奸不遂，因而羞忿自尽，并其父母与夫，虽知奸情，迫于奸夫之强悍，不能报复，并非有心纵容，因而羞忿自尽者，奸夫。

＊【1768】一、和奸之案，奸妇因奸情败露，羞忿自尽者，奸夫。

＊【1884】一、和奸之案，奸妇因奸情败露，羞愧自尽者，奸夫。

＊＊【1884】一、因事用强殴打，威逼人致死，其致命而非重伤，及重伤而非致命之处者。〇缌麻卑幼殴打、逼迫尊长，致令自尽，如非致命，又非重伤者。

尊长为人杀私和例

＊【1884】一、祖父母、父母、夫家长被杀子孙，及妻妾、奴婢、雇工人受贿私和案内之说事过钱者。

斗殴例

＊【1725】一、凶徒聚众，无故将人抬去殴打，为首者。

【1740】〇删除

＊【1740】一、沿江滨海有持枪执棍，混行斗殴，伤人之犯，杖一百。

【1768】〇修改

【1768】一、沿江滨海持枪执棍，混行斗殴，伤人者。

＊【1790】一、回民结伙三人以上，徒手争殴，并无执持凶器者。

＊＊【1884】一、夺获凶器伤人之犯。

＊＊【1884】一、并未受雇帮殴，但学习枪手已成，确有证据者。

保辜限期例

＊【1768】一、原殴伤轻因风身死正限外十日之内死者。

＊【1884】〇删除

＊＊【1884】一、原殴致命伤重，及虽非致命伤，至骨损骨断，若已逾破骨伤，保辜五十日，正限尚在余限二十日之内，及手足、他物、金刃伤正限外余限内因风身死者。

宫内忿争例

＊＊【1884】一、行营地方管辖声音帐房以外、卡门以内，金刃自伤及手足、他物

伤人者。

＊＊【1884】一、在紫禁城午门以外、大清门以内，暨圆明园大宫门、大东、大西、大北等门以外，鹿角木以内，金刃自伤及手足、他物伤人者，枷号三个月。

殴受业师例

＊＊【1884】一、业儒弟子殴伤受业师者。〇如因弟子违犯教令，以理殴责致死者，儒师。

威力人制缚例

＊【1740】一、地方绅衿占佃户、妇女，无犯奸情事者。

＊【1884】一、地方乡绅、衿监，将佃户妇女强占，如无奸情者。

良贱相殴例

＊【1725】一、二次递回原籍之犯，在地方生事，与人斗殴，致被殴毙下手者。

【1740】〇删除

奴婢殴家长例

＊【1725】一、旗人殴打白契所买，并典当之人致死者。

【1740】〇删除

＊【1790】一、民人殴死赎身放出奴婢，及该奴婢之子女者。

＊【1884】一、家长及家长之期亲，若外祖父母，殴死赎身奴婢，及该奴婢之子女者。

＊【1790】一、发遣黑龙江等处为奴人犯，自行携带之妻子，跟随本犯在主家倚食服役，被主责打死者。

＊＊【1884】一、契买婢女，伊父母、兄弟私自拐逃者。〇若契买家奴及户下陈人，将女私聘与人者。〇娶主知情者。

妻妾殴夫例

＊【1768】一、妾过失杀正妻者。

殴大功以下尊长例

＊＊【1884】一、有服亲属同谋共殴致死之案，其原谋如系缌麻尊长。

殴期亲尊长例

＊【1768】一、兄姊挟嫌故残弟妹至笃疾者。

*【1884】一、卑幼并无干犯,期亲兄姊及功服尊长尊属,挟有嫌隙,非理毒殴,故残卑幼至笃疾者。

*【1790】一、胞侄殴伤伯叔,系父母被伯叔殴打垂毙,情切救护者,照律拟流,刑部夹签声明,量减一等。

*【1884】一、期亲卑幼殴伤伯叔等尊属,审系父母被伯叔父母、姑、外祖父母殴打,情切救护者,照律拟流,刑部夹签声明,量减一等。

越诉例

*【1725】一、经法司、督抚等衙门问断明白,意图翻异,辄于登闻鼓下,及长安左右门,自刎自缢,撒泼喧呼,并教唆主使之人。

【1740】○修改

【1740】一、经法司、督抚等衙门问断明白,意图翻异,辄于登闻鼓下,及长安左右门等处,自刎自缢、撒泼喧呼,并教唆主使之人。○因小事纠集多人越墙进院突入鼓厅,妄行击鼓谎告,为首者。○捏开大款,欲思报复,将已经法司、督抚衙门断明事件,意图翻异,聚众击鼓之余人。

*【1884】一、经法司、督抚等衙门问断明白,意图翻异,辄于登闻鼓下,及长安左右门等处,自刎自缢,撒泼喧呼者,或因小事,纠集多人,越墙进院,突入鼓听,妄行击鼓谎告者,主使教唆之人与首犯。○捏开大款,欲思报复,并将已经法司、督抚衙门断明事件,意图翻异,聚众击鼓之余人。

诬告例

*【1725】一、挟仇诬告人谋死人命,致尸遭蒸检之受嘱证佐及仵作。

【1740】○删除

*【1740】一、审无挟仇,止以误执伤痕诬告蒸检,为从者。

*【1884】一、诬告人谋死人命,审无挟仇,止以误执伤痕诬告蒸检,为从者。

*【1790】一、奉差缉贼,审非本案正盗,若其人素行不端,或经犯窃有案者,将捕役人等。

*【1884】一、捕役人等奉差缉贼,审非本案正盗,若其人素行不端,或曾经犯窃有案者。

* *【1884】一、奸徒串结衙门人役,假以上司察访为由,挟制官府,陷害良善,或诈骗财物,或报复私仇,名为窝访案内,审实罪该徒、流,为从者

* *【1884】一、疑贼致毙人命之案,若止空言查问,死由自尽者。

干名犯义例

*【1740】一、奴仆首告家主,虽所告皆实者。

子孙违犯教令例

＊＊【1884】一、祖父母、父母教令子孙并子孙之妇犯奸、犯盗后，因发觉畏罪自尽者。

教唆词讼例

＊【1768】一、坊肆将讼师秘本，如《惊天雷》《相角》《法家新书》《刑台秦镜》，一切构讼旧书，复行印刻及贩卖者。

＊【1884】一、坊肆将讼师秘本，一切构讼旧书，复行印刻及贩卖者。

官吏受财例

＊【1725】一、各省书役暗行顶缺之人，以财行求至五百两者。

【1740】〇修改

【1740】一、直省书役暗行顶缺之人，以财行求至五百两者。

＊【1884】一、书役年满，暗行顶买顶缺之人以财行求，赃至五百两者。

＊【1740】一、衙门蠹役恐吓索诈十两以上，为从者。〇索诈贫民十两以下，致令卖男鬻女，为从者。

＊【1884】〇修并

＊【1790】一、内外大小衙门蠹役，恐吓索诈贫民，计赃六两至十两，为首者。

＊【1884】一、内外大小衙门蠹役恐吓，索诈贫民，计赃六两至十两者。〇十两以上，为从者。〇索诈贫民，致令卖男鬻女，十两以下为从分赃者。

＊【1790】一、白役诈赃逼命案内之正役，并非知情同行，但于事后分赃者。

＊【1884】一、白役诈赃逼命之案，如正役并未主使诈赃，亦未知情同行，但于事后分赃者。

＊＊【1884】一、官吏因事受财入己，审明不枉法及准枉法、不枉法论等赃，死罪，一年限内全完者。〇流罪，二年限内全完者。

＊＊【1884】一、各衙门差役逼毙人命之案，讯无诈赃情事，但经借差倚势，凌虐吓逼，致令忿迫轻生，为从者。〇差役子侄、亲属私代办公，逼毙人命，若非衅起诈赃，为从者。〇差役有因索诈不遂，将奉官传唤人犯，私行羁押，拷打凌虐，为从，及仅止私行羁押，并无拷打凌虐情事，为首者。

在官求索借贷人财物例

＊【1725】一、苗、蛮、黎、獞并改土归流地方，该管官有骚扰、逼勒、科派等弊犯，该徒一年半者。

【1740】〇删除

＊【1740】一、幕宾钻营上司引荐,别无情弊,但盘踞属员衙门者。

＊【1884】○删除

诈为制书例

＊【1725】一、诈为六部各司、军卫各所文书,为首者。

＊【1725】一、诈为通政使司、大理寺、盐运司、部属各管军所衙门印信、文书,为首者。

对制上书诈不以实例

＊＊【1884】一、发遣、军、流人犯,在配遣人呈递封章,条陈事务者,其受雇代递之人。

伪造印信历日等例

＊【1725】一、伪造诸衙门印信及钦给关防,诓骗财物数多造而未行者。○诓骗财物无多为从,及知情行用者。○伪造关防印记诓骗财物数多,为从,及知情行用者。○为数无多,为首者。

【1740】○修改

【1740】一、伪造诸衙门印信及钦给关防,诓骗财物数多,造而未成者。○诓骗财物无多,为从,及知情行用者。○伪造关防印记诓骗财物数多,为从,及知情行用者。○为数无多,为首者。○描摸印信行使,诓骗财物四十两者。

＊【1884】一、伪造诸衙门印信,及钦给关防,诓骗财物数多,造而未成,为从者。○诓骗财物无多,为从,及知情行用者。○伪造关防印记,诓骗财物数多,为从,及知情行用者。○为数无多,为首者。○描摹印信行使,诓骗计赃四十两者。

＊【1740】一、图利小贩照官板式样翻刻时宪书,发卖用黄丹涂饰印信之状,并无雕刻描摸篆文,为从者。

【1768】○删除

私铸铜钱例

＊【1725】一、将银挖孔倾入铜、铅等物,及用铜、铅等物倾成锭锞,外用银皮包好,并铜铅等物每两内搀实银二三四五钱,伪造银使用,为首者。

＊【1884】一、将银挖孔倾入铜、铅等物,及用铜、铅等物倾成锭锞,外用银皮包好,并铜铅等物每两内搀实银二三四五钱不等,伪造银使用,为首者。

＊【1740】一、方造私铸器具,尚未铸钱,其凑钱入伙,并房主、邻甲十家长知情不拿首者。

【1768】○删除

＊【1740】一、私铸之本犯，问拟斩绞，其同居父兄、伯叔与弟，虽经分利而实系并不知情者。○本犯问拟发遣，其同居父兄、伯叔与弟知情分利者。

＊【1740】一、将大制钱剪边，打造烟袋等物，货卖剪边不及十千文，为从者。○房主、邻甲人等，知情不拿首者。

【1768】○删除

＊【1768】一、私造铅钱不及十千，为从及知情行使者。

＊【1768】一、私铸铜钱，受雇挑水、打炭、烧火，及偶为买使，以及房主、邻佑、总甲、十家长知而不拿获举首者。○船户夹带私钱者。

＊【1884】一、私铸铜钱至十千以上，或虽不及十千，而私铸不止一次，如受些微雇值挑水、打炭，及停工散局之后，贪其价贱，偶为买使者。○铸钱不及十千，为从，及知情买使者。○房主、邻佑、总甲、十家长，知而不拿获举首者。○官船户夹带私钱者。○方造器具，尚未铸钱，凑钱入伙者。

诈称内使等官例

＊＊【1884】一、诈充各衙门差役，假以差遣访事，缉捕盗贼，妄拿平人，搜查客船，吓取财物，扰害军民，首犯拟军案内，为从者。

诈教诱人犯法例

＊＊【1884】一、地方官有被参革治罪之案，严究幕友、长随、书役等，但倚官滋事，怂令妄为，累及本官，罪应徒二年半及徒三年者。

＊＊【1884】一、游手好闲、不务本业之流，自号教师，演弄拳棒教人，及轮叉舞棍，遍游街市，射利惑民，随同学习者。

犯奸例

＊＊【1884】一、轮奸已经犯奸妇女已成，同谋未经同奸余犯。○若轮奸未成，为从者。○因而杀死本妇，如系殴杀，未经下手者。○致本妇自尽，为从者。

亲属相奸例

＊＊【1884】一、亲属和奸罪不致死者，若调奸未成。

买良为娼例

＊【1740】一、私买良家之女为娼者，枷号三个月。○知情卖者。

＊【1884】一、私买良家之女为娼，并知情卖与者，枷号三个月。○其设计诱买良家之子为优者，亦枷号三个月。

＊【1768】一、窝顿土娼，月日经久者。

＊【1884】一、京城内外拿获窝娼并开设软棚,月日经久,除本犯治罪外,其租给房屋之房主,或经手赁给之人,再犯者。

＊＊【1884】一、无藉之徒,及生监、衙役、兵丁窝顿娼妓,引诱局骗,及得受窝娼之家财物,挺身架护,如月日经久者。

赌博例

＊【1725】一、民人贩卖纸牌、骰子,为从者。○初犯开场,引诱赌博,放头抽头者。○再犯开场,存留赌博者。

【1740】○修改分辑

【1740】一、民人将自己银钱开场诱赌,经旬累月,聚集无赖,放头、抽头者之初犯。○存留赌博人之再犯。

＊【1884】一、民人将自己银钱开场诱赌,经旬累月,聚集无赖,放头、抽头,初犯者。○存留赌博之人,再犯者。

＊【1740】一、民人贩卖纸牌、骰子,为从者。

＊【1884】一、民人贩卖牌骰,为从者。○如藏匿造赌器具,不行销毁者。

＊【1740】一、私造赌具,左右紧邻通同,徇隐不首。若得财,准枉法,从重论,罪止杖一百,徒三年。

＊【1884】○删除

＊【1768】一、藏匿造赌器具,不行销毁者。

＊【1884】○修并

＊【1768】一、描画纸牌者。○造卖牌骰未成者。

＊【1768】一、拿获赌犯出有赌具之人,不将造卖之人据实供出者。

＊【1884】一、拿获赌博人犯,严追赌具来历,如不将造卖之人供出,将出有赌具之人。

＊【1768】一、无赖匪徒,串党驾船,设局揽载客商,勾诱赌博,折没货物,掯留行李者,初犯,到案审系仅止一二次者。

＊【1790】一、容留制造赌具之房主,贪得重租,知情包庇,在半年以内者。

＊【1790】一、闽省花会案内,在场帮收钱文等犯,枷号两个月。○地保、汛兵知情容隐,并无受贿情事者。

放火故烧房屋例

＊【1740】一、挟仇放火延烧,诱胁同行者。

＊【1884】○删除

＊＊【1884】一、图财放火抢夺,案内若本非同伙借名救火,乘机抢掠财物,为从者。○其谋财放火,已经烧毁房屋,尚未抢掠财物,又未伤人诱胁同行者。○并非图

财,而挟仇放火烧毁房屋,并未伤人,及伤而不死,诱胁同行者。〇当被救熄,尚未烧毁,为从者,枷号两个月。〇图财挟仇,故烧空地闲房,及场园堆积柴草等物为从,及当被救熄,尚未烧毁,为首者。〇如系孤村旷野内,并无毗连民居闲房,及田场积聚之物,为首者。

罪人拒捕例

*【1725】一、捕役拿获轻罪之人,误伤其命者。

【1768】〇删除

*【1768】一、贼犯携赃逃遁,邻佑人等追捕,仓卒殴毙者。〇或贼势强横,不能力擒送官,以致殴打戕命者。

*【1884】〇删除

* *【1884】一、凶徒挟仇放火,及实在凶恶棍徒,及强奸未成各罪人,被害之人及本妇有服亲属登时忿激致死者。

* *【1884】一、强奸未成罪人,本妇之子杀非登时者。〇图奸未成罪人,本妇之子登时杀死者。

狱囚脱监及反狱在逃例

*【1740】一、在监斩、绞人犯,如有强横不法,及赌博等事,知情故纵之禁卒。

*【1884】一、在监斩、绞、军、流人犯,如有强横不法,及赌博等事,知情故纵之禁卒。

*【1790】一、禁役疏纵凌迟、斩、绞重犯,参革协缉之有狱、管狱各官,期满不获者。

*【1884】一、禁役疏纵凌迟、斩、绞重犯越狱脱逃,将有狱、管狱各官革职,留于地方协缉,如五年限满不获者,管狱、有狱各官。〇至一案内,只系一名脱逃,限满不获,审系禁役贿纵、故纵者,有狱官。

徒流人逃例

*【1740】一、原犯流罪人犯,初次脱逃者,枷号一个月。

【1768】〇删除

*【1768】一、军、流人犯逃回原籍,房主、保邻容留不行举首。

*【1884】一、军、流人犯逃回原籍,房主、邻保容留不行举首者。〇若逃往别处,其知情容留之人。

*【1768】一、徒犯中途脱逃,原犯徒二年半者。

主守不觉失囚例

*【1768】一、疏脱斩、绞重犯之长解,一年限内拿获,审无贿纵别情者。

*【1884】一、解审斩、绞重犯,果系依法管解偶,致疏脱之短解兵役。○如能一年限内拿获,审无贿纵别情之长解。

*【1790】一、解役疏纵凌迟、斩、绞重犯,参革协缉之佥差、添差官弁,期满不获者。

*【1884】一、解审罪应凌迟、斩、绞重犯,中途脱逃,佥差不慎之长解官及拨兵添差护解之地方,交武各官分别降革,限一年缉拿,如限满不获,审系解役贿纵、故纵者。

* *【1884】一、押解发遣人犯,中途脱逃,系免死减等盗犯,如有违例雇替,托故潜回,或在途开放锁镣,图便行走,并无故纵情弊,百日限内捕获者,将起意违例雇倩、托故潜回,又开放锁镣之犯。○其余兵役及代替之人,限满无获者。○依法管解,偶致疏脱之兵役,一年限满无获者。

知情藏匿罪人例

* *【1884】一、西山开采煤窑,如有开设连夏锅伙,诓诱贫民,逼勒入窑关禁,不容脱身,为从者。○窑户知情纵容者。

盗贼捕限例

*【1740】一、捕役串通盗犯教供,妄认别案,盗犯以图销案者。

因应禁而不禁例

* *【1884】一、将轻罪人犯,用大枷枷号,及用连根带须竹板伤人,因而致死者。

故禁故勘平人例

*【1740】一、承审官吏遇一切命盗案件,将干连人犯不应拷讯任意叠夹致毙者。

*【1884】一、承审官吏遇一切命盗案件,将干连人犯不应拷讯任意叠夹致毙者。○奸徒诬告平人,官吏因被诬之人不肯招承,因而叠夹致毙者。

*【1768】一、被诬之人不肯招承,因而叠夹致毙之官吏。

*【1884】○修并

*【1884】一、问刑衙门有将无辜干连之人滥刑拷讯,及将应行审讯之犯,恣意凌虐,因而致毙人命者。

凌虐罪囚例

*【1725】一、解役递解人犯,中途患病,若未取结,在途身死一名以上者。

【1768】○删除

*【1725】一、流徙宁古塔、尚阳堡及军流等犯,若押解兵役、驿夫人等,奸污犯人

妻女者。

【1740】○修改

【1740】一、押解兵役、驿夫人等,奸污犯人妻女者。

*【1884】一、押解兵役、驿夫人等,敢于中途奸污犯人妻女者。

* *【1884】一、解役在途教唆递解人犯,通同抢夺者。

有司决囚等第例

* *【1884】一、秋审可矜人犯内,如子妇不孝,詈殴翁姑,其夫忿激致毙,或该犯之母素有奸夫,已经拒绝后,复登门寻衅,以致拒殴致毙,与寻常狠斗不同,照免死减等例,再减一等。

检验尸伤不以实例

*【1725】一、刁悍之徒借命打抢,为首者。

工　例

擅造作例

*【1768】一、工程核减,本身无力完交请豁,如未完之数至十分者。

*【1884】一、工程核减,本身无力完交,数在千两以上,如十分无完者。

盗决河防例

* *【1884】一、故决、盗决山东、河南等处,并徐、邳滨河一带各湖堤岸,及临河大堤,尚未过水,及已经过水,淹没他人田庐财物,为从者,枷号一个月。

＊总徒四年[①]

名例例

常赦所不原例

＊＊【1884】一、原犯准徒五年,遇赦减等者。○诬告平人死罪未决,罪应满流加徒役三年,如徒役未满,遇赦减等者。

刑　例

徒流人逃例

＊＊【1884】一、徒犯中途脱逃,本罪系徒三年者。

① 光绪十年(1884)刚毅本《律例总类》将总徒四年、准徒五年各单列于迁徙之前。光绪十五年(1889)江苏书局本《大清律例总类》仍之。

* 准徒五年

刑　例

常人盗仓库钱粮例

* *【1884】一、窃盗仓库钱粮并饷鞘银两,一两至八十两,为从者。

徒流人逃例

* *【1884】一、徒犯中途脱逃,本罪系总徒四年者。

迁　徙　比流减半，准徒二年

吏　律

滥设官吏律

＊【1725】吏典、知印及承差、祗候、禁子、弓兵人等额外滥充者。
【1740】○修改
【1740】吏典及承差、禁子、弓兵人等，额外滥充者。

户　律

禁革主保里长律

＊【1725】各处人民若有妄称主保、小里长、保长、主首等项名色生事扰民者。

刑　律

官吏受财律

＊【1725】官吏受财说事过钱者。

名例例

徒流迁徙地方例

＊【1725】一土蛮、猺獞仇杀劫掳，及聚众捉人靴禁，本犯正法者之父母、兄弟、子侄。○本犯系军流等罪，其父母、兄弟、子侄。○初犯治罪，后仍不改恶，其亲属家口。

＊【1884】一、土蛮、猺獞、苗人仇杀劫掳，及聚众捉人靴禁，本犯正法者之一应家口、父母、兄弟、子侄。○本犯系军、流等罪，将本犯同家口、父母、兄弟、子侄。○初犯枷责后，仍不改恶，其亲属、家口。

＊＊【1884】一、云南、贵州苗人犯该徒、流、军遣，其情节较重，或再犯不悛者，本犯同家口。

吏　例

滥设官吏例

＊＊【1884】一、各直省大小衙门经制书吏，倘有悬挂空名，并不亲身著役者。

兵　例

私越冒度关津例

＊【1740】一、土人潜住外省生事为匪，除实犯死罪外，徒罪以上者，同家口、父母、兄弟、子侄一并迁徙安插。

＊【1884】一、土官士人潜往外省生事为匪，除实犯死罪外，徒罪以上者，同家口、父母、兄弟、子侄一并迁徙安插。

刑　例

应捕人追捕罪人例

＊【1768】一、步军统领衙门，番役私用白役者，番役及白役。

＊【1884】一、步军统领衙门，番役私用白役者，将番役及所用白役。

杂犯流罪 总徒四年

流 二 千 里

刑 律

监守自盗仓库钱粮律

*【1725】监守自盗仓库钱粮等物至二十两者。

常人盗仓库钱粮律

*【1725】常人盗仓库钱粮等物至四十五两者。

流二千五百里

刑 律

监守自盗仓库钱粮律

＊【1725】监守自盗仓库钱粮等物至二十五两者。

＊【1884】○删除

常人盗仓库钱粮律

＊【1725】常人盗仓库钱粮等物至五十两者。

＊【1884】○删除

流三千里

吏律

事应奏不奏律

*【1725】应议人犯罪,已奏不待回报而辄施行者。

*【1884】○删除

兵律

冲突仪仗律

*【1725】车驾行处军民冲入仪仗内,及冲入仪仗内而诉事不实,典仗护卫官军故纵者。

*【1884】○删除

递送逃军妻女出城律

*【1725】在京守御官军递送逃军妻女出城,守门之人知情故纵者。

刑律

盗城门钥律

*【1725】盗京城门钥者。

监守自盗仓库钱粮律

*【1725】监守自盗仓库钱粮等物至三十两者。

常人盗仓库钱粮律

*【1725】常人盗仓库钱粮等物至五十五两者。

发冢律

*【1725】冢先穿陷及未殡埋而开棺见尸,为从者。

【1740】〇修改

【1740】年远冢先穿陷及未殡埋而开棺见尸,为从者。

户　例

挪移出纳例

＊【1725】一、挪移库银数止千百两者。

钱粮互相觉察例

＊【1725】一、州、县总吏承顺本官,或巧计欺瞒,侵欺钱粮一千两以下,本官准徒五年者。

【1740】〇删除

刑　例

发冢例

＊＊【1884】一、发冢见棺,锯缝凿孔,抽取衣饰,并非显露尸身为从,三次者。

＊＊【1884】一、盗未殡未埋尸柩,及发年久穿陷之冢,开棺见尸为从,一次者。

＊＊【1884】一、盗未殡未埋尸柩,锯缝凿孔为首,三次者。〇为从四次、五次者。

实犯流罪

流二千里

吏 律

交结近侍官员律

＊【1725】官吏与内官及近侍人员互相交结,漏泄事情,夤缘作弊,扶同启奏者之妻、子。

户 律

盐法律

＊【1725】犯私盐若带有军器者。

礼 律

毁大祀丘坛律

＊【1725】大祀,丘坛而毁损者。○中祀,有犯者,罪同。

刑 律

谋叛律

＊【1725】谋叛正犯之父母、祖孙、兄弟。

窃盗律

＊【1725】窃盗及掏摸得财至一百两者。

发冢律

＊【1725】于坟墓熏狐狸,因烧缌麻以上尊长尸者。

谋杀制使及本管长官律

＊【1725】奉制命出使，所在官吏谋杀，及部民谋杀本属府、州、县，军士谋杀本管官，吏卒谋杀本部五品以上长官，已行未伤，为首者。

谋杀祖父母父母律

＊【1725】谋杀缌麻以上尊长，已行为首者。○奴婢及雇工人谋杀家长之缌麻以上亲已行，为首者。

杀一家三人律

＊【1725】杀一家非死罪三人，及支解人者之妻、子。

采生折割人律

＊【1725】采生折割人已杀已伤，为首者之妻、子及同居家口。○已行而未曾伤人为首者之妻、子。

造畜蛊毒杀人律

＊【1725】造畜蛊毒者之妻、子，及同居家口。○以蛊毒毒同居人被毒人之父母、妻妾、子孙知造蛊情者。

宫内忿争律

＊【1725】殿内殴人折肋，眇两目及刃伤者。

皇家袒免以上亲被殴律/宗室觉罗以上亲被殴律

＊【1725】皇家缌麻亲而殴之折肋，眇两目，堕胎及刃伤者。○大功亲而殴之伤者。

【1768】○修改

【1768】宗室缌麻亲而殴之折肋，眇两目，堕胎及刃伤者。○大功亲而殴之伤者。

殴制使及本管长官律

＊【1725】奉制命出使而官吏殴之，及部氏殴本属府、州、县军士殴本管官吏卒殴本部五品以上长官伤者。○流外官及军民吏卒殴非本管三品以上官，并公使人殴打三品以上有司官折伤者。

良贱相殴律

＊【1725】奴婢殴良人折跌肢体，及瞎一目者。

奴婢殴家长律

＊【1725】奴婢殴家长小功亲折肋,眇两目,堕胎及刃伤者。○雇工人殴家长缌麻、小功亲折跌肢体及瞎一目者。

妻妾殴夫律

＊【1725】妻殴夫折肋,眇两目,及刃伤者。

同姓亲属相殴律

＊【1725】卑幼殴服尽尊长折跌肢体及瞎一目者。

殴大功以下尊长律

＊【1725】卑幼殴本宗及外姻缌麻兄姊折跌肢体,及瞎一目者。○殴本宗大功兄姊及本宗并外姻小功尊属折肋,眇两目,堕胎及刃伤者。

殴期亲尊长律

＊【1725】侄殴伯叔父母、姑,及外孙殴外祖父母伤者。○期亲兄姊故杀弟妹,及伯叔、姑故杀侄与侄孙,外祖父母故杀外孙者。

殴祖父母父母律

＊【1725】祖父母、父母故杀子孙之妇及乞养异姓子孙者。

妻妾与夫亲属相殴律

＊【1725】妻妾殴夫之期亲伯叔、父母、姑及夫之外祖父母伤者。○妻之子殴父妾折跌肢体及瞎一目者。○妾之子殴父妾折肋,眇两目,堕胎及刃伤者。

殴妻前夫之子律

＊【1725】殴不同居继父折跌肢体及瞎一目者。

诬告律

＊【1725】诬告人罪徒二年,加所诬罪三等者。

诬告充军及迁徙律

＊【1725】诬告人罪应迁徙,于比流减半,准徒二年上加三等者。

官吏受财律

*【1725】官吏受财有禄人枉法,赃至四十五两者。○不枉法,赃至一百两者。○无禄人枉法,赃至五十两者。○不枉法,赃至一百一十两者。

【1768】○修改

【1768】官吏受财有禄人枉法,赃至四十五两者。○不枉法,赃至一百两者。

诈不以实律

*【1725】对制及奏事上书非密而妄言有密者,对制上书。

奴及雇工人奸家长妻律

*【1725】奴及雇工人奸家长之缌麻以上亲,及缌麻以上亲之妻者,奸夫、奸妇。

失火律

*【1725】失火延烧山陵兆域内林木者。

名例例

犯罪事发在逃例

*【1725】一、负罪潜逃被获,犯该徒二年者。

【1740】○删除

户　例

居丧嫁娶例

**【1884】一、孀妇自愿守志,母家、夫家期亲尊属尊长抢夺强嫁,不甘失节,因而自尽者。

强占良家妻女例

**【1884】一、聚众伙谋抢夺兴贩妇女已成,同谋未经同抢之犯。

盐法例

*【1725】一、兵民贩私十人以下,虽有军器,不曾拒捕者。

【1740】○修改

【1740】一、聚众十人以上,兴贩私盐,其虽带有军器,不曾拒捕,为从者。○十人

以下,虽有军器,不曾拒捕,为首者。

*【1884】一、兵民聚众十人以上,兴贩私盐,并回空粮船,如有夹带私盐闯闸、闯关,不服盘查,其虽带有军器,不会拒捕,为从者。〇十人以下带有军器,不曾拒捕,为首者。

*【1725】一、卖私之人及灶丁,将盐私卖与粮船者。〇回空粮船,夹带私盐者。

【1740】〇修改分辑

【1740】一、灶丁及卖私之人将盐私卖与粮船者。

*【1884】一、卖私之人,及灶丁将盐私卖与粮船者。〇回空粮船,虽不闯闸、闯关但夹带私盐者。

*【1740】一、回空粮船,虽不闯闸、闯关,但夹带私盐者。

*【1884】〇修并

*【1725】一、贩私徒犯在配所逃走被获,原犯徒二年者。

【1740】〇删除

*【1768】巡盐兵捕自行挟带私贩及通同他人运贩者。

* *【1884】一、贩卖私盐,数至三百斤以上,如不将卖盐人姓名供出者。

兵　例

漏泄军情大事例

*【1725】一、提塘与各衙门书办彼此勾通,捏造讹言刊刻者。

私越冒度关津例

*【1740】一、民人无票出口外者,杖一百。

*【1884】一、民人无票私出口外者。

私出外境及违禁下海例

*【1725】一、商、渔船带违禁等物,接济外洋,汛口官卖放者。

*【1884】一、商渔船内夹带违禁硝磺等物,接济外洋,汛口官卖放者。

*【1740】一、附近苗疆五百里内,民人煎挖、窝囤、兴贩硝磺,五十斤以上者。

*【1740】一、洋船回时有照外多载或顶充偷渡,及潜匿不回等弊,承查出结及汛口盘查各员有赃者。

* *【1884】一、职官及在官人役买食鸦片,不将贩卖之人指出者。

* *【1884】一、内地奸民人等,有栽种罂粟花、葵花收浆,煎熬鸦片烟及买土煎熬,售卖图利,为从者。〇其知情租给田地房屋之业主,及知情受雇容留之船户,在一年以内者。〇地保知情容隐,未受贿者。

＊＊【1884】一、贩卖鸦片烟器具者。

刑　例

谋叛例

＊＊【1884】一、内地汉、回，在回疆地方，并未剃发从逆，止于擅娶回妇者。

盗园陵树木例

＊＊【1884】一、旗民人等，在红桩以内偷挖人参，十两以上，为从者。○红桩以外，白椿以内，偷挖人参，二十两以上，为从者。

监守自盗仓库钱粮例

＊【1768】一、监守盗仓库钱粮入己，自一百两以上至三百三十两者。

＊【1884】一、监守盗仓库钱粮入己，数在一百两以上至三百三十两者。

常人盗仓库钱粮例

＊【1768】一、窝匪穿穴壁封盗仓库钱粮，八十两以上至八十五两者。

＊【1884】一、窃盗仓库钱粮并饷鞘银两，八十两以上至八十五两，为从者。

白昼抢夺例

＊【1790】一、因火而乘危抢夺，但经得财，罪应杖徒，为首者。

＊【1884】一、因失火而乘机抢夺得财，罪应杖徒，为首者。

＊＊【1884】一、边海居民，以及采捕各船户，如有乘危抢夺，但经得财，并未伤人者。

＊＊【1884】一、大江洋海出哨官弁、兵丁，遇商船遭风覆溺，抢取货物，未伤人，为首者。

盗田野谷麦例

＊＊【1884】一、旗民偷刨人参，如并无财主各出资本，及受雇偷采，或只身潜往，得参二十两以上至三十两者，杖一百、流二千里，每十两递加一等，罪止杖一百、流三千里。

＊＊【1884】一、盛京威远堡南至凤凰城边外山谷附近围场处所拿获人犯，审无财主，各出本钱，并雇人偷伐木植，偷打鹿只，越度边关隘口再犯，及刨空鹿窖者。

杀死奸夫例

＊【1790】一、聘定未婚之妻与人通奸，本夫闻知往捉，虽在奸所捉获，非登时杀

奸夫者。

＊【1884】一、聘定未婚之妻与人通奸,本夫闻知往捉,虽在奸所捉获,非登时杀死奸夫者。

＊【1790】一、有服尊长奸卑幼之妇,本夫捉奸,杀死奸夫,杀系缌麻尊长,仍照殴故杀本律拟罪,法司核拟时夹签声明量减者。

＊【1884】一、本夫捉奸杀死犯奸尊长之案,若杀系本宗缌麻及外姻功缌尊长,照律拟罪,法司核拟时,随本量减者。

威逼人致死例

＊＊【1884】一、小功卑幼殴打逼迫尊长,致令自尽,如非致命,又非重伤者。

殴受业师例

＊【1725】一、僧、尼谋杀受业师,已行而未伤者。

＊【1884】一、僧、尼、道士、喇嘛、女冠及匠艺人等,谋杀受业师,已行者。

奴婢殴家长例

＊【1725】一、汉人奴仆不遵约束,傲慢顽梗,酗酒生事者。

＊【1884】一、民人奴仆不遵约束,傲慢顽梗,酗酒生事者。

＊＊【1884】一、家长之大功亲属,殴死赎身奴婢者。

殴期亲尊长例

＊【1768】一、殴期亲弟妹致死者。

＊＊【1884】一、期亲尊长与卑幼争奸互斗,卑幼将尊长刃伤及折肢,罪干立决者,除卑幼依律问拟外,将争奸肇衅之尊长。

＊＊【1884】一、卑幼并无干犯,缌麻尊长尊属,挟有嫌隙,非理毒殴,故残卑幼至笃疾者。

妻妾与夫亲属相殴例

＊＊【1884】一、妾之子殴伤庶母者。

在官求索借贷人财物例

＊【1725】一、苗、蛮、黎、獞并改土归流地方,如该管官有骚扰逼勒、科派等弊犯,该徒二年者。

【1740】○删除

赌博例

＊【1725】一、民人造卖纸牌、骰子，为从及贩卖，为首者。

＊【1790】一、闽省花会案内，伙同开设，辗转纠人者，枷号两个月。

＊【1790】一、容留制造赌具之房主，贪得重租，知情包庇，在一年以内者。

放火故烧人房屋例

＊＊【1884】一、图财放火抢夺，案内若本非同伙借名救火乘机抢掠财物，为首者。

徒流人逃例

＊＊【1884】一、徒犯中途脱逃，本罪系准徒五年者。

主守不觉失囚例

＊＊【1884】一、押解发遣人犯，中途脱逃，系免死减等盗犯，如有违例雇替，托故潜回，或在途开放锁镣，图便行走，并无故纵情弊，限满无获者。

故禁故勘平人例

＊【1790】一、承审官吏，凡遇一切命、盗案件，有将笞、杖人犯拷讯至毙二命者。

＊【1884】一、承审官吏，遇一切命、盗案件，有将笞、杖人犯，拷讯致毙二命者，杖一百、流二千里，致毙三命以上者，递加一等，罪止杖一百、流三千里。

流二千五百里

刑 律

窃盗律

*【1725】窃盗及掏摸得财至一百一十两者。

宫内忿争律

*【1725】宫内殴人折跌肢体,及瞎一目者。

皇家袒免以上亲被殴律/宗室觉罗以上亲被殴律

*【1725】皇家袒免亲而殴之折跌肢体及瞎一目者。○小功亲而殴之折肋,眇两目,堕胎及刃伤者。○期亲而殴之伤者。

【1768】○修改

【1768】宗室觉罗亲而殴之折跌肢体及瞎一目者。○小功亲而殴之折肋,眇两目,堕胎及刃伤者。○期亲而殴之伤者。

殴制使及本管长官律

*【1725】流外官及军民吏卒殴九品以上官,并公使人殴打九品以上有司官折跌肢体及瞎一目者。

九品以上官殴长官律

*【1725】流内九品以上官殴非本管五品以上,及五品以上殴三品以上官折跌肢体及瞎一目者。

【1740】○修改

【1740】流内九品以上官殴非本管五品以上,及五品以上殴非本管三品以上官折跌肢体及瞎一目者。

殴受业师律

*【1725】殴受业师折跌肢体及瞎一目者。

奴婢殴家长律

＊【1725】奴婢殴家长缌麻亲折跌肢体及瞎一目者。○殴大功亲折肋，眇两目，堕胎及刃伤者。○雇工人殴家长之大功亲折跌肢体及瞎一目者。

妻妾殴夫律

＊【1725】妾殴夫及正妻至折肋，眇两目，堕胎及刃伤者。○殴妻之父母至折跌肢体及瞎一目者。

殴大功以下尊长律

＊【1725】卑幼殴本宗大功尊属折肋，眇两目，堕胎及刃伤者。

殴妻前夫之子律

＊【1725】殴同居继父至折跌肢体及瞎一目者。

诬告律

＊【1725】诬告人罪徒二年半，加所诬罪三等者。

官吏受财律

＊【1725】官吏受财，有禄人枉法，赃至五十两者。○不枉法，赃至一百一十两者。○无禄人枉法，赃至五十五两者。○不枉法，赃至一百二十两者。

【1768】○修改

【1768】官吏受财，有禄人枉法，赃至五十两者。○不枉法，赃至一百一十两者。

名例例

犯罪事发在逃例

＊【1725】一、负罪潜逃被获，犯该徒二年半者。

【1740】○删除

户　例

居丧嫁娶例

＊＊【1884】一、孀妇自愿守志，母家、夫家功服尊属尊长抢夺强嫁，不甘失节，因而自尽者。

钱粮互相觉察例

*【1725】一、州、县总吏承顺本官,或巧计欺瞒,挪移钱粮五千两以上至一万两,本官流三千里者。

【1740】○删除

盐法例

*【1725】一、贩私流犯在配所逃走被获,原犯徒二年半者。

【1740】○删除

*【1768】一、收买肩贩官盐,越境货卖审非私枭,但拒捕者。

兵　例

私出外境及违禁下海例

*【1740】一、附近苗疆五百里内,民人煎挖、窝囤、兴贩硝磺八十斤以上者。

刑　例

监守自盗仓库钱粮例

*【1768】一、监守盗仓库钱粮入己,自三百三十两至六百六十两者。

*【1884】一、监守盗仓库钱粮入己,数在三百三十两以上至六百六十两者。

常人盗仓库钱粮例

*【1768】一、窃匪穿穴壁封盗仓库钱粮至九十两者。

*【1884】○删除

在官求索借贷人财物例

*【1725】一、苗、蛮、黎、獞并改土归流地方,该管官有骚扰逼勒、科派犯该徒二年半者。

【1740】○删除

奴婢殴家长例

* *【1884】一、家长之小功亲属,殴死赎身奴婢者。

徒流人逃例

*【1768】一、原犯流罪人犯，如有中途在配脱逃，流二千里者，枷号两个月。

*【1884】一、流罪人犯，如有中途在配脱逃被获，原犯流二千里者。

流三千里

名例律

犯罪自首律

＊【1725】犯罪自首,不实不尽,罪至死者。

吏　律

上言大臣德政律

＊【1725】诸衙门官吏及士庶人等上言宰执大臣德政,若宰执大臣知情者。

弃毁制书印信律

＊【1725】弃毁制书及各衙门印信并官文书,事干军机、钱粮,当该官吏知而不举者。

增减官文书律

＊【1725】官文书改补因而失误军机者,首领及承发吏。

漏使印信律

＊【1725】各衙门行移出外文书漏印,及全不用印,因而失误军机经管首领官并承发者。

户　律

盗卖田宅律

＊【1725】强占官民山场、河泊、茶园、芦荡及金、银、铜、锡、铁冶者。

娶逃走妇女律

＊【1725】娶犯死罪逃走妇女为妻妾,知情者。

出妻律

＊【1725】妻背夫在逃，辄自改嫁窝主，及知情娶者。○期亲以上尊长及余亲主婚，改嫁者。

嫁娶违律主婚媒人罪律

＊【1725】嫁娶违律至死者，主婚人。

隐瞒入官家产律

＊【1725】抄没人口财产律不该载者，不在入官之限，违而抄没已入官者。

盐法律

＊【1725】犯私盐，诬指平人者；巡获私盐，装诬平人者。

礼　律

禁止师巫邪术律

＊【1725】师巫假降邪神，并一应左道异端之术，煽惑人民，为从者。

朝见留难律

＊【1725】司仪礼官将应朝见官员人等留难不即引见，大臣知而不问者。

兵　律

宫殿门擅入律

＊【1725】擅入及冒入御膳所、御在所未过门限者。○已过并未过门限门官及宿卫官军故纵者。○不系宿卫应值合带兵仗之人，但持寸刃入宫殿门内门官及宿卫官军故纵者。

从驾稽违律

＊【1725】职官从车驾行而逃，亲管头目故纵者。

宫殿造作罢不出律

＊【1725】宫殿内造作监工及提调内监门官、守卫官军点视工匠，如原入名数短少，知而不举者。

关防内使出入律

＊【1725】内监并内使私将兵器带入宫殿门,内门官及守卫官失于搜检者。

＊【1884】〇删除

向宫殿射箭律

＊【1725】向太社射箭、放弹、投砖石者。

越城律

＊【1725】越京城者。〇皇城越而未过者。

漏泄军情大事律

＊【1725】闻知调兵讨袭外番,及收捕反逆贼徒机密大事,漏泄敌人。为从者。

纵军掳掠律

＊【1725】军人私出外境掳掠伤人,及于已附地面掳掠,将领知情故纵者。

纵放军人歇役律

＊【1725】私使军人出境,因而致死,或被贼拘执至三名,本营专管官吏容隐不举,及虚作逃亡报官者。

【1740】〇删除

私越冒度关津律

＊【1725】越度缘边关塞,因而潜出外境,守把之人知而故纵者。

盘诘奸细律

＊【1725】境内奸细走透消息于外人,及境外奸细入境内探听事情,守把之人故纵及隐匿不首者。

私出外境及违禁下海律

＊【1725】将人口、军器出境及下海,因而走泄事情,该拘束官司及守把之人通同夹带,或知而故纵者。

畜产咬踢人律

＊【1725】故放马、牛、犬触抵、踢咬、杀人者。

刑　律

谋反大逆律

＊【1725】谋反及大逆,但知情不首者。

谋叛律

＊【1725】谋叛已行,知而不首者。○谋而未行,为从者。○逃避山泽,不服追唤,为从者。

造妖书妖言律

＊【1725】造谶纬妖书妖言及传用惑人不及众者。

强盗律

＊【1725】强盗已行而不得财者。○若以药迷人图财不得财者。○窃盗事主知觉,弃财逃走,追逐因而拒捕,殴人折伤以上,及杀人为从者。

＊【1884】强盗已行而不得财者。○若以药迷人图财不得财者。○造意不行,又不分赃者。○窃盗事主知觉,弃财逃走,追逐因而拒捕,殴人折伤以上,及杀人为从者。

劫囚律

＊【1725】私窃放死囚逃走者。○因而伤人及杀人,为从者。○官司差人追征钱粮,勾摄公事,及捕获罪人,聚众中途打夺,为首者。○因而伤差人并杀人,及聚众至十人,为从者。○率领家人随从打夺之尊长,及亦曾伤人、杀人之家人。

白昼抢夺律

＊【1725】白昼抢夺人财物伤人,为从者。

窃盗律

＊【1725】窃盗及掏摸得财至一百二十两,为首者。○一百二十两以上,为从者。

略人略卖人律

＊【1725】设方略诱取良人,及略卖良人为奴婢者。○因而伤人及杀人,为从者。○若假以乞养过房为名,买良家子女转卖为奴婢者。○窝主及买主知情者。

发冢律

＊【1725】发掘他人坟冢，见棺椁为首，及开棺见尸，为从者。○卑幼发尊长坟冢，见棺椁为首，及开棺见尸，为从者。○弃尸卖坟地，为从者。○残毁他人死尸，及弃尸水中，为首者。○毁弃缌麻以上尊长未葬死尸，为从者。○弃尊长而不失其尸，及毁而但髡发，若伤，为首者。○子孙毁弃祖父母、父母及奴婢，雇工人毁弃家长死尸，为从者。○于坟墓熏狐狸，因而烧祖父母、父母及家长之尸，为从者。

盗贼窝主律

＊【1725】强盗窝主，造意若不行，又不分赃者。

谋杀人律

＊【1725】谋杀人，从而不加功者。○从而加功，伤而不死者。

谋杀制使及本管长官律

＊＊【1884】奉制命出使，所在官吏谋杀，及部民谋杀本属府、州、县，军士谋杀本管官吏，卒谋杀本部五品以上长官，已伤，为从者。

谋杀祖父母父母律

＊【1725】谋杀缌麻以上尊长，已伤，为从加功者。○缌麻以上尊长谋杀同堂弟妹、堂侄、堂侄孙，已伤者。○奴婢及雇工人谋杀家长缌麻以上亲，已伤，为从加功者。

杀一家三人律

＊＊【1884】杀一家三人为从，不加功者。

采生折割人律

＊【1725】采生折割人，已行未伤人，为从加功者。

＊【1884】采生折割人为从，不加功者。○已行未伤人为从，加功者。

造畜蛊毒杀人律

＊【1725】用毒药杀人，知情卖药者。

斗殴及故杀人律

＊【1725】同谋共殴人，因而致死人，原谋者。

屏去人服食律

＊【1725】以他物置人耳鼻及孔窍中，若故屏去人服食，令至笃疾者。

弓箭伤人律

＊【1725】无故向城市及居宅放弹、射箭、投掷砖石伤人，因而致死者。

车马杀伤人律

＊【1725】无故于街市镇店驰骤车马，因而伤人致死者。

威逼人致死律

＊【1725】卑幼威逼大功尊长致死者。

【1790】○修改

【1790】卑幼逼迫大功尊长致死者。

斗殴律

＊【1725】殴瞎人两目，折人两肢，损人二事以上，及因旧患令至笃疾，若断人舌及毁败人阴阳者。

宫内忿争律

＊【1725】宫内殴人至笃疾者。○殿内殴人折跌肢体以上，及至笃疾者。

皇家袒免以上亲被殴律/宗室觉罗以上亲被殴律

＊【1725】皇家缌麻、小功亲而殴之折跌肢体，及瞎一目者。○大功期亲而殴之折肋，眇两目，堕胎及刃伤并折跌肢体及瞎一目者。

【1768】○修改

【1768】宗室缌麻、小功亲而殴之折跌肢体，及瞎一目者。○大功期亲而殴之折肋，眇两目，堕胎及刃伤并折跌肢体及瞎一目者。

殴制使及本管长官律

＊【1725】军民吏卒殴五品以上佐贰官折伤者。

九品以上官殴长官律

＊【1725】流内九品官殴非本管五品以上，及五品以上殴三品以上官至笃疾者。

殴受业师律

＊【1725】殴受业师至笃疾者。

威力制缚人律

＊【1725】威力主使殴打人因而致死者,下手之人。

奴婢殴家长律

＊【1725】奴婢过失伤家长者。〇殴家长之期亲及外祖父母为从者。〇殴家长之小功亲折跌肢体及瞎一目者。〇雇工人殴家长及家长之期亲,若外祖父母伤者。〇殴家长缌功亲至笃疾者。

妻妾殴夫律

＊【1725】妻殴夫折跌肢体及瞎一目者。

同姓亲属相殴律

＊【1725】卑幼殴服尽尊长至笃疾者。

殴大功以下尊长律

＊【1725】卑幼殴大功兄姊及小功、大功尊属至折跌肢体及瞎一目者。〇尊属殴杀同堂弟妹、堂侄及侄孙者。

殴期亲尊长律

＊【1725】弟妹殴同胞兄姊折伤者。〇若侄殴伯叔父母、姑,及外孙殴外祖父母折伤者。

殴祖父母父母律

＊【1725】子孙过失杀祖父母、父母,及妻妾过失杀夫之祖父母、父母者。

妻妾与夫亲属相殴律

＊【1725】妻妾殴夫期亲兄姊、伯叔、父母、姑及夫之外祖父母折伤者。〇妻殴杀夫之兄弟子者。〇妻之子殴父妾至笃疾者。〇妾之子殴父妾折伤以上至笃疾者。

殴妻前夫之子律

＊【1725】殴继父至笃疾者。

诬告律

＊【1725】诬告人罪徒三年及流三等者。○诬告人死罪未决者。○被诬之人诈冒,反诬犯人死罪未决者。○诬轻为重,至死罪未决者。

教唆词讼律

＊【1725】教唆词讼及为人作词状增减情罪,诬告人至死者。

官吏受财律

＊【1725】官吏受财,有禄人枉法,赃至五十五两者。○不枉法,赃至一百二十两者。○无禄人枉法,赃至六十两以上者。○不枉法,赃至一百二两以上者。

诈为制书律

＊【1725】诈为制书及增减未施行,为从者。○诈为部院、将军、督抚、提镇文书,套画押字,盗用印信,及空纸用印未施行,为首者。○诈为察院布、按、府、州、县印信文书已施行,为首者。○当该官司知而听行者。

诈传诏旨律

＊【1725】诈传诏旨、懿旨、令旨为从者。○当该官司知而听行者。

伪造印信历日等律/伪造印信时宪书等律

＊【1725】伪造诸衙门印信及历日、符验、茶盐引,为从及知情行用者。○造而未成,为首者。○当该官司知其伪造而听行者。

【1740】○修改

【1740】伪造诸衙门印信及时宪书、符验、茶盐引,为从及知情行用者。○造而未成,为首者。○当该官司知其伪造而听行者。

私铸铜钱律

＊【1725】私铸铜钱为从及知情买使者。

诈假官律

＊【1725】诈假官假与人官,为从者。○知情受假官者。○当该官司知而听行者。

诈称内使等官律

＊【1725】诈称内使,内阁、六科、部院、监察御史、按察司官在外体察事务,欺诈

官府,煽惑人民,其知情随行者。○当该官司,知而听行者。○诈称使臣,乘驿为首者。○驿官知而应付者。

诈病死伤避事律

*【1725】受雇倩为人伤残因而致死者。

犯奸律

*【1725】强奸未成者。

亲属相奸律

*【1725】奸从祖及从祖伯叔并兄弟及兄弟子之妾者。○奸伯叔及子孙之妾者。

奴及雇工人奸家长妻律

*【1725】奴及雇工人奸家长之期亲,若期亲之妻女者,妇女。○奴及雇工人奸家长之妾者,奸夫、奸妇。○奸家长期亲之妾者,奸夫。

*【1884】奴及雇工人奸家长之期亲,若期亲之妻,和者,妇女。○奴及雇工人奸家长之妾者,奸夫、奸妇。○奸家长期亲之妾者,奸夫。

拆毁申明亭律

*【1725】拆毁申明亭房屋及板榜者。

阉割火者律

*【1725】官民之家乞养他人之子阉割火者。

嘱托公事律

*【1725】监临势要(曲法),为人嘱托,与官吏同罪至死者。

失火律

*【1725】失火延烧社者。

放火故烧人房屋律

*【1725】放火故烧人空闲房屋及田场积聚之物者。

罪人拒捕律

*【1725】犯罪逃走拒捕,殴人至折伤以上,及杀人为从者。

主守不觉失囚律

*【1725】提牢官、狱卒官、典故纵死囚反狱在逃者。

故禁故勘平人律

*【1725】官吏故禁平人因而致死,提牢官及司狱官、典狱卒知而不举首者。○故勘平人因而致死,同僚官及狱卒知情共勘者。

凌虐罪囚律

*【1725】狱卒非理在禁,凌虐罪囚,克减衣粮,因而致死,司狱官典及提牢官知而不举者。

与囚金刃解脱律

*【1725】狱卒以金刃及他物与囚致脱越反狱,在逃于未断之间能自捕得,及他人捕得若囚已死及自首者。○常人以金刃及他物与囚及子孙,与在狱之祖父母、父母,奴婢、雇工人与在狱之家长致反狱及杀人者。○禁卒及常人致囚反狱及杀人,司狱官典及提牢官知而不举者。

工　律

盗决河防律

*【1725】盗决河防及圩岸陂塘因而淹没杀人者。

名例例

徒流人又犯罪例

*【1768】一、窃盗问拟徒罪,有在配在逃行窃,不论次数、赃数,徒罪复犯者。

*【1884】一、窃盗问拟徒罪,有在配在逃行窃,审系一二次,赃未满贯者。

犯罪自首例

*【1725】一、自首伙盗放火烧人空房及田场积聚之物者。

【1790】○删除

犯罪事发在逃例

*【1725】一、负罪潜逃之犯被获,犯该徒三年者。

【1740】○删除

户　例

盗卖田宅例

＊＊【1884】一、租种山地,棚民、山主有将公山私召开垦者,承租之人,不论山数多寡。

居丧嫁娶例

＊＊【1884】一、孀妇自愿守志,母家、夫家缌麻尊属尊长抢夺强嫁,不甘失节,因而自尽者。○期亲卑幼抢夺强嫁,致令自尽案内,娶主知情同抢者。

娶亲属妻妾例

＊【1790】一、收叔伯、兄弟妾者。

强占良家妻女例

＊【1740】一、强夺良家妻女,中途夺回,及尚未奸污者。

＊【1768】一、强夺良家妻女奸占,为从者。

＊＊【1884】一、谋占资财,贪图聘礼,期功卑幼强卖伯叔、母姑、兄妻、胞姊及缌麻卑幼抢卖尊属尊长,并疏远无服亲族,抢卖尊长卑幼,未成婚者。○期功尊属尊长图财强卖卑幼者。○亲属卑幼图财,用强抢卖,及妇女不甘失节,因而自尽,正犯罪应斩、绞监候各案内之娶主知情同抢,及用财谋买者。

＊＊【1884】一、聚众伙谋抢夺妇女,知情故买者。○家奴抢夺,伊主知情不首者。

＊＊【1884】一、聚众伙谋,抢夺犯奸妇女,已成为从帮抢者。○图抢未成首犯。

＊＊【1884】一、聚众伙谋抢夺兴贩妇女未成,为从者。

多收税粮斛面例

＊＊【1884】一、各仓已革花户,并篙头、夫役,及不应入仓人等,在现充花户身后影射把持,勒索得赃至一百二十两以上,为从者。○已革花户人等,勒索诈赃满贯,例应拟绞,现充花户,有心容隐,朋比为奸,称与同罪者。

挪移出纳例

＊【1725】一、挪移库银数至五千两以上至一万两者。○挪移至二万两以上,于三限内追完者。

＊【1884】一、挪移库银五千两以上至一万两者。〇二万两以上拟斩，能于三限内追完者。

钱粮互相觉察例

＊【1725】一、州、县总吏承顺本官，或巧计欺瞒，侵欺钱粮一千两以上，本官拟斩监候者。〇挪移钱粮一万两以上至二万两，本官发边卫充军者。

【1740】〇删除

收支留难例

＊＊【1884】一、钱粮物料解部，书役人等指称估验掣批等项名色，包揽索诈一百二十两，为从者。

＊＊【1884】一、坐粮厅及各仓书役人等，向运官、运丁及关米之人勒索，得财至一百二十两，为从者。

隐瞒入官家产例

＊【1740】一、隐匿侵盗案内之家产，一千两以上者。

盐法例

＊【1725】一、豪强盐徒聚众十人以下，原无兵仗，遇有追捕拒敌，不曾下手，为从者。

【1740】〇删除

＊【1725】一、贩私徒犯在配所逃走被获，原犯徒三年者。

【1740】〇删除

＊【1740】一、盐徒聚众至十人以上，撑驾大船，张挂旗号，擅用兵仗、响器，拒敌官兵，不曾杀伤人，为从者。

＊【1884】一、盐徒聚众至十人以上，撑驾大船，张挂旗号，擅用兵仗、响器，拒敌官兵，不曾杀伤人，为从者。

＊【1740】一、兵民聚众十人以上，带有军器，兴贩私盐，拒捕杀伤人，为从者。〇十人以下，不论有无军器，拒捕伤一人下手者。

＊【1884】一、兵民聚众十人以上，带有军器，兴贩私盐，并回空粮船，如有夹带私盐，闯闸闯关，不服盘查，持械拒捕伤一人，为从者，拒捕不曾伤人，为从者。〇十人以下，拒捕伤一人，下手者，拒捕不曾伤人，为首者。

＊【1740】一、回空粮船夹带私盐十人以上，虽拒捕，不曾杀伤人，为从者。

＊【1884】〇修并

＊【1768】一、收买肩贩官盐，越境货卖，审非私枭，拒捕殴人，至折伤以上之从

犯。〇拒捕杀人之从犯。

＊【1884】一、收买肩贩官盐,越境货卖,审非私枭,拒捕殴人折伤以上,及拒捕杀人案内,为从者。

把持行市例

＊【1725】一、旗人将马匹贩卖外省,说合牙人。

【1740】〇删除

＊【1768】一、牙行侵欠,审系设计诓骗,侵吞入己,赃至一百二十两以上者。

礼　例

亵渎神明例

＊【1740】一、僧、道、军民人等,于各寺、观、神庙刁奸妇女,因而引诱逃走,或诓骗财物者,奸夫。

【1790】〇删除

禁止师巫邪术例

＊【1725】一、习天文之人,妄言祸福,煽惑人民,为从者。

＊【1884】〇删除

＊【1740】一、凡奸匪之徒,将各种避刑邪术私相传习者,为从学习之人。

＊【1884】一、奸匪之徒,将各种避刑邪术,私相传习,为从学习之人。

兵　例

纵军掳掠例

＊＊【1884】一、凯撤官兵并跟役等,沿途强带良民子女,其领兵之该管官、跟役之家长,知情故纵者。

私藏应禁军器例

＊＊【1884】一、私藏红衣等炮位及抬枪,讯无别情者。

从守御官征军逃例

＊【1790】一、军营脱逃余丁,查系自行投首,并笃疾者。

＊【1884】一、军营脱逃余丁,如无偷盗情事,其自行投首并笃疾者,无论军务已未告竣。

私越冒度关津例

＊【1790】一、在滇省永昌、顺宁二府以外沿边关隘，私贩碧霞玺、翡翠玉、葱玉、鱼、盐、棉花等物，共伙止三人以下者，佥妻。

私出外境及违禁下海例

＊【1725】一、商、渔船内夹带违禁等物，接济外洋，舵工、水手知情者。

＊【1884】一、商、渔船内，夹带违禁硝磺、钉铁等物，接济外洋，舵工、水手知情者。

＊【1740】一、附近苗疆五百里内，民人煎挖、窝囤、兴贩硝磺一百斤者。

＊【1740】一、商人在沿海地方递运铁斤，交卖商、渔船只，为从者。

＊【1884】一、沿海地方商民，将铁斤及废铁、铁货，并红、黄铜器、铜斤，卖与外国及海边贼寇，为从者。

＊【1740】一、奸徒偷运米谷潜出外洋，接济奸匪，为从者，及知情不首之船户。

＊【1884】一、奸徒将米、谷、豆、麦、杂粮偷运外洋，接济奸匪，为从者，及知情不首之船户。

＊【1740】一、私开鸦片烟馆，引诱良家子弟，为从者。

＊＊【1884】一、奸豪势要，及军民人等，私造海船，带违禁货物下海，前往番国买卖，潜通海贼，及为向导劫掠良民者，其父兄、伯叔与弟知情分赃。

宰杀马牛例

＊【1725】一、盗牛再犯及窝家知情分赃者。〇盗牛十双以上，窝家知情分赃者。

【1740】〇删除

＊【1740】一、杀自己牛，并故杀他人牛，计只重于本罪者，罪止杖一百，流三千里。

＊【1884】一、宰杀耕牛，私开圈店，及贩卖与宰杀之人，若计只重于本罪者，照盗牛例治罪，免刺，罪止杖一百、流三千里。

＊【1740】一、宰杀堪用马至三十四者。

＊【1884】一、开设汤锅，宰杀堪用马至三十匹者。

递送公文例

＊【1790】一、军营来往文移、札禀，有关军需粮饷、调遣兵马，及升调参革官员等项，台站书吏人等私自拆开者。

＊【1884】一、军营来往文移、札禀，有关军需粮饷，调遣兵马，及升调参革官员等项钉封，如台站书吏人等私自折阅者。

刑　例

谋叛例

＊【1725】一、异姓人歃血订盟,焚表拜弟兄,为从者。

【1790】○修改

【1790】一、异姓人歃血订盟,焚表拜弟兄,为从者。○无歃血盟誓、焚表情事,止序齿结拜弟兄,聚众至四十人以上,为从者,四十人以下二十人以上,为首者。

＊【1884】一、异姓人歃血订盟,焚表结拜弟兄,为从者。○无歃血盟誓、焚表情事止序齿结拜弟兄,聚众至四十人以上,为从者,及四十人以下二十人以上,为首者。○年少居首,并非依齿序列,聚众未及四十人,为从者。

造妖书妖言例

＊【1725】一、坊肆淫词小说,军民造作刻印者。

＊【1725】一、各省抄房军民,在京探听事件,捏造言语,录报各处者。○贵近大臣家人子弟,滥交匪类,前项事发者。

盗园陵树木例

＊＊【1884】一、奸徒知情私买他人盗卖坟树,犯至三次,已伐者。

＊＊【1884】一、盗砍他人坟树,犯案至三次,计赃银不及十两、钱不及十千者。

＊＊【1884】一、私入红桩火道,起意在内偷牲,遗失火种,以致延烧殿宇墙垣,为从者。

＊＊【1884】一、旗民人等,在红桩以内,偷挖人参二十两以上,为从者。○在红桩以外,白椿以内,偷挖人参十两以下,为首者。○兵弁受贿故纵者。○红桩、白椿以内偷挖人参五十两以上案内,知情贩卖者。

监守自盗仓库钱粮例

＊【1725】一、犯死罪之侵那等赃,二次限内全完者。

【1768】○删除

＊【1768】一、监守盗仓库钱粮入已自,六百六十两至一千两者。

＊【1884】一、监守盗仓库钱粮入已,自六百六十两以上至一千两者。○一千两以上拟斩,二年限内全完者。

常人盗仓库钱粮例

＊【1768】一、窃匪穿穴壁封,盗仓库钱粮至九十五两者。

*【1884】一、窃盗仓库钱粮并饷鞘银两,九十五两至一百两以上,为从者。

* *【1884】一、京城守城兵丁,由城上钓搧偷窃仓米,未经得赃,为首者。○赃至一百石以下,为从者。○常人串通兵丁偷窃者。○该班官员,故纵徇隐者。

强盗例

*【1725】一、强盗若止伤人而未得财,为从者。

*【1884】一、强盗未得财又未伤人,为从者。

*【1725】一、响马强盗,白日邀劫道路,伤人不得财,为从者。

*【1884】一、响马强盗,执有弓矢、军器,白日邀劫道路,未得财又未伤人,为从者。

*【1725】一、奸豪凭空捏报强劫,陷害平人,讹诈官役者。

*【1884】一、奸豪凭空捏报盗劫,借以陷害平人,讹诈官役者,加徒役三年。

*【1740】一、诬窃为盗并无拷逼情事,或该犯自行诬服,并因别故收禁因而监毙者,诬拿之人,仗一百。

*【1884】○删除

*【1768】一、造意为首之盗脱逃,有应免死之伙盗,供出逃匿所在即行拿获者。

*【1884】一、造意为首之盗脱逃,系例应免死减等之伙盗,供出逃匿地方,一年限内拿获者。

*【1768】一、应拟斩决强盗之同居父兄、伯叔与弟知情而又分赃者。

*【1768】一、情有可原之伙盗,年止十五岁以下,被人诱胁随行上盗者。

*【1768】一、免死减等发遣盗犯欺凌平人,将伊殴打毙命之平人。

*【1884】一、免死减等发遣盗犯,无故欺陵平人,经平人殴打毙命者。

*【1790】一、官员抑勒讳盗,苦累事主刑伤至笃疾者。

* *【1884】一、用药迷人尚未得财案内,随行为从者。

* *【1884】一、窃盗拒捕,刃伤事主,罪应拟绞之犯,如闻拿畏惧,将原赃送还事主,确有证据者。

* *【1884】一、窃盗弃财,与未得财逃走,或伙贼携赃先遁,后逃之贼被追拒捕,及护伙拒捕杀人案内,为从未经帮殴成伤者。○其伤人未死,如刃伤及折伤以上,为从者。

* *【1884】一、恭遇御驾驻跸圆明园及巡幸之处,若有匪徒偷窃附近仓廒官廨,拒伤官并兵丁,相距宫墙一里以内,伤非金刃,伤轻平复,为从者。○如一里以外、三里以内,刃伤及折伤以上,为从者。○伤非金刃伤轻平复,为首者。

* *【1884】一、放火烧人空房及田场积聚等物之强盗自首者。

劫囚例

* *【1884】一、官司差人捕获罪人,如有尊长率领卑幼,家长率领奴仆、雇工殴

差夺犯并杀死差役一命,案内随从之卑幼、奴仆、雇工曾经杀伤人者。○杀死差役非一家二命以上,案内为从帮殴伤轻者。

* *【1884】一、官司差人捕获罪人,聚众中途打夺,并未伤人案内,为从者。

* *【1884】一、官司差人捕获罪人,仅止一二人中途打夺,无论有无伤差,为首者。

白昼抢夺例

*【1725】一、聚众伙谋抢夺路行妇女,知情故买者。○抢夺人犯之主,知情不首者。

【1740】○修改

【1740】一、聚众伙谋抢夺路行妇女,知情故买者。○其抢夺人犯之主,知情不首者,照知情故买治罪。

*【1884】○删除

*【1725】一、粮船水手伙众十人以上,执持器械抢夺,为从者。

*【1768】一、出哨兵弁,如见船覆溺,虽抢取货物伤人,未至毙命,不计赃,为首者。

*【1884】一、出哨兵弁,乘危捞抢财物,除应斩决及枭示不准自首外,其应斩候、绞候,闻拿投首者。

* *【1884】一、抢夺财物,如有聚至十人以上,及虽不满十人,但经执持器械,倚强肆夺,果有凶暴众著情事,为从者。

窃盗例

*【1725】一、窃盗已经改过,伙贼仍挟制强逼,同窃将强逼之人杀死未首事发者。○若良民被挟入伙,同行并未得赃,将挟制人杀死,为首者。

【1740】○删除

*【1740】一、窃盗三犯,赃银不及十两钱、不及十千者,俱杖一百。

*【1884】一、窃盗三犯,银不及十两钱,不及十千者。

*【1740】一、捕役勾通窃贼,坐地分赃,豢窃至三、四名者,杖一百。

【1768】○删除

*【1790】一、窃盗逃走拒捕杀人案内为从,虽曾拒捕,或亦持杖,而未经帮殴成伤者。

*【1884】○删除

*【1790】一、两广、两湖及云贵等省匪徒,明知窃情,逼令事主出钱赎赃,尚无贪图分肥,但经得赃者。

* *【1884】一、窃盗得免并计后,三犯拟流,复遇赦,累减释放,如再犯窃者。

盗马牛畜产例

*【1725】一、偷盗官马三匹以上者。〇窝主及牧马人役自行盗卖者。

*【1740】一、盗牛十只以上者,杖一百。〇窝家知情分赃者。

*【1884】一、盗牛十只以上,及窝家知情分赃者。〇盗牛二十只以上,及二十只以下,计至一百二十两以上之窝家,知情分赃者。

*【1768】一、民人为从偷窃行围巡幸地方马匹,五匹以上者。〇及知情故买之民人。

*【1884】一、民人为从偷窃行围巡幸地方马匹,五匹以上者。〇知情故买者。

* *【1884】一、察哈尔等处牧厂偷卖在官牲畜,至十匹以上,知情故买之民人。

盗田野谷麦例

*【1725】一、财主并率领头目一人名下,所放之人不满百名,所收之参不满五百两者。

【1740】〇删除

*【1740】一、旗民越度禁约山河,偷采人参,所放之人不满百名,所收之参不满五百两者,为首之犯,杖一百。

【1768】〇删除

*【1768】一、刨参贼犯逗留已过三冬,若并无财主各出资本,及受雇偷采或只身潜往得参者。

*【1884】〇删除

*【1768】一、领票工人内,如有偷窃领票商人之参者。

*【1884】〇删除

*【1768】一、打珠人等,私藏珠子,不行交官者。

*【1790】一、盛京威远堡南至凤凰城边外山谷围场处所,拿获身为财主,雇倩多人伐木属实者。

*【1884】一、盛京威远堡南至凤凰城边外山谷附近围场处所,拿获偷伐木植、偷打鹿只人犯,审系身为财主,雇倩多人者。

* *【1884】一、旗民偷刨人参,身充财主,雇人刨采,人数至四十名以上,未得参者。

亲属相盗例

* *【1884】一、各居无服亲属,素有周恤,或托管田产经理财物,不安本分,肆窃肥己,赃至满贯者,尊长。

恐吓取财例

＊＊【1884】一、刁徒无端肇衅,平空讹诈,欺压乡愚,致被诈之人自尽,及拷打致死,为从者。

略人略卖人例

＊【1740】一、窝隐川贩止知情,未经分赃,为首者,杖一百。

＊【1884】一、窝隐川贩,但止知情窝留,未经分赃,为首者。

＊【1740】一、略卖海外番仔之内地民人,不分首从,杖一百。

＊【1768】一、贵州地方有外来流棍,勾通本地棍徒,将荒村居住民、苗人户和同诱拐往川,不论已卖、未卖,但起行在途,为从者。

＊【1884】一、贵州及云南、四川地方,有外来流棍,勾通本地棍徒,将荒村居住民、苗人户,和同诱拐往川,不论已卖未卖,但起行在途,为从者。

＊【1768】一、兴贩妇人子女转卖与他人为奴婢者。

＊＊【1884】一、诱拐妇人子女,或典卖,或为妻妾、子孙,不分良人、奴婢,被诱之人,若不知情,为从者。

＊＊【1884】一、和卖期亲尊长者。

发冢例

＊【1768】一、非其子孙,又非实有确据之前人古冢,因土墩见人埋葬,辄称伊远祖坟墓,伙告伙证,陷害无辜,为首者。

＊【1884】一、非其子孙,又非实有确据之前人古冢,但因有土墩,见人埋葬,辄称伊远祖坟墓,勾引匪类,伙告伙证,陷害无辜,为首者。

＊【1790】一、将尊长、卑幼尸柩于他人田园山场内,侵犯盗葬,致被地主发掘弃毁者。〇唆令之地师、讼师。

＊＊【1884】一、盗葬之人,侵犯他人坟冢,如因盗葬后,被地主发掘弃毁,无论所葬系尊长及卑幼尸柩。〇唆令盗葬之地师、讼师。

＊＊【1884】一、以他骨暗埋,预立封堆,伪说荫基,审系恃强占葬者。〇如审系地师教诱者。

＊＊【1884】一、愚民惑于风水,擅称洗筋、检筋名色,将已葬父母及五服以内尊长骸骨发掘检视,占验吉凶,帮同洗检之人。

＊＊【1884】一、殴、故杀人案内,如余人起意毁弃及埋尸灭迹者。〇若格捕致死奸、盗贼犯,如格杀之后,有怀挟仇恨,逞凶残毁,投弃水火,割剥损伤者。

盗贼窝主例

＊【1725】一、强盗窝主,虽不行,又不分赃,但知情存留二人者。

＊【1884】一、强盗窝主，若非造意，又不同行分赃，但知情存留二人者。

＊【1768】一、窝线不上盗，又未得财，但为贼探听事主消息，通线引路者。

共谋为盗例

＊＊【1884】一、共谋为强盗，伙犯临时因病及别故不行，事后分赃。

谋杀人例

＊【1740】一、谋杀人已行，其人知觉奔逃，迫于凶悍，当时失跌身死，为从者，杖一百。

＊【1884】○修并

＊【1768】一、伤人未死而已得财，不行而分赃者。

＊【1884】一、图财害命，未得财杀人，从而不加功者。○伤人未死已得财，从而不加功者。○未得财伤人，从而加功者。

＊【1768】一、谋杀人已行其人知觉奔逃，虽未受伤，因谋杀奔脱，死于他所，造意者。

＊【1884】一、谋杀人已行，其人知觉奔逃，虽未受伤，因谋杀奔脱，死于他所，造意者。○若其人迫于凶悍，当时失跌身死，为从者。

＊＊【1884】一、将十岁以下幼孩，逞忿谋杀，其从而不加功者。

谋杀祖父母父母例

＊【1790】一、他人起意，本夫听从加功谋、故杀妻者。

＊【1884】一、夫谋杀妻之案，系他人起意，本夫仅止听从加功者。

杀死奸夫例

＊【1725】一、奸夫因奸谋杀本夫，伤而不死者。

【1790】○删除

＊【1768】一、本夫登时捉奸，误杀旁人，脱逃之奸夫。

＊【1884】一、本夫登时捉奸，误杀旁人，奸夫当时脱逃者。除本夫拟绞外，将奸夫。

＊【1790】一、男子拒奸杀人，当场见证确凿，及死者生供有据，或尸亲供认可凭者。

＊【1884】一、男子拒奸杀人，如死者年长凶犯十岁以外，而又当场供证确凿，及死者生供足据，或尸亲供认可凭，凶犯年在十六岁以上，非登时而杀者。○死者虽无生供，年长凶犯十岁以外，确系拒奸，或年长虽不及十岁，而拒奸供证，及死者生供或尸亲供认可凭，凶犯年在十五岁以下，非登时而杀者。

＊【1790】一、有服尊长奸卑幼之妇,本夫捉奸杀死奸夫,照律拟罪,奉旨敕下九卿定拟末减,系功服者。

＊【1884】一、本夫捉奸杀死犯奸有服尊长之案,如杀系本宗功服尊长,照律拟罪,夹签声明,奉旨敕下九卿核减者。

＊【1790】一、妇女与人通奸,悔过拒绝后,被逼奸,将奸夫杀死者。

＊【1884】一、妇女和奸之后,悔过拒绝,确有证据,后被逼奸,将奸夫杀死者。

＊＊【1884】一、本夫奸所获奸,非登时将奸妇杀死,奸夫到官供认不讳,确有实据者,奸夫。

＊＊【1884】一、奸夫自杀,其夫奸妇虽不知情,而当时喊救,与事后首告,将奸夫指拿到官,尚有不忍致死其夫之心,照律定拟,法司夹签,请旨减等者。

＊＊【1884】一、本夫纵容抑勒妻妾与人通奸,被妻妾起意谋杀,伤而未死,加功之奸夫。

＊＊【1884】一、本夫、本妇有服亲属捉奸,登时杀死奸妇者,奸夫。

＊＊【1884】一、妇女拒奸杀人之案,若捆缚复殴,或按倒叠殴,杀非登时者,所杀系调奸罪人。

＊＊【1884】一、本宗缌麻、外姻功缌尊长强奸卑幼之妇未成,被本夫、本妇登时忿激致毙,依律问拟,法司随案核减者。

＊＊【1884】一、妇女被人调戏,或与人通奸,其本夫及有服亲属擅杀调戏罪人及奸夫,应拟绞抵,如本妇、奸妇畏累自尽者,将擅杀之犯。

＊＊【1884】一、本夫、本妇有服亲属捉奸,杀死犯奸尊长之案,如登时杀死本宗缌麻及外姻功缌尊长,照律拟罪,夹签声明,奉旨敕下九卿核减者。

造畜蛊毒杀人例

＊＊【1884】一、以毒药毒鼠、毒兽,若在人常经过处所置放,因而杀人者。

斗殴及故杀人例

＊【1768】一、共殴下手绞犯于未决之前,遇有原谋助殴重伤之人监毙与解审病故者。

【1790】○修改

【1790】一、共殴下手应拟绞抵人犯,于未决之前,遇有原谋助殴重伤之人监毙与解审病故者。

＊【1884】一、共殴案内下手应拟绞抵人犯,遇有原谋,及共殴余人内殴有致死重伤之人,因本案畏罪自尽,及未结之前,监毙在狱,与解审中途病故者,将下手应绞之人。

＊【1768】一、两家互殴致死一命,其律应拟抵之正凶当时被死者,无服亲属殴死

其殴死凶手之人。

＊【1884】一、两家互殴致死一命，其律应拟抵之正凶当时被死者无服亲属殴死，将殴死凶手之人。

＊＊【1884】一、同谋共殴人致死，如被纠之人殴死其所欲谋殴之父母、兄弟、妻女、子孙，及有服亲属，其起意纠殴之犯，不问共殴与否。

＊＊【1884】一、同谋共殴，致毙二命非一家者，原谋从一科断。〇如原谋在监在途病故，及因本案畏罪自尽，将下手应绞之犯。

＊＊【1884】一、纠众互殴致毙二三命以上案内，执持金刃器械伤人之余人，如有辗转纠人，数至五人以上者，无论曾否伤人。

＊＊【1884】一、广东省纠众谋殴致毙人命之案，倘纠往之人，被彼造致毙，无论死者人数多寡，及彼造有无原谋，将此造起意纠往之人。

＊＊【1884】一、广东、福建二省械斗案内，如有将宗祠田谷贿买顶凶，构衅械斗，族长不能指出敛财买凶之人者，照共殴原谋例杖、流，按致死人数，每一人加一等，罪止改发极边烟瘴充军。

戏杀误杀过失杀伤人例

＊【1768】一、因戏而误杀旁人者。

【1790】〇删除

＊＊【1884】一、疯病杀人之案，如有假疯妄报，除凶犯按律治罪外，将知情捏报之地方邻佑、亲属人等。

＊＊【1884】一、民人向城市及有人居住宅舍施放枪箭、打射禽兽，不期杀人者。

＊＊【1884】一、谋杀人误杀旁人，其下手伤重致死，及知情买药者。

＊＊【1884】一、谋杀人而误杀其人之祖父母、父母、妻女、子孙一命案内从犯。

＊＊【1884】一、因殴子而误伤旁人致死者。

弓箭伤人例

＊＊【1884】一、鸟枪、竹统，向城市及有人居住宅舍施放，误伤人因而致死者。

庸医杀伤人例

＊＊【1884】一、端公道士，及一切人等，作为异端法术，医人致死，为从者。〇医人未致死，为首者。

威逼人致死例

＊【1740】一、乡村愚民出语狎亵，致本妇羞忿自尽者，杖一百。

＊【1884】一、村野愚民，本无图奸之心，不过出语亵狎，本妇一闻秽语，即便轻

生者。

＊【1768】一、妇人因奸有孕,与奸夫商谋用药打胎,以致堕胎身死之奸夫。

＊【1884】一、妇人因奸有孕,畏人知觉,与奸夫商谋用药打胎,以致堕胎身死者,奸夫。

＊【1768】一、奸夫与奸妇因奸败露,商谋同死,奸妇当即殒命,奸夫业经自戕,因人救阻,医治伤痊,实有确据者。

＊【1884】一、奸夫与奸妇因奸情败露,商谋同死,奸妇当即殒命,奸夫业经自戕,因人救阻医治伤痊,实有确据者。

＊【1790】一、因他事与妇女角口,彼此詈骂,妇女一闻秽语,气忿轻生者。

＊【1884】一、因他事与妇女角口,彼此詈骂,妇女一闻秽语,气忿轻生,及并未与妇女见面相谑,止与其夫及亲属互相戏谑,妇女听闻秽语,羞忿自尽者。

＊【1790】一、并未与妇女觌面,止与其夫及亲属互相戏谑,妇女听闻秽语,羞忿自尽者。

＊【1884】○修并

＊＊【1884】一、调奸妇女未成,业经和息之后,如有因人耻笑其夫与父母亲属,及本妇复追悔抱忿自尽,致死一命者,调奸之犯。

尊长为人杀私和例

＊【1790】一、祖父母、父母被杀,子孙受贿私和者,无论赃数多寡。

＊【1884】一、祖父母、父母及夫若家长被杀,子孙及妻妾、奴婢、雇工人受贿私和者,无论赃数多寡。

斗殴例

＊【1740】一、沿江滨海有持枪执棍,混行斗殴为首,及鸣锣聚众之犯,杖一百。

＊【1884】一、沿江滨海有持枪执棍,混行斗殴,将两造为首及鸣锣聚众之犯。

＊＊【1884】一、各省械斗及共殴之案,如有自称枪手,受雇在场帮殴者。

保辜限期例

＊【1768】一、斗殴伤人,辜限内不平复,延至限外,若手足、他物、汤火伤,限外十日之内,折跌肢体、破骨、堕胎,限外二十日之内,因本伤身死,奏请定夺。

＊【1884】一、斗殴伤人,辜限内不平复,延至限外,若手足、他物、金刃、汤火伤,限外十日之内,折跌肢体及破骨、堕胎,限外二十日之内,果因本伤身死者,奏请定夺。

＊【1768】一、原殴伤轻不至于死,越数日后,因伤风身死者,殴打之人。

＊【1884】一、原殴并非致命之处,又非极重之伤,越五日因风身死者,将殴打之

人。○如当致命之处而伤轻，或伤重而非致命之处，因风身死在十日以外者。

宫内忿争例

＊＊【1884】一、行营地方管辖声音帐房以内，金刃自伤，及手足他物伤人者。○在管辖声音帐房以外、卡门以内，金刃伤人者。

＊＊【1884】一、常人在各处当差，及各官跟役，并内务府各项人役、苑户、钦工匠役等，在紫禁城内，暨圆明园大宫门、大东、大西、大北等门，及西厂等处地方，并各处内围墙以内，金刃自伤，及手足、他物伤人者。○在紫禁城午门以外，大清门以内，暨圆明园大宫门、大东、大西、大北等门以外，鹿角木以内，金刃伤人者，俱枷号三个月。

殴受业师例

＊【1768】一、僧尼、道士因弟子违犯教令，殴责至死者。

＊【1884】○删除

良贱相殴例

＊【1725】一、初次递回原籍之犯，在地方生事，与人斗殴，致被殴毙下手者。

【1740】○删除

奴婢殴家长例

＊【1790】一、民人殴死族中奴婢者。

＊【1884】一、家长之缌麻亲属，殴死赎身奴婢者。○殴杀族中无服亲属之奴婢，及奴婢之子女者。

＊＊【1884】一、家长未生子女之妾，殴死隶身服役之婢女者。

同姓亲属相殴例

＊【1725】一、族中凶悍不法，偷窃奸宄之人，呈官惩治，尚复怙恶不悛者。○倘族人不法，罪不至死，事起一时，合族公愤，不及鸣官，处以家法，因而身死，为首者。

【1740】○删除

殴大功以尊长例

＊【1768】一、卑幼殴缌麻尊长，于辜限外身死，按其所殴伤罪在徒、流以下者。

＊【1884】一、卑幼殴伤缌麻尊长尊属，若在余限外身死，按其所殴伤罪在徒、流以下者。

＊＊【1884】一、卑幼共殴本宗、外姻缌麻以上尊长、尊属，致成笃疾案内，听从帮殴之有服卑幼，不分服之亲疏，如仅止手足、他物轻伤者。

＊＊【1884】一、听从下手殴本宗小功、大功兄姊及尊属,审系迫于尊长威吓,勉从下手,邂逅致死者。○听从下手殴死缌麻尊长、尊属者。

殴期亲尊长例

＊＊【1884】一、期亲弟妹殴死兄姊之案,如死者淫恶蔑伦,复殴詈父母,经父母喝令殴毙,仍照律拟罪,法司随本改拟者。

父祖被殴例

＊【1725】一、祖父母、父母为人所杀,本犯拟死,后或遇赦免,子孙报仇,仍复擅杀者。

＊【1884】一、祖父母、父母为人所杀,凶犯虽经到官拟抵,或遇赦减等,发配后潜逃回籍,致被死者子孙擅杀者。

＊＊【1884】一、人命案内,如有祖父母、父母及夫被人殴打,实系事在危急,救护情切,因而殴死人者,声明减等,候旨定夺。

＊＊【1884】一、父母被卑幼殴打,实系事在危急,救护情切,因而殴死卑幼,罪应绞候者。

投匿名文书告人罪例

＊＊【1884】一、恶徒不知国家事务,捏造悖谬言词,投贴匿名揭帖,知而不首者。

＊＊【1884】一、驻防旗人与民人奸匪交结,起意捏写匿名揭帖,倾陷平人,为从之民人。

诬告例

＊【1725】一、挟仇诬告人谋死人命,致尸遭蒸检,为从者。

＊【1740】一、期亲以上尊长诬告人谋死人命,致蒸检卑幼身尸者。

【1790】○删除

＊【1740】一、控告人命,有诬告情弊者。○如有教唆情弊。

＊【1884】一、控告人命,如有诬告情弊者。○如有教唆情弊,将教唆之人。

＊【1768】一、子孙误执伤痕,将祖父母、父母死尸告官蒸检者。

＊【1884】一、子孙将祖父母、父母死尸,诬告他人谋害,并非挟仇,止以误执伤痕告官,蒸检者。○期亲以上尊长,按律不应抵命,诬告人谋死人命,致蒸检卑幼身尸者,其余亲属尊长律有应抵之条,诬告致蒸检卑幼之尸,及卑幼诬告致蒸检尊长之尸,若并非挟仇,止以误执伤痕,告官蒸检者。

＊【1790】一、捕役诬窃为盗,并无拷逼情事,或该犯自行诬服,并因别故收禁,因而监毙者。

＊【1884】一、捕役诬窃为盗，并无拷逼情事，或该犯自行诬服，并别故例应收禁，因而监毙者。

＊【1790】一、律应抵命之亲属、尊长及卑幼，审非挟仇诬告，止以误执伤痕告官蒸检者。

＊【1884】〇修并

＊＊【1884】一、奸徒串结衙门人役，假以上司察访为由，诈骗财物，计赃逾贯，及虽未逾贯，被诈之人因而自尽，为从者，如系拷打致死，为从者。

＊＊【1884】一、诬良为窃，止空言捏指，并未诬告到官，亦无捆缚吓诈逼认情事，死由自尽者。〇疑贼致毙人命之案，捆缚拷打，致令自尽者。

子孙违犯教令例

＊【1725】一、子贫不能营生养赡其父，因致其父缢死者。

＊【1884】一、子贫不能营生养瞻父母，因致父母自缢死者。

＊＊【1884】一、祖父母、父母教令子孙，并子孙之妇犯奸、犯盗后，因发觉被人殴死，或谋故杀害者，将犯奸盗之子孙，及子孙之妇。

教唆词讼例

＊【1768】一、坊肆刻印讼师秘本，如《惊天雷》《相角》《法家新书》《刑台秦镜》，一切构讼之书，撰造、刻印者。

＊【1884】一、坊肆撰造刻印讼师秘本，一切构讼之书者。

官吏受财例

＊【1740】一、官吏因事受财，贪婪入己，果于一年限内全完之死罪。

＊【1884】〇删除

＊【1790】一、白役诈赃逼命案内之正役，仅止知情同行，并无吓逼情事者。

＊【1884】一、白役诈赃逼命之案，若正役仅止知情同行，并无吓逼情事者。

＊＊【1884】一、内外大小衙门蠹役，恐吓索诈贫民，计赃一百二十两，为从者。如吓诈致毙人命，及拷打身死，为从者。

＊＊【1884】一、官吏因事受财入己，审明不枉法及准枉法、不枉法论等赃，死罪二年、三年限内全完者。

＊＊【1884】一、各衙门差役逼毙人命之案，讯无计赃情事，但经借差倚势，凌虐吓逼，致令忿迫轻生，为首者。〇差役子侄、亲属，私代办公，逼毙人命，讯系诈赃起衅，为从者。

在官求索借贷人财物例

＊【1725】一、苗、蛮、黎、獞并改土归流地方，如该管官有骚扰逼勒、科派等弊，犯

该徒三年者。

【1740】○删除

伪造印信历日等例/伪造印信时宪书等例

*【1725】一、盗用督抚、提学、兵备、屯田、水利等官钦给关防,未施行,为首者。○盗及弃毁伪造,为从者。

*【1884】一、盗及弃毁、伪造督抚、提学、兵备、屯田、水利等官钦给关防,为从者。

*【1725】一、伪造诸衙门印信及钦给关防,事关军机钱粮,假官大干法纪,造而未行者。○止图诓骗财物数多,为从者。○诓骗财物无多之为首雕刻者。

*【1884】一、伪造诸衙门印信及钦给关防,事关军机钱粮,假冒职官,造而未成者。○若止图诓骗财物数多,为从者。○诓骗财物,银不及十两、钱不及十千,为首雕刻者。

*【1740】一、各衙门吏役伪造本官印信,诓骗财物,其倩人雕刻银不及十两钱,不及十千者。

【1768】○删除

*【1740】一、图利小贩照官板式样翻刻时宪书,发卖用黄丹涂饰印信之状,并无雕刻描摸篆文,为首者。

【1768】○删除

*【1768】一、伪造假印,若仅受些微价值代为私雕,并无同谋分赃者。

*【1884】○删除

私铸铜钱例

*【1725】一、毁化小制钱为从,枷号一个月。○毁化为首之房主及邻佑,知情不拿获举首者。

【1740】○修改

【1740】一、毁化小制钱,为从者。○房主及邻佑,知情不拿获举首者。

【1768】○删除

*【1725】一、倾锡锞充假银货卖者,枷号一个月。

*【1884】○删除

*【1740】一、官船户夹带私钱者,杖一百。

【1768】○删除

*【1740】一、私铸如受些微雇,值挑水、打炭、烧火及停工,散局后贪其价贱,偶为买使者。

【1768】○删除

*【1740】一、方造私铸器具,尚未铸钱起意为首,并同伙商谋之人。

*【1884】一、方造器具,尚未铸钱,被获,将起意为首,并同伙商谋之人。

*【1740】一、私铸之本犯问拟斩绞,其同居父兄、伯叔与弟知情分利者。

*【1740】一、将大制钱剪边打造烟袋等物货卖剪边至十千文以上,为从者。

【1768】○删除

*【1740】一、将铜、铁、锡、铅药煮伪造假银,骗人行使,为从及知情买使者,系民,枷号两个月。

*【1768】一、私造铅钱为从,及知情买使者。

*【1884】一、私铸铅钱,十千文以上为从,及知情买使者。○私铸钱未成,起意为首者。

*【1768】一、私造铅钱十千文以上,为从及知情行使者。

*【1884】○修并

*【1768】一、销毁制钱,房主、邻佑、总甲人等,知情不首告,并未分赃者。

*【1884】一、销毁制钱,及将制钱翦边图利,其房主、邻佑、总甲、十家长等知情不首告,并未分赃者。

*【1790】一、私铸铅钱未成,为首者。

*【1884】○修并

* *【1884】一、奸徒假借前代古钱名色私铸为从,及知情买使者。

诈假官例

*【1768】一、伪造凭札,并将有故官员凭札,卖与他人,及买受凭札,冒名赴任之知情说合者。

诈称内使等官例

* *【1884】一、诈充各衙门差役,假以差遣访事,缉捕盗贼,妄拿平人,搜查客船,吓取财物,计赃逾贯,及虽未逾贯,而被诈之人因而自尽,为从者。○拷打致死,及殴故杀被诈之人,为从者。

诈教诱人犯法例

* *【1884】一、游手好闲,不务本业之流,自号教师,演弄棒教人,及轮叉舞棍,遍游街市,射利惑民者。

犯奸例

【1740】一、强行鸡奸未成者。

* *【1884】一、恶徒将良人子弟强行鸡奸,未成者。

＊＊【1884】一、伙谋轮奸未成,为从者。

＊＊【1884】一、轮奸已经犯奸妇女已成,为从同奸者。○因而杀死本妇为从,并未同奸又未下手者。○如致本妇自尽,同谋未经同奸余犯。○轮奸未成,为首者,因而杀死本妇,如系谋杀,从而不加功者。

亲属相奸例

＊＊【1884】一、亲属和奸,律应死罪者,若调奸未成。

买良为娼例

＊【1768】一、窝顿土娼再犯者。

＊【1884】一、无藉之徒,及生监、衙役、兵丁窝顿娼妓,引诱局骗,及得受窝倡之家财物,挺身架护,如系再犯者。

赌博例

＊【1725】一、再犯开场引诱赌博,放头、抽头者。

【1740】○修改

【1740】一、民人将自己银钱开场诱赌,经旬累月,聚集无赖,放头、抽头,再犯者。

阉割火者例

＊【1790】一、诓骗、强勒阉割,已伤未至死者。

＊【1884】一、诓骗强勒阉割者。

＊【1790】一、畏罪情急,起意阉割,因而致死,其受雇代倩下手之人。

＊【1884】一、私自净身人犯,系畏罪情急,起意阉割,因而致死,其受雇代倩下手阉割之人。

放火故烧人房屋例

＊【1740】一、故烧孤村旷野并不毗连民居之空闲房屋,及田场积聚之物,为首者,枷号两个月。○谋财放火,随即救熄,尚未延烧之,为从商谋下手燃火者。

＊【1884】一、恶徒谋财放火,随即救熄,尚未烧毁,为从商谋下手燃火者。○若图财挟仇,故烧空地闲房及场园堆积柴草等物,为首者,枷号两个月。

罪人拒捕例

＊【1768】一、捕役受人贿嘱,将罪人致死,从而不加功者。

＊【1790】○删除

＊【1884】○修复

＊【1884】一、捕役受人贿嘱，将罪人致死，从而不加功者。

＊＊【1884】一、图奸未成，罪人被本妇之子非登时杀死者。

狱内脱监及反狱在逃例

＊【1768】一、流罪人犯越狱脱逃，原犯流二千里者。

【1790】○删除

＊【1790】一、在狱囚犯并无预谋纠伙情事，仅一二人潜行越狱逃脱，原犯杖、笞，为从者。

＊【1884】一、犯罪囚禁，潜行越狱脱逃，若仅止一二人犯，并无预谋、纠伙情事，原犯杖、笞，为从者。

徒流人逃例

＊【1725】一、徒犯年限满日，交原籍地方官管束，不许出境。倘有私自出境，及在本处生事者。

【1740】○删除

＊【1768】一、流罪人犯，如有中途在配脱逃，原犯流二千五百里者，加枷号两个月。

＊【1884】一、流罪人犯，如有中途在配脱逃被获，原犯流二千五百里者。

主守不觉失囚例

＊【1768】一、长解疏脱斩绞重犯，限内无获，审无贿纵别情者。

＊【1884】删除

＊【1768】一、押解新疆人犯之解送官兵人役，如系疏纵，一年限满无获，为从情轻之犯。

＊【1884】删除

＊＊【1884】一、监犯越狱，如狱卒并无受贿，审系徇情松放狱具，或托故擅离，或倩人代守，防范疏懈，乘间潜逃者，与囚同罪，至死者。

＊＊【1884】一、押解发遣人犯，中途脱逃，系免死减等盗犯，有心贿纵，与囚同罪，至死者。

＊＊【1884】一、解审斩、绞重犯，在途开放锁镣，以致脱逃，本犯未获，如无贿纵情弊者。○其未开放锁镣，但违例雇替，托故潜回，无故先后散行，止任一人押解，以致脱逃者，将违例雇替潜回散行之解役。○依法管解，偶致疏脱，一年限内无获之长解。

故禁故勘平人例

＊【1768】一、奸徒挟仇，诬告平人，官吏知情受嘱拷讯致死之官吏。

＊【1884】一、如有奸徒挟仇诬告平人,官吏知情,受其嘱托,因而拷讯致死者,官吏。

凌虐罪囚例

＊【1725】一、递解人犯,中途患病,原解报明所在官司,验明出结。若未取结,在途身死三名以上者。

【1740】○删除

＊【1725】一、官员擅取病呈致死监犯,狱官、禁卒人等听从指使,未曾下手者。

＊【1725】一、问刑衙门,不许于狱内擅用匣床,违者。

【1768】○修改

【1768】一、问刑衙门,不许于狱内擅用匣床,违者,官革职,杖一百。

＊【1884】一、问刑衙门,不许于狱内用匣床,违者,官革职。

＊【1725】一、狱卒受罪人仇家贿嘱,谋死本犯,为从不加功者。

有司决囚等第例

＊＊【1884】一、戏杀、误杀问拟绞候,缓决一次者。

工　例

盗决河防例

＊＊【1884】一、故决、盗决山东、河南等处,并徐、邳一带滨河各湖堤岸,及临河大堤,过水漂没他人田庐,因而杀人,为从者,枷号一个月。

发遣/发配①

名例例

应议者犯罪例

＊＊【1884】一、宗室觉罗二次犯流,或一次犯徒、一次犯军,或三次犯徒者,均实发盛京。○二次犯徒、一次犯流,或一次犯流、一次犯军者,均实发吉林。○二次犯军,或三次犯流,或犯至遣戍之罪者,均实发黑龙江。

＊＊【1884】一、宗室觉罗人等,告讦不干己事,妄捏干己情由耸准,质审仍系讹诈,无论诈赃多寡、已未入手,但经商谋捏控,实发吉林。

犯罪免发遣例

＊【1768】一、旗人殴死有服卑幼,罪应杖流折枷,情节惨忍者。○旗员中诬告讹诈,行同无赖,不顾行止者。

＊【1884】一、旗人殴死有服卑幼,情节惨忍,及旗员中诬告讹诈,行同无赖,不顾行止者,均发往黑龙江、三姓等处。

＊【1790】一、在京满洲、蒙古、汉军及外省驻防,并盛京、吉林等处屯居之无差使旗人,实系寡廉鲜耻、有玷旗籍者。

＊＊【1884】一、八旗满洲、蒙古、汉军家奴,犯军、流罪者,酌发驻防为奴。

＊＊【1884】一、旗人窝窃、窝倡、窝赌,及诬告讹诈,行同无赖,不顾行止,并棍徒扰害,教诱宗室为非,造卖赌具,代贼销赃,行使假银,捏造假契、钱票,一切诓骗诈欺,及诱拐、强奸、亲属相奸,犯该遣罪者。○八旗满洲、蒙古奴仆有犯,罪应军、流者,发驻防为奴。

流囚家属例

＊【1768】一、蒙古人犯例应佥遣之妻子,其随从本夫者,照例交与河南、山东驿地当差,如本犯已经正法,其妻子单行发遣者,将该犯等酌发南省驻防兵丁为奴。

＊＊【1884】一、旗下家奴酗酒行凶,经本主报明送部发遣之犯,所有妻室、子女俱一体发遣,赏给兵丁为奴。

---

① 乾隆五年(1740)“发遣”改为“发配”。

常赦所不原例

＊＊【1884】一、触犯祖父母、父母发遣之犯,遇赦查询释回后,再有触犯,复经呈送旗人,枷号两个月,仍发黑龙江当差。

流犯在道会赦例

＊【1790】一、在京八旗兵丁、闲散人等,犯罪发遣在途,遇赦回京,于五年中又生事故,即发伊犁充当苦差。

＊【1884】一、在京八旗兵丁闲散人等,因犯逃罪及别项罪名,发遣黑龙江、新疆等处,遇赦回京,未经挑差以前,复犯逃罪被获者,仍发黑龙江等处当差。

工乐户及妇人犯罪例

＊＊【1884】一、妇女有犯殴差哄堂,罪至军、流以上者,实发驻防为奴。

＊＊【1884】一、京城奸媒有犯诱奸、诱拐,罪坐本妇之案,犯该军、流,俱实发各省驻防为奴。

犯罪自首例

＊【1725】一、强盗行劫数家而止首一家者,发黑龙江给披甲人为奴。

【1740】○修改

【1740】一、强盗行劫数家而止首一家者,如系例准自首之罪,照分别有妻无妻例问发。

【1790】○删除

＊【1768】一、行劫二次以上之伙盗,闻拿投首者。

【1790】○删除

犯罪事发在逃例

＊＊【1884】一、内外现任文武职官,无故私自逃走被获者,发黑龙江当差。○逾限投回者。

徒流迁徙地方例

＊【1725】一、免死强盗,三次窃盗,诱卖人口,私铸制钱,偷采人参,并行凶等犯,发黑龙江等处者,民人及旗下奴仆,刺字发遣。若发遣处逃回者,亦照此例刺发。

【1790】○删除

＊【1725】一、改土为流土司,本犯系斩、绞者,家口系云南迁往江宁,贵州迁往山东,广西迁往山西,湖南迁往陕西,四川迁往浙江,各该省城安插。○犯军、流罪者,

土司并家口,系云南、四川迁往江西、贵州,广西迁往安庆,湖南迁往河南,在省城及驻札提督地方安插。

*【1884】一、改土为流土司,本犯系斩、绞,其家口应迁者,系云南迁往江宁,系贵州迁往山东,系广西迁往山西,系湖南迁往陕西,系四川迁往浙江各该省城安插。○犯军、流罪者,土司并家口,系云南、四川往江西,系贵州、广西迁往安庆,系湖南迁往河南,在省城及驻札提督地方安插。

*【1725】一、奉天、宁古塔、黑龙江等处满洲,有犯枷责、发遣者,另户正身发西安、荆州、杭州、成都等处满洲驻防省城当差。○若另户而行同奴仆,并奴仆开户者,发西安等处满洲驻防兵丁为奴。

【1740】○修改

【1740】一、奉天、宁古塔、黑龙江等处,或系另户满洲,发西安、荆州、杭州、成都等处满洲驻防省城当差。○若开户奴仆,发西安等处满洲驻防兵丁为奴。

【1768】○修改

【1768】一、奉天、宁古塔、黑龙江等处,有犯枷责发遣者,或系另户满洲,发直隶、江宁、山西、山东、河南、甘肃、西安、宁夏、凉州、荆州、杭州、成都、福建、广东等处满洲驻防省城当差。○若奴仆,发直隶等处,满洲驻防兵丁为奴。

*【1884】一、奉天、宁古塔、黑龙江等处,有犯枷责发遣者,系另户满洲,发直隶、江宁、山西、山东、河南、甘肃、西安、宁夏、凉州、荆州、杭州、成都、福建、广东等处满洲驻防省城当差。○若奴仆,亦发直隶等省,给满洲驻防兵丁为奴。

*【1740】一、八旗人犯该发遣者,分发黑龙江、宁古塔、吉林、乌喇等处当差。○旗人家奴暂发三姓地方给与八姓一千兵丁为奴,俟数满一千之后,仍发黑龙江等处为奴。○民人犯该发遣案内,强盗免死减等者;行劫数家止首一家者;伙盗供出首盗,即时拿获者;窃盗临时拒捕,杀人为从者;偷盗坟墓二次者;民人谎称卖身在旗、民人谎称八旗逃人者;民人假称逃人,具告行诈者;民人卖逃买逃者,查有妻室,俱佥发宁古塔、黑龙江等处分给披甲之人为奴。

【1768】○修改

【1768】一、旗人犯该发遣者,分发黑龙江、宁古塔、吉林乌喇等处当差。○旗人家奴,发黑龙江等处为奴。○民人犯该发遣,案内民人谎称卖身在旗者,民人谎称八旗逃人者,民人假称逃人具告行诈者,民人卖逃买逃者,俱发宁古塔、黑龙江等处分给披甲之人为奴。

*【1884】○删除

*【1768】一、各旗家奴吃酒行凶者。○各省将军处家奴吃酒行凶者。

*【1768】一、凶徒因事忿争执持军器殴人,至笃疾者。○偷盗围场木植、牲畜,犯至三次者。○旗下正身,犯积匪者。○拿获逃人,不将实在窝留之人指出,再行妄扳者。○移驻拉林闲散满洲有犯逃脱,尚未出境者。○派往各省驻满洲兵丁,临行

及中途逃脱者,佥妻改发乌鲁木齐等处给与兵丁为奴。

【1790】○修改

【1790】一、凶徒因事忿争执持军器殴人,至笃疾者。○偷盗围场木植、牲畜,犯至三次者。○旗下正身,犯积匪者。○拿获逃人,不将实在窝留之人指出,再行妄扳者。○移驻拉林闲散满洲有犯逃脱,尚未出境者。○派往各省驻满洲兵丁,临行及中途逃脱者,佥妻改发乌鲁木齐等处,照本例分别当差、为奴。

*【1884】○删除

*【1768】一、强盗免死减等者。○强盗已行而不得财者。○开窑诱取妇人、子女勒卖,为从者。○造谶纬妖书妖言,及传用惑人不及众者。○师巫假降邪神并一应左道异端之术,煽惑人民,为从者。○聚众十人以上,带有军器,兴贩私监拒捕,伤一人,为从下手者。○叛案缘坐应给兵丁为奴者,俱发黑龙江等处给披甲人为奴。

*【1884】○删除

*【1768】一、发遣云贵两广烟瘴刨参人犯在配脱逃者,发黑龙江等处为奴。○奸妇抑媳同陷邪淫,致媳妇情急自尽者。

【1790】○修改

【1790】一、奸妇抑媳同陷邪淫,致媳情急自尽者。

*【1884】○删除

*【1768】一、盛京旗下家奴逃走,犯至二次者,酌发驻防兵丁为奴。

*【1884】○删除

*【1768】一、乌鲁木齐等处安插兵民犯该军、流,仍留乌鲁木齐种地者,复有滋事逃脱等情,枷号两个月,改给乌鲁木齐地兵丁为奴。

*【1884】一、乌鲁木齐等处安插兵民犯军、流者,照例折责,仍留乌鲁木齐种地,复有滋事脱逃等情,枷号两个月,改给乌鲁木齐兵丁为奴。犯该徒罪者,照犯罪免发遣例,加一等折枷。○换班绿营兵丁,及内地商民,于新疆地方,犯军、流者,解回内地,按籍定发。犯徒罪者,兵丁仍留该处,不给口粮,种地效力,照应徒年限扣算;民人仍解内地办理。

*【1768】一、新疆各城驻扎官员、兵丁跟役内,如有酗酒滋事者,发往伊犁等处,给与兵丁、厄鲁特为奴。如在回人各城内,彼此易地调发,与回人等为奴。

【1790】○修改

【1790】一、新疆各城驻扎官员、兵丁跟役内,如有酗酒滋事,在乌鲁本齐一带者,即发往伊犁等处,其在伊犁一带者,即发乌什、叶尔羌等处,而在乌什各城者,亦发往伊犁等处,在驻防官兵内拣选力能管束之人,赏给为奴。

*【1884】一、新疆各城驻札官员、兵丁之跟役,如有酗酒滋事,在乌鲁木齐一带者,发往伊犁等处,在伊犁一带者,发往乌什、叶尔羌等处,在乌什各城者,发往伊犁等处,在驻防兵丁内拣选力能管束之人,赏给为奴。○若发遣之后,仍不悛改,复行

酗酒者，在配枷号三个月，杖一百。○新疆等处绿营兵丁，有犯屡次酗酒行凶，怙恶不悛者，审实，即照跟役酗酒滋事例拟发，视其情罪轻重，分别当差、为奴。

*【1790】一、伊犁、乌鲁木齐等处地方例应发往当差人犯，均停其发往，各按所犯情罪，如情节较重者，发往黑龙江等处充当苦差。

*【1884】○删除

*【1790】一、内地贸易商民，于新疆地方，犯至军、流等罪，如在乌鲁木齐一带者，即发往伊犁等处，其在伊犁一带者，即发往乌什、叶尔羌等处，而在乌什各城者，亦发往伊犁等处，轻者编管，重者给驻防官兵为奴。

*【1884】○修并

*【1790】一、永远枷号人犯，于枷示已逾十年，查明该犯原拟本系死罪并应发新疆者，发往伊犁。○如原拟系应发黑龙江等处者，发往乌鲁木齐。○其原拟军、流以下者，发往黑龙江等处，分别旗、民，当差、为奴。

*【1884】一、永远枷号人犯，枷示已逾十年，其原拟军、流以下者，旗人发黑龙江等处当差。○倘在配在途，乘间脱逃，仍发原配，枷号三个月，杖一百。

*【1790】一、官员原犯军、流，因情节较重，改发新疆效力，十年期满，奏蒙允准后，令陕甘总督按五军、三流道里表指定地方，解交该省督抚，酌量安插。

*【1884】○删除

* *【1884】一、在京满洲另户旗人逃走后，甘心下贱，受雇佣工，不顾颜面者，销除旗档，发遣黑龙江等处管束。

* *【1884】一、八旗及各省驻防正身旗人，屡次酗酒行凶滋事，怙恶不悛者。

* *【1884】一、八旗另户正身，及曾为职官，发遣黑龙江、吉林及乌鲁木齐等处者，俱当差。○家奴发遣为奴。○八旗逃人匪类，发遣黑龙江、吉林宁古塔者，分发安插约束。

* *【1884】一、下五旗包衣人，经该王门上送部发遣者，转发打牲乌喇。○其因公事犯罪应发遣者，酌发黑龙江等处。

* *【1884】一、发遣回疆各犯，若在配酗酒滋事，怙恶不悛，难于约束者，改发巴里坤充当折磨差使。○如改发后复行滋事，初犯枷号三个月，再犯枷号一年，三犯永远枷号。

* *【1884】一、曾为职官及进士、举贡生监，并职官子弟，犯该发遣乌鲁木齐、黑龙江等处，只系寻常过犯，不致行止败类者，发往当差。○其应发驻防者，亦改发乌鲁木齐当差。若系党恶窝匪，卑污下贱者，发遣为奴。

* *【1884】一、发往军台效力废员，限满无力完缴台费，倘有隐匿、寄顿情弊，发往乌鲁木齐永远充当苦差。

* *【1884】一、逃人续供之窝家，审属诬扳，如年力强壮者，改发乌鲁木齐等处，分别种地、为奴。移住拉林闲散满洲，有犯二次逃走者，发伊犁等处充当折磨差

使。○派往各省驻防满洲兵丁,临行及中途逃脱被获者,发伊犁充当步甲苦差。○在配在途脱逃,并不服拘管者,获日,在配枷号三个月,杖一百。

吏　例

举用有过官吏例

*【1725】一、衙役犯侵盗钱粮、婪赃等罪,遇赦豁免,复入衙门应役者并妻流宁古塔。

【1740】○删除

户　例

人户以籍为定例

*【1768】一、八旗开户人等,钻营势力,欺压孤幼赎身等,为民者,发外省驻防将军、都统等为奴。

【1790】○修改

【1790】一、八旗开户人等,钻营势力,欺压孤幼赎身等,为民者,发外省驻防官兵为奴。

*【1884】一、八旗家奴,有钻营势力,欺压孤幼,赎身为民者,给外省驻防兵丁为奴。

揽纳税粮例

*【1725】一、贡监生员包揽钱粮,入已拖欠国课者,不论多寡,俱黜革,发黑龙江当差。

【1740】○删除

仓库不觉被盗例

*【1725】一、进仓漕粮,拦路戳袋,挖越仓墙,进仓盗米之盗,不至死罪者,若系另户人,发黑龙江、宁古塔等处披甲当差。○若系奴仆及民人,发黑龙江、宁古塔等处给披甲人为奴。

【1740】○修改

【1740】一、进仓漕粮,拦路戳袋,挖越仓墙,进仓盗米之盗,不至死罪者,若系另户旗人,发黑龙江、宁古塔等处,披甲当差。○若系奴仆,发黑龙江、宁古塔等处给披甲人为奴。

*【1884】一、进仓漕粮,拦路戳袋,挖越仓墙,进仓偷米之盗,不至死罪者,系旗

下奴仆,发驻防给官员兵丁为奴。

转解官物例

*【1768】一、粮船、丁舵将白土搀入漕粮至一百石以上者。

*【1884】○删除

*【1768】一、粮船、舵工侵米至五石以上,累丁代完者,审实发遣。

*【1884】○删除

* *【1884】一、承办铜斤之厂员、运员,不以公事为心,因循怠惰,以致厂铜缺额、运泸逾限者,革职,发往新疆效力。

守掌在官财物例

*【1725】一、八旗参领以下等官,将收贮公所钱粮并交库银两,侵盗入已四十两以上者,枷号三个月,发黑龙江。

【1740】○删除

盐法例

*【1768】一、豪强盐徒聚众至十人以上,撑驾大船,张挂旗号,擅用兵仗、响器,拒敌官兵,伤一人,为从者,发黑龙江等处为奴。

*【1884】○删除

*【1790】一、大伙枭徒拒捕伤差案内,私售之灶丁,及窝顿之匪犯,俱发伊犁、乌鲁木齐等处为奴。

*【1884】○删除

礼　例

禁止师巫邪术例

* *【1884】一、官吏、军民、僧道人等,妄称谙晓扶鸾祷圣,书符咒水,或烧香集徒,夜聚晓散,并捏造经咒邪术,传徒敛钱,一切左道异端,煽惑人民,为从者,改发回城给大小伯克及力能管束之回子为奴。

* *【1884】一、传习天主教会,仅止听从入教,不知悛改者,改发回城给大小伯克及力能管束之回子为奴。

* *【1884】一、传习白阳、白莲八卦等邪教,习念荒诞不经咒语,拜师传徒,惑众为从,年未逾六十,及虽逾六十,而有传徒情事,俱改发回城给大小伯克及力能管束之回子为奴。○至红阳教及各项教会名目,并无传习咒语,但供有飘高老祖,及拜师授徒者,发乌鲁木齐,分别旗、民,当差、为奴。

兵　例

从驾稽违例

＊【1790】一、八旗正身随车驾行而脱逃者。

＊【1884】一、八旗正身随车驾行而脱逃者,发黑龙江等处当差。

冲突仪仗例

＊＊【1884】一、八旗兵丁,如有冲突仪仗者,枷号一个月,发各省驻防。

私卖军器例

＊【1790】一、结伙盘踞,加倍重利收当军器者,枷号三个月,发黑龙江等处为奴。

＊【1884】○删除

私藏应禁军器例

＊【1740】一、因争斗将鸟枪私放伤人者,旗人发往宁古塔。

【1790】○删除

从征守御官军逃例

＊【1740】一、随征兵丁之奴仆,不曾偷盗马匹、器械逃回者,伊主不愿领回,发黑龙江等处给披甲人为奴。

【1790】○删除

＊【1790】一、军营脱逃兵丁,在军务未竣投首者,发乌鲁木齐等处为奴。

＊【1884】○删除

＊【1790】一、偷盗马匹、军器及衣服。银两脱逃之余丁,在军务未竣以前投首者,发乌鲁木齐等处为奴。

＊【1884】○删除

＊【1790】一、军务未竣以前,拿获不曾偷盗马匹、器械潜逃之余丁,问拟斩罪,牢固监候,俟大功告成后,查非陕、甘二省之人,俱发伊犁、乌鲁木齐酌量安插。如在军务告竣以后拿获者,亦照此例分别改发。

＊【1884】○删除

私越冒度关津例

＊【1725】一、民人无票私出口外并妻发往山海关外辽阳等处安插。

【1740】○删除

*【1790】一、在滇省永昌、顺宁二府以外沿边关隘私贩碧霞玺、翡翠玉、葱玉、鱼、盐、棉花等物，共伙数在一二十人以上为从，及数在四人以上不及十人者，俱发遣黑龙江等处。

*【1884】○删除

私出外境及违禁下海例

*【1790】一、偷渡过台客民，若不法客头船户内，有积惯在于沿海村镇引诱包揽，招集男妇老幼，数至三十人以上者，无论已未登舟，客头、船户年力强壮者，发遣新疆为奴。

*【1884】○删除

* *【1884】一、内廷太监买食鸦片烟者，枷号两个月，改发各省驻防给官员兵丁为奴。

宰杀马牛例

*【1768】一、宰杀堪用马三十匹以上，系旗人，发黑龙江当差。

*【1884】一、开设汤锅，宰杀堪用马匹，若旗人有犯，亦计匹论罪，枷号，如至三十匹以上者，发黑龙江当差。

*【1768】一、附京州县及京汛地方，有马窑子宰杀马匹者，发往黑龙江给索伦兵丁为奴。

*【1884】○删除

刑　例

谋反大逆例

*【1725】一、反逆案内干连流犯并妻、子，俱流徙乌喇地方。

*【1884】○删除

* *【1884】一、反逆缘坐案内，给功臣为奴人犯，伊主呈明不能养赡，讯无别情者，发各省驻防为奴。

* *【1884】一、反逆案内，律应问拟凌迟之犯，其子孙讯明，实系不知谋逆情事者，无论已未成丁，均解交内务府阉割，发往新疆等处给官兵为奴。○其余律应缘坐男犯，并非逆犯子孙，年在十六岁以上者，发往新疆等处给官兵为奴。○如年在十五岁以下，牢固监禁，俟成丁时，再行发遣。○缘坐妇女，发各省驻防给官员兵丁为奴。

谋叛例

*【1725】一、叛案内干连流犯并妻、子，俱流徙乌喇地方。

＊【1884】○删除

＊＊【1884】一、闽、粤不法匪徒,潜谋纠结,复兴天地会名目,抢劫拒捕,如平日并无为匪,仅止一时随同入会者,俱发新疆酌拨种地当差。

造妖书妖言例

＊＊【1884】一、造谶纬妖书妖言,传用惑人,不及众者,改发同城给大小伯克及力能管束之回子为奴。

盗园陵树木例

＊【1768】一、子孙将祖父坟茔树木私自砍卖十株以上之旗人。○奴仆盗卖十株以上者。

＊【1884】○删除

＊＊【1884】一、旗民人等,在红桩以内,偷挖人参,至五十两以上为从,二十两以上为首,发新疆给兵丁为奴。○弁兵受贿故纵者。○如偷参本犯罪应绞候者,该弁兵发新疆,分别当差、为奴。

强盗例

＊【1725】一、伙盗供出首盗所在,即时拿获者,供出之盗免死,发黑龙江,给披甲人为奴。

【1740】○删除

＊【1768】一、造意为首之盗脱逃,如有伙盗供出逃匿所在确实地方,一年限内拿获者,将供出之伙盗。

＊【1884】○删除

＊【1768】一、未伤人之盗首闻拿投首者。○窝家盗线闻拿投首者。○亲属首告者。

＊【1884】○删除

＊【1768】一、强盗情有可原者。

＊【1884】一、强盗情有可原者,发新疆给官兵为奴。

＊【1768】一、老瓜贼内跟随学习技艺,未同行者。

＊【1884】一、老瓜贼内传授技艺,其跟随学习之人,虽未同行,发新疆给官兵为奴。

＊【1768】一、寻常盗劫未经伤人之伙犯,如止在外瞭望者。○接递财物者。○并未入室搜赃者。○被人诱胁随行者。○年岁尚未成丁者。○行劫止此一次者,俱发黑龙江等处给披甲人为奴。

＊【1884】一、寻常盗劫未经伤人之犯,如止在外瞭望,接递财物,并未入室过船

搜赃,并被人诱胁,随行上盗,或行劫止此一次者,免死发遣新疆给官兵为奴。

*【1790】一、曾经伤人及行劫二次以上之伙盗,闻拿投首者。

*【1884】○删除

*【1790】一、用药迷人得财案内为从余犯,发黑龙江等处为奴。

*【1884】一、用药迷人得财案内为从者,改发回城为奴。○若甫经学合药,即行败露,或被迷之人当时知觉,未经受累者,均发伊犁等处为奴。

*【1790】一、用药迷人,甫经学习,虽已合药,即行败露,或被迷之人当时知觉,未经受累者,均发往伊犁等处为奴。

*【1884】○修并

* *【1884】一、强盗伤人而未得财为从,及未得财又未伤人为首者,俱发新疆给官兵为奴。

* *【1884】一、响马强盗,执有弓矢、军器,白日邀劫道路,伤人不得财为从,及未得财又未伤人为首者,俱发新疆给官兵为奴。

* *【1884】一、洋盗案内,如系被胁在船,虽经上盗,仅止在外瞭望,接递财物,并无助势、搜赃情事者,发新疆给官兵为奴。

* *【1884】一、洋盗案内,被胁搜赃、瞭望仅止一次者。○其接赃、瞭望,已至二次,如投回自首者,俱发新疆给官兵为奴。

劫囚例

*【1790】一、官司差人捕获罪人,聚众中途打夺杀差案内,随同拒捕,未经殴人成伤之犯,俱改发伊犁给兵丁为奴。

*【1884】○删除

白昼抢夺例

*【1768】一、白昼抢夺,下手为从者。

【1790】○删除

*【1790】一、回民抢夺,结伙在三人以上,不分首从,俱发黑龙江等处为奴。

*【1884】○删除

*【1790】一、川省匪徒,纠伙四人以上至九人,在野拦抢,未经伤人,不分首从,俱改发伊犁为奴。○数至十人以上,被胁同行者,发遣为奴。

*【1884】○删除

窃盗例

*【1725】一、三次窃盗,免死减等,发宁古塔,与披甲人为奴,旗人止发本身,民人并妻发遣。

【1740】○删除

＊【1725】一、窃盗拒捕杀人,为从者。

【1790】○删除

＊【1740】一、窃盗三犯,赃五十两以下至三十两者,分别发遣。

＊【1884】○删除

＊【1740】一、旗人另户正身,窃盗三犯拟以枷责之后,复行偷窃,如在五十两以下者,不计赃数,俱发宁古塔当差。

【1768】○删除

＊【1768】一、随驾官员之奴仆,不曾偷盗马匹、器械逃回,伊主不愿领回者,发黑龙江等处为奴。

＊【1884】一、随驾官员之奴仆、雇工,不曾偷盗马匹、器械逃回,伊主不愿领回者,发各省驻防给官员兵丁为奴。

＊【1790】一、因窃拟流、拟徒逃回、释回后,复连窃至三案以上者。○初犯、再犯之贼,如纠伙迭窃至六案以上,并虽未纠伙,而迭窃在八案以上者。

＊【1884】○删除

盗马牛畜产例

＊【1768】一、蒙古民人等偷窃四项牲畜六匹至九匹者,发云贵两广烟瘴地方。○三匹至五匹者,发湖广、福建、江西、浙江、江南等处。○一二匹者,发山东、河南等处,俱交驿地当苦差。○蒙古偷窃四项牲畜为从之犯,所罚三九牲畜全数无完者,发往东、河南等处与驿地当苦差。

【1790】○删除

＊【1768】一、蒙古民人偷窃行围巡幸地方马匹三匹至四匹者,发云贵两广烟瘴地方。○一二匹者,发湖广、福建、江西、浙江、江南等处充军。

＊【1884】一、蒙古民人偷窃行围巡幸地方马匹,三匹至四匹者,发云贵两广烟瘴地方。○一二匹者,发湖广、福建、江西、浙江、江南等处充军,俱交驿地充当苦差。

＊【1768】一、偷盗右卫地方八旗官兵所养马驼一、二匹者,发山东、河南等处。○三匹至五匹者,发湖广、福建、江西、浙江、江南等处。○六匹至九匹者,发云贵两广烟瘴地方,俱交驿地当苦差。

＊【1884】一、偷窃蒙古四项牲畜,并偷窃右卫地方八旗所养官马驼只,及新降之土尔扈特、都尔博特、额鲁特、霍硕特、辉特、乌梁海六项蒙古,在札萨克察哈尔及边陲新疆地方偷窃四项牲畜,三十匹以上为从拟绞,秋审缓决减等者,并为从未经同行窃后分赃者,俱减发云贵两广烟瘴地方;二十匹以上为从拟绞,秋审缓决减等者,减发山东、河南等处,为从未经同行窃后分赃者,减发湖广、福建等处。○十匹以上首犯拟绞,缓决减等者,并为从同窃分赃者,俱减发云贵两广烟瘴地方。○共谋未行,

窃后分赃者，减发山东、河南等处。〇六匹至九匹者，首犯，发云贵两广烟瘴地方，其案内为从同窃分赃者，并三匹至五匹为首者，俱发湖广、福建、江西、浙江、江南。〇三匹至五匹为从，同窃分赃者，并一二匹为首者，俱发山东、河南交驿地充当苦差。

*【1768】一、奉天旗人盗牛马十匹以上，及盗杀者，应得军、流等罪，酌发驻防省城分别当差、为奴。

*【1884】〇删除

*【1790】一、新降之土尔扈特、都尔博特、额鲁特、霍硕特、辉特、乌梁海六项蒙古人等，偷窃新疆地方居住之前项土尔扈特人等四项牲畜，均不分首从，六匹至九匹者，发云贵两广烟瘴地方。〇三匹至五匹者，发湖广、福建、江西、浙江、江南等处。〇一二匹者，发山东、河南等处，俱交与驿地充当苦差。

*【1884】〇修并

*【1790】一、偷窃内地蒙古人等四项牲畜，数至三十匹以上，为从未经同行，仅于窃后分赃者，发云贵两广烟瘴地方。〇二十匹以上，为从未经同行，仅于窃后分赃者，发湖广、福建等处。〇十匹以上，为从同窃分赃者，发云贵两广烟瘴地方。其未经同行，仅于窃后分赃者，发山东、河南等处。〇六匹至九匹者，首犯发云贵两广烟瘴地方，为从同窃分赃者，发湖广、福建、江西、浙江、江南。〇三匹至五匹者，首犯发湖广、福建、江西、浙江、江南，为从同窃分赃者，发山东、河南。〇一二匹者，首犯发山东、河南，俱交驿地充当苦差。

*【1884】〇修并

* *【1884】一、察哈尔等处牧厂，如有偷卖在官牲畜，及宰食，并作为私产者，系官革职，发黑龙江等处当差。

盗田野谷麦例

*【1725】一、越渡禁约山河，偷采人参已得者，为从，系在京旗下另户，发盛京当差，家人止发本身，民人佥妻，发乌喇等处给披甲人为奴。〇系包衣佐领下另户交该总管责令打牲，家人给与打牲人为奴。〇系盛京等处旗下另户，发黑龙江当差，家人给黑龙江披甲人为奴并发驿站。〇系盛京等处包衣佐领下另户，解京入辛者库当差，家人给辛者库披甲人为奴。〇系盛京等处民人佥妻，发黑龙江分拨驿站。〇其刨参免死减等人犯，亦照为从例发落。

【1740】〇删除

*【1725】一、偷刨人参之犯，系满洲蒙古，发江宁、荆州、西安、杭州、成都等处满洲驻防省城当苦差。〇民人佥妻发广东、广西等处烟瘴地方当差。〇系汉军，发广西、云南、贵州等处烟瘴地方当差。

【1740】〇修改

【1740】一、凡旗民偷刨人参,应拟发遣之犯,系满洲、蒙古,发江宁、荆州、西安、杭州、成都等处满洲驻防省城当苦差。○系民人,佥妻发广东沿海及广西水土平和地方当差。○系汉军,发广西、云南、贵州等处各水土平和地方当差。

【1768】○删除

*【1740】一、旗民越度禁约山河,偷采人参,所放之人至百名以上,所收之参五百两以上,为从者。○刨参人犯,免死减等者。

【1768】○删除

*【1768】一、旗下家奴潜匿禁山刨参,治罪管束后,再逃往禁山者,即发往黑龙江等处给披甲人为奴。

*【1884】○删除

*【1768】一、偷刨人参,人至百名以上、参至五百两以上,为从者,发云贵两广烟瘴地方,旗下家奴发驻防兵丁为奴。○刨参人犯免死减等者。

【1790】○修改

【1790】一、偷刨人参,人至四十名以上、参至五十两以上为从,发云贵两广烟瘴地方,旗下家奴发驻防兵丁为奴。

*【1884】○删除

*【1768】一、旗下家奴,身充财主,雇人刨参,不论参数多寡,及积年在外,逗留已过三冬者,发驻防兵丁为奴。

*【1884】○删除

*【1768】一、拿获围场内贼犯,若盗砍木植,偷打牲畜,审系初次、二次,发往乌鲁木齐等处种地;犯至三次,发往乌鲁木齐等处给兵丁为奴。

*【1884】○删除

*【1790】一、盛京围场内,民人私入打枪放狗,惊散牲畜者,不论次数,旗人发各驻防省城当差,家奴发遣为奴。

*【1884】○删除

* *【1884】一、旗下家奴有犯偷刨人参,罪应军流者,并刨参被获拟徒,限满释回,复往禁山刨参者,不分已得、未得,俱发驻防给兵丁为奴。

* *【1884】一、察哈尔及扎萨克蒙古私入围场,盗砍木植,偷打牲畜,照例罪应充军者,发遣湖广、福建、江西、浙江、江南,交驿充当苦差。

恐吓取财例

*【1725】一、八旗内有凶恶光棍、好斗之徒,生事行凶,无故扰害良人者,发宁古塔、乌喇地方,官员有犯,奏闻发遣。

*【1884】○删除

*【1790】一、台湾无藉游民,犷悍凶恶,肆行不法,犯该徒、流以上,情重者,改发

新疆及黑龙江等处为奴。

*【1884】○删除

* *【1884】一、广东、福建两省民人捉人勒索,如将被捉之人拒杀、殴杀为从,帮殴伤非金刃,又非折伤者,及为从帮同凌虐,及虽无凌虐而助势逼勒致令自尽者,并审无凌虐重情,止图获利,关禁勒索为首者,俱发新疆给官兵为奴。

略人略卖人例

*【1725】一、以药饼、邪术迷拐幼小子女为从,及和诱知情律应流徙者,发宁古塔,给披甲人为奴,旗人止发本身,民人并妻发遣。

【1740】○删除

*【1725】一、伙众开窑诱取妇人子女藏匿勒卖,为从者,发宁古塔给披甲人为奴。

【1740】○删除

*【1725】一、诱拐人口为首拟绞免死减等者,发宁古塔给披甲人为奴。

【1740】○删除

*【1725】一、盛京、乌喇等处居住之人,若不详询来历混买人者,系另户,连妻、子发江宁、杭州披甲系家人,止发本身给江、浙披甲人为奴。

【1740】○修改

【1740】一、盛京、乌喇等处居住之人,若不详询来历,混买人者,系另户,连妻、子发江宁、杭州披甲;系家人,止将本人发往江宁、杭州披甲之人为奴。

*【1884】一、盛京、乌喇等处,居住之人,若不详询来历,混买人者,系另户,连妻、子发江宁、杭州披甲;系家人,止将本人发江宁、杭州给穷披甲之人为奴。

*【1740】一、凡诱拐妇人子女,及迷拐幼小子女,为从者,分别发遣。

*【1884】○删除

*【1740】一、凡和诱知情之人,为首者,亦照例发遣。

【1768】○删除

*【1768】一、凡和诱知情之人,为首者,亦照例发遣。○奴及雇工和诱家长之期功以下亲属发遣。

*【1884】○删除

*【1768】一、伙众开窑诱取妇人、子女,藏匿勒卖,为从者。

*【1884】○删除

*【1768】一、凡诱拐人口为首,拟绞免死减等者。

*【1884】○删除

发冢例

* *【1884】一、纠众发冢起棺,索财取赎,已经得财,审止跟随同行,在场瞭望,

及未经得财,为从者,俱发新疆给官兵为奴。

盗贼窝主例

*【1725】一、强盗窝主虽不行,又不分赃,但知情存留三人以上者,充发三姓地方。

【1740】○删除

**【1884】一、洋盗案内知情接买盗赃,三次以上者,发新疆给官兵为奴。

**【1884】一、曾任职官及在籍职官窝盗,按例罪应徒、流、充军者,概行发遣黑龙江当差。

谋杀人例

*【1740】一、图财害命不行而分赃者。○伤人未死,而已得财不加功者。

*【1884】○删除

谋杀祖父母父母例

*【1790】一、姑因子妇出言顶撞,蓄意谋杀,凶残显著者,发伊犁为奴。

*【1884】一、姑谋杀子妇之案,伊媳仅止出言顶撞,辄蓄意谋杀,情节凶残显著者,发各省驻防给官兵为奴。

杀一家三人例

*【1725】一、家长杀奴仆非死罪三人者,不分官民,俱发黑龙江。

*【1884】一、家长杀奴仆非死罪三人者,官员、旗人发黑龙江当差。○民人发驻防给官员兵丁为奴。

*【1725】一、发遣当差为奴之犯,杀管主一家三人,并三人以上,未及年岁,子孙并妻妾,俱给宁古塔等处披甲人为奴。如已给宁古塔等处者,转给西安、成都等处驻防兵丁为奴。

*【1884】一、发遣当差为奴之犯,杀死伊管主一家三人,并三人以上者,若子孙年未及岁,并凶犯之妻妾,俱发驻防给官兵为奴。

*【1790】一、谋、故杀一家非死罪四名以上,致令绝嗣,凶犯之妻女改发伊犁给额鲁特为奴。○死者尚有子嗣,凶犯之妻女应给死者之家为奴。本家不能管养,不愿收领者,亦发伊犁给额鲁特为奴。

*【1884】○删除

斗殴及故杀人例

*【1790】一、旗人因争斗将鸟枪、竹铳施放伤人者,发宁古塔等处。

＊【1884】一、因争斗，擅将鸟枪、竹铳施放伤人者，旗人发宁古塔等处。

威逼人致死例

＊【1790】一、调奸妇女未成和息后，因人耻笑复追悔，抱忿自尽，致死二命者，发乌鲁木齐等处充当苦差。

＊【1884】○删除

＊＊【1884】一、奸妇抑媳同陷邪淫，致媳情急自尽者，改发各省驻防为奴。

＊＊【1884】一、妇女与人通奸，若父母纵容通奸后，因奸情败露，愧迫自尽者，妇女实发驻防给兵丁为奴。

斗殴例

＊【1725】一、执持金刃，将人连戳重伤者，不论旗民，发宁古塔。

【1740】○删除

＊【1790】一、行营地方金刃伤人，如伤经平复，即发往伊犁给兵丁为奴。

＊【1884】○删除

殴制使及本管长官例

＊【1725】一、八旗兵丁，因管教将本管官戳死者，其妻、子发遣黑龙江。

奴婢殴家长例

＊【1725】一、平人将族中家仆刃杀者，发黑龙江当差。

＊【1884】一、旗人将族中奴婢刃杀者，发黑龙江当差。

＊【1740】一、家主占夺奴仆之妻，或图奸不遂，因将奴仆毒殴或将其妻致死，确有实据者，不分官员、平人，发黑龙江当差。

＊【1884】一、家主将红契所买奴婢，及白契典买、恩养已久奴仆之妻占夺，或图奸不遂，因将奴仆毒殴致死，或将其妻致死者，将伊主不分官员、平人，发黑龙江当差。

殴祖父母父母例

＊【1790】一、继母因奸将前妻子女致死灭口，系奸夫起意，本妇为从，其夫尚有子嗣者，本妇发伊犁为奴。

＊【1884】○删除

＊【1790】一、亲母因奸谋死子女灭口者，不论是否造意，发伊犁为奴。

＊【1884】○删除

越诉例

＊＊【1884】一、负罪人犯呈递封章,奏告人罪,无论自行投递,遣人投递,及所控是否得实,并将呈词封固投递,挟制入奏,原犯遣罪者,在配用重枷枷号一年。

＊＊【1884】一、遣犯由配所潜逃,呈递封章,控诉事件并无屈抑,原例在配用重枷枷号一年者,加为枷号一年六个月。

＊＊【1884】一、控诉事件,口称必须面见皇上,始行申诉,虽未递有封章,罪应极边烟瘴充军之旗人,改发黑龙江当差。

投匿名文书告人罪例

＊【1768】一、驻防旗人与民人奸匪交结,捏写匿名揭帖,倾陷平人之父母、妻子俱发黑龙江给披甲人为奴。

＊【1884】一、驻防旗人与民人奸匪交结,捏写匿名揭帖,倾陷平人,为从之旗人,发黑龙江等处当差。

诬告例

＊【1768】一、偷参为从人犯诬扳良民为财主,及率领头目者,枷号两个月。

子孙违犯教令例

＊【1790】一、祖父母、父母呈首子孙,恳求发遣,及屡次违犯,忤逆显然者,被呈之子孙,旗人发黑龙江当差。

＊【1884】一、祖父母、父母呈首子孙,恳求发遣,及屡次违犯、触犯者,即将被呈之子孙旗人发黑龙江当差。○如有将子孙之妇,一并呈送者,与其夫一并佥发。

官吏受财例

＊【1725】一、贪赃官役罪至死,减等发落者,并妻及未分家之子,发尚阳堡安插。○罪不至死,拟流者,发辽阳安插。

【1740】○删除

＊【1725】一、衙门蠹役恐吓,索诈银十两以上者,并妻安插奉天。

【1740】○删除

＊【1725】一、书吏指称部费,招摇撞骗,知情朋分银两者,发黑龙江给披甲人为奴。

【1740】○删除

＊【1740】一、贪赃官役罪至死减等发落者,及罪不至死拟流者,并发川、陕边省,按原罪定地远近安插。

【1790】○删除

*【1790】一、白役诈赃逼命案内之正役,如系知情同行,在场帮索,及虽未同行而主使诈赃者,俱发往黑龙江等处为奴。

*【1884】○删除

伪造印信历日等例

*【1725】一、伪造关防印记,诓骗财物数多,为首雕刻者,给宁古塔披甲人为奴。

【1740】○删除

私铸铜钱例

*【1725】一、官船户夹带私钱者,流徙尚阳堡,照例改发辽阳安插。

【1740】○删除

*【1725】一、用铜、铁、锡、铅伪造假银为从,及知情买使者,枷号两个月,杖一百。系旗下另户,发黑龙江当差。系民及旗下家人,发黑龙江给披甲人为奴。

【1740】○删除

*【1725】一、毁化小制钱,为首者枷号两个月,杖一百,发三姓地方,给披甲人为奴。○该管地方官知情故纵者,与同罪。

【1740】○删除

*【1725】一、经纪铺户人等搀和私钱行使者,俱发黑龙江,给披甲人为奴。

【1740】○删除

*【1740】一、用铜、铁、锡、铅药煮,伪造假银骗人行使,为首者,系旗人另户,枷号两个月,鞭一百,发黑龙江当差。○系家人,枷号两个月,鞭一百,发黑龙江给披甲人为奴。

*【1884】○删除

*【1768】一、私铸铜钱钱数不及十千者。

*【1884】○删除

*【1768】一、私造铅钱不及十千,为首及匠人。

*【1884】○删除

*【1768】一、私铸铜钱,为从及知情行使者。

*【1884】○删除

**【1884】一、经纪、铺户人等搀和私钱行使者,不论钱数多寡,发各省驻防给官员兵丁为奴。

**【1884】一、经纪铺户人等,有收买剪边钱,搀和货卖,数至十千以上者,发各省驻防给官员兵丁为奴。

犯奸例

*【1740】一、指称鸡奸诬害人罪,至斩决者,问遣。

【1768】○删除

*【1768】一、强奸十二岁以下幼女幼童未成者。

*【1884】○删除

*【1790】一、指称鸡奸,陷害人罪至斩决者,问遣。

*【1884】○删除

* *【1884】一、妇女与人父子通奸,致其子因奸谋杀其父,酿成逆伦重案者,将犯奸之妇女,实发驻防给兵丁为奴。

买良为娼例

*【1725】一、人牙将领卖妇人,逼勒卖奸图利者,枷号三个月,杖一百,发三姓地方,给披甲人为奴。

【1740】○删除

赌博例

*【1768】一、旗人造卖赌具为首之旗人,三犯者,系在京八旗、各省驻防旗人,发黑龙江等处当差;系盛京等处旗人,发西安等处驻防当差。

*【1884】○删除

* *【1884】一、现任职官,有犯屡次聚赌,及经旬累月开场者,发乌鲁木齐等处效力赎罪。

罪人拒捕例

*【1768】一、罪人事发在逃,有拒捕者,若犯该极边烟瘴充军,改发黑龙江等处为奴。

*【1884】○删除

*【1790】一、围场内偷打牲口、砍伐木植人等,缉拿时曾经拒捕,不肯就擒者,枷号三个月,发遣乌鲁本齐等处。

*【1884】○删除

*【1790】一、贼犯犯罪事发,抗拒杀差案内,为从在场助势济恶之犯,俱改发伊犁给兵丁为奴。

*【1884】○删除

狱囚脱盗及反狱在逃例

*【1768】一、原犯极边烟瘴充军,越狱脱逃者,改发黑龙江等处为奴。

【1790】○删除

*【1790】一、犯罪囚禁在狱，私纠伙党三人以上，潜行越狱脱逃，原犯徒罪为从，及原犯杖、笞为首者，俱发伊犁为奴。○若仅止一二人乘间越狱潜逃，并无预谋纠伙情事，原犯军、流为从，及原犯徒罪为首者，发伊犁为奴。

*【1884】○删除

*【1790】一、禁役纵放凌迟、斩、绞重犯越狱脱逃，其有狱、管狱各官参革协缉，十年期满不获者，发军台效力赎罪。

*【1884】一、禁役贿纵、故纵凌迟、斩、绞重犯越狱脱逃，将有狱、管狱各官革职，留于地方协缉，如五年限满不获，管狱、有狱官，俱发往军台效力赎罪。

徒流人逃例

*【1768】一、免死减军人犯三次脱逃，审无行凶为匪者，发宁古塔等处为奴。

*【1884】○删除

*【1768】一、云贵两广极边烟瘴脱逃者，改发黑龙江等处为奴。

*【1884】○删除

*【1768】一、调发极边烟瘴充军逃脱，改发黑龙江等处为奴。

*【1884】○删除

*【1768】一、蒙古发遣人犯脱逃，如系原发山东、河南者，初次调发福建、湖广等省，枷号一个月；二次调发云贵两广烟瘴，枷号两个月。○三次仍发回原调处，加枷号三个月。○原发福建、湖广等省，以次调发极边烟瘴而止。○蒙古免死减军在配脱逃者，亦一体加调。

*【1884】一、蒙古发内地驿站当差人犯，在配脱逃，原发山东、河南者，初次调发福建、湖广等省，加枷号一个月。○二次调发云贵两广极边烟瘴，加枷号两个月。○三次者，仍发回原调处所，加枷号三个月。○原发福建、湖广等省者，以次调发极边烟瘴而止。○如系免死减等人犯在配脱逃，并无行凶为匪者，亦一体加调。○若逃后有行凶为匪，其后犯仅止枷杖者，仍照例加等，调发到配后、科后犯枷杖之罪。○若后犯罪，应徒流以上者，于逃罪本例上加一等，改发仍至极边烟瘴而止。

*【1790】一、发遣云贵两广烟瘴刨参人犯脱逃被获，发伊犁等处为奴。

*【1884】○删除

主守不觉失囚例

*【1768】一、押解新疆人犯，中途脱逃，如系疏纵，一年限满无获，将为首情重者，改发伊犁等处为奴。

*【1884】○删除

*【1790】一、解役纵放凌迟、斩、绞重犯中途脱逃，其佥差、添差之文武官员弁参

革协缉,五年期满不获者,发军台效力赎罪。

＊【1884】○删除

有司决囚等第例

＊【1768】一、新疆地方死罪监候人犯,凡经秋审缓决二次,及情实三次未勾者,发雅尔地方为奴。

【1790】○删除

边外为民[1]

吏　例

贡举非其人例

＊【1725】一、举监人等应试，其夫匠等受财代替，夹带传递，及不举察捉拿者。

【1790】○删除

户　例

盗卖田宅例

＊【1725】一、民人强种屯田五十亩以上，不纳子粒者。

【1790】○删除

典雇妻女例

＊【1725】一、将妻妾作姊妹，及将拐带妇女或亲女，并居丧姊妹嫁卖，骗财之后，公然领去，或瞰起程，中途邀抢人财，除实犯死罪外，属有司者。○媒人知情者。

【1740】○修改

【1740】一、将妻妾作姊妹，及将亲女并姊妹嫁卖，骗财之后，公然领去，或瞰起程，中途邀抢人财，除实犯死罪外，属有司者。○媒人知情者。

【1790】○删除

违禁取利例

＊【1725】一、势豪举放私债，交通运粮官，挟势擅拿官军，绑打凌辱，强将官粮准还私债，属有司者。

【1790】○删除

---

① 乾隆五十五年（1790）删。

礼　例

禁止师巫邪术例

＊【1725】一、官吏、军民、僧道人等来京左道,异端邪术,煽惑人民,为从者,及称炼丹出入官家,或擅入皇城,夤缘作弊,希求进用,属有司者。

【1790】○删除

＊【1725】一、左道惑众为从者,及称为善友,求讨布施,至十人以上,并不问来历,窝藏、接引,或寺、观容留剃簪,探听事情,诱舍禁器,属有司者。

【1790】○删除

乡饮酒礼例

＊【1725】一、乡饮坐叙奸顽紊乱正席者。

【1740】○删除

刑　例

白昼抢夺例

＊【1725】一、号称喇唬等名,白昼撒泼,口称圣号,及总甲、快捕人等,指以巡捕勾摄为由,殴打平人,抢夺财物,除实犯死罪外,该徒以上,初犯一次,属有司者。○虽系初犯,若节次抢夺,及再犯、累犯笞杖以上者,枷号一个月。

【1740】○修改

【1740】一、总甲、快捕人等,指以巡捕勾摄为由,殴打平人,抢夺财物,除实犯死罪外,该徒以上,初犯一次,属有司者。○虽系初犯,若节次抢夺,及再犯、累犯笞杖以上者,枷号一个月。

【1768】○修改

【1768】一、总甲、快捕人等,指以巡捕勾摄为由,殴打平人,抢夺财物,除实犯死罪外,该徒以上,初犯一次,属有司者。○虽系初犯,若节次抢夺,笞杖以上者,枷号一个月。

【1790】○删除

恐吓取财例

＊【1725】一、土哨奸民,附和苗人,伏草捉人,横加枷肘,勒银取赎者,枷号两个月。

【1790】○删除

殴制使及本管长官例

＊【1725】一、因事聚众，将本管官及公差并一应监临官殴打绑缚，属有司者。○若止是殴打为首者。

【1790】○删除

越诉例

＊【1725】一、蓦越赴京，及督抚、按察司处奏告机密重事不实，并全诬十人以上，属有司者。

【1790】○删除

＊【1725】一、刁徒身背黄袱，口称奏诉，挟制官吏，别无冤枉，并主使人属有司者。

【1790】○删除

教唆词讼例

＊【1725】一、将本状雇寄与人，赴京奏诉，并受雇受寄之人，属有司者。

【1790】○删除

诈假官例

＊【1725】一、买他人起送赴考、赴选之公文，顶名赴部者。

【1768】○删除

凌虐罪囚例

＊【1725】一、内外程递人犯，其押解人役逼致死伤，及受财故纵，并听凭买求杀害，除实犯死罪外，徒罪以上属有司者。

【1790】○删除

烟瘴为民[1]

兵 例

私出外境及违禁下海例

*【1725】一、各边将官并管军头目、私役及私出境外钓豹、捕鹿、砍木、掘鼠等项,并守把之人知情故纵,该管里老、兵目、军吏扶同隐蔽,除实犯死罪外,属有司者发各卫所。

【1790】○删除

① 乾隆五十五年(1790)删。

充　军

名例律

军籍有犯律

*【1725】军籍人犯流罪者，照依地里远近。

刑　律

诬告充军及迁徙律

*【1725】诬告充军者，照所诬告地里远近抵充军役。

徒流人逃律

*【1725】起发充军囚徒中途在逃，押解人及长押官故纵者。

*【1884】起发充军及徒、流、迁徙囚徒，中途在逃，押解人及长押官故纵者。

稽留囚徒律

*【1725】应充军囚徒，限外不起解，无故稽留，因而在逃，及邻境官司充军囚到，无故稽留致逃者，当该吏典抵罪发遣。

*【1884】应充军、徒、流、迁徙囚徒，限外不起解，无故稽留，因而在逃，及邻境官司充军囚到，无故稽留致逃者，当该吏典抵罪。

名例例

犯罪自首例

*【1790】一、发遣军犯在配及中途脱逃被获，例应即行正法者，如有畏罪投回，并该犯之父兄赴官禀首拿获，俱准其从宽免死，仍发原配地方。若准免一次之后，复敢脱逃，虽自行投回，及父兄再为首告，亦不准宽免。

*【1884】一、发遣人犯在配，及中途脱逃被获，例应即行正法者，如有畏罪投回，并该犯之父兄赴官禀首拿获，俱准其从宽，免死，仍发原配地方，若准免一次之后，复敢脱逃，虽自行投回，及父兄再为首告，俱不准宽免。

附近充军

户律

隐蔽差役律

*【1725】豪民子孙、弟侄跟随官员隐蔽差役者。

兵律

关防内使出入律

*【1725】内监出入不服搜检者。

纵军掳掠律

*【1725】边将私令军人于外境掳掠人口财物者。

私卖军器律

*【1725】军官私卖关给军器者。

从征守御官军逃律

*【1725】官军从征私逃,知情窝藏者。○京外守御军人逃,再犯、三犯,知情窝藏者。○本管头目知情故纵者。

名例例

犯罪自首例

*【1725】一、强盗聚众至十人,及行劫累次,系大功以上亲首告者。
【1768】○删除

吏例

滥设官吏例

*【1725】一、各衙门主文书算快、皂人等,久恋衙门,说事过钱,飞诡税粮,起灭

词讼,及卖放强盗,诬执平民,为从者。

＊【1884】○删除

贡举非其人例

＊【1740】一、下第举子不安义命,逞仇搅闹者。

＊【1884】一、考试官毫无情弊,下第举子不安义命,逞仇搅闹者。

举用有过官吏例

＊【1725】一、文职官员、举贡人等,罢黜买求,选用未除授者。○起送官吏,知情受贿者。

＊【1884】一、文武各员暨举贡监生并吏员、承差人等,罢黜买求,弊混买求,选用未除授者,枷号一个月,起送官吏,知情受贿者。

户　例

人户以籍为定例

＊【1725】一、军户捏作丁尽户绝回申者,里书人等。

赋役不均例

＊【1725】一、各部派到物料,豪猾规利之徒,买嘱书吏妄禀,编派下属承揽害民者。

【1740】○修改

【1740】一、各部派到物料,豪猾规利之徒,买嘱书吏妄禀,编派下属承揽害民者。○本部派物料而捏称坐派及明知官收、官解,借端生事,扰累地方者。

盗耕种官民田例

＊【1725】一、近边地方各营堡草场界限明白,敢有盗耕及越出边界种田者。

＊【1884】一、近边地方各营堡草场,界限明白,敢有盗耕及越出边界种田者,不分军民。○若毁坏边墙,私出境外者,枷号三个月。

钱法例

＊【1740】一、开采铜、铅之处衙役,恣意搅扰,致人裹足,为首者。

＊【1884】一、开采铜、铅之处衙役,恣意搅扰,致人裹足,为首者,枷号两个月。

收粮违限例

＊【1725】一、势豪大户不纳秋粮五十石以上者。

【1740】○删除

＊【1725】一、运弁旗丁挂欠粮米至三分不完者。

多收税粮斛面例

＊【1725】一、收放粮草去处,若职官子弟人等打搅仓场,欺凌官攒,挟诈财物,徒罪以上与再犯杖罪以下者。

【1740】○修改

【1740】一、收放粮草去处,三五成群,抢夺筹斛、占堆行概等项,打搅仓场,欺凌官攒,挟诈运纳军民财物者,徒罪以上与再犯杖罪以下。

揽纳税粮例

＊【1725】一、在京光棍,访知铺行与解户交关价银,辄邀集党类,指为揽纳、捉要送官者。

【1740】○删除

盐法例

＊【1725】一、越境兴贩引盐,并客商收买余盐,买求掣挚,及巡捕官员乘机兴贩,俱至三千斤以上者。

【1740】○修改

【1740】一、越境兴贩官司引盐至三千斤以上者。○客商收买余盐,买求掣挚至三千斤以上者。○巡捕官员,乘机兴贩至三千斤以上者。

＊【1725】一、贩私流犯在流所逃走被获,原犯流二千里者。

【1740】○删除

＊＊【1884】一、贩私盐徒,如有略置货物,装点客商,被官兵格伤后,挟制控告者,若兴贩本罪已至充军者,加枷号一个月。

私茶例

＊【1725】一、在西宁、甘肃等处,贩卖私茶,一百斤以上者。○守备、把关、巡捕等官贩卖,三百斤以上者。

＊【1725】一、做造假茶五百斤以上,本商并转卖者。○店户窝顿一千斤以上者。

＊【1725】一、陕西洮河、西宁等处行茶地方,有冒顶番民将老弱马二匹以上中纳支茶者。

＊＊【1884】一、私茶有兴贩,夹带五百斤者。

匿税例

＊【1725】一、纳税去处,权豪之徒,搅扰商税,徒罪以上者,枷号两个月。

＊【1884】一、纳税去处，权豪无藉之徒，结党把持，生事搅扰商税，徒罪以上者，枷号两个月。

私充牙行埠头例

＊【1725】一、在京各牙行，若有光棍，顶冒朋充，霸开总行，拖欠客本，久占累商者，枷号一个月。

＊【1884】一、在京各牙行，若有光棍，霸开总行，逼勒商人不许别投，拖欠客本，久占累商者，枷号一个月。

＊【1768】一、各衙门胥役更名捏姓，兼充牙行，诓骗客货，累商久候者，枷号一个月。

把持行市例

＊【1725】一、甘肃、西宁等处，遇有番喇到来，势豪之家主使逼令减价，以贱易贵，及取觅用钱，方许买卖者，听使之人。

＊【1725】一、牙行及无藉之徒，诓赊货物，累死客商者。

＊【1884】一、牙行及无藉之徒，诓赊货物，年久无从赔还，累死客商者。

兵　例

宰杀马牛例

＊【1725】一、宰杀耕牛，并私开圈店，及贩卖与宰杀之人，再犯者。〇盗杀及盗卖者，初犯枷号一个月。

【1740】〇删除

＊【1740】一、宰杀堪用马至三十匹以上，牙行及卖马之人知情者。

＊【1768】一、宰杀耕牛并私开圈店，及贩卖与宰杀之人，再犯者。

递送公文例

＊【1725】一、各铺司兵，若有无籍之徒，不容正身，应当用强包揽，多取工钱，致公文稽迟沉匿者。

＊【1884】〇删除

驿使稽程例

＊【1725】一、驿递夫役、巡检、弓兵用强包揽，多取工钱害人，搅扰衙门者。

＊【1884】一、各处水马驿递运所，夫役、铺兵及巡检司弓兵，若有用强包揽，不容正身著役，多取工钱，致公文稽迟沉匿，及搅扰衙门者。

公事应行稽程例

＊【1725】一、各处有司起解军犯,若长解纵容迁延,违限一年之上者。

＊【1884】○删除

刑 例

谋叛例

＊＊【1884】一、异姓人歃血订盟,焚表结拜弟兄,其闻拿投首及事未发,而自首减免之后复犯结拜罪,应满流者。

强盗例

＊＊【1884】一、窃盗药财与未得财逃走,或伙贼携赃先遁,后逃之贼被追拒捕,及护伙拒捕杀人案内,为从帮殴,伤非金刃,又非折伤者。

窃盗例

＊【1740】一、捕役勾通积匪猾贼一二名者。

【1768】○删除

＊【1768】一、窃赃数多,罪应满流者。

盗马牛畜产例

＊【1725】一、将自己及他人骑操官马,盗卖三匹以上,及再犯者。○养马人户,盗卖官马三匹以上者。

【1740】○删除

＊【1740】一、盗卖骑操官马三匹以上,及再犯者。○养马人户盗卖官马至三匹以上者。

＊【1884】一、将自己及他人骑操官马盗卖,至三匹以上及再犯者。○养马人户盗卖官马至三匹以上者。

＊【1740】一、盗杀及盗卖牛,其窝家知情分赃者,枷号一个月。

【1768】○修改

【1768】一、盗牛宰杀,其窝家知情分赃者,枷号一个月。

盗田野谷麦例

＊【1768】一、违禁携带米石什物,卖与刨参之人,易换人参,米逾五十石,什物值银逾五十两者。○巡绰官兵知情故纵者。

＊【1884】○删除

＊【1790】一、旗人刨参贼犯，逗遛已过三冬，若并无财主，各出资本，及受雇偷采，或只身潜往，未得参，拟徒折枷之后，如有再犯，不分刨参已得未得，俱销去旗档。

＊【1884】○删除

＊【1790】一、盛京围场内，民人私入打枪放狗，惊散牲畜者，不论次数。

＊【1884】○删除

＊＊【1884】一、潜匿禁山刨参被获拟徒，限满释回，复往禁山刨参者，不分已得、未得。

＊＊【1884】一、盛京威远堡南至凤凰城边外山谷附近围场处所，拿获偷伐木植、偷打鹿只，审系身为财主，雇倩多人，再犯者，及刨挖鹿窖，为首者。

诈欺官私取财例

＊＊【1884】一、京城钱铺关闭，无论财主、管事人及铺伙侵吞赔折，统计该铺未还侵蚀藏匿银钱，至一百二十两以上者，互保之家同时关闭者。

＊＊【1884】一、内地南民与外夷交易买卖，如有负欠潜逃，诓骗财物，计赃犯该徒罪以上，枷号三个月。

发冢例

＊【1725】一、发掘常人坟冢，开棺见尸为从，与发冢见棺椁为首者。

【1768】○删除

＊【1740】一、偷刨坟墓为从之犯一次者。

【1768】○删除

＊＊【1884】一、指称旱魃，刨坟毁尸为从，帮同刨毁，年在五十以上者。

＊＊【1884】一、发掘常人坟冢，见棺椁为首与开棺见尸为从，一次，如年在五十以上者。

盗贼窝主例

＊【1725】一、各处大户家人佃仆，结构为盗，杀官劫库，劫狱放火，大户知情故纵，除实犯死罪外，其余杖、徒、流罪者。

【1740】○修改

【1740】一、各处大户家人佃仆，结构为盗，杀官劫库，劫狱放火，大户知情故纵，除实犯死罪外，杖、徒、流罪者。

＊【1768】一、强盗窝主造意不行，又不分赃者。

＊【1884】○删除

杀一家三人例

＊【1768】一、杀一家非死罪三人之妻子,实未同谋加功者。

＊【1884】一、杀一家非死罪三、四命以上,凶犯之子实无同谋加功,查明被杀之家,未至绝嗣,凶犯之子年在十五岁以下与凶犯之妻女。

杀子孙及奴婢图赖人例

＊【1725】一、故杀妾及弟妹、子孙、侄、侄孙与子孙之妇图赖人者。

【1740】○修改

【1740】一、故杀妾及子孙、侄、侄孙与子孙之妇图赖人者。

＊【1884】一、故杀妾及子孙、侄、侄孙与子孙之妇,图赖人者,无论图赖系几人及尊卑亲属。

威逼人致死例

＊＊【1884】一、大功卑幼殴打逼迫尊长,致令自尽,如非致命,又非重伤者。

殴大功以下尊长例

＊＊【1884】一、有亲属同谋共殴致死之案,其原谋系缌麻卑幼。

越诉例

＊【1725】一、假以建言为由,挟制官府,及污人名节,报复私仇者。

＊【1884】一、假以建言为由,挟制官府,及将暧昧不明奸赃事情,污人名节,报复私仇者。

在官求索借贷人财物例

＊【1725】一、云、贵、川、广等处流官擅科土官财物,佥取兵夫征价入已,强将货物发卖,多取价利,赃至该徒三年以上者。

【1790】○删除

亲属相奸例

＊【1725】一、奸内外缌麻以上亲,及缌麻以上亲之妻,若妻前夫之女,同母异父姊妹者。

＊【1884】一、奸内外缌麻以上亲,及缌麻以上亲之妻,若妻前夫之女、同母异父姊妹者,奸夫。

狱囚脱监及反狱在逃例

*【1768】一、流罪人犯越狱脱逃,本犯应流二千五百里者。

【1790】○删除

徒流人逃例

*【1768】一、流罪人犯,如有中途在配脱逃,原犯三千里者,枷号两个月。

*【1884】一、原犯寻常流三千里人犯,中途在配脱逃被获者。

工　例

盗决河防例

*【1768】一、盗决河南、山东等处格月等堤者。

*【1884】○删除

失时不修堤防例

*【1725】一、运河一带,用强包揽闸夫二名,及捞浅铺夫三名之上者。

*【1884】一、运河一带用强包揽闸夫、溜夫二名,及捞浅铺夫三名之上者。

*【1725】一、在河工指称夫头,包揽代雇,勒措良民二名以上者。

* *【1884】一、楚省岁修堤塍,如有捎勒业户,将夫土包折银钱,如用强包折二、三名之上者。

边卫充军/近边充军[①]

刑　律

诬执翁奸律

＊【1725】强奸子妇未成而妇自尽者。

＊【1884】○删除

名例例

应议者犯罪例

＊＊【1884】一、主使教诱宗室觉罗人等,事不干已,捏控讹诈及助势者,枷号三个月。

徒流人又犯罪例

＊【1790】一、闽省沿海府属,如有金刃伤人,问拟杖徒之犯,或在配,或徒满回籍,仍执持金刃伤人者。

＊【1884】一、闽省沿海府属金刃伤人问拟杖徒之犯,或在配所,或徒满回籍,仍执持金刃伤人者。

犯罪自首例

＊【1725】一、强盗聚至十人,行劫累次,小功以下亲告者。

【1740】○修改

【1740】一、强盗聚众至十人,及行劫累次小功以卜亲,首告者。

【1768】○删除

＊【1725】一、伙盗伤人,随即平复,自首者。○放火烧人空房,及田场积聚之物,计重于本罪,自首者。

【1740】○删除

＊【1725】一、伙盗殴伤事主,伤非金刃而所伤又轻,旋经平复自首者。

---

① "边卫充军",乾隆三十三年(1768)改为"近边充军"。

【1740】○删除

*【1740】一、放火烧人空房，及田场积聚之物，计重于本罪，自首者。

【1790】○删除

*【1768】一、行劫二次以上之伙盗，事未发而自首者。

【1790】○删除

犯罪事发在逃例

*【1725】一、负罪潜逃之犯被获，犯该流二千里至二千五百里者。

【1740】○删除

吏　例

官员袭荫例

*【1725】一、应袭人父在诈称死亡，冒袭官职者。

滥设官吏例

*【1725】一、各乡里书飞诡税粮二百石以上者。

【1740】○移出

贡举非其人例

*【1790】一、应试举监生儒及官吏人等，越舍与人换写文字，或临时换卷，并用财雇倩，夹带传递，与夫匠、军役人等受财代替夹带传递，及知情不举察捉拿者。

*【1884】一、应试举监生儒及官吏人等，越舍与人换写文字，或临时换卷，并用财雇倩夹带传递，与夫匠、军役人等，受财代替夹带传递，及知情不举察捉拿者。

举用有过官吏例

*【1725】一、文职官员、举贡人等，罢黜买求选用，已除授者。

*【1884】一、文武各员暨举贡监生并吏员、承差人等黜革，改名弊混，买求选用，已除授者，枷号一个月。

户　例

欺隐田粮例

*【1740】一、各乡里书飞洒诡寄税粮二百石以上者。

盗卖田宅例

＊【1725】一、军人强种屯田,五十亩以上,不纳子粒者。○屯田人等,将屯田典卖与人,至五十亩以上,与典主、买主,各不纳子粒者。

【1790】○修改

【1790】一、用强占种屯田,五十亩以上,不纳子粒者。○屯田人等,将屯田典卖与人,至五十亩以上,与典主、买主,各不纳子粒者。

＊【1884】一、用强占种屯田五十亩以上,不纳子粒者。

＊【1725】一、西山一带私自开窑卖煤、凿山卖石、立厂烧灰者,枷号一个月。

典雇妻女例

＊【1725】一、将妻妾作姊妹,及将拐带妇女或亲女并居丧姊妹嫁卖骗财之后,公然领去,或瞰起程,中途邀抢人财,除实犯死罪外,属军卫者。○媒人知情者。

【1740】○修改

【1740】一、将妻妾作姊妹,及将亲女并姊妹嫁卖骗财之后,公然领去,或瞰起程,中途邀抢人财,除实犯死罪外,属军卫者。○媒人知情者。

【1790】○修改

【1790】一、将妻妾作姊妹,及将亲女并姊妹嫁卖与人,作妻妾使女名色,瞰起程,中途聚众行凶,邀抢人财者,除实犯死罪外,属军卫者。○媒人知情者。

＊【1884】一、将妻妾作姊妹,及将亲女并姊妹嫁卖与人作妻妾,使女名色瞰起程,中途聚众行凶,邀抢人财者,除实犯死罪外。○媒人同谋邀抢者。

居丧嫁娶例

＊＊【1884】一、孀妇情愿守志,别无主婚之人,如有用强求,娶逼受聘财,致令自尽者。

强占良家妻女例

＊＊【1884】一、期功尊属尊长,图财强卖卑幼、妇女,不甘失节因而自尽者。

钱法例

＊【1740】一、伙众越境,采取铜、铅,聚至二十人以上,为首者。

＊【1884】一、伙众越境,采取铜、铅,聚至三十人以上,为首者。

收粮违限例

＊【1725】一、势豪大户不纳秋粮二百石以上者。

【1740】○删除

＊【1725】一、运弁旗丁挂欠粮米至四分不完者。

【1740】○删除

搅纳税粮例

＊【1725】一、正项钱粮及粮草军需，但有包揽诓骗银一百两、粮二百石以上，过期不完者。○经年不完者，枷号一个月。○各边武职主使家人伴当跟随结交人员，挟势揽纳作弊者，听使之人。

【1740】○修改

【1740】一、正项钱粮及粮草军需，但有包揽诓骗银一百两、粮二百石以上，过期不完者。○各边武职主使家人伴当跟随结交人员，挟势揽纳作弊者，听使之人。

＊【1884】一、内府钱粮及粮草军需等项，但有包揽诓骗银一百两、粮二百石以上，过期不完者。○各边武职主使家人伴当跟随结交人员，挟势揽纳作弊者，听使之人。

挪移出纳例

＊【1725】一、挪移库银一万两以上至二万两者。

钱粮互相觉察例

＊【1725】一、州、县总吏承顺本官，或巧计欺瞒，挪移钱粮二万两以上，本官拟斩者。

【1740】○删除

收支留难例

＊【1725】一、钱粮物料解部，书役人等包揽索诈者。○解官行贿，听其包揽者。

＊【1884】一、钱粮物料解部，书役人等指称估验、掣批等项名色，勒索十两以上者。○解官嘱托行贿，听其包揽者。

＊【1725】一、坐粮厅及书役人等，向运官、运丁勒索银十两以上者。○向关米人勒索得财者。

【1740】○删除

＊【1768】一、坐粮厅及各仓书役，向运粮官丁指称掣批等项名色，勒索十两以上者。

＊【1884】一、坐粮厅及各仓书役，向运粮官丁指称掣批等项名色勒索，并向关米之人勒索得财至十两以上者。○关米人等私给钱者。

盐法例

＊【1725】一、伪造盐引、印信,卖骗财物为从,并知情人等,但计赃满数应流者。

＊【1884】一、伪造盐引印信,贿嘱填写,转卖骗财案内为从,并经纪、牙行、店户、吏书知情人等,计赃满数应流者。

＊【1725】一、各盐运司总催,若买嘱官吏,并覆盘委官,指仓指囤,扶同作弊者。

＊【1884】一、各盐运司总催名下,该管盐课纳完者,方许填给通关,若不会纳课买嘱官吏,并委官假指已上仓囤,扶同作弊者。

＊【1725】一、各处盐场无藉之徒,把持官府,诈害客商,犯该徒罪以上,及再犯杖罪以下者。

＊【1884】一、各处盐场无藉之徒,号称长布衫,赶船虎光棍好汉等项,名色把持,官府诈害客商,犯该徒罪以上,及再犯杖罪以下者。

＊【1725】一、盐徒聚众十人以上,撑驾大船,擅用兵仗拒敌官兵,不曾杀伤人,为从者。○十人以下,原无兵仗拒捕,伤二人以上,不曾下手,为从者。

【1740】○修改

【1740】一、盐徒聚众至十人以上,撑驾大船,擅用兵仗拒敌官兵,伤一人,为从者。

【1768】○删除

＊【1725】一、兵民聚众兴贩私盐,十人以下,拒捕杀人,不论有无军器,不曾下手者。

【1740】○修改

【1740】一、兵民聚众十人以上,带有军器兴贩私盐,拒捕杀人,及伤三人以上,其未曾下手杀伤人者。○其虽带有军器,不曾拒捕,为首者。○十人以下拒捕杀人,不论有无军器,其不曾下手者。

＊【1725】一、回空粮船夹带私盐,闯闸闯关,不服盘查,十人以上,其虽拒捕,不曾伤人,及十人以下,拒捕伤人致死,为从者。○头船、旗丁、头舵人等,虽无夹带私盐,但闯闸闯关者,枷号两个月。

【1740】○修改分辑

【1740】一、回空粮船,夹带私盐十人以上持械拒捕杀人,及伤三人,案内未曾下手杀伤人之犯。

＊【1884】○删除

＊【1740】一、回空粮船,头船旗丁、头舵人等闯闸闯关者,枷号两个月。

＊【1884】一、回空粮船,头船旗丁、头舵人等虽无夹带私盐,但闯闸闯关者,枷号两个月。

＊【1725】一、贩私流犯在流所逃走被获,原犯流二千五百里者。

【1740】○删除

＊【1725】一、贩卖私盐至三千斤以上者。

【1740】○删除

私茶例

＊【1725】一、私茶有兴贩夹带五百斤者。

＊【1884】○删除

＊【1725】一、在西宁、甘肃等处贩卖私茶三百斤以上者。○守备、把关、巡捕等官自行兴贩私茶通番者。

违禁取利例

＊【1725】一、势豪举放私债，交通运官，擅拿官军绑打凌辱，强将官粮准还私债，属军卫者。

＊【1884】○删除

市司评物价例

＊＊【1884】一、京城乡民进城买细米出城，至五百石以上者，枷号两个月。○各门官弁、兵丁知情故纵者。

把持行市例

＊【1725】一、会同馆内外四邻军民人等，代替外国人收买违禁货物者，枷号一个月。

＊【1884】○删除

＊【1725】一、杨村、蔡村、河西务等处，用强拦截民运粮船，在家包雇车辆，逼勒多出脚钱者。

【1740】○删除

＊【1768】一、粮船雇觅短纤，如有棍徒勒价，聚众攒殴等事，审实，将为首及下手伤人之犯。

礼　例

禁止师巫邪术例

＊【1725】一、官吏、军民、僧道人等来京，左道邪术，煽惑人民，为从者，及称炼丹，出入官家，或擅入皇城，夤缘作弊，希求进用，属军卫者。

【1790】○修改

【1790】一、官吏、军民、僧道人等来京,左道邪术,煽惑人民,为从者,及称炼丹,出入官家,或擅入皇城,夤缘作弊,希求进用者。

*【1725】一、左道惑众为从者,及称为善友,求讨布施,至十人以上,并不问来历、窝藏、接引,或寺、观容留剃簪,探听事情,诱舍禁器,属军卫者。

【1790】〇修改

【1790】一、称为善友,求讨布施,至十人以上,并不问来历,窝藏、接引,或寺、观住持容留剃簪者。

兵　例

冲突仪仗例

*【1725】一、圣驾出郊冲突仪仗,妄行奏诉,并主使教唆捏写本状者。

*【1884】一、圣驾出郊冲突仪仗,妄行奏诉,并主使教唆捏写本状之人。

*【1768】一、圣驾临幸地方,虽未陈设卤簿,民人具呈妄行控诉者。

漏泄军情大事例

*【1725】一、军民人等与外国朝贡人往来投托,拨置害人,因而透漏事情者。

*【1884】一、军民人等与外国朝贡人外国人,私通往来投托,拨置害人,因而透漏事情者。

*【1725】一、提塘与各衙门书办彼此勾通,招摇撞骗,犯该徒罪以上者。

*【1884】一、提塘与各衙门书办彼此勾通,招摇诈骗,犯该徒罪以上者。

私藏应禁军器例

*【1740】一、将硝磺合成火药,卖与盐徒者。

私出外境及违禁下海例

*【1725】一、外国贡船到岸,先行接买番货,及为外国收买违禁货物者。

【1740】一、外国贡船到岸,未曾报官盘验,先行接买番货,及为外国收买违禁货物者。

*【1725】一、军民人等擅造大船,带违禁货物下海,前往番国买卖,潜通海贼,及为乡道劫掠良民者,全家。〇打造前项海船,卖与外国,为从者。〇止将大船雇与下海之人,及番货到来,私买贩卖苏木、胡椒,至一千斤以上者。

【1740】〇修改

【1740】一、军民人等擅造大船,带违禁货物下海,前往番国买卖,潜通海贼,及为乡道劫掠良民者,全家。〇打造海船,卖与外国造船与卖船之,为从者。〇止将前项

船只雇与下海之人分取番货，及纠通下海之人私行接买番货与探听番货到来，私买贩卖苏木、胡椒，至一千斤以上者。

*【1884】〇删除

*【1725】一、私贩硫黄、焰硝，卖与外国海贼，为从者。〇合成火药。卖与盐徒者。

【1740】〇删除

*【1725】一、官员、军民人等私将应禁军器卖与进贡外国图利，为从者。

【1740】〇删除

*【1740】一、附近苗疆五百里内，民人煎挖、窝囤、兴贩硝磺至百斤以上者。

*【1740】一、奸民图利将废铁、铁货潜出边境，及海洋货卖一百斤以上，及舟车捆载者。

*【1740】一、奸徒止将米谷偷运出口图利，并无接济奸匪情弊，米过一百石者。

*【1884】一、奸徒止将米谷偷运出口图利，并无接济奸匪情弊，米过一百石者，为首者。

*【1740】一、将应禁货物卖与进贡外国图利，为从者。

*【1740】一、兴贩鸦片烟者，枷号一个月。

*【1740】一、闽省不法棍徒在沿海地方引诱偷渡之人，包揽过台，索取银两，为首者。

【1790】〇修改

【1790】一、闽省不法棍徒，充作客头，在沿海地方引诱偷渡之人，包揽过台，索取银两，用小船载出澳口，复上大船，为首者。〇搭载大船及雇用小船各船户，为首者。

*【1884】一、闽省不法棍徒，充作客头，在沿海地方引诱偷渡之人，包揽过台，索取银两，用小船载出澳口复上大船，为首者。〇遇有攒载偷渡，将为首之搭载大船，及雇倩小船，各船户。

*【1768】一、商民出洋将红、黄铜器、铜斤私贩各洋货卖图利，一百斤以上之为首者。

*【1884】〇删除

*【1768】一、丝斤出洋过一百斤，为首者。

*【1884】一、打造海船卖与外国图利，造船与卖船之人为从者，将船雇与下海之人分取番货，及纠通下海之人私行接买番货，与探听番货到来，私买贩卖苏木、胡椒，至一千斤以上者。

* *【1884】一、沿海地方商民图利，将铁斤及废铁、铁货并红、黄铜器、铜斤私贩，递运海洋，交卖商渔船又一百斤以上，及舟车捆载者。

* *【1884】一、外国贡船到岸，未会官验，先行接买番货，并经过地方街市铺行

人等，私与交通买卖，系违禁货物，并会同馆内外四邻及军民人等代替外国人收买违禁货物者，俱伽号一个月。外国使臣人等到京，不许买黄、紫、黑、皂大花、西番莲缎匹，并不得收买史书，违者，将卖给之人，枷号一个月，将一应违禁军器、硝磺、牛角、铜铁等物图利，卖与进贡外国，为从者。

* *【1884】一、黄金、白银违例出洋白银，数在一百两以上者。

* *【1884】一、内地奸民有摹造洋板，销化白银，仿铸洋钱一百圆以上者。

* *【1884】一、台湾奸民私煎硝磺，无论已未兴贩，如数至百斤以上，及合成火药在十斤以下者。

验畜产不以实例

*【1725】一、州、县起解备用马匹，若有马贩交通官吏、医兽人等，兜揽作弊者，枷号一个月。

宰杀马牛例

*【1725】一、盗牛累犯，及窝家知情分赃者。○窝藏窃牛之犯至五人，牛至十只者。○宰杀耕牛，并私开圈店，及贩卖与宰杀之人，累犯者。○盗杀及盗卖再犯者，俱枷号一个月。

【1740】○删除

*【1740】一、宰杀堪用马匹，其徒罪以下再犯，及知情卖与者，俱不计匹数。

*【1884】一、开设汤锅，宰杀堪用马匹，其徒罪以下再犯，及知情卖与者，俱不计匹数。

多乘驿马例

*【1725】一、指称勋戚、大臣、近侍、官员家人，扰害驿递，及诈称势要衙门，希图免税，诓骗违法，徒罪以上者，枷号一个月。

*【1884】一、指称勋戚、大臣、近侍、官员姻党、族属、家人名目，扰害驿递，及诈称势要衙门，希图免税，诓骗违法，徒罪以上者，枷号一个月。

多支廪给例

*【1725】一、各处铺行人等，私与外国人交通买卖，若系禁货者。

【1740】○删除

公事应行稽程例

*【1725】一、各处有司起解军犯，在家迁延违限一年之上，正犯原系附近者。

*【1884】○删除

刑　例

盗园陵树木例

＊【1725】一、山前、山后各有禁限，若有盗砍树株，为从者。〇取土取石，开窑烧造，放火烧山，为从者。

＊【1884】〇删除

＊【1768】一、奸徒私买他人坟树，犯至三次者。

＊【1884】〇删除

＊＊【1884】一、红桩以内，盗砍树株取土、取石开窑烧造，放火烧山，为从者。其盗砍官树，开山采石，掘地成濠，开窑烧造，放火烧山，在红桩以外，白椿以内，为首者。兵弁受贿故纵，或未经得贿，潜通信息，致犯逃避者。

＊＊【1884】一、旗民人等，在红桩以内，偷人参十两以下，为首者。红桩以外，白椿以内偷人参，五十两以上，为从者，十两以上，为首者。〇弁兵受贿故纵者。

强盗例

＊【1740】一、未伤人之盗，首罪未发而自首者。〇窝家、盗线，自首者。〇亲属首告者。

＊【1884】一、未伤人之首盗，事未发而自首者。〇伙盗曾经伤人，及行劫二次以上，事未发而自首者。〇窝家、盗线，自首者。〇至放火烧人空房，及田场积聚等物之强盗，自首计所烧之物重于流罪者。

＊【1790】一、曾经伤人，及行劫二次以上之伙盗，并窝家、盗线，事未发而自首者。

＊【1884】〇修并

＊＊【1884】一、窃盗临时盗所拒捕，或虽离盗所而护赃格斗伤人未死，如刃伤及折伤以上，为从者。〇伤非金刃，伤轻平复，首犯年在五十以上者。〇拒捕未经成伤，为首者。

劫囚例

＊【1725】一、官司差人追征钱粮，勾摄公事，并捕获罪人，但聚众至十人以上，中途打夺为从，异姓及槌师打手者。

【1790】〇删除

白昼抢夺例

＊【1725】一、号称喇嘘等名，白昼撒泼，口称圣号，及总甲快手应捕人等，指以巡

捕勾摄为由,殴打平人,抢夺财物,除实犯死罪外,该徒以上,初犯一次,属军卫者。○虽系初犯,若节次抢夺,及再犯累犯笞杖以上者,枷号一个月。

【1790】○删除

＊【1740】一、抢夺伤人下手,为从者。○若伤非金刃,又伤轻平复,为首者。

【1768】○修改

【1768】一、抢夺伤人下手,为从者。○若伤非金刃,又伤轻平复,为首者。笞杖以上者,枷号一个月。

【1790】○删除

＊＊【1884】一、抢夺伤人未死,如刃伤及折伤以上为从,年在五十以上者,拒捕未经成伤之首犯。

窃盗例

＊【1725】一、窃盗拒捕,伤人未死,为从者。○窃盗拒捕,伤人非金刃,又伤轻平复,为首者。

【1740】○修改

【1740】一、窃盗拒捕,伤人未死,为从者。○伤非金刃,又伤轻平复,并拒捕不伤人者,首犯。

【1790】○修改

【1790】一、窃盗拒捕,伤人未死,如刃伤及折伤以上,为从者。○拒捕不伤人之首犯。

＊【1884】○删除

＊【1740】一、窃盗三犯,赃三十两以下十两以上者。

【1790】○删除

＊【1740】一、捕役勾通窃贼,豢窃五名以上者。

【1790】○删除

＊【1740】一、积匪猾贼为害地方者。

【1790】○删除

盗马牛畜产例

＊【1725】一、盗御马者,枷号三个月。

＊【1884】一、盗御马者,枷号三个月。○牧马官兵盗卖者。

＊【1725】一、冒领太仆寺官马至三匹者,枷号一个月。

盗田野谷麦例

＊【1725】一、盗掘金银等矿砂,若在山洞捉获,不曾拒捕,聚众至三十人以上,为

首者。

【1740】○修改

【1740】一、盗掘金银等矿砂,在山捉获,不曾拒捕,聚众至三十人以上,为首者;并人数不及三十名为首之再犯。

*【1884】一、盗掘金、银、铜、锡、水银等矿砂,不曾拒捕,若聚至三十人以上,为首者,并人数不及三十名为首再犯者。

诈欺官私取财例

*【1725】一、指称内外大小官员名头,并各衙门打点使用名色,诓骗财物,计赃犯该徒罪以上者。○情重者,枷号两个月。

*【1768】一、漕粮起运头帮军伍,将已裁陋规,派敛私收,或于定数之外,多行勒索,犯该徒罪以上者,不分首从。

*【1884】一、漕粮起运头帮军伍,将已裁陋规,复行派敛,私自娄收,或于定数之外,多行勒索,犯该徒罪以上者,不分首从。○情重者,枷号两个月。

略人略卖人例

*【1740】一、窝隐川贩,指引、捆拐、递卖情事,但窝隐护送分赃者,不分首从。

*【1884】一、窝隐川贩,指引、捆拐、递卖情事,但窝隐护送分赃者,不论赃数,不分首从。

*【1768】一、贵州、云南、四川地方民人,捆绑本地子女,在本地售卖,为从者。

发冢例

*【1740】一、奴仆、雇工人发掘家长坟冢未见棺,为从者。○子孙犯者。

【1768】○删除

*【1768】一、发掘常人坟冢开棺见尸为从,与发见棺椁为首。

*【1884】一、发掘常人坟冢,见棺椁为首者。○开棺见尸为从一次者,○发冢见棺,锯缝凿孔,抽取衣饰,并非显露尸身,为首一二次者。

*【1768】一、偷刨坟墓为从之犯,开棺一次者。

*【1884】○删除

* *【1884】一、奴婢、雇工人发掘家长坟冢,未见棺,为从者。

* *【1884】一、指称旱魃,刨坟毁尸,为从帮同刨毁者。

* *【1884】一、功缌卑幼盗尊长未殡未埋尸柩,未开棺椁,为从者。

* *【1884】一、功缌卑幼发掘尊长坟冢,未见棺椁为从者。

* *【1884】一、奴仆、雇工人盗家长未殡未埋尸柩,未开棺椁为从者。

盗贼窝主例

＊【1725】一、窝主若止勾引容留,往来住宿,并无造意共谋者。

＊【1725】一、皇亲、功臣、管庄之家仆人等,及军民,窝藏强盗二名以上,窃盗五名以上,坐家分赃者。

【1740】○修改

【1740】一、皇亲、功臣、管庄之家仆、佃户人等,及军民大户,窝藏强盗二名以上,窃盗五名以上,坐家分赃者。

＊【1884】一、皇亲、功臣、管庄之家仆、佃户人等,及诸色军民大户,窝藏强盗二名以上,窃盗五名以上,坐家分赃者。

＊【1725】一、知强窃盗赃而接买受寄三犯以上,不拘赃数多寡,与知强盗后而分赃至满数者。

＊【1740】一、容留外省流棍者。

＊【1768】一、本处邻佑、地保知情容留老瓜贼者。

＊＊【1884】一、洋盗,案内知情接买盗二次者。

＊＊【1884】一、顺天府五城,及直隶、山东二省窝藏窃盗三名以上,及强盗一名者。

杀死奸夫例

＊＊【1884】一、有服尊长强奸卑幼之妇未成,被本夫、本妇有服亲属登时忿激致毙,系缌麻卑幼,依律问拟,夹签声明,奉旨敕下九卿核减者。

斗殴及故杀人例

＊【1725】一、同谋共殴人,除下手致命伤重处绞外,其审系执持凶器共殴,亦有致命伤痕者。

【1740】○修改

【1740】一、同谋共殴人,除下手致命伤重处绞外,其共殴人审系执持凶器,亦有致命伤痕者。

＊【1884】○删除

＊【1768】一、两家互殴各毙一命,各系凶手,本宗有服亲属应拟抵者。

＊【1884】一、两家互殴,各毙一命,果各系凶手本宗有服亲属,将应拟抵人犯,均免死减等。

＊＊【1884】一、同谋共殴人至死,余人执持枪刀等项凶器伤人者。

＊＊【1884】一、纠众互殴致毙二、三命以上案内余人,若系猝遇在场帮护,审非预纠械斗,及互斗止毙一命之余人,执持凶器伤人者。

＊＊【1884】一、广东、福建、广西、江西、湖南、浙江等六省，纠众互殴之案，如所纠人数虽多，致毙彼造一命者，首犯。

戏杀误杀过失杀伤人例

＊＊【1884】一、因谋杀子而误杀旁人者。

威逼人致死例

＊【1725】一、因事用强殴打，威逼人致死，果有致命重伤，及成残废笃疾者。

【1740】○修改

【1740】一、因事用强殴打，威逼人致死，果有致命重伤，及成残废笃疾，虽有自尽实迹者。

＊【1884】一、因事用强殴打威逼人致死，有致命重伤，及成残废笃疾，虽有自尽实迹者。○殴打逼迫尊长致令自尽之案，其致命而非重伤，或伤重而才致命之处者，缌麻卑幼。

＊【1725】一、因事威逼致死，一家二命，及非一家但至三命以上者。

＊【1725】一、妇人夫亡愿守志，别无主婚之人，若有用强求娶，逼受聘财，因而致死者。

＊【1884】○删除

＊【1725】一、军民人等威逼本管官致死为从者，枷号半年。

【1740】○修改

【1740】一、军民人等威逼本管官致死为从者，枷号三个月。

＊【1884】一、军民人等因事逼迫本管官致死，为从者，枷号三个月。

＊＊【1884】一、亲属相奸，奸夫按奸罪应发附近充军者，如奸妇因奸情败露，羞愧自尽，奸夫。

斗殴例

＊【1725】一、凶徒因事忿争，执持凶器，但伤人及误伤旁人，与凡剜瞎人眼睛，折跌人肢体，全抉人耳鼻、口唇，断人舌，毁败人阴阳者。

＊【1884】一、凶徒因事忿争，剜瞎人眼睛，故折人肢体，全抉人耳鼻、口唇，及断人舌，毁败人阴阳者。

＊【1768】一、匪徒因事忿争执，持裤刀伤人者。

＊【1768】一、不法匪徒因事忿争，执持梭标伤人者。

【1790】○修并

【1790】一、不法匪徒因事忿争，执持库刀、梭标，及骟鸡尾、黄鳝尾、鲫鱼背、海蚌等刀，朴刀、顺刀，并凡非民间常用之刀，伤人者。

*【1884】一、凶徒因事忿争,执持腰刀、铁枪、弓箭,并铜、铁、锏、剑、鞭、钺、斧、扒头、流星、骨朵、麦穗等项凶器,及库刀、梭标、骟鸡尾、黄鳝尾、鲫鱼背、海蚌等刀,朴刀、顺刀,并凡非民间常用之刀,但伤人及误伤旁人者,殴人至笃疾,年在五十以上者。

威力制缚人例

*【1740】一、主使两人、数人殴一人,有致死重伤,及成残废笃疾者。

*【1884】一、主使两人或数人殴一人,若其人自尽,如有致死重伤及成残废笃疾者。

殴期亲尊长例

*【1725】一、卑幼殴期亲尊长,执有刀刃赶杀,情状凶恶,虽未伤者。

【1740】〇修改

【1740】一、卑幼殴期亲尊长,执有刀刃赶杀,情状凶恶者,虽未伤者。

越诉例

*【1725】一、汉人投入士官地方,冒顶土人亲属、头目名色,代为奏告报仇,占骗财产者。

【1740】〇删除

*【1725】一、蓦越赴京,及赴督抚、按察司处,奏告机密重事不实,并全诬十人以上,属军卫者。

【1790】〇删除

*【1725】一、刁徒身背黄袱,口称奏诉,挟制官吏,别无冤枉,并主使人属军卫者。

【1740】〇修改

【1740】一、刁徒身背黄袱,头插黄旗,口称奏诉,挟制官吏,不干己事,别无冤枉,并主使人,属军卫者。

【1790】〇修改

【1790】一、刁徒身背黄袱,头插黄旗,口称奏诉,挟制官吏,不干己事,别无冤枉,并主使人。

*【1725】一、奸徒身藏金刃,欲行叩阍,擅入午门、长安等门者。

*【1884】一、奸徒身藏金刃,欲行叩昏,擅入午门、长安等门者,不问虚实。

* *【1884】一、旗军陈告运官不法事情,不赴漕司告理,如赴别衙门挟告诈财,犯该徒罪以上者。

* *【1884】一、负罪人犯,本案实有屈抑,不赴内外风宪衙门,申诉辄违例递折,

并受雇代递者。

＊＊【1884】一、军民人等控诉事件，呈递封章挟制入奏，其受雇代递者。

诬告例

＊【1725】一、旗军陈告运官不法事情，不赴漕司告理，赴别衙门挟告诈财，犯该徒罪以上者。

＊【1884】〇移出

＊【1725】一、奸徒假以上司察访为由，挟制官府，陷害良善，名为窝访，犯该徒流者。

＊【1884】一、奸徒串结衙门人役，假以上司察访为由，挟制官府，陷害良善，或诈骗财物，或报复私仇，名为窝访，审实罪该徒流者。

＊【1725】一、无藉棍徒私自串结，将不干已事情声言奏告，恐吓得财，计赃满数者。〇妄指宫禁亲藩，诬害平人者，枷号三个月。

＊【1884】一、无藉棍徒私自串结，将不干已事捏写本词，声言奏告，诈赃满数者，不分首从。〇妄指宫禁亲藩，诬害平人者，枷号三个月。

＊【1740】一、诬告人谋死人命，审无挟仇，止以误执伤痕诬告蒸检，为首者。

＊【1884】一、官员旗民人等，告讦之案，妄捏干己情事耸准，及至提集人证审办，仍系不干己事，无论所告虚实，诈赃多寡，已未入手，俱不分首从，枷号三个月。

教唆词讼例

＊【1725】一、代人捏写本状，教唆奏告强盗人命，重罪不实，并全诬十人以上者。

＊【1884】一、代人捏写本状，扛帮赴京，及督抚、按察司奏告强盗人命，重罪不实，并全诬十人以上者。

＊【1725】一、将本状雇寄与人赴京奏诉，并受雇受寄之人，属军卫者。

【1790】〇修改

【1790】一、将本状雇寄与人赴京奏诉，并受雇受寄之人。

官吏受财例

＊【1740】一、衙门蠹役恐吓索诈银十两以上者，及十两以下致令贫民卖男鬻女者。

＊【1884】一、文武职官衙门蠹役，恐吓索诈贫民，计赃十两以上者。〇索诈贫民，致令卖男鬻女十两以下者。

在官求索借贷人财物例

＊【1725】一、文武职官索取土官、外国、猺獞财物，犯徒三年以上者。

*【1725】一、苗、蛮、黎、獞并改土归流地方，该管官有骚扰逼勒、科派等弊，犯该流二千里及流二千五百里者。

【1740】○删除

*【1740】一、云、贵、川、广等处，流官擅科土官财物，佥取兵夫，征价入己，强将货物发卖，多取价利，赃至该徒三年以上者。

* *【1884】一、长随钻营上司引荐，在各衙门招摇撞骗财物者。

诈为制书例

*【1725】一、诈为察院、布、按、府、州、县及其余衙门文书，诓骗科敛财物者。

诈假官例

*【1725】一、假冒官职者。

【1768】○删除

*【1725】一、买他人起送赴考、赴选之公文，顶名赴部，若已受职卖者。

【1768】○删除

*【1725】一、诈冒皇亲、族属、姻党、家人，挟骗财物，侵渔民利，除实犯死罪外，徒罪以上者，枷号一个月。

*【1884】一、诈冒皇亲、族属、姻党、家人巧立名色，挟骗财物，侵占地土，拦当船只，掯要银两，出入衙门，嘱托公事，贩卖制钱、私盐，包揽钱粮，假称织造、私开牙行，擅搭桥梁，侵渔民利，除实犯死罪外，徒罪以上者，枷号一个月。

*【1725】一、假充大臣及近侍官员家人，强占田土房屋，招集流移住种，犯徒以上者。

*【1884】一、假充大臣及近侍官员家人名目，豪横乡村，生事害民，强占田土房屋，招集流移住种，犯徒以上者。

*【1768】一、凡无官而诈称有官，并冒称现任官员姓名，并未造有凭札，止于图骗一人，图行一事，犯该徒罪以下者。

*【1884】一、无官而诈称有官，并冒称现任官员姓名，未造有凭札，但系图骗一人，图行一事，犯该徒罪以下者。

诈称内使等官例

*【1725】一、诈冒内官亲属家人，恐吓官司，诓骗财物，除实犯死罪外者，枷号一个月。

【1790】○修改

【1790】一、诈冒内官亲属家人，恐吓官司，诓骗财物者，除实犯死罪外者，枷号一个月。

*【1725】一、假充各衙门人役,差遣访事,缉捕盗贼,占宿公馆,妄拿平人,吓取财物,扰害军民,除实犯死罪外,徒罪以上者,枷号一个月。

*【1884】一、诈充各衙门差役,假以差遣访事,缉捕盗贼,妄拿平人,搜查客船,吓取财物,扰害军民,犯徒罪以上者,无论有无签票,枷号一个月。诈称内使等官例。

*【1768】一、棍徒假冒差役名色搜查客船,犯该徒罪以上者,枷号一个月。

*【1884】○删除

犯奸例

* *【1884】一、强奸妇女未成,拒伤本妇,及其夫与父母,并有服亲属,伤非金刃凶器,年在五十以上者。

亲属相奸例

*【1725】一、亲属犯奸至死罪,若强奸未成者。

*【1884】一、亲属和奸不至死罪,若强奸未成者。

奴及雇工人奸家长妻例

*【1768】一、家长有服亲属强奸奴仆、雇工人妻女,未成致令羞忿自尽者。

赌博例

*【1725】一、军民人等,擅入宗室府内教诱为非,及赌博诓哄财物者。

*【1740】一、旗人贩卖纸牌、骰子,为从者。

*【1884】○删除

阉割火者例

*【1725】一、净身人曾经发回,私自来京图谋进用者。

【1790】○删除

放火故烧人房屋例

*【1740】一、谋财放火延烧未抢掠财物,又未伤人之为从,商谋下手燃火者,枷号两个月。○挟仇放火延烧,其未伤人,及伤而不死者,为从之人。○当被救熄尚未延烧之,为首者,枷号两个月。

*【1884】一、恶徒谋财放火,已经烧毁房屋,尚未抢掠财物,又未伤人为从,商谋下手燃火者,枷号两个月。○并非图财,而挟仇放火烧毁房屋,并未伤人,及伤而不死,为从者。○当被救熄,尚未烧毁为首,枷号两个月。

罪人拒捕例

＊【1768】一、罪人事发在逃被获时,有拒捕者,本罪已至满流,而拒殴在折伤以下者。

狱囚脱监及反狱在逃例

＊【1768】一、流罪人犯越狱脱逃,原犯流三千里者。
【1790】○删除

徒流人逃例

＊【1740】一、问发充军人犯逃回,若系杂犯死罪以下充军者,初犯,枷号一个月。
【1768】○删除
＊【1740】一、原犯流罪人犯,三次脱逃者。○免死减等人犯,二次脱逃者。
【1768】○删除
＊【1768】一、附近充军,初次脱逃者。
＊【1790】一、附近充军,初次脱逃者,枷号一个月。
＊【1884】一、充军常犯脱逃,系附近充军者,初次,枷号一个月。
＊【1790】一、免死减等流犯,中途在配脱逃者,枷号两个月。
＊【1884】一、免死减等流犯,中途在配脱逃,被获者。

稽留囚徒例

＊＊【1884】一、各处有司起解军犯,在家迁延,违限一年之上正犯,原系附近者。

凌虐罪囚例

＊【1725】一、内外程递人犯,其押解人役逼致死伤,及受财故纵,并听凭买求杀害,除实犯死罪外,徒罪以上属军卫者。
＊【1884】○删除
＊【1725】一、解役递解人犯,若未取患病印结,死至五名以上者。
＊【1884】○删除

工　例

盗决河防例

＊【1725】一、故决、盗决山东南旺等湖及徐、邳滨河一带堤岸,并阻绝泉源,有干漕河禁例者。○其闸官人等,用草卷搁闸板,盗泄水利,串同取财。犯徒以上者。

＊【1884】一、故决、盗决山东泰安等处泉源，有干漕河禁例军民。○闸官人等，用草卷搁闸板，盗泄水利，串同取财，犯该徒罪以上者。

＊【1725】一、河南等处盗决，及故决河防，毁害人家，漂失财物，淹没田禾，犯徒以上者。

＊【1884】○删除

＊【1768】一、盗决河南、山东等处临河大堤，为首者。

＊【1884】○删除

边远充军

吏律

官员袭荫律

＊【1725】官员乞养子诈冒承袭者。〇他人教令者。〇当该官司知而听行者。

户律

人户以籍为定律

＊【1725】诈称军人不当军民差役者。

私创庵院及私度僧道律

＊【1725】寺、观、庵院不许私自创建增置,违者。

兵律

宫殿门擅入律

＊【1725】不系宿卫应值合带兵仗之人,但持寸刃入紫禁城门内者。〇门官宿卫官军故纵者。

从驾稽违律

＊【1725】从车驾行而逃者。〇亲管头目故纵者。

关防内使出入律

＊【1725】内监私将兵器进入紫禁城门内者。〇门官及守卫官失于搜检者。

门禁锁钥律

＊【1725】皇城门应闭而误不下锁者。

擅调官军律

＊【1725】将帅擅调军马及所属擅发与者。〇或贼及反叛、暴兵卒至,若不即调

遣会合,或不即申报上司及邻近官军,不即发兵策应者。○上司及大臣将文书调遣将士,提拨军马,非奉圣旨,不得擅离信地。若军官有改除别职,或犯罪取发,如无奏奉圣旨,亦不许擅动,违者。

主将不固守律

*【1725】边将守备不设,被贼侵入境内,掳掠人民者。

纵军掳掠律

*【1725】军人私出外境掳掠者。○掳掠伤人为从者。○将领知情故纵者。

不操练军士律

*【1725】守御官致有所部军人反叛者。

激变良民律

*【1725】牧民官激变良民,因而聚众反叛,城池未陷者。

私卖军器律

*【1725】军人关给军器私卖者。

纵放军人歇役律

*【1725】私使军人出境,因而致死,或被贼拘执者。○本营专管官吏容隐不举,及虚作逃亡报官者。

公侯私役官军律

*【1725】官军听从公侯役使,及不出征时,辄于公侯门首伺立者。

从征守御官军逃律

*【1725】京外守御军人在逃,再犯者。○各营军人转投别营当军再犯者。

刑　律

私受公侯财物律

*【1725】内外武官接受公、侯、伯所与金银、缎匹等物者。

名例例

犯罪自首例

＊【1768】一、强盗自首,虽曾伤人,随即平复者。
【1790】○删除

吏　例

官员袭荫例

＊【1725】一、世职异姓买袭者。

户　例

逃避差役例

＊【1740】一、沿边沿海军民人等,躲避差役逃入土夷、峒寨、海岛潜住者。
＊【1884】一、沿边、沿海地方军民人等,躲避差役逃入土夷、峒寨、海岛潜住者。

盗卖田宅例

＊【1740】一、军民人等,将争竞不明并卖过,及民间起科僧、道将寺、观各田地,子孙将公共祖坟、山地朦胧投献王府,及内外官豪势要之家私捏文契典卖者,投献之人。○直隶各省空闲地土,听民尽力耕种,照年限起科,若有占夺投献者。

＊【1768】一、盛京家奴庄头人等,私自盗卖伊主田产至五十亩者。

＊【1884】一、盛京家奴庄头人等,私自盗卖伊主田产,至五十亩者。○谋买之人与串通说合之中保,将公共山场一家私召异籍之人,搭棚开垦至五十亩者。

＊【1768】一、子孙盗卖祖遗祀产至五十亩者。○知情谋买者。

居丧嫁取例

＊＊【1884】一、孀妇自愿守志母家、夫家,缌麻卑幼抢夺强嫁,不甘失节,因而自尽者。

收粮违限例

＊【1740】一、运弁旗丁挂欠粮米,至五分不完者。

多收税粮斛面例

＊＊【1884】一、各仓已革花户并管头夫役，及不应入仓人等，在现充花户，身后影射，把持勒索，得赃六两至十两者。○现充花户有心容隐，朋比为奸者。

转解官物例

＊【1740】一、运粮官丁谎报漂没，并故将船放失漂流，及虽系漂流损失不多，乘机侵盗，不及六百石者。

＊【1884】一、漕运官军水次折乾，沿途盗卖，故将船放失漂流，及虽系漂流，损失不多，乘机侵盗，不及六百石者。

＊＊【1884】一、运粮旗丁，因正项亏短，但经买米回漕，计数六十石以上者，卖米之人。

盐法例

＊【1725】一、贩私流犯在流所逃走被获，原犯流三千里者。

【1740】○删除

违禁取利例

＊＊【1884】一、内地汉奸，潜入粤东黎境，放债盘剥者，无论多寡，即照私通土苗例，除实犯死罪外。

市司评物价例

＊＊【1884】一、京城粗米，如有违例私运出城，五百石以上者，枷号两个月。○如偷运细米出城，至一千石以上者，枷号三个月。○各门官弁兵丁知情故纵者。

礼　例

亵渎神明例

＊【1725】一、僧道、军民人等，于各寺、观、神庙刁奸妇女，因而引诱逃走，或诓骗财物者，奸夫。

＊【1884】一、僧道、军民人等，于各寺观、神庙刁奸妇女，而又诓骗财物，为首者。

禁止师巫邪术例

＊【1790】一、左道惑众之人，或烧香集徒，夜聚晓散，为从者。

＊【1884】○删除

＊＊【1884】一、红阳教及各项教会名目,虽未传徒,或曾供奉飘高老祖,及收藏经卷者。

兵　例

主将不固守例

＊【1725】一、贼拥大众入寇,官军交锋伤掳数十人以上,或掳杀军民数十人以上,或贼入境内掳掠头畜衣粮数多,不曾杀掳军民者。〇交锋入境,损伤掳杀四五人,抢去头畜衣粮不多者。

【1740】〇修改

【1740】一、贼拥大众入寇,官军交锋伤掳数十人以上,或贼众入境,掳杀军民数十人以上,或贼突入境内,掳掠头畜衣粮数多,不曾杀掳军民者。〇交锋入境,损伤掳杀四五人,抢去头畜衣粮不多者。

＊【1725】一、府、州、县与武职官同城,若遇边警及盗贼攻围,不行固守,被贼攻陷城池,劫杀焚烧之府、州、县掌印并捕盗官。

【1790】〇修改

【1790】一、州、县与武职同城,若遇边警及盗贼攻围,不行固守,被贼攻陷城池,劫杀焚烧之同城知府并捕盗官。

＊【1884】一、州、县与武职同城,若遇边警及盗贼攻围,不行固守,被贼攻陷城池,劫杀焚烧,其同城之知府并捕盗官。

盘诘奸细例

＊【1740】一、交结外国及私通土苗,引惹边衅,并潜住苗寨教诱为乱,除实犯死罪外者。

＊【1884】一、交结外国及私通土苗,互相买卖,引惹边衅,并潜住苗寨教诱为乱,除实犯死罪外者。

＊＊【1884】一、巡缉官兵,以商船作为贼船扰害者。

私出外境及违禁下海例

＊【1725】一、奸商贩卖军器与土司番蛮者。〇该管官知情故纵者。

＊【1740】一、海防武职听受外番金银、货物,值银百两以上,许令船货私入串通交易,贻害地方,及引惹番贼海寇戕杀居民,除实犯死罪外者。

＊【1884】一、海防武职听受外番金银、货物等项,值银百两以上,许令船货私入串通交易,贻害地方,及引惹番贼海寇戕杀居民,除实犯死罪外者。

＊＊【1884】一、沿海船只在朝鲜国境界渔采,及私行越江,被朝鲜国人捕送,为

首者。

刑 例

盗内府财物例

＊【1740】一、内府监守盗银三十两，钱帛等物值银三十两以上，常人盗银六十两，钱帛等物值银六十两以上者。○内员同。

【1790】○删除

盗园陵树木例

＊【1768】一、子孙将祖父坟茔树木私自砍卖十株以上之民人。○看坟人等及奴仆盗卖者。

＊【1884】一、子孙将祖父坟茔树木，私自砍卖十株以上之民人。○看坟人等及奴仆盗卖者。盗砍他人坟树犯案，至三次计赃，三十两以上者。

监守自盗仓库钱粮例

＊【1740】一、漕运粮米监守盗六十石入己者。

常人盗仓库钱粮例

＊【1740】一、漕运粮米常人盗一百二十石入己者。

【1790】○删除

强盗例

＊【1768】一、捕役人等，奉差缉贼本系良民，捏称踪迹可疑，素行不轨，妄行拿获者。○虽犯窃有案已改恶为善，仍复妄拿者。○所获之人，不论平人窃盗、拷打、吓诈、逼勒认盗者。○因伙盗未获，将犯有窃案之人教供诬扳，滥拿充数者。

【1790】○删除

＊＊【1884】一、窃盗临时盗所拒捕，或虽离盗所而护赃格斗，伤非金刃伤轻平复，为首者。

白昼抢夺例

＊【1768】一、抢夺下手伤人为从，及伤非金刃又伤轻平复之首犯。

＊【1884】一、抢夺伤人未死如刃伤及折伤以上，为从者。伤非金刃伤轻平复之首犯，年在五十以上者。

＊【1790】一、总甲、快手、应捕人等，以巡捕勾摄为由，殴打平人，抢夺财物，除实

犯死罪外,徒罪以上初犯,一次者。○节次抢夺,犯该笞、杖以上者,枷号两个月。

*【1884】一、总甲、快手、应捕人等指以巡捕勾摄为由,殴打平人抢夺财物,除实犯死罪外,初犯徒罪以上一次者。○再犯,发原抢地方,枷号两个月。

* *【1884】一、大江洋海出哨官弁、兵丁,遇商船遭风覆溺,抢取货物伤人,未至毙命,伤非金刃伤轻平复,年在五十以上者。

窃盗例

*【1740】一、捕杀勾通积匪滑贼三四名者。

【1768】○删除

*【1768】一、窃盗临时拒捕,伤非金刃又伤轻平复之首犯。

*【1884】○删除

*【1768】一、窃盗三犯,计赃三十两以下至十两以上者。

盗马牛畜产例

*【1740】一、将自己及他人骑操官马盗卖,至五匹以上者。

*【1884】一、盗多罗马者,枷号六个月。○牧马官兵盗卖者。

盗田野谷麦例

*【1725】一、盗掘金银等矿砂,持仗拒捕者。○不曾拒捕,人数不及三十名,再犯为首者。

【1740】○修改

【1740】一、盗掘金银等矿砂,在山捉获,持杖拒捕者。

*【1884】一、盗掘金、银、铜、锡、水银等矿砂,在山洞捉获,持仗拒捕者。

恐吓取财例

*【1740】一、诬指良民为盗,及寄买贼赃,拷打、吓诈,或以起赃为由搜检,抢夺财物,淫辱妇女,除实犯死罪外,其余不分首从。

【1790】○删除

*【1768】一、附近番苗地方,该管官员纵差骚扰,激动番蛮者。

*【1790】一、土哨奸民,附和苗人伏草捉人,横加枷肘,勒银取赎者,枷号两个月。

*【1884】一、苗人伏草捉人,勒银取赎,其土哨奸民,勾通取利附和者,枷号两个月。

发冢例

*【1740】一、发掘贝勒、贝子、公等坟冢未至棺,为从者。○发掘历代帝王陵寝、

先贤名臣及前代藩王坟墓,未至棺,为从者。

*【1884】一、发掘贝勒、贝子、公、夫人等,并历代帝王陵寝,及会典内有从祀名位之先贤、名臣,前代分藩承袭亲王坟冢,未至棺,为从者。

*【1740】一、盗未殡尸柩,及发年久穿陷之冢,开棺见尸一次者,为首之犯。○为从二次者。

*【1884】一、盗未殡未埋尸柩,及发年久穿陷之冢,开棺见尸为首一次,及为从二次者。

**【1884】一、功缌卑幼,盗尊长未殡未埋尸柩,未开棺椁为首,并开棺见尸,为从者。○期亲卑幼,未开棺椁,为从者。

**【1884】一、功缌卑幼发掘尊长坟冢,未见棺椁为首,并见棺椁,为从者,期亲卑幼,未见棺椁,为从者。

**【1884】一、发冢见棺,锯缝凿孔,抽取衣饰,并非显露尸身为首,三次者。为从四次、五次者。

**【1884】一、盗未殡未埋尸柩,锯缝凿孔为首四次、五次者。○为从六次、七次者。

盗贼窝主例

**【1884】一、西宁地方拿获私歇家,除实犯死罪外,其但在山僻小路,经年累月,开设私歇家,为首者。

斗殴及故杀人例

**【1884】一、广东、福建、广西、江西、湖南、浙江等六省,纠众互殴之案,如所纠人数,虽多致毙,彼造二命者,首犯。

威逼人致死例

*【1740】一、因事威逼人,致死一家三命以上者。

**【1884】一、调奸妇女,未成业经和息之后,如有因耻笑,其夫与父母、亲属,及本妇复追悔,抱忿自尽,致死二命者,调奸之犯。

**【1884】一、逼迫尊长致令自尽之案,若殴有致命重伤,未成残废者,缌麻卑幼。○其致命而非重伤,或伤重而非致命之处者,功服卑幼。

斗殴例

*【1740】一、凶徒因事仇争,聚众执持凶器伤人,及围绕房屋抢检家财,弃毁器物,奸淫妇女,除实犯死罪外,徒罪以上者,不分首从。

*【1884】一、凶徒因事忿争,执持凶器殴人至笃疾者。○聚众持凶器伤人,及围

绕房屋抢检家财弃毁器物,奸淫妇女,除实犯死罪外,徒罪以上,不分首从。

保辜限期例

*【1768】一、卑幼殴伤缌麻尊长,余限内因本伤身死,仍拟死罪,奏请定夺。

*【1884】○移出

殴大功以下尊长例

* *【1884】一、卑幼殴伤缌麻尊长、尊属,余限内因本伤身死,仍拟死罪,奏请定夺,如蒙宽减者。

* *【1884】一、有服亲属,同谋共殴致死之案,其原谋系大功卑幼。

父祖被殴例

* *【1884】一、祖父母、父母被本宗缌麻尊长及外姻功缌尊长殴打,实系事在危急,卑幼情切救护,因而殴死尊长者。

越诉例

*【1725】一、擅入午门、长安门内,叫诉冤枉,勘问涉虚者。

*【1725】一、跪午门、长安等门,及打长安门内石狮鸣冤者。

*【1884】一、跪午门长安等门,及打长安门内石狮鸣冤涉虚者。

*【1740】一、捏开大款,欲思报复,并将已经法司、督抚衙门断明事件,意图翻异,聚众击鼓为首者,并教令主使之人。

*【1884】一、捏开大款欲思报复,并将已经法司、督抚衙门,断明事件意图,翻异聚众击鼓者。将首犯与教令主使之人。

*【1790】一、蓦越赴京,及赴督、抚、按察司处,奏告机密重事不实,并全诬十人以上者。

* *【1884】一、遣军以下人犯,由配所潜逃,呈递封章控诉事件,如本案实有屈抑,原例应发近边充军者。

* *【1884】一、军民人等,控诉事件,呈递封章,挟制入奏,如所告得实,本犯。○若诬告罪止笞、杖,到配枷号一个月,徒罪枷号两个月。

诬告例

*【1790】一、诬告良民为强盗者。

*【1790】一、捕役人等,奉差缉贼,本系良民,捏称踪迹可疑,素行不轨,妄行拿获者。○虽犯窃有案,已改恶为善,仍复妄拿者。○所获之人,不论平人、窃盗,拷打、吓诈、逼勒认盗者。○因伙盗未获,将犯有窃案之人,教供诬扳,滥行充数者。

*【1884】一、捕役人等，奉差缉贼，其人本系良民，捏称踪迹可疑，素行不轨，妄行拿获者。〇虽犯窃有案，已改恶为善，确有实据，仍复妄拿者。〇所获之人，不论平人，窃盗私行，拷打、吓诈财物，逼勒认盗者。〇因伙盗未获，将犯有窃案之人教供诬扳，滥拿充数者。

*【1790】一、诬指良民为窃，称系寄卖贼赃，拷打、吓诈，或以起窃为由，搜检抢夺，淫辱妇女，除实犯死罪外，其余不分首从。

*【1884】一、将良民诬指为窃，称系寄卖贼赃，拷打吓诈财物，或以起赃为由，沿房搜检抢夺财物，淫辱妇女，除实犯死罪外，其余不分首从。〇诬指良民为强盗者。

* *【1884】一、疑贼捆缚拷打，致令自尽，如殴有致命重伤，及成残废笃疾者。

在官求索借贷人财物例

*【1768】一、苗、蛮、黎、獞等僻处外地之人并改土归流地方，该管官员差遣兵役，骚扰逼勒科派供应等弊，因而激动番蛮者。

伪造印信历日等例/伪造印信时宪书等例

*【1740】一、描摸印信行使，诓骗财物，犯该徒罪以上者。

私铸铜钱例

* *【1884】一、私铸铜钱未成，畏罪中止者，首犯与匠人。

诈教诱人犯法例

*【1768】一、苗、蛮、黎、獞所居地方，有外来匪徒，教诱犯法，所犯之人罪应徒罪以上者，教诱之人。

【1790】〇修改

【1790】一、苗、猺、狑、獞所居地方，有外来匪徒，教诱犯法，所犯之人罪应徒罪以上者，教诱之人。

*【1884】一、苗、猺、狑、獞所居地方有外来匪徒，教诱犯法，所犯之人罪应拟杖者，杀诱之人加一等治罪，徒罪以上者，教诱之人。

犯奸例

* *【1884】一、强奸妇女未成，拒伤本妇，及其夫与父母并有服亲属，伤非金刃凶器者。

亲属相奸例

* *【1884】一、亲属和奸，律应死罪者，若强奸未成。

赌博例

＊【1740】一、旗人将自己银钱开场诱赌，经旬累月，聚集无赖放头、抽头之容留房主，初犯者。

＊【1884】○删除

＊【1740】一、旗人造卖纸牌、骰子，为从者。○贩卖，为首者。

＊【1884】○删除

＊【1740】一、民人造卖纸牌、骰子，为首者。

＊【1884】一、民人造卖纸牌、骰子，为首者。○若自首免罪后，又复造卖者。

＊【1740】一、私造赌具，自首免罪后，又复造卖者。

＊【1884】○修并

＊【1768】一、在京轿夫，有借名依附，潜匿别处，开场诱赌，经旬累月之为首开场，及放赌抽头者。

＊【1884】一、在京轿夫有借名依附，潜匿别处开场诱赌，经旬累月者，将为首开场，及放赌抽头之犯。

＊【1790】一、闽省拿获花会案犯，讯明起意为首者，枷号两个月。○地保、汛兵有贿庇情事者。

＊【1790】一、容留制造赌具之房主，贪得重租，知情包庇在一年以外者。

＊【1884】一、容留制造具之房主，审系贪得重租，知情包庇，但在一年以外者。

阉割火者例

＊【1740】一、私自净身并下手者，全家。

＊【1884】○删除

徒流人逃例

＊【1768】一、调发近边充军，二次脱逃者，枷号两个月。○本犯近边充军脱逃者。

＊【1884】一、附近充军常犯，脱逃二次者，枷号两个月。○本犯近边充军脱逃者。

稽留囚徒例

＊＊【1884】一、各处有司起解军犯，若在家迁延，违限一年之上正犯，原系近边者。

盗贼捕限例

＊【1768】一、捕役密拿赃贼窝赌窝娼等类，借端骚扰，越境诬拿平民者。

＊【1768】一、隔省隔属擅自拘拿寻常对质人犯之捕役。

＊【1768】一、苗蛮地方捕役搜捕案犯，牵累良民者。

工　例

盗决河防例

＊＊【1884】一、故决、盗决山东南旺湖，沛县昭阳湖、蜀山湖，安山积水湖，扬州高宝湖，淮安高家堰、柳蒲湾，及徐、邳上下滨河一带各堤岸，并河南、山东临河大堤，盗决格月等堤，如但经故、盗决，尚未过水，为首者，枷号一个月。

极边充军

名例例

徒流迁徙地方例

＊【1740】一、云、贵、川、广五省人犯，应发黑龙江等处者。

【1768】○删除

＊＊【1884】一、永远枷号人犯，枷示已逾十年，其原犯军流以下者，民人改发极边，足四千里。○倘在配在途乘间，脱逃仍发原配，枷号三个月，杖一百。

户　例

盗卖田宅例

＊＊【1884】一、黔省汉民强占苗人田产，致令失业酿命者。

居丧嫁娶例

＊＊【1884】一、孀妇自愿守志，母家、夫家功服卑幼抢夺强嫁，不甘失节，因而临自尽者。

强占良家妻女例

＊＊【1884】一、并非聚众，但将兴贩妇女抢夺已成，为首者。

转解官物例

＊＊【1884】一、蓟运回空丁舵有将白土搀入漕粮，至一百石以上者。

＊＊【1884】一、粮船舵工，有侵米至五石以上，累丁代完者。

市司评物价例

＊＊【1884】一、京城粗米，如有违例私运出城，一千石以上者，枷号三个月。○各门官弁、兵丁，知情故纵者。

兵 例

宫殿门擅入例

* *【1884】一、昆明湖内赴溺之人,捞救得生,凡止因贫因病并无别故,枷号半年。

私卖军器例

* *【1884】一、结伙盘踞加倍重利,收当军器者,枷号三个月。

从征守御官军逃例

*【1740】一、广东省盗贼投抚分发入伍壮丁,原犯军流以上,初犯脱逃者。○原犯徒杖以下脱逃者,再犯。

【1790】○删除

* *【1884】一、随征兵丁在军营,潜逃军务,未竣以前,投首者。○在途患病,及打仗受伤,或迷失路径与落后,有因非有心,脱逍在军务告成之后拿获者。○跟随余丁有偷盗情事,潜逃在军务未竣以前投首者。○其无偷盗情事,仅止脱逃之余丁,无论军务已未告竣,拿获者查非附近新疆、陕某二省,其余各省之人。○以上人犯在配脱逃,被获枷号三个月,杖责管束。

私越冒度关津例

* *【1884】一、滇省永昌、顺宁二府以外,沿边关隘私贩碧霞玺、翡翠玉、葱玉、鱼、盐、棉花等物,共伙人数在一二人以上为从,及数在四人以上,不及十人者。

私出外境及违禁下海例

* *【1884】一、偷渡过台,若不法客头船户内,有积惯在于沿海村镇引诱、包揽、招集男妇老幼,数至三十人以上,无论已未登舟,客头船户。

* *【1884】一、台湾地方拿获番割,讯有散发改装,擅娶生番妇女情事者。

验畜产不以实例

*【1725】一、州、县起解备用马匹,若马贩交通官吏、医兽人等,兜揽作弊,再犯、累犯者,枷号一个月。

【1740】○删除

公事应行稽程例

*【1725】一、各处有司起解军犯,在家迁延,违限一年之上正犯,原系边卫者。

＊【1884】○删除

刑　例

谋叛例

＊＊【1884】一、结会树党阴作记认,鱼肉乡民,凌弱暴寡,不论人数多寡,为首者。○各衙门兵丁、胥役随同结党者。

＊＊【1884】一、叛案内律应缘坐流犯,改发极边足四千里充军。

＊＊【1884】一、谋叛案内被胁人伙,并无随同焚汛戕官抗拒官兵情事,闻拿悔罪投首者。

盗园陵树木例

＊＊【1884】一、私人红桩火道以内,偷打牲畜,为首者,枷号两个月。

强盗例

＊＊【1884】一、京城守城兵丁由城上钓掮偷窃仓米,得赃一百石以上为从,并一百石以下为首者。○常人串通兵丁偷窃者。○该班官员,故纵徇隐者。常人盗仓库钱粮例。

＊＊【1884】一、强盗行劫数家,止首一家者。

＊＊【1884】一、窃盗临时盗所拒捕,或虽离盗所而护赃格斗杀人案内,未经帮殴成伤者。

＊＊【1884】一、恭遇御驾驻跸圆明园及退幸之处,若有匪徒偷窃附近仓厫官廨,拒伤官弁、兵丁,相距宫墙一里以内刃伤,及折伤以上,为从者。○伤非金刃,伤轻平复,为首者。○无论重三里以内,拒捕杀死官弁、兵丁为从,未经帮殴者。

劫囚例

＊＊【1884】一、官司差人捕获罪人,聚众中途打夺,殴差致死为从,随同拒捕未经殴人成伤者。

白昼抢夺例

＊＊【1884】一、白昼抢夺杀人为从,未经帮殴成伤者。

＊＊【1884】一、因抢夺问拟军流徒罪,在配有逃复犯抢夺一二次者。○其释同后,复犯抢夺三次以上者。○初犯,五次以上者。

＊＊【1884】一、川省匪徒并河南、安徽、湖北等三省交界地方,及山东之兖州、沂州、曹州,江苏之淮安、徐州、海州等府、州,如有红胡子白撞手拽刀手等名目,在野拦

抢未经伤人之案,除实犯死罪外,数止二三人犯,该徒罪以上不分首从。

窃盗例

*【1725】一、窃盗应遣者。

【1768】○删除

盗田野谷麦例

* *【1884】一、私人木兰等处围场,及南苑盗砍木植,偷打牲畜,及刨乞鹿窑再犯、三犯,及初犯偷窃木植至五百斤以上,牲畜至十只以上,或身为财主雇倩多人者。○卡隘员弁、兵丁受贿故纵者。

恐吓取财例

* *【1884】一、旗民结伙指称隐匿逃人索诈财物,为首者。

* *【1884】一 凶恶棍徒屡次生事行凶,无故扰害良人,人所共知,确有实据者。○凡系一时一事,实在情凶势恶者。

* *【1884】一、广东省沿海地方,如有匪徒捏造图记纸单,作为打单名色,伙众吓诈商民,虽一时一事,实系情凶势恶,为首者。○为从至二次,及二次以上者。

* *【1884】一、黔省匪徒如有帽顶,大五、小五等名号,横行乡曲,于锁系铁杆,定限释放,不知悛改,倘若始终怙恶者。○乡保等挟嫌诬指或兵役受贿徇纵者。

* *【1884】一、湖北省襄阳府,属匪徒抢窃讹诈等案犯,应徒杖系带铁杆,限满开释,另有挟诈行凶,怙终不法重情者。

* *【1884】一、安徽省拿获水烟箱主匪徒,但经携带烟童,或与鸡奸纵令卖奸,或遇事挺身架护者。

* *【1884】一、广东、福建两省民人捉人勒赎,审无凌虐重情,止图获利,关禁勒赎,为从者。

* *【1884】一、江苏徐州、淮安、海州,山东兖州、沂州、曹州,河南汝宁、陈州、光州,安徽颍州、凤阳、泗州各府州,并陕西所属匪徒,如有佩带犯器、刀械挟诈逞犯获案,罪止枷杖,锁系铁杆,倘始终怙恶者。

诈欺官私取财例

* *【1884】一、京城钱铺关闭,如有包揽票存钱文,折扣开发者,无论旗民人等,及在官人役。

略人略卖人例

* *【1884】一、以药饼及一切邪术迷拐幼小子女,为从者。○和诱知情,为

首者。

＊＊【1884】一、诱拐内外大功以下缌麻以上亲,及亲之妻因奸而拐,及因拐而拐而奸者。〇诱拐期亲以下缌麻以上亲之妾者。〇诱拐父祖妾者。

＊＊【1884】一、奸夫诱拐奸妇,本夫不知奸情,及虽知奸情,而迫于奸夫之强悍,不能禁绝,并非有心纵容者,奸夫。

＊＊【1884】一、将受寄他人十岁以下子女,并十一岁以上不知情之子女,卖为奴婢者。

发冢例

＊＊【1884】一、期亲卑幼盗尊长未殡未埋尸柩,未开棺椁为首,并开棺见尸,为从者。〇功缌卑幼开棺见尸,为首者。

＊＊【1884】一、期亲卑幼发掘尊长坟冢,未见棺椁为首,并见棺椁,为从者。〇功缌卑幼见棺椁,为首者。

＊＊【1884】一、发掘祖父母、父母坟冢,开棺见尸三冢者,除正犯凌迟处死外,其子。

盗贼窝主例

＊＊【1884】一、强盗窝主造意不行,又不分赃者。〇若非造意,又不同行分赃,但知情存留三人以上者。

杀一家三人例

＊＊【1884】一、谋杀人而误杀其人一家二命,及三命以上,其为从下手,伤重致死,及知情买药者。

＊＊【1884】一、杀一家非死罪,三四命以上者,凶犯之子,实无同谋,加功查明被杀之家,未致绝嗣,凶犯之子,年在十六岁以上者。〇若被杀之家,实系绝嗣凶犯之子,年未及岁者,阉割分赏十六岁以上者,俱发极边,足四千里安置。

斗殴及故杀人例

＊＊【1884】一、广东、福建、广西、江西、湖南、浙江等六省,纠众互殴之案,如所纠人数,虽多致毙彼造三命者首犯。

威逼人致死例

＊＊【1884】一、功服卑幼逼迫尊长,致令自尽之案,若殴有致命重伤,未成残废者。

斗殴例

＊＊【1884】一、豫省南阳、汝宁、陈州、光州四府州所属州县，及安徽颍州府属，遇有凶徒结伙三人以上，执持器械伤人，不分首从。

宫内忿争例

＊＊【1884】一、行营地方管辖声音帐房以内，金刃伤人者。

＊＊【1884】一、常人在各处当差，及各官跟役并内务府各项人役，苑户钦工匠役等，在紫禁城内，暨圆明园大宫门大东、大西、大北等门，及西厂等处地方，并各处内围墙以内，金刃伤人者，枷号三个月。

殴制使及本管长官例

＊【1725】一、因事聚众，将本管官及公差并一应监临官殴打，绑缚属军卫者。○若止是殴打，为首者。

【1790】○删除

越诉例

＊＊【1884】一、负罪人犯，呈递封章，奏告人罪，无论自行投递，遣人投递，及所控是否得实，并将呈词封固投递，挟制入奏，原犯应拟笞杖、枷号、徒罪者。

＊＊【1884】一、军民人等控诉事件，呈递封章，挟制入奏，如诬告罪应拟流者。

＊＊【1884】一、拟笞杖、枷责，及并无罪名递籍管速之犯，复又脱逃，呈递封章，原例边远充军者。

＊＊【1884】一、控诉事件，口称必须面见皇上，始行申诉，虽未递有封章，罪应边远充军者。

官吏受财例

＊＊【1884】一、白役诈赃逼命之案，如正役知情同行，在场帮索，及正役虽未同行，而主使诈赃者。

私铸铜钱例

＊＊【1884】一、私铸铜钱数至十千以上，或虽不及十千，而私铸不止一次为从，及知情买使者。○铸钱不及十千，首犯匠人。

＊＊【1884】一、私铸铜钱不及十千为首，及匠人。

犯奸例

＊＊【1884】一、图奸调奸妇女未成，拒伤本妇，并其夫与父母及有服亲属，但系

刃伤者。

＊＊【1884】一、指称鸡奸诬害,审实,系依所诬之罪反坐,至死减一等,罪至斩决者。

＊＊【1884】一、轮奸良人妇女已成同谋,未经同奸,余犯。〇伙谋轮奸未成,为首者。

＊＊【1884】一、轮奸犯奸妇女已成,因而杀死本妇同奸,而未下手者。〇如致本妇自尽为从,同奸者。〇轮奸未成,因而杀死本妇,如系殴杀帮同下手者。〇致本妇自尽,为首者。

罪人拒捕例

＊＊【1884】一、拿获围场内偷打牲口,砍伐木植人等,缉拿时曾经拒捕,加本罪二等问拟,犯至发遣者,加枷号三个月。

＊＊【1884】一、犯罪事发官司差人持票拘捕,及拘获后佥派看守、押解之犯,如有逞凶拒捕,杀死差役,在场助势,未经帮殴成伤者。

狱囚脱监及狱在逃例

＊＊【1884】一、犯罪囚禁在狱,私纠伙党三人以上,潜行越狱脱逃,原犯杖笞,为从者。〇仅止一二人犯乘间脱逃,并无豫谋纠伙情事,原犯徒罪,为从者。〇原犯杖笞,为首者。

徒流人逃例

＊【1725】一、军犯逃回再犯者,枷号三个月。

【1740】〇删除

＊【1740】一、问发充军人犯逃回,若系杂犯死罪以下充军者,再犯,枷号两个月。

【1768】〇删除

＊【1740】一、免死减等流犯,三次脱逃者。

【1768】〇删除

＊【1768】 、免死减军人犯,初次脱逃,审无行凶为匪者,枷号两个月。

＊【1884】一、实犯免死减军人犯脱逃,并无行凶为匪,无论近边、边远初次脱逃者,枷号两个月。

＊＊【1884】一、附近充军常犯脱逃二次者,枷号三个月。〇本犯边远充军脱逃者。

稽留囚徒例

＊＊【1884】一、各处有司起解军犯,若在家迁延,违限一年之正犯,原系边远者。

知情藏匿罪人例

＊＊【1884】一、西土开采煤窑，如有开设连夏锅伙，诓诱贫民，逼勒入窑，关禁不容脱身，为首者。

烟瘴充军

名例例

流犯在道会赦例

＊＊【1884】一、在京八旗兵丁闲散人等,因犯罪发遣,遇赦回京挑差后,怙恶不悛,仍复滋事,及脱逃被获者,销除旗档。

徒流迁徙地方例

＊【1740】一、民人犯该发遣案内,强盗免死及窝留,强盗三人以上之犯外,其余查无妻室,并别项遣犯有妻室。

【1768】〇修改

【1768】一、民人犯该发遣案内,行劫数家,止首一家者。〇窃盗临时拒捕杀人,为从者,并别项遣犯。

＊【1884】〇删除

＊【1740】一、直隶、江南、浙江、江西、湖广、福建、山东、山西、河南、陕西人犯应发黑龙江等处者。

【1768】〇修改

【1768】一、直隶、江南、浙江、江西、湖广、福建、山东、山西、河南、陕西人犯应发黑龙江等处者。〇云贵两广四省人犯,应发黑龙江等处者,均于隔远烟瘴省分互相递发。

【1790】〇删除

＊【1740】一、汉人犯该该发遣,如系举贡生监及为职官之人。

【1768】〇修改

【1768】一、汉人犯该该发遣,如系举贡生监及曾为职官之人。

＊【1884】〇删除

＊【1790】一、新疆及内地遇有为奴之额鲁特、土尔扈特、布鲁特回子等酗酒生事,犯该发遣者。

＊【1790】一、各省邪教为从,罪应充军者,俱改发云贵两广烟瘴地方充军。其云贵两广四省邪教从犯,发四川、福建二省安插。如有情节较重者,各于到配后,再加枷号六个月。

*【1884】○删除

吏　例

交结近侍官员例

*【1740】一、罢闲官吏在京潜住,有擅出入禁门交结者。

户　例

人户以籍为定例

*【1725】一、军户子孙于别府、州、县入赘寄籍,买嘱原籍官吏、里书人等,捏作丁尽户绝回申者。

【1740】○删除

盗卖田宅例

*【1725】近边军民将应禁林木砍伐贩卖者。

*【1884】一、近边军民将应禁林木砍伐贩卖已得者。

仓库不觉被盗例

*【1740】一、进仓漕粮拦路戳袋,挖越仓墙,进仓盗米之盗,系民人,罪不至死罪者。

*【1884】一、旗民人等,进仓漕粮,拦路戳袋,挖越仓墙,进仓盗米之盗,罪不至死罪者。

私茶例

*【1725】一、兴贩私茶卖与外国人,及知情之歇家,牙保。

兵　例

私藏应禁军器例

*【1740】一、因争斗将鸟枪私放伤人者。

【1790】○删除

*【1768】一、民间因争斗而点放竹铳伤人者。

【1790】○删除

私越冒度关津例

＊＊【1884】一、吉林地方卡伦外,毋许流民居住,若军民人等私越卡伦者。

私出外境及违禁下海例

＊【1725】一、各边将官并管军头目、私役及私出境外钓豹、捕鹿、砍木、掘鼠等项,并守把之人知情故纵,该管里老、兵目、军吏扶同隐蔽,除实犯死罪外,属军卫者。

【1790】〇删除

＊【1725】一、各边兵役出境巡察,或探听贼情,若与贼人私擅交易货物,除实犯死罪外者。

＊【1740】一、在番回籍之人查有捏混顶冒类非善良者。

＊＊【1884】一、商人在喀什噶尔等处,与私越进卡之布鲁特等易换货物买卖者,如系私茶。〇知情容留之歇家、说合之牙保。

宰杀马牛例

＊【1725】一、盗杀耕牛及盗卖累犯者,俱枷号一个月。

【1740】〇删除

＊【1740】一、宰杀堪用马三十匹以上,系民人。

刑　例

强盗例

＊【1740】一、未伤人之盗,首闻拿投首,如无妻室者。〇窝家、盗线投首者。〇亲属首告者。

【1768】〇删除

白昼抢夺例

＊【1790】一、白昼抢夺杀人案内,为从未经帮殴成伤者。

＊【1884】〇删除

窃盗例

＊【1790】一、窃盗临时拒捕杀人案内,为从未经帮殴成伤者。

＊【1884】〇删除

盗田野麦谷例

＊【1768】一、偷刨人参人至百名以上,参至五百两以上,为从者。〇刨参人犯免

死减等者。

*【1884】○删除

*【1768】一、旗、民身充财主,雇人刨参,不论参数多寡,及积年在外逗留,已过三冬者。

*【1884】○删除

恐吓取财例

*【1790】一、台湾无藉游民,犷悍凶恶,肆行不法,犯该徒、流以上,情轻者。

*【1884】○删除

诈欺官私取财例

*【1725】一、诓骗听选官吏、举监、生员人等财物者,枷号三个月。○央浼营干,致被诓骗者。

【1740】○修改

【1740】一、诓骗听选官吏、举监、生员人等财物者。○央浼营干,致被诓骗者。

【1768】○修改

【1768】一、诓骗听选官吏、举监、生员人等财物者,枷号三个月。○央浼营干,致被诓骗者。

*【1884】一、指称买官买缺或规避处分,及买求中式等项,诓骗听选并应议官吏,及举人监生、生员人等财物,如诓骗已成,财已入手,无论赃数多寡,不分首从,枷号三个月。○其央浼营干,致被诓骗者。

*【1740】一、学臣考试,有积惯随棚代笔之枪手,审实,枷号三个月,雇倩包揽者。

【1768】○修改

【1768】一、学臣考试,有积惯随棚代笔之枪手,审实,枷号三个月,其雇倩包揽者。

*【1884】一、学臣考试,有积惯随棚代考之枪手,并雇倩枪手及包揽之人,审实,枷号三个月。

*【1768】一、考试生童,如有积惯棍徒,捏称给与字眼记认,诓骗财物,不论有无立约封银,及口许虚赃者,枷号三个月。

*【1884】一、生童考试,如有积惯棍徒,捏称给与字眼记认,诓骗财物者,不论有无立约封银,及口许虚赃,枷号三个月。

*【1768】一、代倩枪手,如已顶名入场,不分有无立约,及口许虚赃者,枷号三个月。○雇倩之生童。

*【1884】一、代倩枪手已成者,不分有无立约,及口许虚赃者,俱枷号三个月。

○雇倩之生童。

发冢例

*【1740】一、偷刨坟墓为从之犯,二次者。

斗殴及故杀人例

*【1790】一、民人因争斗将鸟枪、竹铳施放伤人者。

*【1884】一、因争斗将鸟枪、竹铳施放伤人者,民人。

威力制缚人例

*【1725】一、投托势要绑缚平民私家拷打,胁骗财物者,枷号一个月。○势要知情者。

*【1884】一、无藉之徒投托势要,作为心腹诱引生事,绑缚平民,在于私家拷打,胁骗财物者,枷号一个月。○势要知情者。

越诉例

* *【1884】一、负罪人犯,呈递封章奏告人罪,无论自行投递,遣人投递,及所控是否得实,并将呈词封固投递,挟制入奏,原犯流罪者。

子孙违犯教令例

*【1790】一、祖父母、父母呈首子孙,恳求发遣,及屡次违犯忤逆显然者,被呈之子孙民人。

*【1884】一、祖父母、父母呈首子孙,恳求发遣,及屡次违犯触犯者,即将被呈之子孙。○如有将子孙之妇一并呈送者,与其夫一并佥发。

官吏受财例

*【1740】一、各部院、书办指称部费,招摇撞骗,干犯国宪,非寻常犯赃可比,知情朋分银两之人。

*【1884】一、部院、书办指称部费,招摇撞骗,干犯国宪,非寻常犯赃可比者,为从知情朋分银两之人。

伪造印信时宪书等例

*【1740】一、伪造关防印记,诓骗财物,数多,为首雕刻者。

*【1740】一、各衙门吏役伪造本官印信,其倩人雕刻,诓骗财物,在十两十千以外者。

【1768】○删除

私铸铜钱例

＊【1740】一、毁化小制钱，为首者，枷号两个月，杖一百。○该管地方官知情故纵者。

【1768】○删除

＊【1740】一、经纪、铺户人等搀和私钱行使者。

＊【1884】○删除

＊【1740】一、经纪、铺户人等收买剪边钱，搀和货卖，数至十千以上者。

＊【1884】○删除

＊【1740】一、将大制钱剪边，打造烟袋等物，货卖不及十千文，为首者，枷号两个月，杖一百。

【1768】○删除

＊【1740】一、将铜、铁、锡、铅药煮伪造假银，骗人行使，为首者，系民，枷号两个月，杖一百。

犯奸例

＊【1740】一、恶徒伙众，抢去良人子弟，强行鸡奸者之余犯。

＊【1884】○删除

买良为娼例

＊＊【1884】一、借充人牙私将领卖妇人，逼勒卖奸图利者，枷号三个月，杖一百。

狱囚脱监及反狱在逃例

＊【1790】一、在狱罪囚，结伙三人以上，潜行越狱脱逃，原犯杖、笞，为从者。○若仅止一二人，潜行越狱脱逃，原犯徒罪，为从者。○原犯杖、笞，为首者。

＊【1884】○删除

徒流人逃例

＊【1740】一、凡问发充军人犯逃回，若系杂犯死罪以下充军者，三犯，枷号三个月。调发。

【1768】○删除

凌虐罪囚例

＊【1790】一、内外程递人犯，其押解人役逼致死伤，及受财故纵，并听凭买求杀

害，除实犯死罪外，徒罪以上，枷号两个月。

*【1884】一、内外程递人犯，其押解人役，擅加杻镣，非法乱打，搜检财物，剥脱衣服，逼致死伤，及受财故纵，并听凭狡猾之徒，买求杀害者，除实犯死罪外，徒罪以上，枷号两个月。

极边烟瘴充军

名例例

常赦所不原例

＊＊【1884】一、触犯祖父母、父母发遣之犯，遇赦查询释回后，再有触犯，复经呈送，民人，枷号两个月。

徒流人又犯罪例

＊【1768】一、窝留强盗三人以上者。

＊【1884】○删除

＊【1768】一、窃盗问拟军、流，有在配在逃复犯行窃者。

＊【1884】一、窃盗问拟军、流，有在配在逃行窃，审系一二次，赃未满贯者。○窃盗问拟军流徒罪，在配有逃，行窃犯至三次者。

＊＊【1884】一、旗下因犯逃人匪类，及别项罪名，发遣黑龙江等处，并奉天、宁古塔、黑龙江等处旗人发遣，驻防当差，不行改过，及复行犯罪者，销除旗档。

＊＊【1884】一、军犯在配复犯军罪，至极边烟瘴者，枷号三个月。

二罪俱发以重论例

＊＊【1884】一、人命案件按律不应拟抵，罪止军流徒人犯，如致死三命以上者，按照致死人数，递加一等，罪至实发云贵两广极边烟瘴充军。

徒流迁徙地方例

＊【1740】一、强盗免死及窝留强盗三人以上之犯，查无妻室者。

【1768】○删除

＊【1790】一、伊犁、乌鲁木齐地方例应发往当差人犯，均停其发往，如情节稍轻者。

＊【1884】○删除

＊＊【1884】一、由新疆条款改发云贵两广烟瘴地方人犯，无论四千里内外，均编发有烟瘴省分安置。○其籍隶烟瘴之云贵两广，应发烟瘴人犯，于隔远省分，调发广东与云南互调，广西与贵州互调，○不足四千里，邻近烟瘴之湖南、福建、四川三省，

应发烟瘴人犯,湖南发往云南、福建,发往贵州、四川发往广东。〇其余如奉天府属,应发烟瘴人犯,编发广西、贵州二省、甘肃之甘、凉等府,及肃州各属应发烟瘴人犯,编发云南、贵州二省。

* *【1884】一、回民结伙三人以上,执持凶器伤人,并抢夺数在三人以下,审有纠谋持械,逞强情状。〇籍隶烟瘴之云贵、两广四省回民,于隔远烟瘴省分,互相调发。

* *【1884】一、八旗逃人匪类发遣黑龙江、吉林、宁古塔安插,不知改悔者,销除旗档。

* *【1884】一、内地回民犯罪,应发回疆,及回民在新疆地方犯至军流例,应调发回疆者。

* *【1884】一、永远枷号人犯,枷示已逾十年,该犯原拟本系死罪,并应发新疆、黑龙江等处者。〇倘在配在途,乘闲脱逃,仍发原配,枷号三个月、杖一百。

吏　例

官员袭荫例

*【1725】一、土官袭替,其通事人等及各处逃流军囚客人等,拨置土官亲族不该承袭之人,争袭劫夺仇杀者。

*【1884】土官袭替,其通事及诸凡色目人等,拨置土官亲族不该承袭之人,争袭劫夺仇杀者。

户　例

强占良家妻女例

* *【1884】一、聚众伙谋抢夺犯奸妇女已成,无论在途、在室,首犯。

* *【1884】一、聚众伙谋抢夺与贩妇女已成,为从者。〇图抢未成,为首者。

多收税粮斛面例

* *【1884】一、各仓已革花户,并箸头夫役,及不应入仓人等,在现充花户,身后影射,把持勒索,得赃至十两以上者。〇现充花户。有心容隐,朋比为奸者。

转解官物例

* *【1884】一、运粮旗丁,因正项亏短,买米回漕,数满六百石,罪应斩候案内,卖米之人。

盐法例

＊＊【1884】一、兵民聚众十人以上，带有军器，兴贩私盐，并回空粮船，如有夹带私盐闯闸、闯关不服，盘查持械，拒捕伤一人下手者。○拒捕不曾伤人，为首者。

＊＊【1884】一、盐徒聚众至十人以上，撑驾大船，张挂旗号，擅用兵仗、响器，拒敌官兵，伤一人，为从者。○私售之灶丁及窝顿之匪犯。

礼　例

禁止师巫邪术例

＊＊【1884】一、传习白阳、白莲、八卦等邪教，如被诱学习，尚未传徒，而又逾六十以上者。

兵　例

从征守御官军逃例

＊【1790】一、军务未竣以前拿获，不曾偷盗马匹、器械，问拟斩候，牢固监候之军营脱逃余丁，大功告成后，查系陕、甘二省之人。

＊【1884】一、军营跟随之余丁，如无偷盗情事，仅止脱逃，无论军务已未告竣拿获者，查系附近新疆、陕甘二省之人。○如在配脱逃，枷号三个月，杖责管束。

私出外境及违禁下海例

＊【1740】一、闽省不法棍徒在沿海地方引诱偷渡之人，包揽过台，中途谋害未死者，同谋人。

＊【1790】一、偷渡过台客民，若不法客头船户内，有积惯在于沿海村镇，引诱包揽，招集男妇老幼，数至三十人以上，无论已未登舟，客头、船户年老残废者。

＊【1884】○删除

＊＊【1884】一、商人携带货物在喀什噶尔等处，私越卡外及越卡进内交易之布鲁特。

＊＊【1884】一、台湾地方拿获番割，讯有散发改装，擅娶生番妇女情事，酌其情节较重者。

宰杀马牛例

＊＊【1884】一、附京州县及京汛地方，有窝藏偷窃马匹，开设马羔子宰剥者。

刑 例

谋叛例

*【1768】一、闽省民人有结会树党,阴作记认,鱼肉乡民,凌弱暴寡,为首者。○各衙门兵丁、胥役入伙者。

*【1884】○删除

*【1790】一、异姓人歃血订盟,焚表结拜弟兄,聚众至二十人以上,为从者。

*【1884】一、异姓人歃血订盟焚表,结拜弟兄,聚众至二十人以上,为从者。○年少居首,并非依齿序列,聚众四十人以上,为从者。○其闻拿投首,及事未发而自首灭免之后,复犯结拜罪,应极边烟瘴者,枷号三个月。

*【1790】一、异姓人结拜弟兄,若年少居首,并非依齿序列,为从者。

*【1884】○修并

* *【1884】一、内地汉回在回疆地方被胁剃发,并无随同焚汛戕官,抗拒官兵情事,悔罪投回者。○如又擅娶回妇者,加枷号一年。

盗内府财物例

* *【1884】一、偷窃各省行宫,乘舆服物,为从者。○偷窃行宫内,该班官员人等财物者。

盗园陵树木例

* *【1884】一、在红桩以内,盗砍树株等项,本犯罪应斩决,其弁兵未经得贿,潜通信息,致犯逃避者。

* *【1884】一、盗砍他人坟树犯,案至三次,计赃五十两以下,至三十两者。○其纠党叠次窃砍至六次以上,而统计树数,又在三十株以上,情同积匪者。

* *【1884】一、私入红桩火道,起意在内偷牲,遗失火种,以致延烧草木,为首者,枷号两个月。

* *【1884】一、旗民人等,在红桩以内偷挖人参,十两以上,为首者。○在红桩以外,白椿以内,偷乞人参,二十两以上,为首者。○弁兵受贿故纵者。

常人盗仓库钱粮例

*【1768】一、窃盗仓库钱粮,但经得财之首犯,计赃一百两以下者。

*【1884】一、窃盗仓库钱粮,并饷鞘银两,但经得财之首犯,数在一百两以下者。

* *【1884】一、盗窃漕运粮,米数在一百石以下者。

强盗例

＊＊【1884】一、窃盗临时盗所拒捕，或虽离盗所而护赃，格斗杀人案内，为从帮殴，伤非金刃，又非折伤者。

＊＊【1884】一、未伤人之首盗，闻拿投首者。〇伙盗曾经伤人，及行劫二次以上，闻拿投首者。〇窝家盗线，闻拿投首者。

＊＊【1884】一、造意为首之盗脱逃，如有伙盗供出，逃匿所在一年限内拿获者，将供出之伙盗。

白昼抢夺例

＊【1768】一、川省啯匪，在野拦抢，止二三人，犯该徒罪以上者。

【1790】〇修改

【1790】一、川省匪徒，在野拦抢，止二三人犯以下，未经伤人者。

＊【1884】〇删除

＊【1790】一、回民抢夺，结伙在三人以下，有纠谋持械逞强情形者。

＊【1884】一、回民抢夺结伙三人以上不分首从。〇如数在三人以下审有纠谋持械逞强情形者。〇如有脱逃被获者，枷三个月。

＊＊【1884】一、白昼抢夺，杀人为从，帮殴伤非金刃，又非折伤者。〇其伤人未死伤，非金刃伤轻平复，为首者。

＊＊【1884】一、大江洋海出哨官弁、兵丁遇商船遭风覆溺，抢取货物，伤人未至毙命，伤非金刃，伤轻平复者。

＊＊【1884】一、因抢夺问拟军罪，在配在逃复犯抢夺，如本系云贵两广极边烟瘴人犯有犯者。〇其余原犯军流徒罪，复犯三次以上者。〇如释回后，复犯抢夺五次以上者。〇初犯，八次以上者。

＊＊【1884】一、川省匪徒，并河南、安徽、湖北等三省交界地方，及山东之兖州、沂州、曹州，江苏之淮安、徐州、海州等府州，如有红胡子、白撞手、拽刀手等名目，在于场市人烟凑集之所横行抢劫，纠伙不及五人者，不分首从。〇其在野拦抢，未经伤人，数在四人以上至九人者，不分首从。〇数至十人以上，无论伤人与否，被胁同行者。

窃盗例

＊【1740】一、捕役勾通积匪猾贼五名以上者。

【1768】〇删除

＊【1768】一、三次犯窃计，赃五十两以下至三十两者。

＊【1884】一、窃盗三犯，赃五十两以上至三十两者。

＊【1768】一、积匪猾贼,为害地方者。

＊【1884】一、积匪猾贼为害地方,审实,不论曾否刺字。

＊【1768】一、捕役勾通窃贼坐地分赃,豢贼一二名至五名者。

＊【1884】一、捕役、兵丁、地保等项在官人役,勾通豢贼,及抢劫各匪坐地分赃,或受贿包庇窝家者。

＊【1768】一、回民犯窃结伙三人以上,及执持绳鞭器械者。

＊【1884】一、回民行窃,除赃数满贯外,其结伙三人以上,但有一人执持器械,无论绳鞭、小刀、棍棒,俱不分首从,不计赃数、次数。○若结伙十人以上,虽无执持器械,而但行窃者。

＊【1768】一、偷窃衙署服物者。

＊＊【1884】一、窃盗于得免并计之后,因窃问拟军流徒罪,在配释回不知悛改,连窃三次以上,同时并发者。

＊＊【1884】一、未经得免并计之犯,因窃问拟军流徒罪,在配释回,不知悛改,如为首纠伙叠窃至四次,或虽未纠伙,而被纠叠窃,及独窃至六次者。○初犯、再犯之贼,为首纠窃,至六次,或虽未纠伙,而被纠叠窃,及独窃至八次者。

盗马牛畜产例

＊＊【1884】一、察哈尔等处牧厂,如有偷卖在官牲畜,及宰食并作为私产者,系牧丁不分首从,佥妻改发。

盗田野谷麦例

＊＊【1884】一、新疆地方偷挖金砂,无论人数、砂数多寡,为首者,枷号三个月。

＊＊【1884】一、三姓、浑春等处,商人有违禁携带米石什物,易换人参及貂皮,于未经交官以前,私行换买,查明来逾五十石,什物值银逾五十两者。○巡绰官兵知情故纵者。

＊＊【1884】一、旗民身充财主,雇人刨参,及积年在外逗留,已过三冬,人数未及四十名,参数未至五十两者。○若人至四十名以上,参至五十两以上,为从者,并为首人,罪犯拟绞,遇赦减等者。

恐吓取财例

＊＊【1884】一、台湾无藉游民,犷悍凶恶,肆行不法,犯该徒流以上情重者。

＊＊【1884】一、广东、福建两省民人,捉人勒赎,如掳捉后谋杀,为从不加功者。○若系拒杀、殴杀,为从未经帮殴成伤者。○如将被捉之人,任意凌虐,或虽无凌虐而致情急自尽案内,为从仅止听从掳捉,关禁勒赎,尚无助势,逼勒情事者。

略人略卖人例

＊＊【1884】一、伙众开窑，诱取妇人子女，藏匿勒卖，为从者。

＊＊【1884】一、奴及雇工和卖家长之期功以下亲属者。

发冢例

＊【1740】一、盗未殡尸柩，及发年久穿陷之冢，开棺见尸二次者。○为从三次者。

＊【1884】一、盗未殡未埋尸柩，及发年久穿陷之冢，开棺见尸，为首二次，及为从三次者。

＊＊【1884】一、期亲卑幼盗尊长未殡未埋尸柩，开棺见尸，为首者。

＊＊【1884】一、期亲卑幼发掘尊长坟冢，见棺椁，为首者。○开棺见尸为从之卑幼，无论期亲功缌。

＊＊【1884】一、发冢见棺，锯缝凿孔，抽取衣饰，并非显露尸身为首四次，及四次以上者。○为从六次，及六次以上者。

＊＊【1884】一、盗未殡未埋尸柩，锯缝凿孔为首六次，及六次以上者。○为从八次，及八次以上者。

盗贼窝主例

＊【1768】一、窝留积匪之家，造意同行，分赃代卖者。○窝藏回民行窃，犯至遣戍者。

＊【1884】一、窝留积匪之家，果有造意及同行分赃，代卖者。○如有脱逃，加枷号三个月。○窝藏回民行窃犯至军罪者。

＊＊【1884】一、回民窝窃罪，应极边烟瘴者，枷号三个月。

＊＊【1884】一、顺天府、五城及直隶、山东二省窝藏窃盗五名以上，及强盗二名以上者。○窝留积匪之家，无论贼犯在彼行窃与否，但经知情窝留者。

谋杀人例

＊＊【1884】一、图财害命，得财杀死人命，不行而分赃者。○伤人未死，而已得财，从而加功，伤非金刃又非折伤者。

威逼人致死例

＊＊【1884】一、强奸犯奸妇女已成，致本妇羞愧自尽者。

斗殴例

＊【1790】一、回民结伙三人以上，执持凶器，纠伙共殴者。○结伙在十人以上，

虽无执持凶器,而但殴伤人者。

＊【1884】一、回民结伙三人以上,执持器械共殴者,不分首从。○结伙在十人以上,虽无执持器械,而但殴伤人者。

＊＊【1884】一、豫省南阳、汝宁、陈州、光州、四府府所属州县,及安徽颍州府属,遇有凶徒聚众十人以上,执持器械,无论曾否伤人,不分首从。

殴大功以下尊长例

＊＊【1884】一、卑幼共殴本宗外姻缌麻以上尊长、尊属,致成笃疾案内,听从帮殴之有服卑幼,不分服之亲疏,若有折伤及刃伤者。

越诉例

＊＊【1884】一、负罪人犯呈递封章,奏告人罪,无论自行投递,遣人投递,及所控是否得实,并将呈词封固投递,挟制入奏,原犯应拟军罪者。

＊＊【1884】一、军犯由配所潜逃,呈递封章,控诉事件,并无屈抑,原例应发极边足四千里者。

＊＊【1884】一、军民人等,控诉事件,呈递封章,挟制入奏,如诬告罪应附近近边边远极边充军者。○应拟极边烟瘴者,枷号三个月。

＊＊【1884】一、问拟笞杖、枷责,及并无罪名,递籍管束之犯,复又脱逃,呈递封章,原例极边足四千里充军者。○原例极边烟瘴充军者,枷号三个月。○原例遣罪改发极边烟瘴,加枷号三个月者,再加枷号三个月。

＊＊【1884】一、控诉事件,口称必须面见皇上,始行申诉,虽未递有封章,罪应极边足四千里充军者。○罪应极边烟瘴之民人,枷号三个月。○本罪已至遣军,应枷号三个月者,再加枷号三个月,应枷号一年,暨一年六个月者,各再加枷号六个月。

诬告例

＊【1790】一、诬指良民为强盗,有捉拿、拷打、吓诈等情者,除实犯死罪外,其余不分首从。

＊【1884】一、诬指良民为强盗,有拷诈等情者。

＊＊【1884】一、偷参为从人犯,诬扳良民为财主,及率领头目者,不论旗民,枷号两个月。

子孙违犯教令例

＊＊【1884】一、子孙并子孙之妇有犯奸盗,如祖父母、父母纵容袒护,后经发觉,畏罪自尽者。

教唆词讼例

＊【1768】一、积惯讼棍，串通吏胥，播弄乡愚。

＊【1884】一、积惯讼棍，串通胥吏，播弄乡愚，恐吓诈财者。

官吏受财例

＊＊【1884】一、差役子侄、亲属私代办公，逼斃人命，若非衅起诈赃，为首者。○差役有因索诈不遂，将奉官传唤人犯，私行羁押，拷打陵虐，为首者，枷号两个月。

对制上书诈不以实例

＊＊【1884】一、发遣军流人犯，在配遣人呈递封章条，陈事务者，无论所言，有无可采，原犯极边烟瘴充军者，枷号三个月。○原犯遣罪，改发极边烟瘴，枷号三个月者，再加枷号六个月。

私铸铜钱例

＊【1768】一、私铸铜钱不及十千，铸造未成，畏罪中止者。

＊【1884】○删除

犯奸例

＊＊【1884】一、恶徒伙众将良人子弟抢去，强行鸡奸之余犯。

＊＊【1884】一、强奸十二岁以下幼女、幼童未成者。

＊＊【1884】一、轮奸良人妇女已成，因而杀死本妇，同谋并未下手，又未同奸者。○致本妇自尽，谋未经同奸，余犯。○伙谋轮奸未成，因而杀死本妇为从，未经下手者。○致本妇自尽，为从者。

＊＊【1884】一、轮奸已经犯奸妇女，已成为首者。

奴及雇工人奸家长妻例

＊＊【1884】一、奴及雇工调奸家长之母与妻女未成者。

赌博例

＊【1740】一、旗人将自己银钱开场诱赌，经旬累月，聚集无赖放头、抽头，初犯者。○容留赌博之房主，再犯者。

＊【1884】○删除

＊【1740】一、旗人造卖纸牌、骰子，为首者。

＊【1884】○删除

*【1768】一、无赖匪徒,串党驾船,设局揽载客商,勾诱赌博,折没货物,掯留行李,审系三次以上,及再犯者,先加枷号一个月。○船户知情分赃,再犯。

*【1884】一、无赖匪徒,串党驾船,设局揽载客商,勾诱赌博,折没货物,掯留行李,三次以上,及再犯者,枷号一个月。○船户知情分赃再犯者。

应捕人追捕罪人例

* *【1884】一、官役缉捕罪人,未经得贿,潜通信息,致斩、绞外,遣罪人逃避者。

罪人拒捕例

* *【1884】一、窃盗奸匪,及抢夺各项罪人,有拒捕刃伤,如实系被事主及应捕之人扭获,情急图脱,用刀自割发辫、襟带,以致误伤事主,捕人各于死罪上,酌减一等,例应绞候者。○应斩候者,枷号三个月。

* *【1884】一、罪人事发在逃,被获拒捕,如犯该极边烟瘴者,枷号三个月。

狱囚脱监及反狱在逃例

* *【1884】一、犯罪囚禁在狱,私纠伙党,三人以上潜行越狱脱逃,原犯徒罪,为从者。○原犯杖笞,为首者。○仅止一二人犯,乘闲脱逃,并无豫谋,纠伙情事,原犯军流,为从者。○原犯徒罪,为首者。

徒流人逃例

*【1768】一、云贵两广烟瘴少轻人犯,在配脱逃者,枷号一个月。

*【1884】一、烟瘴少轻人犯脱逃者,枷号一个月。○极边烟瘴脱逃者,加枷号三个月。

*【1768】一、免死减军人犯,二次脱逃,审无行凶为匪者,枷号三个月。

*【1884】一、实犯免死减军人犯脱逃,并无行凶为匪,二次脱逃者,枷号三个月。○犯至三次者,仍枷号三个月。

*【1768】一、调发边远充军,三次脱逃者,枷号三个月。○本犯边远充军脱逃者。

*【1884】○删除

* *【1884】一、发遣云贵两广极边烟瘴,刨参人犯脱逃被获者,枷号三个月。

* *【1884】一、由黑龙江、吉林减回内地充军拟流,并改发云贵两广四项人犯,在配脱逃,于五日内拿获,审系仅在附近处所暂避,并未远扬,或偶有事故,未向伊主及看役告知,实非逃走者,枷号三个月。

有司决囚等第例

*【1768】一、抢窃拟绞,缓决一次者。

*【1884】一、窃赃满贯,并三犯窃盗,赃至五十两以上,拟绞缓决一次者。

工　例

盗决河防例

* *【1884】一、故决、盗决山东南旺湖,沛县昭阳湖、蜀山湖,安山积水湖,扬州高宝湖,淮安高家堰、柳蒲湾,及徐、邳上下滨河一带各堤岸,并河南、山东临河大堤,及盗决格月等堤,如已经过水,尚未侵损漂没他人田庐财物,为首者枷号两个月。○既经过水又复侵损漂没他人田庐财物,为首者枷号三个月。

边卫永远充军[1]

户　例

盗卖田宅例

＊【1725】一、军民人等将争兢不明并卖过及民间起科,僧道将寺、观各田地,子孙将公共祖坟地,朦胧投献王府,及内外官豪势要,捏契典卖者。○各省空闲地土,听民尽力开种,照年限起科。若有占夺投献者。

【1740】○删除

转解官物例

＊【1725】一、漕运官军故将船放失漂流,及虽系漂流,损失不多,乘机侵匿者,不分赃数多少。○前后帮船知而不举者。

【1740】○删除

＊【1725】一、运粮官丁谎报漂没船粮,乘机侵盗,不及六百石者。

【1740】○删除

盐法例

＊【1725】一、回空粮船夹带私盐,闯闸、闯关,不服盘查,十人以上,持械拒捕,未曾下手,杀伤人者。

【1740】○删除

兵　例

盘诘奸细例

＊【1725】一、交结外国,引惹边衅,及潜住苗寨,教诱为乱,除实犯死罪外者。

【1740】○删除

私出外境及违禁下海例

＊【1725】一、海防武职听受通番土俗哪哒报水,分利百两以上,许令船货入港,

① 乾隆五年(1740)删。

串通交易，贻害地方，及引惹番贼海寇，戕杀居民。除实犯死罪外者。

【1740】○删除

刑 例

盗内府财物例

＊【1725】一、内府监守盗银三十两，钱帛等物值银三十两以上，常人盗银六十两，钱帛等物值银六十两以上者。○内员同。

【1740】○删除

监守自盗仓库钱粮例

＊【1725】一、漕运粮米监守盗六十石入己者。

【1740】○删除

常人盗仓库钱粮例

＊【1725】一、漕运粮米常人盗一百二十石入己者。

【1740】○删除

盗马牛畜产例

＊【1725】一、将自己及他人骑操官马，盗卖至五匹以上者。

【1740】○删除

恐吓取财例

＊【1725】一、将良民诬指为盗，及寄买贼赃，捉拿拷打，吓诈财物，或以起赃为由，沿房搜检，抢夺财物，淫辱妇女，除实犯死罪外，其余不分首从者。

【1740】○删除

发冢例

＊【1725】一、发掘贝勒、贝子公等坟冢未至棺，为从者。○发掘历代帝王陵寝、先贤名臣及前代藩王坟墓，未至棺，为从者。

【1740】○删除

威逼人致死例

＊【1725】一、威逼人致死，一家三命以上者。

【1740】○删除

斗殴例

＊【1725】一、聚众执持凶器伤人，及围绕房屋，抢检家财，弃毁器物，奸淫妇女，除实犯死罪外，该徒以上者。一凶徒执持刀枪、凶器伤人者。

【1740】〇删除

伪造印信历日等例

＊【1725】一、描摸印信行使，诓骗财物，犯该徒罪以上者。

【1740】〇删除

赌博例

＊【1725】一、民人造卖纸牌、骰子，为首者。〇藏匿赌具、器物，不营销毁者。

【1740】〇删除

边远永远充军[1]

户　例

逃避差役例

＊【1725】一、沿边、沿海军民人等躲避差役,逃入土夷峒寨潜住者。

【1740】○删除

① 乾隆五年(1740)删。

烟瘴永远充军[①]

吏 例

交结近侍官员例

*【1725】一罢闲官吏在京潜住,有擅出入禁门交结者。

【1740】○删除

① 乾隆五年(1740)删。

杂犯死罪

绞　罪　准徒五年

吏　律

事应奏不奏律

*【1725】应议之人犯罪,不请旨上议,当该官吏。

兵　律

冲突仪仗律

*【1725】车驾行处军民冲入仪仗内者。○冲入仪仗内诉事不实者。

递送逃军妻女出城律

*【1725】在京守御官军递送逃军妻女出京城者。○逃军买求者。

刑　律

常人盗仓库钱粮律

*【1725】常人盗仓库钱粮等物至八十两者。

发冢律

*【1725】冢先穿陷,及未殡埋开棺椁,见尸者。

兵　例

冲突仪仗例

*【1725】一、车驾出郊行幸有申诉者。
【1740】○移出

刑 例

越诉例

*【1740】一、车驾出郊行幸有申诉者。

斩　罪　准徒五年

户　律

附余钱粮私下补数律

*【1725】内库交割余剩之物,若解户朦胧擅将金帛等物出外者。

礼　律

上书陈言律

*【1725】称诉冤枉借用印信、封皮入递及借与者。

刑　律

盗内府财物律

*【1725】盗内府财物者。

盗城门钥律

*【1725】盗皇城门钥者。

监守自盗仓库钱粮律

*【1725】监守自盗仓库钱粮等物至四十两者。

户　例

守掌在官财物例

*【1740】一、八旗参领等官,将一切收贮公所干系钱粮,并交库银两侵蚀一千两以下者。

【1768】○修改

【1768】一、八旗参领等官,将一切收贮公所干系钱粮,并交库银两侵蚀一百两以下者。

＊【1884】○删除

刑　例

监守自盗仓库钱粮例

＊【1725】一、侵欺钱粮入己,自一千两以下者。

【1740】○修改

【1740】一、侵盗仓库钱粮入己,数在一千两以下者。

＊【1884】一、监守盗仓库钱粮入己,数在一百两以下者。

常人盗仓库钱粮例

＊【1768】一、窃盗仓库钱粮,但经得财之从犯,一两至八十两者。

＊【1884】○删除

白昼抢夺例

＊【1725】一、赐宴处混行抢夺食物者。

【1740】○删除

实犯死罪

绞 罪 监候

吏 律

弃毁制书印信律

＊【1725】弃毁官文书,事干军机、钱粮者。

户 律

强占良家妻女律

＊【1725】强夺良家妻女奸占为妻妾者。○配与子孙弟侄家人者。

出妻律

＊【1725】妻背夫在逃因而改嫁者。

违禁取利律

＊【1725】以私债强夺人妻妾、子女因而奸占者。

礼 律

禁止师巫邪术律

＊【1725】师巫假降邪神并一应左道异端之术煽惑人民,为首者。

兵 律

宫殿门擅入律

＊【1725】擅入及冒入御膳所及御在所者。○不系宿卫应值合带兵仗之人,但持寸刃入宫殿门内者。

从驾稽违律

＊【1725】职官从车驾行而逃者。

宫殿造作罢不出律

＊【1725】宫殿内造作工匠,至申时分,门官等照数点出,其不出者。

辄出入宫殿门律

＊【1725】宿卫人至夜持仗入殿门及入宫门者。

关防内使出入律

＊【1725】内监私将兵器入宫殿门内者。

向宫殿射箭律

＊【1725】向太庙及宫殿射箭、放弹、投砖石者。

越城律

＊【1725】越皇城者。

门禁锁钥律

＊【1725】皇城门非时擅开闭者。

纵放军人歇役律

＊【1725】私使军人出境因而致死或被贼拘执至三名者。

从征守御官军逃律

＊【1725】官军征讨私逃再犯者。○守御军人在逃三犯者。

夜禁律

＊【1725】犯夜拒捕及打夺,因而殴人至折伤以上者。

私越冒度关津律

＊【1725】越度缘边关塞因而潜出交通外境者。

私出外境及违禁下海律

＊【1725】将人口军器出境及下海者。

刑律

盗制书律

＊【1725】盗各衙门官文书,事干军机、钱粮者。

强盗律

＊【1725】窃盗弃财逃走,事主追逐,因而拒捕殴至折伤以上,为首者。

劫囚律

＊【1725】私窃放囚人逃走因而伤人者。〇官司差人追征钱粮,勾摄公事及捕获罪人,聚众打夺,因而伤差人者。〇杀人及聚至十人下手致命者。〇率领家人随从打夺家人,亦曾伤人之尊长。

窃盗律

＊【1725】窃盗及掏摸得财一百二十两以上者。〇窃盗及掏摸三犯者。

发冢律

＊【1725】发冢开棺椁见尸者。〇子孙于祖父母、父母,婢雇工人于家长坟墓熏狐狸烧尸者。

谋杀人律

＊【1725】谋杀人从而加功者。〇伤而不死造意者。

谋杀制使及本管长官律

＊【1725】奉制命出使而官吏谋杀已伤,为首者。

杀死奸夫律

＊【1725】奸夫自杀其夫奸妇,虽不知情者。

造畜蛊毒杀人律

＊＊【1884】用毒药杀人而不死者。

斗殴及故杀人律

＊【1725】斗殴杀人者。〇同谋共殴人因而致死下手者。

屏去人服食律

*【1725】以他物置人耳鼻及孔窍中,若故屏去人服食至死者。

戏杀误杀过失杀伤人律

*【1725】因戏而杀人及因斗殴而误杀旁人者。○知津河水深泥泞,及桥梁、渡船朽漏,诳令人过渡,以致陷溺死者。

威逼人致死律

*【1725】威逼期亲尊长致死者。
【1790】○修改
【1790】逼迫期亲尊长致死者。

保辜限期律

*【1725】保辜限内因伤死者。

皇家袒免以上亲被殴律/宗室觉罗以上亲被殴律

*【1725】殴皇家袒免以上亲至笃疾者。
【1768】○修改
【1768】殴宗室觉罗以上亲至笃疾者。

殴制使及本管长官律

*【1725】奉制命出使而官吏殴之,及部民殴本属府、州、县军士殴本管官吏卒殴本部五品以上长官折伤者。○若吏卒殴六品以下长官佐贰官首领官笃疾者。

佐职统属殴长官律

*【1725】本衙门首领官及所统属官、佐贰官殴长官笃疾者。

拒殴追摄人律

*【1725】官司差人追征钱粮,勾摄公事而殴至笃疾者。

威力制缚人律

*【1725】以威力制缚人,及私家拷打监禁因而致死者。

良贱相殴律

*【1725】奴婢殴良人至笃疾者。○良人殴他人奴婢至死及故杀者。○故杀缌

麻、小功、大功亲奴婢者。○殴缌麻、小功、大功亲雇工人至死及故杀者。

奴婢殴家长律

*【1725】奴婢过失杀家长者。○殴家长期亲及外祖父母者。○殴家长缌麻、小功亲至笃疾大功亲至折伤以上者。○雇工人殴家长及家长期亲,若外祖父母折伤者。○家长及家长之期亲、外祖父母故杀雇工人者。

妻妾殴夫律

*【1725】妾殴正妻至折跌肢体及瞎一目者。○夫殴妻,并妻殴妾,至死及故杀者。○殴妻之父母至笃疾者。

殴大功以下尊长律

*【1725】卑幼殴本宗缌麻及外姻缌麻、小功、大功兄姊尊属至笃疾者。○尊长殴缌麻、小功、大功卑幼至死及故杀者。○故杀同堂弟妹、堂侄及侄孙者。

殴祖父母父母律

*【1725】嫡继慈养母殴杀及故杀子孙致令绝嗣者。

妻妾与夫亲属相殴律

*【1725】妻殴夫卑属至死者。○故杀夫之兄弟子者。○尊长殴卑幼之妇妾至死及故杀者。

殴妻前夫之子律

*【1725】殴妻前夫之子至死者。

奴婢骂家长律

*【1725】奴婢骂家长者。

投匿名文书告人罪律

*【1725】投隐匿姓名文书告言人罪者。○诡写他人姓名词帖,讦人阴私陷人,或空纸用印,虚捏他人文书买嘱铺兵递送诈,以他人姓名注附木牌进入内府,不销名字陷人得罪者。

诬告律

*【1725】诬告人因而致死,随行有服亲属一人者。○诬告人绞罪,所诬之人已

决者。

官吏受财律

＊【1725】官吏受财有禄人枉法,赃至八十两者。〇不枉法,赃至一百二十两以上者。〇无禄人枉法,赃至一百二十两者。

私受公侯财物律

＊【1725】内外武官不得接受公侯伯金银、缎匹等物,若接受再犯者。

诈为制书律

＊【1725】诈为制书及增减未施行,为首者。〇诈为部院、将军、督抚、提镇等衙门文书套画、押字、盗用印信及空纸用印者。

诈传诏旨律

＊【1725】诈传懿旨令旨,为首者。

私铸铜钱律

＊【1725】私铸铜钱者。〇匠人同。

犯奸律

＊【1725】私和强奸者。〇奸幼女十二岁以下者。

亲属相奸律

＊【1725】奸出嫁祖姑及出嫁从祖伯、叔姑,和者,奸夫、奸妇。〇奸亲属妾强者。

奴及雇工人奸家长妻律

＊【1725】奴及雇工人奸家长之期亲,若期亲之妻,和者,奸夫。

失火律

＊【1725】失火延烧宗庙及宫阙者。

罪人拒捕律

＊【1725】犯罪拒捕殴人至折伤以上者。

故禁故勘平人律

＊【1725】官吏怀挟私仇故禁平人致死者。

凌虐罪囚律

＊【1725】狱卒凌虐罪囚克减衣粮因而致死者。

与囚金刃解脱律

＊【1725】狱卒以金刃及他物与囚,致囚反狱及杀人者。

名例例

徒流人又犯罪例

＊＊【1884】一、窃盗问拟军流徒罪,在配在逃行窃,计赃满贯者。

老小废疾收赎例

＊【1768】一、教令九十老人故杀子孙者。

犯罪自首例

＊【1725】偷采人参率领头目,及财主闻拿投部者。

【1740】○删除

犯罪事发在逃例

＊【1725】一、负罪潜逃之犯被获,犯该流三千里及发边卫充军者。

【1740】○修改

【1740】一、负罪潜逃之绞犯被获犯情罪尚有可原者。

＊【1884】○删除

＊【1740】一、平常发遣人犯逃走后,复行凶为匪,犯该军、流、发遣者。

＊【1884】○删除

＊【1768】一、内外文武职官,负罪逃窜,犯该军、流以下者。

＊【1884】一、内外现任文武职官,负罪潜逃,犯该军、流以下者。

称与同罪例

＊【1725】一、受财故纵死罪人犯者。

＊【1884】○删除

吏 例

贡举非其人例

＊【1725】一、下第诸生逞忿搅闹,为从者。

【1740】○删除

户 例

居丧嫁娶例

＊＊【1884】一、孀妇自愿守志,母家、夫家期亲、卑幼抢夺强嫁,不甘失节,因而自尽者。

娶亲属妻妾例

＊【1790】一、兄亡收嫂,弟亡收弟妇,罪犯应死之案,审系父母主婚,将甘心听从之男女。

＊【1884】一、兄亡收嫂,弟亡收弟妇,罪犯应死之案,审系乡愚不知例禁,曾向亲族地保告知成婚者。○由父母主令婚配者。

强占良家妻女例

＊【1725】一、强夺良人妻女卖与他人为妻妾,及投献王府并勋戚势豪之家者。

＊【1884】○删除

＊【1768】一、强夺良家妻女,未被奸污,而妇女自尽者。

＊【1884】○删除

＊【1768】一、疏远亲属图财强卖者。

＊【1884】○删除

＊＊【1884】一、谋占资财,贪图聘礼,期功卑幼抢卖兄妻、胞姊,及缌麻卑幼抢卖尊属、尊长,并疏远无服亲族,抢卖尊长卑幼者。○并妇女不甘失节,因而自尽者。○缌麻尊属、尊长图财,强卖卑幼妇女,不甘失节,因而自尽者。○其夫或父母、亲属,羞忿自尽者。

＊＊【1884】一、聚众伙谋抢夺路行妇女,或卖或自为妻妾、奴婢,及被奸污者,并聚众伙谋,于素无瓜葛之家,入室抢夺妇女已成,为从者。○如图抢入室,未将妇女抢获者,首犯。○因伙抢妇女,拒捕杀人,为从帮殴成伤者。○其有并非伙众,但强卖与人为妻妾者。

＊＊【1884】一、聚众伙谋,抢夺兴贩妇女已成,为首者。

钱法例

＊【1725】一、各省开采铜、铅,如有民人越境私采及衙役恣意搅扰致人裹足,为从者。

【1768】○删除

收粮违限例

＊【1725】一、运弁旗丁挂欠粮米至五分不完者。

【1740】○修改

【1740】一、运弁旗丁挂欠粮米至六分者。

多收税粮斛面例

＊＊【1884】一、各仓已革花户,并箐头、夫役,及不应入仓人等,在现充花户身后影射,把持勒索,得赃至一百二十两以上者。

揽纳税粮例

＊【1725】一、贡监生员包揽钱粮入己,拖欠至八十两者。

＊【1884】○删除

收支留难例

＊＊【1884】一、钱粮物料解部,书役人等指称估验、掣批等项费用名色,包揽索诈,至一百二十两者。

＊＊【1884】一、坐粮厅及各仓书役人等,向运官、运丁指称掣批等项名色勒索,并向关米之人勒索得财,至一百二十两者。

盐法例

＊【1725】一、豪强盐徒撑驾大船聚众十人以下,原无兵仗遇捕拒敌因而伤二人以上为从下手者。

【1740】○删除

＊【1725】一、兵民聚众十人以下,兴贩私盐拒捕杀人,不论有无军器为从下手者。

【1740】○删除

＊【1740】一、盐徒聚众至十人以上,撑驾大船张挂旗号,擅用兵仗、响器,拒敌官兵伤二人,为从者。○其虽拒敌官兵,不曾杀伤人,为首者。

＊【1740】一、兵民聚众十人以上,带有军器,兴贩私盐拒捕,伤二人下手者。

○伤一人,为首者。○若十人以下,拒捕杀人,不论有无军器下手者。○伤至二人以上之下手者。○止伤一人,为首者。

*【1884】一、兵民聚众十人以上,带有军器,兴贩私盐,并回空粮船,如有夹带私盐,闯闸闯关,不服盘查,拒捕伤二人,下手者。○伤一伙首者。○十人以下拒捕杀人,下手者。○伤二人以上,下手者。○止伤一人,为首者。

*【1740】一、回空粮船夹带私盐闯闸、闯关,不服盘查,聚至十人以上,虽拒捕,不曾杀伤人,为首者。

*【1884】修并

*【1768】一、收买肩贩官盐,越境货卖,审非私枭,拒捕殴人,至折伤以上者。

把持行市例

*【1725】一、旗人将在京马匹贩至外省发卖者。

【1740】○删除

*【1725】一、内府人员家人及王以下大臣官员家人指名倚势网利干预词讼,肆行非法,为从者。

【1740】○删除

礼 例

禁止师巫邪术例

*【1725】一、习天文之人妄言祸福煽惑人民,为首者。

*【1884】○删除

*【1725】一、端公道士作为异端法术,医人致死者。

*【1884】○删除

*【1740】一、奸匪之徒,将各种避刑邪术私相传习者,为首教授之人。

* *【1884】一、西洋人在内地传习天主教会,及旗民人等,转为传习,其传教煽惑,人数不多,亦无名号者。

兵 例

激变良民例

*【1725】一、刁恶之辈,假地方公事,逼勒平民,约会抗粮,敛钱构讼,抗官塞署,或有冤抑,聚众至四五十人,为从者。

【1740】○修改

【1740】一、山、陕刁恶之辈,假地方公事,逼勒平民,约会抗粮,敛钱构讼,抗官塞

署,或有冤抑,聚众至四五十人,为从者。

【1768】○修改

【1768】一、直隶刁恶之辈,假地方公事,逼勒平民,约会抗粮,敛钱构讼,抗官塞署,或有冤抑,聚众至四五十人,为从者。

*【1884】一、直隶刁民,假地方公事,强行出头,逼勒平民,约会抗粮,聚众聊谋,敛钱构讼,罢考罢市,或有冤抑,擅自聚众至四五十人,尚无哄堂塞署殴官,为从者。○如哄堂塞署,逞凶殴官,聚众至四五十人之,为从者。

*【1725】一、聚众罢市、罢考打官等事,为从者。

【1740】○修改

【1740】一、福建地方聚众罢市、罢考打官等事,为从者。

*【1884】○修并

私藏应禁军器例

*【1725】一、私铸红衣等炮处所邻佑、房主、里长。

【1740】○修改

【1740】一、私铸红衣等炮处所,邻佑、房主、里长。

*【1884】一、私铸红衣等炮位、抬枪处所,邻佑、房主、里长。

从征守御官军逃例

*【1740】一、随征兵丁自军前逃回者。○跟随之奴仆、雇工偷盗马匹、器械逃回者。

【1768】○删除

私出外境及违禁下海例

*【1740】一、奸民将废铁、铁货卖与外国及边海贼寇者。

*【1884】一、沿海地方商民,将铁斤及废铁、铁货,并红、黄铜器、铜斤卖与外国及海边贼寇,为首者。

*【1740】一、商人在沿海地方递运铁斤交卖商、渔船只,为首者。

*【1884】○修并

*【1740】一、私开鸦片烟馆引诱良家子弟者。

宰杀马牛例

*【1725】一、盗牛十双以上者。

【1740】○删除

刑　例

谋叛例

＊【1725】一、异姓人歃血订盟,焚表结拜弟兄,为首者。

＊【1884】一、异姓人歃血订盟焚表情事,止序齿结拜弟兄,聚众四十人以上,为首者。○若非依齿序列,即属匪党渠魁,聚众未及四十人,为首者。

盗内府财物例

＊【1725】一、盗内府财物及监守常人盗窃、盗掏摸但三次者。

【1790】○删除

＊＊【1884】一、偷窃各省行宫乘舆服物,为首者。

常人盗仓库钱粮例

＊【1725】一、漕运粮米常人盗数满六百石入己者。

【1740】○修改

【1740】一、漕运粮米常人盗入己,数满六百石者。

【1790】○删除

＊【1725】一、常人盗仓库钱粮不分腹里沿边、沿海,但入已数满三百两者。

【1790】○删除

＊【1740】一、窃盗鞘饷至一百两以上者。

＊【1884】一、窃盗仓库钱粮,并饷鞘银两,但经得财之首犯,数至一百两以上者。

＊【1768】一、窃匪穿穴壁封,盗仓库钱粮至一百两以上者。

＊【1884】修并

＊＊【1884】一、盗砍他人坟树,犯案至三次,赃至五十两以上者。

＊＊【1884】一、私入红桩火道起意,在内偷牲,遗失火种,以致延烧殿宇墙垣,为首者。

＊＊【1884】一、旗民人等在红桩以外,白椿以内,偷乞人参至五十两以上,为首者。盗园陵树木例。

＊＊【1884】一、盗窃漕运粮米,数至一百石以上者。

强盗例

＊【1740】一、诬窃为盗,吓诈逼认因而致死及致死二命者。

＊【1884】○删除

＊＊【1884】一、因窃盗而强奸妇女已成,同谋未经同奸,及奸而未成者。

＊＊【1884】一、窃盗拒捕，刃伤事主，如闻拿畏惧，将原赃送还事主，只系一面之词，别无证据者。

＊＊【1884】一、窃盗弃财，与未经得财逃走，或伙贼携赃先遁，后逃之贼被追拒捕，及护伙拒捕杀人案内，为从帮殴，如刃伤，及手足、他物至折伤以上者。○其伤人未死，如刃伤及折伤以上，为首者。

＊＊【1884】一、窃盗临时盗所拒捕，或虽离盗所，护赃格斗杀人案内，为从帮殴，如刃伤，及他物、手足至折伤以上者。

＊＊【1884】一、恭遇御驾驻跸圆明园及巡幸之处，有匪徒偷窃附近仓廒官廨，相距宫墙三里以内，拒捕杀死官弁、兵丁，为从帮殴，伤非金刃又非折伤者。

劫囚例

＊【1768】一、官司差人捕获罪人，聚众中途打夺，伤差未至死之首犯。○但经聚众夺犯，虽未伤人之首犯。

＊【1884】一、官司差人捕获罪人，聚罪中途打夺，殴差致死，为从帮殴有伤者。○伤差未致死，为首者。○但经聚众夺犯，虽未伤人，为首者。

＊＊【1884】一、官司差人捕获罪人，如有尊长率领卑幼家长，率领奴仆雇工，殴差夺犯杀死差役，非一家二命，及二命以上，案内为从，下手至死之卑幼、奴仆、雇工。

白昼抢夺例

＊【1725】一、聚众伙谋抢夺路行妇女或卖或自为奴婢，为从者。

＊【1884】○删除

＊【1725】一、恶徒伙众强行鸡奸良人子弟，为从者。

【1740】○删除

＊【1725】一、黔、楚红苗聚至五十人杀人下手者。

＊【1884】一、黔、楚红苗，彼此仇忿抢夺，聚至五十人，杀人为从，下手者。

＊【1740】一、白昼抢夺人财物至一百二十两以上者。

＊【1884】一、白昼抢夺人财物，赃至一百二十两以上者。

＊【1740】一、江南通州、崇明、昭文沙民伙众争地，执持器械及聚众四五十人，有抗官重情，逼勒同行之人。

【1768】○修改

【1768】一、江南通州、崇明、昭文沙民伙众争地，执持器械及聚众四五十人，有抗官重情，为从者。

＊【1768】一、不法之徒乘地方歉收，伙众抢夺，扰害善良，挟制官长，或因赈贷稍迟，抢夺村市，喧闹公堂，及怀挟私愤，纠众罢市辱官，为从者。

＊【1884】○删除

＊【1768】一、川省啯匪,纠伙五人以上,在于场市人烟凑集之所,横行抢劫,为从同抢者。〇若同谋抢夺,而拒捕之时并未在场者。

＊【1884】一、川省匪徒并河南、安徽、湖北等三省交界地方,及山东之兖州、沂州、曹州,江苏之淮安、徐州、海州等府州,如有红胡子、白撞手、拽刀手等名目,在于场市人烟凑集之所,横行抢劫,纠伙不及五人,但伤人伤非金刃,伤轻平复者。〇如纠伙五人以上,不论曾否得财为从,同抢者。〇同谋抢夺而拒捕夺犯之时,并未在场者。〇其在野拦抢,数在四人以上至九人,但伤人伤非金刃,伤轻平复者。〇若数至十人以上,无论伤人与否,为从者。

＊【1790】一、白昼抢夺杀人案内,帮殴有伤为从者。

＊【1884】一、白昼抢夺杀人,为从帮殴,如刃伤,及手足、他物至折伤以上者。

＊【1790】一、川省匪徒,纠伙四人以上至九人,在场市围抢,但经伤人者。〇数至十人以上,毋论伤人与否,为从者。

＊【1884】〇修并

＊＊【1884】一、大江洋海出哨官弁、兵丁,遇商船遭风覆溺,抢取货物逾贯者。

窃盗例

＊【1740】一、窃盗三犯,赃至五十两以上者。

＊【1740】一、窃盗赃至满贯者。

＊【1884】〇删除

＊【1768】一、窃盗弃财逃走,事主追逐,逞凶执持金刃,戳伤事主者。

【1790】〇删除

＊【1768】一、奸匪伙众丢包,诓取财物,至一百二十两以上者。

＊【1884】一、奸匪伙众丢包,诓取财物,赃至一百二十两以上者。

＊【1768】一、随驾官员之跟役,无论奴仆、雇工,偷盗马匹、器械逃回者。

＊【1884】一、随驾官员之跟役,无论奴仆、雇工,如有偷盗马匹、器械逃回者。

＊【1790】一、私赴新疆偷贩玉石,计赃满贯者。

＊【1884】〇删除

＊【1790】一、窃盗临时拒捕杀人案内,为从帮殴有伤者。

＊【1884】〇删除

＊【1790】一、窃盗弃财,及未经得财逃走,因事主追逐,拒捕杀人案内,为从帮殴有伤者。〇若伤人未死,如刃伤及折伤以上,为首者。

＊【1884】〇删除

盗马牛畜产例

＊【1725】一、偷盗官马十匹以上者。〇窝主及牧马人役自行盗卖官马十匹以

上者。

【1740】○修改

【1740】一、偷盗官马十匹以上者。○窝主及牧马人役自行盗卖官马者。

*【1768】一、民人在蒙古地方偷窃四项牲畜，为首者。

【1790】○删除

*【1768】一、呼伦贝尔旗分另户，在札萨克蒙古游牧居住，偷窃四项牲畜，为首者。

【1790】○删除

*【1768】一、打牲索伦，在蒙古地方偷窃四项牲畜，为首者。

【1790】○删除

*【1768】一、蒙古人等偷窃四项牲畜，十匹以上，为首者。

【1790】○删除

*【1768】一、偷窃右卫地方八旗官兵所养马驼，十匹以上者。

*【1884】○修并

*【1790】一、盗牛二十只以上，不计赃数多寡，及窝家知情分赃者。○二十只以下，计赃至一百二十两以上，及窝家知情分赃者。

*【1884】一、盗牛二十只以上，不计赃数多寡，及窝家知情分赃者。○二十只以下，计赃至一百二十两以上者。

*【1790】一、新降之土尔扈特、都尔博特、额鲁特、霍硕特、辉特、乌梁海六项蒙古人等，偷窃新疆地方居住之前项土尔扈特人等四项牲畜，数满十匹以上，不分首从。

*【1884】○修并

*【1790】一、偷窃内地蒙古人等四项牲畜，数至三十匹以上者，不分首从。○二十匹以上者，不分首从。○十匹以上，为首者。

*【1884】一、偷窃蒙古四项牲畜，并偷窃右卫地方八旗所养官马驼只，及新降之土尔扈特、都尔博特、额鲁特、霍硕特、辉特、乌梁海六项蒙古等，在扎萨克察哈尔及边陲新疆地方偷窃四项牲畜，数至三十匹以上者，不分首从。○二十匹以上，不分首从。十匹以上，为首者。

* *【1884】一、盗御用郭什哈马从者。○牧马官兵盗卖，为从者。

* *【1884】一、察哈尔等处，牧厂如有偷卖在官牲畜，及宰食并作为私产，至十匹以上者，不分首从。

盗田野谷麦例

*【1725】一、越度禁约山河偷采人参已得者，财主并率领头目。

*【1725】一、财主并率领头目，一人名下所放之人至百名以上，所收之参至五百

两以上者。

【1740】○修并

【1740】一、越度禁约山河,偷采人参财主及率领头目,一人名下所放之人至百名以上,所收之参至五百两以上,为首者。

【1768】○修改

【1768】一、旗、民偷刨人参,人至百名以上,参至五百两以上,为首之财主及头目,并容留之人。

【1790】○修改

【1790】一、旗、民偷刨人参,人至四十名以上,参至五十两以上,为首之财主及头目,并容留之人。

*【1884】一、旗民身充财主,雇人偷刨人参,人至四十名以上,参至五十两以上,为首之财主及率领之头目,并容留之窝家。

亲属相盗例

*【1725】一、奴婢勾引外人同盗家长财物至一百二十两以上者。

*【1884】一、奴仆勾引外人同盗家长财物,并雇佣人盗家长财物,赃至一百二十两以上者。

* *【1884】一、各居无服亲属,素有周恤,或托管田产,经理财物,不安本分,肆窃肥己,赃至满贯者,卑幼。

恐吓取财例

*【1725】一、恶棍设法索诈官民或因诈财不遂竟行殴毙,为从者。

*【1884】一、恶棍设法索诈官民,或张贴揭贴,或捏告各衙门,或勒写借约,吓诈取财,或因斗殴纠众,系项?谎言,欠债逼写文券,或诈财不遂,竟行殴毙,不分曾否得财,为从者。

*【1725】一、旗民结伙指称隐匿逃人索诈财物,为从者。

*【1884】○删除

*【1725】一、太监逃出索诈为从者。

【1740】○删除

* *【1884】一、刁徒无端肇衅,平空讹诈,欺压乡愚,致被诈之人因而自尽者。

* *【1884】一、广东、福建两省民人掳人勒赎,被掳之人因病身死者。○如掳捉后,为从谋杀加功者。○若系拒杀、殴杀,为从帮殴,如刃伤,及手足、他物至折伤以上者。

略人略卖人例

*【1725】一、将腹里人口用强卖与境外土官土人图利,未曾杀伤人者。

＊【1884】一、将腹里人口用强略卖与境外土官土人峒寨去处图利，若未曾杀伤。

＊【1725】一、诱取妇人子女或典卖或为妻妾、子孙被诱之人不知情，为首者。

【1740】○修改

【1740】一、诱取妇人子女或典卖或为妻妾、子孙被诱之人，若不知情，为首者。

＊【1884】一、诱取妇人子女，或典卖，或为妻妾、子孙，不分良人奴婢，被诱之人，若不知情，为首者。

＊【1725】一、贵州地方有将民间子女拐去川、广贩卖，甚将荒村之人绑去贩卖，为从者。

【1740】○修改

【1740】一、贵州地方有将民间子女拐去四川等省贩卖，甚将荒村之人绑去贩卖，为从者。

【1768】○修改

【1768】一、贵州地方有有外来流棍，勾通本地棍徒，将荒村居住民苗人户，用威力强行绑去，及设方略诱往四川贩卖，不论已卖、未卖，曾否出境，为从者。○和同诱拐往川，不论已卖、未卖，但起行在途，为首者。○窝隐川贩，在家指引和诱子女，藏匿递卖者。

＊【1884】一、贵州及云南、四川地方，有外来流棍，勾通本地棍徒，将荒村居住民苗人户，用威力强行绑去，及设方略诱往四川贩卖，不论已卖、未卖，曾否出境，为从者。○审无威力捆绑，及设计强卖，系和同诱拐往川省，不论已卖未卖，但起行在途，为首者。○窝隐川贩在家，和诱子女，藏匿递卖者。

＊【1768】一、奴及雇工略卖家长之期功以下亲属。

＊【1884】一、略诱父祖妾者。

发冢例

＊【1725】一、发掘贝勒、贝子、公坟冢见棺为从，及未至棺为首者。○发掘历代帝王陵寝、先贤名臣，及前代藩王坟墓见棺为从，及未至棺为首者。

【1740】○修改

【1740】一、发掘贝勒、贝子、公等坟冢见棺为从，及未至棺为首者。○发掘历代帝王陵寝、先贤名臣，及前代藩王坟墓见棺为从，及未至棺为首者。

＊【1884】一、发掘贝勒、贝子、公夫人等并历代帝王陵寝及会典内有从祀名位之先贤名臣，前代分藩承袭亲王坟墓见棺，为从者。○未至棺，为首者。

＊【1725】一、奴婢、雇工人发掘家长坟冢见棺椁，为从者。○子孙同。

【1740】○修改

【1740】一、奴婢、雇工人发掘家长坟冢，未见棺为首者，及见棺为从者。○子孙同。

＊【1884】一、奴婢、雇工人发掘家长坟冢,未见棺为首者。○见棺为从者。

＊【1740】一、贪人吉壤,将与远年之坟盗发者。

＊【1884】一、贪人吉壤,将远年之坟盗发者。○若在田地场园内盗葬,而地主发掘开棺见尸者。

＊【1740】一、田地场园内盗葬,而地主开棺见尸者。

＊【1884】○修并

＊【1740】一、偷刨坟墓为从之犯,开棺三次,及至三次以外有赃证、次数确据者。

＊【1884】○删除

＊【1740】一、盗未殡尸柩,及发年久穿陷之冢,开棺见尸,三次者。○为从三次以上者。

【1768】○修改

【1768】一、盗未殡未埋尸柩,及发年久穿陷之冢,开棺见尸,三次者。○为从三次以上者。

＊【1884】一、盗未殡未埋尸柩,及发年久穿陷之冢,如开棺见尸,为首三次者。○为从三次以上者。

＊＊【1884】一、争坟阻葬,开棺易罐埋藏占葬者。

＊＊【1884】一、指称旱魃,刨坟毁尸,为首者。

＊＊【1884】一、发掘常人坟冢为从,开棺三次,及至三次以外者。

＊＊【1884】一、奴仆、雇工人盗家长未殡未埋尸柩,未开棺椁,为首者。○开棺见尸,为从者。

夜无故入人家例

＊＊【1884】一、邻佑人等,因贼犯偷窃追捕,若贼已弃赃,及未得财,辄捕殴致毙,并已被殴跌倒地,及就拘获后,辄复叠殴,及捕人多于贼犯,倚众共殴致毙者。

＊＊【1884】一、事主因贼犯偷窃,登时追捕,若贼犯已被殴跌倒地,及已就拘获,辄复叠殴致毙,或事后殴打至死者。○其旷野白日偷窃无人看守器物,殴打至死者,不问是否登时。

＊＊【1884】一、贼犯旷野白日盗田园谷麦蔬果、柴草木石等类,被事主、邻佑殴打至死者。

盗贼窝主例

＊【1790】一、造意分赃之窝主,统计各主之赃,数在一百二十两以上者。

谋杀人例

＊【1740】一、图财害命,未得财伤人,为首者。

＊【1884】一、图财害命未得财，从而加功者。○伤人未死，而已得财，从而加功，如刃伤及折伤以上者。○未得财伤人，为首者。

＊【1740】一、谋杀人已行，其人知觉奔走，迫于凶悍，当时失跌身死者，原谋。

＊【1884】○删除

谋杀祖父母父母例

＊【1790】一、尊长故杀卑幼，如有与人通奸，因媳碍眼，抑勒同陷邪淫不从，商谋致死灭口，为从者。

＊【1884】一、尊长故杀卑幼，如有与人通奸，因媳碍眼，抑令同陷邪淫不从，商谋致死灭口，为从者。

杀死奸夫例

＊【1725】一、奸所止杀奸妇或奸夫已去将奸妇逼供而杀者。

【1740】○删除

＊【1725】一、奸夫已离奸所，本夫逐至门外，杀非登时者。

【1768】○修改

【1768】一、奸夫已离奸所，本夫逐至门外，非登时杀之者。

＊【1884】一、本夫捉奸已离奸所，非登时杀死不拒捕奸夫者。

＊【1725】一、弟见兄妻与人行奸赶上杀死奸夫者。

【1740】○删除

＊【1725】一、外人或非应捕人捉奸杀人者。

【1740】○修改

【1740】一、非应许捉奸之人，有杀伤者。

【1768】○修改

【1768】一、非应许捉奸之人，有杀死者。

＊【1884】一、非应许捉奸之人有杀伤，系斗杀者。○如为本夫本妇及有服亲属纠住捉奸，杀死奸夫暨图奸、强奸未成罪人者，无论是否登时。

＊【1725】一、奸夫造意谋杀本夫，伤而不死者。

【1740】○删除

＊【1725】一、奸夫自杀夫之父母奸妇，虽不知情者。

【1740】○删除

＊【1725】一、本夫奸所获奸殴死奸妇、奸夫脱逃后，获到官审明奸情是实者，奸夫。

【1740】○删除

＊【1740】一、非奸所获奸，将奸妇逼供而杀害，无奸情确据者。○本夫登时奸所

获奸,将奸妇杀死,奸夫脱逃后,被获到官,审明奸情是实者,奸夫。

【1768】○修改

【1768】一、非奸所获奸,将奸妇逼供而杀害,无奸情确据者。○本夫登时奸所获奸,将奸妇杀死,奸夫当时脱逃后,被拿获到官,审明奸情是实者,奸夫。

*【1740】一、本夫先经纵容,抑勒妻妾与人通奸后,因索诈不遂,杀死奸妇者。

*【1884】○删除

*【1768】一、本夫之兄弟及有服亲属捉奸,非登时杀死者。

*【1884】○删除

*【1768】一、奸夫临时拒捕,奸妇在场并不喊救,事后又不首告者。

*【1790】一、奸夫自杀夫之父母,奸妇虽不知情者。

*【1884】○删除

*【1790】一、纵容妻妾与人通奸,被奸夫、奸妇商同谋杀,伤而未死者,造意之奸夫。

*【1884】一、本夫纵容抑勒妻妾与人通奸,被妻妾、奸夫商同谋杀,伤而未死,造意之奸夫。○其寻常知情纵容,非本夫起意卖奸,后因索诈不遂,杀死奸妇者。

*【1790】一、聘定未婚之妻与人通奸,本夫闻知往捉,已离奸所,非登时杀死不拒捕奸夫者。

*【1790】一、母犯奸淫,其子非奸所登时将奸夫杀死,致父母愧忿自尽者。

*【1884】一、母犯奸淫,其子实系激于义忿,非奸所登时将奸夫杀死,父母因奸情败漏,愧忿自尽者。

* *【1884】一、本夫及有服亲属杀死图奸未成罪人,无论登时、事后。

* *【1884】一、奸夫临时拒捕杀死本夫,奸妇在场并不喊阻救护,而事后又不首告者。

* *【1884】一、妇人因贪利与人通奸后,以无力资助,或先经和奸后,复与他人通奸情密,因而拒绝殴毙者。

* *【1884】一、本夫、本妇之伯叔、兄弟及有服亲属捉奸,杀死奸夫及奸妇,非登时而杀者。

* *【1884】一、本夫登时捉奸误杀旁人者。○亲属捉奸误旁人者。

* *【1884】一、因奸谋杀本夫之案,其为从加功之人,若系平人。

* *【1884】一、男子拒奸杀人,如死者虽无生供,而年长凶犯十岁以外,确系拒奸,或年长虽不及十岁,而拒奸供证及死者生供,或尸亲供认可凭,凶犯年在十六岁以上,无论登时与否。○死者与凶犯年岁相当,或仅大三五岁,审因他故捏供拒奸,或奸无证据,系斗杀者。○先被鸡奸后,经悔过拒绝,确有证据,复被逼奸,将奸匪杀死者。○至先被鸡奸后,因他故致毙者。

杀一家三人例

＊【1725】一、家长杀期亲奴仆一家三人者。

【1740】〇修改

【1740】一、杀期亲奴仆一家三人者。

＊【1740】一、聚众共殴，原无必杀之心，而乱殴一家三命至死，为从下手伤重者。

＊【1884】一、聚众共殴，原无必杀之心，而乱殴一家三命及三命以上，为从下手伤重至死者。其共殴致死一家二命，为从下手伤重至死者。

斗殴及故杀人例

＊【1725】一、好斗凶徒见人斗殴，辄约伙寻衅，将人父母殴毙为从者。

＊【1884】一、凶徒好斗生事，见人斗殴，与己毫无干涉，辄约伙寻衅，迁怒于其父母，毒殴致毙，为从者。

戏杀误杀过失杀例

＊【1790】一、因戏而误杀旁人者。

＊【1790】一、围场内射兽兵丁，因射兽而伤平人致死者。

＊【1790】一、疯病连杀平人二命以上者。

＊【1884】一、疯病连杀平人非一家二命以上及杀死一家二命者。

＊＊【1884】一、斗殴而误杀其人之祖父母、父母、妻女、子孙一命者。

＊＊【1884】一、子孙过失杀祖父母、父母，妻妾过失杀夫，奴仆过失杀家长之案，定案时，照例问拟，法司核减者。

＊＊【1884】一、疯病杀人之案，若因一时陡患疯病，猝不及报，以致杀人，旋经痊愈，或到案验系疯迷，复审供吐明晰，讯取尸亲切实甘结者。

杀子孙及奴婢图赖人例

＊【1725】一、尊长将期亲卑幼致死，以脱卸已罪及诬赖他人者。

【1768】〇删除

＊【1790】一、谋夺族人财产，杀死弟侄图赖，致被诈之家有殴、故杀尊长，酿成立决重案，罪应军、流者。

＊【1884】一、兄及叔伯谋夺族人财产，故杀弟侄图赖，致被诈之家，复有殴故杀尊长，酿成立决重案，除犯应死外，其罪应军、流者。

庸医杀伤人例

＊＊【1884】一、端公、道士及一切人等作为异端法术，医人致死者。

威逼人致死例

＊【1725】一、军民人等,因事威逼本管官致死,为首者。

【1790】○修改

【1790】一、军民人等,因事逼迫本管官致死,为首者。

＊【1725】一、喇嘛和尚等强奸致死人命,为从者。

＊【1884】○删除

＊【1740】一、强奸未成,但经调戏,本妇羞忿自尽者。

＊【1884】一、强奸未成,或但经调戏,其夫与父母、亲属及本妇羞忿自尽者。

＊【1740】一、强奸未成,或但经调戏,其夫与父母、亲属羞忿自尽者。

＊【1884】○修并

＊【1768】一、妇女与人通奸,本夫与父母并未纵容,一经见闻,杀奸不遂,因而羞忿自尽者,奸妇。

＊【1884】一、妇女与人通奸,本夫并未纵容,一经见闻,杀奸不遂,因而羞忿自尽者,并本夫虽知奸情,迫于奸夫之强悍,不能报复,并非有心纵容,因而羞忿自尽者,奸妇。

＊【1790】一、子孙不孝,致祖父母、父母自尽,无触忤情节,其行为违犯教令,以致抱忿轻生自尽者。○妻妾于夫之祖父母、父母,罪同。

＊【1884】○删除

＊【1790】一、豪强凶恶之徒,恃财倚势,因事威逼挟制窘辱,令平民冤苦无申,情极自尽,致死一家二命,及非一家但至三命以上者。

＊【1884】一、豪强凶恶之徒,恃财倚势,因事威逼挟制窘辱,令贫民冤苦无申,情极自尽,致死一家二命及非一家三命以上者。

＊【1790】一、并无他故,辄以戏言与妇女相狎,致令自尽者。

＊【1884】一、妇女因人亵语戏谑,羞忿自尽,如系并无他故,辄以戏言,觌面相狎者。

＊＊【1884】一、妇女令媳卖奸不从,折磨殴逼,致媳情急自尽者。

＊＊【1884】一、奸夫、奸妇商谋同死,若已将奸妇致死,奸夫并无自戕伤痕、同死确据,审系斗杀者。

＊＊【1884】一、子孙于祖父母、父母,并妻妾于夫之祖父母、父母,审无触忤情节,但其行为违犯教令,以致抱忿自尽者。

＊＊【1884】一、妻妾衅起口角,事涉微细,并无逼迫情状,其夫轻生自尽者。

＊＊【1884】一、强奸不从,主使本夫将本妇殴死者,本夫。

＊＊【1884】一、因事与妇人口角,秽语村辱,以致本妇气忿轻生,又致其夫痛妻自尽者。

＊＊【1884】一、奸淫之徒，先与其姑通奸，因被其媳窥破碍眼，即听从奸妇图奸，其媳不从，致被其姑毒殴自尽，将因奸酿命之犯。

＊＊【1884】一、期亲卑幼迫逼尊长致令自尽之案，若殴有致使重伤，未成残废，并致命而非重伤，或伤重而非致命，及非致命又非重伤者。

保辜限期例

＊【1725】一、斗殴伤人，辜限外身死，情正事实者。

＊【1884】○删除

＊＊【1884】一、原殴并非致命之处，又非极重之伤，因风身死，在五日以内者。○其致命伤重，及虽非致命，伤至骨损骨断，因风身死，在十日以外者。

宫内忿争例

＊＊【1884】一、行营地方管辖声音帐房以外、卡门以内，谋杀人伤而不死，及斗殴手足他物杀人者。

＊＊【1884】一、常人在各处当差，及各官跟役，并内务府各项人役、苑户、钦工匠役等，在紫禁城午门以外大清门以内，暨圆明园大宫门、大东、大西、大北等门以外鹿角木以内，谋杀人伤而不死，及斗殴手足他物杀人者。

殴制使及本管长官例

＊【1768】一、部民、军士、吏卒犯罪在官，不服拘拿，不遵审断，或怀挟私仇，及假地方公事，挺身哄堂，逞凶杀害本官，毋论本官品级，及有无谋、故，已伤为从下手者。

＊＊【1884】一、兵丁杀本管官之案，若兵丁系犯罪之人，而本管官亦系同犯罪者，系斗殴杀者。○如本管官与兵丁一同犯罪，致将兵丁杀死，系斗殴者。

殴受业师例

＊＊【1884】一、僧、尼、道士、喇嘛、女冠及匠艺人等受业师，因弟子违犯教令，以理殴责致死者。○儒师执持金刃凶器，非理扎殴致死弟子者。

威力制缚人例

＊【1725】一、绅衿将佃户妇女占为婢妾者。

【1740】○修改

【1740】一、地方绅衿将佃户妇女奸占为婢妾者。

【1790】○修改

【1790】一、地方绅衿将佃户妇女强行奸占为婢妾者。

奴婢殴家长例

＊【1725】一、故杀他人奴婢者。

【1740】○修改

【1740】一、官员故杀他人奴婢者。

＊【1884】一、官员将他人奴婢故杀者。

＊【1725】一、旗人故杀白契所买并典当之人。

＊【1884】○删除

＊＊【1884】一、发遣黑龙江等处为奴人犯,自行携带之妻、子,被主责打身死,其妻、子自行谋生,不随本犯在主家倚养者。

＊＊【1884】一、家主将奴仆之妻占夺,或图奸不遂,因将奴仆毒殴致死,或将其妻致死,若系白契所买奴婢,恩养未久者。

＊＊【1884】一、家长及家长之期亲者,若外祖父母,故杀赎身奴婢,及该奴婢之子女者。○家长之功、缌亲属,故杀赎身奴婢者。○故杀族中无服亲属之奴婢,及奴婢之子女者。

＊＊【1884】一、家长未生子女之妾,故杀隶身服役之婢女者。

殴大功以下尊长例

＊【1768】一、卑幼殴缌麻尊长,原殴伤重至笃疾者。

＊【1884】一、卑幼殴伤缌麻尊长、尊属余限外身死,其原殴伤重至笃疾者。○殴伤期尊长、尊属余限外身死之案,如刃伤期亲尊长、尊属,并殴至折肢、瞎目,及殴大功、小功、尊长尊属至笃疾,讯非有心干犯,或系误伤,及情有可悯者。○若系折伤并手足他物殴伤,罪止徒流,在余限外因伤毙命者。○刃伤期亲尊长尊属及外祖父母之案,讯非有心干犯,或系金刃误伤,及情有可悯者。

＊＊【1884】一、功服以下尊长挟嫌谋杀卑幼,年在十一岁以上,并其余谋故杀卑幼者。

殴期亲尊长例

＊【1725】一、兄及伯叔因争夺弟侄财产官职并仇隙故杀者。

＊【1884】一、期亲尊长因争夺弟侄财产、官职,及平素仇隙不睦,有意执持凶器故杀年在十一岁以上弟侄者。

＊【1740】一、故杀期亲弟妹者。

殴祖父母父母例

＊【1768】一、继母非理殴、故杀前妻之子,其夫并无子嗣者。

*【1884】〇删除

*【1768】一、继母因奸将前妻子女致死灭口,如系奸妇起意,本夫已故,不论有无子嗣者。

【1790】〇修改

【1790】一、继母因奸起意,将前妻子女致死灭口者,不论现在有无子嗣者,奸妇。〇奸夫起意,本妇为从,而其夫已故,只此一子,致令绝嗣者。

*【1884】〇删除

* *【1884】一、伊子本无违犯教令,而嫡母、继母非理殴杀、故杀,现在并无子嗣者。〇嫡母、继母为己子图占财产、官职,故杀庶生及前妻之子者。

* *【1884】一、亲母嫡母因奸将子女致死灭口者。〇亲姑、嫡姑因奸将媳致死灭口者。

妻妾与夫亲属相殴例

*【1790】一、嫡孙、众孙殴伤庶祖母至死者。

*【1884】一、嫡孙、众孙殴庶祖母至死者。〇庶祖母殴杀嫡孙、众孙者。

投匿名文书告人罪例

* *【1884】一、恶徒投贴匿名,揭贴捏造,寻常谬妄言词,无关国家事务者。

* *【1884】一、不肖官员唆使恶棍,粘贴布散、投递揭帖者。

* *【1884】一、驻防旗人交结文人奸匪,捏写匿名揭帖,倾陷平人,如民人起意,为首者。

* *【1884】一、胥役匿名揭告本管官,如所告得实者。

诬告例

*【1725】一、诬告致死平人及因拷禁身死者。

*【1884】一、诬告人因而致死被诬之人,委系平人及因拷禁身死者。〇或将案外之人拖累,拷禁致死一二人者。

*【1725】一、诬告平民拖累监禁及刑拷致死一二人者。

【1740】〇修改

【1740】一、或将案外之人拖累拷禁,致死一二人者。

*【1884】〇修并

*【1725】一、挟仇诬告谋死人命致尸遭蒸检,为首者。

*【1740】一、律应抵命之亲属尊长,诬告谋死人命,致蒸检卑幼之尸,及卑幼诬告,致蒸检尊长之尸者。

【1790】〇修改

【1790】一、律应抵命之亲属尊长,诬告谋死人命,致蒸检卑幼之尸,及卑幼挟仇诬告,致蒸检尊长之尸者。

＊【1884】一、亲属尊长,律有应抵之条,如挟仇诬告人,谋死人命,致蒸检卑幼之尸,及卑幼诬告,致蒸检尊长之尸者。

＊【1768】一、捏造奸赃款迹,写揭字帖,及编造歌谣,挟仇污蔑,致被诬之人忿激自尽者。

＊【1790】一、捕役诬窃为盗,吓诈逼认,因而致死及致死二命者。

＊【1790】一、诬良为窃,吓诈逼认,因而致死者。

＊【1884】一、诬良为窃,如诬告到官,或捆缚吓诈逼认,致令自尽者。〇疑贼致毙人命之案,系斗杀共殴,及威力制缚主使殴打致死者。

＊＊【1884】一、奸徒串结衙门人役,假以上司察访为由,挟制官府,陷害良善,或诈骗财物,或报复私愤,若计赃逾贯,及虽未逾贯,被诈之人因而自尽者。

子孙违犯教令例

＊＊【1884】一、子孙并子孙之妇有犯奸盗,如祖父母、父母纵容袒护,后经发觉,被人殴死或谋故杀害者。

官吏受财例

＊【1725】一、衙役恐吓索诈银一百二十两者。

【1740】〇修改

【1740】一、衙役恐吓索诈至一百二十两者。

【1768】〇修改

【1768】一、衙役恐吓索诈至一百二十两者。〇如有吓诈致毙人命者。

＊【1884】一、内外大小衙门蠹役,恐吓索诈贫民,计赃一百二十两者。〇如有吓诈致毙人命,不论赃数多寡。

＊【1725】一、书役暗行顶买,索租银至八十两者。

【1740】〇修改

【1740】一、书役年满暗行顶买,索取租银至八十两者。

在官求索借贷人财物例

＊【1725】一、苗、蛮、黎、獞并改土归流地方,该管官有骚扰逼勒、科派等弊,若赃数满贯罪止杖一百、流三千里者。

【1740】〇删除

伪造印信历日等例/伪造印信时宪书等例

＊【1725】一、盗用督抚、提学、兵备、屯田、水利等官钦给关防者。

＊【1725】一、伪造诸衙门印信及钦给关防，事关军机、钱粮，假冒官职大干法纪，为从者。

【1740】○删除

＊【1884】○修复

＊【1884】一、伪造诸衙门印信及钦给关防，事关军机，冒支钱粮，假冒官职，大干法纪，为从者。

＊【1740】一、各衙门吏役伪造本官印信，其倩人雕刻，诓骗财物至五十两以上者。

【1768】○删除

私铸铜钱例

＊【1725】一、用铜铁、锡铅药煮伪造假银，为首者。

【1740】○删除

＊【1740】一、将大制钱剪边，打造烟袋等物，货卖剪边至十千文以上，为首者。

【1768】○删除

＊【1768】一、私造铅钱，为首及匠人。

＊【1884】○删除

＊【1768】一、私造铅钱十千文以上为首及匠人。

＊＊【1884】一、奸徒假借前代古钱名色，私铸者。

诈假官例

＊【1725】一、假冒营兵生事扰民，挟制官司，为从者。○食粮兵丁同。

【1740】○删除

＊【1768】一、凡无官而诈称有官，并冒称现任官员姓名，并未造有凭札，止于图骗一人，图行一事，犯该军、流、遣罪者。

＊【1884】一、无官而诈称有官，并冒称现任官员姓名，并未造有凭札，但系图骗一人，图行一事，犯该军、流、遣罪者。

诈称内使等官例

＊＊【1884】一、诈充各衙门差役，假以差遣访事，缉捕盗贼，妄拿平人，搜查客船，吓取财物，计赃逾贯，及虽未逾贯，而被诈之人因而自尽者。○若被诈之人殴死假差者。○非被诈之人，有与假差斗杀者。

诈教诱人犯法例

＊【1768】一、苗、猺、狑、獞所住地方，有外来匪徒，教诱犯法，所犯之人，罪应绞

候者,教诱之人。

犯奸例

＊【1725】一、职官及军民奸职官妻者,奸夫、奸妇。

＊【1725】一、轮奸,为从者。

＊【1884】〇删除

＊【1740】一、恶徒伙众将良人子弟抢去,强行鸡奸,为从,若同奸者。〇和奸十二岁以下十岁以上幼童者。〇若止一人,强行鸡奸,并未伤人者。

＊【1884】一、恶徒伙众将良人子弟抢去,强行鸡奸,为从,若同奸者。〇和奸十二岁以下十岁以上幼童者。〇若止一人,强行鸡奸,并未伤人者。

＊【1740】一、和奸十二岁以下十岁以上幼女者。

＊【1740】一、因强奸执持凶器,戳伤本妇,及拒捕致伤旁人,未成奸者。

＊【1884】一、强奸执持金刃凶器,戳伤本妇,及拒捕致伤其夫与父母并有服亲属,未成奸者。〇如伤非金刃凶器,已成奸者。〇图奸、调奸妇女未成,拒伤本妇并其夫与父母,及有服亲属,至残废笃疾,罪在满徒以上者。

＊【1768】一、奸夫拒捕,刃伤应捉奸之人者。

＊【1768】一、川省嘓匪有犯轮奸,同行未成奸者。

【1790】〇修改

【1790】一、川省匪徒有犯轮奸,同行未成奸者。

＊＊【1884】一、喇嘛、和尚等强奸致死人命,为从者。

＊＊【1884】一、先经和奸后,因别故拒绝,致将被奸之人杀死,系斗杀者。

＊＊【1884】一、轮奸良人妇女,已成为从同奸者。

＊＊【1884】一、轮奸犯奸妇女已成,因而杀死本妇,下手为从,未同奸者。〇致本妇自尽,为首者。〇轮奸未成,因而杀死本妇,如系谋杀,从而加功者。

奴及雇工人奸家长妻例

＊【1725】一、奴奸家长之妾者,奸夫、奸妇。

赌博例

＊【1725】一、旗人开场赌钱抽头及容留之房主。

【1740】〇删除

＊【1725】一、旗人造卖纸牌骰子者。

【1740】〇删除

＊【1725】一、开鹌鹑圈、斗鸡坑、蟋蟀盆,并赌斗者。

【1740】〇删除

＊【1740】一、旗人将自己银钱开场诱赌，经旬累月，聚集无赖放头、抽头，再犯者。

＊【1884】〇删除

放火故烧人房屋例

＊【1740】一、谋财放火随即救熄，尚未延烧，为首者。〇挟仇放火，因而杀人，及有焚压致死之，为从商谋下手燃火者。

＊【1884】一、恶人谋财放火，随即救熄，并未烧毁，为首者。〇并未图财而挟仇放火，烧毁房屋，因而杀人，及焚压人死，为从商谋下手燃火者。

＊＊【1884】一、挟仇放火，止欲烧毁房屋、柴草泄忿，并非有心杀人，致死一二命，为从商谋下手燃火者。

罪人拒捕例

＊【1768】一、罪犯业经拿获，捕役借称设法制缚，误伤其命者。

一、罪犯业经拿获，捕役借称设法制缚误伤其命者。〇倘捕役受人贿嘱，将罪人致死，从而加功者。

＊【1768】一、捕役受人贿嘱，将罪人致死，从而加功者。

＊【1884】〇修并

＊【1768】一、贼犯业已拿获，辄复叠殴，或捕人多于贼犯，倚众共殴，及恃强逞凶，致毙者。

＊【1884】〇删除

＊【1768】一、窃盗拒捕，刃伤事主及应捕人者。〇奸夫拒捕，刃伤应捉奸之人者。

＊【1884】〇删除

＊＊【1884】一、差役、地保杀死捻匪，如有借端泄忿情事，系斗杀者。〇捻匪拒伤应捕之人，但系刃伤，及折伤以上，不论是否残废笃疾。

＊＊【1884】一、窃盗拒捕，伤非事主，奸夫拒捕，伤非例得捉奸之人，以及别项罪人拒捕，如殴所捕人至残废笃疾，罪在满徒以上者。

＊＊【1884】一、围场内偷打牲口、砍伐木植人等，殴所捕人至折伤以上者。

＊＊【1884】一、凶徒挟仇放火，及实在凶恶棍徒，并强奸未成各罪人，被害之人及本妇有服亲属杀非登时者。

＊＊【1884】一、犯罪事发，官司差人持票拘捕，及拘获后，佥派看守押解之犯，如有逞凶拒捕，杀死差役，但系殴杀，帮同下手者。〇如差役非奉官票，或虽经奉票，而有借差吓诈凌虐罪犯情事，致被殴死者。

＊＊【1884】一、罪人事发在逃被获拒捕，如本罪已至满流，拒殴在折伤以上者。

狱内脱监及反狱在逃例

*【1740】一、越狱人犯通线之人,与囚同罪,至死者。

*【1790】一、犯罪囚禁在狱,私纠伙党三人以上,潜行越狱脱逃,首从原犯军、流者。○原犯徒罪为首者。○若仅止一二人,乘间越狱潜逃,并无预谋纠伙情事,原犯军、流,为首者。

*【1884】一、犯罪囚禁在狱,私纠伙党三人以上,穿穴逾踰墙,潜行越狱脱逃,无论首伙,原犯军、流,律应加二等调发者。○原犯徒罪,律应加二等问拟,为首者。○若仅止一二人犯,乘间越狱潜逃,并无预谋纠伙情事,原犯军、流,应加等改发,为首者。

徒流人逃例

*【1725】一、原犯杂犯死罪以下,充军犯至三次逃回通系附籍以后者。

【1740】○删除

* *【1884】一、平常发遣人犯脱逃后,复行凶为匪,拿获时拒捕,即照现在所犯定拟犯该军、流、发遣者。○至军、流人犯,脱逃后行凶,杀人为匪,犯该绞候者。

* *【1884】一、回民因行窃、窝窃发遣脱逃后,复行凶为匪,并拿获时拒捕,犯该军、流、发遣者。

主守不觉失囚例

*【1768】一、禁卒贿纵绞候重犯在监脱逃者。

*【1884】一、狱卒受贿,将在监绞候重犯,松放狱具,以致脱逃者。

凌虐罪囚例

*【1725】一、解役教唆人犯,通同抢夺,为从者。

【1740】○删除

*【1725】一、官员擅取病呈致死监犯,狱官、禁卒人等听从指使下手者。

*【1725】一、狱卒受人贿嘱,谋死本犯,为从加功者。

*【1884】一、狱卒受罪人、仇家贿嘱,谋死本犯,为从加功者。

官司出入人罪例

*【1725】一、承审官改供,故入人绞罪,已决者。

【1740】○修改

【1740】一、承审官改造口供,故入人死罪,已决者。

*【1884】一、承审官改造口供,故入人绞罪,已决者。

斩罪 监候

吏律

大臣专擅选官律

＊【1725】除授官员大臣专擅选用者。○大臣亲戚非举特旨,不许除授官职,违者。

文官不许封公侯律

＊【1725】文官非有大功勋,所司朦胧奏请,辄封公、侯爵者,当该官吏及受封之人。

奸党律

＊【1725】奸邪进谗言,左使杀人者。○犯罪该死巧言谏免,暗邀人心者。○在朝官员交结朋党,紊乱朝政者。○刑部及大小各衙门官吏不执法律,听从上司主使出入人罪者。

交结近侍官员律

＊【1725】诸衙门官吏与内官近侍人员互相交结,漏泄事情,夤缘作弊,扶同奏启者。

上言大臣德政律

＊【1725】诸衙门官吏及士庶人等上言宰执大臣德政,为首者。

讲读律令律

＊【1725】国家律令官吏人等,擅为更改变乱成法者。

弃毁制书印信律

＊【1725】弃毁制书及各衙门印信者。

事应奏不奏律

＊【1725】奏事及当该官吏增减情节,朦胧奏准施行者。

增减官文书律

＊【1725】增减官文书因而失误军机者。

漏使印信律

＊【1725】各衙门行移出外文书,漏使印信因而失误军机者。

户　律

盐法律

＊【1725】犯私盐拒捕者。

礼　律

朝见留难律

＊【1725】司仪礼官将应朝见官员人等,留难不即引见者。

兵　律

向宫殿射箭律

＊【1725】向太庙太社及宫殿射箭、放弹、投砖石伤人者。

禁经断人充宿卫律

＊【1725】在京被极刑家属并经断人并不得入充近侍及宿卫守把门禁,若朦胧充当者。○当该官司听嘱,及受财容令充当者。

申报军务律

＊【1725】贪降人财物因而杀伤,及逼勒逃窜者。

飞报军情律

＊【1725】飞报军情隐匿不速奏闻因而失误军机者。

漏泄军情大事律

＊【1725】闻知调兵讨袭外番,及收捕反逆贼徒机密大事漏泄于敌人者。○近侍官员漏泄机密重事于人者。

边境申索军需律

＊【1725】边将取索军器钱粮等物不即奏闻,及不依式申报因而失误军机者。

失误军事律

＊【1725】军器粮草临敌缺乏,及承调遣不依期策应告报军期违限,因而失误军机者。

从征违期律

＊【1725】军临敌境托故违期,三日不至者。

主将不固守律

＊【1725】边将不固守及守备不设,因而失陷城寨者。〇与贼临境望高巡哨之人失于飞报,以致陷城损军者。〇官军临阵先退,及围困敌城而逃者。

纵军掳掠律

＊【1725】军人私出外境,掳掠伤人,为首者。〇于已附地面掳掠者。

不操练军士律

＊【1725】守御官堤备不严、抚驭无方致有所部军人反叛弃城而逃者。

激变良民律

＊【1725】牧民官激变良民失陷城池者。

弃毁军器律

＊【1725】弃毁军器二十件以上者。

夜禁律

＊【1725】犯夜拒捕及打夺,因而殴人至死者。

盘诘奸细律

＊【1725】境内奸细走透消息,于外人及境外奸细入境内探听事情者。

私出外境及违禁下海律

＊【1725】将人口军器出境及下海,因而走泄事情者。

邀取实封公文律

*【1725】实封公文中途邀截取回者。

驿使稽程律

*【1725】出使驰驿违限因而失误军机者。○若各驿官故将好马藏匿,不即应付,以致违限者。

文书应给驿而不给律

*【1725】调遣军马,及飞报军情文书,故不遣使给驿,因而失误军机者。

公事应行稽程律

*【1725】军需管送违限,以致临敌缺乏失误军机者。○若承差人误不依题写去处,以致违限失误军机者。

刑　律

造妖书妖言律

*【1725】造谶纬妖书、妖言,及传用惑众者。

盗印信律

*【1725】盗各衙门印信者。

劫囚律

*【1725】窃盗拒捕及杀伤人者。○因盗而奸者,强盗律劫囚者。○私窃放囚人逃走,因而杀人者。○官司差人追征钱粮,勾摄公事及捕获罪人,聚众打夺因而杀人,及聚至十人,为首者。○率领家人随从打夺家人,亦曾杀人之尊长。

【1740】○修改

【1740】窃盗拒捕及杀伤人者。○因盗而奸者,强盗律劫囚者。○私窃放囚人逃走,因而杀人者。○官司差人追征钱粮,勾摄公事及捕获罪人,聚众打夺因而杀人,及聚至十人,为首者。○率领家人随从打夺家人,亦曾杀人者之尊长。

白昼抢夺律

*【1725】白昼抢夺伤人,为首者。

略人略卖人律

*【1725】略诱略卖良人,因而杀人者。

发冢律

*【1725】卑幼发尊长坟冢开棺椁见尸者。○弃尸卖坟地者。○毁弃缌麻以上尊长死尸者。○子孙毁弃祖父母、父母及奴婢、雇工人毁弃家长死尸者。

*【1884】卑幼发尊长坟冢开棺椁见尸者。○弃尸卖坟地者。○毁弃缌麻以上尊长死尸者。○子孙毁弃祖父母、父母及奴婢、雇工人毁弃家长死尸者。○妻妾毁弃夫尸者。

谋杀人律

*【1725】谋杀人造意者。

谋杀制使及本管长官律

*【1725】奉制命出使而官吏谋杀已杀者。

杀死奸夫律

*【1725】因奸同谋杀死亲夫者,奸夫。

造畜蛊毒杀人律

*【1725】造魇魅符书咒诅因而致死者。○用毒药杀人者。

斗殴及故杀人律

*【1725】故杀者。

屏去人服食律

*【1725】故用蛇蝎、毒虫咬伤人因而致死者。

戏杀误杀过失杀伤人律

*【1725】谋杀故杀人而误杀旁人者。

庸医杀伤人律

*【1725】庸医故违本方诈疗疾病取财,因而致死,及因事故用药杀人者。

威逼人致死律

＊【1725】因奸盗而威逼人致死者。

皇家袒免以上亲被殴律/宗室觉罗以上亲被殴律

＊【1725】殴皇家袒免以上亲死者。
【1768】〇修改
【1768】宗室觉罗以上亲死者。

殴制使及本管长官律

＊【1725】奉制命出使而官吏殴之,及部民殴本属府、州、县,军士殴本管官,吏卒殴本部五品以上长官死者。〇若吏卒殴本部六品以下长官、佐贰官、首领官死者。

＊【1884】奉制命出使而所在官吏殴之,及部民殴本属知府、知州、知县,军士殴本管官,吏卒殴本部五品以上长官死者。〇若吏卒殴本部六品以下长官,军民、吏卒殴佐贰官、首领官死者。

佐职统属殴长官律

＊【1725】本衙门首领官及所统属官、佐贰官殴长官死者。

拒殴追摄人律

＊【1725】官司差人追征钱粮,勾摄公事而殴死者。

良贱相殴律

＊【1725】奴婢殴良人死者。

奴婢殴家长律

＊【1725】奴婢殴家长之期亲及外祖父母,伤者。〇奴婢殴家长之缌麻、小功、大功亲至死,及故杀者。〇雇工人殴家长之期亲,若外祖父母及缌麻、小功、大功亲至死,及故杀者。

妻妾殴夫律

＊【1725】殴妻之父母至死及故杀者。

殴大功以下尊长律

＊【1725】卑幼殴本宗缌麻及外姻缌麻、小功、大功兄姊尊属死者。

【1768】○修改

【1768】卑幼殴本宗缌麻及外姻缌麻、小功、大功兄姊尊属至死及故杀者。

妻妾与夫亲属相殴律

＊【1725】妻妾殴夫之期亲以下、缌麻以上尊长死者。

＊【1884】妻妾殴夫之期亲以下、缌麻以上尊长至死及故杀者。

殴妻前夫之子律

＊【1725】殴继父至死者。

告状不受理律

＊【1725】告谋反叛逆官司不即受理掩捕，以致聚众作乱，或攻陷城池，及劫掠人民者。

诬告律

＊【1725】诬告人斩罪所诬之人已决者。

教唆词讼律

＊【1725】奸夫教令奸妇诬告其子不孝者。

诈为制书律

＊【1725】诈为制书及增减者。

诈传诏旨律

＊【1725】诈传诏旨为首者。○各衙门当该官吏将奏准合行事理，妄称奉旨追问者。

伪造印信历日等律/伪造印信时宪书等律

＊【1725】伪造诸衙门印信及历日符验茶盐引，为首者。

诈假官律

＊【1725】诈假官及假与人官者。

诈称内使等官律

＊【1725】诈称内使及内阁六科部院、监察御史、按察司官在外体察事务煽惑人

民者。

近侍诈称私行律

*【1725】近侍之人在外诈称私行体察事务,煽惑人民者。

亲属相奸律

*【1725】奸同宗无服之亲及无服亲之妻,强者。○奸缌麻以上亲及妻,若妻前夫之女、同母异父姊妹,强者。○奸出嫁小功,再从姊妹、堂侄女、侄孙女,强者。

诬执翁奸律

*【1725】男妇诬执亲翁,及弟妇诬执夫兄欺奸者。

奴及雇工人奸家长妻律

*【1725】奴及雇工人奸家长缌麻以上亲及妻妾,强者。
*【1884】奴及雇工人奸家长缌麻以上亲及缌麻以上亲之妻妾,强者。

良贱相奸律

*【1725】奴奸良人妇女,强者。

放火故烧人房屋律

*【1725】放火延烧官民房屋及积聚之物,因而盗取财物者。○放火故烧官民房屋,及公廨仓库系官积聚之物者。

罪人拒捕律

*【1725】犯罪拒捕杀人者。

狱囚脱监及反狱在逃律

*【1725】罪囚反狱在逃者。

故禁故勘平人律

*【1725】故勘平人因而致死者。

死囚令人自杀律

*【1725】死囚令人自杀而子孙于祖父母、父母及奴婢雇工人于家长者。

名例例

常赦所不原例

＊【1725】一、问刑官、番役妄用脑箍、大板、竹签、烙铁等刑至毙人命者，以故杀论。

【1740】○修改

【1740】一、番役诬陷无辜，妄用脑箍及竹签、烙铁等刑，至毙人命者。

【1790】○删除

＊【1725】一、诬告叛逆被诬之人，未决者。

＊【1884】删除

＊【1725】一、诬告平民拖累致死三人以上者，以故杀论。

【1790】○删除

徒流人又犯罪例

＊【1768】一、免死减等发遣盗犯，在配犯该徒罪以上者。

＊【1884】一、免死发遣新疆、宁古塔、黑龙江等处盗犯，在配犯该徒罪以上者。

犯罪事发在逃例

＊【1740】一、负罪潜逃之斩犯被获，原犯情罪尚有可原者。

＊【1884】○删除

户　例

强占良家妻女例

＊【1768】一、强夺良家妻女，已被奸污，而妻女自尽者。

＊【1884】一、强夺良家妻女，已被奸污，而妇女自尽者。○其夫或父母亲属羞忿自尽者。

＊【1768】一、期功卑幼谋占资财，贪图聘礼，将伯叔母、姑等尊属用强抢卖者。

＊【1884】一、谋占资财，贪图聘礼，期功卑幼用强抢卖伯叔母、姑等尊属者。○若妇女不甘失节，因而自尽者。

收粮违限例

＊【1725】一、运弁旗丁，若挂欠粮米至六分以上者。

挪移出纳例

＊【1725】一、挪移库银至二万两以上者。

收支留难例

＊【1725】一、坐粮厅及各仓书役人等，向关米之人勒索，因而打死人命者。

＊【1884】一、坐粮厅及各仓书役人等，向运官、运丁及关米之人勒索，因而打死人命者。

转解官物例

＊【1725】一、运粮官丁谎报漂没船粮，乘机侵盗至六百石者。

【1740】○修改

【1740】一、漕运官军谎报漂没船粮，乘机侵盗至六百石者。

＊【1884】一、漕运官军水次折乾，沿途盗卖，故将船放失漂流，及虽系漂流，损失不多，乘机侵盗至六百石者。

＊＊【1884】一、运粮旗丁因正项亏短，但经买米回漕，数满六百石者。

守掌在官财物例

＊【1740】一、八旗参领等官将一切收贮公所，干系钱粮，并交库房银两，侵蚀至一千两以上者。

＊【1884】○删除

盐法例

＊【1725】一、伪造盐引、印信，贿嘱吏书人等，将已故商人名籍，填写在引转卖，诓骗财物，为首者。

＊【1884】一、伪造盐引、印信，贿嘱运司、吏书人等，将已故并远年商人名籍、中盐来历，填写在引转卖，诓骗财物，为首者。

＊【1725】一、豪强盐徒聚众十人以上，撑驾大船，擅用兵仗，拒敌官兵，不曾杀伤人，为首者。○十人以下，原无兵仗，遇有追捕拒敌，因而伤二人以上，为首者。

【1740】○修改

【1740】一、盐徒聚众十人以上，撑驾大船，张挂旗号，擅用兵仗、响器，拒敌官兵伤一人，为首者。

＊【1884】一、盐徒聚众至十人以上，撑驾大船，张挂旗号，擅用兵仗、响器，拒敌官兵，伤一人，为首者。○得赃包庇之兵役。

＊【1725】一、兵民聚众十人以下，兴贩私盐拒捕杀人，不论有无军器，为首者。

【1740】○修改

【1740】一、兵民聚众十人以上，带有军器，兴贩私盐，拒捕伤三人以上，伤人之犯。○伤二人，为首者。○若十人以下拒捕杀人，不论有无军器，为首者。○伤至二人以上之为首者。

*【1884】一、兵民聚众十人以上，带有军器，兴贩私盐，并回空粮船，夹带私盐，闯闸闯关，不服盘查，拒捕杀人及伤三人以上案内，伤人之犯。○伤二人，为首者。○若十人以下，拒捕杀人，不论有无军器，为首者。○伤至二人以上，为首者。

*【1725】一、回空粮船夹带私盐，闯闸闯关，不服盘查，其虽拒捕不曾伤人，及十人以下拒捕伤人致死，为首者。

【1740】○删除

【1740】一、回空粮船夹带私盐，闯闸闯关，不服盘查，聚至十人以上，持械拒捕，伤三人以上，伤人之犯。

*【1884】○修并

*【1768】一、收买肩贩官盐，越境货卖，审非私枭，拒捕杀人者。

*【1790】一、大伙枭徒拒捕伤差案内，兵役得赃包庇者。

把持行市例

*【1740】一、凡内府人员家人及王公大臣、官员家人领本生理，霸占要地关津，不令商人贸易者。○民人借贷王以下大臣、官员银两，指名贸易霸占要地、关津贻累地方者。

*【1884】一、内府人员家人及王、贝勒、贝子、公、大臣、官员家人领本生理，霸占要地关津，依势欺人，不令商民贸易者。○民人借贷王以下大臣、官员银两，指名贸易，霸占要地关津，恃强贻累地方者。

兵　例

主将不固守例

*【1725】一、武职官与府、州、县同住一城，若遇边警及盗贼攻围，不行固守，被贼攻陷城池，劫杀焚烧之武职。

【1790】○修改

【1790】一、州县与武职同城，若遇边警及盗贼攻围，不行固守，被贼攻陷城池，劫杀焚烧之专城武职及守土州县。

*【1884】一、州县与武职同城，若遇边警及盗贼攻围，不行固守，而辄弃去，及守备不设，被贼攻陷城池，劫杀焚烧者，其专城武职及守土州县。

纵军掳掠例

＊＊【1884】一、出征官兵并跟役等,于凯撤回营之日,沿途遇有良民子女,并非逃失,强行携带者。

私藏应禁军器例

＊【1768】一、因争斗用鸟枪杀人者。

＊【1768】一、民间点放竹铳杀人者。

私出外境及违禁下海例

＊【1725】一、军民人等擅造违式大船卖与外国图利,为首者。

【1740】○删除

＊【1725】一、私贩硫黄、焰硝卖与外国及边海贼寇,为首者。

【1740】○删除

＊【1725】一、官员军民人等,私将应禁军器卖与进贡外国图利,为首者。

【1740】○修改

【1740】一、军民人等,如将一应违禁货物卖与进贡外国图利,为首者。

＊【1884】一、军民人等,如将一应违禁军器、硝黄、牛角、铜铁等物,图利卖与进贡外国,为首者。

＊【1725】一、商、渔船户夹带硝磺等物,接济外洋者。

＊【1884】一、商、渔船户夹带违禁硝黄、铁钉、樟板等物,接济外洋者。

＊＊【1884】一、台湾奸民,如将硝磺与生番交易货物,及偷漏出海者。

公事应行稽程例

＊【1740】一、夫役、工匠人等,遇紧要差使,如不遵官长约束,为匪不法,逞刁挟制,率众扬散误差,为首者。

＊【1884】一、夫役、工匠人等,遇紧要差使,传集公所,如不遵官长约束,为匪不法,逞刁挟制,率众扬散误差,为首者。

刑　例

造妖书妖言例

＊【1725】一、妄布邪言写贴,煽惑人心,为从者。

＊【1884】一、妄布邪言,书写张贴,煽惑人心,为从者。

监守自盗仓库钱粮例

＊【1725】一、漕运粮米监守盗数满六百石入己者。

＊【1725】一、监守侵盗仓库钱粮不分腹里沿边、沿海，但入已数满三百两者。

【1740】○删除

＊【1725】一、侵盗钱粮数满一千两以上者。

【1740】○修改

【1740】一、侵盗仓库钱粮数满一千两以上者。

＊【1884】一、监守盗仓库钱粮人己，数在一千两以上者。

＊＊【1884】一、漕运粮米，监守盗入己，数满六百石者。

强盗例

＊【1725】一、强盗伤人而未得财，为首者。

＊【1725】一、响马、强盗邀劫道路，伤人不得财，为首者。

【1740】○修改

【1740】一、响马、强盗执有弓矢、军器，白日邀劫道路，伤人不得财者。

＊【1884】一、响马、强盗执有弓矢、军器，白日邀劫道路，伤人不得财者，为首者。

＊【1725】一、续获强盗，无自认口供，赃迹未明，涉于疑似，伙贼已决无证者。

＊【1884】一、续获强盗，无自认口供，赃迹未明，伙盗已决无证者。

＊【1725】一、官员抑勒讳盗，苦累事主致死者。

＊【1740】一、诬窃为盗拷打致死者。

【1790】○删除

＊【1740】一、行劫罪囚未经杀人、伤人之为从者。

【1768】○移出

＊【1768】一、强盗为首伤人，伤轻平复，自行投首者。

＊【1884】一、伤人首盗，伤轻平复，事未发而自首，及闻拿投首者。

＊【1790】一、用药迷人尚未得财案内，首先传授药方与人，以致转传贻害，及下手用药迷人者。

＊【1884】一、用药迷人，经他人救醒，虽未得财，将首先传授药方与人，转传贻害，及下手用药迷人者。

＊＊【1884】一、窃盗弃财，与未经得财逃走，或伙贼携赃先遁后逃之贼，被事主追逐，拒捕及护伙拒捕，因而杀人，为首者。

＊＊【1884】一、窃盗临时盗所拒捕，或虽离盗所，而护赃格斗，伤人未死，如刃伤及折伤以上，为首者。

＊＊【1884】一、盗犯明知官帑，纠劫得财，其在外瞭望接赃，并未上盗之犯。

劫囚例

＊【1768】一、行劫罪囚,未经杀人、伤人之为从者。

【1790】○删除

＊【1790】一、行劫在狱罪囚,止拒伤役卒案内,随同助势,并未伤人,为从者。

＊【1884】一、行劫在狱罪囚,止伤役卒案内,随同助势,虽未伤人,及并未伤人案内,为从者。

＊【1790】一、行劫在狱罪囚,并未伤人案内,为从者。

＊【1884】○修并

白昼抢夺例

＊【1725】一、黔、楚苗子仇忿聚众抢夺人数不及五十名杀人,为首者。○聚众至五十人虽不杀人,为首者。○聚众至百人杀人下手者。

【1740】○修改

【1740】一、黔、楚红苗子仇忿,聚众抢夺,人数不及五十名杀人,为首者。○聚众至五十人虽不杀人,为首者。○聚众至百人杀人下手者。

＊【1884】一、黔、楚红苗子彼此仇忿,聚众抢夺,人数不及五十名杀人,为首者。○聚至五十人虽不杀人,为首者。○聚至百人杀人为从下手者。

＊【1740】一、抢夺伤人为首者。

＊【1884】一、抢夺金刃伤人未死,如刃伤及折伤以上者,为首者。

＊【1740】一、出哨兵弁遇商船遭风覆溺,人尚未死,不速救护,止顾捞抢财物,以致商民淹毙者,为从之兵丁。○在船将备,虽不同谋而分赃者。○见船覆溺阻挠不救,以致淹死人命者,为首阻救之人。

＊【1884】一、出哨官弁、兵丁,遇商船遭风覆溺,人尚未死,不速救援,止顾捞抢财物,以致商民淹毙者,为从者。○如见船覆溺,抢取货物,伤人未至毙命,如刃伤及折伤以上者。○其并未抢取货物,但阻挠不救,以致商民淹毙,为首者。

＊【1768】一、苗人掳掠妇女勒赎,尚未奸污者。

＊【1884】○删除

＊＊【1884】一、川省匪徒,并河南、安徽、湖北等三省交界地方,及山东之兖州、沂州、曹州,江苏之淮安、徐州、海州等府州,如有红胡子、白撞手、拽刀手等名目,在于场市人烟凑集之所,横行抢劫,纠伙不及五人,但伤人如刃伤及折伤以上者。○其在野拦抢,数在四人以上,至九人,但伤人如刃伤及折伤以上者。

窃盗例

＊【1725】一、窃盗拒捕伤人未死,为首者。

【1790】○修改

【1790】一、窃盗拒捕伤人未死,如刃伤及折伤以上,为首者。

*【1884】○删除

*【1725】一、窃盗有别故杀人,牵引窃案投首者。○欲图灭口及夺分赃物,因而谋死同伙者。

【1740】○删除

盗田野谷麦例

*【1725】一、盗掘金、银等项矿砂,若在山洞捉获,持仗拒捕杀伤人,为首者。

*【1884】一、盗掘金、银、铜、锡、水银等项矿砂,若在山洞捉获,持仗拒捕杀伤人,为首者。

亲属相盗例

*【1725】一、奴婢勾引外人同盗家长财物至三百两以上者。

【1740】○删除

恐吓取财例

*【1725】一、苗人伏草捉人、横加枷肘,勒银取赎初犯,为首者。

* *【1884】一、刁徒无端肇衅,平空讹诈,将被诈之人拷打致死者。

* *【1884】一、广东、福建两省民人,捉人勒赎,如将被捉之人任意凌虐,或虽无凌虐而致被捉之人情急自尽,为首者。

略人略卖人例

*【1740】一、贵州地方有将民间子女拐去四川等省贩卖,甚将荒村之人绑去贩卖致死人命者,其为从之犯。

【1768】○删除

*【1768】一、贵州、云南、四川地方民人,捆绑本地子女,在本地售卖,为首者。

*【1768】一、贵州地方有外来流棍,勾通本地棍徒,将荒村居住民苗人户杀害人命,掳其妇人子女,计图贩卖,不论已卖未卖、曾否出境案内,有迫胁同行,在场未经下手,情尚可原者。○其用威力强行绑去,及设方略诱往四川贩卖,将被拐之人伤害致死,为从者。

*【1884】一、贵州及云南、四川地方,有外来流棍,勾通本地棍徒,将荒村居住民苗人户杀害人命,掳其妇人子女,计图贩卖案内,迫胁同行,并在场未经下手,情尚可原者。○用威力强行绑去,及设方略诱,往四川贩卖,将被拐之人伤害致死,为从者。

*【1768】一、奴及雇工略卖家长之妻女及子者。

＊＊【1884】一、略卖期亲尊长者。

发冢例

＊【1725】一、奴婢雇工人发掘家长坟冢,开棺椁见尸,为从者。○子孙同。

＊【1740】一、因争坟阻葬,开棺易罐埋藏占葬者。

＊＊【1884】一、愚民惑于风水,擅称洗筋、检筋名色,将已葬五服内缌麻以上尊长骸骨发掘检视,占验吉凶者。

＊＊【1884】一、期亲、功、缌卑幼,发掘尊长坟冢,开棺见尸,为首者。

谋杀人例

＊【1740】一、图财害命,得财而杀死人命,不加功者。○伤人未死,已得财之加功者。○未得财杀人,为首者。

＊【1884】一、图财害命,得财而杀死人命,从而不加功者。○未得财杀人,为首者。○伤人未死而已得财之首犯。

谋杀祖父母父母例

＊【1790】一、尊长故杀卑幼,如有与人通奸,因媳碍眼,抑勒同陷邪淫不从,商谋致死灭口,为首者。

＊【1884】一、尊长故杀卑幼,如有与人通奸,因媳碍眼,抑令同陷邪淫不从,商谋致死灭口,为首者。

杀死奸夫例

＊【1725】一、奸夫奔走良久,或赶至中途,或闻奸次日追而杀之者。

【1740】○删除

＊【1740】一、因奸谋死亲夫,若本夫纵容、抑勒妻妾与人通奸,或被妻妾起意谋杀,或奸夫起意,知情同谋者,奸夫。○其纵容、抑勒妻妾与人通奸,如因别情将奸夫、奸妇一齐杀死者。

＊【1884】一、因奸谋死亲夫,若本夫纵容,抑勒妻妾与人通奸,或被妻妾起意谋杀,或奸夫起意,知情同谋者,奸夫。○伤而未死之奸妇。○其纵奸之本夫,因别情将奸夫、奸妇一齐杀死者。○若本夫抑勒卖奸,故杀妻者。

＊【1768】一、纵容妻妾与人通奸,被奸夫、奸妇商同谋杀,伤而未死者,奸妇。

＊【1884】○删除

＊【1790】一、有服尊长奸卑幼之妇,本夫捉奸,杀死奸夫,照律拟罪,奉旨敕下九卿定拟末减者,系期亲。

＊【1884】一、本夫捉奸,杀死犯奸有服尊长之案,如杀系本宗期亲尊长,照律拟

罪,夹签声明,奉旨敕下九卿拟量减者。

＊＊【1884】一、非应许捉奸之人,有杀伤,系谋故杀者。

＊＊【1884】一、妇女因贪利与人通奸后,以无力资助,或先经和奸,复与他人有奸情密,因而拒绝,谋故杀者。

＊＊【1884】一、虽系捕获奸夫,因他故谋、故致毙者。

＊＊【1884】一、本夫、本妇之伯叔、兄弟及有服亲属,若捕获奸夫,或因他故谋、故致毙者。

＊＊【1884】一、因奸谋杀本夫之案,其为从加功之人,如亦系奸夫。

＊＊【1884】一、本宗缌麻、外姻功缌尊长,强奸卑幼之妇未成,被本夫、本妇事后殴毙者。

＊＊【1884】一、男子拒奸杀人,如死者与凶犯年岁相当,或仅大三五岁,审因他故捏供拒奸,或奸无证据,系谋、故杀者。○先被鸡奸后,因他故谋、故致毙者。

＊＊【1884】一、有服尊长强奸卑幼之妇未成,被本夫、本妇有服亲属忿激致毙,系缌麻卑幼,杀非登时者。○系期功卑幼,无论是否登时,按服制拟罪,夹签声明,奉旨敕下九卿核减者。

＊＊【1884】一、本夫、本妇有服亲属,捉奸杀死犯奸尊长之案,如杀死本宗期、功尊长,无论是否登时,照律拟罪,夹签声明,奉旨敕下九卿核拟量减者。○若非登时杀死本宗缌麻及外姻功缌尊长者。

杀一家三人例

＊【1725】一、杀内外功服缌麻及族中奴仆一家三人者。

＊【1884】一、杀内外大功、小功、缌麻及族中奴仆一家三人者。

＊【1725】一、发遣当差为奴之犯,杀死伊管主一家三人,并三人以上其不知情之子孙。

＊＊【1884】一、谋故杀人而误杀旁人二、三命非一家者。

斗殴及故杀人例

＊【1725】一、文武生员欺压平民殴人至死者。

＊【1884】一、文武生员、乡绅及土豪势恶、无赖棍徒,如倚仗衣顶及势力,武断乡曲,或凭空诈赖,逞凶横行,欺压平民,其人不敢与争,旁人不敢劝阻,将人殴打至死者。

＊【1725】一、与人斗殴后迁怒于其父母,毒殴致毙者。

＊【1884】一、与人斗殴之后,寻殴报复,迁怒于其父母,毒殴致毙者。

＊【1790】一、争斗将鸟枪、竹统施放杀人者。

＊【1884】一、因争斗擅将鸟枪、竹铳施放杀人者。

戏杀误杀过失杀伤人例

＊＊【1884】一、谋杀人,以致下手之犯误杀旁人,将造意之犯。○如下手之犯,另挟他嫌,乘机杀害,并非失误者,审实,将下手之犯。

＊＊【1884】一、谋、故而误杀其人之祖父母、妻女、子孙一命者。

威逼人致死例

＊【1740】一、因奸威逼致死,有挟制窘辱情状,其死者无论本夫、本妇、父亲属,将奸夫。

＊【1884】○删除

＊【1740】一、强奸既成,本妇羞忿自尽者,奸夫。

【1790】○修改

【1790】一、强奸已成,本妇羞忿自尽者,奸夫。

＊【1884】○修并

＊【1740】一、强奸既成,其夫与父母亲属羞忿自尽者,奸夫。

＊【1884】○修并

＊【1740】一、强奸内外缌麻以上亲及缌麻以上亲之妻、妻前夫之女、同母异父姊妹未成,本妇羞忿自尽者,奸夫。

＊【1884】一、强奸内外缌麻以上亲,及缌麻以上亲之妻,若妻前夫之女、同母异父姊妹未成,或但经调戏,其与父母亲属及本妇羞忿自尽者。

＊【1740】一、强奸未成,将本妇殴伤,越数日后因伤身死者,奸夫。

＊【1884】一、强奸未成,将本妇殴伤,越数日后因本伤身死者。○若强奸人妻女,其夫与父母、亲属,闻声赴救,奸夫逞凶拒捕殴伤,越数日后因本伤身死者。○强奸已成,其夫与父母、亲属及本妇羞忿自尽者。

＊【1790】一、豪强凶恶之徒,恃财倚势,因事威逼,挟制窘辱,令平民冤苦无申,情极自尽,致死一家三命以上者。

＊＊【1884】一、强奸犯奸妇女未成,将本妇立时杀死者。

＊＊【1884】一、奸夫、奸妇商谋同死,若已将奸妇致死者,奸夫并无自戕伤痕,同死确据,审系谋故杀者。

＊＊【1884】一、贼犯因遣落火煤,或因拨门不开,燃烧门闩板壁,或用火煤照亮窃取财物,致火起延烧不,期烧毙,事主至一、二命及三命,而非一家者。

宫内忿争例

＊【1725】一、太监在皇城内持金刃自伤者。

＊【1884】一、太监在紫禁城外皇城内持金刃自伤者。

殴制使及本管长官例

＊【1725】一、军民人等，殴死在京见任官者。

＊【1884】一、本管官与兵丁一同犯罪，致将兵丁谋、故杀。

殴受业师例

＊＊【1884】一、儒师及僧尼、道士、喇嘛、女冠及匠艺人等，有挟嫌逞凶，故杀弟子者。

妻妾殴夫例

＊【1790】一、以妻卖奸之夫，故杀妻者。

欧大功以下尊长例

＊【1768】一、听从下手殴本宗小功、大功兄姊，若尊长仅令殴打，辄行叠殴多伤至死，下手者。

殴期亲尊长例

＊＊【1884】一、功服以下尊长，图谋卑幼财产，并强盗卑幼资财，放火、杀人及图奸，谋、故杀卑幼者。

＊＊【1884】一、功服以下尊长，杀死卑幼，因其父兄伯叔素无资助，相待刻薄，挟有夙嫌，将十岁以下幼小子女、弟侄迁怒，故行杀害，图泄私忿者，尊长仅令殴打，而辄行叠殴多伤至死者，将下手之犯。

＊＊【1884】一、期亲弟侄年在十岁以下，幼小无知，尊长因图占财产、官职，挟嫌惨杀毒毙者。

殴祖父母父母例

＊＊【1884】一、继母、嗣母因奸将子女致死灭口者。〇继姑因奸将媳致死灭口者。

＊＊【1884】一、子妇拒奸殴毙伊翁之案，实系猝遭强暴，情急事危，仓促捍拒，确有证据，毫无疑义者，仍照律定拟，刑部援案奏请定夺。

妻妾与夫亲属相殴例

＊【1768】一、妻之子及妾之子殴死生有子女之庶母，及谋、故杀者。

＊【1884】一、妻之子、妾之子殴生有子女之庶母至死，及谋、故杀者。

＊【1790】一、嫡孙、众孙谋、故杀庶祖母者。

父祖被殴例

* *【1884】一、祖父母、父母为人所杀,本犯拟抵后,援例减等问拟军、流,遇赦释回,如子孙仍敢复仇杀害者。

诬告例

*【1768】一、子孙挟仇将祖父母、父母死尸诬告他人谋害,致遭蒸检者。

*【1884】一、子孙将祖父母、父母死尸,挟仇诬告他人谋害致死,遭蒸检者。

*【1790】一、诬良为窃,因拷打伤重致死者。

*【1884】一、诬良为窃,拷打致死者。○疑贼致毙人命之案,讯系谋、故杀者。

*【1790】一、番役诬陷无辜,妄用脑箍及竹签、烙铁等刑,致毙人命者。

*【1790】一、诬告平人,拖累致死三人以上者。

*【1884】一、诬告人,因而将案外之人拖累拷禁,致死三人以上者。

*【1790】一、捕役诬窃为盗,拷打致死者。

* *【1884】一、奸徒串结衙门人役,假以上司察访为由,挟制官府,陷害良善,或诈骗财物,或报复私仇,将被诈之人拷打致死者。

* *【1884】一、诬告叛逆,被诬之人未决者。

官吏受财例

* *【1884】一、内外大小衙门蠹役,恐吓索诈贫民,拷打身死者。

伪造印信历日等例/伪造印信制宪书等例

*【1725】一、盗及弃毁、伪造督抚、提学、兵备、屯田、水利官钦给关防者。

*【1884】一、盗及弃毁伪造督抚、提学兵备屯田、水利等官,钦给关防者。

*【1725】一、伪造诸衙门印信及钦给关防,诓骗财物数多,为首者。

*【1884】一、伪造诸衙门印信及钦给关防,止图诓骗财物,为数多者。

*【1768】一、伪造假印,起意之人与雕刻之人,同谋分赃者。

*【1884】○删除

私铸铜钱例

*【1768】一、私铸铜钱,不论砂壳,为首及匠人。

*【1884】○修并

*【1768】一、私铸铜钱至十千以上者。○或不及十千,私铸不止一次者。

*【1884】一、私铸铜钱数至十千以上,或虽不及十千而私铸不止一次,为首及匠人。

诈假官例

＊【1725】一、买他人考选公文，顶名赴部已受职者。

【1768】○删除

＊【1768】一、伪造凭札，自为假官者。○伪造凭札，并将有故官员凭札，卖与他人者。○及买受凭札，冒名赴任者。

诈称内使等官例

＊＊【1884】一、诈充各衙门差役，妄拿平人，吓取财物，拷打致死，及吓诈忿争，殴故杀被诈之人者。○非被诈之人，有与假差谋、故杀者。

诈教诱人犯法例

＊＊【1884】一、苗、猺、狑、獞所住地方，如有外来匪徒，教诱犯法，所犯之人罪应斩候者，教诱之人。

犯奸例

＊【1740】一、强奸十二岁以上十岁以上幼童者。○若止一人强行鸡奸，伤人未死者。

＊【1740】一、强奸十二岁以下十岁以上幼女者。

＊【1740】一、因强奸执持凶器，戳伤本妇，及拒捕致伤旁人，已成奸者。

＊＊【1884】一、先经和奸后，因别故拒绝，致将被奸之人谋故杀死者。

＊＊【1884】一、强奸执持金刃、凶器，戳伤本妇，及拒捕致伤其夫与父母并有服亲属，已成奸者。

＊＊【1884】一、伙谋轮奸未成，致本妇自尽者，首犯。

＊＊【1884】一、轮奸犯奸妇女未成，因而杀死本妇，为首者。

阉割火者例

＊【1725】一、私自净身并下手者。

【1790】○删除

＊【1725】一、诓骗强勒阉割者。

放火故烧人房屋例

＊【1740】一、恶徒谋财，放火延烧尚未抢掠财物，又未伤人者，为首之人。○挟仇放火，延烧其未伤人，及伤而不死者，为首之人。

＊【1884】一、恶徒谋财放火，已经烧毁房屋，尚未抢掠财物，又未伤人者，为首

者。○并非图财,而挟仇放火烧毁房屋并,未伤人,及伤而不死,为首者。

罪人拒捕例

*【1768】一、捕役受人贿嘱,将罪人致死,造意为首者。

* *【1884】一、差役、地保杀死捻匪,如有挟嫌杀害,借端泄忿情事,系谋故杀者。○捻匪拒捕,杀死应捕之人者。

* *【1884】一、围场内偷打牲口、砍伐木植人等,杀所捕人者。

* *【1884】一、差役非奉官票,或虽经奉票,而有借差吓诈凌虐罪犯情事,致被谋、故杀死者。

狱囚脱监及反狱在逃例

*【1790】一、罪囚结伙反狱拒伤役卒案内,随同助势,并未伤人,为从者。

*【1884】一、罪囚结伙反狱,止伤役卒案内,随同助势,虽未伤人,及并未伤人案内为从者。

主守不觉失囚例

*【1768】一、禁卒贿纵斩候重犯,在监脱逃者。

*【1884】一、狱卒受贿,将在监斩候重犯松放刑具,以致脱逃者。

故禁故勘平人例

*【1740】一、承审官吏凡遇一切命盗案件,倘事实无干,或因勒诈不遂,暗行贿嘱,罪人诬扳刑讯致死者。

*【1884】一、承审官吏遇一切命盗案件,将平空无事,并无名字在官之人,怀挟私仇,故勘致死者。○倘事实无干,或因其人家道殷实,勒诈不遂,暗行贿嘱罪人诬扳,刑讯致死者。

凌虐罪囚例

*【1725】一、官员擅取病呈,致死监犯者。

*【1725】一、狱卒受人贿嘱,谋死本犯,为首者。

*【1884】一、狱卒受罪人仇家贿嘱,谋死本犯,为首者。

官司出入人罪例

*【1725】一、承审官改供故入人斩罪,已决者。

*【1884】一、承审官改造口供,故入斩罪,已决者。

*【1725】一、承审官于本罪外,捏造情罪重大,诬指朋党,株连父母、兄弟、妻、子

籍没家产者。

工　例

盗决河防例

＊＊【1884】一、故决、盗决山东、河南等处,并徐、邳滨江一带各湖堤岸,及临河大堤过水漂没他人田庐财物,因而杀人者。

失时不修堤防例

＊【1725】一、在河工浮议动众,以致众力懈弛倡造,为首者。

＊【1884】一、遇河工紧要,如有浮议动众,以致众力懈弛者,将倡造之人。

绞罪 决不待时

户律

娶亲属妻妾律

*【1725】兄亡收嫂,弟亡收弟妇者。

刑律

谋叛律

*【1725】谋叛知情故纵隐藏者。〇谋而未行,为首者。〇逃避山泽不服追唤,为首者。

谋杀制使及本管长官律

*【1725】部民谋杀本属府、州、县军士谋杀本管官,吏卒谋杀本部五品以上长官,已伤为首者。

谋杀祖父母父母律

*【1725】谋杀缌麻以上尊长已伤,为首者。〇奴婢及雇工人谋杀家长之缌麻以上亲已伤,为首者。

妻妾殴夫律

*【1725】妻妾殴夫及妾殴正妻至笃疾者。〇妾殴夫至折跌肢体及瞎一目者。

殴大功以下尊长律

*【1725】卑幼殴本宗功服兄姊、尊属笃疾者。

殴期亲尊长律

*【1725】弟妹殴兄姊,若侄殴伯叔、父母,姑外孙殴外祖父母刃伤,及折一肢,瞎一目为首者。

骂祖父母父母律

＊【1725】骂祖父母、父母及妻妾骂夫之祖父母、父母者。

妻妾骂故夫父母律

＊【1725】妻妾骂故夫之祖父母、父母者。

干名犯义律

＊【1725】子孙诬告祖父母、父母，妻妾诬告夫及夫之祖父母、父母者。〇奴婢雇工人，罪同。

亲属相奸律

＊【1725】奸从祖祖母、在室祖姑、从祖伯叔母、在室从祖伯叔姑、从父姊妹、母之姊妹，及兄弟妻、兄弟子妻，和者，奸夫、奸妇。

＊【1884】奸从祖祖母、在室祖姑、从祖伯叔母、在室从祖伯叔姑、从父姊妹、母之姊妹，及兄弟妻、兄弟子妻，和者，奸夫、奸妇。〇奸妻之亲生母亲者，奸夫、奸妇。

名例例

徒流人又犯罪例

＊【1790】一、改发极边烟瘴充军之窃盗，在配复犯行窃，计赃满贯，复犯死罪者。

犯罪事发在逃例

＊【1725】一、负罪潜逃之犯被获，该绞监候者。

【1740】〇修改

【1740】一、负罪潜逃之绞犯被获，原犯情罪重大，至秋审时无可宽缓者。

＊【1740】一、平常发遣人犯逃走后，复行凶为匪，犯该绞候者。

＊【1884】〇删除

＊【1790】一、诬告人绞罪，所诬之人已决者。〇诬窃为盗，吓诈逼认，因而致死二命者。〇捏造奸赃款迹，写揭字帖，及编造歌谣，挟仇污蔑，致被诬之人忿激自尽者。〇狱卒以金刃及他物与囚，致囚杀人者。〇狱卒凌虐罪囚，克减衣粮，因而致死者。〇狱卒受贿谋死本犯，为从加功者。〇衙役恐吓索诈，致毙人命者。〇捕役受人贿嘱，将罪人致死，从而加功者。〇挟仇放火，因而杀人及有焚压致死之为从商谋下手燃火者。〇斗殴连毙二命者。〇好斗凶徒见人斗殴，辄约伙寻衅，将人父母殴毙，为从者。〇因事逼迫期亲尊长致死者。〇军民人等，因事逼迫本管官致死，为首

者。○因事威逼平民自尽,一家二命,及三命而非一家者。○继母因奸将前妻子女致死灭口,系奸妇起意,本夫已故,不论有无子嗣者。○喇嘛、和尚等强奸致死人命,为从者。○兵民聚众十人以下,兴贩私盐,拒捕杀人,为从下手者。○黔、楚红苗仇忿抢夺,聚众至五十人,杀人为从下手者。○以上各条人犯,脱逃二三年后就获者。

*【1884】一、有关人命拟绞情重之犯,脱逃二三年后就获,如诬告人绞罪,所诬之人已决者。○诬窃为盗,吓诈逼认,因而致死二命者。○捏造奸赃款迹,写揭字帖,及编造歌谣,挟仇污蔑,致被诬之人忿激自尽者。○狱卒以金刃及他物与囚,致囚杀人者。○狱卒凌虐罪囚,克减衣粮,因而致死者。○狱卒受贿谋死本犯,为从加功者。○衙役恐吓索诈,致毙人命者。○捕役受人贿嘱,将罪人致死,从而加功者。○挟仇放火,因而杀人,及有焚压致死之为从商谋下手燃火者。○斗殴连毙二命者。○好斗凶徒见人斗殴,辄约伙寻衅,将人父母殴毙,为从者。○因事逼迫期亲尊长致死者。○军民人等,因事逼迫本管官致死,为首者。○因事威逼平民自尽,一家二命,及三命而非一家者。○嫡母因奸将子女致死灭口,致令伊夫绝嗣者。○喇嘛、和尚等强奸致死人命,为从者。○兵民聚众十人以下,兴贩私盐,拒捕杀人,为从下手者。○黔、楚红苗仇忿抢夺,聚众至五十人杀人,为从下手者。

*【1884】一、内外文武职官负罪潜逃犯,该绞候者。

称与同罪例

*【1768】一、子犯罪而父代认其子罪,应绞候者。

户 例

守掌在官财物例

*【1725】一、八旗参领以下等官,将收贮公所钱粮,并交库银两侵盗入已百两以上者。

【1740】○删除

礼 例

禁止师巫邪术例

* *【1884】一、西洋人在内地传习天主教会,私刻经卷,倡立讲会,蛊惑多人,及旗民人等,转为传习,其传教煽惑,立名号煽惑及众,确有实据,为首者。

* *【1884】一、传习白阳、白莲、八卦等邪教,习念荒诞不经咒语,拜师传徒惑众,为首者。

兵　例

私越冒度关津例

＊【1790】一、在滇省永昌、顺宁二府以外沿边关隘私贩碧霞玺、翡翠玉、葱玉、鱼、盐、棉花等物，共伙人数在一二十人以上，为首者。

私出外境及违禁下海例

＊【1740】一、奸徒偷运米谷潜出外洋，接济奸匪者。

＊【1768】一、凡将豆麦杂粮偷运出洋，接济奸匪者。

＊【1884】一、奸徒将米、谷、豆、麦、杂粮偷运出洋，接济奸匪者。

刑　例

谋叛例

＊【1790】一、异姓人歃血订盟焚表，结拜弟兄，聚众至二十人以上，为首者。

＊【1884】一、异姓人歃血订盟焚表，结拜弟兄，聚众至二十人以上，为首者。○年少居首，并非依齿序列，即属匪党渠魁，聚众至四十人以上，为首者。○其闻拿投首，及事未发而自首，减免之后，复犯结拜，罪应绞监候者。

＊【1790】一、异姓人结拜弟兄，若年少居首，并非依齿序列，为首者。

＊【1884】○修并

＊＊【1884】一、闽、粤不法匪徒，潜谋纠结复兴天地会名目，抢劫拒捕，并未转纠党羽，或听诱被胁，素非良善者。

盗园陵树木例

＊＊【1884】一、在红桩以内盗砍树株等项，本犯罪应斩决，其受贿故纵之弁兵。

＊＊【1884】一、旗民人等，在红桩以内，偷挖人参，弁兵受贿故纵，如本犯罪应斩决者，为首之弁兵。

常人盗仓库钱粮例

＊＊【1884】一、京城守城兵丁，由城上钓搧偷窃仓米，赃至一百石以上，为首者。○常人串通兵丁偷窃者。

强盗例

＊＊【1884】一、恭遇御驾驻跸圆明园，及巡幸之处，若有匪徒偷窃附近仓廒官

廨,拒伤官弁、兵丁,相距宫墙在一里以外三里以内,刃伤及折伤以上,为首者。○一里、三里以内,若拒捕杀死官弁、兵丁,为从帮殴,如刃伤,及折伤者。

劫囚例

*【1740】一、在中途打夺罪囚,因而杀人下手致命者。

【1790】○删除

*【1768】一、官司差人捕获罪人,聚众中途打夺,殴差致死,为从者。

【1790】○修改

【1790】一、官司差人捕获罪人,聚众中途打夺殴差,下手致死为从者。

*【1884】一、官司差人捕获罪人,聚众中途打夺殴差,为从下手,伤重致死者。

白昼抢夺例

*【1725】一、白昼抢夺三犯者。

*【1768】一、川省啯匪拒捕夺犯,杀伤兵役并事主、场众之在场加功助势者。

【1790】○修改

【1790】一、川省匪徒拒捕夺犯,杀伤兵役并事主及在场之人之在场加功助势者。

*【1884】一、川省匪徒,并河南、安徽、湖北等三省交界地方,及山东之兖州、沂州、曹州,江苏之淮安、徐州、海州等府州,如有红胡子、白撞手、拽刀手等名目,纠伙抢劫,若拒捕夺犯,杀伤兵役并事主及在场之人案内之在场加功助势者。

盗马牛畜产例

*【1768】一、蒙古、民人偷窃行围巡幸地方马匹,五匹以上者。

* *【1884】一、盗御用郭什哈马,为首者。○牧马官兵盗卖,为首者。

恐吓取财例

*【1768】一、附近番苗地方吏民人等,擅入苗境,借差欺凌,或强奸妇女,或抢劫财物,实在情重,例应绞候者。

*【1884】一、附近番苗地方吏民人等,擅入苗境,借差欺凌,或强奸妇女,或抢劫财物,以及讹诈不遂,实在情重者。

略人略卖人例

*【1725】一、以药饼及邪术迷拐幼小子女,为首者。

* *【1884】一、因奸而拐及因拐而奸从祖祖母、祖姑、从伯叔母、从祖伯叔姑、从父姊妹、母之姊妹及兄弟妻、兄弟子妻者。

发冢例

＊【1725】一、发掘贝勒、贝子、公等坟冢开棺椁见尸为从，及见棺为首者。〇发掘历代帝王陵寝先贤名臣，及前代藩王坟墓开棺椁见尸为从，及见棺为首者。

【1740】〇修改

【1740】一、发掘贝勒、贝子、公等坟冢开棺见尸为从，及见棺为首者。〇发掘历代帝王陵寝先贤名臣，及前代藩王坟墓开棺见尸为从，及见棺为首者。

＊【1884】一、发掘贝勒、贝子、公、夫人等，并历代帝王陵寝，及《会典》内有从礼名位之先贤名臣，前代分藩承袭亲王坟墓，开棺椁见尸，为从者。〇见棺，为首者。

＊【1725】一、奴婢、雇工人发掘家长坟冢，见棺椁，为首者。〇子孙同。

＊【1884】一、奴婢雇工发掘家长坟冢，见棺椁，为首者。

＊＊【1884】一、子孙盗祖父母、父母未殡未埋尸柩，不分首从，如未开棺椁，事属已行，确有显迹者。

＊＊【1884】一、奴仆、雇工人盗家长未殡未埋尸柩，开棺见尸，为首者。

＊＊【1884】一、子孙发掘祖父母、父母坟冢，均不分首从，已行，未见棺椁者。

谋杀人例

＊【1790】一、将未至十岁之幼孩逞忿谋杀，为从加功者。

＊【1884】一、将十岁以下幼孩逞忿谋杀，为从而加功者。

谋杀祖父母父母例

＊【1790】一、子孙谋杀祖父母、父母案内，旁人同谋助逆加功者。

＊【1884】一、谋杀期亲尊长，正犯应凌迟处死，其为从加功之犯。本宗尊长起意谋杀卑幼，罪应绞候之犯，如与死者之子商同谋杀，致其子罪干凌迟者。

杀一家三人例

＊【1725】一、本宗及外姻尊长杀期服卑幼一家主、仆、雇工三人者。

＊【1884】一、尊长杀期服卑幼一家主、仆、雇工三人者。

＊【1768】一、杀死功服、缌麻卑幼一家非死罪二命者。

＊【1768】一、殴死一家二命及殴死三命而非一家者。

＊【1884】〇修并

＊【1884】一、聚众共殴，原无必杀之心，而致死一家二命者，率先聚众之人，不问共殴与否。〇斗杀之案，殴死一家二命，或三命而非一家者。

＊＊【1884】一、殴杀人罪止绞候之犯，若于杀人后，挟忿逞凶，将尸头四肢全行割落，及剖腹取脏掷弃者。

斗殴及故杀人例

*【1768】一、犯绞罪监候在监,复行凶致死人命者。

*【1884】一、绞罪监候在监,复行凶殴死人命者。

* *【1884】一、广东、福建、广西、江西、湖南、浙江等六省纠众互殴之案,审系预先敛费,约期械斗仇杀,纠众至一二十人以上,致毙彼造四命以上,主谋纠殴之首犯。〇致毙彼造一家二命,主谋纠殴之首犯。

威逼人致死例

*【1725】一、妻妾威逼夫致死者。

*【1884】一、妻妾悍泼,威逼夫致死者。

* *【1884】一、妇女与人通奸,致并未纵容之父母、本夫,一经见闻,杀奸不遂,羞忿自尽者。〇并其父母,虽知奸情,迫于奸夫之强悍,不能报复,并非有心纵容,因而羞忿自尽者,奸夫。

* *【1884】一、逼迫尊长致令自尽之案,如期亲卑幼刃伤尊长、尊属,及折肢、瞎一目,并及功服卑幼殴伤尊长、尊属至笃疾者。

宫内忿争例

* *【1884】一、行营地方管辖声音帐房以内,谋杀人伤而不死,及斗殴手足他物杀人者。

* *【1884】一、常人在各处当差,及各官跟役,并内务府各顶人役、苑户、钦工匠役等,在紫禁城内,暨圆明园大宫门、大东、大西、大北等门及西厂等处地方,并各处内、围墙以内,谋杀人伤而不死,及斗殴手足他物杀人者。

殴受业师例

*【1725】一、僧、尼谋杀受业师已伤者。

*【1884】一、僧、尼、道士、喇嘛、女冠及匠艺人等,谋杀受业师已伤者。

奴婢殴家长例

*【1768】一、奴婢过失杀家长者。

*【1790】一、家长期亲因与人通奸,将白契所买未至十五岁婢女致死灭口者。

*【1884】一、家长之期亲,因与人通奸,被白契所买未至十五岁之婢女窥破,起意致死灭口者。

妻妾殴夫例

*【1768】一、妻过失杀夫,妾过失杀家长者。

殴大功以下尊长例

＊＊【1884】一、卑幼殴伤期功尊长、尊属，余限外身死之案，如刃伤期亲尊长、尊属，并殴至折肢、瞎目，及殴大功、小功尊属至笃疾者。〇其刃伤期亲尊长、尊属及外祖父母之案，如衅起挟嫌，有心刃伤者。

殴期亲尊长例

＊【1768】一、卑幼误伤尊长至死，致父母自戕殒命者。

＊【1884】一、卑幼误伤尊长致死，其有本犯父母自戕殒命者。

殴祖父母父母例

＊【1768】一、子孙过失杀祖父母、父母者。

＊＊【1884】一、子妇殴毙翁姑之案，如犯夫有匿报贿和情事者。

越诉例

＊＊【1884】一、负罪人犯呈递封章，奏告人罪，无论自行投递，遣人投递，及所控是否得实，并将呈词封固投递，挟制入奏，原犯绞候，秋审应入情实者。

＊＊【1884】一、遣、军以下人犯，由配所潜逃，呈递封章，控诉事件，如本案实有屈抑，原例已至绞候，秋审应入情实者。

＊＊【1884】一、控诉事件，口称必须面见皇上，始行申诉，虽未递有封章，原犯绞候者。

投匿名文书告人罪例

＊【1740】一、捏造悖谬言词，投贴匿名揭帖，及知而不首者。

＊【1884】一、恶徒不知国家事务，捏造悖谬言词，投贴匿名揭帖者，将投贴之人。

＊【1740】一、布散匿名揭帖，及投递部院衙门者。〇不肖官员唆使恶棍粘贴布散、投递揭帖者。

＊【1884】〇删除

＊＊【1884】一、驻防旗人与民人奸匪，交结起意，捏写匿名揭帖，倾陷平人者。

＊＊【1884】一、胥役匿名揭告本管官，若系诬告者。

子孙违犯教令例

＊【1790】一、子孙因奸、因盗致祖父母、父母忧忿戕生或畏累自尽者。

＊【1884】一、子孙并孙子之妇有犯奸盗，祖父母、父母并未纵容，因伊子孙身犯邪淫，尤忿戕生，或被人殴死，及谋、故杀害者。〇若罪犯绞候，事情败露，致祖父母、

父母自尽者。

有事以财请求例

＊＊【1884】一、奸徒得受正凶贿赂，挺身到官顶认，业已招解会审，几至正凶漏网，俱照本犯之罪全科，其行贿本犯原犯绞候，应入情实者。○子犯罪而父代认，其子犯应绞候者。

私铸铜钱例

＊【1725】一、私铸铜钱为从，及知情买使者。○房主、邻佑、总甲、十家长知私铸而不拿首者。

【1790】○删除

＊【1768】一、销毁制钱，为从者。○房主、邻佑、总甲人等知情受贿，代为隐匿者。

＊【1884】一、销毁制钱及将制钱剪边图利，为从者。○房主、邻佑、十家长等知情受贿，代为隐匿者。

＊【1768】一、将制钱剪边熔销图利，为从者。

诈教诱人犯法例

＊【1768】一、苗、猺、狑、獞所住地方，有外来匪徒，教诱犯法，所犯之人罪应绞决者，教诱之人。

亲属相奸例

＊【1740】一、奸妻之亲生母者，奸夫、奸妇。

＊【1884】○删除

犯奸例

＊＊【1884】一、轮奸良人妇女已成，因而杀死本妇，为从同奸而未下手，及下手而未同奸者。○如致本妇自尽，为从同奸之犯。○若伙谋轮奸未成，因而杀死本妇，为从帮同下手者。

＊＊【1884】轮奸已经犯奸妇女已成，因而杀死本妇，下手为从同奸者。

放火故烧人房屋例

＊＊【1884】挟仇放火，止欲烧毁房屋、柴草泄忿，并非有心杀人，致死一家三口以上，为从者。

罪人拒捕例

＊【1790】一、围场内偷打牲口、砍伐木植人等拒捕，致缉拿之人成伤者。

＊＊【1884】一、犯罪事发，官司差人持票拘捕及拘获后，佥派看守押解之犯，如有逞凶拒捕，杀死差役，为从谋杀加功，及殴杀下手，伤重致死者。

狱囚脱监及反狱在逃例

＊【1768】一、绞罪人犯在监年久，自号牢头，吓诈财物，教供诬陷，凶恶显著者。

＊【1884】一、绞罪人犯如有在监年久，自号牢头，串通禁卒、捕役，挟制同囚，吓诈财物，教供诬陷，凶恶显著者。

＊【1790】一、犯罪囚禁在狱，纠伙三人以上，及并无预谋结伙情事，仅止一二人乘间穿穴逾墙，潜行越狱脱逃，毋论首伙，原犯绞监候者。

＊【1884】一、犯罪囚禁在狱，纠伙三人以上，穿穴逾墙，潜行越狱脱逃，原犯绞监候者。○仅止一二人犯，乘间脱逃，并无预谋纠伙情事，原犯绞候，应入情实者。

徒流人逃例

＊【1725】一、问发军犯逃回，原犯实犯绞罪者。

【1740】○删除

＊【1790】一、免死减等发遣人脱逃后，复行凶为匪，及拿获时拒捕，原犯绞监候者。○平常发遣人犯，逃走后复行凶为匪，及拿获时拒捕，即照现在所犯定拟，如犯该绞候者。

＊【1884】一、秋审缓决人犯，遇赦免死减等，发遣黑龙江等处，若不服伊主管束，脱逃后，复行凶为匪，及拿获时拒捕，原犯绞候者。○其非秋审案内免死减等，系平常发遣人犯，如逃走后复行凶为匪，并拿获时拒捕，即照现在所犯定拟，如犯该绞候者。○至军、流人犯，脱逃后行凶杀人为匪，犯该绞候者。

＊＊【1884】一、实犯免死减军人犯脱逃后，复行凶为匪，后犯罪应绞侯者。

＊＊【1884】一、回民因行窃窝窃发遣脱逃后，复行凶为匪，并拿获时拒捕，犯绞侯者。

＊＊【1884】一、传习邪教，问拟遣、军、流、徒人犯，逃后滋事，或另犯重罪，及妄行控诉，呈递封章，所犯已至绞罪，应入情实者。

主守不觉失囚例

＊【1768】一、禁卒贿纵绞决重犯在监脱逃者。

＊【1884】一、狱卒受贿，将在监重犯松放狱具，以致脱逃本犯，应拟绞决者。

＊【1790】一、原犯绞监候人犯，解审中途脱逃者。

＊【1884】一、解审绞犯中途脱逃，原犯绞候，秋审应入情实者。

斩罪 决不待时

户律

娶亲属妻妾律

*【1725】收父祖妾,及伯叔母者。

刑律

谋反大逆律

*【1725】谋反大逆祖父、父、子孙、兄弟及同居之人,并伯叔父、兄弟之子,年十六以上者。○知情故纵隐藏者。

谋叛律

*【1725】谋叛,但共谋者。○逃避山泽,拒敌官兵者。

盗大祀神御物律

*【1725】盗大祀神祇、御用祭器等物,及飨荐之属者。

盗制书律

*【1725】盗制书者。

强盗律

*【1725】强盗得财者。○以药迷人图财者。

盗贼窝主律

*【1725】强盗窝主,造意分赃者。○若共谋行而不分赃,及分赃而不行者。

谋杀人律

*【1725】谋杀人因而得财者。

谋杀制使及本管长官律

*【1725】部民谋杀本属府、州、县军士谋杀本管官吏卒谋杀本部五品以上长官已杀者。

谋杀祖父母父母律

*【1725】谋杀祖父母、父母及期亲尊长、外祖父母、夫、夫之祖父母、父母,已行者。○谋杀缌麻以上尊长,已杀者。○奴婢及雇工人谋杀家长,及家长之期亲、外祖父母,已行者。○缌麻以上亲已杀者。

谋杀故夫父母律

*【1725】妻妾谋杀故夫祖父母、父母已行者。

杀一家三人律

*【1725】杀一家非死罪三人及支解人,为从者。

采生折割人律

*【1725】采生折割为从及行而未伤人,为首者。

造畜蛊毒杀人律

*【1725】造畜蛊毒杀人及教令者。

殴受业师律

*【1725】殴受业师死者。

奴婢殴家长律

*【1725】奴婢殴家长者。○雇工人殴家长死者。

妻妾殴夫律

*【1725】妻妾殴夫及妾殴正妻死者。

殴大功以下尊长律

*【1725】卑幼殴本宗功服兄姊、尊属死者。

殴期亲尊长律

*【1725】弟妹殴兄姊,若侄殴伯叔父、母姑,及外孙殴外祖父母死者。

殴祖父母父母律

*【1725】子孙殴祖父母、父母,及妻妾殴夫之祖父母、父母者。

妻妾殴故夫父母律

*【1725】妻妾殴故夫之祖父母、父母者。

亲属相奸律

*【1725】奸从祖、祖母,从祖、祖姑,从祖伯、叔母,从祖伯、叔姑,从父姊妹、母之姊妹,及兄弟妻、兄弟子妻,强者。○奸在室小功再从姊妹堂侄女、侄孙女,强者。○奸妻之亲生母,及奸父祖妾、伯叔母、姑、姊妹、子孙之妇、兄弟之女,和者,奸夫、奸妇。○强者,奸夫。

【1740】○修改

【1740】奸从祖、祖母,从祖、祖姑,从祖伯、叔母,从祖伯、叔姑,从父姊妹、母之姊妹,及兄弟妻、兄弟子妻,强者。○奸在室小功再从姊妹堂侄女、侄孙女,强者。○奸父祖妾、伯叔母、姑、姊妹、子孙之妇、兄弟之女,和者,奸夫、奸妇。○强者,奸夫。

奴及雇工人奸家长妻律

*【1725】奴及雇工人奸家长妻女,和者,奸夫、奸妇。○强者,奸夫。

名例例

常赦所不原例

*【1725】一、诬告叛逆,被诬之人已决者。

*【1884】○删除

徒流人又犯罪例

*【1725】一、宁古塔、黑龙江充发人犯,在配所杀人者。

【1740】○修改

【1740】一、免死减等发遣宁古塔、黑龙江充发人犯,在配所杀人者。

【1790】○修改

【1790】一、免死减等发遣宁古塔、黑龙江等处盗犯,在配所杀人者。

*【1884】一、免死发遣新疆、宁古塔、黑龙江等处盗犯,在配杀人,及犯别项无关人命,罪应斩、绞监候者。

*【1725】一、发遣人犯沿途辱官,诈财生事者。

【1740】○修改

【1740】一、发遣人犯于经过处所,辱官诈财,生事不法,原拟斩罪者。

*【1768】一、免死减等发遣盗犯,在配犯该斩、绞监候者。

*【1884】一、免死减等发遣盗犯,在配犯该斩候者。

* *【1884】一、发遣吉林黑龙江等处免死盗犯,在配偷窃官粮,计赃八十两以上,为首者。

犯罪自首例

*【1725】一、伙盗将事主伤重,虽幸未死者。

【1740】○删除

二罪俱发以重罪论

* *【1884】一、身犯两项罪名,援引各律各例,俱应斩决者。加拟枭示。

犯罪事发在逃例

*【1725】一、负罪潜逃之犯被获,该斩监候者。

【1740】○修改

【1740】一、负罪潜逃之斩犯被获,原犯情罪重大,至秋审时无可宽缓者。

*【1884】删除

*【1725】一、免死减等发遣人犯在逃潜匿者。○平常发遣人犯逃走有行凶为非者。

【1740】○修改

【1740】一、免死减等发遣人犯脱逃后,复行凶为匪者。○平常发遣人犯逃走后,复行凶为匪,犯该斩候者。

【1790】○删除

*【1768】一、内外文武职官负罪逃窜,犯该斩候者。

*【1884】一、内外现任文武职员负罪潜逃,犯该斩候者。

*【1790】一、谋杀人造意者。○故杀人者。○犯罪拒捕杀人者。○兴贩私盐,拒捕杀人者。○军士殴本管官死者。○吏卒殴本部五六品长官及佐贰官、首领官死者。○所统属官殴长官死者。○军民人等殴死在京现任官者。○殴宗室觉罗死者。○殴死内外缌麻尊长者。○殴外姻小功尊长死者。○听从下手殴本宗大功、小功兄姊、尊长,仅令殴打,辄叠殴多伤至死者。○妻妾殴夫之期亲尊长死者。○妻妾殴夫之大、小功尊长死者。○奴婢殴家长缌麻、小功、大功亲死者。○雇工人殴家长期亲,若外祖父母,及缌麻、小功、大功亲死者。○文武生员,武断乡曲,欺压平民,其人不敢与争,旁人不敢劝阻,将人殴打死者。○与人斗殴后,迁怒于其父母,毒殴致毙

者。○杀内外功服、缌麻及族中奴仆一家三人者。○尊长率领家人打夺罪人,致家人杀人者。○官司差人追征钱粮,勾摄公事,而殴死差人者。○死囚令人自杀,子孙于祖父母、父母,及奴婢、雇工人于家长,听从下手者。○图财害命,未得财杀人,为首者。○图财害命,不加功而得财者。○庸医因事故用药杀人者。○诬良为强、窃盗,拷打致死者。○诬窃为盗,拷打致毙者。○番役诬陷无辜,妄用脑箍及竹签、烙铁等刑,致毙人命者。○捕役受贿,将罪人致死,为首者。○狱卒受贿谋死本犯,为首者。○私放囚人逃走,因而杀人者。○诬告平民,拖累致死三人以上者。○诬告人斩罪,所诬之人已决者。○因奸、盗而威逼人致死者。○豪强凶恶之徒,因事威逼平民自尽,一家三命以上者。○用威力强行绑去,及设方略诱,往四川贩卖,将被拐之人伤害致死,为从者。○略卖良人因而杀人者。○强夺良家妻女,已被奸污,妻女自尽者。○强奸既成,本妇羞忿自尽者。○强奸未遂,将本妇殴伤,越数日后因伤身死者。○强奸既成,其夫与父母、亲属羞忿自尽者。○强奸内外缌麻以上亲,及缌麻以上亲之妻、妻前夫之女、同母异父姊妹未成,本妇羞忿自尽者。○纵容妻妾与人通奸,因别情将奸夫、奸妇一齐杀死者。○坐粮厅及各仓书役人等,向关米之人勒索,因而打死人命者。○出哨兵弁,见船覆溺,阻挠不救,致淹毙人命,为首阻救之人。○出哨兵弁,遇商船遭风覆溺,人尚未死,不速救护,止顾捞抢财物,以致商民淹毙,为从之兵丁,及在船将备虽不同谋而分赃者。○黔、楚红苗仇忿抢夺杀人,聚众不及五十人为首,及聚众至百人杀人为从下手者。○贵州地方有外来流棍,勾通本地棍徒,将荒村居住民、苗人户杀害人命,掳其妇人子女,计图贩卖,不论已卖未卖、曾否出境案内,有迫胁同行在场,未经下手者。○发遣当差为奴之犯,杀死伊管主一家三人,并三人以上,其不知情之子孙。○以上各条人犯脱逃,二、三年后就获者。

*【1884】一、有关人命拟斩情重之犯,脱逃二、三年后就获,如谋杀人造意者。○故杀人者。○犯罪拒捕杀人者。○兴贩私盐,拒捕杀人者。○军士殴本管官死者。○吏卒殴本部五六品长官及佐贰官、首领官死者。○所统属官殴长官死者。○军民人等殴死在京现任官者。○殴宗室觉罗死者。○殴死内外缌麻尊长者。○殴外姻小功尊长死者。○听从下手,殴本宗大功、小功兄姊、尊长,仅令殴打、辄叠殴多伤至死者。○妻妾殴夫之期亲尊长死者。○妻妾殴夫之大小功尊长死者。○奴婢殴家长缌麻、小功、大功亲死者。○雇工人殴家长期亲,若外祖父母,及缌麻、小功、大功亲死者。○文武生员武断乡曲,欺压平民,其人不敢与争,旁人不敢劝阻,将人殴打死者。○与人斗殴后,迁怒于其父母,毒殴致毙者。○杀内外功服、缌麻及族中奴仆一家三人者。○尊长率领家人打夺罪人,致家人杀人者。○官司差人追征钱粮,勾摄公事,而殴死差人者。○死囚令人自杀,子孙于祖父母、父母,及奴婢、雇工人于家长,听从下手者。○图财害命,未得财杀人,为首者。○图财害命,不加功而得财者。○庸医因事故用药杀人者。○诬良为强窃盗,拷打致死者。○诬窃为盗,拷打致毙者。○番役诬陷无辜,妄用脑箍及竹签、烙铁等刑,致毙人命者。○捕役受贿,将罪

人致死，为首者。○狱卒受贿，谋死本犯，为首者。○私放囚人逃走，因而杀人者。○诬告平民，拖累致死三人以上者。○诬告人斩罪，所诬之人已决者。○因奸盗而威逼人致死者。○豪强凶恶之徒，因事威逼平民自尽一家三命以上者。○用威力强行绑去，及设方略诱，往四川贩卖，将被拐之人伤害致死，为从者。○略卖良人因而杀人者。○强夺良家妻女，已被奸污，妻女自尽者。○强奸既成，本妇羞忿自尽者。○强奸未遂，将本妇殴伤，越数日后因伤身死者。○强奸既成，其夫与父母、亲属羞忿自尽者。○强奸内外缌麻以上亲及缌麻以上亲之妻、妻前夫之女、同母异父姊妹未成，本妇羞忿自尽者。○纵容妻妾与人通奸，因别情将奸夫、奸妇一齐杀死者。○坐粮厅及各仓书役人等，向关米之人勒索，因而打死人命者。○出哨兵弁见船覆溺，阻挠不救，致淹毙人命，为首阻救之人。○出哨兵弁遇商船遭风覆溺，人尚未死，不速救护，止顾捞抢财物，以致商民淹毙，为从之兵丁，及在船将备，虽不同谋而分赃者。○黔、楚红苗仇忿抢夺杀人，聚众不及五十人，为首，及聚众至百人杀人，为从下手者。○贵州地方有外来流棍，勾通本地棍徒，将荒村居住民、苗人户杀害人命，掳其妇人、子女，计图贩卖，不论已卖未卖、曾否出境案内，有追胁同行在场，未经下手者。○发遣当差为奴之犯，杀死伊管主一家三人并三人以上，其不知情之子孙。○嗣母、继母因奸将子女致死灭口，致令伊夫绝嗣者。

称与同罪例

*【1768】一、子犯罪而父代认，其子罪应斩候者。

*【1884】○删除

徒流迁徙地方例

*【1725】一、土、蛮、猺、獞仇杀劫掳，及聚众捉人靴禁，犯该死罪者。

*【1884】一、土、蛮、猺、獞、苗人仇杀劫掳，及聚众捉人靴禁，犯该死罪者。

*【1768】一、发乌鲁木齐等处人犯，如越狱脱逃，及起解在途，并到配之后，不服拘管潜逃，被获者。

*【1884】○删除

*【1768】一、新疆各城驻扎官员、兵丁跟役发往伊犁等处，为奴之后，仍不悛改者。

*【1884】○删除

*【1768】一、三次犯窃，计赃五十两以下至三十两；抢窃满贯拟绞，秋审缓决一次；积匪猾贼，并回民结伙三人以上，及执持绳鞭、器械，发遣云贵两广烟瘴刨参人犯，在配脱逃者，仍照原例所定地方发遣。○强盗窝主造意不行又不分赃者；窃盗临时拒捕，伤非金刃，伤轻平复者；抢夺伤人，为从者；发掘他人坟冢见棺椁为首，及开棺见尸为从者；窃赃数多，罪应满流者；三次犯窃，计赃三十两以下至十两者。前项

人犯,从前已照原例应配地方充发,在配为匪脱逃者。杀一家非死罪三人之妻、子,并未同谋加功者,俱照原例所定地方,各加一等改发。○行窃军犯在配复行窃者,改发极边烟瘴。○奸妇抑媳同陷邪淫,致媳自尽;盛京旗下家奴,为匪逃走二次者,发驻防兵丁为奴。此等人犯,如有脱逃被获者。

【1790】○修改

【1790】一、三次犯窃,计赃五十两以上,并窃盗满贯拟绞,秋审缓决一次;积匪猾贼,并回民结伙三人以上,及执持绳鞭器械;发遣云贵两广烟瘴刨参人犯,在配脱逃者,仍照原例所定地方发遣。○强盗窝主,造意不行,又不分赃者;窃盗临时拒捕,伤非金刃,伤轻平复者;抢夺金刃伤人及折伤,下手为从者;发掘他人坟冢,见棺椁为首,及开棺见尸为从,一二次者;窃赃数多,罪应满流者;三次犯窃,计赃五十两以下至三十两,及三十两以下至十两者;前项人犯,从前已照原例应配地方充发,在配为匪脱逃者;杀一家非死罪三人之妻、子,并未同谋加功者,俱照原例所定地方,各加一等改发。○行窃军犯,在配复行窃者,改发极边烟瘴。○奸妇抑媳同陷邪淫,致媳自尽;盛京旗下家奴为匪,逃走二次者,发驻防兵丁为奴。此等人犯,如有脱逃被获者。

*【1884】○删除

*【1790】一、永远枷号人犯,于枷逾十年,分别发遣后,在配在途,有乘间脱逃,及行凶扰害情事者。

*【1884】○删除

* *【1884】一、用药迷人得财为从,改发回城为奴,如有不服管教及脱逃被获者。

吏例

贡举非其人例

*【1725】一、考试官及举人交通嘱托贿买关节者。

【1740】○修改

【1740】一、乡、会试考试官、同考官及应试举子,有交通嘱托、贿买关节等弊,问实者。

*【1725】一、下第诸生逞忿搅闹,为首者。

【1740】○删除

户例

强占良家妻女例

* *【1884】一、聚众伙谋,抢夺路行妇女,或卖,或自为妻妾、奴婢,及被奸污者,

并聚众伙谋，于素无瓜葛之家，入室抢夺妇女已成，不分得财、未得财，为首者。○因而拒捕杀人者，无论已成未成，杀人之犯。枭示。

钱法例

＊【1725】一、各省开采铜、铅，如有民人越境私采及衙役恣意搅扰，致人裹足，为首者。

【1740】○删除

挪移出纳例

＊【1725】一、将钱粮侵那捏称民欠题请留任者。

【1740】○删除

守掌在官财物例

＊【1725】一、八旗参领以下等官，将收贮公所钱粮并交库银两侵盗入己三百两以上者。为首者枭示。

【1740】○删除

＊【1725】一、豪强盐徒聚众十人以上撑驾大船，擅用兵仗拒敌官兵杀人，及伤三人以上者。

【1740】○删除

盐法例

＊【1725】一、兵民聚众十人以上，带有军器兴贩私盐，不问曾否拒捕伤人者。

【1740】○修改

【1740】一、兵民聚众十人以上，带有军器，兴贩私盐，拒捕杀人及伤三人以上，为首并杀人之犯。

＊【1884】一、兵民聚众十人以上，带有军器，兴贩私盐，回空粮船，如有夹带私盐闯闸、闯关，不服盘查，聚至十人以上，持械拒捕杀人，及伤三人以上为首并杀人之犯。

＊【1725】一、回空粮船夹带私盐闯闸、闯关，不服盘查，十人以上持械拒捕杀人，及伤三人以上为首并杀伤人者。

【1740】○修改

【1740】一、回空粮船夹带私盐闯闸闯关，不服盘查，聚至十人以上持械拒捕杀人，及伤三人以上为首并杀人之犯。

＊【1884】○修并

＊【1740】一、豪强盐徒，聚众至十人以上，撑驾大船，张挂旗号，擅用兵仗、响器，

拒敌官兵,若杀人,及伤三人以上者。为首者枭示。○伤二人者,为首之人。

*【1884】一、豪强盐徒,聚众至十人以上,撑驾大船,张挂旗号,擅用兵仗、响器,拒敌官兵,若杀人,及伤三人以上者。为首者枭示。○伤二人为首者。

把持行市例

*【1725】一、外国使臣人等朝贡到京,军民人等将违禁兵器等物卖与者。

【1740】○删除

*【1725】一、内府人员家人及王公、大臣、官员家人,领本生理,霸占要地关津,不令商民贸易者。○民人借贷王以下大臣、官员银两,指名贸易,霸占要地关津,贻累地方者。○又家人私自指名倚势网利,干预词讼,肆行非法,为首者。

【1740】○修改

【1740】一、内府人员家人及王公、大臣、官员家人,私自指名,倚势网利,干预词讼,肆行非法,本犯罪私去者。

*【1884】一、内府人员家人及王以下大臣、官员家人,指名倚势,网收市利,挟制有司,干预词讼,肆行非法,本犯私去者。

兵　例

从征违期例

*【1725】一、出征处所兵丁干犯号令违法乱行,为首者。

主将不固守例

*【1768】一、统兵将帅玩视军务,苟图安逸,故意迁延,不将实在情形具奏,贻误国事者。○又因私忿娼嫉,推诿牵制,以致糜饷老师,贻误军机者。○又不能克敌,转布流言,摇惑众心,借以倾陷他人,致误军机者。

纵军掳掠例

*【1725】一、领兵征进,断役私自焚掠者。

激变良民例

*【1725】一、刁恶之辈,假地方公事,逼勒平民,约会抗粮,敛钱构讼,抗官塞署,或有冤抑聚众至四五十人,为首者。

【1740】○修改

【1740】一、山、陕刁恶之辈,假地方公事,逼勒平民,约会抗粮,敛钱构讼,抗官塞署,或有冤抑聚众至四五十人,为首者。

【1768】○修改

【1768】一、直隶刁恶之辈,假地方公事,逼勒平民,约会抗粮,敛钱构讼,抗官塞署,或有冤抑聚众至四五十人,为首者。

*【1884】一、直隶刁民,假地方公事,强行出头,逼勒平民,约会抗粮,聚众联谋,敛钱构讼,罢考罢市,抗官塞署,或有冤抑,擅自聚众至四五十人,尚无哄堂塞署殴官,为首者。○如哄堂塞署殴官,为首者。枭示。○同谋聚众转相纠约,下手殴官者。

*【1725】一、借事聚众罢市罢考打官等事,为首者。

【1740】○修改

【1740】一、福建地方,借事聚众罢市罢考打官等事,为首者。

*【1884】○修并

*【1768】一、刁民因事哄堂塞署,逞凶殴官,聚众至四五十人为首者。枭示。○其同谋聚众,转相纠约,下手殴官,为从者。

*【1884】○修并

私藏应禁军器例

*【1725】一、私铸红衣等炮,不论官员、军民人等及匠役。

*【1884】一、私铸红衣等炮及抬枪者,不论官员、军民人等及匠役。

从征守御官军逃例

*【1768】一、随征兵丁自军前逃回者。○跟随之奴仆、雇工有偷盗马匹、军器及衣服、银两潜逃者。

*【1884】○删除

*【1768】一、派往伊犁等处换防重地之满汉各项兵丁,逃走二次之被获者。

*【1790】一、军务未竣以前拿获问拟斩候之军营脱逃余丁,大功告成后,改发极边烟瘴充军,及发遣伊犁、乌鲁木齐,若在配复逃者。

*【1884】○删除

*【1790】一、军营脱逃余丁,在军务未竣以前投首,发乌鲁本齐等处为奴,如再脱逃者。

*【1884】○删除

* *【1884】一、随征兵丁,在军营私自潜逃被获者。○在军务告成以后,投首者。○如告成后投首,蒙恩免死减发,再由配所脱逃者。○跟随余丁,有偷盗马匹、军器及衣服、银两潜逃者。

私越冒度关津例

*【1790】一、在滇省永昌、顺宁二府以外沿边关隘私贩碧霞玺、翡翠玉、葱玉、

鱼、盐、棉花等物,因私贩透漏消息者,无论人数多寡。

*【1884】一、滇省永昌、顺宁以外沿边关隘私贩碧霞玺、翡翠玉、葱玉、鱼、盐、棉花等物,因私贩透漏消息者,审实,无论人数多寡。

盘诘奸细例

*【1790】一、外国人等内私越边境,守卡官员任意贿纵者。

私出外境及违禁下海例

*【1725】一、军民人等,擅造违式大船,带违禁货物下海,前往番国买卖,潜通海贼,及为乡道劫掠良民者。

【1740】○修改

【1740】一、奸豪势要及军民人等,私造海船带违禁货物下海,前往番国买卖,潜通海贼,同谋结聚,及为乡道劫掠良民者。枭示。○打造海船,卖与外国图利,造船与卖船之,为首者。

*【1884】一、奸豪势要及军民人等,私造海船带违禁货物下海,前往番国买卖,潜通海贼,同谋结聚,及为乡道劫掠良民者,正犯。枭示。○打造海船,卖与外国图利,造船与卖船之人,为首者。

*【1740】一、闽省不法棍徒在沿海地方,引诱偷渡之人,包揽过台,中途谋害人死者,不分首从。枭示。○如被害未死,为首者。

*【1740】一、在番居住闽人,定例之后,仍托故不归,复偷渡私回者。

* *【1884】一、台湾奸民私煎硝磺,无论已未兴贩,如数至三百斤以上,合成火药至十斤以上者。

刑 例

谋叛例

* *【1884】一、闽、粤不法匪徒,潜谋纠结,复兴天地会名目,抢劫拒捕者,首犯,与曾经纠人及情愿入伙,希图抢劫之犯。

* *【1884】一、异姓人歃血订盟,结拜弟兄,其闻拿投首,及事未发而自首,减免之后,复犯结拜,罪应绞决者。

* *【1884】一、内地汉回,在回疆地方,有甘心剃发从夷助逆者。

造妖书妖言例

*【1725】一、妄布邪言书写张贴煽惑人心,为首者。

盗内府财物例

＊【1725】一、盗御宝乘舆服御物者。

＊＊【1884】一、偷窃大内及圆明园、避暑山庄、静寄山庄、清漪园、静明园、静宜园、西苑、南苑等处，乘舆服御物，不分首从。○若遇翠华临幸之时，有犯偷窃行宫物件者。

盗园陵树木例

＊【1725】一、山前、山后各有禁限，盗砍树株，为首者。○取土取石、开窑烧造、放火烧山，为首者。

【1740】○修改

【1740】一、山前、山后各有禁限，若有盗砍树株，为首者。○取土取石、开窑烧造、放火烧山，为首者。

＊【1884】○删除

＊＊【1884】一、红桩以内，盗砍树株，取土取石，开窑烧造，放火烧山者。

＊＊【1884】一、旗民人等，在红桩以内，偷挖人参，至五十两以上，为首者。

强盗例

＊【1725】一、强盗杀人、放火、烧人房屋、奸污人妻女、打劫牢狱仓库及干系城池衙门并积至百人以上者。

【1740】○修改

【1740】一、强盗杀人、放火、烧人房屋、奸污人妻女、打劫牢狱仓库及干系城池衙门，并积百人以上者。枭示。

＊【1884】一、强盗杀人、放火、烧人房屋、奸污人妻女、打劫牢狱仓库、干系城池衙门，并积至百人以上者，不分曾否得财。枭示。

＊【1725】一、响马强盗，执有弓矢军器，白日邀劫道路者。

【1740】○修改

【1740】一、响马强盗，执有弓矢军器，白日邀劫道路，赃证明白，俱不分人数多寡，曾否伤人，依律处决。枭示。○江洋行劫大盗。枭示。

＊【1884】一、响马强盗，执有弓矢军器，白日邀劫道路，赃证明白，不分人数多寡，曾否伤人。枭示。○江洋大盗。枭示。

＊【1725】一、投首之贼，借追赃名色，将平人挟仇扳害，或索诈财物者。

【1740】○修改

【1740】一、投首之贼，借追赃名色，将平人捏称同伙，挟仇扳害，或索诈财物者。

＊【1725】一、江洋行劫大盗。

【1740】○修并

＊【1725】一、强盗内老瓜贼用闷香、药面等物迷人取财,或将行人杀害者。

【1740】○修改

【1740】一、强盗内有老瓜或在客店内用闷香、药面等物迷人取财,或在路将同行客人杀害者,不分首从。

＊【1725】一、聚众伙谋抢夺路行妇女,或卖或自为奴婢,为首者。

【1790】○移出

＊【1725】一、恶徒伙众强行鸡奸良人子弟,为首者。

【1790】○删除

＊【1725】一、黔、楚苗子仇忿聚众抢夺人数至五十名杀人,为首者。○聚众至百人,虽不杀人,为首者。○聚众至百人而杀人,为首者。枭示。

【1790】○移出

＊【1740】一、捕役人等,奉差缉贼,本系良民,捏称踪迹可疑,素行不轨,妄行拿获者。○虽犯窃有案,已改恶为善,仍复妄拿者。○因伙盗未获,将犯有窃案之人教供诬扳滥拿充数者。

【1768】○删除

＊【1740】一、捕役为盗者。

＊【1884】○删除

＊【1740】一、强盗诬扳良民,首盗杀人,及伤人伙盗并行劫,三次者。○其未伤人之伙盗。

【1768】○删除

＊【1768】一、行劫二次之伙盗,又每案内各转纠三人以上,及帮助捆殴、按捺事主,逼索财物者。

＊【1884】○删除

＊【1768】一、强盗法所难宥者。

＊【1768】一、老瓜贼内传授技艺,在家分赃者。

＊【1768】一、寻常盗劫未经伤人之伙犯,如曾经转纠党羽者。○持火执械者。○涂脸入室者。○助势搜赃,架押事主送路者。○到案诬扳良民者。○犯案已至二次者。○滨海沿江行劫客船者。

＊【1884】一、寻常盗劫未经伤人之伙犯,如曾经转纠党羽,持火执械,涂脸入室,助势搜赃,架押事主送路,到案诬扳良民,并行劫已至二次,及滨海沿江行劫,过船搜赃得财者。

＊【1790】一、粤东强盗,如出劫洋面或在陆路谋劫,纠伙至十人以上,毋论犯次数多寡,曾否入室搜赃者。

＊【1884】○删除

＊【1790】一、满洲旗人犯盗劫者。

＊【1790】一、未伤人首盗，伤人伙盗，并行劫二次以上，及窝家盗线闻拿投首，于减发黑龙江等处后，在配脱逃者。

＊【1884】一、未伤人盗首，伤人伙盗，及行劫二次以上，并窝家、盗线，闻拿投首，减发极边烟瘴充军后，遇有脱逃被获者。

＊【1790】一、用药迷人已经得财案内，为首，及下手用药迷人，并迷窃已至三次，及首先传授药方者。

＊【1884】一、用药迷人已经得财之案，将起意为首，及下手用药迷人，并迷窃为从，已至二次，及首先传授药方之犯。〇其甫经学习合药，即行败露，或被迷之人当时知觉，未经受累，发遣为奴之犯，倘到配之后，故智复萌，将药方传授与人，及复行迷窃，并脱逃者。

＊【1790】一、用药迷人，当时知觉败露，尚未得财案犯，发遣伊犁，到配后，将药方传授与人，及复行迷窃，并脱逃者。

＊【1884】〇修并

＊＊【1884】一、粤东内河行劫，伙众四十人以上，或虽不及四十人，而有拜会结盟，拒伤事主，夺犯伤差，假冒职官，或行劫三次以上，或脱逃二、三年后就获各犯，应行斩决者。枭示。

＊＊【1884】一、爬越入城行劫罪，应斩决者。

＊＊【1884】一、强盗引线，如首盗并无立意欲劫之家，其事主姓名、行劫道路，悉由引线指出，又经分得赃物者，虽未同行。

＊＊【1884】一、因窃盗而强奸人妇女，已成者。

＊＊【1884】一、窃盗临时盗所拒捕，或虽离盗所，而临时护赃格斗杀人，为首者。

＊＊【1884】一、捕役及汛兵，并各营兵丁为盗，虽非造意，为首者。〇如捕役、兵丁起意，为首者。枭示。〇并为从有情节重大，非寻常行劫可比者。枭示。

＊＊【1884】一、行劫漕船盗犯，审系法无可贷者。枭示。

＊＊【1884】一、洋盗案内接赃、瞭望已至二次者。枭示。

＊＊【1884】一、恭遇御驾驻跸巡幸之处，若有匪徒偷窃附近仓廒官廨，拒伤官弁、兵丁，相距宫墙在一里以内，刃伤，及折伤以上，为首者。〇无论一里、三里以内，若拒捕杀死官弁、兵丁，为首者。枭示。

＊＊【1884】一、盗犯明知官帑，纠伙行劫，但经得财，将起意为首，及随同上盗者。枭示。

劫囚例

＊【1740】一、行劫罪囚，不论曾否得囚，有无伤人为首之人。〇伤人者之伙犯。〇有杀人者，为首之人及伙犯。枭示。〇其在中途打夺罪囚，因而杀人，为首者。

【1790】○删除

*【1768】一、官司差人捕获罪人,聚众中途打夺,殴差致死,为首者。

*【1884】一、官司差人捕获罪人,有聚众中途打夺,殴差至死,不论曾否下手,为首者。

*【1790】一、纠众行劫在狱罪囚,拒杀官弁正犯之子,年十六以上者。○下手帮殴有伤者。枭示。○随同劫囚余犯,并未下手伤人者。○若止拒伤官弁及杀死役卒为首,并预谋助殴为从者。枭示。○若止拒伤役卒为首,及伙犯帮殴有伤者。○并未伤人,其起意劫狱为首者。

*【1884】一、纠众行劫在狱罪囚,如有持械拒杀官弁,下手帮殴有伤者。枭示。○随同余犯。○若拒伤官弁,及杀死役卒为首,并预谋助殴之伙犯。枭示。○其止伤役卒,为首及帮殴有伤者。○并未伤人,起意劫狱,为首者。

白昼抢夺例

*【1725】一、苗人抢夺,该土官教令指使或通同图利者。

【1740】○删除

【1790】○修复

【1790】一、苗人抢夺,该土官教令指使或通同图利者。

*【1884】一、土官、百户、寨长教令指使,或通同图利者。

*【1725】一、粮船水手伙众十人以上,执持器械抢夺,为首者。

【1740】○删除

【1790】○修复

【1790】一、粮船水手伙众十人以上,执持器械抢夺,为首者。

*【1725】一、白昼抢夺杀人者。

*【1740】一、出哨兵弁遇商、船在洋遭风,尚未覆溺,及着浅不致覆溺,不为救获,反抢取财物,拆毁船只者,不分首从。枭示。○遭风覆溺人尚未死,不速救获,止顾捞抢财物,以致商民淹毙者,为首之兵丁。○在船将备同谋抢夺者。○若明知事犯重罪在无人处所,故将商人全杀灭口者,无论官兵,但系在船同谋,不分首从。枭示。

*【1884】一、大江洋海出哨官弁、兵丁,遇商船遭风及着浅,尚不致覆溺,不为救护,反抢取财物,拆毁船只者,不分首从。枭示。○如遭风覆溺,人尚未死,不速救援,止顾捞抢财物,以致商民淹毙,为首者。○凶恶之徒,明知事犯重罪,在外洋无人处所,故将商人全杀灭口,图绝告发,但系同谋者。枭示。

*【1740】一、江南通州、崇明、昭文沙民伙众争地,执持器械及聚众四五十人,有抗官重情,为首者。

*【1768】一、不法之徒,乘地方歉收,伙众抢夺,扰害善良,挟制官长,或因赈贷

稍迟，抢夺村市，喧闹公堂，及怀挟私愤，纠众罢市辱官，为首者。

＊【1768】一、苗人聚众至百人以上，烧村劫杀，抢掳妇女，造意首恶之人。枭示。○为从内下手杀人放火，抢掳妇女者。

＊【1768】一、川省啯匪，纠伙五人以上，于场市人烟凑集之所，横行抢劫，为首者。○若拒捕夺犯，杀伤兵役并事主、场众，为首者。枭示。

【1790】○修改

【1790】一、川省匪徒，纠伙五人以上，于场市人烟凑集之所，横行抢劫，为首者。○若拒捕夺犯，杀伤兵役并事主及在场之人，为首者。枭示。

＊【1884】一、川省匪徒，并河南、安徽、湖北等三省交界地方，及山东兖州、沂州、曹州，江苏淮安、徐州、海州等府州，如有红胡子、白撞手，拽刀手等名目，在于场市人烟凑集之所，横行抢劫，纠伙五人以上，不论曾否得财，为首者。○若拒捕夺犯，杀伤兵役并事主及在场之人，为首者。枭示。○其在野拦抢，数至十人以上，无论伤人与否，为首者。

＊【1768】一、新疆地方兵丁跟役，如有白昼抢夺杀人，及为强盗者。

＊【1884】一、新疆地方兵丁、跟役，如有白昼抢夺杀人，及为强盗等事者。

＊【1790】一、聚众伙谋抢夺路行妇女，或卖或自为奴婢，为首者。

＊【1884】○删除

＊【1790】一、黔、楚苗子仇忿聚众抢夺，人数至五十名，杀人为首者。○聚众至百人，虽不杀人，为首者。○聚众至百人而杀人，为首者。枭示。

＊【1884】一、黔、楚红苗彼此仇忿抢夺，聚至五十人，杀人为首者。○聚至百人，虽不杀人，为首者。○如杀人为首者。枭示。

＊【1790】一、回民抢夺，结伙在三人以上，发黑龙江等处为奴人犯，脱逃者。

＊【1884】○删除

＊【1790】一、川省匪徒，纠伙十人以上，在场市拦抢，无论伤人与否，为首者。

＊【1884】○删除

＊＊【1884】一、台湾盗劫之案，罪应斩决者。枭示。○他如聚众散札竖旗，妄布邪言，书写张帖，煽惑人心，抢夺、杀人、放火，光棍抢夺路行妇女，强奸致死，劫囚越狱，与番人彼此仇忿，聚众抢夺杀人等案内，造意为首，罪应立决者。枭示。

＊＊【1884】一、被灾地方饥民爬抢，如有纠伙持械，按捺事主，抢劫多赃者。

＊＊【1884】一、抢夺财物，如有聚至十人以上，及虽不满十人，但经执持器械，倚强肆掠，果有凶暴众著情事，为首者。

窃盗例

＊【1725】一、窃盗拒捕杀人，为首者。

＊【1884】○删除

盗马牛畜产例

＊【1740】一、驻扎外边官兵及跟役等,偷盗蒙古马匹者。

亲属相盗例

＊【1725】一、同居卑幼引他人强劫己家财物者。

＊【1884】一、同居卑幼将引他人强劫己家财物者。

＊＊【1884】一、奴仆、雇工人强劫家长财物,及勾引外人同劫家长财物者。

恐吓取财例

＊【1725】一、恶棍设法索诈官民,或因诈财不遂竟行殴毙,为首者。

＊【1884】一、恶棍设法索诈官民,或张贴揭帖,或捏告各衙门,或勒写借约,吓诈取财,或因斗殴,纠众系颈,谎言欠债,逼写文券,或诈财不遂,竟行殴毙,不分曾否得财,为首者。

＊【1725】一、旗民结伙指称隐匿逃人索诈财物,为首者。

＊【1884】○删除

＊【1725】一、太监逃出索诈,为首者。

【1740】○修改

【1740】一、太监逃出索诈者。

＊【1884】一、在内太监逃出索诈者。

＊【1725】一、苗人伏草捉人,横加枷肘,勒银取赎,再犯者。○土哨奸民勾通取利,造意者。

【1740】○修改

【1740】一、苗人伏草捉人,横加枷肘,勒银取赎,再犯者,不分首从。○土哨奸民勾通取利,造意者。

＊【1884】一、苗人伏草捉人,横加枷肘,勒银取赎,再犯者,不分首从。○土哨奸民勾通取利,造意者,不分初犯、再犯。

＊【1768】一、附近番苗地方吏民人等,擅入苗境,借差欺凌,或强奸妇女,或抢劫财物,实在情重,例应斩候者。

＊【1884】一、附近番苗地方吏民人等,擅入苗境,借差欺凌,或强奸妇女,或抢劫财物,以及讹诈不遂,聚众凶殴杀死人命,例应斩候,实在情重者。

＊【1790】一、台湾无藉游民,犷悍凶恶,肆行不法,犯该死罪者。

＊＊【1884】一、广东、福建两省民人,用强掳捉,胁逼上盗者。○如将被捉之人拒伤身死,或于掳捉后谋、故、殴杀,为首者。

略人略卖人例

＊【1725】一、伙众开窑，诱取妇人子女藏匿勒卖，为首者。

【1768】○删除

【1790】○修复

【1790】一、伙众开窑，诱取妇人子女藏匿勒卖，为首者。

＊【1725】一、贵州地方，有将民间子女拐去川、广贩卖，甚将荒村之人绑去贩卖，为首者。

【1740】○修改

【1740】一、贵州地方，有将民间子女拐去四川等省贩卖，甚将荒村之人绑去贩卖，为首者。

【1768】○修改

【1768】一、贵州地方，有外来流棍，勾通本地棍徒，将荒村居住民苗人户杀害人命，掳其妇人、子女，计图贩卖，不论已卖未卖、曾否出境，不分首从。枭示。○有用威力强行绑去，及设方略诱，往四川贩卖，不论已卖未卖、曾否出境，为首者。○将被拐之人伤害致死，为首者。○窝隐川贩在家，指引杀人、捆掳及勾通略诱子女藏匿递卖者。

＊【1884】一、贵州及云南、四川地方，有外来流棍，勾通本地棍徒，将荒村居住民苗人户杀害人命，掳其妇人子女，计图贩卖，不论已卖未卖、曾否出境，不分首从。枭示。○用威力强行绑去，及设方略诱，往四川贩卖者，不论已卖未卖、曾否出境，为首者。○将被拐之人伤害致死，为首者。○窝隐川贩在家，果有指引杀人、捆掳及勾通略诱子女，藏匿、递卖者。

＊【1740】一、窝隐川贩，指引、捆拐、藏匿、递卖者，同川贩首犯。

＊【1884】一、窝隐川贩，果有指引、捆拐、藏匿递卖者，同川贩首犯。

＊＊【1884】一、和卖期亲尊长，因和诱而奸者。

＊＊【1884】一、因拐而奸父祖妾者。

发冢例

＊【1725】一、纠众发冢起棺索财取赎者。

【1740】○修改

【1740】一、纠众发冢起棺索财取赎者，不分首从。

＊【1884】一、纠众发冢起棺，索财取赎，已经得财者，将起意及为从下手发掘扛抬棺木之犯。○其未经得财，为首者。

＊【1725】一、发掘贝勒、贝子、公等坟冢开棺椁见尸，为首者。○发掘历代帝王陵寝、先贤名臣，及前代藩王坟墓开棺椁见尸，为首者。

＊【1884】一、发掘贝勒、贝子、公、夫人等,并历代帝王陵寝,及《会典》内有从祀名位之先贤名臣,并前代分藩承袭亲王坟墓,开棺椁见尸,为首者。

＊【1725】一、奴婢、雇工人发掘家长坟冢开棺椁见尸,为首者。○毁弃撇撒死尸者。○子孙同。

【1740】○修改

【1740】一、奴婢、雇工人发掘家长坟冢开棺椁见尸,为首者。○毁弃撇撒死尸者,不分首从。○子孙同。

＊【1884】一、奴婢、雇工人发掘家长坟冢开棺椁见尸,为首者。○毁弃撇撒死尸者,不分首从。

＊＊【1884】一、子孙盗祖父母、父母未殡未埋尸柩,不分首从,开棺见尸者。

＊＊【1884】一、奴仆、雇工人盗家长未殡未埋尸棺,毁弃撇撒死尸者,不分首从。

＊＊【1884】一、子孙发掘祖父母、父母坟冢,不分首从,见棺椁者。

盗贼窝主例

＊【1725】一、各处无藉之徒,引贼劫掠,以复私仇,探报消息,致贼逃窜者。

【1740】○修改

【1740】一、各处无藉之徒,引贼劫掠,以复私仇,探报消息,致贼逃窜者。枭示。

＊【1884】○删除

＊【1740】一、窝线同行上盗得财者。

＊【1884】○删除

＊【1790】一、窝留积匪,造意同行分赃代卖,改发极边烟瘴充军人犯,脱逃被获者。

＊【1884】○删除

＊＊【1884】一、曾任职官,及在籍职官,窝藏强盗,按例罪应斩决者。枭示。

谋杀人例

＊【1725】一、谋财害命者。○杀人后掠取家财,并知有藏蓄而取去者。

＊【1884】一、杀人后掠取家财,并知有藏蓄而取去者。

＊【1740】一、图财害命得财,而杀死人命之首犯,与从而加功者。○伤人未死而已得财之为首者。

＊【1884】一、图财害命得财而杀死人命之首犯,与从而加功者。

＊【1768】一、苗人图财害命者。枭示。

＊【1790】一、僧人逞凶,谋、故惨杀十二岁以下幼孩者。

＊【1790】一、台湾等处商船图财害命者。枭示。

＊【1790】一、将未至十岁之幼孩,逞忿谋杀者。

＊【1884】一、将十岁以下之幼孩,逞忿谋杀,为首者。若系图财或有因奸情事者。枭示。

＊＊【1884】一、有服卑幼图财谋杀尊长、尊属,罪应斩决者。枭示。

杀死奸夫例

＊【1725】一、因奸谋杀本夫伤而不死之奸妇。

【1740】○修改

【1740】一、因奸谋杀本夫伤而不死者,奸妇。

＊【1884】○删除

＊【1725】一、奸夫谋死亲夫,复娶奸妇为妻妾者。

【1740】○删除

＊【1740】一、奸夫同谋杀死亲夫起意者。○谋杀之后将奸妇拐逃或为妻妾,或得银嫁卖,并拐逃幼小子女卖为奴婢者。

＊【1884】一、奸夫起意,杀死亲夫者。○如奸夫虽未起意,而同谋杀死亲夫之后,复将奸妇拐逃,或为妻,或得银嫁卖,并拐逃幼小子女,卖为奴婢者。

＊【1740】一、因奸谋死亲夫,若本夫纵容抑勒妻妾,与人通奸,被妻妾起意谋杀,或奸夫起意,知情同谋者,奸妇。

＊【1740】一、亲属相奸,如奸夫将本夫杀死,或与奸妇商通谋死者,奸夫。

＊【1790】一、妾因奸谋杀正妻,伤而不死,及已行而未伤者。

＊【1884】一、妾因奸商同谋杀正妻,伤而不死,及已行而未伤者。

＊＊【1884】一、奸夫起意,商同奸妇,谋杀本夫,复杀死奸妇期亲以上尊长者,奸夫。枭示。○奸夫听从奸妇,并纠其子谋杀本夫,陷人母子均罹寸磔者,若奸夫起意者。枭示。

杀一家三人例

＊【1725】一、本宗及外姻尊长杀缌麻、功服卑幼一家非死罪主、仆、雇工三人者。○杀期服卑幼一家主、仆、雇工三人,内有功服、缌麻卑幼者。○谋占家产图袭官职,杀期服卑幼一家三人者。

＊【1884】一、本宗及外姻尊长杀缌麻、小功、大功卑幼一家非死罪主、仆、雇工三人者。○杀期服卑幼一家主、仆、雇工三人,内有功服、缌麻卑幼者。○杀死一家三命,分均卑幼,内有一人按服制应同凡论者。枭示。○如谋占财产,图袭官职,杀期服卑幼一家三人者。

＊【1725】一、发遣当差为奴之犯,杀死伊管主一家三人,并三人以上,其知情之子孙。

＊【1740】一、聚众共殴,原无必杀之心,而乱殴一家三命至死者,率先聚众之人。

＊【1884】一、聚众共殴,原无必杀之心,而殴死一家三命及三命以上者,率先聚众之人,不论共殴与否。〇斗杀之案,殴死一家三命及三命以上者。

＊【1768】一、杀一家非死罪二人,及杀三人而非一家者。

＊【1884】一、杀一家非死罪二人,及杀三人而非一家,内二人仍系一家者。枭示。〇如致死一家二命,系一故一斗,及杀三人而非一家,与本欲谋杀一人,而行者杀三人案内,造意不行之犯。

＊＊【1884】一、为父报仇,起意将杀父之人杀死后,被死者家属经见,虑其报官,复行杀害,致杀一家三命以上,杀非同时者。

＊＊【1884】一、谋、故杀缌麻尊长一家二命者。枭示。〇殴死缌麻尊长一家二命者。

＊＊【1884】一、谋、故杀人,而误杀旁人一家二命者。〇误杀一家三命以上者。枭示。

＊＊【1884】一、杀死人命,罪干斩决之犯,如有将尸身支解,情节凶残者。枭示。

＊＊【1884】一、谋、故杀人,罪止斩候之犯,若于杀人后,挟忿逞凶,将尸头、四肢全行割落,及剖腹取脏掷弃者。

斗殴及故杀人例

＊【1725】一、好斗凶徒见人斗殴,辄约伙寻衅,将人父母殴毙,为首者。

＊【1884】一、凶徒好斗生事,见人斗殴,与己毫无干涉,辄约伙寻衅,迁怒于其父母,毒殴致毙,为首者。

＊【1768】一、拟斩监候在监,复行凶致死人命者。

＊【1884】一、斩罪监候人犯在监,复行凶致死人命,并绞罪监候人犯,在监复行凶谋、故杀人命者。

＊＊【1884】一、十岁以下幼孩,因救护父母,被凶犯立时毙命者。

＊＊【1884】一、广东、福建、广西、江西、湖南、浙江等六省纠众互殴之案,审系预先敛费,约期械斗仇杀,纠众至三十人以上,致毙彼造四命以上,或不及三十人,而致毙彼造十命以上,首犯。〇四十人以上,致毙彼造十命以上,或不及四十人,而致毙彼造二十命以上者,首犯。枭示。〇若致毙彼造一家三命,主谋纠斗之首犯。

杀子孙及奴婢图赖人例

＊＊【1884】一、将父母尸身装点伤痕,图赖他人,无论金刃、手足、他物成伤者。

威逼人致死例

＊【1725】一、子孙威逼祖父母、父母,妻妾威逼夫之祖父母、父母致死者。

【1790】〇删除

＊【1725】一、喇嘛和尚等强奸致死人命，为首者。

【1790】〇删除

＊【1740】一、因强奸，将本妇立时杀死者。

【1790】〇删除

＊【1740】一、强奸人妻女，其夫与父母、亲属闻声赴救，奸夫逞凶拒捕，立时杀死其夫与父母、亲属者。

＊【1884】〇删除

＊【1740】一、强奸内外缌麻以上亲，及缌麻以上亲之妻、妻之前夫女、同母异父姊妹已成，本妇羞忿自尽者。

＊【1884】一、强奸内外缌麻以上亲，及缌麻以上亲之妻，若妻之前夫之女、同母异父姊妹已成，其夫与父母、亲属及本妇，羞忿自尽者。

＊【1790】一、子孙不孝，致祖父母、父母自尽，审有触忤干犯情节，以致忿激轻生，窘迫自尽者。〇妻妾于夫之祖父母、父母有犯，罪同。

＊【1884】〇删除

＊＊【1884】一、强奸犯奸妇女，已成将本妇立时杀死者。

＊＊【1884】一、子孙于祖父母、父母，并妻妾于夫之祖父母，审有触忤干犯情节，以致忿激轻生，窘迫自尽者。

＊＊【1884】一、强奸已成，将本妇杀死者。枭示。〇强奸未成，将本妇立时杀死者。〇若强奸人妻，其夫与父母、亲属闻声赴救，奸夫逞凶拒捕，立时杀死者。

＊＊【1884】一、强奸本宗缌麻以上亲，及缌麻以上亲之妻，将本妇杀死者，分别服制，罪应斩决者。枭示。

＊＊【1884】一、强奸不从，主使本夫将本妇殴死者，主使之人。

＊＊【1884】一、因奸威逼人，致死一家三命者。

＊＊【1884】一、贼犯因遗落火煤，或因拨门不开，燃烧门闩、板壁，或用火煤照亮，窃取财物，致火起延烧，不期烧毙事主一家三命者。〇三命以上者。枭示。

斗殴例

＊【1790】一、行营地方金刃伤人，如被伤之人限内因伤身死者。

＊【1884】〇删除

宫内忿争例

＊【1725】一、太监在紫禁城内持金刃自伤者。

＊＊【1884】一、行营地方管辖声音帐房以内，并帐房以外卡门以内，谋、故杀人，及斗殴金刃杀人者。

＊＊【1884】一、常人在各处当差，及各官跟役，并内务府各项人役、苑户、钦工匠

役等,在紫禁城内,暨圆明园大宫门、大东、大西、大北等门,及西厂等处地方,并各处内围墙以内,并紫禁城午门以外大清门以内,暨圆明园大宫门、大东、大西、大北等门以外鹿角木以内,谋、故杀人,及斗殴金刃杀人者。

殴制使及本管长官例

＊【1725】一、八旗兵丁因管教将本管官戳死者。○闲散及护军、披甲人记仇,将该管官刃伤者。

＊【1884】一、八旗兵丁因管教将本管官戳死者。○若闲散及护军、披甲人记仇,将该管官动兵刃致伤者。

＊【1725】一、军民人等,谋死在京见任官者。

＊【1884】一、军民人等,将在京见任官员谋死者。

＊【1768】一、部民、军士、吏卒犯罪在官,不服拘拿,不遵审断,或怀挟私仇,及假托地方公事,挺身哄堂,逞凶杀害本官,毋论本官品级,及有无谋、故,已杀者,不分首从。○已伤,为首者。

＊＊【1884】一、兵丁谋、故杀本管官之案,若兵丁系犯罪之人,而本管官亦系同犯罪者,将该兵丁。

殴受业师例

＊【1725】一、僧尼谋故殴杀受业师,已杀者。

【1740】○修改

【1740】一、僧尼谋杀受业师,已杀者。○殴、故杀者。

＊【1884】一、业儒弟子殴死受业师,及谋杀已行者。○僧、尼、道士、喇嘛、女冠及匠艺人等,谋杀受业师者。

奴婢殴家长例

＊【1725】一、民人奴仆背主投营,勒索原契、妻、子、财物者。

【1740】○修改

【1740】一、民人奴仆背主投营,挟制家长,勒索原契及妻、子、财物者。

＊【1884】一、奴仆背主投营,挟制家长,勒索原契及妻、子、财物,不分首从、得财与未得者。

＊【1768】一、奴婢殴家长之期亲及外祖父母至死者。

殴大功以下尊长例

＊【1790】一、于与在堂继母之父母,庶子嫡母在,为嫡母之父母,庶子为在堂继母之父母,庶子不为父后者,为己母之父母,为人后者,为所后母之父母,及生母之父

母等六项,有犯殴杀、谋、故杀者。

＊【1884】一、于在堂继母之父母,庶子嫡母在,为嫡母之父母,庶子为在堂继母之父母,庶子不为父后者,为己母之父母,为人后者,为所后母之父母,及本生母之父母,嫁母之父母等七项,有犯殴杀、谋、故杀者。

＊【1790】一、图奸亲属起衅故杀本宗及外姻有服尊长,罪止斩候者。

＊【1884】一、卑幼图奸亲属,起衅故杀本宗及外姻有服尊长,罪止斩候者。

＊＊【1884】一、听从下手,殴死期亲尊长、尊属者。

殴期亲尊长例

＊＊【1884】一、期亲卑幼听从尊长,主使共殴以次尊长、尊属致死之案,无论下手轻重。

越诉例

＊＊【1884】一、负罪人犯呈递封章,奏告人罪,无论自行投递,遣人投递,及所控是否得实,并将呈词封固投递,挟制入奏,原犯斩候,秋审应入情实者。

＊＊【1884】一、遣、军以下人犯,由配所潜逃,呈递封章,控诉事件,如本案实有屈抑,原例已至斩候,秋审应入情实者。

＊＊【1884】一、控诉事件,口称必须面见皇上,始行申诉,虽未递有封章,原犯斩候者。

投匿名文书告人罪例

＊【1725】一、投贴匿名揭帖及知而不首者。

【1768】○删除

＊【1725】一、不肖官员唆使恶棍粘贴布散,投递揭帖者。

【1768】○删除

＊【1768】一、驻防旗人与民人奸匪交结,捏写匿名揭帖,倾陷平人者。

＊【1884】○删除

诬告例

＊＊【1884】一、诬告叛逆,被诬之人已决者。

子孙违犯教令例

＊＊【1884】一、子孙并子孙之妇,犯谋、故杀人,罪应斩候,事情败露,致祖父母、父母自尽者。

官吏受财例

＊【1740】一、各部院衙门、书办指称部费招摇撞骗,干犯国宪,非寻常犯赃可比者。

官吏受财例

＊【1725】一、书办指称部费招摇撞骗者。

【1768】○删除

＊＊【1884】一、各部院衙门书办,指称部费,招摇撞骗,干犯国宪,非寻常犯赃可比者。

有事以财请求例

＊＊【1884】一、奸徒得受正凶贿赂,挺身到官顶认,业已招解会审,几至正凶漏网,俱照本犯之罪全科,其行贿本犯原犯斩候,应入情实者。○子犯罪而父代认,其子犯应斩候者。

伪造印信历日等例/伪造印信时宪书等例

＊【1725】一、伪造诸衙门印信及钦给关防,事关军机、钱粮,假冒官职大干法纪,为首者。

＊【1884】一、伪造诸衙门印信及钦给关防,事关军机,冒支钱粮,假冒官职,大干法纪者。

私铸铜钱例

＊【1725】一、私铸铜钱为首及匠人。○该地方官知情,任其私铸者。

【1740】○修改

【1740】一、私铸铜钱为首及匠人。

【1768】○删除

＊【1768】一、销毁制钱,为首者。

＊【1884】一、销毁制钱,及将制钱剪边图利,为首者。

＊【1768】一、将制钱剪边熔销图利,为首者。

＊【1884】○删除

诈假官例

＊【1725】一、假冒营兵生事扰民挟制官司,为首者。○食粮兵丁同。

【1740】○删除

诈教诱人犯法例

＊【1768】一、苗、猺、狑、獞所住地方，有外来匪徒，教诱犯法，所犯之人罪应斩决者，教诱之人。

犯奸例

＊【1725】一、轮奸，为首者。

【1740】○删除

【1768】○修复

【1768】一、轮奸，为首者。

＊【1884】○删除

＊【1740】一、恶徒伙众因奸杀死良人子弟，及强行鸡奸未至十岁之幼童者。

＊【1884】○删除

＊【1740】一、强奸十二岁以上幼女因而致死，及强行奸污未至十岁之幼女者。

＊【1884】一、强奸十二岁以下幼女因而致死，及将十岁之幼女诱去，强行奸污者。

＊【1768】一、奸未至十岁之幼女者。

＊【1884】○删除

＊【1768】一、川省啯匪有犯轮奸者，审实，不分首从。○如因轮奸而杀死人命者，无论成奸与否。枭示。

【1790】○修改

【1790】一、川省匪徒有犯轮奸者，审实，不分首从。○如因轮奸而杀死人命者，无论成奸与否。枭示。

＊【1790】一、因强奸，将本妇立时杀死者。

＊【1884】○删除

＊【1790】一、喇嘛、和尚等强奸致死人命，为首者。

＊＊【1884】一、恶徒伙众将良人子弟抢去，强行鸡奸，无论曾否杀人，为首者。○虽未伙众，因奸将良人子弟杀死，及将未至十岁之幼童诱去，强行鸡奸者。

＊＊【1884】一、轮奸良人妇女已成，为首者。○因而杀死本妇者，首犯。枭示。○为从同奸，又帮同下手者。○如致本妇自尽者，首犯。○伙谋轮奸未成，因而杀死本妇者。

＊＊【1884】一、轮奸犯奸妇女已成，因而杀死本妇，为首者。

奴及雇工人奸家长妻例

＊【1790】一、奴及雇工人强奸家长之母与妻女，毋论已未成奸，审有确据者。

＊【1884】一、奴及雇工人强奸家长之母与妻女,审有确据,无论已未成奸者。

放火故烧人房屋例

＊【1725】一、故烧各边仓场官粮草束者。

【1740】○修改

【1740】一、故烧各边仓场官粮草束者。枭示。

＊【1884】一、故烧各边仓场系官粮草束者。枭示。

＊【1740】一、凶徒纠众,谋财放火,故烧官民房屋公廨仓库,系官积聚之物,并街市镇店人居稠密之地,延烧抢夺财物者,不分首从。○杀伤人者。枭示。○有因焚压致死者,为首之人。枭示。○挟仇放火延烧,因而杀人,及有焚压致死者,为首之人。

＊【1884】一、凶徒纠众商谋,计图得财,放火故烧官民房屋及公廨仓库,或官积聚之物,并街市镇店人居稠密之地,已经延烧,抢夺财物者,不分首从。○杀伤人者。枭示。○有因焚压致死者,为首之人。枭示。○挟仇放火延烧,因而杀人,及有焚压致死者,为首之人。○并非图财,而挟仇放火烧毁房屋,因而杀人及焚压人死,为首者。

＊＊【1884】一、挟仇放火,止欲烧毁房屋、柴草泄忿,并非有心杀人,如致死一二命,为首者。○若致死一家三命以上,首犯。枭示。

罪人拒捕例

＊【1740】一、强盗拒捕,杀伤官兵,其同在一处,或三五成群,同恶共济者。

＊【1884】一、强盗拒捕,杀伤官兵,其同在一处,或三五成群,虽非下手之人,既在旁目见者。

狱囚脱监及反狱在逃例

＊【1740】一、原拟斩枭及斩决之盗犯,若越狱脱逃被获者。○免死发遣之犯,如越狱脱逃被获者。○若因越狱杀伤兵役者。○其外省越狱,及在途脱逃盗犯,被别省拿获者。○其从部刺字发遣,在途用酒灌醉、用药迷倒解差,乘间远扬者。○若因脱逃,杀伤兵役者。

＊【1884】一、杀人盗犯,及未杀人之首盗,与伤人之伙盗,原拟斩枭及斩决,若越狱脱逃被获者。枭示。○未杀伤人之伙盗,原系拟斩,免死发遣之犯,如越狱脱逃被获者。○若因越狱杀伤兵役者。枭示。○其外省越狱,及在途脱逃盗犯,被别省拿获者。○从部刺字发遣,在途用酒灌醉、用药迷倒解差,乘间远扬者。○若因脱逃,杀伤兵役者。枭示。

＊【1768】一、斩罪人犯在监年久,自号牢头,吓诈财物,教供诬陷,凶恶显著者。

＊【1884】一、斩罪人犯，如有在监自号牢头，串通禁卒、捕役，挟制同囚，吓诈财物，教供诬陷，凶恶显著者。

＊【1790】一、罪囚结伙反狱，拒杀官弁，正犯之子，年十六以上者。〇下手帮殴有伤者。〇随同反狱余犯，并未下手伤人者。〇若止拒伤官弁，及杀死役卒为首，并预谋助殴为从者。〇若止拒伤役卒为首，及伙犯帮殴有伤者。

＊【1884】一、罪囚结伙反狱，拒杀官弁，正犯之子，年十六以上者。〇下手帮殴有伤者。〇随同反狱余犯。〇若拒伤官弁，及杀死役卒为首，并预谋助殴为从者。〇若止伤役卒为首，及帮殴有伤者，并未伤人，起意反狱为首者。

＊【1790】一、犯罪囚禁在狱，纠伙三人以上，及并无预谋结伙情事，仅止一二人，乘间穿穴逾墙，毋论首伙，原犯斩监候者。

＊【1884】一、犯罪囚禁在狱，私自纠伙三人以上，穿穴逾墙，潜行越狱脱逃，原犯斩监候者。〇仅止一二人，乘间脱逃，并无预谋、纠伙情事，原犯斩候，应入情实者。

徒流人逃例

＊【1725】一、问发充军人犯逃回，原犯实犯斩罪者。

【1740】〇删除

＊【1725】一、发遣黑龙江等处人犯，逃走拿获时拒捕者。〇逃回又犯拐卖、窃盗、行凶等罪者。

【1740】〇删除

＊【1768】一、免死发遣盗犯，在配脱逃，无论有无行凶为匪者。

【1790】〇修改

【1790】一、免死发遣盗犯，在配脱逃已逾五日，拿获者，无论有无行凶为匪。

＊【1884】〇删除

＊【1790】一、免死减等发遣人犯脱逃后，复行凶为匪，及拿获时拒捕，原犯斩监候者。〇平常发遣人犯，逃走后行凶为匪，并拿获时拒捕，即照现在所犯定拟，如犯该斩监候者。

＊【1884】一、秋审缓决人犯，遇赦免死减等发遣黑龙江等处，若不服伊主管束，脱逃后，复行凶为匪，及拿获时拒捕，原犯斩候者。〇其非秋审案内免死减等，系平常发遣人犯，如逃走后复行凶为匪，并拿获时拒捕，即照现在所犯定拟，犯该斩候者。〇至军、流人犯脱逃后，行凶杀人为匪，犯该斩决者。

＊＊【1884】一、回民因行窃、窝窃发遣，脱逃后，复行凶为匪，并拿获时拒捕，犯该斩候者。

＊＊【1884】一、洋盗案内被掳上盗，问拟发遣之犯，在配脱逃被获，查明原案被掳后甘心从盗者。

＊＊【1884】一、蒙古发内地驿站当差人犯，在配脱逃，如原犯免死减等之罪，本

应外遣,因系蒙古改发内地者。

＊＊【1884】一、传习邪教拟发额鲁特为奴各犯,曾奉有谕旨,如在配脱逃被获,即行正法者。○其余问拟遣、军、流、徒人犯,逃后滋事,或另犯重罪,及妄行控诉,呈递封章,所犯已至斩罪,应入情实者。

＊＊【1884】一、免死减等发遣新疆盗犯,并由黑龙江、吉林减回内地充军拟流之盗犯,未伤人之首盗,窝家、盗线,闻拿投首,曾经伤人,及行劫二次以上伙盗,闻拿投首,及能将盗首逃匿地方供出,一年限内拿获四项改发云贵两广极边烟瘴充军之犯,如在配无故脱逃已逾五日,拿获者,无论有无行凶为匪。○若于五日内拿获,审系仅在附近处所暂避,或偶有事故,未向伊主、看役告知,实非逃走,照例枷责,改发后如再脱逃,拿获者。

＊＊【1884】一、实犯免死减军人犯,脱逃后复行凶为匪,后犯罪应斩候者。

＊＊【1884】一、解审斩犯,中途脱逃,原犯斩候,秋审应入情实者。

主守不觉失囚例

＊【1768】一、禁卒贿纵斩决以上重犯在监脱逃者。

＊【1884】一、狱卒受贿,将在监重犯松放狱具,以致脱逃,本犯应拟斩决以上者。

＊【1790】一、原犯斩监候人犯,解审中途脱逃者。

＊【1884】○删除

凌虐罪囚例

＊【1725】一、解役教唆人犯,通同抢夺,为首者。

【1740】○删除

辩明冤枉例

＊＊【1884】一、处决人犯,有临刑时呼冤,奏闻复鞫,审系妄行翻异,冀延显戮,除原犯斩罪,仍即处决外,如原犯绞罪者。

决罚不如法例

＊＊【1884】一、监临官因公事于人虚怯去处,非法殴打至死者。

妇人犯罪例

＊＊【1884】一、妇人犯该斩枭者,即拟斩决,免其枭示。

工　例

盗决河防例

*【1725】一、河员将完固堤工故行毁坏,希图兴修,侵蚀钱粮者。

*【1884】一、河员将完固堤工故行毁坏,希图兴修,借端侵蚀钱粮者。

凌迟处死

刑 律

谋反大逆律

*【1725】谋反及大逆,但共谋者。

谋杀祖父母父母律

*【1725】谋杀祖父母、父母及期亲尊长外祖父母、夫、夫之祖父母、父母,已杀者。○奴婢及雇工人谋杀家长,及家长之期亲、外祖父母,已杀者。

杀死奸夫律

*【1725】妻妾因奸同谋杀死亲夫者。

谋杀故夫父母律

*【1725】妻妾谋杀故夫祖父母、父母,已杀者。

杀一家三人律

*【1725】杀一家非死罪三人及支解人,为首者。

采生折割人律

*【1725】采生折割人,为首者。

奴婢殴家长律

*【1725】奴婢殴杀家长者。○若故杀家长之期亲,及外祖父母者。○雇工人故杀家长,及家长之期亲,若外祖父母者。

妻妾殴夫律

*【1725】妻妾故杀夫及妾故杀正妻者。

殴期亲尊长律

*【1725】弟妹故杀兄姊,若侄故杀伯叔、父母、姑及外孙故杀外祖父母者。

殴祖父母父母律

*【1725】子孙殴祖父母、父母,及妻妾殴夫之祖父母、父母杀者。

妻妾殴故夫父母律

*【1725】妻妾殴故夫之祖父母、父母杀者。
【1740】○修改
【1740】妻妾夫亡改嫁,殴故夫之祖父母、父母杀者。

名例例

二罪俱发以重罪论

* *【1884】一、两犯凌迟重罪,于处决时加割刀数。

刑　例

劫囚例

*【1790】一、纠众行劫在狱罪囚,持械拒杀官弁案内,起意为首,及下手杀官为从者。
*【1884】一、纠众行劫在狱罪囚,如有持械拒杀官弁者,将为首及为从杀官之犯。

发冢例

* *【1884】一、愚民惑于风水,擅称洗筋、检筋名色,将已葬父母骸骨发掘检视,占验吉凶者。
* *【1884】一、子孙发掘祖父母、父母坟冢,不分首从,开棺见尸,并毁弃尸骸者。

谋杀人例

* *【1884】一、有服卑幼图财,谋杀尊长、尊属,罪应凌迟。枭示。

谋杀祖父母父母例

*【1725】一、子孙谋杀祖父母、父母,如有监故在狱者,仍戮其尸。
*【1884】○删除

杀死奸夫例

*【1740】一、因奸同谋杀死亲夫、本夫,不知奸情,及虽知奸情,迫于奸夫强悍,不能报复,并非有心纵容者,奸妇。

*【1740】一、亲属相奸,如奸夫将本夫杀死,与奸妇商通谋死者,奸妇。

*【1884】一、亲属相奸,罪止杖徒及律应监候,如奸夫与奸妇商通谋死本夫者,奸妇。

*【1790】一、妾因奸谋杀正妻者。

*【1884】一、妾因奸商同奸夫谋杀正妻者。

杀一家三人例

*【1725】一、杀一家非死罪三人,及支解人为首,监故者。仍剉碎死尸枭示。

【1790】○修改

【1790】一、杀一家非死罪三四命以上,及支解人为首,监故者。仍剉碎死尸枭示。

*【1884】一、杀一家非死罪三人,及支解人为首,监故者。仍剉碎死尸枭示。

*【1725】一、本欲支解其人,行凶时势力不遂,乃先杀讫,随又支解者。

*【1725】一、本宗及外姻尊长杀大功、小功、缌麻卑幼一家三人者。

*【1884】一、本宗及外姻尊长,谋占财产,图袭官职,杀大功、小功、缌麻卑幼一家三人者。

*【1725】一、发遣当差为奴之犯,杀死伊管主一家三人,并三人以上者。

*【1884】○删除

* *【1884】一、为父报仇因忿逞凶,临时连杀一家三命者。

* *【1884】一、杀死一家非死罪三、四命以上者。

威逼人致死例

* *【1884】一、强奸本宗缌麻以上亲,及缌麻以上亲之妻,将本妇杀死者,分别服制罪,应凌迟者。枭示。

殴受业师例

* *【1884】一、业儒弟子谋、故杀受业师者。

殴祖父母父母例

* *【1884】一、子孙殴祖父母、父母案件,审明奏请斩决后,如其祖父母、父母因伤身死,将该犯剉尸示众。

狱囚脱监及反狱在逃例

*【1790】一、罪囚由监内结伙反狱,持械拒杀官弁案内,不论原犯罪名,将起意为首,及下手杀官为从者。

*【1884】一、罪囚结伙反狱,持械拒杀官弁案内,起意为首,及为从杀官之犯。

比引律条[1]

【1645】比附各条,革旧不用,今亦存留备考。

【1670】(略)

批:或有万无可引者,然后从此。

*【1707】**臣等谨按:**此比附律内,有律例原有正条,不须比附者。谨于各条下注明删改。其应比附者,存留备考。

【1725】按律无正条,则比引科断今,略举数条,开列于后,余可例推。

【1725】一、僧道徒弟与师共犯罪,徒弟比依家人共犯律,免科。

【1740】一、强窃盗犯捕役带同投首有教令,及贿求故捏情KPI,比照受财故纵律治罪。

【1725】一、发卖猪、羊肉灌水及米麦等插和沙土货卖者,比依客商将官盐插和沙土货卖律,杖八十。

【1725】一、男女定婚未曾过门,私下通奸,比依子孙违犯教令律,杖一百。

【1725】一、打破信牌,比依毁官文书律,杖一百。

【1725】一、运粮一半在逃,比依凡奉制书有所施行而违者律,杖一百。

【1725】一、既聘未娶子孙之妇骂舅姑,比依子孙违犯教令律,杖一百。

【1725】一、遗失京城门锁钥,比依遗失印信律,杖九十,徒二年半。

【1725】一、妻之子打庶母伤者,比依弟妹殴兄姊律,杖九十,徒二年半。

【1725】一、杀义子比依杀兄弟之子律,杖一百,徒三年;故杀者,杖一百,流三千里。

【1740】一、考职贡监生,假冒顶替,比照诈假官律治罪。

【1725】一、奸义子妇比依奸缌麻以下亲之妻律,杖一百,徒三年;强者,斩。

【1725】一、奸乞养子妇,比依奸妻前夫之女律,科断其子与妇断还本宗;强者,斩。

【1725】一、奸义妹,比依奸同母异父姊妹律,杖一百,徒三年;强者,斩。

【1740】一、奸妻之亲生母亲者,比依母之姊妹论。

---

① 顺治二年(1645)《大清律附》卷末作"比附律条",康熙九年(1670)同。雍正三年(1725)改"比附律条"为"比引律条",附入《律例总类》卷之六末,乾隆五年(1740)独立一卷,为《大清律例》卷四十七,列于"总类"之下。

【1725】一、奸义女,比依奸妻前夫之女律,杖一百,徒三年;强者,斩。

【1725】一、偷盗所挂犯人首级丢弃水中,比依拆毁申明亭板榜律,杖一百,流三千里。

【1725】一、夫弃妻之尸,比依尊长弃毁缌麻以下卑幼之尸律,杖一百,流三千里。

【1725】一、兄调戏弟妇,比依强奸未成律,杖一百,流三千里。

【1725】一、拖累平人致死,比依诬告人因而致死一人律,绞。

【1725】一、官吏打死监候犯人,比依狱卒非理凌虐罪囚致死律,各绞。

【1725】一、弓兵奸职官妻,比依奴及雇工人奸家长期亲之妻律,绞。

【1725】一、伴当奸舍人妻,比依奴及雇工人奸家长期亲之妻律,绞。

【1725】一、奴婢诽谤家长,比依骂家长律,绞。

【1725】一、奴婢放火烧主房屋,比依奴婢骂家长律,绞。

【1725】一、弃毁祖宗神主,比依弃毁父母死尸律,斩。

【1725】一、义子骂义父母,比依子孙骂祖父母律,立绞。

【1725】一、骂亲王,比依骂祖父母律,立绞。

【1725】一、义子奸义母,比依雇工人奸家长妻律,立斩。

【1725】一、谋杀义父之期服兄弟,比依雇工人谋杀家长之期亲律。已行者,立斩;已杀者,凌迟。

附：大清律例总类条款数量沿革简表

律例总类版次	1725	1740	*1761	1768	1790	1802	*1884	*1889
笞五等								
笞一十	31	31		31	31	31	31	31
笞二十	46	46	+1	47	48	49	49	50
笞三十	39	40	+1	41	41	42	43	43
笞四十	99	101	+5	106	108	111	117	117
笞五十	103	110	+2	112	112	118	121	121
小计	318	328	+9	337	340	351	361	362
杖五等								
杖六十	108	109	+5	116	115	116	122	123
杖七十	64	64	+5	69	69	76	77	77
杖八十	161	185	+31	216	219	241	259	257
杖九十	63	65	+7	71	71	85	96	96
杖一百	240	313	+61	371	373	405	489	490
小计	636	736	+109	843	847	923	1043	1043
徒五等								
徒一年	51	60	+4	62	64	66	86	86
徒一年半	40	43	+6	47	48	51	62	62
徒二年	52	53	+7	57	58	65	79	79
徒二年半	51	59	+7	68	71	83	111	111
徒三年	139	167	+31	207	233	263	333	333
准徒四年							2	2
准徒五年							2	2
迁徙	4	5	+1	6	6	7	8	8
小计	337	387	+56	447	480	535	683	683

续表

律例总类版次	1725	1740	＊1761	1768	1790	1802	＊1884	＊1889
杂犯流三等								
杂犯流二千里	2	2		2	2	2	2	2
杂犯流二千五百里	2	2		2	2	2	2	2
杂犯流三千里	9	8		8	8	8	11	11
实犯流三等								
实犯流二千里	39	41	+4	45	50	60	69	69
实犯流二千五百里	16	13	+3	17	17	20	19	19
实犯流三千里	125	145	+39	182	199	230	275	275
发遣/发配[1]	36	28	+34	73	101	125	81	81
小计	229	239	+80	329	379	447	459	459
边外为民	15	14		13	—			
烟瘴为民	1	1		1	—			
充军	4	4		4	5	5	6	6
附近充军	37	36	+4	40	41	39	50	50
边卫充军/近边充军[2]	88	98	+17	110	104	100	115	115
边远充军	27	47	+11	63	67	71	98	98
极边充军	5	7	+1	4	2	17	69	68
烟瘴充军	8	28	+5	28	33	25	26	26
极边烟瘴充军	1	7	+7	23	31	40	96	96
边卫永远充军	17	—	—	—	—	—		—
边远永远充军	1	—	—	—	—	—		—
烟瘴永远充军	1	—	—	—	—	—		—
小计	205	242	+45	286	283	297	460	459
杂犯绞	6	6		6	6	6	6	6
杂犯斩	7	7		8	8	8	6	6
监候绞	135	146	+34	180	197	213	244	246
监候斩	125	141	+17	159	167	179	201	200
立绞	22	26	+14	43	55	57	84	83

续表

律例总类版次	1725	1740	*1761	1768	1790	1802	*1884	*1889
立斩	97	106	+26	135	162	160	202	202
凌迟处死	16	17		17	20	21	29	29
比引律条	27	30		30	30	30	30	30
小计	435	479	+91	578	645	674	802	802

注:表内数字据各版各卷详目附注数字填入。光绪十年(1884)刚毅重刊本条款与光绪十五年(1889)江苏书局本所载条款相同,但各卷目录附注数字略有出入,仍予录入,特此说明。小计数字中,雍正三年数字为原书所有,其他版本数字据表内数字加总。

[1] 乾隆五年(1740)改为发配。

[2] 乾隆三十三年(1768)改为近边充军。

国家出版基金项目
NATIONAL PUBLICATION FOUNDATION

大清律例源流辑校

大清律例源流汇考

第十册

钦定逃人事宜　督捕则例

三流道里表　五军道里表

解锟　点校

法律出版社
LAW PRESS·CHINA
北京

总　目

第四册

第五册

第六册

第七册

第八册

第九册

第十册

本 册 目 录

兵部督捕钦定逃人事宜

督 捕 则 例

三流道里表

五军道里表

兵部督捕钦定逃人事宜

“兵部督捕钦定逃人事宜”，即“钦定逃人事宜”，见于康熙三年(1664)增补《大清律》(哈佛大学图书馆藏本12册本，其第11册为“钦定逃人事宜”，第12册为顺治二年奏定“大清律附”)，国家图书馆藏康熙九年(1670)《大清律》不载。

计开：

太宗成宪

太宗时定例：逃走之人，责八十鞭。若逃走四次，正法。

洪武、永乐间，无有逃人之例。见今定例：逃人逃走一次，鞭一百，面上刺字；逃走二次，仍鞭一百，又一面刺字；逃走三次，正法。

顺治十八年(1661)闰七月二十日奉旨：三次的，准拟死罪，今应遵行。奉旨是。

一、见行则例：窝逃之人责四十板，面上刺“窝逃满汉”字样，并家□一并发八旗，给与穷丁，房、地入官。左右两邻、十家长、该管地方，各责四十板。及妻、子、家产一并流徙宁古塔，房、地入官。每十家立一十家长，该地方官给与木牌一面挨查。如并不设立十家长，及不给木牌者，将地方官题参。今应照见行例行。奉旨是。

一、见行则例：满洲家人窝隐逃人者，应将窝隐之人鞭责一百，罚银五两。本主无论官民，罚银十两。或另户隐匿逃人，鞭责一百，罚银十两。宗室公以上家下庄头等人窝隐逃人者，应将窝隐之人鞭责一百，罚银五两；管庄拨什库罚银十两。以上银两俱行入官。今应照现行例行。奉旨是。

太宗时定例：递逃牌越过十日者，责二十七鞭。见今定例不曾递有逃牌逃人，逃出日久递逃牌者，将逃人入官，给与本旗穷丁。今复议未递逃牌之逃人免入官，其未递逃牌情由责二十七鞭，逃人仍归给原主。若系官员，罚银九两。奉旨依议。

太宗时定例：凡给拿获逃人之人犒例银，若在本国境边拿获者，估给身价一半；如在国内拿获者，准给银二两；若离城十里拿获者，准给银一两；城内拿获者，准给银五钱。见今定例：拿获逃人之人，准给犒例银二两。今应照见行例行。奉旨是。

太宗时定例：如脱逃骑马之逃人及好人者，责七十鞭。若将已获之逃人致脱者，责二十七鞭。见今定例：如疏脱逃人之拨什库及披甲人，若无受贿情由，实系脱逃者，鞭一百，枷号一月；如果系受贿私自纵放者，鞭一百，枷号三个月。今应照见行例行。奉旨是。

崇德七年(1642)八月初二日,奉圣旨:锦州嵩山、杏山官民内之逃人,永远不准给与原主。今照见行例行。奉旨是。

一、见行则例:差官纵脱逃人者,责三十二板,革去差官职役。今应照见行例行。奉旨是。

一、见行则例:申解逃人及窝犯,地方官严加肘锁,一人,差解役二人押解。如纵脱人犯者,将解役责四十板,流徙。如不严解人犯,松放致脱者,将地方官罚俸一年。今复议凡申解逃人,须差有家产正身解役。逃人一名,差解役二名押解。如不差有家产正身解役,逃人一名差解役一名,脱逃,或同逃人逃走者,将地方官革职。奉旨依议。

一、见行则例:解到口外蒙古之逃人,发理藩院审理发落。窝主照例究拟。其宫主家下买卖人,及庄屯人等,或在京城周围居住逃走者,仍行鞭、刺。今应照见行例行。奉旨是。

一、见行则例:给与口外跟随宫主人役家下逃走之逃人,在逃处用价所娶之妻,应归给所娶之夫。今应照见行例行。奉旨是。

一、见行则例:口外蒙古逃人逃进腹里娶妻,应将本妇释放为民。今应照见行例行。奉旨是。

一、见行则例:逃人或满汉雇觅做工及赁房与住,有满汉人保者,即将保人坐以隐匿逃人,其雇觅、赁房之人免罪。既系转雇、赁房,该地方官及地方十家长、邻佑免罪。若无保人,留住过十日者,无论是否雇工,应断窝家。今应照见行例行。奉旨是。

一、见行则例:买逃人者,如有人作保,即将保人断为窝家。今应照见行例行。奉旨是。

一、见行则例:逃人如被窝家出首者,其窝隐之罪免议。或被旁人告发,或被该管地方十家长等告发者,将窝逃之人家产分为三份,一份给与出首之人。今应照见行例行。奉旨是。

一、见行则例:逃人无论本主拿获、旁人拿获,俱要严审,罪坐末尾一家。今应照见行例行。奉旨是。

一、见行则例:逃人夫妇及父子逃走自回者,窝家免究。有自回来一半,供称一半仍在原窝家居住,逃人之主亦称我的逃人在彼处,部牌随行文地方官查解者,窝主及地方邻佑、十家长照例治罪。今应照见行例行。奉旨是。

一、见行则例:逃人无论男、妇,自七十岁以上、十三岁以下者,免责、刺。逃走三次者,亦应免死。今应照见行例行。奉旨是。

一、见行则例:窝隐逃人之人,无论男女,七十岁以上、十三岁以下,俱应免责、刺,其家产、人口给与八旗穷丁。今应照见行例行。奉旨是。

一、见行则例:妇人有夫主不在家,隐留逃人者,但系妇人,应免入官,止责四十板释放。今应照见行例行。奉旨是。

一、见行则例:无子孤身寡妇窝隐逃人者,入官。今应照见行例行。奉旨是。

一、见行则例:文武官员赴任之后,有本家人窝隐逃人者,本官不知情免罪。其隐主如系另户者,即将隐主断作窝家,家产俱行入官。如系同居者,其妻、子、房地免议,家产财物入官。今应照见行例行。奉旨是。

一、见行则例:秀才隐匿逃人者,与平民一例。今应照见行例行。奉旨是。

一、见行则例:官员子弟逃走者,鞭一百,面上刺字。今复议,免刺字,鞭一百。奉旨依议。

一、见行则例:逃人逃出,自己用价所娶之妻,仍归给逃人。有强夺霸娶者,释放为民。今应照见行例行。奉旨是。

一、见行则例:逃人逃去,其自幼原娶之妻在家者,应将原妻归给本夫。今应照见行例行。奉旨是。

一、见行则例:无主认识应入官之逃人,免其鞭、刺。今应照见行例行。奉旨是。新例不准免。

一、见行则例:无主认识之逃人,入官分与旗下在所得之主家逃走者,止算一次,逃人鞭、刺。今应照见行例行。奉旨是。

一、见行则例:从本主家逃过一次,复行转卖,又从买主家逃走者,不算二次,逃人仍行鞭、刺。今应照见行例行。奉旨是。

一、见行则例:逃人拐带物件东西,即于入官物件内赔补。今应照见行例行。奉旨是。

一、见行则例:顺治十八年(1661)三月二十四日题定则例。从出征之处逃走之逃人,如被旁人拿获,或被地方官获解者,仍行鞭、刺;自投回家者,免刺。因潜躲情由,鞭责二百,咨送兵部差差官押送出征之处。若有跟役逃回者,问其各主妇,如愿送,即押送;如不愿送,不必送去。其云南、贵州地方出征之处逃回者,不必押送。今应照见行例行。奉旨是。

一、见行则例:在京出征强掳之人,未到家逃走之逃人,免刺,仍鞭责,给与原主。窝家责四十板,释放。今应照见行例行。奉旨是。

一、见行则例:平西王、定南王、平南王、靖南王、续顺公下在京人役逃走者,应照定例发落。其在王等本处人役逃走,如有窝家者,该王等即交与属下官员公同地方详审明白,咨文报部,以便具题。其无窝主之逃人,即于彼处照例鞭、刺。今应照见行例行。奉旨是。

一、见行则例:宁古塔所住满洲家逃人,逃走三次者,咨文报部,另议具题。若满洲窝隐逃人,并无窝主之逃人,即于彼处照例审拟。今应照见行例行。奉旨是。

一、见行则例:盛京、西安府、汉中府、江宁府、杭州府、福州府,这六处逃走之逃人,若有窝家,彼处驻防固山额真、昂邦章京即议定,咨文报本部,复议明确具题。若无窝家之逃人,彼处即照例鞭、刺。今应照见行例行。奉旨是。

一、见行则例:太原府、保定府、沧州、德州等城驻扎满洲家人逃走,若有窝主,即将窝主、逃人一并解部审议。无窝主之逃人,即于彼处照例鞭、刺。今应照见行例行。奉旨是。

一、见行则例:寻柴取菜,因其不获,惧怕本主潜躲,及差往屯庄过限之人,如十日之内拿获者,因偷懒潜躲,止鞭责一百。若过十日拿获者,即为逃人,照旧例鞭责一百,面上刺字。今应照见行例行。奉旨是。

一、见行则例:逃人自回,投主不圈档者,将逃人之主责七十鞭。今应照见行例行。奉旨是。

一、见行则例:民人假称逃人,具告行诈者,责四十板,同妻、子、家产、人口一并入官。今应照见行例行。奉旨是。

一、见行则例:投充满洲家人之子弟及亲戚人等,户部档内无名,指称逃人名色,吓诈良民者,旧人鞭责一百,民责四十板。今应照见行例行。奉旨是。

一、见行则例:满洲家人知逃人,报信本部行提。如虚,鞭责一百,枷号一月。若系民人,先令赴总督、巡抚、巡按处告理。如总督、巡抚、巡按不准审理,方许在于本部告理。如部中行提,到部质审,系别仇妄诬,希图诈害者,将原告民人责四十板,枷号一月,仍发督、抚、按发落。今应照见行例行。奉旨是。

一、见行则例:无事擅入衙门,成群行走,站立审理之处窥探者,查出,如系旧人,鞭责一百;如系民人,责四十板。俱在本衙门枷号一月。今应照见行例行。奉旨是。

一、见行则例:各处解到人犯,到京本日即交送捕。如歇宿店房,并不投文□过,三日者,将差役责四十板,流徙宁古塔。店主如留住过十日者,责四十板,枷号一月。如系满洲人者,鞭一百,枷号一月。今应照见行例行。奉旨是。

一、见行则例:窝家之左右两邻,未曾流徙之先,如有病故者,其妻、子免其流徙。今应照见行例行。奉旨是。

一、见行则例:逃人赁住店房,十日内免究。过十日者,无论是否赁房,应断窝家。如查解者,该管官记档。今应照见行例行。奉旨是。

一、见行则例:有犯强盗、杀人等重罪,指称逃人者,不必解部,该抚自行照例审拟具题发落。今应照见行例行。奉旨是。

一、见行则例:地方官差役押解逃人一次者,不许再差押解,必须另换差役。如将差过一次之人,又差押解者,将地方官题参。今应照见行例行。奉旨是。

一、见行则例:和尚、道士隐匿逃人者,照民例治罪,该管僧道官照知县例议处。今应照见行例行。奉旨是。

一、见行则例:见任文武官员,并有顶带闲官、进士、举人、监生、贡生,及休致回籍闲住各官,窝隐逃人者,止将本官并妻与亲子流徙,家产俱行入官。今应照见行例行。奉旨是。

一、见行则例:运粮船、军船、商船,该管官将本船男、妇数目,给印票。凡到闸口,俱查照票内数目放行。如有多于正数者,即行拿获。如逃人过一关,至二关拿获,或告发拿获,将不行盘查放过关之官,罚俸半年。船主断作窝家。今应照见行例行。奉旨是。

一、见行则例:州县官,查解逃人十五名者,加一级;查解逃人三十名者,不论俸满即升。如查解逃人十五名之后,有隐匿逃人一名者,功过不准相抵,仍革职。知府,所属地方查解逃人三十名者,加一级;查解逃人六十名者,不论俸满即升。如查解逃人三十名之后,有一官革职者,功过不准相抵,仍降二级调用。不属府辖之州,知州应照知府例。道官,所属地方查解逃人四十五名者,加一级;查解逃人九十名者,不论俸满即升。如查解逃人四十五名之后,有一官革职者,罚俸一年;有二官革职者,功过不准相抵,降一级留任;有三官革职者,降二级调用。惟北直隶、山东、山西、河南道官,所属地方查解逃人四十五名之后,有一官革职者,降一级,戴罪留任。降级之后,所属地方,查解逃人四十五名者,准复原降之级。其余别项,俱照各道例同。巡抚、巡按,所属地方查解逃人七十五名者,纪录一次;查解逃人一百五十名者,加一级;一百五十名以上、三百名以下者,止加一级;查解逃人如足三百名者,加二级。如多解者,照数递加。若有一官革职者,罚俸九个月;有二、三、四官革职者,仍罚俸九个月。至五员者,降一级,仍留任。其巡抚所属地方查解逃人一百五十名者,功过相抵,仍准复一级;查解逃人三百名,准复二级。总督,所属地方查解逃人一百五十名者,纪录一次;查解逃人三百名者,准复一级;查解逃人六百名者,准复二级。所属地方有一官革职者,罚俸六个月;自二员以至九员者,仍罚俸六个月;若至十员者,降一级,仍留任。如照此数多解者,功过相抵。其盐运司所属地方,或拿获逃人、隐匿逃人者,运使除北直隶等四省道官外,应照别省道官例,分司照知府例,盐场官照典史例。内外钱局中,查解逃人,或隐匿逃人,布政照别省道官例,主事照知府例,同知照知县例。窑场地方查解逃人,或隐匿逃人,该管官照知府例。其知府下,或捕盗同知,或捕盗通判,知州下有吏目,知县下有典史等官,俱照各掌印官例行。如从营伍内查获逃人,如有人保者,保人断作窝家,其房主责四十板。虽有保人,不行查出之故,应将管队责四十板,流徙;百总责三十五板;把总责三十板;外委千总责二十五板。议得功过。卫千总、守备、都司各官,俱照知州、知县例;参将、游击,照知府例;副将,除北直隶、山东、山西、河南四省道官外,应照别省道官例;总兵官、掌印都司,照巡抚例;提督总兵官,照总督例。今应照见行例行。奉旨是。

一、见行则例:勒限查解逃人者,接管之官,逾限未获,自行申明者免议。如不行申报者,罚俸半年。如申报未获之后者,被旁人在于本境拿获逃人者,将接管官革职。今应照见行例行。奉旨是。

一、见行则例:该管地方官,无论有无拿获逃人,务要一年两次造册呈报捕。如报册之后,有隐匿逃人者,或被旁人出首,或被本主认获,应将前报部官革职。因其谎报情由,罚银一百两入部。至于武官,亦照文官之例。今应照见行例行。奉旨是。

一、见行则例:五城兵马司官员,查照逃人者,照州县官例。今应照见行例行。奉旨是。

一、见行则例:各官署任查解逃人者,照所署任之职议叙。今应照见行例行。奉旨是。

一、见行则例:拿逃各官,一年一次查叙。今应照见行例行。奉旨是。

一、见行则例:逃人窝主及牵连人等,行地方官提解去后,因其不到,行催一次,仍不解到者,该官革职。今应照见行例行。奉旨是。

一、见行则例:行提窝犯之妻、子、家产,屡催不到者,该管官降一级调用。今应照见行例行。奉旨是。

一、见行则例:窝逃之人,父子兄弟分居者,该地方官具呈保结,俱免入官。其应入官人口、家产等项,亦应照地方官保结呈词,查照入官。如未系分居,假称分居者,家产解送一半,隐留一半者,即将该管官革职。今应照见行例行。奉旨是。

一、见行则例:拿获逃人,即行起解捕。如监禁沉滞者,无论旁人出首、部内查知,应将该管地方官革职,仍罚银一百两,给与出首之人。今应照见行例行。奉旨是。

一、见行则例:直隶、山东、山西、河南地方之逃人、窝家,及干连人犯,仍照旧例差役长解外,其陕西、湖广、四川、江南、江西、浙江、福建、广东、广西、云南、贵州,如拿获之逃人,着令递解,仍将批文内限定日期。凡所到地方官,将逃人严加肘锁,多差的当人役护送。如地方官不差的当人役护送,及不严加肘锁,纵放脱逃,并违限者,即将经过地方官查出,指名题参革职等因具题,奉旨:“九卿科道会议具奏。钦此。”会议得如违限者,该衙门查参。余照议行等因,已经奉旨依议。今应照见行例行。奉旨是。

一、见行则例:州县官查解逃人十五名之后,有失查逃人一名者,其总督、巡抚先解过逃人之功,不准记档。今应照见行例行。奉旨是。

一、见行则例:各官升任之后,本处有隐匿逃人者,仍行议处。有先任获解逃人,仍准记档。其司、道官员,有升京堂,应与加一级者,准纪录二次;应与不论俸满即升者,照加二级例纪录四次。今应照见行例行。奉旨是。

一、见行则例:各该地方官,无论有无拿获逃人,一年两次报部之册,直隶、山东、河南、山西应在六月到者,限七月内到部;应在十二月到者,限正月内到部。陕西、湖广、江南、浙江应在六月到者,限八月内到部;应在十二月到者,限二月内到部。江西、福建、广东、广西、四川应在六月到者,限九月内到部;应在十二月到者,限三月内到部。违限报迟者,照例查参。今应照见行例行。奉旨是。

一、见行则例:北直、山东、山西、河南各该道官,责令严查各州县保甲。每年两次,勒取该州县甘结。今应照见行例行。奉旨是。

一、见行则例：巡按若降至三级者，降级调用。今应照见行例行。奉旨是。

一、见行则例：直省总督、浙江福建总督、湖广总督、两广总督、陕西四川总督、江南江西总督，逃人功过免议。今应照见行例行。奉旨是。

一、见行则例：顺天府、奉天府府尹，逃人功过免议。今应照见行例行。奉旨是。

一、见行则例：巡捕营设参将三员、游击三员、把总十五员，照依经制，分南、北、中三营，通计兵三千名，内马兵九百名，分汛设防。年终甄别各官贤否，以示劝惩。各官在于该管汛地巡缉勤谨，地方安静者，以称职论。若遇有失事，即能擒获真赃真盗者，先行题明纪录。其该管汛地失事伤人，大盗公行，不能擒获，以溺职论。若隐匿失事情由，不行报部，失主首出，先行题参议处。今应照见行例行。奉旨是。

一、见行则例：督捕司郎中同员外郎，系专差，关防一颗，管理捕营事务，并审三营拿获逃人，验给巡兵替换粮票，咨送户部，支给兵丁月粮，夜巡各地方有无失事，三营司总军番每月初三日、十七日点卯。应照见行例行。奉旨是。

一、见行则例：军政考核三营，将、总开造四柱清册，详列事实，分投部、院、兵科，一体考选。今应照见行例行。奉旨是。

一、见行则例：严加巡察地方，遇有光棍、赌博、打抢，即行擒拿。今应照见行例行。奉旨是。

一、见行则例：操演三营军丁，将缉获贼、赃，或有无主零星小物，改作金鼓、犒赏等费。今复议窃盗业已俱送刑部、五城审理，赃物无存，无凭操赏，应暂停止。俟钱粮充足之日，再行酌议，具题定夺。今每年春秋二季，点验各兵，察核虚实。奉旨依议。

以上各款，俱应照此行。此外如后有增出事宜，该部具题请旨，照定例遵行可也。

奉旨是。

总督所属地方拿获逃人三百名者，纪录一次；拿获逃人六百名者，加一级。其拿获逃人三百名之后，所属地方如有一官因隐匿逃人革职，将先拿解三百名之逃人不准叙功，仍罚俸六个月；如二官革职，罚俸一年；三员以上以至六员，降一级；如革职至十员，降二级调用。若过十员以外，将总督革职。

兵部尚书、加一级臣明安达礼等谨题：为串通逃人窝隐带去事。

兵科抄出兵部捕左侍郎马希纳等题前事等因，顺治十八年（1661）十月十二日题，本月十五日奉旨："隐匿逃人情罪，系在下人员所犯，拟罪自应由在下人员从重拟议。这所议反照职掌加重，着另议具奏。钦此。"钦遵于十月十五日抄出到部。该臣等另议得拖沙喇哈番、叶虎虽供本身由旱路去，原不知情，系谢四带去等语。但谢四系伊长随兵丁，且逃人等又坐伊船载去被获，因伊预先不行严谕，以致长随兵丁谢四窝藏逃人，唐二等应将拖沙喇哈番加一级，叶虎削去所加一级，罚银四十两，仍发驻防广东。至正黄旗署管固山大事，摆他喇布勒哈番陈有武，管参领事摆他喇布勒哈番赵世奇，分得拨什库刘必先等俱称，遵将军传谕，曾查过数次。今唐二等既系逃人，是真我等有何说处，俱已招认，但预先怠忽，不能严察，以致谢四宗惟谨窝藏逃人唐二等，应将署管固山大摆他喇布勒哈番加一级，陈有武罚银一百两，摆他喇布勒哈番管参领事赵世奇应罚俸一年，分得拨什库刘必先应罚俸一年，正蓝旗固山大唐国桢、参领马从德、闲散章京梁万夏，分得拨什库徐成功等，虽查出逃人张德等原因部员搜检不能隐藏，始行查出，原非未搜之先自行查出解部，其预先怠玩不能严查，以致猛恪兔窝带逃人张德应将固山大唐国桢罚银一百两，阿达哈哈番加一级，参领马从德罚俸一年，管佐领之苏喇章京梁万夏系闲散官应罚俸半年分得拨什库徐成功应罚俸一年。至副都统吴天寿所管二旗兵丁窝藏逃人，疏忽不行严查，应将副都统吴天寿罚银七十两，将军王国光禁饬不严以致正黄、正蓝二旗兵丁谢四等窝藏逃人唐二等应将将军王国光罚银五十两，臣等未敢擅便谨题请旨，顺治十八年（1661）十一月初三日题。

本月初六日奉旨："依议。谢四等已经鞭责结案，姑免再议外，以后凡有这等驻防时隐匿逃人真正罪犯，不分官民，俱着论死。"

题为恳请再行严禁逃人之法，以定功过事。

兵科抄出该臣部题前事内开，照得满洲家下逃人逃走一事，事关重大，专设衙门审理逃人。其定例法则明而且严，逃人逃走三次者处死，窝家入官，两邻、十家长、地方流徙宁古塔之例，非得已而定，无非欲期愚蠢之徒知法，彼此相畏，不逃不窝之意也。虽然如此，逃者仍逃，窝者仍窝，皆因地方官不肯用心谆谆晓谕，严行查解，以致逃人得地容留之故也。近来闻得逃人亦有逃走入营内应兵者，亦有在于各省开垦荒田为生者，亦有在于河路应作纤夫者，亦有在于山谷之中烧灰烧炭者，伏乞再行严敕各省满汉文武大小各官，在于各所属地方挨户晓谕，兵民严行查解。若多获逃人申解者，照常鼓励加级、优升。如仍前怠玩不行确查，不能多获申解，臣衙门访知，即请旨密差的当章京、笔帖式一仿严查。如有被获者，将该管大小各官，于先定例外加倍重处。又查得臣衙门定例内开，总督逃人，功过免议。今每省设一总督，统属文武，其总督功过，亦应议及。又驻扎各省藩王属下官兵，若隐匿逃人，除干连各官俱照各地方官例、兵丁照旗下人例治罪外，该王应否议罪，及议定总督功过，请敕下议政王大臣、九卿、科道等官议定可也。为此具本谨题请旨等因。顺治十八年（1661）十一月十九日题。

二十三日奉旨："议政王贝勒、大臣、九卿、科道会议具奏。凡重大事情，应请旨定夺。这本遽请敕下议政王大臣、九卿、科道议定，殊为不合。着严饬行。钦此。"钦遵。该臣等公同会议得，差章京、笔帖式查拿逃人一款，应听督捕衙门所请，如地方容留逃人,不行拿解,密题请旨,酌量差的当官员查拿。如被拿获,该管地方官以上,自总督属下,于定例外加倍重处。其定议总督功过一款,今总督统属文武,该所属地方拿获逃人三百名者,纪录一次;拿获逃人六百名者,加一级。其拿获逃人三百名之后,所属地方如有一官因隐匿逃人革职,将先拿解三百名之逃人不准叙功,仍罚俸六个月;如二官革职,罚俸一年;三员以上以至六员,降一级;如革职至十员,降二级调用;若过十员以外,将总督革职。其在外藩王应否议罪一款,该王若将逃人委用虾员,或用为近使,若被旁人首告,或被本主认识拿获,将王请旨议罪。王于所属官兵,或隐匿逃人,或拿解逃人,其该管大小各官功罪,应照地方官例。若兵丁隐匿逃人者,罚银十两,鞭一百,枷号两个月。为此具本谨题请旨等因。顺治十八年(1661)十二月初三日题。

本月初五日奉旨:"依议。"

兵部督捕:题为再行严禁逃人之法事。

看得或有窝隐逃人之窝家,离原籍搬移他乡,隐匿逃人之人照例定拟,窝家其搬移住处之十家长、地方、两邻向来免罪。如此则奸民在于他乡隐匿之逃人,该地方之十家长、两邻、地方已知伊等无罪,断不出首者,亦有之。其设立地方、十家长,专为盘诘逃人及严查他乡移来者,伊等若无罪,其搬往他乡之人徇纵隐匿逃人,断不至于盘诘出首。自今以后,如再有搬移他乡之人隐匿逃人者,除窝隐之人,仍断拟窝家外,其搬移之处,十家长、地方、两邻仍各责四十板,及妻、子、家产、人口一并流徙宁古塔可也等因。康熙元年(1662)正月二十九日题。

二月初一日奉旨:"依议。"

一、有奸猾之逃人,明知伊主子而不肯说出者,皆欲冒免鞭、刺。俟其入官之后,以便再逃之意也。自今以后,此等无主之逃人,免其游旗,但据地方官来文,严询究审。如有主者,即行鞭、刺,交与伊主外,如有不肯说出主子者,即照逃人鞭、刺,入官交与户部。如入官之后,被本主认识,仍归本主。其所得之主,应听另行补给等因。康熙元年(1662)三月二十三日题。

本月二十五日奉旨:"依议"。

兵部督捕题复吏科达代:题为清查逃人,十家长等须用诚实之人,以便稽查事。

议得科臣达代疏称"地方、十家长俱用殷实有妻子之人,严查逃人,庶满洲家下逃人易获,而良民亦免株连"等语,应照所请,凡地方、十家长须择用殷实有妻子之人,应通行各省督抚严行晓谕遵行可也等因。康熙元年(1662)八月二十一日题。

本月二十三日奉旨:"依议。"

兵部督捕:题为请旨事。

照得议政王贝勒大臣九卿科道会议定,臣衙门事例内开一件:凡逃人窝主及牵连人等,行文地方官提解。因其不到,行催一次。如再不到者,该官革职在案。遵此臣部凡行文地方官提一次催一次,因其不到,不论违限日期多寡,照例题参。如有职名者,交与吏部议处;如无职名者,交与该抚行查。今吏部将臣部行文二次不到者,因其违限未满一月豁免,臣部亦应行文二次,违限者等候一月,如不到,方行题参等因。康熙元年(1662)九月初七日题。

本月初九日奉旨:"依议。"

一、八旗屯里住的庄头,若雇觅民人佣工,务要取保,立有凭据文约,方准雇觅佣工。如没保约凭据雇觅佣工者,照定例鞭一百,罚银五两,其主罚银十两。相应晓谕各该都统、副都统、佐领以及包衣佐领,严行申饬,遵奉施行。本部于康熙元年(1662)十一月初六日题。

本月初八日奉旨:"依议。"

一、窝隐逃人之人,免送户部。臣衙门即照户部例,分与八旗,按佐领给与穷兵。房地册仍送户部照例发落可也。本部于康熙元年(1662)十一月二十四日题。

本月二十六日奉旨:"依议"。

兵部督捕左侍郎臣马【希纳】等谨题:为请旨责成督抚,以免长途狱□苦累事。

兵科抄出先该本部题前事,内开查得直隶各省查获逃人,申解臣衙门审明。如有窝家者,又行文将两邻、十家长、地方提来审明羁监。复行文查提妻、子、家产、人口、房地册。又有将窝主之两邻、十家长、地方,并妻、子、家产、人口一并查解者。如有奸猾之辈,欲卸己罪,互相朋谋遮饰,止一二人应罪,称说其余系无辜者,或系李代桃僵。臣衙门隔离地方殊远,只得酌量再三,行文确查。且地方辽阔,远近不等,又不获应期而至。是以徒淹监禁。切思逃人之法,首重窝家。其邻佑、十家长皆因窝家之所致也。自今以后,臣衙门止定拟窝家,其邻佑、十家长、地方,就近交付总督、抚审明,将妻、子、家产、人口、房地册一并申解。俟到日,照例将房地册交与户部,其邻佑人等及妻、子、家产、人口一并流徙尚阳堡。庶狱底减久淹监禁之人,而长途亦免连累之苦矣等因。康熙元年(1662)十二月二十日题。

本月二十二日奉旨:"这本解各犯,应照远近立限,尔衙门定议具奏。余依议。钦此。"钦遵于本日到部,相应议复等因呈堂。该臣等议得,查吏部照地方远近,自文到之日题定限期。直隶、山东、山西、河南、陕西,限四个月;江南、浙江、湖广、江西,限五个月;福建、广东、广西,限六个月;云南、贵州、四川限七个月复到。倘有繁大事情,限内难结者,许令题明宽限。其限期违一月者,罚俸三个月;违二月者,罚俸六个月；违三月者，罚俸九个月；违四五个月者，罚俸一年；违半年以上者，降一级调用；违一年以上者，降二级调用；二年以上者，革职等语。今各省督抚起解各犯，其限期应照此定例行可也。臣等未敢擅便，谨题请旨等因。康熙二年（1663）正月初十日题。

本月十二日奉旨："依议。"

兵部督捕：为请旨以便遵行事。

奉旨："着会同吏、兵二部议奏。钦此。"钦遵。该臣等会同吏、兵二部，议得凡督捕衙门一应参处事件，若候行文督抚查取职名，俟到日题参，不唯耽延日久，而且迟误事件。自今以后，督捕衙门如有参处之事，即指该地方府、州、县名色题参，请敕该省督抚将耽延迟误情由查明，确指职名具疏奏闻。俟该督抚查明具疏之后，照九卿科道会议定例，着原参督捕衙门确查明白具复。若有应处者，文官交与吏部，武官交与兵部议处。如无应处之罪，督捕衙门即行复结可也。该臣衙门议德云云。敕下督抚查明职名，确指题参前来，即敕下吏、兵二部议处可也等因。康熙元年（1662）四月十三日题。

本月十七日奉旨："依前议。"

和硕显亲王等题：为遵例题叙，以示鼓励事。

兵科抄出吏部复兵部督捕题前事。奉旨："议政王、贝勒、大臣、九卿、科道会议具奏。钦此。"该臣等公会议得，先巡抚所属地方查解逃人七十五名，纪录一次；查解逃人一百五十名，加一级。如多解者，照数递加。今巡抚所属地方查解逃人二百名，纪录一次；查解逃人四百名，加一级。先总督所属地方查解逃人三百名，纪录一次；查解逃人六百名，加一级。今总督所属地方查解逃人四百名，纪录一次；查解逃人八百名，加一级。总督、巡抚拿获逃人多于此数者，照数纪录、加级可也。奉旨："依议。"

督捕则例

《督捕则例》始纂于康熙十五年(1676),由索额图等人在《钦定逃人事宜》基础上酌量新旧条例纂辑而成,计条例113条,同年由内府刊印。乾隆八年(1743),徐本等重辑《督捕则例》,纂定则例103条,交由武英殿刊刻。此后《督捕则例》在乾隆朝、嘉庆屡有增删,其中以乾隆三十二年(1767)、乾隆四十三年(1778)、嘉庆六年(1801)增删改易较多。此后仅嘉庆十九年(1814)、道光元年(1821)、道光五年(1825)、道光十四年(1834)零星修改。

[兵部督捕:会同改定则例请旨刊刷疏（康熙十五年）]

兵部督捕谨题:为钦奉上谕,会同改定则例事。

康熙十五年(1676)正月十四日,奉上谕:"谕兵部督捕衙门:逃人事情关系旗下重大。前因恐致百姓株连困苦,故将条例屡行更改减定,期于兵、民两益。近见各该地方官奉行疏玩,缉获日少,旗下民生深为未便。兹应遣部院大臣会同尔衙门,将新旧条例逐一详定,务俾永远可行。其应差官员职名,着即开列具奏。特谕。钦此。"钦遵。将卿员以上职名开列,于康熙十五年(1676)正月二十四日题。

本月二十六日奉旨:"着索额图、熊赐履、梁清标、介山、折尔肯、达哈塔、田六善会同详定。钦此。"钦遵。臣等会同督捕衙门,将新旧条例逐一酌量,重加详细定议,缮造满汉黄册二本进呈御览.恭候命下之日刊刷,通行内外。着各该督抚亦行刊刻,晓谕民间遵行可也。臣等未敢擅便,谨题请旨等因。

康熙十五年(1676)二月二十七日题。

四月初五日奉旨:"依议。其册内所批一款,仍照现行例行,册并发。"

[徐本等:重修《督捕则例》告竣恭请圣裁折(乾隆八年)]

律例馆总裁官大学士臣徐本等谨奏:为恭请圣裁,以昭法守事。

窃查律例为刑名准则,民命攸关。《大清律例》全书仰蒙皇上睿鉴周详,钦加厘定。至于旗逃一项,乃律书所未备。自我朝定鼎之初,世祖章皇帝特命臣工纂成《督捕则例》,嗣于康熙十五年(1676)复蒙圣祖仁皇帝钦点大学士臣索额图等重加酌定,刊布遵行,迄今七十余年,未经修辑。其间有内外臣工条奏奉旨准行,尚未载入例内者;有钦奉谕旨改定,而例内仍载原文者;更有旧例相沿,而与现今钦定之刑律互异者,或事一而例歧,或情同而罪异。查阅易致混淆,援引恐滋高下。前经臣等奏请,将《督捕则例》重加修辑,奉旨:"依议。钦此。"钦遵。臣等率同提调官臣德昌,纂修官臣唐绍祖、臣周琬、臣阿林泰、臣兆珠纳等,将旧刻条例并现行成例详细参核,所有前后互异者更正之;款分事同者,并辑之;间有例意不足及字句繁冗未明者,增删之。谨就旧刻则例一百一十三条内,二条分为五条,又四条并为二条,敬拟删除三十四条,增入二十三条,共计现在纂定则例一百三条,恭缮清汉黄册各二本,装潢二函进呈御览,伏候钦定。至地方各官拿获逃人议叙加级之处,例由刑部磨对册籍,转行咨送,应仍载入,以备检查。其失察议处各条,吏部、兵部俱有处分则例,无庸重载。间有议罪兼及处分者,止声明交部议处。仍将例内议处、议叙各条移送吏部、兵部分别查核,载入各该部处分则例内,用昭划一,以便遵行。臣等未敢擅便,谨奏请旨,等因。于乾隆八年(1743)三月十四日奏。

本月十六日奉旨:"知道了。钦此。"

[衔　名（康熙十五年）]

太子太傅、户部尚书、保和殿大学士，加一级	臣	索额图
刑部尚书、武英殿大学士，加一级	臣	熊赐履
经筵讲官、户部尚书，加一级	臣	梁清标
都察院左都御史	臣	介　山
经筵讲官、吏部左侍郎，管右侍郎事，加一级食俸，又加一级	臣	折尔肯
都察院左副都御史，加二级	臣	达哈塔
都察院左副都御史，加二级	臣	田六善
经筵讲官、兵部督捕左侍郎，加一级	臣	郭四海
右侍郎	臣	李赞元
刑部尚书，加三级	臣	陶　赖
经筵讲官、尚书，加二级	臣	张廷枢
左侍郎，暂理仓场事务，兼太仆寺事	臣	阿锡鼐
左侍郎，加三级	臣	王景曾
右侍郎，加二级	臣	六　相
右侍郎	臣	周道新
督捕司郎中，加一级	臣	李　雍
员外郎，加一级	臣	那　秦
员外郎，兼太常寺寺丞，加二级	臣	吉尔赛
署督捕司事主事，加一级	臣	李　存
主事	臣	阎纮玺

[衔　名(乾隆八年)]

武英殿监理

和硕庆亲王	臣	弘　昼

总裁官衔名

经筵讲官、太子太保、东阁大学士,兼礼部尚书、兼管户部尚书事务,加六级	臣	徐　本
经筵讲官、议政大臣、协办内阁大学士事务、礼部尚书,仍管太常寺鸿胪寺事务,加二级	臣	三　泰
经筵讲官、吏部尚书,加三级又军功加二级,纪录十五次又军功纪录二次	臣	史贻直
议政大臣、内大臣、刑部尚书,兼内务府总管,纪录四次	臣	来　保

刑部堂官衔名

议政大臣、内大臣、刑部尚书,兼内务府总管,纪录四次	臣	来　保
经筵讲官、吏部尚书,暂兼管刑部尚书事,加二级又军功加二级,纪录十五次又军功纪录二次	臣	史贻直
经筵讲官、刑部尚书	臣	张　照
正蓝旗满洲都统,兼刑部左侍郎,暂兼管户部侍郎事,纪录四次	臣	盛　安
刑部左侍郎,纪录二次,署理福建巡抚印务	臣	周学健
刑部右侍郎,世袭骑都尉,纪录十二次	臣	托　时

提调官衔名

刑部堂主事	臣	德　昌
刑部奉天司员外郎,纂修官,兼管提调事	臣	图　南
刑部四川清吏司额外员外郎,纂修官,兼管提调事	臣	周　琬

纂修官衔名

刑部贵州清吏司郎中	臣	唐绍祖
刑部四川清吏司额外员外郎	臣	周　琬
刑部奉天司额外主事	臣	阿林泰

原任巴沟通判	臣	兆珠纳
刑部奉天司员外郎	臣	图　南
刑部江苏清吏司主事,兼管纂修事	臣	涂锡禧
收掌官衔名		
刑部笔帖式	臣	岳　凝
刑部笔帖式	臣	富尼汉
翻译官衔名		
候补笔帖式	臣	明　德
	臣	成　善
誊录官衔名		
候补笔帖式	臣	满　普
	臣	福尔泰
	臣	德克进
	臣	克星额
	臣	马受福
	臣	明　善
	臣	坤　禄
	臣	马进泰
武英殿监造		
内务府南苑郎中,兼佐领,加五级,纪录十次	臣	雅尔岱
内务府慎刑司员外郎,纪录一次	臣	永　忠
内务府广储司司库,加二级	臣	三　格
监造,加一级	臣	李　保
监造	臣	郑桑格
库掌	臣	李延伟
库掌	臣	虎什泰

八旗逃人分别次数治罪

【1676】D.1

一、凡旗人初次逃走者,左面刺“逃人”满汉字样,鞭一百;二次逃走者,右面刺字,亦鞭一百;三次逃走,交与刑部正法。

【1743】○修改

臣等谨按:三次逃犯正法之例,已于康熙二十五年奏明改拟发遣。至逃走二次者,于雍正六年,经刑部等衙门奏准,除鞭责刺字外加枷号一个月,俱现在遵行。此条应照现行定例改辑,谨将改辑例文,开列于后。

一、凡旗人初次逃走者,左面刺清汉“逃人”字,鞭一百;二次逃走者,右面刺字,枷号一个月、鞭一百;三次逃走者,右面刺所发地名,咨送兵部,发宁古塔、乌拉等处给披甲人为奴。

【1743】D.1(略)

【1767】○修改

臣等谨按:此条系八旗逃人分发次数治罪之例。原例内“旗人”二字,原指旗下正身,而家奴亦在其内。嗣于乾隆十八年(1753)定例,旗下正身逃走,在一月以外,系满洲、蒙古,发黑龙江;系汉军,问拟实流。又乾隆三十年(1765)钦奉上谕,旗下满洲、蒙古另户逃走,一月以内拿获及投回者,派往伊犁,俱各有专条载入例册。惟家奴逃走治罪,仍用此例,则此条系旗下家奴专例矣。拟合将例内“旗人”二字改为“旗下家人”,并将例目“八旗逃走分别次数治罪”一语一并改为“八旗家人逃走分别次数治罪”。至汉军逃人一月内拿获,应仍照此例分别次数枷责。及逃至三次拟流之处,已备载前条例内。合并声明。

八旗家人逃走分别次数治罪

一、凡旗人家人初次逃走者,左面刺清汉“逃人”字,鞭一百;二次逃走者,右面刺字,枷号一个月、鞭一百;三次逃走者,右面刺所发地名,咨送兵部,发宁古塔、乌喇等处给披甲人为奴。

【1801】○修改

臣等谨按:此条系八旗家人逃走分别次数治罪、刺字之例。查旗下家人逃走一二次,罪应鞭责、枷号、刺字者,发落后,交旗给伊主管束。如伊主不愿领回者,交县与民人一体管束。其应否刺字,例内并无明文。查嘉庆四年(1799),臣部准内务府“拿获逃奴连升等送部办理”案内,查据伊主员外郎苏章阿,不愿将该犯等领回,经臣部交县管束,照追身价给主,并声明连升等例应面刺“逃人”字。今据交县为民,将来毋庸计算逃走次数。若仍面刺“逃人”字,该犯等是奴是民,未免混淆,应予免刺等因,咨结在案,例内应行申叙。谨将修改例文,开列于后。

一、凡旗人家人初次逃走者,左面刺清汉“逃人”字,鞭一百;二次逃走者,右面刺字,枷号一个月、鞭一百。均交旗给主领回。如伊主不愿领回者,免其刺字,交县与民人一体管束。三次逃走者,右面刺所发地名,咨送兵部,发宁古塔、乌喇等处给披甲人为奴。

【1814】〇修改

修改按语见“卖身行诈”条【1814】修改项下。

一、凡旗人家人初次逃走者,左面刺清汉“逃人”字,鞭一百;二次逃走者,右面刺字,枷号一个月、鞭一百。均交旗给主领回。如伊主不愿领回者,免其刺字,交县与民人一体管束。三次逃走者,发各省驻防给官员兵丁为奴,照例刺字。

【1825】〇修改

臣等谨按:旗下家人妇女有犯逃走,照例科断,按律收赎。原例系载在“另户旗人逃走”条内。查旗下家人逃走与正身旗人逃走,定例各有区别,自应将旗下家人妇女逃走,归入旗下家人逃走条内,以昭画一而免牵混。谨将修改例文,开列于后。

一、凡旗下家人初次逃走者,左面刺“清、汉逃人”字,鞭一百;二次逃走者,右面刺字,枷号一个月,鞭一百,均交旗给主领回。如伊主不愿领回者,免其刺字,交县与民人一体管束。三次逃走者,发各省驻防给官员兵丁为奴,照例刺字。旗下家人妇女有犯逃走者,亦照此科断,按律收赎,均免刺字。

【1825】D. 42. 1(略)

【1767】〇续纂

一、盛京旗下家奴,如为匪畏罪逃走,初次枷号两个月,二次酌发驻防兵丁为奴。

臣等谨按:此条系乾隆二十七年(1762)十一月盛京将军舍图肯条奏及三十二年(1767)四月军机大臣会同臣部奏准定例,应纂辑遵行。

【1801】〇修改

臣等谨按:盛京旗下家奴为匪逃走二次者,发往伊犁等处驻防兵丁为奴,“名例”内立有专条。此条酌发驻防为奴,系指各省驻防,与“名例”不符,应行修改。谨将修改例文,开列于后。

一、盛京旗下家奴,如为匪畏罪逃走,初次,枷号两个月;二次,发往伊犁等处驻防兵丁为奴。

【1821】〇修改

臣等谨按:嘉庆二十二年(1817)四月内,臣部议复升任伊犁将军长龄奏“伊犁遣犯日多,请为调剂”案内,将盛京旗下家奴二次逃走一条,改发各省驻防为奴等因,奏准在案。原例内“发往伊犁等处为奴”之处,应行修改。谨将修改例文,开列于后。

一、盛京旗下家奴,如为匪畏罪逃走,初次枷号两个月,二次改发各省驻防为奴。

【1825】D.42.1(略)

另户旗人逃走

【1767】○续纂

一、另户满洲、蒙古逃走,在一月以内自行投回及拿获者,连家属一并发往伊犁,赏给步甲钱粮,当差行走。如赏给钱粮后,仍不悛改,复行逃走,不必派人查拿。即拿获,亦不必照军逃例即行正法。着于满洲、蒙古档册,将伊等名籍销除,任其所之,无庸办理。

臣等谨按:此条系乾隆二十八年(1763)十一月钦奉上谕:"定例另户满洲、蒙古逃走,在一月内自行投回者,交该旗管束;拿获者,分别初次、二次,鞭责、枷号,交该旗管束。夫身为满洲、蒙古世仆而至于逃走,必其素行卑鄙,或债负逼迫所致。伊等现食钱粮,尚且逃走,若革去钱粮,岂复能安分静守耶?即交与该都统、大臣等,亦难管辖,不过仍然逃走耳。与其令伊等既回复逃,莫若赏给钱粮,派往伊犁当差。着交八旗都统等将乾隆十八年(1753)定例以后,另户满洲、蒙古逃走,在一月内自行投回及拿获者,俱行查明,连家属一并派往伊犁,赏给步甲钱粮,当差行走。如赏给钱粮后,仍不悛改,复致逃走,此则匪劣性成,终身不能改悔者,竟不必派人查拿。即拿获,亦不必照军逃例即行正法。着于满洲、蒙古档册即将伊等名籍销除,任其所之,毋庸办理。著为令。钦此。"恭纂为例,以便遵行。

【1767】○修改

臣等谨按:此条原例内赏给钱粮之后,复致逃走,不必查拿。即拿获,亦不必照军逃例正法。着于满洲、蒙古档册,将伊等名籍削去,任其所之,无庸办理等语。本年六月内,军机大臣会同臣部议复伊犁将军阿桂条奏,此项人犯,本系犯逃发往,今在伊犁复又逃窜,即系二次犯逃,实属怙恶,自应分别严惩。请将脱逃后投回者,重枷责惩,被获者正法等因在案。拟于此条例内遵照更正,合并声明。

一、另户满洲、蒙古逃走,在一月以内自行投回及拿获者,连家属一并派往伊犁,赏给步甲钱粮,当差行走。如赏给钱粮后,仍不悛改,复至逃走者,如自行投回,用重枷枷号五个月,痛加责惩,折磨差使;若被拿获者,即行正法。

【1778】○续纂

一、另户满洲蒙古逃走,一月以内投回及拿获,应发伊犁之犯,如于刑部审结,交旗起程时,复犯逃走,被获者,拟绞监候;自行投回者,枷号三个月,仍发伊犁,交该管官严行管束。

臣等谨按:此条系乾隆四十一年(1776)四月内,臣部审拟镶蓝旗满洲披甲兴格逃走,在一月以内自行投回,拟发伊犁充当步甲,交旗起程时,该犯复犯脱逃被获,臣等以该犯二次逃脱,实属怙恶。若即照例配食钱粮当差复行逃走被获之例,拟以立决,又未免无所区别。请将兴格照派往当差逃走拿获正法例,量减为拟绞监候,秋后处决等因,奏准在案,应纂为例。再查拟发伊犁,起程时二次逃走拿获,既设专条,其自行投回作何治罪之处,亦应增入。查由京二次逃走被获,既照到配当差逃走例量减拟以绞候,其自行投回,亦应缓决;派往当差逃走投回枷号五个月之例,量减为枷号三个月,仍发伊犁严加管束,以昭平允。合并声明。

【1778】○续纂

一、凡另户满洲、蒙古派往伊犁赏给步甲钱粮、当差行走之人,如有脱逃投回,枷号五个月,痛加责惩,折磨差使之后,复犯逃走,自行投回,拟斩监候,入于秋审办理。若奉旨免勾,将该犯永远监禁,遇赦不准援赦。

臣等谨按:此条系乾隆四十二年(1777)三月内,伊犁将军伊勒图审拟步甲六十发往伊犁先行逃走投回,拟以枷号五个月,折磨差使。今复犯脱逃投回,将六十拟以枷号一年,改发回疆等因咨请部示。经臣部以六十自行投回,虽与拿获者有间,但仍拟枷号,恐该犯枷满之后,故智复萌,屡逃屡回,无以杜怙终之渐,请将六十改拟斩候奏准定例,应纂辑遵行。

【1801】○修并

【原例】"另户旗人逃走"原例三条(略)、"在京旗人逃走"原例(略)、"绥远城等处驻防旗人逃走"原例(略)、"妇女逃走"原例(略)

臣等谨按:以上六条,俱系旗人逃走治罪之例。查旗人逃走,雍正六年(1728)旧例,俱分别次数及投回、拿获定拟,鞭责、发遣。其原例内,一月以内,不论投回、被获,发新疆当差;复逃被获者,即行正法,系乾隆二十八年(1763)改例。嗣于嘉庆四年(1799),臣部于"酌复旗逃旧例"折内奏称:"旗人有犯逃走,固属罪有应得,而核其逃走之情,或因贫难度日,或因负欠无偿,其情不一。若不论投回、被获,概拟发遣,在被获者,一经逃逸,即拟遣戍,已觉法重情轻,若投回者,亦不能减免,则人皆畏罪观望,转以阻其自新之路。自应酌复旧刺,以敷咸中之治。至汉军与满洲、蒙古旗人,均系蒙恩豢养世仆,有犯逃罪,亦应一律办理。应请嗣后凡另户旗人逃走,无论满洲、蒙古、汉军,初次逃走被获者,鞭一百;一年内投回,免罪;一年以外投回,鞭六十。二次逃走被获者,枷号一个月,鞭一百;六个月内投回,免罪;六个月以外投回,鞭八十。三次逃走被获者,发黑龙江等处当差;三个月内投回,免罪;三个月以外投首者,鞭一百。投回三次复逃走者,虽自行投回,不论年月,即照初次逃走被获例,鞭一百,交旗管束。仍俱准其挑补差使,以资养赡。盛京等处并各省驻防及屯居旗人,有犯逃走,俱照此分别次数办理。其知情窝逃者,照知情藏匿罪人律减罪人罪一等,不知者不坐等因具奏。奉旨:"依议。钦此。"钦遵在案。应遵照修改,并将数条旧例修并为一,以昭简易。又查新例既按照拿获、投首,分别次数办理,自不得以投回次数并入拿获项内,致滋牵混。应注明"被获不与投回并算,投回不与被获并算"等语,以昭明晰。又查妇女逃走,自应照此例分别收赎。应将妇女逃走原例并入,合并声明。谨将修并例文,开列于后。

在京另户满洲、蒙古、汉军初次逃走,被获者,鞭一百;一年内自行投回免罪,一年以外投回鞭六十。二次逃走,被获者,枷号一月、鞭一百;六个月内投回免罪,六个月以外投回鞭八十。三次逃走,被获者,发黑龙江等处当差;三个月内投回免罪,三个月以外投回者鞭一百。被获不与投回并算,投回不与被获并算。投回三次后复逃者,虽系自行投回,不计年月,即照初次逃走例鞭一百,交旗管束,仍俱准其挑补差使。其罪应发遣者,妻妾子女愿随者听,该将军严加约束,岁底将该犯等曾否改悔之处汇奏。如果安静守法,亦即准其挑补差使。倘在配怙恶不悛及逃走者,削除旗档,改发云贵两广边远地方,听其自谋生理,令地方官与民人一体严加约束。刑部于岁终,将报逃人数汇疏以闻。至盛京等处,并各省驻防及屯居旗人,有犯逃走,俱照此例分别次数办理。其各省驻防失察逃走兵丁之该管各官,交部分别议处。至在京及各处旗下另户妇女,及旗下家人妇女,有犯逃走,亦照此科断,按律收赎。

【1825】○修改

臣等谨按:道光五年(1825)四月内,管理镶黄旗满洲都统英和等条奏"惩劝旗人"折内,声请嗣后旗人逃走者,初次或实因病迷,仍准投回挑差。如逾限一月后,无论投回、拿获,及二次逃走者,即行销档。若官员有心逃走一次,即行革职、销档等因,奏准在案。所有旧例内,旗人逃走分别次数治罪之处,应行修改。至旗下家人、妇女有犯逃走,应归入八旗家人逃走条内,以免牵混。谨将修改例文,开列于后。

一、在京旗下官员逃走一次者,革职,销除旗档。其另户满洲、蒙古、汉军闲散旗人,逃走初次,或实因病迷,一月以内,投回者免罪,被获者鞭一百,俱仍准挑差。如已逾一月,无论投回、拿获,及二次逃走者,均销除旗档为民,听其自谋生理。刑部于岁终将报逃人数,汇疏以闻。至盛京等处并各省驻防及屯居旗人有犯逃走,俱照此例分别办理。其各省驻防失察逃走兵丁之该管各官,交部分别议处。在京及各处旗下另户妇女有犯逃走,亦照此科断。

【1825】D.1(略)

【1835】○修改

臣等谨按:道光十年(1830)十二月初四日,奉上谕:"富俊奏'请酌改条例,以裕生计而重武备'一折。吉林旗人,非内地环居乡村可比,均沿江倚山,星散而居,距城二三百里不等。向俱于不碍围场禁山外,捕打牲畜,演习枪马,习与性成,不待官为操演,自己精熟。一经挑差,即可得力。自英和等改逃旗定例,该管官自顾考成,照例查禁。旗人亦虑致销旗档,不敢远出。复经奕颢等以该处围场,鹿只稀少,查禁鸟枪。凡购买鹿茸、皮张、筋骨者,经由沈阳,立即严拿究办。以致商人裹足,旗人无处销售,渐不学习鸟枪。非特生计日绌,于武备亦大有关碍。富俊请酌改条例,自系实在情形。嗣后吉林所属旗人,初次逃走,仍照旧例,被获者鞭一百;一年以内自行投回者,免罪;一年以外投回者,鞭六十。其二次逃走者,无论投回、拿获,俱行销档为民。俾旗人得以从容操演鸟枪，赴山捕打牲畜，克成图家劲旅等因。钦此。”又道光十四年(1834)三月内，据前任黑龙江将军富僧德等奏称，黑龙江旗人，均赖畋猎、耕种。有因耕种散布村居者，亦有因就水草游牧者，与内地聚处城郭附近者不同。遇有出外畋猎，或出外觅工，因告假领票，有误往返，仅向家中说明外出方向。迨该旗稽查未获，即行报逃。逾限一月，咨部销除旗档。使年力精壮汉仗好者，终身废弃。且有不肖之徒，以业经销档，任意游荡，而安分之人，又恐因畋猎外出，逾期销档，竟致旷其畋猎，废其技艺，生计亦无裨益。可否照吉林旗逃一体办理等语。经部查，黑龙江旗人与吉林旗人情形大略相同，迥非内地各省旗人可比。吉林旗逃之例，既经奏明改照旧章，所有黑龙江旗逃之例，自宜查照办理，以昭画一。其余各省仍不得援以为例等因具奏，奉旨允准在案，应于例内修改明晰。谨将修改例文，开列于后。

一、在京旗下官员逃走一次者，革职，销除旗档。其另户满洲、蒙古、汉军闲散旗人，初次逃走，或实因病迷，一月以内，投回者免罪，被获者鞭一百，俱仍准挑差。如已逾一月，无论投回、拿获，及二次逃走者，均销除旗档为民，听其自谋生理。刑部于岁终将报逃人数，汇疏以闻。若盛京并各省驻防及屯居旗人有犯逃走，俱照此例分别办理。其各省驻防失察逃走兵丁之该管各官，交部分别议处。在京及各处旗下另户妇女有犯逃走，亦照此科断。至吉林、黑龙江所属旗人初次逃走，被获者鞭一百，一年以内自行投回者免罪，一年以外投回者鞭六十；二次逃走者，无论投回、拿获，俱销除旗档为民。

【1847】D.1(略)

在京旗人逃走

【1756】○续纂

一、在京旗人逃走，于一月以内拿获，或自行投回，仍照旧例治罪，交旗管束外，其在一月以外，不论投回、被获，查系满洲、蒙古佥妻发黑龙江等处当差，有子女愿随者听。该将军严加约束，岁底将该犯等曾否改悔之处汇奏。如知儆惧改悔者，即入本地丁册一体食粮当差；怙恶不悛者，将该犯及随带子女改发云贵川广边远地方，听其自行生理，令地方官与民人一体约束，旗册除名。系汉军，照民人犯流罪例分别次数，按三流道里安插为民，一次流二千里，二次流二千五百里，三次流三千里。同妻一并销除旗档。其在逃匪类，虽在一月内投回，而该旗奏明送部发遣者，系满洲、蒙古，发往拉林；汉军，仍照民人例分发各省。至污闭迷路在逃，年在十五岁以下者，仍照旧例办理。若在十六岁以上，亦与逃人同罪。该管参、佐领等均交兵部议处。刑部于岁终将报逃人数汇疏以闻。

臣等谨按：此条系乾隆十八年(1753)五月内军机大臣会同八旗大臣并十二月内大学士、忠勇公傅恒遵旨议准条例。编纂为例，以便遵行。再按：条奏内称，污闭迷路在十五岁以下，而投回在十五岁以上者，亦照逃人例办理等语。臣等按“名例”载，年十五岁以下犯流罪以下，并听收赎。又称犯罪时幼小，事发时长大，依幼小论。盖以幼稚无知犯法而特原之也。今污闭迷路之人,年已长大,本系脱逃而诡称污迷,殊属狡猾,自应严法示惩。若年在十五以下,或系无知误犯,或被人哄诱,情节不一。及至年长自行投回,尚有悔过之意,与年十六岁以上者有间,似应予以自新之路。臣编辑定例,均请以十六岁为断,是否有当,恭候睿裁。

【1767】〇修改

臣等谨按:此条原例有旗人逃走一月以内拿获或自行投回,仍照旧例治罪,交旗管束等语。查新例满洲、蒙古另户逃人,一月内或拿获或投回,俱派往伊犁当差,详载首条,此处应遵照改正。再汉军逃人治罪,旧例一月以内投回者免罪,拿获者分别次数枷责,逃至三次及在一月以外,销除旗档,问拟实流,应增入此条例内,以便引用。又原例内有在逃匪类,虽一月内投回,而该旗奏明送部发遣者,系满洲、蒙古,发往拉林一节。查满洲、蒙古另户逃人,一月内投回,已派往伊犁,何况在逃匪类,亦应改发伊犁。惟汉军仍照旧例。此处亦应改正。拟将原例改为在一月内投回,除满洲、蒙古照例发往伊犁外,如系汉军,经该旗奏明送部发遣者,亦照民人例分发各省。再原例内"佥妻"二字应删去,"子女原随者听"一句应添"妻妾"二字,合并声明。

一、在京旗人逃走,系满洲、蒙古,在一月以内不论投回、被获,发黑龙江等处当差,妻妾子女愿随听。该将军严加约束,岁底将该犯等曾否改悔之处汇奏。如知儆惧改悔者,即入本地丁册,一体食饷当差;怙恶不悛者,将该犯及随带妻子改发云贵两广边远地方,听其自行生理。令地方官与民人一体约束,旗册除名。系汉军,在一月以内,投回者免罪;拿获者,初次鞭一百,二次枷号一个月、鞭一百。如逃至三次及在一月以外,不论投回、被获,照民人犯流罪例,分别次数,按三流道里安插为民,一次流二千里,二次流二千五百里,三次流三千里。同妻一并销除旗档。其在逃匪类,在一月内投回,除满洲、蒙古,仍照例发往伊犁外,如系汉军,经该旗奏明,送部发遣者,亦照民人例,分发各省。刑部于岁终将报逃人数汇疏以闻。

【1801】〇修并

修并按语并修并后例文见"另户旗人逃走"条【1801】修并项下。

窝逃及邻佑人等分别治罪

【1676】D. 2

一、凡窝逃正犯之祖父、父亲,有愿随去者,准其随去外,窝家责四十板,将妻及未分居子孙,一并流徙尚阳堡,房地入官。其两邻枷号三个月,各责四十板;十家长、地方,各责四十板,徒三年。

【1743】〇修改

臣等谨按:乾隆三年(1664)经刑部等衙门奏准定例:凡民人窝留旗逃,不知情者,六个月以内免议。过六个月,杖一百。十家长、地方、邻佑人等均照不应重律杖八十。如明知旗逃,故意容留者,过三个月,杖九十、徒二年半,十家长等杖一百。若过一年者,窝家杖一百、徒三年,十家长、地方、邻佑人等,各杖六十、徒一年。其失察及明知逃人不行查拿之地方官,交部分别议处。武职亦照文职例议处等因。奉旨:“依议。”钦遵在案。此条应遵照奏定则例改辑。谨将改辑例文,开列于后。

一、凡民人不知系旗下逃人,误行容留,六个月以内者免议,过六个月杖一百;十家长、地方、邻佑人等,均照不应重律各杖八十。如知情窝留三月以内者,照知情不首律杖一百。过三个月者,杖九十、徒二年半;十家长、地方、邻佑人等,俱杖一百。若过一年以上者,窝家杖一百、徒三年;地方及十家长、邻佑人等,各杖六十、徒一年。其失察及明知逃人不行查拿之地方官,交部分别议处,武职亦照文职例议处。

【1743】D.2(略)

【1801】○修并

【原例】“窝逃及邻佑人等分别治罪”原例(略)、“旗人窝逃”原例(略)

臣等谨按:以上二条,系民人、旗人知情窝留逃人分别治罪之例。查臣部于嘉庆四年(1799)奏明酌复旗逃治罪旧例,按照脱逃次数,及投回、拿获,分别治罪。并声明知情窝留者,照知情藏匿罪人律减罪人罪一等,不知者不坐等因具奏。奉旨:“依议。”钦遵在案。二条旧例,应遵照修改。又查民人窝逃,其邻佑、十家长,及旗人之该管领催、家奴之主,如系知情不首,应照不应重律办理,民人杖八十,旗人鞭八十,系官交部议处,不知者不坐。原奏未经议及,应增入。又查逃人治罪,既奏准酌复旧例,其地方官失察及不行查拿处分,亦应较旧例减轻,应改“议处”二字为“察议”,合并声明。谨将修并例文,开列于后。

一、凡旗民知情窝留旗下逃人者,照知情藏匿罪人律,各减罪人一等治罪。民人邻佑、地方十家长知情不首者,杖八十。旗人该管领催及家奴之主知情者,鞭八十;系官,交部议处。不知者,俱不坐。其失察及明知逃人不行查拿之地方文武官,交部分别察议。

【1825】D.2(略)

另户人不刺字

【1676】D.3

一、凡另户、护军、兵丁及闲散人逃走者,免刺字,鞭一百。出兵者逃走跟役投回家者,鞭一百问。各本佐领、骁骑校及弟兄若称解送者押解,不必解送者,不解送。护军兵丁、奴仆兵丁投回家者,鞭一百,押送出兵处。如被旁人拿获,并地方官拿解者,虽系官员子弟,概不分别,拿送墩门。俟同次出征之兵到日,鞭、刺。又宗室公以上家下庄头及户堂官庄头、光禄寺园头逃者,照另户人例免刺字。其庄头下壮丁逃走者,照常鞭、刺。

【1743】○修改

臣等谨按:此条内出兵处逃走一项,于雍正十年经刑部等衙奏准,定有专条,业经载入“刑律”,毋庸另纂。至另户人并公以上家下庄头等逃走免刺,其开户人逃人应否免刺,例无明文。查刑部向来办理,俱系照另户人例免刺。相应增辑,以便引用。再庄头下壮丁有家人、有子孙,例内但云庄头下壮丁照常刺字,语未明晰,应于“庄头”字下增出“家”字。谨将增删例文,开列于后。

一、凡另户、护军、兵丁及闲散人逃走者,分别次数,鞭责、枷号,免其刺字。三犯者,发遣当差。宗室公以上家下庄头及户部官庄头、光禄寺园头,并开户人逃走者,亦照另户例免刺字。其庄头家下壮丁逃走者,仍照常刺字。

【1743】D.3(略)

【1767】○修改

臣等谨按:此条原例有另户、护卫兵丁及闲散人逃走,分别次数鞭责、枷号,三犯者发遣当差。开户人逃走者,亦照另户人免刺等语。查另户旗人逃走,另有分别治罪新例载在前条,此条内分别次数鞭责、枷号,及三犯发遣当差等句,系属重复,拟合删去。至八旗开户,已于乾隆二十一年(1756)钦奉上谕,俱放出为民。所有原例内“并开户人”四字,亦应删去。

一、凡另户护军兵丁及闲散人逃走者,免其刺字。宗室公以上家下庄头并户部官庄头、光禄寺园头逃走者,亦照另户人例免刺。其庄头家下壮丁逃走者,仍照常刺字。

【1825】D.3(略)

十日内拿获不刺字

【1676】D.4

一、凡逃人逃走,十日内拿获者,免刺字,鞭一百,不算逃走次数。过十日者,鞭、刺。盗器械、财帛、牲口等物逃走者,不论十日,即行鞭、刺。其窝家、地方官功过照例如过十日者究议。

【1743】○修改

臣等谨按:雍正六年(1728)定例,凡逃人于逃走时窃骑马骡、持带器械后,虽自行投回,无论年月多寡,枷号两个月,鞭一百等因,遵行在案。今此案内盗器械、财帛、牲口等物逃走之犯,罪止鞭、刺,与现行定例不符,应改辑。至奴仆偷盗家主财帛逃走者,刑例有计赃照窃盗加等治罪之条,亦应增注。再窝家、地方官究议之处,谨查乾隆三年奏准定例,窝家分别知情、不知情治罪,地方官分别年限议处。均应另立科条,此处应删。谨将增删改辑例文,开列于后。

一、凡逃人十日内拿获者,鞭一百,免刺,不算逃走次数。凡逃人计算次数,家奴以曾经刺字为坐,另户以曾经鞭责、记有档案为坐。过十日者,即照例治罪。若窃骑马骡、持带器械逃走被获者,不论十日内外,枷号两个月,鞭一百。系家奴,仍照例刺字。其奴仆偷窃伊主财物逃走,计赃重者,照刑例从重治罪。

【1743】D.4(略)

出兵掳获之人中途逃走

【1676】D.5

一、凡顺治元年(1644)以后出兵掳获之人,未到家之先,中途逃走后被获者,免刺字,鞭一百,给与原主。窝家责四十板释放,邻佑、十家长、地方毋庸议。

【1743】○删除

臣等谨按:此条系专指比时出兵被获之人逃走而言,应删。

逃人自回自首

【1676】D.6

一、凡逃人逃走,或自回投主,或自行出首者,俱免鞭、刺,窝家亦毋庸议。

【1743】○修改

臣等谨按:雍正六年(1728)题准定例,凡另户人及旗下家人初次逃走,一年内投回者,免罪;一年以外投回者,鞭六十。二次逃走,若六个月内投回者,免罪;六个月以外投回,鞭八十。三次逃走,若三个月内投回者,免罪;三个月以外投回者,鞭一百。均免刺字。三次后仍复逃走者,虽自行投回,即照初次拿获例治罪。其有经刑部发落之后,复有在该旗吃酒行凶者,仍行送部发遣。再查各旗圈销逃档文内,另将投回逃犯在外有无为匪及逃去次数、月日多寡之处,声明咨部,照例治罪等因,遵行在案。今此条内所称逃人自回自首俱免鞭、刺之处,应改辑。谨将改辑例文开列于后。

一、凡另户人及旗下家人初次逃走,一年内投回者,免罪;一年以外投回者,鞭六十。二次逃走,六个月内投回者,免罪;六个月以外投回者,鞭八十。三次逃走,三个月内投回者,免罪;三个月以外投回者,鞭一百,系家奴,亦免刺字。俱不算逃走次数。三次后复行逃走者,虽自行投回,即照初次拿获例治罪,窝家人等免议。其有经刑部发落之后,复在该旗吃酒行凶者,即行送部发遣。再该旗圈销逃档文内,务将投回逃犯在外有无为匪及逃走次数、月日多寡之处声明,咨部照例治罪。

【1743】D.5(略)

【1767】○修改

臣等谨按:此条原例首句有"另户人"三字。查满洲、蒙古、汉军另户人逃走自回自首,另有分别流、遣、枷责专例,此条内"另户人"三字拟删去。

一、凡旗下家人初次逃走,一年内投回者,免罪;一年以外投回者,鞭六十。二次逃走,六个月内投回者,免罪;六个月以外投回者,鞭八十。三次逃走,三个月内投回者,免罪;三个月以外投回者,鞭一百,免其刺字。俱不算逃走次数。三次后复行逃走者,虽自行投回,即照初次拿获例治罪,窝家人等免议。其有经刑部发落之后,复在该旗吃酒行凶者,即行送部发遣。再该旗圈销逃档文内,务将投回逃犯在外有无为匪及逃走次数、月日多寡之处声明,咨部照例治罪。

【1825】D.5(略)

同逃先回

【1676】D.7

一、凡一家数人同逃,俱一同商量投主,先着一二人投回,口称其余在某处,行提解来者,俱免鞭、刺,窝家免究。若不曾同商投主者,照常鞭、刺,窝家治罪。

【1743】○修改

臣等谨按:前条逃人自回既经定例分别年限科断,此条内数人同逃,一二人投回并未回之数人,如曾商量投主者,俱免鞭、刺,殊未画一。再"商量投主"字样,语未明晰,均应改辑。谨将改辑例文,开列于后。

一、凡数人同逃后,商量一同投回,内一二人先回,供明余犯住处提来者,均照逃人自回例分别年限、次数科断,窝家人等免究。若不曾同商投回者,除先回各犯照自回例科断外,其余各犯照常鞭、刺,窝家人等照例治罪。

【1743】D.6(略)

携带同逃

【1743】○增入

一、凡祖父携带子孙,及伯叔兄带弟侄逃走者,将为首带逃之人,分别次数,照例刺字治罪。其随逃之子孙、弟侄,鞭一百,不算逃走次数。免其刺字。

臣等谨按:此条系雍正三年(1664)定例,应载入例册,以便遵行。

【1743】D.7(略)

一、凡逃人年六十岁以上、十五岁以下者,俱免鞭、刺,至三次,亦免发遣。其窝家及地方官功过,照例查议。其夫带妻逃,父带女、子带伊母,并兄弟带姊妹逃走者,本犯照例治罪外,随逃之妇、女,俱免其鞭、刺。

【1801】○修并

【原例】"老幼逃人及随逃妇女"原例(略)、"携带同逃"原例(略)

臣等谨按:以上二条,俱系逃人携带家口同逃之例。查"名例"载,一家人共犯,止坐尊长。此例前一条将随逃之子孙、弟侄鞭责,不惟与"名例"不符,且与后一条"随逃妇女免其鞭、刺"之例两歧。应将"随逃子孙、弟侄鞭一百"之处,改为免罪,并修并为一,以昭简易。谨将修并例文,开列于后。

一、凡逃人年六十岁以上、十五岁以下者,俱免鞭、刺;至三次,亦免发遣。其窝家及地方官功过,照例核议。其祖、父带子孙逃,伯叔、兄带弟侄逃,及夫带妻逃、父带女逃、子带伊母,并兄弟带姊妹逃走者,为首带逃者,分别次数,照例治罪;应刺字者，仍行刺字。其随逃之子孙、弟侄、妇、女，俱免其鞭责、刺字。不算逃走次数。

【1825】D.7（略）

亲属首逃

【1676】D.8

一、凡逃人亲祖父母、父母将亲子孙出首，或亲子孙出首亲祖父母、父母者，不论初次、二次，将逃人照自行出首例，免鞭、刺，不算逃走次数，地方官亦不记功。仍着地方官申解逃人时，取实系亲祖父母父母子孙甘结，及地方官印结，一并申送。情虚者，将为首保人枷号一月，责四十板；其余保人，责四十板；将地方官交与该部降一级调用。

【1743】〇修改

臣等谨按：凡逃人自首及自行投回者，定例俱系分别年限计算次数治罪。此条内称亲属首逃俱免鞭、刺，与例不符。且字句繁冗，语未明晰。至地方官降一级调用字样，语类处分则例，均应改辑。谨将改辑例文，开列于后。

一、凡逃人被伊祖父母、父母、子孙出首者，将逃人照自首自回例科断，仍着地方官取具实系亲属甘结，加具印结申送。如有假捏情弊，将为首出结之人枷号一个月、鞭一百，余人鞭一百，逃人仍照逃例治罪。加具印结之地方官，交部议处。

【1743】D.8（略）

【1778】〇修改

臣等谨按：此条原例内“仍着地方官取具实系亲属甘结”下，载有“加具印结”字样，嗣于乾隆三十一年（1766）十二月内，吏部议复河南巡抚阿思哈条奏，一切案件，如于文外复取印结者，准其停取。谨将“加具印结”四字删除。其末后“加具印结之地方官，交部议处”一句，应改为“查报不实之地方官，交部议处”，拟合声明。

一、凡逃人被伊祖父母、父母、子孙出首者，将逃人照自首自回例科断。仍着地方官取具实系亲属甘结申送。如有假捏情弊，将为首出结之人枷号一个月，鞭一百，余人鞭一百，逃人仍照逃例治罪。查报不实之地方官，交部议处。

【1801】〇修改

臣等谨按：此条系逃人亲属代首，及捏结治罪之例。查“刑律”留留养例内，捏结之人，照证佐不言实情减二等。此例枷号、鞭责，是捏结之罪，反重于逃人，且与“刑律”两歧，应行修改。又“地方官”应改为“该管官”，以昭赅备。谨将修改例文，开列于后。

一、凡逃人被伊祖父母、父母、子孙出首者，将逃人照自首自回例科断，仍着该管官取具实系亲属甘结申送。如有假捏情弊，将出结之人，照证佐不言实情律，减二等；逃人仍照逃例治罪。查报不实之该管官，交部议处。

【1825】D.8（略）

各主逃人前后通算次数

【1676】D. 9

一、凡换主之逃人,或从原主家逃去,或从后主家逃去,以鞭、刺计算,共至三次者,俱无论换主,正法。

【1743】○修改

臣等谨按:逃走三次正法之例已经改拟发遣。在“换主”二字,语未明晰。均应改辑。谨将改辑例文,开列于后。

一、凡逃人被获,发落给主后,伊主转卖与人,复从后买之主家逃走者,以鞭、刺计算前后次数。共至三次者,即照例发遣。

【1743】D. 9(略)

逃人另犯他罪

【1676】D. 10

一、凡逃人在逃处犯事,如一并发觉,经刑部因罪已经鞭责,咨送督捕衙门者,免其重责,仍照例刺字。

【1743】○修改

臣等谨按:从前督捕原系另设衙门,不隶刑部,是以例内有刑部咨送督捕衙门字样。今督捕司已改归刑部统辖,凡逃人另犯有他罪者,俱由该堂官照现审之例,轮派各司会同督捕司员审定,从重归结。此条应改辑。谨将改辑例文,开列于后。

一、凡逃人在逃走处犯事一并发觉,拿送刑部,该堂官照例分司会同督捕司官审定,从重归结。应刺“逃人”字样者,仍照例刺字。

【1743】D. 10(略)

赦后逃人

【1676】D. 11

一、凡鞭、刺过逃人,在赦逃以前逃走之次数俱不论,自赦后计算三次。

【1743】○修改

臣等谨按:此案现在遵行。惟例文语气不足,应改辑。谨将改辑例文,开列于后。

一、凡三次逃犯,有一二次逃走在赦前者,俱免其通算。其于赦后逃走三次者,方拟发遣。

【1743】D. 11(略)

【1825】○修改

臣等谨按:此条例内所称逃犯,系兼包正身旗人及旗下家人而言。今正身旗人初次逃走,逾限一月以外,无论投回、被获,及初次投回免罪后二次逃走,即应销除旗档,并无三次逃走之文。应于例内修改明晰,庶引用不致舛错。谨将修改例文,开列于后。

一、凡正身旗人二次逃走,其初次逃走在赦前者,免其并算,照初次逃走例分别办理。旗下家人三次逃走,有二次逃走在赦前者,俱免通算。其于赦后逃走三次者,方拟发遣。

【1825】D. 11(略)

官员子弟免刺

【1676】D. 12

一、凡官员子弟逃走者,免刺字,鞭一百。逃至三次者,交与刑部正法。

【1743】○删除

臣等谨按:官员子弟有犯逃走者,亦照另户例治罪,无庸另立科条,应删。

外省驻防属下人逃

【1676】D. 13

一、凡外省驻防藩王、公等在京人役逃走者,应在督捕衙门审理。其在藩王、公等彼处人役逃走者,俱交与该督抚审理。若有窝家,具空文咨报,督捕衙门复议具奏。其无窝主之逃人,即于彼处照例鞭、刺。逃人逃走三次者,具空文咨报,督捕衙门复议具题。

【1743】○修改

臣等谨按:从前原例逃走三次者,即行正法。窝家知情,本身、妻、子俱应迁徙。是以此条内有具文咨报、复议具题字样。今逃人三犯方拟发遣,窝家知情,罪止杖徒,其复议具题字样应删。再外省驻防,现今并无藩王,督捕衙门已改隶刑部。其藩王及督捕衙门字样,均应改辑。谨将改辑例文,开列于后。

一、凡外省驻防大臣、官员人等属下人役,在京逃走者,听刑部衙门审拟;其在外所随人役逃走者,俱交与该督抚审理,照例造册咨送刑部查核。若有窝家及三次逃人,咨报刑部照例办理。

【1743】D. 12(略)

公主属下人逃

【1676】D. 14

一、凡公主等家下人逃走者,照例鞭、刺;公主等所属另户逃走者,亦照旗下另户人例治罪,免其刺字;窝家、地方官,俱照常议。其口外蒙古之逃人拿解者,咨送理藩院归结,地方官功过毋庸议,将窝家责四十板。

【1743】○仍旧

臣等谨按:此条现在遵行,应照旧开载,无庸改纂。

【1743】D.13(略)

【1801】○修改

臣等谨按:此条系公主家人、另户逃走,及口外蒙古逃人治罪之例。查窝留逃人,臣部已于嘉庆四年(1799)奏准,知情、不知情,分别办理。例内"窝家责四十板",系属旧例,业已不用,应行修改。谨将修改例文,开列于后。

一、凡公主等家下人逃走者,照例鞭、刺。公主等所属另户逃走者,亦照旗下另户人例治罪,免其刺字。窝家、地方官,俱照常议。其口外蒙古之逃人拿解者,咨送理藩院归结。地方官功过无庸议;窝家分别知情、不知情,照例办理。

【1825】D.13(略)

逃人起除刺字

【1676】D.15

一、凡逃人将伊面上字毁去者,将毁去字补刺,鞭六十。

【1743】○修改

臣等谨按:雍正二年(1724)定例,如有用药销毁面上所刺之字,审明系自行销毁者,枷号三个月、鞭一百。如央人代为销毁,将代毁之人枷号两个月、鞭一百。所毁之字,仍行补刺。此条逃人起除刺字,拟鞭六十,与现行定例不符,应改。谨将改辑例文,开列于后。

一、凡逃人用药起除面上所刺之字者,枷号三个月,鞭一百。如央人代为起除者,将代为起除之人枷号两个月,鞭一百。所毁之字,仍行补刺。

【1743】D.14(略)

逃人不实供伊主住址

【1676】D.16

一、凡拿获之逃人,不实供伊主住处,谎供伊主在某省,及递解所指之处无主,若严主在于别处,除逃走情由照例鞭、刺外,因其谎供情由,枷号一个月。

【1743】○修改

臣等谨按:此条现在遵行,惟字句繁冗,语未明晰,应改。谨将删改例文,开列于后。

一、凡逃人不实供伊主住址者,除照例鞭、刺外,加枷号一个月。

【1743】D.15(略)

私拿逃人

【1676】D.17

一、凡逃人之主旗下认识之人,在京附近,或在屯庄等处,或出差遇获逃人者,仍照旧例外,不许私自差人拿获逃人,准其在督捕衙门控告行提,或首告附近之地方官拿解。若违此定例,私自往拿,地方官及窝家之罪毋庸议。逃人之主,若系白人,鞭一百;若系官员,交该部议处。

【1743】○修改

臣等谨按:督捕衙门已改隶刑部,其例文内督捕衙门字样及语未明晰之处,均应改辑。谨将改辑例文,开列于后。

一、凡逃人之主及平素认识逃人之人,在京附近地方或在屯庄等处,及出差遇见逃人者,准其拘拿外,至有访得逃人下落,令其在刑部控告,或向附近地方官呈告拿解,不许私自拘拿。若违例私自往拿者,地方官及窝家免议。违例私拿之人,若系闲散,鞭一百;系官,交部议处。

【1743】D.16(略)

旗人私出境外

【1743】○增入

一、凡旗人私自出境取债探亲者,系闲散,鞭一百;系官,交部议处。失察之佐领、骁骑校,亦交部议处;领催,鞭五十。如将家人明知差去者,鞭八十;系官,交部议处。其屯庄居住之另户人,及家人,私自出境者,除本犯照例治罪外,佐领、骁骑校、领催及本主,俱免议;屯领催,照领催例治罪。

此条系康熙十九年(1680)定例。

【1743】D.17(略)

【1825】○修改

【原例】"旗人私出境外"原例(略)、"旗人出境索诈私行"原例(略)、"旗人告假领票"原例(略)

臣等谨按:道光五年(1825)四月内,管理镶黄旗满洲都统英和等条奏"筹计旗人章程"折内,声请嗣后除官员兵丁告假及私自出境,均照旧例办理外,所有闲散旗人告假,无论前往何处,俱令报明佐领,告知参领注册。由佐领给与图记,即准外出营生。该参领随时呈明都统存案,年终汇咨户、兵二部。倘该参、佐领有勒掯情事,或经控告,或经查出,即行参处。其回京不必勒定限期。如在外有事逗遛,准其报明地方官,行文该旗,回京仍准挑差。倘出京已逾一年,并无地方官展期文书到京,即行销除旗档。或在外滋事,即照民人例问拟。或投往亲族任所,自恃尊长,挟诈需索,准外任各官呈明上司究办。其私自出境者,即照逃走例。所有分别挟诈扰害、取债探亲,该管官知情失察各处分,均予删除。其降、革、休致之官员,已退钱粮之兵丁,未食钱粮之举、贡、生、监,均照闲散例。各省驻防,亦一律办理等因,奏准在案。应于各条例内,分别修改明晰,以资引用。臣等再查,原例内载"如将家人明知差去者,鞭八十;系官,交部议处"。今闲散旗人既准告假出京,而家人明知差去,仍照例拟议,似未允协,应请于例内"如将家人明知差去"一节删去,以昭平允。谨将修改例文,开列于后。

一、凡闲散旗人及旗下官员私自出境取债探亲者,均照逃走例分别办理。庄屯居住之另户人,照闲散例办理。其另户家人私自出境者,本犯照例治罪,本主免议。

【1825】D. 17(略)

旗人出境索诈行私

【1743】○增入

一、凡旗下人私自出境需索财物,借端挟诈,及嘱托行私者,枷号三月、鞭一百,系官革职,不准折赎,鞭一百;失察之佐领、骁骑校,交部议处;领催,鞭八十。如将家仆明知差去者,其主系闲散,鞭一百;系官,交部议处;其差去之家人,枷号一月、鞭一百。

臣等谨按:此条系康熙十九年(1680)定例,应载入例册,以便遵行。

【1743】D. 18(略)

【1825】○修改

修改按语见"旗人私出境外"条【1825】修改项下。

一、凡旗人私自出境,需索财物,借端挟诈,及嘱托行私者,销除旗档,按其所犯罪名,照民人一例问拟;系官革职,亦销除旗档,犯罪重于杖一百者,照例治罪,不准折赎。如将家仆明知差去者,其主系闲散,鞭一百;系官,交部议处;差去之家人枷号一个月,鞭一百。

【1825】D. 18(略)

旗人告假领票

【1743】○增入

一、凡八旗兵丁及拜唐阿、闲散人等,如有告假前往各省以及口外者,俱令禀明该管官,系何事前往何处,及告假限期,详细声明存档,给领印票,回日圈销。倘有告假逾限不回,及回而不交纳原领印票者,鞭五十。如不领印票私行前往,或领有印票私往别处者,俱鞭一百。

臣等谨按:此条系雍正七年(1729)定例,应载入例册,以便遵行。

【1743】D. 19(略)

【1825】○修改

修改按语见“旗人私出境外”条【1825】修改项下。

一、凡八旗兵丁及拜唐阿，如有告假前往各省以及口外者，俱令禀明该管官系何事前往何处及告假限期，详晰声明存档，给领印票，回日圈销。倘有告假逾限不回，及回而不交纳原领印票者，鞭五十。如不领印票私行前往，或领有印票私往别处者，俱鞭一百。至八旗闲散旗人告假出外营生，无论前往何处，俱报明该参领注册，由佐领给与图记，即准外出营生，不必勒定限期。如有事逗遛，准其报明地方官行文该旗，回京仍准挑差。若已逾一年，并无地方官展限文书报明该旗者，即销除旗档。倘在外滋事，照民人例问拟。或投往亲族任所，自恃尊长，挟诈需索，准外任各官呈明上司究办。其告假时，该参领随时呈报都统存案，年终汇咨户、兵二部。倘该管参、佐领有勒措情事，查出参处。八旗降革休致之官员，已退钱粮之兵丁，未食钱粮之举贡生监，均照闲散例。其各省驻防旗人，亦一律分别办理。

【1825】D. 19（略）

逃人外娶之妻所生子女

【1676】D. 18

一、凡逃人在逃走处所娶之妻及所生子女，审明断归逃人，给与逃人之主。若有强夺霸娶者，照律治罪。

【1743】○仍旧

臣等谨按：此条现在遵行，应照旧开载，毋庸改纂。

【1743】D. 20（略）

逃人外生之女

【1676】D. 19

一、凡逃人外娶妻所生之女，有聘嫁与民人者，不便拆散，不断与逃人之主，仍归给伊夫。若系逃人从家带逃之妻外生之女聘嫁与民人者，停其夫妇拆散，追银四十两，给与逃人之主。若不能得银者，仍照例拆散给与伊主。

【1743】○修改

臣等谨按：乾隆四年（1740）定例，家仆将女私聘与人，经伊主控告到官，审明已聘未婚者，仍照例断给伊主外，其已经完婚者，不拘年限，向私娶之人名下追身价银四十两，给与伊主收领。如贫难无力，量追一半给主，免其拆离。其嫁女之人，及知情聘娶者，仍照例鞭责等因，遵行在案。今此案内所称，如不得银，拆离给主之处，未为允协，应改辑。谨将改辑例文，开列于后。

一、凡逃人将外娶妻所生之女聘嫁与人者，不论已婚、未婚，断给伊夫完聚外，若将带逃之妻外生之女私聘与人，未婚者，追还财礼，将女断给伊主；已婚者，不拘年限，俱免其离异，向私娶之人追银四十两给主，如贫难无力，量追一半。其嫁女之逃人，照例鞭、刺。知情聘娶者,杖一百;媒合人等,杖八十;不知者不坐。

【1743】D.21(略)

已卖逃人外娶妻所生子女

【1676】D.20

一、凡逃人逃走,在外有所娶之妻所生子女,单身被获解来,已经完结,交与伊主,及伊主卖与别人之后,若将逃人外娶妻所生之子女得获者,因原非从伊家带去之人,俱应归给逃人,断与后买之主。

【1743】〇修改

臣等谨按:此条现在遵行,其例文内字句未明之处应删改。谨将删改例文,开列于后。

一、凡逃人在外娶有妻室、生有子女,被获时,将妻室、子女未曾供出,已经完结,其主随将逃人卖与他人之后,始行发觉者,将逃人外娶妻及所生子女俱断归逃人,给与后买之主。

【1743】D.22(略)

奉天府旗下逃人

【1676】D.21

一、凡奉天府居住旗下人逃走者,盛京刑部审理。逃人逃走三次者,具空文报督捕衙门复议具题。

【1743】〇修并

修并按语并修并后例文见"奉天府江宁等处旗下逃人"条【1743】修并项下。

江宁等处旗下逃人

【1676】D.22

一、凡西安府、江宁府、京口、杭州府、保定府、太原府、沧州、德州等处驻防旗下人逃走者,俱交与该督抚审理。若有窝家,具空文报督捕衙门复议具题。其无窝家之逃人,即于彼处照例鞭、刺。逃人逃走三次者,具空文咨报督捕衙门复议具题。

【1743】〇修并

修并按语并修并后例文见"奉天府江宁等处旗下逃人"条【1743】修并项下。

奉天府江宁等处旗下逃人

【1743】〇修并

【原例】"奉天府旗下逃人"原例(略)、"江宁等处旗下逃人"原例(略)

臣等谨按：从前原例三次逃犯，例应正法；窝家知情，俱拟流徙。是以此二条内有复拟具题字样。今逃走三次者，已改拟发遣；知情窝留者，罪止杖徙。应将此二条遵照现行定例改定，并纂一条。再督捕衙门已改隶刑部，其督捕衙门字样亦应删辑。谨将改删并纂例文，开列于后。

一、凡奉天府居住旗下人逃走者，盛京刑部审理，分别次数，照例治罪。逃走三次，例该发遣者，照名例发西安、荆州等处，给驻防兵丁为奴。系另户，发遣当差。其江宁等处驻防旗人逃走者，俱交与该督抚审理，照例治罪，仍报明刑部查核。逃走三次者，咨部分别照例发遣。

【1743】D.23（略）

【1767】○修改

臣等谨按：此条原例"分别次数，照例治罪"下，有"逃走三次"一语，"报明刑部查核"下有"逃走至三次"一语。查乾隆二十四年（1759）绥远城将军、宗室、公恒禄条奏，各省驻防兵丁初次逃走，无论被获、自回，俱鞭一百、枷号一个月，着当苦差；二次逃走，无论被获、自回，即发黑龙江等处折磨差使。现在奉天等处旗人逃走，俱照此例办理。拟将原例上截"逃走三次"之"三"字改为"二"字。再东三省不止奉天，尚有黑龙江、宁古塔等处，拟于奉天府下添"等处"二字。

一、凡奉天府等处居住旗人逃走者，盛京刑部审理，分别次数，照例治罪。该发遣者，照名例发西安、荆州等处，给驻防兵丁为奴。系另户，发遣当差。其江宁等处驻防旗人逃走者，俱交与各该督抚审理，照例治罪，仍报明刑部查核。逃走二次者，咨部分别发遣。

【1801】○修改

臣等谨按：此条系奉天府等处及各省驻防逃人治罪之例。查臣部奏准新例，凡逃走三次被获者，方拟发遣。此条例内二次咨部发遣之处，应改为"三次，查系被获"，以归画一。又查家人逃走，应给驻防为奴例内，"给驻防兵丁为奴"句，"八旗家人逃走"门内已有修改专条，此处旗人例内应行节删，合并声明。谨将修改例文，开列于后。

一、凡奉天府等处居住旗下人逃走者，盛京刑部审理，分别次数，照例治罪。该发遣者，照名例发西安、荆州等处，给驻防当差。其江宁等处驻防旗人逃走者，俱交与各该督抚审理，照例治罪，仍报明刑部查核。逃走三次，查系被获者，咨部分别发遣。

【1825】○修改

臣等谨按：此条奉天府等处旗人逃走，分别次数治罪、发遣，系属相沿旧例。今旗人初次逃走，逾限一月以外，无论投回、被获，均销除旗档为民，听其自谋生理，是新例并无治罪、发遣之处。原例应行修改，谨将修改例文，开列于后。

一、凡奉天府等处居住旗人逃走者，盛京刑部审理；其江宁等处驻防旗人逃走者，俱交与各该督抚审理，均依逃走例分别办理，仍报明刑部查核。

【1825】D. 23(略)

卖身行诈

【1676】D. 23

一、凡棍徒在地方犯事,潜逃来京,将身卖与旗下,复回伊原籍,借逃行诈,若被拿解审,属情真者,交与刑部正法。

【1743】○修改

臣等谨按:从前旗逃例禁甚严,每遇一逃人之案,则地方、窝家、邻佑、十家长以及该管之地方文武各官,俱应例拟。但系知情,便应流徙,干连坐罪者甚众。则棍徒犯事,潜逃卖身,复借逃行诈者,拟以正法,实不为枉。今查乾隆三年(1738)定例,窝家人等罪止杖徒,地方各官仅于议处,则借逃行诈正法之例,亦应酌改,方为平允。谨将改辑例文,开列于后。

一、凡棍徒在地方犯事,潜逃来京,卖身旗下,复回原籍借逃行诈,除实犯死罪外,犯该徒罪以下者,照犯罪潜逃例加二等治罪;犯该流罪以上者,发宁古塔等处给披甲人为奴。

【1743】D. 24(略)

【1814】○修改

【原例】"卖身行诈"原例(略)、"借逃行诈"原例(略)、"首告逃人"原例(略)、"保卖旗人"原例(略)、"八旗家人逃走分别次数治罪"原例(略)、"无主认领之逃人计算次数"原例(略)

臣等谨按:嘉庆十八年(1813)七月内,臣部"遵旨议奏应发黑龙江等处遣犯,分别改发"折内,请将民人卖身行诈,并旗下家奴借逃报仇诈害良民等六条,改发各省驻防给官员兵丁为奴等因奏准,通行在案。以上各条例内发宁古塔、黑龙江等处,应行修改。谨将修改例文,开列于后。

一、凡棍徒在地方犯事,潜逃来京,卖身旗下,复回原籍借逃行诈,除实犯死罪外,犯该徒罪以下者,照犯罪潜逃例,加二等治罪;犯该流罪以上者,发各省驻防给官员兵丁为奴。

【1825】D. 24(略)

借逃行诈

【1676】D. 24

一、凡奸棍结党,在地方借逃报仇,诈害良民者,无论旗下人或民人,俱照光棍例治罪。

【1743】○修改

臣等谨按:棍徒卖身借逃行诈一条,既拟改为发遣,此条亦应改辑。谨将改辑例文,开列于后。

一、凡奸棍结党,在地方借逃报仇,诈害良民者,无论旗、民,照凶恶棍徒生事扰害良民例,发宁古塔等处给披甲人为奴。

【1743】D. 25(略)

【1801】○修改

臣等谨按:此条系棍徒借逃行诈治罪之例。查"刑律",棍徒扰害,系旗人,发黑龙江当差;系家奴,发往为奴;系民人,发极边足四千里充军。此条无论旗、民,发宁古塔为奴,系属旧例,应行修改。谨将修改例文,开列于后。

一、凡奸棍结党,在地方借逃报仇,诈害良民者,照凶恶棍徒生事扰害良民例,旗人发黑龙江当差,系家奴给披甲人为奴,民人发极边足四千里充军。

【1814】○修改

修改按语见"卖身行诈"条【1814】修改项下。

一、凡奸棍结党,在地方借逃报仇,诈害良民者,照凶恶棍徒生事扰害良民例,旗人发黑龙江当差,系家奴发各省驻防给官员兵丁为奴,民人发极边足四千里充军。

【1825】○修改

【原例】"借逃行诈"原例(略)、"首告逃人"原例(略)

臣等谨按:道光五年(1825)四月内,管理镶黄旗满洲都统英和等条奏,嗣后旗人犯棍徒扰害者,销除旗档,照民人例问拟等因,奏准在案,现于"刑律""名例"内另纂专条。所有原例内"旗人发黑龙江当差"之处,均应节删。谨将修改例文二条,开列于后。

一、凡奸棍结党在地方借逃报仇、诈害良民者,照凶恶棍徒生事扰害良民例,发极边足四千里充军;旗下家奴,发各省驻防给官员兵丁为奴。

【1825】D. 25(略)

民人假冒逃人

【1676】D. 25

一、凡民人假称逃人具告行诈者,责四十板,将妻、子、家产、人口一并发宁古塔将军,给与宁古塔穷兵为奴,房地入官。

【1743】○删除

臣等谨按:民人假称逃人行诈之处,已于"民人冒抵逃人"条内增辑,此条应删。

地方官唆逃行诈

【1676】D. 26

一、凡地方官唆令逃人指报富室,行诈情真者,将官革职,交与该部议处。

【1743】○修改

臣等谨按：“刑律”地方官故入人罪，以及指使犯人诬扳平人，俱各以所诬之罪分别定拟。此条语未明晰，应改辑。谨将改辑例文，开列于后。

一、凡地方官教令逃人指扳富室为窝家，计图诈害者，革职，照指使犯人诬扳平人例分别治罪。得赃者，仍以枉法从重论。

【1743】D.26(略)

首告逃人

【1676】D.27

一、凡旗下人称逃人在某处首告，移咨该抚行查。该抚查明，如有逃人拿解，如无逃人，系谎告、仇告者，查明缘由咨复，将首告之人枷号两个月、鞭一百。若系串通纠合，希图财贿，行诈谎告者，审明具题到日，将原告以光棍例治罪。如民人首告逃人，应令在该管官及总督、巡抚处告理，如有逃人拿解，若无逃人，系谎告、仇告者，应将原告枷号两个月、责四十板。系串通纠合，希图财贿，行诈谎告者，以光棍例治罪。如不在该管官及总督、巡抚处告理，越行到督捕衙门告理者，应不准行。无论旗下所告之逃人及民人所告之逃人，查解者，将该管各官、邻佑、十家长、地方免罪；窝家免其流徒，枷号两个月，责四十板，追银十两给与首告之人。如将直正所有之逃人称系无有，不行拿解，后被衙门查知，或被旁人首告，或被别处拿获，告理之时，在彼情真，应将该抚降一级留任，该管各官应照失察逃走人例议罪。窝家、邻佑、十家长、地方，仍照例治罪。如首告逃人，不候审理逃走者，将所告情节不准行，注册后，或经拿解，或自行投回，仍照例治罪。

【1743】〇修改

臣等谨按：从前逃人及窝家人等治罪之处，定例甚严，是以谎告、仇告者，定有照光棍例斩决之条。今逃人三犯，罪止发遣，窝家人等，罪止杖徒，其谎告、仇告之例，亦应酌改。至因首告而获有逃人，则窝家、邻佑等自应照常议拟。例内分别免罪及向窝家追银给与首告人之处，殊不画一。再降级留任字样，语类“处分则例”，均应改辑。至民人越诉，“刑律”内各有正条之处，无庸重载，应删。谨将增删改辑例文，开列于后。

一、凡旗人在部首告逃人，指名窝留处所，移咨该抚查拿。若无逃人，咨复到日，审系谎告、仇告者，将首告之人照诬告例治罪。如民人首告逃人，许令在该管地方官处告理查拿。若无逃人，审系谎告、仇告者，将首告之民人照诬告例治罪。若有希图财贿，串通谎告行诈，拖累平民者，不论旗、民，均照凶恶棍徒生事扰害良民例，发黑龙江等处给披甲人为奴。如首告逃人之人，不候审理逃避者，除所告不准，仍行注册，候拿获日，照诬告例治罪。若有人首告逃人，该地方官并不拿解，日后另行发觉者，将不行拿解之该管官，交部议处。

【1743】D.27(略)

【1801】○修改

臣部谨按：此条系谎告、仇告逃人行诈治罪之例。查"刑律"，棍徒扰害，系旗人发黑龙江当差，系家奴发往为奴，系民人发极边足四千里充军。此条无论旗、民，发黑龙江为奴，系属旧例，应行修改。谨将修改例文，开列于后。

一、凡旗人在部及各衙门首告逃人，指明窝留处所，移咨该抚查拿。若无逃人，咨复到日，审系谎告、仇告者，将首告之人照诬告例治罪。如民人首告逃人，许令在该管地方官处告理查拿。若无逃人，审系谎告、仇告者，将首告之民人照诬告例治罪。若有希图财贿，串通谎告行诈，拖累平民者，均照凶恶棍徒生事扰害良民例，旗人发黑龙江当差，系家奴给披甲人为奴，民人发极边足四千里充军。如首告逃人之人，不候审理逃避者，除所告不准，仍行注册，候拿获日，照诬告例治罪。若有人首告逃人，该地方官并不拿解，日后另行发觉者，将不行拿解之该管各官，交部议处。

【1814】○修改

修改按语见"卖身行诈"条【1814】修改项下。

一、凡旗人在部及各衙门首告逃人，指明窝留处所，移咨该抚查拿。若无逃人，咨复到日，审系谎告、仇告者，将首告之人照诬告例治罪。如民人首告逃人，许令在该管地方官处告理查拿。若无逃人，审系谎告、仇告者，将首告之民人照诬告例治罪。若有希图财贿，串通谎告行诈，拖累平民者，均照凶恶棍徒生事扰害良民例，旗人发黑龙江当差，系家奴发各省驻防给官员兵丁为奴，民人发极边足四千里充军。如首告逃人之人，不候审理逃避者，除所告不准，仍行注册，候拿获日，照诬告例治罪。若有人首告逃人，该地方官并不拿解，日后另行发觉者，将不行拿解之该管各官，交部议处。

【1825】○修改

修改按语见"借逃行诈"条【1825】修改项下。

一、凡旗人在部及各衙门首告逃人，指明窝留处所，移咨该抚查拿。若无逃人，咨复到日，审系谎告、仇告者，将首告之人照诬告例治罪。如民人首告逃人，许令在该管地方官处告理查拿。若无逃人，审系谎告、仇告者，将首告之民人照诬告例治罪。若有希图财贿，串通谎告，行诈拖累平民者，均照凶恶棍徒生事扰害良民例，发极边足四千里充军；旗下家奴发各省驻防给官员兵丁为奴。如首告逃人之人，不候审理逃避者，除所告不准，仍行注册，候拿获日，照诬告例治罪。若有人首告逃人，该地方官并不拿解，日后另行发觉者，将不行拿解之该管各官，交部议处。

【1825】D. 27（略）

投递逃牌

【1676】D. 28

一、凡投递逃牌，在京内者限五日，二百里内者限十日，四百里内者限十五日之内,咨送衙门。若不递逃牌者,将逃人不给原主,入官给与八旗穷兵。将逃人之逃牌给与拨什库,拨什库遗漏不递者,将拨什库鞭一百,逃人免入官,仍给原主。若逃人逃走自回,不销逃册,逃人复逃者,不递新档,仍留旧档者,将逃人之主鞭七十。

【1743】○修改

臣等谨按:此条现在遵行,惟例内字句繁冗,应改。谨将改辑例文,开列于后。

一、凡投递逃牌,在京限五日;二百里以内者,限十日;四百里以内者,限十五日,赴该管衙门投递。若不递逃牌者,拿获逃人入官,给与八旗兵丁为奴。若逃人之主将逃牌已交领催,领催遗漏不递者,将该领催鞭一百。若从前已递逃牌,逃人自回,不销逃档,后逃人复逃,而伊主不递新档,仍留旧档者,将逃人之主鞭七十;拿获逃人俱免其入官,仍给原主。

【1743】D.28(略)

呈报逃人

【1743】○增入

一、凡有护军披甲人逃走,该管佐领、骁骑校务行据实呈报,不得瞻顾避忌,谎称患病发狂,朦混呈报。如有朦混谎报者,将该管各官交部议处。其满洲等家下庄头拖欠地租,偷典地亩,并带家业逃走者,仍将逃人带逃家业分为三分,一分给与出首之人,二分给与逃人之主。

臣等谨按:此条雍正二年(1724)定例,应载入例册,以便遵行。

【1743】D.29(略)

遗漏逃牌

【1676】D.29

一、凡夫妻、父子同逃,一半递有逃牌,一半遗漏不递者,但夫妻、父子不便拆散,仍断与伊主。其遗漏逃牌未递情由,将逃人之主鞭七十,窝家、地方官仍照常究议。

【1743】○修改

臣等谨按:遗漏逃牌,例应将逃人入官。今因逃人系夫妻、父子,不便分别办理,故仍断给伊主。但遗漏逃牌之下,不声明入官字样,例意未明,应增。谨将增辑例文,开列于后。

一、凡遗漏投递逃牌者,将逃人入官。若夫妻父子同逃,一半递有逃牌,一半遗漏不递者,其夫妻父子不便拆散,俱免其入官;将遗漏投递逃牌之人鞭七十。窝家人等及地方官,俱照常究议。

【1743】D.30(略)

谎递逃牌

【1676】D. 30

一、凡投充是实,逃走情真者,准递逃牌。其在原籍屯庄居住,不曾逃走者,若谎递逃牌,其主系白人,鞭七十;系官员,交与该部议处。

【1743】○修改

臣等谨按:此条原所以杜谎报之弊。但凡有抗拒避匿,不服呼唤,以致伊主报逃者,若不明立科条,碍难援引,应增辑。谨将增辑例文,开列于后。

一、凡旗下家人逃走属实者,准递逃牌。若将屯庄居住不曾逃走之人谎递逃牌,系闲散,鞭七十;系官,交部议处。如有不服呼唤、抗拒避匿,以致伊主报逃者,将伊主免罪;家奴不科逃罪,照子孙违犯教令律,鞭一百。

【1743】D. 31(略)

谎报逃人携带兵器

【1743】○增入

一、凡旗人并不制备军器,遇查验之时,谎称家人携带逃去者,照私卖军器律治罪。

臣等谨按:此条系雍正三年(1725)定例,应载入例册,以便遵行。

【1743】D. 32(略)

行提逃人带逃财物

【1676】D. 31

一、凡逃人逃走拐去财物,载在原递册内者,准行提。如不载在原递册内者,虽告不准行。如册内所载行提属虚者,将逃人鞭七十。

【1743】○修改

臣等谨按:行提带逃物件,应以原递逃册为凭。若原递册内所载属虚,其逃人应仍照例治其逃罪。此条内称如册内所载,行提属虚者,将逃人鞭七十,殊未允协,应改纂。谨将改纂例文,开列于后。

一、凡逃人带逃物件载在原递册内者,准行提。如不载在原递册内,虽告不准行。如册内所载审系虚开者,免其行提,将逃人仍治逃罪。

【1743】D. 33(略)

逃人告提妻子

【1676】D. 32

一、凡逃人告有外娶之妻及所生子女行提,审虚者,枷号一个月,鞭一百。如将别人之妻子仇诬系伊妻子告提,审虚者,枷号三个月,鞭一百。

【1743】〇仍旧

臣等谨按:此条现在遵行,应照旧开载,毋庸改纂。

【1743】D.34(略)

承买家产之人未递逃牌

【1676】D.33

一、凡逃人原主死故,无人知道其承受家产之人,于康熙六年(1667)收新档时,不曾递有逃牌者,仍断与承受家产之人。若将民人谎称系承受家产内之人,因不知道不曾递逃牌者,将谎认之旗下人枷号三个月、鞭一百,将谎称逃人之民人责四十板,并妻、子、家产、人口一并发宁古塔将军,给与宁古塔穷兵为奴,房地入官。

【1743】〇删除

臣等谨按:凡旗下家人逃走,例应依限投递逃牌。拿获时,如原主已故,将逃人断给承受家产之人。如不递逃牌,拿获逃人,例应入官。详阅此条,似就康熙六年(1667)清查档案后一时办理,并非永著为例,应删。

旗下人拿获逃人

【1676】D.34

一、凡逃人被旗下人拿获者,向逃人之主追银二两,给与拿获之人。如未过十日者,不给银两。

【1743】〇删除

臣等谨按:旗人拿获逃人,向伊主追银给赏之处,久经停止,此条应删。

旗人契买民人

【1676】D.35

一、凡旗下人买民人,无论地方,着用正印官印信准买。若有在地方犯罪案缉之匪类卖身作保者,将保人枷号三个月,责四十板;若系旗下人,枷号三个月,鞭一百。其原价向卖身之人追取,给还买主,将卖身之民仍转递伊该地方官枷号三个月、责四十板。如伊所犯之罪重,即照伊所犯之罪完结。将旗下人称系民人保卖者,将保人责四十板,流徙尚阳堡;若系旗下人,枷号三个月、鞭一百。若卖身之人系逃人,照常鞭、刺。如不系逃人,枷号三个月,鞭一百。若将他人之名谎写己名卖身者,将卖身之人照光棍为首例,其保人俱照光棍为从例治罪。正犯既照光棍例治罪,其买主之原价无庸议。其卖身之人,不实开伊籍贯、姓名,谎开籍贯、姓名卖身者,枷号两个月,鞭一百,仍断与买主,保人枷号一个月、责四十板。若系旗下人,枷号一个月,鞭一百。

【1743】○修改分纂

臣等谨按：此条款项繁冗，殊未明晰，谨拟将例内各项，分别三条，庶免牵混，以便援引。再保卖匪类之保人，既不论旗、民，俱拟枷号三个月，其假称民人卖身者之保人，自应一体办理。例内流徙尚阳堡之处，应改辑，以归画一。谨将分纂改辑例文，开列于后。

一、凡旗人契买民人，着用该地方正印官印信。若有在地方犯罪案缉之匪类卖身者，保人枷号三个月，杖一百；其原价向卖身之人追取给主；卖身之民递回原籍，枷号三个月，杖一百，如原犯之罪重者，从重归结。

* 保卖旗人【1743】D.36（略）

* 谎开籍贯卖身【1743】D.37（略）

【1743】D.35（略）

保卖旗人

【1743】续纂

一、凡将旗下人称系民人保卖者，将保人并卖身之人，俱枷号三个月、杖一百。若卖身之人系逃人，照逃例治罪，保人照窝家例治罪。

续纂按语见“旗人契买民人”【1676】D.35条【1743】修改分纂项下。

【1743】D.36（略）

【1767】○修改

臣等谨按：此条旗人家人卖身事犯，即应枷号三个月，杖一百。若卖身者，又系逃人，原例照逃例治罪。查逃走治罪之例，三次逃走始重于卖身。如逃止一次、二次，则较卖身之罪为轻。若一概俱照逃例，是转轻于卖身之本例矣。今拟将此条内逃走次数分别办理，如逃罪重于卖身本例，从重治罪，以归画一。再查八旗正身逃走，定有专条。此条逃走卖身原例，原专指家人而言，将“旗人”二字改为“旗下家人”，合并声明。

一、凡将旗下家人称系民人保卖者，将保人并卖身之人，俱枷号三个月、杖一百。若卖身之人系逃人，除系初次、二次逃走，仍照本例治罪外，如逃至三次，照逃走三次例，发宁古塔、乌喇等处给披甲人为奴；保人照窝家例治罪。

【1814】○修改

修改按语见“卖身行诈”条【1814】修改项下。

一、凡将旗下家人称系民人保卖者，将保人并卖身之人俱枷号三个月、杖一百。若卖身之人系逃人，除系初次、二次逃走，仍照本例治罪外，如逃至三次，照逃走三次例，发各省驻防给官员兵丁为奴；保人照窝家例治罪。

【1825】D.36（略）

谎开籍贯卖身

【1743】续纂

一、凡卖身之人谎开籍贯、假捏姓名卖身者,枷号两个月,杖一百,仍断与买主;保人枷号一个月,杖一百。若谎写他人姓名卖身,审系仇怨,计图陷害者,照光棍为首例治罪;知情之保人,俱照光棍为从例治罪。

续纂按语见“旗人契买民人”条【1743】修改分纂项下。

【1743】D. 37(略)

冒称逃人

【1676】D. 36

一、凡顺治十年(1653)以前买人未用印信者,审时中证明白,所买是实,断与所买之人。如中证不明,所卖不实,不算所买,应断为民。或无中证,或失落文契,如逃人招称系某人家所买之人者,断与买主。若伊并未卖身,串通冒称系某人家人,与原非买主串通谎称系伊所买之人冒认者,将冒认之人枷号三个月、鞭一百;其谎称卖身之民人责四十板,并妻、子、家产、人口一并发宁古塔将军,给与穷兵为奴,房地入官。又民人冒抵某人家逃人姓名,谎称系某人家人者,亦照此例。其买卖相争事理,事属刑部,仍咨送刑部审定,咨回督捕衙门再议逃人情由。

【1743】○修改

臣等谨按:乾隆元年(1736)定例,凡雍正十三年(1735)以前白契所买之人,俱准作为红契。此条内所载“顺治十年(1653)以前”字样,应称“雍正十三年(1735)十一月十九日以前”。从前旗逃例禁甚严,凡容留之窝家及知情之地方官,俱应流徙,房地入官,故冒称逃人与冒认买主之人,俱从重问拟。今窝逃之人罪止杖徒,地方官止于议处,其房地亦无入官之例,则谎称卖身及串通冒认等罪,亦应酌减改辑。至督捕衙门已归隶刑部,其咨回督捕衙门字样,应删。谨将改定删辑例文,开列于后。

一、凡雍正十三年(1735)十一月十九日以前白契所买之人逃走被获者,中证明白,所买是实,应断与所买之人。如中证不明,所买不实,应断为民。或无中证,或失落文契,但逃人招称系某人家所买属实者,即断与买主。若伊并未卖身,串通冒称系某人家人,并冒抵逃人姓名者,均杖一百、徒三年。其原非买主,串通谎认者,系官,交部议处;系闲散,枷号四十日,鞭一百。如有行诈得赃,及另犯他罪者,审明,从重归结。

【1743】D. 38(略)

例前白契所买之人逃走

【1743】○增入

一、凡雍正十三年(1735)定例以前白契所买之家人,即同印契。如有逃走,准递逃牌。

臣等谨按：此条雍正十三年(1735)定例，应载入例册，以便遵行。

【1743】D.39(略)

【1767】○删除

删除按语见“拿获逃人地方官记功”条【1767】续纂项下。

例后白契所买之人准其赎身

【1743】○增入

一、凡例后白契所买之人逃走者，杖八十，交与伊主，准其赎身。若白契卖身后，伊主配与妻室者，不准赎身。

臣等谨按：此条系雍正元年(1723)定例，应载入例册，以便遵行。

【1743】D.40(略)

【1767】○删除

删除按语见“拿获逃人地方官记功”条【1767】续纂项下。

派往驻防满洲兵丁临行及中途脱逃

【1767】○续纂

一、派往各省驻防满洲兵丁，有临行自京脱逃及中途脱逃者，俱即销除旗籍，责八十板，带锁发伊犁，充当步甲苦差。如再不安分，复行脱逃，拿获时，即令该将军奏明正法。

臣等谨按：此条系乾隆三十年(1765)八月内因派往驻防满洲兵丁正白旗德虎、正红旗孝顺阿脱逃，臣部钦奉谕旨奏准定例，纂辑遵行。

【1801】○修改

臣等谨按：此条派往驻防兵丁，临行及中途脱逃，系属规避，非寻常旗逃可比。如被拿获，自应仍发伊犁。其自行投回，作何办理，例内未经申叙。查自首律，应免罪。此等自行投回之犯，应照自首律，免其科罪，仍行派往，应增入引用。又伊犁遣犯在配脱逃被获，臣部于嘉庆四年(1799)奏准，在配所用重枷枷号三个月、鞭一百发落，纂入“名例”在案。此条“奏明正法”系属旧例，应行修改。若自行投回者，免其治罪，亦应增入。谨将修改例文，开列于后。

一、派往各省驻防满洲兵丁，有临行自京脱逃及中途脱逃，自行投回者，免其治罪，仍行派往；若被拿获者，削除旗籍，责八十板，带锁发往伊犁充当步甲苦差。如在配复行脱逃，自行投回者，免其治罪，严加管束；拿获者，用重枷枷号三个月，鞭一百。

【1825】D.39(略)

察哈尔蒙古并厄鲁特逃走分别治罪

【1767】○续纂

一、察哈尔蒙古等如有逃走，或一月内自回，并一月外自回，或被拿获，俱照旗逃例一体办理。其归并察哈尔之陈厄鲁特如有逃走者，亦照察哈尔蒙古等办理。其新归并之厄鲁特如有逃走者，即于拿获之处正法；其自行投回者，不论年月，即发往广东、广西、云南、贵州烟瘴地方，如不安分，即在彼处正法。

臣等谨按：此条系乾隆二十六年（1761）十二月内，军机大臣议准定例，应纂辑遵行。

【1825】D.40（略）

例前白契所买之人在例前逃走

【1743】○增入

一、凡例前白契所买之人，在未定例之前逃走者，亦照例后白契所买之人例杖八十，交与伊主，令其交还身价，放出为民。窝家及地方官均免议。

臣等谨按：此条系康熙二十二年（1683）定例，应载入例册，以便遵行。

【1743】D.41（略）

【1767】○删除

删除按语见“拿获逃人地方官记功”条【1767】续纂项下。

白契所买之人逃走

【1761】○续纂

一、凡白契家人逃走，悉照红契家人例，报部记档，拿获之日，按照次数分别治罪。其有偷带器械等事，亦照例刺字问拟。如本主遗漏不报，将家奴照例入官；或本主已报，由佐领处遗漏者，将领催等按例惩治。

臣等谨按：此条系乾隆二十五年（1760）六月内，臣部酌拟条例，应纂辑以便遵行。

【1825】D.41（略）

逃走卖身

【1743】○增入

一、凡例前白契所买之人逃走，在外称系民人，卖身与人者，无论白契、印契，将逃人俱仍断与原主。若例后白契所买之人逃走，在外称系民人，卖身与人者，系白契，将逃人断与原主；如系印契，将逃人断归用印契后买之主。

臣等谨按：此条系康熙二十二年(1683)定例，应载入例册，以便遵行。

【1743】D.42(略)

【1767】○删除

删除按语见“拿获逃人地方官记功”条【1767】续纂项下。

开除丁粮

【1743】○增入

一、凡卖身旗下之人有丁徭者，即开除丁粮。如原籍居址无可稽查，并无丁徭可除者，令地方官晓谕存案。倘日后逃回，仍作逃人查拿。

臣等谨按：此条系康熙二十二年(1683)定例，应载入例册，以便遵行。

【1743】D.43(略)

断出为民纳粮当差

【1743】○增入

一、凡审明逃犯例应断出为民者，即递解原籍，交与地方官，令其纳粮当差。仍令地方官一面申详督抚，一面具文报部。

臣等谨按：此条系康熙二十二年(1683)定例，应载入例册，以便遵行。

【1743】D.44(略)

拿获白契逃人

【1743】○增入

一、凡旗下家下旧人及用印契所买之人并例前白契所买之人逃走者，照例鞭、刺，交与伊主，拿获之地方官记功。其例后白契所买之人逃走者，杖八十，交与伊主，伊交还身价放出为民，拿获之官不记功。

臣等谨按：此条系康熙二十二年(1683)定例，应载入例册，以便遵行。

【1743】D.45(略)

【1767】○修改

拿获逃人地方官记功

臣等谨按：此条系地方官拿获旗下家奴，分别白契、红契，记功、不记功旧例。原例有家下旧人，并例前白契所买之人逃走者，照例鞭、刺，交与伊主，拿获之地方官记功。其例后白契所买之人逃走者，杖八十，交与伊主，俟交还身价，放出为民，拿获之官不记功等语。查乾隆二十五年(1760)，臣部奏准，白契家人逃走，悉照红契家人例报部记档。拿获之日，按照次数分别治罪。如本主遗漏不报，将家奴照例入官。或本主已报,由佐领处遗漏,将领催等按例惩治。现在载入例册遵行。所有原例内分别印契、白契及例后白契所买之人逃走,杖八十,交与伊主。俟交还身价,放出为民,拿获之官不记功等句,均拟删去。再地方官拿获逃人记功,已不分红契、白契,则例目"拿获白契逃人"未能赅括,应改为"拿获逃人地方官记功"。其白契家人旧例四条,并请删除。谨将删除旧例,开列于后。

【修改】一、凡旗下家人逃走,无论红契、白契,俱照例鞭、刺,交与伊主,拿获之地方官记功。

【删除】"例前白契所买之人逃走"原例(略)、"例后白契所买之人准其赎身"原例(略)、"例前白契所买之人在例前逃走"原例(略)、"逃走卖身"原例(略)

【1825】D.45(略)

无主认领之逃人计算次数

【1676】D.37

一、凡无主认识逃人,入官分与旗下。从所给之主家逃走者,其无主认识一次计算次数。

【1743】○修改

臣等谨按:此条入官逃人逃走计算次数,语未明晰,应增改。谨将增改例文,开列于后。

一、凡无主认领之逃人,分别鞭、刺,照例入官,给八旗兵丁为奴。若再逃者,连前计算次数,至三次者发遣。

【1743】D.46(略)

【1814】○修改

修改按语见"卖身行诈"条【1814】修改项下。

一、凡无主认领之逃人,分别鞭、刺,照例入官,给八旗兵丁为奴。若再逃者,连前计算次数,至三次者,发各省驻防给官员兵丁为奴。

【1825】D.46(略)

逃犯已故免提妻子

【1676】D.38

一、凡逃人在逃走处所娶之妻及所生子女,或本主首告行提,或被地方官拿获,于未审之先,逃人死过,逃人外娶妻及所生子女,审实者,断给逃人之主,俱释放为民。

【1743】○修改

臣等谨按:乾隆三年(1738),经刑部等衙门奏准定例,凡逃人已故,其外娶之妻及所生子女,伊主呈首,或旁人出首,俱不准行提等因,遵行在案。此条应照现行定例纂辑。谨将纂辑例文,开列于后。

一、凡逃人逃走后,在外娶有妻室及生有子女,或本主首告行提,或被地方官拿获,审明之后,逃人身故者,其外娶之妻及所生子女,仍断与原主。若未发觉之先,逃人已故,虽有外娶妻室及所生子女,伊主呈告或旁人出首,俱不准行。

【1743】D. 47(略)

老幼逃人及随逃妇女

【1676】D. 39

一、凡逃人七十岁以上、十五岁以下者,俱免鞭、刺。逃至三次,亦免死。其窝家及地方官功过,仍照例议。其夫带妻逃,或父带女逃,或子带伊母、妹逃,妇女俱不得自专,跟随逃走,将妇女免刺字,鞭一百。其夫并子照常鞭、刺。若只身逃走之妇女,照常鞭、刺。

【1743】○修改

臣等谨按:雍正二年(1724)定例,凡男、妇年逾六十逃走者,免治逃罪等因,遵行在案。此条内七十岁以上免罪字样,应改。至三次逃人,已改拟发遣。例内三次亦免死句应改为亦免发遣。再查"刑律"内开妇人犯罪,罪在夫男,所有随逃之妇女,应照例免罪。至只身逃走之妇女,应与下条聘娶民妇逃走一项并纂,以便画一遵行。谨将改辑例文,开列于后。

一、凡逃人年六十岁以上、十五岁以下者,俱免鞭、刺。至三次,亦免发遣。其窝家及地方官功过,照例查议。其夫带妻逃、带女逃,子带伊母,并兄弟带姊妹逃走者,除本犯照例治罪外,随逃之妇女俱免其鞭、刺。

【1743】D. 48(略)

【1801】○修并

修并按语并修并后例文见"携带同逃"条【1801】修并项下。

妇女逃走

【1676】D. 40

一、凡旗下人聘娶民妇为妻,其妇人逃走者,免刺,鞭一百。逃至三次,着正法。其窝家、地方官功过,照常究议。

【1743】○修改

臣等谨按:旗人聘娶之民妇逃走,应与旗下只身妇女逃走一项一体办理,毋庸分别。再妇人除实犯死罪外,杖罪的决,余罪例得收赎。至窝留逃走妇女与窝留逃人不同,"刑律"内有收留逃走妇女分别治罪之条,应逐一增辑,以便画一遵行。谨将改辑例文,开列于后。

一、凡旗人家下妇女初次逃走者,鞭一百。再犯,按次科断。鞭责的决,余罪照例收赎。均免刺字。窝家照收留逃走妇女例,分别知情、不知情治罪。地方官功过,照常究议。

【1743】D.49(略)

【1801】○修并

修并按语并修并后例文见“另户旗人逃走”条【1801】修并项下。

逃人无主认领

【1676】D.41

一、凡地方官将逃人拿解,审系真逃,无主认识者,仍鞭、刺,入官给与八旗穷兵。其窝家责四十板释放,地方、十家长、两邻,行文地方官各责三十板释放。地方官功过无庸议。如系面上刺字无主认识之逃人,窝家及地方官功过照常议。日后逃人若被原主认识,仍给与原主。

【1743】○修改

臣等谨按:凡逃人拿获到案,方行刺字。是逃人逃至二次者,面上方有刺字。若系初次逃人,及虽曾逃走,或系自回、自首,或系遇赦,或系十日内拿获,均应免刺,则面上俱无刺字。但既实系逃人,所有窝家人等及地方官,自应遵照乾隆三年(1738)定例,分别限期及知情、不知情之处究议。其逃人面上有无刺字,原无庸分别。此条应改辑。谨将改辑例文,开列于后。

一、凡地方官将逃人拿解到案,审明实系逃人,如无主认领,照例鞭、刺,入官,给八旗兵丁为奴。其窝家、地方人等及地方官,照例究议。若逃人入官后,有被原主认识者,仍给与原主。

【1743】D.50(略)

【1825】D.48(略)

旗人所买蒙古人逃

【1676】D.42

一、凡新买喀尔喀等处蒙古人初次逃走者,照例前白契所买之人逃走例,鞭八十;二次者,照逃人例治罪。

【1743】○修改

臣等谨按:例前白契所买之人逃走,即照家奴一体治罪。例内所称照例前白契人逃走例鞭八十之处,与定例不符,应改。谨将改辑例文,开列于后

一、凡旗人所买喀尔喀等处蒙古人逃走者,亦照逃人例分别治罪。

【1743】D.51(略)

【1825】D.49(略)

口外逃人娶妻

【1676】D. 43

一、凡口外蒙古逃人,逃进腹里娶妻者,将所娶之妻释放为民。其给与口外公主人役家下逃人,在逃走处所娶之妻,应归给所娶之夫。

【1743】○修改

臣等谨按:此条现在遵行。惟语未明晰,应删改。谨将删改例文,开列于后。

一、凡口外蒙古人逃进内地娶妻者,将所娶之妻断归母家。其公主属下人役在逃走处娶妻者,拿获审明,断给逃人完聚。

【1743】D. 52(略)

【1825】D. 50(略)

外省驻防逃人

【1676】D. 44

一、凡逃牌,其王等所属者,递与各该都统;公、将军、城守尉所属者,递与各公、将军、城守尉等,用印信转送该督抚存案;其盛京所属者,送盛京刑部存案。逃走之逃册,王所属之都统、公、将军、城守尉等,每年四月内咨送督捕衙门。其拿获鞭刺人姓名、主名、旗色、佐领、拿获年月日期及官员职名,该督抚、盛京刑部,每年三月内咨送督捕衙门叙功时,磨对议叙。令该督抚将逃人面上刺满汉字,鞭责。其续顺公、镇海将军、沧州、德州,此四处地方之逃人,若自行投主者,令逃人之主,同佐领及拨什库,带到各该公、将军、城守尉等处,公、将军、城守尉等,将伊处逃册圈销,具印信实文,知会审理逃人之督抚,令督抚照文圈销逃册。若因逃人尚有质讯之处,或逃人之主出差不在家内,或幼子寡妇,难以远赴督抚衙门者,该督抚移会各该公、将军、城守尉,取口供完结。

【1743】○修改

臣等谨按:现今外省驻防,并无藩王,例内王等所属逃走一项应删。再此条字句繁冗之处,俱应删改。谨将删改例文,开列于后。

一、凡外省驻防,及续顺公、镇海将军、沧州、德州等处逃人,属都统者,赴都统衙门投递逃牌;属公及将军、城守尉者,赴各该衙门投递逃牌。各该衙门用印文转行该督抚存案。其盛京所属逃人,将逃牌送盛京刑部存案。于每年四月内,造册咨送刑部备案存查。至盛京刑部及该督抚拿获逃人,应鞭、刺者照例鞭、刺,应发遣者咨部发遣。亦于每年四月内,将拿获过逃人姓名、旗色、佐领、主名,并拿获日期,及官员职名,造具清册,咨送刑部磨对议叙。若自回逃人,令该管佐领等,呈报各该管衙门圈销逃册,照例完结。仍将完结缘由,移会缉拿逃人之衙门,一体圈销逃册。

【1743】D. 53(略)

【1825】D. 51(略)

【1834】○修改

臣等谨按:道光十二年(1832)十一月内,据升任江西道监察御史金应麟奏"请修改删易刑例"一折内称,续顺公、镇海将军,外省久无此官,似应查改等语。经臣部查,此条例文系乾隆八年(1743)改定,是以所载官名与现在不符。惟无关罪名出入,且非常用之例,应俟修例时再行改正等因具奏。奉旨允准在案。今届修例之时,应将例内"续顺公、镇海将军"名目删除,以符现制。谨将修改例文,开列于后。

一、凡外省驻防逃人,属都统者,赴都统衙门投递逃牌;属将军及城守尉者,赴各该衙门投递逃牌,各该衙门用印文转行该督抚存案。其盛京所属逃人,将逃牌送盛京刑部存案。于每年四月内,造册咨送刑部,备案存查。至盛京刑部及该督抚拿获逃人,应鞭、刺者,照例鞭、刺;应发遣者,咨部发遣。亦于每年四月内,将拿获过逃人姓名、旗色、佐领、主名,并拿获日期及官员职名,造具清册,咨送刑部磨对、议叙。若自回逃人,令该管佐领等呈报各该管衙门圈销逃册,照例完结;仍将完结缘由移会缉拿逃人之衙门,一体圈销逃册。

【1847】D. 51(略)

三营获犯呈解

【1676】D. 45

一、凡三营拿获人犯,不送刑部、五城,俱解督捕衙门审理。光棍、赌博、殴打等事,转送刑部、五城。

【1743】○删除

臣等谨按:从前系另设督捕衙门,是以定有拿获转送之例。今督捕衙门久已改隶刑部,三营拿获人犯送部,除逃人系督捕司官外,其赌博、斗殴等事,俱交刑部各司办理。此条毋庸纂辑,应删

外省获逃会审

【1743】○增入

一、凡各省将军、城守尉等拿获逃人,照例会同同城文员审理。

臣等谨按:此条系康熙二十二年(1683)定例,应载入例册,以便遵行。

【1743】D. 54(略)

【1825】D. 52(略)

顺治元年以前逃人

【1676】D. 46

一、凡顺治元年(1644)以前逃走之逃人,不断给原主,为民。如被旗下人所获

者,有原主认识,仍断与原主。

【1743】〇删除

臣等谨按:此条系专指顺治元年(1644)以前逃走之人言,毋庸查纂,应删。

旗人窝逃

【1676】D.47

一、凡旗下人窝隐逃人者,鞭一百,罚银五两。其主无论官民,罚银十两。另户人窝隐逃人者,鞭一百,罚银十两。宗室公以上家下庄头人等窝隐逃人者,将窝隐之人鞭一百,罚银五两,管屯拨什库罚银十两。俱行入官。如有应罚银十两不能纳者,枷号一个月;应罚银五两不能纳者,枷号二十日。

【1743】〇修改

臣等谨按:旗人窝留旗逃,较民人易犯,而邻佑人等查察甚难。是以原例内无邻佑人等治罪之条。其窝家之罪,亦与民人窝逃者不同。但例内罚银入官及不能完纳拟以枷号之处,似未允协。谨拟改辑,以便引用。谨将改辑例文,开列于后。

一、凡旗人窝留逃人,不知情者,三个月以内免议,三个月以外鞭一百。知情窝留者,不拘限期,加枷号一个月发落。若旗下家人窝逃,除将窝逃之人照例治罪外,伊主知情,系闲散鞭一百,系官交部议处,不知者不坐。宗室公以上家下庄头人等窝留逃人者,照旗人窝逃例分别治罪,该管领催鞭一百。

【1743】D.55

【1767】〇修改

臣等谨按:乾隆二十七年(1762)十一月内,盛京将军舍图肯条奏,容留逃人之窝家,分别知情、不知情,于原例应得本罪上加一等治罪。嗣于二十八年(1763)六月内,又经臣部奏明,知情窝留之犯,应于鞭一百本罪上加一等,问拟杖六十、徒一年,仍照旧例先加枷号一个月等语,应遵照。原例内窝留不知情者,三个月以外鞭一百句,改为杖六十、徒一年。知情窝留者,"加枷号一个月"句上添"杖六十、徒一年"。

一、凡旗人窝留逃人,不知情者,三个月以内免议,三个月以外,杖六十、徒一年。知情窝留者,不拘限期。杖六十、徒一年,先加枷号一个月发落。若旗下家人窝逃,除将窝逃之人照例治罪外,伊主知情,系闲散鞭一百,系官交部议处,不知者不坐。宗室公以上家下庄头人等窝留逃人者,照旗人窝逃例分别治罪,该管领催鞭一百。

【1801】〇修并

修并按语并修并后例文见"窝逃及邻佑人等分别治罪"条【1801】修并项下。

末家断作窝家

【1676】D.48

一、凡逃人逃走,换住数家被获者,将末家断作窝家。

【1743】○仍旧

臣等谨按:此条现在遵行,应照旧开载,无庸改纂。

【1743】D. 56(略)

【1825】D. 53(略)

移住窝家

【1676】D. 49

一、凡移住别处窝隐逃人者,将移住之处两邻、十家长、地方及地方官,俱照例治罪。

【1743】○仍旧

臣等谨按:此条现在遵行,应照旧开载,无庸改纂。

【1743】D. 54(略)

驻防窝带逃人

【1676】D. 50

一、凡往各省驻防旗下官员及白人窝带逃人者,若系官员,革职;系白人,枷号三个月,鞭一百。

【1743】○修改

臣等谨按:驻防人等窝带逃人,自应与旗人窝逃一例科罪,此条应改辑。谨将改辑例文,开列于后。

一、凡往各省驻防官员及闲散人等窝带逃人者,俱照旗人窝逃例分别治罪。

【1743】D. 58(略)

【1825】D. 55(略)

盛京等处并各边口严查逃人

【1743】○增人

一、凡盛京、宁古塔、黑龙江将军及边汛等官,各于所属内缉拿逃人,务期必获。如彼处土著之人将逃人隐匿,不行举出,经旁人出首拿获者,将隐匿之人照窝逃例分别治罪。再沿边地方总兵官,责令所辖守边、守口官弁,将出边之人严加盘查。若将逃人疏忽放出者,将守口之官弁、兵丁照地方及地方官失于查察例究处;故纵者,从重论。

臣等谨按:此条系康熙三十三年(1694)定例,应载入例册,以便遵行。

【1743】D. 59(略)

【1825】D. 56(略)

口外逃人交扎萨克查拿

【1743】○增入

一、凡口外有旗下逃人,交与该扎萨克及管辖之人于各旗佐领下严加查拿,解部治罪。

臣等谨按:此条系雍正五年(1727)定例,应载入例册,以便遵行。

【1743】D.60(略)

【1825】D.57(略)

游牧处所窝隐逃人

【1743】○增入

一、边外八旗游牧处所官员,凡游牧之处住有逃人者,应不时巡查缉拿。若将逃人隐匿,不行举出,经旁人出首拿获者,将窝家人等俱照例治罪。

臣等谨按:此条系康熙三十三年(1694)定例,应载入例册,以便遵行。

【1743】D.61(略)

【1825】D.58(略)

宁古塔水手等役窝逃

【1676】D.51

一、凡宁古塔驻防旗下逃人逃走三次者,具空文报督捕衙门复议具题。水手、炮手等役窝隐逃人者,枷号三个月,责四十板。

【1743】○修改

臣等谨按:驻防旗人逃走,已纂拟专条,此处应删。至水手等役窝逃治罪之处,应遵照乾隆三年题准定例改定。谨将删改例文,开列于后。

一、凡宁古塔等处驻防地方水手、炮手等役窝隐旗下逃人者,系旗人,照旗人窝逃例;系民人,照民人窝逃例,分别治罪。

【1743】D.62(略)

【1825】D.59(略)

边外屯庄窝逃

【1743】○增入

一、凡边外居住旗人窝隐逃人者,将窝家及该管领催照例治罪。

臣等谨按:此条系康熙二十三年(1684)定例,应载入例册,以便遵行。

【1743】D.63(略)

【1825】D. 60(略)

驻防藩王窝逃

【1676】D. 52

一、凡外省驻防藩王等,如将逃人委用护卫、官员,或用为近使,若被旁人首告,或被本主认识拿获者,将王请旨议处。

【1743】○删除

【原例】【1676】D. 52(略)、【1676】D. 53(略)、【1676】D. 54(略)

臣等谨按:现今各省驻防并藩王以上三条,均毋庸纂辑,应删。

驻防藩下官员窝逃

【1676】D. 53

一、凡外省驻防藩王所属官员窝隐逃人者,革职。其兵丁、白人窝隐逃人者,枷号两个月,鞭一百,罚银十两入官。

【1743】○删除

删除按语见“驻防藩王窝逃”条【1743】删除项下。

在京居住藩下官员窝逃

【1676】D. 54

一、凡外省驻防藩王下在京居住之护卫、官员窝隐逃人者,照在京居住旗下人窝逃例治罪。

【1743】○删除

删除按语见“驻防藩王窝逃”条【1743】删除项下。

营伍窝逃

【1676】D. 55

一、凡营伍内窝隐逃人者,若有保人,将保人断为窝家,其留住之房主责四十板。虽有保人,因其不行查出情由,将管队枷号两个月、责四十板,外委百总责三十五板,把总责三十板,千总责二十五板。

【1743】○修改

臣等谨按:留住之房主,因有保人,既拟满杖。不行查出之管队,拟以枷号两个月,似觉过重,应照不应重律拟杖八十。至千总、把总,虽系微员,查《兵部则例》,千总有犯公罪者,俱咨部议处。今千、把总若不知逃人情由,其咎止于失察,应将例内责三十板、责二十五板之处,均改为交部议处。谨将改辑例文,开列于后。

一、凡营伍内窝隐逃人者，若有保人，将保人断作窝家，留住之房主杖一百。其不行查出之管队及外委百总，均杖八十；该管之把总、千总，交部议处。

【1743】D. 64（略）

【1801】○修改

【原例】"营伍窝逃"原例（略）、"运粮等船窝逃"原例（略）

臣等谨按：以上二条系营伍等项窝逃治罪之例。查嘉庆四年（1799），臣部奏准，窝家知情窝逃者，减逃人罪一等，不知者不坐等因。是旗人初次逃走被获，鞭一百；知情之窝家，减一等，应鞭九十。例内房主、运丁杖一百，转重于窝家之罪。自应酌减窝家罪一等，罪止杖一百。管队、百总等官，亦应减房主二等，罪止杖八十。不知者不坐。以昭平允。谨将修改例文二条，开列于后。

一、凡营伍内窝隐逃人者，若有保人，将保人断作窝家。知情留住之房主，减窝家罪一等，罪止杖一百；不知者不坐。其不行查出之管队及外委百总，减房主罪二等，罪止杖八十。该管之把总、千总，交部议处。

【1825】D. 61（略）

运粮等船窝逃

【1676】D. 56

一、凡粮船并回空之船，责成各该押运官及千总、百总，将人数写给印票，令其稽查。若有窝隐逃人者，将留住逃人之船主，断作窝家，责四十板，并妻子一并流徙尚阳堡；同船运丁，各责四十板；头船屯丁头目，照地方例枷号两月，责四十板；领运千总，照失察例革职；押空百总，既无品级，责三十五板，革去百总；其河南、山东二省押运督粮道，应罚俸一年；江西、浙江、湖北、湖南、江安、苏松等六处押运通判，品级较粮道虽小，但押运责任相同，亦应罚俸一年。

【1743】○修改

臣等谨按：此条内窝留逃人及屯下头目等治罪之处，俱应遵照乾隆三年（1738）定例改辑。至领运、督运各官失察议处，吏部、兵部俱定有处分则例，此处无庸纂入，恐滋牵混。例文内罚俸一年等句，均应改为"交部议处"。谨将删改例文，开列于后。

一、凡粮船并回空船只，各该押运及千、百总，将人数填写印票，不时稽查。若有窝隐逃人者，将留住逃人之人，断作窝家；屯丁头目，照地方例治罪，运丁杖一百；百总杖八十，仍革去百总；领运千总并督运各官，均交部议处。

【1743】D. 65（略）

【1801】○修改

修改按语见"营伍窝逃"条【1801】修改项下。

一、凡粮船并回空船只，各该押运官及千、百总，将人数填写印票，不时稽查。若有窝隐逃人者，将留住逃人之人断作窝家；屯丁头目照地方例治罪；运丁减窝家一等,罪止杖一百;百总减运丁二等,罪止杖八十,仍革去百总;不知者不坐。领运千总并督运各官,均交部议处。

【1825】D. 62(略)

军船商船窝逃

【1743】○增入

一、凡军船、商船,该管官将本船男妇数目给与印票,钞关之官查照票内数目放行。若有票内无名之人,即行拿解。如逃人过一关,至二关拿获或被首告拿获者,将不行盘拿放过关之官,交部议处;船主断作窝家。

臣等谨按:此条系康熙十三年(1674)定例,应载入例册,以便遵行。

【1743】D. 66(略)

【1825】D. 63(略)

官员赴任后家人窝逃

【1676】D. 57

一、凡汉文武官员赴任之后,有本家人窝隐逃人者,本官不知情,免罪;将窝逃之人断作窝家。

【1743】○仍旧

臣等谨按:此条现在遵行,应照旧开载,毋庸改纂。

【1743】D. 67(略)

【1825】D. 64(略)

僧道窝逃

【1676】D. 58

一、凡僧尼、道士窝隐逃人者,照民例治罪。

【1743】○仍旧

臣等谨按:此条现在遵行,应照旧开载,毋庸改纂。

【1743】D. 65(略)

瞽目人窝逃

【1676】D. 59

一、凡瞽目之人窝隐逃人者,免责,仍将妻、子、家产、人口一并流徙尚阳堡。

【1743】○修改

臣等谨按:乾隆三年(1738)定例,窝隐逃人,罪止杖徒,其例内将妻、子、家产一并流徙之处，应删。再查"刑律"内开，凡笃疾、废疾人犯罪，俱例准收赎。此例目但称瞽目一项，殊未赅括。至地方、邻佑人等，亦应与窝家一体办理。应逐项增入，以昭画一。谨将改辑例文，开列于后。

笃疾废疾收赎

一、凡窝留逃人，及邻佑、地方、十家长等犯，如有笃疾、废疾者，审验明确，俱准其照例收赎。

【1743】D. 69（略）

【1778】○修改

臣等谨按："老小废疾收赎"律内，逃人原在准赎之例，向来办理逃人笃废案件，俱照例一体收赎，应归入此条内，将原例"窝留逃人"一句酌改为"逃人窝家"，以便引用。拟合声明。

一、凡逃人窝家及邻佑、地方、十家长等犯，如有笃疾、废疾者，审验明确，俱准其照例收赎。

【1825】D. 66（略）

老幼收赎

【1676】D. 60

一、凡窝隐逃人之人，若系七十岁以上者，免责，将家产、人口入官，一并流徙尚阳堡；十五岁以下孩童窝逃者，免流徙。若十六岁以上，照常作为窝家流徙尚阳堡。

【1743】○修改

臣等谨按：定例凡犯罪年逾七十及年未及十六岁者，俱准其照例收赎。再窝家之罪，既例止杖徒，其例文内妻、子、人口入官、流徙之处应删。邻佑、十家长、地方人等，亦应增入例内，与窝家一体办理，以昭画一。谨将增辑例文，开列于后。

一、凡窝留逃人及邻佑、十家长、地方人等，如有年逾七十及年未及十六岁者，照例问拟，准其收赎，仍取具并无虚冒假捏甘结存案。

【1743】D. 70（略）

【1825】D. 67（略）

寡妇窝逃

【1676】D. 61

一、凡孤身寡妇窝逃者，责四十板，流徙尚阳堡。

【1743】○修并

修并按语并修并后例文见【1676】D. 63 条【1743】修并项下。

妇人窝逃

【1676】D.62

一、凡妇人伊夫不在家之后,窝隐逃人者,不便与夫拆离,免其流徙,责四十板释放。邻佑、十家长、地方及地方官照例治罪。

【1743】○修并

【原例】"寡妇窝逃"原例(略)、"妇人窝逃"原例(略)

臣等谨按:定例凡妇人犯罪,罪坐夫男。如夫男外出,实不知情,及只身孀妇,并无夫男者,罪坐本妇,照律收赎。以上二条,应并纂一条,以便引用。谨将并纂例文,开列以后。

一、凡妇人窝隐逃人,应罪坐夫男。如夫男外出实不知情,及只身孀妇并无夫男者,应将本妇照窝隐逃人例分别问拟,依律收赎。邻佑、十家长、地方人等,照例治罪;地方官交部议处。

【1743】D.71(略)

【1825】D.68(略)

逃人原娶之妻

【1676】D.63

一、凡逃人逃去,在民间原娶之妻家居住者,将原娶妻归给本夫。若有十六岁以上之子,将一人断作窝家。十五岁以下者无罪。

【1743】○修改

臣等谨按:此条语未明晰,应改辑。谨将改辑例文,开列于后。

一、凡逃人逃回原籍,在伊原娶之妻家居住被获者,审明,将逃人之妻断给逃人完聚,其窝家人等照例治罪。

【1743】D.72(略)

【1825】D.69(略)

保卖逃人

【1676】D.64

一、凡将逃人称系民人卖与人者,将卖主断作窝家,保人照邻佑例治罪。若逃人自行卖身者,将保人断作窝家。

【1743】○删除

臣等谨按:此条已纂入"旗人冒称民人卖身"条内,此处应删。

出首逃人

【1676】D. 65

一、凡逃人,若被窝家出首者,窝主免罪。若窝主不行出首,或被旁人首告,或被该管地方、十家长、邻佑等出首者,将窝隐之人作为窝家。其窝逃之人家产分为三份,一份给与出首之人。若邻佑、十家长、地方等内,有一人出首者,将窝家仍断为窝家,其余邻佑、十家长、地方等免罪。如窝逃之人一村居住,族中人等及主仆互相出首者,窝主亦免罪。凡各处解送逃人,不许将窝家一并拿解。如有窝家,许地方官拘审羁候,止将逃人拿解。俟督捕衙门审实逃人,行文地方官提取窝家审理。若不系逃人,行文地方官释放。

【1743】○修改

臣等谨按:前明窝逃之犯,例应流徙,其房地俱行入官,是以例内将家产分给出首之人充赏。今查乾隆三年(1738)定例,窝逃之人罪止杖徒,其家产入官、充赏之处,久经停止。再窝隐之人,即系窝家,例内"将窝隐之人作为窝家",语句反未明晰,均应改辑。谨将改辑例文,开列于后。

一、凡逃人被窝家出首者,窝家人等免罪。若窝家不行出首,或该管地方、十家长、邻佑人等内有一人出首者,止将窝家照例治罪,其余邻佑、十家长、地方等俱行免罪。如窝逃之人一村居住,族中人等及主仆互相出首者,窝家亦免罪。至拿解逃人,地方官将窝家暂行拘禁,不许一并解送,候该管衙门审明实系逃人,行文地方官,将窝家审拟发落。

【1743】D. 73(略)

【1825】D. 70(略)

雇觅逃人佣工

【1676】D. 66

一、凡逃人,或旗下人、民人雇觅做工,及赁房与住,若有旗下人、民人作保者,即将保人不论日期,断作窝家。其雇觅之人免罪。既系专保雇、赁,其地方、十家长、邻佑、地方官免罪。若无保人,留住过十日者,虽系赁房、雇工,仍照例治罪。其地方卖与逃人,如有保逃人之人,将保人作为窝家;如无保人,或有引进之人,将引进之人作为窝家。既有转保、引进之人,其邻佑、十家长、地方及地方官照例免议。如无保人及引进之人,将房地之主仍作窝家。或房地已卖,移往他处居住,去后事发,将房地之主断作窝家,其原处之两邻、十家长、地方官照常治罪。

【1743】○修改分纂

臣等谨按:乾隆三年(1738)定例,凡窝逃之人,俱分别年限及知情、不知情治罪。此条内雇觅做工、赁房与住,将保人不论日期断作窝家,及无保人,过十日即行治罪之处,与现在遵行定例不符,均应改辑。至将房地卖与逃人一项,与前节雇觅逃人佣工之处,事类各殊,合纂并列,恐滋牵混。应分别二条,以便引用。谨将分纂例文,开列于后。

一、凡将逃人雇觅佣工及赁房与住者,照窝家例,按限分别知情、不知情治罪。若有保人者,将保人照窝家例治罪。其雇主、房主及十家长、地方、邻佑并地方官,俱免议。

将房地卖与逃人【1743】D. 75(略)

【1743】D. 74(略)

【1801】○修改

【原例】"雇觅逃人佣工"原例(略)、"文武官员窝逃"原例(略)、"奉天锦州民并流徙人窝逃"原例(略)

臣等谨按:以上三条,俱系窝逃治罪之例。查嘉庆四年(1799),臣部奏准,窝家知情窝逃者,减逃人罪一等,不知者不坐,并无限期。例内"按限期"等字,及后条注内"不知情者,照犯公罪例议拟"等句,系属旧例,应行节删。谨将修改例文三条,开例于后。

一、凡将逃人雇觅佣工及赁房与住者,照窝家例,分别知情、不知情治罪。若有保人者,将保人照窝家例治罪。其雇主、房主及十家长、地方、邻佑并地方官,俱免议。

【1825】D. 71(略)

将房地卖与逃人

【1743】D. 75

一、凡将房地卖与逃人者,如有保逃人之人,将保人作为窝家;如无保人,或有引进之人,将引进之人作为窝家;其邻佑、十家长、地方及地方官,俱免议。如无保人及引进之人,将房地之主仍断作窝家,邻佑、地方、十家长俱照例治罪。

【1825】D. 72(略)

收取房钱留住逃人

【1676】D. 67

一、凡店房收取房钱,留住逃人,或雇觅佣工,或赁房居住之人,若俱在十日以内者,免罪。过十日者,虽系收取房钱留住及雇工赁房,应不准免,仍断为窝家。其邻佑、十家长、地方及地方官,照例治罪。

【1743】○删除

臣等谨按:雇觅逃人佣工及赁房与住之人治罪之处,已纂入前一条内,此条应删。

文武官员窝逃

【1676】D. 68

一、凡现任汉文武官员，并有顶带闲散官员，进士、举人、贡生、监生，及休致回籍闲居各官，窝隐逃人者，止将本身并妻子流徙尚阳堡，家产俱行入官。其邻佑、地方、十家长及地方官，照常治罪。

【1743】〇修改

臣等谨按：乾隆三年(1738)奏准定例，窝隐逃人，罪止杖徒，此条内将本身、妻、子流徙及家产入官之处，应删。再民人窝逃，系分别限期和知情、不知情治罪。今官员人等窝逃，亦当分别定立科条。至生员有犯，应与贡、监生一体办理，应增入，以便引用。谨将改辑例文，开列于后。

一、凡汉文武官员，并进士、举人、贡监生员，及有顶带人员，窝隐逃人者，俱照民人窝逃例，按限期分别知情、不知情办理。仍照名例分别公罪、私罪。知情者，照犯私罪例科断；不知情者，照犯公罪例议拟。八旗文武官员有犯，亦照此例。邻佑、地方、十家长及地方官，俱照例究议。其误典、误买及雇觅佣工，仍照例将保人或引进之人断作窝家。

【1743】D. 76(略)

【1801】〇修改

修改按语见【原例】“雇觅逃人佣工”条【1801】修改项下。

一、凡汉文武官员，并进士、举人、贡监生员，及有顶带人员，窝隐逃人者，俱照民人窝逃例，分别知情、不知情办理。知情者，照犯私罪例科断；不知者不坐。八旗文武官员有犯，亦照此例。邻佑、地方、十家长及地方官，俱照例究议。其误典、误买及雇觅佣工，仍照例将保人或引进之人断作窝家。

【1825】D. 73(略)

生员窝逃

【1676】D. 69

一、凡生员窝隐逃人者，与平民一例。

【1743】〇删除

臣等谨按：生员窝逃，应与监生人等一体科罪，已并入上条，此条应删。

窝家出首逃人妻子

【1676】D. 70

一、凡逃人如被别处及旁人拿获之后，窝家虽将逃人之妻、子出首，应不准免，照例断作窝家，地方官照常议。逃人若未被别处及旁人拿获之先，窝家将逃人之妻、子出首者，窝家免罪，地方官应记功。

【1743】○修改

臣等谨按:凡犯罪闻拿投首,例应减二等治罪。今窝家于未经提拿之先,将逃人妻、子出首,似应照闻拿自首例减等发落。例内不准出首、断作窝家之处,应改。谨将改辑例文,开列于后。

一、凡逃人如被别处及旁人拿获后,窝家将逃人妻子出首者,将窝家照闻拿自首例减二等治罪,地方官免议。若逃人未被拿获之先,窝家将逃人妻子出首者,窝家免罪,地方官仍记功。

【1743】D.77(略)

【1825】D.74(略)

奉天锦州民并流徙人窝逃

【1676】D.71

一、凡奉天、锦州二府所属地方民人,及流徙尚阳堡、宁古塔之民,窝隐逃人者,俱枷号三个月,责四十板。

【1743】○修改

臣等谨按:奉天等处民人及流徙人窝逃治罪之处,应遵照乾隆三年(1738)定例,分别改定。谨将改辑例文,开列于后。

一、凡奉天等处所属民人,及流徙尚阳堡、宁古塔之民人,窝隐逃人者,俱照窝家例,分别年限及知情、不知情科断,仍照例折枷责发落。

【1743】D.78(略)

【1788】○修改

臣等谨按:"名例"内"徒流迁徙地方"条下,奉天所属民人有犯军、流、徒罪,俱照各省民人犯罪例,一体问发,均不准折枷完结,纂定例文通行,遵照在案。所有此条原例内,奉天等处民人窝隐逃人治罪,仍照例折枷责发落之文,系属旧例,业已不用,应行删去。今将修改例文,开列于后。

一、凡奉天等处所属民人,及流徙尚阳堡、宁古塔之民人,窝隐逃人者,俱照窝家例,分别年限及知情、不知情科断。

【1801】○修改

修改按语见【原例】"雇觅逃人佣工"条【1801】修改项下。

一、凡奉天等处所属民人,及流徙尚阳堡、宁古塔之民人,窝隐逃人者,俱照窝家例,分别知情、不知情科断。

【1825】D.75(略)

行提定限

【1676】D. 72

一、凡道府、州县、卫所官员,行文提取逃人、窝主及窝主之妻子、家产、人口,并于连坐之人,及空文行查,一百里以内者,往返限十日内解至。如不到,又照此定限十日,行催一次,亦照此限内解至。至二百里以内者,往返限十五日解至。如不到,又照此定限十五日,行催一次,亦照此限内解至。至二百里以内者,往返限十五日解至。如不到,又照此定限十五日,行催一次,亦照此限内解至。至三百里以内者,往返限二十日解至。如不到,又照此定限行催一次,亦照此限内解至。至四百里以内者,往返限二十五日解至。如不到,又照此定限行催一次,亦照此限内解至。至五百里以内者,往返限一月内解至。如不到,又照此定限行催一次,亦照此限内解至。至六百里以内者,往返限一月零五日解至。如不到,又照此定限行催一次,亦照此限内解至。至七百里以内者,往返限四十日解至。如不到,又照此定限行催一次,亦照此限内解至。至八百里以内者,往返限四十五日解至。如不到,又照此定限行催一次,亦照此限内解至。至九百里以内者,往返限五十日解至。如不到,又照此定限行催一次,亦照此限内解至。如不到,又照此定限行催一次,亦照此限内解至。至一千里以外,一百里者,往返加四日扣算。如行提逃人、窝家及牵连人犯,违此两次定限,不解不报者,将官革职;空文行查者,降一级调用。

【1743】○修改

臣等谨按:乾隆三年(1738)定例,窝逃之犯,罪止杖徒。此条内提取窝家之妻、子、家产、人口及字句繁冗之处,均应删改。至违限不解不报,将官革职及降一级调用等语,俱类处分则例,应改为“交部议处”。谨将删改例文,开列于后。

一、凡道府、州县、卫所官员行文提取逃人及行文移查案件,一百里以内者,往返限十日解复;如不解复,行催一次,再限十日解复。每百里往返,加限五日;一千里以外者,每百里往返,加限四日。递加扣算。若行催后,逾限不解不复者,交部议处。

【1743】D. 79(略)

【1825】D. 76(略)

逃人在空地盖房居住

【1676】D. 73

一、凡逃人逃走,在空地盖房居住者,将地主照窝家例分别治罪。如系无主之地,将乡长作为窝家,地方、十家长作为邻佑;如无乡长,将地方作为窝家,十家长作为邻佑。地方官功过,照常议。

【1743】○仍旧

臣等谨按:此条现在遵行,应照旧开载,毋庸改纂。

【1743】D. 80(略)

【1825】D. 77(略)

逃人居住未过例限

【1676】D. 74

一、凡逃人逃走,或无一定住处,或雇觅佣工,或赁住店房,未过十日者,其窝家、邻佑等既经免罪,地方官亦免议处。

【1743】○修改

臣等谨按:乾隆三年(1738)定例,窝逃之犯不知情者,六个月以外始行治罪;知情者,三个月以外始行治罪。此条"十日"二字应改为"限"字,以便引用。谨将改辑例文,开列于后。

一、凡逃人逃走,或无一定住处,或雇觅佣工,或赁住店房,未过限者,其不知情之窝家、邻佑人等均免治罪,地方官亦免议处。

【1743】D. 81(略)

【1825】D. 78(略)

妄扳窝家

【1676】D. 75

一、凡逃人初扳出之窝家,提来审虚者,枷号三个月,鞭一百。续扳之窝家,提来严审又虚者,将逃人交刑部正法。

【1743】○修改

臣等谨按:"刑律"诬告人杖罪以上,加所诬罪三等;诬告人死罪未决者,减死罪一等治罪。查窝逃之罪,例止杖徒,逃人诬扳,事同诬告,例内将两次妄扳窝家之逃人,拟以正法,似觉过重。谨拟改纂,凡逃人妄扳窝家,照诬告例,依所诬之罪加三等治罪。若屡次诬扳,应照奸棍诈害良民例发遣。谨将改辑例文,开列于后。

一、凡逃人诬扳窝家,提来审虚者,将逃人照诬告例依所诬之罪加三等治罪。仍刺字。若续供之窝家,提来审明,又属诬扳者,将逃人刺字,不论逃走次数,照奸棍诈害良民例发遣。逃罪重者,从重归结。

【1743】D. 82(略)

【1767】○修改

臣等谨按:原例内逃人诬扳窝家,提来审虚者,将逃人照诬告例,依所诬之罪加三等治罪。若续供之窝家,又属诬扳者,将逃人不论逃走次数,照奸棍诈害良民例发遣等语。查乾隆二十七年(1762)十一月内,盛京将军舍图肯条奏,并三十二年(1767)四月军机大臣会同臣部奏准,拿获逃人,初供若不将实在窝留之人指出,混将伊不合之人妄行扳出，将逃人加等治罪之处，改为径行发遣。若再有妄扳之处，如年力强壮者，改发乌鲁木齐等处，分别种地、为奴，应遵照改正。

一、凡逃人诬扳窝家，提来审虚者，将逃人发遣。仍刺字。若续供之窝家，提来审明又属诬扳者，将逃人刺字，不论逃走次数，照奸棍诈害良民例发遣；如年力强壮者，改发乌鲁木齐等处分别种地、为奴。逃罪重者，从重归结。

【1825】D.79（略）

行提窝家

【1676】D.76

一、凡逃人扳有窝家，行文地方官提解，具空文申报无有者，复行文巡抚详查，仍具空文报称无有者，将逃人枷号一个月、鞭一百后，若窝家仍在彼处，被旁人出首，果有是实者，将前报无有之地方官并巡抚，照失察逃人例处分。

【1743】○修改

臣等谨按：乾隆三年（1738）定例，窝逃之犯罪，止杖徒，毋庸提解。此条内“行文提解”字样，及字句繁冗之处，均应改辑。谨将改辑例文，开列于后。

一、凡逃人供有窝家，行文地方官查报。并无其人，复行文该督抚详查。如果以并无窝家咨复者，除将逃人照逃例治罪外，仍加枷号一个月。若逃人所供窝家属实，该地方官不行详查，朦混率复，日后别经发觉者，将地方官并该督抚均交部议处。

【1743】D.83（略）

【1825】D.80（略）

解送逃人

【1676】D.77

一、凡直隶、山东、山西、河南，拿解逃人窝犯，地方官严加肘锁，每一名，差正身有家产解役二名径解。如不差正身有家产解役，及少差解役，以致疏脱，或解役同逃人逃走者，将地方官革职，将疏脱之人责四十板释放。如逃人一名，差有家产正身差役二名押解，中途疏脱人犯，或同逃人逃走者，将解役各责四十板，并妻、子、家产、人口，一并流徙尚阳堡，地方官免议。其陕西、湖广、四川、江南、江西、浙江、福建、广西、广东、云南、贵州等省，拿解逃人窝犯，严加肘锁，每一名，差正身有家产解役二名递解。其经过地方官，将逃人肘锁验明，每一名，亦换差正身有家产解役二名递解。如不差正身有家产解役，少差解役，以致疏脱，或解役同逃人逃走者，地方官革职，将疏脱之人责四十板释放。如逃人一名，差有家产正身解役二名押解，若疏脱人犯，或同逃人逃走者，将解役责四十板，并妻、子、家产、人口，一并流徙尚阳堡，地方官免议。

【1743】○修改

臣等谨按:直隶等四省拿获逃人,从前定例,系径解督捕衙门。嗣于雍正二年(1724)经刑部奏准,俱改照陕西等省之例,详报督抚递解。现在遵行,无庸另行分晰,应删。再解役中途疏脱人犯,自应分别疏脱、故纵、贿纵科罪。例内将解役并妻、子、家产、人口一并问拟流徙之处,应改。至"少差解役之地方官,革职"字样,语类处分则例,应改为"交部议处"。再地方官虽无少差情事,而解役疏脱逃人,则佥差不慎之地方官,定例俱应议处,亦应增辑。谨将删改增辑例文,开列于后。

一、凡直隶各省拿解逃人,严加肘锁,每一名差有家产正身解役二名递解。其经过地方官,将逃人肘锁验明,每一名亦换差有家产正身解役二名递解。如不差有家产正身解役及少差解役,以致疏脱,或解役同逃人逃走者,地方官交部议处。将解役审明,系疏脱者,照不觉失囚例,减本犯罪二等科断;如本犯罪轻,减尽无科者,将解役照不应轻律折责发落。故纵者,与同罪,至死减一等。若有受贿情弊,计赃,以枉法从重论。解役将逃人案内牵连人犯中途疏脱者,亦照此科断。如地方官照例佥差押解,而解役疏脱人犯或同逃人逃走者,将解役审明,照例分别治罪;佥差不慎之地方官,亦交部议处。

【1743】D. 84(略)

【1825】D. 81(略)

逃人中途患病

【1743】○续纂

一、凡解送逃人中途患病,原解即报明该地方官验明,患病属实者,暂留看守,拨医调治,仍报明该管上司报部存案。俟病愈可以行走,即便转解前途。如将无病逃人谎称有病,故为留滞,或将实在患病者,反不留住,即留而不拨医调治,及病愈后不即行转解者,将该地方官交部议处。解役不报及谎报者,照例治罪。

臣等谨按:此条系康熙三十二年(1693)定例,应载入例册,以便遵行。

【1743】D. 85(略)

【1825】D. 82(略)

同解逃人一人患病

【1743】○增入

一、凡同批起解逃人,内一人患病,将患病之人留养调治,将别犯先行起解。如系夫妻、父子,俱准其存留调治,俟病痊之日一同起解。

臣等谨按:此条系雍正四年(1726)定例,应载入例册,以便遵行。

【1743】D. 86(略)

【1825】D. 83(略)

解送重罪逃犯

【1676】D. 78

一、凡逃人逃在地方,如犯杀人等死罪,止将罪人申解咨送刑部。如申解三名以下,地方官每一名差有家产解役四名,严加肘锁申解。如三名以上,申报该督抚酌量添差人役护解。如脱逃者,照刑部脱逃窃盗例治罪。其窝家、地方官功过,照常议。

【1743】○删除

臣等谨按:"刑律"凡旗人在外省犯斩绞重罪,俱系督抚审题部复,奉旨之日,系另户,解部监候。若解役疏脱罪囚,其分别治罪之处,"刑律"内已载有疏脱死罪重囚正条,此处应删。

解役雇倩代解

【1676】D. 79

一、凡州县官申解逃人,每逃人一名,差有家产正身解役二名押解。如所差正身解役不行押解,伊私自转交与别人押解,或逃人疏脱者,将不行详慎之地方官罚俸一年,正身解役流徙,其代解之人责四十板。

【1743】○修改

臣等谨按:"刑律"凡雇倩替役,罪止满杖。若代替之人另犯别罪,俱罪坐本犯。此条内代替之人疏脱逃人,将正身解役拟以流徙,与定例不符,应改。至"不行详慎之地方官罚俸一年"字样,语类处分则例,应改为"交部议处"。谨将改辑例文,开列于后。

一、凡解送逃人之解役,不亲身押解,私自倩人代替者,将解役并代替之人各杖一百。若代替之人于中途疏脱逃人或同逃人逃走者,审明,照例分别从重治罪。原佥差之地方官,交部议处。

【1743】D. 87(略)

【1825】D. 84(略)

云南递解逃人

【1676】D. 80

一、凡云南递解逃人一名,差解役二名,酌量逃人多寡,拨兵押送。如有疏脱,将解役流徙,兵丁各责四十板。

【1743】○删除

臣等谨按:此条已纂入"各省解送逃人"条内,无庸分别,应删。

差官疏脱逃人

【1676】D. 81

一、凡疏脱逃人之差官,责三十板,革去差官职役。

【1743】○删除

臣等谨按:解送逃人,俱系佥差解役,并无差官押解之例。或犯情罪重大,间有临时委官押解者,若至疏脱,其治罪之处,"刑律"亦有正条,无庸复纂,应删。

疏脱逃人案内牵连人犯

【1676】D. 82

一、凡除逃人窝主外,凡逃人牵连之人,或递发地方官及部提之人犯,每一名差解役一名押解。如在中途脱逃者,将解役发回,该抚枷号一个又一,各责四十板。

【1743】○删除

臣等谨按:解役将逃人案内牵连人犯中途疏脱一项,已于"解送逃人"条内注明,此处应删。

递解逃人逾限

【1676】D. 83

一、凡陕西、湖广、四川、江南、江西、浙江、福建、广东、广西、云南、贵州地方,如拿获逃人,着令递解,仍将批文内限定日期。若逾限者,即将逾限之地方官题参,降一级调用。

【1743】○修改

臣等谨按:从前直隶等省拿获逃人,系州县径解;其陕西等省,俱由督抚咨解。嗣于雍正二年(1724)奏明,凡直隶等省拿获逃人,亦照陕西各省之例,俱由督抚给咨解部,现在遵行。例文内陕西各省,无庸胪列,应改辑。至降一级调用,语类处分则例,应改为"交部议处"。谨将改辑例文,开列于后。

一、凡直隶各省州县拿获逃人,详报督抚,请咨起解,即于批文内限定日期。若逾限者,将逾限之地方官交部议处。

【1743】D. 88(略)

【1825】D. 85(略)

买逃邀功

【1676】D. 84

一、凡或有不肖官员,觅买旗下奴仆带去,谎称逃人,申解邀功者,事发之日,将官革职,交与刑部拿问。将卖逃之人及买逃之人,若系旗下人,枷号三个月,鞭一百;系民,责四十板,并妻发宁古塔,给与穷兵为奴。将卖逃之人,仍作买逃,刺字,枷号两个月,鞭一百。如外省册报,或并无逃人,捏造空名,移送邀功者,亦照此从重治罪。

【1743】○修改

臣等谨按:拿获逃人满数,例应议叙。倘有不肖官员买逃邀功,应交部从重议处。至卖逃、买逃人,拟以枷号、发遣,似觉过重。再被卖之奴仆,若系伊主价买与人,谎作逃人,则被卖之奴仆,例应入官,无庸再科逃罪。此条应分别改辑。谨将改辑例文,开列以后。

一、凡或有地方官员觅买旗下奴仆,谎称逃人,申解邀功者,交部严加议处。其知情卖逃之人,系官,交部议处;系闲散及兵丁,枷号一个月,鞭一百。所卖之奴仆,照例入官,给与八旗兵丁为奴。若并无逃人,地方官捏写空名,造册报部,希图邀功者,亦照此例从重究议。

【1743】D. 89(略)

【1825】D. 86(略)

地方官保释逃人

【1676】D. 85

一、凡地方官称系逃人拿解者,审时供称因本处度日不过,出去佣工,或称出去趁食被获解来,或称流落被获解来,或因地方官吓问谎指旗色佐领者,发伊指供之旗认主。如无主认识,发伊原籍地方官。若系民是实,取保释放,具空文申报。若有投死、被掳卖身旗下情由,仍行解回。有主者,给与伊主;若无主者,入官。若将真正逃人称系民人,保结释放之后,或被伊主认识,或被旁人出首,若果系逃人,将为首之保人作为窝家,其余保人照邻佑例治罪。其不行详查,取保释放之官,革职。

【1743】○删除

臣等谨按:凡拿获逃人,虽无主认领,例应入官。若本非逃人,而地方官妄作逃人拿解,或用刑威吓逼取口供者,自有诬拿平人及不行详查各正条。如地方官并无刑吓情事,而本犯谎称系旗下逃人,则冒认旗逃,亦例有正条。以上三项,俱分见各条,无庸纂辑,应删。

领催兵丁疏脱逃人

【1676】D. 86

一、凡疏脱逃人之拨什库兵丁,审无受贿情弊者,枷号一个月,鞭一百。如将逃人受财纵放者,枷号三个月,鞭一百。

【1743】○修改

臣等谨按：解役疏脱逃人，既分别疏脱及放纵、受贿科罪，拨什库、兵丁疏脱逃人，事同一例。应将分别治罪之处，画一改定。再拨什库名目，于汉字例文内，应改为领催。谨将改辑例文，开列于后。

一、凡领催、兵丁疏脱逃人，照解役疏脱逃人例，审明或系疏脱或系故纵，分别治罪。受财卖放者，计赃，以枉法从重论。

【1743】D. 90(略)

【1825】D. 87(略)

徒流留养

【1676】D. 87

一、凡窝逃之人，及疏脱逃人之解役，未经流徙之先死故者，其妻、子免流徙。流徙人犯之祖父母、父母老疾无倚，无以次成丁控告者，咨查该抚有印结咨送者，照律责四十板，余罪收赎，存留养亲。若有养亲之人，谎报无养亲之人，交该部议处。

【1743】〇修改

臣等谨按：凡三流五徒，俱例得留养。此条内但言流徙，未及徒犯，碍难引用。再案内人犯，自应一体办理。今专指窝逃及解役二项，语未赅括，均应改辑。谨将改辑例文，开列于后。

一、凡逃人案内各犯，罪应拟流，本身已故者，妻、子免流。若拟流、拟徒各犯之祖父母、父母老疾，家无以次成丁者，取具该地方官印结，照刑例分别枷号、折责，俱准其存留养亲。若有假捏情事，除本犯仍照原拟治罪外，将出结之该地方官交部议处。

【1743】D. 91(略)

【1778】〇修改

臣等谨按：此条原例内有"取具该地方官印结"字样。嗣于乾隆三十一年(1766)十二月内，吏部议复河南巡抚阿思哈条奏，一切案件，如于文外复取印结者，准其停取。谨将"取具该地方官印结"字样改为"将查报不实之地方官，交部议处"，拟合声明。

一、凡逃人案内各犯，罪应拟流，本身已故者，妻、子免流。若拟流、拟徒各犯之祖父母、父母老疾，家无以次成丁者，该地方官确实查报，照刑例分别枷号、折责，俱准其存留养亲。若有假捏情事，除本犯仍照原拟治罪外，将查报不实之该地方官交部议处。

【1825】D. 88(略)

解役疏脱逃人

【1676】D. 88

一、凡解役押解逃人，中途疏脱，拟定流徙。未流之先，得获脱逃之逃人者，将解役免其流徒，择四十板。其疏脱逃人之两名解役，内有一名真病，在经过地方官处递有病呈者，免其流徒，止将一名流徒。其有事落后者，不免，仍将二名俱行流徒。

【1743】○修改

臣等谨按：定例凡解役押解人犯，中途脱逃者，但审明或系疏脱，或系故纵，或系受贿，分别治罪。其疏脱者，给限追捕；故纵者，不给捕限；受贿者，虽捕得亦不准减免。此条应遵照定例，分别增辑。谨将增辑例文，开列于后。

一、凡解役押解逃人中途脱逃者，如审系疏脱，将解役减本犯罪二等科断，给限一百日（戴罪）追捕。限内能自捕得，及他人捕得，或逃人已死，及逃人自首，解役免罪。故纵者不给捕限，与逃人同罪。（罪虽坐定，至死减一等。）未断之先，能自捕得，及他人捕得，或逃人已死，及逃人自首，减逃人罪一等科断。受财者，（不在此限。）计赃以枉法从重论。其疏脱逃人之同行解役，有因患病落后，在经过地方官处呈明者，免罪。

【1743】D. 92（略）

【1778】○修改

臣等谨按：此条原例，系捕限内能自捕得及他人捕得，或逃人已死及自首，解役俱应免罪。查核"刑律·徒流人逃"门，类军、流、徒犯在配及中途脱逃主守、押解人等，审无知情贿纵情弊，照律给限追捕。捕限内能自捕得，准其依律免罪。如系他人捕获，或囚已死及自首，均依失囚律治罪，不准宽免。是解役疏脱逃人与疏脱囚犯，事同一例，所有此条原例内有捕限内他人捕得及逃人已死或自首句，均应删改。谨将改辑例文，开列于后。

一、凡解役押解逃人中途脱逃者，如审系疏脱，将解役减本犯罪二等科断，给限一百日（戴罪）追捕。限内能自捕得，免罪。故纵者，不给捕限，与逃人同罪。（罪虽坐定，至死减一等。）未断之先，能自捕得，减逃人罪一等科断。受财者，（不在此限。）计赃，以枉法从重论。若他人捕得，及逃人已死或自首，均不准减免。其疏脱逃人之同行解役，有实因患病落后，在经过地方官处呈明有据者，免罪。

【1825】D. 89（略）

热审减等

【1676】D. 89

一、凡窝逃之人及疏脱逃人之解役，每年遇热审，将流徒人犯，照常流徒，其责管者，照例减等。

【1743】○修改

臣等谨按：定例凡犯该枷号、杖责以下者，遇热审，俱准减等。例文内专指窝逃及解役二项，语未赅括，应改辑。再每年热审起止日期，亦应照"名例"注出，以便引用。谨将增注、改辑例文，开列于后。

一、凡逃人案内问拟枷号、杖责人犯,遇热审,每年于小满后十日起至立秋前一日止。如立秋在六月内,以七月初一日为止。俱照例准其减等发落,笞罪宽免。

【1743】D.93(略)

【1825】D.90(略)

误行刺字

*【增例】一、凡官员将应赦人误行刺字,罚俸一个月。

【1743】○增入

臣等谨按:定例凡另户逃人并逃人自回自首及十日内拿获者,均例不刺字。此条内专言应赦人一项,殊未赅括,应改。至罚俸一个月,语类处分则例,应改为"交部议处",谨将改辑例文,开列于后。

一、凡官员将不应刺字人犯误行刺字者,交部议处。

【1743】D.94(略)

【1825】D.91(略)

解役逗遛

【1676】D.90

一、凡各处解到逃人及牵连人犯,解到之日,即交送督捕衙门。如歇宿店房,并不投文,捱过三日,将解役责四十板,流徙尚阳堡。店主如留住过十日者,枷号一个月,责四十板。如系旗下人,枷号一个月,鞭一百。

【1743】○修改

臣等谨按:"刑律"解役无故稽留囚徒不送者,计日科罪,罪止杖六十。若受贿诈赃,及有规避情事,应从重论。此条解役解到逃人,歇宿店房,稽留三日者,不加区别,概拟流徙;店家留住,不问果否知情,遽拟枷号,似觉过重,均应改辑。谨将改辑例文,开列于后。

一、凡解役押送逃人到部,不即投文,歇宿店房,无故稽留,三日者,笞二十;每三日加一等,罪止杖六十。店家知情留住者,减解役一等治罪;不知者不坐。若解役受贿、诈赃及有所规避者,审明,各从重论。

【1743】D.95(略)

【1825】D.92(略)

解役伙逃抢夺

【1676】D.91

一、凡解役伙同逃人沿途抢夺,扰害村庄,被该府、州、县官申报者,将解役并逃人,俱以光棍例治罪。

【1743】○修改

臣等谨按:定例凡解役在途教唆犯人,通同抢夺者,俱照白昼抢夺例,分别伤人、不伤人治罪。今解役押解逃人,伙同抢夺,亦应遵照定例改辑。谨将改辑例文,开列于后。

一、凡解役伙同逃人沿途抢夺,扰害村庄,除伤人者,照抢夺伤人律,分别首从,从重问拟外,抢夺伤人,以下手伤人者为首。未伤人者,将解役照白昼抢夺为首例,杖一百、徒三年;逃人照为从律,减一等治罪。仍尽本法刺字。逃罪重者,科其逃罪。计赃重者,各从重论。

【1743】D.96(略)

【1825】D.93(略)

隐留窝犯家产

【1676】D.92

一、凡窝逃之父子、兄弟,有分居者,照地方官保结,免其流徒。其流徒之人家产、人口等物,亦照地方官保结,一并流徒。若不系分居,假称分居,及将家产解送一半,隐留一半不解者,将地方官革职。

【1743】○删除

臣等谨按:乾隆三年(1738)定例,窝留逃人之犯,罪止杖徒,其家产、人口俱免入官,现在遵行。此条应删。

地方官拿解良民

【1676】D.93

一、凡地方官将未离原籍土著之民,作逃人拿解者,降一级,留原任。

【1743】○修改

臣等谨按:查缉逃人,必实系旗逃,方得拿解。若民人已离原籍,虽非土著,但既实系民人,自不得竟作逃人拿解。例内"未离原籍"字样,应删。再地方官或教唆诬扳,计图诈赖,或有意妄拿,希图邀功,"刑律"内俱照故入例分别治罪,亦应增出,以昭画一。至降级留任字样,语类处分则例,应改为"交部议处"。谨将改辑例文,开列于后。

一、凡地方官将实系平民妄作逃人拿解者,交部议处。如教唆他犯诬扳,计图诈害,或故行拿解,希图议叙者,照故入人罪例,分别治罪。

【1743】D.97(略)

【1825】D.94(略)

监禁迟滞

【1676】D. 94

一、凡地方官拿获逃人,即行起解督捕衙门。如监禁迟滞过一月者,或被旁人出首,或部内查知,将该地方官革职。如一月内不能查明申解者,预行申督捕衙门展限。

【1743】○修改

臣等谨按:雍正三年(1725),刑部题准,凡州县拿获逃人,俱详报督抚,给咨提解。现今并无州县径行解部之例。再"地方官革职"字样,语类处分则例,其督捕衙门已归隶刑部,俱应改辑。谨将改辑例文,开列于后。

一、凡地方官拿获逃人,即申详该督抚给咨解部。如无故监禁,迟留过一月者,或被告发,或被部内查知,将该地方官交部议处。

【1743】D. 98(略)

【1825】D. 95(略)

滥行夹讯

【1676】D. 95

一、凡护军、兵丁逃走,或被获解来,或自行投回,若带兵器逃走,及逃走日久;奴仆带主子财物甚多,逃走隐瞒;同妻子逃走,将妻子住处不肯供出;窝逃之人惧罪,巧辩不行招认;逃人串通别人,供系伊主二主相争,谎扳窝家;衙役、解役受贿疏脱逃人;在彼处窝隐之逃人被旁人拿获,谎供系伊拿获等事,应夹讯。若将不应夹讯案内之人夹讯,将应夹讯案内不致死之人夹讯,即时身死,并恣意叠夹致死者,应照刑部题定之例议处。

【1743】○删除

臣等谨按:"刑例"凡审讯罪囚,必证据已明,该犯不吐实情,或先已招认,后忽改供,方行夹讯。如将不应夹讯之人滥行夹讯,或虽应夹讯而严刑叠夹致毙者,"刑律"内已经详载,各有专条。"督捕例"内无庸重立科条,应删。

衙门附近开设店房

【1676】D. 96

一、凡督捕衙门附近开设店房,留歇逃人,及牵连人犯者,如系民,责四十板,枷号一个月;如系旗下人,鞭一百,枷号一个月。

【1743】○删除

臣等谨按:督捕衙门已归并刑部,以上二条均无庸纂辑,应删。

擅入衙门

【1676】D. 97

一、凡无事擅入衙门，成群行走，站立审理之处窥探者，查出，如系旗下人，鞭一百；如系民人，责四十板。俱在督捕衙门前枷号一个月。

【1743】○删除

删除按语见“衙门附近开设店房”条【1743】删除项下。

文武官员功过

【1676】D. 98

一、凡州县、卫所千总、卫守备，查解逃人十五名者，加一级；查解逃人三十名者，不论俸满即升。知府及不属府辖之知州所属地方，查解逃人三十名者，加一级；查解逃人六十名者，不论俸满即升。道官及管卫所掌印都司所属地方，查解逃人四十五名者，加一级；查解逃人九十名者，加二级；于此数多者，仍照每四十五名逃人递加。巡抚所属地方，查解逃人二百名者，纪录一次；查解逃人四百名者，加一级；于此数多者，照数纪录加级。同知、通判、吏目，自行拿获之逃人，各照掌印官例。五城兵马司掌印指挥照知府例，副指挥、吏目照知县例。盐运司所属地方查解逃人，将运司照道官例，分司照知府例，管盐场大使照典史例。内钱局查解逃人，将所管之官照知府例；外省钱局查解逃人者，布政使照道官例，钱局同知照知县例。窑厂查解逃人者，将所管之官照知府例。营伍武官查解逃人者，将守备、都司、佥书各官照州县例，游击、参将、副将照知府例，总兵官照道官例，提督照巡抚例。将此功一年一叙，若不至加级之数者，又并一年议叙。若仍不足数者，将前一年之功截去，止留一年之功，于次年接算，不准三年合算。

【1743】○修改

【原例】“文武官员功过”原例（略）、“总督府尹不议功过”原例（略）、“上司议叙”原例（略）、“拿获逃人解送册籍”原例（略）、“拿获带逃幼小子女”原例（略）

臣等谨按：以上五条，均系议叙官员，事隶吏部、兵部，似毋庸载入“督捕例”内。但各省拿获逃人议叙官员，俱例应按季造册，咨报刑部存查。至年限满日，拿获足数，仍册报刑部磨对，转送吏部、兵部议叙。应将此五条仍纂辑开载，以便遵照查核。再康熙二十五年（1686）定例，拿获逃人之官员议叙，止于加级。其督捕衙门久经归隶刑部，例文内“督捕衙门”及“俸满即升”字样，并语句未明之处，均应改辑。谨将改辑例文，开列于后。

一、凡知州、知县、卫所千总、卫守备，查解逃人十五名者，加一级；查解逃人三十名者，加二级。知府及直隶州知州，所属地方查解逃人三十名者，加一级；查解六十名者，加二级。道官及管卫所掌印都司，所属地方查解逃人四十五名者，加一级；查解九十名者,加二级。巡抚,所属地方查解逃人二百名者,纪录一次;四百名者,加一级。以上获逃数多者,俱照此递加。同知、通判、吏目、典史,自行拿获之逃人,各照掌印官例。五城兵马司掌印指挥,照知府例;副指挥、吏目,照知县例。盐运司所属地方查解逃人,将运使照道官例,分司照知府例,管盐场大使照典史例。在京钱局查解逃人者,将所管之官照知府例;外省钱局查解逃人者,布政使照道官例,钱局同知照知县例。窑厂查解逃人者,将所管之官照知府例。营伍武官查解逃人者,将守备、都司、佥书各官照州县例,游击、参将、副将照知府例,总兵官照道官例,提督照巡抚例。将此功一年一叙,若不足议叙之数者,并于下年通算议叙;如仍不足数,将前一年之功截去,止留一年之功于次年接算,不准三年合算。

【1743】D.99(略)

【1825】D.96(略)

总督府尹不议功过

【1676】D.99

一、凡各省总督,顺天府、奉天府府尹,逃人功过免议。

【1743】○修改

修改按语见“文武官员功过”条【1743】修改下。

一、凡拿获逃人并失察逃人,各省总督及顺天府、奉天府府尹,功过均免议。

【1743】D.100(略)

【1825】D.97(略)

上司议叙

【1676】D.100

一、凡州县、卫所等官拿获逃人,不足加级之数者,不准叙各该管上司之功。其盐运司,并管内外钱局、窑厂官、五城兵马司官及武职官员,亦照此例。

【1743】○修改

修改按语见“文武官员功过”条【1743】修改下。

一、凡州县、卫所等官拿获逃人未足议叙之数,而该上司官以所辖各属统算,虽已足议叙之数者,不准议叙。

【1743】D.101(略)

【1825】D.98(略)

拿获逃人解送册籍

【1676】D.101

一、凡文武官员获解逃人记功者,知会该巡抚;其奉天府所属官员拿获逃人记功者,移会府尹。令巡抚、府尹转行知照原拿获地方官,临叙功之日,仍照督捕衙门移会该巡抚、府尹之文,将拿获逃人之名,及获逃官员之职名、年月,开造清册,每年四月内解到,与督捕衙门底册查核议叙。

【1743】○修改

修改按语见"文武官员功过"条【1743】修改下。

一、凡文武官员获解逃人记功者,知会该巡抚。其奉天府所属官员拿获逃人记功者,移会府尹,令巡抚、府尹转行知照原拿获之地方官。临叙功时,将拿获逃人年月、姓名,及获逃官员之职名,开造清册,每年四月内解部,与部内底册查核议叙。

【1743】D.102(略)

【1825】D.99(略)

拿获带逃幼小子女

【1676】D.102

一、凡父母带逃时十五岁以下之子女,如同父母拿获解来者,地方官不记功;另行拿获解来者,照只身逃走十五岁之子女,一体将地方官记功。若被伊主认获,及旁人出首者,将失察之地方官,及窝家、邻佑等,仍照例治罪。

【1743】○修改

修改按语见"文武官员功过"条【1743】修改下。

一、凡拿获逃人,如带有十五岁以下之子女一同获解者,地方官不记功。另行拿解者,照十五岁之子女只身逃走例,将地方官一体记功。若被伊主认获及旁人出首者,将失察之地方官及窝家、邻佑人等,仍照例分别究议。

【1743】D.103(略)

【1825】D.100(略)

文武官员失察处分

一、凡知州、知县、吏目、典史、卫所守备、千总官员,失察逃人一名者,革职。其未失察之先,如有查解逃人十名者,准其功过相抵,免其革职。如或有查解逃人十五名者,或先因获逃之功,有屡次所加之级者,俱行销去,照原品降一级调用。知府及直隶州知州所属地方,有一官失察逃人革职者,降二级调用。其未失察之先,所属地方如有查解逃人六十名者,准其功过相抵,免降二级调用。或有查解逃人三十名者,或先因获逃之功,有屡次所加之级者,俱行销去,照原品降一级留原任。道官、管卫所掌印都司所属地方,有一官因失察逃人革职者,罚俸一年;二官革职者,降一级留原任;三官革职者,降二级调用。以前如有查解逃人四十五名者,准其抵降一级。巡抚所属地方,有一官因失察逃人革职者,罚俸九个月;二官、三官、四官革职者,仍罚俸九个月;至五官者,降一级留原任。以前如有查解逃人四百名者,抵其降级。其盐运使,管内外钱局、窑厂官,五城兵马司官,及武职官员,其失察逃人处分功过相抵之处,俱各照文官叙功之例。

【1743】○删除

【原例】"文武官员失察处分"原例(略)、"文武署任功过"原例(略)、"已升各官功过原例"(略)、"降级后还职"原例(略)、"接管管失察"原例(略)、"隔省隔府失察"原例(略)、"僧道官失察"原例(略)、"逃案牵连官员查取口供"原例(略)、"地方官设立十家长给与木牌"原例(略)

臣等谨按:"督捕例"内,凡有议罪兼及官员处分者,业于各条内声明,俱改为"交部议处"。此九条均系议处官员,事隶吏部、兵部,毋庸复纂,恐滋牵混。应将"督捕例"处分官员各条例,移交吏、兵二部查核,附入各该部"处分则例",用昭画一,以便遵行。

文武署任功过

【1676】D. 103

一、凡文武官员署任内,如有查拿逃人、失察逃人者,俱各照所署之职,议其功过。

【1743】○删除

删除按语见"文武官员失察处分"条【1743】删除项下。

已升各官功过原例

【1676】D. 104

一、凡各官升任之后,未离原任,若有窝隐逃人发觉者,仍行议处。若先有获解逃人之功,仍准议叙。

【1743】○删除

删除按语见"文武官员失察处分"条【1743】删除项下。

降级后还职

【1676】D. 105

一、凡因逃人事件牵连降级留任官员,降级之后,知府、知州、知县,若拿获逃人足不论俸满即升之数;道官所属地方,查解逃人,足加二级之数;巡抚所属地方,查解逃人,足加一级之数者,俱准复还所降一级。盐运使,管内外钱局、窑厂官,五城兵马司官，及文武官员，俱各照文职叙功之例。

【1743】○删除

删除按语见“文武官员失察处分”条【1743】删除项下。

接管官失察

【1676】D.106

一、凡勒限查解逃人者，接任之官将不获情由预行申明者，免议。如遇限不行申报者，罚俸半年。如申报不获之后，将逃人被旁人在于先报之处拿获者，将接管官革职。

【1743】○删除

删除按语见“文武官员失察处分”条【1743】删除项下。

隔省隔府失察

【1676】D.107

一、凡失察逃人题参，如系隔省拿获逃人，或被伊主及旗下人拿获逃人者，将巡抚以下、典史以上题参。若隔府拿获逃人，系别道官所属者，将道官以下、知县以上题参。若隔一道官所属者，将知府以下、知县以上题参。若隔州、县拿获逃人者，止将州、县官题参。

【1743】○删除

删除按语见“文武官员失察处分”条【1743】删除项下。

僧道官失察

【1676】D.108

一、凡僧、道官失察逃人者，照州县官员例。

【1743】○删除

删除按语见“文武官员失察处分”条【1743】删除项下。

逃案牵连官员查取口供

【1676】D.109

一、凡除失察逃人官员外，凡因逃人事件牵连议处官员，移咨该抚，取地方官口供到日议结。该巡抚等取地方官口供时，不取确供，若有徇庇，或被科道题参，或被部审发觉，将该抚一并议处。

【1743】○删除

删除按语见“文武官员失察处分”条【1743】删除项下。

地方官设立十家长给与木牌

【1676】D. 110

一、凡地方官所属地方,如不设立十家长,不给木牌者,将地方官降一级留任。

【1743】○删除

删除按语见“文武官员失察处分”条【1743】删除项下。

考核三营

【1676】D. 111

一、凡三营参将、游击、守备等官,五年军政甄别贤否。如地方有强贼杀人等事,即行题参,交与兵部治罪。如内有阘茸、年老、有疾、不称职者,不时查出题参。

【1743】○删除

【原例】“考核三营”原例(略)、“点查三营番役”原例(略)、“点验三营兵器”原例(略)

臣等谨按:督捕衙门已归隶刑部,东司司官久经裁汰。其考核三营将弁、点查番役及查验三营马匹、器械,现在俱系步军统领衙门自行办理。以上三条均无庸载入“督捕则例”,应删。

点查三营番役

【1676】D. 112

一、东司司官每月初三、十七,点查三营番役有无拿获强窃、贼盗等犯。

【1743】○删除

删除按语见“考核三营”条【1743】删除项下。

点验三营兵器

【1676】D. 113

一、督捕衙门每年春秋二季,点验巡捕三营官兵器械、马匹,查核虚实。

【1743】○删除

删除按语见“考核三营”条【1743】删除项下。

在京旗人逃走

【1795】○续纂

一、凡在京满洲、蒙古正身旗人,逃后有犯抢窃,及犯抢窃、私逃同时并发,核其抢窃赃数,罪在流、徒以下,律应刺字者,无论在一月内外,俱照在京旗人逃走发遣当差在配怙恶不悛之例,削除旗档,改发云贵两广边远地方,令地方官与民人一体严加约束。驻防另户旗人逃窃并发,除犯该枷责之案,仍照本例办理外,若犯该发遣黑龙江当差者,亦照此例改发。至汉军正身旗人,但有犯应刺字者,亦即削除旗档,其逃窃治罪,仍照本例定拟。

臣等谨按:此条系乾隆五十八年(1793)五月内,臣部以定例旗人犯该刺字,即销除旗档,以民人定拟。除仅止抢窃,并无逃罪,自可遵照定例办理外,其逃、窃并发,核其窃罪仅止徒、杖,轻于逃罪者,该犯系刺字、削籍之人,既未便仍依旗人逃走例发遣当差;若略其逃罪,以民人例计赃治罪,而该犯所犯抢窃罪止徒、杖者,转得免其发遣。殊不足以昭惩创。应请嗣后在京满洲、蒙古正身旗人,逃后有犯抢窃及犯抢窃、私逃同时并发,核其抢窃赃数罪在流、徒以下,律应刺字者,无论逃在一月内外,俱照在京旗人逃走发遣当差在配怙恶不悛之例,改发云贵两广边远地方,令地方官与民人一体严加约束。至汉军正身旗人,但有犯应刺字者,亦即照新例销除旗档。其逃、窃治罪之处,另有专条,仍照汉军本例定拟等因具奏。奉旨:"依议。"钦遵在案,应纂辑遵行。再查外省驻防另户旗人逃、窃并发,其初次逃走罪止枷责,自应照例销除旗档,斥令为民。若二次逃走,按例即应发黑龙江当差,与在京旗人并无区别。如逃、窃并发,自应照在京旗人例,一体改发云贵两广严加管束。拟于例内增辑详明,以昭平允。理合声明。

【1801】〇修改

臣等谨按:此条系旗人逃走后犯抢、窃同时并发治罪之例。其标题例牌,仍称"在京旗人逃走",不惟与前"另户旗人逃走"门例牌重复,且与此例罪名不切,应于例牌添叙"逃后行窃"字样。又查旗人逃走,经臣部奏准,分别次数鞭责、枷号、发遣,立有专条,遵行在案。此条无论一月内外,即行发遣,系属旧例,应行修改。又查例载旗人犯该刺字者,销除旗档,与民人一体办理。是旗人逃走后复犯抢、窃,同时并发,应将逃罪与抢、窃之罪,从其重者论,仍尽本法刺字,销除旗档,交县与民人一体管束。应于例内申叙,以免歧异。谨将修改例牌、例文,开列于后。

在京旗人逃后行窃

一、凡在京满洲、蒙古、汉军正身旗人,逃后有犯抢窃,及犯抢窃、私逃同时并发,核其抢窃应得罪名,及逃走应得罪名,从其重者论,仍尽抢窃本法刺字。罪止枷杖者,销除旗档,交县与民人一体管束;应发遣者,销除旗档,发云贵两广边远充军,与民人一体管束。至各省驻防旗人有犯,亦照此例办理。

【1825】〇修改

臣等谨按:道光五年(1825)四月内,管理镶黄旗满洲都统英和等条奏,嗣后犯窃即行销除旗档。罪止笞、杖者,姑念初犯,免其刺字。再犯及初犯罪至徒、流以上者,再行刺字。旗人初次逃走逾限一月者,无论投回、拿获,即行销档等因,奏准在案。

除于各本例内分别修改外,此条旗人逃后有犯抢、窃分别治罪之处,亦应修改明晰,以昭画一。谨将修改例文,开列于后。

一、凡在京满洲、蒙古、汉军正身、闲散旗人逃后,有犯抢、窃,均销除旗档。其初犯罪止笞、杖、枷责者,免其刺字,交县管束;徒罪以上,悉照民人一体刺字、发配。各省驻防旗人有犯,亦照此例办理。

【1825】D. 101(略)

马兰泰宁等处兵丁逃回

【1756】○续纂

一、凡发往马兰口、泰宁镇二处壮丁,脱逃被获,或自行投回者,俱交送刑部,照旗人初次逃走例治罪,仍发回该处充绿旗兵丁,销去旗档。如再犯逃,即照绿营例办理。

臣等谨按:此条系乾隆二十一年(1756)六月内,汉军八旗议奏逃回兵丁治罪定例,并钦奉谕旨,应恭纂为例,以便遵行。

【1801】○修改

臣等谨按:此条系发往马兰、泰宁二处壮丁脱逃治罪之例。查嘉庆四年(1799),臣部于"酌复旗逃旧例"折内奏明,各省驻防,俱照此办理。此条马兰、泰宁壮丁,与各省驻防无异,且系汉军旗人,应照奏定旗逃之例,分别治罪。例内送部治罪,发回该处充当绿旗兵丁之处,与奏定之例不符,应行修改。谨将修改例文,开列于后。

一、凡发往马兰、泰宁二处壮丁,脱逃被获或自行投回者,照旗逃例分别治罪。

【1825】D. 102(略)

黑龙江三姓等处改发之旗人逃走

【1761】○续纂

一、八旗发遣拉林人犯,有私自逃回者,拿获之日,即行请旨拟斩立决。如在盛京等处拿获者,该将军等讯明情节,具奏请旨,即于现获处所正法。其在京暨各省拿获者,由刑部审明,请旨交旗正法。

臣等谨按:此条系乾隆二十二年(1757)十一月钦奉谕旨,及二十三年(1758)七月并二十四年(1759)二月,臣部审拟拉林逃犯德保等案奏准办理,应纂辑为例,以便遵行。

【1825】D. 103.1 (略)

【1761】○续纂

一、八旗应发拉林、阿尔楚喀人犯,俱停其发往,改发黑龙江三姓等处充当苦差。该将军于解到之时,均匀酌拨安置,不得令其群聚一处。其在配行凶为匪,不自悛改者,即销去旗档,改发云贵、两广等省,交与地方官严行管束,有犯即照民人例治罪。

并令该将军等,将一年内有无另行改发之处,年终汇奏。

臣等谨按:此条系乾隆二十二年(1757)十二月内满洲大学士、九卿遵旨会议奏准条例,应纂辑以便遵行。

【1825】D.103.2(略)

【1767】○续纂

一、移住拉林闲散满洲内,如有越过边津逃回京城者,拿获时遵旨正法外,其初次逃走,不出该管地方,无论不行告假私自走出,及自回、被获者,俱枷号一个月,鞭一百;二次逃走者,连妻、子发往伊犁等处,折磨差使。

臣等谨按:此条系乾隆二十九年(1764)七月内,吉林将军恒禄审奏"移住拉林闲散满洲太平二次逃走"案内附请定例,应纂辑遵行。

【1825】D.103.3(略)

绥远城等处驻防旗人逃走

【1761】○续纂

一、凡各省驻防兵丁、闲散人等初次逃走,无论被获、自回,俱鞭一百、枷号一个月,交与该旗佐领、官员等严加管束,着当苦差半年后,果能安分,仍准其披甲当差。二次逃走被获、自回,即发黑龙江等处折磨苦差。再绥远城有从热河所发驻防兵丁、右卫所拨驻防蒙古兵丁内逃走者,亦照此例办理。其逃走兵丁至三名者,将失察之该管佐领、防御骁骑校罚俸一年;至五名者,该管协领罚俸六个月;至十名者,将军、副都统等罚俸三个月。

臣等谨按:此条系乾隆二十四年(1759)闰六月内调任绥远城将军、宗室、公恒禄奏准定例,应纂辑以便遵行。

【1778】○修改

臣等谨按:此条原例末后载有逃走兵丁至三名者,将失察之该管佐领、防御骁骑校罚俸一年;至五名者,该管协领,罚俸六个月;至十名者,将军、副都统等罚俸三个月等语。查乾隆四十二年(1777)七月内兵部奏准,将失察驻防逃兵之佐领、防御骁骑校等官不必按名计算。如有脱逃,即照三名例议处,协领即照五名例议处,将军等即照十名例议处,均与比例不符。是失察驻防逃兵议处,事隶兵部,遇有应议之处,应听兵部办理,且"督捕例"内俱未声叙罚俸年月。所有此条原例内罚俸年月之文,均应删改。谨将删改例文,开列于后。

一、凡各省驻防兵丁、闲散人等初次逃走,无论被获、自回,俱鞭一百、枷号一个月,交与该旗佐领、官员等严加管束,着当苦差半年后,果能安分,仍准其披甲当差。二次逃走被获、自回,即发黑龙江等处折磨苦差。再绥远城有从热河所发驻防兵丁、右卫所拨驻防蒙古兵丁内逃走者,亦照此例办理。其失察逃走兵丁之该管各官,交部分别议处。

【1801】○修并

修并按语并修并后例文见“另户旗人逃走”条【1801】修并项下。

官庄壮丁脱逃

【1772】○续纂

一、官庄壮丁如有逃走,该管官即行具报缉拿,获日照例惩治。至发遣人犯入在官庄内者,如有脱逃,亦令报部,缉获究其有无行凶为匪,按其原犯罪名,照脱逃例分别议拟。该管各官,按照逃人名数,分别议处。

臣等谨按:此条系乾隆三十五年(1770)五月内,臣部议复吉林将军傅亮奏请定例,应纂辑以便遵行。

【1825】D.104(略)

八旗逃人通行呈报

【1778】○续纂

一、八旗一切逃人,该旗照例一面咨报刑部外,一面即将该犯实在逃走日期,径报步军统领衙门、顺天府、五城迅速查拿。其刑部接到旗咨之日,亦即速行知应行缉犯各衙门一体严拿。

臣等谨按:此条系乾隆四十年(1775)三月内,经行在步军统领衙门奏准定例,应纂辑遵行。

【1825】D.105(略)

伊犁等处卡伦缉捕逃人不力

【1778】○续纂

一、伊犁等处盘获逃犯,究出经过卡伦地方未经查拿者,将该处失察经过官员,并失察之地方官及该管大臣,交部分别议处;兵丁鞭七十。如有藏匿负罪潜逃之犯,将失察官员,并失察之地方官及该管大臣,交部从重分别议处;兵丁鞭八十。

臣等谨按:此条系乾隆三十八年(1773)闰三月内,兵部钦遵上谕酌议定例,应纂辑遵行。

【1825】D.106(略)

厄鲁特回子逃走

【1778】○续纂

一、凡厄鲁特回子逃走被获,如关系重情,仍听理藩院定拟奏闻请旨外,如止系犯逃,无论拿获、投回,初次枷号一个月、鞭一百,给主严加管束;二次发福州、广州,赏给旗下官兵为奴。其京城居住并王公等带来家下厄鲁特回子逃走,仍照旗下家人逃走例,分别次数、年月办理。

臣等谨按:此条系乾隆三十八年(1773)十一月内,理藩院审拟察哈尔都统"拿获逃奴厄鲁特达里回子公处克即二小"案内奏请定例,应纂辑遵行。

【1825】D. 107

附:《督捕则例》例目对照表

例目	康熙十五年(1675)	乾隆八年(1743)	道光五年(1825)
八旗逃人分别次数治罪	【1676】D. 1	【1743】D. 1	
八旗家人逃走分别次数治罪			【1825】D. 42
另户旗人逃走			【1825】D. 1
在京旗人逃走			
窝逃及邻佑人等分别治罪	【1676】D. 2	【1743】D. 2	【1825】D. 2
另户人不刺字	【1676】D. 3	【1743】D. 3	【1825】D. 3
十日内拿获不刺字	【1676】D. 4	【1743】D. 4	【1825】D. 4
出兵掳获之人中途逃走	【1676】D. 5		
逃人自回自首	【1676】D. 6	【1743】D. 5	【1825】D. 5
同逃先回	【1676】D. 7	【1743】D. 6	【1825】D. 6
携带同逃		【1743】D. 7	【1825】D. 7
亲属首逃	【1676】D. 8	【1743】D. 8	【1825】D. 8
各主逃人前后通算次数	【1676】D. 9	【1743】D. 9	【1825】D. 9
逃人另犯他罪	【1676】D. 10	【1743】D. 10	【1825】D. 10
赦后逃人	【1676】D. 11	【1743】D. 11	【1825】D. 11
官员子弟免刺	【1676】D. 12		
外省驻防属下人逃	【1676】D. 13	【1743】D. 12	【1825】D. 12
公主属下人逃	【1676】D. 14	【1743】D. 13	【1825】D. 13
逃人起除刺字	【1676】D. 15	【1743】D. 14	【1825】D. 14
逃人不实供伊主住址	【1676】D. 16	【1743】D. 15	【1825】D. 15
私拿逃人	【1676】D. 17	【1743】D. 16	【1825】D. 16
旗人私出境外		【1743】D. 17	【1825】D. 17
旗人出境索诈行私		【1743】D. 18	【1825】D. 18

续表

例目	康熙十五年（1675）	乾隆八年（1743）	道光五年（1825）
旗人告假领票		【1743】D. 19	【1825】D. 19
逃人外娶之妻所生子女	【1676】D. 18	【1743】D. 20	【1825】D. 20
逃人外生之女	【1676】D. 19	【1743】D. 21	【1825】D. 21
已卖逃人外娶妻所生子女	【1676】D. 20	【1743】D. 22	【1825】D. 22
奉天府旗下逃人	【1676】D. 21		
江宁等处旗下逃人	【1676】D. 22		
奉天府江宁等处旗下逃人		【1743】D. 23	【1825】D. 23
卖身行诈	【1676】D. 23	【1743】D. 24	【1825】D. 24
借逃行诈	【1676】D. 24	【1743】D. 25	【1825】D. 25
民人假冒逃人	【1676】D. 25		
地方官唆逃行诈	【1676】D. 26	【1743】D. 26	【1825】D. 26
首告逃人	【1676】D. 27	【1743】D. 27	【1825】D. 27
投递逃牌	【1676】D. 28	【1743】D. 28	【1825】D. 28
呈报逃人		【1743】D. 29	【1825】D. 29
遗漏逃牌	【1676】D. 29	【1743】D. 30	【1825】D. 30
谎递逃牌	【1676】D. 30	【1743】D. 31	【1825】D. 31
谎报逃人携带兵器		【1743】D. 32	【1825】D. 32
行提逃人带逃财物	【1676】D. 31	【1743】D. 33	【1825】D. 33
逃人告提妻子	【1676】D. 32	【1743】D. 34	【1825】D. 34
承买家产之人未递逃牌	【1676】D. 33		
旗下人拿获逃人	【1676】D. 34		
旗人契买民人	【1676】D. 35	【1743】D. 35	【1825】D. 35
保卖旗人		【1743】D. 36	【1825】D. 36
谎开籍贯卖身		【1743】D. 37	【1825】D. 37
冒称逃人	【1676】D. 36	【1743】D. 38	【1825】D. 38
例前白契所买之人逃走		【1743】D. 39	
例后白契所买之人准其赎身		【1743】D. 40	
派往驻防满洲兵丁临行及中途脱逃			【1825】D. 39

续表

例目	康熙十五年(1675)	乾隆八年(1743)	道光五年(1825)
察哈尔蒙古并厄鲁特逃走分别治罪			【1825】D. 40
例前白契所买之人在例前逃走		【1743】D. 41	
白契所买之人逃走			【1825】D. 41
逃走卖身		【1743】D. 42	
开除丁粮		【1743】D. 43	【1825】D. 43
断出为民纳粮当差		【1743】D. 44	【1825】D. 44
拿获白契逃人		【1743】D. 45	
拿获逃人地方官记功			【1825】D. 45
无主认领之逃人计算次数	【1676】D. 37	【1743】D. 46	【1825】D. 46
逃犯已故免提妻子	【1676】D. 38	【1743】D. 47	【1825】D. 47
老幼逃人及随逃妇女	【1676】D. 39	【1743】D. 48	
妇女逃走	【1676】D. 40	【1743】D. 49	
逃人无主认领	【1676】D. 41	【1743】D. 50	【1825】D. 48
旗人所买蒙古人逃	【1676】D. 42	【1743】D. 51	【1825】D. 49
口外逃人娶妻	【1676】D. 43	【1743】D. 52	【1825】D. 50
外省驻防逃人	【1676】D. 44	【1743】D. 53	【1825】D. 51
三营获犯呈解	【1676】D. 45		
外省获逃会审		【1743】D. 54	【1825】D. 52
顺治元年以前逃人	【1676】D. 46		
旗人窝逃	【1676】D. 47	【1743】D. 55	
末家断作窝家	【1676】D. 48	【1743】D. 56	【1825】D. 53
移住窝家	【1676】D. 49	【1743】D. 54	【1825】D. 54
驻防窝带逃人	【1676】D. 50	【1743】D. 58	【1825】D. 55
盛京等处并各边口严查逃人		【1743】D. 59	【1825】D. 56
口外逃人交扎萨克查拿		【1743】D. 60	【1825】D. 57
游牧处所窝隐逃人		【1743】D. 61	【1825】D. 58
宁古塔水手等役窝逃	【1676】D. 51	【1743】D. 62	【1825】D. 59
边外屯庄窝逃		【1743】D. 63	【1825】D. 60

续表

例目	康熙十五年（1675）	乾隆八年（1743）	道光五年（1825）
驻防藩王窝逃	【1676】D. 52		
驻防藩下官员窝逃	【1676】D. 53		
在京居住藩下官员窝逃	【1676】D. 54		
营伍窝逃	【1676】D. 55	【1743】D. 64	【1825】D. 61
运粮等船窝逃	【1676】D. 56	【1743】D. 65	【1825】D. 62
军船商船窝逃		【1743】D. 66	【1825】D. 63
官员赴任后家人窝逃	【1676】D. 57	【1743】D. 67	【1825】D. 64
僧道窝逃	【1676】D. 58	【1743】D. 65	【1825】D. 65
瞽目人窝逃	【1676】D. 59	【1743】D. 69	【1825】D. 66
笃疾废疾收赎	【1743】D. 69		【1825】D. 66
老幼收赎	【1676】D. 60	【1743】D. 70	【1825】D. 67
寡妇窝逃	【1676】D. 61		
妇人窝逃	【1676】D. 62	【1743】D. 71	【1825】D. 68
逃人原娶之妻	【1676】D. 63	【1743】D. 72	【1825】D. 69
保卖逃人	【1676】D. 64		
出首逃人	【1676】D. 65	【1743】D. 73	【1825】D. 70
雇觅逃人佣工	【1676】D. 66	【1743】D. 74	【1825】D. 71
将房地卖与逃人		【1743】D. 75	【1825】D. 72
收取房钱留住逃人	【1676】D. 67		
文武官员窝逃	【1676】D. 68	【1743】D. 76	【1825】D. 73
生员窝逃	【1676】D. 69		
窝家出首逃人妻子	【1676】D. 70	【1743】D. 77	【1825】D. 74
奉天锦州民并流徙人窝逃	【1676】D. 71	【1743】D. 78	【1825】D. 75
行提定限	【1676】D. 72	【1743】D. 79	【1825】D. 76
逃人在空地盖房居住	【1676】D. 73	【1743】D. 80	【1825】D. 77
逃人居住未过例限	【1676】D. 74	【1743】D. 81	【1825】D. 78
妄扳窝家	【1676】D. 75	【1743】D. 82	【1825】D. 79
行提窝家	【1676】D. 76	【1743】D. 83	【1825】D. 80

续表

例目	康熙十五年(1675)	乾隆八年(1743)	道光五年(1825)
解送逃人	【1676】D. 77	【1743】D. 84	【1825】D. 81
逃人中途患病		【1743】D. 85	【1825】D. 82
同解逃人一人患病		【1743】D. 86	【1825】D. 83
解送重罪逃犯	【1676】D. 78		
解役雇倩代解	【1676】D. 79	【1743】D. 87	【1825】D. 84
云南递解逃人	【1676】D. 80		
差官疏脱逃人	【1676】D. 81		
疏脱逃人案内牵连人犯	【1676】D. 82		
递解逃人逾限	【1676】D. 83	【1743】D. 88	【1825】D. 85
买逃邀功	【1676】D. 84	【1743】D. 89	【1825】D. 86
地方官保释逃人	【1676】D. 85		
领催兵丁疏脱逃人	【1676】D. 86	【1743】D. 90	【1825】D. 87
徒流留养	【1676】D. 87	【1743】D. 91	【1825】D. 88
解役疏脱逃人	【1676】D. 88	【1743】D. 92	【1825】D. 89
热审减等	【1676】D. 89	【1743】D. 93	【1825】D. 90
误行刺字		【1743】D. 94	【1825】D. 91
解役逗遛	【1676】D. 90	【1743】D. 95	【1825】D. 92
解役伙逃抢夺	【1676】D. 91	【1743】D. 96	【1825】D. 93
隐留窝犯家产	【1676】D. 92		
地方官拿解良民	【1676】D. 93	【1743】D. 97	【1825】D. 94
监禁迟滞	【1676】D. 94	【1743】D. 98	【1825】D. 95
滥行夹讯	【1676】D. 95		
衙门附近开设店房	【1676】D. 96		
擅入衙门	【1676】D. 97		
文武官员功过	【1676】D. 98	【1743】D. 99	【1825】D. 96
总督府尹不议功过	【1676】D. 99	【1743】D. 100	【1825】D. 97
上司议叙	【1676】D. 100	【1743】D. 101	【1825】D. 98
拿获逃人解送册籍	【1676】D. 101	【1743】D. 102	【1825】D. 99

续表

例目	康熙十五年（1675）	乾隆八年（1743）	道光五年（1825）
拿获带逃幼小子女	【1676】D. 102	【1743】D. 103	【1825】D. 100
文武官员失察处分			
文武署任功过	【1676】D. 103		
已升各官功过原例	【1676】D. 104		
降级后还职	【1676】D. 105		
接管官失察	【1676】D. 106		
隔省隔府失察	【1676】D. 107		
僧道官失察	【1676】D. 108		
逃案牵连官员查取口供	【1676】D. 109		
地方官设立十家长给与木牌	【1676】D. 110		
考核三营	【1676】D. 111		
点查三营番役	【1676】D. 112		
点验三营兵器	【1676】D. 113		
在京旗人逃走			
在京旗人逃后行窃			【1825】D. 101
马兰泰宁等处兵丁逃回			【1825】D. 102
黑龙江三姓等处改发之旗人逃走			【1825】D. 103
绥远城等处驻防旗人逃走			
官庄壮丁脱逃			【1825】D. 104
八旗逃人通行呈报			【1825】D. 105
伊犁等处卡伦缉捕逃人不力			【1825】D. 106
厄鲁特回子逃走			【1825】D. 107

三流道里表

《三流道里表》，雍正十二年(1734)刑部奏请编纂，于乾隆八年(1743)成书，交武英殿刊刻颁行。乾隆二十年(1755)刑部续修，复经修订。[①] 四十五年(1780)，因《五军道里表》已于四十四年(1779)修辑告竣，刑部请旨重修《三流道里表》，于四十九年(1784)告竣，交武英殿刊刻颁发。嘉庆八年(1803)，刑部再请修辑《三流道里表》，于十六年(1811)告竣，刊刻颁行。此后至清末，《三流道里表》相沿未改，再未修辑。

另据乾隆四十九年(1784)刑部《修辑〈三流道里表〉告竣折》，《三流道里表》似于此时归入《律例全书》，此后乾隆五十五年(1790)、嘉庆七年(1802)、道光五年(1825)、道光二十七年(1847)、同治九年(1870)各版《大清律例》皆附《三流道里表》4册不分卷，但不列入《大清律例》卷次。

① 见乾隆四十五年(1780)刑部《请旨重修〈三流道里表〉疏》，相关书目未见著录。

[徐本等:请定三流远近道里事疏](乾隆八年)

律例馆总裁官大学士臣徐本等谨奏:请定三流远近道里事,先经刑部于雍正十二年(1734)议复按察使何师俭条奏内称,流罪三等,律内惟开某省流犯分流某省,其计地发配,并听该抚临时酌定,不若军犯远近,定有成书可以遵查。请嗣后分发流犯,亦照军犯各分府属之例,自该犯原籍府属至分流省份,一并核算。如未及应流里数者,将该犯分拨远处府属安置。如于本省府属已足应流里数者,即定于本省府属安置。应行令各该抚,将道里确数,彼此移查,逐一酌定,造册报部,汇送律例馆详核刊刻,颁发遵行等因具奏。奉旨:"依议。钦此。"钦遵。

嗣据各该省造具清册,节次送馆。臣等详加查核,其远近道里,分发省份,多未相符,殊难画一。盖佥发流犯,"名例"内但载有一定之省份。三等流犯均发一省,其道里远近并未再有区别。如直隶、江苏、山西三省流犯,俱例发陕西;安徽、浙江、陕西、湖北四省流犯,俱例发山东。各省幅员既有大小之不同,相距道里自有远近之各异。今既按依府份计算道里,分别佥发,若仍拘原定之省份,则远近势难符合。窃查流分三等,原以道里之远近别情罪之重轻。要皆投畀他方,期于惩奸止恶也。而"名例"所载独定于陕西、山东、浙江、四川、广东、广西、福建等七省者,详究定例之意,或以此等奸徒,宜置之荒芜濒海地面耳。今陕西等省已多殷繁富庶之地,而江南等省亦有临河滨海之区,又未可以概论。况军犯现在俱系各省通发,流犯似亦应一体办理。臣等谨按舆图及《会典》内《军卫道里表》所载道里远近,分别三等,注明府属,不拘从前所定七省,详加酌定。将某省府属流犯应流二千里者,佥发何省何府属安置;应流二千五百里者,佥发何省何府属安置;应流三千里者,佥发何省何府属安置,逐省逐府详细开载。仍将佥发凡例五条,列于册首,以便遵查。庶各省流犯远近,悉归画一而轻重均得其平矣。

谨将纂定《三流道里表》恭缮黄册四本,装潢一函,进呈御览,伏候钦定。俟命下之日,臣等咨呈武英殿刊刻刷印,移送臣馆,颁发内外各该衙门一体遵行。臣等未敢擅便,谨奏请旨等因。

于乾隆八年(1743)闰四月十二日奏。

本日奉旨:"依议。钦此。"

[刑部:请旨重修《三流道里表》疏]
(乾隆四十五年)

刑部谨奏:为请旨事。

窃臣部律例馆内所纂《三流道里表》一书,于乾隆八年(1743)纂辑告成,嗣于乾隆二十年(1755)复经修订,中外遵行各在案。臣等查阅原书所载,凡罪犯三流者,定地编发,每省每府之犯,皆注明二千里者发某省某府、二千五百者发某省某府、三千里者发某省某府,各有一定配所,不得迁就趋避。书内绘图列表,展卷瞭如。迄今二十余年未经重辑。

伏惟我皇上德盛化神,幅员广辟,为从古所未有。数十年间增辟新置之府、州、县,既为旧表所未备,而各省奏请裁并、增设、改名之府、州、县,亦与旧表多有未符。远近稍有参差,罪名即关出入。如直隶增设承德府等处,陕甘增设镇西府州等处,云南改订武定等府州九处,以及各省改属邻府及州改直隶者不下百十余处。外省各守令,每有拘泥旧名而不知道途之异昔,亦有计算程站而不知接壤之何方者。虽经随时改调更正,而往返咨请,案牍徒繁,防范不易。且亦有需时日,每致到配迟延。

再查三流事隶刑部,五军隶兵部。事同一例,业经兵部将《五军道里表》奏明重加增修,于上年告成。臣等按五军表内系专分近边、极边、烟瘴等项地方,并各边地相距远近里数。至三流表则内地、边方皆有发遣之犯,自二千里至三千里,不尽在五军所发地面,其头绪尤为繁杂纷纭。今细核原书内所分里数,与现在所行程途,尚有未尽吻合之处。如湖北施南府至江西九江府,系二千里表内,列于二千五百里之下。又河南陕州至甘肃凉州府,系二千五百里,而表内列于三千里之下。其中误近为远、误远为近,就臣等所见及者,已有数十余处。此外尚恐有沿袭从前老例旧文,未尽厘正者。诚宜及时确查,考订成书,以彰盛代同轨之治。理合奏明,请旨重加增修。如蒙俞允,臣部通行各督抚按照原表所列各府州,其中道里远近数目不确,及增设新地、裁并别属,与改府、改州、改名之处,与原表不同者,一一详晰注明。其接壤相错之处,尤宜递查各邻省,彼此画一更正,并将各本省舆图,分划里数,绘图贴说,一并造册送部。臣部即据各册悉心通盘核算,合各省错出之情形,订每府相距之数目,按照原表款式,逐条订正,以期画一无歧。俾各省地方官员办理案犯,按册可稽,一归简易明速,似有裨益。并请以奉旨之日为始,统以一年之内,各督抚即送所造清册图说到部,不得逾限。臣等督率提调、纂修等,同加考订,所需供事,即于臣部律例馆供事内,拣选熟习者,派令承办,令其自备资斧,毋庸支领公费。其缮写黄册,亦即令该供事等恭录,不必另添誊录生。俟纂辑完竣之日,缮写黄册进呈御览,恭候钦定颁行。俟命下之日,臣部遵奉施行。为此谨奏请旨。

乾隆四十五年(1780)四月初十日发报具奏。

十五日奉旨:“知道了。钦此。”

［刑部：修辑《三流道里表》告竣折］
（乾隆四十九年）

刑部谨奏:为修辑《三流道里表》告竣事。

窃查乾隆四十五年(1780)年四月内,臣部奏明,《三流道里表》一书,自乾隆八年(1743)纂辑告成,至二十年(1755)复经修订,迄今二十余年未加重辑。我皇上德盛化神,幅员广辟,为从古所未有,数十年间增辟、新置之府、州、县既为旧表所未备,各省府、厅、州、县裁并、增设、改名、改属,与旧表多有未符。且查核原书内所分里数,与现在所行程途,亦未尽吻合。其间有误远为近、误近为远近是。里数远近,稍有参差,则罪名即关出入。请旨重加修辑。通行各省督抚等,将原表所列府州及增设新地、裁并别属与改府、改州道里数目,逐细递查确实,造册送部。臣等督率提调、纂修等官,详加考订。所需供事,即于臣部律例馆供事内,拣派承办,令其自备资斧,毋庸支给公费,并毋庸另添誊录生。俟完竣,缮写黄册进呈,恭候钦定颁行等因具奏。奉旨"知道了。钦此"钦遵。当经臣部行文各省去后,嗣据各督抚、府尹陆续造册,于上年八九月间先后到齐。臣等督率满汉提调、纂修等官,及所派供事,将原表内各府州三等流犯应发道里,按照各督抚等造报里数,逐一详细确查,通盘核校。其与原表符合者,仍依原表编发,未符者,核实更正。至增设、改隶之府、厅、直隶州三等流犯应配地方,各按现在程途里数编定应发省份,并于每府、厅、州表后加具按语,详晰声明。并将此次奏修《三流道里表》原委及历年奏准停发省份,并均匀酌发事件,酌定凡例十四则,列于卷首,以备各省问刑衙门查核,展卷瞭如。计分一省为一本,敬缮黄册共十九本,装潢成帙,恭呈御览,伏候钦定发下。臣部即缮写正本,刊刻刷印,先行颁发各省遵照办理。仍另缮宋字样本,送交武英殿刊刻完竣,归入《律例全书》内,永远遵行。所有此次办理道里表人员,除臣等及提调、纂修等官,不敢仰邀议叙外,其原派供事潘肇封等二十五人,自派办以来,日夕在馆,查核缮办实皆奋勉。此项道里表,自乾隆二十年以后,并未重加修订,头绪较为纷繁,其所需一切纸张等项,均系该供事等自备,未入开销,亦未照各馆之例支给饭食公费。今赶办完竣,可否照臣部律例馆清汉书成之例,量予优叙之处,出自皇上天恩。如蒙俞允,臣部造册移咨吏部,照例办理。至缮办正本样册,仍令该供事等在馆办理。为此谨奏。

乾隆四十九年(1784)十月初二日奏。

本日奉旨:"着照例议叙。钦此。"

［刑部：修辑《三流道里表》告竣折］（嘉庆十六年）

刑部谨奏：为修辑《三流道里表》告竣事。

查嘉庆八年（1803）五月，臣部奏明，《三流道里表》一书，自乾隆四十五年（1780）修改之后，迄今又逾二十余年未经重辑。检查历年以来钦奉谕旨，并各督抚陆续奏准，府、厅、州、县裁并、增设、改名、改属之处，多与旧表未符。如按现在表文编发，不但道里远近悬殊，即罪名亦关出入。若不及时确查更正，办理恐致歧误。请旨重加修辑，通行各督抚，详查造册报部。臣等率同提调、纂修等官，逐条订正。所需供事，即于臣部律例馆供事内，拣派承办。令其自备资斧，毋庸支给公费，亦不另添誊录生。俟完竣，缮写黄册，进呈御览，恭候钦定。至所需板片，亦令该供事等捐资办理。既省靡费，并得速行办竣等因具奏。奉旨"依议。钦此"钦遵。

行文各省去后，嗣据各督抚陆续查明造册送部，惟福建、江苏等省未经送到。经臣部于嘉庆十二年（1807）十二月奏明请旨，饬交各该省速行造送在案。兹据陆续造送，于十四年（1809）十二月到齐。臣等随率同满汉提调、纂修等官，及所派供事，将原表内各府州三等流犯应发道里，按照各督抚造报里数，逐一详细确查，通盘核校。除与原表符合者，仍依旧编发外，其未符者，核实更正。至增设、改隶之府、厅、州三等流犯应配地方，各按现在程途里数，编定应发省份。并于每府、厅、州表后，加具按语，详晰声明。并将此次奏修《三流道里表》原委及历年奏准停发省份，并均匀配发事件，酌定凡例十三则，列于卷首，以备各省问刑衙门查核，展卷瞭如。计分一省为一本，敬缮黄册共十九本，装潢成帙，恭呈御览，伏候钦定发下。臣部遵照原奏，令该供事等捐资购觅板片，缮写宋字刊刻，颁发各省，并归入《律例全书》内，永远遵行。

所有此次办理道里表人员，除臣等及提调、纂修等官，不敢仰邀议叙外，其原派供事潘云等三十一名，自派办以来，日夕在馆。查核缮办实皆奋勉。此项道里表，自乾隆四十五年以后，并未重加修订，头绪较为纷繁，其所需一切纸张、板片、刻工等项，均系该供事等自备，未入开销，亦未照各馆之例，支给饭食公费。今办理完竣，可否照上次书成之例，量加优叙之处，出自圣恩。如蒙俞允，臣部照例分别等第，造册咨送吏部查办。

为此谨奏请旨。

嘉庆十六年（1811）正月十二日奏。

本日奉旨："照例议叙。钦此。"

衔　名(乾隆八年)

武英殿监理

和硕和亲王	臣	弘　昼

总裁官衔名

经筵讲官、太子太保、东阁大学士,兼礼部尚书、兼管户部尚书事务,加六级	臣	徐　本
经筵讲官、议政大臣、协办内阁大学士事务、礼部尚书,仍管太常寺鸿胪寺事务,加二级	臣	三　泰
经筵讲官、吏部尚书,加三级,又军功加二级,纪录十五次,又军功纪录二次	臣	史贻直
议政大臣、内大臣、刑部尚书,兼内务府总管,纪录四次	臣	来　保

刑部堂官衔名

议政大臣、内大臣、刑部尚书,兼内务府总管,纪录四次	臣	来　保
经筵讲官、吏部尚书,暂兼管刑部尚书事,加三级,又军功加二级,纪录十五次又军功纪录二次	臣	史贻直
经筵讲官、刑部尚书	臣	张　照
正蓝旗满洲都统,兼刑部左侍郎,暂兼管户部侍郎事,纪录四次	臣	盛　安
刑部左侍郎,纪录二次,署理福建巡抚印务	臣	周学健
刑部右侍郎,世袭骑都尉,纪录十二次	臣	托　时
刑部右侍郎,纪录二次	臣	钱陈群

提调官衔名

刑部堂主事	臣	德　昌
刑部奉天司员外郎,纂修官,兼管提调事	臣	图　南
刑部四川清吏司额外员外郎,纂修官,兼管提调事	臣	周　琬

纂修官衔名

刑部贵州清吏司郎中	臣	唐绍祖
刑部四川清吏司额外员外郎	臣	周　琬

刑部奉天司额外主事	臣	阿林泰
原任巴沟通判	臣	兆珠纳
刑部奉天司员外郎	臣	图　南
刑部江苏清吏司主事,兼管纂修事	臣	涂锡禧
收掌官衔名		
刑部笔帖式	臣	岳　宁
	臣	富尼汉
翻译官衔名		
候补笔帖式	臣	明　德
	臣	成　善
誊录官衔名		
候补笔帖式	臣	满　普
	臣	福尔泰
	臣	德克进
	臣	克星额
	臣	马受福
	臣	明　善
	臣	坤　禄
	臣	马进泰
武英殿监造		
内务府南苑郎中,兼佐领,加五级,纪录十次	臣	雅尔岱
内务府慎刑司员外郎,纪录一次	臣	永　忠
内务府广储司司库,加二级	臣	三　格
监造,加一级	臣	李　保
监造	臣	郑桑格
库掌	臣	李延伟
	臣	虎什泰

衔　名（乾隆四十九年）

总裁官

经筵日讲起居注官、太子太保、武英殿大学士、领文渊阁事、管理吏部刑部户部三库、兼掌翰林院事、御前大臣、领侍卫内大臣、兼管镶黄旗满洲都统、诚谋英勇公	臣	阿　桂
议政大臣、刑部尚书、镶红旗蒙古都统、世袭一等男、又一云骑尉	臣	喀宁阿
刑部尚书，管理顺天府事务	臣	胡季堂
刑部左侍郎，正红旗汉军副都统	臣	穆精阿
刑部左侍郎	臣	姜　晟
原任刑部右侍郎	臣	景　禄
原任刑部右侍郎	臣	杜玉林

提调官

通政使司参议，兼部行走	臣	阮葵生
刑部河南清吏司郎中	臣	玉　德
刑部直隶清吏司郎中	臣	墙见夔

纂修官

刑部督捕清吏司郎中	臣	查克顺
刑部陕西清吏司郎中	臣	姜开阳

协办纂修官

原任刑部直隶清吏司郎中	臣	庆　兴
刑部四川清吏司郎中	臣	苏尔通阿
刑部安徽清吏司员外郎	臣	怀　谦
刑部直隶清吏司员外郎	臣	祖之望
刑部浙江清吏司员外郎	臣	方　昂
刑部广东清吏司员外郎	臣	张华甫
刑部广西清吏司员外郎	臣	周元良
刑部山西清吏司主事	臣	关　柱

刑部陕西清吏司主事	臣	全士潮
刑部四川清吏司主事	臣	王仕基

收掌官

刑部笔帖式	臣	锡灵阿
	臣	佛尔卿额

翻译官

刑部笔帖式	臣	哈　理
	臣	舒宁阿
	臣	伽蓝保
	臣	希　明

誊录官

刑部笔帖式	臣	达灵阿
	臣	舒　进
	臣	永　清
	臣	穆　禄
	臣	台　福
	臣	伊常阿

凡　例(乾隆八年)

一、佥解流犯,应径解知府衙门。查流犯,定例向止定有分流省份,并未注明府属。是以旧例俱由原籍递解应流省份巡抚衙门,定地转发。今既定有府属,应只行文知照巡抚,一面将犯人径解知府衙门,令该知府于阖属属州县内通行酌发。仍令报明该管上司。

一、入籍他省之流犯,应酌量改发。凡入籍他省之人,有犯流徙者,例应照土著之民定地佥发。如有所发之省与该犯原籍府属接壤,则密迩乡关,易致潜逃。应令承审各官于定案时逐一声明,该抚分别改发。

一、寄居他省之流犯,不得仍流寄居地方。凡寄居他省,尚未入籍之人,于该省犯流者,例应解回原籍佥发。若计佥发之地即系该犯寄居之所,则仍居故土,不足示惩。令承审官详查确实,该抚临时酌量改发。

一、奉天等处流犯,应照例分别办理。凡入籍奉天之民人犯该流罪者,照"名例"折枷责发落。其未经入籍之人,仍照各省流寓人例,递回原籍定地佥发。

一、同案流犯,应分别安置。查一案人犯,若同发一县,恐互相勾结,致滋事端。应令该管知府分别酌发安置。

凡 例（乾隆四十九年）

一、编发流犯，从前未有成书时，俱解交巡抚衙门，按照里数，临时酌发。嗣以各省分拨之处，多寡失均，不免趋避拣择。于乾隆八年（1743）纂辑《三流道里表》一书，将某省某府属流犯应流二千里者，发何省何府属安置，应流二千五百里者，发何省何府属安置，应流三千里者，发何省何府属安置，按计程途，限定地址，逐省逐府分别开载，展卷即明，已阅四十余年。今纂辑重新款例，一遵旧式。凡有增添改易，与旧表不符之处，俱各加按语于后。

一、圣德遐敷，疆舆广辟。数十年以来，增辟、新置之府、州、县，如直隶之增设承德府等处，甘肃增设镇西府等处，云南增并武定府等处，皆旧表所未有。今俱按照各省督抚册造里数，逐府详加参核，分别增入，以昭同轨之盛。

一、各省历年裁减合并及改名之府、州、县，里至无殊，而统属有所移易、名目有所改更者，今俱按照吏部更定原文，与兵部新修《五军道里表》及现在各省送到地图，逐加考订改易，以符现行事例。

一、流犯以罪之重轻，分别路之远近，是以有二千里、二千五百里、三千里，列为三等之殊。若道里过于参差，即罪名有所出入。虽其中疆域相错，不能无咫尺之差，而向来总以不得有逾百里为限。现经各省督抚，将地方里数彻底挨查，或因有新开道路，或因有增添驿站，其远近路程，与从前旧表，每有未符，俱于册内声请更正。今据册详核，凡里数或有余或不足者，悉行核实计算改正。

一、入籍他省流犯，应查明另行改发。盖新籍既定，即与土著无异，例从新籍起算，恐所发之省与该犯旧籍府属比接，则密迩故乡，易滋流弊。应令承审各官，于定案时声明原籍，听该督抚等临时分别改发。

一、寄居他省流犯，不得仍流寄居地方。凡寄居他省，尚未入籍之人，例照原籍计算。若所发之地，即系该犯寄居之所，则与故土无殊。应令承审官于定案时，声明该犯寄居处所，听该督抚等临时酌量改发。其犯流官犯，由原籍计算定地编发者，若应发地方系犯事任所，即与寄居者无异，亦令该督抚等酌量另行改发，以归画一。

一、同案流犯，应分别安置。查一案内有二三人或四五人，情罪相同，无可区别者，此等流犯，生本同乡，犯复同案，配又同所，则始终朋比，易滋事端。应令该督抚等于发配时，分别酌发。

一、各省民人，在别省犯流罪者，除本犯有应追银两，讯明本犯原籍产业可以变赔者，仍解回原籍发配外，其赃项已经追完，及移查原籍实无产业者，承审官照例按本犯原籍应流地方,即于犯事处起解发配。

一、原犯流罪人犯,如中途或在配脱逃被获,应加等调发者,原犯系二千里、二千五百里,俱从原籍地方,计程发配;原犯系三千里者,就现配地方,计程发配。若调发应配之所即系原籍相近之处,或地处边境,再无别处可以改发者,即照表内应发地方,加一等改发。

一、流犯家属,除例应佥遣者,仍行佥遣外,其余一应流犯家属,均毋庸佥配。如有情愿随带者,亦照例听其自便,不得官为资送。

一、顺天直隶各州县,于乾隆十九年(1754)奏明,畿辅郡县,不便安置流犯。今各省应发顺天直隶各州县流犯,俱停止编发。

一、奉天、锦州二府属,于乾隆十六年(1751)奏明,奉天为国朝根本重地,不宜聚积匪类。一应军、流人犯,悉行停止安置。今各省应发奉天各州县者,俱停止编发。

一、解配流犯,原表内系径解知府、直隶州衙门,令该府、州于本属州县内通行酌发。先由起解省份之巡抚,行文知照配所之巡抚,其人犯另文直解配所。府、州于人犯解到时,即报明该管上司知照原籍。应仍旧制。

一、乾隆三十六年(1771)以后,据广西臬使、山西巡抚、浙江巡抚等,各以安置流犯,有一县集至百余名者,有一县仅止二三十名者。缘各省犯案,时多时少,照表指发,致有多寡不均。奏请各省佥发流犯,俱按照道里表内应发省份,照改发遣犯之例,毋庸指定府、州,听该省督抚酌量州县大小远近,均匀拨发。起解省份,于起解之先,预行咨明,令配所督抚指定应改发地方,先期饬知入境首站州县,随到随发。奏准纂入例册,遵行在案。但此等事非常有,嗣后各省安置流犯,倘有时多时少,过于参差者,仍听各督抚临时酌拨,报部存案。一俟均匀之后,仍照旧制,按表分发。

凡　例（嘉庆十六年）

一、编发流犯，从前未有成书时，俱解交巡抚衙门，按照里数，临时酌发。嗣以各省分拨之处，多寡失均，不免趋避拣择。于乾隆八年(1743)纂辑《三流道里表》一书，将某省某府属流犯应流二千里者，发何省何府属安置，应流二千五百里者，发何省何府属安置，应流三千里者，发何省何府属安置，按计程途，限定地址，逐省逐府分别开载，展卷明晰。自四十五年(1780)修辑后，又阅二十余年。今纂辑重新款例，一遵旧式。凡有增添改易，与旧表不符之处，俱各加按语于后。

一、各省历年裁减合并及改名之府、州、县，里至无殊，而统属有所移易、名目有所改更者，今俱按照吏部更定原文，及现在各省送到地图，逐加考订改易，以符现行事例。

一、流犯以罪之重轻，分别路之远近，是以有二千里、二千五百里、三千里，列为三等之殊。若道里过于参差，即罪名有所出入。虽其中疆域相错，不能无咫尺之差，而向来总以不得有逾百里为限。现经各省督抚，将地方里数彻底挨查，或因有新开道路，或因有增添驿站，其远近路程，与从前旧表，每有未符，俱于册内声请更正。今据册详核，凡里数或有余或不足者，悉行核实计算改正。

一、入籍他省流犯，应查明另行改发。盖新籍既定，即与土著无异，例从新籍起算，恐所发之省与该犯旧籍府属比接，则密迩故乡，易滋流弊。应令承审各官，于定案时声明原籍，听该督抚等临时分别改发。

一、寄居他省流犯，不得仍流寄居地方。凡寄居他省，尚未入籍之人，例照原籍计算。若所发之地，即系该犯寄居之所，则与故土无殊。应令承审官于定案时，声明该犯寄居处所，听该督抚等临时酌量改发。其犯流官犯，由原籍计算定地编发者，若应发地方系犯事任所，即与寄居者无异，亦令该督抚等酌量另行改发，以归画一。

一、同案流犯，应分别安置。查一案内有二三人或四五人，情罪相同，无可区别者，此等流犯，生本同乡，犯复同案，配又同所，则始终朋比，易滋事端。应令该督抚等于发配时，分别酌发。

一、各省民人，在别省犯流罪者，除本犯有应追银两，讯明本犯原籍产业可以变赔者，仍解回原籍发配外，其赃项已经追完，及移查原籍实无产业者，承审官照例按本犯原籍应流地方，即于犯事处起解发配。

一、原犯流罪人犯，如中途或在配脱逃被获，应加等调发者，原犯系二千里、二千五百里，俱从原籍地方，计程发配；原犯系三千里者，就现配地方，计程发配。若调发应配之所即系原籍相近之处,或地处边境,再无别处可以改发者,即照表内应发地方,加一等改发。

一、流犯家属,除例应佥遣者,仍行佥遣外,其余一应流犯家属,均毋庸佥配。如有情愿随带者,亦照例听其自便,不得官为资送。

一、顺天直隶各州县,于乾隆十九年(1754)奏明,畿辅郡县,不便安置流犯。今各省应发顺天直隶各州县流犯,俱停止编发。

一、奉天、锦州二府属,于乾隆十六年(1751)奏明,奉天为国朝根本重地,不宜聚积匪类。一应军、流人犯,悉行停止安置。今各省应发奉天各州县者,俱停止编发。

一、解配流犯,原表内系径解知府、直隶州衙门,令该府、州于本属州县内通行酌发。先由起解省份之巡抚,行文知照配所之巡抚,其人犯另文直解配所。府、州于人犯解到时,即报明该管上司知照原籍。应仍旧制。

一、乾隆三十六年(1771)以后,据广西臬使、山西巡抚、浙江巡抚等,各以安置流犯,有一县集至百余名者,有一县仅止二三十名者。缘各省犯案,时多时少,照表指发,致有多寡不均。奏请各省佥发流犯,俱按照道里表内应发省份,照改发遣犯之例,毋庸指定府、州,听该省督抚酌量州县大小远近,均匀拨发。起解省份,于起解之先,预行咨明,令配所督抚指定应改发地方,先期饬知入境首站州县,随到随发。奏准纂入例册,遵行在案。但此等事非常有,嗣后各省安置流犯,倘有时多时少,过于参差者,仍听各督抚临时酌拨,报部存案。一俟均匀之后,仍照旧制,按表分发。

盛　　京[1]

奉天府属[2]三等流犯应流地方 【1743】所属计二州六县	
二千里	【1743】该府所属各州县流犯，凡犯该流二千里者，佥发山西直隶平定州属乐平等县安置 【1811】奉天府所属各州县流犯，凡犯该流二千里者，发山西直隶平定州并所属各县安置
二千五百里	【1743】犯该流二千五百里者，佥发山西沁州属武乡等县安置 【1811】凡犯该流二千五百里者，发山西太原府属榆次等县安置
三千里	【1743】犯该流三千里者，佥发山西绛州属稷山等县安置 【1811】凡犯该流三千里者，发山西直隶霍州并所属各县安置
【1811】奉天府属二州六县 承德县　辽阳州　海城县　盖平县　复　州　宁海县　开原县　铁岭县	

锦州府属三等流犯应流地方 【1743】所属计二州二县	
二千里	【1743】该府所属各州县流犯，凡犯该流二千里者，佥发山西忻州属定襄等县安置 【1811】锦州府所属各州县流犯，凡犯该流二千里者，发山西太原府属榆次等县安置
二千五百里	【1743】犯该流二千五百里者，佥发山西辽州属榆社等县安置 【1811】凡犯该流二千五百里者，发山西直隶霍州并所属各县安置
三千里	【1743】犯该流三千里者，佥发山西吉州属乡宁县安置 【1811】凡犯该流三千里者，发山西直隶解州属安邑等县安置
【1811】锦州府属二州二县 锦　县　宁远州　广宁县　义　州	

① 各版《三流道里表》皆无目录，所载省份及省份之下各府属顺序不同，今一依乾隆八年(1743)版本次序。

② 嘉庆十六年(1811)版皆略去各“府属”之“属”字，下同。

直 隶 省

顺天府属三等流犯应流地方
【1743】所属计六州十九县

二千里	【1743】该府所属各州县流犯,凡犯该流二千里者,佥发山西宁武府属宁武等县安置 【1811】顺天府所属各州县流犯,凡犯该流二千里者,发山西直隶解州属安邑等县安置
二千五百里	【1743】犯该流二千五百里者,佥发陕西延安府属肤施等县安置 【1811】凡犯该流二千五百里者,发陕西西安府属临潼等县安置
三千里	【1743】犯该流三千里者,佥发陕西榆林府属榆林等县并绥德州及所属米脂等县安置 【1811】凡犯该流三千里者,发陕西直隶鄜州并所属洛川等县安置

【1811】顺天府属五州十九县

大兴县 宛平县 良乡县 固安县 永清县 东安县 香河县 通　州 三河县
武清县 宝坻县 宁河县 昌平州 顺义县 密云县 怀柔县 涿　州 房山县
霸　州 文安县 大城县 保定县 蓟　州 平谷县

永平府属三等流犯应流地方
【1743】所属计一州八县

二千里	【1743】该府所属各州县流犯,凡犯该流二千里者,佥发山西朔平府属右玉等县安置 【1811】永平府所属各州县流犯,凡犯该流二千里者,发山西直隶代州并所属各县安置
二千五百里	【1743】犯该流二千五百里者,佥发山西平阳府属临汾等县并蒲州府属永济等县安置 【1811】凡犯该流二千五百里者,发山西直隶解州属安邑等县安置
三千里	【1743】犯该流三千里者,佥发陕西西安府属长安等县安置 【1811】凡犯该流三千里者,发陕西西安府属临潼等县安置

【1811】永平府属一州六县

卢龙县 迁安县 抚宁县 昌黎县 滦　州 乐亭县 临榆县

保定府属三等流犯应流地方 【1743】所属计二州十五县	
二千里	【1743】该府所属各州县流犯，凡犯该流二千里者，佥发陕西延安府属肤施等县安置 【1811】保定府所属各州县流犯，凡犯该流二千里者，发陕西同州府属华州等州县安置
二千五百里	【1743】犯该流二千五百里者，佥发甘肃庆阳府属安化等县安置 【1811】凡犯该流二千五百里者，发陕西直隶邠州属三水等县安置
三千里	【1743】犯该流三千里者，佥发陕西凤翔府属凤翔等县安置 【1811】凡犯该流三千里者，发甘肃直隶秦州并所属各县安置
【1811】保定府属二州十五县 清苑县　满城县　安肃县　定兴县　新城县　唐　县　博野县　望都县　容城县 完　县　蠡　县　雄　县　祁　州　束鹿县　安　州　高阳县　新安县	

直隶易州属三等流犯应流地方 【1743】所属计二县	
二千里	【1743】该州所属各县流犯，凡犯该流二千里者，佥发陕西延安府属肤施等县安置 【1811】直隶易州所属各县流犯，凡犯该流二千里者，发陕西同州府属潼关等厅县安置
二千五百里	【1743】犯该流二千五百里者，佥发湖北武昌府属江夏等县安置 【1811】凡犯该流二千五百里者，发湖北德安府属云梦等县安置
三千里	【1743】犯该流三千里者，佥发陕西凤翔府属凤翔等县安置 【1811】凡犯该流三千里者，发甘肃直隶秦州属清水等县安置
【1811】直隶易州属二县 涞水县　广昌县	

<table>
<tr><td colspan="2">**河间府属三等流犯应流地方**
【1743】所属计一州十县</td></tr>
<tr><td>二千里</td><td>【1743】该府所属各州县流犯,凡犯该流二千里者,佥发山西蒲州府属永济等县安置
【1811】河间府所属各州县流犯,凡犯该流二千里者,发陕西同州府属华州等州县安置</td></tr>
<tr><td>二千五百里</td><td>【1743】犯该流二千五百里者,佥发陕西西安府属咸阳等县并乾州及所属武功等县安置
【1811】凡犯该流二千五百里者,发陕西直隶乾州属永寿等县安置</td></tr>
<tr><td>三千里</td><td>【1743】犯该流三千里者,佥发甘肃平凉府属崇信等县安置
【1811】凡犯该流三千里者,发甘肃平凉府属隆德等县安置</td></tr>
<tr><td colspan="2">**【1811】河间府属一州十县**
河间县　献　县　阜城县　肃宁县　任邱县　交河县　宁津县　景　州　吴桥县　故城县　东光县</td></tr>
</table>

<table>
<tr><td colspan="2">**天津府属三等流犯应流地方**
【1743】所属计一州六县</td></tr>
<tr><td>二千里</td><td>【1743】该府所属各州县流犯,凡犯该流二千里者,佥发山西平阳府属临汾等县并沁州及所属沁源等县安置
【1811】天津府所属各州县流犯,凡犯该流二千里者,发山西平阳府属曲沃等县安置</td></tr>
<tr><td>二千五百里</td><td>【1743】犯该流二千五百里者,佥发陕西西安府属高陵等县安置
【1811】凡犯该流二千五百里者,发陕西同州府属华州等州县安置</td></tr>
<tr><td>三千里</td><td>【1743】犯该流三千里者,佥发陕西凤翔府属宝鸡等县安置
【1811】凡犯该流三千里者,发陕西凤翔府属岐山等县安置</td></tr>
<tr><td colspan="2">**【1811】天津府属一州六县**
天津县　青　县　静海县　沧　州　南皮县　盐山县　庆云县</td></tr>
</table>

承德府属三等流犯应流地方 【1743】所属计州县	
二千里	承德府所属各州县流犯,凡犯该流二千里者,发山西直隶霍州并所属各县安置
二千五百里	【1743】犯该流二千五百里者,佥发府属等县安置 【1811】凡犯该流二千五百里者,发山西蒲州府属猗氏等县安置
三千里	【1743】犯该流三千里者,佥发府属等县安置 【1811】凡犯该流三千里者,发陕西西安府属三原等县安置
【1811】承德府属一州五县 滦平县　平泉州　丰宁县　建昌县　赤峰县　朝阳县	

正定府属三等流犯应流地方 【1743】所属计一州十三县	
二千里	【1743】该府所属各州县流犯,凡犯该流二千里者,佥发甘肃平凉府属平凉等县安置 【1811】正定府所属各州县流犯,凡犯该流二千里者,发陕西西安府属咸阳等县安置
二千五百里	【1743】犯该流二千五百里者,佥发甘肃巩昌属陇西等县安置 【1811】凡犯该流二千五百里者,发甘肃平凉府属平凉等县安置
三千里	【1743】犯该流三千里者,发甘肃兰州府属皋兰等县安置 【1811】凡犯该流三千里者,发甘肃巩昌府属会宁等县安置
【1811】正定府属一州十三县 正定县　获鹿县　井陉县　阜平县　栾城县　行唐县　灵寿县　平山县　元氏县 赞皇县　晋　州　无极县　藁城县　新乐县	

直隶冀州属三等流犯应流地方 【1743】所属计五县	
二千里	【1743】该州所属各县流犯,凡犯该流二千里者,佥发甘肃平凉府属平凉等县安置 【1811】直隶冀州所属各县流犯,凡犯该流二千里者,发陕西同州府属华州等州县安置
二千五百里	【1743】犯该流二千五百里者,佥发甘肃巩昌府属陇西等县安置 【1811】凡犯该流二千五百里者,发陕西直隶邠州并所属各县安置
三千里	【1743】犯该流三千里者,佥发甘肃兰州府属皋兰等县安置 【1811】凡犯该流三千里者,发甘肃平凉府属隆德等县安置
【1811】直隶冀州属五县 南宫县　新河县　枣强县　武邑县　衡水县	

直隶赵州属三等流犯应流地方 【1743】所属计五县	
二千里	【1743】该州所属各县流犯,凡犯该流二千里者,佥发甘肃平凉府属平凉等县安置 【1811】直隶赵州所属各县流犯,凡犯该流二千里者,发陕西西安府属长安等县安置
二千五百里	【1743】犯该流二千五百里者,佥发甘肃巩昌府属陇西等县安置 【1811】凡犯该流二千五百里者,发甘肃直隶泾州并所属各县安置
三千里	【1743】犯该流三千里者,签发甘肃兰州府属皋兰等县安置 【1811】凡犯该流三千里者,发甘肃巩昌府属会宁等县安置
【1811】直隶赵州属五县 柏乡县　隆平县　高邑县　临城县　宁晋县	

直隶深州属三等流犯应流地方 【1743】所属计三县	
二千里	【1743】该州所属各县流犯,凡犯该流二千里者,佥发甘肃平凉府属平凉等县安置 【1811】直隶深州所属各县流犯,凡犯该流二千里者,发陕西西安府属渭南等县安置
二千五百里	【1743】犯该流二千五百里者,签发甘肃巩昌府属陇西等县安置 【1811】凡犯该流二千五百里者,发陕西直隶邠州属长武等县安置
三千里	【1743】犯该流三千里者,签发甘肃兰州府属皋兰等县安置 【1811】凡犯该流三千里者,发甘肃平凉府属静宁等州县安置
【1811】直隶深州属三县 武强县　饶阳县　安平县	

直隶定州属三等流犯应流地方 【1743】所属计二县	
二千里	【1743】该州所属各县流犯,凡犯该流二千里者,佥发甘肃平凉府属平凉等县安置 【1811】直隶定州所属各县流犯,凡犯该流二千里者,发陕西西安府属临潼等县安置
二千五百里	【1743】犯该流二千五百里者,佥发甘肃巩昌府属陇西等县安置 【1811】凡犯该流二千五百里者,发陕西直隶邠州属长武等县安置
三千里	【1743】犯该流三千里者,佥发甘肃兰州府属皋兰等县安置 【1811】凡犯该流三千里者,发甘肃平凉府属静宁等州县安置
【1811】直隶定州属二县 曲阳县　深泽县	

顺德府属三等流犯应流地方 【1743】所属计九县	
二千里	【1743】该府所属各县流犯,凡犯该流二千里者,佥发甘肃庆阳府属安化等县安置 【1811】顺德府所属各县流犯,凡犯该流二千里者,发陕西直隶邠州属长武等县安置
二千五百里	【1743】犯该流二千五百里者,签发甘肃平凉府属平凉等县安置 【1811】凡犯该流二千五百里者,发甘肃平凉府属静宁等州县安置
三千里	【1743】犯该流三千里者,佥发甘肃巩昌府属陇西等县安置 【1811】凡犯该流三千里者,发甘肃兰州府属皋兰等县安置
【1811】顺德府属九县 邢台县 沙河县 南和县 平乡县 广宗县 巨鹿县 唐山县 内邱县 任 县	

广平府属三等流犯应流地方 【1743】所属计一州九县	
二千里	【1743】该府所属各州县流犯,凡犯该流二千里者,佥发陕西延安府属肤施等县安置 【1811】广平府所属各州县流犯,凡犯该流二千里者,发陕西直隶鄜州并所属各县安置
二千五百里	【1743】犯该流二千五百里者,佥发江苏扬州府属江都等县安置 【1811】凡犯该流二千五百里者,发浙江绍兴府属萧山等县安置
三千里	【1743】犯该流三千里者,佥发陕西凤翔府属凤翔等县安置 【1811】凡犯该流三千里者,发甘肃兰州府属金县等县安置
【1811】广平府属一州九县 永年县 曲周县 肥乡县 鸡泽县 广平县 邯郸县 成安县 威 县 清河县 磁 州	

大名府属三等流犯应流地方 【1743】所属计一州七县	
二千里	【1743】该府所属各州县流犯，凡犯该流二千里者，佥发陕西延安府属肤施等县安置 【1811】大名府所属各州县流犯，凡犯该流二千里者，发陕西直隶鄜州并所属各县安置
二千五百里	【1743】犯该流二千五百里者，佥发甘肃庆阳府属安化等县安置 【1811】凡犯该流二千五百里者，发甘肃巩昌府属会宁等县安置
三千里	【1743】犯该流三千里者，佥发陕西凤翔府属凤翔等县安置 【1811】凡犯该流三千里者，发甘肃兰州府属皋兰等县安置
【1811】大名府属一州六县 元城县　大名县　南乐县　清丰县　东明县　开　州　长垣县	

宣化府属三等流犯应流地方 【1743】所属计三州八县	
二千里	【1743】该府所属各州县流犯，凡犯该流二千里者，佥发山西平阳府属临汾等县安置 【1811】宣化府所属各州县流犯，凡犯该流二千里者，发山西平阳府属临汾等县安置
二千五百里	【1743】犯该流二千五百里者，佥发陕西延安府属肤施等县安置 【1811】凡犯该流二千五百里者，发山西蒲州府属永济等县安置
三千里	【1743】犯该流三千里者，佥发江苏扬州府属兴化等县安置 【1811】凡犯该流三千里者，发江苏直隶通州属如皋等县安置
【1811】宣化府属三州七县 宣化县　赤城县　万全县　龙门县　怀来县　蔚　州　西宁县　怀安县　延庆州 保安州	

【1811】直隶遵化州三等流犯应流地方	
二千里	【1811】凡犯该流二千里者，发山西直隶霍州属赵城等县安置
二千五百里	【1811】凡犯该流二千五百里者，发山西蒲州府属临晋等县安置
三千里	【1811】凡犯该流三千里者，发陕西西安府属耀州等州县安置
【1811】直隶遵化州属二县 玉田县　丰润县	

江 苏 省

<table>
<tr><td colspan="2">江宁府属三等流犯应流地方
【1743】所属计七县</td></tr>
<tr><td>二千里</td><td>【1743】该府所属各县流犯,凡犯该流二千里者,佥发陕西同州府属潼关等县安置
【1811】江宁府所属各县流犯,凡犯该流二千里者,发河南直隶陕州属阌乡等县安置</td></tr>
<tr><td>二千五百里</td><td>【1743】犯该流二千五百里者,佥发陕西凤翔府属凤翔等县安置
【1811】凡犯该流二千五百里者,发陕西直隶乾州属武功等县安置</td></tr>
<tr><td>三千里</td><td>【1743】犯该流三千里者,佥发福建汀州府属长汀等县安置
【1811】凡犯该流三千里者,发福建汀州府属长汀等县安置</td></tr>
<tr><td colspan="2">【1811】江宁府属七县
上元县 江宁县 句容县 溧水县 江浦县 六合县 高淳县</td></tr>
</table>

<table>
<tr><td colspan="2">苏州府属三等流犯应流地方
【1743】所属计九县</td></tr>
<tr><td>二千里</td><td>【1743】该府所属各县流犯,凡犯该流二千里者,佥发河南开封府属祥符等县并陈州府属怀宁等县安置
【1811】苏州府所属各厅县流犯,凡犯该流二千里者,发河南河南府属巩县等县安置</td></tr>
<tr><td>二千五百里</td><td>【1743】犯该流二千五百里者,佥发河南河南府属洛阳等县安置
【1811】凡犯该流二千五百里者,发陕西同州府属潼关等厅县安置</td></tr>
<tr><td>三千里</td><td>【1743】犯该流三千里者,佥发陕西西安府属长安等县安置
【1811】凡犯该流三千里者,发陕西直隶乾州属武功等县安置</td></tr>
<tr><td colspan="2">【1811】苏州府属一厅九县
吴 县 长洲县 元和县 昆山县 新阳县 常熟县 昭文县 吴江县 震泽县
太湖厅</td></tr>
</table>

直隶太仓州属三等流犯应流地方 【1743】所属计四县	
二千里	【1743】该州所属各县流犯，凡犯该流二千里者，发河南开封府属祥符等县并陈州府属淮宁等县安置 【1811】直隶太仓州所属各县流犯，凡犯该流二千里者，发河南开封府属荥阳等县并陈州府属淮宁等县安置
二千五百里	【1743】犯该流二千五百里者，佥发河南河南府属洛阳等县安置 【1811】凡犯该流二千五百里者，发河南直隶陕州并所属各县安置
三千里	【1743】犯该流三千里者，佥发陕西西安府属长安等县安置 【1811】凡犯该流三千里者，发陕西西安府属兴平等县安置
【1811】直隶太仓州属四县 镇洋县　崇明县　嘉定县　宝山县	

松江府属三等流犯应流地方 【1743】所属计八县	
二千里	【1743】该府所属各县流犯，凡犯该流二千里者，佥发河南开封府属祥符等县并陈州府属怀宁等县安置 【1811】松江府所属各县流犯，凡犯该流二千里者，发河南陈州府属扶沟等县安置
二千五百里	【1743】犯该流二千五百里者，佥发河南河南府属洛阳等县安置 【1811】凡犯该流二千五百里者，发河南河南府属渑池等县安置
三千里	【1743】犯该流三千里者，佥发陕西同州府属潼关等县安置 【1811】凡犯该流三千里者，发陕西西安府属临潼等县安置
【1811】松江府属七县 华亭县　奉贤县　娄　县　金山县　上海县　南汇县　青浦县	

常州府属三等流犯应流地方 【1743】所属计八县	
二千里	【1743】该府所属各县流犯,凡犯该流二千里者,佥发福建福州府属长乐等县安置 【1811】常州府所属各县流犯,凡犯该流二千里者,发福建延平府属南平等县安置
二千五百里	【1743】犯该流二千五百里者,佥发陕西同州府属潼关等县并西安府属长安等县安置 【1811】凡犯该流二千五百里者,发陕西西安府属渭南等县安置
三千里	【1743】犯该流三千里者,佥发甘肃秦州属秦安等县并阶州及所属各县安置 【1811】凡犯该流三千里者,发陕西凤翔府属凤翔等县安置
【1811】常州府属八县 武进县　阳湖县　无锡县　金匮县　江阴县　宜兴县　荆溪县　靖江县	

镇江府属三等流犯应流地方 【1743】所属计四县	
二千里	【1743】该府所属各县流犯,凡犯该流二千里者,佥发陕西同州府属潼关等县安置 【1811】镇江府所属各县流犯,凡犯该流二千里者,发河南直隶陕州并所属各县安置
二千五百里	【1743】犯该流二千五百里者,佥发陕西凤翔府属凤翔等县安置 【1811】凡犯该流二千五百里者,发陕西西安府属咸阳等县安置
三千里	【1743】犯该流三千里者,佥发甘肃秦州属秦安等县并阶州及所属各县安置 【1811】凡犯该流三千里者,发陕西凤翔府属陇州等州县安置
【1811】镇江府属四县 丹徒县　丹阳县　金坛县　溧阳县	

淮安府属三等流犯应流地方 【1743】所属计六县	
二千里	【1743】该府所属各县流犯,凡犯该流二千里者,佥发福建延平府属南平等县安置 【1811】淮安府所属各县流犯,凡犯该流二千里者,发陕西同州府属潼关等厅县安置
二千五百里	【1743】犯该流二千五百里者,佥发陕西同州府属蒲城等县安置 【1811】凡犯该流二千五百里者,发陕西直隶鄜州并所属各县安置
三千里	【1743】犯该流三千里者,佥发陕西延安府属肤施等县并凤翔府属凤翔等县安置 【1811】凡犯该流三千里者,发陕西延安府属安塞等县安置
【1811】淮安府属六县 山阳县　阜宁县　盐城县　清河县　安东县　桃源县	

直隶海州属三等流犯应流地方 【1743】所属计二县	
二千里	【1743】该州所属各县流犯,凡犯该流二千里者,佥发河南河南府属洛阳等县安置 【1811】直隶海州所属各县流犯,凡犯该流二千里者,发陕西同州府属潼关等厅县安置
二千五百里	【1743】犯该流二千五百里者,佥发陕西同州府属蒲城等县安置 【1811】凡犯该流二千五百里者,发陕西直隶乾州属永寿等县安置
三千里	【1743】犯该流三千里者,佥发陕西延安府属肤施等县安置 【1811】凡犯该流三千里者,发陕西延安府属安塞等县安置
【1811】直隶海州属二县 赣榆县　沭阳县	

扬州府属三等流犯应流地方 【1743】所属计二州五县	
二千里	【1743】该府所属各州县流犯,凡犯该流二千里者,佥发河南河南府属洛阳等县并陕州及所属各县安置 【1811】扬州府所属各州县流犯,凡犯该流二千里者,发河南直隶陕州并所属各县安置
二千五百里	【1743】犯该流二千五百里者,佥发河南怀庆府属河内等县安置 【1811】凡犯该流二千五百里者,发山西太原府属阳曲等县安置
三千里	【1743】犯该流三千里者,佥发福建漳州府属龙溪等县安置 【1811】凡犯该流三千里者,发福建兴化府属莆田等县安置
【1811】扬州府属二州六县 江都县　甘泉县　仪征县　高邮州　兴化县　宝应县　泰　州　东台县	

直隶通州属三等流犯应流地方 【1743】所属计二县	
二千里	【1743】该州所属各县流犯,凡犯该流二千里者,佥发河南河南府属洛阳等县安置 【1811】直隶通州所属各县流犯,凡犯该流二千里者,发河南直隶陕州并所属各县安置
二千五百里	【1743】犯该流二千五百里者,佥发河南怀庆府属河内等县安置 【1811】凡犯该流二千五百里者,发山西太原府属阳曲等县安置
三千里	【1743】犯该流三千里者,佥发福建漳州府属龙溪等县安置 【1811】凡犯该流三千里者,发福建兴化府属莆田等县安置
【1811】直隶通州属二县 如皋县　泰兴县	

徐州府属三等流犯应流地方 【1743】所属计一州七县	
二千里	【1743】该府所属各州县流犯，凡犯该流二千里者，佥发陕西西安府属长安等县安置 【1811】徐州府所属各州县流犯，凡犯该流二千里者，发陕西直隶乾州属武功等县安置
二千五百里	【1743】犯该流二千五百里者，佥发陕西凤翔府属凤翔等县安置 【1811】凡犯该流二千五百里者，发陕西汉中府属凤县等县安置
三千里	【1743】犯该流三千里者，佥发甘肃巩昌府属陇西等县安置 【1811】凡犯该流三千里者，发甘肃巩昌府属陇西等县安置
【1811】徐州府属一州七县 铜山县 萧 县 砀山县 丰 县 沛 县 邳 州 宿迁县 睢宁县	

安 徽 省

安庆府属三等流犯应流地方 【1743】所属计六县	
二千里	【1743】该府所属各县流犯,凡犯该流二千里者,佥发福建福州府属侯官等县安置 【1811】安庆府所属各县流犯,凡犯该流二千里者,发福建福州府属闽清等县安置
二千五百里	【1743】犯该流二千五百里者,佥发陕西汉中府属南郑等县安置 【1811】凡犯该流二千五百里者,发陕西西安府属渭南等县安置
三千里	【1743】犯该流三千里者,佥发甘肃宁夏府属平罗等县安置 【1811】凡犯该流三千里者,发陕西直隶邠州属长武等县安置
【1811】安庆府属六县 怀宁县　桐城县　潜山县　太湖县　宿松县　望江县	

徽州府属三等流犯应流地方 【1743】所属计六县	
二千里	【1743】该府所属各县流犯,凡犯该流二千里者,佥发河南南阳府属南阳等县安置 【1811】徽州府所属各县流犯,凡犯该流二千里者,发河南开封府属新郑等县安置
二千五百里	【1743】犯该流二千五百里者,佥发山东济南府属历城等县并泰安府属肥城等县安置 【1811】凡犯该流二千五百里者,发山东莱州府属昌邑等县安置
三千里	【1743】犯该流三千里者,佥发陕西西安府属长安等县并同州府属潼关等县安置 【1811】凡犯该流三千里者,发陕西西安府属咸阳等县安置
【1811】徽州府属六县 歙　县　休宁县　婺源县　祁门县　黟　县　绩溪县	

宁国府属三等流犯应流地方 【1743】所属计六县	
二千里	【1743】该府所属各县流犯,凡犯该流二千里者,佥发福建兴化府属蒲田等县安置 【1811】宁国府所属各县流犯,凡犯该流二千里者,发福建延平府属顺昌等县安置
二千五百里	【1743】犯该流二千五百里者,佥发河南河南府属洛阳等县安置 【1811】凡犯该流二千五百里者,发陕西西安府属渭南等县安置
三千里	【1743】犯该流三千里者,佥发陕西同州府属华阴等县安置 【1811】凡犯该流三千里者,发陕西直隶邠州属长武等县安置
【1811】宁国府属六县 宣城县　宁国县　泾　县　太平县　旌德县　南陵县	

池州府属三等流犯应流地方 【1743】所属计六县	
二千里	【1743】该府所属各县流犯,凡犯该流二千里者,佥发河南南阳府属南阳等县安置 【1811】池州府所属各县流犯,凡犯该流二千里者,发河南直隶许州属襄城等县安置
二千五百里	【1743】犯该流二千五百里者,佥发河南河南府属洛阳等县安置 【1811】凡犯该流二千五百里者,发陕西同州府属华阴等县安置
三千里	【1743】犯该流三千里者,佥发河南怀庆府属河内等县安置 【1811】凡犯该流三千里者,发山西直隶代州属崞县等县安置
【1811】池州府属六县 贵池县　青阳县　铜陵县　石埭县　建德县　东流县	

太平府属三等流犯应流地方 【1743】所属计三县	
二千里	【1743】该府所属各县流犯,凡犯该流二千里者,佥发福建兴化府属蒲田等县安置 【1811】太平府所属各县流犯,凡犯该流二千里者,发河南直隶陕州属灵宝等县安置
二千五百里	【1743】犯该流二千五百里者,佥发陕西同州府属潼关等县安置 【1811】凡犯该流二千五百里者,发陕西西安府属醴泉等县安置
三千里	【1743】犯该流三千里者,佥发甘肃秦州府属秦安等县并阶州及所属各县安置 【1811】凡犯该流三千里者,发甘肃平凉府属平凉等县安置
【1811】太平府属三县 当涂县　芜湖县　繁昌县	

庐州府属三等流犯应流地方 【1743】所属计一州四县	
二千里	【1743】该府所属各州县流犯,凡犯该流二千里者,佥发福建福州府属侯官等县安置 【1811】庐州府所属各州县流犯,凡犯该流二千里者,发福建延平府属南平等县安置
二千五百里	【1743】犯该流二千五百里者,佥发福建兴化府属蒲田等县安置 【1811】凡犯该流二千五百里者,发福建福州府属福清等县安置
三千里	【1743】犯该流三千里者,佥发甘肃宁夏府属平罗等县安置 【1811】凡犯该流三千里者,发甘肃直隶秦州属清水等县安置
【1811】庐州府属一州四县 合肥县　庐江县　舒城县　无为州　巢　县	

直隶六安州属三等流犯应流地方 【1743】所属计二县	
二千里	【1743】该州所属各县流犯,凡犯该流二千里者,发福建福州府属侯官等县安置 【1811】直隶六安州所属各县流犯,凡犯该流二千里者,发福建延平府属南平等县安置
二千五百里	【1743】犯该流二千五百里者,佥发福建兴化府属莆田等县安置 【1811】凡犯该流二千五百里者,发福建福州府属福清等县安置
三千里	【1743】犯该流三千里者,佥发甘肃宁夏府属平罗等县安置 【1811】凡犯该流三千里者,发甘肃平凉府属平凉等县安置
【1811】直隶六安州属二县 英山县　霍山县	

凤阳府属三等流犯应流地方 【1743】所属计二州七县	
二千里	【1743】该府所属各州县流犯,凡犯该流二千里者,佥发福建建宁府属建安等县安置 【1811】凤阳府所属各州县流犯,凡犯该流二千里者,发陕西西安府属咸宁等县安置
二千五百里	【1743】犯该流二千五百里者,佥发福建邵武府属邵武等县安置 【1811】凡犯该流二千五百里者,发福建邵武府属邵武等县安置
三千里	【1743】犯该流三千里者,佥发福建福宁府属福安等县安置 【1811】凡犯该流三千里者,发福建福州府属闽清等县安置
【1811】凤阳府属二州五县 凤阳县　怀远县　定远县　寿　州　凤台县　宿　州　灵璧县	

<table>
<tr><td colspan="2">直隶泗州属三等流犯应流地方
【1743】所属计三县</td></tr>
<tr><td>二千里</td><td>【1743】该州所属各县流犯,凡犯该流二千里者,佥发福建建宁府属建安等县安置
【1811】直隶泗州所属各县流犯,凡犯该流二千里者,发浙江金华府属永康等县安置</td></tr>
<tr><td>二千五百里</td><td>【1743】犯该流二千五百里者,佥发福建邵武府属邵武等县安置
【1811】凡犯该流二千五百里者,发福建建宁府属建安等县安置</td></tr>
<tr><td>三千里</td><td>【1743】犯该流三千里者,佥发福建福宁府属福安等县安置
【1811】凡犯该流三千里者,发福建福州府属古田等县安置</td></tr>
<tr><td colspan="2">【1811】直隶泗州属三县
盱眙县　天长县　五河县</td></tr>
</table>

<table>
<tr><td colspan="2">颍州府属三等流犯应流地方
【1743】所属计一州五县</td></tr>
<tr><td>二千里</td><td>【1743】该府所属各州县流犯,凡犯该流二千里者,佥发福建建宁府属建安等县安置
【1811】颍州府所属各州县流犯,凡犯该流二千里者,发浙江金华府属兰溪等县安置</td></tr>
<tr><td>二千五百里</td><td>【1743】犯该流二千五百里者,佥发福建汀州府属宁化等县安置
【1811】凡犯该流二千五百里者,发甘肃平凉府属隆德等县安置</td></tr>
<tr><td>三千里</td><td>【1743】犯该流三千里者,佥发福建福宁府属福安等县安置
【1811】凡犯该流三千里者,发福建建宁府属瓯宁等县安置</td></tr>
<tr><td colspan="2">【1811】颍州府属一州五县
阜阳县　颍上县　霍邱县　亳　州　太和县　蒙城县</td></tr>
</table>

直隶和州属三等流犯应流地方 【1743】所属一县	
二千里	【1743】该州所属该县流犯,凡犯该流二千里者,佥发福建延平府属南平等县安置 【1811】直隶和州所属该县流犯,凡犯该流二千里者,发河南直隶陕州属阌乡等县安置
二千五百里	【1743】犯该流二千五百里者,佥发福建福州府属侯官等县安置 【1811】凡犯该流二千五百里者,发福建延平府属南平等县安置
三千里	【1743】犯该流三千里者,佥发甘肃秦州府属秦安等县安置 【1811】凡犯该流三千里者,发甘肃直隶秦州属清水等县安置
【1811】直隶和州属一县 含山县	

直隶广德州属三等流犯应流地方 【1743】所属一县	
二千里	【1743】该州所属该县流犯,凡犯该流二千里者,佥发福建福宁府属福安等县安置 【1811】直隶广德州所属该县流犯,凡犯该流二千里者,发福建建宁府属浦城等县安置
二千五百里	【1743】犯该流二千五百里者,佥发河南河南府属洛阳等县安置 【1811】凡犯该流二千五百里者,发陕西同州府属华州等州县安置
三千里	【1743】犯该流三千里者,佥发陕西汉中府属南郑等县安置 【1811】凡犯该流三千里者,发陕西凤翔府属岐山等县安置
【1811】直隶广德州属一县 建平县	

<table>
<tr><td colspan="2">直隶滁州属三等流犯应流地方
【1743】所属计二县</td></tr>
<tr><td>二千里</td><td>【1743】该州所属各县流犯,凡犯该流二千里者,发福建福宁府属建安等县安置
【1811】直隶滁州所属各县流犯,凡犯该流二千里者,发陕西同州府属华州等州县安置</td></tr>
<tr><td>二千五百里</td><td>【1743】犯该流二千五百里者,佥发福建福宁府属福安等县安置
【1811】凡犯该流二千五百里者,发陕西直隶邠州并所属各县安置</td></tr>
<tr><td>三千里</td><td>【1743】犯该流三千里者,佥发甘肃平凉府属平凉等县安置
【1811】凡犯该流三千里者,发甘肃平凉府属静宁等州县安置</td></tr>
<tr><td colspan="2">【1811】直隶滁州属二县
全椒县　来安县</td></tr>
</table>

浙　江　省

杭州府属三等流犯应流地方 【1743】所属计九县	
二千里	【1743】该府所属各县流犯,凡犯该流二千里者,佥发山东兖州府属宁阳县并泰安府属泰安等县安置 【1811】杭州府所属各州县流犯,凡犯该流二千里者,发山东兖州府属邹县等县安置
二千五百里	【1743】犯该流二千五百里者,佥发湖北德安府属应城等县安置 【1811】凡犯该流二千五百里者,发湖北汉阳府属孝感等县安置
三千里	【1743】犯该流三千里者,佥发湖北襄阳府属襄阳等县安置 【1811】凡犯该流三千里者,发湖北襄阳府属宜城等县安置
【1811】杭州府属一州八县 钱塘县　仁和县　海宁州　富阳县　余杭县　临安县　於潜县　新城县　昌化县	

嘉兴府属三等流犯应流地方 【1743】所属计七县	
二千里	【1743】该府所属各县流犯,凡犯该流二千里者,佥发山东济南府属长清等县安置 【1811】嘉兴府所属各县流犯,凡犯该流二千里者,发山东济南府属历城等县安置
二千五百里	【1743】犯该流二千五百里者,佥发山东武定府属阳信等县安置 【1811】凡犯该流二千五百里者,发山东莱州府属潍县等县安置
三千里	【1743】犯该流三千里者,佥发湖北襄阳府属宜城等县安置 【1811】凡犯该流三千里者,发湖北安陆府属钟祥等县安置
【1811】嘉兴府属七县 嘉兴县　秀水县　嘉善县　海盐县　石门县　平湖县　桐乡县	

湖州府属三等流犯应流地方 【1743】所属计一州六县	
二千里	【1743】该府所属各州县流犯,凡犯该流二千里者,佥发山东泰安府属肥城等县安置 【1811】湖州府所属各县流犯,凡犯该流二千里者,发山东济南府属长清等县安置
二千五百里	【1743】犯该流二千五百里者,佥发湖北汉阳府属汉川等县安置 【1811】凡犯该流二千五百里者,发湖北汉阳府属汉阳等县安置
三千里	【1743】犯该流三千里者,佥发陕西西安府属长安等县安置 【1811】凡犯该流三千里者,发陕西西安府属临潼等县安置
【1811】湖州府属七县 乌程县　归安县　长兴县　德清县　武康县　安吉县　孝丰县	

宁波府属三等流犯应流地方 【1743】所属计六县	
二千里	【1743】该府所属各县流犯,凡犯该流二千里者,佥发山东兖州府属峄县等县安置 【1811】宁波府所属各县流犯,凡犯该流二千里者,发山东兖州府属峄县等县安置
二千五百里	【1743】犯该流二千五百里者,佥发山东泰安府属肥城等县安置 【1811】凡犯该流二千五百里者,发山东泰安府属肥城等县安置
三千里	【1743】犯该流三千里者,佥发河南南阳府属裕州等州县安置 【1811】凡犯该流三千里者,发河南南阳府属叶县等县安置
【1811】宁波府属六县 鄞　县　慈溪县　奉化县　镇海县　定海县　象山县	

绍兴府属三等流犯应流地方 【1743】所属计八县	
二千里	【1743】该府所属各县流犯,凡犯该流二千里者,佥发山东泰安府属新泰等县安置 【1811】绍兴府所属各县流犯,凡犯该流二千里者,发山东泰安府属新泰等县安置
二千五百里	【1743】犯该流二千五百里者,佥发山东济南府属济阳等县安置 【1811】凡犯该流二千五百里者,发山东济南府属齐东等县安置
三千里	【1743】犯该流三千里者,佥发湖北襄阳府属宜城等县安置 【1811】凡犯该流三千里者,发湖北襄阳府属宜城等县安置
【1811】绍兴府属八县 山阴县 会稽县 萧山县 诸暨县 余姚县 上虞县 嵊 县 新昌县	

台州府属三等流犯应流地方 【1743】所属计六县	
二千里	【1743】该府所属各县流犯,凡犯该流二千里者,佥发山东沂州府属郯城等县安置 【1811】台州府所属各县流犯,凡犯该流二千里者,发江苏徐州府属宿迁等县安置
二千五百里	【1743】犯该流二千五百里者,佥发山东泰安府属新泰等县安置 【1811】凡犯该流二千五百里者,发山东泰安府属新泰等县安置
三千里	【1743】犯该流三千里者,佥发湖北德安府属应城等县安置 【1811】凡犯该流三千里者,发湖北汉阳府属汉川等县安置
【1811】台州府属六县 临海县 黄岩县 天台县 仙居县 宁海县 太平县	

<table>
<tr><td colspan="2">金华府属三等流犯应流地方
【1743】所属计八县</td></tr>
<tr><td>二千里</td><td>【1743】该府所属各县流犯，凡犯该流二千里者，佥发山东沂州府属郯城等县安置
【1811】金华府所属各县流犯，凡犯该流二千里者，发山东沂州府属郯城等县安置</td></tr>
<tr><td>二千五百里</td><td>【1743】犯该流二千五百里者，佥发山东泰安府属泰安等县安置
【1811】凡犯该流二千五百里者，发山东泰安府属泰安等县安置</td></tr>
<tr><td>三千里</td><td>【1743】犯该流三千里者，佥发湖北襄阳府属均州等州县安置
【1811】凡犯该流三千里者，发湖北襄阳府属光化等县安置</td></tr>
<tr><td colspan="2">【1811】金华府属八县
金华县　兰溪县　东阳县　义乌县　永康县　武义县　浦江县　汤溪县</td></tr>
</table>

<table>
<tr><td colspan="2">衢州府属三等流犯应流地方
【1743】所属计五县</td></tr>
<tr><td>二千里</td><td>【1743】该府所属各县流犯，凡犯该流二千里者，佥发湖北德安府属安陆等县安置
【1811】衢州府所属各县流犯，凡犯该流二千里者，发湖北德安府属应城等县安置</td></tr>
<tr><td>二千五百里</td><td>【1743】犯该流二千五百里者，佥发湖北襄阳府属襄阳等县安置
【1811】凡犯该流二千五百里者，发湖北襄阳府属襄阳等县安置</td></tr>
<tr><td>三千里</td><td>【1743】犯该流三千里者，佥发湖北郧阳府属郧县等县安置
【1811】凡犯该流三千里者，发湖北郧阳府属郧县等县安置</td></tr>
<tr><td colspan="2">【1811】衢州府属五县
西安县　龙游县　江山县　常山县　开化县</td></tr>
</table>

严州府属三等流犯应流地方 【1743】所属计六县	
二千里	【1743】该府所属各县流犯,凡犯该流二千里者,佥发山东沂州府属蒙阴等县安置 【1811】严州府所属各县流犯,凡犯该流二千里者,发山东沂州府属蒙阴等县安置
二千五百里	【1743】犯该流二千五百里者,佥发山东泰安府属肥城等县安置 【1811】凡犯该流二千五百里者,发山东济南府属长清等县安置
三千里	【1743】犯该流三千里者,佥发湖北襄阳府属均州等州县安置 【1811】凡犯该流三千里者,发湖北襄阳府属光化等县安置
【1811】严州府属六县 建德县　淳安县　桐庐县　遂安县　寿昌县　分水县	

温州府属三等流犯应流地方 【1743】所属计五县	
二千里	【1743】该府所属各县流犯,凡犯该流二千里者,佥发江南扬州府属宝应等县安置 【1811】温州府所属各厅县流犯,凡犯该流二千里者,发江苏扬州府属高邮等县安置
二千五百里	【1743】犯该流二千五百里者,佥发湖北汉阳府属汉川等县安置 【1811】凡犯该流二千五百里者,发湖北汉阳府属汉阳等县安置
三千里	【1743】犯该流三千里者,佥发山东兖州府属汶上等县安置 【1811】凡犯该流三千里者,发山东泰安府属泰安等县安置
【1811】温州府属一厅八县 永嘉县　瑞安县　乐清县　平阳县　泰顺县　玉环厅	

<table>
<tr><td colspan="2">处州府属三等流犯应流地方
【1743】所属计十县</td></tr>
<tr><td>二千里</td><td>【1743】该府所属各县流犯,凡犯该流二千里者,佥发湖北汉阳府属汉阳等县安置
【1811】处州府所属各县流犯,凡犯该流二千里者,发湖北黄州府属黄冈等县安置</td></tr>
<tr><td>二千五百里</td><td>【1743】犯该流二千五百里者,佥发山东沂州府属沂水等县安置
【1811】凡犯该流二千五百里者,发山东沂州府属蒙阴等县安置</td></tr>
<tr><td>三千里</td><td>【1743】犯该流三千里者,佥发山东济南府属历城等县、武定府属阳信等县安置
【1811】凡犯该流三千里者,发山东济南府属历城等县安置</td></tr>
<tr><td colspan="2">【1811】处州府属十县
丽水县　青田县　缙云县　松阳县　遂昌县　龙泉县　庆元县　云和县　宣平县
景宁县</td></tr>
</table>

江 西 省

南昌府属三等流犯应流地方 【1743】所属计一州七县	
二千里	【1743】该府所属各州县流犯，凡犯该流二千里者，佥发湖南辰州府属沅陵等县并沅州府属黔阳等县安置 【1811】南昌府所属各州县流犯，凡犯该流二千里者，发河南开封府属陈留等县安置
二千五百里	【1743】犯该流二千五百里者，佥发山西潞安府属屯留等县安置 【1811】凡犯该流二千五百里者，发山西泽州府属凤台等县安置
三千里	【1743】犯该流三千里者，佥发广西桂林府属临桂等县安置 【1811】凡犯该流三千里者，发广西南宁府属隆安等县安置
【1811】南昌府属一州七县 南昌县　新建县　丰城县　进贤县　奉新县　靖安县　武宁县　义宁州	

饶州府属三等流犯应流地方 【1743】所属计七县	
二千里	【1743】该府所属各县流犯，凡犯该流二千里者，佥发湖北襄阳府属光化等县安置 【1811】饶州府所属各县流犯，凡犯该流二千里者，发湖北襄阳府属光化等县安置
二千五百里	【1743】犯该流二千五百里者，佥发湖北郧阳府属郧县等县安置 【1811】凡犯该流二千五百里者，发四川夔州府属巫山等县安置
三千里	【1743】犯该流三千里者，佥发河南河南府属洛阳等县并陕州属灵宝等县安置 【1811】凡犯该流三千里者，发河南直隶陕州属阌乡等县安置
【1811】饶州府属七县 鄱阳县　余干县　乐平县　浮梁县　德兴县　安仁县　万年县	

<table>
<tr><td colspan="2">广信府属三等流犯应流地方
【1743】所属计七县</td></tr>
<tr><td>二千里</td><td>【1743】该府所属各县流犯,凡犯该流二千里者,佥发湖北德安府属安陆等县并安陆府属钟祥等县安置
【1811】广信府所属各县流犯,凡犯该流二千里者,发河南汝宁府属信阳等州县并湖北安陆府属钟祥等县安置</td></tr>
<tr><td>二千五百里</td><td>【1743】犯该流二千五百里者,佥发河南彰德府属安阳等县安置
【1811】凡犯该流二千五百里者,发河南开封府属杞县等县安置</td></tr>
<tr><td>三千里</td><td>【1743】犯该流三千里者,佥发湖北郧阳府属郧县等县安置
【1811】凡犯该流三千里者,发河南河南府属洛阳等县安置</td></tr>
<tr><td colspan="2">【1811】广信府属七县
上饶县　玉山县　弋阳县　贵溪县　铅山县　广丰县　兴安县</td></tr>
</table>

<table>
<tr><td colspan="2">南康府属三等流犯应流地方
【1743】所属计四县</td></tr>
<tr><td>二千里</td><td>【1743】该府所属各县流犯,凡犯该流二千里者,佥发湖北郧阳府属郧县等县安置
【1811】南康府所属各县流犯,凡犯该流二千里者,发湖北郧阳府属郧县等县安置</td></tr>
<tr><td>二千五百里</td><td>【1743】犯该流二千五百里者,佥发河南河南府属洛阳等县安置
【1811】凡犯该流二千五百里者,发河南直隶陕州并所属各县安置</td></tr>
<tr><td>三千里</td><td>【1743】犯该流三千里者,佥发陕西汉中府属南郑等县安置
【1811】凡犯该流三千里者,发陕西西安府属长安等县安置</td></tr>
<tr><td colspan="2">【1811】南康府属四县
星子县　都昌县　建昌县　安义县</td></tr>
</table>

九江府属三等流犯应流地方 【1743】所属计五县	
二千里	【1743】该府所属各县流犯，凡犯该流二千里者，佥发福建汀州府属上杭等县安置 【1811】九江府所属各县流犯，凡犯该流二千里者，发福建漳州府属龙溪等县安置
二千五百里	【1743】犯该流二千五百里者，佥发福建延平府属将乐等县安置 【1811】凡犯该流二千五百里者，发河南直隶陕州属灵宝等县安置
三千里	【1743】犯该流三千里者，佥发陕西西安府属长安等县安置 【1811】凡犯该流三千里者，发陕西西安府属咸阳等县安置
【1811】九江府属五县 德化县　德安县　瑞昌县　湖口县　彭泽县	

建昌府属三等流犯应流地方 【1743】所属计五县	
二千里	【1743】该府所属各县流犯，凡犯该流二千里者，佥发河南汝宁府属汝阳等县安置 【1811】建昌府所属各县流犯，凡犯该流二千里者，发安徽颍州府属亳州等州县安置
二千五百里	【1743】犯该流二千五百里者，佥发河南南阳府属南阳等县安置 【1811】凡犯该流二千五百里者，发河南开封府属尉氏等县安置
三千里	【1743】犯该流三千里者，佥发陕西汉中府属南郑等县并兴安州属平利等县安置 【1811】凡犯该流三千里者，发河南河南府属渑池等县安置
【1811】建昌府属五县 南城县　新城县　南丰县　广昌县　泸溪县	

抚州府属三等流犯应流地方 【1743】所属计六县	
二千里	【1743】该府所属各县流犯,凡犯该流二千里者,佥发湖南辰州府属沅陵等县安置 【1811】抚州府所属各县流犯,凡犯该流二千里者,发湖南辰州府属辰溪等县安置
二千五百里	【1743】犯该流二千五百里者,佥发贵州思州府属青溪等县安置 【1811】凡犯该流二千五百里者,发贵州镇远府属镇远等县安置
三千里	【1743】犯该流三千里者,佥发广西桂林府属临桂等县安置 【1811】凡犯该流三千里者,发广西南宁府属宣化等县安置
【1811】抚州府属六县 临川县　金溪县　崇仁县　宜黄县　乐安县　东乡县	

临江府属三等流犯应流地方 【1743】所属计四县	
二千里	【1743】该府所属各县流犯,凡犯该流二千里者,佥发贵州镇远府属镇远等县安置 【1811】临江府所属各县流犯,凡犯该流二千里者,发贵州思州府属青溪等县安置
二千五百里	【1743】犯该流二千五百里者,佥发贵州遵义府属遵义等县安置 【1811】凡犯该流二千五百里者,发贵州直隶平越州属湄潭等县安置
三千里	【1743】犯该流三千里者,佥发四川重庆府属巴县等县安置 【1811】凡犯该流三千里者,发四川直隶忠州属梁山等县安置
【1811】临江府属四县 清江县　新淦县　新喻县　峡江县	

吉安府属三等流犯应流地方 【1743】所属计九县	
二千里	【1743】该府所属各县流犯,凡犯该流二千里者,佥发贵州思州府属青溪等县安置 【1811】吉安府所属各厅县流犯,凡犯该流二千里者,发安徽颍州府属亳州等州县安置
二千五百里	【1743】犯该流二千五百里者,佥发贵州遵义府属遵义等县安置 【1811】凡犯该流二千五百里者,发贵州都匀府属清平等县安置
三千里	【1743】犯该流三千里者,佥发山西潞安府属屯留等县安置 【1811】凡犯该流三千里者,发山西泽州府属高平等县安置
【1811】吉安府属一厅九县 莲花厅　庐陵县　泰和县　吉水县　永丰县　安福县　龙泉县　万安县　永新县　永宁县	

瑞州府属三等流犯应流地方 【1743】所属计三县	
二千里	【1743】该府所属各县流犯,凡犯该流二千里者,佥发河南开封府属祥符等县安置 【1811】瑞州府所属各县流犯,凡犯该流二千里者,发河南开封府属杞县等县安置
二千五百里	【1743】犯该流二千五百里者,佥发贵州遵义府属遵义等县安置 【1811】凡犯该流二千五百里者,发贵州直隶平越州属湄潭等县安置
三千里	【1743】犯该流三千里者,佥发四川重庆府属巴县等县并酉阳州属黔江等县安置 【1811】凡犯该流三千里者,发四川直隶忠州属梁山等县安置
【1811】瑞州府属三县 高安县　新昌县　上高县	

<table>
<tr><td colspan="2">袁州府属三等流犯应流地方
【1743】所属计四县</td></tr>
<tr><td>二千里</td><td>【1743】该府所属各县流犯，凡犯该流二千里者，佥发贵州遵义府属遵义等县安置
【1811】袁州府所属各县流犯，凡犯该流二千里者，发贵州直隶平越州属余庆等县安置</td></tr>
<tr><td>二千五百里</td><td>【1743】犯该流二千五百里者，佥发河南陈州府属淮宁等县安置
【1811】凡犯该流二千五百里者，发河南汝宁府属汝阳等县安置</td></tr>
<tr><td>三千里</td><td>【1743】犯该流三千里者，佥发四川泸州属纳溪等县安置
【1811】凡犯该流三千里者，发山西泽州府属高平等县安置</td></tr>
<tr><td colspan="2">【1811】袁州府属四县
宜春县　分宜县　萍乡县　万载县</td></tr>
</table>

<table>
<tr><td colspan="2">赣州府属三等流犯应流地方
【1743】所属计十二县</td></tr>
<tr><td>二千里</td><td>【1743】该府所属各县流犯，凡犯该流二千里者，佥发广西平乐府属平乐等县安置
【1811】赣州府所属各厅县流犯，凡犯该流二千里者，发安徽凤阳府属凤阳等县安置</td></tr>
<tr><td>二千五百里</td><td>【1743】犯该流二千五百里者，佥发广西浔州府属桂平等县并镇安府属奉议等州县安置
【1811】凡犯该流二千五百里者，发广西南宁府属横州等州县安置</td></tr>
<tr><td>三千里</td><td>【1743】犯该流三千里者，佥发山西潞安府属长治等县安置
【1811】凡犯该流三千里者，发河南开封府属郑州等州县安置</td></tr>
<tr><td colspan="2">【1811】赣州府属一厅八县
赣　县　雩都县　信丰县　兴国县　会昌县　安远县　长宁县　龙南县　定南县</td></tr>
</table>

<table>
<tr><td colspan="2">南安府属三等流犯应流地方
【1743】所属计四县</td></tr>
<tr><td>二千里</td><td>【1743】该府所属各县流犯,凡犯该流二千里者,佥发广西镇安府属奉议等州县安置
【1811】南安府所属各县流犯,凡犯该流二千里者,发广西浔州府属桂平等县安置</td></tr>
<tr><td>二千五百里</td><td>【1743】犯该流二千五百里者,佥发广西思恩府属武缘等县安置
【1811】凡犯该流二千五百里者,发安徽颍州府属蒙城等县安置</td></tr>
<tr><td>三千里</td><td>【1743】犯该流三千里者,佥发河南开封府属陈留等县安置
【1811】凡犯该流三千里者,发河南开封府属陈留等县安置</td></tr>
<tr><td colspan="2">【1811】南安府属四县
大庾县　南康县　上犹县　崇义县</td></tr>
</table>

<table>
<tr><td colspan="2">【1811】直隶宁都州属三等流犯应流地方</td></tr>
<tr><td>二千里</td><td>【1811】直隶宁都州所属各县流犯,凡犯该流二千里者,发广东肇庆府属德庆等州县安置</td></tr>
<tr><td>二千五百里</td><td>【1811】凡犯该流二千五百里者,发河南归德府属柘城等县安置</td></tr>
<tr><td>三千里</td><td>【1811】凡犯该流三千里者,发河南怀庆府属武陟等县安置</td></tr>
<tr><td colspan="2">【1811】直隶宁都州属二县
瑞金县　石城县</td></tr>
</table>

湖北省

武昌府属三等流犯应流地方 【1743】所属计一州九县	
二千里	【1743】该府所属各州县流犯,凡犯该流二千里者,佥发浙江杭州府属海宁等县安置 【1811】武昌府所属各州县流犯,凡犯该流二千里者,发浙江严州府属建德等县安置
二千五百里	【1743】犯该流二千五百里者,佥发浙江宁波府属慈溪等县安置 【1811】凡犯该流二千五百里者,发浙江绍兴府属山阴等县安置
三千里	【1743】犯该流三千里者,佥发浙江台州府属黄岩等县安置 【1811】凡犯该流三千里者,发浙江台州府属临海等县安置
【1811】武昌府属一州九县 江夏县 武昌县 嘉鱼县 蒲圻县 咸宁县 崇阳县 通城县 兴国州 大冶县 通山县	

汉阳府属三等流犯应流地方 【1743】所属计四县	
二千里	【1743】该府所属各县流犯,凡犯该流二千里者,佥发浙江杭州府属海宁等县安置 【1811】汉阳府所属各州县流犯,凡犯该流二千里者,发浙江严州府属建德等县安置
二千五百里	【1743】犯该流二千五百里者,佥发浙江宁波府属慈溪等县安置 【1811】凡犯该流二千五百里者,发浙江绍兴府属山阴等县安置
三千里	【1743】犯该流三千里者,佥发浙江台州府属黄岩等县安置 【1811】凡犯该流三千里者,发浙江台州府属天台等县安置
【1811】汉阳府属一州四县 汉阳县 汉川县 孝感县 黄陂县 沔阳县	

安陆府属三等流犯应流地方 【1743】所属计二州五县	
二千里	【1743】该府所属各州县流犯,凡犯该流二千里者,佥发安徽庐州府属合肥等县安置 【1811】安陆府所属各县流犯,凡犯该流二千里者,发江苏江宁府属江浦等县安置
二千五百里	【1743】犯该流二千五百里者,佥发江苏镇江府属丹徒等县安置 【1811】凡犯该流二千五百里者,发江苏苏州府属长洲等县安置
三千里	【1743】犯该流三千里者,佥发江苏苏州府属昆山等县安置 【1811】凡犯该流三千里者,发浙江湖州府属乌程等县安置
【1811】安陆府属四县 钟祥县　京山县　潜江县　天门县	

襄阳府属三等流犯应流地方 【1743】所属计一州六县	
二千里	【1743】该府所属各州县流犯,凡犯该流二千里者,佥发山西汾州府属汾阳等县并太原府属阳曲等县安置 【1811】襄阳府所属各州县流犯,凡犯该流二千里者,发山西汾州府属永宁等州县安置
二千五百里	【1743】犯该流二千五百里者,佥发山西大同府属大同等县安置 【1811】凡犯该流二千五百里者,发山西大同府属大同等县安置
三千里	【1743】犯该流三千里者,佥发广东广州府属南海等县安置 【1811】凡犯该流三千里者,发广东直隶南雄州属始兴县安置
【1811】襄阳府属一州六县 襄阳县　宜城县　南漳县　枣阳县　谷城县　光化县　均　州	

郧阳府属三等流犯应流地方 【1743】所属计六县	
二千里	【1743】该府所属各县流犯,凡犯该流二千里者,佥发安徽安庆府属怀宁等县安置 【1811】郧阳府所属各县流犯,凡犯该流二千里者,发安徽安庆府属太湖等县安置
二千五百里	【1743】犯该流二千五百里者,佥发安徽庐州府属合肥等县安置 【1811】凡犯该流二千五百里者,发江西临江府属新淦等县安置
三千里	【1743】犯该流三千里者,佥发江苏镇江府属丹阳等县安置 【1811】凡犯该流三千里者,发江苏镇江府属丹阳等县安置
【1811】郧阳府属六县 郧　县　房　县　竹山县　竹溪县　保康县　郧西县	

德安府属三等流犯应流地方 【1743】所属计一州四县	
二千里	【1743】该府所属各州县流犯,凡犯该流二千里者,佥发安徽庐州府属庐江等县并六安州等处安置 【1811】德安府所属各州县流犯,凡犯该流二千里者,发江苏常州府属无锡等县安置
二千五百里	【1743】犯该流二千五百里者,佥发江苏镇江府属丹阳等县安置 【1811】凡犯该流二千五百里者,发江苏松江府属金山等县安置
三千里	【1743】犯该流三千里者,佥发浙江湖州府属德清等县安置 【1811】凡犯该流三千里者,发浙江杭州府属余杭等县安置
【1811】德安府属一州四县 安陆县　云梦县　应城县　随　州　应山县	

黄州府属三等流犯应流地方 【1743】所属计一州七县	
二千里	【1743】该府所属各州县流犯，凡犯该流二千里者，佥发浙江湖州府属长兴等县安置 【1811】黄州府所属各州县流犯，凡犯该流二千里者，发浙江严州府属桐庐等县安置
二千五百里	【1743】犯该流二千五百里者，佥发山西平阳府属岳阳等县并蒲州府属永济等县安置 【1811】凡犯该流二千五百里者，发山西蒲州府属永济等县安置
三千里	【1743】犯该流三千里者，佥发山西太原府属阳曲等县安置 【1811】凡犯该流三千里者，发山西朔平府属朔州等州县安置
【1811】黄州府属一州七县 黄冈县　黄安县　蕲水县　罗巴县　麻城县　蕲　州　广济县　黄梅县	

荆州府属三等流犯应流地方 【1743】所属计八县	
二千里	【1743】该府所属各县流犯，凡犯该流二千里者，佥发山西潞安府属长治等县安置 【1811】荆州府所属各县流犯，凡犯该流二千里者，发山西潞安府属襄垣等县安置
二千五百里	【1743】犯该流二千五百里者，佥发山西太原府属阳曲等县安置 【1811】凡犯该流二千五百里者，发山西直隶忻州并所属各县安置
三千里	【1743】犯该流三千里者，佥发山西朔平府属右玉等县安置 【1811】凡犯该流三千里者，发山西朔平府属平鲁等县安置
【1811】荆州府属七县 江陵县　公安县　石首县　监利县　松滋县　枝江县　宜都县	

宜昌府属三等流犯应流地方 【1743】所属计二州五县	
二千里	【1743】该府所属各州县流犯,凡犯该流二千里者,佥发山西潞安府属长治等县安置 【1811】宜昌府所属各州县流犯,凡犯该流二千里者,发山西潞安府属潞城等县安置
二千五百里	【1743】犯该流二千五百里者,佥发山西太原府属阳曲等县安置 【1811】凡犯该流二千五百里者,发山西太原府属阳曲等县安置
三千里	【1743】犯该流三千里者,佥发山西朔平府属右玉等县安置 【1811】凡犯该流三千里者,发山西朔平府属平鲁等县安置
【1811】宜昌府属二州五县 东湖县　归　州　长阳县　兴山县　巴东县　长乐县　鹤峰州	

施南府属三等流犯应流地方 【1743】所属计六县	
二千里	【1743】该府所属各县流犯,凡犯该流二千里者,佥发河南南阳府属裕州等县安置 【1811】施南府所属各县流犯,凡犯该流二千里者,发河南开封府属新郑等县安置
二千五百里	【1743】犯该流二千五百里者,佥发江西九江府属德化等县安置 【1811】凡犯该流二千五百里者,发江西南昌府属进贤等县安置
三千里	【1743】犯该流三千里者,佥发山西潞安府属长子等县安置 【1811】凡犯该流三千里者,发山西太原府属祁县等县安置
【1811】施南府属六县 恩施县　宣恩县　来凤县　咸丰县　利川县　建始县	

【1811】直隶荆门州三等流犯应流地方	
二千里	【1811】直隶荆门州所属各县流犯,凡犯该流二千里者,发安徽直隶和州并所属含山县安置
二千五百里	【1811】凡犯该流二千五百里者,发江苏常州府属无锡等县安置
三千里	【1811】凡犯该流三千里者,发浙江杭州府属仁和等县安置
【1811】直隶荆门州属二县 当阳县　远安县	

湖 南 省

长沙府属三等流犯应流地方 【1743】所属计一州十一县	
二千里	【1743】该府所属各州县流犯,凡犯该流二千里者,佥发贵州平越府属瓮安等县安置 【1811】长沙府所属各州县流犯,凡犯该流二千里者,发贵州直隶平越州属湄潭等县安置
二千五百里	【1743】犯该流二千五百里者,佥发四川叙州府属宜宾等县并忠州及所属各县安置 【1811】凡犯该流二千五百里者,发四川重庆府属长寿等县并直隶忠州及所属各县安置
三千里	【1743】犯该流三千里者,佥发四川成都府属成都等县安置 【1811】凡犯该流三千里者,发四川重庆府属荣昌等县安置
【1811】长沙府属一州十一县 长沙县 善化县 湘潭县 湘阴县 宁乡县 浏阳县 醴陵县 益阳县 湘乡县 攸 县 安化县 茶陵州	

岳州府属三等流犯应流地方 【1743】所属计四县	
二千里	【1743】该府所属各县流犯,凡犯该流二千里者,佥发河南怀庆府属河内等县安置 【1811】岳州府所属各县流犯,凡犯该流二千里者,发山西泽州府属凤台等县安置
二千五百里	【1743】犯该流二千五百里者,佥发山西宁武府属偏关等县安置 【1811】凡犯该流二千五百里者,发山西直隶沁州属武乡等县安置
三千里	【1743】犯该流三千里者,佥发山西大同府属阳高等县安置 【1811】凡犯该流三千里者,发山西直隶代州并所属各县安置
【1811】岳州府属四县 巴陵县 临湘县 华容县 平江县	

直隶澧州属三等流犯应流地方 【1743】所属计五县	
二千里	【1743】该州所属各县流犯,凡犯该流二千里者,佥发贵州平越府属平越等县安置 【1811】直隶澧州所属各县流犯,凡犯该流二千里者,发贵州安顺府属永宁等州县安置
二千五百里	【1743】犯该流二千五百里者,佥发四川叙州府属隆昌等县安置 【1811】凡犯该流二千五百里者,发四川叙州府属隆昌等县安置
三千里	【1743】犯该流三千里者,佥发贵州遵义府属仁怀等县并贵阳府属修文等县安置 【1811】凡犯该流三千里者,发云南楚雄府属广通等县安置
【1811】直隶澧州属五县 石门县 安乡县 慈利县 安福县 永定县	

宝庆府属三等流犯应流地方 【1743】所属计一州四县	
二千里	【1743】该府所属各州县流犯,凡犯该流二千里者,佥发江西饶州府属鄱阳等县安置 【1811】宝庆府所属各州县流犯,凡犯该流二千里者,发江西南康府属都昌等县安置
二千五百里	【1743】犯该流二千五百里者,佥发浙江严州府属简德等县安置 【1811】凡犯该流二千五百里者,发浙江金华府属兰溪等县安置
三千里	【1743】犯该流三千里者,佥发广西镇安府属奉议等州县安置 【1811】凡犯该流三千里者,发广东潮州府属澄海等县安置
【1811】宝庆府属一州四县 邵阳县 新化县 城步县 武冈州 新宁县	

衡州府属三等流犯应流地方 【1743】所属计六县	
二千里	【1743】该府所属各县流犯,凡犯该流二千里者,佥发浙江金华府属金华等县安置 【1811】衡州府所属各县流犯,凡犯该流二千里者,发浙江衢州府属龙游等县安置
二千五百里	【1743】犯该流二千五百里者,佥发河南怀庆府属河内等县安置 【1811】凡犯该流二千五百里者,发河南怀庆府属武陟等县安置
三千里	【1743】犯该流三千里者,佥发山西平阳府属临汾等县并蒲州府属永济等县安置 【1811】凡犯该流三千里者,发山西平阳府属翼城等县安置
【1811】衡州府属七县 衡阳县 清泉县 衡山县 耒阳县 常宁县 安仁县 酃 县	

直隶桂阳州属三等流犯应流地方 【1743】所属计三县	
二千里	【1743】该州所属各县流犯,凡犯该流二千里者,佥发浙江处州府属龙泉等县安置 【1811】直隶桂阳州所属各县流犯,凡犯该流二千里者,发江西广信府属上饶等县安置
二千五百里	【1743】犯该流二千五百里者,佥发四川雅州府属雅安等县安置 【1811】凡犯该流二千五百里者,发四川夔州府属奉节等县安置
三千里	【1743】犯该流三千里者,佥发山西平阳府属临汾等县安置 【1811】凡犯该流三千里者,发河南怀庆府属河内等县安置
【1811】直隶桂阳州属三县 临武县 蓝山县 嘉禾县	

常德府属三等流犯应流地方 【1743】所属计四县	
二千里	【1743】该府所属各县流犯,凡犯该流二千里者,佥发江西九江府属德化等县安置 【1811】常德府所属各县流犯,凡犯该流二千里者,发江西广信府属玉山等县安置
二千五百里	【1743】犯该流二千五百里者,佥发河南怀庆府属河内等县安置 【1811】凡犯该流二千五百里者,发山西直隶沁州并所属各县安置
三千里	【1743】犯该流三千里者,佥发江苏太仓州属崇明等县安置 【1811】凡犯该流三千里者,发江苏苏州府属长洲等县安置
【1811】常德府属四县 武陵县 桃源县 龙阳县 沅江县	

辰州府属三等流犯应流地方 【1743】所属计四县	
二千里	【1743】该府所属各县流犯,凡犯该流二千里者,佥发安徽安庆府属怀宁等县安置 【1811】辰州府所属各县流犯,凡犯该流二千里者,发安徽安庆府属宿松等县安置
二千五百里	【1743】犯该流二千五百里者,佥发安徽宁国府属宣城等县安置 【1811】凡犯该流二千五百里者,发安徽宁国府属南陵等县安置
三千里	【1743】犯该流三千里者,佥发江苏苏州府属长洲等县安置 【1811】凡犯该流三千里者,发江苏江宁府属句容等县安置
【1811】辰州府属四县 沅陵县 泸溪县 辰溪县 溆浦县	

沅州府属三等流犯应流地方 【1743】所属计三县	
二千里	【1743】该府所属各县流犯,凡犯该流二千里者,佥发湖北黄州府属蕲水等县安置 【1811】沅州府所属各县流犯,凡犯该流二千里者,发湖北黄州府属蕲水等县安置
二千五百里	【1743】犯该流二千五百里者,佥发河南汝州及所属伊阳等县安置 【1811】凡犯该流二千五百里者,发河南河南府属嵩县等县安置
三千里	【1743】犯该流三千里者,佥发江苏镇江府属丹徒等县安置 【1811】凡犯该流三千里者,发安徽庐州府属巢县等县安置
【1811】沅州府属州县 芷江县　黔阳县　麻阳县	

永州府属三等流犯应流地方 【1743】所属计一州七县	
二千里	【1743】该府所属各州县流犯,凡犯该流二千里者,佥发江西抚州府属金溪等县安置 【1811】永州府所属各州县流犯,凡犯该流二千里者,发福建邵武府属光泽等县安置
二千五百里	【1743】犯该流二千五百里者,佥发福建延平府属南平等县安置 【1811】凡犯该流二千五百里者,发福建延平府属沙县等县安置
三千里	【1743】犯该流三千里者,佥发福建邵武府属邵武等县安置 【1811】凡犯该流三千里者,发福建福州府属侯官等县安置
【1811】永州府属一州七县 零陵县　祁阳县　东安县　道　州　宁远县　永明县　江华县　新田县	

直隶靖州属三等流犯应流地方 【1743】所属计三县	
二千里	【1743】该府所属各县流犯,凡犯该流二千里者,佥发四川宁远府属西昌等县安置 【1811】直隶靖州所属各县流犯,凡犯该流二千里者,发湖北宜昌府属归州等州县安置
二千五百里	【1743】犯该流二千五百里者,佥发江西饶州府属鄱阳等县安置 【1811】凡犯该流二千五百里者,发江西南康府属都昌等县安置
三千里	【1743】犯该流三千里者,佥发浙江衢州府属龙游等县安置 【1811】凡犯该流三千里者,发浙江金华府属兰溪等县安置
【1811】直隶靖州属三县 会同县 通道县 绥宁县	

直隶郴州属三等流犯应流地方 【1743】所属计五县	
二千里	【1743】该府所属各县流犯,凡犯该流二千里者,佥发浙江衢州府属常山等县安置 【1811】直隶郴州所属各县流犯,凡犯该流二千里者,发江西广信府属上饶等县安置
二千五百里	【1743】犯该流二千五百里者,佥发河南怀庆府属河内等县安置 【1811】凡犯该流二千五百里者,发河南直隶许州属临颍等县安置
三千里	【1743】犯该流三千里者,佥发山西潞安府属长治等县安置 【1811】凡犯该流三千里者,发河南怀庆府属河内等县安置
【1811】直隶郴州属五县 永兴县 宜章县 兴宁县 桂阳县 桂东县	

永顺府属三等流犯应流地方 【1743】所属计四县	
二千里	【1743】该府所属各县流犯,凡犯该流二千里者,佥发四川雅州府属雅安等县安置 【1811】永顺府所属各县流犯,凡犯该流二千里者,发四川夔州府属奉节等县安置
二千五百里	【1743】犯该流二千五百里者,佥发安徽宁国府属宣城等县安置 【1811】凡犯该流二千五百里者,发安徽安庆府属怀宁等县安置
三千里	【1743】犯该流三千里者,佥发四川茂州属保县等县安置 【1811】凡犯该流三千里者,发四川重庆府属璧山等县安置
【1811】永顺府属四县 永顺县　龙山县　保靖县　桑植县	

【1811】直隶乾州厅三等流犯应流地方	
二千里	【1811】直隶乾州厅流犯,凡犯该流二千里者,发安徽安庆府属宿松等县安置
二千五百里	【1811】凡犯该流二千五百里者,发安徽宁国府属南陵等县安置
三千里	【1811】凡犯该流三千里者,发江苏江宁府属句容等县安置

【1811】直隶凤凰厅三等流犯应流地方	
二千里	【1811】直隶凤凰厅流犯,凡犯该流二千里者,发安徽安庆府属宿松等县安置
二千五百里	【1811】凡犯该流二千五百里者,发安徽宁国府属南陵等县安置
三千里	【1811】凡犯该流三千里者,发江苏江宁府属句容等县安置

【1811】直隶永绥厅三等流犯应流地方	
二千里	【1811】直隶永绥厅流犯,凡犯该流二千里者,发安徽安庆府属宿松等县安置
二千五百里	【1811】凡犯该流二千五百里者,发安徽宁国府属南陵等县安置
三千里	【1811】凡犯该流三千里者,发江苏江宁府属句容等县安置

福 建 省

福州府属三等流犯应流地方 【1743】所属计十县	
二千里	【1743】该府所属各县流犯,凡犯该流二千里者,佥发广东韶州府属曲江等县安置 【1811】福州府所属各县流犯,凡犯该流二千里者,发广东广州府属东莞等县安置
二千五百里	【1743】犯该流二千五百里者,佥发湖南靖州属会同等县安置 【1811】凡犯该流二千五百里者,发湖南长沙府属善化等县安置
三千里	【1743】犯该流三千里者,佥发贵州镇远府属镇远等县安置 【1811】凡犯该流三千里者,发湖南常德府属桃源等县安置
【1811】福州府属十县 闽　县　侯官县　古田县　屏南县　闽清县　长乐县　连江县　罗源县　永福县　福清县	

泉州府属三等流犯应流地方 【1743】所属计五县	
二千里	【1743】该府所属各县流犯,凡犯该流二千里者,佥发广东肇庆府属高要等县安置 【1811】泉州府所属各县流犯,凡犯该流二千里者,发广东广州府属三水等县安置
二千五百里	【1743】犯该流二千五百里者,佥发江苏淮安府属山阳等县安置 【1811】凡犯该流二千五百里者,发浙江嘉兴府属石门等县安置
三千里	【1743】犯该流三千里者,佥发广西浔州府属桂平等县安置 【1811】凡犯该流三千里者,发广西浔州府属武宣等县安置
【1811】泉州府属五县 晋江县　南安县　惠安县　安溪县　同安县	

建宁府属三等流犯应流地方 【1743】所属计七县	
二千里	【1743】该府所属各县流犯,凡犯该流二千里者,佥发广东韶州府属曲江等县并南雄府属保昌等县安置 【1811】建宁府所属各县流犯,凡犯该流二千里者,发广东潮州府属惠来等县安置
二千五百里	【1743】犯该流二千五百里者,佥发广东广州府属增城等县安置 【1811】凡犯该流二千五百里者,发广东惠州府属归善等县安置
三千里	【1743】犯该流三千里者,佥发广东肇庆府属高要等县安置 【1811】凡犯该流三千里者,发广东广州府属三水等县安置
【1811】建宁府属七县 建安县　瓯宁县　建阳县　崇安县　浦城县　政和县　松溪县	

延平府属三等流犯应流地方 【1743】所属计六县	
二千里	【1743】该府所属各县流犯,凡犯该流二千里者,佥发广东广州府属南海等县安置 【1811】延平府所属各县流犯,凡犯该流二千里者,发广东惠州府属陆丰等县安置
二千五百里	【1743】犯该流二千五百里者,佥发广西梧州府属苍梧等县安置 【1811】凡犯该流二千五百里者,发安徽凤阳府属定远等县安置
三千里	【1743】犯该流三千里者,佥发广西柳州府属马平等县安置 【1811】凡犯该流三千里者,发广东肇庆府属高要等县安置
【1811】延平府属六县 南平县　将乐县　沙　县　尤溪县　顺昌县　永安县	

汀州府属三等流犯应流地方 【1743】所属计八县	
二千里	【1743】该府所属各县流犯,凡犯该流二千里者,佥发浙江温州府属平阳等县安置 【1811】汀州府所属各县流犯,凡犯该流二千里者,发广东肇庆府属德庆等州县安置
二千五百里	【1743】犯该流二千五百里者,佥发广西平乐府属平乐等县安置 【1811】凡犯该流二千五百里者,发广西平乐府属昭平等县安置
三千里	【1743】犯该流三千里者,佥发广西镇安府属奉议等州县安置 【1811】凡犯该流三千里者,发广西柳州府属雒容等县安置
【1811】汀州府属八县 长汀县　宁化县　上杭县　武平县　清流县　连城县　归化县　永定县	

兴化府属三等流犯应流地方 【1743】所属计二县	
二千里	【1743】该府所属各县流犯,凡犯该流二千里者,佥发江西赣州府属信丰等县安置 【1811】兴化府所属各县流犯,凡犯该流二千里者,发江西瑞州府属高安等县安置
二千五百里	【1743】犯该流二千五百里者,佥发广东韶州府属曲江等县并南雄府属保昌等县安置 【1811】凡犯该流二千五百里者,发广东韶州府属英德等县安置
三千里	【1743】犯该流三千里者,佥发湖南衡州府属衡阳等县并桂阳州等处安置 【1811】凡犯该流三千里者,发湖南衡州府属衡阳等县安置
【1811】兴化府属二县 莆田县　仙游县	

邵武府属三等流犯应流地方 【1743】所属计四县	
二千里	【1743】该府所属各县流犯，凡犯该流二千里者，佥发湖南辰州府属沅陵等县并沅州府属芷江等县安置 【1811】邵武府所属各县流犯，凡犯该流二千里者，发湖南常德府属武陵等县安置
二千五百里	【1743】犯该流二千五百里者，佥发贵州镇远府属镇远等县安置 【1811】凡犯该流二千五百里者，发湖南辰州府属辰溪等县安置
三千里	【1743】犯该流三千里者，佥发贵州遵义府属遵义等县安置 【1811】凡犯该流三千里者，发贵州镇远府属镇远等县安置
【1811】邵武府属四县 邵武县　光泽县　泰宁县　建宁县	

漳州府属三等流犯应流地方 【1743】所属计七县	
二千里	【1743】该府所属各县流犯，凡犯该流二千里者，佥发广东肇庆府属高要等县安置 【1811】漳州府所属各县流犯，凡犯该流二千里者，发广东肇庆府属德庆等州县安置
二千五百里	【1743】犯该流二千五百里者，佥发广西梧州府属苍梧等县安置 【1811】凡犯该流二千五百里者，发广西浔州府属桂平等县安置
三千里	【1743】犯该流三千里者，佥发广西柳州府属马平等县安置 【1811】凡犯该流三千里者，发广西柳州府属马平等县安置
【1811】漳州府属七县 龙溪县　漳浦县　南靖县　长泰县　平和县　诏安县　海澄县	

福宁府属三等流犯应流地方 【1743】所属计五县	
二千里	【1743】该府所属各县流犯,凡犯该流二千里者,佥发江西赣州府属赣县等县安置 【1811】福宁府所属各县流犯,凡犯该流二千里者,发江西抚州府属临川等县安置
二千五百里	【1743】犯该流二千五百里者,佥发湖南衡州府属衡阳等县安置 【1811】凡犯该流二千五百里者,发江西临江府属新喻等县安置
三千里	【1743】犯该流三千里者,佥发湖南靖州属会同等县安置 【1811】凡犯该流三千里者,发湖南长沙府属醴陵等县安置
【1811】福宁府属五县 霞浦县　福鼎县　福安县　宁德县　寿宁县	

直隶永春州属三等流犯应流地方 【1743】所属计二县	
二千里	【1743】该州所属各县流犯,凡犯该流二千里者,佥发浙江绍兴府属萧山等县安置 【1811】直隶永春州所属各县流犯,凡犯该流二千里者,发浙江衢州府属龙游等县安置
二千五百里	【1743】犯该流二千五百里者,佥发广西梧州府属苍梧等县安置 【1811】凡犯该流二千五百里者,发广西梧州府属苍梧等县安置
三千里	【1743】犯该流三千里者,佥发广西浔州府属桂平等县并镇安府属向武等州县安置 【1811】凡犯该流三千里者,发广西浔州府属武宣等县安置
【1811】直隶永春州属二县 德化县　大田县	

直隶龙岩州属三等流犯应流地方 【1743】所属计二县	
二千里	【1743】该州所属各县流犯，凡犯该流二千里者，佥发广东肇庆府属高要等县安置 【1811】直隶龙岩州所属各县流犯，凡犯该流二千里者，发广东肇庆府属高要等县安置
二千五百里	【1743】犯该流二千五百里者，佥发广西梧州府属苍梧等县安置 【1811】凡犯该流二千五百里者，发广西梧州府属藤县等县安置
三千里	【1743】犯该流三千里者，佥发广西柳州府属马平等县安置 【1811】凡犯该流三千里者，发广西柳州府属象州等州县安置
【1811】直隶龙岩州属二县 漳平县　宁洋县	

台湾府属三等流犯应流地方 【1743】所属计四县	
二千里	【1743】该府所属各县流犯，凡犯该流二千里者，佥发广东韶州府属曲江等县安置 【1811】台湾府所属各县流犯，凡犯该流二千里者，发广东广州府属东莞等县安置
二千五百里	【1743】犯该流二千五百里者，佥发湖南靖州属会同等县安置 【1811】凡犯该流二千五百里者，发湖南长沙府属善化等县安置
三千里	【1743】犯该流三千里者，佥发贵州镇远府属镇远等县安置 【1811】凡犯该流三千里者，发湖南常德府属桃源等县安置
【1811】台湾府属四县 台湾县　凤山县　嘉义县　彰化县	

山 东 省

济南府属三等流犯应流地方 【1743】所属计一州十五县	
二千里	【1743】该府所属各州县流犯,凡犯该流二千里者,佥发江苏淮安府属盐城等县安置 【1811】济南府所属各州县流犯,凡犯该流二千里者,发江苏苏州府属吴江等县安置
二千五百里	【1743】犯该流二千五百里者,佥发浙江宁波府属镇海等县安置 【1811】凡犯该流二千五百里者,发浙江绍兴府属上虞等县安置
三千里	【1743】犯该流三千里者,佥发浙江台州府属黄岩等县安置 【1811】凡犯该流三千里者,发浙江台州府属黄岩等县安置
【1811】济南府属一州十五县 历城县 章邱县 邹平县 淄川县 长山县 新城县 齐河县 齐东县 济阳县 德 州 德平县 禹城县 临邑县 平原县 陵 县 长清县	

泰安府属三等流犯应流地方 【1743】所属计一州六县	
二千里	【1743】该府所属各州县流犯,凡犯该流二千里者,佥发安徽池州府属贵池等县安置 【1811】泰安府所属各州县流犯,凡犯该流二千里者,发安徽池州府属青阳等县安置
二千五百里	【1743】犯该流二千五百里者,佥发浙江宁波府属镇海等县安置 【1811】凡犯该流二千五百里者,发浙江宁波府属鄞县等县安置
三千里	【1743】犯该流三千里者,佥发浙江台州府属黄岩等县安置 【1811】凡犯该流三千里者,发浙江温州府属永嘉等县安置
【1811】泰安府属一州六县 泰安县 东平州 东阿县 平阴县 新泰县 莱芜县 肥城县	

武定府属三等流犯应流地方 【1743】所属计一州九县	
二千里	【1743】该府所属各州县流犯,凡犯该流二千里者,佥发浙江杭州府属富阳等县安置 【1811】武定府所属各州县流犯,凡犯该流二千里者,发江苏常州府属无锡等县安置
二千五百里	【1743】犯该流二千五百里者,佥发浙江宁波府属镇海等县安置 【1811】凡犯该流二千五百里者,发浙江杭州府属仁和等县安置
三千里	【1743】犯该流三千里者,佥发浙江台州府属黄岩等县安置 【1811】凡犯该流三千里者,发浙江台州府属天台等县安置
【1811】武定府属一州九县 惠民县 阳信县 海丰县 乐陵县 滨 州 利津县 沾化县 蒲台县 青城县 商河县	

兖州府属三等流犯应流地方 【1743】所属计一州十三县	
二千里	【1743】该府所属各州县流犯,凡犯该流二千里者,佥发浙江杭州府属富阳等县安置 【1811】兖州府所属各县流犯,凡犯该流二千里者,发浙江杭州府属富阳等县安置
二千五百里	【1743】犯该流二千五百里者,佥发浙江处州府属丽水等县安置 【1811】凡犯该流二千五百里者,发浙江金华府属永康等县安置
三千里	【1743】犯该流三千里者,佥发浙江温州府属瑞安等县安置 【1811】凡犯该流三千里者,发浙江温州府属瑞安等县安置
【1811】兖州府属十县 滋阳县 曲阜县 宁阳县 邹 县 泗水县 滕 县 峄 县 阳谷县 寿张县 汶上县	

沂州府属三等流犯应流地方 【1743】所属计一州六县	
二千里	【1743】该府所属各州县流犯,凡犯该流二千里者,佥发浙江杭州府属富阳等县安置 【1811】沂州府所属各州县流犯,凡犯该流二千里者,发浙江金华府属兰溪等县安置
二千五百里	【1743】犯该流二千五百里者,佥发浙江处州府属丽水等县安置 【1811】凡犯该流二千五百里者,发浙江处州府属青田等县安置
三千里	【1743】犯该流三千里者,佥发浙江温州府属瑞安等县安置 【1811】凡犯该流三千里者,发浙江台州府属太平等县安置
【1811】沂州府属一州六县 兰山县　郯城县　费　县　莒　州　沂水县　蒙阴县　日照县	

曹州府属三等流犯应流地方 【1743】所属计一州十县	
二千里	【1743】该府所属各州县流犯,凡犯该流二千里者,佥发浙江杭州府属余杭等县安置 【1811】曹州府所属各州县流犯,凡犯该流二千里者,发浙江绍兴府属萧山等县安置
二千五百里	【1743】犯该流二千五百里者,佥发浙江处州府属丽水等县安置 【1811】凡犯该流二千五百里者,发浙江金华府属汤溪等县安置
三千里	【1743】犯该流三千里者,佥发浙江温州府属瑞安等县安置 【1811】凡犯该流三千里者,发浙江温州府属永嘉等县安置
【1811】曹州府属一州十县 菏泽县　曹　县　濮　州　范　县　观城县　朝城县　郓城县　单　县　城武县 定陶县　巨野县	

东昌府属三等流犯应流地方 【1743】所属计二州十二县	
二千里	【1743】该府所属各州县流犯，凡犯该流二千里者，佥发安徽池州府属铜陵等县安置 【1811】东昌府所属各州县流犯，凡犯该流二千里者，发安徽徽州府属休宁等县安置
二千五百里	【1743】犯该流二千五百里者，佥发浙江金华府属金华等县并严州府属建德等县安置 【1811】凡犯该流二千五百里者，发浙江严州府属建德等县安置
三千里	【1743】犯该流三千里者，佥发陕西榆林府属榆林等县安置 【1811】凡犯该流三千里者，发陕西榆林府属榆林等县安置
【1811】东昌府属一州九县 聊城县　堂邑县　博平县　茌平县　清平县　莘　县　冠　县　馆陶县　恩　县 高唐州	

青州府属三等流犯应流地方 【1743】所属计十一县	
二千里	【1743】该府所属各县流犯，凡犯该流二千里者，佥发安徽安庆府属怀宁等县安置 【1811】青州府所属各县流犯，凡犯该流二千里者，发安徽庐州府属舒城等县安置
二千五百里	【1743】犯该流二千五百里者，佥发山西朔平府属右玉等县安置 【1811】凡犯该流二千五百里者，发山西朔平府属右玉等县安置
三千里	【1743】犯该流三千里者，佥发浙江台州府属黄岩等县安置 【1811】凡犯该流三千里者，发浙江温州府属乐清等县安置
【1811】青州府属十一县 益都县　博山县　临淄县　博兴县　高苑县　乐安县　寿光县　昌乐县　临朐县 安邱县　诸城县	

登州府属三等流犯应流地方 【1743】所属计一州九县	
二千里	【1743】该府所属各州县流犯,凡犯该流二千里者,佥发江苏徐州府属萧县等县安置 【1811】登州府所属各州县流犯,凡犯该流二千里者,发河南开封府属祥符等县安置
二千五百里	【1743】犯该流二千五百里者,佥发山西太原府属阳曲等县安置 【1811】凡犯该流二千五百里者,发山西直隶沁州属武乡等县安置
三千里	【1743】犯该流三千里者,佥发安徽安庆府属怀宁等县并宁国府属宣城等县安置 【1811】凡犯该流三千里者,发安徽徽州府属婺源等县安置
【1811】登州府属一州九县 蓬莱县　黄　县　福山县　栖霞县　招远县　莱阳县　宁海州　文登县　荣城县　海阳县	

莱州府属三等流犯应流地方 【1743】所属计二州五县	
二千里	【1743】该府所属各州县流犯,凡犯该流二千里者,佥发安徽颍州府属颍上等县安置 【1811】莱州府所属各州县流犯,凡犯该流二千里者,发安徽宁国府属宣城等县安置
二千五百里	【1743】犯该流二千五百里者,佥发安徽宁国府属宣城等县安置 【1811】凡犯该流二千五百里者,发安徽徽州府属黟县等县安置
三千里	【1743】犯该流三千里者,佥发山西大同府属山阴等县安置 【1811】凡犯该流三千里者,发山西大同府属天镇等县安置
【1811】莱州府属二州五县 掖　县　平度州　潍　县　昌邑县　胶　州　高密县　即墨县	

【1811】直隶济宁州三等流犯应流地方	
二千里	【1811】直隶济宁州所属各县流犯，凡犯该流二千里者，发浙江杭州府属富阳等县安置
二千五百里	【1811】凡犯该流二千五百里者，发浙江金华府属永康等县安置
三千里	【1811】凡犯该流三千里者，发浙江温州府属瑞安等县安置
【1811】直隶济宁州属三县 金乡县　嘉祥县　鱼台县	

【1811】直隶临清州三等流犯应流地方	
二千里	【1811】直隶临清州所属各县流犯，凡犯该流二千里者，发安徽宁国府属太平等县安置
二千五百里	【1811】凡犯该流二千五百里者，发浙江严州府属桐庐等县安置
三千里	【1811】凡犯该流三千里者，发陕西榆林府属榆林等县安置
【1811】直隶临清州属三县 武城县　夏津县　邱　县	

山　西　省

太原府属三等流犯应流地方 【1743】所属计一州十一县	
二千里	【1743】该府所属各州县流犯,凡犯该流二千里者,佥发安徽颍州府属颍上等县安置 【1811】太原府所属各州县流犯,凡犯该流二千里者,发安徽颍州府属蒙城等县安置
二千五百里	【1743】犯该流二千五百里者,佥发江苏扬州府属兴化等县及高邮等州安置 【1811】凡犯该流二千五百里者,发江苏扬州府属仪征等县安置
三千里	【1743】犯该流三千里者,佥发浙江嘉兴府属嘉善等县安置 【1811】凡犯该流三千里者,发江苏苏州府属吴江等县安置
【1811】太原府属一州十县 阳曲县　太原县　榆次县　太谷县　祁　县　徐沟县　交城县　文水县　岢岚县　岚　县　兴县	

直隶平定州属三等流犯应流地方 【1743】所属计三县	
二千里	【1743】该州所属各县流犯,凡犯该流二千里者,佥发安徽颍州府属颍上等县安置 【1811】直隶平定州所属各县流犯,凡犯该流二千里者,发安徽颍州府属阜阳等县安置
二千五百里	【1743】犯该流二千五百里者,佥发江苏扬州府属兴化等县安置 【1811】凡犯该流二千五百里者,发江苏镇江府属丹阳等县安置
三千里	【1743】犯该流三千里者,佥发浙江嘉兴府属嘉善等县安置 【1811】凡犯该流三千里者,发浙江嘉兴府属秀水等县安置
【1811】直隶平定州属二县 盂　县　寿阳县	

直隶忻州属三等流犯应流地方 【1743】所属计二县	
二千里	【1743】该州所属各县流犯,凡犯该流二千里者,佥发安徽颍州府属颍上等县安置 【1811】直隶忻州所属各县流犯,凡犯该流二千里者,发安徽凤阳府属宿州等州县安置
二千五百里	【1743】犯该流二千五百里者,佥发江苏扬州府属兴化等县安置 【1811】凡犯该流二千五百里者,发江苏江宁府属江浦等县安置
三千里	【1743】犯该流三千里者,佥发浙江嘉兴府属嘉善等县安置 【1811】凡犯该流三千里者,发江苏淮安府属山阳等县安置
【1811】直隶忻州属二县 定襄县　静乐县	

直隶代州属三等流犯应流地方 【1743】所属计三县	
二千里	【1743】该州所属各县流犯,凡犯该流二千里者,佥发安徽凤阳府属凤阳等县安置 【1811】直隶代州所属各县流犯,凡犯该流二千里者,发河南南阳府属南阳等县安置
二千五百里	【1743】犯该流二千五百里者,佥发江苏徐州府属宿迁等县并海州属赣榆等县安置 【1811】凡犯该流二千五百里者,发江苏徐州府属睢宁等县安置
三千里	【1743】犯该流三千里者,佥发浙江嘉兴府属嘉善等县安置 【1811】凡犯该流三千里者,发湖南直隶澧州并所属各县安置
【1811】直隶代州属三县 五台县　崞　县　繁峙县	

<table>
<tr><td colspan="2">直隶保德州属三等流犯应流地方
【1743】所属一县</td></tr>
<tr><td>二千里</td><td>【1743】该州所属该县流犯,凡犯该流二千里者,佥发安徽凤阳府属凤阳等县安置
【1811】直隶保德州所属该县流犯,凡犯该流二千里者,发河南归德府属商丘等县安置</td></tr>
<tr><td>二千五百里</td><td>【1743】犯该流二千五百里者,佥发江苏徐州府属宿迁等县并海州属赣榆等县安置
【1811】凡犯该流二千五百里者,发湖北德安府属安陆等县安置</td></tr>
<tr><td>三千里</td><td>【1743】犯该流三千里者,佥发浙江嘉兴府属嘉善等县安置
【1811】凡犯该流三千里者,发江苏镇江府属丹徒等县安置</td></tr>
<tr><td colspan="2">【1811】直隶保德州属一县
河曲县</td></tr>
</table>

<table>
<tr><td colspan="2">平阳府属三等流犯应流地方
【1743】所属计一州十县</td></tr>
<tr><td>二千里</td><td>【1743】该府所属各州县流犯,凡犯该流二千里者,佥发湖北武昌府属江夏等县安置
【1811】平阳府所属各州县流犯,凡犯该流二千里者,发湖北汉阳府属汉阳等县安置</td></tr>
<tr><td>二千五百里</td><td>【1743】犯该流二千五百里者,佥发湖南岳州府属巴陵等县并澧州属石门等县安置
【1811】凡犯该流二千五百里者,发湖南直隶澧州属慈利等县安置</td></tr>
<tr><td>三千里</td><td>【1743】犯该流三千里者,佥发湖南长沙府属长沙等县安置
【1811】凡犯该流三千里者,发湖南长沙府属湘潭等县安置</td></tr>
<tr><td colspan="2">【1811】平阳府属一州十县
临汾县　洪洞县　浮山县　乡宁县　岳阳县　曲沃县　翼城县　太平县　襄陵县
汾西县　吉　州</td></tr>
</table>

蒲州府属三等流犯应流地方 【1743】所属计六县	
二千里	【1743】该府所属各县流犯,凡犯该流二千里者,佥发湖北郧阳府属竹山等县安置 【1811】蒲州府所属各县流犯,凡犯该流二千里者,发湖北襄阳府属均州等州县安置
二千五百里	【1743】犯该流二千五百里者,佥发湖南澧州属石门等县安置 【1811】凡犯该流二千五百里者,发湖南直隶澧州属慈利等县安置
三千里	【1743】犯该流三千里者,佥发湖南常德府属武陵等县安置 【1811】凡犯该流三千里者,发湖南辰州府属辰溪等县安置
【1811】蒲州府属六县 永济县　临晋县　虞乡县　荣河县　万泉县　猗氏县	

直隶解州属三等流犯应流地方 【1743】所属计四县	
二千里	【1743】该州所属各县流犯,凡犯该流二千里者,佥发湖北武昌府属江夏等县安置 【1811】直隶解州所属各县流犯,凡犯该流二千里者,发江苏江宁府属六合等县安置
二千五百里	【1743】犯该流二千五百里者,佥发湖南岳州府属巴陵等县安置 【1811】凡犯该流二千五百里者,发江苏淮安府属清河等县安置
三千里	【1743】犯该流三千里者,佥发湖南长沙府属长沙等县安置 【1811】凡犯该流三千里者,发湖南长沙府属醴陵等县安置
【1811】直隶解州属四县 安邑县　夏　县　平陆县　芮城县	

直隶绛州属三等流犯应流地方 【1743】所属计五县	
二千里	【1743】该州所属各县流犯,凡犯该流二千里者,佥发湖北武昌府属江夏等县安置 【1811】直隶绛州所属各县流犯,凡犯该流二千里者,发湖北汉阳府属黄陂等县安置
二千五百里	【1743】犯该流二千五百里者,佥发湖南岳州府属巴陵等县安置 【1811】凡犯该流二千五百里者,发安徽宁国府属泾县等县安置
三千里	【1743】犯该流三千里者,佥发湖南长沙府属长沙等县安置 【1811】凡犯该流三千里者,发湖南长沙府属长沙等县安置
【1811】直隶绛州属五县 垣曲县　闻喜县　绛　县　稷山县　河津县	

【1743】直隶吉州①属三等流犯应流地方 所属一县	
二千里	【1743】该州所属该县流犯,凡犯该流二千里者,佥发湖北武昌府属江夏等县安置
二千五百里	【1743】犯该流二千五百里者,佥发湖南岳州府属巴陵等县安置
三千里	【1743】犯该流三千里者,佥发湖南长沙府属长沙等县安置

直隶隰州属三等流犯应流地方 【1743】所属计三县	
二千里	【1743】该州所属各县流犯,凡犯该流二千里者,佥发湖北武昌府属江夏等县安置 【1811】直隶隰州所属各县流犯,凡犯该流二千里者,发湖北德安府属安陆等县安置
二千五百里	【1743】犯该流二千五百里者,佥发湖南岳州府属巴陵等县安置 【1811】凡犯该流二千五百里者,发湖北武昌府属咸宁等县安置
三千里	【1743】犯该流三千里者,佥发湖南长沙府属长沙等县安置 【1811】凡犯该流三千里者,发江苏苏州府属吴江等县安置
【1811】直隶隰州属三县 大宁县　蒲　县　永和县	

① 乾隆三十七年(1773)降为散州,属平阳府。

潞安府属三等流犯应流地方 【1743】所属计八县	
二千里	【1743】该府所属各县流犯,凡犯该流二千里者,佥发湖北宜昌府属东湖等县安置 【1811】潞安府所属各县流犯,凡犯该流二千里者,发湖北宜昌府属东湖等县安置
二千五百里	【1743】犯该流二千五百里者,佥发湖南宝庆府属邵阳等县安置 【1811】凡犯该流二千五百里者,发安徽徽州府属歙县等县安置
三千里	【1743】犯该流三千里者,佥发湖南永州府属零陵等县安置 【1811】凡犯该流三千里者,发湖南衡州府属衡山等县安置
【1811】潞安府属七县 长治县　长子县　屯留县　襄垣县　潞城县　壶关县　黎城县	

汾州府属三等流犯应流地方 【1743】所属计一州七县	
二千里	【1743】该府所属各州县流犯,凡犯该流二千里者,佥发山东青州府属益都等县安置 【1811】汾州府所属各州县流犯,凡犯该流二千里者,发山东青州府属益都等县安置
二千五百里	【1743】犯该流二千五百里者,佥发甘肃巩昌府属陇西等县安置 【1811】凡犯该流二千五百里者,发甘肃兰州府属渭源等县安置
三千里	【1743】犯该流三千里者,佥发甘肃西宁府属西宁等县安置 【1811】凡犯该流三千里者,发甘肃西宁府属碾伯等县安置
【1811】汾州府属一州七县 汾阳县　孝义县　平遥县　介休县　石楼县　临　县　永宁州　宁乡县	

直隶沁州属三等流犯应流地方 【1743】所属计二县	
二千里	【1743】该州所属各县流犯,凡犯该流二千里者,佥发陕西榆林府属榆林等县安置 【1811】直隶沁州所属各县流犯,凡犯该流二千里者,发陕西延安府属甘泉等县安置
二千五百里	【1743】犯该流二千五百里者,佥发甘肃庆阳府属安化等县安置 【1811】凡犯该流二千五百里者,发甘肃巩昌府属陇西等县安置
三千里	【1743】犯该流三千里者,佥发甘肃秦州府属秦安等县安置 【1811】凡犯该流三千里者,发甘肃兰州府属皋兰等县安置
【1811】直隶沁州属二县 沁源县　武乡县	

泽州府属三等流犯应流地方 【1743】所属计五县	
二千里	【1743】该府所属各县流犯,凡犯该流二千里者,佥发江西九江府属湖口等县安置 【1811】泽州府所属各县流犯,凡犯该流二千里者,发湖北黄州府属蕲水等县安置
二千五百里	【1743】犯该流二千五百里者,佥发安徽庐州府属合肥等县安置 【1811】凡犯该流二千五百里者,发安徽徽州府属婺源等县安置
三千里	【1743】犯该流三千里者,佥发江苏镇江府属丹徒等县安置 【1811】凡犯该流三千里者,发浙江金华府属兰溪等县安置
【1811】泽州府属五县 凤台县　高平县　阳城县　陵川县　沁水县	

直隶辽州属三等流犯应流地方 【1743】所属计二县	
二千里	【1743】该州所属各县流犯,凡犯该流二千里者,佥发山东登州府属蓬莱等县安置 【1811】直隶辽州所属各县流犯,凡犯该流二千里者,发山东济南府属长山等县安置
二千五百里	【1743】犯该流二千五百里者,佥发甘肃秦州府属秦安等县安置 【1811】凡犯该流二千五百里者,发甘肃巩昌府属伏羌等县安置
三千里	【1743】犯该流三千里者,佥发甘肃西宁府属西宁等县并凉州府属古浪等县安置 【1811】凡犯该流三千里者,发甘肃兰州府属皋兰等县安置
【1811】直隶辽州属二县 和顺县　榆社县	

大同府属三等流犯应流地方 【1743】所属计二州七县	
二千里	【1743】该府所属各州县流犯,凡犯该流二千里者,佥发甘肃平凉府属平凉等县安置 【1811】大同府所属各州县流犯,凡犯该流二千里者,发陕西西安府属临潼等县安置
二千五百里	【1743】犯该流二千五百里者,佥发山东沂州府属兰山等县安置 【1811】凡犯该流二千五百里者,发山东青州府属诸城等县安置
三千里	【1743】犯该流三千里者,佥发甘肃兰州府属皋兰等县安置 【1811】凡犯该流三千里者,发甘肃平凉府属静宁等州县安置
【1811】大同府属二州七县 大同县　怀仁县　浑源州　应　州　山阴县　阳高县　天镇县　广灵县　灵邱县	

宁武府属三等流犯应流地方 【1743】所属计四县	
二千里	【1743】该府所属各县流犯，凡犯该流二千里者，佥发陕西榆林府属府谷等县安置 【1811】宁武府所属各县流犯，凡犯该流二千里者，发陕西西安府属同官等县安置
二千五百里	【1743】犯该流二千五百里者，佥发山东莱州府属掖县等县安置 【1811】凡犯该流二千五百里者，发山东莱州府属掖县等县安置
三千里	【1743】犯该流三千里者，佥发甘肃兰州府属皋兰等县安置 【1811】凡犯该流三千里者，发甘肃巩昌府属安定等县安置
宁武府属四县 宁武县　偏关县　神池县　五寨县	

朔平府属三等流犯应流地方 【1743】所属计一州四县	
二千里	【1743】该府所属各州县流犯，凡犯该流二千里者，佥发陕西延安府属肤施等县并绥德州属青涧等县安置 【1811】朔平府所属各州县流犯，凡犯该流二千里者，发陕西西安府属渭南等县安置
二千五百里	【1743】犯该流二千五百里者，佥发甘肃平凉府属镇原等县安置 【1811】凡犯该流二千五百里者，发陕西直隶邠州属长武等县安置
三千里	【1743】犯该流三千里者，佥发甘肃巩昌府属安定等县安置 【1811】凡犯该流三千里者，发甘肃平凉府属静宁等州县安置
【1811】朔平府属一州三县 右玉县　朔　州　左云县　平鲁县	

【1811】直隶霍州属三等流犯应流地方	
二千里	【1811】直隶霍州所属各县流犯，凡犯该流二千里者，发湖北汉阳府属孝感等县安置
二千五百里	【1811】凡犯该流二千五百里者，发湖南直隶澧州属石门等县安置
三千里	【1811】凡犯该流三千里者，发湖南长沙府属湘阴等县安置
【1811】直隶霍州属二县 赵城县　灵石县	

河 南 省

开封府属三等流犯应流地方 【1743】所属计二州十八县	
二千里	【1743】该府所属各州县流犯，凡犯该流二千里者，佥发浙江杭州府属富阳等县安置 【1811】开封府所属各厅州县流犯，凡犯该流二千里者，发浙江嘉兴府属石门等县安置
二千五百里	【1743】犯该流二千五百里者，佥发浙江宁波府属慈溪等县安置 【1811】凡犯该流二千五百里者，发浙江宁波府属慈溪等县安置
三千里	【1743】犯该流三千里者，佥发浙江台州府属黄岩等县安置 【1811】凡犯该流三千里者，发浙江温州府属永嘉等县安置
【1811】开封府属一厅二州十四县 祥符县 陈留县 杞 县 通许县 尉氏县 洧川县 鄢陵县 中牟县 兰阳县 仪封厅 郑 州 荥阳县 荥泽县 汜水县 禹 州 密 县 新郑县	

陈州府属三等流犯应流地方 【1743】所属计七县	
二千里	【1743】该府所属各县流犯，凡犯该流二千里者，佥发浙江杭州府属富阳等县安置 【1811】陈州府所属各县流犯，凡犯该流二千里者，发浙江严州府属桐庐等县安置
二千五百里	【1743】犯该流二千五百里者，佥发浙江宁波府属慈溪等县安置 【1811】凡犯该流二千五百里者，发浙江台州府属宁海等县安置
三千里	【1743】犯该流三千里者，佥发浙江台州府属黄岩等县安置 【1811】凡犯该流三千里者，发浙江温州府属泰顺等县安置
【1811】陈州府属七县 淮宁县 商水县 西华县 项城县 沈邱县 太康县 扶沟县	

<table>
<tr><td colspan="2">直隶许州属三等流犯应流地方
【1743】所属计四县</td></tr>
<tr><td>二千里</td><td>【1743】该州所属各县流犯,凡犯该流二千里者,佥发浙江杭州府属富阳等县安置
【1811】直隶许州所属各县流犯,凡犯该流二千里者,发浙江嘉兴府属石门等县安置</td></tr>
<tr><td>二千五百里</td><td>【1743】犯该流二千五百里者,佥发浙江宁波府属慈溪等县安置
【1811】凡犯该流二千五百里者,发浙江宁波府属慈溪等县安置</td></tr>
<tr><td>三千里</td><td>【1743】犯该流三千里者,佥发浙江台州府属黄岩等县安置
【1811】凡犯该流三千里者,发浙江温州府属乐清等县安置</td></tr>
<tr><td colspan="2">【1811】直隶许州属四县
临颍县　襄城县　郾城县　长葛县</td></tr>
</table>

<table>
<tr><td colspan="2">归德府属三等流犯应流地方
【1743】所属计一州八县</td></tr>
<tr><td>二千里</td><td>【1743】该府所属各州县流犯,凡犯该流二千里者,佥发浙江绍兴府属会稽等县安置
【1811】归德府所属各州县流犯,凡犯该流二千里者,发浙江绍兴府属上虞等县安置</td></tr>
<tr><td>二千五百里</td><td>【1743】犯该流二千五百里者,佥发福建建宁府属建安等县安置
【1811】凡犯该流二千五百里者,发浙江衢州府属开化等县安置</td></tr>
<tr><td>三千里</td><td>【1743】犯该流三千里者,佥发福建福州府属侯官等县安置
【1811】凡犯该流三千里者,发福建建宁府属建安等县安置</td></tr>
<tr><td colspan="2">【1811】归德府属一州七县
商丘县　宁陵县　鹿邑县　夏邑县　永城县　虞城县　睢　州　柘城县</td></tr>
</table>

彰德府属三等流犯应流地方
【1743】所属计七县

二千里	【1743】该府所属各县流犯，凡犯该流二千里者，佥发山东登州府属蓬莱等县安置 【1811】彰德府所属各县流犯，凡犯该流二千里者，发山东登州府属荣城等县安置
二千五百里	【1743】犯该流二千五百里者，佥发江西广信府属上饶等县安置 【1811】凡犯该流二千五百里者，发江西南昌府属进贤等县安置
三千里	【1743】犯该流三千里者，佥发湖南衡州府属常宁等县安置 【1811】凡犯该流三千里者，发湖南衡州府属常宁等县安置

【1811】彰德府属七县
安阳县　汤阴县　临漳县　林　县　内黄县　武安县　涉　县

卫辉府属三等流犯应流地方
【1743】所属计八县

二千里	【1743】该府所属各县流犯，凡犯该流二千里者，佥发山东沂州府属兰山等县安置 【1811】卫辉府所属各县流犯，凡犯该流二千里者，发山东登州府属栖霞等县安置
二千五百里	【1743】犯该流二千五百里者，佥发湖南长沙府属长沙等县安置 【1811】凡犯该流二千五百里者，发湖南长沙府属湘潭等县安置
三千里	【1743】犯该流三千里者，佥发江西袁州府属宜春等县安置 【1811】凡犯该流三千里者，发湖南永州府属零陵等县安置

【1811】卫辉府属十县
汲　县　新乡县　获嘉县　淇　县　辉　县　延津县　浚　县　滑　县　封丘县
考城县

怀庆府属三等流犯应流地方 【1743】所属计七县	
二千里	【1743】该府所属各县流犯,凡犯该流二千里者,佥发山东登州府属蓬莱等县安置 【1811】怀庆府所属各县流犯,凡犯该流二千里者,发山东登州府属福山等县安置
二千五百里	【1743】犯该流二千五百里者,佥发江苏扬州府属江都等县安置 【1811】凡犯该流二千五百里者,发浙江杭州府属仁和等县安置
三千里	【1743】犯该流三千里者,佥发江苏松江府属华亭等县安置 【1811】凡犯该流三千里者,发浙江衢州府属龙游等县安置
【1811】怀庆府属八县 河内县 济源县 原武县 修武县 武陟县 孟　县 温　县 阳武县	

河南府属三等流犯应流地方 【1743】所属计十县	
二千里	【1743】该府所属各县流犯,凡犯该流二千里者,佥发江苏扬州府属兴化等县并通州属如皋等县安置 【1811】河南府所属各县流犯,凡犯该流二千里者,发江苏扬州府属宝应等县安置
二千五百里	【1743】犯该流二千五百里者,佥发湖南长沙府属善化等县安置 【1811】凡犯该流二千五百里者,发湖南长沙府属湘潭等县安置
三千里	【1743】犯该流三千里者,佥发湖南衡州府属衡阳等县安置 【1811】凡犯该流三千里者,发湖南永州府属祁阳等县安置
【1811】河南府属十县 洛阳县 偃师县 巩　县 孟津县 宜阳县 登封县 永宁县 新安县 渑池县 嵩　县	

直隶陕州属三等流犯应流地方 【1743】所属计三县	
二千里	【1743】该州所属各县流犯，凡犯该流二千里者，佥发江苏扬州府属兴化等县并通州属如皋等县安置 【1811】直隶陕州所属各县流犯，凡犯该流二千里者，发江苏扬州府属仪征等县安置
二千五百里	【1743】犯该流二千五百里者，佥发甘肃西宁府属西宁等县安置 【1811】凡犯该流二千五百里者，发甘肃西宁府属西宁等县安置
三千里	【1743】犯该流三千里者，佥发甘肃凉州府属武威等县安置 【1811】凡犯该流三千里者，发甘肃甘州府属抚彝等县安置
【1811】直隶陕州属三县 灵宝县　阌乡县　卢氏县	

南阳府属三等流犯应流地方 【1743】所属计二州十一县	
二千里	【1743】该府所属各州县流犯，凡犯该流二千里者，佥发湖南沅州府属芷江等县并常德府属武陵等县安置 【1811】南阳府所属各州县流犯，凡犯该流二千里者，发湖南沅州府属麻阳等县安置
二千五百里	【1743】犯该流二千五百里者，佥发山西大同府属大同等县并朔平府属平鲁等县安置 【1811】凡犯该流二千五百里者，发山西朔平府属右玉等县安置
三千里	【1743】犯该流三千里者，佥发浙江温州府属平阳等县安置 【1811】凡犯该流三千里者，发浙江台州府属黄岩等县安置
【1811】南阳府属二州十一县 南阳县　南召县　镇平县　唐　县　泌阳县　桐柏县　邓　州　内乡县　新野县 淅川县　裕　州　舞阳县　叶　县	

汝宁府属三等流犯应流地方 【1743】所属计一州八县	
二千里	【1743】该府所属各州县流犯,凡犯该流二千里者,佥发浙江嘉兴府属平湖等县安置 【1811】汝宁府所属各州县流犯,凡犯该流二千里者,发浙江杭州府属仁和等县安置
二千五百里	【1743】犯该流二千五百里者,佥发广西平乐府属平乐等县安置 【1811】凡犯该流二千五百里者,发广西桂林府属全州等州县安置
三千里	【1743】犯该流三千里者,佥发甘肃宁夏府属平罗等县安置 【1811】凡犯该流三千里者,发甘肃宁夏府属宁夏等县安置
【1811】汝宁府属一州八县 汝阳县 正阳县 上蔡县 新蔡县 西平县 遂平县 确山县 信阳州 罗山县	

直隶光州属三等流犯应流地方 【1743】所属计四县	
二千里	【1743】该州所属各县流犯,凡犯该流二千里者,佥发浙江嘉兴府属平湖等县安置 【1811】直隶光州所属各县流犯,凡犯该流二千里者,发浙江严州府属建德等县安置
二千五百里	【1743】犯该流二千五百里者,佥发广西平乐府属平乐等县安置 【1811】凡犯该流二千五百里者,发广西桂林府属阳朔等县安置
三千里	【1743】犯该流三千里者,佥发甘肃宁夏府属平罗等县安置 【1811】凡犯该流三千里者,发甘肃宁夏府属宁夏等县安置
【1811】直隶光州属四县 光山县 固始县 息 县 商城县	

直隶汝州属三等流犯应流地方 【1743】所属计四县	
二千里	【1743】该州所属各县流犯，凡犯该流二千里者，佥发江苏扬州府属兴化等县安置 【1811】直隶汝州所属各县流犯，凡犯该流二千里者，发江苏淮安府属清河等县安置
二千五百里	【1743】犯该流二千五百里者，佥发甘肃西宁府属西宁等县安置 【1811】凡犯该流二千五百里者，发浙江绍兴府属山阴等县安置
三千里	【1743】犯该流三千里者，佥发甘肃凉州府属武威等县安置 【1811】凡犯该流三千里者，发甘肃凉州府属武威等县安置
【1811】直隶汝州属四县 鲁山县　郏　县　宝丰县　伊阳县	

陕 西 省

西安府属三等流犯应流地方 【1743】所属计一州十五县	
二千里	【1743】该府所属各州县流犯,凡犯该流二千里者,佥发山东东昌府属博平等县安置 【1811】西安府所属各厅州县流犯,凡犯该流二千里者,发山东济南府属章邱等县安置
二千五百里	【1743】犯该流二千五百里者,佥发山东青州府属益都等县并沂州府属沂水等县安置 【1811】凡犯该流二千五百里者,发山东沂州府属莒州等州县安置
三千里	【1743】犯该流三千里者,佥发山东登州府属福山等县安置 【1811】凡犯该流三千里者,发山东登州府属宁海等州县安置
【1811】西安府属二厅一州十五县 长安县 宁陕厅 咸宁县 孝义厅 咸阳县 兴平县 临潼县 高陵县 鄠 县 蓝田县 泾阳县 三原县 盩厔县 渭南县 富平县 醴泉县 同官县 耀 州	

直隶商州属三等流犯应流地方 【1743】所属计四县	
二千里	【1743】该州所属各县流犯,凡犯该流二千里者,佥发山东东昌府属博平等县安置 【1811】直隶商州所属各县流犯,凡犯该流二千里者,发山东东昌府属茌平等县安置
二千五百里	【1743】犯该流二千五百里者,佥发山东青州府属益都等县并沂州府属沂水等县安置 【1811】凡犯该流二千五百里者,发山东青州府属益都等县安置
三千里	【1743】犯该流三千里者,佥发山东登州府属福山等县安置 【1811】凡犯该流三千里者,发山东登州府属黄县等县安置
【1811】直隶商州属四县 镇安县 雒南县 山阳县 商南县	

同州府属三等流犯应流地方 【1743】所属计一州九县	
二千里	【1743】该府所属各州县流犯，凡犯该流二千里者，佥发山东济南府属历城等县安置 【1811】同州府所属各厅州县流犯，凡犯该流二千里者，发山东青州府属益都等县安置
二千五百里	【1743】犯该流二千五百里者，佥发山东莱州府属昌邑等县并沂州府属日照安置 【1811】凡犯该流二千五百里者，发山东登州府属黄县等县安置
三千里	【1743】犯该流三千里者，佥发湖南长沙府属湘阴等县并宝庆府属新化等县安置 【1811】凡犯该流三千里者，发湖南长沙府属善化等县安置
【1811】同州府属一厅一州八县 大荔县　潼关厅　朝邑县　郃阳县　澄城县　韩城县　白水县　华　州　华阴县　蒲城县	

直隶乾州属三等流犯应流地方 【1743】所属计二县	
二千里	【1743】该州所属各县流犯，凡犯该流二千里者，佥发山东东昌府属博平等县安置 【1811】直隶乾州所属各县流犯，凡犯该流二千里者，发山东东昌府属恩县等县安置
二千五百里	【1743】犯该流二千五百里者，佥发山东青州府属益都等县并沂州府属沂水等县安置 【1811】凡犯该流二千五百里者，发山东青州府属临朐等县安置
三千里	【1743】犯该流三千里者，佥发山东登州府属福山等县安置 【1811】凡犯该流三千里者，发山东登州府属蓬莱等县安置
【1811】直隶乾州属二县 武功县　永寿县	

直隶邠州属三等流犯应流地方 【1743】所属计三县	
二千里	【1743】该州所属各县流犯,凡犯该流二千里者,佥发山东东昌府属博平等县安置 【1811】直隶邠州所属各县流犯,凡犯该流二千里者,发山东东昌府属博平等县安置
二千五百里	【1743】犯该流二千五百里者,佥发山东青州府属益都等县并沂州府属沂水等县安置 【1811】凡犯该流二千五百里者,发山东沂州府属蒙阴等县安置
三千里	【1743】犯该流三千里者,佥发山东登州府属福山等县安置 【1811】凡犯该流三千里者,发山东登州府属黄县等县安置
【1811】直隶邠州属三县 三水县　淳化县　长武县	

凤翔府属三等流犯应流地方 【1743】所属计一州七县	
二千里	【1743】该府所属各州县流犯,凡犯该流二千里者,佥发山东东昌府属堂邑等县安置 【1811】凤翔府所属各州县流犯,凡犯该流二千里者,发山东东昌府属聊城等县安置
二千五百里	【1743】犯该流二千五百里者,佥发山东青州府属益都等县并沂州府属蒙阴等县安置 【1811】凡犯该流二千五百里者,发山东青州府属临淄等县安置
三千里	【1743】犯该流三千里者,佥发山东登州府属福山等县安置 【1811】凡犯该流三千里者,发山东莱州府属掖县等县安置
【1811】凤翔府属一州七县 凤翔县　岐山县　宝鸡县　扶风县　郿　县　麟游县　汧阳县　陇　州	

汉中府属三等流犯应流地方 【1743】所属计一州八县	
二千里	【1743】该府所属各州县流犯，凡犯该流二千里者，佥发湖北襄阳府属光化等县并德安府属安陆等县安置 【1811】汉中府所属各厅州县流犯，凡犯该流二千里者，发河南开封府属汜水等县安置
二千五百里	【1743】犯该流二千五百里者，佥发湖北武昌府属江夏等县并黄州府属黄冈等县安置 【1811】凡犯该流二千五百里者，发河南南阳府属裕州等州县并汝宁府属遂平等县安置
三千里	【1743】犯该流三千里者，佥发湖南岳州府属巴陵等县并澧州及所属各县安置 【1811】凡犯该流三千里者，发湖北德安府属应山等县安置
【1811】汉中府属二厅一州八县 南郑县 褒城县 城固县 洋 县 西乡县 定远县 凤 县 宁羌州 沔 县 略阳县 留坝厅	

【1743】直隶兴安州属三等流犯应流地方 所属计六县 【1811】兴安府三等流犯应流地方	
二千里	【1743】该州所属各县流犯，凡犯该流二千里者，佥发湖北德安府属安陆等县安置 【1811】兴安府所属各厅县流犯，凡犯该流二千里者，发湖北汉阳府属汉阳等县安置
二千五百里	【1743】犯该流二千五百里者，佥发湖北黄州府属罗田等县安置 【1811】凡犯该流二千五百里者，发安徽安庆府属太湖等县安置
三千里	【1743】犯该流三千里者，佥发安徽安庆府属怀宁等县安置 【1811】凡犯该流三千里者，发安徽庐州府属合肥等县安置
【1811】兴安府属一厅六县 安康县 平利县 洵阳县 白河县 紫阳县 石泉县 汉阴厅	

延安府属三等流犯应流地方 【1743】所属计十县	
二千里	【1743】该府所属各县流犯,凡犯该流二千里者,佥发山东济南府属历城等县并泰安府属肥城等县安置 【1811】延安府所属各县流犯,凡犯该流二千里者,发河南彰德府属内黄等县安置
二千五百里	【1743】犯该流二千五百里者,佥发山东莱州府属高密等县安置 【1811】凡犯该流二千五百里者,发山东济南府属历城等县安置
三千里	【1743】犯该流三千里者,佥发山东东昌府属堂邑等县安置 【1811】凡犯该流三千里者,发山东莱州府属潍县等县安置
【1811】延安府属十县 肤施县 安塞县 甘泉县 保安县 安定县 宜川县 延长县 延川县 定边县 靖边县	

直隶鄜州属三等流犯应流地方 【1743】所属计三县	
二千里	【1743】该州所属各县流犯,凡犯该流二千里者,佥发山东济南府属历城等县并泰安府属肥城等县安置 【1811】直隶鄜州所属各县流犯,凡犯该流二千里者,发山东东昌府属冠县等县安置
二千五百里	【1743】犯该流二千五百里者,佥发山东莱州府属高密等县安置 【1811】凡犯该流二千五百里者,发山东济南府属长山等县安置
三千里	【1743】犯该流三千里者,佥发山东东昌府属堂邑等县安置 【1811】凡犯该流三千里者,发山东莱州府属掖县等县安置
【1811】直隶鄜州属三县 洛川县 中部县 宜君县	

直隶绥德州属三等流犯应流地方 【1743】所属计三县	
二千里	【1743】该州所属各县流犯,凡犯该流二千里者,佥发山东济南府属历城等县安置 【1811】直隶绥德州所属各县流犯,凡犯该流二千里者,发河南怀庆府属孟县等县安置
二千五百里	【1743】犯该流二千五百里者,佥发山东莱州府属高密等县安置 【1811】凡犯该流二千五百里者,发河南彰德府属内黄等县安置
三千里	【1743】犯该流三千里者,佥发山东东昌府属堂邑等县安置 【1811】凡犯该流三千里者,发山东济南府属历城等县安置
【1811】直隶绥德州属三县 米脂县　清涧县　吴堡县	

榆林府属三等流犯应流地方 【1743】所属计一州四县	
二千里	【1743】该府所属各州县流犯,凡犯该流二千里者,佥发山东青州府属临淄等县安置 【1811】榆林府所属各州县流犯,凡犯该流二千里者,发河南河南府属渑池等县安置
二千五百里	【1743】犯该流二千五百里者,佥发湖北襄阳府属光化等县安置 【1811】凡犯该流二千五百里者,发河南卫辉府属新乡等县安置
三千里	【1743】犯该流三千里者,佥发湖北宜昌府属东湖等县安置 【1811】凡犯该流三千里者,发河南南阳府属南阳等县安置
【1811】榆林府属一州四县 榆林县　神木县　府谷县　葭　州　怀远县	

甘 肃 省

兰州府属三等流犯应流地方 【1743】所属计二州四县	
二千里	【1743】该府所属各州县流犯,凡犯该流二千里者,佥发陕西汉中府属南郑等县并兴安州属平利等县安置 【1811】兰州府所属各州县流犯,凡犯该流二千里者,发陕西汉中府属城固等县安置
二千五百里	【1743】犯该流二千五百里者,佥发四川保宁府属阆中等县并顺庆府属广安等州县安置 【1811】凡犯该流二千五百里者,发四川保宁府属剑州等州县安置
三千里	【1743】犯该流三千里者,佥发山东武定府属阳信等县安置 【1811】凡犯该流三千里者,发山东东昌府属冠县等县安置
【1811】兰州府属二州四县 皋兰县 金 县 狄道州 渭源县 靖远县 河 州	

平凉府属三等流犯应流地方 【1743】所属计三州七县	
二千里	【1743】该府所属各州县流犯,凡犯该流二千里者,佥发四川重庆府属巴县等县并酉阳州属黔江等县安置 【1811】平凉府所属各州县流犯,凡犯该流二千里者,发四川保宁府属昭化等县安置
二千五百里	【1743】犯该流二千五百里者,佥发广东廉州府属合浦等县安置 【1811】凡犯该流二千五百里者,发湖北德安府属应山等县安置
三千里	【1743】犯该流三千里者,佥发广东肇庆府属四会等县安置 【1811】凡犯该流三千里者,发湖北黄州府属黄冈等县安置
【1811】平凉府属二州三县 平凉县 华亭县 固原州 静宁州 隆德县	

巩昌府属三等流犯应流地方 【1743】所属计一州八县	
二千里	【1743】该府所属各州县流犯，凡犯该流二千里者，佥发陕西汉中府属南郑等县并兴安州属平利等县安置 【1811】巩昌府所属各厅州县流犯，凡犯该流二千里者，发陕西兴安府属汉阴等厅县安置
二千五百里	【1743】犯该流二千五百里者，佥发四川保宁府属阆中等县安置 【1811】凡犯该流二千五百里者，发四川顺庆府属西充等县安置
三千里	【1743】犯该流三千里者，佥发四川酉阳州属黔江等县并忠州等处安置 【1811】凡犯该流三千里者，发四川重庆府属巴县等县安置
【1811】巩昌府属一厅一州八县 陇西县　安定县　会宁县　通渭县　漳　县　宁远县　伏羌县　西和县　岷　州 洮州厅	

直隶阶州属三等流犯应流地方 【1743】所属计二县	
二千里	【1743】该州所属各县流犯，凡犯该流二千里者，佥发陕西汉中府属南郑等县安置 【1811】直隶阶州府所属各县流犯，凡犯该流二千里者，发陕西兴安府属白河等县安置
二千五百里	【1743】犯该流二千五百里者，佥发河南陈州府属扶沟等县安置 【1811】凡犯该流二千五百里者，发河南开封府属汜水等县安置
三千里	【1743】犯该流三千里者，佥发四川酉阳州属黔江等县并忠州等处安置 【1811】凡犯该流三千里者，发四川直隶忠州属梁山等县安置
【1811】直隶阶州属二县 文　县　成　县	

直隶秦州属三等流犯应流地方 【1743】所属计五县	
二千里	【1743】该州所属各县流犯,凡犯该流二千里者,佥发陕西汉中府属南郑等县安置 【1811】直隶秦州所属各县流犯,凡犯该流二千里者,发陕西兴安府属平利等县安置
二千五百里	【1743】犯该流二千五百里者,佥发四川保宁府属阆中等县安置 【1811】凡犯该流二千五百里者,发四川重庆府属定远等县安置
三千里	【1743】犯该流三千里者,佥发四川酉阳州属黔江等县并忠州等处安置 【1811】凡犯该流三千里者,发四川直隶忠州属垫江等县安置
【1811】直隶秦州属五县 秦安县　清水县　礼　县　徽　县　两当县	

庆阳府属三等流犯应流地方 【1743】所属计一州四县	
二千里	【1743】该府所属各州县流犯,凡犯该流二千里者,佥发山西平阳府属临汾等县并泽州府属凤台等县安置 【1811】庆阳府所属各州县流犯,凡犯该流二千里者,发山西太原府属徐沟等县并潞安府属襄垣等县安置
二千五百里	【1743】犯该流二千五百里者,佥发山东曹州府属郓城等县安置 【1811】凡犯该流二千五百里者,发山东曹州府属郓城等县安置
三千里	【1743】犯该流三千里者,佥发河南汝宁府属汝阳等县并汝州属伊阳等县安置 【1811】凡犯该流三千里者,发湖北汉阳府属孝感等县安置
【1811】庆阳府属一州四县 安化县　合水县　环　县　正宁县　宁　州	

宁夏府属三等流犯应流地方 【1743】所属计一州四县	
二千里	【1743】该府所属各州县流犯,凡犯该流二千里者,佥发四川重庆府属江津等县安置 【1811】宁夏府所属各州县流犯,凡犯该流二千里者,发陕西汉中府属留坝等厅县安置
二千五百里	【1743】犯该流二千五百里者,佥发四川成都府属成都等县安置 【1811】凡犯该流二千五百里者,发河南开封府属郑州等州县安置
三千里	【1743】犯该流三千里者,佥发河南归德府属商丘等县安置 【1811】凡犯该流三千里者,发河南归德府属虞城等县安置
【1811】宁夏府属一州四县 宁夏县　宁朔县　平罗县　灵　州　中卫县	

西宁府属三等流犯应流地方 【1743】所属计二县	
二千里	【1743】该府所属各县流犯,凡犯该流二千里者,佥发陕西汉中府属南郑等县安置 【1811】西宁府所属各县流犯,凡犯该流二千里者,发陕西凤翔府属宝鸡等县安置
二千五百里	【1743】犯该流二千五百里者,佥发四川保宁府属阆中等县安置 【1811】凡犯该流二千五百里者,发陕西汉中府属褒城等县安置
三千里	【1743】犯该流三千里者,佥发山西平阳府属临汾等县安置 【1811】凡犯该流三千里者,发山西直隶霍州属赵城等县安置
【1811】西宁府属三县 西宁县　碾伯县　大通县	

凉州府属三等流犯应流地方 【1743】所属计五县	
二千里	【1743】该府所属各县流犯,凡犯该流二千里者,佥发本省巩昌府属伏羌等县并庆阳府属安化等县安置 【1811】凉州府所属各县流犯,凡犯该流二千里者,发陕西凤翔府属宝鸡等县安置
二千五百里	【1743】犯该流二千五百里者,佥发陕西延安府属肤施等县安置 【1811】凡犯该流二千五百里者,发陕西延安府属甘泉等县安置
三千里	【1743】犯该流三千里者,佥发四川顺庆府属南充等县安置 【1811】凡犯该流三千里者,发四川保宁府属昭化等县安置
【1811】凉州府属五县 武威县　镇番县　永昌县　古浪县　平番县	

甘州府属三等流犯应流地方 【1743】所属计二县	
二千里	【1743】该府所属各县流犯,凡犯该流二千里者,佥发陕西凤翔府属凤翔等县安置 【1811】甘州府所属各厅县流犯,凡犯该流二千里者,发陕西凤翔府属陇州等州县安置
二千五百里	【1743】犯该流二千五百里者,佥发四川龙安府属平武等县安置 【1811】凡犯该流二千五百里者,发陕西汉中府属凤县等县安置
三千里	【1743】犯该流三千里者,佥发四川保宁府属阆中等县安置 【1811】凡犯该流三千里者,发陕西汉中府属沔县等县安置
【1811】甘州府属一厅二县 张掖县　山丹县　抚彝厅	

直隶肃州属三等流犯应流地方 【1743】所属一县	
二千里	【1743】该州所属该县流犯,凡犯该流二千里者,佥发本省巩昌府属安定等县安置 【1811】直隶肃州所属该县流犯,凡犯该流二千里者,发本省巩昌府属陇西等县安置
二千五百里	【1743】犯该流二千五百里者,佥发本省平凉府属平凉等县庆阳府属安化等县安置 【1811】凡犯该流二千五百里者,发陕西直隶邠州属长武等县安置
三千里	【1743】犯该流三千里者,佥发四川保宁府属阆中等县并龙安府属平武等县安置 【1811】凡犯该流三千里者,发陕西汉中府属凤县等县安置
【1811】直隶肃州属一县 高台县	

【1811】镇西府三等流犯应流地方	
二千里	【1811】镇西府所属各县流犯,凡犯该流二千里者,发本省直隶肃州属高台县安置
二千五百里	【1811】凡犯该流二千五百里者,发本省甘州府属山丹等县安置
三千里	【1811】凡犯该流三千里者,发本省凉州府属古浪等县安置
【1811】镇西府属二县 宜禾县　奇台县	

【1811】直隶泾州三等流犯应流地方	
二千里	【1811】直隶泾州所属各县流犯,凡犯该流二千里者,发四川保宁府属苍溪等县安置
二千五百里	【1811】凡犯该流二千五百里者,发湖北德安府属安陆等县安置
三千里	【1811】凡犯该流三千里者,发湖北黄州府属蕲水等县安置
【1811】直隶泾州属三县 崇信县　镇原县　灵台县	

【1811】直隶安西州三等流犯应流地方	
二千里	【1811】直隶安西州所属各县流犯，凡犯该流二千里者，发本省凉州府属平番等县安置
二千五百里	【1811】凡犯该流二千五百里者，发本省巩昌府属会宁等县安置
三千里	【1811】凡犯该流三千里者，发本省直隶秦州属清水等县安置
【1811】直隶安西州属二县 敦煌县　玉门县	

【1811】直隶迪化州三等流犯应流地方	
二千里	【1811】直隶迪化州所属各县流犯，凡犯该流二千里者，发本省直隶安西州属敦煌等县安置
二千五百里	【1811】凡犯该流二千五百里者，发本省直隶安西州安置
三千里	【1811】凡犯该流三千里者，发本省直隶肃州安置
【1811】直隶迪化州属三县 昌吉县　阜康县　绥来县	

【1811】直隶哈密厅三等流犯应流地方	
二千里	【1811】直隶哈密厅流犯，凡犯该流二千里者，发本省甘州府属山丹等县安置
二千五百里	【1811】凡犯该流二千五百里者，发本省凉州府属古浪等县安置
三千里	【1811】凡犯该流三千里者，发本省兰州府属皋兰等县安置

四 川 省

成都府属三等流犯应流地方 【1743】所属计三州十三县	
二千里	【1743】该府所属各州县流犯，凡犯该流二千里者，佥发本省夔州府属巫山等县安置 【1811】成都府所属各州县流犯，凡犯该流二千里者，发本省夔州府属巫山等县安置
二千五百里	【1743】犯该流二千五百里者，佥发湖北荆州府属枝江等县并宜昌府属东湖等县安置 【1811】凡犯该流二千五百里者，发湖北宜昌府属东湖等县安置
三千里	【1743】犯该流三千里者，佥发湖北安陆府属钟祥等县安置 【1811】凡犯该流三千里者，发湖北安陆府属潜江等县安置
【1811】成都府属三州十三县 成都县　华阳县　双流县　温江县　新繁县　金堂县　新都县　郫　县　灌　县 彭　县　崇宁县　简　州　崇庆州　新津县　汉　州　什邡县	

直隶资州属三等流犯应流地方 【1743】所属计四县	
二千里	【1743】该府所属各县流犯，凡犯该流二千里者，佥发本省夔州府属巫山等县安置 【1811】直隶资州所属各县流犯，凡犯该流二千里者，发湖北宜昌府属归州等州县安置
二千五百里	【1743】犯该流二千五百里者，佥发湖北荆州府属枝江等县并宜昌府属东湖等县安置 【1811】凡犯该流二千五百里者，发湖北荆州府属江陵等县安置
三千里	【1743】犯该流三千里者，佥发湖北安陆府属钟祥等县安置 【1811】凡犯该流三千里者，发湖北汉阳府属汉川等县安置
【1811】直隶资州属四县 仁寿县　资阳县　井研县　内江县	

直隶绵州属三等流犯应流地方 【1743】所属计五县	
二千里	【1743】该州所属各县流犯,凡犯该流二千里者,佥发本省夔州府属巫山等县安置 【1811】直隶绵州所属各县流犯,凡犯该流二千里者,发本省夔州府属云阳等县安置
二千五百里	【1743】犯该流二千五百里者,佥发湖北荆州府属枝江等县并宜昌府属东湖等县安置 【1811】凡犯该流二千五百里者,发湖北宜昌府属巴东等县安置
三千里	【1743】犯该流三千里者,佥发湖北安陆府属钟祥等县安置 【1811】凡犯该流三千里者,发湖北直隶荆门州属当阳等县安置
【1811】直隶绵州属五县 德阳县　安　县　绵竹县　梓潼县　罗江县	

直隶茂州属三等流犯应流地方 【1743】所属计二县	
二千里	【1743】该州所属各县流犯,凡犯该流二千里者,佥发本省夔州府属巫山等县安置 【1811】直隶茂州所属该县流犯,凡犯该流二千里者,发本省夔州府属万县等县安置
二千五百里	【1743】犯该流二千五百里者,佥发湖北荆州府属枝江等县并宜昌府属东湖等县安置 【1811】凡犯该流二千五百里者,发本省重庆府属綦江等县安置
三千里	【1743】犯该流三千里者,佥发湖北安陆府属钟祥等县安置 【1811】凡犯该流三千里者,发湖北宜昌府属东湖等县安置
【1811】直隶茂州属一县 汶川县	

宁远府属三等流犯应流地方 【1743】所属计一州三县	
二千里	【1743】该府所属各州县流犯，凡犯该流二千里者，佥发本省重庆府属长寿等县安置 【1811】宁远府所属各厅州县流犯，凡犯该流二千里者，发本省重庆府属璧山等县安置
二千五百里	【1743】犯该流二千五百里者，佥发本省夔州府属云阳等县安置 【1811】凡犯该流二千五百里者，发本省直隶忠州属垫江等县安置
三千里	【1743】犯该流三千里者，佥发湖北荆州府属江陵等县安置 【1811】凡犯该流三千里者，发本省夔州府属奉节等县安置
【1811】宁远府属一厅一州三县 西昌县　冕宁县　盐源县　会理州　越巂厅	

保宁府属三等流犯应流地方 【1743】所属计二州七县	
二千里	【1743】该府所属各州县流犯，凡犯该流二千里者，佥发广西桂林府属临桂等县安置 【1811】保宁府所属各州县流犯，凡犯该流二千里者，发贵州大定府属毕节等县安置
二千五百里	【1743】犯该流二千五百里者，佥发广西南宁府属宣化等县并思恩府属武缘等县安置 【1811】凡犯该流二千五百里者，发云南曲靖府属马龙等州县安置
三千里	【1743】犯该流三千里者，佥发府属等县安置 【1811】凡犯该流三千里者，发湖北武昌府属江夏等县安置
【1811】保宁府属二州七县 阆中县　苍溪县　南部县　广元县　昭化县　巴　州　通江县　南江县　剑　州	

<table>
<tr><td colspan="2">顺庆府属三等流犯应流地方
【1743】所属计二州八县</td></tr>
<tr><td>二千里</td><td>【1743】该府所属各州县流犯,凡犯该流二千里者,佥发广西南宁府属宣化等县并思恩府属武缘等县安置
【1811】顺庆府所属各州县流犯,凡犯该流二千里者,发贵州大定府属黔西等州县安置</td></tr>
<tr><td>二千五百里</td><td>【1743】犯该流二千五百里者,佥发广东雷州府属海康等县安置
【1811】凡犯该流二千五百里者,发贵州镇远府属黄平等州县安置</td></tr>
<tr><td>三千里</td><td>【1743】犯该流三千里者,佥发安徽安庆府属怀宁等县安置
【1811】凡犯该流三千里者,发湖北武昌府属江夏等县安置</td></tr>
<tr><td colspan="2">【1811】顺庆府属二州八县
南充县　西充县　蓬　州　营山县　仪陇县　广安州　渠　县　大竹县　邻水县
岳池县</td></tr>
</table>

<table>
<tr><td colspan="2">叙州府属三等流犯应流地方
【1743】所属计十二县</td></tr>
<tr><td>二千里</td><td>【1743】该府所属各县流犯,凡犯该流二千里者,佥发广西南宁府属宣化等县并思恩府属武缘等县安置
【1811】叙州府所属各厅县流犯,凡犯该流二千里者,发湖北宜昌府属归州等州县安置</td></tr>
<tr><td>二千五百里</td><td>【1743】犯该流二千五百里者,佥发广东高州府属茂名等县安置
【1811】凡犯该流二千五百里者,发湖北荆州府属松滋等县安置</td></tr>
<tr><td>三千里</td><td>【1743】犯该流三千里者,佥发湖北黄州府属黄冈等县安置
【1811】凡犯该流三千里者,发湖北汉阳府属汉川等县安置</td></tr>
<tr><td colspan="2">【1811】叙州府属一厅十一县
宜宾县　庆符县　富顺县　南溪县　长宁县　高　县　筠连县　珙　县　兴文县
隆昌县　屏山县　马边厅</td></tr>
</table>

重庆府属三等流犯应流地方 【1743】所属计二州十一县	
二千里	【1743】该府所属各州县流犯,凡犯该流二千里者,佥发广东廉州府属合浦等县安置 【1811】重庆府所属各州县流犯,凡犯该流二千里者,发湖南宝庆府属新宁等县安置
二千五百里	【1743】犯该流二千五百里者,佥发湖北黄州府属黄冈等县安置 【1811】凡犯该流二千五百里者,发湖北汉阳府属汉阳等县安置
三千里	【1743】犯该流三千里者,佥发江西九江府属瑞昌等县安置 【1811】凡犯该流三千里者,发湖北黄州府属广济等县安置
【1811】重庆府属二州十一县 巴　县　江津县　长寿县　永川县　荣昌县　綦江县　南川县　合　州　涪　州 铜梁县　大足县　璧山县　定远县	

直隶酉阳州属三等流犯应流地方 【1743】所属计三县	
二千里	【1743】该州所属各县流犯,凡犯该流二千里者,佥发本省叙州府属宜宾等县安置 【1811】直隶酉阳州所属各县流犯,凡犯该流二千里者,发本省叙州府属宜宾等县安置
二千五百里	【1743】犯该流二千五百里者,佥发本省成都府属成都等县安置 【1811】凡犯该流二千五百里者,发本省直隶绵州属罗江等县安置
三千里	【1743】犯该流三千里者,佥发本省保宁府属广元等县安置 【1811】凡犯该流三千里者,发本省保宁府属广元等县安置
【1811】直隶酉阳州属三县 秀山县　黔江县　彭水县	

直隶忠州属三等流犯应流地方 【1743】所属计三县	
二千里	【1743】该州所属各县流犯,凡犯该流二千里者,佥发广东廉州府属合浦等县安置 【1811】直隶忠州所属各县流犯,凡犯该流二千里者,发贵州直隶普安州安置
二千五百里	【1743】犯该流二千五百里者,佥发湖北黄州府属黄冈等县安置 【1811】凡犯该流二千五百里者,发湖北黄州府属黄冈等县安置
三千里	【1743】犯该流三千里者,佥发江西九江府属瑞昌等县安置 【1811】凡犯该流三千里者,发江西九江府属德化等县安置
【1811】直隶忠州属三县 酆都县　垫江县　梁山县	

夔州府属三等流犯应流地方 【1743】所属计六县	
二千里	【1743】该府所属各县流犯,凡犯该流二千里者,佥发本省成都府属成都等县安置 【1811】夔州府所属各县流犯,凡犯该流二千里者,发本省成都府属汉州等州县安置
二千五百里	【1743】犯该流二千五百里者,佥发湖南衡州府属衡阳等县安置 【1811】凡犯该流二千五百里者,发云南曲靖府属平彝等县安置
三千里	【1743】犯该流三千里者,佥发广东广州府属新宁等县安置 【1811】凡犯该流三千里者,发广西桂林府属永福等县安置
【1811】夔州府属六县 奉节县　巫山县　云阳县　万　县　开　县　大宁县	

【1743】直隶达州①属三等流犯应流地方 所属计三县 【1811】绥定府三等流犯应流地方	
二千里	【1743】该州所属各县流犯,凡犯该流二千里者,佥发本省成都府属成都等县安置 【1811】绥定府所属各县流犯,凡犯该流二千里者,发陕西汉中府属凤县等县安置
二千五百里	【1743】犯该流二千五百里者,佥发湖南衡州府属衡阳等县安置 【1811】凡犯该流二千五百里者,发湖南长沙府属宁乡等县安置
三千里	【1743】犯该流三千里者,佥发广东广州府属新宁等县安置 【1811】凡犯该流三千里者,发湖南衡州府属衡阳等县安置
【1811】绥定府属三县 达　县　东乡县　新宁县	

龙安府属三等流犯应流地方 【1743】所属计四县	
二千里	【1743】该府所属各县流犯,凡犯该流二千里者,佥发湖北郧阳府属郧县等县安置 【1811】龙安府所属各县流犯,凡犯该流二千里者,发本省直隶忠州属垫江等县安置
二千五百里	【1743】犯该流二千五百里者,佥发甘肃甘州府属山丹等县安置 【1811】凡犯该流二千五百里者,发甘肃直隶秦州并所属各县安置
三千里	【1743】犯该流三千里者,佥发湖北武昌府属江夏等县安置 【1811】凡犯该流三千里者,发湖北宜昌府属归州等州县安置
【1811】龙安府属四县 平武县　江油县　石泉县　彰明县	

① 嘉庆七年(1802),改达州为绥定府。

潼川府属三等流犯应流地方 【1743】所属计八县	
二千里	【1743】该府所属各县流犯,凡犯该流二千里者,佥发广西浔州府属桂平等县安置 【1811】潼川府所属各县流犯,凡犯该流二千里者,发贵州安顺府属永宁等州县安置
二千五百里	【1743】犯该流二千五百里者,佥发湖北黄州府属黄冈等县安置 【1811】凡犯该流二千五百里者,发湖北荆州府属宜都等县安置
三千里	【1743】犯该流三千里者,佥发广东高州府属茂名等县并肇庆府属阳春等县安置 【1811】凡犯该流三千里者,发湖北安陆府属天门等县安置
【1811】潼川府属八县 三台县 射洪县 盐亭县 中江县 遂宁县 蓬溪县 乐至县 安岳县	

直隶眉州属三等流犯应流地方 【1743】所属计三县	
二千里	【1743】该州所属各县流犯,凡犯该流二千里者,佥发本省夔州府属奉节等县安置 【1811】直隶眉州所属各县流犯,凡犯该流二千里者,发本省夔州府属云阳等县安置
二千五百里	【1743】犯该流二千五百里者,佥发湖北荆州府属枝江等县并宜昌府属东湖等县安置 【1811】凡犯该流二千五百里者,发湖北宜昌府属归州等州县安置
三千里	【1743】犯该流三千里者,佥发湖北黄州府属黄冈等县安置 【1811】凡犯该流三千里者,发湖北荆州府属松滋等县安置
【1811】直隶眉州属三县 丹棱县 彭山县 青神县	

嘉定府属三等流犯应流地方 【1743】所属计七县	
二千里	【1743】该府所属各县流犯,凡犯该流二千里者,佥发本省顺庆府属庆安等县安置 【1811】嘉定府所属各县流犯,凡犯该流二千里者,发贵州安顺府属镇宁等州县安置
二千五百里	【1743】犯该流二千五百里者,佥发本省夔州府属巫山等县安置 【1811】凡犯该流二千五百里者,发湖北宜昌府属东湖等县安置
三千里	【1743】犯该流三千里者,佥发湖北宜昌府属东湖等县安置 【1811】凡犯该流三千里者,发湖北安陆府属潜江等县安置
【1811】嘉定府属七县 乐山县　峨眉县　洪雅县　夹江县　犍为县　荣　县　威远县	

直隶邛州属三等流犯应流地方 【1743】所属计二县	
二千里	【1743】该州所属各县流犯,凡犯该流二千里者,佥发本省夔州府属奉节等县安置 【1811】直隶邛州所属各县流犯,凡犯该流二千里者,发贵州安顺府属清镇等县安置
二千五百里	【1743】犯该流二千五百里者,佥发湖北荆州府属枝江等县并宜昌府属东湖等县安置 【1811】凡犯该流二千五百里者,发贵州直隶普安州安置
三千里	【1743】犯该流三千里者,佥发湖北武昌府属江夏等县安置 【1811】凡犯该流三千里者,发湖北荆州府属松滋等县安置
【1811】直隶邛州属二县 大邑县　蒲江县	

直隶泸州属三等流犯应流地方 【1743】所属计三县	
二千里	【1743】该州所属各县流犯,凡犯该流二千里者,佥发广西南宁府属宣化等县并思恩府属武缘等县安置 【1811】直隶泸州所属各县流犯,凡犯该流二千里者,发广西庆远府属思恩等县安置
二千五百里	【1743】犯该流二千五百里者,佥发广东高州府属茂名等县安置 【1811】凡犯该流二千五百里者,发湖北荆州府属江陵等县安置
三千里	【1743】犯该流三千里者,佥发广东潮州府属海阳等县安置 【1811】凡犯该流三千里者,发湖南常德府属龙阳等县安置
【1811】直隶泸州属三县 纳溪县　合江县　江安县	

雅州府属三等流犯应流地方 【1743】所属计一州五县	
二千里	【1743】该府所属各州县流犯,凡犯该流二千里者,佥发本省夔州府属奉节等县安置 【1811】雅州府所属各州县流犯,凡犯该流二千里者,发贵州大定府属黔西等州县安置
二千五百里	【1743】犯该流二千五百里者,佥发湖北荆州府属江陵等县并宜昌府属东湖等县安置 【1811】凡犯该流二千五百里者,发湖北宜昌府属巴东等县安置
三千里	【1743】犯该流三千里者,佥发湖北德安府属安陆等县安置 【1811】凡犯该流三千里者,发湖北荆州府属宜都等县安置
【1811】雅州府属一州五县 雅安县　天全州　名山县　荥经县　芦山县　清溪县	

【1811】直隶太平厅三等流犯应流地方	
二千里	【1811】直隶太平厅流犯，凡犯该流二千里者，发本省重庆府属綦江等县安置
二千五百里	【1811】凡犯该流二千五百里者，发贵州镇远府属施秉等县安置
三千里	【1811】凡犯该流三千里者，发湖南常德府属龙阳等县安置

【1811】直隶叙永厅三等流犯应流地方	
二千里	【1811】直隶叙永厅所属该县流犯，凡犯该流二千里者，发湖南宝庆府属武冈等州县安置
二千五百里	【1811】凡犯该流二千五百里者，发湖南长沙府属宁乡等县安置
三千里	【1811】凡犯该流三千里者，发湖北安陆府属天门等县安置
【1811】直隶叙永厅属一县 永宁县	

【1811】直隶石柱厅三等流犯应流地方	
二千里	【1811】直隶石柱厅流犯，凡犯该流二千里者，发本省直隶绵州并所属各县安置
二千五百里	【1811】凡犯该流二千五百里者，发云南曲靖府属马龙等州县安置
三千里	【1811】凡犯该流三千里者，发湖南衡州府属衡阳等县安置

【1811】直隶理番厅三等流犯应流地方	
二千里	【1811】直隶理番厅流犯，凡犯该流二千里者，发贵州遵义府属绥阳等县安置
二千五百里	【1811】凡犯该流二千五百里者，发本省夔州府属巫山等县安置
三千里	【1811】凡犯该流三千里者，发湖北宜昌府属东湖等县安置

【1811】直隶松潘厅三等流犯应流地方	
二千里	【1811】直隶松潘厅流犯，凡犯该流二千里者，发本省直隶忠州属垫江等县安置
二千五百里	【1811】凡犯该流二千五百里者，发陕西凤翔府属凤翔等县安置
三千里	【1811】凡犯该流三千里者，发湖北宜昌府属巴东等县安置

广 东 省

广州府属三等流犯应流地方 【1743】所属计十四县	
二千里	【1743】该府所属各县流犯,凡犯该流二千里者,佥发广西太平府属养利州等州县安置 【1811】广州府所属各县流犯,凡犯该流二千里者,发广西太平府属养利等州县安置
二千五百里	【1743】犯该流二千五百里者,佥发江西九江府属德安等县安置 【1811】凡犯该流二千五百里者,发江西南康府属建昌等县安置
三千里	【1743】犯该流三千里者,佥发湖南沅州府属芷江等县安置 【1811】凡犯该流三千里者,发湖北黄州府属蕲水等县安置
【1811】广州府属十四县 南海县 番禺县 顺德县 东莞县 从化县 龙门县 新宁县 增城县 香山县 新会县 三水县 清远县 新安县 花 县	

直隶连州属三等流犯应流地方 【1743】所属计二县	
二千里	【1743】该府所属各县流犯,凡犯该流二千里者,佥发广西南宁府属宣化等县安置 【1811】直隶连州所属各县流犯,凡犯该流二千里者,发广西南宁府属宣化等县安置
二千五百里	【1743】犯该流二千五百里者,佥发湖南常德府属桃源等县安置 【1811】凡犯该流二千五百里者,发湖南常德府属桃源等县安置
三千里	【1743】犯该流三千里者,佥发湖南沅州府属芷江等县安置 【1811】凡犯该流三千里者,发湖南辰州府属辰溪等县安置
【1811】直隶连州属二县 阳山县 连山县	

韶州府属三等流犯应流地方 【1743】所属计六县	
二千里	【1743】该府所属各县流犯,凡犯该流二千里者,佥发福建福州府属闽青等县安置 【1811】韶州府所属各县流犯,凡犯该流二千里者,发福建福州府属古田等县安置
二千五百里	【1743】犯该流二千五百里者,佥发贵州思州府属青溪等县安置 【1811】凡犯该流二千五百里者,发贵州思州府属青溪等县安置
三千里	【1743】犯该流三千里者,佥发河南归德府属永城等县安置 【1811】凡犯该流三千里者,发贵州贵阳府属龙里等县安置
【1811】韶州府属六县 曲江县　乐昌县　仁化县　乳源县　翁源县　英德县	

【1743】南雄府属三等流犯应流地方 所属计二县 【1811】直隶南雄州属三等流犯应流地方	
二千里	【1743】该府所属各县流犯,凡犯该流二千里者,佥发浙江衢州府属龙游等县安置 【1811】直隶南雄州所属该县流犯,凡犯该流二千里者,发浙江衢州府属西安等县安置
二千五百里	【1743】犯该流二千五百里者,佥发广西柳州府属柳城等县安置 【1811】凡犯该流二千五百里者,发广西柳州府属来宾等县安置
三千里	【1743】犯该流三千里者,佥发湖南常德府属武陵等县安置 【1811】凡犯该流三千里者,发湖南常德府属武陵等县安置
【1811】直隶南雄州属一县 始兴县	

惠州府属三等流犯应流地方 【1743】所属计一州九县	
二千里	【1743】该府所属各县流犯,凡犯该流二千里者,佥发江西吉安府属万安等县安置 【1811】惠州府所属各州县流犯,凡犯该流二千里者,发江西赣州府属雩都等县安置
二千五百里	【1743】犯该流二千五百里者,佥发江西临江府属清江等县安置 【1811】凡犯该流二千五百里者,发江西临江府属新淦等县安置
三千里	【1743】犯该流三千里者,佥发江西九江府属德化等县安置 【1811】凡犯该流三千里者,发江西抚州府属东乡等县安置
【1811】惠州府属一州九县 归善县　博罗县　长宁县　永安县　海丰县　陆丰县　龙川县　连平州　河源县　和平县	

潮州府属三等流犯应流地方 【1743】所属计九县	
二千里	【1743】该府所属各县流犯,凡犯该流二千里者,佥发江西南康府属建昌等县安置 【1811】潮州府所属各县流犯,凡犯该流二千里者,发江西南康府属建昌等县安置
二千五百里	【1743】犯该流二千五百里者,佥发江南安庆府属桐城等县安置 【1811】凡犯该流二千五百里者,发安徽安庆府属潜山等县安置
三千里	【1743】犯该流三千里者,佥发江南凤阳府属定远等县安置 【1811】凡犯该流三千里者,发安徽凤阳府属定远等县安置
【1811】潮州府属九县 海阳县　丰顺县　潮阳县　揭阳县　饶平县　惠来县　大埔县　澄海县　普宁县	

<table>
<tr><td colspan="2">【1743】直隶嘉应州属三等流犯应流地方
所属计4县
【1811】嘉应府属三等流犯应流地方</td></tr>
<tr><td>二千里</td><td>【1743】该州所属各县流犯,凡犯该流二千里者,佥发江西广信府属兴安等县安置
【1811】嘉应府所属各县流犯,凡犯该流二千里者,发江西广信府属弋阳等县安置</td></tr>
<tr><td>二千五百里</td><td>【1743】犯该流二千五百里者,佥发湖南衡州府属衡阳等县安置
【1811】凡犯该流二千五百里者,发广西南宁府属宣化等县安置</td></tr>
<tr><td>三千里</td><td>【1743】犯该流三千里者,佥发湖南长沙府属宁乡等县安置
【1811】凡犯该流三千里者,发湖南长沙府属宁乡等县安置</td></tr>
<tr><td colspan="2">【1811】嘉应府属五县
程乡县　长乐县　兴宁县　平远县　镇平县</td></tr>
</table>

<table>
<tr><td colspan="2">肇庆府属三等流犯应流地方
【1743】所属计一州十二县</td></tr>
<tr><td>二千里</td><td>【1743】该府所属各州县流犯,凡犯该流二千里者,佥发湖南长沙府属宁乡等县安置
【1811】肇庆府所属各州县流犯,凡犯该流二千里者,发江西临江府属峡江等县安置</td></tr>
<tr><td>二千五百里</td><td>【1743】犯该流二千五百里者,佥发江西九江府属德安等县安置
【1811】凡犯该流二千五百里者,发江西九江府属德安等县安置</td></tr>
<tr><td>三千里</td><td>【1743】犯该流三千里者,佥发湖北荆州府属宜都等县安置
【1811】凡犯该流三千里者,发湖北荆州府属枝江等县安置</td></tr>
<tr><td colspan="2">【1811】肇庆府属一州十二县
高要县　四会县　新兴县　阳春县　阳江县　高明县　恩平县　广宁县　开平县
鹤山县　德庆州　封川县　开建县</td></tr>
</table>

高州府属三等流犯应流地方 【1743】所属计一州五县	
二千里	【1743】该府所属各州县流犯,凡犯该流二千里者,佥发广西南宁府属宣化等县安置 【1811】高州府所属各州县流犯,凡犯该流二千里者,发广西南宁府属宣化等县安置
二千五百里	【1743】犯该流二千五百里者,佥发湖南长沙府属湘潭等县安置 【1811】凡犯该流二千五百里者,发江西吉安府属万安等县安置
三千里	【1743】犯该流三千里者,佥发湖南常德府属龙阳等县安置 【1811】凡犯该流三千里者,发湖南常德府属龙阳等县安置
【1811】高州府属一州五县 茂名县　电白县　信宜县　化　州　吴川县　石城县	

廉州府属三等流犯应流地方 【1743】所属计一州二县	
二千里	【1743】该府所属各州县流犯,凡犯该流二千里者,佥发本省惠州府属海丰等县安置 【1811】廉州府所属各州县流犯,凡犯该流二千里者,发广西平乐府属平乐等县安置
二千五百里	【1743】犯该流二千五百里者,佥发湖南永州府属东安等县安置 【1811】凡犯该流二千五百里者,发湖南直隶郴州属永兴等县安置
三千里	【1743】犯该流三千里者,佥发湖南衡州府属衡阳等县安置 【1811】凡犯该流三千里者,发湖南长沙府属湘潭等县安置
【1811】廉州府属一州二县 合浦县　钦　州　灵山县	

雷州府属三等流犯应流地方 【1743】所属计三县	
二千里	【1743】该府所属各县流犯，凡犯该流二千里者，佥发广西桂林府属临桂等县安置 【1811】雷州府所属各县流犯，凡犯该流二千里者，发广西桂林府属阳朔等县安置
二千五百里	【1743】犯该流二千五百里者，佥发湖南沅州府属芷江等县安置 【1811】凡犯该流二千五百里者，发湖南直隶靖州属通道等县安置
三千里	【1743】犯该流三千里者，佥发贵州都匀府属清平等县安置 【1811】凡犯该流三千里者，发贵州思州府属玉屏等县安置
【1811】雷州府属三县 海康县　遂溪县　徐闻县	

琼州府属三等流犯应流地方 【1743】所属计三州十县	
二千里	【1743】该府所属各州县流犯，凡犯该流二千里者，佥发广西柳州府属融县等县安置 【1811】琼州府所属各州县流犯，凡犯该流二千里者，发广西柳州府属来宾等县安置
二千五百里	【1743】犯该流二千五百里者，佥发湖南直隶靖州等州县安置 【1811】凡犯该流二千五百里者，发广西桂林府属兴安等县安置
三千里	【1743】犯该流三千里者，佥发贵州思州府属玉屏等县安置 【1811】凡犯该流三千里者，发湖南直隶靖州并所属各县安置
【1811】琼州府属三州十县 琼山县　澄迈县　定安县　文昌县　会同县　乐会县　临高县　儋　州　昌化县 万　州　陵水县　崖　州　感恩县	

直隶罗定州属三等流犯应流地方 【1743】所属计二县	
二千里	【1743】该府所属各县流犯,凡犯该流二千里者,佥发湖南沅州府属黔阳等县安置 【1811】直隶罗定州所属各县流犯,凡犯该流二千里者,发湖南直隶靖州属会同等县安置
二千五百里	【1743】犯该流二千五百里者,佥发贵州镇远府属施秉等县安置 【1811】凡犯该流二千五百里者,发贵州镇远府属镇远等县安置
三千里	【1743】犯该流三千里者,佥发贵州安顺府属清镇等县安置 【1811】凡犯该流三千里者,发贵州贵阳府属贵筑等县安置
【1811】直隶罗定州属二县 东安县　西宁县	

广 西 省

桂林府属三等流犯应流地方 【1743】所属计二州七县	
二千里	【1743】该府所属各州县流犯,凡犯该流二千里者,佥发江西吉安府属龙泉等县安置 【1811】桂林府所属各州县流犯,凡犯该流二千里者,发江西吉安府属万安等县安置
二千五百里	【1743】犯该流二千五百里者,佥发江西建昌府属南城等县安置 【1811】凡犯该流二千五百里者,发江西赣州府属会昌等县安置
三千里	【1743】犯该流三千里者,佥发江西广信府属上饶等县安置 【1811】凡犯该流三千里者,发浙江严州府属桐庐等县安置
【1811】桂林府属二州七县 临桂县 兴安县 灵川县 阳朔县 永宁州 永福县 义宁县 全 州 灌阳县	

柳州府属三等流犯应流地方 【1743】所属计一州七县	
二千里	【1743】该府所属各州县流犯,凡犯该流二千里者,佥发广东惠州府属归善等县安置 【1811】柳州府所属各州县流犯,凡犯该流二千里者,发湖北武昌府属蒲圻等县安置
二千五百里	【1743】犯该流二千五百里者,佥发湖北安陆府属钟祥等县安置 【1811】凡犯该流二千五百里者,发湖北汉阳府属孝感等县安置
三千里	【1743】犯该流三千里者,佥发河南南阳府属南阳等县安置 【1811】凡犯该流三千里者,发河南汝宁府属确山等县安置
【1811】柳州府属一州七县 马平县 雒容县 罗城县 柳城县 怀远县 来宾县 融 县 象 州	

庆远府属三等流犯应流地方 【1743】所属计四州四县	
二千里	【1743】该府所属各州县流犯,凡犯该流二千里者,佥发云南临安府属通海等县安置 【1811】庆远府所属各州县流犯,凡犯该流二千里者,发湖南常德府属龙阳等县安置
二千五百里	【1743】犯该流二千五百里者,佥发云南曲靖府属南宁等县安置 【1811】凡犯该流二千五百里者,发湖南辰州府属沅陵等县安置
三千里	【1743】犯该流三千里者,佥发云南楚雄府属定远等县安置 【1811】凡犯该流三千里者,发贵州思州府属清溪等县安置
【1811】庆远府属四州四县 宜山县　天河县　河池州　思恩县　东兰州　忻城县　南丹州　那地州	

思恩府属三等流犯应流地方 【1743】所属计二州三县	
二千里	【1743】该府所属各州县流犯,凡犯该流二千里者,佥发湖南沅州府属芷江等县安置 【1811】思恩府所属各州县流犯,凡犯该流二千里者,发湖南长沙府属善化等县安置
二千五百里	【1743】犯该流二千五百里者,佥发湖北荆州府属公安等县安置 【1811】凡犯该流二千五百里者,发湖南岳州府属华容等县安置
三千里	【1743】犯该流三千里者,佥发河南南阳府属南阳等县安置 【1811】凡犯该流三千里者,发湖北汉阳府属汉川等县安置
【1811】思恩府属二州三县 武缘县　宾　州　迁江县　上林县　田　州	

泗城府属三等流犯应流地方 【1743】所属计一州二县	
二千里	【1743】该府所属各州县流犯,凡犯该流二千里者,佥发湖南常德府属武陵等县安置 【1811】泗城府所属各州县流犯,凡犯该流二千里者,发本省桂林府属兴安等县安置
二千五百里	【1743】犯该流二千五百里者,佥发湖北宜昌府属东湖等县安置 【1811】凡犯该流二千五百里者,发湖南衡州府属清泉等县安置
三千里	【1743】犯该流三千里者,佥发河南南阳府属唐县等县安置 【1811】凡犯该流三千里者,发湖南长沙府属宁乡等县安置
【1811】泗城府属一州二县 凌云县 西隆州 西林县	

平乐府属三等流犯应流地方 【1743】所属计一州七县	
二千里	【1743】该府所属各州县流犯,凡犯该流二千里者,佥发湖南辰州府属沅陵等县安置 【1811】平乐府所属各州县流犯,凡犯该流二千里者,发湖北荆州府属公安等县安置
二千五百里	【1743】犯该流二千五百里者,佥发贵州大定府属毕节等县安置 【1811】凡犯该流二千五百里者,发贵州安顺府属镇宁等县安置
三千里	【1743】犯该流三千里者,佥发四川龙安府属石泉等县安置 【1811】凡犯该流三千里者,发四川夔州府属巫山等县安置
【1811】平乐府属一州七县 平乐县 恭城县 富川县 贺 县 荔浦县 修仁县 昭平县 永安州	

梧州府属三等流犯应流地方 【1743】所属计五县	
二千里	【1743】该府所属各县流犯,凡犯该流二千里者,佥发四川叙州府属永宁等县安置 【1811】梧州府所属各县流犯,凡犯该流二千里者,发湖南长沙府属益阳等县安置
二千五百里	【1743】犯该流二千五百里者,佥发四川顺庆府属营山等县安置 【1811】凡犯该流二千五百里者,发湖北荆州府属公安等县安置
三千里	【1743】犯该流三千里者,佥发四川宁远府属西昌等县安置 【1811】凡犯该流三千里者,发贵州安顺府属镇宁等州县安置
【1811】梧州府属五县 苍梧县　藤　县　容　县　岑溪县　怀集县	

直隶郁林州属三等流犯应流地方 【1743】所属计四县	
二千里	【1743】该州所属各县流犯,凡犯该流二千里者,佥发四川叙州府属永宁等县安置 【1811】直隶郁林州所属各县流犯,凡犯该流二千里者,发湖南直隶靖州并所属各县安置
二千五百里	【1743】犯该流二千五百里者,佥发四川顺庆府属营山等县安置 【1811】凡犯该流二千五百里者,发湖南常德府属龙阳等县安置
三千里	【1743】犯该流三千里者,佥发河南陕州属灵宝等县安置 【1811】凡犯该流三千里者,发江西吉安府属庐陵等县安置
【1811】直隶郁林州属四县 博白县　北流县　陆川县　兴业县	

浔州府属三等流犯应流地方 【1743】所属计四县	
二千里	【1743】该府所属各县流犯,凡犯该流二千里者,佥发云南云南府属昆明等县安置 【1811】浔州府所属各县流犯,凡犯该流二千里者,发湖南长沙府属宁乡等县安置
二千五百里	【1743】犯该流二千五百里者,佥发云南临安府属建水等州县及通海等县安置 【1811】凡犯该流二千五百里者,发湖北武昌府属蒲圻等县安置
三千里	【1743】犯该流三千里者,佥发四川泸州属合江等县安置 【1811】凡犯该流三千里者,发湖北宜昌府属东湖等县安置
【1811】浔州府属四县 桂平县　平南县　贵　县　武宣县	

南宁府属三等流犯应流地方 【1743】所属计三州三县	
二千里	【1743】该府所属各州县流犯,凡犯该流二千里者,佥发云南临安府属通海等县安置 【1811】南宁府所属各州县流犯,凡犯该流二千里者,发湖南直隶靖州属会同等县安置
二千五百里	【1743】犯该流二千五百里者,佥发贵州平越府属瓮安等县安置 【1811】凡犯该流二千五百里者,发贵州镇远府属镇远等县安置
三千里	【1743】犯该流三千里者,佥发广东潮州府属海阳等县并嘉应州等处安置 【1811】凡犯该流三千里者,发广东嘉应府属程乡等县安置
【1811】南宁府属六州三县 宣化县　新宁州　隆安县　横　州　永淳县　上思州　归德州　果化州　忠　州	

镇安府属三等流犯应流地方 【1743】所属计五州一县	
二千里	【1743】该府所属各州县流犯,凡犯该流二千里者,佥发本省柳州府属马平等县并浔州府属武宣等县安置 【1811】镇安府所属各州县流犯,凡犯该流二千里者,发本省桂林府属全州等州县并梧州府属苍梧等县安置
二千五百里	【1743】犯该流二千五百里者,佥发本省梧州府属苍梧等县并郁林州等处安置 【1811】凡犯该流二千五百里者,发广东广州府属增城等县安置
三千里	【1743】犯该流三千里者,佥发广东广州府属南海等县安置 【1811】凡犯该流三千里者,发广东惠州府属海丰等县安置
【1811】镇安府属五州一县 天保县　下雷州　奉议州　归顺州　向武州　都康州	

【1811】太平府三等流犯应流地方	
二千里	【1811】太平府所属各州县流犯,凡犯该流二千里者,发湖南宝庆府属邵阳等县安置
二千五百里	【1811】凡犯该流二千五百里者,发广东惠州府属海丰等县安置
三千里	【1811】凡犯该流三千里者,发湖北武昌府属咸宁等县安置
【1811】太平府属十八州二县 崇善县　养利州　左　州　永康州　罗阳县　万承州　思陵州　宁明州　凭祥州 太平州　安平州　茗盈州　结安州　佶伦州　龙英州　都结州　龙　州　江　州 思　州　上下冻州	

云 南 省

云南府属三等流犯应流地方 【1743】所属计四州七县	
二千里	【1743】该府所属各州县流犯,凡犯该流二千里者,佥发四川资州属仁寿等县安置 【1811】云南府所属各州县流犯,凡犯该流二千里者,发四川直隶资州属资阳等县安置
二千五百里	【1743】犯该流二千五百里者,佥发四川叙州府属永宁等县并泸州属纳溪等县安置 【1811】凡犯该流二千五百里者,发四川直隶绵州属梓潼等县安置
三千里	【1743】犯该流三千里者,佥发四川重庆府属江津等县并酉阳州属彭水等县安置 【1811】凡犯该流三千里者,发四川夔州府属巫山等县安置
【1811】云南府属四州七县 昆明县 富民县 宜良县 嵩明州 晋宁州 呈贡县 安宁州 罗次县 禄丰县 昆阳州 易门县	

大理府属三等流犯应流地方 【1743】所属计四州三县	
二千里	【1743】该府所属各州县流犯,凡犯该流二千里者,佥发广西庆远府属宜山等县及河池州安置 【1811】大理府所属各州县流犯,凡犯该流二千里者,发贵州贵阳府属贵筑等县安置
二千五百里	【1743】犯该流二千五百里者,佥发湖南永州府属零陵等县并宝庆府属新宁等县安置 【1811】凡犯该流二千五百里者,发贵州镇远府属镇远等县安置
三千里	【1743】犯该流三千里者,佥发湖南常德府属龙阳等县安置 【1811】凡犯该流三千里者,发湖南沅州府属芷江等县安置
【1811】大理府属四州三县 太和县 赵 州 云南县 邓川州 浪穹县 宾川州 云龙州	

临安府属三等流犯应流地方 【1743】所属计四州四县	
二千里	【1743】该府所属各州县流犯,凡犯该流二千里者,佥发四川成都府属成都等县安置 【1811】临安府所属各州县流犯,凡犯该流二千里者,发四川叙州府属隆昌等县安置
二千五百里	【1743】犯该流二千五百里者,佥发四川重庆府属江津等县安置 【1811】凡犯该流二千五百里者,发四川重庆府属长寿等县安置
三千里	【1743】犯该流三千里者,佥发四川顺庆府属西充等县安置 【1811】凡犯该流三千里者,发四川直隶绵州属梓潼等县安置
【1811】临安府属三州五县 建水县　石屏州　阿迷州　宁　州　通海县　河西县　嶍峨县　蒙自县	

楚雄府属三等流犯应流地方 【1743】所属计二州三县	
二千里	【1743】该府所属各州县流犯,凡犯该流二千里者,佥发广西庆远府属宜山等县安置 【1811】楚雄府所属各州县流犯,凡犯该流二千里者,发贵州镇远府属黄平等州县安置
二千五百里	【1743】犯该流二千五百里者,佥发广西桂林府属临桂等县安置 【1811】凡犯该流二千五百里者,发广西柳州府属柳城等县安置
三千里	【1743】犯该流三千里者,佥发湖南永州府属东安等县并宝庆府属新宁等县安置 【1811】凡犯该流三千里者,发湖南常德府属桃源等县安置
【1811】楚雄府属三州四县 楚雄县　定远县　广通县　南安州　镇南州　姚　州　大姚县	

澂江府属三等流犯应流地方 【1743】所属计二州二县	
二千里	【1743】该府所属各州县流犯，凡犯该流二千里者，佥发四川成都府属成都等县安置 【1811】澂江府所属各县流犯，凡犯该流二千里者，发四川直隶资州属资阳等县安置
二千五百里	【1743】犯该流二千五百里者，佥发四川茂州属汶川等县安置 【1811】凡犯该流二千五百里者，发四川直隶茂州属汶川县安置
三千里	【1743】犯该流三千里者，佥发广东广州府属南海等县安置 【1811】凡犯该流三千里者，发广西平乐府属平乐等县安置
【1811】澂江府属二州二县 河阳县　江川县　新兴州　路南州	

【1743】景东府属三等流犯应流地方 【1811】直隶景东厅三等流犯应流地方	
二千里	【1743】该府流犯，凡犯该流二千里者，佥发广西庆远府属宜山等县安置 【1811】直隶景东厅流犯，凡犯该流二千里者，发贵州安顺府属永宁等州县安置
二千五百里	【1743】犯该流二千五百里者，佥发广西桂林府属临桂等县安置 【1811】凡犯该流二千五百里者，发贵州贵阳府属贵定等县安置
三千里	【1743】犯该流三千里者，佥发湖南永州府属东安等县安置 【1811】凡犯该流三千里者，发贵州思州府属玉屏等县安置

<table>
<tr><td colspan="2">广南府属三等流犯应流地方
【1743】所属一县</td></tr>
<tr><td>二千里</td><td>【1743】该府所属该县流犯,凡犯该流二千里者,佥发本省大理府属太和等县安置
【1811】广南府所属该县流犯,凡犯该流二千里者,发贵州安顺府属安平等县安置</td></tr>
<tr><td>二千五百里</td><td>【1743】犯该流二千五百里者,佥发本省永昌府属保山等县安置
【1811】凡犯该流二千五百里者,发本省永昌府属腾越等州县安置</td></tr>
<tr><td>三千里</td><td>【1743】犯该流三千里者,佥发湖南岳州府属巴陵等县安置
【1811】凡犯该流三千里者,发湖南辰州府属辰溪等县安置</td></tr>
<tr><td colspan="2">【1811】广南府属一县
宝宁县</td></tr>
</table>

<table>
<tr><td colspan="2">【1743】广西府属三等流犯应流地方
所属计二州
【1811】直隶广西州三等流犯应流地方</td></tr>
<tr><td>二千里</td><td>【1743】该府所属各州流犯,凡犯该流二千里者,佥发本省永昌府属保山等县安置
【1811】直隶广西州所属各县流犯,凡犯该流二千里者,发本省永昌府属腾越等州县安置</td></tr>
<tr><td>二千五百里</td><td>【1743】犯该流二千五百里者,佥发广西郁林州属陆川等县安置
【1811】凡犯该流二千五百里者,发四川成都府属成都等县安置</td></tr>
<tr><td>三千里</td><td>【1743】犯该流三千里者,佥发广东广州府属南海等县安置
【1811】凡犯该流三千里者,发广西桂林府属临桂等县安置</td></tr>
<tr><td colspan="2">【1811】直隶广西州属二县
师宗县　弥勒县</td></tr>
</table>

<table>
<tr><td colspan="2">顺宁府属三等流犯应流地方
【1743】所属一州</td></tr>
<tr><td>二千里</td><td>【1743】该府所属该州流犯，凡犯该流二千里者，佥发广西庆远府属宜山等县安置
【1811】顺宁府所属各州县流犯，凡犯该流二千里者，发贵州安顺府属永宁等州县安置</td></tr>
<tr><td>二千五百里</td><td>【1743】犯该流二千五百里者，佥发湖南永州府属零陵等县安置
【1811】凡犯该流二千五百里者，发贵州贵阳府属贵定等县安置</td></tr>
<tr><td>三千里</td><td>【1743】犯该流三千里者，佥发湖南长沙府属长沙等县并常德府属桃源等县安置
【1811】凡犯该流三千里者，发贵州思州府属玉屏等县安置</td></tr>
<tr><td colspan="2">【1811】顺宁府属一州一县
顺宁县　云　州</td></tr>
</table>

<table>
<tr><td colspan="2">曲靖府属三等流犯应流地方
【1743】所属计六州二县</td></tr>
<tr><td>二千里</td><td>【1743】该府所属各州县流犯，凡犯该流二千里者，佥发四川成都府属成都等县安置
【1811】曲靖府所属各州县流犯，凡犯该流二千里者，发四川直隶绵州属德阳等县安置</td></tr>
<tr><td>二千五百里</td><td>【1743】犯该流二千五百里者，佥发湖南永州府属东安等县安置
【1811】凡犯该流二千五百里者，发湖南常德府属龙阳等县安置</td></tr>
<tr><td>三千里</td><td>【1743】犯该流三千里者，佥发湖南衡州府属衡阳等县安置
【1811】凡犯该流三千里者，发湖南长沙府属湘潭等县安置</td></tr>
<tr><td colspan="2">【1811】曲靖府属六州二县
南宁县　霑益州　陆凉州　罗平州　马龙州　寻甸州　平彝县　宣威州</td></tr>
</table>

【1743】姚安府①属三等流犯应流地方 所属计一州一县	
二千里	【1743】该府所属各州县流犯,凡犯该流二千里者,佥发广西思恩府属迁江等县安置
二千五百里	【1743】犯该流二千五百里者,佥发广东高州府属信宜等县安置
三千里	【1743】犯该流三千里者,佥发广东肇庆府属高要等县安置

【1743】鹤庆府②属三等流犯应流地方 所属一州	
二千里	【1743】该府所属该州流犯,凡犯该流二千里者,佥发本省曲靖府属南宁等县安置
二千五百里	【1743】犯该流二千五百里者,佥发广西庆远府属宜山等县安置
三千里	【1743】犯该流三千里者,佥发广西桂林府属临桂等县安置

【1743】武定府属三等流犯应流地方 所属计二州一县 【1811】直隶武定州三等流犯应流地方	
二千里	【1743】该府所属各州县流犯,凡犯该流二千里者,佥发广西思恩府属迁江等县安置 【1811】直隶武定州所属各县流犯,凡犯该流二千里者,发贵州黎平府属永从等县安置
二千五百里	【1743】犯该流二千五百里者,佥发广西南宁府属宣化等县安置 【1811】凡犯该流二千五百里者,发广西柳州府属马平等县安置
三千里	【1743】犯该流三千里者,佥发广东连州府属连山等县安置 【1811】凡犯该流三千里者,发广西平乐府属平乐等县安置
【1811】直隶武定州属二县 元谋县 禄劝县	

① 乾隆三十五年(1770)废置。
② 乾隆三十五年(1770)降为鹤庆州,隶丽江府。

<table>
<tr><td colspan="2">丽江府属三等流犯应流地方</td></tr>
<tr><td>二千里</td><td>【1743】该府流犯，凡犯该流二千里者，佥发本省曲靖府属南宁等县安置
【1811】丽江府所属各州县流犯，凡犯该流二千里者，发贵州兴义府属安南等县安置</td></tr>
<tr><td>二千五百里</td><td>【1743】犯该流二千五百里者，佥发广西柳州府属马平等县安置
【1811】凡犯该流二千五百里者，发贵州贵阳府属贵定等县安置</td></tr>
<tr><td>三千里</td><td>【1743】犯该流三千里者，佥发广西桂林府属临桂等县安置
【1811】凡犯该流三千里者，发贵州黎平府属永从等县安置</td></tr>
<tr><td colspan="2">【1811】丽江府属二州一县
丽江县　鹤庆州　剑川州</td></tr>
</table>

<table>
<tr><td colspan="2">【1743】元江府属三等流犯应流地方
所属一县
【1811】直隶元江州三等流犯应流地方</td></tr>
<tr><td>二千里</td><td>【1743】该府所属该县流犯，凡犯该流二千里者，佥发四川成都府属成都等县并资州及所属各县安置
【1811】直隶元江州所属该县流犯，凡犯该流二千里者，发四川直隶泸州属纳溪等县安置</td></tr>
<tr><td>二千五百里</td><td>【1743】犯该流二千五百里者，佥发四川重庆府属江津等县安置
【1811】凡犯该流二千五百里者，发四川重庆府属巴县等县安置</td></tr>
<tr><td>三千里</td><td>【1743】犯该流三千里者，佥发四川顺庆府属西充等县安置
【1811】凡犯该流三千里者，发四川直隶资州并所属各县安置</td></tr>
<tr><td colspan="2">【1811】直隶元江州属一县
新平县</td></tr>
</table>

普洱府属三等流犯应流地方 【1743】所属一县	
二千里	【1743】该府所属该县流犯,凡犯该流二千里者,佥发四川成都府属成都等县安置 【1811】普洱府所属该县流犯,凡犯该流二千里者,发贵州大定府属毕节等县安置
二千五百里	【1743】犯该流二千五百里者,佥发四川重庆府属江津等县安置 【1811】凡犯该流二千五百里者,发四川叙州府属隆昌等县安置
三千里	【1743】犯该流三千里者,佥发四川顺庆府属西充等县安置 【1811】凡犯该流三千里者,发四川成都府属简州等州县安置
【1811】普洱府属一县 宁洱县	

【1743】蒙化府属三等流犯应流地方 【1811】直隶蒙化厅三等流犯应流地方	
二千里	【1743】该府流犯,凡犯该流二千里者,佥发广西柳州府属马平等县安置 【1811】直隶蒙化厅流犯,凡犯该流二千里者,发贵州贵阳府属龙里等县安置
二千五百里	【1743】犯该流二千五百里者,佥发湖南永州府属零陵等县安置 【1811】凡犯该流二千五百里者,发贵州思州府属清溪等县安置
三千里	【1743】犯该流三千里者,佥发湖南长沙府属长沙等县并常德府属龙阳等县安置 【1811】凡犯该流三千里者,发湖南辰州府属辰溪等县安置

永昌府属三等流犯应流地方 【1743】所属计一州二县	
二千里	【1743】该府所属各州县流犯，凡犯该流二千里者，佥发本省临安府属通海等县及建水等州安置 【1811】永昌府所属各州县流犯，凡犯该流二千里者，发本省临安府属宁州等州县安置
二千五百里	【1743】犯该流二千五百里者，佥发广西柳州府属马平等县并思恩府属迁江等县安置 【1811】凡犯该流二千五百里者，发贵州贵阳府属贵筑等县安置
三千里	【1743】犯该流三千里者，佥发广西南宁府属宣化等县安置 【1811】凡犯该流三千里者，发贵州都匀府属都江等厅县安置
【1811】永昌府属一州二县 保山县　永平县　腾越州	

【1743】永北府属三等流犯应流地方 【1811】直隶永北厅三等流犯应流地方	
二千里	【1743】该府流犯，凡犯该流二千里者，佥发本省曲靖府属南宁等县安置 【1811】直隶永北厅流犯，凡犯该流二千里者，发贵州安顺府属镇宁等州县安置
二千五百里	【1743】犯该流二千五百里者，佥发广西庆远府属宜山等县安置 【1811】凡犯该流二千五百里者，发贵州都匀府属都匀等县安置
三千里	【1743】犯该流三千里者，佥发广西桂林府属临桂等县安置 【1811】凡犯该流三千里者，发广西柳州府属怀远等县安置

开化府属三等流犯应流地方 【1743】所属一县	
二千里	【1743】该府所属该县流犯，凡犯该流二千里者，佥发四川资州府属仁寿等县安置 【1811】开化府所属该县流犯，凡犯该流二千里者，发贵州贵阳府属龙里等县安置
二千五百里	【1743】犯该流二千五百里者，佥发四川重庆府属江津等县安置 【1811】凡犯该流二千五百里者，发四川重庆府属永川等县安置
三千里	【1743】犯该流三千里者，佥发四川顺庆府属西充等县安置 【1811】凡犯该流三千里者，发四川成都府属汉州等州县安置
【1811】开化府属一县 文山县	

东川府属三等流犯应流地方 【1743】所属一县	
二千里	【1743】该府所属该县流犯，凡犯该流二千里者，佥发四川保宁府属阆中等县安置 【1811】东川府所属该县流犯，凡犯该流二千里者，发四川成都府属新都等县安置
二千五百里	【1743】犯该流二千五百里者，佥发广东肇庆府属高明等县安置 【1811】凡犯该流二千五百里者，发广西桂林府属阳朔等县安置
三千里	【1743】犯该流三千里者，佥发广东惠州府属归善等县安置 【1811】凡犯该流三千里者，发陕西汉中府属宁羌等州县安置
【1811】东川府属一县 会泽县	

【1743】镇沅府属三等流犯应流地方 所属一县 【1811】直隶镇沅州三等流犯应流地方	
二千里	【1743】该府所属该县流犯,凡犯该流二千里者,佥发广西庆远府属宜山等县并南宁府属新宁等州县安置 【1811】直隶镇沅州所属该县流犯,凡犯该流二千里者,发贵州直隶普安州安置
二千五百里	【1743】犯该流二千五百里者,佥发广西桂林府属临桂等县安置 【1811】凡犯该流二千五百里者,发贵州安顺府属安平等县安置
三千里	【1743】犯该流三千里者,佥发湖南永州府属东安等县安置 【1811】凡犯该流三千里者,发贵州镇远府属施秉等县安置
【1811】直隶镇沅州属一县 恩乐县	

昭通府属三等流犯应流地方 【1743】所属计一州二县	
二千里	【1743】该府所属各州县流犯,凡犯该流二千里者,佥发四川保宁府属阆中等县安置 【1811】昭通府所属各县流犯,凡犯该流二千里者,发四川直隶绵州属梓潼等县安置
二千五百里	【1743】犯该流二千五百里者,佥发广东广州府属三水等县安置 【1811】凡犯该流二千五百里者,发广西桂林府属阳朔等县安置
三千里	【1743】犯该流三千里者,佥发广东惠州府属归善等县安置 【1811】凡犯该流三千里者,发广西平乐府属贺县等县安置
【1811】昭通府属一州二县 恩安县　永善县　镇雄州	

贵州省

贵阳府属三等流犯应流地方 【1743】所属计三州四县	
二千里	【1743】该府所属各州县流犯,凡犯该流二千里者,佥发湖南衡州府属衡山等县安置 【1811】贵阳府所属各州县流犯,凡犯该流二千里者,发湖南长沙府属湘乡等县安置
二千五百里	【1743】犯该流二千五百里者,佥发湖南直隶郴州属永兴等县安置 【1811】凡犯该流二千五百里者,发湖南衡州府属耒阳等县安置
三千里	【1743】犯该流三千里者,佥发广东韶州府属曲江等县安置 【1811】凡犯该流三千里者,发广东韶州府属曲江等县安置
【1811】贵阳府属三州四县 贵筑县　龙里县　贵定县　修文县　开　州　定番州　广顺州	

思州府属三等流犯应流地方 【1743】所属计二县	
二千里	【1743】该府所属各县流犯,凡犯该流二千里者,佥发湖北武昌府属江夏等县安置 【1811】思州府所属各县流犯,凡犯该流二千里者,发湖北武昌府属江夏等县安置
二千五百里	【1743】犯该流二千五百里者,佥发广东韶州府属英德等县安置 【1811】凡犯该流二千五百里者,发广东韶州府属曲江等县安置
三千里	【1743】犯该流三千里者,佥发广东广州府属三水等县安置 【1811】凡犯该流三千里者,发广东广州府属清远等县安置
【1811】思州府属二县 玉屏县　清溪县	

思南府属三等流犯应流地方 【1743】所属计三县	
二千里	【1743】该府所属各县流犯，凡犯该流二千里者，佥发湖北安陆府属天门等县安置 【1811】思南府所属各县流犯，凡犯该流二千里者，发湖北安陆府属天门等县安置
二千五百里	【1743】犯该流二千五百里者，佥发湖北黄州府属黄冈等县安置 【1811】凡犯该流二千五百里者，发江西南昌府属丰城等县安置
三千里	【1743】犯该流三千里者，佥发江西九江府属彭泽等县、徽州府属祁门等县安置 【1811】凡犯该流三千里者，发安徽安庆府属太湖等县安置
【1811】思南府属三县 安化县　婺川县　印江县	

镇远府属三等流犯应流地方 【1743】所属计三县	
二千里	【1743】该府所属各县流犯，凡犯该流二千里者，佥发湖南直隶郴州属永兴等县安置 【1811】镇远府所属各州县流犯，凡犯该流二千里者，发湖南衡州府属耒阳等县安置
二千五百里	【1743】犯该流二千五百里者，佥发广东韶州府属曲江等县安置 【1811】凡犯该流二千五百里者，发广东韶州府属乐昌等县安置
三千里	【1743】犯该流三千里者，佥发广东广州府属清远等县安置 【1811】凡犯该流三千里者，发江西南安府属大庾等县安置
【1811】镇远府属一州三县 镇远县　施秉县　天柱县　黄平州	

石阡府属三等流犯应流地方 【1743】所属一县	
二千里	【1743】该府所属该县流犯,凡犯该流二千里者,佥发四川雅州府属名山等县安置 【1811】石阡府所属该县流犯,凡犯该流二千里者,发四川成都府属新津等县安置
二千五百里	【1743】犯该流二千五百里者,佥发湖南直隶郴州、永兴等县安置 【1811】凡犯该流二千五百里者,发湖北黄州府属蕲水等县安置
三千里	【1743】犯该流三千里者,佥发广东韶州府属英德等县安置 【1811】凡犯该流三千里者,发广东韶州府属英德等县安置
【1811】石阡府属一县 龙泉县	

铜仁府属三等流犯应流地方 【1743】所属一县	
二千里	【1743】该府所属该县流犯,凡犯该流二千里者,佥发四川重庆府属荣昌等县安置 【1811】铜仁府所属该县流犯,凡犯该流二千里者,发四川重庆府属荣昌等县安置
二千五百里	【1743】犯该流二千五百里者,佥发江西南昌府属靖安等县安置 【1811】凡犯该流二千五百里者,发江西广信府属兴安等县安置
三千里	【1743】犯该流三千里者,佥发广东肇庆府属德庆州等州县安置 【1811】凡犯该流三千里者,发广东肇庆府属封川等县安置
【1811】铜仁府属一县 铜仁县	

黎平府属三等流犯应流地方 【1743】所属计三县	
二千里	【1743】该府所属各县流犯,凡犯该流二千里者,佥发湖南长沙府属醴陵等县安置 【1811】黎平府所属各县流犯,凡犯该流二千里者,发江西袁州府属萍乡等县安置
二千五百里	【1743】犯该流二千五百里者,佥发湖南直隶郴州属宜章等县安置 【1811】凡犯该流二千五百里者,发广东广州府属东莞等县安置
三千里	【1743】犯该流三千里者,佥发广东韶州府属英德等县安置 【1811】凡犯该流三千里者,发广东惠州府属龙川等县安置
【1811】黎平府属三县 开泰县　锦屏县　永从县	

安顺府属三等流犯应流地方 【1743】所属计二州三县	
二千里	【1743】该府所属各州县流犯,凡犯该流二千里者,佥发湖南长沙府属宁乡等县安置 【1811】安顺府所属各州县流犯,凡犯该流二千里者,发湖南长沙府属湘乡等县安置
二千五百里	【1743】犯该流二千五百里者,佥发湖南衡州府属耒阳等县安置 【1811】凡犯该流二千五百里者,发湖南衡州府属衡阳等县安置
三千里	【1743】犯该流三千里者,佥发广东韶州府属乐昌等县安置 【1811】凡犯该流三千里者,发江西南康府属安义等县安置
【1811】安顺府属二州三县 普定县　镇宁州　永宁州　清镇县　安平县	

【1743】南笼府①属三等流犯应流地方 所属计二州二县 【1811】兴义府三等流犯应流地方	
二千里	【1743】该府所属各州县流犯,凡犯该流二千里者,佥发湖南常德府属武陵等县安置 【1811】兴义府所属各州县流犯,凡犯该流二千里者,发湖南宝庆府属武冈等县安置
二千五百里	【1743】犯该流二千五百里者,佥发湖南长沙府属湘潭等县安置 【1811】凡犯该流二千五百里者,发湖南长沙府属善化等县安置
三千里	【1743】犯该流三千里者,佥发湖南直隶郴州属永兴等县安置 【1811】凡犯该流三千里者,发湖南衡州府属清泉等县安置
【1811】兴义府属一州二县 贞丰州 普安县 安南县	

都匀府属三等流犯应流地方 【1743】所属计二州三县	
二千里	【1743】该府所属各州县流犯,凡犯该流二千里者,佥发四川雅州府属名山等县安置 【1811】都匀府所属各厅州县流犯,凡犯该流二千里者,发四川成都府属双流等县安置
二千五百里	【1743】犯该流二千五百里者,佥发湖南直隶郴州属宜章等县安置 【1811】凡犯该流二千五百里者,发湖南直隶郴州并所属各县安置
三千里	【1743】犯该流三千里者,佥发广东韶州府属英德等县安置 【1811】凡犯该流三千里者,发广东直隶南雄州属始兴县安置
【1811】都匀府属一厅二州三县 都匀县 麻哈州 独山州 清平县 荔波县 都江厅	

① 嘉庆二年(公元1797年),南笼府更名为兴义府。

【1743】平越府属三等流犯应流地方 所属计一州四县 【1811】直隶平越州三等流犯应流地方	
二千里	【1743】该府所属各州县流犯，凡犯该流二千里者，佥发四川雅州府属名山等县安置 【1811】直隶平越州所属各县流犯，凡犯该流二千里者，发四川成都府属新津等县安置
二千五百里	【1743】犯该流二千五百里者，佥发广东韶州府属乐昌等县安置 【1811】凡犯该流二千五百里者，发湖南直隶郴州属宜章等县安置
三千里	【1743】犯该流三千里者，佥发河南开封府属郑州等州县安置 【1811】凡犯该流三千里者，发河南开封府属郑州等州县安置
【1811】直隶平越州属三县 瓮安县　湄潭县　余庆县	

大定府属三等流犯应流地方 【1743】所属计三州一县	
二千里	【1743】该府所属各州县流犯，凡犯该流二千里者，佥发四川保宁府属阆中等县安置 【1811】大定府所属各州县流犯，凡犯该流二千里者，发四川保宁府属广元等县安置
二千五百里	【1743】犯该流二千五百里者，佥发湖南衡州府属衡阳等县安置 【1811】凡犯该流二千五百里者，发湖南衡州府属衡山等县安置
三千里	【1743】犯该流三千里者，佥发湖南直隶郴州属宜章等县安置 【1811】凡犯该流三千里者，发湖南直隶郴州属宜章等县安置
【1811】大定府属三州一县 平远州　黔西州　威宁州　毕节县	

遵义府属三等流犯应流地方 【1743】所属计一州四县	
二千里	【1743】该府所属各州县流犯,凡犯该流二千里者,佥发四川雅州府属清溪等县安置 【1811】遵义府所属各州县流犯,凡犯该流二千里者,发湖南长沙府属善化等县安置
二千五百里	【1743】犯该流二千五百里者,佥发湖南直隶郴州属永兴等县安置 【1811】凡犯该流二千五百里者,发江西袁州府属分宜等县安置
三千里	【1743】犯该流三千里者,佥发江西九江府属瑞昌等县安置 【1811】凡犯该流三千里者,发江西九江府属德安等县安置
【1811】遵义府属一州四县 遵义县　桐梓县　绥阳县　正安州　仁怀县	

【1811】直隶普安州三等流犯应流地方	
二千里	【1811】直隶普安州所属该县流犯,凡犯该流二千里者,发湖南宝庆府属武冈等县安置
二千五百里	【1811】凡犯该流二千五百里者,发湖南长沙府属善化等县安置
三千里	【1811】凡犯该流三千里者,发湖南衡州府属清泉等县安置
【1811】直隶普安州属一县 兴义县	

【1811】直隶仁怀厅三等流犯应流地方	
二千里	【1811】直隶仁怀厅流犯,凡犯该流二千里者,发四川成都府属双流等县安置
二千五百里	【1811】凡犯该流二千五百里者,发湖南长沙府属宁乡等县安置
三千里	【1811】凡犯该流三千里者,发江西袁州府属分宜等县安置

五军道里表

《军卫道里表》系沿明代《邦政纪略》一书编载。因清前期各省改设府份、直隶州甚多，兵部奏请修辑《军卫道里表》，于乾隆八年(1743)成书，交与武英殿刊刻颁行。乾隆二十七年(1762)年兵部奏请续修，乾隆三十二年(1767)成书，并更名为《五军道里表》，交与武英殿刊刻颁行。乾隆四十年(1775)，兵部再请修辑，乾隆四十四年(1779)告竣，送武英殿刊刻颁行。嘉庆七年(1802)，因各省奏准裁并、增设及改名之府、厅、州、县甚多，与旧表不符，兵部请旨修辑《五军道里表》，于嘉庆十四年(1809)告竣，并将武英殿旧板抽换刊刻。此后至清末，《五军道里表》再未修辑。①

---

① 因未获乾隆三十二年(1767)本《五军道里表》，下文仅并置乾隆八年(1743)、乾隆四十四年(1779)、嘉庆十四年(1804)三个版本的《军卫道里表》《五军道里表》，并标注其沿革。

【鄂尔泰等：进呈《军卫道里表》折】(乾隆八年)

经筵讲官、太保、议政大臣、保和殿大学士，兼领侍卫内大臣，总理兵部事务，世袭三等伯，臣鄂尔泰等谨奏：为进呈《军卫道里表》事。

先经臣部奏称，查《军卫道里表》系沿明代《邦政纪略》一书编载，现今各省添设府份、直隶州，未经开载者甚多，请一并交与臣部则例馆纂辑。惟是各省府份、直隶州彼此相距道里远近，难以悬拟，行文各该督抚将《军卫道里表》未经开载之新改设各府并直隶州，详查东西南北所至道里远近核定，分别附近、边卫、边远及极边、烟瘴地方咨报，臣部纂辑附入《中枢政考》内汇奏，刊刻颁行等因具奏。奉旨："依议。钦此。"钦遵。行文直省各该督抚去后，续准各该督抚先后造册报部，于乾隆八年(1743)闰四月初三日咨复齐全在案。臣等将各省督抚造送新改设府份、直隶州军犯应行编发地方，详细检查。内有州县改设府治，并直隶州亦有州县改隶别府者，又有府、州、县陆续裁汰者，俱照现在府、州、县，按册编纂。有应行更改者，即为更改。至于已经裁汰之卫所，归并、改设州县者，其军犯即发于归并、改设之府、州、县管辖，另纂入军犯发遣总例内。谨缮汉字《军卫道里表》黄册六本，恭呈御览。俟命下之日，一并交与武英殿刊刻，附入《中枢政考》内，颁发直省一体遵行可也。为此谨奏请旨等因。

于乾隆八年(1743)六月十五日奏。

本日奉旨："知道了。钦此。"

【福隆安等：请修《五军道里表》折】（乾隆四十年）

太子太保、议政大臣、领侍卫内大臣、文渊阁提举阁事、兵部尚书、和硕额驸、一等忠勇公、臣福隆安等谨奏：为请修五军道里表事。

窃臣部《五军道里表》为定地编发军犯之书。凡应发附近、近边、边远、极边暨烟瘴等犯，俱按各直省道里之远近，开载四至，分别五军，俾可按籍查核，定例原属周详。自乾隆二十七年（1762）奏明修辑后，至今十有余年。各省督抚陆续奏准，将府、州、现裁改、添设、移驻，与原表地名互异及里数不符之处甚多。如云南省裁改武定等九府、州、县，又巴里坤新设一府一县，乌鲁木齐新设一州，安西府改为直隶州。其余各省改府设州设县者，不一而足。又如甘肃甘州府属系张掖、山丹二县，原表开载永昌县，相沿错误，急应更正。又据刑部议复浙江、广西、山西、湖北各省所属府份，有军、流人犯过多者，准令各该抚匀拨军、流数少之府属安插，亦应按照《五军道里表》里数酌定地方。若不另为详悉酌定，道里之远近少差，即与犯罪之轻重不协。事关定例，应行纂辑，相应请旨重加修辑。如蒙俞允，臣部通行各省督抚，详加查核。如有地方互异、道里多寡，及改设府、州、县之处，即行据实开报。其应改地方，移查各邻省，并接壤处所，分晰里数，造册报部。并将均匀派拨人犯，按照表内道里远近，酌定分派地方，详悉报部。如道里相符，毋庸更改者，亦均于册内将相隔路程，逐站注明。臣部按照册造，悉心参考。即于臣部司员中拣派提调、纂修等官，同加核对。所需供事，亦于臣部书吏内选充。均令其自备资斧，不必支给公费。俟纂辑完竣之日，将增改条款粘签声明，缮写黄册进呈御览，恭候钦定颁行。是否有当，伏候训示，谨奏请旨等因。

于乾隆四十年（1775）十二月初七日奏

【福隆安等:修辑《五军道里表》告竣折】(乾隆四十四年)

太子太保、议政大臣、领侍卫内大臣、文渊阁提举阁事、兵部尚书、和硕额驸、一等忠勇公、臣福隆安等谨奏:为修辑《五军道里表》告竣事。

查乾隆四十年(1775)十二月内,经臣部奏准,《五军道里表》为定地编发军犯之书,自乾隆二十七年(1762)修辑后,各省府、州、县裁改、添设、移驻,与原表地名互异、里数不符之处甚多。又各省府、州、县军流人犯过多者,应令匀拨数少之府属安插,按照表内里数酌定派拨地方。倘道里之远近少差,即与犯罪之轻重不协。请旨重加修辑,通行各省督抚详查造册送部纂辑。即于臣部司员中拣派提调、纂修等官,同加核对。所需供事,于臣部书吏内选充。令其自备资斧,不必支给公费。俟完竣之日,缮写黄册进呈,恭候钦定颁行等因具奏。奉旨:"知道了。钦此。"钦遵行文各省去后,嗣据各该督抚、府尹陆续查明造册送部。臣等督率满汉提调、纂修等官,按册确查,详加核算,将各省新设之各府暨直隶州应发五等军犯地方,逐一增纂。其有裁改、移驻等项,与原表地名、里数互异之处,以及从前原报里数稍有参差,四至地方间有不符者,俱悉心参考,核实更正。又各省册开有四至、里数相符之州、县,而原表内未经载入者,亦俱按计道里,悉行纂入。俾各省应发地方,较前倍增。人犯既得散处,防范更易周密。并将历年内外臣工奏准允行事件,定为凡例二十条,以及各省现在酌定通融派拨军犯地方,列入首册,以便遵循。分辑十八卷,敬缮黄册三十八本,于增改之处逐一粘签,恭呈御览,伏候钦定,发下臣部另缮副本,移送武英殿刊刻颁行。除臣等及满汉提调、纂修各官,不敢仰邀议叙外,至额设供事二十六名,系奏明自备资斧,并不开销公项,与各馆支食公费者迥异。今已纂辑完竣,该供事等效力有年,应否照臣部则例馆书成一体议叙之处,出自圣恩。仍俟该供事等办理副本完竣后,始准回籍。为此谨奏请旨等因。

于乾隆四十四年(1779)十二月十三日奏。

本日奉旨:"知道了。书伺候看。钦此。"

【兵部：请旨修辑《五军道里表》折】（嘉定七年）

兵部谨奏：为请旨事。

窃查臣部《五军道里表》为定地编发军犯之书，凡应发附近、近边、边远、极边、烟瘴等犯，均按照各直省道里远近分别编发。定例周详，中外遵行各在案。自乾隆二十七年（1762）奏明修辑，复于乾隆四十年（1775）经原任尚书、公、臣福隆安等奏请重加修订后，迄今已二十余年未经重辑。伏思编军定地，必须里数相符，远近稍有参差，罪名即无分轻重。查近年以来，据各督抚陆续奏准裁并、增设及改名之府、厅、州、县甚多，均与旧表不符。若不随时更正，诚恐办理多歧。况现应纂入《会典》尤宜细加厘正，勒为成书。事关定例，理合奏明，请旨重加修辑。如蒙俞允，臣部通行各督抚详加查核。如各该省府、厅、州、县，自乾隆四十年（1775）以后有裁并、增设，与原表不同者，即行划定道里数目，绘图贴说分晰报部。庶按册纂辑，条缕分明。查照办理，不致舛错。再事关定地发遣，未便稽延，应请以奉旨之日为始，统限一年之内，令各督抚详细查造报部。臣等按照各册悉心参考，并与臣部司员中拣派提调、纂修等官，同加核订。所需供事，亦于臣部书吏内择其熟悉条例、字画端楷者派充。均令其自备资斧，毋庸给与公费。俟修辑完竣之日，缮写黄册进呈御览，恭候钦定颁行。至所需板片，即将所存旧表之板，依增改条款逐一抽换，毋庸另行咨送武英殿刊刻。既省糜费，并得速行办竣颁发。是否有当，伏候训示。谨奏请旨等因。

嘉定七年（1802）五月十八日奏。

本日奉旨："依议。钦此。"

【兵部:修辑《五军道里表》告竣恭呈御览折】(嘉庆十四年)

谨奏:为修辑《五军道里表》告竣,恭呈御览事。

嘉庆七年(1802)五月,臣部具奏,《五军道里表》为定地编发军犯之书,自乾隆四十年奏请修辑后,迄今三十余年,各省府、厅、州、县裁改、添设、移驻,与原表互异,里数不符之处甚多。远近稍有参差,罪名即无分轻重。若不随时更正,诚恐办理多歧。请旨重加修辑,通行各省督抚、府尹详查造册送部纂辑。于臣部司员中拣派提调、纂修等官,详加核对。所需供事,于臣部书吏并在馆供事内选充,令其自备资斧,不必支给公费。俟完竣之日,缮写黄册进呈,恭候钦定颁行。所需板片,即将所存旧表之板,照依增改条款,逐一抽换,毋庸咨送武英殿动帑刊刻,以省靡费等因。奉旨:"依议。钦此。"钦遵行文各省去后,嗣据各督抚陆续查明,造册送部。惟福建、广东、江苏三省未经送到。经臣部于嘉庆十二年(1807)十一月请旨饬交该督抚等速行造送在案。现据该三省陆续造送,于本年五月到齐。臣等即督率提调、纂修等官,详细核算。将各省新设之处应发五等军犯,逐一增纂。其有裁改、移驻,与原表地名互异,以及从前原报里数稍有参差、四至地方间有不符者,俱悉心参考核实更正。又各省册开有四至里数相符之州县,而原表内未经载入者,亦俱按计道里,悉行纂入。其因道里参差,有不能相符所指各处里数者,按照旧例附近、近边,多寡以一百里为率,边远、极边,多寡以二百里为率,俾各省应发地方,较前倍增。在人犯既得分散安插,而防范亦易周密。并将从前内外臣工奏准允行事件,定为凡例十六条,列入首册,以便遵行。分辑十八卷,敬缮黄册三十八本,于增改之处逐一粘签,恭呈御览,伏候钦定发下。臣部即遵奉原奏,将旧表之板照依增改条款逐一抽换,以便照例刷印颁行。除臣等及提调、纂修、校对等官,不敢仰邀议叙外,至在馆供事三十名,系奏明自备资斧,并不开销公项。今已纂辑完竣,该供事等检查档案、缮写书册,尚属奋勉,可否仰恳圣恩,准照臣部则例书成之例,给予议叙,以示鼓励。如蒙俞允,臣部照例分别等第,造册咨送吏部查办。为此谨奏请旨等因。

于嘉庆十四年(1809)十二月二十日具奏。

本日奉旨:"依议。钦此。"

衔名（乾隆四十四年）

兵部堂官

御前大臣，领侍卫内大臣，太子太保，议政大臣，文渊阁提举阁事，兵部尚书，正白旗满洲都统，管理户部三库、上驷院、稽查钦奉上谕事件处，兼管工部、理藩院事务，总管内务府大臣，銮仪卫掌卫事，总管健锐营官兵事务，总管御茶膳房、养心殿造办处，圆明园八旗官兵大臣，管理畅春园、圣化寺等处，火药局事务，和硕额驸，一等忠勇公	臣	福隆安
经筵讲官、兵部尚书，兼管国子监事务	臣	蔡　新
署兵部左侍郎，今授仓场侍郎	臣	书　麟
兵部左侍郎，升任工部尚书	臣	周　煌
兵部左侍郎，今授贵州巡抚	臣	颜希深
经筵讲官、礼部左侍郎，兼署兵部右侍郎，兼管太仆寺事务，正蓝旗汉军副都统，署镶红旗汉军副都统，公中佐领	臣	阿　肃

提调官

兵部武库司掌印郎中，升任太仆寺少卿	臣	勒　保
兵部武库司掌印郎中，兼军机处行走	臣	苏楞泰
兵部车驾司郎中，升任河南陈州府知府	臣	陈步瀛
兵部武库司主事	臣	王　宽
署提调兵部武库司郎中	臣	张　燮
署提调兵部武库司候补员外郎	臣	博　明
纂修，署提调，兵部武库司额外主事	臣	韩汤衡

纂修官

兵部武选司郎中，升任浙江道监察御史，留部行走	臣	史梦琦
兵部武库司员外郎	臣	福　重
兵部武选司员外郎	臣	永　明
兵部职方司员外郎，调任户部银库员外郎	臣	恒　临

兵部武选司员外郎,升任山东兖州府知府	臣	王禄明
兵部武选司员外郎	臣	杨九思
兵部堂主事	臣	程国玺
兵部职方司额外主事	臣	陈化龙
兵部武库司七品小京官	臣	李　莘

校对官

兵部职方司员外郎	臣	武调元
兵部武选司额外主事	臣	徐长发
兵部车驾司额外主事	臣	钟定邦
兵部职方司额外主事	臣	恽　燮
兵部职方司额外主事	臣	李伯龙
兵部武选司七品小京官	臣	张裕宁

衔名（嘉庆十四年）

兵部堂官

协办大学士、尚书、襄勇伯	臣	明　亮
尚书，协办大学士	臣	刘权之
左侍郎	臣	普　恭
左侍郎	臣	万承风
署左侍郎	臣	陈希曾
右侍郎	臣	成　书
右侍郎，升任工部尚书	臣	费　淳

前任堂官

署兵部尚书，大学士	臣	庆　桂
兵部尚书，协办大学士	臣	觉罗长麟
兵部尚书，大学士	臣	戴衢亨
兵部尚书，调任吏部尚书	臣	邹炳泰
尚书	臣	陈大文
左侍郎	臣	多　庆
左侍郎	臣	扎朗阿
左侍郎	臣	明　志
左侍郎，调任吏部侍郎	臣	刘镮之
左侍郎，调任吏部侍郎	臣	潘世恩
左侍郎，升任都察院左都御史	臣	邵自昌
左侍郎	臣	莫瞻菉
左侍郎，调任刑部侍郎	臣	秦　瀛
右侍郎	臣	那彦宝
右侍郎	臣	贡楚克扎布
右侍郎	臣	赓　音
右侍郎	臣	初彭龄
右侍郎	臣	戴联奎

右侍郎	臣	陈霞蔚
右侍郎	臣	阮　元
右侍郎	臣	刘跃云
右侍郎,调任户部侍郎	臣	赵秉冲
右侍郎	臣	顾德庆
原任堂官		
大学士,兼管兵部事务,义烈公	臣	保　宁
内大臣,兼管兵部事务,继勇侯	臣	德楞泰
尚书,忠勇公	臣	丰伸济伦
尚书	臣	组　布
尚书	臣	熊　枚
左侍郎	臣	惠　龄
右侍郎	臣	瑚素通阿
右侍郎	臣	周兴岱
提调官		
武库司员外郎	臣	宗室绵青
武选司郎中	臣	慕　鳌
前任提调官		
武库司郎中,升任通政使副使	臣	诚　安
武库司郎中,公中佐领	臣	百　贵
武库司郎中	臣	巴哈布
武库司员外郎	臣	鄂　禧
武库司员外郎	臣	韩　锦
原任提调官		
武库司主事	臣	张绍学
纂修官		
武库司郎中	臣	常　泰
武库司主事,升任户部员外郎	臣	富　新
职方司员外郎	臣	卢　坤
武库司主事	臣	王庭华
武库司主事	臣	张光勋

前任纂修官

武库司员外郎	臣	塔勒炳阿
武库司主事上行走,升任西安通判	臣	巴哈布
武库司员外郎,升任湖北知府	臣	赵　璠

原任纂修官

武库司郎中	臣	嵇承豫
武库司员外郎	臣	缪心泰
武库司主事	臣	许应喈

校对官

武库司员外郎	臣	罗本立
武库司员外郎	臣	张光郢
司务兼武库司事	臣	朱　鏻

凡　例（乾隆四十四年）

一、例载附近充军者,发二千五百里;近边充军者,发二千五百里;边远充军者,发三千里;极边充军者,发四千里。是各等军犯,原以情罪之轻重,定道里之远近。惟因道里参差,有不能适符所指各处里数者。附近、近边,多寡以百里为率;边远、极边,多寡以二百里为率。现经各省将编发五等军犯地方,彻底挨查,分别四至,详开里数,造册送部。间有与从前旧表里数多寡未符、四至互异者,俱于册内声明更正。今据册详加核算,如有多寡不符者,于表内悉行核实删改。

一、烟瘴充军,除例应改发极边四千里者,俱照表载省份编发外,其应指发烟瘴人犯,仍照例发往云南、贵州、广东、广西四省,俱以四千里为限。至各省地方,如有距烟瘴省份在四千里之外者,惟计至烟瘴地方安置,不拘四千里之数。其距烟瘴省份在四千里之内者,仍按计里数核定地方,以存限制。至籍隶烟瘴四省人犯,例应于隔远之烟瘴省份调发,广东省与云南省互调,广西省与贵州省互调。其邻近烟瘴省份之湖南、福建、四川三省应发烟瘴人犯,湖南省发往云南,福建省发往贵州,四川省发往广东。均不拘四千里之数,解交各该巡抚衙门,酌拨安置。

一、旧表开载各省编发五等军犯地方,自乾隆三十二年(1767)起至四十四年(1779),凡有移驻、裁汰之各府、州、县,与旧表地名互异、里数不符之处,俱照现在改定地方,逐一更正。

一、旧表内各府、州、县编发军犯四至地方,有专指一处编发者,有分路于各处匀发者。今据册详加参酌,其分路地方,凡有四至道里相符之州、县,参考舆图,悉于表内核算增入。庶使应发人犯,可以均匀安置,不致积聚滋事。

一、旧表内各府、州、县编发军犯四至地方,有注明抵边、抵海、停其编发者,今据册于各府、州、县道里详加校核。其实已抵边、抵海者,仍于表内注明。如尚有可发之处,俱按计里数核定地方,一律改正编发。

一、顺天、直隶各州、县,于乾隆十九年(1754)奏准,畿辅郡县,不便安置军犯。今仍照旧表,凡各省应发顺天、直隶各州、县军犯,俱停止编发。

一、奉天、锦州二府,于乾隆十六年(1751)奏准,奉天为本朝根本重地,不宜聚积匪类,一应军、流人犯,悉行停止安置。今仍照旧表,凡各省应发奉天各州、县人犯,俱停止编发。

一、热河地方于乾隆四十三年(1778)改设承德府,其编发军犯地方,旧表未经开载。今照新定府份四至、里数,核定增入。

一、旧表内开直隶之遵化州与顺天府,同河南之陈州府、许州与开封府,同江西之宁都州与赣州府,同云南之丽江府与裁汰之鹤庆府,同今据册报道里多寡不同,凡似此者,俱照现在册开地方,另行核定编发。

一、江苏太仓州属之崇明县,孤峙海心,又系产盐之地。乾隆四十三年(1778),经该抚咨明,停止安插。各省军犯,旧表内凡有应发该县者,俱另行改编安置。

一、浙江之玉环厅、宁波府属之定海县,四面环海,岛势孤悬,又系产盐之地。乾隆三十一年(1766)议准,停止佥发人犯。今仍照原议,凡各省应发该二处者,俱另行改编安置。

一、湖北宜昌府属之鹤峰州、长乐县,施南府属之恩施县、宣恩县、咸丰县、来凤县、利川县,俱系苗疆。乾隆二十年(1755)议准,停止安插军犯。今仍照原议,凡各省应发各该州、县,俱另行改编安置。

一、湖南永顺府属之永顺县、龙山县、保靖县、桑植县,辰州府属之乾州厅、永绥厅、凤凰营厅,永州府属之江华县,宝庆府属之城步县,沅州府属之芷江县,靖州本州暨所属绥宁县、通道县,均系苗疆紧要之区。乾隆三十二年(1767)议准,停发军、流人犯。今仍照原议,凡各省应发各该厅、州、县者,俱另行改编安置。

一、山西平阳府所属之霍州,山东兖州府所属之济宁州、东昌府所属之临清州,甘肃平凉府所属之泾州,俱改为直隶州。贵州遵义府所属之仁怀通判改为仁怀直隶同知。其编发军犯地方,旧表未经开载,今一体另行增入。

一、甘肃镇西府、迪化州,俱系新疆改设。乾隆四十二年(1777)奏准,停止安插各省军犯。今照原奏,凡各省应发该府、州者,俱停止编发。

一、四川之宁远府、雅州府、龙安府、茂州、酉阳州、叙永厅,俱系附近苗疆。乾隆十九年(1754)议准,军、流人犯,不便与苗民杂处。今仍照原议,凡各省应发各该府、州、厅者,俱另行改编安置。

一、贵州之黎平府、镇远府,俱系附近苗疆。乾隆十二年(1747)议准,不便聚积军、流人犯。今仍照原议,凡各省应发各该府者,俱另行改编安置。

一、新疆地方,于乾隆三十八年(1773)改设镇西府迪化直隶州。其编发军犯地方,旧表未经开载。今俱照新定各府、州四至、里数,核定增入。

一、旧表内各府、州、县编发军犯地方,有道里相同者,并未分晰开载。今将各省何府何州何县,逐一指明,列入表内,以昭详备。

一、各省安置军犯,经刑部奏准,各府、州人犯过多,准令匀拨数少之府、州安插。又经臣部奏明,各省匀拨军犯,仍应按照表内道里远近,酌定派拨地方报部。除顺天、奉天、直隶例不安插军犯外,查福建省,据该抚奏明,现在各府、州安置人犯,均属无多,毋庸酌定匀拨地方。又江西、山东二省,亦据该抚咨明,各府、州人犯,向照表载地方安置,并无多寡不均,毋庸酌定匀拨地方。至其余各省应行匀拨之各府、州,俱按照各该省指定附近地方多寡匀拨。

江苏省:苏州府属军犯,与常州府匀拨,扬州府属军犯,与江宁府匀拨。

安徽省:安庆府属军犯,于池州府、庐州府、徽州府、六安州匀拨;徽州府属军犯,于安庆府、宁国府、池州府匀拨;宁国府属军犯,于徽州府、池州府、太平府匀拨;池州府属军犯,于安庆府、徽州府、宁国府匀拨;太平府属军犯,与宁国府、和州匀拨;庐州府属军犯,于安庆府、凤阳府、六安州、和州匀拨;凤阳府属军犯,于庐州府、颍州府、滁州、泗州匀拨;颍州府属军犯,于凤阳府、六安州匀拨;六安州属军犯,于安庆府、庐州府、颍州府匀拨;滁州属军犯,于凤阳府、和州、泗州匀拨;泗州属军犯,于凤阳府、滁州匀拨;和州属军犯,于太平府、庐州府、滁州匀拨。

浙江省:嘉兴府属军犯,于杭州府、湖州府匀拨;台州府属军犯,于宁波府、绍兴府匀拨;温州府属军犯,于处州府匀拨。

湖北省:襄阳府属军犯,于汉阳府、德安府匀拨。

湖南省:沅州府属军犯,于常德府匀拨。

山西省:潞安府属军犯,于汾州府、蒲州府匀拨;大同府、朔平府、宁武府、吉州所属军犯,于平定州、代州、忻州、沁州、保德州匀拨。

河南省:归德府属军犯,于陈州府、许州、光州匀拨;河南府属军犯,于彰德府、卫辉府、怀庆府匀拨;陕州属军犯,于南阳府、汝州匀拨。

陕西省:西安府属军犯,于同州府、鄜州匀拨;凤翔府属军犯,于汉中府、邠州匀拨;乾州属军犯,于邠州匀拨。

甘肃省:西宁府属军犯,于甘州府、凉州府匀拨;兰州府属军犯,于巩昌府、平凉府匀拨;宁夏府属军犯,于庆阳府匀拨。

四川省:成都府属军犯,于潼川府、资州、邛州、绵州、眉州匀拨;重庆府属军犯,于顺庆府、忠州、泸州、叙州府匀拨;保宁府属军犯,于顺庆府、绵州、达州匀拨;顺庆府属军犯,于潼川府、保宁府、重庆府、忠州匀拨;叙州府属军犯,于嘉定府、资州、泸州、重庆府匀拨;夔州府属军犯,于达州、忠州、顺庆府、重庆府匀拨;嘉定府属军犯,于叙州府、资州、眉州匀拨;潼川府属军犯,于成都府、顺庆府、绵州、资州匀拨;绵州属军犯,于成都府、保宁府、潼川府匀拨;资州属军犯,于潼川府、成都府、叙州府匀拨;眉州属军犯,于嘉定府、成都府、邛州匀拨;忠州属军犯,于重庆府、夔州府、顺庆府匀拨;泸州属军犯,于叙州府、重庆府匀拨;邛州属军犯,于成都府、嘉定府、眉州匀拨;达州属军犯,于保宁府、顺庆府、夔州府匀拨。

广东省:广州府属军犯,于惠州府、肇庆府、韶州府匀拨;南雄府属军犯,于韶州府匀拨;韶州府属军犯,于南雄府、广州府、惠州府匀拨;惠州府属军犯,于潮州府、嘉应州、广州府、韶州府匀拨;潮州府属军犯,于惠州府、嘉应州匀拨;肇庆府属军犯,于广州府、高州府匀拨;高州府属军犯,于肇庆府、廉州府、雷州府匀拨;雷州府属军犯,于高州府、廉州府匀拨;廉州府属军犯,于高州府匀拨;罗定州属军犯,于肇庆府、高州府匀拨;嘉应州属军犯,于惠州府、潮州府匀拨。

广西省：桂林府属军犯，于平乐府、柳州府匀拨；平乐府属军犯，于桂林府、梧州府、柳州府、浔州府匀拨；梧州府属军犯，于平乐府、浔州府、郁林州匀拨；浔州府属军犯，于南宁府、梧州府、柳州府、郁林州匀拨；南宁府属军犯，于太平府、浔州府、思恩府匀拨；太平府属军犯于南宁府匀拨；柳州府属军犯，于桂林府、庆阳府、思恩府、浔州府匀拨；庆远府属军犯，于柳州府、思恩府匀拨；思恩府属军犯，于南宁府、柳州府匀拨；泗城府属军犯，于镇安府、思恩府、庆远府匀拨；镇安府属军犯，于泗城府匀拨；郁林州属军犯，于浔州府、梧州府匀拨。

云南省：云南府、曲靖府、澂江府、武定州所属军犯，即于四府、州内各互相匀拨；大理府、楚雄府、丽江府所属军犯，即于三府内互相匀拨；临安府、元江州、广西州、他郎通判所属军犯，即于四府、厅、州内各互相匀拨；顺宁府、景东厅、蒙化厅、镇远州、永平县所属军犯，即于五府、厅、州、县内各互相匀拨。

贵州省：现据该抚咨明，解黔人犯，向照表载之各府、州、县，酌量远近，均匀派拨。诚以黔省在在苗疆，情形与他省不同，全在随时调剂匀拨，与道里、罪名并无不协之处。若预行酌定，似成一定不易之条，转无随时变通之义。应仍循其旧，毋庸酌定地方。

凡　例(嘉庆十四年)

一、例载附近充军者,发二千五百里;近边充军者,发二千五百里;边远充军者,发三千里;极边充军者,发四千里。是各等军犯,原以情罪之轻重,定道里之远近。惟因道里参差,有不能适符所指各处里数者。附近、近边,多寡以百里为率;边远、极边,多寡以二百里为率。现经各省将编发五等军犯地方,彻底挨查,分别四至,详开里数,造册送部。间有与从前旧表里数多寡未符、四至互异者,俱于册内声明更正。今据册详加核算,如有多寡不符者,于表内悉行核实删改。

一、烟瘴充军,除例应改发极边四千里者,俱照表载省份编发外,其应指发烟瘴人犯,仍照例发往云南、贵州、广东、广西四省,俱以四千里为限。至各省地方,如有距烟瘴省份在四千里之外者,惟计至烟瘴地方安置,不拘四千里之数。其距烟瘴省份在四千里之内者,仍按计四千里核定地方,以存限制。至籍隶烟瘴四省人犯,例应于隔远之烟瘴省份调发,广东省与云南省互调,广西省与贵州省互调。其邻近烟瘴省份之湖南、福建、四川三省应发烟瘴人犯,湖南省发往云南,福建省发往贵州,四川省发往广东。均不拘四千里之数,解交各该巡抚衙门,酌拨安置。

一、旧表开载各省编发五等军犯地方,凡有移驻、裁汰之各府、州、县,与旧表地名互异之处,俱照现在改定地方,逐一更正。

一、旧表内各府、州、县编发军犯四至地方,有专指一处编发者,有分路于各处匀发者。今据册详加参酌,其分路地方,凡有四至道里相符之州、县,参考舆图,悉于表内核算增入。庶使应发人犯,可以均匀安置,不致积聚滋事。

一、旧表内各府、州、县编发军犯四至地方,有注明抵边、抵海、停其编发者,今据册于各府、州、县道里详加校核。其实已抵边、抵海不足里数者,仍于表内注明。如尚有可发之处,俱按计里数核定地方,一律改正编发。

一、顺天、直隶各州、县,于乾隆十九年(1754)奏准,畿辅郡县,不便安置军犯。今仍照旧表,凡各省应发顺天、直隶各州、县军犯,俱停止编发。

一、奉天、锦州二府,于乾隆十六年(1751)奏准,奉天为本朝根本重地,不宜聚积匪类,一应军、流人犯,悉行停止安置。今仍照旧表,凡各省应发奉天各州、县人犯,俱停止编发。

一、贵州铜仁府所属之松桃厅已改松桃直隶厅,湖北安陆府所属之荆门州已改荆门直隶州,四川省添设太平厅、理番厅,甘肃省改设哈密厅,其编发军犯地方,旧表未经开载,今一体另行增入。

一、江苏太仓州属之崇明县，孤峙海心，又系产盐之地。乾隆四十三年（1778），经该抚咨明，停止安插。今仍照原议，各省军犯，凡有应发该县者，俱停止编发。

一、浙江之玉环厅、宁波府属之定海县，四面环海，岛势孤悬，又系产盐之地。乾隆三十一年（1766）议准，停止佥发人犯。今仍照原议，凡各省应发该二处者，俱停止编发。

一、湖北宜昌府属之鹤峰州、长乐县，施南府属之恩施县、宣恩县、咸丰县、来凤县、利川县，俱系苗疆。乾隆二十年（1755）议准，停止安插军犯。今仍照原议，凡各省应发各该州、县，俱停止编发。

一、湖南永顺府属之永顺县、龙山县、保靖县、桑植县，辰州府属之乾州厅、永绥厅、凤凰营厅，永州府属之江华县，宝庆府属之城步县，沅州府属之芷江县，靖州本州暨所属之绥宁县、通道县，均系苗疆紧要之区。乾隆三十二年（1767）议准，停发军、流人犯。今仍照原议，凡各省应发各该厅、州、县者，俱停止编发。

一、甘肃镇西府、迪化州，俱系新疆改设。乾隆四十二年（1777）奏准，停止安插各省军犯。今仍照原议，凡各省应发该府、州者，俱停止编发。

一、四川之宁远府、雅州府、龙安府、茂州、酉阳州、叙永厅，俱系附近苗疆。乾隆十九年（1754）议准，军、流人犯，不便与苗民杂处。今仍照原议，凡各省应发各该府、州、厅者，俱停止编发。

一、贵州之黎平府、镇远府，俱系附近苗疆。乾隆十二年（1747）议准，不便聚积军、流人犯。今查该省平越府已改直隶州，其所属之黄平州改隶镇远府管辖。凡各省编发黄平州人犯，里数相符者，自应仍循其旧，于表内声明纂入，其余悉照原议。应发各该府者，俱停止编发。

一、凡免死减等流犯中途在配脱逃被获者，改发近边充军，及原犯寻常案内流三千里人犯中途在配脱逃被获者，改发附近充军，均就其现配地方，计程发配。若表内现配应发之地，与该犯原籍相近，而又地处边境，再无别处可以改发者，即照表内应发地方加一等改发，各按照脱逃次数分别枷号。其原犯附近、近边、边远、极边、烟瘴各犯，仍各由原籍以次递加，照例调发。

顺天府、直隶

顺天府属军犯编发地方①

充军地方		乾隆八年(1743)	乾隆四十四年(1779)	嘉庆十四年(1809)
附近	东至	奉天府、承德府	奉天。停止编发	同前
	南至	江南凤阳府宿州卫、长淮卫、寿州 又至泗州泗州卫	安徽凤阳府灵璧县、宿州 又至江苏淮安府、清河县、山阳县 又至扬州府宝应县	同前
	西至	山西太原府岢岚州 又至宁武府宁武县 又至保德州河曲县	山西解州夏县、安邑县 又至蒲州府猗氏县 又至绛州闻喜县	同前
	北至	抵边不足二千里	同前	同前
	[注]	以上除北外,东、南、西俱二千里	以上除东、北外,南、西俱二千里	同前
边卫/近边	东至	抵边不足二千五百里	同前	同前
	南至	江南安庆府 又至扬州府扬州卫、仪征卫	安徽庐州府合肥县、舒城县 又至太平府当涂县 又至滁州、全椒县 又至和州 又至江苏镇江府丹阳县 又至常州府武进县、阳湖县	同前
	西至	陕西延安府肤施县、安定县	陕西西安府渭南县、高陵县、三原县、临潼县、长安县、咸宁县、咸阳县	同前
	北至	抵边不足二千五百里	同前	同前
	[注]	以上除东、北外,南、西俱二千五百里	同前	同前

① 乾隆八年原表各府皆分为"军犯编发附近边卫地方"与"军犯编发边远极边烟瘴地方"二表,乾隆四十四年(1779)与嘉庆十四年(1804)皆分为"军犯编发附近边卫地方""军犯编发边远极边地方""军犯编发烟瘴地方"三表,现统一合并为一表,以省烦冗。

续表

充军地方		乾隆八年(1743)	乾隆四十四年(1779)	嘉庆十四年(1809)
边远	东至	抵边不足三千里	同前	同前
	南至	江南池州府新安卫 又至浙江杭州府杭州前卫、杭州右卫、海宁所	安徽池州府贵池县 又至安庆府怀宁县、太湖县、宿松县 又至浙江杭州府仁和县、钱塘县 又至嘉兴府石门县 又至湖北黄州府黄梅县	同前
	西至	陕西榆林府榆林县 又至绥德州	陕西鄜州中部县、洛川县 又至凤翔府凤翔县、汧阳县、陇州 又至邠州长武县 又至甘肃泾州	同前
	北至	抵边不足三千里	同前	同前
	[注]	以上除东、北外,南、西俱三千里	同前	同前
极边	东至	东至抵边不足四千里	同前	同前
	南至	福建延平府南平县、永安县、将乐县 又至浙江台州府台州卫、太平县、宁海县	福建建宁府浦城县 又至浙江温州府乐清县 又至江西吉安府万安县	同前
	西至	甘肃兰州府河州、皋兰县、金县	甘肃兰州府皋兰县、狄道州	同前
	北至	抵边不足四千里	同前	同前
	[注]	以上除东、北外,南、西俱四千里	同前	同前
烟瘴	广东	广州府南海县、番禺县、清远县、从化县	南雄府保昌县、始兴县	南雄州始兴县
	广西	桂林府临桂县、兴安县、全州	桂林府全州	同前
	[注]	以上里数与极边同		

承德州理事厅、八沟理事厅、塔子沟理事厅、四旗理事厅

【1743】以上各厅寄籍民人有犯军罪者,俱解回原籍定地发遣。如住久已成土著,民人其编发地方,附近、边卫、边远、极边、烟瘴,以上各等州、县、卫份,与顺天府同。

永平府属军犯编发地方

充军地方		乾隆八年(1743)	乾隆四十四年(1779)	嘉庆十四年(1809)
附近	东至	抵边不足二千里	同前	同前
	南至	山东兖州府任城卫、济宁卫 又至沂州府兰山县	山东沂州府兰山县 又至济宁州鱼台县 又至兖州府滕县	同前
	西至	山西朔平府右玉县、左云县、朔州	山西代州崞县 又至霍州灵石县、赵城县	同前
	北至	抵边不足二千里	同前	同前
	[注]	以上除东、北外,南、西俱二千里	同前	同前
边卫/近边	东至	抵边不足二千五百里	同前	同前
	南至	江南凤阳府凤阳卫、长淮卫、宿州卫 又至泗州泗州卫	江苏淮安府桃源县、清河县、山阳县 又至扬州府宝应县 又至安徽凤阳府宿州、灵璧县	江苏淮安府清河县、山阳县 又至扬州府宝应县 又至安徽凤阳府宿州、灵璧县
	西至	山西平阳府临汾县 又至蒲州府永济县	山西解州夏县、安邑县 又至蒲州府猗氏县 又至绛州闻喜县	同前
	北至	抵边不足二千五百里	同前	同前
	[注]	以上除东、北外,南、西俱二千五百里	同前	同前

续表

充军地方		乾隆八年(1743)	乾隆四十四年(1779)	嘉庆十四年(1809)
边远	东至	抵边不足三千里	同前	同前
	南至	江南安庆府安庆卫 又至扬州府高邮州、兴化县、泰州 又至通州如皋县	江苏扬州府泰州 又至通州如皋县 又至镇江府丹阳县 又至常州府武进县、阳湖县 又至安徽庐州府合肥县、舒城县	江苏扬州府泰州 又至通州如皋县 又至镇江府丹阳县、丹徒县 又至常州府武进县、阳湖县 又至安徽庐州府合肥县、舒城县
	西至	陕西西安府长安县、咸宁县、临潼县、渭南县	陕西西安府长安县、咸宁县、临潼县、渭南县、咸阳县、高陵县、三原县	同前
	北至	抵边不足三千里	同前	同前
	[注]	以上除东、北外,南、西俱三千里	同前	同前
极边	东至	抵边不足四千里	同前	同前
	南至	福建建宁府建安县、瓯宁县 又至浙江宁波府宁波卫、奉化县、象山县、镇海县	浙江严州府建德县 又至金华府兰溪县 又至绍兴府余姚县、嵊县、新昌县 又至宁波府慈溪县 又至衢州府龙游县 又至江西南昌府南昌县、新建县、丰城县、奉新县 又至瑞州府高安县 又至临江府清江县	同前
	西至	甘肃兰州府皋兰县 又至巩昌府洮州卫	甘肃平凉府静宁州 又至巩昌府会宁县、伏羌县 又至秦州	同前
	北至	抵边不足四千里	同前	同前
	[注]	以上除东、北外,南、西俱四千里	同前	同前

续表

充军地方		乾隆八年(1743)	乾隆四十四年(1779)	嘉庆十四年(1809)
烟瘴	广西	柳州府马平县 又至庆远府南丹州	桂林府全州	同前
	贵州	贵阳府贵筑县、开州	思州府玉屏县	同前
	[注]	以上里数与极边同		

保定府属军犯编发地方

充军地方		乾隆八年(1743)	乾隆四十四年(1779)	嘉庆十四年(1809)
附近	东至	山东莱州府灵山卫、鳌山卫、浮山守御所、雄崖守御所	山东登州府蓬莱县、福山县	同前
	南至	湖北黄州府黄州卫、蕲州卫	河南汝宁府信阳州 又至湖北德安府应山县 又至安徽庐州府合肥县、舒城县 又至江苏扬州府高邮州、江都县、甘泉县、泰州	河南汝宁府信阳州 又至湖北德安府应山县 又至安徽庐州府合肥县、舒城县 又至江苏扬州府高邮州、江都县、甘泉县
	西至	陕西延安府肤施县、安塞县、保安县	陕西同州府华阴县、华州 又至西安府渭南县	同前
	北至	抵边不足二千里	同前	同前
	[注]	以上除北外,东、南、西俱二千里	同前	同前
边卫/近边	东至	山东登州府大嵩卫、靖海卫、威海卫	抵海不足二千五百里	同前
	南至	湖北武昌府咸宁县、通山县	湖北武昌府咸宁县、江夏县 又至汉阳府汉阳县、汉川县 又至黄州府黄冈县、黄梅县 又至安徽安庆府太湖县、宿松县 又至江苏苏州府长洲县、元和县、吴县、吴江县、震泽县	湖北武昌府江夏县 又至汉阳府汉阳县、汉川县 又至黄州府黄冈县、黄梅县 又至荆州府江陵县 又至安徽安庆府太湖县、宿松县 又至江苏苏州府长洲县、元和县、吴县、吴江县、震泽县

续表

充军地方		乾隆八年(1743)	乾隆四十四年(1779)	嘉庆十四年(1809)
边卫/近边	西至	甘肃庆阳府安化县、合水县、宁州	甘肃庆阳府宁州、正宁县 又至陕西邠州三水县 又至凤翔府扶风县、岐山县、凤翔县 又至乾州武功县、永寿县	甘肃庆阳府正宁县 又至陕西邠州三水县 又至凤翔府扶风县、岐山县、凤翔县 又至乾州武功县、永寿县
	北至	抵边不足二千五百里	同前	同前
	[注]	以上除北外,东、南、西俱二千五百里	以上除东、北外,南、西俱二千五百里	同前
边远	东至	抵海不足三千里	同前	同前
	南至	湖南岳州府岳州卫、平江县 又至江西南昌府南昌卫、丰城县、奉新县	湖南岳州府巴陵县 又至湖北荆州府江陵县 又至江西南昌府丰城县、南昌县、新建县、奉新县 又至瑞州府高安县 又至临江府清江县 又至浙江杭州府富阳县 又至严州府桐庐县 又至绍兴府山阴县、会稽县	湖南岳州府巴陵县 又至江西南昌府丰城县、南昌县、新建县、奉新县 又至瑞州府高安县 又至临江府清江县 又至浙江杭州府富阳县 又至严州府桐庐县 又至绍兴府山阴县、会稽县
	西至	陕西凤翔府凤翔县 又至宁夏府平罗县	甘肃秦州清水县 又至平凉府隆德县、静宁州	同前
	北至	抵边不足三千里	同前	同前
	[注]	以上除东、北外,南、西俱三千里	同前	同前

续表

充军地方		乾隆八年（1743）	乾隆四十四年（1779）	嘉庆十四年（1809）
极边	东至	抵海不足四千里	同前	同前
	南至	福建汀州府上杭县、武平县 又至江西赣州府赣州卫、信丰县、会昌县	福建建宁府建阳县、建安县、瓯宁县 又至江西赣州府龙南县 又至浙江温州府瑞安县、平阳县	同前
	西至	甘肃兰州府河州 又至西宁府归德守御所	甘肃凉州府平番县 又至西宁府碾伯县	同前
	北至	抵边不足四千里	同前	同前
	[注]	以上除东、北外，南、西俱四千里	同前	同前
烟瘴	广东	广州府南海县、东莞县、从化县	南雄府始兴县 又至韶州府曲江县	南雄州始兴县 又至韶州府曲江县
	广西	柳州府马平县、象州 又至思恩府宾州 又至浔州府武宣县	桂林府全州	同前
	[注]	以上里数与极边同		

【1743】易　州

军犯编发地方，附近、边卫、边远、极边、烟瘴，以上各等州、县、卫份，俱与保定府同。

河间府属军犯编发地方

充军地方		乾隆八年（1743）	乾隆四十四年（1779）	嘉庆十四年（1809）
附近	东至	山东莱州府鳌山卫、浮山守御所	山东登州府福山县、宁海州	同前
	南至	江南扬州府扬州卫、仪征卫、高邮州、兴化县、泰州	江苏扬州府泰州、江都县、甘泉县 又至镇江府丹徒县、丹阳县 又至安徽庐州府舒城县 又至安庆府桐城县	同前

续表

充军地方		乾隆八年(1743)	乾隆四十四年(1779)	嘉庆十四年(1809)
附近	西至	山西蒲州府永济县、虞乡县	陕西同州府大荔县、华阴县、华州 又至西安府渭南县	陕西同州府华阴县、华州 又至西安府渭南县
	北至	抵边不足二千里	同前	同前
	[注]	以上除北外,东、南、西俱二千里	同前	同前
边卫/近边	东至	山东登州府大嵩卫、靖海卫	抵海不足二千五百里	同前
	南至	浙江杭州府杭州前卫、杭州右卫	浙江嘉兴府嘉兴县、秀水县、石门县 又至江西九江府德化县、德安县	同前
	西至	陕西西安府咸阳县 又至乾州	陕西乾州永寿县、武功县 又至邠州长武县 又至凤翔府扶风县、岐山县、凤翔县 又至鄜州宜君县、中部县	同前
	北至	抵边不足二千五百里	同前	同前
	[注]	以上除北外,东、南、西俱二千五百里	以上除东、北外,南、西俱二千五百里	同前
边远	东至	抵海不足三千里	同前	同前
	南至	浙江处州府处州卫、松阳县	浙江严州府桐庐县、建德县 又至金华府兰溪县 又至绍兴府嵊县、新昌县 又至江西临江府清江县、新淦县、峡江县	同前
	西至	甘肃平凉府泾州、灵台县、崇信县	甘肃泾州崇信县 又至平凉府隆德县、静宁州、固原州 又至秦州清水县	甘肃平凉府隆德县、静宁州、固原州 又至秦州清水县
	北至	抵边不足三千里 以上除东、北外,南、西俱三千里	同前	同前
	[注]	以上除东、北外,南、西俱三千里	同前	同前

续表

充军地方		乾隆八年(1743)	乾隆四十四年(1779)	嘉庆十四年(1809)
极边	东至	抵海不足四千里	同前	同前
	南至	浙江温州府温州卫、瑞安县 又至福建福宁府福安县、宁德县	浙江温州府泰顺县 又至福建福宁府福鼎县、霞浦县 又至建宁府建安县、瓯宁县 又至延平府南平县 又至江西赣州府龙南县	同前
	西至	甘肃兰州府河州 又至西宁府归德守御所	甘肃凉州府平番县 又至西宁府碾伯县	同前
	北至	抵边不足四千里	同前	同前
	[注]	以上除东、北外,南、西俱四千里	同前	同前
烟瘴	广西	平乐府平乐县、富川县、贺县	桂林府全州	同前
	贵州	安顺府永宁州 又至南笼府普安州	平越府黄平州 又至都匀府清平县	同前
	[注]	以上里数与极边同		

天津府属军犯编发地方

充军地方		乾隆八年(1743)	乾隆四十四年(1779)	嘉庆十四年(1809)
附近	东至	山东登州府威海卫、成山卫	山东登州府栖霞县、蓬莱县	山东登州府蓬莱县
	南至	江南扬州府兴化县、高邮州、泰州	江苏扬州府高邮州、宝应县 又至安徽庐州府合肥县	江苏扬州府高邮州 又至安徽庐州府合肥县
	西至	山西平阳府临汾县 又至沁州沁源县	山西平阳府曲沃县 又至绛州闻喜县	同前
	北至	抵边不足二千里	同前	同前
	[注]	以上除北外,东、南、西俱二千里	同前	同前

续表

充军地方		乾隆八年(1743)	乾隆四十四年(1779)	嘉庆十四年(1809)
边卫/近边	东至	抵海不足二千五百里	同前	同前
	南至	浙江嘉兴府嘉兴所、平湖县、海盐县	江苏常州府无锡县、金匮县 又至苏州府长洲县、元和县、吴县、吴江县、震泽县 又至安徽安庆府太湖县、宿松县 又至湖北黄州府黄梅县	同前
	西至	陕西西安府高陵县、渭南县、醴泉县	陕西同州府大荔县、华阴县、华州 又至西安府渭南县	陕西同州府华阴县、华州 又至西安府渭南县
	北至	抵边不足二千五百里	同前	同前
	[注]	以上除东、北外,南、西俱二千五百里	同前	同前
边远	东至	抵海不足三千里	同前	同前
	南至	浙江宁波府宁波卫、慈溪县、奉化县	浙江杭州府仁和县、钱塘县、富阳县 又至绍兴府萧山县、山阴县、会稽县 又至江西南昌府南昌县、新建县、丰城县、奉新县 又至南康府安义县 又至瑞州府高安县	同前
	西至	陕西凤翔府宝鸡县、陇州	陕西乾州武功县、永寿县 又至凤翔府扶风县、岐山县、凤翔县 又至邠州长武县、三水县 又至鄜州宜君县、中部县 又至甘肃庆阳府正宁县、宁州	同前
	北至	抵边不足三千里	同前	同前
	[注]	以上除东、北外,南、西俱三千里	同前	同前

续表

充军地方		乾隆八年(1743)	乾隆四十四年(1779)	嘉庆十四年(1809)
极边	东至	抵海不足四千里	同前	同前
	南至	浙江温州府温州卫、乐清县、瑞安县	浙江温州府瑞安县、永嘉县、平阳县 又至福建建宁府建阳县 又至江西赣州府信丰县	同前
	西至	甘肃兰州府皋兰县 又至西宁府归德守御所	甘肃兰州府皋兰县、金县 又至巩昌府安定县	同前
	北至	抵边不足四千里	同前	同前
	[注]	以上除东、北外,南、西俱四千里	同前	同前
烟瘴	广东	广州府从化县、龙门县、清远县	南雄府保昌县	南雄州
	广西	桂林府全州、兴安县	桂林府全州	同前
	[注]	以上里数与极边同		

正定府属军犯编发地方

充军地方		乾隆八年(1743)	乾隆四十四年(1779)	嘉庆十四年(1809)
附近	东至	江南徐州府徐州卫	江苏扬州府江都县、甘泉县 又至镇江府丹徒县、丹阳县	同前
	南至	湖北德安府德安守御所、应城县	湖北汉阳府孝感县、黄陂县 又至德安府云梦县	同前
	西至	甘肃平凉府平凉县、华亭县	陕西西安府咸阳县、醴泉县、长安县、咸宁县、三原县、耀州、同官县、泾阳县、兴平县 又至邠州淳化县 又至乾州	同前
	北至	北至抵边不足二千里	同前	同前
	[注]	以上除北外,东、南、西俱二千里	同前	同前

续表

充军地方		乾隆八年(1743)	乾隆四十四年(1779)	嘉庆十四年(1809)
边卫/近边	东至	江南淮安卫淮安卫、大河卫 又至海州赣榆县	江苏苏州府吴江县、震泽县 又至浙江嘉兴府嘉兴县、秀水县	同前
	南至	湖北安陆府沔阳卫	湖北安陆府天门县、潜江县 又至武昌府蒲圻县 又至黄州府蕲州	同前
	西至	甘肃巩昌府陇西县 又至阶州	甘肃泾州 又至平凉府平凉县 又至陕西凤翔府陇州 又至延安府甘泉县 又至鄜州	同前
	北至	抵边不足二千五百里	同前	同前
	[注]	以上除北外,东、南、西俱二千五百里	同前	同前
边远	东至	江南扬州府扬州卫、仪征卫 又至镇江府镇江卫、丹阳县	浙江严州府桐庐县、建德县	同前
	南至	湖南岳州府岳州卫、临湘县、华容县	湖南长沙府湘阴县、长沙县、善化县 又至澧州 又至江西南康府安义县 又至南昌府奉新县 又至瑞州府高安县	湖南长沙府湘阴县、长沙县、善化县 又至澧州 又至南昌府奉新县 又至瑞州府高安县
	西至	甘肃西宁府归德守御所	甘肃巩昌府会宁县、安定县、伏羌县、宁远县、陇西县	同前
	北至	北至抵边不足三千里	同前	同前
	[注]	以上除北外,东、南、西俱三千里	同前	同前

续表

充军地方		乾隆八年(1743)	乾隆四十四年(1779)	嘉庆十四年(1809)
极边	东至	浙江宁波府宁波卫、慈溪县	浙江温州府乐清县、永嘉县、瑞安县	同前
	南至	福建建宁府建安县、建阳县、松溪县	福建建宁府建阳县、建安县、瓯宁县 又至江西赣州府信丰县	同前
	西至	甘肃凉州府武威县、镇番县、永昌县 又至甘州府山丹县	甘肃凉州府武威县、永昌县	同前
	北至	抵边不足四千里	同前	同前
	[注]	以上除北外,东、南、西俱四千里	同前	同前
烟瘴	广东	广州府南海县、东莞县、从化县	南雄府始兴县 又至韶州府曲江县	南雄州始兴县 又至韶州府曲江县
	[注]	以上里数与极边同		

深州属军犯编发地方①

充军地方		乾隆八年(1743)	乾隆四十四年(1779)	嘉庆十四年(1809)
附近	东至	俱与正定府同	江苏扬州府江都县、甘泉县 又至镇江府丹徒县、丹阳县	江苏镇江府丹阳县 又至常州府阳湖县、武进县
	南至		湖北汉阳府孝感县、黄陂县 又至德安府云梦县	湖北汉阳府孝感县、黄陂县 又至德安府云梦县

① 乾隆八年(1743)《钦定军卫道里表》标注,定州、冀州、赵州、深州军犯编发地方,俱与正定府同;乾隆四十四年(1779)《五军道里表》定州、冀州、赵州、深州合为一表;嘉庆十四年(1809)《五军道里表》分为四表。

续表

充军地方		乾隆八年(1743)	乾隆四十四年(1779)	嘉庆十四年(1809)
附近	西至	俱与正定府同	陕西西安府咸阳县、醴泉县、长安县、咸宁县、三原县、耀州、同官县、泾阳县、兴平县 又至邠州淳化县 又至乾州	陕西西安府咸阳县、醴泉县、长安县、咸宁县、三原县、耀州、同官县、泾阳县、兴平县 又至邠州淳化县 又至乾州
	北至		抵边不足二千里	同前
	[注]		以上除北外,东、南、西俱二千里	同前
边卫/近边	东至		江苏苏州府吴江县、震泽县 又至浙江嘉兴府嘉兴县、秀水县	浙江嘉兴府嘉兴县、秀水县、石门县
	南至		湖北安陆府天门县、潜江县 又至武昌府蒲圻县 又至黄州府蕲州	湖北武昌府蒲圻县 又至黄州府蕲州 又至荆州府公安县
	西至		甘肃泾州 又至平凉府平凉县 又至陕西凤翔府陇州 又至延安府甘泉县 又至鄜州	甘肃泾州 又至平凉府平凉县 又至陕西凤翔府陇州 又至延安府甘泉县
	北至		抵边不足二千五百里	同前
	[注]		以上除北外,东、南、西俱二千五百里	同前
边远	东至		浙江严州府桐庐县、建德县	浙江严州府桐庐县、建德县 又至金华府兰溪县
	南至		湖南长沙府湘阴县、长沙县、善化县 又至澧州 又至江西南康府安义县 又至南昌府奉新县 又至瑞州府高安县	湖南长沙府湘阴县、长沙县、善化县 又至江西临江府清江县、新淦县、峡江县 又至吉安府吉水县、庐陵县、泰和县

续表

<table>
<tr><th colspan="2">充军地方</th><th>乾隆八年(1743)</th><th>乾隆四十四年(1779)</th><th>嘉庆十四年(1809)</th></tr>
<tr><td rowspan="3">边远</td><td>西至</td><td rowspan="9">俱与正定府同</td><td>甘肃巩昌府会宁县、安定县、伏羌县、宁远县、陇西县</td><td>甘肃巩昌府会宁县、安定县、伏羌县、宁远县、陇西县</td></tr>
<tr><td>北至</td><td>抵边不足三千里</td><td>同前</td></tr>
<tr><td>[注]</td><td>以上除北外,东、南、西俱三千里</td><td>同前</td></tr>
<tr><td rowspan="5">极边</td><td>东至</td><td>浙江温州府乐清县、永嘉县、瑞安县</td><td>浙江温州府泰顺县</td></tr>
<tr><td>南至</td><td>福建建宁府建阳县、建安县、瓯宁县
又至江西赣州府信丰县</td><td>福建建宁府建安县、瓯宁县
又至延平府南平县
又至江西赣州府龙南县、长宁县</td></tr>
<tr><td>西至</td><td>甘肃凉州府武威县、永昌县</td><td>甘肃凉州府武威县、永昌县</td></tr>
<tr><td>北至</td><td>抵边不足四千里</td><td>同前</td></tr>
<tr><td>[注]</td><td>以上除北外,东、南、西俱四千里</td><td>同前</td></tr>
<tr><td>烟瘴</td><td>广东</td><td>南雄府始兴县
又至韶州府曲江县</td><td>韶州府曲江县、英德县</td></tr>
</table>

赵州属军犯编发地方

充军地方		乾隆八年(1743)	乾隆四十四年(1779)	嘉庆十四年(1809)
附近	东至	俱与正定府同	俱与深州同	江苏扬州府仪征县 又至江宁府六合县
	南至			湖北襄阳府黄陂县、汉阳县 又至安陆府天门县、潜江县
	西至			陕西西安府醴泉县、同官县 又至邠州淳化县 又至乾州武功县、永寿县 又至凤翔府扶风县 又至鄜州宜君县
	北至			抵边不足二千里
	[注]			以上除北外,东、南、西俱二千里
边卫/近边	东至			江苏苏州府吴江县、震泽县、元和县、长洲县、吴县 又至浙江嘉兴府嘉兴县、秀水县
	南至			湖南澧州
	西至			甘肃平凉府平凉县、隆德县 又至秦州清水县
	北至			抵边不足二千五百里
	[注]			以上除北外,东、南、西俱二千五百里
边远	东至			浙江严州府桐庐县、建德县
	南至			湖南长沙府湘阴县、长沙县、善化县、湘潭县 又至江西南康府安义县 又至南昌府奉新县 又至瑞州府高安县 又至临江府清江县
	西至			甘肃巩昌府会宁县、安定县、宁远县、陇西县
	北至			抵边不足三千里
	[注]			以上除北外,东、南、西俱三千里

续表

充军地方		乾隆八年(1743)	乾隆四十四年(1779)	嘉庆十四年(1809)
极边	东至	俱与正定府同	俱与深州同	浙江温州府乐清县、永嘉县、瑞安县、平阳县
极边	南至	俱与正定府同	俱与深州同	福建建宁府建阳县、建安县、瓯宁县 又至江西赣州府信丰县、龙南县
极边	西至	俱与正定府同	俱与深州同	甘肃凉州府永昌县 又至甘州府山丹县
极边	北至	俱与正定府同	俱与深州同	抵边不足四千里
极边	[注]	俱与正定府同	俱与深州同	以上除北外,东、南、西俱四千里
烟瘴	广东	俱与正定府同	俱与深州同	南雄州始兴县 又至韶州府曲江县

冀州属军犯编发地方

充军地方		乾隆八年(1743)	乾隆四十四年(1779)	嘉庆十四年(1809)
附近	东至	俱与正定府同	俱与深州同	江苏镇江府丹阳县 又至常州府阳湖县、武进县、无锡县、金匮县
附近	南至	俱与正定府同	俱与深州同	湖北汉阳府黄陂县、汉阳县 又至安陆府天门县、潜江县
附近	西至	俱与正定府同	俱与深州同	陕西西安府醴泉县、同官县、兴平县 又至邠州淳化县 又至乾州武功县、永寿县 又至凤翔府扶风县 又至鄜州宜君县
附近	北至	俱与正定府同	俱与深州同	抵边不足二千里
附近	[注]	俱与正定府同	俱与深州同	以上除北外,东、南、西俱二千里

续表

<table>
<tr><th colspan="2">充军地方</th><th>乾隆八年(1743)</th><th>乾隆四十四年(1779)</th><th>嘉庆十四年(1809)</th></tr>
<tr><td rowspan="5">边卫/近边</td><td>东至</td><td rowspan="16">俱与正定府同</td><td rowspan="16">俱与深州同</td><td>浙江嘉兴府石门县
又至杭州府钱塘县、仁和县</td></tr>
<tr><td>南至</td><td>江西南康府安义县
又至南昌府奉新县
又至湖南澧州</td></tr>
<tr><td>西至</td><td>甘肃平凉府平凉县
又至秦州清水县</td></tr>
<tr><td>北至</td><td>抵边不足二千五百里</td></tr>
<tr><td>[注]</td><td>以上除北外,东、南、西俱二千五百里</td></tr>
<tr><td rowspan="5">边远</td><td>东至</td><td>浙江严州府建德县
又至金华府兰溪县、金华县</td></tr>
<tr><td>南至</td><td>湖南长沙府湘阴县、长沙县、善化县、湘潭县
又至江西临江府峡江县
又至吉安府吉水县、庐陵县、泰和县</td></tr>
<tr><td>西至</td><td>甘肃巩昌府会宁县、安定县、宁远县、陇西县</td></tr>
<tr><td>北至</td><td>抵边不足三千里</td></tr>
<tr><td>[注]</td><td>以上除北外,东、南、西俱三千里</td></tr>
<tr><td rowspan="5">极边</td><td>东至</td><td>浙江温州府泰顺县</td></tr>
<tr><td>南至</td><td>福建延平府南平县
又至江西赣州府长宁县</td></tr>
<tr><td>西至</td><td>甘肃凉州府武威县、永昌县</td></tr>
<tr><td>北至</td><td>抵边不足四千里</td></tr>
<tr><td>[注]</td><td>以上除北外,东、南、西俱四千里</td></tr>
<tr><td>烟瘴</td><td>广东</td><td>韶州府英德县
又至广州府清远县</td></tr>
</table>

定州属军犯编发地方

充军地方		乾隆八年(1743)	乾隆四十四年(1779)	嘉庆十四年(1809)
附近	东至	俱与正定府同	俱与深州同	安徽凤阳府定远县 又至滁州
	南至			湖北汉阳府孝感县 又至德安府云梦县、应山县、安陆县
	西至			陕西西安府咸阳县、醴泉县、长安县、咸宁县、三原县、耀州、同官县、泾阳县、兴平县 又至邠州淳化县 又至乾州
	北至			抵边不足二千里
	[注]			以上除北外,东、南、西俱二千里
边卫/近边	东至			江苏镇江府丹阳县 又至常州府武进县、阳湖县
	南至			湖北武昌府咸宁县 又至荆州府江陵县、公安县 又至黄州府蕲州、黄冈县
	西至			甘肃泾州 又至平凉府平凉县 又至陕西凤翔府陇州 又至延安府甘泉县 又至鄜州
	北至			抵边不足二千五百里
	[注]			以上除北外,东、南、西俱二千五百里

续表

充军地方		乾隆八年(1743)	乾隆四十四年(1779)	嘉庆十四年(1809)
边远	东至	俱与正定府同	俱与深州同	浙江嘉兴府嘉兴县、秀水县、石门县 又至杭州府钱塘县、仁和县
	南至			湖南长沙府湘阴县 又至常德府武陵县 又至江西南康府安义县、建昌县 又至南昌府奉新县 又至瑞州府高安县 又至九江府德安县
	西至			甘肃巩昌府会宁县、安定县、伏羌县、宁远县、陇西县
	北至			抵边不足三千里
	[注]			以上除北外,东、南、西俱三千里
极边	东至			浙江温州府永嘉县、瑞安县 又至处州府丽水县、青田县
	南至			江西赣州府信丰县、赣县 又至福建建宁府浦城县
	西至			甘肃凉州府武威县、永昌县、古浪县
	北至			抵边不足四千里
	[注]			以上除北外,东、南、西俱四千里
烟瘴	广东			南雄州始兴县 又至韶州府曲江县

顺德府属军犯编发地方

<table>
<tr><th colspan="2">充军地方</th><th>乾隆八年(1743)</th><th>乾隆四十四年(1779)</th><th>嘉庆十四年(1809)</th></tr>
<tr><td rowspan="5">附近</td><td>东至</td><td>江南海州赣榆县、沭阳县</td><td>江苏镇江府丹阳县
又至常州府武进县、阳湖县</td><td>同前</td></tr>
<tr><td>南至</td><td>湖北武昌府武昌卫、武昌左卫</td><td>湖北武昌府武昌县、江夏县
又至汉阳府汉阳县、汉川县
又至黄州府黄冈县</td><td>湖北武昌府江夏县
又至汉阳府汉阳县、汉川县
又至黄州府黄冈县</td></tr>
<tr><td>西至</td><td>甘肃庆阳府安化县、合水县</td><td>陕西乾州永寿县
又至邠州长武县、三水县
又至凤翔府扶风县、岐山县、凤翔县
又至鄜州宜君县、中部县
又至甘肃庆阳府正宁县</td><td>同前</td></tr>
<tr><td>北至</td><td>抵边不足二千里</td><td>同前</td><td>同前</td></tr>
<tr><td>[注]</td><td>以上除北外,东、南、西俱二千里</td><td>同前</td><td>同前</td></tr>
<tr><td rowspan="5">边卫/近边</td><td>东至</td><td>江南扬州府扬州卫、仪征卫</td><td>江苏太仓州嘉定县</td><td>同前</td></tr>
<tr><td>南至</td><td>湖南岳州府岳州卫</td><td>湖南岳州府巴陵县
又至湖北荆州府江陵县
又至江西九江府德化县</td><td>同前</td></tr>
<tr><td>西至</td><td>甘肃平凉府固原州</td><td>甘肃平凉府固原州、隆德县、静宁州
又至秦州清水县</td><td>同前</td></tr>
<tr><td>北至</td><td>抵边不足二千五百里</td><td>同前</td><td>同前</td></tr>
<tr><td>[注]</td><td>以上除北外,东、南、西俱二千五百里</td><td>同前</td><td>同前</td></tr>
</table>

续表

充军地方		乾隆八年(1743)	乾隆四十四年(1779)	嘉庆十四年(1809)
边远	东至	江南苏州府苏州卫 又至太仓州镇海卫、嘉定县	浙江严州府建德县 又至金华府兰溪县、金华县	同前
	南至	湖南长沙府长沙县	湖南长沙府湘潭县、醴陵县 又至衡州府衡山县 又至江西临江府清江县、新淦县、峡江县	同前
	西至	甘肃巩昌府陇西县 又至秦州	甘肃巩昌府陇西县、安定县	同前
	北至	抵边不足三千里	同前	同前
	[注]	以上除北外,东、南、西俱三千里	同前	同前
极边	东至	浙江金华府金华县、义乌县	浙江温州府泰顺县	同前
	南至	江西南安府大庾县	江西赣州府龙南县	同前
	西至	甘肃兰州府皋兰县 又至西宁府归德守御所	甘肃凉州府武威县、永昌县	同前
	北至	抵边不足四千里	同前	同前
	[注]	以上除北外,东、南、西俱四千里	同前	同前
烟瘴	广东	广州府大鹏守御所、香山县	韶州府曲江县	同前
	广西	桂林府临桂县、全州、灌阳县	桂林府临桂县、灵川县	同前
	[注]	以上里数与极边同		

广平府属军犯编发地方

充军地方		乾隆八年（1743）	乾隆四十四年（1779）	嘉庆十四年（1809）
附近	东至	江南淮安府安东厅、清河县	江苏常州府无锡县、金匮县 又至苏州府长洲县、元和县、吴县	同前
	南至	湖北黄州府蕲州卫	湖北黄州府黄冈县、蕲水县、蕲州 又至汉阳府汉川县 又至武昌府咸宁县 又至安徽安庆府潜山县、太湖县、宿松县	同前
	西至	陕西延安府肤施县、安塞县、安定县	陕西鄜州洛川县 又至凤翔府凤翔县、汧阳县、陇州 又至邠州长武县 又至甘肃泾州	同前
	北至	抵边不足二千里	同前	同前
	[注]	以上除北外，东、南、西俱二千里	同前	同前
边卫/近边	东至	江南扬州府泰州 又至通州泰兴县	浙江绍兴府萧山县、山阴县、会稽县 又至杭州府仁和县、钱塘县	同前
	南至	湖南岳州府岳州卫	湖南长沙府湘阴县 又至湖北荆州府公安县 又至江西南康府安义县 又至南昌府奉新县 又至瑞州府高安县	同前
	西至	甘肃庆阳府安化县、宁州	甘肃平凉府静宁州 又至巩昌府会宁县、伏羌县 又至秦州	同前
	北至	抵边不足二千五百里	同前	同前
	[注]	以上除北外，东、南、西俱二千五百里	同前	同前

续表

充军地方		乾隆八年(1743)	乾隆四十四年(1779)	嘉庆十四年(1809)
边远	东至	江南太仓州镇海卫、崇明县	浙江台州府天台县、临海县	同前
	南至	湖南长沙府善化县、长沙县、醴陵县	湖南长沙府攸县 又至衡州府衡山县、衡阳县、清泉县 又至江西吉安府庐陵县、泰和县、万安县	同前
	西至	陕西凤翔府凤翔县 又至宁夏府平罗县	甘肃兰州府金县、皋兰县	同前
	北至	抵边不足三千里	同前	同前
	[注]	以上除北外,东、南、西俱三千里	同前	同前
极边	东至	浙江宁波府奉化县、象山县、镇海县	浙江处州府景宁县	同前
	南至	江西赣州府赣州卫、信丰县	江西赣州府安远县	同前
	西至	甘肃兰州府皋兰县、河州	甘肃凉州府永昌县、镇番县 又至甘州府山丹县	同前
	北至	抵边不足四千里	同前	同前
	[注]	以上除北外,东、南、西俱四千里	同前	同前
烟瘴	广东	广州府南海县、新宁县	韶州府英德县	同前
	贵州	贵阳府贵筑县、贵定县	安顺府普定县、镇宁州、永宁州	同前
	[注]	以上里数与极边同		

大名府属军犯编发地方

充军地方		乾隆八年(1743)	乾隆四十四年(1779)	嘉庆十四年(1809)
附近	东至	江南淮安府淮安卫、大河卫	江苏太仓州镇洋县 又至苏州府昆山县、新阳县	同前
	南至	湖南岳州府岳州卫	湖北武昌府咸宁县、蒲圻县 又至安陆府天门县 又至黄州府蕲水县、蕲州	同前
	西至	陕西延安府肤施县、安塞县、安定县、保安县	陕西鄜州洛川县 又至延安府甘泉县 又至凤翔府汧阳县、陇州 又至甘肃泾州	陕西延安府甘泉县 又至凤翔府汧阳县、陇州 又至甘肃泾州
	北至	本省宣化府赤城县、龙门县	本省。停止编发	同前
	[注]	以上俱二千里	以上除北外,东、南、西俱二千里	同前
边卫/近边	东至	江南通州	浙江绍兴府嵊县、新昌县	浙江绍兴府嵊县
	南至	湖南澧州永定卫、九溪卫	湖南澧州 又至长沙府湘阴县 又至湖北荆州府公安县 又至江西九江府德安县 又至南康府建昌县、安义县 又至南昌府南昌县、新建县	湖南长沙府湘阴县、益阳县、宁乡县
	西至	甘肃庆阳府安化县、合水县、宁州	甘肃巩昌府会宁县、伏羌县、宁远县	甘肃巩昌府会宁县、伏羌县、宁远县
	北至	抵边不足二千五百里	同前	同前
	[注]	以上除北外,东、南、西俱二千五百里	同前	同前

续表

充军地方		乾隆八年(1743)	乾隆四十四年(1779)	嘉庆十四年(1809)
边远	东至	江南松江府金山卫、上海县	浙江台州府黄岩县、太平县	浙江台州府黄岩县、太平县、临海县
	南至	湖南衡州府衡阳县、常宁县	湖南衡州府衡阳县、清泉县、衡山县 又至长沙府攸县 又至江西吉安府吉水县、庐陵县、泰和县	湖南衡州府衡阳县、清泉县、衡山县 又至长沙府攸县 又至江西南安府南康县、大庾县
	西至	陕西凤翔府凤翔县 又至宁夏府平罗县	甘肃兰州府金县、皋兰县	甘肃兰州府金县、皋兰县 又至巩昌府安定县
	北至	抵边不足三千里	同前	同前
	[注]	以上除北外,东、南、西俱三千里	同前	同前
极边	东至	浙江台州府台州卫、黄岩县、太平县、宁海县、天台县	抵海不足四千里	同前
	南至	福建延平府南平县、永安县	福建延平府永安县、沙县	同前
	西至	甘肃兰州府河州、皋兰县	甘肃甘州府山丹县 又至凉州府镇番县	同前
	北至	抵边不足四千里	同前	同前
	[注]	以上除北外,东、南、西俱四千里	以上除东、北外,南、西俱四千里	同前
烟瘴	广东	惠州府河源县、龙川县 又至嘉应州长乐县	广州府清远县、三水县	同前
	贵州	安顺府永宁州、镇宁州	安顺府安平县、普定县、镇宁州	同前
	[注]	以上里数与极边同		

宣化府属军犯编发地方

充军地方		乾隆八年(1743)	乾隆四十四年(1779)	嘉庆十四年(1809)
附近	东至	奉天府海城县、盖平县	奉天。停止编发	同前
	南至	山东兖州府任城卫、济宁卫	山东沂州府郯城县 又至安徽凤阳府宿州	山东兖州府峄县 又至江苏徐州府铜山县
	西至	山西平阳府临汾县	山西平阳府临汾县、洪洞县 又至霍州赵城县	同前
	北至	抵边不足二千里	同前	同前
	[注]	以上除北外,东、南、西俱二千里	以上除东、北外,南、西俱二千里	同前
边卫/近边	东至	锦州府广宁县	奉天。停止编发	同前
	南至	江南淮安府淮安卫、大河卫	江苏扬州府宝应县、高邮州 又至安徽庐州府合肥县	江苏扬州府宝应县、高邮州 又至安徽凤阳府凤阳县、定远县
	西至	陕西延安府肤施县、安塞县、安定县、保安县	山西蒲州府猗氏县、临晋县、永济县	同前
	北至	抵边不足二千五百里	同前	同前
	[注]	以上除北外,东、南、西俱二千五百里	以上除东、北外,南、西俱二千五百里	同前
边远	东至	抵边不足三千里	同前	同前
	南至	江南扬州府兴化县、泰州 又至通州	江苏通州如皋县 又至常州府无锡县、金匮县 又至苏州府长洲县、元和县、吴县、吴江县、震泽县 又至安徽安庆府潜山县、太湖县、宿松县	江苏通州如皋县 又至常州府无锡县、金匮县 又至苏州府长洲县、元和县、吴县、吴江县、震泽县 又至安徽安庆府潜山县、太湖县

续表

充军地方		乾隆八年(1743)	乾隆四十四年(1779)	嘉庆十四年(1809)
边远	西至	甘肃庆阳府安化县、合水县、环县	陕西西安府长安县、咸宁县、泾阳县、咸阳县、醴泉县、耀州、同官县、兴平县 又至邠州淳化县 又至鄜州宜君县 又至乾州武功县	同前
	北至	抵边不足三千里	同前	同前
	[注]	以上除东、北外,南、西俱三千里	同前	同前
极边	东至	抵边不足四千里	同前	同前
	南至	浙江严州府严州所、淳安县	浙江衢州府龙游县、西安县、江山县 又至台州府天台县、临海县、黄岩县 又至江西吉安府泰和县、万安县	浙江衢州府龙游县、西安县、江山县 又至台州府天台县、临海县、黄岩县 又至江西吉安府泰和县、吉水县、庐陵县
	西至	甘肃兰州府皋兰县 又至西宁府归德守御所	甘肃巩昌府会宁县、安定县、宁远县、陇西县	同前
	北至	抵边不足四千里	同前	同前
	[注]	以上除东、北外,南、西俱四千里	同前	同前
烟瘴	广西	梧州府苍梧县、容县 又至郁林州	桂林府全州	同前
	贵州	黎平府开泰县、永从县 又至镇远府天柱县 又至贵阳府龙里县	思州府玉屏县、青溪县	同前
	[注]	以上里数与极边同		

张家口理事厅、独石口理事厅、多伦诺尔理事厅属军犯编发地方

以上三厅所管民人,如有住久已成土著,犯军罪者,其编发地方。

充军地方		乾隆八年(1743)	乾隆四十四年(1779)	嘉庆十四年(1809)
附近	东至	与宣化府同	奉天。停止编发	
	南至		山东沂州府郯城县 又至安徽凤阳府宿州	山东兖州府峄县 又至江苏徐州府铜山县
	西至		山西平阳府临汾县、洪洞县 又至霍州赵城县	同前
	北至		抵边不足二千里	同前
	[注]		以上除东、北外,南、西俱二千里	同前
边卫/近边	东至		奉天。停止编发	同前
	南至		江苏扬州府宝应县、高邮州 又至安徽庐州府合肥县	江苏扬州府宝应县、高邮州 又至安徽凤阳府凤阳县、定远县
	西至		山西蒲州府猗氏县、临晋县、永济县	山西蒲州府临晋县、永济县
	北至		抵边不足二千五百里	同前
	[注]		同前以上处东、北外,南、西俱二千五百里	同前
边远	东至		抵边不足三千里	同前
	南至		江苏通州如皋县 又至常州府无锡县、金匮县 又至苏州府长洲县、元和县、吴县、吴江县、震泽县 又至安徽安庆府潜山县、太湖县、宿松县	江苏通州如皋县 又至常州府无锡县、金匮县 又至苏州府长洲县、元和县、吴县、吴江县、震泽县 又至安徽安庆府潜山县、太湖县
	西至		陕西西安府长安县、咸宁县、泾阳县、咸阳县、醴泉县、耀州、同官县、兴平县 又至邠州淳化县 又至鄜州宜君县 又至乾州武功县	同前
	北至		抵边不足三千里	同前
	[注]		以上除东、北外,南、西俱三千里	同前

续表

充军地方		乾隆八年(1743)	乾隆四十四年(1779)	嘉庆十四年(1809)
极边	东至	与宣化府同	抵边不足四千里	同前
	南至		浙江衢州府龙游县、西安县、江山县 又至台州府天台县、临海县、黄岩县 又至江西吉安府泰和县、万安县	浙江衢州府龙游县、西安县、江山县 又至台州府天台县、临海县、黄岩县 又至江西吉安府泰和县、吉水县、庐陵县
	西至		甘肃巩昌府会宁县、安定县、宁远县、陇西县	同前
	北至		抵边不足四千里	同前
	[注]		以上除东、北外,南、西俱四千里	同前
烟瘴	广西		桂林府全州	同前
	贵州		思州府玉屏县、青溪县	同前

遵化州属军犯编发地方

充军地方		乾隆四十四年(1779)	嘉庆十四年(1809)
附近	东至	奉天。停止编发	同前
	南至	山东沂州府郯城县 又至江苏徐州府宿迁县	同前
	西至	山西霍州赵城县 又至平阳府洪洞县、临汾县	同前
	北至	抵边不足二千里	同前
	[注]	以上除东、北外,南、西俱二千里	同前

续表

充军地方		乾隆四十四年(1779)	嘉庆十四年(1809)
近边	东至	抵边不足二千五百里	同前
	南至	安徽凤阳府凤阳县、定远县 又至江苏扬州府高邮州	江苏扬州府高邮州 又至安徽和州 又至滁州全椒县
	西至	山西蒲城府临晋县、永济县 又至陕西同州府华阴县	同前
	北至	抵边不足二千五百里	同前
	[注]	以上除东、北外,南、西俱二千五百里	同前
边远	东至	抵边不足三千里	同前
	南至	安徽太平府芜湖县 又至宁国府南陵县 又至安庆府桐城县 又至江苏常州府无锡县、金匮县 又至苏州府长洲县、元和县、吴县、吴江县、震泽县	江苏常州府无锡县、金匮县 又至苏州府长洲县、元和县、吴县、吴江县、震泽县 又至安徽池州府青阳县、贵池县 又至安庆府怀宁县、潜山县、太湖县、宿松县
	西至	陕西西安府耀州、同官县、醴泉县 又至乾州永寿县 又至鄜州宜君县	同前
	北至	抵边不足三千里	同前
	[注]	以上除东、北外,南、西俱三千里	同前
极边	东至	抵边不足四千里	同前
	南至	浙江衢州府西安县、江山县 又至台州府天台县、临海县、黄岩县 又至江西临江府新淦县、峡江县 又至吉安府吉水县	浙江衢州府西安县、江山县 又至台州府天台县、临海县、黄岩县 又至吉安府吉水县、庐陵县、泰和县、万安县
	西至	甘肃巩昌府安定县	甘肃巩昌府安定县、会宁县
	北至	抵边不足四千里	同前
	[注]	以上除东、北外,南、西俱四千里	同前
烟瘴	广东	南雄府保昌县、始兴县	南雄州始兴县
	广西	桂林府全州	同前

承德府[①]属军犯编发地方

承德府属寄籍民人有犯军罪者，俱解回原籍定地发遣。如住久已成土著，民人其编发附近、近边、边远、极边、烟瘴地方。

充军地方		乾隆四十四年(1779)	嘉庆十四年(1809)
附近	东至	抵边。停止编发	东至抵边不足三千里
	南至	山东沂州府兰山县、郯城县	同前
	西至	山西霍州灵石县、赵城县 又至平阳府洪洞县	同前
	北至	抵边。停止编发	同前
	[注]	以上除东、北外，南、西俱二千里	同前
近边	东至	抵边。停止编发	同前
	南至	安徽凤阳府灵璧县 又至江苏淮安府清河县、山阳县 又至扬州府宝应县	江苏淮安府清河县、山阳县 又至扬州府宝应县
	西至	西至山西解州夏县、安邑县 又至蒲州府猗氏县、临晋县	同前
	北至	抵边。停止编发	同前
	[注]	以上除东、北外，南、西俱二千五百里	同前
边远	东至	抵边。停止编发	同前
	南至	安徽庐州府合肥县、舒城县 又至和州 又至太平府当涂县、芜湖县 又至江苏常州府武进县、阳湖县、无锡县、金匮县	安徽太平府当涂县、芜湖县 又至安庆府桐城县、潜山县 又至宁国府南陵县 又至池州府青阳县 江苏常州府武进县、阳湖县、无锡县、金匮县
	西至	陕西西安府高陵县、三原县、耀州、临潼县、长安县、咸宁县、咸阳县、兴平县	同前
	北至	抵边。停止编发	同前
	[注]	以上除东、北外，南、西俱三千里	同前

① 乾隆四十三年(1778)改为承德理事厅为承德府。

续表

充军地方		乾隆四十四年(1779)	嘉庆十四年(1809)
极边	东至	抵边。停止编发	同前
	南至	浙江金华府兰溪县 又至衢州府龙游县 又至绍兴府嵊县、新昌县 又至台州府天台县 又至江西南昌府丰城县 又至瑞州府高安县 又至临江府清江县、新淦县	浙江金华府兰溪县 又至衢州府龙游县 又至绍兴府嵊县、新昌县 又至台州府天台县 又至临江府清江县、新淦县 又至吉安府吉水县、庐陵县、泰和县
	西至	甘肃巩昌府会宁县、伏羌县、宁远县	同前
	北至	抵边。停止编发	同前
	[注]	以上除东、北外,南、西俱四千里	同前
烟瘴	广东	南雄府保昌县、始兴县	南雄州保昌县、始兴县
	广西	桂林府全州	同前

易州属军犯编发地方

充军地方		乾隆四十四年(1779)	嘉庆十四年(1809)
附近	东至	山东登州府蓬莱县、福山县	山东登州府福山县、宁海州、文登县
	南至	河南汝宁府信阳州 又至湖北德安府应山县 又至安徽庐州府合肥县、舒城县 又至江苏扬州府高邮州、江都县、甘泉县、泰州	河南汝宁府信阳州 又至江苏扬州府高邮州、宝应县 又至淮安府清河县、山阳县
	西至	陕西同州府华阴县、华州 又至西安府渭南县	山西蒲州府猗氏县、临晋县、永济县
	北至	抵边不足二千里	同前
	[注]	以上除北外,东、南、西俱二千里	同前

续表

充军地方		乾隆四十四年(1779)	嘉庆十四年(1809)
近边	东至	抵海不足二千五百里	同前
	南至	湖北武昌府咸宁县、江夏县 又至汉阳府汉阳县、汉川县 又至黄州府黄冈县、黄梅县 又至安徽安庆府太湖县、宿松县 又至江苏苏州府长洲县、元和县、吴县、吴江县、震泽县	安徽安庆府潜山县 又至湖北汉阳府汉阳县、孝感县、黄陂县 又至江苏常州府武进县、阳湖县
	西至	甘肃庆阳府宁州、正宁县 又至陕西邠州三水县 又至凤翔府扶风县、岐山县、凤翔县 又至乾州武功县、永寿县	陕西乾州武功县 又至西安府泾阳县、兴平县、醴泉县 又至邠州淳化县
	北至	抵边不足二千五百里	同前
	[注]	以上除东、北外,南、西俱二千五百里	同前
边远	东至	抵海不足三千里	同前
	南至	湖南岳州府巴陵县 湖北荆州府江陵县 江西南昌府丰城县、南昌县、新建县、奉新县 又至瑞州府高安县 又至临江府清江县 又至浙江杭州府富阳县 又至严州府桐庐县 又至绍兴府山阴县、会稽县	湖南岳州府巴陵县 湖北荆州府公安县 江西南昌府丰城县、南昌县、新建县、奉新县 又至瑞州府高安县 又至临江府清江县 又至浙江杭州府富阳县、仁和县、钱塘县 又至绍兴府山阴县、会稽县、萧山县
	西至	甘肃秦州清水县 又至平凉府隆德县、静宁州	甘肃秦州清水县 又至平凉府隆德县、平凉县
	北至	抵边不足三千里	同前
	[注]	以上除东、北外,南、西俱三千里	同前

续表

充军地方		乾隆四十四年(1779)	嘉庆十四年(1809)
极边	东至	抵海不足四千里	同前
	南至	福建建宁府建阳县、建安县、瓯宁县 又至江西赣州府龙南县 又至浙江温州府瑞安县、平阳县	福建建宁府建阳县、浦城县 又至江西赣州府龙南县、信丰县 又至浙江台州府黄岩县、太平县
	西至	甘肃凉州府平番县 又至西宁府碾伯县	甘肃凉州府平番县
	北至	抵边不足四千里	同前
	[注]	除东、北外,南、西俱四千里	同前
烟瘴	广东	南雄府始兴县 又至韶州府曲江县	南雄州始兴县 又至韶州府曲江县
	广西	桂林府全州	同前

奉　天

奉天府属军犯编发地方

充军地方		乾隆四十四年(1779)	嘉庆十四年(1809)
附近	东至	抵边不足二千里	同前
	南至	抵海不足二千里	同前
	西至	山西平定州寿阳县	同前
	北至	抵边不足二千里	同前
	[注]	以上除东、南、北外,西系二千里	同前
近边	东至	抵边不足二千五百里	同前
	南至	抵海不足二千五百里	同前
	西至	山西太原府榆次县、徐沟县、祁县	同前
	北至	抵边不足二千五百里	同前
	[注]	以上除东、南、北外,西系二千五百里	同前
边远	东至	抵边不足三千里	同前
	南至	抵海不足三千里	同前
	西至	山西霍州灵石县、赵城县 又至平阳府洪洞县、临汾县	同前
	北至	抵边不足三千里	同前
	[注]	同前以上除东、南、北外,西系三千里	同前
极边	东至	抵边不足四千里	同前
	南至	抵海不足四千里	同前
	西至	陕西同州府华州 又至西安府渭南县、临潼县、咸宁县、长安县、高陵县、三原县、耀州、醴泉县、泾阳县、咸阳县	同前
	北至	抵边不足四千里	同前
	[注]	以上除东、南、北外,西系四千里	同前

续表

充军地方		乾隆四十四年(1779)	嘉庆十四年(1809)
烟瘴	广西	桂林府全州	同前
	贵州	思州府玉屏县	同前

锦州府属军犯编发地方

充军地方		乾隆四十四年(1779)	嘉庆十四年(1809)
附近	东至	抵边不足二千里	同前
	南至	抵海不足二千里	同前
	西至	山西太原府榆次县、阳曲县 又至平定州寿阳县	山西太原府榆次县 又至平定州寿阳县
	北至	抵边不足二千里	同前
	[注]	以上除东、南、北外,西系二千里	同前
近边	东至	抵边不足二千五百里	同前
	南至	抵海不足二千五百里	同前
	西至	山西宁武府宁武县、神池县、五寨县 又至代州崞县 又至霍州灵石县、赵城县	山西宁武府宁武县 又至代州崞县 又至霍州灵石县、赵城县
	北至	抵边不足二千五百里	同前
	[注]	以上除东、南、北外,西系二千五百里	同前
边远	东至	抵边不足三千里	同前
	南至	抵海不足三千里	同前
	西至	山西蒲州府猗氏县、临晋县、永济县 又至绛州闻喜县 又至解州夏县、安邑县	同前
	北至	抵边不足三千里	同前
	[注]	同前以上除东、南、北外,西系三千里	同前

续表

充军地方		乾隆四十四年(1779)	嘉庆十四年(1809)
极边	东至	抵边不足四千里	同前
	南至	抵海不足四千里	同前
	西至	陕西邠州长武县 又至延安府甘泉县 又至凤翔府汧阳县、陇州 又至鄜州洛川县 又至甘肃泾州 又至平凉府平凉县	同前
	北至	抵边不足四千里	同前
	[注]	以上除东、南、北外,西系四千里	同前
烟瘴	广东	桂林府全州	同前
	广西	思州府玉屏县	同前

江南苏松/江苏

江宁府属军犯编发地方

充军地方		乾隆八年(1743)	乾隆四十四年(1779)	嘉庆十四年(1809)
附近	东至	浙江温州府平阳县、瑞安县、乐清县	浙江温州府平阳县、瑞安县	同前
	南至	福建兴化府莆田县、仙游县	福建建宁府建阳县	同前
	西至	陕西同州府华州、潼关县	河南陕州灵宝县、阌乡县 又至陕西同州府华阴县	同前
	北至	山东济南府历城县 又至泰安府肥城县	山东青州府安丘县	同前
	[注]	以上俱二千里	同前	同前
边卫/近边	东至	福建福宁府福安县、宁德县	福建福州府古田县	同前
	南至	抵海不足二千五百里	同前	同前
	西至	陕西凤翔府凤翔县 又至宁夏府平罗县	陕西西安府兴平县、醴泉县、耀州、同官县 又至乾州武功县、永寿县 又至凤翔府扶风县 又至鄜州宜君县	陕西西安府兴平县、醴泉县、耀州、同官县 又至乾州武功县、永寿县 又至凤翔府扶风县
	北至	直隶河间府河间县 又至天津府沧州、天津左所、天津右所	直隶。停止编发	同前
	[注]	以上除南外,东、西、北俱二千五百里	以上除南、北外,东、西俱二千五百里	同前

续表

充军地方		乾隆八年(1743)	乾隆四十四年(1779)	嘉庆十四年(1809)
边远	东至	福建汀州府长汀县、上杭县	同前	同前
	南至	抵海不足三千里	同前	同前
	西至	甘肃秦州秦安县、礼县 又至阶州	陕西凤翔府陇州 又至甘肃秦州清水县 又至平凉府平凉县	同前
	北至	直隶顺天府通州左所、通州右所、武清县、密云县	顺天。停止编发	直隶。停止编发
	[注]	以上除南外,东、西、北俱三千里	以上除南、北外,东、西俱三千里	同前
极边	东至	广东肇庆府高要县、新兴县、阳江县	广东肇庆府阳江县、阳春县	同前
	南至	抵海不足四千里	同前	同前
	西至	甘肃甘州府张掖县、山丹县 又至肃州高台县	甘肃兰州府皋兰县 又至凉州府平番县、古浪县	甘肃凉州府平番县
	北至	直隶宣化府宣化县、赤城县、龙门县、万全县、怀安县	直隶。停止编发	同前
	[注]	以上除南外,东、西、北俱四千里	以上除南、北外,东、西俱四千里	同前
烟瘴	广东	高州府茂名县、电白县	同前	同前
	广西	庆远府南丹州 又至思恩府宾州、迁江县	柳州府马平县、柳城县	同前
	贵州	安顺府永宁州	贵阳府贵定县、龙里县 又至平越府平越县	贵阳府贵定县
	[注]	以上里数与极边同		

苏州府属军犯编发地方

充军地方		乾隆八年(1743)	乾隆四十四年(1779)	嘉庆十四年(1809)
附近	东至	抵海不足二千里	同前	同前
	南至	福建福宁府福安县、宁德县	福建福州府古田县	同前
	西至	河南开封府祥符县、陈留县、禹州 又至陈州府淮宁县	河南开封府禹州、荥阳县 又至河南府巩县、偃师县、洛阳县	河南开封府荥阳县、汜水县、郑州 又至河南府巩县、偃师县
	北至	山东兖州府济宁卫 又至济南府历城县 又至泰安府肥城县	山东济南府禹城县、平原县、陵县、德州 又至东昌府恩县	同前
	[注]	以上除东外,南、西、北俱二千里	同前	同前
边卫/近边	东至	抵海不足二千五百里	同前	同前
	南至	抵海不足二千五百里	同前	同前
	西至	河南河南府洛阳县、新安县、嵩县 又至陕州灵宝县	河南陕州灵宝县、阌乡县 又至陕西同州府大荔县、朝邑县、华阴县	同前
	北至	直隶河间府河间县 又至天津府沧州、天津左所、天津右所	直隶。停止编发	同前
	[注]	以上除东、南外,西、北俱二千五百里	以上除东、南、北外,西系二千五百里	同前
边远	东至	抵海不足三千里	同前	同前
	南至	抵海不足三千里	同前	同前
	西至	陕西西安府长安县、咸宁县、咸阳县	陕西西安府咸阳县、醴泉县、兴平县、同官县 又至乾州武功县、永寿县 又至凤翔府扶风县 又至鄜州宜君县	陕西西安府咸阳县、醴泉县、兴平县 又至乾州武功县、永寿县 又至凤翔府扶风县 又至鄜州宜君县
	北至	直隶顺天府涿州	直隶。停止编发	同前
	[注]	以上除东、南外,西、北俱三千里	以上除东、南、北外,西西三千里	同前

续表

充军地方		乾隆八年(1743)	乾隆四十四年(1779)	嘉庆十四年(1809)
极边	东至	抵海不足四千里	同前	同前
	南至	抵海不足四千里	同前	同前
	西至	甘肃兰州府皋兰县 又至凉州府武威县 又至巩昌府洮州县	甘肃巩昌府会宁县、安定县 又至兰州府金县	同前
	北至	山西大同府大同县、天镇县 又至朔平府右玉县	山西大同府天镇县	直隶。停止编发
	[注]	以上除东、南外,西、北俱四千里	同前	以上除东、南、北外,西足四千里
烟瘴	广东	高州府茂名县、电白县	广州府三水县 又至肇庆府高要县	同前
	[注]	以上里数与极边同		

太仓州属军犯编发地方

充军地方		乾隆八年(1743)	乾隆四十四年(1779)	嘉庆十四年(1809)
附近	东至	俱与苏州府同	抵海不足二千里	同前
	南至		福建福州府古田县	同前
	西至		河南开封府禹州、荥阳县 又至河南府巩县、偃师县、洛阳县	河南开封府荥阳县、汜水县、郑州 又至河南府巩县、偃师县
	北至		山东济南府禹城县、平原县、陵县、德州 又至东昌府恩县	同前
	[注]		以上除东外,南、西、北俱二千里	同前

续表

充军地方		乾隆八年(1743)	乾隆四十四年(1779)	嘉庆十四年(1809)
边卫/近边	东至	俱与苏州府同	抵海不足二千五百里	同前
	南至		抵海不足二千五百里	同前
	西至		河南陕州灵宝县、阌乡县 又至陕西同州府大荔县、朝邑县、华阴县	同前
	北至		直隶。停止编发	同前
	[注]		以上除东、南、北外,西系二千五百里	同前
边远	东至		抵海不足三千里	同前
	南至		抵海不足三千里	同前
	西至		陕西西安府咸阳县、醴泉县、兴平县、同官县 又至乾州武功县、永寿县 又至凤翔府扶风县 又至鄜州宜君县	陕西西安府咸阳县、醴泉县、兴平县 又至乾州武功县、永寿县 又至凤翔府扶风县 又至鄜州宜君县
	北至		直隶。停止编发	同前
	[注]		以上除东、南、北外,西系三千里	同前
极边	东至		抵海不足四千里	同前
	南至		抵海不足四千里	同前
	西至		甘肃巩昌府会宁县、安定县 又至兰州府金县	同前
	北至		山西大同府天镇县	直隶。停止编发
	[注]		以上除东、南外,西、北俱四千里	以上除东、南、北外,西足四千里
烟瘴	广东		广州府三水县 又至肇庆府高要县	同前

松江府属军犯编发地方

充军地方		乾隆八年(1743)	乾隆四十四年(1779)	嘉庆十四年(1809)
附近	东至	抵海不足二千里	同前	同前
附近	南至	抵海不足二千里	同前	同前
附近	西至	河南开封府祥符县、陈留县 又至陈州府淮宁县	河南开封府祥符县、中牟县、郑州、鄢陵县、荥泽县 又至陈州府扶沟县	同前
附近	北至	山东兖州府济宁卫 又至济南府历城县 又至泰安府肥城县	山东泰安府肥城县、东阿县 又至济南府长清县、齐河县 又至东昌府茌平县、高唐州	同前
附近	[注]	以上除东、南外,西、北俱二千里	同前	同前
边卫/近边	东至	抵海不足二千五百里	同前	同前
边卫/近边	南至	抵海不足二千五百里	同前	同前
边卫/近边	西至	河南河南府洛阳县、新安县、嵩县	河南河南府新安县、嵩县、渑池县	同前
边卫/近边	北至	直隶河间府河间县、景州 又至天津府沧州	直隶。停止编发	同前
边卫/近边	[注]	以上除东、南外,西、北俱二千五百里	以上除东、南、北外,西系二千五百里	同前
边远	东至	抵海不足三千里	同前	同前
边远	南至	抵海不足三千里	同前	同前
边远	西至	河南怀庆府河内县 又至陕西同州府华州、潼关县	陕西西安府渭南县、临潼县、长安县、咸宁县、咸阳县、高陵县、三原县	同前
边远	北至	直隶顺天府涿州	顺天。停止编发	同前
边远	[注]	以上除东、南外,西、北俱三千里	以上除东、南、北外,西系俱三千里	同前

续表

充军地方		乾隆八年(1743)	乾隆四十四年(1779)	嘉庆十四年(1809)
极边	东至	抵海不足四千里	同前	同前
	南至	抵海不足四千里	同前	同前
	西至	甘肃秦州秦安县、礼县 又至阶州文县	甘肃秦州礼县 又至平凉府静宁州	同前
	北至	山西大同府大同县、阳高县、天镇县	山西大同府阳高县、天镇县	同前
	[注]	以上除东、南外,西、北俱四千里	同前	同前
烟瘴	广西	南宁府宣化县、隆安县、横州	桂林府全州、兴安县	桂林府全州、兴安县、灵川县、临桂县
	[注]	以上里数与极边同		

常州府属军犯编发地方

充军地方		乾隆八年(1743)	乾隆四十四年(1779)	嘉庆十四年(1809)
附近	东至	福建福宁府福安县、宁德县	福建福州府古田县	同前
	南至	福建福州府闽县、侯官县、长乐县、福清县	福建建宁府建安县、瓯宁县 又至延平府南平县	福建延平府南平县
	西至	河南河南府新安县、嵩县	河南河南府新安县、渑池县	同前
	北至	山东济南府德州卫、德州左卫 又至武定府阳信县	山东济南府陵县、德平县 又至武定府乐陵县	山东 武定府阳信县、海丰县
	[注]	以上俱二千里	同前	同前

续表

充军地方		乾隆八年(1743)	乾隆四十四年(1779)	嘉庆十四年(1809)
边卫/近边	东至	浙江温州府温州卫、平阳县、瑞安县、乐清县	福建福州府侯官县、闽县、闽清县	同前
	南至	抵海不足二千五百里	同前	同前
	西至	陕西同州府华州、潼关县 又至西安府长安县、咸宁县	陕西同州府华州、华阴县 又至西安府渭南县、临潼县、高陵县	陕西同州府华州 又至西安府渭南县、临潼县、高陵县
	北至	直隶河间府河间县 又至天津府沧州、天津左所、天津右所	直隶。停止编发	同前
	[注]	以上除南外,东、西、北俱二千五百里	以上除南、北外,东、西俱二千五百里	同前
边远	东至	抵海不足三千里	同前	同前
	南至	抵海不足三千里	同前	同前
	西至	甘肃秦州秦安县、礼县 又至阶州文县	陕西凤翔府扶风县、岐山县、凤翔县、汧阳县 又至邠州长武县 又至鄜州中部县、洛川县	同前
	北至	直隶顺天府通州左所、通州右所、武清县	直隶。停止编发	同前
	[注]	以上除东、南外,西、北俱三千里	以上除东、南、北外,西系三千里	同前
极边	东至	抵海不足四千里	同前	同前
	南至	抵海不足四千里	同前	同前
	西至	甘肃平凉府庄浪县 又至凉州府武威县、镇番县、永昌县	甘肃巩昌府安定县 又至兰州府金县、皋兰县	同前
	北至	直隶宣化府万全县、赤城县、龙门县	直隶。停止编发	同前
	[注]	以上除东、南外,西、北俱四千里	以上除东、南、北外,西系四千里	同前

续表

充军地方		乾隆八年(1743)	乾隆四十四年(1779)	嘉庆十四年(1809)
烟瘴	云南	曲靖府南宁县、平彝县、马龙州		同前
	贵州		平越府黄平州	镇远府黄平州 又至都匀府清平县
	[注]	以上里数与极边同		

镇江府属军犯编发地方

充军地方		乾隆八年(1743)	乾隆四十四年(1779)	嘉庆十四年(1809)
附近	东至	福建福宁府福安县、宁德县	福建建宁府建阳县、瓯宁县	同前
	南至	福建福州府闽县、侯官县、永福县、长乐县	福建延平府南平县	同前
	西至	河南怀庆府河内县、孟县 又至陕西同州府华州、潼关县、华阴县	河南河南府渑池县、嵩县 又至陕州灵宝县	同前
	北至	直隶河间府河间县 又至天津府沧州	直隶。停止编发	同前
	[注]	以上俱二千里	以上除北外,东、南、西俱二千里	同前
边卫/近边	东至	抵海不足二千五百里	同前	同前
	南至	福建兴化府莆田县、仙游县	福建福州府古田县、闽清县	同前
	西至	陕西凤翔府凤翔县 又至山西平阳府临汾县 又至蒲州府永济县	陕西西安府长安县、咸宁县、咸阳县、临潼县、兴平县、醴泉县、高陵县、三原县、耀州、同官县 又至山西霍州灵石县 又至蒲州府猗氏县、临晋县、永济县	同前

续表

充军地方		乾隆八年（1743）	乾隆四十四年（1779）	嘉庆十四年（1809）
边卫/近边	北至	直隶顺天府通州左所、通州右所、密云县	顺天。停止编发	同前
	［注］	以上除东外，南、西、北俱二千五百里	以上除东、北外，南、西俱二千五百里	同前
边远	东至	抵海不足三千里	同前	同前
	南至	抵海不足三千里	同前	同前
	西至	甘肃巩昌府陇西县 又至秦州秦安县、礼县 又至阶州文县	陕西凤翔府凤翔县、汧阳县、陇州 又至延安府甘泉县、肤施县 又至甘肃秦州清水县	同前
	北至	直隶宣化府延庆卫、怀来县	直隶。停止编发	同前
	［注］	以上除东、南外，西、北俱三千里	以上除东、南、北外，西系三千里	同前
极边	东至	抵海不足四千里	同前	同前
	南至	抵海不足四千里	同前	同前
	西至	甘肃凉州府古浪县 又至西宁府归德守御所 又至巩昌府洮州卫	甘肃兰州府金县、皋兰县 又至凉州府平番县	同前
	北至	抵边不足四千里	同前	同前
	［注］	以上除东、南、北外，西四千里	同前	同前
烟瘴	贵州	贵阳府贵筑县	都匀府清平县 又至平阳府平越县	都匀府清平县 又至普安州兴义县
	广西	浔州府桂平县、贵县 又至镇安府奉议州、向武州	平乐府平乐县、昭平县 柳州府雒容县、马平县	同前
	［注］	以上里数与极边同		

淮安府属军犯编发地方

充军地方		乾隆八年(1743)	乾隆四十四年(1779)	嘉庆十四年(1809)
附近	东至	抵海不足二千里	同前	同前
	南至	福建延平府南平县、永安县、将乐县	福建建宁府浦城县 又至江西瑞州府高安县 又至临江府清江县、新淦县	同前
	西至	河南河南府洛阳县、嵩县、新安县 又至陕州灵宝县	河南陕州灵宝县、阌乡县 又至河南府嵩县	同前
	北至	直隶顺天府涿州	顺天。停止编发	同前
	[注]	以上除东外,南、西、北俱二千里	以上除东、北外,南、西俱二千里	同前
边卫/近边	东至	抵海不足二千五百里	同前	同前
	南至	福建福州府闽县、侯官县、长乐县、永福县	福建建宁府建安县、瓯宁县 又至延平府南平县 又至江西吉安府万安县	福建延平府南平县 又至江西吉安府万安县
	西至	陕西同州府华州、蒲城县、华阴县	陕西西安府富平县、三原县、泾阳县、耀州、同官县、咸阳县、兴平县、醴泉县 又至乾州武功县	同前
	北至	直隶宣化府保安州、怀安县	直隶。停止编发	同前
	[注]	以上除东外,南、西、北俱二千五百里	以上除东、北外,南、西俱二千五百里	同前

续表

充军地方		乾隆八年(1743)	乾隆四十四年(1779)	嘉庆十四年(1809)
边远	东至	抵海不足三千里	同前	同前
	南至	福建兴化府莆田县、仙游县	福建福州府闽清县、侯官县、闽县 又至江西南安府大庾县 又至广东南雄府保昌县	福建福州府闽清县、侯官县、闽县 又至江西南安府大庾县 又至广东南雄州
	西至	陕西延安府肤施县、安塞县 又至凤翔府凤翔县 又至宁夏府平罗县	陕西延安府肤施县、安塞县、甘泉县 又至汉中府凤县 又至凤翔府陇州 又至甘肃平凉府平凉县 又至泾州	同前
	北至	直隶宣化府万全县、赤城县、龙门县	直隶。停止编发	同前
	[注]	以上除东外,南、西、北俱三千里	以上除东、北外,南、西俱三千里	同前
极边	东至	东至抵海不足四千里	同前	同前
	南至	广东潮州府大城守御所、海阳县、潮阳县 又至嘉应州	广东广州府清远县、三水县	同前
	西至	甘肃凉州府武威县、镇番县、永昌县 又至甘州府张掖县、山丹县	甘肃兰州府皋兰县 又至凉州府平番县	同前
	北至	抵边不足四千里	同前	同前
	[注]	以上除东、北外,南、西俱四千里	同前	同前
烟瘴	云南	曲靖府南宁县、平彝县、陆凉州		
	贵州		思州府玉屏县、青溪县	同前
	[注]	以上里数与极边同		

海州属军犯编发地方

充军地方		乾隆八年(1743)	乾隆四十四年(1779)	嘉庆十四年(1809)
附近	东至	俱与淮安府同	抵海不足二千里	同前
	南至		福建建宁府浦城县 又至江西瑞州府高安县 又至临江府清江县、新淦县	同前
	西至		河南陕州灵宝县、阌乡县 又至河南府嵩县	同前
	北至		顺天。停止编发	同前
	[注]		以上除东、北外,南、西俱二千里	同前
边卫/近边	东至		抵海不足二千五百里	同前
	南至		福建建宁府建安县、瓯宁县 又至延平府南平县 又至江西吉安府万安县	福建延平府南平县 又至江西吉安府万安县
	西至		陕西西安府富平县、三原县、泾阳县、耀州、同官县、咸阳县、兴平县、醴泉县 又至乾州武功县	同前
	北至		直隶。停止编发	同前
	[注]		以上除东、北外,南、西俱二千五百里	同前
边远	东至		抵海不足三千里	同前
	南至		福建福州府闽清县、侯官县、闽县 又至江西南安府大庾县 又至广东南雄府保昌县	福建福州府闽清县、侯官县、闽县 又至江西南安府大庾县 又至广东南雄州
	西至		陕西延安府肤施县、安塞县、甘泉县 又至汉中府凤县 又至凤翔府陇州 又至甘肃平凉府平凉县 又至泾州	同前
	北至		直隶。停止编发	同前
	[注]		以上除东、北外,南、西俱三千里	同前

续表

充军地方		乾隆八年(1743)	乾隆四十四年(1779)	嘉庆十四年(1809)
极边	东至	俱与淮安府同	抵海不足四千里	同前
	南至		广东广州府清远县、三水县	同前
	西至		甘肃兰州府皋兰县 又至凉州府平番县	同前
	北至		同前	同前
	[注]		同前	同前
烟瘴	贵州		思州府玉屏县、青溪县	同前

扬州府属军犯编发地方

充军地方		乾隆八年(1743)	乾隆四十四年(1779)	嘉庆十四年(1809)
附近	东至	抵海不足二千里	同前	同前
	南至	福建福州府闽县、侯官县、长乐县、福清县	福建建宁府建阳县、建安县、瓯宁县 又至江西吉安府吉水县、庐陵县、泰和县	福建建宁府建阳县、建安县、瓯宁县
	西至	河南河南府洛阳县、新安县、嵩县 又至陕州	河南陕州灵宝县 又至河南府渑池县、嵩县	河南陕州灵宝县 又至河南府渑池县、嵩县 又至江西吉安府吉水县、庐陵县、泰和县
	北至	直隶河间府河间县 又至天津府沧州	直隶。停止编发	同前
	[注]	以上除东外,南、西、北俱二千里	以上除东、北外,南、西俱二千里	同前

续表

充军地方		乾隆八年(1743)	乾隆四十四年(1779)	嘉庆十四年(1809)
边卫/近边	东至	抵海不足二千五百里	同前	同前
	南至	福建泉州府晋江县、南安县、惠安县 又至永春州	福建福州府古田县、闽清县 又至江西赣州府赣县 又至南安府南康县	福建福州府古田县
	西至	河南怀庆府河内县	山西太原府祁县、徐沟县、太原县 又至陕西西安府临潼县、长安县、咸宁县、咸阳县、高陵县、三原县、耀州	山西太原府祁县、徐沟县、太原县 又至陕西西安府临潼县、长安县、咸宁县、咸阳县、三原县、耀州 又至江西赣州府赣县 又至南安府南康县
	北至	直隶顺天府通州左所、通州右所、梁城守御所	顺天。停止编发	直隶。停止编发
	[注]	以上除东外,南、西、北俱二千五百里	以上除东、北外,南、西俱二千五百里	同前
边远	东至	抵海不足三千里	同前	同前
	南至	福建漳州府龙溪县、漳浦县、南靖县	福建福州府福清县 又至兴化府莆田县 又至广东韶州府曲江县	同前
	西至	甘肃秦州秦安新安、礼县 又至阶州文县	陕西凤翔府凤翔县、汧阳县、陇州、宝鸡县 又至延安府甘泉县、肤施县 又至鄜州 又至甘肃泾州	陕西凤翔汧阳县、陇州、宝鸡县 又至延安府甘泉县、肤施县 又至鄜州 又至甘肃泾州
	北至	直隶宣化府宣化县、怀来县、怀安县	直隶。停止编发	同前
	[注]	以上除东外,南、西、北俱三千里	以上除东、北外,南、西俱三千里	同前

续表

充军地方		乾隆八年(1743)	乾隆四十四年(1779)	嘉庆十四年(1809)
极边	东至	抵海不足四千里	同前	同前
	南至	抵海不足四千里	同前	同前
	西至	甘肃西宁府西宁县、碾伯县 又至甘州府张掖县、山丹县 又至肃州高台县	甘肃兰州府金县、皋兰县 又至凉州府平番县	甘肃兰州府皋兰县 又至凉州府平番县
	北至	抵边不足四千里	同前	同前
	[注]	以上除东、南、北外,西四千里	同前	同前
烟瘴	贵州	贵阳府贵筑县	平越府平越县 又至都匀府清平县 又至贵阳府贵定县	普安州兴义县 又至都匀府清平县 又至贵阳府贵定县
	广东	惠州府博罗县、河源县	广州府东莞县、南海县、番禺县	同前
	[注]	以上里数与极边同		

通州属军犯编发地方

充军地方		乾隆八年(1743)	乾隆四十四年(1779)	嘉庆十四年(1809)
附近	东至	俱与扬州府同	抵海不足二千里	同前
	南至		福建建宁府建阳县、建安县、瓯宁县 又至江西吉安府吉水县、庐陵县、泰和县	福建建宁府建阳县、建安县、瓯宁县
	西至		河南陕州灵宝县 又至河南府渑池县、嵩县	河南陕州灵宝县 又至河南府渑池县、嵩县 又至江西吉安府吉水县、庐陵县、泰和县
	北至		直隶。停止编发	同前
	[注]		以上除东、北外,南、西俱二千里	同前

续表

<table>
<tr><th colspan="2">充军地方</th><th>乾隆八年(1743)</th><th>乾隆四十四年(1779)</th><th>嘉庆十四年(1809)</th></tr>
<tr><td rowspan="5">边卫/近边</td><td>东至</td><td rowspan="15">俱与扬州府同</td><td>抵海不足二千五百里</td><td>同前</td></tr>
<tr><td>南至</td><td>福建福州府古田县、闽清县
又至江西赣州府赣县
又至南安府南康县</td><td>福建福州府古田县</td></tr>
<tr><td>西至</td><td>山西太原府祁县、徐沟县、太原县
又至陕西西安府临潼县、长安县、咸宁县、咸阳县、高陵县、三原县、耀州</td><td>山西太原府祁县、徐沟县、太原县
又至陕西西安府临潼县、长安县、咸宁县、咸阳县、三原县、耀州
又至江西赣州府赣县
又至南安府南康县</td></tr>
<tr><td>北至</td><td>顺天。停止编发</td><td>直隶。停止编发</td></tr>
<tr><td>[注]</td><td>以上除东、北外,南、西俱二千五百里</td><td>同前</td></tr>
<tr><td rowspan="5">边远</td><td>东至</td><td>抵海不足三千里</td><td>同前</td></tr>
<tr><td>南至</td><td>福建福州府福清县
又至兴化府莆田县
又至广东韶州府曲江县</td><td>同前</td></tr>
<tr><td>西至</td><td>陕西凤翔府凤翔县、汧阳县、陇州、宝鸡县
又至延安府甘泉县、肤施县
又至鄜州
又至甘肃泾州</td><td>陕西凤翔府汧阳县、陇州、宝鸡县
又至延安府甘泉县、肤施县
又至鄜州
又至甘肃泾州</td></tr>
<tr><td>北至</td><td>直隶。停止编发</td><td>同前</td></tr>
<tr><td>[注]</td><td>以上除东、北外,南、西俱三千里</td><td>同前</td></tr>
<tr><td rowspan="5">极边</td><td>东至</td><td>抵海不足四千里</td><td>同前</td></tr>
<tr><td>南至</td><td>抵海不足四千里</td><td>同前</td></tr>
<tr><td>西至</td><td>甘肃兰州府金县、皋兰县
又至凉州府平番县</td><td>甘肃兰州府皋兰县
又至凉州府平番县</td></tr>
<tr><td>北至</td><td>抵边不足四千里</td><td>同前</td></tr>
<tr><td>[注]</td><td>以上除东、南、北外,西系四千里</td><td>同前</td></tr>
</table>

续表

充军地方		乾隆八年(1743)	乾隆四十四年(1779)	嘉庆十四年(1809)
烟瘴	贵州	俱与扬州府同	平越府平越县 又至都匀府清平县 又至贵阳府贵定县	普安州兴义县 又至都匀府清平县 又至贵阳府贵定县
	广东		广州府东莞县、南海县、番禺县	同前

徐州府属军犯编发地方

充军地方		乾隆八年(1743)	乾隆四十四年(1779)	嘉庆十四年(1809)
附近	东至	抵海不足二千里	同前	同前
	南至	福建建宁府建安县、瓯宁县、浦城县	浙江严州府建德县 又至金华府兰溪县 又至衢州府龙游县 又至湖北黄州府黄梅县 又至江西九江府德化县	浙江金华府兰溪县 又至衢州府龙游县 又至江西吉安府吉水县、庐陵县 又至湖北安陆府天门县
	西至	陕西西安府长安县、咸宁县	陕西西安府兴平县、耀州、同官县、咸阳县、醴泉县 又至乾州武功县	同前
	北至	直隶宣化府延庆卫、西宁县	直隶。停止编发	同前
	[注]	以上除东外,南、西、北俱二千里	以上除东、北外,南、西俱二千里	同前
边卫/近边	东至	抵海不足二千五百里	同前	同前
	南至	福建福州府闽县、侯官县、长乐县	福建建宁府浦城县 又至江西临江府清江县、新淦县	福建建宁府浦城县 又至江西南安府南康县
	西至	陕西凤翔府凤翔县 又至宁夏府平罗县	陕西汉中府凤县 又至延安府甘泉县、肤施县、安塞县 又至甘州平凉府平凉县、固原州 又至秦州清水县	陕西汉中府凤县 又至延安府甘泉县、肤施县、安塞县 又至甘州平凉府平凉县 又至秦州清水县

续表

充军地方		乾隆八年（1743）	乾隆四十四年（1779）	嘉庆十四年（1809）
边卫/近边	北至	直隶宣化府宣化县、赤城县、龙门县	直隶。停止编发	同前
	［注］	以上除东外，南、西、北俱二千五百里	以上除东、北外，南、西俱二千五百里	同前
边远	东至	抵海不足三千里	同前	同前
	南至	抵海不足三千里	江西吉安府万安县	广东韶州府曲江县
	西至	甘肃巩昌府陇西县 又至秦州秦安县、礼县 又至阶州文县	甘肃巩昌府陇西县、宁远县、会宁县、安定县	同前
	北至	抵边不足三千里	同前	同前
	［注］	以上除东、南、北外，西三千里	以上除东、北外，南、西三千里	同前
极边	东至	抵海不足四千里	同前	同前
	南至	抵海不足四千里	广东韶州府英德县	广东广州府南海县、番禺县、东莞县
	西至	甘肃凉州府武威县、镇番县、古浪县 又至甘州府山丹县	甘肃甘州府山丹县 又至凉州府武威县、永昌县	甘肃凉州府武威县、永昌县
	北至	抵边不足四千里	同前	同前
	［注］	以上除东、南、北外，西四千里	以上除东、北外，南、西俱四千里	同前
烟瘴	广东	惠州府碣石卫、平海守御所、海丰守御所	广州府南海县、番禺县、东莞县	同前
	［注］	以上里数与极边同		

江南安徽/安徽

安庆府属军犯编发地方

<table>
<tr><th colspan="2">充军地方</th><th>乾隆八年(1743)</th><th>乾隆四十四年(1779)</th><th>嘉庆十四年(1809)</th></tr>
<tr><td rowspan="5">附近</td><td>东至</td><td>浙江金华府金华县
又至台州府台州卫、黄岩县、太平县</td><td>浙江金华府金华县、永康县、兰溪县
又至台州府天台县、临海县</td><td>同前</td></tr>
<tr><td>南至</td><td>福建福州府闽县、侯官县、永福县、长乐县</td><td>福建福州府闽县、侯官县、闽清县</td><td>福建福州府闽清县</td></tr>
<tr><td>西至</td><td>河南河南府洛阳县、嵩县
又至陕州灵宝县</td><td>河南河南府嵩县、新安县
又至湖北宜昌府归州、巴东县</td><td>同前</td></tr>
<tr><td>北至</td><td>直隶河间府河间县
又至天津府沧州</td><td>直隶。停止编发</td><td>同前</td></tr>
<tr><td>[注]</td><td>以上俱二千里</td><td>以上除北外,东、南、西俱二千里</td><td>同前</td></tr>
<tr><td rowspan="5">边卫/近边</td><td>东至</td><td>浙江宁波府宁波卫、奉化县、镇海县</td><td>浙江温州府永嘉县</td><td>同前</td></tr>
<tr><td>南至</td><td>抵海不足二千五百里</td><td>同前</td><td>同前</td></tr>
<tr><td>西至</td><td>陕西汉中府南郑县、宁羌州、沔县
又至兴安州平利县</td><td>陕西同州府华州、华阴县
又至西安府渭南县、临潼县、高陵县</td><td>陕西同州府华州
又至西安府渭南县、临潼县、高陵县</td></tr>
<tr><td>北至</td><td>直隶顺天府通州左所、通州右所、武清县</td><td>顺天。停止编发</td><td>同前</td></tr>
<tr><td>[注]</td><td>以上除南外,东、西、北俱二千五百里</td><td>以上除南、北外,东、西俱二千五百里</td><td>同前</td></tr>
</table>

续表

充军地方		乾隆八年(1743)	乾隆四十四年(1779)	嘉庆十四年(1809)
边远	东至	抵海不足三千里	同前	同前
	南至	抵海不足三千里	同前	同前
	西至	四川保宁府阆中县 又至陕西凤翔府凤翔县 又至宁夏府平罗县 又至延安府肤施县、安塞县、安定县、保安县 又至绥德州米脂县	四川忠州梁山县、垫江县 又至重庆府长寿县 又至陕西凤翔府岐山县、宝鸡县、凤翔县、汧阳县 又至鄜州中部县、洛川县 又至邠州长武县	同前
	北至	直隶宣化府宣化县、万全县	直隶。停止编发	同前
	[注]	以上除东、南外,西、北俱三千里	以上除东、南、北外,西系三千里	同前
极边	东至	抵海不足四千里	同前	同前
	南至	抵海不足四千里	同前	同前
	西至	四川叙州府长宁县、兴文县、永宁县	四川叙州府长宁县、宜宾县 又至保宁府南部县 又至甘肃兰州府金县、皋兰县、狄道州 又至宁夏府灵州 又至陕西榆林府榆林县	同前
	北至	奉天府承德县、辽阳州	奉天。停止编发	同前
	[注]	以上除东、南外,西、北俱四千里	以上除东、南、北外,西系四千里	同前
烟瘴	云南	曲靖府寻甸州、平彝县	曲靖府平彝县	同前
	[注]	以上里数与极边同		

徽州府属军犯编发地方

充军地方		乾隆八年(1743)	乾隆四十四年(1779)	嘉庆十四年(1809)
附近	东至	抵海不足二千里	同前	同前
	南至	抵海不足二千里	同前	同前
	西至	湖北襄阳府襄阳卫、均州 又至河南南阳府南阳县、镇平县、唐县、邓州	河南开封府新郑县、禹州、荥阳县、汜水县 又至河南府巩县、偃师县 又至怀庆府武陟县、河内县	河南开封府新郑县、禹州、荥阳县、汜水县 又至河南府巩县、偃师县
	北至	山东青州府益都县、诸城县 又至沂州府莒州	山东济南府长清县、历城县、章丘县、齐河县、禹城县	同前
	[注]	以上除东、南外,西、北俱二千里	同前	同前
边卫/近边	东至	抵海不足二千五百里	同前	同前
	南至	抵海不足二千五百里	同前	同前
	西至	河南河南府嵩县、洛阳县 又至陕州灵宝县	河南陕州灵宝县、阌乡县	同前
	北至	山东济南府德州卫、德州左卫、历城县 又至泰安府肥城县	山东青州府昌乐县 又至莱州府潍县、昌邑县	山东莱州府潍县、昌邑县
	[注]	以上除东、南外,西、北俱二千五百里	同前	同前
边远	东至	抵海不足三千里	同前	同前
	南至	抵海不足三千里	同前	同前
	西至	陕西西安府长安县、咸宁县、咸阳县 又至同州府华州、潼关县	陕西西安府长安县、咸宁县、咸阳县、醴泉县、三原县、耀州、同官县、兴平县 又至乾州武功县	同前

续表

充军地方		乾隆八年(1743)	乾隆四十四年(1779)	嘉庆十四年(1809)
边远	北至	直隶河间府河间县 又至天津府沧州、天津左所、天津右所	直隶。停止编发	同前
	[注]	以上除东、南外,西、北俱三千里	以上除东、南、北外,西系三千里	同前
极边	东至	抵海不足四千里	同前	同前
	南至	抵海不足四千里	同前	同前
	西至	甘肃巩昌府陇西县 又至秦州秦安县、礼县 又至阶州文县 又至兰州府皋兰县 又至巩昌府洮州卫	甘肃巩昌府陇西县、宁远县、会宁县、安定县、西和县 又至秦州礼县 又至陕西绥德州	同前
	北至	直隶宣化府宣化县、怀来县	直隶。停止编发	同前
	[注]	以上除东、南外,西、北俱四千里	以上除东、南、北外,西系四千里	同前
烟瘴	广西	庆远府宜山县、河池州	太平府崇善县	同前
	贵州	安顺府镇宁州、永宁州	平越府黄平州 又至都匀府清平县	同前
	[注]	以上里数与极边同		

宁国府属军犯编发地方

充军地方		乾隆八年(1743)	乾隆四十四年(1779)	嘉庆十四年(1809)
附近	东至	抵海不足二千里	同前	同前
	南至	福建兴化府莆田县、仙游县	福建延平府顺昌县	同前
	西至	河南南阳府南阳县、镇平县、邓州、唐县	河南南阳府叶县、裕州 又至河南府新安县、嵩县	同前

续表

充军地方		乾隆八年(1743)	乾隆四十四年(1779)	嘉庆十四年(1809)
附近	北至	山东兖州府济宁卫 又至济南府历城县 又至泰安府肥城县	山东济南府平原县、德州、邹平县、长山县 又至青州府临淄县	同前
	[注]	以上除东外,南、西、北俱二千里	同前	同前
边卫/近边	东至	抵海不足二千五百里	同前	同前
	南至	抵海不足二千五百里	福建福州府闽清县、闽县、侯官县	同前
	西至	河南河南府洛阳县、嵩县 又至陕州灵宝县	陕西同州府华阴县、华州 又至西安府渭南县、临潼县、高陵县	陕西同州府华州 又至西安府渭南县、临潼县、高陵县
	北至	直隶河间府河间县 又至天津府沧州、天津左所、天津右所	直隶。停止编发	同前
	[注]	以上除东、南外,西、北俱二千五百里	以上除东、北外,南、西系二千五百里	同前
边远	东至	抵海不足三千里	同前	同前
	南至	抵海不足三千里	同前	同前
	西至	陕西西安府长安县、咸宁县 又至同州府华州、潼关县	陕西乾州永寿县 又至邠州长武县 又至凤翔府岐山县、凤翔县、汧阳县 又至鄜州中部县、洛川县	同前
	北至	直隶顺天府梁城守御所、通州左所、通州右所、涿州、蓟州、遵化州	顺天。停止编发	同前
	[注]	以上除东、南外,西、北俱三千里	以上除东、南、北外,西系三千里	同前

续表

充军地方		乾隆八年(1743)	乾隆四十四年(1779)	嘉庆十四年(1809)
极边	东至	抵海不足四千里	同前	同前
	南至	抵海不足四千里	同前	同前
	西至	甘肃巩昌府陇西县 又至秦州秦安县、礼县 又至阶州文县	甘肃阶州文县、成县 又至兰州府狄道州、金县、皋兰县 又至陕西榆林府榆林县	同前
	北至	直隶宣化府赤城县、龙门县	直隶。停止编发	同前
	[注]	以上除东、南外,西、北俱四千里	以上除东、南、北外,西系四千里	同前
烟瘴	贵州	南笼府普安州	贵阳府贵筑县 又至安顺府清镇县、安平县、普定县	同前
	云南	景东府		同前
	[注]	以上里数与极边同		

池州府属军犯编发地方

充军地方		乾隆八年(1743)	乾隆四十四年(1779)	嘉庆十四年(1809)
附近	东至	抵海不足二千里	浙江金华府永康县 又至处州府缙云县 又至台州府临海县、黄岩县	同前
	南至	福建兴化府莆田县、仙游县	福建福州府古田县、闽清县	同前
	西至	河南南阳府南阳县、镇平县、邓州、唐县	河南许州襄城县 又至南阳府叶县 又至河南府偃师县、洛阳县、新安县 又至湖北襄阳府光化县 又至宜昌府归州	同前

续表

充军地方		乾隆八年(1743)	乾隆四十四年(1779)	嘉庆十四年(1809)
附近	北至	直隶河间府河间县 又至天津府沧州、天津左所、天津右所	直隶。停止编发	同前
	[注]	以上除东外,南、西、北俱二千里	以上除北外,东、南、西俱二千里	同前
边卫/近边	东至	抵海不足二千五百里	同前	同前
	南至	抵海不足二千五百里	同前	同前
	西至	河南河南府洛阳县、嵩县、新安县 又至陕州灵宝县 又至湖北郧阳府郧县、房县	陕西同州府华阴县、华州 又至兴安州白河县 又至河南陕州阌乡县 又至四川夔州府奉节县	陕西同州府华阴县、华州 又至兴安府白河县 又至河南陕州阌乡县 又至四川夔州府奉节县
	北至	直隶顺天府通州左所、通州右所、涿州	顺天。停止编发	同前
	[注]	以上除东、南外,西、北俱二千五百里	以上除东、南、北外,西系二千五百里	同前
边远	东至	抵海不足三千里	同前	同前
	南至	抵海不足三千里	同前	同前
	西至	陕西汉中府南郑县、宁羌州、沔县 又至兴安州平利县 又至河南怀庆府河内县	陕西乾州武功县 又至凤翔府扶风县、岐山县、凤翔县 又至西安府醴泉县、同官县 又至鄜州宜君县、中部县 又至四川忠州梁山县、垫江县	同前
	北至	直隶宣化府宣化县、万全县	直隶。停止编发	同前
	[注]	以上除东、南外,西、北俱三千里	以上除东、南、北外,西系三千里	同前

续表

充军地方		乾隆八年(1743)	乾隆四十四年(1779)	嘉庆十四年(1809)
极边	东至	抵海不足四千里	同前	同前
	南至	抵海不足四千里	同前	同前
	西至	四川保宁府阆中县 又至陕西凤翔府凤翔县 又至宁夏府平罗县	四川顺庆府西充县、南充县 又至保宁府南部县 又至甘肃巩昌府陇西县、安定县 又至兰州府渭源县、狄道州 又至宁夏府灵州 又至阶州成县 又至陕西绥德州米脂县	四川顺庆府西充县、南充县 又至保宁府南部县 又至甘肃巩昌府陇西县、安定县、西和县 又至兰州府渭源县、狄道州 又至阶州成县 又至陕西绥德州米脂县
	北至	奉天府承德县、辽阳州	奉天。停止编发	同前
	[注]	以上除东、南外,西、北俱四千里	以上除东、南、北外,西系四千里	同前
烟瘴	云南	临安府建水州、通海县	曲靖府平彝县	同前
	贵州		南笼府普安县、普安州	兴义府普安县 又至普安州
	[注]	以上里数与极边同		

太平府属军犯编发地方

充军地方		乾隆八年(1743)	乾隆四十四年(1779)	嘉庆十四年(1809)
附近	东至	抵海不足二千里	同前	同前
	南至	福建兴化府莆田县、仙游县	福建建宁府浦城县	同前
	西至	河南河南府洛阳县、嵩县 又至陕州灵宝县	河南陕州灵宝县、阌乡县	同前
	北至	山东济南府历城县 又至泰安府肥城县 又至武定府惠民县	山东武定府惠民县、商河县 又至济南府德平县 又至青州府昌乐县 又至莱州府潍县、昌邑县	同前
	[注]	以上除东外,南、西、北俱二千里	同前	同前

续表

充军地方		乾隆八年(1743)	乾隆四十四年(1779)	嘉庆十四年(1809)
边卫/近边	东至	抵海不足二千五百里	同前	同前
	南至	抵海不足二千五百里	同前	同前
	西至	陕西西安府长安县、咸宁县、咸阳县 又至同州府华州、潼关县	陕西西安府咸阳县、长安县、咸宁县、醴泉县、耀州、同官县、兴平县 又至乾州武功县	同前
	北至	直隶河间府河间县 又至天津府沧州、天津左所、天津右所	直隶。停止编发	同前
	[注]	以上除东、南外,西、北俱二千五百里	以上除东、南、北外,西系二千五百里	同前
边远	东至	抵海不足三千里	同前	同前
	南至	抵海不足三千里	同前	同前
	西至	甘肃巩昌府陇西县 又至秦州秦安县、礼县 又至阶州文县	陕西凤翔府陇州 又至延安府甘泉县、肤施县 又至甘肃秦州清水县 又至平凉县	同前
	北至	直隶顺天府蓟州、平谷县、遵化州	顺天。停止编发	同前
	[注]	以上除东、南外,西、北俱三千里	以上除东、南、北外,西系三千里	同前
极边	东至	抵海不足四千里	同前	同前
	南至	抵海不足四千里	同前	同前
	西至	甘肃甘州府张掖县、山丹县 又至肃州高台县	甘肃凉州府平番县 又至兰州府皋兰县 又至阶州文县 又至陕西榆林府怀远县、神木县	同前
	北至	抵边不足四千里	同前	同前
	[注]	以上除东、南、北外,西四千里	以上除东、南、北外,西系四千里	同前

续表

充军地方		乾隆八年(1743)	乾隆四十四年(1779)	嘉庆十四年(1809)
烟瘴	云南	曲靖府南宁县、平彝县、马龙州		同前
	贵州		安顺府安平县、普定县、镇宁州	同前
	[注]	以上里数与极边同		

庐州府属军犯编发地方

充军地方		乾隆八年(1743)	乾隆四十四年(1779)	嘉庆十四年(1809)
附近	东至	浙江台州府台州卫、黄岩县、天台县、太平县	浙江台州府黄岩县、天台县、临海县 又至处州府缙云县、丽水县	浙江台州府黄岩县、临海县 又至处州府缙云县、丽水县
	南至	福建福州府闽县、侯官县、长乐县	福建延平府南平县、顺昌县 又至福州府古田县	福建延平府南平县 又至福州府古田县
	西至	河南河南府洛阳县、新安县 又至陕州灵宝县	河南陕州灵宝县、阌乡县 又至陕西同州府华阴县、大荔县、华州	河南陕州阌乡县 又至陕西同州府华阴县、大荔县、华州
	北至	直隶顺天府涿州	顺天。停止编发	同前
	[注]	以上俱二千里	以上除北外,东、南、西俱二千里	同前
边卫/近边	东至	浙江宁波府宁波卫、奉化县、镇海县	抵海不足二千五百里	同前
	南至	福建兴化府莆田县、仙游县	福建福州府闽县、侯官县、福清县	福建福州府福清县
	西至	陕西西安府长安县	陕西西安府醴泉县、同官县 又至乾州永寿县、武功县 又至凤翔府扶风县、岐山县 又至鄜州宜君县、中部县 又至邠州	陕西西安府同官县 又至乾州永寿县、武功县 又至凤翔府扶风县、岐山县 又至鄜州宜君县、中部县 又至邠州

续表

充军地方		乾隆八年(1743)	乾隆四十四年(1779)	嘉庆十四年(1809)
边卫/近边	北至	直隶宣化府宣化县、怀来县、蔚州	直隶。停止编发	同前
	[注]	以上俱二千五百里	以上除东、北外,南、西俱二千五百里	同前
边远	东至	抵海不足三千里	同前	同前
	南至	抵海不足三千里	同前	同前
	西至	陕西凤翔府凤翔县 又至宁夏府平罗县	甘肃秦州清水县 又至平凉府平凉县、固原州、隆德县 又至陕西延安府肤施县、延长县	同前
	北至	直隶宣化府万全县、赤城县、龙门县	直隶。停止编发	同前
	[注]	以上除东、南外,西、北俱三千里	以上除东、南、北外,西系三千里	同前
极边	东至	抵海不足四千里	同前	同前
	南至	抵海不足四千里	同前	同前
	西至	甘肃西宁府归德守御所 又至巩昌府洮州卫 又至平凉府庄浪县 又至凉州府武威县、镇番县、平番县	甘肃西宁府碾伯县 又至凉州府古浪县、平番县 又至陕西榆林府神木县、府谷县	同前
	北至	抵边不足四千里	同前	同前
	[注]	以上除东、南、北外,西四千里	同前	同前
烟瘴	广东	廉州府合浦县、钦州、灵山县	高州府电白县、茂名县	同前
	广西	平乐府平乐县、富川县、贺县	思恩府武缘县	同前
	[注]	以上里数与极边同		

六安州属军犯编发地方

充军地方		乾隆八年(1743)	乾隆四十四年(1779)	嘉庆十四年(1809)
附近	东至	俱与庐州同	浙江台州府黄岩县、天台县、临海县 又至处州府缙云县、丽水县	浙江台州府天台县、临海县 又至处州府缙云县 又至金华府金华县、永康县
	南至		福建延平府南平县、顺昌县 又至福州府古田县	福建延平府南平县 又至福州府古田县
	西至		河南陕州灵宝县、阌乡县 又至陕西同州府华阴县、大荔县、华州	河南陕州阌乡县 又至陕西同州府华阴县、大荔县、华州
	北至		顺天。停止编发	同前
	[注]		以上除北外,东、南、西俱二千里	同前
边卫/近边	东至		抵海不足二千五百里	同前
	南至		福建福州府闽县、侯官县、福清县	福建福州府福清县
	西至		陕西西安府醴泉县、同官县 又至乾州永寿县、武功县 又至凤翔府扶风县、岐山县 又至鄜州宜君县、中部县 又至邠州	陕西西安府醴泉县、同官县 又至乾州永寿县、武功县 又至凤翔府扶风县、岐山县 又至鄜州宜君县、中部县
	北至		直隶。停止编发	同前
	[注]		以上除东、北外,南、西俱二千五百里	同前
边远	东至		同前	同前
	南至		同前	同前
	西至		甘肃秦州清水县 又至平凉府平凉县、固原州、隆德县 又至陕西延安府肤施县、延长县	同前
	北至		直隶。停止编发	同前
	[注]		以上除东、南、北外,西系三千里	同前

续表

<table>
<tr><th colspan="2">充军地方</th><th>乾隆八年(1743)</th><th>乾隆四十四年(1779)</th><th>嘉庆十四年(1809)</th></tr>
<tr><td rowspan="5">极边</td><td>东至</td><td rowspan="7">俱与庐州同</td><td>同前</td><td>同前</td></tr>
<tr><td>南至</td><td>同前</td><td>同前</td></tr>
<tr><td>西至</td><td>甘肃西宁府碾伯县
又至凉州府古浪县、平番县
又至陕西榆林府神木县、府谷县</td><td>同前</td></tr>
<tr><td>北至</td><td>同前</td><td>同前</td></tr>
<tr><td>[注]</td><td>同前</td><td>同前</td></tr>
<tr><td rowspan="2">烟瘴</td><td>广东</td><td>高州府电白县、茂名县</td><td>同前</td></tr>
<tr><td>广西</td><td>思恩府武缘县</td><td>同前</td></tr>
</table>

凤阳府属军犯编发地方

<table>
<tr><th colspan="2">充军地方</th><th>乾隆八年(1743)</th><th>乾隆四十四年(1779)</th><th>嘉庆十四年(1809)</th></tr>
<tr><td rowspan="5">附近</td><td>东至</td><td>浙江台州府台州卫、黄岩县、天台县、太平县</td><td>浙江台州府黄岩县、太平县</td><td>同前</td></tr>
<tr><td>南至</td><td>福建建宁府建安县、瓯宁县、浦城县</td><td>福建建宁府浦城县
又至浙江衢州府江山县</td><td>浙江衢州府江山县</td></tr>
<tr><td>西至</td><td>陕西西安府长安县、咸宁县、咸阳县</td><td>陕西西安府长安县、咸宁县、咸阳县、临潼县、兴平县、高陵县、三原县、耀州</td><td>同前</td></tr>
<tr><td>北至</td><td>直隶顺天府涿州、房山县、蓟州</td><td>顺天。停止编发</td><td>同前</td></tr>
<tr><td>[注]</td><td>以上俱二千里</td><td>以上除北外、东、南、西俱二千里</td><td>同前</td></tr>
</table>

续表

充军地方		乾隆八年（1743）	乾隆四十四年（1779）	嘉庆十四年（1809）
边卫／近边	东至	福建邵武府邵武县	福建汀州府归化县 又至延平府将乐县	同前
	南至	福建福州府闽县、侯官县、长乐县	福建建宁府建阳县、建安县、瓯宁县	福建建宁府建安县、瓯宁县
	西至	陕西凤翔府凤翔县 又至宁夏府平罗县	陕西凤翔府汧阳县、陇州 又至邠州长武县、三水县 又至延安府甘泉县 又至鄜州洛川县 又至甘肃平凉府平凉县 又至泾州	陕西凤翔府汧阳县、陇州 又至延安府甘泉县 又至鄜州洛川县 又至甘肃平凉府平凉县 又至泾州
	北至	直隶宣化府万全县、赤城县、龙门县	直隶。停止编发	同前
	［注］	以上俱二千五百里	以上除北外，东、南、西俱二千五百里	同前
边远	东至	福建福宁府福安县、宁德县	福建福宁府宁德县、霞浦县	同前
	南至	福建兴化府莆田县、仙游县	福建福州府古田县、闽清县	同前
	西至	甘肃巩昌府陇西县 又至秦州秦安县、礼县	甘肃巩昌府伏羌县、宁远县、西和县、会宁县 又至秦州礼县 又至陕西延安府延川县 又至绥德州清涧县	同前
	北至	抵边不足三千里	同前	同前
	［注］	以上除北外，东、南、西俱三千里	同前	同前

续表

充军地方		乾隆八年(1743)	乾隆四十四年(1779)	嘉庆十四年(1809)
极边	东至	抵海不足四千里	同前	同前
	南至	抵海不足四千里	同前	同前
	西至	甘肃庆阳府安化县、环县 又至陕西榆林府怀远县 又至延安府定边县 又至绥德州	甘肃凉州府武威县、永昌县 又至山西保德州河曲县 又至宁武府五寨县	同前
	北至	抵边不足四千里	同前	同前
	[注]	以上除东、南、北外,西四千里	同前	同前
烟瘴	广东	惠州府碣石卫、平海守御所、海丰守御所、捷胜守御所	惠州府归善县、海丰县	同前
	贵州	南笼府普安州、普安县、安南县	安顺府安平县、普定县、镇宁州	同前
	[注]	以上里数与极边同		

颍州府属军犯编发地方

充军地方		乾隆八年(1743)	乾隆四十四年(1779)	嘉庆十四年(1809)
附近	东至	俱与凤阳府同	浙江绍兴府嵊县、新昌县 又至台州府天台县、仙居县	同前
	南至		浙江严州府建德县 又至金华府兰溪县 又至衢州府龙游县	同前
	西至		陕西乾州永寿县、武功县 又至西安府醴泉县、同官县 又至凤翔府扶风县、岐山县 又至鄜州宜君县、中部县 又至邠州	同前
	北至		直隶。停止编发	同前
	[注]		以上除北外,东、南、西俱二千里	同前

续表

充军地方		乾隆八年（1743）	乾隆四十四年（1779）	嘉庆十四年（1809）
边卫/近边	东至	俱与凤阳府同	福建邵武府泰宁县、建宁县 又至汀州府宁化县	福建邵武府泰宁县、建宁县
	南至		福建建宁府浦城县	同前
	西至		甘肃秦州清水县 又至平凉府平凉县、固原州、隆德县 又至陕西延安府肤施县、延长县	同前
	北至		直隶。停止编发	同前
	［注］		以上除北外，东、南、西俱二千五百里	同前
边远	东至		福建福州府闽县、侯官县、连江县	同前
	南至		福建延平府南平县	同前
	西至		甘肃巩昌府陇西县、安定县 又至兰州府渭源县、金县 又至阶州成县 又至陕西绥德州米脂县	同前
	北至		抵边不足三千里	同前
	［注］		以上除北外，东、南、西俱三千里	同前
极边	东至		抵海不足四千里	同前
	南至		抵海不足四千里	同前
	西至		甘肃凉州府永昌县 又至甘州府山丹县 又至山西宁武府宁武县、神池县 又至代州崞县	同前
	北至		抵边不足四千里	同前
	［注］		以上除东、南、北外，西系四千里	同前

续表

<table>
<tr><th colspan="2">充军地方</th><th>乾隆八年(1743)</th><th>乾隆四十四年(1779)</th><th>嘉庆十四年(1809)</th></tr>
<tr><td rowspan="2">烟瘴</td><td>广东</td><td rowspan="2">俱与凤阳府同</td><td>广州府东莞县</td><td>同前</td></tr>
<tr><td>贵州</td><td>平越府平越县
又至贵阳府贵定县</td><td>普安州兴义县
又至贵阳府贵定县</td></tr>
</table>

泗州属军犯编发地方

<table>
<tr><th colspan="2">充军地方</th><th>乾隆八年(1743)</th><th>乾隆四十四年(1779)</th><th>嘉庆十四年(1809)</th></tr>
<tr><td rowspan="5">附近</td><td>东至</td><td rowspan="13">俱与凤阳府同</td><td>浙江金华府永康县</td><td>同前</td></tr>
<tr><td>南至</td><td>福建邵武府光泽县、邵武县</td><td>同前</td></tr>
<tr><td>西至</td><td>陕西西安府临潼县、咸宁县、长安县、咸阳县、兴平县、高陵县、三原县、耀州</td><td>同前</td></tr>
<tr><td>北至</td><td>直隶。停止编发</td><td>同前</td></tr>
<tr><td>[注]</td><td>以上除北外,东、南、西俱二千里</td><td>同前</td></tr>
<tr><td rowspan="5">边卫/近边</td><td>东至</td><td>福建建宁府建阳县</td><td>抵海不足二千五百里</td></tr>
<tr><td>南至</td><td>福建延平府南平县</td><td>同前</td></tr>
<tr><td>西至</td><td>陕西凤翔府汧阳县、陇州
又至延安府甘泉县
又至鄜州洛川县
又至甘肃泾州</td><td>同前</td></tr>
<tr><td>北至</td><td>直隶。停止编发</td><td>同前</td></tr>
<tr><td>[注]</td><td>以上除北外,东、南、西俱二千五百里</td><td>以上除东、北外,南、西俱二千五百里</td></tr>
<tr><td rowspan="3">边远</td><td>东至</td><td>福建福州府古田县</td><td>同前</td></tr>
<tr><td>南至</td><td>福建福州府连江县、罗源县</td><td>福建福州府闽清县</td></tr>
<tr><td>西至</td><td>甘肃巩昌府伏羌县、宁远县、会宁县、西和县
又至秦州礼县
又至陕西延安府延川县
又至绥德州清涧县</td><td>同前</td></tr>
</table>

续表

充军地方		乾隆八年(1743)	乾隆四十四年(1779)	嘉庆十四年(1809)
边远	北至	俱与凤阳府同	抵边不足三千里	同前
	[注]		以上除北外,东、南、西俱三千里	同前
极边	东至		抵海不足四千里	同前
	南至		抵海不足四千里	同前
	西至		甘肃凉州府武威县 又至山西宁武府五寨县	同前
	北至		抵边不足四千里	同前
	[注]		以上除东、南、北外,西系四千里	同前
烟瘴	广东		惠州府博罗县	同前
	贵州		贵阳府龙里县、贵筑县 又至安顺府清镇县、安平县	同前

广德州属军犯编发地方

充军地方		乾隆八年(1743)	乾隆四十四年(1779)	嘉庆十四年(1809)
附近	东至	抵海不足二千里	同前	同前
	南至	福建福宁府福安县、宁德县	福建建宁府浦城县	同前
	西至	湖北襄阳府襄阳卫、均州	湖北安陆府钟祥县 又至河南河南府洛阳县、新安县、嵩县	同前
	北至	山东兖州府济宁卫 又至济南府历城县 又至泰安府肥城县 又至武定府惠民县	山东济南府禹城县、平原县、章丘县、邹平县、长山县	同前
	[注]	以上除东外,南、西、北俱二千里	同前	同前

续表

充军地方		乾隆八年(1743)	乾隆四十四年(1779)	嘉庆十四年(1809)
边卫/近边	东至	抵海不足二千五百里	同前	同前
	南至	抵海不足二千五百里	同前	同前
	西至	河南河南府洛阳县、新安县、嵩县 又至陕州灵宝县	陕西同州府华阴县、华州 又至西安府渭南县	同前
	北至	直隶河间府河间县 又至天津府沧州、天津左所、天津右所	直隶。停止编发	同前
	[注]	以上除东、南外,西、北俱二千五百里	以上除东、南、北外,西系二千五百里	同前
边远	东至	抵海不足三千里	同前	同前
	南至	抵海不足三千里	同前	同前
	西至	陕西汉中府南郑县、沔县、宁羌州 又至兴安州平利县	陕西乾州武功县、永寿县 又至凤翔府扶风县、岐山县、凤翔县 又至鄜州宜君县、中部县 又至邠州	同前
	北至	直隶顺天府梁城守御所、遵化州、蓟州	顺天。停止编发	同前
	[注]	以上除东、南外,西、北俱三千里	以上除东、南、北外,西系三千里	同前
极边	东至	抵海不足四千里	同前	同前
	南至	抵海不足四千里	同前	同前
	西至	甘肃平凉府平凉县、固原州	甘肃宁夏府灵州、宁夏县、宁朔县 又至兰州府渭源县、狄道州、金县 又至阶州成县 又至陕西榆林府榆林县 又至绥德州米脂县	同前
	北至	直隶宣化府赤城县、龙门县	直隶。停止编发	同前
	[注]	以上除东、南外,西、北俱四千里	以上除东、南、北外,西系四千里	同前

续表

充军地方		乾隆八年（1743）	乾隆四十四年（1779）	嘉庆十四年（1809）
烟瘴	云南	蒙化府		同前
	贵州		贵阳府贵筑县、龙里县 又至安顺府清镇县、安平县	同前
	［注］	以上里数与极边同		

和州属军犯编发地方

充军地方		乾隆八年（1743）	乾隆四十四年（1779）	嘉庆十四年（1809）
附近	东至	浙江温州府温州卫、平阳县、瑞安县、乐清县	浙江温州府永嘉县	同前
	南至	福建延平府南平县、永安县、将乐县	福建建宁府浦城县、建阳县	福建建宁府浦城县
	西至	河南怀庆府河内县	河南陕州灵宝县、阌乡县	同前
	北至	直隶河间府河间县 又至天津府沧州	直隶。停止编发	同前
	［注］	以上俱二千里	以上除北外，东、南、西俱二千里	同前
边卫/近边	东至	抵海不足二千五百里	同前	同前
	南至	福建福州府闽县、侯官县、永福县、长乐县	福建延平府南平县	同前
	西至	陕西凤翔府凤翔县 又至宁夏府平罗县	陕西西安府兴平县、醴泉县、耀州、同官县 又至乾州武功县、永寿县 又至鄜州宜君县	同前
	北至	直隶顺天府通州左所、通州右所	顺天。停止编发	同前
	［注］	以上除东外，南、西、北俱二千五百里	以上除东、北外，南、西俱二千五百里	同前

续表

充军地方		乾隆八年(1743)	乾隆四十四年(1779)	嘉庆十四年(1809)
边远	东至	抵海不足三千里	同前	同前
	南至	抵海不足三千里	同前	同前
	西至	甘肃阶州文县 又至秦州秦安县、礼县	甘肃秦州清水县 又至平凉府平凉县 又至陕西凤翔府陇州 又至延安府甘泉县、肤施县	同前
	北至	直隶宣化府万全县、怀安县	直隶。停止编发	同前
	[注]	以上除东、南外,西、北俱三千里	以上除东、南、北外,西系三千里	同前
极边	东至	抵海不足四千里	同前	同前
	南至	抵海不足四千里	同前	同前
	西至	甘肃甘州府张掖县、山丹县 又至凉州府永昌县	甘肃凉州府平番县、古浪县 又至陕西榆林府神木县	甘肃凉州府平番县 又至陕西榆林府神木县
	北至	抵边不足四千里	抵边不足四千里	同前
	[注]	以上除东、南、北外,西四千里	同前	同前
烟瘴	云南	景东府		同前
	贵州		安顺府安平县、普定县、清镇县、镇宁州	同前
	[注]	以上里数与极边同		

滁州属军犯编发地方

充军地方		乾隆八年(1743)	乾隆四十四年(1779)	嘉庆十四年(1809)
附近	东至	浙江温州府温州卫、平阳县、瑞安县	浙江处州府青田县 又至温州府永嘉县	同前
	南至	福建建宁府建安县、瓯宁县、浦城县	福建建宁府浦城县、建阳县	福建建宁府浦城县
	西至	河南怀庆府河内县	河南陕州阌乡县 又至陕西同州府华阴县、华州	同前
	北至	直隶保定府博野县、祁州、东鹿县	直隶。停止编发	同前
	[注]	以上俱二千里	以上除北外,东、南、西俱二千里	同前
边卫/近边	东至	抵海不足二千五百里	同前	同前
	南至	福建福宁府福安县、宁德县	福建延平府南平县	同前
	西至	陕西西安府长安县、咸宁县、咸阳县	陕西乾州永寿县 又至邠州长武县 又至凤翔府扶风县、岐山县、凤翔县 又至鄜州宜君县、中部县	同前
	北至	直隶顺天府蓟州、涿州	顺天。停止编发	同前
	[注]	以上除东外,南、西、北俱二千五百里	以上除东、北外,南、西俱二千五百里	同前
边远	东至	抵海不足三千里	同前	同前
	南至	抵海不足三千里	同前	同前
	西至	甘肃平凉府平凉县	甘肃平凉府隆德县、静宁州 又至秦州 又至陕西延安府延长县	同前

续表

充军地方		乾隆八年(1743)	乾隆四十四年(1779)	嘉庆十四年(1809)
边远	北至	直隶宣化府宣化县、万全县	直隶。停止编发	同前
	[注]	以上除东、南外,西、北俱三千里	以上除东、南、北外,西系三千里	同前
极边	东至	抵海不足四千里	同前	同前
	南至	抵海不足四千里	同前	同前
	西至	甘肃甘州府张掖县、山丹县 又至凉州府永昌县	甘肃凉州府平番县、古浪县 又至西宁府碾伯县 又至陕西榆林府府谷县 又至山西保德州河曲县	同前
	北至	抵边不足四千里	同前	同前
	[注]	以上除东、南、北外,西四千里	同前	同前
烟瘴	广东	潮州府海安守御所、海阳县 又至嘉应州	广州府东莞县 又至惠州府博罗县	同前
	[注]	以上里数与极边同		

浙　江

杭州府属军犯编发地方

充军地方		乾隆八年(1743)	乾隆四十四年(1779)	嘉庆十四年(1809)
附近	东至	抵海不足二千里	同前	同前
	南至	福建福宁府福安县、宁德县	福建福州府侯官县、闽县、连江县、长乐县、永福县、福清县	同前
	西至	湖北武昌府兴国州、武昌县、嘉鱼县、蒲圻县	湖北黄州府蕲水县、蕲州 又至河南开封府杞县、陈留县、祥符县、中牟县	同前
	北至	山东兖州府峄县、滕县 又至沂州府兰山县	山东兖州府滕县、邹县、滋阳县、曲阜县、泗水县、宁阳县 又至济宁州 又至泰安府泰安县、肥城县	同前
	[注]	以上除东外,南、西、北俱二千里	同前	同前
边卫/近边	东至	抵海不足二千五百里	同前	同前
	南至	抵海不足二千五百里	同前	同前
	西至	湖北安陆府沔阳卫、钟祥县 又至荆州府荆州卫、荆州左卫、荆州右卫、远安县	湖北汉阳府孝感县、黄陂县、汉川县 又至德安府应城县 又至河南河南府洛阳县、新安县、渑池县 又至南阳府叶县 又至许州襄城县	同前
	北至	直隶河间府河间县 又至天津府沧州、天津左所、天津右所	山东济南府齐东县、德州 又至武定府惠民县、阳信县、海丰县 又至东昌府高唐州、恩县	山东济南府齐东县、德州 又至武定府惠民县、阳信县、海丰县
	[注]	以上除东、南外,西、北俱二千五百里	同前	同前

续表

<table>
<tr><th colspan="2">充军地方</th><th>乾隆八年(1743)</th><th>乾隆四十四年(1779)</th><th>嘉庆十四年(1809)</th></tr>
<tr><td rowspan="5">边远</td><td>东至</td><td>抵海不足三千里</td><td>同前</td><td>同前</td></tr>
<tr><td>南至</td><td>抵海不足三千里</td><td>同前</td><td>同前</td></tr>
<tr><td>西至</td><td>湖北襄阳府襄阳卫、均州
又至河南南阳府南阳县、镇平县</td><td>湖北襄阳府宜城县
又至安陆府荆门州
又至河南南阳府内乡县、淅川县
又至陕西同州府华阴县、华州
又至西安府渭南县</td><td>湖北襄阳府宜城县
又至荆门州当阳县
又至河南南阳府内乡县、淅川县
又至陕西同州府华阴县
又至西安府渭南县</td></tr>
<tr><td>北至</td><td>直隶顺天府通州左所、通州右所、武清县、顺义县、昌平州</td><td>顺天。停止编发</td><td>同前</td></tr>
<tr><td>[注]</td><td>以上除东、南外，西、北俱三千里</td><td>以上除东、南、北外，西系三千里</td><td>同前</td></tr>
<tr><td rowspan="5">极边</td><td>东至</td><td>抵海不足四千里</td><td>同前</td><td>同前</td></tr>
<tr><td>南至</td><td>抵海不足四千里</td><td>同前</td><td>同前</td></tr>
<tr><td>西至</td><td>陕西汉中府南郑县、宁羌州、沔县
又至甘肃平凉府平凉县、固原州</td><td>陕西汉中府凤县
又至甘肃平凉府隆德县、静宁州</td><td>同前</td></tr>
<tr><td>北至</td><td>直隶宣化府宣化县、赤城县、龙门县</td><td>直隶。停止编发</td><td>同前</td></tr>
<tr><td>[注]</td><td>以上除东、南外，西、北俱四千里</td><td>以上除东、南、北外，西系四千里</td><td>同前</td></tr>
<tr><td rowspan="3">烟瘴</td><td>广西</td><td>柳州府马平县、象州
又至思恩府宾州
又至庆远府南丹州</td><td>思恩府宾州、上林县、迁江县</td><td>同前</td></tr>
<tr><td>贵州</td><td>安顺府镇宁州、永宁州</td><td>思州府玉屏县</td><td>同前</td></tr>
<tr><td>[注]</td><td>以上里数与极边同</td><td></td><td></td></tr>
</table>

嘉兴府属军犯编发地方

充军地方		乾隆八年(1743)	乾隆四十四年(1779)	嘉庆十四年(1809)
附近	东至	抵海不足二千里	同前	同前
	南至	抵海不足二千里	同前	同前
	西至	湖北德安府德安守御所、随州、应山县	湖北黄州府黄梅县、广济县 又至江西九江府德化县 又至河南开封府郑州、荥阳县、汜水县 又至河南府巩县	江西九江府德化县 湖北黄州府黄梅县、广济县 又至河南开封府郑州、荥阳县、汜水县 又至河南府巩县
	北至	山东青州府益都县、临朐县 又至沂州府莒州	山东泰安府肥城县、平阴县、东阿县 又至济南府长清县、齐河县、历城县 又至东昌府茌平县、高唐州	同前
	[注]	以上除东、南外,西、北俱二千里	同前	同前
边卫/近边	东至	抵海不足二千五百里	同前	同前
	南至	抵海不足二千五百里	同前	同前
	西至	湖北安陆府沔阳卫、钟祥县 又至荆州府江陵县、枝江县 又至宜昌府东湖县	湖北武昌府江夏县 又至汉阳府汉阳县 又至河南陕州灵宝县	同前
	北至	山东济南府德州卫、德州左卫、历城县 又至泰安府肥城县 又至武定府惠民县	山东武定府阳信县、海丰县、沾化县	直隶。停止编发
	[注]	以上除东、南外,西、北俱二千五百里	同前	以上除东、南、北外,西足二千五百里

续表

充军地方		乾隆八年(1743)	乾隆四十四年(1779)	嘉庆十四年(1809)
边远	东至	抵海不足三千里	同前	同前
	南至	抵海不足三千里	同前	同前
	西至	湖北襄阳府、均州	湖北安陆府京山县、钟祥县、潜江县 又至陕西西安府临潼县、长安县、咸宁县、咸阳县、兴平县	同前
	北至	直隶河间府河间县 又至天津府沧州、天津左所、天津右所	直隶。停止编发	同前
	[注]	以上除东、南外,西、北俱三千里	以上除东、南、北外,西系三千里	同前
极边	东至	抵海不足四千里	同前	同前
	南至	抵海不足四千里	同前	同前
	西至	陕西汉中府宁羌州、沔县 又至兴安州平利县	陕西汉中府宁羌州、沔县、南郑县、褒城县 又至兴安州石泉县 又至甘肃巩昌府会宁县	陕西汉中府宁羌州、沔县、南郑县、褒城县 又至兴安府石泉县 又至甘肃巩昌府会宁县
	北至	直隶宣化府宣化县、万全县	直隶。停止编发	同前
	[注]	以上除东、南外,西、北俱四千里	以上除东、南、北外,西系四千里	同前
烟瘴	广东	广州府大鹏守御所、新宁县、香山县、新会县	肇庆府高要县、新兴县 又至广州府南海县、番禺县 又至罗定州东安县	同前
	贵州	安顺府普定县		同前
	[注]	以上里数与极边同		

湖州府属军犯编发地方

充军地方		乾隆八年(1743)	乾隆四十四年(1779)	嘉庆十四年(1809)
附近	东至	抵海不足二千里	同前	同前
	南至	福建福宁府福安县、宁德县 又至兴化府莆田县、仙游县	福建福州府闽清县、侯官县、闽县	同前
	西至	湖北襄阳府襄阳卫、均州	湖北黄州府黄梅县、广济县、蕲州	同前
	北至	山东济南府历城县 又至泰安府泰安县、肥城县	山东泰安府泰安县、肥城县、平阴县 又至济南府长清县、历城县、齐河县	同前
	[注]	以上除东外,南、西、北俱二千里	同前	同前
边卫/近边	东至	抵海不足二千五百里	同前	同前
	南至	抵海不足二千五百里	同前	同前
	西至	湖北郧阳府郧县、房县 又至河南河南府洛阳县、嵩县、新安县	河南河南府嵩县、渑池县 又至陕州 又至湖北汉阳府汉阳县、黄陂县、汉川县 又至武昌府江夏县	河南河南府嵩县、渑池县 又至陕州 又至武昌府江夏县 又至湖北汉阳府汉阳县、黄陂县、汉川县
	北至	直隶河间府河间县 又至天津府沧州	山东武定府海丰县、沾化县	同前
	[注]	以上除东、南外,西、北俱二千五百里	同前	同前

续表

充军地方		乾隆八年(1743)	乾隆四十四年(1779)	嘉庆十四年(1809)
边远	东至	抵海不足三千里	同前	同前
	南至	抵海不足三千里	同前	同前
	西至	河南怀庆府河内县 又至陕西西安府长安县、咸宁县、咸阳县	陕西西安府长安县、咸宁县、咸阳县、渭南县、临潼县 又至湖北安陆府钟祥县	同前
	北至	直隶顺天府通州左所、通州右所、密云县、蓟州 又至永平府丰润县	顺天。停止编发	同前
	[注]	以上除东、南外,西、北俱三千里	以上除东、南、北外,西系三千里	同前
极边	东至	抵海不足四千里	同前	同前
	南至	抵海不足四千里	同前	同前
	西至	甘肃兰州府皋兰县、金县 又至巩昌府洮州卫 又至西宁府西宁县	甘肃平凉府隆德县、静宁州 又至巩昌府会宁县 又至陕西汉中府褒城县、南郑县、宁羌州、沔县	同前
	北至	山西大同府大同县、阳高县、天镇县	山西大同府阳高县	同前
	[注]	以上除东、南外,西、北俱四千里	同前	同前
烟瘴	广东	惠州府碣石卫、平海守御所、海丰守御所、捷胜守御所	广州府南海县、番禺县 又至肇庆府新兴县 又至罗定州东安县	同前
	广西	浔州府桂平县 又至镇安府奉议州	浔州府武宣县 柳州府来宾县 思恩府迁江县	同前
	[注]	以上里数与极边同		

宁波府属军犯编发地方

充军地方		乾隆八年(1743)	乾隆四十四年(1779)	嘉庆十四年(1809)
附近	东至	抵海不足二千里	同前	同前
	南至	抵海不足二千里	同前	同前
	西至	江西九江府九江卫 又至江南滁州滁州卫	江西九江府德安县、德化县 又至安徽颍州府亳州	同前
	北至	山东兖州府济宁卫、滕县、峄县	山东兖州府峄县 又至沂州府郯城县、兰山县 又至江苏徐州府邳州	江苏徐州府邳州 又至山东兖州府峄县 又至沂州府郯城县、兰山县
	[注]	以上除东、南外,西、北俱二千里	同前	同前
边卫/近边	东至	抵海不足二千五百里	同前	同前
	南至	抵海不足二千五百里	同前	同前
	西至	湖北黄州府黄州卫、蕲州卫 又至武昌府武昌卫、武昌左卫	湖北黄州府黄冈县 又至武昌府武昌县 又至河南开封府陈留县、祥符县、中牟县、郑州	同前
	北至	山东济南府德州卫、德州左卫 又至泰安府肥城县 又至武定府阳信县	山东泰安府肥城县、东平州、东阿县、平阴县 又至济宁州汶上县	山东泰安府肥城县、东平州、东阿县、平阴县 又至兖州府汶上县
	[注]	以上除东、南外,西、北俱二千五百里	同前	同前

续表

充军地方		乾隆八年(1743)	乾隆四十四年(1779)	嘉庆十四年(1809)
边远	东至	抵海不足三千里	同前	同前
	南至	抵海不足三千里	同前	同前
	西至	湖北襄阳府襄阳卫、均州 又至河南南阳府唐县、邓州、内乡县	湖北德安府应城县 又至安陆府京山县、天门县、潜江县 又至河南南阳府叶县、裕州、舞阳县 又至河南府新安县、渑池县 又至许州襄城县	同前
	北至	直隶宣化府延庆卫、保安州、西宁县	山东武定府惠民县、阳信县、海丰县、沾化县	同前
	[注]	以上除东、南外,西、北俱三千里	同前	同前
极边	东至	抵海不足四千里	同前	同前
	南至	抵海不足四千里	同前	同前
	西至	陕西汉中府南郑县、宁羌州、沔县 又至兴安州平利县	陕西凤翔府凤翔县、汧阳县、宝鸡县、岐山县 又至兴安州洵阳县 又至商州镇安县 又至邠州长武县	陕西凤翔府凤翔县、汧阳县、宝鸡县、岐山县 又至商州镇安县 又至兴安府洵阳县 又至邠州长武县
	北至	直隶河间府河间县 又至天津府沧州、天津左所、天津右所	直隶。停止编发	同前
	[注]	以上除东、南外,西、北俱四千里	以上除东、南、北外,西系四千里	同前
烟瘴	广西	南宁府宣化县、新宁州、隆安县、永淳县		同前
	广东		广州府三水县 又至肇庆府高要县	同前
	[注]	以上里数与极边同		

绍兴府属军犯编发地方

充军地方		乾隆八年(1743)	乾隆四十四年(1779)	嘉庆十四年(1809)
附近	东至	抵海不足二千里	同前	同前
	南至	抵海不足二千里	同前	同前
	西至	江西南康府星子县、都昌县、建昌县	湖北黄州府广济县、蕲水县、蕲州 又至河南归德府睢州 又至开封府杞县、陈留县	同前
	北至	山东兖州府任城卫 又至泰安府东平州 又至江南徐州府徐州卫	山东兖州府邹县、滋阳县、曲阜县、泗水县 又至沂州府蒙阴县 又至泰安府新泰县 又至济宁州	山东沂州府蒙阴县 又至泰安府新泰县 又至兖州府邹县、滕县、峄县
	[注]	以上除东、南外,西、北俱二千里	同前	同前
边卫/近边	东至	抵海二千五百里	同前	同前
	南至	抵海二千五百里	同前	同前
	西至	湖北德安府德安守御所 又至安陆府沔阳卫、钟祥县	湖北汉阳府汉阳县、汉川县、黄陂县、孝感县 又至河南河南府巩县、偃师县、洛阳县	湖北汉阳府、汉川县、黄陂县、孝感县 又至河南河南府巩县、偃师县、洛阳县
	北至	山东济南府德州卫、德州左卫、历城县 又至泰安府肥城县 又至武定府阳信县	山东济南府历城县、济阳县、章丘县、齐东县、德州 又至东昌府高唐州、恩县	山东济南济阳县、章丘县、齐东县、德州 又至东昌府高唐州、恩县
	[注]	以上除东、南外,西、北俱二千五百里	同前	同前

续表

充军地方		乾隆八年(1743)	乾隆四十四年(1779)	嘉庆十四年(1809)
边远	东至	抵海不足三千里	同前	同前
	南至	抵海不足三千里	同前	同前
	西至	湖北襄阳府襄阳卫、均州	湖北襄阳府宜城县 又至安陆府荆门州、钟祥县 又至河南陕州灵宝县、阌乡县 又至陕西同州府华阴县	湖北荆门州 又至安陆府钟祥县 又至襄阳府宜城县 又至河南陕州灵宝县、阌乡县 又至陕西同州府华阴县
	北至	直隶河间府河间县 又至天津府沧州、天津左所、天津右所	直隶。停止编发	同前
	[注]	以上除东、南外,西、北俱三千里	以上除东、南、北外,西系三千里	同前
极边	东至	抵海不足四千里	同前	同前
	南至	抵海不足四千里	同前	同前
	西至	陕西汉中府南郑县、宁羌州、沔县 又至兴安州平利县	陕西汉中府凤县 又至兴安州洵阳县 又至甘肃平凉府平凉县	陕西汉中府凤县 又至兴安府洵阳县 又至甘肃平凉府平凉县
	北至	山西大同府阳高县、天镇县 又至朔平府右玉县	山西大同府大同县、怀仁县、应州 又至朔平府朔州、平鲁县	同前
	[注]	以上除东、南外,西、北俱四千里	同前	同前
烟瘴	广东	罗定州东安县 又至高州府茂名县、电白县、信宜县、化州、吴川县	罗定州东安县 又至肇庆府新兴县	同前
	[注]	以上里数与极边同		

台州府属军犯编发地方

充军地方		乾隆八年(1743)	乾隆四十四年(1779)	嘉庆十四年(1809)
附近	东至	抵海不足二千里	同前	同前
	南至	抵海不足二千里	同前	同前
	西至	湖北黄州府黄州卫、蕲州卫	江西南昌府南昌县、新建县 又至南康府建昌县 又至瑞州府高安县	同前
	北至	江南徐州府徐州卫 山东兖州府济宁卫 又至曹州府巨野县	江苏徐州府宿迁县、睢宁县、邳州 又至山东沂州府郯城县	江苏徐州府宿迁县、睢宁县 又至山东沂州府郯城县
	[注]	以上除东、南外,西、北俱二千里	同前	同前
边卫/近边	东至	抵海不足二千五百里	同前	同前
	南至	抵海不足二千五百里	同前	同前
	西至	湖北襄阳府襄阳卫、均州	湖北黄州府广济县、蕲水县、蕲州 又至河南归德府睢州 又至开封府杞县、陈留县	同前
	北至	山东济南府德州卫、德州左卫 又至泰安府肥城县 至武定府阳信县 又至莱州府灵山卫、鳌山卫、浮山守御所、雄崖守御所	山东兖州府邹县、滋阳县、曲阜县、泗水县、宁阳县 又至沂州府蒙阴县 又至泰安府新泰县、泰安县 又至济宁州汶上县	山东泰安府新泰县、泰安县 又至兖州府邹县、滕县
	[注]	以上除东、南外,西、北俱二千五百里	同前	同前

续表

充军地方		乾隆八年(1743)	乾隆四十四年(1779)	嘉庆十四年(1809)
边远	东至	抵海不足三千里	同前	同前
	南至	抵海不足三千里	同前	同前
	西至	湖北郧阳府郧县、房县 又至河南河南府洛阳县、嵩县、新安县	河南河南府洛阳县、新安县、巩县、偃师县 又至湖北汉阳府汉川县、黄陂县、孝感县 又至德安府应城县	河南河南府洛阳县、新安县、巩县、偃师县、汜水县 又至湖北汉阳府汉川县、黄陂县、孝感县 又至德安府应城县
	北至	直隶河间府河间县 又至天津府沧州、天津左所、天津右所	山东东昌府高唐州、恩县 又至济南府德州、济阳县、齐东县	山东济南府德州、济阳县、齐东县 又至东昌府高唐州、恩县
	[注]	以上除东、南外,西、北俱三千里	同前	同前
极边	东至	抵海不足四千里	同前	同前
	南至	抵海不足四千里	同前	同前
	西至	陕西汉中府南郑县、宁羌州、沔县 又至兴安州平利县 又至凤翔府凤翔县	陕西凤翔府扶风县、岐山县 又至乾州武功县、永寿县 又至商州镇安县 又至西安府醴泉县 又至邠州 又至湖北襄阳府均州	陕西西安府醴泉县、咸阳县、兴平县 又至乾州武功县、永寿县 又至邠州 又至凤翔府扶风县、岐山县 又至商州镇安县 又至湖北襄阳府均州
	北至	直隶宣化府宣化县、怀安县	直隶。停止编发	同前
	[注]	以上除东、南外,西、北俱四千里	以上除东、南、北外,西系四千里	同前
烟瘴	广东	廉州府廉州卫、合浦县、钦州、灵山县	广州府清远县	同前
	贵州	安顺府安平县、清镇县	思州府玉屏县、青溪县	同前
	[注]	以上里数与极边同		

金华府属军犯编发地方

充军地方		乾隆八年(1743)	乾隆四十四年(1779)	嘉庆十四年(1809)
附近	东至	抵海不足二千里	同前	同前
	南至	抵海不足二千里	同前	同前
	西至	湖北武昌府武昌卫、武昌左卫 又至黄州府黄州卫、蕲州卫	湖北武昌府江夏县 又至汉阳府汉阳县、黄陂县、汉川县	同前
	北至	山东兖州府济宁卫 又至泰安府东平州、东平所	山东沂州府郯城县、兰山县 又至江苏徐州府邳州	同前
	[注]	以上除东、南外,西、北俱二千里	同前	同前
边卫/近边	东至	抵海不足二千五百里	同前	同前
	南至	抵海不足二千五百里	同前	同前
	西至	湖北德安府德安守御所 又至安陆府沔阳卫、钟祥县	湖北安陆府钟祥县、荆门州 又至河南开封府陈留县、祥符县、中牟县	湖北安陆府钟祥县 又至荆门州 又至河南开封府陈留县、祥符县、中牟县
	北至	山东济南府德州卫、德州左卫、历城县 又至泰安府肥城县 又至武定府阳信县	山东泰安府新泰县、泰安县、肥城县 又至兖州府邹县、滋阳县、曲阜县、泗水县、宁阳县 又至济宁州	山东泰安府泰安县、肥城县 又至兖州府邹县、滋阳县、曲阜县、泗水县、宁阳县 又至济宁州
	[注]	以上除东、南外,西、北俱二千五百里	同前	同前

续表

充军地方		乾隆八年(1743)	乾隆四十四年(1779)	嘉庆十四年(1809)
边远	东至	抵海不足三千里	同前	同前
	南至	抵海不足三千里	同前	同前
	西至	湖北襄阳府襄阳卫、均州	湖北襄阳府均州、光化县、谷城县 又至河南南阳府南阳县、裕州 又至河南府洛阳县、新安县、渑池县	湖北襄阳府均州、光化县、谷城县 又至河南府洛阳县、新安县、渑池县 又至河南南阳府裕州、叶县 又至许州襄城县
	北至	直隶河间府河间县 又至天津府沧州、天津左所、天津右所	山东东昌府高唐州、恩县 又至济南府德州 又至武定府惠民县、阳信县、海丰县、沾化县	山东济南府德州 又至武定府惠民县、阳信县、海丰县、沾化县 又至东昌府恩县
	[注]	以上除东、南外,西、北俱三千里	同前	同前
极边	东至	抵海不足四千里	同前	同前
	南至	抵海不足四千里	同前	同前
	西至	陕西汉中府南郑县、宁羌州、沔县 又至兴安州平利县	陕西凤翔府扶风县、岐山县、凤翔县、宝鸡县、汧阳县 又至商州镇安县 又至乾州永寿县 又至邠州长武县	同前
	北至	直隶宣化府宣化县、怀安县	直隶。停止编发	同前
	[注]	以上除东、南外,西、北俱四千里	以上除东、南、北外,西系四千里	同前
烟瘴	广西	庆远府宜山县、河池州	南宁府新宁州、宣化县 又至郁林州北流县、博白县	同前
	云南	楚雄府楚雄县、定远县		
	贵州		平越府黄平州	镇远府
	[注]	以上里数与极边同		

衢州府属军犯编发地方

充军地方		乾隆八年(1743)	乾隆四十四年(1779)	嘉庆十四年(1809)
附近	东至	抵海不足二千里	同前	同前
	南至	抵海不足二千里	同前	同前
	西至	湖北武昌府武昌卫、武昌左卫 又至汉阳府汉阳县	湖北安陆府天门县、潜江县、京山县 又至德安府应城县 又至汉阳府孝感县	同前
	北至	江南徐州府宿迁县、睢宁县 又至颍州府颍上县	江苏徐州府邳州、宿迁县 又至山东沂州府郯城县	同前
	[注]	以上除东、南外,西、北俱二千里	同前	同前
边卫/近边	东至	抵海不足二千五百里	同前	同前
	南至	抵海不足二千五百里	同前	同前
	西至	湖北襄阳府襄阳卫、均州	湖北襄阳府宜城县、襄阳县	同前
	北至	直隶河间府河间县 又至天津府沧州、天津左所、天津右所	山东兖州府邹县、滋阳县、曲阜县、宁阳县、泗水县 又至泰安府新泰县、泰安县 又至济宁州汶上县	山东泰安府新泰县、泰安县 又至兖州府邹县、滋阳县、曲阜县、滕县
	[注]	以上除东、南外,西、北俱二千五百里	同前	同前

续表

充军地方		乾隆八年(1743)	乾隆四十四年(1779)	嘉庆十四年(1809)
边远	东至	抵海不足三千里	同前	同前
	南至	抵海不足三千里	同前	同前
	西至	湖北郧阳府郧县、房县 又至河南开封府祥符县、陈留县	湖北郧阳府郧县、郧西县 又至河南南阳府叶县、舞阳县 又至许州襄城县	同前
	北至	直隶宣化府延庆州、西宁县、保安州	山东东昌府恩县 又至济南府德州、济阳县、齐东县 又至武定府惠民县	同前
	[注]	以上除东、南外,西、北俱三千里	同前	同前
极边	东至	抵海不足四千里	同前	同前
	南至	抵海不足四千里	同前	同前
	西至	陕西西安府长安县、咸宁县、咸阳县 又至同州府华州、潼关县	陕西同州府华阴县、朝邑县 又至河南陕州灵宝县、阌乡县	河南陕州灵宝县、阌乡县 又至陕西同州府华阴县、朝邑县
	北至	山西朔平府右玉县、左云县	山西太原府交城县、文水县、阳曲县	山西太原阳曲县、徐沟县、太谷县
	[注]	以上除东、南外,西、北俱四千里	同前	同前
烟瘴	贵州	贵阳府贵筑县	贵阳府贵筑县 又至都匀府清平县	同前
	广西	浔州府桂平县、贵县	南宁府横州、永淳县	同前
	[注]	以上里数与极边同		

严州府属军犯编发地方

充军地方		乾隆八年(1743)	乾隆四十四年(1779)	嘉庆十四年(1809)
附近	东至	抵海不足二千里	同前	同前
	南至	抵海不足二千里	同前	同前
	西至	湖北武昌府武昌卫、武昌左卫 又至汉阳府汉阳县	湖北汉阳府汉阳县、汉川县、黄陂县 又至武昌府江夏县 又至河南归德府鹿邑县、柘城县	湖北武昌府江夏县 又至汉阳府汉阳县、黄陂县 又至河南归德府鹿邑县、柘城县 又至安徽颍州府亳州
	北至	山东兖州府济宁卫 又至泰安府东平州、东平所 又至江南徐州府徐州卫	山东兖州府峄县、滕县 又至沂州府兰山县	同前
	[注]	以上除东、南外,西、北俱二千里	同前	同前
边卫/近边	东至	抵海不足二千五百里	同前	同前
	南至	抵海不足二千五百里	同前	同前
	西至	湖北德安府德安守御所 又至安陆府沔阳卫、钟祥县	湖北安陆府钟祥县、荆门州 又至河南开封府中牟县、郑州、荥阳县、汜水县	湖北安陆府钟祥县 又至荆门州 又至河南开封府中牟县、郑州、荥阳县、汜水县
	北至	山东济南府德州卫、德州左卫、历城县 又泰安府肥城县 又至武定府阳信县	山东泰安府肥城县、泰安县、平阴县、东阿县 又至东昌府茌平县 又至济南府长清县、历城县	山东泰安府肥城县、平阴县、东阿县 又至济南府长清县、历城县 又至东昌府茌平县
	[注]	以上除东、南外,西、北俱二千五百里	同前	同前

续表

充军地方		乾隆八年(1743)	乾隆四十四年(1779)	嘉庆十四年(1809)
边远	东至	抵海不足三千里	同前	同前
	南至	抵海不足三千里	同前	同前
	西至	湖北襄阳府襄阳卫、均州	湖北襄阳府均州、谷城县、光化县 又至河南河南府渑池县 又至陕州	同前
	北至	直隶河间府河间县 又至天津府沧州、天津左所、天津右所	山东武定府沾化县	山东武定府沾化县、阳信县、海丰县
	[注]	以上除东、南外,西、北俱三千里	同前	同前
极边	东至	抵海不足四千里	同前	同前
	南至	抵海不足四千里	同前	同前
	西至	陕西汉中府南郑县、宁羌州、沔县 又至兴安州平利县	陕西汉中府凤县 又至凤翔府岐山县、凤翔县、宝鸡县 又至邠州长武县 又至甘肃泾州	陕西凤翔府岐山县、凤翔县、宝鸡县 又至汉中府凤县 又至邠州长武县 又至甘肃泾州
	北至	直隶宣化府赤城县、龙门县	直隶。停止编发	同前
	[注]	以上除东、南外,西、北俱四千里	以上除东、南、北外,西系四千里	同前
烟瘴	云南	曲靖府南宁县、平彝县、马龙州		同前
	贵州	大定府威宁州、毕节县	平越府黄平州 又至思州府青溪县	同前
	[注]	以上里数与极边同		

温州府属军犯编发地方

充军地方		乾隆八年(1743)	乾隆四十四年(1779)	嘉庆十四年(1809)
附近	东至	抵海不足二千里	同前	同前
	南至	抵海不足二千里	同前	同前
	西至	湖北武昌府武昌卫、武昌左卫 又至汉阳府汉阳县	湖北黄州府黄梅县、广济县	同前
	北至	江南淮安府淮安卫、大河卫、盐城县 又至海州赣榆县	江苏扬州府高邮州、宝应县、兴化县	同前
	[注]	以上除东、南外,西、北俱二千里	同前	同前
边卫/近边	东至	抵海不足二千五百里	同前	同前
	南至	抵海不足二千五百里	同前	同前
	西至	湖北安陆府沔阳卫、钟祥县 又至德安府德安守御所	湖北武昌府江夏县 又至汉阳府汉阳县、汉川县、黄陂县	同前
	北至	江南凤阳府凤阳卫、长淮卫、泗州卫、宿州卫 又至颍州府颍上县	安徽颍州府颍上县、阜阳县、霍邱县 又至江苏徐州府邳州 又至山东沂州府郯城县	同前
	[注]	以上除东、南外,西、北俱二千五百里	同前	同前

续表

充军地方		乾隆八年(1743)	乾隆四十四年(1779)	嘉庆十四年(1809)
边远	东至	抵海不足三千里	同前	同前
	南至	抵海不足三千里	同前	同前
	西至	湖北襄阳府襄阳卫、均州	湖北襄阳府宜城县 又至安陆府钟祥县 又至河南开封府杞县、陈留县、祥符县	湖北安陆府钟祥县 又至襄阳府宜城县 又至河南开封府杞县、陈留县、祥符县
	北至	山东兖州府任城卫、济宁州、济宁卫、滕县 又至沂州府郯城县	山东兖州府邹县、滋阳县、曲阜县、泗水县、宁阳县 又至泰安府肥城县、泰安县、东平州 又至济宁州汶上县	山东泰安府肥城县、泰安县、新泰县 又至济宁州 又至兖州府邹县、滋阳县、曲阜县、泗水县、宁阳县、汶上县、滕县
	[注]	以上除东、南外,西、北俱三千里	同前	同前
极边	东至	抵海不足四千里	同前	同前
	南至	抵海不足四千里	同前	同前
	西至	陕西汉中府南郑县、沔县 又至兴安州平利县	河南陕州灵宝县、阌乡县 又至陕西同州府大荔县、华阴县、华州、朝邑县	同前
	北至	直隶保定府清苑县、满城县、安肃县、唐县 又至易州涞水县	直隶。停止编发	同前
	[注]	以上除东、南外,西、北俱四千里	以上除东、南、北外,西系四千里	同前
烟瘴	云南	大理府太和县		同前
	贵州	贵阳府龙里县 黎平府开泰县、锦屏县	思州府玉屏县、青溪县 又至铜仁府铜仁县	同前
	[注]	以上里数与极边同		

处州府属军犯编发地方

充军地方		乾隆八年(1743)	乾隆四十四年(1779)	嘉庆十四年(1809)
附近	东至	抵海不足二千里	同前	同前
	南至	抵海不足二千里	同前	同前
	西至	湖北武昌府武昌卫、武昌左卫 又至汉阳府汉阳县	湖北黄州府蕲水县、黄冈县	同前
	北至	江南凤阳府凤阳卫、长淮卫、泗州卫、宿州卫	安徽凤阳府怀远县、凤阳县 又至泗州 又至江苏淮安府清河县、桃源县	同前
	[注]	以上除东、南外,西、北俱二千里	同前	同前
边卫/近边	东至	抵海不足二千五百里	同前	同前
	南至	抵海不足二千五百里	同前	同前
	西至	湖北安陆府沔阳卫、钟祥县 又至德安府德安守御所	湖北安陆府京山县、天门县 又至德安府应城县 又至汉阳府孝感县 又至河南归德府鹿邑县、柘城县、睢州	湖北德安府应城县 又至安陆府京山县、天门县 又至汉阳府孝感县 又至河南归德府鹿邑县、柘城县、睢州
	北至	山东青州府益都县、诸城县 又至沂州府莒州	山东沂州府兰山县、沂水县、蒙阴县 又至兖州府峄县、滕县	山东沂州府沂水县、蒙阴县 又至兖州府峄县、滕县
	[注]	以上除东、南外,西、北俱二千五百里	同前	同前

续表

充军地方		乾隆八年(1743)	乾隆四十四年(1779)	嘉庆十四年(1809)
边远	东至	抵海不足三千里	同前	同前
	南至	抵海不足三千里	同前	同前
	西至	湖北襄阳府襄阳卫、均州	湖北襄阳府谷城县、光化县、宜城县、襄阳县 又至河南开封府郑州、荥阳县、汜水县 又至河南府巩县	同前
	北至	山东济南府德州卫、德州左卫、历城县 又至泰安府肥城县 又至武定府阳信县 又至江南徐州府徐州卫	山东泰安府肥城县、平阴县 又至济南府历城县、长清县、齐河县、济阳县 又至东昌府茌平县、高唐州	同前
	[注]	以上除东、南外,西、北俱三千里	同前	同前
极边	东至	抵海不足四千里	同前	同前
	南至	抵海不足四千里	同前	同前
	西至	陕西汉中府南郑县、宁羌州、沔县 又至兴安州平利县	陕西西安府临潼县、长安县、咸宁县、咸阳县、泾阳县、兴平县、醴泉县	同前
	北至	直隶永平府临榆县、卢龙县、抚宁县	直隶。停止编发	同前
	[注]	以上除东、南外,西、北俱四千里	以上除东、南、北外,西系四千里	同前
烟瘴	广西	柳州府融县、来宾县 又至思恩府宾州 又至浔州府武宣县	思恩府宾州、武缘县	同前
	云南	云南府嵩明州、呈贡县		同前
	贵州		思州府玉屏县、青溪县	同前
	[注]	以上里数与极边同		

江　西

南昌府属军犯编发地方

充军地方		乾隆八年(1743)	乾隆四十四年(1779)	嘉庆十四年(1809)
附近	东至	浙江宁波府宁波卫、慈溪县	浙江宁波府镇海县、奉化县 又至台州府宁海县	浙江宁波府奉化县 又至台州府宁海县
	南至	广东韶州府曲江县 又至南雄府保昌县	广东广州府清远县	同前
	西至	湖南辰州府沅陵县 又至沅州府黔阳县	湖南沅州府黔阳县、麻阳县 又至湖北荆州府枝江县、宜都县 又至宜昌府东湖县 又至广西柳州府雒容县	湖南沅州府黔阳县、麻阳县 又至湖北宜昌府归州 又至广西柳州府雒容县
	北至	河南开封府祥符县、禹州 又至陈州府淮宁县	河南开封府杞县、陈留县、祥符县 又至汝宁府上蔡县 又至陈州府商水县 又至山东兖州府邹县、滋阳县	同前
	[注]	以上俱二千里	同前	同前
边卫/近边	东至	抵海不足二千五百里	同前	同前
	南至	广东广州府南海县、番禺县	广东广州府东莞县	同前
	西至	贵州镇远府镇远县、施秉县	贵州平越府黄平州、平越县 又至都匀府清平县 又至广西思恩府迁江县、宾州 又至四川夔州府巫山县	贵州平越府黄平州 又至兴义府兴义县 又至都匀府清平县 又至广西思恩府迁江县、宾州 又至四川夔州府奉节县

续表

充军地方		乾隆八年(1743)	乾隆四十四年(1779)	嘉庆十四年(1809)
边卫/近边	北至	山西潞安府长治县、屯留县	河南怀庆府河内县 又至山西泽州府凤台县 又至山东东昌府高唐州、恩县 又至济南府德州	河南怀庆府河内县 又至山西泽州府凤台县 又至山东东昌府恩县 又至济南府德州
	[注]	以上除东外,南、西、北俱二千五百里	同前	同前
边远	东至	抵海不足三千里	同前	同前
	南至	抵海不足三千里	同前	同前
	西至	广西桂林府临桂县、兴安县	广西南宁府隆安县 又至思恩府上林县 又至四川夔州府云阳县、万县	广西南宁府隆安县 又至思恩府上林县 又至四川夔州府万县 又至忠州梁山县
	北至	直隶保定府清苑县、安肃县、蠡县	直隶。停止编发	同前
	[注]	以上除东、南外,西、北俱三千里	以上除东、南、北外,西系三千里	同前
极边	东至	抵海不足四千里	同前	同前
	南至	抵海不足四千里	同前	同前
	西至	广西南宁府宣化县、隆安县、上思州	广西泗城府凌云县、西隆州 又至四川重庆府永川县、荣昌县	广西泗城府西隆州 又至四川重庆府荣昌县 又至叙州府隆昌县 又至资州内江县
	北至	直隶宣化府宣化县、万全县、怀安县	直隶。停止编发	同前
	[注]	以上除东、南外,西、北俱四千里	以上除东、南、北外,西系四千里	同前
烟瘴	云南	景东府 又至曲靖府寻甸州	云南府昆明县、安宁州、禄丰县	同前
	[注]	以上里数与极边同		

饶州府属军犯编发地方

充军地方		乾隆八年(1743)	乾隆四十四年(1779)	嘉庆十四年(1809)
附近	东至	抵海不足二千里	同前	同前
	南至	广东广州府从化县、清远县 又至连州阳山县	广东韶州府乳源县 又至惠州府河源县	同前
	西至	湖北襄阳府襄阳卫、均州	湖北襄阳府谷城县、光化县	同前
	北至	山东济南府历城县 又至泰安府肥城县	山东兖州府滕县、邹县	同前
	[注]	以上除东外,南、西、北俱二千里	同前	同前
边卫/近边	东至	抵海不足二千五百里	同前	同前
	南至	抵海不足二千五百里	同前	同前
	西至	湖北郧阳府郧县、房县	湖北郧阳府房县	同前
	北至	直隶河间府河间县 又至天津府沧州、天津左所、天津右所	山东东昌府茌平县、高唐州、恩县	同前
	[注]	以上除东、南外,西、北俱二千五百里	同前	同前
边远	东至	抵海不足三千里	同前	同前
	南至	抵海不足三千里	同前	同前
	西至	河南河南府洛阳县、嵩县 又至陕州灵宝县	河南陕州灵宝县、阌乡县 又至陕西同州府华阴县	同前
	北至	直隶顺天府通州左所、通州右所、武清县	顺天。停止编发	同前
	[注]	以上除东、南外,西、北俱三千里	以上除东、南、北外,西系三千里	同前

续表

充军地方		乾隆八年(1743)	乾隆四十四年(1779)	嘉庆十四年(1809)
极边	东至	抵海不足四千里	同前	同前
	南至	抵海不足四千里	同前	同前
	西至	陕西汉中府南郑县、宁羌州、沔县 又至兴安州平利县	陕西兴安州洵阳县 又至汉中府凤县 又至延安府肤施县、安塞县 又至甘肃秦州清水县	陕西兴安府洵阳县 又至汉中府凤县 又至延安府肤施县、安塞县、甘泉县 又至甘肃秦州清水县
	北至	直隶宣化府赤城县、龙门县	直隶。停止编发	同前
	[注]	以上除东、南外,西、北俱四千里	以上除东、南、北外,西系四千里	同前
烟瘴	云南	曲靖府南宁县、沾益州、平彝县		同前
	贵州		南笼府安南县、普安县、普安州	兴义府安南县、普安县 又至普安州
	[注]	以上里数与极边同		

广信府属军犯编发地方

充军地方		乾隆八年(1743)	乾隆四十四年(1779)	嘉庆十四年(1809)
附近	东至	抵海不足二千里	同前	同前
	南至	抵海不足二千里	同前	同前
	西至	湖北德安府德安守御所 又至安陆府沔阳卫、钟祥县	湖北安陆府钟祥县 又至荆州府江陵县	同前
	北至	山东兖州府任城卫、济宁卫	安徽凤阳府宿州、灵壁县 又至颍州府蒙城县	同前
	[注]	以上除东、南外,西、北俱二千里	同前	同前

续表

充军地方		乾隆八年(1743)	乾隆四十四年(1779)	嘉庆十四年(1809)
边卫/近边	东至	抵海不足二千五百里	同前	同前
	南至	抵海不足二千五百里	同前	同前
	西至	湖北襄阳府襄阳卫、均州	湖北襄阳府均州、光化县、谷城县	同前
	北至	河南彰德府安阳县 又至直隶顺德府唐山县	河南开封府杞县、陈留县、祥符县 又至陈州府商水县 又至汝宁府上蔡县 又至山东兖州府邹县、滋阳县、滕县	同前
	[注]	以上除东、南外,西、北俱二千五百里	同前	同前
边远	东至	抵海不足三千里	同前	同前
	南至	抵海不足三千里	同前	同前
	西至	湖北郧阳府郧县、房县	湖北郧阳府房县	同前
	北至	直隶保定府清苑县 又至顺天府涿州	山东东昌府高唐州、恩县 又至济南府德州 又至河南怀庆府河内县 又至山西泽州府凤台县	山东东昌府高唐州、恩县 又至济南府德州 又至河南怀庆府河内县、修武县 又至山西泽州府凤台县
	[注]	以上除东、南外,西、北俱三千里	同前	同前
极边	东至	抵海不足四千里	同前	同前
	南至	抵海不足四千里	同前	同前
	西至	陕西汉中府南郑县、宁羌州、沔县 又至兴安州平利县	陕西乾州武功县、永寿县 又至凤翔府扶风县、岐山县 又至西安府醴泉县、同官县 又至鄜州宜君县、中部县 又至商州镇安县	陕西乾州武功县、永寿县 又至凤翔府扶风县、岐山县 又至西安府醴泉县、同官县、咸阳县、兴平县、三原县、耀州 又至商州镇安县 又至鄜州宜君县

续表

<table>
<tr><th colspan="2">充军地方</th><th>乾隆八年(1743)</th><th>乾隆四十四年(1779)</th><th>嘉庆十四年(1809)</th></tr>
<tr><td rowspan="2">极边</td><td>北至</td><td>山西大同府阳高县、天镇县
又至朔平府右玉县、平鲁县</td><td>山西忻州
又至代州崞县</td><td>同前</td></tr>
<tr><td>[注]</td><td>以上除东、南外,西、北俱四千里</td><td>同前</td><td>同前</td></tr>
<tr><td rowspan="2">烟瘴</td><td>贵州</td><td>贵阳府龙里县
又至安顺府永宁州、清镇县</td><td>安顺府清镇县、安平县、普定县
又至贵阳府贵筑县</td><td>同前</td></tr>
<tr><td>[注]</td><td>以上里数与极边同</td><td></td><td></td></tr>
</table>

南康府属军犯编发地方

<table>
<tr><th colspan="2">充军地方</th><th>乾隆八年(1743)</th><th>乾隆四十四年(1779)</th><th>嘉庆十四年(1809)</th></tr>
<tr><td rowspan="5">附近</td><td>东至</td><td>抵海不足二千里</td><td>同前</td><td>同前</td></tr>
<tr><td>南至</td><td>广东韶州府曲江县、乐昌县
又至南雄府保昌县</td><td>广东韶州府英德县
又至惠州府归善县</td><td>同前</td></tr>
<tr><td>西至</td><td>湖北郧阳府郧县、房县</td><td>湖北郧阳府郧县</td><td>同前</td></tr>
<tr><td>北至</td><td>河南彰德府安阳县、林县</td><td>河南卫辉府延津县、汲县、淇县
又至山东泰安府东平州、东阿县</td><td>同前</td></tr>
<tr><td>[注]</td><td>以上除东外,南、西、北俱二千里</td><td>同前</td><td>同前</td></tr>
</table>

续表

充军地方		乾隆八年(1743)	乾隆四十四年(1779)	嘉庆十四年(1809)
边卫/近边	东至	抵海不足二千五百里	同前	同前
	南至	抵海不足二千五百里	同前	同前
	西至	河南河南府洛阳县、嵩县 又至陕州灵宝县	河南陕州 又至河南府渑池县	同前
	北至	直隶顺德府唐山县 又至正定府正定县	直隶。停止编发	同前
	[注]	以上除东、南外,西、北俱二千五百里	以上除东、南、北外,西系二千五百里	同前
边远	东至	抵海不足三千里	同前	同前
	南至	抵海不足三千里	同前	同前
	西至	陕西汉中府南郑县、宁羌州、沔县 又至兴安州平利县	陕西西安府渭南县、临潼县、咸宁县、长安县、高陵县、三原县、耀州、咸阳县	同前
	北至	直隶顺天府通州左所、通州右所、涿州	顺天。停止编发	同前
	[注]	以上除东、南外,西、北俱三千里	以上除东、南、北外,西系三千里	同前
极边	东至	抵海不足四千里	同前	同前
	南至	抵海不足四千里	同前	同前
	西至	陕西延安府安定县 又至绥德州米脂县	陕西延安府保安县、靖边县 又至甘肃巩昌府伏羌县、宁远县	同前
	北至	直隶宣化府赤城县、龙门县	直隶。停止编发	同前
	[注]	以上除东、南外,西、北俱四千里	以上除东、南、北外,西系四千里	同前

续表

充军地方		乾隆八年(1743)	乾隆四十四年(1779)	嘉庆十四年(1809)
烟瘴	云南	曲靖府陆凉州、马龙州、沾益州	曲靖府马龙州、沾益州、平彝县、南宁县	同前
	[注]	以上里数与极边同		

九江府属军犯编发地方

充军地方		乾隆八年(1743)	乾隆四十四年(1779)	嘉庆十四年(1809)
附近	东至	浙江台州府台州卫、黄岩县	浙江温州府乐清县、永嘉县 又至绍兴府上虞县、余姚县 又至宁波府慈溪县	同前
	南至	福建汀州府长汀县、上杭县	福建漳州府南靖县、龙溪县 又至福州府侯官县、闽县、福清县	同前
	西至	湖北郧阳府郧县、房县	湖北郧阳府郧县、房县	湖北郧阳府郧县
	北至	河南彰德府安阳县、林县	河南卫辉府汲县、淇县 又至彰德府汤阴县 又至山东泰安府东阿县 又至东昌府茌平县	同前
	[注]	以上俱二千里	同前	同前
边卫/近边	东至	浙江宁波府宁波卫、慈溪县	浙江宁波府象山县	同前
	南至	福建延平府南平县、永安县、将乐县	福建泉州府同安县	同前
	西至	河南河南府洛阳县、嵩县 又至陕州灵宝县	河南陕州灵宝县、阌乡县	同前
	北至	直隶顺德府唐山县 又至正定府赞皇县	直隶。停止编发	同前
	[注]	以上俱二千五百里	以上除北外,东、南、西俱二千五百里	同前

续表

充军地方		乾隆八年(1743)	乾隆四十四年(1779)	嘉庆十四年(1809)
边远	东至	抵海不足三千里	同前	同前
	南至	广东潮州府大城守御所、海阳县	抵海不足三千里	同前
	西至	陕西西安府长安县、咸宁县	陕西西安府咸阳县、兴平县、长安县、咸宁县、三原县、耀州、同官县、醴泉县 又至乾州	陕西西安府咸阳县、兴平县、长安县、咸宁县、三原县、耀州、同官县、醴泉县 又至乾州武功县
	北至	直隶保定府清苑县、雄县 又至易州	直隶。停止编发	同前
	[注]	以上除东外,南、西、北俱三千里	以上除东、南、北外,西系三千里	同前
极边	东至	抵海不足四千里	同前	同前
	南至	抵海不足四千里	同前	同前
	西至	甘肃巩昌府陇西县 又至秦州礼县	甘肃巩昌府伏羌县、宁远县	同前
	北至	直隶宣化府宣化县、万全县、怀安县	直隶。停止编发	同前
	[注]	以上除东、南外,西、北俱四千里	以上除东、南、北外,西系四千里	同前
烟瘴	贵州	南笼府安南县 又至大定府毕节县		同前
	云南		曲靖府沾益州、马龙州、宣威州	同前
	[注]	以上里数与极边同		

建昌府属军犯编发地方

充军地方		乾隆八年(1743)	乾隆四十四年(1779)	嘉庆十四年(1809)
附近	东至	抵海不足二千里	同前	同前
	南至	广东广州府南海县、番禺县、清远县、增城县	广东广州府清远县、三水县	同前
	西至	湖北郧阳府郧县、房县	湖北襄阳府宜城县、襄阳县	同前
	北至	河南汝宁府信阳州、汝阳县	安徽颍州府亳州 又至河南归德府鹿邑县 又至江苏徐州府铜山县	同前
	[注]	以上除东外,南、西、北俱二千里	同前	同前
边卫/近边	东至	抵海不足二千五百里	同前	同前
	南至	抵海不足二千五百里	同前	同前
	西至	河南南阳府南阳县、邓州、唐县	湖北襄阳府均州 又至郧阳府郧县	同前
	北至	河南开封府祥符县、禹州 又至陈州府淮宁县	河南开封府祥符县、尉氏县 又至卫辉府延津县、汲县 又至山东济宁州汶上县 又至泰安府东平州	河南开封府祥符县、尉氏县 又至卫辉府延津县、汲县 又至山东兖州府汶上县 又至泰安府东平州
	[注]	以上除东、南外,西、北俱二千五百里	同前	同前
边远	东至	抵海不足三千里	同前	同前
	南至	抵海不足三千里	同前	同前
	西至	陕西汉中府南郑县、宁羌州 又至兴安州平利县	河南河南府洛阳县、新安县、渑池县	同前
	北至	直隶正定府正定县 又至定州曲阳县	直隶。停止编发	同前
	[注]	以上除东、南外,西、北俱三千里	以上除东、南、北外,西系四千里	同前

续表

充军地方		乾隆八年(1743)	乾隆四十四年(1779)	嘉庆十四年(1809)
极边	东至	抵海不足四千里	同前	同前
	南至	抵海不足四千里	同前	同前
	西至	甘肃平凉府平凉县、固原州	陕西乾州永寿县 又至邠州长武县 又至凤翔府岐山县、凤翔县、宝鸡县、汧阳县 又至商州镇安县 又至鄜州中部县、洛川县 又至甘肃泾州灵台县	同前
	北至	直隶宣化府万全县、怀来县、怀安县、保安州	直隶。停止编发	同前
	[注]	以上除东、南外,西、北俱四千里	以上除东、南、北外,西系四千里	同前
烟瘴	云南	临安府建水州、通海县		同前
	贵州		贵州安顺府安平县、普定县、镇宁州	同前
	[注]	以上里数与极边同		

抚州府属军犯编发地方

充军地方		乾隆八年(1743)	乾隆四十四年(1779)	嘉庆十四年(1809)
附近	东至	浙江宁波府宁波卫、镇海县	抵海不足二千里	同前
	南至	广东广州府南海县、番禺县	广东广州府清远县	同前
	西至	湖南辰州府沅陵县、辰溪县	湖南辰州府辰溪县 又至湖北荆州府江陵县、松滋县 又至广西桂林府灵川县、临桂县	湖南辰州府辰溪县 又至广西桂林府灵川县、临桂县

续表

充军地方		乾隆八年(1743)	乾隆四十四年(1779)	嘉庆十四年(1809)
附近	北至	河南汝宁府信阳州、罗山县	河南归德府鹿邑县、柘城县 又至陈州府淮宁县 又至安徽颍州府亳州	同前
	[注]	以上俱二千里	以上除东外,南、西、北俱二千里	同前
边卫/近边	东至	抵海不足二千五百里	同前	同前
	南至	抵海不足二千五百里	同前	同前
	西至	贵州镇远府镇远县 又至思州府青溪县	广西柳州府马平县、来宾县 又至贵州思州府青溪县 又至湖北宜昌府归州	广西柳州府来宾县 又至贵州思州府清溪县
	北至	河南开封府祥符县、陈留县、禹州	河南开封府郑州、荥阳县、荥泽县 又至怀庆府武陟县 又至卫辉府汲县、淇县 又至彰德府汤阴县 又至山东泰安府东平州、东阿县 又至东昌府茌平县	河南开封府郑州、荥阳县、荥泽县 又至怀庆府武陟县 又至卫辉府汲县、淇县 又至彰德府汤阴县 又至山东泰安府东阿县 又至东昌府茌平县
	[注]	以上除东、南外,西、北俱二千五百里	同前	同前
边远	东至	抵海不足三千里	同前	同前
	南至	抵海不足三千里	同前	同前
	西至	广西桂林府临桂县、全州、灌阳县	广西思恩府宾州 又至南宁府宣化县 又至贵州贵阳府龙里县 又至四川夔州府奉节县	广西南宁府宣化县 又至贵州贵阳府龙里县
	北至	直隶正定府正定县 又至定州曲阳县	直隶。停止编发	同前
	[注]	以上除东、南外,西、北俱三千里	以上除东、南、北外,西系三千里	同前

续表

充军地方		乾隆八年（1743）	乾隆四十四年（1779）	嘉庆十四年（1809）
极边	东至	抵海不足四千里	同前	同前
	南至	抵海不足四千里	同前	同前
	西至	广西南宁府宣化县、横州	广西泗城府凌云县 又至四川重庆府巴县、璧山县	广西泗城府凌云县 又至四川重庆府璧山县
	北至	直隶宣化府宣化县、万全县、怀安县	直隶。停止编发	同前
	［注］	以上除东、南外，西、北俱四千里	以上除东、南、北外，西系四千里	同前
烟瘴	云南	景东府 又至姚安府大姚县	曲靖府寻甸州 又至云南府嵩明州、昆明县	同前
	［注］	以上里数与极边同		

临江府属军犯编发地方

充军地方		乾隆八年（1743）	乾隆四十四年（1779）	嘉庆十四年（1809）
附近	东至	浙江宁波府宁波卫、镇海县	宁波府慈溪县、鄞县、镇海县 又至温州府永嘉县	同前
	南至	广东广州府南海县、清远县	广东广州府三水县 又至惠州府海丰县	同前
	西至	贵州镇远府镇远县 又至思州府青溪县	贵州思州府青溪县、玉屏县 又至湖北宜昌府归州 又至广西柳州府马平县	同前
	北至	河南汝宁府信阳州、罗山县	河南陈州府淮宁县、商水县 又至山东兖州府滕县	同前
	［注］	以上俱二千里	同前	同前

续表

充军地方		乾隆八年(1743)	乾隆四十四年(1779)	嘉庆十四年(1809)
边卫/近边	东至	抵海不足二千五百里	同前	同前
	南至	抵海不足二千五百里	同前	同前
	西至	贵州遵义府遵义县、桐梓县	贵州贵阳府贵定县、龙里县 又至四川夔州府奉节县 又至广西南宁府宣化县	贵州贵阳府贵定县、龙里县 又至四川夔州府奉节县 又至广西南宁府宣化县 又至思恩府上林县
	北至	河南开封府祥符县 又至陈州府淮宁县	河南开封府汜水县、荥阳县 又至河南府巩县 又至山东东昌府茌平县、高唐州	同前
	[注]	以上除东、南外,西、北俱二千五百里	同前	同前
边远	东至	抵海不足三千里	同前	同前
	南至	抵海不足三千里	同前	同前
	西至	四川重庆府巴县 又至忠州	四川忠州梁山县 又至夔州府万县 又至广西思恩府上林县	四川忠州梁山县 又至夔州府万县
	北至	直隶顺德府唐山县 又至正定府正定县	直隶。停止编发	同前
	[注]	以上除东、南外,西、北俱三千里	以上除东、南、北外,西系三千里	同前
极边	东至	抵海不足四千里	同前	同前
	南至	抵海不足四千里	同前	同前
	西至	四川成都府成都县、华阳县 又至茂州	四川重庆府荣昌县 又至叙州府隆昌县 又至广西泗城府凌云县	四川重庆府荣昌县 又至叙州府隆昌县
	北至	直隶宣化府宣化县、万全县	直隶。停止编发	同前
	[注]	以上除东、南外,西、北俱四千里	以上除东、南、北外,西系四千里	同前

续表

充军地方		乾隆八年(1743)	乾隆四十四年(1779)	嘉庆十四年(1809)
烟瘴	云南	曲靖府寻甸州、平彝县	楚雄府广通县、楚雄县、镇南州	同前
	[注]	以上里数与极边同		

吉安府属军犯编发地方

充军地方		乾隆八年(1743)	乾隆四十四年(1779)	嘉庆十四年(1809)
附近	东至	浙江台州府台州卫、仙居县	浙江台州府宁海县、黄岩县、太平县 又至绍兴府山阴县、会稽县、上虞县 又至处州府青田县 又至福建福州府闽清县	同前
	南至	广东惠州府河源县、龙川县 又至嘉应州长乐县	抵海不足二千里	同前
	西至	贵州镇远府镇远县 又至思州府青溪县	湖南沅州府麻阳县 又至湖北荆州府枝江县、宜都县 又至宜昌府东湖县 又至广西桂林府永福县	湖北荆州府枝江县、松滋县 又至广西桂林府永福县
	北至	河南汝宁府信阳州、罗山县	安徽颍州府亳州 又至江苏徐州府铜山县	同前
	[注]	以上俱二千里	以上除南外,东、西、北俱二千里	同前

续表

充军地方		乾隆八年(1743)	乾隆四十四年(1779)	嘉庆十四年(1809)
边卫/近边	东至	福建福宁府福安县、宁德县	福建福宁府福安县	同前
	南至	广东潮州府大城守御所 又至嘉应州	抵海不足二千五百里	同前
	西至	贵州遵义府遵义县、桐梓县	贵州平越府黄平州 又至都匀府清平县 又至湖北宜昌府巴东县 又至广西思恩府迁江县、宾州	贵州镇远府黄平州 又至都匀府清平县 又至湖北宜昌府巴东县 又至广西思恩府迁江县、宾州
	北至	河南开封府祥符县 又至陈州府淮宁县	河南开封府祥符县、陈留县、中牟县、郑州 又至汝宁府上蔡县 又至山东兖州府滋阳县 又至济宁州汶上县 又至泰安府东平州	河南开封府祥符县、陈留县、中牟县、郑州 又至汝宁府上蔡县 又至山东兖州府滋阳县、汶上县 又至泰安府东平州
	[注]	以上俱二千五百里	以上除南外,东、西、北俱二千五百里	同前
边远	东至	抵海不足三千里	同前	同前
	南至	抵海不足三千里	同前	同前
	西至	四川重庆府巴县 又至酉阳州黔江县	四川夔州府云阳县 广西南宁府隆安县	同前
	北至	山西潞安府长治县、屯留县	山西泽州府凤台县、高平县 又至山东济南府德州	山西泽州府凤台县、高平县 又至山东济南府德州 又至东昌府恩县
	[注]	以上除东、南外,西、北俱三千里	同前	同前

续表

充军地方		乾隆八年(1743)	乾隆四十四年(1779)	嘉庆十四年(1809)
极边	东至	抵海不足四千里	同前	同前
	南至	抵海不足四千里	同前	同前
	西至	四川成都府郫县、灌县 又至茂州汶川县	四川重庆府璧山县、永川县	四川重庆府璧山县、永川县、巴县
	北至	山西大同府大同县、阳高县、天镇县 又至朔平府右玉县	山西代州崞县	同前
	[注]	以上除东、南外,西、北俱四千里	同前	同前
烟瘴	贵州	南笼府普安州、普安县、安南县		同前
	云南		云南府昆明县、安宁州	同前
	[注]	以上里数与极边同		

瑞州府属军犯编发地方

充军地方		乾隆八年(1743)	乾隆四十四年(1779)	嘉庆十四年(1809)
附近	东至	浙江宁波府宁波卫、镇海县	浙江宁波府镇海县、慈溪县、鄞县、奉化县	同前
	南至	广东广州府南海县、番禺县	广东广州府清远县、三水县 又至惠州府海丰县	同前
	西至	湖北荆州府施州卫、大田守御所	湖北宜昌府东湖县、归州 又至贵州思州府玉屏县	湖北宜昌府归州 又至贵州思州府玉屏县
	北至	河南开封府祥符县、禹州 又至陈州府淮宁县	河南归德府睢州 又至开封府杞县、陈留县、祥符县 又至陈州府商水县 又至汝宁府上蔡县 又至山东兖州府滕县、邹县、滋阳县	河南归德府睢州 又至开封府杞县、陈留县、祥符县 又至陈州府商水县 又至汝宁府上蔡县 又至山东兖州府滕县、邹县
	[注]	以上俱二千里	同前	同前

续表

充军地方		乾隆八年(1743)	乾隆四十四年(1779)	嘉庆十四年(1809)
边卫/近边	东至	抵海不足二千五百里	同前	同前
	南至	抵海不足二千五百里	同前	同前
	西至	贵州遵义府遵义县、桐梓县	贵州平越府平越县 又至贵阳府贵定县、龙里县 又至四川夔州府奉节县 又至广西思恩府宾州	贵州普安州兴义县 又至贵阳府贵定县、龙里县 又至四川夔州府奉节县 又至广西思恩府宾州
	北至	直隶顺德府唐山县、内邱县	河南彰德府安阳县 又至山东东昌府高唐州、恩县	河南彰德府安阳县 又至山东东昌府高唐州、茌平县
	[注]	以上除东、南外,西、北俱二千五百里	同前	同前
边远	东至	抵海不足三千里	同前	同前
	南至	抵海不足三千里	同前	同前
	西至	四川重庆府巴县 又至酉阳州黔江县 又至忠州	四川忠州梁山县 又至夔州府万县 又至广西思恩府上林县	同前
	北至	直隶保定府清苑县 又至顺天府涿州	直隶。停止编发	同前
	[注]	以上除东、南外,西、北俱三千里	以上除东、南、北外,西系三千里	同前
极边	东至	抵海不足四千里	同前	同前
	南至	抵海不足四千里	同前	同前
	西至	四川成都府成都县、华阳县 又至茂州汶川县	四川重庆府荣昌县 又至叙州府隆昌县 又至广西泗城府西隆州	同前
	北至	直隶宣化府赤城县、龙门县	直隶。停止编发	同前
	[注]	以上除东、南外,西、北俱四千里	以上除东、南、北外,西系四千里	同前

续表

充军地方		乾隆八年(1743)	乾隆四十四年(1779)	嘉庆十四年(1809)
烟瘴	云南	蒙化府	云南府禄丰县 又至楚雄府广通县	同前
	[注]	以上里数与极边同		

袁州府属军犯编发地方

充军地方		乾隆八年(1743)	乾隆四十四年(1779)	嘉庆十四年(1809)
附近	东至	浙江台州府台州卫、仙居县	浙江台州府黄岩县、太平县、临海县、宁海县 又至绍兴府山阴县、会稽县、上虞县 又至处州府青田县	同前
	南至	广东惠州府捷胜守御所、河源县、龙川县 又至嘉应州长乐县	广东惠州府海丰县、归善县 又至广州府清远县	广东惠州府海丰县 又至广州府清远县
	西至	贵州遵义府遵义县、桐梓县	贵州平越府黄平州 又至都匀府清平县 又至湖北宜昌府巴东县 又至四川夔州府巫山县 又至广西思恩府迁江县、宾州	同前
	北至	河南汝宁府信阳州、罗山县	安徽颍州府亳州 又至凤阳府宿州 又至江苏徐州府铜山县	同前
	[注]	以上俱二千里	同前	同前
边卫/近边	东至	抵海不足二千五百里	同前	同前
	南至	广东潮州府大城守御所 又至嘉应州	抵海不足二千五百里	同前
	西至	四川重庆府巴县 又至酉阳州黔江县 又至忠州	四川夔州府云阳县 又至广西南宁府隆安县	同前

续表

充军地方		乾隆八年(1743)	乾隆四十四年(1779)	嘉庆十四年(1809)
边卫/近边	北至	河南开封府祥符县、禹州 又至陈州府淮宁县	河南开封府祥符县、陈留县、尉氏县、洧川县 又至山东兖州府滋阳县 又至济宁州汶上县 又至泰安府东平州	河南开封府祥符县、陈留县、尉氏县、洧川县 又至山东兖州府滋阳县、汶上县 又至泰安府东平州
	[注]	以上除东外,南、西、北俱二千五百里	以上除东、南外,西、北俱二千五百里	同前
边远	东至	抵海不足三千里	同前	同前
	南至	抵海不足三千里	同前	同前
	西至	四川泸州纳溪县、合江县	四川忠州垫江县 又至重庆府长寿县	同前
	北至	直隶顺德府唐山县、内邱县	直隶。停止编发	同前
	[注]	以上除东、南外,西、北俱三千里	以上除东、南、北外,西系三千里	同前
极边	东至	抵海不足四千里	同前	同前
	南至	抵海不足四千里	同前	同前
	西至	四川宁远府越嶲卫、礼州守御所、黎州大渡河守御所、打冲河守御所	四川资州内江县、资阳县	同前
	北至	直隶宣化府宣化县、万全县	直隶。停止编发	同前
	[注]	以上除东、南外,西、北俱四千里	以上除东、南、北外,西系四千里	同前
烟瘴	云南	曲靖府沾益州、马龙州、陆凉州	楚雄府姚州 又至大理府云南县	同前
	[注]	以上里数与极边同		

赣州府属军犯编发地方

充军地方		乾隆八年(1743)	乾隆四十四年(1779)	嘉庆十四年(1809)
附近	东至	浙江温州府温州卫、平阳县、瑞安县	浙江金华府永康县、金华县 又至严州府建德县、桐庐县 又至处州府缙云县	同前
	南至	广东潮州府大城守御所、海阳县、潮阳县 又至嘉应州	抵海不足二千里	同前
	西至	广西平乐府平乐县、富川县、贺县	广西平乐府昭平县 又至湖南澧州 又至湖北荆州府公安县	同前
	北至	河南汝宁府信阳州、汝阳县	安徽凤阳府定远县、凤阳县	同前
	[注]	以上俱二千里	以上除南外,东、西、北俱二千里	同前
边卫/近边	东至	抵海不足二千五百里	同前	同前
	南至	抵海不足二千五百里	同前	同前
	西至	广西浔州府桂平县 又至镇安府奉议州、向武州	广西浔州府贵县 又至南宁府横州 又至湖北荆州府宜都县 又至宜昌府东湖县	同前
	北至	河南开封府祥符县、陈留县	安徽颍州府亳州 又至河南归德府鹿邑县、柘城县 又至江苏徐州府铜山县	同前
	[注]	以上除东、南外,西、北俱二千五百里	同前	同前

续表

充军地方		乾隆八年(1743)	乾隆四十四年(1779)	嘉庆十四年(1809)
边远	东至	抵海不足三千里	同前	同前
	南至	抵海不足三千里	同前	同前
	西至	广西南宁府宣化县、永淳县	广西南宁府新宁州 又至太平府崇善县 又至四川夔州府巫山县	广西南宁府新宁州 又至太平府崇善县 又至四川夔州府巫山县 又至湖北宜昌府巴东县
	北至	山西潞安府长治县、潞城县	河南开封府中牟县、郑州、荥泽县 又至卫辉府延津县、汲县、淇县 又至山东济宁州汶上县 又至泰安府东平州、东阿县	河南开封府中牟县、郑州、荥泽县、陈留县、祥符县 又至卫辉府延津县、汲县、淇县 又至山东兖州府汶上县 又至泰安府东平州、东阿县
	[注]	以上除东、南外,西、北俱三千里	同前	同前
极边	东至	抵海不足四千里	同前	同前
	南至	抵海不足四千里	同前	同前
	西至	四川宁远府越嶲卫、德昌守御所、冕山守御所、礼州守御所、黎州大渡河守御所	四川忠州垫江县 又至重庆府长寿县 又至广西泗城府凌云县	四川忠州垫江县 又至重庆府长寿县
	北至	直隶宣化府宣化县、龙门县、万全县	直隶。停止编发	同前
	[注]	以上除东、南外,西、北俱四千里	以上除东、南、北外,西系四千里	同前
烟瘴	云南	姚安府姚州、大姚县 又至蒙化府	曲靖府南宁县、沾益州、马龙州	同前
	[注]	以上里数与极边同		

宁都州属军犯编发地方

充军地方		乾隆四十四年(1779)	嘉庆十四年(1809)
附近	东至	浙江台州府太平县、宁海县 又至绍兴府上虞县、余姚县 又至温州府乐清县、永嘉县	同前
	南至	抵海不足二千里	同前
	西至	广东肇庆府德庆州 又至湖南长沙府益阳县 又至常德府龙阳县	同前
	北至	安徽凤阳府凤阳县、怀远县、灵璧县	同前
	[注]	以上除南外,东、西、北俱二千里	同前
近边	东至	抵海不足二千五百里	同前
	南至	抵海不足二千五百里	同前
	西至	广西浔州府平南县、桂平县 又至湖北荆州府公安县、江陵县	同前
	北至	河南归德府鹿邑县、柘城县、睢州 又至陈州府睢宁县	同前
	[注]	以上除东、南外,西、北俱二千五百里	同前
边远	东至	同前	同前
	南至	抵海不足三千里	同前
	西至	广西南宁府横州、永淳县	同前
	北至	河南开封府郑州、荥泽县 又至怀庆府武陟县 又至卫辉府汲县、淇县 又至彰德府汤阴县 又至山东泰安府东阿县 又至东昌府茌平县	河南开封府郑州、荥泽县、中牟县 又至怀庆府武陟县 又至卫辉府汲县、淇县 又至彰德府汤阴县 又至山东泰安府东阿县 又至东昌府茌平县
	[注]	以上除东、南外,西、北俱三千里	同前

续表

充军地方		乾隆四十四年(1779)	嘉庆十四年(1809)
极边	东至	同前	同前
	南至	同前	同前
	西至	四川夔州府万县 又至忠州梁山县 又至广西思恩府上林县	四川夔州府万县 又至忠州梁山县 又至广西泗城府凌云县
	北至	直隶。停止编发	同前
	[注]	以上除东、南、北外,西系四千里	同前
烟瘴	贵州	安顺府永宁州 又至南笼府安南县、普安县	安顺府永宁州 又至兴义府安南县、普安县

南安府属军犯编发地方

充军地方		乾隆八年(1743)	乾隆四十四年(1779)	嘉庆十四年(1809)
附近	东至	福建福宁府福安县、宁德县	福建延平府顺昌县 又至浙江衢州府西安县、龙游县 又至金华府兰溪县	同前
	南至	广东广州府南海县、东莞县、从化县	抵海不足二千里	同前
	西至	广西浔州府桂平县 又至镇安府奉议州、向武州	广西浔州府桂平县	同前
	北至	湖北黄州府黄州卫、蕲州卫	湖北武昌府江夏县 又至汉阳府汉阳县	同前
	[注]	以上俱二千里	以上除南外,东、西、北俱二千里	同前

续表

充军地方		乾隆八年(1743)	乾隆四十四年(1779)	嘉庆十四年(1809)
边卫/近边	东至	浙江温州府温州卫、平阳县、瑞安县	浙江处州府青田县、丽水县 又至绍兴府萧山县、山阴县、会稽县 又至台州府仙居县、临海县、黄岩县	同前
	南至	广东惠州府碣石卫、平海守御所、海丰守御所、捷胜守御所	抵海不足二千五百里	同前
	西至	广西南宁府宣化县、隆安县 又至思恩府武缘县	广西南宁府宣化县、永淳县	同前
	北至	河南汝宁府信阳州、汝阳县	安徽颍州府蒙城县 又至凤阳府宿州	同前
	[注]	以上俱二千五百里	以上除南外,东、西、北俱二千五百里	同前
边远	东至	抵海不足三千里	同前	同前
	南至	广东潮州府潮州卫、大城守御所	抵海不足三千里	同前
	西至	四川成都府成都县、华阳县、新都县 又至茂州	湖北宜昌府归州、巴东县	同前
	北至	河南开封府祥符县、陈留县	河南归德府睢州 又至开封府杞县、陈留县、祥符县 又至陈州府商水县 又至汝宁府上蔡县 又至山东兖州府滕县、邹县、滋阳县	河南归德府睢州 又至开封府杞县、陈留县、祥符县 又至陈州府商水县、淮宁县 又至汝宁府上蔡县 又至山东兖州府滕县、邹县、滋阳县
	[注]	以上除东外,南、西、北俱三千里	以上除东、南外,西、北俱三千里	同前

续表

充军地方		乾隆八年(1743)	乾隆四十四年(1779)	嘉庆十四年(1809)
极边	东至	抵海不足四千里	同前	同前
	南至	抵海不足四千里	同前	同前
	西至	四川宁远府越嶲卫、冕山守御所、黎州大渡河守御所	四川忠州梁山县、垫江县	四川忠州梁山县 又至夔州府万县
	北至	直隶宣化府延庆卫、怀来县、西宁县	直隶。停止编发	同前
	[注]	以上除东、南外,西、北俱四千里	以上除东、南、北外,西系四千里	同前
烟瘴	云南	曲靖府寻甸州、平彝县 又至景东府	曲靖府平彝县	同前
	贵州		南笼府普安州、普安县	兴义府普安县 又至普安州
	[注]	以上里数与极边同		

湖 北

武昌府属军犯编发地方

充军地方		乾隆八年（1743）	乾隆四十四年（1779）	嘉庆十四年（1809）
附近	东至	浙江杭州府杭州前卫、杭州右卫、海宁所	浙江严州府建德县、桐庐县 又至金华府兰溪县 又至江苏常州府无锡县、金匮县 又至苏州府长洲县、元和县、吴县	浙江严州府建德县 又至金华府兰溪县 又至江苏常州府无锡县、金匮县 又至苏州府长洲县、元和县、吴县
	南至	广东广州府南海县、番禺县、从化县	广东韶州府乐昌县、曲江县	江西南安府大庾县
	西至	陕西汉中府南郑县、沔县 又至兴安州平利县	河南陕州阌乡县 又至陕西同州府华阴县 又至四川忠州梁山县	同前
	北至	直隶保定府清苑县、蠡县、祁州	直隶。停止编发	同前
	［注］	以上俱二千里	以上除北外，东、南、西俱二千里	同前
边卫／近边	东至	浙江宁波府宁波卫、慈溪县、镇海县	浙江绍兴府山阴县、会稽县、上虞县	同前
	南至	广东广州府大鹏守御所、新宁县、新会县	广东广州府清远县	广东韶州府曲江县、乐昌县
	西至	四川保宁府阆中县	四川重庆府巴县、璧山县、合州 又至顺庆府邻水县、广安州	四川重庆府巴县
	北至	直隶宣化府延庆为、怀来县	直隶。停止编发	同前
	［注］	以上俱二千五百里	以上除北外，东、南、西俱二千五百里	同前

续表

充军地方		乾隆八年(1743)	乾隆四十四年(1779)	嘉庆十四年(1809)
边远	东至	浙江台州府台州卫、黄岩县、天台县	浙江宁波府奉化县 又至台州府宁海县	同前
	南至	广东惠州府碣石卫、捷胜守御所、海丰守御所	广东广州府南海县、番禺县、东莞县	广东广州府清远县、三水县
	西至	陕西凤翔府凤翔县 又至宁夏府平罗县	甘肃秦州清水县 又至四川保宁府南部县、阆中县 又至资州内江县	甘肃秦州清水县 又至四川保宁府南部县、阆中县 又至资州内江县 又至重庆府定远县 又至顺庆府岳池县
	北至	山西大同府大同县、天镇县	山西大同府大同县、怀仁县 又至朔平府平鲁县、右玉县、左云县 又至陕西延安府延长县、肤施县、安塞县	山西大同府大同县、怀仁县、阳高县 又至朔平府平鲁县、右玉县、左云县 又至陕西延安府延长县、肤施县、安塞县
	[注]	以上俱三千里	同前	同前
极边	东至	抵海不足四千里	同前	同前
	南至	广东潮州府大城守御所、潮阳县	广东潮州府海阳县、普宁县、揭阳县	广东潮州府海阳县、普宁县、揭阳县 又至惠州府海丰县、陆丰县 又至潮州府惠来县
	西至	甘肃西宁府归德守御所 又至秦州 又至巩昌府岷州	甘肃凉州府平番县、古浪县	同前
	北至	甘肃凉州府武威县、镇番县、永昌县、古浪县	陕西榆林府神木县、府谷县	同前
	[注]	以上除东外,南、西、北俱四千里	同前	同前
烟瘴	云南	曲靖府南宁县、陆凉州、马龙州、沾益州	楚雄府广通县、楚雄县	同前
	[注]	以上里数与极边同		

汉阳府属军犯编发地方

充军地方		乾隆八年(1743)	乾隆四十四年(1779)	嘉庆十四年(1809)
附近	东至	俱与武昌府同	浙江严州府建德县、桐庐县 又至金华府兰溪县 又至江苏常州府无锡县、金匮县 又至苏州府长洲县、元和县、吴县	浙江严州府建德县 又至金华府兰溪县 又至江苏常州府无锡县、金匮县 又至苏州府长洲县、元和县、吴县
	南至		广东韶州府乐昌县、曲江县	江西南安府大庾县
	西至		河南陕州阌乡县 又至陕西同州府华阴县 又至四川忠州梁山县	同前
	北至		直隶。停止编发	同前
	[注]		以上除北外,东、南、西俱二千里	同前
边卫/近边	东至		浙江绍兴府山阴县、会稽县、上虞县	浙江绍兴府山阴县、会稽县
	南至		广东广州府清远县	广东韶州府曲江县、乐昌县
	西至		四川重庆府巴县、璧山县、合州 又至顺庆府邻水县、广安州	四川重庆府巴县
	北至		直隶。停止编发	同前
	[注]		以上除北外,东、南、西俱二千五百里	同前

续表

充军地方		乾隆八年(1743)	乾隆四十四年(1779)	嘉庆十四年(1809)
边远	东至	俱与武昌府同	浙江宁波府奉化县 又至台州府宁海县	同前
	南至		广东广州府南海县、番禺县、东莞县	广东广州府清远县、三水县
	西至		甘肃秦州清水县 又至四川保宁府南部县、阆中县 又至资州内江县	甘肃秦州清水县 又至四川保宁府南部县、阆中县 又至资州内江县 又至重庆府定远县 又至顺庆府岳池县
	北至		山西大同府大同县、怀仁县 又至朔平府平鲁县、右玉县、左云县 又至陕西延安府延长县、肤施县、安塞县	山西大同府大同县、怀仁县、阳高县 又至朔平府平鲁县、右玉县、左云县 又至陕西延安府延长县、肤施县、安塞县
	[注]		同前	同前
极边	东至		同前	同前
	南至		广东潮州府海阳县、普宁县、揭阳县	广东潮州府海阳县、普宁县、揭阳县 又至惠州府海丰县、陆丰县 又至潮州府惠来县
	西至		甘肃凉州府平番县、古浪县	同前
	北至		陕西榆林府神木县、府谷县	陕西榆林府府谷县
	[注]		同前	同前
烟瘴	云南		楚雄府广通县、楚雄县	同前

安陆府属军犯编发地方

充军地方		乾隆八年(1743)	乾隆四十四年(1779)	嘉庆十四年(1809)
附近	东至	江南庐州府庐州卫 又至六安州	江苏常州府武进县、阳湖县、无锡县、金匮县	江苏常州府武进县、阳湖县、无锡县、金匮县 又至江宁府江浦县、上元县
	南至	广东广州府清远县 又至连州	江西吉安府万安县、泰和县	同前
	西至	四川重庆府巴县 又至酉阳州黔江县 又至忠州	四川重庆府巴县、璧山县、永川县、合州 又至顺庆府广安州、岳池县	四川重庆府巴县、璧山县 又至顺庆府广安州、岳池县
	北至	河南卫辉府汲县、新乡县	直隶。停止编发	同前
	[注]	以上俱二千里	以上除北外,东、南、西俱二千里	同前
边卫/近边	东至	江南镇江府镇江卫	浙江嘉兴府石门县 又至杭州府仁和县、钱塘县	浙江嘉兴府石门县 又至金华府兰溪县 又至严州府建德县
	南至	广东广州府南海县、番禺县	广东南雄府保昌县 又至江西南安府大庾县	江西南安府大庾县
	西至	四川顺庆府广安州	四川保宁府南部县、阆中县、苍溪县 又至资州内江县	四川保宁府南部县、阆中县、苍溪县 又至资州内江县
	北至	直隶顺德府唐山县 又至正定府正定县	直隶。停止编发	同前
	[注]	以上俱二千五百里	以上除北外,东、南、西俱二千五百里	同前

续表

充军地方		乾隆八年(1743)	乾隆四十四年(1779)	嘉庆十四年(1809)
边远	东至	江南苏州府苏州卫 又至太仓州太仓卫、镇海卫	浙江宁波府慈溪县、鄞县、镇海县	浙江宁波府慈溪县、鄞县、镇海县 又至绍兴府山阴县、会稽县
	南至	广东惠州府河源县、龙川县 又至嘉应州、长乐县	广东韶州府曲江县	同前
	西至	四川成都府成都县、新都县	四川成都府成都县、华阳县、新都县、汉州 又至绵州德阳县	同前
	北至	直隶保定府雄县 又至易州	直隶。停止编发	同前
	[注]	以上俱三千里	以上除北外,东、南、西俱三千里	同前
极边	东至	抵海不足四千里	同前	同前
	南至	抵海不足四千里	广东惠州府博罗县 又至广州府东莞县	同前
	西至	四川茂州保县	抵边不足四千里	同前
	北至	直隶宣化府延庆卫、赤城县、龙门县	直隶。停止编发	同前
	[注]	以上除东、南外,西、北俱四千里	以上除东、西、北外,南系四千里	同前
烟瘴	云南	临安府建水州、通海县	临安府石屏州 又至元江州新平县	同前
	[注]	以上里数与极边同		

襄阳府属军犯编发地方

充军地方		乾隆八年(1743)	乾隆四十四年(1779)	嘉庆十四年(1809)
附近	东至	江南庐州府庐州卫 又至六安州	安徽庐州府合肥县、巢县 又至六安州 又至池州府青阳县	安徽庐州府巢县 又至六安州 又至池州府青阳县
	南至	江西赣州府赣州卫、信丰县	江西吉安府吉水县、庐陵县 又至临江府清江县、新淦县、峡江县	江西吉安府吉水县、庐陵县 又至临江府新淦县、峡江县
	西至	四川保宁府阆中县、苍溪县	四川重庆府长寿县	同前
	北至	山西汾州府汾阳县 又至太原府阳曲县、太原县	山西太原府阳曲县、榆次县 又至忻州	同前
	[注]	以上俱二千里	同前	同前
边卫/近边	东至	江南镇江府镇江卫	江苏镇江府丹阳县、丹徒县 又至常州府武进县、阳湖县 又至浙江衢州府常山县、西安县、龙游县	同前
	南至	广东韶州府曲江县 又至南雄府保昌县	江西赣州府赣县 又至南安府南康县	同前
	西至	陕西凤翔府凤翔县 又至宁夏府平罗县	陕西凤翔府陇州 又至甘肃平凉府华亭县、平凉县 又至四川顺庆府南充县、西充县 又至重庆府荣昌县 又至叙州府隆昌县	同前
	北至	山西大同府大同县、怀仁县 又至朔平府平鲁县	山西大同府大同县、怀仁县、应州 又至朔平府平鲁县、朔州 又至陕西延安府甘泉县、肤施县、安塞县	山西大同府大同县、怀仁县 又至朔平府平鲁县、朔州 又至陕西延安府甘泉县、肤施县、安塞县
	[注]	以上俱二千五百里	同前	同前

续表

充军地方		乾隆八年(1743)	乾隆四十四年(1779)	嘉庆十四年(1809)
边远	东至	浙江杭州府杭州前卫、杭州右卫、海宁所	浙江杭州府仁和县、钱塘县、富阳县 又至江苏太仓州镇洋县、嘉定县、宝山县	同前
	南至	广东广州府南海县、番禺县、东莞县	广东南雄府始兴县、保昌县	广东南雄州始兴县
	西至	甘肃巩昌府陇西县 又至秦州礼县 又至阶州文县	甘肃巩昌府陇西县、宁远县 又至四川保宁府昭化县 又至成都府简州、成都县、华阳县	甘肃巩昌府陇西县、定远县、会宁县、安定县 又至四川保宁府昭化县 又至成都府简州、成都县、华阳县
	北至	陕西延安府肤施县、安塞县、保安县、安定县	陕西延安府靖边县、定边县 又至绥德州米脂县	同前
	[注]	以上俱三千里	同前	同前
极边	东至	浙江宁波府宁波卫、象山县、奉化县、镇海县	浙江宁波府象山县 又至台州府宁海县	浙江宁波府象山县 又至台州府临海县、黄岩县
	南至	广东广州府大鹏守御所、新宁县、新会县、三水县	广东广州府南海县、番禺县、三水县	同前
	西至	甘肃西宁府西宁县 又至凉州府镇番县、古浪县	甘肃凉州府镇番县、武威县	同前
	北至	陕西榆林府榆林县、葭州、神木县	陕西榆林府怀远县	陕西延安府靖边县
	[注]	以上俱四千里	同前	同前
烟瘴	贵州	大定府毕节县 又至南笼府安南县		
	云南	楚雄府楚雄县、定远县	楚雄府楚雄县、镇南州	同前
	[注]	以上里数与极边同		

郧阳府属军犯编发地方

充军地方		乾隆八年(1743)	乾隆四十四年(1779)	嘉庆十四年(1809)
附近	东至	江南安庆府安庆卫	安徽安庆府太湖县、潜山县 又至江西九江府湖口县、彭泽县、德安县 又至南康府建昌县	安徽安庆府太湖县、潜山县 又至江西九江府湖口县、彭泽县、德安县
	南至	湖南永州府祁阳县、东安县	湖南长沙府湘阴县、湘潭县	湖南长沙府湘阴县、湘潭县
	西至	陕西凤翔府凤翔县 又至宁夏府平罗县	河南陕州灵宝县、阌乡县 又至陕西同州府华阴县	河南陕州灵宝县、阌乡县
	北至	山西平阳府临汾县 又至蒲州府永济县	山西平阳府翼城县、曲沃县 又至绛州闻喜县 又至潞安府襄垣县 又至沁州武乡县	山西潞安府襄垣县
	[注]	以上俱二千里	同前	同前
边卫/近边	东至	江南庐州府庐州卫 又至六安州	安徽庐州府合肥县、巢县 又至六安州 又至池州府青阳县 又至宁国府南陵县 又至和州含山县 又至江西抚州府东乡县 又至饶州府安仁县 又至广信府贵溪县	安徽庐州府合肥县、巢县 又至六安州 又至池州府青阳县、贵池县 又至江西抚州府东乡县 又至饶州府安仁县
	南至	广西平乐府平乐县、贺县	湖南永州府祁阳县、零陵县 又至郴州永兴县	湖南永州府祁阳县、零陵县 又至郴州永兴县 又至衡州府耒阳县
	西至	甘肃平凉府平凉县、华亭县	陕西西安府醴泉县 又至乾州永寿县	陕西西安府醴泉县 又至乾州
	北至	山西太原府阳曲县、太原县	山西太原府阳曲县、太原县、榆次县 又至忻州	山西太原府阳曲县、太原县、榆次县 又至忻州
	[注]	以上俱二千五百里	同前	同前

续表

充军地方		乾隆八年(1743)	乾隆四十四年(1779)	嘉庆十四年(1809)
边远	东至	江南镇江府镇江卫	江苏镇江府丹阳县、丹徒县 又至江宁府句容县 又至浙江衢州府常山县、西安县、龙游县	同前
	南至	广西梧州府苍梧县、容县	广东韶州府曲江县	广东韶州府曲江县、乐昌县
	西至	甘肃巩昌府陇西县 又至秦州礼县 又至阶州文县	陕西凤翔府陇州 又至甘肃秦州清水县	同前
	北至	山西大同府阳高县、天镇县	山西大同府应州、怀仁县、大同县 又至朔平府平鲁县、右玉县 又至陕西延安府甘泉县、肤施县、安塞县	同前
	[注]	以上俱三千里	同前	同前
极边	东至	江南太仓州镇海卫、崇明县	浙江绍兴府余姚县 又至宁波府慈溪县、鄞县	同前
	南至	抵海不足四千里	广东广州府东莞县	广东广州府东莞县、南海县、番禺县
	西至	甘肃西宁府西宁县 又至平凉府庄浪县	甘肃凉州府平番县	同前
	北至	陕西榆林府榆林县 又至绥德州米脂县	陕西榆林府神木县、府谷县	同前
	[注]	以上除南外,东、西、北俱四千里	以上俱四千里	同前
烟瘴	贵州	安顺府安平县、清镇县		
	云南	景东府	云南府嵩明州、昆明县、安宁州	同前
	[注]	以上里数与极边同		

德安府属军犯编发地方

充军地方		乾隆八年(1743)	乾隆四十四年(1779)	嘉庆十四年(1809)
附近	东至	江南庐州府庐州卫 又至六安州	江苏苏州府长洲县、元和县、吴县、昆山县、新阳县 又至太仓州镇洋县 又至浙江衢州府西安县、龙游县	同前
	南至	湖南衡州府衡阳县、常宁县	湖南桂阳州嘉禾县、蓝山县 又至郴州宜章县 又至广西桂林府全州	同前
	西至	陕西汉中府南郑县、沔县	陕西西安府咸宁县、长安县、咸阳县、临潼县、兴平县、醴泉县 又至四川忠州垫江县 又至重庆府长寿县	同前
	北至	直隶顺德府邢台县、唐山县	直隶。停止编发	同前
	[注]	以上俱二千里	以上除北外,东、南、西俱二千里	同前
边卫/近边	东至	江南镇江府镇江卫	浙江杭州府富阳县、仁和县、钱塘县	浙江杭州府富阳县、仁和县、钱塘县 又至江苏松江府华亭县、娄县
	南至	广东广州府清远县 又至连州	广东南雄府始兴县 又至韶州府曲江县	广东南雄州始兴县
	西至	四川保宁府阆中县、苍溪县	四川重庆府合州、永川县、荣昌县 又至顺庆府岳池县、南充县	四川重庆府合州、永川县、荣昌县、巴县 又至顺庆府岳池县、南充县
	北至	直隶保定府清苑县、祁州	直隶。停止编发	同前
	[注]	以上俱二千五百里	以上除北外,东、南、西俱二千五百里	同前

续表

充军地方		乾隆八年(1743)	乾隆四十四年(1779)	嘉庆十四年(1809)
边远	东至	浙江湖州府湖州所 又至杭州府杭州前卫、杭州右卫、海宁所	浙江宁波府慈溪县、鄞县、镇海县	浙江宁波府慈溪县、鄞县、镇海县 又至湖州府乌程县、长兴县 又至杭州府昌化县 又至安徽徽州府歙县
	南至	广东惠州府碣石卫、海丰守御所、平海守御所	广东广州府清远县 又至韶州府英德县	同前
	西至	陕西凤翔府凤翔县 又至宁夏府平罗县	陕西汉中府褒城县 又至四川保宁府昭化县 又至成都府简州 又至资州资阳县	同前
	北至	直隶宣化府延庆卫、赤城县	直隶。停止编发	同前
	[注]	以上俱三千里	同前以上除北外,东、南、西俱三千里	同前
极边	东至	浙江宁波府象山县、镇海县	福建漳州府龙溪县	福建漳州府龙溪县 又至泉州府同安县
	南至	广东潮州府大城守御所、潮阳县	广东惠州府归善县、海丰县	同前
	西至	甘肃兰州府狄道州 又至西宁府归德守御所	甘肃凉州府古浪县、武威县 又至西宁府碾伯县、西宁县	甘肃凉州府古浪县、武威县、永昌县 又至西宁府碾伯县、西宁县
	北至	抵边不足四千里	同前	同前
	[注]	以上除北外,东、南、西俱四千里	同前	同前
烟瘴	云南	临安府建水州、石屏州 又至曲靖府寻甸州	临安府建水县、石屏州 又至楚雄府广通县、楚雄县	同前
	[注]	以上里数与极边同		

黄州府属军犯编发地方

充军地方		乾隆八年(1743)	乾隆四十四年(1779)	嘉庆十四年(1809)
附近	东至	浙江湖州府湖州所	浙江杭州府富阳县、仁和县、钱塘县 又至严州府桐庐县 又至江苏苏州府昆山县、新阳县 又至太仓州镇洋县、嘉定县	同前
	南至	广东广州府南海县、番禺县	广东南雄府始兴县、保昌县	广东南雄州始兴县
	西至	河南河南府洛阳县、嵩县	河南陕州灵宝县、阌乡县 又至陕西同州府华阴县	同前
	北至	直隶顺德府唐山县	直隶。停止编发	同前
	[注]	以上俱二千里	以上除北外,东、南、西俱二千里	同前
边卫/近边	东至	浙江宁波府宁波卫、镇海县	浙江绍兴府余姚县 又至宁波府慈溪县	同前
	南至	广东惠州府碣石卫、海丰守御所	广东韶州府英德县	同前
	西至	山西平阳府岳阳县 蒲州府永济县	山西霍州灵石县 又至汾州府介休县、平遥县	山西霍州灵石县
	北至	直隶保定府完县、安州	直隶。停止编发	同前
	[注]	以上俱二千五百里	以上除北外,东、南、西俱二千五百里	同前

续表

充军地方		乾隆八年(1743)	乾隆四十四年(1779)	嘉庆十四年(1809)
边远	东至	抵边不足三千里	同前	同前
	南至	广东潮州府大城守御所、潮阳县	广东广州府三水县、南海县、番禺县	同前
	西至	山西太原府阳曲县、太原县	山西朔平府马邑县、朔州、平鲁县	山西朔平府朔州、平鲁县、右玉县
	北至	直隶顺天府通州左所、通州右所	顺天。停止编发	同前
	[注]	以上除东外,南、西、北俱三千里	以上除东、北外,南、西俱三千里	同前
极边	东至	抵海不足四千里	同前	同前
	南至	抵海不足四千里	同前	同前
	西至	陕西榆林府榆林县 又至绥德州	甘肃凉州府平番县、古浪县	甘肃凉州府平番县、古浪县 又至兰州府金县、皋兰县
	北至	直隶宣化府延庆卫、赤城县、龙门县	直隶。停止编发	同前
	[注]	以上除东、南外,西、北俱四千里	以上除东、南、北外,西系四千里	同前
烟瘴	云南	曲靖府南宁县、平彝县	广西州弥勒县 又至云南府晋宁州 又至澂江府江川县 又至临安府通海县	同前
	贵州	安顺府镇宁州、永宁州		
	[注]	以上里数与极边同		

荆州府属军犯编发地方

充军地方		乾隆八年(1743)	乾隆四十四年(1779)	嘉庆十四年(1809)
附近	东至	浙江杭州府杭州前卫、杭州右卫、海宁所	江西广信府兴安县、上饶县、弋阳县 又至安徽太平府芜湖县、当涂县	同前
	南至	广东广州府清远县 又至连州阳山县	广东韶州府曲江县	同前
	西至	四川酉阳州黔江县 又至忠州	四川重庆府涪州、合州、璧山县、永川县 又至顺庆府广安州、岳池县	同前
	北至	山西潞安府长治县、长子县	山西潞安府屯留县、襄垣县 又至平阳府翼城县、曲沃县 又至绛州闻喜县 又至沁州	同前
	[注]	以上俱二千里	同前	同前
边卫/近边	东至	浙江金华府金华县 又至衢州府衢州所	浙江金华府金华县、兰溪县 又至严州府建德县 又至江苏常州府武进县、阳湖县、无锡县、金匮县	同前
	南至	广东广州府南海县、番禺县、东莞县	广东广州府清远县	同前
	西至	四川保宁府阆中县、苍溪县	四川顺庆府西充县 又至保宁府南部县 又至资州资阳县	四川资州资阳县 又至保宁府苍溪县
	北至	山西太原府阳曲县、太原县	山西太原府阳曲县、太原县、榆次县 又至忻州	同前
	[注]	以上俱二千五百里	同前	同前

续表

充军地方		乾隆八年(1743)	乾隆四十四年(1779)	嘉庆十四年(1809)
边远	东至	浙江宁波府宁波卫、镇海县	浙江绍兴府山阴县、会稽县、上虞县、萧山县	同前
	南至	广东广州府大鹏守御所、新宁县	广东广州府东莞县	广东广州府东莞县、南海县、番禺县
	西至	陕西汉中府宁羌州 又至兴安州平利县	陕西汉中府凤县 又至四川绵州德阳县	同前
	北至	山西朔平府右玉县、左云县、朔州	山西朔平府右玉县、左云县、平鲁县 又至大同府怀仁县、大同县 又至陕西延安府肤施县、安塞县	同前
	[注]	以上俱三千里	同前	同前
极边	东至	抵海不足四千里	同前	浙江温州府乐清县、永嘉县
	南至	抵海不足四千里	同前	广东潮州府普宁县、揭阳县、海阳县、澄海县
	西至	甘肃平凉府平凉县、华亭县	甘肃凉州府平番县	同前
	北至	陕西榆林府榆林县 又至绥德州	陕西榆林府神木县、府谷县	同前
	[注]	以上除东、南外,西、北俱四千里	同前	以上俱足四千里
烟瘴	云南	蒙化府 又至永昌府保山县	大理府云南县、赵州	同前
	[注]	以上里数与极边同		

宜昌府属军犯编发地方

充军地方		乾隆八年(1743)	乾隆四十四年(1779)	嘉庆十四年(1809)
附近	东至	俱与荆州府同	江西南昌府进贤县 又至抚州府东乡县 又至安徽池州府贵池县、青阳县	同前
	南至		广东韶州府乐昌县 又至湖南郴州宜章县 又至广西桂林府全州	湖南郴州宜章县 又至广西桂林府全州
	西至		四川重庆府定远县 又至顺庆府岳池县、南充县 又至叙州府隆昌县 又至资州内江县	四川重庆府定远县 又至顺庆府岳池县 又至叙州府隆昌县 又至资州内江县 又至酉阳州黔江县
	北至		山西潞安府屯留县、襄垣县、长子县 又至泽州府沁水县 又至平阳府翼城县、曲沃县	同前
	[注]		以上俱二千里	同前
边卫/近边	东至		浙江衢州府常山县、西安县 又至江西广信府玉山县 又至江苏江宁府江宁县、句容县	同前
	南至		广东韶州府英德县	同前
	西至		四川保宁府阆中县、苍溪县、昭化县 又至成都府成都县、华阳县、新都县、汉州	同前
	北至		山西太原府阳曲县、榆次县 又至忻州	同前
	[注]		以上俱二千五百里	同前

续表

充军地方		乾隆八年(1743)	乾隆四十四年(1779)	嘉庆十四年(1809)
边远	东至	俱与荆州府同	浙江严州府桐庐县 又至杭州府富阳县 又至江苏苏州府长洲县、元和县、吴县、昆山县、新阳县	同前
	南至		广东广州府三水县、南海县、番禺县	同前
	西至		陕西汉中府凤县	同前
	北至		山西朔平府朔州、平鲁县 又至大同府应州、怀仁县、大同县 又至陕西延安府甘泉县、肤施县、安塞县	同前
	[注]		以上俱三千里	同前
极边	东至		抵海不足四千里	同前
	南至		抵海不足四千里	同前
	西至		甘肃凉州府平番县、古浪县	同前
	北至		陕西榆林府神木县、府谷县	同前
	[注]		以上除东、南外,西、北俱四千里	同前
烟瘴	云南		楚雄府姚州 又至大理府云南县	同前

施南府属军犯编发地方

充军地方		乾隆八年(1743)	乾隆四十四年(1779)	嘉庆十四年(1809)
附近	东至	俱与荆州府同	江西九江府德化县	本省黄州府蕲水县、广济县
	南至		湖南衡州府衡山县 又至长沙府长沙县、善化县、湘潭县	湖南长沙府长沙县、善化县、湘潭县
	西至		四川重庆府合州、永川县、荣昌县 又至顺庆府广安州、岳池县、南充县	四川重庆府合州、荣昌县、铜梁县、定远县 又至顺庆府广安州
	北至		河南开封府禹州、新郑县、郑州	河南开封府禹州、新郑县
	[注]		以上俱系二千里	同前
边卫/近边	东至		江西南康府建昌县 又至南昌府南昌县、新建县、进贤县 又至九江府彭泽县 又至安徽池州府东流县	江西南康府建昌县 又至南昌府南昌县、新建县 又至九江府彭泽县 又至安徽池州府东流县
	南至		湖南衡州府耒阳县 又至郴州永兴县 又至永州府祁阳县、零陵县	同前
	西至		四川保宁府南部县、阆中县、苍溪县 又至资州资阳县	同前
	北至		山西泽州府凤台县、高平县、阳城县	同前
	[注]		以上俱二千五百里	同前

续表

<table>
<tr><th colspan="2">充军地方</th><th>乾隆八年(1743)</th><th>乾隆四十四年(1779)</th><th>嘉庆十四年(1809)</th></tr>
<tr><td rowspan="5">边远</td><td>东至</td><td rowspan="11">俱与荆州府同</td><td>江西广信府弋阳县、兴安县、上饶县
又至安徽宁国府南陵县
又至太平府芜湖县</td><td>江西广信府弋阳县、兴安县、上饶县
又至安徽宁国府南陵县
又至太平府芜湖县、当涂县
又至江苏江宁府上元县</td></tr>
<tr><td>南至</td><td>广东韶州府曲江县</td><td>广东韶州府曲江县、乐昌县</td></tr>
<tr><td>西至</td><td>陕西同州府华州、华阴县
又至西安府渭南县、临潼县
又至四川绵州</td><td>陕西同州府华州、华阴县
又至西安府渭南县、临潼县、高陵县
又至四川绵州德阳县</td></tr>
<tr><td>北至</td><td>山西沁州武乡县
又至太原府祁县
又至绛州闻喜县</td><td>同前</td></tr>
<tr><td>[注]</td><td>以上俱三千里</td><td>同前</td></tr>
<tr><td rowspan="5">极边</td><td>东至</td><td>浙江绍兴府萧山县、山阴县、会稽县
又至江苏太仓州宝山县</td><td>浙江绍兴府萧山县、山阴县、会稽县</td></tr>
<tr><td>南至</td><td>抵海不足四千里</td><td>同前</td></tr>
<tr><td>西至</td><td>甘肃平凉府隆德县、静宁州</td><td>同前</td></tr>
<tr><td>北至</td><td>陕西延安府肤施县、延长县、保安县</td><td>陕西延安府肤施县、延长县、保安县、延川县</td></tr>
<tr><td>[注]</td><td>以上除南外,东、西、北俱四千里</td><td>同前</td></tr>
<tr><td>烟瘴</td><td>云南</td><td>云南府嵩明州、昆明县</td><td>同前</td></tr>
</table>

荆门州[1]属军犯编发地方

充军地方		嘉庆十四年(1809)
附近	东至	安徽太平府当涂县 又至和州
	南至	江西吉安府吉水县、庐陵县、泰和县
	西至	四川重庆府合州、璧山县、永川县
	北至	直隶。停止编发
	[注]	以上除北外,东、南、西俱足二千里
近边	东至	浙江衢州府龙游县 又至金华府兰溪县
	南至	广东南雄州
	西至	四川保宁府苍溪县
	北至	直隶。停止编发
	[注]	以上除北外,东、南、西俱足二千五百里
边远	东至	浙江绍兴府萧山县、山阴县、会稽县 又至江苏松江府上海县、南汇县
	南至	广东广州府三水县、南海县
	西至	四川绵州德阳县、罗江县
	北至	直隶。停止编发
	[注]	以上除北外,东、南、西俱足三千里
极边	东至	抵海不足四千里
	南至	广东惠州府龙川县
	西至	抵边不足四千里
	北至	直隶。停止编发
	[注]	以上除东、西、北外,南足四千里
烟瘴	云南	元江州

① 乾隆五十六年(1791)升安陆府荆门州为荆门直隶州。

湖　　南

长沙府属军犯编发地方

<table>
<tr><th colspan="2">充军地方</th><th>乾隆八年(1743)</th><th>乾隆四十四年(1779)</th><th>嘉庆十四年(1809)</th></tr>
<tr><td rowspan="5">附近</td><td>东至</td><td>浙江金华府金华县
又至衢州府衢州所
又至福建建宁府建安县、浦城县</td><td>福建建宁府建安县、瓯宁县
又至延平府南平县
又至浙江金华府永康县、金华县
又至严州府建德县、桐庐县</td><td>同前</td></tr>
<tr><td>南至</td><td>广东广州府大鹏守御所、新会县、香山县</td><td>广东广州府南海县、番禺县
又至肇庆府高要县、新兴县</td><td>同前</td></tr>
<tr><td>西至</td><td>贵州遵义府遵义县
又至平越府瓮安县</td><td>贵州贵阳府贵筑县、修文县
又至安顺府清镇县、安平县、普定县
又至四川夔州府云阳县</td><td>同前</td></tr>
<tr><td>北至</td><td>河南怀庆府河内县</td><td>河南开封府新郑县、郑州、荥阳县、荥泽县</td><td>同前</td></tr>
<tr><td>[注]</td><td>以上俱二千里</td><td>同前</td><td>同前</td></tr>
</table>

续表

充军地方		乾隆八年(1743)	乾隆四十四年(1779)	嘉庆十四年(1809)
边卫/近边	东至	浙江宁波府宁波卫、镇海县 又至福建福宁府福安县、宁德县	浙江绍兴府上虞县、余姚县 又至福建福州府闽县、侯官县、闽清县	浙江绍兴府上虞县、余姚县 又至福建福州府闽县、侯官县
	南至	广东惠州府平海守御所、捷胜守御所	广东惠州府海丰县、河源县、龙川县	同前
	西至	四川叙州府宜宾县 又至重庆府合州 又至忠州	四川忠州垫江县 又至重庆府长寿县 又至云南曲靖府平彝县 又至贵州大定府黔西州	同前
	北至	山西平阳府岳阳县 又至蒲州府永济县	河南河南府渑池县 又至陕州 又至山西泽州府阳城县、沁水县	河南河南府渑池县 又至山西泽州府阳城县、沁水县、凤台县
	[注]	以上俱二千五百里	同前	同前
边远	东至	抵海不足三千里	福建福宁府霞浦县	同前
	南至	广东潮州府大城守御所	广东潮州府普宁县、揭阳县、海阳县、澄海县 又至高州府茂名县、化州 又至惠州府长宁县 又至嘉应州平远县	广东潮州府普宁县、揭阳县、海阳县、澄海县 又至高州府茂名县、化州 又至惠州府长宁县 又至嘉应府平远县
	西至	四川成都府成都县、新都县	四川重庆府荣昌县、永川县 又至叙州府隆昌县 又至云南云南府昆明县、安宁州	同前
	北至	山西太原府阳曲县、太原县 又至平定州	山西太原府祁县、徐沟县 又至陕西同州府华州 又至西安府渭南县、临潼县、长安县、咸宁县	同前
	[注]	以上除东外,南、西、北俱三千里	以上俱三千里	同前

续表

充军地方		乾隆八年(1743)	乾隆四十四年(1779)	嘉庆十四年(1809)
极边	东至	抵海不足四千里	同前	同前
极边	南至	抵海不足四千里	同前	同前
极边	西至	四川雅州府雅安县、名山县	四川嘉定府夹江县、乐山县	四川嘉定府夹江县、乐山县 又至雅州府荥经县、雅安县、名山县
极边	北至	陕西榆林府榆林县 又至甘肃宁夏府宁夏县、宁朔县、中卫县	陕西延安府延长县、延川县、保安县 又至绥德州清涧县 又至甘肃平凉府固原州、静宁州 又至泾州镇原县 又至巩昌府会宁县	同前
极边	[注]	以上除东、南外,西、北俱四千里	同前	同前
烟瘴		地皆不足四千里,以极边为烟瘴	应发烟瘴人犯解赴云南巡抚衙门酌拨安置	同前

岳州府属军犯编发地方

充军地方		乾隆八年(1743)	乾隆四十四年(1779)	嘉庆十四年(1809)
附近	东至	江南宁国府宣州卫	安徽和州 又至太平府当涂县、芜湖县 又至江西广信府兴安县、上饶县、玉山县 又至建昌府新城县 又至福建邵武府光泽县	安徽和州 又至滁州全椒县 又至江西广信府兴安县、上饶县、玉山县 又至建昌府新城县 又至福建邵武府光泽县
附近	南至	广东广州府大鹏守御所、香山县、三水县	广东广州府清远县	同前

续表

充军地方		乾隆八年(1743)	乾隆四十四年(1779)	嘉庆十四年(1809)
附近	西至	贵州镇远府镇远县、施秉县	贵州平越府黄平州、平越县 又至都匀府清平县 又至四川夔州府万县 又至忠州梁山县	贵州镇远府黄平州 又至普安州兴义县 又至都匀府清平县 又至四川夔州府万县 又至忠州梁山县
	北至	河南怀庆府河内县	山西泽州府凤台县 又至河南河南府洛阳县、新安县	同前
	[注]	以上俱二千里	同前	同前
边卫/近边	东至	浙江杭州府杭州前卫、杭州右卫、海宁所	浙江金华府兰溪县 又至严州府建德县、桐庐县 又至福建延平府南平县	同前
	南至	广东惠州府碣石卫、海丰守御所、捷胜守御所	广东广州府东莞县、增城县 又至惠州府博罗县 又至肇庆府新兴县	同前
	西至	四川叙州府宜宾县	四川重庆府巴县、璧山县 又至贵州安顺府普定县、镇宁州 又至遵义府绥阳县、遵义县	同前
	北至	山西太原府阳曲县 又至平定州 又至宁武府偏关县	山西沁州武乡县 又至辽州榆社县 又至陕西同州府华阴县、华州	同前
	[注]	以上俱二千五百里	同前	同前

续表

充军地方		乾隆八年(1743)	乾隆四十四年(1779)	嘉庆十四年(1809)
边远	东至	浙江宁波府宁波卫、镇海县	浙江绍兴府山阴县、会稽县、上虞县 又至福建福州府闽清县、侯官县、闽县	同前
	南至	广东潮州府大城守御所、潮阳县	广东惠州府海丰县、陆丰县、龙川县 又至嘉应州长乐县	同前
	西至	贵州遵义府遵义县 又至平越府瓮安县	贵州大定府黔西州、毕节县 又至四川资州内江县	四川资州内江县 又至贵州大定府威宁州
	北至	山西朔平府右玉县、左云县 又至大同府阳高县	山西忻州 又至代州崞县 又至陕西西安府同官县 又至凤翔府扶风县、岐山县、凤翔县 又至鄜州宜君县 又至乾州武功县、永寿县 又至邠州	同前
	[注]	以上俱三千里	同前	同前
极边	东至	抵海不足四千里	同前	同前
	南至	抵海不足四千里	广东嘉应州平远县、兴宁县 又至惠州府长宁县	同前
	西至	四川雅州府雅安县	四川嘉定府荣县、威远县	四川嘉定府荣县、威远县 又至四川保宁府阆中县
	北至	陕西榆林府榆林县 又至甘肃宁夏府宁夏县、中卫县	陕西榆林府榆林县 又至延安府定边县 又至绥德州米脂县 又至甘肃宁夏府灵州	同前
	[注]	以上除东、南外,西、北俱四千里	同前	同前
烟瘴		地皆不足四千里,以极边为烟瘴	应发烟瘴人犯,解赴云南巡抚衙门酌拨安置	

宝庆府属军犯编发地方

充军地方		乾隆八年(1743)	乾隆四十四年(1779)	嘉庆十四年(1809)
附近	东至	江西饶州府饶州所 又至抚州府抚州所	江西饶州府德兴县、浮梁县 又至广信府上饶县、玉山县 又至建昌府新城县 又至福建邵武府光泽县	同前
	南至	广东高州府茂名县、信宜县	广东肇庆府新兴县 又至广州府南海县、番禺县、东莞县、增城县	同前
	西至	四川叙州府宜宾县	湖北宜昌府归州、巴东县 又至贵州平越府黄平州	湖北宜昌府归州、巴东县 又至贵州遵义府遵义县、怀仁县
	北至	贵州遵义府遵义县 又至平越府瓮安县	河南南阳府新野县、南阳县、南召县 又至汝宁府确山县	同前
	[注]	以上俱二千里	同前	同前
边卫/近边	东至	浙江衢州府衢州所 又至严州府严州所	浙江严州府建德县、桐庐县 又至福建延平府南平县 又至建宁府建安县、瓯宁县	同前
	南至	广东惠州府碣石卫、平海守御所、海丰守御所	广东惠州府陆丰县、海丰县、龙川县 又至嘉应州长乐县	同前
	西至	四川雅州府雅安县	四川夔州府云阳县 又至贵州贵阳府贵筑县 又至安顺府清镇县、安平县、普定县 又至平越府湄潭县	同前
	北至	四川重庆府巴县、合州 又至忠州	河南开封府禹州、新郑县	同前
	[注]	以上俱二千五百里	同前	同前

续表

充军地方		乾隆八年(1743)	乾隆四十四年(1779)	嘉庆十四年(1809)
边远	东至	浙江台州府台州卫、黄岩县	浙江绍兴府山阴县、会稽县、嵊县 又至福建福州府闽清县、侯官县、闽县	同前
	南至	广东潮州府海阳县、澄海县 又至嘉应州	广东潮州府澄海县、海阳县 又至嘉应州平远县 又至惠州府长宁县、永安县	同前
	西至	广西浔州府桂平县 又至镇安府奉议州、向武州	四川忠州垫江县 又至重庆府长寿县 又至云南曲靖府平彝县	同前
	北至	四川保宁府阆中县、苍溪县	河南河南府渑池县 又至山西泽州府高平县 又至潞安府长子县	同前
	[注]	以上俱三千里	同前	同前
极边	东至	抵海不足四千里	同前	同前
	南至	抵海不足四千里	同前	同前
	西至	广西太平府太平州 又至南宁府宣化县 又至思恩府武缘县	四川成都府简州 又至资州资阳县	同前
	北至	陕西凤翔府凤翔县 又至甘肃宁夏府平罗县 又至平凉府固原州、平凉县	陕西凤翔府凤翔县、宝鸡县 又至邠州长武县 又至甘肃泾州 又至山西朔平府马邑县 又至宁武府宁武县、神池县 又至大同府山阴县 又至代州崞县	陕西凤翔府凤翔县、宝鸡县 又至邠州长武县 又至甘肃泾州 又至山西朔平府朔州 又至宁武府宁武县、神池县 又至大同府山阴县 又至代州崞县
	[注]	以上除东、南外,西、北俱四千里	同前	同前
烟瘴		地皆不足四千里,以极边为烟瘴	应发烟瘴人犯,解赴云南巡抚衙门酌拨安置	同前

宝庆厅属军犯编发地方

【1743】附近、边卫、边远、极边、烟瘴,以上各等州、县、卫份,俱与宝庆府同。

衡州府属军犯编发地方

充军地方		乾隆八年(1743)	乾隆四十四年(1779)	嘉庆十四年(1809)
附近	东至	浙江衢州府衢州所 又至金华府金华县	浙江衢州府龙游县、西安县 又至金华府兰溪县 又至福建延平府顺昌县	同前
	南至	广东潮州府大城守御所、海阳县 又至嘉应州	广东惠州府博罗县、归善县、海丰县、河源县 又至肇庆府阳春县	广东惠州府河源县 又至肇庆府阳春县
	西至	四川叙州府宜宾县	湖北宜昌府巴东县 又至四川夔州府巫山县 又至贵州平越府黄平州、平越县 又至都匀府清平县	湖北宜昌府巴东县 又至四川夔州府巫山县 又至贵州镇远府黄平县 又至普安州兴义县 又至都匀府清平县
	北至	河南河南府洛阳县 又至陕州	河南汝宁府确山县、遂平县、西平县	同前
	[注]	以上俱二千里	同前	同前
边卫/近边	东至	浙江台州府台州卫、宁海县	浙江台州府仙居县、临海县 又至杭州府仁和县、钱塘县 又至绍兴府萧山县、山阴县、会稽县 又至福建福州府古田县	同前
	南至	抵海不足二千五百里	广东潮州府惠来县、普宁县、揭阳县 又至高州府茂名县 又至嘉应州平远县	广东潮州府普宁县、揭阳县 又至高州府茂名县 又至嘉应府平远县

续表

充军地方		乾隆八年(1743)	乾隆四十四年(1779)	嘉庆十四年(1809)
边卫/近边	西至	四川雅州府雅安县	四川夔州府万县 又至贵州安顺府普定县、镇宁州 又至遵义府绥阳县	同前
	北至	河南怀庆府河内县	河南开封府荥泽县、郑州、荥阳县、汜水县 又至怀庆府武陟县 又至河南府巩县	同前
	[注]	以上除南外,东、西、北俱二千五百里	以上俱二千五百里	同前
边远	东至	浙江宁波府宁波卫、镇海县、慈溪县	浙江宁波府慈溪县、鄞县、奉化县、镇海县 又至福建福州府罗源县 又至福宁府宁德县	浙江宁波府慈溪县、鄞县、奉化县、镇海县、定海县 又至福建福州府罗源县 又至福宁府宁德县
	南至	抵海不足三千里	广东雷州府海康县	广东雷州府海康县 又至嘉应府平远县
	西至	抵番界不足三千里	四川重庆府长寿县、巴县 又至云南曲靖府沾益州、马龙州	同前
	北至	山西平阳府临汾县 又至蒲州府永济县	山西泽州府沁水县 又至平阳府翼城县 又至潞安府长子县、屯留县、襄垣县 又至河南陕州灵宝县	同前
	[注]	以上除南、西外,东、北俱三千里	以上俱三千里	同前

续表

充军地方		乾隆八年(1743)	乾隆四十四年(1779)	嘉庆十四年(1809)
极边	东至	福建福宁府福安县、宁德县	福建漳州府漳浦县、龙溪县	福建漳州府漳浦县、龙溪县、诏安县
	南至	抵海不足四千里	同前	同前
	西至	抵番界不足四千里	四川成都府简州、成都县、华阳县、新津县、双流县	同前
	北至	陕西绥德州米脂县 又至榆林府榆林县	陕西鄜州洛川县 又至延安府甘泉县 又至甘肃泾州 又至平凉府平凉县	同前
	[注]	以上除南、西外,东、北俱四千里	以上除南外,东、西、北俱四千里	同前
烟瘴		地皆不足四千里,以极边为烟瘴	应发烟瘴人犯,解赴云南巡抚衙门酌拨安置	同前

常德府属军犯编发地方

充军地方		乾隆八年(1743)	乾隆四十四年(1779)	嘉庆十四年(1809)
附近	东至	江西九江府九江卫	江西南昌府南昌县、新建县、进贤县 又至安徽安庆府怀宁县	安徽安庆府怀宁县 又至浙江衢州府常山县、西安县
	南至	广东高州府电白县、茂名县	广东广州府清远县	广东广州府清远县
	西至	四川叙州府宜宾县	四川忠州垫江县 又至贵州南笼府安南县、普安州 又至大定府黔西州 又至云南曲靖府平彝县	四川忠州垫江县 又至贵州兴义府安南县 又至普安州 又至大定府黔西州 又至云南曲靖府平彝县
	北至	河南河南府洛阳县 又至陕州	河南河南府洛阳县、偃师县、巩县、新安县 又至怀庆府河内县 又至山西泽州府凤台县	同前
	[注]	以上俱二千里	同前	同前

续表

充军地方		乾隆八年(1743)	乾隆四十四年(1779)	嘉庆十四年(1809)
边卫/近边	东至	江南宁国府宣州卫	安徽宁国府宁国县 又至江西广信府兴安县、上饶县、玉山县 又至建昌府新城县 又至福建邵武府光泽县	安徽宁国府宁国县 又至广德州
	南至	广东惠州府归善县、河源县	广东广州府东莞县、南海县、番禺县、增城县 又至肇庆府新兴县	广东广州府南海县、番禺县、增城县 又至肇庆府新兴县
	西至	四川雅州府雅安县	四川重庆府璧山县、永川县、荣昌县 又至云南云南府昆明县、安宁州	同前
	北至	河南怀庆府河内县	山西潞安府襄垣县 又至沁州 又至陕西同州府华阴县 又至河南陕州阌乡县	同前
	[注]	以上俱二千五百里	同前	同前
边远	东至	江南太仓州太仓卫、镇海卫、崇明县	江苏常州府无锡县、金匮县 又至苏州府吴县、元和县、长洲县 又至浙江金华府金华县、永康县 又至严州府建德县、桐庐县 又至福建延平府南平县	同前
	南至	广东潮州府海阳县、潮阳县	广东惠州府海丰县、陆丰县 又至肇庆府阳江县	同前
	西至	四川宁远府西昌县	四川资州资阳县 又至成都府简州	同前
	北至	山西潞安府长治县、长子县	山西忻州 又至代州崞县 又至陕西西安府耀州、同官县、醴泉县、兴平县 又至凤翔府扶风县 又至乾州永寿县、武功县	同前
	[注]	以上俱三千里	同前	同前

续表

充军地方		乾隆八年(1743)	乾隆四十四年(1779)	嘉庆十四年(1809)
极边	东至	抵海不足四千里	福建福宁府霞浦县	同前
	南至	抵海不足四千里	广东嘉应州平远县 又至惠州府长宁县	广东惠州府长宁县
	西至	抵番界不足四千里	四川叙州府宜宾县、富顺县	四川叙州府宜宾县、富顺县 又至保宁府阆中县
	北至	山西大同府大同县、阳高县 又至朔平府右玉县、平鲁县 又至陕西延安府肤施县、安塞县、安定县、保安县	陕西延安府定边县、靖边县 又至绥德州米脂县	陕西延安府定边县 又至绥德州米脂县
	[注]	以上除东、南、西外,北四千里	以上俱四千里	同前
烟瘴		地皆不足四千里,以极边为烟瘴	应发烟瘴人犯,解赴云南巡抚衙门酌拨安置	同前

辰州府属军犯编发地方

充军地方		乾隆八年(1743)	乾隆四十四年(1779)	嘉庆十四年(1809)
附近	东至	江西九江府九江卫 又至江南安庆府安庆卫	江西九江府瑞昌县、德化县、湖口县 又至安徽安庆府宿松县、太湖县 又至湖北黄州府黄梅县	同前
	南至	广西梧州府苍梧县、容县、怀集县 又至郁林州	广西桂林府阳朔县 又至广东韶州府曲江县	同前
	西至	四川雅州府雅安县	四川夔州府云阳县	同前
	北至	湖北郧阳府保康县、郧西县	湖北郧阳府郧县、竹山县 又至河南开封府禹州、新郑县	湖北郧阳府竹山县 又至河南开封府禹州、新郑县
	[注]	以上俱二千里	同前	同前

续表

充军地方		乾隆八年(1743)	乾隆四十四年(1779)	嘉庆十四年(1809)
边卫/近边	东至	江南宁国府宣州卫 又至池州府新安卫	安徽池州府青阳县、石埭县、贵池县 又至宁国府南陵县 又至庐州府合肥县 又至江西南昌府进贤县 又至抚州府东乡县、临川县	安徽池州府青阳县、石埭县 又至宁国府南陵县 又至庐州府合肥县 又至江西南昌府进贤县 又至抚州府东乡县、临川县
	南至	广东肇庆府高要县、四会县、德庆州	广东广州府清远县、三水县 又至广西梧州府苍梧县	广东广州府清远县 又至广西梧州府苍梧县
	西至	四川成都府成都县、新都县、金堂县	四川忠州垫江县 又至重庆府长寿县 又至云南楚雄府广通县	同前
	北至	河南河南府洛阳县 又至陕州灵宝县	河南河南府洛阳县、新安县、渑池县 又至山西泽州府凤台县、高平县	同前
	[注]	以上俱二千五百里	同前	同前
边远	东至	江南苏州府苏州卫 又至太仓州太仓卫、镇海卫	江苏江宁府句容县、江宁县、上元县 又至镇江府丹阳县 又至江西广信府玉山县 又至浙江衢州府常山县 又至福建邵武府光泽县、邵武县	同前
	南至	广东惠州府归善县、河源县	广东惠州府博罗县 又至广州府增城县 又至肇庆府高要县、新兴县	同前
	西至	四川茂州保县	四川叙州府隆昌县 又至重庆府荣昌县	同前
	北至	河南怀庆府河内县	山西沁州武乡县 又至辽州榆社县 又至陕西西安府渭南县 又至同州府华阴县、华州	同前
	[注]	以上俱三千里	同前	同前

续表

充军地方		乾隆八年(1743)	乾隆四十四年(1779)	嘉庆十四年(1809)
极边	东至	抵海不足四千里	浙江绍兴府上虞县、余姚县 又至宁波府、慈溪县、鄞县 又至福建福州府侯官县、闽县、连江县	浙江绍兴府上虞县、余姚县 又至宁波府、慈溪县、鄞县 又至严州府桐庐县、建德县 又至福建福州府侯官县、闽县、连江县
	南至	广东潮州府大城守御所、海阳县、潮阳县、澄海县 又至嘉应州	广东潮州府饶平县 又至惠州府长宁县、永安县 又至高州府化州、石城县	同前
	西至	抵番界不足四千里	四川嘉定府夹江县、乐山县	同前
	北至	山西代州 又至保德州 又至宁武府宁武县、偏关县	山西保德州河曲县 又至大同府阳高县、天镇县 又至陕西延安府肤施县、安塞县	同前
	[注]	以上除东、西外,南、北俱四千里	以上俱四千里	同前
烟瘴		地皆不足四千里,以极边为烟瘴	应发烟瘴人犯,解赴云南巡抚衙门酌拨安置	同前

乾州厅、凤凰营厅、永绥厅属军犯编发地方

充军地方		乾隆八年(1743)	乾隆四十四年(1779)	嘉庆十四年(1809)
附近	东至	俱与辰州府同	江西九江府瑞昌县、德化县、湖口县 又至安徽安庆府宿松县、太湖县 又至湖北黄州府黄梅县	同前
	南至		广西桂林府阳朔县 又至广东韶州府曲江县	同前
	西至		四川夔州府云阳县	同前
	北至		湖北郧阳府郧县、竹山县 又至河南开封府禹州、新郑县	湖北郧阳府竹山县 又至河南开封府禹州、新郑县
	[注]		同前	同前
边卫/近边	东至		安徽池州府青阳县、石埭县、贵池县 又至宁国府南陵县 又至庐州府合肥县 又至江西南昌府进贤县 又至抚州府东乡县、临川县	安徽池州府青阳县、石埭县 又至宁国府南陵县 又至庐州府合肥县 又至江西南昌府进贤县 又至抚州府东乡县、临川县
	南至		广东广州府清远县、三水县 又至广西梧州府苍梧县	广东广州府清远县 又至广西梧州府苍梧县
	西至		四川忠州垫江县 又至重庆府长寿县 又至云南楚雄府广通县	同前
	北至		河南河南府洛阳县、新安县、渑池县 又至山西泽州府凤台县、高平县	同前
	[注]		同前	同前

续表

充军地方		乾隆八年(1743)	乾隆四十四年(1779)	嘉庆十四年(1809)
边远	东至	俱与辰州府同	江苏江宁府句容县、江宁县、上元县 又至镇江府丹阳县 又至江西广信府玉山县 又至浙江衢州府常山县 又至福建邵武府光泽县、邵武县	同前
	南至		广东惠州府博罗县 又至广州府增城县 又至肇庆府高要县、新兴县	同前
	西至		四川叙州府隆昌县 又至重庆府荣昌县	同前
	北至		山西沁州武乡县 又至辽州榆社县 又至陕西西安府渭南县 又至同州府华阴县、华州	同前
	[注]		同前	同前
极边	东至		浙江绍兴府上虞县、余姚县 又至宁波府、慈溪县、鄞县 又至福建福州府侯官县、闽县、连江县	同前
	南至		广东潮州府饶平县 又至惠州府长宁县、永安县 又至高州府化州、石城县	同前
	西至		四川嘉定府夹江县、乐山县	同前
	北至		山西保德州河曲县 又至大同府阳高县、天镇县 又至陕西延安府肤施县、安塞县	同前
	[注]		以上俱四千里	同前
烟瘴			应发烟瘴人犯,解赴云南巡抚衙门酌拨安置	同前

永州府属军犯编发地方

充军地方		乾隆八年(1743)	乾隆四十四年(1779)	嘉庆十四年(1809)
附近	东至	江西饶州府饶州所 又至抚州府抚州所	江西饶州府德兴县 又至广信府上饶县、玉山县 又至建昌府新城县 又至福建邵武府光泽县	同前
	南至	广东高州府茂名县、电白县、信宜县	广东肇庆府阳江县	同前
	西至	广西太平府太平州 又至南宁府宣化县、新宁州 又至思恩府武缘县	广西泗城府凌云县	同前
	北至	湖北襄阳府襄阳卫、均州	湖北安陆府京山县、钟祥县 又至河南汝宁府信阳州	同前
	[注]	以上俱二千里	同前	同前
边卫/近边	东至	浙江衢州府衢州所、龙游县 又至福建延平府南平县、将乐县	福建延平府南平县、沙县 又至浙江严州府建德县、桐庐县 又至金华府金华县、永康县	同前
	南至	抵海不足二千五百里	广东雷州府遂溪县 又至高州府化州、石城县	同前
	西至	抵土司不足二千五百里	同前	同前
	北至	河南南阳府南阳县、邓州、唐县	河南南阳府舞阳县、裕州 又至许州郾城县、临颍县	同前
	[注]	以上除南、西外,东、北俱二千五百里	以上除西外,东、南、北俱二千五百里	同前

续表

充军地方		乾隆八年(1743)	乾隆四十四年(1779)	嘉庆十四年(1809)
边远	东至	福建福宁府福安县、宁德县 又至邵武府邵武县、建宁县	福建福州府闽清县、闽县、侯官县、连江县 又至浙江绍兴府上虞县、余姚县	同前
	南至	抵海不足三千里	同前	同前
	西至	抵土司不足三千里	同前	同前
	北至	河南怀庆府河内县、孟县 又至山西泽州府凤台县、高平县	河南怀庆府河内县、孟县 又至河南府偃师县、洛阳县、新安县 又至山西泽州府凤台县	同前
	[注]	以上除南、西外,东、北俱三千里	同前	同前
极边	东至	抵海不足四千里	福建泉州府惠安县、晋江县	福建泉州府惠安县、晋江县、同安县
	南至	抵海不足四千里	同前	同前
	西至	抵土司不足四千里	同前	同前
	北至	山西大同府大同县、怀仁县、山阴县 又至朔平府右玉县、左云县、朔州、平鲁县 又至直隶宣化府蔚州 又至甘肃庆阳府安化县、宁州、合水县	山西忻州 又至代州崞县 又至陕西邠州淳化县、三水县 又至西安府耀州、同官县 又至凤翔府扶风县、岐山县 又至鄜州宜君县 又至乾州永寿县、武功县	山西忻州 又至代州崞县 又至陕西邠州淳化县、三水县 又至西安府耀州、同官县 又至凤翔府扶风县、岐山县 又至鄜州宜君县、中部县 又至乾州永寿县、武功县
	[注]	以上除东、南、西外,北四千里	以上除南、西外,东、北四千里	同前
烟瘴		地皆不足四千里,以极边为烟瘴	应发烟瘴人犯,解赴云南巡抚衙门酌拨安置	同前

永顺府属军犯编发地方

充军地方		乾隆八年(1743)	乾隆四十四年(1779)	嘉庆十四年(1809)
附近	东至	湖北黄州府蕲州卫、蕲水县	湖北黄州府黄梅县、广济县、蕲水县 又至武昌府大冶县、兴国州	湖北黄州府广济县、蕲水县 又至武昌府大冶县、兴国州
	南至	广西平乐府昭平县、贺县 又至浔州府贵县 又至梧州府藤县	广西桂林府兴安县、灵川县 又至广东韶州府乐昌县	同前
	西至	四川雅州府雅安县	四川夔州府奉节县、巫山县	同前
	北至	湖北襄阳府襄阳县、光化县、谷城县	湖北郧阳府郧县 又至襄阳府均州 又至河南南阳府裕州、叶县 又至许州襄城县	同前
	[注]	以上俱二千里	同前	同前
边卫/近边	东至	江南宁国府宣州卫 又至池州府新安卫	安徽安庆府怀宁县、桐城县 又至庐州府舒城县 又至江西南康府建昌县 又至南昌府南昌县、新建县	安徽安庆府怀宁县、桐城县 又至庐州府舒城县 又至池州府贵池县 又至江西南康府建昌县 又至南昌府南昌县、新建县 又至湖北黄州府黄梅县
	南至	广东肇庆府封川县 又至韶州府英德县 又至广西平乐府昭平县	广西平乐府昭平县 又至广东韶州府英德县 又至广州府清远县	广东韶州府英德县
	西至	四川成都府灌县、郫县 又至绵州罗江县	四川忠州梁山县、垫江县	四川忠州梁山县
	北至	河南河南府新安县 又至山西绛州绛县	河南怀庆府武陟县、河内县 又至开封府荥泽县、荥阳县、汜水县 又至河南府巩县、偃师县	同前
	[注]	以上俱二千五百里	同前	同前

续表

充军地方		乾隆八年(1743)	乾隆四十四年(1779)	嘉庆十四年(1809)
边远	东至	江南镇江府镇江卫	安徽和州含山县 又至宁国府南陵县 又至太平府芜湖县、当涂县 又至江苏江宁府江浦县 又至江西广信府弋阳县、兴安县、上饶县 又至建昌府南城县、新城县	同前
	南至	广东广州府增城县	广东广州府增城县、南海县、番禺县 又至肇庆府德庆州	同前
	西至	四川茂州保县	四川重庆府巴县、璧山县、永川县	同前
	北至	河南怀庆府河内县	山西潞安府长子县、屯留县、襄垣县 又至沁州 又至河南陕州灵宝县、阌乡县	同前
	[注]	以上俱三千里	同前	同前
极边	东至	抵海不足四千里	浙江杭州府仁和县、钱塘县 又至绍兴府萧山县、山阴县、会稽县 又至福建福州府闽清县	浙江杭州府仁和县、钱塘县、富阳县 又至绍兴府萧山县、山阴县、会稽县 又至福建福州府闽清县
	南至	广东潮州府丰顺县 又至嘉应州 又至惠州府龙川县	广东嘉应州镇平县、平远县 又至潮州府普宁县、揭阳县 又至高州府电白县、茂名县	广东嘉应府镇平县、平远县 又至潮州府普宁县、揭阳县、海阳县 又至高州府电白县、茂名县
	西至	抵番界不足四千里	四川成都府郫县、灌县	同前

续表

充军地方		乾隆八年(1743)	乾隆四十四年(1779)	嘉庆十四年(1809)
极边	北至	山西宁武府五寨县、神池县、偏关县 又至朔平府右玉县、左云县	山西宁武府神池县、偏关县 又至朔平府朔州、平鲁县、马邑县 又至大同府应州、怀仁县、山阴县 又至陕西延安府甘泉县 又至鄜州 又至甘肃平凉府平凉县 又至泾州	山西宁武府神池县、偏关县 又至朔平府朔州、平鲁县 又至大同府应州、怀仁县、山阴县 又至陕西延安府甘泉县 又至鄜州 又至甘肃平凉府平凉县 又至泾州
	[注]	以上除东、西外,南、北俱四千里	以上俱四千里	同前
烟瘴		地皆不足四千里,以极边为烟瘴	应发烟瘴人犯,解赴云南巡抚衙门酌拨安置	同前

沅州府属军犯编发地方

充军地方		乾隆八年(1743)	乾隆四十四年(1779)	嘉庆十四年(1809)
附近	东至	湖北黄州府蕲州卫、蕲水县	湖北黄州府蕲水县、黄冈县 又至武昌府武昌县、大冶县	同前
	南至	广西浔州府平南县 又至梧州府岑溪县 又至广东廉州府合浦县	广西桂林府全州、兴安县	广东肇庆府封川县、德庆州 又至广西梧州府苍梧县
	西至	四川雅州府雅安县	四川夔州府巫山县 又至云南云南府禄丰县	同前
	北至	湖北宜昌府东湖县、兴山县 又至襄阳府均州	湖北襄阳府均州 又至河南南阳府南阳县、南召县、裕州	同前
	[注]	以上俱二千里	同前	同前

续表

充军地方		乾隆八年(1743)	乾隆四十四年(1779)	嘉庆十四年(1809)
边卫/近边	东至	江南宁国府宣州卫 又至池州府新安卫	安徽安庆府潜山县、怀宁县、桐城县 又至江西九江府德安县 又至南康府建昌县	同前
	南至	广东肇庆府德庆州 又至高州府信宜县 又至广西平乐府昭平县	广西平乐府昭平县、平乐县 又至广东韶州府英德县	广西浔州府贵县 又至广东广州府清远县、南海县、番禺县
	西至	四川雅州府名山县 又至资州 又至成都府彭县	四川夔州府万县	同前
	北至	河南陕州卢氏县 又至汝州伊阳县	河南开封府郑州、荥阳县、汜水县、荥泽县	同前
	[注]	以上俱二千五百里	同前	同前
边远	东至	江南镇江府镇江卫	安徽庐州府巢县 又至宁国府南陵县 又至太平府芜湖县 又至和州含山县 又至江西饶州府安仁县 又至广信府贵溪县、弋阳县 又至建昌府南城县	同前
	南至	广东广州府新安县、香山县	广东广州府三水县、南海县、番禺县 又至肇庆府德庆州、封川县 又至广西梧州府苍梧县	广东惠州府海丰县
	西至	四川茂州保县	四川重庆府长寿县、巴县	同前
	北至	河南河南府渑池县	河南陕州 又至河南府渑池县 又至山西泽州府阳城县、沁水县、高平县 又至潞安府长子县、屯留县	同前
	[注]	以上俱三千里	同前	同前

续表

充军地方		乾隆八年(1743)	乾隆四十四年(1779)	嘉庆十四年(1809)
极边	东至	抵海不足四千里	浙江杭州府仁和县、钱塘县 又至绍兴府萧山县 又至福建福州府古田县	同前
	南至	广东潮州府惠来县 又至惠州府陆丰县、海丰县、龙川县	广东潮州府惠来县、潮阳县 又至高州府电白县	广东高州府电白县 又至嘉应府平远县
	西至	抵番界不足四千里	四川成都府成都县、华阳县、新津县、双流县	同前
	北至	山西太原府阳曲县	山西朔平府马邑县、朔州 又至陕西凤翔府宝鸡县 又至鄜州中部县、洛川县 又至邠州长武县 又至甘肃泾州	山西朔平府朔州 又至陕西凤翔府宝鸡县 又至鄜州中部县、洛川县 又至邠州长武县 又至甘肃泾州
	[注]	以上除东、西外,南、北俱四千里	以上俱四千里	同前
烟瘴		地皆不足四千里,以极边为烟瘴	应发烟瘴人犯,解赴云南巡抚衙门酌拨安置	同前

靖州属军犯编发地方

充军地方		乾隆八年(1743)	乾隆四十四年(1779)	嘉庆十四年(1809)
附近	东至	江西南昌府南昌卫、奉新县	江西南昌府奉新县、南昌县、新建县	江西南昌府南昌县、新建县
	南至	广东廉州府合浦县、钦州、灵山县	广东肇庆府高要县、新兴县	同前
	西至	四川宁远府会川卫、越嶲卫	湖北宜昌府归州	同前
	北至	湖北襄阳府襄阳卫、均州	河南南阳府南阳县、南召县、新野县 又至湖北襄阳府襄阳县、谷城县	河南南阳府新野县 又至湖北襄阳府襄阳县、谷城县
	[注]	以上俱二千里	同前	同前

续表

充军地方		乾隆八年(1743)	乾隆四十四年(1779)	嘉庆十四年(1809)
边卫/近边	东至	江西饶州府饶州所 又至抚州府抚州所	江西饶州府浮梁县 又至广信府兴安县、上饶县、玉山县 又至建昌府新城县	同前
	南至	抵海不足二千五百里	广东肇庆府阳春县、阳江县	广东肇庆府阳江县
	西至	抵番界不足二千五百里	四川夔州府奉节县、云阳县	同前
	北至	河南河南府洛阳县 又至陕州灵宝县	河南许州襄城县 又至开封府禹州 又至南阳府叶县	同前
	[注]	以上除南、西外,东、北俱二千五百里	以上俱二千五百里	同前
边远	东至	浙江衢州府衢州所	浙江金华府兰溪县、金华县、永康县 又至严州府建德县 又至福建延平府顺昌县、南平县	同前
	南至	抵海不足三千里	广东高州府化州、石城县	同前
	西至	抵番界不足三千里	四川忠州梁山县、垫江县	同前
	北至	河南怀庆府河内县、孟县 陕西西安府咸宁县、长安县 又至同州府华州、潼关县	河南怀庆府河内县、孟县 又至河南府巩县、偃师县、洛阳县 又至山西泽州府凤台县	河南怀庆府河内县、孟县、武陟县 又至河南府巩县、偃师县、洛阳县 又至山西泽州府凤台县
	[注]	以上除南、西,东、北俱三千里	以上俱三千里	同前

续表

充军地方		乾隆八年(1743)	乾隆四十四年(1779)	嘉庆十四年(1809)
极边	东至	浙江宁波府奉化县、香山县、镇海县、定海县	浙江宁波府奉化县、镇海县、象山县 又至福建福宁府霞浦县	同前
	南至	抵海不足四千里	同前	同前
	西至	抵番界不足四千里	四川成都府简州 又至资州资阳县	同前
	北至	山西太原府太原县 又至保德州 又至忻州 又至代州 又至宁武府偏关县、神池县	山西忻州 又至代州崞县 又至陕西西安府三原县、耀州、同官县、醴泉县、兴平县 又至凤翔府扶风县 又至乾州武功县、永寿县	同前
	[注]	以上除南、西外,东、北俱四千里	以上除南外,东、西、北俱四千里	同前
烟瘴		地皆不足四千里,以极边为烟瘴	应发烟瘴人犯,解赴云南巡抚衙门酌拨安置	同前

郴州属军犯编发地方

充军地方		乾隆八年(1743)	乾隆四十四年(1779)	嘉庆十四年(1809)
附近	东至	浙江衢州府衢州所	江西广信府上饶县、玉山县 又至建昌府新城县 又至饶州府浮梁县、德兴县 又至福建邵武府光泽县	同前
	南至	广东潮州府大城守御所、潮阳县、澄海县 又至嘉应州	广东惠州府海丰县、陆丰县、龙川县 又至潮州府惠来县 又至高州府电白县 又至嘉应州长乐县	广东惠州府陆丰县 又至潮州府惠来县 又至高州府电白县 又至嘉应府长乐县

续表

充军地方		乾隆八年(1743)	乾隆四十四年(1779)	嘉庆十四年(1809)
附近	西至	贵州遵义府遵义县 又至平越府瓮安县 又至河南河南府洛阳县 又至陕州灵宝县	贵州思州府玉屏县、青溪县 又至湖北襄阳府宜城县、襄阳县	同前
	北至	湖北郧阳府郧阳县、房县	湖北安陆府京山县、钟祥县 又至河南汝宁府信阳州	湖北安陆府京山县 又至河南汝宁府信阳州
	[注]	以上俱二千里	同前	同前
边卫/近边	东至	浙江台州府台州卫、天台县、黄岩县	浙江金华府兰溪县、金华县、永康县 又至严州府建德县、桐庐县 又至福建延平府南平县	浙江金华府金华县、永康县 又至严州府建德县、桐庐县 又至福建延平府南平县
	南至	抵海不足二千五百里	广东潮州府丰顺县	同前
	西至	四川叙州府宜宾县	四川夔州府奉节县、巫山县 又至贵州贵阳府贵定县、龙里县、贵筑县 又至平越府平越县、瓮安县	四川夔州府奉节县、巫山县 又至贵州贵阳府贵定县、龙里县、贵筑县 又至平越州瓮安县 又至兴义府兴义县
	北至	河南怀庆府河内县	河南许州郾城县、临颍县	同前
	[注]	以上除南外,东、西、北俱二千五百里	以上俱二千五百里	同前
边远	东至	浙江宁波府宁波卫、奉化县、慈溪县	浙江绍兴府山阴县、会稽县、上虞县 又至福建福州府闽清县、侯官县、闽县	同前
	南至	抵海不足三千里	广东嘉应州平远县、镇平县	广东嘉应府平远县、镇平县
	西至	四川宁远府打冲河守御所	四川忠州梁山县 又至贵州安顺府永宁州 又至南笼府安南县、普安州 又至遵义府遵义县	四川忠州梁山县 又至贵州安顺府永宁州 又至兴义府安南县 又至普安州 又至遵义府遵义县

续表

充军地方		乾隆八年(1743)	乾隆四十四年(1779)	嘉庆十四年(1809)
边远	北至	山西潞安府长治县、长子县、屯留县	河南怀庆府河内县 又至河南府偃师县、洛阳县、新安县 又至山西泽州府凤台县	同前
	[注]	以上除南外,东、西、北俱三千里	以上俱三千里	同前
极边	东至	抵海不足四千里	同前	同前
	南至	抵海不足四千里	同前	同前
	西至	山西保德州 又至平定州 又至代州	四川资州内江县 又至云南楚雄府广通县	四川资州内江县 又至云南楚雄府广通县 又至山西代州崞县
	北至	山西朔平府右玉县 又至大同府阳高县、山阴县	陕西鄜州宜君县、中部县 又至西安府耀州、同官县、醴泉县 又至凤翔府扶风县、岐山县 又至乾州武功县、永寿县	同前
	[注]	以上除东、南外,西、北俱四千里	同前	同前
烟瘴		地皆不足四千里,以极边为烟瘴	应发烟瘴人犯,解赴云南巡抚衙门酌拨安置	同前

澧州属军犯编发地方

充军地方		乾隆八年(1743)	乾隆四十四年(1779)	嘉庆十四年(1809)
附近	东至	江南宁国府宣州卫	安徽池州府贵池县、青阳县 又至庐州府合肥县 又至江西抚州府东乡县、临川县 又至饶州府余干县、安仁县	安徽池州府青阳县 又至宁国府南陵县 又至庐州府合肥县 又至江西抚州府东乡县、临川县 又至饶州府余干县、安仁县
	南至	广东广州府东莞县 又至肇庆府开平县、德庆州	广东韶州府英德县 又至广西平乐府昭平县	同前
	西至	贵州平越府平越县、湄潭县	贵州安顺府镇宁州、永宁州 又至遵义府绥阳县、遵义县 又至四川重庆府长寿县	贵州安顺府镇宁州、永宁州 又至遵义府遵义县 又至四川重庆府长寿县
	北至	河南怀庆府河内县	山西泽州府高平县、凤台县 又至潞安府长子县 又至河南河南府渑池县、新安县	山西泽州府高平县、凤台县 又至河南河南府渑池县、新安县
	[注]	以上俱二千里	同前	同前
边卫/近边	东至	浙江严州府分水县 又至湖州府孝丰县	浙江衢州府常山县、西安县 又至江苏江宁府句容县 又至镇江府丹阳县 又至福建邵武府光泽县、邵武县	同前
	南至	广东惠州府归善县	广东广州府三水县、南海县、番禺县 又至肇庆府封川县、德庆州	广东广州府三水县 又至肇庆府封川县、德庆州

续表

充军地方		乾隆八年(1743)	乾隆四十四年(1779)	嘉庆十四年(1809)
边卫/近边	西至	四川叙州府隆昌县	四川资州内江县 又至叙州府隆昌县 又至贵州大定府毕节县 又至云南曲靖府马龙州	四川叙州府隆昌县 又至贵州大定府毕节县 又至云南曲靖府马龙州
	北至	山西太原府阳曲县 又至平定州 又至宁武府偏关县	山西沁州武乡县 又至太原府祁县、徐沟县 又至陕西西安府渭南县、临潼县 又至同州府华州	同前
	[注]	以上俱二千五百里	同前	同前
边远	东至	浙江绍兴府会稽县、上虞县	浙江杭州府富阳县、仁和县、钱塘县 又至绍兴府萧山县 又至台州府仙居县 又至福建福州府古田县	同前
	南至	广东惠州府海丰县	广东惠州府海丰县、河源县 又至肇庆府阳春县	同前
	西至	贵州遵义府正安州、仁怀县 又至贵阳府开州、修文县	云南云南府禄丰县 又至楚雄府广通县 又至四川成都府简州、成都县、华阳县、双流县	同前
	北至	山西宁武府宁武县、神池县 又至朔平府平鲁县	山西宁武府宁武县、神池县 又至代州崞县 又至朔平府马邑县 又至陕西凤翔府岐山县、凤翔县、宝鸡县 又至鄜州宜君县、中部县、洛川县 又至邠州长武县	山西宁武府宁武县、神池县 又至代州崞县 又至朔平府朔州 又至陕西凤翔府岐山县、凤翔县、宝鸡县 又至鄜州宜君县、中部县、洛川县 又至邠州长武县
	[注]	以上俱三千里	同前	同前

续表

充军地方		乾隆八年(1743)	乾隆四十四年(1779)	嘉庆十四年(1809)
极边	东至	抵海不足四千里	同前	同前
	南至	抵海不足四千里	广东潮州府丰顺县 又至嘉应州	广东嘉应府程乡县、镇平县、平远县
	西至	四川成都府新津县 又至嘉定府乐山县	四川叙州府富顺县、南溪县	抵边不足四千里
	北至	陕西延安府靖边县 又至甘肃兰州府皋兰县	甘肃兰州府皋兰县、渭源县 又至陕西延安府定边县、安定县	同前
	[注]	以上除东、南外,西、北俱四千里	以上除东外,南、西、北俱四千里	同前
烟瘴		地皆不足四千里,以极边为烟瘴	应发烟瘴人犯,解赴云南巡抚衙门酌拨安置	同前

桂阳州属军犯编发地方

充军地方		乾隆八年(1743)	乾隆四十四年(1779)	嘉庆十四年(1809)
附近	东至	浙江处州府龙泉县 又至衢州府龙游县	江西广信府上饶县、玉山县 又至建昌府新城县 又至福建邵武府光泽县	同前
	南至	广东潮州府潮阳县 又至惠州府陆丰县、龙川县	广东惠州府陆丰县、龙川县、海丰县	同前
	西至	四川叙州府隆昌县	湖北宜昌府归州 又至贵州思州府玉屏县、青溪县	贵州思州府玉屏县、青溪县
	北至	河南汝州郏县 又至河南府洛阳县	河南汝宁府信阳州	同前
	[注]	以上俱二千里	同前	同前

续表

充军地方		乾隆八年(1743)	乾隆四十四年(1779)	嘉庆十四年(1809)
边卫/近边	东至	浙江台州府台州卫、黄岩县	浙江金华府金华县、永康县 又至严州府建德县、桐庐县 又至福建延平府南平县 又至建宁府建安县、瓯宁县	同前
	南至	抵海不足二千五百里	广东潮州府潮阳县、海阳县 又至高州府石城县 又至雷州府遂溪县	广东潮州府海阳县 又至高州府石城县 又至雷州府遂溪县
	西至	四川雅州府雅安县	四川夔州府奉节县 又至贵州贵阳府贵定县、龙里县、贵筑县 又至平越府瓮安县	同前
	北至	河南汝州	河南许州郾城县、临颍县	同前
	[注]	以上除南外,东、西、北俱二千五百里	以上俱二千五百里	同前
边远	东至	浙江台州府临海县、宁海县	浙江台州府黄岩县 又至温州府乐清县 又至绍兴府上虞县、余姚县 又至福建福州府闽清县、侯官县、闽县	同前
	南至	抵海不足三千里	同前	同前
	西至	抵番界不足三千里	四川忠州梁山县、垫江县 又至贵州安顺府永宁州 又至南笼府安南县、普安州	四川忠州梁山县、垫江县 又至贵州安顺府永宁州 又至兴义府安南县 又至普安州
	北至	山西平阳府临汾县 又至蒲州府永济县	河南怀庆府河内县 又至河南府偃师县、洛阳县、新安县 又至山西泽州府凤台县	同前
	[注]	以上除南、西外,东、北俱三千里	以上除南外,东、西、北俱三千里	同前

续表

充军地方		乾隆八年(1743)	乾隆四十四年(1779)	嘉庆十四年(1809)
极边	东至	福建福州府连江县、闽县、侯官县	福建福宁府寿宁县	福建泉州府惠安县、晋江县、同安县
	南至	抵海不足四千里	同前	同前
	西至	抵番界不足四千里	四川资州资阳县 又至云南楚雄府广通县	同前
	北至	陕西延安府延川县 又至绥德州	陕西鄜州中部县、宜君县 又至西安府耀州、同官县 又至凤翔府扶风县、岐山县 又至乾州武功县、永寿县 又至邠州	陕西鄜州中部县、宜君县、洛川县 又至西安府耀州、同官县 又至凤翔府扶风县、岐山县 又至乾州武功县、永寿县 又至邠州
	[注]	以上除南、西外,东、北俱四千里	以上除南外,东、西、北俱四千里	同前
烟瘴		地皆不足四千里,以极边为烟瘴	应发烟瘴人犯,解赴云南巡抚衙门酌拨安置	同前

福　　建

福州府属军犯编发地方

充军地方		乾隆八年(1743)	乾隆四十四年(1779)	嘉庆十四年(1809)
附近	东至	抵海不足二千里	同前	同前
	南至	抵海不足二千里	同前	同前
	西至	广东韶州府曲江县 又至湖南郴州宜章县	广东广州府东莞县、南海县、番禺县 又至江西临江府新喻县 又至袁州府分宜县 又至九江府德化县 又至湖北黄州府黄梅县	广东广州府东莞县 又至江西临江府新喻县 又至袁州府分宜县 又至九江府德化县 又至湖北黄州府黄梅县
	北至	江南扬州府扬州卫、仪征卫、高邮州、兴化县、泰州 又至通州	浙江杭州府钱塘县、仁和县 又至嘉兴府石门县	浙江杭州府钱塘县、仁和县
	[注]	以上除东、南外,西、北俱二千里	同前	同前
边卫/近边	东至	抵海不足二千五百里	同前	同前
	南至	抵海不足二千五百里	同前	同前
	西至	湖南靖州会同县 又至贵州思州府青溪县	湖南长沙府长沙县、善化县、攸县 又至湖北武昌府江夏县 又至汉阳府汉阳县 又至广东肇庆府高要县	同前
	北至	山东沂州府郯城县、费县 又至兖州府济宁卫	江苏常州府无锡县、金匮县、武进县、阳湖县	同前
	[注]	以上除东、南外,西、北俱二千五百里	同前	同前

续表

充军地方		乾隆八年(1743)	乾隆四十四年(1779)	嘉庆十四年(1809)
边远	东至	抵海不足三千里	同前	同前
	南至	抵海不足三千里	同前	同前
	西至	贵州镇远府镇远县、施秉县	湖南常德府龙阳县、武陵县、桃源县 又至永州府祁阳县、零陵县 又至湖北安陆府潜江县 又至广西浔州府平南县	同前
	北至	山东济南府历城县、济阳县	江苏扬州府高邮州、宝应县 又至淮安府山阳县、清河县 又至安徽滁州 又至凤阳府定远县	同前
	[注]	以上除东、南外,西、北俱三千里	同前	同前
极边	东至	抵海不足四千里	同前	同前
	南至	抵海不足四千里	同前	同前
	西至	四川宁远府越巂卫、会川卫、黎州大渡河守御所、礼州守御所	四川夔州府巫山县、奉节县 又至广西庆远府宜山县 又至柳州府来宾县 又至思恩府迁江县	四川夔州府巫山县 又至广西庆远府宜山县 又至柳州府来宾县 又至思恩府迁江县
	北至	直隶顺天府涿州、房山县、蓟州、平谷县、遵化州	山东泰安府新泰县、泰安县、肥城县	同前
	[注]	以上除东、南外,西、北俱四千里	同前	同前
烟瘴		地皆不足四千里,以极边为烟瘴	应发烟瘴人犯,解赴贵州巡抚衙门酌拨安置	同前

台湾府属军犯编发地方

充军地方		乾隆八年(1743)	乾隆四十四年(1779)	嘉庆十四年(1809)
[注]		台湾府属军犯俱寄禁省监,由省起解,编发地方	同前	同前
附近	东至	俱与福州府同	同前	同前
	南至		同前	同前
	西至		广东广州府东莞县、南海县、番禺县 又至江西临江府新喻县 又至袁州府分宜县 又至九江府德化县 又至湖北黄州府黄梅县	广东广州府东莞县 又至江西临江府新喻县 又至袁州府分宜县 又至九江府德化县 又至湖北黄州府黄梅县
	北至		浙江杭州府钱塘县、仁和县 又至嘉兴府石门县	浙江杭州府钱塘县、仁和县
	[注]		同前	同前
边卫/近边	东至		同前	同前
	南至		同前	同前
	西至		湖南长沙府长沙县、善化县、攸县 又至湖北武昌府江夏县 又至汉阳府汉阳县 又至广东肇庆府高要县	同前
	北至		江苏常州府无锡县、金匮县、武进县、阳湖县	同前
	[注]		同前	同前

续表

<table>
<tr><th colspan="2">充军地方</th><th>乾隆八年(1743)</th><th>乾隆四十四年(1779)</th><th>嘉庆十四年(1809)</th></tr>
<tr><td rowspan="5">边远</td><td>东至</td><td rowspan="11">俱与福州府同</td><td>同前</td><td>同前</td></tr>
<tr><td>南至</td><td>同前</td><td>同前</td></tr>
<tr><td>西至</td><td>湖南常德府龙阳县、武陵县、桃源县
又至永州府祁阳县、零陵县
又至湖北安陆府潜江县
又至广西浔州府平南县</td><td>同前</td></tr>
<tr><td>北至</td><td>江苏扬州府高邮州、宝应县
又至淮安府山阳县、清河县
又至安徽滁州
又至凤阳府定远县</td><td>同前</td></tr>
<tr><td>[注]</td><td>同前</td><td>同前</td></tr>
<tr><td rowspan="5">极边</td><td>东至</td><td>同前</td><td>同前</td></tr>
<tr><td>南至</td><td>同前</td><td>同前</td></tr>
<tr><td>西至</td><td>四川夔州府巫山县、奉节县
又至广西庆远府宜山县
又至柳州府来宾县
又至思恩府迁江县</td><td>四川夔州府巫山县
又至广西庆远府宜山县
又至柳州府来宾县
又至思恩府迁江县</td></tr>
<tr><td>北至</td><td>山东泰安府新泰县、泰安县、肥城县</td><td>同前</td></tr>
<tr><td>[注]</td><td>同前</td><td>同前</td></tr>
<tr><td colspan="2">烟瘴</td><td>应发烟瘴人犯,解赴贵州巡抚衙门酌拨安置</td><td>同前</td></tr>
</table>

泉州府属军犯编发地方

充军地方		乾隆八年(1743)	乾隆四十四年(1779)	嘉庆十四年(1809)
附近	东至	抵海不足二千里	同前	同前
	南至	抵海不足二千里	同前	同前
	西至	广东肇庆府双鱼守御所、高要县、新兴县、阳江县	广东肇庆府高要县 又至广州府三水县 又至江西吉安府吉水县 又至临江府峡江县、新淦县	同前
	北至	浙江绍兴府绍兴卫、萧山县、诸暨县	浙江金华府兰溪县 又至严州府建德县	同前
	[注]	以上除东、南外,西、北俱二千里	同前	同前
边卫/近边	东至	抵海不足二千五百里	同前	同前
	南至	抵海不足二千五百里	同前	同前
	西至	广西梧州府苍梧县、藤县、容县、怀集县 又至郁林州	广西梧州府苍梧县、藤县 又至江西袁州府宜春县、萍乡县	广西梧州府藤县 又至江西袁州府萍乡县
	北至	江南淮安府淮安卫、大河卫、盐城县 又至徐州府邳州 又至海州	浙江嘉兴府石门县、嘉兴县、秀水县	浙江嘉兴府石门县
	[注]	以上除东、南外,西、北俱二千五百里	同前	同前

续表

充军地方		乾隆八年(1743)	乾隆四十四年(1779)	嘉庆十四年(1809)
边远	东至	抵海不足三千里	同前	同前
	南至	抵海不足三千里	同前	同前
	西至	广西浔州府桂平县、贵县 又至镇安府奉议州、向武州	广西浔州府贵县 又至南宁府横州 又至湖南长沙府宁乡县、益阳县 又至衡州府衡山县、衡阳县、清泉县	同前
	北至	山东青州府益都县、诸城县 又至沂州府莒州	江苏常州府武进县、阳湖县 又至镇江府丹阳县、丹徒县	同前
	[注]	以上除东、南外,西、北俱三千里	同前	同前
极边	东至	抵海不足四千里	同前	同前
	南至	抵海不足四千里	同前	同前
	西至	广西庆远府宜山县、河池州	广西庆远府河池州 又至贵州思州府玉屏县	贵州思州府玉屏县
	北至	直隶河间府河间县 又至天津府沧州、天津左所、天津右所	山东沂州府郯城县、兰山县、蒙阴县、日照县	山东沂州府郯城县、兰山县、日照县
	[注]	以上除东、南外,西、北俱四千里	同前	同前
烟瘴		地皆不足四千里,以极边为烟瘴	应发烟瘴人犯,解赴贵州巡抚衙门酌拨安置	同前

永春州属军犯编发地方

充军地方		乾隆八年(1743)	乾隆四十四年(1779)	嘉庆十四年(1809)
附近	东至	俱与泉州府同	抵海不足二千里	同前
	南至		抵海不足二千里	同前
	西至		广东肇庆府高要县 又至广州府三水县 又至江西吉安府吉水县 又至临江府峡江县、新淦县	广东广州府三水县 又至江西吉安府吉水县 又至临江府峡江县、新淦县
	北至		浙江金华府兰溪县 又至严州府建德县	浙江金华府兰溪县
	[注]		以上除东、南外,西、北俱系二千里	同前
边卫/近边	东至		抵海不足二千五百里	同前
	南至		抵海不足二千五百里	同前
	西至		广西梧州府苍梧县、藤县 又至江西袁州府宜春县、萍乡县	广西梧州府苍梧县、藤县 又至江西袁州府宜春县
	北至		浙江嘉兴府石门县、嘉兴县、秀水县	浙江嘉兴府石门县
	[注]		以上除东、南外,西、北俱系二千五百里	同前
边远	东至		抵海不足三千里	同前
	南至		抵海不足三千里	同前
	西至		广西浔州府贵县 又至南宁府横州 又至湖南长沙府宁乡县、益阳县 又至衡州府衡山县、衡阳县、清泉县	同前
	北至		江苏常州府武进县、阳湖县 又至镇江府丹阳县、丹徒县	江苏常州府武进县、阳湖县、无锡县、金匮县 又至镇江府丹阳县
	[注]		以上除东、南外,西、北俱系三千里	同前

续表

充军地方		乾隆八年(1743)	乾隆四十四年(1779)	嘉庆十四年(1809)
极边	东至	俱与泉州府同	抵海不足四千里	同前
	南至		抵海不足四千里	同前
	西至		广西庆远府河池州 又至贵州思州府玉屏县	同前
	北至		山东沂州府郯城县、兰山县、蒙阴县、日照县	山东沂州府郯城县、兰山县、日照县
	[注]		以上除东、南外,西、北俱系四千里	同前
烟瘴			应发烟瘴人犯,解赴贵州巡抚衙门酌拨安置	同前

建宁府属军犯编发地方

充军地方		乾隆八年(1743)	乾隆四十四年(1779)	嘉庆十四年(1809)
附近	东至	抵海不足二千里	同前	同前
	南至	抵海不足二千里	同前	同前
	西至	广东韶州府曲江县 又至南雄府保昌县	广东潮州府普宁县、惠来县 又至湖南长沙府长沙县、善化县 又至湖北黄州府黄冈县 又至武昌府江夏县	广东潮州府惠来县 又至湖南长沙府湘潭县 又至湖北汉阳府汉川县
	北至	江南徐州府铜山县、邳州、徐州卫 又至淮安府盐城县	江苏镇江府丹阳县、丹徒县 又至扬州府江都县、甘泉县、仪征县	江苏镇江府丹阳县、丹徒县
	[注]	以上除东、南外,西、北俱二千里	同前	同前

续表

充军地方		乾隆八年(1743)	乾隆四十四年(1779)	嘉庆十四年(1809)
边卫/近边	东至	抵海不足二千五百里	同前	同前
	南至	抵海不足二千五百里	同前	同前
	西至	广东广州府大鹏守御所、增城县、新宁县、香山县、新会县	广东惠州府归善县、博罗县 又至湖南永州府祁阳县、零陵县 又至常德府武陵县、桃源县 又至湖北安陆府天门县、潜江县	广东惠州府归善县、博罗县 又至湖南永州府祁阳县、零陵县
	北至	山东济南府历城县 又至泰安府肥城县	江苏淮安府清河县、桃源县、安东县 又至徐州府宿迁县 又至安徽凤阳府定远县、凤阳县、灵璧县	江苏淮安府清河县、桃源县、安东县 又至安徽凤阳府定远县、凤阳县、灵璧县
	[注]	以上除东、南外,西、北俱二千五百里	同前	同前
边远	东至	抵海不足三千里	同前	同前
	南至	抵海不足三千里	同前	同前
	西至	广东肇庆府双鱼守御所、高要县、新兴县、阳江县	广东广州府番禺县、南海县、三水县 又至广西桂林府灵川县、临桂县 又至湖南辰州府辰溪县 又至湖北宜昌府东湖县	广东广州府番禺县、南海县、三水县 又至广西桂林府灵川县、临桂县 又至湖北宜昌府东湖县
	北至	直隶天津府沧州、天津左所、天津右所	山东沂州府兰山县、蒙阴县、沂水县	同前
	[注]	以上除东、南外,西、北俱三千里	同前	同前

续表

充军地方		乾隆八年(1743)	乾隆四十四年(1779)	嘉庆十四年(1809)
极边	东至	抵海不足四千里	同前	同前
	南至	抵海不足四千里	同前	同前
	西至	广西南宁府宣化县、隆安县、横州	广西南宁府宣化县 又至思恩府宾州 又至浔州府贵县 又至四川夔州府万县	广西南宁府宣化县 又至浔州府贵县
	北至	直隶宣化府宣化县、怀安县	直隶。停止编发	同前
	[注]	以上除东、南外,西、北俱四千里	以上除东、南、北外,西系四千里	同前
烟瘴		地皆不足四千里,以极边为烟瘴	应发烟瘴人犯,解赴贵州巡抚衙门酌拨安置	同前

延平府属军犯编发地方

充军地方		乾隆八年(1743)	乾隆四十四年(1779)	嘉庆十四年(1809)
附近	东至	抵海不足二千里	同前	同前
	南至	抵海不足二千里	同前	同前
	西至	广东广州府南海县、增城县、新会县	广东潮州府惠来县 又至惠州府陆丰县 又至湖南衡州府衡山县 又至长沙府长沙县、善化县、宁乡县 又至湖北武昌府江夏县 又至汉阳府汉阳县、汉川县	广东惠州府陆丰县 又至湖南衡州府衡山县 又至长沙府宁乡县 又至湖北武昌府江夏县 又至汉阳府汉阳县
	北至	江南凤阳府凤阳卫、长淮卫、泗州卫、宿州卫 又至颍州府颍上县	江苏常州府武进县、阳湖县 又至镇江府丹阳县	同前
	[注]	以上除东、南外,西、北俱二千里	同前	同前

续表

充军地方		乾隆八年(1743)	乾隆四十四年(1779)	嘉庆十四年(1809)
边卫/近边	东至	抵海不足二千五百里	同前	同前
	南至	抵海不足二千五百里	同前	同前
	西至	广西梧州府苍梧县、藤县、容县、怀集县 又至郁林州	湖南永州府祁阳县、零陵县 又至常德府桃源县 又至广西桂林府全州 又至广东惠州府博罗县 又至广州府东莞县 又至湖北荆州府江陵县	湖南永州府祁阳县 又至常德府桃源县 又至广西桂林府全州 又至广东惠州府博罗县 又至广州府东莞县 又至湖北荆州府江陵县
	北至	山东兖州府任城卫、济宁为、滕县 又至泰安府东平州	江苏扬州府宝应县 又至淮安府山阳县、清河县、桃源县、安东县 又至安徽滁州 又至凤阳府定远县	江苏扬州府宝应县 又至淮安府山阳县、清河县、安东县 又至安徽滁州 又至凤阳府定远县
	[注]	以上除东、南外,西、北俱二千五百里	同前	同前
边远	东至	抵海不足三千里	同前	同前
	南至	抵海不足三千里	同前	同前
	西至	广西柳州府马平县、融县、来宾县、象州 又至思恩府宾州、迁江县 又至浔州府武宣县	广西桂林府临桂县、永福县 又至柳州府雒容县 又至广东广州府三水县 又至肇庆府高要县	同前
	北至	山东青州府益都县、诸城县 又至沂州府莒州	山东沂州府郯城县、兰山县、沂水县、日照县	同前
	[注]	以上除东、南外,西、北俱三千里	同前	同前

续表

充军地方		乾隆八年(1743)	乾隆四十四年(1779)	嘉庆十四年(1809)
极边	东至	抵海不足四千里	同前	同前
	南至	抵海不足四千里	同前	同前
	西至	湖南宝庆府邵阳县、武冈州 又至衡州府衡阳县	广西思恩府宾州 又至南宁府宣化县、衡州 又至浔州府贵县 又至四川忠州梁山县	广西南宁府宣化县、衡州 又至浔州府贵县 又至四川忠州梁山县
	北至	直隶河间府河间县 又至天津府沧州、天津左所、天津右所	山东济南府德州	同前
	[注]	以上除东、南外,西、北俱四千里	同前	同前
烟瘴		地皆不足四千里,以极边为烟瘴	应发烟瘴人犯,解赴贵州巡抚衙门酌拨安置	同前

汀州府属军犯编发地方

充军地方		乾隆八年(1743)	乾隆四十四年(1779)	嘉庆十四年(1809)
附近	东至	浙江温州府温州卫、平阳县、瑞安县、乐清县	抵海不足二千里	同前
	南至	抵海不足二千里	同前	同前
	西至	广东广州府南海县、番禺县、清远县、增城县	广东肇庆府高要县、德庆州 又至湖南衡州府衡山县、衡阳县、清泉县 又至长沙府宁乡县、益阳县	广东肇庆府高要县 又至湖南衡州府衡山县、衡阳县、清泉县 又至长沙府宁乡县、益阳县
	北至	湖北黄州府黄州卫、蕲州卫	湖北黄州府蕲水县 又至安徽安庆府潜山县、桐城县	同前
	[注]	以上除南外,东、西、北俱二千里	以上除东、南外,西、北俱二千里	同前

续表

充军地方		乾隆八年(1743)	乾隆四十四年(1779)	嘉庆十四年(1809)
边卫/近边	东至	抵海不足二千五百里	同前	同前
	南至	抵海不足二千五百里	同前	同前
	西至	广西平乐府平乐县、富川县、贺县	广西平乐府昭平县 又至浔州府平南县、桂平县 又至桂林府全州、兴安县	广西平乐府昭平县 又至浔州府平南县 又至桂林府全州、兴安县
	北至	河南汝宁府汝阳县、正阳县 又至南阳府南阳县、邓州、唐县	河南光州固始县 又至浙江严州府建德县、桐庐县	江苏苏州府元和县、长洲县、吴县
	[注]	以上除东、南外,西、北俱二千五百里	同前	同前
边远	东至	抵海不足三千里	同前	同前
	南至	抵海不足三千里	同前	同前
	西至	广西浔州府桂平县 又至镇安府奉议州、向武州	广西南宁府横州、永淳县	同前
	北至	河南开封府祥符县、陈留县、禹州 又至陈州府淮宁县	安徽颍州府亳州 又至河南归德府鹿邑县、柘城县、睢州 又至浙江嘉兴府嘉兴县、秀水县 又至江苏苏州府吴江县、震泽县、元和县、长洲县、吴县	安徽颍州府亳州 又至河南归德府鹿邑县、柘城县 又至江苏扬州府宝应县
	[注]	以上除东、南外,西、北俱三千里	同前	同前

续表

充军地方		乾隆八年(1743)	乾隆四十四年(1779)	嘉庆十四年(1809)
极边	东至	抵海不足四千里	同前	同前
	南至	抵海不足四千里	同前	同前
	西至	湖南永州府零陵县、东安县、宁远县、江华县	广西南宁州宣化县	广西泗城府凌云县
	北至	直隶正定府正定县 又至定州	江苏淮安府山阳县、清河县、桃源县 又至徐州府宿迁县 又至安徽凤阳府凤阳县、灵璧县	山东泰安府泰安县
	[注]	以上除东、南外,西、北俱四千里	同前	同前
烟瘴		地皆不足四千里,以极边为烟瘴	应发烟瘴人犯,解赴贵州巡抚衙门酌拨安置	同前

兴化府属军犯编发地方

充军地方		乾隆八年(1743)	乾隆四十四年(1779)	嘉庆十四年(1809)
附近	东至	抵海不足二千里	同前	同前
	南至	抵海不足二千里	同前	同前
	西至	江西赣州府赣州卫、信丰县	江西南昌府南昌县、新建县 又至瑞州府高安县 又至临江府清江县 又至南康府建昌县 又至九江府德安县 又至广东广州府南海县、番禺县	江西瑞州府高安县 又至临江府清江县 又至南康府建昌县 又至九江府德安县 又至广东广州府南海县、番禺县
	北至	浙江绍兴府绍兴卫、上虞县、余姚县	浙江严州府建德县、桐庐县 又至杭州府富阳县	浙江严州府桐庐县 又至杭州府富阳县
	[注]	以上除东、南外,西、北俱二千里	同前	同前

续表

充军地方		乾隆八年(1743)	乾隆四十四年(1779)	嘉庆十四年(1809)
边卫/近边	东至	抵海不足二千五百里	同前	同前
	南至	抵海不足二千五百里	同前	同前
	西至	广东韶州府曲江县 又至南雄府保昌县	广东韶州府英德县 又至肇庆府德庆州、封川县 又至广西梧州府苍梧县 又至江西袁州府萍乡县 又至湖南长沙府醴陵县 又至湖北黄州府蕲水县	广东韶州府英德县 又至肇庆府德庆州 又至广西梧州府苍梧县 又至江西袁州府萍乡县 又至湖南长沙府醴陵县 又至湖北黄州府黄冈县
	北至	江南扬州府扬州卫、仪征卫、高邮州、兴化县、泰州 又至通州	浙江嘉兴府嘉兴县、秀水县 又至江苏苏州府吴江县、震泽县、元和县、长洲县、吴县	同前
	[注]	以上除东、南外,西、北俱二千五百里	同前	同前
边远	东至	抵海不足三千里	同前	同前
	南至	抵海不足三千里	同前	同前
	西至	湖南郴州宜章县 又至衡州府衡阳县、常宁县 又至桂阳州	湖南衡州府衡阳县、清泉县、衡山县 又至永州府祁阳县 又至长沙府益阳县 又至常德府龙阳县 又至广西浔州府桂平县、贵县 又至湖北汉阳府汉川县 又至安陆府天门县	湖南衡州府衡阳县、清泉县 又至永州府祁阳县 又至长沙府益阳县 又至常德府龙阳县 又至广西浔州府桂平县、贵县 又至湖北汉阳府汉川县 又至安陆府天门县
	北至	江南凤阳府长淮卫、泗州卫、宿州卫 又至颍州府颍上县	江苏镇江府丹阳县、丹徒县 又至扬州府仪征县、江都县、甘泉县、高邮州 又至江宁府六合县	同前
	[注]	以上除东、南外,西、北俱三千里	同前	同前

续表

充军地方		乾隆八年(1743)	乾隆四十四年(1779)	嘉庆十四年(1809)
极边	东至	抵海不足四千里	同前	同前
	南至	抵海不足四千里	同前	同前
	西至	贵州镇远府镇远县、施秉县 又至思州府青溪县	贵州思州府青溪县、玉屏县 又至广西庆远府河池州 又至湖北宜昌府归州、巴东州	同前
	北至	山东济南府德州卫、德州左卫、历城县 又至泰安府肥城县 又至武定府惠民县	山东沂州府蒙阴县、沂水县 又至泰安府新泰县	同前
	[注]	以上除东、南外,西、北俱四千里	同前	同前
烟瘴		地皆不足四千里,以极边为烟瘴	应发烟瘴人犯,解赴贵州巡抚衙门酌拨安置	同前

邵武府属军犯编发地方

充军地方		乾隆八年(1743)	乾隆四十四年(1779)	嘉庆十四年(1809)
附近	东至	抵海不足二千里	同前	同前
	南至	抵海不足二千里	同前	同前
	西至	湖南辰州府沅陵县、泸溪县、辰溪县、溆浦县 又至沅州府芷江县、黔阳县、麻阳县	湖南常德府龙阳县、武陵县、桃源县 又至永州府祁阳县 又至湖北安陆府天门县、潜江县	同前
	北至	江南凤阳府泗州卫、宿州卫 又至颍州府颍上县	浙江嘉兴府嘉兴县、秀水县 又至江苏苏州府吴江县、震泽县、元和县、长洲县、吴县	江苏镇江府丹阳县、丹徒县
	[注]	以上除东、南外,西、北俱二千里	同前	同前

续表

充军地方		乾隆八年(1743)	乾隆四十四年(1779)	嘉庆十四年(1809)
边卫/近边	东至	抵海不足二千五百里	同前	同前
	南至	抵海不足二千五百里	同前	同前
	西至	贵州镇远府镇远县、施秉县	湖南辰州府沅陵县、辰溪县 又至湖北荆州府宜都县 又至宜昌府东湖县 又至广西桂林府灵川县、临桂县	同前
	北至	山东兖州府济宁卫、滕县 又至沂州府费县	江苏镇江府丹阳县、丹徒县 又至扬州府江都县、甘泉县、仪征县	江苏淮安府山阳县、清河县 又至安徽凤阳府定远县
	[注]	以上除东、南外,西、北俱二千五百里	同前	同前
边远	东至	抵海不足三千里	同前	同前
	南至	抵海不足三千里	同前	同前
	西至	四川泸州纳溪县 又至贵州遵义府遵义县	四川夔州府巫山县 又至贵州思州府玉屏县、青溪县 又至广西柳州府象州	同前
	北至	山东青州府益都县、诸城县 又至沂州府莒州	江苏淮安府清河县、桃源县 又至徐州府宿迁县 又至安徽凤阳府凤阳县、灵璧县	山东沂州府兰山县 又至河南归德府商丘县
	[注]	以上除东、南外,西、北俱三千里	同前	同前

续表

充军地方		乾隆八年(1743)	乾隆四十四年(1779)	嘉庆十四年(1809)
极边	东至	抵海不足四千里	同前	同前
	南至	抵海不足四千里	同前	同前
	西至	四川宁远府越嶲卫、冕山守御所、礼州守御所、德昌守御所	四川重庆府长寿县、巴县	同前
	北至	直隶保定府清苑县 又至易州	山东济南府长清县、齐河县、禹城县 又至泰安府肥城县	直隶。停止编发
	[注]	以上除东、南外,西、北俱四千里	同前	以上除东、南、北外,西足四千里
烟瘴		地皆不足四千里,以极边为烟瘴	应发烟瘴人犯,解赴贵州巡抚衙门酌拨安置	同前

漳州府属军犯编发地方

充军地方		乾隆八年(1743)	乾隆四十四年(1779)	嘉庆十四年(1809)
附近	东至	抵海不足二千里	同前	同前
	南至	抵海不足二千里	同前	同前
	西至	广东肇庆府双鱼守御所、高要县、新兴县、阳江县	广东肇庆府德庆州、封川县 又至韶州府英德县 又至江西临江府新喻县 又至袁州府分宜县	广东肇庆府德庆州 又至韶州府英德县 又至江西临江府新喻县 又至袁州府分宜县
	北至	江南庐州府庐州卫 又至六安州	浙江衢州府江山县、西安县	同前
	[注]	以上除东、南外,西、北俱二千里	同前	同前

续表

充军地方		乾隆八年(1743)	乾隆四十四年(1779)	嘉庆十四年(1809)
边卫/近边	东至	抵海不足二千五百里	同前	同前
边卫/近边	南至	抵海不足二千五百里	同前	同前
边卫/近边	西至	广西梧州府苍梧县、藤县、容县、怀集县 又至郁林州	广西浔州府平南县、桂平县、贵县 又至湖南长沙府长沙县、善化县、攸县	广西浔州府桂平县 又至湖南长沙府长沙县、善化县、攸县
边卫/近边	北至	江南徐州府徐州卫	浙江严州府桐庐县 又至杭州府富阳县	同前
边卫/近边	[注]	以上除东、南外,西、北俱二千五百里	同前	同前
边远	东至	抵海不足三千里	同前	同前
边远	南至	抵海不足三千里	同前	同前
边远	西至	广西柳州府马平县、融县、来宾县、象州 又至思恩府宾州 又至浔州府武宣县	广西柳州府马平县、象州 又至湖南常德府武陵县、桃源县 又至永州府祁阳县、零陵县	同前
边远	北至	山东济南府历城县 又至泰安府肥城县	浙江嘉兴府嘉兴县、秀水县 又至江苏苏州府吴江县、震泽县、元和县、长洲县、吴县	同前
边远	[注]	以上除东、南外,西、北俱三千里	同前	同前

续表

充军地方		乾隆八年(1743)	乾隆四十四年(1779)	嘉庆十四年(1809)
极边	东至	抵海不足四千里	同前	同前
	南至	抵海不足四千里	同前	同前
	西至	湖南辰州府沅陵县、泸溪县、辰溪县、溆浦县 又至沅州府芷江县、黔阳县、麻阳县	贵州思州府玉屏县、青溪县	同前
	北至	直隶顺天府蓟州、遵化州	江苏淮安府桃源县 又至徐州府宿迁县 又至海州 又至安徽凤阳府灵璧县 又至山东沂州府郯城县	同前
	[注]	以上除东、南外,西、北俱四千里	同前	同前
烟瘴		地皆不足四千里,以极边为烟瘴	应发烟瘴人犯,解赴贵州巡抚衙门酌拨安置	同前

龙岩州属军犯编发地方

充军地方		乾隆八年(1743)	乾隆四十四年(1779)	嘉庆十四年(1809)
附近	东至	俱与漳州府同	抵海不足二千里	同前
	南至		抵海不足二千里	同前
	西至		广东肇庆府德庆州、封川县 又至韶州府英德县 又至江西临江府新喻县 又至袁州府分宜县	广东肇庆府高要县 又至江西袁州府萍乡县
	北至		浙江衢州府江山县、西安县	福建建宁府浦城县
	[注]		以上除东、南外,西、北俱二千里	同前

续表

<table>
<tr><th colspan="2">充军地方</th><th>乾隆八年(1743)</th><th>乾隆四十四年(1779)</th><th>嘉庆十四年(1809)</th></tr>
<tr><td rowspan="5">边卫/近边</td><td>东至</td><td rowspan="16">俱与漳州府同</td><td>抵海不足二千五百里</td><td>同前</td></tr>
<tr><td>南至</td><td>抵海不足二千五百里</td><td>同前</td></tr>
<tr><td>西至</td><td>广西浔州府平南县、桂平县、贵县
又至湖南长沙府长沙县、善化县、攸县</td><td>广西浔州府桂平县、贵县
又至湖南衡州府衡阳县</td></tr>
<tr><td>北至</td><td>浙江严州府桐庐县
又至杭州府富阳县</td><td>浙江严州建德县</td></tr>
<tr><td>[注]</td><td>以上除东、南外,西、北俱二千五百里</td><td>同前</td></tr>
<tr><td rowspan="5">边远</td><td>东至</td><td>抵海不足三千里</td><td>同前</td></tr>
<tr><td>南至</td><td>抵海不足三千里</td><td>同前</td></tr>
<tr><td>西至</td><td>广西柳州府马平县、象州
又至湖南常德府武陵县、桃源县
又至永州府祁阳县、零陵县</td><td>广西柳州府马平县、象州
又至湖南常德府桃源县
又至永州府祁阳县、零陵县</td></tr>
<tr><td>北至</td><td>浙江嘉兴府嘉兴县、秀水县
又至江苏苏州府吴江县、震泽县、元和县、长洲县、吴县</td><td>浙江嘉兴府嘉兴县、秀水县、石门县</td></tr>
<tr><td>[注]</td><td>以上除东、南外,西、北俱三千里</td><td>同前</td></tr>
<tr><td rowspan="5">极边</td><td>东至</td><td>抵海不足四千里</td><td>同前</td></tr>
<tr><td>南至</td><td>抵海不足四千里</td><td>同前</td></tr>
<tr><td>西至</td><td>贵州思州府玉屏县、青溪县</td><td>贵州平越州</td></tr>
<tr><td>北至</td><td>江苏淮安府桃源县
又至徐州府宿迁县
又至海州
又至安徽凤阳府灵璧县
又至山东沂州府郯城县</td><td>江苏淮安府桃源县
又至徐州府宿迁县
又至海州
又至安徽凤阳府定远县、凤阳县
又至山东沂州府郯城县</td></tr>
<tr><td>[注]</td><td>以上除东、南外,西、北俱四千里</td><td>同前</td></tr>
<tr><td colspan="2">烟瘴</td><td>应发烟瘴人犯,解赴贵州巡抚衙门酌拨安置</td><td>同前</td></tr>
</table>

福宁府属军犯编发地方

充军地方		乾隆八年(1743)	乾隆四十四年(1779)	嘉庆十四年(1809)
附近	东至	抵海不足二千里	同前	同前
	南至	抵海不足二千里	同前	同前
	西至	江西赣州府赣州卫	江西抚州府临川县 又至广东潮州府惠来县	同前
	北至	江南扬州府扬州卫、仪征卫、高邮州、兴化县、泰州 又至通州如皋县	江苏常州府无锡县、金匮县、武进县、阳湖县 又至镇江府丹阳县	江苏常州府无锡县、金匮县、武进县、阳湖县
	[注]	以上除东、南外,西、北俱二千里	同前	同前
边卫/近边	东至	抵海不足二千五百里	同前	同前
	南至	抵海不足二千五百里	同前	同前
	西至	湖南郴州宜章县 又至衡州府衡阳县、常宁县 又至桂阳州	江西临江府清江县、新喻县 又至九江府德安县、德化县 又至广东惠州府归善县、博罗县	同前
	北至	山东青州府益都县、诸城县 又至沂州府莒州	江苏扬州府宝应县 又至淮安府山阳县、安东县 又至安徽滁州 又至凤阳府定远县	江苏扬州府宝应县 又至安徽滁州
	[注]	以上除东、南外,西、北俱二千五百里	同前	同前

续表

充军地方		乾隆八年(1743)	乾隆四十四年(1779)	嘉庆十四年(1809)
边远	东至	抵海不足三千里	同前	同前
	南至	抵海不足三千里	同前	同前
	西至	湖南靖州会同县	江西袁州府萍乡县 又至湖南长沙府攸县、醴陵县 又至湖北黄州府黄冈县 又至广东广州府三水县	同前
	北至	山东东昌府平山卫、东昌卫、临清卫	江苏海州赣榆县 又至山东沂州府日照县、郯城县、兰山县	同前
	[注]	以上除东、南外,西、北俱三千里	同前	同前
极边	东至	抵海不足四千里	同前	同前
	南至	抵海不足四千里	同前	同前
	西至	贵州镇远府镇远县、施秉县	湖南辰州府沅陵县、辰溪县 又至湖北荆州府枝江县、宜都县 又至宜昌府东湖县 又至广西浔州府贵县、武宣县	同前
	北至	直隶永平府临榆县、抚宁县	山东济南府德州	同前
	[注]	以上除东、南外,西、北俱四千里	同前	同前
烟瘴		地皆不足四千里,以极边为烟瘴	应发烟瘴人犯,解赴贵州巡抚衙门酌拨安置	同前

山　东

济南府属军犯编发地方

充军地方		乾隆八年(1743)	乾隆四十四年(1779)	嘉庆十四年(1809)
附近	东至	江南淮安府淮安卫、大河卫、盐城县 又至海州 又至徐州府邳州	抵海不足二千里	同前
	南至	江南池州府新安卫 又至浙江杭州府杭州前卫、杭州右卫、海宁所	安徽安庆府怀宁县 又至池州府东流县 又至徽州府歙县、休宁县 又至浙江嘉兴府嘉兴县、秀水县、石门县	同前
	西至	山西太原府阳曲县、太原县 又至平定州	山西大同府山阴县、应州、怀仁县 又至陕西西安府耀州、同官县、泾阳县、咸阳县、醴泉县 又至邠州淳化县 又至乾州	山西大同府山阴县、应州、怀仁县 又至陕西西安府同官县、泾阳县、醴泉县 又至邠州淳化县 又至乾州
	北至	直隶宣化府延庆卫、赤城县	直隶。停止编发	同前
	[注]	以上俱二千里	以上除东、北外,南、西俱二千里	同前

续表

充军地方		乾隆八年(1743)	乾隆四十四年(1779)	嘉庆十四年(1809)
边卫/近边	东至	抵海不足二千五百里	同前	同前
	南至	浙江宁波府宁波卫、镇海县、慈溪县	浙江绍兴府上虞县、余姚县、嵊县 又至严州府桐庐县、建德县	浙江绍兴府余姚县、嵊县 又至严州府桐庐县、建德县
	西至	陕西延安府肤施县、安塞县、安定县、保安县	陕西延安府肤施县、甘泉县、安塞县 又至甘肃平凉府平凉县 又至庆阳府安化县	陕西延安府肤施县、安塞县 又至甘肃平凉府平凉县 又至庆阳府安化县
	北至	抵海不足二千五百里	同前	同前
	[注]	以上除东、北外,南、西俱二千五百里	同前	同前
边远	东至	抵海不足三千里	同前	同前
	南至	浙江台州府台州卫、黄岩县、宁海县、天台县	浙江台州府黄岩县、太平县、宁海县 又至衢州府江山县 又至处州府丽水县	浙江台州府黄岩县、太平县、宁海县 又至衢州府江山县 又至处州府丽水县、缙云县
	西至	甘肃庆阳府安化县、合水县、宁州	甘肃宁夏府宁夏县、宁朔县、灵州、平罗县 又至巩昌府会宁县、安定县 又至陕西绥德州米脂县	甘肃宁夏府、宁朔县、灵州、平罗县 又至巩昌府会宁县、安定县 又至陕西绥德州米脂县
	北至	抵边不足三千里	同前	同前
	[注]	以上除东、北外,南、西俱三千里	同前	同前

续表

充军地方		乾隆八年（1743）	乾隆四十四年（1779）	嘉庆十四年（1809）
极边	东至	抵海不足四千里	同前	同前
	南至	福建福宁府福安县、宁德县	福建福州府闽清县 又至福宁府霞浦县	福建福州府闽清县、古田县、侯官县
	西至	甘肃甘州府张掖县、山丹县 又至肃州高台县	甘肃凉州府武威县、永昌县 又至西宁府西宁县、大通县	同前
	北至	抵边不足四千里	同前	同前
	[注]	以上除东、北外，南、西俱四千里	同前	同前
烟瘴	广东	潮州府大城所、海阳县、潮阳县	韶州府英德县	同前
	贵州	南笼府安南县 又至平越府平越县	贵阳府贵定县、龙里县	同前
	[注]	以上里数与极边同		

泰安府属军犯编发地方

充军地方		乾隆八年（1743）	乾隆四十四年（1779）	嘉庆十四年（1809）
附近	东至	俱与济南府同	抵海不足二千里	
	南至		安徽池州府青阳县、贵池县 又至安庆府怀宁县 又至宁国府旌德县 又至徽州府绩溪县、歙县 又至浙江杭州府仁和县、钱塘县 又至绍兴府萧山县	安徽安庆府怀宁县 又至宁国府旌德县 又至徽州府绩溪县、歙县 又至庐州府舒城县 又至浙江杭州府仁和县、钱塘县 又至绍兴府萧山县
	西至		山西霍州赵城县 又至陕西西安府高陵县、三原县、耀州、临潼县、长安县、咸宁县、咸阳县、醴泉县、泾阳县	山西霍州赵城县 又至平阳府洪洞县、临汾县 又至陕西西安府高陵县、三原县、耀州、临潼县、长安县、咸宁县、咸阳县、醴泉县、泾阳县

续表

充军地方		乾隆八年(1743)	乾隆四十四年(1779)	嘉庆十四年(1809)
附近	北至	俱与济南府同	抵边不足二千里	同前
	[注]		以上除东、北外,南、西俱二千里	同前
边卫/近边	东至		抵海不足二千里	同前
	南至		浙江宁波府慈溪县、鄞县、镇海县 又至金华府兰溪县、金华县 又至衢州府龙游县 又至江西九江府德化县	同前
	西至		陕西延安府甘泉县、肤施县 又至鄜州 又至甘肃庆阳府宁州、合水县、安化县 又至泾州	同前
	北至		抵边不足二千五百里	同前
	[注]		以上除东、北外,南、西俱二千五百里	同前
边远	东至		抵海不足三千里	同前
	南至		浙江温州府永嘉县 又至处州府青田县 又至福建建宁府浦城县	同前
	西至		甘肃巩昌府会宁县 又至宁夏府灵州、宁夏县、宁朔县 又至陕西绥德州清涧县	同前
	北至		抵边不足三千里	同前
	[注]		以上除东、北外,南、西俱三千里	同前

续表

充军地方		乾隆八年(1743)	乾隆四十四年(1779)	嘉庆十四年(1809)
极边	东至	俱与济南府同	抵海不足四千里	同前
	南至		福建福州府闽县、侯官县、连江县	同前
	西至		甘肃凉州府武威县、永昌县 又至西宁府西宁县	同前
	北至		抵边不足四千里	同前
	[注]		以上除东、北外,南、西俱四千里	同前
烟瘴	广东		韶州府英德县 又至广州府清远县	同前

武定府属军犯编发地方

充军地方		乾隆八年(1743)	乾隆四十四年(1779)	嘉庆十四年(1809)
附近	东至	俱与济南府同	抵海不足二千里	同前
	南至		安徽池州府青阳县、贵池县 又至宁国府南陵县、泾县、旌德县 又至江苏常州府无锡县、金匮县 又至苏州府长洲县、元和县、吴县	同前
	西至		山西汾州府汾阳县、孝义县 又至陕西同州府华州 又至西安府渭南县、高陵县、临潼县	同前
	北至		抵边不足二千里	同前
	[注]		以上除东、北外,南、西俱二千里	同前

续表

充军地方		乾隆八年(1743)	乾隆四十四年(1779)	嘉庆十四年(1809)
边卫/近边	东至	俱与济南府同	抵海不足二千五百里	同前
	南至		浙江杭州府仁和县、钱塘县、富阳县 又至绍兴府萧山县、山阴县、会稽县	同前
	西至		陕西鄜州中部县、洛川县 又至邠州长武县 又至甘肃庆阳府正宁县、宁州	同前
	北至		抵边不足二千五百里	同前
	[注]		以上除东、北外,南、西俱二千五百里	同前
边远	东至		抵海不足三千里	同前
	南至		浙江绍兴府新昌县 又至台州府天台县、临海县 又至衢州府龙游县、西安县 又至金华府金华县、永康县	同前
	西至		甘肃庆阳府环县 又至宁夏府灵州 又至平凉府隆德县、静宁州 又至陕西延安府保安县、延长县、延川县	甘肃庆阳府环县 又至平凉府隆德县、静宁州、固原州 又至陕西延安府保安县、延长县、延川县
	北至		抵边不足三千里	同前
	[注]		以上除东、北外,南、西俱三千里	同前

续表

充军地方		乾隆八年(1743)	乾隆四十四年(1779)	嘉庆十四年(1809)
极边	东至	俱与济南府同	抵海不足四千里	同前
	南至		福建延平府南平县 又至福州府古田县 又至福宁府福鼎县	福建延平府南平县 又至福宁府福鼎县
	西至		甘肃凉州府古浪县、武威县 又至西宁府碾伯县	甘肃凉州府古浪县 又至西宁府碾伯县
	北至		抵边不足四千里	同前
	[注]		以上除东、北外,南、西俱四千里	同前
烟瘴	广东		南雄府始兴县 又至韶州府曲江县	南雄州始兴县 又至韶州府曲江县

兖州府属军犯编发地方

充军地方		乾隆八年(1743)	乾隆四十四年(1779)	嘉庆十四年(1809)
附近	东至	抵海不足二千里	同前	同前
	南至	浙江杭州府杭州前卫、杭州右卫、海宁所	浙江绍兴府山阴县、会稽县 又至杭州府富阳县 又至严州府桐庐县 又至安徽安庆府怀宁县 又至池州府东流县	同前
	西至	陕西延安府肤施县、安塞县、保安县	陕西鄜州宜君县、中部县、洛川县 又至乾州永寿县 又至邠州三水县 又至甘肃庆阳府正宁县	同前
	北至	直隶宣化府宣化县、万全县、怀安县	直隶。停止编发	同前
	[注]	以上除东外,南、西、北俱二千里	以上除东、北外,南、西俱二千里	同前

续表

充军地方		乾隆八年(1743)	乾隆四十四年(1779)	嘉庆十四年(1809)
边卫/近边	东至	抵海不足二千五百里	同前	同前
	南至	浙江处州府处州卫 又至台州府台州卫、黄岩县、宁海县、天台县	浙江台州府黄岩县、临海县 又至金华府永康县 又至处州府缙云县 又至衢州府西安县、江山县	同前
	西至	甘肃庆阳府安化县、合水县、宁州	甘肃庆阳府环县 又至平凉府隆德县、静宁州 又至陕西延安府保安县、延长县	同前
	北至	直隶宣化府赤城县、龙门县	直隶。停止编发	同前
	[注]	以上除东外,南、西、北俱二千五百里	以上除东、北外,南、西俱二千五百里	同前
边远	东至	抵海不足三千里	同前	同前
	南至	浙江温州府温州卫、瑞安县、乐清县、平阳县	浙江温州府瑞安县、平阳县 又至福建建宁府建阳县	同前
	西至	甘肃宁夏府宁夏县、宁朔县、中卫县	甘肃巩昌府安定县 又至兰州府金县 又至陕西榆林府榆林县 又至绥德州米脂县	同前
	北至	抵边不足三千里	同前	同前
	[注]	以上除东、北外,南、西俱三千里	同前	同前

续表

充军地方		乾隆八年(1743)	乾隆四十四年(1779)	嘉庆十四年(1809)
极边	东至	抵海不足四千里	同前	同前
	南至	福建福宁府福安县、宁德县	福建福州府连江县、罗源县	同前
	西至	甘肃甘州府张掖县、山丹县 又至西宁府西宁县、碾伯县	甘肃甘州府山丹县 又至西宁府大通县	同前
	北至	抵边不足四千里	同前	同前
	[注]	以上除东、北外,南、西俱四千里	同前	同前
烟瘴	广东	高州府茂名县、电白县、信宜县 又至肇庆府阳春县	广州府清远县、三水县	同前
	贵州	黎平府开泰县 又至镇远府天柱县	思州府玉屏县、青溪县	同前
	[注]	以上里数与极边同		

曹州府属军犯编发地方

充军地方		乾隆八年(1743)	乾隆四十四年(1779)	嘉庆十四年(1809)
附近	东至	俱与兖州府同	抵海不足二千里	同前
	南至		浙江杭州府仁和县、钱塘县、富阳县 又至绍兴府萧山县、山阴县、会稽县 又至安徽池州府贵池县 又至安庆府怀宁县	浙江杭州府仁和县、钱塘县、富阳县 又至绍兴府萧山县、山阴县、会稽县 又至安徽滁州全椒县
	西至		陕西鄜州洛川县 又至延安府甘泉县、肤施县、安塞县 又至甘肃庆阳府合水县、安化县 又至平凉府平凉县 又至泾州	陕西鄜州洛川县 又至延安府甘泉县、肤施县、安塞县 又至甘肃庆阳府合水县 又至平凉府平凉县 又至泾州

续表

充军地方		乾隆八年(1743)	乾隆四十四年(1779)	嘉庆十四年(1809)
附近	北至	俱与兖州府同	直隶。停止编发	同前
附近	[注]		以上除东、北外,南、西俱二千里	同前
边卫/近边	东至		抵海不足二千五百里	同前
边卫/近边	南至		浙江处州府缙云县 又至台州府天台县、临海县 又至金华府金华县、永康县 又至衢州府龙游县、西安县	浙江台州府天台县、临海县 又至金华府金华县、永康县 又至衢州府龙游县、西安县
边卫/近边	西至		甘肃巩昌府会宁县 又至宁夏府灵州、宁夏县、宁朔县、平罗县 又至陕西绥德州	甘肃巩昌府会宁县 又至宁夏府宁夏县、宁朔县、平罗县 又至陕西绥德州
边卫/近边	北至		抵边不足二千五百里	同前
边卫/近边	[注]		以上除东、北外,南、西俱二千五百里	同前
边远	东至		抵海不足三千里	同前
边远	南至		浙江温州府永嘉县、乐清县	同前
边远	西至		甘肃凉州府平番县	同前
边远	北至		抵边不足三千里	同前
边远	[注]		以上除东、北外,南、西俱三千里	同前
极边	东至		抵海不足四千里	同前
极边	南至		福建福州府闽县、侯官县、连江县	同前
极边	西至		甘肃甘州府张掖县 又至肃州高台县	同前
极边	北至		抵边不足四千里	同前
极边	[注]		以上除东、北外,南、西俱四千里	同前
烟瘴	广东		广州府清远县	同前
烟瘴	广西		柳州府雒容县、马平县、柳城县	同前

沂州府属军犯编发地方

<table>
<tr><th colspan="2">充军地方</th><th>乾隆八年(1743)</th><th>乾隆四十四年(1779)</th><th>嘉庆十四年(1809)</th></tr>
<tr><td rowspan="5">附近</td><td>东至</td><td rowspan="15">俱与兖州府同</td><td>抵海不足二千里</td><td>同前</td></tr>
<tr><td>南至</td><td>浙江严州府建德县
又至金华府兰溪县、金华县
又至绍兴府余姚县
又至宁波府慈溪县、鄞县
又至江西九江府湖口县、德化县</td><td>同前</td></tr>
<tr><td>西至</td><td>陕西西安府渭南县、高陵县、临潼县</td><td>同前</td></tr>
<tr><td>北至</td><td>直隶。停止编发</td><td>同前</td></tr>
<tr><td>[注]</td><td>以上除东、北外,南、西俱二千里</td><td>同前</td></tr>
<tr><td rowspan="5">边卫/近边</td><td>东至</td><td>抵海不足二千五百里</td><td>同前</td></tr>
<tr><td>南至</td><td>浙江处州府青田县
又至福建建宁府浦城县</td><td>同前</td></tr>
<tr><td>西至</td><td>甘肃庆阳府正宁县、宁州
又至陕西邠州长武县
又至鄜州中部县、洛川县</td><td>同前</td></tr>
<tr><td>北至</td><td>抵边不足二千五百里</td><td>同前</td></tr>
<tr><td>[注]</td><td>以上除东、北外,南、西俱二千五百里</td><td>同前</td></tr>
<tr><td rowspan="5">边远</td><td>东至</td><td>抵海不足三千里</td><td>同前</td></tr>
<tr><td>南至</td><td>浙江温州府泰顺县
又至处州府景宁县
又至福建延平府南平县</td><td>同前</td></tr>
<tr><td>西至</td><td>甘肃平凉府固原州、隆德县、静宁州
又至宁夏府灵州
又至陕西延安府保安县、延川县</td><td>同前</td></tr>
<tr><td>北至</td><td>抵边不足三千里</td><td>同前</td></tr>
<tr><td>[注]</td><td>以上除东、北外,南、西俱三千里</td><td>同前</td></tr>
</table>

续表

充军地方		乾隆八年(1743)	乾隆四十四年(1779)	嘉庆十四年(1809)
极边	东至	俱与兖州府同	抵海不足四千里	同前
	南至		福建福宁府宁德县、霞浦县	同前
	西至		甘肃西宁府西宁县、碾伯县 又至凉州府古浪县	同前
	北至		抵边不足四千里	同前
	[注]		以上除东、北外,南、西俱四千里	同前
烟瘴	广东		韶州府曲江县、英德县	同前
	贵州		思州府玉屏县	同前

东昌府属军犯编发地方

充军地方		乾隆八年(1743)	乾隆四十四年(1779)	嘉庆十四年(1809)
附近	东至	本省登州府靖海卫、威海卫 又至沂州府莒州	抵海不足二千里	同前
	南至	江南池州府新安卫 又至宁国府宣州卫	安徽安庆府怀宁县 又至池州府东流县 又至徽州府歙县、休宁县、祁门县 又至浙江嘉兴府嘉兴县、秀水县、石门县	安徽徽州府歙县、休宁县、祁门县 又至浙江嘉兴府嘉兴县、秀水县、石门县
	西至	山西大同府大同县、山阴县 又至朔平府朔州、马邑县	山西大同府阳高县 又至朔平府右玉县 又至陕西鄜州中部县、洛川县 又至乾州永寿县 又至邠州长武县、三水县 又至甘肃庆阳府正宁县、宁州	山西大同府阳高县 又至陕西鄜州中部县、洛川县 又至乾州永寿县 又至邠州长武县、三水县 又至甘肃庆阳府正宁县、宁州
	北至	直隶宣化府延庆卫、万全县、怀安县、保安州	直隶。停止编发	同前
	[注]	以上俱二千里	以上除东、北外,南、西俱二千里	同前

续表

充军地方		乾隆八年(1743)	乾隆四十四年(1779)	嘉庆十四年(1809)
边卫/近边	东至	抵海不足二千五百里	同前	同前
	南至	浙江金华府金华县 又至严州府严州所	浙江严州府建德县、桐庐县 又至金华府兰溪县 又至绍兴府嵊县、新昌县	浙江严州府建德县、桐庐县 又至绍兴府新昌县
	西至	陕西延安府肤施县、安塞县、安定县、保安县	陕西延安府安塞县、保安县、延长县、延川县 又至甘肃平凉府隆德县、静宁州 又至庆阳府环县	同前
	北至	直隶宣化府赤城县、龙门县	直隶。停止编发	同前
	[注]	以上除东外,南、西、北俱二千五百里	以上除东、北外,南、西俱二千五百里	同前
边远	东至	抵海不足三千里	同前	同前
	南至	浙江台州府台州卫、宁海县、天台县	浙江台州府宁海县、太平县 又至宁波府奉化县 又至温州府乐清县 又至处州府丽水县、青田县 又至福建建宁府浦城县	同前
	西至	陕西绥德州米脂县 又至榆林府榆林县	陕西绥德州米脂县 又至榆林府榆林县 又至甘肃兰州府金县、皋兰县	同前
	北至	抵边不足三千里	同前	同前
	[注]	以上除东、北外,南、西俱三千里	同前	同前

续表

充军地方		乾隆八年(1743)	乾隆四十四年(1779)	嘉庆十四年(1809)
极边	东至	抵海不足四千里	抵海不足四千里	同前
	南至	福建漳州府龙溪县、漳浦县、诏安县 又至福宁府福安县	福建福州府闽清县、闽县、侯官县 又至福宁府宁德县	福建福州府闽清县、古田县 又至福宁府宁德县
	西至	甘肃巩昌府岷州、洮州卫 又至秦州清水县	甘肃凉州府永昌县 又至甘州府山丹县	同前
	北至	抵边不足四千里	同前	同前
	[注]	以上除东、北外,南、西俱四千里	同前	同前
烟瘴	广东	潮州府大城守御所、海阳县、澄海县	韶州府英德县	同前
	贵州	都匀府都匀县、清平县	思州府玉屏县、青溪县	同前
	[注]	以上里数与极边同		

青州府属军犯编发地方

充军地方		乾隆八年(1743)	乾隆四十四年(1779)	嘉庆十四年(1809)
附近	东至	抵海不足二千里	同前	同前
	南至	江南安庆府安庆卫 又至庐州府庐州卫 又至六安州	安徽六安州 又至池州府青阳县、贵池县 又至宁国府泾县、旌德县 又至浙江嘉兴府石门县 又至杭州府仁和县、钱塘县	安徽池州府青阳县 又至宁国府泾县、旌德县 又至浙江嘉兴府石门县 又至杭州府仁和县、钱塘县
	西至	山西太原府阳曲县、太原县 又至保德州	山西太原府交城县、文水县 又至汾州府汾阳县 又至忻州静乐县 又至陕西同州府华阴县、华州 又至西安府渭南县	同前

续表

充军地方		乾隆八年(1743)	乾隆四十四年(1779)	嘉庆十四年(1809)
附近	北至	直隶宣化府宣化县、万全县、怀安县、保安县	直隶。停止编发	同前
	[注]	以上除东外,南、西、北俱二千里	以上除东、北外,南、西俱二千里	同前
边卫/近边	东至	抵海不足二千五百里	同前	同前
	南至	江南池州府新安卫 又至浙江杭州府杭州前卫、杭州右卫、海宁所	江西九江府彭泽县、湖口县、德化县 又至浙江金华府兰溪县、金华县 又至绍兴府嵊县、新昌县 又至台州府天台县 又至宁波府慈溪县、鄞县、镇海县 又至严州府建德县	江西九江府德化县 又至浙江金华府兰溪县、金华县 又至绍兴府嵊县、新昌县 又至台州府天台县 又至宁波府慈溪县、鄞县、镇海县
	西至	山西朔平府右玉县、左云县、平鲁县	山西朔平府右玉县、左云县 又至大同府大同县、阳高县 又至陕西鄜州宜君县、中部县 又至乾州永寿县 又至邠州三水县 又至甘肃庆阳府正宁县	山西朔平府右玉县、左云县 又至大同府阳高县 又至陕西鄜州宜君县、中部县 又至乾州永寿县 又至邠州三水县 又至甘肃庆阳府正宁县
	北至	直隶宣化府赤城县、龙门县	直隶。停止编发	同前
	[注]	以上除东外,南、西、北俱二千五百里	以上除东、北外,南、西俱二千五百里	同前

续表

充军地方		乾隆八年(1743)	乾隆四十四年(1779)	嘉庆十四年(1809)
边远	东至	抵海不足三千里	同前	同前
	南至	浙江台州府台州卫、黄岩县、宁海县、天台县	浙江温州府永嘉县、乐清县、瑞安县 又至福建建宁府浦城县	同前
	西至	陕西延安府肤施县、安塞县、安定县、保安县	陕西延安府肤施县、安塞县、安定县、保安县、延长县 又至甘肃庆阳府环县 又至平凉府隆德县	同前
	北至	抵边不足三千里	同前	同前
	[注]	以上除东、北外,南、西俱三千里	同前	同前
极边	东至	抵海不足四千里	同前	同前
	南至	福建福宁府福安县、宁德县 又至兴化府莆田县、仙游县	福建福州府闽清县、闽县、侯官县	同前
	西至	甘肃甘州府山丹县 又至肃州高台县	甘肃凉州府平番县、古浪县	同前
	北至	抵边不足四千里	同前	同前
	[注]	以上除东、北外,南、西俱四千里	同前	同前
烟瘴	广西	南宁府宣化县、新宁州 又至思恩府武缘县	桂林府全州	同前
	贵州	安顺府清镇县、安平县 又至南笼府安南县	思州府玉屏县	同前
	[注]	以上里数与极边同		

登州府属军犯编发地方

充军地方		乾隆八年(1743)	乾隆四十四年(1779)	嘉庆十四年(1809)
附近	东至	抵海不足二千里	同前	同前
	南至	江南徐州府徐州卫、萧县、丰县	安徽太平府当涂县、芜湖县 又至江苏苏州府长洲县、元和县、吴县、吴江县、震泽县	同前
	西至	山西汾州府汾阳县 又至泽州府凤台县、阳城县	山西泽州府凤台县、高平县 又至潞安府襄垣县、长子县、屯留县 又至沁州武乡县 又至河南怀庆府孟县 又至河南府孟津县、洛阳县	同前
	北至	直隶河间府河间县 又至天津府沧州、天津左所、天津右所	直隶。停止编发	同前
	[注]	以上除东外,南、西、北俱二千里	以上除东、北外,南、西俱二千里	同前
边卫/近边	东至	抵海不足二千五百里	同前	同前
	南至	江南庐州府庐州卫 又至六安州	安徽安庆府桐城县、潜山县、怀宁县 又至池州府东流县 又至浙江杭州府富阳县	同前
	西至	山西太原府阳曲县、太原县 又至宁武府宁武县	山西忻州定襄县 又至河南陕州灵宝县、阌乡县 又至陕西同州府华阴县	同前
	北至	直隶顺天府通州左所、通州右所、武清县	顺天。停止编发	同前
	[注]	以上除东外,南、西、北俱二千五百里	以上除东、北外,南、西俱二千五百里	同前

续表

充军地方		乾隆八年(1743)	乾隆四十四年(1779)	嘉庆十四年(1809)
边远	东至	抵海不足三千里	同前	同前
	南至	江南安庆府安庆卫 又至宁国府宣州卫	浙江衢州府龙游县、西安县、江山县 又至金华府永康县 又至处州府缙云县 又至江西南康府都昌县、星子县	浙江衢州府龙游县、西安县、江山县 又至处州府缙云县 又至江西南康府都昌县、星子县 又至安徽太平府芜湖县
	西至	山西大同府大同县 又至朔平府右玉县、左云县、平鲁县	山西大同府大同县、怀仁县 又至朔平府右玉县、左云县、平鲁县 又至陕西西安府同官县、醴泉县 又至鄜州宜君县 又至乾州永寿县 又至邠州淳化县、三水县	山西大同府大同县、怀仁县 又至朔平府右玉县、左云县、平鲁县 又至陕西西安府同官县、醴泉县 又至鄜州宜君县 又至乾州永寿县 又至邠州淳化县、三水县 又至山西大同府山阴县、应州
	北至	直隶宣化府宣化县、万全县、怀安县、保安州	直隶。停止编发	同前
	[注]	以上除东外,南、西、北俱三千里	以上除东、北外,南、西俱三千里	同前
极边	东至	抵海不足四千里	同前	同前
	南至	福建建宁府建安县、崇安县、浦城县	福建福州府古田县 又至福宁府福鼎县	同前
	西至	甘肃庆阳府安化县、合水县、宁州、环县	甘肃宁夏府宁夏县、宁朔县、平罗县 又至巩昌府安定县 又至陕西绥德州米脂县	同前
	北至	抵边不足四千里	同前	同前
	[注]	以上除东、北外,南、西俱四千里	同前	同前

续表

充军地方		乾隆八年(1743)	乾隆四十四年(1779)	嘉庆十四年(1809)
烟瘴	贵州	安顺府清镇县 又至南笼府安南县 又至大定府毕节县	思州府玉屏县	同前
	广西	太平府太平州	桂林府全州	同前
	[注]	以上里数与极边同		

莱州府属军犯编发地方

充军地方		乾隆八年(1743)	乾隆四十四年(1779)	嘉庆十四年(1809)
附近	东至	抵海不足二千里	同前	同前
	南至	江南凤阳府凤阳卫、泗州卫、宿州卫 又至颍州府颍上县	安徽颍州府阜阳县、太和县 又至庐州府合肥县 又至宁国府南陵县 又至池州府青阳县 又至浙江嘉兴府嘉兴县、秀水县、石门县	安徽庐州府合肥县 又至宁国府南陵县 又至池州府青阳县 又至浙江嘉兴府嘉兴县、秀水县、石门县
	西至	山西太原府阳曲县、太原县 又至平定州	山西平定州寿阳县 又至河南河南府渑池县	同前
	北至	直隶顺天府梁城守御所、涿州、蓟州、遵化州	顺天。停止编发	同前
	[注]	以上除东外,南、西、北俱二千里	以上除东、北外,南、西俱二千里	同前
边卫/近边	东至	抵海不足二千五百里	同前	同前
	南至	江南安庆府安庆卫 又至宁国府宣州卫	江西饶州府浮梁县 又至九江府彭泽县、湖口县 又至浙江绍兴府上虞县、余姚县、嵊县、新昌县 又至宁波府慈溪县 又至严州府建德县 又至金华府兰溪县	江西饶州府浮梁县 又至浙江绍兴府余姚县、上虞县、嵊县、新昌县 又至宁波府慈溪县 又至严州府建德县 又至金华府兰溪县

续表

充军地方		乾隆八年(1743)	乾隆四十四年(1779)	嘉庆十四年(1809)
边卫/近边	西至	山西太原府兴县、振武卫 又至保德州 又至代州 又至宁武府宁武县、偏关县	山西代州 又至宁武府宁武县 又至太原府兴县、岚县、岢岚州 又至陕西同州府华州 又至西安府渭南县、临潼县、长安县、咸宁县、高陵县、三原县	同前
	北至	直隶宣化府万全县、怀来县、保安州	直隶。停止编发	同前
	[注]	以上除东外,南、西、北俱二千五百里	以上除东、北外,南、西俱二千五百里	同前
边远	东至	抵海不足三千里	同前	同前
	南至	浙江杭州府杭州前卫、杭州右卫、海宁所	浙江处州府丽水县、青田县 又至福建建宁府浦城县	同前
	西至	山西朔平府右玉县、朔州、马邑县 又至大同府山阴县、阳高县、天镇县	山西朔平府右玉县 又至大同府阳高县、天镇县 又至陕西鄜州洛川县 又至邠州长武县 又至甘肃庆阳府正宁县、宁州、合水县 又至泾州	山西朔平府右玉县 又至大同府阳高县、天镇县 又至陕西鄜州洛川县 又至邠州长武县 又至甘肃庆阳府宁州、正宁县 又至泾州
	北至	直隶宣化府赤城县、龙门县	直隶。停止编发	同前
	[注]	以上除东外,南、西、北俱三千里	以上除东、北外,南、西俱三千里	同前

续表

充军地方		乾隆八年(1743)	乾隆四十四年(1779)	嘉庆十四年(1809)
极边	东至	抵海不足四千里	同前	同前
	南至	浙江温州府温州卫、瑞安县、乐清县、平阳县、泰顺县	福建福宁府霞浦县、宁德县 又至福州府闽清县	同前
	西至	甘肃凉州府武威县、镇番县、永昌县、古浪县、平番县	甘肃兰州府金县、皋兰县 又至陕西榆林府榆林县	同前
	北至	抵边不足四千里	同前	同前
	[注]	以上除东、北外,南、西俱四千里	同前	同前
烟瘴	贵州	安顺府镇宁州、永宁州	思州府玉屏县	同前
	广东	惠州府碣石卫、平海守御所、捷胜守御所	南雄府保昌县	南雄州
	[注]	以上里数与极边同		

济宁州属军犯编发地方

充军地方		乾隆四十四年(1779)	嘉庆十四年(1809)
附近	东至	抵海不足二千里	同前
	南至	浙江绍兴府萧山县、山阴县、会稽县 又至杭州府富阳县 又至安徽安庆府怀宁县 又至池州府东流县	同前
	西至	陕西鄜州宜君县、中部县、洛川县 又至乾州永寿县 又至邠州长武县、三水县 又至甘肃庆阳府正宁县、宁州	同前
	北至	直隶。停止编发	同前
	[注]	以上除东、北外,南、西俱二千里	同前

续表

充军地方		乾隆四十四年(1779)	嘉庆十四年(1809)
近边	东至	抵海不足二千五百里	同前
	南至	浙江台州府临海县、黄岩县 又至金华府永康县 又至处州府缙云县 又至衢州府龙游县、西安县、江山县	同前
	西至	甘肃庆阳府环县 又至平凉府固原州、隆德县、静宁州 又至陕西延安府保安县、延长县、延川县	甘肃庆阳府环县 又至平凉府隆德县、静宁州 又至陕西延安府保安县、延长县、延川县
	北至	直隶。停止编发	同前
	[注]	以上除东、北外,南、西俱二千五百里	同前
边远	东至	抵海不足三千里	同前
	南至	浙江温州府永嘉县、瑞安县、平阳县 又至福建建宁府建阳县	同前
	西至	甘肃兰州府金县、皋兰县 又至陕西榆林府榆林县	同前
	北至	抵边不足三千里	同前
	[注]	以上除东、北外,南、西俱三千里	同前
极边	东至	抵海不足四千里	同前
	南至	福建福州府连江县、罗源县	同前
	西至	甘肃甘州府山丹县	同前
	北至	抵边不足四千里	同前
	[注]	以上除东、北外,南、西俱四千里	同前
烟瘴	广东	广州府清远县	同前
	贵州	思州府玉屏县、青溪县	同前

临清州属军犯编发地方

充军地方		乾隆四十四年(1779)	嘉庆十四年(1809)
附近	东至	抵海不足二千里	同前
	南至	安徽池州府贵池县 又至安庆府怀宁县 又至宁国府旌德县 又至徽州府绩溪县、歙县、休宁县 又至江苏苏州府吴江县、震泽县 又至浙江嘉兴府嘉兴县、秀水县	同前
	西至	山西大同府天镇县 又至朔平府左云县 又至陕西鄜州中部县、洛川县 又至乾州永寿县 又至邠州长武县、三水县 又至甘肃庆阳府正宁县、宁州	同前
	北至	直隶。停止编发	同前
	[注]	以上除东、北外,南、西俱二千里	同前
近边	东至	抵海不足二千五百里	同前
	南至	浙江严州府桐庐县 又至绍兴府山阴县、会稽县	同前
	西至	陕西延安府保安县、延长县、延川县 又至甘肃平凉府隆德县、静宁州 又至庆阳府环县	同前
	北至	直隶。停止编发	同前
	[注]	以上除东、北外,南、西俱二千五百里	同前
边远	东至	抵海不足三千里	同前
	南至	浙江台州府宁海县、黄岩县 又至衢州府江山县 又至处州府缙云县、丽水县	同前
	西至	陕西榆林府榆林县 又至甘肃兰州府金县、皋兰县	同前
	北至	抵边不足三千里	同前
	[注]	以上除东、北外,南、西俱三千里	同前

续表

充军地方		乾隆四十四年(1779)	嘉庆十四年(1809)
极边	东至	抵海不足四千里	同前
	南至	福建福州府古田县 又至福宁府霞浦县	福建福州府古田县
	西至	甘肃甘州府山丹县	同前
	北至	抵边不足四千里	同前
	[注]	以上除东、北外,南、西俱四千里	同前
烟瘴	广东	韶州府英德县	同前
	贵州	思州府玉屏县、青溪县	同前

山　西

太原府属军犯编发地方

充军地方		乾隆八年(1743)	乾隆四十四年(1779)	嘉庆十四年(1809)
附近	东至	江南凤阳府凤阳卫、泗州卫、宿州卫 又至颍州府颍上县	安徽凤阳府灵璧县、凤阳县 又至颍州府蒙城县 又至泗州 又至江苏徐州府铜山县 又至山东莱州府潍县、昌邑县	安徽凤阳府灵璧县、凤阳县 又至颍州府蒙城县 又至山东莱州府潍县
	南至	湖北荆州府荆州卫、远安县 又至宜昌府东湖县	湖北襄阳府宜城县、谷城县、光化县 又至安陆府荆门州 又至德安府应山县、安陆县、云梦县	湖北襄阳府宜城县、谷城县、光化县 又至德安府应山县、安陆县、云梦县
	西至	陕西延安府肤施县、安塞县、安定县、保安县	陕西延安府甘泉县、肤施县 又至凤翔府陇州 又至鄜州 又至甘肃泾州 又至平凉府平凉县	同前
	北至	直隶宣化府赤城县、龙门县	直隶。停止编发	同前
	[注]	以上俱二千里	以上除北外,东、南、西俱二千里	同前

续表

充军地方		乾隆八年(1743)	乾隆四十四年(1779)	嘉庆十四年(1809)
边卫/近边	东至	江南扬州府高邮州、兴化县、泰州 又至徐州府邳州、宿迁县 又至海州赣榆县	江苏扬州府仪征县、江都县、甘泉县 又至江宁府六合县 又至镇江府丹徒县 又至安徽庐州府舒城县 又至山东登州府蓬莱县、栖霞县	江苏扬州府仪征县、江都县、甘泉县 又至江宁府六合县 又至镇江府丹徒县 又至安徽庐州府舒城县
	南至	湖南岳州府岳州卫 又至澧州九溪卫	湖北武昌府咸宁县 又至汉阳府汉川县 又至黄州府黄冈县、蕲水县 又至荆州府公安县 又至宜昌府东湖县	湖北武昌府咸宁县 又至黄州府黄冈县 又至荆州府公安县 又至宜昌府东湖县
	西至	甘肃庆阳府安化县、合水县 又至平凉府平凉县、固原州	陕西延安府靖边县 又至甘肃巩昌府伏羌县、宁远县、会宁县	同前
	北至	抵边不足二千五百里	同前	同前
	[注]	以上除北外,东、南、西俱二千五百里	同前	同前
边远	东至	浙江杭州府杭州前卫、杭州右卫、海宁所 又至嘉兴府嘉兴所、平湖县	江苏苏州府吴江县、震泽县、长洲县、元和县、吴江 又至浙江嘉兴府嘉兴县、秀水县	同前
	南至	湖南长沙府长沙县、茶陵州 又至衡州府衡阳县、常宁县	湖南长沙府湘阴县、益阳县	同前
	西至	甘肃巩昌府陇西县 又至秦州礼县 又至阶州文县	甘肃兰州府皋兰县 又至凉州府平番县 又至阶州	甘肃兰州府皋兰县 又至阶州
	北至	抵边不足三千里	同前	同前
	[注]	以上除北外,东、南、西俱三千里	同前	同前

续表

充军地方		乾隆八年(1743)	乾隆四十四年(1779)	嘉庆十四年(1809)
极边	东至	浙江台州府台州卫、黄岩县、天台县、宁海县、仙居县、太平县	浙江台州府黄岩县、宁海县 又至温州府乐清县	同前
	南至	广东广州府东莞县、新宁县、从化县、香山县、增城县 又至连州	江西吉安府万安县 又至赣州府赣县	同前
	西至	甘肃甘州府张掖县、山丹县 又至西宁府西宁县	甘肃甘州府张掖县 又至肃州高台县	甘肃甘州府张掖县
	北至	抵边不足四千里	同前	同前
	[注]	以上除北外,东、南、西俱四千里	同前	同前
烟瘴	广西	桂林府临桂县、兴安县、全州、义宁县	桂林府全州	同前
	贵州	黎平府开泰县 又至镇远府天柱县 又至贵阳府龙里县	平越府黄平州、平越县 又至都匀府清平县	普安州兴义县 又至镇远府黄平州 又至都匀府清平县
	[注]	以上里数与极边同		

平定州属军犯编发地方

<table>
<tr><th colspan="2">充军地方</th><th>乾隆八年(1743)</th><th>乾隆四十四年(1779)</th><th>嘉庆十四年(1809)</th></tr>
<tr><td rowspan="5">附近</td><td>东至</td><td rowspan="10">俱与太原府同</td><td>安徽凤阳府凤阳县、定远县
又至颍州府阜阳县
又至泗州
又至江苏徐州府宿迁县、铜山县、睢宁县</td><td>安徽凤阳府凤阳县、定远县
又至颍州府阜阳县
又至泗州
又至江苏徐州府铜山县、睢宁县</td></tr>
<tr><td>南至</td><td>湖北襄阳府襄阳县、宜城县
又至德安府应山县、安陆县</td><td>同前</td></tr>
<tr><td>西至</td><td>陕西鄜州中部县、洛川县、宜君县
又至凤翔府扶风县、岐山县、凤翔县、汧阳县
又至乾州永寿县
又至邠州长武县</td><td>同前</td></tr>
<tr><td>北至</td><td>抵边不足二千里</td><td>同前</td></tr>
<tr><td>[注]</td><td>以上除北外,东、南、西俱二千里</td><td>同前</td></tr>
<tr><td rowspan="5">边卫/近边</td><td>东至</td><td>江苏扬州府高邮州、宝应县、江都县、甘泉县、泰州
又至镇江府丹徒县、丹阳县
又至安徽安庆府桐城县</td><td>江苏扬州府高邮州、江都县、甘泉县、泰州
又至镇江府丹徒县、丹阳县
又至安徽安庆府桐城县</td></tr>
<tr><td>南至</td><td>湖北武昌府江夏县、咸宁县
又至荆州府江陵县、公安县
又至汉阳府汉川县
又至黄州府黄冈县
又至宜昌府东湖县</td><td>湖北武昌府江夏县、咸宁县
又至荆州府江陵县、公安县
又至黄州府黄冈县
又至宜昌府东湖县</td></tr>
<tr><td>西至</td><td>甘肃庆阳府环县
又至平凉府固原州、隆德县、静宁州
又至秦州</td><td>同前</td></tr>
<tr><td>北至</td><td>抵边不足二千五百里</td><td>同前</td></tr>
<tr><td>[注]</td><td>以上除北外,东、南、西俱二千五百里</td><td>同前</td></tr>
</table>

续表

充军地方		乾隆八年(1743)	乾隆四十四年(1779)	嘉庆十四年(1809)
边远	东至	俱与太原府同	浙江嘉兴府嘉兴县、秀水县、石门县	同前
	南至		湖南岳州府巴陵县 又至常德府龙阳县 又至长沙府益阳县 又至澧州永定县	同前
	西至		甘肃兰州府渭源县、狄道州、金县、皋兰县 又至阶州成县	同前
	北至		抵边不足三千里	同前
	[注]		以上除北外,东、南、西俱三千里	同前
极边	东至		浙江台州府太平县 又至温州府乐清县	同前
	南至		江西赣州府赣县 又至湖南永州府零陵县	同前
	西至		甘肃甘州府山丹县 又至西宁府大通县	同前
	北至		抵边不足四千里	同前
	[注]		以上除北外,东、南、西俱四千里	同前
烟瘴	广西		桂林府全州	同前
	贵州		平越府黄平州 又至都匀府清平县	镇远府黄平州 又至都匀府清平县

忻州属军犯编发地方

<table>
<tr><th colspan="2">充军地方</th><th>乾隆八年(1743)</th><th>乾隆四十四年(1779)</th><th>嘉庆十四年(1809)</th></tr>
<tr><td rowspan="5">附近</td><td>东至</td><td rowspan="10">俱与太原府同</td><td>安徽凤阳府宿州、灵璧县
又至山东青州府益都县、昌乐县
又至莱州府潍县</td><td>安徽凤阳府宿州
又至山东青州府益都县、昌乐县
又至莱州府潍县</td></tr>
<tr><td>南至</td><td>湖北襄阳府襄阳县、宜城县
又至德安府应山县</td><td>湖北襄阳府襄阳县
又至德安府应山县</td></tr>
<tr><td>西至</td><td>陕西鄜州洛川县
又至凤翔府凤翔县、汧阳县、陇州
又至邠州长武县
又至甘肃泾州</td><td>同前</td></tr>
<tr><td>北至</td><td>抵边不足二千里</td><td>同前</td></tr>
<tr><td>[注]</td><td>以上除北外,东、南、西俱二千里</td><td>同前</td></tr>
<tr><td rowspan="5">边卫/近边</td><td>东至</td><td>安徽滁州
又至庐州府合肥县
又至江苏江宁府六合县
又至淮安府桃源县、清河县、山阳县</td><td>安徽滁州
又至庐州府合肥县
又至江苏江宁府六合县
又至淮安府清河县、山阳县</td></tr>
<tr><td>南至</td><td>湖北汉阳府汉阳县、汉川县
又至武昌府江夏县、咸宁县
又至荆州府江陵县、公安县
又至黄州府黄冈县
又至安陆府当阳县
又至宜昌府东湖县</td><td>湖北汉阳府汉阳县
又至武昌府江夏县
又至荆州府江陵县</td></tr>
<tr><td>西至</td><td>甘肃庆阳府环县
又至平凉府固原州、静宁州
又至巩昌府伏羌县
又至秦州礼县
又至陕西延安府保安县</td><td>甘肃庆阳府环县
又至平凉府静宁州
又至秦州礼县</td></tr>
<tr><td>北至</td><td>抵边不足二千五百里</td><td>同前</td></tr>
<tr><td>[注]</td><td>以上除北外,东、南、西俱二千五百里</td><td>同前</td></tr>
</table>

续表

充军地方		乾隆八年(1743)	乾隆四十四年(1779)	嘉庆十四年(1809)
边远	东至	俱与太原府同	江苏常州府无锡县、金匮县 又至苏州府长洲县、元和县、吴县、吴江县、震泽县 又至安徽安庆府太湖县、宿松县	同前
边远	南至		湖南岳州府巴陵县 又至常德府武陵县、龙阳县 又至澧州安福县、永定县	同前
边远	西至		甘肃兰州府狄道州、皋兰县、金县 又至阶州	同前
边远	北至		抵边不足三千里	同前
边远	[注]		以上除北外,东、南、西俱三千里	同前
极边	东至		浙江台州府天台县、临海县、宁海县 又至宁波府奉化县 又至金华府永康县	同前
极边	南至		江西吉安府泰和县、万安县 又至湖南永州府零陵县	同前
极边	西至		甘肃甘州府山丹县、张掖县	同前
极边	北至		抵边不足四千里	同前
极边	[注]		以上除北外,东、南、西俱四千里	同前
烟瘴	广西		桂林府全州	同前
烟瘴	贵州		平越府黄平州	镇远府黄平州

代州属军犯编发地方

充军地方		乾隆八年(1743)	乾隆四十四年(1779)	嘉庆十四年(1809)
附近	东至	俱与太原府同	河南归德府夏邑县、永城县 又至山东济南府邹平县、长山县 又至青州府临淄县	同前
	南至		河南南阳府南阳县、南召县、新野县 又至汝宁府信阳州	同前
	西至		陕西西安府同官县 又至鄜州宜君县、中部县 又至凤翔府扶风县、岐山县 又至乾州武功县、永寿县 又至邠州	同前
	北至		抵边不足二千里	同前
	[注]		以上除北外,东、南、西俱二千里	同前
边卫/近边	东至		安徽凤阳府定远县 又至滁州 又至颍州府阜阳县 又至江苏徐州府睢宁县、宿迁县 又至山东莱州府掖县	同前
	南至		湖北汉阳府孝感县、黄陂县 又至安陆府荆门州 又至荆州府江陵县 又至襄阳府均州	湖北汉阳府孝感县、黄陂县 又至荆门州 又至襄阳府均州
	西至		甘肃庆阳府环县 又至平凉府平凉县、固原州、隆德县 又至秦州清水县 又至陕西延安府肤施县、安塞县	甘肃平凉府平凉县、固原州、隆德县 又至秦州清水县 又至陕西延安府安塞县、保安县
	北至		抵边不足二千五百里	同前
	[注]		以上除北外,东、南、西俱二千五百里	同前

续表

<table>
<tr><th colspan="2">充军地方</th><th>乾隆八年(1743)</th><th>乾隆四十四年(1779)</th><th>嘉庆十四年(1809)</th></tr>
<tr><td rowspan="5">边远</td><td>东至</td><td rowspan="12">俱与太原府同</td><td>江苏镇江府丹阳县
又至常州府武进县、阳湖县
又至扬州府高邮州、宝应县、泰州</td><td>同前</td></tr>
<tr><td>南至</td><td>湖北武昌府蒲圻县
又至黄州府广济县、蕲州
又至湖南岳州府巴陵县
又至澧州石门县、慈利县、安福县</td><td>同前</td></tr>
<tr><td>西至</td><td>甘肃巩昌府陇西县、安定县
又至兰州府渭源县、金县
又至阶州成县</td><td>同前</td></tr>
<tr><td>北至</td><td>抵边不足三千里</td><td>同前</td></tr>
<tr><td>[注]</td><td>以上除北外,东、南、西俱三千里</td><td>同前</td></tr>
<tr><td rowspan="5">极边</td><td>东至</td><td>浙江绍兴府嵊县、新昌县、余姚县
又至宁波府慈溪县
又至严州府建德县
又至金华府兰溪县、金华县</td><td>同前</td></tr>
<tr><td>南至</td><td>江西临江府峡江县
又至吉安府吉水县、庐陵县
又至湖南永州府祁阳县</td><td>同前</td></tr>
<tr><td>西至</td><td>甘肃凉州府永昌县
又至甘州府山丹县
又至西宁府大通县</td><td>同前</td></tr>
<tr><td>北至</td><td>抵边不足四千里</td><td>同前</td></tr>
<tr><td>[注]</td><td>以上除北外,东、南、西俱四千里</td><td>同前</td></tr>
<tr><td rowspan="2">烟瘴</td><td>广西</td><td>桂林府全州</td><td>同前</td></tr>
<tr><td>贵州</td><td>思州府玉屏县、青溪县</td><td>同前</td></tr>
</table>

保德州属军犯编发地方

充军地方		乾隆八年(1743)	乾隆四十四年(1779)	嘉庆十四年(1809)
附近	东至	俱与太原府同	河南归德府宁陵县、商丘县、虞城县 又至山东济南府历城县、章丘县	同前
	南至		河南南阳府裕州 又至汝宁府西平县、遂平县、确山县	河南南阳府裕州 又至汝宁府西平县、遂平县
	西至		甘肃平凉府固原州、隆德县	同前
	北至		抵边不足二千里	同前
	[注]		以上除北外,东、南、西俱二千里	同前
边卫/近边	东至		安徽凤阳府灵璧县、凤阳县 又至颍州府蒙城县 又至泗州 又至江苏徐州府铜山县 又至山东莱州府潍县、昌邑县	安徽凤阳府灵璧县 又至颍州府蒙城县 又至泗州 又至江苏徐州府铜山县 又至山东莱州府潍县
	南至		湖北德安府应山县、安陆县、云梦县 又至襄阳府谷城县、光化县、宜城县	同前
	西至		甘肃巩昌府安定县 又至兰州府金县	甘肃巩昌府安定县
	北至		抵边不足二千五百里	同前
	[注]		以上除北外,东、南、西俱二千五百里	同前

续表

充军地方		乾隆八年(1743)	乾隆四十四年(1779)	嘉庆十四年(1809)
边远	东至	俱与太原府同	江苏江宁府六合县 又至扬州府仪征县、江都县、甘泉县 又至镇江府丹徒县 又至安徽庐州府舒城县	同前
	南至		湖北武昌府咸宁县、蒲圻县 又至黄州府蕲水县 又至汉阳府汉川县 又至安陆府天门县 又至荆州府公安县	湖北武昌府咸宁县、蒲圻县 又至黄州府蕲水县 又至荆州府公安县
	西至		甘肃凉州府平番县、古浪县 又至兰州府河州	同前
	北至		抵边不足三千里	同前
	[注]		以上除北外,东、南、西俱三千里	同前
极边	东至		浙江杭州府富阳县、海宁州 又至严州府桐庐县 又至绍兴府山阴县、会稽县	同前
	南至		湖南衡州府衡山县、衡阳县、清泉县	同前
	西至		甘肃肃州高台县	同前
	北至		抵边不足四千里	同前
	[注]		以上除北外,东、南、西俱四千里	同前
烟瘴	贵州		思州府玉屏县、青溪县	同前

平阳府属军犯编发地方

充军地方		乾隆八年(1743)	乾隆四十四年(1779)	嘉庆十四年(1809)
附近	东至	山东青州府益都县、诸城县 又至莱州府灵山卫、鳌山卫	山东青州府昌乐县、益都县 又至莱州府潍县 又至沂州府蒙阴县、沂水县	山东青州府昌乐县 又至莱州府潍县 又至沂州府沂水县
	南至	湖北武昌府武昌卫 又至汉阳府汉阳县 又至黄州府黄州卫、蕲州卫	湖北汉阳府汉阳县、黄陂县 又至武昌府江夏县 又至黄州府黄冈县 又至荆州府江陵县	湖北汉阳府汉阳县、黄陂县 又至荆州府江陵县
	西至	甘肃平凉府平凉县、泾州、崇信县 又至秦州秦安县	甘肃巩昌府会宁县、安定县、宁远县、陇西县	同前
	北至	抵边不足二千里	同前	同前
	[注]	以上除北外,东、南、西俱二千里	同前	同前
边卫/近边	东至	山东登州府大嵩卫、靖海卫、成山卫 又至青州府安东卫 又至沂州府莒州	山东登州府蓬莱县、黄县 又至莱州府即墨县	同前
	南至	湖南岳州府岳州卫 又至澧州永定卫、九溪卫	湖南岳州府巴陵县 又至澧州永定县、安福县、慈利县 又至常德府武陵县、龙阳县 又至湖北黄州府蕲州	湖南澧州永定县、安福县、慈利县 又至常德府武陵县
	西至	甘肃巩昌府陇西县、宁远县、伏羌县 又至兰州府渭源县	甘肃凉州府平番县	同前
	北至	抵边不足二千五百里	同前	同前
	[注]	以上除北外,东、南、西俱二千五百里	同前	同前

续表

充军地方		乾隆八年(1743)	乾隆四十四年(1779)	嘉庆十四年(1809)
边远	东至	抵海不足三千里	同前	同前
	南至	湖南长沙府长沙县、茶陵州 又至江西袁州府袁州卫	湖南长沙府长沙县、善化县、湘潭县、醴陵县	湖南长沙府长沙县、善化县、湘潭县
	西至	甘肃凉州府古浪县、平番县 又至西宁府西宁县	甘肃凉州府武威县、永昌县 又至西宁府大通县	同前
	北至	抵边不足三千里	同前	同前
	[注]	以上除东、北外,南、西俱三千里	同前	同前
极边	东至	抵海不足四千里	同前	同前
	南至	广东广州府大鹏守御所、东莞县、新宁县、从化县 又至福建漳州府龙溪县、漳浦县、诏安县	广西桂林府兴安县、灵川县	同前
	西至	甘肃肃州高台县	甘肃安西州玉门县	同前
	北至	抵边不足四千里	同前	同前
	[注]	以上除东、北外,南、西俱四千里	同前	同前
烟瘴	广西	太平府太平州	桂林府临桂县、永福县	同前
	贵州	南笼府普安县、安南县	贵阳府龙里县、贵筑县 又至安顺府清镇县、安平县	同前
	[注]	以上里数与极边同		

【1743】解州、绛州、吉州①、隰州②

以上四州军犯编发地方，附近、边卫、边远、极边、烟瘴，以上各等州、县、卫份，俱与平阳府同。

解州属军犯编发地方

充军地方		乾隆八年(1743)	乾隆四十四年(1779)	嘉庆十四年(1809)
附近	东至	俱与平阳府同	山东青州府临淄县、益都县、昌乐县 又至泰安府新泰县 又至沂州府蒙阴县	同前
	南至		湖北武昌府江夏县、咸宁县 又至黄州府黄冈县 又至汉阳府汉阳县、汉川县 又至荆州府江陵县、公安县	湖北武昌府江夏县 又至汉阳府汉阳县、汉川县 又至荆州府江陵县
	西至		甘肃兰州府皋兰县、狄道州 又至凉州府平番县 又至阶州	甘肃兰州府皋兰县、狄道州 又至阶州
	北至		抵边不足二千里	同前
	[注]		以上除北外，东、南、西俱二千里	同前
边卫/近边	东至		山东莱州府掖县、平度州 又至登州府黄县、蓬莱县	山东莱州府胶州 又至登州府黄县、蓬莱县
	南至		湖南岳州府巴陵县、华容县 又至常德府武陵县、龙阳县	湖南岳州府巴陵县 又至常德府武陵县、龙阳县
	西至		甘肃凉州府古浪县、武威县 又至兰州府河州 又至西宁府西宁县	甘肃凉州府古浪县、武威县
	北至		抵边不足二千五百里	同前
	[注]		以上除北外，东、南、西俱二千五百里	同前

① 乾隆三十六年(1771)，吉州降为属州，隶平阳府。

② 乾隆四十四年(1779)《五军道里表》将解州、绛州、隰州单独列表，见下文。

续表

<table>
<tr><th colspan="2">充军地方</th><th>乾隆八年(1743)</th><th>乾隆四十四年(1779)</th><th>嘉庆十四年(1809)</th></tr>
<tr><td rowspan="5">边远</td><td>东至</td><td rowspan="14">俱与平阳府同</td><td>抵海不足三千里</td><td>同前</td></tr>
<tr><td>南至</td><td>湖南长沙府醴陵县、攸县、湘潭县
又至衡州府衡山县</td><td>湖南长沙府湘潭县
又至衡州府衡山县</td></tr>
<tr><td>西至</td><td>甘肃甘州府张掖县、山丹县
又至肃州高台县</td><td>同前</td></tr>
<tr><td>北至</td><td>抵边不足三千里</td><td>同前</td></tr>
<tr><td>[注]</td><td>以上除东、北外,南、西俱三千里</td><td>同前</td></tr>
<tr><td rowspan="5">极边</td><td>东至</td><td>抵海不足四千里</td><td>同前</td></tr>
<tr><td>南至</td><td>江西南安府南康县、大庾县
又至广东南雄府保昌县、始兴县</td><td>江西南安府南康县、大庾县
又至广东南雄州</td></tr>
<tr><td>西至</td><td>甘肃安西州</td><td>同前</td></tr>
<tr><td>北至</td><td>抵边不足四千里</td><td>同前</td></tr>
<tr><td>[注]</td><td>以上除东、北外,南、西俱四千里</td><td>同前</td></tr>
<tr><td rowspan="2">烟瘴</td><td>广西</td><td>桂林府临桂县、永福县
又至柳州府雒容县</td><td>同前</td></tr>
<tr><td>贵州</td><td>安顺府安平县、普定县、镇宁州</td><td>同前</td></tr>
</table>

绛州属军犯编发地方

充军地方		乾隆八年(1743)	乾隆四十四年(1779)	嘉庆十四年(1809)
附近	东至	俱与平阳府同	山东青州府昌乐县、安丘县 又至莱州府潍县、昌邑县 又至沂州府沂水县、莒州	山东青州府安丘县 又至莱州府潍县、昌邑县 又至沂州府沂水县、莒州
	南至		湖北汉阳府黄陂县、汉阳县 又至襄阳府均州 又至安陆府荆门州	湖北汉阳府黄陂县、汉阳县 又至襄阳府均州
	西至		甘肃兰州府金县、渭源县、狄道州 又至阶州成县	甘肃兰州府金县
	北至		抵边不足二千里	同前
	[注]		以上除北外,东、南、西俱二千里	同前
边卫/近边	东至		山东登州府蓬莱县、栖霞县 又至莱州府即墨县	山东登州府蓬莱县、栖霞县
	南至		湖北武昌府蒲圻县 又至黄州府广济县、蕲州 又至湖南岳州府巴陵县 又至常德府武陵县	湖北武昌府蒲圻县 又至黄州府广济县 又至湖南常德府武陵县
	西至		甘肃凉州府古浪县 又至阶州文县	同前
	北至		抵边不足二千五百里	同前
	[注]		以上除北外,东、南、西俱二千五百里	同前
边远	东至		抵海不足三千里	同前
	南至		湖南长沙府长沙县、善化县、湘潭县	同前
	西至		甘肃甘州府山丹县	同前
	北至		抵边不足三千里	同前
	[注]		以上除东、北外,南、西俱三千里	同前

续表

<table>
<tr><th colspan="2">充军地方</th><th>乾隆八年（1743）</th><th>乾隆四十四年（1779）</th><th>嘉庆十四年（1809）</th></tr>
<tr><td rowspan="5">极边</td><td>东至</td><td rowspan="7">俱与平阳府同</td><td>抵海不足四千里</td><td>同前</td></tr>
<tr><td>南至</td><td>江西赣州府赣县
又至南安府南康县</td><td>同前</td></tr>
<tr><td>西至</td><td>甘肃安西州玉门县</td><td>同前</td></tr>
<tr><td>北至</td><td>抵边不足四千里</td><td>同前</td></tr>
<tr><td>[注]</td><td>以上除东、北外，南、西俱四千里</td><td>同前</td></tr>
<tr><td rowspan="2">烟瘴</td><td>广西</td><td>桂林府兴安县、灵川县、临桂县</td><td>同前</td></tr>
<tr><td>贵州</td><td>思州府青溪县
又至平越府黄平州
又至都匀府清平县</td><td>思州府青溪县
又至镇远府黄平州
又至都匀府清平县</td></tr>
</table>

隰州属军犯编发地方

<table>
<tr><th colspan="2">充军地方</th><th>乾隆八年（1743）</th><th>乾隆四十四年（1779）</th><th>嘉庆十四年（1809）</th></tr>
<tr><td rowspan="5">附近</td><td>东至</td><td rowspan="5">俱与平阳府同</td><td>山东济南府邹平县、长山县
又至青州府临淄县
又至泰安府新泰县
又至沂州府蒙阴县</td><td>同前</td></tr>
<tr><td>南至</td><td>湖北德安府安陆县、云梦县
襄阳府谷城县、光化县、宜城县</td><td>同前</td></tr>
<tr><td>西至</td><td>甘肃平凉府隆德县、静宁州、固原州
又至秦州秦安县
又至巩昌府伏羌县
又至陕西延安府保安县</td><td>同前</td></tr>
<tr><td>北至</td><td>抵边不足二千里</td><td>同前</td></tr>
<tr><td>[注]</td><td>以上除北外，东、南、西俱二千里</td><td>同前</td></tr>
</table>

续表

充军地方		乾隆八年(1743)	乾隆四十四年(1779)	嘉庆十四年(1809)
边卫/近边	东至	俱与平阳府同	山东莱州府掖县、平度州 又至登州府黄县 又至沂州府日照县	山东莱州府掖县、平度州 又至沂州府日照县
	南至		湖北武昌府咸宁县、蒲圻县 又至荆州府公安县 又至黄州府蕲水县 又至宜昌府东湖县 又至湖南澧州	湖北武昌府咸宁县、蒲圻县 又至黄州府蕲水县 又至宜昌府东湖县 又至湖南澧州
	西至		甘肃兰州府狄道州	同前
	北至		抵边不足二千五百里	同前
	[注]		以上除北外,东、南、西俱二千五百里	同前
边远	东至		抵海不足三千里	同前
	南至		湖南长沙府湘阴县、益阳县、宁乡县	同前
	西至		甘肃凉州府古浪县 又至兰州府河州 又至西宁府碾伯县	甘肃凉州府古浪县 又至西宁府碾伯县
	北至		抵边不足三千里	同前
	[注]		以上除东、北外,南、西俱三千里	同前
极边	东至		抵海不足四千里	同前
	南至		湖南永州府零陵县 又至广西桂林府全州	同前
	西至		甘肃肃州	同前
	北至		抵边不足四千里	同前
	[注]		以上除东、北外,南、西俱四千里	同前
烟瘴	广西		桂林府兴安县、灵川县	同前
	贵州		都匀府清平县 又至平越府平越县	都匀府清平县 又至普安州兴义县

大同府属军犯编发地方

充军地方		乾隆八年(1743)	乾隆四十四年(1779)	嘉庆十四年(1809)
附近	东至	山东莱州府灵山卫、鳌山卫、浮山守御所、雄崖守御所	山东青州府临淄县、益都县、昌乐县 又至莱州府潍县	同前
	南至	河南南阳府南阳县、邓州、唐县	河南许州襄城县、临颍县、郾城县 又至南阳府叶县 又至汝宁府西平县	同前
	西至	甘肃平凉府平凉县、固原州	陕西西安府渭南县、临潼县、咸宁县、长安县、高陵县、三原县 又至同州府华州	同前
	北至	抵边不足二千里	同前	同前
	[注]	以上除北外,东、南、西俱二千里	同前	同前
边卫/近边	东至	山东登州府大嵩卫、靖海卫、成山卫、威海卫 又至青州府安东卫 又至沂州府莒州	山东登州府黄县、蓬莱县 又至莱州府平度州、即墨县	山东登州府黄县、蓬莱县
	南至	湖北荆州府荆州卫、荆州左卫、荆州右卫 又至宜昌府东湖县	湖北襄阳府襄阳县、宜城县 又至德安府应山县	同前
	西至	甘肃巩昌府陇西县 又至秦州 又至阶州	陕西凤翔府凤翔县、汧阳县、陇州 又至鄜州洛川县 又至邠州长武县 又至甘肃泾州	陕西凤翔府汧阳县、陇州 又至鄜州 又至邠州长武县 又至甘肃泾州
	北至	抵边不足二千五百里	同前	同前
	[注]	以上除北外,东、南、西俱二千五百里	同前	同前

续表

充军地方		乾隆八年(1743)	乾隆四十四年(1779)	嘉庆十四年(1809)
边远	东至	抵海不足三千里	同前	同前
	南至	湖南岳州府岳州卫 又至澧州永定卫、九溪卫	湖北汉阳府黄陂县、汉阳县、汉川县 又至武昌府江夏县、咸宁县 又至黄州府黄冈县 又至荆州府江陵县	同前
	西至	甘肃兰州府皋兰县、金县 又至西宁府归德守御所	甘肃平凉府隆德县、静宁州 又至巩昌府会宁县、伏羌县 又至秦州礼县 又至陕西延安府保安县	甘肃平凉府隆德县、静宁州 又至巩昌府会宁县 又至秦州礼县 又至陕西延安府保安县
	北至	抵边不足三千里	同前	同前
	[注]	以上除东、北外,南、西俱三千里	同前	同前
极边	东至	抵海不足四千里	同前	同前
	南至	广东广州府南海县、东莞县、新宁县、从化县	江西南康府安义县 又至南昌府奉新县 又至瑞州府高安县 又至湖南长沙府湘潭县	同前
	西至	甘肃甘州府张掖县、山丹县	甘肃凉州府古浪县、武威县 又至兰州府河州 又至西宁府碾伯县	甘肃凉州府古浪县、武威县 又至西宁府碾伯县
	北至	抵边不足四千里	同前	同前
	[注]	以上除东、北外,南、西俱四千里	同前	同前
烟瘴	广东	高州府茂名县、电白县、信宜县 又至肇庆府阳春县	南雄府保昌县	南雄州
	广西	庆远府南丹州 又至思恩府宾州、迁江县	桂林府全州	同前
	[注]	以上里数与极边同		

潞安府属军犯编发地方

充军地方		乾隆八年(1743)	乾隆四十四年(1779)	嘉庆十四年(1809)
附近	东至	山东兖州府任城卫、济宁卫 又至武定府阳信县	山东莱州府胶州、即墨县、平度州 又至登州府黄县、蓬莱县 又至江苏江宁府六合县 又至扬州府仪征县 又至镇江府丹徒县	山东莱州府莱阳县、海阳县 又至登州府宁海州、文登县 又至江苏江宁府六合县 又至扬州府仪征县 又至镇江府丹徒县
	南至	湖北荆州府荆州卫、荆州左卫、荆州右卫 又至宜昌府东湖县	湖北宜昌府东湖县 又至荆州府公安县 又至武昌府咸宁县	同前
	西至	陕西延安府肤施县、安塞县、安定县、保安县	陕西延安府肤施县、安塞县 又至甘肃平凉府平凉县、隆德县 又至秦州清水县	陕西延安府肤施县、安塞县 又至甘肃平凉府平凉县、隆德县
	北至	抵边不足二千里	同前	同前
	[注]	以上除北外,东、南、西俱二千里	同前	同前
边卫/近边	东至	江南凤阳府宿州卫 又至泗州泗州卫 又至颍州府颍上县	江苏常州府无锡县、金匮县 又至苏州府长洲县、元和县、吴县、吴江县、震泽县	同前
	南至	湖南长沙府善化县、茶陵州 又至宝庆府邵阳县、武冈州	湖南岳州府巴陵县 又至长沙府湘阴县、益阳县	湖南岳州府巴陵县
	西至	甘肃庆阳府安化县、合水县、环县 又至平凉府平凉县、固原州	甘肃巩昌府会宁县、安定县、陇西县 又至宁夏府灵州 又至兰州府渭源县 又至阶州成县	甘肃巩昌府安定县、陇西县 又至兰州府渭源县 又至阶州成县
	北至	抵边不足二千五百里	同前	同前
	[注]	以上除北外,东、南、西俱二千五百里	同前	同前

续表

充军地方		乾隆八年(1743)	乾隆四十四年(1779)	嘉庆十四年(1809)
边远	东至	江南扬州府扬州卫、仪征卫、高邮州 又至通州如皋县	浙江绍兴府山阴县、会稽县	浙江绍兴府山阴县、会稽县、上虞县
	南至	湖南衡州府衡阳县、常宁县 又至桂阳州 又至永州府零陵县、东安县、宁远县、江华县	湖南衡州府衡阳县、清泉县、衡山县	湖南衡州府衡山县
	西至	甘肃巩昌府陇西县 又至秦州礼县 又至阶州文县	甘肃阶州文县 又至兰州府皋兰县 又至凉州府平番县	同前
	北至	抵边不足三千里	同前	同前
	[注]	以上除北外,东、南、西俱三千里	同前	同前
极边	东至	浙江台州府台州卫、黄岩县、天台县	浙江温州府永嘉县、瑞安县、平阳县	浙江温州府永嘉县、瑞安县、平阳县 又至福建福宁府福鼎县
	南至	广东广州府大鹏守御所、从化县、增城县、新会县 又至连州	江西南安府大庾县 又至广东南雄府保昌县、始兴县	江西南安府大庾县 又至广东南雄州始兴县
	西至	甘肃凉州府武威县、永昌县、镇番县、古浪县	甘肃肃州高台县 又至甘州府张掖县	甘肃肃州高台县
	北至	抵边不足四千里	同前	同前
	[注]	以上除北外,东、南、西俱四千里	同前	同前
烟瘴	广西	平乐府平乐县	平乐府平乐县 又至桂林府阳朔县	同前
	贵州	安顺府镇宁州、永宁州	安顺府镇宁州、普定县、永宁州	同前
	[注]	以上里数与极边同		

汾州府属军犯编发地方

充军地方		乾隆八年(1743)	乾隆四十四年(1779)	嘉庆十四年(1809)
附近	东至	山东青州府益都县、诸城县、安定卫 又至沂州府莒州	山东青州府诸城县 又至沂州府莒州、沂水县 又至安徽凤阳府灵璧县	山东青州府临淄新安、益都县 又至沂州府蒙阴县 又至安徽凤阳府灵璧县
	南至	湖南岳州府岳州卫 又至澧州永定卫、九溪卫	湖北襄阳府襄阳县、宜城县、谷城县 又至德安府应山县、安陆县	河南南阳府新野县 又至汝宁府信阳州
	西至	甘肃庆阳府安化县、合水县、环县	甘肃平凉府固原州、隆德县、静宁州 又至秦州清水县 又至陕西延安府保安县	同前
	北至	抵边不足二千里	同前	同前
	[注]	以上除北外,东、南、西俱二千里	同前	同前
边卫/近边	东至	江南淮安府大河卫 又至海州赣榆县 又至徐州府邳州、宿迁县	江苏扬州府高邮州、仪征县、甘泉县、江都县 又至江宁府六合县 又至镇江府丹徒县 又至安徽庐州府合肥县、舒城县	江苏扬州府仪征县、甘泉县、江都县 又至镇江府丹徒县 又至安徽庐州府舒城县
	南至	湖南长沙府善化县、茶陵州 又至衡州府衡阳县、常宁县 又至桂阳州	湖北武昌府江夏县、咸宁县 又至汉阳府汉川县 又至黄州府黄冈县、蕲水县 又至荆州府江陵县、公安县	湖北汉阳府汉川县
	西至	甘肃巩昌府陇西县 又至秦州礼县 又至阶州文县	甘肃兰州府渭源县、狄道州、金县、皋兰县 又至阶州成县	同前
	北至	抵边不足二千五百里	同前	同前
	[注]	以上除北外,东、南、西俱二千五百里	同前	同前

续表

充军地方		乾隆八年(1743)	乾隆四十四年(1779)	嘉庆十四年(1809)
边远	东至	江南庐州府庐州卫 又至六安州	安徽安庆府宿松县 又至湖北黄州府黄梅县 又至江苏苏州府长洲县、元和县、吴县、吴江县、震泽县 又至浙江嘉兴府嘉兴县、秀水县	同前
	南至	湖南衡州府衡阳县、常宁县 又至桂阳州 又至永州府零陵县、东安县	湖南岳州府巴陵县 又至长沙府湘阴县、益阳县 又至常德府龙阳县	湖南岳州府巴陵县 又至常德府龙阳县
	西至	甘肃兰州府河州 又至西宁府西宁县、碾伯县、归德守御所	甘肃兰州府河州 又至西宁府碾伯县 又至阶州文县	同前
	北至	抵边不足三千里	同前	同前
	[注]	以上除北外,东、南、西俱三千里	同前	同前
极边	东至	浙江宁波府宁波卫、镇海县、慈溪县	浙江宁波府镇海县 又至台州府临海县、黄岩县、宁海县	浙江台州府临海县、黄岩县、宁海县
	南至	广东广州府南海县、番禺县、东莞县	江西吉安府吉水县、庐陵县、泰和县 又至湖南永州府零陵县	湖南永州府零陵县、祁阳县 又至江西吉安府万安县 又至赣州府赣县
	西至	甘肃甘州府张掖县、山丹县	甘肃肃州高台县	同前
	北至	抵边不足四千里	同前	同前
	[注]	以上除北外,东、南、西俱四千里	同前	同前
烟瘴	贵州	安顺府永宁州、普定县	思州府玉屏县、青溪县	同前
	广西	南宁府宣化县、新宁州、隆安县 又至思恩府武缘县	桂林府全州、兴安县	同前
	[注]	以上里数与极边同		

朔平府属军犯编发地方

充军地方		乾隆八年(1743)	乾隆四十四年(1779)	嘉庆十四年(1809)
附近	东至	直隶永平府临榆县、抚宁县、昌黎县	直隶。停止编发	同前
	南至	河南汝州伊阳县、鲁山县	河南开封府禹州 又至许州襄城县、临颍县、郾城县 又至南阳府叶县	河南开封府禹州 又至许州襄城县、临颍县、郾城县
	西至	陕西延安府肤施县、安定县 又至绥德州清涧县	陕西同州府华阴县、华州 又至西安府渭南县	同前
	北至	直隶宣化府赤城县、龙门县	直隶。停止编发	同前
	[注]	以上俱二千里	以上除东、北外,南、西俱二千里	同前
边卫/近边	东至	抵海不足二千五百里	同前	同前
	南至	湖北安陆府沔阳卫、钟祥县、天门县	河南汝宁府信阳州 又至南阳府新野县 又至湖北德安府应山县 又至襄阳府襄阳县	河南汝宁府信阳州 又至南阳府新野县 又至襄阳府襄阳县
	西至	甘肃平凉府泾州、镇原县、崇信县	陕西乾州永寿县 又至邠州长武县 又至凤翔府扶风县、岐山县、凤翔县、汧阳县 又至鄜州宜君县、中部县、洛川县	陕西邠州长武县 又至凤翔府扶风县、岐山县、凤翔县、汧阳县 又至鄜州中部县、洛川县
	北至	抵边不足二千五百里	同前	同前
	[注]	以上除东、北外,南、西俱二千五百里	同前	同前

续表

充军地方		乾隆八年(1743)	乾隆四十四年(1779)	嘉庆十四年(1809)
边远	东至	抵海不足三千里	同前	同前
	南至	湖南岳州府岳州卫、华容县 又至长沙府湘阴县	湖北汉阳府黄陂县、汉阳县 又至武昌府江夏县 又至襄阳府均州 又至荆州府江陵县	同前
	西至	甘肃巩昌府洮州卫、安定县、会宁县 又至兰州府皋兰县	甘肃秦州清水县 又至平凉府隆德县、静宁州	同前
	北至	抵边不足三千里	同前	同前
	[注]	以上除东、北外,南、西俱三千里	同前	同前
极边	东至	抵海不足四千里	同前	同前
	南至	湖南郴州永兴县、宜章县、桂阳县	湖南长沙府长沙县、善化县、湘潭县、醴陵县	湖南长沙府长沙县、善化县、湘潭县
	西至	甘肃凉州府镇番县、永昌县 又至西宁府西宁县、碾伯县	甘肃西宁府碾伯县 又至凉州府古浪县 又至阶州文县	同前
	北至	抵边不足四千里	同前	同前
	[注]	以上除东、北外,南、西俱四千里	同前	同前
烟瘴	广东	广州府新宁县、新会县、三水县	南雄府保昌县	南雄州
	广西	平乐府富川县、恭城县	桂林府全州、兴安县、灵川县、临桂县、阳朔县	同前
	[注]	以上里数与极边同		

宁武府属军犯编发地方

充军地方		乾隆八年(1743)	乾隆四十四年(1779)	嘉庆十四年(1809)
附近	东至	山东青州府益都县、博兴县、寿光县	山东济南府章丘县、邹平县、长山县 又至泰安府泰安县 又至河南归德府虞城县、夏邑县、永城县	山东济南府章丘县、邹平县、长山县 又至泰安府泰安县 又至河南归德府虞城县、夏邑县
	南至	河南南阳府南阳县、唐县、裕州	河南南阳府南阳县、南召县、唐县、裕州 又至汝宁府确山县	河南南阳府南阳县、南召县、裕州 又至汝宁府确山县
	西至	甘肃庆阳府安化县、合水县	陕西邠州淳化县、三水县 又至凤翔府扶风县 又至乾州武功县、永寿县 又至甘肃庆阳府正宁县	陕西凤翔府扶风县 又至乾州武功县、永寿县
	北至	陕西榆林府葭州、神木县、府谷县	陕西西安府同官县 又至鄜州宜君县	同前
	[注]	以上俱二千里	同前	同前
边卫/近边	东至	山东莱州府鳌山卫、雄崖守御所、浮山守御所	山东莱州府昌邑县、掖县 又至青州府诸城县 又至安徽凤阳府凤阳县、定远县	同前
	南至	湖北荆州府荆州卫、荆州左卫、荆州右卫 又至宜昌府东湖县	湖北安陆府荆门州 又至襄阳府光化县	湖北德安府应城县 又至安陆府京山县 又至襄阳府光化县
	西至	甘肃平凉府平凉县、静宁州、固原州	甘肃平凉府平凉县、隆德县 又至秦州清水县	同前
	北至	抵边不足二千五百里	同前	同前
	[注]	以上除北外,东、南、西俱二千五百里	同前	同前

续表

充军地方		乾隆八年(1743)	乾隆四十四年(1779)	嘉庆十四年(1809)
边远	东至	山东登州府大嵩卫、靖海卫、威海卫	山东登州府莱阳县、海阳县、栖霞县 又至江苏镇江府丹徒县、丹阳县 又至常州府武进县、阳湖县	山东登州府莱阳县、海阳县、福山县、宁海州、文登县 又至江苏镇江府丹徒县、丹阳县 又至常州府武进县、阳湖县
	南至	湖南岳州府岳州卫 又至澧州永定卫、九溪卫	湖北武昌府蒲圻县 又至黄州府广济县、蕲州 又至湖南澧州	湖北武昌府蒲圻县 又至黄州府广济县 又至湖南澧州
	西至	甘肃兰州府皋兰县、金县 又至巩昌府洮州卫	甘肃巩昌府会宁县、安定县、西和县、宁远县、陇西县 又至兰州府渭源县 又至阶州成县	同前
	北至	抵边不足三千里	同前	同前
	[注]	以上除北外,东、南、西俱三千里	同前	同前
极边	东至	抵海不足四千里	浙江绍兴府嵊县、新昌县、上虞县、余姚县 又至严州府建德县 又至金华府兰溪县 又至宁波府慈溪县	同前
	南至	广东韶州府曲江县、乳源县、乐昌县	湖南衡州府衡阳县、清泉县	湖南衡州府衡阳县、清泉县、常宁县
	西至	甘肃甘州府张掖县、山丹县 又至肃州高台县	甘肃甘州府山丹县 又至凉州府永昌县 又至西宁府大通县	同前
	北至	抵边不足四千里	同前	同前
	[注]	以上除东、北外,南、西俱四千里	以上除北外,东、南、西俱四千里	同前
烟瘴	广西	桂林府永宁州、阳朔县	桂林府全州、兴安县	同前
	贵州	铜仁府铜仁县	同前	同前
	[注]	以上里数与极边同		

泽州府属军犯编发地方

充军地方		乾隆八年(1743)	乾隆四十四年(1779)	嘉庆十四年(1809)
附近	东至	江南安庆府安庆卫 又至江西九江府九江卫、湖口县	安徽安庆府桐城县、潜山县、太湖县 又至江西九江府德化县	安徽安庆府桐城县、潜山县
	南至	湖南岳州府岳州卫 又至澧州永定卫、九溪卫	湖北武昌府蒲圻县 又至安陆府潜江县 又至荆州府江陵县 又至黄州府广济县、蕲州 又至湖南澧州 又至常德府武陵县	湖北武昌府蒲圻县 又至黄州府广济县 又至湖南澧州
	西至	陕西延安府肤施县、安塞县、安定县、保安县	陕西延安府保安县、靖边县 又至甘肃平凉府静宁州 又至巩昌府伏羌县 又至秦州礼县	陕西延安府靖边县 又至甘肃平凉府静宁州 又至秦州礼县
	北至	抵边不足二千里	同前	同前
	[注]	以上除北外,东、南、西俱二千里	同前	同前
边卫/近边	东至	江南庐州府庐州卫 又至六安州	浙江嘉兴府石门县 又至杭州府仁和县、钱塘县	浙江嘉兴府石门县
	南至	湖南长沙府善化县、茶陵州	湖南长沙府长沙县、善化县、湘潭县	同前
	西至	甘肃庆阳府安化县、合水县、环县	甘肃宁夏府灵州、宁夏县 又至兰州府皋兰县 又至阶州	同前
	北至	抵边不足二千五百里	同前	同前
	[注]	以上除北外,东、南、西俱二千五百里	同前	同前

续表

充军地方		乾隆八年(1743)	乾隆四十四年(1779)	嘉庆十四年(1809)
边远	东至	江南镇江府镇江卫	浙江严州府建德县 又至金华府兰溪县、金华县、永康县 又至绍兴府余姚县 又至宁波府慈溪县、鄞县	同前
	南至	湖南衡州府衡阳县、常宁县	湖南衡州府衡阳县、清泉县、常宁县	同前
	西至	甘肃巩昌府陇西县 又至秦州礼县 又至阶州文县	甘肃阶州文县 又至凉州府平番县、古浪县	甘肃阶州文县 又至凉州府古浪县
	北至	抵边不足三千里	同前	同前
	[注]	以上除北外,东、南、西俱三千里	同前	同前
极边	东至	浙江宁波府象山县、奉化县	浙江温州府瑞安县、平阳县	抵海不足四千里
	南至	广东广州府大鹏守御所、香山县、东莞县	广东南雄府始兴县 又至韶州府曲江县	广东南雄州始兴县 又至韶州府曲江县
	西至	甘肃西宁府西宁县 又至凉州府古浪县	甘肃肃州 又至安西州玉门县	甘肃肃州
	北至	抵边不足四千里	同前	同前
	[注]	以上除北外,东、南、西俱四千里	同前	同前
烟瘴	广东	惠州府碣石卫、捷胜守御所		同前
	贵州	平越府平越县 又至贵阳府龙里县	南笼府安南县、普安县	兴义府安南县 又至普安州
	[注]	以上里数与极边同		

蒲州府属军犯编发地方

充军地方		乾隆八年(1743)	乾隆四十四年(1779)	嘉庆十四年(1809)
附近	东至	山东济南府历城县、章丘县	山东济南府邹平县、长山县 又至青州府临淄县 又至泰安府新泰县	山东济南府邹平县、长山县 又至青州府临淄县
	南至	湖北襄阳府均州 又至郧阳府房县	湖北襄阳府均州 又至安陆府荆门州	湖北襄阳府均州 又至荆门州
	西至	甘肃巩昌府宁远县、伏羌县 又至秦州礼县	甘肃兰州府皋兰县	同前
	北至	陕西榆林府榆林县、怀远县	陕西榆林府神木县	同前
	[注]	以上俱二千里	同前	同前
边卫/近边	东至	山东青州府益都县、诸城县	山东青州府诸城县 又至莱州府胶州、掖县、平度州	同前
	南至	湖南澧州永定卫、九溪卫	湖南常德府武陵县、桃源县 又至澧州慈利县、安福县、永定县	湖南常德府武陵县 又至澧州慈利县、安福县
	西至	甘肃兰州府皋兰县 又至西宁府归德守御所 又至巩昌府洮州卫	甘肃西宁府西宁县、碾伯县 又至凉州府武威县	同前
	北至	抵边不足二千五百里	同前	同前
	[注]	以上除北外,东、南、西俱二千五百里	同前	同前

续表

充军地方		乾隆八年(1743)	乾隆四十四年(1779)	嘉庆十四年(1809)
边远	东至	山东莱州府鳌山卫、浮山守御所、雄崖守御所	山东登州府莱阳县、栖霞县	抵海不足三千里
	南至	湖南辰州府沅陵县 又至沅州府黔阳县 又至常德府桃源县	湖南辰州府沅陵县、辰溪县 又至长沙府长沙县、善化县、湘潭县	同前
	西至	甘肃凉州府武威县、古浪县、平番县	甘肃甘州府山丹县、张掖县	同前
	北至	抵边不足三千里	同前	同前
	[注]	以上除北外,东、南、西俱三千里	同前	以上除东、北外,南、西俱足三千里
极边	东至	抵海不足四千里	同前	同前
	南至	广西柳州府罗城县、柳城县、怀远县	广西桂林府兴安县、灵川县	同前
	西至	甘肃甘州府张掖县 又至肃州高台县	甘肃安西州敦煌县	甘肃肃州玉门县
	北至	抵边不足四千里	同前	同前
	[注]	以上除东、北外,南、西俱四千里	同前	同前
烟瘴	广西	镇安府奉议州、向武州	平乐府平乐县 又至桂林府阳朔县	同前
	贵州	贵阳府贵筑县、龙里县	贵阳府贵筑县、龙里县 又至安顺府清镇县、安平县	同前
	[注]	以上里数与极边同		

辽州属军犯编发地方

充军地方		乾隆八年(1743)	乾隆四十四年(1779)	嘉庆十四年(1809)
附近	东至	山东登州府大嵩卫、靖海卫、成山卫	山东济南府邹平县、长山县、章丘县 又至青州府临淄县 又至泰安府泰安县、新泰县 又至安徽凤阳府定远县 又至庐州府合肥县 又至滁州	安徽凤阳府定远县 又至庐州府合肥县 又至滁州
	南至	湖北襄阳府襄阳卫、均州	湖北襄阳府均州 又至安陆府荆门州、当阳县 又至汉阳府黄陂县、汉阳县 又至武昌府江夏县	湖北襄阳府均州 又至荆门州当阳县 又至汉阳府黄陂县、汉阳县
	西至	甘肃庆阳府安化县、合水县、环县	陕西邠州长武县 又至凤翔府汧阳县、陇州 又至延安府甘泉县 又至鄜州洛川县 又至甘肃泾州	陕西凤翔府陇州 又至延安府甘泉县 又至甘肃泾州
	北至	抵边不足二千里	同前	同前
	[注]	以上除北外,东、南、西俱二千里	同前	同前
边卫/近边	东至	江南徐州府徐州卫、萧县	江苏镇江府丹阳县 又至常州府武进县、阳湖县、无锡县、金匮县 又至扬州府泰州 又至通州如皋县	江苏镇江府丹阳县 又至常州府武进县、阳湖县 又至扬州府泰州 又至通州如皋县
	南至	湖北黄州府黄州卫、蕲州卫	湖北黄州府蕲州、广济县 又至湖南岳州府巴陵县 又至澧州石门县、慈利县、安福县、永定县	湖南澧州石门县、慈利县、安福县
	西至	甘肃巩昌府陇西县 又至秦州礼县 又至阶州文县	甘肃秦州礼县 又至巩昌府西和县、伏羌县、宁远县 又至陕西延安府靖边县	同前

续表

充军地方		乾隆八年(1743)	乾隆四十四年(1779)	嘉庆十四年(1809)
边卫/近边	北至	抵边不足二千五百里	同前	同前
	[注]	以上除北外,东、南、西俱二千五百里	同前	同前
边远	东至	江南庐州府庐州卫 又至六安州	浙江嘉兴府石门县 又至杭州府仁和县、钱塘县	同前
	南至	湖南岳州府岳州卫 又至澧州永定卫、九溪卫	湖南澧州安乡县 又至长沙府长沙县、善化县、宁乡县、湘潭县	湖南长沙府长沙县、善化县、宁乡县、湘潭县
	西至	甘肃西宁府西宁县 又至凉州府古浪县	甘肃兰州府金县、皋兰县 又至阶州	甘肃兰州府皋兰县 又至阶州
	北至	抵边不足三千里	同前	同前
	[注]	以上除北外,东、南、西俱三千里	同前	同前
极边	东至	浙江台州府台州卫、黄岩县、天台县	浙江宁波府奉化县、鄞县	浙江台州府黄岩县
	南至	湖南辰州府沅陵县 又至沅州府麻阳县 又至常德府武陵县、桃源县	湖南沅州府麻阳县 又至辰州府辰溪县	湖南辰州府辰溪县
	西至	甘肃甘州府张掖县 又至肃州高台县	甘肃甘州府张掖县、山丹县	同前
	北至	抵边不足四千里	同前	同前
	[注]	以上除北外,东、南、西俱四千里	同前	同前
烟瘴	广东	雷州府海安守御所、海康县	南雄府保昌县	南雄州
	广西	柳州府来宾县、象州、融县 又至思恩府宾州	桂林府兴安县、灵川县、临桂县、永福县	同前
	[注]	以上里数与极边同		

沁州属军犯编发地方

充军地方		乾隆八年(1743)	乾隆四十四年(1779)	嘉庆十四年(1809)
附近	东至	山东登州府大嵩卫、威海卫、宁海州、福山县	山东登州府黄县、蓬莱县 又至莱州府胶州、平度州、即墨县 又至江苏江宁府六合县 又至安徽滁州	山东莱州府平度州 又至江苏江宁府六合县 又至安徽滁州
	南至	湖北荆州府荆州卫、荆州左卫、荆州右卫、枝江县 又至宜昌府东湖县	湖北荆州府江陵县 又至襄阳府均州 又至安陆府当阳县 又至宜昌府东湖县 又至汉阳府汉阳县 又至武昌府江夏县	湖北荆州府江陵县 又至襄阳府均州 又至荆门州当阳县 又至德安府应城县 又至汉阳府汉川县
	西至	陕西绥德州 又至榆林府榆林县	陕西鄜州洛川县 又至延安府甘泉县 又至凤翔府陇州 又至甘肃平凉府平凉县 又至泾州	陕西鄜州 又至延安府甘泉县 又至凤翔府陇州 又至甘肃泾州
	北至	抵边不足二千里	同前	同前
	[注]	以上除北外,东、南、西俱二千里	同前	同前
边卫/近边	东至	江南扬州府扬州卫、仪征卫、高邮州、兴化县、泰州 又至通州如皋县	江苏通州如皋县 又至常州府无锡县、金匮县 又至苏州府长洲县、元和县、吴县	江苏常州府无锡县、金匮县 又至苏州府长洲县、元和县、吴县
	南至	湖南岳州府岳州卫 又至澧州永定卫、九溪卫	湖南岳州府巴陵县 又至常德府武陵县、桃源县	湖南常德府武陵县、桃源县 又至湖北武昌府咸宁县
	西至	甘肃庆阳府安化县、合水县、环县	陕西延安府靖边县 又至甘肃巩昌府伏羌县、宁远县、西和县 又至秦州礼县	同前
	北至	抵边不足二千五百里	同前	同前
	[注]	以上除北外,东、南、西俱二千五百里	同前	同前

续表

充军地方		乾隆八年(1743)	乾隆四十四年(1779)	嘉庆十四年(1809)
边远	东至	浙江杭州府杭州前卫、杭州右卫、海宁所	浙江杭州府仁和县、钱塘县、海宁州 又至绍兴府萧山县、山阴县、会稽县	同前
	南至	湖南长沙府善化县、茶陵州	湖南长沙府长沙县、善化县、醴陵县、湘潭县	湖南岳州府巴陵县 又至长沙府湘阴县
	西至	甘肃巩昌府陇西县 又至秦州礼县 又至阶州文县	甘肃兰州府皋兰县 又至阶州	同前
	北至	抵边不足三千里	同前	同前
	[注]	以上除北外,东、南、西俱三千里	同前	同前
极边	东至	浙江台州府台州卫、黄岩县、天台县	浙江温州府永嘉县、瑞安县、平阳县	同前
	南至	贵州镇远府镇远县 又至思州府青溪县	贵州贵阳府龙里县、贵筑县	同前
	西至	甘肃凉州府武威县、镇番县 又至平凉府庄浪县	甘肃甘州府山丹县、张掖县	同前
	北至	抵边不足四千里	同前	同前
	[注]	以上除北外,东、南、西俱四千里	同前	同前
烟瘴	广西	南宁府宣化县新宁州 又至思恩府武缘县	桂林府临桂县、永福县	同前
	贵州	南笼府安南县 又至大定府毕节县	安顺府安平县、清镇县	同前
	[注]	以上里数与极边同		

霍州属军犯编发地方

充军地方		乾隆四十四年(1779)	嘉庆十四年(1809)
附近	东至	山东青州府临淄县、益都县、昌乐县 又至泰安府新泰县 又至沂州府蒙阴县	山东青州府临淄县、益都县 又至泰安府新泰县 又至沂州府蒙阴县
	南至	湖北德安府云梦县 又至汉阳府孝感县、黄陂县 又至襄阳府光化县、均州 又至安陆府荆门州	湖北德安府安陆县 又至襄阳府光化县、谷城县
	西至	甘肃巩昌府会宁县、西和县、伏羌县、宁远县 又至秦州礼县 又至陕西延安府靖边县	甘肃巩昌府会宁县、西和县、伏羌县 又至秦州礼县 又至陕西延安府靖边县
	北至	抵边不足二千里	同前
	[注]	以上除北外,东、南、西俱二千里	同前
近边	东至	山东登州府黄县、蓬莱县 又至莱州府胶州、平度州、即墨县	山东登州府黄县、蓬莱县 又至莱州府胶州、即墨县
	南至	湖北武昌府蒲圻县 又至黄州府广济县、蕲州 又至湖南澧州	湖北武昌府咸宁县 又至荆州府公安县
	西至	甘肃凉州府平番县 又至阶州	甘肃兰州府皋兰县 又至阶州
	北至	抵边不足二千五百里	同前
	[注]	以上除北外,东、南、西俱二千五百里	同前
边远	东至	抵海不足三千里	同前
	南至	湖南长沙府湘阴县、宁乡县、长沙县、善化县	湖南长沙府山阴县、宁乡县
	西至	甘肃凉州府武威县 又至西宁府碾伯县、西宁县	甘肃凉州府武威县
	北至	抵边不足三千里	同前
	[注]	以上除东、北外,南、西俱三千里	同前

续表

充军地方		乾隆四十四年(1779)	嘉庆十四年(1809)
极边	东至	抵海不足四千里	同前
	南至	江西赣州府赣县 又至南安府南康县	江西吉安府万安县
	西至	甘肃安西州玉门县	甘肃肃州
	北至	抵边不足四千里	同前
	[注]	以上除东、北外,南、西俱四千里	同前
烟瘴	广西	桂林府兴安县、灵川县	同前
	贵州	平越府平越县 又至贵阳府贵定县、龙里县	普安州兴义县 又至贵阳府贵定县、龙里县

河　　南

开封府属军犯编发地方

充军地方		乾隆八年(1743)	乾隆四十四年(1779)	嘉庆十四年(1809)
附近	东至	浙江杭州府杭州前卫、杭州右卫、海宁所	浙江杭州府仁和县、钱塘县、海宁州 又至嘉兴府石门县	同前
	南至	湖南岳州府岳州卫 又至澧州永定卫、九溪卫	湖南长沙府湘阴县、长沙县、善化县	湖南长沙府湘阴县
	西至	甘肃巩昌府陇西县 又至秦州礼县 又至阶州文县	甘肃平凉州华亭县、隆德县、静宁州 又至陕西延安府延长县、延川县	同前
	北至	直隶宣化府宣化县、万全县、怀安县	直隶。停止编发	同前
	[注]	以上俱二千里	以上除北外,东、南、西俱二千里	同前
边卫/近边	东至	浙江宁波府宁波卫、慈溪县、镇海县	浙江宁波府慈溪县、鄞县 又至绍兴府余姚县、嵊县、新昌县 又至台州府天台县 又至金华府慈溪县 又至衢州府龙游县	浙江宁波府慈溪县、鄞县 又至绍兴府嵊县、新昌县 又至台州府天台县 又至金华府慈溪县 又至衢州府龙游县
	南至	湖南长沙府善化县、茶陵州 又至宝庆府邵阳县、武冈州	湖南衡州府衡阳县、清泉县、衡山县	同前
	西至	甘肃兰州府河州 又至西宁府西宁县、碾伯县、归德守御所	甘肃巩昌府安定县 又至兰州府金县	甘肃兰州府金县
	北至	抵边不足二千五百里	同前	同前
	[注]	以上除北外,东、南、西俱二千五百里	同前	同前

续表

充军地方		乾隆八年(1743)	乾隆四十四年(1779)	嘉庆十四年(1809)
边远	东至	浙江台州府台州卫、黄岩县、天台县	浙江温州府乐清县、永嘉县、瑞安县 又至福建建宁府浦城县	同前
	南至	湖南永州府零陵县、东安县、宁远县、江华县	广西桂林府全州、兴安县	同前
	西至	甘肃凉州府武威县、镇番县、古浪县	甘肃凉州府古浪县、平番县	同前
	北至	抵边不足三千里	同前	同前
	[注]	以上除北外,东、南、西俱三千里	同前	同前
极边	东至	福建漳州府龙溪县、漳浦县、诏安县 又至福宁府福安县	福建福州府罗源县、侯官县、闽县、连江县 又至福宁府宁德县	同前
	南至	广东广州府大鹏守御所、从化县、新宁县、增城县、香山县	广东广州府清远县	同前
	西至	甘肃甘州府张掖县 又至肃州	甘肃肃州高台县	同前
	北至	抵边不足四千里	同前	同前
	[注]	以上除北外,东、南、西俱四千里	同前	同前
烟瘴	广西	柳州府象州、融县、来宾县 又至浔州府武宣县 又至思恩府宾州 又至庆远府南丹州	思恩府宾州	同前
	贵州	安顺府普定县	南笼府普安州	普安州
	云南		曲靖府平彝县、南宁县、沾益州	同前
	[注]	以上里数与极边同		

陈州府属军犯编发地方

<table>
<tr><th colspan="2">充军地方</th><th>乾隆八年（1743）</th><th>乾隆四十四年（1779）</th><th>嘉庆十四年（1809）</th></tr>
<tr><td rowspan="5">附近</td><td>东至</td><td rowspan="15">俱与开封府同</td><td>浙江绍兴府山阴县、会稽县、上虞县
又至杭州府富阳县
又至严州府桐庐县</td><td>同前</td></tr>
<tr><td>南至</td><td>湖南长沙府长沙县、善化县</td><td>同前</td></tr>
<tr><td>西至</td><td>甘肃泾州
又至陕西延安府甘泉县
又至鄜州</td><td>同前</td></tr>
<tr><td>北至</td><td>直隶。停止编发</td><td>同前</td></tr>
<tr><td>［注］</td><td>以上除北外，东、南、西俱二千里</td><td>同前</td></tr>
<tr><td rowspan="5">边卫／近边</td><td>东至</td><td>浙江台州府临海县、黄岩县
又至衢州府西安县、江山县</td><td>同前</td></tr>
<tr><td>南至</td><td>湖南永州府祁阳县
又至衡州府常宁县</td><td>同前</td></tr>
<tr><td>西至</td><td>甘肃巩昌府会宁县
又至陕西绥德州清涧县</td><td>同前</td></tr>
<tr><td>北至</td><td>直隶。停止编发</td><td>同前</td></tr>
<tr><td>［注］</td><td>以上除北外，东、南、西俱二千五百里</td><td>同前</td></tr>
<tr><td rowspan="5">边远</td><td>东至</td><td>浙江温州府泰顺县
又至福建建宁府建阳县</td><td>同前</td></tr>
<tr><td>南至</td><td>广西桂林府兴安县、灵川县、临桂县</td><td>同前</td></tr>
<tr><td>西至</td><td>甘肃兰州府皋兰县</td><td>同前</td></tr>
<tr><td>北至</td><td>直隶。停止编发</td><td>同前</td></tr>
<tr><td>［注］</td><td>以上除北外，东、南、西俱三千里</td><td>同前</td></tr>
</table>

续表

充军地方		乾隆八年(1743)	乾隆四十四年(1779)	嘉庆十四年(1809)
极边	东至	俱与开封府同	福建福州府罗源县 又至福宁府宁德县	同前
	南至		广西南宁府宣化县	同前
	西至		甘肃甘州府张掖县	同前
	北至		直隶。停止编发	同前
	[注]		以上除北外,东、南、西俱四千里	同前
烟瘴	云南		曲靖府平彝县、沾益州	同前

许州属军犯编发地方

充军地方		乾隆八年(1743)	乾隆四十四年(1779)	嘉庆十四年(1809)
附近	东至	俱与开封府同	浙江嘉兴府石门县	同前
	南至		湖南长沙府长沙县、善化县、湘潭县	同前
	西至		甘肃平凉州隆德县 又至陕西延安府延长县	同前
	北至		直隶。停止编发	同前
	[注]		以上除北外,东、南、西俱二千里	同前
边卫/近边	东至		浙江绍兴府余姚县、嵊县、新昌县 又至宁波府慈溪县、鄞县 又至严州府建德县 又至金华府兰溪县	同前
	南至		湖南永州府祁阳县 又至衡州府常宁县	同前
	西至		甘肃巩昌府安定县 又至兰州府金县	同前
	北至		直隶。停止编发	同前
	[注]		以上除北外,东、南、西俱二千五百里	同前

续表

充军地方		乾隆八年(1743)	乾隆四十四年(1779)	嘉庆十四年(1809)
边远	东至	俱与开封府同	浙江温州府乐清县、永嘉县又至福建建宁府浦城县	同前
	南至		广西桂林府灵川县、临桂县	同前
	西至		甘肃凉州府平番县	同前
	北至		直隶。停止编发	同前
	[注]		以上除北外,东、南、西俱三千里	同前
极边	东至		福建福州府闽清县、侯官县、闽县	同前
	南至		广东广州府三水县	同前
	西至		甘肃肃州高台县	同前
	北至		直隶。停止编发	同前
	[注]		以上除北外,东、南、西俱四千里	同前
烟瘴	云南		曲靖府马龙州	同前
	广西		南宁府宣化县	同前

归德府属军犯编发地方

充军地方		乾隆八年(1743)	乾隆四十四年(1779)	嘉庆十四年(1809)
附近	东至	浙江绍兴府绍兴卫、会稽县、上虞县	浙江绍兴府山阴县、会稽县、上虞县、余姚县、嵊县	同前
	南至	江南池州府新安卫	浙江严州府桐庐县、建德县	同前
	西至	陕西凤翔府凤翔县 又至宁夏府平罗县	陕西凤翔府宝鸡县 又至延安府甘泉县 又至鄜州 又至甘肃泾州	同前

续表

充军地方		乾隆八年(1743)	乾隆四十四年(1779)	嘉庆十四年(1809)
附近	北至	直隶顺天府通州左所、通州右所	顺天。停止编发	同前
	[注]	以上俱二千里	以上除北外,东、南、西俱二千里	同前
边卫/近边	东至	浙江宁波府宁波卫、象山县、奉化县	浙江处州府缙云县、丽水县	同前
	南至	福建建宁府建安县、浦城县	浙江衢州府江山县	同前
	西至	甘肃巩昌府陇西县 又至秦州 又至阶州	甘肃巩昌府会宁县 又至陕西绥德州清涧县	同前
	北至	直隶宣化府赤城县、龙门县	直隶。停止编发	同前
	[注]	以上俱二千五百里	同前以上除北外,东、南、西俱二千五百里	同前
边远	东至	浙江台州府黄岩县、太平县	浙江温州府永嘉县、泰顺县	同前
	南至	福建福州府闽县、侯官县、连江县	福建建宁府建阳县、建安县、瓯宁县	同前
	西至	甘肃宁夏府宁夏县、宁朔县、中卫县	甘肃凉州府平番县 又至兰州府皋兰县	同前
	北至	抵边不足三千里	同前	同前
	[注]	以上除北外,东、南、西俱三千里	同前	同前
极边	东至	抵海不足四千里	同前	同前
	南至	广东潮州府大城守御所、潮阳县 又至嘉应州	广东广州府清远县、三水县	广东广州府三水县

续表

充军地方		乾隆八年(1743)	乾隆四十四年(1779)	嘉庆十四年(1809)
极边	西至	甘肃凉州府武威县、镇番县、永昌县 又至甘州府张掖县、山丹县 又至肃州高台县	甘肃甘州府张掖县	同前
	北至	抵边不足四千里	同前	同前
	[注]	以上除东、北外,南、西俱四千里	同前	同前
烟瘴	贵州	都匀府清平县	安顺府永宁州 又至南笼府安南县、普安县	安顺府永宁州 又至兴义府安南县、普安县
	广东	琼州府儋州、崖州、万州	惠州府博罗县、归善县	同前
	[注]	以上里数与极边同		

彰德府属军犯编发地方

充军地方		乾隆八年(1743)	乾隆四十四年(1779)	嘉庆十四年(1809)
附近	东至	山东登州府大嵩卫、靖海卫、威海卫	山东登州府荣成县 又至江苏常州府无锡县、金匮县 又至苏州府长洲县、元和县、吴县、吴江县、震泽县	同前
	南至	湖北黄州府黄州卫、蕲州卫	湖北武昌府蒲圻县 又至荆州府公安县 又至湖南澧州	同前
	西至	陕西绥德州 又至榆林府榆林县	陕西鄜州 又至延安府甘泉县、肤施县 又至甘肃平凉府平凉县	陕西延安府甘泉县、肤施县 又至甘肃平凉府平凉县
	北至	直隶宣化府赤城县、龙门县	直隶。停止编发	同前
	[注]	以上俱二千里	以上除北外,东、南、西俱二千里	同前

续表

充军地方		乾隆八年(1743)	乾隆四十四年(1779)	嘉庆十四年(1809)
边卫/近边	东至	江南徐州府铜山县、徐州卫、沛县	浙江杭州府仁和县、钱塘县、富阳县 又至绍兴府萧山县、山阴县、会稽县	同前
	南至	湖南澧州永定卫、九溪卫	湖南长沙府湘阴县、长沙县、善化县	同前
	西至	甘肃平凉府平凉县、固原州	甘肃巩昌府会宁县、安定县 又至陕西绥德州	同前
	北至	抵边不足二千五百里	同前	同前
	[注]	以上除北外,东、南、西俱二千五百里	同前	同前
边远	东至	江南庐州府庐州卫 又至六安州	浙江金华府兰溪县、金华县、永康县 又至衢州府龙游县、西安县、江山县	同前
	南至	湖南衡州府衡阳县、常宁县 又至桂阳州 又至常德府武陵县	湖南衡州府衡阳县、清泉县、常宁县 又至永州府祁阳县	同前
	西至	甘肃巩昌府陇西县 又至秦州礼县 又至阶州文县	甘肃凉州府平番县	同前
	北至	抵边不足三千里	同前	同前
	[注]	以上除北外,东、南、西俱三千里	同前	同前
极边	东至	江南太仓州太仓卫、镇海卫、崇明县 又至松江府上海县、南汇县	福建延平府南平县、顺昌县、将乐县 又至福州府古田县	同前
	南至	广东广州府大鹏守御所、新宁县、从化县	广东韶州府曲江县	同前

续表

<table>
<tr><th colspan="2">充军地方</th><th>乾隆八年（1743）</th><th>乾隆四十四年（1779）</th><th>嘉庆十四年（1809）</th></tr>
<tr><td rowspan="3">极边</td><td>西至</td><td>甘肃凉州府武威县、镇番县、永昌县、古浪县</td><td>甘肃肃州高台县</td><td>同前</td></tr>
<tr><td>北至</td><td>抵边不足四千里</td><td>同前</td><td>同前</td></tr>
<tr><td>［注］</td><td>以上除北外，东、南、西俱四千里</td><td>同前</td><td>同前</td></tr>
<tr><td rowspan="3">烟瘴</td><td>广西</td><td>太平府太平州</td><td>柳州府马平县、来宾县</td><td>同前</td></tr>
<tr><td>贵州</td><td>大定府毕节县
又至安顺府安平县</td><td>安顺府永宁州
又至南笼府安南县</td><td>兴义府安南县
又至安顺府永宁州</td></tr>
<tr><td>［注］</td><td>以上里数与极边同</td><td></td><td></td></tr>
</table>

卫辉府属军犯编发地方

<table>
<tr><th colspan="2">充军地方</th><th>乾隆八年（1743）</th><th>乾隆四十四年（1779）</th><th>嘉庆十四年（1809）</th></tr>
<tr><td rowspan="5">附近</td><td>东至</td><td>山东登州府大嵩卫、靖海卫
又至沂州府莒州
又至青州府安东卫</td><td>山东登州府莱阳县、海阳县
又至浙江嘉兴府嘉兴县、秀水县</td><td>同前</td></tr>
<tr><td>南至</td><td>湖南岳州府岳州卫
又至澧州永定卫、九溪卫</td><td>湖南岳州府巴陵县</td><td>同前</td></tr>
<tr><td>西至</td><td>陕西绥德州
又至榆林府榆林县</td><td>陕西延安府肤施县、延长县、延川县
又至甘肃平凉府隆德县、静宁州</td><td>陕西延安府延长县、延川县
又至甘肃平凉府隆德县、静宁州</td></tr>
<tr><td>北至</td><td>直隶宣化府延庆卫、西宁县、怀安县</td><td>直隶。停止编发</td><td>同前</td></tr>
<tr><td>［注］</td><td>以上俱二千里</td><td>以上除北外，东、南、西俱二千里</td><td>同前</td></tr>
</table>

续表

充军地方		乾隆八年(1743)	乾隆四十四年(1779)	嘉庆十四年(1809)
边卫/近边	东至	江南淮安府淮安卫、大河卫、盐城县 又至徐州府邳州	浙江严州府桐庐县、建德县 又至绍兴府上虞县、余姚县	同前
	南至	湖南长沙府茶陵州	湖南长沙府湘潭县 又至衡州府衡山县	湖南长沙府湘潭县
	西至	甘肃平凉府平凉县、固原州	甘肃兰州府金县	同前
	北至	抵边不足二千五百里	同前	同前
	[注]	以上除北外,东、南、西俱二千五百里	同前	同前
边远	东至	江南庐州府庐州卫 又至六安州	浙江衢州府江山县 又至福建建宁府浦城县	同前
	南至	湖南衡州府衡阳县、常宁县 又至桂阳州	湖南永州府祁阳县、零陵县 又至广西桂林府全州	同前
	西至	甘肃巩昌府陇西县 又至秦州礼县 又至阶州	甘肃凉州府平番县、古浪县	同前
	北至	抵边不足三千里	同前	同前
	[注]	以上除北外,东、南、西俱三千里	同前	同前
极边	东至	浙江宁波府宁波卫、定海县	福建福州府古田县、闽清县	同前
	南至	广东广州府南海县、番禺县、从化县	广西思恩府迁江县、宾州 又至柳州府来宾县	同前
	西至	甘肃凉州府武威县、永昌县、古浪县	甘肃肃州高台县	同前
	北至	抵边不足四千里	同前	同前
	[注]	以上除北外,东、南、西俱四千里	同前	同前

续表

充军地方		乾隆八年(1743)	乾隆四十四年(1779)	嘉庆十四年(1809)
烟瘴	贵州	南笼府普安州、安南县	南笼府普安县、普安州	兴义府普安县 又至普安州
	广东	惠州府捷胜守御所、海丰守御所	韶州府英德县	同前
	[注]	以上里数与极边同		

怀庆府属军犯编发地方

充军地方		乾隆八年(1743)	乾隆四十四年(1779)	嘉庆十四年(1809)
附近	东至	山东登州府大嵩卫、靖海卫 又至沂州府莒州 又至青州府安东卫	山东登州府黄县、蓬莱县、福山县 又至江苏常州府武进县、阳湖县 又至苏州府长洲县、元和县、吴县	山东登州府蓬莱县、福山县 又至江苏常州府武进县、阳湖县 又至苏州府长洲县、元和县、吴县
	南至	湖南长沙府长沙县、茶陵州	湖北荆州府江陵县、公安县 又至湖南岳州府巴陵县	同前
	西至	陕西延安府肤施县、安塞县、安定县、保安县	陕西绥德州清涧县 又至甘肃巩昌府会宁县	同前
	北至	山西大同府阳高县、天镇县 又至朔平府右玉县	抵边不足二千里	同前
	[注]	以上俱二千里	以上除北外,东、南、西俱二千里	同前

续表

充军地方		乾隆八年(1743)	乾隆四十四年(1779)	嘉庆十四年(1809)
边卫/近边	东至	江南徐州府铜山县、徐州卫、沛县	浙江绍兴府萧山县、山阴县、会稽县 又至杭州府仁和县、钱塘县、富阳县	同前
	南至	湖南永州府零陵县、东安县、宁远县	湖南长沙府湘潭县 又至衡州府衡山县	湖南长沙府湘潭县
	西至	甘肃庆阳府安化县、合水县、环县	甘肃凉州府平番县	同前
	北至	抵边不足二千五百里	同前	同前
	[注]	以上除北外,东、南、西俱二千五百里	同前	同前
边远	东至	江南淮安府淮安卫、大河卫 又至海州	浙江宁波府鄞县、镇海县 又至衢州府龙游县、西安县	同前
	南至	广西平乐府平乐县、富川县、贺县	湖南永州府祁阳县、零陵县	同前
	西至	甘肃平凉府静宁州 又至巩昌府岷州、洮州卫 又至秦州秦安县	甘肃凉州府武威县、永昌县	同前
	北至	抵边不足三千里	同前	同前
	[注]	以上除北外,东、南、西俱三千里	同前	同前
极边	东至	浙江绍兴府绍兴卫、会稽县、上虞县	福建延平府南平县 又至福州府古田县	同前
	南至	广东广州府大鹏守御所、东莞县、新宁县	广东韶州府曲江县	同前
	西至	甘肃甘州府张掖县、山丹县	甘肃肃州	同前
	北至	抵边不足四千里	同前	同前
	[注]	以上除北外,东、南、西俱四千里	同前	同前

续表

充军地方		乾隆八年(1743)	乾隆四十四年(1779)	嘉庆十四年(1809)
烟瘴	广东	高州府茂名县、电白县、信宜县 又至肇庆府阳春县		
	广西		柳州府来宾县 又至思恩府迁江县	同前
	[注]	以上里数与极边同		

河南府属军犯编发地方

充军地方		乾隆八年(1743)	乾隆四十四年(1779)	嘉庆十四年(1809)
附近	东至	江南扬州府扬州卫、仪征卫、高邮州、兴化县 又至通州如皋县	江苏通州如皋县 又至常州府武进县、阳湖县、无锡县、金匮县 又至苏州府长洲县、元和县、吴县	同前
	南至	湖南岳州府岳州卫 又至澧州永定卫、九溪卫	湖南岳州府巴陵县、临湘县	湖南岳州府巴陵县
	西至	甘肃兰州府皋兰县、狄道州、金县	甘肃巩昌府会宁县、安定县	甘肃巩昌府安定县
	北至	山西大同府阳高县、天镇县 又至朔平府右玉县、平鲁县	抵边不足二千里	同前
	[注]	以上俱二千里	以上除北外,东、南、西俱二千里	同前

续表

充军地方		乾隆八年(1743)	乾隆四十四年(1779)	嘉庆十四年(1809)
边卫/近边	东至	浙江杭州府杭州前卫、杭州右卫、海宁所	浙江杭州府仁和县、钱塘县、海宁州 又至绍兴府萧山县	浙江杭州府仁和县、钱塘县 又至绍兴府萧山县
	南至	湖南长沙府善化县、茶陵州	湖南长沙府湘潭县、长沙县、善化县	湖南长沙府长沙县、善化县
	西至	甘肃西宁府西宁县 又至凉州府古浪县	甘肃凉州府平番县	同前
	北至	抵边不足二千五百里	同前	同前
	[注]	以上除北外,东、南、西俱二千五百里	同前	同前
边远	东至	浙江宁波府宁波卫、镇海县、慈溪县	浙江宁波府镇海县、鄞县 又至金华府兰溪县 又至衢州府西安县、江山县	同前
	南至	湖南衡州府衡阳县、常宁县	湖南永州府祁阳县、零陵县	同前
	西至	甘肃凉州府武威县、镇番县、永昌县	甘肃凉州府永昌县 又至甘州府山丹县	同前
	北至	抵边不足三千里	同前	同前
	[注]	以上除北外,东、南、西俱三千里	同前	同前
极边	东至	福建福宁府福安县、宁德县	福建延平府顺昌县、南平县	同前
	南至	广东广州府南海县、番禺县	广东韶州府曲江县	同前
	西至	甘肃甘州府张掖县、山丹县 又至肃州	甘肃安西州玉门县	同前
	北至	抵边不足四千里	同前	同前
	[注]	以上除北外,东、南、西俱四千里	同前	同前

续表

充军地方		乾隆八年(1743)	乾隆四十四年(1779)	嘉庆十四年(1809)
烟瘴	贵州	安顺府清镇县 又至南笼府安南县	南笼府安南县、普安县、普安州	兴义府安南县、普安县 又至普安州
	广西	庆远府宜山县、河池州	庆远府宜山县 又至柳州府马平县、柳城县	同前
	广东	惠州府捷胜守御所、海丰守御所		
	[注]	以上里数与极边同		

汝州属军犯编发地方

充军地方		乾隆八年(1743)	乾隆四十四年(1779)	嘉庆十四年(1809)
附近	东至	俱与河南同	江苏苏州府长洲县、元和县、吴县、吴江县、震泽县	同前
	南至		湖南岳州府巴陵县 又至长沙府宁乡县、长沙县、善化县	湖南长沙府宁乡县、湘阴县
	西至		甘肃巩昌府会宁县 又至陕西绥德州	同前
	北至		山西朔平府右玉县、左云县	同前
	[注]		以上俱二千里	同前
边卫/近边	东至		浙江杭州府富阳县 又至严州府桐庐县 又至绍兴府山阴县、会稽县	同前
	南至		湖南永州府祁阳县 又至衡州府常宁县	同前
	西至		甘肃凉州府平番县	同前
	北至		抵边不足二千五百里	同前
	[注]		以上除北外,东、南、西俱二千五百里	同前

续表

充军地方		乾隆八年(1743)	乾隆四十四年(1779)	嘉庆十四年(1809)
边远	东至	俱与河南同	浙江台州府宁海县 又至衢州府西安县、江山县	同前
	南至		广东韶州府乐昌县	同前
	西至		甘肃凉州府武威县 又至西宁府西宁县	同前
	北至		抵边不足三千里	同前
	[注]		以上除北外,东、南、西俱三千里	同前
极边	东至		福建福州府罗源县 又至福宁府宁德县	同前
	南至		广东韶州府英德县	同前
	西至		甘肃安西州玉门县	同前
	北至		抵边不足四千里	同前
	[注]		以上除北外,东、南、西俱四千里	同前
烟瘴	云南		曲靖府马龙州	同前
	广西		柳州府怀远县	同前
	广东		广州府清远县	同前

陕州属军犯编发地方

充军地方		乾隆八年(1743)	乾隆四十四年(1779)	嘉庆十四年(1809)
附近	东至	俱与河南同	江苏扬州府仪征县、江都县、甘泉县、宝应县、高邮州 又至镇江府丹徒县	江苏扬州府仪征县、江都县、甘泉县、宝应县 又至镇江府丹徒县
	南至		湖北武昌府咸宁县、蒲圻县	湖北武昌府咸宁县
	西至		甘肃凉州府平番县 又至兰州府皋兰县	甘肃兰州府皋兰县
	北至		山西朔平府左云县、右玉县	山西朔平府右玉县
	[注]		以上俱二千里	同前
边卫/近边	东至		江苏苏州府长洲县、元和县、吴县、吴江县、震泽县 又至浙江嘉兴府嘉兴县、秀水县	同前
	南至		湖南长沙府湘阴县	同前
	西至		甘肃凉州府古浪县、武威县 又至西宁府西宁县	甘肃凉州府武威县 又至西宁府西宁县
	北至		抵边不足二千五百里	同前
	[注]		以上除北外,东、南、西俱二千五百里	同前
边远	东至		浙江绍兴府山阴县、会稽县、上虞县 又至杭州府富阳县 又至严州府桐庐县	同前
	南至		湖南衡州府衡山县、衡阳县、清泉县	同前
	西至		甘肃甘州府山丹县、张掖县	同前
	北至		抵边不足三千里	同前
	[注]		以上除北外,东、南、西俱三千里	同前

续表

<table>
<tr><th colspan="2">充军地方</th><th>乾隆八年(1743)</th><th>乾隆四十四年(1779)</th><th>嘉庆十四年(1809)</th></tr>
<tr><td rowspan="5">极边</td><td>东至</td><td rowspan="8">俱与河南同</td><td>福建建宁府建阳县、建安县、瓯宁县</td><td>同前</td></tr>
<tr><td>南至</td><td>广东南雄府保昌县、始兴县</td><td>广东南雄州始兴县</td></tr>
<tr><td>西至</td><td>甘肃安西州</td><td>同前</td></tr>
<tr><td>北至</td><td>抵边不足四千里</td><td>同前</td></tr>
<tr><td>[注]</td><td>以上除北外,东、南、西俱四千里</td><td>同前</td></tr>
<tr><td rowspan="3">烟瘴</td><td>贵州</td><td>安顺府安平县、普定县、镇宁州</td><td>同前</td></tr>
<tr><td>广西</td><td>桂林府永福县
又至柳州府雒容县</td><td>同前</td></tr>
<tr><td>广东</td><td>韶州府曲江县</td><td>同前</td></tr>
</table>

南阳府属军犯编发地方

<table>
<tr><th colspan="2">充军地方</th><th>乾隆八年(1743)</th><th>乾隆四十四年(1779)</th><th>嘉庆十四年(1809)</th></tr>
<tr><td rowspan="5">附近</td><td>东至</td><td>浙江杭州府杭州前卫、杭州右卫、海宁所</td><td>江苏苏州府长洲县、元和县、吴县
又至常州府无锡县、金匮县</td><td>同前</td></tr>
<tr><td>南至</td><td>湖南辰州府沅陵县
又至沅州府芷江县
又至常德府武陵县</td><td>贵州思州府玉屏县
又至湖南衡州府衡阳县、清泉县、耒阳县</td><td>同前</td></tr>
<tr><td>西至</td><td>四川保宁府阆中县、苍溪县</td><td>陕西凤翔府岐山县、凤翔县、宝鸡县
又至鄜州中部县、洛川县
又至邠州长武县</td><td>同前</td></tr>
<tr><td>北至</td><td>山西太原府阳曲县、太原县
又至平定州</td><td>山西代州
又至朔平府马邑县</td><td>山西代州
又至朔平府朔州</td></tr>
<tr><td>[注]</td><td>以上俱二千里</td><td>同前</td><td>同前</td></tr>
</table>

续表

充军地方		乾隆八年（1743）	乾隆四十四年（1779）	嘉庆十四年（1809）
边卫/近边	东至	浙江宁波府宁波卫、慈溪县、镇海县	浙江绍兴府山阴县、会稽县、萧山县 又至杭州府仁和县、钱塘县、富阳县	同前
	南至	湖南永州府零陵县、东安县、宁远县、江华县	广东韶州府乐昌县	同前
	西至	陕西汉中府南郑县、沔县	陕西汉中府褒城县 又至延安府延川县 又至绥德州清涧县 又至甘肃平凉府隆德县、静宁州	同前
	北至	山西大同府大同县 又至朔平府平鲁县	山西朔平府右玉县、左云县	山西朔平府左云县
	[注]	以上俱二千五百里	同前	同前
边远	东至	浙江温州府温州卫、平阳县、瑞安县	浙江宁波府镇海县、奉化县 又至台州府宁海县 又至衢州府龙游县、西安县	同前
	南至	广西平乐府平乐县、富川县、贺县	广西桂林府全州、兴安县、灵川县	同前
	西至	抵边不足三千里	甘肃宁夏府宁夏县、宁朔县 又至兰州府金县、皋兰县	甘肃宁夏府宁夏县 又至兰州府金县、皋兰县
	北至	甘肃宁夏府宁夏县、灵州、中卫县	抵边不足三千里	同前
	[注]	以上除西外，东、南、北俱三千里	以上除北外，东、南、西俱三千里	同前

续表

充军地方		乾隆八年(1743)	乾隆四十四年(1779)	嘉庆十四年(1809)
极边	东至	抵海不足四千里	同前	同前
	南至	广东潮州府大城守御所、潮阳县、澄海县 又至嘉应州	广东广州府三水县、南海县、番禺县	同前
	西至	抵边不足四千里	甘肃甘州府张掖县、山丹县	同前
	北至	甘肃甘州府张掖县、山丹县	抵边不足四千里	同前
	[注]	以上除东、西外,南、北俱四千里	以上除东、北外,南、西俱四千里	同前
烟瘴	云南	曲靖府陆凉州、马龙州、沾益州、平彝县	云南府昆明县、安宁州	同前
	[注]	以上里数与极边同		

汝宁府属军犯编发地方

充军地方		乾隆八年(1743)	乾隆四十四年(1779)	嘉庆十四年(1809)
附近	东至	浙江嘉兴府嘉兴所、平湖县、海盐县	浙江杭州府仁和县、钱塘县、余杭县 又至绍兴府萧山县	同前
	南至	湖南衡州府衡阳县、常宁县 又至桂阳州	湖南衡州府衡阳县、清泉县、衡山县	同前
	西至	四川保宁府阆中县、苍溪县	陕西凤翔府凤翔县、宝鸡县 又至延安府甘泉县 又至鄜州洛川县 又至邠州长武县 又至甘肃泾州	同前
	北至	直隶宣化府延庆卫、西宁县	直隶。停止编发	同前
	[注]	以上俱二千里	以上除北外,东、南、西俱二千里	同前

续表

充军地方		乾隆八年(1743)	乾隆四十四年(1779)	嘉庆十四年(1809)
边卫/近边	东至	浙江宁波府宁波卫、镇海县、慈溪县	浙江宁波府镇海县、鄞县 又至台州府天台县、临海县 又至金华府兰溪县 又至衢州府龙游县、西安县	同前
	南至	广西平乐府平乐县、富川县、贺县	广西桂林府全州、兴安县	广西桂林府全州
	西至	陕西汉中府南郑县、沔县 又至兴安州平利县	陕西汉中府褒城县 又至延安府延川县 又至绥德州清涧县 又至甘肃平凉府静宁州 又至巩昌府会宁县	同前
	北至	直隶宣化府赤城县、龙门县	直隶。停止编发	同前
	[注]	以上俱二千五百里	以上除北外,东、南、西俱二千五百里	同前
边远	东至	浙江台州府台州卫、黄岩县、宁海县	浙江温州府乐清县、永嘉县、瑞安县	同前
	南至	广东广州府番禺县、南海县	广东韶州府曲江县 又至南雄府保昌县、始兴县	广东韶州府曲江县 又至南雄州始兴县
	西至	陕西凤翔府凤翔县 又至宁夏府平罗县	甘肃兰州府皋兰县	同前
	北至	抵边不足三千里	同前	同前
	[注]	以上除北外,东、南、西俱三千里	同前	同前

续表

充军地方		乾隆八年(1743)	乾隆四十四年(1779)	嘉庆十四年(1809)
极边	东至	福建漳州府龙溪县、漳浦县、诏安县	福建泉州府同安县	同前
	南至	广东潮州府大城守御所、海阳县、澄海县 又至嘉应州	广东广州府东莞县、南海县、番禺县	同前
	西至	甘肃巩昌府洮州卫 又至平凉府庄浪县 又至西宁府西宁县	甘肃甘州府山丹县、张掖县	同前
	北至	抵边不足四千里	同前	同前
	[注]	以上除北外,东、南、西俱四千里	同前	同前
烟瘴	云南	姚安府姚州、大姚县 又至曲靖府寻甸州	曲靖府南宁县、沾益州	同前
	[注]	以上里数与极边同		

光州属军犯编发地方

充军地方		乾隆八年(1743)	乾隆四十四年(1779)	嘉庆十四年(1809)
附近	东至	俱与汝宁府同	浙江绍兴府山阴县、会稽县、上虞县、余姚县、嵊县、新昌县 又至严州府桐庐县、建德县	浙江绍兴府上虞县、余姚县、嵊县、新昌县 又至严州府桐庐县、建德县
	南至		湖南永州府祁阳县、零陵县 又至郴州宜章县	同前
	西至		陕西西安府长安县、咸宁县、咸阳县、兴平县、耀州、同官县、醴泉县 又至乾州武功县	陕西西安府长安县、咸阳县、兴平县、耀州、同官县、醴泉县 又至乾州武功县
	北至		直隶。停止编发	同前
	[注]		以上除北外,东、南、西俱二千里	同前

续表

<table>
<tr><th colspan="2">充军地方</th><th>乾隆八年(1743)</th><th>乾隆四十四年(1779)</th><th>嘉庆十四年(1809)</th></tr>
<tr><td rowspan="5">边卫/近边</td><td>东至</td><td rowspan="16">俱与汝宁府同</td><td>浙江温州府乐清县
又至处州府丽水县</td><td>同前</td></tr>
<tr><td>南至</td><td>广西桂林府临桂县、阳朔县</td><td>同前</td></tr>
<tr><td>西至</td><td>陕西汉中府凤县
又至延安府甘泉县、肤施县
又至甘肃平凉府平凉县</td><td>同前</td></tr>
<tr><td>北至</td><td>直隶。停止编发</td><td>同前</td></tr>
<tr><td>[注]</td><td>以上除北外,东、南、西俱二千五百里</td><td>同前</td></tr>
<tr><td rowspan="5">边远</td><td>东至</td><td>浙江温州府泰顺县</td><td>同前</td></tr>
<tr><td>南至</td><td>广东广州府清远县、三水县</td><td>同前</td></tr>
<tr><td>西至</td><td>甘肃宁夏府宁夏县、宁朔县
又至巩昌府会宁县、安定县
又至陕西绥德州</td><td>同前</td></tr>
<tr><td>北至</td><td>抵边不足三千里</td><td>同前</td></tr>
<tr><td>[注]</td><td>以上除北外,东、南、西俱三千里</td><td>同前</td></tr>
<tr><td rowspan="5">极边</td><td>东至</td><td>福建漳州府诏安县</td><td>同前</td></tr>
<tr><td>南至</td><td>广东惠州府海丰县、陆丰县</td><td>同前</td></tr>
<tr><td>西至</td><td>甘肃西宁府碾伯县、西宁县
又至凉州府古浪县、武威县</td><td>同前</td></tr>
<tr><td>北至</td><td>抵边不足四千里</td><td>同前</td></tr>
<tr><td>[注]</td><td>以上除北外,东、南、西俱四千里</td><td>同前</td></tr>
<tr><td>烟瘴</td><td>南至</td><td>云南府嵩明州、昆明县、安宁州</td><td>同前</td></tr>
</table>

陕　　西

西安府属军犯编发地方

充军地方		乾隆八年(1743)	乾隆四十四年(1779)	嘉庆十四年(1809)
附近	东至	山东东昌府平山卫、东昌卫、临清卫 又至兖州府济宁卫 又至泰安府东平州	山东兖州府滋阳县、曲阜县、泗水县 又至济宁州汶上县 又至济南府章丘县、邹平县、长山县 又至江苏徐州府睢宁县、宿迁县	山东兖州府滋阳县、曲阜县、泗水县、邹县 又至济南府章丘县、邹平县、长山县 又至江苏徐州府睢宁县、宿迁县
	南至	湖北荆州府荆州卫、荆州左卫、荆州右卫	湖北襄阳府宜城县 又至德安府安陆县、云梦县 又至汉阳府孝感县	同前
	西至	甘肃平凉府庄浪县 又至兰州府皋兰县、金县 又至西宁府归德守御所	甘肃凉州府古浪县、武威县、永昌县	甘肃凉州府武威县
	北至	抵边不足二千里	同前	同前
	[注]	以上除北外,东、南、西俱二千里	同前	同前
边卫/近边	东至	山东青州府益都县、诸城县 又至沂州府莒州、沂水县 又至江南徐州府徐州卫、丰县、沛县	山东沂州府莒州 又至青州府诸城县、安丘县 又至莱州府昌邑县、平度州 又至江苏扬州府高邮州、江都县、甘泉县	山东沂州府莒州 又至青州府诸城县、安丘县 又至莱州府昌邑县、平度州 又至江苏扬州府高邮州、江都县、甘泉县、仪征县
	南至	湖南岳州府岳州卫 又至澧州石门县、安福县	湖北武昌府咸宁县、蒲圻县 又至荆州府公安县 又至湖南澧州	同前

续表

充军地方		乾隆八年(1743)	乾隆四十四年(1779)	嘉庆十四年(1809)
边卫/近边	西至	甘肃凉州府武威县、镇番县、永昌县	甘肃甘州府张掖县	同前
	北至	抵边不足二千五百里	同前	同前
	[注]	以上除北外,东、南、西俱二千五百里	同前	同前
边远	东至	山东登州府宁海州、福山县 又至沂州府莒州	山东莱州府即墨县 又至登州府莱阳县 又至江苏苏州府长洲县、元和县、吴县、吴江县、震泽县	山东江苏苏州府长洲县、元和县、吴县、吴江县、震泽县 又至山东登州府海阳县、文登县 又至浙江嘉兴府嘉兴县、秀水县
	南至	湖南长沙府长沙县、茶陵州 又至宝庆府邵阳县、武冈州 又至衡州府衡阳县、常宁县 又至桂阳州	湖南长沙府湘阴县	同前
	西至	甘肃甘州府山丹县 又至肃州高台县	甘肃肃州 又至安西州玉门县	甘肃肃州
	北至	抵边不足三千里	同前	同前
	[注]	以上除北外,东、南、西俱三千里	同前	同前
极边	东至	江南太仓州镇海卫、崇明县 又至松江府上海县	浙江衢州府龙游县、西安县	浙江衢州府龙游县、西安县、江山县
	南至	广东广州府大鹏守御所、南海县、东莞县、从化县、新宁县、香山县、清远县	江西吉安府万安县	江西吉安府万安县 又至赣州府赣县
	西至	抵边不足四千里	甘肃安西州敦煌县	同前
	北至	抵边不足四千里	同前	同前
	[注]	以上除西、北外,东、南俱四千里	以上除北外,东、南、西俱四千里	同前

续表

充军地方		乾隆八年(1743)	乾隆四十四年(1779)	嘉庆十四年(1809)
烟瘴	贵州	黎平府开泰县、锦屏县 又至镇远府天柱县	平越府平越县 又至都匀府清平县	普安州兴义县 又至都匀府清平县
	广西	平乐府平乐县、富川县、贺县	桂林府全州、兴安县	同前
	广东	惠州府碣石卫、捷胜守御所、海丰守御所	嘉应州平远县	嘉应府平远县
	[注]	以上里数与极边同		

商州属军犯编发地方

充军地方		乾隆八年(1743)	乾隆四十四年(1779)	嘉庆十四年(1809)
附近	东至	俱与西安府同	山东东昌府堂邑县、聊城县、茌平县 又至泰安府东阿县 又至江苏徐州府砀山县、萧县	同前
	南至		河南南阳府南阳县、南召县、新野县	河南南阳府新野县
	西至		甘肃凉州府平番县	同前
	北至		抵边不足二千里	同前
	[注]		以上除北外,东、南、西俱二千里	同前
边卫/近边	东至		山东兖州府泗水县 又至沂州府蒙阴县 又至青州府临淄县、益都县 又至江苏淮安府桃源县、清河县、山阳县	山东沂州府蒙阴县 又至青州府临淄县、益都县 又至江苏淮安府桃源县、清河县、山阳县
	南至		湖北汉阳府孝感县、黄陂县 又至安陆府荆门州	湖北汉阳府黄陂县 又至荆门州
	西至		甘肃凉州府永昌县	同前
	北至		抵边不足二千五百里	同前
	[注]		以上除北外,东、南、西俱二千五百里	同前

续表

充军地方		乾隆八年(1743)	乾隆四十四年(1779)	嘉庆十四年(1809)
边远	东至	俱与西安府同	山东青州府诸城县 又至莱州府胶州、即墨县 又至江苏镇江府丹徒县、丹阳县	同前
	南至		湖北武昌府蒲圻县 又至湖南岳州府临湘县 又至澧州安福县、石门县	湖北武昌府蒲圻县 又至湖南岳州府临湘县
	西至		甘肃肃州高台县	同前
	北至		抵边不足三千里	同前
	[注]		以上除北外,东、南、西俱三千里	同前
极边	东至		浙江严州府桐庐县、建德县	同前
	南至		江西临江府峡江县 又至吉安府吉水县、庐陵县 又至湖南永州府祁阳县 又至贵州思州府玉屏县、青溪县	同前
	西至		甘肃安西州敦煌县	同前
	北至		抵边不足四千里	同前
	[注]		以上除北外,东、南、西俱四千里	同前
烟瘴	贵州		安顺府清镇县 又至贵阳府贵筑县、龙里县	同前
	广西		桂林府全州	同前

乾州属军犯编发地方

<table>
<tr><th colspan="2">充军地方</th><th>乾隆八年(1743)</th><th>乾隆四十四年(1779)</th><th>嘉庆十四年(1809)</th></tr>
<tr><td rowspan="5">附近</td><td>东至</td><td rowspan="10">俱与西安府同</td><td>山东泰安府东平州、东阿县
又至济宁州汶上县
又至济南府长清县、历城县
又至江苏徐州府萧县、铜山县</td><td>山东泰安府东平州、东阿县
又至济南府长清县、历城县
又至兖州府汶山县、滋阳县
又至江苏徐州府萧县、铜山县</td></tr>
<tr><td>南至</td><td>湖北襄阳府襄阳县
又至德安府应山县
又至河南南阳府新野县
又至汝宁府信阳州</td><td>同前</td></tr>
<tr><td>西至</td><td>甘肃凉州府永昌县</td><td>同前</td></tr>
<tr><td>北至</td><td>抵边不足二千里</td><td>同前</td></tr>
<tr><td>[注]</td><td>以上除北外,东、南、西俱二千里</td><td>同前</td></tr>
<tr><td rowspan="5">边卫/近边</td><td>东至</td><td>山东沂州府沂水县
又至青州府昌乐县
又至莱州府潍县、昌邑县
又至江苏淮安府山阳县
又至扬州府宝应县</td><td>山东青州府昌乐县
又至莱州府潍县、昌邑县
又至江苏淮安府山阳县
又至扬州府宝应县</td></tr>
<tr><td>南至</td><td>湖北汉阳府汉阳县
又至武昌府江夏县
又至荆州府江陵县</td><td>同前</td></tr>
<tr><td>西至</td><td>甘肃肃州高台县</td><td>同前</td></tr>
<tr><td>北至</td><td>抵边不足二千五百里</td><td>同前</td></tr>
<tr><td>[注]</td><td>以上除北外,东、南、西俱二千五百里</td><td>同前</td></tr>
</table>

续表

<table>
<tr><th colspan="2">充军地方</th><th>乾隆八年(1743)</th><th>乾隆四十四年(1779)</th><th>嘉庆十四年(1809)</th></tr>
<tr><td rowspan="5">边远</td><td>东至</td><td rowspan="12">俱与西安府同</td><td>山东莱州府胶州、即墨县
又至江苏常州府武进县、阳湖县、无锡县、金匮县</td><td>山东莱州府胶州、即墨县
又至登州府莱阳县
又至江苏常州府武进县、阳湖县、无锡县、金匮县</td></tr>
<tr><td>南至</td><td>湖南岳州府巴陵县
又至常德府武陵县、桃源县
又至澧州石门县</td><td>同前</td></tr>
<tr><td>西至</td><td>甘肃安西州玉门县</td><td>同前</td></tr>
<tr><td>北至</td><td>抵边不足三千里</td><td>同前</td></tr>
<tr><td>[注]</td><td>以上除北外,东、南、西俱三千里</td><td>同前</td></tr>
<tr><td rowspan="5">极边</td><td>东至</td><td>浙江金华府兰溪县
又至衢州府龙游县</td><td>浙江金华府兰溪县、金华县、永康县
又至衢州府龙游县</td></tr>
<tr><td>南至</td><td>江西吉安府泰和县、万安县
又至湖南永州府祁阳县、零陵县</td><td>同前</td></tr>
<tr><td>西至</td><td>甘肃镇西府。停止编发</td><td>同前</td></tr>
<tr><td>北至</td><td>抵边不足四千里</td><td>同前</td></tr>
<tr><td>[注]</td><td>以上除西、北外,东、南俱四千里</td><td>同前</td></tr>
<tr><td rowspan="2">烟瘴</td><td>贵州</td><td>平越府平越县
又至都匀府清平县</td><td>同前</td></tr>
<tr><td>广西</td><td>桂林府全州</td><td>同前</td></tr>
</table>

邠州属军犯编发地方

<table>
<tr><th colspan="2">充军地方</th><th>乾隆八年(1743)</th><th>乾隆四十四年(1779)</th><th>嘉庆十四年(1809)</th></tr>
<tr><td rowspan="5">附近</td><td>东至</td><td rowspan="10">俱与西安同</td><td>山东东昌府聊城县、堂邑县、茌平县
又至泰安府东阿县
又至江苏徐州府砀山县、萧县</td><td>山东东昌府聊城县、堂邑县、茌平县
又至泰安府东阿县</td></tr>
<tr><td>南至</td><td>河南南阳府南阳县、南召县、新野县</td><td>河南归德府永城县
又至南阳府南阳县、南召县、新野县</td></tr>
<tr><td>西至</td><td>甘肃甘州府山丹县</td><td>同前</td></tr>
<tr><td>北至</td><td>抵边不足二千里</td><td>同前</td></tr>
<tr><td>[注]</td><td>以上除北外,东、南、西俱二千里</td><td>同前</td></tr>
<tr><td rowspan="5">边卫/近边</td><td>东至</td><td>山东沂州府蒙阴县
又至青州府临淄县、益都县
又至江苏淮安府桃源县、清河县、山阳县</td><td>同前</td></tr>
<tr><td>南至</td><td>湖北汉阳府孝感县、黄陂县、汉阳县
又至安陆府荆门州</td><td>湖北汉阳府孝感县、黄陂县、汉阳县
又至荆门州</td></tr>
<tr><td>西至</td><td>甘肃肃州</td><td>同前</td></tr>
<tr><td>北至</td><td>抵边不足二千五百里</td><td>同前</td></tr>
<tr><td>[注]</td><td>以上除北外,东、南、西俱二千五百里</td><td>同前</td></tr>
</table>

续表

<table>
<tr><th colspan="2">充军地方</th><th>乾隆八年(1743)</th><th>乾隆四十四年(1779)</th><th>嘉庆十四年(1809)</th></tr>
<tr><td rowspan="5">边远</td><td>东至</td><td rowspan="16">俱与西安同</td><td>山东青州府诸城县
又至莱州府胶州、即墨县
又至江苏镇江府丹徒县、丹阳县</td><td>山东青州府诸城县
又至沂州府日照县
又至莱州府胶州、即墨县
又至江苏镇江府丹徒县、丹阳县
又至常州府武进县、阳湖县</td></tr>
<tr><td>南至</td><td>湖北武昌府蒲圻县
又至湖南岳州府巴陵县
又至常德府武陵县
又至澧州安福县、石门县</td><td>同前</td></tr>
<tr><td>西至</td><td>甘肃安西州玉门县</td><td>同前</td></tr>
<tr><td>北至</td><td>抵边不足三千里</td><td>同前</td></tr>
<tr><td>[注]</td><td>以上除北外,东、南、西俱三千里</td><td>同前</td></tr>
<tr><td rowspan="5">极边</td><td>东至</td><td>浙江严州府桐庐县、建德县</td><td>浙江严州府桐庐县、建德县
又至金华府兰溪县</td></tr>
<tr><td>南至</td><td>江西临江府峡江县
又至吉安府吉水县、庐陵县
又至湖南永州府祁阳县
又至贵州思州府玉屏县、青溪县</td><td>江西临江府峡江县
又至吉安府吉水县、庐陵县
又至湖南永州府祁阳县
又至衡州府清泉县
又至贵州思州府玉屏县、青溪县</td></tr>
<tr><td>西至</td><td>甘肃镇西府。停止编发</td><td>同前</td></tr>
<tr><td>北至</td><td>抵边不足四千里</td><td>同前</td></tr>
<tr><td>[注]</td><td>以上除西、北外,东、南俱四千里</td><td>同前</td></tr>
<tr><td rowspan="2">烟瘴</td><td>贵州</td><td>贵阳府贵定县
又至平越府平越县</td><td>贵阳府贵定县
又至普安州兴义县</td></tr>
<tr><td>广西</td><td>桂林府全州、兴安县</td><td>同前</td></tr>
</table>

延安府属军犯编发地方

充军地方		乾隆八年(1743)	乾隆四十四年(1779)	嘉庆十四年(1809)
附近	东至	山东济南府德州卫、德州左卫、历城县 又至泰安府肥城县 又至兖州府任城卫、济宁卫	河南卫辉府浚县 又至彰德府内黄县	同前
	南至	湖北襄阳府襄阳卫、均州	河南开封府禹州 又至许州襄城县 又至南阳府叶县	河南许州襄城县 又至南阳府叶县
	西至	甘肃巩昌府洮州卫 又至西宁府西宁县、碾伯县、归德守御所	甘肃巩昌府陇西县 又至兰州府金县、皋兰县、渭源县	同前
	北至	抵边不足二千里	抵边不足二千里	同前
	[注]	以上除北外,东、南、西俱二千里	同前	同前
边卫/近边	东至	山东莱州府灵山卫、鳌山卫、浮山守御所、雄崖守御所	山东济南府长清县、历城县 又至泰安府东阿县、东平州 又至济宁州汶上县 又至江苏徐州府萧县、铜山县	山东济南府长清县、历城县 又至兖州府汶上县 又至泰安府东阿县、东平州 又至江苏徐州府萧县、铜山县
	南至	湖北荆州府荆州卫、荆州左卫、荆州右卫 又至宜昌府东湖县	河南南阳府新野县 又至湖北襄阳府襄阳县 又至德安府应山县	湖北襄阳府襄阳县 又至德安府应山县
	西至	甘肃凉州府武威县、镇番县、永昌县	甘肃凉州府古浪县	同前
	北至	抵边不足二千五百里	同前	同前
	[注]	以上除北外,东、南、西俱二千五百里	同前	同前

续表

充军地方		乾隆八年(1743)	乾隆四十四年(1779)	嘉庆十四年(1809)
边远	东至	山东登州府大嵩卫、靖海卫、成山卫、威海卫 又至青州府安东卫	山东青州府益都县、昌乐县、安丘县 又至莱州府潍县、昌邑县 又至江苏淮安府山阳县 又至扬州府宝应县	同前
	南至	湖南岳州府岳州卫 又至澧州永定卫、九溪卫、安福县	湖北汉阳府黄陂县、汉阳县 又至武昌府江夏县 又至荆州府江陵县	湖北汉阳府黄陂县、汉阳县 又至武昌府江夏县、咸宁县 又至荆州府江陵县
	西至	甘肃甘州府张掖县、山丹县 又至肃州高台县	甘肃甘州府山丹县	甘肃甘州府山丹县 又至凉州府永宁县
	北至	抵边不足三千里	同前	同前
	[注]	以上除北外,东、南、西俱三千里	同前	同前
极边	东至	江南淮安府大河卫、盐城县 又至徐州府邳州、沛县	浙江嘉兴府石门县 又至杭州府仁和县、钱塘县	浙江杭州府仁和县、钱塘县、富阳县
	南至	湖南永州府零陵县、东安县、宁远县、江华县	湖南长沙府长沙县、善化县、湘潭县	湖南长沙府长沙县、善化县、湘潭县 又至衡州府衡山县
	西至	抵边不足四千里	甘肃安西州玉门县	同前
	北至	抵边不足四千里	同前	同前
	[注]	以上除西、北外,东、南俱四千里	以上除北外,东、南、西俱四千里	同前
烟瘴	广东	廉州府合浦县、灵山县、钦州		
	贵州	贵阳府龙里县 又至平越府平越县	大定府毕节县	同前
	广西		桂林府全州	同前
	[注]	以上里数与极边同		

鄜州属军犯编发地方

充军地方		乾隆八年(1743)	乾隆四十四年(1779)	嘉庆十四年(1809)
附近	东至	俱与延安府同	山东东昌府冠县、堂邑县	同前
	南至		河南南阳府裕州、南阳县、南召县	同前
	西至		甘肃巩昌府岷州	同前
	北至		抵边不足二千里	同前
	[注]		以上除北外,东、南、西俱二千里	同前
边卫/近边	东至		山东济南府章丘县、邹平县、长山县 又至兖州府滋阳县、曲阜县、泗水县 又至江苏徐州府睢宁县、宿迁县	同前
	南至		湖北襄阳府宜城县 又至德安府安陆县、云梦县 又至汉阳府孝感县	同前
	西至		甘肃凉州府武威县	同前
	北至		抵边不足二千五百里	同前
	[注]		以上除北外,东、南、西俱二千五百里	同前
边远	东至		山东莱州府昌邑县、掖县、平度州 又至青州府诸城县 又至沂州府莒州 又至江苏扬州府高邮州、江都县、甘泉县	山东莱州府昌邑县、掖县、平度州 又至青州府诸城县 又至沂州府莒州、日照县 又至江苏扬州府高邮州、江都县、甘泉县
	南至		湖北武昌府咸宁县、蒲圻县 又至荆州府公安县 又至湖南澧州	同前
	西至		甘肃甘州府张掖县 又至肃州高台县	甘肃甘州府张掖县、山丹县 又至肃州高台县

续表

充军地方		乾隆八年(1743)	乾隆四十四年(1779)	嘉庆十四年(1809)
边远	北至	俱与延安府同	抵边不足三千里	同前
	[注]		以上除北外,东、南、西俱三千里	同前
极边	东至		浙江杭州府富阳县 又至严州府桐庐县	同前
	南至		湖南衡州府衡山县、衡阳县、清泉县	同前
	西至		甘肃安西州	同前
	北至		抵边不足四千里	同前
	[注]		以上除北外,东、南、西俱四千里	同前
烟瘴	贵州		思州府玉屏县、青溪县	同前

绥德州属军犯编发地方

充军地方		乾隆八年(1743)	乾隆四十四年(1779)	嘉庆十四年(1809)
附近	东至	俱与延安府同	河南怀庆府孟县、河内县	同前
	南至		河南河南府偃师县、巩县 又至开封府汜水县	同前
	西至		甘肃平凉府隆德县、静宁州	同前
	北至		抵边不足二千里	同前
	[注]		以上除北外,东、南、西俱二千里	同前

续表

充军地方		乾隆八年(1743)	乾隆四十四年(1779)	嘉庆十四年(1809)
边卫/近边	东至	俱与延安府同	河南卫辉府浚县 又至彰德府内黄县	同前
	南至		河南许州襄城县 又至南阳府叶县	河南许州襄城县、临颍县、郾城县 又至汝宁府西平县 又至南阳府叶县
	西至		甘肃兰州府金县、皋兰县 又至巩昌府陇西县	同前
	北至		抵边不足二千五百里	同前
	[注]		以上除北外,东、南、西俱二千五百里	同前
边远	东至		山东济南府长清县、历城县 又至泰安府东平州 又至济宁州汶上县 又至江苏徐州府铜山县、睢宁县	山东济南府长清县、历城县、章丘县 又至泰安府东平州 又至兖州府汶上县 又至江苏徐州府铜山县、睢宁县
	南至		湖北德安府应山县 又至襄阳府襄阳县、宜城县	同前
	西至		甘肃凉州府古浪县	同前
	北至		抵边不足三千里	同前
	[注]		以上除北外,东、南、西俱三千里	同前
极边	东至		江苏常州府武进县、阳湖县、无锡县、金匮县 又至山东莱州府胶州、即墨县	江苏常州府武进县、阳湖县、无锡县、金匮县 又至山东登州府莱阳县、海阳县
	南至		湖南岳州府巴陵县 又至常德府武陵县、桃源县	湖南岳州府巴陵县 又至长沙府湘阴县 又至常德府武陵县、桃源县
	西至		甘肃肃州	同前
	北至		抵边不足四千里	同前
	[注]		以上除北外,东、南、西俱四千里	同前
烟瘴	贵州		思州府玉屏县、青溪县	同前

凤翔府属军犯编发地方

充军地方		乾隆八年(1743)	乾隆四十四年(1779)	嘉庆十四年(1809)
附近	东至	山东东昌府平山卫、东昌卫、临清卫	山东东昌府冠县、堂邑县、聊城县、茌平县 又至江苏徐州府砀山县	山东东昌府堂邑县、聊城县、茌平县 又至河南归德府永城县、夏邑县
	南至	四川重庆府合州 又至酉阳州黔江县 又至忠州	四川成都府简州 又至资州资阳县	四川成都府简州、成都县
	西至	甘肃凉州府武威县、永昌县 又至甘州府张掖县	甘肃凉州府永昌县	同前
	北至	抵边不足二千里	同前	同前
	[注]	以上除北外,东、南、西俱二千里	同前	同前
边卫/近边	东至	山东青州府益都县、诸城县 又至沂州府莒州、蒙阴县	山东济南府邹平县、长山县 又至青州府临淄县、益都县 又至兖州府泗水县 又至沂州府蒙阴县 又至江苏淮安府桃源县、清河县	山东济南府长山县 又至青州府临淄县、益都县 又至兖州府泗水县 又至沂州府蒙阴县 又至江苏淮安府桃源县、清河县
	南至	贵州贵阳府贵筑县、修文县	四川重庆府荣昌县 又至泸州纳溪县 又至湖北德安府云梦县 又至汉阳府孝感县、黄陂县 又至安陆府荆门州	四川重庆府荣昌县 又至湖北德安府云梦县 又至汉阳府孝感县、黄陂县 又至荆门州
	西至	甘肃甘州府山丹县 又至肃州高台县	甘肃肃州高台县	同前
	北至	抵边不足二千五百里	同前	同前
	[注]	以上除北外,东、南、西俱二千五百里	同前	同前

续表

充军地方		乾隆八年(1743)	乾隆四十四年(1779)	嘉庆十四年(1809)
边远	东至	山东登州府大嵩卫、靖海卫、福山县、宁海州 又至青州府安东卫 又至沂州府莒州、日照县	山东莱州府掖县、即墨县 又至登州府黄县 又至江苏扬州府江都县、甘泉县 又至镇江府丹徒县、丹阳县	同前
	南至	广西桂林府临桂县、兴安县、永宁州、阳朔县、永福县、义宁县、全州、灌阳县	湖北武昌府咸宁县、蒲圻县 又至湖南澧州安福县	湖北武昌府咸宁县、蒲圻县、嘉鱼县 又至湖南澧州安福县
	西至	抵边不足三千里	甘肃安西州玉门县	同前
	北至	抵边不足三千里	同前	同前
	[注]	以上除西、北外,东、南俱三千里	以上除北外,东、南、西俱三千里	同前
极边	东至	江南淮安府大河卫、盐城县 又至海州赣榆县 又至徐州府邳州	浙江杭州府富阳县 又至严州府桐庐县、建德县	浙江严州府桐庐县、建德县 又至金华府兰溪县
	南至	广东廉州府合浦县、灵山县、钦州	江西临江府清江县、新淦县、峡江县 又至吉安府吉水县、庐陵县 又至贵州思州府玉屏县、青溪县	江西临江府清江县、新淦县、峡江县 又至吉安府吉水县、庐陵县
	西至	抵边不足四千里	甘肃镇西府。停止编发	同前
	北至	抵边不足四千里	同前	同前
	[注]	以上除西、北外,东、南俱四千里	同前	同前
烟瘴	贵州	南笼府普安州、普安县	南笼府	兴义府安南县
	云南	曲靖府马龙州、沾益州	武定州元谋县	同前
	[注]	以上里数与极边同		

汉中府属军犯编发地方

充军地方		乾隆八年(1743)	乾隆四十四年(1779)	嘉庆十四年(1809)
附近	东至	湖北襄阳府襄阳卫、均州 又至德安府德安守御所	河南河南府偃师县、巩县 又至开封府汜水县、荥阳县	同前
	南至	贵州镇远府镇远县 又至思州府青溪县	四川泸州纳溪县	同前
	西至	甘肃西宁府西宁县 又至凉州府古浪县、平番县	甘肃凉州府平番县 又至兰州府皋兰县	甘肃兰州府皋兰县
	北至	甘肃宁夏府宁夏县、灵州、宁朔县、平罗县	甘肃平凉府静宁州、隆德县	甘肃巩昌府安定县
	[注]	以上俱二千里	同前	同前
边卫/近边	东至	湖北武昌府武昌卫、武昌左卫 又至黄州府黄州卫、蕲州卫	河南归德府宁陵县、商丘县、睢州、虞城县	河南归德府宁陵县、商丘县、睢州
	南至	广西柳州府马平县、融县、怀远县、象州、来宾县 又至思恩府宾州 又至浔州府武宣县	河南汝宁府西平县、遂平县 又至许州郾城县	同前
	西至	甘肃凉州府武威县、永昌县、镇番县	甘肃凉州府武威县、古浪县	甘肃凉州府武威县
	北至	抵边不足二千五百里	同前	同前
	[注]	以上除北外,东、南、西俱二千五百里	同前	同前

续表

充军地方		乾隆八年(1743)	乾隆四十四年(1779)	嘉庆十四年(1809)
边远	东至	湖南岳州府岳州卫 又至澧州永定卫、九溪卫、石门县、安福县	安徽凤阳府宿州、灵璧县 又至江苏徐州府睢宁县、宿迁县	同前
	南至	广西南宁府宣化县、新宁州 又至思恩府武缘县	湖北德安府安陆县、云梦县、应山县 又至襄阳府襄阳县、宜城县	同前
	西至	甘肃甘州府张掖县、山丹县 又至肃州高台县	甘肃甘州府张掖县、山丹县	同前
	北至	抵边不足三千里	同前	同前
	[注]	以上除北外,东、南、西俱三千里	同前	同前
极边	东至	广东广州府清远县、新会县、增城县 又至连州	湖北黄州府黄梅县 又至江西九江府德化县 又至安徽安庆府宿松县 又至江苏常州府无锡县、金匮县 又至苏州府长洲县、元和县、吴县	同前
	南至	广东惠州府河源县、龙川县 又至嘉应州长乐县	湖南岳州府巴陵县 又至长沙府湘阴县 又至常德府桃源县	同前
	西至	抵边不足四千里	甘肃安西州	同前
	北至	抵边不足四千里	同前	同前
	[注]	以上除西、北外,东、南俱四千里	以上除北外,东、南、西俱四千里	同前
烟瘴	云南	曲靖府寻甸州、马龙州 又至蒙化府	曲靖府寻甸州 又至云南府嵩明州	楚雄府广通县、楚雄县、镇南州
	[注]	以上里数与极边同		

同州府属军犯编发地方

充军地方		乾隆八年(1743)	乾隆四十四年(1779)	嘉庆十四年(1809)
附近	东至	山东济南府历城县 又至泰安府泰安县 又至沂州府兰山县	山东青州府临淄县、益都县、昌乐县 又至沂州府蒙阴县 又至江苏淮安府桃源县、清河县、山阳县	同前
	南至	湖北安陆府荆门州 又至宜昌府东湖县 又至荆州府江陵县	湖北安陆府荆门州 又至汉阳府黄陂县、汉阳县 又至武昌府江夏县	湖北荆门州 又至安陆府京山县 又至汉阳府黄陂县、汉阳县 又至武昌府江夏县
	西至	甘肃平凉府平凉县 又至巩昌府安定县、会宁县	甘肃凉州府平番县、古浪县	同前
	北至	抵边不足二千里	同前	同前
	[注]	以上除北外,东、南、西俱二千里	同前	同前
边卫/近边	东至	山东莱州府昌邑县 又至青州府安东卫 又至沂州府日照县 又至江南淮安府淮安卫	山东莱州府即墨县 又至登州府黄县 又至江苏镇江府丹徒县、丹阳县 又至常州府武进县、阳湖县	山东莱州府平度州 又至登州府黄县 又至江苏镇江府丹阳县 又至常州府武进县、阳湖县
	南至	湖南岳州府临湘县 又至澧州慈利县 又至湖北宜昌府鹤峰州	湖南岳州府临湘县 又至常德府武陵县 又至澧州安福县、石门县 又至湖北武昌府蒲圻县	同前
	西至	甘肃凉州府平番县、武威县	甘肃凉州府永昌县 又至甘州府山丹县、张掖县	同前
	北至	抵边不足二千五百里	同前	同前
	[注]	以上除北外,东、南、西俱二千五百里	同前	同前

续表

充军地方		乾隆八年(1743)	乾隆四十四年(1779)	嘉庆十四年(1809)
边远	东至	抵海不足三千里	浙江嘉兴府嘉兴县、秀水县、石门县	同前
	南至	湖南长沙府湘阴县、攸县 又至宝庆府新化县、武冈州 又至衡州府衡山县、衡阳县、常宁县	湖南长沙府湘阴县、长沙县、善化县、湘潭县 又至辰州府沅陵县、泸溪县、辰溪县	同前
	西至	甘肃凉州府武威县 又至甘州府张掖县 又至肃州高台县	甘肃肃州高台县	同前
	北至	抵边不足三千里	同前	同前
	[注]	以上除东、北外,南、西俱三千里	以上除北外,东、南、西俱三千里	同前
极边	东至	抵海不足四千里	同前	同前
	南至	广东韶州府英德县	江西赣州府赣县 又至南安府南康县 又至广西桂林府兴安县、灵川县、临桂县	江西赣州府赣县 又至南安府南康县、大庾县 又至广东南雄州 又至广西桂林府兴安县、灵川县、临桂县
	西至	抵边不足四千里	甘肃安西州敦煌县	同前
	北至	抵边不足四千里	同前	同前
	[注]	以上除东、西、北外,南四千里	以上除东、北外,南、西俱四千里	同前
烟瘴	贵州	黎平府锦屏县 又至镇远府天柱县	安顺府清镇县 又至贵阳府贵筑县、龙里县、贵定县	同前
	广东	潮州府惠来县 又至连州连山县		
	江西	赣州府龙南县		
	广西	桂林府灌阳县	桂林府灌阳县 又至平乐府恭城县	同前
	[注]	以上里数与极边同		

榆林府属军犯编发地方

充军地方		乾隆八年(1743)	乾隆四十四年(1779)	嘉庆十四年(1809)
附近	东至	河南归德府鹿邑县 又至山东青州府临淄县	河南河南府渑池县	同前
	南至	湖北郧阳府郧西县 又至宜昌府东湖县	河南河南府新安县	同前
	西至	甘肃兰州府皋兰县	甘肃巩昌府会宁县、安定县	同前
	北至	抵边不足二千里	同前	同前
	[注]	以上除北外,东、南、西俱二千里	同前	同前
边卫/近边	东至	江南凤阳府临淮县、宿州 又至徐州府铜山县 又至河南归德府永城县 又至山东曹州府单县	河南卫辉府获嘉县、新乡县 又至怀庆府修武县	同前
	南至	湖北襄阳府均州 又至宜昌府巴东县 又至河南南阳府新野县	河南开封府郑州、新郑县	同前
	西至	甘肃凉州府永昌县	甘肃凉州府平番县	同前
	北至	抵边不足二千五百里	同前	同前
	[注]	以上除北外,东、南、西俱二千五百里	同前	同前
边远	东至	江南常州府无锡县 又至镇江府丹阳县	河南归德府商丘县、虞城县、夏邑县 又至江苏徐州府砀山县 又至山东东昌府冠县、堂邑县	河南归德府商丘县、虞城县、夏邑县、永城县 又至江苏徐州府砀山县、萧县 又至山东东昌府冠县、堂邑县、聊城县
	南至	湖北宜昌府东湖县、鹤峰州	河南南阳府裕州、南阳县、南召县	同前
	西至	甘肃肃州高台县	甘肃凉州府永昌县	同前
	北至	抵边不足三千里	同前	同前
	[注]	以上除北外,东、南、西俱三千里	同前	同前

续表

充军地方		乾隆八年(1743)	乾隆四十四年(1779)	嘉庆十四年(1809)
极边	东至	浙江绍兴府会稽县	江苏扬州府高邮州、江都县、甘泉县 又至镇江府丹徒县、丹阳县 又至山东莱州府平度州、即墨县	江苏扬州府江都县、甘泉县 又至镇江府丹徒县、丹阳县 又至山东莱州府平度州、即墨县
	南至	湖南长沙府善化县、湘潭县 又至衡州府衡山县	湖北武昌府咸宁县、蒲圻县 又至湖南澧州安福县	同前
	西至	抵边不足四千里	甘肃安西州玉门县	同前
	北至	抵边不足四千里	同前	同前
	[注]	以上除西、北外,东、南俱四千里	以上除北外,东、南、西俱四千里	同前
烟瘴	广西	思恩府迁江县、河池州	桂林府全州	同前
	贵州	铜仁府铜仁县 又至南笼府	大定府毕节县	同前
	[注]	以上里数与极边同		

兴安州(兴安府)①属军犯编发地方

充军地方		乾隆八年(1743)	乾隆四十四年(1779)	嘉庆十四年(1809)
附近	东至	湖北德安府德安守御所、随州	湖北汉阳府孝感县、黄陂县、汉阳县	湖北汉阳府黄陂县、汉阳县
	南至	四川酉阳州黔江县 又至湖南澧州永定卫、九溪卫	四川成都府简州 又至湖南澧州石门县、安福县 又至常德府武陵县	同前
	西至	四川龙安府平武县	四川资州资阳县 又至甘肃巩昌府伏羌县	甘肃巩昌府伏羌县

① 乾隆四十七年(1782),兴安直隶州升为兴安府。

续表

充军地方		乾隆八年(1743)	乾隆四十四年(1779)	嘉庆十四年(1809)
附近	北至	甘肃宁夏府宁夏县、平罗县、灵州	甘肃秦州秦安县 又至平凉府静宁州	甘肃秦州秦安县
	[注]	以上俱二千里	同前	同前
边卫/近边	东至	湖北黄州府黄州卫、蕲州卫、罗田县	湖北黄州府蕲州、广济县、黄梅县 又至安徽安庆府宿松县、太湖县	同前
	南至	湖南辰州府沅陵县、泸溪县	湖南辰州府、沅陵县、泸溪县、辰溪县 又至岳州府巴陵县	同前
	西至	甘肃凉州府古浪县、平番县 又至西宁府西宁县	甘肃兰州府狄道州、皋兰县	甘肃兰州府狄道州
	北至	抵边不足二千五百里	同前	同前
	[注]	以上除北外,东、南、西俱二千五百里	同前	同前
边远	东至	江南安庆府安庆卫、桐城县	安徽庐州府舒城县、合肥县	同前
	南至	贵州黎平府开泰县 又至镇远府天柱县	贵州思州府玉屏县、青溪县 又至湖南长沙府湘潭县	同前
	西至	甘肃兰州府皋兰县、金县 又至巩昌府洮州卫	甘肃凉州府平番县、古浪县	同前
	北至	抵边不足三千里	同前	同前
	[注]	以上除北外,东、南、西俱三千里	同前	同前

续表

充军地方		乾隆八年(1743)	乾隆四十四年(1779)	嘉庆十四年(1809)
极边	东至	江南宁国府宣州卫、旌德县	浙江杭州府余杭县、仁和县、钱塘县、富阳县	同前
	南至	广西浔州府桂平县、贵县	广西桂林府临桂县、永福县	同前
	西至	甘肃甘州府张掖县、山丹县 又至肃州高台县	甘肃肃州高台县	同前
	北至	抵边不足四千里	同前	同前
	[注]	以上除北外,东、南、西俱四千里	同前	同前
烟瘴	广西	梧州府苍梧县、藤县	平乐府恭城县、平乐县 又至桂林府阳朔县	平乐府恭城县
	贵州	都匀府都匀县、麻哈州	安顺府永宁州 又至南笼府安南县	安顺府永宁州 又至兴义府安南县
	[注]	以上里数与极边同		

甘 肃

兰州府属军犯编发地方

充军地方		乾隆八年(1743)	乾隆四十四年(1779)	嘉庆十四年(1809)
附近	东至	山西泽州府沁水县、高平县	山西解州夏县、安邑县 又至绛州闻喜县 又至蒲州府猗氏县 又至河南河南府渑池县 又至陕州	同前
	南至	陕西汉中府南郑县、宁羌州、沔县 又至兴安州平利县	陕西汉中府沔县、褒城县、南郑县、城固县、洋县	同前
	西至	抵边不足二千里	本省安西州	同前
	北至	抵边不足二千里	同前	同前
	[注]	以上除西、北外,东、南俱二千里	以上除北外,东、南、西俱二千里	同前
边卫/近边	东至	河南河南府洛阳县、孟津县、新安县、嵩县 又至陕州 又至怀庆府济源县、孟县	河南怀庆府武陟县、修武县 又至卫辉府获嘉县、新乡县 又至开封府荥阳县、郑州、中牟县 又至山西汾州府介休县 又至霍州灵石县	河南怀庆府武陟县、修武县 又至卫辉府获嘉县、新乡县 又至开封府荥阳县、郑州、中牟县 又至山西霍州灵石县
	南至	四川保宁府阆中县、苍溪县 又至顺庆府广安州	四川保宁府阆中县、苍溪县、昭化县、剑州 又至陕西兴安州汉阴县	四川保宁府昭化县、剑州 又至陕西兴安府安康县
	西至	抵边不足二千五百里	本省安西州	同前
	北至	抵边不足二千五百里	同前	同前
	[注]	以上除西、北外,东、南俱二千五百里	以上除北外,东、南、西俱二千五百里	同前

续表

<table>
<tr><th colspan="2">充军地方</th><th>乾隆八年(1743)</th><th>乾隆四十四年(1779)</th><th>嘉庆十四年(1809)</th></tr>
<tr><td rowspan="5">边远</td><td>东至</td><td>江南凤阳府凤阳卫、长淮卫、宿州卫
又至颍州府颍上县</td><td>河南归德府虞城县、夏邑县、商丘县
又至山东东昌府冠县、馆陶县、堂邑县、聊城县
又至临清州
又至山西平定州寿阳县</td><td>同前</td></tr>
<tr><td>南至</td><td>山东济南府德州卫、德州左卫
又至泰安府肥城县
又至武定府阳信县</td><td>四川成都府汉州、新都县、成都县、华阳县
又至顺庆府南充县
又至绵州德阳县</td><td>同前</td></tr>
<tr><td>西至</td><td>抵边不足三千里</td><td>本省镇西府。停止编发</td><td>同前</td></tr>
<tr><td>北至</td><td>抵边不足三千里</td><td>同前</td><td>同前</td></tr>
<tr><td>[注]</td><td>以上除西、北外,东、南俱三千里</td><td>同前</td><td>同前</td></tr>
<tr><td rowspan="5">极边</td><td>东至</td><td>山东登州府大嵩卫、靖海卫、成山卫、威海卫、宁海州、福山县
又至沂州府莒州
又至青州府安东卫</td><td>山东莱州府昌邑县、平度州、掖县
又至登州府莱阳县
又至安徽太平府芜湖县
又至宁国府南陵县</td><td>同前</td></tr>
<tr><td>南至</td><td>贵州遵义府遵义县
又至平越府瓮安县
又至四川夔州府巫山县</td><td>四川重庆府永川县、璧山县、巴县</td><td>同前</td></tr>
<tr><td>西至</td><td>抵边不足四千里</td><td>本省镇西府。停止编发</td><td>同前</td></tr>
<tr><td>北至</td><td>抵边不足四千里</td><td>同前</td><td>同前</td></tr>
<tr><td>[注]</td><td>以上除西、北外,东、南俱四千里</td><td>同前</td><td>同前</td></tr>
<tr><td rowspan="3">烟瘴</td><td>贵州</td><td>大定府毕节县
又至南笼府安南县</td><td>大定府毕节县
又至南笼府安南县</td><td>大定府毕节县
又至兴义府安南县</td></tr>
<tr><td>云南</td><td>曲靖府南宁县、沾益州、陆凉州、平彝县</td><td>同前</td><td>同前</td></tr>
<tr><td>[注]</td><td>以上里数与极边同</td><td></td><td></td></tr>
</table>

平凉府属军犯编发地方

<table>
<tr><th colspan="2">充军地方</th><th>乾隆八年(1743)</th><th>乾隆四十四年(1779)</th><th>嘉庆十四年(1809)</th></tr>
<tr><td rowspan="5">附近</td><td>东至</td><td>河南彰德府安阳县、林县、涉县
又至卫辉府新乡县</td><td>河南彰德府安阳县、汤阴县、内黄县
又至卫辉府浚县</td><td>同前</td></tr>
<tr><td>南至</td><td>四川重庆府合州
又至酉阳州黔江县
又至忠州</td><td>四川保宁府昭化县、苍溪县、剑州
又至陕西兴安州汉阴县</td><td>四川保宁府昭化县、剑州
又至陕西兴安府安康县</td></tr>
<tr><td>西至</td><td>本省甘州府张掖县、山丹县</td><td>本省肃州高台县</td><td>同前</td></tr>
<tr><td>北至</td><td>抵边不足二千里</td><td>同前</td><td>同前</td></tr>
<tr><td>[注]</td><td>以上除北外,东、南、西俱二千里</td><td>同前</td><td>同前</td></tr>
<tr><td rowspan="5">边卫/近边</td><td>东至</td><td>山东登州府大嵩卫、宁海州
又至沂州府莒州、蒙阴县
又至青州府安东卫</td><td>山东济南府长清县、历城县
又至泰安府东平州、肥城县
又至济宁州汶上县</td><td>同前</td></tr>
<tr><td>南至</td><td>广东廉州府合浦县、灵山县、钦州</td><td>安徽凤阳府宿州、灵璧县
又至四川成都府汉州、新都县、成都县、华阳县
又至顺庆府南充县
又至绵州德阳县</td><td>安徽凤阳府宿州
又至四川成都府汉州、新都县
又至顺庆府南充县、西充县
又至绵州德阳县</td></tr>
<tr><td>西至</td><td>本省肃州高台县</td><td>本省安西州玉门县</td><td>同前</td></tr>
<tr><td>北至</td><td>抵边不足二千五百里</td><td>同前</td><td>同前</td></tr>
<tr><td>[注]</td><td>以上除北外,东、南、西俱二千五百里</td><td>同前</td><td>同前</td></tr>
</table>

续表

充军地方		乾隆八年(1743)	乾隆四十四年(1779)	嘉庆十四年(1809)
边远	东至	江南扬州府仪征卫、高邮州、兴化县 又至淮安府淮安卫、大河卫	江苏江宁府六合县 又至山东沂州府莒州	同前
	南至	广东肇庆府双鱼守御所、四会县、新兴县、广宁县	安徽庐州府合肥县、舒城县 又至四川资州内江县	同前
	西至	抵边不足三千里	本省安西州敦煌县	同前
	北至	抵边不足三千里	同前	同前
	[注]	以上除西、北外,东、南俱三千里	以上除北外,东、南、西俱三千里	同前
极边	东至	抵海不足四千里	同前	同前
	南至	广东潮州府大城守御所、海阳县、潮阳县、澄海县 又至嘉应州	江西南昌府奉新县 又至瑞州府高安县 又至南康府安义县	同前
	西至	抵边不足四千里	本省镇西府。停止编发	同前
	北至	抵边不足四千里	同前	同前
	[注]	以上除东、西、北外,南四千里	同前	同前
烟瘴	云南	曲靖府南宁县、陆凉州、马龙州、沾益州	同前	同前
	贵州	南笼府普安州、安南县	同前	兴义府安南县 又至普安州
	[注]	以上里数与极边同		

巩昌府属军犯编发地方

充军地方		乾隆八年(1743)	乾隆四十四年(1779)	嘉庆十四年(1809)
附近	东至	山西泽州府凤台县、阳城县 又至平阳府临汾县 又至蒲州府永济县	山西平阳府临汾县、曲沃县、洪洞县 又至河南河南府洛阳县、偃师县、巩县、孟津县 又至怀庆府孟县、河内县	同前
	南至	陕西汉中府南郑县、宁羌州、沔县 又至兴安州平利县	陕西兴安州石泉县、汉阴县 又至四川保宁府广元县、昭化县	陕西兴安府石泉县、安康县 又至四川保宁府广元县、昭化县
	西至	本省凉州府武威县、古浪县、平番县 又至西宁府西宁县、碾伯县	本省肃州 又至安西州玉门县	本省肃州
	北至	抵边不足二千里	同前	同前
	[注]	以上除北外,东、南、西俱二千里	同前	同前
边卫/近边	东至	河南开封府祥符县、陈留县、洧川县、禹州、密县 又至陈州府扶沟县	河南陈州府扶沟县 又至开封府通许县、陈留县、杞县 又至归德府睢州、宁陵县 又至卫辉府浚县 又至彰德府内黄县	同前
	南至	四川保宁府阆中县、苍溪县	四川保宁府巴州 又至成都府汉州 又至顺庆府西充县、南充县 又至绵州德阳县	四川保宁府巴州 又至顺庆府西充县、南充县 又至绵州德阳县
	西至	陕西甘州府张掖县、山丹县	本省安西州	同前
	北至	抵边不足二千五百里	同前	同前
	[注]	以上除北外,东、南、西俱二千五百里	同前	同前

续表

充军地方		乾隆八年(1743)	乾隆四十四年(1779)	嘉庆十四年(1809)
边远	东至	江南凤阳府长淮卫、寿州 又至泗州泗州卫	安徽凤阳府宿州、灵璧县 又至山东泰安府东平州 又至济宁州汶上县	安徽凤阳府宿州、灵璧县 又至山东泰安府东平州 又至兖州府汶上县
	南至	四川酉阳州黔江县 又至忠州	四川资州资阳县、内江县 又至嘉定府夹江县、乐山县	同前
	西至	本省肃州高台县	本省安西州敦煌县	同前
	北至	抵边不足三千里	同前	同前
	[注]	以上除北外,东、南、西俱三千里	同前	同前
极边	东至	山东登州府大嵩卫、靖海卫、宁海州、福山县 又至沂州府莒州 又至青州府安东卫	山东莱州府高密县、平度州、掖县 又至江苏扬州府宝应县 又至淮安府山阳县、清河县	同前
	南至	广西桂林府临桂县、兴安县、阳朔县、义宁县、全州、灌阳县	湖北武昌府蒲圻县 又至湖南岳州府巴陵县	湖南岳州府巴陵县、华容县
	西至	抵边不足四千里	本省镇西府。停止编发	同前
	北至	抵边不足四千里	同前	同前
	[注]	以上除西、北外,东、南俱四千里	同前	同前
烟瘴	广东	廉州府合浦县、灵山县、钦州		同前
	云南	临安府通海县、河西县		同前
	贵州		大定府毕节县、威宁州	同前
	[注]	以上里数与极边同		

秦州属军犯编发地方

<table>
<tr><th colspan="2">充军地方</th><th>乾隆八年(1743)</th><th>乾隆四十四年(1779)</th><th>嘉庆十四年(1809)</th></tr>
<tr><td rowspan="5">附近</td><td>东至</td><td rowspan="10">俱与巩昌府同</td><td>山西霍州灵石县
又至汾州府介休县
又至河南开封府郑州、中牟县、祥符县、陈留县
又至怀庆府修武县
又至卫辉府获嘉县、新乡县、汲县</td><td>同前</td></tr>
<tr><td>南至</td><td>陕西兴安州平利县
又至四川保宁府苍溪县、阆中县、南部县
又至绵州梓潼县</td><td>陕西兴安府平利县
又至四川保宁府苍溪县、阆中县、南部县
又至绵州梓潼县</td></tr>
<tr><td>西至</td><td>本省肃州高台县</td><td>同前</td></tr>
<tr><td>北至</td><td>抵边不足二千里</td><td>同前</td></tr>
<tr><td>[注]</td><td>以上除北外,东、南、西俱二千里</td><td>同前</td></tr>
<tr><td rowspan="5">边卫/近边</td><td>东至</td><td>河南陈州府项城县、沈丘县
又至归德府夏邑县、永城县
又至山东东昌府冠县、堂邑县、聊城县、茌平县
又至泰安府东阿县</td><td>同前</td></tr>
<tr><td>南至</td><td>四川重庆府定远县、合州
又至成都府简州、双流县、新津县
又至资州资阳县
又至眉州彭山县</td><td>同前</td></tr>
<tr><td>西至</td><td>本省安西州玉门县</td><td>同前</td></tr>
<tr><td>北至</td><td>抵边不足二千五百里</td><td>同前</td></tr>
<tr><td>[注]</td><td>以上除北外,东、南、西俱二千五百里</td><td>同前</td></tr>
</table>

续表

充军地方		乾隆八年(1743)	乾隆四十四年(1779)	嘉庆十四年(1809)
边远	东至	俱与巩昌府同	安徽凤阳府凤阳县、定远县 又至山东兖州府泗水县 又至沂州府蒙阴县 又至济南府邹平县、长山县 又至青州府临淄县、益都县	同前
	南至		四川叙州府隆昌县 又至重庆府荣昌县、永川县	同前
	西至		本省安西州敦煌县	同前
	北至		抵边不足三千里	同前
	[注]		以上除北外,东、南、西俱三千里	同前
极边	东至		山东登州府黄县、蓬莱县 又至江苏海州赣榆县	同前
	南至		湖南长沙府湘阴县、长沙县、善化县 又至澧州安乡县	同前
	西至		本省镇西府。停止编发	同前
	北至		抵边不足四千里	同前
	[注]		以上除西、北外,东、南俱四千里	同前
烟瘴	云南		曲靖府宣威州	同前
	贵州		大定府威宁州	同前

阶州属军犯编发地方

充军地方		乾隆八年(1743)	乾隆四十四年(1779)	嘉庆十四年(1809)
附近	东至	俱与巩昌府同	山西蒲州府永济县、临晋县、猗氏县 又至解州安邑县 又至河南陕州阌乡县、灵宝县	同前
	南至		陕西汉中府沔县、宁羌州、南郑县、城固县、洋县	陕西汉中府沔县、南郑县、城固县、洋县
	西至		本省凉州府永昌县、镇番县 又至甘州府山丹县	同前
	北至		抵边不足二千里	同前
	[注]		以上除北外,东、南、西俱二千里	同前
边卫/近边	东至		河南开封府汜水县、荥阳县 又至河南府偃师县、巩县 又至怀庆府孟县、河内县	同前
	南至		四川保宁府苍溪县、剑州 又至陕西兴安州汉阴县	四川保宁府剑州 又至陕西兴安府安康县
	西至		本省肃州高台县	同前
	北至		抵边不足二千五百里	同前
	[注]		以上除北外,东、南、西俱二千五百里	同前
边远	东至		河南归德府睢州、宁陵县、商丘县、虞城县 又至彰德府内黄县	同前
	南至		四川成都府汉州、新都县、成都县、华阳县 又至顺庆府南充县、岳池县 又至绵州德阳县	同前
	西至		本省安西州玉门县	同前
	北至		抵边不足三千里	同前
	[注]		以上除北外,东、南、西俱三千里	同前

续表

充军地方		乾隆八年(1743)	乾隆四十四年(1779)	嘉庆十四年(1809)
极边	东至	俱与巩昌府同	山东沂州府莒州、沂水县 又至青州府诸城县 又至莱州府潍县、昌邑县 又至安徽太平府当涂县、芜湖县 又至和州	同前
	南至		湖北武昌府江夏县、咸宁县 又至四川重庆府璧山县、巴县	同前
	西至		本省镇西府。停止编发	同前
	北至		抵边不足四千里	同前
	[注]		以上除西、北外,东、南俱四千里	同前
烟瘴	贵州		大定府毕节县	同前

庆阳府属军犯编发地方

充军地方		乾隆八年(1743)	乾隆四十四年(1779)	嘉庆十四年(1809)
附近	东至	直隶正定府井陉县、获鹿县、赞皇县	河南卫辉府浚县 又至彰德府内黄县、汤阴县、安阳县	同前
	南至	山西平阳府临汾县 蒲州府永济县 又至泽州府凤台县、阳城县	山西潞安府屯留县、襄垣县	同前
	西至	本省凉州府武威县、镇番县、古浪县	本省凉州府镇番县、永昌县	同前
	北至	本省甘州府张掖县、山丹县	抵边不足二千里	同前
	[注]	以上俱二千里	以上除北外,东、南、西俱二千里	同前

续表

充军地方		乾隆八年(1743)	乾隆四十四年(1779)	嘉庆十四年(1809)
边卫/近边	东至	山东青州府益都县、诸城县 又至兖州府任城卫、济宁卫 又至曹州府郓城县	山东曹州府郓城县 又至济南府长清县、历城县 又至泰安府肥城县、东平州 又至兖州府滋阳县 又至济宁州汶上县	山东曹州府郓城县、巨野县 又至济南府长清县、历城县 又至泰安府肥城县、东平州 又至兖州府汶上县 又至济宁府嘉祥县
	南至	河南河南府洛阳县、嵩县 又至陕州灵宝县	安徽凤阳府宿州、灵璧县	同前
	西至	抵边不足二千五百里	本省肃州高台县	同前
	北至	本省肃州高台县	抵边不足二千五百里	同前
	[注]	以上除西外,东、南、北俱二千五百里	以上除北外,东、南、西俱二千五百里	同前
边远	东至	山东登州府大嵩卫、靖海卫、宁海州、福山县 又至沂州府莒州 又至青州府安东卫	山东青州府益都县、昌乐县 又至莱州府潍县、昌邑县	同前
	南至	河南汝宁府汝阳县、西平县 又至汝州伊阳县	湖北德安府安陆县、云梦县、应城县 又至汉阳府孝感县 又至安陆府京山县	湖北汉阳府黄陂县、汉阳县 又至武昌府江夏县、咸宁县
	西至	抵边不足三千里	本省安西州玉门县	同前
	北至	抵边不足三千里	同前	同前
	[注]	以上除西、北外,东、南俱三千里	以上除北外,东、南、西俱三千里	同前

续表

充军地方		乾隆八年(1743)	乾隆四十四年(1779)	嘉庆十四年(1809)
极边	东至	江南淮安府淮安卫、大河卫、盐城县 又至海州 又至徐州府邳州、丰县	山东沂州府日照县	同前
	南至	湖南岳州府岳州卫 又至澧州永定卫、九溪卫、安福县	湖南岳州府华容县 又至澧州安乡县 又至长沙府湘阴县	同前
	西至	抵边不足四千里	本省镇西府。停止编发	同前
	北至	抵边不足四千里	同前	同前
	[注]	以上除西、北外,东、南俱四千里	同前	同前
烟瘴	贵州	安顺府镇宁州、永宁州、普定县	同前	同前
	[注]	以上里数与极边同		

甘州府属军犯编发地方

充军地方		乾隆八年(1743)	乾隆四十四年(1779)	嘉庆十四年(1809)
附近	东至	陕西凤翔府陇州 又至本省平凉府平凉县	陕西凤翔府陇州 又至邠州长武县	本省泾州 又至陕西邠州长武县
	南至	本省庆阳府安化县	本省泾州	陕西凤翔府陇州
	西至	抵边不足二千里	本省镇西府。停止编发	同前
	北至	抵边不足二千里	同前	同前
	[注]	以上除西、北外,东、南俱二千里	同前	同前

续表

充军地方		乾隆八年(1743)	乾隆四十四年(1779)	嘉庆十四年(1809)
边卫/近边	东至	陕西凤翔府宝鸡县 又至本省平凉府泾州 又至巩昌府伏羌县	陕西乾州武功县 又至西安府兴平县、长安县、咸宁县、临潼县、咸阳县	同前
	南至	四川龙安府平武县	陕西汉中府凤县	同前
	西至	抵边不足二千五百里	本省镇西府。停止编发	同前
	北至	抵边不足二千五百里	同前	同前
	[注]	以上除西、北外,东、南俱二千五百里	同前	同前
边远	东至	陕西西安府长安县 又至延安府肤施县 又至汉中府南郑县 又至四川保宁府阆中县	山西蒲州府猗氏县、临晋县 又至解州安邑县、夏县 又至陕西延安府延长县、延川县 又至河南河南府渑池县 又至陕州灵宝县	同前
	南至	四川龙安府江油县	陕西汉中府沔县、南郑县、城固县、褒城县、洋县	同前
	西至	抵边不足三千里	本省镇西府。停止编发	同前
	北至	抵边不足三千里	同前	同前
	[注]	以上除西、北外,东、南俱三千里	同前	同前
极边	东至	直隶正定府正定县 又至江南江宁府江宁县 又至山东济南府历城县 又至山西太原府阳曲县 又至河南开封府祥符县 又至陕西兴安州	山西太原府阳曲县、榆次县 又至忻州 又至平定州寿阳县 又至陕西兴安州白河县 又至河南归德府商丘县、虞城县、宁陵县、夏邑县 又至山东东昌府冠县、堂邑县	山西太原府阳曲县、榆次县 又至忻州 又至平定州寿阳县 又至陕西兴安府白河县 又至河南归德府商丘县、虞城县、宁陵县、夏邑县 又至山东东昌府冠县、堂邑县

续表

充军地方		乾隆八年(1743)	乾隆四十四年(1779)	嘉庆十四年(1809)
极边	南至	河南南阳府南阳县 又至四川重庆府巴县 又至贵州遵义府遵义县	河南南阳府南阳县、南召县、裕州 又至四川绵州德阳县 又至成都府汉州、新都县 又至顺庆府西充县、南充县	同前
	西至	抵边不足四千里	抵边。停止编发	同前
	北至	抵边不足四千里	同前	同前
	[注]	以上除西、北外,东、南俱四千里	同前	同前
烟瘴		地皆不足四千里,以极边为烟瘴		
	贵州		大定府毕节县 又至南笼府安南县	大定府毕节县 又至兴义府安南县
	云南		曲靖府南宁县、沾益州、陆凉州、平彝县	同前

凉州府属军犯编发地方

充军地方		乾隆八年(1743)	乾隆四十四年(1779)	嘉庆十四年(1809)
附近	东至	陕西凤翔府凤翔县 又至汉中府南郑县 又至本省巩昌府伏羌县 又至庆阳府安化县 又至四川保宁府阆中县	陕西乾州武功县 又至西安府兴平县 又至鄜州 又至凤翔府扶风县	同前
	南至	四川龙安府平武县	陕西汉中府凤县	同前
	西至	抵边不足二千里	本省安西州敦煌县	同前
	北至	抵边不足二千里	同前	同前
	[注]	以上除西、北外,东、南俱二千里	以上除北外,东、南、西俱二千里	同前

续表

充军地方		乾隆八年(1743)	乾隆四十四年(1779)	嘉庆十四年(1809)
边卫/近边	东至	河南河南府洛阳县 又至陕西西安府长安县 又至延安府肤施县 又至汉中府宁羌州 又至兴安州	河南陕州灵宝县 又至河南府渑池县 又至陕西延安府延长县、延川县 又至山西蒲州府临晋县、猗氏县 又至解州安邑县、夏县	河南陕州灵宝县 又至陕西延安府延长县、延川县 又至山西蒲州府临晋县、猗氏县 又至解州安邑县、夏县
	南至	抵边不足二千五百里	陕西汉中府褒城县、沔县、南郑县、城固县	同前
	西至	抵边不足二千五百里	本省镇西府。停止编发	同前
	北至	抵边不足二千五百里	同前	同前
	[注]	以上除南、西、北外,东二千五百里	以上除西、北外,东、南俱二千五百里	同前
边远	东至	山西平阳府临汾县 又至河南河南府洛阳县	山西霍州灵石县、赵城县 又至平阳府洪洞县 又至泽州府沁水县、阳城县、凤台县 又至河南开封府荥阳县、郑州、汜水县 又至河南府巩县 又至怀庆府河内县、武陟县、修武县 又至卫辉府获嘉县	同前
	南至	四川顺庆府南充县	四川保宁府昭化县、广元县 又至陕西兴安州石泉县、汉阴县	四川保宁府昭化县、广元县 又至陕西兴安府石泉县、安康县
	西至	抵边不足三千里	本省镇西府。停止编发	同前
	北至	抵边不足三千里	同前	同前
	[注]	以上除西、北外,东、南俱三千里	同前	同前

续表

充军地方		乾隆八年(1743)	乾隆四十四年(1779)	嘉庆十四年(1809)
极边	东至	直隶正定府正定县 又至江南常州府武进县 又至湖北襄阳府襄阳县 又至山东莱州府掖县 又至山西潞安府长治县 又至河南归德府商丘县	安徽凤阳府灵璧县、凤阳县 又至湖北襄阳府宜城县 又至安陆府荆门州 又至山东东昌府聊城县、茌平县、堂邑县 又至泰安府东阿县	安徽凤阳府灵璧县、凤阳县 又至湖北襄阳府宜城县 又至荆门州 又至山东东昌府聊城县、茌平县、堂邑县 又至泰安府东阿县
	南至	湖北武昌府江夏县 又至四川成都府成都县 又至贵州铜仁府铜仁县	湖北德安府应山县、安陆县、云梦县、应城县 又至四川资州资阳县、内江县 又至嘉定府夹江县、乐山县	同前
	西至	抵边不足四千里	本省迪化州。停止编发	同前
	北至	抵边不足四千里	同前	同前
	[注]	以上除西、北外,东、南俱四千里	同前	同前
烟瘴		地皆不足四千里,以极边为烟瘴		
	贵州		大定府毕节县、威宁州	同前

宁夏府属军犯编发地方

充军地方		乾隆八年(1743)	乾隆四十四年(1779)	嘉庆十四年(1809)
附近	东至	湖北郧阳府郧县	河南陕州灵宝县 又至河南府渑池县 又至山西蒲州府猗氏县 又至解州安邑县、夏县 又至绛州闻喜县	同前
	南至	陕西汉中府南郑县 又至兴安州 又至四川重庆府巴县	陕西兴安州洵阳县 又至汉中府凤县	陕西兴安府洵阳县
	西至	抵边不足二千里	本省肃州高台县	同前
	北至	抵边不足二千里	同前	同前
	[注]	以上除西、北外,东、南俱二千里	以上除北外,东、南、西俱二千里	同前

续表

充军地方		乾隆八年(1743)	乾隆四十四年(1779)	嘉庆十四年(1809)
边卫/近边	东至	江南徐州府铜山县 又至湖北襄阳府襄阳县	河南开封府汜水县、荥阳县、郑州、中牟县 又至怀庆府武陟县、修武县 又至卫辉府获嘉县、新乡县	同前
	南至	四川成都府成都县 贵州贵阳府贵筑县	陕西汉中府宁羌州、西乡县 又至四川保宁府广元县	陕西汉中府宁羌州、西乡县
	西至	抵边不足二千五百里	本省安西州玉门县	同前
	北至	抵边不足二千五百里	同前	同前
	[注]	以上除西、北外,东、南俱二千五百里	以上除北外,东、南、西俱二千五百里	同前
边远	东至	直隶保定府清苑县 又至江南淮安府山阳县 又至湖北武昌府江夏县 又至山东兖州府滋阳县 又至河南归德府商丘县	山西太原府榆次县、阳曲县 又至平定州寿阳县 又至河南归德府虞城县、夏邑县、商丘县 又至山东东昌府冠县、堂邑县	同前
	南至	河南南阳府南阳县 又至四川夔州府奉节县 又至云南曲靖府南宁县 又至贵州安顺府普定县	河南南阳府南阳县、南召县、裕州 又至四川绵州梓潼县 又至保宁府苍溪县、阆中县、南部县 又至陕西兴安州平利县	同前
	西至	抵边不足三千里	本省安西州敦煌县	同前
	北至	抵边不足三千里	同前	同前
	[注]	以上除西、北外,东、南俱三千里	以上除北外,东、南、西俱三千里	同前

续表

充军地方		乾隆八年(1743)	乾隆四十四年(1779)	嘉庆十四年(1809)
极边	东至	江南池州府贵池县	安徽太平府芜湖县、当涂县 又至宁国府南陵县 又至江苏扬州府仪征县、江都县、甘泉县、高邮州 又至山东莱州府平度州	同前
	南至	湖南长沙府善化县 又至四川雅州府雅安县 又至贵州思南府安化县	湖北武昌府咸宁县、蒲圻县 又至襄阳府宜城县 又至安陆府荆门州 又至四川叙州府隆昌县 又至重庆府荣昌县	湖北武昌府咸宁县、蒲圻县 又至襄阳府宜城县 又至荆门州 又至四川叙州府隆昌县 又至重庆府荣昌县
	西至	抵边不足四千里	本省镇西府。停止编发	同前
	北至	抵边不足四千里	同前	同前
	[注]	以上除西、北外,东、南俱四千里	同前	同前
烟瘴		地皆不足四千里,以极边为烟瘴		
	云南		曲靖府南宁县、陆凉州、马龙州、沾益州	同前
	贵州		南笼府普安州、安南县	兴义府安南县 又至普安州

西宁府属军犯编发地方

充军地方		乾隆八年(1743)	乾隆四十四年(1779)	嘉庆十四年(1809)
附近	东至	陕西延安府肤施县 又至汉中府南郑县 又至巩昌府伏羌县	本省庆阳府合水县 又至陕西鄜州 又至西安府醴泉县、咸阳县、长安县、咸宁县、临潼县	陕西西安府醴泉县、咸阳县、长安县、咸宁县、临潼县
	南至	抵边不足二千里	陕西凤翔府宝鸡县	同前
	西至	抵边不足二千里	本省安西州玉门县	同前
	北至	抵边不足二千里	同前	同前
	[注]	以上除南、西、北外,东二千里	以上除北外,东、南、西俱二千里	同前
边卫/近边	东至	河南河南府洛阳县 又至陕西兴安州 四川保宁府阆中县	河南陕州灵宝县、阌乡县 又至河南府渑池县 又至山西蒲州府永济县、临晋县、猗氏县 又至解州安邑县	河南陕州灵宝县、阌乡县 又至山西蒲州府永济县、临晋县、猗氏县 又至解州安邑县
	南至	抵边不足二千五百里	陕西汉中府褒城县、南郑县	同前
	西至	抵边不足二千五百里	本省安西州敦煌县	同前
	北至	抵边不足二千五百里	同前	同前
	[注]	以上除南、西、北外,东二千五百里	以上除北外,东、南、西俱二千五百里	同前
边远	东至	山西平阳府临汾县	山西平阳府洪洞县、临汾县 又至霍州赵城县 又至河南怀庆府孟县、河内县、修武县	同前
	南至	抵边不足三千里	四川保宁府广元县、昭化县 又至陕西兴安州石泉县、汉阴县	四川保宁府广元县、昭化县 又至陕西兴安府石泉县、安康县

续表

充军地方		乾隆八年(1743)	乾隆四十四年(1779)	嘉庆十四年(1809)
边远	西至	抵边不足三千里	本省镇西府。停止编发	同前
	北至	抵边不足三千里	同前	同前
	[注]	以上除南、西、北外,东三千里	以上除西、北外,东、南俱三千里	同前
极边	东至	江南扬州府江都县 湖北襄阳府襄阳县 山东兖州府滋阳县 又至山西太原府阳曲县 又至河南汝宁府汝阳县	山东兖州府滋阳县、曲阜县 又至济宁州汶上县 又至济南府历城县、章丘县、邹平县 又至湖北襄阳府宜城县、襄阳县 又至安徽凤阳府宿州、灵璧县、凤阳县 又至山西大同府山阴县、应州、怀仁县 又至河南光州固始县	山东兖州府滋阳县、曲阜县、汶上县 又至济南府历城县、章丘县、邹平县 又至湖北襄阳府宜城县、襄阳县 又至安徽凤阳府宿州、灵璧县、凤阳县 又至山西大同府山阴县、应州、怀仁县 又至河南光州固始县
	南至	四川眉州 又至贵州贵阳府贵筑县	四川嘉定府夹江县、乐山县 又至重庆府合州 又至资州资阳县 又至眉州	同前
	西至	抵边不足四千里	本省镇西府。停止编发	同前
	北至	抵边不足四千里	同前	同前
	[注]	以上除西、北外,东、南俱四千里	同前	同前
烟瘴	[注]	地皆不足四千里,以极边为烟瘴		
	云南		曲靖府南宁县、陆凉州、马龙州、沾益州	同前
	贵州		南笼府普安州、安南县	兴义府安南县 又至普安州

肃州属军犯编发地方

充军地方		乾隆八年(1743)	乾隆四十四年(1779)	嘉庆十四年(1809)
附近	东至	本省巩昌府安定县	本省巩昌府宁远县、伏羌县	本省平凉府静宁州
	南至	抵边不足二千里	本省平凉府静宁州	本省巩昌府宁远县、伏羌县
	西至	抵边不足二千里	本省镇西府。停止编发	同前
	北至	抵边不足二千里	同前	同前
	[注]	以上除南、西、北外,东二千里	以上除西、北外,东、南俱二千里	同前
边卫/近边	东至	陕西凤翔府陇州 又至本省平凉府平凉县	陕西凤翔府陇州、汧阳县、凤翔县	陕西邠州长武县
	南至	本省庆阳府安化县	同前	陕西凤翔府陇州、汧阳县
	西至	抵边不足二千五百里	本省镇西府。停止编发	同前
	北至	抵边不足二千五百里	同前	同前
	[注]	以上除西、北外,东、南俱二千五百里	同前	同前
边远	东至	陕西西安府长安县 又至延安府肤施县 又至巩昌府伏羌县 又至四川保宁府阆中县	陕西西安府渭南县、长安县、咸宁县、临潼县 又至同州府华州 又至鄜州洛川县	同前
	南至	四川龙安府平武县	陕西汉中府凤县	同前
	西至	抵边不足三千里	本省迪化州。停止编发	同前
	北至	抵边不足三千里	同前	同前
	[注]	以上除西、北外,东、南俱三千里	同前	同前

续表

充军地方		乾隆八年(1743)	乾隆四十四年(1779)	嘉庆十四年(1809)
极边	东至	江南太平府当涂县 又至山东青州府益都县 又至山西平阳府临汾县 又至河南河南府洛阳县 又至陕西兴安州	陕西兴安州汉阴县 又至河南开封府郑州、中牟县、祥符县、新郑县 又至怀庆府修武县 又至卫辉府获嘉县、新乡县、汲县 又至山西霍州灵石县 又至汾州府介休县	陕西西安府安康县 又至河南开封府郑州、中牟县、祥符县、新郑县 又至怀庆府修武县 又至卫辉府获嘉县、新乡县、汲县 又至山西霍州灵石县 又至汾州府介休县
	南至	四川重庆府巴县 又至嘉定府乐山县	四川保宁府剑州 又至绵州梓潼县	同前
	西至	抵边不足四千里	抵边。停止编发	同前
	北至	抵边不足四千里	同前	同前
	[注]	以上除西、北外,东、南俱四千里	同前	同前
烟瘴		地皆不足四千里,以极边为烟瘴		
	贵州		大定府毕节县、威宁州	同前

安西厅(安西州)①属军犯编发地方

充军地方		乾隆八年(1743)	乾隆四十四年(1779)	嘉庆十四年(1809)
附近	东至	本省兰州府皋兰县	本省兰州府皋兰县	同前
	南至	抵边不足二千里	本省凉州府平番县	同前
	西至	抵边不足二千里	本省镇西府。停止编发	同前
	北至	抵边不足二千里	同前	同前
	[注]	以上除南、西、北外,东二千里	以上除西、北外,东、南俱二千里	同前

① 乾隆二十四年(1759)裁厅设府,三十八年(1773)改为安西直隶州。

续表

充军地方		乾隆八年(1743)	乾隆四十四年(1779)	嘉庆十四年(1809)
边卫/近边	东至	本省巩昌府会宁县	本省巩昌府会宁县、安定县、陇西县	同前
	南至	本省庆阳府安化县	本省巩昌府宁远县	同前
	西至	抵边不足二千五百里	本省迪化州。停止编发	同前
	北至	抵边不足二千五百里	同前	同前
	[注]	以上除西、北外,东、南俱二千五百里	同前	同前
边远	东至	陕西邠州	本省平凉府平凉县 又至泾州	同前
	南至	四川龙安府平武县	陕西凤翔府陇州	同前
	西至	抵边不足三千里	抵边。停止编发	同前
	北至	抵边不足三千里	同前	同前
	[注]	以上除西、北外,东、南俱三千里	同前	同前
极边	东至	山西平阳府临汾县	山西蒲州府永济县、临晋县、猗氏县 又至河南陕州阌乡县、灵宝县	同前
	南至	四川嘉定府乐山县	陕西汉中府褒城县、南郑县	同前
	西至	抵边不足四千里	抵边。停止编发	同前
	北至	抵边不足四千里	同前	同前
	[注]	以上除西、北外,东、南俱四千里	同前	同前
烟瘴	[注]	地皆不足四千里,以极边为烟瘴		
	贵州		大定府毕节县	同前
	云南		曲靖府南宁县、沾益州、陆凉州、平彝县	同前

靖逆厅①军犯编发地方

充军地方		乾隆八年(1743)
附近	东至	本省兰州府皋兰县
	南至	抵边不足二千里
	西至	抵边不足二千里
	北至	抵边不足二千里
	[注]	以上除南、西、北外,东二千里
边卫	东至	本省秦州
	南至	本省庆阳府安化县
	西至	抵边不足二千五百里
	北至	抵边不足二千五百里
	[注]	以上除西、北外,东、南俱二千五百里
边远	东至	本省平凉府泾州
	南至	四川龙安府平武县
	西至	抵边不足三千里
	北至	抵边不足三千里
	[注]	以上除西、北外,东、南俱三千里
极边	东至	陕西兴安州 又至山西宁武府宁武县
	南至	四川重庆府巴县
	西至	抵边不足四千里
	北至	抵边不足四千里
	[注]	以上除西、北外,东、南俱四千里
烟瘴		地皆不足四千里,以极边为烟瘴

① 乾隆二十四年(1759)裁。

泾州属[①]军犯编发地方

充军地方		乾隆四十四年(1779)	嘉庆十四年(1809)
附近	东至	河南归德府宁陵县、商丘县、虞城县 又至山东东昌府冠县	同前
	南至	四川保宁府苍溪县、阆中县 又至绵州梓潼县 又至陕西兴安州平利县	四川保宁府苍溪县、阆中县 又至绵州梓潼县 又至陕西兴安府平利县
	西至	本省甘州府张掖县	同前
	北至	抵边不足二千里	同前
	[注]	以上除北外,东、南、西俱二千里	同前
近边	东至	山东济南府章丘县、邹平县、长山县 又至兖州府滋阳县、曲阜县、泗水县 又至泰安府泰安县	同前
	南至	安徽凤阳府灵璧县、凤阳县 又至四川成都府新都县、成都县、华阳县、简州、双流县、新津县 又至眉州彭山县	安徽凤阳府灵璧县、凤阳县 又至四川成都府新都县、成都县、华阳县、双流县、新津县
	西至	本省肃州	同前
	北至	抵边不足二千五百里	同前
	[注]	以上除北外,东、南、西俱二千五百里	同前
边远	东至	江苏扬州府仪征县、江都县、甘泉县 又至山东莱州府昌邑县、平度州 又至青州府诸城县	同前
	南至	安徽庐州府庐江县 又至四川叙州府隆昌县 又至重庆府荣昌县	同前
	西至	本省安西州	同前
	北至	抵边不足三千里	同前
	[注]	以上除北外,东、南、西俱三千里	同前

① 原平凉府泾州,乾隆四十二年(1777)升为直隶州。

续表

充军地方		乾隆四十四年(1779)	嘉庆十四年(1809)
极边	东至	抵海不足四千里	同前
	南至	江西瑞州府高安县 又至临江府清江县	同前
	西至	本省镇西府。停止编发	同前
	北至	抵边不足四千里	同前
	[注]	以上除东、西、北外,南系四千里	同前
烟瘴	云南	曲靖府南宁县、陆凉州、马龙州、沾益州	同前
	贵州	南笼府普安州、安南县	兴义府安南县 又至普安州

镇西府①属军犯编发地方

充军地方		乾隆四十四年(1779)	嘉庆十四年(1809)
附近	东至	本省肃州高台县	本省肃州
	南至	抵边不足二千里	同前
	西至	抵边不足二千里	同前
	北至	抵边不足二千里	同前
	[注]	以上除南、西、北外,东系二千里	同前
近边	东至	本省甘州府山丹县 又至凉州府永昌县	本省甘州府山丹县
	南至	抵边不足二千五百里	同前
	西至	抵边不足二千五百里	同前
	北至	抵边不足二千五百里	同前
	[注]	以上除南、西、北外,东系二千五百里	同前

① 乾隆三十八年(1773)改巴里坤直隶厅为镇西府。

续表

<table>
<tr><th colspan="2">充军地方</th><th>乾隆四十四年(1779)</th><th>嘉庆十四年(1809)</th></tr>
<tr><td rowspan="5">边远</td><td>东至</td><td>本省凉州府古浪县、平番县</td><td>同前</td></tr>
<tr><td>南至</td><td>抵边不足三千里</td><td>同前</td></tr>
<tr><td>西至</td><td>抵边不足三千里</td><td>同前</td></tr>
<tr><td>北至</td><td>抵边不足三千里</td><td>同前</td></tr>
<tr><td>[注]</td><td>以上除南、西、北外,东系三千里</td><td>同前</td></tr>
<tr><td rowspan="5">极边</td><td>东至</td><td>本省平凉府静宁州、隆德县、平凉县</td><td>同前</td></tr>
<tr><td>南至</td><td>抵边不足四千里</td><td>同前</td></tr>
<tr><td>西至</td><td>抵边不足四千里</td><td>同前</td></tr>
<tr><td>北至</td><td>抵边不足四千里</td><td>同前</td></tr>
<tr><td>[注]</td><td>以上除南、西、北外,东系四千里</td><td>同前</td></tr>
<tr><td rowspan="2">烟瘴</td><td>贵州</td><td>大定府毕节县
又至南笼府安南县</td><td>大定府毕节县
又至兴义府安南县</td></tr>
<tr><td>云南</td><td>曲靖府南宁县、沾益州、陆凉州、平彝县</td><td>同前</td></tr>
</table>

迪化州[①]属军犯编发地方

<table>
<tr><th colspan="2">充军地方</th><th>乾隆四十四年(1779)</th><th>嘉庆十四年(1809)</th></tr>
<tr><td rowspan="5">附近</td><td>东至</td><td>抵边不足二千里</td><td>本省安西州敦煌县</td></tr>
<tr><td>南至</td><td>抵边不足二千里</td><td>同前</td></tr>
<tr><td>西至</td><td>抵边不足二千里</td><td>同前</td></tr>
<tr><td>北至</td><td>本省安西州敦煌县</td><td>抵边不足二千里</td></tr>
<tr><td>[注]</td><td>以上除东、南、西外,北系二千里</td><td>以上除南、西、北外,东足二千里</td></tr>
</table>

① 乾隆三十八年(1773)改乌鲁木齐厅为迪化州,属镇西府;同年升为迪化直隶州。

续表

充军地方		乾隆四十四年(1779)	嘉庆十四年(1809)
近边	东至	抵边不足二千五百里	同前
	南至	抵边不足二千五百里	同前
	西至	抵边不足二千五百里	同前
	北至	本省安西州	同前
	[注]	以上除东、南、西外,北系二千五百里	同前
边远	东至	抵边不足三千里	同前
	南至	抵边不足三千里	同前
	西至	抵边不足三千里	同前
	北至	本省肃州	同前
	[注]	以上除东、南、西外,北系三千里	同前
极边	东至	抵边不足四千里	本省凉州府永昌县、武威县
	南至	抵边不足四千里	同前
	西至	抵边不足四千里	同前
	北至	本省凉州府永昌县、武威县	抵边不足四千里
	[注]	以上除东、南、西外,北系四千里	以上除南、西、北外,东足四千里
烟瘴	贵州	大定府毕节县 又至南笼府安南县	大定府毕节县 又至兴义府安南县
	云南	曲靖府南宁县、沾益州、陆凉州、平彝县	同前

哈密厅属军犯编发地方①

充军地方		嘉庆十四年(1809)
附近	东至	本省甘州府山丹县
	南至	抵边不足二千里
	西至	抵边。停止编发
	北至	抵边不足二千里
	[注]	以上除南、西、北外,东足二千里

① 哈密厅属军犯编发地方表,系嘉庆十四年(1809)新增。

续表

充军地方		嘉庆十四年(1809)
近边	东至	本省凉州府武威县、古浪县
	南至	抵边不足二千五百里
	西至	抵边。停止编发
	北至	抵边不足二千五百里
	[注]	以上除南、西、北外,东足二千五百里
边远	东至	本省兰州府皋兰县、金县
	南至	抵边不足三千里
	西至	抵边。停止编发
	北至	抵边不足三千里
	[注]	以上除南、西、北外,东足三千里
极边	东至	陕西邠州长武县 又至本省泾州
	南至	抵边不足四千里
	西至	抵边。停止编发
	北至	抵边不足四千里
	[注]	以上除南、西、北外,东足四千里
烟瘴	贵州	大定府毕节县 又至兴义府安南县
	云南	曲靖府南宁县、沾益州、陆凉州、平彝县

四　川

成都府属军犯编发地方

充军地方		乾隆八年(1743)	乾隆四十四年(1779)	嘉庆十四年(1809)
附近	东至	本省夔州府巫山县	湖北宜昌府巴东县	本省夔州府巫山县
	南至	云南临安府建水州、阿迷州、通海县	云南曲靖府马龙州 又至云南府昆明县	同前
	西至	土司界不足二千里	同前	抵边不足二千里
	北至	陕西汉中府南郑县、宁羌州、沔县 又至兴安州	陕西兴安州洵阳县 又至凤翔府汧阳县、陇州、岐山县、扶风县 又至乾州武功县	陕西兴安府洵阳县 又至凤翔府汧阳县、陇州、岐山县、扶风县 又至乾州武功县
	[注]	以上除西外,东、南、北俱二千里	同前	同前
边卫/近边	东至	湖北荆州府荆州卫、荆州左卫、荆州右卫、枝江县 又至宜昌府东湖县 又至湖南衡州府常宁县	湖北宜昌府东湖县 又至荆州府枝江县、宜都县 又至安陆府当阳县	湖北宜昌府东湖县 又至荆州府枝江县、宜都县 又至荆门州当阳县
	南至	抵边不足二千五百里	同前	同前
	西至	抵边不足二千五百里	同前	同前
	北至	陕西凤翔府凤翔县 又至宁夏府平罗县 又至巩昌府陇西县 又至秦州礼县 又至阶州	甘肃巩昌府伏羌县、宁远县 又至陕西西安府同官县 又至同州府华阴县 又至鄜州宜君县 又至山西蒲州府永济县	同前
	[注]	以上除南、西外,东、北俱二千五百里	同前	同前

续表

充军地方		乾隆八年(1743)	乾隆四十四年(1779)	嘉庆十四年(1809)
边远	东至	湖北安陆府沔阳卫、钟祥县 湖南岳州府岳州卫 又至澧州永定卫、九溪卫	湖北安陆府京山县、天门县	同前
	南至	抵边不足三千里	同前	同前
	西至	抵边不足三千里	同前	同前
	北至	甘肃平凉府平凉县、固原州 又至庆阳府安化县、环县、宁州	甘肃巩昌府会宁县 又至平凉府静宁州 又至兰州府皋兰县 又至陕西延安府肤施县 又至山西平阳府曲沃县、临汾县	甘肃巩昌府会宁县 又至平凉府静宁州 又至兰州府皋兰县、金县 又至陕西延安府肤施县 又至山西平阳府曲沃县、临汾县
	[注]	以上除南、西外,东、北俱三千里	同前	同前
极边	东至	江南安庆府安庆卫 又至宁国府宣州卫	安徽安庆府宿松县、太湖县、潜山县 又至湖北黄州府黄梅县 又至江西九江府德化县	同前
	南至	抵边不足四千里	同前	同前
	西至	抵边不足四千里	同前	同前
	北至	甘肃甘州府张掖县、山丹县 又至凉州府永昌县 又至兰州府皋兰县	甘肃甘州府张掖县、山丹县 又至山西代州 又至大同府山阴县	同前
	[注]	以上除南、西外,东、北俱四千里	同前	同前
烟瘴		地皆不足四千里,以极边为烟瘴	应发烟瘴人犯,解赴广东巡抚衙门酌拨按照	同前

资州、绵州、茂州、理番厅①属军犯编发地方

充军地方		乾隆八年(1743)	乾隆四十四年(1779)	嘉庆十四年(1809)
附近	东至	俱与成都府同	湖北宜昌府巴东县	本省夔州府巫山县
	南至		云南曲靖府马龙州 又至云南府昆明县	同前
	西至		土司界不足二千里	抵边不足二千里
	北至		陕西兴安州洵阳县 又至凤翔府汧阳县、陇州、岐山县、扶风县 又至乾州武功县	同前
	[注]		以上除西外,东、南、北俱二千里	同前
边卫/近边	东至		湖北宜昌府东湖县 又至荆州府枝江县、宜都县 又至安陆府当阳县	湖北宜昌府东湖县 又至荆州府枝江县、宜都县 又至荆门州当阳县
	南至		抵边不足二千五百里	同前
	西至		抵边不足二千五百里	同前
	北至		甘肃巩昌府伏羌县、宁远县 又至陕西西安府同官县 又至同州府华阴县 又至鄜州宜君县 又至山西蒲州府永济县	同前
	[注]		以上除南、西外,东、北俱二千五百里	同前

① 理番厅系嘉庆十四年(1809)《五军道里表》增入。

续表

<table>
<tr><th colspan="2">充军地方</th><th>乾隆八年(1743)</th><th>乾隆四十四年(1779)</th><th>嘉庆十四年(1809)</th></tr>
<tr><td rowspan="5">边远</td><td>东至</td><td rowspan="11">俱与成都府同</td><td>湖北安陆府京山县、天门县</td><td>同前</td></tr>
<tr><td>南至</td><td>抵边不足三千里</td><td>同前</td></tr>
<tr><td>西至</td><td>抵边不足三千里</td><td>同前</td></tr>
<tr><td>北至</td><td>甘肃巩昌府会宁县
又至平凉府静宁州
又至兰州府皋兰县
又至陕西延安府肤施县
又至山西平阳府曲沃县、临汾县</td><td>同前</td></tr>
<tr><td>[注]</td><td>以上除南、西外,东、北俱三千里</td><td>同前</td></tr>
<tr><td rowspan="5">极边</td><td>东至</td><td>安徽安庆府宿松县、太湖县、潜山县
又至湖北黄州府黄梅县
又至江西九江府德化县</td><td>同前</td></tr>
<tr><td>南至</td><td>抵边不足四千里</td><td>同前</td></tr>
<tr><td>西至</td><td>抵边不足四千里</td><td>同前</td></tr>
<tr><td>北至</td><td>甘肃甘州府张掖县、山丹县
又至山西代州
又至大同府山阴县</td><td>甘肃甘州府张掖县、山丹县
又至山西代州崞县
又至大同府山阴县</td></tr>
<tr><td>[注]</td><td>以上除南、西外,东、北俱四千里</td><td>同前</td></tr>
<tr><td colspan="2">烟瘴</td><td>资州、绵州、茂州、理番厅应发烟瘴人犯,解赴广东巡抚衙门酌拨安置</td><td>同前</td></tr>
</table>

保宁府属军犯编发地方

充军地方		乾隆八年(1743)	乾隆四十四年(1779)	嘉庆十四年(1809)
附近	东至	湖北安陆府沔阳卫、钟祥县	湖北宜昌府巴东县、归州	湖北宜昌府巴东县、东湖县
	南至	广西桂林府临桂县、永宁州、永福县、义宁县、全州、灌阳县	贵州大定府毕节县	同前
	西至	甘肃凉州府武威县、古浪县、平番县	甘肃秦州 又至巩昌府伏羌县	同前
	北至	甘肃平凉府平凉县、华亭县、固原州	陕西邠州长武县 又至西安府耀州、同官县、渭南县 又至同州府华州、华阴县 又至甘肃泾州	同前
	[注]	以上俱二千里	同前	同前
边卫/近边	东至	湖北黄州府黄州卫、蕲州卫	湖北荆州府松滋县、江陵县 又至安陆府当阳县、荆门州	湖北荆门州当阳县 又至安陆府潜江县
	南至	广西南宁府宣化县、新宁州 又至思恩府武缘县	贵州安顺府镇宁州、永宁州、清镇县 又至南笼府安南县 又至贵阳府贵筑县、龙里县、贵定县	贵州贵阳府贵筑县、龙里县、贵定县 又至云南曲靖府马龙州、沾益州
	西至	甘肃西宁府西宁县、碾伯县	甘肃兰州府狄道州、皋兰县	甘肃兰州府皋兰县、金县、狄道州 又至巩昌府安定县
	北至	陕西延安府肤施县、安定县、保安县	陕西延安府肤施县、甘泉县 又至山西平阳府曲沃县 又至绛州闻喜县	同前
	[注]	以上俱二千五百里	同前	同前

续表

充军地方		乾隆八年(1743)	乾隆四十四年(1779)	嘉庆十四年(1809)
边远	东至	江南安庆府安庆卫	湖北汉阳府汉川县 又至安陆府天门县	湖北汉阳府汉川县、汉阳县 又至武昌府江夏县 又至黄州府黄冈县
	南至	广东高州府茂名县、信宜县 又至肇庆府阳春县	贵州思州府青溪县、玉屏县	抵边不足三千里
	西至	甘肃甘州府张掖县 又至肃州高台县	甘肃凉州府平番县、古浪县	同前
	北至	陕西绥德州 又至榆林府榆林县、葭州	陕西绥德州米脂县、清涧县 又至山西汾州府介休县、平遥县	同前
	[注]	以上俱三千里	同前	以上除南外,东、西、北俱足三千里
极边	东至	江南太仓州镇海卫、崇明县	安徽安庆府怀宁县、桐城县 又至池州府贵池县 又至江西南康府建昌县 又至南昌府南昌县、新建县	安徽安庆府怀宁县、桐城县 又至池州府贵池县 又至庐州府舒城县、合肥县 又至江西南康府建昌县 又至南昌府南昌县、新建县
	南至	广东潮州府大城守御所、海阳县、潮阳县	湖南常德府桃源县、武陵县 又至澧州	广西桂林府兴安县、灵川县
	西至	抵边不足四千里	同前	同前
	北至	抵边不足四千里	同前	同前
	[注]	以上除西、北外,东、南俱四千里	同前	同前
烟瘴		地皆不足四千里,以极边为烟瘴	应发烟瘴人犯,解赴广东巡抚衙门酌拨安置	同前

顺庆府属军犯编发地方

充军地方		乾隆八年(1743)	乾隆四十四年(1779)	嘉庆十四年(1809)
附近	东至	湖北荆州府荆州卫、荆州左卫、荆州右卫、枝江县 又至宜昌府东湖县 又至湖南衡州府常宁县	湖北宜昌府东湖县	湖北荆州府松滋县、江陵县
	南至	广西南宁府宣化县、新宁州 又至思恩府武缘县	贵州大定府毕节县	贵州大定府毕节县 又至云南曲靖府平彝县
	西至	抵边不足二千里	同前	
	北至	甘肃平凉府平凉县、华亭县、固原州	陕西乾州永寿县 又至邠州三水县 又至西安府兴平县、咸阳县、长安县、咸宁县、临潼县 又至甘肃秦州清水县	陕西乾州永寿县、武功县 又至邠州三水县 又至西安府兴平县、咸阳县、长安县、咸宁县、临潼县 又至甘肃秦州清水县
	[注]	以上除西外,东、南、北俱二千里	同前	同前
边卫/近边	东至	湖北黄州府黄州卫、蕲州卫	湖北安陆府潜江县、京山县 又至荆州府公安县	湖北荆州府公安县 又至汉阳府汉川县
	南至	广东雷州府海安所、海康县、遂溪县	贵州大定府黔西州、平远州、威宁州 又至安顺府清镇县	贵州大定府黔西州、平远州、威宁州 又至安顺府清镇县 又至云南广西州师宗县、弥勒县
	西至	抵边不足二千五百里	同前	同前
	北至	甘肃兰州府狄道州、皋兰县	甘肃巩昌府陇西县 又至兰州府渭源县 又至陕西鄜州中部县、洛川县 又至山西蒲州府临晋县、猗氏县 又至解州安邑县、夏县	甘肃巩昌府陇西县 又至兰州府渭源县 又至陕西鄜州中部县、洛川县、宜君县 又至山西蒲州府临晋县、猗氏县 又至解州安邑县、夏县
	[注]	以上除西外,东、南、北俱二千五百里	同前	同前

续表

充军地方		乾隆八年(1743)	乾隆四十四年(1779)	嘉庆十四年(1809)
边远	东至	江南安庆府安庆卫 又至庐州府庐州卫 又至六安州	湖北汉阳府汉阳县 又至武昌府江夏县、武昌县 又至黄州府黄冈县	湖北武昌府武昌县 又至黄州府黄冈县、蕲水县、广济县
	南至	抵海不足三千里	同前	同前
	西至	抵边不足三千里	同前	同前
	北至	甘肃凉州府武威县、镇番县、古浪县	甘肃兰州府皋兰县 又至凉州府平番县 又至陕西延安府延长县、延川县 又至绥德州清涧县 又至山西平阳府洪洞县 又至霍州赵城县	甘肃兰州府皋兰县 又至凉州府平番县 又至陕西延安府延长县、延川县、肤施县 又至绥德州清涧县 又至山西平阳府洪洞县 又至霍州赵城县
	[注]	以上除南、西外,东、北俱三千里	同前	同前
极边	东至	江南太仓州镇海卫、崇明县	安徽池州府贵池县、青阳县 又至宁国府南陵县 又至庐州府合肥县 又至江西南昌府进贤县 又至抚州府东乡县	安徽宁国府南陵县 又至太平府芜湖县、当涂县 又至和州 又至庐州府合肥县 又至江西南昌府进贤县 又至抚州府东乡县
	南至	抵海不足四千里	同前	同前
	西至	抵边不足四千里	同前	同前
	北至	直隶易州广昌县 又至山西大同府天镇县 又至朔平府右玉县、左云县、朔州、平鲁县	山西大同府应州、怀仁县、大同县	山西大同府应州、怀仁县、大同县、山阴县
	[注]	以上除南、西外,东、北俱四千里	同前	同前
烟瘴		地皆不足四千里,以极边为烟瘴	应发烟瘴人犯,解赴广东巡抚衙门酌拨安置	同前

叙州府属军犯编发地方

充军地方		乾隆八年(1743)	乾隆四十四年(1779)	嘉庆十四年(1809)
附近	东至	湖北荆州府施州卫、大田守御所	湖北宜昌府巴东县、归州	同前
	南至	广西南宁府宣化县、新宁州 又至思恩府武缘县	贵州思州府青溪县、玉屏县	贵州镇远府施秉县、镇远县
	西至	抵番不足二千里	同前	抵边不足二千里
	北至	陕西汉中府南郑县、宁羌州、沔县 又至兴安州	陕西汉中府南郑县、城固县、洋县、褒城县	陕西汉中府南郑县、城固县、洋县、褒城县、沔县
	[注]	以上除西外,东、南、北俱二千里	同前	同前
边卫/近边	东至	湖北荆州府荆州卫、荆州左卫、荆州右卫、枝江县 又至宜昌府东湖县 又至湖南衡州府常宁县	湖北荆州府松滋县、江陵县 又至安陆府荆门州、钟祥县	湖北荆州府松滋县、江陵县、枝江县 又至荆门州 又至安陆府钟祥县
	南至	广东高州府茂名县、电白县、信宜县 又至肇庆府阳春县	湖南常德府桃源县	同前
	西至	抵番不足二千五百里	同前	抵边不足二千五百里
	北至	陕西凤翔府凤翔县 又至宁夏府平罗县	陕西凤翔府凤翔县、宝鸡县	陕西凤翔府凤翔县 又至汉中府、凤县
	[注]	以上除西外,东、南、北俱二千五百里	同前	同前

续表

充军地方		乾隆八年(1743)	乾隆四十四年(1779)	嘉庆十四年(1809)
边远	东至	湖北黄州府黄州卫、蕲州卫	湖北安陆府天门县 又至汉阳府汉川县、汉阳县	同前
	南至	抵海不足三千里	同前	同前
	西至	抵番不足三千里	同前	同前
	北至	甘肃平凉府华亭县、固原州 又至巩昌府宁远县、伏羌县	甘肃秦州清水县 又至陕西西安府咸阳县、长安县、咸宁县、三原县、临潼县、渭南县	同前
	[注]	以上除南、西外,东、北俱三千里	同前	同前
极边	东至	江南安庆府安庆卫	安徽安庆府怀宁县、桐城县 又至池州府贵池县 又至庐州府舒城县 又至江西南康府建昌县 又至南昌府南昌县、新建县	同前
	南至	抵海不足四千里	同前	同前
	西至	抵番不足四千里	同前	同前
	北至	陕西延安府安定县、保安县 又至绥德州 又至榆林府榆林县、葭州	陕西绥德州清涧县 又至延安府延长县、延川县 又至山西霍州灵石县	同前
	[注]	以上除南、西外,东、北俱四千里	同前	同前
烟瘴		地皆不足四千里,以极边为烟瘴	应发烟瘴人犯,解赴广东巡抚衙门酌拨安置	同前

叙永厅属军犯编发地方

充军地方		乾隆八年(1743)	乾隆四十四年(1779)	嘉庆十四年(1809)
附近	东至	俱与叙州府同	湖北宜昌府巴东县、归州	
	南至		贵州思州府青溪县、玉屏县	贵州镇远府施秉县、镇远县
	西至		抵番不足二千里	抵边不足二千里
	北至		陕西汉中府南郑县、城固县、洋县、褒城县	陕西汉中府南郑县、城固县、洋县、褒城县、沔县
	[注]		以上除西外,东、南、北俱二千里	同前
边卫/近边	东至		湖北荆州府松滋县、江陵县 又至安陆府荆门州、钟祥县	湖北荆州府松滋县、江陵县、枝江县 又至荆门州 又至安陆府钟祥县
	南至		湖南常德府桃源县	同前
	西至		抵番不足二千五百里	抵边不足二千五百里
	北至		陕西凤翔府凤翔县、宝鸡县	陕西凤翔府凤翔县 又至汉中府凤县
	[注]		以上除西外,东、南、北俱二千五百里	同前
边远	东至		湖北安陆府天门县 又至汉阳府汉川县、汉阳县	同前
	南至		抵海不足三千里	同前
	西至		抵番不足三千里	同前
	北至		甘肃秦州清水县 又至陕西西安府咸阳县、长安县、咸宁县、三原县、临潼县、渭南县	同前
	[注]		以上除南、西外,东、北俱三千里	同前

续表

充军地方		乾隆八年(1743)	乾隆四十四年(1779)	嘉庆十四年(1809)
极边	东至	俱与叙州府同	安徽安庆府怀宁县、桐城县 又至池州府贵池县 又至庐州府舒城县 又至江西南康府建昌县 又至南昌府南昌县、新建县	同前
	南至		抵海不足四千里	同前
	西至		抵番不足四千里	同前
	北至		陕西绥德州清涧县 又至延安府延长县、延川县 又至山西霍州灵石县	同前
	[注]		以上除南、西外,东、北俱四千里	同前
烟瘴			应发烟瘴人犯,解赴广东巡抚衙门酌拨安置	同前

重庆府属军犯编发地方

充军地方		乾隆八年(1743)	乾隆四十四年(1779)	嘉庆十四年(1809)
附近	东至	湖北荆州府荆州卫、荆州左卫、荆州右卫、枝江县 又至宜昌府东湖县 又至湖南衡州府常宁县	湖北荆州府江陵县、公安县 又至安陆府潜江县、钟祥县、京山县	同前
	南至	广东廉州府合浦县、钦州、灵山县	广西柳州府怀远县	广西柳州府怀远县 又至贵州思州府玉屏县
	西至	抵番不足二千里	同前	抵边不足二千里
	北至	陕西凤翔府凤翔县 又至宁夏府平罗县	陕西汉中府沔县、褒城县	陕西汉中府沔县、宁羌州
	[注]	以上除西外,东、南、北俱二千里	同前	同前

续表

充军地方		乾隆八年(1743)	乾隆四十四年(1779)	嘉庆十四年(1809)
边卫/近边	东至	湖北黄州府黄州卫、蕲州卫	湖北汉阳府汉阳县 又至武昌府江夏县 又至黄州府黄冈县	同前
	南至	抵海不足二千五百里	同前	同前
	西至	抵番不足二千五百里	同前	同前
	北至	甘肃平凉府平凉县、华亭县、固原州	陕西汉中府凤县 又至凤翔府宝鸡县	同前
	[注]	以上除南、西外,东、北俱二千五百里	同前	同前
边远	东至	江西九江府九江卫、瑞昌县	江西九江府瑞昌县、德化县 又至湖北武昌府兴国州 又至黄州府黄梅县 又至安徽安庆府宿松县、太湖县	同前
	南至	抵海不足三千里	同前	同前
	西至	抵番不足三千里	同前	同前
	北至	甘肃巩昌府陇西县 又至秦州礼县 又至阶州 又至兰州府狄道州、皋兰县	陕西凤翔府陇州 又至西安府兴平县、咸阳县 又至乾州武功县 又至甘肃秦州清水县	同前
	[注]	以上除南、西外,东、北俱三千里	同前	同前
极边	东至	浙江宁波府宁波卫、慈溪县、奉化县、镇海县、定海县、象山县	江西广信府玉山县 又至浙江衢州府常山县	同前
	南至	抵海不足四千里	同前	同前
	西至	抵番不足四千里	同前	同前

续表

充军地方		乾隆八年(1743)	乾隆四十四年(1779)	嘉庆十四年(1809)
极边	北至	甘肃甘州府张掖县 又至肃州高台县	甘肃兰州府皋兰县 又至陕西延安府延长县 又至山西平阳府临汾县、洪洞县 又至霍州赵城县	同前
	[注]	以上除南、西外,东、北俱四千里	同前	同前
烟瘴		地皆不足四千里,以极边为烟瘴	应发烟瘴人犯,解赴广东巡抚衙门酌拨安置	同前

忠州属军犯编发地方

充军地方		乾隆八年(1743)	乾隆四十四年(1779)	嘉庆十四年(1809)
附近	东至	俱与重庆府同	湖北荆州府江陵县、公安县 又至安陆府潜江县、钟祥县、京山县	湖北荆州府江陵县、公安县 又至安陆府钟祥县、京山县
	南至		广西柳州府怀远县	广西柳州府怀远县 又至贵州思州府玉屏县
	西至		抵番不足二千里	抵边不足二千里
	北至		陕西汉中府沔县、褒城县	陕西汉中府沔县、宁羌州
	[注]		以上除西外,东、南、北俱二千里	同前
边卫/近边	东至		湖北汉阳府汉阳县 又至武昌府江夏县 又至黄州府黄冈县	同前
	南至		抵海不足二千五百里	同前
	西至		抵番不足二千五百里	同前
	北至		陕西汉中府凤县 又至凤翔府宝鸡县	同前
	[注]		以上除南、西外,东、北俱二千五百里	同前

续表

<table>
<tr><th colspan="2">充军地方</th><th>乾隆八年(1743)</th><th>乾隆四十四年(1779)</th><th>嘉庆十四年(1809)</th></tr>
<tr><td rowspan="5">边远</td><td>东至</td><td rowspan="11">俱与重庆府同</td><td>江西九江府瑞昌县、德化县
又至湖北武昌府兴国州
又至黄州府黄梅县
又至安徽安庆府宿松县、太湖县</td><td>同前</td></tr>
<tr><td>南至</td><td>抵海不足三千里</td><td>同前</td></tr>
<tr><td>西至</td><td>抵番不足三千里</td><td>同前</td></tr>
<tr><td>北至</td><td>陕西凤翔府陇州
又至西安府兴平县、咸阳县
又至乾州武功县
又至甘肃秦州清水县</td><td>同前</td></tr>
<tr><td>[注]</td><td>以上除南、西外,东、北俱三千里</td><td>同前</td></tr>
<tr><td rowspan="5">极边</td><td>东至</td><td>江西广信府玉山县
又至浙江衢州府常山县</td><td>同前</td></tr>
<tr><td>南至</td><td>抵海不足四千里</td><td>同前</td></tr>
<tr><td>西至</td><td>抵番不足四千里</td><td>同前</td></tr>
<tr><td>北至</td><td>甘肃兰州府皋兰县
又至陕西延安府延长县
又至山西平阳府临汾县、洪洞县
又至霍州赵城县</td><td>同前</td></tr>
<tr><td>[注]</td><td>以上除南、西外,东、北俱四千里</td><td>同前</td></tr>
<tr><td colspan="2">烟　瘴</td><td>应发烟瘴人犯,解赴广东巡抚衙门酌拨安置</td><td>同前</td></tr>
</table>

夔州府属军犯编发地方

充军地方		乾隆八年(1743)	乾隆四十四年(1779)	嘉庆十四年(1809)
附近	东至	湖北武昌府武昌卫、武昌左卫	湖北武昌府兴国州 又至黄州府广济县 又至江西九江府瑞昌县	同前
	南至	湖南长沙府长沙县、善化县、茶陵州	贵州大定府黔西州、平越州、威宁州 又至安顺府清镇县	同前
	西至	本省成都府成都县、华阳县、金堂县、新都县	本省成都府灌县	同前
	北至	陕西凤翔府凤翔县	本省绵州德阳县	同前
	[注]	以上俱二千里	同前	同前
边卫/近边	东至	江南安庆府安庆卫 又至宁国府宣州卫	安徽安庆府怀宁县、桐城县 又至池州府贵池县 又至庐州府舒城县 又至江西南昌府南昌县、新建县	同前
	南至	湖南衡州府衡阳县、常宁县 又至桂阳州	贵州都匀府清平县 又至平越府黄平州	贵州都匀府清平县 又至镇远府黄平州 又至云南曲靖府平彝县
	西至	抵番不足二千五百里	同前	
	北至	甘肃平凉府平凉县、华亭县、固原州	本省保宁府昭化县、广元县 又至陕西汉中府宁羌州	本省保宁府广元县 又至陕西汉中府宁羌州
	[注]	以上除西外,东、南、北俱二千五百里	同前	同前

续表

充军地方		乾隆八年(1743)	乾隆四十四年(1779)	嘉庆十四年(1809)
边远	东至	江南庐州府庐州卫 又至六安州	安徽和州含山县 又至江苏江宁府江浦县 又至江西广信府兴安县、上饶县	同前
	南至	广东广州府新宁县、清远县 又至连州	贵州思州府玉屏县	抵边不足三千里
	西至	抵番不足三千里	同前	抵边不足三千里
	北至	甘肃宁夏府宁夏县、宁朔县、灵州、中卫县	陕西汉中府沔县、褒城县	同前
	[注]	以上除西外,东、南、北俱三千里	同前	同前
极边	东至	江南太仓州镇海卫、崇明县 又至松江府上海县	抵海不足四千里	同前
	南至	广东潮州府大城守御所、海阳县、潮阳县、揭阳县 又至嘉应州	湖南长沙府长沙县、善化县、益阳县、宁乡县	抵边不足四千里
	西至	抵番不足四千里	同前	抵边不足四千里
	北至	甘肃甘州府张掖县、山丹县	甘肃秦州清水县	同前
	[注]	以上除西外,东、南、北俱四千里	以上除东、西外,南、北俱四千里	以上除东、南、西外,北俱四千里
烟瘴		地皆不足四千里,以极边为烟瘴	应发烟瘴人犯,解赴广东巡抚衙门酌拨安置	同前

达州(绥定府)[①]属军犯编发地方

充军地方		乾隆八年(1743)	乾隆四十四年(1779)	嘉庆十四年(1809)
附近	东至	俱与夔州府同	湖北武昌府兴国州 又至黄州府广济县 又至江西九江府瑞昌县	湖北武昌府兴国州 又至黄州府广济县 又至安陆府潜江县、天门县 又至江西九江府瑞昌县
	南至		贵州大定府黔西州、平越州、威宁州 又至安顺府清镇县	贵州大定府黔西州、平越州、威宁州 又至安顺府清镇县 又至贵阳府贵定县
	西至		本省成都府灌县	抵边不足二千里
	北至		本省绵州德阳县	陕西汉中府凤县
	[注]		以上俱二千里	以上除西外,东、南、北俱足二千里
边卫/近边	东至		安徽安庆府怀宁县、桐城县 又至池州府贵池县 又至庐州府舒城县 又至江西南昌府南昌县、新建县	安徽安庆府怀宁县、桐城县 又至池州府贵池县 又至庐州府舒城县 又至江西南昌府南昌县、新建县 又至湖北黄州府黄冈县
	南至		贵州都匀府清平县 又至平越府黄平州	贵州都匀府清平县 又至镇远府黄平州 又至安顺府永宁州
	西至		抵番不足二千五百里	抵边不足二千五百里
	北至		本省保宁府昭化县、广元县 又至陕西汉中府宁羌州	陕西凤翔府陇州
	[注]		以上除西外,东、南、北俱二千五百里	同前

① 嘉庆六年(1801)达州直隶州升为绥定府。

续表

充军地方		乾隆八年(1743)	乾隆四十四年(1779)	嘉庆十四年(1809)
边远	东至	俱与夔州府同	安徽和州含山县 又至江苏江宁府江浦县 又至江西广信府兴安县、上饶县	安徽和州含山县 又至安庆府潜山县 又至江苏江宁府江浦县 又至江西广信府兴安县、上饶县
	南至		贵州思州府玉屏县	抵边不足三千里
	西至		抵番不足三千里	抵边不足三千里
	北至		陕西汉中府沔县、褒城县	河南陕州阌乡县、灵宝县
	[注]		以上除西外,东、南、北俱三千里	以上除南、西外,东、北俱三千里
极边	东至		抵海不足四千里	同前
	南至		湖南长沙府长沙县、善化县、益阳县、宁乡县	广西桂林府永福县 又至柳州府雒容县
	西至		抵番不足四千里	抵边不足四千里
	北至		甘肃秦州清水县	甘肃凉州府古浪县、武威县
	[注]		以上除东、西外,南、北俱四千里	同前
烟瘴			应发烟瘴人犯,解赴广东巡抚衙门酌拨安置	同前

龙安府属军犯编发地方

充军地方		乾隆八年(1743)	乾隆四十四年(1779)	嘉庆十四年(1809)
附近	东至	湖北郧阳府郧县、房县	本省夔州府万县	本省忠州垫江县
	南至	云南曲靖府南宁县、沾益州、陆凉州、马龙州	贵州大定府威宁州 又至安顺府镇宁州、清镇县 又至贵州府贵筑县 又至云南曲靖府宣威州	贵州大定府毕节县
	西至	抵番不足二千里	同前	抵边不足二千里

续表

充军地方		乾隆八年(1743)	乾隆四十四年(1779)	嘉庆十四年(1809)
附近	北至	甘肃凉州府武威县、平番县、古浪县	陕西凤翔府汧阳县、陇州、岐山县、扶风县 又至乾州武功县	陕西凤翔府汧阳县、陇州、岐山县、扶风县、宝鸡县、凤翔县 又至乾州武功县
	[注]	以上除西外,东、南、北俱二千里	同前	同前
边卫/近边	东至	湖北襄阳府襄阳卫、均州	本省夔州府巫山县 又至湖北宜昌府巴东县	本省夔州府巫山县、云阳县 又至湖北宜昌府巴东县
	南至	云南临安府建水州、阿迷州、通海县	云南曲靖府沾益州、马龙州 又至云南府昆明县	同前
	西至	抵番不足二千五百里	同前	同前
	北至	甘肃甘州府张掖县、山丹县	甘肃秦州 又至巩昌府伏羌县、宁远县 又至陕西西安府耀州、同官县 又至同州府华州、华阴县 又至鄜州宜君县 又至山西蒲州府永济县	同前
	[注]	以上除西外,东、南、北俱二千五百里	同前	同前
边远	东至	湖北武昌府武昌卫、武昌左卫	湖北宜昌府东湖县 又至荆州府宜都县	湖北宜昌府东湖县、巴东县、归州 又至荆州府宜都县
	南至	抵边不足三千里	同前	同前
	西至	抵番不足三千里	同前	抵边不足三千里
	北至	甘肃肃州高台县	甘肃兰州府狄道州、皋兰县 又至陕西延安府肤施县 又至山西平阳府曲沃县、临汾县	甘肃兰州府狄道州、渭源县、皋兰县 又至陕西延安府肤施县 又至山西平阳府曲沃县、临汾县
	[注]	以上除南、西外,东、北俱三千里	同前	同前

续表

充军地方		乾隆八年(1743)	乾隆四十四年(1779)	嘉庆十四年(1809)
极边	东至	江南太仓州镇海卫、崇明县 又至松江府上海县	湖北武昌府江夏县、武昌县 又至黄州府黄冈县	湖北武昌府江夏县、武昌县 又至黄州府黄冈县 又至汉阳府汉阳县、汉川县
	南至	抵边不足四千里	同前	同前
	西至	抵番不足四千里	同前	抵边不足四千里
	北至	山西朔平府右玉县 又至大同府阳高县、天镇县	山西代州崞县 又至朔平府马邑县 又至大同府山阴县 又至甘肃甘州府山丹县	山西代州崞县 又至朔平府朔州 又至大同府山阴县 又至甘肃甘州府山丹县
	[注]	以上除南、西外,东、北俱四千里	同前	同前
烟瘴		地皆不足四千里,以极边为烟瘴	应发烟瘴人犯,解赴广东巡抚衙门酌拨安置	同前

潼川府属军犯编发地方

充军地方		乾隆八年(1743)	乾隆四十四年(1779)	嘉庆十四年(1809)
附近	东至	湖北荆州府荆州卫、荆州左卫、荆州右卫 又至宜昌府东湖县	湖北宜昌府巴东县、归州	湖北宜昌府东湖县
	南至	广西浔州府桂平县 又至镇安府奉议州、向武州	贵州贵阳府贵筑县、龙里县、贵定县 又至安顺府永宁州 又至南笼府安南县 又至平越府平越县 又至云南曲靖府宣威州	贵州贵阳府龙里县、贵定县 又至安顺府永宁州 又至兴义府安南县、兴义县 又至云南曲靖府宣威州
	西至	抵边不足二千里	同前	同前
	北至	陕西汉中府南郑县、宁羌州、沔县 又至兴安州	陕西兴安州洵阳县、白河县 又至西安府兴平县、咸阳县、长安县、咸宁县 又至甘肃秦州清水县	陕西兴安府洵阳县、白河县 又至西安府兴平县、咸阳县、长安县、咸宁县
	[注]	以上除西外,东、南、北俱二千里	同前	同前

续表

充军地方		乾隆八年(1743)	乾隆四十四年(1779)	嘉庆十四年(1809)
边卫/近边	东至	湖北黄州府黄州卫、蕲州卫	湖北荆州府宜都县、枝江县、松滋县、江陵县 又至安陆府当阳县、荆门州	湖北荆州府宜都县、枝江县、松滋县、江陵县 又至安陆府钟祥县
	南至	广西梧州府苍梧县、容县、藤县 又至郁林州	贵州思州府青溪县、玉屏县 又至云南云南府昆明县	贵州思州府青溪县、玉屏县 又至云南云南府昆明县 又至曲靖府、马龙州、沾益州
	西至	抵边不足二千五百里	同前	同前
	北至	陕西凤翔府凤翔县 又至宁夏府平罗县	甘肃巩昌府宁远县、陇西县 又至陕西鄜州中部县、洛川县 又至山西蒲州府永济县、临晋县、猗氏县 又至解州、安邑县	同前
	[注]	以上除西外,东、南、北俱二千五百里	同前	同前
边远	东至	江南安庆府安庆卫	湖北安陆府天门县 又至汉阳府汉川县	湖北汉阳府汉川县、汉阳县 又至武昌府江夏县 又至黄州府黄冈县
	南至	广东高州府茂名县、电白县 又至肇庆府阳春县	广西柳州府柳城县、马平县	广西柳州府柳城县、马平县 又至湖南长沙府益阳县 又至常德府龙阳县
	西至	抵边不足三千里	同前	同前
	北至	甘肃平凉府平凉县、华亭县、固原州	甘肃平凉府静宁州、隆德县 又至陕西延安府延长县、延川县 又至山西平阳府临汾县、洪洞县 又至霍州赵城县	同前
	[注]	以上除西外,东、南、北俱三千里	同前	同前

续表

充军地方		乾隆八年(1743)	乾隆四十四年(1779)	嘉庆十四年(1809)
极边	东至	江南淮安府淮安卫、大河卫、盐城县 又至海州	安徽安庆府潜山县、怀宁县、桐城县 又至江西九江府德安县 又至南康府建昌县 又至南昌府南昌县、新建县	安徽安庆府桐城县、怀宁县 又至庐州府舒城县、合肥县 又至江西九江府德安县 又至南康府建昌县 又至南昌府南昌县、新建县
	南至	广东琼州府琼山县、儋州、崖州、万州	广西平乐府富川县、贺县	广西平乐府富川县、贺县 又至桂林府全州
	西至	抵边不足四千里	同前	同前
	北至	甘肃凉州府武威县、镇番县、永昌县、古浪县	甘肃甘州府张掖县、山丹县 又至山西大同府山阴县、应州、怀仁县	同前
	[注]	以上除西外,东、南、北俱四千里	同前	同前
烟瘴		地皆不足四千里,以极边为烟瘴	应发烟瘴人犯,解赴广东巡抚衙门酌拨安置	同前

嘉定府属军犯编发地方

充军地方		乾隆八年(1743)	乾隆四十四年(1779)	嘉庆十四年(1809)
附近	东至	本省顺庆府广安州	本省夔州府巫山县 又至湖北宜昌府巴东县	本省夔州府巫山县
	南至	云南临安府建水州、阿迷州、通海县	云南曲靖府马龙州 又至云南府昆明县	云南云南府昆明县 又至曲靖府沾益州
	西至	抵番不足二千里	同前	抵边不足二千里
	北至	陕西汉中府南郑县、宁羌州、沔县 又至兴安州	陕西兴安州石泉县、汉阴县 又至凤翔府宝鸡县	陕西兴安府石泉县、安康县 又至凤翔府宝鸡县
	[注]	以上除西外,东、南、北俱二千里	同前	同前

续表

充军地方		乾隆八年(1743)	乾隆四十四年(1779)	嘉庆十四年(1809)
边卫/近边	东至	本省夔州府巫山县	湖北宜昌府东湖县 又至荆州府宜都县、枝江县、松滋县 又至安陆府当阳县	湖北宜昌府东湖县 又至荆州府宜都县、枝江县、松滋县 又至荆门州当阳县
	南至	抵边不足二千五百里	同前	
	西至	抵番不足二千五百里	同前	抵边不足二千五百
	北至	陕西凤翔府凤翔县 又至甘肃宁夏府平罗县 又至平凉府平凉县、华亭县、固原州	陕西乾州武功县、永寿县 又至邠州三水县 又至西安府兴平县、咸阳县、长安县、咸宁县 又至甘肃秦州清水县	同前
	[注]	以上除南、西外,东、北俱二千五百里	同前	同前
边远	东至	湖北荆州府荆州卫、荆州左卫、荆州右卫 又至宜昌府东湖县	湖北安陆府潜江县、天门县 又至汉阳府汉川县	同前
	南至	抵边不足三千里	同前	同前
	西至	抵番不足三千里	同前	同前
	北至	甘肃巩昌府洮州卫 又至西宁府归德守御所	甘肃巩昌府宁远县、陇西县 又至兰州府渭源县 又至陕西鄜州中部县、洛川县 又至山西蒲州府永济县、临晋县 又至解州安邑县、夏县	同前
	[注]	以上除南、西外,东、北俱三千里	同前	同前

续表

充军地方		乾隆八年(1743)	乾隆四十四年(1779)	嘉庆十四年(1809)
极边	东至	湖南澧州永定卫、九溪卫、石门县、安福县	湖南衡州府衡山县、清泉县、衡阳县、耒阳县 又至安徽安庆府太湖县、潜山县 又至江西九江府德安县 又至南康府建昌县	同前
	南至	抵边不足四千里	同前	同前
	西至	抵番不足四千里	同前	同前
	北至	甘肃甘州府张掖县 又至肃州高台县	甘肃凉州府古浪县、武威县、永昌县 又至陕西榆林府榆林县 又至山西太原府阳曲县 又至忻州	同前
	[注]	以上除南、西外,东、北俱四千里	同前	同前
烟　瘴		地皆不足四千里,以极边为烟瘴	应发烟瘴人犯,解赴广东巡抚衙门酌拨安置	同前

雅州府属军犯编发地方

充军地方		乾隆八年(1743)	乾隆四十四年(1779)	嘉庆十四年(1809)
附近	东至	本省夔州府奉节县、云阳县	同前	本省夔州府云阳县、万县
	南至	云南临安府建水州、阿迷州、通海县	云南曲靖府宣威州、沾益州	贵州大定府威宁州
	西至	抵番不足二千里	同前	抵边不足二千里
	北至	陕西汉中府南郑县、宁羌州、沔县 又至兴安州	陕西兴安州石泉县、汉阴县 又至凤翔府宝鸡县	陕西兴安府石泉县、安康县 又至凤翔府宝鸡县
	[注]	以上除西外,东、南、北俱二千里	同前	同前

续表

充军地方		乾隆八年(1743)	乾隆四十四年(1779)	嘉庆十四年(1809)
边卫/近边	东至	湖北荆州府荆州卫、荆州左卫、荆州右卫 又至宜昌府东湖县 又至湖南衡州府常宁县	湖北宜昌府巴东县、归州	同前
	南至	抵边不足二千五百里	同前	同前
	西至	抵番不足二千五百里	同前	抵边不足二千五百里
	北至	陕西凤翔府凤翔县 又至宁夏府平罗县	甘肃秦州清水县 又至陕西西安府兴平县、咸阳县、长安县、咸宁县、临潼县	陕西西安府兴平县、咸阳县、长安县、咸宁县、临潼县
	[注]	以上除南、西外,东、北俱二千五百里	同前	同前
边远	东至	湖北德安府德安守御所 又至黄州府黄州卫、蕲州卫	湖北安陆府当阳县、荆门州 又至荆州府枝江县、松滋县、江陵县	湖北荆门州当阳县 又至荆州府枝江县、松滋县、江陵县
	南至	抵边不足三千里	同前	同前
	西至	抵番不足三千里	同前	抵边不足三千里
	北至	甘肃庆阳府安化县、宁州、环县	甘肃巩昌府伏羌县、宁远县、陇西县、安定县 又至陕西鄜州中部县、洛川县 又至山西蒲州府永济县、临晋县、猗氏县 又至解州安邑县	甘肃巩昌府伏羌县、宁远县、陇西县 又至陕西鄜州中部县、洛川县 又至山西蒲州府永济县、临晋县、猗氏县 又至解州安邑县
	[注]	以上除南、西外,东、北俱三千里	同前	同前

续表

充军地方		乾隆八年(1743)	乾隆四十四年(1779)	嘉庆十四年(1809)
极边	东至	江南庐州府庐州卫 又至六安州	湖北黄州府黄冈县、蕲水县、广济县 又至武昌府大冶县、兴国州	湖北黄州府黄冈县、蕲水县 又至武昌府大冶县、兴国州
	南至	抵边不足四千里	同前	同前
	西至	抵番不足四千里	同前	抵边不足四千里
	北至	甘肃宁夏府宁夏县、宁朔县、中卫县、平罗县、灵州	甘肃平凉府固原州 又至陕西榆林府榆林县 又至山西太原府徐沟县、阳曲县	同前
	[注]	以上除南、西外,东、北俱四千里	同前	同前
烟　瘴		地皆不足四千里,以极边为烟瘴	应发烟瘴人犯,解赴广东巡抚衙门酌拨安置	同前

宁远府属军犯编发地方

充军地方		乾隆八年(1743)	乾隆四十四年(1779)	嘉庆十四年(1809)
附近	东至	本省重庆府长寿县、涪州、南川县	本省重庆府永川县、璧山县、巴县	同前
	南至	抵边不足二千里	同前	同前
	西至	抵番不足二千里	同前	抵边不足二千里
	北至	本省保宁府苍溪县、巴州、通江县	本省保宁府苍溪县、昭化县	本省保宁府昭化县、广元县
	[注]	以上除南、西外,东、北俱二千里	同前	同前

续表

充军地方		乾隆八年(1743)	乾隆四十四年(1779)	嘉庆十四年(1809)
边卫/近边	东至	本省夔州府云阳县、巫山县	本省忠州梁山县 又至夔州府万县	同前
	南至	抵边不足二千五百里	同前	同前
	西至	抵番不足二千五百里	同前	抵边不足二千五百里
	北至	陕西汉中府南郑县、宁羌州、沔县	陕西汉中府南郑县、城固县、洋县	同前
	[注]	以上除南、西外,东、北俱二千五百里	同前	同前
边远	东至	湖北荆州府荆州卫、荆州左卫、荆州右卫	本省夔州府奉节县、巫山县	同前
	南至	抵边不足三千里	同前	同前
	西至	抵番不足三千里	同前	抵边不足三千里
	北至	陕西凤翔府凤翔县、岐山县	陕西凤翔府凤翔县、宝鸡县、岐山县	同前
	[注]	以上除南、西外,东、北俱三千里	同前	同前
极边	东至	湖北德安府德安守御所 又至黄州府黄州卫、蕲州卫	湖北安陆府荆门州、钟祥县、京山县 又至荆州府江陵县	湖北安陆府钟祥县、京山县 又至荆州府江陵县 又至荆门州
	南至	抵边不足四千里	同前	同前
	西至	抵番不足四千里	同前	抵边不足四千里
	北至	甘肃庆阳府安化县、宁州、环县	甘肃巩昌府陇西县、安定县、会宁县 又至陕西鄜州洛川县 又至延安府甘泉县	同前
	[注]	以上除南、西外,东、北俱四千里	同前	同前
烟瘴		地皆不足四千里,以极边为烟瘴	应发烟瘴人犯,解赴广东巡抚衙门酌拨安置	同前

眉州属军犯编发地方

充军地方		乾隆八年(1743)	乾隆四十四年(1779)	嘉庆十四年(1809)
附近	东至	本省夔州府奉节县	本省夔州府巫山县	本省夔州府巫山县、奉节县
	南至	抵边不足二千里	同前	同前
	西至	抵番不足二千里	同前	抵边不足二千里
	北至	陕西汉中府南郑县、宁羌州、沔县 又至兴安州	陕西兴安州汉阴县 又至凤翔府宝鸡县、凤翔县、岐山县、汧阳县	陕西凤翔府宝鸡县、凤翔县、岐山县、汧阳县
	[注]	以上除南、西外,东、北俱二千里	同前	同前
边卫/近边	东至	湖北荆州府荆州卫、荆州左卫、荆州右卫、枝江县 又至宜昌府东湖县 又至湖南衡州府常宁县	湖北宜昌府东湖县	湖北宜昌府归州、巴东县
	南至	抵边不足二千五百里	同前	同前
	西至	抵番不足二千五百里	同前	抵边不足二千五百里
	北至	陕西凤翔府凤翔县 又至宁夏府平罗县	陕西乾州永寿县 又至邠州长武县 又至西安府三原县、耀州、临潼县、渭南县 又至同州府华州 又至甘肃秦州	同前
	[注]	以上除南、西外,东、北俱二千五百里	同前	同前

续表

充军地方		乾隆八年(1743)	乾隆四十四年(1779)	嘉庆十四年(1809)
边远	东至	湖北黄州府黄州卫、蕲州卫	湖北荆州府江陵县、公安县 又至安陆府潜江县、钟祥县、京山县	湖北荆州府江陵县、公安县、枝江县、松滋县 又至安陆府钟祥县、京山县
	南至	抵边不足三千里	同前	同前
	西至	抵番不足三千里	同前	抵边不足三千里
	北至	甘肃平凉府平凉县、华亭县、固原州	甘肃平凉府固原州 又至兰州府渭源县、狄道州 又至陕西鄜州 又至延安府甘泉县 又至山西解州安邑县、夏县 又至绛州闻喜县	甘肃平凉府固原州 又至兰州府渭源县、狄道州 又至阶州成县 又至陕西鄜州 又至延安府甘泉县 又至山西解州安邑县、夏县 又至绛州闻喜县
	[注]	以上除南、西外,东、北俱三千里	同前	同前
极边	东至	江南淮安府盐城县 又至海州	湖北黄州府广济县、黄梅县 又至安徽安庆府宿松县、太湖县 又至江西九江府瑞昌县、德化县	同前
	南至	抵边不足四千里	同前	同前
	西至	抵番不足四千里	同前	抵边不足四千里
	北至	甘肃西宁府西宁县、碾伯县 又至凉州府古浪县、永昌县	甘肃凉州府永昌县 又至甘州府山丹县 又至陕西榆林府怀远县 又至山西忻州 又至代州崞县	同前
	[注]	以上除南、西外,东、北俱四千里	同前	同前
烟瘴		地皆不足四千里,以极边为烟瘴	应发烟瘴人犯,解赴广东巡抚衙门酌拨安置	同前

邛州属军犯编发地方

充军地方		乾隆八年(1743)	乾隆四十四年(1779)	嘉庆十四年(1809)
附近	东至	本省夔州府奉节县、云阳县	本省夔州府奉节县、巫山县	本省夔州府云阳县、奉节县
	南至	云南临安府建水州、阿迷州、通海县	云南曲靖府沾益州、马龙州	同前
	西至	抵番不足二千里	同前	抵边不足二千里
	北至	陕西凤翔府凤翔县 又至宁夏府平罗县	陕西凤翔府凤翔县、宝鸡县、岐山县、汧阳县	陕西凤翔府凤翔县、宝鸡县、岐山县
	[注]	以上除西外,东、南、北俱二千里	同前	同前
边卫/近边	东至	湖北荆州府枝江县 又至宜昌府东湖县 又至湖南衡州府常宁县	湖北宜昌府东湖县、归州	同前
	南至	抵边不足二千五百里	同前	同前
	西至	抵番不足二千五百里	同前	抵边不足二千五百里
	北至	甘肃平凉州平凉县、华亭县	陕西乾州永寿县 又至邠州长武县 又至西安府长安县、咸宁县、三原县、耀州、临潼县、渭南县 又至同州府华州 又至甘肃秦州清水县	同前
	[注]	以上除南、西外,东、北俱二千五百里	同前	同前

续表

<table>
<tr><th colspan="2">充军地方</th><th>乾隆八年(1743)</th><th>乾隆四十四年(1779)</th><th>嘉庆十四年(1809)</th></tr>
<tr><td rowspan="5">边远</td><td>东至</td><td>湖北武昌府武昌卫、武昌左卫</td><td>湖北荆州府江陵县、公安县
又至安陆府潜江县、钟祥县</td><td>同前</td></tr>
<tr><td>南至</td><td>抵边不足三千里</td><td>同前</td><td>同前</td></tr>
<tr><td>西至</td><td>抵番不足三千里</td><td>同前</td><td>抵边不足三千里</td></tr>
<tr><td>北至</td><td>甘肃秦州秦安县、礼县
又至阶州文县</td><td>甘肃阶州成县
又至兰州府渭源县、狄道州
又至陕西鄜州洛川县
又至延安府甘泉县
又至山西解州安邑县、夏县
又至绛州闻喜县</td><td>同前</td></tr>
<tr><td>[注]</td><td>以上除南、西外,东、北俱三千里</td><td>同前</td><td>同前</td></tr>
<tr><td rowspan="5">极边</td><td>东至</td><td>江南徐州府徐州卫、沛县</td><td>湖北黄州府广济县、黄梅县</td><td>同前</td></tr>
<tr><td>南至</td><td>抵边不足四千里</td><td>同前</td><td>同前</td></tr>
<tr><td>西至</td><td>抵番不足四千里</td><td>同前</td><td>抵边不足四千里</td></tr>
<tr><td>北至</td><td>陕西绥德州米脂县
又至榆林府榆林县、葭州、神木县</td><td>陕西榆林府榆林县、神木县、怀远县
又至甘肃凉州府永昌县
又至山西忻州
又至代州崞县</td><td>同前</td></tr>
<tr><td>[注]</td><td>以上除南、西外,东、北俱四千里</td><td>同前</td><td>同前</td></tr>
<tr><td colspan="2">烟　瘴</td><td>地皆不足四千里,以极边为烟瘴</td><td>应发烟瘴人犯,解赴广东巡抚衙门酌拨安置</td><td>同前</td></tr>
</table>

泸州属军犯编发地方

充军地方		乾隆八年(1743)	乾隆四十四年(1779)	嘉庆十四年(1809)
附近	东至	湖北荆州府荆州卫、荆州左卫、荆州右卫	湖北宜昌府东湖县 又至荆州府宜都县	湖北荆州府宜都县
	南至	广西南宁府宣化县、新宁州 又至思恩府武缘县	广西泗城府凌云县	同前
	西至	抵边不足二千里	同前	同前
	北至	陕西汉中府南郑县、宁羌州、沔县 又至兴安州	陕西汉中府洋县、西乡县	陕西汉中府洋县、南郑县、城固县
	[注]	以上除西外,东、南、北俱二千里	同前	同前
边卫/近边	东至	湖北黄州府黄州卫、蕲州卫	湖北安陆府潜江县、天门县、京山县 又至荆州府公安县	湖北安陆府天门县、京山县 又至荆州府公安县、江陵县
	南至	广东高州府茂名县、电白县、信宜县	湖南常德府武陵县、龙阳县 又至长沙府益阳县	同前
	西至	抵边不足二千五百里	同前	同前
	北至	陕西凤翔府凤翔县 又至宁夏府平罗县	陕西凤翔府凤翔县、岐山县、汧阳县、扶风县	陕西凤翔府凤翔县、岐山县、汧阳县、扶风县、宝鸡县
	[注]	以上除西外,东、南、北俱二千五百里	同前	同前

续表

充军地方		乾隆八年(1743)	乾隆四十四年(1779)	嘉庆十四年(1809)
边远	东至	江西九江府九江卫、瑞昌县	湖北汉阳府汉阳县 又至武昌府江夏县、武昌府 又至黄州府黄冈县	同前
	南至	广东潮州府大城守御所、海阳县 又至嘉应州	湖南长沙府长沙县、善化县、湘潭县 又至衡州府衡山县	同前
	西至	抵边不足三千里	同前	同前
	北至	甘肃平凉府平凉县、华亭县、固原州	甘肃秦州清水县 又至巩昌府伏羌县 又至陕西西安府三原县、耀州、同官县、渭南县 又至同州府华州、华阴县	同前
	[注]	以上除西外,东、南、北俱三千里	同前	同前
极边	东至	江南太仓州镇海卫、崇明县 又至松江府上海县	安徽池州府青阳县 又至宁国府南陵县 又至庐州府合肥县 又至江西南昌府进贤县 又至抚州府东乡县 又至饶州府安仁县	同前
	南至	抵边不足四千里	同前	同前
	西至	抵边不足四千里	同前	同前
	北至	甘肃甘州府张掖县、山丹县	甘肃凉州府平番县、古浪县 又至陕西绥德州清涧县 又至山西霍州灵石县 又至汾州府介休县、平遥县	同前
	[注]	以上除南、西外,东、北俱四千里	同前	同前
烟瘴		地皆不足四千里,以极边为烟瘴	应发烟瘴人犯,解赴广东巡抚衙门酌拨安置	同前

酉阳州属军犯编发地方

充军地方		乾隆八年(1743)	乾隆四十四年(1779)	嘉庆十四年(1809)
附近	东至	湖南长沙府湘潭县	本省夔州府巫山县	本省夔州府巫山县、奉节县
	南至	贵州安顺府普定县	贵州大定府毕节县	贵州大定府毕节县 又至安顺府清镇县
	西至	本省叙州府宜宾县	本省叙州府屏山县	本省叙州府屏山县、宜宾县
	北至	本省资州	本省资州资阳县	同前
	[注]	以上俱二千里	同前	同前
边卫/近边	东至	湖南岳州府巴陵县	湖北宜昌府东湖县	同前
	南至	贵州大定府毕节县	贵州大定府黔西州、平远州、威宁州 又至安顺府清镇县	贵州大定府黔西州、平远州、威宁州 又至兴义府安南县
	西至	本省叙州府雷波卫	抵苗不足二千五百里	同前
	北至	本省成都府成都县	本省绵州梓潼县	同前
	[注]	以上俱二千五百里	同前	同前
边远	东至	江西九江府德化县	湖北荆州府江陵县、公安县 又至安陆府潜江县、钟祥县、京山县	同前
	南至	抵苗不足三千里	同前	同前
	西至	抵番不足三千里	同前	同前
	北至	本省保宁府剑州	本省保宁府广元县、昭化县 又至陕西汉中府宁羌州	同前
	[注]	以上除南、西外,东、北俱三千里	同前	同前

续表

充军地方		乾隆八年(1743)	乾隆四十四年(1779)	嘉庆十四年(1809)
极边	东至	浙江宁波府慈溪县	湖北武昌府兴国州 又至黄州府黄梅县 又至江西九江府瑞昌县、德化县 又至安徽安庆府宿松县、太湖县	同前
	南至	抵苗不足四千里	同前	同前
	西至	抵番不足四千里	同前	同前
	北至	陕西汉中府褒城县	陕西凤翔府宝鸡县、凤翔县	同前
	[注]	以上除南、西外,东、北俱四千里	同前	同前
烟瘴		地皆不足四千里,以极边为烟瘴	应发烟瘴人犯,解赴广东巡抚衙门酌拨安置	同前

太平厅属军犯编发地方①

充军地方		嘉庆十四年(1809)
附近	东至	湖北武昌府兴国州 又至黄州府广济县 又至安陆府潜江县、天门县 又至江西九江府瑞昌县
	南至	贵州大定府黔西州、平远州、威宁州 又至安顺府清镇县 又至贵阳府贵定县
	西至	抵边不足二千里
	北至	陕西汉中府凤县
	[注]	以上除西外,东、南、北俱足二千里

① 嘉庆六年(1801),达州直隶州太平县升为太平直隶厅。本表为嘉庆十四年(1809)《五军道里表》新增。

续表

充军地方		嘉庆十四年(1809)
近边	东至	安徽安庆府怀宁县、桐城县 又至池州府贵池县 又至庐州府舒城县 又至江西南昌府南昌县、新建县 又至湖北黄州府黄冈县
	南至	贵州都匀府清平县 又至镇远府黄平州 又至安顺府永宁州
	西至	抵边不足二千五百里
	北至	陕西凤翔府陇州
	[注]	以上除西外,东、南、北俱足二千五百里
边远	东至	安徽和州含山县 又至安庆府潜山县 又至江苏江宁府江浦县 又至江西广信府兴安县、上饶县
	南至	抵边不足三千里
	西至	抵边不足三千里
	北至	河南陕州阌乡县、灵宝县
	[注]	以上除南、西外,东、北俱足三千里
极边	东至	抵海不足四千里
	南至	广西桂林府永福县 又至柳州府雒容县
	西至	抵边不足四千里
	北至	甘肃凉州府古浪县、武威县
	[注]	以上除东、西外,南、北俱足四千里
烟瘴		太平厅属应发烟瘴人犯,解赴广东巡抚衙门酌拨安置

松潘厅属军犯编发地方①

充军地方		嘉庆十四年(1809)
附近	东至	本省忠州垫江县
	南至	贵州大定府毕节县
	西至	抵边不足二千里
	北至	陕西凤翔府汧阳县、陇州、岐山县、扶风县、宝鸡县、凤翔县 又至乾州武功县
	[注]	以上除西外,东、南、北俱足二千里
近边	东至	本省夔州府巫山县、云阳县 又至湖北宜昌府巴东县
	南至	云南曲靖府沾益州、马龙州 又至云南云南府孔明县
	西至	抵边不足二千五百里
	北至	甘肃秦州 又至巩昌府伏羌县、宁远县 又至陕西西安府耀州、同官县 又至同州府华州、华阴县 又至鄜州宜君县 又至山西蒲州府永济县
	[注]	以上除西外,东、南、北俱足二千五百里
边远	东至	湖北宜昌府东湖县、巴东县、归州 又至荆州府宜都县
	南至	抵边不足三千里
	西至	抵边不足三千里
	北至	甘肃兰州府狄道州、渭源县、皋兰县 又至陕西延安府肤施县 又至山西平阳府曲沃县、临汾县
	[注]	以上除南、西外,东、北俱足三千里

① 乾隆二十五年(1760),龙安府松潘厅升为松潘直隶厅。

续表

充军地方		嘉庆十四年(1809)
极边	东至	湖北武昌府江夏县、武昌县 又至黄州府黄冈县 又至汉阳府汉阳县、汉川县
	南至	抵边不足四千里
	西至	抵边不足四千里
	北至	山西代州崞县 又至大同府山阴县 又至甘肃甘州府山丹县
	[注]	以上除南、西外,东、北俱足四千里
烟　瘴		松潘厅属应发烟瘴人犯,解赴广东巡抚衙门酌拨安置

广　东

广州府属军犯编发地方

充军地方		乾隆八年(1743)	乾隆四十四年(1779)	嘉庆十四年(1809)
附近	东至	抵海不足二千里	同前	同前
	南至	抵海不足二千里	同前	同前
	西至	广西南宁府宣化县、新宁州 又至思恩府武缘县 又至太平府太平州	广西太平府崇善县、养利州	同前
	北至	湖北荆州府荆州卫、荆州左卫、荆州右卫、松滋县 又至宜昌府东湖县	江西吉安府吉水县 又至临江府峡江县、新淦县	同前
	[注]	以上除东、南外,西、北俱二千里	同前	同前
边卫/近边	东至	抵海不足二千五百里	同前	同前
	南至	抵海不足二千五百里	同前	同前
	西至	贵州黎平府开泰县、锦屏县、永从县 又至镇远府天柱县 又至贵阳府龙里县	湖南常德府武陵县、桃源县	同前
	北至	河南南阳府唐县、邓州、新野县	江西南康府建昌县 又至九江府德安县 又至南昌府进贤县 又至抚州府东乡县 又至袁州府宜春县、萍乡县	同前
	[注]	以上除东、南外,西、北俱二千五百里	同前	同前

续表

充军地方		乾隆八年(1743)	乾隆四十四年(1779)	嘉庆十四年(1809)
边远	东至	抵海不足三千里	同前	同前
	南至	抵海不足三千里	同前	同前
	西至	贵州镇远府镇远县、施秉县 又至思州府玉屏县、青溪县	湖南辰州府辰溪县 又至湖北荆州府松滋县、枝江县	湖南辰州府辰溪县 又至湖北荆州府公安县、江陵县
	北至	河南河南府洛阳县、嵩县 又至陕州灵宝县	安徽安庆府潜山县、桐城县 又至湖北黄州府蕲水县、黄冈县	同前
	[注]	以上除东、南外,西、北俱三千里	同前	同前
极边	东至	抵海不足四千里	同前	同前
	南至	抵海不足四千里	同前	同前
	西至	四川宁远府越嶲卫、会川卫、德昌守御所、冕山守御所、打冲河守御所	四川夔州府奉节县、云阳县	同前
	北至	山西太原府阳曲县、太原县 又至宁武府宁武县 又至平定州 又至代州	河南归德府永城县、夏邑县、鹿邑县 又至安徽颍州府亳州 又至江苏徐州府铜山县	同前
	[注]	以上除东、南外,西、北俱四千里	同前	同前
烟瘴		地皆不足四千里,以极边为烟瘴	应发烟瘴人犯,解赴隔远之云南巡抚衙门酌拨安置	同前

连州属军犯编发地方

<table>
<tr><th colspan="2">充军地方</th><th>乾隆八年(1743)</th><th>乾隆四十四年(1779)</th><th>嘉庆十四年(1809)</th></tr>
<tr><td rowspan="5">附近</td><td>东至</td><td rowspan="15">俱与广州府同</td><td>抵海不足二千里</td><td>同前</td></tr>
<tr><td>南至</td><td>抵海不足二千里</td><td>同前</td></tr>
<tr><td>西至</td><td>广西南宁府永淳县、宣化县</td><td>广西南宁府、宣化县</td></tr>
<tr><td>北至</td><td>江西吉安府吉水县
又至临江府峡江县、新淦县</td><td>江西吉安府吉水县
又至临江府峡江县</td></tr>
<tr><td>[注]</td><td>以上除东、南外,西、北俱二千里</td><td>同前</td></tr>
<tr><td rowspan="5">边卫/近边</td><td>东至</td><td>抵海不足二千五百里</td><td>同前</td></tr>
<tr><td>南至</td><td>抵海不足二千五百里</td><td>同前</td></tr>
<tr><td>西至</td><td>湖南常德府武陵县、桃源县</td><td>同前</td></tr>
<tr><td>北至</td><td>江西南康府建昌县
又至九江府德安县
又至南昌府进贤县
又至抚州府东乡县
又至袁州府宜春县、萍乡县</td><td>江西南康府建昌县
又至九江府德安县
又至南昌府进贤县
又至袁州府宜春县、萍乡县</td></tr>
<tr><td>[注]</td><td>以上除东、南外,西、北俱二千五百里</td><td>同前</td></tr>
<tr><td rowspan="5">边远</td><td>东至</td><td>抵海不足三千里</td><td>同前</td></tr>
<tr><td>南至</td><td>抵海不足三千里</td><td>同前</td></tr>
<tr><td>西至</td><td>湖南辰州府辰溪县
又至湖北荆州府松滋县、枝江县</td><td>同前</td></tr>
<tr><td>北至</td><td>安徽安庆府潜山县、桐城县
又至湖北黄州府蕲水县、黄冈县</td><td>同前</td></tr>
<tr><td>[注]</td><td>以上除东、南外,西、北俱三千里</td><td>同前</td></tr>
</table>

续表

充军地方		乾隆八年(1743)	乾隆四十四年(1779)	嘉庆十四年(1809)
极边	东至	俱与广州府同	抵海不足四千里	同前
	南至		抵海不足四千里	同前
	西至		四川夔州府奉节县、云阳县	同前
	北至		河南归德府永城县、夏邑县、鹿邑县 又至安徽颍州府亳州 又至江苏徐州府铜山县	同前
	[注]		以上除东、南外,西、北俱四千里	同前
烟瘴			应发烟瘴人犯,解赴隔远之云南巡抚衙门酌拨安置	同前

韶州府属军犯编发地方

充军地方		乾隆八年(1743)	乾隆四十四年(1779)	嘉庆十四年(1809)
附近	东至	福建福宁府福安县、宁德县	福建福州府古田县	同前
	南至	本省潮州府大城守御所、潮阳县、澄海县 又至嘉应州	本省潮州府饶平县、揭阳县、海阳县	本省潮州府揭阳县、海阳县 又至福建漳州府诏安县
	西至	广西南宁府宣化县、横州 又至思恩府武缘县	广西思恩府宾州 又至南宁府横州、永淳县	广西思恩府宾州、迁江县
	北至	湖北襄阳府襄阳卫、均州	湖北黄州府蕲州、黄冈县、广济县、蕲水县 又至江西广信府弋阳县、兴安县 又至安徽安庆府太湖县、潜山县	湖北黄州府蕲州、黄冈县、广济县 又至江西广信府弋阳县、兴安县 又至安徽安庆府太湖县、潜山县
	[注]	以上俱二千里	同前	同前

续表

充军地方		乾隆八年(1743)	乾隆四十四年(1779)	嘉庆十四年(1809)
边卫/近边	东至	抵海不足二千五百里	同前	同前
	南至	抵海不足二千五百里	同前	同前
	西至	贵州黎平府开泰县、锦屏县、永从县 又至镇远府天柱县 又至贵阳府龙里县	贵州思州府玉屏县、青溪县 又至广西太平府崇善县	贵州思州府玉屏县、青溪县 又至广西太平府养利县
	北至	河南河南府洛阳县、嵩县 又至陕州	安徽庐州府合肥县 又至凤阳府定远县 又至湖北汉阳府汉川县	安徽庐州府合肥县 又至湖北汉阳府汉阳县
	[注]	以上除东、南外,西、北俱二千五百里	同前	同前
边远	东至	抵海不足三千里	同前	同前
	南至	抵海不足三千里	同前	同前
	西至	贵州镇远府镇远县、施秉县 又至思州府青溪县	贵州贵阳府贵定县、龙里县、贵筑县 又至安顺府清镇县	同前
	北至	河南怀庆府河内县、孟县 又至山西泽州府凤台县、阳城县	安徽凤阳府宿州 又至颍州府蒙城县、亳州 又至江苏徐州府铜山县 又至河南归德府永城县 又至湖北襄阳府宜城县	安徽凤阳府宿州 又至颍州府蒙城县 又至江苏徐州府铜山县 又至河南归德府永城县 又至湖北襄阳府宜城县
	[注]	以上除东、南外,西、北俱三千里	同前	同前
极边	东至	抵海不足四千里	同前	同前
	南至	抵海不足四千里	同前	同前
	西至	四川宁远府会川卫、冕山守御所、迷易守御所	四川重庆府巴县、璧山县 又至云南曲靖府宣威州	同前
	北至	直隶易州广昌县 又至山西大同府大同县、山阴县 又至朔平府朔州、马邑县、平鲁县	河南怀庆府河内县 又至山西泽州府凤台县、高平县 又至山东东昌府恩县	同前
	[注]	以上除东、南外,西、北俱四千里	同前	同前

续表

充军地方	乾隆八年(1743)	乾隆四十四年(1779)	嘉庆十四年(1809)
烟　瘴	地皆不足四千里,以极边为烟瘴	应发烟瘴人犯,解赴隔远之云南巡抚衙门酌拨安置	同前

南雄府(南雄州)①属军犯编发地方

充军地方		乾隆八年(1743)	乾隆四十四年(1779)	嘉庆十四年(1809)
附近	东至	浙江温州府瑞安县、平阳县	浙江衢州府西安县、龙游县、常山县	同前
	南至	抵海不足二千里	同前	同前
	西至	广西浔州府桂平县、贵县 又至镇安府奉议州、向武州	广西浔州府贵县	同前
	北至	湖北襄阳府襄阳卫、均州	湖北武昌府江夏县 又至黄州府黄冈县 又至安徽庐州府舒城县	湖北武昌府江夏县 又至安徽庐州府舒城县
	[注]	以上除南外,东、西、北俱二千里	同前	同前
边卫/近边	东至	抵海不足二千五百里	同前	同前
	南至	抵海不足二千五百里	同前	同前
	西至	广西柳州府马平县、融县、象州、来宾县 又至思恩府宾州 又至浔州府武宣县	广西柳州府来宾县 又至南宁府宣化县、新宁州	广西南宁府宣化县、新宁县 又至太平府崇善县
	北至	湖北郧阳府郧县、房县	湖北安陆府京山县、钟祥县 又至安徽凤阳府凤阳县、灵璧县	同前
	[注]	以上除东、南外,西、北俱二千五百里	同前	同前

① 嘉庆十二年(1807),南雄府降为南雄直隶州。

续表

充军地方		乾隆八年(1743)	乾隆四十四年(1779)	嘉庆十四年(1809)
边远	东至	抵海不足三千里	同前	同前
	南至	抵海不足三千里	同前	同前
	西至	贵州黎平府开泰县、锦屏县、永从县 又至贵阳府龙里县	湖南澧州 又至常德府武陵县	同前
	北至	河南河南府洛阳县、嵩县 又至陕州	河南归德府虞城县、商丘县、宁陵县、柘城县、睢州 又至南阳府新野县 又至山东兖州府滕县	同前
	[注]	以上除东、南外,西、北俱三千里	同前	同前
极边	东至	抵海不足四千里	同前	同前
	南至	抵海不足四千里	同前	同前
	西至	四川泸州纳溪县、合江县 又至重庆府江津县、涪州 又至忠州 又至酉阳州黔江县	四川忠州梁山县 又至夔州府万县	同前
	北至	山西太原府阳曲县 又至代州 又至保德州 又至宁武府宁武县、偏关县	山西泽州府高平县 又至潞安府长子县、屯留县	同前
	[注]	以上除东、南外,西、北俱四千里	同前	同前
烟瘴		地皆不足四千里,以极边为烟瘴	应发烟瘴人犯,解赴隔远之云南巡抚衙门酌拨安置	同前

惠州府属军犯编发地方

充军地方		乾隆八年(1743)	乾隆四十四年(1779)	嘉庆十四年(1809)
附近	东至	抵海不足二千里	同前	同前
	南至	抵海不足二千里	同前	同前
	西至	广西南宁府宣化县、新宁州 又至思恩府武缘县	广西南宁府宣化县	同前
	北至	江西九江府九江卫、德安县	江西赣州府赣县 又至吉安府万安县、泰和县	江西赣州府赣县 又至吉安府万安县
	[注]	以上除东、南外,西、北俱二千里	同前	同前
边卫/近边	东至	抵海不足二千五百里	同前	同前
	南至	抵海不足二千五百里	同前	同前
	西至	贵州镇远府镇远县、施秉县 又至思州府青溪县	湖南长沙府宁乡县、益阳县	同前
	北至	湖北黄州府黄州卫、蕲州卫 又至武昌府武昌卫、武昌左卫	江西临江府新淦县、清江县、峡江县	同前
	[注]	以上除东、南外,西、北俱二千五百里	同前	同前
边远	东至	抵海不足三千里	同前	同前
	南至	抵海不足三千里	同前	同前
	西至	四川叙州府宜宾县、长宁县 又至泸州纳溪县、合江县 又至重庆府江津县、涪州 又至忠州 又至酉阳州黔江县	湖南澧州 又至湖北荆州府公安府	同前

续表

充军地方		乾隆八年(1743)	乾隆四十四年(1779)	嘉庆十四年(1809)
边远	北至	河南汝宁府汝阳县、信阳州、罗山县 又至南阳府南阳县、唐县、邓州	江西南康府建昌县 又至九江府德安县、德化县、瑞昌县 又至抚州府东乡县 又至饶州府安仁县 又至袁州府萍乡县 又至湖北黄州府黄梅县	江西南康府建昌县 又至九江府德安县、德化县、瑞昌县 又至抚州府东乡县 又至饶州府安仁县 又至袁州府萍乡县 又至湖北黄州府黄梅县 又至湖南长沙府醴陵县
	[注]	以上除东、南外,西、北俱三千里	同前	同前
极边	东至	抵海不足四千里	同前	同前
	南至	抵海不足四千里	同前	同前
	西至	四川宁远府越嶲卫、礼州守御所、德昌守御所	湖北宜昌府巴东县 又至四川夔州府巫山县 又至贵州平越府黄平州 又至都匀府清平县	湖北宜昌府巴东县 又至四川夔州府巫山县 又至贵州安顺府清镇县、安平县
	北至	山东兖州府任城卫、济宁卫、滕县 又至泰安府东平州、东平所 又至沂州府费县	安徽凤阳府定远县、宿州、凤阳县、灵璧县 又至湖北安陆府京山县	安徽凤阳府定远县、凤阳县、灵璧县 又至湖北安陆府京山县
	[注]	以上除东、南外,西、北俱四千里	同前	同前
烟瘴		地皆不足四千里,以极边为烟瘴	应发烟瘴人犯,解赴隔远之云南巡抚衙门酌拨安置	同前

潮州府属军犯编发地方

充军地方		乾隆八年(1743)	乾隆四十四年(1779)	嘉庆十四年(1809)
附近	东至	抵海不足二千里	同前	同前
	南至	抵海不足二千里	同前	同前
	西至	广西南宁府宣化县、新宁州 又至思恩府武缘县	广西浔州府平南县	广西浔州府平南县、桂平县
	北至	湖北武昌府武昌卫、武昌左卫 又至汉阳府汉阳县	江西南昌府南昌县、新建县、进贤县 又至南康府建昌县 又至袁州府宜春县 又至九江府德安县	同前
	[注]	以上除东、南外,西、北俱二千里	同前	同前
边卫/近边	东至	抵海不足二千五百里	同前	同前
	南至	抵海不足二千五百里	同前	同前
	西至	贵州黎平府开泰县、锦屏县 又至镇远府天柱县 又至贵阳府龙里县	湖南郴州永兴县 又至广西南宁府横州、永淳县 又至思恩府宾州	湖南郴州永兴县 又至衡州府耒阳县 又至广西南宁府永淳县 又至思恩府宾州、迁江县
	北至	河南汝宁府汝阳县、信阳州	安徽安庆府太湖县、潜山县、桐城县 又至湖北黄州府蕲水县	安徽安庆府太湖县、潜山县 又至湖北黄州府蕲水县
	[注]	以上除东、南外,西、北俱二千五百里	同前	同前

续表

充军地方		乾隆八年(1743)	乾隆四十四年(1779)	嘉庆十四年(1809)
边远	东至	抵海不足三千里	同前	同前
	南至	抵海不足三千里	同前	同前
	西至	湖南辰州府沅陵县、泸溪县 又至沅州府芷江县 又至常德府武陵县 又至贵州思州府玉屏县	湖南衡州府衡山县 又至长沙府湘潭县 又至广西太平府崇善县	湖南长沙府湘潭县、善化县 又至广西太平府崇善县、养利州
	北至	河南开封府祥符县、鄢陵县、禹州 又至陈州府淮宁县、沈丘县	安徽庐州府合肥县 又至凤阳府定远县 又至湖北汉阳府汉川县 又至德安府应城县	同前
	[注]	以上除东、南外,西、北俱三千里	同前	同前
极边	东至	抵海不足四千里	同前	同前
	南至	抵海不足四千里	同前	同前
	西至	四川宁远府德昌守御所、冕山守御所、打冲河守御所	湖北荆州府公安县、江陵县	湖北荆州府公安县、江陵县、松滋县
	北至	山东济南府德州卫、德州左卫、历城县 又至泰安府肥城县	山东泰安府肥城县、东平州 又至兖州府滋阳县、宁阳县 又至济宁州汶上县 又至河南开封府祥符县、中牟县、郑州 又至南阳府裕州	山东泰安府肥城县、东平州 又至兖州府滋阳县、宁阳县、汶上县 又至河南开封府祥符县、中牟县、郑州、尉氏县、洧川县
	[注]	以上除东、南外,西、北俱四千里	同前	同前
烟瘴		地皆不足四千里,以极边为烟瘴	应发烟瘴人犯,解赴隔远之云南巡抚衙门酌拨安置	同前

肇庆府属军犯编发地方

充军地方		乾隆八年(1743)	乾隆四十四年(1779)	嘉庆十四年(1809)
附近	东至	抵海不足二千里	同前	同前
	南至	抵海不足二千里	同前	同前
	西至	贵州遵义府遵义县 又至平越州瓮安县 又至大定府毕节县 又至四川叙州府永宁县	湖南长沙府长沙县、善化县、宁乡县	同前
	北至	湖北荆州府荆州卫、荆州左卫、荆州右卫 又至宜昌府东湖县	江西临江府峡江县、新淦县、清江县	江西临江府峡江县、新淦县
	[注]	以上除东、南外,西、北俱二千里	同前	同前
边卫/近边	东至	抵海不足二千五百里	同前	同前
	南至	抵海不足二千五百里	同前	同前
	西至	四川成都府成都县、华阳县、金堂县、简州	湖南常德府武陵县 又至澧州	湖南澧州
	北至	河南南阳府南阳县、唐县、邓州	江西南康府建昌县 又至九江府德安县、德化县、瑞昌县 又至南昌府进贤县 又至抚州府东乡县 又至袁州府萍乡县	江西南康府建昌县 又至九江府德安县 又至南昌府进贤县 又至抚州府东乡县 又至袁州府萍乡县
	[注]	以上除东、南外,西、北俱二千五百里	同前	同前

续表

充军地方		乾隆八年(1743)	乾隆四十四年(1779)	嘉庆十四年(1809)
边远	东至	抵海不足三千里	同前	同前
	南至	抵海不足三千里	同前	同前
	西至	四川茂州保县	湖北荆州府松滋县、枝江县、宜都县	同前
	北至	河南河南府洛阳县、新安县、嵩县 又至陕州	安徽安庆府潜山县、桐城县 又至庐州府舒城县 又至湖北黄州府黄冈县	同前
	[注]	以上除东、南外,西、北俱三千里	同前	同前
极边	东至	抵海不足四千里	同前	同前
	南至	抵海不足四千里	同前	同前
	西至	抵边不足四千里	四川夔州府云阳县 又至贵州安顺府清镇县 又至大定府黔西州	四川夔州府云阳县 又至贵州安顺府清镇县
	北至	山西太原府阳曲县、太原县 又至保德州 又至代州 又至宁武府宁武县、偏关县 又至平定州	河南归德府永城县、夏邑县、虞城县、商丘县、鹿邑县、柘城县 又至安徽颍州府亳州	同前
	[注]	以上除东、南、西外,北四千里	以上除东、南外,西、北俱四千里	同前
烟瘴		地皆不足四千里,以极边为烟瘴	应发烟瘴人犯,解赴隔远之云南巡抚衙门酌拨安置	同前

高州府属军犯编发地方

充军地方		乾隆八年(1743)	乾隆四十四年(1779)	嘉庆十四年(1809)
附近	东至	抵海不足二千里	同前	同前
	南至	抵海不足二千里	同前	同前
	西至	广西浔州府桂平县 又至镇安府奉议州、向武州	广西南宁府永淳县、横州 又至思恩府宾州	广西南宁府宣化县
	北至	湖南靖州会同县 又至贵州镇远府天柱县	湖北郴州宜章县	同前
	[注]	以上除东、南外,西、北俱二千里	同前	同前
边卫/近边	东至	抵海不足二千五百里	同前	同前
	南至	抵海不足二千五百里	同前	同前
	西至	贵州镇远府镇远县、施秉县 又至思州府青溪县	湖南衡州府衡山县、衡阳县、清泉县 又至广西太平府崇善县	湖南衡州府衡山县 又至长沙府湘潭县 又至广西太平府养利州
	北至	湖南辰州府沅陵县 又至沅州府芷江县 又至常德府武陵县 又至贵州思州府玉屏县	江西吉安府泰和县、万安县	同前
	[注]	以上除东、南外,西、北俱二千五百里	同前	同前
边远	东至	抵海不足三千里	同前	同前
	南至	抵海不足三千里	同前	同前
	西至	贵州安顺府永宁州 又至大定府毕节县	湖南长沙府益阳县、宁乡县 又至常德府龙阳县	湖南长沙府益阳县 又至常德府龙阳县
	北至	湖北荆州府荆州卫、荆州左卫、荆州右卫 又至宜昌府东湖县	江西瑞州府高安县 又至南昌府奉新县、丰城县 又至南康府安义县 又至临江府新喻县、新淦县、清江县	同前
	[注]	以上除东、南外,西、北俱三千里	同前	同前

续表

充军地方		乾隆八年(1743)	乾隆四十四年(1779)	嘉庆十四年(1809)
极边	东至	抵海不足四千里	同前	同前
	南至	抵海不足四千里	同前	同前
	西至	四川宁远府西昌县、冕宁县、盐源县	贵州平越府黄平州 又至都匀府清平县	贵州镇远府黄平州 又至都匀府清平县
	北至	河南河南府洛阳县、嵩县 又至陕州	安徽庐州府舒城县、合肥县 又至湖北黄州府黄冈县	安徽庐州府舒城县、合肥县 又至凤阳府定远县 又至湖北武昌府江夏县 又至汉阳府汉阳县、汉川县
	[注]	以上除东、南外,西、北俱四千里	同前	同前
烟瘴		地皆不足四千里,以极边为烟瘴	应发烟瘴人犯,解赴隔远之云南巡抚衙门酌拨安置	同前

廉州府属军犯编发地方

充军地方		乾隆八年(1743)	乾隆四十四年(1779)	嘉庆十四年(1809)
附近	东至	本省潮州府大城守御所、海阳县、潮阳县 又至嘉应州	本省惠州府归善县、博罗县	本省惠州府海丰县
	南至	抵海不足二千里	同前	同前
	西至	广西柳州府马平县、雒容县、来宾县、融县、象州 又至思恩府宾州 又至浔州府武宣县	广西浔州府桂平县、平南县 又至平乐府昭平县	广西浔州府武宣县 又至平乐府平乐县
	北至	湖南宝庆府邵阳县、武冈州	本省韶州府英德县	本省韶州府曲江县
	[注]	以上除南外,东、西、北俱二千里	同前	同前

续表

充军地方		乾隆八年(1743)	乾隆四十四年(1779)	嘉庆十四年(1809)
边卫/近边	东至	抵海不足二千五百里	同前	同前
	南至	抵海不足二千五百里	同前	同前
	西至	贵州黎平府开泰县、锦屏县、永从县 又至镇远府天柱县	广西桂林府全州 又至南宁府横州、永淳县 又至思恩府宾州	广西桂林府全州
	北至	湖南靖州会同县、通道县、绥宁县	本省南雄府始兴县、保昌县	江西南安府大庾县、南康县
	[注]	以上除东、南外,西、北俱二千五百里	同前	同前
边远	东至	抵海不足三千里	同前	同前
	南至	抵海不足三千里	同前	同前
	西至	贵州镇远府镇远县、施秉县 又至思州府青溪县	湖南衡州府衡阳县、清泉县 又至永州府祁阳县	同前
	北至	湖南辰州府沅陵县 又至沅州府芷江县 又至常德府武陵县	江西吉安府泰和县、万安县	同前
	[注]	以上除东、南外,西、北俱三千里	同前	同前
极边	东至	抵海不足四千里	同前	同前
	南至	抵海不足四千里	同前	同前
	西至	四川宁远府会川卫、迷易守御所	湖南常德府武陵县、桃源县	湖南常德府武陵县、桃源县 又至辰州府沅陵县
	北至	湖北郧阳府郧县、房县 又至河南南阳府南阳县、唐县、邓州	安徽安庆府宿松县、太湖县 又至江西抚州府东乡县 又至饶州府安仁县 又至广信府贵溪县 又至袁州府萍乡县 又至九江府瑞昌县、德化县 又至湖北武昌府兴国州 又至黄州府黄梅县	安徽安庆府宿松县、太湖县 又至江西饶州府安仁县 又至广信府贵溪县 又至九江府瑞昌县、德化县 又至湖北武昌府兴国州 又至黄州府黄梅县
	[注]	以上除东、南外,西、北俱四千里	同前	同前

续表

充军地方	乾隆八年(1743)	乾隆四十四年(1779)	嘉庆十四年(1809)
烟瘴	地皆不足四千里,以极边为烟瘴	应发烟瘴人犯,解赴隔远之云南巡抚衙门酌拨安置	同前

雷州府属军犯编发地方

充军地方		乾隆八年(1743)	乾隆四十四年(1779)	嘉庆十四年(1809)
附近	东至	抵海不足二千里	同前	同前
	南至	抵海不足二千里	同前	同前
	西至	贵州镇远府镇远县、施秉县 又至思州府青溪县	湖南靖州会同县	广西柳州府融县
	北至	广西桂林府临桂县、兴安县、灵川县、全州、灌阳县	广西桂林府阳朔县 又至平乐府平乐县、昭平县	广西桂林府阳朔县
	[注]	以上除东、南外,西、北俱二千里	同前	同前
边卫/近边	东至	抵海不足二千五百里	同前	同前
	南至	抵海不足二千五百里	同前	同前
	西至	四川叙州府永宁县 又至贵州大定府毕节县	湖南沅州府黔阳县	湖南靖州通道县
	北至	湖南宝庆府邵阳县、武冈州	江西南安府南康县、大庾县 又至本省南雄府保昌县	江西南安府南康县 又至本省南雄州
	[注]	以上除东、南外,西、北俱二千五百里	同前	同前

续表

充军地方		乾隆八年(1743)	乾隆四十四年(1779)	嘉庆十四年(1809)
边远	东至	抵海不足三千里	同前	同前
	南至	抵海不足三千里	同前	同前
	西至	四川叙州府宜宾县、南溪县	贵州平越府黄平州、平越县 又至都匀府清平县	贵州思州府玉屏县
	北至	湖南辰州府沅陵县 又至沅州府芷江县 又至常德府武陵县 又至永州府零陵县、东安县、宁远县	江西吉安府庐陵县、吉水县、万安县、泰和县	江西吉安府泰和县、庐陵县、吉水县
	[注]	以上除东、南外,西、北俱三千里	同前	同前
极边	东至	抵海不足四千里	同前	同前
	南至	抵海不足四千里	同前	同前
	西至	四川宁远府越巂卫、西昌县、冕宁县	贵州大定府威宁州	贵州大定府黔西州、毕节县
	北至	湖北襄阳府襄阳卫、均州	湖北武昌府大冶县、兴国州 又至黄州府黄梅县、广济县 又至江西九江府瑞昌县、德化县 又至饶州府安仁县 又至广信府贵溪县、弋阳县 又至安徽安庆府宿松县	湖北武昌府兴国州、大冶县、武昌县 又至黄州府黄梅县、广济县、蕲水县 又至江西广信府弋阳县 又至安徽安庆府宿松县、太湖县、潜山县
	[注]	以上除东、南外,西、北俱四千里	同前	同前
烟瘴		地皆不足四千里,以极边为烟瘴	应发烟瘴人犯,解赴隔远之云南巡抚衙门酌拨安置	同前

琼州府属军犯编发地方

充军地方		乾隆八年(1743)	乾隆四十四年(1779)	嘉庆十四年(1809)
附近	东至	抵海不足二千里	同前	同前
附近	南至	抵海不足二千里	同前	同前
附近	西至	贵州黎平府开泰县、永从县 又至镇远府天柱县 又至贵阳府龙里县	广西柳州府怀远县	同前
附近	北至	广西柳州府马平县、象州 又至思恩府宾州、迁江县 又至庆远府南丹州	本省韶州府英德县 又至广州府清远县	本省韶州府英德县
附近	[注]	以上除东、南外,西、北俱二千里	同前	同前
边卫/近边	东至	抵海不足二千五百里	同前	同前
边卫/近边	南至	抵海不足二千五百里	同前	同前
边卫/近边	西至	贵州贵阳府贵筑县、开州	湖南靖州会同县 又至沅州府黔阳县	广西柳州府融县、怀远县
边卫/近边	北至	湖南靖州会同县、通道县、绥宁县 又至贵州镇远府天柱县	本省南雄府始兴县 又至韶州府曲江县	本省南雄州始兴县
边卫/近边	[注]	以上除东、南外,西、北俱二千五百里	同前	同前
边远	东至	抵海不足三千里	同前	同前
边远	南至	抵海不足三千里	同前	同前
边远	西至	贵州大定府威宁州、毕节县 又至四川泸州江安县	贵州平越府黄平州 又至都匀府清平县	贵州思州府玉屏县、青溪县 又至镇远府镇远县
边远	北至	湖南辰州府沅陵县 又至沅州府芷江县 又至常德府武陵县 又至贵州思州府玉屏县	江西赣州府赣县 又至南安府南康县	江西赣州府赣县 又至南安府南康县 又至吉安府万安县
边远	[注]	以上除东、南外,西、北俱三千里	同前	同前

续表

充军地方		乾隆八年(1743)	乾隆四十四年(1779)	嘉庆十四年(1809)
极边	东至	抵海不足四千里	同前	同前
	南至	抵海不足四千里	同前	同前
	西至	四川宁远府越嶲卫、西昌县、冕宁县	贵州大定府威宁州	贵州安顺府清镇县 又至大定府黔西州
	北至	河南南阳府南阳县、唐县、邓州	江西南康府建昌县 又至九江府德安县 又至南昌府南昌县、新建县、进贤县 又至袁州府分宜县、宜春县	江西南康府建昌县 又至九江府德安县、德化县 又至南昌府进贤县 又至袁州府宜都县、萍乡县
	[注]	以上除东、南外,西、北俱四千里	同前	同前
烟瘴		地皆不足四千里,以极边为烟瘴	应发烟瘴人犯,解赴隔远之云南巡抚衙门酌拨安置	同前

罗定州属军犯编发地方

充军地方		乾隆八年(1743)	乾隆四十四年(1779)	嘉庆十四年(1809)
附近	东至	俱与琼州府同	抵海不足二千里	同前
	南至		抵海不足二千里	同前
	西至		贵州都匀府独山州	同前
	北至		湖南靖州会同县 又至沅州府黔阳县	同前
	[注]		以上除东、南外,西、北俱二千里	同前
边卫/近边	东至		抵海不足二千五百里	同前
	南至		抵海不足二千五百里	同前
	西至		贵州平越府黄平州 又至思州府青溪县	贵州思州府青溪县 又至镇远府镇远县、施秉县
	北至		湖南常德府龙阳县、武陵县、桃源县	湖南常德府龙阳县、武陵县
	[注]		以上除东、南外,西、北俱二千五百里	同前

续表

充军地方		乾隆八年(1743)	乾隆四十四年(1779)	嘉庆十四年(1809)
边远	东至		抵海不足三千里	同前
	南至		抵海不足三千里	同前
	西至		贵州贵阳府龙里县、贵筑县又至安顺府清镇县	同前
	北至		湖南辰州府沅陵县、辰溪县又至湖北武昌府江夏县又至汉阳府汉阳县、汉川县	湖南辰州府沅陵县、辰溪县又至湖北荆州府江陵县、潜江县
	[注]		以上除东、南外,西、北俱三千里	同前
极边	东至	俱与琼州府同	抵海不足四千里	同前
	南至		抵海不足四千里	同前
	西至		四川夔州府奉节县、云阳县又至云南曲靖府宣威州	同前
	北至		河南南阳府新野县、南阳县、南召县、裕州	同前
	[注]		以上除东、南外,西、北俱四千里	同前
烟瘴			应发烟瘴人犯,解赴隔远之云南巡抚衙门酌拨安置	同前

嘉应州(嘉应府)①属军犯编发地方

充军地方		乾隆八年(1743)	乾隆四十四年(1779)	嘉庆十四年(1809)
附近	东至	抵海不足二千里	同前	同前
	南至	抵海不足二千里	同前	同前
	西至	广西浔州府桂平县、贵县	同前	同前
	北至	江西赣州府赣州卫、信丰县、会昌县 又至湖南衡州府衡阳县、常宁县 又至桂阳州 又至郴州永兴县、宜章县、桂阳县	江西广信府贵溪县、弋阳县、兴安县 又至湖北黄州府黄梅县 又至安徽安庆府宿松县、太湖县	同前
	[注]	以上除东、南外,西、北俱二千里	同前	同前
边卫/近边	东至	抵海不足二千五百里	同前	同前
	南至	抵海不足二千五百里	同前	同前
	西至	广西柳州府马平县、融县、象州 又至平乐府平乐县、富川县、贺县 又至贵州平越府平越县、瓮安县	广西柳州府马平县、柳城县 又至南宁府宣化县	广西柳州府柳城县 又至南宁府宣化县
	北至	江西吉安府吉安所、安福所、永新所、龙泉县 又至袁州府袁州卫	湖南常德府武陵县、桃源县 又至安徽庐州府合肥县	同前
	[注]	以上除东、南外,西、北俱二千五百里	同前	同前

① 嘉庆十二年(1807),嘉应直隶州升为嘉应府。

续表

充军地方		乾隆八年(1743)	乾隆四十四年(1779)	嘉庆十四年(1809)
边远	东至	抵海不足三千里	同前	同前
	南至	抵海不足三千里	同前	同前
	西至	广西庆远府宜山县、河池州 又至南宁府宣化县、新宁州 又至思恩府武缘县 又至贵州贵阳府贵筑县 又至都匀府都匀县	广西庆远府河池州、东兰州 又至太平府养利州	同前
	北至	湖南宝庆府邵阳县、武冈州 又至四川泸州纳溪县、合江县	湖南辰州府沅陵县、辰溪县 又至安徽凤阳府灵璧县、宿州	同前
	[注]	以上除东、南外,西、北俱三千里	同前	同前
极边	东至	抵海不足四千里	同前	同前
	南至	抵海不足四千里	同前	同前
	西至	广西镇安府奉议州 又至云南云南府昆明县 又至姚安府大姚县 又至贵州安顺府普定县	湖北荆州府松滋县、枝江县、宜都县 又至贵州贵阳府贵筑县 又至安顺府清镇县、安平县	贵州安顺府清镇县、安平县
	北至	江南淮安府淮安卫、大河卫 又至河南南阳府南阳县 又至湖南辰州府沅陵县 又至甘肃平凉府平凉县 又至四川夔州府奉节县	山东东昌府高唐州、恩县 又至河南怀庆府河内县 又至山西泽州府凤台县	同前
	[注]	以上除东、南外,西、北俱四千里	同前	同前
烟瘴		地皆不足四千里,以极边为烟瘴	应发烟瘴人犯,解赴隔远之云南巡抚衙门酌拨安置	同前

广　　西

桂林府属军犯编发地方

充军地方		乾隆八年(1743)	乾隆四十四年(1779)	嘉庆十四年(1809)
附近	东至	江西吉安府吉安所、安福所、永新所、龙泉县	江西吉安府安福县、永新县 又至南昌府进贤县 又至抚州府临川县	江西吉安府安福县 又至南昌府进贤县 又至抚州府临川县
	南至	抵海不足二千里	同前	同前
	西至	四川叙州府永宁县 又至贵州大定府毕节县	湖北荆州府松滋县、枝江县 又至湖南辰州府辰溪县 又至沅州府黔阳县	湖南辰州府辰溪县 又至湖北荆州府江陵县、松滋县
	北至	湖北荆州府荆州卫、荆州左卫、荆州右卫、松滋县 又至宜昌府东湖县	湖北汉阳府汉阳县、汉川县、黄陂县 又至武昌府江夏县	湖北武昌府江夏县 又至汉阳府汉阳县、汉川县、黄陂县
	[注]	以上除南外,东、西、北俱二千里	同前	同前
边卫/近边	东至	江西建昌府建昌所 又至抚州府	江西建昌府广昌县 又至宁都州石城县 又至福建邵武府光泽县、邵武县	江西建昌府广昌县 又至宁都州 又至福建邵武府光泽县、邵武县
	南至	抵海不足二千五百里	同前	同前
	西至	四川叙州府宜宾县、长宁县	湖北宜昌府归州、巴东县	同前
	北至	河南南阳府南阳县、唐县、邓州	河南汝宁府信阳州 又至湖北安陆府钟祥县	同前
	[注]	以上除南外,东、西、北俱二千五百里	同前	同前

续表

充军地方		乾隆八年(1743)	乾隆四十四年(1779)	嘉庆十四年(1809)
边远	东至	江西饶州府饶州所 又至广信府广信所、铅山所	安徽宁国府泾县、南陵县 又至池州府贵池县、青阳县 又至庐州府舒城县、合肥县 又至福建延平府南平县 又至福州府古田县	安徽宁国府泾县、旌德县 又至太平府当涂县 又至和州 又至江苏江宁府江浦县 又至福建延平府南平县 又至福州府古田县
	南至	抵海不足三千里	同前	同前
	西至	四川宁远府德昌守御所、礼州守御所	四川夔州府奉节县、云阳县	同前
	北至	河南开封府祥符县、陈留县、禹州	河南许州郾城县、临颍县	同前
	[注]	以上除南外,东、西、北俱三千里	同前	同前
极边	东至	浙江台州府台州卫、黄岩县、宁海县	江苏江宁府六合县 又至安徽滁州	浙江嘉兴府石门县 又至杭州府仁和县、钱塘县
	南至	抵海不足四千里	同前	同前
	西至	抵海不足四千里	同前	同前
	北至	直隶顺德府邢台县 又至广平府磁州、邯郸县	直隶。停止编发	同前
	[注]	以上除南、西外,东、北俱四千里	同前	同前
烟瘴		地皆不足四千里,以极边为烟瘴	应发烟瘴人犯,解赴隔远之贵州巡抚衙门酌拨安置	同前

柳州府属军犯编发地方

充军地方		乾隆八年(1743)	乾隆四十四年(1779)	嘉庆十四年(1809)
附近	东至	广东惠州府平海守御所、归善县、博罗县、河源县、龙川县 又至嘉应州长乐县	广东惠州府归善县、河源县	广东惠州府河源县
	南至	抵海不足二千里	同前	同前
	西至	四川酉阳州黔江县 又至忠州	湖南澧州石门县	湖南澧州
	北至	湖南岳州府岳州卫 又至澧州永定卫、九溪卫、安福县	湖北武昌府蒲圻县、咸宁县 又至湖南岳州府华容县	湖北武昌府蒲圻县 又至湖南岳州府华容县
	[注]	以上除南外,东、西、北俱二千里	同前	同前
边卫/近边	东至	广东潮州府大城守御所、海阳县、潮阳县 又至嘉应州	广东潮州府惠来县、普宁县、揭阳县 又至嘉应州	广东潮州府普宁县、揭阳县 又至嘉应府程乡县
	南至	抵海不足二千五百里	同前	同前
	西至	四川雅州府雅安县 又至宁远府大渡河守御所	湖北荆州府宜都县、枝江县 又至宜昌府东湖县	同前
	北至	湖北安陆府沔阳卫、钟祥县	湖北汉阳府汉川县、黄陂县、孝感县 又至德安府应城县、云梦县	同前
	[注]	以上除南外,东、西、北俱二千五百里	同前	同前

续表

充军地方		乾隆八年(1743)	乾隆四十四年(1779)	嘉庆十四年(1809)
边远	东至	抵海不足三千里	同前	同前
	南至	抵海不足三千里	同前	同前
	西至	四川宁远府越嶲卫、西昌县、冕宁县	湖北宜昌府巴东县 又至四川夔州府巫山县	同前
	北至	河南南阳府南阳县、唐县、邓州	河南汝宁府信阳州、确山县	同前
	[注]	以上除东、南外,西、北俱三千里	同前	同前
极边	东至	抵海不足四千里	同前	同前
	南至	抵海不足四千里	同前	同前
	西至	抵番界不足四千里	同前	同前
	北至	陕西西安府长安县、咸宁县、蓝田县 又至商州山阴县、镇安县 又至同州府华州、潼关县、华阴县 又至山西泽州府凤台县、阳城县	山西泽州府凤台县、高平县 又至河南河南府洛阳县、新安县、渑池县	同前
	[注]	以上除东、南、西外,北四千里	同前	同前
烟瘴		地皆不足四千里,以极边为烟瘴	应发烟瘴人犯,解赴隔远之贵州巡抚衙门酌拨安置	同前

庆远府属军犯编发地方

充军地方		乾隆八年(1743)	乾隆四十四年(1779)	嘉庆十四年(1809)
附近	东至	广东广州府南海县、番禺县、新宁县、增城县	广东广州府新宁县、新会县、东莞县 又至惠州府博罗县	同前
	南至	抵海不足二千里	同前	同前
	西至	云南临安府建水州、宁州、通海县	湖南常德府龙阳县、武陵县 又至贵州安顺府普定县、镇宁州、永宁州	湖南常德府龙阳县、武陵县 又至贵州安顺府普定县、镇宁州
	北至	湖南辰州府沅陵县 又至沅州府芷江县 又至常德府武陵县 又至贵州思州府玉屏县	湖南岳州府巴陵县	同前
	[注]	以上除南外,东、西、北俱二千里	同前	同前
边卫/近边	东至	广东惠州府碣石卫、捷胜守御所、海丰守御所	广东惠州府陆丰县、海丰县、龙川县 又至嘉应州长乐县、兴宁县	广东惠州府陆丰县、龙川县 又至潮州府惠来县 又至嘉应府长乐县、兴宁县
	南至	抵海不足二千五百里	同前	同前
	西至	云南曲靖府寻甸州	湖南辰州府沅陵县、辰溪县 又至云南曲靖府平彝县、南宁县、沾益州	湖南辰州府沅陵县、辰溪县 又至云南曲靖府平彝县、南宁县
	北至	湖北荆州府荆州卫、荆州左卫、荆州右卫 又至宜昌府东湖县	湖北武昌府咸宁县、江夏县 又至汉阳府汉阳县	同前
	[注]	以上除南外,东、西、北俱二千五百里	同前	同前

续表

充军地方		乾隆八年（1743）	乾隆四十四年（1779）	嘉庆十四年（1809）
边远	东至	广东潮州府大城守御所、海阳县、潮阳县 又至嘉应州	广东潮州府海阳县、丰顺县	同前
	南至	抵海不足三千里	同前	同前
	西至	云南楚雄府楚雄县、定远县	云南云南府安宁州、禄丰县	同前
	北至	河南汝宁府汝阳县、信阳州	河南汝宁府信阳州 又至湖北德安府安陆县、应山县 又至安陆府京山县	河南汝宁府信阳州 又至湖北德安府安陆县、应山县 又至安陆府京山县、钟祥县
	[注]	以上除南外，东、西、北俱三千里	同前	同前
极边	东至	抵海不足四千里	同前	同前
	南至	抵海不足四千里	同前	同前
	西至	云南永昌府保山县、永平县、腾越州	云南大理府浪穹县 又至丽江府鹤庆州	同前
	北至	直隶大名府开州、长垣县 又至河南卫辉府浚县、滑县	河南卫辉府新乡县、汲县 又至开封府荥泽县、汜水县 又至河南府巩县、偃师县、洛阳县 又至怀庆府武陟县、河内县	同前
	[注]	以上除东、南外，西、北俱四千里	同前	同前
烟瘴		地皆不足四千里，以极边为烟瘴	应发烟瘴人犯，解赴隔远之贵州巡抚衙门酌拨安置	同前

平乐府属军犯编发地方

<table>
<tr><th colspan="2">充军地方</th><th>乾隆八年(1743)</th><th>乾隆四十四年(1779)</th><th>嘉庆十四年(1809)</th></tr>
<tr><td rowspan="5">附近</td><td>东至</td><td>广东惠州府碣石卫、平海守御所、海丰守御所、捷胜守御所</td><td>广东潮州府惠来县、普宁县
又至嘉应州长乐县、兴宁县</td><td>广东潮州府惠来县、普宁县
又至嘉应府长乐县、兴宁县</td></tr>
<tr><td>南至</td><td>抵海不足二千里</td><td>同前</td><td>同前</td></tr>
<tr><td>西至</td><td>贵州镇远府镇远县、施秉县
又至思州府青溪县</td><td>湖南辰州府沅陵县</td><td>同前</td></tr>
<tr><td>北至</td><td>湖南辰州府沅陵县
又至沅州府芷江县
又至常德府武陵县
又至贵州思州府玉屏县</td><td>湖北武昌府咸宁县</td><td>同前</td></tr>
<tr><td>[注]</td><td>以上除南外,东、西、北俱二千里</td><td>同前</td><td>同前</td></tr>
<tr><td rowspan="5">边卫/近边</td><td>东至</td><td>广东潮州府大城守御所、海阳县、潮阳县
又至嘉应州</td><td>广东嘉应州
又至潮州府丰顺县</td><td>广东潮州府海阳县、饶平县</td></tr>
<tr><td>南至</td><td>抵海不足二千五百里</td><td>同前</td><td>同前</td></tr>
<tr><td>西至</td><td>贵州大定府威宁州、毕节县</td><td>贵州思州府玉屏县</td><td>湖南沅州府芷江县</td></tr>
<tr><td>北至</td><td>湖南岳州府岳州卫
又至澧州永定卫、九溪卫、石门县、安福县</td><td>湖北德安府云梦县、安陆县、应山县、应城县
又至安陆府京山县、天门县</td><td>同前</td></tr>
<tr><td>[注]</td><td>以上除南外,东、西、北俱二千五百里</td><td>同前</td><td>同前</td></tr>
</table>

续表

充军地方		乾隆八年(1743)	乾隆四十四年(1779)	嘉庆十四年(1809)
边远	东至	抵海不足三千里	同前	同前
	南至	抵海不足三千里	同前	同前
	西至	四川龙安府石泉县、松潘卫	四川夔州府巫山县、奉节县	同前
	北至	湖北郧阳府郧县、房县 又至襄阳府襄阳卫、均州	河南汝宁府遂平县、西平县、确山县	同前
	[注]	以上除东、南外,西、北俱三千里	同前	同前
极边	东至	抵海不足四千里	同前	同前
	南至	抵海不足四千里	同前	同前
	西至	抵边不足四千里	同前	同前
	北至	陕西西安府咸阳县、盩厔县、鄠县、蓝田县 又至同州府华州、潼关县、华阴县 又至山西泽州府凤台县、沁水县、阳城县	河南河南府渑池县 又至陕州灵宝县	同前
	[注]	以上除东、南、西外,北四千里	同前	同前
烟瘴		地皆不足四千里,以极边为烟瘴	应发烟瘴人犯,解赴隔远之贵州巡抚衙门酌拨安置	同前

梧州府属军犯编发地方

充军地方		乾隆八年(1743)	乾隆四十四年(1779)	嘉庆十四年(1809)
附近	东至	抵海不足二千里	同前	同前
	南至	抵海不足二千里	同前	同前
	西至	四川叙州府永宁县 又至贵州大定府毕节县	贵州平越府黄平州	贵州镇远府镇远县
	北至	湖北荆州府荆州卫、荆州左卫、荆州右卫、松滋县、宜都县 又至宜昌府东湖县	湖南长沙府益阳县 又至常德府龙阳县	同前
	[注]	以上除东、南外,西、北俱二千里	同前	同前
边卫/近边	东至	抵海不足二千五百里	同前	同前
	南至	抵海不足二千五百里	同前	同前
	西至	四川叙州府宜宾县、长宁县 又至顺庆府广安州	贵州贵阳府贵定县、龙里县、贵筑县	同前
	北至	河南南阳府南阳县、唐县、邓州	湖北武昌府蒲圻县、咸宁县、江夏县	湖北武昌府咸宁县
	[注]	以上除东、南外,西、北俱二千五百里	同前	同前
边远	东至	抵海不足三千里	同前	同前
	南至	抵海不足三千里	同前	同前
	西至	四川宁远府礼州守御所、西昌县、盐源县、冕宁县	贵州大定府毕节县 又至安顺府永宁州 又至南笼府安南县、普安县	贵州大定府毕节县 又至安顺府永宁州 又至兴义府安南县、普安县
	北至	河南河南府洛阳县、嵩县 又至陕州	湖北德安府云梦县、安陆县、应山县、应城县 又至汉阳府孝感县 又至安陆府京山县	湖北汉阳府孝感县 又至德安府云梦县、安陆县、应山县、应城县 又至安陆府京山县
	[注]	以上除东、南外,西、北俱三千里	同前	同前

续表

充军地方		乾隆八年(1743)	乾隆四十四年(1779)	嘉庆十四年(1809)
极边	东至	抵海不足四千里	同前	同前
	南至	抵海不足四千里	同前	同前
	西至	抵边不足四千里	云南楚雄府广通县、楚雄县	同前
	北至	山西太原府阳曲县、太原县 又至代州 又至宁武府宁武县、偏关县	河南开封府郑州、荥泽县、荥阳县、汜水县 又至怀庆府武陟县 又至河南府巩县 又至卫辉府新乡县	同前
	[注]	以上除东、南、西外,北四千里	以上除东、南外,西、北四千里	同前
烟瘴		地皆不足四千里,以极边为烟瘴	应发烟瘴人犯,解赴隔远之贵州巡抚衙门酌拨安置	同前

郁林州属军犯编发地方

充军地方		乾隆八年(1743)	乾隆四十四年(1779)	嘉庆十四年(1809)
附近	东至	俱与梧州府同	广东潮州府惠来县、普宁县 又至嘉应州	广东潮州府惠来县、普宁县 又至嘉应府兴宁县
	南至		抵海不足二千里	同前
	西至		贵州平越府黄平州、平越县 又至都匀府清平县	贵州黎平府永从县、开泰县
	北至		湖南衡州府衡山县 又至长沙府湘潭县	湖南衡州府衡山县
	[注]		以上除南外,东、西、北俱二千里	同前

续表

充军地方		乾隆八年(1743)	乾隆四十四年(1779)	嘉庆十四年(1809)
边卫/近边	东至	俱与梧州府同	抵海不足二千五百里	同前
	南至		抵海不足二千五百里	同前
	西至		贵州安顺府清镇县、安平县、普定县、镇宁州 又至大定府黔西州	贵州镇远府镇远县、施秉县
	北至		湖南岳州府巴陵县 又至常德府龙阳县	同前
	[注]		以上除东、南外,西、北俱二千五百里	同前
边远	东至		抵海不足三千里	同前
	南至		抵海不足三千里	同前
	西至		贵州大定府威宁州 又至云南曲靖府平彝县、南宁县、沾益州	贵州安顺府清镇县、安平县、普定县 又至大定府黔西州
	北至		湖北武昌府咸宁县、江夏县 又至汉阳府汉阳县	同前
	[注]		以上除东、南外,西、北俱三千里	同前
极边	东至		抵海不足四千里	同前
	南至		抵海不足四千里	同前
	西至		四川成都府成都县、华阳县、新津县、简州	四川资州内江县 又至叙州府隆昌县 又至泸州纳溪县
	北至		河南汝宁府遂平县、西平县 又至许州郾城县、临颍县	同前
	[注]		以上除东、南外,西、北四千里	同前
烟瘴			应发烟瘴人犯,解赴隔远之贵州巡抚衙门酌拨安置	同前

浔州府属军犯编发地方

充军地方		乾隆八年(1743)	乾隆四十四年(1779)	嘉庆十四年(1809)
附近	东至	广东潮州府大城守御所、潮阳县、海阳县 又至嘉应州	广东嘉应州平远县 又至潮州府普宁县、惠来县、揭阳县	广东潮州府揭阳县
	南至	抵海不足二千里	同前	同前
	西至	云南云南府昆明县、嵩明州、呈贡县	贵州都匀府清平县 又至平越府平越县 又至贵阳府贵定县	湖南沅州府黔阳县、芷江县
	北至	湖南辰州府沅陵县 又至沅州府芷江县 又至常德府武陵县 又至贵州思州府玉屏县	湖南长沙府宁乡县、益阳县	同前
	[注]	以上除南外,东、西、北俱二千里	同前	同前
边卫/近边	东至	抵海不足二千五百里	同前	同前
	南至	抵海不足二千五百里	同前	同前
	西至	云南临安府建水州、阿迷州、通海县	贵州安顺府普定县、镇宁州、永宁州 又至南笼府安南县	贵州镇远府黄平州 又至都匀府清平县
	北至	湖南澧州永定卫、九溪卫、安福县	湖南澧州石门县	同前
	[注]	以上除东、南外,西、北俱二千五百里	同前	同前

续表

充军地方		乾隆八年(1743)	乾隆四十四年(1779)	嘉庆十四年(1809)
边远	东至	抵海不足三千里	同前	同前
	南至	抵海不足三千里	同前	同前
	西至	四川泸州合江县、江安县 又至贵州贵阳府贵筑县、开州	湖北荆州府枝江县、宜都县 又至宜昌府东湖县 又至云南曲靖府南宁县、沾益州、马龙州	贵州安顺府安平县、普定县、镇宁州、永宁州
	北至	湖北荆州府荆州卫、荆州左卫、荆州右卫、远安县、松滋县、宜都县 又至宜昌府东湖县	湖北汉阳府汉阳县、汉川县、孝感县 又至安陆府天门县 又至德安府云梦县、应城县	同前
	[注]	以上除东、南外,西、北俱三千里	同前	同前
极边	东至	抵海不足四千里	同前	同前
	南至	抵海不足四千里	同前	同前
	西至	四川宁远府礼州守御所、西昌县、冕宁县、盐源县	四川夔州府云阳县、万县	同前
	北至	河南怀庆府河内县 又至河南府洛阳县、新安县	河南开封府新郑县、郑州 又至许州临颍县	同前
	[注]	以上除东、南外,西、北俱四千里	同前	同前
烟　瘴		地皆不足四千里,以极边为烟瘴	应发烟瘴人犯,解赴隔远之贵州巡抚衙门酌拨安置	同前

南宁府属军犯编发地方

充军地方		乾隆八年(1743)	乾隆四十四年(1779)	嘉庆十四年(1809)
附近	东至	广东广州府南海县、番禺县、新宁县、新会县	广东广州府新宁县 又至惠州府博罗县、归善县	同前
	南至	抵海不足二千里	同前	同前
	西至	云南临安府建水州、宁州、通海县	贵州平越府黄平州 又至都匀府清平县	贵州镇远府黄平州 又至都匀府清平县
	北至	湖南长沙府善化县、茶陵州	湖南长沙府长沙县、善化县、湘潭县	同前
	[注]	以上除南外,东、西、北俱二千里	同前	同前
边卫/近边	东至	广东惠州府平海守御所、海丰守御所、捷胜守御所	广东潮州府惠来县 又至嘉应州长乐县、兴宁县	广东潮州府惠来县 又至嘉应府长乐县、兴宁县
	南至	抵海不足二千五百里	同前	同前
	西至	贵州遵义府遵义县 又至大定府毕节县 又至平越府瓮安县	贵州遵义府遵义县 又至贵阳府修文县 又至安顺府安平县、普定县、镇宁州	贵州贵阳府修文县 又至安顺府安平县、普定县、镇宁州
	北至	湖北襄阳府襄阳卫、均州	湖南岳州府巴陵县、华容县	同前
	[注]	以上除南外,东、西、北俱二千五百里	同前	同前

续表

充军地方		乾隆八年(1743)	乾隆四十四年(1779)	嘉庆十四年(1809)
边远	东至	广东潮州府大城守御所、海阳县、潮阳县 又至嘉应州	广东潮州府饶平县、大埔县	同前
	南至	抵海不足三千里	同前	同前
	西至	四川泸州泸州卫、合江县、江安县 又至叙州府宜宾县	湖北荆州府江陵县、松滋县、枝江县 又至云南曲靖府平彝县、南宁县	同前
	北至	河南河南府洛阳县、新安县、嵩县	湖北武昌府江夏县 又至汉阳府汉阳县、黄陂县、汉川县	同前
	[注]	以上除南外,东、西、北俱三千里	同前	同前
极边	东至	抵海不足四千里	同前	同前
	南至	抵海不足四千里	同前	同前
	西至	四川宁远府越嶲卫、会川卫、打冲河守御所、德昌守御所	四川夔州府奉节县、云阳县	同前
	北至	山西太原府太原县 又至代州 又至宁武府宁武县、偏关县	河南汝宁府西平县 又至许州、郾城县、临颍县	同前
	[注]	以上除东、南外,西、北俱四千里	同前	同前
烟瘴		地皆不足四千里,以极边为烟瘴	应发烟瘴人犯,解赴隔远之贵州巡抚衙门酌拨安置	同前

太平府属军犯编发地方

<table>
<tr><th colspan="2">充军地方</th><th>乾隆八年(1743)</th><th>乾隆四十四年(1779)</th><th>嘉庆十四年(1809)</th></tr>
<tr><td rowspan="5">附近</td><td>东至</td><td>广东惠州府平海守御所、碣石卫、海丰守御所</td><td>广东广州府南海县、番禺县、东莞县</td><td>广东广州府东莞县</td></tr>
<tr><td>南至</td><td>抵海不足二千里</td><td>同前</td><td>同前</td></tr>
<tr><td>西至</td><td>四川重庆府巴县、涪州
又至酉阳州黔江县
又至忠州</td><td>贵州平越府黄平州</td><td>湖南宝庆府武冈州
又至靖州绥宁县</td></tr>
<tr><td>北至</td><td>湖南靖州会同县、通道县
又至宝庆府邵阳县、武冈州</td><td>湖南衢州府衡阳县、清泉县、衡山县</td><td>同前</td></tr>
<tr><td>[注]</td><td>以上除南外,东、西、北俱二千里</td><td>同前</td><td>同前</td></tr>
<tr><td rowspan="5">边卫/近边</td><td>东至</td><td>广东潮州府大城守御所、潮阳县、海阳县、澄海县</td><td>广东惠州府海丰县、河源县</td><td>广东惠州府海丰县、龙川县</td></tr>
<tr><td>南至</td><td>抵海不足二千五百里</td><td>同前</td><td>同前</td></tr>
<tr><td>西至</td><td>四川成都府华阳县、成都县、金堂县</td><td>贵州贵阳府贵定县、龙里县
又至平越府平越县</td><td>湖南沅州府黔阳县、芷江县</td></tr>
<tr><td>北至</td><td>湖南辰州府沅陵县
又至沅州府芷江县
又至常德府武陵县
又至贵州思州府玉屏县</td><td>湖南长沙府宁乡县、益阳县、湘阴县</td><td>同前</td></tr>
<tr><td>[注]</td><td>以上除南外,东、西、北俱二千五百里</td><td>同前</td><td>同前</td></tr>
</table>

续表

充军地方		乾隆八年(1743)	乾隆四十四年(1779)	嘉庆十四年(1809)
边远	东至	抵海不足三千里	广东嘉应州平远县	广东嘉应府平远县
	南至	抵海不足三千里	同前	同前
	西至	四川成都府成都县 又至茂州保县	贵州南笼府安南县、普安县 又至安顺府永宁州 又至大定府毕节县	贵州镇远府黄平州 又至都匀府清平县 又至贵阳府贵定县 又至兴义府兴义县
	北至	湖南岳州府岳州卫 又至澧州永定卫、九溪卫、石门县	湖北武昌府蒲圻县、咸宁县	同前
	[注]	以上除东、南外,西、北俱三千里	以上除南外,东、西、北俱三千里	同前
极边	东至	抵海不足四千里	同前	同前
	南至	抵海不足四千里	同前	同前
	西至	抵边不足四千里	同前	同前
	北至	陕西汉中府南郑县、宁羌州、沔县 又至兴安州平利县 又至甘肃平凉府华亭县、崇信县	湖北襄阳府宜城县、襄阳县 又至河南南阳府新野县	同前
	[注]	以上除东、南、西外,北四千里	同前	同前
烟瘴		地皆不足四千里,以极边为烟瘴	应发烟瘴人犯,解赴隔远之贵州巡抚衙门酌拨安置	同前

思恩府属军犯编发地方

充军地方		乾隆八年(1743)	乾隆四十四年(1779)	嘉庆十四年(1809)
附近	东至	广东广州府南海县、番禺县、新宁县、新会县、东莞县	广东广州府东莞县、新会县	广东广州府东莞县、新会县 又至惠州府博罗县
	南至	抵海不足二千里	同前	同前
	西至	抵边不足二千里	同前	同前
	北至	湖南辰州府沅陵县 又至沅州府芷江县 又至常德府武陵县 又至贵州思州府玉屏县	湖南长沙府长沙县、善化县、宁乡县、湘潭县 又至贵州铜仁府铜仁县	湖南长沙府长沙县、善化县、宁乡县 又至贵州铜仁府铜仁县 又至思州府玉屏县
	[注]	以上除南、西外,东、北俱二千里	同前	同前
边卫/近边	东至	广东惠州府碣石卫、平海守御所、海丰守御所、捷胜守御所	广东惠州府海丰县、陆丰县、龙川县 又至嘉应州长乐县	广东惠州府陆丰县、龙川县 又至潮州府惠来县 又至嘉应府长乐县
	南至	抵海不足二千五百里	同前	同前
	西至	抵边不足二千五百里	同前	同前
	北至	湖北荆州府荆州卫、荆州左卫、荆州右卫、远安县、宜都县、松滋县、公安县 又至宜昌府东湖县	湖南岳州府巴陵县、华容县 又至湖北武昌府蒲圻县	湖南岳州府华容县 又至湖北武昌府蒲圻县
	[注]	以上除南、西外,东、北俱二千五百里	同前	同前

续表

充军地方		乾隆八年(1743)	乾隆四十四年(1779)	嘉庆十四年(1809)
边远	东至	广东潮州府大城守御所海阳县、潮阳县、澄海县 又至嘉应州	广东潮州府海阳县、饶平县	同前
	南至	抵海不足三千里	同前	同前
	西至	抵边不足三千里	同前	同前
	北至	河南南阳府南郑县、邓州、唐县	湖北汉阳府汉阳县、黄陂县、孝感县、汉川县	同前
	[注]	以上除南、西外,东、北俱三千里	同前	同前
极边	东至	抵海不足四千里	同前	同前
	南至	抵海不足四千里	同前	同前
	西至	抵边不足四千里	同前	同前
	北至	山西泽州府凤台县、阳城县 又至平阳府临汾县、曲沃县、灵石县 又至蒲州府永济县	河南许州、郾城县、临颍县 又至开封府新郑县	同前
	[注]	以上除东、南、西外,北四千里	同前	同前
烟　瘴		地皆不足四千里,以极边为烟瘴	应发烟瘴人犯,解赴隔远之贵州巡抚衙门酌拨安置	同前

泗城府属军犯编发地方

<table>
<tr><th colspan="2">充军地方</th><th>乾隆八年（1743）</th><th>乾隆四十四年（1779）</th><th>嘉庆十四年（1809）</th></tr>
<tr><td rowspan="5">附近</td><td>东至</td><td rowspan="15">俱与思恩府同</td><td>广东肇庆府封川县、德庆州</td><td>广东肇庆府德庆州</td></tr>
<tr><td>南至</td><td>抵海不足二千里</td><td>同前</td></tr>
<tr><td>西至</td><td>抵边不足二千里</td><td>同前</td></tr>
<tr><td>北至</td><td>本省桂林府兴安县、全州、灵川县
又至贵州思州府玉屏县
又至铜仁府铜仁县</td><td>本省桂林府兴安县、全州、灵川县
又至庆远府思恩县</td></tr>
<tr><td>[注]</td><td>以上除南、西外，东、北俱二千里</td><td>同前</td></tr>
<tr><td rowspan="5">边卫／近边</td><td>东至</td><td>广东广州府南海县、番禺县</td><td>同前</td></tr>
<tr><td>南至</td><td>抵海不足二千五百里</td><td>同前</td></tr>
<tr><td>西至</td><td>抵边不足二千五百里</td><td>同前</td></tr>
<tr><td>北至</td><td>湖南衡州府衡阳县、清泉县</td><td>同前</td></tr>
<tr><td>[注]</td><td>以上除南、西外，东、北俱二千五百里</td><td>同前</td></tr>
<tr><td rowspan="5">边远</td><td>东至</td><td>广东惠州府归善县、海丰县、河源县</td><td>同前</td></tr>
<tr><td>南至</td><td>抵海不足三千里</td><td>同前</td></tr>
<tr><td>西至</td><td>抵边不足三千里</td><td>同前</td></tr>
<tr><td>北至</td><td>湖南长沙府长沙县、善化县、湘阴县、宁乡县</td><td>同前</td></tr>
<tr><td>[注]</td><td>以上除南、西外，东、北俱三千里</td><td>同前</td></tr>
</table>

续表

充军地方		乾隆八年(1743)	乾隆四十四年(1779)	嘉庆十四年(1809)
极边	东至	俱与思恩府同	抵海不足四千里	同前
	南至		抵海不足四千里	同前
	西至		抵边不足四千里	同前
	北至		湖北汉阳府汉阳县、黄陂县、孝感县、汉川县 又至德安府云梦县	同前
	[注]		以上除东、南、西外,北四千里	同前
烟瘴			应发烟瘴人犯,解赴隔远之贵州巡抚衙门酌拨安置	同前

镇安府属军犯编发地方

充军地方		乾隆八年(1743)	乾隆四十四年(1779)	嘉庆十四年(1809)
附近	东至	本省柳州府马平县、融县、象州、来宾县 又至浔州府武宣县	广东肇庆府德庆州、高要县	广东肇庆府高要县
	南至	抵边不足二千里	同前	同前
	西至	抵边不足二千里	同前	同前
	北至	湖南宝庆府邵阳县、武冈州	本省桂林府兴安县、全州 又至湖南永州府零陵县	本省桂林府全州
	[注]	以上除南、西外,东、北俱二千里	同前	同前
边卫/近边	东至	本省梧州府苍梧县、容县、藤县 又至郁林州	广东肇庆府阳春县 又至广州府南海县、番禺县、东莞县	广东肇庆府阳江县 又至广州府东莞县
	南至	抵边不足二千五百里	同前	同前
	西至	抵边不足二千五百里	同前	同前
	北至	湖南靖州会同县、通道县 又至贵州镇远府天柱县	湖南衡州府衡阳县、清泉县、衡山县	同前
	[注]	以上除南、西外,东、北俱二千五百里	同前	同前

续表

充军地方		乾隆八年(1743)	乾隆四十四年(1779)	嘉庆十四年(1809)
边远	东至	广东广州府南海县、清远县、三水县、增城县、东莞县	广东惠州府长宁县、连平州、河源县 又至高州府茂名县、化州	同前
	南至	抵边不足三千里	同前	同前
	西至	抵边不足三千里	同前	同前
	北至	湖南岳州府岳州卫 又至澧州永定卫、九溪卫、安福县	湖南岳州府巴陵县 又至长沙府湘阴县、宁乡县、益阳县	同前
	[注]	以上除南、西外,东、北俱三千里	同前	同前
极边	东至	广东潮州府大城守御所、海阳县、潮阳县 又至嘉应州	广东嘉应州兴宁县 又至潮州府大埔县	广东潮州府大埔县、饶平县
	南至	抵边不足四千里	同前	同前
	西至	抵边不足四千里	同前	同前
	北至	湖北郧阳府郧县、房县	湖北德安府应城县、安陆县、云梦县 又至安陆府京山县 又至汉阳府孝感县	同前
	[注]	以上除南、西外,东、北俱四千里	同前	同前
烟瘴		地皆不足四千里,以极边为烟瘴	应发烟瘴人犯,解赴隔远之贵州巡抚衙门酌拨安置	同前

云　南

云南府属军犯编发地方

充军地方		乾隆八年(1743)	乾隆四十四年(1779)	嘉庆十四年(1809)
附近	东至	广西柳州府马平县、罗城县、融县、象州 又至思恩府宾州、迁江县、上林县 又至庆远府南丹州	广西柳州府融县、怀远县	同前
	南至	抵边不足二千里	同前	同前
	西至	抵边不足二千里	同前	同前
	北至	四川成都府成都县、华阳县、双流县、崇庆州、新津县 又至资州仁寿县、井研县	四川成都府成都县、华阳县、双流县、简州 又至重庆府巴县 又至资州资阳县	四川成都府成都县、华阳县、简州 又至重庆府巴县 又至资州资阳县
	[注]	以上除南、西外,东、北俱二千里	同前	同前
边卫/近边	东至	广西梧州府苍梧县、容县、藤县 又至郁林州陆川县、兴业县	广西桂林府永福县、临桂县 又至四川邛州 又至湖南常德府桃源县	同前
	南至	抵边不足二千五百里	同前	同前
	西至	抵边不足二千五百里	同前	同前
	北至	四川叙州府永宁县 又至泸州纳溪县、合江县 又至贵州大定府毕节县	四川绵州梓潼县 又至湖南辰州府沅陵县	四川绵州梓潼县
	[注]	以上除南、西外,东、北俱二千五百里	同前	同前

续表

充军地方		乾隆八年(1743)	乾隆四十四年(1779)	嘉庆十四年(1809)
边远	东至	广东广州府南海县、番禺县、东莞县、新会县、新宁县	广西平乐府平乐县、富川县 又至湖南长沙府宁乡县、长沙县、善化县	同前
	南至	抵边不足三千里	同前	同前
	西至	抵边不足三千里	同前	同前
	北至	四川重庆府巴县、江津县、綦江县、南州县 又至酉阳州彭水县	四川夔州府奉节县、巫山县 又至陕西汉中府宁羌州	同前
	[注]	以上除南、西外,东、北俱三千里	同前	同前
极边	东至	广东潮州府大城守御所、海阳县、潮阳县、澄海县 又至嘉应州	广东肇庆府高要县 又至广州府三水县	同前
	南至	抵边不足四千里	同前	同前
	西至	抵边不足四千里	同前	
	北至	陕西汉中府南郑县、宁羌州、沔县 又至兴安州平利县	陕西凤翔府宝鸡县、凤翔县	同前
	[注]	以上除南、西外,东、北俱四千里	同前	同前
烟　瘴		地皆不足四千里,以极边为烟瘴	应发烟瘴人犯,解赴隔远之广东巡抚衙门酌拨安置	同前

大理府属军犯编发地方

充军地方		乾隆八年(1743)	乾隆四十四年(1779)	嘉庆十四年(1809)
附近	东至	广西庆远府宜山县、河池州、南丹州 又至柳州府马平县、来宾县、象州 又至思恩府宾州、迁江县、上林县 又至浔州府武宣县	贵州安顺府清镇县、安平县 又至贵阳府贵筑县、龙里县	同前
	南至	抵边不足二千里	同前	同前
	西至	抵边不足二千里	同前	同前
	北至	抵边不足二千里	同前	同前
	[注]	以上除南、西、北外，东二千里	同前	同前
边卫/近边	东至	湖南永州府零陵县、东安县、永明县、道州、宁远县、江华县、新田县 又至宝庆府武冈州、新宁县	贵州思州府青溪县、玉屏县	同前
	南至	抵边不足二千五百里	同前	同前
	西至	抵边不足二千五百里	同前	同前
	北至	抵边不足二千五百里	同前	同前
	[注]	以上除南、西、北外，东二千五百里	同前	同前

续表

充军地方		乾隆八年(1743)	乾隆四十四年(1779)	嘉庆十四年(1809)
边远	东至	湖南长沙府长沙县、茶陵州 又至常德府龙阳县、桃源县 又至岳州府岳州卫、平江县 又至澧州永定卫、九溪卫、安福县	湖南辰州府沅陵县 又至沅州府麻阳县、黔阳县 又至广西柳州府柳城县、马平县	同前
	南至	抵边不足三千里	同前	同前
	西至	抵边不足三千里	同前	同前
	北至	抵边不足三千里	同前	同前
	[注]	以上除南、西、北外,东三千里	同前	同前
极边	东至	广东惠州府碣石卫、平海守御所、海丰守御所、捷胜守御所 又至江西南昌府南昌卫、丰城县、奉新县、宁州	广西平乐府富川县、贺县 又至湖北荆州府公安县、江陵县 又至湖南长沙府长沙县、善化县、湘潭县	同前
	南至	抵边不足四千里	同前	同前
	西至	抵边不足四千里	同前	同前
	北至	抵边不足四千里	同前	同前
	[注]	以上除南、西、北外,东四千里	同前	同前
烟瘴		地皆不足四千里,以极边为烟瘴	应发烟瘴人犯,解赴隔远之广东巡抚衙门酌拨安置	同前

蒙化府(蒙化厅)[1]、顺宁府属军犯编发地方

充军地方		乾隆八年(1743)	乾隆四十四年(1779)	嘉庆十四年(1809)
附近	东至	俱与大理府同	贵州安顺府清镇县、安平县 又至贵阳府贵筑县、龙里县	同前
	南至		抵边不足二千里	同前
	西至		抵边不足二千里	同前
	北至		抵边不足二千里	同前
	[注]		以上除南、西、北外,东二千里	同前
边卫/近边	东至		贵州思州府青溪县、玉屏县	同前
	南至		抵边不足二千五百里	同前
	西至		抵边不足二千五百里	同前
	北至		抵边不足二千五百里	同前
	[注]		以上除南、西、北外,东二千五百里	同前
边远	东至		湖南辰州府沅陵县 又至沅州府麻阳县、黔阳县 又至广西柳州府柳城县、马平县	同前
	南至		抵边不足三千里	同前
	西至		抵边不足三千里	同前
	北至		抵边不足三千里	同前
	[注]		以上除南、西、北外,东三千里	同前

① 乾隆三十五年(1770),蒙化府降为蒙化直隶厅。

续表

充军地方		乾隆八年(1743)	乾隆四十四年(1779)	嘉庆十四年(1809)
极边	东至	俱与大理府同	广西平乐府富川县、贺县 又至湖北荆州府公安县、江陵县 又至湖南长沙府长沙县、善化县、湘潭县	同前
	南至		抵边不足四千里	同前
	西至		抵边不足四千里	同前
	北至		抵边不足四千里	同前
	[注]		以上除南、西、北外,东四千里	同前
烟瘴			应发烟瘴人犯,解赴隔远之广东巡抚衙门酌拨安置	同前

临安府属军犯编发地方

充军地方		乾隆八年(1743)	乾隆四十四年(1779)	嘉庆十四年(1809)
附近	东至	广西柳州府马平县、融县、象州 又至思恩府宾州、迁江县、上林县 又至浔州府武宣县 又至庆远府南丹州	贵州都匀府都匀县 又至平越府黄平州	贵州镇远府黄平州
	南至	抵边不足二千里	同前	同前
	西至	抵边不足二千里	同前	同前
	北至	四川成都府成都县、华阳县、崇庆州 又至资州仁寿县、井研县	四川资州内江县 又至叙州府隆昌县 又至重庆府荣昌县	同前
	[注]	以上除南、西外,东、北俱二千里	同前	同前

续表

充军地方		乾隆八年(1743)	乾隆四十四年(1779)	嘉庆十四年(1809)
边卫/近边	东至	广西梧州府容县、藤县 又至郁林州陆川县、兴业县	四川成都府成都县、华阳县、简州 又至广西柳州府融县、柳城县	同前
	南至	抵边不足二千五百里	同前	同前
	西至	抵边不足二千五百里	同前	同前
	北至	四川重庆府巴县、江津县、綦江县、南川县	四川重庆府巴县、南川县	四川重庆府南川县
	[注]	以上除南、西外，东、北俱二千五百里	同前	同前
边远	东至	广东广州府南海县、番禺县、新宁县、新会县	广西桂林府永福县、临桂县 又至湖南常德府桃源县、武陵县	同前
	南至	抵边不足三千里	同前	同前
	西至	抵边不足三千里	同前	同前
	北至	四川保宁府南部县、梓潼县 又至顺庆府蓬州、西充县	四川保宁府阆中县 又至顺庆府南充县 又至绵州梓潼县	同前
	[注]	以上除南、西外，东、北俱三千里	同前	同前
极边	东至	广东潮州府大城守御所、海阳县、潮阳县、澄海县 又至嘉应州	广西梧州府苍梧县 又至广东肇庆府封川县 又至湖北汉阳府汉川县、汉阳县 又至武昌府江夏县	同前
	南至	抵边不足四千里	同前	同前
	西至	抵边不足四千里	同前	同前
	北至	陕西汉中府南郑县、宁羌州、沔县 又至兴安州平利县、白河县	陕西汉中府南郑县、凤县	同前
	[注]	以上除南、西外，东、北俱四千里	同前	同前

续表

充军地方	乾隆八年(1743)	乾隆四十四年(1779)	嘉庆十四年(1809)
烟　瘴	地皆不足四千里,以极边为烟瘴	应发烟瘴人犯,解赴隔远之广东巡抚衙门酌拨安置	同前

开化府、元江府(元江州)[1]、普洱府属军犯编发地方

<table>
<tr><th colspan="2">充军地方</th><th>乾隆八年(1743)</th><th>乾隆四十四年(1779)</th><th>嘉庆十四年(1809)</th></tr>
<tr><td rowspan="5">附近</td><td>东至</td><td rowspan="10">俱与临安府同</td><td>贵州都匀府都匀县
又至平越府黄平州</td><td>贵州镇远府黄平州</td></tr>
<tr><td>南至</td><td>抵边不足二千里</td><td>同前</td></tr>
<tr><td>西至</td><td>抵边不足二千里</td><td>同前</td></tr>
<tr><td>北至</td><td>四川资州内江县
又至叙州府隆昌县
又至重庆府荣昌县</td><td>四川叙州府隆昌县
又至资州内江县
又至重庆府荣昌县</td></tr>
<tr><td>[注]</td><td>以上除南、西外,东、北俱二千里</td><td>同前</td></tr>
<tr><td rowspan="5">边卫/近边</td><td>东至</td><td>四川成都府成都县、华阳县、简州
又至广西柳州府融县、柳城县</td><td>同前</td></tr>
<tr><td>南至</td><td>抵边不足二千五百里</td><td>同前</td></tr>
<tr><td>西至</td><td>抵边不足二千五百里</td><td>同前</td></tr>
<tr><td>北至</td><td>四川重庆府巴县、南川县</td><td>四川重庆府南川县</td></tr>
<tr><td>[注]</td><td>以上除南、西外,东、北俱二千五百里</td><td>同前</td></tr>
</table>

① 乾隆三十五年(1770)元江府降为元江直隶州。

续表

充军地方		乾隆八年(1743)	乾隆四十四年(1779)	嘉庆十四年(1809)
边远	东至	俱与临安府同	广西桂林府永福县、临桂县 又至湖南常德府桃源县、武陵县	同前
	南至		抵边不足三千里	同前
	西至		抵边不足三千里	同前
	北至		四川保宁府阆中县 又至顺庆府南充县 又至绵州梓潼县	同前
	[注]		以上除南、西外,东、北俱三千里	同前
极边	东至		广西梧州府苍梧县 又至广东肇庆府封川县 又至湖北汉阳府汉川县、汉阳县 又至武昌府江夏县	同前
	南至		抵边不足四千里	同前
	西至		抵边不足四千里	同前
	北至		陕西汉中府南郑县、凤县	同前
	[注]		以上除南、西外,东、北俱四千里	同前
烟瘴			应发烟瘴人犯,解赴隔远之广东巡抚衙门酌拨安置	同前

楚雄府属军犯编发地方

充军地方		乾隆八年(1743)	乾隆四十四年(1779)	嘉庆十四年(1809)
附近	东至	广西庆远府宜山县、河池州 又至南宁府新宁州、上思州 又至思恩府武缘县 又至镇安府天保县	广西镇安府天保县 又至柳州府怀远县 又至贵州都匀府都匀县 又至平越府黄平州	贵州都匀府都匀县 又至镇远府黄平州、施秉县、镇远县
	南至	抵边不足二千里	同前	同前
	西至	抵边不足二千里	同前	同前
	北至	抵边不足二千里	同前	同前
	[注]	以上除南、西、北外,东二千里	同前	同前
边卫/近边	东至	广西桂林府临桂县、永宁州、永福县、义宁县、阳朔县 又至浔州府贵县 又至镇安府奉议州、向武州	广西柳州府柳城县、马平县、融县	同前
	南至	抵边不足二千五百里	同前	同前
	西至	抵边不足二千五百里	同前	同前
	北至	抵边不足二千五百里	同前	同前
	[注]	以上除南、西、北外,东二千五百里	同前	同前

续表

充军地方		乾隆八年(1743)	乾隆四十四年(1779)	嘉庆十四年(1809)
边远	东至	湖南永州府道州、东安县、宁远县、江华县、永明县、新田县 又至宝庆府武冈州、新宁县	湖南常德府桃源县、武陵县、龙阳县 又至广西桂林府永福县、临桂县	同前
	南至	抵边不足三千里	同前	同前
	西至	抵边不足三千里	同前	同前
	北至	抵边不足三千里	同前	同前
	[注]	以上除南、西、北外,东三千里	同前	同前
极边	东至	广东潮州府大城守御所、海阳县、潮阳县、澄海县 又至嘉应州 又至福建漳州府诏安县、漳浦县 又至龙岩州	广西梧州府苍梧县 又至广东肇庆府封川县 又至湖北汉阳府汉川县、汉阳县 又至武昌府江夏县	同前
	南至	抵边不足四千里	同前	同前
	西至	抵边不足四千里	同前	同前
	北至	抵边不足四千里	同前	同前
	[注]	以上除南、西、北外,东四千里	同前	同前
烟瘴		地皆不足四千里,以极边为烟瘴	应发烟瘴人犯,解赴隔远之广东巡抚衙门酌拨安置	同前

景东府(景东厅)、镇沅府(镇沅州)①属军犯编发地方

充军地方		乾隆八年(1743)	乾隆四十四年(1779)	嘉庆十四年(1809)
附近	东至	俱与楚雄府同	广西镇安府天保县 又至柳州府怀远县 又至贵州都匀府都匀县 又至平越府黄平州	贵州都匀府都匀县 又至镇远府黄平州、施秉县、镇远县
	南至		抵边不足二千里	同前
	西至		抵边不足二千里	同前
	北至		抵边不足二千里	同前
	[注]		以上除南、西、北外,东二千里	同前
边卫/近边	东至		广西柳州府柳城县、马平县、融县	同前
	南至		抵边不足二千五百里	同前
	西至		抵边不足二千五百里	同前
	北至		抵边不足二千五百里	同前
	[注]		以上除南、西、北外,东二千五百里	同前
边远	东至		湖南常德府桃源县、武陵县、龙阳县 又至广西桂林府永福县、临桂县	同前
	南至		抵边不足三千里	同前
	西至		抵边不足三千里	同前
	北至		抵边不足三千里	同前
	[注]		以上除南、西、北外,东三千里	同前

① 乾隆三十五年(1770),景东土府降为景东直隶厅,镇沅土府降为镇沅直隶州。

续表

<table>
<tr><th colspan="2">充军地方</th><th>乾隆八年(1743)</th><th>乾隆四十四年(1779)</th><th>嘉庆十四年(1809)</th></tr>
<tr><td rowspan="5">极边</td><td>东至</td><td rowspan="6">俱与楚雄府同</td><td>广西梧州府苍梧县
又至广东肇庆府封川县
又至湖北汉阳府汉川县、汉阳县
又至武昌府江夏县</td><td>同前</td></tr>
<tr><td>南至</td><td>抵边不足四千里</td><td>同前</td></tr>
<tr><td>西至</td><td>抵边不足四千里</td><td>同前</td></tr>
<tr><td>北至</td><td>抵边不足四千里</td><td>同前</td></tr>
<tr><td>[注]</td><td>以上除南、西、北外,东四千里</td><td>同前</td></tr>
<tr><td colspan="2">烟　瘴</td><td>应发烟瘴人犯,解赴隔远之广东巡抚衙门酌拨安置</td><td>同前</td></tr>
</table>

澂江府属军犯编发地方

<table>
<tr><th colspan="2">充军地方</th><th>乾隆八年(1743)</th><th>乾隆四十四年(1779)</th><th>嘉庆十四年(1809)</th></tr>
<tr><td rowspan="5">附近</td><td>东至</td><td>广西平乐府修仁县、荔浦县、永安州、昭平县</td><td>广西柳州府怀远县、融县</td><td>同前</td></tr>
<tr><td>南至</td><td>抵边不足二千里</td><td>同前</td><td>同前</td></tr>
<tr><td>西至</td><td>抵边不足二千里</td><td>同前</td><td>同前</td></tr>
<tr><td>北至</td><td>四川成都府成都县、双流县、崇庆州、新津县
又至资州仁寿县、井研县</td><td>四川成都府简州
又至资州资阳县</td><td>同前</td></tr>
<tr><td>[注]</td><td>以上除南、西外,东、北俱二千里</td><td>同前</td><td>同前</td></tr>
</table>

续表

充军地方		乾隆八年(1743)	乾隆四十四年(1779)	嘉庆十四年(1809)
边卫/近边	东至	广西梧州府苍梧县、容县、藤县 又至郁林州陆川县、兴业县	广西柳州府雒容县 又至桂林府永福县 又至四川邛州	同前
	南至	抵边不足二千五百里	同前	同前
	西至	抵边不足二千五百里	同前	同前
	北至	四川茂州保县、汶川县	四川成都府灌县 又至绵州	同前
	[注]	以上除南、西外,东、北俱二千五百里	同前	同前
边远	东至	广东广州府南海县、新宁县、新会县、三水县	广西平乐府平乐县、富川县 又至湖南长沙府益阳县、宁乡县	同前
	南至	抵边不足三千里	同前	同前
	西至	抵边不足三千里	同前	同前
	北至	陕西汉中府南郑县、宁羌州、沔县 又至兴安州平利县、白河县	陕西汉中府宁羌州 又至四川保宁府昭化县、广元县	同前
	[注]	以上除南、西外,东、北俱三千里	同前	同前
极边	东至	广东潮州府大城守御所、海阳县、潮阳县、澄海县 又至嘉应州	广东肇庆府德庆州、高要县 又至广州府三水县	同前
	南至	抵边不足四千里	同前	同前
	西至	抵边不足四千里	同前	同前
	北至	甘肃平凉府平凉县、华亭县	陕西凤翔府宝鸡县、凤翔县	同前
	[注]	以上除南、西外,东、北俱四千里	同前	同前
烟　瘴		地皆不足四千里,以极边为烟瘴	应发烟瘴人犯,解赴隔远之广东巡抚衙门酌拨安置	同前

广南府属军犯编发地方

充军地方		乾隆八年(1743)	乾隆四十四年(1779)	嘉庆十四年(1809)
附近	东至	广东高州府电白县、石城县、化州、信宜县 又至肇庆府阳春县	广西桂林府永福县、临桂县	广西桂林府永福县
	南至	抵边不足二千里	同前	同前
	西至	本省大理府太和县、赵州、云南县、宾川州	本省大理府云龙州 又至永昌府永平县	本省永昌府永平县
	北至	湖南宝庆府武冈州、新宁县	贵州安顺府安平县、清镇县、普定县 又至贵阳府贵筑县	同前
	[注]	以上除南外,东、西、北俱二千里	同前	同前
边卫/近边	东至	广东广州府南海县、番禺县、东莞县、新宁县	广西平乐府平乐县、富川县	同前
	南至	抵边不足二千五百里	同前	同前
	西至	本省永昌府腾越州、保山县、永平县	本省永昌府腾越州	同前
	北至	湖南辰州府沅陵县 又至沅州府芷江县 又至常德府武陵县 又至贵州思州府玉屏县	贵州思州府青溪县 又至平越府黄平州	同前
	[注]	以上除南外,东、西、北俱二千五百里	同前	同前
边远	东至	广东惠州府碣石卫、平海守御所、海丰守御所、捷胜守御所	广西梧州府苍梧县	同前
	南至	抵边不足三千里	同前	同前
	西至	抵边不足三千里	同前	同前
	北至	湖南岳州府岳州卫 又至澧州永定卫、九溪卫	湖南辰州府沅陵县	同前
	[注]	以上除南、西外,东、北俱三千里	同前	同前

续表

充军地方		乾隆八年(1743)	乾隆四十四年(1779)	嘉庆十四年(1809)
极边	东至	广东潮州府大城守御所、海阳县、潮阳县、澄海县 又至嘉应州	广东广州府增城县 又至惠州府博罗县	同前
	南至	抵边不足四千里	同前	同前
	西至	抵边不足四千里	同前	同前
	北至	河南南阳府南阳县、唐县、邓州	湖北荆州府公安县、江陵县	同前
	[注]	以上除南、西外,东、北俱四千里	同前	同前
烟瘴		地皆不足四千里,以极边为烟瘴	应发烟瘴人犯,解赴隔远之广东巡抚衙门酌拨安置	同前

广西府(广西州)①属军犯编发地方

充军地方		乾隆八年(1743)	乾隆四十四年(1779)	嘉庆十四年(1809)
附近	东至	广西平乐府修仁县、荔浦县、永安州、昭平县	贵州平越府黄平州	同前
	南至	抵边不足二千里	同前	同前
	西至	抵边不足二千里	同前	同前
	北至	本省永昌府保山县、永平县、腾越州	本省永昌府保山县、腾越州	本省永昌府腾越州
	[注]	以上除南、西外,东、北俱二千里	同前	同前

① 乾隆三十五年(1770),广西府降为广西直隶州。

续表

充军地方		乾隆八年(1743)	乾隆四十四年(1779)	嘉庆十四年(1809)
边卫/近边	东至	广西梧州府苍梧县、容县、藤县、怀集县 又至郁林州陆川县、兴业县 又至桂林府临桂县、永宁州、永福县、义宁县	四川成都府简州、成都县、华阳县 又至广西柳州府融县、柳城县、马平县	同前
	南至	抵边不足二千五百里	同前	同前
	西至	抵边不足二千五百里	同前	同前
	北至	抵边不足二千五百里	同前	同前
	[注]	以上除南、西、北外,东二千五百里	同前	同前
边远	东至	广东广州府南海县、番禺县、三水县、新宁县、新会县	广西桂林府临桂县、阳朔县、永福县 又至湖南常德府桃源县、武陵县	同前
	南至	抵边不足三千里	同前	同前
	西至	抵边不足三千里	同前	同前
	北至	抵边不足三千里	同前	同前
	[注]	以上除南、西、北外,东三千里	同前	同前
极边	东至	广东潮州府大城守御所、海阳县、潮阳县、澄海县 又至嘉应州	广西梧州府苍梧县 又至广东肇庆府封川县、德庆州 又至湖北汉阳府汉川县、汉阳县 又至武昌府江夏县	同前
	南至	抵边不足四千里	同前	同前
	西至	抵边不足四千里	同前	同前
	北至	抵边不足四千里	同前	同前
	[注]	以上除南、西、北外,东四千里	同前	同前
烟瘴		地皆不足四千里,以极边为烟瘴	应发烟瘴人犯,解赴隔远之广东巡抚衙门酌拨安置	同前

曲靖府属军犯编发地方

充军地方		乾隆八年(1743)	乾隆四十四年(1779)	嘉庆十四年(1809)
附近	东至	广西桂林府临桂县、永宁州、永福县、义宁县	广西柳州府马平县、雒容县	同前
	南至	抵边不足二千里	同前	同前
	西至	抵边不足二千里	同前	同前
	北至	四川成都府成都县、华阳县、双流县、崇庆州、新津县 又至资州仁寿县、井研县	四川成都府成都县、华阳县、双流县、新津县、郫县、灌县、新都县、汉州 又至绵州德阳县	四川成都府双流县、新津县、郫县、灌县、新都县、汉州
	[注]	以上除南、西外,东、北俱二千里	同前	同前
边卫/近边	东至	湖南永州府道州、东安县、宁远县、江华县、永明县、新田县	湖南常德府龙阳县 又至长沙府益阳县、宁乡县 又至广西平乐府平乐县	同前
	南至	抵边二千五百里	同前	同前
	西至	抵边二千五百里	同前	同前
	北至	陕西汉中府南郑县、宁羌州、沔县 又至兴安州平利县、白河县	四川保宁府昭化县、广元县	同前
	[注]	以上除南、西外,东、北俱二千五百里	同前	同前

续表

充军地方		乾隆八年(1743)	乾隆四十四年(1779)	嘉庆十四年(1809)
边远	东至	湖南衡州府衡阳县、常宁县 又至桂阳州	湖南衡州府衡阳县、清泉县、衡山县 又至湖北安陆府潜江县	湖南衡州府衡阳县、清泉县、衡山县 又至长沙府湘潭县 又至湖北安陆府潜江县
	南至	抵边不足三千里	同前	同前
	西至	抵边不足三千里	同前	同前
	北至	陕西凤翔府凤翔县 又至宁夏府平罗县	陕西汉中府沔县、褒城县	同前
	[注]	以上除南、西外,东、北俱三千里	同前	同前
极边	东至	广东惠州府碣石卫、海丰守御所、捷胜守御所、平海守御所	广东广州府南海县、番禺县、增城县	同前
	南至	抵边不足四千里	同前	同前
	西至	抵边不足四千里	同前	同前
	北至	甘肃巩昌府洮州卫、岷州 又至秦州秦安县	陕西西安府兴平县、咸阳县	同前
	[注]	以上除南、西外,东、北俱四千里	同前	同前
烟瘴		地皆不足四千里,以极边为烟瘴	应发烟瘴人犯,解赴隔远之广东巡抚衙门酌拨安置	同前

姚安府①属军犯编发地方

充军地方		乾隆八年(1743)
附近	东至	广西柳州府马平县、融县、象州、来宾县 又至思恩府宾州、迁江县 又至浔州府武宣县 又至庆远府南丹州
	南至	抵边不足二千里
	西至	抵边不足二千里
	北至	抵边不足二千里
	[注]	以上除南、西、北外,东二千里
边卫	东至	广西梧州府苍梧县、容县、藤县 又至郁林州陆川县 又至广东高州府茂名县、电白县、信宜县 又至肇庆府阳春县
	南至	抵边不足二千五百里
	西至	抵边不足二千五百里
	北至	抵边不足二千五百里
	[注]	以上除南、西、北外,东二千五百里
边远	东至	广东肇庆府双鱼守御所、高要县、四会县、德庆州、新兴县、阳江县
	南至	抵边不足三千里
	西至	抵边不足三千里
	北至	抵边不足三千里
	[注]	以上除南、西、北外,东三千里
极边	东至	广东潮州府大城守御所、海阳县、潮阳县 又至嘉应州
	南至	抵边不足四千里
	西至	抵边不足四千里
	北至	抵边不足四千里
	[注]	以上除南、西、北外,东四千里
烟瘴		地皆不足四千里,以极边为烟瘴

① 乾隆三十五年(1770)裁。

鹤庆府①属军犯编发地方

充军地方		乾隆八年(1743)
附近	东至	本省曲靖府南宁县、沾益州、平彝县、陆凉州、马龙州
	南至	抵边不足二千里
	西至	抵边不足二千里
	北至	抵边不足二千里
	[注]	以上除南、西、北外,东二千里
边卫	东至	广西庆远府宜山县、河池州 又至柳州府马平县、融县 又至思恩府宾州、迁江县、上林县
	南至	抵边不足二千五百里
	西至	抵边不足二千五百里
	北至	抵边不足二千五百里
	[注]	以上除南、西、北外,东二千五百里
边远	东至	广西桂林府临桂县、永宁州、永福县、义宁县、全州、灌阳县
	南至	抵边不足三千里
	西至	抵边不足三千里
	北至	抵边不足三千里
	[注]	以上除南、西、北外,东三千里
极边	东至	广东惠州府碣石卫、平海守御所、海丰守御所、捷胜守御所
	南至	抵边不足四千里
	西至	抵边不足四千里
	北至	抵边不足四千里
	[注]	以上除南、西、北外,东四千里
烟瘴		地皆不足四千里,以极边为烟瘴

① 乾隆三十五年(1770)降为州,隶丽江府。

丽江府属军犯编发地方

充军地方		乾隆八年（1743）	乾隆四十四年（1779）	嘉庆十四年（1809）
附近	东至	俱与鹤庆府同	贵州大定府毕节县 又至安顺府镇宁州、普定县	同前
	南至		抵边不足二千里	同前
	西至		抵边不足二千里	同前
	北至		抵边不足二千里	同前
	［注］		以上除南、西、北外，东系二千里	同前
边卫／近边	东至		贵州贵阳府贵定县、龙里县 又至都匀府都匀县	同前
	南至		抵边不足二千五百里	同前
	西至		抵边不足二千五百里	同前
	北至		抵边不足二千五百里	同前
	［注］		以上除南、西、北外，东二千五百里	同前
边远	东至		广西柳州府怀远县 又至贵州思州府青溪县、玉屏县	同前
	南至		抵边不足三千里	同前
	西至		抵边不足三千里	同前
	北至		抵边不足三千里	同前
	［注］		以上除南、西、北外，东系三千里	同前

续表

充军地方		乾隆八年(1743)	乾隆四十四年(1779)	嘉庆十四年(1809)
极边	东至	俱与鹤庆府同	广西桂林府阳朔县 又至平乐府平乐县 又至湖南常德府龙阳县 又至长沙府益阳县	同前
	南至		抵边不足四千里	同前
	西至		抵边不足四千里	同前
	北至		抵边不足四千里	同前
	[注]		以上除南、西、北外,东系四千里	同前
烟瘴			应发烟瘴人犯,解赴隔远之广东巡抚衙门酌拨安置	同前

永北府(永北厅)①属军犯编发地方

充军地方		乾隆八年(1743)	乾隆四十四年(1779)	嘉庆十四年(1809)
附近	东至	俱与鹤庆府同	贵州大定府毕节县 又至安顺府镇宁州、普定县	同前
	南至		抵边不足二千里	同前
	西至		抵边不足二千里	同前
	北至		抵边不足二千里	同前
	[注]		以上除南、西、北外,东系二千里	同前
边卫/近边	东至		贵州贵阳府贵定县、龙里县 又至都匀府都匀县	同前
	南至		抵边不足二千五百里	同前
	西至		抵边不足二千五百里	同前
	北至		抵边不足二千五百里	同前
	[注]		以上除南、西、北外,东二千五百里	同前

① 乾隆三十五年(1770)永北府降为永北直隶厅。

续表

充军地方		乾隆八年(1743)	乾隆四十四年(1779)	嘉庆十四年(1809)
边远	东至	俱与鹤庆府同	广西柳州府怀远县 又至贵州思州府青溪县、玉屏县	同前
	南至		抵边不足三千里	同前
	西至		抵边不足三千里	同前
	北至		抵边不足三千里	同前
	[注]		以上除南、西、北外,东系三千里	同前
极边	东至		广西桂林府阳朔县 又至平乐府平乐县 又至湖南常德府龙阳县 又至长沙府益阳县	同前
	南至		抵边不足四千里	同前
	西至		抵边不足四千里	同前
	北至		抵边不足四千里	同前
	[注]		以上除南、西、北外,东系四千里	同前
烟瘴			应发烟瘴人犯,解赴隔远之广东巡抚衙门酌拨安置	同前

武定府(武定州)[1]属军犯编发地方

充军地方		乾隆八年(1743)	乾隆四十四年(1779)	嘉庆十四年(1809)
附近	东至	广西柳州府马平县、融县、象州、来宾县 又至思恩府宾州、迁江县 又至浔州府武宣县 又至庆远府南丹州	广西柳州府融县、怀远县、柳城县 又至贵州思州府玉屏县	广西柳州府怀远县 又至贵州思州府玉屏县
	南至	抵边不足二千里	同前	同前
	西至	抵边不足二千里	同前	同前
	北至	抵边不足二千里	同前	同前
	[注]	以上除南、西、北外,东二千里	同前	同前
边卫/近边	东至	广西南宁府宣化县、上思州 又至思恩府武缘县	广西思恩府武缘县、迁江县 又至柳州府马平县	同前
	南至	抵边不足二千五百里	同前	同前
	西至	抵边不足二千五百里	同前	同前
	北至	抵边不足二千五百里	同前	同前
	[注]	以上除南、西、北外,东二千五百里	同前	同前
边远	东至	广东广州府清远县、新会县 又至连州连山县	广西桂林府阳朔县 又至平乐府平乐县 又至湖南常德府龙阳县 又至长沙府益阳县	广西桂林府阳朔县 又至平乐府平乐县 又至思恩府武缘县 又至湖南常德府龙阳县 又至长沙府益阳县
	南至	抵边不足三千里	同前	同前
	西至	抵边不足三千里	同前	同前
	北至	抵边不足三千里	同前	同前
	[注]	以上除南、西、北外,东三千里	同前	同前

① 乾隆三十五年(1770),武定府降为武定直隶州。

续表

充军地方		乾隆八年(1743)	乾隆四十四年(1779)	嘉庆十四年(1809)
极边	东至	广东潮州府大城守御所、海阳县、潮阳县、澄海县 又至嘉应州	广东肇庆府封川县、德庆州、高要县 又至广州府三水县	同前
	南至	抵边不足四千里	同前	同前
	西至	抵边不足四千里	同前	同前
	北至	抵边不足四千里	同前	同前
	[注]	以上除南、西、北外,东四千里	同前	同前
烟　瘴		地皆不足四千里,以极边为烟瘴	应发烟瘴人犯,解赴隔远之广东巡抚衙门酌拨安置	同前

永昌府属军犯编发地方

充军地方		乾隆八年(1743)	乾隆四十四年(1779)	嘉庆十四年(1809)
附近	东至	本省临安府建水州、石屏州、通海县、河西县 又至元江府新平县	本省临安府建水县、宁州 又至元江州新平县	同前
	南至	抵边不足二千里	同前	同前
	西至	抵边不足二千里	同前	同前
	北至	抵边不足二千里	同前	同前
	[注]	以上除南、西、北外,东二千里	同前	同前

续表

充军地方		乾隆八年(1743)	乾隆四十四年(1779)	嘉庆十四年(1809)
边卫/近边	东至	广西柳州府马平县、融县、象州、来宾县 又至思恩府宾州、迁江县 又至浔州府武宣县	贵州安顺府安平县、清镇县 又至贵阳府贵筑县、龙里县、贵定县	同前
	南至	抵边不足二千五百里	同前	同前
	西至	抵边不足二千五百里	同前	同前
	北至	抵边不足二千五百里	同前	同前
	[注]	以上除南、西、北外,东二千五百里	同前	同前
边远	东至	广西南宁府宣化县、新宁州 又至思恩府武缘县、田州	贵州都匀府都匀县 又至思州府青溪县 又至广西柳州府怀远县	同前
	南至	抵边不足三千里	同前	同前
	西至	抵边不足三千里	同前	同前
	北至	抵边不足三千里	同前	同前
	[注]	以上除南、西、北外,东三千里	同前	同前
极边	东至	广东惠州府碣石卫、平海守御所、海丰守御所、捷胜守御所	广西桂林府临桂县、阳朔县 又至平乐府平乐县	同前
	南至	抵边不足四千里	同前	同前
	西至	抵边不足四千里	同前	同前
	北至	抵边不足四千里	同前	同前
	[注]	以上除南、西、北外,东四千里	同前	同前
烟瘴		地皆不足四千里,以极边为烟瘴	应发烟瘴人犯,解赴隔远之广东巡抚衙门酌拨安置	同前

昭通府属军犯编发地方

充军地方		乾隆八年(1743)	乾隆四十四年(1779)	嘉庆十四年(1809)
附近	东至	广西南宁府宣化县、隆安县、永淳县	广西柳州府柳城县、马平县	同前
	南至	广东廉州府灵山县、钦州	广西思恩府迁江县	抵边不足二千里
	西至	本省顺宁府云州	本省顺宁府云州	同前
	北至	四川保宁府阆中县、苍溪县	四川绵州梓潼县	同前
	[注]	以上俱二千里	同前	以上除南外,东、西、北俱足二千里
边卫/近边	东至	广东广州府三水县、新宁县 又至肇庆府高明县、开平县	广西桂林府临桂县、阳朔县 又至平乐府平乐县	同前
	南至	抵海不足二千五百里	同前	同前
	西至	抵边不足二千五百里	同前	同前
	北至	陕西汉中府南郑县、宁羌州、沔县	陕西汉中府宁羌州	同前
	[注]	以上除南、西外,东、北俱二千五百里	同前	同前
边远	东至	广东惠州府碣石卫、平海守御所、海丰守御所、捷胜守御所	广西平乐府贺县、富川县	同前
	南至	抵海不足三千里	同前	同前
	西至	抵边不足三千里	同前	同前
	北至	甘肃平凉府平凉县、华亭县、镇原县	陕西汉中府凤县、南郑县	同前
	[注]	以上除南、西外,东、北俱三千里	同前	同前

续表

充军地方		乾隆八年(1743)	乾隆四十四年(1779)	嘉庆十四年(1809)
极边	东至	广东潮州府大城守御所、澄海县	广东广州府增城县、南海县、番禺县	广东广州府增城县、南海县、番禺县 又至惠州府博罗县
	南至	抵海不足四千里	同前	同前
	西至	抵边不足四千里	同前	同前
	北至	甘肃凉州府镇番县、永昌县 又至甘州府张掖县、山丹县	陕西乾州永寿县 又至邠州长武县	同前
	[注]	以上除南、西外,东、北俱四千里	同前	同前
烟瘴		地皆不足四千里,以极边为烟瘴	应发烟瘴人犯,解赴隔远之广东巡抚衙门酌拨安置	同前

东川府属军犯编发地方

充军地方		乾隆八年(1743)	乾隆四十四年(1779)	嘉庆十四年(1809)
附近	东至	俱与昭通府同	广西柳州府柳城县、马平县	同前
	南至		广西思恩府迁江县	抵边不足二千里
	西至		本省顺宁府云州	同前
	北至		四川绵州梓潼县	同前
	[注]		以上俱二千里	以上除南外,东、西、北俱足二千里
边卫/近边	东至		广西桂林府临桂县、阳朔县 又至平乐府平乐县	同前
	南至		抵海不足二千五百里	抵边不足二千五百里
	西至		抵边不足二千五百里	同前
	北至		陕西汉中府宁羌州	同前
	[注]		以上除南、西外,东、北俱二千五百里	同前

续表

充军地方		乾隆八年(1743)	乾隆四十四年(1779)	嘉庆十四年(1809)
边远	东至	俱与昭通府同	广西平乐府贺县、富川县	同前
	南至		抵海不足三千里	抵边不足三千里
	西至		抵边不足三千里	同前
	北至		陕西汉中府凤县、南郑县	同前
	[注]		以上除南、西外,东、北俱三千里	同前
极边	东至		广东广州府增城县、南海县、番禺县	广东广州府增城县、南海县、番禺县 又至惠州府博罗县
	南至		抵海不足四千里	抵边不足四千里
	西至		抵边不足四千里	同前
	北至		陕西乾州永寿县 又至邠州长武县	同前
	[注]		以上除南、西外,东、北俱四千里	同前
烟瘴			应发烟瘴人犯,解赴隔远之广东巡抚衙门酌拨安置	同前

贵　州

贵阳府属军犯编发地方

充军地方		乾隆八年(1743)	乾隆四十四年(1779)	嘉庆十四年(1809)
附近	东至	广东广州府南海县、番禺县、三水县、清远县 又至连州阳山县	湖南长沙府长沙县、善化县、湘潭县、醴陵县 又至湖北荆州府江陵县	同前
	南至	抵边不足二千里	广西平乐府富川县、贺县、昭平县	广西桂林府灵川县、临桂县
	西至	云南景东府	云南大理府云南县、赵州、太和县	云南大理府云南县、赵州
	北至	陕西汉中府南郑县、宁羌州、沔县 又至兴安州平利县	四川绵州梓潼县	同前
	[注]	以上除南外,东、西、北俱二千里	以上俱二千里	同前
边卫/近边	东至	广东惠州府碣石卫、平海守御所、海丰守御所、捷胜守御所	湖南永州府祁阳县、零陵县 又至湖北汉阳府汉阳县 又至武昌府江夏县 又至江西临江府新喻县、清江县	同前
	南至	抵边不足二千五百里	广东肇庆府高要县	广西平乐府昭平县
	西至	抵边不足二千五百里	云南永昌府保山县	同前
	北至	陕西凤翔府凤翔县 又至宁夏府平罗县	陕西汉中府宁羌州	陕西汉中府宁羌州 又至河南南阳府新野县 又至湖北襄阳府襄阳县
	[注]	以上除南、西外,东、北俱二千五百里	以上俱二千五百里	同前

续表

充军地方		乾隆八年(1743)	乾隆四十四年(1779)	嘉庆十四年(1809)
边远	东至	广东潮州府大城守御所、海阳县、潮阳县、揭阳县 又至嘉应州	湖北黄州府广济县、黄梅县 又至江西南昌府进贤县 又至抚州府临川县、东乡县 又至饶州府安仁县 又至安徽安庆府宿松县	同前
	南至	抵边不足三千里	广东广州府东莞县、增城县	广东肇庆府高要县 又至广州府三水县
	西至	抵边不足三千里	同前	
	北至	甘肃平凉府平凉县、华亭县、固原州	陕西汉中府凤县	陕西汉中府凤县 又至河南许州襄城县 又至开封府禹州
	[注]	以上除南、西外,东、北俱三千里	以上除西外,东、南、北俱三千里	同前
极边	东至	抵海不足四千里	福建建宁府建安县、瓯宁县 又至浙江严州府桐庐县 又至杭州府富阳县 又至江苏江宁府江宁县、句容县	同前
	南至	抵边不足四千里	广东潮州府海阳县	广东潮州府海丰县、陆丰县
	西至	抵边不足四千里	同前	同前
	北至	甘肃凉州府武威县、镇番县、永昌县、古浪县、平番县 又至西宁府西宁县 又至甘州府山丹县	陕西乾州永寿县 又至邠州长武县	陕西乾州永寿县 又至邠州长武县 又至同州府华阴县、华州 又至西安府渭南县
	[注]	以上除东、南、西外,北四千里	以上除西外,东、南、北俱四千里	同前
烟瘴		地皆不足四千里,以极边为烟瘴	应发烟瘴人犯,解赴隔远之广西巡抚衙门酌拨安置	同前

思州府属军犯编发地方

充军地方		乾隆八年(1743)	乾隆四十四年(1779)	嘉庆十四年(1809)
附近	东至	湖北武昌府武昌卫、武昌左卫	江西临江府新喻县、清江县 又至湖北汉阳府汉阳县 又至武昌府江夏县	同前
	南至	广东廉州府合浦县、灵山县、钦州	广西平乐府富川县、贺县	广西平乐府贺县 又至广东肇庆府封川县
	西至	四川宁远府越嶲卫、会理卫、迷易守御所、冕宁县、西昌县、会理州	四川资州资阳府 又至成都府简州 又至云南云南府禄丰县 又至楚雄府广通县 又至澂江府新兴州 又至临安府嶍峨县	四川资州资阳府 又至成都府简州 又至云南云南府禄丰县 又至楚雄府广通县 又至澂江府新兴州、江川县 又至临安府嶍峨县 又至河南南阳府新野县
	北至	四川保宁府阆中县、南部县、通江县	河南南阳府新野县	同前
	[注]	以上俱二千里	同前	同前
边卫/近边	东至	江西九江府九江卫、瑞昌县	江西抚州府东乡县、临川县 又至饶州府安仁县 又至九江府德安县、德化县 又至湖北黄州府广济县、黄梅县 又至安徽安庆府宿松县	同前
	南至	广东肇庆府高要县、四会县、广宁县、德庆州	广东肇庆府高要县	广东广州府三水县
	西至	抵边不足二千五百里	云南大理府赵州、云南县、太和县 又至元江州新平县	云南大理府赵州、云南县 又至元江州新平县
	北至	陕西汉中府南郑县、宁羌州、沔县 又至兴安州平利县	河南许州襄城县 又至汝州郏县 又至开封府禹州	同前
	[注]	以上除西外,东、南、北俱二千五百里	以上俱二千五百里	同前

续表

充军地方		乾隆八年(1743)	乾隆四十四年(1779)	嘉庆十四年(1809)
边远	东至	江南宁国府宣州卫	安徽安庆府怀宁县 又至池州府贵池县、青阳县 又至江西广信府玉山县 又至浙江衢州府常山县、西安县 又至福建邵武府邵武县	安徽安庆府怀宁县 又至池州府贵池县、青阳县 又至江西广信府玉山县 又至浙江衢州府常山县、西安县 又至福建邵武府邵武县 又至延平府顺昌县
	南至	广东惠州府龙川县、河源县、和平县 又至嘉应州长乐县	广东广州府东莞县 又至惠州府博罗县	广东广州府东莞县 又至惠州府博罗县、归善县
	西至	抵边不足三千里	云南永昌府永平县、保山县	同前
	北至	陕西凤翔府凤翔县 又至宁夏府平罗县	河南河南府渑池县 又至陕州灵宝县 又至怀庆府河内县 又至山西泽州府凤台县	河南河南府渑池县、新安县、洛阳县、偃师县 又至怀庆府河内县 又至山西泽州府凤台县
	[注]	以上除西外,东、南、北俱三千里	以上俱三千里	同前
极边	东至	浙江台州府台州卫、黄岩县、天台县	浙江绍兴府余姚县、上虞县 又至宁波府慈溪县	同前
	南至	广东潮州府大城守御所、海阳县、潮阳县、揭阳县 又至嘉应州	广东潮州府海阳县、饶平县	广东潮州府饶平县、大埔县
	西至	抵边不足四千里	同前	同前
	北至	甘肃宁夏府宁夏县、宁朔县、灵州、中卫县	陕西邠州长武县 又至延安府甘泉县 又至鄜州洛川县 又至甘肃平凉府平凉县 又至泾州	陕西邠州长武县 又至乾州永寿县 又至西安府醴泉县、同官县 又至鄜州洛川县、宜君县、中部县
	[注]	以上除西外,东、南、北俱四千里	同前	同前

续表

充军地方	乾隆八年(1743)	乾隆四十四年(1779)	嘉庆十四年(1809)
烟瘴	地皆不足四千里,以极边为烟瘴	应发烟瘴人犯,解赴隔远之广西巡抚衙门酌拨安置	同前

思南府属军犯编发地方

充军地方		乾隆八年(1743)	乾隆四十四年(1779)	嘉庆十四年(1809)
附近	东至	湖北安陆府沔阳卫、钟祥县 又至德安府德安守御所	湖南长沙府醴陵县 又至江西袁州府萍乡县	同前
	南至	抵边不足二千里	广西平乐府平乐县 又至桂林府阳朔县	同前
	西至	四川宁远府越嶲卫、会川卫、迷易守御所、礼州守御所	四川成都府成都县、华阳县、双流县、新津县 又至邛州 又至云南云南府安宁州、禄丰县 又至澂江府新兴州 又至临安府嶍峨县	四川成都府成都县、华阳县、双流县、新津县 又至邛州 又至云南云南府安宁州、禄丰县、昆阳州 又至澂江府江川县、河阳县
	北至	陕西汉中府南郑县、宁羌州、沔县 又至兴安州平利县	湖北安陆府荆门州	湖北荆门州
	[注]	以上除南外,东、西、北俱二千里	以上俱二千里	同前

续表

充军地方		乾隆八年(1743)	乾隆四十四年(1779)	嘉庆十四年(1809)
边卫/近边	东至	江西九江府九江卫、德安县	江西临江府清江县 又至南昌府丰城县 又至湖北黄州府黄冈县	同前
	南至	抵边不足二千五百里	广西梧州府苍梧县 又至广东肇庆府封川县	同前
	西至	抵边不足二千五百里	云南元江州新平县 又至楚雄府姚州 又至大理府云南县	同前
	北至	陕西凤翔府凤翔县 又至宁夏府平罗县	河南南阳府新野县、南阳县、南召县、裕州	河南南阳府南阳县、南召县、裕州
	[注]	以上除南、西外,东、北俱二千五百里	以上俱二千五百里	同前
边远	东至	江南池州府新安卫、东流县 又至徽州府祁门县	江西九江府德化县、湖口县、彭泽县 又至饶州府安仁县 又至广信府贵溪县、弋阳县、兴安县 又至建昌府南城县、新城县 又至安徽安庆府宿松县、太湖县、潜山县	同前
	南至	抵边不足三千里	广东广州府三水县	广东广州府三水县、南海县
	西至	抵边不足三千里	云南永昌府永平县	云南永昌府永平县、保山县
	北至	甘肃平凉府平凉县、华亭县、固原州	河南汝州郏县 又至河南府洛阳县	同前
	[注]	以上除南、西外,东、北俱三千里	以上俱三千里	同前

续表

充军地方		乾隆八年(1743)	乾隆四十四年(1779)	嘉庆十四年(1809)
极边	东至	浙江宁波府宁波卫、慈溪县、奉化县、象山县	浙江杭州府富阳县、仁和县、钱塘县 又至江苏江宁府句容县 又至镇江府丹阳县 又至常州府武进县、阳湖县	同前
	南至	抵边不足四千里	广东潮州府惠来县、普宁县、揭阳县	广东潮州府惠来县、普宁县、揭阳县 又至惠州府陆丰县
	西至	抵边不足四千里	同前	同前
	北至	甘肃宁夏府宁夏县、宁朔县、灵州、中卫县	陕西西安府三原县、耀州、同官县、咸阳县、醴泉县 又至乾州 又至鄜州宜君县	陕西西安府三原县、耀州、同官县、咸阳县、醴泉县 又至鄜州宜君县、中部县 又至乾州
	[注]	以上除南、西外,东、北俱四千里	以上除西外,东、南、北俱四千里	同前
烟　瘴		地皆不足四千里,以极边为烟瘴	应发烟瘴人犯,解赴隔远之广西巡抚衙门酌拨安置	同前

镇远府属军犯编发地方

充军地方		乾隆八年(1743)	乾隆四十四年(1779)	嘉庆十四年(1809)
附近	东至	湖北武昌府武昌卫、武昌左卫 又至汉阳府汉阳县	江西袁州府分宜县 又至临江府新喻县 又至湖北汉阳府汉川县、汉阳县 又至武昌府江夏县	同前
	南至	广东廉州府合浦县、灵山县、钦州	广西平乐府富川县、昭平县	同前
	西至	抵边不足二千里	云南楚雄府广通县、楚雄县、镇南州	同前

续表

充军地方		乾隆八年(1743)	乾隆四十四年(1779)	嘉庆十四年(1809)
附近	北至	陕西汉中府南郑县、宁羌州、沔县 又至兴安州平利县	湖北襄阳府襄阳县 又至河南南阳府新野县	同前
	[注]	以上除西外,东、南、北俱二千里	以上俱二千里	同前
边卫/近边	东至	江西九江府九江卫、德安县	江西南昌府进贤县 又至抚州府东乡县、临川县 又至南康府建昌县 又至九江府德安县 又至湖北黄州府广济县、黄梅县	同前
	南至	广东肇庆府双鱼守御所、高要县、四会县、新兴县、阳江县、德庆州	广西梧州府苍梧县 又至广东肇庆府封川县、德庆州	广东肇庆府高要县
	西至	抵边不足二千五百里	云南大理府赵州、太和县	同前
	北至	陕西凤翔府凤翔县 又至宁夏府平罗县	河南南阳府叶县 又至许州襄城县 又至开封府禹州 又至汝州郏县	同前
	[注]	以上除西外,东、南、北俱二千五百里	以上俱二千五百里	同前

续表

充军地方		乾隆八年(1743)	乾隆四十四年(1779)	嘉庆十四年(1809)
边远	东至	江南宁国府宣州卫 又至池州府新安卫、东流县	安徽池州府东流县、贵池县、青阳县 又至安庆府怀宁县 又至江西广信府玉山县 又至浙江衢州府常山县 又至福建邵武府光泽县、邵武县	安徽池州府东流县、贵池县、青阳县 又至安庆府怀宁县 又至江西广信府玉山县、上饶县 又至浙江衢州府常山县 又至福建邵武府光泽县、邵武县
	南至	广东高州府电白县、信宜县 又至肇庆府阳春县	广东广州府南海县、番禺县、增城县	广东广州府南海县、番禺县、增城县、东莞县
	西至	抵边不足三千里	云南永昌府保山县	同前
	北至	甘肃庆阳府安化县、征宁县、宁州	河南河南府新安县、渑池县 又至怀庆府河内县 又至陕州	同前
	[注]	以上除西外,东、南、北俱三千里	以上俱三千里	同前
极边	东至	浙江台州府台州卫、黄岩县、天台县	浙江绍兴府山阴县、会稽县、上虞县	同前
	南至	广东潮州府大城守御所、海阳县、潮阳县 又至嘉应州	广东潮州府普宁县、揭阳县、海阳县	广东潮州府普宁县、揭阳县、海阳县、潮阳县
	西至	抵边不足四千里	同前	同前
	北至	甘肃兰州府狄道州、河州 又至西宁府归德守御所 又至巩昌府洮州卫	陕西乾州永寿县 又至邠州长武县 又至鄜州洛川县 又至甘肃泾州	陕西乾州永寿县 又至邠州长武县 又至鄜州宜君县、中部县、洛川县 又至甘肃泾州
	[注]	以上除西外,东、南、北俱四千里	同前	同前
烟瘴		地皆不足四千里,以极边为烟瘴	应发烟瘴人犯,解赴隔远之广西巡抚衙门酌拨安置	同前

石阡府属军犯编发地方

充军地方		乾隆八年(1743)	乾隆四十四年(1779)	嘉庆十四年(1809)
附近	东至	湖北黄州府黄州卫、蕲州卫 又至汉阳府汉阳县、汉川县	江西袁州府宜春县、分宜县 又至湖北安陆府天门县 又至汉阳府汉川县	同前
	南至	广东高州府电白县、信宜县、化州 又至肇庆府阳春县	广西平乐府平乐县、富川县 又至桂林府阳朔县	广西平乐府平乐县、富川县
	西至	四川宁远府西昌县、冕宁县、盐源县、会理州	四川成都府双流县、新津县、成都县、华阳县 又至邛州 又至云南云南府禄丰县 又至楚雄府广通县、楚雄县 又至临安府嶍峨县	云南云南府禄丰县 又至楚雄府广通县、楚雄县 又至澂江府江川县、新兴州 又至临安府嶍峨县 又至四川成都府双流县、新津县、成都县、华阳县
	北至	陕西汉中府南郑县、宁羌州 又至兴安州平利县	湖北襄阳府宜城县	同前
	[注]	以上俱二千里	同前	同前
边卫/近边	东至	江南安庆府安庆卫、望江县 又至庐州府庐州卫 又至六安州	江西南昌府丰城县、南昌县、新建县 又至湖北黄州府蕲水县	江西南昌府南昌县、新建县 又至湖北黄州府蕲水县
	南至	广东惠州府归善县、连平州、河源县	广西梧州府苍梧县 又至广东肇庆府封川县	广西梧州府苍梧县 又至广东肇庆府封川县、德庆州
	西至	抵边不足二千五百里	云南大理府赵州、云南县、太和县	云南大理府赵州、云南县
	北至	甘肃巩昌府陇西县 又至秦州礼县 又至阶州文县	河南南阳府南阳县、南召县、裕州、叶县	河南南阳府裕州、叶县
	[注]	以上除西外,东、南、北俱二千五百里	以上俱二千五百里	同前

续表

充军地方		乾隆八年(1743)	乾隆四十四年(1779)	嘉庆十四年(1809)
边远	东至	江南凤阳府宿州卫、怀远县、寿州 又至颍州府颍上县、霍邱县	江西九江府彭泽县 又至建昌府新城县 又至广信府弋阳县、兴安县、上饶县 又至安徽池州府东流县 又至安庆府潜山县、怀宁县	安徽安庆府潜山县、怀宁县、太湖县 又至池州府东流县 又至江西九江府彭泽县 又至建昌府新城县、南城县 又至广信府弋阳县、兴安县、上饶县 又至福建邵武府光泽县
	南至	广东潮州府海阳县、潮阳县 又至嘉应州	广东肇庆府高要县 又至广州府三水县	广东广州府三水县、南海县、番禺县
	西至	抵边不足三千里	云南永昌府永平县、保山县	同前
	北至	甘肃平凉府平凉县、华亭县	河南河南府洛阳县、新安县	河南河南府偃师县、巩县 又至开封府汜水县、荥阳县、郑州
	[注]	以上除西外,东、南、北俱三千里	以上俱三千里	同前
极边	东至	江南苏州府苏州卫 又至太仓州太仓卫、镇海卫、崇明县 又至松江府上海县	江苏江宁府句容县 又至镇江府丹阳县 又至常州府武进县、阳湖县 又至浙江绍兴府萧山县、山阴县、会稽县	同前
	南至	抵海不足四千里	广东潮州府惠来县	广东潮州府惠来县、普宁县
	西至	抵边不足四千里	同前	
	北至	甘肃宁夏府宁夏县、宁朔县、平罗县、灵州、中卫县	陕西乾州永寿县 又至邠州长武县 又至鄜州宜君县、中部县	陕西西安府临潼县、咸宁县、长安县、咸阳县、醴泉县、高陵县、三原县、耀州、同官县
	[注]	以上除南、西外,东、北俱四千里	以上除西外,东、南、北俱四千里	同前
烟瘴		地皆不足四千里,以极边为烟瘴	应发烟瘴人犯,解赴隔远之广西巡抚衙门酌拨安置	同前

铜仁府属军犯编发地方

充军地方		乾隆八年(1743)	乾隆四十四年(1779)	嘉庆十四年(1809)
附近	东至	湖北武昌府武昌卫、武昌左卫 又至汉阳府汉阳县、汉川县	江西南昌府丰城县、南昌县、新建县 又至湖北黄州府黄冈县、蕲水县	同前
	南至	广东廉州府合浦县、灵山县、钦州	广西平乐府富川县、昭平县	广西平乐府贺县
	西至	四川宁远府会川卫、迷易守御所、礼州守御所、打冲河守御所	四川重庆府永川县、荣昌县 又至云南云南府昆明县、安宁州、呈贡县、晋宁州、禄丰县 又至澂江府新兴州	四川重庆府永川县、荣昌县 又至云南云南府安宁州、呈贡县、晋宁州、禄丰县、河阳县、昆阳州
	北至	甘肃平凉府平凉县、华亭县、固原州	河南南阳府南召县、裕州、叶县 又至许州襄城县	河南南阳府南召县、裕州、南阳县
	[注]	以上俱二千里	同前	同前
边卫/近边	东至	江西南昌府南昌卫、靖安县、宁州	江西广信府弋阳县、兴安县、上饶县 又至建昌府南城县、新城县 又至九江府彭泽县 又至安徽安庆府潜山县、怀宁县	同前
	南至	广东广州府三水县、清远县 又至连州阳山县	广东肇庆府封川县、德庆州	广东肇庆府高要县 又至广州府三水县
	西至	抵边不足二千五百里	云南楚雄府楚雄县、镇南州、姚州 又至元江州新平县	云南楚雄府姚州 又至元江州新平县
	北至	陕西西安府长安县、临潼县、蓝田县 又至同州府华州、华阴县、潼关县	河南河南府洛阳县、新安县、渑池县	河南河南府洛阳县、新安县
	[注]	以上除西外,东、南、北俱二千五百里	以上俱二千五百里	同前

续表

充军地方		乾隆八年(1743)	乾隆四十四年(1779)	嘉庆十四年(1809)
边远	东至	浙江衢州府衢州所 又至金华府金华县	浙江衢州府龙游县 又至金华府兰溪县 又至安徽宁国府南陵县 又至太平府芜湖县、当涂县	浙江衢州府龙游县、西安县 又至金华府兰溪县 又至安徽宁国府南陵县 又至太平府芜湖县、当涂县
	南至	广东潮州府海阳县、揭阳县、潮阳县、普宁县	广东广州府南海县、番禺县、增城县	广东广州府增城县、东莞县 又至惠州府博罗县
	西至	抵边不足三千里	云南永昌府永平县	同前
	北至	陕西延安府肤施县、安塞县、保安县、安定县	河南陕州阌乡县 又至陕西同州府华阴县、华州 又至西安府渭南县	同前
	[注]	以上除西外,东、南、北俱三千里	以上俱三千里	同前
极边	东至	浙江宁波府宁波卫、慈溪县、奉化县、镇海县、定海县、象山县	浙江宁波府镇海县、鄞县	浙江宁波府镇海县、鄞县、慈溪县
	南至	抵海不足四千里	广东潮州府海阳县	广东潮州府海阳县、饶平县、大埔县
	西至	抵边不足四千里	同前	同前
	北至	甘肃凉州府武威县、镇番县、永昌县、古浪县、平番县	陕西延安府肤施县	陕西延安府肤施县、保安县
	[注]	以上除南、西外,东、北俱四千里	以上除西外,东、南、北俱四千里	同前
烟瘴		地皆不足四千里,以极边为烟瘴	应发烟瘴人犯,解赴隔远之广西巡抚衙门酌拨安置	同前

黎平府属军犯编发地方

<table>
<tr><th colspan="2">充军地方</th><th>乾隆八年(1743)</th><th>乾隆四十四年(1779)</th><th>嘉庆十四年(1809)</th></tr>
<tr><td rowspan="5">附近</td><td>东至</td><td>江西南昌府南昌卫、靖安县、宁州</td><td>湖南长沙府醴陵县
江西袁州府萍乡县</td><td>同前</td></tr>
<tr><td>南至</td><td>广东广州府南海县、番禺县、东莞县、清远县</td><td>广东肇庆府高要县</td><td>广东肇庆府高要县
又至广州府三水县</td></tr>
<tr><td>西至</td><td>四川宁远府越嶲卫、冕宁县、盐源县</td><td>云南云南府安宁州、禄丰县、嵩明州、昆明县、呈贡县
又至四川叙州府隆昌县</td><td>云南云南府嵩明州、昆明县、安宁州、呈贡县
又至四川叙州府隆昌县</td></tr>
<tr><td>北至</td><td>湖北荆州府荆州卫、荆州左卫、荆州右卫、松滋县
又至宜昌府东湖县</td><td>湖北荆州府江陵县
又至安陆府潜江县、天门县</td><td>湖北安陆府潜江县、天门县</td></tr>
<tr><td>[注]</td><td>以上俱二千里</td><td>同前</td><td>同前</td></tr>
<tr><td rowspan="5">边卫/近边</td><td>东至</td><td>浙江衢州府衢州所
又至严州府严州所</td><td>江西临江府新喻县、清江县
又至南昌府丰城县
又至湖北黄州府黄冈县</td><td>江西临江府清江县
又至南昌府丰城县
又至湖北黄州府黄冈县</td></tr>
<tr><td>南至</td><td>广东惠州府龙川县、河源县
又至嘉应州长乐县</td><td>广东广州府东莞县、增城县
又至惠州府博罗县</td><td>同前</td></tr>
<tr><td>西至</td><td>抵边不足二千五百里</td><td>云南楚雄府楚雄县、镇南州</td><td>同前</td></tr>
<tr><td>北至</td><td>湖北襄阳府襄阳卫、均州</td><td>河南南阳府新野县、南阳县</td><td>同前</td></tr>
<tr><td>[注]</td><td>以上除西外,东、南、北俱二千五百里</td><td>以上俱二千五百里</td><td>同前</td></tr>
</table>

续表

充军地方		乾隆八年(1743)	乾隆四十四年(1779)	嘉庆十四年(1809)
边远	东至	浙江台州府台州卫、黄岩县、天台县、宁海县	江西抚州府东乡县 又至饶州府安仁县 又至广信府贵溪县 又至九江府德化县、湖口县 又至建昌府南城县 又至湖北黄州府黄梅县 又至安徽安庆府宿松县、太湖县	同前
	南至	广东惠州府碣石卫、平海守御所、海丰守御所、捷胜守御所	广东惠州府海丰县、陆丰县	广东惠州府海丰县、陆丰县 又至潮州府惠来县
	西至	抵边不足三千里	云南永昌府永平县	同前
	北至	河南河南府洛阳县、嵩县 又至陕州	河南许州襄城县 又至汝州郏县	河南许州襄城县 又至汝州郏县 又至河南府洛阳县
	[注]	以上除西外,东、南、北俱三千里	以上俱三千里	同前
极边	东至	抵海不足四千里	浙江严州府桐庐县 又至杭州府富阳县、仁和县、钱塘县 又至绍兴府萧山县 又至江苏江宁府句容县 又至镇江府丹阳县	同前
	南至	广东潮州府大城守御所、海阳县、澄海县 又至嘉应州	广东潮州府潮阳县	福建汀州府永定县 又至龙岩州
	西至	抵边不足四千里	同前	同前
	北至	山西太原府阳曲县 又至代州崞县 又至宁武府宁武县、偏关县	山西沁州武乡县 又至太原府祁县 又至辽州榆社县 又至陕西西安府三原县、耀州、同官县	山西沁州武乡县 又至太原府祁县 又至辽州榆社县 又至陕西西安府三原县、耀州、同官县、高陵县
	[注]	以上除东、西外,南、北俱四千里	以上除西外,东、南、北俱四千里	同前

续表

充军地方	乾隆八年(1743)	乾隆四十四年(1779)	嘉庆十四年(1809)
烟　瘴	地皆不足四千里,以极边为烟瘴	应发烟瘴人犯,解赴隔远之广西巡抚衙门酌拨安置	同前

安顺府属军犯编发地方

充军地方		乾隆八年(1743)	乾隆四十四年(1779)	嘉庆十四年(1809)
附近	东至	广东高州府电白县、信宜县 又至肇庆府阳春县	湖南长沙府益阳县、宁乡县、长沙县、善化县 又至湖北荆州府公安县	同前
	南至	广西南宁府宣化县、新宁州 又至思恩府武缘县	广西桂林府阳朔县 又至平乐府平乐县	广西桂林府全州、兴安县
	西至	云南景东府	云南永昌府永平县	同前
	北至	陕西汉中府南郑县、宁羌州、沔县 又至兴安州平利县	四川绵州梓潼县	同前
	[注]	以上俱二千里	同前	同前
边卫/近边	东至	广东肇庆府双鱼守御所、高要县、四会县、新兴县、阳江县、德庆州	湖南衡州府衡山县、衡阳县、清泉县 又至湖北汉阳府汉川县 又至江西袁州府宜春县、分宜县	同前
	南至	抵海不足二千五百里	广西梧州府苍梧县 又至广东肇庆府封川县、德庆州	广西平乐府平乐县
	西至	抵边不足二千五百里	云南永昌府腾越州	同前
	北至	甘肃平凉府平凉县、华亭县	陕西汉中府宁羌州 又至四川保宁府广元县	四川保宁府广元县
	[注]	以上除南、西外,东、北俱二千五百里	以上俱二千五百里	同前

续表

充军地方		乾隆八年(1743)	乾隆四十四年(1779)	嘉庆十四年(1809)
边远	东至	广东惠州府归善县、龙川县、河源县 又至嘉应州长乐县	湖北黄州府黄冈县、蕲水县 又至江西南昌府南昌县、新建县、进贤县 又至南康府、建昌县	同前
	南至	抵海不足三千里	广东广州府南海县、番禺县	广东肇庆府封川县、德庆州 又至广西梧州府苍梧县
	西至	抵边不足三千里	同前	同前
	北至	甘肃宁夏府宁夏县、宁朔县、平罗县、灵州、中卫县	陕西汉中府褒城县	陕西汉中府褒城县、留坝县
	[注]	以上除南、西外,东、北俱三千里	以上除西外,东、南、北俱三千里	同前
极边	东至	广东潮州府大城守御所、海阳县、揭阳县 又至嘉应州	福建延平府顺昌县、南平县 又至浙江金华府兰溪县 又至严州府建德县 又至安徽太平府芜湖县、当涂县	同前
	南至	抵海不足四千里	广东潮州府惠来县、普宁县	广东惠州府归善县、海丰县
	西至	抵边不足四千里	同前	同前
	北至	甘肃凉州府武威县、镇番县、永昌县 又至甘州府山丹县	陕西西安府长安县、咸宁县、咸阳县 又至乾州永寿县	陕西西安府长安县、咸宁县、咸阳县、醴泉县 又至乾州永寿县
	[注]	以上除南、西外,东、北俱四千里	以上除西外,东、南、北俱四千里	同前
烟瘴		地皆不足四千里,以极边为烟瘴	应发烟瘴人犯,解赴隔远之广西巡抚衙门酌拨安置	同前

都匀府属军犯编发地方

充军地方		乾隆八年(1743)	乾隆四十四年(1779)	嘉庆十四年(1809)
附近	东至	广东广州府大鹏守御所、南海县、从化县、新宁县、清远县	湖南长沙府醴陵县 又至江西袁州府萍乡县	同前
附近	南至	抵海不足二千里	广西梧州府苍梧县 又至广东肇庆府封川县	同前
附近	西至	四川宁远府越嶲卫、会川卫、迷易守御所、冕山守御所、礼州守御所	四川成都府新津县、成都县、华阳县、双流县 又至邛州 又至云南楚雄府镇南州、姚州 又至元江州	四川成都府新津县、成都县、华阳县、双流县 又至云南楚雄府镇南州 又至元江州
附近	北至	湖北襄阳府襄阳卫、均州	湖北安陆府荆门州	湖北荆门州
附近	[注]	以上除南外,东、西、北俱二千里	以上俱二千里	同前
边卫/近边	东至	广东惠州府归善县、龙川县、河源县 又至嘉应州长乐县	江西临江府清江县 又至南昌府丰城县 又至湖北黄州府黄冈县	同前
边卫/近边	南至	抵海不足二千五百里	广东肇庆府高要县 又至广州府三水县	广东广州府三水县
边卫/近边	西至	抵边不足二千五百里	云南永昌府永平县	云南蒙化厅
边卫/近边	北至	河南河南府洛阳县、新安县、嵩县 又至陕州	河南南阳府新野县、南阳县、南召县	同前
边卫/近边	[注]	以上除南、西外,东、北俱二千五百里	以上俱二千五百里	同前

续表

充军地方		乾隆八年(1743)	乾隆四十四年(1779)	嘉庆十四年(1809)
边远	东至	广东潮州府大城守御所、海阳县、揭阳县 又至嘉应州	江西饶州府安仁县 又至广信府贵溪县、弋阳县 又至建昌府南城县 又至九江府德化县、湖口县、彭泽县 又至安徽安庆府宿松县、太湖县、潜山县	同前
	南至	抵海不足三千里	广东广州府东莞县 又至惠州府博罗县	广东广州府东莞县 又至惠州府博罗县、归善县
	西至	抵边不足三千里	云南永昌府腾越州	同前
	北至	河南怀庆府河内县、孟县 又至山西泽州府凤台县、阳城县	河南开封府禹州、新郑县、郑州 又至汝州	河南开封府禹州、新郑县、郑州 又至汝州 又至河南府洛阳县
	[注]	以上除南、西外,东、北俱三千里	以上俱三千里	同前
极边	东至	抵海不足四千里	浙江杭州府富阳县、钱塘县、仁和县 又至江苏江宁府句容县 又至镇江府丹阳县	同前
	南至	抵海不足四千里	广东潮州府潮阳县	广东潮州府海阳县、饶平县
	西至	抵边不足四千里	同前	同前
	北至	山西太原府阳曲县、太原县、徐沟县、清源县、交城县、文水县 又至宁武府宁武县	山西沁州武乡县 又至辽州榆社县 又至太原府祁县 又至陕西西安府耀州、同官县	山西沁州武乡县 又至太原府祁县 又至辽州榆社县 又至陕西西安府渭南县、高陵县、三原县
	[注]	以上除东、南、西外,北四千里	以上除西外,东、南、北俱四千里	同前
烟瘴		地皆不足四千里,以极边为烟瘴	应发烟瘴人犯,解赴隔远之广西巡抚衙门酌拨安置	同前

平越府属军犯编发地方

充军地方		乾隆八年(1743)	乾隆四十四年(1779)	嘉庆十四年(1809)
附近	东至	广东惠州府惠州卫、龙川县、河源县 又至嘉应州长乐县	湖南衡州府衡山县、衡阳县、清泉县 又至江西袁州府萍乡县	同前
	南至	抵边不足二千里	广西平乐府贺县、昭平县	同前
	西至	四川宁远府越嶲卫、会川卫、迷易守御所、德昌守御所、礼州守御所	四川邛州 又至成都府新津县 又至云南大理府赵州、云南县 又至楚雄府姚州 又至元江州新平县	四川邛州 又至成都府新津县 又至云南楚雄府姚州 又至大理府云南县 又至元江州新平县
	北至	陕西汉中府南郑县、宁羌州、沔县 又至兴安州平利县	湖北安陆府荆门州 又至襄阳府宜城县	湖北荆门州
	[注]	以上除南外,东、西、北俱二千里	以上俱二千里	同前
边卫/近边	东至	广东潮州府大城守御所、海阳县、揭阳县 又至嘉应州	湖南郴州宜章县 又至桂阳州临武县 又至湖北黄州府黄冈县 又至江西南昌府丰城县、南昌县、新建县	同前
	南至	抵边不足二千五百里	广东肇庆府高要县	同前
	西至	抵边不足二千五百里	云南永昌府永平县	同前
	北至	甘肃平凉府平凉县、固原州	河南南阳府新野县、南阳县、南召县、裕州	河南南阳府南阳县、南召县、裕州
	[注]	以上除南、西外,东、北俱二千五百里	以上俱二千五百里	同前

续表

充军地方		乾隆八年(1743)	乾隆四十四年(1779)	嘉庆十四年(1809)
边远	东至	抵海不足三千里	江西广信府贵溪县、弋阳县、兴安县 又至饶州府安仁县 又至九江府湖口县、彭泽县 又至建昌府南城县、新城县 又至安徽安庆府太湖县、潜山县	江西饶州府安仁县 又至广信府贵溪县、弋阳县、兴安县 又至九江府湖口县、彭泽县、德化县 又至建昌府南城县、新城县 又至安徽安庆府太湖县、潜山县、宿松县
	南至	抵边不足三千里	广东广州府南海县、番禺县、东莞县	同前
	西至	抵边不足三千里	云南永昌府腾越州	同前
	北至	甘肃巩昌府陇西县 又至秦州礼县 又至阶州文县	河南汝州郏县 又至河南府洛阳县	同前
	[注]	以上除东、南、西外,北三千里	以上俱三千里	同前
极边	东至	抵海不足四千里	浙江杭州府钱塘县、仁和县、富阳县 又至江苏镇江府丹阳县 又至常州府武进县、阳湖县	同前
	南至	抵边不足四千里	广东潮州府海阳县	广东潮州府海阳县、潮阳县、揭阳县
	西至	抵边不足四千里	同前	同前
	北至	甘肃兰州府皋兰县 又至巩昌府洮州卫 又至西宁府西宁县、碾伯县、归德守御所 又至凉州府古浪县、平番县	陕西西安府长安县、咸宁县、咸阳县、醴泉县	陕西西安府长安县、咸宁县、咸阳县、醴泉县 又至乾州
	[注]	以上除东、南、西外,北四千里	以上除西外,东、南、北俱四千里	同前
烟瘴		地皆不足四千里,以极边为烟瘴	应发烟瘴人犯,解赴隔远之广西巡抚衙门酌拨安置	同前

大定府属军犯编发地方

充军地方		乾隆八年(1743)	乾隆四十四年(1779)	嘉庆十四年(1809)
附近	东至	广西南宁府宣化县、隆安县、永淳县	湖南常德府武陵县、龙阳县 又至澧州石门县 又至长沙府益阳县	湖南常德府龙阳县 又至长沙府益阳县
	南至	广东廉州府灵山县、钦州	广西桂林府阳朔县 又至平乐府平乐县	同前
	西至	云南顺宁府云州	云南大理府赵州、太和县	同前
	北至	四川保宁府阆中县、苍溪县	四川保宁府昭化县、广元县 又至陕西汉中府宁羌州	四川保宁府昭化县、广元县
	[注]	以上俱二千里	同前	同前
边卫/近边	东至	广东广州府三水县、新宁县 又至肇庆府高明县、开平县	湖南长沙府湘潭县、醴陵县 又至衡州府衡山县 又至湖北安陆府潜江县、天门县 又至江西袁州府萍乡县	湖南长沙府醴陵县 又至衡州府衡山县 又至湖北安陆府潜江县、天门县 又至江西袁州府萍乡县
	南至	抵海不足二千五百里	广西平乐府贺县 又至梧州府苍梧县	同前
	西至	抵边不足二千五百里	云南永昌府保山县	同前
	北至	陕西汉中府南郑县、宁羌州、沔县	陕西汉中府褒城县	同前
	[注]	以上除南、西外,东、北俱二千五百里	以上俱二千五百里	同前

续表

充军地方		乾隆八年(1743)	乾隆四十四年(1779)	嘉庆十四年(1809)
边远	东至	广东惠州府碣石卫、平海守御所、海丰守御所、捷胜守御所	湖南郴州永兴县、宜章县 又至湖北黄州府黄冈县 又至江西临江府清江县 又至南昌府丰城县	同前
	南至	抵海不足三千里	广东肇庆府高要县 又至广州府三水县	同前
	西至	抵边不足三千里	同前	同前
	北至	甘肃平凉府平凉县、华亭县、镇原县	陕西凤翔府宝鸡县	同前
	[注]	以上除南、西外,东、北俱三千里	以上除西外,东、南、北俱三千里	同前
极边	东至	广东潮州府大城守御所、澄海县	浙江衢州府西安县、龙游县 又至安徽宁国府南陵县 又至太平府芜湖县	安徽宁国府南陵县 又至太平府芜湖县 又至江西南昌府进贤县 又至抚州府东乡县 又至饶州府安仁县 又至广信府贵溪县
	南至	抵海不足四千里	广东惠州府陆丰县 又至潮州府惠来县	同前
	西至	抵边不足四千里	同前	同前
	北至	甘肃凉州府镇番县、永昌县 又至甘州府张掖县、山丹县	甘肃泾州 又至平凉府平凉县	甘肃平凉府平凉县 又至固原州
	[注]	以上除南、西外,东、北俱四千里	以上除西外,东、南、北俱四千里	同前
烟瘴		地皆不足四千里,以极边为烟瘴	应发烟瘴人犯,解赴隔远之广西巡抚衙门酌拨安置	同前

遵义府属军犯编发地方

充军地方		乾隆八年(1743)	乾隆四十四年(1779)	嘉庆十四年(1809)
附近	东至	湖南岳州府岳州卫 又至澧州永定卫、九溪卫	湖南长沙府宁乡县、长沙县、善化县、湘潭县 又至湖北荆州府江陵县	同前
	南至	广东廉州府合浦县、灵山县、钦州	广西桂林府兴安县、灵川县、临桂县	同前
	西至	四川宁远府越嶲卫、冕宁县	云南楚雄府楚雄县、镇南州、姚州 又至元江州	云南楚雄府楚雄县、镇南州、姚州
	北至	陕西汉中府南郑县、宁羌州、沔县 又至兴安州	四川保宁府剑州、昭化县	同前
	[注]	以上俱二千里	同前	同前
边卫/近边	东至	湖北武昌府武昌卫、武昌左卫	江西袁州府宜春县、分宜县 又至临江府新喻县 又至湖北汉阳府汉川县、汉阳县 又至武昌府江夏县	同前
	南至	广东广州府南海县、清远县 又至连州	广西平乐府贺县、富川县、昭平县	同前
	西至	抵番不足二千五百里	云南永昌府永平县	同前
	北至	陕西凤翔府凤翔县 又至宁夏府平罗县	陕西汉中府沔县、褒城县	同前
	[注]	以上除西外,东、南、北俱二千五百里	以上俱二千五百里	同前

续表

充军地方		乾隆八年(1743)	乾隆四十四年(1779)	嘉庆十四年(1809)
边远	东至	江西九江府九江卫、瑞昌县 又至江南安庆府安庆卫	江西南昌府南昌县、新建县、进贤县 又至南康府建昌县 又至九江府德安县 又至抚州府东乡县、临川县 又至湖北黄州府广济县	江西南昌府南昌县、新建县、进贤县 又至南康府建昌县、安义县 又至九江府德安县 又至抚州府东乡县、临川县 又至湖北黄州府广济县、蕲水县
	南至	广东惠州府碣石卫、平海守御所、海丰守御所、捷胜守御所	广东肇庆府封川县、德庆州、高要县	同前
	西至	抵番不足三千里	云南永昌府腾越州	同前
	北至	甘肃巩昌府陇西县 又至秦州礼县 又至阶州	陕西凤翔府宝鸡县 又至汉中府凤县	同前
	[注]	以上除西外,东、南、北俱三千里	以上俱三千里	同前
极边	东至	江南淮安府淮安卫、大河卫、盐城县 又至海州	浙江金华府兰溪县 又至严州府建德县、桐庐县 又至福建延平府南平县 又至建宁府建安县、瓯宁县 又至安徽太平府当涂县 又至江苏江宁府江宁县	浙江金华府兰溪县 又至严州府建德县、桐庐县 又至福建延平府南平县、尤溪县 又至建宁府建安县、瓯宁县、崇安县 又至安徽太平府当涂县 又至江苏江宁府江宁县
	南至	广东潮州府大城守御所、海阳县、澄海县	广东惠州府海丰县	同前
	西至	抵番不足四千里	同前	同前
	北至	甘肃凉州府武威县、镇番县、永昌县 又至甘州府山丹县	甘肃泾州 又至平凉府平凉县	甘肃泾州 又至平凉府平凉县 又至固原州
	[注]	以上除西外,东、南、北俱四千里	同前	同前
烟　瘴		地皆不足四千里,以极边为烟瘴	应发烟瘴人犯,解赴隔远之广西巡抚衙门酌拨安置	同前

南笼府(兴义府)[①]属军犯编发地方

充军地方		乾隆八年(1743)	乾隆四十四年(1779)	嘉庆十四年(1809)
附近	东至	广西梧州府苍梧县、容县、藤县、怀集县 又至郁林州	湖南常德府桃源县	同前
	南至	抵边不足二千里	广西桂林府永福县、临桂县	广西桂林府永福县
	西至	抵边不足二千里	云南永昌府永平县、保山县	云南永昌府永平县
	北至	陕西汉中府南郑县、宁羌州 又至兴安州平利县	四川成都府简州、成都县、华阳县 又至资州资阳县	四川成都府简州 又至资州资阳县
	[注]	以上除南、西外,东、北俱二千里	以上俱二千里	同前
边卫/近边	东至	广东广州府南海县、番禺县、东莞县、新宁县、新会县	湖南长沙府宁乡县、长沙县、善化县	同前
	南至	抵边不足二千五百里	广西平乐府平乐县、富川县、昭平县	同前
	西至	抵边不足二千五百里	云南永昌府腾越州	同前
	北至	陕西凤翔府凤翔县 又至宁夏府平罗县	湖北荆州府公安县、江陵县 又至四川绵州梓潼县	同前
	[注]	以上除南、西外,东、北俱二千五百里	以上俱二千五百里	同前

① 嘉庆二年(1797),南笼府更名为兴义府。

续表

充军地方		乾隆八年(1743)	乾隆四十四年(1779)	嘉庆十四年(1809)
边远	东至	广东惠州府碣石卫、平海守御所、海丰守御所、捷胜守御所	湖南衡州府衡阳县、清泉县 又至永州府祁阳县 又至湖北汉阳府汉川县 又至江西袁州府宜春县、分宜县 又至临江府新喻县	同前
	南至	抵边不足三千里	广西梧州府苍梧县 又至广东肇庆府封川县、德庆州	同前
	西至	抵边不足三千里	同前	同前
	北至	甘肃平凉府平凉县、华亭县、固原州	陕西汉中府宁羌州	同前
	[注]	以上除南、西外,东、北俱三千里	以上除西外,东、南、北俱三千里	同前
极边	东至	广东潮州府大城守御所、海阳县、潮阳县、揭阳县 又至嘉应州	江西广信府上饶县、玉山县 又至安徽安庆府怀宁县 又至池州府贵池县 又至福建邵武府光泽县	江西广信府上饶县、玉山县 又至安徽安庆府怀宁县 又至池州府贵池县 又至福建邵武府光泽县、邵武县
	南至	抵边不足四千里	广东惠州府海丰县	广东广州府东莞县 又至惠州府博罗县、归善县
	西至	抵边不足四千里	同前	同前
	北至	甘肃凉州府武威县、镇番县、永昌县	陕西凤翔府凤翔县、岐山县、宝鸡县	同前
	[注]	以上除南、西外,东、北俱四千里	以上除西外,东、南、北俱四千里	同前
烟瘴		地皆不足四千里,以极边为烟瘴	应发烟瘴人犯,解赴隔远之广西巡抚衙门酌拨安置	同前

仁怀厅①属军犯编发地方

充军地方		乾隆四十四年(1779)	嘉庆十四年(1809)
附近	东至	湖南常德府桃源县	同前
	南至	湖南宝庆府武冈州	同前
	西至	云南云南府嵩明州、昆明县、安宁州、呈贡县、晋宁州	同前
	北至	四川成都府成都县、华阳县、新都县、汉州 又至绵州德阳县	同前
	[注]	以上俱二千里	同前
近边	东至	湖南长沙府宁乡县、长沙县、善化县 又至湖北荆州府公安县、江陵县	同前
	南至	广西桂林府全州、兴安县	同前
	西至	云南楚雄府楚雄县、镇南州 又至元江州	同前
	北至	四川保宁府剑州	同前
	[注]	以上俱二千五百里	同前
边远	东至	江西袁州府宜春县、分宜县 又至湖北汉阳府汉川县	同前
	南至	广西平乐府昭平县、富川县	同前
	西至	云南永昌府永平县	同前
	北至	陕西汉中府沔县	同前
	[注]	以上俱三千里	同前

① 乾隆四十一年(1776),升仁怀通判为直隶同知,通判辖区为仁怀直隶厅。

续表

充军地方		乾隆四十四年(1779)	嘉庆十四年(1809)
极边	东至	江西广信府上饶县、玉山县 又至建昌府新城县 又至福建邵武府光泽县 又至安徽安庆府怀宁县	同前
	南至	广东广州府南海县、番禺县、增城县	同前
	西至	抵番不足四千里	同前
	北至	陕西凤翔府扶风县 又至乾州武功县	同前
	[注]	以上除西外,东、南、北俱四千里	同前
烟瘴		应发烟瘴人犯,解赴隔远之广西巡抚衙门酌拨安置	同前

松桃厅①属军犯编发地方

充军地方		嘉庆十四年(1809)
附近	东至	江西南昌府丰城县、清江县 又至湖北黄州府黄冈县
	南至	广西平乐府贺县
	西至	四川重庆府荣昌县、隆昌县 又至云南云南府安宁州、呈贡县、晋宁州
	北至	河南南阳府新野县、南召县、南阳县
	[注]	以上俱足二千里

① 嘉庆二年(1797),升铜仁府松桃厅为松桃直隶厅。本表系嘉庆十四年新增。

续表

充军地方		嘉庆十四年(1809)
近边	东至	江西广信府弋阳县、贵溪县 又至建昌府南城县 又至九江府德化县、湖口县 又至安徽安庆府太湖县、潜山县
	南至	广东肇庆府高要县
	西至	云南楚雄府楚雄县、镇南州 又至元江州
	北至	河南汝州
	[注]	以上俱足二千五百里
边远	东至	浙江衢州府龙游县、西安县 又至金华府兰溪县 又至安徽宁国府南陵县
	南至	广东广州府增城县、东莞县 又至惠州府博罗县
	西至	云南永昌府永平县
	北至	河南陕州灵宝县、阌乡县 又至陕西西安府潼关厅
	[注]	以上俱足三千里
极边	东至	浙江宁波府镇海县、鄞县、慈溪县
	南至	广东潮州府海阳县、饶平县、普宁县
	西至	抵边不足四千里
	北至	陕西延安府肤施县
	[注]	以上除西外,东、南、北俱足四千里
烟瘴		松桃厅属应发烟瘴人犯,解赴隔远之广西巡抚衙门酌拨安置